Spindler/Stilz
Kommentar zum Aktiengesetz
Band 1

Kommentar zum Aktiengesetz

Band 1
§§ 1–149

Herausgegeben von

Dr. Gerald Spindler
Professor an der Universität Göttingen

Eberhard Stilz
Präsident des Verfassungsgerichtshofs für
das Land Baden-Württemberg a.D.
Präsident des Oberlandesgerichts Stuttgart a.D.

4. Auflage 2019

Zitiervorschlag:
Spindler/Stilz/*Bearbeiter* § … Rn. …
Spindler/Stilz/*Drescher* SpruchG § … Rn. …
Spindler/Stilz/*Bearbeiter* SE-VO Art. … Rn. …

www.beck.de

ISBN 978 3 406 70327 0

© 2019 Verlag C. H. Beck oHG
Wilhelmstraße 9, 80801 München

Druck: Druckerei C.H.Beck Nördlingen
(Adresse wie Verlag)
Satz: Meta Systems Publishing & Printservices GmbH, Wustermark
Umschlagsatz: Druckerei C.H.Beck Nördlingen

Gedruckt auf säurefreiem, alterungsbeständigem Papier
(hergestellt aus chlorfrei gebleichtem Zellstoff)

Vorwort zur 4. Auflage

Das Stichwort der Vorauflage – die ‚Aktienrechtsreform in Permanenz' – ist in den letzten Jahren zwar nicht ganz so ausgeprägt wie zuvor. Doch haben wieder zahlreiche Reformen, wie die Umsetzung der Aktionärsrechterichtlinie oder das Aktienrecht beeinflussende Gesetze bzw. Richtlinien/Verordnungen des Kapitalmarkt-, Bilanz- oder Bank- bzw. Wertpapierhandelsrechts ebenso wie die fortschreitende Rechtsprechung eine Neuauflage dringend geboten erscheinen lassen.

Wie zuvor will der Kommentar dem Praktiker wie dem Wissenschaftler eine aktuelle und umfassende Anleitung zur Auslegung der Normen im Tagesgeschäft bieten.

Erneut haben die Herausgeber dem Team herausragender Autoren herzlich zu danken. Ohne sie würde der Kommentar nicht in voller Aktualität erscheinen können, trotz einer nicht enden wollenden Flut an Publikationen national wie international. Dank gilt ebenso dem Verlag und seinen Lektoren für die sachkundige und unerlässliche Betreuung.

Göttingen und Stuttgart im Juli 2018　　　　　　　　　　　　　　　　　　　　Gerald Spindler
　　　　　　　　　　　　　　　　　　　　　　　　　　　　　　　　　　　　　　Eberhard Stilz

Die Bearbeiter

Dr. Gregor Bachmann
Professor an der Humboldt-Universität zu Berlin

Dr. Walter Bayer
Professor an der Universität Jena
Richter am Oberlandesgericht a.D.

Dipl.-Kfm. Dr. Marc Binger
Zentralabteilung Steuern und Zölle der BASF SE in Ludwigshafen

Dr. Michael Bormann
Rechtsanwalt in Düsseldorf

Dr. Andreas Cahn
Professor an der Universität Frankfurt am Main
Institute for Law and Finance

Dr. Matthias Casper
Professor an der Universität Münster

Dr. Christoph Döbereiner
Notar in München

Thomas Dörr
Präsident des Landgerichts Ravensburg

Dr. Ingo Drescher
Vorsitzender Richter am Bundesgerichtshof, Karlsruhe
Honorarprofessor an der Universität Tübingen

Dr. Friedemann Eberspächer
Rechtsanwalt in Berlin

Dr. Roland Euler
Professor an der Universität Mainz

Dr. h.c. Holger Fleischer
Professor, Direktor des Max-Planck-Instituts für ausländisches und
internationales Privatrecht, Hamburg
Affiliate Professor an der Bucerius Law School

Dr. Till Fock
Rechtsanwalt und Steuerberater in Berlin

Dr. Olaf Gerber
Rechtsanwalt und Notar in Frankfurt am Main

Dr. Roland Hefendehl
Professor an der Universität Freiburg

Dipl.-Kfm. Dr. iur. Andreas Heidinger
Rechtsanwalt und Referatsleiter beim Deutschen Notarinstitut in Würzburg

Sebastian Herrler
Notar in München

Bearbeiterverzeichnis

Dr. Jochen Hoffmann
Professor an der Friedrich-Alexander-Universität Erlangen-Nürnberg

Dr. Timo Holzborn
Rechtsanwalt in München

Dr. Matthias Katzenstein
Richter am Oberlandesgericht Stuttgart

Dr. Christoph Klein
Steuerberater in Frankfurt am Main

Dr. Peter Limmer
Notar in Würzburg
Honorarprofessor an der Universität Würzburg

Professor Dr. Reinhard Marsch-Barner
Rechtsanwalt in Frankfurt am Main

Dr. Silja Maul
Rechtsanwältin in Mannheim

Dr. Sebastian Mock
Universitätsprofessor an der Wirtschaftsuniversität Wien

Dr. Hans-Friedrich Müller
Professor an der Universität Trier
Richter am Oberlandesgericht Koblenz

Sven Petersen
Rechtsanwalt in Frankfurt am Main

Dr. Maximilian Preisser
Rechtsanwalt in Hamburg

Dr. Oliver Rieckers
Rechtsanwalt in Düsseldorf

Dr. Arndt Rölike
Richter am Oberlandesgericht in Frankfurt am Main

Dr. Gerrit Sabel
Steuerberater in Eschborn

Dr. Alexander Schall
Professor an der Leuphana Universität Lüneburg

Dipl.-Kfm. Dr. Michael Alexander Schild von Spannenberg
Richter am Oberlandesgericht Zweibrücken

Dr. Philipp Scholz
Wissenschaftlicher Referent am Max-Planck-Institut
für ausländisches und internationales Privatrecht in Hamburg

Dr. Oliver Seiler
Rechtsanwalt in Frankfurt am Main

Dr. Wolfgang Servatius
Professor an der Universität Regensburg
Richter am Oberlandesgericht München

Bearbeiterverzeichnis

Dr. Mathias Siems
Professor an der University of Durham

Dr. Bernd Singhof
Rechtsanwalt in Frankfurt am Main

Dr. Gerald Spindler
Professor an der Universität Göttingen

Eberhard Stilz
Präsident des Verfassungsgerichtshofs für das Land Baden-Württemberg a.D.
Präsident des Oberlandesgerichts a.D. Stuttgart

Stefan Vatter
Vorsitzender Richter am Oberlandesgericht Stuttgart

Dr. Rüdiger Veil
Professor an der Universität München

Dr. Frank Wamser
Vizepräsident des Landgerichts Gießen

Dr. Hartmut Wicke
Notar in München
Honorarprofessor an der Universität München

Dr. Andreas Wüsthoff
Rechtsanwalt in Berlin

Verzeichnis der ausgeschiedenen Bearbeiter

Dr. Johannes Benz: § 27: 2. Aufl. 2010, 3. Aufl. 2015
Marc Oliver Müller: §§ 170–176: 1. Aufl. 2007
Prof. Dr. Dr. Peter Sester: § 161: 2. Aufl. 2010
Dr. Marcus Willamowski: §§ 121–128, §§ 133–138: 1. Aufl. 2007
Dr. Oliver Wirth: §§ 150–160: 2. Aufl. 2010
Dr. Martin Würthwein: §§ 241, 243, 244: 1. Aufl. 2007, 2. Aufl. 2010, 3. Aufl. 2015

Im Einzelnen haben bearbeitet

Aktiengesetz

§ 1	Dr. Till Fock
§§ 2–7	Dr. Ingo Drescher
§§ 8–13	Stefan Vatter
§ 14	Dr. Ingo Drescher
Vor § 15–§ 19	Dr. Alexander Schall
Vor § 20–Anh. § 22	Sven Petersen
§§ 23–26	Dr. Peter Limmer
§ 27	Dr. Matthias Katzenstein/Sebastian Herrler
§§ 28, 29	Dr. Peter Limmer
§§ 30–35	Dr. Olaf Gerber
§§ 36–40	Dr. Christoph Döbereiner
§ 41	Dr. Andreas Heidinger
§§ 42–51	Dr. Olaf Gerber
§ 52	Dr. Andreas Heidinger
§ 53	Dr. Olaf Gerber
§§ 53a–58	Dr. Andreas Cahn/Dr. Michael Alexander Schild von Spannenberg
§§ 59–75	Dr. Andreas Cahn
§§ 76–94	Dr. Holger Fleischer
§§ 95–116	Dr. Gerald Spindler
§ 117	Dr. Alexander Schall
§§ 118–120	Dr. Jochen Hoffmann
§§ 119 Anh.	Dr. Hartmut Wicke
§§ 121–128	Dr. Oliver Rieckers
§§ 129, 130	Dr. Hartmut Wicke
§§ 131, 132	Dr. Mathias Siems
§§ 133–138	Dr. Oliver Rieckers
§§ 139–141	Dr. Michael Bormann
§§ 142–149	Dr. Sebastian Mock
§§ 150–160	Dr. Roland Euler/Gerrit Sabel
§ 161	Dr. Walter Bayer/Dr. Philipp Scholz
§§ 170–176	Dr. Roland Euler/Christoph Klein
§§ 179–181	Dr. Timo Holzborn
§§ 182–191	Dr. Wolfgang Servatius
§§ 192–201	Dr. Oliver Rieckers
§§ 202–206	Dr. Frank Wamser
§§ 207–220	Dr. Till Fock/Dr. Andreas Wüsthoff
§ 221	Dr. Oliver Seiler
§§ 222–240	Dr. Reinhard Marsch-Barner/Dr. Silja Maul
Vor § 241	Dr. Matthias Casper
§ 241	Dr. Ingo Drescher
§ 242	Dr. Matthias Casper
§§ 243, 244	Dr. Ingo Drescher
§§ 245–249	Thomas Dörr
§§ 250–255	Eberhard Stilz
§§ 256, 257	Dr. Arndt Rölike
§§ 258–261a	Dr. Roland Euler/Gerrit Sabel
§§ 262–269	Dr. Gregor Bachmann
§ 270	Dr. Roland Euler/Dr. Marc Binger
§§ 271–290	Dr. Gregor Bachmann
Vor § 291–299	Dr. Rüdiger Veil
§ 300	Dr. Roland Euler/Gerrit Sabel
§§ 301–310	Dr. Rüdiger Veil
Vor § 311–318	Dr. Hans-Friedrich Müller
§§ 319–327f	Dr. Bernd Singhof
§§ 328–395	Dr. Alexander Schall
§§ 396–398	Dr. Gerald Spindler
§§ 399–410	Dr. Roland Hefendehl

Im Einzelnen haben bearbeitet

Spruchverfahrensgesetz .... Dr. Ingo Drescher

Internationales Gesellschaftsrecht .... Dr. Hans-Friedrich Müller

SE-VO

Vor Art. 1–Art. 37 .... Dr. Matthias Casper
Art. 38–66 .... Dr. Friedemann Eberspächer
Art. 67–70 .... Dr. Matthias Casper

Sachverzeichnis .... Per Axel Schwanbom

Inhaltsverzeichnis

Im Einzelnen haben bearbeitet XI
Abkürzungsverzeichnis XXV

Band 1
Aktiengesetz
Erstes Buch. Aktiengesellschaft
Erster Teil. Allgemeine Vorschriften

§ 1	Wesen der Aktiengesellschaft	3
§ 2	Gründerzahl	20
§ 3	Formkaufmann; Börsennotierung	23
§ 4	Firma	25
§ 5	Sitz	30
§ 6	Grundkapital	35
§ 7	Mindestnennbetrag des Grundkapitals	36
§ 8	Form und Mindestbeträge der Aktien	38
§ 9	Ausgabebetrag der Aktien	57
§ 10	Aktien und Zwischenscheine	68
§ 11	Aktien besonderer Gattung	94
§ 12	Stimmrecht. Keine Mehrstimmrechte	103
§ 13	Unterzeichnung der Aktien	111
§ 14	Zuständigkeit	116
Vorbemerkung zu den §§ 15 ff. AktG		117
§ 15	Verbundene Unternehmen	141
§ 16	In Mehrheitsbesitz stehende Unternehmen und mit Mehrheit beteiligte Unternehmen	162
§ 17	Abhängige und herrschende Unternehmen	174
§ 18	Konzern und Konzernunternehmen	199
§ 19	Wechselseitig beteiligte Unternehmen	210
Vorbemerkung zu §§ 20–22		214
§ 20	Mitteilungspflichten	221
§ 21	Mitteilungspflichten der Gesellschaft	236
§ 22	Nachweis mitgeteilter Beteiligungen	238

Anhang

Wertpapierhandelsgesetz §§ 33–47 240

Zweiter Teil. Gründung der Gesellschaft

§ 23	Feststellung der Satzung	301
§ 24	Umwandlung von Aktien	341
§ 25	Bekanntmachungen der Gesellschaft	343
§ 26	Sondervorteile. Gründungsaufwand	346
§ 27	Sacheinlagen; Sachübernahmen; Rückzahlung von Einlagen	352
§ 28	Gründer	445
§ 29	Errichtung der Gesellschaft	447
§ 30	Bestellung des Aufsichtsrats, des Vorstands und des Abschlußprüfers	448
§ 31	Bestellung des Aufsichtsrats bei Sachgründung	453
§ 32	Gründungsbericht	458
§ 33	Gründungsprüfung. Allgemeines	461
§ 33a	Sachgründung ohne externe Gründungsprüfung	465
§ 34	Umfang der Gründungsprüfung	467
§ 35	Meinungsverschiedenheiten zwischen Gründern und Gründungsprüfern. Vergütung und Auslagen der Gründungsprüfer	470
§ 36	Anmeldung der Gesellschaft	472
§ 36a	Leistung der Einlagen	481
§ 37	Inhalt der Anmeldung	484
§ 37a	Anmeldung bei Sachgründung ohne externe Gründungsprüfung	491
§ 38	Prüfung durch das Gericht	493
§ 39	Inhalt der Eintragung	498
§ 40	(aufgehoben)	501
§ 41	Handeln im Namen der Gesellschaft vor der Eintragung. Verbotene Aktienausgabe	501

Inhaltsverzeichnis

§ 42	Einpersonen-Gesellschaft	535
§§ 43, 44	(aufgehoben)	538
§ 45	Sitzverlegung	538
§ 46	Verantwortlichkeit der Gründer	543
§ 47	Verantwortlichkeit anderer Personen neben den Gründern	547
§ 48	Verantwortlichkeit des Vorstands und des Aufsichtsrats	550
§ 49	Verantwortlichkeit der Gründungsprüfer	551
§ 50	Verzicht und Vergleich	553
§ 51	Verjährung der Ersatzansprüche	555
§ 52	Nachgründung	556
§ 53	Ersatzansprüche bei der Nachgründung	576

Dritter Teil. Rechtsverhältnisse der Gesellschaft und der Gesellschafter

§ 53a	Gleichbehandlung der Aktionäre	579
§ 54	Hauptverpflichtung der Aktionäre	600
§ 55	Nebenverpflichtungen der Aktionäre	625
§ 56	Keine Zeichnung eigener Aktien; Aktienübernahme für Rechnung der Gesellschaft oder durch ein abhängiges oder in Mehrheitsbesitz stehendes Unternehmen	638
§ 57	Keine Rückgewähr, keine Verzinsung der Einlagen	657
§ 58	Verwendung des Jahresüberschusses	722
§ 59	Abschlagszahlung auf den Bilanzgewinn	758
§ 60	Gewinnverteilung	762
§ 61	Vergütung von Nebenleistungen	770
§ 62	Haftung der Aktionäre beim Empfang verbotener Leistungen	773
§ 63	Folgen nicht rechtzeitiger Einzahlung	789
§ 64	Ausschluß säumiger Aktionäre	796
§ 65	Zahlungspflicht der Vormänner	808
§ 66	Keine Befreiung der Aktionäre von ihren Leistungspflichten	822
§ 67	Eintragung im Aktienregister	839
§ 68	Übertragung von Namensaktien. Vinkulierung	874
§ 69	Rechtsgemeinschaft an einer Aktie	897
§ 70	Berechnung der Aktienbesitzzeit	904
§ 71	Erwerb eigener Aktien	908
§ 71a	Umgehungsgeschäfte	992
§ 71b	Rechte aus eigenen Aktien	1019
§ 71c	Veräußerung und Einziehung eigener Aktien	1022
§ 71d	Erwerb eigener Aktien durch Dritte	1027
§ 71e	Inpfandnahme eigener Aktien	1044
§ 72	Kraftloserklärung von Aktien im Aufgebotsverfahren	1049
§ 73	Kraftloserklärung von Aktien durch die Gesellschaft	1054
§ 74	Neue Urkunden an Stelle beschädigter oder verunstalteter Aktien oder Zwischenscheine	1061
§ 75	Neue Gewinnanteilscheine	1063

Vierter Teil. Verfassung der Aktiengesellschaft
Erster Abschnitt. Vorstand

§ 76	Leitung der Aktiengesellschaft	1067
§ 77	Geschäftsführung	1125
§ 78	Vertretung	1149
§ 79	(aufgehoben)	1171
§ 80	Angaben auf Geschäftsbriefen	1171
§ 81	Änderung des Vorstands und der Vertretungsbefugnis seiner Mitglieder	1177
§ 82	Beschränkungen der Vertretungs- und Geschäftsführungsbefugnis	1183
§ 83	Vorbereitung und Ausführung von Hauptversammlungsbeschlüssen	1195
§ 84	Bestellung und Abberufung des Vorstands	1201
§ 85	Bestellung durch das Gericht	1265
§ 86	(aufgehoben)	1269
§ 87	Grundsätze für die Bezüge der Vorstandsmitglieder	1270
§ 88	Wettbewerbsverbot	1306
§ 89	Kreditgewährung an Vorstandsmitglieder	1323
§ 90	Berichte an den Aufsichtsrat	1332
§ 91	Organisation; Buchführung	1354
§ 92	Vorstandspflichten bei Verlust, Überschuldung oder Zahlungsunfähigkeit	1388
§ 93	Sorgfaltspflicht und Verantwortlichkeit der Vorstandsmitglieder	1420
§ 94	Stellvertreter von Vorstandsmitgliedern	1556

Inhaltsverzeichnis

Zweiter Abschnitt. Aufsichtsrat

§ 95 Zahl der Aufsichtsratsmitglieder	1560
§ 96 Zusammensetzung des Aufsichtsrats	1567
§ 97 Bekanntmachung über die Zusammensetzung des Aufsichtsrats	1598
§ 98 Gerichtliche Entscheidung über die Zusammensetzung des Aufsichtsrats	1609
§ 99 Verfahren	1615
§ 100 Persönliche Voraussetzungen für Aufsichtsratsmitglieder	1623
§ 101 Bestellung der Aufsichtsratsmitglieder	1656
§ 102 Amtszeit der Aufsichtsratsmitglieder	1690
§ 103 Abberufung der Aufsichtsratsmitglieder	1696
§ 104 Bestellung durch das Gericht	1717
§ 105 Unvereinbarkeit der Zugehörigkeit zum Vorstand und zum Aufsichtsrat	1736
§ 106 Bekanntmachung der Änderungen im Aufsichtsrat	1748
§ 107 Innere Ordnung des Aufsichtsrats	1751
§ 108 Beschlußfassung des Aufsichtsrats	1822
§ 109 Teilnahme an Sitzungen des Aufsichtsrats und seiner Ausschüsse	1856
§ 110 Einberufung des Aufsichtsrats	1869
§ 111 Aufgaben und Rechte des Aufsichtsrats	1883
§ 112 Vertretung der Gesellschaft gegenüber Vorstandsmitgliedern	1927
§ 113 Vergütung der Aufsichtsratsmitglieder	1946
§ 114 Verträge mit Aufsichtsratsmitgliedern	1975
§ 115 Kreditgewährung an Aufsichtsratsmitglieder	1992
§ 116 Sorgfaltspflicht und Verantwortlichkeit der Aufsichtsratsmitglieder	1995

Dritter Abschnitt. Benutzung des Einflusses auf die Gesellschaft

§ 117 Schadenersatzpflicht	2088

Vierter Abschnitt. Hauptversammlung

Erster Unterabschnitt. Rechte der Hauptversammlung

§ 118 Allgemeines	2107
§ 119 Rechte der Hauptversammlung	2125
Anhang: Leitung der Hauptversammlung	2151
§ 120 Entlastung; Votum zum Vergütungssystem	2164

Zweiter Unterabschnitt. Einberufung der Hauptversammlung

§ 121 Allgemeines	2187
§ 122 Einberufung auf Verlangen einer Minderheit	2233
§ 123 Frist, Anmeldung zur Hauptversammlung, Nachweis	2266
§ 124 Bekanntmachung von Ergänzungsverlangen; Vorschläge zur Beschlussfassung	2289
§ 124a Veröffentlichungen auf der Internetseite der Gesellschaft	2321
§ 125 Mitteilungen für die Aktionäre und an Aufsichtsratsmitglieder	2327
§ 126 Anträge von Aktionären	2345
§ 127 Wahlvorschläge von Aktionären	2366
§ 127a Aktionärsforum	2370
§ 128 Übermittlung der Mitteilungen	2380

Dritter Unterabschnitt. Verhandlungsniederschrift. Auskunftsrecht

§ 129 Geschäftsordnung; Verzeichnis der Teilnehmer	2391
§ 130 Niederschrift	2406
§ 131 Auskunftsrecht des Aktionärs	2448
§ 132 Gerichtliche Entscheidung über das Auskunftsrecht	2472

Vierter Unterabschnitt. Stimmrecht

§ 133 Grundsatz der einfachen Stimmenmehrheit	2477
§ 134 Stimmrecht	2501
§ 135 Ausübung des Stimmrechts durch Kreditinstitute und geschäftsmäßig Handelnde	2532
§ 136 Ausschluß des Stimmrechts	2575
§ 137 Abstimmung über Wahlvorschläge von Aktionären	2600

Fünfter Unterabschnitt. Sonderbeschluß

§ 138 Gesonderte Versammlung. Gesonderte Abstimmung	2602

Inhaltsverzeichnis

Sechster Unterabschnitt. Vorzugsaktien ohne Stimmrecht

§ 139 Wesen 2610
§ 140 Rechte der Vorzugsaktionäre 2623
§ 141 Aufhebung oder Beschränkung des Vorzugs 2632

Siebenter Unterabschnitt. Sonderprüfung. Geltendmachung von Ersatzansprüchen

§ 142 Bestellung der Sonderprüfer 2649
§ 143 Auswahl der Sonderprüfer 2700
§ 144 Verantwortlichkeit der Sonderprüfer 2710
§ 145 Rechte der Sonderprüfer. Prüfungsbericht 2716
§ 146 Kosten 2728
§ 147 Geltendmachung von Ersatzansprüchen 2731
§ 148 Klagezulassungsverfahren 2769
§ 149 Bekanntmachungen zur Haftungsklage 2807

Sachverzeichnis 2813

Band 2
Fünfter Teil. Rechnungslegung. Gewinnverwendung
Erster Abschnitt. Jahresabschluss und Lagebericht. Entsprechenserklärung

§ 150 Gesetzliche Rücklage. Kapitalrücklage 3
§§ 150a, 151 (aufgehoben) 9
§ 152 Vorschriften zur Bilanz 9
§§ 153–157 (aufgehoben) 14
§ 158 Vorschriften zur Gewinn- und Verlustrechnung 14
§ 159 (aufgehoben) 20
§ 160 Vorschriften zum Anhang 20
§ 161 Erklärung zum Corporate Governance Kodex 31

Zweiter Abschnitt. Prüfung des Jahresabschlusses
Erster Unterabschnitt. Prüfung durch Abschlußprüfer

§§ 162–169 (aufgehoben) 87

Zweiter Unterabschnitt. Prüfung durch den Aufsichtsrat

§ 170 Vorlage an den Aufsichtsrat 87
§ 171 Prüfung durch den Aufsichtsrat 96

Dritter Abschnitt. Feststellung des Jahresabschlusses. Gewinnverwendung
Erster Unterabschnitt. Feststellung des Jahresabschlusses

§ 172 Feststellung durch Vorstand und Aufsichtsrat 112
§ 173 Feststellung durch die Hauptversammlung 119

Zweiter Unterabschnitt. Gewinnverwendung

§ 174 [Beschluss über die Gewinnverwendung] 124

Dritter Unterabschnitt. Ordentliche Hauptversammlung

§ 175 Einberufung 129
§ 176 Vorlagen. Anwesenheit des Abschlußprüfers 135

Vierter Abschnitt. Bekanntmachung des Jahresabschlusses

§§ 177, 178 (aufgehoben) 140

Sechster Teil. Satzungsänderung. Maßnahmen der Kapitalbeschaffung und Kapitalherabsetzung
Erster Abschnitt. Satzungsänderung

§ 179 Beschluß der Hauptversammlung 141
§ 179a Verpflichtung zur Übertragung des ganzen Gesellschaftsvermögens 192
§ 180 Zustimmung der betroffenen Aktionäre 205
§ 181 Eintragung der Satzungsänderung 210

Inhaltsverzeichnis

Zweiter Abschnitt. Maßnahmen der Kapitalbeschaffung
Erster Unterabschnitt. Kapitalerhöhung gegen Einlagen

§ 182 Voraussetzungen	227
§ 183 Kapitalerhöhung mit Sacheinlagen; Rückzahlung von Einlagen	251
§ 183a Kapitalerhöhung mit Sacheinlagen ohne Prüfung	273
§ 184 Anmeldung des Beschlusses	283
§ 185 Zeichnung der neuen Aktien	293
§ 186 Bezugsrecht	307
§ 187 Zusicherung von Rechten auf den Bezug neuer Aktien	334
§ 188 Anmeldung und Eintragung der Durchführung	339
§ 189 Wirksamwerden der Kapitalerhöhung	362
§ 190 (aufgehoben)	365
§ 191 Verbotene Ausgabe von Aktien und Zwischenscheinen	365

Zweiter Unterabschnitt. Bedingte Kapitalerhöhung

§ 192 Voraussetzungen	368
§ 193 Erfordernisse des Beschlusses	412
§ 194 Bedingte Kapitalerhöhung mit Sacheinlagen; Rückzahlung von Einlagen	429
§ 195 Anmeldung des Beschlusses	442
§ 196 (aufgehoben)	450
§ 197 Verbotene Aktienausgabe	450
§ 198 Bezugserklärung	455
§ 199 Ausgabe der Bezugsaktien	463
§ 200 Wirksamwerden der bedingten Kapitalerhöhung	472
§ 201 Anmeldung der Ausgabe von Bezugsaktien	476

Dritter Unterabschnitt. Genehmigtes Kapital

§ 202 Voraussetzungen	482
§ 203 Ausgabe der neuen Aktien	504
§ 204 Bedingungen der Aktienausgabe	531
§ 205 Ausgabe gegen Sacheinlagen; Rückzahlung von Einlagen	541
§ 206 Verträge über Sacheinlagen vor Eintragung der Gesellschaft	547

Vierter Unterabschnitt. Kapitalerhöhung aus Gesellschaftsmitteln

§ 207 Voraussetzungen	551
§ 208 Umwandlungsfähigkeit von Kapital- und Gewinnrücklagen	558
§ 209 Zugrunde gelegte Bilanz	564
§ 210 Anmeldung und Eintragung des Beschlusses	570
§ 211 Wirksamwerden der Kapitalerhöhung	573
§ 212 Aus der Kapitalerhöhung Berechtigte	574
§ 213 Teilrechte	576
§ 214 Aufforderung an die Aktionäre	578
§ 215 Eigene Aktien. Teileingezahlte Aktien	582
§ 216 Wahrung der Rechte der Aktionäre und Dritter	585
§ 217 Beginn der Gewinnbeteiligung	592
§ 218 Bedingtes Kapital	594
§ 219 Verbotene Ausgabe von Aktien und Zwischenscheinen	596
§ 220 Wertansätze	597

Fünfter Unterabschnitt. Wandelschuldverschreibungen. Gewinnschuldverschreibungen

§ 221 [Wandel-, Gewinnschuldverschreibungen]	599

Dritter Abschnitt. Maßnahmen der Kapitalherabsetzung
Erster Unterabschnitt. Ordentliche Kapitalherabsetzung

§ 222 Voraussetzungen	668
§ 223 Anmeldung des Beschlusses	678
§ 224 Wirksamwerden der Kapitalherabsetzung	681
§ 225 Gläubigerschutz	685
§ 226 Kraftloserklärung von Aktien	692
§ 227 Anmeldung der Durchführung	697
§ 228 Herabsetzung unter den Mindestnennbetrag	699

Inhaltsverzeichnis

Zweiter Unterabschnitt. Vereinfachte Kapitalherabsetzung

§ 229 Voraussetzungen 701
§ 230 Verbot von Zahlungen an die Aktionäre 710
§ 231 Beschränkte Einstellung in die Kapitalrücklage und in die gesetzliche Rücklage 711
§ 232 Einstellung von Beträgen in die Kapitalrücklage bei zu hoch angenommenen Verlusten 713
§ 233 Gewinnausschüttung. Gläubigerschutz 715
§ 234 Rückwirkung der Kapitalherabsetzung 718
§ 235 Rückwirkung einer gleichzeitigen Kapitalerhöhung 722
§ 236 Offenlegung 726

Dritter Unterabschnitt. Kapitalherabsetzung durch Einziehung von Aktien. Ausnahme für Stückaktien

§ 237 Voraussetzungen 727
§ 238 Wirksamwerden der Kapitalherabsetzung 738
§ 239 Anmeldung der Durchführung 740

Vierter Unterabschnitt. Ausweis der Kapitalherabsetzung

§ 240 [Gesonderte Ausweisung] 742

Siebenter Teil. Nichtigkeit von Hauptversammlungsbeschlüssen und des festgestellten Jahresabschlusses. Sonderprüfung wegen unzulässiger Unterbewertung

Erster Abschnitt. Nichtigkeit von Hauptversammlungsbeschlüssen

Erster Unterabschnitt. Allgemeines

Vorbemerkungen zu §§ 241 ff. Klagemöglichkeiten im Aktienrecht 745
§ 241 Nichtigkeitsgründe 763
§ 242 Heilung der Nichtigkeit 814
§ 243 Anfechtungsgründe 830
§ 244 Bestätigung anfechtbarer Hauptversammlungsbeschlüsse 877
§ 245 Anfechtungsbefugnis 889
§ 246 Anfechtungsklage 904
§ 246a Freigabeverfahren 919
§ 247 Streitwert 929
§ 248 Urteilswirkung 935
§ 248a Bekanntmachungen zur Anfechtungsklage 942
§ 249 Nichtigkeitsklage 943

Zweiter Unterabschnitt. Nichtigkeit bestimmter Hauptversammlungsbeschlüsse

§ 250 Nichtigkeit der Wahl von Aufsichtsratsmitgliedern 950
§ 251 Anfechtung der Wahl von Aufsichtsratsmitgliedern 957
§ 252 Urteilswirkung 961
§ 253 Nichtigkeit des Beschlusses über die Verwendung des Bilanzgewinns 963
§ 254 Anfechtung des Beschlusses über die Verwendung des Bilanzgewinns 967
§ 255 Anfechtung der Kapitalerhöhung gegen Einlagen 971

Zweiter Abschnitt. Nichtigkeit des festgestellten Jahresabschlusses

§ 256 Nichtigkeit 981
§ 257 Anfechtung der Feststellung des Jahresabschlusses durch die HV 1011

Dritter Abschnitt. Sonderprüfung wegen unzulässiger Unterbewertung

§ 258 Bestellung der Sonderprüfer 1016
§ 259 Prüfungsbericht. Abschließende Feststellungen 1028
§ 260 Gerichtliche Entscheidung über die abschließenden Feststellungen der Sonderprüfer ... 1031
§ 261 Entscheidung über den Ertrag auf Grund höherer Bewertung 1035
§ 261a Mitteilungen an die Bundesanstalt für Finanzdienstleistungsaufsicht 1040

Achter Teil. Auflösung und Nichtigerklärung der Gesellschaft
Erster Abschnitt. Auflösung
Erster Unterabschnitt. Auflösungsgründe und Anmeldung

§ 262 Auflösungsgründe 1043
§ 263 Anmeldung und Eintragung der Auflösung 1071

Inhaltsverzeichnis

Zweiter Unterabschnitt. Abwicklung

§ 264 Notwendigkeit der Abwicklung 1074
§ 265 Abwickler 1086
§ 266 Anmeldung der Abwickler 1092
§ 267 Aufruf der Gläubiger 1095
§ 268 Pflichten der Abwickler 1097
§ 269 Vertretung durch die Abwickler 1104
§ 270 Eröffnungsbilanz. Jahresabschluß und Lagebericht 1109
§ 271 Verteilung des Vermögens 1133
§ 272 Gläubigerschutz 1137
§ 273 Schluß der Abwicklung 1141
§ 274 Fortsetzung einer aufgelösten Gesellschaft 1152

Zweiter Abschnitt. Nichtigerklärung der Gesellschaft

§ 275 Klage auf Nichtigerklärung 1158
§ 276 Heilung von Mängeln 1167
§ 277 Wirkung der Eintragung der Nichtigkeit 1168

Zweites Buch. Kommanditgesellschaft auf Aktien

§ 278 Wesen der Kommanditgesellschaft auf Aktien 1171
§ 279 Firma 1204
§ 280 Feststellung der Satzung. Gründer 1206
§ 281 Inhalt der Satzung 1212
§ 282 Eintragung der persönlich haftenden Gesellschafter 1219
§ 283 Persönlich haftende Gesellschafter 1220
§ 284 Wettbewerbsverbot 1226
§ 285 Hauptversammlung 1230
§ 286 Jahresabschluß. Lagebericht 1241
§ 287 Aufsichtsrat 1246
§ 288 Entnahmen der persönlich haftenden Gesellschafter. Kreditgewährung 1257
§ 289 Auflösung 1262
§ 290 Abwicklung 1271

Drittes Buch. Verbundene Unternehmen
Erster Teil. Unternehmensverträge

Vorbemerkungen 1275

Erster Abschnitt. Arten von Unternehmensverträgen

§ 291 Beherrschungsvertrag. Gewinnabführungsvertrag 1291
§ 292 Andere Unternehmensverträge 1313

Zweiter Abschnitt. Abschluß, Änderung und Beendigung von Unternehmensverträgen

§ 293 Zustimmung der Hauptversammlung 1332
§ 293a Bericht über den Unternehmensvertrag 1341
§ 293b Prüfung des Unternehmensvertrags 1348
§ 293c Bestellung der Vertragsprüfer 1352
§ 293d Auswahl, Stellung und Verantwortlichkeit der Vertragsprüfer 1354
§ 293e Prüfungsbericht 1356
§ 293f Vorbereitung der Hauptversammlung 1358
§ 293g Durchführung der Hauptversammlung 1360
§ 294 Eintragung. Wirksamwerden 1364
§ 295 Änderung 1370
§ 296 Aufhebung 1378
§ 297 Kündigung 1382
§ 298 Anmeldung und Eintragung 1396
§ 299 Ausschluß von Weisungen 1398

Dritter Abschnitt. Sicherung der Gesellschaft und der Gläubiger

§ 300 Gesetzliche Rücklage 1401
§ 301 Höchstbetrag der Gewinnabführung 1407
§ 302 Verlustübernahme 1412
§ 303 Gläubigerschutz 1424

XIX

Inhaltsverzeichnis

Vierter Abschnitt. Sicherung der außenstehenden Aktionäre bei Beherrschungs- und Gewinnabführungsverträgen

§ 304 Angemessener Ausgleich 1431
§ 305 Abfindung 1453
§ 306 (aufgehoben) 1481
§ 307 Vertragsbeendigung zur Sicherung außenstehender Aktionäre 1481

Zweiter Teil. Leitungsmacht und Verantwortlichkeit bei Abhängigkeit von Unternehmen
Erster Abschnitt. Leitungsmacht und Verantwortlichkeit bei Bestehen eines Beherrschungsvertrags

§ 308 Leitungsmacht 1483
§ 309 Verantwortlichkeit der gesetzlichen Vertreter des herrschenden Unternehmens 1494
§ 310 Verantwortlichkeit der Verwaltungsmitglieder der Gesellschaft 1504

Zweiter Abschnitt. Verantwortlichkeit bei Fehlen eines Beherrschungsvertrags

Vorbemerkung zu den §§ 311–318 1507
§ 311 Schranken des Einflusses 1526
§ 312 Bericht des Vorstands über Beziehungen zu verbundenen Unternehmen 1546
§ 313 Prüfung durch den Abschlußprüfer 1558
§ 314 Prüfung durch den Aufsichtsrat 1565
§ 315 Sonderprüfung 1568
§ 316 Kein Bericht über Beziehungen zu verbundenen Unternehmen bei Gewinnabführungsvertrag 1572
§ 317 Verantwortlichkeit des herrschenden Unternehmens und seiner gesetzlichen Vertreter 1574
§ 318 Verantwortlichkeit der Verwaltungsmitglieder der Gesellschaft 1580

Dritter Teil. Eingegliederte Gesellschaften

§ 319 Eingliederung 1583
§ 320 Eingliederung durch Mehrheitsbeschluß 1598
§ 320a Wirkungen der Eingliederung 1605
§ 320b Abfindung der ausgeschiedenen Aktionäre 1608
§ 321 Gläubigerschutz 1615
§ 322 Haftung der Hauptgesellschaft 1618
§ 323 Leitungsmacht der Hauptgesellschaft und Verantwortlichkeit der Vorstandsmitglieder 1624
§ 324 Gesetzliche Rücklage. Gewinnabführung. Verlustübernahme 1628
§ 325 (aufgehoben) 1630
§ 326 Auskunftsrecht der Aktionäre der Hauptgesellschaft 1630
§ 327 Ende der Eingliederung 1631

Vierter Teil. Ausschluss von Minderheitsaktionären

§ 327a Übertragung von Aktien gegen Barabfindung 1637
§ 327b Barabfindung 1657
§ 327c Vorbereitung der Hauptversammlung 1671
§ 327d Durchführung der Hauptversammlung 1679
§ 327e Eintragung des Übertragungsbeschlusses 1681
§ 327f Gerichtliche Nachprüfung der Abfindung 1688

Fünfter Teil. Wechselseitig beteiligte Unternehmen

§ 328 Beschränkung der Rechte 1693

Sechster Teil. Rechnungslegung im Konzern

§§ 329–393 (aufgehoben) 1699

Viertes Buch. Sonder-, Straf- und Schlußvorschriften
Erster Teil. Sondervorschriften bei Beteiligung von Gebietskörperschaften

§ 394 Berichte der Aufsichtsratsmitglieder 1701
§ 395 Verschwiegenheitspflicht 1709

Zweiter Teil. Gerichtliche Auflösung

§ 396 Voraussetzungen 1713
§ 397 Anordnungen bei der Auflösung 1718
§ 398 Eintragung 1722

Inhaltsverzeichnis

Dritter Teil. Straf- und Bußgeldvorschriften. Schlußvorschriften

§ 399 Falsche Angaben ... 1725
§ 400 Unrichtige Darstellung ... 1807
§ 401 Pflichtverletzung bei Verlust, Überschuldung oder Zahlungsunfähigkeit ... 1847
§ 402 Falsche Ausstellung von Berechtigungsnachweisen ... 1856
§ 403 Verletzung der Berichtspflicht ... 1867
§ 404 Verletzung der Geheimhaltungspflicht ... 1879
§ 404a Verletzung der Pflichten bei Abschlussprüfungen ... 1899
§ 405 Ordnungswidrigkeiten ... 1908
§ 406 (aufgehoben) ... 1940
§ 407 Zwangsgelder ... 1940
§ 407a Mitteilungen an die Abschlussprüferaufsichtsstelle ... 1947
§ 408 Strafbarkeit persönlich haftender Gesellschafter einer Kommanditgesellschaft auf Aktien ... 1948
§ 409 (gegenstandslos) ... 1949
§ 410 Inkrafttreten ... 1949

Gesetz über das gesellschaftsrechtliche Spruchverfahren (Spruchverfahrensgesetz – SpruchG)

§ 1 Anwendungsbereich ... 1951
§ 2 Zuständigkeit ... 1962
§ 3 Antragsberechtigung ... 1969
§ 4 Antragsfrist und Antragsbegründung ... 1978
§ 5 Antragsgegner ... 1987
§ 6 Gemeinsamer Vertreter ... 1990
§ 6a Gemeinsamer Vertreter bei Gründung einer SE ... 1998
§ 6b Gemeinsamer Vertreter bei Gründung einer Europäischen Genossenschaft ... 2000
§ 6c Gemeinsamer Vertreter bei grenzüberschreitender Verschmelzung ... 2000
§ 7 Vorbereitung der mündlichen Verhandlung ... 2001
§ 8 Mündliche Verhandlung ... 2007
§ 9 Verfahrensförderungspflicht ... 2016
§ 10 Verletzung der Verfahrensförderungspflicht ... 2017
§ 11 Gerichtliche Entscheidung; Gütliche Einigung ... 2019
§ 12 Beschwerde ... 2024
§ 13 Wirkung der Entscheidung ... 2034
§ 14 Bekanntmachung der Entscheidung ... 2037
§ 15 Kosten ... 2038
§ 16 Zuständigkeit bei Leistungsklage ... 2049
§ 17 Allgemeine Bestimmungen; Übergangsvorschrift ... 2050

Internationales Gesellschaftsrecht ... 2053

Verordnung (EG) Nr. 2157/2001 des Rates vom 8. Oktober 2001 über das Statut der Europäischen Gesellschaft (SE)

Vor Art. 1 Einleitung ... 2071

Titel I. Allgemeine Vorschriften

Art. 1 [Wesen der SE] ... 2086
Art. 2 [Gründungsformen] ... 2089
Art. 3 [SE als Gründer] ... 2090
Art. 4 [Mindestkapital] ... 2111
Art. 5 [Kapital, Aktien] ... 2112
Art. 6 [Satzungsbegriff] ... 2115
Art. 7 [Sitz und Hauptverwaltung] ... 2116
Art. 8 [Grenzüberschreitende Sitzverlegung] ... 2120
Art. 9 [Anwendbares Recht] ... 2136
Art. 10 [Gleichbehandlung] ... 2147
Art. 11 [Rechtsformzusatz] ... 2149
Art. 12 [Eintragung ins Register] ... 2151
Art. 13 [Offenlegung] ... 2163
Art. 14 [Bekanntmachung] ... 2163

Inhaltsverzeichnis

Titel II. Gründung
Abschnitt 1. Allgemeines
Art. 15 [Anwendbares Recht] 2166
Art. 16 [Entstehen der Gesellschaft] 2168

Abschnitt 2. Gründung einer SE durch Verschmelzung
Art. 17 [Gründung einer SE durch Verschmelzung] 2175
Art. 18 [Anwendung nationalen Verschmelzungsrechts] 2177
Art. 19 [Behördliches Einspruchsrecht] 2179
Art. 20 [Verschmelzungsplan] 2179
Art. 21 [Bekanntmachung des Verschmelzungsplans] 2185
Art. 22 [Verschmelzungsprüfung] 2187
Art. 23 [Zustimmung der Hauptversammlung] 2189
Art. 24 [Gläubiger- und Minderheitenschutz] 2192
Art. 25 [Rechtmäßigkeitskontrolle bei den Gründungsgesellschaften] 2199
Art. 26 [Rechtmäßigkeitskontrolle bei der werdenden SE] 2203
Art. 27 [Eintragung der Verschmelzung] 2206
Art. 28 [Offenlegung der Verschmelzung] 2207
Art. 29 [Wirkungen der Verschmelzung] 2208
Art. 30 [Fehlerhafte Verschmelzung] 2211
Art. 31 [Vereinfachte Konzernverschmelzung] 2213

Abschnitt 3. Gründung einer Holding-SE
Art. 32 [Gründung einer Holding-SE] 2216
Art. 33 [Einbringung der Anteile] 2227
Art. 34 [Minderheiten- und Gläubigerschutz] 2234

Abschnitt 4. Gründung einer Tochter-SE
Art. 35 [Gründung einer Tochter-SE] 2236
Art. 36 [Anwendbares Recht] 2237

Abschnitt 5. Umwandlung einer bestehenden Aktiengesellschaft in eine SE
Art. 37 [Gründung durch Formwechsel] 2238

Titel III. Aufbau der SE
Art. 38 [Organe der SE] 2247

Abschnitt 1. Dualistisches System
Art. 39 [Leitungsorgan] 2254
Art. 40 [Aufsichtsorgan] 2258
Art. 41 [Information] 2264
Art. 42 [Vorsitzender des Aufsichtsorgans] 2266

Abschnitt 2. Monistisches System
Art. 43 [Verwaltungsorgan] 2267
Art. 44 [Sitzungen] 2291
Art. 45 [Vorsitzender des Verwaltungsorgans] 2297

Abschnitt 3. Gemeinsame Vorschriften für das monistische und das dualistische System
Art. 46 [Bestellung der Organe] 2300
Art. 47 [Voraussetzungen der Organmitgliedschaft] 2303
Art. 48 [Zustimmungsbedürftige Geschäfte] 2307
Art. 49 [Verschwiegenheitspflicht] 2310
Art. 50 [Beschlussfassung] 2311
Art. 51 [Haftung] 2315

Abschnitt 4. Hauptversammlung
Art. 52 [Zuständigkeit] 2322
Art. 53 [Organisation und Ablauf] 2327
Art. 54 [Einberufung der Hauptversammlung] 2329
Art. 55 [Einberufung durch eine Minderheit] 2331

Inhaltsverzeichnis

Art. 56 [Ergänzung der Tagesordnung] 2331
Art. 57 [Stimmenmehrheit] 2336
Art. 58 [Auszählung der Stimmen] 2336
Art. 59 [Satzungsänderungen] 2338
Art. 60 [Gesonderte Abstimmung] 2341

Titel IV. Jahresabschluss und konsolidierter Abschluss

Art. 61 [Erstellung des Jahresabschlusses] 2344
Art. 62 [Jahresabschluss bei Kredit- oder Finanzinstituten] 2344

Titel V. Auflösung, Liquidation, Zahlungsunfähigkeit und Zahlungseinstellung

Art. 63 [Auflösung, Liquidation, Insolvenz] 2349
Art. 64 [Auseinanderfallen von Sitz und Hauptverwaltung] 2351
Art. 65 [Offenlegung der Auflösung] 2354
Art. 66 [Formwechsel der SE in AG] 2354

Titel VI. Ergänzungs- und Übergangsbestimmung

Art. 67 [Kapitalziffer außerhalb der Eurozone] 2359

Titel VII. Schlussbestimmungen

Art. 68 [Nationale Umsetzungsmaßnahmen] 2361
Art. 69 [Überprüfung der Verordnung] 2362
Art. 70 [Inkrafttreten] 2362
Anhang I (nicht abgedruckt) 2364
Anhang II (nicht abgedruckt) 2364

Sachverzeichnis 2365

Abkürzungsverzeichnis

aA	anderer Ansicht
aaO	am angegebenen Ort
AB	Ausschussbericht
ABGB	Allgemeines Bürgerliches Gesetzbuch
ABl.	Amtsblatt
abl.	ablehnend
ABl. EG /ABl. EU	Amtsblatt der Europäischen Gemeinschaften
Abs.	Absatz (Absätze)
abw.	abweichend
AccRev.	The Accounting Review (Zeitschrift)
ARR WirtschaftsStrafR-HdB	Achenbach/Ransiek/Rönnau, Handbuch Wirtschaftsstrafrecht, 4. Aufl. 2015
AcP	Archiv für die civilistische Praxis (Zeitschrift)
ADS	Adler/Düring/Schmaltz, Rechnungslegung und Prüfung der Unternehmen (Gesamtausgabe), Kommentar, 6. Aufl. 1995 ff.
ADS ErgBd.	Ergänzungsband zu ADS
ADHGB	Allgemeines Deutsches Handelsgesetzbuch
ADV	Allgemeine Datenverarbeitung
aE	am Ende
aF	alte Fassung
AfA	Absetzung für Abnutzung
AG	Aktiengesellschaft; Die Aktiengesellschaft (Zeitschrift); Amtsgericht
AGB	Allgemeine Geschäftsbedingungen
AGBG	Gesetz zur Regelung des Rechts der Allgemeinen Geschäftsbedingungen
AHGB	Allgemeines Handelsgesetzbuch
AICPA	American Institute of Certified Public Accountants, New York
AktG	Aktiengesetz
allg.	allgemein
allgM	allgemeine Meinung
Alt.	Alternative
Ammon/Görlitz Die kleine AG	Ammon/Görlitz, Die kleine Aktiengesellschaft, 1998
amtl.	amtlich
Amtl. Begr.	Amtliche Begründung
AmtsLG	Amtslöschungsgesetz
AnfO	Anfechtungsordnung
Angerer/Geibel/Süßmann/Bearbeiter	Angerer/Geibel/Süßmann, Wertpapiererwerbs- und Übernahmegesetz (WpÜG), Kommentar, 3. Aufl. 2017
AngG	Angestelltengesetz
Anh.	Anhang
Anm.	Anmerkung(en)
AnwBl.	Deutsches/Österreichisches Anwaltsblatt (Zeitschriften)
ao	außerordentlich
AO	Abgabenordnung; Ausgleichsordnung
AR	Aufsichtsrat
ArbG	Arbeitsgericht
ArbGG	Arbeitsgerichtsgesetz
AR-Blattei	Dietrich/Neef/Schwab, Arbeitsrecht-Blattei, Systematische Darstellungen und Gesetzestexte, Loseblatt
ArbVG	Arbeitsverfassungsgesetz
AReG	Abschlussprüfungsreformgesetz
Art.	Artikel
ARUG	Gesetz zur Umsetzung der Aktionärsrechterichtlinie
ASC	Accounting Standards Committee des CCAB (Consultative Committee of the Accountancy Bodies der Chartered Accountants von England, Wales, Schottland und Irland)
Assmann/Pötzsch/Schneider/Bearbeiter	Assmann/Pötzsch/Schneider, Wertpapiererwerbs- und Übernahmegesetz (WpÜG), Kommentar, 2. Aufl. 2013

XXV

Abkürzungsverzeichnis

Assmann/Schneider/Bearbeiter	Assmann/Schneider, Wertpapierhandelsgesetz, Kommentar, 6. Aufl. 2012
Assmann/Schütze KapAnlR-HdB	Assmann/Schütze, Handbuch des Kapitalanlagerechts, 4. Aufl. 2015
ASVG	Allgemeines Sozialversicherungsgesetz
Aufl.	Auflage
AuR	Arbeit und Recht, Zeitschrift für die Arbeitsrechtspraxis
ausf.	ausführlich
AuslBG	Ausländerbeschäftigungsgesetz
AuslInvestmG	Auslandsinvestmentgesetz
AuslInvG	Auslandsinvestitionsgesetz
AusschussB	Ausschussbericht
AußStrG	Außerstreitgesetz
AVG	Allgemeines Verwaltungsverfahrensgesetz
AVRAG	Arbeitsvertragsrechts-Anpassungsgesetz
AWD	Außenwirtschaftsdienst des Betriebs Beraters (Zeitschrift) seit 1975 RIW
AWG	Außenwirtschaftsgesetz
AWV	Ausschuss für wirtschaftliche Verwaltung in Wirtschaft und öffentlicher Hand eV
Az.	Aktenzeichen
Baetge/Kirsch/Thiele Bilanzen	Baetge/Kirsch/Thiele, Bilanzen, 14. Aufl. 2017
Baetge/Kirsch/Thiele Konzernbilanzen	Baetge/Kirsch/Thiele, Konzernbilanzen, 12. Aufl. 2017
BaFin	Bundesanstalt für Finanzdienstleistungsaufsicht
BAG	Bundesarbeitsgericht; Gesetz über die Errichtung eines Bundesaufsichtsamtes für das Versicherungswesen
BAGE	Entscheidungen des Bundesarbeitsgerichts
Bähre/Schneider	Bähre/Schneider, KWG-Kommentar, 3. Aufl. 1986
BAK	Bundesaufsichtsamt für das Kreditwesen
Bamberger/Roth/Bearbeiter	Bamberger/Roth, Kommentar zum Bürgerlichen Gesetzbuch, 3. Aufl. 2012
BankA	Bank-Archiv, Zeitschrift für Bank- und Börsenwesen
BankBiRiLiG	Bankbilanzrichtlinien-Gesetz
BAnz.	Bundesanzeiger
BAO	Bundesabgabenordnung
BAT	Bundesangestelltentarif
Baumbach/Hefermehl/Casper	Baumbach/Hefermehl/Casper, Wechselgesetz und Scheckgesetz, Recht der kartengestützten Zahlungen, Kommentar, 23. Aufl. 2008
Baumbach/Hopt/Bearbeiter	Baumbach/Hopt, Handelsgesetzbuch (ohne Seerecht), 38. Aufl. 2018
Baumbach/Hueck AktG	Baumbach/Hueck, Aktiengesetz, 13. Aufl. 1968, ergänzt 1970
Baumbach/Hueck/Bearbeiter	Baumbach/Hueck, GmbH-Gesetz, Kommentar, 21. Aufl. 2017
Baumbach/Lauterbach/Albers/Hartmann	s. BLAH
Baums Bericht der Regierungskommission	Baums, Bericht der Regierungskommission Corporate Governance, Unternehmensführung, Unternehmenskontrolle, Modernisierung des Aktienrechts, 2001
Baums/Thoma/Bearbeiter	Baums/Thoma, Kommentar zum Wertpapiererwerbs- und Übernahmegesetz, Loseblatt
BauSparkG	Gesetz über Bausparkassen
BAV	Bundesaufsichtsamt für das Versicherungswesen
BAW	Bundesaufsichtsamt für das Wertpapierwesen
BAWe	Bundesaufsichtsamt für den Wertpapierhandel
Bayer/Habersack AktienR im Wandel	Bayer/Habersack, Aktienrecht im Wandel, 2007
BayObLG	Bayerisches Oberstes Landesgericht
BayObLGSt	Entscheidungen des Bayerischen Obersten Landesgerichts in Strafsachen
BayObLGZ	Entscheidungen des Bayerischen Obersten Landesgerichts in Zivilsachen
BB	Betriebs-Berater (Zeitschrift)
BBankG	Gesetz über die Deutsche Bundesbank
BBG	Bundesbeamtengesetz
Bd. (Bde.)	Band (Bände)
BdF	Bundesminister der Finanzen (auch BMF)

Abkürzungsverzeichnis

BdJ	Bundesminister der Justiz (auch BMJ)
BDSG	Bundesdatenschutzgesetz
BeBiKo	s. BeckBilKomm
Bechtold/Bosch	Bechtold/Bosch, Kartellgesetz: GWB, Kommentar, 9. Aufl. 2018
BeckBilKomm/Bearbeiter	Beck'scher Bilanz-Kommentar, Handels- und Steuerbilanz, §§ 238 bis 339, 342 bis 342e HGB, 11. Aufl. 2018
BeckFormB	Lorz/Pfisterer/Gerber, Beck'sches Formularbuch Aktienrecht, 2005
BeckHdB AG/Bearbeiter	Müller/Rödder, Beck'sches Handbuch der AG, 2. Aufl. 2009
BeckHdB Rechnungslegung/Bearbeiter	Böcking/Castan/Heymann/Pfitzer/Scheffler, Beck'sches Handbuch der Rechnungslegung, Loseblatt
BeckMandatsHdB AG-Vorstand	Beck'sches Mandatshandbuch Vorstand der AG, 2. Aufl. 2010
BeckOK HGB	Beck'scher Online-Kommentar HGB, 21. Edition, Stand: 15.7.2018
Begr.	Begründung
BegrRegE	Begründung des Regierungsentwurfs eines Aktiengesetzes
Beil.	Beilage
Bek.	Bekanntmachung
bes.	besondere(r), besonders
Beschl.	Beschluss
Bespr.	Besprechung
bspw.	beispielsweise
betr.	betreffen(d)
BetrAVG	Gesetz zur Verbesserung der betrieblichen Altersversorgung
BetrVG	Betriebsverfassungsgesetz 1972
BeurkG	Beurkundungsgesetz
BewG	Bewertungsgesetz
BezG	Bezirksgericht
BFA	Bankenfachausschuss des Instituts der Wirtschaftsprüfer in Deutschland eV
BFH	Bundesfinanzhof
BFHE	Sammlung der Entscheidungen und Gutachten des Bundesfinanzhofs
BFuP	Betriebswirtschaftliche Forschung und Praxis (Zeitschrift)
BG	Bundesgesetz
BGB	Bürgerliches Gesetzbuch
BGBl.	Bundesgesetzblatt
BGH	Bundesgerichtshof
BGHR	BGH-Rechtsprechung (in Zivilsachen und in Strafsachen)
BGHSt	Entscheidungen des Bundesgerichtshofs in Strafsachen
BGHZ	Entscheidungen des Bundesgerichtshofs in Zivilsachen
BHO	Bundeshaushaltsordnung
Biener/Berneke	Biener/Berneke, Bilanzrichtlinien-Gesetz (Textausgabe mit Materialien), 1986
BilKoG	Gesetz zur Kontrolle von Unternehmensabschlüssen
BilanzkontrollG	Gesetz zur Kontrolle von Unternehmenszusammenschlüssen
BilMoG	Bilanzrechtsmodernisierungsgesetz
BilanzrechtsreformG	Gesetz zur Einführung internationaler Rechnungslegungsstandards und zur Sicherung der Qualität der Abschlussprüfung
BilReG	Gesetz zur Einführung internationaler Rechnungslegungsstandards und zur Sicherung der Qualität der Abschlussprüfung
BiRiLiG	Bilanzrichtlinien-Gesetz
BKartA	Bundeskartellamt
BLAH	Baumbach/Lauterbach/Albers/Hartmann, Zivilprozessordnung, Kommentar, 76. Aufl. 2018
Blaurock Stille Ges-HdB	Blaurock, Handbuch der Stillen Gesellschaft, 8. Aufl. 2016
BlStSozArbR	Blätter für Steuerrecht, Sozialversicherung und Arbeitsrecht (Zeitschrift)
BMA	Bundesminister für Arbeit
BMF	Bundesminister der Finanzen; Bundesminister(ium) für Finanzen
BMJ	Bundesminister der Justiz; Bundesminister(ium) für Justiz
BMWi	Bundesminister für Wirtschaft
BNotO	Bundesnotarordnung
BNV	Verordnung über die Nebentätigkeit der Bundesbeamten, Berufssoldaten und Soldaten auf Zeit – Bundesnebentätigkeitsverordnung
Bonner HdB	Grewe/Hofbauer/Kupsch, Bonner Handbuch Rechnungslegung Textsammlung, Einführung, Kommentierung, Loseblatt
Boos/Fischer/Schulte-Mattler/Bearbeiter	Boos/Fischer/Schulte-Mattler, Kommentar zu Kreditwesengesetz, VO (EU) Nr. 575/2013 (CRR) und Ausführungsvorschriften, 5. Aufl. 2016
Bork/Schäfer/Bearbeiter	Bork/Schäfer, GmbHG, Kommentar, 3. Aufl. 2015

Abkürzungsverzeichnis

BörsenZulVO	Börsenzulassungsverordnung
BörsG	Börsegesetz; Börsengesetz
BPG	Betriebspensionsgesetz
BR	Bundesrat
Braun/Bearbeiter	Braun, Insolvenzordnung, Kommentar, 7. Aufl. 2017
BRD	Bundesrepublik Deutschland
BR-Drs.	Bundesrats-Drucksache
BReg	Bundesregierung
BR-Prot.	Protokoll des Deutschen Bundesrates
BSG	Bundessozialgericht
BSGE	Entscheidungen des Bundessozialgerichts
Bsp.	Beispiel(e)
BStBl.	Bundessteuerblatt
BT	Bundestag
BT-Drs.	Bundestags-Drucksache
BT-Prot.	Protokoll des Deutschen Bundestags
BuB	Bankrecht und Bankpraxis, Loseblattsammlung, 1979 ff.
Buchst.	Buchstabe
Bumiller/Harders/Schwamb/Bearbeiter	Bumiller/Harders/Schwamb, FamFG, Kommentar, 11. Aufl. 2015
Bürgers/Fett KGaA-HdB	Bürgers/Fett, Die Kommanditgesellschaft auf Aktien, Handbuch, 2. Aufl. 2015
Bürgers/Körber/Bearbeiter	s. HK-AktG/Bearbeiter
Busse von Colbe/Crasselt/Pellens Lexikon	Busse von Colbe/Crasselt/Pellens, Lexikon des Rechnungswesens, 5. Aufl. 2011
Busse von Colbe/Ordelheide/Gebhardt/Pellens Konzernabschlüsse	Busse von Colbe/Ordelheide/Gebhardt/Pellens, Konzernabschlüsse. Rechnungslegung nach betriebswirtschaftlichen Grundsätzen sowie nach den Vorschriften des HGB und der IAS/IFRS, 9. Aufl. 2009
Buth/Hermanns Restrukturierung	Buth/Hermanns, Restrukturierung, Sanierung, Insolvenz, Handbuch, 4. Aufl. 2014
Butzke HV der AG	Butzke, Die Hauptversammlung der Aktiengesellschaft, 5. Aufl. 2011
Butzke Die Hauptversammlung der AG	Butzke, Die Hauptversammlung der Aktiengesellschaft, 5. Aufl. 2011
BuW	Betrieb und Wirtschaft (Zeitschrift)
BVerfG	Bundesverfassungsgericht
BVerfGE	Entscheidungen des Bundesverfassungsgerichts
BVerfGG	Gesetz über das Bundesverfassungsgericht (Bundesverfassungsgerichtsgesetz)
BVerwG	Bundesverwaltungsgericht
BVerwGE	Entscheidungen des Bundesverwaltungsgerichts
BWahlG	Bundeswahlgesetz
BWG	Bankwesengesetz
BWKOB	Baetge/Wollmert/Kirsch/Oser/Bischof, Rechnungslegung nach IFRS, Kommentar auf der Grundlage des deutschen Bilanzrechts, Loseblatt
bzgl.	bezüglich
BZRG	Gesetz über das Zentralregister und das Erziehungsregister (Bundeszentralregistergesetz)
bzw.	beziehungsweise
Canaris BankvertragsR	Canaris/Schilling/Ulmer, Bankvertragsrecht. Teil 1, 4. Aufl. 2005, Teil 2, 5. Aufl. 2014
Canaris HandelsR	Canaris, Handelsrecht, 24. Aufl. 2006
CCZ	Corporate Compliance Zeitschrift
CFL	Corporate Finance Law
cic	culpa in contrahendo
Claussen BankR/BörsenR	Claussen, Bank- und Börsenrecht, 5. Aufl. 2014
Coenenberg Jahresabschluss	Coenenberg, Jahresabschluss und Jahresabschlussanalyse, 24. Aufl. 2016
CorpGov.	Corporate Governance
CR	Computer und Recht (Zeitschrift)
CRD IV-Umsetzungsgesetz	Gesetz zur Umsetzung der Richtlinie 2013/36/EU über den Zugang zur Tätigkeit von Kreditinstituten und die Beaufsichtigung von Kreditinstituten und Wertpapierfirmen und zur Anpassung des Aufsichtsrechts an die Verordnung (EU) Nr. 575/2013 über Aufsichtsanforderungen an Kreditinstitute und Wertpapierfirmen (CRD IV-Umsetzungsgesetz)

Abkürzungsverzeichnis

Dauses/Ludwigs EU-WirtschaftsR-HdB	Dauses/Ludwigs, Handbuch des EU-Wirtschaftsrecht, Loseblatt
DB	Der Betrieb (Zeitschrift)
DBW	Die Betriebswirtschaft (Zeitschrift)
DCGK	Deutscher Corporate Governance Kodex
DDR	Deutsche Demokratische Republik
Deilmann/Lorenz Die börsennotierte AG	Deilmann/Lorenz, Die börsennotierte Aktiengesellschaft, 2005
DepG	Depotgesetz
ders.	derselbe
dgl.	dergleichen
DGWR	Deutsches Gemein- und Wirtschaftsrecht (Zeitschrift)
dh.	das heißt
dies.	dieselbe(n)
DIHT	Deutscher Industrie- und Handelstag
Diss.	Dissertation
DJ	Deutsche Justiz (Zeitschrift)
DJT	Deutscher Juristentag
DJZ	Deutsche Juristenzeitung (Zeitschrift)
DMBilErgG	D-Markbilanzergänzungsgesetz (1952, 1955)
DMBilG	Gesetz über die Eröffnungsbilanz in Deutscher Mark und die Kapitalneufestsetzung (D-Markbilanzgesetz)
DNotZ	Deutsche Notarzeitschrift
DöD	Der öffentliche Dienst (Zeitschrift)
DÖH	Der öffentliche Haushalt (Zeitschrift)
DÖV	Die öffentliche Verwaltung (Zeitschrift)
DR	Deutsches Recht (Zeitschrift)
DRdA	Das Recht der Arbeit (Zeitschrift)
DRiG	Deutsches Richtergesetz
DrittelbG	Drittelbeteiligungsgesetz
DRiZ	Deutsche Richterzeitung (Zeitschrift)
DRS	Deutscher Rechnungslegungsstandard
DRSC	Deutsches Rechnungslegungs Standards Committee eV
DSR	Deutscher Standardisierungsrat
DStBl.	Deutsches Steuerblatt (Zeitschrift)
DStR	Deutsches Steuerrecht (Zeitschrift)
DStZ	Deutsche Steuer-Zeitung (Zeitschrift)
DuD	Datenschutz und Datensicherheit (Zeitschrift)
Düringer/Hachenburg HGB	Düringer/Hachenburg, Das Handelsgesetzbuch vom 10. Mai 1897 (unter Ausschluß des Seerechts), 3. Aufl. 1930–1935
DV	Die Verwaltung (Zeitschrift)
DVBl.	Deutsches Verwaltungsblatt (Zeitschrift)
DVO	Durchführungsverordnung
DWiR	Deutsche Zeitschrift für Wirtschaftsrecht
€	Euro
EAR	The European Accounting Review (Zeitschrift)
EB	Erläuternde Bemerkungen
ebda	ebenda
EBJS/Bearbeiter	Ebenroth/Boujong/Joost/Strohn, Handelsgesetzbuch, 3. Aufl. 2014 f.
ecolex	Fachzeitschrift für Wirtschaftsrecht
E-DRS	Entwurf eines Deutschen Rechnungslegungsstandards
EDV	Elektronische Datenverarbeitung
EEG	Eingetragene Erwerbsgesellschaften
EFG	Entscheidungen der Finanzgerichte
EG	Europäische Gemeinschaften; Einführungsgesetz
EGAktG	Einführungsgesetz zum Aktiengesetz
EGBGB	Einführungsgesetz zum Bürgerlichen Gesetzbuch
EGG	Erwerbsgesellschaftengesetz
EGHGB	Einführungsgesetz zum Handelsgesetzbuch
EG-KoordG	EG-Koordinierungsgesetz
EG-Koord-Richtlinie	EG-Koordinierungsrichtlinie
EG-Richtl.	Richtlinie der Europäischen Gemeinschaft
EGVG	Einführungsgesetz zu den Verwaltungsverfahrensgesetzen
EGZPO	Einführungsgesetz zur Zivilprozeßordnung
Ehricke/Ekkenga/Oechsler	Ehricke/Ekkenga/Oechsler, Wertpapiererwerbs- und Übernahmegesetz, 2003

Abkürzungsverzeichnis

EHUG	Gesetz über elektronische Handelsregister und Genossenschaftsregister sowie Unternehmensregister
EigenbetriebsVO	Eigenbetriebsverordnung
Einf.	Einführung
Einl.	Einleitung
Ek Hauptversammlung	Ek, Praxisleitfaden für die Hauptversammlung, 3. Aufl. 2018
EK	Eigenkapital
Ekkenga/Schröer AG-Finanzierung-HdB	Ekkenga/Schröer, Handbuch der AG-Finanzierung, 2014
Emmerich/Habersack/Bearbeiter	Emmerich/Habersack, Aktien- und GmbH-Konzernrecht, Kommentar, 8. Aufl. 2016
Emmerich/Habersack KonzernR	Emmerich/Habersack Konzernrecht, 10. Aufl. 2013
Enneccerus/Nipperdey BGB AT	Enneccerus/Nipperdey, Allgemeiner Teil des Bürgerlichen Rechts. Ein Lehrbuch, 15. Aufl. 1960
entspr.	entsprechen(d); entspricht
Entw.	Entwurf
EO	Exekutionsordnung
EPS	Entwurf eines Prüfungsstandards
Erbs/Kohlhaas	Erbs/Kohlhaas, Strafrechtliche Nebengesetze, Loseblatt
ErbStG	Erbschaftsteuer- und Schenkungsteuergesetz
ErfK/Bearbeiter	Müller-Glöge/Preis/Schmidt, Erfurter Kommentar zum Arbeitsrecht, 18. Aufl. 2018
Erg.	Ergänzung
ErgBd.	Ergänzungsband
Erl.	Erlass; Erläuterung(en)
Erman/Bearbeiter	Erman, Kommentar zum Bürgerlichen Gesetzbuch, 15. Aufl. 2017
ERST	Esser/Rübenstahl/Salinger/Tsambikakis, Wirtschaftsstrafrecht, Kommentar, 2017
EStDVO	Einkommensteuer-Durchführungsverordnung
EStG	Einkommensteuergesetz
EStR	Einkommensteuer-Richtlinien
EU	Europäische Union
EU-GesRÄG 1996	EU-Gesellschaftsrechtsänderungsgesetz 1996
EuGH	Gerichtshof der Europäischen Gemeinschaften
EuGHE	Amtliche Sammlung der Rechtsprechung des EuGH
EuR	Europarecht (Zeitschrift)
EuroEG	Euro-Einführungsgesetz
Euro-JuBeG	1. Euro-Justizbegleitgesetz
eV	eingetragener Verein
EV	Vertrag zwischen der BRD und der DDR über die Herstellung der Einheit Deutschlands (Einigungsvertrag)
EVHGB	Verordnung zur Einführung handelsrechtlicher Vorschriften im Lande Österreich
evtl	eventuell
EWGV	Vertrag über die Europäische Wirtschaftsgemeinschaft
EWiR	Entscheidungen zum Wirtschaftsrecht
EWIV	Europäische wirtschaftliche Interessenvereinigung
EWR	Europäischer Wirtschaftsraum
EWS	Europäisches Wirtschafts- und Steuerrecht (Zeitschrift)
EWWU	Europäische Wirtschafts- und Währungsunion
f., ff.	folgende; fortfolgende
FAMA	Fachausschuß für moderne Abrechnungssysteme des Instituts der Wirtschaftsprüfer in Deutschland eV
FamFG	Gesetz über das Verfahren in Familiensachen und in den Angelegenheiten der freiwilligen Gerichtsbarkeit
FA-Recht	Fachausschuss Recht des Instituts der Wirtschaftsprüfer in Deutschland eV
FASB	Financial Accounting Standards Board of the Financial Accounting Foundation (USA)
FAZ	Frankfurter Allgemeine Zeitung
FBG	Firmenbuchgesetz
FBO	s. Fezer/Büscher/Obergfell
FEE	Fédération des Experts Comptables Européens
Fezer/Büscher/Obergfell	Fezer/Büscher/Obergfell, Lauterkeitsrecht: UWG, Kommentar zum Gesetz gegen den unlauteren Wettbewerb, 3. Aufl. 2016
FFG	Finanzmarktförderungsgesetz
FG	Festgabe; Finanzgericht

Abkürzungsverzeichnis

FG (Nr. Jahr)	Fachgutachten des Hauptfachausschusses des IdW
FGG	Gesetz über die Angelegenheiten der freiwilligen Gerichtsbarkeit
FGO	Finanzgerichtsordnung
FinDAG	Gesetz über die Bundesanstalt für Finanzdienstleistungsaufsicht (Finanzdienstleistungsaufsichtsgesetz – FinDAG)
FiMaAnpG	Gesetz zur Anpassung von Gesetzen auf dem Gebiet des Finanzmarktes
Fischer	Fischer, Strafgesetzbuch und Nebengesetze, Kommentar, 65. Aufl. 2018
Fitting/Bearbeiter	Fitting/Engels/Schmidt/Trebinger/Linsenmaier, Betriebsverfassungsgesetz: BetrVG, Kommentar, 29. Aufl. 2018
Fitting/Wlotzke/Wißmann	s. WKS
FIW	Forschungsinstitut für Wirtschaftsverfassung und Wettbewerb eV
FKKV DrittelbG	Freis/Kleinefeld/Kleinsorge/Voigt, Drittelbeteiligungsgesetz, 2004
FK-WpÜG/*Bearbeiter*	Haarmann/Schüppen, Frankfurter Kommentar zum WpÜG, Öffentliche Übernahmeangebote (WpÜG) und Ausschluss von Minderheitsaktionären (§§ 327a–f AktG), 3. Aufl. 2008
Fleischer VorstandsR-HdB	Fleischer, Handbuch des Vorstandsrechts, 2006
Flume JurPerson	Flume, Allgemeiner Teil des Bürgerlichen Rechts, Band I 2: Die juristische Person, 1983
Flume Personengesellschaft	Flume, Allgemeiner Teil des Bürgerlichen Rechts, Band I 1: Die Personengesellschaft, 1998
Flume RGeschäft	Flume, Allgemeiner Teil des Bürgerlichen Rechts, Band II: Das Rechtsgeschäft, 4. Aufl. 1992
FM	Finanzministerium
FMStBG	Finanzmarktstabilisierungsbeschleunigungsgesetz
FN	Fachnachrichten des Instituts der Wirtschaftsprüfer in Deutschland eV (Mitteilungsblatt)
Fn.	Fußnote
FormblattVO	Verordnung über Formblätter für die Gliederung des Jahresabschlusses von Kreditinstituten
FR	Finanz-Rundschau (Zeitschrift)
Frodermann/Jannott AktR-HdB	Frodermann/Jannott, Handbuch des Aktienrechts, 9. Aufl. 2017
Frodermann/Jannott SE-HdB	Frodermann/Jannott, Handbuch der Europäischen Aktiengesellschaft, 2. Aufl. 2014
FS	Festschrift
Fuchs/Köstler/Pütz Aufsichtsratswahl-HdB	Fuchs/Köstler/Pütz, Handbuch zur Aufsichtswahl, 6. Aufl. 2016
GA	Goltdammers Archiv für Strafrecht (Zeitschrift bis 1952 zitiert nach Band und Seite, ab 1953 nach Jahr und Seite)
GAAP	Generally Accepted Accounting Principles (s. auch US-GAAP)
GAAS	Generally Accepted Accounting Standards
GBG	Grundbuchsgesetz
GbR	Gesellschaft bürgerlichen Rechts
GEFIU	Gesellschaft für Finanzwirtschaft in der Unternehmensführung eV
Geibel/Süßmann/Bearbeiter	s. Angerer/Geibel/Süßmann
Geilen/Zöllner	Geilen/Zöllner, Aktienstrafrecht, Sonderausgabe aus dem Kölner Kommentar zum Aktiengesetz, 1984
gem.	gemäß
GenG	Gesetz betreffend die Erwerbs- und Wirtschaftsgenossenschaften (Genossenschaftsgesetz)
GenRevG	Genossenschaftsrevisionsgesetz
GenVG	Genossenschaftsverschmelzungsgesetz
Ges.	Gesetz(e)
ges.	gesetzlich
GesRÄG	Gesellschaftsrechtsänderungsgesetz
GesR-RL	Richtlinie (EU) 2017/1132 des Europäischen Parlaments und des Rates vom 14. Juni 2017 über bestimmte Aspekte des Gesellschaftsrechts
GesRZ	Der Gesellschafter. Zeitschrift für Gesellschaftsrecht (Österreich)
Geßler AktG	Geßler, Aktiengesetz mit dem Dritten Buch des HGB (§§ 238–335 HGB), D-Mark Bilanzgesetz, Treuhandgesetz, Spaltungsgesetz u a, Loseblatt-Kommentar
Geßler/Hefermehl/Bearbeiter	Geßler/Hefermehl/Eckardt/Kropff, Aktiengesetz. Kommentar, 1973 ff.; 2. Aufl. s. MüKoAktG

Abkürzungsverzeichnis

GewA	Gewerbe-Archiv (Zeitschrift)
GewO	Gewerbeordnung
GewStG	Gewerbesteuergesetz
GG	Grundgesetz (für die Bundesrepublik Deutschland)
ggf.	gegebenenfalls
GGG	Gerichtsgebührengesetz
GJW	s. Graf/Jäger/Wittig
GK-BetrVG/Bearbeiter	Gemeinschaftskommentar Betriebsverfassungsgesetz, 11. Aufl. 2018
GK-HGB/Bearbeiter	Ensthaler, Gemeinschaftskommentar zum Handelsgesetzbuch, 8. Aufl. 2015
GKKRSS	Glanegger/Kirnberger/Kusterer/Ruß/Selder/Stuhlelner, Handelsgesetzbuch, Kommentar, 7. Aufl. 2007
GK-MitbestG/Bearbeiter	Gemeinschaftskommentar zum Mitbestimmungsgesetz, Loseblatt
GlTeilhG	Gesetz für die gleichberechtigte Teilhabe von Frauen und Männern an Führungspositionen in der Privatwirtschaft und im öffentlichen Dienst
GmbH	Gesellschaft mit beschränkter Haftung
GmbHG	Gesetz betreffend die Gesellschaften mit beschränkter Haftung
GmbHR	GmbH-Rundschau (Zeitschrift)
GMBl.	Gemeinsames Ministerialblatt der Bundesministerien
GNotKG	Gesetz über Kosten der freiwilligen Gerichtsbarkeit für Gerichte und Notare
GO	Gemeindeordnung
GoB	Grundsätze ordnungsmäßiger Buchführung
v. Godin/Wilhelmi/Bearbeiter	v. Godin/Wilhelmi, Aktiengesetz, Kommentar, 4. Aufl. 1971
Goette Die GmbH	Goette, Die GmbH nach der BGH-Rechtsprechung, 2. Aufl. 2002
Göhler	Göhler, Gesetz über Ordnungswidrigkeiten: OWiG, Kommentar, 17. Aufl. 2017
Gottwald InsR-HdB	Gottwald, Insolvenzrechts-Handbuch, 5. Aufl. 2015
Goutier/Knopf/Tulloch/Bearbeiter	Goutier/Knopf/Tulloch, Kommentar zum Umwandlungsrecht, Umwandlungsgesetz – Umwandlungssteuergesetz, 2. Aufl. 2001
Graf/Jäger/Wittig/Bearbeiter	Graf/Jäger/Wittig, Wirtschafts- und Steuerstrafrecht, Kommentar, 2. Aufl. 2017
grds.	grundsätzlich
Grigoleit/Bearbeiter	Grigoleit, Aktiengesetz: AktG, Kommentar, 2013
Großfeld/Luttermann BilanzR	Großfeld/Luttermann, Bilanzrecht, 4. Aufl. 2005
Großkomm.	Großkommentar
Großkomm AktG/Bearbeiter	Großkommentar zum Aktiengesetz, 4. Aufl. 1992 ff.; 5. Aufl. 2015 ff.
Großkomm BilR/Bearbeiter	Ulmer, HGB-Bilanzrecht: Rechnungslegung, Abschlussprüfung, Publizität, Großkommentar, Band 2, 2002 (s. auch Ulmer BilanzR)
Großkomm GmbHG/Bearbeiter	s. UHL
Großkomm HGB/Bearbeiter	Staub, Handelsgesetzbuch. Großkommentar, 4. Aufl. 1982 ff.; 5. Aufl. 2009 ff.
GrS	Großer Senat
Grundmann Europ-GesR	Grundmann, Europäisches Gesellschaftsrecht, 2. Aufl. 2011
Grunewald GesR	Grunewald, Gesellschaftsrecht, 10. Aufl. 2017
GS	Gedächtnisschrift; Gesammelte Schriften
GSpG	Glücksspielgesetz
GuV	Gewinn- und Verlustrechnung
GVBl.	Gesetz- und Verordnungsblatt
GVG	Gerichtsverfassungsgesetz
GWB	Gesetz gegen Wettbewerbsbeschränkungen
GWR	Gesellschafts- und Wirtschaftsrecht (Zeitschrift)
GZl	Geschäftszahl
hA	herrschende Ansicht
Haarmann/Schüppen/Bearbeiter	s. FK-WpÜG/*Bearbeiter*
Habersack/Drinhausen/Bearbeiter	Habersack/Drinhausen, SE-Recht, Kommentar, 2. Aufl. 2016
Habersack/Henssler/Bearbeiter	Habersack/Henssler, Mitbestimmungsrecht, 4. Aufl. 2018

Abkürzungsverzeichnis

Habersack/Mülbert/Schlitt KapMarktInfo-HdB	Habersack/Mülbert/Schlitt, Handbuch der Kapitalmarktinformation, 2. Aufl. 2013
Habersack/Verse Europ-GesR	Habersack/Verse, Europäisches Gesellschaftsrecht, 4. Aufl. 2011
Hachenburg/Bearbeiter	Hachenburg, Gesetz betreffend die Gesellschaften mit beschränkter Haftung (GmbHG), Großkommentar, 8. Aufl. 1992–1997
HansRGZ	Hanseatische Rechts- und Gerichtszeitschrift (Zeitschrift)
Happ/Groß AktienR	Happ/Groß, Aktienrecht. Handbuch – Mustertexte – Kommentar, 4. Aufl. 2015
Hartmann	Hartmann, Kostengesetze: KostG, Kommentar, 47. Aufl. 2017
Hauschka/Moosmayer/Lösler Corporate Compliance-HdB	Hauschka/Moosmayer/Lösler, Corporate Compliance, Handbuch der Haftungsvermeidung im Unternehmen, 3. Aufl. 2016
HdB	Handbuch
HdR	Küting/Weber, Handbuch der Rechnungslegung. Kommentar zur Bilanzierung und Prüfung, Loseblatt
Heidel	s. NK-AktR
Hellmann/Beckemper WirtschaftsstrafR	Hellmann/Beckemper, Wirtschaftsstrafrecht, 4. Aufl. 2013
Henn/Frodermann/Jannott	s. Frodermann/Jannott
Henssler/Strohn	Henssler/Strohn, Gesellschaftsrecht: GesR, Kommentar, 3. Aufl. 2016
Henze HRR AktienR	Henze, Aktienrecht – Höchstrichterliche Rechtsprechung, 6. Aufl. 2015
Hesselmann/Tillmann/Mueller-Thuns GmbH & Co. KG-HdB	Hesselmann/Tillmann/Mueller-Thuns, Handbuch der GmbH & Co, 21. Aufl. 2016
Heybrock/Bearbeiter	Heybrock, Praxiskommentar zum GmbH-Recht, 2. Aufl. 2010
Heymann/Bearbeiter	Heymann, Handelsgesetzbuch (ohne Seerecht), Kommentar, 2. Aufl. 1995 ff.
HFA	Hauptfachausschuß des Instituts der Wirtschaftsprüfer in Deutschland eV
HFA (Nr. Jahr)	Stellungnahme des Hauptfachausschusses beim IdW
HFR	Höchstrichterliche Finanzrechtsprechung (Zeitschrift)
HGB	Handelsgesetzbuch
HGrG	Gesetz über die Grundsätze des Haushaltsrechts des Bundes und der Länder (Haushaltsgrundsätzegesetz)
Hirte WpÜG	Hirte, Wertpapiererwerbs- und Übernahmegesetz (WpÜG), Gesetzestexte – Quellen – Materialien, 2002
Hirte/Bücker Grenzüberschreitende Gesellschaften	Hirte/Bücker, Grenzüberschreitende Gesellschaften, 2. Aufl. 2006
HK-HGB/Bearbeiter	Glanegger/Kirnberger/Kusterer, Heidelberger Kommentar zum HGB, 7. Aufl. 2007; s. auch GKKRSS
HK-AktG/Bearbeiter	Bürgers/Körber, Heidelberger Kommentar zum Aktiengesetz, 4. Aufl. 2017
HK-GmbHG/Bearbeiter	Saenger/Inhester, GmbH, Kommentar, 3. Aufl. 2016
HK-KapMarktStrafR	Park, Kapitalmarktstrafrecht. Handkommentar, 4. Aufl. 2017
HK-SE	Manz/Mayer/Schröder, Europäische Aktiengesellschaft SE, 2. Aufl. 2010
hL	herrschende Lehre
hM	herrschende Meinung
Hofbauer/Kupsch/Bearbeiter	siehe Bonner Handbuch Rechnungslegung
Hoffmann/Lehmann/Weinmann	Hoffmann/Lehmann/Weinmann, Mitbestimmungsgesetz, Kommentar, 1978
Hoffmann/Preu Der Aufsichtsrat	Hoffmann/Preu, Der Aufsichtsrat, 5. Aufl. 2002
Hohenstatt/Seibt Geschlechter- und Frauenquoten	Hohenstatt/Seibt Geschlechter- und Frauenquoten in der Privatwirtschaft, 2015
Hölters/Bearbeiter	Hölters, Aktiengesetz: AktG, Kommentar, 3. Aufl. 2017
Hölters/Deilmann/Buchta Kleine AG	Hölters/Deilmann/Buchta, Die kleine Aktiengesellschaft, 2. Aufl. 2002
Hommelhoff/Hopt/v. Werder Corporate Governance-HdB	Hommelhoff/Hopt/v. Werder, Handbuch Corporate Governance, 2. Aufl. 2010
HR	Handelsregister

Abkürzungsverzeichnis

HRefG	Gesetz zur Neuregelung des Kaufmanns- und Firmenrechts und zur Änderung anderer Handels- und gesellschaftsrechtlicher Vorschriften (Handelsrechtsreformgesetz) vom 22.6.1998, BGBl. 1998 I S. 1474
HRG	Hochschulrahmengesetz
HRR	Höchstrichterliche Rechtsprechung (Zeitschrift)
Hrsg.	Herausgeber
hrsg.	herausgegeben
HRV	Handelsregisterverfügung
HS	Handelsrechtliche Entscheidungen (Entscheidungssammlung)
Hueck/Canaris WertpapierR	Hueck/Canaris, Recht der Wertpapiere, 12. Aufl. 1986
Hüffer/Koch	Hüffer/Koch, Aktiengesetz: AktG, Kommentar, 12. Aufl. 2016; 13. Aufl. 2018
Van Hulle/Maul/Drinhausen SE-HdB	Van Hulle/Maul/Drinhausen, Handbuch zur Europäischen Gesellschaft (SE), 2007
HuRB	Handwörterbuch unbestimmter Rechtsbegriffe im Bilanzrecht des HGB
HV	Hauptversammlung
HWK/Bearbeiter	Henssler/Willemsen/Kalb, Arbeitsrecht Kommentar, 8. Aufl. 2018
HypBankG	Gesetz über Hypothekenbanken
IAS	International Accounting Standard(s)
IASB	International Accounting Standards Board (seit 2001)
IASC	International Accounting Standards Committee
IAS C-dt	International Accounting Standards 1998, Deutsche Fassung
ICCAP	International Coordination Committee for the Accountants Profession
idF	in der Fassung
idR	in der Regel
IdW	Institut der Wirtschaftsprüfer in Deutschland eV
IDW EPH	Entwurf eines IDW Prüfungshinweises
IDW EPS	Entwurf eines IDW Prüfungsstandards
IDW ERS	Entwurf einer IDW Stellungnahme zur Rechnungslegung
IDW ES	Entwurf eines IDW-Standards
IDW PH	IDW Prüfungshinweis
IDW PS	IDW Prüfungsstandard
IDW RH	IDW Rechnungslegungshinweis
IDW RS	IDW Rechnungslegungsstandard
IDW S	IDW Standard
IDW SR	IWD Stellungnahme zur Rechnungslegung
IdW-Fachtag	Bericht über die Fachtagung (Jahr) des Instituts der Wirtschaftsprüfer in Deutschland eV
iE	im Einzelnen
iErg	im Ergebnis
ieS	im engeren Sinne
IESG	Insolvenz-Entgeltsicherungsgesetz
IFAC	International Federation of Accountants
IFRS	International Financial Reporting Standards (seit 2001)
IFSB	International Financial Standards Board (seit 2001)
IHK	Industrie- und Handelskammer
Ihrig/Schäfer Rechte und Pflichten des Vorstands	Ihrig/Schäfer, Rechte und Pflichten des Vorstands, 2014
Immenga/Mestmäcker	Immenga/Mestmäcker Wettbewerbsrecht, Kommentar zum Kartellgesetz, 5. Aufl. 2012 ff.
INF	Die Information über Steuer und Wirtschaft (Zeitschrift)
insbes.	insbesondere
insges.	insgesamt
InsO	Insolvenzordnung
InvFG	Investmentfondsgesetz
IPR	Internationales Privatrecht
IPRax	Praxis des internationalen Privat- und Verfahrensrechts (Zeitschrift)
IPRG	Internationales Privatrechtsgesetz
IRÄG	Insolvenzrechtsänderungsgesetz
iRd	im Rahmen des (der)
ISA	International Standards on Auditing
iSd	im Sinne des (der)
IStR	Internationales Steuerrecht (Zeitschrift)
iSv	im Sinne von
iÜ	im übrigen
iVm	in Verbindung mit

Abkürzungsverzeichnis

IWP	Institut österreichischer Wirtschaftstreuhänder
iwS	im weiteren Sinne
iZw	im Zweifel
JAB	Bericht des Justizausschusses
Jabornegg	Jabornegg, Kommentar zum HGB, 1997
Jabornegg/Strasser	Jabornegg/Strasser, Kommentar zum Aktiengesetz, 5. Aufl. 2011
Jäger Aktiengesellschaft	Jäger, Aktiengesellschaft, 2004
Jaeger/Bearbeiter	Jaeger, Insolvenzordnung, Großkommentar, Bd. 1 §§ 1–55, 2004
Jannott/Frodermann Eur AG-HdB	Jannott/Frodermann, Handbuch der Europäischen Aktiengesellschaft, 2. Aufl. 2014
Jansen	Jansen, FGG. Gesetz über die Angelegenheiten der Freiwilligen Gerichtsbarkeit, Kommentar, 3. Aufl. 2006
Jarass/Pieroth/Bearbeiter	Jarass/Pieroth, Grundgesetz für die Bundesrepublik Deutschland: GG, Kommentar, 15. Aufl. 2018
Jauernig/Hess Zivil-ProzR	Jauernig/Hess, Zivilprozessrecht, 30. Aufl. 2011
JbFSt	Jahrbuch der Fachanwälte für Steuerrecht (Schriftenreihe)
JBl.	Juristische Blätter (Zeitschrift)
jew.	jeweils
JfB	Journal für Betriebswirtschaft
JFG	Jahrbuch für Entscheidungen in Angelegenheiten der freiwilligen Gerichtsbarkeit und des Grundbuchrechts (Schriftenreihe)
JMBl.	Justizministerialblatt
JMV	Justizministerialverordnung
JMZ	Zahl des Justizministeriums
JN	Jurisdiktionsnorm
JoA	Journal of Accountancy
JR	Juristische Rundschau (Zeitschrift)
Jura	Juristische Ausbildung (Zeitschrift)
JurA	Juristische Analysen (Zeitschrift)
JurBüro	Das juristische Büro (Zeitschrift)
JuS	Juristische Schulung (Zeitschrift)
JW	Juristische Wochenschrift (Zeitschrift)
JZ	Juristenzeitung (Zeitschrift)
KAGG	Gesetz über Kapitalanlagegesellschaften
Kallmeyer/Bearbeiter	Kallmeyer, Umwandlungsgesetz, Kommentar, 6. Aufl. 2017
Kalss Verschmelzung	Kalss, Verschmelzung – Spaltung – Umwandlung, Kommentar, 2. Aufl. 2010
Kalss/Burger/Eckert Entwicklung	Kalss/Burger/Eckert, Die Entwicklung des österreichischen Aktienrechts: Geschichte und Materialien, 2003
Kalss/Hügel	Kalss/Hügel, Europäische Aktiengesellschaft SE-Kommentar, 2004
KapAEG	Kapitalaufnahmeerleichterungsgesetz
KapBG	Kapitalberichtigungsgesetz
KapCoRiLiG	Gesetz zur Durchführung der Richtlinie des Rates der Europäischen Union zur Änderung der Bilanz- und der Konzernbilanzrichtlinie hinsichtlich ihres Anwendungsbereichs (90/605/EWG), zur Verbesserung der Offenlegung von Jahresabschlüssen und zur Änderung anderer handelsrechtlicher Bestimmungen
KapErhG	Gesetz über die Kapitalerhöhung aus Gesellschaftsmitteln und über die Verschmelzung von Gesellschaften mit beschränkter Haftung
KapErhStG	Gesetz über steuerrechtliche Maßnahmen bei Erhöhung des Nennkapitals aus Gesellschaftsmitteln
KartG	Kartellgesetz
Kastner/Doralt/Nowotny Grundriß	Kastner/Doralt/Nowotny, Grundriß des österreichischen Gesellschaftsrechts, 6. Aufl. 2008
KBLW/Bearbeiter	Kremer/Bachmann/Lutter/v. Werder, Deutscher Corporate Governance Kodex, Kommentar, 7. Aufl. 2018
KEG	Kommandit-Erwerbsgesellschaft; Kraftloserklärungsgesetz
Keidel/Bearbeiter	Keidel, FamFG, Kommentar, 19. Aufl. 2017
KfH	Kammer für Handelssachen
KG	Kammergericht; Kommanditgesellschaft
KGaA	Kommanditgesellschaft auf Aktien
KGJ	Jahrbuch für Entscheidungen des Kammergerichts in Sachen der freiwilligen Gerichtsbarkeit in Kosten-, Stempel- und Strafsachen (Schriftenreihe)
KI	Kreditinstitut
Kindhäuser/Neumann/Paeffgen/Bearbeiter	s. NK-StGB/Bearbeiter

Abkürzungsverzeichnis

Kirchhof/Bearbeiter	Kirchhof, Einkommensteuergesetz (EStG), Kommentar, 16. Aufl. 2017
KK-OWiG/Bearbeiter	Karlsruher Kommentar zum Gesetz über Ordnungswidrigkeiten: OWiG, 5. Aufl. 2018
KK-StPO/Bearbeiter	Karlsruher Kommentar zur Strafprozessordnung: StPO, 7. Aufl. 2013
Klausing	Klausing, Gesetz über Aktiengesellschaften und Kommanditgesellschaften auf Aktien (Aktien-Gesetz) nebst Einführungsgesetz und „Amtlicher Begründung", 1937 (zitiert AmtlBegr Klausing)
KMG	Kapitalmarktgesetz
Knobbe-Keuk BilStR	Knobbe-Keuk, Bilanz- und Unternehmenssteuerrecht, 9. Aufl. 1993
KO	Konkursordnung
Koenig	Koenig, Abgabenordnung: AO, Kommentar, 3. Aufl. 2014
KOG	Kartellobergericht
Köhler/Bornkamm/Feddersen/Bearbeiter	Köhler/Bornkamm/Feddersen, Gesetz gegen den unlauteren Wettbewerb: UWG mit PAngV, UKlaG, DL-InfoV, Kommentar, 36. Aufl. 2018
Kölner Komm AktG	Zöllner/Noack, Kölner Kommentar zum Aktiengesetz: Kölner Komm AktG, 3. Aufl. 2004 ff. (soweit noch nicht erschienen: 2. Aufl. 1986 ff.)
Kölner Komm SpruchG/Bearbeiter	Riegger/Wasmann, Kölner Kommentar zum Spruchverfahrensgesetz, 3. Aufl. 2013
Kölner Komm WpHG	Hirte/Möllers, Kölner Kommentar zum WpHG, 2. Aufl. 2014
Kölner Komm WpÜG	Hiert/von Bülow, Kölner Kommentar zum WpÜG, 2. Aufl. 2010
Komm.	Kommentar
KonsG	Konsulargesetz
KonTraG	Gesetz zur Kontrolle und Transparenz im Unternehmensbereich vom 27.4.1998, BGBl. 1998 I 786
Koppensteiner/Rüffler	Koppensteiner/Rüffler, GmbH-Gesetz, Kommentar, 3. Aufl. 2008
Korintenberg/Bearbeiter	Korintenberg, Gerichts- und Notarkostengesetz: GNotKG, Kommentar, 20. Aufl. 2017
Köstler/Müller/Sick AR-Praxis	Köstler/Müller/Sick, Aufsichtsratspraxis, 10. Aufl. 2013
KostO	Gesetz über die Kosten in Angelegenheiten der freiwilligen Gerichtsbarkeit (Kostenordnung)
KostRspr.	Kostenrechtsprechung (Nachschlagewerk)
Kötter	Kötter, Mitbestimmungsrecht, Kommentar, 1952
Krafka/Kühn RegisterR	Krafka/Kühn, Registerrecht, 10. Aufl. 2017
KrG	Kreisgericht (DDR)
Krieger Personalentscheidungen	Krieger, Personalentscheidungen des Aufsichtsrats, 1981
Krieger/Schneider Managerhaftung-HdB	Krieger/Schneider, Handbuch Managerhaftung, 3. Aufl. 2017
krit.	kritisch
Kropff	Aktiengesetz. Textausgabe des Aktiengesetzes vom 6.9.1965 mit Begründung des Regierungsentwurfs und Bericht des Rechtsausschusses des Deutschen Bundestags, 1965 (zitiert RegBegr Kropff oder BegrRegE Kropff oder AusschußB Kropff)
KSchG	Konsumentenschutzgesetz; Kündigungsschutzgesetz
KStDVO	Durchführungsverordnung zum Körperschaftsteuergesetz
KStG	Körperschaftsteuergesetz
KStR	Körperschaftsteuer-Richtlinien
KTS	Zeitschrift für Konkurs-, Treuhand- und Schiedsgerichtswesen; ab 1989 Zeitschrift für Insolvenzrecht – Konkurs, Treuhand, Sanierung
Kübler/Assmann GesR	Kübler/Assmann, Gesellschaftsrecht, 6. Aufl. 2006
Kübler/Prütting/Bork/Bearbeiter	Kübler/Prütting/Bork, Kommentar zur Insolvenzordnung, Loseblatt
Kümpel/Wittig BankR/KapMarktR	Kümpel/Wittig, Bank- und Kapitalmarktrecht, 4. Aufl. 2011
Kümpel/Hammen/Ekkenga KapMarktR	Kümpel/Hammen/Ekkenga, Kapitalmarktrecht, Loseblatt
Küting/Weber	s. HdR
Küting/Weber Konzernabschluss	Küting/Weber, Der Konzernabschluss, 13. Aufl. 2013
KVStDVO	Kapitalverkehrsteuer-Durchführungsverordnung
KVStG	Kapitalverkehrsteuergesetz
KWG	Gesetz über das Kreditwesen
Lackner/Kühl/Bearbeiter	Lackner/Kühl, Strafgesetzbuch: StGB, Kommentar, 29. Aufl. 2018
LAG	Landesarbeitsgericht

Abkürzungsverzeichnis

Langen/Bunte/Bearbeiter	Langen/Bunte, Kartellrecht, Kommentar, 13. Aufl. 2018
Langenbucher AktKapMarktR	Langenbucher, Aktien- und Kapitalmarktrecht, 4. Aufl. 2018
Langenbucher/Bliesener/Spindler/Bearbeiter	Langenbucher/Bliesener/Spindler, Bankrechts-Kommentar, 2. Aufl. 2016
Larenz/Canaris SchuldR BT II/2	Larenz/Canaris, Lehrbuch des Schuldrechts Band II Halbband 2 Besonderer Teil, 13. Aufl. 1994
LBS	s. Langenbucher/Bliesener/Spindler
LdR	s. Busse von Colbe/Crasselt/Pellens
Leitner/Rosenau	s. NK-WSS
Leonhard/Smid/Zeuner/Bearbeiter	Leonhard/Smid/Zeuner, Insolvenzordnung (InsO) mit Insolvenzrechtlicher Vergütungsordnung (InsVV), 3. Aufl. 2010
Lfg	Lieferung
LG	Landgericht
LHFM	s. Würzburger Notar-HdB
Liebscher GmbH-KonzernR	Liebscher, Konzernrecht der GmbH, 2006
liSp.	linke Spalte
lit.	litera
Lit.	Literatur
LK-StGB/Bearbeiter	Laufhütte/Rissing-van Saan/Tiedemann, Leipziger Kommentar Strafgesetzbuch: StGB, 12. Aufl. 2006 ff.
LM	Nachschlagewerk des Bundesgerichtshofs (Loseblatt-Ausgabe), hrsg. von Lindenmaier, Möhring u. a., 1951 ff.
Losebl.	Loseblattsammlung
Löwe/Rosenberg/Bearbeiter	Löwe/Rosenberg, Strafprozeßordnung und das Gerichtsverfassungsgesetz: StPO, Großkommentar, 26. Aufl. 2006 ff.
Löwisch EigenKapErsatzR	Löwisch, Eigenkapitalersatzrecht, Kommentar, 2007
LR-StPO	s. Löwe/Rosenberg
LS	Leitsatz
Lutter Information und Vertraulichkeit	Lutter, Information und Vertraulichkeit im Aufsichtsrat, 3. Aufl. 2006
Lutter/Bearbeiter	Lutter, Umwandlungsgesetz, Kommentar, 5. Aufl. 2014
Lutter/Bayer Holding-HdB	Lutter/Bayer, Holding-Handbuch, 5. Aufl. 2015
Lutter/Bayer/Schmidt EurUnternehmensR	Lutter/Bayer/Schmidt, Europäisches Unternehmens- und Kapitalmarktrecht, 6. Aufl. 2017
Lutter/Hommelhoff/Bearbeiter	Lutter/Hommelhoff, GmbH-Gesetz, Kommentar, 19. Aufl. 2016
Lutter/Hommelhoff/Teichmann	Lutter/Hommelhoff/Teichmann, SE-Kommentar, 2. Aufl. 2015
Lutter/Krieger/Verse Rechte und Pflichten	Lutter/Krieger/Verse, Rechte und Pflichten des Aufsichtsrats, 6. Aufl. 2014
LZ	Leipziger Zeitschrift für deutsches Recht
LZB	Landeszentralbank
mablAnm	mit ablehnender Anmerkung
MaGo	Rundschreiben 2/2017 (VA) – Mindestanforderungen an die Geschäftsorganisation von Versicherungsunternehmen (MaGo) vom 25.1.2017, https://www.bafin.de/SharedDocs/Veroeffentlichungen/DE/Rundschreiben/2017/rs_1702_mago_va.html, zuletzt abgerufen am 5.12.2017
MAH AktR/Bearbeiter	Schüppen/Schaub, Münchner Anwaltshandbuch Aktienrecht, 2. Aufl. 2010
MaklerG	Maklergesetz
v. Mangoldt/Klein/Starck/Bearbeiter	v. Mangoldt/Klein/Starck, Kommentar zum Grundgesetz: GG, 6. Aufl. 2010
Manz/Mayer/Schröder AktienGes	Manz/Mayer/Schröder, Die Aktiengesellschaft, 7. Aufl. 2014
Manz/Mayer/Schröder SE	s. HK-SE
mAnm	mit Anmerkung
MAR	Marktmissbrauchsverordnung, VO (EU) Nr. 596/2014
MarkG	Markenschutzgesetz

Abkürzungsverzeichnis

Marsch-Barner/Schäfer Börsennotierte AG-HdB	Marsch-Barner/Schäfer, Handbuch börsennotierte AG, 4. Aufl. 2017
Martens Leitung Hauptversammlung der AG	Martens, Leitfaden für die Leitung der Hauptversammlung einer Aktiengesellschaft, 3. Aufl. 2003
Matthießen StimmR und Interessenkollision Aufsichtsrat	Matthießen, Stimmrecht und Interessenkollision im Aufsichtsrat, 1989
Maunz/Dürig	Maunz/Dürig, Grundgesetz, Loseblatt, 81. Ergänzungslieferung 2017
maW	mit anderen Worten
mBespr	mit Besprechung
MBl.	Ministerialblatt
MDR	Monatsschrift für deutsches Recht (Zeitschrift)
mE	meines Erachtens
Meyer-Goßner/Schmitt/Bearbeiter	Meyer-Goßner/Schmitt, Strafprozessordnung: StPO, Kommentar, 61. Aufl. 2018
Meyer-Landrut/Miller/Niehus/Bearbeiter	Meyer-Landrut/Miller/Niehus, Gesetz betreffend die Gesellschaften mit beschränkter Haftung (GmbHG) einschließlich Rechnungslegung zum Einzel- sowie zum Konzernabschluss, Kommentar, 1987
MHdB AG/Bearbeiter ..	Münchener Handbuch des Gesellschaftsrechts Band 4: Aktiengesellschaft, 4. Aufl. 2015
MHdB ArbR/Bearbeiter	Münchener Handbuch Arbeitsrecht, 3. Aufl. 2009
MHdB GesR VII/Bearbeiter	Münchener Handbuch des Gesellschaftsrechts Band 7: Gesellschaftsrechtliche Streitigkeiten (Corporate Litigation), 5. Aufl. 2016
MHdB KG/Bearbeiter ..	Münchener Handbuch des Gesellschaftsrechts Band 2: Kommanditgesellschaft, GmbH & Co KG, Publikums-KG, Stille Gesellschaft, 4. Aufl. 2014
MHLS/Bearbeiter	Michalski/Heidinger/Leible/J. Schmidt, Kommentar zum Gesetz betreffend die Gesellschaften mit beschränkter Haftung (GmbH-Gesetz), 3. Aufl. 2017
Mimberg/Gätsch AG-Hauptversammlung	Mimberg/Gätsch, Die Hauptversammlung der Aktiengesellschaft nach dem ARUG, 2010
Mio.	Million(en)
Mitbest	Die Mitbestimmung (Zeitschrift)
MitbestErgG	Mitbestimmungsergänzungsgesetz
MitbestG	Gesetz über die Mitbestimmung der Arbeitnehmer
Mitsch StrafR BT II	Mitsch, Strafrecht Besonderer Teil II, 3. Aufl. 2015
MittBayNotK	Mitteilungen der Bayerischen Notarkammer (Mitteilungsblatt)
MittRhNotK	Mitteilungen der Rheinischen Notarkammer (Mitteilungsblatt)
mN	mit Nachweisen
MMVO	Marktmissbrauchsverordnung, VO (EU) Nr. 596/2014
MoMiG	Gesetz zur Modernisierung des GmbH-Rechts und zur Bekämpfung von Missbräuchen
MontanMitbestG	Montan-Mitbestimmungsgesetz
Mot.	Motive
MR	Medien und Recht (Zeitschrift)
Mrd.	Milliarde(n)
MüKoAktG/Bearbeiter	Münchener Kommentar zum Aktiengesetz, 4. Aufl. 2014 ff.
MüKoBGB/Bearbeiter ..	Münchener Kommentar zum Bürgerlichen Gesetzbuch, 7. Aufl. 2015 ff.
MüKoBilanzR/Bearbeiter	Münchener Kommentar zum Bilanzrecht, 2013
MüKoHGB/Bearbeiter	Münchener Kommentar zum Handelsgesetzbuch, 3. Aufl. 2010 ff., 4. Aufl. 2016 ff.
MüKoInsO/Bearbeiter ..	Münchener Kommentar zur Insolvenzordnung, 3. Aufl. 2013 ff.
MüKoStGB/Bearbeiter	Münchener Kommentar zum Strafgesetzbuch, 2. Aufl. 2011 ff., 3. Aufl. 2016 ff.
MüKoZPO/Bearbeiter ..	Münchener Kommentar zur Zivilprozessordnung, 5. Aufl. 2016 f.
Mülbert AG, Unternehmensgruppe, Kapitalmarkt	Mülbert, Aktiengesellschaft, Unternehmensgruppe und Kapitalmarkt, 2. Aufl. 1996
Müller-Gugenberger/Bieneck Wirtschafts-StrafR-HdB	Müller-Gugenberger/Bieneck, Wirtschaftsstrafrecht – Handbuch des Wirtschaftsstraf- und -ordnungswidrigkeitenrechts, 6. Aufl. 2015
Müller/Köstler/Zachert AR-Praxis	s. Köstler/Müller/Sick AR-Praxis

Abkürzungsverzeichnis

Müller/Lehmann	Müller/Lehmann, Kommentar zum Mitgestimmungsgesetz, Bergbau und Eisen, 1952
Musielak/Voit/Bearbeiter	Musielak/Voit, Zivilprozessordnung: ZPO, Kommentar, 15. Aufl. 2018
MustG	Musterschutzgesetz
MVHdB I GesR	Münchener Vertragshandbuch Bd. 1: Gesellschaftsrecht, 7. Aufl. 2011
mwN	mit weiteren Nachweisen
mzustAnm	mit zustimmender Anmerkung
NA	Sonderausschuss neues Aktienrecht des Instituts der Wirtschaftsprüfer in Deutschland eV
Nachtr.	Nachtrag
Nw.	Nachweis(e)
Nagel/Freis/Kleinsorge SE	Nagel/Freis/Kleinsorge, Die Beteiligung der Arbeitnehmer in der Europäischen Gesellschaft – SE, 2005
NaStraG	Namensaktiengesetz vom 18.1.2001, BGBl. 2001 I S. 123
NB	Neue Betriebswirtschaft (Zeitschrift)
NdsRPfleger	Niedersächsische Rechtspflege (Zeitschrift)
Nerlich/Römermann/Bearbeiter	Nerlich/Römermann, Insolvenzordnung (InsO), Loseblatt-Kommentar
Neye SE	Neye, Die Europäische Aktiengesellschaft, 2005
nF	neue Fassung
NF	Neue Folge
Nirk/Ziemons/Binnewies AG-HdB	Nirk/Ziemons/Binnewies, Handbuch der Aktiengesellschaft, Loseblatt
NJW	Neue Juristische Wochenschrift (Zeitschrift)
NJW-RR	NJW-Rechtsprechungs-Report Zivilrecht (Zeitschrift)
NK-AktR/Bearbeiter	Heidel, Aktienrecht und Kapitalmarktrecht, 4. Aufl. 2014
NK-StGB/Bearbeiter	Kindhäuser/Neumann/Paeffgen, Strafgesetzbuch, 5. Aufl. 2017
NK-WSS	Leitner/Rosenau, Wirtschafts- und Steuerstrafrecht, Kommentar, 2017
NO	Notariatsordnung
NordöR	Zeitschrift für öffentliches Recht in Norddeutschland
NotAktG	Notariatsaktgesetz
Nr.	Nummer
NStZ	Neue Zeitschrift für Strafrecht
NStZ-RR	NStZ-Rechtsprechungs-Report Strafrecht (Zeitschrift)
NVwZ	Neue Zeitschrift für Verwaltungsrecht
NW	Nordrhein-Westfalen
NWB	Neue Wirtschaftsbriefe (Zeitschrift), Loseblattsammlung
NYSE	New York Stock Exchange
NZ	Österreichische Notariatszeitung (Zeitschrift)
NZA	Neue Zeitschrift für Arbeitsrecht
NZG	Neue Zeitschrift für Gesellschaftsrecht
o.	oben
ÖBA	Österreichisches Bankarchiv (Zeitschrift)
Obermüller/Werner/Winden	siehe Butzke
ÖBl.	Österreichische Blätter für gewerblichen Rechtsschutz und Urheberrecht (Zeitschrift)
OECD	Organisation für wirtschaftliche Zusammenarbeit und Entwicklung
OEG	Offene Erwerbsgesellschaft
OeNB	Oesterreichische Nationalbank
OFD	Oberfinanzdirektion
OGH	Oberster Gerichtshof
OGHZ	Entscheidungen des Obersten Gerichtshofs für die Britische Zone in Zivilsachen
OHG	Offene Handelsgesellschaft
ÖIAG	Österreichische Industrieverwaltungs-Aktiengesellschaft
ÖJT	Österreichischer Juristentag
ÖJZ	Österreichische Juristenzeitung (Zeitschrift)
ÖJZ-LSK	Leitsatzkartei in Österreichischer Juristenzeitung
Olfert/Körner/Langenbeck Sonderbilanzen	Olfert/Körner/Langenbeck, Sonderbilanzen, 4. Aufl. 1994
OLG	Oberlandesgericht
OLGR	Die Rechtsprechung der Oberlandesgerichte auf dem Gebiet des Zivilrechts (1900–1928) (Entscheidungssammlung)

Abkürzungsverzeichnis

OLGZ	Entscheidungen der Oberlandesgerichte in Zivilsachen einschließlich der freiwilligen Gerichtsbarkeit
Oser/Bischof/Baetge IFRS	s. BWKOB
ÖSpZ	Österreichische Sparkassenzeitung (Zeitschrift)
ÖStZ	Österreichische Steuerzeitung
ÖStZB	Beilage zur ÖStZ, die finanzrechtlichen Erkenntnisse des VwGH und VfGH
OVG	Oberverwaltungsgericht
OWiG	Gesetz über Ordnungswidrigkeiten
ÖZW	Österreichische Zeitschrift für Wirtschaftsrecht
Paefgen Mitbestimmte AG	Paefgen, Struktur und Aufsichtsratsverfassung der mitbestimmten AG, 1982
Palandt	Palandt, Bürgerliches Gesetzbuch, 77. Aufl. 2018
Park	s. HK-KapMarktStrafR
PatG	Patentgesetz
Peltzer Deutsche Corporate Governance	Peltzer, Deutsche Corporate Governance, 2. Aufl. 2004
PersonenbefG	Personenbeförderungsgesetz
Peus Aufsichtsratsvorsitzende	Peus, Der Aufsichtsratvorsitzende, 1983
phG	persönlich haftender Gesellschafter
Phi	Produkthaftpflicht (Zeitschrift)
PKG	Pensionskassengesetz
PostG	Gesetz über das Postwesen
PostgiroO	Postgiroordnung
PostscheckG	Postscheckgesetz
Potthoff/Trescher Aufsichtsratsmitglied	Potthoff/Trescher, Das Aufsichtsratsmitglied, 6. Aufl. 2003
ProkG	Finanzprokuraturgesetz
Prölss/Bearbeiter	Prölss, Versicherungsaufsichtsgesetz, Kommentar, 13. Aufl. 2018
Prütting/Helms/ Bearbeiter	Prütting/Helms, FamFG, Kommentar, 4. Aufl. 2018
PWW/Bearbeiter	Prütting/Wegen/Weinreich, BGB, Kommentar, 12. Aufl. 2017
PS	Prüfungsstandard
PSG	Privatstiftungsgesetz
PSK	Österreichische Postsparkasse
PSK-G	Postsparkassengesetz
PublG	Gesetz über die Rechnungslegung von bestimmten Unternehmen und Konzernen (Publizitätsgesetz)
pVV	positive Vertragsverletzung
Raiser/Veil/Jacobs	Raiser/Veil/Jacobs, Mitbestimmungsgesetz und Drittelbeteiligungsgesetz, Kommentar, 6. Aufl. 2015
Raiser/Veil KapGesR	Raiser/Veil, Recht der Kapitalgesellschaften, 6. Aufl. 2015
RAnz	Reichsanzeiger
RAO	Rechtsanwaltsordnung; Reichsabgabenordnung
RAusschuss	Rechtsausschuss
RdA	Recht der Arbeit (Zeitschrift)
Rdschr.	Rundschreiben
RdW	Recht der Wirtschaft (Zeitschrift)
Recht	Das Recht (Zeitschrift)
RefE	Referentenentwurf, Entwurf eines Gesetzes zur Regelung von öffentlichen Angeboten zum Erwerb von Wertpapieren und von Unternehmensübernahmen v. 12.3.2001
RefE BilReG	Referentenentwurf eines Gesetzes zur Einführung internationaler Rechnungslegungsstandards und zur Sicherung der Qualität der Abschlussprüfung (Bilanzrechtsreformgesetz – BilReG) veröffentlicht durch das BMJ, Stand Dezember 2003
RegBegr.	Regierungsbegründung
RegE	Regierungsentwurf; Gesetzesentwurf der Bundesregierung, Entwurf eines Gesetzes zur Regelung von öffentlichen Angeboten zum Erwerb von Wertpapieren und von Unternehmensübernahmen v. 5.10.2001, BT-Drs. 14/7034
REITG	Gesetz über deutsche Immobilien-Aktiengesellschaften mit börsennotierten Anteilen (REIT-Gesetz)
reSp	rechte Spalte
RFH	Reichsfinanzhof
RFHE	Sammlung der Entscheidungen und Gutachten des Reichsfinanzhofes
RG	Reichsgericht

Abkürzungsverzeichnis

RGBl.	Reichsgesetzblatt
RGSt	Entscheidungen des Reichsgerichts in Strafsachen
RGZ	Entscheidungen des Reichsgerichts in Zivilsachen
RHO	Reichshaushaltsordnung
Richardi/Bearbeiter	Richardi, Betriebsverfassungsgesetz: BetrVG, Kommentar, 16. Aufl. 2018
Richtl.	Koordinierungs-Richtlinie des Rates der Europäischen Gemeinschaften
RKLW	s. KBLW
Ritter	Ritter, Aktiengesetz, Kommentar, 2. Aufl. 1939
Rittner/Dreher WirtschaftsR	Rittner, Europäisches und deutsches Wirtschaftsrecht, 3. Aufl. 2007
RiW	Recht der internationalen Wirtschaft (Zeitschrift)
RJA	Entscheidungen in Angelegenheiten der freiwilligen Gerichtsbarkeit und des Grundbuchrechts, zusammengestellt im Reichsjustizamt
RL	Richtlinie
RLG	Rechnungslegungsgesetz
Rn.	Randnummer(n)
ROHG	Reichsoberhandelsgericht
ROHGE	Entscheidungen des Reichsoberhandelsgerichts
Röhricht/Graf v. Westphalen/Haas/Bearbeiter	Röhricht/Graf von Westphalen/Haas, Handelsgesetzbuch: HGB, Kommentar, 4. Aufl. 2014
Rosenberg/Schwab/Gottwald ZivilProzR	Rosenberg/Schwab/Gottwald, Zivilprozessrecht, 18. Aufl. 2018
Roth/Altmeppen/Bearbeiter	Roth/Altmeppen, Gesetz betreffend die Gesellschaften mit beschränkter Haftung: GmbHG, Kommentar, 8. Aufl. 2015
Rowedder/Schmidt-Leithoff/Bearbeiter	Rowedder/Schmidt-Leithoff, Gesetz betreffend die Gesellschaften mit beschränkter Haftung: GmbHG, Kommentar, 6. Aufl. 2017
Roxin StrafR AT/I	Roxin, Strafgesetzbuch Allgemeiner Teil: Band I Grundlagen. Der Aufbau der Verbrechenslehre, 4. Aufl. 2006
Roxin StrafR AT/II	Roxin, Strafgesetzbuch Allgemeiner Teil: Band II Besondere Erscheinungsformen der Straftat, 2003
RPfl/RPfleger	Der deutsche Rechtspfleger; Der österreichische Rechtspfleger (Zeitschriften)
Rspr.	Rechtsprechung
RStBl.	Reichssteuerblatt
RT-Drs.	Reichstags-Drucksache
RÜG	Rechts-Überleitungsgesetz 1945
RV	Regierungsvorlage
RWZ	Österreichische Zeitschrift für Rechnungswesen
RZ	Österreichische Richterzeitung (Zeitschrift)
S.	Satz; Seite
s.	siehe
SABI	Sonderausschuss Bilanzrichtlinien-Gesetz des Instituts der Wirtschaftsprüfer in Deutschland eV
Saenger/Inhester	s. HK-GmbHG
SAG	Die Schweizerische Aktiengesellschaft (Zeitschrift)
Schaaf Hauptversammlung	Schaaf, Die Praxis der Hauptversammlung, 3. Aufl. 2011
Schäfer WpHG	Schäfer, Wertpapierhandelsgesetz, Börsengesetz mit BörsZulV, Verkaufsprospektgesetz mit VerkProspV, 1999
Schaub ArbR-HdB	Schaub, Arbeitsrechts-Handbuch, 17. Aufl. 2017
ScheckG	Scheckgesetz
Schellhammer ZPO	Schellhammer, Zivilprozess, 15. Aufl. 2016
Schlegelberger/Bearbeiter	Schlegelberger, Handelsgesetzbuch, Kommentar, 5. Aufl. 1973 ff.
Schlegelberger/Quassowski AktG 1937	Schlegelberger/Quassowski, Aktiengesetz vom 30. Januar 1937, Kommentar, 3. Aufl. 1939
SchlHA	Schleswig-Holsteinische Anzeigen (Zeitschrift)
K. Schmidt/Bearbeiter	K. Schmidt, Insolvenzordnung: InsO, Kommentar, 19. Aufl. 2016
K. Schmidt GesR	K. Schmidt, Gesellschaftsrecht, 4. Aufl. 2002
K. Schmidt HandelsR	K. Schmidt, Handelsrecht. Unternehmensrecht I, 6. Aufl. 2014
K. Schmidt/Lutter/Bearbeiter	K. Schmidt/Lutter, Aktiengesetz, Kommentar, 3. Aufl. 2015
K. Schmidt/Uhlenbruck GmbH in Krise	Schmidt/Uhlenbruck, Die GmbH in Krise, Sanierung und Insolvenz, 5. Aufl. 2016

Abkürzungsverzeichnis

L. Schmidt/Bearbeiter	L. Schmidt, Einkommensteuergesetz: EStG, Kommentar, 37. Aufl. 2018
R. Schmidt ÖffWirtschaftsR AT	R. Schmidt, Öffentliches Wirtschaftsrecht, Allgemeiner Teil, 1990
Schmidt-Kessel/Leutner/Müther	Schmidt-Kessel/Leutner/Müther, Handelsregisterrecht: HandelsregisterR, Kommentar, 2010
Schmitt/Hörtnagl/Stratz/Bearbeiter	Schmitt/Hörtnagl/Stratz, Umwandlungsgesetz, Umwandlungssteuergesetz: UmwG, UmwStG, 7. Aufl. 2016; 8. Aufl. 2018
Scholz/Bearbeiter	Scholz, GmbH-Gesetz, Kommentar, 11. Aufl. 2012 ff., 12. Aufl. 2018
Schönke/Schröder/Bearbeiter	Schönke/Schröder, Strafgesetzbuch: StGB, Kommentar, 29. Aufl. 2014
Schulze-Osterloh/Hennrichs/Wüstemann Jahresabschluss-HdB	Schulze-Osterloh/Hennrichs/Wüstemann, Handbuch des Jahresabschlusses in Einzeldarstellungen, Loseblatt
Schütz/Bürgers/Riotte KGaA	s. Bürgers/Fett KGaA-HdB
Schummer Eigenkapitalersatzrecht	Schummer, Das Eigenkapitalersatzrecht, 1998
Schwark/Zimmer/Bearbeiter	Schwark/Zimmer, Kapitalmarktrechts-Kommentar, 4. Aufl. 2010
Schwarz	Schwarz, Verordnung (EG) Nr. 2157/2001 des Rates über das Statut der Europäischen Gesellschaft (SE): SE-VO, Kommentar, 2006
Schwarz EuropGesR	Schwarz, Europäisches Gesellschaftsrecht, 2000
SE	Societas Europaea; Europäische Aktiengesellschaft
SEAG	Gesetz zur Ausführung der Verordnung (EG) Nr. 2157/2001 des Rates vom 8. Oktober 2001 über das Statut der Europäischen Gesellschaft (SE) (SE-Ausführungsgesetz)
SEBG	Gesetz über die Beteiligung der Arbeitnehmer in der Europäischen Gesellschaft (SE-Beteiligungsgesetz)
SEC	Securities and Exchange Commission (USA)
Seibert/Kiem/Schüppen AG-HdB	Seibert/Kiem/Schüppen, Handbuch der kleinen AG, 5. Aufl. 2008
Semler Leitung und Überwachung	Semler, Leitung und Überwachung der Aktiengesellschaft, 2. Aufl. 1996
Semler/Peltzer/Kubis Vorstands-HdB	Semler/Peltzer/Kubis, Arbeitshandbuch für Vorstandsmitglieder, 2. Aufl. 2015
Semler/Stengel/Bearbeiter	Semler/Stengel, Umwandlungsgesetz: UmwG, 4. Aufl. 2017
Semler/v. Schenck/Bearbeiter	Semler/v. Schenck, Der Aufsichtsrat, Kommentar, 2015
Semler/v. Schenck AR-HdB	Semler/v. Schenck, Arbeitshandbuch für Aufsichtsratsmitglieder, 4. Aufl. 2013
Semler/Volhard/Reichert HV-HdB	Semler/Volhard/Reichert, Arbeitshandbuch für die Hauptversammlung, 4. Aufl. 2018
Semler/Volhard UÜ-HdB	Semler/Volhard, Arbeitshandbuch für Unternehmensübernahmen Bd. I 2001, Bd. II 2003
Servatius Struktur-Maßnahmen	Servatius, Strukturmaßnahmen als Unternehmensleitung, 2004
SeuffA	Seufferts Archiv für Entscheidungen der obersten Gerichte in den deutschen Staaten (Zeitschrift)
SE-VO	Verordnung (EG) Nr. 2157/2001 des Rates vom 8. Oktober 2001 über das Statut der Europäischen Gesellschaft (SE)
Seyfarth VorstandsR	Seyfarth, Vorstandsrecht, 2016
SHS	s. Schmitt/Hörtnagl/Stratz
SIC	Standing Interpretations Committee
SJZ	Süddeutsche Juristenzeitung (Zeitschrift)
SK-StGB/Bearbeiter	Wolter, SK-StGB. Systematischer Kommentar zum Strafgesetzbuch, 9. Aufl. 2016 ff.
Slg.	Sammlung
Smid InsO	s. Leonhard/Smid/Zeuner
sog.	so genannt
Sp.	Spalte
SpaltG	Spaltungsgesetz

Abkürzungsverzeichnis

SpkG	Sparkassengesetz
st.	ständig(e)
StAnpG	Steueranpassungsgesetz
Stat Jb	Statistisches Jahrbuch für die Bundesrepublik Deutschland
Staub/Bearbeiter	s. Großkomm HGB/Bearbeiter
Staudinger/Großfeld, 1998, IntGesR	Staudinger, Kommentar zum Bürgerlichen Gesetzbuch, Internationales Gesellschaftsrecht von Großfeld, 1998
StB	Steuerberater; Der Steuerberater (Zeitschrift)
Stbg	Die Steuerberatung (Zeitschrift)
StbJB	Steuerberater-Jahrbuch
StBKongressRep	Steuerberaterkongress-Report
StBp	Die steuerliche Betriebsprüfung (Zeitschrift)
Stein/Jonas/Bearbeiter	Stein/Jonas, Kommentar zur Zivilprozessordnung, 23. Aufl. 2014 ff.
Steinmeyer/Bearbeiter	Steinmeyer, WpÜG, Kommentar, 3. Aufl. 2013
StEK	Steuererlasse in Karteiform, Loseblattsammlung
stenogr.	stenographiert
steuerl. KapBG	steuerliches Kapitalberichtigungsgesetz
StGB	Strafgesetzbuch
StGBl.	Staatsgesetzblatt für die Republik Österreich
StPO	Strafprozessordnung
str.	streitig
Streck/Bearbeiter	Streck, Körperschaftsteuergesetz: KStG, 9. Aufl. 2018
stRspr	ständige Rechtsprechung
StruktVG	Strukturverbesserungsgesetz
StuB	Steuer- und Bilanzpraxis (Zeitschrift)
StückAG	Stückaktiengesetz
StuW	Steuer und Wirtschaft (Zeitschrift)
StV	Strafverteidiger (Zeitschrift)
StWStP	Staatswissenschaften und Staatspraxis (Zeitschrift)
SWK	Steuer und Wirtschaftskartei (Zeitschrift)
SZ	Sammlung der Entscheidungen des OGH in Zivilsachen
Teichmann/Koehler AktG 1937	Teichmann/Koehler, Aktiengesetz, Kommentar, 2. Aufl. 1939
teilw.	teilweise
Theisen Information	Theisen, Information und Berichterstattung des Aufsichtsrats, 4. Aufl. 2007
Theisen/Wenz SE	Theisen/Wenz, Die Europäische Aktiengesellschaft, Fachbuch, 2. Aufl. 2005
Thomas/Putzo/Bearbeiter	Thomas/Putzo, Zivilprozessordnung: ZPO, 39. Aufl. 2018
Tiedemann Wirtschafts-StrafR	Tiedemann, Wirtschaftsstrafrecht, 5. Aufl. 2017
Tiedemann Wirtschaftsstrafrecht BT	Tiedemann, Wirtschaftsstrafrecht. Besonderer Teil, 3. Aufl. 2011
Tillmann/Hesselmann/Mueller-Thuns, HdB GmbH & Co	s. Hesselmann/Tillmann/Mueller-Thuns
TransPuG	Gesetz zur weiteren Reform des Aktien- und Bilanzrechts, zu Transparenz und Publizität (Transparenz- und Publizitätsgesetz)
TrG	Gesetz zur Privatisierung und Reorganisation des volkseigenen Vermögens (Treuhandgesetz)
TUG	Gesetz zur Umsetzung der Richtlinie 2004/109 EG des Europäischen Parlaments und des Rates vom 15. Dezember 2002 zur Harmonisierung der Transparenzanforderungen in Bezug auf Informationen über Emittenten, der Wertpapiere zum Handel auf einem geregelten Markt zugelassen sind, und zur Änderung der Richtlinie 2001/34 EG (Transparenzrichtlinie-Umsetzungsgesetz)
TVG	Tarifvertragsgesetz
Tz.	Textziffer
u.	unten, und, unter
ua	und andere; unter anderem
uÄ	und Ähnliche(s)
UAbs.	Unterabsatz
Übernahmekodex	Übernahmekodex der Börsensachverständigenkommission beim Bundesministerium der Finanzen
Übernahmerichtlinie-Umsetzungsgesetz	Gesetz zur Umsetzung der Richtlinie 2004/25 EG des Europäischen Parlaments und des Rates vom 21. April 2004 betreffend Übernahmeangebote

Abkürzungsverzeichnis

ÜbG	Übernahmegesetz
UBGG	Gesetz über Unternehmensbeteiligungsgesellschaften
UBH/Bearbeiter	Ulmer/Brandner/Hensen, AGB-Recht, Kommentar, 12. Aufl. 2016
UEC	Union Européenne des Experts Comptables Economiques et Financiers
UHH/Bearbeiter	Ulmer/Habersack/Henssler, Mitbestimmungsrecht: MitbestR, Kommentar, 3. Aufl. 2013; 4. Aufl. 2018 s. Habersack/Henssler
UHL/Bearbeiter	Ulmer/Habersack/Löbbe, GmbHG – Gesetz betreffend die Gesellschaften mit beschränkter Haftung, Großkommentar, 2. Aufl. 2013 ff.
Uhlenbruck/Bearbeiter	Uhlenbruck, Insolvenzordnung: InsO, Kommentar, 14. Aufl. 2015
UHW/Bearbeiter	s. UHL
Ulmer BilanzR	Ulmer, HGB-Bilanzrecht: Rechnungslegung, Abschlussprüfung, Publizität, Großkommentar, Band 2, 2002 (s. auch Großkomm BilR)
UMAG	Gesetz zur Unternehmensintegrität und Modernisierung des Anfechtungsrechts vom 22.9.2005, BGBl. I 2802
UmgrStG	Umgründungssteuergesetz
UmwG	Umwandlungsgesetz
unstr.	unstreitig
Unternehmensrechtskommission	Bericht über die Verhandlungen der Unternehmensrechtskommission. Herausgegeben vom Bundesministerium der Justiz, 1980 (zitiert Unternehmensrechtskommission)
URG	Unternehmensreorganisationsgesetz
UrhG	Urheberrechtsgesetz
urspr.	ursprünglich
Urt.	Urteil
US-GAAP	United States Generally Accepted Accounting Principles
UStDVO	Umsatzsteuer-Durchführungsverordnung
UStG	Umsatzsteuergesetz
UStR	Umsatzsteuer-Rundschau (Zeitschrift)
usw	und so weiter
uU	unter Umständen
UWG	Gesetz gegen den unlauteren Wettbewerb
v.	von; vom
VAG	Gesetz über die Beaufsichtigung von Versicherungsunternehmen (Versicherungsaufsichtsgesetz)
VerBAV	Veröffentlichungen des Bundesaufsichtsamts für das Versicherungswesen
Verf.	Verfasser
VermG	Gesetz zur Regelung der offenen Vermögensfragen (Vermögensgesetz)
VermRÄndG	Vermögensrechtsänderungsgesetz
VersorgW	Versorgungswirtschaft (Zeitschrift)
VersR	Versicherungsrecht (Zeitschrift)
VersW	Versicherungswirtschaft (Zeitschrift)
VerwArch	Verwaltungsarchiv (Zeitschrift)
VFA	Versicherungsfachausschuss des IDW
VfGH	Verfassungsgerichtshof
VfSlg	Sammlung der Erkenntnisse und Beschlüsse des Verfassungsgerichtshofs
vgl.	vergleiche
VglO	Vergleichsordnung
VO	Verordnung
Voraufl.	Vorauflage
Vorb.	Vorbemerkung(en)
VorstAG	Gesetz zur Angemessenheit der Vorstandsvergütung
VorstOG	Vorstandsvergütungs-Offenbarungsgesetz
VVaG	Versicherungsverein auf Gegenseitigkeit
VV-BHO	Allgemeine Verwaltungsvorschriften zur Bundeshaushaltsordnung, GMBl 2001, 309
VVDStRL	Veröffentlichungen der Vereinigung der Deutschen Staatsrechtslehrer
VVG	Gesetz über den Versicherungsvertrag
VwGH	Verwaltungsgerichtshof
VwGO	Verwaltungsgerichtsordnung
VwKostG	Verwaltungskostengesetz
VwSlg	Erkenntnisse und Beschlüsse des Verwaltungsgerichtshofes
VwVfG	Verwaltungsverfahrensgesetz
VwVG	Verwaltungs-Vollstreckungsgesetz
VwZG	Verwaltungszustellungsgesetz
Wabnitz/Janovsky WirtschaftsStrafR/SteuerStrafR-HdB	Wabnitz/Janovsky, Handbuch des Wirtschafts- und Steuerstrafrechts, 4. Aufl. 2014

Abkürzungsverzeichnis

Wachter/Bearbeiter	Wachter, AktG, Kommentar, 2. Aufl. 2014; 3. Aufl. 2018
WaffenG	Waffengesetz
WAG	Wertpapieraufsichtsgesetz
WBl.	Wirtschaftsrechtliche Blätter (Zeitschrift)
Wellkamp Vorstand, Aufsichtsrat und Aktionär ...	Wellkamp, Vorstand, Aufsichtsrat und Aktionär, 2. Aufl. 2000
Wessels/Beulke/Satzger StrafR AT	Wessels/Beulke/Satzger, Strafrecht Allgemeiner Teil, 48. Aufl. 2018
Westermann/Wertenbruch PersGesR-HdB	Westermann/Wertenbruch, Handbuch der Personengesellschaften, Loseblatt
WG	Wechselgesetz
WGG	Wohnungsgemeinnützigkeitsgesetz
WGGDVO	Verordnung zur Durchführung des Wohnungsgemeinnützigkeitsgesetzes
WiB	Wirtschaftsrechtliche Beratung (Zeitschrift)
Wicke ARUG	Wicke, Einführung in das Recht der Hauptversammlung, das Recht der Sacheinlagen und das Freigabeverfahren nach dem ARUG, 2009
Wicke	Wicke, Gesetz betreffend die Gesellschaften mit beschränkter Haftung (GmbHG), Kommentar, 3. Aufl. 2016
Widmann/Mayer/Bearbeiter	Widmann/Mayer Umwandlungsrecht, Kommentar, Loseblatt
Wiedemann GesR I	Wiedemann, Gesellschaftsrecht, Band 1: Grundlagen, 1980
Wiedmann/Böcking/Gros	Wiedmann/Böcking/Gros, Bilanzrecht, Kommentar zu den §§ 238–342a HGB, 3. Aufl. 2014
WiGBl.	Gesetzblatt der Verwaltung des Vereinigten Wirtschaftsgebietes
WiKG	Gesetz zur Bekämpfung der Wirtschaftskriminalität
Wilhelm KapGesR	Wilhelm, Kapitalgesellschaftsrecht, 3. Aufl. 2009
Wilsing	Wilsing, Deutscher Corporate Governance Kodex: DCGK, Kommentar, 2012
Windbichler GesR	Windbichler Gesellschaftsrecht, 24. Aufl. 2017
Winnefeld Bilanz-HdB	Winnefeld, Bilanz-Handbuch, 5. Aufl. 2015
Wißmann/Kleinsorge/Schubert/Bearbeiter	s. WKS/Bearbeiter
wistra	Zeitschrift für Wirtschaft, Steuer und Strafrecht
WISU	Das Wirtschaftsstudium (Zeitschrift)
Witt Übernahmen	Witt, Übernahmen von Aktiengesellschaften und Transparenz der Beteiligungsverhältnisse, 1998
WKS/Bearbeiter	Wißmann/Kleinsorge/Schubert, Mitbestimmungsrecht, Kommentar, 5. Aufl. 2017
WM	Wertpapier-Mitteilungen, Teil IV (Zeitschrift)
WP	Das Wertpapier (Zeitschrift)
WPg	Die Wirtschaftsprüfung (Zeitschrift)
WP-HdB 2017	Wirtschaftsprüfer-Handbuch, 15. Aufl. 2017
WpHG	Gesetz über den Wertpapierhandel
WPK	Wirtschaftsprüferkammer
WPO	Wirtschaftsprüferordnung
WpÜG	Wertpapiererwerbs- und Übernahmegesetz
WpÜG-AngebotsVO	Verordnung über den Inhalt der Angebotsunterlage, der Gegenleistung bei Übernahmeangeboten und Pflichtangeboten und die Befreiung von der Verpflichtung zur Veröffentlichung und zur Abgabe eines Angebots (WpÜG-Angebotsverordnung)
WpÜG-BeiratsVO	Verordnung über die Zusammensetzung, die Bestellung der Mitglieder und das Verfahren des Beirats bei der Bundesanstalt für Finanzdienstleistungsaufsicht (WpÜG-Beiratsverordnung)
WpÜG-GebührenVO	Verordnung über Gebühren nach dem Wertpapiererwerbs- und Übernahmegesetz (WpÜG-Gebührenverordnung)
WpÜG-WsprAussch-VO	Verordnung über die Zusammensetzung und das Verfahren des Widerspruchsausschusses bei der Bundesanstalt für Finanzdienstleistungsaufsicht (WpÜG-Widerspruchsausschuss-Verordnung)
WRP	Wettbewerb in Recht und Praxis (Zeitschrift)
WTBG	Wirtschaftstreuhänderberufsgesetz
WTBO	Wirtschaftstreuhänderberufsordnung
WTKG	Wirtschaftstreuhänder-Kammergesetz
WuB	Entscheidungssammlung zum Wirtschafts- und Bankrecht
Würdinger AktR	Würdinger, Aktienrecht und das Recht der verbundenen Unternehmen, 4. Aufl. 1981
Würzburger Notar-HdB	Limmer/Hertel/Frenz/Mayer, Würzburger Notarhandbuch, 4. Aufl. 2015

Abkürzungsverzeichnis

WuW	Wirtschaft und Wettbewerb (Zeitschrift)
WWKK/Bearbeiter	s. WKS/Bearbeiter
ZAkDR	Zeitschrift der Akademie für deutsches Recht
ZAS	Zeitschrift für Arbeits- und Sozialrecht
zB	zum Beispiel
ZBB	Zeitschrift für Bankrecht und Bankwirtschaft
ZBl.	Zentralblatt für die juristische Praxis (Zeitschrift)
ZBlHR	Zentralblatt für Handelsrecht (Zeitschrift)
ZfA	Zeitschrift für Arbeitsrecht
ZfB	Zeitschrift für Betriebswirtschaft
ZfbF	Schmalenbachs Zeitschrift für betriebswirtschaftliche Forschung
ZfgG	Zeitschrift für das gesamte Genossenschaftswesen
ZfhF	Zeitschrift für handelswissenschaftliche Forschung (ab 1964 ZfbF)
ZfK	Zeitschrift für das gesamte Kreditwesen
ZfRV	Zeitschrift für Rechtsvergleichung
ZfV	Zeitschrift für Verwaltung
ZGR	Zeitschrift für Unternehmens- und Gesellschaftsrecht
ZGV	Zeitschrift für Gebühren und Verkehrssteuern
ZhF	Zeitschrift für handelswissenschaftliche Forschung
ZHR	Zeitschrift für das gesamte Handels- und Wirtschaftsrecht
Ziff.	Ziffer(n)
ZIK	Zeitschrift für Insolvenzrecht und Kreditschutz
Zintzen/Halft	Zintzen/Halft, Kommentar zu den Gesetzen über die Kapitalerhöhung aus Gesellschaftsmitteln, 1960
ZIP	Zeitschrift für Wirtschaftsrecht und Insolvenzpraxis
ZIR	Zeitschrift für interne Revision
ZögU	Zeitschrift für öffentliche und gemeinwirtschaftliche Unternehmen
Zöller/Bearbeiter	Zöller, ZPO Zivilprozessordnung, 32. Aufl. 2018
Zöllner WertpapierR	Zöllner, Wertpapierrecht, 15. Aufl. 2006
ZPO	Zivilprozessordnung
ZRP	Zeitschrift für Rechtspolitik
ZStW	Zeitschrift für die gesamte Strafrechtswissenschaft
zT	zum Teil
zust.	zustimmend
ZustErgG	Zuständigkeitsergänzungsgesetz
ZustG	Zustellgesetz
zutr.	zutreffend
ZVG	Gesetz über die Zwangsversteigerung und die Zwangsverwaltung
ZZP	Zeitschrift für Zivilprozess
zzt.	zurzeit

Aktiengesetz

vom 6. September 1965 (BGBl. I S. 1089)
zuletzt geändert durch Gesetz v. 17.7.2017 (BGBl. 2017 I 2446)

Erstes Buch. Aktiengesellschaft

Erster Teil. Allgemeine Vorschriften

§ 1 Wesen der Aktiengesellschaft

(1) ¹Die Aktiengesellschaft ist eine Gesellschaft mit eigener Rechtspersönlichkeit. ²Für die Verbindlichkeiten der Gesellschaft haftet den Gläubigern nur das Gesellschaftsvermögen.

(2) Die Aktiengesellschaft hat ein in Aktien zerlegtes Grundkapital.

Übersicht

	Rn.		Rn.
I. **Allgemeines**	1–7	b) Missbrauchstheorie	43, 44
1. Bedeutung	1–3	c) Normzwecklehre	45
2. Entwicklung der Vorschrift	4–7	d) Weitere Ansätze	46–50
		e) Stellungnahme	51
II. **Gesellschaft mit eigener Rechtspersönlichkeit (Abs. 1 S. 1)**	8–34	3. Fallgruppen	52–77
		a) Haftungsdurchgriff	52–64
1. Gesellschaft	8–11	b) Fälle des Zurechnungsdurchgriffs	65–73
2. Rechtspersönlichkeit	12	c) Umgekehrter Durchgriff?	74–77
3. Rechtsfähigkeit der Aktiengesellschaft	13–30	4. Durchgriff im Steuerrecht	78–81
a) Allgemeines	13	IV. **Grundkapital und Aktien (Abs. 2)**	82–102
b) Umfang der Rechtsfähigkeit	14	1. Grundkapital	83–93
c) Rechtsbereiche	15–30	a) Begriff und Funktion des Grundkapitals	83–87
4. Zeitliche Aspekte	31, 32	b) Kapitalaufbringung und Kapitalerhalt	88, 89
a) Erlangung der Rechtsfähigkeit	31		
b) Verlust der Rechtsfähigkeit	32	c) Sonderfall der Investmentaktiengesellschaft mit veränderlichem Kapital	90–93
5. Handlungsfähigkeit	33, 34		
III. **Keine Haftung der Aktionäre (Abs. 1 S. 2)**	35–81	2. Zerlegung in Aktien	94–102
		a) Begriff	94
1. Grundsatz	35–37	b) Aktienformen	95–97
2. Das Durchgriffsproblem	38–51	c) Zerlegung des Grundkapitals	98–101
a) Vorbemerkung	38–42	d) Einmann-Gründung	102

I. Allgemeines

1. Bedeutung. § 1 des Gesetzes bestimmt das Wesen der Aktiengesellschaft anhand der fünf **1 Typenmerkmale** Gesellschaft, Rechtspersönlichkeit, Haftungsverhältnis, Grundkapital und Aktie. Es handelt sich weder um eine Legaldefinition,[1] noch enthält die Vorschrift sämtliche charakteristischen Wesensmerkmale der Aktiengesellschaft.[2] So fehlt jeglicher Hinweis auf die Organisationsverfassung, also auf Regelungen über die Einrichtung und die Rechte und Pflichten von Vorstand, Aufsichtsrat und Hauptversammlung. Auch die Übertragbarkeit ihrer Anteile wird zwar in § 68 vorausgesetzt, in § 1 aber nicht ausdrücklich als Wesensmerkmal genannt. § 278 Abs. 1 enthält eine entsprechende Bestimmung für die Kommanditgesellschaft auf Aktien.

Auch wenn die dem Gesetz vorangestellte Wesensbeschreibung unvollständig ist und notgedrungen **2** unscharf bleibt, bezweckt die Regelung die **Abgrenzung** der Aktiengesellschaft von anderen Gesellschaftsformen.[3] So dient der in § 1 Abs. 1 S. 1 verwendete Begriff der Rechtspersönlichkeit der Unterscheidung von den Personengesellschaften, denen zwar unter bestimmten Voraussetzungen Rechtsfähigkeit, aber keine eigene Rechtspersönlichkeit zugebilligt wird.[4] Durch die in § 1 Abs. 1

---

[1] MüKoAktG/*Heider* Rn. 4; anders *Raiser/Veil* KapGesR § 9 Rn. 1.
[2] Vgl. Kölner Komm AktG/*Dauner-Lieb* Rn. 2.
[3] Sog. Abgrenzungsfunktion: MüKoAktG/*Heider* Rn. 6.
[4] So auch die Terminologie in § 11 Abs. 2 Nr. 1 InsO mit Bezugnahme unter anderem auf die Personenhandelsgesellschaften: „Gesellschaft ohne Rechtspersönlichkeit". Im Einzelnen ist hier vieles streitig. So wird etwa die Unterscheidung zwischen Gesellschaften mit Rechtspersönlichkeit und solchen ohne in Frage gestellt, insbes. – aus Anlass des damals neuen Umwandlungsrechts – durch *Raiser* AcP 194 (1994), 495 ff. und AcP 199 (1999),

S. 2 genannte Haftungsbegrenzung auf das Gesellschaftsvermögen unterscheidet sich die Aktiengesellschaft von der KGaA. Schließlich dient das Merkmal des in Aktien zerlegten Grundkapitals im Sinne von § 1 Abs. 2 der Abgrenzung gegenüber dem bürgerlich-rechtlichen Verein, der Genossenschaft und der GmbH.[5]

3 Neben der Abgrenzungsfunktion wird der Norm zum Teil auch eine **Ableitungsfunktion** zugesprochen.[6] Zutreffend ist, dass sich ausgehend von der Umschreibung in § 1 weitere Strukturmerkmale und Grundprinzipien des Aktienrechts deduzieren lassen.[7] Allerdings werden diese weiteren Merkmale und Prinzipien in anderen Vorschriften festgehalten, so dass § 1 insoweit kein eigener Regelungsgehalt zukommt.

4 **2. Entwicklung der Vorschrift.** Die Vorschrift war in ihren Grundzügen bereits in § 1 AktG 1937 enthalten, hat aber in der Reform von 1965 einige sprachliche Änderungen erfahren.

5 Zunächst wurde die zuvor aus einem Satz bestehende Vorschrift neu in zwei Absätzen mit insgesamt drei Sätzen gegliedert und hierdurch die Übersichtlichkeit verbessert.

6 Des Weiteren hatte § 1 AktG 1937 noch davon gesprochen, dass die Gesellschafter „mit Einlagen auf das in Aktien zerlegte Grundkapital beteiligt sind". Letzteres konnte seit dem Kapitalerhöhungsgesetz von 1959 und der anschließenden Integration der Vorschriften dieses Gesetzes in die §§ 207 ff. kein Wesensmerkmal der Aktiengesellschaft mehr sein. Denn seither ist auch die Erhöhung des Grundkapitals aus Gesellschaftsmitteln und damit ohne Kapitalzufuhr seitens der Aktionäre möglich. Folgerichtig verzichtete der Gesetzgeber in § 1 AktG 1965 auf die Erwähnung der Gesellschaftereinlagen.

7 Diesen Wegfall nahm der Gesetzgeber schließlich zum Anlass, die auf das Gesellschaftsvermögen beschränkte Haftung positiv auszudrücken, während § 1 AktG 1937 noch die negative Aussage enthielt, wonach die Gesellschafter nicht persönlich für die Verbindlichkeiten haften.

II. Gesellschaft mit eigener Rechtspersönlichkeit (Abs. 1 S. 1)

8 **1. Gesellschaft.** Nach § 1 Abs. 1 S. 1 handelt es sich bei der Aktiengesellschaft um eine Gesellschaft. Diese Formulierung wird als missverständlich angesehen, da die Aktiengesellschaft keine Gesellschaft im Sinne der §§ 705 ff. BGB, sondern eine Körperschaft ist.[8] Nach der traditionellen Ordnung der gesellschaftsrechtlichen Rechtsformen handelt es sich bei der Aktiengesellschaft um eine der **Gesellschaften im weiteren Sinne,** die von den Gesellschaften im engeren Sinne, welche auf der Grundlage persönlicher Verbundenheit errichtet werden und von der individuellen Zugehörigkeit ihrer Mitglieder abhängen, zu unterscheiden sind.[9]

9 Die **körperschaftlichen Elemente** der Aktiengesellschaft werden in § 1 nicht erwähnt. Körperschaften zeichnen sich durch ihre überindividuelle Verselbständigung aus. So ist ihr Bestand vom Wechsel der Mitglieder unabhängig und ihre Verfassung ist in einer dem Einzelwillen der Mitglieder entzogenen Satzung niedergelegt. Des Weiteren tritt die Körperschaft nach außen unter eigenem Namen auf und folgt dem Prinzip der Fremdorganschaft.[10] Für eine Körperschaft typisch und auch im Recht der Aktiengesellschaft verwirklicht ist schließlich das Mehrheitsprinzip bei der Willensbildung.[11]

10 Ihr Wesen als Körperschaft ergibt sich für die Aktiengesellschaft aus den weiteren Bestimmungen des Gesetzes, unter anderem aus § 4 über die Firma, § 23 über den Inhalt der Satzung, § 76 über die Leitungsmacht des Vorstandes sowie aus der in § 41 Abs. 4 vorausgesetzten Übertragbarkeit der Mitgliedschaft.

---

104 ff. *Raiser* schlägt vor, auch die Personenhandelsgesellschaften als juristische Personen anzusehen, da ihre Rechtssubjektivität der Rechtsfähigkeit des Vereins und der Kapitalgesellschaften in nichts nachstehe. S. auch *K. Schmidt* GesR § 8 I und III; MüKoBGB/*Schäfer* BGB Vor § 705 Rn. 13 mwN.

[5] Im Falle der GmbH gilt das nur noch eingeschränkt, da seit dem MoMiG auch bei der GmbH eine Gründungsgesellschaft mehrere Geschäftsanteile übernehmen kann, wobei die Summe der Nennbeträge aller ausgegebenen Geschäftsanteile mit dem Stammkapital übereinstimmen muss, § 5 Abs. 2 S. 2 GmbHG und § 5 Abs. 3 S. 2 GmbHG.

[6] MüKoAktG/*Heider* Rn. 7 ff.

[7] Im Einzelnen: MüKoAktG/*Heider* Rn. 7 ff.

[8] MüKoAktG/*Heider* Rn. 13; Grigoleit/*Grigoleit* Rn. 3 sieht bei der Mehrpersonengründung der Aktiengesellschaft alle Merkmale des § 705 BGB erfüllt, versteht die Verwendung des Begriffs „Gesellschaft" jedoch ebenfalls nicht als breitflächige Verweisung auf die §§ 705 ff. BGB.

[9] *Windbichler* GesR § 25 Rn. 1; Hüffer/Koch/*Koch* Rn. 2. Als inhaltlich blass bezeichnet *K. Schmidt* GesR § 3 I 1 diese Unterscheidung; s. auch Kölner Komm AktG/*Dauner-Lieb* Rn. 4. Zur Frage, ob Prinzipien der §§ 705 ff. BGB auf die Aktiengesellschaft Anwendung finden siehe Großkomm AktG/*Bachmann* Rn. 11 ff.

[10] MüKoBGB/*Reuter* BGB §§ 21, 22 Rn. 1; *Wiedemann* GesR I § 2 I 1.

[11] Vgl. MüKoBGB/*Reuter* BGB §§ 21, 22 Rn. 1.

Als Gesellschaft im weiteren Sinne kann die Aktiengesellschaft auch durch einen einzigen Gesellschafter, also als **Einmann-AG** gegründet werden. Dies ergibt sich bereits aus § 2 und ist Ausdruck der körperschaftlichen und damit überindividuellen Verfassung der Aktiengesellschaft. 11

2. Rechtspersönlichkeit. Im Gesetz als Wesenselement genannt und Ausdruck ihrer Stellung als juristische Person ist die eigene Rechtspersönlichkeit der Aktiengesellschaft.[12] Sie dient der Abgrenzung gegenüber den Personengesellschaften. Zwar wird die Existenz von rechtsfähigen Gesellschaften ohne eigene Rechtspersönlichkeit und damit die Unterscheidung zwischen Gesamthand und juristischer Person zuweilen in Frage gestellt.[13] Dies spielt jedoch für die Qualifizierung der Aktiengesellschaft keine Rolle. Angesichts der gesetzlichen Verleihung der Rechtspersönlichkeit an die Aktiengesellschaft ist die dogmatische Einordnung ihrer Stellung als juristischer Person ebenfalls nicht von entscheidender Bedeutung. Die heute hM sieht in der juristischen Person eine zweckgebundene Organisation und betont damit den rechtstechnischen Charakter dieser Rechtsfigur.[14] 12

3. Rechtsfähigkeit der Aktiengesellschaft. a) Allgemeines. Kraft ihrer Rechtspersönlichkeit ist die Aktiengesellschaft auch rechtsfähig. Der in § 1 BGB vorausgesetzte Begriff der Rechtsfähigkeit wird vom Gesetz nicht definiert. Nach allgemeiner Auffassung bedeutet Rechtsfähigkeit das Vermögen, **Inhaber von Rechten und Pflichten** zu sein.[15] Die Aktiengesellschaft ist also Rechtsträger.[16] Aufgrund ihrer Rechtsfähigkeit ist die Aktiengesellschaft selbst Zuordnungssubjekt dieser Rechtsposition, ihre Aktionäre – vorbehaltlich eines „Durchgriffs" (→ Rn. 38 ff.) – hingegen sind es nicht. 13

b) Umfang der Rechtsfähigkeit. Die Rechtsfähigkeit der Aktiengesellschaft beschränkt sich nicht auf die Vermögensfähigkeit.[17] Die juristische Person und damit auch die Aktiengesellschaft können im Grundsatz alle Rechte erwerben, die auch eine natürliche Person besitzen kann.[18] Gleichwohl ist die Rechtsfähigkeit der Aktiengesellschaft begrenzt. Denn der Aktiengesellschaft wie auch anderen juristischen Personen stehen keine Rechte zu, die **ihrer Art nach nur natürlichen Personen** zukommen.[19] Die tatsächliche Verschiedenheit zu den natürlichen Personen lässt eine vollständige Ausdehnung der Rechtsfähigkeit auf die Aktiengesellschaft und andere juristische Personen nicht zu.[20] Daher kann eine Aktiengesellschaft beispielsweise keine Staatsbürgerrechte geltend machen und auch nicht Geschäftsführerin einer GmbH werden (→ Rn. 24). Hingegen kennt das deutsche Recht keinen der angloamerikanischen **Ultra-Vires-Lehre** entsprechenden Grundsatz, wonach Rechtshandlungen außerhalb des zugewiesenen Unternehmenszwecks unwirksam sind.[21] Die Aktiengesellschaft kann daher wie jede juristische Person des Privatrechts unabhängig von ihrem Unternehmenszweck Rechte und Pflichten erwerben.[22] 14

c) Rechtsbereiche. aa) Bürgerliches Recht. Wichtigster Inhalt der Rechtsfähigkeit ist die Befähigung der Aktiengesellschaft zu vermögensrechtlichen Rechten und Pflichten. Insbesondere kann die Aktiengesellschaft Eigentum und Besitz erwerben, Rechtsgeschäfte eingehen sowie Beteiligungen an anderen Gesellschaften und sonstige Vermögensrechte halten. Weiterhin ist die Aktiengesellschaft konten- und grundbuchfähig.[23] 15

Hinsichtlich **gewerblicher Schutzrechte** ist zu unterscheiden. Eine Aktiengesellschaft kann nicht Urheberin oder Erfinderin sein, da beides eine eigenschöpferische Leistung voraussetzt, zu der 16

---

[12] Hüffer/Koch/*Koch* Rn. 4; *Windbichler* GesR § 25 Rn. 1.
[13] S. insbes. *Raiser* AcP 194 (1994), 495 ff.; krit. MüKoBGB/*Schäfer* BGB Vor § 705 Rn. 13.
[14] MüKoBGB/*Reuter* BGB Vor § 21 Rn. 2; Soergel/*Hadding* BGB, 13. Aufl. 2000, BGB Vor § 21 Rn. 6; Enneccerus/Nipperdey Allgemeiner Teil des Bürgerlichen Rechts, Band 1/1. Halbband, 1959, § 103; *Wiedemann* GesR I § 4 I 1; zur ökonomischen Betrachtung der juristischen Person s. *Kirchner* FS T. Raiser, 2005, 181 ff.
[15] S. nur MüKoBGB/*Schmitt* BGB § 1 Rn. 6. Die abweichende Auffassung interpretiert Rechtsfähigkeit als die Fähigkeit, sich rechtserheblich zu verhalten. Sie trennt daher nicht zwischen Rechtsfähigkeit und Handlungsfähigkeit, was aber wohl nicht zu unterschiedlichen Ergebnissen führt; s. MüKoBGB/*Schmitt* BGB § 1 Rn. 7.
[16] S. zu diesem Begriff *K. Schmidt* GesR § 8 I 1.
[17] So aber der erste Entwurf des BGB bezüglich der Rechtsfähigkeit der juristischen Person des Privatrechts, s. MüKoBGB/*Reuter* BGB Vor § 21 Rn. 15 mwN. Ausf.: *Wolf/Neuner* AT BGB, 11. Aufl. 2016, § 16 Rn. 1 ff.
[18] Staudinger/*Weick* (2005) BGB Einl. § 21 Rn. 28; Großkomm AktG/*Bachmann* Rn. 20; *Raiser/Veil* KapGesR § 9 Rn. 5; *Raiser* AcP 199 (1999), 143; Grigoleit/*Grigoleit* Rn. 12.
[19] Staudinger/*Weick* (2005) BGB Einl. § 21 Rn. 31; *Raiser/Veil* KapGesR § 9 Rn. 5; etwas anders Kölner Komm AktG/*Dauner-Lieb* Rn. 7, die Beschränkungen, die aus den Unterschieden zur natürlichen Person folgen, nicht als Beschränkung der Rechtsfähigkeit der Aktiengesellschaft qualifizieren möchte.
[20] MüKoBGB/*Reuter* BGB Vor § 21 Rn. 15.
[21] S. zur Ultra-Vires-Lehre *K. Schmidt* AcP 184 (1984), 529 ff.
[22] *Wiedemann* GesR I § 10 II 1 a; *Raiser* AcP 199 (1999), 134; *K. Schmidt* AcP 184 (1984), 530 f.; MüKoBGB/*Reuter* BGB Vor § 21 Rn. 14; *K. Schmidt* GesR § 8 V 2; Soergel/*Hadding* BGB, 13. Aufl. 2000, BGB Vor § 21 Rn. 24.
[23] Hüffer/Koch/*Koch* Rn. 5; Grigoleit/*Grigoleit* Rn. 12.

nur eine natürliche Person befähigt ist.[24] Allerdings steht dem abgeleiteten Erwerb der aus der Stellung als Urheber oder Erfinder erwachsenen Rechtsstellung nichts entgegen.[25]

17 Des Weiteren sind eine Reihe anderer Vorschriften des bürgerlichen Rechts ihrem Wesen nach auf juristische Personen nicht anwendbar. Dies gilt insbesondere für das **Familienrecht** und zum Teil für das **Erbrecht**. Gänzlich unanwendbar sind sämtliche Vorschriften betreffend Ehe und Verlöbnis sowie die Verwandtschaft. Eine Aktiengesellschaft kann auch nicht Erblasser werden, da der Erbfall im Sinne von § 1922 BGB den Tod voraussetzt.[26] Hingegen ist eine juristische Person erbfähig, wie sich auch aus § 2044 Abs. 2 S. 3 BGB ergibt.[27]

18 Unanwendbar sind ferner die Bestimmungen über die fehlende oder beschränkte Geschäftsfähigkeit in §§ 104 ff. BGB, so dass eine Aktiengesellschaft stets voll geschäftsfähig ist.

19 Nicht einheitlich beantwortet wird die Frage, ob eine Aktiengesellschaft mit der **Wahrnehmung fremder Interessen** in den verschiedenen vom Gesetz vorgesehenen Formen betraut werden kann. Eindeutig ist, dass eine Aktiengesellschaft zum Testamentsvollstrecker bestellt werden kann.[28] Zweifelhaft ist dies hingegen für die Stellung als Nachlassverwalter oder Nachlasspfleger.[29] Denn auf die Nachlassverwaltung und die Nachlasspflegschaft sind gemäß § 1915 BGB die Vorschriften über die Vormundschaft anzuwenden.[30] Die Stellung als Vormund wiederum wurde der Aktiengesellschaft nach einer früher verbreiteten Auffassung nicht gewährt.[31] Allerdings erlaubt § 1791a BGB in bestimmten Fällen die Vormundschaft durch einen rechtsfähigen Verein. Unter denselben Voraussetzungen sollte auch der Aktiengesellschaft die Möglichkeit zur Vormundschaft eingeräumt werden, wenn ihr Gegenstand und ihre Organisation für die ordnungsgemäße Erfüllung dieser Aufgabe Gewähr bieten.[32] Damit ist auch die Bestellung als Nachlassverwalter und Nachlasspfleger für die Aktiengesellschaft im Grundsatz möglich.[33]

20 bb) **Allgemeines Persönlichkeitsrecht?** Ob einer Aktiengesellschaft als einer juristischen Person auch Persönlichkeitsrechte zustehen, insbesondere das allgemeine Persönlichkeitsrecht, ist **streitig**. Unter den Persönlichkeitsrechten versteht man diejenigen subjektiven Rechte, welche die individuelle Persönlichkeit des Menschen in ihrer leiblichen, seelischen und geistigen Existenz und in den Gütern schützen, in denen sich die Persönlichkeit manifestiert.[34]

21 Da das allgemeine Persönlichkeitsrecht ein geistig-sittliches Wesen mit Individualität und Selbstwert voraussetzt, wird zum Teil seine Erstreckung auf die juristische Person verneint.[35] Hingegen ist es nach der Rechtsprechung und der herrschenden Lehre auch einer juristischen Person möglich, ein soziales Ansehen zu erlangen. Daher ist auch eine juristische Person in ihrer Ehre als Teil ihres allgemeinen Persönlichkeitsrechts geschützt.[36] Allerdings gilt dies nur, soweit die juristische Person in ihrem **sozialen Geltungsanspruch** als Arbeitgeber oder als Wirtschaftsunternehmen betroffen ist.[37] Der Schutz einer Intim- oder Privatsphäre kommt bei der juristischen Person nicht in Betracht.

22 Dieser beschränkte Geltungsbereich des allgemeinen Persönlichkeitsrechts kommt auch dadurch zum Ausdruck, dass eine juristische Person keinen Schmerzensgeldanspruch geltend machen kann. Denn das **Schmerzensgeld** soll einen Ausgleich für erlittene Schmerzen und entgangene Lebensfreude sowie Genugtuung für eine individuell erlittene Kränkung gewähren. Solche Empfindungen sind bei einer juristischen Person nicht denkbar.[38]

23 cc) **Handels- und Gesellschaftsrecht.** Eine Aktiengesellschaft kann Gesellschafterin einer Personen- oder Kapitalgesellschaft werden und insbesondere auch die Stellung eines persönlich haftenden Gesellschafters einnehmen. Des Weiteren kann die Gesellschaft Mitglied einer Genossenschaft werden, wie sich auch aus § 43 Abs. 4 S. 2 GenG ergibt.

---

[24] Vgl Großkomm AktG/*Bachmann* Rn. 42.
[25] Großkomm AktG/*Bachmann* Rn. 42; MüKoAktG/*Heider* Rn. 32.
[26] MüKoBGB/*Leipold* BGB § 1922 Rn. 6; Großkomm AktG/*Bachmann* Rn. 41.
[27] Soergel/*Hadding*, 13. Aufl. 2000, BGB Vor § 21 Rn. 27. S. auch MüKoBGB/*Leipold* BGB § 1923 Rn. 33.
[28] MüKoBGB/*Zimmermann* BGB § 2197 Rn. 9; Bürgers/Körber/*Westermann* Rn. 11.
[29] Für die mögliche Stellung als Nachlassverwalter oder Nachlasspfleger, allerdings ohne Begründung: MüKoAktG/*Heider* Rn. 29, ebenso Großkomm AktG/*Bachmann* Rn. 41.
[30] MüKoBGB/*Leipold* BGB § 1960 Rn. 43.
[31] Soergel/*Hadding*, 13. Aufl. 2000, BGB Vor § 21 Rn. 29.
[32] MüKoAktG/*Heider* Rn. 30.
[33] Ebenso Großkomm AktG/*Bachmann* Rn. 40 sowie MüKoAktG/*Heider* Rn. 30.
[34] Staudinger/*Kannowski* (2013) BGB Vor § 1 Rn. 18.
[35] Staudinger/*Weick* (2005) BGB Einl. § 21 Rn. 31.
[36] BGH NJW 1974, 1762 – eingetragener Verein; 1975, 1882 (1884) – Aktiengesellschaft; BGHZ 78, 274 (278 f.) – eingetragener Verein; BGHZ 98, 94 (97) – Aktiengesellschaft; *Leßmann* AcP 170 (1970), 266 (288 f.).
[37] So ausdrücklich BGHZ 98, 94 (97).
[38] BGHZ 78, 24 (27).

Obgleich die Aktiengesellschaft als Komplementärin einer KG ebenfalls eine Organstellung einnimmt, ist die Position als Vorstand einer anderen Aktiengesellschaft oder als Geschäftsführerin einer GmbH gesetzlich ausgeschlossen (§ 6 Abs. 2 S. 1 GmbH, § 76 Abs. 3 S. 1 AktG). 24

Streitig ist, ob der Aktiengesellschaft **Prokura** erteilt werden kann. Für diese Möglichkeit spricht, dass eine Aktiengesellschaft als persönlich haftende Gesellschafterin einer OHG oder KG in der Regel ebenfalls Vertretungsmacht besitzt, die daher auch außerhalb eines Gesellschaftsverhältnisses rechtsgeschäftlich erteilt werden kann.[39] Daher überzeugt die gegenteilige Auffassung,[40] wonach nur natürliche Personen Prokuristen werden können, nicht. Denn die vorgebrachte besondere Vertrauensstellung des Prokuristen ist mit der Stellung eines Komplementärs einer KG durchaus vergleichbar. 25

dd) Prozessrecht. Eine Aktiengesellschaft ist nach § 50 ZPO parteifähig, sowohl aktiv als auch passiv. Sie ist darüber hinaus wie andere juristische Personen auch prozessfähig im Sinne von §§ 51 f. ZPO.[41] 26

ee) Öffentliches Recht. Die Fähigkeit der Aktiengesellschaft, Trägerin von Rechten und Pflichten zu sein, gilt auch für den Bereich des öffentlichen Rechts. Insbesondere stehen der Aktiengesellschaft auch die Grundrechte zu, soweit diese ihrem Wesen nach auf juristische Personen anwendbar sind, Art. 19 Abs. 3 GG. Dies gilt allerdings nicht, wenn hinter der juristischen Person des Privatrechts ausschließlich Hoheitsträger stehen.[42] Denn die Ausdehnung der Grundrechte auf juristische Personen ist nur gerechtfertigt, „wenn deren Bildung und Betätigung Ausdruck der freien Entfaltung der privaten natürlichen Personen ist, insbesondere wenn der ‚Durchgriff' auf die hinter ihnen stehenden Menschen es als sinnvoll und erforderlich erscheinen lässt".[43] 27

ff) Straf- und Ordnungswidrigkeitenrecht. Eine Aktiengesellschaft kann mangels Handlungsfähigkeit eine Straftat im Sinne von § 13 StGB nicht begehen (zur Handlungsfähigkeit → Rn. 33 ff.).[44] Als Täter kommt insoweit nur ihr Organ in Betracht. Dabei schließt die fehlende Handlungsfähigkeit der Aktiengesellschaft nicht aus, dass besondere persönliche Merkmale, die nach § 14 StGB die Strafbarkeit des Organs begründen, bei der Aktiengesellschaft verwirklicht werden. Umgekehrt kann die Aktiengesellschaft strafrechtlich für das Handeln ihrer Organe nicht verantwortlich gemacht werden. Eine Vorschrift entsprechend § 31 BGB ist dem Strafrecht fremd. 28

Anders ist die Situation bei den Ordnungswidrigkeiten. Nach § 30 OWiG kann gegen eine juristische Person eine Geldbuße festgelegt werden, wenn ein vertretungsberechtigtes Organ eine Straftat oder Ordnungswidrigkeit begangen hat, durch die Pflichten, welche die juristische Person treffen, verletzt worden sind oder die juristische Person bereichert worden ist. Das Handeln des Organs wird der juristischen Person also im Ordnungswidrigkeitenrecht zugerechnet.[45] 29

gg) Steuerrecht. Aktiengesellschaften mit Sitz oder Geschäftsleitung im Inland sind nach § 1 Abs. 1 Nr. 1 KStG Körperschaftsteuersubjekte und nach § 2 Abs. 2 GewStG Gewerbesteuersubjekte. Sie unterliegen damit selbst der unbeschränkten Steuerpflicht in Deutschland und sind daher – anders als Personengesellschaften außerhalb der Gewerbesteuer – **steuerlich nicht transparent**. Etwas anderes galt bisher für die Sonderform der Investmentaktiengesellschaft nach dem Kapitalanlagegesetzbuch. Diese war bis Ende 2017 nach § 11 Abs. 1 S. 3 InvStG von der Körperschaft- und der Gewerbesteuer befreit, wenn sie Anforderungen an einen Investmentfonds im Sinne von § 1 Abs. 1b S. 2 InvStG in der bis Ende 2017 gültigen Fassung erfüllte. Deren thesaurierten Erträge wurden den Aktionären für steuerliche Zwecke zum Teil als so genannte ausschüttungsgleiche Erträge zugerechnet und dort unmittelbar zur Besteuerung herangezogen. Seit 2018 ist die Investmentaktiengesellschaft nicht mehr von der Steuer befreit. Sie kann aber als Spezial-Investmentfonds von der sogenannten Transparenzoption Gebrauch machen, wodurch – gegebenenfalls unter Vornahme eines Steuerabzugs auf Fondsebene – die Besteuerung von der Investmentaktiengesellschaft auf den Anleger verlagert wird. 30

4. Zeitliche Aspekte. a) Erlangung der Rechtsfähigkeit. Die Rechtsfähigkeit der Aktiengesellschaft entsteht nach § 41 Abs. 1 S. 1 mit Eintragung der Gesellschaft in das Handelsregister. 31

---

[39] Kölner Komm AktG/*Dauner-Lieb* Rn. 17; MüKoAktG/*Heider* Rn. 31.
[40] Baumbach/Hopt/*Hopt* HGB § 48 Rn. 2; MüKoHGB/*Krebs* HGB § 48 Rn. 26; EBJS/*Weber* HGB § 48 Rn. 15.
[41] Zöller/*Vollkommer* ZPO § 52 Rn. 2; Hüffer/Koch/*Koch* Rn. 7; Grigoleit/*Grigoleit* Rn. 2; Staudinger/*Weick* (2005) BGB Einl. § 21 Rn. 54; aA BLAH/*Hartmann* ZPO § 52 Rn. 4.
[42] BVerfGE 21, 362 (369); 68, 193 (205 f.).
[43] BVerfGE 21, 362 (369).
[44] MüKoStGB/*Joecks* StGB Vor § 25 Rn. 16; zu aktuellen Überlegungen einer Kriminalstrafe für Verbände s. Großkomm AktG/*Bachmann* Rn. 53.
[45] *Rogall* Karlsruher Kommentar zum OWiG, 5. Aufl. 2018, OWiG § 30 Rn. 8.

Allerdings besteht nach heute überwiegender Auffassung schon vor Eintragung mit der betreffenden **Vorgesellschaft** ein Rechtsträger, der bereits am Rechtsverkehr teilnehmen kann.[46] Bei Eintragung gehen alle Rechte, Pflichten und Rechtsverhältnisse der Vorgesellschaft auf die Aktiengesellschaft über. Ob dies ein Fall der Gesamtrechtsnachfolge[47] ist oder ob eine Identität der beiden Gesellschaften besteht,[48] ist umstritten, im Ergebnis aber nicht von Bedeutung.

32 **b) Verlust der Rechtsfähigkeit.** Nicht einheitlich beantwortet wird die Frage, wann die Rechtsfähigkeit der Aktiengesellschaft endet. Obgleich eine Vorschrift entsprechend § 41 Abs. 1 S. 1 für die Löschung aus dem Handelsregister fehlt, erscheint es nahe liegend, auch in Bezug auf den Verlust der Rechtsfähigkeit an den Registereintrag anzuknüpfen.[49] Demgegenüber stellt die Rechtsprechung bisher noch auf den Eintritt der Vermögenslosigkeit der Aktiengesellschaft unabhängig von der Austragung aus dem Handelsregister ab, welche daher nur noch deklaratorische Bedeutung besitzt.[50] Nach einer dritten, heute in der Lehre wohl überwiegenden Auffassung soll der Wegfall der Rechtsfähigkeit sowohl die Löschung im Handelsregister als auch die Vermögenslosigkeit voraussetzen und damit von der Erfüllung eines **Doppeltatbestandes** abhängen.[51] Für die zuletzt genannte Ansicht spricht, dass zwar die Löschung im Handelsregister wegen der Regelung in § 41 Abs. 1 S. 1 für das Ende der Rechtsfähigkeit unabdingbar ist, dass jedoch auch nach der Löschung noch verteilungsfähiges Vermögen der Gesellschaft vorhanden sein kann. In diesem Fall bleibt die im Handelsregister bereits gelöschte Gesellschaft parteifähig,[52] woraus sich notwendigerweise auch ihre Rechtsfähigkeit ergibt. Auch der Gesetzgeber hat sich durch den am 1.1.1999 in Kraft getretenen § 66 Abs. 5 GmbHG die Theorie vom Doppeltatbestand zu eigen gemacht. Sie gilt damit auch für den Verlust der Rechtsfähigkeit einer Aktiengesellschaft.

33 **5. Handlungsfähigkeit.** Eine Aktiengesellschaft kann wie jede juristische Person nur durch natürliche Personen handeln.[53] Das Handeln ihrer Organe ist der Aktiengesellschaft zuzurechnen (§ 78 Abs. 1 und § 82 Abs. 1). Dies gilt nach § 31 BGB auch für deren deliktisches Handeln.

34 Im Bereich der **Störerhaftung** wird hingegen vertreten, die Aktiengesellschaft müsse für Störzustände, die von ihrem Eigentum oder Besitz ausgehen, unmittelbar, also außerhalb eines Zurechnungstatbestandes, einstehen.[54] Allerdings gilt auch hier, dass Grundlage für diese Haftung das Handeln oder das Unterlassen durch natürliche Personen ist. Daher beruht auch in diesem Bereich die Haftung der Aktiengesellschaft darauf, dass ihr das Verhalten natürlicher Personen zugerechnet wird.[55] Eine unmittelbare Zustandsverantwortung der Aktiengesellschaft scheidet also ebenfalls aus.

III. Keine Haftung der Aktionäre (Abs. 1 S. 2)

35 **1. Grundsatz.** Nach § 1 Abs. 1 S. 2 haftet für die Verbindlichkeiten der Gesellschaft den Gläubigern nur das Vermögen der Aktiengesellschaft. Die Inanspruchnahme der Gesellschafter für die Schulden der Gesellschaft ist im Grundsatz nicht möglich. Allerdings schließt die Vorschrift es nicht aus, den Aktionär aus eigener Verpflichtung neben der Gesellschaft haften zu lassen, etwa wenn er sich für Verbindlichkeiten der Gesellschaft verbürgt hat.[56]

36 Die Vorschrift ist Ausdruck des so genannten **Trennungsprinzips**.[57] Aufgrund ihrer Rechtsfähigkeit ist die juristische Person selbst Zuordnungssubjekt für Rechte und Pflichten (→ Rn. 13). Daher ist zwischen ihrem Vermögen und dem Vermögen ihrer Gesellschafter streng zu trennen. Die

---

[46] BGHZ 117, 326; MüKoAktG/*Pentz* § 41 Rn. 9; *K. Schmidt* GesR § 11 IV.
[47] BGHZ 80, 129 (137) für die GmbH.
[48] So Hüffer/Koch/*Koch* § 41 Rn. 16; s. auch *K. Schmidt* GesR § 11 IV.
[49] So insbes. die Auffassung von *Hönn* ZHR 138 (1974), 50 ff.; ihm folgend MüKoAktG/*Heider* Rn. 28. S. auch Großkomm AktG/*Bachmann* Rn. 23.
[50] S. etwa BGHZ 53, 264 (267) und 94, 105 (108) jeweils zur Auflösung; offengelassen in BGH WM 1986, 145. Siehe auch *Hofmann* GmbHR 1976, 258 (267); *Bokelmann* NJW 1977, 1130 (1131).
[51] OLG Stuttgart ZIP 1986, 647 (648); OLG Saarbrücken GmbHR 1992, 311; OLG Köln GmbHR 1992, 536; *K. Schmidt* GesR § 11 V; Kölner Komm AktG/*Dauner-Lieb* Rn. 9; Grigoleit/*Grigoleit* Rn. 16; K. Schmidt/Lutter/*Lutter* Rn. 5.
[52] So ausdrücklich BGHZ 48, 303 (307); BGHZ 53, 264 (266).
[53] Staudinger/*Weick* (2005) BGB Einl. § 21 Rn. 50; Großkomm AktG/*Brändel* Rn. 57; Kölner Komm AktG/*Dauner-Lieb* Rn. 10.
[54] S. MüKoAktG/*Heider* Rn. 42 mwN.
[55] So zutreffend Kölner Komm AktG/*Dauner-Lieb* Rn. 10; MüKoAktG/*Heider* Rn. 42.
[56] *Raiser/Veil* KapGesR § 39 Rn. 22.
[57] Großkomm AktG/*Bachmann* Rn. 69; *Wiedemann* GesR I § 4 I 2 b; *Windbichler* GesR § 3 Rn. 10 f.

juristische Person ist gegenüber ihren Verbandsmitgliedern selbständig, ihre Rechte und Verpflichtungen sind nicht Rechte und Verpflichtungen der Mitglieder.[58]

Auch bei einer juristischen Person ist es trotz ihrer Selbständigkeit durchaus denkbar, für die Verbindlichkeiten der Gesellschaft auch die Gesellschafter haften zu lassen.[59] Dies zeigt schon das Beispiel der KGaA, bei der mindestens ein Gesellschafter persönlich haftet. Allerdings beschränkt das deutsche Kapitalgesellschaftsrecht bei der Aktiengesellschaft wie auch bei der GmbH die Haftung der Gesellschafter auf die ihnen obliegende Einlage (→ Rn. 84). Diese **Haftungsbeschränkung** ermöglicht dem Anleger, sein Investitionsrisiko bei der Beteiligung an der Gesellschaft abzuschätzen und ist damit eng mit der Funktion der Aktiengesellschaft als Kapitalsammelstelle verbunden.[60]

2. Das Durchgriffsproblem. a) Vorbemerkung. Das genannte Trennungsprinzip gilt nicht uneingeschränkt. Schon früh erkannte man, dass es in bestimmten Fällen geboten sein kann, der Selbständigkeit der juristischen Person Grenzen zu setzen.[61] Eingebürgert hat sich hierfür das Bild des „Durchgriffs" auf die hinter der juristischen Person stehenden Verbandsmitglieder, häufig in Kombination mit der Metapher vom „Schleier der juristischen Person".[62] Dieser schützende Schleier des Rechtsträgers wird in Ausnahmefällen durchstoßen und damit das Trennungsprinzip durchbrochen, wenn sich das Rechtsgefühl gegen die Anwendung dieses Prinzips sträubt.[63]

Schon die **Rechtsprechung** des Reichsgerichts sah sich in Einzelfällen genötigt, „vor der juristischen Konstruktion die Wirklichkeiten des Lebens und die Macht der Tatsachen zu berücksichtigen", welche es „dem Richter gebieten können, die juristischen Konstruktionen hintanzusetzen".[64] Deutlich klingt hier die Theorie der juristischen Person als einer Fiktion an, weswegen man die Durchgriffslehren auch als die „Kinder der Fiktionstheorie" bezeichnete.[65] In anderen Entscheidungen führte das Gericht den Grundsatz von Treu und Glauben an, welcher es in bestimmten Fällen dem Gesellschafter verwehrt, sich auf die Selbständigkeit seiner Gesellschaft zu berufen.[66] In der Rechtsprechung des BGH taucht dann erstmals die Bezugnahme auf den Normzweck auf. Die Rechtsfigur der juristischen Person soll „in dem Umfang keine Beachtung finden, in dem ihre Verwendung dem Zweck der Rechtsordnung widerspricht".[67] Allerdings wird stets betont, dass über die Rechtsfigur der juristischen Person „nicht leichtfertig oder schrankenlos hinweggegangen" werden dürfe.[68]

Zu beachten ist, dass es sich bei der Durchgriffsproblematik nicht allein um eine Frage der möglichen Haftung der Gesellschafter für die Gesellschaftsverbindlichkeiten handelt. Diesem **„Haftungsdurchgriff"** wird der **„Zurechnungsdurchgriff"** gegenübergestellt, bei dem es um die gegenseitige Zurechnung von Verhaltensweisen, Kenntnissen und Eigenschaften der juristischen Person und ihrer Mitglieder geht.[69]

In Anbetracht der generalklauselartigen Begründungen der Rechtsprechung zum Durchgriff auf die Gesellschafter einer Kapitalgesellschaft wurden verschiedene Theorien entwickelt, um der Kasuistik ein **dogmatisches Konzept** zu unterlegen. Dabei wird zumeist weniger um das Ergebnis als

---

[58] Kritik an der Lehre vom Trennungsprinzip äußert *Flume* PersGes § 7 II und *Flume* JurPers § 3 I. Aufbauend auf soziologischen Begriffen betont er sowohl bei der Personen- als auch bei der Kapitalgesellschaft das personen- und handlungsbezogene Element. Zwar sieht auch er den Unterschied zwischen beiden Organisationsformen im überindividuellen Charakter der juristischen Person, die er daher auch als stärker verselbständigte „Organisation" bezeichnet, welcher er die Personengesellschaft als „Gruppe" gegenüberstellt. Gleichwohl hält er eine Trennung zwischen der juristischen Person und den dahinter stehenden Mitgliedern für nicht gerechtfertigt, sondern er betont vielmehr deren „Wirkungseinheit"; s. zu diesem Ansatz *Raiser/Veil* KapGesR § 3 Rn. 8 ff.; *K. Schmidt* GesR § 8 IV 2. Die Ablehnung des Trennungsprinzips hat Auswirkungen auf die Bestimmung der Grenzen der Selbständigkeit der juristischen Person, bei → Rn. 47 ff.
[59] *Wiedemann* GesR I § 4 I 3 b; *Raiser/Veil* KapGesR § 3 Rn. 12.
[60] *Escher-Weingart*, Reform durch Deregulierung, 2001, 14.
[61] S. *Schall* FS Stilz, 2014, 537 ff.
[62] Es handelt sich um eine Übersetzung der aus dem anglo-amerikanischen Recht stammenden Formel vom „piercing the corporate veil". Zur Sinnhaftigkeit dieser Metapher, von *Wiedemann* GesR I § 4 III 2 als „leicht erotisierende Formel" bezeichnet, s. *Flume* JurPers § 3 I; *K. Schmidt* GesR § 9 I 1 und krit. *Raiser* FS Lutter, 2000, 637 (640 f.).
[63] *K. Schmidt* GesR § 9 I 1 a.
[64] RGZ 99, 232 (234); 129, 53 f.
[65] *Flume* JurPers § 3 I.
[66] RGZ 169, 240 (248).
[67] BGHZ 20, 4 (14).
[68] BGHZ 20, 4 (11); 26, 31 (37); 54, 222 (224); 78, 318 (333).
[69] So etwa – mit zum Teil etwas abweichender Terminologie – *Wiedemann* GesR I § 4 III; Grigoleit/*Grigoleit* Rn. 35; *Raiser/Veil* KapGesR § 39 Rn. 1; *K. Schmidt* GesR § 9 I 2 b. Gegen eine strenge Unterscheidung zwischen beiden Formen des Durchgriffs etwa MüKoAktG/*Heider* Rn. 46.

um die Begründung gestritten. Eine Übereinstimmung über die Lösung der mit dem Schlagwort „Durchgriff" bezeichneten Problemfälle wurde bisher nicht erreicht. Vielmehr haben sich verschiedene Erklärungsansätze herausgebildet, um die Grenzen der Selbständigkeit der juristischen Person und ihrer Zuordnungssubjektivität zu bestimmen.

42 Zu beachten ist, dass Ausgangspunkt der Diskussion um einen Durchgriff auf den Gesellschafter stets die Rechtsform der GmbH ist. Die praktische Bedeutung sowohl des Haftungs- als auch des Zurechnungsdurchgriffs dürfte bei der Aktiengesellschaft aufgrund ihrer abweichenden Ausgestaltung und anderen Verwendung deutlich geringer sein.

43 **b) Missbrauchstheorie.** Einen ersten Versuch der Systematisierung und Deutung der von der Rechtsprechung entschiedenen Durchgriffsfälle enthielt die Habilitationsschrift von *Serick* aus dem Jahre 1955.[70] Insbesondere auf Basis seiner rechtsvergleichenden Untersuchungen im angloamerikanischen Rechtskreis versuchte *Serick*, den Durchgriff als einen Fall der Missbrauchsabwehr zu erklären. Wird die Konstruktion der juristischen Person missbraucht, weil mit ihrer Hilfe das Gesetz umgangen, vertragliche Verpflichtungen verletzt oder Dritte geschädigt werden, so ist nach ihm ein Durchgriff möglich, um den erstrebten rechtswidrigen Erfolg zu vereiteln.[71] Entscheidend soll hiernach im Sinne einer **subjektiven Vorwerfbarkeit** sein, ob die juristische Person zu unlauteren Zwecken eingesetzt wird.

44 Nachdem die Rechtsprechung diese Beschränkung des Durchgriffs auf Fälle des subjektiven Missbrauchs abgelehnt hatte,[72] schlugen andere Vertreter in der Literatur vor, auf die **objektiv-zweckwidrige** Verwendung der juristischen Person abzustellen.[73] Wird die juristische Person zum Objekt der Interessenverfolgung eines anderen, kann das Recht sie nicht (mehr) als eigenständiges Subjekt behandeln und zwar unabhängig von einer entsprechenden Willensrichtung.[74]

45 **c) Normzwecklehre.** Anders als die Missbrauchstheorie setzt die von *Müller-Freienfels* in seiner Besprechung des Buches von *Serick* begründete Normzwecklehre für die Lösung der Durchgriffsproblematik nicht an der juristischen Person und ihrer möglicherweise missbräuchlichen Verwendung an.[75] Vielmehr betrachtet sie die gegenüber der juristischen Person anzuwendenden Normen und prüft anhand einer Analyse der jeweiligen **Interessenlagen**, ob ein Durchgriff in Betracht kommt. Allerdings befasst sich auch diese Lehre mit dem Trennungsprinzip und seinen Durchbrechungen.[76] Die Normzwecklehre fragt nach der inneren Rechtfertigung der in § 1 Abs. 1 S. 2 angeordneten Haftungsbeschränkung.[77] Dabei geht *Müller-Freienfels* von der Vorstellung aus, dass es sich bei der juristischen Person nur um eine „konstruktive Abbreviatur", eine gedankliche Zusammenfassung vieler Tatbestände, Beziehungen und Normen handelt.[78] Auf dieser Basis sollen in Bezug auf die einzelne Norm die Grenzen der Zuordnungssubjektivität ermittelt werden.[79]

46 **d) Weitere Ansätze.** Neben den genannten Theorien hat sich eine Reihe weiterer Ansätze gebildet.

47 Den Lehren von ihrer Relativität hat *Wilhelm* das Postulat von der **konsequenten Beachtung** der juristischen Person entgegengestellt.[80] Für ein Rechtsinstitut des Durchgriffs sieht er weder eine Notwendigkeit noch eine Legitimation. Ähnlich wie *Flume*[81] trennt *Wilhelm* nicht zwischen der juristischen Person und ihren Mitgliedern. Daher besteht seiner Ansicht nach für die Überwindung einer solchen Trennung auch kein Ansatzpunkt.[82] *Wilhelm* löst die unter dem Begriff Durchgriff zusammengefassten Fälle unter anderem dadurch, dass er an der Mitgliedschaft zur juristischen Person im Sinne einer Wirkungseinheit anknüpft, etwa wenn es um die Bedeutung bestimmter Eigenschaften einer Person in der Rechtsanwendung geht.[83]

---

[70] *Serick*, Rechtsform und Realität juristischer Personen, 1955.
[71] *Serick*, Rechtsform und Realität juristischer Personen, 1955, 203.
[72] So unter Bezugnahme auf *Serick* ausdrücklich BGHZ 20, 4 (13).
[73] *Reinhardt* FS Lehmann, 1956, 576 (587). Grigoleit/*Grigoleit* Rn. 37 hält diese Begründung für „dogmatisch besonders dunkel".
[74] Vgl. MüKoBGB/*Reuter* BGB Vor § 21 Rn. 21.
[75] *Müller-Freienfels* AcP 156 (1957) 522 ff.
[76] Daher zum Teil auch als „unechte Normzwecklehre" bezeichnet: *K. Schmidt* GesR § 9 II 1 b.
[77] Großkomm AktG/*Brändel* Rn. 99.
[78] *Müller-Freienfels* AcP 156 (1957), 522 (529).
[79] Vgl. *K. Schmidt* GesR § 9 II 1 b.
[80] *Wilhelm*, Rechtsform und Haftung bei der juristischen Person, 1981.
[81] *Flume* PersGes § 7 II und *Flume* JurPers § 3 I.
[82] *Wilhelm*, Rechtsform und Haftung bei der juristischen Person, 1981, 12 ff.
[83] *Wilhelm*, Rechtsform und Haftung bei der juristischen Person, 1981, 38 ff. und ihm folgend *Flume* JurPers § 3 II.

Wiedemann betont den Unterschied zwischen den Fällen des Zurechnungsdurchgriffs auf Basis **48** der gedanklichen Negation der juristischen Person und dem Haftungsdurchgriff.[84] Für ihn beruht der Zurechnungsdurchgriff, wie von der Normzwecklehre entwickelt, auf der Anwendung von Vertrags- und Gesetzesnormen. Allerdings kann seiner Auffassung nach auf den **gesellschaftsrechtlichen Zusammenhang** nicht verzichtet werden, so dass das Verhältnis zwischen der juristischen Person und ihrem Mitglied ebenfalls zu berücksichtigen ist.[85] Beim Haftungsdurchgriff betont er die zweckwidrige Verwendung der Haftungsbeschränkung und steht damit den Missbrauchslehren nahe.[86]

Die Untersuchung von *Escher-Weingart* zur Reformbedürftigkeit des Kapitalgesellschaftsrechts **49** befasst sich mit der Verhältnisbestimmung von Kapitalsammelfunktion, Bereitstellung von Innovationskapital und der Sicherheit und Leichtigkeit des Wirtschaftsverkehrs.[87] Anknüpfend an die Normzwecklehre und zivilrechtliche Überlegungen der **zweckmäßigen Risikoverteilung** kommt nach ihrer Auffassung ein Durchgriff dann in Betracht, wenn im Verhältnis zu dem mit der ausgeübten Tätigkeit verbundenen Risiko keine angemessene Absicherung stattgefunden hat, entweder über das eingesetzte Eigenkapital oder durch eine Versicherungs- oder Fondslösung.[88]

K. Schmidt hält eine „Durchgriffsmethode" für die Bewältigung der „Durchgriffsprobleme" für **50** nicht erforderlich.[89] Seiner Auffassung nach ist es nicht sinnvoll, an der Rechtsfigur der juristischen Person anzusetzen und nach Durchbrechungen der Rechtssubjektivität zu suchen. Vielmehr geht es auch für ihn um die **Bewältigung der Verbandszugehörigkeit** der Mitglieder. In den Fällen des Zurechnungsdurchgriffs schlägt *K. Schmidt* auf Basis der Überlegungen von *Schanze*[90] vor, bei der jeweils in Rede stehenden vertraglichen oder gesetzlichen Zurechnungsregel anzusetzen.[91]

e) Stellungnahme. Die Schwierigkeit bei der Beurteilung der verschiedenen Theorien besteht **51** darin, dass sie zum Teil auf unterschiedlichen Ebenen ansetzen. Sie verknüpfen die Lehre von der juristischen Person mit Billigkeitsargumenten und rechtspolitischen Vorstellungen über den funktionsgerechten Gebrauch der Haftungsbeschränkung.[92] Unabhängig davon zeigen aber die dargelegten Theorien deutlich, dass es eine einheitliche dogmatische Begründung für die Berücksichtigung der Mitglieder der juristischen Person nicht gibt. Daher wird man sich weiterhin nur auf **bestimmte Fallgruppen** verständigen können, bei denen ein solcher Durchgriff notwendig und gerechtfertigt erscheint. Dem Ziel, einheitliche Tatbestandsvoraussetzungen und Rechtsfolgen für ein Rechtsinstitut des Durchgriffs zu entwickeln, ist daher eine differenzierende Betrachtungsweise mit einer Abwägung der im Einzelfall betroffenen Interessen vorzuziehen.[93]

3. Fallgruppen. a) Haftungsdurchgriff. aa) Vorbemerkung. Hinsichtlich des Haftungs- **52** durchgriffs hat sich weitgehend die Einteilung in drei Fallgruppen durchgesetzt: **Vermögens- oder Sphärenvermischung, Unterkapitalisierung** sowie **Beherrschung oder existenzvernichtender Eingriff**.[94] Keinen Fall der Durchgriffshaftung stellt die Haftung des Gesellschafters aus besonderem Verpflichtungsgrund, wie etwa einer übernommenen Bürgschaft, dar, bei der also der Gesellschafter „ohnehin haftet".[95] Dies ergibt sich schon daraus, dass § 1 Abs. 2 einer solchen Haftung aus unmittelbarer eigener Verpflichtung gar nicht entgegensteht (→ Rn. 35).

Als Begründung für den Haftungsdurchgriff in diesen noch näher zu beleuchtenden Fallgruppen **53** wird angeführt, die begrenzte Haftung des Gesellschafters auf die Leistung seiner Einlage finde ihre Rechtfertigung in den Vorschriften über die Kapitalaufbringung und Kapitalerhaltung. Verletzt ein Gesellschafter diese Prinzipien und kommt er seiner **Finanzierungsverantwortung** nicht nach,

---

[84] *Wiedemann* GesR I § 4 III.
[85] *Wiedemann* GesR I § 4 III 2.
[86] *Wiedemann* GesR I § 4 III 1.
[87] *Escher-Weingart*, Reform durch Deregulierung, 2001, 138 ff.
[88] *Escher-Weingart*, Reform durch Deregulierung, 2001, 150.
[89] *K. Schmidt* GesR § 9 II 3.
[90] *Schanze*, Einmanngesellschaft und Durchgriffshaftung, 1975, 102 ff.
[91] Von ihm als „echte Normzwecklehre" der bei → Rn. 45 geschilderten „unechten Normzwecklehre" gegenüber gestellt: *K. Schmidt* GesR § 9 II 2.
[92] *Raiser/Veil* KapGesR § 39 Rn. 4.
[93] So auch MüKoAktG/*Heider* Rn. 50. *Escher-Weingart*, Reform durch Deregulierung, 2001, 142 billigt dem Durchgriff daher auch nur eine „Stichwortfunktion" zu.
[94] Siehe etwa Hüffer/Koch/*Koch* Rn. 19 ff.; *Raiser/Veil* KapGesR § 39 Rn. 4; *K. Schmidt* GesR § 9 IV; *Wiedemann* GesR I § 4 III 1; *Lutter* ZGR 1982, 245 (248 ff.); *Ehricke* AcP 199 (1999), 257 (259). *Wiedemann* und *Lutter* nennen zusätzlich noch die Fallgruppe des „Institutsmissbrauchs", wobei die von *Wiedemann* hierfür angeführten Beispiele den Fallgruppen Vermögensvermischung und Unterkapitalisierung zugeordnet werden können; s. auch *Wiedemann* ZGR 2003, 283 (290).
[95] BGHZ 31, 258 (271); MüKoAktG/*Heider* Rn. 63; *K. Schmidt* GesR § 9 IV 1 b.

soll er sich auf die Haftungsbeschränkung nicht mehr berufen können.[96] Der Durchgriff im Falle der Beherrschung der Kapitalgesellschaft wird damit gerechtfertigt, dass in diesem Fall die juristische Person nicht mehr als Trägerin eigener Interessen auftritt, sondern **zum Instrument der Interessen des Gesellschafters** wird und nicht mehr als ein von ihm verschiedenes Rechtssubjekt anzuerkennen ist.[97] Allerdings sind sowohl der Hinweis auf die Finanzierungsverantwortung des Gesellschafters als auch das unterstellte Verbot der Fremdsteuerung zu pauschal, um die Voraussetzungen des Haftungsdurchgriffs in diesen Fallgruppen treffend und abschließend zu umschreiben.

54 bb) **Vermögensvermischung und Sphärenvermischung.** Ist zwischen den Rechten und Pflichten der Kapitalgesellschaft und denen ihrer Gesellschafter zu unterscheiden, müssen auch die Gesellschafter diese Vermögenstrennung wahren. Verstößt der Gesellschafter gegen das Prinzip der Vermögenstrennung und kommt es daher zu einer **Vermögensvermischung,** soll er sich nicht mehr auf die Trennung berufen können und daher auch mit seinem Privatvermögen haften.[98] Begründet wird dieser Durchgriff mit dem Verbot des venire contra factum proprium,[99] der generellen Finanzierungsverantwortung des Gesellschafters, dem Wortlaut der Vorschrift mit seiner Bezugnahme auf das „Gesellschaftsvermögen"[100] oder auch der Tatsache, dass aufgrund der Vermögensvermischung die Einhaltung der Kapitalerhaltungsvorschriften unkontrollierbar geworden ist.[101] Zu unterscheiden ist dabei zwischen einer persönlichen Außenhaftung des Gesellschafters und einer gegenständlichen Haftungserweiterung.

55 Hinsichtlich der Voraussetzungen für eine persönliche **Haftung analog § 129 HGB** hat die Rechtsprechung deutlich gemacht, dass allein durch unübersichtliche Übertragungen von Vermögensgegenständen eine unbeschränkte persönliche Haftung der Gesellschafter nicht ausgelöst wird. Entscheidend ist, dass die Vermögensabgrenzung zwischen Gesellschafts- und Privatvermögen durch eine undurchsichtige Buchführung oder auf andere Weise allgemein in einer Weise verschleiert wird, welche insbesondere die Beachtung der Kapitalerhaltungsvorschriften, deretwegen die Haftungsbeschränkung auf das Gesellschaftsvermögen allein vertretbar ist, unkontrollierbar werden lässt.[102] Nur in einem solchen Fall ist es gerechtfertigt, die Gesellschafter so zu behandeln, „als hätten sie das von der GmbH betriebene Handelsgeschäft selbst ohne Beschränkung der Haftung auf das Gesellschaftsvermögen (§ 13 Abs. 2 GmbHG) geführt".[103] Dabei beschränkt sich diese persönliche Haftung auf die Gesellschafter, welche für den Vermögensvermischungstatbestand verantwortlich sind.[104]

56 In anderen Fällen kommt nur eine **gegenständlich beschränkte Haftungserweiterung** in Betracht. Wird hinsichtlich einzelner Vermögensgegenstände nicht hinreichend deutlich, ob sie dem Privat- oder dem Gesellschaftsvermögen zugeordnet sind, kann sich der Gesellschafter nicht auf deren Zugehörigkeit zu seinem Privatvermögen berufen. Vielmehr fällt der betreffende Vermögensgegenstand in die Haftungsmasse der Kapitalgesellschaft, ohne dass aufgrund dieser gegenständlichen Vermögensvermischung eine unbeschränkte persönliche Haftung des Gesellschafters eintritt.[105]

57 Schließlich wird als Durchgriffstatbestand noch die **Sphärenvermischung** genannt, bei welcher der Gesellschafter selbst die Trennung zwischen ihm und seiner Gesellschaft verschleiert, etwa indem er unter derselben Adresse oder einer ähnlichen Bezeichnung firmiert. Hat der Gesellschafter seinen Geschäftspartner im Unklaren gelassen, mit wem dieser den Vertrag geschlossen hat, soll er sich nicht auf die Unterscheidung von seiner Gesellschaft berufen können.[106] In Wirklichkeit handelt es sich hier aber um ein Offenkundigkeitsproblem des Firmen- und Stellvertretungsrechts, so dass für einen eigenen Haftungstatbestand der Sphärenvermischung kein Bedarf besteht.[107]

58 Zu beachten ist, dass diese Grundsätze in erster Linie für die Haftung von GmbH-Gesellschaftern entwickelt wurden. Wegen der Prüfungsvorschriften für mittelgroße und große Kapitalgesellschaften und der im Vergleich zur GmbH weniger personalistischen Ausgestaltung werden die Voraussetzungen für eine Vermögensvermischung bei der Aktiengesellschaft weniger häufig vorliegen.[108]

---

[96] MüKoAktG/*Heider* Rn. 70.
[97] *K.Müller* ZGR 1977, 1 (26); *Wiedemann* GesR I § 4 III 1.
[98] *Wiedemann* GesR I § 4 III 1 a; *Raiser/Veil* KapGesR § 29 Rn. 25; *K. Schmidt* GesR § 9 IV 2.
[99] Staudinger/*Weick* (2005) BGB Einl. § 21 Rn. 45; *Raiser/Veil* KapGesR § 29 Rn. 25.
[100] Großkomm AktG/*Bachmann* Rn. 99.
[101] BGHZ 95, 330 (333 f.); 125, 366 (368).
[102] BGHZ 95, 330 (333 f.).
[103] BGHZ 95, 330 (332); abl. hingegen *Ehricke* AcP 199 (1999), 257 (298 ff.).
[104] BGHZ 125, 366 (368).
[105] So insbes. *K. Schmidt* GesR § 9 IV 2 a; MüKoBGB/*Reuter* BGB Vor § 21 Rn. 34 f.
[106] *Wiedemann* GesR I § 4 III 1 a; Lutter/Hommelhoff/*Lutter* GmbHG § 13 Rn. 24.
[107] Grigoleit/*Grigoleit* Rn. 95; *K. Schmidt* GesR § 9 IV 2 b; ablehnend auch *Ehricke* AcP 199 (1999) 257 (299 ff.).
[108] MüKoAktG/*Heider* Rn. 72. Kaum Raum für den Haftungsdurchgriff aufgrund einer Vermögensmischung bei der Aktiengesellschaft sieht Hüffer/Koch/*Koch* Rn. 20.

cc) **Unterkapitalisierung.** Im Vergleich zur Vermögensvermischung ist die Unterkapitalisierung 59
der Gesellschaft durch ihre Gesellschafter als Tatbestand für einen Haftungsdurchgriff deutlich problematischer.[109] Das Kapitalgesellschaftsrecht schreibt sowohl für die Aktiengesellschaft als auch für die GmbH nur ein abstrakt festgelegtes Mindesthaftkapital vor (→ Rn. 83 ff.). Die gesetzlich vorgeschriebene Höhe richtet sich also nicht nach dem geplanten Geschäftsbetrieb und der hierfür aus betriebswirtschaftlicher Sicht notwendigen Kapitalausstattung. Würde man in jedem Fall, in dem sich die Kapitalisierung der Gesellschaft im Nachhinein als zu gering herausgestellt hat, eine Durchgriffshaftung auf Basis einer angeblichen Unterkapitalisierung annehmen, wäre das Prinzip der auf die Einlage beschränkten Haftung außer Kraft gesetzt.

Die in der Rechtsprechung des BGH zunächst entschiedenen Fälle der Unterkapitalisierung 60
zeichneten sich überwiegend dadurch aus, dass der Kapitalmangel durch die Zuführung von Gesellschafterdarlehen ausgeglichen wurde.[110] Insoweit spricht man von einer **nominellen Unterkapitalisierung,** bei der sich also die Insuffizienz nicht auf den Kapitalbedarf generell, sondern nur auf die Höhe des zugeführten Eigenkapitals bezieht. Eine nominelle Unterkapitalisierung ist nicht mit dem Instrument des Durchgriffs zu lösen, sondern nach den Grundsätzen über die Behandlung von Gesellschafterdarlehen in der Insolvenz, also gesetzliche Nachrangigkeit und Anfechtbarkeit, welche die Regelungen über den Eigenkapitalersatz abgelöst haben.[111]

Hiervon zu unterscheiden ist die **materielle Unterkapitalisierung,** bei der die notwendige 61
Kapitalzufuhr gänzlich unterbleibt. Während das Bundessozialgericht einen Haftungsdurchgriff wegen materieller Unterkapitalisierung regelmäßig zulässt,[112] lehnt der BGH dies ab.[113] Diese Zurückhaltung erscheint auch angemessen, da das Haftkapital einer Kapitalgesellschaft in das unternehmerische Ermessen der Gesellschafter gestellt ist und sich einer richterlichen Kontrolle entzieht.[114] In der Literatur wird der Durchgriff daher auch überwiegend auf den Tatbestand der „qualifizierten" oder „offensichtlichen" Unterkapitalisierung beschränkt.[115] Nur wenn das gewährte Kapital außer jedem Verhältnis zum wirtschaftlichen Risiko des Unternehmensgegenstandes steht, die „Krise also förmlich vorprogrammiert ist", soll ein Haftungsdurchgriff in Betracht kommen.[116] Gegen eine Durchgriffshaftung selbst in diesen Ausnahmefällen spricht allerdings, dass in einer solchen Konstellation im Regelfall schon eine Haftung nach § 826 BGB wegen vorsätzlicher sittenwidriger Schädigung greifen wird.[117] Für einen verschuldensunabhängigen Haftungstatbestand, der auf die objektiv-zweckwidrige Verwendung der Kapitalgesellschaft gründet, dürfte – zumal im Falle der Aktiengesellschaft – kaum einmal Bedarf bestehen.[118]

dd) **Beherrschung und existenzvernichtender Eingriff.** Die Beherrschung einer juristischen 62
Person stellt aus sich heraus keine Rechtfertigung für einen Haftungsdurchgriff dar, da dieser Umstand die rechtliche Selbständigkeit der juristischen Person grundsätzlich unberührt lässt.[119] Unabhängig

---

[109] Für einen Haftungsdurchgriff in diesen Fällen insbesondere die ständige Rechtsprechung des Bundessozialgerichts: BSG ZIP 1984, 1217; ZIP 1994, 1944; ZIP 1996, 1134; ähnlich BAG ZIP 1999, 878. Gleiche Ansicht *Wiedemann* GesR I § 4 III 1 b; Lutter/Hommelhoff/*Lutter* GmbHG § 13 Rn. 20. Zurückhaltend hingegen MüKo-AktG/*Heider* Rn. 77; *Raiser/Veil* KapGesR § 29 Rn. 44 ff.; *K. Schmidt* GesR § 9 IV 4.

[110] BGHZ 31, 258 (268 ff.); 67, 171.

[111] Grigoleit/*Grigoleit* Rn. 96; *K. Schmidt* GesR § 9 IV 4 a; MüKoBGB/*Reuter* BGB Vor § 21 Rn. 37.

[112] BSG ZIP 1984, 1217; ZIP 1994, 1944; ZIP 1996, 1134.

[113] Durchgriffshaftung wegen Unterkapitalisierung noch bejaht in BGHZ 54, 222 betreffend einen eingetragenen Verein, abgelehnt in BGHZ 68, 312 (315). Im Anschluss an die neu aufgesetzte Existenzvernichtungshaftung nach § 826 BGB (→ Rn. 64) ausdrücklich verneint in BGHZ 176, 204, wobei eine Haftung nach § 826 BGB möglich bleiben soll.

[114] MüKoAktG/*Heider* Rn. 77; MüKoBGB/*Reuter* BGB Vor § 21 Rn. 40; aA *Wiedemann* GesR I § 4 III 1 b, der allerdings einräumt, dass sich der für eine Unternehmung notwendige Eigenkapitalbedarf nur mit Hilfe eines Sachverständigen bestimmen lassen wird. *Ehricke* lehnt den Durchgriff im Falle der Unterkapitalisierung ausgehend von den fehlenden Voraussetzungen für eine solche Rechtsfortbildung gänzlich ab, *Ehricke* AcP 199 (1999), 257 (286 ff.).

[115] MüKoAktG/*Heider* Rn. 77; Lutter/Hommelhoff/*Lutter* GmbHG § 13 Rn. 20; *Raiser/Veil* KapGesR § 29 Rn. 47; *Wiedemann* ZGR 2003, 283 (296).

[116] MüKoAktG/*Heider* Rn. 77.

[117] MüKoBGB/*Reuter* BGB Vor § 21 Rn. 41; *K. Schmidt* GesR § 9 IV 4 c. Zur Haftung nach § 826 BGB sowohl ggü. dem Gesellschaftsgläubiger als auch der Gesellschaft selbst *Flume* JurPers § 3 III 3.

[118] *K. Schmidt* GesR § 9 IV 4c befürwortet eine Verschuldenshaftung, diese allerdings ggü. der Gesellschaft, damit das Vermögen der Gesellschaft zum Vorteil aller Gläubiger aufgefüllt werden kann. Ähnlich *Raiser/Veil* KapGesR § 39 Rn. 47.

[119] BGHZ 22, 226 (234); Staudinger/*Weick* (2005) BGB Einl. § 21 Rn. 49. Krit. auch *K. Schmidt* GesR § 9 IV 3: Keine Haftung kraft Herrschaft. Anders insbesondere *Müller* ZGR 1977, 1 (26) und *Raiser* FS Lutter, 2000, 637 (646 f.).

von der Frage, ob der Beherrschungstatbestand als Fallgruppe für eine allgemeine Durchgriffshaftung taugt, käme ihm aus aktienrechtlicher Sicht nur geringe Bedeutung zu. Denn die hierunter zusammengefassten Fälle sind mit den **konzernrechtlichen Bestimmungen** der §§ 291 ff. zu lösen, führen also zu einer Verlustausgleichspflicht des herrschenden Gesellschafters gegenüber der Gesellschaft und nicht zu einer unmittelbaren Haftung gegenüber den Gläubigern.[120]

63 Allerdings wurde diskutiert, ob es außerhalb des Konzernrechts eine Außenhaftung des Aktionärs aufgrund **schädigenden Eingriffs** geben kann. Hintergrund waren die Entscheidungen des BGH, in denen sich das Gericht von der Figur des qualifizierten faktischen GmbH-Konzerns abgewendet und die konzernrechtliche Innenhaftung analog § 302 AktG – bezogen auf die GmbH – zugunsten einer Durchgriffshaftung gegenüber den Gläubigern der GmbH aufgegeben hatte.[121] Nach dieser Rechtsprechung setzte eine solche Außenhaftung des Gesellschafters, der mangels konzernrechtlicher Einbindung nicht Unternehmer sein muss, voraus, dass der Gesellschaft „unter Außerachtlassung der gebotenen Rücksichtnahme auf diese Zweckbindung des Gesellschaftsvermögens der Gesellschaft durch offene oder verdeckte Entnahmen Vermögenswerte" entzogen wurden, hierdurch „in einem ins Gewicht fallenden Ausmaß die Fähigkeit der Gesellschaft zur Erfüllung ihrer Verbindlichkeiten" beeinträchtigt ist und der der Gesellschaft „durch den Eingriff insgesamt zugeführte Nachteil (nicht) schon nach den §§ 30, 31 GmbHG vollständig ausgeglichen werden kann oder kein ausreichender Ausgleich in das Gesellschaftsvermögen erfolgt".[122]

64 Mit der Entscheidung vom 16.7.2007 hat der BGH auch dieses Konzept einer eigenständigen Außenhaftung eines Gesellschafters wieder aufgegeben, auch wenn am Tatbestand einer Existenzvernichtungshaftung festgehalten wird.[123] Diese stellt jedoch nunmehr eine besondere Fallgruppe der vorsätzlichen sittenwidrigen Schädigung nach § 826 BGB dar und führt dementsprechend zu einer **Innenhaftung** gegenüber der geschädigten Gesellschaft. Damit liegt keine Durchgriffsaußenhaftung mehr vor.[124] Da die Existenzvernichtungshaftung nunmehr auf § 826 BGB gestützt wird, greift sie auch bei der Aktiengesellschaft,[125] dürfte aber in aller Regel mit der Haftung aus § 117 konkurrieren.[126]

65 **b) Fälle des Zurechnungsdurchgriffs. aa) Vorbemerkung.** Von einem Zurechnungsdurchgriff spricht man, wenn der Aktiengesellschaft **Verhaltensweisen, Kenntnisse, Erklärungen oder Eigenschaften des Aktionärs** zugerechnet werden (zum umgekehrten Fall der Zurechnung bei → Rn. 77). Dabei besteht weder ein allgemeines Zurechnungsverbot wegen der Existenz der juristischen Person, noch ein allgemeines Gebot der Zurechnung. Vielmehr lässt sich die Frage einer möglichen „rechtlichen Identifikation"[127] nur anhand einer zweckgerechten Vertrags- und Gesetzesanwendung beantworten.[128] Dabei setzt der Durchgriff voraus, dass nicht bereits aufgrund gesetzlicher Bestimmungen eine solche Zurechnung gegenüber der Aktiengesellschaft stattfindet, etwa weil der Aktionär Organ der Gesellschaft ist.

66 **bb) Voraussetzung.** Grundlage für eine Zurechnung ist die Einsicht, dass der Aktionär gegenüber seiner Gesellschaft nicht stets „Dritter" ist. Trotz der rechtlichen Selbständigkeit der Aktiengesellschaft können Gesellschaftsinteressen und Gesellschafterinteressen übereinstimmen. Eine Zurechnung ist also dann möglich, wenn der Aktionär im Einzelfall in der Lage ist, aufgrund seiner Einflussnahme auf die Geschäftsleitung der Gesellschaft eine Gleichschaltung seiner Interessen mit denen der Gesellschaft zu erreichen.[129] Dabei kann es nur um Fälle gehen, in denen die allgemeinen privatrechtlichen Zurechnungsregeln betreffend das Verhältnis zwischen der Gesellschaft und ihren Organen nicht greifen.[130] Da der Vorstand der Aktiengesellschaft im Unterschied zur Geschäftsführung einer GmbH von Weisungen der Gesellschafter unabhängig ist, wird eine Willensgleichrichtung zwischen Aktionär und Aktiengesellschaft nur in Ausnahmefällen in Betracht kommen, etwa im Falle der personalistisch strukturierten Aktiengesellschaft oder der Einmann-AG.[131]

---

[120] *Ehricke* AcP 199 (1999), 257 (259).
[121] BGHZ 149, 10; 151, 182.
[122] BGHZ 151, 182 (187).
[123] BGH ZIP 2007, 1552 ff.
[124] K. Schmidt/Lutter/*Lutter* Rn. 22: Existenzvernichtung kein Fall des Durchgriffs mehr.
[125] MüKoAktG/*Heider* Rn. 87.
[126] Hüffer/Koch/*Koch* Rn. 30.
[127] *Raiser/Veil* KapGesR § 39 Rn. 5.
[128] Bürgers/Körber/*Westermann* Rn. 25.
[129] MüKoAktG/*Heider* Rn. 53; Großkomm AktG/*Bachmann* Rn. 64.
[130] Kölner Komm AktG/*Dauner-Lieb* Rn. 34.
[131] S. Großkomm AktG/*Bachmann* Rn. 65. Ausführlich zur Frage einer Willensgleichrichtung auch MüKoAktG/*Heider* Rn. 54 ff.

cc) Beispiele. Schulbeispiel für einen Zurechnungsdurchgriff ist die Frage, ob zwischen der 67 Gesellschaft und ihren Gesellschaftern ein **gutgläubiger Erwerb** möglich ist.[132] Dies ist mit der ganz hM zu verneinen,[133] wobei es im Ergebnis unerheblich ist, ob man den Gutglaubenserwerb an der Zurechnung der Bösgläubigkeit des Gesellschafters,[134] mit dem Hinweis auf die zumindest teilweise wirtschaftliche Identität der Vertragspartner am fehlenden Verkehrsgeschäft[135] oder aufgrund einer teleologischen Reduktion der Gutglaubensvorschriften scheitern lässt.[136]

Ein **Wettbewerbsverbot** gilt im Zweifelsfall nicht nur für den unmittelbar Betroffenen, sondern 68 auch für eine vom Verpflichteten kontrollierte Gesellschaft. Umgekehrt kann auch der Gesellschafter an ein seine Gesellschaft betreffendes Wettbewerbsverbot gebunden sein. Die Reichweite des Verbotes ist jeweils durch Auslegung zu bestimmen.[137]

Auch für die Anwendung von § 81 VVG auf den Versicherungsvertrag einer Aktiengesellschaft ist 69 der Gesellschafter in die Betrachtung einzubeziehen. Führt der Gesellschafter den **Versicherungsfall** vorsätzlich oder durch grobe Fahrlässigkeit herbei, verliert seine versicherte Gesellschaft unabhängig davon den Versicherungsanspruch, ob sein Handeln als Geschäftsführer der Gesellschaft zuzurechnen ist, bzw. kann die Leistung des Versicherers gekürzt werden.[138]

Auch **Täuschungshandlungen** des Gesellschafters können der Gesellschaft zuzurechnen sein, 70 wenn im Ausnahmefall eine Willensgleichrichtung zwischen Aktionär und Aktiengesellschaft besteht.[139]

Eine weiteres Beispiel dafür, dass sich in Ausnahmefällen Aktiengesellschaft und Aktionär nicht 71 wie fremde Dritte gegenüberstehen, sind die so genannten **Maklerfälle.** Der Provisionsanspruch des Maklers entsteht nicht, wenn er einen Vertrag mit einer Aktiengesellschaft vermittelt hat, an der er wesentlich beteiligt ist.[140]

Das **Stimmverbot** des § 136 Abs. 1 kann nicht dadurch umgangen werden, dass der betreffende 72 Aktionär seine Aktien in eine von ihm kontrollierte Gesellschaft einbringt.[141]

Der **Verkauf sämtlicher Aktien einer Aktiengesellschaft** stellt wirtschaftlich betrachtet den 73 Verkauf des gesamten Unternehmens dar.[142]

c) Umgekehrter Durchgriff? Unter dem Begriff des umgekehrten Durchgriffs werden verschie- 74 dene Tatbestände diskutiert, die sorgsam zu unterscheiden sind.

Ein **Haftungsdurchgriff gegen die Aktiengesellschaft,** bei der die Gesellschaft für die persön- 75 lichen Verbindlichkeiten des Gesellschafters einzustehen hat, ist unzulässig, da das Vermögen der Gesellschaft ausschließlich für ihre Gläubiger bestimmt ist.[143]

Hiervon zu trennen ist die Frage, ob der Gesellschafter auf Basis eines ihm zustehenden Ersatzan- 76 spruches einen **im Gesellschaftsvermögen entstandenen Schaden** geltend machen kann.[144] Die Rechtsprechung hat dies unter Bezugnahme auf die Durchgriffslehre in Einzelfällen bejaht. So wurde dem Gesellschafter einer Einmanngesellschaft zugestanden, Ersatz des Schadens verlangen zu können, welcher der Gesellschaft aufgrund der Verletzung eines zwischen ihm und einem Dritten bestehenden Vertrages entstanden war.[145] Es könne nicht übersehen werden, dass „der alleinige Gesellschafter einer GmbH unmittelbar wirtschaftlich berührt wird, wenn seine Gesellschaft einen Verlust erleidet oder einen Gewinn erzielt".[146] Eine weitere Entscheidung behandelte die Folgen einer Skiverletzung des Mehrheitsgesellschafter einer Aktiengesellschaft, aufgrund derer die Gesellschaft einen Vermö-

---

[132] Großkomm AktG/*Bachmann* Rn. 63.
[133] RGZ 119, 126; 130, 390; BGHZ 78, 318 (325); aA *Wilhelm,* Rechtsform und Haftung, 1981, 266 ff. und ihm für den Fall des Erwerbs der Gesellschaft vom Gesellschafter folgend *Flume* JurPers § 3 II.
[134] MüKoAktG/*Heider* Rn. 61.
[135] *Raiser/Veil* KapGesR § 39 Rn. 10; MüKoBGB/*Reuter* BGB Vor § 21 Rn. 27 f.
[136] *K. Schmidt* GesR § 9 III 2 d.
[137] BGHZ 59, 64 (67 f.); 89, 162 (165); *Raiser/Veil* KapGesR § 39 Rn. 16; *K. Schmidt* GesR § 9 III 1.
[138] *K. Schmidt* GesR § 9 III 2 c; *Raiser/Veil* KapGesR § 39 Rn. 8; aA MüKoBGB/*Reuter* BGB Vor § 21 Rn. 30; ähnlich Großkomm AktG/*Bachmann* Rn. 67.
[139] BGH NJW 1990, 1915; MüKoAktG/*Heider* Rn. 59; *K. Schmidt* GesR § 9 III 2 e.
[140] Für die GmbH: BGH NJW 1971, 1839; 1973, 1649; WM 1975, 542 (543); NJW 1985, 2473; Großkomm AktG/*Bachmann* Rn. 67; *Raiser/Veil* KapGesR § 39 Rn. 9; *K. Schmidt* GesR § 9 III 2 c.
[141] Vgl. RGZ 146, 385; *K. Schmidt* GesR § 9 III 2 h; *Raiser/Veil* KapGesR § 39 Rn. 13.
[142] BGHZ 65, 246 (251) begründet dies ebenfalls mit dem Hinweis auf einen Durchgriff. Krit. *K. Schmidt* GesR § 9 III 1; MüKoBGB/*Reuter* BGB Vor § 21 Rn. 25.
[143] BGHZ 78, 318 (333); BGH NJW-RR 1990, 738; Großkomm AktG/*Bachmann* Rn. 117; *Wiedemann* GesR I § 4 III 1 d; *K. Schmidt* GesR § 9 IV 6.
[144] Hierzu insbes. *Flume* JurPers § 3 II und *Raiser/Veil* KapGesR § 39 Rn. 50 ff.
[145] BGHZ 61, 380.
[146] BGHZ 61, 380 (383).

gensschaden erlitten hatte.[147] Auch hier wurde dem Gesellschafter ein Schadensersatzanspruch gegen den Unfallverursacher zugesprochen, wobei allerdings wegen der „strikten Unterscheidung beider Vermögen als Haftungsmassen" nur Ersatz in das Vermögen der Gesellschaft gewährt wurde.[148] In beiden Fällen hätte es freilich für ein befriedigendes Ergebnis eines solchen Durchgriffs nicht bedurft, da der Gesellschafter jeweils selbst einen Schaden in Form der Wertminderung seines Gesellschaftsanteils erlitten hatte.[149] Auch wenn es im Einzelfall schwierig sein mag, diese Wertminderung festzustellen, kann doch die von den Befürwortern des Durchgriffs angeführte Begründung, es käme gerade auf die Schadensersatzleistung an die Gesellschaft und nicht an den Gesellschafter an, nicht überzeugen.[150]

77 Schließlich wird es als umgekehrter Durchgriff bezeichnet, wenn **Verhaltensweisen, Kenntnisse oder Eigenschaften der Gesellschaft** dem oder den Gesellschaftern zugerechnet werden. Zu denken ist hier zum Beispiel an eine von der Aktiengesellschaft begangene arglistige Täuschung oder ein gegen Treu und Glauben verstoßendes Verhalten, was gegen den Gesellschafter wirken könnte.[151] Auch hier wird man die Zurechnung von einer Gleichschaltung der Willensrichtung abhängig machen, so dass sie zumindest auf Gesellschafter mit maßgeblicher Beteiligung oder wesentlichem Einfluss beschränkt sein muss.

78 **4. Durchgriff im Steuerrecht.** Auch im Steuerrecht wird zuweilen von einem Durchgriff auf die Gesellschafter einer Kapitalgesellschaft gesprochen.[152] Dabei geht es ebenfalls darum, inwieweit die vermögensmäßige Berechtigung der Gesellschafter für die steuerliche Behandlung der von der Kapitalgesellschaft verwirklichten Tatbestände relevant ist.[153] So war die Frage, ob die Zugehörigkeit natürlicher Personen zu einer Kapitalgesellschaft bei der Besteuerung der Gesellschaft berücksichtigt werden darf, mehrfach Gegenstand von Entscheidungen des Bundesverfassungsgerichts.

79 BVerfGE 13, 331 ff. befasste sich mit der damals geltenden Nichtabzugsfähigkeit von Gehältern und sonstigen Vergütungen für wesentlich Beteiligte und deren Ehegatten für Zwecke der Gewerbebesteuerung einer Kapitalgesellschaft. Das Gericht sah in der hier vorgenommenen Unterscheidung zwischen „personenbezogenen" und „anonymen" Kapitalgesellschaften einen Verstoß gegen Art. 3 GG und erklärte die Vorschrift für verfassungswidrig. Insbesondere gehöre es zum „Wesen juristischer Personen wie der GmbH und der AG, dass diese Kapitalgesellschaften mit ihrer Verselbständigung gegen ‚Durchgriffe' auf Tatbestände im Kreis oder in der Person ihrer Gesellschafter grundsätzlich abgeschirmt sind".[154]

80 In BVerfGE 18, 224 ff. kam das Gericht in einem ähnlichen Fall zum entgegengesetzten Ergebnis, indem es die vom Bundesfinanzhof statuierte Nichtabzugsfähigkeit von Pensionsrückstellungen für beherrschende Gesellschafter-Geschäftsführer einer Kapitalgesellschaft für zulässig erklärte. Begründet wurde dies damit, dass auch das Zivilrecht in gewissen Fällen den Durchgriff bei juristischen Personen kenne. Dabei bezog sich das Bundesverfassungsgericht ausdrücklich auf die Rechtsprechung der Zivilgerichte, wonach die Rechtsform außer Acht zu lassen ist, wenn „die Natur der Sache, die Wirklichkeiten des Lebens, die wirtschaftlichen Bedürfnisse und die Macht der Tatsachen" dies gebieten.[155]

81 Ein Fall des gesetzlich angeordneten Durchgriffs im Steuerrecht ist die Hinzurechnungsbesteuerung nach den §§ 7 ff. AStG, bei welcher unter bestimmten Voraussetzungen die Einkünfte ausländischer Kapitalgesellschaften dem inländischen Gesellschafter unabhängig von einer Ausschüttung unmittelbar zugerechnet und bei diesem der Besteuerung unterworfen werden.[156]

IV. Grundkapital und Aktien (Abs. 2)

82 Nach Abs. 2 hat die Aktiengesellschaft ein in Aktien zerlegtes Grundkapital. Die Aktie ist ein Bruchteil des Grundkapitals und das Grundkapital die Summe der Nominalbeträge der ausgegebenen

---

[147] BGH NJW 1977, 1283 m. Anm. *Hüffer.*
[148] BGH NJW 1977, 1283 (1284); anders wiederum BGH AG 1989, 170 (171): Zahlung an den Gesellschafter selbst.
[149] *Lieb* FS R. Fischer, 1979, 385 (387); *Flume* JurPers § 3 II.
[150] So aber *Raiser/Veil* KapGesR § 39 Rn. 53.
[151] Ablehnend Kölner Komm AktG/*Dauner-Lieb* Rn. 43.
[152] S. *Raupach*, Der Durchgriff im Steuerrecht, 1968; *Wilser*, Der Durchgriff bei Kapitalgesellschaften im Steuerrecht, 1960; *Flume* JurPers § 3 IV; *Fischer* FS Raupach, 2006, 339 ff.
[153] *Flume* JurPers § 3 IV.
[154] BVerfGE 13, 331 (340).
[155] BVerfGE 18, 224 (235). Zu dieser Rechtsprechung → Rn. 39.
[156] Man spricht insoweit auch von einer „Durchgriffsbesteuerung", s. *Kluge*, Internationales Steuerrecht, 2000, Rn. N 392.

Aktien. Durch den Begriff des Grundkapitals und die besonderen Vorschriften hinsichtlich Kapitalaufbringung und Kapitalerhaltung unterscheidet sich die Aktiengesellschaft von der GmbH (→ Rn. 2).

1. Grundkapital. a) Begriff und Funktion des Grundkapitals. Das Grundkapital ist nach allgemeiner Lesart das **Mindesthaftkapital** bzw. **Garantiekapital** der Gesellschaft.[157] Es ist in der Satzung der Gesellschaft festzulegen und darf nach § 7 nicht weniger als 50.000 Euro betragen. Das Grundkapital stellt nach traditioneller Lesart einen Ausgleich für die auf das Gesellschaftsvermögen beschränkte Haftung der Aktionäre dar, wobei allerdings diese Kompensationswirkung angesichts des geringen Mindestbetrages nicht überschätzt werden darf.[158] Zugleich erfüllt das Grundkapital eine ordnungspolitische Funktion, da hierdurch kleinen Unternehmen mit einem Eigenkapitalbedarf von weniger als 50.000 Euro der Zugang zur Rechtsform der Aktiengesellschaft verwehrt wird.[159]

Der Begriff des Mindesthaftkapitals darf nicht dahingehend missverstanden werden, dass den Gläubigern im Krisenfall in jedem Fall ein Haftungsfonds in dieser Höhe zur Verfügung steht. Es handelt sich vielmehr um den Betrag, den die Aktionäre der Gesellschaft **mindestens als Einlage** aufzubringen haben.[160] Zwar strebt der Gesetzgeber mit den Vorschriften über die Kapitalerhaltung und Kapitalaufbringung an, dass das Grundkapital möglichst ungeschmälert erhalten bleibt.[161] Allerdings nimmt auch das Grundkapital an einem Verlust aus der Geschäftstätigkeit der Aktiengesellschaft teil, so dass ein absoluter Schutz nicht gewährleistet ist, das Grundkapital vielmehr die Funktion eines bloßen Verlustpuffers einnimmt.[162] Das Grundkapital gibt den Gläubigern der Aktiengesellschaft lediglich eine gewisse Mindestaussicht auf Befriedigung ihrer Forderungen.[163]

Aufgrund seines Charakters als statische Größe darf das Grundkapital nicht mit dem Gesellschaftsvermögen, also dem Reinvermögen der Gesellschaft nach Abzug der Verbindlichkeiten gleichgesetzt werden.[164] Vielmehr handelt es sich um eine in der Satzung festzulegende Rechengröße, die auf der Passivseite der Bilanz gebucht wird.[165] *Wiedemann* bezeichnet daher das Grundkapital anschaulich als „bilanztechnischen Sparstrumpf" der Aktiengesellschaft.[166]

Diese rein **bilanzielle Betrachtung des Grundkapitals** wird von *Wilhelm* in Frage gestellt.[167] Seiner Auffassung nach ist es Aufgabe der Passivseite der Bilanz, eine Zuordnung des auf der Aktivseite ausgewiesenen Vermögens der Gesellschaft vorzunehmen. Dieses kann entweder den Gläubigern der Gesellschaft oder den Gesellschaftern zustehen.[168] Dementsprechend ist für ihn das Grundkapital etwas Gegenständliches und keine rein abstrakte Bilanzziffer.[169] Anders als es dem rein bilanziellen Verständnis entsprechen würde, decken seiner Ansicht nicht die Aktiva das Kapital, sondern deckt umgekehrt das Kapital einen eventuellen Verlust der Gesellschaft.[170]

Unabhängig davon, dass die Auffassung von *Wilhelm* für die Auslegung von § 1 Abs. 2 keine unmittelbare Auswirkung hat, ist ihr nicht zu folgen. Denn seine Lehre von der Gegenständlichkeit des Grund- oder Stammkapitals einer Kapitalgesellschaft differenziert nicht hinreichend zwischen dem Eigenkapital und dem Nominalkapital der Gesellschaft. Zwar mag man ihm dahingehend folgen, dass Zweck der Passivseite der Bilanz die Zuordnung der Vermögensgegenstände eines Kaufmanns ist und dass sich hieraus eine Vergegenständlichung des Eigenkapitals ergibt. Allerdings ändert dies

---

[157] MüKoAktG/*Heider* Rn. 93; *K. Schmidt* GesR § 26 IV 1; *Raiser/Veil* KapGesR § 9 Rn. 33, *Wiedemann* GesR I § 10 IV 1; *Bürgers/Körber/Westermann* Rn. 15: „Garantiefunktion"; *Windbichler* GesR § 25 Rn. 5: „Garantieziffer". Zum heutigen Verständnis des Grund- und Stammkapitals von Kapitalgesellschaften s. grundlegend auch *Drygala* ZGR 2006, 587 ff. sowie *Jungmann* ZGR 2006, 638 ff., der den traditionellen Kapitalschutzregeln auf Basis eines Mindestkapitals einen Solvenztest für Kapitalmaßnahmen als alternatives System des Gläubigerschutzes gegenüberstellt.
[158] MHdB AG/*Wiesner* § 11 Rn. 2; MüKoAktG/*Heider* Rn. 93. Krit. *Escher-Weingart*, Reform durch Deregulierung, 2001, 16 und aus ökonomischer Sicht *Kirchner* FS T. Raiser, 2005, 181 (196 ff.).
[159] *Raiser/Veil* KapGesR § 9 Rn. 33.
[160] *Windbichler* GesR § 25 Rn. 3.
[161] MüKoAktG/*Heider* Rn. 97; *Wiedemann* GesR I § 10 IV 1.
[162] Großkomm AktG/*Bachmann* Rn. 120; *Grigoleit*/*Grigoleit* Rn. 29; *K. Schmidt* GesR § 26 IV 1 b.
[163] MHdB AG/*Wiesner* § 11 Rn. 2. *Escher-Weingart*, Reform durch Deregulierung, 2001, 18 sieht die Gefahr, dass mit dem Instrument eines festen Mindestkapitals eine „Freikaufmentalität" erzeugt und das Bemühen um den laufenden Erhalt des Kapitals nicht hinreichend gefördert bzw. kontrolliert wird.
[164] *Windbichler* GesR § 25 Rn. 4; MüKoAktG/*Heider* Rn. 94; *K. Schmidt* GesR § 26 IV 1; MHdB AG/*Wiesner* § 11 Rn. 6.
[165] *Hüffer/Koch/Koch* Rn. 10; *K. Schmidt* GesR § 26 IV; *Raiser/Veil* KapGesR § 9 Rn. 33.
[166] *Wiedemann* GesR I § 10 IV 1.
[167] *Wilhelm* ZHR 159 (1995), 454 ff.
[168] *Wilhelm* ZHR 159 (1995), 466 f.
[169] *Wilhelm* ZHR 159 (1995), 459.
[170] *Wilhelm* ZHR 159 (1995), 459 mit Verweis auf § 268 Abs. 3 HGB.

nichts an der Tatsache, dass der Gesetzgeber für die Kapitalgesellschaften die Festlegung einer abstrakten Nominalkapitalziffer vorgeschrieben und hierfür bestimmte Kapitalerhaltungsvorschriften getroffen hat. Diese Nominalkapitalziffer bleibt unverändert stehen, auch wenn sich das Eigenkapital der Gesellschaft von seinem Anfangsbestand deutlich entfernt hat, zum Positiven oder zum Negativen. Die Kapitalerhaltungsregelungen sind auch dann noch anwendbar, wenn das Eigenkapital der Gesellschaft durch Verluste verbraucht ist, in der Terminologie *Wilhelms* also ein gegenständlich verkörpertes Grund- oder Stammkapital gar nicht mehr vorhanden ist.[171] Des Weiteren kommt die notwendige Differenzierung zwischen tatsächlichem Eigenkapital und abstraktem Nominalkapital auch dadurch zum Ausdruck, dass bei Errichtung einer Kapitalgesellschaft zwar das Grund- oder Stammkapital in voller Höhe in der Bilanz auszuweisen ist, jedoch nicht notwendigerweise bereits vollständig von den Gesellschaftern aufgebracht sein muss.

88 **b) Kapitalaufbringung und Kapitalerhalt.** Das Gesetz kennt verschiedene Regelungen, um die Aufbringung und den Erhalt des Grundkapitals zu sichern. Der Sicherstellung der **Kapitalaufbringung** dienen insbesondere:
- das Verbot der Unterpariemission in § 9 Abs. 1, wonach der Ausgabepreis der Aktien den Nennbetrag bzw. den auf die einzelne Stückaktie entfallenden anteiligen Betrag des Grundkapitals nicht unterschreiten darf,
- die Verpflichtung der Gründer, sämtliche Aktien zu übernehmen, §§ 2 und 29,
- die Bestimmung des § 36a über den mindestens aufzubringenden Teil der Einlage,
- die Vorschriften über die Bewertung von Sacheinlagen, §§ 27 und 31 ff.,
- die Erklärung und der Nachweis im Sinne von § 37, dass die eingeforderten Einlagen gezahlt sind und der eingezahlte Betrag zur freien Verfügung des Vorstandes steht, sowie
- die Haftung für nicht geleistete Einlagen nach §§ 46 ff.

89 Dem **Kapitalerhalt** sind vor allem das Verbot der Einlagenrückgewähr (§ 57) und die Beschränkungen im Hinblick auf den Erwerb eigener Aktien nach §§ 71 ff. gewidmet. Des Weiteren dürfen noch bestehende Einlageverpflichtungen nach § 66 nicht erlassen werden. Ebenfalls dem Kapitalerhalt dienen die Bestimmungen über die Gewinnverwendung, § 58 Abs. 4 und § 174 und das Verbot sonstiger Zuwendungen, insbesondere verdeckter Gewinnausschüttungen (§ 57 Abs. 3). Wesentliches Element ist daneben die Passivierungspflicht des Grundkapitals mit der Folge, dass ein verteilungsfähiger Bilanzgewinn nur besteht, solange das Grundkapital gedeckt ist.

90 **c) Sonderfall der Investmentaktiengesellschaft mit veränderlichem Kapital.** Mit dem Investmentmodernisierungsgesetz vom 15.12.2003 wurden in dem damaligen Investmentgesetz erstmals Regelungen über eine Investmentaktiengesellschaft mit veränderlichem Kapital eingeführt, die heute in den §§ 108 ff. KAGB zu finden sind.[172] Eine solche Gesellschaft darf wie ein offener Fonds **jederzeit Aktien ausgeben und von den Investoren zurücknehmen**. Zu Recht sprach man hinsichtlich dieser neuen Form der Aktiengesellschaft, auf die vorbehaltlich investmentrechtlicher Sonderbestimmungen nach § 108 Abs. 2 KAGB das Aktiengesetz anwendbar ist, von einer „Revolution im Gesellschaftsrecht".[173] Nachdem allerdings die Investmentaktiengesellschaft im Investmentänderungsgesetz vom 21.12.2007 dem vertragsrechtlich konstruierten Investment-Sondervermögen weitgehend angeglichen wurde, erscheint die Zuordnung dieses Fondstypen zu den Aktiengesellschaften zweifelhaft, wie sich auch an den Regelungen zum Grund- bzw. Gesellschaftskapital dieses Fondstypen zeigt.[174]

91 Eine Investmentaktiengesellschaft mit veränderlichem Kapital besitzt ein in der Satzung festzulegendes Mindestkapital, welches durch den Nennbetrag der ausstehenden Aktien gedeckt sein muss. Oberhalb dieses Mindestkapitals und bis zu einem ebenfalls in der Satzung zu bestimmenden Höchstbetrag kann die Gesellschaft das Kapital wiederholt durch die Ausgabe neuer Aktien erhöhen (§ 115 KAGB). Zugleich ist es der Investmentaktiengesellschaft mit veränderlichem Kapital gestattet, in den Grenzen des Mindest- und des Höchstkapitals jederzeit Aktien zurückzukaufen (§ 116 Abs. 1 KAGB).

92 Trotz dieses Charakters als einem offenen Fonds hatte vor der letzten Reform im Jahre 2007 auch die Investmentaktiengesellschaft ein – wenn auch veränderliches – Grundkapital im Sinne einer nur durch Kapitalmaßnahmen beeinflussten Nennkapitalgröße und damit im Sinne von § 1 Abs. 2. Der Gesetzgeber hatte sich also zunächst dagegen entschieden, die Investmentaktiengesellschaft mit einem so genannten **atmenden Grundkapital** auszustatten. Daher richtete sich auch bei der Investmentaktiengesellschaft die Höhe des Grundkapitals nicht nach dem aktuellen Vermögen der Gesellschaft,

---

[171] *K. Schmidt* GesR § 37 III 1e hinsichtlich der GmbH.
[172] Zu den gesellschafts- und registerrechtlichen Fragen dieser besonderen Form der Aktiengesellschaft s. vor allem *Baums/Kiem* FS Hadding, 2004, 741 ff.; *Hermanns* ZIP 2004, 1297 ff.
[173] *Köndgen/Schmies* WM-Sonderbeil. Nr. 1 zu Heft 11/2004 S. 17.
[174] S. hierzu näher *Fock/Hartig* FS Spiegelberger, 2009, 653 ff.

veränderte sich daher allein durch die Ausgabe neuer und die Einziehung zurückgegebener Aktien und nicht durch jede Vermögensmehrung oder Vermögensminderung der Gesellschaft.

Mit dem Investmentänderungsgesetz von 2007 wurde dieses Konzept vom Gesetzgeber aufgegeben. Seither kennt die Investmentaktiengesellschaft kein Grundkapital mehr.[175] Das Investmentgesetz spricht vielmehr vom „Gesellschaftskapital", dessen Wert nach § 110 Abs. 1 KAGB der Summe der jeweiligen Verkehrswerte der zum Gesellschaftsvermögen gehörenden Vermögensgegenstände abzüglich der Verbindlichkeiten entspricht. Damit hat der Gesetzgeber die Konsequenz aus der Tatsache gezogen, dass das Kapital der Investmentaktiengesellschaft wegen der kaum eingeschränkten Möglichkeit zur Aktienrückgabe die Funktion eines Garantiekapitals für die Gläubiger nicht zu erbringen vermag.

2. Zerlegung in Aktien. a) Begriff. Das Gesetz verwendet das Wort Aktie mit **unterschiedlicher Bedeutung**.[176] Aktie ist nach § 1 Abs. 2 zunächst die Bezeichnung eines Bruchteils des Grundkapitals. Daneben bezeichnet die Aktie auch die Mitgliedschaft in der Gesellschaft, also die Gesamtheit der Rechte und Pflichten, die dem einzelnen Aktionär infolge seiner Beteiligung an der Gesellschaft zustehen. Schließlich wird als Aktie, etwa in § 10, die Aktienurkunde bezeichnet, also die Verbriefung des Mitgliedschaftsrechts.

b) Aktienformen. Über Formen und Arten der Aktie trifft § 1 Abs. 2 keine Regelung. In § 8 Abs. 1 unterscheidet das Gesetz zwischen **Nennbetragsaktien** und nennwertlosen **Stückaktien**. Nennbetragsaktien müssen auf mindestens einen Euro lauten, bei Stückaktien muss der auf sie entfallende anteilige Betrag des Grundkapitals ebenfalls mindestens einen Euro betragen, § 8 Abs. 2 und 3. Anlass für die Einführung von Stückaktien durch das Stückaktiengesetz war die Umstellung des Gesellschaftsrechts auf den Euro.[177]

Die Stückaktien im Sinne von § 8 Abs. 3 sind unechte nennwertlose Aktien, da die Gesellschaft auch in diesem Falle über ein nennbetragsmäßig festgesetztes Grundkapital verfügt.[178] Rechnerisch besitzen also auch Stückaktien einen Nennwert, der sich nach § 8 Abs. 4 aus der Anzahl der Aktien im Verhältnis zum Grundkapital ergibt. Dabei geht bei der Stückaktie im Gegensatz zur **Quotenaktie** dieses Verhältnis nicht aus der Aktienurkunde, sondern aus der Angabe der Satzung über die Anzahl der Stückaktien hervor.[179]

Da somit auch Stückaktien im Sinne von § 8 Abs. 3 einen – allerdings nicht ausdrücklich angegebenen – Nennbetrag besitzen, besteht der wesentliche Unterschied zu Nennbetragsaktien darin, dass der Nennbetragsanteil aller Stückaktien identisch sein muss, während bei Nennbetragsaktien die Möglichkeit besteht, Aktien mit unterschiedlichem Nominalwert auszugeben (§ 23 Abs. 3 Nr. 4).

c) Zerlegung des Grundkapitals. Nach § 1 Abs. 2 ist das Grundkapital der Gesellschaft in Aktien zerlegt. Diese Formulierung wird als unglücklich angesehen, da den Aktionären kein Bruchteil am Grundkapital zusteht. Vielmehr könnte es sich allein um die Zerlegung des Grundkapitals in einzelne Mitgliedschaftsrechte handeln. Allerdings sind Grundkapital und Mitgliedschaftsrecht unterschiedliche Rechtsfiguren, so dass auch insoweit eine Zerlegung im wörtlichen Sinne ausscheidet.[180]

Daher bringt § 1 Abs. 2 lediglich zum Ausdruck, dass sich die Rechte des Aktionärs im Verhältnis zu seinen Mitgesellschaftern nach der Höhe seiner **Beteiligungsquote** richtet.[181] So bemisst sich etwa das Stimmrecht gemäß 134 Abs. 1 S. 1 nach dem Aktiennennbetrag und im Falle von Stückaktien nach der Anzahl der gehaltenen Aktien. Gleiches gilt nach § 60 Abs. 1 für die Beteiligung der Aktionäre am Gewinn der Gesellschaft.

Mit der Bezugnahme auf die Quote ist zugleich eine **Verselbständigung des Mitgliedschaftsrechts** verbunden.[182] Denn das Mitgliedschaftsrecht ist insoweit vom Inhaber zu abstrahieren, als dass – anders als im Falle des Vereins – ein Aktionär mehrere Mitgliedschaften an der Gesellschaft besitzen kann.[183] Auch kann eine Aktiengesellschaft Anteile an sich selbst halten.

Schließlich kann der Vorschrift die Vorgabe entnommen werden, dass die Summe der Nennbeträge aller ausgegebenen Aktien dem Nennbetrag des Grundkapitals entsprechen muss.

---

[175] Zu den Änderungen *Dornseifer* AG 2008, 53 f.
[176] Hüffer/Koch/*Koch* Rn. 13; MHdB AG/*Wiesner* § 12 Rn. 1.
[177] MüKoAktG/*Heider* § 8 Rn. 27.
[178] MüKoAktG/*Heider* § 8 Rn. 80.
[179] MüKoAktG/*Heider* § 8 Rn. 25.
[180] MüKoAktG/*Heider* Rn. 100.
[181] Allgemeine Auffassung, siehe MüKoAktG/*Heider* Rn. 100; Hüffer/Koch/*Koch* Rn. 13.
[182] So insbes. *Würdinger* AktR § 1 III 3.
[183] MüKoAktG/*Heider* Rn. 100.

102 **d) Einmann-Gründung.** Aus dem Wortlaut von § 1 Abs. 2 wird geschlossen, dass eine Aktiengesellschaft mindestens zwei Aktien ausgeben muss, da andernfalls nicht von einer Zerlegung des Grundkapitals die Rede sein kann.[184] Diese Auffassung überzeugt nicht. Die Formulierung von § 1 Abs. 2 ist vor dem Hintergrund zu sehen, dass vor dem Gesetz über kleine Aktiengesellschaften und zur Deregulierung des Aktienrechts aus dem Jahre 1994[185] nach § 2 für die Gründung einer Aktiengesellschaft mindestens fünf Aktionäre notwendig waren, in jedem Fall also eine Zerlegung des Grundkapitals auf mehrere Aktien stattfinden musste. Seit Zulassung der Einmann-Gründung durch die Änderung von § 2 besteht für eine solche Aufteilung kein Bedürfnis mehr. Da der Zerlegung auch keinerlei Schutzfunktion zukommt, sollte § 1 Abs. 2 kein Zwang zur Ausgabe von mindestens zwei Aktien entnommen werden.[186]

§ 2 Gründerzahl

An der Feststellung des Gesellschaftsvertrags (der Satzung) müssen sich eine oder mehrere Personen beteiligen, welche die Aktien gegen Einlagen übernehmen.

Schrifttum: *Kurz,* Die Problematik des § 1822 BGB, NJW 1992, 1798; *Klüsener,* Der Minderjährige im Unternehmensrecht, Rpfleger 1990, 321; *Mümmler,* Aus der Kostenpraxis des Notars – für die Praxis, JurBüro 1981, 837; *Rust,* Die Beteiligung von Minderjährigen im Gesellschaftsrecht – Vertretung, familien-/vormundschaftsgerichtliche Genehmigung und Haftung des Minderjährigen, DStR 2005, 1942; *Willemer,* Die Beurkundungsgebühr für die Einmann-GmbH-Gründung, DNotZ 1981, 469; *Winkler,* Die Genehmigung des Vormundschaftsgerichts zu gesellschaftsrechtlichen Akten bei Beteiligung Minderjähriger, ZGR 1973, 177.

Übersicht

	Rn.		Rn.
I. Regelungsgegenstand und Normzweck	1	1. Grundsatz	7
II. Feststellung der Satzung	2–5	2. Einzelheiten	8–14
1. Feststellung durch mehrere Personen	3	a) Natürliche Person	8
2. Feststellung durch eine Person	4	b) Juristische Person	9
3. Satzung	5	c) Personenhandelsgesellschaften	10
III. Aktienübernahme	6	d) Gesamthandsgemeinschaften	11
IV. Gründerfähigkeit	7–14	e) Erbengemeinschaft	12
		f) Zugewinngemeinschaft und Gütergemeinschaft	13
		g) Wohnungseigentümergemeinschaft	14

I. Regelungsgegenstand und Normzweck

1 Die Vorschrift bestimmt die Anforderungen an die Gründung einer Aktiengesellschaft. Sie klärt die Gründerzahl und verlangt eine Satzung. Darüber fordert sie, dass die Gründer alle Aktien gegen Einlagen in einem einheitlichen Geschäft mit der Satzungsfeststellung übernehmen (Einheitsgründung). Weitere formale Voraussetzungen enthält § 23. Der Formwechsel einer bestehenden Gesellschaft ist nicht in § 2, sondern im UmwG geregelt.

II. Feststellung der Satzung

2 § 2 verlangt die Feststellung der Satzung durch Rechtsgeschäft. Der Wortlaut scheint einen Vertrag zu fordern, der festgestellt wird. Da auch die Gründung durch nur eine Person möglich ist, muss aber nur eine Satzung als objektive Regelung vorliegen. Die vertragliche Vereinbarung bzw. ihre Feststellung durch Rechtsgeschäft sind dann der Geltungsgrund der Satzung.

3 **1. Feststellung durch mehrere Personen.** Sind an der Feststellung der Satzung mehrere Personen beteiligt, handelt es sich um einen Errichtungs- oder Gründungsvertrag. Durch die im Vertrag übereinstimmend erklärte Feststellung der Satzung einigen sich die Gründer über den Inhalt der Satzung. Das sind ein Rechtsgeschäft und ein echter Vertrag im allgemeinen Wortsinn, der den Vorschriften des BGB über die Abgabe von Willenserklärungen und den Abschluss von Verträgen unterliegt.[1] Leiden die Erklärungen oder der Vertrag unter Gültigkeitsmängeln, entsteht eine fehler-

---
[184] MüKoAktG/*Heider* Rn. 99.
[185] Gesetz für kleine Aktiengesellschaften und zur Deregulierung des Aktienrechts vom 2.8.1994, BGBl. 1994 I 1961.
[186] Hüffer/Koch/*Koch* Rn. 13; Grigoleit/*Grigoleit* Rn. 25; K. Schmidt/Lutter/*Lutter* Rn. 31.
[1] AllgM MüKoAktG/*Heider* Rn. 29.

hafte Vor-AG.[2] Nach der Eintragung ist der Mangel nur noch nach §§ 275 ff. beachtlich (→ § 275 Rn. 4). Die Erklärung, die die Satzung feststellt, muss notariell beurkundet werden, § 23 Abs. 1. Die Errichtungserklärungen können in getrennten, inhaltlich aufeinander verweisenden Urkunden enthalten sein.[3]

2. Feststellung durch eine Person. Wenn nur eine Person die Satzung feststellt, scheidet ein Errichtungsvertrag aus. Die Errichtungserklärung, mit der die Satzung festgestellt wird, ist dann eine einseitige, nicht empfangsbedürftige Erklärung des Gründers, die mit der Abgabe vor dem Notar wirksam wird.[4]

3. Satzung. Die Satzung ist eine besondere Form eines Gesellschaftsvertrags bei Gesellschaften mit körperschaftlicher Organisationsstruktur.[5] Der Errichtungsvertrag ist der Entstehungsgrund der Satzung. Mit der Bezeichnung als Gesellschaftsvertrag ist die Satzung und nicht der Errichtungsvertrag gemeint. Mit der Errichtung der Gesellschaft verselbständigt sich der Satzungsinhalt zu einem **objektiven Normensystem.**[6] Die Satzung ist damit eine korporationsrechtliche Regelung, die gegenüber allen, auch künftigen Aktionären gilt und eher objektivem Recht ähnelt. Im Gegensatz zu Mängeln des Errichtungsvertrags sind auf **Mängel der Satzung** die Vorschriften des BGB über Mängel von Willenserklärungen nicht unmittelbar anwendbar (→ § 23 Rn. 35). Die **Auslegung** der Satzung orientiert sich nicht an der Auslegung von Willenserklärungen, wenn die AG durch Eintragung im Handelsregister entstanden ist. Der **Gründerwille** und die **Interessen** der Gründer bei der Errichtung der Gesellschaft sind für die Auslegung nicht mehr maßgeblich. Die Satzungsbestimmungen sind aus sich selbst heraus auszulegen. Umstände, für die sich keine ausreichenden Anhaltspunkte in der Satzung selbst finden, sind nicht zu berücksichtigen.[7] Dagegen gelten die allgemeinen Auslegungsgrundsätze für Willenserklärungen mit ihrem Vorrang für den tatsächlichen Parteiwillen, wo die Satzung nicht nur körperschaftliche Regelungen, sondern auch schuldrechtliche Abreden der Gründer oder einzelner Gesellschafter enthält (Einräumung von Sonderrechten, Schiedsabreden, Konsortialabreden, Wettbewerbsverbote oder Nebenleistungspflichten). Unterscheidungskriterium ist, ob die Abrede nur für die derzeitigen Gesellschafter gelten soll oder für einen unbestimmten Personenkreis.[8]

III. Aktienübernahme

Außer der Feststellung der Satzung verlangt § 2, dass die Gründer die Aktien gegen Einlagen übernehmen. Für eine Beteiligung am Errichtungsvertrag ohne Aktienübernahme, die der Wortlaut zuließe, ist kein anerkennenswertes Interesse erkennbar.[9] Eine solche Beteiligung ist gegebenenfalls in eine schuldrechtliche Förderpflicht umzudeuten.[10] Die Erklärung der Übernahme aller Aktien durch die Gründer gegen Einlagen muss zusammen mit der Feststellung der Satzung erklärt werden, so genannte **Einheitsgründung.** Sie kann nicht unter einer Bedingung erklärt werden.[11] Jeder Gründer muss die Feststellung der Satzung und die Übernahme von Aktien in einer einzigen Urkunde erklären, § 23 Abs. 2. Nicht notwendig ist dagegen, dass alle Gründer in derselben Urkunde ihre Erklärung abgeben (→ Rn. 3). Der Gründer erwirbt, soweit nichts anderes vereinbart wurde, entsprechend der Höhe seiner Kapitalbeteiligung Mitgliedschaftsrechte an der Vor-AG. Mit der Entstehung der AG setzen sie sich an dieser fort. Die Gründer haben gegen die Mitgründer einen Anspruch auf die erforderliche Mitwirkung zur Entstehung der AG.[12] Sie sind verpflichtet, an allen Handlungen mitzuwirken, die zur Entstehung der Gesellschaft und zur Bestellung ihrer Organe notwendig sind, den festgesetzten Ausgabebetrag der Aktien einzuzahlen oder, wenn Sacheinlagen

---
[2] Hüffer/Koch/*Koch* Rn. 3.
[3] Hüffer/Koch/*Koch* § 23 Rn. 9; Großkomm AktG/*Röhrich/Schall* § 23 Rn. 58; MüKoAktG/*Heider* Rn. 28; aA Großkomm AktG/*Brändel*, 4. Aufl., Rn. 72; zu den Einzelheiten der Beurkundung → § 23 Rn. 6.
[4] Hüffer/Koch/*Koch* Rn. 4a; MüKoAktG/*Heider* Rn. 33; NK-AktR/*Ammon* Rn. 18.
[5] MüKoAktG/*Heider* Rn. 37; Kölner Komm AktG/*Dauner-Lieb* Rn. 16; offen Großkomm AktG/*Bachmann* Rn. 45.
[6] BGHZ 21, 370 = NJW 1956, 1793; BGHZ 47, 172 = NJW 1967, 1268.
[7] BGHZ 123, 347 = NJW 1994, 51.
[8] BGHZ 123, 347 = NJW 1994, 51; MüKoAktG/*Heider* Rn. 42.
[9] Hüffer/Koch/*Koch* Rn. 13; MüKoAktG/*Heider* Rn. 32; Großkomm AktG/*Bachmann* Rn. 15; NK-AktR/*Ammon* Rn. 20; Bürgers/Körber/*Westermann* Rn. 9; Kölner Komm AktG/*Dauner-Lieb* Rn. 21; Hölters/*Solveen* Rn. 6; aA K. Schmidt/Lutter/*Lutter* Rn. 14; Großkomm AktG/*Brändel*, 4. Aufl. Rn., 64.
[10] Hüffer/Koch/*Koch* Rn. 13; MüKoAktG/*Heider* Rn. 32; zweifelnd Großkomm AktG/*Bachmann* Rn. 15.
[11] Großkomm AktG/*Röhricht/Schall* § 23 Rn. 97.
[12] OLG Karlsruhe NZG 1999, 672.

vereinbart sind, diese zu leisten, § 54. Daneben haben sie vor allem das Recht, den ersten Aufsichtsrat und die ersten Abschlussprüfer zu bestellen, § 30.

IV. Gründerfähigkeit

7 **1. Grundsatz.** Die Fähigkeit, Gründer einer Aktiengesellschaft zu sein, haben nach § 2 alle natürlichen oder juristischen Personen. Bei Personengemeinschaften ist darauf abzustellen, ob die Gemeinschaft den aktienrechtlichen Erfordernissen an die Gründungspersonen genügt. Dabei darf die Fähigkeit, rechtlich die Gründungserklärungen abzugeben, nicht mit der Fähigkeit vermengt werden, wirtschaftlich die Einlage aufzubringen.

8 **2. Einzelheiten. a) Natürliche Person.** Jede natürliche Person kann Gründer sein. Ausländische Staatsangehörige können sich auch dann beteiligen, wenn ihnen in der Aufenthaltsgestattung eine selbständige Erwerbstätigkeit untersagt ist oder ein Aufenthaltstitel fehlt, weil sie auch im Ausland gründen können und ausländerrechtliche Beschränkungen nicht den Zweck haben, die Rechtsfähigkeit und damit die Gründerfähigkeit zu beschneiden.[13] Geschäftsunfähige oder beschränkt Geschäftsfähige sind durch ihren gesetzlichen Vertreter gründungsfähig.[14] Der gesetzliche Vertreter benötigt nach § 1822 Nr. 3 BGB, § 1643 Abs. 1 BGB die Genehmigung des Familiengerichts.[15]

9 **b) Juristische Person.** Jede juristische Person kann Gründerin einer AG sein, auch juristische Personen des öffentlichen Rechts. Ausländische Handelsgesellschaften, die nach ihrem Heimatrecht gründerfähig sind, sind dies auch in Deutschland.[16]

10 **c) Personenhandelsgesellschaften.** OHG und KG können sich wegen ihrer Teilrechtsfähigkeit an der Gründung beteiligen. Mitgliedschaft und Einlagepflicht liegen bei der Gesellschaft, die Gesellschafter haften ggf. persönlich akzessorisch.

11 **d) Gesamthandsgemeinschaften.** Gesamthandsgemeinschaften sind gründungsfähig, so auch die Gesellschaft bürgerlichen Rechts.[17] Mitgliedsrechte und Einlagepflicht treffen die Gesellschaft, die Gesellschafter haften akzessorisch entsprechend § 128 HGB.[18] Für die Beschränkung ihrer Haftung gelten die allgemeinen Grundsätze.[19] Da eine Haftungsbeschränkung der Gesellschafter nur individualvertraglich mit dem Gläubiger vereinbart werden kann,[20] ist bei der Gründung einer AG nicht möglich. Die Haftungsbeschränkung hat für die Gründerfähigkeit jedenfalls keine Bedeutung, weil die Bonität der Gründer ihre rechtliche Fähigkeit zur Gründung nicht beeinflusst. Entsprechendes gilt für den nichtsrechtsfähigen Verein,[21] die Partnerschaftsgesellschaft, die Vor-GmbH und die Vor-AG.[22]

12 **e) Erbengemeinschaft.** Auch die Erbengemeinschaft ist gründungsfähig.[23] Wenn es dem Erblasser möglich war, die Gesellschaft zu gründen, müssen dies auch die Miterben können. Obwohl die Erbengemeinschaft nicht auf Dauer angelegt ist, ist sie doch genügend verselbständigt. Die Miterben

---

[13] MüKoAktG/*Heider* Rn. 12; Kölner Komm AktG/*Dauner-Lieb* Rn. 6; Großkomm AktG/*Bachmann* Rn. 21; K. Schmitt/Lutter/*Lutter* Rn. 3; Hölters/*Solveen* Rn. 15; aA bei Gesetzesumgehung Hüffer/Koch/*Koch* Rn. 7; NK-AktR/*Ammon* Rn. 7; Bürgers/Körber/*Westermann* Rn. 5; zur GmbH OLG Stuttgart BB 1984, 690; OLG Celle DB 1977, 993.

[14] AllgM Hüffer/Koch/*Koch* Rn. 6.

[15] *Rust* DStR 2005, 1942 (1944); *Kurz* NJW 1992, 1798 (1800); *Klüsener* Rpfleger 1990, 321 (329); MüKoAktG/*Heider* Rn. 11; MüKoBGB/*Kroll-Ludwigs* § 1822 Rn. 25; Großkomm AktG/*Bachmann* Rn. 19; Kölner Komm AktG/*Dauner-Lieb* Rn. 7; Bürgers/Körber/*Westermann* Rn. 8; K. Schmidt/Lutter/*Lutter* Rn. 3; einschränkend Hüffer/Koch/*Koch* Rn. 6; Grigoleit/*Vedder* Rn. 2; aA *Winkler* ZGR 1973, 177 (181).

[16] Hüffer/Koch/*Koch* Rn. 8; MüKoAktG/*Heider* Rn. 13; Großkomm AktG/*Bachmann* Rn. 23; Kölner Komm AktG/*Dauner-Lieb* Rn. 8.

[17] BGHZ 118, 83 = NJW 1992, 2222; BGHZ 126, 226 = NJW 1994, 2536; Hüffer/Koch/*Koch* Rn. 10.

[18] Hüffer/Koch/*Koch* Rn. 10; NK-AktR/*Ammon* Rn. 10; K. Schmidt/Lutter/*Lutter* Rn. 3; → § 69 Rn. 8; überholt auf der Grundlage der früheren Rechtsprechung die Analogie zu § 69 Abs. 2 bzw. bei der GmbH zu § 18 Abs. 2 GmbHG bei BGHZ 78, 311 = NJW 1981, 682 und BGHZ 118, 83 = NJW 1992, 2222.

[19] Gegen eine Haftungsbeschränkung wegen aktienrechtlicher Vorschriften BGHZ 118, 83 = NJW 1992, 2222; MüKoAktG/*Heider* Rn. 17.

[20] BGHZ 142, 315 = NJW 1999, 3483; BGHZ 150, 1 = NJW 2002, 1642.

[21] MüKoAktG/*Heider* Rn. 18; Hüffer/Koch/*Koch* Rn. 10; Großkomm AktG/*Bachmann* Rn. 27; NK-AktR/*Ammon* Rn. 13; aA Kölner Komm AktG/*Kraft*, 2. Aufl., Rn. 30.

[22] MüKoAktG/*Heider* Rn. 18; Hüffer/Koch/*Koch* Rn. 10; NK-AktR/*Ammon* Rn. 13; *Lutter* Rn. 4.

[23] MüKoAktG/*Heider* Rn. 19; MüKoBGB/*Gergen* BGB § 2032 Rn. 16; NK-AktR/*Ammon* Rn. 11; K. Schmidt/Lutter/*Lutter* Rn. 7; Hölters/*Solveen* Rn. 20; OLG Hamm OLGZ 1975, 164 zur GmbH; aA – nur bei Eintritt in Gründerstellung durch Gesamtrechtsnachfolge – Kölner Komm AktG/*Dauner-Lieb* Rn. 11; Hüffer/Koch/*Koch* Rn. 11; Bürgers/Körber/*Westermann* Rn. 7; Großkomm AktG/*Bachmann* Rn. 29.

haften nach § 69 Abs. 2 als Gesamtschuldner für die Erfüllung der Einlagepflicht. Zur Beschränkung der Erbenhaftung → § 69 Rn. 21.

f) Zugewinngemeinschaft und Gütergemeinschaft. Die Zugewinngemeinschaft ist nicht ausreichend verselbständigt, um gründerfähig zu sein. Anders ist dies bei der Gütergemeinschaft.[24]   13

g) Wohnungseigentümergemeinschaft. Die Wohnungseigentümergemeinschaft ist zwar teilrechtsfähig (§ 10 Abs. 6 WEG). Die Rechtsfähigkeit ist aber auf die Verwaltung des gemeinschaftlichen Eigentums gegenüber Dritten beschränkt. Dazu gehört die Gründung einer Aktiengesellschaft nicht.[25]   14

§ 3 Formkaufmann; Börsennotierung

(1) Die Aktiengesellschaft gilt als Handelsgesellschaft, auch wenn der Gegenstand des Unternehmens nicht im Betrieb eines Handelsgewerbes besteht.

(2) Börsennotiert im Sinne dieses Gesetzes sind Gesellschaften, deren Aktien zu einem Markt zugelassen sind, der von staatlich anerkannten Stellen geregelt und überwacht wird, regelmäßig stattfindet und für das Publikum mittelbar oder unmittelbar zugänglich ist.

Schrifttum: *Drygala/Staake,* Delisting als Strukturmaßnahme, ZIP 2013, 905; *Kiefner/Gillesen,* Die Zukunft von „Macrotron" im Lichte der jüngsten Rechtsprechung des BVerfG, AG 2012, 645; *Thomale,* Minderheitenschutz gegen Delisting – die MACROTRON-Rechtsprechung zwischen Eigentumsgewähr und richterlicher Rechtsfortbildung, ZGR 2013, 686; *van Venrooy,* Die Anknüpfung der Kaufmannseigenschaft im deutschen Internationalen Privatrecht, 1985; *Wackerbarth,* Die Begründung der Macrotron-Rechtsfortbildung nach dem Delisting-Urteil des BVerfG, WM 2012, 2077; *Weimar,* Entwicklungen im Recht der werdenden Aktiengesellschaft, DStR 1997, 1170.

I. Normzweck und Anwendungsbereich

Abs. 1 enthält die Fiktion, dass die Aktiengesellschaft unabhängig vom Unternehmensgegenstand   1
immer eine Handelsgesellschaft ist. Damit ist sie immer **Formkaufmann** nach § 6 HGB. Mittelbar ergibt sich daraus, dass ihr jeder Unternehmensgegenstand offen steht.[1] Eine sachliche Bedeutung kommt der Norm nur zu, wenn der Unternehmensgegenstand nicht schon unter § 1 HGB fällt. Die Vorschrift betrifft nur das Zivilrecht, nicht auch das Gewerberecht oder das Steuerrecht, die nicht auf die handelsrechtliche Kaufmannseigenschaft abstellen.[2]

§ 3 ist auf die nach Eintragung entstandene inländische Aktiengesellschaft anzuwenden.[3] **Auslän-**   2
dische Aktiengesellschaften erfasst die Vorschrift nicht. Soweit es auf die Kaufmannseigenschaft im internationalen Privatrecht ankommt, ist nicht auf das Gesellschaftsstatut, sondern je nach der konkreten Sachverhaltsgestaltung auf das Vertragsstatut, das Wirkungsstatut, das Vollmachtstatut oder das Deliktsstatut abzustellen.[4] Inländische Zweiggesellschaften ausländischer Aktiengesellschaften sind nicht rechtsfähig, so dass ihnen ebenfalls keine selbständige Kaufmannseigenschaften zukommen kann.[5] § 3 gilt auch nicht für die **Vor-AG,** weil eine Aktiengesellschaft erst mit der Eintragung entsteht.[6] Die Vor-AG ist auch nicht, selbst bei vorzeitiger Aufnahme der Geschäftstätigkeit, Kaufmann als OHG.[7] Erst nach Aufgabe der Eintragungsabsicht und Fortsetzung der werbenden Tätigkeit wandelt sie sich zur OHG, sofern sie ein Handelsgewerbe betreibt. Wenn die Vor-AG ein im Wege

---

[24] NK-AktR/*Ammon* Rn. 12; K. Schmidt/Lutter/*Lutter* Rn. 8; Hölters/*Solveen* Rn. 21; aA MüKoAktG/*Heider* Rn. 21; Hüffer/Koch/*Koch* Rn. 11; Großkomm AktG/*Bachmann* Rn. 31; Kölner Komm AktG/*Dauner-Lieb* Rn. 12.
[25] Großkomm AktG/*Bachmann* Rn. 32.
[1] AllgM MüKoAktG/*Heider* Rn. 4.
[2] AllgM Hüffer/Koch/*Koch* Rn. 4.
[3] AllgM Hüffer/Koch/*Koch* Rn. 2.
[4] *Venrooy,* Die Anknüpfung der Kaufmannseigenschaft im deutschen Internationalen Privatrecht, 1985, 46; Hüffer/Koch/*Koch* Rn. 2; MüKoAktG/*Heider* Rn. 9.
[5] LG München WM 1953, 80; Hüffer/Koch/*Koch* Rn. 2; MüKoAktG/*Heider* Rn. 10; Kölner Komm AktG/*Dauner-Lieb* Rn. 5.
[6] Hüffer/Koch/*Koch* Rn. 2; MüKoAktG/*Heider* Rn. 7; Großkomm AktG/*Bachmann* Rn. 19; Kölner Komm AktG/*Dauner-Lieb* Rn. 4; NK-AktR/*Ammon* Rn. 3; für analoge Anwendung von § 3 *Weimar* DStR 1997, 1170 (1171); aA GHEK/*Eckardt* Rn. 9.
[7] BGHZ 169, 270 = NJW 2007, 589 Rn. 17; aA MüKoAktG/*Heider* Rn. 8; Großkomm AktG/*Brändel* 4. Aufl. Rn. 19; Kölner Komm AktG/*Dauner-Lieb* Rn. 4.

der Sacheinlage einzubringendes Handelsgeschäft fortsetzt, ist sie allerdings bei der Mehrpersonengründung bis zur Eintragung OHG.[8]

3 Die Legaldefinition **börsennotierter Gesellschaften** in Abs. 2 dient der sprachlichen Entlastung der Vorschriften, in denen auf die Börsennotierung abgestellt wird (§ 67 Abs. 6 S. 2, § 87 Abs. 1 S. 2, § 93 Abs. 6, § 100 Abs. 2 Nr. 4, § 110 Abs. 3, § 120 Abs. 4 S. 1, § 121 Abs. 3 S. 3, Abs. 4a und Abs. 7, § 122 Abs. 2 S. 3, § 123 Abs. 3 S. 3, § 124 Abs. 1 S. 2, § 124a S. 1, § 125 Abs. 1 S. 3, § 126 Abs. 1 S. 3, § 130 Abs. 1 S. 3, Abs. 2 S. 2 und Abs. 6, § 134 Abs. 1 S. 2 und Abs. 3 Sätze 3 und 4, § 135 Abs. 5 S. 4, § 149 Abs. 1, § 161 Abs. 1 S. 1, § 171 Abs. 2 S. 2, § 175 Abs. 2 S. 1, § 176 Abs. 1 S. 1, § 248a, § 328 Abs. 3 und § 404 Abs. 1 S. 1 und Abs. 2 S. 1). Das AktG stellt dabei an börsennotierte Gesellschaften höhere oder zwingendere Anforderungen als an nicht börsennotierte.[9] Für § 20 Abs. 8 und § 21 Abs. 5, in denen zur Börsennotierung auf § 33 Abs. 4 WpHG abgestellt wird, gilt § 3 nicht.

II. Die Aktiengesellschaft als Handelsgesellschaft

4 Der Unternehmensgegenstand der Aktiengesellschaft (→ § 23 Rn. 16 f.) verlangt in der Regel einen in kaufmännischer Weise eingerichteten Gewerbebetrieb, so dass die AG bereits nach § 1 HGB Kaufmann ist. Ausnahmen betreffen vor allem Gesellschaften, die keinen Gewerbebetrieb betreiben, etwa Aktiengesellschaften, die im freiberuflichen Bereich tätig sind, wie Wirtschaftsprüfungsgesellschaften, Steuerberatungsgesellschaften oder Rechtsanwaltsgesellschaften.[10] Da die Aktiengesellschaft in jedem Fall Kaufmann ist, finden auf sie die für Kaufleute geltenden Vorschriften des HGB Anwendung. Die von ihr abgeschlossenen Geschäfte sind immer Handelsgeschäfte,[11] ihre Angestellten stets Handlungsgehilfen nach §§ 59 ff. HGB.[12] Die AG ist außerdem Unternehmerin im Sinn des § 14 BGB.

III. Börsennotierung

5 Die Legaldefinition erfasst Gesellschaften, deren Aktien zum Handel im **amtlich regulierten Markt** zugelassen oder in ihn einbezogen sind, § 32 Abs. 1 BörsG, und zwar unabhängig vom konkreten Handelssegment.[13] Nicht börsennotiert sind dagegen Gesellschaften, deren Aktien im Freiverkehr nach § 48 Abs. 1 BörsG[14] oder des KMU-Wachstumsmarkts nach § 48a Abs. 1 BörsG gehandelt werden. Es wird nicht vorausgesetzt, dass die Aktien an dem regulierten Markt tatsächlich gehandelt werden, so dass die Gesellschaft auch dann börsennotiert ist, wenn die Aktien in den regulierten Markt zugelassen oder einbezogen sind, aber an einem anderen, nicht von einer staatlich anerkannten Stelle geregelten oder überwachten Markt gehandelt werden.[15] Auch die Zulassung in einem ausländischen Markt, der von einer staatlich anerkannten Stelle geregelt und überwacht wird, genügt.[16] Insoweit besteht Übereinstimmung mit der Legaldefinition des organisierten Marktes in § 2 Abs. 11 WpHG,[17] der allerdings auf Börsen in einem Mitgliedstaat der Europäischen Union oder in einem anderen Vertragsstaat des Abkommens über den Europäischen Wirtschaftsraum beschränkt ist und auch andere Finanzinstrumente als Aktien erfasst. Es müssen nicht alle ausgegebenen Aktien zum Handel am amtlich regulierten Markt zugelassen sein, so dass die Notierung nur eines Teils der Aktien oder einer einzelnen Aktiengattung am regulierten Markt genügt, um die Gesellschaft zu einer börsennotierten Gesellschaft zu machen.

6 Die Börsennotierung oder ihr Wegfall führen nicht zu einem Formwechsel der Gesellschaft und stehen ihm auch nicht gleich.[18] Im Aktiengesetz sind für den Antrag auf **Zulassung** zum Handel im amtlich regulierten Markt (§ 32 Abs. 2 BörsG) keine besonderen gesellschaftsrechtlichen Voraussetzungen normiert, so dass der Vorstand den Antrag als Geschäftsführungsmaßnahme stellen kann. Soweit Satzungsregelungen bestehen, die nur bei nicht börsennotierten Gesellschaften zulässig sind,

---

[8] MüKoAktG/*Heider* Rn. 8; Großkomm AktG/*Bachmann* Rn. 11; Bürgers/Körber/*Westermann* Rn. 3; → § 41 Rn. 31.
[9] MüKoAktG/*Heider* Rn. 40.
[10] Vgl. NK-AktR/*Ammon* Rn. 4; zur Zulässigkeit der Rechtsanwalts-AG BGHZ 161, 376 = NJW 2005, 1568; OLG Hamm NJW 2006, 3434.
[11] AllgM Hüffer/Koch/*Koch* Rn. 4.
[12] Hüffer/Koch/*Koch* Rn. 4; NK-AktR/*Ammon* Rn. 4; vgl. BAGE 18, 104 zur GmbH.
[13] MüKoAktG/*Heider* Rn. 38.
[14] Vgl. RegBegr BT-Drs. 13/9712, 12.
[15] Hüffer/Koch/*Koch* Rn. 6.
[16] Hüffer/Koch/*Koch* Rn. 6.
[17] Hüffer/Koch/*Koch* Rn. 6; NK-AktR/*Ammon* Rn. 5; → Anh. § 22 Rn. 8.
[18] BGH NJW 2014, 146 Rn. 5; *Wackerbarth* WM 2012, 2077 (2078); *Kiefner/Gillessen* AG 2012, 645 (653); *Thomale* ZGR 2013, 686 (706); aA *Drygala/Staake* ZIP 2013, 905 (912).

muss die Hauptversammlung vor dem Börsengang eine Satzungsänderung beschließen. Auch dem Antrag auf Widerruf der Zulassung (§ 39 Abs. 2 BörsG) durch den Vorstand, einem **Delisting,** muss die Hauptversammlung nicht zustimmen (§ 119 Abs. 1).[19] Nach § 39 Abs. 2 Satz 3 BörsG muss ein Angebot zum Erwerb der Wertpapiere gemacht werden, wenn die Aktien nicht an einer anderen inländischen Börse im regulierten Markt oder in einem anderen Mitgliedstaat der Europäischen Union oder einem anderen Vertragsstaat des Abkommens über den Europäischen Wirtschaftsraum zum Handel an einem organisierten Markt zugelassen bleiben.[20]

§ 4 Firma

Die Firma der Aktiengesellschaft muß, auch wenn sie nach § 22 des Handelsgesetzbuchs oder nach anderen gesetzlichen Vorschriften fortgeführt wird, die Bezeichnung „Aktiengesellschaft" oder eine allgemein verständliche Abkürzung dieser Bezeichnung enthalten.

Schrifttum: *Ammon,* Die Sachfirma der Kapitalgesellschaft, DStR 1994, 325; *Beck,* Die Haftung des Handelnden bei falscher Firmierung, ZIP 2017, 1748; *Dirksen/Volkers,* Die Firma der Zweigniederlassung in der Satzung von AG und GmbH, BB 1993, 598; *Gabbert,* Firma der Aktiengesellschaft: Zulässige Abkürzung „AG"?, DB 1992, 198; *Lutter/Welp,* Das neue Firmenrecht der Kapitalgesellschaften, ZIP 1999, 1073; *Kögel,* Neues Firmenrecht und alte Zöpfe: Die Auswirkungen der HGB-Reform, BB 1998, 1645; *Krebs,* Reform oder Revolution? – Zum Referentenentwurf eines Handelsrechtsreformgesetzes, DB 1996, 2013; *Obergfell,* Grenzenlos liberalisiertes Firmenrecht? Ein Statement zur Eintragungsfähigkeit des „@", CR 2000, 855; *Schulenburg,* Die Abkürzung im Firmenrecht der Kapitalgesellschaften, NZG 2000, 1156; *Weimar,* Entwicklungen im Recht der werdenden Aktiengesellschaft, DStR 1997, 1170; *Woite,* Grundbucheintragungen für Zweigniederlassungen, NJW 1970, 548.

Übersicht

	Rn.		Rn.
I. Normzweck und Anwendungsbereich	1–3	2. Erstmalige Firmenbildung	8–16
		a) Firmenunterscheidbarkeit	9, 10
1. Normzweck	1	b) Firmenwahrheit	11
2. Geltungsbereich	2	c) Mehrheit von Firmen	12
3. Firmenfähigkeit	3	d) Einzelheiten	13–16
II. Rechtsformzusatz	4–6	3. Abgeleitete Firma	17–19
1. Zusatz: Aktiengesellschaft	4	a) Übernahme eines Handelsgeschäfts	18
2. Abkürzung	5	b) Umwandlungsvorgänge	19
3. Rechtsfolgen des Fehlens	6	4. Rechtsfolgen eines Verstoßes	20
III. Firma der Aktiengesellschaft	7–20	**IV. Firma der Zweigniederlassung**	21
1. Begriff	7	**V. Firmenschutz**	22

I. Normzweck und Anwendungsbereich

1. Normzweck. Entgegen der Überschrift bestimmt § 4 nur den Rechtsformzusatz und klärt **1** nicht die Firma.[1] Die Vorschriften zur Firmenbildung sind in §§ 17 ff. HGB enthalten. Mit der zwingenden Kennzeichnung als Aktiengesellschaft werden die Rechtsverhältnisse der Gesellschaft offen gelegt.[2] § 4 steht so in Zusammenhang mit § 80 Abs. 1,[3] wonach die Rechtsform auf allen Geschäftsbriefen angegeben sein muss. Die Norm dient der Information und dem Schutz des Rechtsverkehrs. Sie setzt voraus, dass die AG einen Namen (eine Firma hat). Damit bezweckt die Vorschrift auch eine Individualisierung der Gesellschaft und die Unterscheidung von anderen Unternehmen.

2. Geltungsbereich. § 4 bezieht sich auf die durch Eintragung entstandene AG, die erst auf diese **2** Weise firmenfähig wird.[4] Die **Vor-AG** kann zwar eine Firma haben, soweit sie nach allgemeinen Regeln Kaufmann ist (→ § 3 Rn. 2). Da sie aber auf die Eintragung ausgerichtet ist und kein Gewerbe betreibt, darf sie nur die satzungsgemäße Firma der künftigen AG mit einem Hinweis auf

---

[19] BGH NJW 2014, 146 Rn. 10; *Kiefner/Gillessen* AG 2012, 645 (650); *Thomale* ZGR 2013, 686 (714); *Eckhold* in Marsch-Barner/Schäfer Börsennotierte AG-HdB Rn. 61.58; aA *Wackerbarth* WM 2012, 2077 (2079).
[20] Einzelheiten bei *Eckhold* in Marsch-Barner/Schäfer Börsennotierte AG-HdB Rn. 61.21 ff.
[1] Hüffer/Koch/*Koch* Rn. 1; MüKoAktG/*Heider* Rn. 8; NK-AktR/*Ammon* Rn. 1.
[2] RegBegr BT-Drs. 13/8444, 54; Hüffer/Koch/*Koch* Rn. 1.
[3] MüKoAktG/*Heider* Rn. 18.
[4] AllgM Hüffer/Koch/*Koch* Rn. 4.

das Gründungsstadium („in Gründung", „i. G." oder „i. Gr.") verwenden.[5] Firmenschutz genießt sie nur, wenn ein als Sacheinlage eingebrachtes Handelsgewerbe von der Vor-AG fortgeführt wird.[6] Für die Kommanditgesellschaft auf Aktien enthält § 279 Abs. 1 eine § 4 entsprechende Vorschrift.

3. Firmenfähigkeit. Die Firma der eingetragenen AG und damit die Firmenfähigkeit dauert bis zur Löschung gemäß § 273 Abs. 1 S. 2.[7] Sie endet weder mit der Einstellung des Gewerbebetriebs noch mit der Vermögenslosigkeit noch mit der Auflösung nach § 262. Während der Abwicklung ist ein darauf verweisender Zusatz – wie „in Liquidation" oder „i. L." anzufügen, § 269 Abs. 6.

II. Rechtsformzusatz

1. Zusatz: Aktiengesellschaft. Nach § 4 muss die Firma die Bezeichnung „Aktiengesellschaft" ausgeschrieben oder in einer allgemein verständlichen Abkürzung enthalten. Der Zusatz muss in deutscher Sprache abgefasst sein, auch wenn die Firma im Übrigen aus einer fremdsprachlichen Bezeichnung besteht.[8] Der Rechtsformzusatz kann an jeder Stelle in die Firma eingefügt werden, nicht nur am Ende, und kann mit anderen Namensbestandteilen verbunden werden.[9] Abweichend muss nach §§ 118, 146 KAGB eine Investmentaktiengesellschaft diesen Rechtsformzusatz statt Aktiengesellschaft führen.

2. Abkürzung. Statt der Bezeichnung „Aktiengesellschaft" kann auch eine verständliche Abkürzung verwendet werden. Die Abkürzung muss für den ganzen Begriff verständlich sein und kann nicht nur aus einzelnen Bestandteilen des Wortes „Aktiengesellschaft" bestehen, so dass „Aktienbrauerei", „Aktienverein", „Gesellschaft auf Aktien" oder „Aktienunternehmen" ausscheiden.[10] Fremdsprachige Kürzel für ausländische Aktiengesellschaften kommen ebenfalls nicht in Betracht, so dass als einzige gebräuchliche Abkürzung „AG" verbleibt,[11] wenn auch „Aktienges." ebenfalls noch verständlich und zulässig ist.[12] Die Abkürzung kann auch Zusatz zu einer bereits abgekürzten Firma sein („X-AG" oder „XAG"),[13] darf aber nicht in einer Buchstabenkombination verschwinden („mAGen").

3. Rechtsfolgen des Fehlens. Wenn der Zusatz in der Satzung fehlt oder nicht § 4 entspricht, hat das Registergericht die Eintragung abzulehnen, § 38 Abs. 1 S. 2. Wird die Gesellschaft gleichwohl eingetragen, ist sie wirksam entstanden. Das Registergericht kann ein Firmenmissbrauchsverfahren nach § 37 Abs. 1 HGB iVm § 392 FamFG einleiten und zur Unterlassung des Gebrauchs der Firma mit dem unzulässigen Rechtsformzusatz durch Festsetzung von Ordnungsgeld anhalten. Führt dieses nicht zu einer Änderung der unzulässigen Firma, hat es nach § 399 FamFG die Gesellschaft aufzufordern, den Mangel zu beheben. Unterbleibt dies, so hat das Gericht den Mangel festzustellen. Mit diesem Beschluss ist die Gesellschaft nach § 262 Abs. 1 Nr. 5 aufgelöst. Für Geschäfte, die ohne Verwendung des Rechtsformzusatzes abgeschlossen werden, können die Organe oder andere Vertreter neben der AG nach Rechtsscheingrundsätzen in Anspruch genommen werden.[14] Eine persönliche Haftung kommt auch in Betracht, wenn der Geschäftsführer einer GmbH für eine nicht existierende Aktiengesellschaft handelt.[15]

---

[5] *Weimar* DStR 1997, 1170 (1171); Hüffer/Koch/*Koch* Rn. 4; MüKoAktG/*Heider* Rn. 11; NK-AktR/*Ammon* Rn. 5.

[6] MüKoAktG/*Heider* Rn. 11; Kölner Komm AktG/*Dauner-Lieb* Rn. 4; zur GmbH BGHZ 120, 103 = NJW 1993, 459.

[7] Hüffer/Koch/*Koch* Rn. 4; MüKoAktG/*Heider* Rn. 12.

[8] MüKoAktG/*Heider* Rn. 18.

[9] öOGH NZG 2000, 593 m. Anm. *Schulenburg*; Hüffer/Koch/*Koch* Rn. 17; MüKoAktG/*Heider* Rn. 18; NK-AktR/*Ammon* Rn. 40; einschränkend Großkomm AktG/*Bachmann* Rn. 16.

[10] MüKoAktG/*Heider* Rn. 19; Hüffer/Koch/*Koch* Rn. 17; NK-AktR/*Ammon* Rn. 39; Kölner Komm AktG/*Dauner-Lieb* Rn. 8; Großkomm AktG/*Bachmann* Rn. 15; aA für „Gesellschaft auf Aktien" K. Schmidt/Lutter/*Langhein* Rn. 5.

[11] Hüffer/Koch/*Koch* Rn. 17; MüKoAktG/*Heider* Rn. 19; *Gabbert* DB 1992, 198.

[12] K. Schmidt/Lutter/*Langhein* Rn. 5; Großkomm AktG/*Bachmann* Rn. 17; Kölner Komm AktG/*Dauner-Lieb* Rn. 8, die weitergehend auch „AktGes." für zulässig halten.

[13] AA Großkomm AktG/*Bachmann* Rn. 17.

[14] MüKoAktG/*Heider* Rn. 20; NK-AktR/*Ammon* Rn. 39; *Beck* ZIP 2017, 1748 (1749); zur GmbH: BGHZ 62, 216 = NJW 1974, 1191; BGHZ 64, 11 = NJW 1975, 1166; BGHZ 71, 354 = NJW 1978, 2030; BGH NJW 1981, 2569; NJW 1990, 2678; NJW 1991, 2627; NJW 1996, 2645; NJW 2007, 1529; zur ausländischen Kapitalgesellschaft (BV) BGH NJW 2007, 1529.

[15] Vgl. – für schweizerische Gesellschaften – OLG Stuttgart AG 2013, 887; für Differenzhaftung *Beck* ZIP 2017, 1748 (1750); für das Auftreten für eine GmbH statt einer UG auch BGH NJW 2012, 2871.

III. Firma der Aktiengesellschaft

1. Begriff. Die Firma eines Kaufmanns ist nach § 17 HGB der Name, unter dem er seine 7
Geschäfte betreibt und die Unterschrift abgibt. Die AG hat nur ihre Firma als Namen.[16] Die Firma
ist umgekehrt nur der Name, ihre Gleichsetzung mit dem Unternehmen ist umgangssprachlich. Der
Name oder die Bezeichnung des Unternehmens als Geschäftsbezeichnung oder Unternehmenskennzeichen (§ 5 Abs. 2 MarkenG) muss mit dem Namen der Gesellschaft (der Firma) nicht übereinstimmen.[17]

2. Erstmalige Firmenbildung. Für die Firma der Aktiengesellschaft gilt § 18 HGB. Sie muss 8
Unterscheidungskraft und Kennzeichnungswirkung (Firmenunterscheidbarkeit oder Firmenausschließlichkeit) haben, § 18 Abs. 1 HGB. Die in der Firma enthaltenen Angaben dürfen nicht irreführend sein, § 18 Abs. 2 HGB (Firmenwahrheit). Dieser Grundsatz wird bei der Fortführung eingeschränkt: die Firma darf auch dann fortgeführt werden, wenn sie infolge nachträglicher Veränderung nicht mehr zutrifft (Firmenbeständigkeit). Jede Aktiengesellschaft kann wie die anderen Handelsgesellschaften nur eine Firma führen (Firmeneinheit).

a) Firmenunterscheidbarkeit. Die Firma der AG muss zur Individualisierung geeignet sein. 9
Die Kennzeichnungsfähigkeit kommt auch jeder fremdsprachlichen Bezeichnung zu, die wörtlich ist,
in lateinischen Schriftzeichen abbildbar ist und sich irgendwie aussprechen lässt.[18] Reine Bildzeichen
genügen nicht.[19] Abkürzungen oder Buchstaben/Zahlenkombinationen sind möglich, auch wenn
sie kein Wort ergeben, das als solches ausgesprochen werden kann.[20] Auch einzelne Buchstaben oder
Zahlen sind als Laute wiederzugeben, so dass kein Grund besteht, sie von vorneherein auszuschließen,
seit auch Phantasiebezeichnungen zulässig sind.[21] Bei der mehrfachen, rein seriellen Aneinanderreihung eines einzigen Buchstabens und endlosen Buchstaben- oder Zahlenfolgen fehlt aber die Kennzeichnungskraft.[22] Eine besondere graphische Gestaltung („H_2O" statt „H2O") kann nicht eingetragen werden.[23]

Die Firma muss nach § 30 HGB auch von anderen, an demselben Ort bereits bestehenden und 10
in das Register eingetragenen Firmen **unterscheidbar** sein. Für das Publikum, also auch geschäftlich
unerfahrene Personen, darf keine Verwechslungsgefahr bestehen.[24] Die Unterscheidbarkeit fehlt,
wenn Wortbild und -klang ähnlich sind und die Verschiedenartigkeit der Unternehmensträger nicht
durch den Wortsinn sichergestellt ist.[25] Der Rechtsformzusatz allein genügt als Unterscheidungskriterium in der Regel nicht.[26]

b) Firmenwahrheit. Die Firma darf keine Angaben enthalten, die geeignet sind, über geschäftli- 11
che Verhältnisse, die für die angesprochenen Verkehrskreise wesentlich sind, irrezuführen, § 18 Abs. 2
HGB. Eine Irreführung liegt vor, wenn mit der Bezeichnung eine unzutreffende Vorstellung verbunden wird. Angaben von geringer Bedeutung für die angesprochenen Verkehrskreise oder den Wettbewerb sind selbst bei Eignung zur Irreführung unerheblich (Wesentlichkeitsschwelle). Maßgebend ist
die objektive Sicht des durchschnittlichen Adressaten, nicht das subjektive Verständnis eines nicht
unerheblichen Teils der angesprochenen Verkehrskreise.[27] Im Eintragungsverfahren ist die Eignung

---

[16] Hüffer/Koch/*Koch* Rn. 2.
[17] Hüffer/Koch/*Koch* Rn. 2.
[18] BGH NZG 2009, 192; Hüffer/Koch/*Koch* Rn. 12.
[19] BGHZ 14, 155 = NJW 1954, 1681; BGH NZG 2009, 192; BayObLGZ 2001, 83 = NJW 2001, 2337 zu
„@"; *Lutter/Welp* ZIP 1999, 1073 (1077); NK-AktR/*Ammon* Rn. 13. „@" – das schon beim Reichskammergericht in Gebrauch war – ist kein reines Bildzeichen, sondern wie „&" oder „+" für „und", „§" für „Paragraph"
als Wortzeichen für „at" zu verstehen und daher zulässig, LG Berlin GmbHR 2004, 428 m. Anm. *Thomas* gegen
BayObLGZ 2001, 83 = NJW 2001, 2337; *Obergfell* CR 2000, 855 (859); ausf. NK-AktR/*Ammon* Rn. 17
mwN; K. Schmidt/Lutter/*Langhein* Rn. 19; Röhricht/Graf von Westphalen/Haas/*Ries* HGB § 18 Rn. 16. Zur
Zulässigkeit einer Domain-Firma („X.de") OLG Dresden GRUR-RR 2011, 97; OLG Frankfurt GmbHR 2011,
202; Röhricht/Graf von Westphalen/Haas/*Ries* HGB § 18 Rn. 18.
[20] BGH NZG 2009, 192; *Lutter/Welp* ZIP 1999, 1073 (1078); *Schulenburg* NZG 2000, 1156 (1157); MüKoAktG/*Heider* Rn. 16; NK-AktR/*Ammon* Rn. 14; enger Bürgers/Körber/*Westermann* Rn. 5; aA OLG Celle DB
1999, 40; *Kögel* BB 1998, 1645 (1646); Hüffer/Koch/*Koch* Rn. 12; offengelassen bei BGH NJW-RR 1998, 253.
[21] AA KG NZG 2013, 1153 („23 GmbH").
[22] OLG Frankfurt NJW 2002, 2400; *Schulenburg* NZG 2000, 1156 (1159); mit anderer Begründung – Missbrauch – OLG Celle DB 1999, 40; NK-AktR/*Ammon* Rn. 15; K. Schmidt/Lutter/*Langhein* Rn. 25.
[23] OLG München GmbHR 2011, 587.
[24] MüKoAktG/*Heider* Rn. 17.
[25] RGZ 100, 45; 133, 318; 171, 321; BGHZ 46, 7 = NJW 1966, 1813; MüKoAktG/*Heider* Rn. 16.
[26] Hüffer/Koch/*Koch* Rn. 8; MüKoAktG/*Heider* Rn. 17.
[27] RegBegr BT-Drs. 13/8444, 53; *Lutter/Welp* ZIP 1999, 1073 (1079); Hüffer/Koch/*Koch* Rn. 13; MüKoAktG/*Heider* Rn. 24.

zur Irreführung nur zu berücksichtigen, wenn sie ersichtlich ist, § 18 Abs. 2 S. 2 HGB (Ersichtlichkeitsschwelle). Ersichtlich ist die Irreführungseignung, wenn das Registergericht sie aus den Anmeldeakten unter Zuhilfenahme seines Fachwissens sowie des amtlichen Prüfungs- und Recherchematerials einschließlich etwaiger Auskünfte der üblichen Informationsquellen erkennen kann.[28] Die Ersichtlichkeitsschwelle gilt im Registerverfahren, auch im registerrechtlichen Firmenmissbrauchsverfahren nach § 37 Abs. 1 HGB und im Amtslöschungsverfahren nach § 395 FamFG. Sie gilt nicht für materiellrechtliche Unterlassungsklagen, die auch unterhalb dieser Schwelle erfolgreich sein können.[29]

12 c) **Mehrheit von Firmen.** Eine Aktiengesellschaft darf auch dann, wenn sie mehrere Unternehmensgegenstände verfolgt, **nur eine Firma** führen.[30] Die Firma der Gesellschaft ist nicht nur eine Geschäftsbezeichnung wie beim Einzelkaufmann, sondern bezeichnet die Gesellschaft als Rechtsgebilde.[31] Ausnahmen bestehen nur für Zweigniederlassungen (→ Rn. 21).

13 d) **Einzelheiten.** In der Praxis wird nach Personenfirmen, Sachfirmen und Fantasiebezeichnungen unterschieden.

14 aa) **Personennamen.** Zur Bildung einer **Personenfirma** werden Personennamen verwendet. Das sind meist die Namen der Gründer oder hinter der Gesellschaft stehender Unternehmensträger. Es dürfen aber auch andere, selbst fiktive Namen verwendet werden. Eine Irreführungseignung besteht nicht schon bei der Verwendung des Namens einer realen Person, die weder Gründer noch an der Gesellschaft beteiligt ist.[32] In der Regel wird der Verkehr mit dem Namen nicht zwingend die Erwartung verbinden, dass der Namensinhaber an der Gesellschaft beteiligt ist. Wird als Name bereits eine Firma mit einem Rechtsformzusatz verwendet, führt dieser Zusatz in der Regel in die Irre, weil er zu dem vorgeschriebenen Rechtsformzusatz „AG" hinzukommt.[33]

15 bb) **Sachfirma.** Die Firma kann außerdem als Sachfirma geführt werden. Das gilt auch für die Rechtsanwalts-AG, weil § 59k BRAO nur die GmbH erfasst.[34] Da die Kennzeichnung auch Unterscheidungskraft haben muss, genügen bei einer Sachfirma allgemeine Branchenbezeichnungen in der Regel nicht.[35] Erforderlich ist dann ein individualisierender Zusatz, zB eine Orts- oder Gebietsbezeichnung,[36] ein Personenname oder auch nur eine kennzeichnungskräftige Buchstabenkombination.[37] Bei der Sachfirma wird in der Regel erwartet, dass die Kennzeichnung einen Bezug zum Unternehmensgegenstand hat, so dass eine Sachfirma ohne solchen Bezug täuschend ist.[38] Das gilt auch für den Umfang des Unternehmens. Soweit zur Eingrenzung einer Branchenbeschreibung geographische Begriffe verwendet werden, werden sie als Hinweis auf den Verwaltungssitz oder den geographischen Tätigkeitsbereich verstanden werden. Zur Vermeidung einer Irreführung ist daher ein Verwaltungssitz oder eine Tätigkeit im bezeichneten Gebiet erforderlich.[39] Die Bezeichnung muss nicht mit der politischen Gemeinde des Sitzes übereinstimmen,[40] darf aber auch nicht zu allgemein sein, um Unterscheidungskraft zu haben. Eine führende oder besondere Stellung an dem Ort ist nicht erforderlich.[41]

---

[28] MüKoAktG/*Heider* Rn. 25; ähnlich Hüffer/Koch/*Koch* Rn. 13.
[29] MüKoAktG/*Heider* Rn. 26.
[30] RGZ 85, 397; 113, 213; BGH NJW 1991, 2023; *Ammon* DStR 1994, 325; Hüffer/Koch/*Koch* Rn. 2; MüKoAktG/*Heider* Rn. 32; Kölner Komm AktG/*Dauner-Lieb* Rn. 18; Großkomm AktG/*Bachmann* Rn. 26.
[31] BGHZ 67, 166 = NJW 1976, 2163; Hüffer/Koch/*Koch* Rn. 7; MüKoAktG/*Heider* Rn. 32.
[32] OLG Düsseldorf NZG 2017, 350 (351); OLG Rostock NZG 2015, 243; OLG Jena NZG 2010, 1354; OLG Oldenburg BB 2001, 1373; LG Wiesbaden NZG 2004, 829; *Lutter/Welp* ZIP 1999, 1073 (1081); Hüffer/Koch/*Koch* Rn. 14; NK-AktR/*Ammon* Rn. 24; Bürgers/Körber/*Westermann* Rn. 6; aA *Kögel* BB 1998, 1645 (1648); MüKoAktG/*Heider* Rn. 30; Großkomm AktG/*Bachmann* Rn. 29; „in der Regel" Kölner Komm AktG/*Dauner-Lieb* Rn. 14.
[33] Vgl. OLG Stuttgart BB 2001, 14.
[34] BayObLGZ 2000, 83 = NJW 2000, 1647; Hüffer/Koch/*Koch* Rn. 15; zweifelnd NK-AktR/*Ammon* Rn. 30; vgl. auch BGHZ 161, 376 = NJW 2005, 1568.
[35] OLG Hamm NJW 1961, 2018; BayObLG Rpfleger 1978, 112; OLG Hamm DNotZ 1978, 112; OLG Oldenburg DB 1990, 519; OLG Stuttgart GmbHR 1990, 351; *Lutter/Welp* ZIP 1999, 1073 (1074); MüKoAktG/*Heider* Rn. 16; NK-AktR/*Ammon* Rn. 26.
[36] BGH WM 1979, 922; BGH NJW-RR 1990, 228; OLG Frankfurt AG 2005, 403; MüKoAktG/*Heider* Rn. 16.
[37] MüKoAktG/*Heider* Rn. 16.
[38] *Kögel* BB 1998, 1645 (1646); *Lutter/Welp* ZIP 1999, 1073 (1081); Hüffer/Koch/*Koch* Rn. 15; MüKoAktG/*Heider* Rn. 29; aA NK-AktR/*Ammon* Rn. 25.
[39] Vgl. OLG Frankfurt AG 2005, 403; OLG München DB 2010, 1284; OLG Hamm NJW-RR 2013, 1195.
[40] OLG Stuttgart NJW-RR 2001, 755; OLG München DB 2010, 1284; OLG Hamm NJW-RR 2013, 1195.
[41] OLG Stuttgart FGPrax 2004, 40; OLG München DB 2010, 1284; OLG Braunschweig Rpfleger 2012, 153; jedenfalls bei substantivischer Ortsangabe: OLG Hamm NJW-RR 2013, 1195.

cc) **Fantasiebezeichnung.** Die Firma kann auch in einer Fantasiebezeichnung bestehen. Ein 16 Bezug zum Unternehmensgegenstand ist nicht notwendig. Auch für die Firma einer Aktiengesellschaft von Freiberuflern ist eine Fantasiebezeichnung zulässig.[42] Weit verbreiteten Begriffen (zB Softec) oder nur ganz kurzen Zahlen kann die Kennzeichnungskraft fehlen, wenn keine individualisierenden Zusätze verwendet werden.[43] Zulässige Fantasiebezeichnungen sind auch ganze Sätze wie beispielsweise Werbeslogans. Gegen die öffentliche Ordnung oder die guten Sitten darf die Fantasiebezeichnung nicht verstoßen.

3. Abgeleitete Firma. § 4 gilt nicht nur für die bei der Gründung gebildete Firma, sondern 17 auch für alle späteren Änderungen. Die Vorschrift erfasst auch die Fälle der Firmenfortführung nach Übernahme eines Handelsgeschäfts (§ 22 HGB) oder nach Umwandlungsvorgängen.

a) **Übernahme eines Handelsgeschäfts.** Bei der Übernahme eines Handelsgeschäfts hat die 18 Aktiengesellschaft ein **Wahlrecht.** Sie kann ihre Firma fortführen oder die zulässige Firma des erworbenen Handelsgeschäfts unter den Voraussetzungen des § 22 HGB mit oder ohne einen das Nachfolgeverhältnis andeutenden Zusatz fortführen, aber nicht beide Firmen nebeneinander führen.[44] Bei der Fortführung der erworbenen Firma muss der Rechtsformzusatz „Aktiengesellschaft" oder eine zulässige Abkürzung wie „AG" hinzugefügt werden.[45] Rechtsformzusätze, die auf die AG nicht zutreffen, wie OHG, KG, GmbH oder GmbH & Co KG, dürfen nicht weiter verwendet werden.[46] Umgekehrt ist der Rechtsformzusatz „Aktiengesellschaft" zu streichen, wenn das Handelsgeschäft der AG erworben wird.[47]

b) **Umwandlungsvorgänge.** Für Umwandlungen enthält das UmwG spezielle Vorschriften. Bei 19 der Verschmelzung durch Aufnahme kann der übernehmende Rechtsträger nach § 18 UmwG die Firma eines der übertragenden Rechtsträger, dessen Handelsgeschäft er durch die Verschmelzung erwirbt, mit oder ohne einen das Nachfolgeverhältnis andeutenden Zusatz fortführen. Der Rechtsformzusatz richtet sich nach der Rechtsform des übernehmenden Rechtsträgers.[48] Bei der Verschmelzung durch Neugründung kann nach §§ 36 Abs. 1, 18 UmwG die Firma eines der übertragenden Rechtsträger fortgeführt werden oder nach § 36 Abs. 2 UmwG eine den Gründungsvorschriften des neu gegründeten Rechtsträgers entsprechende Firma bestimmt werden. Bei der Abspaltung und der Ausgliederung besteht kein Recht zur Firmenfortführung, weil der übertragende Rechtsträger mit der alten Firma fortbesteht. § 125 UmwG nimmt § 18 UmwG von der Anwendbarkeit auf die Abspaltung und die Ausgliederung aus. Bei der Aufspaltung, bei der der übertragende Rechtsträger erlischt, hat der übernehmende oder neu gegründete Rechtsträger das Recht zur Firmenfortführung.[49] Bei der Vermögensübertragung darf der übernehmende Rechtsträger ebenfalls die Firma fortführen, § 176 Abs. 1 UmwG, § 178 Abs. 1 UmwG, § 18 UmwG. Beim Formwechsel darf die Firma nach § 200 UmwG beibehalten werden, nur der Rechtsformzusatz der bisherigen Firma darf nicht fortgeführt werden, § 200 Abs. 1 S. 2 UmwG. Ist die neue Rechtsform eine Aktiengesellschaft, muss nach § 200 Abs. 2 UmwG der Rechtsformzusatz des § 4 geführt werden.

4. Rechtsfolgen eines Verstoßes. Ist die Firma unzulässig, so hat das Registergericht die Eintra- 20 gung abzulehnen, § 38 Abs. 1 S. 2. Maßgebend ist allein die firmenrechtliche Zulässigkeit. Der Verstoß gegen Namens- oder Markenrechte ist kein registerrechtliches Eintragungshindernis. Außerdem sind die Beschränkungen des Prüfungsumfangs in § 18 Abs. 2 S. 2 HGB hinsichtlich der Eignung zur Irreführung zu beachten. Wird die Gesellschaft trotz Verstoßes eingetragen, ist sie wirksam entstanden. Das Registergericht kann ein Firmenmissbrauchsverfahren nach § 37 Abs. 1 HGB iVm § 392 FamFG einleiten und zur Unterlassung des Gebrauchs der unzulässigen Firma durch Festsetzung von Ordnungsgeld anhalten. Führt dies nicht zu einer Änderung der unzulässigen Firma, hat es nach § 399 FamFG die Gesellschaft aufzufordern, den Mangel zu beheben. Unterbleibt dies, hat das Gericht den Mangel festzustellen. Damit ist die Gesellschaft nach § 262 Abs. 1 Nr. 5 aufgelöst. Das Verfahren nach § 392 FamFG und nach § 399 FamFG findet auch statt, wenn eine Firma

---

[42] Vgl. BGH NJW 2004, 1651.
[43] Vgl. – zweifelhaft – KG NZG 2013, 1153 „23 GmbH".
[44] Hüffer/Koch/*Koch* Rn. 18; MüKoAktG/*Heider* Rn. 34; Großkomm AktG/*Bachmann* Rn. 20; NK-AktR/*Ammon* Rn. 33.
[45] Hüffer/Koch/*Koch* Rn. 19; MüKoAktG/*Heider* Rn. 40; NK-AktR/*Ammon* Rn. 33.
[46] Hüffer/Koch/*Koch* Rn. 18; Großkomm AktG/*Bachmann* Rn. 21; NK-AktR/*Ammon* Rn. 33.
[47] Hüffer/Koch/*Koch* Rn. 18; vgl. OLG Stuttgart BB 2001, 14.
[48] Einzelheiten bei MüKoAktG/*Heider* Rn. 41 ff.
[49] MüKoAktG/*Heider* Rn. 46.

nachträglich unzulässig geworden ist und das Registergericht davon erfährt.[50] Wer durch den Gebrauch einer unzulässigen Firma in seinen Rechten verletzt wird, kann von der AG Unterlassung verlangen, § 37 Abs. 2 HGB. Daneben sind auch Ansprüche wegen der Verletzung anderer Rechte denkbar, zB aus §§ 5, 15 MarkenG oder §§ 12, 1004 BGB.

IV. Firma der Zweigniederlassung

21 Wenn die AG **Zweigniederlassungen** unterhält, kann sie ihre Firma auch für diesen Unternehmensteil verwenden oder eine besondere Firma für die Zweigniederlassung verwenden. Verwendet die AG ihre Firma auch für die Zweigniederlassung, ist ein besonderer Hinweis darauf nicht erforderlich, weil es sich um einen rechtlich unselbständigen Teil des Gesamtunternehmens handelt.[51] Verwendet die AG eine besondere Firma für die Zweigniederlassung, so muss darin der Zusammenhang zwischen Haupt- und Zweigniederlassung deutlich zum Ausdruck kommen.[52] So kann dem Firmenkern ein Zusatz beigefügt werden, der auf die Zweigniederlassung hinweist (wie in § 30 Abs. 3 HGB). Umgekehrt kann auch ein abweichender Firmenkern gebildet werden und die Firma der Hauptgesellschaft als Zusatz angefügt werden.[53] Der **Rechtsformzusatz** nach § 4 ist in jedem Fall erforderlich.[54] Unter der Firma der Zweigniederlassung kann die AG auch im Grundbuch eingetragen werden, wenn das Grundstück oder ein Grundstücksrecht zu ihrem Vermögen gehört.[55] In den Fällen der Firmenfortführung nach § 22 HGB kann die bisherige Firma der Zweigniederlassung dadurch fortgeführt werden, dass ihr ein Zusatz hinzugefügt wird, der auf die Zweigniederlassung hindeutet. Im Ergebnis ist damit eine Vereinigung beider Firmen möglich.[56] Entsprechendes gilt in den Umwandlungsfällen, in denen eine Möglichkeit zur Firmenfortführung besteht.

V. Firmenschutz

22 Die Aktiengesellschaft genießt **Firmenschutz** und kann selbst gegen einen Konkurrenten nach § 37 Abs. 2 HGB auf Unterlassung klagen. Sie genießt auch den materiellen Firmenschutz durch ihr Namensrecht nach § 12 BGB, auch für eine Sach- oder Fantasiefirma.[57] Daneben genießt die Firma auch Schutz als Unternehmenskennzeichen nach § 5 Abs. 2 S. 1 MarkenG.

§ 5 Sitz

Sitz der Gesellschaft ist der Ort im Inland, den die Satzung bestimmt.

Schrifttum: *Balser,* Der Doppelsitz von Kapitalgesellschaften, DB 1972, 2049; *Barz,* Rechtliche Fragen zur Verschmelzung von Unternehmungen, AG 1972, 1; *Bayer/Schmidt,* Das Nale-Urteil des EuGH, ZIP 2012, 1481; *Beitzke,* Anerkennung und Sitzverlegung von Gesellschaften und juristischen Personen im EWG-Bereich, ZHR 127 (1965), 1; *Bork,* Doppelsitz und Zuständigkeit im aktienrechtlichen Anfechtungsprozess, ZIP 1995, 609; *Ebke,* Überseering: „Die wahre Liberalität ist Anerkennung", JZ 2003, 927; *Eidenmüller,* Die GmbH im Wettbewerb der Rechtsformen, ZGR 2007, 168; *Eidenmüller,* Mobilität und Restrukturierung von Unternehmen im Binnenmarkt, JZ 2004, 24; *Eidenmüller,* Wettbewerb der Gesellschaftsrechte in Europa, ZIP 2002, 2233; *Franz,* Internationales Gesellschaftsrecht und deutsche Kapitalgesellschaften im In- bzw. Ausland, BB 2009, 1250; *von Halen,* Das internationale Gesellschaftsrecht nach dem Überseering-Urteil des EuGH, WM 2003, 571; *Hirte,* Die „Große GmbH-Reform" – Ein Überblick über das Gesetz zur Modernisierung des GmbH-Rechts und zur Bekämpfung von Missbräuchen (MoMiG), NZG 2008, 761; *Hoffmann,* Die Stille Bestattung der Sitztheorie durch den Gesetzgeber ZIP 2007, 1581; *Karl,* Zur Sitzverlegung deutscher juristischer Personen des privaten Rechts nach dem 8. Mai 1945, AcP 159 (1960), 293; *Katschinski,* Die Begründung eines Doppelsitzes bei Verschmelzung, ZIP 1997, 620; *Knobbe-Keuk,* Umzug von Gesellschaften in Europa, ZHR 154 (1990), 325; *Kindler,* Sitzverlegung, in

---

[50] RGZ 169, 147; NK-AktR/*Ammon* Rn. 43; Großkomm AktG/*Bachmann* Rn. 36; aA BayObLG GmbHR 1980, 11.
[51] RGZ 113, 213; BayObLGZ 1990, 151 = BB 1990, 1364; MüKoAktG/*Heider* Rn. 53.
[52] RGZ 113, 213; BayObLGZ 1992, 59 = AG 1992, 455; Dirksen/Volkers BB 1993, 598 (599); *Ammon* DStR 1994, 325; *Ammon* Rn. 35; Hüffer/Koch/*Koch* Rn. 20; MüKoAktG/*Heider* Rn. 54; Kölner Komm AktG/*Dauner-Lieb* Rn. 22; Großkomm AktG/*Bachmann* Rn. 33.
[53] MüKoAktG/*Heider* Rn. 54; Kölner Komm AktG/*Dauner-Lieb* Rn. 22; aA Großkomm AktG/*Bachmann* Rn. 33.
[54] MüKoAktG/*Heider* Rn. 54.
[55] RGZ 62, 7; LG Bonn NJW 1970, 570; *Woite* NJW 1970, 548; *Ammon* DStR 1994, 325; Hüffer/Koch/*Koch* Rn. 20; MüKoAktG/*Heider* Rn. 58; NK-AktR/*Ammon* Rn. 38; K. Schmidt/Lutter/*Langhein* Rn. 44; aA Kölner Komm AktG/*Kraft*, 2. Aufl., Rn. 14.
[56] RGZ 113, 213; Hüffer/Koch/*Koch* Rn. 21; MüKoAktG/*Heider* Rn. 56; Kölner Komm AktG/*Dauner-Lieb* Rn. 22; GroßkommAktG/*Bachmann* Rn. 34; NK-AktR/*Ammon* Rn. 37.
[57] AllgM Hüffer/Koch/*Koch* Rn. 10.

Goette/Habersack, Das MoMiG in Wissenschaft und Praxis, 2009, 233; *König,* Doppelsitz einer Kapitalgesellschaft – Gesetzliches Verbot oder zulässiges Mittel der Gestaltung einer Fusion?, AG 2000, 18; *Leible,* Niederlassungsfreiheit und Sitzverlegungsrichtlinie, ZGR 2004, 531; *Lieder/Kliebisch,* Nichts Neues im Internationalen Gesellschaftsrecht: Anwendbarkeit der Sitztheorie auf Gesellschaften aus Drittstaaten?, BB 2009, 338; *Meckbach,* Wahl des Satzungssitzes der Kapitalgesellschaft: Forum Shopping bei inländischen Gesellschaften?, NZG 2014, 526; *Paefgen,* „Cartesio": Niederlassungsfreiheit minderer Güte, WM 2009, 529; *Pluskat,* Die Zulässigkeit des Mehrfachsitzes und die Lösung der damit verbundenen Probleme, WM 2004, 601; *Preuß,* Die Wahl des Satzungssitzes im geltenden Gesellschaftsrecht und nach dem MoMiG-Entwurf, GmbHR 2007, 57; *Riegger,* Centros – Überseering – Inspire Art: Folgen für die Praxis, ZGR 2004, 510; *Roth,* Grenzüberschreitender Rechtsformwechsel nach VALE, FS Hoffmann-Becking, 2013, 965; *Schmidtbleicher,* Verwaltungssitzverlegung deutscher Kapitalgesellschaften in Europa: ‚Sevic' als Leitlinie für ‚Carterio'? BB 2007, 613; *Schuster/Binder,* Die Sitzverlegung von Finanzdienstleistern innerhalb der Europäischen Gemeinschaft, WM 2004, 1665; *Stiegler,* Grenzüberschreitender Formwechsel: Zulässigkeit eines Herausformwechsels, AG 2017, 846; *Teichmann/Knaier,* Grenzüberschreitender Formwechsel nach „Polbud", GmbHR 2017, 1314; *Triebel/von Hase,* Wegzug und grenzüberschreitende Umwandlungen deutscher Gesellschaften nach „Überseering" und „Inspire Art", BB 2003, 2409; *Werner,* Ausgewählte Fragen zum Aktienrecht AG 1990, 1; *Wessel,* Der Sitz der GmbH, BB 1984, 1057; *Zimmer,* Nach „Inspire Art": Grenzenlose Gestaltungsfreiheit für deutsche Unternehmen?, NJW 2003, 3585.

Übersicht

	Rn.		Rn.
I. Normzweck und Anwendungsbereich	1–3	**III. Doppelsitz**	7, 8
		IV. Sitzverlegung	9–11
1. Normzweck	1	1. Sitzverlegung im Inland	9
2. Bedeutung	2	2. Sitzverlegung ins Ausland	10, 11
3. Haupt- und Zweigniederlassung	3	**V. Rechtsfolgen unzulässiger Sitzbestimmung**	12–14
II. Maßgeblichkeit des Satzungssitzes	4–6	1. Bei der Gründung	12
1. Festlegung durch Satzungsbestimmung	4	2. Unzulässige Satzungsänderung	13
2. Ortsbezeichnung	5	3. Faktische Sitzverlegung	14
3. Satzungssitz	6		

I. Normzweck und Anwendungsbereich

1. Normzweck. Wie die Firma soll der Sitz die Gesellschaft individualisieren.[1] Abs. 1 stellt dazu **1** klar, dass die Kompetenz zur Bestimmung des Sitzes beim Satzungsgeber liegt. An den Sitz knüpfen zahlreichen gesetzliche Vorschriften an, deren sprachliche Entlastung § 5 bezweckt. Außerdem wird verdeutlicht, dass es für den Sitz allein auf die Satzung und nicht auf den Ort ankommt, an dem die Verwaltung geführt wird oder an dem der wirtschaftliche Schwerpunkt des Unternehmens liegt. Da der Sitz aufgrund der Satzung einfach festzustellen ist, dient die Vorschrift auch der Vereinfachung und dem Schutz des Rechtsverkehrs. Nach der Streichung des früheren Abs. 2, nach dem der Satzungssitz an einer Betriebsstätte oder am Verwaltungsort sein sollte,[2] sind der Satzungsautonomie im Inland keine Grenzen mehr gezogen. Der Rechtsverkehr wird dadurch geschützt, dass nach § 80 Abs. 1 S. 1 auf jedem Geschäftsbrief über den Sitz informiert werden muss und nach § 39 Abs. 1 S. 1 eine inländische Geschäftsanschrift ins Handelsregister eingetragen werden muss.

2. Bedeutung. Die Hauptbedeutung des Sitzes liegt im Verfahrensrecht. Der Satzungssitz **2** bestimmt den allgemeinen Gerichtsstand der AG nach § 17 Abs. 1 ZPO.[3] § 5 ist eine andere Bestimmung im Sinn von § 17 Abs. 1 S. 2 ZPO, so dass es nicht auf den Ort ankommt, an dem die Verwaltung geführt wird.[4] Nach § 377 Abs. 1 FamFG richtet sich die örtliche Zuständigkeit in Verfahren der freiwilligen Gerichtsbarkeit nach dem Sitz (→ § 14 Rn. 2), nach § 246 Abs. 3 S. 1 die Zuständigkeit für Anfechtungs- oder Nichtigkeitsklagen, nach § 98 Abs. 1 bei Streitigkeiten über die Zusammensetzung des Aufsichtsrats, nach § 132 Abs. 1 bei Streitigkeiten über das Auskunftsrecht, nach § 148 Abs. 2 S. 1 über die Zulassung der Klage auf Schadensersatz, nach § 293c Abs. 1 S. 3 die Zuständigkeit für die Bestellung der Vertragsprüfer und nach § 396 Abs. 1 für die gerichtliche Auflösung. Schließlich soll die Hauptversammlung nach § 121 Abs. 5 am Sitz der Gesellschaft stattfinden, wenn die Satzung nichts anderes bestimmt. Auch für das Steuerrecht ist der Sitz Anknüpfungspunkt, § 11 AO.

---

[1] MüKoAktG/*Heider* Rn. 11; NK-AktR/*Ammon* Rn. 1.
[2] Durch Art. 5 Nr. 1 des MoMiG vom 23.10.2008, BGBl. 2008 I 2026.
[3] AllgM BGH NJW 1998, 1322.
[4] AllgM Hüffer/Koch/*Koch* Rn. 4.

3 3. **Haupt- und Zweigniederlassung.** Am Sitz der Gesellschaft liegt auch ihre Hauptniederlassung (§ 13 HGB). Alle anderen Niederlassungen sind rechtlich nur Zweigniederlassungen, ohne dass es auf ihre tatsächliche Bedeutung für den Geschäftsbetrieb ankommt.[5]

II. Maßgeblichkeit des Satzungssitzes

4 1. **Festlegung durch Satzungsbestimmung.** Nach § 23 Abs. 3 Nr. 1 ist der Sitz in der Satzung zu bestimmen. Auch wenn der Satzungssitz vom Ort des Schwerpunkts der unternehmerischen Tätigkeit oder vom Ort der Verwaltung abweicht, bleibt er maßgeblich. Der vom Ort der wirtschaftlichen Tätigkeit divergierende Satzungssitz ist keine Irreführung des Rechtsverkehrs und nicht rechtsmißbräuchlich.[6]

5 2. **Ortsbezeichnung.** Der Ort, der in der Satzung bezeichnet ist, muss eine im Inland liegende politische Gemeinde sein.[7] Die Bezeichnung muss eine eindeutige Bestimmung des zuständigen Gerichts ermöglichen. Gebietsbezeichnungen, Regionen oder Landstriche genügen den Anforderungen ebenso wenig wie mehrere politische Gemeinden umfassende Sammelbezeichnungen.[8] Die Bestimmung einer Großstadt ist ohne Zusatz eines Teilortes möglich, wenn für den Rechtsverkehr dadurch ohne weiteres das zuständige Amtsgericht erkennbar ist, was wegen der Konzentration der Registergerichte (§ 376 FamFG) inzwischen in Großstädten kein Problem mehr sein dürfte.[9] Nicht maßgebend ist der Ort des Amtsgerichts, in dessen Handelsregister die Gesellschaft eingetragen ist.

6 3. **Satzungssitz.** Der Satzungssitz ist eine rechtliche Bestimmung. Der Sitz der Gesellschaft bestimmt nicht, wo die Organe der Gesellschaft tagen oder die Verwaltung tatsächlich geführt wird. Lediglich die Hauptversammlung soll am Sitz stattfinden, § 121 Abs. 5. Nachträgliche Veränderungen des Satzungssitzes, insbesondere eine Anpassung an tatsächliche Veränderungen, sind nur durch eine Satzungsänderung und damit durch einen Hauptversammlungsbeschluss möglich, § 179. Erfasst werden nicht nur die AG und die KGaA (§ 281), sondern auch der Sitz der Vor-AG.[10] Der Verwaltungssitz muss nicht, weder in der Satzung noch durch Gesellschafterbeschluss, bestimmt werden.

III. Doppelsitz

7 Die AG hat einen **Mehrfachsitz**,[11] in der Regel allenfalls einen **Doppelsitz**, wenn in ihrer Satzung mehrere Orte als Gesellschaftssitz bestimmt sind. Ein Doppelsitz ist nur ausnahmsweise zulässig.[12] Er widerspricht mit der doppelten Gerichtszuständigkeit dem Zweck von § 5, für Klarheit im Rechtsverkehr zu sorgen. Ein Ausnahmefall liegt vor, wenn die AG ohne Zulassung des Doppelsitzes einen erheblichen wirtschaftlichen Schaden erleiden oder in der Existenz gefährdet würde,[13] nicht schon, wenn die Nachteile für die Gesellschaft gegenüber den Allgemeininteressen an der Vermeidung eines Doppelsitzes überwiegen.[14] Die Verschmelzung von Rechtsträgern durch Aufnahme oder Neugründung gehört nicht dazu.[15] Auch die Voraussetzungen für die Zulassung eines zweiten statutarischen Sitzes im Ausland sind nicht leichter.[16] Art. 7 SE-VO geht davon aus, dass

---

[5] RGZ 107, 44; Hüffer/Koch/*Koch* Rn. 5; MüKoAktG/*Heider* Rn. 13; Kölner Komm AktG/*Dauner-Lieb* Rn. 14.

[6] *Meckbach* NZG 2014, 526 (529); aA Hüffer/Koch/*Koch* Rn. 8 in Einzelfällen; Großkomm AktG/*Bachmann* Rn. 36.

[7] MüKoAktG/*Heider* Rn. 26; NK-AktR/*Ammon* Rn. 7; Kölner Komm AktG/*Dauner-Lieb* Rn. 12; Großkomm AktG/*Bachmann* Rn. 24.

[8] RGZ 59, 106; MüKoAktG/*Heider* Rn. 26.

[9] Hüffer/Koch/*Koch* Rn. 6; MüKoAktG/*Heider* Rn. 26; NK-AktR/*Ammon* Rn. 7; Großkomm AktG/*Bachmann* Rn. 12.

[10] MüKoAktG/*Heider* Rn. 30.

[11] Vgl. AG Bremen DB 1976, 1810.

[12] BayObLGZ 1962, 107 = NJW 1962, 1014; BayObLGZ 1985, 111 = NJW-RR 1986, 31; LG Hamburg DB 1973, 2237; LG Köln NJW 1950, 352 und 871; LG Essen AG 2001, 429; AG Bremen DB 1976, 1810; *König* AG 2000, 18 (22); *Werner* AG 1990, 1 (3); Hüffer/Koch/*Koch* Rn. 10; MüKoAktG/*Heider* Rn. 47; NK-AktR/*Ammon* Rn. 12; Großkomm AktG/*Bachmann* Rn. 32; Kölner Komm AktG/*Dauner-Lieb* Rn. 21; aA – nicht nur im Ausnahmefall – *Pluskat* WM 2004, 601 (603); *Katschinski* ZIP 1997, 620 (622); *Barz* AG 1972, 1 (4); gänzlich gegen Zulässigkeit *Karl* AcP 159 (1960) 293 (305).

[13] MüKoAktG/*Heider* Rn. 47.

[14] Großkomm AktG/*Bachmann* Rn. 32; Hüffer/Koch/*Koch* Rn. 10.

[15] BayObLGZ 1985, 111 = NJW-RR 1986, 31; AG Essen AG 2001, 434; Hüffer/Koch/*Koch* Rn. 10; MüKoAktG/*Heider* Rn. 47; Großkomm AktG/*Bachmann* Rn. 33; Bürgers/Körber/*Westermann* Rn. 8; aA LG Essen AG 2001, 429; *Pluskat* WM 2004, 601 (603); *Katschinski* ZIP 1997, 620 (622); *Barz* AG 1972, 1 (4); NK-AktR/*Ammon* Rn. 13; Kölner Komm AktG/*Dauner-Lieb* Rn. 22.

[16] MüKoAktG/*Heider* Rn. 48; *Beithke* ZHR 127 (1965), 1 (44).

sich der Sitz einer Gesellschaft nur in einem Staat befindet. Ein staatlich geregelter Fall einer AG mit Doppelsitz ist die Saar-Lothringische Kohleunion mit Sitz in Straßburg und Saarbrücken aufgrund Art. 84 Saarvertrag (BGBl. 1956 II S. 1587). Im Übrigen dürfte nach der Wiedervereinigung und nach dem Wegfall der Anknüpfung von § 5 an den Verwaltungssitz kein anerkennenswerter Grund für einen Doppelsitz mehr bestehen.

Bei einem **zulässigen Doppelsitz** sind beide Registergerichte für Eintragungen zuständig und 8 haben unabhängig voneinander zu entscheiden.[17] Beide Sitze sind vollwertig und stehen nicht im Verhältnis Haupt- zu Zweigniederlassung. Das kann zu einander widersprechenden Entscheidungen führen.[18] Daraus folgende Nachteile wirken sich zum Nachteil der Gesellschaft aus, die den Doppelsitz vermeiden kann, und nicht zum Nachteil Dritter.[19] Rechtsfolgen aus Eintragungen entstehen daher erst mit der Eintragung im letzten Register bzw. der letzten Bekanntmachung.[20] Dritte könne sich auf eine Eintragung und Bekanntmachung nach § 15 Abs. 3 HGB auch dann berufen, wenn das zweite Register eine abweichende oder keine Eintragung enthält oder bekannt gemacht hat.[21] Fristen zugunsten der AG beginnen erst mit der letzten, solche zu ihren Lasten mit der ersten Eintragung, Bekanntmachung oder Anmeldung.[22] Entsprechendes gilt für Verfahren der freiwilligen Gerichtsbarkeit (näher → § 14 Rn. 5). Die Gesellschaft hat an beiden Sitzen einen allgemeinen Gerichtsstand.[23] Auch Anfechtungsklagen können nach § 246 Abs. 3 AktG an beiden Gerichtsständen erhoben werden.[24]

IV. Sitzverlegung

1. Sitzverlegung im Inland. Der Sitz kann durch Satzungsänderung verlegt werden, weil er 9 durch die Satzung bestimmt wird. Der neue Sitz muss den Voraussetzungen von § 5 (→ Rn. 5) entsprechen. Das registerrechtliche Verfahren ist in § 45 geregelt. Ein nachträglicher Wechsel der tatsächlichen Verhältnisse, etwa eine Verlegung der Betriebsstätte oder der Verwaltung, hat keine Auswirkungen auf den Satzungssitz.[25] Die Hauptversammlung ist nicht verpflichtet, den Satzungssitz zu verlegen, wenn dort weder ein Betrieb besteht noch sich die Geschäftsleitung befindet noch die Verwaltung geführt wird.

2. Sitzverlegung ins Ausland. Das AktG sieht eine identitätswahrende Verlegung des **Sat-** 10 **zungssitzes** ins Ausland auch innerhalb der Europäischen Union nicht vor. Sie ist aber innerhalb der Europäischen Union grundsätzlich möglich. Zwar galt sie lange Zeit auch in der Rechtsprechung des EuGH gemeinschaftsrechtlich nicht als geboten.[26] Diese Rechtsprechung hat er aber im rechtlichen Ergebnis verändert. In der Verhinderung einer Sitzverlegung durch Zwang zur Auflösung und Liquidation liegt eine Beschränkung der Niederlassungsfreiheit.[27] Zwar kann jeder Mitgliedstaat selbst die Anforderungen an die seiner Rechtsordnung unterstehenden Gesellschaften bestimmen.[28] Eine „Verlegung" unter Umwandlung in eine Gesellschaft des Zuzugstaates ist aber möglich, wobei

---

[17] KG NJW-RR 1991, 1507; *Pluskat* WM 2004, 601 (604); MüKoAktG/*Heider* Rn. 49.
[18] BayObLGZ 1962, 107 = NJW 1962, 1014; BayObLGZ 1985, 111 = NJW-RR 1986, 31; OLG Stuttgart NJW 1953, 748; OLG Hamm Rpfleger 1965, 120; KG OLGZ 1973, 272 = NJW 1973, 1201; KG OLGZ 1975, 62; OLG Düsseldorf NJW-RR 1988, 354; LG Hamburg DB 1973, 2237; *Balser* DB 1972, 2049; MüKoAktG/*Heider* Rn. 49.
[19] BayObLGZ 1962, 107 = NJW 1962, 1014; BayObLGZ 1985, 111 = NJW-RR 1986, 31; LG Hamburg DB 1973, 2237; *Pluskat* WM 2004, 601 (605); MüKoAktG/*Heider* Rn. 50.
[20] LG Hamburg DB 1973, 2237; MüKoAktG/*Heider* Rn. 51; Großkomm AktG/*Bachmann* Rn. 34; Kölner Komm AktG/*Dauner-Lieb* Rn. 22; ebenso für konstitutive Eintragungen im Gegensatz zu deklaratorischen *Pluskat* WM 2004, 601 (605).
[21] LG Hamburg DB 1973, 2237; MüKoAktG/*Heider* Rn. 53.
[22] LG Hamburg DB 1973, 2237; MüKoAktG/*Heider* Rn. 54; aA KG OLGZ 1973, 272 = NJW 1973, 1201.
[23] *Pluskat* WM 2004, 601 (606); MüKoAktG/*Heider* Rn. 56; Kölner Komm AktG/*Dauner-Lieb* Rn. 22; aA – Bestimmung nach § 17 Abs. 1 S. 2 ZPO – KGR Berlin 2008, 310.
[24] KG AG 1996, 421; LG Berlin AG 1995, 41; MüKoAktG/*Heider* Rn. 57; aA § 246 Rn. 40; *Bork* ZIP 1995, 609 (615); Hüffer/Koch/*Koch* § 246 Rn. 37.
[25] Hüffer/Koch/*Koch* Rn. 11.
[26] EuGH NJW 1989, 2186; EuGH NJW 2002, 3614; EuGH NJW 2003, 3331; EuGH NJW 2012, 2715 Rn. 27 ff.; OLG Düsseldorf NJW 2001, 2184; OLG Hamm NJW 2001, 2183; BayObLGZ 2004, 24 = AG 2004, 266 zur GmbH; *Riegger* ZGR 2004, 510 (528); *Triebel/von Hase* BB 2003, 2409 (2415); *Schuster/Binder* WM 2004, 1665 (1667); Hüffer/Koch/*Koch* Rn. 13; MüKoAktG/*Heider* Rn. 66; NK-AktR/*Ammon* Rn. 19; *Preuß* GmbHR 2007, 57 (62); aA → IntGesR Rn. 19; *Ebke* JZ 2003, 927 (932); *von Halen* WM 2003, 571 (574); *Zimmer* NJW 2003, 3585 (3592); *Knobbe-Keuk* ZHR 154 (1190), 325 (353); *Schmidtbleicher* BB 2007, 613 (616); zweifelnd *Eidenmüller* ZIP 2002, 2233 (2243); JZ 2004, 24 (29).
[27] EuGH NJW 2009, 569 Rn. 111 ff.
[28] EuGH NJW 2012, 2715 Rn. 27 ff.

allerdings die Regeln für die Gründung und Kapitalaufbringung des Zuzugstaates eingehalten werden müssen.[29] Der Wegzugstaat darf keine strengeren Vorschriften als für eine innerstaatliche Umwandlung aufstellen.[30] Ähnliches gilt für eine Verlegung des Satzungssitzes ohne Verlegung des Verwaltungssitzes, also einen grenzüberschreitenden Formwechsel.[31] Der Wegzugstaat darf die Liquidation der wegzugswilligen Gesellschaft nicht verlangen, wenn dies nicht im konkreten Fall zum Gläubigerschutz erforderlich ist, muss also den Wegzug hinnehmen.[32] Die Voraussetzungen, die im Zuzugstaat erfüllt sein müssen, hängen von dessen nationalen Vorschriften zur Gründung und zur Zulässigkeit eines ausländischen Verwaltungssitzes ab.[33] Die konkrete Umsetzung, insbesondere das anwendbare Recht, ist jedoch unklar.[34]

11 Fasst die Hauptversammlung einen unzulässigen Verlegungsbeschluss, so ist die Satzungsänderung nach § 241 Nr. 3 nichtig[35] und das Registergericht hat die Eintragung abzulehnen (näher → Rn. 13). Ein Grund, den Beschluss überschießend als Auflösungsbeschluss nach § 262 Abs. 1 Nr. 2 zu interpretieren,[36] besteht nicht.[37] Die Verlegung des **Verwaltungssitzes** oder der Betriebsstätte einer inländischen Aktiengesellschaft ins Ausland bei Beibehaltung des Satzungssitzes im Inland ist möglich. Mit der Streichung von Abs. 2, der eine Bindung des Satzungssitzes an den Verwaltungssitz vorsah, sollte genau das zugelassen werden.[38] Die Streichung bedeutet deshalb für die im Inland gegründete AG nicht nur die sachlichrechtliche Zulässigkeit eines ausländischen Verwaltungssitzes,[39] sondern auch kollisionsrechtlich eine partielle Abkehr von der Sitztheorie und eine Hinwendung zur Gründungstheorie.[40] Aus deutscher Sicht bleibt trotz der Verwaltungssitzverlegung deutsches Recht auf die AG anwendbar. Soweit im Zuzugstaat die Gründungstheorie gilt oder es sich um einen Staat der EU oder des EWR handelt,[41] bleibt auch aus der Sicht des Zuzugstaates deutsches Recht auf die AG anwendbar. Soweit allerdings das Recht im Nicht-EU- oder Nicht-EWR-Zuzugstaat der Sitztheorie folgt, kommt es aus der Sicht des Zuzugstaates zum Statutenwechsel.

V. Rechtsfolgen unzulässiger Sitzbestimmung

12 **1. Bei der Gründung.** Wird **bei der Gründung** kein oder ein unzulässiger Gesellschaftssitz bestimmt, muss das Registergericht die Eintragung der Gesellschaft ablehnen, § 38 Abs. 1 S. 2.[42] Die Gründungsgesellschafter sind verpflichtet, an der Behebung des Satzungsmangels mitzuwirken und die Eintragung zu erreichen.[43] Wird trotz fehlerhafter Sitzbestimmung eingetragen, ist die AG wirksam entstanden. Für eine Nichtigkeitsklage nach § 275 fehlen die Voraussetzungen.[44] Das Registergericht hat nach § 399 FamFG zu einer Satzungsänderung aufzufordern, die den Mangel behebt. Kommt die Gesellschaft der Aufforderung nicht nach, hat das Registergericht den Mangel festzustellen, § 399 Abs. 2 FamFG. Mit der Rechtskraft dieser Entscheidung wird die Gesellschaft nach § 262 Abs. 1 Nr. 5 aufgelöst. Das gilt auch, wenn der Fehler einige Zeit nicht bemerkt wird. Bestandsschutz kommt der Gesellschaft nicht zu.[45]

---

[29] EuGH NJW 2012, 2715 Rn. 30; Hüffer/Koch/*Koch* Rn. 15; *Bayer/Schmidt* ZIP 2012, 1481, 1487; *Roth* FS Hoffmann-Becking, 2013, 965 (981).
[30] EuGH NJW 2012, 2715 Rn. 32; NJW 2017, 3639 Rn. 43.
[31] EuGH NJW 2017, 3639 Rn. 44 ff.
[32] EuGH NJW 2017, 3639 Rn. 58.
[33] EuGH NJW 2017, 3639 Rn. 43.
[34] *Stiegler* AG 2017, 846 (852); *Teichmann/Knaier* GmbHR 2017, 1314 (1321).
[35] Hüffer/Koch/*Koch* Rn. 13; MüKoAktG/*Heider* Rn. 66; NK-AktR/*Ammon* Rn. 19; Kölner Komm AktG/*Dauner-Lieb* Rn. 23.
[36] So RGZ 7, 68; 88, 53; 107, 94; BayObLGZ 1992, 113 = AG 1992, 456 zur GmbH; OLG Hamm NJW-RR 1998, 615 zur GmbH; Großkomm AktG/*Bachmann* Rn. 45; *Karl* AcP 159 (1960), 293 (306).
[37] Hüffer/Koch/*Koch* Rn. 12; MüKoAktG/*Heider* Rn. 66; NK-AktR/*Ammon* Rn. 19; Kölner Komm AktG/*Dauner-Lieb* Rn. 23 Fn. 24; → § 262 Rn. 60 und → IntGesR Rn. 11.
[38] BT-Drs. 16/6140, 29.
[39] *Hoffmann* ZIP 2007, 1581 (1585); *Franz* BB 2009, 1250 (1251); *Hirte* NZG 2008, 761 (766); *Paefgen* WM 2009, 529 (530); *Kindler* in Goette/Habersack Das MoMiG in Wissenschaft und Praxis Rn. 7.50.
[40] → IntGesR Rn. 9; *Hoffmann* ZIP 2007, 1581 (1585); *Franz* BB 2009, 1250 (1251); Kölner Komm AktG/*Dauner-Lieb* Rn. 29; Hüffer/Koch/*Koch* Rn. 3; aA *Kindler* in Goette/Habersack Das MoMiG in Wissenschaft und Praxis Rn. 7.50; *Eidenmüller* ZGR 2007, 168 (205); *Lieder/Kliebisch* BB 2009, 338 (343).
[41] Vgl. EuGH NJW 2002, 3614; NJW 2003, 3331.
[42] Vgl. BGH NJW 2008, 2914 (zur GmbH).
[43] OLG Karlsruhe NZG 1999, 672; MüKoAktG/*Heider* Rn. 61; einschränkend Kölner Komm AktG/*Kraft* 2. Aufl. § 23 Rn. 108.
[44] MüKoAktG/*Heider* Rn. 62.
[45] MüKoAktG/*Heider* Rn. 62; aA Kölner Komm AktG/*Kraft*, 2. Aufl., § 5 Rn. 17.

2. Unzulässige Satzungsänderung.
Ein **satzungsändernder Hauptversammlungsbeschluss**, durch den nachträglich ein unzulässiger Sitz bestimmt wird, ist nach § 241 Nr. 3 nichtig.[46] Das Registergericht hat die Eintragung der Satzungsänderung abzulehnen.[47] Auch nach einer Heilung nach § 242 Abs. 2 kann der Hauptversammlungsbeschluss noch nach § 398 Abs. 2 FamFG im Handelsregister gelöscht werden, § 242 Abs. 2 S. 3. Für ein Auflösungsverfahren nach § 262 fehlen die Voraussetzungen.[48] Der ursprünglich bestimmte Satzungssitz besteht währenddessen fort.[49] Für die örtliche Zuständigkeit, auch für eine Anfechtungsklage nach § 246, ist der im Handelsregister eingetragene Sitz maßgeblich.[50]

13

3. Faktische Sitzverlegung.
Änderten sich die **tatsächlichen Verhältnisse** so, dass der Satzungssitz dem Verwaltungssitz nicht mehr entsprach, hatte das Registergericht früher das Amtslöschungsverfahren nach § 144a FGG (jetzt § 399 FamFG) einzuleiten.[51] Da der Verwaltungssitz mit dem Satzungssitz nicht mehr übereinstimmen muss, hat die faktische Sitzverlegung keine Auswirkungen auf die Eintragung mehr.

14

§ 6 Grundkapital

Das Grundkapital muß auf einen Nennbetrag in Euro lauten.

Schrifttum: *Eidenmüller/Engert*, Die angemessene Höhe des Grundkapitals der Aktiengesellschaft, AG 2005, 97; *Ihrig/Streit*, Aktiengesellschaft und Euro, NZG 1998, 201; *Seibert*, Die Umstellung des Gesellschaftsrechts auf den Euro, ZGR 1998, 1.

I. Normzweck und Regelungsgegenstand

Die Notwendigkeit eines Grundkapitals ergibt sich schon aus § 1 Abs. 2, die Mindesthöhe des Grundkapitals aus § 7. Da das Grundkapital einen Nennbetrag haben muss, kann es nur beziffert ausgedrückt werden. Umschreibungen genügen nicht. Die Bezifferung schafft klare Verhältnisse.[1] Sie informiert Gläubiger und Aktionäre auf einfachem Weg über das Mindestvermögen, das dadurch auch leichter gegen Ausschüttungen zu Lasten der Gesellschaftsgläubiger geschützt werden kann,[2] und bildet eine eindeutige Rechnungsgrundlage für die Bestimmung des einzelnen Anteils, wenn Nennbetragsaktien ausgegeben sind.

1

Der Nennbetrag des Grundkapitals informiert über das **Mindesthaftkapital** der Gesellschaft. Dagegen trifft er nicht notwendig eine Aussage über das tatsächliche Vermögen der Gesellschaft oder den Wert des einzelnen Anteils und ist auch für die Besteuerung des Unternehmens nicht maßgeblich.[3] In der Bilanz des Unternehmens wird das Grundkapital als gezeichnetes Kapital aufgeführt.

2

II. Festsetzung und Rechtsfolgen eines Verstoßes

1. Festsetzung der Höhe. Der Nennbetrag muss bei der Gründung der Gesellschaft in der Satzung bestimmt werden, § 23 Abs. 3 Nr. 3. Eine Änderung erfordert eine Satzungsänderung und kann nur durch Maßnahmen der Kapitalbeschaffung nach §§ 182 ff. oder der Kapitalherabsetzung nach §§ 222 ff. erfolgen. Die Höhe ist grundsätzlich in das unternehmerische Ermessen der Gründer gestellt. Der Mindestnennbetrag nach § 7 darf jedoch nicht unterschritten werden. Bei der Festlegung der Höhe des Grundkapitals haben die Gesellschafter zu berücksichtigen, dass die Gesellschaft mit einem den Geschäftsbetrieb ermöglichenden Eigenkapital ausgestattet werden muss. Auch müssen sie die Nachgründungsprobleme des § 52 bei zu geringem Grundkapital im Auge haben.[4] Der Nennbetrag muss **in einer Ziffer** ausgedrückt werden, er kann nicht als Vielfaches der Einlagen

3

---

[46] BGH NJW 2008, 2914 (zur GmbH); Hüffer/Koch/*Koch* Rn. 9; MüKoAktG/*Heider* Rn. 65; Großkomm AktG/*Bachmann* Rn. 45; offen KG AG 1996, 421.
[47] LG Leipzig AG 2004, 459; MüKoAktG/*Heider* Rn. 65; NK-AktR/*Ammon* Rn. 16.
[48] → § 262 Rn. 42; Hüffer/Koch/*Koch* Rn. 9.
[49] Hüffer/Koch/*Koch* Rn. 9; MüKoAktG/*Heider* Rn. 65.
[50] OLG Hamm AG 2004, 147.
[51] BGH NJW 2008, 2914 (zur GmbH); MüKoAktG/*Heider* Rn. 67; *Wessel* BB 1984, 1057 (1059); aA → § 262 Rn. 42; Kölner Komm AktG/*Kraft*, 2. Aufl., § 5 Rn. 32; zur GmbH: OLG Frankfurt OLGZ 1979, 309 = GmbHR 1979, 226; BayObLGZ 1982, 140 = BB 1982, 578; BayObLG NZG 2002, 828.

[1] NK-AktR/*Ammon* Rn. 1.
[2] *Eidenmüller/Engert* AG 2005, 97 (107).
[3] MüKoAktG/*Heider* Rn. 7 ff.
[4] Hüffer/Koch/*Koch* § 7 Rn. 3; MüKoAktG/*Heider* Rn. 15.

oder von Nennbetragsaktien oder durch Bezugnahme auf den Wert einer Sacheinlage genannt werden.[5] Das in der Satzung bestimmte Grundkapital ist auch dann maßgeblich, wenn es höher als die Summe aller Nennbeträge aller übernommenen Nennbetragsaktien ist. In diesem Fall haben die Gründer, die für die unrichtigen Aktienübernahmeerklärungen verantwortlich sind, die fehlenden Einzahlungen zu leisten.[6] Stimmt das in der Satzung bestimmte Grundkapital mit der Summe der Nennbeträge aller Nennbetragsaktien überein und weicht nur die Satzungsbestimmung zu Zahl und Nennbeträgen der Aktien davon ab, ist die Falschbezeichnung in der Satzung zu Zahl und Nennbeträgen der Aktien im Wege der Auslegung zu korrigieren, da die Bestimmung über das Grundkapital maßgeblich ist.[7]

4   **2. Rechtsfolgen eines Verstoßes.** Wird kein Grundkapital bestimmt, ist es nicht beziffert oder lautet es nicht auf Euro, sondern auf eine andere Währung, hat das Registergericht die Eintragung abzulehnen, § 38 Abs. 1 S. 2. Trägt das Registergericht die Gesellschaft dennoch ein, ist die Gesellschaft wirksam entstanden. Enthält die Satzung keine Bestimmung zur Höhe des Grundkapitals, kann die Nichtigkeitsklage nach § 275 Abs. 1 erhoben werden, das Registergericht kann daneben die Gesellschaft als nichtig nach § 398 FamFG löschen lassen. Ist die Höhe des Grundkapitals nicht beziffert oder lautet es nicht auf Euro, findet keine Nichtigkeitsklage nach § 275 statt. Das Registergericht hat nach § 399 FamFG zu einer Satzungsänderung aufzufordern, die den Mangel behebt. Kommt die Gesellschaft der Aufforderung nicht nach, hat das Registergericht den Mangel festzustellen, § 399 Abs. 2 FamFG. Mit der Rechtskraft dieser Entscheidung wird die Gesellschaft nach § 262 Abs. 1 Nr. 5 aufgelöst. Ein satzungsändernder Hauptversammlungsbeschluss, durch den nachträglich gegen § 6 verstoßen wird, ist nach § 241 Nr. 3 nichtig.[8] Auch nach Heilung gemäß § 242 Abs. 2 kann der Hauptversammlungsbeschluss noch nach § 398 Abs. 2 FamFG im Handelsregister gelöscht werden, § 242 Abs. 2 S. 3.

III. Umstellung von DM auf Euro

5   Seit 1.1.1999 hat das Grundkapital nicht mehr auf DM, sondern Euro zu lauten.[9] Gesellschaften, die vor diesem Zeitpunkt ins Handelsregister eingetragen worden sind, hatten vier Alternativen, um auf die Währungsumstellung zu reagieren: sie konnten die DM-Beträge rechnerisch auf Euro mit und ohne Nennbetragsglättung umstellen, auf Stückaktien umstellen oder die DM-Beträge beibehalten, §§ 1–4 EGAktG.[10] Wenn die DM-Beträge auch nach dem 1.1.2002 in der Satzung beibehalten worden sind, gilt der Nennbetrag des Grundkapitals mit dem 1.1.2002 automatisch als Euro-Betrag mit dem Umrechnungskurs 1,95 583 DM für 1 Euro.[11] Der Aufsichtsrat ist zu einer Fassungsänderung der Satzung nach § 4 Abs. 1 S. 2 EGAktG ermächtigt, eine Änderung der Satzung ist vom Vorstand nach § 181 Abs. 1 S. 1 beim Handelsregister anzumelden. Der Anmeldung muss weder der vollständige Wortlaut der Satzung noch eine notarielle Bescheinigung beigefügt werden, auch ist eine Bekanntmachung der Änderung nicht erforderlich, § 4 Abs. 1 S. 3 EGAktG. Wenn die DM-Beträge auf Euro-Beträge umgestellt worden sind, ohne den Nennbetrag zu glätten oder anzupassen, muss dies bei Kapitalveränderungen nachgeholt werden, §§ 1 Abs. 2 S. 3, 3 Abs. 5 EGAktG.[12]

§ 7 Mindestnennbetrag des Grundkapitals

Der Mindestnennbetrag des Grundkapitals ist fünfzigtausend Euro.

Schrifttum: *Eidenmüller/Engert*, Die angemessene Höhe des Grundkapitals der Aktiengesellschaft, AG 2005, 97; *Engert*, Die Wirksamkeit des Gläubigerschutzes durch Nennkapital, GmbHR 2007, 337.

I. Normzweck

1   Die Vorschrift bezieht sich auf das Grundkapital nach § 6. Der Mindestbetrag soll dem **Schutz der Gläubiger** der Gesellschaft dienen. Für viele Unternehmen ist es in Anbetracht der geschäftli-

---

[5] NK-AktR/*Ammon* Rn. 1.
[6] MüKoAktG/*Heider* § 7 Rn. 34; Großkomm AktG/*Brändel* § 7 Rn. 59.
[7] MüKoAktG/*Heider* § 7 Rn. 33.
[8] AllgM Hüffer/Koch/*Koch* Rn. 3.
[9] Gesetz zur Einführung des Euro (Euro-Einführungsgesetz – EuroEG) vom 9.6.1998, BGBl. 1998 I 1242.
[10] Ausführlich zu den Übergangsproblemen MüKoAktG/*Heider* Rn. 21 ff.; Hüffer/Koch/*Koch* Rn. 4; *Ihrig/Streit* NZG 1998, 201; *Seibert* ZGR 1998, 1.
[11] Art. 14 der Verordnung des Rates der EU über die Einführung des Euro Nr. 1103/97 vom 17.6.1997, ABl. EG 1997 Nr. L 162, 1.
[12] *Ihrig/Streit* NZG 1998, 201 (203); *Seiter* ZGR 1998, 18.

chen Risiken jedoch zu gering. Das Grundkapital liegt auch in der Regel deutlich höher.[1] Die Vorschrift hat daher eher eine Sperrfunktion. Unternehmen, für deren Betrieb noch nicht einmal der Mindestbetrag als Eigenkapital erforderlich ist, soll die Rechtsform der AG nicht zur Verfügung stehen. Diese Sperrfunktion besteht aber allenfalls noch gegenüber Kleinunternehmen.[2] Im AktG 1937 war der Mindestnennbetrag auf 500 000,– Reichsmark festgesetzt worden, 1949 wurde er auf 100 000,– DM herabgesetzt.[3] Mit der Währungsumstellung auf Euro am 1.1.1999[4] wurde der Betrag wertmäßig leicht nach unten abgerundet.[5] Heute halten neben der aufwändigen Organisationsstruktur und den gegenüber der GmbH strikteren Vorschriften eher die strengeren Publizitätsvorschriften kleinere Unternehmen von der Gesellschaftsform der AG ab.[6]

II. Mindestbetrag

Der Mindestbetrag kann überschritten werden, was in der Regel auch geschieht. Für Kapitalverwaltungsgesellschaften (300 000 Euro)[7] oder Unternehmensbeteiligungsgesellschaften (1 Mio. Euro)[8] schreiben Vorschriften außerhalb des AktG ein höheres Mindestkapital vor; teilweise wird auch nicht an das Grundkapital angeknüpft, so bei Pfandbriefbanken (25 Mio. Euro)[9] an das Kernkapital.[10] Da das höhere Mindestkapital nicht aus gesellschaftsrechtlichen Gründen, sondern wegen der Art des von diesen Gesellschaften ausgeübten Gewerbes vorgeschrieben ist, hat seine Unterschreitung keine gesellschaftsrechtlichen Konsequenzen, die Wirksamkeit von Gesellschaftsgründungen oder Kapitalherabsetzungen bleibt unberührt.[11] Anders ist das bei der REIT-AG, bei der 15 Mio. Euro als Mindestnennkapital gesellschaftsrechtlich vorgeschrieben sind (§ 4 REITG)[12] und bei der die aktienrechtlichen Vorschriften für die Eintragung entsprechend gelten (§ 1 Abs. 3 REITG).[13] Grundsätzlich darf der Mindestkapitalbetrag nach § 7 **nicht unterschritten** werden. Eine Ausnahme macht die Kapitalherabsetzung nach § 228, wenn der Mindestnennbetrag durch eine gleichzeitig beschlossene Kapitalerhöhung wieder erreicht wird. Eine solche Maßnahme kommt praktisch nur zur Sanierung in Frage.[14] Weitere Ausnahmen bestehen nicht mehr.[15]

III. Rechtsfolgen einer Unterschreitung

Wird bei der Gründung kein oder ein 50 000,– Euro unterschreitendes Grundkapital bestimmt, muss das Registergericht die Eintragung der Gesellschaft ablehnen, § 38 Abs. 1 S. 2. Wird dennoch eingetragen, ist die AG wirksam entstanden. Enthält die Satzung eine Bestimmung über das Grundkapital, mit der der Mindestnennbetrag unterschritten wird (zu anderen Fehlern bei der Festsetzung des Grundkapitals → § 6 Rn. 4), kommt keine Nichtigkeitsklage nach § 275 in Betracht.[16] Das Registergericht hat nach § 399 FamFG zu einer Satzungsänderung aufzufordern, die den Mangel behebt. Kommt die Gesellschaft der Aufforderung nicht nach, hat das Registergericht den Mangel festzustellen, § 399 Abs. 2 FamFG. Mit der Rechtskraft dieser Entscheidung wird die Gesellschaft nach § 262 Abs. 1 Nr. 5 aufgelöst. Ein satzungsändernder Hauptversammlungsbeschluss, durch den nachträglich ein Grundkapital unter dem Mindestnennbetrag bestimmt wird, ist nach § 241 Nr. 3 nichtig, soweit nicht die Voraussetzungen des § 228 vorliegen.[17] Auch nach einer Heilung nach § 242 Abs. 2 kann der Hauptversammlungsbeschluss noch nach § 398 Abs. 2 FamFG im Handelsregister gelöscht werden, § 242 Abs. 2 S. 3.

---

[1] *Eidenmüller/Engert* AG 2005, 97 (99); ausführlich zur Schutzfunktion *Engert* GmbHR 2007, 337 ff.
[2] *Eidenmüller/Engert* AG 2005, 97 (99).
[3] Eingehend zur Entwicklung MüKoAktG/*Heider* Rn. 2.
[4] Gesetz zur Einführung des Euro (Euro-Einführungsgesetz – EuroEG) vom 9.6.1998, BGBl. 1998 I 1242.
[5] Zum Übergangsrecht Hüffer/Koch/*Koch* Rn. 2.
[6] MüKoAktG/*Heider* Rn. 8; NK-AktR/*Ammon* Rn. 1.
[7] § 25 Abs. 1 Nr. 1 KAGB (vom 4.7.2013, BGBl. 2013 I 1981).
[8] § 2 Abs. 4 UBGG (vom 17.12.1986 in der Fassung des Art. 3 Abs. 15 Nr. 1 des Gesetzes vom 21.12.2000, BGBl. 2000 I 1857).
[9] § 2 Abs. 1 Nr. 1 PfandBG (vom 22.5.2005, BGBl. 2005 I 1373).
[10] Dazu Art. 50 ff. Verordnung (EU) Nr. 575/2013 über Aufsichtsanforderungen an Kreditinstitute und Wertpapierfirmen, ABl. EU 2013 L 176, 1 vom 27.6.2013.
[11] Hüffer/Koch/*Koch* Rn. 9; MüKoAktG/*Heider* Rn. 13; Großkomm AktG/*Bachmann* Rn. 39.
[12] REITG vom 28.5.2007, BGBl. 2007 I 914.
[13] AA Hüffer/Koch/*Koch* Rn. 6.
[14] MüKoAktG/*Heider* Rn. 21; NK-AktR/*Ammon* Rn. 6.
[15] Zu früheren Ausnahmen, insbes. auch im Rahmen der Euro-Umstellung MüKoAktG/*Heider* Rn. 22.
[16] Hüffer/Koch/*Koch* Rn. 5; MüKoAktG/*Heider* Rn. 30; NK-AktR/*Ammon* Rn. 11.
[17] AllgM Hüffer/Koch/*Koch* Rn. 5.

§ 8 Form und Mindestbeträge der Aktien

(1) Die Aktien können entweder als Nennbetragsaktien oder als Stückaktien begründet werden.

(2) [1]Nennbetragsaktien müssen auf mindestens einen Euro lauten. [2]Aktien über einen geringeren Nennbetrag sind nichtig. [3]Für den Schaden aus der Ausgabe sind die Ausgeber den Inhabern als Gesamtschuldner verantwortlich. [4]Höhere Aktiennennbeträge müssen auf volle Euro lauten.

(3) [1]Stückaktien lauten auf keinen Nennbetrag. [2]Die Stückaktien einer Gesellschaft sind am Grundkapital in gleichem Umfang beteiligt. [3]Der auf die einzelne Aktie entfallende anteilige Betrag des Grundkapitals darf einen Euro nicht unterschreiten. [4]Absatz 2 Satz 2 und 3 findet entsprechende Anwendung.

(4) Der Anteil am Grundkapital bestimmt sich bei Nennbetragsaktien nach dem Verhältnis ihres Nennbetrags zum Grundkapital, bei Stückaktien nach der Zahl der Aktien.

(5) Die Aktien sind unteilbar.

(6) Diese Vorschriften gelten auch für Anteilscheine, die den Aktionären vor der Ausgabe der Aktien erteilt werden (Zwischenscheine).

Schrifttum: *Ekkenga*, Vorzüge und Nachteile der nennwertlosen Aktie, WM 1997, 1645; *Fett/Spiering*, Typische Probleme bei der Kapitalerhöhung aus Gesellschaftsmitteln, NZG 2002, 358; *Heider*, Einführung der nennwertlosen Aktie in Deutschland anlässlich der Umstellung des Gesellschaftsrechts auf den Euro, AG 1998, 1; *Heidinger*, Die Euroumstellung beim Formwechsel von Kapitalgesellschaften, NZG 2000, 532; *Hirte*, Der Nennwert der Aktie – EG-Vorgaben und Situation in anderen Ländern, WM 1991, 753; *Ihrig/Streit*, Aktiengesellschaft und Euro, NZG 1998, 201; *Seibert*, Gesetzentwurf zur Herabsetzung des Mindestnennbetrags der Aktien, AG 1993, 315; *Seibert*, Die Umstellung des Gesellschaftsrechts auf den Euro, ZG 1998, 1; *Seibt*, Verbandssouveränität und Abspaltungsverbot im Aktien- und Kapitalmarktrecht – Revisited: Hidden Ownership, Empty Voting und andere Kleinigkeiten, ZGR 2010, 795; *Schröer*, Zur Einführung der unechten nennwertlosen Aktie aus Anlass der Europäischen Währungsunion, ZIP 1997, 221; *Schröer*, Vorschläge für Hauptversammlungsbeschlüsse zur Umstellung auf Stückaktie und Euro, ZIP 1998, 306; *Schröer*, Vorschläge für Hauptversammlungsbeschlüsse zur Euro-Umstellung einschließlich von Nennbetragsaktien, ZIP 1998, 529; *Schürmann*, Euro und Aktienrecht, NJW 1998, 3162; *Vetter*, Verpflichtung zur Schaffung von 1 Euro-Aktien?, AG 2000, 193; *Zöllner*, Neustückelung des Grundkapitals und Neuverteilung von Einzahlungsquoten bei teileingezahlten Aktien der Versicherungsgesellschaften, AG 1985, 19.

Übersicht

	Rn.
I. Regelungsgehalt, Normzweck und Entstehungsgeschichte	1–7
1. Zerlegung des Grundkapitals – Überblick	1
2. Nennbetrags- und Stückaktien	2–4
3. Anteil am Grundkapital – Funktionen	5–7
II. Wahl zwischen Nennbetrags- oder Stückaktien (Abs. 1)	8–13
1. Satzungsregelung bei Gründung	8, 8a
2. Umstellung durch Satzungsänderung	9–13
a) Nennbetrags- in Stückaktien	10
b) Stück- in Nennbetragsaktien	11
c) Anpassungsbedarf für Satzung und Hauptversammlungsbeschlüsse	12
d) Auswirkungen auf die Verbriefung	13
III. Nennbetragsaktien (Abs. 2 und 4)	14–40
1. Begriff	14
2. Mindestnennbetrag und höhere Nennbeträge	15, 16
3. Zwang zur 1-Euro-Aktie	17–21
a) Gesetzliche Regelungen	18, 19
b) Treuepflicht	20, 21
4. Festlegung und Änderung des Nennbetrags	22–29
a) Satzungsregelung	22
b) Satzungsänderung	23–29
5. Folgen von Verstößen	30–40
a) Verstoß gegen Abs. 2 S. 1: Nennbetrag unter 1 Euro	31–39
b) Verstoß gegen Abs. 2 S. 4: Keine vollen Euro	40
IV. Stückaktien (Abs. 3 und 4)	41–48
1. Begriff	41
2. Mindesthöhe des rechnerischen Betrags, Abs. 3 S. 3 und 4	42–44
3. Festsetzung und Änderungen	45–47
4. Zwang zu hoher Stückzahl	48
V. Unteilbarkeit (Abs. 5)	49–62
1. Verbot der Realteilung	49
2. Abspaltungsverbot	50
3. Zulässige Maßnahmen – Ausnahmen	51–61a
a) Neustückelung des Kapitals	52
b) Umtausch einer Globalaktie in Einzelurkunden	53
c) Rechtsgemeinschaft an einer Aktie	54–56
d) Unterbeteiligung	57
e) Treuhand	58
f) Ermächtigung und Vollmacht	59

Rn.		Rn.
g) Abtretung von Gläubigerrechten 60	1. Übersicht	64
h) Teilrechte, § 213 61	2. Übergangsbestimmungen, §§ 1–4	
i) Spaltung von Rechtsinhaberschaft	EGAktG	65
und wirtschaftlicher Beteiligung 61a	3. Einzelheiten	66–80
4. Folgen eines Verstoßes 62	a) Neugründungen und Kapitalmaßnahmen seit 1.1.2002	66
VI. Zwischenscheine (Abs. 6) 63	b) Gründungen aus der Zeit vom 1.1.1999 bis 31.12.2001	67
VII. Euro-Umstellung, §§ 3, 4	c) Altgesellschaften aus der Zeit bis	
EGAktG 64–80	31.12.1998	68–80

I. Regelungsgehalt, Normzweck und Entstehungsgeschichte

1. Zerlegung des Grundkapitals – Überblick. Die Vorschrift regelt in **Abs. 1–4** die beiden Varianten der „Zerlegung" (§ 1 Abs. 2), also der Stückelung des Grundkapitals durch Aktien. Diese Regelungen enthalten im Wesentlichen **Vorgaben für die Satzungsgestaltung:** in der Satzung sind die Festlegungen auf die Zerlegung entweder in **Nennbetrags-** oder in **Stückaktien** (Abs. 1) und auf die konkrete Stückelung zu treffen, die nicht zu einem rechnerischen Anteil am Grundkapital (Abs. 4) von unter 1 Euro führen darf (**Mindestbetrag** nach Abs. 2 S. 1, Abs. 3 S. 3) und bei Nennbetragsaktien auf volle Euro lauten muss (Abs. 2 S. 4). Dass diese Vorgaben dann auch bei der Verbriefung von Aktien zu beachten sind, folgt nicht erst aus § 8, sondern bereits daraus, dass die Mitgliedschaften nur so verbrieft werden können, wie sie auf der Grundlage der Satzung entstehen; das gilt nicht nur bei der Ausgabe von Aktienurkunden, sondern auch bei der Verbriefung in den in Abs. 6 definierten **Zwischenscheinen.** Allerdings betreffen die in Abs. 2 S. 2 und 3 geregelten Folgen der Unterschreitung des Mindestbetrags von 1 Euro nur die Wirksamkeit der Verbriefung in Aktienurkunden (→ Rn. 30 ff., 37) oder Zwischenscheinen (→ Rn. 63) – die Konsequenzen eines Verstoßes für die Gesellschaft und die Mitgliedschaft bestimmen sich nach anderen Regeln (→ Rn. 30 ff., 43). Das in Abs. 5 normierte **Teilungsverbot** hindert den Aktionär oder die Gesellschaft daran, den nach Maßgabe von Abs. 1–4 durch die Satzung vorgegebenen Zuschnitt der Mitgliedschaft etwa durch weitere Aufteilung zu ändern (→ Rn. 49); es erfasst also nicht satzungsmäßige, sondern rechtsgeschäftliche Gestaltungen.[1] Mittelbar bekräftigt es damit, dass die Zerlegung des Grundkapitals alleine Sache des Satzungsgebers ist.

2. Nennbetrags- und Stückaktien. Wie schon ihre Bezeichnung ergibt, lautet die **Nennbetragsaktie** ausdrücklich auf einen bestimmten in Euro ausgedrückten Nennbetrag (Abs. 2); der auf die Mitgliedschaft entfallende Anteil am Grundkapital bestimmt sich nach der Relation der Nennbeträge von Aktie und Grundkapital (Abs. 4). Bis zum Inkrafttreten des Stückaktiengesetzes am 1.4.1998 waren Nennbetragsaktien die einzig zulässige Form der Zerlegung des Grundkapitals. Im Vordergrund der Regelung in § 8 stand die Festlegung des **Mindestnennbetrags.** Dieser wurde entsprechend dem gewandelten Verständnis über die Rolle des Aktienbesitzes häufig geändert.[2] Gegen Ende des 19. Jahrhunderts diente der Aktienerwerb vorwiegend der unternehmerischen Betätigung, bei einem Mindestnennbetrag von 1000 Mark kam er nur für Wohlhabende in Betracht.[3] Nach mehreren Schwankungen wurde der Mindestnennbetrag schließlich seit der Währungsreform 1948 in mehreren Schritten herabgesetzt, um auch Kleinanlegern den Erwerb von Aktien zu ermöglichen („Volksaktie").[4] Insbesondere die Absenkungen auf fünf DM im Jahr 1994 mit dem Zweiten Finanzmarktförderungsgesetz[5] und schließlich auf einen Euro zum 1.1.1999 anlässlich der Euro-Einführung[6] bezweckten eine breite Streuung von Aktien und auch eine Verbesserung der Eigenkapitalstruktur der Aktiengesellschaften.[7] Damit sollen außerdem eine Harmonisierung im Europäischen Wirtschaftsraum erreicht und Wettbewerbsnachteile deutscher Aktiengesellschaften bei Börsenzulassung im Ausland vermieden werden.[8]

---

[1] NK-AktR/*Wagner* Rn. 2.
[2] Ausführlich zur Entwicklungsgeschichte Großkomm AktG/*Mock* Rn. 15 ff.; MüKoAktG/*Heider* Rn. 1 ff.
[3] Großkomm AktG/*Mock* Rn. 16.
[4] MüKoAktG/*Heider* Rn. 3 ff. mwN.
[5] Zweites Finanzmarktförderungsgesetz vom 26.7.1994, BGBl. 1994 I 1749.
[6] Für Nennbetragsaktien nach Abs. 2 S. 1 durch das Gesetz zur Einführung des Euro (EuroEG) vom 9.6.1998, BGBl. 1998 I 1242; für die dabei übersehenen Stückaktien – Mindestbetrag nach Abs. 3 S. 3 – mit dem Gesetz zur Umsetzung der EG-Einlagensicherungsrichtlinie und der EG-Anlegerrichtlinie vom 16.7.1998, BGBl. 1998 I 1842.
[7] MüKoAktG/*Heider* Rn. 9 mwN.
[8] BT-Drs. 12/6679, 83; BT-Drs. 13/9347, 32; Ländervergleich bei *Hirte* WM 1991, 753 (754 ff.).

3 Die Entscheidung des Gesetzgebers für die Zulassung von Aktien mit kleinem Nennbetrag und damit für die breite Streuung und den erleichterten Erwerb durch Kleinanleger hat einerseits die Anforderungen an den Minderheitenschutz in der Aktiengesellschaft steigen lassen.[9] Wer von dieser Möglichkeit einer breiten Streuung der Mitgliedschaft Gebrauch machen will, muss andererseits in Kauf nehmen, dass Mitgliedschaftsrechte in größerem Ausmaß und auch von Inhabern einer Kleinstbeteiligung ausgeübt werden. Das ist nicht alleine deshalb rechtsmissbräuchlich, weil der Aktionär uU nur eine kleinste Kapitalbeteiligung mit einer 1-Euro-Aktie besitzt.[10] Die Auswirkungen der Zulassung kleinster Stückelungen auf den Lästigkeitswert übermäßiger Inanspruchnahme von Auskunftsrechten und Anfechtungsbefugnis[11] dürfen einerseits nicht überbewertet werden. Wer gezielt Aktien erwerben will, um auf einer Hauptversammlung zu stören oder die Umsetzung von Beschlüssen durch Klagen zu blockieren, lässt sich davon durch einen höheren Nennwert der Aktie nicht unbedingt abhalten.[12] Deshalb hatte der Gesetzgeber die Ausübung dieser Aktionärsrechte bislang nicht von einer Mindestbeteiligung abhängig gemacht, sondern mit anderen Maßnahmen den Spagat versucht,[13] der unausweichlich ist, wenn Minderheitenrechte im Kern unangetastet bleiben müssen, ihrem Missbrauch aber erfolgreich entgegnet werden soll. Inzwischen denkt der Gesetzgeber aber doch um: Nach der seit 1.9.2009 geltenden Fassung der § 246a Abs. 2 Nr. 2, § 319 Abs. 6 S. 2 Nr. 2 muss im Freigabeverfahren beim Oberlandesgericht als einziger Instanz ein Freigabebeschluss ergehen, wenn die klagenden Antragsgegner nicht binnen Wochenfrist Aktienbesitz im Umfang von mindestens 1000 Euro Anteil am Grundkapital nachweisen können.[14] Nach ersten Praxiserfahrungen kann diese Schwelle dazu beitragen, dass angefochtene Strukturmaßnahmen schnell eingetragen werden und damit auch die anhängige Anfechtungsklage mangels Interesse erledigt wird; es bleibt abzuwarten, wie die Neuregelung langfristig wirkt.

4 Mit der Einführung der **Stückaktie** durch das Stückaktiengesetz, das am 1.4.1998 in Kraft getreten ist, hat der Gesetzgeber einer seit langem geführten Diskussion um die Einführung und gegebenenfalls die richtigen Erscheinungsformen nennwertloser Aktien bis auf weiteres ein Ende gesetzt.[15] Die Stückaktie ist keine „echte" nennwertlose Aktie ohne Bezug zum Grundkapital.[16] Ihr ist zwar weder ein ausdrücklicher Betrag noch eine ausdrückliche Quote[17] zugeordnet – der auf sie entfallende **Anteil am Grundkapital** ergibt sich aber **rechnerisch** aus dem Verhältnis von Nennbetrag des Grundkapitals zur Anzahl der Stückaktien (Abs. 3 und 4; sog. „fiktiver Nennbetrag", → Rn. 41). Konkreter Anlass für ihre Einführung war die Umstellung des Gesellschaftsrechts auf den Euro ab 1.1.1999 (→ Rn. 64).[18] Weil es bei der Stückaktie keine festen Betragsstufen gibt (→ Rn. 44), bedarf es keiner aufwändigen Maßnahmen zur Glättung der Nennbeträge des Grundkapitals und der einzelnen Aktien, wie sie bei der Umstellung von Nennbetragsaktien nötig werden (→ Rn. 72): die Umrechnung des Grundkapitals von DM auf Euro in einen „krummen" Betrag genügt (→ Rn. 77). Außerdem sind Kapitalmaßnahmen einfacher durchzuführen (→ Rn. 46). Aus diesen Gründen hat sich die Stückaktie gegenüber der Nennbetragsaktie weitgehend durchgesetzt.[19]

5 **3. Anteil am Grundkapital – Funktionen.** Der Betrag des Anteils am Grundkapital (Abs. 4)[20] gewährt nicht etwa ein subjektives Recht am Grundkapital, das seinerseits ja kein gegenständlicher Vermögenswert, sondern bilanzielle Rechengröße zur Bestimmung der Mindesteinlage aller Aktionäre im Interesse des Kapitalschutzes ist (→ § 1 Rn. 83 ff.; → § 6 Rn. 1 f.). Deshalb ist auch der auf die einzelne Aktie entfallende Anteil am Grundkapital nur eine **Rechengröße,** die regelungstechnisch in verschiedenen Varianten als Maßstab für die vom Beteiligungsumfang abhängenden mitglied-

---

[9] Vgl. Großkomm AktG/*Brändel* 4. Aufl. 1992, Rn. 5.
[10] Vgl. zur rechtsmissbräuchlichen Anfechtungsklage BGHZ 107, 296; Einzelheiten bei → § 245 Rn. 54 ff.
[11] So etwa Hüffer/Koch/*Koch* Rn. 6.
[12] So schon *Seibert* AG 1993, 315 (317); das findet sich in der Gerichtspraxis bestätigt.
[13] ZB schon die nach dem UMAG verschärften Anforderungen an die Anfechtungsbefugnis (§ 245 Nr. 1), die aktien- und umwandlungsrechtlichen Freigabeverfahren (§§ 46a, 319 Abs. 6, § 327e Abs. 2; § 16 Abs. 3 UmwG), die Verlagerung von Bewertungsrügen ins Spruchverfahren (§ 304 Abs. 3 S. 2, § 320b Abs. 2 S. 1, § 327 f S. 1), die vollständige Bekanntmachung eines Prozessvergleichs als Wirksamkeitsvoraussetzung (§ 248a S. 2 iVm § 149 Abs. 2), weitere Verschärfungen im Jahr 2009 durch ARUG.
[14] OLG Stuttgart NZG 2010, 27, auch zum Begriff des „anteiligen Betrags".
[15] Eingehend zur Diskussion und Entstehungsgeschichte MüKoAktG/*Heider* Rn. 14–42; vgl. auch *Ekkenga* WM 1997, 1645.
[16] Vgl. dazu MüKoAktG/*Heider* Rn. 22; sie hätte schon wegen der EG-Kapitalrichtlinie nicht eingeführt werden können, vgl. MüKoAktG/*Heider* Rn. 32.
[17] Die Stückaktie ist also auch keine sog. Quotenaktie, vgl. dazu MüKoAktG/*Heider* Rn. 24.
[18] Vgl. auch *Seibert* ZGR 1998, 1; *Schröer* ZIP 1997, 221.
[19] *Bayer/Hoffmann* AG-Report 2007, R 3.
[20] Ebenso die „Beteiligung" iSv Abs. 3 S. 2, vgl. Hüffer/Koch/*Koch* Rn. 17.

schaftlichen Rechte und Pflichten dient. Von Bedeutung ist er vor allem bei der Nennbetragsaktie. Der „fiktive Nennbetrag" (→ Rn. 4, 41) der Stückaktie ist als Rechengröße dagegen in weitem Umfang überflüssig, weil wegen der gleichmäßigen rechnerischen Beteiligung jeder Stückaktie am Grundkapital oft schon das Zahlenverhältnis genügt, das sich aus der Aktienanzahl ergibt (Beispiele in → Rn. 7).[21] Insofern vereinfacht die Stückaktie in vielen Fällen die Rechenvorgänge gegenüber der Nennbetragsaktie.

Der anteilige Betrag am Grundkapital ist zunächst mitbestimmend für den **Umfang der Einlage-** 6 **pflicht** und dient so zusammen mit § 9 dem Kapitalschutz:[22] Der sich aus der Satzung ergebende Nennbetrag der Aktie oder der im Wege der Division durch die satzungsmäßige Zahl der Stückaktien zu ermittelnde Betrag des Anteils am Grundkapital ist der geringste Ausgabebetrag nach § 9 Abs. 1, der die untere Grenze für die Einlagepflicht des Aktionärs darstellt. Zuzüglich eines etwaigen Agios ergibt sich der den Ausgabebetrag (§ 9 Abs. 2), der die Einlagepflicht nach oben begrenzt (§ 54 Abs. 1).

Der Anteil am Grundkapital ist auch bestimmend für die **Beteiligungsquote** als Maßstab für 7 Mitgliedschaftsrechte, wobei das Gesetz dem Wortlaut nach oft einheitlich für beide Aktienformen auf den Anteil am Grundkapital abstellt.[23] Er ist Maßstab beispielsweise für die **Verteilung** von Gewinn (§ 60 Abs. 1) oder Liquidationsüberschuss (§ 271 Abs. 2), ebenso für das **Bezugsrecht** (§ 186). Tatsächlich muss in solchen Fällen nur bei Nennbetragsaktien die Quote aus der Relation der Nennbeträge von Aktien und Grundkapital berechnet werden. Im Fall von Stückaktien genügt wegen ihrer gleichmäßigen rechnerischen Beteiligung am Grundkapital (Abs. 3 S. 2) schon die Relation zwischen der Zahl der betroffenen Aktien zur Gesamtzahl aller Aktien (bzw. zwischen dem zu verteilenden Betrag und der Aktienanzahl).[24] Dasselbe gilt nach § 134 Abs. 1 S. 1 ausdrücklich für das im Grundsatz von der Beteiligungsquote abhängende **Stimmrecht** (Kapitalprinzip, → § 12 Rn. 6). Auch in anderen Vorschriften, nach denen die Beteiligung eines Aktionärs maßgeblich ist, wird entweder auf die Summe der Nennbeträge oder die Zahl der gehaltenen Aktien abgestellt (zB § 16 Abs. 2). Der anteilige Betrag am Grundkapital ist außerdem von Bedeutung für die **Berechnung von Quoren** zur Ausübung von Minderheitsrechten.[25] Das Gesetz verwendet auch hier einheitlich den Begriff des „anteiligen Betrags",[26] der aber unterschiedlich ermittelt wird. Soweit es um prozentuale Quoren geht, ergibt sich die Quote wieder aus der Relation der Nennbeträge oder bei Stückaktien aus dem Zahlenverhältnis. Soweit es auf absolute Mindestbeträge ankommt, sind bei Nennbetragsaktien deren Nennbeträge zu addieren, dagegen bedarf es bei Stückaktien der Division des Nennbetrags des Grundkapitals durch die Zahl der betroffenen Aktien, um zu dem Mindestbetrag zu kommen (→ § 103 Rn. 31; → Rn. 3 zu § 246a Abs. 2 Nr. 2).

II. Wahl zwischen Nennbetrags- oder Stückaktien (Abs. 1)

1. Satzungsregelung bei Gründung. Die Aktien können nach Abs. 1 entweder als Nennbe- 8 trags- oder als Stückaktien begründet werden. Die Gesellschaften haben die **Wahlfreiheit,** in welcher Form das Grundkapital durch Aktien zerlegt werden soll (§ 1 Abs. 2; Ausnahme → Rn. 8a). Sie müssen diese Wahl auch treffen; beide Formen können **nicht nebeneinander** begründet werden. Diese Entscheidung muss in der **Satzung** getroffen werden (§ 23 Abs. 4 Nr. 4). Im Fall einer **Kapitalerhöhung** können die jungen Aktien nur in der Form begründet werden, wie sie die Satzung für die bestehenden Aktien bereits vorsieht, sofern nicht zuvor oder gleichzeitig eine Umstellung auf die andere Aktienform (→ Rn. 9 ff.) beschlossen wird. Angaben zur Form der neuen Aktien im Erhöhungsbeschluss sind deshalb nicht zwingend.[27]

Bei der **Investmentaktiengesellschaft** dürfen nach § 109 Abs. 2 S. 3 und 4 KAGB nur noch 8a Stückaktien ausgegeben werden.

2. Umstellung durch Satzungsänderung. Der **Wechsel** zwischen beiden Formen bedarf einer 9 Satzungsänderung. Dafür gelten die allgemeinen Regelungen in §§ 179 ff.[28] Der Beschluss kommt

---

[21] S. außer den nachfolgend genannten Beispielen auch den umfassenden Überblick von *Schröer* ZIP 1997, 221 (226 ff.).
[22] Vgl. Hüffer/Koch/*Koch* Rn. 17.
[23] Vgl. *Seibert* ZGR 1998, 1 (17).
[24] Vgl. → § 271 Rn. 11; *Schröer* ZIP 1997, 221 (228).
[25] ZB § 103 Abs. 3 S. 3, § 120 Abs. 1 S. 2, § 122 Abs. 2, § 142 Abs. 2 S. 1 und Abs. 4 S. 1, § 147 Abs. 2 S. 2, § 148 Abs. 1 S. 1, § 254 Abs. 2 S. 3, § 258 Abs. 2 S. 3, § 260 Abs. 1 S. 1 und Abs. 3 S. 4, § 265 Abs. 3 S. 1; ebenso beim Quorum, das erreicht sein muss, wenn ein Freigabeantrag nicht von vornherein Erfolg haben soll: § 246a Abs. 2 Nr. 2, § 319 Abs. 6 S. 2 Nr. 2 sowie § 16 Abs. 3 S. 2 Nr. 2 UmwG.
[26] *Seibert* ZGR 1998, 1 (17); dazu auch OLG Stuttgart NZG 2010, 27 (28).
[27] BGH ZIP 2009, 1566 Rn. 23.
[28] Hüffer/Koch/*Koch* Rn. 20; MüKoAktG/*Heider* § 6 Rn. 85; *Heider* AG 1998, 1 (9); *Ihrig/Streit* NZG 1998, 201 (205 f.); Formulierungsbeispiele bei *Schröer* ZIP 1998, 306 (307).

bereits mit der nach Satzung oder Gesetz vorgeschriebenen Mehrheit zustande. Der Zustimmung aller Aktionäre bedarf es nicht, weil es kein mitgliedschaftliches Recht auf Beibehaltung einer bestimmten Aktienform gibt.[29]

10 **a) Nennbetrags- in Stückaktien.** Sollen Nennbetragsaktien in Stückaktien umgestellt werden, so muss sichergestellt sein, dass alle Nennbetragsaktien auf denselben Nennbetrag lauten. Wenn Nennbetragsaktien zu verschiedenen Nennbeträgen ausgegeben sind (→ Rn. 16), muss in einem ersten Schritt das Grundkapital in Aktien gleichen Nennbetrags neu gestückelt werden (→ Rn. 26 ff.).[30] Die Nennbetragsaktien mit einheitlichem Nennbetrag können dann umgewandelt werden in Stückaktien mit gleichem Anteil am Grundkapital (Abs. 4). Neustückelung und Umstellung auf Stückaktien können auch in einem Hauptversammlungsbeschluss zusammengefasst und einheitlich zum Handelsregister angemeldet werden,[31] sofern die Einzelmaßnahmen hinreichend transparent bleiben.[32]

11 **b) Stück- in Nennbetragsaktien.** Für diese Umstellung gilt Entsprechendes. Sie ist nur möglich, wenn die nennwertlosen Aktien so gestückelt sind, dass die Nennbeträge nach der Umstellung gem. Abs. 2 S. 4 auf volle Euro lauten können. Andernfalls bedarf es zuvor entsprechender Kapitaländerungen.[33]

12 **c) Anpassungsbedarf für Satzung und Hauptversammlungsbeschlüsse.** Soweit beschlossene Kapitalmaßnahmen zum Zeitpunkt des Umstellungsbeschlusses noch nicht voll durchgeführt sind, besteht Anpassungsbedarf: Hat die Hauptversammlung bei **genehmigtem Kapital** den Nennbetrag der neuen Aktien festgelegt, muss die Ermächtigung (§ 202 Abs. 1) durch Satzungsänderung an die neue Aktienform und Stückelung des Grundkapitals angepasst werden.[34] Dasselbe gilt beim **bedingten Kapital,** wenn es in der Satzung geregelt ist (→ § 192 Rn. 18 f.); andernfalls genügt eine Klarstellung durch Hauptversammlungsbeschluss, dass sich das Bezugsrecht auf Stückaktien bezieht.[35] Bei der **Kapitalerhöhung aus Gesellschaftsmitteln** ist der Erhöhungsbeschluss anzupassen und dabei auch zu beschließen, ob sie mit oder ohne Ausgabe neuer Stückaktien erfolgen soll (§ 207 Abs. 2 S. 2, → Rn. 46 und → § 207 Rn. 12 f.).[36] Bei **Wandel- und Optionsanleihen** (§ 221) ist eine Beschlussänderung nicht erforderlich, eine Klarstellung aber empfehlenswert.[37] **Sonstige Satzungsbestimmungen** beispielsweise über Stimmrechte oder Dividendenvorzüge, die an den Nennbetrag anknüpfen, sind ebenfalls anzupassen.[38] Dabei kann anstelle des Nennbetrags der anteilige Betrag des Grundkapitals (Abs. 4) in Bezug genommen werden.

13 **d) Auswirkungen auf die Verbriefung.** Mit der Umstellung von der einen in die andere Form werden die Aktienurkunden **unrichtig,** aber nicht ungültig. Die Gesellschaft kann die Aktionäre zur Vorlage auffordern, um die Urkunden umzutauschen oder zu berichtigen, und andernfalls die Urkunden nach Maßgabe von § 73 für kraftlos erklären;[39] § 73 Abs. 1 S. 2 gilt hier nicht.[40] Will die Gesellschaft den Aufwand dafür einsparen, kann im Umstellungsbeschluss auch bestimmt werden, dass die Aktienurkunden weiterhin als gültig behandelt werden.[41] Sinnvoller erscheint es, dann gleich den Verbriefungsanspruch nach § 10 Abs. 5 auszuschließen (→ § 10 Rn. 82 ff.).

---

[29] Hüffer/Koch/*Koch* Rn. 20; Großkomm AktG/*Mock* Rn. 173; Ihrig/Streit NZG 1998, 201 (206).
[30] *Heider* AG 1998, 1 (8 f.).
[31] Hüffer/Koch/*Koch* Rn. 20; Ihrig/Streit NZG 1998, 201 (206); zur Umstellung bei teileingezahlten Aktien *Heider* AG 1998, 1 (6 f.); *Schinzler*, Die teileingezahlte Namensaktie als Finanzierungsinstrument der Versicherungswirtschaft, 1998, 193 f.
[32] Vgl. OLG Frankfurt NZG 2001, 612.
[33] Vgl. MüKoAktG/*Heider* Rn. 45; Großkomm AktG/*Mock* Rn. 141.
[34] Hüffer/Koch/*Koch* Rn. 21; MüKoAktG/*Heider* § 6 Rn. 89; Großkomm AktG/*Mock* Rn. 146, 177, Ihrig/Streit NZG 1998, 201 (207); *Schürmann* NJW 1998, 3162 (3163).
[35] Hüffer/Koch/*Koch* Rn. 22; Ihrig/Streit NZG 1998, 201 (207); vgl. auch Großkomm AktG/*Mock* Rn. 147, 178; MüKoAktG/*Heider* § 6 Rn. 91; *Schürmann* NJW 1998, 3162 (3163); Formulierungsbeispiele bei *Schröer* ZIP 1998, 306 (308).
[36] MüKoAktG/*Heider* § 6 Rn. 90; Einzelheiten bei Großkomm AktG/*Mock* Rn. 148, 179.
[37] Vgl. Hüffer/Koch/*Koch* Rn. 22; MüKoAktG/*Heider* § 6 Rn. 92.
[38] Ihrig/Streit NZG 1998, 201 (206 f.); *Schröer* ZIP 1998, 306 (308); Hüffer/Koch/*Koch* Rn. 23; Großkomm AktG/*Mock* Rn. 150, 181; MüKoAktG/*Heider* § 6 Rn. 94 f. sowie Rn. 93 zu schwebenden Kapitalherabsetzungsbeschlüssen.
[39] *Heider* AG 1998, 1 (6).
[40] BT-Drs. 13/9573, 12.
[41] *Heider* AG 1998, 1 (6) mwN; Hüffer/Koch/*Koch* Rn. 24.

III. Nennbetragsaktien (Abs. 2 und 4)

1. Begriff. Bei der Nennbetragsaktie ist das Grundkapital in ziffernmäßig bestimmte Anteile 14 zerlegt. Sie werden in der Satzung festgelegt (→ Rn. 22). Damit ist jeder einzelnen Mitgliedschaft ein bestimmter anteiliger Nennbetrag zugeordnet. Wie Abs. 4 noch einmal klarstellt, wird der Anteil der einzelnen Aktie am Grundkapital nach dem Verhältnis ihres Nennbetrags zum Nennbetrag des Grundkapitals bestimmt. Er dient als Rechengröße zur Ermittlung der Beteiligungsquote oder bestimmter Quoren (iE → Rn. 5 ff.). Somit ist die Summe der Nennbeträge der Aktien gleich dem Nennbetrag des Grundkapitals.

2. Mindestnennbetrag und höhere Nennbeträge. Der **Mindestnennbetrag** beträgt seit 15 1.1.1999 ein Euro, Abs. 2 S. 1. **Höhere** Nennbeträge müssen auf **volle Euro** lauten, Abs. 2 S. 4. Eine Begrenzung nach oben gibt es nicht.[42] Zu den unterschiedlichen Folgen, die Verstöße der Satzung oder satzungsändernder Beschlüsse der Hauptversammlung gegen diese Bestimmungen haben können, → Rn. 30 ff.

Das Grundkapital kann in Aktien mit **unterschiedlichen** Nennbeträgen gestückelt werden (→ 16 § 23 Abs. 3 Nr. 4: „die Zahl der Aktien jeden Nennbetrags").[43] Deshalb können bei einer Kapitalerhöhung auch Aktien ausgegeben werden, die andere Nennbeträge haben als die alten Aktien.[44] Einzuhalten ist auch dabei Abs. 2 S. 4.

3. Zwang zur 1-Euro-Aktie. Führen Kapitalmaßnahmen, Unternehmensverträge oder 17 Umwandlungen zur quotalen Zuteilung neuer oder umgetauschter Aktien, so kann es sich ergeben, dass auf den Aktionär bei der Berechnung der anteiligen Zuteilung keine glatte Zahl von Aktien entfällt, sondern sog. Spitzen entstehen, also rechnerische Bruchteile von Aktien. Das Risiko ist umso höher, je höher die Nennbeträge der auszugebenden Aktien lauten. Je niedriger die Nennbeträge lauten, desto eher werden die Spitzen vermieden. In wenigen Fällen ergibt sich aus dem Gesetz, dass die Nennbeträge möglichst niedrig bis hin zum Mindestwert anzusetzen sind. Darüber hinaus kann sich im Einzelfall eine Verpflichtung dazu wegen des Eingriffs in die Aktionärsrechte durch die Spitzenbildung aus der gesellschaftsrechtlichen Treuepflicht ergeben. An dieser Stelle ist nur ein Überblick möglich; wegen der streitigen Einzelheiten muss auf Kommentierungen der nachfolgend genannten Vorschriften des AktG und UmwG verwiesen werden.[45]

a) Gesetzliche Regelungen. Für die zur **Kapitalherabsetzung** erforderliche Anpassung der 18 Nennbeträge der Aktien sieht § 222 Abs. 4 S. 1 in erster Linie die Herabsetzung des Nennbetrags vor. Bei der Alternative der Zusammenlegung von Aktien kann es vorkommen, dass ein Aktionär nicht die genügende Zahl von alten Aktien hat, die für den Ersatz durch neue Aktien nötig sind (zur Behandlung dieser Spitzen →. § 226 Abs. 1 S. 2, Abs. 3). Zur Vermeidung dieser Spitzen schreibt § 222 Abs. 4 S. 2 vor, dass eine Zusammenlegung nur in zweiter Linie möglich ist, wenn durch die Herabsetzung des Nennbetrags der Mindestbetrag nach Abs. 2 S. 1 oder (bei Stückaktien) Abs. 3 S. 3 unterschritten würde. Die Gesellschaft muss deshalb vor einer Zusammenlegung die Nennbeträge notfalls bis auf einen Euro herabsetzen.[46]

Beim **Formwechsel** aus einer GmbH in eine AG ergibt sich aus § 241 Abs. 1 UmwG eine 19 faktische Verpflichtung zur Festsetzung auf den Mindestbetrag nach Abs. 2 S. 2 oder (bei Stückaktien) Abs. 3 S. 3, falls sich bei höheren Nennbeträgen der neuen Aktien, die nicht mit den Nennbeträgen der Geschäftsanteile übereinstimmen, Spitzen bilden würden und die betroffenen Gesellschafter dem nicht zustimmen.[47]

b) Treuepflicht. Der Bundesgerichtshof hat für die **Kapitalherabsetzung auf null** in Verbin- 20 dung mit einer **Kapitalerhöhung (§ 228)** entschieden, dass der Mehrheitsaktionär aufgrund seiner Treuepflicht gegenüber den Minderheitsaktionären verpflichtet ist, diesen den Verbleib in der Gesellschaft im Rahmen der gesetzlichen Regelungen zu ermöglichen. Führt die Festsetzung eines relativ hohen Nennbetrags der neuen Aktien dazu, dass nur Aktionäre mit einer bestimmten großen Anzahl von alten Aktien ohne Hinzukauf von Bezugsrechten eine neue Aktie erhalten können, und entstehen dadurch verhältnismäßig hohe Spitzen, so dass bei entsprechender Aktionärsstruktur viele Aktionäre infolge der Aktionärsstruktur ausscheiden würden, so muss die Gesellschaft dem Interesse dieser

---
[42] Ausnahme § 1 Abs. 3 VW-Gesetz: höchstens 100 DM.
[43] Hüffer/Koch/*Koch* Rn. 5; MüKoAktG/*Heider* Rn. 48.
[44] → § 182 Rn. 47; NK-AktR/*Wagner* Rn. 6.
[45] Ausführlich auch *Vetter* AG 2000, 193.
[46] MüKoAktG/*Heider* Rn. 60; *Vetter* AG 2000, 193 (195); → § 222 Rn. 39 f.
[47] Vgl. dazu auch *Vetter* AG 2000, 193 (195).

21 Aktionäre am Verbleib in der Gesellschaft durch die Bildung von Aktien mit geringeren Nennbeträgen bis hin zum Mindestnennbetrag Rechnung tragen.[48] Andernfalls ist der Beschluss anfechtbar.[49] Darüber hinaus ist umstritten, ob ein möglichst niedriger Nennbetrag zu wählen ist, um Spitzenbildungen zu vermeiden. Sie kommen vor bei der **Abfindung in Aktien**, wie sie bei bestimmten **Beherrschungs- und Gewinnabführungsverträgen** nach § 305 Abs. 2 Nr. 1 und Nr. 2 und bei **Eingliederungen** nach § 320b Abs. 2 gewährt werden. Für die Angemessenheit dieser Abfindungen verweisen § 305 Abs. 3 S. 1 und § 320 Abs. 3 S. 1 auf das Umtauschverhältnis, das bei einer Verschmelzung der Gesellschaften angemessen wäre (Verschmelzungswertrelation, vgl. §§ 2, 5 Abs. 1 Nr. 4 UmwG, § 15 UmwG). Sie regeln ausdrücklich, dass dabei Spitzenbeträge durch bare Zuzahlungen ausgeglichen werden können. Gleichwohl müssen nach hM Spitzen durch eine entsprechend niedrige Festsetzung der Nennwerte möglichst vermieden werden.[50] Für die **Verschmelzung** selbst folgt aus § 68 Abs. 3 UmwG, dass bare Zuzahlungen zum Spitzenausgleich bis zur Grenze von 10 % des Nennkapitals grundsätzlich möglich sind, wie die Gegenansicht unter Verweis auf die Verschmelzungsrelation in § 305 Abs. 3 S. 1, § 320 Abs. 3 S. 1 erfasst sieht;[51] indessen schließt diese Regelung nicht ohne Weiteres die Annahme einer treuwidrigen Spitzenbildung aus.[52] Bei der **Kapitalerhöhung aus Gesellschaftsmitteln** können infolge der vollständigen quotalen Zuordnung nach § 212 keine Spitzen entstehen, dafür aber **Teilrechte** (§ 213). Weil die individuelle Ausübung der darauf entfallenden Mitgliedschaftsrechte nach § 213 Abs. 2 gesperrt ist, wird die Ansicht vertreten, dass der Erhöhungsbetrag oder die Stückelung so zu wählen sei, dass möglichst wenig Teilrechte entstehen.[53] Eine gesetzliche Verpflichtung zu solchen Vermeidungsstrategien lässt sich richtigerweise nicht begründen, nachdem die genannten Vorschriften von der Entstehung von Spitzen oder Teilrechten ausgehen und einen Ausgleich dafür vorsehen, sei es durch Zuzahlung oder bei § 213 durch die Möglichkeit der gemeinsamen Rechteausübung und des Handels zum Zwecke der Zusammenlegung. Die Annahme einer Bindung durch die **Treuepflicht** des Mehrheitsaktionärs ist möglich, bedarf aber wie stets einer **Einzelfallbetrachtung**. Sie kommt insbesondere in Betracht, wenn wie in dem vom BGH entschiedenen Fall (→ Rn. 20) auch bei den Unternehmensverträgen, der Eingliederung oder auch einer Verschmelzung das Risiko eines Ausscheidens von Minderheitsgesellschaftern aufgrund der vom Mehrheitsgesellschafter durchgesetzten Maßnahme besteht, oder wenn ein Handel mit Bezugsrechten (Kapitalerhöhung gegen Einlagen) oder Teilrechten (Kapitalerhöhung aus Gesellschaftsmitteln) nicht stattfindet.[54]

22 **4. Festlegung und Änderung des Nennbetrags. a) Satzungsregelung.** Die Nennbeträge und die Zahl der Aktien jeden Nennbetrags sind als entscheidende Größen für die Zerlegung des Grundkapitals nach § 23 Abs. 3 Nr. 4 in der **Satzung** zu bestimmen. Wenn sie nicht im Voraus die Nennbeträge für im Rahmen von **Kapitalerhöhungen** auszugebende neue Aktien festlegt, ist die Festlegung im satzungsändernden Hauptversammlungsbeschluss über die Kapitalerhöhung zu treffen (auch noch → Rn. 8, 16 und 24; → § 182 Rn. 9).

23 **b) Satzungsänderung. Änderungen der Nennbeträge** bedürfen einer Satzungsänderung nach Maßgabe der §§ 179 ff. Sie kommen in Betracht im Rahmen von Kapitalerhöhungen oder -herabsetzungen und als Neustückelung bei gleichbleibendem Grundkapital.

24 **aa) Kapitalerhöhung.** Grundsätzlich ist eine Kapitalerhöhung durch Änderung der Nennbeträge **nicht möglich**, sie bedarf nach § 182 Abs. 1 S. 4, § 192 Abs. 1, § 202 Abs. 1 der Ausgabe neuer Aktien. Das gilt im Grundsatz auch für die Kapitalerhöhung aus Gesellschaftsmitteln, § 207 Abs. 2 S. 1 (anders bei Stückaktien, vgl. § 207 Abs. 2 S. 2). Bei ihr ist eine **Ausnahme** nach Maßgabe von § 215 Abs. 2 möglich, wenn **teileingezahlte Aktien** vorhanden sind (siehe dazu iE die Kommentierung bei §§ 207, 215).

---

[48] BGHZ 142, 167 = NJW 1999, 3197; vgl. auch OLG Dresden OLGReport 2006, 668; nach Ansicht von *Krieger* ZGR 2000, 885 (902 ff.) folgt dieses Ergebnis bereits aus § 222 Abs. 4 S. 2 mit der Folge, dass eine höhere Stückelung aus sachlichen Gründen nicht möglich ist.
[49] Großkomm AktG/*Mock* Rn. 99.
[50] LG Berlin AG 1996, 230 (232); Großkomm AktG/*Mock* Rn. 97; Hüffer/Koch/*Koch* § 305 Rn. 50; MüKoAktG/*Paulsen* § 305 Rn. 144; aA Kölner Komm AktG/*Koppensteiner* § 305 Rn. 42; *Vetter* AG 2000, 193 (200 ff.): Verweisung auf Verschmelzungswertrelation erfasst auch § 68 Abs. 3 UmwG.
[51] Ausführlich zur Frage der Spitzenvermeidung bei der Verschmelzung *Vetter* AG 2000, 193 (198 ff. und 202 ff.).
[52] Großkomm AktG/*Mock* Rn. 97.
[53] MüKoAktG/*Heider* Rn. 61 mwN; vgl. auch Großkomm AktG/*Mock* Rn. 98, 100; dagegen die hM Hüffer/Koch/*Koch* § 213 Rn. 1 mwN; MHdB AG/*Krieger* § 59 Rn. 44; *Vetter* AG 2000, 193 (197 f.); *Fett/Spiering* NZG 2002, 358 (363 f.); → § 207 Rn. 13.
[54] Eingehend *Vetter* AG 2000, 193 (201 ff.).

bb) Kapitalherabsetzung. Bei der Kapitalherabsetzung nach §§ 222 ff. ist eine Anpassung der 25
Nennbetragsaktien erforderlich, weil sonst die Summe der Nennbeträge nicht mehr dem Grundkapital entsprechen würde. Sie erfolgt nach § 222 Abs. 4 S. 1 in erster Linie durch eine Herabsetzung der Nennbeträge. Die Nennbeträge müssen so weit herabgesetzt werden, dass Spitzen nach Möglichkeit vermieden werden (→ Rn. 18). Würde damit der Mindestnennbetrag nach Abs. 2 S. 1 unterschritten, so sind Aktien gem. § 222 Abs. 4 S. 2 so zusammenzulegen, dass sich Nennbetragsaktien mit dem Nennbetrag von wenigstens einem Euro oder einem höheren auf volle Euro lautenden Betrag ergeben. Dabei werden Herabsetzung und Zusammenlegung meist kombiniert (→ § 222 Rn. 43).

cc) Neustückelung. Die Neustückelung ist eine Änderung der Zerlegung des Grundkapitals bei 26
gleichbleibendem Nennbetrag des Grundkapitals.[55] Auch sie bedarf einer Satzungsänderung, weil die Zerlegung notwendiger Satzungsinhalt ist (§ 23 Abs. 3 Nr. 4).

In Betracht kommt zum einen die **Teilung** der Nennbeträge in kleinere Einheiten („Aktiensplit"). 27
Eine Teilung im Wege der Neustückelung verbietet Abs. 5 nicht (→ Rn. 52). Lediglich die Grenzen aus Abs. 2 S. 1 (Mindestbetrag 1 Euro) und S. 4 (volle Euro) sind zu beachten. Neben der satzungsändernden Mehrheit (§ 179 Abs. 2) bedarf es keiner Zustimmung der betroffenen Aktionäre,[56] soweit die Teilung ihre Mitgliedschaftsrechte nicht beeinträchtigt, also die Summe der niedrigeren Nennbeträge der neuen Aktien dem Nennbetrag der alten Aktie entspricht. Anders kann es sein, wenn bei der Neueinteilung eine Spitze bleibt, für die keine neue Aktie zugeteilt wird.[57] Sind Aktienurkunden über die alten Aktien ausgegeben, dann ist ein Umtausch in richtige Urkunden sinnvoll. Er kann aber nicht über das Verfahren der Kraftloserklärung erzwungen werden, § 73 Abs. 1 S. 2 (→ § 73 Rn. 8). Kommt es nicht zum Umtausch, verbriefen die alten Urkunden nun als Mehrfach- bzw. Globalurkunden (→ § 10 Rn. 38 ff., 43, 84) mehrere Mitgliedschaftsrechte.[58]

Umgekehrt ist auch eine **Vereinigung** von Aktien in der Weise möglich, dass der Nennbetrag 28
der neuen Aktie der Summe der Nennbeträge der zusammengefassten Aktien entspricht.[59] Weil sie die Mobilität der Mitgliedschaft erschwert oder verändert, bedarf diese Maßnahme der Zustimmung der davon betroffenen Aktionäre.[60] Diese Vereinigung bei gleich bleibendem Grundkapital ist nicht mit der Zusammenlegung nach § 224 Abs. 4 zu verwechseln, die mit einer Kapitalherabsetzung einhergeht (→ Rn. 25).

Möglich ist schließlich auch eine **Kombination** aus Teilung und Vereinigung. Sie kann mit 29
einer einheitlichen Satzungsänderung beschlossen werden.[61] Die Zustimmung aller Aktionäre ist erforderlich, wenn sich der Nennbetrag infolge der Gesamtmaßnahme erhöht; entstehen Spitzen, müssen die davon betroffenen Aktionäre zustimmen.[62] Alle diese Maßnahmen sind im Grundsatz auch bei **teileingezahlten** Aktien zulässig.[63]

5. Folgen von Verstößen. Werden die Anforderungen an Satzungsregelungen zum Nennbetrag 30
nach Abs. 2 S. 1 und 4 nicht eingehalten, ergeben sich unterschiedliche Folgen für die Gesellschaft, die Mitgliedschaft und deren Verbriefung, die in Abs. 2 S. 2 und 3 nur zum Teil geregelt sind. Die praktische Bedeutung sollte eher gering sein, weil die Festsetzung eines auf volle und wenigstens einen Euro lautenden Nennbetrags wenig Mühe bereitet. Fehleranfälliger könnte die Stückelung des Grundkapitals durch Stückaktien sein, bei der zu beachten ist, dass der rechnerische, aber nicht explizit ausgewiesene Mindestbetrag von einem Euro nicht unterschritten wird (Abs. 3 S. 3); dafür gelten die nachfolgenden Ausführungen unter a) entsprechend (vgl. Abs. 3 S. 4; → Rn. 43).

a) Verstoß gegen Abs. 2 S. 1: Nennbetrag unter 1 Euro. aa) Nichtigkeit, Abs. 2 S. 2. Das 31
Gesetz ordnet knapp an, dass Aktien über einen geringeren Nennbetrag nichtig sind. Der Wortlaut lässt offen, ob die Mitgliedschaftsrechte oder die Urkunden gemeint sind. Nach heutigem Verständnis bleibt ein Anwendungsbereich für diese Regelung nur für die Verbriefung von Mitgliedschaftsrechten in Aktienurkunden (→ Rn. 37) oder Zwischenscheinen (→ Rn. 63) nach Eintragung, weil eine

---

[55] Ausführlich *Zöllner* AG 1985, 19 ff.
[56] AllgM *Zöllner* AG 1985, 19 (20); *Seibert* AG 1993, 315 (317); MüKoAktG/*Heider* Rn. 95; Hüffer/Koch/*Koch* Rn. 27.
[57] Großkomm AktG/*Mock* Rn. 103; K. Schmidt/Lutter/*Ziemons* Rn. 32; vgl. auch GHEK/*Eckardt* Rn. 25; *Zöllner* AG 1985, 19 (24).
[58] *Zöllner* AG 1985, 19 (20 Fn. 7); Bürgers/Körber/*Westermann* Rn. 11.
[59] MüKoAktG/*Heider* Rn. 55; Großkomm AktG/*Mock* Rn. 105 ff.; ausführlich *Zöllner* AG 1985, 19 (20 ff.).
[60] *Zöllner* AG 1985, 19 (21); MüKoAktG/*Heider* Rn. 55; Bürgers/Körber/*Westermann* Rn. 14; Hölters/*Solveen* Rn. 14; Wachter/*Franz* Rn. 10; aA Großkomm AktG/*Mock* Rn. 107; K. Schmidt/Lutter/*Ziemons* Rn. 32.
[61] *Zöllner* AG 1985, 19 (24); Großkomm AktG/*Mock* Rn. 109.
[62] *Zöllner* AG 1985, 19 (24).
[63] Zu den Voraussetzungen iE *Zöllner* AG 1985, 19; Bürgers/Körber/*Westermann* Rn. 14.

Mitgliedschaft zuvor weder entstehen noch verbrieft werden kann und weil sich Entstehung und Bestand der Mitgliedschaft nach Eintragung nach anderen Regeln richten.

32 **(1) Folgen für Satzung und Gesellschaft.** Ordnet die **Ursprungssatzung** entgegen Abs. 2 S. 1 einen geringeren Nennbetrag der Aktien als ein Euro an, dann ist sie ebenso nichtig (§ 134 BGB)[64] wie die Übernahmeerklärungen (§§ 2, 23 Abs. 2 Nr. 2) der Gründer.[65] Deshalb kann keine Vor-AG (→ § 2 Rn. 6; ausführlich → § 41 Rn. 17 ff.) vor der Eintragung entstehen; wird sie insbesondere durch Aufnahme der Geschäfte in Vollzug gesetzt, greifen allerdings die Grundsätze der fehlerhaften Gesellschaft (→ § 275 Rn. 4) für die Vor-AG ein.[66] Das Registergericht hat unabhängig davon die Eintragung der AG abzulehnen, § 38 Abs. 1 S. 2, Abs. 4 Nr. 1 iVm § 23 Abs. 3 Nr. 4, so dass die AG nicht als solche entstehen kann (§ 41 Abs. 1 S. 1).[67] Die Gründungsgesellschafter sind im Zweifel zu Satzungsänderungen verpflichtet, die den Mangel beheben.[68] Wird trotzdem eingetragen, entsteht die AG wirksam.[69] Das Registergericht muss der AG nach Maßgabe von § 399 Abs. 1 FamFG eine Frist zur Behebung des Verstoßes durch Satzungsänderung setzen und im Falle fruchtlosen Fristablaufs den Satzungsmangel nach § 399 Abs. 2 FamFG feststellen (→ § 262 Rn. 47 ff.). Mit Rechtskraft dieser Entscheidung ist die AG aufgelöst, § 262 Abs. 1 Nr. 5 (eine Klage auf Nichtigerklärung kommt dagegen nicht in Betracht, vgl. § 275 Abs. 1 S. 2). Dieses Verfahren steht nicht zur Verfügung, wenn nur die Übernahmeerklärung falsch ist, denn § 23 Abs. 2 ist in § 399 Abs. 1 FamFG nicht aufgeführt.[70]

33 Verstößt eine **Satzungsänderung**, also eine Kapitalerhöhung mit Ausgabe neuer Aktien (→ Rn. 22) oder eine Nennbetragsänderung (→ Rn. 23 ff.), gegen Abs. 2 S. 1, so ist der Hauptversammlungsbeschluss nach § 241 Nr. 3 nichtig.[71] Das kann mit der Nichtigkeitsklage nach § 249 geltend gemacht werden, solange noch keine Heilung nach § 242 Abs. 2 eingetreten oder eine Neuvornahme (→ § 189 Rn. 6) beschlossen ist. Außerdem besteht auch in diesem Fall ein Eintragungshindernis sowohl für den Beschluss als auch die Durchführung der Kapitalerhöhung.[72] Trägt das Registergericht dennoch ein, kann der Beschluss von Amts wegen nach § 398 FamFG (→ § 241 Rn. 220) gelöscht werden, was gleichfalls die Nichtigkeit des Beschlusses (§ 241 Nr. 6) zur Folge hat.[73] Diese Amtslöschung ist auch nach Heilung durch Zeitablauf nach Eintragung möglich (§ 242 Abs. 2 S. 3), nicht aber nach Eintragung aufgrund eines nach § 246a ergangenen Freigabebeschlusses (§ 242 Abs. 2 S. 5), nach der es dauerhaft bei der durchgeführten Maßnahme bleibt (§ 246a Abs. 4). Auch in den anderen Fällen bewirkt zwar die Eintragung als solche keine Heilung des Beschlusses. Eine durchgeführte Kapitalerhöhung ist aber nach den Grundsätzen über die Behandlung fehlerhafter Gesellschaften zumindest vorübergehend bis zur rechtskräftigen Entscheidung über die Nichtigkeit oder über die Amtslöschung als wirksam zu behandeln, die Nichtigkeit kann nur mit Wirkung für die Zukunft geltend gemacht werden.[74] Das Amtsauflösungsverfahren nach § 399 FamFG, § 262 Abs. 1 Nr. 5 (→ Rn. 32) kommt unter Umständen bei einer fehlerhaften Nennbetragsänderung (→ Rn. 23 ff.) in Betracht, nicht aber bei fehlerhaften Kapitalerhöhungen, weil die Nichtigkeit der Erhöhung die ursprünglichen Bestimmungen über das Grundkapital und seine Aufteilung unberührt lässt.[75]

34 **(2) Folgen für die Mitgliedschaft.** Das Schicksal der Mitgliedschaft ist mit dem der Gesellschaft oder der Kapitalerhöhung untrennbar verbunden. Ohne Gesellschaft bzw. Kapitalerhöhung gibt es

---

[64] → § 241 Rn. 175; Hüffer/Koch/*Koch* Rn. 7.
[65] MüKoAktG/*Heider* Rn. 65; Hüffer/Koch/*Koch* Rn. 7.
[66] Hüffer/Koch/*Koch* Rn. 8; MüKoAktG/*Heider* Rn. 65.
[67] Das gilt auch, wenn man annimmt, dass eine Eintragung nur abgelehnt werden kann, wenn § 38 Abs. 3 Nr. 1 und 2 kumulativ vorliegen (→ § 38 Rn. 10), denn die Einhaltung der Grenzen der Satzungsautonomie (§ 23 Abs. 5) liegt im öffentlichen Interesse (→ § 241 Rn. 185 ff.).
[68] MüKoAktG/*Heider* Rn. 65; vgl. auch OLG Karlsruhe NZG 1999, 672 (673).
[69] MüKoAktG/*Heider* Rn. 66; Hüffer/Koch/*Koch* Rn. 7; Bürgers/Körber/*Westermann* Rn. 4.
[70] Hüffer/Koch/*Koch* Rn. 9; MüKoAktG/*Heider* Rn. 66, je zu § 144a Abs. 2 FGG.
[71] AllgM MüKoAktG/*Heider* Rn. 67; Kölner Komm AktG/*Dauner-Lieb* Rn. 21; a.A. Großkomm AktG/*Mock* Rn. 116: nur anfechtbar.
[72] MüKoAktG/*Heider* Rn. 67.
[73] → § 241 Rn. 227 sowie → § 248 Rn. 14 f. zur Problematik der Rückabwicklung durchgeführter Kapitalmaßnahmen; aA Großkomm AktG/*Mock* Rn. 116.
[74] → § 189 Rn. 5 f.; → § 241 Rn. 227; → § 248 Rn. 14 f. (auch zur Rückabwicklungsproblematik); ferner *Zöllner* ZHR 158 (1994), 59; ausführlich *Schäfer*, Die Lehre vom fehlerhaften Verband, 2002, 422 ff., dort S. 397 auch zur Anwendung auf § 144 Abs. 2 FGG (jetzt § 398 FamFG) iVm § 241 Nr. 6.
[75] *Zöllner* ZHR 158 (1994), 59 (70); Hölters/*Solveen* Rn. 18; MüKoAktG/*Koch* § 262 Rn. 67; ähnlich GHEK/*Eckardt* Rn. 18; abweichend MüKoAktG/*Heider* Rn. 67; Bürgers/Körber/*Westermann* Rn. 5, die aber für ein Vorgehen nur nach § 144a Abs. 1 FGG (jetzt § 399 Abs. 1 FamFG) plädieren.

keine Mitgliedschaft, weshalb das Gesetz auch nicht deren Nichtigkeit anordnen muss. Ist die AG oder die Durchführung der Kapitalmaßnahme **nicht eingetragen,** insbesondere weil das Registergericht die Eintragung abgelehnt hat (→ Rn. 32 f.), dann entsteht auch die Aktie als Mitgliedschaft nicht. Diese entsteht aufgrund der Übernahme-, Zeichnungs- oder Bezugserklärung erst mit Eintragung der Gesellschaft oder der Durchführung der Kapitalerhöhung ins Handelsregister (§ 41 Abs. 1 S. 1, §§ 189, 203 Abs. 1, 211),[76] bei der bedingten Kapitalerhöhung mit Ausgabe der Aktienurkunde (§ 200) nach vorausgegangener Eintragung des Beschlusses (§ 197 S. 1). Der Gründer kann auch in einer Vor-AG auf mangelhafter Satzungsgrundlage nur Mitglied sein, soweit diese nach den Grundsätzen zur fehlerhaften Gesellschaft als existent zu betrachten ist (→ Rn. 32); dann ist diese Mitgliedschaft aber auch nicht „nichtig".[77] Entgegen verbreiteter Ansicht[78] regelt deshalb Abs. 2 S. 2 nicht die Nichtigkeit der Mitgliedschaft vor Eintragung.[79]

Ist trotz des Verstoßes **eingetragen** und wird die Gesellschaft nach § 399 FamFG iVm § 262 35 Abs. 1 Nr. 5 aufgelöst (→ Rn. 32), dann kommt es nach § 264 zur Liquidation. Die unwirksamen Aktiennennbeträge dienen noch als Maßstab für die Beteiligung am Liquidationserlös nach § 271.[80] Die Mitgliedschaft erlischt dann mit der Gesellschaft nach beendeter Liquidation, § 273 Abs. 1 S. 2.

Ist eine Kapitalerhöhung nach den Grundsätzen über die Behandlung fehlerhafter Kapitalmaßnah- 36 men als vorübergehend wirksam zu behandeln (→ Rn. 33), dann besteht solange auch das Mitgliedschaftsrecht.[81] Es erlischt erst mit rechtskräftiger Feststellung der Nichtigkeit oder Amtslöschung mit Wirkung für die Zukunft.[82] Das Schicksal der Mitgliedschaft hängt also auch nach Eintragung jedenfalls nicht von Abs. 2 S. 2, sondern von anderen Regeln ab.

(3) Folgen für die Urkunde. Vor Eintragung der Gesellschaft oder der Kapitalerhöhung kann 37 die Mitgliedschaft ohnehin nicht entstehen und deshalb auch nicht verbrieft werden (iE → § 10 Rn. 32). Dennoch ausgegebene Aktienurkunden sind schon nach § 41 Abs. 4 S. 1, § 191 S. 2, § 197 S. 2, § 203 Abs. 1 „nichtig" (abweichend § 219 für die Kapitalerhöhung aus Gesellschaftsmitteln, → § 219 Rn. 1 ff.), verbriefen also kein Mitgliedschaftsrecht. Auf einen zusätzlichen Verstoß gegen Vorschriften über den Nennbetrag kommt es dabei gar nicht an. **Nach Eintragung** ordnet **Abs. 2 S. 2** dieselbe Rechtsfolge an; nur hier bekommt die Vorschrift eigenständige Bedeutung. Wenn also im Rahmen der Gründung die Gesellschaft und die Mitgliedschaftsrechte infolge der Eintragung entstehen (→ Rn. 32, 35), können die Mitgliedschaftsrechte dennoch nicht wirksam verbrieft werden.[83] Dasselbe gilt im Fall der wegen eines Verstoßes gegen Abs. 2 S. 1 fehlerhaften, aber durchgeführten Kapitalerhöhung für das zumindest vorübergehend (→ Rn. 36) als wirksam zu behandelnde Mitgliedschaftsrecht.[84] In beiden Fällen kann das Mitgliedschaftsrecht nur nach §§ 413, 398 ff., 1274 BGB übertragen oder belastet werden, ein gutgläubiger Erwerb der Mitgliedschaft auf der Grundlage der nicht wirksam begebenen Aktienurkunde ist nicht möglich.[85]

bb) Schadensersatz, Abs. 2 S. 3. Entsprechend S. 2 erfasst auch S. 3 nur den Fall der Ausgabe 38 unwirksamer Aktienurkunden (→ Rn. 37). Nur der jeweilige Inhaber solcher Urkunden kann von den Ausgebern Schadensersatz verlangen, also derjenige, der die Mitgliedschaftsstellung oder Rechte wie Nießbrauch oder Pfandrecht daran erlangt hat.[86] Ausgeber ist, wer die Urkunde für die AG verantwortlich handelnd erstmals in Verkehr bringt, also insbesondere Vorstandsmitglieder, unter Umständen auch Aufsichtsratsmitglieder (§ 111 Abs. 4 S. 2) oder nicht weisungsabhängige Mitarbeiter, nicht aber die AG selbst[87] oder bei der Emission nach § 186 Abs. 5 eingeschaltete Kreditinstitute.[88] Mehrere Ausgeber haften als Gesamtschuldner (Abs. 2 S. 3 iVm § 426 BGB). Die verschuldensunab-

---

[76] Vgl. BGHZ 122, 189 (194) = NJW 1993, 1983 (1987).
[77] Vgl. auch Großkomm AktG/*Mock* Rn. 119.
[78] So Kölner Komm AktG/*Dauner-Lieb* Rn. 22; wohl auch MüKoAktG/*Heider* Rn. 68 und 79.
[79] Vgl. auch Hüffer/Koch/*Koch* Rn. 8 f.
[80] MüKoAktG/*Heider* Rn. 69.
[81] *Zöllner* ZHR 158 (1994), 59 (60); ungenau MüKoAktG/*Heider* Rn. 71; vgl. auch → § 189 Rn. 6.
[82] Einzelheiten, va auch zur Abfindung des Inhabers, sind umstritten, → § 248 Rn. 14 mwN.
[83] MüKoAktG/*Heider* Rn. 69; Hüffer/Koch/*Koch* Rn. 8; Großkomm AktG/*Mock* Rn. 120; NK-AktR/*Wagner* Rn. 12; vgl. auch BGH NJW-RR 1992, 168 f. und ebenda 170: unanwendbar auf die Verbriefung von Teilrechten, die infolge Kapitalherabsetzung durch Zusammenlegung mit Nennbetrag unter den Mindestbetrag entstehen.
[84] Vgl. MüKoAktG/*Heider* Rn. 71.
[85] MüKoAktG/*Heider* Rn. 69; Hüffer/Koch/*Koch* Rn. 9; Großkomm AktG/*Mock* Rn. 120; → § 10 Rn. 52 f., 67.
[86] MüKoAktG/*Heider* Rn. 75; Großkomm AktG/*Mock* Rn. 126.
[87] Auch keine Zurechnung nach §§ 31, 831 BGB.
[88] MüKoAktG/*Heider* Rn. 74; Hüffer/Koch/*Koch* Rn. 10; Bürgers/Körber/*Westermann* Rn. 8; Großkomm AktG/*Mock* Rn. 127.

hängige[89] Haftung geht auf das negative Interesse, der Inhaber ist so zu stellen, als ob die Ausgabe unterblieben wäre.[90] Praktische Bedeutung hat die Regelung kaum erlangt, sie dürfte am ehesten präventiv wirken.

39   cc) **Ordnungswidrigkeit, § 405 Abs. 1 Nr. 3.** Vorstands- oder Aufsichtsratsmitglieder oder Abwickler begehen eine Ordnungswidrigkeit, die mit einem Bußgeld bis 25 000 Euro geahndet werden kann (§ 405 Abs. 4), wenn sie Aktien unter dem Mindestnennbetrag ausgeben. „Ausgabe" meint auch hier, wie in Abs. 2 S. 2 und 3 (→ Rn. 37 f.), nur die Aktienurkunden; das folgt auch aus § 405 Abs. 1 Nr. 3 selbst, der mit „Aktien und Zwischenscheinen" nur die Verbriefung von Aktien erfassen kann.

40   b) **Verstoß gegen Abs. 2 S. 4: Keine vollen Euro.** Die Folgen eines Verstoßes gegen Abs. 2 S. 4 sind weniger gravierend. Das Registergericht hat die Eintragung der Gesellschaft oder der Kapitalerhöhung nach § 38 Abs. 1 S. 2, Abs. 4 Nr. 1 iVm § 23 Abs. 3 Nr. 4 abzulehnen, wenn die Ursprungssatzung oder der Erhöhungsbeschluss Nennbeträge bestimmt, die nicht auf volle Euro lauten.[91] Trägt es gleichwohl ein, bleibt der Verstoß folgenlos: Abs. 2 S. 2 und 3, § 405 Abs. 1 Nr. 3 sind nicht anwendbar, eine Amtsauflösung (§ 399 FamFG), Amtslöschung (§ 398 FamFG) oder Nichtigerklärung (§ 275) kommen nicht in Betracht.[92] Die Mitgliedschaften sind in dem Fall wirksam entstanden und gegebenenfalls verbrieft. Wird der Verstoß bei einer Satzungsänderung begangen, ist der Beschluss nicht nichtig, sondern nach § 243 Abs. 1 anfechtbar.[93] Die Folgen für die Mitgliedschaft im Fall rechtskräftiger Anfechtung von mittlerweile durchgeführten Kapitalerhöhungsbeschlüssen bestimmen sich wiederum nach den Grundsätzen über die Behandlung fehlerhafter Gesellschaften (→ Rn. 36 mwN).

IV. Stückaktien (Abs. 3 und 4)

41   1. **Begriff.** Auch die Stückaktie ist eine Form der Zerlegung des mit einem Nennbetrag festgelegten Grundkapitals in Anteile (§ 1 Abs. 2). Von der Nennbetragsaktie unterscheidet sie sich dadurch, dass bei ihr der Anteil am Grundkapital nicht ausdrücklich auf einen Nennbetrag lautet (Abs. 3 S. 1). Es gibt keine Stückaktien mit unterschiedlich großen Anteilen am Grundkapital. Alle Stückaktien einer Gesellschaft sind im **gleichen Umfang am Grundkapital beteiligt,** wie Abs. 3 S. 2 regelt. Bereits daraus folgt, dass sich der Betrag des Anteils am Grundkapital durch die Division des Grundkapitals durch die Anzahl der Aktien errechnen lässt; das ist in Abs. 4 noch einmal klargestellt. Dieser Betrag, auch als „**fiktiver Nennbetrag**" bezeichnet,[94] hat im Grundsatz dieselbe Funktion als Rechengröße wie der Nennbetrag der Nennbetragsaktie. Von Bedeutung ist er insbesondere für die Kapitalaufbringung. Im Übrigen lässt sich die Beteiligungsquote schon aus dem Verhältnis zur Gesamtzahl aller Aktien berechnen; der Umweg über eine Berechnung des fiktiven Nennbetrags ist meist unnötig (→ Rn. 5 ff.).

42   2. **Mindesthöhe des rechnerischen Betrags, Abs. 3 S. 3 und 4.** Der auf die einzelne Stückaktie entfallende anteilige Betrag des Grundkapitals darf nach Abs. 3 S. 3 **einen Euro** nicht unterschreiten. Damit soll die Entstehung von sog. Penny-Stocks verhindert werden, die als solche wegen des fehlenden Nennbetrags nicht auf den ersten Blick erkennbar wären.[95] Die Regelung entspricht außerdem der des Mindestnennbetrags für Nennbetragsaktien nach Abs. 2 S. 1.

43   Für die **Folgen von Verstößen** gegen dieses Verbot gilt folgerichtig dasselbe wie für einen Verstoß gegen die Festlegung des Mindestnennbetrags (Abs. 3 S. 4, § 405 Abs. 1 Nr. 3; Einzelheiten bei → Rn. 31–39).

44   **Oberhalb** des Mindestbetrags ist der Betrag **nicht reglementiert.** Feste Betragsstufen wie bei der Nennbetragsaktie (Abs. 2 S. 4) gibt es naturgemäß nicht, da für die Bestimmung des Anteils am

---

[89] MüKoAktG/*Heider* Rn. 72; Hüffer/Koch/*Koch* Rn. 10, Großkomm AktG/*Mock* Rn. 128; Bürgers/Körber/*Westermann* Rn. 8.
[90] Vgl. zu den Parallelvorschriften → § 41 Rn. 66; → § 191 Rn. 10; ferner Großkomm AktG/*Mock* Rn. 129; zu § 191 auch BGH AG 1977, 295 (296); aA MüKoAktG/*Heider* Rn. 75; Kölner Komm AktG/*Dauner-Lieb* Rn. 26.
[91] MüKoAktG/*Heider* Rn. 77; Hüffer/Koch/*Koch* Rn. 12; Großkomm AktG/*Mock* Rn. 134.
[92] MüKoAktG/*Heider* Rn. 78 f.; Hüffer/Koch/*Koch* Rn. 12; Großkomm AktG/*Mock* Rn. 135; aA für § 144a FGG (jetzt § 399 FamFG) GHEK/*Eckardt* Rn. 17, 23.
[93] MüKoAktG/*Heider* Rn. 79; Hüffer/Koch/*Koch* Rn. 12; Großkomm AktG/*Mock* Rn. 136; vgl. auch BGH NJW-RR 1992, 168 f.
[94] BT-Drs. 13/9573, 10.
[95] So die Begr im RegE BT-Drs. 13/9573, 11; vgl. dazu auch Hüffer/Koch/*Koch* Rn. 18; kritisch aus rechtspolitischer Sicht Großkomm AktG/*Mock* Rn. 158, 49.

Grundkapital auf unmittelbare quantitative Festlegungen verzichtet wird. Es können sich also im Wege der Division krumme Beträge ergeben, auch mit mehreren Stellen hinter dem Komma.[96] Deshalb hat sich die Einführung der Stückaktie als Alternative für eine unkomplizierte Euro-Umstellung angeboten (→ Rn. 75 ff.).

3. Festsetzung und Änderungen. In der **Satzung** wird kein anteiliger Betrag des Grundkapitals 45 festgelegt, sondern nur die **Zahl** der Stückaktien (§ 23 Abs. 2 Nr. 2). Durch Änderung dieser Zahl bei gleich bleibendem Grundkapital kann eine **Neustückelung** vorgenommen werden;[97] für den satzungsändernden Beschluss und etwaige Zustimmungserfordernisse gilt dasselbe wie bei Nennbetragsaktien (→ Rn. 26–29).

Der auf die einzelne Aktie rechnerisch entfallende anteilige **Betrag** kann sich in der Folge von 46 Kapitalmaßnahmen **ändern,** indem durch Satzungsänderung das Grundkapital geändert wird, die Zahl der ausgegebenen Stücke aber gleich bleibt. So ist eine **Kapitalerhöhung aus Gesellschaftsmitteln** anders als bei der Nennbetragsaktie (→ Rn. 24) nach § 207 Abs. 2 S. auch ohne Ausgabe neuer Aktien möglich. Bei der **Kapitalherabsetzung** bedarf es keiner Betragsherabsetzung wie bei der Nennbetragsaktie (→ Rn. 25). Der rechnerische Betrag des Anteils am Grundkapital ändert sich automatisch durch die Herabsetzung des Grundkapitals. Würde dieser Betrag allerdings unter den Mindestbetrag von einem Euro nach Abs. 3 S. 3 fallen, so ist nur eine Herabsetzung durch Zusammenlegung von Aktien möglich (§ 222 Abs. 4 S. 2).

Keine Betragsänderung in diesem Sinne ergibt sich bei der regulären **Kapitalerhöhung gegen** 47 **Einlagen,** denn bei ihr ändert sich auch die **Zahl** der Aktien. Dass die Kapitalerhöhung nach § 182 Abs. 1 S. 4 nur durch Ausgabe neuer Aktien ausgeführt werden kann, gilt auch für die Stückaktie. Weil alle Stückaktien am Grundkapital im selben Umfang beteiligt sind (Abs. 3 S. 2), ordnet § 182 Abs. 1 S. 5 folgerichtig an, dass sich die Zahl der Aktien in demselben Verhältnis wie das Grundkapital erhöhen muss. Angaben zur Zahl der neuen Aktien im Erhöhungsbeschluss sind sinnvoll, aber nicht zwingend, weil sie sich aus dem Erhöhungsbetrag errechnen lassen.[98] Das Beteiligungsverhältnis der Altaktien kann sich also nicht überproportional verschlechtern. Entsprechendes gilt bei **bedingten Kapitalerhöhungen** (§ 192 Abs. 3 S. 2) oder Kapitalerhöhungen aus **genehmigtem Kapital** (§ 202 Abs. 3 S. 2).

4. Zwang zu hoher Stückzahl. Vergleichbar der Anforderung bei Nennbetragsaktien, bei 48 bestimmten Strukturmaßnahmen einen möglichst niedrigen Nennbetrag anzusetzen (→ Rn. 17 ff.), kann sich auch bei Stückaktien eine Verpflichtung ergeben, die Stückzahl möglichst hoch anzusetzen.[99] So kommt bei der **Kapitalherabsetzung** eine Zusammenlegung nach § 222 Abs. 4 S. 2 nur in Betracht, wenn sonst bei unveränderter Stückelung der Mindestbetrag von 1 Euro nach Abs. 3 S. 3 unterschritten würde (→ Rn. 18). Aus demselben Grund ergibt sich mittelbar beim **Formwechsel** von GmbH zu AG aus § 241 Abs. 1 ein Zwang zur kleinen Stückelung (→ Rn. 19). Er kann sich kraft Treuepflicht auch bei der Kapitalherabsetzung auf null mit anschließender Kapitalerhöhung ergeben (→ Rn. 20).[100]

V. Unteilbarkeit (Abs. 5)

1. Verbot der Realteilung. Nach Abs. 5 sind die Aktien unteilbar. Das erfasst unmittelbar nur 49 die Realteilung der Mitgliedschaft oder die geteilte Verbriefung einer Mitgliedschaft. Der Aktionär kann die Aktie als Mitgliedschaft nicht in mehrere Teilmitgliedschaften aufspalten und etwa die Teile auf Dritte rechtsgeschäftlich einzeln übertragen. Darauf gerichtete Rechtsgeschäfte wären nach § 134 BGB nichtig.[101] Auch die Gesellschaft darf eine Aktie nicht aufspalten, etwa durch Ausgabe zweier Urkunden über ein Recht mit halbem Nennbetrag oder über ein hälftiges Stück.[102] Davon zu unterscheiden ist die Neustückelung durch Satzungsänderung, die nicht von Abs. 5 erfasst wird (→ Rn. 26 ff., 45,52).

2. Abspaltungsverbot. Vielfach wird Abs. 5 auch als Normierung des Abspaltungsverbots gese- 50 hen,[103] das freilich schon als allgemeiner Grundsatz des Verbandsrechts (vgl. § 717 S. 1 BGB) auch

---

[96] MüKoAktG/*Heider* Rn. 81.
[97] Vgl. AG Heidelberg AG 2002, 527 (528); LG Heidelberg AG 2002, 563; Großkomm AktG/*Mock* Rn. 161.
[98] BGH ZIP 2009, 1566 Rn. 23.
[99] *Vetter* AG 2000, 193 (207); Großkomm AktG/*Mock* Rn. 159.
[100] *Vetter* AG 2000, 193 (207).
[101] Vgl. iE MüKoAktG/*Heider* Rn. 98 mwN.
[102] Vgl. Großkomm AktG/*Mock* Rn. 186.
[103] MüKoAktG/*Heider* Rn. 89; NK-AktR/*Wagner* Rn. 18.

für die Aktie gilt.[104] Es besagt, dass die Mitgliedschaftsrechte nicht losgelöst von der Mitgliedschaft übertragen werden können; das gilt gleichermaßen für Verwaltungs-, Schutz- und Teilhaberechte. Adressaten sind auch hier der Aktionär und die Gesellschaft. Nicht isoliert abgetreten werden dürfen beispielsweise Verwaltungsrechte wie das Recht auf Teilnahme an der Hauptversammlung nach § 118 Abs. 1 und die sonstigen hauptversammlungsgebundenen Rechte wie das Stimmrecht nach §§ 134 ff.[105] oder das Auskunftsrecht nach § 131, ebenso wenig die nicht hauptversammlungsgebundenen Kontroll- und Informationsbefugnisse und sonstigen Aktionärsrechte. Das Gleiche gilt für den mitgliedsrechtlichen Anspruch auf Beteiligung des Aktionärs am Bilanzgewinn nach § 58 Abs. 4 als Stammrecht[106] oder für das allgemeine Bezugsrecht im Fall von Kapitalerhöhungen.[107] Dagegen sind die daraus entstehenden Gläubigerrechte abtretbar (→ Rn. 60).

51   **3. Zulässige Maßnahmen – Ausnahmen.** Nicht vom Teilungs- oder vom Abspaltungsverbot erfasst sind folgende Maßnahmen oder Fallgestaltungen.

52   **a) Neustückelung des Kapitals.** Nicht nach Abs. 5 verboten ist die Teilung im Wege der Neustückelung von Aktien durch Satzungsänderung, also bei Nennbetragsaktien die Änderung der Nennbeträge (→ Rn. 26 ff.) oder bei Stückaktien die Änderung ihrer Anzahl (→ Rn. 45).[108] Es geht dabei nicht um eine individuelle Teilung der Mitgliedschaft in Abweichung von der Ausgestaltung in der Satzung, sondern um eine satzungsmäßige Änderung der Zerlegung des Grundkapitals.

53   **b) Umtausch einer Globalaktie in Einzelurkunden.** Er ist schon deshalb keine Teilung im Sinne von Abs. 5, weil die Globalaktie (→ § 10 Rn. 36 ff., → Rn. 82 f.) kein einheitliches Mitgliedschaftsrecht darstellt oder verkörpert, sondern mehrere Mitgliedschaftsrechte gleicher Art und Gattung lediglich äußerlich zusammengefasst in einer einheitlichen Urkunde verbrieft.[109] Ihr Umtausch in Einzelurkunden kommt in Betracht, soweit die Satzung den Verbriefungsanspruch nicht nach § 10 Abs. 5 ausschließt (→ § 10 Rn. 79 ff.).

54   **c) Rechtsgemeinschaft an einer Aktie.** Der Grundsatz der Unteilbarkeit verbietet nicht die Begründung einer Rechtsgemeinschaft an einer Aktie.[110] Davon geht das Gesetz in § 69 aus, der zum Schutz der Gesellschaft zwingend die Ausübung der Mitgliedschaftsrechte durch einen gemeinschaftlichen Vertreter und die gesamtschuldnerische Haftung für die Einlagepflicht und andere Verpflichtungen gegenüber der Gesellschaft anordnet, wenn eine Aktie mehreren Berechtigten zusteht (Einzelheiten in der Kommentierung zu § 69). Das ist nicht der Fall, wenn die Aktie einer Personengesellschaft zusteht, die teilrechtsfähig und deshalb selbst Aktionärin ist; das gilt für die OHG und KG und spätestens seit Anerkennung ihrer Rechtsfähigkeit auch für die (Außen-)Gesellschaft bürgerlichen Rechts (→ § 2 Rn. 11; → § 69 Rn. 8). Zur Frage, ob die im Folgenden genannten Personenverbindungen als Gründer in Frage kommen, die Kommentierung zu → § 2 Rn. 10 ff.

55   **aa) Bruchteilsgemeinschaften.** Abs. 5 hindert nicht die ideelle Teilung der Mitgliedschaft. Eine Aktie kann von mehreren in Bruchteilsgemeinschaft nach §§ 741 ff. BGB gehalten werden. Sie sind **Miteigentümer** der Aktie, soweit die Mitgliedschaft in Aktienurkunden verbrieft ist.[111] Für die Ausübung der Rechte aus der Aktie gilt § 69, gegenüber der Gesellschaft haften die Berechtigten als Gesamtschuldner (§ 69 Abs. 2 in Abweichung von § 748 BGB). Ein Sonderfall ist die sog. Miteigentumslösung für das Sondervermögen einer Kapitalverwaltungsgesellschaft nach § 92 Abs. 1 S. 1 Alt. 2 KAGB:[112] In das Sondervermögen aufgenommene Aktien stehen im Miteigentum der Anleger. § 69 AktG greift hier nicht ein: Die Kapitalverwaltungsgesellschaft ist schon kraft Gesetzes zur Ausübung der Mitgliedschaftsrechte ermächtigt, die Anteilinhaber sind von der Haftung freigestellt (vgl. §§ 93, 94 KAGB; zuvor §§ 31, 32 InvG).

56   **bb) Gesamthandsgemeinschaften.** Aktien können auch von Gesamthandsgemeinschaften wie der Erbengemeinschaft (§ 2032 BGB; vgl. § 69 Abs. 3 S. 2) oder der Gütergemeinschaft (§§ 1415 ff.

---

[104] Hüffer/Koch/*Koch* Rn. 26; Kölner Komm AktG/*Dauner-Lieb* Rn. 44; vgl. auch Großkomm AktG/*Mock* Rn. 187; differenzierend Bürgers/Körber/*Westermann* Rn. 13.
[105] BGH NJW 1987, 780; Großkomm AktG/*Mock* Rn. 192 ff.; → § 12 Rn. 5.
[106] Zur Unterscheidung BGHZ 23, 150 (154).
[107] Hüffer/Koch/*Koch* § 186 Rn. 6.
[108] AllgM MüKoAktG/*Heider* Rn. 95; Hüffer/Koch/*Koch* Rn. 27; Großkomm AktG/*Mock* Rn. 197; ausführlich zur Neustückelung Zöllner AG 1985, 19 ff.
[109] MüKoAktG/*Heider* Rn. 96; Kölner Komm AktG/*Dauner-Lieb* Rn. 51; Großkomm AktG/*Mock* Rn. 191, 198.
[110] AllgM MüKoAktG/*Heider* Rn. 94; Großkomm AktG/*Mock* Rn. 199.
[111] MüKoBGB/*K. Schmidt* BGB § 741 Rn. 14; Großkomm AktG/*Mock* Rn. 200.
[112] Kapitalanlagegesetzbuch vom 4.7.2013, BGBl. 2013 I S. 1981; zuvor § 30 InvG.

BGB) gehalten werden.[113] Aktionäre sind hier mangels Rechtsfähigkeit der Gemeinschaft ihre Mitglieder als eine Mehrzahl von Berechtigten (§ 69). Da die Aktien im Gesamthandsvermögen gehalten werden, sind sie unter diesen Berechtigten nicht im Sinne von Abs. 5 geteilt.

d) Unterbeteiligung. Die schuldrechtliche Unterbeteiligung eines Dritten an einer Aktie, etwa in Form einer stillen Gesellschaft, führt zu keinem dinglichen Rechtsübergang und sie ändert die Rechtsstellung des Aktionärs im Verhältnis zur Gesellschaft nicht. Sie wird deshalb von Abs. 5 nicht berührt.[114]

e) Treuhand. Zulässig ist die Begründung von Treuhandverhältnissen. Die treuhänderische Übertragung einer Aktie führt dazu, dass der Treuhänder Aktionär mit allen Rechten und Pflichten aus der Mitgliedschaft wird. Seine schuldrechtliche Bindung im Innenverhältnis durch die Bestimmungen des Treuhandvertrags bedeutet keine unzulässige Abspaltung von Aktionärsrechten.[115]

f) Ermächtigung und Vollmacht. Einzelne Aktionärsrechte können **zur Ausübung überlassen** werden, sei es aufgrund einer Ermächtigung (vgl. § 129 Abs. 3, § 135 Abs. 6) oder einer Vollmacht (vgl. § 129 Abs. 1 und 2, § 134 Abs. 3, § 135 Abs. 1–5 sowie § 69 Abs. 1). Eine Einschränkung ergibt sich daraus, dass die Ermächtigung oder die Bevollmächtigung nicht so ausgestaltet werden darf, dass das Abspaltungsverbot umgangen wird. Eine Umgehung liegt beispielsweise bei einer uneingeschränkten und unwiderruflichen Stimmrechtsvollmacht in Verbindung mit einem Stimmrechtsverzicht nahe.[116]

g) Abtretung von Gläubigerrechten. Die Abtretung von sog. Gläubigerrechten, die als verkehrsfähige schuldrechtliche Forderungen aus einem Mitgliedschaftsrecht hervorgegangen oder auf der Grundlage der Mitgliedschaft entstanden sind, ist ohne weiteres zulässig. Beispiele sind der Dividendenzahlungsanspruch auf der Grundlage eines wirksamen Gewinnverwendungsbeschlusses (→ § 174 Rn. 25 mwN; → § 58 Rn. 94 ff.), der Anspruch auf anteiligen Liquidationserlös (→ § 271 Rn. 2), der Anspruch auf Gründungsentschädigung oder -lohn (§ 26 Abs. 2), der Anspruch auf die Ausgleichszahlung beim Gewinnabführungs- oder Beherrschungsvertrag (→ § 304 Rn. 39), der konkrete Anspruch auf Zahlung der Abfindung nach Annahme des Abfindungsangebots gem. § 305,[117] ebenso konkrete Abfindungs- oder Zuzahlungsansprüche nach dem UmwG[118] und auch der konkrete Bezugsanspruch auf der Grundlage eines wirksamen Kapitalerhöhungsbeschlusses (→ § 186 Rn. 17 ff. und → Rn. 70 zum sog. mittelbaren Bezugsrecht).[119]

h) Teilrechte, § 213. Selbständig veräußerlich sind auch die bei einer Kapitalerhöhung aus Gesellschaftsmitteln entstandenen **Teilrechte** nach § 213 Abs. 1, die darauf entfallenden Mitgliedschaftsrechte können aber nach § 213 Abs. 2 nicht selbständig ausgeübt werden; damit soll die Vereinigung zu einer vollen Aktie ermöglicht werden (→ § 213 Rn. 1).

i) Spaltung von Rechtsinhaberschaft und wirtschaftlicher Beteiligung. Gestaltungen wie „Empty Voting", insbesondere sog. Aktienleihe mit Rückkaufverpflichtung, und „Hidden Ownership" sind zwar rechtspolitisch umstritten, verstoßen aber mangels einer Aufspaltung der Rechtsstellung jedenfalls nicht gegen Abs. 5.[120]

4. Folgen eines Verstoßes. Rechtsgeschäfte, die gegen das Teilungsverbot nach Abs. 5 oder auch das Abspaltungsverbot verstoßen, sind nach § 134 BGB nichtig.[121] Erfasst werden sowohl das Erfüllungsgeschäft als auch die hierauf gerichtete schuldrechtliche Verpflichtung.[122] Abgeteilte oder

---

[113] Hüffer/Koch/*Koch* Rn. 27; Großkomm AktG/*Mock* Rn. 201; → § 2 Rn. 11 ff.; → § 69 Rn. 5.
[114] AllgM MüKoAktG/*Heider* Rn. 91; Großkomm AktG/*Mock* Rn. 202; Kölner Komm AktG/*Dauner-Lieb* Rn. 49.
[115] MüKoAktG/*Heider* Rn. 92; Großkomm AktG/*Mock* Rn. 203; AG Stuttgart, Beschluss vom 7.1.2008, HRB 480 745; vgl. zur GmbH BGHZ 105, 168 (175) = NJW 1988, 3143 (3145); zu besonderen Gestaltungen mit mehreren Treugebern s. NK-AktR/*Wagner* Rn. 22; zu § 2c Abs. 2 KWG OLG Frankfurt ZIP 2015, 219.
[116] Vgl. BGHZ 3, 354 (358 f.); BGH WM 1976, 1247.
[117] Nicht zu verwechseln mit dem nicht übertragbaren Abfindungsoptionsanspruch des außenstehenden Aktionärs während des bestehenden Unternehmensvertrags, vgl. BGH NZG 2006, 623.
[118] Vgl. Großkomm AktG/*Mock* Rn. 194; Semler/Stengel/*Gehling* UmwG § 15 Rn. 10.
[119] Großkomm AktG/*Mock* Rn. 195.
[120] Hüffer/Koch/*Koch* Rn. 26; Großkomm AktG/*Mock* Rn. 204 f; zu diesen Fallgestaltungen *Seibt* ZGR 2010,795 ff.
[121] AllgM MüKoAktG/*Heider* Rn. 98 mwN.
[122] MüKoAktG/*Heider* Rn. 98; die frühere Auffassung, dass eine auf die Teilung oder Abspaltung gerichtete schuldrechtliche Verpflichtung wegen Unmöglichkeit auch nach § 306 BGB nichtig sei, ist seit dem Inkrafttreten des neuen Schuldrechts überholt; es bleibt bei § 134 BGB, der im Zweifel Erfüllungs- und Verpflichtungsgeschäft erfasst, vgl. hierzu MüKoBGB/*Armbrüster* BGB § 134 Rn 8 ff; abweichend Großkomm AktG/*Mock* Rn. 208: Verpflichtungsgeschäft sei wegen Abs. 5 auf unmögliche Leistung gerichtet, aber nach § 311a Abs. 1 BGB wirksam.

abgespaltene Mitgliedschaftsrechte können nicht wirksam in einer Aktienurkunde verbrieft werden und deshalb auch nicht durch gutgläubigen Erwerb einer solchen Urkunde entstehen.[123]

VI. Zwischenscheine (Abs. 6)

63 Die Regelung zu den Zwischenscheinen in Abs. 6 erscheint aus heutiger Sicht an dieser Stelle als etwas unsystematisch, weil es überwiegend gar nicht um die Stückelung des Grundkapitals geht. Zum einen enthält sie die gesetzliche Definition: Zwischenscheine sind Anteilscheine, die den Aktionären vor Ausgabe der Aktien erteilt werden. Es geht also um eine **vorläufige** Variante der **Verbriefung** der Mitgliedschaft. Die Verbriefung ist im Wesentlichen nicht in § 8, sondern in § 10 geregelt; folgerichtig sind dort in Abs. 3 und 4 weitere Anforderungen an die Verbriefung in Zwischenscheinen bestimmt. Zum anderen ist die in Abs. 6 angeordnete entsprechende Geltung der Bestimmungen in Abs. 1–5 weitgehend überflüssig. Denn diese Bestimmungen regeln jedenfalls in Abs. 1–4 grundsätzlich die Ausgestaltung der Aktie als Mitgliedschaftsrecht in Bezug auf die Stückelung des Grundkapitals; das sind Anforderungen vor allem an die Satzungsgestaltung (→ Rn. 1). Die einzelne Mitgliedschaft kann nur so verbrieft werden, wie sie nach der Satzung ausgestaltet ist, sei es in einer Aktienurkunde oder in einem Zwischenschein. Bedeutsam unter dem Gesichtspunkt der Verbriefung ist dann nur die Verweisung von Abs. 6 auf die Rechtsfolge der Nichtigkeit nach Abs. 2 S. 2, Abs. 4 S. 4, die ausnahmsweise und nur die Urkunde erfasst: auch Zwischenscheine verbriefen die Mitgliedschaft nach Eintragung nicht wirksam, wenn der Mindestbetrag von einem Euro unterschritten ist (iE → Rn. 37). Der Verweisung auf Abs. 5 mag außerdem entnommen werden, dass nicht mehrere Zwischenscheine über Teilmitgliedschaften ausgestellt werden können (→ Rn. 49, 62). Wegen der Einzelheiten zur Verbriefung in Zwischenscheinen sei im Übrigen auf die Kommentierung bei → § 10 Rn. 85 ff. verwiesen.

VII. Euro-Umstellung, §§ 3, 4 EGAktG

64 **1. Übersicht.** Parallel zur Einführung des Euro als Währungseinheit der Länder, die an der Europäischen Wirtschafts- und Währungsunion teilnehmen, zum 1.1.1999 (Buchgeld) und zur endgültigen Bezeichnung der Währung als Euro und ihrer Übernahme als Bargeld zum 1.1.2002 hat der Gesetzgeber auch die Regelungen über die Nennbeträge von Grundkapital und Aktien in §§ 6–8 mit Wirkung zum 1.1.1999 angepasst und den Mindestnennbetrag gleichzeitig herabgesetzt.[124] Dazu wurden in §§ 1–4 EGAktG die nachfolgend wiedergegebenen Übergangsbestimmungen getroffen, die weiterhin von Bedeutung sind, soweit Satzungsbestimmungen über DM-Nennbeträge noch nicht umgestellt sind (→ Rn. 69 f.), was bei nicht börsennotierten AG durchaus noch vorkommt.[125] Zusammengefasst ergibt sich daraus folgendes Bild: Neugründungen und Kapitalmaßnahmen dürfen seit 1.1.2002 nur noch unter Beachtung der neuen Regelungen zu den Nennbeträgen in Euro eingetragen werden. Für Altgesellschaften gilt dagegen ein beschränkter Bestandsschutz, sie können ihre alten Regelungen beibehalten oder einen der alternativen Wege zur Euro-Umstellung (→ Rn. 69 ff.) beschreiten. Zwingend wird für sie die Euro-Umstellung, wenn Kapitalveränderungen eingetragen werden sollen, weil sonst eine Registersperre für die Kapitalmaßnahme eingreift (→ Rn. 70). Entsprechendes gilt bei struktur- oder rechtsformändernden Umwandlungen (§ 318 Abs. 2 S. 1 UmwG).

65 **2. Übergangsbestimmungen, §§ 1–4 EGAktG.** Die Übergangsbestimmungen lauten:

EGAktG § 1 Grundkapital

(1) ...

(2) ¹Aktiengesellschaften, die vor dem 1. Januar 1999 in das Handelsregister eingetragen worden sind, dürfen die Nennbeträge ihres Grundkapitals und ihrer Aktien weiter in Deutscher Mark bezeichnen. ²Bis zum 31. Dezember 2001 dürfen Aktiengesellschaften neu eingetragen werden, deren Grundkapital und Aktien auf Deutsche Mark lauten. ³Danach dürfen Aktiengesellschaften nur eingetragen werden, wenn die Nennbeträge von Grundkapital und Aktien in Euro bezeichnet sind; das gleiche gilt für Beschlüsse über die Änderung des Grundkapitals.

EGAktG § 2 Mindestnennbetrag des Grundkapitals

¹Für Aktiengesellschaften, die vor dem 1. Januar 1999 in das Handelsregister eingetragen oder zur Eintragung in das Handelsregister angemeldet worden sind, bleibt der bis dahin gültige Mindestbetrag

---

[123] MüKoAktG/*Heider* Rn. 98; Großkomm AktG/*Mock* Rn. 207; → § 10 Rn. 63.
[124] Zum EuroEG → Rn. 2.
[125] *Bayer/Hoffmann* AG-Report 2006, R 547.

des Grundkapitals maßgeblich, bis die Aktiennennbeträge an die seit diesem Zeitpunkt geltenden Beträge des § 8 des Aktiengesetzes angepaßt werden. ²Für spätere Gründungen gilt der Mindestbetrag des Grundkapitals nach § 7 des Aktiengesetzes in der ab dem 1. Januar 1999 geltenden Fassung, der bei Gründungen in Deutscher Mark zu dem vom Rat der Europäischen Union gemäß Artikel 109l Abs. 4 Satz 1 des EG-Vertrages unwiderruflich festgelegten Umrechnungskurs in Deutsche Mark umzurechnen ist.

EGAktG § 3 Mindestnennbetrag der Aktien

(1) Aktien dürfen nur noch nach § 8 des Aktiengesetzes ausgegeben werden.

(2) ¹Aktien einer Gesellschaft, die vor dem 1. Januar 1999 in das Handelsregister eingetragen oder zur Eintragung in das Handelsregister angemeldet und bis zum 31. Dezember 2001 eingetragen worden ist, dürfen weiterhin auf einen nach den bis dahin geltenden Vorschriften zulässigen Nennbetrag lauten, Aktien, die auf Grund eines Kapitalerhöhungsbeschlusses ausgegeben werden, jedoch nur, wenn dieser bis zum 31. Dezember 2001 in das Handelsregister eingetragen worden ist. ²Dies gilt nur einheitlich für sämtliche Aktien einer Gesellschaft. ³Die Nennbeträge können auch zu dem vom Rat der Europäischen Union gemäß Artikel 109l Abs. 4 Satz 1 des EG-Vertrages unwiderruflich festgelegten Umrechnungskurs in Euro ausgedrückt werden.

(3) Für Aktiengesellschaften, die auf Grund einer nach dem 31. Dezember 1998 erfolgten Anmeldung zum Handelsregister bis zum 31. Dezember 2001 eingetragen werden und deren Grundkapital und Aktien nach § 1 Abs. 2 Satz 2 auf Deutsche Mark lauten, gelten die zu dem vom Rat der Europäischen Union gemäß Artikel 109l Abs. 4 Satz 1 des EG-Vertrages unwiderruflich festgelegten Umrechnungskurs in Deutsche Mark umzurechnenden Beträge nach § 8 des Aktiengesetzes in der ab dem 1. Januar 1999 geltenden Fassung.

(4) ¹Das Verhältnis der mit den Aktien verbundenen Rechte zueinander und das Verhältnis ihrer Nennbeträge zum Nennkapital wird durch Umrechnung zwischen Deutscher Mark und Euro nicht berührt. ²Nach Umrechnung gebrochene Aktiennennbeträge können auf mindestens zwei Stellen hinter dem Komma gerundet dargestellt werden; diese Rundung hat keine Rechtswirkung. ³Auf sie ist in Beschlüssen und Satzung hinzuweisen; der jeweilige Anteil der Aktie am Grundkapital soll erkennbar bleiben.

(5) Beschließt eine Gesellschaft, die die Nennbeträge ihrer Aktien nicht an § 8 des Aktiengesetzes in der ab dem 1. Januar 1999 geltenden Fassung angepaßt hat, die Änderung ihres Grundkapitals, darf dieser Beschluß nach dem 31. Dezember 2001 in das Handelsregister nur eingetragen werden, wenn zugleich eine Satzungsänderung über die Anpassung der Aktiennennbeträge an § 8 des Aktiengesetzes eingetragen wird.

EGAktG § 4 Verfahren der Umstellung auf den Euro

(1) ¹Über die Umstellung des Grundkapitals und der Aktiennennbeträge sowie weiterer satzungsmäßiger Betragsangaben auf Euro zu dem gemäß Artikel 109l Abs. 4 Satz 1 des EG-Vertrages unwiderruflich festgelegten Umrechnungskurs beschließt die Hauptversammlung abweichend von § 179 Abs. 2 des Aktiengesetzes mit der einfachen Mehrheit des bei der Beschlußfassung vertretenen Grundkapitals. ²Ab dem 1. Januar 2002 ist der Aufsichtsrat zu den entsprechenden Fassungsänderungen der Satzung ermächtigt. ³Auf die Anmeldung und Eintragung der Umstellung in das Handelsregister ist § 181 Abs. 1 Satz 2 und 3 des Aktiengesetzes nicht anzuwenden.

(2) ¹Für eine Erhöhung des Grundkapitals aus Gesellschaftsmitteln oder eine Herabsetzung des Kapitals auf den nächsthöheren oder nächstniedrigeren Betrag, mit dem die Nennbeträge der Aktien auf volle Euro gestellt werden können, genügt abweichend von § 207 Abs. 2, § 182 Abs. 1 und § 222 Abs. 1 des Aktiengesetzes die einfache Mehrheit des bei der Beschlußfassung vertretenen Grundkapitals, bei der Herabsetzung jedoch nur, wenn zumindest die Hälfte des Grundkapitals vertreten ist. ²Diese Mehrheit gilt auch für Beschlüsse über die entsprechende Anpassung eines genehmigten Kapitals oder über die Teilung der auf volle Euro gestellten Aktien sowie für Änderungen der Satzungsfassung, wenn diese Beschlüsse mit der Kapitaländerung verbunden sind. ³§ 130 Abs. 1 Satz 3 des Aktiengesetzes findet keine Anwendung.

(3) ¹Eine Kapitalerhöhung aus Gesellschaftsmitteln oder eine Kapitalherabsetzung bei Umstellung auf Euro kann durch Erhöhung oder Herabsetzung des Nennbetrags der Aktien oder durch Neueinteilung der Aktiennennbeträge ausgeführt werden. ²Die Neueinteilung der Nennbeträge bedarf der Zustimmung aller betroffenen Aktionäre, auf die nicht ihrem Anteil entsprechend volle Aktien oder eine geringere Zahl an Aktien als zuvor entfallen; bei teileingezahlten Aktien ist sie ausgeschlossen.

(4) ¹Sofern Aktien aus einem bedingten Kapital nach dem Beschluß über eine Kapitalerhöhung aus Gesellschaftsmitteln oder über eine andere Satzungsänderung zur Umstellung auf Euro, die mit der Zahl der Aktien verbunden ist, ausgegeben worden sind, gelten sie für den Beschluß erst nach dessen Eintragung in das Handelsregister als ausgegeben. ²Diese aus einem bedingten Kapital ausgegebenen und die noch auszugebenden Aktien nehmen an der Änderung der Nennbeträge teil.

(5) ¹Für eine Kapitalerhöhung aus Gesellschaftsmitteln nach Absatz 2 können abweichend von § 208 Abs. 1 Satz 2 und § 150 Abs. 3 des Aktiengesetzes die Kapitalrücklage und die gesetzliche Rücklage sowie deren Zuführungen, auch soweit sie zusammen den zehnten Teil oder den in der Satzung bestimmten höheren Teil des bisherigen Grundkapitals nicht übersteigen, in Grundkapital umgewandelt werden. ²Auf eine Kapitalherabsetzung nach Absatz 2, die in vereinfachter Form vorgenommen werden soll, findet § 229 Abs. 2 des Aktiengesetzes keine Anwendung.

(6) ¹§ 73 Abs. 1 Satz 2 des Aktiengesetzes findet keine Anwendung. ²Im übrigen bleiben die aktienrechtlichen Vorschriften unberührt.

66 3. **Einzelheiten. a) Neugründungen und Kapitalmaßnahmen seit 1.1.2002.** Seit 2002 können AG nur noch eingetragen werden, wenn die Nennbeträge von Grundkapital und Aktien auf Euro lauten und die Mindestbeträge für das Grundkapital (§ 7) und seine Stückelung in Aktien (§ 8 Abs. 2 S. 1 und 4, Abs. 3 S. 2) eingehalten werden, § 1 Abs. 2 S. 3 Hs. 1 EGAktG, § 3 Abs. 1 EGAktG. Dasselbe gilt für Kapitaländerungen (§§ 1 Abs. 2 S. 3 Hs. 3 EGAktG), die außerdem zwingend die Anpassung bestehen gebliebener Satzungsregelungen zu DM-Beträgen mit sich bringen, weil sonst die Registersperre nach § 3 Abs. 5 EGAktG eingreift (→ Rn. 70).

67 b) **Gründungen aus der Zeit vom 1.1.1999 bis 31.12.2001.** Nach den auf europarechtlichen Vorgaben[126] beruhenden § 1 Abs. 2 S. 2 EGAktG, § 3 Abs. 3 EGAktG bestand bei Anmeldung und Eintragung einer AG zwischen dem 1.1.1999 und dem 31.12.2001 die Wahl, ob die Nennbeträge von Grundkapital und Aktien bereits nach Maßgabe der Neufassung von §§ 6–8 auf Euro oder noch auf DM lauten sollten; auch im letzteren Fall waren allerdings die in DM umgerechneten Anforderungen an die Euro-Nennbeträge nach §§ 7, 8 Abs. 2 S. 1 und 4 nF einzuhalten, die Aktien also mit einem Betrag auszugeben, der auf 1,95583 DM oder einem Vielfachen davon lautete (§ 2 S. 2 EGAktG, § 3 Abs. 3 S. 3. EGAktG).[127] Soweit von der zweiten Möglichkeit Gebrauch gemacht wurde, gelten die DM-Beträge seit 1.1.2002 automatisch als volle Euro-Beträge[128] auf der Grundlage des Umrechnungskurses von 1,95583 DM zu 1 Euro.[129] Anlässlich späterer Umstellungen entstehen keine Rundungs- und Glättungsprobleme wie bei den Altgesellschaften. Es genügt eine Fassungsänderung durch den Aufsichtsrat (§ 4 Abs. 1 S. 2 EGAktG).

68 c) **Altgesellschaften aus der Zeit bis 31.12.1998.** Für die bis Ende 1998 eingetragenen AG oder die bis dahin angemeldeten und bis Ende 2001 eingetragenen AG und Kapitalmaßnahmen bestanden und bestehen mehrere Handlungsalternativen.

69 aa) **Beibehaltung von DM-Nennbeträgen.** Die nach altem Recht festgelegten DM-Nennbeträge von Grundkapital und Aktien konnten und können im Grundsatz über den 1.1.2002 hinaus beibehalten werden und auch in DM bezeichnet bleiben (**Bestandsschutz** nach § 1 Abs. 2 S. 1 EGAktG, § 2 S. 1 EGAktG, § 3 Abs. 2 S. 1 EGAktG). Materiell gelten die DM-Beträge seit diesem Zeitpunkt als Euro-Beträge nach Maßgabe des amtlichen Umrechnungskurses von 1,985583 DM zu 1 Euro (→ Rn. 67). Diesen Bestandsschutz genießt auch eine AG, die bei Umwandlungen lediglich als aufnehmender Rechtsträger fungiert (§ 318 Abs. 2 S. 1 UmwG), wenn dabei keine Kapitalerhöhung stattfindet.[130]

70 Soll allerdings ein Beschluss über eine Änderung des Grundkapitals eingetragen werden, der die Anforderungen an die Euro-Mindestbeträge einhalten muss (→ Rn. 66 aE), müssen zugleich Satzungsänderungen angemeldet werden, mit der die Nennbeträge der Aktien an die Anforderungen an § 8 Abs. 2 S. 1 und 4 angepasst werden; andernfalls greift eine **Registersperre** für die Eintragung der Kapitalmaßnahme (§ 3 Abs. 5 EGAktG). Die Aktiennennbeträge müssen in dem Fall auf volle Euro umgestellt, also in Euro umgerechnet (→ Rn. 71) und bezeichnet sowie durch geeignete Kapitalmaßnahmen geglättet (→ Rn. 72 ff.) werden, was zwangsläufig auch eine Änderung des Nennbetrags des Grundkapitals mit sich bringt. Die Registersperre nach § 3 Abs. 5 EGAktG greift auch bei der Eintragung von Umwandlungen, wenn sie mit Kapitalerhöhungen verbunden sind oder wenn eine Neugründung oder ein Rechtsformwechsel stattfindet (§ 318 Abs. 2 S. 2 UmwG).[131]

---

[126] Ausführlich MüKoAktG/*Heider* § 6 Rn. 21 ff.
[127] Vgl. MüKoAktG/*Heider* § 6 Rn. 101 ff.
[128] Art. 14 VO (EG) Nr. 974/98 des Rates über die Einführung des Euro vom 3.5.1998, ABl. EG 1998 Nr. L 139.
[129] Art. 109l Abs. 4 S. 1 EG-Vertrag iVm Art. 1 VO (EG) Nr. 2866/98 des Rates vom 31.12.1998 über die Umrechnungskurse zwischen dem Euro und den Währungen der Mitgliedstaaten, die den Euro einführen, ABl. EG 1998 Nr. L 359.
[130] Einzelheiten Semler/Stengel/*Perlitt* UmwG § 318 Rn. 12 ff.; Lutter/*Lutter/Bayer* UmwG § 318 Rn. 10 ff.
[131] Semler/Stengel/*Perlitt* UmwG § 318 Rn. 15 ff.; Lutter/*Lutter/Bayer* UmwG § 318 Rn. 10, 11 ff.; *Heidinger* NZG 2000, 532.

bb) Rechnerische Umstellung auf Euro. Die AG kann sich damit begnügen, die DM-Nenn- 71
beträge von Grundkapital und Aktien nur auf Euro umzurechnen, § 3 Abs. 3 S. 3 EGAktG.[132] Wegen
des Umrechnungskurses von 1,95583 DM zu 1 Euro (→ Rn. 69) entstehen dabei zwangsläufig
krumme Euro-Beträge. Während der so umgerechnete Nennbetrag des Grundkapitals nach EU-
Recht auf den nächstliegenden Centbetrag auf- oder abzurunden ist,[133] können die Nennbeträge
der Aktien nach § 3 Abs. 4 S. 2 EGAktG auf zwei Nachkommastellen gerundet werden, worauf in
der Satzung und in Beschlüssen hinzuweisen ist (Satz 3). Bei der Rundung eventuell entstehende
Diskrepanzen sind ohne rechtliche Bedeutung, weil die rechnerische Umstellung und Rundung der
Aktiennennbeträge „ohne Rechtswirkung" (§ 3 Abs. 4 S. 2 Hs. 2 EGAktG) bleibt, also ihre Relation
zum alleine maßgeblichen gerundeten Nennbetrag des Grundkapitals unberührt lässt (§ 3 Abs. 4
S. 1 EGAktG).[134] Die rechnerische Umstellung vollzieht die kraft EU-Recht zum 1.1.2002 schon
eingetretene materielle Änderung (→ Rn. 69) nur nach. Deshalb handelt es sich um eine bloße
Fassungsänderung, die nicht mehr ausschließlich von der Hauptversammlung mit einfacher Kapital-
mehrheit beschlossen, sondern alternativ auch vom Aufsichtsrat veranlasst werden kann, § 4
Abs. 1 S. 1, 2 EGAktG. Sie ist unter erleichterten Voraussetzungen nach § 181 Abs. 1 S. 1 beim
Handelsregister anzumelden und braucht nicht bekannt gemacht zu werden, § 4 Abs. 1 S. 3 EGAktG.
Auch soweit andere Satzungsbestimmungen noch auf DM-Beträge abstellen und angepasst werden
müssen, handelt es sich nur um Fassungsänderungen, weil sie materiell schon seit 1.1.2002 auf Euro
lauten (→ Rn. 69). Zuständig dafür ist nach § 179 Abs. 1 S. 1 die Hauptversammlung, der Aufsichts-
rat nur dann, wenn sie ihm die Befugnis nach § 179 Abs. 1 S. 2 übertragen hat (näher → § 179
Rn. 14 f., 107 ff.).

cc) Glättung auf volle Euro. Zusätzlich zur rechnerischen Umstellung kann der Nennbetrag 72
auf volle Euro geglättet werden. Das ist nicht nur wegen der „Zahlenästhetik"[135] sinnvoll, sondern
auch und vor allem deshalb, weil damit Berechnungs- und Rundungsprobleme vermieden werden.[136]
Die nach der bloßen Umrechnung krummen Nennbeträge der Aktien sind außerdem mit § 8 Abs. 2
S. 4 nicht vereinbar, weshalb eine Glättung im Hinblick auf die sonst eintretende Registersperre
nach § 3 Abs. 5 EGAktG spätestens dann durchgeführt werden muss, wenn Kapitaländerungen zur
Eintragung gebracht werden sollen (→ Rn. 70).

Die Glättung erfordert zusätzliche Kapitalmaßnahmen, führt also zur Satzungsänderung nicht nur 73
wegen der Nennbeträge der Aktien, sondern auch wegen des Nennbetrags des Grundkapitals.[137]
Die praktisch bedeutendste[138] Maßnahme zur Glättung ist eine **Kapitalerhöhung aus Gesellschaftsmitteln** (§§ 207 ff.), die bewirkt, dass die auf die einzelnen Aktien entfallenden Nennbeträge
auf einen vollen Euro-Betrag „aufgefüllt" werden; anders als im Regelfall ist hier eine Kapitalerhöhung durch Erhöhung der Nennbeträge möglich, § 4 Abs. 3 S. 1 EGAktG, wobei auf umwandlungs-
fähige Rücklagen verstärkt zurückgegriffen werden kann (iE § 4 Abs. 5 S. 1 EGAktG).[139] Beschränkt
sich die Kapitalerhöhung auf den nächsthöheren Betrag, der erforderlich ist, um die Nennbeträge
aller Aktien auf volle Euro zu bringen, so genügt die einfache Kapitalmehrheit, § 4 Abs. 2 S. 1
EGAktG.[140] Bei verschieden hohen Nennbeträgen ist der nächsthöhere Betrag erst erreicht, wenn
damit die Proportionalität aller Aktien gewahrt bleibt.[141] In entsprechender Weise kommt umgekehrt
eine **Kapitalherabsetzung** auf den nächstniedrigeren Betrag in Betracht, der erforderlich ist, um
die Nennbeträge aller Aktien auf niedrigere volle Eurobeträge zu führen.[142] Die einfache Kapitalmehrheit genügt dafür nur, wenn wenigstens die Hälfte des Kapitals vertreten ist (§ 4 Abs. 2 S. 1,
Abs. 3 EGAktG) und die Maßnahme auf die Glättung auf den nächstniedrigeren Betrag beschränkt
ist; nur in dem Fall gilt auch die weitere Erleichterung (§ 4 Abs. 5 S. 2 EGAktG), dass auf die
vorherige Erschöpfung der die Mindestreserve übersteigenden Eigenkapitalposten nach § 229 Abs. 2

---

[132] MüKoAktG/*Heider* § 6 Rn. 50 ff.; Beschlussvorschlag bei *Schröer* ZIP 1998, 529 (530).
[133] Art. 5 VO (EG) Nr. 1103/97 des Rates vom 17.6.1997 über bestimmte Vorschriften anlässlich der Einführung des Euro, ABl. EG 1997 Nr. L 162.
[134] Näher MüKoAktG/*Heider* § 6 Rn. 53 mwN und Beispiel.
[135] BegrRegE BT-Drs. 13/3947, 33.
[136] BegrRegE BT-Drs. 13/3947, 33.
[137] Hüffer/Koch/*Koch* Rn. 15.
[138] Hüffer/Koch/*Koch* Rn. 16.
[139] MüKoAktG/*Heider* § 6 Rn. 59; Hüffer/Koch/*Koch* Rn. 16; *Fett/Spiering* NZG 2002, 358 (361 ff.);
Beschlussvorschläge bei *Ströer* ZIP 1998, 529 (530 f.).
[140] Vgl. OLG Frankfurt NZG 2003, 93 mwN: geht die Maßnahme darüber hinaus, gelten die Erleichterungen
nicht.
[141] MüKoAktG/*Heider* § 6 Rn. 58; *Schröer* ZIP 1998, 529 (530).
[142] *Ströer* ZIP 1998, 529 (531).

verzichtet werden kann.[143] Weniger für Publikumsgesellschaften als für AG mit kleinem Aktionärskreis eignet sich die Möglichkeit, die Kapitalerhöhung oder -herabsetzung nur in geringerem Ausmaß vorzunehmen und die vollen Euro-Nennbeträge anschließend über eine **Neustückelung** zu erzielen, vgl. § 4 Abs. 3 S. 1 EGAktG.[144] Aktionäre, deren Beteiligungsquote dabei nicht proportional erhalten bleibt, müssen einer solchen Maßnahme zustimmen, die bei teileingezahlten Aktien nicht möglich ist, § 4 Abs. 3 S. 2 EGAktG.[145] Im Übrigen genügt hierfür nach § 4 Abs. 2 S. 2 EGAktG ebenso die einfache Kapitalmehrheit wie für **weitere Satzungsanpassungen,** die infolge der Glättung erforderlich werden können, wie etwa die Anpassung des genehmigten Kapitals,[146] oder die in Zusammenhang damit zulässig sind, wie etwa ein Aktiensplit zur Herabsetzung der umgestellten Nennbeträge auf den Mindestbetrag von einem Euro.[147] Bestehen Vorzugsdividendenrechte, so ist im Hinblick auf § 216 Abs. 1 zu beachten, dass sich der absolute Betrag der Vorzugsdividende nicht erhöhen darf,[148] weshalb die Vorzugsrechte entsprechend anteilig zu reduzieren sind.[149]

74 Die bei einem solchen Umstellungsvorhaben jeweils erforderlichen Einzelschritte können zusammen der Beschlussfassung und Eintragung zugeführt werden,[150] müssen aber in eine logische Reihenfolge gebracht und in der Formulierung der Beschlüsse und der Anmeldung so **transparent** aufbereitet werden, dass die Einzelelemente klar erkennbar bleiben und vom Registergericht geprüft werden können.[151] Insbesondere dürfen die Maßnahmen zur Glättung nicht mit sonstigen Kapitalmaßnahmen aus anderen Gründen, für die auch die Erleichterungen nach § 4 EGAktG nicht gelten, vermengt werden.[152]

75 dd) **Umstellung auf Stückaktien.** Aus Anlass der Euro-Einführung hat der Gesetzgeber neben der Ausgabe von Nennbetragsaktien auch die Aufteilung des Grundkapitals in Form der Stückaktien (Abs. 3) zugelassen (→ Rn. 4, 72).[153] Die Umstellung auf Stückaktien bietet sich als elegante Alternative an, um den oft nicht unerheblichen Aufwand für die Anpassung der Aktien-Nennbeträge zu vermeiden, der mit der rechnerischen Umstellung und mit den zur Glättung erforderlichen Kapitalmaßnahmen verbunden ist.[154] Im Einzelfall können auch dabei mehrere Einzelmaßnahmen erforderlich werden.

76 Allerdings gelten für die Umstellung auf Stückaktien keine besonderen Erleichterungen aus Anlass der Euro-Umstellung. Sie ist nach den allgemein dafür geltenden Regeln durchzuführen. Bestehen Aktien verschiedener Nennbeträge, sind diese erst durch Neustückelung auf Aktien mit gleichem Nennbetrag zu vereinheitlichen. Anschließend kann auf Stückaktien umgestellt werden. Dabei handelt es sich jeweils um **Satzungsänderungen** nach §§ 179 ff.; siehe dazu, zu eventuellem Anpassungsbedarf bei sonstigen auf Nennbeträge Bezug nehmenden Satzungsbestimmungen und nicht vollständig durchgeführten Kapitalmaßnahmen sowie zu den Folgen für die Verbriefung → Rn. 9 ff., zur Neustückelung auch → Rn. 26 ff.

77 Als eigentliche Euro-Umstellung bleibt dann in erster Linie eine rechnerische **Umstellung des Nennbetrags des Grundkapitals** vom DM- auf den entsprechend umgerechneten Euro-Nennbetrag zum amtlichen Umrechnungskurs von 1,95583 DM zu 1 Euro, die gem. § 4 Abs. 1 S. 2 EGAktG seit 1.1.2002 nur noch Fassungsänderung ist, die der Aufsichtsrat vornehmen kann (→ Rn. 71). Weil diese Umstellung keine materielle Änderung bewirkt (→ Rn. 67, 69), ist sie nicht zwingend; sie fällt insbesondere nicht unter § 3 Abs. 5 EGAktG, weil keine Nennbeträge nach § 8 betroffen sind. Bei der Umrechnung entstehende krumme Beträge des Grundkapitals oder des auf die einzelne Stückaktie entfallenden anteiligen Betrags sind unschädlich. Sie können aber bereinigt werden durch

---

[143] OLG Frankfurt NZG 2003, 93.
[144] Ausführlich mit Beispielen MüKoAktG/*Heider* § 6 Rn. 63 ff.
[145] Zur Umstellung teileingezahlter Aktien vgl. AG Heidelberg AG 2002, 527 und LG Heidelberg AG 2002, 563, wo es allerdings um Stückaktien ging, die von § 4 EGAktG gar nicht erfasst sind.
[146] MüKoAktG/*Heider* § 6 Rn. 70; *Ihrig/Streit* NZG 1998, 201 (205); *Ströer* ZIP 1998, 529 (532), auch zur Anpassung von bedingtem Kapital.
[147] MüKoAktG/*Heider* § 6 Rn. 60; vgl. auch *Schürmann* NJW 1998, 3162 (3165); *Ströer* ZIP 1998, 529 (531) mit Formulierungsvorschlag.
[148] Vgl. OLG Stuttgart AG 1993, 94 f.
[149] *Ihrig/Streit* NZG 2001, 201 (205) (Fassungsänderung); ebenso *Ströer* ZIP 1998, 529 (531); MüKoAktG/*Heider* § 6 Rn. 94; → § 216 Rn. 5 f.
[150] Beispiel bei *Schröer* ZIP 1998, 529 (533 f.).
[151] OLG Frankfurt NZG 2001, 612; vgl. auch AG Heidelberg AG 2002, 527 (528) zu Stückaktien.
[152] OLG Frankfurt NZG 2001, 612; NZG 2003, 93.
[153] Vgl. auch *Seibert* ZGR 1998, 1 (14 ff.).
[154] MüKoAktG/*Heider* § 6 Rn. 76; das schließt eine Glättung nicht aus, vgl. AG Heidelberg AG 2002, 527; LG Heidelberg AG 2002, 563, die zwar zu Unrecht die Veränderung des „rechnerischen Nennbetrags" anhand des nicht für Stückaktien geltenden § 4 Abs. 3 EGAktG prüfen, iErg aber richtig eine zulässigen Aktiensplit der teileingezahlten Stückaktien nach Kapitalerhöhung annehmen.

eine minimale Erhöhung des Grundkapitals aus Gesellschaftsmitteln ohne Ausgabe neuer Aktien (§ 207 Abs. 2 S. 2) auf einen Betrag, der bewirkt, dass der auf die einzelne Stückaktie entfallende rechnerische Anteil am Grundkapital auf volle Cent oder Euro lautet.[155]

Die **Anpassung sonstiger Satzungsbestimmungen,** die auf DM Bezug nehmen,[156] ist nach allgemeinen Regelungen vorzunehmende Fassungsänderung (→ Rn. 71 aE). Davon zu unterscheiden ist der durch „echte" Satzungsänderung zu befriedigende Anpassungsbedarf, der sich aus der Umstellung auf Stückaktien ergibt (→ Rn. 76, 12). 78

Auch für die Einzelmaßnahmen, die mit der Umstellung auf Stückaktien anlässlich der Euro-Umstellung verbunden sein können, gilt, dass sie zusammen beschlossen und angemeldet werden können, dabei aber transparent bleiben muss, welche Einzelmaßnahmen getroffen worden sind.[157] 79

ee) Auswirkungen auf die Verbriefung. Die rechnerische Umstellung und die Glättung des Nennbetrags lassen ausgestellte Urkunden **unrichtig,** aber nicht ungültig werden. Für die möglichen Konsequenzen gilt dasselbe wie bei der Umstellung von Nennbetrags- auf Stückaktien (dazu iE → Rn. 13).[158] Die Einschränkung nach § 73 Abs. 1 S. 2 gilt auch hier nicht (§ 4 Abs. 6 S. 1 EGAktG). 80

§ 9 Ausgabebetrag der Aktien

(1) Für einen geringeren Betrag als den Nennbetrag oder den auf die einzelne Stückaktie entfallenden anteiligen Betrag des Grundkapitals dürfen Aktien nicht ausgegeben werden (geringster Ausgabebetrag).

(2) Für einen höheren Betrag ist die Ausgabe zulässig.

Schrifttum: *Baums,* Agio und sonstige Zuzahlungen im Aktienrecht, FS Hommelhoff, 2012, 61; *Becker,* Aktienrechtliches und handelsrechtliches Agio, NZG 2003, 510; *Götze,* Keine Angabe des Ausgabebetrags im Zeichnungsschein bei Sachkapitalerhöhungen in der AG?, AG 2002, 76; *Haberstock,* Rückzahlungen an Gesellschafter aus freier Kapitalrücklage, NZG 2008, 220; *Herchen,* Agio und verdecktes Agio im Recht der Kapitalgesellschaften, 2004, Diss. Hamburg 2003; *Hergeth/Eberl,* Schuldrechtliche Zuzahlungspflichten bei der Kapitalerhöhung einer Aktiengesellschaft, DStR 2002, 1818; *Hermanns,* Gestaltungsmöglichkeiten bei der Kapitalerhöhung mit Agio, ZIP 2003, 788; *Hoffmann-Becking,* Ausgabebetrag bei Sacheinlagen, FS Wiedemann, 2002, 999; *Loges/Zimmermann,* Aktienrechtliche Ansprüche beim Erwerb von Unternehmen gegen Gewährung von Aktien, WM 2005, 349; *Lüssow,* Das Agio im GmbH- und Aktienrecht, 2005, Diss. Mainz 2004; *Maier-Reimer,* Wert der Sacheinlage und Ausgabebetrag, FS Bezzenberger, 2000, 253; *Mellert,* Venture Capital Beteiligungsverträge auf dem Prüfstand, NZG 2003, 1096; *Priester,* Kapitalaufbringungspflicht und Gestaltungsspielräume beim Agio, FS Lutter, 2000, 617; *Priester,* Schuldrechtliche Zusatzleistungen bei Kapitalerhöhung im Aktienrecht – Zulässigkeit, Registerprüfung, Bilanzierung, FS Röhricht, 2005, 467; *Schäfer,* Vereinbarungen bei Aktienemissionen, ZGR 2008, 455; *Schäfer,* Zur Einbeziehung des Agios in die aktienrechtliche Kapitalaufbringung – Konsequenzen aus der „Babock"-Entscheidung des BGH, FS Stilz, 2014, 525; *Schorling/Vogel,* Schuldrechtliche Finanzierungsvereinbarungen neben Kapitalerhöhungsbeschluss und Zeichnung, AG 2003, 86; *Stein/Fischer,* Umfang der Sacheinlageprüfung bei höherem Ausgabebetrag, ZIP 2014, 1362; *Trölitzsch,* Differenzhaftung für Sacheinlagen bei Kapitalgesellschaften, 1998, Diss. Heidelberg 1997; *Verse,* (Gemischte) Sacheinlagen, Differenzhaftung und Vergleich über Einlageforderungen, ZGR 2012, 875; *Wagner,* Gründung bzw. Kapitalerhöhung von Kapitalgesellschaften: Aufgeld auf satzungsmäßiger bzw. schuldrechtlicher Grundlage, DB 2004, 293.

Übersicht

	Rn.		Rn.
I. Normzweck und Entstehungsgeschichte	1–3	a) Gründung	7
		b) Kapitalerhöhung	8
II. Ausgabebetrag	4–8	III. Geringster Ausgabebetrag – Keine Unterpariemission, Abs. 1	9–22
1. Begriffe	4–6		
a) Aktienausgabe	4	1. Begriff	9
b) Ausgabebetrag	5	2. Verbot der Unterpariemission	10, 11
c) Rechtsnachfolge	6		
2. Festsetzung	7, 8	3. Folgen von Verstößen	12–22

---

[155] MüKoAktG/*Heider* § 6 Rn. 98 f. hält dies für sinnvoll, um Komplikationen bei späteren Kapitalerhöhungen zu pari zu vermeiden; weitere Beispiele bei *Schröer* ZIP 1998, 306 (310), der aber keinen zwingenden Handlungsbedarf sieht; ebenso *Ihrig/Streit* NZG 1998, 201 (207 mit Fn. 65): allenfalls aus optischen Gründen geboten; vgl. auch *Seibert* ZGR 1998, 1 (16); *Schürmann* NJW 1998, 3162 (3164 f.).
[156] Vgl. MüKoAktG/*Heider* § 6 Rn. 97.
[157] OLG Frankfurt NZG 2001, 612; AG Heidelberg AG 2002, 527 (528); → Rn. 74.
[158] S. auch MüKoAktG/*Heider* § 6 Rn. 74 f.

	Rn.		Rn.
a) Eintragungshindernis	13	c) Einschränkungen bei Wahrung des Bezugsrechts	29, 30
b) Nichtigkeit oder unbeschränkte Leistungspflicht	14–17	4. Leistung des Aufgelds	31
c) Differenzhaftung bei Überbewertung von Sacheinlagen	18–20	5. Bilanzierung	32
d) Weitere Schadensersatzansprüche	21	6. Prüfung durch Sachverständige und Registergericht	33
e) Verdeckte Sacheinlage	22	**V. Schuldrechtliche Zuzahlungen**	34–42
IV. Überpariemission, Abs. 2	23–33	1. Begriff und Bedeutung	34
1. Begriff	23	2. Zulässigkeit	35–37
2. Festsetzung	24, 25	3. Rechtliche Behandlung	38–42
3. Höhe	26–30	a) Begründung	38
a) Grundsatz	26	b) Abwicklung	39
b) Einschränkungen bei Bezugsrechtsausschluss	27, 28	c) Übertragung	40
		d) Bilanzierung	41
		e) Registerkontrolle	42

I. Normzweck und Entstehungsgeschichte

1   Die Norm regelt mit dem Ausgabebetrag die **Höhe der Einlagepflicht** des Aktionärs, die bei Begründung der Mitgliedschaft entsteht (→ Rn. 5). Sie definiert in **Abs. 1** den geringsten Ausgabebetrag und **verbietet** die **Unterpariemission**. Dieses Verbot bezweckt den Gläubigerschutz durch Sicherung der Kapitalaufbringung.[1] Es hat zur Folge, dass die Mitgliedschaft nicht ohne entsprechende Einlagepflicht entstehen kann. Zusammen mit den Vorschriften über die Kapitalaufbringung soll es sicherstellen, dass die Aktionäre Einlagen wenigstens in Höhe des Grundkapitals erbringen.

2   Bereits aus Abs. 1 folgt im Umkehrschluss, dass eine Ausgabe über pari zulässig ist. Das stellt **Abs. 2** noch einmal klar. Dieser etwaige Mehrbetrag ist das Aufgeld oder **Agio**. Der geringste Ausgabebetrag und das Agio zusammen sind der Ausgabebetrag und damit die Einlage, die der Aktionär aufgrund der Zeichnung von Aktien bei der Gründung oder einer Kapitalerhöhung zu leisten hat. Kein Bestandteil der Einlagepflicht und in § 9 nicht geregelt und auch nicht untersagt sind zusätzliche Zuzahlungen auf freiwilliger schuldrechtlicher Grundlage (→ Rn. 34 ff.).

3   Die Formulierung der seit dem AktG 1937 unveränderten Vorschrift wurde mit dem Stückaktiengesetz im Jahr 1998 redaktionell so angepasst, dass sich der Anwendungsbereich auf den dem Nennbetrag entsprechenden Mindestbetrag der Stückaktie (→ § 8 Rn. 41 ff.) erstreckt. Der Regelungsgehalt blieb damit unverändert.

II. Ausgabebetrag

4   **1. Begriffe. a) Aktienausgabe.** Mit Ausgabe von Aktien ist in § 9 die **Begründung der Mitgliedschaft** gemeint und nicht etwa deren bloß deklaratorische (→ § 10 Rn. 27) Verbriefung in einer Aktienurkunde.[2] Sie entsteht durch die Eintragung der Gesellschaft oder der durchgeführten Kapitalerhöhung (§ 41 Abs. 1 S. 1, §§ 189, 203 Abs. 1) bzw. bei der bedingten Kapitalerhöhung mit der Ausgabe der Aktienurkunde (§ 200), nachdem zuvor der Aktienzeichner die zu übernehmende Mitgliedschaft in der Übernahmeerklärung (§ 23 Abs. 2 Nr. 2; vgl. auch §§ 2, 29) oder bei Kapitalerhöhungen in der Zeichnungs- oder Bezugserklärung (§§ 185, 203 Abs. 1 bzw. § 198) gezeichnet hat. Auf die Festsetzung des Ausgabebetrags in diesen Erklärungen und den ihnen gegebenenfalls zugrunde liegenden Kapitalerhöhungsbeschlüssen (→ iE Rn. 7 f.) im Rahmen des Ausgabevorgangs zielt die Vorschrift.[3] Sie stellt damit im Interesse der Kapitalaufbringung und des Gläubigerschutzes (→ Rn. 1) sicher, dass das einzelne Mitgliedschaftsrecht nicht ohne die korporative Verpflichtung des Aktionärs zur Leistung der Einlage entstehen kann.[4] Ihre betragsmäßigen Anforderungen gelten also nur für die **Begründung der Einlagepflicht**. Sie regelt nicht die Frage, wann und wie die Einlage geleistet werden muss; das bestimmt sich nach § 36 Abs. 2, §§ 36a, 54 Abs. 2 und 3, § 63 Abs. 1. Ergänzt wird die Regelung durch § 66 Abs. 1, der nach entstandener Mitgliedschaft die einmal begründete Leistungspflicht jeglicher Disposition im Grundsatz entzieht, und durch das Verbot der Rückgewähr geleisteter Einlagen nach § 57.[5]

---

[1] BGH NJW 1992, 3167 (3172); vgl. auch BGHZ 64, 52 (62) = NJW 1975, 974 (977).
[2] AllgM MüKoAktG/*Heider* Rn. 6 f.; Großkomm AktG/*Mock* Rn. 48.
[3] Ebenso Großkomm AktG/*Mock* Rn. 51.
[4] Vgl. Großkomm AktG/*Mock* Rn. 2.
[5] *Priester* FS Lutter, 2000, 617 (618 f.).

b) Ausgabebetrag. Der Ausgabebetrag setzt sich zusammen aus dem in Abs. 1 bestimmten **5 geringsten Ausgabebetrag** als Mindestbetrag (→ Rn. 9 ff.) und einem etwaigen zusätzlichen Aufgeld **(Agio)**, das nach Abs. 2 zulässig ist (→ Rn. 23 ff.). Bei der **Bareinlage** ist dieser Ausgabebetrag der Betrag, den der Aktionär für eine Aktie insgesamt als Einlage schuldet: Den Aktionär trifft eine Zahlungspflicht im Umfang des Ausgabebetrags (§ 54 Abs. 2), der die Einlagepflicht nach oben begrenzt (§ 54 Abs. 1). Bei der **Sacheinlage** ergeben sich Inhalt und Umfang der Sachleistungspflicht im Grundsatz nicht erst aus der Festsetzung eines Ausgabebetrags, sondern aus der Festsetzung des Gegenstands der Sacheinlage, der in das Gesellschaftsvermögen zu leisten ist.[6] Dennoch ist der Ausgabebetrag auch hier nicht ohne Bedeutung für die Einlagepflicht. Er bestimmt den Wert, den die vereinbarte Sacheinlage nach den satzungsmäßigen Festlegungen erreichen muss (vgl. § 36a Abs. 2 S. 3), also das wirtschaftliche Risiko, das der Einlagepflichtige eingeht und für das er rechtlich einzustehen hat.[7] Damit gibt der Ausgabebetrag bei Sacheinlagen den Maßstab her für den Umfang der gesetzlichen Differenzhaftung, die eingreift, wenn der Wert den festgesetzten Ausgabebetrag nicht erreicht (→ Rn. 18 ff.), ebenso für den Umfang der primären Bardeckungspflicht, die nach § 27 Abs. 3 S. 1 und 3 bei Abrede einer verdeckten Sacheinlage im Grundsatz bestehen bleibt. Im Ergebnis stellt also auch hier die Festsetzung des Ausgabebetrags sicher, dass die Mitgliedschaft nicht entstehen kann, ohne dass dem Aktionär wenigstens in dieser Höhe eine Einlagepflicht erwächst.[8]

c) Rechtsnachfolge. Keine Ausgabe im Sinne der Vorschrift ist die Rechtsnachfolge in ein **6** bereits bestehendes Anteilsrecht. Der Ausgabebetrag ist für den Börsenkurs oder auch für den Kaufpreis, den ein Erwerber bestehender Aktien entrichtet, ohne Bedeutung. Das gilt auch bei der Veräußerung eigener Aktien durch die Aktiengesellschaft.[9]

2. Festsetzung. a) Gründung. Festgesetzt wird der Ausgabebetrag bei der Gründung in der **7** Übernahmeerklärung der Gründer (§ 23 Abs. 2 Nr. 2). Das gilt bei Bar- wie bei Sacheinlagen[10] und ist nach hM auch dann erforderlich, wenn kein Agio festgesetzt wird, als beim geringsten Ausgabebetrag bleibt, der sich bereits aus den satzungsmäßigen Festsetzungen über die Aufteilung des Grundkapitals nach § 8 ergibt.[11]

b) Kapitalerhöhung. Sofern bei der **Kapitalerhöhung gegen Einlagen** eine Ausgabe über **8** pari erfolgen soll, legt die Hauptversammlung im Kapitalerhöhungsbeschluss den Ausgabebetrag entweder selbst fest oder sie bestimmt dort nur einen Mindestbetrag oder einen Rahmen für das Agio (§ 182 Abs. 3) und überlässt die endgültige Festsetzung dem Vorstand (§ 186 Abs. 2, Einzelheiten → § 182 Rn. 49 ff.; zu den umstrittenen Folgen fehlender Angaben im Beschluss → § 182 Rn. 57 und → § 255 Rn. 8). Der Ausgabebetrag ist dann in den Zeichnungsschein aufzunehmen (§ 185 Abs. 1 S. 3 Nr. 2, → § 185 Rn. 30). Bei der **bedingten Kapitalerhöhung** muss die Hauptversammlung nach § 193 Abs. 2 Nr. 3 im Beschluss den Ausgabebetrag oder die Grundlagen für seine Berechnung grundsätzlich feststellen (zu den Einzelheiten → § 193 Rn. 11 ff.); diese Angaben sind auch in die Bezugserklärung aufzunehmen (§ 198 Abs. 1 S. 3) und der Ausgabebetrag ist dabei zu konkretisieren (→ § 198 Rn. 14). Beim **genehmigten Kapital** entscheidet nach § 204 Abs. 1 der Vorstand mit Zustimmung des Aufsichtsrats (→ § 204 Rn. 14 ff.), sofern nicht ausnahmsweise (→ § 204 Rn. 3) schon die Ermächtigung (§ 202) Bestimmungen trifft; der Zeichnungsschein enthält auch hier den Ausgabebetrag (§ 203 Abs. 1 iVm § 185 Abs. 1 S. 3 Nr. 2, → § 203 Rn. 18). Zur Frage, ob und gegebenenfalls in welcher Höhe bei Kapitalerhöhungen ein den geringsten Ausgabebetrag übersteigender höherer Ausgabebetrag zwingend festgesetzt werden muss, → Rn. 26 ff. Davon zu unterscheiden ist die umstrittene Frage, ob bei Sachkapitalerhöhungen überhaupt förmliche Festsetzungen eines Ausgabebetrags, und es sei es des geringsten Ausgabebetrags, erforderlich sind; → § 183 Rn. 19, → § 185 Rn. 30 mwN. Zur Frage, was bei fehlenden Angaben im Kapitalerhöhungsbeschluss gilt, → § 182 Rn. 57.

III. Geringster Ausgabebetrag – Keine Unterpariemission, Abs. 1

1. Begriff. Geringster Ausgabebetrag ist nach der gesetzlichen Definition in Abs. 1 bei Nenn- **9** betragsaktien der Nennbetrag nach § 8 Abs. 2 und bei Stückaktien der Betrag des auf die Aktie entfallenden Anteils am Grundkapital nach § 8 Abs. 2 und 4 (→ § 8 Rn. 5 f., 14, 41). Er errechnet

---

[6] *Maier-Reimer* FS Bezzenberger, 2000, 253 (257).
[7] Vgl. *Lüssow,* Das Agio im GmbH- und Aktienrecht, 2005, 28.
[8] Anders wohl *Maier-Reimer* FS Bezzenberger, 2000, 253 (257); wie hier *Götze* AG 2002, 76 (78).
[9] AllgM MüKoAktG/*Heider* Rn. 8; NK-AktR/*Wagner* Rn. 6; Großkomm AktG/*Mock* Rn. 43 f.
[10] Vgl. *Lüssow,* Das Agio im GmbH- und Aktienrecht, 2005, 45.
[11] Hüffer/Koch/*Koch* § 23 Rn. 18; MüKoAktG/*Pentz* § 23 Rn. 60; Bürgers/Körber/*Westermann* Rn. 3; K. Schmidt/Lutter/*Seibt* § 23 Rn. 28; Großkomm AktG/*Mock* Rn. 46.

sich also aus den satzungsmäßigen (→ § 8 Rn. 8, 22, 45) Festlegungen des Nennbetrags des Grundkapitals und des Nennbetrags der Aktien oder der Anzahl der Stückaktien (→ § 8 Rn. 5 f.).

10   **2. Verbot der Unterpariemission.** Verboten ist nach Abs. 1 die Ausgabe (→ Rn. 4) unter pari, also unter dem geringsten Ausgabebetrag, für jede einzelne Aktie.[12] Das Verbot erfasst nach hM auch jeden Umgehungsversuch (**„verdeckte Unterpariemission"**), etwa durch die Gewährung von Provisionen, Skonti oder sonstigen verdeckten Vergünstigungen und Nachlässen, die nicht von einer Satzungsregelung nach § 26 Abs. 2 gedeckt sind.[13] Es gilt nicht nur für **Bareinlagen.** Für **Sacheinlagen**[14] wird das Verbot in **§ 36a Abs. 2 S. 3** wiederholt und ergänzt: der Wert der Sacheinlage muss dem geringsten Ausgabebetrag und bei Festsetzung eines höheren Ausgabebetrags auch dem Agio entsprechen.[15] Das Verbot der Unterpariemission darf durch eine Überbewertung der Sacheinlage nicht unterlaufen werden, der das Gesetz außerdem mit einer Reihe von Vorschriften[16] über die Bewertung und deren Prüfung im Rahmen des Gründungs- oder Kapitalerhöhungsvorgangs präventiv entgegenwirken will.[17] Wählen die Beteiligten Gestaltungsformen einer vermeintlichen Bareinlage, mit denen der Charakter einer Sacheinlage verschleiert wird, so wird das Verbot überlagert durch die Regeln über die Behandlung der verdeckten Sacheinlage (§ 27 Abs. 3; → Rn. 22), die unabhängig davon eingreifen, ob der Wert des Einlagegegenstands unzureichend ist oder ob diese Gestaltung anders motiviert ist.

11   Das Verbot der Unterpariemission gilt sowohl bei **Gründungen** als auch bei **Kapitalerhöhungen**,[18] wie etwa aus § 182 Abs. 3 oder auch den in → Rn. 13 genannten Vorschriften über die Ablehnung der Eintragung durch das Registergericht folgt. Das erschwert die Aufnahme frischen Kapitals durch eine sanierungsbedürftige AG, deren Aktien unter dem geringsten Ausgabebetrag notieren; diese AG sind zu Recht auf den Ausweg einer Kapitalherabsetzung mit anschließender Kapitalerhöhung verwiesen.[19] Sonderregeln gelten nach § 199 Abs. 2 bei der Ausgabe von Bezugsaktien gegen Wandelschuldverschreibungen, → § 199 Rn. 13 ff.

12   **3. Folgen von Verstößen.** Wird das Verbot der Unterpariemission verletzt, bestimmen sich die Rechtsfolgen nach dessen Zweck, die Kapitalaufbringung zu sichern. Deshalb sind Gestaltungen, die das Verbot offen missachten oder verdeckt umgehen sollen, entweder zu verhindern oder es muss die gesetzliche Kapitalausstattung durchgesetzt werden.

13   **a) Eintragungshindernis.** Das **Registergericht** hat die Eintragung **abzulehnen,** wenn bei der Gründung oder der Kapitalerhöhung Aktien unter pari ausgegeben werden sollen.[20] Für **Bargründungen** folgt das aus § 38 Abs. 1 S. 2 iVm Abs. 4 Nr. 1 und 2. Nichts anderes gilt bei der **Barkapitalerhöhung.**[21] Im Fall von **Sacheinlagen** „kann" das Registergericht die Eintragung der Gesellschaft (Gründung) oder der Kapitalerhöhung ablehnen, wenn der Wert der Sacheinlage nicht unwesentlich hinter dem geringsten Ausgabebetrag der dafür zu gewährenden Aktien zurückbleibt (§ 38 Abs. 2 S. 2, § 184 Abs. 3 S. 1, § 195 Abs. 3 S. 1, § 205 Abs. 7 S. 1). Diese Einschränkung auf wesentliche Abweichungen bedeutet keine Ausnahme vom Verbot der Unterpariemission, sondern trägt Bewertungsschwierigkeiten Rechnung, indem Abweichungen innerhalb einer unvermeidbaren Bandbreite von Bewertungsdifferenzen ausgeklammert werden.[22] Nur für diese Wertfeststellung ist dem Registergericht ein Ermessen eingeräumt, nimmt es dabei eine Überbewertung an, muss es die Eintragung pflichtgemäß ablehnen.[23] Bei der vereinfachten Sachgründung ohne externe Gründungsprüfung (§ 33a) entfällt eine Prüfungskompetenz des Registergerichts; es darf die Eintragung nur bei offenkundiger und erheblicher Überbewertung ablehnen (§ 38 Abs. 3, § 184 Abs. 3 S. 2, § 195 Abs. 3 S. 2, § 205 Abs. 7 S. 2). Der Sacheinleger kann die Ablehnung allerdings abwenden, wenn er die Differenz

---

[12] Hüffer/Koch/*Koch* Rn. 2.
[13] Hüffer/Koch/*Koch* Rn. 2; MüKoAktG/*Heider* Rn. 11; Großkomm AktG/*Mock* Rn. 56; Hölters/*Solveen* Rn. 4; aA K. Schmidt/Lutter/*Ziemons* Rn. 7, 10 ff.: verbotenes Hin- und Herzahlen; Wachter/*Franz* Rn. 6 f.
[14] MüKoAktG/*Heider* Rn. 16 ff; Großkomm AktG/*Mock* Rn. 55.
[15] BGHZ 191, 364 Rn. 17.
[16] ZB §§ 27, 32 Abs. 2, § 33 Abs. 2 Nr. 4, § 34 Abs. 1 Nr. 2, § 37 Abs. 4 Nr. 2 und die in → Rn. 13 genannten Vorschriften.
[17] Vgl. BGHZ 29, 300 (305) = NJW 1959, 934 f.
[18] MüKoAktG/*Heider* Rn. 19 f.; Hüffer/Koch/*Koch* Rn. 4; vgl. auch OLG Hamburg AG 2000, 326 (327).
[19] MüKoAktG/*Heider* Rn. 20 gegen die rechtspolitischen Bedenken bei GHEK/*Eckardt* Rn. 2; ebenso Hüffer/Koch/*Koch* Rn. 4; Großkomm AktG/*Mock* Rn. 54.
[20] AllgM MüKoAktG/*Heider* Rn. 22, 29; Hüffer/Koch/*Koch* Rn. 5, 7.
[21] Großkomm AktG/*Mock* Rn. 73 ff; MüKoAktG/*Heider* Rn. 29.
[22] Vgl. etwa MüKoAktG/*Pentz* § 38 Rn. 60.
[23] MüKoAktG/*Pentz* § 38 Rn. 60; vgl. auch Hüffer/Koch/*Koch* § 38 Rn. 9.

zum geringsten Ausgabebetrag in bar nachzahlt.[24] Bei der Gründung lässt sich das Eintragungshindernis im Einzelfall auch durch eine Satzungsanpassung an den tatsächlichen Wert der Einlage beheben.[25]

b) Nichtigkeit oder unbeschränkte Leistungspflicht. aa) Gründung unter pari. Das 14 Errichtungsgeschäft einschließlich der Satzung (§ 139 BGB) ist nach hM **vor Eintragung** zunächst wegen des Verstoßes gegen § 9 Abs. 1 nichtig, wenn in der Übernahmeerklärung (§ 23 Abs. 2), die materieller Satzungsbestandteil ist (→ § 23 Rn. 24), ein Ausgabebetrag unter pari festgesetzt wird.[26] Ist durch Aufnahme des Geschäftsbetriebs schon vor Eintragung eine Vor-AG in Vollzug gesetzt und greifen deshalb die Grundsätze der fehlerhaften Gesellschaft ein (→ § 275 Rn. 4), können die Gründer allerdings entsprechend § 277 Abs. 3 zur Leistung von versprochenen Einlagen verpflichtet sein, soweit die Mittel zur Begleichung von Verbindlichkeiten benötigt werden.[27] Nach beachtlicher Gegenansicht ist dagegen ohnehin nur Teilnichtigkeit beschränkt auf die Unter-pari-Festsetzung in der Übernahmeerklärung anzunehmen, was diese im Übrigen sowie die Satzung unberührt lässt.[28] Dafür spricht, dass eine Teilnichtigkeit nach dem Gesetzeszweck genügt und, weil die zeichnenden Aktionäre dann zur Leistung des geringsten Ausgabebetrags verpflichtet bleiben,[29] der Gläubigerschutz eher gestärkt wird.[30]

Nach Eintragung ist die AG trotz des Mangels wirksam entstanden. Eine Nichtigkeitsklage 15 (§ 275) ist ebenso wenig möglich wie eine Amtsauflösung (§ 399 FamFG).[31] Der **Bareinleger** muss den geringsten und darüber hinaus auch den vollen Ausgabebetrag zahlen, § 54 Abs. 1.[32] Auf Vereinbarungen über Nachlässe, die nicht durch § 26 Abs. 2 gedeckt sind (→ Rn. 10), kann er sich gegenüber der Gesellschaft nicht berufen.[33] Auch der **Sacheinleger** hat für die vollständige Aufbringung des Kapitals aufzukommen, ihn trifft die gesetzliche Differenzhaftung;[34] → Rn. 17, 18.

bb) Kapitalerhöhung unter pari. Wird ein Ausgabebetrag bereits im Kapitalerhöhungsbeschluss 16 unter pari festgesetzt (→ Rn. 8), ist der Beschluss nach bislang hM § 241 Nr. 3 Alt. 2 nichtig.[35] Aus den schon oben genannten Gründen (→ Rn. 14 aE) spricht allerdings manches dafür, die Nichtigkeit auf die zu niedrige Festsetzung des Ausgabebetrags zu beschränken.[36] Auch dann sind allerdings wegen § 185 Abs. 2 die entsprechenden Zeichnungs- bzw. Bezugserklärungen nichtig.[37] Im Übrigen ist die Kapitalerhöhung damit im Grundsatz unwirksam, was mit Wirkung für die Zukunft geltend gemacht werden kann (§ 249), sofern nicht Heilung nach § 242 eingetreten oder der Beschluss aufgrund eines Freigabeverfahrens nach § 246a eingetragen worden ist; in Betracht kommt außerdem eine Amtslöschung nach § 398 FamFG (Einzelheiten → § 189 Rn. 5 f.). Bei Nichtigkeit besteht keine Einlagepflicht (aber → Rn. 16a, 17),[38] Ausnahmen können sich wiederum analog § 277 Abs. 3 ergeben (→ Rn. 14 sowie → § 189 Rn. 5, → § 200 Rn. 19). Erst wenn dennoch eingetragen und geleistet wird, wird die Nichtigkeit des Zeichnungsscheins nach § 185 Abs. 3 überwunden.

cc) Verdeckte Unterpariemission. Bei diesen Fallgestaltungen außerhalb der Satzung 16a (→ Rn. 10) bleibt der Gründer zur vollen Leistung auf den geringsten Ausgabebetrag verpflichtet, auf die vereinbarte Vergünstigung etc. kann er sich zumindest insoweit nicht berufen.[39] Entsprechendes gilt bei der Kapitalerhöhung: der Beschluss, der ja keine Unterpariemission vorsieht, kann nicht wie zu → Rn. 16 ausgeführt vernichtet werden; dass es bei der Einlagepflicht bleiben soll, entspricht auch der in § 27 Abs. 4, § 183 Abs. 2, § 194 Abs. 2, § 205 Abs. 3 getroffenen Wertung.[40]

---

[24] → § 27 Rn. 45; Großkomm AktG/*Röhricht* § 27 Rn. 99; *Trölitzsch*, Differenzhaftung für Sacheinlagen bei Kapitalgesellschaften, 1998, 156.
[25] Vgl. MüKoAktG/*Pentz* § 27 Rn. 42 mwN.
[26] MüKoAktG/*Heider* Rn. 22; Hüffer/Koch/*Koch* Rn. 5; Kölner Komm AktG/*Dauner-Lieb* Rn. 18; aA MüKoAktG/*Pentz* § 27 Rn. 41 bei Überbewertung von Sacheinlagen, dazu → Rn. 17.
[27] MüKoAktG/*Heider* Rn. 22; Hüffer/Koch/*Koch* Rn. 5.
[28] Großkomm AktG/*Mock* Rn. 61 ff.
[29] Großkomm AktG/*Mock* Rn. 64.
[30] Großkomm AktG/*Mock* Rn. 61.
[31] AllgM MüKoAktG/*Heider* Rn. 23; Hüffer/Koch/*Koch* Rn. 6.
[32] AllgM MüKoAktG/*Heider* Rn. 23 f.; Hüffer/Koch/*Koch* Rn. 6, je mwN.
[33] MüKoAktG/*Heider* Rn. 26.
[34] AllgM, vgl. nur MüKoAktG/*Heider* Rn. 27.
[35] MüKoAktG/*Heider* Rn. 29 f.; Hüffer/Koch/*Koch* Rn. 7; → § 183 Rn. 23 mwN.
[36] Großkomm AktG/*Mock* Rn. 74 ff.
[37] MüKoAktG/*Heider* Rn. 29; Hüffer/Koch/*Koch* Rn. 7.
[38] Einzelheiten bei Großkomm AktG/*Mock* Rn. 78 ff.
[39] MüKoAktG/*Heider* Rn. 26; vgl. auch § 71a Abs. 1, der Finanzierungshilfen untersagt.
[40] Großkomm AktG/*Mock* Rn. 67; vgl. auch K. Schmidt/Lutter/*Ziemons* Rn. 10 ff., die allerdings den Tatbestand des Hin- und Herzahlens annimmt.

17 **dd) Besonderheiten bei Überbewertung von Sacheinlagen.** In diesem praktisch wichtigsten Fall gilt Abweichendes von → Rn. 14–16. Findet eine Überbewertung von Sacheinlagen nicht unmittelbar Niederschlag in der Errichtungsurkunde oder im Kapitalerhöhungsbeschluss, so können diese **nicht** als **nichtig** angesehen werden. Das Errichtungsgeschäft ist ebenso wirksam wie der Kapitalerhöhungsbeschluss, denn mit Anerkennung der **Differenzhaftung** als gesetzlichem Haftungstatbestand (→ Rn. 18) ist die Grundlage für die Annahme einer Nichtigkeit entfallen. Das entspricht für das GmbH-Recht seit Inkrafttreten der § 9 Abs. 1 und § 56 Abs. 2 GmbHG mit der GmbH-Novelle 1980 der hM[41] und der Intention des Gesetzgebers[42] und ist bei der AG nicht anders zu beurteilen: Die Differenzhaftung bewirkt einen hinreichenden Gläubigerschutz, weshalb bei der Kapitalerhöhung weder der Tatbestand des § 243 Abs. 1 Nr. 3 gegeben ist noch die Voraussetzungen für eine Amtslöschung nach § 398 FamFG vorliegen.[43] In Bezug auf die Rechtslage **nach Eintragung** ist dies für die Gründung allgemein anerkannt (→ Rn. 15) und auch für die Kapitalerhöhung die überwiegende Auffassung im neueren Schrifttum.[44] Mit beachtlichen Gründen wird darüber hinaus die Ansicht vertreten, dass der Einlagepflichtige schon **vor Eintragung** nicht nur freiwillig zuzahlen kann (→ Rn. 13 aE), sondern zur Differenzzahlung verpflichtet ist, wenn die versprochene Sacheinlage überbewertet ist.[45] Richtigerweise wird nur im Einzelfall unter Berücksichtigung der konkreten Vereinbarungen und der davon geprägten Treuepflicht beantwortet werden können, ob der Inferent schon vor der Eintragung an seinem Versprechen festgehalten und einer zusätzlichen Zahlungspflicht unterworfen werden kann oder ob stattdessen wechselseitige Pflichten zur Kapitalanpassung oder zur Mitwirkung an der Übertragung der Verpflichtung auf einen Dritten bestehen.[46]

18 **c) Differenzhaftung bei Überbewertung von Sacheinlagen. aa) Haftungsgrund.** Der **Sacheinleger** muss jedenfalls nach Eintragung (→ Rn. 17) den Differenzbetrag zwischen dem Wert der Sacheinlage zum Zeitpunkt der Anmeldung der Gesellschaft oder der Kapitalerhöhung und dem geringsten oder darüber hinaus festgesetzten Ausgabebetrag in bar decken. Diese von der Rechtsprechung[47] zunächst aus der Wertdeckungszusage des Inferenten abgeleitete **Differenzhaftung** (dazu auch noch → § 183 Rn. 70 ff.) hat ihre Grundlage im Prinzip der effektiven Kapitalaufbringung und ist vom Gesetzgeber in § 9 Abs. 1 GmbHG normiert worden, so dass analog dieser Vorschrift – und erst recht nach der Neuregelung des Rechts der verdeckten Sacheinlage (→ Rn. 22) – auch für die AG von einer **gesetzlichen** Haftung ausgegangen werden muss,[48] die aber tatbestandlich eine rechtsgeschäftliche Einlageverpflichtung aufgrund einer Übernahme oder Zeichnung von Aktien voraussetzt.[49] Die Differenzhaftung greift unabhängig davon ein, ob der Wert willkürlich und schuldhaft falsch festgesetzt worden ist.[50]

19 **bb) Umfang.** Die Differenzhaftung verpflichtet zum **vollen Ausgleich** der Wertdifferenz, die auf den Zeitpunkt der Eintragung zu ermitteln ist. Bewertungsschwierigkeiten und -spielräume begrenzen nicht den Anspruch von Rechts wegen, sondern wirken sich bei der tatrichterlichen Feststellung der Wertdifferenz nach §§ 286, 287 ZPO aus.[51] Der gesetzliche Anspruch erfasst auch ein etwaiges **Agio**, also den gesamten Ausgabebetrag iSv Abs. 2.[52] Geschuldet ist außerdem der

---

[41] UHL/*Ulmer*/*Capser* GmbHG § 5 Rn. 103; Scholz/*Winter* GmbHG § 5 Rn. 61; Baumbach/Hueck/*Fastrich* GmbHG § 5 Rn. 35.
[42] BT-Drs. 8/1347, 35.
[43] Vgl. auch *Trölitzsch*, Differenzhaftung für Sacheinlagen bei Kapitalgesellschaften, 1998, 166 Fn. 78.
[44] § 183 Rn. 24, → § 189 Rn. 10 zur Kapitalerhöhung; außerdem etwa *K. Schmidt* GesR § 29 II 2 b); Großkomm AktG/*K. Schmidt* § 241 Rn. 60; Großkomm AktG/*Mock* Rn. 65 f.; NK-AktR/*Wagner* Rn. 6a und 12 f.; MüKoAktG/*Pentz* 27 Rn. 42 f., 44; *Trölitzsch*, Differenzhaftung für Sacheinlagen bei Kapitalgesellschaften, 1998, 166 ff.; BGH NJW 1992, 3167 (3172) (obiter dictum); aA für die Kapitalerhöhung wohl MüKoAktG/ *Heider* Rn. 30, der hier anders als in → Rn. 27 zur Gründung den Fall der Überbewertung nicht ausnimmt.
[45] Für die Gründung insbes. MüKoAktG/*Pentz* 27 Rn. 41 f.; zustimmend *K. Schmidt* GesR § 27 II.
[46] *Trölitzsch*, Differenzhaftung für Sacheinlagen bei Kapitalgesellschaften, 1998, 155 ff., auch → Rn. 13 aE.
[47] BGHZ 64, 52 (62) = NJW 1975, 974 (977) für AG; BGHZ 68, 191 (195 f.) = NJW 1977, 1196 für die GmbH.
[48] Hüffer/Koch/*Koch* Rn. 6 mit zusätzlichem Hinweis auf § 66; MüKoAktG/*Heider* Rn. 27; *Henze* HRR AktienR Rn. 125; nunmehr auch BGHZ 118, 83 (101) = NJW 1992, 2222 (2227); BGHZ 191, 364 = NZG 2012, 69 Rn. 16 f.; → § 183 Rn. 71 ff.; ausführlich zur Dogmatik *Trölitzsch*, Differenzhaftung für Sacheinlagen bei Kapitalgesellschaften, 1998, 102 ff.
[49] BGHZ 171, 293 = NZG 2007, 528 zur Verschmelzung.
[50] BGHZ 68, 191 (196) = NJW 1977, 1196.
[51] Vgl. *K. Schmidt* GesR § 29 II 1 b.
[52] HM ua unter Hinweis auf § 23 Abs. 3 S. 3, § 36a Abs. 2 S. 3, § 188 Abs. 2 S. 1: BGHZ 191, 364 = NZG 2012, 69 Rn. 16 f.; Hüffer/Koch/*Koch* § 27 Rn. 21; MüKoAktG/*Heider* Rn. 27; MüKoAktG/*Pentz* § 27 Rn. 44; Großkomm AktG/*Mock* Rn. 109; *Trölitzsch*, Differenzhaftung für Sacheinlagen bei Kapitalgesellschaften, 1998,

Ausgleich eines **negativen** Werts des Sacheinlagegegenstands, beispielsweise bei Einbringung eines überschuldeten Unternehmens, bis hin zum vollen Ausgabebetrag.[53]

cc) Geltendmachung. Die gesetzliche Haftung kann nicht vertraglich ausgeschlossen oder 20 beschränkt werden.[54] Sie ist vom Vorstand pflichtgemäß durchzusetzen.[55] Entsprechend § 66 AktG ist auch ein Verzicht der AG nicht möglich, ein „echter" **Vergleich** kann in denselben Grenzen wie über die Einlageforderung auch ohne Zustimmung der Hauptversammlung geschlossen werden.[56] Der Einlageschuldner kann sich nicht durch Aufrechnung befreien, möglich ist aber eine Verrechnungsvereinbarung bei vollwertiger, fälliger und liquider Forderung.[57] Der Anspruch **verjährt** analog § 9 Abs. 2 GmbHG in 10 Jahren[58] ab Eintragung[59] oder Leistung der Sacheinlage, falls sie zeitlich nachfolgt.[60] Die **Beweislast** für die Wertdifferenz trägt nach allgemeinen Grundsätzen die Gesellschaft, angesichts der der Eintragung vorausgehenden Prüfung durch externe Sachverständige und das Registergericht besteht kein Anlass für eine Beweislastumkehr zulasten des Aktionärs.[61]

d) Weitere Schadensersatzansprüche. Daneben kommt eine konkurrierende Haftung der 21 Organe und sonstigen am Gründungsvorgang Beteiligten **gegenüber der Gesellschaft** nach §§ 46– 49 in Betracht.[62] Entsprechendes gilt bei der Kapitalerhöhung aufgrund von § 93 Abs. 2, §§ 116, 117 bzw. beim Prüfer analog § 323 HGB.[63] Der **Einlagepflichtige** kann dagegen keine Schadensersatzansprüche auf eine (fahrlässige) Verletzung von Abs. 1 stützen, weil die Vorschrift kein Schutzgesetz nach § 823 Abs. 2 BGB ist.[64] Eine Haftung ihm gegenüber kommt allerdings nach § 823 Abs. 2 BGB iVm § 399 Abs. 1 Nr. 1 (Gründung) oder Nr. 4 (Kapitalerhöhung) bei vorsätzlich falschen Angaben gegenüber dem Registergericht in Betracht.[65] Schließlich können die allgemeinen Haftungsnormen (§ 826 BGB, § 823 Abs. 2 BGB iVm §§ 263 ff. StGB) eingreifen.

e) Verdeckte Sacheinlage. Im Fall der verdeckten Sacheinlage greift die Sonderregelung nach 22 § 27 Abs. 3 unabhängig davon ein, ob das Verbot der Unterpariemission berührt ist. Sie gilt auch bei Kapitalerhöhungen (§ 183 Abs. 2, § 194 Abs. 2, § 205 Abs. 3, § 206 S. 2). Die Bareinlagepflicht bleibt danach im Ausgangspunkt unberührt, der Wert von geleisteten Sacheinlagen wird darauf angerechnet, eine verbleibende Differenz muss bar entrichtet werden (wegen der Einzelheiten zu Tatbestand und Rechtsfolgen der verdeckten Sacheinlage siehe die Kommentierung zu → § 27 Rn. 103 ff.).[66]

IV. Überpariemission, Abs. 2

1. Begriff. Die Aktien können zu einem höheren Betrag als dem Nennbetrag oder dem anteiligen 23 Betrag des Grundkapitals ausgegeben werden. Die Festsetzung eines Mehrbetrags, des sog. **Aufgelds**

---

217 ff.; *Herchen*, Agio und verdecktes Agio im Recht der Kapitalgesellschaften, 2004, 133; *Lüssow*, Das Agio im GmbH- und Aktienrecht, 2005, 216 f.; *Loges/Zimmermann* WM 2005, 349 (350 f.); *Priester* FS Lutter, 2000, 617 (622); *Hoffmann-Becking* FS Wiedemann, 2002, 999 (1002); *Wagner* DB 2004, 293 (296); → § 27 Rn. 48, → § 183 Rn. 73; OLG Jena DB 2006, 2335 (2341).

[53] HM, → § 27 Rn. 47, → § 183 Rn. 78 je mwN; aA *Trölitzsch*, Differenzhaftung für Sacheinlagen bei Kapitalgesellschaften, 1998, 221 ff.
[54] *Loges/Zimmermann* WM 2005, 349 (352); → § 183 Rn. 75.
[55] Vgl. *Loges/Zimmermann* WM 2005, 349 (355 f.).
[56] BGHZ 191, 364 = NZG 2012, 69 Rn. 20 ff. mit eingehender Prüfung der „Echtheit"; zustimmend *Verse* ZGR 2012, 875 (887 ff.); *Wieneke* NZG 2012, 136 (138 f.); für HV-Zustimmung *Priester* AG 2012, 525; *Loges/Zimmermann* WM 2005, 349 (352 f.); zum Vergleich über die Einlageforderung → § 66 Rn. 16.
[57] BGHZ 191, 364 = NZG 2012, 69 Rn. 35 ff., zur Darlegungs- und Beweislast des Aktionärs Rn. 44; zu diesen Voraussetzungen *Verse* ZGR 2012, 875 (890 ff.); aA *Schäfer* FS Stilz, 2014, 525 (531 ff.); Anrechnung analog § 27 Abs. 3 S. 3.
[58] Von fünf auf zehn Jahre verlängert durch Art. 13 des Gesetzes zur Anpassung von Verjährungsvorschriften an das Gesetz zur Modernisierung des Schuldrechts vom 9.12.2004, BGBl. 2004 I 3214, in Kraft seit 15.12.2004.
[59] Vgl. BGHZ 118, 83 (101) = NJW 1992, 2222 (2227); BGHZ 191, 364 = NZG 2012, 69 Rn. 41.
[60] MüKoAktG/*Pentz* § 27 Rn. 44.
[61] HM MüKoAktG/*Pentz* § 27 Rn. 44; *Trölitzsch*, Differenzhaftung für Sacheinlagen bei Kapitalgesellschaften, 1998, 285 f.; *Loges/Zimmermann* WM 2005, 349 (353 f.).
[62] MüKoAktG/*Heider* Rn. 27; Großkomm AktG/*Mock* Rn. 71; *Trölitzsch*, Differenzhaftung für Sacheinlagen bei Kapitalgesellschaften, 1998, 271 ff.
[63] Großkomm AktG/*Mock* Rn. 69; ausführlich zur Vorstandshaftung *Loges/Zimmermann* WM 2005, 349 (354 ff.).
[64] BGH NJW 1992, 3167 (3172); ebenso jetzt Großkomm AktG/*Mock* Rn. 70; Hüffer/Koch/*Koch* Rn. 6.
[65] Großkomm AktG/*Mock* Rn. 70; *Loges/Zimmermann* WM 2005, 349 (354).
[66] Vgl. schon die Empfehlung des 66. Deutschen Juristentags 2006, Beschluss der Abteilung Wirtschaftsrecht Nr. II 8 b; gegen eine Beschränkung der Rechtsfolgen auf eine Differenzhaftung zB *Trölitzsch*, Differenzhaftung für Sacheinlagen bei Kapitalgesellschaften, 1998, 194 ff. mwN.

oder **Agios**, führt zur **Überpariemission**. Abs. 2 regelt insofern eine Selbstverständlichkeit. Das Aufgeld ist nicht Teil des Kapitals (im Sinne des auf die Aktie entfallenden Anteils am Grundkapital), aber Bestandteil der korporativen Einlagepflicht des Aktionärs (§§ 36, 36a, 54; → Rn. 5). Ein Agio wird zuweilen bei der Gründung festgesetzt, um daraus etwa Gründungsaufwand bestreiten zu können oder einen Ausgleich durch rein finanzierende Gründer dafür zu schaffen, dass andere Gesellschafter nicht einlagefähige persönliche Leistungen erbringen (→ Rn. 26). Praktische Bedeutung hat die Festsetzung eines höheren Ausgabebetrags vor allem bei der Kapitalerhöhung, insbesondere um einen den Nennwert der Beteiligung bzw. bei Stückaktien den anteiligen Betrag des Grundkapitals übersteigenden höheren Wert der neuen Aktien auszugleichen (auch → Rn. 26).[67]

24 2. **Festsetzung.** Der Ausgabebetrag wird durch die Gründer in der Errichtungserklärung festgesetzt oder im Fall der Kapitalerhöhung durch die zuständigen Organe bestimmt und in der Zeichnungs- oder Bezugserklärung festgelegt (Einzelheiten → Rn. 7 f.). Das Aufgeld muss dabei nicht gesondert ausgewiesen werden. Es genügt, wenn ein einheitlicher Ausgabebetrag als Summe aus geringstem Ausgabebetrag und Agio festgesetzt wird.[68]

25 **Nachträgliche Änderungen** sind nur beschränkt möglich. Eine **Herabsetzung** des Agios bis allenfalls zum Mindestbetrag nach Abs. 1 ist nur bis zur Eintragung der Gesellschaft oder der Kapitalerhöhung zulässig, weil danach das Verbot der Einlagenrückgewähr entgegensteht.[69] Auch bei zulässiger Herabsetzung kann der Gründer oder Übernehmen analog § 277 Abs. 3 auf Einzahlung des Herabsetzungsbetrags haften.[70] Soll der Ausgabebetrag nachträglich **heraufgesetzt** werden, wird damit eine Nachschusspflicht begründet, was nur mit Zustimmung des Übernehmers oder Zeichners möglich ist.[71] Formell bedarf es bei der Gründung einer notariell beurkundeten Änderung oder Ergänzung der Errichtungsurkunde bzw. bei der Kapitalerhöhung einer neuen Zeichnungs- oder Bezugserklärung.[72]

26 3. **Höhe. a) Grundsatz.** Das Gesetz enthält grundsätzlich weder eine Verpflichtung zur Festsetzung eines Agios noch stellt es ausdrücklich Anforderungen an seine Höhe (Ausnahme § 255 Abs. 2). Bei der **Gründung** muss ein Aufgeld nicht notwendig beteiligungsproportional festgelegt werden; die Höhe ist hier schlicht Verhandlungssache.[73] Bei **Kapitalerhöhungen** ist ein von der Beteiligungsquote abweichendes Agio in der Regel nur mit Zustimmung aller Aktionäre möglich, das Gleichbehandlungsgebot nach § 53a jedenfalls innerhalb einer Aktiengattung zu beachten.[74] Im Übrigen haben die zuständigen Organe (→ Rn. 8) die Festsetzung im Rahmen ihres pflichtgemäßen Ermessens zu treffen,[75] wobei es im Regelfall im Interesse der Gesellschaft und ihrer Altaktionäre liegt, die Aktien zum höchsterzielbaren Kurs auszugeben.[76] Grenzen nach oben und unten (→ Rn. 27 ff.) können sich im Übrigen daraus ergeben, dass ein Agio bei der Kapitalerhöhung vor allem den Schutz der Altaktionäre vor der Verwässerung ihrer Beteiligung bezweckt.[77] Gesichtspunkte des Gläubigerschutzes sind durch die Festsetzung eines Agios dagegen nicht berührt.[78]

27 **b) Einschränkungen bei Bezugsrechtsausschluss.** Wenn das Bezugsrecht der Altaktionäre bei **Barkapitalerhöhungen** ausgeschlossen ist, darf zum Schutz ihrer Beteiligung vor Wertverlust („Verwässerung") der Ausgabebetrag nicht unangemessen niedrig sein (dazu → § 255 Rn. 18 ff.). Andernfalls ist der Hauptversammlungsbeschluss, sofern er schon die Festlegungen zum Ausgabe- oder Mindestbetrag enthält, nach **§ 255 Abs. 2 S. 1** anfechtbar. Wird der Ausgabebetrag erst vom

---

[67] *Priester* FS Lutter, 2000, 617 f.; *Herchen,* Agio und verdecktes Agio im Recht der Kapitalgesellschaften, 2004, 4 ff.; Baums FS Hommelhoff, 2012, 62 ff.

[68] LG Frankfurt AG 1992, 240 betrifft den Einzahlungsbetrag nach § 36 Abs. 2, nicht den Ausgabebetrag, der im dort entschiedenen Fall gar nicht ausdrücklich benannt war; vgl. dazu auch *Lüssow,* Das Agio im GmbH- und Aktienrecht, 2005, 67; → § 185 Rn. 30.

[69] MüKoAktG/*Heider* Rn. 43; Großkomm AktG/*Mock* Rn. 100 ff; K. Schmidt/Lutter/*Ziemons* Rn. 23.

[70] MüKoAktG/*Heider* Rn. 43; K. Schmidt/Lutter/*Ziemons* Rn. 24.

[71] MüKoAktG/*Heider* Rn. 45; Großkomm AktG/*Mock* Rn. 101: Zustimmung aller Aktionäre.

[72] MüKoAktG/*Heider* Rn. 43 ff; Großkomm AktG/*Mock* Rn. 101.

[73] *Priester* FS Lutter, 2000, 617 f.; *Lüssow,* Das Agio im GmbH- und Aktienrecht, 2005, 47 f.

[74] MüKoAktG/*Heider* Rn. 41 mwN; Großkomm AktG/*Mock* Rn. 99; Bürgers/Körber/*Westermann* Rn. 8; vgl. auch BGHZ 21, 354 (357 f.) = NJW 1956, 1753 (1754).

[75] BGHZ 21, 354 (357) = NJW 1956, 1753 (1754); MüKoAktG/*Heider* Rn. 39; → § 182 Rn. 54 ff.; vgl. auch *Priester* FS Lutter, 2000, 617 (624 ff.); *Herchen,* Agio und verdecktes Agio im Recht der Kapitalgesellschaften, 2004, 42 ff.; Baums FS Hommelhoff, 2012, 67.

[76] BGHZ 21, 354 (357) = NJW 1956, 1753 (1754); MüKoAktG/*Heider* Rn. 38 f. mwN; → § 182 Rn. 51, 54.

[77] *Priester* FS Lutter, 2000, 617 (629 ff.).

[78] *Priester* FS Lutter, 2000, 617 (627 f.); → § 182 Rn. 50; *Becker* NZG 2003, 510 (513).

Vorstand festgelegt, so gelten dieselben Maßstäbe (→ § 182 Rn. 53 ff.; → § 203 Rn. 87 ff., 104). Der Vorstandsbeschluss kann zwar nicht angefochten werden, Rechtsschutz kann aber ua durch eine vorbeugende Unterlassungs- oder eine Feststellungsklage und nicht zuletzt durch Geltendmachung von Schadensersatzansprüchen gegen Vorstand und Aufsichtsrat (§§ 93, 116) erzielt werden.[79] Auch eine Sonderprüfung kann veranlasst sein.[80]

Bei der **Sachkapitalerhöhung** mit Bezugsrechtsausschluss verlangt der auch hier entsprechend **28** § 255 Abs. 2 eingreifende Verwässerungsschutz (→ § 255 Rn. 12, 19) nach hM[81] keine Festsetzung eines höheren Ausgabebetrags bis hin zum Wert des Sacheinlagegegenstands, weil Maßstab für die Angemessenheitsprüfung jeweils der Wert der Einlage ist, der bei der Sacheinlage naturgemäß durch den Wert des Gegenstands bestimmt wird (→ Rn. 5) und nicht wie bei der Bareinlage durch die Festsetzung des Ausgabebetrags.[82] Zur davon nicht immer hinreichend unterschiedenen Fragestellung, ob es überhaupt einer förmlichen Festsetzung eines Ausgabebetrags im Kapitalerhöhungsbeschluss oder im Zeichnungsschein bedarf, die Kommentierung bei → § 183 Rn. 19, → § 185 Rn. 34 mwN.

c) Einschränkungen bei Wahrung des Bezugsrechts. Wird der Ausgabebetrag bei einer Kapi- **29** talerhöhung mit formal gewahrtem Bezugsrecht so hoch angesetzt, dass dieses für die Altaktionäre oder für Minderheitsaktionäre faktisch ausgeschlossen ist, kann der Beschluss unter verschiedenen Gesichtspunkten anfechtbar bzw. die Festlegung des Vorstands nichtig sein[83] (dazu iE → § 186 Rn. 75 ff.).

Umgekehrt kann im Einzelfall bei bestehendem Bezugsrecht auch aus Gründen der Treue- **30** pflicht die Festsetzung eines Ausgabebetrags geboten sein, der den Verkehrswert der bisherigen Anteile erreicht, wenn sich der Altaktionär ansonsten zur Ausübung des Bezugsrechts gezwungen sieht, um seine Vermögens- und Beteiligungsinteressen zu wahren.[84] In der Regel ist eine Festsetzung mit einem gewissen Abschlag vom Börsenpreis unbedenklich. Sie kann problematisch werden, wenn der Börsenpreis den sog. „inneren Wert" erheblich unterschreitet. Der Altgesellschafter kann dann aber wirtschaftliche Nachteile weitgehend kompensieren, wenn er sein Bezugsrecht zu einem angemessenen Preis veräußern kann,[85] was bei börsennotierten AG in der Regel wegen des Bezugsrechtshandels der Fall ist.[86] Legt es die beschließende Mehrheit darauf an, dass alleine sie zu günstigen Konditionen vom Bezugsrecht Gebrauch machen kann, weil andere Gesellschafter erkennbar dazu nicht in der Lage sind und ihr Bezugsrecht auch nicht angemessen veräußern können, kommt auch eine Anfechtung nach § 243 Abs. 2 S. 1 wegen eines Sondervorteils in Betracht.[87]

4. Leistung des Aufgelds. Bei der Bareinlage gehört das Agio nach § 36a Abs. 1 zum sofort, dh **31** vor der Anmeldung zu leistenden Mindesteinzahlungsbetrag (eingeforderter Betrag nach § 36 Abs. 2, Volleinzahlungsgebot), bei Sacheinlagen richtet sich die Erfüllung insgesamt nach § 36a Abs. 2 (siehe iE die Kommentierung dort). Bei Überbewertung der Sacheinlage erfasst die gesetzliche **Differenzhaftung** des Inferenten auch den zum Agio fehlenden Betrag, → Rn. 19.

---

[79] BGHZ 136, 133 (140 f.) = NJW 1997, 2815 (2816) – Siemens/Nold; BGHZ 164, 249 = NZG 2006, 20 – Mangusta/Commerzbank II; ausführlich zu den Rechtsschutzmöglichkeiten beim genehmigten Kapital → § 203 Rn. 102 ff., → § 255 Rn. 7.
[80] OLG München AG 2008, 33 (36).
[81] Hüffer/Koch/*Koch* § 183 Rn. 9; MüKoAktG/*Schürnbrand* § 183 Rn. 37; *Priester* FS Lutter, 2000, 617 (624 ff.); *Maier-Reimer* FS Bezzenberger, 2000, 253 (262 ff.); *Hoffmann-Becking* FS Wiedemann, 2002, 999 (1003 ff.); *Götze* AG 2002, 76 (79); *Loges/Zimmermann* WM 2005, 349 (351); *Lüssow*, Das Agio im GmbH- und Aktienrecht, 2005, 108 f., 111; *Verse* ZGR 2012, 875 (882 ff.); aA *Schäfer* FS Stilz, 2014, 525 (529 f.); Großkomm AktG/*Mock* Rn. 96.
[82] BGHZ 71, 40 (50 f.) = NJW 1978, 1316 (1318) – Kali und Salz.
[83] MüKoAktG/*Heider* Rn. 39; Großkomm AktG/*Mock* Rn. 98; zweifelnd *Hermanns* ZIP 2003, 789 (790).
[84] Vgl. zur GmbH OLG Stuttgart OLGR 2000, 116 = NZG 2000, 156, mit krit. Anm. *Gätsch* BB 2000, 1158, zustimmend Baumbach/Hueck/*Zöllner/Fastrich* GmbHG § 55 Rn. 13; für die AG *Hermanns* ZIP 2003, 788 (790); *Wagner* DB 2004, 293 (294); Wachter/*Franz* Rn. 17; → § 182 Rn. 53 und → § 255 Rn. 16; ausführlich und kritisch zum Problem *Lüssow*, Das Agio im GmbH- und Aktienrecht, 2005, 119 ff.; vgl. auch *Herchen*, Agio und verdecktes Agio im Recht der Kapitalgesellschaften, 2004, 43 ff.
[85] *Herchen*, Agio und verdecktes Agio im Recht der Kapitalgesellschaften, 2004, 45 f.; enger *Lüssow*, Das Agio im GmbH- und Aktienrecht, 2005, 152, der verlangt, dass der Altgesellschafter dadurch in seiner Ausübungsentscheidung unzumutbar beeinträchtigt wird; vgl. auch *Priester* FS Lutter, 2000, 617 (630): eher bei AG mit kleinem Aktionärskreis als bei Publikums-AG.
[86] Vgl. *Priester* FS Lutter, 2000, 617 (630); *Seibt/Vogt* AG 2009, 133 (138 f. und 142); MHdB AG/*Krieger* § 56 Rn. 25 stellt darauf ab, ob Veräußerung des Bezugsrechts ausgeschlossen ist; → § 186 Rn. 17 und 81 aE.
[87] *Lüssow*, Das Agio im GmbH- und Aktienrecht, 2005, 132 ff.

32 **5. Bilanzierung.** Das Agio ist in die Kapitalrücklage nach § 272 Abs. 2 Nr. 1 HGB, § 266 Abs. 3 A. II. HGB einzustellen[88] und unterliegt damit der Ausschüttungssperre und den Verwendungsbeschränkungen der gesetzlichen Rücklage nach § 150 Abs. 3 und 4.[89]

33 **6. Prüfung durch Sachverständige und Registergericht.** Ob und in welchen Fällen auch das Agio der Prüfung durch sachverständige Prüfer und das Registergericht unterliegt, ist umstritten. Bei der **Bargründung** unterliegt jedenfalls die Volleinzahlung der Mindest-Bareinlage der Prüfung durch das Registergericht, § 36a Abs. 1, § 37 Abs. 1, § 38.[90] Dasselbe gilt bei **Barkapitalerhöhungen** (§ 188 Abs. 2 S. 1; str.).[91] Nach einer im Vordringen befindlichen, bislang umstrittenen Ansicht und nunmehr auch der Rechtsprechung des BGH müssen sich Sachprüfungsbericht des Sachverständigen und registergerichtliche Prüfung bei **Sachgründungen** und – entgegen der bisherigen Praxis – jedenfalls der Bericht auch bei **Sachkapitalerhöhungen** trotz des Wortlauts der § 34 Abs. 1 Nr. 2, § 38 Abs. 2, ggf. iVm § 183 Abs. 3 auf die Wertdeckung nicht nur des geringsten, sondern auch eines höheren Ausgabebetrags erstrecken.[92]

V. Schuldrechtliche Zuzahlungen

34 **1. Begriff und Bedeutung.** Nicht von Abs. 2 erfasst sind Zahlungen oder andere unentgeltliche Leistungen[93] an die AG, zu denen sich ein neuer Aktionär in einer gesonderten schuldrechtlichen Vereinbarung anlässlich seines Beteiligungserwerbs verpflichtet. Dabei handelt es sich um Fälle schuldrechtlicher Nebenabreden (dazu generell → § 23 Rn. 41 ff., → § 54 Rn. 29 ff.), die wirtschaftlich einem Aufgeld nahe kommen. Solche Zuzahlungen, missverständlich oft auch als „**schuldrechtliches Agio**" bezeichnet, sind nicht Teil der korporativen Pflicht zur Einlageleistung und deshalb nicht von den Vorschriften über die Kapitalaufbringung erfasst.[94] Sie werden vor allem in Zusammenhang mit Kapitalerhöhungen, etwa beim Beteiligungserwerb durch Venture Capital Unternehmen, vereinbart, weil sie anders als ein satzungsmäßiges Aufgeld (→ Rn. 30) nicht schon vor der Anmeldung in voller Höhe eingezahlt werden müssen: es kann deshalb vereinbart werden, dass sie zu späteren Terminen fällig werden oder erst beim Eintritt aufschiebender Bedingungen zu leisten sind, wenn die AG bestimmte definierte wirtschaftliche Ziele erreicht hat (sog. „milestones").[95] Es kann auch bezweckt sein, solche Nebenabreden nicht der Registerpublizität auszusetzen (aber noch → Rn. 42).[96] Letztlich führen auch Konsortialbanken die bei der Emission von Aktien erzielten Mehrerlöse auf der Grundlage schuldrechtlicher Vereinbarungen an die AG ab.[97]

35 **2. Zulässigkeit.** Solche Gestaltungen sind aufgrund der Privatautonomie ohne weiteres **zulässig**.[98] Ihre Wirksamkeit ist nicht durch § 54 Abs. 1 berührt, der nur die mitgliedschaftliche Einlage-

---

[88] BGHZ 191, 364 = NZG 2012, 69 Rn. 18; MüKoAktG/*Heider* Rn. 32 f.; *Priester* FS Röhricht, 2005, 467 (475); *Baums* FS Hommelhoff, 2012, 71 f.; Großkomm AktG/*Mock* Rn. 113 zu europarechtlichen Bedenken.
[89] *Baums* FS Hommelhoff, 2012, 72 f.; Großkomm AktG/*Mock* Rn. 115; vgl. zur Bilanzierung nach IAS/IFRS IFRS-HdB/*Clemens/Hebenstreit* § 12 Rn. 51 ff.
[90] Hüffer/Koch/*Koch* § 38 Rn. 6.
[91] Hüffer/Koch/*Koch* § 188 Rn. 20; *Hermanns* ZIP 2003, 788 (790 f.), offensichtlich auch BayObLG NZG 2002, 583 (584); aA → § 188 Rn. 43.
[92] Zur Sachverständigen Prüfung unter Hinweis auf § 36a Abs. 2 S. 3 sowie auf Art. 10 Abs. 2 Kapitalrichtlinie: BGHZ 191, 364 = NZG 2012, 69 Rn. 19; → § 38 Rn. 9; → § 183 Rn. 35 ff.; → § 205 Rn. 20 und → 23 je mwN; ausführlich zum Problem auch MüKoAktG/*Bayer* § 205 Rn. 20 ff.; *Bayer* FS Ulmer, 2003, 20 (33 ff.); *Lüssow*, Das Agio im GmbH- und Aktienrecht, 2005, 200 ff.; *Stein/Fischer* ZIP 2014, 1362 ff.; ferner *Priester* FS Lutter, 2000, 617 (622 ff.); aA → § 34 Rn. 8; gegen die Registerprüfung auch → § 183 Rn. 58 ff. und → § 188 Rn. 47 je mwN.
[93] Vgl. *Priester* FS Röhricht, 2005, 467 (468).
[94] AA K. Schmidt/Lutter/*Ziemons* Rn. 15 für den Fall eines eigenen Forderungsrechts der AG.
[95] *Priester* FS Lutter, 2000, 617 (625); *Priester* FS Röhricht, 2005, 467 (468); NK-AktR/*Wagner* Rn. 16; *Wagner* DB 2004, 293 (294); *Schorling/Vogel* AG 2003, 86; *Becker* NZG 2003, 510 (511).
[96] *Hermanns* ZIP 2003, 788 (791); *Priester* FS Röhricht, 2005, 467 (468).
[97] Vgl. dazu *Schorling/Vogel* AG 2003, 86 (90); *Hergeth/Eberl* DStR 2002, 1818 (1821 f.).
[98] Hüffer/Koch/*Koch* Rn. 9; Kölner Komm AktG/*Dauner-Lieb* Rn. 35; Kölner Komm AktG/*Drygala* § 54 Rn. 48 ff.; Großkomm AktG/*Mock* Rn. 122 ff; *Priester* FS Röhricht, 2005, 467 (470 ff.); *Priester* FS Lutter, 2000, 617 (627 ff.); *Lüssow*, Das Agio im GmbH- und Aktienrecht, 2005, 38 f.; *Baums* FS Hommelhoff, 2012, 76 ff.; *Haberstock* NZG 2008, 220; *Becker* NZG 2003, 510 (513 f.); *Schorling/Vogel* AG 2003, 86 (87 ff.); *Hergeth/Eberl* DStR 2002, 1818 (1819 ff.); vgl. auch BayObLG NZG 2002, 583 (584); OLG München BB 2006, 2711 (2714) m. Anm. *Müller* WuB II B § 54 AktG 1.07; dazu auch Nichtzulassungsbeschluss BGH NZG 2008, 76; LG Mainz ZIP 1986, 1323 (1328); RGZ 79, 333 (335); 83, 216 (219); aA *Herchen*, Agio und verdecktes Agio im Recht der Kapitalgesellschaften, 2004, 279 ff.

pflicht begrenzt (→ § 54 Rn. 29 ff. mwN). Und sie verstoßen auch nicht gegen das die korporative Einlagenleistung sichernde Volleinzahlungsgebot nach § 36a Abs. 1.[99]

Die Vereinbarung kann sowohl mit der AG direkt getroffen werden als auch mit den anderen Aktionären oder mit Dritten, wobei der AG dann auch ein eigenes Forderungsrecht nach § 328 BGB eingeräumt werden kann.[100] **36**

Grenzen sind der Gestaltung faktisch insofern gesetzt, als eine schuldrechtliche Zuzahlungspflicht nicht bedenkenlos ein korporatives Agio iSv Abs. 2 ersetzen kann, wenn dessen Festsetzung aus aktienrechtlichen Gründen geboten ist (→ Rn. 27 ff.). So kann im Fall eines Bezugsrechtsausschlusses eine schuldrechtliche Leistungspflicht nicht ohne weiteres zur Begründung der nach § 255 Abs. 2 erforderlichen Angemessenheit des korporativ festgesetzten Ausgabebetrags herangezogen werden.[101] Das dürfte nicht lediglich die Offenlegung der Vereinbarung gegenüber der Hauptversammlung erfordern,[102] sondern die Zustimmung aller Altaktionäre voraussetzen, wenn die Kapitalerhöhung nicht mit dem Risiko der Anfechtbarkeit behaftet sein soll.[103] Denn die Transparenz alleine bietet noch keine hinreichende Gewähr dafür, dass die nicht den Beschränkungen des § 66 unterliegenden schuldrechtlichen Verpflichtungen tatsächlich Bestand haben und erfüllt werden, und sie schafft deshalb keine hinreichende Entscheidungsgrundlage für die Hauptversammlung.[104] Das gilt insbesondere dann, wenn die Zuzahlungen aufschiebend bedingt sind durch das Erreichen definierter Unternehmensziele, der sog. Meilensteine, weil das Ausbleiben des definierten Erfolg nicht zwingend bedeutet, dass das Unternehmen zum maßgeblichen Zeitpunkt überbewertet und der Ausgabebetrag unangemessen hoch war, und weil somit eine insgesamt angemessene Leistung für die neu ausgegebenen Aktien nicht gewährleistet ist.[105] Entsprechendes gilt für die Frage, ob bei der Kapitalerhöhung ohne Bezugsrechtsausschluss ein angemessener Ausgabebetrag festgesetzt ist (→ Rn. 30).[106] In der Praxis dürften die erforderlichen Zustimmungen in der Regel vorliegen, weil die fraglichen Vereinbarungen im Bereich der Venture Capital Finanzierungen vor allem bei AG mit kleinem Aktionärskreis in Betracht kommen und dabei die Aktionäre oder Gründer ohnehin an den Vereinbarungen als Vertragspartner beteiligt werden.[107] **37**

3. Rechtliche Behandlung. a) Begründung. Die Vereinbarung wird in der Regel in einer gesonderten Urkunde fixiert. Sie kann aber auch in der Gründungssatzung mit enthalten sein.[108] Ratsam ist eine solche Zusammenfassung nicht, weil sie das vermeidbare Auslegungsproblem aufwerfen kann, ob eine schuldrechtliche oder eine korporative Verpflichtung gewollt ist (→ § 54 Rn. 37). Im Übrigen gelten grundsätzlich die allgemeinen Vorschriften über das Zustandekommen schuldrechtlicher Geschäfte, die Zuständigkeit hierfür liegt beim Vorstand.[109] Der Abschluss darf nicht durch korporative Druckmittel erzwungen werden (näher → § 54 Rn. 34 mwN). **38**

b) Abwicklung. Auch die Abwicklung (Durchsetzung, Erfüllung, Leistungsstörungen) dieser nicht auf korporativer Grundlage begründeten Leistungspflichten richtet sich ausschließlich nach den Bestimmungen des **allgemeinen Schuldrechts**.[110] Die aktienrechtlichen Vorschriften über die Kapitalaufbringung und -erhaltung, wie etwa § 36 Abs. 2, §§ 54, 57, 63–66 sind nicht anwendbar. Die AG und ihre Organe oder Gesellschaft dürfen auch **keinen korporativen Zwang** zur Durchsetzung dieser Verpflichtung anwenden, also beispielsweise nicht die Kaduzierung oder Einziehung der **39**

---

[99] *Schorling/Vogel* AG 2003, 86 (87 ff.); *Schäfer* ZGR 2008, 455 (476 f.); *Baums* FS Hommelhoff, 2012, 80.
[100] HM *Wagner* DB 2004, 293 (295); *Becker* NZG 2003, 510 (514); *Schorling/Vogel* AG 2003, 86 (87); *Gerber* MittBayNot 2002, 305 ff.; *Hergeth/Eberl* DStR 2002, 1818 (1819 ff.); → § 54 Rn. 29; anders möglicherweise BayObLG NZG 2002, 583 (584): nur Aktionärsvereinbarung ohne Forderungsrecht der AG.
[101] *Herchen*, Agio und verdecktes Agio im Recht der Kapitalgesellschaften, 2004, 332 ff.; *Schäfer* FS Stilz, 2014, 525 (528 ff.); → § 185 Rn. 18; ebenso *Becker* NZG 2003, 510 (514); aA *Priester* FS Röhricht, 2005, 467 (472 f.); *Priester* FS Lutter, 2000, 617 (631); *Mellert* NZG 2003, 1096 f.; *Loges/Zimmermann* WM 2005, 349 (351); *Baums* FS Hommelhoff, 2012, 81 f.; wohl auch *Hergeth/Eberl* DStR 2002, 1818 (1821); Großkomm AktG/*Mock* Rn. 133.
[102] So aber *Priester* FS Röhricht, 2005, 467 (472 f.).
[103] *Hermanns* ZIP 2003, 788 (791 f.); vgl. auch *Lüssow*, Das Agio im GmbH- und Aktienrecht, 2005, 184 f.
[104] *Hermanns* ZIP 2003, 788 (791); *Herchen*, Agio und verdecktes Agio im Recht der Kapitalgesellschaften, 2004, 335, mit dem weiteren Hinweis auf die fehlende Werthaltigkeitsprüfung bei Sachleistungen.
[105] Differenzierend zu diesem Aspekt *Mellert* NZG 2003, 1096 (1097).
[106] *Hermanns* ZIP 2003, 788 (791).
[107] Vgl. *Mellert* NZG 2003, 1096 f.; *Hergeth/Eberl* DStR 2002, 1818 (1821); *Priester* FS Röhricht, 2005, 467 (473); *Becker* NZG 2003, 510 (514).
[108] AllgM Kölner Komm AktG//*Drygala* § 54 Rn. 48.
[109] Großkomm AktG/*Mock* Rn. 131 mwN; im Zweifel wird eine als Vertragspartner mitwirkende AG nach § 112 durch den Aufsichtsrat vertreten, wenn ein Vorstandsmitglied zugleich als Altaktionär mitwirkt: *Mellert* NZG 2003, 1096 (1099 f.).
[110] *Becker* NZG 2003, 510 (512); Großkomm AktG/*Mock* Rn. 137.

Aktien des Schuldners androhen oder beschließen. Solche aktienrechtlichen Sanktionen können weder in der schuldrechtlichen Vereinbarung geregelt noch in der Satzung bestimmt werden.[111]

40 **c) Übertragung.** Anders als die Einlagepflicht (§ 54 Abs. 1) geht die schuldrechtliche Zuzahlungspflicht nicht ohne weiteres mit der Aktie auf deren Erwerber über, da sie nicht Teil oder Inhalt des Mitgliedschaftsrechts ist.[112] Dazu bedarf es einer Vereinbarung über eine Schuldübernahme nach §§ 414, 415 BGB (näher → § 54 Rn. 38 f.). Zulässig ist es, bei vinkulierten Namensaktien (§ 68 Abs. 2) die Zustimmung der AG zur Übertragung vom Übergang auch der schuldrechtlichen Verpflichtung abhängig zu machen (→ § 54 Rn. 38 mwN).

41 **d) Bilanzierung.** Schuldrechtliche Zuzahlungen sind in die Kapitalrücklagen einzustellen. Sie stellen aber nach hM keine Beträge dar, die im Sinne von § 272 Abs. 2 Nr. 1 HGB bei der Ausgabe von Anteilen über den geringsten Ausgabebetrag hinaus erzielt werden, sondern sind „andere Zuzahlungen" nach **§ 272 Abs. 2 Nr. 4 HGB** und unterliegen damit nicht den Verwendungsbeschränkungen nach § 150 Abs. 3 und 4.[113] Sie können also auch ausgeschüttet werden und sie werden in der Praxis auch zur Ausschüttung an die Altaktionäre verwendet.[114] Rückzahlungen berühren die Kapitalschutzvorschriften jedenfalls nicht, wenn bei den Einzahlungen zwischen Einlage und Zusatzleistung eine „verbale und tatsächliche Trennung" vorgenommen wird.[115] Etwas anderes gilt für die bei der Aktienemission von Konsortialbanken erzielten und damit anders gelagerten Mehrerlöse, die vereinbarungsgemäß an die AG abgeführt werden.[116]

42 **e) Registerkontrolle.** Da schuldrechtliche Vereinbarungen über eine Zuzahlungspflicht die korporative Einlagepflicht und die aktienrechtliche Kapitalaufbringung nicht berühren, erstreckt sich auch die Prüfung des Registergerichts **grundsätzlich nicht** auf die schuldrechtliche Vereinbarung, die deshalb auch nicht bei der Anmeldung vorgelegt werden muss.[117] Es ist also auch keine Prüfung erforderlich, ob es sich in Wahrheit um eine „gewollte Einlage" handelt, weil eine korporative Einlagepflicht nur gewollt sein kann, wenn sie formal nach den → Rn. 7 f. genannten Regeln festgesetzt worden ist.[118]

§ 10 Aktien und Zwischenscheine

(1) ¹Die Aktien lauten auf Namen. ²Sie können auf den Inhaber lauten, wenn
1. die Gesellschaft börsennotiert ist oder
2. der Anspruch auf Einzelverbriefung ausgeschlossen ist und die Sammelurkunde bei einer der folgenden Stellen hinterlegt wird:
   a) einer Wertpapiersammelbank im Sinne des § 1 Absatz 3 Satz 1 des Depotgesetzes,
   b) einem zugelassenen Zentralverwahrer oder einem anerkannten Drittland-Zentralverwahrer gemäß der Verordnung (EU) Nr. 909/2014 des Europäischen Parlaments und des Rates vom 23. Juli 2014 zur Verbesserung der Wertpapierlieferungen und -abrechnungen in der Europäischen Union und über Zentralverwahrer sowie zur Änderung der Richtlinien 98/26/EG und 2014/65/EU und der Verordnung (EU) Nr. 236/2012 (ABl. L 257 vom 28.8.2014, S. 1) oder

---

[111] *Becker* NZG 2003, 510 (512 f.); → § 54 Rn. 32 mwN.
[112] *Schorling/Vogel* AG 2003, 86 (87).
[113] HM Kölner Komm AktG/*Drygala* § 54 Rn. 50; Kölner Komm AktG/*Dauner-Lieb* Rn. 39; Großkomm AktG/*Mock* Rn. 141 f.; Hölters/*Solveen* Rn. 13; *Priester* FS Röhricht, 2005, 467 (475 ff.); *Priester* FS Lutter, 2000, 617 (629); *Wagner* DB 2004, 293 (296 f.); *Mellert* NZG 2003, 1096 (1097 f.); *Schorling/Vogel* AG 2003, 86 (89); *Schäfer* ZGR 2008, 455 (477); OLG München BB 2006, 2711 (2714); vgl. auch LG Mainz ZIP 1986, 1323 (1328); § 150 Rn. 12; aA *Becker* NZG 2003, 510 (515 f.) mwN; *Herchen,* Agio und verdecktes Agio im Recht der Kapitalgesellschaften, 2004, 286 ff. (329 f.); MüKoAktG/*Pentz* § 23 Rn. 60; *Baums* FS Hommelhoff, 2012, 83 ff. mwN zum bilanzrechtlichen Schrifttum in Fn. 92.
[114] *Wagner* DB 2004, 293 (296 f.); *Priester* FS Röhricht, 2005, 467 (477); OLG München BB 2006, 2711 (2714).
[115] BGH NZG 2008, 76 m. Bespr. *Haberstock* NZG 2008, 220.
[116] *Schorling/Vogel* AG 2003, 86 (89) mwN; vgl. auch *Becker* NZG 2003, 510 (516).
[117] → § 188 Rn. 28, auch zu Ausnahmefällen, → Rn. 43; ferner *Priester* FS Röhricht, 2005, 467 (474); *Schorling/Vogel* AG 2003, 86 (91); *Gerber* MittBayNot 2002, 306 f.; vgl. auch *Lüssow,* Das Agio im GmbH- und Aktienrecht, 2005, 185 f.; differenzierend *Hermanns* ZIP 2003, 788 (792); aA BayObLG NZG 2002, 583 f.; auch Hüffer/Koch/*Koch* § 36a Rn. 2a: Registergericht darf Vorlage zur Prüfung der Gesetzmäßigkeit verlangen.
[118] HM in der Literatur Kölner Komm AktG/*Drygala* § 54 Rn. 50; Kölner Komm AktG/*Dauner-Lieb* Rn. 39; Großkomm AktG/*Mock* Rn. 141 f.; Hölters/*Solveen* Rn. 13; *Priester* FS Röhricht, 2005, 467 (475 ff.); *Priester* FS Lutter, 2000, 617 (629); *Wagner* DB 2004, 293 (296 f.); *Mellert* NZG 2003, 1096 (1097 f.); *Schorling/Vogel* AG 2003, 86 (89); *Schäfer* ZGR 2008, 455 (477); gegen BayObLG NZG 2002, 583 f.

c) einem sonstigen ausländischen Verwahrer, der die Voraussetzungen des § 5 Absatz 4 Satz 1 des Depotgesetzes erfüllt.
³Solange im Fall des Satzes 2 Nummer 2 die Sammelurkunde nicht hinterlegt ist, ist § 67 entsprechend anzuwenden.

(2) ¹Die Aktien müssen auf Namen lauten, wenn sie vor der vollen Leistung des Ausgabebetrags ausgegeben werden. ²Der Betrag der Teilleistungen ist in der Aktie anzugeben.

(3) Zwischenscheine müssen auf Namen lauten.

(4) ¹Zwischenscheine auf den Inhaber sind nichtig. ²Für den Schaden aus der Ausgabe sind die Ausgeber den Inhabern als Gesamtschuldner verantwortlich.

(5) In der Satzung kann der Anspruch des Aktionärs auf Verbriefung seines Anteils ausgeschlossen oder eingeschränkt werden.

Schrifttum: *Apfelbaum,* Die Verpfändung der Mitgliedschaft, Diss. Bayreuth 2004; *Berger,* Die Verwertung gepfändeter Aktien in der Insolvenz des Sicherungsgebers, ZIP 2007, 1533; *Berger,* Verpfändung und Verwertung von Aktien, WM 2009, 577; *Böning,* Der Besitz des Hinterlegers an Dauerglobalaktien, ZInsO 2008, 873; *Böttcher/Carl/Schmidt/Seibert,* Die Aktienrechtsnovelle, 2016; *Brand,* Besitz an dauerglobalverbrieften Aktien – zugleich ein Beitrag zur Lehre vom Besitz, ZBB 2015, 40; *Drygala,* Nur noch Namensaktien für die nicht börsennotierten Aktiengesellschaften?, ZIP 2011, 798; *Eder,* Die rechtsgeschäftliche Übertragung von Aktien, NZG 2004, 107; *Einsele,* Wertpapiere im elektronischen Bankgeschäft, WM 2001, 7; *García Mateos,* Das neue Recht der Namensaktie, Diss. Saarbrücken 2004; *Gruson,* Die Doppelnotierung von Aktien deutscher Gesellschaften an der New Yorker und Frankfurter Börse – die so genannte Globale Aktie, AG 2004, 358; *Habersack/Mayer,* Globalverbriefte Aktien als Gegenstand sachenrechtlicher Verfügungen?, WM 2000, 1678; *Harbarth/Freiherr von Plettenberg,* Aktienrechtsnovelle 2016: Punktuelle Fortentwicklung des Aktienrechts, AG 2016, 145; *Heißel/Kienle,* Rechtliche und praktische Aspekte zur Einbeziehung vinkulierter Namensaktien in die Sammelverwahrung, WM 1993, 1909; *Hirte/Knof,* Das Pfandrecht an globalverbrieften Aktien in der Insolvenz, WM 2008, 7, 49; *Hoffmann,* Die Verpfändung von Aktien in der Konsortialkreditpraxis, WM 2007, 1547; *Horn,* Die Erfüllung von Wertpapiergeschäften unter Einbeziehung eines Zentralen Kontrahenten an der Börse, WM 2002, Sonderbeil. Nr. 2, S. 3; *Huep,* Die Renaissance der Namensaktie – Möglichkeiten und Probleme im geänderten aktienrechtlichen Umfeld, WM 2000, 1623; *Ihrig/Wandt,* Die Aktienrechtsnovelle 2016, BB 2016, 6; *Iversen,* Die außerbörsliche Übertragung von Aktien unter Beachtung des sachenrechtlichen Bestimmtheitsgrundsatzes, AG 2008, 736; *Koller,* Der gutgläubige Erwerb von Sammeldepotanteilen an Wertpapieren im Effektengiroverkehr, DB 1972, 1857, 1905; *Kölling,* Namensaktien im Wandel der Zeit – „NaStraG", NZG 2000, 631; *Kümpel,* Die Emission von Wertpapierurkunden mit Unterschriften pensionierter oder verstorbener Vorstandsmitglieder, FS Werner, 1984, 447; *Lauppe,* Die kleine Aktiengesellschaft ohne Aktienausgabe: Der Weg ins Chaos, DB 2000, 807; *Mahler,* Rechtsgeschäftliche Verfügungen über sonder- und sammelverwahrte Wertpapiere des Kapitalmarktes, Diss. Augsburg 2005; *Maul,* Zur Ausgabe von Namensaktien, NZG 2001, 585; *Merkt,* Die Geschichte der Namensaktie, in v. Rosen/Seibert, Die Namensaktie, 2000, 63; *Mentz/Fröhling,* Die Formen der rechtsgeschäftlichen Übertragung von Aktien, NZG 2000, 201; *Mirow,* Die Übertragung von Aktien im Aktienkaufvertrag – Formulierungshilfen für die Praxis, NZG 2008, 52; *Mock,* Aktiengesellschaften mit Inhaberaktien nach neuem Recht, AG 2016, 261; *Mülbert,* Die Aktie zwischen mitgliedschafts- und wertpapierrechtlichen Vorstellungen, FS Nobbe, 2009, 691; *Müller-von Pilchau,* Von der physischen Urkunde zur „virtuellen" Aktie – Die Realisierung der Girosammelverwahrung für Namensaktien in Deutschland, in v. Rosen/Seibert, Die Namensaktie, 2000, 97; *Modlich,* Die außerbörsliche Übertragung von Aktien, DB 2002, 671; *Nodoushani,* Rechtsfragen bei der Aktienverpfändung, WM 2007, 289; *Noack,* Die Namensaktie – Dornröschen erwacht, DB 1999, 1306; *Noack,* Die Umstellung von Inhaber- auf Namensaktien, FS Bezzenberger, 2000, 291; *Noack,* Globalurkunde und unverkörperte Mitgliedschaften bei der kleinen Aktiengesellschaft, FS Wiedemann, 2002, 1141; *Noack,* Aktien – Gattungen, Verbriefung, Übertragung, in Bayer/Habersack, Aktienrecht im Wandel, Band II, 2007, 510; *Noack/Zetzsche,* Die Legitimation der Aktionäre bei Globalaktien und Depotverbuchung, AG 2002, 651; *Perwein,* Übergabe der Aktienurkunde als Wirksamkeitsvoraussetzung bei der Abtretung von Namensaktien kleiner Publikums-Aktiengesellschaften, AG 2012, 611; *Schaper,* Aktienurkunden in der Praxis – Verbriefung, Übertragung, Umtausch und Kraftloserklärung, AG 2016, 889; *Schaub,* Die Familien-Aktiengesellschaft und der Schutz vor Fremdeinflüssen, ZEV 1995, 82; *Schinzler,* Die teileingezahlte Namensaktie als Finanzierungsinstrument der Versicherungswirtschaft, Diss. Mannheim 1998; *Schwennicke,* Der Ausschluss der Verbriefung der Aktien bei der kleinen Aktiengesellschaft, AG 2001, 118; *Seibert,* Der Ausschluss des Verbriefungsanspruchs des Aktionärs in Gesetzgebung und Praxis, DB 1999, 267; *Seibert,* Der Entwurf eines Gesetzes zur Namensaktie und zur Erleichterung der Stimmrechtsausübung (Namensaktiengesetz – NaStraG), in v. Rosen/Seibert, Die Namensaktie, 2000, 11; *Söhner,* Die Aktienrechtsnovelle 2016, ZIP 2016, 151; *Stöber,* Die Aktienrechtsnovelle 2016, DStR 2016, 611; *Stupp,* Aktuelle Rechtsprobleme bei der Verpfändung von Aktien zur Kreditbesicherung, DB 2006, 655; *Than,* Wertpapierrecht ohne Wertpapiere?, FS Schimansky, 1999, 821; *Than/Hannöver,* Depotrechtliche Fragen bei Namensaktien, in v. Rosen/Seibert, Die Namensaktie, 2000, 279; *Wieneke,* Namensaktien bei Neugründung, in v. Rosen/Seibert, Die Namensaktie, 2000, 229; *Wittig,* Die Verwertung verpfändeter Aktien, FS Kümpel, 2003, 587; *Zätzsch,* Die Voraussetzungen der Umstellung von Inhaber- und Namensaktien, in v. Rosen/Seibert, Die Namensaktie, 2000, 257; *Zöllner,* Neustückelung des Grundkapitals und Neuverteilung von Einzahlungsquoten bei teileingezahlten Aktien der Versicherungsgesellschaften, AG 1985, 19; *Zöllner,* Die Zurückdrängung des Verkörperungselements bei den Wertpapieren, FS Raiser, 1974, 249. S. auch die Schrifttumshinweise bei §§ 67, 68.

Übersicht

	Rn.		Rn.
I. Entstehungsgeschichte und Normzweck	1–5	d) Ausgestaltung von Mehrfach- und Globalaktien	43, 44
1. Entstehungsgeschichte	1, 1a	5. Legitimationswirkung	45–48
2. Normzweck	2–5	a) Inhaberaktie	46
a) Ausgangspunkt: Urkundlich verbriefte Mitgliedschaft	2	b) Namensaktie	47, 48
b) Funktionsverlust der Aktienurkunde	3	**IV. Verfügungen über Aktien**	49–71
c) Funktionswandel der Unterscheidung von Inhaber- und Namensaktien	4	1. Übertragung von Aktien	49–61
		a) Grundsätze, Auslegung	49–51
d) Aktien als Wertpapiere im Kapitalmarktrecht	5	b) Abtretung	52, 53
		c) Sachen- und wertpapierrechtliche Übertragung	54–60
II. Inhaber- oder Namensaktien, Abs. 1	6–26	d) Eigentumsübergang nach DepotG	61
1. Inhaber- und Namensaktien	6–11	2. Gutgläubiger Erwerb	62–65
a) Inhaberaktien	7–8b	a) Voraussetzung: Wirksam entstandene und verbriefte Mitgliedschaft	63
b) Namensaktien	9	b) Einzelheiten	64, 65
c) Gleichwertigkeit	10	3. Beschränkte dingliche Rechte	66–71
d) Bedeutung	11	a) Verpfändung	67, 68
2. Satzungsbestimmung	12–16	b) Nießbrauch	69
a) Zwingende Festlegung	12, 13	c) Pfändung	70, 71
b) Folgen von Verstößen	14	**V. Teileingezahlte Namensaktien, Abs. 2**	72–78
c) Umstellungen	15, 16	1. Teileinzahlung von Bareinlagen	72–77
3. Auswahl	17–26	a) Bedeutung	72–74
a) Wahlfreiheit	17	b) Angabe der Teilleistung	75
b) Ausnahmen	18–26	c) Folgen von Verstößen	76
III. Verbriefung der Mitgliedschaft	27–48	d) Börsennotierung	77
1. Deklaratorische Verbriefung	27, 28	2. Anwendung bei Sacheinlagen	78
2. Anspruch auf Verbriefung	29	**VI. Ausschluss oder Beschränkung der Anteilsverbriefung, Abs. 5**	79–84
3. Wertpapiermäßige Verbriefung	30–33	1. Satzungsbestimmung	79–81
a) Ausstellung	30	2. Ausschluss	82, 83
b) Ausgabe	31	a) Ausschluss der Einzelverbriefung: Globalaktie	82
c) Zeitpunkt	32	b) Ausschluss der Globalverbriefung?	83
d) Verbrieftes Recht	33	3. Beschränkung	84
4. Varianten der Verbriefung und Verwahrung	34–44	**VII. Zwischenscheine, Abs. 3 und 4**	85–90
a) Funktionsverlust der Aktienurkunde	34, 35	1. Begriff und Bedeutung	85
b) Entwicklung zur sammelverwahrten Globalaktie	36–41	2. Rechtliche Behandlung	86–90
c) Verwahrung von Globalaktien bei der AG	42		

I. Entstehungsgeschichte und Normzweck

1 **1. Entstehungsgeschichte.** Die aus dem AktG 1937 inhaltlich in das AktG 1965 übernommenen Regelungen in § 10 Abs. 1–4 sind weitgehend unverändert geblieben. Mit dem Stückaktiengesetz wurde Abs. 2 redaktionell an die Einführung der Stückaktie angepasst und vereinfacht.[1] Erst 1994 wurde die Vorschrift um einen fünften Absatz ergänzt.[2] Danach konnte der Anspruch des Aktionärs auf eine Einzelverbriefung in der Satzung ausgeschlossen oder beschränkt werden; es blieb ein Anspruch auf eine Mehrfachurkunde für alle Aktien des Aktionärs (→ Rn. 40, 84). Bereits 4 Jahre später wurde Abs. 5 mit dem KonTraG geändert: seither kann der Anspruch auf Anteilsverbriefung ganz ausgeschlossen werden. Damit ist insbesondere die dauerhafte Verbriefung aller Anteile in nur einer Globalaktie möglich geworden (→ Rn. 41 ff., 82); ob auch ein Anspruch darauf ausgeschlossen werden kann, ist umstritten (→ Rn. 83).

1a Mit der sog. **Aktienrechtsnovelle 2016**[3] wurde die Namensaktie zur Standardform und -verbriefung erhoben, indem das Wahlrecht zwischen beiden Formen faktisch eingeschränkt wurde: Die

---

[1] Einzelheiten bei MüKoAktG/*Heider* Rn. 1.
[2] Gesetz für kleine Aktiengesellschaften und zur Deregulierung des Aktienrechts vom 2.8.1994, BGBl. 1994 I 1961.
[3] Gesetz zur Änderung des Aktiengesetzes (Aktienrechtsnovelle 2016) vom 22.12.2015, BGBl. 2015 I 2565.

Ausgestaltung als Inhaberaktie ist nach § 10 Abs. 1 Satz 2 nur noch möglich, wenn die Aktien börsennotiert sind oder unter Ausschluss der Einzelverbriefung bei einer der drei genannten Verwahrstellen sammelverwahrt werden. Damit soll eine Beteiligungstransparenz für Ermittlungsbehörden nicht nur bei der Namensaktie über das Aktienregister, sondern auch bei der Inhaberaktie über die Mitteilungspflichten (§ 21 Abs. 1 S. 1 WpHG) bei Börsennotierung – so der Aktionär ihr nachkommt – und im Übrigen über die Hinterlegung einer Sammelurkunde und die dahin führende Verwahrkette als „Ermittlungsspur" geschaffen werden. Der Gesetzgeber will damit der Gefahr der Geldwäsche und Terrorfinanzierung entgegenwirken. Er sah sich zu dieser Neuregelung durch eine Rüge der supranationalen Financial Action Task Force in einem Bericht aus dem Jahr 2010[4] veranlasst,[5] insbesondere bei nicht börsennotierten Inhaberaktien fehle es an Transparenz über die Gesellschafterstruktur. Dieser Bericht führte zunächst zu einem noch strengeren Referentenentwurf aus dem Jahr 2011 und mehreren Entwürfen der in den Folgejahren immer wieder angekündigten Aktienrechtsnovelle, die schließlich in die geltende Gesetzesfassung mündeten.[6] Ob sich angesichts des Bestandsschutzes für Altgesellschaften und der Umgehungsmöglichkeiten etwa durch zwischengeschaltete Gesellschaften bzw. Treuhandkonstruktionen tatsächlich ein spürbarer Effekte für Ermittlungen im Bereich organisierter Kriminalität oder Terrorbekämpfung ergeben wird, erscheint eher zweifelhaft.[7] Flankiert wird die Regelung freilich seit Juni 2017 durch das Geldwäschegesetz (→ Rn. 8b).

2. Normzweck. a) Ausgangspunkt: Urkundlich verbriefte Mitgliedschaft. Das AktG verwendet den Begriff „Aktie" in dreifacher Bedeutung (→ § 1 Rn. 94). Teils ist die Mitgliedschaft gemeint (zB in §§ 8 und 9), teils die Beteiligungsquote, teils die Urkunde, in der die Mitgliedschaft verbrieft ist. § 10 betrifft im Ausgangspunkt die **wertpapiermäßige Verbriefung** der Mitgliedschaft in Aktienurkunden **(Inhaber- oder Namensaktien)** und, in Abs. 3 und 4, in der Variante des **Zwischenscheins.** Die Verbriefung der Aktie ist im Gesetz nicht zusammenhängend und vollständig normiert. Einzelne Aspekte sind insbesondere in § 8 Abs. 6, §§ 10, 13, 24, 55 Abs. 1 S. 3 und §§ 72–74 geregelt. Einzelheiten zu den formalen und inhaltlichen Anforderungen an die Aktienurkunde sind bei § 13 kommentiert.

b) Funktionsverlust der Aktienurkunde. Nach herkömmlichem aktienrechtlichen Verständnis dient die Verbriefung der Aktie in einem Wertpapier der erhöhten Fungibilität, weil sie die Legitimation des Aktionärs gegenüber der AG und gegenüber Dritten erleichtert, die Übertragung vereinfacht und den guten Glauben des Erwerbers schützt.[8] Das hat die Vorstellung von der „Aktie" so geprägt, dass für das Mitgliedschaftsrecht und die Urkunde nicht von ungefähr derselbe Begriff verwandt wird. Gleichzeitig gab es seit jeher keinen Zweifel, dass die Verbriefung nur deklaratorisch (→ Rn. 27) und kein Wesenselement des Aktienrechts ist.[9] Schon früh hat sich auch herausgestellt, dass die Einzelverbriefung von Aktien insbesondere bei breit gestreuten Emissionen die Verkehrsfähigkeit wegen der Verwahrungs-, Transport- und Sicherheitsprobleme tatsächlich eher einschränkt. Deshalb hat die Praxis zu Rationalisierungsformen wie der Sammelverwahrung und der Globalurkunde gefunden, die der Gesetzgeber depot- und aktienrechtlich (Abs. 5) gebilligt hat (Einzelheiten unter III. 4, → Rn. 34 ff.). Damit wird an einer wertpapiermäßigen Grundlage des stückelosen Effektengiroverkehr festgehalten, der faktisch die Aktie nicht mehr als Wertpapier, sondern als Buchungsposition erscheinen lässt. Dementsprechend ist die Bedeutung der Aktienurkunde für die Übertragung der Mitgliedschaft (→ Rn. 49 ff.) und auch für die Legitimation des Aktionärs (→ Rn. 45 ff.) gemindert. Dieser auf Kapitalmarktentwicklungen beruhende **Funktionsverlust** der Aktienurkunde, der auch auf nicht börsennotierte Aktien ausstrahlt (→ Rn. 35), ist unbestreitbar. Das gilt mittlerweile für Inhaber- wie für Namensaktien. Werden letztere mit einem Blankoindossament versehen, werden sie wie Inhaberaktien zu vertretbaren Wertpapieren und damit nicht nur sammelverwahrfähig, sondern auch wie Inhaberaktien übertragbar (→ Rn. 57–62). Deshalb haben sich Inhaber- und

---

[4] FATF, Mutual Evaluation Report, Anti-Money Laundering and Combating the Financing of Terrorism, Germany, vom 19.02.2010, http://www.fatf-gafi.org/media/fatf/documents/reports/mer/MER Germany full.pdf, S. 244 ff. (Abruf 15.04.2017).
[5] BT-Drs. 18/4349, 15 f; zur Berechtigung dieser Zielsetzung vgl. *Drygala* ZIP 2011, 798.
[6] Näher zur Entstehungsgeschichte und den Hintergründen der Aktienrechtsnovelle 2016 Großkomm AktG/*Mock* Rn. 11; *Böttcher/Carl/Schmidt/Seibert,* Die Aktienrechtsnovelle, 2016.
[7] Siehe nur *Stöber* DStR 2016, 611 (613); Großkomm AktG/*Mock* Rn. 24 mwN zur insoweit kritischen Literatur; differenzierend *Harbarth/Freiherr von Plettenberg* AG 2016, 145 (147); vgl. auch *Söhner* ZIP 2016, 151 (152 f).
[8] MüKoAktG/*Heider* Rn. 10; Kölner Komm AktG/*Kraft,* 2. Aufl. 1988, Rn. 2.
[9] RGZ 34, 110 (115).

Namensaktien in ihrer Ausgestaltung und verbliebenen (Rest-)Bedeutung als Wertpapier weitgehend angenähert.

4 c) **Funktionswandel der Unterscheidung von Inhaber- und Namensaktien.** Der Funktionsverlust der Aktienurkunden hat nicht gleichermaßen einen Funktionsverlust des § 10 Abs. 1 zur Folge. Denn die Bedeutung einer Unterscheidung zwischen Inhaber- und Namensaktien und einer Satzungsbestimmung dazu (§ 23 Abs. 3 Nr. 5; → Rn. 12 ff.) bleibt. Sie beruht heutzutage weniger auf der Einordnung in verschiedene Wertpapierkategorien. Im Vordergrund steht vielmehr die aktienrechtliche Behandlung der Inhaber- oder Namensaktie bezeichneten Mitgliedschaften, die sich in einzelnen Punkten unabhängig davon unterscheidet, ob und wie die Aktien verbrieft sind.[10] So ist etwa nur bei Namensaktien eine Vinkulierung zulässig, die in bestimmten Fällen zwingend notwendig ist (→ Rn. 20, 22–25). Dazu müssen die Namensaktien nicht verbrieft sein (→ Rn. 53). Dasselbe gilt für die Führung eines Aktienregisters (jetzt § 67 Abs. 1; dazu und zu weiteren Unterschieden → Rn. 13). Sie führt zu unterschiedlichen Legitimationsformen (Namensaktie: § 67 Abs. 2; Inhaberaktie: § 123 Abs. 3 S. 2). Die Unterscheidung von Inhaber- oder Namensaktien und die Festlegung darauf in der Satzung hat also nicht mehr alleine wertpapierrechtliche Bedeutung, sondern auch oder inzwischen vor allem die Funktion, die gesellschaftsrechtliche Qualifizierung und Behandlung des Mitgliedschaftsrechts zu bestimmen. Die Aktienrechtsnovelle 2016 (→ Rn. 1a) hat diese Tendenz verstärkt. Die Entwicklung wird mit der Aktionärsrechte und der bis Mitte 2019 anstehenden Umsetzung ihrer Regelungen zur Identifikation der Aktionäre weiter gehen: Damit würde sich die Inhaberaktie noch weniger von der Namensaktie unterscheiden, ihre Zukunft wird bereits in Frage gestellt.[11]

5 d) **Aktien als Wertpapiere im Kapitalmarktrecht.** Aktienurkunden und Zwischenscheine sind **Wertpapiere** im Sinne von § 1 Abs. 1 DepotG, §§ 2, 32 ff. BörsG. Dabei hat der Gesetzgeber dem Funktionsverlust von Wertpapier im Kapitalmarktrecht bereits Rechnung getragen: Aktien fallen als kapitalmarktgehandelte Mitgliedschaftsrechte unabhängig von einer Verbriefung unter den Wertpapierbegriff nach § 2 Abs. 2 Nr. 1 WpÜG, § 2 Abs. 1 Nr. 1 WpHG, § 1 Abs. 11 S. 2 Nr. 1 KWG. Daran knüpft nach richtiger Ansicht nunmehr unausgesprochen auch der Wertpapierbegriff des BörsG an (vgl. auch § 2 Abs. 2 BörsG).[12]

II. Inhaber- oder Namensaktien, Abs. 1

6 1. **Inhaber- und Namensaktien.** Abs. 1 regelt abschließend, dass Aktien entweder als Inhaberpapier oder als Orderpapier (Namensaktien) verbrieft werden können. Eine Verbriefung als Namens-(Rekta-)papier ist nicht möglich.[13] Weil die satzungsmäßige Festlegung (→ Rn. 12) auf eine dieser Varianten nicht nur für einen unterschiedlichen Wertpapiercharakter, sondern auch für eine unterschiedliche rechtliche Behandlung des Mitgliedschaftsrechts bestimmt ist, behält die Unterscheidung nach Abs. 1 allerdings unabhängig davon ihre Bedeutung, ob das Aktienrecht überhaupt verbrieft ist oder verbrieft werden soll (→ Rn. 4, 13).

7 a) **Inhaberaktien.** Die Inhaberaktie ist **Inhaberpapier** im Sinne des Wertpapierrechts.[14] Sie verbrieft also ein Mitgliedschaftsrecht, ohne den Namen des Berechtigten zu nennen. Es kann von jedem Inhaber der Urkunde geltend gemacht werden. Die Vorschriften über die Inhaberschuldverschreibung nach §§ 793 ff. BGB sind auf die verbriefte Inhaberaktie entsprechend anwendbar, sofern nicht das AktG abweichende Regelungen enthält oder der Anwendung entgegensteht, dass nicht eine Forderung, sondern ein Mitgliedschaftsrecht verbrieft ist. Anwendbar ist vor allem § 793 Abs. 1 BGB zur Legitimations- und Liberationswirkung (→ Rn. 46), daneben § 794 Abs. 2 BGB.[15] Unanwendbar sind § 794 Abs. 1 BGB (Haftung des Ausstellers; → Rn. 31),[16] § 796 BGB (Einwendungsausschluss), § 798 BGB (Ersatz für beschädigte Papiere),[17] an dessen Stelle § 74 tritt; ferner § 805 BGB (hier gilt § 75) und § 806 S. 2 BGB (zwar ist § 24 aufgehoben, die aktienrechtlichen Regeln gehen aber vor). Für die Kraftloserklärung abhanden gekommener Inhaberaktien verweist § 72 Abs. 1

---

[10] *Noack* FS Wiedemann 2002, 114 (1151 f.); *Mülbert* FS Nobbe, 2009, 691 (693).
[11] Vgl. *Noack* NZG 2017, 561 (567); *Eggers/De Raet* AG 2017, 464 (469).
[12] *Groß* BörsG § 32 Rn. 12; *Mülbert* FS Nobbe, 2009, 691 (704 Fn. 58); *Noack* in Bayer/Habersack, Aktienrecht im Wandel, Bd. II, 2007, 510 (515 Rn. 9); aA noch *Noack* FS Wiedemann, 2002, 1143.
[13] *Zöllner* Wertpapierrecht § 29 II.
[14] Vgl. zum Inhaberpapier MüKoBGB/*Habersack* BGB Vor § 793 Rn. 14.
[15] *Kümpel* FS Werner, 1984, 449 (468 ff.).
[16] *Zöllner* Wertpapierrecht § 29 III.
[17] Großkomm AktG/*Mock* Rn. 37.

S. 2 auf §§ 799 Abs. 2, 800 BGB (das gilt ebenso für Namensaktien und Zwischenscheine). Große Bedeutung hat die Heranziehung der §§ 793 ff. BGB nach alldem nicht.[18]

Die **Ausgabe** einer Inhaberaktie setzt voraus, dass die Einlage voll geleistet ist, Abs. 2 S. 1. **8** Andernfalls kann nur in Zwischenscheinen oder Namensaktien verbrieft werden. Inhaberaktien sind börsen- und sammeldepotfähig (dazu noch → Rn. 37).

Seit Inkrafttreten der Aktienrechtsnovelle 2016 zum 31.12.2015 (→ Rn. 1a) sind Inhaberaktien **8a** nur noch unter besonderen **Voraussetzungen** zulässig. Nach Abs. 1 S. 2 Nr. 1 müssen die Aktien entweder börsennotiert sein, also die Voraussetzungen des § 3 Abs. 2 erfüllen; ein Handel an einem sonstigen organisierten Markt iSd § 264d HGB oder im Freiverkehr genügt also nicht.[19] Oder es muss nach Abs. 1 S. 2 Nr. 2 der Anspruch auf Einzelverbriefung ausgeschlossen sein und die Sammelurkunde bei einer Wertpapiersammelbank (lit. a, § 1 Abs. 3 S. 1 DepotG), einem Zentralverwahrer nach der in lit. b) genannten EU-VO oder einem sonstigen qualifizierten ausländischen Verwahrer (lit. c, § 5 Abs. 4 DepotG) verwahrt werden. Fehlt es an einer solchen Hinterlegung, werden die Inhaberaktien nach Abs. 1 Satz 3 insofern wie Namensaktien behandelt, als der Vorstand ein Aktienregister führen muss. Sind die Inhaber hier nicht eingetragen, greifen keine Sanktionen etwa des Registergerichts, sondern die Inhaber gelten nach § 67 Abs. 2 im Verhältnis zur Gesellschaft nicht als Aktionäre; um die damit verbundene Beeinträchtigung ihrer Mitgliedschaftsrechte zu vermeiden, müssen sie die Führung eines Aktienregisters klageweise durchsetzen.[20] Abs. 1 Satz 3 gilt nicht im Falle der Börsennotierung (Abs. 1 Satz 2 Nr. 1).

Nach der **Übergangsregelung** § 26h Abs. 1 EGAktG ist die Neufassung durch die Aktienrechts- **8b** novelle 2016 allerdings „nicht auf Gesellschaften anzuwenden, deren Satzung vor dem 31. Dezember 2015 durch notarielle Beurkundung festgestellt wurde und deren Aktien auf Inhaber lauten. Für diese Gesellschaften ist § 10 Absatz 1 des Aktiengesetzes in der am 30. Dezember 2015 geltenden Fassung weiter anzuwenden." Das gilt jedenfalls für die zum Stichtag schon ausgegebenen Inhaberaktien, die nicht umgestellt werden müssen. Umstritten ist, wie bei Kapitalerhöhungen oder Änderungen der Voraussetzungen für die Ausgabe von Inhaberaktien nach dem Stichtag zu verfahren ist. Nach dem Wortlaut der Übergangsregelung kommt es nur auf den Zeitpunkt der Beurkundung der Ausgangssatzung an, so dass dann sämtliche Kapitalmaßnahmen nach dem Stichtag nach altem Recht zu behandeln sind. Der Zweck der Neuregelung, möglichst umfassend Ermittlungsspuren zu legen, mag freilich dafür sprechen, dass bei Kapitalerhöhungen, auch der Ausübung von genehmigtem oder bedingtem Kapital, sowie bei einem Delisting oder einer Aufhebung der Verwahrung als Sammelurkunde bzw. des Ausschlusses des Einzelverbriefungsanspruchs Abs. 1 in der Neufassung auch dann anzuwenden ist, wenn die Gesellschaft selbst vor dem Stichtag gegründet war.[21] Man mag auch anführen, dass die Vorschrift mit dieser Formulierung in erster Linie die Gründung im Blick hat und Kapitalmaßnahmen nicht erwähnt. Gleichwohl sollte es angesichts des Wortlauts mit der hM dabei bleiben, dass die Altgesellschaften auch Kapitalmaßnahmen nach altem Recht durchführen können;[22] dem Gesetzgeber ist es zuzumuten, eindeutige Regelungen zu schaffen, wenn er die Transparenzanforderungen flächendeckend stellen will. Zudem werden Lücken nicht durch die Regelungen im GwG zum Transparenzregister und den entsprechenden Melde- und Angabepflichten der Gesellschaften und Anteilseigner[23] und die bevorstehende Umsetzung der Aktionärsrechterichtlinie mit weiteren Transparenzanforderungen geschlossen.[24]

b) Namensaktien. Eine Namensaktie ist kein Namenspapier, sondern ein **geborenes Orderpa-** **9** **pier**: Der Berechtigte wird durch seine namentliche Nennung in der Aktie oder die Indossamentenkette (vgl. § 68) ausgewiesen.[25] Nach der nicht abschließenden Regelung in § 68 Abs. 1 S. 2 gelten verschiedene Bestimmungen des Wechselgesetzes entsprechend (iE → § 68 Rn. 7). **Sonderregelungen** finden sich in § 67 zur Eintragung der Namensaktien im **Aktienregister** der Gesellschaft

---

[18] Vgl. auch noch Kölner Komm AktG/*Lutter/Drygala* Anh. § 68 Rn. 34 f.; zu der nicht unmittelbar hierher gehörenden analogen Anwendung von § 797 S. 2 BGB auf die Verbriefung des Abfindungsanspruchs nach § 320a S. 2, § 327e Abs. 3 S. 2, → § 320 Rn. 6, → § 327e Rn. 12.
[19] Hüffer/Koch/*Koch* Rn. 7; Großkomm AktG/*Mock* Rn. 133.
[20] Großkomm AktG/*Mock* Rn. 140.
[21] Großkomm AktG/*Mock* Rn. 32 f., 169 f.; ausführlich *Mock* AG 2016, 261 (268 f.); zum Delisting auch BT-Drs. 18/4349, 17.
[22] K. Schmidt/Lutter/*Ziemons* Rn. 51; *Götze/Arnold/Carl* NZG 2012, 321 (323); *Ihrig/Wandt* BB 2016, 6 (7); *Carl* in Böttcher/Carl/Schmidt/Seibert, Die Aktienrechtsnovelle, 2016, § 5 Rn. 30.
[23] Zum Gesetz über das Aufspüren von Gewinnen aus schweren Straftaten – Geldwäschegesetz vom 23.6.2017, BGBl. 2017 I 1822, in Kraft seit 26.6.2017, siehe *Assmann/Hütten* AG 2017, 449.
[24] Vgl. *Noack* NZG 2017, 561.
[25] MüKoAktG/*Heider* Rn. 27; Einzelheiten zur Namensaktie als Orderpapier → § 68 Rn. 3; allgemein zu Orderpapieren MüKoBGB/*Habersack* BGB Vor § 793 Rn. 15.

und in § 68 zur Übertragung durch **Indossament** und dessen Wirkungen. Nur blankoindossierte Namensaktien sind girosammelverwahr- und börsenfähig (→ Rn. 57; → § 68 Rn. 10).

10 **c) Gleichwertigkeit.** Inhaber- und Namensaktien sind in Bezug auf den mitgliedschaftlichen Status gleichwertig. Unterschiede bei der Übertragung oder Legitimation gewähren keine verschiedenen Mitgliedschaftsrechte. Die unterschiedliche Ausgestaltung als Inhaber- oder Namensaktie begründet deshalb **keinen Gattungsunterschied** (§ 11),[26] auch nicht bei Vinkulierung (→ § 68 Rn. 38). Deshalb ist auch im Rahmen eines Aktientausches beispielsweise bei der Verschmelzung der Tausch von Inhaber- gegen Namensaktien möglich.[27]

11 **d) Bedeutung.** Früher war die Ausgabe von **Inhaberaktien** die Regel. **Namensaktien** wurden eher ausnahmsweise[28] und dann vor allem im Hinblick auf eine gewollte oder gesetzlich vorgeschriebene Vinkulierung (→ Rn. 18 ff.) ausgegeben, also etwa von Familiengesellschaften zur Sicherung eines geschlossenen Aktionärskreises,[29] von nicht börsennotierten AG, weil die Aktionäre über das Aktienregister namentlich bekannt sind,[30] oder von Versicherungsunternehmen wegen der dort verbreiteten Teileinzahlung (→ Rn. 74); einer weiteren Verbreitung stand ua entgegen, dass vor allem vinkulierte Namensaktien im Regelfall nur in Sonderverwahrung genommen werden konnten (→ Rn. 36). Ein gewisser **Trend zur Namensaktie** ließ sich bereits beobachten, seit die blankoindossierten Namensaktien in die Girosammelverwahrung und damit in den stückelosen Effektenverkehr einbezogen worden war. Das war möglich geworden, nachdem die Finanzwirtschaft im Jahr 1997 die technischen Voraussetzungen für den elektronischen Handel und Datenaustausch zwischen den Buchungen im Sammelbestand und den Einträgen in dem von einem Dienstleister geführten elektronischen Aktienregister geschaffen[31] und der Gesetzgeber mit dem KonTraG im Jahr 1998 den Ausschluss des Einzelverbriefungsanspruchs nach Abs. 5 zugelassen hatte. Der dadurch bewirkte Aufschwung der Namensaktie wurde vom Gesetzgeber mit den weiteren Änderungen flankiert, die das NaStraG etwa zum Aktienregister, der Stimmrechtsausübung und dem Einsatz moderner Kommunikationsmittel gebracht hat.[32] Sachliche Gründe für die Entscheidung zur Ausgabe von Namensaktien waren schon seit einiger Zeit die **Transparenz der Aktionärsstruktur** auf der Grundlage des Aktienregisters, die eine intensivere Beziehungspflege durch unmittelbare Kommunikation zwischen AG und Aktionär („Investor Relations") und der AG auch Erkenntnisse über die Erlangung von Beschlussmehrheiten, konzernrechtliche Abhängigkeiten oder nahende Übernahmeversuche erlaubt, der erleichterte Einsatz als international anerkannte **Akquisitionswährung** oder die Möglichkeit einer Mehrfachnotierung an in- und ausländischen Börsen (sog. „Global Shares").[33] Auch „kleine" bzw. nicht börsennotierte AG entschieden sich zunehmend für Namensaktien, motiviert etwa durch die Möglichkeit der Vinkulierung oder der Aktienausgabe vor voller Leistung des Ausgabebetrags (Abs. 2).[34] Bereits vor der Aktienrechtsnovelle 2016 war deshalb zu konstatieren, dass die Namensaktie gegenüber der Inhaberaktie bevorzugt wurde.[35] Ihre Bedeutung wird nach der Beschränkung des Wahlrechts durch die **Aktienrechtsnovelle 2016,** mit der sie nach dem Willen des Gesetzgebers zur Standardform wird, weiter zunehmen.[36] Für den korrekt im Aktienregister eingetragenen Namensaktionär entfällt auch die Angabepflicht nach § 20 Abs. 3 GwG.[37]

---

[26] HM Hüffer/Koch/*Koch* § 11 Rn. 7; MüKoAktG/*Heider* § 11 Rn. 30; *Noack* FS Bezzenberger, 2000, 291 (301 f.).

[27] Lutter/*Lutter*/*Drygala* UmwG § 5 Rn. 13 mwN.

[28] So zB noch *Zöllner* Wertpapierrecht § 29 II 2: „nur in Ausnahmefällen"; ausführlich zur Geschichte der Namensaktie *Merkt* in v. Rosen/Seibert, Die Namensaktie, 2000, 63 ff.; vgl. auch *Heißel*/*Kienle* WM 1993, 1909; *Siems* NZG 2000, 626 (628 f.).

[29] *Schaub* ZEV 1995, 82 (83 f.); ausführlich zur Familien-AG *Wälzholz* DStR 2004, 779 ff. und 819 ff.

[30] Vgl. *Wieneke* in v. Rosen/Seibert, Die Namensaktie, 2000, 229 (230 f.).

[31] Ausführlich *Müller-von Pilchau* in v. Rosen/Seibert, Die Namensaktie, 2000, 97 ff.; *Than*/*Hannöver* in v. Rosen/Seibert, Die Namensaktie, 2000, 279 (282 ff.); *Noack* DB 1999, 1306 (1307); zur teileingezahlten vinkulierten Namensaktie auch *Schinzler*, Die teileingezahlte Namensaktie als Finanzierungsinstrument der Versicherungswirtschaft, 1998, 167 ff.

[32] Dazu etwa *Seibert* in v. Rosen/Seibert, Die Namensaktie, 2000, 11 ff.; *Kölling* NZG 2000, 631 ff.; siehe im Übrigen zum Aktienregister die Kommentierung zu § 67; zurückhaltend zum Erfolg dieser Maßnahmen *Seibert* AG 2004, 529 (531 f.).

[33] *Noack* FS Bezzenberger, 2000, 291 (292 ff.); *Noack* DB 1999, 1306; *Kölling* NZG 2000, 631 (634 f.); *Zätzsch* in v. Rosen/Seibert, Die Namensaktie, 2000, 257, 258 f.; instruktiv zur Doppelnotierung an deutscher und US-amerikanischer Börse *Gruson* AG 2004, 358.

[34] *Bayer*/*Hoffmann* AG-Report 2007, R 528 ff.

[35] Großkomm AktG/*Mock* Rn. 12 mwN.

[36] Ebenso Großkomm AktG/*Mock* Rn. 12.

[37] Gesetz über das Aufspüren von Gewinnen aus schweren Straftaten – Geldwäschegesetz vom 23.6.2017, BGBl. 2017 I 1822; hierzu *Assmann*/*Hütten* AG 2017, 449 (463).

2. Satzungsbestimmung. a) Zwingende Festlegung. Weil die Verbriefung nur deklaratorisch 12
ist (→ Rn. 27 f.), muss die Satzung nicht zwingend bestimmen, ob die Aktien verbrieft werden
sollen.[38] Sie muss aber nach **§ 23 Abs. 3 Nr. 5** festlegen, ob die Aktie als **Namens- oder Inhaberaktie** ausgestaltet werden soll; daran hat die Bevorzugung der Namensaktie durch die Aktienrechtsnovelle 2016 nichts geändert. Die Auswahl unter diesen beiden Formen ist der Gesellschaft im Grundsatz freigestellt; dazu und zu den Ausnahmen → Rn. 17 ff. Die Satzung kann auch vorsehen, dass
beide Arten nebeneinander ausgegeben werden. Nach hM muss dabei nicht einmal die Anzahl oder
Quote jeder Aktienart festgelegt werden.[39] Das erscheint auf den ersten Blick dann zweckmäßig,
wenn von einer Aktienart auf die andere umgestellt werden soll, weil es dann keiner Anpassung der
Satzung bedarf.[40] Allerdings ist das Offenhalten der jeweiligen Anzahl nicht unbedenklich, denn
eine Satzungsbestimmung wird damit nahezu bedeutungslos und sie schafft auch Unklarheit über
das den Aktien zugrunde zu legende Rechtsregime.[41]

Auch wenn die Gesellschaft von einer Urkundenausgabe absehen will, muss für den Fall, dass ein 13
Aktionär die Verbriefung verlangt (→ Rn. 29), die Aktienart festgelegt sein. Aber selbst bei Ausschluss des Anspruchs auf Anteilsverbriefung nach Abs. 5 ist eine Satzungsregelung erforderlich.
Denn abgesehen davon, dass der Vorstand dennoch einzelne oder alle Anteile verbriefen kann, bleibt
nach hM ein unentziehbarer Anspruch auf Verbriefung sämtlicher Anteile in einer Globalurkunde
(→ Rn. 83). Auch aus Sicht der Gegenauffassung kann auf die Satzungsregelung nicht verzichtet
werden, weil mit der Qualifizierung der Mitgliedschaft als Inhaber- oder Namensaktien eine unterschiedliche aktienrechtliche Behandlung verbunden ist. Nur bei Namensaktien ist eine Haftung
des Vormanns (§ 65), eine Vinkulierung (§ 68 Abs. 2), eine Nebenleistungspflicht (§ 55) oder ein
Entsenderecht in den Aufsichtsrat für bestimmte vinkulierte Namensaktien (§ 101 Abs. 2 S. 2) möglich. Die Ausgabe von Urkunden ist dafür nicht nötig.[42] Schon aus der satzungsmäßigen Qualifizierung des Anteilsrechts als Namensaktie folgt außerdem nach der Neufassung des § 67 Abs. 1 Satz 1,
dass ein Aktienregister geführt werden muss. Das hat Konsequenzen für die unterschiedliche Legitimation gegenüber der AG, etwa als Voraussetzung für die Teilnahme an der Hauptversammlung
(§ 123). Die Bedeutung einer Satzungsbestimmung reicht also über die Festlegung einer Wertpapierkategorie hinaus, sie hat auch Einfluss auf die sonstige gesellschaftsrechtliche Qualifizierung und
Behandlung des Mitgliedschaftsrechts (→ Rn. 4).

b) Folgen von Verstößen. Fehlt eine Satzungsbestimmung, so ist die Satzung nicht nichtig, es 14
liegt aber ein Eintragungshindernis vor (§ 38 Abs. 3 Nr. 1). Wird dennoch eingetragen, kann die
AG nach § 399 FamFG, § 262 Abs. 1 Nr. 5 aufgelöst werden, wenn die Satzung nicht nachgebessert
wird.[43] Sieht die Satzung Inhaberaktien und bei nichtbörsennotierten Aktien auch den Ausschluss
der Einzelverbriefung vor, so können die übrigen Voraussetzungen des Abs. 1 Satz 2 (→ Rn. 8a)
vor Eintragung ins Handelsregister noch nicht vorliegen. Dies führt aber nicht zur Nichtigkeit der
Satzung und die Eintragung kann auch nicht abgelehnt werden – eine Gründung mit Inhaberaktien
wäre sonst gar nicht möglich, was der Gesetzgeber nicht beabsichtigt hat –, vielmehr muss bei der
Anmeldung zum Handelsregister die beabsichtigte Börsennotierung oder Hinterlegung der Sammelurkunde glaubhaft gemacht werden.[44] Weil das Gesetz für die Schaffung dieser Voraussetzung keine
zeitlichen Vorgaben macht, wird es bei fehlender oder verzögerter Herbeiführung der Börsennotierung oder Hinterlegung nicht zu einer Amtsauflösung nach § 399 Abs. 1 kommen können; für die
fehlende Hinterlegung folgt das schon aus Abs. 1 S. 3, der in dem Fall die Führung eines Aktienregisters wie bei Namensaktien vorschreibt, also von wirksamen Mitgliedschaftsrechten ausgeht.[45] Fehlt
bei einer Kapitalerhöhung die Festlegung oder auch ein nach Abs. 2 Satz 2 Nr. 2 erforderlicher
Ausschluss der Einzelverbriefung, so ist der Beschluss nichtig (§ 241 Nr. 3),[46] dagegen wie bei der
Gründung nicht, wenn eine Börsennotierung beabsichtigt ist oder lediglich die Hinterlegung der
Sammelurkunde fehlt. Nichtig ist auch ein Hauptversammlungsbeschluss, durch den etwa nachträg-

---

[38] Vgl. Hüffer/Koch/*Koch* Rn. 2.
[39] MüKoAktG/*Heider* Rn. 17; MüKoAktG/*Pentz* § 23 Rn. 140; Hüffer/Koch/*Koch* § 23 Rn. 30 mwN; Bürgers/Körber/*Westermann* Rn. 5.
[40] Großkomm AktG/*Mock* Rn. 148.
[41] Vgl. *Noack* FS Wiedemann, 1141 (1152 ff.), dort auch weitere Bedenken wg. Art. 3 lit. f Kapitalrichtlinie (77/91/EWG v. 13.12.1976).
[42] *Noack* FS Wiedemann, 2002, 1141 (1152); vgl. zu unverbrieften vinkulierten Namensaktien OLG Celle NZG 2005, 279.
[43] Keidel/*Heinemann* FamFG § 399 Rn. 14; Großkomm AktG/*Mock* Rn. 151 ff. mwN.
[44] Großkomm AktG/*Mock* Rn. 155 ff.; *Mock* AG 2016, 261 (263 f.).
[45] Großkomm AktG/*Mock* Rn. 158 ff.
[46] BT-Drs. 18/4349, 18.

15 **c) Umstellungen.** Durch **Satzungsänderung** nach §§ 179 ff. kann die Gesellschaft auch von Inhaber- auf Namensaktien oder umgekehrt umstellen.[48] Eine früher mögliche Satzungsregelung, dass auf Aktionärsverlangen umgewandelt werden muss, ist dagegen nach Aufhebung des § 24 nicht mehr zulässig. Der individuellen Zustimmung der betroffenen Aktionäre zur Satzungsänderung bedarf es nicht, denn die unterschiedliche Form der Verbriefung bzw. Ausgestaltung der Aktien begründet weder verschiedene Gattungen (→ Rn. 10) noch Individual- oder Sonderrechte (§ 35 BGB) der Anteilsinhaber.[49] Die Eintragung der Satzungsänderung bewirkt noch nicht, dass eine verbriefte Aktie ihren Wertpapiercharakter ändert.[50] Sie ändert aber den Rechtscharakter der Mitgliedschaft als Inhaber- oder Namensaktie (→ Rn. 13) und lässt eine darüber ausgestellte Urkunde unrichtig werden, die deshalb umgetauscht oder nach § 73 für kraftlos erklärt werden muss.[51]

16 Zur Umstellung von Inhaberaktien auf Namensaktien kann es nicht nur durch freiwillige Beschlussfassung kommen. Sie ist auch erforderlich, wenn eine nach Abs. 1 Satz 2 Nr. 2 erforderliche Hinterlegung oder der Ausschluss des Anspruchs auf Einzelverbriefung aufgehoben werden. Wenn der Hauptversammlungsbeschluss über die Aufhebung des Ausschlusses der Einzelverbriefung keine Umstellung auf Namensaktien vorsieht, ist er gem. § 241 Nr. 3 Alt. 2 AktG nichtig.[52] Die ausgegebenen Aktien werden im Übrigen bis zur Umstellung als Namensaktien behandelt.[53] Entsprechendes gilt an sich auch beim Delisting, sofern die Einzelverbriefungsanspruch nicht ausgeschlossen und die Sammelurkunde nicht hinterlegt sein sollten; weil diese Voraussetzungen wegen der bisherigen Börsennotierung aber regelmäßig vorliegen werden, wird es in der Praxis gem. Abs. 1 Satz 2 Nr. 2 bei Inhaberaktien bleiben können, wenn es auch bei diesen Voraussetzungen bleibt.[54]

17 **3. Auswahl. a) Wahlfreiheit.** Grundsätzlich steht es der Gesellschaft frei, ob sie in der Satzung (→ Rn. 12) die Ausgabe von Namensaktien, von Inhaberaktien oder von Aktien beider Formen regelt. Daran hat die Aktienrechtsnovelle 2016 im Ausgangspunkt nichts geändert. Weil aber bei einer Wahl von Inhaberaktien die neuen Voraussetzungen des Abs. 1 Satz 2 zu schaffen sind, ist die Namensaktie zum Standardfall erhoben worden.

18 **b) Ausnahmen.** In einigen Fällen schreibt das Gesetz verbindlich vor, in welcher Form das Mitgliedschaftsrecht verbrieft werden darf. Gesellschaftsrechtlich sind **Namensaktien** bei einer Reihe von Gestaltungsvarianten auszugeben, in denen die Gesellschaft ihre Aktionäre kennen muss oder auf die Zusammensetzung des Kreises der Aktionäre Einfluss haben muss oder will (→ Rn. 19–22). Darüber hinaus gibt es öffentlich-rechtliche Regelungen, die aus berufs- oder gewerberechtlichen Gründen vinkulierte Namensaktien verlangen (→ Rn. 23–25). Einziger Sonderfall der zwingenden **Inhaberaktie** ist – noch – die VW-Aktie (→ Rn. 26).

19 **aa) Ausgabe bei Teilleistungen, Abs. 2.** Wenn Aktienurkunden vor der vollen Leistung des Ausgabebetrags (§ 9 Abs. 1) ausgegeben werden, müssen sie nach Abs. 2 S. 1 auf den Namen lauten (Einzelheiten → Rn. 72 ff.).

20 **bb) Nebenleistungsverpflichtungen, § 55 Abs. 1 S. 1.** Nebenleistungen nach § 55 können den Aktionären in der Satzung auferlegt werden, wenn die Übertragung der Aktien an die Zustimmung der Gesellschaft gebunden wird. Das ist nur bei Namensaktien möglich, § 68 Abs. 2. Damit hat die Gesellschaft im Regelfall wegen der Eintragung im Aktienregister (§ 67) Kenntnis über die Person des Schuldners und sie kann anlässlich einer Übertragung auch Einfluss auf die Person des Schuldners nehmen.[55]

21 **cc) Vinkulierung, § 68 Abs. 2.** Nur bei der Namensaktie kann die Übertragung von der Zustimmung der Gesellschaft abhängig gemacht werden (Einzelheiten zur vinkulierten Namensaktie

---

[47] Großkomm AktG/*Mock* Rn. 165 f.
[48] OLG Hamburg AG 1970, 230; Einzelheiten bei *Noack* FS Bezzenberger, 2000, 291 ff.; *Zätzsch* in v. Rosen/Seibert, Die Namensaktie, 2000, 257 ff.; *Than/Hannöver* in v. Rosen/Seibert, Die Namensaktie, 2000, 279 (293 ff.).
[49] HM: OLG Hamburg AG 1970, 230; ausführlich *Noack* FS Bezzenberger, 2000, 291 (300 ff.); Großkomm AktG/*Mock* Rn. 171, 173; *Mock* AG 2016, 261 (267 f.); ferner *Huep* WM 2000, 1623 (1624); *Maul* NZG 2001, 585 (588); *Zätzsch* in v. Rosen/Seibert, Die Namensaktie, 2000, 257 (259 ff.).
[50] Missverständlich OLG Hamburg AG 1970, 230; dagegen etwa *Noack* FS Bezzenberger, 2000, 291 (307).
[51] *Noack* FS Bezzenberger, 2000, 291 (307); *Mock* AG 2016, 261 (267 f.); *Schaper* AG 2016, 889 (894 ff.).
[52] Großkomm AktG/*Mock* Rn. 170; *Mock* AG 2016, 261 (267 f.).
[53] Großkomm AktG/*Mock* Rn. 170 f.
[54] Großkomm AktG/*Mock* Rn. 169.
[55] Hüffer/Koch/*Koch* § 55 Rn. 2.

→ § 68 Rn. 28 ff.). Bei Inhaberaktien ist diese Einschränkung der Verkehrsfähigkeit unzulässig (→ Rn. 49).

dd) Entsenderecht in den Aufsichtsrat, § 101 Abs. 2. Gewährt eine Aktie ihrem jeweiligen 22 Inhaber das Recht, Mitglieder in den Aufsichtsrat zu entsenden, so muss sie nach § 101 Abs. 2 S. 2 gleichfalls als vinkulierte Namensaktie ausgestaltet sein (→ § 101 Rn. 60 ff.).

ee) Berufs- und gewerberechtliche Sonderreglungen. Für Gesellschaften mit bestimmten 23 Unternehmensgegenständen ist außerhalb des Aktiengesetzes die Ausgabe vinkulierter Namensaktien vorgeschrieben. Hintergrund sind nicht gesellschaftsrechtliche Besonderheiten, sondern gewerbe- oder berufsrechtliche Anforderungen an die Person der Anteilseigner. Über die Vinkulierung und die Eintragung im Aktienregister wird in diesen Fällen erreicht, dass die Gesellschaft jederzeit Kenntnis über ihre Anteilseigner hat und bei einer Anteilsübertragung auch Einfluss auf die Person der Anteilseigner nehmen kann, um so selbst sicherzustellen, dass die Grundlage für die Unternehmenstätigkeit nicht durch die Aufnahme ungeeignete Anteilseigner gefährdet wird. Denn Verstöße gegen diese Regelungen berühren zwar weder die wirksame Entstehung der Aktiengesellschaft noch die Wirksamkeit der Verbriefung, sie ziehen aber die im jeweiligen Gesetz geregelten öffentlich-rechtlichen Rechtsfolgen nach sich,[56] gefährden also uU eine erforderliche Zulassung der Unternehmenstätigkeit.

Die berufsrechtliche Anerkennung von **Wirtschaftsprüfer-, Buchprüfer-** und **Steuerberater-** 24 Aktiengesellschaften setzt voraus, dass die Aktien auf den Namen lauten und dass die Übertragung an die Zustimmung der Gesellschaft gebunden ist (§ 28 Abs. 5 WPO, § 130 Abs. 2 S. 1 WPO, § 50 Abs. 5 StBerG). Trotz fehlender Regelung in der BRAO ist auch eine **Rechtsanwalts**-AG berufsrechtlich zulässig (Art. 12 Abs. 1, Art. 3 Abs. 1 GG).[57] Die Zulassungsvoraussetzungen will der Bundesgerichtshof in Anlehnung an die Regelungen in §§ 59c ff. BRAO zur Rechtsanwalts-GmbH bestimmen, für die der Gesetzgeber allerdings ausdrücklich keine Vinkulierung nach § 15 Abs. 5 GmbHG vorgesehen hat.[58] Dennoch verlangt der Bundesgerichtshof bei der Rechtsanwalts-AG als Zulassungsvoraussetzung, dass die Satzung vinkulierte Namensaktien vorsieht, weil die Gesellschaft nur so ihrer Mitteilungspflicht nach § 59m BRAO nachkommen könne.[59] Für **Architekten-** und **Ingenieur**-AG ist nach Landesrecht ebenfalls die Ausgabe von (teils sogar vinkulierten) Namensaktien vorgeschrieben.[60]

Derzeit sind inländische börsennotierte **Luftfahrtunternehmen** im Grundsatz auf vinkulierte 25 Namensaktien festgelegt (§§ 1–3 LuftNaSiG).[61] Damit sollen europarechtliche Anforderungen an den Mehrheits- und Kontrollbesitz (Staatsangehörigkeit der Mitgliedsstaaten) gewährleistet werden, die Voraussetzung für die Luftverkehrsbetriebsgenehmigung und die Nutzung der Luftverkehrsrechte und damit mittelbar für die Sicherung der Unternehmenstätigkeit und der Ertragsmöglichkeiten dieser Unternehmen sind.[62] Ist dies auf andere Weise gesichert, kann die Hauptversammlung allerdings mit qualifizierter Kapitalmehrheit beschließen, sich diesem Gesetz nicht zu unterstellen (§ 1 Abs. 2 LuftNaSiG). Sollen private **Rundfunkveranstalter** in der Rechtsform der AG betrieben werden, sind vinkulierte Namensaktien erforderlich, damit die AG den Auskunfts- und Mitteilungspflichten (§ 21 Abs. 2 Nr. 1, Abs. 6 und 7, Staatsvertrag für Rundfunk und Telemedien – RStV – vom 31.8.1991; Art. 29 RStV) über die Beteiligungsverhältnisse nachkommen kann. Ausdrücklich verlangen § 20a Abs. 2 S. 2 RStV für länderübergreifende Sender und etliche Landesmediengesetze[63] eine Satzungsregelung, wonach (abgesehen von stimmrechtslosen Vorzugsaktien) nur Namensaktien ausgegeben werden dürfen.

Bei der **Investmentaktiengesellschaft** mit veränderlichem Kapital müssen die sog. Unterneh- 25a mensaktien auf Namen lauten. Sie müssen nicht vinkuliert sein, eine Übertragung ist aber nur mit

---

[56] MüKoAktG/*Heider* Rn. 24.
[57] BGHZ 161, 376 (381 ff.) = NJW 2005, 1568; BGH NJW 2006, 1132.
[58] BT-Drs. 13/9820, 15.
[59] BGHZ 161, 376 (388) = NJW 2005, 1568 (1571); vgl. auch den Gesetzgebungsvorschlag der Berufs- und Sozietätsrechtsausschüsse des DAV AnwBl. 2001, 148 (149); K. Schmidt/Lutter/*Ziemons* Rn. 13.
[60] Etwa Art. 8 Abs. 3 Nr. 3e und Abs. 4 Nr. 3e Bayerisches Baukammergesetz vom 9.5.2007; vergleichbare Regelungen enthalten die Architekten- oder Ingenieurgesetze der übrigen Bundesländer.
[61] Gesetz zur Sicherung des Nachweises des Eigentümerschaft und der Kontrolle von Luftfahrtunternehmen für die Aufrechterhaltung der Luftverkehrsbetriebsgenehmigung und der Luftverkehrsrechte – Luftverkehrsnachweissicherungsgesetz – vom 5.6.1997, BGBl. 1997 I 1322; Anlass war die Restprivatisierung der Deutsche Lufthansa AG im Herbst 1997; vgl. dazu *von Franckenstein* NJW 1998, 286.
[62] BT-Drs. 13/7246, 7 ff.
[63] Beispielsweise § 13 Abs. 2 S. 3 LMedienG Bad.-Württ.; § 6 Abs. 2 S. 3 Sächs. Privatrundfunkgesetz.

allen Rechten und Pflichten möglich und muss der BaFin angezeigt werden (s. e.E. § 109 Abs. 2 KAGB, zuvor § 96 Abs. 1b InvG).

26 **ff) VW-Gesetz.** Für die Volkswagen-AG bestimmt § 1 Abs. 3 des VW-Gesetzes (→ § 12 Rn. 12 Fn. 16), dass die Aktien nicht auf den Namen lauten dürfen. Der Gesetzgeber hat **Inhaberaktien** vorgeschrieben, weil sich die Aktien möglichst nicht von den sonst im Wirtschaftsleben üblichen Aktien unterscheiden sollten.[64] Dieses Anliegen ist angesichts des Trends zur Namensaktie (→ Rn. 11) überholt.

III. Verbriefung der Mitgliedschaft

27 **1. Deklaratorische Verbriefung.** Die Aktie als Mitgliedschaftsrecht bedarf nicht der Verbriefung (vgl. § 214 Abs. 4). Sie entsteht alleine schon durch die Übernahmeerklärung des Zeichners und die Eintragung der Aktiengesellschaft oder der Kapitalerhöhung ins Handelsregister.[65] Die Verbriefung in einer Aktienurkunde hat ausschließlich deklaratorischen Charakter.[66] Bei fehlender Verbriefung kann die Mitgliedschaft durch Abtretung nach §§ 413, 398 BGB übertragen werden (→ Rn. 52 f.).

28 Aktienrechtlich besteht deshalb grundsätzlich auch keine Pflicht, Aktienurkunden auszugeben.[67] Eine Ausnahme gilt für die Aktienausgabe bei der bedingten Kapitalerhöhung (§§ 199, 200), die nach hM zwingend einer Verbriefung des Mitgliedschaftsrechts bedarf (→ § 199 Rn. 5 mwN). Nimmt man einen einheitlichen kapitalmarktrechtlichen Wertpapierbegriff an, für den eine Verbriefung nicht mehr zwingend ist, dann ist sie auch für eine Börsennotierung nach dem BörsG nicht mehr vorausgesetzt (→ Rn. 5); in der Praxis ist die Verbriefung in wenigstens einer Globalurkunde bei Börsennotierung aber die Regel, nicht zuletzt, um die Verkehrsfähigkeit und dabei vor allem die Möglichkeit eines gutgläubigen Erwerbs des Mitgliedschaftsrecht zu erhalten (näher → Rn. 34, 60, 62 ff., 83 ff.). Sie ist nach der Aktienrechtsnovelle 2016 auch erforderlich, wenn zulässigerweise Inhaberaktien geschaffen werden sollen, die entweder gerade eine Börsennotierung oder jedenfalls die Hinterlegung einer Sammelurkunde erfordern (→ Rn. 8a).

29 **2. Anspruch auf Verbriefung.** Der Aktionär hat grundsätzlich einen mitgliedschaftlichen Anspruch auf Verbriefung.[68] Er ist in Abs. 5 vorausgesetzt, der den Ausschluss oder auch eine Beschränkung des Anspruchs auf die „Verbriefung seines Anteils" durch die Satzung erlaubt. Vorbehaltlich einer solchen Satzungsregelung kann der Aktionär also verlangen, dass ihm Aktienurkunden in der Art und Weise ausgegeben werden, wie es die Satzung (→ Rn. 12 ff.) vorsieht. Ob damit wenigstens ein satzungsfester Anspruch des Aktionärs auf Verbriefung seiner Mitgliedschaft zusammen mit den übrigen Mitgliedschaften in einer Globalurkunde bleibt, ist umstritten, richtigerweise aber anzunehmen (→ Rn. 79 ff. zu Abs. 5). Bei Inhaberaktien folgt das nunmehr schon aus deren Voraussetzungen nach Abs. 1 S. 2, eine Verbriefung in einer Sammelurkunde beinhalten (→ Rn. 8a). Der Anspruch auf Verbriefung entsteht bereits mit der Mitgliedschaft, also mit der Eintragung im Handelsregister (→ Rn. 32). Die vollständige Leistung der Einlage ist nicht Voraussetzung für die Anspruchsentstehung,[69] wohl aber für die Ausgabe von Inhaberaktien; bei Teilleistungen kommt nur die Ausgabe von Namensaktien, falls in der Satzung vorgesehen, oder andernfalls von Zwischenscheinen in Betracht, Abs. 2 und 3 (→ Rn. 73). Bei der REIT-AG ist der Verbriefungsanspruch kraft Gesetzes ausgeschlossen (§ 5 Abs. 2 REITG).

30 **3. Wertpapiermäßige Verbriefung. a) Ausstellung.** Die Aktienurkunde wird von der Gesellschaft in Schriftform ausgestellt. Dazu wird der Urkundentext, der die wesentlichen Angaben zum Inhalt des verbrieften Rechts enthält, vom vertretungsberechtigten Vorstand unterzeichnet (vgl. § 13). Einzelheiten zu **Form** und **Inhalt** der Urkunde sind im AktG kaum geregelt; sie sind bei § 13 zusammengestellt und kommentiert.

---

[64] BT-Drs. 3/1680; vgl. GHEK/*Eckardt* Rn. 22 f.
[65] BGHZ 122, 180 (194) = NJW 1993, 1983 (1987); MüKoAktG/*Heider* Rn. 5.
[66] AllgM; BGHZ 122, 180 (194) = NJW 1993, 1983 (1987); OLG Celle NZG 2005, 179 (280); RGZ 34, 110 (115 f.); MüKoAktG/*Heider* Rn. 8 mwN; Hüffer/Koch/*Koch* Rn. 2; K. Schmidt/Lutter/*Ziemons* Rn. 16; Großkomm AktG/*Mock* Rn. 54.
[67] GHEK/*Eckardt* Rn. 4; auch bei der Verschmelzung von AG bedarf es zur Aktienausgabe durch einen Treuhänder nach § 72 UmwG keiner zwingenden Verbriefung wenigstens in einer Globalurkunde, Lutter/*Grunewald* UmwG § 71 Rn. 7; Kallmeyer/Marsch-Barner UmwG § 71 Rn. 8; aA Semler/Stengel/*Diekmann* UmwG § 71 Rn. 14.
[68] MüKoAktG/*Heider* Rn. 13; Hüffer/Koch/*Koch* Rn. 3; Bürgers/Körber/*Westermann* Rn. 2; K. Schmidt/Lutter/*Ziemons* Rn. 31, je mwN; RGZ 85, 327 (330) behandelt einen Anspruch auf Auslieferung von Urkunden nach deren Ausstellung.
[69] MüKoAktG/*Heider* Rn. 15; Hüffer/Koch/*Koch* Rn. 3.

b) Ausgabe. Mit Erstellung der Urkunde ist die Mitgliedschaft noch nicht verkörpert, der Aktio- 31
när noch nicht Eigentümer der Urkunde.[70] Dazu bedarf es der Ausgabe der ausgestellten Urkunde.
Die Aktienurkunde wird von der Gesellschaft an den legitimierten Aktionär (Gründer oder Zeichner
der Kapitalerhöhung) oder an einen anderen übereignet, an den sie zur Erfüllung des Verbriefungsanspruchs leisten darf.[71] Hier kommt nach allgemeinen wertpapierrechtlichen Grundsätzen zwischen
der Gesellschaft und dem Aktionär ein **Begebungsvertrag** zustande, also die Einigung darüber, dass
die Urkunde die Mitgliedschaft verkörpert und der Aktionär ihr Eigentümer ist.[72] Dabei ist der gute
Glaube des Ersterwerbers an eine wirksame Entstehung oder Verbriefung der Mitgliedschaft nicht
geschützt (→ Rn. 63); § 794 Abs. 1 BGB gilt bei Inhaberaktien nicht (→ Rn. 7).

c) Zeitpunkt. Da die Aktie als Mitgliedschaftsrecht erst mit der Eintragung der neu gegründeten 32
AG oder der Kapitalerhöhung ins Handelsregister entsteht, darf sie vorher auch nicht verbrieft
werden (§ 41 Abs. 4 S. 1, § 191 S. 1, § 197 S. 1, § 203 Abs. 1, § 219). Vorher ausgegebene Aktien
sind „nichtig" (§ 41 Abs. 4 S. 2, § 191 S. 2, § 197 S. 2, § 203 Abs. 1; anders bei § 219, → § 219
Rn. 1 ff.); damit ist gemeint, dass die Mitgliedschaft nicht wirksam verbrieft ist (Einzelheiten zu den
Folgen und Heilungsmöglichkeiten bei → § 41 Rn. 67).[73] Die Ausgabe vor Eintragung ist nach
§ 405 Abs. 1 Nr. 2 ordnungswidrig. Mit diesem Emissionsverbot soll der Aktienerwerber davor
geschützt werden, ein wertloses Papier in den Händen zu halten.[74] Es hindert die AG nicht, die
Urkunden zur Vorbereitung der Aktienausgabe schon vor der Eintragung auszustellen,[75] verboten
ist nur die vorherige Begebung.

d) Verbrieftes Recht. Mit der rechtsgeschäftlichen Ausgabe von Aktienurkunden (→ Rn. 31) 33
kann die AG nur die **Mitgliedschaften** verbriefen. Das Eigentum an der Urkunde steht deshalb
nach § 952 Abs. 2 BGB dem Aktionär zu (→ Rn. 53). Abweichend davon bleibt bei der Mehrheitseingliederung und beim Ausschluss von Minderheitsaktionären („Squeeze-Out") der ausgeschiedene
Aktionär zunächst Eigentümer der Urkunde, das verbriefte Recht wird kraft Gesetzes **vorübergehend** bis zur Herausgabe an die Hauptgesellschaft bzw. den Hauptaktionär oder Bieter gegen den
Abfindungsanspruch ausgetauscht, § 320a S. 2, § 327e Abs. 3 S. 2 sowie § 39b Abs. 5 S. 3 WpÜG
(Einzelheiten → § 320a Rn. 5 ff.). Erfasst ist dann auch eine etwaige Erhöhung aus einem Spruchverfahren.[76]

4. Varianten der Verbriefung und Verwahrung. a) Funktionsverlust der Aktienurkunde. 34
Die heutige Praxis und Bedeutung der Verbriefung von Aktien ist das Ergebnis einer Entwicklung,
die vor allem von den Bedürfnissen des Kapitalmarkts bestimmt worden ist. Sie hat zu Varianten der
Verbriefung (→ Rn. 36 ff.) und einem Bedeutungswandel der Unterscheidung von Inhaber- und
Namensaktien geführt, der zunächst und vor allem die börsennotierte Aktie erfasst. Diese Entwicklung hat sich aus dem Dilemma ergeben, dass die Verbriefung in einem Wertpapier über seine
Transport- und Legitimationsfunktion eine fungible Mitgliedschaft und Unternehmensbeteiligung
schaffen soll, dass aber die konsequente Verkörperung in einer Sache den effektiven und sicheren
Handel mit den Papieren und ihre Verwahrung und Verwaltung erschwert.[77] Seit langem ist es eher
die Ausnahme, dass der Aktionär die Aktienurkunden bei sich deponiert und im Fall der Veräußerung
an den Erwerber übergibt (aber noch → Rn. 35 aE). Die Risiken der Aufbewahrung und des
Transports sind zu groß, die Fungibilität insbesondere beim Börsenhandel beeinträchtigt, die Ausübung von Stimm-, Dividenden- und Bezugsrechten durch Dritte erschwert. Schon im 19. Jahrhundert hat sich deshalb die Praxis der Verwahrung bei einer Bank, das **Depotgeschäft,** herausgebildet.[78]
Die zunehmende Attraktivität und Streuung bei immer geringerer Stückelung der Aktien (schon
→ Rn. 1) haben nach weiterer Rationalisierung der Verwahrung verlangt, die einher ging und geht

---

[70] MüKoAktG/*Heider* Rn. 8.
[71] Großkomm AktG/*Mock* Rn. 45.
[72] MüKoAktG/*Heider* Rn. 9 mwN; K. Schmidt/Lutter/*Ziemons* Rn. 17; *Mülbert* FS Nobbe, 2009, 693 f. und 710 ff. zu problematischen Konstellationen im Kapitalerhöhung aus Gesellschaftsmitteln; vgl. auch MüKoBGB/*Habersack* BGB Vor § 793 Rn. 22 ff.; *Hueck/Canaris* Wertpapierrecht § 25 II 2; *Zöllner* Wertpapierrecht § 6 V und § 29 III, dort auch zur Streitfrage, ob darin eine Übereignung liegt.
[73] Aus dem Grund Bedenken gegen die Einlieferung einer Globalurkunde bei der Clearstream Banking AG vor Eintragung einer Kapitalerhöhung bei K. Schmidt/Lutter/*Ziemons* Rn. 21 mwN.
[74] Vgl. BGH NJW-RR 1988, 803 zu § 405 Abs. 1 Nr. 2.
[75] BGH AG 1977, 295 (296) zu § 191; *Kümpel* FS Werner, 1984, 250 ff. zur Unterzeichnung der Urkunde; K. Schmidt/Lutter/*Ziemons* Rn. 21.
[76] BGH NZG 2017, 341 (342 f.).
[77] Vgl. auch Großkomm HGB/*Canaris* Bd. III/3, 2. Bearb. 1981, Bankvertragsrecht, Rn. 2041.
[78] *Than/Hannöver* in v. Rosen/Seibert, Die Namensaktie, 2000, 279 (283 f.); *Noack/Zetzsche* AG 2002, 651 (652); vgl. auch *Zöllner* FS Raiser, 1974, 249 (251).

mit einer Vereinfachung und damit Zurückdrängung der Verkörperung der Mitgliedschaft, die in der Zulassung der **Globalaktie** nach Abs. 5 ihren vorläufigen Abschluss gefunden hat (→ Rn. 38 ff., 43, 82). Das hat mit die elektronische Abwicklung des Effektenhandels (**Effektengiroverkehr**) zunächst von Inhaberaktien erleichtert. Seit einigen Jahren ist auch die Namensaktie einbezogen, nachdem es technisch möglich geworden ist, das hier erforderliche Aktienregister automatisch abzugleichen (→ Rn. 11). Dem Aktionär stellt sich die Aktie faktisch nicht mehr als Papier, sondern als Buchungsposition auf dem Depotauszug dar. Vorangetrieben wurde diese Entwicklung durch die Finanzwirtschaft, die jeweils die technischen und organisatorischen Voraussetzungen geschaffen hat (→ Rn. 11). Der Gesetzgeber hat sich hier im Grunde zu Recht darauf beschränkt, unüberwindbare Hindernisse für diese Entwicklung auszuräumen (etwa mit § 9a DepotG oder § 10 Abs. 5 AktG, → Rn. 38 ff.) und im Übrigen die Rechtslage vorsichtig der durch den Markt geschaffenen Wirklichkeit anzupassen[79] (in letzter Zeit beispielsweise mit mehrfachen Änderungen zur Aktionärslegitimation, → Rn. 45). Die Diskussion, ob eine Entwicklung vom Wertpapier hin zu Wertrechten sinnvoll oder gar schon vollzogen ist, ist damit nicht beendet.[80] Das Festhalten an der Globalurkunde und damit am Wertpapiercharakter, um die Verkehrsfähigkeit des Rechts zu erhalten, weil sie durch die Einzelverbriefung gefährdet wäre, wird seit Jahrzehnten als „Paradoxon ersten Ranges"[81] empfunden oder gar als „fauler Kompromiss"[82] kritisiert. Dabei besteht Einigkeit, dass eine weitergehende Rationalisierung über die sammelverwahrte Globalurkunde hinaus kaum noch möglich oder nötig ist, die Einführung eines Wertrechtsregisters hätte eher zusätzlichen Aufwand zur Folge.[83] Freilich kommt es beim gegenwärtigen Zustand zu rechtlichen Problemen, etwa bei der Frage des gutgläubigen Erwerbs (→ Rn. 65), die oft nur noch mit einem erheblichen Konstruktionsaufwand gelöst werden können, dessen Ergebnisse manchen „gekünstelt"[84] erscheinen und letztlich als Rechtsfortbildung betrachtet werden müssen (→ Rn. 60, 65).

35 Die hier skizzierte Entwicklung hat ihre Auswirkungen jenseits des Effektengiroverkehrs. Rechtliche Unsicherheiten etwa in Bezug auf den redlichen Erwerb girosammelverwahrter Dauer-Globalaktien erfassen einerseits auch den **außerbörslichen** Handel.[85] Die durch Abs. 5 eröffneten Gestaltungsmöglichkeiten geben andererseits den **nicht börsennotierten** und insbesondere auch den kleinen AG die Chance einer Aktienausgabe mit wenig Kosten- und Verwaltungsaufwand, wenn auf die Verbriefung ganz verzichtet werden kann (→ Rn. 83) oder wenigstens nur noch eine Globalurkunde zur Aufbewahrung bei der Gesellschaft ausgestellt werden muss (→ Rn. 42). Bei der nicht börsennotierten AG bewahrt der Aktionär die Urkunde freilich nicht selten auch heute noch selber auf.[86] Ist er Alleinaktionär, dann wird ihm das durch eine Globalaktie leicht gemacht.[87] Nach der Aktienrechtsnovelle 2016 bleibt ihm im Fall von (neuen) Inhaberaktien nichts anderes mehr übrig.

36 **b) Entwicklung zur sammelverwahrten Globalaktie.** Das Grundmodell der Verbriefung ist die **Einzelverbriefung**, bei der jeder einzelne Anteil (§ 8 Abs. 4) in einer eigenen Urkunde verbrieft wird. Bewahrt sie der Aktionär nicht selbst auf, wird sie im Bankdepot verwahrt. Schon immer geringe Bedeutung, jedenfalls bei Inhaberaktien, hatte die sog. **Sonder- oder Streifbandverwahrung,** bei der die Aktien des Hinterlegers gesondert von gleichen Wertpapieren eines anderen Hinterlegers aufbewahrt werden und der Hinterleger Eigentümer seiner Aktienurkunden bleibt (vgl. § 2 DepotG).[88] Vor allem bei vinkulierten Namensaktien war sie dagegen unausweichlich.[89]

37 Diese Form der Verwahrung wurde schon bald von der rationelleren Form der **Girosammelverwahrung** in den Hintergrund gedrängt, die heute auch rechtlich die Regelform der Verwahrung ist.[90] Dabei werden vertretbare Wertpapiere derselben Art für alle Hinterleger dieser Gattung in

---

[79] *Than* FS Schimansky, 1999, 821 (836).
[80] Vgl. etwa *Zöllner* FS Raiser, 1974, 249 ff.; Großkomm HGB/*Canaris*, Bd. III/3, 2. Bearb. 1981, Bankvertragsrecht, Rn. 2040 ff.; *Than* FS Schimansky, 1999, 819 ff.; *Habersack/Mayer* WM 2000, 1678 ff.
[81] *Zöllner* FS Raiser, 1974, 249 (258).
[82] Großkomm HGB/*Canaris* Bd. III/3, 2. Bearb. 1981, Bankvertragsrecht, Rn. 2042: verdeckte Anerkennung von unverbrieften Effekten.
[83] *Than* FS Schimansky, 1999, 819 (836); *Einsele* WM 2001, 7 (10); vgl. auch Großkomm HGB/*Canaris*, Bd. III/3, 2. Bearb. 1981, Bankvertragsrecht, Rn. 2051.
[84] *Noack* FS Bezzenberger, 2000, 267 (306).
[85] Dazu ausführlich *Modlich* DB 2002, 671 ff.
[86] *Modlich* DB 2002, 671 (673).
[87] Vgl. den in der Entscheidung OLG München ZIP 2005, 1070 (1071) wiedergegebenen Sachverhalt (insoweit in NZG 2005, 756 nicht abgedruckt).
[88] Dazu MüKoHGB/*Einsele* Depotgeschäft Rn. 40 f.; *Modlich* DB 2002, 671 (676 f.).
[89] *Than/Hannöver* in v. Rosen/Seibert, Die Namensaktie, 2000, 279 (283); *Heißel/Kienle* WM 1993, 1909.
[90] Vgl. *Zöllner* FS Raiser, 1974, 249 (251 ff.); *Modlich* DB 2002, 671 (676 f.); MüKoHGB/*Einsele* Depotgeschäft Rn. 40 f.

einem einheitlichen Sammelbestand verwahrt (vgl. § 5 Abs. 1 S. 1 DepotG).[91] Die Vertretbarkeit (§ 91 BGB) ist bei Inhaberaktien unproblematisch gegeben, bei Namensaktien dann, wenn sie blankoindossiert sind.[92] Der Berechtigte ist nur noch Miteigentümer nach Bruchteilen am Sammelbestand (§ 6 DepotG). Der Hinterleger oder der dinglich Berechtigte können nur die Auslieferung von Stücken aus dem Sammelbestand entsprechend dem Nennbetrag oder der Stückzahl ihrer Anteile verlangen (§§ 7, 8 DepotG), der Aufhebungsanspruch des Miteigentümers nach § 749 BGB ist dadurch modifiziert. Verwahrt wird der Sammelbestand regelmäßig bei einer **Wertpapiersammelbank** (§ 1 Abs. 3 DepotG);[93] derzeit einzige Wertpapiersammelbank in Deutschland ist die Clearstream Banking AG.[94] Die Girosammelverwahrung ist die Grundlage für den stückelosen oder auch Effektengiroverkehr, bei dem zur Übertragung der verbrieften Rechte die Stücke nicht mehr bewegt werden müssen, sondern faktisch nur eine Umbuchung bei der Wertpapiersammelbank stattfindet (→ Rn. 59).[95]

Um den auch bei der Girosammelverwahrung noch hohen Aufwand für den Druck und die Lagerung einer Vielzahl von einzelverbrieften Rechten weiter zu reduzieren, ist die Praxis schon seit langem dazu übergegangen, sog. **Sammel- oder Globalurkunden** auszustellen. Das hat der Gesetzgeber 1972 mit § 9a DepotG legalisiert. Bei einer Globalurkunde handelt es sich um ein Wertpapier, in dem mehrere Rechte verbrieft sind, die jedes für sich in vertretbaren Wertpapieren derselben Art verbrieft sein könnten (§ 9a Abs. 1 DepotG). Eine **Globalaktie** fasst also mehrere oder alle Mitgliedschaftsrechte gleicher Art und gleicher Gattung[96] in einer Urkunde zusammen (zur Ausgestaltung noch → Rn. 43). Die Regelungen zur **Sammelverwahrung** (→ Rn. 37) gelten **entsprechend** für die Globalurkunde (§ 9a Abs. 2 DepotG). Die Berechtigten sind also Miteigentümer der Globalurkunde.[97] Hinterleger oder Eigentümer können nach § 9a Abs. 3 S. 1 iVm §§ 7, 8 DepotG die Auslieferung einzelner Stücke verlangen, in diesem Umfang muss gegebenenfalls der Aussteller die Globalurkunde durch neu ausgestellte Einzelurkunden ersetzen. Deshalb handelt es sich zunächst nur um sog. **technische Globalurkunden**, die nur zur Kostenersparnis nach Entscheidung des Vorstands ausgegeben werden, soweit nicht Einzelurkunden verlangt werden. **38**

Die Auslieferung einzelner Stücke kann nach § 9a Abs. 3 S. 2 DepotG dann nicht verlangt werden, wenn der Aussteller nach dem zugrunde liegenden Rechtsverhältnis zur Einzelverbriefung nicht verpflichtet ist. In dem Fall spricht man von der **Dauer-Globalurkunde**. Sie war bei Aktien bis 1994 nach damals herrschender Ansicht unzulässig, weil der Anspruch des Aktionärs auf Einzelverbriefung seiner Mitgliedschaft durch die Satzung nicht ausgeschlossen werden konnte.[98] Die AG hatte deshalb auf Verlangen eines Aktionärs diesem Einzelaktien auszuliefern. Die Kosten für den Umtausch und den Druck der Einzelurkunden hatte sie zu tragen.[99] **39**

Spätestens mit der Herabsetzung des Mindest-Nennbetrags einer Aktie auf 5 DM im Jahr 1994 (→ § 8 Rn. 2) und der damit absehbaren noch weiteren Streuung der Aktien bestand Anlass, dieser Belastung abzuhelfen. In einem ersten Schritt wurde mit dem Gesetz zur kleinen Aktiengesellschaft und Deregulierung des Aktienrechts vom 2.8.1994 (BGBl. 1994 I 1961) mit dem neu eingefügten **Abs. 5** die Möglichkeit geschaffen, den Anspruch des Aktionärs auf Einzelverbriefung in der Satzung einzuschränken oder auszuschließen. Bei einer solchen Satzungsregelung kann der Aktionär nur noch eine **Mehrfachverbriefung** seiner Anteile einer Gattung in einer einzigen Aktie verlangen,[100] allerdings auch deren Auslieferung. Auch dabei handelt es sich um eine Sammel- oder Globalurkunde im oben (→ Rn. 38) genannten Sinne. **40**

Der zweite Schritt folgte 1998 durch das KonTraG in Zusammenhang mit der weiteren Herabsetzung des Mindestbetrags auf 1 € und der Einführung des Euro, die erhebliche Kosten für den Neudruck von Aktienurkunden erfordert hätten.[101] In der seither geltenden Fassung erlaubt **Abs. 5** auch den völligen **Ausschluss** des Anspruchs des Aktionärs auf Verbriefung seiner Anteile (zu Abs. 5 **41**

---

[91] Ausführlich MüKoHGB/*Einsele* Depotgeschäft Rn. 42 ff., 50 ff.; zur Rechtsposition der Beteiligten auch *García Mateos*, Das neue Recht der Namensaktie, 2004, 100 ff.
[92] → Rn. 57; MüKoHGB/*Einsele* Depotgeschäft Rn. 43 ff.; zur vinkulierten Namensaktien *Heißel/Kienle* WM 1993, 1909 f.
[93] Die sog. Haussammelverwahrung bei der Depotbank des Kunden hat kaum praktische Bedeutung, vgl. MüKoHGB/*Einsele* Depotgeschäft Rn. 60 f.
[94] http://www.clearstream.com; zur Entwicklung MüKoHGB/*Einsele* Depotgeschäft Rn. 50.
[95] MüKoHGB/*Einsele* Depotgeschäft Rn. 51; *Mentz/Fröhling* NZG 2002, 201 (206 f.); *Modlich* DB 2002, 671.
[96] MüKoAktG/*Heider* Rn. 6 und 41.
[97] Einzelheiten MüKoHGB/*Einsele* Depotgeschäft Rn. 52 ff.
[98] Vgl. zB Kölner Komm AktG/*Kraft*, 2. Aufl. 1988, Rn. 8; Großkomm AktG/*Mock* Rn. 8; Hüffer/Koch/*Koch* Rn. 14.
[99] AG Köln WM 1993, 2010.
[100] Vgl. Hüffer/Koch/*Koch* Rn. 12.
[101] Ausführlich *Seibert* DB 1999, 267.

→ Rn. 79 ff.). In dem Fall greift jetzt § 9a Abs. 3 S. 3 DepotG (→ Rn. 39) ein. Seither wurde von dieser Möglichkeit der Satzungsgestaltung in weitem Umfang Gebrauch gemacht, die **Dauer-Globalaktie** hat sich als Regelform für börsennotierte Aktien insbesondere bei Neuemissionen durchgesetzt.[102] Von Bedeutung war dabei auch, dass die Einbeziehung der Namensaktie in die Girosammelverwahrung und der elektronische Abgleich mit den Aktienregistern der Gesellschaften technisch möglich wurden.[103] Nach der Neufassung des Abs. 1 S. 2 ist das bei Inhaberaktien nunmehr obligatorisch (→ Rn. 39), weil bei Börsennotierung (Nr. 1) ohnehin üblich und im anderen Fall zwingend (Nr. 2).

42   c) **Verwahrung von Globalaktien bei der AG.** Für die nicht börsennotierte, insbesondere die sog. „kleine" AG, stellt sich das Problem der adäquaten und zugleich kostengünstigen Verbriefung und Verwahrung in besonderer Weise. Die mit der aktienrechtlichen Regelung in Abs. 5 auch ihnen eröffneten Chancen einer kostengünstigen Verbriefung scheinen durch die Realitäten der Bankenpraxis und Bankenaufsicht und durch gegenläufige Bestimmungen des Bank- und Kapitalmarktrechts gemindert zu werden, die die Verwahrung und Verwaltung einer Globalurkunde zum Problem werden lassen. So ist zunächst die Girosammelverwahrung bei der Wertpapiersammelbank (→ Rn. 37) schon aus finanziellen Gründen zu aufwändig,[104] die Hausbank darf eine Globalurkunde allenfalls in Sonderverwahrung nehmen,[105] ist dazu aber oft gar nicht in der Lage.[106] Deshalb stellt sich die Frage nach der Verwahrung durch die AG selbst. Auch sie wird damit Verwahrer im Sinne von § 1 Abs. 2 DepotG.[107] Die Verwahrung und Verwaltung von Wertpapieren ist nach § 1 Abs. 1 S. 1 mit S. 2 Nr. 5 KWG ein genehmigungspflichtiges Bankgeschäft, wenn sie gewerbsmäßig oder in einem Umfang betrieben wird, der einen kaufmännischen Geschäftsbetrieb erfordert. Die Bankenaufsicht vertritt seit 2001 die Ansicht, die Aufbewahrung einer Inhaberglobalaktie durch die AG sei dann genehmigungsfrei, wenn sie kostenlos erfolge (also nicht gewerbsmäßig), wenn die AG deshalb „klein" sei, weil sie weniger als 500 Arbeitnehmer habe und die Urkunde für bis zu 100 Aktionäre verwalte, und wenn schließlich nach dem Rechtsgedanken des § 2 Abs. 1 DepotG alle Aktionäre die Aufbewahrung bei der Gesellschaft verlangten.[108] Das überzeugt nicht nur deshalb nicht, weil die Namensglobalaktie fehlt. Die Kostenlosigkeit dürfte das geringste Problem sein, die übrigen Kriterien wie die Anzahl der Arbeitnehmer und der Aktionäre besagen wenig über den Aufwand für die Verwahrung einer Globalaktie.[109] Ein Verlangen aller Aktionäre ist nach § 2 Abs. 1 DepotG, § 9 Abs. 1 S. 1 DepotG zwar nötig, liegt aber auch vor, wenn die Satzung nach Abs. 5 die Satzung nur eine Globalaktie und deren Verwahrung bei der AG vorsieht.[110] Sie können in dem Fall auch keine Auslieferung effektiver Stücke nach § 7 DepotG beanspruchen. Wenn schon bei der Girosammelverwahrung für das Dreiecksverhältnis zwischen Aussteller, Rechtsinhaber und Wertpapiersammelbank (→ Rn. 37) nach § 9a Abs. 3 DepotG das zugrunde liegende Rechtsverhältnis zwischen Rechtsinhaber und Emittent maßgeblich ist, dann gilt das erst recht, wenn der Emittent selbst die Aktie in Sonderverwahrung nimmt.[111] Das zugrunde liegende Rechtsverhältnis wird in dem Fall von der Satzung geregelt. Wer dem aus rechtlichen Gründen oder wegen der Bankenaufsicht nicht folgen mag, kann der nicht börsennotierten „kleinen" AG, die die og Kriterien nicht erfüllt, nur helfen, wenn er einen Ausschluss der Globalverbriefung nach Abs. 5 akzeptiert (dazu → Rn. 83). Hinsichtlich der angesprochenen „Inhaberglobalaktie" ist die Problematik

---

[102] *Einsele* WM 2001, 7 (8); *Noack/Zetzsche* AG 2002, 651 (653); aus rechtstatsächlicher Sicht *Bayer/Hoffmann* AG-Report 2007, R 439.
[103] Vgl. *Müller-von Pilchau* in v. Rosen/Seibert, Die Namensaktie, 2000, 97 ff.; *Heißel/Kienle* WM 1993, 1909 (1910 ff.); → Rn. 11.
[104] *Noack* FS Wiedemann, 2002, 1141 (1144).
[105] *Heinsius/Horn/Than* DepotG § 9a Rn. 18.
[106] *Lauppe* DB 2000, 807, re. Sp.
[107] Vgl. *Heinsius/Horn/Than* DepotG § 1 Rn. 61.
[108] An der im mittlerweile aufgehobenen Schreiben des BAKred vom 15.11.2001 „Kleine Aktiengesellschaft und Verwahrung von Inhaberglobalaktien" VII 4–71.51 (5517) erstmals beschriebenen Verwaltungspraxis hält die BaFin weiterhin fest; siehe nunmehr unter 2. im Merkblatt „Hinweise zum Tatbestand des Depotgeschäfts", Stand 17.2.2014, http://www.bafin.de/dok/2676110; dadurch wurden immerhin die Anforderungen gelockert, die von *Lauppe* DB 2000, 807 (808) und *Schwennicke* AG 2001, 118 (119) kritisiert wurden.
[109] *Noack* FS Wiedemann, 2002, 1141 (1146); kritisch auch *Schäfer* in Happ AktienR 4.03 Rn. 3; *Noack*, http://blog.handelsblatt.com/rechtsboard/2016/02/09/das-aktienregister-ein-erlaubnispflichtiges-depotgeschaeft/.
[110] Kritisch auch *Noack* FS Wiedemann, 2002, 1141 (1148).
[111] Unrichtig deshalb der Hinweis auf § 9a DepotG bei *Maul* NZG 2001, 585; auch bei der Sonderverwahrung von Globalurkunden richtet sich die Frage eines Auslieferungsanspruchs auf einzelne Wertpapiere nach den Emissionsbedingungen und nicht nach § 9a Abs. 3 S. 1 DepotG iVm §§ 7, 8 DepotG: vgl. *Heinsius/Horn/Than* DepotG § 9a Rn. 49 mit Rn. 18; nicht berechtigt deshalb die Bedenken zur Sonderverwahrung von *Schwennicke* AG 2001, 118 (123) und *Noack* FS Wiedemann, 2002, 1141 (1145); wie hier *Mülbert* FS Nobbe, 2009, 691 (701), der zu Recht darauf hinweist, dass es um Sonder- und nicht um Sammelverwahrung geht.

mittlerweile freilich entfallen, weil sie nur noch bei Börsennotierung oder Hinterlegung bei einer Wertpapiersammelbank oder sonst nach Abs. 1 S. 2 Nr. 2 akzeptierten Verwahrstelle zulässig ist. Entscheidet sich die Gesellschaft für Namensaktien, so wird jedenfalls das Führen eines Aktienregisters nicht als genehmigungspflichtiges Depotgeschäft angesehen.[112] Dies ist schon wegen § 67 Abs. 1 S. 1 richtig.[113]

d) Ausgestaltung von Mehrfach- und Globalaktien. Anteile mehrerer Aktionäre können in einer Sammel- oder Globalurkunde verbrieft werden, sofern es sich um Aktien derselben Gattung (§ 11) handelt.[114] Auch eine Globalurkunde kann erst wirksam begeben werden, wenn die Mitgliedschaften entstanden sind (→ Rn. 32). Sie sind als Inhaberaktie oder als blankoindossierte Namensaktie sammelverwahr- und börsenfähig (→ Rn. 38). Weil sie aber nicht zum Umlauf bestimmt sind, gelten die hohen und kostenträchtigen Anforderungen an eine fälschungssichere Ausstattung von Einzelurkunden trotz Börsennotierung nicht, wohl aber die Erleichterungen für die Unterzeichnung nach § 13 (→ § 13 Rn. 6). Sie können deshalb technisch in jeder denkbaren Weise erstellt werden. 43

Inhaltliche Besonderheiten ergeben sich aus ihrem Charakter als – bei Ausschluss der Einzelverbriefung nach Abs. 5 auch dauerhaft – mehrfachverbriefende Urkunde. Im Fall der Girosammelverwahrung bei der Wertpapiersammelbank (Clearstream Banking AG, → Rn. 37) enthält sie in der Regel neben dem Höchstbetrag der verbrieften Aktien einen flexiblen Verweis auf den neuesten elektronisch erstellten Depotauszug der Wertpapiersammelbank als Bestandteil der Urkunde.[115] Damit kann die Anzahl der verbrieften Anteile variieren. Im Fall der Namensaktie ist das Blankoindossament wichtig; als erster Aktionär wird in der Praxis eine Emissionsbank oder auch die Wertpapiersammelbank als Treuhänder eingetragen.[116] 44

5. Legitimationswirkung. Der Funktionsverlust der Verbriefung der Mitgliedschaft zeigt sich auch in der nur noch eingeschränkten Legitimationswirkung von Aktienurkunden.[117] Diese Funktion hat insbesondere bei globalverbrieften Aktien die Mitteilung des depotführenden Kreditinstituts übernommen, sei es anlässlich der Übertragung einer Namensaktie zur Umschreibung im Aktienregister (§ 67 Abs. 3 und 4), sei es bei der Inhaberaktie beispielsweise für den Nachweis der Teilnahmeberechtigung zur Hauptversammlung nach Maßgabe einer Satzungsregelung (§ 123 Abs. 3). Die Legitimation nach § 67 Abs. 2 zur Wahrnehmung der Rechte eines Namensaktionärs wird in der Praxis vielfach sogar bloß durch eine Bescheinigung des das Aktienregister führenden Dienstleisters nachgewiesen.[118] Wegen der Einzelheiten sei auf die Kommentierung der genannten Vorschriften verwiesen;[119] hier nur ein Überblick über die traditionelle Legitimationswirkung von Aktienurkunden. 45

a) Inhaberaktie. Für den Inhaber einer Aktienurkunde gilt gegenüber der AG und gegenüber Dritten die widerlegbare Vermutung, dass er in Inhaber des verbrieften Mitgliedschaftsrechts ist (§ 793 Abs. 1 S. 1 BGB).[120] Mit befreiender Wirkung kann die AG an ihn leisten oder ihm sonst die Ausübung seiner Aktionärsrechte gestatten (§ 793 Abs. 1 S. 2 BGB). Aufgrund § 1006 Abs. 1 S. 1 BGB wird außerdem zugunsten des Besitzers der Aktie vermutet, dass er mit dem Besitzerwerb Eigenbesitz und Eigentum an der Aktie erworben hat.[121] Die Vermutung gilt nach § 1006 Abs. 3 46

---

[112] Noack in http://notizen.duslaw.de/ist-das-aktienregister-ein-erlaubnispflichtiges-depotgeschaeft/#comment-82163 mit einem Hinweis auf eine entsprechende Mitteilung der Bafin.
[113] Boos/Fischer/Schulte-Mattler/*Schäfer* KWG § 1 Rn. 25.
[114] MüKoAktG/*Heider* Rn. 38; der dortige Hinweis, Globalurkunden könnten nicht gleichzeitig Stück- und Nennbetragsaktien verbriefen, erübrigt sich, weil die AG das Grundkapital nach § 8 Abs. 1 nur in einer oder der anderen Form zerlegen kann.
[115] Weitere Einzelheiten bei *Deilmann/Lorenz* Die börsennotierte AG § 3 Rn. 29 f.; vgl. auch *Gruson* AG 2004, 358 (362); *Müller-von Pilchau* in v. Rosen/Seibert, Die Namensaktie, 2000, 97 (107); MüKoHGB/*Einsele* Depotgeschäft Rn. 56 mwN; Muster zB bei *Maul* NZG 2001, 585 (587); Happ/Groß/*Gätsch* Aktienrecht, Muster 4.03; *Schinzler,* Die teileingezahlte Namensaktie als Finanzierungsinstrument der Versicherungswirtschaft, 1998, 172 Fn. 495.
[116] Vgl. *Deilmann/Lorenz* Die börsennotierte AG § 3 Rn. 29 f.; *Wieneke* in v. Rosen/Seibert, Die Namensaktie, 2000, 229 (237 f.); *Schinzler,* Die teileingezahlte Namensaktie als Finanzierungsinstrument der Versicherungswirtschaft, 1998, 172; *Heißel/Kienle* WM 1993, 1909 (1912).
[117] S. dazu schon *Zöllner* FS Raiser, 1974, 240 (260 und 269 f.).
[118] So etwa für die Antragsberechtigung im Spruchverfahren, vgl. nur OLG Frankfurt ZIP 2008, 1036.
[119] S. auch *Noack/Zetzsche* AG 2002, 651.
[120] Vgl. OLG Oldenburg AG 2000, 367 f. zu § 793 BGB; MüKoAktG/*Heider* Rn. 35; Großkomm AktG/*Mock* Rn. 59; zur Unterscheidung von Inhaber und Besitzer MüKoBGB/*Habersack* BGB § 793 Rn. 25.
[121] BGH NJW 1994, 939 (940); einschränkend bei Aktienbesitz von Banken aus der Zeit vor dem AktG 1937: BVerwG BeckRS 2005, 28 823; allg. zu § 1006 BGB: BGH NJW 1984, 1456; NJW-RR 1989, 1453.

BGB auch bei mittelbarem Besitz, also bei Depotverwahrung der Aktie.[122] Diese Legitimationswirkung setzt voraus, dass die Aktie ihre Wertpapiereigenschaft nicht verloren hat, beispielsweise durch Kraftloserklärung.[123]

47 **b) Namensaktie.** Gegenüber **Dritten** wird der Inhaber der Aktienurkunde unter der Voraussetzung als Eigentümer und damit als Aktionär **widerlegbar** vermutet, dass er in der Urkunde namentlich genannt ist, sei es als erster Nehmer oder als letzter Indossatar einer ununterbrochenen (§ 68 Abs. 1 S. 2 iVm Art. 16 Abs. 1 WG).[124] Die Übertragung durch Indossament kommt allerdings im stückelosen Effektenverkehr nicht vor.

48 Im Verhältnis zur **AG** begründet dagegen schon immer die ordnungsgemäße **Eintragung im Aktienregister** nach § 67 Abs. 2 die **unwiderlegbare** Vermutung, dass der Eingetragene Aktionär ist und deshalb die Mitgliedschaftsrechte ausüben darf und die mitgliedschaftlichen Pflichten erfüllen muss; dies greift also über die bloße Legitimation hinaus (zu Voraussetzungen und Wirkungen im Einzelnen, auch im Verhältnis zu Dritten, → § 67 Rn. 30 ff.); die Eintragung selbst wird dann beispielsweise im Gerichtsverfahren durch eine Bescheinigung des Dienstleisters nachgewiesen, der das Aktienregister führt (→ Rn. 45). **Grundlage** für die Eintragung und damit diese Vermutung ist wiederum nicht mehr regelmäßig die Aktienurkunde, die anders als nach früherem und von der Praxis schon seit langem überholten Recht (§ 68 Abs. 3 aF) nicht mehr zur Umschreibung vorgelegt werden muss (→ § 67 Rn. 10 und 59 ff.). § 67 Abs. 3 verlangt jetzt, dass die Übertragung der AG mitgeteilt und nachgewiesen werden muss (wegen der Einzelheiten siehe die Komm zu § 67 Abs. 3 und 4). Der Nachweis wird in der Regel nicht mehr durch Vorlage einer Aktienurkunde, sondern je nach Art des Rechtsübergangs durch andere Unterlagen oder elektronischen Datenaustausch zwischen Wertpapiersammelbank, Depotbank und Gesellschaft geführt (Einzelheiten → § 67 Rn. 77).

IV. Verfügungen über Aktien

49 **1. Übertragung von Aktien. a) Grundsätze, Auslegung.** Im deutschen Aktienrecht gilt der **Grundsatz der freien Übertragbarkeit** des Mitgliedschaftsrechts. Außerhalb einer zulässigen Vinkulierung von Namensaktien (§ 68 Abs. 2) darf die Übertragbarkeit der Mitgliedschaft nicht unmittelbar oder mittelbar erschwert werden; **abweichende Satzungsbestimmungen** sind nach § 241 Nr. 3 **nichtig.**[125] Deshalb kann auch die Übertragbarkeit einer Inhaberaktie nicht unter Hinweis auf § 399 BGB eingeschränkt werden.[126]

50 Für die rechtsgeschäftliche Übertragung von Aktien stehen **mehrere Wege** zur Verfügung: Das Mitgliedschaftsrecht kann in jedem Fall durch Abtretung übertragen werden (→ Rn. 52 f.), verbriefte Aktien außerdem nach sachen- bzw. wertpapierrechtlichen Grundsätzen (→ Rn. 54 ff.); bei depotverwahrten Aktien kommen subsidiär auch noch depotrechtliche Sonderformen in Frage (→ Rn. 61). In allen Fällen ist der **Bestimmtheitsgrundsatz** zu wahren.[127]

51 Eine rechtsgeschäftliche Einigung über die Übertragung von Aktien ist im Zweifel interessengerecht so **auszulegen,** dass der erklärte Wille zur Übertragung auch die gewünschte Wirkung hat (§§ 133, 157 BGB).[128] Die Erklärung kann auf eine Abtretung, auf eine Übereignung oder auch auf beides gerichtet sein.[129] Wegen der Unsicherheiten, die in Bezug auf die Möglichkeiten einer sachenrechtlichen Übertragung von Globalaktien bestehen, empfiehlt die Beratungspraxis eine kumulative Vereinbarung von Abtretung und Übereignung.[130]

52 **b) Abtretung.** Das Mitgliedschaftsrecht kann durch Abtretung nach **§§ 413, 398 ff. BGB** übertragen werden.[131] Sie ist formfrei, eine schriftliche Erklärung empfiehlt sich allerdings zu Legitimati-

---

[122] Vgl. BGH NJW 1997, 1434 (1435).
[123] KG KGReport 1998, 30 (31).
[124] Einzelheiten → § 68 Rn. 12; vgl. auch MüKoAktG/*Heider* Rn. 31; Hüffer/Koch/*Koch* § 68 Rn. 8; allgemein *Zöllner* Wertpapierrecht § 14 V 1 und § 20.
[125] BGHZ 160, 253 (256 ff.) = NJW 2004, 3561 (3562) zu Erschwerungen durch Formvorschriften und Kostenbelastungen.
[126] Kölner Komm AktG/*Lutter/Drygala* Anh. § 68 Rn. 6; aA *Hueck/Canaris* Recht der Wertpapiere § 25 II 1.
[127] K. Schmidt/Lutter/*Ziemons* Rn. 23; *Modlich* DB 2002, 671 (676); ausführlich mit Formulierungsbeispielen *Iversen* AG 2008, 736 ff.
[128] BGHZ 122, 180 (194) = NJW 1993, 1983 (1987); vgl. auch BFH NZG 2012, 439 f.; *Mentz/Fröhling* NZG 2002, 201 (210); *Eder* NZG 2004, 107 (114); *Modlich* DB 2002, 671 (673).
[129] S. auch *Zöllner* FS Raiser, 1974, 249 (259 f. und 277).
[130] *Modlich* DB 2002, 671 (673); *Eder* NZG 2004, 107 (114); *Iversen* AG 2008, 736 (738); *Mirow* NZG 2008, 52 (55 f.).
[131] Zu den Risiken *Lauppe* DB 2000, 807 (808).

onszwecken. Die Übertragung durch Abtretung kann in der Satzung weder ausgeschlossen (→ § 68 Rn. 25 mwN) noch erschwert werden, zB durch Formanforderungen (→ Rn. 49). Ein gutgläubiger Erwerb findet bei der Abtretung nicht statt.[132] Dafür greifen die Schutzvorschriften nach §§ 413, 407–410 BGB ein.[133]

Bei der **unverbrieften** Mitgliedschaft (→ Rn. 27) ist die Abtretung die einzige Möglichkeit der 53 Übertragung.[134] Dasselbe gilt auch, wenn die Verbriefung wegen inhaltlicher oder formaler Mängel nicht wirksam ist (→ § 13 Rn. 11, 27). Eine Abtretung kommt außerdem als alternative Übertragungsform bei **verbrieften** Aktien in Betracht. Mit der Abtretung der verbrieften **Namensaktie**[135] geht das Eigentum an der Urkunde entsprechend § 952 Abs. 2 BGB iVm § 952 Abs. 1 BGB über. Die empfehlenswerte Übergabe der Urkunde oder gar ihre Übereignung gehört nach zutreffender Ansicht nicht zum Übertragungstatbestand,[136] der Erwerber kann aber die Herausgabe nach § 402 BGB sowie nach § 952 Abs. 2 BGB, § 985 BGB verlangen. In gleicher Weise kann nach inzwischen nahezu einhelliger Ansicht auch die verbriefte **Inhaberaktie** abgetreten werden.[137] Bei der **vinkulierten Namensaktie** ist das Zustimmungserfordernis auch bei der Abtretung zu beachten, unabhängig davon, ob die Aktie verbrieft oder eine Verbriefung vorgesehen ist.[138]

c) Sachen- und wertpapierrechtliche Übertragung. Ein entscheidender Grund für die Ver- 54 briefung der Mitgliedschaft ist es, diese mit der Urkunde nach sachen- bzw. wertpapierrechtlichen Grundsätzen mit der Möglichkeit eines gutgläubigen Erwerbs (→ Rn. 62 ff.) übertragen zu können.

aa) Inhaberaktie. Die Mitgliedschaft kann bei der Inhaberaktie durch **Übereignung** der Aktien- 55 urkunde nach sachenrechtlichen Grundsätzen (§§ 929 ff. BGB) übertragen werden. Erforderlich sind also die Einigung und die Übergabe oder ein Übergabesurrogat nach §§ 929–931 BGB.[139]

bb) Namensaktie. Nach § 68 Abs. 1 S. 1 kann die Namensaktie nicht nur, aber „auch" durch 56 **Indossament** übertragen werden; dafür gelten die §§ 12, 13 WG zu Form und Inhalt und § 16 WG zum gutgläubigen Erwerb sinngemäß (§ 68 Abs. 1 S. 2). Das Indossament besteht in einer schriftlichen Erklärung der Übertragung auf der Aktienurkunde. Außerdem ist nach hM die **Übereignung** der Urkunde nach §§ 929 ff. BGB erforderlich.[140] Einzelheiten zu diesem Übertragungstatbestand sind bei → § 68 Rn. 3 ff. erläutert.

Wird die Namensaktie mit einem **Blankoindossament** versehen (§ 68 Abs. 1 S. 2 iVm § 13 57 Abs. 2 WG), so nähert sich die Namensaktie der Inhaberaktie an: Die Mitgliedschaft kann dann durch bloße **Übereignung** der Aktienurkunde nach §§ 929 ff. BGB weiter übertragen werden (vgl. Art. 14 Abs. 2 Nr. 3 WG; → § 68 Rn. 11).[141] Nur in dieser Variante ist die Namensaktie börsen- und girosammelverwahrfähig (→ § 68 Rn. 10).

---

[132] BGHZ 122, 180 (196) = NJW 1993, 1983 (1987); *Mentz/Fröhling* NZG 2002, 201 (202 f.); → § 68 Rn. 24.
[133] Vgl. etwa *Noack* FS Wiedemann 2002, 1141 (1156 f.).
[134] RGZ 86, 154 (157); BGHZ 122, 180 (195) = NJW 1993, 1983 (1987); BGH AG 1977, 295 (296); LG Berlin AG 1994, 378 (379); Hüffer/Koch/*Koch* Rn. 2; *Eder* NZG 2004, 107; *Modlich* DB 2002, 671.
[135] BGHZ 160, 253 (256) = NZG 2004, 1109 (1110); KG NZG 2003, 226; vgl. auch OLG Celle NZG 2005, 270.
[136] Dazu näher → § 68 Rn. 24; *Zöllner* FS Raiser, 1974, 249 (277 ff.); *Mentz/Fröhling* NZG 2002, 201 (202 f.); *Modlich* DB 2002, 671 (672); *García Mateos*, Das neue Recht der Namensaktie, 2004, 60; *Noack* FS Bezzenberger, 2000, 291 (297); Hüffer/Koch/*Koch* Rn. 3; *Hueck/Canaris*, Recht der Wertpapiere, § 1 I 5b und § 25 I 2 b; Kölner Komm AktG/*Lutter/Drygala* § 68 Rn. 34; Großkomm AktG/*Mock* Rn. 74; Hölters/*Solveen* Rn. 13; jetzt zur Inhaberschuldverschreibung BGH NZG 2013, 903 Rn. 17 ff.; aA noch: MüKoHGB/*Einsele* Depotgeschäft Rn. 123; *Weppner/Groß-Bölting* BB 2012, 2196 (2197 f.); KG NZG 2003, 226 (227 f.) unter Hinweis auf die Entscheidungen zum Wechselrecht RG JW 1932, 2599 und BGH NJW 1958, 302 (303); zu praktischen Konsequenzen dieser – durch BGH aaO überholten – Rechtsprechung bei verbrieften Namensaktien *Perwein* AG 2012, 611.
[137] AG Stuttgart Beschluss vom 7.1.2008, HRB 480 745; *Zöllner* FS Raiser, 1974, 249 (277 ff.); *Zöllner* Wertpapierrecht § 2 II 1 b; K. Schmidt/Lutter/*Ziemons* Rn. 23; *Mülbert* FS Nobbe, 2009, 691 (699 f.); *Mentz/Fröhling* NZG 2002, 201 (202); *Modlich* DB 2002, 671 (672 f.); *Eder* NZG 2004, 107 (108); *Stupp* DB 2006, 655 (656); *Mirow* NZG 2008, 52 (53); *García Mateos*, Das neue Recht der Namensaktie, 2004, 55 f.; jetzt auch Kölner Komm AktG/*Lutter/Drygala* Anh. § 68 Rn. 17; Großkomm AktG/*Mock* Rn. 72; vgl. auch BGH NZG 2013, 903.
[138] OLG Celle NZG 2005, 279.
[139] MüKoAktG/*Heider* Rn. 39; Kölner Komm AktG/*Lutter/Drygala* Anh. § 68 Rn. 17; *Zöllner* Wertpapierrecht § 29 II 1; ausführlich *Mentz/Fröhling* NZG 2002, 201 (202); *Eder* NZG 2004, 107 (108); *Modlich* DB 2002, 671 (672); *Mirow* NZG 2008, 52 (53 ff.); *Iversen* AG 2008, 736 ff.
[140] → § 68 Rn. 4; Hüffer/Koch/*Koch* § 68 Rn. 4; Großkomm AktG/*Mock* Rn. 73; *Mentz/Fröhling* NZG 2002, 201 (202) je mwN; *Mülbert* FS Nobbe, 2009, 691 (700); aA *Zöllner* Wertpapierrecht § 14 I 1 a.
[141] Vgl. auch *Mentz/Fröhling* NZG 2002, 201 (202); *Eder* NZG 2004, 107 (110); *Mirow* NZG 2008, 52 (54); MüKoHGB/*Einsele* Depotgeschäft Rn. 44; abw. *Zöllner* Wertpapierrecht § 14 I 1 d): Begebungsvertrag genügt.

58 Auch die **vinkulierte Namensaktie** kann durch Indossament oder Blankoindossament übertragen werden; die Übertragung bedarf aber der Zustimmung der AG (→ § 68 Rn. 27). Ist sie blankoindossiert, so ist auch sie nach hM und Banken- und Börsenpraxis börsen- und sammelverwahrfähig.[142]

59 **cc) Aktien in Sammelverwahrung.** Auch die Übertragung von Inhaberaktien und blankoindossierten Namensaktien in Sammelverwahrung vollzieht sich nach hM immer noch nach sachenrechtlichen Grundsätzen. Die Übertragung erfolgt danach im Effektengiroverkehr im Regelfall nach § 929 S. 1 BGB: Unmittelbare Fremdbesitzerin ist die Wertpapiersammelbank, mittelbare Mitbesitzerin erster Stufe die Depotbank und mittelbarer Eigenbesitzer zweiter Stufe der hinterlegende Aktionär auf der Grundlage der die schuldrechtlichen und dinglichen Herausgabeansprüche modifizierenden (→ Rn. 37) depotrechtlichen Auslieferungsansprüche nach §§ 7 und 8 DepotG.[143] Der Besitzwechsel erfolgt mit der Umstellung des Besitzmittlungsverhältnisses, die sich in der Umbuchung bei der Wertpapiersammelbank (→ Rn. 37) manifestiert.[144] Beim außerbörslichen Handel kommt zusätzlich eine Übertragung nach §§ 930 oder 931 BGB in Betracht.[145]

60 **dd) Globalaktien in Sammelverwahrung.** Im Grundsatz gilt für Sammel- bzw. Globalurkunden nichts anderes, da sie depotrechtlich wie Urkunden in Sammelverwahrung behandelt werden. Umstritten und dogmatisch zweifelhaft ist die Begründung einer mittelbaren Besitzposition des hinterlegenden Aktionärs allerdings bei **Dauer-Globalaktien,** bei denen der Anspruch auf Einzelverbriefung nach Abs. 5 ausgeschlossen ist. In dem Fall kann der einzelne Aktionär nach § 9a Abs. 3 S. 2 DepotG keine Auslieferung effektiver Stücke nach §§ 7 und 8 DepotG verlangen (→ Rn. 41); die Globalurkunde selbst steht ihm auch nicht zu. Weil es somit an depot- bzw. verwahrungsrechtlichen Herausgabeansprüchen fehle, lehnen beachtliche Stimmen im Schrifttum die Annahme eines Besitzmittlungsverhältnisses ab.[146] Aus dieser Sicht bleiben nur eine Übertragung der Mitgliedschaft mit einer schlichten dinglichen Einigung nach § 929 S. 1 BGB ohne Übergabe oder Übergabesurrogat wie bei besitzlosen Sachen möglich[147] oder eine Abtretung der Mitgliedschaft nach §§ 413, 398 ff. BGB,[148] schließlich ein Eigentumsübergang nach § 24 Abs. 2 DepotG (→ Rn. 61) – einen gutgläubigen Erwerb vom Nichtberechtigten gibt es bei diesen Verfügungen nicht (→ Rn. 62). Allerdings ist nicht zu verkennen, dass der Gesetzgeber mit der Zulassung der Dauer-Globalurkunde und den Regelungen zu ihrer Verwahrung gewiss nicht beabsichtigte, die Verfügung über die verbrieften Anteile zu erschweren, sondern vielmehr die Verkehrsfähigkeit auch im Effekten-Giroverkehr erhalten wollte.[149] In der Kapitalmarktpraxis wird dementsprechend die Übertragung von globalverbrieften Anteilen im Prinzip nicht anders abgewickelt als oben bei der Sammelverwahrung dargestellt (→ Rn. 59). Der Sache nach ist die Aktie hier im Wesentlichen nur noch eine Buchungsposition, ihre Übertragung ein schlichter Buchungsvorgang,[150] der auf der Grundlage einer dinglichen Einigung erfolgt. Die Rechtsprechung trägt dieser Praxis längst Rechnung, wenn sie annimmt, dass ein (individueller) Herausgabeanspruch des einzelnen Mitberechtigten nicht mehr durch effektive Übertragung von Wertpapierurkunden erfüllt wird, sondern durch Umbuchung bei der Wertpapiersammelbank (zur Buchung als Rechtsscheinträger → Rn. 65).[151] Ein alternativer Ansatz stellt auf

---

[142] Dazu MüKoHGB/*Einsele* Depotgeschäft Rn. 45 f. mwN; auch → § 68 Rn. 56.

[143] *Mentz/Fröhling* NZG 2002, 201 (205); *Habersack/Mayer* WM 2000, 1678 (1679 f.); aA MüKoHGB/*Einsele* Depotgeschäft Rn. 93 f. und 107.

[144] BGHZ 207, 23, (28) = NZG 2016, 187 (189); BGHZ 160, 121 (124) = NJW 2004, 3340 (3341); vgl. auch BGH NJW 1999, 1393; Kölner Komm AktG/*Lutter/Drygala* Anh. § 68 Rn. 28; *Mentz/Fröhling* NZG 2002, 201 (206); *Mirow* NZG 2008, 52 (56 ff.); vgl. MüKoHGB/*Einsele* Depotgeschäft Rn. 108.

[145] Ausführlich zu allen Varianten *Mentz/Fröhling* NZG 2002, 201 (205 f.); *Eder* NZG 2004, 107 (113); *Mirow* NZG 2008, 52 ff.; *García Mateos,* Das neue Recht der Namensaktie, 2004, 112 ff.; *Mahler,* Rechtsgeschäftliche Verfügungen über sonder- und sammelverwahrte Wertpapiere des Kapitalmarktes, 2005, 116 ff.; ferner *Modlich* DB 2002, 671 (674) insbes. zur außerbörslichen Übertragung.

[146] *Habersack/Mayer* WM 2000, 1678 (1680 f.); *Mentz/Fröhling* NZG 2002, 201 (208 f.) mwN zum Streitstand; *Gruson* AG 2004, 358 (369 Fn. 104); *Noack* in Bayer/Habersack, Aktienrecht im Wandel, Bd. II, 2007, 510 (537 Rn. 73); *Hirte/Knof* WM 2008, 7 (11 f.); MüKoHGB/*Einsele* Depotgeschäft Rn. 94; Großkomm HGB/*Canaris,* Bd. III/3, 2. Bearb. 1981, Bankvertragsrecht, Rn. 2028; aA *Böning* ZInsO 2008, 873 (878), der es ausreicht, dass eine satzungsändernde Mehrheit den Verbriefungsausschluss aufheben kann – indes genügen für ein Besitzmittlungsverhältnis zwar bedingte oder künftige Ansprüche, aber ein wirksamer Herausgabeanspruch muss nach hM wenigstens existieren, vgl. etwa MüKoBGB/*Joost* BGB § 868 Rn. 15 f; abweichend *Brand* ZBB 2016, 40 (44 ff.).

[147] Vgl. MüKoHGB/*Einsele* Depotgeschäft Rn. 106 ff. für alle sammelverwahrten Effekten.

[148] *Habersack/Mayer* WM 2000, 1678 (1682).

[149] Vgl. etwa *Horn* WM 2002, Beil. 2, S. 3 (13).

[150] *Noack* FS Bezzenberger, 2000, 291 (307); *Noack/Zetzsche* AG 2002, 651 (654); s. auch schon *Zöllner* FS Raiser, 1974, 249 (259 f.); so letztlich auch BGHZ 161, 189 (191 f.) = NJW 2005, 1275.

[151] BGHZ 207, 23, (28 f.) = NZG 2016, 187 (189); BGHZ 161, 189 (191 f.) = NJW 2005, 1275; vgl. auch BGHZ 160, 121 (124) = NJW 2004, 3340 (3341); hierzu *Berger* WM 2009, 577 (578 ff.).

einen mitgliedschaftlichen Herausgabeanspruch der Gesamtheit aller Aktionäre auf die Globalurkunde ab, der von ihnen – vom Fall der Vereinigung aller Anteile in einer Hand abgesehen[152] – nur gemeinsam geltend gemacht werden könne und der inhaltlich auf ein paralleles Verlangen der Aktionäre gegenüber ihrer jeweiligen Depotbank ziele, die Globalurkunde von der Wertpapiersammelbank an die Gesamtheit der Aktionäre zurückzufordern.[153] Vielleicht ist es dann realistischer, von einer gekünstelten Konstruktion eines Herausgabeanspruchs abzusehen und mit der Rechtsprechung den Buchungsvorgang mit der Überlegung genügen zu lassen, dass die Wertpapiersammelbank als Besitzmittler auf die entsprechende Anweisung der Berechtigten seinen Besitzmittlungswillen ändert.[154] Jedenfalls hält die hM im Ergebnis somit zu Recht an einer im Ausgangspunkt sachenrechtlichen Konstruktion der Übertragung fest.[155] Die praktische Bedeutung des Streits liegt in der Frage, ob die globalverbriefte Mitgliedschaft auch gutgläubig vom Nichtberechtigten erworben werden kann (→ Rn. 65).

d) Eigentumsübergang nach DepotG. Das Eigentum an der Aktienurkunde geht bei Sonderverwahrung nach § 18 Abs. 3 DepotG durch Absendung des Stückeverzeichnisses vom Einkaufskommissionär an den Kommittenten und bei Sammelverwahrung nach § 24 Abs. 2 DepotG durch Eintragung des Übertragungsvermerks im Verwahrungsbuch des Kommissionärs über. Diese Sonderformen der Übertragung sind ausdrücklich gegenüber den anderen Übertragungsmöglichkeiten subsidiär und sie setzen die Verfügungsbefugnis des Kommissionärs voraus, so dass ein gutgläubiger Erwerb nicht möglich ist. Ihre Bedeutung ist deshalb gering.[156] **61**

2. Gutgläubiger Erwerb. Ein wesentlicher Effekt, der mit der Steigerung der Verkehrsfähigkeit durch Verbriefung der Aktien verbunden ist, ist der Schutz des gutgläubigen Erwerbers. Weitgehend unbestritten ist dessen Bedeutung für die Fungibilität der Aktie, den funktionierenden Kapitalmarkt und auch den internationalen Effektenverkehr.[157] Vor allem deshalb halten Gesetzgeber, Bankenpraxis und überwiegend auch die Literatur an der sachenrechtlichen Konstruktion der Übertragung selbst im Fall der dauerhaft globalverbrieften Aktie fest (→ Rn. 60) und lehnen den von anderen geforderten letzten Übergang zum Wertrecht ab. Denn bei der Abtretung (→ Rn. 52 ff.) ist ein gutgläubiger Erwerb ebenso wenig möglich wie bei einem Rechtsübergang nach DepotG (→ Rn. 61). **62**

a) Voraussetzung: Wirksam entstandene und verbriefte Mitgliedschaft. Es ist Voraussetzung jeden gutgläubigen oder lastenfreien Erwerbs einer Aktie, dass das Mitgliedschaftsrecht wirksam entstanden und in einer Urkunde verbrieft worden ist, die ordnungsgemäß ausgestellt und an den ersten Nehmer wirksam begeben worden ist.[158] Denn die Mitgliedschaft entsteht aufgrund der Übernahmeerklärung im Rahmen der Gründung oder Kapitalerhöhung und nicht aufgrund eines Verkehrsgeschäfts zwischen AG und Gesellschafter.[159] Anzahl und Beteiligungsquote der Mitgliedschaften sind mit den Satzungsbestimmungen über das Grundkapital und dessen Aufteilung in Aktien (§§ 6–8, 23 Abs. 3 Nr. 3 und 4) festgelegt. Kraft Rechtsscheins können nicht zusätzliche Mitgliedschaften entstehen oder die bestehenden Mitgliedschaften zu Lasten aller Aktionäre verkürzt werden.[160] Deshalb kann zunächst der **Erstübernehmer** die Mitgliedschaft nicht gutgläubig (lastenfrei) erwerben; das gilt auch für den mittelbar Bezugsberechtigten nach § 186 Abs. 5.[161] Aus denselben Gründen können auch der **Zweiterwerber** und die ihm Folgenden nicht darauf vertrauen, dass die Mitgliedschaft besteht oder im richtigen Umfang bzw. wirksam verbrieft ist.[162] Fehlt bei teileinge- **63**

---

[152] Darauf stellen ab *Modlich* DB 2002, 671 (673 ff.); *Eder* NZG 2004, 107 (113).
[153] *Mülbert* FS Nobbe, 2009, 691 (702 mit Fn. 51); vgl. auch *Koller* DB 1972, 1857 (1861); ferner *Böning* ZInsO 2008, 873 (878), die aber die Anspruchsgrundlage in § 985 BGB sieht und deshalb ein Besitzmittlungsverhältnis verneint; aA MüKoHGB/*Einsele* Depotgeschäft Rn. 83 f. und 93 ff. wegen fehlenden Direktanspruchs der Hinterleger gegen höherstufige Verwahrer; kritisch zu dieser Begründung auch *Brand* ZBB 2015, 40 (43).
[154] *Brand* ZBB 2016, 41 (44 ff.).
[155] *Modlich* DB 2002, 671 (673 ff.); *Eder* NZG 2004, 107 (113) mwN; Kölner Komm AktG/*Lutter/Drygala* Anh. § 68 Rn. 29 f.; Großkomm AktG/*Mock* Rn. 112; *Schaper* AG 2016, 889 (891).
[156] *Mentz/Fröhling* NZG 2002, 201 (208); weitere Einzelheiten bei MüKoHGB/*Einsele* Depotgeschäft Rn. 95 ff.; *García Mateos*, Das neue Recht der Namensaktie, 2004, 108 ff.
[157] Vgl. nur *Than* FS Schimansky, 1999, 821 (836); *Habersack/Mayer* WM 2000, 1678; *Einsele* WM 2001, 7 (12).
[158] HM MüKoAktG/*Heider* Rn. 34, 40; Großkomm AktG/*Mock* Rn. 76; Kölner Komm AktG/*Lutter/Drygala* Anh. § 68 Rn. 11.
[159] Vgl. BGHZ 122, 180 (197) = NJW 1993, 1983 (1987).
[160] HM MüKoAktG/*Heider* Rn. 34; Kölner Komm AktG/*Lutter/Drygala* Anh. § 68 Rn. 11; Großkomm AktG/*Mock* Rn. 76; *Zöllner* Wertpapierrecht § 29 III; aA *Hueck/Canaris*, Recht der Wertpapiere, § 25 III 2 b.
[161] BGHZ 122, 180 (197) = NJW 1993, 1983 (1987).
[162] MüKoAktG/*Heider* Rn. 34, 40; Kölner Komm AktG/*Lutter/Drygala* Anh. § 68 Rn. 11; Großkomm AktG/*Mock* Rn. 76; vgl. auch → § 68 Rn. 16.

zahlten Namensaktien die Angabe des gezahlten Betrags, kann aber der gutgläubige Erwerber die Mitgliedschaft unbelastet von der Einlagepflicht erwerben (→ Rn. 75). Zur besonderen Lage bei der bedingten Kapitalerhöhung → § 200 Rn. 14.

64 b) **Einzelheiten.** Bei **Inhaberaktien** ist ein gutgläubiger Erwerb nach §§ 932–935 BGB, § 366 HGB möglich.[163] Das gilt auch dann, wenn die Urkunde abhandengekommen ist (§ 935 Abs. 2 BGB; für Banken gem. § 367 HGB nur beschränkt). Bei **Namensaktien** bewirkt das Indossament gem. § 68 Abs. 1 S. 2 iVm § 16 Abs. 2 WG einen erweiterten Schutz des gutgläubigen Inhabers; wegen der Einzelheiten → § 68 Rn. 13 ff.

65 Bei Aktien in **Sammelverwahrung** kommt es zu konstruktiven Problemen, weil nach überwiegender Auffassung die Disposition über bloßen mittelbaren Mitbesitz (→ Rn. 59) als Grundlage für den Gutglaubenserwerb nicht ausreicht.[164] Das gilt auch bei der **Dauer-Globalaktie** selbst dann, wenn man hier mittelbaren Mitbesitz annimmt (→ Rn. 60). Die hM greift deshalb im Wege der Rechtsfortbildung auf die Buchung der Sammelbestandanteile im Depotbuch – oder treffender auf die Dispositionsbefugnis über die Buchung[165] – als zusätzlichen oder gar alleinigen Rechtsscheinsträger zurück.[166] Die Umbuchung wird – ganz in Übereinstimmung mit der → Rn. 60 erwähnten Rechtsprechung des Bundesgerichtshofs – als Publizitätsakt zum Übergabesurrogat.[167] Sie genügt dann auch als Rechtsscheinsgrundlage für den erweiterten Schutz des Blankoindossaments bei Namensaktien (→ § 68 Rn. 19 mwN).

66 **3. Beschränkte dingliche Rechte.** Wie die Übertragung so hängen auch die Bestellung beschränkter dinglicher Rechte an den Mitgliedschaftsrechten und die Pfändung der Aktien entscheidend davon ab, ob und wie sie verbrieft und verwahrt sind. Auch hier muss die Rechtspraxis der Tendenz zur Entmaterialisierung der Aktie Rechnung tragen.[168]

67 a) **Verpfändung.**[169] Im Falle unverbriefter Aktien wird die Mitgliedschaft nach den Regeln der Rechtsverpfändung (§§ 1273 ff. BGB) verpfändet.[170] Das ist auch bei verbrieften Namensaktien möglich, die außerdem „auch" durch Pfandindossament verpfändet werden können (§ 1292 BGB; zur Verpfändung vinkulierter Namensaktien → § 68 Rn. 34).[171] Verbriefte Inhaberaktien unterliegen den Regeln der Sachverpfändung (§ 1293 BGB iVm §§ 1205 ff. BGB),[172] ebenso blankoindossierte Namensaktien.[173] Im Fall der Girosammelverwahrung stellen sich wie für die Übertragung (→ Rn. 59 f., 65) auch für die Verpfändung Fragen in Bezug auf die mittelbare Besitzposition des Anteilsinhabers und die Möglichkeit eines gutgläubigen Erwerbs (§§ 1207 f. BGB).[174] Soweit nach → Rn. 60 mittelbarer Mitbesitz des Aktionärs anzunehmen ist, erfolgt die Verpfändung des Miteigentumsanteils an dem Sammelbestand bzw. der Globalurkunde[175] durch Umstellung des Besitzmittlungsverhältnisses (§ 1205 Abs. 1 S. 1 BGB; wie → Rn. 59)[176] durch Abtretung des Herausgabean-

---

[163] MüKoAktG/*Heider* Rn. 39; *Mentz/Fröhling* NZG 2002, 201 (202); *Eder* NZG 2004, 107 (108).

[164] MüKoBGB/*K. Schmidt* BGB § 747 Rn. 20 f.; MüKoHGB/*Einsele* Depotgeschäft Rn. 106; *Einsele* WM 2001, 7 (13), je mwN; *Klanten* in Schimansky/Bunte/Lwowski BankR-HdB § 72 Rn. 116.

[165] *Apfelbaum*, Die Verpfändung der Mitgliedschaft, 2004, 90 ff.

[166] MüKoBGB/*K. Schmidt* § 747 Rn. 21; = § 1008 Rn. 31; *Eder* NZG 2004, 107 (112) je mwN; *Mülbert* FS Nobbe, 2009, S. 691 (702); *Mahler*, Rechtsgeschäftliche Verfügungen über sonder- und sammelverwahrte Wertpapiere des Kapitalmarktes, 2005, 63 ff.; *García Mateos*, Das neue Recht der Namensaktie, 2004, 117 f.; *Heinsius/ Horn/Than* DepotG § 6 Rn. 91; *Klanten* in Schimansky/Bunte/Lwowski BankR-HdB § 72 Rn. 116; *Horn* WM 2002 Beil. 2 (3, 11 f. und 14 f.); *Koller* DB 1972, 1905 ff.; vgl. auch BGHZ 160, 121 (124) = NJW 2004, 3340 (3341); BGH NJW 1999, 1383; noch weitergehend zB Großkomm HGB/*Canaris* Bd. III/3, 2. Bearb. 1981, Bankvertragsrecht, Rn. 2027; aA insbes. MüKoHGB/*Einsele* Depotgeschäft Rn. 113 ff.; *Einsele* WM 2001, 7 (13); kritisch auch *Habersack/Mayer* WM 2000, 1678 (1682).

[167] MüKoBGB/*K. Schmidt* § 747 Rn. 21; Großkomm AktG/*Mock* Rn. 103, 113; *Brand* ZBB 2016, 41 (47).

[168] Vgl. etwa BGHZ 160, 121 (125 f.) = NJW 2004, 3340 (3341).

[169] Ausführlich: *Apfelbaum*, Die Verpfändung der Mitgliedschaft in der Aktiengesellschaft, 2004; *Mahler*, Rechtsgeschäftliche Verfügungen über sonder- und sammelverwahrte Wertpapiere des Kapitalmarktes, 2005, 138 ff.; *Nodoushani* WM 2007, 289 ff.; *Stupp* DB 2006, 655 ff.; *Hoffmann* WM 2007, 1547 ff.; *Hirte/Knof* WM 2008, 7 ff.; *Berger* WM 2009, 577 ff.

[170] *Nodoushani* WM 2007, 289 (292); *Stupp* DB 2006, 655 (657); Kölner Komm AktG/*Lutter/Drygala* Anh. § 68 Rn. 8; MHdB AG/*Sailer-Coceani* § 14 Rn. 75.

[171] *Nodoushani* WM 2007, 289 (292); *Stupp* DB 2006, 655 (657 f.) mwN; *Hoffmann* WM 2007, 1547 (1548).

[172] *Stupp* DB 2006, 655 (657).

[173] MüKoHGB/*Einsele* Depotgeschäft Rn. 123 f.; MHdB AG/*Sailer-Coceani* § 14 Rn. 75; Großkomm AktG/ *Mock* Rn. 80.

[174] Ausführlich MüKoHGB/*Einsele* Depotgeschäft Rn. 124 ff.

[175] *Hirte/Knof* WM 2008, 7 (10); *Berger* WM 2009, 577.

[176] MüKoHGB/*Einsele* Depotgeschäft Rn. 124; MüKoBGB/*K. Schmidt* BGB § 747 Rn. 21 je mwN; vgl. auch BGH NJW 1997, 2110 (2111).

spruchs (bzw. faktisch Umbuchungsanspruchs) und Anzeige gegenüber der Depotbank (§ 1205 Abs. 2 BGB)[177] mit der Folge, dass gutgläubiger Erwerb möglich ist. Für die Vertreter der Ansicht, dass es jedenfalls bei Dauer-Globalurkunden (Abs. 5) am Mitbesitz fehlt (→ Rn. 60), kommt nur eine Rechtsverpfändung ohne Schutz des redlichen Erwerbers in Frage.[178]

Das Pfandrecht gibt dem Pfandgläubiger nur eine Verwertungsbefugnis und lässt die mitgliedschaftlichen Rechte und Pflichten im Übrigen unberührt. Es erstreckt sich auch auf Surrogate und Nebenrechte wie die Dividende, erlaubt aber nur bei Vereinbarung eines Nutzungspfandrechts (§ 1213 BGB), die Dividende unmittelbar zu ziehen.[179] Ein Bezugsrecht bleibt beim Aktionär (→ § 186 Rn. 10), wenn es nicht gesondert verpfändet wird.[180] Das Stimmrecht des Aktionärs bleibt unberührt (→ § 12 Rn. 4), ebenso andere mitgliedschaftliche Rechte.[181] Der Pfandgläubiger ist auch nicht anfechtungsbefugt (→ § 245 Rn. 15).[182] Die Verwertung der verpfändeten Aktien[183] erfolgt bei Inhaberaktien vor allem durch Versteigerung (§§ 1235 ff. BGB), bei börsennotierten Aktien auch durch freihändigen Verkauf nach Maßgabe von § 1235 Abs. 2 BGB, § 1295 iVm § 1221 BGB.[184] Im Fall der Insolvenz steht das Verwertungsrecht nach § 166 Abs. 1 InsO dem Insolvenzverwalter zu, soweit er die Aktie in Besitz hat; ob dafür mittelbarer Besitz reicht, insbesondere auch der mittelbare Mitbesitz bei der Globalaktie in Sammelverwahrung, war umstritten,[185] ist mittlerweile vom Bundesgerichtshof im Grundsatz aber für den Fall bejaht worden, dass die Aktien der wirtschaftlichen Einheit des Schuldnervermögens zuzurechnen sind, also insbesondere dem Erwerb einer Unternehmensbeteiligung dienen, nicht aber, wenn sie bloß ein Finanzgeschäft darstellen oder einem Treuhänder übertragen sind.[186] **68**

b) Nießbrauch. Vergleichbares gilt für den Nießbrauch, dessen Bestellung den Regeln für die Übertragung folgt (§ 1069 Abs. 1 BGB). Sie erfolgt also bei unverbrieften Aktien und bei verbrieften Namensaktien entsprechend den Bestimmungen über die Abtretung (§§ 413, 398 BGB),[187] bei verbrieften Inhaberaktien und blankoindossierten Namensaktien durch Einigung und Besitzverschaffung nach Maßgabe von § 1081 BGB.[188] Dem Nießbraucher stehen die Nutzungen zu, also insbesondere die Dividende. Zur Frage der Ausübung des Stimmrechts → § 12 Rn. 4 und → § 16 Rn. 31, zur Anfechtungsbefugnis → § 245 Rn. 16, zum Bezugsrecht → § 186 Rn. 10.[189] **69**

c) Pfändung. Bei der **Vollstreckung wegen Geldforderungen** unterliegt die unverbriefte Mitgliedschaft der Rechtspfändung nach § 857 ZPO.[190] Verbriefte Inhaber- und Namensaktien unterliegen dagegen hM der Sachpfändung (§§ 808, 831 Abs. 1 ZPO, vgl. auch § 154 Nr. 2 GVGA);[191] börsennotierte Aktien werden durch freihändigen Verkauf verwertet (§ 821 ZPO),[192] nicht börsennotierte Aktien durch öffentliche Versteigerung (vgl. § 155 Nr. 2 GVGA);[193] zum Indossament bei Namensaktien vgl. § 822 ZPO. Bei sammelverwahrten Aktien kommt dagegen eine Pfändung des Miteigentumsanteils am Sammelbestand nach § 857 ZPO in Betracht.[194] **70**

---

[177] OLG Karlsruhe WM 1999, 2451; *Nodoushani* WM 2007, 289 (295); kritisch für den Effektengiroverkehr MüKoHGB/*Einsele* Depotgeschäft Rn. 124.
[178] So *Habersack/Mayer* WM 2000, 1678 (1684); vgl. zur Globalurkunde auch *Stupp* DB 2006, 655 (658); *Nodoushani* WM 2007, 289 (296).
[179] Einzelheiten zum Inhalt des Pfandrechts bei MHdB AG/*Sailer-Coceani* § 14 Rn. 76 f.; *Hoffmann* WM 2007, 1547 (1553 f.); *Hirte/Knof* WM 2008, 7 (14).
[180] *Hoffmann* WM 2007, 1547 (1554).
[181] LG München NZG 2009, 143 (145): Übertragungsverlangen nach § 327a, Antragsrecht im Spruchverfahren; OLG Celle ZIP 2015, 426 zu § 122 Abs. 3.
[182] LG Mannheim AG 1991, 29; MHdB AG/*Sailer-Coceani* § 14 Rn. 63.
[183] Hierzu eingehend *Wittig* FS Kümpel, 2003, 587 ff.
[184] Siehe iE *Wittig* FS Kümpel, 2003, 587 (596 ff., 599 ff.) sowie die Kommentierungen zu § 1295 BGB.
[185] Bejahend *Hirte/Knof* WM 2007, 49 ff.; verneinend *Berger* ZIP 2007, 1533 ff.; *Berger* WM 2009, 577 ff.; je mwN.
[186] BGHZ 207, 23, (34 ff.) = NZG 2016, 187 (189 f.); siehe auch Großkomm AktG/*Mock* Rn. 109.
[187] Kölner Komm AktG/*Lutter/Drygala* Anh. § 68 Rn. 8 sowie § 68 Rn. 21 je mwN.
[188] Kölner Komm AktG/*Lutter/Drygala* Anh. § 68 Rn. 18; MHdB AG/*Sailer-Coceani* § 14 Rn. 70, je mwN.
[189] Ausführlich zum Nießbrauch an Aktien: *Scharff*, Der Nießbrauch an Aktien im Zivil- und Steuerrecht, Diss. Kiel 1981/82; *Schön* ZHR 158 (1994), 229; *Meyer*, Der Nießbrauch an GmbH-Geschäftsanteilen und Aktien, Diss. Düsseldorf 2001; vgl. auch *K. Schmidt* GesR § 61 II; MHdB AG/*Sailer-Coceani* § 14 Rn. 70, die wegen streitiger Einzelheiten zum Inhalt eine eindeutige Vereinbarung empfiehlt.
[190] *Stöber* Forderungspfändung Rn. 1605.
[191] *Stöber* Forderungspfändung Rn. 1605; Kölner Komm AktG/*Lutter/Drygala* Anh. § 68 Rn. 18; MüKoHGB/*Einsele* Depotgeschäft Rn. 121; aA für Namensaktien → § 68 Rn. 35: §§ 857, 831 ZPO; zum Meinungsstand *Schall* WM 2011, 2249.
[192] MüKoHGB/*Einsele* Depotgeschäft Rn. 129; Musielak/*Becker* ZPO § 821 Rn. 3, 6.
[193] Musielak/*Becker* ZPO § 821 Rn. 8.
[194] MüKoHGB/*Einsele* Depotgeschäft Rn. 130; *Stöber* Forderungspfändung Rn. 1787e; vgl. auch BGHZ 160, 121 (124) = NJW 2004, 3340 (3341) mwN; BGH NJW-RR 2008, 494.

71 Ein Titel auf **Übertragung** sammelverwahrter oder globalverbriefter Aktien wird entsprechend § 886 ZPO durch Pfändung und Überweisung des Anspruchs gegen die Depotbank auf Umbuchung vollstreckt.[195]

V. Teileingezahlte Namensaktien, Abs. 2

72 **1. Teileinzahlung von Bareinlagen. a) Bedeutung.** Die Bedeutung und der Anwendungsbereich dieser Regelung erschließen sich aus dem Zusammenspiel der Bestimmungen über die Entstehung der Mitgliedschaft und über die Leistung der Einlage. Auch in Abs. 2 ist mit Aktienausgabe die Verbriefung in einer Aktienurkunde gemeint, die erst zulässig ist, wenn die AG oder die Kapitalerhöhung eingetragen ist (→ Rn. 32). Inwieweit die Anmeldung zur Eintragung geleistete Einlagen voraussetzt, hängt von der Art der geschuldeten Einlage ab. Soweit deren Leistung für die Anmeldung und damit die Eintragung nicht vorausgesetzt ist, ist im Grundsatz Abs. 2 anzuwenden.

73 Sind **Bareinlagen** geschuldet, kann die Eintragung nach § 36 Abs. 2, § 36a Abs. 1 angemeldet werden, wenn ein Viertel des Ausgabebetrags (geringster Ausgabebetrag zuzüglich Agio, vgl. § 9) in der Weise mit befreiender Wirkung eingezahlt ist, wie es § 54 vorschreibt. Mit der nachfolgenden Eintragung der Gesellschaft entsteht die Mitgliedschaft. Auch bei fehlender Volleinzahlung kann sie anschließend nach Maßgabe des **Abs. 2** als **Namensaktie** verbrieft werden, wenn die Satzung (§ 23 Abs. 3 Nr. 5; → Rn. 12) Namensaktien vorsieht. Gestattet die Satzung ausschließlich Inhaberaktien, bleibt bis zur vollständigen Einlagenerbringung nur die Verbriefung in Zwischenscheinen,[196] die ebenfalls auf den Namen lauten müssen (Abs. 3 und 4, → Rn. 85).

74 Diese Festlegung auf die Namensaktie dient der **realen Kapitalaufbringung:** Über die Eintragung in das Aktienregister (§ 67 Abs. 1) kann der Aktionär als Schuldner der ausstehenden Resteinlage oder der nach § 65 für einen kaduzierten Aktionär haftende Vormann ermittelt werden.[197] Die Teileinzahlung kommt in der Regel nur als Zwischenstadium in der Gründungsphase vor. **Dauerhaft teileingezahlte** Aktien sind vor allem bei **Versicherungsgesellschaften** verbreitet, bei denen die ausstehende Resteinlage nicht als Betriebskapital benötigt wird, sondern der Risikovorsorge dient.[198] Die Teileinzahlung führt zur Beschränkung von Mitgliedschaftsrechten wie der Teilhabe an Gewinn (§ 60 Abs. 2) und Liquidationserlös (§ 271 Abs. 3) sowie dem Stimmrecht (§ 134 Abs. 2) solange, bis voll eingezahlt ist. Dennoch bilden die entsprechenden Aktien schon deshalb **keine eigene Gattung** iSv § 11, weil es sich nicht um aus der Satzung begründete Einschränkungen handelt, sondern um die gesetzliche Folge der unvollständigen tatsächlichen Einzahlung, die die Pflicht zur Volleinzahlung unberührt lässt und im Grundsatz auch nur vorübergehend bis zu deren vollständigen Erfüllung den Maßstab der genannten Rechte ändert, nicht aber deren Bestand berührt.[199]

75 **b) Angabe der Teilleistung.** Der Betrag der **erbrachten** Teilleistung ist in der Namensaktie nach § 10 Abs. 2 S. 2 **anzugeben,** nicht aber die Höhe der noch offenen Resteinlage (vgl. aber § 64 Abs. 4 S. 1 für die im Falle der Kaduzierung neu auszugebenden Aktien!). Damit wird der gute Glaube des Erwerbers an eine Volleinzahlung verhindert. Denn wenn die Angabe zur Teileinzahlung fehlt, haftet der gutgläubige Erwerber für die Resteinlage nicht (→ Rn. 76).

76 **c) Folgen von Verstößen.** Werden unter Verstoß gegen Abs. 2 S. 1 Inhaberaktien trotz nicht vollständig geleisteter Einlagen ausgegeben oder wird in einer Namensaktie entgegen Abs. 2 S. 2 der Betrag der Teilleistung nicht angegeben, so ist die Mitgliedschaft dennoch wirksam verbrieft. Die Einlagenverpflichtung des Ersterwerbers der Aktie bleibt aber unberührt, ein gutgläubiger Erwerb ist insoweit nicht möglich (→ Rn. 63). Das gilt auch für den mittelbar Bezugsberechtigten (§ 186 Abs. 5), der von der Emissionsbank erwirbt.[200] Ein gutgläubiger Zweiterwerber kann dagegen bei Übertragung nach sachen- bzw. wertpapierrechtlichen Grundsätzen die Mitgliedschaft ohne die

---

[195] BGHZ 160, 121 (125 f.) = NJW 2004, 3340 (3341); dazu MüKoHGB/*Einsele* Depotgeschäft Rn. 133.
[196] MüKoAktG/*Heider* Rn. 53; Großkomm AktG/*Mock* Rn. 182, anders aber Rn. 186: auf Grundlage von Abs. 2 auch Namensaktien zulässig.
[197] Vgl. Hüffer/Koch/*Koch* § 67 Rn. 1.
[198] Hüffer/Koch/*Koch* Rn. 8; MüKoAktG/*Heider* Rn. 18 mwN; *Zöllner* AG 1985, 19; *Schinzler*, Die teileingezahlte Namensaktie als Finanzierungsinstrument der Versicherungswirtschaft, 1998, 6 ff.; vgl. schon RGZ 79, 174 (176); dieser besonderen Interessenlage wird vom AktG auch dadurch Rechnung getragen, dass Kapitalerhöhungen trotz ausstehender Volleinzahlungen durchgeführt werden können (§ 182 Abs. 4 S. 2).
[199] Kölner Komm AktG/*Kraft*, 2. Aufl. 1988, § 11 Rn. 6; Großkomm AktG/*Mock* Rn. 183; vgl. auch *Schinzler*, Die teileingezahlte Namensaktie als Finanzierungsinstrument der Versicherungswirtschaft, 1998, 76 f.; RGZ 132, 149 (160); auch noch → Rn. 10 und → § 11 Rn. 18.
[200] BGHZ 122, 180 (198 ff.) = NJW 1993, 1983 (1987 f.).

Einlagenverpflichtung erwerben.[201] Zu Voraussetzungen und Reichweite des gutgläubigen „Wegerwerbs" der Einlagepflicht und zur verbleibenden Haftung des Veräußerers → § 54 Rn. 15 ff. Bei vorzeitiger Ausgabe von Inhaberaktien haften Vorstand und Aufsichtsratsmitglieder als Ausgeber der AG auf Schadensersatz (§ 93 Abs. 3 Nr. 4, § 116); Verstöße sind zudem ordnungswidrig (§ 405 Abs. 1 Nr. 1).

d) Börsennotierung. Die Börsenzulassung nicht voll eingezahlter Aktien steht nach § 5 Abs. 2 Nr. 1 BörsZulV im pflichtgemäßen Ermessen der Zulassungsstelle und setzt voraus, dass der Börsenhandel nicht beeinträchtigt wird und das Publikum auf die fehlende Volleinzahlung im Prospekt oder in sonst geeigneter Weise hingewiesen wird. Die teileingezahlten Aktien sind sammelverwahrfähig.[202] **77**

2. Anwendung bei Sacheinlagen. Bei Sacheinlagen ist die Anwendung des Abs. 2 umstritten. **78** Das hängt mit der Streitfrage zusammen, ob und in welchem Umfang eine Sacheinlage nach der unklaren Regelung in § 36a Abs. 2 S. 1 und 2 vor der Anmeldung geleistet werden muss;[203] s. dazu im Einzelnen die Kommentierung zu § 36a Abs. 2. Aus Sicht der Auffassung, dass Sacheinlagen in jedem Fall vollständig vor der Anmeldung durch Übertragung des Einlagegegenstands zu leisten sind (→ § 36a Rn. 10 ff.), kommt man von vornherein nicht zur Anwendung von Abs. 2.[204] Dasselbe gilt, wenn man als geleisteten Sacheinlagegegenstand bereits die wirksame Verpflichtung zur Übertragung des Vermögensgegenstands ansieht.[205] Nach hM genügt es dagegen bei Sacheinlageverpflichtungen, zu deren Erfüllung der Verpflichtete einen Gegenstand dinglich übertragen muss, wenn nach § 36a Abs. 2 S. 2 die Übertragung binnen 5 Jahren erfolgt. Von dem Standpunkt aus wird auch die Anwendung von Abs. 2 bejaht.[206] Ob das sonderlich praktisch ist, ist allerdings die Frage. Zum einen geht es dabei in der Regel nicht um Teilleistungen, denn ungeachtet der Streitfrage, ob die Satzung die Erbringung von Teilleistungen abweichend von § 266 BGB zulassen darf,[207] wird eine Aufteilung oft schon nach der Natur der Sache nicht möglich sein; Thema ist vielmehr die noch komplett ausstehende Leistung.[208] Zum andern bezweckt die Anwendung des Abs. 2 dann nicht, diese Aufbringung der Sacheinlage zu sichern. Denn die Verpflichtung dazu geht anders als bei der Bareinlage nicht vom ersten Erwerber (Gründer oder Zeichner der Kapitalerhöhung) auf einen Zweiterwerber über, so dass sich insoweit auch die Frage eines gutgläubigen „lastenfreien" Erwerbs nicht stellt.[209] Auf den Zweiterwerber geht aber die subsidiäre Bareinlagepflicht über, die bei Ausfall des Sacheinlegers oder Unwirksamkeit der Sacheinlagevereinbarung eingreift; davon ist der gutgläubige Zweiterwerber frei (→ § 54 Rn. 14 mwN) (zum gutgläubig „lastenfreien" Erwerb → Rn. 75). Also kann es bei einer Anwendung von Abs. 2 nur darum gehen, einen Rechtsschein der vollständigen Leistung der Sacheinlage zu zerstören, um die subsidiäre Bareinlagehaftung eines Erwerbers zu erhalten. Das kann nur gelingen, wenn in der Namensaktie entsprechend S. 1 aus der Urkunde hervorgeht, dass auf die Sacheinlageverpflichtung eine Teilleistung mit dem Wert Null, also noch gar keine Leistung erbracht worden ist. Bei der Angabe von im Einzelfall vielleicht doch zulässigen Teilleistungen stellt sich das weitere Problem, ob diese überhaupt bewertet werden können; andernfalls dürfte hier eine Verbriefung als Namensaktie ausscheiden und allenfalls ein Zwischenschein in Frage kommen.[210]

VI. Ausschluss oder Beschränkung der Anteilsverbriefung, Abs. 5

1. Satzungsbestimmung. Nach der seit 1998 geltenden Fassung von Abs. 5 kann der Anspruch **79** des Aktionärs auf Verbriefung seines Anteils (→ Rn. 29) ganz ausgeschlossen oder auch nur eingeschränkt werden (zur Entstehungsgeschichte → Rn. 36 ff.). Dazu bedarf es einer Bestimmung in der Satzung. Sie erfasst die Verbriefung in Aktienurkunden und in Zwischenscheinen (→ Rn. 85). Zum gesetzlichen Ausschluss bei der REIT-AG → Rn. 29.

---

[201] HM OLG Köln AG 2002, 92 f. = NZG 2001, 615; vgl. auch BGHZ 122, 180 (196 ff.) = NJW 1993, 1983 (1987 f.); RGZ 144, 138 (145); MüKoAktG/*Heider* Rn. 57; Großkomm AktG/*Mock* Rn. 191, 193; *Schinzler*, Die teileingezahlte Namensaktie als Finanzierungsinstrument der Versicherungswirtschaft, 1998, 56 ff.; Hüffer/Koch/*Koch* Rn. 8.
[202] MüKoHGB/*Einsele* Depotgeschäft Rn. 47 mwN; *Schinzler*, Die teileingezahlte Namensaktie als Finanzierungsinstrument der Versicherungswirtschaft, 1998, 168 ff.
[203] MüKoAktG/*Heider* Rn. 50; *García Mateos*, Das neue Recht der Namensaktie, 2004, 141 ff.
[204] Vgl. Großkomm AktG/*Mock* Rn. 187.
[205] *Richter* ZGR 2009, 721.
[206] MüKoAktG/*Heider* Rn. 52; vgl. auch GHEK/*Eckardt* Rn. 17; Hüffer/Koch/*Koch* Rn. 8; § 54 Rn. 15.
[207] Bejahend Hüffer/Koch/*Koch* § 36a Rn. 5; MüKoAktG/*Pentz* § 36a Rn. 20; dagegen → § 36a Rn. 11.
[208] Vgl. auch Großkomm AktG/*Mock* Rn. 187 aE.
[209] → § 54 Rn. 15; MüKoAktG/*Bungeroth* § 54 Rn. 20.
[210] Vgl. auch GHEK/*Eckardt* Rn. 19.

80 Möglich ist auch eine nachträgliche Regelung durch **Satzungsänderung** nach Maßgabe von §§ 179 ff. Die mit der Gesetzesänderung bezweckten Erleichterungen sollen nicht nur bei Neugründungen, sondern auch bei bestehenden Gesellschaften greifen können. Eine Einzelzustimmung der betroffenen Aktionäre ist deshalb wegen dieser speziellen gesetzlichen Regelung nicht erforderlich.[211] Das **Gleichbehandlungsgebot** nach § 53a muss beachtet werden, hindert aber keine sachlich gerechtfertigten Differenzierungen,[212] die insbesondere darauf beruhen können, dass der Aufwand für Herstellung, Verwaltung und Verwahrung der Urkunden verhältnismäßig umso größer sein kann, je kleiner die Beteiligung ist.

81 Wird der Anspruch auf Verbriefung durch eine Satzungsänderung nachträglich ausgeschlossen, so werden zuvor ausgegebene Aktienurkunden nicht ungültig; wer effektive Stücke in Besitz hat, kann sie bis auf weiteres behalten.[213] Im Fall der Kraftloserklärung solcher Alturkunden haben die Aktionäre allerdings keinen Anspruch auf Aushändigung oder Hinterlegung einer neuen Urkunde, § 73 Abs. 3 S. 1.[214]

82 **2. Ausschluss. a) Ausschluss der Einzelverbriefung: Globalaktie.** Schließt die Satzung den Anspruch auf Verbriefung des Anteils gem. Abs. 5 aus, so kann der Aktionär keine Ausstellung und Aushändigung von Einzel- oder Mehrfachurkunden für seine Anteile verlangen. Sämtliche Anteile derselben Art und Gattung werden in einer Globalurkunde verbrieft.[215] Sie wird im Regelfall nach den Bestimmungen über die Sammelverwahrung bei der Wertpapiersammelbank deponiert (→ Rn. 37 ff.) und ist dann auch Grundlage des Effektengiroverkehrs. Daneben kommt auch die Aufbewahrung einer Globalaktie bei einer nicht börsennotierten, „kleinen" AG selbst in Betracht (→ Rn. 42).

83 **b) Ausschluss der Globalverbriefung?** Nach überwiegender Ansicht lässt Abs. 5 einen satzungsfesten Anspruch des Aktionärs auf Verbriefung sämtlicher Anteile in einer Globalurkunde unberührt.[216] Der Gesetzgeber wollte nicht zum Wertrecht übergehen und die Ausstellung und Hinterlegung einer Globalaktie unberührt lassen.[217,218] Bei der Änderung des Abs. 5 hatte der Gesetzgeber vor allem die Praxis der Sammelverwahrung als Grundlage des Effektengiroverkehrs im Blick, insoweit schien der rechtstechnische Aufwand für eine umfassende kapitalmarktrechtliche Neuregelung zu hoch.[219] Freilich setzt der kapitalmarktrechtliche Wertpapierbegriff eine Verbriefung nicht mehr voraus und für die Börsenzulassung dürfte deshalb nach zutreffender Ansicht eine Verbriefung bei börsennotierten Aktien vom Kapitalmarktrecht nicht mehr gefordert werden (→ Rn. 5). Für börsennotierte wie nicht börsennotierte Aktien stellt sich dann „nur" die Frage, ob ein unentziehbarer Anspruch auf die Globalurkunde wegen der sonst fehlenden Möglichkeit gutgläubigen Erwerbs (→ Rn. 65) bejaht werden muss. Ein unabweisbares Bedürfnis nach solchem Verkehrsschutz ist insbesondere für die nicht börsennotierten AG, vor allem die sog. „kleine" AG mit überschaubarem Aktionärskreis, in Frage gestellt worden.[220] Nachdem der Gesetzgeber das für die GmbH anders gesehen und entschieden hat (§ 16 Abs. 3 GmbHG), ist eine abweichende Behandlung der AG kaum zu rechtfertigen.[221] Deshalb wird man mit der hM und unter der Prämisse, dass globalverbriefte Aktien gutgläubig überhaupt erworben werden können (→ Rn. 65), annehmen

---

[211] *Seibert* DB 1999, 267 (268); Hüffer/Koch/*Koch* Rn. 10; MüKoAktG/*Heider* Rn. 61; Großkomm AktG/*Mock* Rn. 206; K. Schmidt/Lutter/*Ziemons* Rn. 34; zweifelnd NK-AktR/*Wagner* Rn. 18; Kölner Komm AktG/*Dauner-Lieb* Rn. 13.
[212] *Seibert* DB 1999, 267 (268); Hüffer/Koch/*Koch* Rn. 14; MüKoAktG/*Heider* Rn. 62; Großkomm AktG/*Mock* Rn. 206.
[213] *Seibert* DB 1999, 267 (268 f.).
[214] → § 73 Rn. 24; vgl. auch OLG Celle NdsRpfl 2003, 217; *Seibert* DB 1999, 267 (269).
[215] MüKoAktG/*Heider* Rn. 5.
[216] OLG München NZG 2005, 756; Hüffer/Koch/*Koch* Rn. 3, 12 f.; NK-AktR/*Wagner* Rn. 18; Kölner Komm AktG/*Dauner-Lieb* Rn. 12; Kölner Komm AktG/*Lutter/Drygala* Anh. § 68 Rn. 29; Großkomm AktG/*Mock* Rn. 56 ff, 204; MHdB AG/*Sailer-Coceani* § 12 Rn. 4 f.; *Seibert* DB 1999, 267 (269); *Lauppe* DB 2000, 807; *Maul* NZG 2001, 585; *Mentz/Fröhling* NZG 2002, 201 (208); *Modlich* DB 2002, 671; *Eder* NZG 2004, 107 (112); *Gruson* AG 2004, 358 (361 Fn. 26); *Than/Hannöver* in v. Rosen/Seibert, Die Namensaktie, 2000, 279 (291); *Wieneke* in v. Rosen/Seibert, Die Namensaktie, 2000, 229 (236); MüKoHGB/*Einsele* Depotgeschäft Rn. 57; nunmehr auch MüKoAktG/*Heider* Rn. 60; aA K. Schmidt/Lutter/*Ziemons* Rn. 33; *Noack* FS Wiedemann, 2002, 1141 (1151); *Schwennicke* AG 2001, 118 (124 f.); anders § 9 Abs. 3 Satz 1 öAktG, hierzu MüKoAktG/*Doralt/Diregger* Rn. 67 f.; zu den auch schon vor Inkrafttreten des Abs. 5 divergierenden Ansichten Kölner Komm AktG/*Kraft*, 2. Aufl. 1988, Rn. 7 ff.
[217] Beschlussfassung und Bericht des Rechtsausschusses zum RegE KonTraG, BT-Drs. 13/10038, 25.
[218] Kölner Komm AktG/*Kraft*, 2. Aufl. 1988, Rn. 7.
[219] Vgl. *Seibert* DB 1999, 267 (296); dazu *Schwennicke* AG 2001, 118 (120).
[220] *Noack* FS Wiedemann, 2002, 1141 (1148 ff.); *Schwennicke* AG 2001, 118 (124); vgl. auch Vorauflage.
[221] *Mülbert* FS Nobbe, 2009, 691 (697).

müssen, dass der Aktionär auf einer Verbriefung sämtlicher Aktien (einer Gattung) in einer Globalurkunde bestehen kann. Letztlich dürfte die Fragestellung auch eher theoretisch sein, denn die Banken- und Börsenpraxis sieht für die Börsennotierung bislang von der Globalurkunde nicht ab[222],[223] Im Fall der nicht börsennotierten Inhaberaktie ist nunmehr eine Sammelurkunde schon von Gesetzes wegen erforderlich (→ Rn. 8a). Wenn allerdings die Aufbewahrung der Globalurkunde bei der Gesellschaft zum genehmigungspflichtigen Bankgeschäft zu werden droht (→ Rn. 42), könnte die dauerhaft unverbriefte Aktie eine Alternative für eine „kleine" AG sein.[224] Das erscheint unter der weiteren, nunmehr auch vom Gesetzgeber in § 67 Abs. 1 bestätigten Voraussetzung akzeptabel, dass die AG dennoch ein Aktienregister mit den Wirkungen des § 67 führen kann (→ Rn. 13), denn dann können die Risiken eines unkontrollierten Mitgliederwechsels[225] durch die Qualifizierung in der Satzung als vinkulierte Namensaktie (§ 68 Abs. 2) hinreichend beherrscht werden.[226] Damit wäre der je nach Standpunkt begehrte oder gefürchtete Weg zum Wertrecht im eigentlichen Sinne noch nicht zu Ende gegangen, den nur der Gesetzgeber weisen könnte, wenn er an die Stelle mehr oder weniger tragfähig konstruierter Besitzpositionen ein mit Rechtsscheinwirkungen ausgestattetes Register setzen würde, was aber nicht dringlich erscheint.[227]

3. Beschränkung. Möglich sind auch Satzungsgestaltungen, bei denen der Verbriefungsanspruch 84 in unterschiedlicher Weise nur eingeschränkt wird. So kann etwa der Verbriefungsanspruch darauf reduziert werden, dass sich ein Aktionär mit der Verbriefung all seiner Anteile in einer Sammelurkunde, der sog. Mehrfachurkunde, zufrieden geben muss (→ Rn. 40).[228] Die Einzelverbriefung kann auch nur für Aktien mit geringem Nennbetrag ausgeschlossen werden.[229] Die Satzung kann schließlich den Verbriefungsanspruch unberührt lassen, aber dem Aktionär, der eine Einzelverbriefung seiner Anteile verlangt, die Kosten für die Herstellung und Ausgabe der Urkunden auferlegen.[230]

VII. Zwischenscheine, Abs. 3 und 4

1. Begriff und Bedeutung. Zwischenscheine sind nach der Definition in § 8 Abs. 6 Anteil- 85 scheine, die den Aktionären vor Ausgabe der Aktien erteilt werden. Es handelt sich um Wertpapiere, die die Mitgliedschaft im Grundsatz wie Aktienurkunden, aber nur **vorläufig** bis zur Ausgabe von Aktienurkunden **verbriefen.**[231] Vor der Eintragung der Gesellschaft oder der Kapitalerhöhung dürfen sie nicht ausgegeben werden (wie → Rn. 32, auch zu den Rechtsfolgen). Nach der Eintragung können Sie ausgegeben werden, wenn die Voraussetzungen für die Ausgabe von Aktien noch nicht vorliegen, über die Mitgliedschaft aber schon vorläufig eine verkehrsfähige Urkunde ausgestellt werden soll. Hauptanwendungsfall ist die Verbriefung bei Teileinzahlung, wenn die Satzung nur Inhaberaktien vorsieht, die wegen Abs. 2 S. 1 noch nicht ausgegeben werden können. Dagegen ist die Ausgabe von Zwischenscheinen, die nur auf den Namen lauten dürfen (Abs. 3 und 4) und ins Aktienregister aufzunehmen sind (§ 67 Abs. 7), vor der Volleinzahlung möglich. Dadurch wird wie bei Abs. 2 die Kapitalaufbringung gesichert (→ Rn. 74). Die Ausgabe von Zwischenscheinen kommt aber nicht in Betracht, wenn die Satzung eine Einzelverbriefung nach Abs. 5 ausschließt. Deshalb dürfte die schon bislang geringe Bedeutung von Zwischenscheinen weiter zurückgegangen sein.[232]

2. Rechtliche Behandlung. Nach Abs. 3 dürfen Zwischenscheine nur auf den **Namen** lauten. 86 Sie können wie Namensaktien durch Indossament übertragen werden (§ 68 Abs. 4), sind also Orderpapiere (→ Rn. 9). Daneben bleibt eine Abtretung der Mitgliedschaft möglich (→ Rn. 52 f.). Zwischenscheine auf den Inhaber sind nach Abs. 4 S. 1 nichtig, die Mitgliedschaft ist also nicht tangiert,

---

[222] Vgl. etwa die auf Urkunden zugeschnittenen AGB der Clearstream Banking AG, http://www.clearstream.com; → Rn. 60, → 65.
[223] Vgl. auch *Noack* in Bayer/Habersack, Aktienrecht im Wandel, Bd. II, 2007, 510 (518).
[224] *Noack* FS Wiedemann, 2002, 1141 (1151); *Schwennicke* AG 2001, 118 (124 f.).
[225] *Lauppe* DB 2000, 807 (808).
[226] Die Vinkulierung ist auch bei unverbriefter Mitgliedschaft zu beachten, OLG Celle NZG 2005, 279.
[227] Vgl. dazu beispielsweise *Than/Hannöver* in v. Rosen/Seibert, Die Namensaktie, 2000, 279 (292); MüKoBGB/*Habersack* BGB Vor § 793 Rn. 34 ff.
[228] Hüffer/Koch/*Koch* Rn. 13.
[229] Hüffer/Koch/*Koch* Rn. 14; MüKoAktG/*Heider* Rn. 62; zum Gleichbehandlungsgebot – § 53a – → Rn. 80.
[230] *Seibert* DB 1999, 267 (268) mit Satzungsbeispielen; Hüffer/Koch/*Koch* Rn. 13; MüKoAktG/*Heider* Rn. 62; offen gelassen von BGHZ 160, 253 (258) = NJW 2004, 3561 (3562 f.).
[231] RGZ 36, 35 (40).
[232] Großkomm AktG/*Mock*§ 8 Rn. 210; NK-AktR/*Wagner* § 8 Rn. 23.

aber nicht wirksam verbrieft, ein gutgläubiger Erwerb ist nicht möglich. Die Ausgeber haften für etwaige Schäden als Gesamtschuldner auf Schadensersatz, Abs. 4 S. 2.

87 Der Aktionär hat einen Anspruch auf Ausgabe von Zwischenscheinen nur, wenn es die Satzung vorsieht. Eine Satzungsregelung ist aber nicht erforderlich und auch nicht üblich. Fehlt sie, steht die Ausgabe im pflichtgemäßen Ermessen des Vorstands.[233] Ist die Einlage voll geleistet, kann der Aktionär vorbehaltlich einer Satzungsbestimmung nach Abs. 5 den Umtausch der Zwischenscheine in Aktienurkunden verlangen.[234]

88 Da sie sich von Aktien nur durch ihre Vorläufigkeit unterscheiden, werden sie rechtlich weitgehend wie diese behandelt. Es gelten im Wesentlichen dieselben **Ausgabevoraussetzungen**. Nach § 8 Abs. 6 müssen auch bei der Ausgabe von Zwischenscheinen die Vorschriften zur Aufteilung des Grundkapitals bei Nennbetrags- und Stückaktien nach § 8 Abs. 1–5 beachtet werden; das ist selbstverständlich, weil die Mitgliedschaft auch im Zwischenschein nicht anders verbrieft werden kann als sie nach den satzungsmäßigen Festlegungen entstanden ist.[235] Die inhaltlichen und formalen Anforderungen an die Verbriefung von (Namens-)aktien gelten entsprechend; vgl. für die Unterzeichnung § 13 und für die Angabe von Nebenverpflichtungen § 55 Abs. 1 S. 3 (s. im Übrigen die Kommentierung zu § 13). Aus der Urkunde muss hervorgehen, dass es sich um einen Anteilschein handelt, der die Mitgliedschaft vorläufig verbrieft.[236] Es ist zweckmäßig, aber nicht vorgeschrieben, den Betrag der Teilleistung auf dem Zwischenschein anzugeben.[237] Auch ohne Angabe bleibt der Erwerber verpflichtet, die noch nicht erbrachte Resteinlage zu leisten. Da der Erwerber eines Zwischenscheins immer damit rechnen muss, dass nur ein Teil eingezahlt ist und er deshalb für Rückstände haftet, gibt es hier auch keinen guten Glauben an eine Volleinzahlung.[238]

89 Nach **§ 67 Abs. 7** gelten die Regelungen über das Aktienregister in § 67 Abs. 1–6 sinngemäß. Übertragen wird die Mitgliedschaft nach den für Namensaktien geltenden Grundsätzen, **§ 68 Abs. 4** (→ Rn. 49 ff.). Börsenmäßig sind Zwischenscheine nicht lieferbar.[239] Auch die Kraftloserklärung, der Austausch von beschädigten Urkunden und die nachträgliche Vinkulierung erfolgen wie bei Aktienurkunden (§§ 72, 74, 180 Abs. 2).

90 Für die Ausübung der **Mitgliedschaftsrechte** gilt im Grundsatz nichts Besonderes. Die Aktionärsrechte folgen aus der Aktie als Mitgliedschaft, unabhängig davon, ob und wie das Anteilsrecht verbrieft ist. So erfolgt beispielsweise die Legitimation zur Teilnahme an der Hauptversammlung und Stimmrechtsausübung[240] wie bei verbrieften Namensaktien.[241] Der Umstand der Teilzahlung führt allerdings zu Einschränkungen beim Stimmrecht (§ 134 Abs. 2) und bei der Beteiligung an Gewinn (§ 60 Abs. 2) und Liquidationserlös (§ 271 Abs. 3).

§ 11 Aktien besonderer Gattung

¹**Die Aktien können verschiedene Rechte gewähren, namentlich bei der Verteilung des Gewinns und des Gesellschaftsvermögens.** ²**Aktien mit gleichen Rechten bilden eine Gattung.**

Schrifttum: *Baums,* Spartenorganisation, „Tracking Stock" und deutsches Aktienrecht, FS Boujong, 1996, 19; *Brauer,* Die Zulässigkeit der Ausgabe von sog. „Tracking Stocks" durch Aktiengesellschaften nach deutschem Aktienrecht, AG 1993, 324; *Cichy/Heins,* Tracking Stocks: Ein Gestaltungsmittel für deutsche Unternehmen (nicht nur) bei Börsengängen, AG 2010, 181; *Fischer,* Aktienklassen einer Investmentaktiengesellschaft, NZG 2007, 133; *Fleischer,* Investor Relations und informationelle Gleichbehandlung im Aktien- Konzern- und Kapitalmarktrecht, ZGR 2009, 505; *Friedl,* Ein Plädoyer für Tracking Stocks, BB 2002, 1157; *Fuchs,* Aktiengattungen, Sonderbeschlüsse und gesellschaftsrechtliche Treuepflicht, FS Immenga, 2004, 589; *Fuchs,* Tracking Stock – Spartenaktien als Finanzierungsinstrument für deutsche Aktiengesellschaften, ZGR 2003, 167; *Grussendorf,* Über den Begriff der Aktiengattung, AG 1959, 152; *Jung/Wachtler,* Die Kursdifferenz zwischen Stamm- und Vorzugsaktien, AG 2001, 513; *Loges/Distler,* Gestaltungsmöglichkeiten durch Aktiengattungen, ZIP 2002, 567; *Noack,* Aktien – Gattungen, Verbriefung, Übertragung, in Bayer/Habersack, Aktienrecht im Wandel, Bd. II, 2007, 510; *Pellens/*

---

[233] Hüffer/Koch/*Koch* § 8 Rn. 28; MüKoAktG/*Heider* § 8 Rn. 100; MHdB AG/*Sailer-Coceani* § 12 Rn. 26; weitergehend Großkomm AktG/*Mock* Rn. 199.
[234] MüKoAktG/*Heider* § 8 Rn. 100.
[235] → § 8 Rn. 63; vgl. auch schon RGZ 36, 35, 40.
[236] MüKoAktG/*Heider* § 8 Rn. 99 mwN.
[237] Hüffer/Koch/*Koch* Rn. 10; MüKoAktG/*Heider* Rn. 45.
[238] MüKoAktG/*Heider* Rn. 46; Großkomm AktG/*Mock* Rn 201; → § 54 Rn. 19 mwN.
[239] So zB § 15 Abs. 1 S. 2 der Bedingungen für Geschäfte an der Baden-Württembergischen Wertpapierbörse, Stand 19.3.2015, www.boerse-stuttgart.de; vgl. aber auch Bürgers/Körber/*Westermann* Rn. 8.
[240] Vgl. RGZ 34, 110 (115).
[241] Vgl. Hüffer/Koch/*Koch* § 123 Rn. 4.

Hillebrandt, Vorzugsaktien vor dem Hintergrund der Corporate Governance Diskussion, AG 2001, 57; *Polte*, Aktiengattungen, Diss. Frankfurt/M 2005; *Senger/Vogelmann*, Die Umwandlung von Vorzugsaktien in Stammaktien, AG 2002, 193; *Sethe*, Aktien ohne Vermögensbeteiligung?, ZHR 162 (1998), 474; *Sieger/Hasselbach*, „Tracking Stock" im deutschen Aktienrecht, BB 1999, 1277; *Sieger/Hasselbach*, „Tracking Stock" im deutschen Aktien- und Kapitalmarktrecht, AG 2001, 391; *Tonner*, Zulässigkeit und Gestaltungsmöglichkeiten von Tracking Stocks nach deutschem Aktienrecht, IStR 2002, 317; *Wälzholz*, Besonderheiten der Satzungsgestaltung bei der Familien-AG, DStR 2004, 779 und 819; *Zetsche*, Das Gesellschaftsrecht des Kapitalanlagegesetzbuchs, AG 2013, 613. → auch die Schrifttumsangaben zu §§ 139 ff. und § 179.

Übersicht

	Rn.		Rn.
I. Allgemeines	1, 2	a) Mitgliedschaftsrechte	7–15
1. Normzweck	1	b) Mitgliedschaftspflichten	16, 17
2. Bedeutung	2	4. Nicht gattungsbegründende Unterschiede	18–20
II. Aktiengattungen – verschiedene Rechte oder Pflichten	3–38	5. Entstehung und Änderung von Gattungen	21–36
1. Begriff	3, 4	a) Entstehung	21–31
2. Zulässigkeit	5, 6	b) Änderung	32–34
a) Satzungsautonomie	5	c) Aufhebung	35
b) Gleichbehandlungsgrundsatz	6	d) Folgen von Verstößen	36
3. Gattungsunterschiede	7–17	6. Verbriefung	37
		7. Rechnungslegung und Berichtspflicht	38

I. Allgemeines

1. Normzweck. Die seit dem AktG 1965 unveränderte Vorschrift stellt in S. 1 klar, dass die 1
Aktien im Sinne von Mitgliedschaften[1] einer AG durch den Satzungsgeber im Rahmen der Satzungsautonomie verschieden ausgestaltet werden können, so dass sie ihren Inhabern unterschiedliche korporative Rechtspositionen vermitteln (→ Rn. 7 ff.). Damit wird der Gleichheitsgrundsatz (§ 53a) modifiziert (→ Rn. 6). Nach der gesetzlichen Definition in S. 2 bilden Aktien gleicher Rechte oder – nicht ausdrücklich geregelt – gleicher Pflichten je eine eigene **Gattung** (→ Rn. 3 ff.). An diesen Begriff knüpfen weitere Vorschriften an, etwa § 23 Abs. 3 Nr. 4 für den notwendigen Satzungsinhalt, verschiedene Vorschriften über die Rechnungslegung (→ Rn. 38) oder die Bestimmungen über die bei Kapitalmaßnahmen nach dem AktG und bei Strukturänderungen nach dem UmwG erforderlichen Sonderbeschlüsse (→ Rn. 32); § 3 S. 3 WpÜG-AngVO schreibt im Hinblick auf mögliche Kursunterschiede (→ Rn. 2) zwischen Aktien verschiedener Gattungen vor, dass für Übernahme- und Pflichtangebote nach dem WpÜG die Gegenleistung für jede Gattung getrennt anzubieten ist.

2. Bedeutung. Die bekannteste und in Deutschland auch häufigste Differenzierung durch Aktiengattungen ist die Ausgabe stimmrechtsloser, mit Gewinnvorrechten ausgestatteter Vorzugsaktien (§§ 139 ff.). Ihre Bedeutung ist zunächst Ende der 1980er Jahre gestiegen, vor allem weil Familienunternehmen verstärkt von dieser Möglichkeit einer Eigenkapitalfinanzierung an der Börse bei Erhaltung der Stimmrechtsmacht der in Familienhand bleibenden Stammaktien Gebrauch gemacht haben.[2] Das fehlende Stimmrecht und weitere Faktoren wie die Gesellschafterstruktur, geringeres Dividendenrisiko und geringere Liquidität führen freilich oft zu Kursabschlägen gegenüber Stammaktien.[3] In den letzten Jahren war bei börsennotierten AG ein Trend zur Umwandlung dieser Vorzüge in Stammaktien oder bei Neuemissionen zum Verzicht auf ihre Ausgabe zu beobachten: Sie sind im Ausland eher unbekannt oder unüblich und werden von internationalen Kapitalmärkten nicht geschätzt, in wichtige Indices wird nur noch eine Gattung pro Gesellschaft aufgenommen, unter dem Gesichtspunkt der Corporate Governance werden sie teils kritisch beurteilt, so dass viele, wenn auch längst nicht alle börsennotierte AG zum Kapitalprinzip beim Stimmrechtseinfluss (→ § 12 Rn. 1) zurückgekehrt sind.[4] Stimmrechtslose Vorzugsaktien bleiben im Übrigen eine wichtige

---

[1] Hüffer/Koch/*Koch* Rn. 1; MüKoAktG/*Heider* Rn. 3; *Loges/Zimmermann* ZIP 2002, 467 (468).
[2] → § 139 Rn. 7; *Polte*, Aktiengattungen, 2005, 74 f. mwN.
[3] *Jung/Wachtler* AG 2001, 513 ff.; *Pellens/Hillebrandt* AG 2001, 57 ff.; → § 139 Rn. 6 mwN.
[4] *Loges/Distler* ZIP 2002, 467 und 474; *Fuchs* FS Immenga, 2004, 589 (590 f.); vgl. zu den verschiedenen Ursachen für die schwindende Akzeptanz auch *Senger/Vogelmann* AG 2002, 193 ff.; *Pellens/Hillebrandt* AG 2001, 57 ff.; *Polte*, Aktiengattungen, 2005, 74 ff.; *Noack* in Bayer/Habersack, Aktienrecht im Wandel, Bd. II, 2007, 510 (519 f.); → § 139 Rn. 6 f.

Gestaltungsoption für Familienunternehmen.[5] Daneben werden insbesondere für nicht börsennotierte AG weitere Gestaltungsvarianten durch Aktiengattungen diskutiert, so etwa Aktien ohne Vermögensbeteiligung für gemeinnützige AG[6] oder die Eigenkapitalaufnahme junger Unternehmen durch Ausgabe von Aktien, die den Investoren nicht nur Vorrechte bei der Vermögens- und Gewinnbeteiligung gewähren, sondern das Stimmrecht erhalten und zusätzlichen Einfluss auf die Geschäftsleitung sichern („Preferred Stock").[7] Die vor einigen Jahren viel diskutierten Spartenaktien („Tracking Stock"), bei der sich die Vermögens- und Gewinnbeteiligung auf eine Sparte der AG beschränken, sind in Deutschland auf rechtspraktische Schwierigkeiten bei der Umsetzung gestoßen, ua weil sich das Stimmrecht nicht gleichermaßen beschränken lässt, und bislang wenig gebräuchlich.[8]

II. Aktiengattungen – verschiedene Rechte oder Pflichten

3 **1. Begriff.** Satz 1 stellt klar, dass Aktien einer Gesellschaft – gemeint sind die Mitgliedschaften (→ Rn. 1) – mit unterschiedlichen Rechtspositionen ausgestattet werden können. In dem Fall bilden Aktien mit **gleichen Rechten** (→ Rn. 7 ff.) nach Satz 2 eine Gattung. Ebenso wirken über den Wortlaut hinaus **gleiche Pflichten** (→ Rn. 16 f.) gattungsbegründend.[9] Eine AG hat also immer dann unterschiedliche Gattungen ausgegeben, wenn nicht alle Aktien mit denselben mitgliedschaftlichen Rechten und Pflichten ausgestattet sind. Es genügt, wenn nur **eine Aktie** mit anderen Rechten oder Pflichten ausgestattet ist als die übrigen Aktien.[10]

4 Neben dem Gattungsbegriff hat im Aktienrecht der Begriff der **Sonderrechte nach § 35 BGB** kaum eine Berechtigung. Darunter sind besondere mitgliedschaftliche Rechte zu verstehen, die über die allgemeinen durch die Mitgliedschaft vermittelten Rechte hinaus, wie sie allen Mitgliedern zustehen, einzelnen Mitgliedern oder Mitgliedergruppen verliehen werden und ihnen nicht gegen ihren Willen entzogen werden sollen;[11] für deren Beeinträchtigung bedarf es nach § 35 BGB der Zustimmung des Betroffenen. Im Ergebnis trifft es zu, dass diese im Verbandsrecht allgemein geltende Bestimmung im Aktienrecht im Wesentlichen **nicht anwendbar** ist und deshalb auch eine Charakterisierung von Mitgliedschaftsrechten der Aktionäre als Sonderrechte kaum von rechtlicher Relevanz ist.[12] Das liegt daran, dass besondere mitgliedschaftliche Rechte bei der AG nach § 11 regelmäßig eine eigene Gattung bilden, für deren nachteilige Veränderung oder Beseitigung besondere Regeln gelten (→ Rn. 32 ff.). Diesen liegt aber durchaus derselbe Rechtsgedanke wie der Bestimmung des § 35 BGB zugrunde, dass die Beeinträchtigung besonders verliehener Mitgliedschaftsrechte der Zustimmung der Betroffenen bedarf; die individuelle Zustimmung wird zur Erleichterung des Eingriffs in die Vorrechte durch den kollektives Schutzrecht der Gattung ersetzt.[13] Allgemein wird deshalb auch als **Ausnahmefall,** in dem § 35 BGB anwendbar bleibt, das an bestimmte Aktien gekoppelte **Entsendungsrecht in den Aufsichtsrat** nach § 101 Abs. 2 S. 1 angesehen, nachdem diese Aktien kraft Gesetzes nicht als eigene Gattung gelten (→ Rn. 15). Soweit in der Satzung besondere Rechte eingeräumt werden, die nicht von der Mitgliedschaft abhängen sollen, handelt es sich nicht um mitgliedschaftliche Rechte, also weder um Sonderrechte im Sinne von § 35 BGB[14] noch um eigene Gattungen, sondern um schuldrechtliche Verpflichtungen der AG, für deren Aufhebung oder sonstige Veränderung nach allgemeinem Schuldrecht eine Vereinbarung mit dem Gläubiger erforderlich ist.

---

[5] *Fuchs* FS Immenga, 2004, 589 (590) mwN; zur Familien-AG *Wälzholz* DStR 2004, 779 und 819.
[6] *Sethe* ZHR 162 (1998), 474 ff., auch zu weiteren Gestaltungsvarianten einer Fußball-AG.
[7] *Loges/Distler* ZIP 2002, 467 ff.
[8] Zur Satzung der Hamburger Hafen und Logistik AG (www.hlla.de): *Cichy/Heins* AG 2010, 181; allgemein zu Tracking Stock *Baums* FS Boujong, 1996, 19 ff.; *Brauer* AG 1993, 324 ff.; *Friedl* BB 2002, 1157 ff.; *Fuchs* ZGR 2003, 167 ff.; *Sieger/Hasselbach* BB 1999, 1277 ff.; *Sieger/Hasselbach* AG 2001, 391 ff.; *Tönner* IStR 2002, 317 ff., je mwN zur umfangreichen Literatur; zur gesetzlichen Zurückhaltung bei der Verwendung unterschiedlicher Gattungen auch *Fuchs* FS Immenga, 2004, 589 (590 f.).
[9] AllgM, MüKoAktG/*Heider* Rn. 28; Hüffer/Koch/*Koch* Rn. 7; vgl. schon RGZ 80, 95 (97); LG Hannover DB 1994, 1968.
[10] MüKoAktG/*Heider* Rn. 29; Bürgers/Körber/*Westermann* Rn. 7.
[11] MüKoBGB/*Arnold* § 35 Rn. 3 mwN; Palandt/Ellenberger BGB § 35 Rn. 1 ff.
[12] Heute hM, vgl. MüKoAktG/*Heider* Rn. 14 ff.; Hüffer/Koch/*Koch* Rn. 6; Großkomm AktG/*Mock* Rn. 18; NK-AktR/*Wagner* Rn. 9; differenzierend Bürgers/Körber/*Westermann* Rn. 5.
[13] Vgl. auch OLG Celle AG 2003, 184 (185); *Fuchs* FS Immenga, 2004, 589 (593), je zu § 179 Abs. 3 als Sonderregelung zum allgemeinen Zustimmungsbedürfnis.
[14] So aber wohl *Loges/Distler* ZIP 2002, 467 (468), zB für das Recht, Einrichtungen der AG auf Lebenszeit unabhängig von der Dauer der Mitgliedschaft zu nutzen, die aber Kölner Komm AktG/*Kraft*, 2. Aufl. 1988, Rn. 15 missverstehen, der von einem schuldrechtlichen Anspruch ausgeht; so auch *Gätsch* in Marsch-Barner/Schäfer Börsennotierte AG-HdB § 5 Rn. 44.

2. Zulässigkeit. a) Satzungsautonomie. Die mitgliedschaftlichen Rechte und Pflichten erge- 5
ben sich aus dem Gesetz und der Satzung. Die Festlegung verschiedener Aktiengattungen bedarf
deshalb einer **Satzungsregelung** (§ 23 Abs. 3 Nr. 4). Der Satzungsgeber kann bei der Gestaltung
der Rechte und Pflichten der Aktionäre nach § 23 Abs. 5 S. 1 von den Vorschriften des AktG nur
abweichen, soweit das im Gesetz ausdrücklich zugelassen ist; Ergänzungen gegenüber der gesetzlichen
Regelung sind möglich, wenn sie nicht abschließend ist, § 23 Abs. 5 S. 2. Dieser Grundsatz der
Satzungsstrenge (→ § 23 Rn. 28) gilt auch für die Einführung von Gattungsunterschieden.[15] Entgegenstehende
Regelungen sind nichtig (→ § 241 Rn. 175, 185). Jenseits dieser Grenzen sind dem
Satzungsgeber keine inhaltlichen Schranken für die unterschiedliche Ausgestaltung der Rechte und
Pflichten der Aktien gesetzt.[16] Davon zu unterscheiden ist die Frage, ob der Gleichbehandlungsgrundsatz
materielle Schranken setzt und ob die Wirksamkeit solcher Satzungsbestimmungen die
Zustimmung der betroffenen Aktionäre voraussetzt (→ Rn. 6 sowie → Rn. 22 ff.). Bei der **Investmentaktiengesellschaft**
ist die Unterscheidung von Unternehmens- und Anlageaktien gesetzlich
vorgegeben, letztere sind an der Hauptversammlung nicht teilnahme- und stimmberechtigt, sofern
die Satzung nichts anderes regelt (§ 109 KAGB). Sonderregelungen mit der Tendenz zu Tracking
Stocks (→ Rn. 9) enthalten die Bestimmungen über Teilgesellschafts- bzw. Teilsondervermögen und
Aktienklassen nach § 117 sowie § 108 Abs. 4 und § 140 Abs. 3 iVm § 96 KAGB.[17] **Unzulässig** sind
Gattungsunterschiede und insbesondere stimmrechtslose Aktien bei der **REIT-AG** (§ 5 Abs. 1 S. 1
REITG).

b) Gleichbehandlungsgrundsatz. Die Regelung in § 11 steht nicht im Widerspruch zum 6
Gleichbehandlungsgebot (§ 53a), sondern modifiziert und konkretisiert es. Sie ist Ausdruck des
allgemeinen Grundsatzes, dass das Gleichbehandlungsgebot einer willkürlichen Ungleichbehandlung,
nicht aber einer Differenzierung aus sachlichen Gründen entgegensteht (→ § 53a Rn. 18 ff.). Wenn
also die Satzung mehrere Gattungen festgelegt hat, haben die Mitgliedschaften einen unterschiedlichen
Inhalt, so dass ihre unterschiedliche rechtliche Behandlung das Gleichbehandlungsgebot nicht
berührt.[18] Es ist dagegen im Regelfall durch die Entscheidung über die unterschiedliche Ausstattung
in der Satzung betroffen, wenn sie eine unterschiedliche rechtliche Behandlung zuvor gleichartiger
Mitgliedschaften zur Folge hat. Das ist kein Problem, wenn bereits bei der Gründung von vornherein
verschiedene Gattungen geschaffen werden, weil die Satzung durch Vertrag aller Gründer errichtet
wird (→ Rn. 22). Bei nachträglichen Differenzierungen ist dagegen im Grundsatz eine Zustimmung
der Aktionäre erforderlich, die durch die Ungleichbehandlung Nachteile erleiden sollen
(→ Rn. 23 ff. sowie → § 53a Rn. 23). Für die Zustimmung zu einer bloßen nachteiligen Veränderung
der Verhältnisse unter bestehenden Gattungen lässt § 179 Abs. 3 grundsätzlich eine Zustimmung
durch Sonderbeschluss der Gattung genügen (→ Rn. 32 ff.).

3. Gattungsunterschiede. a) Mitgliedschaftsrechte. Gattungen entstehen vor allem dadurch, 7
dass die Aktien ihren Inhabern unterschiedliche mitgliedschaftliche Rechte verleihen. Dabei werden
in der Regel der Umfang oder Gehalt der gesetzlichen Vermögens- oder Verwaltungsrechte der
Aktionäre zugunsten oder zulasten eines Teils der Aktien verändert (→ Rn. 8 ff.). Denkbar ist aber
auch, dass die Satzung bestimmte Aktien mit anderen Rechten ausstattet, die sonst nur aufgrund
schuldrechtlicher Verträge erworben werden können, wie etwa mit an den Bestand der Aktien
gekoppelten Erwerbs- oder Nutzungsrechten.[19]

aa) Vermögensrechte. Zu den Vermögensrechten des Aktionärs gehören vor allem das **Gewinn-** 8
bezugsrecht (§ 58 Abs. 4), das Recht auf Beteiligung am **Liquidationserlös** (§ 271) und das
Bezugsrecht auf neue Aktien bei der Kapitalerhöhung (§ 186). Sie stehen den Aktionären im
Grundsatz im Verhältnis ihrer Beteiligung am Grundkapital zu (§ 60 Abs. 1, § 186 Abs. 1 S. 1, § 271
Abs. 2).

Die Satzung kann eine von diesem Maßstab abweichende Verteilung des Gewinns (§ 60 Abs. 3) 9
oder des Liquidationserlöses bestimmen (§ 271 Abs. 2). Der abweichende Maßstab muss nicht für alle
Aktien einheitlich gelten, wie Satz 1 ausdrücklich klarstellt. Ein unterschiedlicher Verteilungsmaßstab
begründet verschiedene Gattungen iSv Satz 2. Neben den im Gesetz ausdrücklich geregelten stimmrechtslosen
Vorzugsaktien (§ 12 Abs. 1 S. 2, § 139 ff.) sind viele Gestaltungsvarianten möglich, auch

---

[15] Hüffer/Koch/*Koch* Rn. 3; vgl. auch *Loges/Distler* ZIP 2002, 467 (470).
[16] MüKoAktG/*Heider* Rn. 35 f.; Großkomm AktG/*Mock* Rn. 28 ff.
[17] *Zetsche* AG 2013, 613 ff.; Großkomm AktG/*Mock* Rn. 21; zu den Vorgängerregelungen im InvG *Fischer* NZG 2007, 133; *Eckhold* ZGR 2007, 654 (662).
[18] → § 53a Rn. 21; MüKoAktG/*Heider* Rn. 49; Großkomm AktG/*Mock* Rn. 17 mwN.; vgl. OLG Hamm NZG 2008, 914 (915).
[19] *Gätsch* in Marsch-Barner/Schäfer Börsennotierte AG-HdB § 5 Rn. 45.

unter Beibehaltung von Stimmrechten.[20] Bei den sog. **Tracking Stocks** (Spartenaktien) sind ua die Beteiligung an Gewinn und Liquidationserlös auf Ergebnis und Vermögen rechtlich unselbständiger Sparten oder rechtlich selbständiger Tochtergesellschaften der AG beschränkt.[21] In diese Richtung gehen nunmehr Regelungen des KAGB zu Teilgesellschaftsvermögen und Aktienklassen (→ Rn. 6). Möglich ist auch der völlige **Ausschluss der Teilhabe** am Gewinn oder am Liquidationserlös für einen Teil der Aktien in der Weise, dass der rechnerisch auf diese Aktien entfallende Anteil etwa am Gewinn nicht lediglich umverteilt (§ 60 Abs. 3), sondern gar nicht ausgeschüttet (§ 58 Abs. 4) wird.[22]

10 Dagegen kann das **Bezugsrecht** auf neue Aktien bei einer Kapitalerhöhung nicht vorab für bestimmte Aktien in der Satzung, sondern nur im Kapitalerhöhungsbeschluss selbst nach Maßgabe von § 186 Abs. 3 ausgeschlossen werden.[23] Daraus folgt kein Gattungsunterschied.

11 **bb) Verwaltungsrechte.** Den Aktionären stehen auch Mitverwaltungsrechte zu, die als Teilhabe- und Schutzrechte ausgestaltet sind, wobei diese Funktionen ineinander übergehen.[24] **Teilhaberechte** sind vor allem das Recht auf Teilnahme an der Hauptversammlung einschließlich dem Rederecht (vgl. § 118), das Stimmrecht (§§ 12, 133 ff.) samt den im AktG geregelten Beschlusskompetenzen der Hauptversammlung, das aktive Wahlrecht zum Aufsichtsrat (§ 101 Abs. 1), und die Informationsrechte (va § 131). **Schutzrechte** sind die Klagerechte (§§ 147 f., 241 ff.; siehe Vor § 241) und die verschiedenen Minderheitenrechte (zB § 93 Abs. 4 S. 3, §§ 122, 142 Abs. 2, § 147 Abs. 2 S. 2, §§ 148, 258 Abs. 2, § 309 Abs. 3 S. 1).

12 Diese Verwaltungsrechte sind **überwiegend satzungsfest**, weil und soweit das Gesetz keine Beschränkungen oder als abschließende Regelung keine Erweiterungen zulässt (§ 23 Abs. 5).[25] In den Fällen sind deshalb auch Beschränkungen oder Erweiterungen für einzelne Gattungen nicht möglich (→ Rn. 5).

13 Unentziehbar ist das **Stimmrecht**, das nach dem Kapitalprinzip jeder Aktie entsprechend dem Verhältnis der Beteiligung am Grundkapital zusteht (§ 12 Abs. 1 S. 1, § 134 Abs. 1 S. 1; → § 12 Rn. 3 und 6). Das Gesetz lässt als Beschränkung für bestimmte Aktien, also gattungsbegründend, nur noch die **stimmrechtslosen Vorzugsaktien** (§ 12 Abs. 1 S. 2, §§ 139 ff.) zu; als Ausgleich für den Stimmrechtsverlust ist ein Gewinnvorzug zu gewähren, so dass sich diese Vorzugsaktien durch rechtliche Vor- und Nachteile von anderen Gattungen unterscheiden. Eine eigene Gattung sind auch **Mehrstimmrechtsaktien**, die nach § 12 Abs. 2 an sich nicht mehr zulässig sind, aus der Zeit vor dem 1.6.2003 aber auf der Grundlage eines Beibehaltungsbeschlusses nach § 5 Abs. 1 EGAktG noch fortbestehen können (iE → § 12 Rn. 16 ff.). **Höchststimmrechte** bei nicht börsennotierten AG (§ 134 Abs. 1 S. 2) begründen **keine** eigene Gattung, weil sie nicht an bestimmte Aktien, sondern an die Zahl von Aktien gekoppelt sind, die ein Aktionär hält.[26]

14 Der Anspruch auf **Auskunft** in der Hauptversammlung (§ 131) ist jenseits der nach § 131 Abs. 2 S. 2 möglichen Ermächtigung des Versammlungsleiters zu zeitlichen Einschränkungen nicht beschränkbar, § 23 Abs. 5 S. 1.[27] Nach umstrittener, aber wohl überwiegender Ansicht ist § 131 aber keine abschließende Regelung iSd § 23 Abs. 5 S. 2, Erweiterungen sind möglich, sofern der Gleichheitsgrundsatz beachtet wird.[28] Das gilt insbesondere für ein erweitertes Recht auf Information außerhalb der Hauptversammlung (→ § 131 Rn. 4 mwN). Deshalb wird es in der Literatur vereinzelt als zulässig angesehen, eine Aktiengattung mit einem besonderen Informationsrecht außerhalb der

---

[20] Zu den möglichen Gestaltungen → § 60 Rn. 26 ff.; außerdem etwa *Loges/Distler* ZIP 2002, 467; *Sethe* ZHR 162 (1998), 474 ff.

[21] Vgl. zu dieser vor einigen Jahren diskutierten, in Deutschland bislang aber nicht üblichen Gestaltungsform *Baums* FS Boujong, 1996, 19 ff.; *Brauer* AG 1993, 324 ff.; *Friedl* BB 2002, 1157 ff.; *Fuchs* ZGR 2003, 167 ff.; *Sieger/Hasselbach* BB 1999, 1277 ff.; *Sieger/Hasselbach* AG 2001, 391 ff.; *Tonner* IStR 2002, 317 ff.

[22] *Sethe* ZHR 162 (1998), 474 (479 f.); *Wälzholz* DStR 2004, 778 (780); → § 271 Rn. 4 ff.

[23] MüKoAktG/*Heider* Rn. 12.

[24] Vgl. zu dieser und anderen Differenzierungen der Mitgliedschaftsrechte *K. Schmidt* GesR § 19 III 3 c; MüKoAktG/*Heider* Rn. 10 ff.

[25] Hüffer/Koch/*Koch* Rn. 3.

[26] → § 12 Rn. 11 mwN; Großkomm AktG/*Mock* Rn. 66; aA *Grussendorf* AG 1959, 152 (153) für den Fall, dass nur für einen Teil der Aktien ein Höchststimmrecht festgelegt wird; dazu und zur umstrittenen Zulässigkeit einer Beschränkung von Höchststimmrechten auf Gattungen siehe die Kommentierung zu → § 134 Rn. 25 ff.; dagegen etwa *Noack* in Bayer/Habersack, Aktienrecht im Wandel, Bd. II, 2007, 510 (522).

[27] AllgM Großkomm AktG/*Mock* Rn. 53; Hüffer/Koch/*Koch* § 131 Rn. 2a; Bürgers/Körber/*Westermann* Rn. 8.

[28] MüKoAktG/*Pentz* § 23 Rn. 169; Großkomm AktG/*Röhricht/Schall* § 23 Rn. 246; Kölner Komm AktG/*Zöllner* § 131 Rn. 5; Hüffer/Koch/*Koch* § 23 Rn. 38, enger § 131 Rn. 2a; weiter MüKoAktG/*Kubis* § 131 Rn. 158 ff.; aA Kölner Komm AktG/*Zöllner* § 131 Rn. 5; Großkomm AktG/*Mock* Rn. 55; Großkomm AktG/*Decher* § 131 Rn. 18 mwN.

Hauptversammlung zu versehen.²⁹ Das zielt vor allem auf „Preferred Stock" (→ Rn. 2 aE) bei nicht börsennotierten AG und könnte in diesem beschränkten Rahmen unter der Voraussetzung einer Zustimmung der übrigen Aktionäre erwogen werden, mit der auf die Einhaltung des Gleichbehandlungsgebots verzichtet werden kann (→ Rn. 26).³⁰

Nach § 101 Abs. 2 S. 1 kann in der Satzung das Recht für den jeweiligen Inhaber bestimmter 15 Aktien begründet werden, Mitglieder in den Aufsichtsrat zu entsenden. Das erfüllt an sich den Gattungsbegriff. Die Aktien gelten aber aufgrund der Fiktion in § 101 Abs. 2 S. 3 nicht als besondere Gattung, so dass Zustimmungserfordernisse durch Sonderbeschluss (zB § 179 Abs. 3, § 182 Abs. 2, 222 Abs. 2) entfallen. Für die Abschaffung des **Entsendungsrechts** bedarf es neben einer Satzungsänderung auch der Zustimmung des betroffenen Aktionärs; in diesem Sonderfall hat die Annahme eines Sonderrechts iSv § 35 BGB ihre Berechtigung (→ § 101 Rn. 50 mwN sowie oben → Rn. 4).

b) Mitgliedschaftspflichten. Auch eine unterschiedliche, in der Satzung begründete korporative 16 Pflichtenstellung bewirkt eine Gattungsverschiedenheit (→ Rn. 3). Beispiele sind vor allem die satzungsmäßigen **Nebenleistungspflichten** nach § 55.³¹ Dagegen begründen unterschiedliche Einlagepflichten keine Gattungen (siehe die Beispiele in → Rn. 18).³²

Verschiedentlich wird angenommen, dass auch Aktien eine gesonderte Gattung bilden, die im 17 Unterschied zu den übrigen Aktien einer Satzungsregelung über eine angeordnete oder zugelassene **Zwangseinziehung** (§ 237) unterliegen. Das ist zweifelhaft,³³ weil eine solche Regelung keine unmittelbare Pflicht des Mitglieds begründet, sondern die Mitgliedschaft selbst mit dem Risiko ihrer Vernichtung belastet.³⁴ Die Regeln über die Entstehung oder Änderung von Gattungen (→ Rn. 32 ff.) könnten ohnehin keine Anwendung finden, weil die Zwangseinziehung eine Satzungsregelung vor Zeichnung oder Übernahme der betroffenen Aktie voraussetzt (§ 237 Abs. 1 S. 2). Relevant wäre eine Einordnung als Gattung für die Frage, ob ein Sonderbeschlusserfordernis bei Kapitalmaßnahmen und Strukturmaßnahmen besteht (→ Rn. 32).

4. Nicht gattungsbegründende Unterschiede. Durch die unterschiedliche Ausgestaltung als 18 **Inhaber- oder Namensaktie** werden keine verschiedenen Gattungen geschaffen, weil diese Varianten der Verbriefung (§ 10 Abs. 1) Unterschiede bei der Übertragung der Mitgliedschaft oder der Legitimation des Aktionärs begründen, aber keine unterschiedlichen Mitgliedschaftsrechte gegenüber der AG vermitteln.³⁵ Dasselbe gilt für die **Vinkulierung** (§ 68 Abs. 2) eines Teils der Aktien.³⁶ Verschiedene **Nennbeträge** kennzeichnen einen unterschiedlichen quantitativen Umfang der jeweiligen Mitgliedschaft, vermitteln aber nicht qualitativ unterschiedliche Rechte.³⁷ Erst recht sind unterschiedliche **Ausgabeträge** (→ § 9 Rn. 26) nicht gattungsbegründend,³⁸ ebenso wenig verschiedenartige Einlagepflichten **(Bar- oder Sacheinlagen)**³⁹ oder **teileingezahlte Aktien** (§ 10 Abs. 2).⁴⁰ Keine Gattung wird schließlich durch rechtliche Besonderheiten begründet, die ihren Grund nicht in der Ausgestaltung der Aktie, sondern in einer **persönlichen Position** des Aktionärs haben, wie etwa **Höchststimmrechte** (→ Rn. 13) oder die Stellung als **außenstehender Aktionär**.⁴¹ Die von bestimmten Quoren abhängigen **Minderheitenrechte** hängen nicht von der einzelnen Aktie ab, sondern vom Umfang der Beteiligung und stellen deshalb keine Gattung dar.⁴² Für das **Entsendungsrecht zum Aufsichtsrat** fingiert § 101 Abs. 2 S. 3, dass keine Gattung vorliegt (→ Rn. 15).

---

²⁹ Dafür *Loges/Distler* ZIP 2002, 467 (469 f.); *Noack* in Bayer/Habersack, Aktienrecht im Wandel, Bd. II, 2007, 510 (523) mwN zum Streitstand; aA etwa *Butzke* in Marsch-Barner/Schäfer Börsennotierte AG-HdB § 6 Rn. 2; GHEK/*Eckardt* Rn. 17; *Fleischer* ZGR 2009, 505 (525) mwN.
³⁰ Aufgeworfen ist dann die weitere Frage, ob infolge der Satzungsregelung ein erweitertes Auskunftsrecht der übrigen Aktionäre nach § 131 Abs. 4 ausgeschlossen ist oder – nachdem diese Regelung eine besondere Ausprägung des Gleichbehandlungsgebots ist (→ § 131 Rn. 72) – ausgeschlossen werden kann.
³¹ → § 55 Rn. 17; vgl. auch RGZ 80, 95 (97 f.).
³² Vgl. auch Kölner Komm AktG/*Dauner-Lieb* Rn. 19, 21.
³³ Dagegen jetzt auch *Butzke* in Marsch-Barner/Schäfer Börsennotierte AG-HdB § 6 Rn. 5.
³⁴ So jetzt auch Kölner Komm AktG/*Dauner-Lieb* Rn. 18; Großkomm AktG/*Mock* Rn. 69 mwN in Fn. 107.
³⁵ HM MüKoAktG/*Heider* Rn. 30; Kölner Komm AktG/*Dauner-Lieb* Rn. 20; → § 10 Rn. 10 mwN; aA Großkomm AktG/*Mock* Rn. 67.
³⁶ MüKoAktG/*Heider* Rn. 30; Hüffer/Koch/*Koch* Rn. 7; Großkomm AktG/*Mock* Rn. 67; → § 68 Rn. 38 mwN.
³⁷ MüKoAktG/*Heider* Rn. 31; Hüffer/Koch/*Koch* Rn. 7; Großkomm AktG/*Mock* Rn. 66.
³⁸ MüKoAktG/*Heider* Rn. 31; Großkomm AktG/*Mock* Rn. 66.
³⁹ MüKoAktG/*Heider* Rn. 31; Großkomm AktG/*Mock* Rn. 70; Kölner Komm AktG/*Dauner-Lieb* Rn. 21.
⁴⁰ RGZ 132, 149 (160); → § 10 Rn. 74.
⁴¹ Zur Rechtsstellung des außenstehenden Aktionärs BGH NZG 2006, 623.
⁴² MüKoAktG/*Heider* Rn. 33; Großkomm AktG/*Mock* Rn. 68.

19 Unterschiedliche **Gläubigerrechte** begründen keine Gattungsunterschiede. Als Gläubigerrechte werden auch schuldrechtliche Forderungen bezeichnet, die sich aus einem mitgliedschaftlichen Recht auf Vermögensbeteiligung entwickelt haben, so etwa der Dividendenzahlungsanspruch oder der Anspruch auf Auszahlung des Liquidationserlöses.[43] Unabhängig davon, ob diese Ansprüche mitgliedschaftlicher Natur sind oder nicht (kritisch zur herkömmlichen Betrachtungsweise → § 58 Rn. 97), sind solche abgeleiteten Forderungen jedenfalls nicht isoliert einer unterschiedlichen und damit gattungsbegründenden Regelung in der Satzung zugänglich.[44] Solche Ansprüche können nur noch durch eine schuldrechtliche Vereinbarung zwischen der AG und dem Aktionär geändert oder aufgehoben werden.[45]

20 Erst recht begründen sonstige **schuldrechtliche Ansprüche oder Verpflichtungen** der Aktionäre, die auf einer schuldrechtlichen Vereinbarung beruhen und nicht mitgliedschaftlicher Natur sind, keine Gattungsunterschiede. Das gilt sowohl für Drittgeschäfte, wie sie die AG mit jedem Dritten abschließen könnte, als auch für schuldrechtliche Zuzahlungspflichten oder sonstige Nebenabreden, die aus Anlass der Mitgliedschaft, aber nicht auf korporativer Grundlage vereinbart werden (dazu näher → § 9 Rn. 34 ff., → § 23 Rn. 41 ff., → § 54 Rn. 29 ff.).

21 **5. Entstehung und Änderung von Gattungen. a) Entstehung.** Unterschiedliche Gattungen bedürfen einer **Satzungsgrundlage, § 23 Abs. 3 Nr. 4.** Sie können anfänglich bei der Gründung der AG, aber auch nachträglich im Rahmen von Kapitalmaßnahmen oder aufgrund einer sonstigen Satzungsänderung geschaffen werden.[46]

22 **aa) Gründung.** Bei der Gründung können verschiedene Aktiengattungen unproblematisch geschaffen werden, da die Satzung als Errichtungsvertrag von den Gründern übereinstimmend festgestellt wird (→ § 2 Rn. 3). Diese sind sich gegebenenfalls über die Einrichtung verschiedenartiger Mitgliedschaften mit unterschiedlichen Rechten oder Pflichten einig. Das Gleichbehandlungsgebot (§ 53a) ist deshalb von vorneherein nicht berührt. In der Errichtungserklärung ist anzugeben, welcher Gründer Aktien welcher Gattung übernimmt (§ 23 Abs. 2 Nr. 2).

23 **bb) Kapitalerhöhung oder sonstige Satzungsänderung.** Nachträglich können neue Gattungen entweder anlässlich einer Kapitalerhöhung eingeführt werden, indem die jungen Aktien mit anderen Rechten oder Pflichten als die bestehenden Aktien verbunden werden. In dem Fall muss in der Zeichnungs- oder Bezugserklärung angegeben werden, welche Gattung in welchem Umfang übernommen wird (§ 185 Abs. 1 S. 3 Nr. 3, § 198 Abs. 1 S. 3, § 203 Abs. 1 S. 1). Oder es werden ohne Kapitalveränderungen innerhalb der bestehenden Aktien oder einer bestehenden Aktiengattung für einen Teil der Aktien die bislang gleichen Rechte oder Pflichten verändert, so dass eine zusätzliche Gattung entsteht. Die nachfolgend dargestellten Grundsätze gelten auch, wenn innerhalb einer bestehenden Gattung ein Teil der Aktien schlechter gestellt und also auf diesem Wege eine neue Gattung eingeführt werden soll (→ § 179 Rn. 183: Sonderbeschluss nach § 179 Abs. 3 genügt nicht). Wenn keine zusätzliche Gattung eingeführt, sondern das quantitative Verhältnis zwischen mehreren Gattungen durch Vergrößerung oder Verkleinerung von Gattungen verschoben wird, sollen dagegen § 179 Abs. 3 bzw. die ug Sondervorschriften (→ Rn. 33) über die Änderung von Gattungen eingreifen.[47]

24 **(1) Hauptversammlungsbeschluss.** In diesen Fällen bedarf es eines Hauptversammlungsbeschlusses über die Satzungsänderung oder Kapitalerhöhung nach Maßgabe von § 179 Abs. 1, 2 oder § 182 Abs. 1, §§ 193 ff., 202 Abs. 2.

25 **(2) Sonderbeschluss.** Daneben sind **weitere Wirksamkeitserfordernisse** zu beachten. Existieren bereits zuvor mehrere Gattungen, ist bei **Kapitalerhöhungen** zusätzlich ein **Sonderbeschluss** der stimmberechtigten Aktionäre jeder Gattung erforderlich, der mangels abweichender Satzungsregelung einer Kapitalmehrheit von drei Vierteln (§ 182 Abs. 2, § 193 Abs. 1 S. 2, § 202 Abs. 2 S. 4) und zusätzlich der einfachen Stimmenmehrheit bedarf (§ 138 S. 2, § 133 Abs. 1). Entsprechendes gilt bei Kapitalherabsetzungen (§ 222 Abs. 2, § 229 Abs. 3, § 237 Abs. 2 S. 1) und verschiedenen umwandlungsrechtlichen Strukturänderungen (§ 65 Abs. 2 UmwG, §§ 73, 125 S. 1 UmwG, § 233 Abs. 2 S. 1 UmwG, § 240 Abs. 1 S. 1 UmwG). Nicht stimmberechtigt sind die Inhaber stimmrechtsloser Vorzugsaktionäre, für die aber die Sonderregelungen in § 141 eingreifen (→ Rn. 31, 32).

---

[43] Vgl. etwa MüKoAktG/*Heider* Rn. 24 ff. mwN.
[44] AllgM MüKoAktG/*Heider* Rn. 22; Hüffer/Koch/*Koch* Rn. 5.
[45] Vgl. auch MüKoAktG/*Heider* Rn. 22.
[46] Etwa auch in Form eines Aktiensplits (→ § 8 Rn. 27) oder durch Verschmelzung auf eine bereits mit verschiedenen Gattungen versehene AG; siehe zur Einführung von Tracking Stock *Fuchs* ZGR 2003, 167 (182 f.); *Tonner* IStR 2002, 317 (322).
[47] → § 179 Rn. 184; MüKoAktG/*Stein* § 179 Rn. 187.

(3) Einzelzustimmungen. Wenn eine bei der Kapitalerhöhung oder durch die umwandelnde 26
Satzungsänderung geschaffene neue Gattung mehr oder umfangreichere Rechte verleiht als bestehende Aktien, ist außerdem nach hM die Einzelzustimmung aller von der mittelbaren Schlechterstellung betroffenen Aktionäre der nicht bevorrechtigten Aktien erforderlich, unabhängig davon, ob die neue Aktiengattung daneben auch Nachteile gegenüber den bestehenden oder verbleibenden Aktien aufweist.[48] Das gilt dann erst recht für eine unmittelbare Beschränkung von Mitgliedschaftsrechten bei einem Teil der Aktien. Hinsichtlich der Begründung und der Rechtsfolgen fehlender Zustimmungen ist aber zu **differenzieren.**

Vor allem im ersten Fall ist in Bezug auf die Aktien, die nicht mit den Vorrechten ausgestattet 27
werden, zunächst das **Gleichbehandlungsgebot** (§ 53a) berührt (→ § 53a Rn. 23). Ein Verstoß gegen das Gleichbehandlungsgebot führt nach heute allgemeiner Ansicht nicht zur schwebenden Unwirksamkeit, sondern ist begründet die **Anfechtbarkeit** (→ § 53a Rn. 32 mwN; → 60 Rn. 21; → § 243 Rn. 191). Die Zustimmung der Betroffenen ist unter diesem Gesichtspunkt ein materieller Verzicht auf das Gleichbehandlungsrecht und nicht etwa eine formale Wirksamkeitsvoraussetzung für den Beschluss. Sie beseitigt vielmehr dessen Rechtswidrigkeit und damit das Risiko einer erfolgreichen Anfechtung.

Eine Einzelzustimmung im Sinne einer rechtlichen **Wirksamkeitsvoraussetzung** kann deshalb 28
nur unter dem weiteren Gesichtspunkt erforderlich sein, dass in bestehende **Mitgliedschaftsrechte eingegriffen** wird, die als **unentziehbare** Rechte nicht der Mehrheitsherrschaft unterworfen sind.[49] In den übrigen Fällen ist der Erwerb der Mitgliedschaft von Anfang mit der Möglichkeit belastet, dass eine gesicherte Rechtsposition nicht besteht.[50] Bei **Kapitalerhöhungen** sind Einzelzustimmungen nach hM entbehrlich, weil die Interessen der benachteiligten Altaktionäre entweder durch das Bezugsrecht oder die Prüfung der sachlichen Rechtfertigung eines Bezugsrechtsausschlusses gewahrt sind (→ Rn. 30);[51] das mag anders sein, wenn die jungen Aktien mit mehr Rechten ausgestattet sind.[52]

Als **unentziehbar** wird allgemein das **Stimmrecht** angesehen (→ Rn. 13), weshalb es auch 29
der Einzelzustimmung der betroffenen Aktionäre bedarf, wenn Stammaktien in stimmrechtslose Vorzugsaktien umgewandelt werden sollen.[53] Aus der grundsätzlichen Zulässigkeit stimmrechtsloser Vorzugsaktien nach § 12 Abs. 1 S. 2, §§ 139 ff. folgt noch nicht, dass die Aktien bislang stimmberechtigter Aktionäre gegen deren Willen umgewandelt werden können. Ob das **Gewinnbeteiligungsrecht** unentziehbar ist, ist **umstritten,** dürfte aber mit → § 60 Rn. 20 ff. zu verneinen sein.[54] Soweit es um die mittelbare Beeinträchtigung von Stammaktionären geht, die an einer Umwandlung anderer Stammaktien in Vorzugsaktien nicht teilnehmen können, sieht die wohl hM nur den Gleichbehandlungsgrundsatz als berührt an,[55] so dass die fehlende Zustimmung der verbleibenden Stammaktionäre den Hauptversammlungsbeschluss nur anfechtbar macht (→ Rn. 27).[56] Das Recht auf Beteiligung am **Liquidationserlös** ist nach überwiegender Ansicht unentziehbar, weil es um den der Einlage korrespondierenden Anteil an der Vermögenssubstanz geht.[57]

Richtigerweise ist das Gleichbehandlungsgebot dann nicht verletzt und auch eine Einzelzustim- 30
mung nicht erforderlich, wenn **alle Aktionäre berechtigt** sind, in gleichem Maß an der Änderung

---

[48] MüKoAktG/*Heider* Rn. 43 f.; Großkomm AktG/*Mock* Rn. 35 f.; Kölner Komm AktG/*Dauner-Lieb* Rn. 31; je mwN zur Gegenansicht; ferner Hüffer/Koch/*Koch* § 179 Rn. 43; *Lutter/Schneider* ZGR 1975, 182 (190 und 193); vgl. auch *Fuchs* ZGR 2003, 184; dagegen plädiert *Polte,* Aktiengattungen, 2005, 89 ff. für eine materielle Beschlusskontrolle auf sachliche Rechtfertigung wie beim Bezugsrechtsausschluss; aA GHEK/*Eckardt* Rn. 20, 28: nur Anfechtung bei Ungleichbehandlung.
[49] So die hM für die GmbH, zB Scholz/*Seibt* GmbHG § 14 Rn. 34; Scholz/*K. Schmidt* GmbHG § 45 Rn. 54; Scholz/*Priester* GmbHG § 53 Rn. 155; Lutter/Hommelhoff/*Bayer* GmbHG § 53 Rn. 21 ff.; MHLS/*Ebbing* GmbHG § 14 Rn. 8; aA Großkomm AktG/*Mock* Rn. 36.
[50] Vgl. BGHZ 70, 117 (126).
[51] → § 60 Rn. 20 ff. mwN; differenzierend Großkomm AktG/*Mock* Rn. 38 ff.; aA MüKoAktG/*Heider* Rn. 43.
[52] Großkomm AktG/*Mock* Rn. 40 f. mwN.
[53] HM → § 139 Rn. 36; MüKoAktG/*Heider* Rn. 55; Großkomm AktG/*Mock* Rn. 36; Hüffer/Koch/*Koch* § 12 Rn. 2 und § 139 Rn. 16, je mwN; *Wälzholz* DStR 2004, 819 (821); vgl. auch BGHZ 70, 117 (122).
[54] S. auch MüKoAktG/*Heider* Rn. 52; Kölner Komm AktG/*Dauner-Lieb* Rn. 36; *Brauer* AG 1993, 324 (331 ff.), auch zur streitigen Frage der Anwendbarkeit der Kernbereichslehre; *Polte,* Aktiengattungen, 2005, 112 ff.; je mwN zur abw. hM; ferner RGZ 22, 113 (114); BGHZ 124, 27 (31 f.) = NJW 1994, 323 (325); vgl. auch BGHZ 55, 359 (365) = NJW 1971, 802 (804): Minderheitenschutz nur durch Mehrheitserfordernis nach § 179 Abs. 2 oder Anfechtung wegen Sondervorteils.
[55] → § 139 Rn. 36 mwN; Hüffer/Koch/*Koch* § 139 Rn. 16.
[56] Differenzierend MüKoAktG/*Arnold* § 139 Rn. 6 mwN.
[57] → § 271 Rn. 6 mwN; aA MüKoAktG/*Heider* Rn. 53.

teilzuhaben, beispielsweise einen Teil ihrer Stammaktien in Vorzugsaktien umzuwandeln oder im Fall der Kapitalerhöhung ein Bezugsrecht auszuüben (→ Rn. 28 aE).[58]

31 **(4) Sonderregelungen.** Sollen nachträglich **Nebenleistungspflichten** eingeführt oder Namensaktien **vinkuliert** werden, folgt die Zustimmungsbedürftigkeit bereits aus **§ 180 Abs. 1 oder 2**, allerdings unabhängig davon, ob nur ein Teil der Aktien betroffen ist. Bei nachträglicher Ausgabe zusätzlicher gleich- oder besserrangiger **Vorzugsaktien ohne Stimmrecht** ist unter den Voraussetzungen des **§ 141 Abs. 2** ein Sonderbeschluss der bisherigen Vorzugsaktionäre erforderlich, der einer zwingenden Kapitalmehrheit von drei Vierteln bedarf und in gesonderter Versammlung zu fassen ist (§ 141 Abs. 3).

32 **b) Änderung. aa) Grundsatz: Sonderbeschluss nach § 179 Abs. 3.** Soll das Verhältnis der mitgliedschaftlichen Rechte oder Pflichten zwischen bestehenden Gattungen zum **Nachteil** einer Gattung verändert werden, ist neben einem Hauptversammlungsbeschluss über die Satzungsänderung nach **§ 179 Abs. 3** die **Zustimmung durch Sonderbeschluss** der Aktionäre jeder benachteiligten Gattung erforderlich. Der Sonderbeschluss ist mit einer Kapitalmehrheit von drei Vierteln (§ 179 Abs. 3 S. 3 iVm Abs. 2) und einer einfachen Stimmenmehrheit (§ 138 S. 2, § 133 Abs. 1) der Gattung zu fassen, wenn die Satzung keine anderen Mehrheitserfordernisse regelt (§ 179 Abs. 2 S. 2) (Einzelheiten → § 179 Rn. 200 ff.; zur vergleichbaren Regelung für die SE in Art. 60 SE-VO s. die Kommentierung dort). Das Gesetz verzichtet hier auf eine sonst etwa erforderliche Zustimmung aller betroffenen Aktionäre und erleichtert damit die Veränderung der Mitgliedschaftsrechte zulasten einer Gattung. Damit modifiziert es nicht nur das Gleichbehandlungsgebot (§ 53a),[59] sondern entzieht die gattungsbegründenden Sonder- oder Vorrechte vor allem dem Anwendungsbereich des § 35 BGB (→ Rn. 4). Wegen der Einzelheiten ist auf die Kommentierung zu → § 179 Rn. 178 ff. zu verweisen.

33 **bb) Sonderregelungen.** Bei Veränderung oder Aufhebung des Gewinnvorzugs stimmrechtsloser **Vorzugsaktien** geht die Sonderregelung nach § 141 Abs. 1 und 3 vor (→ § 141 Rn. 48, → § 179 Rn. 179), die einen Sonderbeschluss der Vorzugsaktionäre in eigener Versammlung mit einer zwingenden Kapitalmehrheit von drei Vierteln verlangt.[60] Vor gehen auch § 182 Abs. 2, § 222 Abs. 2, die bei **Kapitalerhöhungen und -herabsetzungen** einen Sonderbeschluss jeder stimmberechtigten Gattung unabhängig von etwaigen Nachteilen durch die Maßnahme verlangen (→ § 179 Rn. 182, → § 182 Rn. 26 ff.). Das Gleiche gilt für die Sonderbeschlüsse der einzelnen stimmberechtigten Gattungen bei **Strukturmaßnahmen** nach § 65 Abs. 2 **UmwG**.[61] Bei einer nachteiligen Veränderung von **Nebenleistungspflichten** oder einer Erschwerung der **Vinkulierung** ist entsprechend § 180 Abs. 1 oder 2 die Zustimmung aller betroffenen Aktionäre erforderlich (→ § 180 Rn. 4, 8), § 179 Abs. 3 wird hierdurch verdrängt (→ § 180 Rn. 14). Sollen neben bereits bestehenden Vorzugsaktien weitere **Stammaktien in Vorzugsaktien** gleichen oder besseren Rangs umgewandelt werden, so ist auch hier entsprechend § 141 Abs. 2 ein Sonderbeschluss der bestehenden Vorzugsaktionäre erforderlich (→ § 141 Rn. 28); seitens der verbleibenden Stammaktionäre genügt wegen der mittelbaren Beeinträchtigung des Gewinnbezugsrechts ein Sonderbeschluss nach § 179 Abs. 3, ihre Einzelzustimmung ist nicht nötig (str., → Rn. 26 ff.).[62] Keines Sonderbeschlusses bedarf es für die **Abschaffung von Mehrstimmrechten,** § 5 Abs. 2 S. 3 EGAktG (→ § 12 Rn. 27).

34 **cc) Ausnahme: Satzungsvorbehalt.** Enthält bereits die Satzung einen hinreichend bestimmten Vorbehalt für die Änderung der Gattung, dann bedarf es weder eines Sonderbeschlusses der Gattung noch etwa sonst erforderlicher Einzelzustimmungen (→ § 139 Rn. 38, → § 179 Rn. 192 mwN). Ein solcher Satzungsvorbehalt ist allerdings für Beeinträchtigungen der Vorbehaltsaktionäre nach § 141 Abs. 1 nach hM nicht möglich (→ § 141 Rn. 8).

35 **c) Aufhebung.** Für die Aufhebung von Gattungen, also eine Gleichstellung zweier oder aller Gattungen („Nivellierung"), ist eine **Satzungsänderung** erforderlich, für die dieselben Regeln

---

[58] Kölner Komm AktG/*Kraft*, 2. Aufl. 1988, Rn. 35; GHEK/*Hefermehl/Bungeroth* § 53a Rn. 11; *Polte*, Aktiengattungen, 2005, 86 ff., 97 ff.; → § 60 Rn. 21 ff. mwN; differenzierend Großkomm AktG/*Mock* Rn. 38 ff.
[59] AllgM MüKoAktG/*Heider* Rn. 46; → § 179 Rn. 181 mwN.
[60] Bei Umwandlung in Stammaktien kann wegen Benachteiligung des Stimmrechts der bisherigen Stammaktionäre zusätzlich deren Sonderbeschluss nach § 179 Abs. 3 nötig sein, sofern sie nicht die einzige stimmberechtigte Gattung sind und deshalb ihr Hauptversammlungsbeschluss genügt, vgl. dazu *Senger/Vogelmann* AG 2002, 193 (195); OLG Köln NZG 2002, 966 (967).
[61] Ggf. iVm § 125 Abs. 1 S. 1 UmwG, §§ 176 ff., 233 Abs. 2 S. 1 Hs. 2 UmwG, § 240 Abs. 1 S. 1 Hs. 2 UmwG; zum Schutz nicht stimmberechtigter Vorzugsaktien s. § 23 UmwG.
[62] MüKoAktG/*Heider* Rn. 52; → § 60 Rn. 20 ff.; anders die hM für Satzungsänderungen, aber nicht für Kapitalerhöhungen: MüKoAktG/*Bayer* § 60 Rn. 19, 23 f.; Hüffer/Koch/*Koch* § 60 Rn. 8 f.

(→ Rn. 32 ff.) wie für die Änderung von Gattungen gelten.[63] Gattungsbegründende Rechte können aber auch von vornherein durch eine **Befristung** oder auflösende **Bedingung** zeitlich limitiert werden, so dass es dann keiner weiteren Beschlüsse und Zustimmungen bedarf.[64] Aufgrund einer entsprechenden Satzungsregelung kann eine ganze Gattung durch **Zwangseinziehung** nach § 237 Abs. 1 vernichtet werden.[65]

d) Folgen von Verstößen. Die für die nachträgliche Einführung oder Änderung von Gattungen 36 erforderlichen Hauptversammlungsbeschlüsse unterliegen den allgemeinen Bestimmungen über die Anfechtbarkeit oder Nichtigkeit, §§ 241 ff. Grundsätzlich würde die Anfechtbarkeit auch begründet, wenn es um einen Verstoß gegen den Gleichheitsgrundsatz geht und die betroffenen Aktionäre nicht durch Zustimmung zur Satzungsänderung (→ Rn. 27 ff.) auf ihr Gleichbehandlungsrecht verzichtet haben. Allerdings ist der Hauptversammlungsbeschluss bereits **schwebend unwirksam,** solange über Sonderbeschlüsse nicht abgestimmt ist oder sonst für die Wirksamkeit erforderliche Zustimmungserklärungen fehlen.[66] Er wird endgültig unwirksam, wenn ein erforderlicher Sonderbeschluss abgelehnt wird, entsprechend §§ 241 ff. nichtig oder erfolgreich angefochten ist, oder wenn die Zustimmung verweigert wird.[67]

6. Verbriefung. Soweit Aktien verbrieft werden, muss aus der Urkunde hervorgehen, welcher 37 Gattung die Aktie angehört (→ § 13 Rn. 21). Ist der Einzelverbriefungsanspruch nach § 10 Abs. 5 ausgeschlossen und sollen die Aktien global verbrieft werden, ist für jede Gattung eine eigene Globalaktie auszustellen (→ § 10 Rn. 38). Nur dann sind sie auch der Sammelverwahrung zugänglich, die vertretbare Wertpapiere voraussetzt (→ § 10 Rn. 37 f., → § 68 Rn. 6).

7. Rechnungslegung und Berichtspflicht. Aktien verschiedener Gattungen sind nach Maß- 38 gabe von § 152 Abs. 1 S. 2, § 160 Abs. 1 Nr. 3 in der Bilanz oder im Anhang nach Zahl und bei Nennbetragsaktien auch nach dem Nennbetrag anzugeben. Weitergehend müssen AG, die durch Ausgabe stimmberechtigter Aktien am organisierten Markt iSv § 2 Abs. 7 WpÜG teilnehmen, die Rechte und Pflichten verschiedener Gattungen sowie deren Anteil am Kapital im Lagebericht und Konzernlagebericht angeben, § 289 Abs. 4 Nr. 1 HGB, § 315 Abs. 4 Nr. 1 HGB, worauf sich die Berichtspflicht des Vorstands erstreckt, § 120 Abs. 3 S. 2.

§ 12 Stimmrecht. Keine Mehrstimmrechte

(1) ¹Jede Aktie gewährt das Stimmrecht. ²Vorzugsaktien können nach den Vorschriften dieses Gesetzes als Aktien ohne Stimmrecht ausgegeben werden.

(2) Mehrstimmrechte sind unzulässig.

Schrifttum: *Arnold,* Entschädigung von Mehrstimmrechten nach § 5 EGAktG, DStR 2003, 784; *Arnold,* Das Unsicherheitsproblem bei der Entschädigung von Mehrstimmrechten – eine Replik, DStR 2003, 1671; *Brändel,* Mehrstimmrechtsaktien – ein in Vergessenheit geratenes Instrument der Beherrschung und des Minderheitenschutzes?, FS Quack, 1991, 175; *Hering/Olbrich,* Der Wert der Mehrstimmrechte und der Fall „Siemens", ZIP 2003, 104; *Hering/Olbrich,* Bewertung von Mehrstimmrechten: Zum Unsicherheitsproblem bei der Entschädigung nach § 5 EGAktG, DStR 2003, 1579; *Kluth,* Abschaffung von Mehrstimmrechtsaktien verfassungswidrig?, ZIP 1997, 1217; *Löwe/Thoß,* Der Ausgleich für den Entzug von Mehrstimmrechten, ZIP 2002, 2075; *Milde-Büttcher,* Mehrstimmrechte bei Kapitalerhöhungen aus AG-Gesellschaftsmitteln – Opfer der heißen Nadel des Gesetzgebers?, BB 1999, 1073; *Saenger,* Mehrstimmrechte bei Aktiengesellschaften, ZIP 1997, 1813; *Schulz,* Der Ausgleichsanspruch für erloschene und beseitigte Mehrstimmrechte gem. § 5 III EGAktG, NZG 2002, 996; *Storck/Schneider,* Doppeltes Stimmrecht für langfristig investierte Aktionäre im französischen Recht, AG 2008, 700; *Vogl-Mühlhaus,* Mehrfachstimmrechtsaktien: historische Entstehung, gegenwärtige Verbreitung und ökonomische Bedeutung, Diss. Würzburg 1998; *Wasmann,* Erlöschen und Beseitigung von Mehrstimmrechten nach § 5 EGAktG – Gerichtliche Prüfung des Ausgleichs im Spruchverfahren, BB 2003, 57; *Zöllner/Hanau,* Die verfassungsrechtlichen Grenzen der Beseitigung von Mehrstimmrechten bei Aktiengesellschaften, AG 1997, 206; *Zöllner/Noack,* Oneshare – onevote? Stimmrecht und Kapitalbeteiligung bei der Aktiengesellschaft, AG 1991, 117. S. auch die Literaturangaben zur Stimmrechtsausübung und zum Höchststimmrecht bei §§ 133 ff. und zu den Vorzugsaktien ohne Stimmrecht bei §§ 139 ff.

---

[63] Großkomm AktG/*Mock* Rn. 58, 78; *Loges/Distler* ZIP 2002, 467 (473); *Polte,* Aktiengattungen, 2005, 126 ff.
[64] OLG Karlsruhe OLGRspr 42, 215 (216); ausführlich *Polte,* Aktiengattungen, 2005, 130 ff.
[65] Diskutiert vor allem für die Rückabwicklung von Tracking Stock-Strukturen, vgl. dazu und zu anderen Lösungen *Fuchs* ZGR 2003, 167 (210 ff.); *Tonner* IStR 2002, 317 (323); *Sieger/Hasselbach* BB 1999, 1277 (1281).
[66] Großkomm AktG/*Mock* Rn. 36, 42; zur Geltendmachung → Vor § 241 Rn. 12.
[67] MüKoAktG/*Heider* Rn. 60; Großkomm AktG/*Mock* Rn. 46; → § 179 Rn. 203 ff., zur Anwendung von §§ 241 ff. auf Sonderbeschlüsse → § 241 Rn. 42.

Übersicht

	Rn.		Rn.
I. Normzweck und Entstehungsgeschichte	1, 2	c) Erhöhung der Stimmkraft: Mehrstimmrechte	13
II. Aktie und Stimmrecht, Abs. 1	3–15	7. Gesetzliche Stimmverbote	14, 15
1. Keine Aktie ohne Stimmrecht	3	III. Mehrstimmrechte, Abs. 2	16–32
2. Kein Stimmrecht ohne Aktie	4, 5	1. Begriff	16, 17
3. Stimmkraft	6	2. Verbot neuer Mehrstimmrechte	18–21
4. Unteilbarkeit	7	3. Fortbestand und Erlöschen alter Mehrstimmrechte	22–32
5. Stimmrechtsausübung	8	a) Übergangsregelung	22, 23
6. Abweichende Satzungsregelungen	9–13	b) Erlöschen kraft Gesetzes	24, 25
a) Stimmrechtsausschluss: Vorzugsaktien ohne Stimmrecht	10	c) Fortgeltungsbeschluss	26
b) Stimmrechtsbeschränkung: Höchststimmrecht	11, 12	d) Beseitigungsbeschluss	27–29
		e) Ausgleich	30–32

I. Normzweck und Entstehungsgeschichte

1 Die Aktie als Mitgliedschaft ist die Grundlage des Stimmrechts, eines der Herrschafts- oder Verwaltungsrechte des Aktionärs. Die Vorschrift regelt in Abs. 1 S. 1 den Grundsatz „Keine Aktie ohne Stimmrecht", von dem es nur noch wenige Ausnahmen gibt (→ Rn. 9 ff.): die stimmrechtslose Vorzugsaktie als wichtigste Ausnahme ist in Abs. 1 S. 2 angesprochen. Umgekehrt folgt daraus „Kein Stimmrecht ohne Aktie". Andere Rechte als die Aktie berechtigten nicht zur Stimmabgabe, Nichtaktionäre sind nicht stimmberechtigt. Mit dem Verbot von Mehrstimmrechten (Abs. 2) stellt das Gesetz sicher, dass der Einfluss des Gesellschafters auf die Beschlüsse der Hauptversammlung grundsätzlich vom Maß seiner Beteiligung abhängt, indem jede Aktie im Grundsatz das gleiche Stimmrecht gewährt (Kapitalprinzip). Es wahrt so die Kongruenz von Kapitalrisiko und Stimmrechtseinfluss.[1] Für Aktionäre mit geringerer Beteiligungsquote ist also das Stimmrecht weniger von Bedeutung als andere Mitverwaltungsrechte wie etwa das Anfechtungsrecht oder quotenabhängige Minderheitenrechte.[2]

2 Der Gesetzgeber hat dem Kapitalprinzip zunehmend Geltung verschafft. Während der aus dem AktG 1937 übernommene Abs. 1 unverändert geblieben ist, wurden die früher in Abs. 2 geregelten Voraussetzungen für die Zulassung von Mehrstimmrechten nach und nach enger gefasst.[3] Schließlich hat der Gesetzgeber mit Änderung des Abs. 2 durch das KonTraG im Jahr 1998 die Einführung neuer Mehrstimmrechte praktisch ausnahmslos verboten (→ Rn. 18 ff.), außerdem in den Bestimmungen in § 5 EGAktG (→ Rn. 22) auch die bereits bestehenden Mehrstimmrechte im Grundsatz abgeschafft (→ Rn. 24) und schließlich die Satzungsänderungen zur Aufhebung solcher Mehrstimmrechte, die aufgrund von Fortgeltungsbeschlüssen (→ Rn. 26) derzeit noch weiter bestehen, erheblich erleichtert (→ Rn. 27 ff.).

II. Aktie und Stimmrecht, Abs. 1

3 **1. Keine Aktie ohne Stimmrecht.** Nach Abs. 1 S. 1 gewährt jede Aktie das Stimmrecht. Es ist das Recht, durch Stimmabgabe an der Beschlussfassung der Hauptversammlung teilzunehmen. Das Stimmrecht gehört zu den mitgliedschaftlichen Verwaltungsrechten des Aktionärs und ist deshalb grundsätzlich mit jeder Aktie verbunden. **Ausnahmen** gelten nur, soweit das Gesetz Stimmrechtsbeschränkungen oder -ausübungsverbote anordnet oder zulässt. Dabei ist noch zu unterscheiden, ob es sich um satzungsmäßig reduzierte Rechte bestimmter Aktiengattungen (§ 11) handelt oder ob die Einschränkung nicht an bestimmte Aktien, sondern an die Person des Aktionärs gebunden ist (dazu iE → Rn. 9 ff., 14). Dem Anlegeraktionär einer Investmentaktiengesellschaft mit veränderlichem Kapital steht kein Stimmrecht zu, sofern die Satzung es nicht ausdrücklich vorsieht (§ 109 Abs. 3 S. 2 KAGB).

4 **2. Kein Stimmrecht ohne Aktie.** Dieser **ausnahmslos** geltende Grundsatz ist im Gesetz nicht ausdrücklich geregelt, folgt aber aus Sinn und Regelungsgehalt der Vorschriften über das Stimmrecht (§§ 12, 133 ff.). Das Stimmrecht als Verwaltungsrecht des Aktionärs setzt die Aktie als Mitgliedschafts-

---

[1] Kölner Komm AktG/*Dauner-Lieb* Rn. 2 ff.; RegBegr *Kropff* S. 25.
[2] Kölner Komm AktG/*Dauner-Lieb* Rn. 5.
[3] Siehe dazu die in Fn. 32 genannten Darstellungen.

recht voraus, unabhängig davon, ob und wie sie verbrieft ist.[4] Kein Stimmrecht gewähren deshalb bloße Gläubigerrechte wie Genussscheine (§ 221 Abs. 3)[5] oder Anleihen (Schuldverschreibungen, § 221 Abs. 1). Auch der Pfandgläubiger einer verpfändeten Aktie wird nicht Mitglied und ist deshalb nicht stimmberechtigt.[6] Dasselbe gilt grundsätzlich für den Nießbraucher, soweit nicht ein mitgliedschaftsspaltender Nießbrauch in Frage kommt, der zumindest in Bezug auf Beschlüsse über laufende Angelegenheiten auch die Übertragung des Stimmrechts umfassen kann.[7]

Abgesehen davon ist die isolierte **Übertragung** des Stimmrechts auf einen Nichtaktionär unzulässig. Dem steht das Abspaltungsverbot entgegen.[8] Es hindert aber nicht die **Ausübung durch Dritte**. Für Geschäftsunfähige wird das Stimmrecht durch den **gesetzlichen Vertreter** ausgeübt.[9] Rechtsgeschäftlich kann der Aktionär einen anderen zur Ausübung des Stimmrechts **bevollmächtigen** (vgl. iE § 129 Abs. 2, § 134 Abs. 3, § 135 und die Kommentierung zu diesen Vorschriften) oder er kann ihn ermächtigen, das Stimmrecht im eigenen Namen auszuüben (sog. **Legitimationsaktionär**, vorausgesetzt in § 129 Abs. 3, siehe Kommentierung dort). Zur Stimmrechtsausübung berechtigt sind auch **Amtswalter** wie Testamentsvollstrecker (§ 2205 S. 1 BGB),[10] Nachlassverwalter (§ 1984 Abs. 1 S. 1 BGB, § 1985 BGB) und Insolvenzverwalter (§ 80 Abs. 1 InsO) für die Aktien, die zur verwalteten Vermögensmasse gehören.[11]

3. Stimmkraft. In § 12 kommt auch zum Ausdruck, dass jede Aktie grundsätzlich das gleiche Stimmrecht gewährt, die Stimmkraft also der Kapitalbeteiligung und damit auch dem Kapitalrisiko entspricht. Dieses **Kapitalprinzip** wird sichergestellt durch das Verbot der Mehrstimmrechte in Abs. 2 (→ Rn. 18). Positiv geregelt ist es in § 134 Abs. 1 S. 1: Die Stimmkraft bemisst sich bei Nennbetragsaktien nach dem Nennbetrag, bei Stückaktien nach der Zahl der gehaltenen Aktien. Neuerdings wird dieser Grundsatz in Frage gestellt durch Überlegungen, bei börsenfernen Gesellschaften Mehrstimmrechte wieder zuzulassen (→ Rn. 19) oder langfristig investierten Aktionären als „Nachhaltigkeitsprämie" ein mehrfaches Stimmrecht zu gewähren.[12]

4. Unteilbarkeit. Aus den in → Rn. 3–6 genannten Prinzipen folgt, dass das Stimmrecht grundsätzlich unteilbar ist. Ergeben sich im Rahmen einer Kapitalherabsetzung durch Zusammenlegung von Aktien Spitzen, die zu Bruchteilsrechten führen, dann entsteht allerdings nach hM ein vorübergehendes **Bruchteilsstimmrecht** bis zur Zusammenlegung.[13] Das Kapitalprinzip (→ Rn. 6) bleibt damit gewahrt.

5. Stimmrechtsausübung. Das Stimmrecht wird in der Hauptversammlung ausgeübt. Einzelheiten zur Ausübung des Stimmrechts sind deshalb in §§ 133–137 im Zusammenhang mit den Vorschriften über die Hauptversammlung geregelt (zur Ausübung durch Nichtaktionäre siehe auch den Überblick → Rn. 5, weitere Einzelheiten in der Kommentierung zu diesen Vorschriften). Grenzen für die Stimmrechtsausübung können sich durch Stimmrechtsbindungsverträge (Konsortialverträge, Stimmrechtspools uÄ) unter Aktionären ergeben, die grundsätzlich zulässig sind.[14] Auch die gesellschafterliche Treuepflicht kann im Einzelfall ein bestimmtes Stimmverhalten gebieten.[15]

6. Abweichende Satzungsregelungen. Von den Grundsätzen, dass jede Aktie das Stimmrecht gewährt (→ Rn. 3) und dass die Stimmkraft der Kapitalbeteiligung entspricht (→ Rn. 6), lässt das Gesetz in einigen **abschließend** geregelten Ausnahmefällen abweichende Satzungsregelungen zu. Über diese Fälle und die gesetzlichen Stimmverbote (→ Rn. 14) hinaus können in der Satzung

---

[4] Vgl. zu unverbrieften Aktien RGZ 34, 110 (115); zur Verbriefung in Zwischenscheinen → § 10 Rn. 90; auch bei der KGaA ist der Komplementär nur stimmberechtigt, soweit er Kommanditaktien hält, § 285 Abs. 1 S. 1, → § 285 Rn. 13 f.
[5] BGHZ 119, 305 (316).
[6] AllgM vgl. nur MüKoAktG/*Heider* Rn. 7 mwN.
[7] Dazu → § 16 Rn. 17, 31; MüKoAktG/*Bayer* § 16 Rn. 28.
[8] BGH NJW 1987, 780; vgl. zum Abspaltungsverbot → § 8 Rn. 50.
[9] MüKoAktG/*Heider* Rn. 16.
[10] Vgl. BGHZ 108, 187 (199) zur KG.
[11] AllgM Hüffer/Koch/*Koch* § 134 Rn. 31; MüKoAktG/*Heider* Rn. 19; zum zeitlich begrenzten Bruchteilsstimmrecht und zur Stimmrechtsausübung durch einen Abwesenheitspfleger bei unbekannten Aktionären einer Restgesellschaft s. BGH AG 1992, 27.
[12] Storck/Schneider AG 2008, 700.
[13] Einzelheiten → § 224 Rn. 8; vgl. auch Großkomm AktG/*Mock* Rn. 59; weiteres Beispiel für vorübergehende Bruchteilsstimmrechte ist die Restgesellschaft laut BGH AG 1992, 27.
[14] BGHZ 179, 13 (18 f.) = NJW 2009, 669 (670 f.) mwN; vgl. auch K. Schmidt/Lutter/*Ziemons* Rn. 22 f.; MüKoAktG/*Heider* Rn. 22; *Schäfer* ZGR 2009, 768.
[15] BGHZ 129, 136 = NJW 1995, 1739; MüKoAktG/*Heider* Rn. 22; K. Schmidt/Lutter/*Ziemons* Rn. 23.

keine weiteren Stimmrechtseinschränkungen oder -ausschlüsse geregelt oder Stimmverbote eingeführt werden (§ 23 Abs. 5).[16]

10 **a) Stimmrechtsausschluss: Vorzugsaktien ohne Stimmrecht.** Vorzugsaktien können nach Abs. 1 S. 2 als Aktien ohne Stimmrecht unter den Voraussetzungen ausgegeben werden, die in **§§ 139–141** geregelt sind: Die Vorzugsaktien sind mit einem nachzuzahlenden Dividendenvorzug auszustatten (§ 139 Abs. 1) und gewähren alle Mitgliedschaftsrechte mit Ausnahme des Stimmrechts (§ 140 Abs. 1). Es lebt bei ausbleibenden Vorzugszahlungen unter Umständen wieder auf (§ 140 Abs. 2). Bestehen bleibt auch das Stimmrecht bei der Fassung von Sonderbeschlüssen über die Zustimmung zu Maßnahmen, die den Vorzug beeinträchtigen (§ 141). Stimmrechtslose Vorzugsaktien dürfen allenfalls bis zur Hälfte des Grundkapitals ausgegeben werden (§ 139 Abs. 2). Für die Ausgabe bedarf es einer Satzungsregelung, die diese Voraussetzungen beachtet. Sollen Stammaktien im Wege der Satzungsänderung in stimmrechtslose Vorzugsaktien umgewandelt werden, müssen die betroffenen Aktionäre zustimmen.[17] Die stimmrechtslosen Vorzugsaktien stellen eine eigene Gattung im Sinne des § 11 dar (→ § 11 Rn. 9, 13). Wegen weiterer Einzelheiten muss auf die Kommentierung zu §§ 139–141 verwiesen werden. Zum disponiblen Stimmrechtsausschluss für Anlageaktien bei der Investmentaktiengesellschaft → Rn. 3.

11 **b) Stimmrechtsbeschränkung: Höchststimmrecht.** Bei einer nicht börsennotierten Gesellschaft (§ 3 Abs. 2) kann die **Satzung** für den Fall, dass einem Aktionär mehrere Aktien gehören, nach **§ 134 Abs. 1 S. 2** das Stimmrecht durch Festsetzung eines Höchstbetrags festsetzen oder abstufen. Eine solche Beschränkung stellt nicht bestimmte Aktien stimmrechtslos, sondern sie begrenzt die Ausübung des Stimmrechts in Abhängigkeit vom Umfang der Kapitalbeteiligung eines Aktionärs. Die betroffenen Aktien stellen deshalb keine eigene Gattung (§ 11) dar.[18] Veräußert ein betroffener Aktionär einen Teil seiner Aktien, so steht dem Erwerber das Stimmrecht daraus zu, sofern er nicht selber mit seiner Beteiligung die Höchstgrenze erreicht. Der Sache nach handelt es sich deshalb um eine Ausübungsbeschränkung.[19]

12 Die Beschränkung der Stimmkraft der Aktionäre von VW durch das gesetzliche Höchststimmrecht von 20 % des Nennbetrags des Grundkapitals VW-Gesetz nach § 2 Abs. 1 des VW-Gesetzes hat gegen die Kapitalverkehrsfreiheit verstoßen,[20] die Vorschrift ist deshalb aufgehoben worden. Satzungsgestaltungen nach § 134 Abs. 1 S. 2, die nicht staatlich erzwungen sind und in- wie ausländische Investoren gleichermaßen betreffen, berühren dagegen die Kapitalverkehrsfreiheit nicht.[21]

13 **c) Erhöhung der Stimmkraft: Mehrstimmrechte.** Neue Mehrstimmrechte sind nach **Abs. 2** nicht mehr zulässig (→ Rn. 18 ff., auch zu den Übergangsregelungen für alte Mehrstimmrechte).

14 **7. Gesetzliche Stimmverbote.** Die Ausübung des Stimmrechts ist nach einer Reihe von Vorschriften im Einzelfall aus Gründen ausgeschlossen, die nicht aus der Eigenart der Aktie folgen, sondern in der Person des Aktionärs liegen. Stimmverbote bestehen für eigene Aktien der Gesellschaft (§§ 71b, 71d S. 4), Ausübungssperren gibt es im Fall der Verletzung von Mitteilungspflichten (§ 20 Abs. 7, § 21 Abs. 4 AktG, § 28 WpHG, § 59 WpÜG), bei wechselseitig beteiligten Unternehmen nach Maßgabe von § 328 und neuerdings im Fall von Namensaktien bei Überschreitung von satzungsmäßigen Höchstgrenzen für Fremdbesitz oder bei Verletzung von Offenlegungs- und Auskunftspflichten über Fremdbesitz (§ 67 Abs. 2 S. 2 und 3).[22] Eine Reihe weiterer Stimmverbote beruht auf den Grundgedanken der **Interessenkollision** und des **Richtens in eigener Sache**.[23] So darf ein Aktionär nicht mitstimmen, wenn über seine Entlastung, seine Befreiung von einer Verbindlichkeit oder seine Inanspruchnahme durch die Gesellschaft beschlossen werden soll (§ 136 Abs. 1).[24] Das gilt entsprechend, wenn die Hauptversammlung beschließen soll, dass die Bezüge jedes einzelnen Vorstandsmitglieds nicht im Anhang des Jahresabschluss offen gelegt werden (§ 286

---

[16] Vgl. öOGH NZG 2001, 322.
[17] Hüffer/Koch/*Koch* Rn. 2 und 5; → § 11 Rn. 29; BGHZ 70, 117 (125).
[18] MüKoAktG/*Heider* Rn. 35 mwN; → § 11 Rn. 13; davon zu unterscheiden ist die Stimmrechtsbeschränkung nur für eine Aktiengattung; → § 134 Rn. 26.
[19] Hüffer/Koch/*Koch* Rn. 6; vgl. auch Kölner Komm AktG/*Dauner-Lieb* Rn. 9.
[20] EuGH NZG 2007, 942.
[21] *Verse* GPR 2008, 31 (35); *Teichmann/Heise* BB 2007, 2577 (2581).
[22] S. dazu etwa *Noack* NZG 2008, 721 (724 f.).
[23] Vgl. BGHZ 97, 28 (33) zur GmbH.
[24] Der Gedanke der Interessenkollision lag auch dem Stimmrechtsausschluss nach § 5 Abs. 1 S. 2 EGAktG für Inhaber von Mehrstimmrechtsaktien bei der bis 31.5.2003 möglichen Beschlussfassung über den Fortbestand der Mehrstimmrechte zugrunde; dazu → Rn. 26.

Abs. 5 S. 3 HGB).²⁵ Auch bei der Beschlussfassung über eine Sonderprüfung, deren Gegenstand für die Entlastung oder einen Rechtsstreit mit einem Organmitglied relevant ist, unterliegen davon betroffene Organmitglieder oder ihre Vertreter einem Stimmverbot (§ 142 Abs. 1 S. 2 und 3). Zu weitergehenden Stimmverboten des Komplementärs der KGaA nach § 285 Abs. 1 S. 2, → § 285 Rn. 15 ff.

Als kasuistisch geregelte Ausnahmen²⁶ zu dem in § 12 Abs. 1 S. 1 geregelten Grundsatz sind diese **15** Bestimmungen auf andere Fälle von Interessenkollisionen nicht generell entsprechend anwendbar.²⁷ Es gibt **kein allgemeines Stimmverbot bei Interessenkonflikten.** Denkbar ist allenfalls eine Einzelanalogie, wenn die fragliche Konfliktsituation quantitativ und qualitativ einem gesetzlich geregelten Tatbestand entspricht.²⁸ Eine Analogie hat der Bundesgerichtshof im GmbH-Recht für Fälle erwogen, in denen eine Mitwirkung des Betroffenen an der Beschlussfassung ein Richten in eigener Sache wäre.²⁹ Das würde aber nach allgemeinen Grundsätzen außerdem voraussetzen, dass eine planwidrige Regelungslücke zu konstatieren ist. Daran fehlt es von vornherein, wenn das Gesetz den Interessenkonflikt anders geregelt hat. Kein Stimmverbot gilt also beispielsweise, wenn betroffene Aktionäre, die keine von § 142 Abs. 1 S. 2 erfassten Organmitglieder sind, an der Beschlussfassung über eine Sonderprüfung mitwirken, weil der Gesetzgeber zum Minderheitenschutz für den Fall, dass ein solcher Beschluss nicht mit der erforderlichen Mehrheit zustande kommt, das Verfahren nach § 142 Abs. 2 vorgesehen hat.³⁰ Auch bei der Entscheidung über die Abberufung eines Aufsichtsratsmitglieds nach § 103 Abs. 1 unterliegt der Abzuberufende keinem Stimmverbot.³¹ Weitere Einzelheiten bei → § 136 Rn. 15.

III. Mehrstimmrechte, Abs. 2

1. Begriff. Mehrstimmrechte waren nach der bis 30.4.1998 geltenden Fassung des Abs. 2 S. 2 **16** nur aufgrund einer ministeriellen Ausnahmegenehmigung zulässig, soweit es zur Wahrung überwiegender gesamtwirtschaftlicher Belange erforderlich war.³² Mit Mehrstimmrechten wird das Kapitalprinzip (→ Rn. 1, 6) durchbrochen. Sie beruhen auf Gestaltungen in der Satzung, die dem Inhaber einer Aktie mehr Stimmen verschaffen als ihm aufgrund der mit der Aktie vermittelten Kapitalbeteiligung nach § 134 Abs. 1 S. 1 zustehen würden. Mehrstimmrechte bilden eine eigene Gattung (§ 11)³³ und bedürfen einer Grundlage in der Satzung (vgl. auch § 23 Abs. 3 Nr. 4).³⁴ In der Bilanz ist ihre Gesamtstimmenzahl und die der übrigen Aktien beim Grundkapital zu vermerken (§ 152 Abs. 1 S. 4) (→ § 152 Rn. 7–9).

Die **überproportionale Stimmkraft** wirkt sich vor allem bei den Beschlüssen aus, für die nur **17** eine Stimmenmehrheit erforderlich ist (vgl. § 133 Abs. 1). Die Mehrstimmrechtsaktien verhelfen ihren Inhabern deshalb insbesondere bei der Aufsichtsratswahl (§ 101 Abs. 1), dem Gewinnverwendungsbeschluss (§ 174), der Entlastung (§ 120) oder der Wahl der Abschlussprüfer, ihre Vorstellungen durchzusetzen.³⁵ Mehrstimmrechte haben dagegen auf die Ermittlung einer Kapitalmehrheit keinen Einfluss. Sind allerdings für Abstimmungen Stimmen- und Kapitalmehrheit kumulativ vorgeschrieben wie zB bei Satzungsänderungen (§ 179), so können sie eine Sperrminorität verschaffen, wenn

---

²⁵ IdF Art. 1 Nr. 2b des Gesetzes über die Offenlegung der Vorstandsvergütungen (VorstOG) vom 3.8.2005, BGBl. 2005 I S. 2267.
²⁶ Hüffer/Koch/*Koch* § 136 Rn. 3 mwN.
²⁷ OLG München NJW-RR 1996, 159; LG Heilbronn AG 1971, 94 (95); LG Stuttgart Urt. v. 22.1.2010, 31 O 146/09 KfH; vgl. auch BGHZ 36, 296 (300 f.); unklar OLG Brandenburg AG 2003, 328 für § 136 Abs. 1, wo sich das Stimmverbot wohl schon aus § 142 Abs. 1 S. 2 ergeben hätte.
²⁸ Kölner Komm AktG/*Zöllner* § 136 Rn. 26 ff.; Hüffer/Koch/*Koch* § 136 Rn. 18.
²⁹ BGHZ 97, 28 (33).
³⁰ OLG Hamburg AG 1981, 193 (197); OLG Hamburg AG 2003, 46 (48); LG Düsseldorf AG 1999, 94 (95); LG Heilbronn AG 1971, 94 (95); Hüffer/Koch/*Koch* § 142 Rn. 15; Kölner Komm AktG/*Rieckers/Vetter* § 142 Rn. 171 f.; aA für Konzernsachverhalte OLG Karlsruhe vom 20.11.1987 – 15 U 103/85; das Gegenargument, das in § 142 Abs. 2 aF festgelegte Quorum von 10% sei unüberwindbar hoch, ist im Übrigen durch die zwischenzeitliche Herabsetzung der Anforderungen entschärft; zur besonderen Situation bei Abstimmungen im Vorfeld von Squeeze-Out-Beschlüssen LG Frankfurt DB 2004, 2742 mit abl. Anm. *Wilsing* EWiR 2005, 99.
³¹ LG Stuttgart Urt. v. 22.1.2010 – 31 O 146/09 KfH; → § 103 Rn. 10.
³² Ausführlich zur Geschichte, zur ministeriellen Ausnahmegenehmigung und den gesellschaftsrechtlichen Voraussetzungen für die Schaffung von Mehrstimmrechten Kölner Komm AktG/*Zöllner*, 2. Aufl. 1988, Rn. 8 ff.; Großkomm AktG/*Brändel*, 4. Aufl. 1992, Rn. 36 ff., 43 ff.; GHEK/*Eckardt* Rn. 39 ff.
³³ Vgl. GHEK/*Eckardt* Rn. 40; Großkomm AktG/*Brändel*, 4. Aufl. 1992, Rn. 37.
³⁴ Einzelheiten bei GHEK/*Eckardt* Rn. 40 f.; Großkomm AktG/*Brändel*, 4. Aufl. 1992, Rn. 37 ff.; Kölner Komm AktG/*Zöllner*, 2. Aufl. 1988, Rn. 28 ff.
³⁵ Großkomm AktG/*Brändel*, 4. Aufl. 1992, Rn. 33; vgl. auch MüKoAktG/*Heider* Rn. 38.

gegen die Stimmen der Mehrstimmrechtsaktionäre zwar die Kapitalmehrheit, nicht aber die Stimmenmehrheit erreicht wird.[36]

18 **2. Verbot neuer Mehrstimmrechte.** Mehrstimmrechte sind nach **Abs. 2** unzulässig. Abweichungen sind deshalb schon in der Gründungssatzung nicht möglich (§ 23 Abs. 5). Sie haben die Nichtigkeit der Satzungsregelung zur Folge (§ 23 Abs. 5).[37] Satzungsänderungen, die ein Mehrstimmrecht zum Gegenstand haben, sind ebenfalls nichtig (§ 241 Nr. 3 Alt. 3).[38]

19 Nach früherem Recht waren Mehrstimmrechte zunächst ohne Einschränkung, seit dem AktG 1937 nur noch in Ausnahmefällen zulässig, deren in Abs. 2 S. 2 geregelte Voraussetzungen immer weiter eingeschränkt wurden.[39] Durch Art. 1 Nr. 3 KonTraG, in Kraft getreten zum 1.5.1998, wurde Abs. 2 S. 2 ganz aufgehoben, weil die fehlende Proportionalität von Anteilseigentum und Stimmrechtseinfluss im Hinblick auf die Erwartungen des Kapitalmarkts nicht mehr zeitgemäß erschien und der Gesetzgeber mit der Abschaffung die Aktie als standardisiertes Anlagepapier fördern wollte.[40] Zur Übergangsregelung für bestehende Mehrstimmrechte → Rn. 22 ff. Die Erstreckung des Verbots auf nicht börsennotierte AG ist von Anfang an kritisiert worden.[41] Im Rahmen der in der letzten Zeit geführten Diskussion um größere Gestaltungsfreiheit für nicht börsennotierte AG mehren sich die Stimmen, die für eine Zulassung von Mehrstimmrechten für solche AG plädieren,[42] nicht zuletzt auch mit Blick auf positive Erfahrungen in anderen europäischen Ländern.[43]

20 Das Verbot in Abs. 2 gilt für die Neubegründung von Mehrstimmrechtsaktien derzeit mit allenfalls einer **Ausnahme:** Nach dem zunächst unverändert gebliebenen § 216 Abs. 1 S. 2 bedurfte bei der Kapitalerhöhung aus Gesellschaftsmitteln die Ausgabe neuer Mehrstimmrechte oder die Erhöhung ihrer Stimmkraft weiterhin keiner Zulassung. Ein Zulassungsverfahren gab es zwar nicht mehr. Der Regelung wurde aber entnommen, dass hier ausnahmsweise neue Mehrstimmrechte ausgegeben werden können, wenn es bei der AG auf der Grundlage eines Hauptversammlungsbeschlusses fortbestehende Mehrstimmrechte (→ Rn. 26) gibt, um die Stimmkraft dieser Gattung unabhängig von der Kapitalerhöhung proportional zu erhalten.[44] Mittlerweile hat der Gesetzgeber die Bestimmung aufgehoben, weil sie nach Ablauf der Übergangsfrist gem. § 5 EGAktG überflüssig sei.[45] Dabei hat er die vorliegende Problematik, die freilich nicht unmittelbar Regelungsgegenstand war, schlicht übersehen.[46] Es dürfte deshalb schon nach dem in § 216 Abs. 1 (früher S. 1) geregelten Grundsatz, dass die Relation der Mitgliedschaftsrechte durch die Kapitalerhöhung nicht berührt wird, bei dem Ausnahmefall bleiben, dass für die Verhältniswahrung erforderliche Mehrstimmrechtsaktien entstehen.[47]

21 Zur Frage, ob aus dem Verbot mittelbar auch folgt, dass keine Vorzugsaktien mit beschränktem Stimmrecht geschaffen werden dürfen, → § 139 Rn. 31.

22 **3. Fortbestand und Erlöschen alter Mehrstimmrechte. a) Übergangsregelung.** Für die zum 1.5.1998 aufgrund einer wirksamen Ausnahmegenehmigung bestehenden Mehrstimmrechte bestimmt(e) **§ 5 Abs. 1–6 EGAktG:**[48]

> (1) ¹Mehrstimmrechte erlöschen am 1. Juni 2003, wenn nicht zuvor die Hauptversammlung mit einer Mehrheit, die mindestens drei Viertel des bei der Beschlußfassung vertretenen Grundkapitals umfaßt, ihre Fortgeltung beschlossen hat. ²Inhaber von Mehrstimmrechtsaktien sind bei diesem Beschluß von der Ausübung des Stimmrechts insgesamt ausgeschlossen.

---

[36] Großkomm AktG/*Brändel*, 4. Aufl. 1992, Rn. 33; Kölner Komm AktG/*Zöllner*, 2. Aufl. 1988, Rn. 33; einschränkend MüKoAktG/*Heider* Rn. 38.
[37] Großkomm AktG/*Mock* Rn. 72: §§ 134, 139 BGB.
[38] Hüffer/Koch/*Koch* Rn. 10; Großkomm AktG/*Mock* Rn. 73.
[39] Siehe dazu Kölner Komm AktG/*Zöllner*, 2. Aufl. 1988, Rn. 8 ff.; Großkomm AktG/*Brändel*, 4. Aufl. 1992, Rn. 36 ff., 43 f.; GHEK/*Eckardt* Rn. 39 ff.
[40] BT-Drs. 13/9712, 12 f.; vgl. zur Entstehungsgeschichte MüKoAktG/*Heider* Rn. 41 f.; zur verfassungsrechtlichen Diskussion *Zöllner/Noack* AG 1991, 117; *Zöllner/Hanau* AG 1997, 206; *Kluth* ZIP 1997, 1217; *Saenger* ZIP 1997, 1813.
[41] Vgl. etwa Hüffer/Koch/*Koch* Rn. 10; Bürgers/Körber/*Westermann* Rn. 4 und 6.
[42] *Bayer* in Verhandlungen des 67. Deutschen Juristentags Erfurt 2008, Bd. I, Gutachten, E 109; *Habersack* AG 2009, 1 (10 f.); nunmehr auch Großkomm AktG/*Mock* Rn. 41 ff.
[43] Hierzu Großkomm AktG/*Mock* Rn. 26 ff. sowie Rn. 21 ff. zur Frage der europarechtlichen Zulässigkeit.
[44] → § 216 Rn. 10; *Milde-Büttcher* BB 1999, 1073 (1075); *Wasmann* BB 2003, 57 Fn. 3; MüKoAktG/*Heider* Rn. 41; MüKoAktG/*Arnold* § 216 Rn. 11; ebenso für die Zeit bis 30.5.2003 Hüffer/Koch/*Koch* § 216 Rn. 5.
[45] BT-Drs. 16/6140, 52.
[46] Kritisch schon zum entsprechenden Entwurf des MoMiG K. Schmidt/Lutter/*Veil* § 216 Rn. 7.
[47] Ebenso Großkomm AktG/*Mock* Rn. 71; MüKoAktG/*Arnold* § 216 Rn. 11 mwN.
[48] IdF von Art. 11 Nr. 1 KonTraG, in Kraft seit 1.5.1998; zuletzt geändert durch Gesetz v. 10.11.2006, BGBl. 2006 I 2553.

(2) ¹Unabhängig von Absatz 1 kann die Hauptversammlung die Beseitigung der Mehrstimmrechte beschließen. ²Der Beschluß nach Satz 1 bedarf einer Mehrheit, die mindestens die Hälfte des bei der Beschlußfassung vertretenen Grundkapitals umfaßt, aber nicht der Mehrheit der abgegebenen Stimmen. ³Eines Sonderbeschlusses der Aktionäre mit Mehrstimmrechten bedarf es nicht. ⁴Abweichend von § 122 Abs. 2 des Aktiengesetzes kann jeder Aktionär verlangen, daß die Beseitigung der Mehrstimmrechte auf die Tagesordnung der Hauptversammlung gesetzt wird.

(3) ¹Die Gesellschaft hat einem Inhaber von Mehrstimmrechtsaktien im Falle des Erlöschens nach Absatz 1 und der Beseitigung nach Absatz 2 einen Ausgleich zu gewähren, der den besonderen Wert der Mehrstimmrechte angemessen berücksichtigt. ²Im Falle des Absatzes 1 kann der Anspruch auf den Ausgleich nur bis zum Ablauf von zwei Monaten seit dem Erlöschen der Mehrstimmrechte gerichtlich geltend gemacht werden. ³Im Falle des Absatzes 2 hat die Hauptversammlung den Ausgleich mitzubeschließen; Absatz 2 Satz 2 und 3 ist anzuwenden.

(4) ¹Die Anfechtung des Beschlusses nach Absatz 2 kann nicht auf § 243 Abs. 2 des Aktiengesetzes oder darauf gestützt werden, daß die Beseitigung der Mehrstimmrechte oder der festgesetzte Ausgleich unangemessen sind. ²Statt dessen kann jeder in der Hauptversammlung erschienene Aktionär, der gegen den Beschluß Widerspruch zur Niederschrift erklärt hat, einen Antrag auf gerichtliche Bestimmung des angemessenen Ausgleichs stellen. ³Der Antrag kann nur binnen zwei Monaten seit dem Tage gestellt werden, an dem die Satzungsänderung im Handelsregister nach § 10 des Handelsgesetzbuchs bekannt gemacht worden ist.

(5) Für das Verfahren in den Fällen des Absatzes 3 Satz 2 und des Absatzes 4 Satz 2 gilt das Spruchverfahrensgesetz sinngemäß.

(6) ¹Der durch Beschluß der Hauptversammlung festgesetzte Ausgleich wird erst zur Leistung fällig, wenn ein Antrag auf gerichtliche Bestimmung nicht oder nicht fristgemäß gestellt oder das Verfahren durch rechtskräftige Entscheidung oder Antragsrücknahme abgeschlossen ist. ²Der Ausgleich ist seit dem Tage, an dem die Satzungsänderung im Handelsregister nach § 10 des Handelsgesetzbuchs bekannt gemacht worden ist, mit fünf vom Hundert für das Jahr zu verzinsen.

Die heutige Bedeutung der Übergangsbestimmungen lässt sich schwer ermessen; sie ist aber wohl eher gering. Zwischen 1965 und 1989 wurden nur 19 Ausnahmegenehmigungen erteilt.[49] Das ist noch nicht sonderlich aussagekräftig, weil keine Zahlen zu den fortbestehenden älteren Mehrstimmrechten aus der Zeit vor dem Inkrafttreten des AktG 1965 vorliegen.[50] Nach 1990 hatten noch ca 30 bis 40 börsennotierte Aktiengesellschaften Aktien mit Mehrstimmrechten ausgestattet.[51] Heute dürfte es fast keine börsennotierten AG mehr mit Mehrstimmrechtsaktien geben.[52] Tatsächlich sind einige Fortgeltungsbeschlüsse (→ Rn. 26) gefasst worden,[53] in welchem Ausmaß ist unbekannt. Nur in solchen Fällen sind die Regelungen zur Beseitigung und ihren Folgen (Abs. 2–6) noch von Bedeutung; im Übrigen können die Übergangsbestimmungen noch für etwa laufende Spruchverfahren zur Bestimmung eines angemessenen Ausgleichs für die bis 1.6.2003 weggefallenen Mehrstimmrechte relevant sein.

b) Erlöschen kraft Gesetzes. Mehrstimmrechte sind im Grundsatz nach einer fünfjährigen Übergangszeit seit **1.6.2003** kraft Gesetzes **erloschen** (§ 5 Abs. 1 S. 1 EGAktG), sofern die Hauptversammlung nicht schon zuvor einen Beseitigungsbeschluss gefasst hat (→ Rn. 27 ff.), was nicht selten vorgekommen ist, oder sofern sie im Gegenteil den Fortbestand beschlossen hat (→ Rn. 26). Die betroffenen Aktien sind mit der einfachen Stimmkraft entsprechend der Kapitalbeteiligung (§ 134 Abs. 1 S. 1) bestehen geblieben. Die Satzungsregelung über diese besondere Gattung (§ 23 Abs. 3 Nr. 4) ist gegenstandslos geworden. Eine Anpassung ist nicht zwingend vorgeschrieben; ob für eine Fassungsänderung die Bestimmungen über die Satzungsänderung gelten, ist umstritten, aus Gründen der Rechtsklarheit aber zu bejahen, zumal eine Delegation an den Aufsichtsrat nach § 179 Abs. 1 S. 2 zur Vereinfachung des Verfahrens möglich ist.[54]

---

[49] *Brändel* FS Quack, 1991, 175 f.
[50] Hüffer/Koch/*Koch* Rn. 8.
[51] Ausführliche empirische Untersuchung bei *Vogl-Mühlhaus*, Mehrfachstimmrechtsaktien: historische Entstehung, gegenwärtige Verbreitung und ökonomische Bedeutung, 1998, 124 ff.; MHdB AG/*Semler* § 38 Rn. 5.
[52] *v. Rosen* Börsen-Zeitung vom 18.1.2002; vgl. Nr. 2.1.2. des Deutschen Corporate Governance Codex (→ § 161 Rn. 39).
[53] Beispiele (nach *Polte*, Aktiengattungen, 2005, 82): Otto Stumpf AG (infolge Squeeze-Out inzwischen nicht mehr börsennotiert), Vereinigte Schmiergel- und Maschinenfabrik AG für Vorzugsaktien (www.vsmag.de); ferner Custodia AG; vgl. auch *Bayer/Hoffmann* AG-Report 2008, R 464; Beispiel aus der Rechtsprechung: LG Memmingen AG 2001, 548 = DB 2001, 1240.
[54] Hüffer/Koch/*Koch* § 179 Rn. 6; MüKoAktG/*Stein* § 179 Rn. 32; Einzelheiten zur Fassungsänderung → § 179 Rn. 107 ff.

25 Die Gesellschaft hatte den betroffenen Inhabern der Mehrstimmrechtsaktien für den Wegfall der überproportionalen Stimmkraft einen **Ausgleich** zu gewähren, der den besonderen Wert der untergegangenen Mehrstimmrechte angemessen berücksichtigt (§ 5 Abs. 3 S. 1; → Rn. 30 f.) und im Spruchverfahren nach Maßgabe von § 5 Abs. 3 S. 2, Abs. 5 EGAktG geltend zu machen war.[55] Die Vorschrift verweist nach der bis 31.8.2003 geltenden Fassung auf die frühere Regelung des Spruchverfahrens in § 306 AktG, der auf etwa noch anhängige Verfahren anwendbar bleibt (§ 17 Abs. 2 S. 1 SpruchG); soweit nach dem 1.9.2003 Beschwerde eingelegt wurde, richtet sich das Beschwerdeverfahren nach dem SpruchG (§ 17 Abs. 2 S. 2 SpruchG; Einzelheiten zum Übergangsrecht bei → SpruchG § 17 Rn. 4).

26 c) **Fortgeltungsbeschluss.** Ausnahmsweise sind die Mehrstimmrechte bestehen geblieben, wenn die Hauptversammlung bis spätestens 31.5.2003 den Fortbestand mit einer Kapitalmehrheit von mindestens 75 % beschlossen hat (→ Rn. 23). Wegen der zwangsläufigen Interessenkollision waren die Inhaber der Mehrstimmrechte dabei von der Ausübung ihres Stimmrechts insgesamt, nicht nur mit ihren Mehrstimmen, ausgeschlossen, § 5 Abs. 1 S. 2 EGAktG.[56]

27 d) **Beseitigungsbeschluss.** Die Hauptversammlung kann nach § 5 Abs. 2 EGAktG die Beseitigung der nach → Rn. 26 fortbestehenden Mehrstimmrechte beschließen. Jeder Aktionär kann verlangen, dass die Beseitigung auf die Tagesordnung gesetzt wird (§ 5 Abs. 2 S. 4 EGAktG); abgesehen von der Mindestbeteiligung ist § 122 auf das Einberufungsverlangen anwendbar.[57] Der satzungsändernde Beschluss bedarf der einfachen Kapitalmehrheit, auf eine Stimmenmehrheit kommt es nicht an. Die erhöhte Stimmkraft der Mehrstimmrechtsaktien (→ Rn. 17) kommt beim Beseitigungsbeschluss also nicht zum Tragen. Eines Sonderbeschlusses der betroffenen Aktionäre nach § 179 Abs. 3 bedarf es auch nicht (§ 5 Abs. 2 S. 3 EGAktG).

28 Die Hauptversammlung muss zeitgleich auch über einen **angemessenen Ausgleich** (dazu → Rn. 30 ff.) beschließen, § 5 Abs. 3 S. 1 EGAktG. Auch dafür genügt Kapitalmehrheit bei Entbehrlichkeit eines Sonderbeschlusses (Satz 2).

29 Entsprechend seiner Intention, die Mehrstimmrechte flächendeckend abzuschaffen, hat der Gesetzgeber den **Rechtsschutz** der von der Beseitigung betroffenen Aktionäre ganz auf das Spruchverfahren konzentriert. Eine **Anfechtungsklage** dürfte kaum Erfolg haben. Denn nach § 5 Abs. 4 S. 1 EGAktG kann eine Beschlussanfechtung weder auf die Beseitigung der Mehrstimmrechte als solches noch auf die Unangemessenheit des beschlossenen Ausgleichs noch auf § 243 Abs. 2 (Sondervorteil) gestützt werden. Stattdessen kann ein Aktionär, der den beschlossenen Ausgleich für unangemessen hält, im **Spruchverfahren** nach dem **SpruchG** einen Antrag auf Bestimmung des angemessenen Ausgleichs stellen (§ 5 Abs. 4 S. 2, Abs. 5 EGAktG).[58] Voraussetzung ist, dass der Aktionär auf der Hauptversammlung erschienen ist und Widerspruch gegen den Beseitigungsbeschluss eingelegt hat. Der Antrag muss binnen zwei Monaten ab Bekanntmachung der Eintragung nach § 10 HGB gestellt werden.

30 e) **Ausgleich. aa) Angemessenheit.** Art und Höhe des angemessenen Ausgleichs in den oben b) und d) behandelten Fällen regelt das Gesetz nicht im Einzelnen. Es bestimmt in § 5 Abs. 3 S. 1 EGAktG nur, dass der besondere Wert der Mehrstimmrechte angemessen zu berücksichtigen ist. Der Gesetzgeber hat sich mit weiteren Festlegungen bewusst zurückgehalten, weil die dafür heranzuziehenden Umstände zu vielgestaltig und einvernehmliche Regelungen deshalb umso gebotener seien, die nur bei deutlicher Fehlbewertung im „Spruchstellenverfahren" korrigiert werden müssten.[59] Ob dieser Appell auf fruchtbaren Boden gefallen ist, ist im Hinblick auf das umstrittene Verfahren im Fall „Siemens" vor dem BayObLG[60] bezweifelt worden.[61] Seitdem sind freilich keine weiteren Entscheidungen veröffentlicht worden. Bleibt es dabei, mag die Beurteilung doch noch positiv ausfallen.

31 Die Gesellschaft hat einen **angemessenen Ausgleich** zu gewähren, nicht ein Entgelt oder eine Abfindung. Der Ausgleich ist also nicht in jedem Fall durch die Zahlung eines einmaligen Geldbetrags zu leisten. In Betracht kommen stattdessen auch zeitlich gestreckte Zahlungen,[62]

---

[55] Ausführliche Darstellung bei *Wasmann* BB 2003, 51.
[56] Vgl. dazu LG Memmingen AG 2001, 548 = DB 2001, 1240.
[57] Hüffer/Koch/*Koch* Rn. 12.
[58] Für bis 31.8.2003 gestellte Anträge bleibt es bei den Verfahrensregelungen nach § 306 aF; → SpruchG § 17 Rn. 4.
[59] BT-Drs. 13/10 038, 28.
[60] BayObLGZ 2002, 250 = NZG 2002, 1016.
[61] ZB *Löwe/Thoß* ZIP 2002, 2075 (2077).
[62] Hüffer/Koch/*Koch* Rn. 14; MüKoAktG/*Heider* Rn. 45.

Kapitalerhöhungen unter Bezugsrechtsausschluss der Stammaktionäre[63] oder mit Einbringung des Ausgleichsanspruchs als Sacheinlage[64] oder auch Mischformen.[65] Die Gewährung eines finanziellen Ausgleichs setzt allerdings voraus, dass ein Mehrwert des beseitigten oder erloschenen Mehrstimmrechts feststellbar ist. Das bereitet Schwierigkeiten, weil die erhöhte Stimmkraft als solche nicht handelbar ist. Jedenfalls dann, wenn der Ausgleich durch eine Geldzahlung erfolgen soll, kommt es entscheidend darauf an, ob der **Verkehrswert** der Aktie durch das Mehrstimmrecht **erhöht** war.[66] Als wertbestimmende Faktoren kommen in Betracht:[67] die Entstehungsgeschichte der Mehrstimmrechte wie beispielsweise dafür aufgebrachte Gegenleistungen; nach umstrittener Ansicht die Handelbarkeit, die in der Regel eher eingeschränkt war und deshalb wertmindernd wirken soll;[68] der vermittelte Stimmrechtseinfluss; Bedingungen in der Satzung für eine Beseitigung oder einen Verzicht; zusätzliche vor- oder nachteilige Vorzugsbedingungen, sofern sie mit abgeschafft werden. Beim Stimmrechtseinfluss ist von besonderer, wenn auch nicht ausschließlicher Bedeutung, ob die Mehrstimmrechte erhöhte Ausschüttungen zur Folge hatten.[69] Ob sich ein Mehrwert des konkreten Mehrstimmrechts auf der Grundlage der durchschnittlichen Differenz der Börsenwerte von Stammaktien mit einfachem Stimmrecht und von stimmrechtslosen Vorzugsaktien exakt berechnen lässt, ist umstritten. Diese Wertdifferenz muss nicht in erster Linie auf das fehlende Stimmrecht zurückzuführen sein.[70] Ein Anhaltspunkt für die Bewertung im Rahmen von § 287 ZPO mag sich im Einzelfall daraus aber ergeben.[71] Lässt sich unter keinem Gesichtspunkt feststellen, dass das beseitigte oder erloschene Mehrstimmrecht den Verkehrswert der Aktie erhöht hatte, ist jedenfalls ein Ausgleich in Geld nicht geschuldet.[72]

bb) Ausgleichsanspruch. Gläubiger des Ausgleichsanspruchs ist der einzelne betroffene Aktionär, dessen Aktien auf die reguläre Stimmkraft zurückgeführt werden. **Schuldnerin** ist die Gesellschaft.[73] Die gesetzlich angeordnete Ausgleichsleistung ist keine verbotene Einlagenrückgewähr nach § 57.[74] Das gilt auch, wenn die Beteiligten den Ausgleich einvernehmlich vereinbart haben (→ Rn. 30).[75] Der nach Maßgabe von § 5 Abs. 6 EGAktG fällige und zu verzinsende Anspruch, dessen Art und Höhe aufgrund des Hauptversammlungsbeschlusses oder einer rechtskräftigen Entscheidung im Spruchverfahren feststeht, kann mit der **Zahlungs- bzw. Leistungsklage** geltend gemacht werden (vgl. dazu § 16 SpruchG).[76]

§ 13 Unterzeichnung der Aktien

¹**Zur Unterzeichnung von Aktien und Zwischenscheinen genügt eine vervielfältigte Unterschrift.** ²**Die Gültigkeit der Unterzeichnung kann von der Beachtung einer besonderen Form abhängig gemacht werden.** ³**Die Formvorschrift muß in der Urkunde enthalten sein.**

---

[63] Hüffer/Koch/*Koch* Rn. 14.
[64] NK-AktR/*Wagner* Rn. 10: mit Wahlrecht des Mehrstimmrechtsaktionärs hinsichtlich Teilnahme an Kapitalerhöhung oder Geltendmachung des Ausgleichsanspruchs; Hüffer/Koch/*Koch* Rn. 14.
[65] Vgl. auch die Beispiele bei *Milde-Büttcher* BB 1999, 1073 unter I.
[66] BayObLGZ 2002, 250 = NZG 2002, 1016 (1018); vgl. auch OLG München AG 2007, 287 (291) = NJOZ 2007, 340 (349).
[67] Vgl. Rechtsausschuss – BT-Drs. 13/10 038, 28; eingehend dazu *Wasmann* BB 2003, 57 (61 ff.); vgl. auch *Schulz* NZG 2002, 996 (1000 ff.); *Löwe/Thoß* ZIP 2002, 2075 (2077 f.); aus verfassungsrechtlicher Sicht auch *Zöllner/Hanau* AG 1997, 206 (216 ff.); s. ferner die Erwägungen BayObLGZ 2002, 250 = NZG 2002, 1016 einerseits, Vorinstanz LG München I AG 2002, 105 = ZIP 2001, 1959 andererseits.
[68] AA *Zöllner/Hanau* AG 1997, 206 (217); *Schulz* NZG 2002, 996 (1003 f.).
[69] BayObLGZ 2002, 250 = NZG 2002, 1016; *Wasmann* BB 2003, 57 (63); ausschließlich auf den Ausschüttungsstrom stellen ab *Hering/Olbrich* DStR 2003, 1579; *Hering/Olbrich* ZIP 2003, 104; dagegen *Arnold* DStR 2003, 1671; kritisch auch *Schulz* NZG 2002, 996 (998 f.).
[70] *Wasmann* BB 2003, 57 (63); MüKoAktG/*Heider* Rn. 45; aA *Arnold* DStR 2003, 784 und 1671; *Schulz* NZG 2002, 996 (999 f.).
[71] Hüffer/Koch/*Koch* Rn. 14; vgl. auch *Arnold* DStR 2003, 784 und 1671 und *Schulz* NZG 2002, 996 (999 f.) und BayObLGZ 2002, 250 = NZG 2002, 1016; ferner *Zöllner/Hanau* AG 1997, 206 (216 f.); *Löwe/Thoß* ZIP 2002, 2075 (2077 f.).
[72] BayObLGZ 2002, 250 = NZG 2002, 1016; Hüffer/Koch/*Koch* Rn. 14; *Wasmann* BB 2003, 57 (61); vgl. auch BT-Drs. 13/10 038, 28: „kann gegen Null tendieren"; aA LG München I AG 2002, 105 = ZIP 2001, 1959.
[73] Kritisch dazu für die Fälle des gesetzlichen Erlöschens *Zöllner/Hanau* AG 1997, 206 (218 f.).
[74] Hüffer/Koch/*Koch* Rn. 13 f.; MüKoAktG/*Heider* Rn. 44; NK-AktR/*Wagner* Rn. 10.
[75] Hüffer/Koch/*Koch* Rn. 14.
[76] Zum Verhältnis von Zahlungsklage und Spruchverfahren: → SpruchG § 1 Rn. 33, → § 16 Rn. 1.

Übersicht

	Rn.		Rn.
I. Normzweck	1, 2	**IV. Inhalt der Aktienurkunde**	14–27
II. Anwendungsbereich	3–7	1. Aussteller	15
1. Verbriefung der Mitgliedschaft	3–6	2. Verbrieftes Recht	16
a) Aktien	4	3. Einzelheiten der Mitgliedschaft	17–22
b) Zwischenscheine	5	a) Umfang der Mitgliedschaft	18
c) Globalurkunden	6	b) Art der Verbriefung	19
2. Verbriefung von Forderungen	7	c) Teilleistungen	20
III. Form der Urkunde	8–13	d) Gattungen	21
1. Anforderungen an die Unterzeichnung	8–11	e) Nebenleistungsverpflichtungen	22
a) Vervielfältigte Unterschrift, S. 1	8, 9	4. Serienzeichen	23
b) Besondere Form, S. 2 und 3	10	5. Entbehrliche Merkmale	24
c) Rechtsfolgen eines Verstoßes	11	6. Mehrfach- und Globalurkunden	25
2. Weitere Anforderungen an die Verbriefung	12, 13	7. Zwischenscheine	26
		8. Folgen von Verstößen	27

I. Normzweck

1 Anforderungen an Inhalt und Form der Aktien und Zwischenscheine als der Urkunden, die die Mitgliedschaft verbriefen, sind im AktG nur teilweise regelt, etwa in § 8 Abs. 6, §§ 10, 13 und 55. Sie ergeben sich im Übrigen aus allgemeinen wertpapierrechtlichen Grundsätzen.

2 Die unverändert aus dem AktG 1937 übernommene Vorschrift erleichtert die Formerfordernisse an die Unterschrift.[1] Zur wirksamen Verbriefung der Aktien und Zwischenscheine als Wertpapier (→ § 10 Rn. 27 ff.) ist die Unterzeichnung der Urkunde erforderlich.[2] Die nach §§ 126, 127 BGB im Grundsatz erforderliche eigenhändige Unterschrift wäre bei einer Massenemission nicht praktikabel. § 13 S. 1 lässt deshalb eine vervielfältigte Unterschrift genügen.

II. Anwendungsbereich

3 **1. Verbriefung der Mitgliedschaft.** Die Erleichterung einer vervielfältigen Unterschrift nach § 13 gilt nur für die Urkunden, in denen die Mitgliedschaft verbrieft ist, also für Aktien und Zwischenscheine. Die Vorschrift kommt dann zur Anwendung, wenn die Mitgliedschaft tatsächlich verbrieft wird, die AG also Aktien oder Zwischenscheine ausgibt.

4 **a) Aktien.** Die Regelung gilt für die Unterzeichnung von Nennbetrags- und Stückaktien jeder Art (§ 10: Inhaber- oder Namensaktien) und Gattung (§ 11), unabhängig davon, ob sie bei der Gründung oder bei einer Kapitalerhöhung ausgegeben werden.

5 **b) Zwischenscheine.** § 13 ist außerdem anwendbar auf Zwischenscheine, in denen die Mitgliedschaft vorläufig verbrieft wird (§ 8 Abs. 5, § 10 Abs. 3 und 4; zum Begriff → § 10 Rn. 85). Die nachfolgend dargestellten Anforderungen an Form und Inhalt von Aktienurkunden gelten entsprechend für Zwischenscheine.

6 **c) Globalurkunden.** Die Vorschrift gilt auch für die Unterzeichnung von Globalaktien, denn sie sind aus aktienrechtlicher Sicht keine weitere Art von Aktien neben Inhaber- und Namensaktien, sondern eine Zusammenfassung bei der Verbriefung mehrerer Aktien in einer Urkunde.[3] Sie sind nicht zum Umlauf, sondern zur Verwahrung bei der Wertpapiersammelbank (§§ 2, 9a Abs. 1 DepotG) bestimmt und bedürfen deshalb keines besonderen Fälschungsschutzes.[4] Bei der Ausgabe einer oder weniger Globalaktien wird ein Faksimile aus Erleichterungsgründen freilich nicht unbedingt nötig sein.

7 **2. Verbriefung von Forderungen.** Für Dividendenscheine, Wandel- und Optionsanleihen, Gewinnschuldverschreibungen oder Genussscheine gilt § 13 **nicht**.[5] Sie verbriefen nicht die Mit-

---

[1] MüKoAktG/*Heider* Rn. 3; Hüffer/Koch/*Koch* Rn. 1.
[2] MüKoAktG/*Heider* Rn. 3 mwN; ausführlich *Kümpel* FS Werner, 1984, 449 (451 ff.).
[3] HM MüKoAktG/*Heider* Rn. 6; Hüffer/Koch/*Koch* Rn. 2; Bürgers/Körber/*Westermann* Rn. 1 aE; K. Schmidt/Lutter/*Ziemons* Rn. 12; *Heißel/Kienle* WM 1993, 1909 (1913); aA Großkomm AktG/*Mock* Rn. 8; zu Einzelheiten der Globalaktie → § 10 Rn. 38 ff., 43 f., 60, 65, 82.
[4] Vgl. *Deilmann/Lorenz/Hilgers* Die börsennotierte AG § 3 Rn. 29.
[5] Anders K. Schmidt/Lutter/*Ziemons* Rn. 3 für Coupons und Talons.

gliedschaft, sondern Forderungen. Für diese Urkunden erlaubt § 793 Abs. 2 BGB eine vervielfältigte Unterschrift.[6]

III. Form der Urkunde

1. Anforderungen an die Unterzeichnung. a) Vervielfältigte Unterschrift, S. 1. Die Aktienurkunde wird durch Unterzeichnung des Textes ausgestellt, wovon § 13 S. 1 ausgeht. Die Aktienurkunde muss vom Aussteller (→ Rn. 15) unterschrieben sein. Unterzeichnet wird die Urkunde vom **Vorstand** als dem vertretungsberechtigten Organ der Aktiengesellschaft, die die Aktie ausgibt. Besteht er aus mehreren Personen, so unterzeichnen sie in vertretungsberechtigter Zahl nach Maßgabe der Satzung, bei fehlender Satzungsregelung gemeinschaftlich (§ 78 Abs. 2). Der Vorstand kann Dritte zur Unterzeichnung bevollmächtigen. Dagegen erstreckt sich die Vertretungsmacht von Prokuristen oder Handlungsbevollmächtigten nicht auf die Unterzeichnung der Aktien, weil diese kein Handelsgeschäft ist.[7]

Unterschrift bedeutet Unterzeichnung mit dem individuellen Namenszug, der den Unterzeichner erkennen lässt. Die Unterschrift muss die gesamte Erklärung der Urkunde abdecken, sie also abschließen. Eine eigenhändige Unterschrift nach § 126 BGB bleibt natürlich zulässig, ist aber bei einer Massenemission unpraktisch. Die nach § 13 S. 1 zur Erleichterung zulässige vervielfältigte Unterschrift ist ein **Faksimile** einer eigenhändigen Unterschrift. Die Vervielfältigung muss den eigenhändigen Namenszug der Original-Vorlage weiterhin erkennen lassen. Die bloße Wiedergabe des Namens in Druckbuchstaben genügt ebenso wenig wie ein nachgeahmter Schriftzug.[8] Hergestellt werden kann das Faksimile durch eine mechanische, fotomechanische, digitale oder sonstige Vervielfältigung, die in der Regel beim Druck oder auch mittels eines Stempels auf die Urkunde gelangt. Dazu bedarf es der Zustimmung des Unterzeichners, weil das Recht sonst nicht wirksam verbrieft ist.[9]

b) Besondere Form, S. 2 und 3. Das Erfordernis einer eigenhändigen oder vervielfältigten Unterschrift kann in der Satzung nicht ausgeschlossen oder über § 13 S. 1 hinaus erleichtert werden.[10] Nach § 13 S. 2 kann die Gültigkeit der Unterzeichnung aber zusätzlichen Formerfordernissen unterworfen werden. So können etwa zusätzlich Unterschriften von Aufsichtsratsmitgliedern oder sonstigen Kontrollpersonen,[11] die Beglaubigung durch einen Notar oder die Anbringung eines Firmenstempels verlangt werden. Dazu bedarf es einer Satzungsregelung oder eines Hauptversammlungsbeschlusses; Vorstand oder Aufsichtsrat sind dafür nicht zuständig.[12] Die zusätzliche Formvorschrift ist nach § 13 S. 3 nur beachtlich, wenn sie im Text der Urkunde wiedergegeben wird. Andernfalls kommt ein gutgläubiger Erwerb in Betracht (→ Rn. 11 aE).

c) Rechtsfolgen eines Verstoßes. Entspricht die Unterzeichnung der Urkunde nicht den gesetzlichen Anforderungen (Satz 1) oder besonderen, aus der Urkunde ersichtlichen Formerfordernissen (Satz 2), so fehlt es an einer wirksamen Verbriefung der Mitgliedschaft. Der Anspruch des Aktionärs auf Verbriefung ist nicht erfüllt. Er kann die unzureichende Urkunde ablehnen oder die Auslieferung ordnungsmäßer Stücke gegen Rückgabe der mangelhaften Stücke verlangen.[13] Eine verschuldensunabhängige Haftung der Ausgeber analog § 8 Abs. 2 S. 3 besteht dagegen nicht.[14] Weil die Verbriefung nicht konstitutiv ist für die Entstehung der Mitgliedschaft (→ § 10 Rn. 27), bleibt deren Übertragung durch Abtretung möglich (→ § 10 Rn. 52 f.). Eine Übertragung nach wertpapierrechtlichen Grundsätzen ist dagegen ausgeschlossen, ein gutgläubiger Erwerb deshalb nicht möglich. Das gilt wegen S. 3 nicht, wenn eine besondere Form fehlt, die nicht aus dem Urkundentext hervorgeht.

2. Weitere Anforderungen an die Verbriefung. Der Charakter der Aktie oder des Zwischenscheins als Wertpapier bringt es mit sich, dass eine **schriftliche** Urkunde hergestellt werden muss. Die

---

[6] → § 58 Rn. 100; → § 221 Rn. 132 ff.; Hüffer/Koch/*Koch* Rn. 2.
[7] AllgM Hüffer/Koch/*Koch* Rn. 6; MüKoAktG/*Heider* Rn. 25; Bürgers/Körber/*Westermann* Rn. 1.
[8] AllgM Hüffer/Koch/*Koch* Rn. 6; MüKoAktG/*Heider* Rn. 26.
[9] RGZ 14, 94 (97); MüKoAktG/*Heider* Rn. 26 mwN; Kölner Komm AktG/*Dauner-Lieb* Rn. 16; Großkomm AktG/*Mock* Rn. 10; ausführlich zum „Ausstellerwillen" *Kümpel* FS Werner, 1984, 449 ff.
[10] MüKoAktG/*Heider* Rn. 27.
[11] MüKoAktG/*Heider* Rn. 28.
[12] Heute hM: MüKoAktG/*Heider* Rn. 27; Hüffer/Koch/*Koch* Rn. 7; Kölner Komm AktG/*Dauner-Lieb* Rn. 17; Großkomm AktG/*Mock* Rn. 12.
[13] Hüffer/Koch/*Koch* Rn. 8.
[14] MüKoAktG/*Heider* Rn. 31; aA Großkomm AktG/*Mock* Rn. 16.

Technik der Herstellung ist grundsätzlich nicht vorgeschrieben. Die Urkunde kann handschriftlich, maschinenschriftlich, gedruckt, fotokopiert oder in sonstiger Weise vervielfältigt erstellt werden.[15]

13 **Börsennotierte** Aktien, die noch als einzelverbriefte Aktienurkunden ausgegeben werden, müssen nach § 8 Abs. 1 der Börsenzulassungsverordnung[16] ausgedruckt sein, ihre Druckausstattung muss einen ausreichenden Fälschungsschutz aufweisen und die sichere und leichte Abwicklung des Wertpapierhandels ermöglichen. Dazu haben die deutschen Wertpapierbörsen gemeinsam verbindliche **Druckrichtlinien** aufgestellt, die detaillierte gestalterische und technische Anforderungen an Format, Aufbau, Gestaltung und Druck stellen.[17] Die praktische Bedeutung ist wegen der Möglichkeit, die Anteilsverbriefung nach § 10 Abs. 5 auszuschließen und die Mitgliedschaften nur noch in einer Globalurkunde zu verbriefen, gering. Letztere bedürfen keiner besonderen Druckausstattung mit erhöhtem Fälschungsschutz, da sie nicht verkehrsfähig und zum Umlauf bestimmt sind.[18] Sie müssen deshalb auch den Druckrichtlinien nicht entsprechen.[19]

IV. Inhalt der Aktienurkunde

14 Die **Aktienurkunde** ist ein Wertpapier im Sinne des Wertpapierrechts: in Form der Namensaktie ist sie Orderpapier, in Form der Inhaberaktie Inhaberpapier (→ § 10 Rn. 7, 9). Deshalb muss die Urkunde nach allgemeinen Grundsätzen des Wertpapierrechts einen Mindestinhalt haben. Die inhaltlichen Anforderungen werden davon bestimmt, dass die Urkunde eine Mitgliedschaft bei einer Aktiengesellschaft verbrieft.

15 **1. Aussteller.** Die Aktie muss den Aussteller erkennen lassen. Das ist die Aktiengesellschaft, die die Aktien ausgibt.[20] Also muss jedenfalls ihre Firma (§ 4)[21] angegeben werden. Darüber hinaus empfiehlt sich die Angabe des Sitzes (§ 5).[22]

16 **2. Verbrieftes Recht.** Aus der Aktie muss hervorgehen, dass sie die Mitgliedschaft bei einer Aktiengesellschaft verbrieft. Dass dabei das Wort „Aktie" nicht verwendet werden muss,[23] ist richtig, entspricht aber nicht der Praxis.[24]

17 **3. Einzelheiten der Mitgliedschaft.** Die Aktie muss außerdem die wesentlichen Merkmale des Mitgliedschaftsrechts erkennen lassen, insbesondere Unterschiede in der Form der Verbriefung oder den verbrieften Rechten bei verschiedenen Gattungen.

18 **a) Umfang der Mitgliedschaft.** Aus der Urkunde muss vor allem der Umfang der verbrieften Mitgliedschaft hervorgehen. Er ergibt sich aus der Relation zum Grundkapital, also bei Nennbetragsaktien aus dem Verhältnis der Nennbeträge von Aktie und Grundkapital (§ 8 Abs. 2), bei Stückaktien aus dem Verhältnis der Zahl der verkörperten Stückaktien zur Gesamtzahl aller ausgegebenen Aktien (§ 8 Abs. 3). Deshalb ist bei **Nennbetragsaktien** der jeweilige Nennbetrag aufzudrucken, bei Mehrfachurkunden (→ § 10 Rn. 40, 84) auch die Anzahl der in der Urkunde verkörperten Nennbetragsaktien. Aktien verschiedener Nennbeträge sind in gesonderten Urkunden zu verbriefen.[25] Bei **Stückaktien** ist deren Anzahl wiederzugeben, die in der Aktienurkunde verkörpert ist. Der Nennbetrag des Grundkapitals oder die Gesamtzahl aller Stückaktien müssen nicht angegeben werden; sie können sich bei Kapitalmaßnahmen ändern und würden deshalb die Urkunde unrichtig werden lassen.[26]

---

[15] AllgM. MüKoAktG/*Heider* Rn. 23; K. Schmidt/Lutter/*Ziemons* Rn. 11.
[16] Verordnung über die Zulassung von Wertpapieren am amtlichen Markt einer Wertpapierbörse vom 15.4.1987, BGBl. 1987 I 1234; § 8 zuletzt geändert durch Gesetz v. 22.6.2005, BGBl. 2005 I 1689.
[17] Gemeinsame Grundsätze der deutschen Wertpapierbörsen für den Druck von Wertpapieren – Druckrichtlinien vom 13.10.1991 – Stand 17.4.2000, abrufbar im Internet zB bei http://deutsche-boerse.com unter „Regelwerke".
[18] Vgl. Schwark/Zimmer/*Heidelbach* BörsZulV § 8 Rn. 2 f.; *Heinsius*/*Horn*/*Than* DepotG § 9a Rn. 17.
[19] MüKoHGB/*Einsele* Depotgeschäft Rn. 56; Großkomm AktG/*Mock* Rn. 14.
[20] MüKoAktG/*Heider* Rn. 25, Großkomm AktG/*Mock* Rn. 17; anders *Kümpel* FS Werner, 1984, 449 (452).
[21] MüKoAktG/*Heider* Rn. 10; Großkomm AktG/*Mock* Rn. 17.
[22] Ebenso Großkomm AktG/*Mock* Rn. 17; aA K. Schmidt/Lutter/*Ziemons* Rn. 7: „muss".
[23] HM Hüffer/Koch/*Koch* Rn. 4; MüKoAktG/*Heider* Rn. 11; Kölner Komm AktG/*Dauner-Lieb* Rn. 9, Fn. 12; aA K. Schmidt/Lutter/*Ziemons* Rn. 7.
[24] Vgl. Großkomm AktG/*Mock* Rn. 18.
[25] Für börsennotierte Nennbetragsaktien schreiben die Gemeinsamen Grundsätze der deutschen Wertpapierbörsen für den Druck von Wertpapieren (abrufbar unter http://deutsche-boerse.com unter „Regelwerke") eine unterschiedliche Farbgebung vor.
[26] NK-AktR/*Wagner* Rn. 6; Hüffer/Koch/*Koch* § 8 Rn. 25; Kölner Komm AktG/*Dauner-Lieb* Rn. 10.

b) Art der Verbriefung. Die Aktienurkunde muss ergeben, ob es sich um Namens- oder um 19
Inhaberaktien handelt (§ 10 Abs. 1), weil davon die der Übertragung abhängt.[27] Das gilt insbesondere
dann, wenn die Gesellschaft beide Formen ausgegeben hat.[28] Sind Namensaktien vinkuliert, muss
darauf in der Urkunde nicht zwingend hingewiesen werden (→ § 68 Rn. 40 mwN).

c) Teilleistungen. Werden Aktienurkunden über Namensaktien vor der vollen Leistung des 20
Nennbetrags ausgegeben (§ 10 Abs. 2 S. 1), so muss nach § 10 Abs. 2 S. 2 nur der **geleistete Teilbetrag** in der Urkunde angegeben werden. Die fehlende Angabe hindert nicht die wirksame Verbriefung der Mitgliedschaft. Ein gutgläubiger Zweiterwerber darf sich aber darauf verlassen, dass die Einlage vollständig erbracht ist; er ist von der Erbringung der noch offenen Teilleistungen befreit (→ § 10 Rn. 76). Bei der Ausgabe neuer Aktien nach Kaduzierung ist zusätzlich auch der **offene Restbetrag** anzugeben, § 64 Abs. 4 S. 1.

d) Gattungen. Gibt die Gesellschaft Aktien mehrerer Gattungen (§ 11) aus, so muss aus der 21
Urkunde hervorgehen, welcher Gattung das Mitgliedschaftsrecht angehört. Zur inhaltlichen
Beschreibung der Gattung genügt dann ein Verweis auf die entsprechenden Satzungsbestimmungen.[29]

e) Nebenleistungsverpflichtungen. Verpflichtet die Satzung bei vinkulierten Aktien die Aktio- 22
näre zu Nebenleistungen nach § 55 Abs. 1 S. 1 und 2, so müssen die Verpflichtung und ihr Umfang
in der Aktienurkunde angegeben werden, § 55 Abs. 1 S. 3. Andernfalls bleibt die Verpflichtung zwar
bestehen, ein gutgläubiger Erwerber der Aktie ist aber davon befreit (Einzelheiten → § 55 Rn. 24 ff.).

4. Serienzeichen. Nach hM müssen zur Individualisierung der Urkunden zumindest bei Inha- 23
beraktien auf der Aktienurkunde Serienzeichen in Form von Zahlen- und/oder Buchstabenfolgen
angebracht werden.[30] Das ist zwar gesetzlich nicht ausdrücklich vorgeschrieben und auch sonst kein
generelles Wirksamkeitsmerkmal von Inhaberpapieren. Aktien müssen aber individualisierbar sein,
wenn die Urkunden nach §§ 72 f. für kraftlos erklärt oder wegen ihrer Beschädigung nach § 74
umgetauscht werden sollen. Dementsprechend geht § 74 auch davon aus, dass es solche „Unterscheidungsmerkmale" gibt.[31]

5. Entbehrliche Merkmale. Die Aktie muss nicht **datiert** sein.[32] Sie muss auch nicht zwingend 24
in **deutscher Sprache** abgefasst sein.[33]

6. Mehrfach- und Globalurkunden. Diese müssen als solche bezeichnet sein. Weitere inhaltli- 25
che Besonderheiten ergeben sich aus ihrem Charakter als mehrfachverbriefende Urkunde, → § 10
Rn. 44.

7. Zwischenscheine. Für die inhaltlichen Anforderungen an die Verbriefung von Zwischen- 26
scheinen gilt dasselbe wie für Aktien (→ Rn. 1–5). Außerdem muss aus der Urkunde der vorläufige
Charakter des Zwischenscheins hervorgehen.[34]

8. Folgen von Verstößen. Wenn die oben unter 1. bis 4. (→ Rn. 15–23) behandelten Angaben 27
zum Aussteller und zu den Merkmalen der Mitgliedschaft fehlen, falsch oder lückenhaft sind, ist die
Mitgliedschaft grundsätzlich nicht wirksam verbrieft.[35] Ihr Bestand ist dadurch nicht berührt. Die
unwirksame Verbriefung hat aber Auswirkungen auf die Übertragbarkeit;[36] der Ausgeber (→ § 8
Rn. 38) kann auch auf Schadensersatz haften.[37] Besonderheiten gelten bei fehlenden oder falschen

---

[27] Großkomm AktG/*Mock* Rn. 20.
[28] MüKoAktG/*Heider* Rn. 13.
[29] Großkomm AktG/*Mock* Rn. 20; Kölner Komm AktG/*Dauner-Lieb* Rn. 13.
[30] HM MüKoAktG/*Heider* Rn. 14; Hüffer/Koch/*Koch* Rn. 4; Großkomm AktG/*Mock* Rn. 22; NK-AktR/
Wagner Rn. 8; K. Schmidt/Lutter/*Ziemons* Rn. 7; Kölner Komm AktG/*Dauner-Lieb* Rn. 20. Für börsennotierte
Aktien setzen die Druckrichtlinien (Rn. 13 Fn 15) in Nr. II A 1.1. Stücknummern voraus. Mehrfachurkunden,
die mehrere Aktien verbriefen, enthalten üblicherweise eine Serie von Aktiennummern, so dass jede Aktie iSv
Mitgliedschaft ihre eigene Nummer hat; vgl. *Heinsius/Horn/Than* DepotG § 9a Rn. 13; *Gruson* AG 2004, 358
(361), dort auch zum US-amerikanischen System.
[31] MüKoAktG/*Heider* Rn. 14; vgl. zu Aktiennummern auch *Iversen* AG 2008, 736 (738 f.).
[32] MüKoAktG/*Heider* Rn. 14; Hüffer/Koch/*Koch* Rn. 4; Kölner Komm AktG/*Dauner-Lieb* Rn. 14; aA Bürgers/Körber/*Westermann* Rn. 3.
[33] MüKoAktG/*Heider* Rn. 14; Kölner Komm AktG/*Dauner-Lieb* Rn. 14; Großkomm AktG/*Mock* Rn. 18;
K. Schmidt/Lutter/*Ziemons* Rn. 14 nimmt bei Verwendung ungebräuchlicher Sprachen einen Anspruch des Aktionärs auf Ausstellung einer Urkunde in deutscher oder sonst gebräuchlicher Sprache an.
[34] Kölner Komm AktG/*Kraft*, 2. Aufl. 1988, Rn. 5.
[35] MüKoAktG/*Heider* Rn. 16 ff.; K. Schmidt/Lutter/*Ziemons* Rn. 15.
[36] → § 10 Rn. 53, 63; MüKoAktG/*Heider* Rn. 16.
[37] Bürgers/Körber/*Westermann* Rn. 4.

§ 14 1–4

Angaben über erbrachte Teilleistungen (→ Rn. 20) oder über Nebenleistungsverpflichtungen (→ Rn. 22).

§ 14 Zuständigkeit

Gericht im Sinne dieses Gesetzes ist, wenn nichts anderes bestimmt ist, das Gericht des Sitzes der Gesellschaft.

Schrifttum: *Jänig/Leißring*, FamFG: Neues Verfahrensrecht für Streitigkeiten in AG und GmbH, ZIP 2010, 110; *Pluskat*, Die Zulässigkeit des Mehrfachsitzes und die Lösung der damit verbundenen Probleme, WM 2004, 601; *Werner*, Ausgewählte Fragen zum Aktienrecht, AG 1990, 1.

I. Normzweck und Anwendungsbereich

1   Die Vorschrift dient der Zusammenfassung wiederholender Zuständigkeitsregelungen. Sie regelt die örtliche Zuständigkeit und erfasst nur Verfahren der **freiwilligen Gerichtsbarkeit**.[1] Für streitige Verfahren gelten die §§ 12 ff. ZPO, insbesondere § 17 ZPO, soweit das AktG nicht selbst Regelungen enthält wie für Anfechtungs-, Nichtigkeits- oder Auflösungsklagen in § 246 Abs. 3 S. 1, § 249 Abs. 1 S. 1, § 251 Abs. 3, § 254 Abs. 2 S. 1, § 255 Abs. 3, § 257 Abs. 2, § 275 Abs. 4 und § 396 Abs. 1 S. 2, für das Freigabeverfahren in § 246a Abs. 1 S. 3, § 319 Abs. 6 S. 6, für das Klagezulassungsverfahren in § 148 Abs. 2 AktG. Die Zuständigkeit für die Bestellung der Vertragsprüfer ist in § 293c Abs. 1 speziell geregelt. § 14 ist auch nicht auf alle Verfahren der freiwilligen Gerichtsbarkeit anwendbar. Spezialgesetzlich bestimmen die örtliche und sachliche Zuständigkeit für die streitigen Verfahren § 2 SpruchG in Spruchverfahren, § 98 Abs. 1 bei Streitigkeiten über die Zusammensetzung des Aufsichtsrats, § 132 Abs. 1 bei Streitigkeiten über das Auskunftsrecht, § 142 Abs. 5, § 258 Abs. 3 S. 3, § 315 S. 3 bei der Bestellung und § 260 Abs. 1 bei Streitigkeiten über die Feststellungen von Sonderprüfern. Auch die registerrechtliche Zuständigkeit für die Sitzverlegung der AG ist speziell in § 45 AktG und für die Errichtung von Zweigniederlassungen in § 13 HGB geregelt.

2   Die Vorschrift ist überflüssig. Früher verblieben als **Anwendungsbereich** für § 14 Registersachen und unternehmensrechtliche Verfahren, und zwar sowohl die Registersachen im engeren Sinn nach §§ 376 ff. FamFG (Anmeldungen und Eintragungen im Handelsregister nach § 26 Abs. 3–5, §§ 36, 38, 51 und 81) inklusive der Löschungsverfahren nach §§ 393 ff. FamFG sowie die unternehmensrechtlichen Verfahren nach § 375 Nr. 3 FamFG (Verfahren nach § 33 Abs. 3, §§ 35, 73 Abs. 1, §§ 85, 103 Abs. 3, §§ 104, 122 Abs. 3, § 147 Abs. 2, § 265 Abs. 3 und 4, § 270 Abs. 3, § 273 Abs. 2–4). In diesen Fällen bestimmt jetzt § 377 Abs. 1 FamFG, § 376 FamFG die Zuständigkeit, so dass § 14 auch insoweit nicht mehr anwendbar ist.[2] Auch der ausdrückliche Hinweis in § 147 Abs. 2 S. 2 auf § 14 ist sinnlos, weil über § 375 Nr. 3 FamFG, § 377 Abs. 1 FamFG die Zuständigkeit bereits bestimmt ist.

II. Einzelheiten

3   **1. Satzungssitz.** Maßgebend ist der Satzungssitz. Das gilt auch, wenn das Registergericht schon vor der Eintragung tätig wird, § 33 Abs. 3, §§ 35–38.[3] § 14 regelt die örtliche Zuständigkeit. § 376 Abs. 2 FamFG ermöglicht den Landesregierungen, durch Rechtsverordnung einem Amtsgericht die Führung des Handelsregisters für mehrere Amtsgerichtsbezirke zu übertragen, auch wenn dieses nicht das Amtsgericht am Sitz des Landgerichts ist. Die Vorschrift geht § 14 vor. Die sachliche Zuständigkeit richtet sich nach dem § 23a Abs. 2 Nr. 3 und 4 GVG (Amtsgericht).

4   **2. Sonderfälle. a) Auslandssitz.** Für Gesellschaften **ohne Sitz in Deutschland** kommt, da das AktG nicht anwendbar ist, § 14 in der Regel nicht in Betracht. Soweit staatliche Eingriffe in das Eigentum von Gesellschaften im Sitzstaat zur Auflösung der Gesellschaft führen, kann sie hinsichtlich des Auslandsvermögens als Spalt- oder Restgesellschaft fortbestehen.[4] Bei inländischen Spaltgesellschaften, wie sie vor allem nach Enteignung auf dem Gebiet der früheren DDR auftraten,[5] ist das Gericht in entsprechender Anwendung von § 5 Abs. 1 Nr. 1 FamFG zu bestimmen.[6] Für Aktienge-

---

[1] AllgM Hüffer/Koch/*Koch* Rn. 2.
[2] Vgl. *Jänig/Leißring* ZIP 2010, 110 (113); MüKoAktG/*Heider* Rn 9; Großkomm AktG/*Mock* Rn. 8; aA Hölters/*Solveen* Rn. 1.
[3] AllgM Hüffer/Koch/*Koch* Rn. 3.
[4] BGHZ 32, 256 = NJW 1960, 1569; BGH AG 1986, 290; WM 1990, 1065; WM 1991, 680.
[5] MüKoAktG/*Heider* Rn. 18.
[6] BGHZ 19, 102 = NJW 1956, 183; BGH WM 1981, 566; AG 1984, 246; AG 1986, 290; WM 1991, 680; WM 1991, 14; AG 1991, 106; WM 2007, 859.

sellschaften, die am 8.5.1945 ihren Sitz in Gebieten hatten, in denen keine deutsche Gerichtsbarkeit mehr besteht (ehemalige Ostgebiete), ist nach der Aufhebung von §§ 14, 15 ZustErG[7] ebenfalls eine Bestimmung nach § 5 Abs. 1 Nr. 1 FamFG erforderlich.[8]

b) Doppelsitz. Beim **Doppelsitz** sind die Gerichte beider Gesellschaftssitze zuständig und ent- 5 scheiden unabhängig voneinander.[9] Soweit wie im Fall des § 375 Nr. 3 FamFG anders als bei Eintragungen und Löschungen ein Gericht nur einmal tätig werden kann, ist entsprechend § 2 FamFG das Gericht berufen, das als erstes tätig geworden ist.[10]

Vorbemerkung zu den §§ 15 ff. AktG

Schrifttum zu §§ 15–18: *Abeltshauser*, Leitungshaftung im Kapitalgesellschaftsrecht, 1998; *Altmeppen*, Interessenkonflikte im Konzern, ZHR 171 (2007) 320; *Amstutz*, Konzernorganisationsrecht, 1995; *Amstutz*, Globale Unternehmensgruppen, 2017; *Antunes*, Law&Economics Perspectives of Portuguese Corporation Law – System and Current Developments, ECFR 2005, 323; *Bachner*, Wrongful Trading – A New European Model for Creditor Protection, EBOR 2004, 273; *Bachner*, The Battle over Jurisdiction in European Insolvency Law, ECFR 2006, 310; *Bälz*, Einheit und Vielheit im Konzern, FS Raiser, 1974, 287; *Barz*, Der Abhängigkeitsausschlussvertrag bei der Aktiengesellschaft, FS Bärmann, 1975, 185; *J. P. Bauer*, Zur Abhängigkeit der AG von einem Konsortium, AG 2001, 742; *Bauschatz*, Internationale Beherrschungs- und Gewinnabführungsverträge, Der Konzern 2003, 805; *Bayer*, Der an der Tochter beteiligte Mehrheitsgesellschafter der Mutter: herrschendes Unternehmen?, ZGR 2002, 933; *Bayreuther*, Wirtschaftlich-existenziell abhängige Unternehmen in Konzern- Kartell und Arbeitsrecht, 2001; *Beck*, Das Konzernverständnis im Gesetzesentwurf zum Konzerninsolvenzrecht, DStR 2013, 2468; *Bertram*, Der Abhängigkeitsbericht der KGaA: Wer ist eigentlich abhängig und wer berichtet?, WPg 2009, 411; *Beuthien*, Konzernbildung und Konzernleitung kraft Satzung, ZIP 1993, 1589; *Bezzenberger/Schuster*, Die öffentliche Anstalt als abhängiges Konzernunternehmen, ZGR 1996, 481; *Binneweis*, Die Konzerneingangskontrolle in der abhängigen Gesellschaft, 1996; *Bitter*, Konzernrechtliche Durchgriffshaftung bei Personengesellschaften, 2000; *Bloß*, Die Unternehmensgruppe im englischen und deutschen Recht der Kapitalgesellschaften, 1999; *Böhmer*, Die Beherrschung von Aktiengesellschaften, FR 2012, 862; *Böttcher/Liekefett*, Mitbestimmung bei Gemeinschaftsunternehmen mit mehr als zwei Muttergesellschaften, NZG 2003, 701; *Brandi*, Die Europäische Aktiengesellschaft im deutschen und Internationalen Konzernrecht, NZG 2003, 889; *Brellochs*, Konzernrechtliche Beherrschung und übernahmerechtliche Kontrolle, NZG 2012, 1010; *Brügel/Tillkorn*, Die konzernrechtliche Abhängigkeit der Kapitalgesellschaft & Co. KG im Mitbestimmungsrecht, GmbHR 2013, 459; *Buntscheck*, Der Gleichordnungskonzern – ein illegales Kartell?, WuW 2004, 374; *Burg/Böing*, Mitbestimmung in Konzern-Holdinggesellschaften – Auswirkungen der Entscheidung des OLG Frankfurt v. 21.4.2008, Der Konzern 2008, 605; *Buschbeck-Bülow*, Betriebsverfassungsrechtliche Vertretung in Franchise-Systemen, BB 1989, 352; *Cahn*, Kapitalerhaltung im Konzern, 1998; *Cahn*, Verlustübernahme und Einzelausgleich im qualifiziert faktischen Konzern, ZIP 2001, 2159; *Cahn*, Die Holding als abhängiges Unternehmen, AG 2002, 30; *Cariello*, The Compensation of Damages with Advantages Deriving From Management and Coordination Activity (Direzione e Coordinamento) of the Parent Company (article 2497 paragraph 1 Italian Civil Code) – Italian Supreme Court 24 August 2004, no 16 707, ECFR 2006, 330; *Cozian/Viandier/Deboissy*, Droit des sociétés, 20. Aufl. 2007 Rn. 1450 (= S. 637); *Decher*, Personelle Verflechtungen im Aktienkonzern, 1990; *Dierdorf*, Herrschaft und Abhängigkeit einer AG auf schuldvertraglicher und tatsächlicher Grundlage, 1978; *Druey*, Verhandlungen des Deutschen Juristentages, Bd I, 1992, H 1; *Eberl-Borges*, Die Haftung des herrschenden Unternehmens für Schulden einer konzernabhängigen Personengesellschaft, WM 2003, 105; *Ederle*, Verdeckte Beherrschungsverträge, 2010; *Ehinger*, Die juristische Person des öffentlichen Rechts als herrschendes Unternehmen, 2000; *Ehricke*, Das abhängige Konzernunternehmen in der Insolvenz, 1998; *Ekkenga*, Zur Frage des Verbundenseins des Abschlussprüfers mit der zu prüfenden Kapitalgesellschaft, BB 2004, 2013; *Elsner*, Die laufende Kontrolle der Tochtergesellschaften durch die Verwaltung der Muttergesellschaft, 2004; *Fasciani*, Groups of Companies: The Italian Approach, ECFR 2/2007; *Fett*, Öffentlich-rechtliche Anstalten als abhängige Konzernunternehmen, 1999; *Fleischer*, Europäisches Konzernrecht: Eine akteurzentrierte Annäherung, ZGR 2017, 1; *Flume*, Grundfragen der Aktienrechtsreform, 1960; *Forum Europaeum Konzernrecht*, Konzernrecht für Europa, ZGR 1998, 672; *Fuhrmann*, Kreditgewährung an Gesellschafter – Ende des konzernweiten Cash-Managements?, NZG 2004, 552; *Girgado*, Legislative Situation of Corporate Groups in Spanish Law, ECFR 2006, 363; *Görling*, Die Konzernhaftung in mehrstufigen Unternehmensverbindungen, 1998; *Goslar*, Verdecke Beherrschungsverträge, DB 2008, 800; *Götz*, Der Entherrschungsvertrag im Aktienrecht, 1991; *Grigoleit*, Zivilrechtliche Grundlagen der Wissenszurechung, ZHR 181 (2017), 160; *Grüner*, Die Beendigung von Gewinnabführungs- und Beherrschungsverträgen, 2003; *Haar*, Die Konzerneinbindung der Personengesellschaft, 2004; *Habersack*, Das Konzernrecht der deutschen SE, ZGR 2003, 724; *Habersack/Verse*, Wrongful Trading – Grundlage einer europäischen Insolvenzverschleppungshaftung?, ZHR 168 (2004), 174; *Harms*, Konzerne im Recht der Wettbewerbsbeschränkungen, 1968; *Heinzelmann*, Die Stiftung im Konzern, 2003; *Henze*, Konzernrecht: höchst- und obergerichtliche Rechtsprechung, 2001; *Herfeld*, Die Abhängigkeit des Franchisenehmers, 1998; *Heyder*, Der

---

[7] Zuständigkeitsergänzungsgesetz v. 7.8.1952, BGBl. 1952 I 407.
[8] OLG Karlsruhe NZG 2014, 667 (668); Hüffer/Koch/*Koch* Rn. 4.
[9] → § 5 Rn. 15; KG NJW-RR 1991, 1507; *Pluskat* WM 2004, 601 (604); MüKoAktG/*Heider* § 5 Rn. 57.
[10] KG NJW-RR 1991, 1507; LG Hamburg DB 1973, 2237; *Pluskat* WM 2004, 601 (606); Hüffer/Koch/*Koch* Rn. 4; MüKoAktG/*Heider* § 5 Rn. 57; NK-AktR/*Wagner* Rn. 4; Kölner Komm AktG/*Kraft* Rn. 16 und § 5 Rn. 23; Großkomm AktG/*Mock* Rn. 14; aA *Werner* AG 1990, 1 (4).

Vor § 15

qualifiziert faktische Aktienkonzern, 1997; *Hirt,* The Wrongful Trading Remedy in UK Law, ECFR 2004, 71; *Hirte,* Der „Handelsbestand" – ein Bindeglied zwischen Kapitalmarkt- und Konzernrecht, FS Wiedemann, 2002, 951; *Hirte,* Gesellschaftsrechtliche Fragen des Outsourcing, CR 1992, 193; *Hirte/Schall,* Zum faktischen Beherrschungsvertrag, Der Konzern 2006, 243; *Höfling,* Das englische Internationale Gesellschaftsrecht, 2002, 224; *Holtmann,* Personelle Verflechtungen auf Konzernführungsebene, 1989; *Hommelhoff,* Die Konzernleitungspflicht, 1982; *Hommelhoff,* Zum Konzernrecht der Europäischen Aktiengesellschaft, AG 2003, 179; *Hopt,* Europäisches Konzernrecht, FS Volhard, 1996, 74; *Jaecks/Schönborn,* Die Europäische Aktiengesellschaft, das Internationale und das deutsche Konzernrecht, RIW 2003, 254; *Joussen,* Gesellschafterabsprachen neben Satzung und Gesellschaftsvertrag, 1995; *Joussen,* Die konzernrechtlichen Folgen von Gesellschaftervereinbarungen in einer Familien-GmbH, GmbHR 1996, 574; *Joussen,* Gesellschafterkonsortien im Konzernrecht, AG 1998, 329; *Jula,* Die Bildung besonderer Konzernorgane, 1995; *Jungkurth,* Konzernleitung bei der GmbH, 1998; *Kersting,* Wettbewerbsrechtliche Haftung im Konzern, Der Konzern 2011, 445; *Kiefner/Schürnbrand,* Beherrschungsverträge unter Beteiligung der öffentlichen Hand, AG 2013, 789; *Kleindiek,* Strukturvielfalt im Personengesellschafts-Konzern, 1991; *Kleinmann/Josenhans,* Blut ist dickes Wasser: Familiäre Verbundenheit als Zurechnungsgrund in der deutschen Fusionskontrolle, BB 2003, 1341; *Klosterkemper,* Abhängigkeit von einer Innengesellschaft, 2003; *Koch/Harnos,* Der Konzern als Außengesellschaft bürgerlichen Rechts, in Eisele/Koch/Theile, Der Sanktionsdurchgriff im Unternehmensverbund, 2014, 171; *Koppensteiner,* Über wirtschaftliche Abhängigkeit, FS Stimpel, 1985, 811; *Koppensteiner,* Zur konzernrechtlichen Behandlung von BGB-Gesellschaften und Gesellschaftern, FS Ulmer, 2003, 349; *Koppensteiner,* Konzerne und Abhängigkeitslagen jenseits des Gesellschaftsrechts, FS Hopt, 2010, 959; *Kort,* Der Konzernbegriff iS von § 5 MitbestG, NZG 2009, 81; *Kort,* Bildung und Stellung des Konzernbetriebsrats bei nationalen und internationalen Unternehmensverbindungen, NZA 2009, 464; *Kort,* Anwendung der Grundsätze der fehlerhaften Gesellschaft auf einen „verdeckten" Beherrschungsvertrag?, NZG 2009, 364; *Kort,* Das rechtliche und wirtschaftliche Aktieneigentum beim Wertpapierdarlehen, WM 2006, 2149; *Kort,* Hauptaktionär nach § 327a Abs. 1 Satz 1 AktG mittels Wertpapierdarlehen, AG 2006, 557; *Kort,* Der „private" Großaktionär als Unternehmer?, DB 1986, 1909; *Kreutz,* Die Errichtung eines Konzernbetriebsrats durch den einzigen Gesamtbetriebsrat (oder Betriebsrat) im Konzern, NZA 2008, 259; *Kropff,* Wie lange noch: Verbundene Unternehmen im Bilanzrecht?, FS Ulmer, 2003, 847; *Küting,* Nachhaltige Präsenzmehrheiten als hinreichendes Kriterium zur Begründung eines Konzerntatbestands?, DB 2009, 73; *Küting/Strauß,* Konzern- und vereinsrechtliche Fragestellungen in Unternehmensverbindungen mit Idealvereinen am Beispiel der Fußball- Bundesliga, DK 2013 390; *Lakner,* Der mehrstufige Konzern, 2005; *Lange,* Das Recht der Netzwerke, 1998; *Langer/Hammerl,* BMF beseitigt teilweise Unsicherheiten bei der umsatzsteuerlichen Organschaft, DStR 2013, 896; *Larisch/Bunz,* Der Entherrschungsvertrag als Mittel der Konzernvermeidung bei faktischen Hauptversammlungsmehrheiten, NZG 2013, 1247; *Lentner,* Das Gesellschaftsrecht der Europäischen Wirtschaftlichen Interessenvereinigung (EWIV), 1994; *Leo,* Die Einmann-AG und das neue Konzernrecht, AG 1965, 352; *Letixerant,* Die aktienrechtliche Abhängigkeit vor dem dinglichen Erwerb einer Mehrheitsbeteiligung: eine fallgruppenorientierte Untersuchung der mitgliedschaftlichen und der nicht-, außer- und vormitgliedschaftlichen Abhängigkeit von Zielaktiengesellschaften in den verschiedenen Phasen einer Akquisition unter Einbeziehung fusionskontrollrechtlicher Sachverhalte, 2001; *Lutter,* Vermögensveräußerungen einer abhängigen Aktiengesellschaft – Haftungsrisiken beim „asset-stripping", FS Steindorff, 1990, 125; *Lutter* (Hrsg), Das Konzernrecht im Ausland, ZGR-Sonderheft 11, 1994; *Lutter* (Hrsg), Das Holding-Handbuch, 3. Aufl. 1998; *Lutter,* 100 Bände BGHZ: Konzernrecht, ZHR 151 (1987), 444; *Marchand,* Abhängigkeit und Konzernzugehörigkeit von Gemeinschaftsunternehmen, 1985; *Martens,* Die existentielle Wirtschaftsabhängigkeit, 1979; *Martens,* Die Organisation des Konzernvorstands, FS Heinsius, 1991, 523; *Martinek,* Franchising: Grundlagen der zivil- und wettbewerbsrechtlichen Behandlung, 1987; *Maslo,* Zurechnungstatbestände und Gestaltungsmöglichkeiten zur Bildung eines Hauptaktionärs beim Ausschluss von Minderheitsaktionären, NZG 2004, 163; *Maul,* Konzernrecht der „deutschen" SE – ausgewählte Fragen zum Vertragskonzern und den faktischen Unternehmensverbindungen, ZGR 2003, 743; *Maul,* Haftungsprobleme im Rahmen von deutsch-französischen Unternehmensverbindungen, NZG 1998, 965; *Mertens,* Zur Berücksichtigung von Treuhandverhältnissen und Stimmbindungsverträgen bei der Feststellung von Mehrheitsbeteiligungen und Abhängigkeit, FS Beusch, 1993, 583; *J. Meyer,* Haftungsbeschränkung im Recht der Handelsgesellschaften, 2000; *I. Meyer,* Die Beendigung von Gewinnabführungs- und Beherrschungsverträgen im GmbH-Recht, 2002; *Mestmäcker/Behrens* (Hrsg.), Das Gesellschaftsrecht der Konzerne im internationalen Vergleich, 1991; *Milde,* Der Gleichordnungskonzern im Gesellschaftsrecht, 1996; *Mülbert,* Aktiengesellschaft, Unternehmensgruppe und Kapitalmarkt, 1995; *Mülbert,* Unternehmensbegriff und Konzernorganisationsrecht, ZHR 163 (1999), 1; *Mülbert,* Zur Unternehmenseigenschaft eines mit Mehrheit an einer Holding beteiligten Aktionärs, WuB II A § 312 1.02; *Müller-Eising/T. Stoll,* Beherrschung von Unternehmen aufgrund faktischer Hauptversammlungsmehrheiten, GWR 2012, 315; *Noack,* Gesellschaftervereinbarungen bei Kapitalgesellschaften, 1994; *Noack,* Die organisierte Stimmrechtsvertretung auf Hauptversammlungen – insbesondere durch die Gesellschaft, FS Lutter, 2000, 1463; *Nitsche,* Konzernfolgenverantwortung nach lex fori concursus, 2007; *Oechsler,* Die Anwendung des Konzernrechts auf Austauschverträge mit organisationsrechtlichem Bezug, ZGR 1997, 464; *Pentz,* Die Rechtsstellung der Enkel-AG in einer mehrstufigen Unternehmensverbindung, 1994; *Pentz,* Schutz der AG und der Aktionäre in mehrstufigen Unternehmensverbindungen, NZG 2000, 1103; *Peters/Werner,* Banken als herrschende Unternehmen?, AG 1978, 297; *Petersen/Zwirner,* Unternehmensbegriff, Unternehmenseigenschaft und Unternehmensformen – Anmerkungen zu nicht kodifizierten Sachverhalten in der Rechnungslegung und Implikationen für die Prüfungspraxis, DB 2008, 481; *Pflüger,* Der Teilkonzern in Betriebs- und Unternehmensverfassung, NZA 2009, 130; *Preußner/Fett,* Hypothekenbanken als abhängige Konzernunternehmen, AG 2001, 337; *Raupach,* Schuldvertragliche Verpflichtung anstelle beteiligungsgestützter Beherrschung, FS Bezzenberger, 2000, 327; *Raupach,* Vom Nichtanwendungs- zum Untätigkeitserlass, FS Kruse, 2001, 253; *Rehbinder,* Gesellschaftliche Probleme mehrstufiger Unternehmensverbindungen, ZGR 1977, 581; *Reul,* Das Konzern-

Vorbemerkung   Vor § 15

recht der Genossenschaften, 1997; *Rickford,* Fundamentals, Developments and Trends in British Company Law, ECFR 2004, 391 und ECFR 2005, 63; *Röder/Powietzka,* Gesamt- und Konzernbetriebsräte in internationalen Konzernunternehmen, DB 2004, 542; *Rotstegge,* Konzerninsolvenz, 2007; *Rubner,* Der Privataktionär als Partei eines Beherrschungsvertrags, Der Konzern 2003, 735; *Ruwe,* Die BGB-Gesellschaft als Unternehmen iS des Aktienkonzernrechts, DB 1988, 2037; *Säcker,* „Mehrmütterklausel" und Gemeinschaftsunternehmen, NJW 1980, 801; *Schall,* Durchgriffshaftung im Aktienrecht – haften Aktionäre für existenzvernichtende Eingriffe, qualifiziert faktische Konzernierung oder materielle Unterkapitalisierung, FS Stilz, 2014, 537; *Schäfer/Dette,* Aktienrechtlicher Squeeze Out – Beschlussnichtigkeit bei missbräuchlicher Erlangung des Kapitalquorums?, NZG 2009, 1; *Schall,* Die Zurechnung von Dritten im neuen Recht der Gesellschafterdarlehen, ZIP 2010, 205; *Schall,* Die Mutter-Verantwortlichkeit für Menschenrechtsverletzungen ihrer Auslandstöchter, ZGR 2018, 479; *Schießl,* Die beherrschte Personengesellschaft, 1985; *Schießl,* Gesellschafts- und mitbestimmungsrechtliche Probleme der Spartenorganisation, ZGR 1992, 64; *Schindler,* Cross-Border Mergers in Europe – Company Law is catching up – Commentary on the ECJ's Decision in *SEVIC Systems AG,* ECFR 2006, 109; *K. Schmidt,* Unternehmen und Abhängigkeit, ZGR 1980, 277; *K. Schmidt,* Konzernunternehmen, FS Lutter, 2000, 1167; *K. Schmidt,* Unternehmensbegriff und Vertragskonzern, FS Koppensteiner, 2001, 191; *K. Schmidt,* Gesellschafterhaftung und „Konzernhaftung" bei der GmbH, NJW 2001, 3577 (3581); *K. Schmidt,* Sternförmige GmbH&Co KG und horizontaler Haftungsdurchgriff, FS Wiedemann, 2002, 1199; *K. Schmidt,* Was ist, was will und was kann das Konzernrecht des Aktiengesetzes, FS Druey, 2002, 551; *U. H. Schneider,* Auf dem Weg in den Pensionskassenkorporatismus, AG 1990, 317; *Schön,* Die „Existenzvernichtung" der juristischen Person, ZHR 168 (2004), 268; *Schuberth,* Konzernrelevante Regelungen im britischen Recht – ein Beispiel für die Bewältigung konzernrechtlicher Fragestellungen durch Regeln des allgemeinen Gesellschafts-, Kapitalmarkt- und Insolvenzrechts, 1997; *Schüler,* Die Wissenszurechnung im Konzern, 2000; *Schürnbrand,* „Verdeckte" und „atypische" *Beherrschungsverträge, ZHR 169 (2005), 35*; *Schürnbrand,* Wissenszurechnung im Konzern – unter besonderer Berücksichtigung von Doppelmandaten, ZHR 181 (2017), 357; *Schweisfurth,* Konzern im Konzern als Mitbestimmungsproblem, 2001; *Schwintowski,* Die Stiftung als Konzernspitze, NJW 1991, 2736; *Sealy,* Cases and Materials in Company Law, 7. Aufl. 2001 (insbes. S. 41, 50); *Seer,* The ECJ on the Verge of a Member State Friendly Judicature? – Annotation to the Marks & Spencer Judgement, ECJ 13.12.2005, C-446/03, ECFR 2006, 237; *Selzner,* Betriebsverfassungsrechtliche Mitbestimmung in Franchise-Systemen, 1994; *Selzner/Sustmann,* Der grenzüberschreitende Beherrschungsvertrag, Der Konzern 2003, 85; *Semler,* Leitung und Überwachung der AG, 2. Aufl. 1996; *Siegels,* Die Privatperson als Konzernspitze, 1997; *Sieger/Hasselbach,* Wertpapierdarlehen – Zurechnungsfragen im Aktien-, Wertpapierhandels- und Übernahmerecht, WM 2004, 1370; *Slongo,* Der Begriff der einheitlichen Leitung, 1980; *Soudry/Löb,* Der Begriff des abhängigen Unternehmens im Sinne des § 17 AktG – Zur Einbeziehung rein wirtschaftlich vermittelter Abhängigkeiten in den Anwendungsbereich des Konzernrechts, GWR 2011, 127; *Spindler,* Wissenszurechnung in der GmbH, der AG und im Konzern, ZHR 181 (2017) 311; *Sprengel,* Vereinskonzernrecht, 1998; *A. Stoll,* Garantiekapital und konzernspezifischer Gläubigerschutz, 2007; *Takahashi,* Japanese Corporate Groups under the New Legislation, ECFR 2006, 287; *Takahashi,* Konzern und Unternehmensgruppe in Japan – Regelung nach dem deutschen Modell, 1994; *Teichmann,* Konzernrecht und Niederlassungsfreiheit, ZGR 2014, 45; *Teubner,* Unitas multiplex, ZGR 1991, 189; *Teubner,* „Verbund", „Verband" oder „Verkehr", ZHR 154 (1990), 295; *Theisen,* Der Konzern, 2. Aufl. 2000; *Tröger,* Treupflicht im Konzernrecht, 2000; *Ulmer,* Begriffsvielfalt im Recht der verbundenen Unternehmen als Folge des Bilanzrichtliniengesetzes, FS Goerdeler, 1987, 623; *Ulmer,* (Hrsg.), Probleme des Konzernrechts, 1989; *Vedder,* Zum Begriff „für Rechnung" im Aktiengesetz und im WpHG, 1999; *Veil,* Das Konzernrecht der europäischen Aktiengesellschaft, WM 2003, 2169; *Verhoeven,* GmbH-Konzern-Innenrecht, 1978; *Wanner,* Konzernrechtliche Probleme mehrstufiger Unternehmensverbindungen nach Aktienrecht, 1998; *M. Weber,* Vormitgliedschaftliche Abhängigkeitsbegründung, ZIP 1994, 878; *Wellenhofer-Klein,* Zulieferverträge im Privat- und Wirtschaftsrecht, 1999; *Werner,* Der aktienrechtliche Abhängigkeitsbegriff, 1979; *H. P. Westermann,* Vertragsfreiheit und Typengesetzlichkeit im Recht der Personengesellschaften, 1970; *Wiedemann,* Die Unternehmensgruppe im Privatrecht, 1988; *Wilhelm,* Rechtsform und Haftung bei der juristischen Person, 1981; *Wimmer-Leonhardt,* Konzernhaftungsrecht, 2004; *Wisskirchen/Dannhorn/Bissels,* Haftung von Geschäftsführern in Matrixstrukturen von Konzernen, DB 2008, 1139; *Wisskirchen/Bissels/Dannhorn,* Vermeidung der unternehmerischen Mitbestimmung aus arbeitsrechtlicher Sicht, DB 2007, 2258; *Wittich,* Die Betriebsaufspaltung als Mitunternehmerschaft, 2002; *M. Wolf,* Konzernhaftung in Frankreich und England, 1995; *Wolframm,* Mitteilungspflichten familiär verbundener Aktionäre nach § 20 AktG, 1998; *Zöllner,* Zum Unternehmensbegriff der §§ 15 ff. AktG, ZGR 1976, 1; *Zöllner,* Schutz der Aktionärsminderheit bei einfacher Konzernierung, FS Kropff, 1997, 333.

Übersicht

	Rn.		Rn.
I. Das Recht der verbundenen Unternehmen (Konzernrecht) im Überblick	1–30	c) Hintergründe der Entwicklung	4–6
		3. Systematik des Konzernrechts	7–11c
		a) Allgemeiner Teil	8
1. Begriffliches	1	b) Besonderer Teil	9
2. Aktuelle Entwicklungen	2–6	c) Konzernrecht anderer Unternehmensträger	10
a) Das Vordringen der Kontrolle	2	d) Einzelvorschriften	11
b) Weiterungen des Schutzes vor Abhängigkeit	3	e) Modifikationen der allgemeinen Definitionen?	11a

	Rn.		Rn.
f) Insbes. zum betriebsverfassungsrechtlichen Konzernbegriff	11b	c) Weitere Zwecke	29, 30
g) Stellungnahme	11c	**II. Internationales Konzernrecht**	31–39
4. Rechtsgebiete außerhalb des Konzernrechts	12–24	1. Internationales Konzernrecht nach *Inspire Art*	31–33
a) Qualifiziert faktischer Konzern	12–15	a) Bisherige Grundsätze	32
b) Konzernbezogene Regelungen in anderen Gesetzen	16–22a	b) Neuerungen nach *Inspire Art*	33
c) Konzernbildungskontrolle	23	2. Die (EU-)ausländische Gesellschaft im Konzernrecht	34–38
d) Allgemeines Zivilrecht und andere Rechtsgebiete	24	a) Ausländische Gesellschaft als Obergesellschaft	35, 36
5. Historie des Konzernrechts	25	b) Ausländische Gesellschaft als Untergesellschaft	37, 38
6. Teleologie des Konzernrechts	26–30	3. Das englische Konzernrecht im Überblick	39
a) Die Konzerngefahr	27		
b) Kritik	28		

I. Das Recht der verbundenen Unternehmen (Konzernrecht) im Überblick

1 **1. Begriffliches.** § 15 leitet das Recht der „verbundenen Unternehmen" im AktG ein. Es wird üblicherweise **„Konzernrecht"** genannt.[1] Dieser Begriff ist freilich ungenau. Konzerne im Sinne des AktG regelt nur § 18. Konzerne nach tatsächlichem Sprachgebrauch werden aber neben dem AktG in den verschiedensten Rechtsgebieten behandelt.[2] Dieses Konzernrecht im weiteren Sinne sollte man als **„konzernbezogene Regelungen"** bezeichnen und dem Konzernrecht des AktG bzw. „Aktienkonzernrecht"[3] gegenüberstellen. Doch selbst die einheitlichen Konzerndefinitionen des AktG erstrecken sich auf eine Vielzahl anderer Rechtsgebiete – obzwar mit abnehmender Tendenz (→ Rn. 2 ff.). Zwischen diesen verschiedenen Regelungskomplexen besteht ein Spannungsverhältnis, das sich aus der Adressierung gleicher Grundfragen (Einzel- oder Einheitsbetrachtung, → Rn. 7 ff.) unter verschiedenen teleologischen Blickwinkeln (Gläubiger- und Minderheitenschutz, Anlegerschutz, Besteuerung, Mitbestimmung) ergibt. Die dogmatische Entwicklung in den verschiedenen Rechtsmaterien befindet sich im offenen Fluss. Möglich sind einerseits Differenzierungstendenzen innerhalb der Regelungsmaterien, die an das AktG anknüpfen, zB im Arbeitsrecht (→ Rn. 11) oder im Kartellrecht (→ Rn. 21), andererseits Harmonisierungstendenzen zwischen Aktienkonzernrecht und konzernbezogenen Regelungen, die sich in der Übernahme von Wertungen des jeweils anderen Gebiets äußern (→ Rn. 16), wie etwa im Konzernrechnungslegungsrecht nach dem BilMoG, das im neuen § 290 Abs. 1 HGB auf die – wohl autonom zu bestimmende – Herrschaft abstellt (→ Rn. 17), oder beim acting in concert (→ § 17 Rn. 32, aber auch → § 16 Rn. 6).

2 **2. Aktuelle Entwicklungen. a) Das Vordringen der Kontrolle.** Die Bedeutung des Aktienkonzernrechts und insbesondere seiner allgemeinen Definitionen befindet sich auf dem Rückmarsch. Teilweise wird gar eine Krise des nationalen Konzernrechts konstatiert.[4] Während die §§ 15–19 früher für viele Rechtsgebiete maßgeblich waren, sind sie heute im Wesentlichen auf das materielle Konzernrecht in den §§ 291 ff. beschränkt. Dieses hat zudem durch das WpÜG an Bedeutung eingebüßt, das den Schutz der Minderheitsgesellschafter bei börsennotierten Gesellschaften deutlich verstärkt hat (Pflichtangebot bei Erwerb von 30 %-Beteiligung).[5] In anderen Rechtsgebieten werden zur Regelung von Konzernsachverhalten zunehmend eigenständige Definitionen entwickelt. Im Focus dieser konzernbezogenen Regelungen steht die „Kontrolle" über die andere Gesellschaft.[6] Diese wird oft ähnlich der Herrschaft nach § 17 definiert (zB § 290 Abs. 2 Nr. 1–3 HGB, § 1 Abs. 6 KWG, § 1 Abs. 8 KWG, § 7 Nr. 16 VAG, § 35 Abs. 1 WpHG, § 2 Abs. 6 WpÜG), zT aber auch viel pauschaler (§ 29 Abs. 2 WpÜG). In aller Regel reicht die bloße *Beherrschungsmöglichkeit* zur Gesamtbetrachtung des polykorporativen Unternehmens als „Konzern",[7] während das Aktiengesetz die Ausübung *einheitlicher Leitung* über

---

[1] So auch Hüffer/Koch/*Koch* § 15 Rn. 2; MüKoAktG/*Bayer* § 15 Rn. 6; Emmerich/Habersack/*Emmerich* § 15 Rn. 1; Emmerich/Habersack KonzernR § 1 I 1: kritisch, aber iE ebenso § 15 Rn. 8.
[2] Kölner Komm AktG/*Koppensteiner* Rn. 13.
[3] Auch das ist freilich ungenau bzw. irreführend, weil es in den allgemeinen Definitionen der §§ 15 ff. nicht nur um Aktiengesellschaften geht.
[4] *Mülbert* ZHR 179 (2015) 645 (647 ff.), der unter anderem auf die fehlende Kodifikation eines besonderen Konzernrechts für andere Rechtsträger (dazu Rn. 10) und auf die Herauslösung des Schutzes gegen herrschende Gesellschafter in der GmbH aus dem früheren Konzernzusammenhang (dazu Rn. 12) verweist.
[5] Kölner Komm AktG/*Koppensteiner* Rn. 4.
[6] Großkomm AktG/*Windbichler* Rn. 6, 59 ff.; § 17 Rn. 8.
[7] Praktisch wird dieser Unterschied durch die Vermutung des § 18 Abs. 1 S. 3 nivelliert.

Vorbemerkung   3, 4   **Vor § 15**

den Unternehmensverbund verlangt (§ 18). Hauptbeispiel jener Kontrollkonzepte ist die Konzernrechnungslegung (§ 290 Abs. 2 HGB).[8] Weitere Beispiele finden sich in der Zusammenschlusskontrolle (§ 37 GWB),[9] im Versicherungs- und Kreditwirtschaftsrecht (§ 7 Nr. 16 VAG, § 1 KWG), im Kapitalmarktrecht (§§ 29, 30 WpÜG, § 35 Abs. 1 WpHG) und im Gesetz zum Europäischen Betriebsrat (§ 6 Abs. 2 EBRG), jüngst auch das Konzerninsolvenzrecht (§ 3e Abs. 1 Nr. 1 InsO – der einheitlichen Leitung nach Nr. 2 bedarf es nicht zwingend!). Oft geht damit die Bestimmung von maßgeblichen Beteiligungen unterhalb der für das Aktiengesetz interessanten Mehrheitsbeteiligung (§ 16) einher.[10]

b) Weiterungen des Schutzes vor Abhängigkeit. Die neuen konzernbezogenen Regelungen 3 beschränken ihre Schutzvorkehrungen regelmäßig nicht auf die Abhängigkeit von **Unternehmen** (→ § 15 Rn. 10 ff.). So stellen etwa die Mitteilungspflichten nach § 33 WpHG, der Squeeze Out nach § 327a und vor allem das Pflichtangebot bei 30 %-Beteiligung nach § 35 WpÜG nicht auf die Unternehmenseigenschaft des Aktionärs ab. In dieselbe Richtung zielt auch § 36 Abs. 3 GWB. Damit wird der Schutz vor Abhängigkeit deutlich ausgeweitet. Zu Rückschlüssen für das Aktienkonzernrecht → Rn. 27.

c) Hintergründe der Entwicklung. Wesentlicher Motor für das Vordringen der Kontrollkonzepte 4 ist das Europarecht. Die Schaffung eines europäischen Konzernrechts in der Neunten Richtlinie ist gescheitert.[11] Seine umfassende Kodifikation ist ein deutscher Sonderweg geblieben.[12] Ein Irrweg ist es deshalb freilich noch lange nicht. Vielmehr lässt sich darin der allgemeine Konflikt von *rules versus standards* als Regulierungsmechanismus erblicken. Der besondere Hintergrund ist hier, dass die in Deutschland verspürte Notwendigkeit eines Schutzrechts im Konzern, welche mit dem AktG 1965 an die Stelle der früheren Konzernoffenheit und -freundlichkeit trat (näher → Rn 25), andernorts nicht nachvollzogen wurde. Die meisten Mitgliedstaaten erfassen Konzernsachverhalte grundsätzlich mit allgemeinen Rechtsbehelfen, die konzernspezifisch ausgelegt werden.[13] Im Mittelpunkt steht dabei die Möglichkeit, Schäden abhängiger Unternehmen zu kompensieren bzw. zu rechtfertigen mit dem Verweis auf die allgemeinen Vorteile der Gruppenzugehörigkeit. Leitbild hierfür ist Frankreich, dessen *Rozenblum*-Doktrin in andere romanische Länder ausgestrahlt hat.[14] Aber auch in England wurde mittlerweile zB in Konkretisierung des Rechtsbehelfs gegen *unfair prejudice* in sec. 994 Companies Act 2006 eine entsprechende Lösung herausgearbeitet (→ Rn. 39). Ergänzend finden sich allenthalben fallweise Spezialregelungen besonderer Materien (Rechnungslegung, Übernahmerecht).[15] Diesem Regelungsansatz folgt mittlerweile auch der europäische Gesetzgeber, was zur fortschreitenden Fragmentierung der Materie führt. Bereits die Empfehlung 2005/162/EG der EU-Kommission zur Unabhängigkeit von Organmitgliedern, der zufolge Aufsichtsräte oder Non-Executive Directors keine Mehrheitsaktionäre oder deren Vertreter sein sollten,[16] nahm keine Rücksicht auf die spezifische deutsche Regelungssystematik im Konzernrecht und stellt sie dadurch in Frage.[17] Das findet seine Fortsetzung in der Regelung zu den *related*

---

[8] Art. 1 der Konzernbilanzrichtlinie, 7. EG-Richtlinie vom 13.6.1983 83/EWG ABl. EG 1983 Nr. L 193, 1, abgedruckt etwa bei *Habersack* EuropGesR, 3. Aufl. 2006; s. dazu Großkomm AktG/*Windbichler* Rn. 47, 60.
[9] Insoweit bereits durch die europäische Harmonisierung angestoßen.
[10] ZB § 1 Abs. 8 und Abs. 9 KWG; § 7 Nr. 4 VAG; § 30 WpÜG; dazu auch Großkomm AktG/*Windbichler* § 16 Rn. 7.
[11] → Vor § 291 Rn. 53 ff.; Kölner Komm AktG/*Koppensteiner* Vor § 291 Rn. 132; MüKoAktG/*Ego* SE-VO Anh. Art. 9 Rn. 9; *Schall* in van Hulle/Gesell, European Corporate Law, 2006, 1.3.3.
[12] Vgl. Kölner Komm AktG/*Koppensteiner* Vor § 291 Rn. 115 ff.; Großkomm AktG/*Windbichler* § 18 Rn. 18; *Forum Europaeum Konzernrecht* ZGR 1998, 672 f. Innerhalb der EU haben sich nur wenige Staaten angeschlossen, nämlich Portugal, Ungarn, Slowenien und Tschechien, siehe Kölner Komm AktG/*Koppensteiner* Rn. 116–120 (zu Portugal *Antunes* ECFR 2005, 323 (372 ff.).
[13] *Schwarz* EuropGesR Rn. 866 ff.; zu Großbritannien → Rn. 39; Zu den romanischen Ländern nächste Fn.; zum österreichischen Konzernrecht MüKoAktG/*Doralt/Diregger* Österreichisches Konzernrecht sowie → § 117 Rn. 1. Ferner zur Rechtsvergleichung innerhalb und außerhalb der EU Großkomm AktG/*Windbichler* Vor § 15 Rn. 73 ff.; *Hommelhoff/Lutter/Teichmann* (Hrsg.), Corporate Governance im Grenzüberschreitenden Konzern, ZGR-Sonderheft 20, 2017 mit Länderberichten zur Rechtsentwicklung im Vereinigten Königreich, Tschechien, Frankreich, Skandinavien, den Niederlanden, Polen, Italien und Ostmitteleuropa ab S. 19 ff.; *Forum Europaeum Konzernrecht* ZGR 1998, 672 ff.; *Teichman* ZGR 2014, 45 (49 ff.); *Hopt* FS Volhard, 1996, 74 ff.; *Lutter* ZGR-Sonderheft 11, 1994; *Mestmäcker/Behrens* (Hrsg.), Das Gesellschaftsrecht der Konzerne im internationalen Vergleich, 1991. Zur Lage in Japan, wo es neben hierarchischen Konzernen viele gleichgeordnete, wechselseitig verschränkte „Unternehmensgruppen" gibt, *Takahashi* ECFR 2006, 287.
[14] Zu Frankreich *Pariente* ECFR 2007, 317; *Cozian/Viandier/Deboissy* Rn. 1450 ff.; *Maul* NZG 1998, 965; zu Italien *Cariello* ECFR 2006, 330; *Ventoruzzo* ECFR 2005, 207 (250 ff.), insbes. Fn. 122; zu Spanien *Girgado* ECFR 2006, 363 ff. (369); zu Portugal *Antunes* ECFR 2005, 323 (372 ff.).
[15] Siehe etwa *Girgado* ECFR 2006, 363 (370 ff.) zu Spanien.
[16] Kritisch etwa *Habersack* ZHR 168 (2004) 373 (376 f.); *Hoffmann-Becking* ZGR 2004, 355 (360).
[17] So auch *Mülbert* ZHR 179 (2015), 645 (647 f.).

party transactions in der kommenden Neufassung der Aktionärsrechterichtlinie oder der geforderten europaweiten Anerkennung des Gruppeninteresses.[18] Gerade letzteres stellt das materielle deutsche Aktienkonzernrecht zur Disposition. Denn anders als unter *Rozenblum* genügt es im faktischen Konzern gerade nicht, die abhängige Gesellschaft und ihre *stakeholder* mit Verweisen auf die allgemeinen Vorteile der Gruppenzugehörigkeit über die tatsächlich realisierten Nachteile der Konzerngefahr (→ Rn. 27) hinweg zu trösten. Handfesteres in Form eines konkreten Nachteilsausgleichs ist erforderlich. Der Hauptgrund für das Scheitern der Neunten Richtlinie liegt mithin weder im Fehlen spezifischer Konzernprobleme wie des Gruppeninteresses noch in der Idee des Vor-die-Klammer-Ziehens oder der Überlegenheit von *standards* gegenüber *rules*,[19] sondern darin begründet, dass man in der deutschen Aktiengesellschaft das Trennungsprinzip ernst nimmt und nicht mit einem Augenzwinkern die Gesellschaft durch ihre (Mehrheits)Gesellschafter definiert. Die Struktur der deutschen Aktiengesellschaft mit unabhängiger Verwaltung, „dual board" und „enteigneten" Investoren-Aktionären ohne Leitungsmacht macht die Regelungen der §§ 291 ff. zur Konzernermöglichung erst nötig (→ Rn. 29). Das ist für andere Länder mit direkter Aktionärsherrschaft eine schwer nachvollziehbare Ausgangslage.[20] Harmonisierungsfortschritte scheinen hier immer nur auf Kosten fest etablierter Strukturen in einem der unterschiedlichen Regelungssysteme erreichbar. Wenn sich die EU nun doch auf dem Weg zu einer Harmonisierung machen sollte, was in Anbetracht der grenzüberschreitenden Problematik von Konzernen durchaus nachvollziehbar wäre,[21] wird man sorgsam wägen müssen, wieweit über Member State options die Möglichkeit gewährt wird, wirksame nationale Regelungskonzeptionen mit abweichender Systemtik zu erhalten[22] – ein Plädoyer, das auf dem Erforderlichkeitsgebot fußt und sich übrigens vor einigen Jahren mit umgekehrten Vorzeichen auch zugunsten einer Öffnung der vormaligen Kapitalrichtlinie (nunmehr aufgegangen in der Richtlinie über bestimmte Aspekte des Gesellschaftsrechts (EU) 2017/1132) für das US-amerikanische Alternativsystem des *solvency tests* halten ließ.[23]

5 Das Scheitern der Neunten Richtlinie und die in eine abweichende Regelungssystematik weisenden, aktuellen Aktivitäten des europäischen Gesetzgebers geben aber nicht nur Anlass für Abwehrreflexe, sondern auch dazu, den Blick auf „hausgemachte" Schwächen des deutschen Konzernrechts zu lenken: (1) Die **Hypertrophie** und die **Starrheit,**[24] mit der es „nach oben" der konsolidierten Betrachtung zu viele Stufen vorschiebt,[25] während es „nach unten" bedeutenden Einfluss nicht angemessen erfassen kann;[26] (2) die überzeichnete Ausrichtung als „Konzernpolizeirecht", während

---

[18] So der Action Plan der EU-Kommission *European company law and corporate governance – a modern legal framework for more engaged shareholders and sustainable companies* Com(2012) 740/2, S. 14 f., 4.6. Zu den aktuellen Entwicklungen eingehend *Fleischer* ZGR 2017, 1 ff.; *Teichmann* ZGR-Sonderheft 20 (2017), 3, 5 ff.; *Mülbert* ZHR 179 (2015) 645 ff.; *Weller/Bauer* ZEuP 2015, 6 ff.; vorher bereits *Teichmann* AG 2013, 184 (195 ff.); *Conac* ECFR 2013, 194 ff. Mit fundierten regulatorischen Vorschlägen *Forum Europaeum on Company Groups* ZGR 2015, 507 ff.; mit ausführlicher Diskussion in *Hommelhoff/Lutter/Teichmann* (Hrsg.), Corporate Governance im Grenzüberschreitenden Konzern, ZGR-Sonderheft 20 (2017), 259 ff. und 269 ff.

[19] So wird etwa in Spanien offen die Entwicklung von Unternehmensverträgen propagiert, vgl. *Girgado* ECFR 2006, 363 (368 f.) mwN, während sie umgekehrt in Portugal kritisiert werden, *Antunes* ECFR 2005, 323 (376 f.). Nicht zu übersehen ist auch, dass der europäische Gesetzgeber wiederum in der Übernahmerichtlinie (2004/25/EC) einem zentralen Schutzanliegen des deutschen Konzernrechts genügt hat (→ Rn. 2).

[20] Siehe *Schall* in van Hulle/Gesell, European Corporate Law, 2006, Part I/1Rn. 73 f.

[21] Ein anderes Instrument in diesem Zusammenhnag ist die geplante Einführung der societas unius personae (SUO), welche anstelle der einstweilen gescheiterten societas privata Europaea getreten ist, vgl. dazu *Weller/Bauer* ZEuP 2015, 6 ff.

[22] Bei den related party transactions ist das weitgehend der Fall, siehe nur *Mülbert* ZHR 170 (2015), 645 (655 ff.): ferner zum Ganzen *Bayer/Schmidt* BB 2015, 1731; *J. Vetter* ZHR 179 (2015) 273 ff.; *Enriques* EBOR 2015, 1 ff.

[23] *Schall*, Kapitalgesellschaftsrechtlicher Gläubigerschutz, 2009, 89 ff.

[24] Vgl. die „Durchexerzierung" in OLG Düsseldorf Der Konzern 2004, 841 – Veba.

[25] Demgegenüber die erweiterten Perspektiven in § 37 Abs. 1 Nr. 3b GWB, § 36 Abs. 2 S. 2 GWB, § 10a Abs. 4 S. 1 KWG und § 10a Abs. 4 S. 5 KWG oder zu Schwesterunternehmen in § 1 Abs. 7 S. 2 KWG, § 1a Abs. 3 S. 3 UBGG. Siehe außerdem Kölner Komm AktG/*Koppensteiner*, 2. Aufl. 1986, Vor § 15 Rn. 31 dazu, wie die Schwäche des Konzernrechts zu einer „gespaltenen Auslegung" des alten § 23 GWB führte.

[26] Schon der Sperrminorität wird nur in den §§ 20 ff. Rechnung getragen. Geringere Beteiligungen bleiben gänzlich außen vor, obwohl sie praktisch bedeutend sein können (Stichwort Paketzuschlag). Vgl. demgegenüber die „enge Verbindung" und die „bedeutende Beteiligung" nach § 1 Abs. 9 KWG, § 1 Abs. 10 KWG, die publizitätspflichtigen Beteiligungsstufen nach § 33 WpHG, die 20%-Beteiligung des § 271 Abs. 1 S. 3 HGB, § 37 Abs. 1 Nr. 3b GWB. Das (freilich fiskalisch motivierte) Steuerrecht ist in § 17 Abs. 1 S. 1 EStG mittlerweile bei der 1%-Beteiligung angelangt, welche künftig auch für Quorenrechtsbehelfe nach dem Aktiengesetz ausreicht (§ 148 Abs. 1). Zur internationalen Entwicklung der bedeutenden Beteiligung siehe die Beispiele aus dem angloamerikanischen Rechtskreis bei Großkomm AktG/*Windbichler*, 4. Aufl. 2004 § 16 Rn. 7 mit Fn 11, Vor § 15 Rn. 73 mit Fn. 296.

die wirtschaftliche Realität längst die Nützlichkeit von Konzernverbindungen gezeigt hat;[27] (3) die Beschränkung des Schutzes auf Abhängigkeit von Unternehmen.[28] Diese Schwächen zu beheben und das Konzernrecht für das 21. Jahrhundert fit zu machen, wird gemeinsame Aufgabe von Wissenschaft, Rechtsprechung und Gesetzgebung sein.[29] Paradigmatisch erscheint die aktuelle Entwicklung der Konzernrechnungslegung, wo das Abstellen auf den (zu) engen deutschen Konzernbegriff jetzt endgültig überwunden und stattdessen ein auf den beherrschenden Einfluss abstellendes Gesamtkonzept etabliert wurde (→ Rn. 17). Würde der Gesetzgeber diesen Schritt auch bei der unternehmerischen und betrieblichen Mitbestimmung im Konzern vollziehen – wie das § 6 EBRG für den europäischen Betriebsrat bereits vorgibt – wäre das Konzernrecht im engeren Sinn des § 18 praktisch abgeschafft (→ § 18 Rn. 5 f.) und der europäische control-Standard auch für Deutschland erreicht. Darin läge eine wesentliche, angesichts der bestehenden Vermutung in § 18 Abs. 1 S. 3 aber noch nicht einmal revolutionäre Vereinfachung.

Das Europarecht könnte sich also als Motor zur Erneuerung des allgemeinen Konzernrechts **6** erweisen, nachdem es dieses zunächst fragmentiert und marginalisiert hat. Ganz abgesehen davon hat das Europarecht im ersten Jahrzehnt des 21. Jahrhunderts auch ganz neuartige Fragestellungen geschaffen. Dabei handelt es sich zum einen um das Konzernrecht der Societas Europaea.[30] Für die §§ 15 ff. ist hier vor allem die Frage nach der Konzernierbarkeit der SE relevant (→ § 15 Rn. 54 und → § 17 Rn. 48). Außerdem haben die Urteile des EuGH zur Niederlassungsfreiheit von EU-Auslandsgesellschaften in *Centros, Überseering, Inspire Art* und *SEVIC* en passant auch die Grundfesten des bisherigen Internationalen Konzernrechts in Frage gestellt und neue Fragestellungen zur Einbeziehung von Auslandsgesellschaften geschaffen (→ Rn. 31 ff.; → § 19 Rn. 11 f.).

3. Systematik des Konzernrechts. Das Recht der verbundenen Unternehmen setzt sich aus vier **7** Teilen zusammen (→ Rn. 8 ff.). Die Klammer bildet der „Allgemeine Teil" in den §§ 15–19 für alle Rechtsträger. Dazu treten der „Besondere Teil" für Aktiengesellschaften, unkodifiziertes Konzernrecht für andere Rechtsträger sowie zahlreiche Einzelvorschriften. Das Konzernrecht schafft keine neuen Rechtssubjekte. Rechte und Pflichten treffen nicht den Konzern, sondern die jeweiligen Konzerngesellschaften. Gewinne und Steuern werden isoliert ermittelt. Diese „Einzelbetrachtung" widerspricht der Anschauung des Alltags. Dort steht das Gesamtunternehmen im Blickpunkt („Siemens", „Daimler").[31] Zum Konflikt dieser Sichtweisen kommt es beispielsweise an der Börse. Daher blenden Konzernrecht und konzernbezogene Regelungen fallweise die Selbstständigkeit der Einzelunternehmen aus, um das Gesamtunternehmen als Wirtschaftseinheit wahrnehmen zu können (Gesamtbetrachtung).[32] Beispiele sind Konzernbilanz, steuerlicher Organschaft und Mitbestimmung im Konzern. Auch die wirtschaftliche Leitung richtet sich regelmäßig am Gesamtunternehmen aus.[33] Das ändert aber nichts an der Selbststän-

---

[27] ZB *High Level Group* Report S. 14. Daran anknüpfend der Action Plan Com (2012) 740/2, S. 14 f., 4.6., münden in die Privilegierung des Gruppeninteresses im Vorschlag der EU Kommission für eine Änderung der Aktionärsrechterichtlinie 2007/36/EG (SRD I), der sich nun zur Aktionärsrechterichtlinie II (2017) (SRD II) zu verfestigen scheint.

[28] Siehe jetzt zur Lösung der Durchgriffshaftung in der GmbH vom Unternehmensbegriff (→ Rn. 12) sowie die Stärkung der Aktionärsrechte in §§ 147 ff. nF (dazu die Kommentierung von *Mock*).

[29] Offizielle Reformpläne existieren nicht. Zu früheren Vorschlägen Kölner Komm AktG/*Koppensteiner* Vor § 291 Rn. 145 ff.

[30] Zum Konzernrecht der SE eingehend MüKoAktG/*Ego* SE-VO Anh. Art. 9 Rn. 9 ff.; ferner ua *Brandi* NZG 2003, 889; *Habersack* ZGR 2003, 724; *Maul* ZGR 2003, 743; *Veil* WM 2003, 2169.

[31] Das Gleiche gilt übrigens auch für die vom Konzernrecht grds. nicht erfassten Franchisesysteme („McDonalds"), → § 17 Rn. 20 f. Instruktiv zu den Anschauungen des Alltags die Beschreibung in der Hauszeitung einer Unternehmensgruppe, berichtet im Sachverhalt von BAG NZG 2005, 512: „Bisher hatten viele nur eine ungenaue Vorstellung von dem, was sich hinter dem Begriff „Unternehmensgruppe" verbirgt. Aber was ist nun eigentlich diese Unternehmensgruppe? Es ist keine Aktiengesellschaft, es ist keine Holding-Gesellschaft, es ist überhaupt keine im deutschen Recht verankerte Gesellschaftsform. Vielmehr sind es eine Anzahl von rechtlich und wirtschaftlich völlig selbständigen Betrieben, die durch die Zielsetzung und eine gleichartige Steuerung und Unternehmenskultur unter einem Begriff zusammengefasst wurden. Die Gruppe ist ein Zweckverband mit einer gemeinsamen Leitung. Jedem einzelnen Betrieb stehen verantwortungsbewusste Mitarbeiter vor, innerhalb dieser Betriebe arbeitet jeder einzelne für das gemeinsame Ziel der Gruppe. Der Zweckverband, die Unternehmensgruppe, aber ist die Existenzbasis für jeden einzelnen Mitarbeiter. (…)".

[32] → Rn. 23; außerdem Großkomm AktG/*Windbichler* Rn. 20 f., 38 ff.; Emmerich/Habersack/*Emmerich* § 18 Rn. 5 ff.; *Theisen*, Der Konzern, 2. Aufl. 2000, 19 ff.; eingehend zu rechtlichen und wirtschaftlichen Einheitsbetrachtungen, insbesondere dem organisationsrechtlichen Ansatz *Mülbert*, Aktiengesellschaft, Unternehmensgruppe und Kapitalmarkt, 2. Aufl., 1996, 20 ff.

[33] Zu den haftungsrechtlichen Komplikationen der vordingenden Matrixstrukturen in diesem Bereich, die sich nicht an den gesellschaftsrechtlichen Kompetenzebenen ausrichten, s. *Wisskirchen/Dannhorn/Bissels* DB 2008, 1139 ff.

digkeit der Konzerngesellschaften, welche selbst bei der Eingliederung gewahrt bleibt.[34] Dementsprechend stellt der Konzern als solcher nach der lex lata kein Rechtssubjekt dar und ist insbesondere nicht Träger des Konzernunternehmens. Auch begründet das bloße Vorliegen der Merkmale einer Unternehmensverbindung nicht die Annahme einer klassischen Verbandsform wie einer „OHG zum Betrieb des Konzerns". Damit ist aber entgegen der wohl hM nicht gesagt, dass ein Konzern nicht doch auch als ein gesellschaftsrechtlicher Verband begriffen werden kann. In Betracht kommt hier insbesondere eine Gesellschaft bürgerlichen Rechts. Sicherlich entspricht insbesondere der hierarchische Unterordnungskonzern nicht dem typischen Leitbild mehrerer (natürlicher) Personen als gleichberechtigter Sozii.[35] Auch scheint jene Hierarchie rein verbandsintern, meist über die Beteiligungsmacht der herrschenden Gesellschaften gesteuert, ohne dass hier Raum für den Abschluss eines Gesellschaftsvertrags erkennbar wäre.[36] Gleichwohl darf all dies nicht darüber hinweg täuschen, dass der Betrieb eines einheitlichen Konzernunternehmens ein Unterfangen ist, das über die Tätigkeitsbereiche der beteiligten Rechtsträger hinausgeht und – eben wegen derer Selbstständigkeit – auch nicht mit der bloßen Zentralverwaltung der Beteiligungen durch die Konzernobergesellschaft kongruent ist. Er erscheint vielmehr als gemeinsamer Zweck aller beteiligten Rechtsträger. Daher sollte man dem bereits mehrfach aufgebrachten Gedanken näher treten, dass der Betrieb eines Konzernunternehmens mit der (konkludenten) Formierung einer Personengesellschaft einher geht. Angesichts der klaren Vermögenszuordnung zu den Konzerngesellschaften unter dem Trennungsprinzip kommt dafür primär eine BGB-Innengesellschaft in Betracht. Dieser Annahme lässt sich mE weder die hierarchische Struktur eines Unterordnungskonzerns entgegen halten, da bei Ausgestaltung der GbR große Spielräume bestehen und die Partner keineswegs gleichberechtigt sein müssen. Der Betrieb des Konzernunternehmens als großem Ganzen stellt dabei eine *gemeinsamen* Zweck dar, keine *societats leonina* allein zugunsten der Obergesellschaft. Es ist im Lichte der Rozenblum-Doktrin (→ Rn. 4) zum Gemeingut des internationalen Konzernrechts geworden, dass die Konzernzugehörigkeit auch Vorteile für die Beherrschten ergibt (und ergeben muss). Dass der Konzern allein durch die interne Beherrschungsmacht zustande kommen kann, stellt letztlich ebenfalls keinen überzeugenden Einwand dar. Denn bei näherem Hinsehen mögen interne Herrschaftsmaßnahmen wie Mehrheitsbeschlüsse und Weisungen zwar am Beginn des Konzernverhältnisses stehen. Beeinflussen sie dann aber in der Folge das Verhalten des abhängigen Unternehmens als eigenständigen Rechtssubjekts im Verhältnis zu anderen Rechtssubjekten, werden sie außenwirksam und können sehr wohl als konkludentes Eingehen eines Gesellschaftsvertrags von dessen Seite aufgefasst werden.[37] Die gesellschaftsrechtliche Verflechtung der beteiligten Rechtssubjekte steht dem ebenso wenig prinzipiell entgegen wie etwa familienrechtliche Bindungen einer Ehegatten- oder Familiengesellschaft.[38] Die Annahme einer BGB-Gesellschaft zwischen den Konzernunternehmen blickt auf das Außenverhältnis der beteiligten Rechtssubjekte und tritt damit neben die primär innenrechtliche Perspektive des Konzernrechts. Sie kann vor allem dort relevant werden, wo es an einem besonderen Konzernrecht fehlt (GmbH, Personengesellschaften) und wo bislang auf mehr schlecht als recht passende Analogien zum besonderen Aktienkonzernrecht der §§ 291 ff. (das freilich gegenüber dem Personengesellschaftsrecht ein vorrangiges Sonderregime darstellt) zurückgegriffen wurde.[39] Auch

---

[34] Obschon die Untergesellschaft wirtschaftlich zu einer Betriebsabteilung degradiert wird, BegrRegE bei *Kropff* S. 429.

[35] Vgl. deshalb abl. *Hommelhoff*, Die Konzernleitungspflicht, 1982, 125 Fn. 62; Kölner Komm AktG/*Koppensteiner* § 311 Rn. 90; *Lakner*, Der mehrstufige Konzern, 2005, 227; *Pentz*, Die Rechtsstellung der Enkel-AG in einer mehrstufigen Unternehmensverbindung, 1994, 24 f.; *Reuter* ZHR 146 (1982), 1 (9 f.); *H. P. Westermann*, Vertragsfreiheit und Typengesetzlichkeit im Recht der Personengesellschaften, 1970, 182 f.; vgl. jetzt *Koch/Harnos* in Eisele/Koch/Theile, Der Sanktionsdurchgriff im Unternehmensverbund, 2014, 171 (176 ff.); aA *Harms*, Konzerne im Recht der Wettbewerbsbeschränkungen, 1968, 147 f.; *Verhoeven*, GmbH-Konzern-Innenrecht, 1978, 75; *Wilhelm*, Rechtsform und Haftung bei der juristischen Person, 1981, 224; weitergehend (für Außen-GbR) *Kersting* Der Konzern 2011, 445 ff.; s. inzident auch *Luchterhand* ZHR 133 (1970), 1 (12); s. ferner *Lutter* FS Stimpel, 1985, 825 ff. (831) (Verbandsform sui generis); *Bälz* FS Raiser, 1974, 320 ff. (Beherrschungsvertrag als Satzung mehrerer polykorporativer Unternehmen).

[36] Vgl. *Lakner*, Der mehrstufige Konzern, 2005, 227; *H. P. Westermann*, Vertragsfreiheit und Typengesetzlichkeit im Recht der Personengesellschaften, 1970, 183.

[37] Vgl. dazu auch – in dem ganz anderen Zusammenhang der Sitztheorie – *Weller* IPRax 2009, 202 (207), der darauf hinweist, dass real operierende Personenzusammenschlüsse nicht als „rechtlich inexistent" angesehen werden können, sondern vielmehr nach dem Kanon der deutschen Gesellschaftsrechtsformen einzustufen sind. Eben dass muss auch für das Zusammenwirken mehrerer (juristischer) Personen in einem Konzernunternehmen gelten.

[38] Dazu *Harms*, Konzerne im Recht der Wettbewerbsbeschränkungen, 1968, 148 f.; *K. Schmidt* ZHR 155 (1991), 417 (440 f.); abl. *H. P. Westermann*, Vertragsfreiheit und Typengesetzlichkeit im Recht der Personengesellschaften, 1970, 183.

[39] Paradigma hierfür: das Scheitern der Figur des qualifiziert-faktischen Konzerns im GmbH-Recht (→ Rn. 12 ff.).

könnten sich auf dieser Grundlage, insbesondere aus den wechselseitigen Förder- und Treuepflichten,[40] fruchtbare Perspektiven für die weitere Herausbildung eines Konzernverfassungsrechts ergeben.[41] In der Aktiengesellschaft wird sich jede valide vertragliche Grundlage für eine einheitliche Leitung an den §§ 291, 292 messen lassen müssen – was bedeutet, dass nur zwischen gleichgeordneten, nicht aber mit abhängigen Aktiengesellschaften ein ohne Beobachtung des § 291 wirksamer Leistungsvertrag, etwa in Form einer GbR nach § 705 BGB, abgeschlossen werden kann.[42]

a) Allgemeiner Teil. Am Anfang des Konzernrechts steht der „Allgemeine Teil"[43] in §§ 15–19: **8** Dort werden verschiedene Formen der Unternehmensverbindungen einschließlich des eigentlichen Konzerns (§ 18) definiert. Ihr zentraler Begriff ist das „Unternehmen" (→ § 15 Rn. 10 ff.). Er ist von der Rechtsform des Unternehmensträgers unabhängig und erfasst trotz seiner Stellung im Aktiengesetz (systematisch stimmiger wäre das HGB gewesen) auch Verbindungen, an denen auf keiner Seite eine AG beteiligt ist.

b) Besonderer Teil. Es folgt der „Besondere Teil" des Aktienkonzernrechts (§§ 291 ff.). Anders **9** als der Allgemeine Teil ist er nicht rechtsformneutral. Er betrifft die **Beherrschung einer AG** oder – meist – auch einer KGaA durch andere Unternehmen im Wege von Unternehmensverträgen, „faktischer Konzernierung", Eingliederung oder wechselseitiger Beteiligung (§ 328 iVm. § 19). **Nicht** zum Recht der verbundenen Unternehmen ist trotz seiner systematischen Stellung im dritten Buch der „Squeeze Out" (§§ 327a ff.) zu rechnen, da er nicht auf die Unternehmenseigenschaft des Hauptaktionärs abstellt.[44]

c) Konzernrecht anderer Unternehmensträger. Für andere Unternehmensträger (**GmbH, 10 Personengesellschaften**) wurde kein Besonderer Teil kodifiziert.[45] Dennoch haben Wissenschaft und Praxis zu diesen Rechtsformen mittlerweile ein umfassendes Konzernrecht entwickelt,[46] dessen

---

[40] Zu solchen, von der Mitgliedschaft losgelösten Treuepflichten (allerdings nur in Richtung der Tochter) grds. auch *Tröger,* Treupflicht im Konzernrecht, 2000, 52 ff., der aber eine andere, mE ferner liegende Grundlage in einem „typisierten Vertrauenstatbestand" (S. 56) betreffend rechtmäßiges Verhalten im Konzerninneren ausgemacht zu haben glaubt (abl. auch *Wimmer-Leonhardt,* Konzernhaftungsrecht, 2004, 324 f.).

[41] Die ganz hM sieht mit Trennungsprinzip und fehlender Rechtspersönlichkeit die Grenzen des Konzernverfassungsrechts als markiert an, Kölner Komm AktG/*Koppensteiner* Vor § 291 Rn. 87; *Liebscher* GmbH-KonzernR Rn. 213 ff.; *Martens* ZHR 147 (1983), 377 (404 ff.); positiver zB *Jula,* Die Bildung besonderer Konzernorgane, 1995, 31 ff.
Beispielsweise ist eine „Konzernleitungspflicht" nach hM nur als integraler Bestandteil der Vorstandspflicht im herrschenden Unternehmen zu begründen, welche auch die sorgsame Verwaltung des Beteiligungsvermögens umfasst. Dabei steht die Herstellung einheitlicher Leitung im Sinn des § 18 im freien Ermessen des Vorstandes, hM, → § 76 Rn. 70 ff.; Kölner Komm AktG/*Koppensteiner* Vor § 291 Rn. 71; MHdB AG/*Krieger* § 70 Rn. 27; aA *Hommelhoff,* Die Konzernleitungspflicht, 1982, 424 (Pflicht zur Ausübung einheitlicher Leitung); eine „externe", aus dem Konzernrecht herzuleitende Konzernleitungspflicht vertritt *U. H. Schneider* BB 1981, 249, 256 ff. gegen die ganz hM. Zur Konzernleitung in der GmbH *Jungkurth,* Konzernleitung bei der GmbH, 1998, 51 ff.; speziell zur Tochterkontrolle OLG Jena NZG 2010, 226 (Pflicht zur Einrichtung eines geeigneten Kontrollsystems); siehe auch *Elsner* Die laufende Kontrolle der Tochtergesellschaften durch die Verwaltung der Muttergesellschaft, 2004, 8 ff.; zu den haftungsrechtlichen Problemen mit der wirtschaftlichen Einheit ausgerichteten Leitungsstrukturen *Wisskirchen/Dannhorn/Bissels* DB 2008, 1139.

[42] Hierzu eingehend *Schall* in Kämmerer/Veil, Übernahme- und Kapitalmarktrecht in der Reformdiskussion, 2013, 75, 84 ff.

[43] Vgl. Emmerich/Habersack/*Emmerich* § 15 Rn. 1, wo allerdings auch die §§ 20–22 zum allgemeinen Teil gerechnet werden, was aber iA ihrer Beschränkung auf die nicht notierte AG (§ 20 Abs. 8) nicht mehr zutrifft.

[44] Zweifel an der Systematik auch bei Kölner Komm AktG/*Koppensteiner* Rn. 6, 7; Hüffer/Koch/*Koch* § 327a Rn. 3; Emmerich/Habersack/*Emmerich* § 15 Rn. 4a; weitere, allerdings weniger augenfällige und untergeordnete Ausnahmen lassen sich vor allem in § 292 Nr. 2 und § 292 Nr. 3 sowie da erblicken, wo das Gesetz auf die Rechtsform (zB die Eingliederung in eine AG, §§ 319, 320) und nicht auf die Unternehmensqualität abstellt, vgl. Emmerich/Habersack/*Emmerich* § 15 Rn. 4a.

[45] Die Kodifikation der GmbH ist gescheitert, siehe dazu die Darstellung bei *Hirte,* Der qualifiziert faktische Konzern, Band 1, 1992; *Liebscher* GmbH-KonzernR Rn. 29.

[46] Siehe zur GmbH ua: *Liebscher* GmbH-KonzernR Rn. 146 f.; MHdB GmbH *Decker/Kiefner* §§ 67–70; Kölner Komm AktG/*Koppensteiner* Vor § 291 Rn. 169 ff.; Emmerich/Habersack/*Emmerich* Anh. § 318; Baumbach/Hueck/*Beurskens* KonzernR (Schlussanhang); Hachenburg/*Ulmer* GmbHG Anh. § 77 GmbH-KonzernR; Scholz/*Emmerich* GmbHG Anh. § 44 KonzernR; Lutter/Hommelhoff/*Lutter/Hommelhoff* Anh. § 13; Roth/Altmeppen/*Altmeppen* GmbHG Anh. § 13.
Zur Personengesellschaft: Kölner Komm AktG/*Koppensteiner* Vor § 291 Rn. 175 f.; Baumbach/Hopt/*Roth* HGB § 105 Rn. 100 ff.; EBJS/*Wertenbruch/Nagel,* HGB Anh. § 105; MüKoHGB/*Mülbert* Konzernrecht; Staub/*Schäfer* HGB Anh. § 105; Heymann/*Emmerich* HGB Anh. § 105; Heidel/*Schall* HGB Anh. § 108 KonzernR; *Tröger* in Westermann/Wertenbruch PersGes-HdB § 59; *Bitter,* Konzernrechtliche Durchgriffshaftung bei Personengesellschaften, 2000, 4 ff.

Vorschriften meist in vorsichtiger Einzelanalogie aus dem AktG entwickelt worden sind.[47] Freilich hat mit der Durchgriffshaftung ein wesentlicher Teil dieser Dogmatik den Konzernkontext verlassen (ab → Rn. 12).

11 d) Einzelvorschriften. Zum Recht der verbundenen Unternehmen zählen auch die zahlreichen Einzelvorschriften, die an die Begriffe der §§ 15–19 anknüpfen.[48] Sie finden sich teilweise innerhalb des Aktiengesetzes, so etwa die anschließenden Meldepflichten nach §§ 20–22.[49] Viele Verweisungen auf das Aktiengesetz kommen aber auch aus anderen Gesetzen (zB dem Aufsichtsrecht oder dem Mitbestimmungsrecht).

11a e) Modifikationen der allgemeinen Definitionen? Die Verweisungen von „außerhalb" führen zu der Frage, ob die aktienrechtlichen Definitionen angesichts der abweichenden Teleologie anderer Rechtsgebiete modifiziert werden können.[50] Diskutiert wurden in diesem Zusammenhang insbesondere ein kartellrechtlicher[51] bzw. ein arbeitsrechtlicher[52] Konzernbegriff. Die Folge dieser Diskussionen ist, dass die Auslegungsprobleme der §§ 15 ff. durch die Instanzen anderer Rechtszweige gezogen werden, um dort von der „zuständigen Stelle" autorisiert zu werden. Dabei zeigt sich eine grundsätzliche Neigung, erweiternde Merkmale wie das Ausreichen der bloßen Beherrschungsmöglichkeit (→ § 17 Rn. 8) anzuerkennen,[53] während Einschränkungen wie das Erfordernis gesellschaftsrechtlicher Verbindung (→ § 17 Rn. 20 ff.) eher kritisch gesehen werden.

11b f) Insbes. zum betriebsverfassungsrechtlichen Konzernbegriff. Insbesondere die arbeitsgerichtliche Rechtsprechung hat sich in den letzten Jahren immer wieder mit der Frage von Modifikationen der §§ 15 ff. zu befassen gehabt. Die Rechtsprechung des BAG wie auch der Instanzgerichte ergibt dabei folgendes Bild: Im Ausgangspunkt bekennt sich die arbeitsgerichtliche Rechtsprechung klar zu den gesellschaftsrechtlichen Vorgaben der §§ 15 ff. und verwirft einen eigenständigen „arbeitsrechtlichen", „betriebsverfassungsrechtlichen" oder „mitbestimmungsrechtlichen" Konzernbegriff.[54] Dennoch sieht sie sich nicht nur nicht gehindert, die speziellen Zwecksetzungen des Arbeitsrechts bei der Entscheidung strittiger Rechtsfragen entscheidend zu berücksichtigen.[55] Vielmehr hält sie in eng begrenzten Ausnahmefällen auch Abweichungen von den allgemeinen gesellschaftsrechtlichen

---

[47] Siehe Hüffer/Koch/*Koch* Rn. 6; zB BGH NJW 1980, 231 ff. = WM 1979, 937 (940 ff.). – Gervais/Danone: Verlustausgleichspflicht aus „Beherrschungs- und Eingliederungsvertrag" mit GmbH & Co KG; zur GmbH allgM, Baumbach/Hueck/*Beurskens* GmbHG Anhang KonzernR Rn. 15; zu Form- und Eintragungserfordernis des GmbH-Beherrschungsvertrags BGHZ 105, 332.

[48] MüKoAktG/*Bayer* § 15 Rn. 6; Hüffer/Koch/*Koch* § 15 Rn. 2; zur Parallelnorm § 15 öAktG hat *Koppensteiner* FS Hopt, 2010, 959 Fn. 1 mehr als 700 Verweisungen recherchiert.

[49] Diese gelten nicht mehr für Aktien börsennotierter Gesellschaften, § 20 Abs. 8.

[50] Dazu eingehend Kölner Komm AktG/*Koppensteiner* Rn. 111, § 15 Rn. 17, 65, § 17 Rn. 70 ff.; *Koppensteiner* FS Hopt, 2010, 959 ff.; *Mülbert* ZHR 163 (1999), 38 ff.; Großkomm AktG/*Windbichler* § 15 Rn. 58; MüKoAktG/ *Bayer* § 15 Rn. 5; s. auch Grigoleit/*Grigoleit* § 15 Rn. 6.

[51] Diskutiert wird im Kartellrecht vor allem, ob Abhängigkeit im Kartellrecht einer gesellschaftsrechtlichen Grundlage bedarf oder ein entsprechend geprüfte wirtschaftliche Abhängigkeit genügt (für letzteres Immenga/Mestmäcker/Thomas GWB § 36 Rn. 821 ff.; – offen lassend – BGHZ 121, 137 (145 f.) = NJW 1993, 2114 – WAZ; BGHZ 81, 56 (60) = NJW 1981, 2699; aA LG Nürnberg-Fürth WuW/E DE-R 1659 „erforderliche gesellschaftsrechtlich vermittelte Einflussmöglichkeit". Siehe ferner BGH Der Konzern 2007, 134 (135) zur Mehrmütterherrschaft nach § 36 Abs. 2 S. 2 GWB: Würdigung unter für Fusionskontrolle wesentlichen Gesichtspunkten. Im Rahmen des neugefassten § 37 GWB ist der Streit dagegen des Kontexts mit § 17 enthoben (vgl. Großkomm AktG/ *Windbichler* § 17 Rn. 7).

[52] Das Bestehen eines weiteren arbeitsrechtlichen Konzernbegriffs wird vor allem von der Ansicht angenommen, die bei § 18 dem sog. „engen Konzernbegriff" folgt (→ § 18 Rn. 10), da der „weite Konzernbegriff" bereits fest in der arbeitsgerichtlichen Praxis etabliert ist (→ § 18 Rn. 11). Weitere Punkte sind der besondere mitbestimmungsrechtliche Teilkonzern (§ 5 Abs. 3 MitbestG) sowie der davon zu unterscheidende „Konzern im Konzern", der im allgemeinen Konzernrecht nicht anerkannt ist (näher → § 18 Rn. 19). Näher gleich im Text.

[53] Vgl. LArbG Berlin BeckRS 2005, 42930; LArbG Hamm BeckRS 2005, 43 011, aufgehoben wegen späteren Wegfalls der Errichtungsvoraussetzungen durch BAG NJOZ 2007, 2862 = NZA 2007, 768 (LS).

[54] StRspr, BAG BeckRS 2015, 69307 = JR 2016, 345 Rn. 23; BAGE 136, 114 = NZA 2011, 524 Rn. 26; BAGE 137, 123 = NZA 2011, 866 (868 Rn. 24 ff.); siehe schon BAGE 22, 390 = NJW 1970, 1766 (LS); BAG NZG 2005, 512 (513) (folgt der hM zur mehrfachen Konzernzugehörigkeit, dazu auch → § 18 Rn. 21 f.); BAG NZA 2007, 999 (1002 Rn. 42) = RIW 2007, 856 mit zust. Anm *Seitz/Werner* (zur Verlagerung der Unternehmensleitung auf eine ausländische Konzernspitze); BAG NJOZ 2008, 726 (730 f.) = NZA 2008, 320 (LS); LArbG Bremen 9.8.2012 – 3 TaBV 19/11 LS 1 und Rn. 87; ferner *Kreutz* NZA 2008, 259 (260); *Kort* NZA 2009, 464 ff. (467 f.).

[55] Vgl. BAG NZG 2005, 512 (514 f.): „Sinn und Zweck des § 54 BetrVG verlangen keine abweichende Beurteilung, weil anderenfalls Mitbestimmung der Arbeitnehmer bei Entscheidungen auf Konzernebene nicht ausreichend zur Geltung käme."

Vorgaben für möglich, wenn dies von den Zwecken der arbeitsrechtlichen Normen getragen werde.[56] Damit wird aber der erklärte Ausgangspunkt entscheidend modifiziert. Denn es kann ja angesichts der klaren gesetzlichen Verweisung niemand ernstlich fordern, das Arbeitsrecht könne oder müsse seinen Konzernbegriff frei erschaffen. Die Debatte drehte sich immer nur um mögliche Modifikationen des allgemeinen Unternehmens- bzw. Konzernbegriffs, wo dies teleologisch geboten ist. Dies bejaht die arbeitsgerichtliche Rechtsprechung – und liegt damit ganz auf der hier vertretenen Linie. Man sollte sich aber bewusst sein, dass bei einer solchen Argumentationsführung keine „Tabubereiche" in Betracht kommen, wo von vornherein und ohne Rücksicht auf die Teleologie des Arbeitsrechts an den Vorgaben der §§ 15 ff. festgehalten werden müsste.[57]

g) Stellungnahme. Die beschriebene Entwicklung trägt zur weiteren Fragmentierung des Konzernrechts bei. Dennoch erscheint sie nicht nur praktisch unumkehrbar, sondern ist auch grundsätzlich zu befürworten.[58] Grund ist der Primat der teleologischen Auslegung, der selbst zu unterschiedlichen Unternehmensbegriffen innerhalb des Aktienkonzernrechts geführt hat (→ § 15 Rn. 11 ff.). So ergibt sich beispielsweise das Erfordernis gesellschaftsrechtlicher Verbindung, falls man ihm überhaupt folgen möchte (→ § 17 Rn. 20 ff.), vor allem aus dem systematischen Zusammenhang mit den §§ 291 ff.[59] und hat keine zwingende teleologische Bedeutung für andere Rechtsgebiete.[60] Bei näherem Hinsehen stellt sich hier ein **methodisches Grundsatzproblem** der Verweisungstechnik. Richtigerweise müsste ein gründlicher teleologischer Ansatz Auslegungsprobleme, die sich im Rahmen wertfreier Definitionsnormen mit allgemeinem Geltungsanspruch stellen, immer im Zusammenhang mit ihren sämtlichen Anwendungsgebieten erörtern, bevor er dann eine Gesamtlösung vorschlagen kann (nicht unähnlich der Art und Weise, wie sprachliche Unklarheiten im EU-Recht durch Abgleich aller Sprachfassungen zu lösen sind). Das ist praktisch freilich kaum möglich. Daher wird üblicherweise auf das Aktienkonzernrecht als dem nächstgelegenen Hauptanwendungsgebiet rekurriert.[61] Dieser Leitbildgedanke mag zwar als Ansatz akzeptabel, da praktikabel sein. Als zwingende Vorgabe für die anderen Rechtsgebiete ist er aber keinesfalls überzeugend. Denn die §§ 15 ff. sind eben rechtsformneutral konzipiert und nicht auf das besondere Konzernrecht beschränkt. Warum sollten aber andere Rechtsgebiete, die lediglich auf jenen rechtsformneutralen „AT" verweisen und ganz andere Regelungszusammenhänge aufweisen als die §§ 291 ff., von jenen zwingend vorgeprägt werden? Richtigerweise ist die Verweisungstechnik daher so zu verstehen, dass sie die differenzierte Diskussion von Auslegungsproblemen nach dem Regelungszusammenhang gebietet. Das entspricht der Sache nach der ansonsten bei Verweisungen häufig zu findenden Formel von der „entsprechenden Anwendung".

4. Rechtsgebiete außerhalb des Konzernrechts. a) Qualifiziert faktischer Konzern. aa) GmbH. Ein wesentlicher Bereich des Konzernrechts war seit Beginn der Achtziger das Richterrecht zur Haftung im qualifiziert faktischen GmbH-Konzern.[62] Das hat sich mittlerweile geändert. In Bremer Vulkan hat der BGH die Begründung des Haftungsdurchgriffs in der GmbH von der qualifiziert faktischen Konzernierung auf den **existenzvernichtenden Eingriff** des Gesellschafters verlagert.[63] Damit verliert der Unternehmensbegriff seine Bedeutung für den Haftungsdurchgriff in Kleinunternehmungen.[64] Die teleologische Interpretation des Unternehmensbegriffs wird dadurch

---

[56] BAGE 137, 123 = NZA 2011, 866 (868 Rn. 27 ff.) (dort – iE offenlassend – zur Frage der gesellschaftsrechtlich vermittelten Beherrschung: „Der BGH hat in diesem Zusammenhang allerdings zugleich den spezifisch aktienrechtlichen Zusammenhang betont"; BAG NZA 2007, 999 (1002 Rn. 49 ff.) = RIW 2007, 856 (Festhalten an der Figur des Konzerns im Konzern, da diese nach den Zwecken der betrieblichen Mitbestimmung geboten, siehe insoweit auch → § 18 Rn. 19).
[57] Ebenso *Koppensteiner* FS Hopt, 2010, 959 (960). Offenbar enger *Kort* NZA 2009, 464 (467).
[58] Ebenso die hM, Kölner Komm AktG/*Koppensteiner* Rn. 111; *Koppensteiner* FS Hopt, 2010, 959 (972); K. *Schmidt*/*Lutter*/*J. Vetter* § 15 Rn. 6; generell ablehnend *R. Liebs* GS Rödig, 1978, 286 (294).
[59] So auch K. *Schmidt*/*Lutter*/*J. Vetter* § 17 Rn. 15.
[60] Richtig daher die Zurückhaltung in BAGE 137, 123 = NZA 2011, 866 (868 Rn. 27 ff.).
[61] Beispielsweise K. *Schmidt*/*Lutter*/*J. Vetter* § 17 Rn. 15 zur Bedeutung der gesellschaftsrechtlichen Fundierung.
[62] Siehe etwa noch BGHZ 95, 330 = NJW 1986, 188 – Autokran; BGHZ 115, 187 = NJW 1991, 3142 – Video; BGHZ 122, 123 = NJW 1993, 1200 – TBB.
[63] BGHZ 149, 10 = NJW 2001, 3622 = NZG 2002, 38 – Bremer Vulkan; insoweit nicht geändert durch BGHZ 173, 246 = NJW 2007, 2689 = NZG 2007, 667 – Trihotel (§ 826 BGB als Haftungsgrundlage); → Vor § 311 Rn. 23 f.
[64] Ausdrücklich BGHZ 150, 61 = NJW 2002, 1803 = NZG 2002, 520 (521 f.); *Liebscher* GmbH-KonzernR Rn. 483 f.: *Leuschner*, Das Konzernrecht des Vereins, 2011, 348 ff. Das muss auch für das Innenrecht der GmbH gelten, *Liebscher* GmbH-KonzernR Rn. 560. Zur AG → Rn. 14 f.

erheblich entlastet.[65] Das ist folgerichtig, da die Schwächen des Kapitalschutzes in der GmbH, namentlich die fehlende Berücksichtigung des Gläubigerinteresses durch *duties for the benefit of creditors* oder *solvency tests,*[66] mitnichten auf Konzernlagen beschränkt sind. Mittlerweile hat sich auch die arbeitsrechtliche Rechtsprechung dazu bekannt, die Aufgabe des qualifiziert faktischen Konzerns mit vollzuvollziehen. Das **BAG** hat zur Frage des Berechnungsdurchgriffs bei der Anpassung von Betriebsrenten nach § 16 BetrAVG entschieden, dass es, nachdem spätestens mit dem Trihotel-Urteil eine verhaltensbezogene Haftung an die Stelle der strukturbezogenen Konzernhaftung getreten sei, an „dem für einen Berechnungsdurchgriff erforderlichen Gleichlauf von Zurechnung und Innenhaftung im Sinne einer Einstandspflicht/Haftung des anderen Konzernunternehmens gegenüber dem Versorgungsschuldner" fehle.[67] Gleiches muss für den Berechnungsdurchgriff bei Sozialplänen gelten.[68] Zweifel daran, ob diese Folgerung in jeder Hinsicht überzeugt, könnte sich allerdings mit Blick auf § 2 Abs. 2 DrittelbG ergeben, wo man mit der Zurechnung bei qualifiziert faktischer Konzernierung möglichen Umgehungskonstruktionen durch verdeckte, faktische Beherrschungsverträge entgegenwirken könnte.[69]

13 bb) **Personengesellschaften.** Auch in der Personengesellschaft kann es danach keine Durchgriffshaftung (gegen herrschende Kommanditisten) aufgrund qualifiziert faktischer Konzernierung mehr geben. Diese Grundlage war schon vor Bremer Vulkan höchst umstritten.[70] Das BGH-Urteil in Gervais/Danone[71] ist nicht auf die enge Konzernierung an sich, sondern das Vorliegen eines „Beherrschungs- und Eingliederungsvertrags" (mit einer Personengesellschaft!) gestützt worden.

14 cc) **AG.** Für die AG ist die Frage nach der künftigen Bedeutung des qualifiziert faktischen Konzerns von einem anderen Ansatzpunkt aus zu beantworten. Entscheidend ist, dass nach ganz hM im **Innenrecht** der AG Schutz gegen qualifizierte Beherrschung besteht. Dort ist anerkannt, dass die gesetzlichen Behelfe der §§ 311 ff., § 317 nicht ausreichen.[72] Umstritten ist lediglich, ob der Schutz aus §§ 304, 305 analog fließt und damit nur gegen Unternehmen greift,[73] oder ob sich ein dem § 305 im Ergebnis entsprechendes Austrittsrecht mit Abfindungsanspruch aus allgemeinen Prinzipien wie der Treuepflicht und dem Kündigungsrecht aus wichtigem Grund herleiten lässt und dann auch gegenüber Privataktionären greift.[74] Mit Blick auf Bremer Vulkan darf der gebotene Schutz nicht mehr am Unternehmensbegriff hängen. Dogmatischer Ansatzpunkt ist gleichwohl die Analogie zu §§ 304, 305.[75] Sie ist jedoch mit der hier vertretenen Sicht auf den qualifiziert herrschenden

---

[65] ZB bei Holdinggesellschaften (→ § 15 Rn. 39) oder Betriebsaufspaltung (→ § 15 Rn. 23). Wie hier *Liebscher* GmbH-KonzernR Rn. 80.

[66] Siehe nur *Schall* ZIP 2005, 965 (970 f.); *Schall* DStR 2006, 1229 ff. Näher → Rn. 39.

[67] BAGE 144, 180 = BeckRS 2013, 68638 = NZA 2014, 87 = ZIP 2013, 1041 Rn. 36.

[68] *Schweibert* NZA 2016, 321 (325); *Ahrendt* RdA 2012, 340 (345).

[69] Nach § 2 Abs. 2 DrittelbG reicht ein Konzernverhältnis zur Zurechnung nicht, es bedarf eines Unternehmensvertrages oder einer Eingliederung, vgl. OLG Zweibrücken ZIP 2005, 1966 = NZG 2006, 31 = EWiR 2005, 859 *(Oetker)*. Zu faktischen Beherrschungsverträgen noch → Rn. 15.

[70] Ablehnend etwa MüKoHGB/*Mülbert* KonzernR Rn. 171 ff. (unter eingehender Darstellung des Streitstandes), der stattdessen auf die Treuepflicht abstellt; *Bitter*, Konzernrechtliche Durchgriffshaftung bei Personengesellschaften, 2000, 326 ff., 423 ff.; siehe ferner jetzt *Haar*, Die Konzernbindung der Personengesellschaft, 2004, 486 ff.

[71] BGH NJW 1980, 231 ff. = WM 1979, 937 (940 ff.) – Gervais/Danone.

[72] Siehe nur MHdB AG/*Krieger* § 70 Rn. 147. Aus diesem Gedanken folgt zugleich die Subsidiarität gegenüber den gesetzlichen Rechtsbehelfen der §§ 117, 317.

[73] → Vor § 311 Rn. 33 ff.; Emmerich/Habersack/*Habersack* Anh. § 317 Rn. 29; *Schürnbrand* ZHR 169 (2005), 35 ff.; *Schall* FS Stilz, 2014, 537 (552 f.); grds. auch *Hirte/Schall* Der Konzern 2006, 243 (253 ff.); nur für § 305 analog MHdB AG/*Krieger* § 70 Rn. 151; für § 305 analog im qualifizierten Gleichordnungskonzern Emmerich/Habersack/*Habersack* § 18 Rn. 38; *Milde*, Der Gleichordnungskonzern im Gesellschaftsrecht, 1996, 214 ff.; aA – jegliche Heranziehung der §§ 304, 305 gänzlich abl. – *Wiedemann*, Die Unternehmensgruppe im Privatrecht, 1988, 69 f.; *Schwörer* NZG 2001, 550 ff.

[74] Eingehend Kölner Komm AktG/*Koppensteiner* Anh. § 318 Rn. 103 ff., 109; ferner *Mülbert*, Aktiengesellschaft, Unternehmensgruppe und Kapitalmarkt, 2. Aufl. 1996, S. 463 ff., 496 ff.; *Escher-Weingart*, Reform durch Deregulierung im Kapitalgesellschaftsrecht, 2000, S. 313; *Hoffmann* NZG 2002, 68 (73). Die Treuepflicht wäre freilich ein geeigneter Hebel, um das Mehrheiten in Rechtsanalogie zu den §§ 305, 327a ff. AktG, § 35 WpÜG und der Delisting-Rechtsprechung (dazu *Henze* NZG 2003, 649 ff.) für die Wirkungen der Kündigung einstehen zu lassen. Die Haftung des Mehrheitsgesellschafters gegenüber dem Minderheitsgesellschafter lässt sich auch in England im Rahmen des Billigkeitsbehelfs gegen *unfair prejudice* nach sec. 994 jeweils 2006 beobachten (dazu → Rn. 39), obwohl man dort keine eigentliche Treuepflicht der Gesellschafter kennt, *Schall* Companies Act sec. 1 Rn. 18 ff.; *Kasolowsky/Schall* in Hirte/Bücker, Grenzüberschreitende Gesellschaften, 2. Aufl. 2006, § 4 Rn. 3, 70.

[75] Diese Grundlage ist näher am Gesetz und bietet anders als der Rückgriff auf die mitgliedschaftliche Treuepflicht und das Kündigungsrecht aus wichtigem Grund einen Anhaltspunkt für die mit Blick auf das Vorsatzerfor-

Vorbemerkung　　　　　　　　　　　　　　　　　　　　　　　　　　　　　　　　**15, 16　Vor § 15**

Privatgesellschafter der AG zu erstrecken (→ § 15 Rn. 47), weil auch dieser Beherrschungsverträge abschließen kann.[76]

Wenn im Innerecht weiterhin §§ 304, 305 analog anzuwenden sind, kann im **Außenverhältnis** 15 nichts anderes gelten. Auch dort müssen §§ 302, 303 eingreifen.[77] Sie sind aber gleichermaßen auf qualifiziert herrschende Privatgesellschafter zu erstrecken.[78] Der illegale Herrscher darf nicht besser stehen als der legale. Eine Haftung nach den §§ 302, 303 wie auch nach den §§ 304, 305 kommt ferner nach den Grundsätzen über die fehlerhafte Gesellschaft in Betracht bei „**faktischen Beherrschungsverträgen**" in Betracht.[79] Das betrifft die Fälle, wo die Parteien tatsächlich einen (obzwar unwirksamen) Beherrschungsvertrag geschlossen haben, nicht aber diejenigen, wo sie einen solchen hätten schließen müssen. Daneben erschien bisher der Rückgriff auf die Existenzvernichtungshaftung möglich,[80] da sie als allgemeiner Missbrauchstatbestand formuliert war.[81] Praktisch waren aber kaum Fälle denkbar, da die vorrangige[82] Ausgleichspflicht aus §§ 302, 303 früher ansetzen und weiter reichen würde.[83] Mit der Umstellung der Haftungsgrundlage durch BGHZ 173, 246 – Trihotel (§ 826 BGB) wird man die Existenzvernichtungshaftung bei der Aktiengesellschaft nun ohne Weiteres als Fallgruppe des § 117 AktG begreifen können, der seinerseits eine spezielle aktienrechtliche Ausformung des allgemeineren § 826 BGB darstellt (→ § 117 Rn. 3 f.). Im Ergebnis ändert sich dadurch nichts. Das materielle Konzernrecht bleibt für den Schutz bei qualifizierter Abhängigkeit in der AG einschlägig. Jedoch verliert der Unternehmensbegriff seine konstitutive Bedeutung zur Haftungsbegründung in jeder Hinsicht.

b) Konzernbezogene Regelungen in anderen Gesetzen. Die meisten konzernbezogenen 16 Regelungen außerhalb des AktG befassen sich mit Konzernsachverhalten, ohne auf die Taxonomie der verbundenen Unternehmen zurückzugreifen. Anders liegt es eigentlich nur noch im Arbeitsrecht, vor allem bei der betrieblichen Mitbestimmung (Konzernbetriebsrat nach § 54 BetrVG im Gegensatz

---

dernis in § 117 gebotene Beschränkung auf schwere Verstöße. Mit ihr kann dann auch § 304 zum Zug kommen, wohl hM, → Vor § 311 Rn. 35; Emmerich/Habersack/*Habersack* Anh. § 317 Rn. 30; MüKoAktG/*Altmeppen* Anh. § 317 Rn. 58 f.; *Hirte/Schall* Der Konzern 2006, 243 (253 ff.); *Schürnbrand* ZHR 169 (2005) 32 ff.; aA Kölner Komm AktG/*Koppensteiner* Anh. § 318 Rn. 111; MHdB AG/*Krieger* § 70 Rn. 151; *Mülbert*, Aktiengesellschaft, Unternehmensgruppe und Kapitalmarkt, 2. Aufl. 1996, S. 500 f.; *Drygala* GmbHR 2003, 729 (739).

[76] AA zB → § 291 Rn. 7; Emmerich/Habersack/*Habersack* Anh. § 317 Rn. 29.

[77] *Schall* FS Stilz, 2014, 537 (548 ff.); MHdB AG/*Krieger* § 70 Rn. 147 ff, 150; auch → Vor § 311 Rn. 32; Emmerich/Habersack/*Habersack* Anh. § 317 Rn. 1, 5 und Anh. § 318 Rn. 3; Bürgers/Körber AktG/*Fett* § 311 Rdn. 31; *Cahn* ZIP 2001, 2159 f.; *Eberl-Borges* WM 2003, 105; *Schürnbrand* ZHR 169 (2005), 35 (38); aA (gegen Analogie zu §§ 302, 303) *Hüffer* FS Goette, 2011, 191 (197 ff.); Hüffer/Koch/*Koch* § 1 Rn. 29; Grigoleit/*Grigoleit* § 1 Rn. 108 ff. (113); Kölner Komm AktG/*Koppensteiner* Anh. § 318 Rn. 63 ff.; *Hirte* KapGesR Rn. 5.180; *K. Schmidt* NJW 2001, 3577 (3581); die Frage der Haftung offenlassend OLG Köln ZIP 2009, 1469 = AG 2009, 416. Dort ging es nur um Anfechtbarkeit, nicht um Haftung unter dem Aspekt qualifiziert-faktischer Beherrschung, die im Gegensatz zur Vorinstanz (LG Köln BeckRS 2007, 19688 = AG 2008, 327) abgelehnt wurde. Die Geltung der Haftung aus qualifiziert-faktischem Konzern in der AG war bereits vor Bremer Vulkan umstritten. Mangels Regelungslücke abl. OLG Düsseldorf NJW-RR 2000, 1132 f.; ebenso Kölner Komm AktG/*Koppensteiner* Anh. § 318 Rn. 64 ff.; aA die damals hM, OLG Hamm NJW 1987, 1030; Emmerich/Habersack KonzernR Anh. § 317 Rn. 5; *Hüffer*, 4. Aufl. 1999, § 302 Rn. 30, § 303 Rn. 7, § 311 Rn. 11; Emmerich/Habersack KonzernR § 28; *Heyder*, Der qualifiziert faktische Aktienkonzern, 1997, 175 ff.

[78] AA die bisherigen Vertreter der Analogie zu §§ 302, 303, siehe vorherige Fn. Ohne diese Erweiterung würde der Hinweis nicht überzeugen, dass das Verbot der Nachteilszufügung auch bei der Einpersonen-AG uneingeschränkte Geltung habe (Emmerich/Habersack/*Emmerich* Anh. § 317 Rn. 5). Denn das betrifft auch den Privataktionär, der gleichwohl nur nach § 117 haftbar wäre. Vgl. die insoweit zutr. Kritik bei Kölner Komm AktG/*Koppensteiner* Anh. § 318 Rn. 109.

[79] Siehe dazu BGHZ 103, 1 = NJW 1988, 1326 (zu GmbH); NJW 2002, 822; OLG Hamm NZG 2003, 228 = AG 2003, 520; OLG Stuttgart AG 2003, 533 = DB 2003, 764; eingehend *Hirte/Schall* Der Konzern 2006, 243 (244 ff.) (für Anwendbarkeit ohne Registereintragung, so in anderem Zusammenhang auch BGH NZG 2005, 261 = NJW-RR 2005, 627); aA (Registereintragung unbedingt erforderlich) OLG Schleswig NZG 2008, 868 = DB 2008, 2076; OLG München NZG 2008, 753; OLG Saarbrücken NZG 2004, 382 = ZIP 2004, 559; → § 291 Rn. 64; MüKoAktG/*Altmeppen* § 291 Rn. 198 ff.; *Schürnbrand* ZHR 169 (2005), 35 ff. (50 f.); *Kort* NZG 2009, 365 (367 ff.); *Goslar* DB 2008, 800 (804); *Ederle*, Verdeckte Beherrschungsverträge, 2010, 140 ff.; siehe zu den weiteren Voraussetzungen solcher Verträge auch LG München I BeckRS 2008, 02 740; dazu *Goslar* DB 2008, 800 ff.; eingehend *Ederle*, Verdeckte Beherrschungsverträge, 2010, 135 ff.

[80] So auch Kölner Komm AktG/*Koppensteiner* Anh. § 318 Rn. 73 (zu den einzelnen Voraussetzungen ab Rn. 87).

[81] Der Missbrauchsgedanke reicht zur Legitimation, einer Lücke im engeren Sinne bedarf es nicht. Eine solche bejahend Kölner Komm AktG/*Koppensteiner* Anh. § 318 Rn. 73. Immerhin kann man auf die Schwächen des Vorsatzerfordernisses in § 826 BGB und § 117 verweisen (vgl. BGH DZWiR 1996, 242 f. mit Anm. *Kowalski*).

[82] Die Subsidiarität der Existenzvernichtungshaftung gilt auch gegenüber §§ 302, 303 ff. (direkt oder analog).

[83] Anders, wenn man die Erstreckung der §§ 302, 303 auf Privataktionäre ablehnt.

zu § 6 EBRG) sowie bei der Zusammenrechnung der Arbeitnehmer im Rahmen der unternehmerischen Mitbestimmung.[84] Ansonsten werden Unternehmensverbindungen zumeist eigenständig nach den jeweiligen Zwecken definiert (zum Hintergrund siehe → Rn. 4), oft im Anschluss an den Kontrollbegriff des § 290 Abs. 2 HGB. Dennoch wird hier ähnlichen Problemstellungen begegnet. So kann es ggf. zu wechselseitigen „Ausstrahlungswirkungen" kommen. In der Folge kann nur ein knapper Überblick über die wesentlichen Regelungsgebiete gegeben werden.

17 Die **Konzernrechnungslegung** in §§ 290 ff. HGB samt Berichterstattung hat sich mit dem BilMoG scheinbar endgültig vom Aktienkonzernrecht gelöst.[85] Während zuvor noch ein paralleles Regime zwischen dem europarechtlich vorgegebenen Kontrollkonzept und der einheitlichen Leitung nach Aktienrecht, freilich beschränkt auf Unterordnungskonzerne bestand (§ 290 Abs. 1 und § 290 Abs. 2 HGB aF),[86] bedarf es nach der Neufassung nur noch der unmittelbaren oder mittelbaren Ausübung „beherrschenden Einflusses", um daran die Gesamtdarstellung des Konzerns als Wirtschaftsunternehmen anzuknüpfen. Die europarechtlichen Vorgaben fungieren dabei als nicht abschließende Regelbeispiele (§ 290 Abs. 2 Nr. 1–3 HGB). Zwar verweist § 290 Abs. 1 HGB nicht explizit auf § 17. Er verwendet aber exakt die gleichen Worte („beherrschender Einfluss"). Selbst wenn man also davon ausgehen wollte, dass § 290 Abs. 1 HGB autonom nach den Zwecken der Rechnungslegung ausgelegt werden muss, wobei neben § 290 Abs. 2 HGB etwa auch IAS 27 zu beachten wäre,[87] würde das Abstellen auf den beherrschenden Einfluss zu einer erheblichen Ausstrahlungswirkung führen.[88] Versteht man die Verweise anderer Vorschriften auf die allgemeinen Definitionen der §§ 15 ff., wie hier vertreten (→ Rn. 11), generell so, dass sie abweichender Auslegung nach dem Telos des jeweiligen Rechtsgebietes zugänglich sind,[89] kann man sogar einen Schritt weiter gehen und § 290 Abs. 1 HGB als Verweisung auf § 17 AktG „in entsprechender Anwendung" begreifen. Während mit Aufgabe der einheitlichen Leitung der bisherige Bezug zum Aktienkonzernrecht gänzlich entfallen schiene, wäre nach dieser Sicht ganz im Gegenteil das Rechnungslegungsrecht nach Hebung seiner alten Schwäche (zu enge Konsolidierungsvoraussetzungen nach deutschem Recht, → Rn. 5 f.) wieder in das allgemeine Konzernrecht re-integriert (→ § 17 Rn. 6).

18 Im **Steuerrecht** steht die Figur der Organschaft im Mittelpunkt. Sie erlaubt unter bestimmten Voraussetzungen die Zusammenfassung rechtlich selbstständiger Gesellschaften als einheitliches Steuersubjekt für Zwecke der Körperschafts-, Gewerbe- und Umsatzsteuer. Dabei ist nach dem neuen § 14 KStG neben dem Anschluss eines Gewinnabführungsvertrags nur noch finanzielle Eingliederung erforderlich, die sich aus der Stimmenmehrheit ergibt (§ 14 Abs. 1 Nr. 1 KStG).[90] Demgegenüber ist gemäß § 2 Abs. 2 UStG weiterhin auch organisatorische Eingliederung erforderlich. Diese kann über Beherrschungsverträge begründet werden. Da außerdem Gewinnabführungsverträge ohne Beherrschungsmöglichkeit nicht unproblematisch sind, ergibt sich aus dem Steuerrecht nach wie vor ein wesentlicher Antrieb zur Vertragskonzernbildung.[91] Daran hat die Niederlassungsfreiheit im grenzüberschreitenden Verkehr einstweilen nichts geändert.[92] Jedoch sind die steuerrechtlichen Voraussetzungen autonom zu begründen. Auf die Wertungen des Aktienkonzernrechts ist nicht zurückzugreifen,[93] so dass es hier zu keiner Ausstrahlungswirkung kommt.

19 Das **Kapitalmarktrecht** regelt Konzernsachverhalte vor allem mit den Mitteilungspflichten nach § 33 WpHG und mit dem WpÜG. In Letzterem ragt das – jetzt auch europarechtlich gebotene – Pflichtangebot nach § 35 WpÜG bei 30 % Beteiligung durch einen oder mehrere im Verbund handelnde Gesellschafter im Zeichen des Konzerneingangsschutzes heraus. Daneben existieren besondere Publizitätsgebote im Börsenrecht.[94] Das Aktienkonzernrecht kommt hier nur mittelbar

---

[84] § 5 MitbestG; dazu Emmerich/Habersack/*Emmerich* Einl. Rn. 38.
[85] Vgl. aber auch *Koppensteiner* FS Hopt, 2010, 959 (961 ff.).
[86] Dabei hatte der Konzernbegriff in § 290 Abs. 1 HGB freilich kaum noch Bedeutung (aA Kölner Komm AktG/*Koppensteiner* § 18 Rn. 14; *Koppensteiner* FS Hopt, 2010, 959 (961 f.)); für einen den Spezialfall faktischer HV-Mehrheiten, die in § 290 Abs. 2 HGB aF nicht zu berücksichtigen waren, auch *Küting* DB 2009, 73 ff.
[87] Vgl. *Lüdenbach/Jens* BB 2009, 1230.
[88] *Lüdenbach/Jens* BB 2009, 1230; für weitgehende Parallelität *Koppensteiner* FS Hopt, 2010, 959 (962 ff.).
[89] Etwa mit Blick auf das Erfordernis einer gesellschaftsrechtlichen Fundierung der Herrschaft, vgl. § 290 Abs. 2 Nr. 4 HGB; *Lüdenbach/Jens* BB 2009, 1230. S. ferner → § 17 Rn. 22 ff.
[90] *Blümich/Krumm* § 14 KStG Rn. 80 ff., auch zum Wegfall des Additionsverbots; Kölner Komm AktG/*Koppensteiner* § 291 Rn. 4.
[91] Skeptischer noch *Hirte/Schall* Der Konzern 2006, 243 (246); ferner *Altmeppen* ZHR 171 (2007) 320 (324); zum Ganzen auch Kölner Komm AktG/*Koppensteiner* § 291 Rn. 4 f.; *Schön* ZHR 168 (2004), 629 ff.
[92] EuGH Rs C-446/03 *Marks & Spencer*; dazu *Seer* ECFR 2006, 237; *Liebscher* GmbH-KonzernR Rn. 566 und Rn. 1080; *Hey* GmbHR 2006, 113; *Herzig/Wagner* DStR 2006, 113 ff.; *Stoll*, Garantiekapital und konzernspezifischer Gläubigerschutz, 2007, 175 ff.
[93] BFH DStRE 2008, 949 gegen Vorinstanz FG BW DStRE 2006, 1289.
[94] Näher Kölner Komm AktG/*Koppensteiner* Rn. 21.

über Zurechnungsfragen zum Zuge, wobei aber meist primär § 290 HGB angesteuert wird (vgl. § 2 Abs. 6 WpÜG)[95] Und im Übrigen die ganz eigenständige, europarechtlich fundierte Zurechnungsfigur des *acting in concert* zum Zuge kommt (siehe – mit Unterschieden in den Details – § 2 Abs. 5, § 30 Abs. 2 WpÜG; § 35 Abs. 2 WpHG).

Das **Umwandlungsgesetz** enthält Regeln für Verschmelzung, Spaltung oder Formwechsel von **20** deutschen Rechtsträgern aller Art und betrifft damit zentrale Fragen der Konzernbildung. Der großen Erleichterung, die in der Ermöglichung der Gesamtrechtsnachfolge liegt, stehen strenge Zustimmungserfordernisse der Gesellschafter gegenüber, die sich aber nicht auf die Konzernbildung durch Einzelnachfolge übertragen lassen.[96] Eine weitere, neuerdings eingeführte Strukturmaßnahme ist der **„Squeeze Out"** von Kleinstaktionären in den §§ 327a ff.

Das deutsche und europäische **Kartellrecht**[97] begegnet Konzernen unter dem Blickwinkel der **21** (un)zulässigen Wettbewerbsbeschränkung, und zwar einerseits durch Fusions- und Marktmissbrauchskontrolle, andererseits durch die Ermöglichung verbundinterner Wettbewerbsbeschränkungen.[98] Im GWB knüpft nur noch die Zurechnungsnorm des § 36 Abs. 2 GWB an das Aktienkonzernrecht an,[99] während § 37 GWB eigenständige Kontrollkriterien enthält. Auch der Unternehmensbegriff weicht von dem des Aktienkonzernrechts ab.[100]

Das **Aufsichtsrecht** (KWG, VAG) befasst sich mit Konzernen unter zwei wesentlichen Aspek- **22** ten:[101] der Sicherung der finanziellen Leistungsfähigkeit des Gesamtunternehmens sowie der Sicherung transparenter Strukturen und der Verhinderung unzulässigen Einflusses (zB „Outsourcing") (vgl. § 25a Abs. 2 KWG). Dabei bedient es sich überwiegend eigenständiger Zurechnungsnormen,[102] wobei aber für die Frage des beherrschenden Einflusses, wo sie sich stellt, auf § 17 rekurriert können werden soll.[103]

Im **Insolvenzrecht** wurden nach langem Vorlauf (vgl. Voraufl., Rn. 24) nun sowohl auf **22a** der europäischen als auch auf der deutschen Ebene besondere Regeln zur **Konzerninsolvenz** geschaffen: Art. 56 ff. EuInsVO 2015/848[104] sowie §§ 3a–3e, 56b, 269a–269i InsO. Dabei geht es im Wesentlichen um Verfahrenskoordinierung, auf deutscher Ebene weitergehend auch um gemeinsame Gerichtsstände (§§ 3a–3d InsO) sowie Verwalter (§ 56b InsO). Eine materiell-rechtliche Zusammenfassung der Vermögensgegenstände *(substantive consolidation)* ist nach wie vor nicht vorgesehen. Zu Recht: Sie würde das kapitalgesellschaftsrechtliche Trennungsprinzip just in dem Moment außer Kraft setzen, wenn es seine notwendige Wirkung entfaltet. Die Konzerndefintion in § 3e InsO bedient sich im Übrigen zwar der Begrifflichkeiten der § 17 (Möglichkeit der Ausübung beherrschenden Einflusses) und § 18 (einheitliche Leitung), macht aber anders als die §§ 17, 18 die konsolidierte Betrachtung der Unternehmensgruppe nicht vom Vorliegen einheitlicher Leitung abhängig und entspricht damit den heutigen Kontrollkonzepten (→ Rn. 2).

c) **Konzernbildungskontrolle.** Außerhalb des Aktienkonzernrechts liegen auch der wesentliche **23** Teil der Konzernbildungskontrolle[105] auf Ebene der herrschenden Gesellschaft, seien es „Holzmüllerkonstellationen" unter allgemeinem Aktienrecht,[106] seien es besondere Strukturmaßnahmen nach dem UmwG oder Übernahmen nach dem WpÜG. Denn das materielle Konzernrecht ist als Schutzrecht aus Sicht des abhängigen Unternehmens und seiner *stakeholder* (Gläubiger, Minderheiter) konzipiert. Doch auch auf der Ebene des herrschenden Unternehmens gibt es Konflikte, denen die lex scripta mit der ausschließlichen Zuständigkeit des Vorstandes und der schwachen Stellung der „Anle-

---

[95] S. auch *Koppensteiner* FS Hopt, 2010, 959 (964 ff.).
[96] Kölner Komm AktG/*Koppensteiner* Vor § 291 Rn. 52 ff.
[97] *Koppensteiner* FS Hopt, 2010, 959 (975 ff.).
[98] Kölner Komm AktG/*Koppensteiner* Rn. 83 ff.
[99] Dazu etwa OLG Düsseldorf BeckRS 2006, 07 157 (gesellschaftsrechtliche Verbindung muss Erfordernisse der §§ 16, 17 erfüllen).
[100] OLG Düsseldorf AG 2008, 859 = NJOZ 2008, 3758 (öffentliche Hand kein Unternehmen, aber Unternehmensfiktion des § 36 Abs. 3 GWB anwendbar); ferner Immenga/Mestmäcker/*Thomas* GWB, § 36 Rn. 821 ff.
[101] Ähnlich Kölner Komm AktG/*Koppensteiner* Rn. 31 ff.
[102] § 1 Abs. 6–10 KWG, § 7 Nr. 3 und 4 VAG, § 1a Abs. 3 UBGG. Im Übrigen wird beherrschender Einfluss nach § 1a Abs. 3 UBGG nach dem Zweck der Vorschrift keine gesellschaftsrechtliche Fundierung erfordern, aA wohl Großkomm AktG/*Windbichler* § 15 Rn. 7 („sachlich § 17 entsprechend").
[103] *Koppensteiner* FS Hopt. 2010, 959 (969).
[104] Zur grenzüberschreitenden Konzerninsolvenz unter der alten EuInsVO namentlich EuGH Rs C-341/04 – Eurofood (eine besondere Zuständigkeit bei Konzerninsolvenz grds. abl.); dazu *Bachner* ECFR 2006, 310.
[105] Dazu Kölner Komm AktG/*Koppensteiner* Vor § 291 Rn. 31 ff.; MüKoAktG/*Altmeppen* Vor § 311 Rn. 1 f.; Emmerich/Habersack/*Emmerich* Einl. Rn. 11 ff.; *Jungkurth*, Konzernleitung bei der GmbH, 1998, 23 ff. Zur Wechselwirkung zwischen Konzerneingangskontrolle und Konzernverfassung Großkomm AktG/*Windbichler* Rn. 44.
[106] BGHZ 83, 122 = NJW 1982, 1703 – Holzmüller; dazu die Kommentierung zu § 119.

ger-Aktionäre" nicht gerecht wird.[107] Die Konzernproblematik spielt auch in Corporate-Governance-Fragestellungen wie die Unabhängigkeit von Mitgliedern des Aufsichtsrates bzw. bestimmter Ausschüsse *(audit committees)* hinein, weil daran die Beherrschbarkeit des Unternehmens hängt (→ § 17 Rn. 55).

24   d) Allgemeines Zivilrecht und andere Rechtsgebiete. Besondere Regelungen für Konzerne fehlen schließlich im Recht des unlauteren Wettbewerbs,[108] des Firmenrechts[109] und des Markenschutzes,[110] im öffentlichen Recht[111] sowie im allgemeinen Zivilrecht.[112] Dementsprechend sind zahlreiche konzerntypische Einzelfragen wie die Zulässigkeit von *„upstream/downstream guarantees"* und *„cash-* bzw. *asset-pooling"*, verdeckte Gewinnausschüttungen, Gesellschafterdarlehenssubordination, die Zurechnung von Wissen nach § 166 (analog),[113] die Erstreckung von Tatbestandsmerkmalen in Normen[114] oder Vertragsklauseln (Reichweite von Wettbewerbsverboten), die Bewertung interner Austauschverträge, das vertragliche Einstehen der Konzerngesellschaften füreinander (Patronatserklärungen) oder die Begründung von konzerninternen Auskunftspflichten[115] mit den allgemeinen Instrumenten der Vertrags- und Gesetzesauslegung zu bewältigen.[116] Dabei können allerdings die Wertungen der §§ 15 ff. zur Ausfüllung herangezogen werden (→ § 17 Rn. 7).

25   5. Historie des Konzernrechts.[117] Das Konzernrecht wurde erst mit der Aktienrechtsreform 1965 in umfassender Weise kodifiziert und schuf die lange vermisste Rechtsklarheit im Bereich der Unternehmensverträge, die – motiviert durch die steuerliche Organschaft – längst Einzug in die Praxis gehalten hatten.[118] Zugleich sah es entgegen des Referentenentwurfs vom Verbot der faktischen Konzernierung ab[119] und baute stattdessen den Schutz gegen Abhängigkeit aus. Zugleich wurde aber auch die Unabhängigkeit des Vorstandes (§ 76) als wesentliches, konzernfeindliches Strukturmerkmal der deutschen AG bestätigt (→ § 76 Rn. 1 ff.). Mit diesen Regelungen schuf das AktG 1965 einen Kompromiss als Endpunkt einer langen und wechselhaften Entwicklung des Konzernrechts. Wesentliche Treiber der Konzernbildung im 19. Jahrhundert waren das Steuerrecht mit der aufkommenden Organschaft sowie – diametral entgegengesetzt zur heute dominierenden Weltanschauung – das Streben nach wirtschaftlicher Stabilität durch Konzentration und **Kartellbildung.**[120] Auf die Erfahrungen des Gründungsschwindels hatte das deutsche

---

[107] Kölner Komm AktG/*Koppensteiner* Rn. 9.
[108] Dazu Kölner Komm AktG/*Koppensteiner* Rn. 92 ff.; *Koppensteiner* FS Hopt, 2010, 959 (978 ff.).
[109] Keine „Konzernfirma", Kölner Komm AktG/*Koppensteiner* Rn. 92 f.; *Koppensteiner* FS Hopt, 2010, 959 (978 ff.). Zu Problemen der Firma im Konzern unter dem englischen Verbot von *„phoenix companies"* nach sec 216 IA 1986 siehe *Ricketts v Ad Valorem Factors Ltd* (2003) EWCA Civ 1706 = (2004) 1 All ER 894 = EWiR 2005, 709 *(Schall)*; *ESS v Sully* (2005) EWCA Civ 554 = EWiR 2005, 711 *(Schall)*.
[110] Großkomm AktG/*Windbichler* Rn. 27, 35; *Koppensteiner* FS Hopt, 2010, 959 (978 ff.).
[111] Kölner Komm AktG/*Koppensteiner* Rn. 107 ff.
[112] Kölner Komm AktG/*Koppensteiner* Rn. 47 ff.
[113] Dazu zB *Schürnbrand*, ZHR 181 (2017), 357; *Spindler*, ZHR 181 (2017), 311; *Grigoleit*, ZHR 181 (2017), 160; *Schüler* Wissenszurechnung, 2000, passim.
[114] LArbG Frankfurt AiB 2002, 119 ff. mit Anm *Mansholt*: Keine soziale Rechtfertigung nach § 1 Abs. 2 S. 2 Nr. 1b KSchG bei Übernahmeanspruch gegen anderes Konzernunternehmen; str., Großkomm AktG/*Windbichler* Rn. 27; Kölner Komm AktG/*Koppensteiner* Rn. 78, Rn. 77 zum Arbeitgeberbegriff (grds. Einzelunternehmen, nicht Konzernspitze) und Rn. 79 zum Berechnungsdurchgriff nach § 16 BetrAVG (nur bei Unternehmensvertrag, Eingliederung oder qualifiziert faktischer Konzernierung).
[115] *Pöschke* ZGR 2015, 550 ff.
[116] Großkomm AktG/*Windbichler* Rn. 26; guter Überblick bei Kölner Komm AktG/*Koppensteiner* Rn. 47 ff.
[117] Konzis *J. Vetter* ZGR-Sonderheft 19 (2016), 231 (233 ff.); eingehend *Altmeppen* in Bayer/Habersack, Aktienrecht im Wandel, Band 2, Kap. 23 (S. 1029 ff.); *Dettling*, Die Entstehungsgeschichte des Aktiengesetz 1965; Emmerich/Habersack/*Emmerich* Einl. Rn. 16 f.; Kölner Komm AktG/*Koppensteiner* Rn. 1 ff.; Großkomm AktG/*Windbichler* Rn. 3 ff.; *Hommelhoff*, Die Konzernleitungspflicht, 1982, 2 ff.; *Dettling*, Die Entstehungsgeschichte des Aktiengesetz 1965, 59 ff. Ganz andere Sichtweise bei *Amstutz*, Globale Unternehmensgruppen, 2017, S. 46 ff. (dazu gleich noch Fn. 121).
[118] Kölner Komm AktG/*Koppensteiner* § 15 Rn. 13 mit Fn 30; zur Entwicklung siehe auch *Altmeppen* ZHR 171 (2007) 320 ff.
[119] Siehe BegrRegE *Kropff* S. 16, 374; *Hirte/Schall* Der Konzern 2006, 243 (246).
[120] *J. Vetter* ZGR-Sonderheft 19 (2016), 231 (234); eingehend *Altmeppen* in Bayer/Habersack, Aktienrecht im Wandel, Band 2, Kap. 23 Rn. 5 f.; *Dettling*, Die Entstehungsgeschichte des Aktiengesetz 1965, 59 ff. Eine ganz eigene Sicht auf die Entwicklung vertritt demgegenüber *Amstutz*, Globale Unternehmensgruppen, 2017, S. 46 ff., der als Grund für die Konzernbildung die erhöhte Lernfähigkeit dieser Gebilde nach den Gedanken der Hyperzetzxorganisation annimmt. Das ist interessant, letztlich aber nicht überzeugend, vgl. auch die Besprechung von *Schall* ZHR 182 (2018).

Aktienrecht mit der Hegemonie der Hauptversammlung reagiert.[121] Dies führte in einer Zeit vor Herausarbeitung der kapitalgesellschaftsrechtlichen Treupflichten zu uneingeschränkter Mehrheitsherrschaft,[122] welche wiederum die Konzernbildung beflügelte. Logische Folge war die Anerkennung des **Vorrangs des Konzerninteresses**.[123] Dieser überlebte (im Gegensatz zum Weisungsrecht) als ungeschriebener Grundsatz sogar die Entmachtung der Hauptversammlung und die Installation der Vorstandsautonomie durch das AktG 1937.[124] Erst im Vorfeld des AktG 1965 hatte sich die kritische Sicht auf Konzerne (**„Konzerngefahr"**) allgemein durchgesetzt. Sie führte zwar wie eingangs gesagt nicht zum Verbot von Konzernen, wohl aber zum umfassenden Schutzrecht in den §§ 291 ff, §§ 311 ff, das den Zweck des deutschen Konzernrechts bis heute dominiert (→ Rn 27 ff.).

6. Teleologie des Konzernrechts. Die Definitionen der §§ 15–19 sind nicht isoliert auszulegen. Ihr Normzweck, der von zentraler Bedeutung für die Auslegung des Unternehmensbegriffs ist (→ § 15 Rn. 10 ff.), lässt sich nur in Zusammenschau mit den mit ihnen verbundenen Sachvorschriften erschließen. Das ist die Grundlage für abweichende Auslegungsmöglichkeiten trotz des prinzipiell gemeinsamen Ausgangspunktes (→ Rn. 11). Dabei zeigt sich folgendes Bild:

a) Die Konzerngefahr. Der erklärte Zweck des Konzernrechts ist die Abwehr der sog. „Konzerngefahr" im Interesse des **Minderheiten- und Gläubigerschutzes**.[125] Die Konzerngefahr wurzelt im Konflikt zwischen der juristischen Konstruktion und der wirtschaftlichen Realität von Unternehmungen. Das Recht begrenzt die Organisationsformen für wirtschaftliche Betätigung (AG, GmbH, OHG etc) auf den Betrieb ihres Unternehmens. Nach der Vorstellung des Gesetzes richten sich dort die Interessen aller Beteiligten (Gesellschafter, Geschäftsführung/Verwaltung) unisono auf das Beste des Unternehmens, von dessen erfolgreicher Tätigkeit sie gemeinsam profitieren, was letztlich auch die Gläubiger schützt. Der juristischen Einzelbetrachtung des Rechtsträgers steht die Praxis der Gruppenbildung gegenüber.[126] Einheitliche Unternehmungen werden weit über die Grenzen der einzelnen Rechtsträger hinaus betrieben. Das gefährdet die idealtypische Interessenbündelung, da die Interessen solcher Konzerne denen der Einzelunternehmen übergeordnet werden, zB Gewinne verlagert oder Liquidität umgeschichtet. Dies kann zum Ausbluten von beherrschten Unternehmen führen. Auf der Strecke bleiben Minderheitsgesellschafter, die sich dieser Entwicklung nicht entgegenstemmen können, sowie Gläubiger, die sich auf das gesunde Eigeninteresse des Unternehmens verlassen haben, ohne die Zweckentfremdung hinter den Kulissen erkennen zu können. Dieser Gefahr begegnet das Gesetz auf zwei Ebenen. Zum einen mit Aufklärungs-, Schutz- und Ausgleichsgeboten in bestehenden Unternehmensverbindungen, zum anderen durch Hürden auf dem Weg zur Bildung („Konzerneingangskontrolle", → Rn. 23) und zur Beendigung von Konzernen,[127] die durch konzernbezogene Regelungen im UmwG oder im WpÜG flankiert werden.

b) Kritik. Auch in einer Welt seriöser Großkonzerne bleibt die Konzerngefahr nachvollziehbar.[128] Nur wo Unternehmung und Rechtsträger divergieren, kann ein Teil für das größere Ganze geopfert werden. Ein hierauf zugeschnittenes Konzernrecht ist durchaus sinnvoll, seine Schleifung verspricht keinen Gewinn. Jedoch erscheint die Beschränkung des Schutzes auf die anderweitige

---

[121] *J. Vetter* ZGR-Sonderheft 19 (2016), 231 (234f.).
[122] Instruktiv RGZ 68, 235 (245 ff.) – Hiberna; dazu *Altmeppen* in Bayer/Habersack, Aktienrecht im Wandel, Band 2, Kap. 23 Rn. 8.
[123] *Altmeppen* in Bayer/Habersack, Aktienrecht im Wandel, Band 2, Kap. 23 Rn. 12 ff.; *J. Vetter* ZGR-Sonderheft 19 (2016), 231 (235).
[124] *Altmeppen* in Bayer/Habersack, Aktienrecht im Wandel, Band 2, Kap. 23 Rn. 18; *J. Vetter* ZGR-Sonderheft 19 (2016), 231 (236).
[125] BegrRegE *Kropff* S. 39 ff.; Hüffer/Koch/*Koch* § 15 Rn. 3; Grigoleit/*Grigoleit* § 15 Rn. 4; Wachter/*Franz* § 15 Rn. 3; Hölters/*Hirschmann* § 15 Rn. 3; Großkomm AktG/*Windbichler* Rn. 11; MüKoAktG/*Bayer* § 15 Rn. 7; Emmerich/Habersack/*Emmerich* § 15 Rn. 6 ff.; NK-AktR/*Peres/Walden* § 15 Rn. 2.
[126] Großkomm AktG/*Windbichler* Rn. 12.
[127] §§ 296 ff.; §§ 303, 327. Dazu Großkomm AktG/*Windbichler* Rn. 45; jetzt *Grüner*, Die Beendigung von Gewinnabführungs- und Beherrschungsverträgen, 2003, passim; *I. Meyer*, Die Beendigung von Gewinnabführungs- und Beherrschungsverträgen im GmbH-Recht, 2002, passim.
[128] Man denke bloß an das *cash-pooling* in Bremer Vulkan oder allfällige Gewinnverschiebungen. Insoweit zutr. daher Kölner Komm AktG/*Koppensteiner* Rn. 11; kritischer Großkomm AktG/*Windbichler* Rn. 17, 36; *Lutter* ZGR 1987, 324 (361 f.); vor allem *Ehricke*, Das abhängige Konzernunternehmen in der Insolvenz, 1998, 408 ff., der mit allgemeinen Rechtsbehelfen auskommen will; s. jetzt auch *Stoll*, Garantiekapital und konzernspezifischer Gläubigerschutz, 2007, passim, auf Grundlage der Kapitaldebatte; grds. positiv zum deutschen Konzernrecht dagegen *Liebscher* GmbH-KonzernR Rn. 566.

wirtschaftliche Interessenbindung des Herrschers in ihrer Absolutheit zunehmend zweifelhaft.[129] Die idealtypische Interessenbündelung ist eine Fiktion aus den „präbörsianischen" Zeiten der bankfinanzierten „Deutschland AG". Sie hat herrschende Familienstämme vor Augen, die lebenslang dem Unternehmen verbunden sind, außerdem passive Anleger, deren Interessen sich auf beständigen Dividendenfluss reduzieren. Diese Sicht entspricht nicht der wirtschaftlichen Realität des einundzwanzigsten Jahrhunderts.[130] Die zunehmende Aktivität professioneller Anleger im Zeichen rigorosen *shareholder values* macht auch private Herrscher zu potentiellen „Feinden" der Gesellschaft, die beispielsweise den Unternehmenswert im Zuge eines Going Private/Going Public künstlich minimieren/maximieren. Es besteht erhebliche Gefahr, dass der Vorstand im Einvernehmen mit dem privaten Mehrheitsaktionär Gewinne lieber in den Rückkauf eigener Aktien investiert und Investitionen unterlässt,[131] die Qualitätssicherung zurückfährt oder Arbeitnehmer entlässt, nicht weil das im Unternehmensinteresse geboten wäre, sondern weil es kurzfristig der Kurspflege dient.[132] Nicht zu übersehen ist weiter, dass die Profitinteressen privater Insider (samt ihrer professionellen Berater) der Triebsatz für Blühen und Platzen der Internetblase waren. Stellt man dem allem die positive Realität des Konzerns in unserem Wirtschaftsleben gegenüber,[133] gibt es für die *abstrakte* Annahme einer *höheren* Gefährdung bei anderweitiger unternehmerischer Tätigkeit des Herrschers aus heutiger Sicht keine plausible Grundlage mehr.[134] Missbrauch der beschränkten Haftung oder der Mehrheitsmacht ist immer möglich und im großen Konzern sogar unwahrscheinlicher als im kleinen Einzelunternehmen. Nach dem Grundsatz „cessante ratione cedit lex" hat man daraus auch unter der lex lata an geeigneten Stellen Konsequenzen zu ziehen und insbesondere Privataktionäre als mögliche Parteien eines Beherrschungsvertrags anzuerkennen (näher → § 15 Rn. 16 f., 46 ff.). Anknüpfungspunkt ist die Ausstrahlungswirkung neuerer konzernbezogener Regelungswerke (→ Rn. 1 ff.). Die bisherige

---

[129] Kritisch auch MüKoAktG/*Bayer* Rn. 8; Emmerich/Habersack/*Emmerich* Rn. 7 („Überzeugungskraft weithin eingebüßt"); K. Schmidt/Lutter/*J. Vetter* § 15 Rn. 34 ff. (iE aber der hM folgend); *Leuschner*, Das Konzernrecht des Vereins, 2011, 26 f. und 38 ff.; *Ehricke*, Das abhängige Konzernunternehmen in der Insolvenz, 1998, 408 ff.; *Siegels*, Die Privatperson als Konzernspitze, 1997, 47 ff.; *Wackerbarth*, Die Abschaffung des Konzernrechts, DK 2005, 562 (563 ff.); schon *Flume*, Grundfragen der Aktienrechtsreform, 1960, 45; zu den §§ 20 ff. die Unternehmensrechtskommission → Rn. 1296 ff.; aA Kölner Komm AktG/*Koppensteiner* § 15 Rn. 10 ff.; K. Schmidt GesR § 31 II 1a (siehe jetzt aber auch *K. Schmidt* FS Koppensteiner, 2001, 191 ff.); *Bitter*, Konzernrechtliche Durchgriffshaftung bei Personengesellschaften, 2000, 35 ff.; *Görling*, Die Konzernhaftung in mehrstufigen Unternehmensverbindungen, 1998, 94 ff.; jüngst *Ederle*, Verdeckte Beherrschungsverträge, 2010, 24 ff., der freilich mit der Anerkennung „privater" Beherrschungsverträge (S. 74 f.) iE der hier vertretenen Linie folgt.

[130] S. etwa *Brost* et al, „Manager ohne Moral?", DIE ZEIT, Nr. 49, 2005, S. 25 und *Greiner* „Wahnsinnige Gewinne", DIE ZEIT Nr. 49, 2005, S. 1; ferner schon *Piper*, „Analysten an der Macht", DIE ZEIT, Nr. 17, 1999.

[131] Vgl. *v. Heusinger*, „Und sie schwimmen in Milliarden", DIE ZEIT, Nr. 42, 2004.

[132] Das Ermessen des Vorstandes ist nach heute hM an der nachhaltigen Existenz und Ertragsfähigkeit des Unternehmens auszurichten, → § 76 Rn. 21 ff.; Hüffer/Koch/*Koch* § 76 Rn. 34; zust. OLG Hamm AG 1995, 512 (514). Natürlich können Stellenstreichungen auch bei blühendem Geschäft im Unternehmensinteresse geboten sein, um die künftige Wettbewerbsfähigkeit zu erhalten. Aber diese Differenzierung ist für den konventionellen, an kurzfristigen Zahlen orientierten shareholder value irrelevant, vgl. *Malik* DIE ZEIT, Nr. 49, 2005, S. 28.

[133] Dazu etwa den Bericht der High Level Group, Report on a Modern Regulatory Framework for Company Law in Europe („Winter Report"), S. 17, 102 ff.

[134] Das ist keine vage Behauptung, sondern ein Befund, der in vielfacher Weise belegbar ist, etwa durch die Aktivität des europäischen und deutschen Gesetzgebers (WpHG, WpÜG, Übernahmerichtlinie), durch die Rechtsprechung (Aufgabe des qualifizierten faktischen Konzerns, Rn. 12), durch die Äußerungen der High Level Group (vorige Fn.), durch die ökonomischen Theorien zu den Agency Costs of Equity (grundlegend *Jensen/Meckling* 3 Journal of Financial Economics 305 (1976)) oder durch die Beobachtung, dass in England nur ein Bruchteil der Fälle von Minderheitenschutz im Konzernbereich spielen (→ Rn. 39). Tendenziell wie hier etwa *K. Schmidt* FS Koppensteiner, 2001, 191; *K. Schmidt* FS Lutter, 2000, 1179 ff.; *Mülbert* ZHR 163 (1999), 1 ff.; *Ehricke*, Das abhängige Konzernunternehmen in der Insolvenz, 1998, 408 ff.; *Siegels*, Die Privatperson als Konzernspitze, 1997, 47 ff.; Emmerich/Habersack/*Emmerich* Rn. 9; auch K. Schmidt/Lutter/*J. Vetter* § 15 Rn. 34 ff. (der aber dann doch die hM bevorzugt); aA die hM, zB OLG Hamm AG 2001, 146 (147); OLG Köln ZIP 2001, 2089 (2091); Hüffer/Koch/*Koch* Rn. 3, 10; MüKoAktG/*Bayer* Rn. 14 (mit nur rechtspolitischer Kritik in Rn. 11) sowie § 20 Rn. 6; *Liebscher* GmbH-KonzernR Rn. 566; dezidiert Kölner Komm AktG/*Koppensteiner* § 15 Rn. 11, § 20 Rn. 31 und 291 Rn. 13. Doch gerade er überzeugt nicht, da er sich selbst mehrfach dem Unternehmensbegriff entzieht. So hält er in Überdehnung der Sonderbehandlung der öffentlichen Hand (dazu → § 15 Rn. 44) abweichende nicht-unternehmerische Aktivitäten generell gefährlich und will ideale Rechtsträger schon deshalb immer als Unternehmen ansehen (Kölner Komm AktG/*Koppensteiner* § 15 Rn. 21, 34, 58; dagegen unten → § 15 Rn. 43). Doch fällt das private Gewinnstreben mindestens ebenso gut unter die seiner Ansicht nach ausreichenden „Interessen des Aktionärs, die von jenen der AG in schädigungsgeeigneter Weise divergieren können" (Kölner Komm AktG/*Koppensteiner* Rn. 21). Ferner tritt er bei qualifiziert faktischer Beherrschung im Innenrecht (dazu → Rn. 14) für ein Ergebnis ein, dass der analogen Anwendung des § 305 auf Privataktionäre entspricht, Kölner Komm AktG/*Koppensteiner* Anh. § 318 Rn. 103 ff., 109.

Untätigkeit des Gesetzgebers, etwa anlässlich der Installation der Meldepflichten des WpHG, bildet kein überzeugendes Gegenargument.[135] Nicht nur, dass ihm bei einer grundlegenden Konzernrechtsreform viel Aufwand für wenig Nutzen drohen würde. Vor allem ist nicht anzunehmen, dass die tiefgreifenden und längerfristigen Erosionen in der Teleologie des Konzernrechts bei der üblichen Eile heutiger Gesetzgebungsverfahren überhaupt gesehen geschweige denn abschließend bewertet worden sind.[136]

c) Weitere Zwecke. aa) Konzernermöglichung, Konzernorganisationsrecht. Die Abwehr der Konzerngefahr erschöpft jedoch bei näherer Betrachtung die Zwecke des Konzernrechts nicht. Denn die AG wäre ohne die Regelungen des dritten Buches (§§ 291 ff.) von vornherein konzernresistent. Das ergibt sich aus der mit der Entmachtung der Hauptversammlung durch das AktG 1937 herbeigeführten, unabdingbaren (§ 23 Abs. 5) Unabhängigkeit und Weisungsfreiheit des Vorstandes (§ 76), der nur dem Gesellschaftsinteresse insgesamt verpflichtet ist.[137] Die Aktionäre können weder den Vorstand bestellen oder abberufen noch über die Gewinnverteilung entscheiden. Das schränkt die Möglichkeit zur Bildung und (engen) Führung von Konzernen erheblich ein, auch wenn der Vorrang des Konzerninteresses unter dem AktG 1937 zunächst noch anerkannt worden war (→ Rn. 25). So ist zu verstehen, dass dem deutschen Fiskus der bloße (qualifizierte) Mehrheitsbesitz nicht ausreicht, um zur steuerlichen Einheitsbetrachtung von Konzernunternehmen zu gelangen. Dies bedingte die Entwicklung der Unternehmensverträge zur Erreichung der steuerlichen Organschaft. Jene Vorschriften sind also gleichermaßen, wenn nicht gar vordringlich aus dem Aspekt der Konzernermöglichung zu sehen,[138] da ein absolutes Konzernverbot mit Recht verworfen wurde.[139] Das Gleiche gilt für die Konzernbilanz oder die Zulassung verbundinternen Wettbewerbsbeschränkungen im Kartellrecht.[140] Eng mit der Konzernermöglichung verbunden ist die Eröffnung der Gesamtbetrachtung der Unternehmensgruppe, etwa durch § 18 oder das Konzernbilanzrecht (→ Rn. 7). Jedoch legitimiert die Konzernermöglichung als solche nicht zum Ausbau eines eigenständigen „**Konzernorganisationsrechts**".[141] Sie negiert im Übrigen nicht die Konzerngefahr (vgl. §§ 302 ff.) und bietet insoweit keinen Anlass für einen anderen Unternehmensbegriff.[142]

bb) Umgehungsschutz. Schließlich weisen die zahlreichen mit den §§ 15 ff. verbundenen Einzelvorschriften noch auf einen weiteren, weniger abstrakten Zweck. Das Konzernrecht soll dem Missbrauch der juristischen Person zur **Umgehung** von Ge- und Verbotsnormen entgegenwirken.[143] Wenn die AG die Einlagen nicht selbst zurückgewähren darf, darf sie es auch nicht durch ihre Tochter. Auch der Umgehungsschutz hängt freilich nicht an der Unternehmenseigenschaft der Beteiligten, weshalb der pauschale Verweis auf die §§ 15 ff. oft nicht ausreicht (siehe etwa § 71d), während er umgekehrt auch zu weit gehen kann (näher → § 15 Rn. 8 mit Fn. 13).

---

[135] Anders explizit OLG Hamm AG 2001, 146 (147); OLG Köln ZIP 2001, 2089 (2091); Kölner Komm AktG/*Koppensteiner* § 20 Rn. 31.
[136] Zu diesem Argument in anderem Zusammenhang vgl. BGH NZG 2006, 553 (554 f.) = BB 2006, 1584 = ZIP 2006, 1151 (Unzulässigkeit der Rechtsbeschwerde im Freigabeverfahren).
[137] Die Aktionäre stellen dabei (jedenfalls in der Theorie) nur eine, nicht vorrangig zu bedenkende Fraktion neben den Arbeitnehmern, den Gläubigern und (mit Einschränkungen) sogar der Allgemeinheit dar, vgl. Hüffer/Koch/*Koch* § 76 Rn. 34; kritisch → § 76 Rn. 21 ff.
[138] Großkomm AktG/*Windbichler* Rn. 12 ff.; Emmerich/Habersack/*Emmerich* Rn. 9; K. Schmidt/Lutter/*J. Vetter* § 15 Rn. 34 ff.; Wachter/*Franz* § 15 Rn. 3; Grigoleit/*Grigoleit* § 15 Rn. 5; Altmeppen ZHR 171 (2007) 320 ff.; *Stoll*, Garantiekapital und konzernspezifischer Gläubigerschutz, 2007, 171 ff.; grundlegend *Mülbert* ZHR 163 (1999), 1 (20 ff.); MüKoHGB/*Mülbert* KonzernR Rn. 30 ff.; kritisch aber Kölner Komm AktG/*Koppensteiner* § 15 Rn. 12 ff.; *Tröger*, Treupflicht im Konzernrecht, 2000, 163 ff., 212.
[139] Siehe eben → Rn. 25. Es wäre nicht nur unrealistisch, sondern auch verfassungswidrig, liefe es doch auf eine unverhältnismäßige Beschränkung des unternehmerisch motivierten Beteiligungserwerbs sowie einen Zwang zum Einheitsunternehmen hinaus (Art. 12, 14 GG).
[140] Kölner Komm AktG/*Koppensteiner* Rn. 89 ff.
[141] So schon → Rn. 7 (dort auch zum weiterführenden Gedanken einer Innengesellschaft zwischen den Konzernunternehmen). Zum Konzernorganisationsrecht auch Großkomm AktG/*Windbichler* Rn. 42 ff.; Hüffer/Koch/*Koch* Rn. 9, 10; MHdB AG/*Krieger* § 69 Rn. 78; Emmerich/Habersack/*Emmerich* Rn. 9 sowie § 18 Rn. 5 ff. und Einl. Rn. 31 ff.; *Liebscher* GmbH-KonzernR Rn. 213 ff.; grundlegend *Mülbert* ZHR 163 (1999), 1 (24 ff.); MüKoHGB/*Mülbert* KonzernR Rn. 30 ff. Zur Konzernoffenheit der AG siehe BGHZ 119, 1 (7); Hüffer/Koch/*Koch* § 18 Rn. 7, § 311 Rn. 4 ff.
[142] Wie hier K. Schmidt/Lutter/*J. Vetter* § 15 Rn. 38: aA *Mülbert* ZHR 163 (1999), 38 ff.; dem zust. Hüffer/Koch/*Koch* § 15 Rn. 8; teils auch Kölner Komm AktG/*Koppensteiner* § 15 Rn. 17, 65, aber kritisch in § 291 Rn. 12. Siehe noch → § 15 Rn. 46 ff.
[143] Hüffer/Koch/*Koch* § 15 Rn. 14.

II. Internationales Konzernrecht

31 **1. Internationales Konzernrecht nach *Inspire Art*.** Nach der EuGH-Urteilstrilogie bis *Inspire Art*[144] können Unternehmen mit Hauptverwaltungssitz in Deutschland in ausländischer Rechtsform betrieben werden. Umgekehrt ist die mit der Sitztheorie verbundene Wegzugsbeschränkung für deutsche Gesellschaften mit Streichung der § 4a Abs. 2 GmbHG, § 5 Abs. 2 durch das MoMiG hinfällig geworden[145] – auch wenn dies europarechtlich nicht geboten gewesen wäre.[146] Das führt zu neuen Akzenten in der rechtlichen Behandlung internationaler Konzerne.

32 **a) Bisherige Grundsätze.** Als Ausgangspunkt bleibt nach wie vor festzuhalten: Es gibt kein internationales Konzernrecht als solches. Das deutsche IPR sieht nicht vor, die Unternehmensverbindungen des „allgemeinen Teils" als Vorfrage selbstständig anzuknüpfen[147] oder den gesamten Konzern unter dem Aspekt der wirtschaftlichen Einheit einer einheitlichen Kollisionsregel zu unterwerfen.[148] Stattdessen entscheiden Anknüpfung und Auslegung der einzelnen Sachnormen über ihre internationale Geltung.[149] Zu diesem Zweck sind die §§ 15 ff. in das Sachrecht hinein zu lesen. Aus dem allgemeinen Teil ergibt sich bloß, dass der **Unternehmensbegriff** für ausländische Gesellschaften **offen** ist (→ § 15 Rn. 10).[150] So können Mutter-Tochter-Enkelin-Beherrschungsketten nach § 17 ohne Weiteres über ausländische Unternehmen führen.[151] Ansonsten gilt bislang, dass die Vorschriften dem Gesellschaftsstatut der hauptbetroffenen Gesellschaft folgen. Im materiellen Konzernrecht wird danach ganz überwiegend aus Sicht der untergeordneten Gesellschaft angeknüpft.[152] So soll deutsches Konzernrecht zur Anwendung kommen, wenn eine deutsche Untergesellschaft von einer ausländischen Obergesellschaft beherrscht wird, nicht aber, wenn eine deutsche Gesellschaft eine ausländische beherrscht.[153]

33 **b) Neuerungen nach *Inspire Art*.** Diese Leitlinien sind nach *Inspire Art* nicht mehr erschöpfend. Denn der deutsche Gesetzgeber hatte weder Auslandsgesellschaften mit Verwaltungssitz im Inland noch deutsche Gesellschaften im Ausland vor Augen. Diese führen aber zu neuen Fragestellungen (vgl. → § 16 Rn. 38; → § 19 Rn. 11 f.). Dann wird zu prüfen sein, ob sich die jeweils einschlägige Sachnorm auf ausländische Gesellschaften (mit oder ohne Hauptverwaltungssitz im Inland) oder umgekehrt auf deutsche Gesellschaften mit Auslandsverwaltungssitz bezieht.[154] Zu klären wäre etwa, wie der „Sitz im Inland" (zB §§ 19, 20, 319, 328) zu verstehen ist. Ein Abstellen auf den Satzungssitz würde die Regelung wie bisher auf deutsche Inlandsgesellschaften beschränken, während eine Anknüpfung an den tatsächlichen Verwaltungssitz neue Folgefragen aufwirft (→ § 19 Rn. 11 f.). Mit Aufgabe der Sitztheorie auch für Wegzugsfälle durch das MoMiG wird ferner virulent, ob in

---

[144] EuGH Rs C-212/97 – Centros (1999) Slg I-1459; C-208/00 – Überseering (2002) Slg I-09 919; C-167/01 – Inspire Act (2003). Dazu eingehend *Hirte* in Hirte/Bücker, Grenzüberschreitende Gesellschaften, 2. Aufl. 2006, § 1 Rn. 4 ff.; *Schall* in van Hulle/Gesell, European Corporate Law, 2006, Rn. 12 ff.; *Klinke* ECFR 2005, 270 (282 ff.) Seitdem noch EuGH Rs C-411/03 – SEVIC (2005); dazu *Schindler* ECFR 2006, 109.
[145] H.M., *W.H. Roth* ZGR 2014, 168 ff.
[146] EuGH Rs C-210/06 Rn. 99 ff., 110 – Cartesio, in Bestätigung von EuGH Rs C-81/87 – Daily Mail.
[147] → Vor § 291 Rn. 44; Großkomm AktG/*Windbichler* Vor § 15 Rn. 71.
[148] MüKoBGB/*Kindler*, IntGesR Rn. 760; Grigoleit/*Grigoleit* § 15 Rn. 7.
[149] Auf die gesellschaftsrechtlichen Regeln des Konzernrecht ist das internationale Gesellschaftsrecht anwendbar, Großkomm AktG/*Windbichler* Vor § 15 Rn. 70; Staudinger/*Großfeld*, 1998, IntGesR Rn. 501; *Zimmer*, Internationales Gesellschaftsrecht, 1996, 366 ff.
[150] AllgM, BAG NZA 2007, 999 = RIW 2007, 856 mit zust. Anm *Seitz/Werner* (ein Grundsatzurteil zu zahlreichen Zweifelsfragen wie etwa die Ansiedlung eines Konzernbetriebsrates bei ausländischer Konzernspitze oder die Zulässigkeit von Beherrschungsverträgen mit einer englischem Limited als Obergesellschaft; siehe dazu auch → § 18 Rn. 19); BAG NJOZ 2008, 726 (730 f.) = NZA 2008, 320 (LS); Hüffer/Koch/*Koch* § 15 Rn. 5; Emmerich/Habersack/*Emmerich* § 15 Rn. 5.
[151] ZB BAG NZA 2007, 999; LArbG München BeckRS 2009, 66911.
[152] → Vor § 291 Rn. 45; BGH NZG 2005, 214 (215); Großkomm AktG/*Windbichler* Rn. 90 f.;MüKoBGB/*Kindler*, IntGesR Rn. 681 ff..; MüKoAktG/*Altmeppen* Einl. §§ 291 ff. Rn. 37 ff.; Großkomm AktG/*Assmann* Einl. Rn. 634 ff.; Grigoleit/*Grigoleit* § 15 Rn. 7; *Teichmann* ZGR 2014, 45 (70 ff.); *Bauschatz* Der Konzern 2003, 805 f.; anders für „Holzmüllerkonstellationen" (vgl. MüKoBGB/*Kindler* IntGesR Rn. 681; MüKoAktG/*Altmeppen* Einl. §§ 291 ff. Rn. 43 f., *Ebenroth/Offenloch* RIW 1997, 9), die das Innenrecht der Obergesellschaft betreffen und im Übrigen ohnehin nicht dem „Konzernrecht" zugehören (→ Rn. 23). Zu Gleichordnungskonzernen → Vor § 291 Rn. 46; MüKoBGB/*Kindler* IntGesR Rn. 716 ff.
[153] Allseitige Kollisionsregel, MüKoBGB/*Kindler* IntGesR Rn. 699; MüKoAktG/*Altmeppen* Einl. §§ 291 ff. Rn. 38; Staudinger/*Großfeld*, 1998, IntGesR Rn. 561; Grigoleit/*Grigoleit* § 15 Rn. 7; *Zimmer*, Internationales Gesellschaftsrecht, 1996, 374; *Bauschatz* Der Konzern 2003, 805 f. Zu internationalen Unternehmensgruppen auch MHdB GmbH/*Decker/Kiefner* § 67 Rn. 44 f.
[154] Vgl. Großkomm AktG/*Windbichler* Vor § 15 Rn. 72.

Vorbemerkung 34–36 Vor § 15

normerweiternder Auslegung auch die deutsche AG mit (Verwaltungs)Sitz im Ausland erfasst werden soll.[155]

2. Die (EU-)ausländische Gesellschaft im Konzernrecht. Für EU-Sachverhalte sind künftige 34 Leitlinien die Maßgeblichkeit des Gründungsstatuts und der Maßstab der Niederlassungsfreiheit. Organisationsrechtliche Möglichkeiten sollten deutschen wie ausländischen Inlandsgesellschaften offen stehen, sofern der Gläubigerschutz gewährleistet ist. Innerhalb des materiellen Konzernrechts ist zu unterscheiden zwischen der ausländischen Gesellschaft als **Ober-** oder **Untergesellschaft** in den verschiedenen Verbindungen mit Rechtsträgern des deutschen oder ausländischen Rechts.

a) Ausländische Gesellschaft als Obergesellschaft. Schon vor *Inspire Art* wurde eine Auslands- 35 gesellschaft mit ausländischem Verwaltungssitz als mögliche **Obergesellschaft** eines **Unternehmensvertrags**[156] oder eines **faktischen Konzerns**[157] angesehen. Durch die Inspire Art-Rechtsprechung wird diese Ansicht bestätigt. Insbesondere darf im Lichte der Niederlassungsfreiheit das Fehlen eines Mindestkapitals bei ausländischen Obergesellschaften nicht zur Unzulässigkeit von Beherrschungsverträgen führen.[158] Das muss erst recht gelten, wenn ihr Verwaltungssitz im Inland liegt. Sie wird dann in ihrer ausländischen Rechtsform[159] (nicht etwa als OHG) unter den gleichen Voraussetzungen wie ein deutscher Rechtsträger Vertragspartei bzw. ausgleichspflichtig nach § 311. Die damit verbundenen Haftungsfolgen für die Gesellschaft (§§ 302 ff., § 311, 317 Abs. 1) oder ihrer gesetzlichen Vertreter (§ 317 Abs. 3) mögen der ausländischen Gesellschaftsverfassung zwar als Fremdkörper erscheinen. Sie sind jedoch mit *Inspire-Art*-Grundsätzen vereinbar.[160] Denn es handelt sich hier um deutsches Verkehrsrecht zum Zweck der Gefahrenabwehr, das in diskriminierungsfreier Weise an den Tatbestand der vertraglichen oder faktischen Konzernierung einer AG anknüpft und in keiner Weise mit unterschiedlichen Gründungserfordernissen, etwa einer Mindestkapitalziffer *bei der Obergesellschaft*[161] zusammenhängt.[162] Eine Auslandsgesellschaft als Hauptaktionärin kann unabhängig von ihrem Verwaltungssitz den **Squeeze Out** durchführen.[163] Als Obergesellschaft ist sie ferner mitteilungspflichtig nach §§ 20 ff.[164]

Das Zustimmungserfordernis des § 293 Abs. 2 gilt nach bisher ganz hM[165] nicht, weil das deutsche 36 Konzernrecht den Schutz ausländischer Obergesellschaften nicht bezweckt. In diesem Schutzdefizit könnte man eine Diskriminierung des ausländischen Marktteilnehmers erblicken, welche durch eine europarechtskonforme Analogiebildung zu überwinden sei. Doch handelt es sich hier *allein* um eine

---

[155] Maßgeblich wäre das Gründungsstatut, so dass die §§ 291 ff. grundsätzlich anzuwenden wären. Fraglich wäre wiederum die Geltung der Normen, die den Inlandssitz voraussetzen (§§ 19, 20, 319, 328). Hier sollte man mit Blick auf die Niederlassungsfreiheit faktische Wegzugsbeschränkungen vermeiden (siehe nur EuGH v. 11.3.2004, Rs. C-9/02 – Hughes de Lasteyrie du Saillant v Ministère de l'Économie, des Finances et de l'Industrie = ZIP 2004, 662 = GmbHR 2004, 504 mit Anm *Meilicke;* ferner *Parleani* ECFR 2004, 379) und grundsätzlich zu einer Ausweitung des deutschen Rechts gelangen. Gläubigerschutz bei der Eingliederung kann durch Analogie zu § 327b Abs. 3 garantiert werden.
[156] BAG NZA 2007, 999 = RIW 2007, 856 mit zust. Anm. *Seitz/Werner;* BAG NJOZ 2008, 726 (730 f.) = NZA 2008, 320 (LS); OLG Düsseldorf NZG 2007, 77 f. = NZA 2007, 707 f. (auch zur spiegelbildlichen Zulässigkeit von Entherrschungsverträgen); Hüffer/Koch/*Koch* § 291 Rn. 8; MüKoAktG/*Altmeppen* Einl. §§ 291 ff. Rn. 47 ff., 49; § 291 Rn. 26; Kölner Komm AktG/*Koppensteiner* Vor §§ 291 Rn. 82 ff.; siehe zum grenzüberschreitenden Beherrschungsvertrag auch → Vor § 291 Rn. 47 ff.; *Selzner/Sustmann* Der Konzern 2006, 85 ff.; *Bauschatz* Der Konzern 2003, 805 ff.; aA noch *Ebenroth/Offenloch* RIW 1997, 13. Mit BFH DB 2003, 1200 (betr. das Diskriminierungsverbot zugunsten einer doppelbeinigen US-Gesellschaft unter Art. 24 des Deutsch-Amerikanischen DBA) dürfte der (EU-)ausländischen Obergesellschaft auch der Weg zur steuerlichen Organschaft geebnet sein, so auch *Hirte* in Hirte/Bücker, Grenzüberschreitende Gesellschaften, 2. Aufl. 2006, § 1 Rn. 88.
[157] Hüffer/Koch/*Koch* § 311 Rn. 9; Kölner Komm AktG/*Koppensteiner* Vor § 291 Rn. 84; MüKoBGB/*Kindler,* IntGesR Rn. 687 ff.
[158] BAG NZA 2007, 999 = RIW 2007, 856 mit zust. Anm. *Seitz/Werner;* OLG Düsseldorf NZG 2007, 77 (78) (im Anschluss an Rechtsgutachten *Henssler*).
[159] Vgl. *Bauschatz* Der Konzern 2003, 807 ff. (809).
[160] Ebenso MüKoBGB/*Kindler,* IntGesR Rn. 700.
[161] Umstritten ist, ob und in welcher Weise die §§ 291 ff. mit dem Kapitalschutz der Untergesellschaft zusammenhängen, vgl. dazu § 291 Abs. 3.
[162] Darin liegt der entscheidende Unterschied zum unzulässigen Ansatz der deutschen Sitztheorie oder auch den verworfenen niederländischen Haftungsnormen für Formalauslandsgesellschaften, dazu *de Kluiver* ECFR 2004, 121.
[163] Hüffer/Koch/*Koch* § 327a Rn. 10.
[164] AllgM, Kölner Komm AktG/*Koppensteiner* § 20 Rn. 34.
[165] → Vor § 291 Rn. 47; Hüffer/Koch/*Koch* § 293 Rn. 18; MüKoBGB/*Kindler,* IntGesR Rn. 710; MüKoAktG/*Altmeppen* § 293 Rn. 102; ähnlich *Bauschatz* Der Konzern 2003, 805; *Ebenroth/Offenloch* RIW 1997, 11 (§ 293 Abs. 2 gelte nur wenn ausländisches Recht vergleichbare Regelung enthält).

Frage des Innenrechts (anders → Rn. 37), weshalb man den Schutz weiterhin dem Gründungsrecht überlassen sollte.

37 **b) Ausländische Gesellschaft als Untergesellschaft.** Fraglich ist, ob sich die fremde Gesellschaft einem **Unternehmensvertrag** nach den § 291f mit einer deutschen Gesellschaft unterwerfen kann. Die ablehnende hM ist durch die Rechtsentwicklung in Frage gestellt.[166] Für im Inland tätige Auslandsgesellschaften ist die Übertragbarkeit des Aktienkonzernrechts in der gleichen Weise zu erörtern wie für andere deutsche Gesellschaftsformen. Freilich richtet sich das Innenrecht der Auslandsgesellschaften ebenso wie ihre Haftungsverfassung grundsätzlich nach dem Heimatrecht.[167] Jedoch ist wie beim Umwandlungsgesetz[168] zu bedenken, dass einer **Auslandsgesellschaft mit Sitz in Deutschland** unter dem Aspekt der diskriminierungsfreien Tätigkeit auf dem deutschen Markt ein Anspruch auf Teilnahme an denselben Strukturmaßnahmen zusteht, die vergleichbaren deutschen Rechtsträgern eröffnet sind.[169] Daher ist die ausländische Gesellschaft als zulässige Untergesellschaft eines Unternehmensvertrags nach den §§ 291 ff. anzusehen.[170] Voraussetzungen sind die Zulässigkeit des Vertragsschlusses[171] nach dem ausländischen Gesellschaftsstatut sowie die Registerpräsenz der ausländischen Gesellschaft in Deutschland (zumindest als Zweigstelle).[172] Sind diese Hürden genommen, beurteilen sich die (auch organisationsrechtlichen) Rechtsfolgen des Vertrags analog den §§ 291 ff., nicht etwa aus einer bloßen Vertragsauslegung. Nach diesen Maßgaben ist beispielsweise ein **Beherrschungsvertrag** mit einer englischen[173] oder irischen **Limited** mit Sitz in Deutschland zulässig, weil die Befugnisse der Geschäftsführung einem generellen Weisungsvorbehalt der qualifizierten Mehrheit unterliegen. Auch ein **Gewinnabführungsvertrag** mit einer solchen **Limited** ist zulässig, weil sich der Gewinnanspruch der Gesellschafter nicht aus dem Gesetz ergibt (dort sind nur die Ausschüttungssperren geregelt, vgl. sec. 263 ff. Companies Act 1985), sondern aus dem Gesellschaftsvertrag.[174] Daher unterliegen die

---

[166] Für generelle Anwendbarkeit deutschen (GmbH)Konzernrechts etwa *Altmeppen* NJW 2004, 103.

[167] Siehe nur *Hirte* in Hirte/Bücker, Grenzüberschreitende Gesellschaften, 2. Aufl. 2006, § 1 Rn. 81; *Bauschatz* Der Konzern 2003, 805 f.; aA *Altmeppen* NJW 2004, 103. Das Heimatrecht wird den Abschluss eines Unternehmensvertrags nach ausländischem Recht kaum vorsehen und gegebenenfalls sogar verbieten.

[168] So EuGH Rs C-411/03 – SEVIC (2005) auf Vorlage des LG Koblenz ZIP 2003, 2210 = EWiR 2004, 139 *(Mankowski);* dazu *Schindler* ECFR 2006, 109.

[169] Wie hier jetzt auch *Teichmann* ZGR 2014, 45 (62 ff.). Dabei ist zunächst auf Erleichterungen des Kapitalschutzes (§ 291 Abs. 3 analog; vor allem zum *cash-pooling*) hinzuweisen. Das gilt umso mehr, wenn man die deutschen Kapitalschutzvorschriften auf ausländische Gesellschaften anwenden will, vgl. *Ulmer* NJW 2004, 1201 (1209); *Altmeppen* NJW 2004, 97 (102); dagegen eingehend *Schall* ZIP 2005, 965 (972 ff.). Ferner ist an die Einbeziehung der Untergesellschaft in die steuerliche Organschaft nach § 17 S. 1 KStG iVm § 14 KStG zu denken. Denn die Eröffnung dieser Gestaltungsmöglichkeit erscheint europarechtlich geboten und dürfte deshalb nicht an der gegenwärtigen Beschränkung auf Rechtsträger mit Geschäftsleitung und Sitz in Deutschland scheitern (vgl. BFH DB 2003, 1200 zur Obergesellschaft). Die Organschaft setzt aber einen Gewinnabführungsvertrag voraus. Das hat auch EuGH Rs C-446/03 – Marks & Spencer nicht geändert (vgl. *Seer* ECFR 2006, 237; zweifelnd *Liebscher* GmbH-KonzernR Rn. 1080 mwN; *Hey* GmbHR 2006, 113).

[170] AA → Vor § 291 Rn. 50; diff. aber *Hirte* in Hirte/Bücker, Grenzüberschreitende Gesellschaften, 2. Aufl. 2006, § 1 Rn. 84 ff., der Gewinnabführungsvertrag mit Folge der §§ 302 f. analog für möglich hält. Ob auf den Unternehmensvertrag die §§ 291 ff. oder GmbH-Konzernrecht zur Anwendung kommen (etwa hinsichtlich der Zustimmungserfordernisse: ¾ Mehrheit nach § 293 Abs. 1 oder Einstimmigkeit, wie sie die hM bei der GmbH verlangt, Baumbach/Hueck/*Beurskens*, GmbHG, Anhang KonzernR Rn. 94), ist im Einzelfall durch einen Typenvergleich nach Art des Steuerrechts zu ermitteln. Ferner könnte man daran denken, nur die Vorschriften des Gläubigerschutzes (§§ 302, 303), nicht die des Gesellschafterschutzes (§§ 304, 305, Zustimmungserfordernisse) zur Anwendung zu bringen, um das heimatliche Innenrecht nicht zu überlagern. Dafür spräche, dass den Aufenthaltsstaaten einer Regelungen zum Gläubigerschutz als zum Innenrecht zukommen. Entscheidend dagegen spricht aber, dass sich beide Bereiche wechselseitig ergänzen und deshalb nicht getrennt werden sollten. So profitieren die Minderheitsgesellschafter mittelbar durch die Erschwerungen der Konzernbildung infolge Gläubigerschutzes, und umgekehrt. Diesem monolithischen Gesamtsystem hat sich die fremde Gesellschaft zudem *freiwillig* unterworfen.

[171] Insoweit auch MüKoBGB/*Kindler* IntGesR Rn. 687, der aber nur von der Auslandsgesellschaft mit Sitz im Ausland spricht und dabei von einem Vertrag ausgeht, der unter dem ausländischen Gesellschaftsrecht geschlossen wird.

[172] Nur so kann dem Eintragungserfordernis genügt werden. Im Übrigen kommt eine Differenzierung nach dem Grad der Inlandspräsenz von ausländischen Gesellschaften nicht in Betracht, um eine Diskriminierung in dieser Hinsicht zu vermeiden.

[173] Nach derzeitigem Stand werden englische Limiteds mit tatsächlichem Sitz in Deutschland mit Wirksamwerden des Brexits ihre Rechtsfähigkeit unter der europarechtlichen Gründungstheorie verlieren, eingehend *Schall* ZfPW 2016, 407 ff.

[174] *Schall* Companies Act sec. 18 Rn. 7 ff.; *Kasolowsky/Schall* in Hirte/Bücker, Grenzüberschreitende Gesellschaften, 2. Aufl. 2006, § 4 Rn. 57.

Gesellschafterrechte grds der Disposition der satzungsändernden Mehrheit. Diese hat bei Beschlüssen, welche Gesellschafterrechte entziehen *(expropriation of shares)*, allerdings *bona fide in the best interest of the company* zu handeln.[175] Ansonsten wäre der Zustimmungsbeschluss zu einem Gewinnabführungsvertrag jedenfalls angreifbar (zB über sec. 33 oder sec. 994 Companies Act 2006), wenn nicht sogar nichtig (das alte Case law ist insoweit unklar).[176] Nach den vorgenannten Grundsätzen ist auch der Abschluss eines Unternehmensvertrags nach deutschem Recht zwischen zwei ausländischen Gesellschaften für zulässig zu halten, sofern die Untergesellschaft ihren Sitz in Deutschland hat (zB die deutsche Betriebs-Limited mit der Holding-Limited. Nach der Logik von SEVIC ist einer ausländischen Aktiengesellschaft mit Sitz in Deutschland unter den gleichen Voraussetzungen (Eintragung im deutschen Handelsregister, grds. Zulässigkeit nach Heimatrecht) auch der Weg zum Squeeze Out nach deutschem Recht (§§ 327a ff.) zu eröffnen. Daran kann angesichts der unterschiedlichen Verfahrens- und Rechtmittelwege (Beschlusserfordernisse, gerichtliche Mitwirkung) auch nach der teilweisen Harmonisierung durch die Übernahmerichtlinie ein Interesse bestehen, welchem sich das deutsche Recht nicht lediglich mit Berufung auf die Nationalität der Gesellschaft verweigern darf. Ferner ist – vorbehaltlich der Vergleichbarkeit zu einer deutschen Aktiengesellschaft – die **Eingliederung einer ausländischen Gesellschaft mit Sitz in Deutschland** zuzulassen, und zwar sowohl durch eine deutsche Aktiengesellschaft wie auch durch eine vergleichbare ausländische Gesellschaft mit Sitz in Deutschland.[177]

Auch die **faktische Konzernierung** einer ausländischen Gesellschaft mit Inlandssitz kann nicht **38** mehr ohne Weiteres mit der Unzuständigkeit des deutschen Rechts abgetan werden. Allerdings stellen die §§ 311 ff. eine Besonderheit der deutschen Aktiengesellschaft dar, deren Struktur normalerweise vor Fremdeinfluss schützt (→ Rn. 29). Vor allem wenn eine fremde Gesellschaft diesem Typus entspricht,[178] kommt aber die Heranziehung der deutschen Normen unter dem Aspekt der Ermöglichungswirkung in Betracht. Im Ergebnis würde der ausländischen Untergesellschaft mit Inlandssitz damit die Wahl eröffnet, ob sie ihre Konzernierung nach dem Heimatrecht (zB die Rozenblum-Kriterien) oder nach deutschem Recht, dh durch freiwillige Befolgung der §§ 311 ff., legitimiert. Eine zwingende Beurteilung nur nach deutschem Recht wäre dagegen nur denkbar, wenn eine entsprechende Schutzlücke nach dem ausländischen Gesellschaftsstatut besteht (etwa weil die Normen zur Konzernermöglichung im Ausland unanwendbar sind).[179] Auch darf dadurch kein Widerspruch zum Innenrecht der ausländischen Gesellschaft entstehen.[180] Wo es nicht (auch) um Ermöglichung, sondern (nur) um Schutz geht, erscheint die Anwendung deutschen Rechts auf Fälle diskriminierender Schutzlücken (eben, → Rn. 36) beschränkt. Das wird aber kaum vorkommen. Nach diesen Maßgaben finden die **Mitteilungspflichten** nach §§ 20 ff. in ausländischen Untergesellschaften grundsätzlich keine Anwendung.[181] Anders muss es aber sein, soweit die §§ 19, 328 zur **wechselseitigen Beteiligung** eingreifen, weil diese eine Ermöglichungswirkung haben (→ § 19 Rn. 11 f.). Auch sind ausländische Gesellschaften einzubeziehen in den **Zustimmungsdispens** nach § 89 Abs. 4 S. 2.[182] Im Rahmen der **betrieblichen Mitbestimmung** ist die ausländische Gesellschaft mit tatsächlichem Inlandssitz auf jeder Ebene ein Konzernunternehmen nach § 54 BetrVG. Das ergibt sich zum einen aus der Offenheit des Unternehmensbegriffs (→ Rn. 32) sowie aus den Zwecken des Betriebsverfassungsgesetzes, wonach der Konzernbetriebsrat innerhalb Deutschlands dort angesiedelt werden soll, wo die unternehmerischen Entscheidungen getroffen werden (→ § 18 Rn. 7, 19). Das gilt umso mehr, als die ausländische Provenienz beteiligter Gesellschaften nach Inspire kein Garant mehr für gemeinschaftsweite Tätigkeit ist, wie nach dem EBRG erforderlich.

---

[175] *Allen v. Gold Reefs of West Africa Ltd* [1900] 1 Ch 656; näher *Kasolowsky/Schall* in Hirte/Bücker, Grenzüberschreitende Gesellschaften, 2. Aufl. 2006, § 4 Rn. 71 mwN.

[176] Zum Ganzen siehe *Schall* Companies Act sec. 33 Rn. 15 ff.

[177] Zwar ist die Eingliederung ausdrücklich auf Rechtsträger mit (Verwaltungs)Sitz im Inland beschränkt und noch dazu beidseitig auf die Rechtsform der AG reduziert. Doch muss auch die Eingliederung als Strukturmaßnahme auf beiden Seiten einer ausländischen Gesellschaft offen stehen, sofern sie im Typenvergleich einer deutschen AG ebenbürtig sind. Da hierfür eine deutsche Registrierung der fremden Gesellschaft (zumindest als Zweigstelle) erforderlich ist, sind die potentiellen Gläubiger hinreichend geschützt, so dass eine analoge Anwendung des § 327b Abs. 3 (s. noch Hüffer/Koch/*Koch* § 311 Rn. 12) nicht erforderlich scheint, vielmehr unzulässig diskriminierend dürfte.

[178] So etwa eine französische SA, die für ein „dual board" optiert hat, vgl. dazu *Storck* ECFR 2004, 36 (42).

[179] IE wie hier (Sonderanknüpfung europarechtlich kaum zu rechtfertigen) *Hirte* in Hirte/Bücker, Grenzüberschreitende Gesellschaften, 2. Aufl. 2006, § 1 Rn. 82 f.

[180] Vgl. dazu *Schall* ZIP 2005, 965 (974 ff.) (gegen Erstreckung des GmbH- Gläubigerschutzes auf die Limited).

[181] Ganz hM, Kölner Komm AktG/*Koppensteiner* § 20 Rn. 34; Emmerich/Habersack/*Emmerich* § 20 Rn. 26.

[182] Großkomm AktG/*Windbichler*, 5. Aufl.2017, § 15, Rn. 63.

39 **3. Das englische Konzernrecht im Überblick.** In England sind Unternehmensgruppen nicht generell geregelt.[183] Stattdessen existieren vereinzelte Spezialregelungen etwa zur Konzernbilanz,[184] zur Konzernbesteuerung[185] oder auch zum Verbot wechselseitiger Beteiligungen.[186] Die Behandlung von Unternehmensgruppen durch das *Common law* ist uneinheitlich. Im Ausgangspunkt wird die eigene Rechtspersönlichkeit der Gesellschaft betont.[187] Wann demgegenüber die Unternehmensgruppe betrachtet werden kann, wird meist im Zusammenhang des *„piercing the veil"* diskutiert, ohne dass bis jetzt eine ganz klare Linie zu erkennen wäre.[188] Ein Beispiel bietet der *DHN*-Fall, der eine Betriebsspaltung betraf.[189] Dort wurde der enteigneten Besitzgesellschaft kurzerhand das Recht auf Entschädigung für den gesamten verlorenen Geschäftsbetrieb (und nicht bloß für den Grundstückswert) gewährt. Allerdings hat die englische Rechtsprechung das Konzept des Durchgriffs im Gesellschaftsrecht mittlerweile extrem verengt.[190] Nach dem sog. *evasion principle* soll nur noch der Einsatz einer Gesellschaft zur Umgehung einer *bestehenden* Verbindlichkeit des Gesellschafters zu einem (nach deutscher Diktion dann „umgekehrten") Durchgriff gegen die Gesellschaft führen. Die beiden einzigen unter diesem Prinzip noch anerkannten Fälle betrafen die (versuchte) Umgehung einer Verkaufspflicht durch Übertragung des Grundstücks auf eine vom Verkäufer kontrollierte Gesellschaft[191] sowie das (versuchte) Unterlaufen eines Wettbewerbsverbots durch Betrieb des Konkurrenzgeschäfts vermittels einer neugegründeten Kapitalgesellschaft.[192] Außerdem gilt dafür ein strenges Subsidiaritätspinzip, der Durchgriff kommt nur als *remedy of last resort* zum Zug.[193] Darüber hinaus hat der Supreme Court ausgesprochen, dass der Durchgriff nicht zur Begründung einer neuen Verbindlichkeit führen dürfe, für welche niemand kontrahiert habe.[194] Auch wenn man die Richtigkeit dieser Aussage angesichts der beiden Durchgriffsfälle *Jones* und *Gilford* hinterfragen kann,[195] stellt sie ein klares Verdikt jedes Versuchs dar, vermittels einer Durchgriffshaftung an der kapitalgesellschaftsrechtlichen Haftungsbeschränkung vorbei in die Taschen der herrschenden Gesellschafter zu greifen. Damit existiert schon im Ansatz **keine Durchgriffshaftung im Konzern,** selbst bei enger „qualifiziert faktischer" Konzernierung.[196] Für den Gläubigerschutz[197] ist allenfalls die potentielle Haftung von *„parent companies"* als *„shadow directors"* beachtlich, die jedoch durch sec 251 (3) Companies Act 2006 für den Regelfall ebenfalls praktisch ausgeschlossen wurde,[198] um ein Konzernrecht durch die Hintertüre zu vermeiden.[199] Im Übrigen muss man der Besonderheit von Konzernen bei der Auslegung der einzelnen vertraglichen oder gesetzlichen Regeln gerecht werden. Mit diesem an die von-freienfels'sche „Normanwendungslehre" anklingenden Ansatz, nicht mit dem Argument der *single economic unit*, lässt sich im *DHN*-Fall zur Enteignung im Fall einer Betriebsspaltung auch heute noch das gleiche Ergebnis erzielen. Grundsätzlich steht man dem in England dem **„Gruppeninteresse"** jedoch sehr skeptisch gegenüber. Die Gesellschafter sollen die Vorteile der eigenen Rechtsper-

---

[183] Großkomm AktG/*Windbichler* Vor § 15 Rn. 73; *Weller/Bauer* ZEuP 2015, 6 (10 ff.); monographisch zur Konzernhaftung *Alexander Dähnert*, Konvergenz der Konzernhaftung im englischen und deutschen Kapitalgesellschaftsrecht, 2012 (allerdings durch den neuen Leitfall *Prest v Petrodale* in Teilen überholt).
[184] Sec. 398 ff. Companies Act 2006.
[185] Sec. 402 ff. Income and Corporation Taxes Act 1988.
[186] Sec. 136 ff. Companies Act 2006 (zwischen herrschendem und abhängigem Unternehmen, näher → § 19 Rn. 1).
[187] Leitfall ist *Salomon v A Salomon & Co Ltd* [1897] AC 22 (House of Lords), das die Vorinstanzen *Broderip v Salomon* [1895] 2 Ch 323 (Chancery Division and Court of Appeal) aufhob; ferner etwa *Trustor AB v Smallbone (No 3)* [2001] 3 All ER 987; *Schall* ZIP 2005, 965 ff.
[188] Dazu jetzt (sehr restriktiv) *Prest v Petrodel Resources Ltd and others* [2013] UKSC 34; *VTB Capitel PLC v Nutritek International Corp and others* [2013] UKSC 5; eingehend *Schall* Companies Act sec. 1 Rn. 35 ff.; *Schall* ECFR 2016, 549 ff.
[189] *DHN Food Distributors Ltd v Tower Hamlets London Borough Council* [1976] 3 ALL ER 462 (Court of Appeal).
[190] *Prest v Petrodel Resources Ltd and others* [2013] UKSC 34; *Schall* Companies Act sec. 1 Rn. 35 ff.; und teilweise kritisch *Schall* ECFR 2016, 549 ff.
[191] *Jones v Lipman* [1962] 1 WLR 832.
[192] *Gilford Motors Co Ltd v Horne* [1933] Ch 935.
[193] Zu deren Unklarheit kritisch *Schall* ECFR 2016, 549 (571 f.).
[194] *VTB Capitel PLC v Nutritek International Corp and others* [2013] UKSC 5, Rn. 132; bestätigt durch *Prest v Petrodel Resources Ltd and others* [2013] UKSC 34, Rn. 34.
[195] *Schall* ECFR 2016, 549 (568 f.).
[196] Insoweit hätte der vormalige Leitfall *Adams v Cape* [1990] Ch 433 möglicherweise noch Spielraum gelassen, weil er das Argument der wirtschaftlichen Einheit des Konzerns (*single economic unit*) zwar verwarf, dies aber nur für den Regelfall.
[197] Zum englischen Gläubigerschutz allg *Schall*, Kapitalgesellschaftsrechtlicher Gläubigerschutz, 2009, 251 ff.
[198] Danach reicht das bloße Befolgen von Weisungen der Muttergesellschaft per se nicht aus, um deren Eigenschaft als *shadow director* zu begründen. Es muss also eine weitergehende Unterwerfung stattfinden.
[199] *Davies/Rickford* ECFR 2008, 48 (62 mit Fn. 70).

Verbundene Unternehmen § 15

sönlichkeit nicht ohne deren Kehrseite genießen.[200] Allerdings ist das Gruppeninteresse beim Minderheitenbehelf gegen „*unfair prejudice*"[201] umfassend anerkannt worden.[202] Das Gleiche gilt im Rahmen der Direktorenhaftung, etwa wegen der Bestellung von Konzerngarantien.[203]

§ 15 Verbundene Unternehmen

Verbundene Unternehmen sind rechtlich selbständige Unternehmen, die im Verhältnis zueinander in Mehrheitsbesitz stehende Unternehmen und mit Mehrheit beteiligte Unternehmen (§ 16), abhängige und herrschende Unternehmen (§ 17), Konzernunternehmen (§ 18), wechselseitig beteiligte Unternehmen (§ 19) oder Vertragsteile eines Unternehmensvertrags (§§ 291, 292) sind.

Schrifttum: → Vor § 15.

Übersicht

	Rn.		Rn.
I. Systematik und Teleologie	1–9	c) Zurechenbarkeit fremder Beteiligungen oder sonstiger wirtschaftlicher Interessen	30–38
1. Die Unternehmensverbindungen des § 15	1–4	4. Beispiele für übergeordnete Unternehmen	39–44
2. Anwendungsbereich	5–8	a) Holdinggesellschaften	39
3. Teleologie	9	b) BGB-Gesellschaft	40–42
II. Der Unternehmensbegriff	10–17	c) Sonstiges	43
1. Ausgangspunkt	10	d) Der Sonderfall der öffentlichen Hand	44
2. Die teleologischen Unternehmensbegriffe des Konzernrechts	11–17	5. Maßgeblicher Zeitpunkt für Unternehmenseigenschaft	45
a) Herrschendes Unternehmen	13	6. Wesentliche Einzelanalogien	46–51
b) Abhängige, gleichgeordnete und wechselseitig beteiligte Unternehmen	14	a) Unternehmensverträge mit dem Privataktionär	47
c) Kritik	15	b) Mitteilungspflichten des Privataktionärs	48
d) Eigener Lösungsvorschlag	16, 17	c) Keine Anwendung der §§ 311 ff.	49
III. Das herrschende Unternehmen	18–51	d) Mitbestimmungsrecht	50
1. Grundsätze	18–21	e) Erweiterungen außerhalb des materiellen Konzernrechts (Formkaufleute)	51
2. Maßgebliche Beteiligung am untergeordneten Unternehmen	22	IV. Spezialgesetzliche Beschränkungen der Unternehmenseigenschaft	52–55
3. Anderweitige wirtschaftliche Interessenbindung	23–38	1. Herrschende Unternehmen	52
a) Eigene (mit)unternehmerische Tätigkeit	24	2. Abhängige Unternehmen	53, 54
b) Maßgebliche Beteiligung an anderem Unternehmen	25–29	3. Ausländische Rechtsträger	55
		V. Rechtliche Selbstständigkeit	56

[200] Gegen derlei „*Cherry-Picking*" siehe *Tate Access Floors Inc v Boswell* [1991] Ch 512, 531 per Browne-Wilkinson, Vice-Chancellor: „In my judgement controlling shareholders cannot, for all purposes beneficial to them, insist on the separate identity of such corporations but then be heard to say the contrary when discovery is sought against such corporations.".

[201] Sec. 994 Companies Act 2006. Siehe dazu die Kommentierung von Schall/*Ringe* Companies Act 2014.

[202] Die Obergesellschaft darf sich auf das Gruppeninteresse berufen, *Nicholas v Soundcraft Electronics* [1993] BCLC 360: „The withholding of sums due to a subsidiary company; by a parent company does not amount to unfairly prejudicial conduct when the purpose of that action is to keep the whole group afloat.". Umgekehrt darf die Minderheit der Untergesellschaft die schlechte Leitung in der Obergesellschaft rügen, *Gross v Rackind* [2004] EWCA Civ 815 = (2004) 4 All ER 735. Rechtsschutz wurde auch in einer Holzmüller-Situation gewährt, *Re Scottish Cooperative Wholesale Society Ltd v Meyer* [1959] AC 324 (noch zum Vorläuferbehelf gegen „shareholder oppression", vgl. *Sealy,* Cases and Materials in Company Law, 7. Aufl. 2001, 517 ff.). Im Übrigen stellen Konzernfragestellungen nur einen kleinen Teil des Case law zu sec. 994 Companies Act 2006 dar, vgl. die Darstellung bei *Sealy,* Cases and Materials in Company Law, 7. Aufl. 2001, 528 ff.

[203] *Charterbridge Corpn Ltd v Lloyds Bank Ltd* [1970] Ch 62 = [1969] 2 ALL ER 1185: Direktoren einer Tochtergesellschaft hatten Verbindlichkeiten ihrer Muttergesellschaft besichert. Weil der Zusammenbruch der Mutter auch für die Tochter dramatische Folgen gehabt hätte, wurde dies gebilligt; *Rolled Steel Products (Holdings) Ltd v British Steel Corporation* [1986] Ch 246 = [1985] 3 ALL ER 52 (CA); *Armour Hick Northern Ltd v Armour Trust Ltd* [1980] 3.

I. Systematik und Teleologie

1. Die Unternehmensverbindungen des § 15. § 15 ist die einleitende Definitionsnorm des Konzernrechts. In seinem Mittelpunkt steht der Unternehmensbegriff (ab → Rn. 10). Oberbegriff sind die „verbundenen Unternehmen". Davon sind die folgenden Unternehmensverbindungen erfasst:
- Die Mehrheitsbeteiligung (§ 16)
- Die Beherrschung (§ 17)
- Der Konzern (§ 18) mit dem zentralen Merkmal der **einheitlichen Leitung**
- Die wechselseitige Beteiligung (§ 19)
- Die Verbindung durch Unternehmensvertrag (§§ 291, 292)

2 Die meisten dieser Verbindungen sind bipolar. Das gilt insbesondere für die Abhängigkeit nach § 17, die im Zentrum des Konzernschutzrechts nach den §§ 311 ff. steht (→ § 17 Rn. 1). Nur der eigentliche Konzern in § 18 kann aus mehreren Unternehmen bestehen. Die Merkmale der Unternehmensverbindung müssen unmittelbar zwischen den betroffenen Unternehmen erfüllt sein. Eine indirekte Verbindung reicht nicht aus. So sind Schwesterunternehmen nicht schon deshalb „verbundene Unternehmen", weil sie durch dieselbe Mutter beherrscht werden.[1] Vielmehr bedarf es der einheitlichen Leitung nach § 18. Im Rahmen der §§ 16, 17 sorgt aber die Zurechnung nach § 16 Abs. 4 für eine bipolare Direktverbindung zwischen Mutter und Enkelgesellschaft, die zusätzlich neben den Beziehungen Mutter – Tochter und Tochter – Enkelin besteht.

3 Den Kern der Unternehmensverbindungen bildet das **Stufenverhältnis** von Mehrheitsbeteiligung (§ 16) über Beherrschung (§ 17) zum Überordnungskonzern (§ 18 Abs. 1). Es wird von einer Kette widerlegicher Vermutungen gestützt (§ 17 Abs. 2, § 18 Abs. 1 S. 3), mit Hilfe derer das Gesetz von der Mehrheitsbeteiligung auf das Vorliegen eines Konzerns schließt. Besonders gefährlich ist diese Vermutungstreppe unter dem jetzt erledigten Aspekt der Konzernhaftung (→ Vor § 15 Rn. 12 ff.) geworden.

4 Für die Definitionsnormen gilt das **Enumerativprinzip**. Weitere Formen der Unternehmensverbindungen nach dem Aktiengesetz bestehen nicht. Sie können nicht im Weg erweiternder Auslegung oder analoger Anwendung der *Definitionsnormen* geschaffen werden. Das bedeutet aber nicht, dass die *sachlichen Regelungen* des Konzernrechts nicht im Einzelfall einer Analogie zugänglich wären.[2]

5 **2. Anwendungsbereich.** Auf § 15 bzw. den Begriff der „verbundenen Unternehmen" wird innerhalb wie außerhalb des Aktiengesetzes verwiesen. Im **Aktiengesetz** finden sich das Auskunftsrecht (§ 131 Abs. 1 S. 2, § 131 Abs. 3 Nr. 1), bestimmte Berichtspflichten des Vorstandes (§ 90 Abs. 3 S. 1, **nicht** § 90 Abs. 2 S. 1) oder der Sonderprüfer (§ 145 Abs. 4 S. 2), des Weiteren die Vorschriften über den Erwerb oder die Finanzierung eigener Aktien für Arbeitnehmer (§ 71 Abs. 1 Nr. 2, § 71a Abs. 1 S. 2), über Kredite an Verwaltungsmitglieder (§ 89 Abs. 4 S. 2, § 115 Abs. 3 S. 2) und zur bedingten Kapitalerhöhung (§ 192 Abs. 2 Nr. 3) sowie die Strafnorm des § 400 Abs. 1. Auch die Vorschriften zum Abhängigkeitsbericht nach den §§ 312 ff. sind hier zu nennen. Genau zu differenzieren ist dort aber zwischen dem Bestehen der Berichtspflicht, die nur bei bestimmten Verbindungen eingreift, und ihrem Umfang, wofür die Definition des § 15 uneingeschränkt gilt.[3]

6 In **anderen Gesetzen** wird immer seltener auf die verbundenen Unternehmen im Sinn des Aktiengesetzes verwiesen. Entfallen sind zentrale Verweise im KWG oder im Zusammenschlussbegriff des GWB.[4] Verblieben sind etwa Verweise im Umwandlungsgesetz (§ 8 Abs. 1 S. 3 UmwG, § 8 Abs. 2 S. 1 UmwG), oder im MontanMitbestG (§ 1 Abs. 1 S. 2 Nr. 2 MontanMitbestG). Neu hinzugekommen ist etwa der Verweis im Rundfunkstaatsvertrag (§ 28 Abs. 1 S. 2 RStV[5]). Entfallen sind die früheren Verweise im VAG; (§ 13 Abs. 1a S. 7 VAG, § 53d Abs. 1 S. 1 VAG, § 54 Abs. 4 S. 1 Nr. 3 VAG aF). Das neugefasste VAG definiert verbundene Unternehmen (zB in § 256 VAG oder § 286 VAG) jetzt vollkommen autonom (§ 7 Nr. 30 und Nr. 15 VAG).

---

[1] → § 17 Rn. 2; ähnlich die mangelnde Berücksichtigung von Schwesterunternehmen bei § 271 HGB, dazu kritisch *Kropff* FS Ulmer, 2003, 847 (850). Dagegen werden Schwestergesellschaften in moderneren Regelwerken zunehmend schon bei Abhängigkeit bzw. Kontrolle berücksichtigt, etwa § 1 Abs. 7 S. 2 KWG, § 1a Abs. 3 S. 3 UBGG. Siehe auch *K. Schmidt* FS Druey, 2002, 551 (566).
[2] So auch Emmerich/Habersack/*Emmerich* Rn. 4a.
[3] Unklar MüKoAktG/*Bayer* Rn. 4 aE.
[4] § 37 GWB; siehe aber noch § 39 Abs. 2 S. 3 GWB: Erstreckung der Pflichtangaben auf verbundene Unternehmen. Auch sonst verweisen Gesetze, die einem eigenständigen Konzernbegriff folgen, häufig für bestimmte Erstreckungs- und Zurechnungsfragen auf die aktienrechtlichen Definitionen, → § 16 Rn. 5 f., § 17 Rn. 6.
[5] Dazu VG Hannover BeckRS 2013, 58864.

Verbundene Unternehmen 7–10 § 15

Mit „verbundenen Unternehmen" kann aber auch der gleichlautende Begriff des **Handelsrechts** 7
(§ 271 Abs. 1 HGB) gemeint sein. Er ist enger zu verstehen, da er an die Bilanzpflicht[6] nach § 290
HGB anknüpft. Diese setzt entweder einen (Unterordnungs)Konzern (→ § 18 Rn. 5) oder „Kontrolle" der Mutter über die Tochter voraus, und erfasst damit weder den bloßen Mehrheitsbesitz noch den Gleichordnungskonzern. Außerdem beschränkt sie sich auf Unternehmen mit Sitz im Inland.[7]
Von den streitigen Fällen sind wegen des näheren Sachzusammenhangs bzw. der systematischen Stellung im Dritten Buch des HGB dem Handelsrecht zuzuordnen die §§ 22, 268, 319 HGB[8] sowie § 17 Abs. 4 PublG,[9] dem Aktienrecht aber § 51a Abs. 2 GmbHG.[10]

Die verbundenen Unternehmen des § 15 können auch **mittelbar** zum Zug kommen, nämlich als 8
Auslegungskriterien für Zurechnungsfragen bei anderen Normen.[11] Als Beispiel seien unzulässige Leistungen durch oder an verbundene Unternehmen genannt (§ 57 AktG,[12] § 30 GmbHG).[13] Prominent war jüngst der Rückgriff des BVerfG auf die §§ 16, 17 AktG zur Beantwortung der Frage, wann ein gemischtwirtschaftliches Unternehmen der Grundrechtsbindung aus Art 1 Abs. 3 GG unterliegt.[14]
Auch die Kautelarpraxis kann sich der vom AktG angebotenen Definitionsnormen bedienen.[15]

3. Teleologie. Der Zweck des § 15 ist rechtstechnischer Natur. Er schafft einen Oberbegriff, der 9
die Aufzählung der einzelnen Unternehmensverbindungen erspart.[16] Davon zu unterscheiden ist der Zweck des materiellen Konzernrechts (→ Vor § 15 Rn. 26 ff.). Er prägt die Auslegung des Unternehmensbegriffs sowie der Herrschaft in § 17.[17]

II. Der Unternehmensbegriff

1. Ausgangspunkt. Im Zentrum des Konzernrechts steht der Unternehmensbegriff. Das Gesetz 10
definiert ihn bewusst nicht,[18] so dass er durch Wissenschaft und Praxis auszufüllen ist. Einigkeit herrscht über die folgenden Rahmenbedingungen. Der Unternehmensbegriff des § 15 ist **rechtsformneutral** konzipiert.[19] Er erfasst sämtliche potentiellen Unternehmensträger, deutsche

---

[6] Str. ist, ob es einer konkreten oder lediglich einer abstrakten Bilanzpflicht bedarf, siehe Großkomm AktG/ *Windbichler* Rn. 6; Baumbach/*Hopt*/*Merkt* HGB § 271 Rn. 2; *ADS* HGB § 271 Rn. 50; Kölner Komm AktG/ *Claussen*/*Korth* HGB § 271 Rn. 18 ff.

[7] Das war das Problem in BGH BB 2004, 2009 ff. mit Anm *Ekkenga*, wo der Wirtschaftsprüfer dem Board der amerikanischen Konzernmutter angehört hatte.

[8] HM, BGH BB 2004, 2009 (zu § 319) = NZG 2004, 770; Baumbach/*Hopt*/*Merkt* HGB § 319 Rn. 5, 13; Ulmer FS Goerdeler, 1987, 623; eingehend zum Ganzen *Kropff* FS Ulmer, 2003, 847; aA in Großkomm AktG/ *Röhricht*/*Schall* § 33 Rn. 47; *Ekkenga* BB 2004, 2013 f.: Der Zweck der Unvereinbarkeitsregel des Prüferrechts sei ein anderer als der des Konzernbilanzrechts und gebiete ein weiteres Verständnis.

[9] Für Handelsrecht *ADS* HGB § 271 Rn. 32; Großkomm AktG/*Windbichler* Rn. 7.

[10] HM, Baumbach/Hueck/*Zöllner*/*Noack* GmbHG § 51a Rn. 26; Großkomm AktG/*Windbichler* Rn. 7.

[11] Großkomm AktG/*Windbichler* Rn. 5. Siehe etwa OLG Köln BeckRS 2013, 19480 (Verbot der Informationsweitergabe (due diligence) sowohl an Unternehmen, die selbst Brauerei betreiben, als auch an Unternehmen, die mit solchen iS der §§ 15 ff. AktG verbunden sind; OLG Düsseldorf NZBau 2011, 317: keine unwiderlegliche, wohl aber widerlegliche Vermutung wettbewerbsbeschränkender Absprachen unter verbundenen Unternehmen im Rahmen des § 97 GWB.

[12] AllgM, Hüffer/Koch/*Koch* § 57 Rn. 17.

[13] BGHZ 81, 311 = NJW 1982, 383; OLG Brandenburg BeckRS 2008, 02 649, Rn. 21 (mit zweifelhaftem Abstellen auf bloße personelle Verflechtung, dazu → § 17 Rn. 44); LG Hamburg BeckRS 2013, 1852; Baumbach/Hueck/*Fastrich* GmbHG § 30 Rn. 18. Zur Zurechnung im Rahmen der alten Eigenkapitalersatzregeln jetzt einschränkend BGH ZIP 2008, 1390 mit krit. Anm. *Jungclaus*/*Chr. Keller* EWiR 2008, 463 (mangels Weisungsbefugnis keine Zurechnung unter beherrschter AG als Darlehensgeber); zust. (auch für das neue Recht) *Habersack* ZIP 2008, 2385 (2389 ff.); aA *Schall* ZIP 2010, 205 ff. (Verweis auf §§ 15 ff. zwar zu weit, aber Wertung des § 17 Abs. 2 auch bei AG zu beachten; zu einem ähnlichen Streit um die Fruchtbarmachung des § 17 Abs. 2 AktG im Steuerrecht siehe BFHE 233, 416 = NZG 2011, 916; krit. *Potsch*/*Stahl* NZG 2011, 1017).

[14] BVerfGE 128, 226 = NJW 2011, 1201 Rn. 53 mit Anm *Pfeifer* LMK 2011, 322526; dem folgend BGH NZG 2012, 1033 Rn. 13.

[15] Vgl. OLG Brandenburg ZUM 2013, 212 zur Weiterübertragung von durch eine Verwertungsgesellschaft eingeräumten Rechten („Nicht als Übertragung gilt eine Weitergabe an verbundene Unternehmen im Sinne von § 15 AktG..."); OLG Brandenburg BeckRS 2013, 14619 (im Vergleich unter 2d).

[16] Kölner Komm AktG/*Koppensteiner* Rn. 7.

[17] Zur Möglichkeit gespaltener Auslegung bei abweichender Teleologie von Einzelgesetzen, die auf die §§ 15 ff. verweisen, → Vor § 15 Rn. 11.

[18] BegrRegE *Kropff* S. 27.

[19] BegrRegE *Kropff* S. 27; BAGE 136, 114 = NZA 2011, 524 (525 f. Rn. 30) – UKE Hamburg-Eppendorf; BAGE 137, 123 = NZA 2011, 866 Tz. 26; Hüffer/Koch/*Koch* Rn. 10; s. jetzt aber auch Grigoleit/*Grigoleit* § 15 Rn. 6. Das bedeutet aber nicht, dass ein „Unternehmen" im Sinn des § 15 selbst Unternehmer sein muss, BAG NZG 2005, 512 (513 aE) = NZA 2005, 647 = ZIP 2005, 915; siehe auch → Rn. 19. Ferner schließt es die Einbeziehung nicht-(teil)rechtsfähiger Strukturen (Innengesellschaften) nicht aus (→ Rn. 41 f.).

Schall 143

wie ausländische (→ Rn. 55 und → Vor § 15 Rn. 32), von Kapitalgesellschaften über Vereine[20] und Stiftungen bis hin zu natürlichen Personen (Einzelkaufmann oder Privatperson)[21] und Körperschaften des öffentlichen Rechts,[22] auch wenn manche Verbandsformen aus außerkonzernrechtlichen Gründen nicht für bestimmte Unternehmensverbindungen in Betracht kommen (ab → Rn. 52). Im Übrigen kennt das deutsche Recht keinen einheitlichen Unternehmensbegriff.[23] Stattdessen ist in unterschiedlicher Weise nach dem Zweck der jeweiligen Norm auszulegen (teleologischer Unternehmensbegriff).[24] Beim Unternehmensbegriff des § 15 geht es dabei vor allem um die Konzerngefahr (→ Vor § 15 Rn. 26 f.), die nach der Vorstellung des Gesetzgebers nur von einer anderweitigen wirtschaftlichen Interessenbindung des herrschenden Gesellschafters ausgeht.

11 2. **Die teleologischen Unternehmensbegriffe des Konzernrechts.** Im Konzernrecht hat sich dieser teleologische Ansatz sowohl gegen den **institutionellen Unternehmensbegriff** wie auch gegen den **funktionalen Unternehmensbegriff** durchgesetzt. Ersterer blickte formal auf die Kaufmannseigenschaft[25] (oder in neuerer Spielart auf einen kaufmännisch eingerichteten Betrieb),[26] während letzterer auf die strategische Steuerung des Unternehmens „vom Schreibtisch des Aktionärs" abhob.[27] Beide wurden der Konzerngefahr aber nicht gerecht.

12 Die teleologische Auslegung führt stattdessen zu zwei **verschiedenen Definitionen** des Unternehmensbegriffs,[28] einer für übergeordnete („herrschende") und einer für untergeordnete („abhängige") sowie für gleichgeordnete bzw. wechselseitig beteiligte Unternehmen. Hintergrund ist, dass Konzerngefahr und Privataktionärsprivileg nur auf der Seite des herrschenden Unternehmens im Rahmen der §§ 291 ff. zu erfassen sind.

13 a) **Herrschendes Unternehmen.** Seit der Leitentscheidung des BGH in VEBA/Gelsenberg versteht die hM als herrschendes Unternehmen jeden **maßgeblich beteiligten Anteilsinhaber,** der neben seiner Beteiligung an der Gesellschaft noch **eine anderweitige wirtschaftliche Interessenbindung** hat, die nach Art und Intensität ernsthafte Sorge begründet, er könne wegen dieser Bindung seinen aus der Mitgliedschaft folgenden Einfluss auf die Gesellschaft nachteilig ausüben.[29]

---

[20] BGHZ 85, 84 = NJW 1983, 569 – ADAC.
[21] BegrRegE *Kropff* S. 27; BGHZ 69, 334 (338) = NJW 1978, 104; BGHZ 122, 123 (127) = NJW 1993, 1200; FG Düsseldorf EFG 2001, 1349; Hüffer/Koch/*Koch* Rn. 14; MüKoAktG/*Bayer* Rn. 16; Großkomm AktG/*Windbichler* Rn. 14; Kölner Komm AktG/*Koppensteiner* Rn. 55 ff.
[22] BGHZ 135, 107 = NJW 1997, 1855 – VW; BGHZ 175, 365 = NJW 2008, 1538 – UMTS; BAGE 136,114 = NZA 2011, 524 (525 f. Rn. 29 ff.) – UKE Hamburg-Eppendorf. S. → Rn. 44.
[23] AllgM, Hüffer/Koch/*Koch* Rn. 9; MüKoAktG/*Bayer* Rn. 9; K. Schmidt/Lutter/*J. Vetter* Rn. 32; Kölner Komm AktG/*Koppensteiner* Rn. 15 f.; Großkomm AktG/*Windbichler* Rn. 10; Henssler/Strohn/*Maier-Reimer/Kessler* Rn. 2; speziell zur Rechnungslegung *Petersen/Zwirner* DB 2008, 481; zum kartellrechtlichen Unternehmensbegriff siehe OLG Düsseldorf AG 2008, 859 = NJOZ 2008, 3758 (öffentliche Hand kein Unternehmen, aber Unternehmensfiktion des § 36 Abs. 3 GWB anwendbar; ferner Immenga/Mestmäcker/*Zimmer*, GWB, 5. Aufl. 2014, § 1 Rn. 23. Selbst das AktG spricht beim „Unternehmen" teils vom Rechtsträger (so in den §§ 15 ff.), teils vom Gegenstand seiner Geschäftstätigkeit (§§ 3, 23).
[24] BGHZ 69, 334 (336 ff.) = NJW 1978, 104; Emmerich/Habersack/*Emmerich* Rn. 8; K. Schmidt/Lutter/*J. Vetter* Rn. 32; Kölner Komm AktG/*Koppensteiner* Rn. 15 f.; Großkomm AktG/*Windbichler* Rn. 49 ff.; Grigoleit/*Grigoleit* § 15 Rn. 17; Hölters/*Hirschmann* Rn. 4; *Ederle*, Verdeckte Beherrschungsverträge, 2010, 18 ff.; s. schon *K. Schmidt* ZGR 1980, 277 ff.
[25] *v. Godin/Wilhelmi* Anm. 2; *Janberg/Schlaus* AG 1967, 33 (37 f.).
[26] *Milde*, Der Gleichordnungskonzern im Gesellschaftsrecht, 1996, 34 ff.
[27] *Kropff* BB 1965, 1281 ff.; *Möhring* NJW 1967, 1 ff.; dagegen Kölner Komm AktG/*Koppensteiner* Rn. 26 ff. Zum gescheiterten Versuch einer Wiederbelebung siehe die Argumentation der Berufungsführer im Fall des OLG Köln ZIP 2001, 2089 = AG 2002, 89 = DB 2002, 420.
[28] So auch K. Schmidt/Lutter/*J. Vetter* Rn. 32; Henssler/Strohn/*Maier-Reimer/Kessler* Rn. 2 ff.; Grigoleit/*Grigoleit* Rn. 17 und 30; Wachter/*Franz* Rn 4; nur eingeschränkt zust. Großkomm AktG/*Windbichler* Rn. 13, die zwar mit der hM anwendungsbezogen unterscheiden will, aber eine begriffliche Unterscheidung in § 15 nicht angelegt sieht. Die teleogischen Unternehmensbegriffe der hM für über- und untergeordnete Unternehmen dagegen prinzipiell abl. *Leuschner*, Das Konzernrecht des Vereins, 2011, 66 ff., 70 ff., der einen relativen, auf die Teleologie des konkreten Normkontextes zugeschnittenen Unternehmensbegriff fordert.
[29] BGHZ 69, 334 (336 ff.) = NJW 1978, 104 – VEBA/Gelsenberg; BGHZ 74, 359 (364 f.) = NJW 1979, 2401 – WAZ; BGHZ 80, 69 (72) = NJW 1981, 1512 – Süssen; BGHZ 95, 330, 337 = NJW 1986, 188 – Autokran; BGHZ 135, 107 (113) = NJW 1997, 1855 – VW; BGHZ 148, 123 (125 f.) = NJW 2001, 2973 – MLP; OLG Düsseldorf NZG 2004, 622 (623 f.); OLG Hamburg NZG 2001, 471 = AG 2001, 479 = DB 2000, 2008 f.); OLG Hamm AG 2001, 146 f.; BFHE 233, 416 = NZG 2011, 916 (919 Rn. 54 ff.); Hüffer/Koch/*Koch* Rn. 10 f.; Grigoleit/*Grigoleit* § 15 Rn. 17 f.; Hölters/*Hirschmann* Rn. 5; Wachter/*Franz* Rn. 5; Großkomm AktG/*Windbichler* Rn. 11; MüKoAktG/*Bayer* Rn. 13 f.; *Bayer* ZGR 2002, 933 (938 ff.); NK-AktR/*Peres/Walden* Rn. 3; BeckHdB AG/*Liebscher* § 14 Rn. 12 f.; *Cahn* AG 2002, 30 f.; im Grds. auch Kölner Komm AktG/*Koppensteiner* Rn. 20, 22 ff., aber weitergehend wohl in Rn. 21 für Anerkennung konfligierender nicht-unternehmerischer

Die maßgebliche Beteiligung an einem einzigen Unternehmen („Privataktionär") reicht nicht zur Begründung der Unternehmenseigenschaft.[30]

b) Abhängige, gleichgeordnete und wechselseitig beteiligte Unternehmen. Beim abhängigen Unternehmen geht es um die Transparenz der gefährlichen Beherrschung sowie um Umgehungsschutz.[31] Die anderweitige Interessenbindung spielt keine Rolle. Das Nämliche gilt für gleichgeordnete, wechselseitig beteiligte und an Gewinngemeinschaften (§ 292 Abs. 1 Nr. 1) beteiligte Unternehmen. Im Bereich artifizieller Rechtsträger versteht die hM als Unternehmen zu Recht **jede rechtlich selbstständige Organisationsform, die ein Unternehmen tragen kann,**[32] sofern nicht rechtsformspezifische Besonderheiten der Konzernierung entgegenstehen (→ Rn. 53 f.). Bei natürlichen Personen ist dagegen tatsächliche Unternehmensträgerschaft erforderlich (→ Rn. 53). 14

c) Kritik. Die Herausarbeitung der teleologischen Unternehmensbegriffe ist grundsätzlich zu begrüßen. Allerdings werfen die eingangs skizzierten Entwicklungen (→ Vor § 15 Rn. 2 ff. und → Rn. 28) neue Fragestellungen auf. Grundsätzlich ist zu klären, inwieweit am Erfordernis anderweitiger wirtschaftlicher Betätigung angesichts der in dieser Pauschalität überholt wirkenden Anschauung des Gesetzgebers von der erhöhten Konzerngefahr heute noch festzuhalten ist. Der längst nicht ausgelotete[33] Unternehmensbegriff der hM ist ferner zu hinterfragen bei der Unternehmenseigenschaft in Holdingkonstruktionen (Rn. 39) angesichts der entfallenen Haftungskomponente (→ Vor § 15 Rn. 12 ff.), der Maßgeblichkeitsschwelle der anderweitigen Beteiligung (ab → Rn. 27) angesichts der gestiegenen Bedeutung geringerer Beteiligungswerte (→ Vor § 15 Rn. 5), der Sonderbehandlung der öffentlichen Hand (→ Rn. 44) sowie überall dort, wo Verweise auf die Definitionsnormen nicht im Zusammenhang mit der Konzerngefahr stehen (→ Rn. 51). 15

d) Eigener Lösungsvorschlag. Bei der Grundsatzfrage nach dem Festhalten am anderweitigen wirtschaftlichen Interesse zeigt sich ein Spannungsverhältnis zwischen Schutzbedarf und Unternehmensbegriff. Einerseits ist die Beschränkung der Schutzmechanismen des Konzernrechts auf die *anderweitige* unternehmerische Tätigkeit des Anteilsinhabers nicht mehr zeitgemäß. Neuere Gesetze sind nicht so restriktiv, und auch der BGH hat sich den Schranken des Unternehmensbegriffs mehrfach entzogen.[34] In die gleiche Richtung weisen Ansätze, welche die Unternehmenseigenschaft von Handelsgesellschaften typisieren oder überhaupt nur natürliche Personen als „Privataktionäre" aus dem Unternehmensbegriff ausgrenzen wollen. In der Tat erscheint die den §§ 15 ff. zugrunde liegende Vorstellung des Gesetzgebers nicht unüberwindbar (→ Vor § 15 Rn. 28). Sie lässt sich auch nicht mit einem organisationsrechtlichen, auf die Konzernermöglichung abhebenden Verständnis neu begründen,[35] da die Gefahr faktischen Einflusses durch Private nicht zu leugnen und die Vorenthaltung der §§ 291 ff. unter diesem Blickwinkel nicht zu 16

Interessen; teilweise anders jetzt Emmerich/Habersack/*Emmerich* Rn. 9 a f., der grds. jeden Rechtsträger als Unternehmen anerkennen und nur natürliche Personen mit einer einzigen Beteiligung als Privataktionäre von der Anwendung des Konzernrechts ausschließen möchte, weil (nur) dort die abstrakte Möglichkeit der Konzerngefahr ausgeschlossen sei; tendenziell ebenso, aber weniger weitgehend K. Schmidt/Lutter/*J. Vetter* Rn. 33: Unternehmenseigenschaft der öffentlichen Hand sowie von Handelsgesellschaften (wg gesetzlicher Typisierung) generell zu bejahen, anderweitige wirtschaftliche Interessenbindung im Einzelfall nur bei Privatpersonen und sonstigen Rechtsträgern relevant; dem folgend auch Henssler/Strohn/*Maier-Reimer/Kessler* Rn. 5. Zu einem ähnlichen Ergebnis wie die hM gelangt *Mülbert* ZHR 163 (1999), 1 ff. auf Basis seines organisationsrechtlichen, auf die Erlangung der Privilegierungsmöglichkeiten der §§ 291 ff., §§ 311 ff. abhebenden Verständnisses des Unternehmensbegriffs. Die hM abl. *Leuschner*, Das Konzernrecht des Vereins, 2011, 70 ff. und schon S. 26 f, 39 ff. bezüglich des Ausschlusses von Privataktionären. Näher zur Diskussion auch im Text. Zu Detailfragen der teleologischen Definition des herrschenden Unternehmens ab → Rn. 39 ff. und insbes. → Rn. 51.

[30] Das entspricht der Vorstellung des Gesetzgebers, Ausschussbericht zu den § 20 und § 21 bei *Kropff* S. 41 f.
[31] Hüffer/Koch/*Koch* Rn. 9; Wachter/*Franz* Rn. 15; Emmerich/Habersack/*Emmerich* Rn. 25; Kölner Komm AktG/*Koppensteiner* Rn. 53; siehe aber *Leuschner*, Das Konzernrecht des Vereins, 2011, 72, der auf den weiteren Kontext der Konzernbilanz hinweist.
[32] Zu abhängigen Unternehmen Hüffer/Koch/*Koch* Rn. 14; MüKoAktG/*Bayer* Rn. 47 f.; Emmerich/Habersack/*Emmerich* Rn. 25; Henssler/Strohn/*Maier-Reimer/Kessler* Rn. 11; Wachter/*Franz* Rn. 15; Hölters/*Hirschmann* Rn. 10; K. Schmidt/Lutter/*J. Vetter* Rn. 73 und 75; Kölner Komm AktG/*Koppensteiner* Rn. 86; MHdB AG/*Krieger* § 69 Rn. 13; zu gleichgeordneten, wechselseitig beteiligten Unternehmen und Gewinngemeinschaften Kölner Komm AktG/*Koppensteiner* Rn. 17, 88 ff., 90, 91; grundlegend *Mülbert* ZHR 163 (1999), 41 ff. (aber Gewinngemeinschaft nur mit tatsächlichem Unternehmensträger). Teilw. abl. *Leuschner*, Das Konzernrecht des Vereins, 2011, 72: Einbeziehung jedes Unternehmensträgers nur für Umgehungsschutz, nicht aber für Konsolidierung nach §§ 290 ff. HGB, §§ 11 ff. PublG gerechtfertigt, wo es stattdessen auf die Unternehmensqualität im handelsrechtlichen Sinn ankomme. Weitere Detailfragen noch → Rn. 51 ff.
[33] So zutr. Emmerich/Habersack/*Emmerich* Rn. 21.
[34] So hinsichtlich der öffentlichen Hand (→ Rn. 44) sowie der Durchgriffshaftung (→ Vor § 15 Rn. 12 ff.).
[35] So aber *Mülbert* ZHR 163 (1999), 1 (28 ff., 31 f.).

rechtfertigen ist. Auf der anderen Seite droht ohne das Erfordernis des *anderweitigen* unternehmerischen Interesses eine Ausweitung des belastenden Abhängigkeitsrechts gegen die Privilegierungsabsicht des Gesetzgebers sowie eine Inflation von Minikonzernen (jede Einpersonen-GmbH, GmbH & Co KG oder Personengesellschaft).

17   Aus diesem Dilemma führen mehrere Wege. Einer davon wäre, die partielle Erweiterung des Unternehmensbegriffs fortzuführen, um die praktischen Auswirkungen seiner Beschränktheit zu minimieren.[36] Ein anderer wäre, den Unternehmensbegriff vom Erfordernis der anderweitigen wirtschaftlichen Interessenbindung zu befreien, aber bei zweifelhaften Ergebnissen eine teleologische Reduktion der jeweiligen Vorschrift vorzunehmen. Schließlich könnte man umgekehrt daran denken, die engere Definition beizubehalten, und stattdessen die einschlägigen Sachvorschriften nach Bedarf zu erweitern.[37] Letzterem ist zu folgen. Denn das Problem stellt sich nicht für alle Gesellschaftsformen, sondern in erster Linie für den Großaktionär der AG, der anders als der GmbH-Gesellschafter keine Lenkungsbefugnisse hat. Greift er dennoch in die Geschäfte der AG ein, drohen ihm aber nur ungenügende Sanktionen.[38] Daher ist der herrschende Privataktionär durch teleologische Extensionen bzw. Analogien in geeigneten Fällen miteinzubeziehen, anstatt den Unternehmensbegriff mit „Zwergkonzernen" zu denaturieren, ebenso wie umgekehrt trotz Vorliegen einer anderweitigen Interessenbindung überschießende Rechtsfolgen grds. einer teleologischen Reduktion zugänglich wären.[39] Dementsprechend wird hier den teleologischen Unternehmensbegriffen der hM gefolgt, und anschließend für diverse Erweiterungen des Aktienkonzernrechts plädiert (→ Rn. 46 ff. und insbes. → Rn. 51). Damit lässt sich auch dem Telos der allgemeinen Definitionen in Zusammenschau mit ihren jeweiligen Anwendungsbereichen in anderen Normen und Rechtsgebieten besser gerecht werden als mit dem Ansatz der partiellen Erweiterung des Unternehmensbegriffs (dafür insbesondere *Emmerich*, *J. Vetter*). Denn mit letzterem wird schon nicht plausibel, warum bei natürlichen Personen oder auch bei nicht handelsrechtlichen Rechtsträgern (Vereine, Stiftungen) an der anderweitigen wirtschaftlichen Betätigung im Einzelfall strikt festgehalten werden soll,[40] während diese bei Handelsgesellschaften bloß formell vorzuliegen braucht, bei öffentlich-rechtlichen Körperschaften wiederum überhaupt nicht. Die eigentliche Frage ist doch, ob man die Vorstellung des Gesetzes von einer spezifischen Konzerngefahr noch akzeptieren kann oder muss, oder eben nicht. Mit Blick darauf scheint mir, als müsse man die anderweitige wirtschaftliche Tätigkeit entweder überall konkret einfordern oder überall verwerfen.[41] Das ändert sich mE aber auch nicht, wenn man die Ermöglichungsfunktion in den Vordergrund rückt, weil die effektive Ausübung unternehmerischer Kontrolle durch den Mehrheitsaktionär, welche nach dieser Sicht vom Konzernrecht privilegiert werden soll,[42] nicht davon abhängt, dass dieser sich noch anderweitig engagiert.[43] Erkennt man beispielsweise mit der typisierenden Sicht jede GmbH per se als Unternehmen an, könnte der Privataktionär durch die Zwischenschaltung einer GmbH, deren Alleingesellschafter-Geschäftsführer er ist, praktisch mit der AG einen Beherrschungsvertrag zu seinen Gunsten abschließen. Hält man das iE für richtig, wäre es überzeugender, den Beherrschungsvertrag direkt zuzulassen. Hält man es dagegen für falsch, darf man den Ausschluss des Privataktionärs nicht so einfach aushebeln lassen.[44] Allein daran, ob natürliche Personen eine Holding zwischenschalten, und ob diese Holding als Kapitalgesellschaft, OHG (§ 105 Abs. 2 HGB) oder GbR organisiert ist, sollte die Anwendung des Konzernrechts, wie etwa die Frage der Schaffung eines Konzernbetriebsrates, jedenfalls nicht hängen (siehe noch Rn. 19). Das ergibt sich schon daraus, dass der Umgehungsschutz genuiner Regelungszweck des (allgemeinen) Konzernrechts ist (→ Vor § 15 Rn. 30).

---

[36] So (mit geringfügigen Unterschieden) Emmerich/Habersack/*Emmerich* Rn. 9a f.; K. Schmidt/Lutter/*J. Vetter* Rn. 33, 53 ff.

[37] Siehe zur ähnlichen methodischen Problematik bei der Unternehmenseigenschaft der öffentlichen Hand Kölner Komm AktG/*Koppensteiner*, 2. Aufl. 1986, Rn. 70, 84; ferner *Mülbert* ZHR 163 (1999), 1 (3 f.).

[38] So schon → Vor § 15 Rn. 14. § 117 ist schon wegen des erforderlichen Vorsatzes ein zahnloser Tiger, → § 117 Rn. 1.

[39] Vgl. *Bayer* ZGR 2002, 933 (948 ff.). Freilich ist der Bedarf hierfür wesentlich geringer, nachdem bereits das Kriterium der ernsthaften Sorge nachteiligen Einflusses zum Ausschluss unerheblicher anderweitiger Interessenbindungen führt (→ Rn. 23).

[40] K. Schmidt/Lutter/*J. Vetter* Rn. 33; (nur für natürliche Personen) Emmerich/Habersack/*Emmerich* Rn. 9a.

[41] AA jedoch *Leuschner*, Das Konzernrecht des Vereins, 2011, 70 ff. aus Basis seines relativen Unternehmensbegriffsverständnisses.

[42] → Vor § 15 Rn. 28; K. Schmidt/Lutter/*J. Vetter* Rn. 37.

[43] Anders K. Schmidt/Lutter/*J. Vetter* Rn. 38, der aufgrund der primären Ermöglichungsfunktion dafür hält, die gesetzliche Typisierung des anderweitigen Interesses bei Formkaufleuten im Konzernrecht anzuerkennen.

[44] Daher so nicht überzeugend K. Schmidt/Lutter/*J. Vetter* Rn. 55 aE; gegen ihn auch *Ederle*, Verdeckte Beherrschungsverträge, 2010, 22 ff.

III. Das herrschende Unternehmen

1. Grundsätze. Nach dem teleologischen Unternehmensbegriff steht im Mittelpunkt des Konzernrechts der Dualismus der wirtschaftlichen Interessen des Anteilsinhabers, die den Kern künftiger Konflikte enthalten (→ Rn. 20). Mit Blick auf den Gesetzeszweck (potentieller Interessenkonflikt) ist eine **wirtschaftliche Betrachtungsweise** geboten, keine formal-juristische wie nach dem institutionellen Unternehmensbegriff.[45] Daraus ergeben sich folgende Weichenstellungen.

Das herrschende „Unternehmen" braucht kein „Unternehmer" im üblichen Wortsinn (selbstständig beruflich Erwerbstätiger) zu sein.[46] Vielmehr kommen auch der Staat, der mehrfache Aktionär oder der Kommanditist in Betracht.[47] Die formal-juristische Betrachtung steht der Unternehmenseigenschaft nach dem teleologischen Ansatz nicht entgegen.[48] Umgekehrt soll die (Form)Kaufmannseigenschaft der hM zufolge nicht per se den Unternehmensbegriff erfüllen.[49] Dem ist zuzustimmen, da die (vordringende) Gegenmeinung zur Aufspaltung des Unternehmensbegriffs in eine teils wirtschaftliche, teils formal-juristische Betrachtung zwar auf den ersten Blick für eine Vereinfachung sorgt, aber iE die tragenden Prinzipien verdunkelt und damit auf Sicht eher zu weiterer Verkomplizierung dürfte. Stimmiger und für die Praktikabilität des Konzernrechts[50] ausreichend erscheint es, mit der Formkaufmannseigenschaft die Vermutung eines Unternehmens im Sinne des § 15 zu verbinden.[51] Denn AG und GmbH sind in aller Regel solche Unternehmen (→ Rn. 23). Anderes ist nur ausnahmsweise denkbar, etwa in Fällen einer Holding, die nur eine einzige Beteiligung hält (→ Rn. 39) oder bei einer ausschließlich nicht-wirtschaftlichen, etwa gemeinnützigen Tätigkeit der Obergesellschaft (→ Rn. 43), wo dann Raum zur Widerlegung der Vermutung bleibt. Das erscheint systematisch wie teleologisch sinnvoll. Wo die anderweitige Interessenbindung nicht erforderlich scheint, kann die teleologische Extension der Einzelvorschrift abhelfen, wo sie zwar vorliegt, aber die Rechtsfolgen zu weit führen, kann umgekehrt teleologisch reduziert werden[52] (→ Rn. 17 aE). So kann nach hier vertretener Ansicht jede Holding, gleich welcher Rechtsform, schon deshalb einen Beherrschungsvertrag abschließen, weil diese Gestaltungsmaßnahme Privataktionären generell offensteht (→ Rn. 47). Abgesehen davon dürfte der Unternehmensbegriff der hM auch keine Schutzlücken im Rahmen der Kapitalaufbringung verursachen.[53] Denn die §§ 56, 71d verweisen lediglich mit Bezug auf das *abhängige Unternehmen* auf die Definition der §§ 16, 17, während sie direkt jede Aktiengesellschaft als „Obergesellschaft" definieren, ohne insoweit auf den rechtsformneutralen Unternehmensbegriff der §§ 15 ff. zu verweisen.[54] Daher setzen sie anders als die §§ 16, 17 in ihrer direkten Anwendung auch kein Unternehmen mit anderweitiger wirtschaftlicher Interessenbindung voraus (→ Rn. 51).

Nicht entscheidend ist nach der wirtschaftlichen Betrachtung, ob die anderweitige unternehmerische Betätigung erlaubt ist, sofern sie tatsächlich ausgeübt wird. Der rechtlichen Zulässigkeit (zB Gesellschaftszweck) kommt allenfalls Indizwirkung zu.[55]

---

[45] Vgl. BGH NJW 1996, 1283 f.; im Grundsatz auch MüKoAktG/*Bayer* Rn. 22; bezüglich Handelsgesellschaften teilw. anders K. Schmidt/Lutter/*J. Vetter* Rn. 33; Emmerich/Habersack/*Emmerich* Rn. 22; Henssler/Strohn/Maier-Reimer/*Kessler* Rn. 4. Grds zur „wirtschaftlichen Betrachtungsweise" jetzt *Cahn* FS K. Schmidt, 2009, 157.

[46] Zum untergeordneten Unternehmen siehe dagegen → Rn. 53.

[47] → Rn. 29, 44; vgl. demgegenüber deren fehlende Kaufmannseigenschaft, Baumbach/Hopt/*Merkt* HGB § 1 Rn. 50. Nachvollziehbar Baumbach/Hueck/*Beurskens* KonzernR Rn. 25 f., der Analogien bevorzugt hätte. Doch *alea iacta est*.

[48] Ganz hM, schon BGHZ 69, 334 (338) = NJW 1978, 104; MüKoAktG/*Bayer* Rn. 17; Großkomm AktG/*Windbichler* Rn. 35; Hüffer/Koch/*Koch* Rn. 11; aA etwa noch Zöllner ZGR 1976, 1 (13 ff.); nach wie vor kritisch, aber nun zust. Baumbach/Hueck/*Beurskens* KonzernR Rn. 18 f.

[49] Wie hier Hüffer/Koch/*Koch* Rn. 14; Grigoleit/*Grigoleit* § 15 Rn. 9; Wachter/*Franz* Rn. 9; Hölters/*Hirschmann* Rn. 8; MüKoAktG/*Bayer* Rn. 16; Kölner Komm AktG/*Koppensteiner* Rn. 60; MHdB AG/*Krieger* § 69 Rn. 10; aA Großkomm AktG/*Windbichler* Rn. 20; K. Schmidt/Lutter/*J. Vetter* Rn. 33, 53 ff.; Emmerich/Habersack/*Emmerich* Rn. 22; Henssler/Strohn/Maier-Reimer/*Kessler* Rn. 5; *Mülbert* ZHR 163 (1999), 40 ff. S. → Rn. 24, Rn. 39 (Holding) und → Rn. 51.

[50] Zu diesem Aspekt K. Schmidt/Lutter/*J. Vetter* Rn. 59.

[51] So auch *Ederle*, Verdeckte Beherrschungsverträge, 2010, 23; *Kort* DB 1986, 1909 (1911); aA MHdB AG/*Krieger* § 69 Rn. 10.

[52] Vgl. *Bayer* ZGR 2002, 933 (948 ff.).

[53] So aber K. Schmidt/Lutter/*J. Vetter* Rn. 56, der befürchtet, bei Erfordernis einer anderweitigen Interessenbindung auf Seiten des herrschenden Unternehmens würde nicht jede Aktiengesellschaft von dem Verbot erfasst.

[54] S. § 56 Abs. 2: „Ein abhängiges Unternehmen darf keine Aktien der herrschenden Gesellschaft, ein in Mehrheitsbesitz stehendes Unternehmen keine Aktien an der an ihm mit Mehrheit beteiligten Gesellschaft ... übernehmen"; sowie § 71d Abs. 1 S. 2: „Gleiches gilt für den Erwerb oder den Besitz von Aktien der Gesellschaft durch ein abhängiges oder ein im Mehrheitsbesitz *der Gesellschaft* stehendes Unternehmen ...".

[55] Das gilt etwa für die Zulässigkeit abweichender wirtschaftlicher Tätigkeit (vgl. Kölner Komm AktG/*Koppensteiner* Rn. 57 aE) oder umgekehrt für die Pflicht zur Wahrung eines Interessengleichlaufs (vgl. MüKoAktG/*Bayer* Rn. 45; Kölner Komm AktG/*Koppensteiner* Rn. 53). Ebenso liegt es bei der Herrschaft, → § 17 Rn. 14.

21 Schließlich geht es beim Unternehmensbegriff nur um die potentielle **Eignung** als übergeordnetes Unternehmen, nicht schon um die tatsächliche Subsumtion als „herrschend".[56] Die abstrakte Möglichkeit eines Interessenkonflikts reicht aus.[57] An dieser Stelle ist also durchaus eine weite Auslegung geboten. Dies wird nicht immer erkannt,[58] was an den früheren Konzernhaftungsrisiken liegen mag.[59]

22 **2. Maßgebliche Beteiligung am untergeordneten Unternehmen.** Die erste Voraussetzung des Unternehmensbegriffs ist eine maßgebliche Beteiligung am untergeordneten Unternehmen.[60] Dabei stellen sich die gleichen Fragen, wie sie im Zusammenhang mit der maßgeblichen Beteiligung an einem anderen Unternehmen diskutiert werden (→ Rn. 25 ff.). Jedoch ist die Frage des beherrschenden Einflusses von der Frage der maßgeblichen Beteiligung zu trennen.[61] Unabhängig vom Schwellenwert einer „maßgeblichen Beteiligung" müssen beim untergeordneten Unternehmen immer zumindest die §§ 16, 17 erfüllt sein, bevor materielle Regeln des Konzernrechts zur Anwendung kommen. Das führt praktisch dazu, dass die Frage der Maßgeblichkeit *in dieser Hinsicht* unerheblich wird. Mit Blick auf die anderweitige wirtschaftliche Interessenbindung liegt es freilich anders. Dort ist die Maßgeblichkeit ein eigenständiges, vorgelagertes Kriterium, das man richtigerweise nicht in den engeren Kriterien der Beherrschung aufgehen lassen sollte (→ Rn. 27 f.).

23 **3. Anderweitige wirtschaftliche Interessenbindung.** Der maßgeblich beteiligte Anteilsinhaber muss eine anderweitige wirtschaftliche Interessenbindung haben. Entscheidend ist, dass diese Interessenbindung **außerhalb** der abhängigen Gesellschaft manifestiert ist. Die Verfolgung von Partikularinteressen innerhalb der anhängigen Gesellschaft aus „privatem" Gewinn- oder Idealinteresse reicht nicht aus, selbst wenn sie in irgendeiner Form institutionalisiert ist und von ihr Gefahren ausgehen.[62] Ebenso wenig genügen (mittelbare) wirtschaftliche Interessen des Anteilsinhabers der beherrschten Gesellschaft an deren Tochter- und Enkelgesellschaften (mehrstufige Beteiligung).[63] In der einfachen GmbH & Co KG bzw. KGaA,[64] wo sich die Komplementärgesellschaft auf die Leitung der KG/KGaA beschränkt, sind weder Komplementär noch die an beiden Gesellschaften beteiligten Gesellschafter Unternehmen im Sinne des § 15.[65] Nach der maßgeblichen wirtschaftlichen Betrachtung (→ Rn. 18) liegt hier kein Konzernkonflikt, sondern nur eine *einheitliche Gesellschaft* vor. Dass die beteiligten Gesellschaften ein *einheitliches Unternehmen* bilden, in welchem Interessenkonflikte typischerweise ausscheiden (zB **Betriebsaufspaltung**), reicht dagegen nicht aus, um die Unternehmenseigenschaft abzulehnen.[66] Denn die abstrakte Möglichkeit eines Konflikts genügt (→ Rn. 21). Allerdings muss

---

[56] Zutr. MüKoAktG/*Bayer* Rn. 13.
[57] Hüffer/Koch/*Koch* Rn. 15; MüKoAktG/*Bayer* Rn. 45; Kölner Komm AktG/*Koppensteiner* Rn. 47. S. aber → Rn. 23 aE.
[58] BGHZ 148, 123 = NJW 2001, 2973 – MLP; dazu → Rn. 27 ff.
[59] In diese Richtung auch MüKoAktG/*Bayer* Rn. 18 aE.
[60] BGHZ 69, 334 (336) = NJW 1978, 104; aA Kölner Komm AktG/*Koppensteiner* Rn. 47 (geringfügiger Anteil genügt). Doch soweit trägt sein Argument aus §§ 20 ff. nicht. Richtig daran ist allerdings, für die Maßgeblichkeit weniger zu fordern als die hM es tut (→ Rn. 27).
[61] Zutr MüKoAktG/*Bayer* Rn. 13; Kölner Komm AktG/*Koppensteiner* Rn. 47; missverstanden von BGHZ 148, 123 = NJW 2001, 2973, s. → Rn. 27.
[62] HM, s. → Rn. 13 sowie → Rn. 43 und schon → Vor § 15 Rn. 26 f.; aA neuerdings Kölner Komm AktG/*Koppensteiner* Rn. 21, der aus der Anerkennung der öffentlichen Hand als Unternehmen (Rn. 43) die generelle Beachtlichkeit konfligierender nicht-unternehmerischer Interessen folgert. Ebenso Emmerich/Habersack/*Emmerich* Rn. 9 ff. und 18; MüKoAktG/*Bayer* Rn. 43; VHW/*Casper* GmbHG Anh. § 77 Rn. 22; siehe auch Grigoleit/*Grigoleit* Rn. 25 ff. (29). Er kritisiert zwar die pauschale Anerkennung der öffentlichen Hand als Unternehmen, hält dann aber die Erweiterung auf ideelle Zwecke für konsequent. Das zielt im Ergebnis in die hier propagierte Richtung (→ Vor § 15 Rn. 27), ist aber wegen der damit verbundenen Ausweitung des Unternehmensbegriffs zugunsten des in → Rn. 16 f. aufgezeigten Wegs der Extension in Einzelfällen abzulehnen.
[63] BGHZ 148, 123 = NJW 2001, 2973 – MLP; näher → Rn. 36 f.; K. Schmidt/Lutter/*J. Vetter* Rn. 51; Kölner Komm AktG/*Koppensteiner* Rn. 29.
[64] Zugelassen von BGHZ 134, 392 = NJW 1997, 1923.
[65] Ganz hM, BSG AG 1995, 279 (282); MüKoAktG/*Bayer* Rn. 46; Emmerich/Habersack/*Emmerich* Rn. 23; K. Schmidt/Lutter/*J. Vetter* Rn. 48; MHdB GmbH/*Kiefner* § 67 Rn. 30; MüKoHGB/*Mülbert* KonzernR Rn. 52 ff.; *Ulmer* NJW 1986, 1579 (1585 f.); Wachter/*Franz* Rn. 8; grds. abw. Kölner Komm AktG/*Koppensteiner* Rn. 54. Anders liegt es selbstverständlich bei anderweitiger wirtschaftlicher Betätigung der Komplementärgesellschaft oder ihrer Gesellschafter, zB BAG ZIP 1996, 969.
[66] Emmerich/Habersack/*Emmerich* Rn. 11b; MüKoAktG/*Bayer* Rn. 45; K. Schmidt/Lutter/*J. Vetter* Rn. 48; Kölner Komm AktG/*Koppensteiner* Rn. 53; Wachter/*Franz* Rn. 8; aA etwa *Drygala*, Der Gläubigerschutz bei der typischen Betriebsaufspaltung, 1991, S. 85 ff.; MHdB GmbH/*Kiefner* § 67 Rn. 29 (zur Betriebsaufspaltung); eingehend *Liebscher* GmbH-KonzernR Rn. 80 ff.; ferner *Mertens* FS Claussen, 1997, 297 ff. (bei satzungsmäßigen Interessengleichlauf zwischen Unternehmerkomplementär und KGaA). Dem für das Steuerrecht folgend BFHE 233, 416 = NZG 2011, 916 (919 Rn. 57) (aber abl. *Böhmer* FR 2012, 862 sowie zur Vorinstanz *Crezelius*

die anderweitige Interessenbindung auch die **ernsthafte Sorge nachteiligen Einflusses** auf die abhängige Gesellschaft begründen. Darin liegt eine **Einschränkung,** die nicht immer genügend beachtet wird.[67] Sie erlaubt, die Unternehmenseigenschaft im Einzelfall auszuschließen, wenn keine Konzerngefahr vorliegt.[68] Damit kann man beispielsweise ungefährliche Betriebsaufspaltungen[69] oder geringfügige wirtschaftliche Tätigkeiten außerhalb der abhängigen Gesellschaft erfassen. Als Grundlagen anderweitiger wirtschaftlicher Interessenbindung kommen in Betracht:

a) Eigene (mit)unternehmerische Tätigkeit. Der Anteilsinhaber kann selbst Unternehmer 24 sein. Bei natürlichen Personen kommt hier jede Tätigkeit als Gewerbetreibender oder Freiberufler,[70] allein (Selbstständiger, Einzelkaufmann) oder im Verbund mit anderen (Personengesellschafter, Partner, s. auch → Rn. 29), in Betracht. Bei Kapitalgesellschaften ergibt sich die unternehmerische Tätigkeit regelmäßig schon aus ihrem eigenen Geschäftsbetrieb. Ihre Formkaufmannseigenschaft reicht nach hM aber nicht (→ Rn. 19). Daher ist eine konkrete Betrachtung erforderlich, wobei dem Satzungszweck nur Indizwirkung zukommt (→ Rn. 20). Ist die Kapitalgesellschaft eine einfache Holding, die nur die Beteiligung in der abhängigen Gesellschaft hält, gilt sie nicht als Unternehmen.[71] Hat die Kapitalgesellschaft einen gemeinnützigen Zweck, kommt es darauf an, ob sie in diesem Rahmen wirtschaftliche Tätigkeiten ausübt.[72] Das Gleiche gilt für alle Rechtsträger mit nichtunternehmerischen Zwecken (Vereine, Stiftungen) mit Ausnahme des Staates (→ Rn. 44). Die ideale Zwecksetzung schließt die Unternehmenseigenschaft weder aus noch erfüllt sie sie per se (→ Rn. 43). Die unternehmerische Tätigkeit muss keinen Bezug zum Geschäft der untergeordneten Gesellschaft aufweisen,[73] insbesondere nicht in Konkurrenz zu ihr stehen.[74] Der wirtschaftlichen Betrachtungsweise (→ Rn. 20) entsprechend kann die Tätigkeit auch **mittelbar** ausgeübt werden, etwa durch einen Treugeber vermittels des Treuhänders.[75] Entscheidend ist der potentielle Interessenkonflikt (→ Rn. 21). Daran kann es fehlen, wenn die unternehmerische Tätigkeit völlig andersartig ist oder nur in unerheblichem Umfang stattfindet. Denn dann besteht keine „ernsthafte Sorge" negativen Einflusses (→ Rn. 23).

b) Maßgebliche Beteiligung an anderem Unternehmen. Die maßgebliche Beteiligung des 25 Gesellschafters an einem anderen Unternehmen („multiple maßgebliche Beteiligung") reicht aus.[76] Das gilt gleichermaßen für natürliche Personen und Kapitalgesellschaften, auch für Holdinggesellschaften.[77] Zwar hatte eine Gegenansicht tatsächliches unternehmerisches Agieren des Gesellschafters in der *anderen* Gesellschaft erfordert und dafür auch Rückhalt in der Rechtsprechung ausgemacht

---

FR 2010, 297; krit auch *Potsch/Stahl* NZG 2011, 1017; zust. aber *Wachter* DStR 2011, 1599). Der Streitfrage ist für das Gesellschaftsrecht durch den Wegfall der Haftungskomponente die Schärfe genommen, → Vor § 15 Rn. 12; ebenso *Liebscher* GmbH-KonzernR Rn. 80.

[67] Jetzt aber *Grigoleit/Grigoleit* Rn. 21.

[68] Insofern ist eine konkrete Prüfung zulässig und sogar geboten, vgl. LG Heidelberg ZIP 1997, 1787 – SAP; LG Dortmund AG 1981, 236 – Thyssen-Vermögensverwaltung; zu Unrecht kritisch MüKoAktG/*Bayer* Rn. 45.

[69] Sofern etwa der Überlassungsvertrag nachteilige Vermögensverlagerungen ausschließt. Skeptisch aber Kölner Komm AktG/*Koppensteiner* Rn. 53; MüKoAktG/*Bayer* Rn. 45.

[70] BGH NJW 1994, 3288 (3290) = JZ 1995, 519 mit Anm *Hirte* NJW 1995, 1544 f.; Hüffer/Koch/*Koch* Rn. 14; Grigoleit/*Grigoleit* § 15 Rn. 20; Henssler/Strohn/*Maier-Reimer*/*Kessler* § 15 Rn. 6; K. Schmidt/Lutter/ *J. Vetter* Rn. 41; Kölner Komm AktG/*Koppensteiner* Rn. 31 ff.; anders noch nach dem institutionellen Ansatz, *v. Godin/Wilhelmi* Anm. 2; *Baumbach/Hueck* Anm. 3.

[71] HM, etwa MüKoAktG/*Bayer* Rn. 26; Kölner Komm AktG/*Koppensteiner* Rn. 62, aber anders → Rn. 68 bei Umgehungskonstruktionen; anders etwa K. Schmidt/Lutter/*J. Vetter* Rn. 62; Henssler/Strohn/*Maier-Reimer*/ *Kessler* Rn. 5.

[72] Anders der typisierende Ansatz, K. Schmidt/Lutter/*J. Vetter* Rn. 42.

[73] BGHZ 115, 187 (191) = NJW 1991, 3142 – Video; Großkomm AktG/*Windbichler* Rn. 22, 31, aber einschränkend in Rn. 23, 31 für Freiberufler und juristische Personen, die keine Handelsgesellschaften sind (dann Berührungspunkte der anderweitigen Tätigkeit mit Beteiligungsunternehmen erforderlich).

[74] Daher schließen Wettbewerbsverbote die Unternehmenseigenschaft nicht aus, Großkomm AktG/*Windbichler* § 17 Rn. 84.

[75] Bisher unstr., Großkomm AktG/*Windbichler* Rn. 45; Kölner Komm AktG/*Koppensteiner* Rn. 66 ff.; s. jetzt aber → Rn. 30 ff.

[76] Bislang schon hM, MüKoAktG/*Bayer* Rn. 19–21; *Bayer* ZGR 2002, 933 (945 ff.); Grigoleit/*Grigoleit* § 15 Rn. 20; MHdB GmbH/*Kiefner* § 67 Rn. 24; K. Schmidt/Lutter/*J. Vetter* Rn. 44; Henssler/Strohn/*Maier-Reimer*/ *Kessler* Rn. 6; Kölner Komm AktG/*Koppensteiner* Rn. 37 ff. (aber in Rn. 47 f. kritisch zur Maßgeblichkeit und stattdessen auf entscheidenden Einfluss auf Ergebnisverwendung abstellend; Großkomm AktG/*Windbichler* Rn. 32–35; Hüffer/Koch/*Koch* Rn. 11; Emmerich/Habersack/*Emmerich* Rn. 13.

[77] Zutr MüKoAktG/*Bayer* Rn. 27; Emmerich/Habersack/*Emmerich* Rn. 16; Kölner Komm AktG/*Koppensteiner* Rn. 62; wohl auch Hüffer/Koch/*Koch* Rn. 13; aA OLG Saarbrücken AG 1980, 26 (28); BGH AG 1980, 342. Zur Holding noch → Rn. 39.

zu haben geglaubt.[78] Doch der BGH hat in MLP klargestellt, dass schon die „maßgebliche Beteiligung" an sich genügt, und zwar wegen der damit vermittelten *Möglichkeit* zur unternehmerischen Betätigung.[79] Richtig daran ist, dass der potentielle Interessenkonflikt genügen muss, der schon aus der von einer maßgeblichen Beteiligungen vermittelten Möglichkeit zu unternehmerischen Handeln erwächst (→ Rn. 18, 21). Der Schutz des Konzernrechts darf nicht von der schwierigen und von außen kaum verifizierbaren Abgrenzung zwischen Anleger- und Unternehmer-Aktionär abhängen. Nicht zu folgen ist dem BGH allerdings darin, dass zur Begründung einer anderweitigen wirtschaftlichen Interessenbindung nur solche Beteiligungen, die überhaupt die Möglichkeit zu unternehmerischer Betätigung im *anderen* Unternehmen vermitteln, als maßgeblich angesehen werden (ab → Rn. 27).

26 Die Beteiligung braucht entsprechend den Grundsätzen zur Herrschaft (→ § 17 Rn. 19) nicht auf Dauer angelegt sein. Auch ein vorübergehender Beteiligungserwerb reicht aus. Die Beteiligung kann unmittelbar auf eigenen Anteilen oder – trotz BGHZ 148, 123 – mittelbar auf der Zurechnung fremder Anteile beruhen (ab → Rn. 30).

27 **aa) Maßgeblichkeit der Beteiligung bei Kapitalgesellschaften nach hM.** Nach BGHZ 148, 123 [MLP] gilt: „Eine maßgebliche Beteiligung liegt nur dann vor, wenn der Aktionär mit den ihm rechtlich zu Gebote stehenden Mitteln (Stimmrechtsausübung in der Hauptversammlung) auf das Unternehmen bestimmend Einfluss nehmen kann. Das ist bei einer Mehrheitsbeteiligung der Fall, die hier jedoch nicht vorliegt. Allerdings kann auch eine unter 50 % liegende Beteiligung in Verbindung mit weiteren verlässlichen Umständen rechtlicher oder tatsächlicher Art zu der Möglichkeit einer Einflussnahme führen, die dann bestimmend ist, wenn sie beständig und umfassend ausgeübt werden kann und gesellschaftsrechtlich vermittelt ist.".[80] Der BGH fordert wenigstens die Möglichkeit zu *unternehmerischer Tätigkeit* im anderen Unternehmen, die überdies auf *gesellschaftsrechtlicher Grundlage* fußen muss.[81] Damit identifiziert er die Maßgeblichkeit der Beteiligung mit den Kriterien der Beherrschung nach § 17. Dem ist nicht zu folgen.[82] Der BGH ist – offenbar infolge eines missverständlichen Verweises des VW-Urteils auf das VEBA/Gelsenberg-Urteil[83] – dazu gelangt, das anderweitige *wirtschaftliche* Interesse auf anderweitiges *unternehmerisches* Interesse bzw. auf die *Beherrschung* des *anderen* Unternehmens iS des § 17 zu reduzieren.[84] Danach würde der Unternehmensbegriff der §§ 15 ff. eine (potentielle) Doppelunternehmenschaft des herrschenden Unternehmens voraussetzen, die sich in der Beherrschung der „eigenen" und einer anderen Gesellschaft manifestiert. Doch so eng muss und darf man den Unternehmensbegriff nicht verstehen, wenn man die Konzerngefahr ernst nehmen möchte. Zwar ist dem BGH zuzugeben, dass die Behandlung als „Unternehmen" nach dem Wortsinn zumindest die Möglichkeit zu unternehmerischer Betätigung voraussetzt. Diese ergibt sich aber zwanglos bereits aus den Einflussmöglichkeiten der §§ 16, 17, die

---

[78] *Mülbert* ZHR 163 (1999), 1 (33 f.); *Hommelhoff* ZGR 1994, 395 (398 f.).
[79] BGHZ 148, 123 (125) = NJW 2001, 2973 – MLP, allerdings ohne explizit auf jene Streitfrage einzugehen, die er bisher offen gelassen hatte, vgl. BGHZ 69, 334 (3459; NJW 1994, 446; NJW 1997, 943.
[80] BGHZ 148, 123 (125) = NJW 2001, 2973.
[81] BGHZ 148, 123 (125) = NJW 2001, 2973; zust. Emmerich/Habersack/*Emmerich* Rn. 13 aE; im Übrigen → § 17 Rn. 20 ff.
[82] So auch Hüffer/Koch/*Koch* Rn. 11; *Mülbert* WuB II A, § 312 AktG 1.02; Großkomm AktG/*Windbichler* Rn. 33, 36 ff. (die darin aber keinen Widerspruch zum BGH sieht); prinzipiell zwar wie hier (dh gegen Beschränkung auf Herrschaft), aber in der Sache doch nahe am BGH MüKoAktG/*Bayer* Rn. 22; *Bayer* ZGR 2002, 933 (948 ff.); Kölner Komm AktG/*Koppensteiner* Rn. 48; MHdB AG/*Krieger* § 69 Rn. 7; *Cahn* AG 2002, 32 f., die entscheidenden Einfluss auf Gewinnverteilung fordern; aA, also unmittelbar der die Maßgeblichkeit durch Beherrschung definierenden des BGH zust. die wohl hM, Emmerich/Habersack/*Emmerich* Rn. 14 f.; K. Schmidt/Lutter/*J. Vetter* Rn. 45 ff.; NK-AktR/*Peres/Walden* Rn. 5; Henssler/Strohn/*Maier-Reimer/Kessler* § 15 Rn. 6; Grigoleit/*Grigoleit* § 15 Rn. 20; Hölters/*Hirschmann* Rn. 5; Wachter/*Franz* Rn. 6; MHdB GmbH/*Kiefner* § 67 Rn. 24 f.
[83] BGHZ 148, 123 (125) = NJW 2001, 2973 verweist auf BGHZ 135, 107 (113) – VW und BGHZ 69, 334 (346) – VEBA. In BGHZ 135, 113 formuliert der BGH aber ledigich, die Gefahr aus anderweitiger wirtschaftlicher Interessenbindung ergebe sich regelmäßig, wenn der Aktionär „maßgeblich an einer anderen Gesellschaft beteiligt ist *und somit die Möglichkeit besteht, dass er sich unter Ausübung seiner Leitungsmacht auch in anderen Gesellschaften unternehmerisch betätigt.*" (Hervorh d Verf). Doch der Verweis auf BGHZ 69, 334 (346) = NJW 1978, 104 spricht lediglich von der Möglichkeit des Bundes zu beherrschendem Einfluss im *abhängigen* Unternehmen (VEBA), *nicht* in *anderen* Unternehmen. Und auch im VW-Fall formuliert der BGH als Grundsatz, es gehe „um anderweitige wirtschaftliche Interessenbindungen, die nach Art und Intensität die ernsthafte Sorge begründen – [der Herrscher] könne wegen dieser Bindung seinen aus der Mitgliedschaft folgenden Einfluss auf die Aktiengesellschaft zu deren Nachteil ausüben." Allgemein zu dem Missverständnis, dem der BGH hier offenbar erlegen ist, auch MüKoAktG/*Bayer* Rn. 13 sowie oben im Text → Rn. 21.
[84] Das zeigen auch die unmittelbar anschließenden Ausführungen in BGHZ 148, 125 f. = NJW 2001, 2973 zu den Grundsätzen der „kombinierten Beherrschung" (→ § 17 Rn. 25).

ohnehin in wenigstens einem „abhängigen" Unternehmen bestehen müssen, um das Konzernrecht überhaupt zu eröffnen. Innerhalb dieser vorausgesetzten Beherrschungslage ist die Konzerngefahr nach der Vorstellung des Gesetzes aber nur dann auszuschließen, wenn der Herrscher keinerlei anderweitige wirtschaftliche Interessenbindung hat.[85] Denn *nur dann* besteht jene idealtypische wirtschaftliche Interessenbündelung, derzufolge es pauschal und generell irrational erschiene, wenn er seinen Einfluss zum Schaden der Gesellschaft ausnutzte. Daraus folgt umgekehrt, dass eine anderweitige wirtschaftliche Interessenbindung, welche eine rationale Neigung des Herrschers begründen kann, die Interessen seiner eigenen Gesellschaft zurückzustellen, bereits bei maßgeblichen Beteiligungen unterhalb der Schwelle der §§ 16, 17 bestehen kann. Man denke beispielsweise an die Familien Porsche und Piërch, welche zwar die Porsche-AG, wegen des VW-Gesetzes nicht aber die VW-AG beherrschten und sich am Ende im Zuge der Übernahmeschlacht doch zugunsten der letzteren verhalten haben.[86] Die auf unternehmerischer Einflussmöglichkeit bestehende Ansicht des BGH ist mithin zu eng. Sie widerspricht auch den Wertungen neuerer Gesetze, die geringere Beteiligungswerte für beachtlich halten (→ Vor § 15 Rn. 2 aE), ferner der allgemeinen Auffassung, dass persönliche Haftung als Personengesellschafter (und nicht Herrschaft über eine Personengesellschaft) für das abweichende Interesse ausreicht (→ Rn. 29) und schließlich den Ausführungen in BGHZ 90, 381 (391) – BuM zum Einfluss kraft Sperrminorität,[87] wo festgestellt wurde: „Denn ein Aktienbesitz von mehr als 25 % sichert seinem Inhaber ein unter Umständen ausschlaggebendes Mitspracherecht ... Der damit gegebene Einfluss lässt erfahrungsgemäß auf Seiten des Aktionärs ein ihm entsprechendes Unternehmensinteresse vermuten." Hinter der Auffassung des BGH im MLP-Fall mag ein Bedürfnis stehen, das Privataktionärsprivileg auszudehnen und vor allzu onerosen Berichtspflichten zu schützen. Dem wäre auf den ersten Blick zuzugeben, dass es an einer dem § 17 Abs. 2 entsprechenden Entlastungsmöglichkeit für das Merkmal der anderweitigen wirtschaftlichen Interessenbindung fehlt. Doch ist dem besser mit dem Kriterium der „ernsthaften Sorge nachteiligen Einflusses" auf die beherrschte AG (→ Rn. 23) abzuhelfen.[88] Was dann noch übrig bleibt, muss vom Konzernrecht erfasst werden können.

bb) Eigener Ansatz. Löst man sich von der zu engen Vorstellung nach BGH MLP, die anderweitige wirtschaftliche Interessenbindung setze die Möglichkeit zu unternehmerischer Betätigung voraus, werden die Kriterien der §§ 16, 17 (beherrschender Einfluss, gesellschaftsrechtliche Grundlage) als notwendige Bedingungen einer solchen Interessenbindung überwunden. Das bedeutet zunächst, dass die abweichende Interessenbindung des Herrschers auch auf **rein schuldrechtlichen Beziehungen** zu anderen Unternehmen beruhen kann. Zwar werden derartige Fälle jenseits einer eigenen unternehmerischen Tätigkeit des Herrschers selten sein. Undenkbar sind sie aber nicht. Beispiel: Der Vater ist bloßer Privataktionär der X-AG. Seine Tochter betreibt ein eigenes Unternehmen durch die Y-GmbH. Der Vater gewährt dem Unternehmen seiner Tochter umfassend Kredit und Sicherheit, ohne eine Beteiligung zu erwerben. Von nun an hat er zweifellos eine ganz erhebliche „anderweitige wirtschaftliche Interessenbindung", kraft derer er etwa seine eigene AG zu ungünstigen Geschäften mit der Y-GmbH veranlassen könnte, um jene zu stützen (letzteres unterscheidet den Fall gerade von einem Privatkredit des Vaters an die Tochter zur Finanzierung eines Eigenheims, der nur das reine Privatinteresse betrifft). Im Regelfall werden anderweitige wirtschaftliche Interessenbindungen des Herrschers jenseits eigener (mit)unternehmerischer Tätigkeit freilich über **Gesellschaftsbeteiligungen** vermittelt. Insoweit steht nach MLP aber nur fest, dass eine Beherrschungsmöglichkeit nach § 17 oder Mehrheitsbesitz nach § 16 ausreichen.[89] Im Übrigen differenziert die hM zu Recht zwischen Personengesellschaften (→ Rn. 29) und **Kapitalgesellschaften.** Bei letzteren darf sich das Konzernrecht nach dem vorstehend Gesagten der wachsenden Bedeutung geringerer Beteiligungen nicht verschließen. So sollte nicht nur eine 30 %-Beteiligung (§ 29 WpÜG) oder im Anschluss an BGHZ 90, 381 (391) entgegen verbreiteter Auffassung eine **Sperrminorität** genügen.[90] Vielmehr muss eine Beteiligung mit **10 %**

---

[85] Für eine enges Verständnis des Privataktionärsprivileg mit Recht auch Emmerich/Habersack/*Emmerich* Rn. 14a, dessen Folgerung, nur bei natürlichen Personen den konkreten Nachweis einer anderweitigen wirtschaftlichen Interessenbindung zu fordern, freilich zu weitgehen dürfte (→ Rn. 17 und 19).

[86] Siehe dazu aber auch die Lesart von *Möllers* NZG 2014, 361 ff.

[87] Es ging dort um die – mittlerweile durch ausdrückliche Kodifikation einer 10%-Schwelle in § 39 Abs. 1 Nr. 5 InsO, § 135 Abs. 4 InsO überholte – Frage, unter welchen Umständen eine Aktienbeteiligung als unternehmerisch angesehen werden kann mit der Folge, dass die GmbH-typischen Grundsätze kapitalersetzender Darlehen zur Anwendung kamen.

[88] In diesem Sinne zB OLG Hamm ZIP 2000, 2302; MüKoAktG/*Bayer* Rn. 22.

[89] S. nur MüKoAktG/*Bayer* Rn. 22; Henssler/Strohn/*Maier-Reimer/Kessler* Rn. 6; K. Schmidt/Lutter/*J. Vetter* Rn. 47; Kölner Komm AktG/*Koppensteiner* Rn. 48; Großkomm AktG/*Windbichler* Rn. 33; Emmerich/Habersack/*Emmerich* Rn. 14.

[90] Zutr. Großkomm AktG/*Windbichler* Rn. 37; aA MüKoAktG/*Bayer* Rn. 22; K. Schmidt/Lutter/*J. Vetter* Rn. 45.

des Kapitals oder der Stimmrechte, worin etwa das KWG[91] oder die InsO[92] maßgebliche Beteiligungen erblicken, auch im allgemeinen Konzernrecht grds. ausreichen.[93] Denn es geht wie gezeigt um den potentiellen Konflikt zwischen abhängiger Gesellschaft und anderweitiger wirtschaftlicher Interessenbindung, nicht um die Beherrschungsmöglichkeit in der anderen Gesellschaft.[94] Dieser Interessenkonflikt hängt nicht am Einfluss des Anteilsinhabers auf die Dividendenverteilung in der anderen Gesellschaft,[95] da es ihm lediglich auf die Steigerung oder zumindest die Bewahrung seines Beteiligungswertes in der anderen Gesellschaft ankommen kann. So hat sich zB in der Corporate Governance börsennotierter Unternehmen das „Wolfsrudelphänomen" gezeigt.[96] Dabei erwirbt ein Hedge Fonds mit strategischer Intention einen Anteil von über 5 bis unter 10 % an einem börsennotierten Unternehmen. Ohne dass dies verabredet sein müsste (oder auch nur dürfte),[97] schließen sich andere Fonds an und unterstützen die vom „Leitwolf" ergriffenen Initiativen und Strategien zur Unternehmenslenkung gegen die aktuelle Geschäftsleitung, um von den damit verbundenen potentiellen Wertsteigerungen zu profitieren (zur Zurechenbarkeit des faktischen Zusammenwirkens siehe auch noch → § 17 Rn. 32). Derartiges Verhalten muss vom Konzernrecht erfasst, die entsprechende Beteiligung des Leitwolfs als maßgeblich anerkannt werden. Damit nicht genug. Hat man sich einmal von der Vorstellung gelöst, dass die konflikträchtige anderweitige Interessenbindung zwingend *unternehmerisches* Handeln in einem anderen Unternehmen ermöglichen muss, wird offenbar, dass es – entsprechend den anerkannten Grundsätzen zu den Personengesellschaften (→ Rn. 29) – prinzipiell auch ausreichen muss, wenn der betreffende Gesellschafter umfassend für die Schulden einer anderen Kapitalgesellschaft einstehen muss (Globalbürgschaft[98]), wenn er diese leitet oder wenn er dieser in hohem Umfang Kredit gewährt hat. Denn in all diesen Fällen ist genug Grund für den Herrscher denkbar, die eigene Gesellschaft zu Lasten jener anderen zu beachteiligen, um dort davon zu profitieren. Die gleichen Grundsätze gelten selbstverständlich auch für Beteiligungen an ausländischen Gesellschaften.

29 cc) **Beteiligung an Personengesellschaften.** Der Maßgeblichkeit des Interessenkonflikts entspricht es, bei der **Personengesellschaft** auf die **persönliche Haftung** abzustellen[99] und nicht aktives Mitunternehmertum (→ Rn. 24) oder gar die Beherrschung der Gesellschaft zu verlangen. Der gewöhnliche **Kommanditist** ist wie ein Privataktionär zu behandeln, während ein „herrschender" Kommanditist als maßgeblich beteiligt und im Übrigen auch als „mittelbarer Unternehmer" (→ Rn. 24) anzusehen ist.[100]

---

[91] § 1 Abs. 9 S. 1 KWG, vor allem iVm § 2b Abs. 1a Nr. 2 KWG und § 2b Abs. 1a Nr. 3 KWG.
[92] § 39 Abs. 1 Nr. 5 InsO, § 135 Abs. 4 InsO; zur Ratio des Kleinbeteiligtenprivilegs im Rahmen des neuen Subordinationsrechts siehe iÜ *Schall*, Kapitalgesellschaftsrechtlicher Gläubigerschutz, 2009, 175.
[93] Zu eng daher BGHZ 148, 123 (125 f.) = NJW 2001, 2973 – MLP; MüKoAktG/*Bayer* Rn. 22; Hüffer/ Koch/*Koch* Rn. 11; Kölner Komm AktG/*Koppensteiner* Rn. 48; tendenziell wie hier wohl Emmerich/Habersack/ *Emmerich* Rn. 14, 14a und vor allem Großkomm AktG/*Windbichler* Rn. 38 ff., die einerseits an die 20% des § 271 Abs. 1 S. 3 HGB anknüpfen, andererseits Beteiligungen unter 5% als nicht maßgeblich ansehen will. An letzterem dürfte im Übrigen auch nach der (anders motivierten) Herabsetzung der Minderheitenquoren auf 1% in §§ 142, 148 festzuhalten sein.
[94] S. schon → Rn. 20; im Grds. auch MüKoAktG/*Bayer* Rn. 22.
[95] Das halten Verteidiger der engen Auslegung (etwa Kölner Komm AktG/*Koppensteiner* AktG Rn. 48; MüKo-AktG/*Bayer* Rn. 22; *Cahn* AG 2002, 30 (32)) für maßgeblich, da der Aktionär sonst kaum Vorteilsverlagerungen zum anderen Unternehmen hin veranlassen werde.
[96] Dazu *Alon Brav/Amil Dasgupta/Richmond Mathews* „Wolf Pack Activism", ECGI Finance Working Paper N° 501/2017, April 2017; *John C. Coffee/Darius Palia* „The Wolf at the Door: The Impact of Hedge Fund Activism on Corporate Governance", Columbia Law and Economics Working Paper No. 521, 6. September 2015; auf die insiderrechtliche problematik, die sich in den USA in anderem Licht darstellt, da dort grds. nur „fiduciaries" dem Handelsverbot unterliegen, ist hier nicht einzugehen.
[97] Nach den Worten eines Insiders liegt hier keine Verabredung vor, und bedarf es auch keiner. Vielmehr liege es wie bei den Besuchern eines Rockkonzerts: „We like the same music."
[98] Die hM scheint demgegenüber eine gesellschaftsrechtliche Fundierung der Haftung zu fordern (vgl. explizit K. Schmidt/Lutter/*J. Vetter* Rn. 43). Das wird im Kapitalgesellschaftsrecht kaum vorkommen (theoretisch denkbar wäre die Übernahme von Nachschusspflichten zur Verlustdeckung im Rahmen einer Liquidation). Doch fraglich ist, worin unter der maßgeblichen wirtschaftlichen Betrachtungsweise der Zweck einer Beschränkung auf gesellschaftsrechtliche Haftung liegen sollte. Es ist doch Gemeingut, dass persönliche Sicherheiten die gesetzliche Haftungsbeschränkung bei kleinen Kapitalgesellschaften praktisch derogiert und funktional zu einer Mithaftung der Betreiber geführt haben.
[99] BSG AG 1995, 277 (282); MüKoAktG/*Bayer* Rn. 23; Wachter/*Franz* Rn. 7; Grigoleit/*Grigoleit* Rn. 20; Henssler/Strohn/*Maier-Reimer/Kessler* Rn. 6; K. Schmidt/Lutter/*J. Vetter* Rn. 43; Kölner Komm AktG/*Koppensteiner* Rn. 49; MHdB AG/*Krieger* § 69 Rn. 7.
[100] Zur Unternehmenseigenschaft herrschender Kommanditisten auch BAG ZIP 1996, 145; *Laule* FS Semler, 1993, 541 ff.

c) Zurechenbarkeit fremder Beteiligungen oder sonstiger wirtschaftlicher Interessen. 30
aa) Möglichkeit der Zurechnung. Seit dem MLP-Fall ist fraglich geworden, inwieweit sich die „maßgebliche Beteiligung" aus der Zurechnung von Anteilen Dritter ergeben kann. Der BGH hat systematisch zutreffend entschieden, dass eine Zurechnung nach § 16 Abs. 4 die Unternehmenseigenschaft voraussetze, sie also nicht begründen könne (→ § 16 Rn. 19). Er hat daraus aber offenbar den Umkehrschluss gezogen, dass eine Zurechnung nach allgemeinen Kriterien nicht in Betracht kommt.[101]

Dieser Schluss wäre jedoch unhaltbar. Das ergibt sich schon aus einer einfachen Erwägung. Wenn 31 der A, der bisher lediglich Hauptaktionär der X-AG war, durch einen Strohmann B als mittelbarem Stellvertreter die Mehrheit an der Y-AG erwirbt, wäre er kein Unternehmen, da § 16 Abs. 4 mangels vorbestehender Unternehmenseigenschaft nicht greifen kann, obwohl hier am Konzernkonflikt nicht zu zweifeln ist und offenkundig eine Umgehungskonstruktion gewählt wurde.[102]

In Wahrheit stellt sich hier also die bisher ungeklärte Frage der Zurechnung von Merkmalen im 32 Rahmen der Unternehmensqualität.[103] § 16 Abs. 4 ist hierfür nicht einschlägig. Gleichwohl ist die Zurechnung fremder Anteile möglich und notwendig.[104] Dies entspricht bisheriger hL[105] und Rechtsprechung. So wurden in BGHZ 62, 193 [Seitz] drei Unternehmen lediglich aufgrund besonderer tatsächlicher Umstände (Beherrschung durch dieselben Familienstämme) zusammen als herrschende Unternehmen angesehen, obwohl sie für sich jeweils nur eine Minderheitsbeteiligung inne hatten (zweimal je 25 % sowie einmal unter 5 %).[106] Jedenfalls für das dritte dieser Unternehmen, das nur minimal am abhängigen Unternehmen beteiligt war, hing von dieser *Zurechnung* die *Begründung* der Unternehmenseigenschaft ab. Der Fall bestätigt zugleich, dass für die Zurechnung im Rahmen des Unternehmensbegriffs nicht § 16 Abs. 4 direkt oder analog einschlägig ist. Das versteht sich daraus, dass es dem Konzernrecht auch um „Abhängigkeit" bzw. „einheitliche Leitung", nicht nur um den formalen Mehrheitsbesitz des § 16 geht.

bb) Grundlagen und Umfang der Zurechnung. Zu klären bleiben die Grundlagen und der 33 Umfang der Zurechnung von Beteiligungen und anderen wirtschaftlichen Interessen sowie ihre mögliche Richtung. Fest steht dabei, dass die Zurechnung der Unternehmenseigenschaft beim Hintermann nicht zur **Absorption** beim Vordermann führt.[107] Zur Zurechnung fremder Beteiligungen muss nach dem Zweck des Konzernrechts grds. alles führen, was taugliche Grundlage einer Beherrschung nach § 17 Abs. 1 sein könnte.[108] Das sind über die Fälle des § 16 Abs. 4 (Treuhandverhältnisse, Abhängigkeit) hinaus vertragliche Bindungen wie Innengesellschaften, Stimmbindungs- und Konsortialvereinbarungen sowie alle rechtlichen und tatsächlichen Umstände sonstiger Art, die zur Begründung von Abhängigkeit führen können,[109] solange nur (a) eine hinreichend sichere Grundlage besteht und (b) die Verbindung gesellschaftsrechtlich fundiert ist (dazu → § 17 Rn. 20 ff.). Allerdings ist die Zurechnung bei mehrstufigen Beteiligungen abzulehnen (dazu → Rn. 36 f.).

Nach Ansicht des OLG Köln,[110] das mit einem Stimmrechtskonsortiums aus einer Vielzahl bloßer 34 Privatgesellschafter zu tun hatte, die zusammen die Mehrheit an einem Familienunternehmen hielten, soll die Zurechnung des anderweitigen wirtschaftlichen Interesses eines dieser Konsorten voraussetzen, dass er beherrschenden Einfluss auf das Konsortium ausüben könne. Erforderlich wäre also die Mehrheit in der Mehrheit am Familienunternehmen gewesen. Richtig daran ist, dass ein Hauptkon-

---

[101] Jedenfalls wurde nur die Zurechnung nach § 16 Abs. 4 diskutiert.
[102] Mit ähnlicher Argumentation wendet sich Kölner Komm AktG/*Koppensteiner* Rn. 67 gegen den Ansatz von: *Zöllner* ZGR 1976, 1 (11 f.), nur den in eigenem Namen wirtschaftlich Tätigen als Unternehmen zu begreifen.
[103] So auch Kölner Komm AktG/*Koppensteiner* Rn. 66 ff. mit Hinweis auf die parallele Lage bei Stimmverboten, BGHZ 46, 47 (53) = NJW 1966, 1966. Siehe ferner Großkomm AktG/*Windbichler* Rn. 44 ff.
[104] Grds. wie hier K. Schmidt/Lutter/*J. Vetter* Rn. 39 ff.; Wachter/*Franz* Rn. 6; Henssler/Strohn/*Maier-Reimer/Kessler* Rn. 10; auch MüKoAktG/*Bayer* Rn. 22; Hüffer/Koch/*Koch* Rn. 11 f.; Großkomm AktG/*Windbichler* Rn. 44 ff.; aA wohl Hölters/*Hirschmann* Rn. 5.
[105] Dazu Großkomm AktG/*Windbichler* Rn. 44 ff.; Kölner Komm AktG/*Koppensteiner* Rn. 66 ff. sowie Emmerich/Habersack/*Emmerich* Rn. 18a ff.
[106] Das Argument beruhte nicht etwa auf der (zumal unterschiedlichen) Familienzugehörigkeit oder auf dem Koordinierungsbedarf an sich, sondern darauf, dass man unterstellte, dass der faktische Koordinierungszwang in den drei Gesellschaften im Außenverhältnis gegenüber der abhängigen Gesellschaft zu einem koordinierten Auftreten geronnen sein würde.
[107] Das entspricht der Lage bei § 16 Abs. 4, → § 16 Rn. 16; wie hier Emmerich/Habersack/*Emmerich* Rn. 19; Kölner Komm AktG/*Koppensteiner* Rn. 67 („auch der Treugeber als Unternehmen"), ebenso → Rn. 69 aE.
[108] Ebenso K. Schmidt/Lutter/*J. Vetter* Rn. 40; Grigoleit/*Grigoleit* Rn. 22 und 24.
[109] Siehe § 17 ab → Rn. 24; BGHZ 62, 193 (199) = NJW 1974, 995.
[110] OLG Köln ZIP 2001, 2089 (2091) = AG 2002, 89 = DB 2002, 420; zust. K. Schmidt/Lutter/*J. Vetter* Rn. 63; Grigoleit/*Grigoleit* Rn. 24.

sorte mit anderweitiger wirtschaftlicher Interessenbindung, dessen eigene Beteiligungsmacht nicht zur Herrschaft im abhängigen Unternehmen ausreicht, durch die Zurechnung der Anteile der von ihm über das Konsortium dominierten nicht-unternehmerischen Aktionäre zum herrschenden Unternehmen aufstiege. Höchst fraglich ist dagegen schon, ob die Konsortial-GbR selbst durch die Zurechnung des abweichenden wirtschaftlichen Interesses ihres Beherrschers zum Unternehmen würde. Nach teilweiser Ansicht soll eine teilrechtsfähige GbR[111] allein durch die Zurechnung der abweichenden wirtschaftlichen Interessen eines herrschenden Hintermannes zum „herrschenden" Unternehmen werden können.[112] Dem steht aber entgegen, dass es grundsätzlich keine „umgekehrte Zurechnung" von hinten nach vorne gibt (→ Rn. 38). Das Konsortium ist das Beherrschungsmittel des Hintermannes. Die Konsortial-GbR erscheint dementsprechend nicht als herrschendes Unternehmen, sondern als vom Konsorten beherrschtes. Zwar ist das Trennungsprinzip zwischen Gesellschafter und Gesellschaft bei teilrechtsfähigen Personengesellschaften ohne eigene Rechtspersönlichkeit weniger stark ausgeprägt als bei Kapitalgesellschaften. Dennoch sollte man die bloße Mehrheitsmacht innerhalb der GbR nicht *per se* für einen Zurechnungsdurchgriff bezüglich abweichender Interessen von Gesellschaftern ausreichen lassen, da hier die Treuepflichten Grenzen setzt, welche die Verfolgung bloßer Partikularinteressen zu Lasten der Gesellschaft bzw. des Gesellschaftszwecks verbieten. Nur wenn die GbR sich die abweichenden wirtschaftlichen Interessen eines oder mehrere herrschender Gesellschafter genuin zu eigen gemacht hat,[113] sollte sie selbst zum herrschenden Unternehmen iS. der §§ 15 ff. werden. Dafür spricht auch die Erwägung des OLG Hamm gegen die Unternehmenseigenschaft von als Innengesellschaft konstruierten Konsortien, „weil sich die Berichtspflicht gem. § 312 gerade auf die unternehmerischen Beziehungen zum herrschenden Unternehmen erstrecken muss, während das Konsortium selbst in einem solchen Fall gar nicht in anderer Weise wirtschaftlich tätig wird, so dass sich die Abhängigkeitsberichte in solchen Fällen regelmäßig in Negativattesten erschöpfen würden."[114] Diese Erwägung spricht zugleich für eine Begrenzung der **wechselseitigen Zurechnung** zwischen den Konsorten. In Entsprechung der Grundsätze gemeinschaftlicher Herrschaft (→ § 17 Rn. 15 ff.), wo die ungenügenden Herrschaftsanteile der einzelnen Partner wechselseitig zugerechnet werden, muss es einem herrschenden Konsorten nämlich auch zugerechnet werden, wenn sich seine Herrschaft nur aus dem Zusammenspiel mit weiteren unternehmerischen oder nicht-unternehmerischen Konsorten ergibt. Diese wechselseitige Zurechnung der Stimmmacht bei horizontalem Einfluss müsste wiederum auch die abweichenden wirtschaftlichen Interessenbindungen erfassen und damit die nicht-unternehmerischen Aktionäre zu Unternehmen emporheben, weil sie über das Konsortium das eine Unternehmen beherrschen, während sie kraft der Zurechnung über eine abweichende wirtschaftliche Interessenbindung verfügen.[115] Das ist aber mit Blick auf die Haftungsfolgen allenfalls dann sachgerecht, wenn das anderweitige wirtschaftliche Interesse des Mitherrschers auch tatsächlich ihre Handlungen mitbeeinflusst wird (→ § 17 Rn. 18).[116] Die „ernsthafte Sorge nachteiligen Einflusses" durch die anderweitige Interessenbindung (→ Rn. 23 aE) erscheint hier als das geeignete Kriterium, um die Folgen der umfassenden wechselseitigen Zurechnung einzugrenzen. So können anderweitige wirtschaftliche Interessenbindungen einzelner der gemeinschaftlich herrschenden Konsorten sicher nicht dazu führen, alle im Konsortium verbundenen Gesellschafter diesen Interessen zu unterwerfen. Vorweg scheidet eine Zurechnung außerdem aus, wenn lediglich ein oder mehrere nicht-unternehmerische Aktionäre das Konsortium beherrschen. Eine Zurechnung abweichender wirtschaftlicher Interessen anderer von ihnen dominierter Aktionäre ist nicht angezeigt, da diese sich auf die Unternehmensleitung auswirken können. Eine Zurechnung findet auch dann nicht statt, wenn, wie offenbar im Fall des OLG Köln, niemand beständige Herrschaftsmacht auf sich vereinigt. Jedoch sollte man entgegen dem OLG Köln nicht generell erfordern, dass der Konsorte das Konsortium beherrschen muss. Vielmehr muss im Zeichen der abstrakten Gefährlichkeit (→ Rn. 21) zur Zurechnung des

---

[111] Nur solche können nach zutr hM Unternehmen sein (→ Rn. 42). Freilich sind Konsortien entgegen der hM in aller Regel als Außengesellschaften anzusehen (→ Rn. 41).
[112] K. Schmidt/Lutter/*J. Vetter* Rn. 63; Kölner Komm AktG/*Koppensteiner* Rn. 69; wie hier dagegen MHdB GmbH/*Kiefner* § 67 Rn. 33.
[113] So liegt es etwa in den Fällen, wo Gesellschaften oder Konsortien mit gleichem Mitgliederkreis anderweitige wirtschaftliche Tätigkeiten durchführen bzw. Beteiligungen verwalten, Kölner Komm AktG/*Koppensteiner* Rn. 69. Ähnlich Grigoleit/*Grigoleit* Rn. 24.
[114] OLG Hamm NZG 2001, 563 (565) = AG 2001, 146 = ZIP 2000, 2302. Freilich sollte man Stimmrechtskonsortien wegen ihres auf Außenwirkung gerichteten Zwecks in aller Regel als Außengesellschaften ansehen (→ Rn. 41).
[115] Grds ebenso K. Schmidt/Lutter/*J. Vetter* Rn. 67; *Klosterkemper*, Abhängigkeit von einer Innengesellschaft, 2003, 134 ff.
[116] Ähnliche Einschränkung bei K. Schmidt/Lutter/*J. Vetter* Rn. 67.

anderweitigen Interesses ausreichen, wenn ein Konsorte **maßgeblich** beteiligt ist, also zB den größten Anteil hält, ohne notwendig die Mehrheit der Mehrheit zu erreichen. Dann liegt schon sehr nahe, dass er das Konsortium dominieren kann. Für die Maßgeblichkeit kommt es hier auf das relative Gewicht im Konsortium an (vgl. demgegenüber → Rn. 27). Zu eng erscheint auch die Auffassung des OLG Hamm, die in einer GbR verbundenen Konsorten würden nur dann (jeweils jeder für sich) zum Unternehmen, wenn sie *im Verbund* anderweitige wirtschaftliche Interessen verfolgen.[117] Das wäre eher ungewöhnlich und kann die potentiellen Gefahren nicht hinreichend erfassen.

Eine Zurechnung der anderen wirtschaftlichen Interessenbindungen kann auch über eine Treuhandkonstruktion begründet werden, die zur Unternehmenseigenschaft des Treugebers führt, zB die des Erben bei Fortführung des Handelsgeschäfts durch den Testamentsvollstrecker. Auch kommt die Zurechnung einer anderen wirtschaftlichen Interessenbindung in Betracht, wenn ein Hintermann das wirtschaftliche Risiko eines persönlichen haftenden Gesellschafters übernimmt, was bei Gestaltungen zur Vermeidung der Publizitätspflicht (s. § 264a Abs. 1 HGB) vorkommen mag. Sie führt aber nicht zur Unternehmenseigenschaft, wenn sich die eigenen wirtschaftlichen Interessen des Hintermannes ausschließlich auf dieselbe Personengesellschaft beziehen. 35

cc) Einschränkung der Zurechnung bei mehrstufiger Beteiligung. Die mittelbare Zurechnung einer anderweitigen wirtschaftlichen Interessenbindung über die Herrschaftsmittel der §§ 16, 17 kann nicht über das beherrschte Unternehmen selbst führen.[118] Diese Einschränkung der Zurechnung hat der BGH unabhängig von der Frage der Anwendbarkeit des § 16 Abs. 4 zutreffend erfasst. Sähe man dies anders, wäre die Privilegierung des Privataktionärs de facto aufgehoben, weil ihm durch die beherrschte Gesellschaft immer auch deren Tochtergesellschaften zuzurechnen wären. Die vorgenommene Einschränkung entspricht der gebotenen wirtschaftlichen Betrachtung:[119] Wenn dem Mehrheitsgesellschafter der Konzernmutter lediglich (maßgebliche) Beteiligungen an Konzernunternehmen gehören, die durch den Mehrheitsbesitz der Konzernmutter vermittelt werden, liegt aus deren Sicht entweder schon keine „anderweitige Interessenbindung" des Mehrheitsgesellschafters vor, oder jedenfalls keine, die eine ernsthafte Sorge nachteiliger Einflusses zu Lasten der Konzernmutter begründen könnte. Dies wäre nur bei Beteiligungen außerhalb der Leitungsmacht der Konzernmutter der Fall. Auch wenn der Mehrheitsgesellschafter die Töchter *durch* die Mutter schlecht leitet, liegt bloß ein *interner* Konflikt vor, dem nach der lex lata über die §§ 117, 243 sowie die Treuepflicht der Gesellschafter beizukommen ist.[120] 36

Fraglich ist, ob die Einschränkung bei mehrstufiger Beteiligung auch auf den Fall zu erstrecken ist, dass der Hauptaktionär der Muttergesellschaft selbst maßgeblich an der Tochtergesellschaft beteiligt ist, also ohne Vermittlung über die Mutter.[121] Der BGH hatte dies in MLP nicht zu entscheiden, da die eigene Beteiligung des Hauptaktionärs an der Tochter in Höhe von 8 % bei Weitem nicht dem von ihm vertretenen Maßgeblichkeitskriterium entsprach. Hält man dagegen wie hier niedrigere Schwellenwerte für maßgeblich, wird die Frage virulent. Meines Erachtens können eigene Beteiligungen des Hauptaktionärs der Mutter an deren Tochtergesellschaften seine Unternehmenseigenschaft dann nicht begründen, wenn jene Tochtergesellschaften bereits **ohne** Zurechnung der Anteile des Hauptaktionärs nach §§ 16, 17 von der Mutter abhängig sind. Denn dann entspricht die Lage wirtschaftlich der Situation des MLP-Falles. 37

dd) Keine „umgekehrte Zurechnung". Die Zurechnung kann grundsätzlich nur der entlang der faktischen oder rechtlichen Bindung verlaufen, also horizontal im Gleichordnungsverhältnis oder von unten nach oben bei Subordination. Wenn beispielsweise ein Konsortium von gleichberechtigten Partnern als BGB-Innengesellschaft beherrscht wird, findet eine wechselseitige Zurechnung statt (→ Rn. 34, auch zu Ausnahmen, und → Rn. 41). Fehlt es an beständiger Herrschaft, findet keine Zurechnung statt (→ Rn. 34). Besteht die Stimmbindung aufgrund eines einseitigen Auftrags- oder Geschäftsbesorgungsverhältnisses,[122] etwa zugunsten eines Treugebers, kann lediglich dem Hinter- 38

---

[117] OLG Hamm NZG 2001, 563 (565) = AG 2001, 146 = ZIP 2000, 2302.
[118] BGHZ 148, 123 (127) = NJW 2001, 2973; K. Schmidt/Lutter/*J. Vetter* Rn. 51; für einfache Mehrstufigkeit (Hauptgesellschafter – Mutter – Tochter) auch Kölner Komm AktG/*Koppensteiner* Rn. 29. Zur Bedeutung für Holdingstrukturen → Rn. 39.
[119] BGHZ 148, 123 (127) = NJW 2001, 2973; iE zust. *Cahn* AG 2002, 33 f.; *Bayer* ZGR 2002, 933 ff.; MüKoAktG/*Bayer* Rn. 22; wohl grds. zweifelnd Emmerich/Habersack/*Emmerich* Rn. 14 aE, Rn. 14a sowie Rn. 9 f.; abw. Kölner Komm AktG/*Koppensteiner* Rn. 50.
[120] BGHZ 148, 123 (127 f.) = NJW 2001, 2973; K. Schmidt/Lutter/*J. Vetter* Rn. 51.
[121] Keine Einschränkung vornehmend OLG Karlsruhe NZG 1999, 953 f. mit zust. Anm. *Maul*. Zust. auch Kölner Komm AktG/*Koppensteiner* Rn. 50.
[122] Zu den unterschiedlichen Grundlagen von Stimmbindungen vgl. Hüffer/Koch/*Koch* § 133 Rn. 26.

mann das wirtschaftliche Interesse des Vordermannes zugerechnet werden. Auch das gilt nur, soweit die Bindung reicht, also zB nicht für andere wirtschaftliche Interessen des Treuhänders, hinsichtlich derer er keiner Bindung unterliegt. Zugerechnet wird dem Treugeber also die vom Treuhänder gehaltene Mehrheitsbeteiligung, nicht aber dessen eigener Kanzleibetrieb, weil letzterer die Führung der Geschäfte durch den Hintermann nicht beeinflusst. Eine „umgekehrte" Zurechnung der Interessen des beherrschenden Hintermannes beim Vordermann findet nicht statt. Das zeigt der Seitenblick auf § 16 Abs. 4 2. Variante. Wären die Interessen des Hintermannes umgekehrt zuzurechnen, würde der Vordermann automatisch zum Unternehmen.

39 **4. Beispiele für übergeordnete Unternehmen. a) Holdinggesellschaften.** Probleme bereitete die Anwendung des Unternehmensbegriffs traditionell bei Holdingkonstellationen, dh bei Gesellschaften, die allein dem Halten und Verwalten anderer Beteiligungen dienten. Ein wesentlicher Aspekt war hier die Umgehung der Konzernhaftung. Wer zwei Gesellschaften beherrschte, schien sich seinem Haftungsrisiko schon dadurch entziehen zu können, dass er eine weitere Gesellschaft zwischenschaltete, die fortan seine einzige, „private" Beteiligung darstellte. Dieses Ergebnis wurde als unbefriedigend empfunden und hat die hM zur Entwicklung eines „Sonderrechts" für Holdinggesellschaften bewogen. Danach wurde ungeachtet des formalen Fehlens einer anderweitigen Interessenbindung jedenfalls dann, wenn die Beteiligungen mittelbar verwaltet wurden, auch oder ausschließlich der Hintermann bzw. die übergeordnete Holding als Unternehmen angesehen.[123] Mit Wegfall der Haftungskomponente besteht für diese Sonderbehandlung von Holdingkonstellationen keine Rechtfertigung mehr. Wenn das Konzernrecht den Privataktionär privilegiert, kann es nicht darauf ankommen, ob dessen Beteiligung an einer Betriebsgesellschaft mit Tochtergesellschaften oder an einer bloßen Dachgesellschaft besteht. Die mittelbare Beteiligung an den Töchtern trägt die Unternehmenseigenschaft im Übrigen auch bei wirtschaftlicher Betrachtung nicht (→ Rn. 36). BGHZ 148, 123 [MLP] hat diese Sicht bestätigt. Damit steht jetzt fest, dass die eine Holding-Gesellschaft, gleich welcher Rechtsform[124] und gleich auf welcher Ebene (Zwischenholding, Spitzenholding) sie tatsächlich halten muss, um zum Unternehmen zu werden.[125] Die satzungsmäßige Zulässigkeit weiteren Beteiligungserwerbs reicht hierfür nicht aus (→ Rn. 20). Ist das Kriterium der anderweitigen Interessenbindung erfüllt, kommt es umgekehrt nicht darauf an, ob die Holding diese Beteiligungen selbst verwaltet oder dies durch eine dahinterstehende natürliche Person oder eine Spitzenholding geschieht.[126] Dagegen ist die Unternehmenseigenschaft der Spitzenholding bzw. deren Alleingesellschafters ohne anderweitiges Interesse abzulehnen.[127] Umgekehrt

---

[123] So die bisher wohl hM, MüKoAktG/*Bayer* Rn. 31; *Bayer* ZGR 2002, 933 ff.; Hüffer/Koch/*Koch* Rn. 11; Wachter/*Franz* Rn. 12; Hölters/*Hirschmann* Rn. 6; Grigoleit/*Grigoleit* Rn. 22; Emmerich/Habersack/*Emmerich* Rn. 16, 17; Kölner Komm AktG/*Koppensteiner* Rn. 68; Lutter/Hommelhoff/*Lutter/Hommelhoff* Anh. § 13 Rn. 4; Hachenburg/*Ulmer* GmbHG Anh. § 77 Rn. 115; MHdB AG/*Krieger* § 69 Rn. 8; MHdB GmbH/*Kiefner* § 67 Rn. 28; *Cahn* AG 2002, 31 f.; Großkomm AktG/*Windbichler* Rn. 20 und 46; str. war nur, ob der Hintermann anstatt oder neben der Holding Unternehmen ist (dazu gleich im Text); von der hM abw. etwa *Bitter*, Konzernrechtliche Durchgriffshaftung bei Personengesellschaften, 2000, 53; *Mülbert* ZHR 163 (1999), 34 (von seinem organisationsrechtlichen Ansatz aus); gegen ein Sonderrecht für Holdingstrukturen ist dezidiert auch K. Schmidt/Lutter/*J. Vetter* Rn. 49 ff., 51, wobei er freilich infolge seiner typisierenden Betrachtung bei Holdingstrukturen in Form von Kapitalgesellschaften häufig zum gleichen Ergebnis gelangt (aaO Rn. 62).

[124] Neben GbR und GmbH etwa auch Vereine und Stiftungen, siehe Emmerich/Habersack/*Emmerich* Rn. 18; zu Vereinen als Holdinggesellschaften *Adams* AG 1994, 148 ff.

[125] Die Folgerung aus MLP teilend K. Schmidt/Lutter/*J. Vetter* Rn. 51; siehe ferner BGH AG 1980, 342; OLG Hamm ZIP 2000, 2302 = NZG 2001, 563 = AG 2001, 146 = EWiR 2001, 979 *(Priester)*; OLG Saarbrücken AG 1980 26 (28); aA Wachter/*Franz* Rn. 12, der die eingeswchränkte Zurechnung nachgeordneten Anteilsbesitzes als Folgerung aus MLP anerkennt, sie jedoch auf Fälle begrenzt sieht, in denen keine mittelbare Verwaltung stattfindet; ebenso iE die anderen in Fn. 121 genannten Ansichten für den Fall mittelbarer Verwaltung; weitergehend wird für die Unternehmenseigenschaft der Spitzenholding bzw. des dahinterstehenden Aktionärs auch ohne Vorliegen aktiver „mittelbarer" Verwaltung eingetreten von MüKoAktG/*Bayer* Rn. 33 (wegen Möglichkeit vorauseilenden Gehorsams); Großkomm AktG/*Windbichler* Rn. 20 und 46 (wegen Umgehungsgefahr); Emmerich/Habersack/*Emmerich* Rn. 16 und 17; Grigoleit/*Grigoleit* Rn. 22; Hölters/*Hirschmann* Rn. 6, dies allerdings jeweils ohne Auseinandersetzung mit der eingeschränkten Zurechnung nach MLP.

[126] S. schon → Rn. 25 zum Ausreichen der maßgeblichen Beteiligung. IE wie hier wohl bisher schon hM, MüKoAktG/*Bayer* Rn. 27; Großkomm AktG/*Windbichler* Rn. 46; Grigoleit/*Grigoleit* Rn. 22; anders wohl viele, Hüffer/Koch/*Koch* Rn. 11; MHdB AG/*Krieger* § 69 Rn. 8; Lutter/Hommelhoff/*Lutter/Hommelhoff* Anh. § 13 Rn. 4; Hachenburg/*Ulmer* GmbHG Anh. § 77 Rn. 115.

[127] AA MüKoAktG/*Bayer* Rn. 33; Emmerich/Habersack/*Emmerich* Rn. 16; Kölner Komm AktG/*Koppensteiner* Rn. 68; Roth/Altmeppen/*Altmeppen* GmbHG Anh. § 13 Rn. 8; Emmerich/Habersack KonzernR § 2 II 3 aE; *Noack*, Gesellschaftervereinbarungen bei Kapitalgesellschaften, 1994, 266 f.; LG Stuttgart AG 1990, 445 f.; Großkomm AktG/*Windbichler* Rn. 46, die jedoch noch besondere Zurechnungskriterien wie etwa ein Treuhandverhältnis fordert.

folgt hieraus, dass einer Zwischenholding der öffentlichen Hand (ebenso wie jener selbst) bereits bei *einer* Beteiligung Unternehmenseigenschaft zukommt. Denn die Zwischenholding (idR eine GmbH) wird den öffentlich-rechtlichen Zweck spiegeln.[128]

b) BGB-Gesellschaft. aa) Außengesellschaft. Die BGB-Gesellschaft ist nach dem teleologischen Unternehmensbegriff jedenfalls dann Unternehmen, wenn sie selbst als teilrechtsfähige Außengesellschaft die obigen Merkmale erfüllt, also mehrfache Beteiligungen hält oder anderweitig unternehmerisch tätig ist.[129] Dagegen reicht es nicht aus, wenn sie nur Anteile am untergeordneten Unternehmen hält, selbst wenn ihr die Satzung den Erwerb weitere Beteiligungen erlaubt.[130] Das hat uneingeschränkt auch für Holdinggesellschaften zu gelten (→ Rn. 39). Anders liegt es wiederum, wenn die BGB-Gesellschafter (gemeinschaftlich oder für sich) Unternehmer sind, sofern die obigen Zurechnungskriterien (→ Rn. 34) erfüllt sind.[131] Nach der wirtschaftlichen Betrachtungsweise, nach welcher die Unternehmenseigenschaft in den §§ 15 ff. keine eigene Unternehmensträgerschaft voraussetzt und mittelbare Interessen am beherrschten wie am anderen Unternehmen berücksichtigt, ist das konsequent. 40

bb) Stimmrechtskonsortien, Verwaltungsgesellschaften. Problematisch sind gleichgeordnete Stimmrechtskonsortien[132] (zB zur Leitung von Gleichordnungskonzernen) und treuhänderische BGB-Verwaltungsgesellschaften zu beurteilen. Solche BGB-Gesellschaften dienen der Koordination von Stimmmacht in einem abhängigen Unternehmen, ohne die Beteiligung oder sonstiges Gesamthandsvermögen zu halten.[133] Teilweise wird ihnen schon deshalb die Unternehmenseigenschaft abgesprochen.[134] Das wäre indes nur überzeugend, wenn der Unternehmensbegriff eigene Unternehmensträgerschaft voraussetzen würde. Das ist jedoch nicht der Fall (→ Rn. 19). In den meisten Fällen dürften Konsortien teilrechtsfähig und damit potentielle Unternehmen sein. Denn die Annahme einer Außengesellschaft setzt nach zutreffender Auffassung kein Gesamthandsvermögen voraus.[135] Daher sollte schon ihre *mittelbare* Teilnahme am Rechtsverkehr ausreichen,[136] die im – obzwar heimlich – koordinierten Auftreten nach außen zu erblicken ist.[137] Denn diese koordinierte Stimmmacht verschafft dem Konsortium als solchem – und gerade nicht den einzelnen Mitgliedern[138] – eben jene Art von Einfluss, die im Fokus des Konzernrechts (etwa §§ 311 ff.) liegt. Das bewusste und gewollte Zusammenwirken zur Beherrschung einer Gesellschaft erscheint als bloßes Minus gegenüber dem expliziten Abschluss eines Unternehmensvertrags. Es ist als **geschäftsähnliches Handeln** des Konsortiums **mit Außenwirkung** anzusehen begründet daher dessen Einstufung als Außengesellschaft. Dies erlaubt die passende Anknüpfung der Rechtsfolgen (§§ 311, 317, ggf. §§ 304 f. analog bei qualifiziertem Einfluss) an das Konsortium als solches. Konsortien und Verwaltungsgesellschaften sind demnach regelmäßig als Unternehmen anzusehen, sofern nur der erforderliche Interessenkonflikt vorliegt.[139] Letzterer kann sich entweder aus der parallelen Koordination 41

---

[128] *Kiefner/Schürnbrand* AG 2013, 789 (791 f.).
[129] Kölner Komm AktG/*Koppensteiner* Rn. 59; Grigoleit/*Grigoleit* Rn. 19; Wachter/*Franz* Rn. 10.
[130] Siehe OLG Hamm ZIP 2000, 2302 = AG 2001, 146 = NZG 2001, 563 ff. = EWiR 2001, 979 *(Priester)* zu einem Aktionärskonsortium in Form der GbR; dazu *Bauer* NZG 2001, 742; ferner OLG Hamburg NZG 2001, 471 = AG 2001, 479 = DB 2000, 2008 f.; LG Heidelberg ZIP 1997, 1787 – SAP = EWiR 1997, 1059 *(Kort);* MüKoAktG/*Bayer* Rn. 28; Kölner Komm AktG/*Koppensteiner* Rn. 62.
[131] BGHZ 114, 203 (210) = NJW 1991, 2765; OLG Hamm ZIP 2000, 2302 = NZG 2001, 563; Großkomm AktG/*Windbichler* Rn. 47; Kölner Komm AktG/*Koppensteiner* Rn. 59; *Noack,* Gesellschaftervereinbarungen bei Kapitalgesellschaften, 1994, 266.
[132] Stimmbindung kann auch auf Subordination beruhen, was dann regelmäßig nicht zu einer BGB-Gesellschaft, sondern zu einem Auftragsverhältnis führt, → Rn. 37 sowie Hüffer/Koch/*Koch* § 133 Rn. 26.
[133] OLG Hamburg NZG 2001, 471 = AG 2001, 479 = DB 2000, 2008 f.; Großkomm AktG/*Windbichler* Rn. 14, 16; MHdB AG/*Krieger* § 69 Rn. 9.
[134] OLG Hamburg AG 2001, 479 = NZG 2001, 471 = DB 2000, 2008; OLG Hamm ZIP 2000, 2302 = AG 2001, 146 = NZG 2001, 563 (564 f.); LG Heidelberg ZIP 1997, 1787 f. – SAP; Großkomm AktG/*Windbichler* Rn. 14, 16 mit Fn. 58; Kölner Komm AktG/*Koppensteiner* Rn. 59; MHdB AG/*Krieger* § 69 Rn. 9; *Noack,* Gesellschaftervereinbarungen bei Kapitalgesellschaften, 1994, 268; etwas anders Emmerich/Habersack/*Emmerich* Rn. 20b (kein Unternehmen, solange Konstruktion als Innengesellschaft *und* Beschränkung auf ein Unternehmen); eingehend *Klosterkemper,* Abhängigkeit von einer Innengesellschaft, 2003, 103 ff.; aA *Buschbeck-Bülow* BB 1989, 352 f. aus arbeitsrechtlicher Sicht.
[135] RGZ 80, 268 (271); 92, 341 f.; 142, 13 (20 f.); MüKoBGB/*Schäfer* § 705 Rn. 209.
[136] Im Gegensatz zur bloß faktischen Außenwirkung, siehe *K. Schmidt* GesR § 58 II 2 a.
[137] Darin liegt der Unterschied zu typischen Innengesellschaften wie der stillen Gesellschaft oder der Gelegenheitsgesellschaft, bei denen die Mitglieder nicht gemeinsam auftreten.
[138] Daher krit. zur hM Emmerich/Habersack/*Emmerich* Rn. 20b.
[139] IE wie hier wohl Emmerich/Habersack/*Emmerich* Rn. 20b; Wachter/*Franz* Rn. 11 (wenn Außen-GbR); siehe ferner *Klosterkemper,* Abhängigkeit von einer Innengesellschaft, 2003, 29, 103 ff.; am Interessenkonflikt fehlte es bei OLG Hamburg NZG 2001, 471, so dass das Ergebnis zutrifft.

anderer Beteiligungen durch das gleiche oder ein personenidentisches Konsortium oder (nach hM) auch durch Zurechnung abweichender wirtschaftlicher Interessen beherrschender Konsorten ergeben.[140]

42 **cc) Innengesellschaften.** Bei reinen Innengesellschaften ohne Teilrechtsfähigkeit stößt der Unternehmensbegriff an seine Grenze.[141] Der Grund ist das Merkmal der rechtlichen Selbstständigkeit (→ Rn. 56). Die gesellschaftsrechtliche Verbundenheit genügt hierfür nicht. Darüber kann auch die wirtschaftliche Betrachtungsweise nicht hinweghelfen. Die Unternehmenseigenschaft der Beteiligten ist stattdessen gesondert festzustellen. Dabei kann die wechselseitige Zurechnung der wirtschaftlichen Interessen zur Einbeziehung aller Beteiligten führen (→ Rn. 30 ff., 34, 38).[142] Das kann zu beachtlichen Haftungsrisiken (§ 317) für vermeintliche „Privataktionäre" führen, die sich mit Unternehmen in Konsortien verbunden haben. Das Zusammenwirken nicht-unternehmerischer Gesellschafter, die alle keine externen Interessen verfolgen, in einem Konsortium reicht dagegen nicht aus. Hier werden lediglich Partikularinteressen innerhalb der Gesellschaft verfolgt. Auch die stille Gesellschaft kann kein herrschendes Unternehmen sein, wohl aber das Mittel zur Unterwerfung eines Einzelkaufmanns als abhängiges Unternehmen (→ Rn. 54).

43 **c) Sonstiges.** Als potentielle Unternehmen kommen ferner in Betracht institutionelle Anleger[143] sowie die unternehmenstragende Erben- oder Gütergemeinschaft,[144] da sie „Einzelkaufmann" ist oder als zumindest solcher behandelt wird.[145] Auch rechtlich selbstständige Leitungsorgane im Gleichordnungskonzern sind nicht generell auszuschließen,[146] da sich auch dort Interessenkonflikte und Abhängigkeiten ergeben können.[147] Bei natürlichen Personen kann sich sowohl die maßgebliche Beteiligung am untergeordneten Unternehmen als auch die anderweitige Interessenbindung mittelbar durch Zurechnung über eine Personengemeinschaft ergeben (→ Rn. 34, 38, 42).[148] Vereine, Stiftungen und sonstige Rechtsträger, **die keinem wirtschaftlichen Zweck** dienen, werden in der Regel nur durch multiple Beteiligungen zum Unternehmen.[149] Das gilt auch für nicht-unternehmerische, gemeinnützige Kapitalgesellschaften.[150] Die maßgebliche Beteiligung am abhängigen Unternehmen allein reicht nicht aus, um ideale Rechtsträger in Anlehnung an die dem Gemeinwohl verpflichtete öffentliche Hand (→ Rn. 44) per se als Unternehmen einzustufen.[151] Die Unternehmenseigenschaft

---

[140] Siehe Kölner Komm AktG/*Koppensteiner* Rn. 69; K. Schmidt/Lutter/*J. Vetter* Rn. 63; einschränkend aber → Rn. 34.

[141] BAG NZG 2005, 512 (514) = NZA 2005, 647 = ZIP 2005, 915; OLG Hamburg AG 2001, 479 = NZG 2001, 471 = DB 2000, 2008; OLG Hamm ZIP 2000, 2302 = AG 2001, 146 = NZG 2001, 563 (564 f.); K. Schmidt/Lutter/*J. Vetter* Rn. 66; *Koppensteiner* FS Ulmer, 2003, 349 (351); Wachter/*Franz* Rn. 11; Grigoleit/*Grigoleit* Rn. 23; etwas unklar, aber letztlich wohl auch Emmerich/Habersack/*Emmerich* Rn. 20 ff.; Hölters/*Hirschmann* Rn. 20 f.; eingehend zum Ganzen *Klosterkemper*, Abhängigkeit von einer Innengesellschaft, 2003.

[142] Siehe auch BGHZ 114, 203 = NJW 1991, 2765; MüKoAktG/*Bayer* Rn. 29; K. Schmidt/Lutter/*J. Vetter* Rn. 67; Kölner Komm AktG/*Koppensteiner* Rn. 32; Emmerich/Habersack/*Emmerich* Rn. 20c; Wachter/*Franz* Rn. 11; Henssler/Strohn/Maier-Reimer/*Kessler* Rn. 8 f.; Grigoleit/*Grigoleit* Rn. 24; *Klosterkemper*, Abhängigkeit von einer Innengesellschaft, 2003, 134 ff.

[143] Großkomm AktG/*Windbichler* Rn. 21; U. H. Schneider AG 1990, 317 (324).

[144] Großkomm AktG/*Windbichler* Rn. 16; Kölner Komm AktG/*Koppensteiner* Rn. 57.

[145] Vgl. Semler/Stengel/*Maier-Reimer* UmwG § 152 Rn. 24 ff. (für Miterbengemeinschaft).

[146] Wie hier Großkomm AktG/*Windbichler* Rn. 48; K. Schmidt/Lutter/*J. Vetter* Rn. 64; aA die hM, Hüffer/Koch/*Koch* Rn. 13; Kölner Komm AktG/*Koppensteiner* Rn. 35; MüKoAktG/*Bayer* Rn. 37. Doch die Anerkennung der Mehrmütterherrschaft steht der Unternehmenseigenschaft des Koordinierungsorgans nicht zwingend entgegen, s. noch → § 17 Rn. 17. Zum Leitungsorgan von Gleichordnungskonzernen → § 18 Rn. 29.

[147] Vgl. *K. Schmidt* GesR § 17 III 3 c; ein Beispiel wäre eine eventuelle BGB-Gesellschaft zwischen den drei herrschenden Unternehmen in BGHZ 62, 193 = NJW 1974, 855 (Seitz) gewesen, die aber nicht zur Debatte stand (BGHZ 62, 193, 201).

[148] BGHZ 62, 193 (196) = NJW 1974, 855; Großkomm AktG/*Windbichler* Rn. 47 f.; Kölner Komm AktG/*Koppensteiner* Rn. 59; K. Schmidt/Lutter/*J. Vetter* Rn. 39 ff., 67. Nicht ausreichend sind bloß faktische oder familienrechtliche Bindung (Familienstamm, Ehegatten); ähnlich Großkomm AktG/*Windbichler* Rn. 16; Emmerich/Habersack/*Emmerich* Rn. 20a; vgl. zur entsprechenden Zurechnungsfrage im Rahmen der Beherrschung → § 17 Rn. 32.

[149] OLG Düsseldorf NZG 2004, 622 (623 f.) - Krupp/Hösch; K. Schmidt/Lutter/*J. Vetter* Rn. 33, 65. Das wird aber zunehmend bestritten, → Rn. 23 mwN. Zu Vereinen monographisch *Leuschner*, Das Konzernrecht des Vereins, 2011, 78 ff. (als herrschendes Unternehmen), S. 244 ff. (als abhängiges Unternehmen) und S. 401 ff. (im Gleichordnungskonzern).

[150] Die Formkaufmannseigenschaft genügt nach hM nicht, → Rn. 19 mwN.

[151] So auch K. Schmidt/Lutter/*J. Vetter* Rn. 33, 65; aA Mülbert ZHR 163 (1999), 1 (19); Kölner Komm AktG/*Koppensteiner* Rn. 58; Emmerich/Habersack/*Emmerich* Rn. 18; MükoAktG/*Bayer* Rn. 43; Grigoleit/*Grigoleit* Rn. 29; siehe schon → Rn. 23.

liegt aber vor, wenn der jeweilige Rechtsträger tatsächlich anderweitige wirtschaftliche Zwecke verfolgt, und zwar ungeachtet der rechtlichen Zulässigkeit[152] (Nebenzweckprivileg),[153] die im Einzelnen durchaus streitig sein kann (Profifußballvereine[154]).

d) Der Sonderfall der öffentlichen Hand. In besonderer Weise wird die Problematik des Konzernkonflikts bei der öffentlichen Hand gelöst. Schon frühzeitig war anerkannt, dass ihre Gemeinwohlbindung vor dem Hintergrund der allgemeinen Gesetzesbindung (Art. 20 Abs. 3 GG) nicht zu einer konzernrechtlichen Privilegierung führen kann.[155] In BGHZ 135, 117 – VW wurde die Unternehmenseigenschaft der öffentlichen Hand schließlich per se anerkannt.[156] Bereits ihre öffentlich-rechtliche Aufgabenstellung begründe jene für den Konzernkonflikt maßgebliche Überlagerung des typischen Aktionärsinteresses. Dem ist zuzustimmen. Zwar scheinen die allgemeinen Grundsätze des Unternehmensbegriffs dadurch verschärft zu werden, indem nicht einmal eine anderweitige *wirtschaftliche* Interessenbindung erfordert wird. Das ist jedoch nur eine sachgerechte Typisierung. Bund, Länder und Gemeinden sind nicht mit einer Privatperson zu vergleichen, sondern mit anderen juristischen Personen. Schon das Haushaltsrecht zeigt, dass sie ein nicht-privates *wirtschaftliches*[157] Eigenleben an sich haben, in welchem zahlreiche unmittelbare und mittelbare, politische und fiskalische Interessen konfligieren können (zB Erhalt von Arbeitsplätzen gegen reinen *shareholder value*). Im Übrigen haben sich die oft befürchteten Konzernhaftungsrisiken erledigt. Dessen eingedenk ist Bund, Ländern und Gemeinden sowie sämtlichen juristischen Personen des öffentlichen Rechts per se die Unternehmensstellung zuzuerkennen. Das Gleiche gilt für Gewerkschaften.[158] Hinsichtlich der Treuhandanstalt siehe aber die gesetzliche Freistellung von den Vorschriften über herrschende Unternehmen in § 28a EGAktG.[159] 44

5. Maßgeblicher Zeitpunkt für Unternehmenseigenschaft. Die Voraussetzungen der Unternehmenseigenschaft nach dem teleologischen Unternehmensbegriff sind dynamischer als sie es etwa nach dem institutionellen Unternehmensbegriff wären. Denn anderweitige Interessenbindungen in Form von Beteiligungen können schneller wechseln als eigene Unternehmenstätigkeit (→ Rn. 26). So stellt sich die Frage, wann die jeweiligen Erfordernisse erfüllt sein müssen bzw. welche Folgen ein zwischenzeitlicher Wegfall zeitigt. Die Antwort ist dem jeweiligen Sachrecht zu entnehmen. Ist der Tatbestand in der Vergangenheit abgeschlossen, wie etwa bei Verstoß gegen eine vergangene Berichtspflicht[160] oder gegen ein Stimmverbot nach § 20 Abs. 7 in einer bestimmten Hauptversammlung, kommt es auf den damaligen Zeitpunkt an. Ansonsten wird man auf die letzte mündliche Verhandlung abstellen müssen, zB bei Streit um das aktuelle Bestehen einer Meldepflicht oder die Einrichtung eines Konzernbetriebsrates. Wird ein Unternehmen zum Privataktionär, müssen die Wirkungen eines vorher geschlossenen Unternehmensvertrags nach der hM, die Unternehmensverträge mit Privataktionären ablehnt, ex nunc entfallen.[161] 45

---

[152] Vgl. Kölner Komm AktG/*Koppensteiner* Rn. 57 aE. Insoweit anders Großkomm AktG/*Windbichler* Rn. 25, die auf die satzungsmäßigen Zwecke abstellen will. S. auch → Rn. 52.

[153] BGHZ 85, 84 = NJW 1983, 569 – ADAC.

[154] Dazu *Leuschner* NZG 2017, 16 ff. (zur Registersache FC Bayern München e.V. sowie ihren Zusammenhang mit der laufenden Prüfung des Vereinsstatus des ADAC); ferner *Küting/Strauß*, DK 2013, 390.

[155] So schon BGHZ 69, 334 (338) = NJW 1978, 104. → § 394 Rn. 3; ferner Großkomm AktG/*Windbichler* Rn. 27 ff.; MüKoAktG/*Bayer* Rn. 38 ff.; K. Schmidt/Lutter/*J. Vetter* Rn. 68; Emmerich/Habersack/*Emmerich* Rn. 26 ff.; Kölner Komm AktG/*Koppensteiner* Rn. 39 ff. mN zum durch die VW-Entscheidung wie den Wegfall der Konzernhaftung überholten Streitstand früherer Tage.

[156] Bestätigt in BGHZ 175, 365 = NZG 2008, 389 Rn. 10 – UMTS; ferner BAGE 136,114 = NZA 2011, 524 (525 f. Rn. 29 ff.) – UKE Hamburg-Eppendorf zur Bildung eines Konzernbetriebsrats; OLG Celle AG 2001, 474 ff.; MüKoAktG/*Bayer* Rn. 41; Wachter/*Franz* Rn. 14; Hölters/*Hirschmann* Rn. 9; Henssler/Strohn/*Maier-Reimer/Kessler* Rn. 7; K. Schmidt/Lutter/*J. Vetter* Rn. 33, 68 ff.; Großkomm AktG/*Windbichler* Rn. 28; Kölner Komm AktG/*Koppensteiner* Rn. 58, 70 ff.; Schießl ZGR 1998, 871 (878); Kiefner/Schürnbrand AG 2013, 789; weiterhin kritisch Hüffer/Koch/*Koch* Rn. 16; Grigoleit/*Grigoleit* Rn. 25 ff.; Michalski/*Servatius* GmbHG Syst. Darst. 4, Rn. 11; *Mülbert* ZHR 163 (1999), 15 ff.; siehe auch *Ehinger*, Die juristische Person des öffentlichen Rechts als herrschendes Unternehmen, 2000. Demgegenüber gilt die öffentliche Hand grds. nicht als Unternehmen im Sinne des Kartellrechts, kann dies aber über die Fiktion des § 36 Abs. 3 GWB zulasten des Mehrheitsbesitzers an einem Unternehmen werden, OLG Düsseldorf AG 2008, 859 = NJOZ 2008, 3758.

[157] Darin liegt der Unterschied zu privaten, ideal ausgerichteten Rechtsträgern, → Rn. 43.

[158] MüKoAktG/*Bayer* Rn. 43; Hüffer/Koch/*Koch* Rn. 17; Kölner Komm AktG/*Koppensteiner* Rn. 58; Großkomm AktG/*Windbichler* Rn. 25.

[159] Zum Streit um dessen Verfassungsmäßigkeit vgl. BVerfG ZIP 1995, 393: Abweisung des Vorlagebeschlusses des AG Halle-Saalkreis (ZIP 1993, 961 = AG 1993, 522) als unzulässig; ferner MüKoAktG/*Bayer* Rn. 44; Hüffer/Koch/*Koch* Rn. 17.

[160] Insbes §§ 312 ff., und zwar ungeachtet der ganz anderen Frage, wie lange Nachlieferung des Berichts verlangt werden kann, dazu BGHZ 135, 107 = NJW 1997, 1855.

[161] Anders nach hier vertretener Sicht, → Rn. 47. Folgt man der hM, bieten die Regeln über fehlerhafte Gesellschaften Schutz.

46 6. Wesentliche Einzelanalogien. Das Erfordernis der anderweitigen wirtschaftlichen Interessenbindung ist mit Einzelanalogien zu durchbrechen, um Defiziten des Unternehmensbegriffs zu begegnen. Das betrifft vor allem die privat beherrschte AG, wo die Privilegierung des Privataktionärs (nach hier vertretener Sicht nicht notwendig eine Privatperson, sondern auch Stiftungen oder Vereine[162]) teilweise überholt ist (→ Vor § 15 Rn. 28).

47 a) Unternehmensverträge mit dem Privataktionär. Ermöglicht werden sollte der Abschluss von Unternehmensverträgen einer AG oder GmbH mit dem herrschenden Privataktionär oder Gesellschafter.[163] Ausschlaggebend hierfür ist die Ermöglichung der sinnvollen, ausgewogenen Ausgestaltung des Vertragskonzerns mit Innen- wie Außenschutz, die faktischem Hineinregieren bei weitem vorzuziehen ist.[164] Der Privataktionär wird hierdurch auch nicht ungebührend belastet, da der Vertragsschluss grundsätzlich in seinem Gutdünken steht. Die Anerkennung von Unternehmensverträgen mit dem Privataktionär erlaubt die Erstreckung der Haftung aus qualifiziert faktischem Konzern oder bei „faktischen Unternehmensverträgen" auf Privatgesellschafter (→ Vor § 15 Rn. 14 f.). Bei Stimmbindungen ist außerdem die eventuelle Zurechnung der Unternehmenseigenschaft zu beachten, die zur Haftung bereits auf Basis der hM führen kann (→ Rn. 42).

48 b) Mitteilungspflichten des Privataktionärs. Die Mitteilungspflichten in § 20 Abs. 1 und § 20 Abs. 4 sollten auch für Privatbeteiligungen entsprechend gelten, da sich die ratio der Beschränkung auf anderweitige wirtschaftliche Interessen des Aktionärs schon mit Blick auf das WpHG überholt hat („cessante ratione cedit lex").[165] Die teilweise Rücknahme der gesetzlich eingeräumten Privilegierung erscheint vor dem Hintergrund der relativ geringen damit verbundenen Belastung vertretbar. Sanktionen dürfen erst greifen, wenn die Betroffenen im registergerichtlichen Verfahren auf das Bestehen der erweiterten Mitteilungspflicht hingewiesen worden sind.

49 c) Keine Anwendung der §§ 311 ff. Eine Erstreckung der §§ 311 ff. auf Privataktionäre kommt nicht in Betracht.[166] Anders liegt es nur in Zurechnungsfällen (→ Rn. 34, 42). Zwar schiene eine weitergehende Extension in der Konsequenz der hier vertretenen Argumentation zu liegen. Dagegen sprechen aber mehrere Gründe. Zum einen würde die Rücknahme der Privilegierung von Privataktionären hier zu einer ungleich größeren Belastungen als etwa bei den §§ 20 ff. führen. Auch kommt der Rechtssicherheit in diesem anfechtungsträchtigen Bereich starkes Gewicht zu. Vor allem aber entsteht keine unerträgliche Schutzlücke, die eine Extension geböte. Das ergibt sich aus dem Stand der Treuepflichtdogmatik, der Herabsetzung des Quorums für die Haftung aus § 117, sowie der Möglichkeit, mit der hier vertretenen Auffassung auch Privataktionäre bei „qualifiziert faktischer Konzernierung" aus den §§ 302, 303 und §§ 304, 305 haften zu lassen (→ Rn. 47 sowie → Vor § 15 Rn. 14 f.). Zudem lässt sich der praktische Nutzen der §§ 311 ff. mangels effizienten Enforcements bezweifeln.

50 d) Mitbestimmungsrecht. Schließlich ist mit Blick auf die abweichende Teleologie des Mitbestimmungsrechts (Verlagerung der Entscheidungsmöglichkeiten) die Unternehmenseigenschaft einer arbeitnehmerlosen reinen Verwaltungsholding im Rahmen der § 5 MitbestG und § 76 Abs. 4 BetrVG 1952 zu bejahen.[167]

51 e) Erweiterungen außerhalb des materiellen Konzernrechts (Formkaufleute). Teilweise wird vertreten, der Begriff des übergeordneten Unternehmens müsse außerhalb des auf die Konzernge-

---

[162] AA jetzt Emmerich/Habersack/*Emmerich* Rn. 9a, 11b und 18. Siehe auch → Rn. 23.
[163] So Hüffer/Koch/*Koch* § 291 Rn. 8; *K. Schmidt* FS Koppensteiner, 2001, 191 ff.; und schon *K. Schmidt* FS Lutter, 2000, 1167 (1181 f.); MHdB AG/*Krieger* § 71 Rn. 9; *Rubner* Der Konzern 2003, 735 (737 ff.); *Ederle*, Verdeckte Beherrschungsverträge, 2010, 68 ff., 74 f. mwN; grds. auch *Leuschner*, Das Konzernrecht des Vereins, 2011, 26 f.; der Sache nach auch Baumbach/Hueck/*Beurskens* KonzernR Rn. 18 f.; aA die hM zum Unternehmensbegriff, → § 291 Rn. 7; MüKoAktG/*Altmeppen* § 291 Rn. 3 ff.; Emmerich/Habersack/*Emmerich* KonzernR § 291 Rn. 9; Kölner Komm AktG/*Koppensteiner* § 291 Rn. 10 ff., 13 (aber in → Rn. 10 für Einbeziehung der Holding mit nur einer Beteiligung); Grigoleit/*Grigoleit* Rn. 18; trotz deutlicher Sympathie für die Gegenansicht auch K. Schmidt/Lutter/*J. Vetter* Rn. 35 mit Fn. 28; noch enger nach dem organisationsrechtlichen Ansatz *Mülbert* ZHR 163 (1999), 38 ff. (nur solche „Unternehmen", die Zusammenfassung unternehmerischer Ressourcen gestatten).
[164] Das verkennt die abweichende Auffassung *Mülberts*, ZHR 163 (1999), 1 (32). Dass der Privataktionär einem Alleingesellschafter der GmbH gleichgestellt würde, stimmt im Übrigen schon ob der § 300 ff. nicht.
[165] IE wie hier Emmerich/Habersack/*Emmerich* § 20 Rn. 15 (mit Argument aus Treuepflicht; für Einbeziehung von Formkaufleuten schon → § 16 Rn. 4); *Mülbert* ZHR 163 (1999), 44 f.; aA hM, dezidiert Kölner Komm AktG/*Koppensteiner* § 20 Rn. 31 (der selbst allerdings für Einbeziehung der einfachen Holding plädiert), MüKoAktG/*Bayer* § 20 Rn. 6; Großkomm AktG/*Windbichler* § 20 Rn. 17; *Wolframm*, Mitteilungspflichten familiär verbundener Aktionäre in 20 AktG, 1998, 42 ff., 82 ff., 183 ff.
[166] AllgM im Anschluss an BegrRegE *Kropff* S. 408, etwa MüKoAktG/*Kropff* § 311 Rn. 47 ff.
[167] OLG Stuttgart BB 1989, 1005 f. = DB 1989, 1128; Großkomm AktG/*Windbichler* Rn. 19.

fahr zugeschnittenen materiellen Konzernrechts in weiterer Form interpretiert werden. Insbesondere sollten dann AG und GmbH per se dem Unternehmensbegriff unterfallen[168] (ähnliches müsste für ausländische Kapitalgesellschaften wie Limited und Plc gelten) oder die einfache Holding (→ Rn. 24 und 39) miteinbezogen werden.[169] Dem Anliegen ist wegen der hohen Bedeutung des Normzwecks grundsätzlich zuzustimmen (→ Vor § 15 Rn. 11). Jedoch gebietet die Systematik weitmögliche Zurückhaltung.[170] Bei § 19 hilft schon der Rückgriff auf den einschlägigen Unternehmensbegriff, welcher nicht der des herrschenden Unternehmens ist (siehe → Rn. 14; → § 19 Rn. 3). Bei § 16 und § 21 sind keine Modifikationen erforderlich, da die einschlägigen Normen (→ § 16 Rn. 4 f.) zwar die übergeordnete Gesellschaft betreffen, aber durchweg direkt „die Gesellschaft" (= AG/KGaA), nicht das Unternehmen adressieren. Anders liegt es bei § 20 Abs. 4, doch hilft im Rahmen des § 20 ebenso wie bei § 291 bereits die weitergehende Erstreckung auf den Privataktionär (→ Rn. 47 f.).

IV. Spezialgesetzliche Beschränkungen der Unternehmenseigenschaft

1. Herrschende Unternehmen. Genossenschaften, Vereine und Stiftungen können herrschende **52** Unternehmen sein. Das gilt auch, wenn sich im Einzelfall Beschränkungen ihrer zulässigen Kontrolltätigkeit aus ihrem Satzungszweck ergeben.[171] Dagegen unterliegt eine EWIV einem Konzernleitungs- und einem Holdingverbot (Art. 3 Abs. 2 a), EWIVVO, Art. 3 Abs. 2 b) EWIVVO), kann aber im Übrigen übergeordnetes Unternehmen sein.[172] Diese Fragen berühren aber nicht die Unternehmenseigenschaft, sondern die Frage zulässiger Einwirkungsmöglichkeiten nach den §§ 291 ff. Das Gleiche gilt, wenn sich Gemeinden nach Landesrecht nicht unbegrenzt zur Verlustübernahme verpflichten und daher ggf keine Unternehmensverträge abschließen dürfen.[173] Unproblematisch ist ferner die Unternehmenseigenschaft der Partnergesellschaft sowie der Societas Europaea.

2. Abhängige Unternehmen. Abhängiges Unternehmen kann jede rechtlich verselbstständigte **53** Organisationsform sein (→ Rn. 14).[174] Denn es geht darum, lückenlos sämtliche Rechtsgebilde zu erfassen, die Träger eines Unternehmens sein können und sich mangels eigenen Willens zur Umgehung bestehender gesetzlicher Beschränkungen eignen (vgl. § 16 Abs. 4). In Betracht kommen die üblichen Unternehmensrechtsträger (Kapitalgesellschaften, Personengesellschaften), Verbandsträger mit ideellen, nicht erwerbsorientierten Zwecken (Vereine, Stiftungen), darüber hinaus Einzelkaufleute,[175] auch in Form der Miterben- oder Gütergemeinschaft (→ Rn. 43) und Freiberufler. Keine Unternehmen sind aber natürliche Personen, die kein Unternehmen betreiben,[176] selbst wenn sie im Sinne des „herrschenden Unternehmens" multiple maßgebliche Beteiligungen halten (→ Rn. 25). Das ergibt sich aus der Zurechnungsnorm des § 16 Abs. 4, die für die Zurechnung von Beteiligungen in Händen Dritter entweder ein abhängiges Unternehmen oder sonst, bei einem „anderen", Handeln „für Rechnung" des herrschenden Unternehmens erfordert. Die „Beherrschung" einer natürlichen Person, etwa über eine Innengesellschaft, reicht also nicht aus.

Dementsprechend ist die **Unterordnungsfähigkeit von Vereinen,**[177] Stiftungen[178] und juris- **54** tischen Personen des öffentlichen Rechts,[179] die meist durch stille Gesellschaften eingebunden wer-

---

[168] So für §§ 16, 19, 20, 21 Emmerich/Habersack/*Emmerich* Rn. 22a; *Mülbert* ZHR 163 (1999) 40 ff.; generell für die §§ 15 ff. etwa Schmidt/Lutter/*J. Vetter* Rn. 53 ff.; Henssler/Strohn/*Maier-Reimer/Kessler* Rn. 4 f.; aA zB Grigoleit/*Grigoleit* Rn. 19; Hölters/*Hirschmann* Rn. 8; → Rn. 19.
[169] Dafür Kölner Komm AktG/*Koppensteiner* Rn. 17, 65 (im Grds.), § 20 Rn. 31 (zu § 20 Abs. 4), § 291 Rn. 9 (zu Unternehmensverträgen); eingehend *Mülbert* ZHR 163 (1999), 38 ff.
[170] In diesem Sinne etwa auch BAG NZG 2005, 512 = ZIP 2005, 915.
[171] Großkomm AktG/*Windbichler* Rn. 17, 25; Emmerich/Habersack/*Emmerich* Rn. 18; zur Stiftung *Schwintowski* NJW 1991, 2736 ff., *Heinzelmann*, Die Stiftung im Konzern, 2003.
[172] Großkomm AktG/*Windbichler* Rn. 18; aA MüKoAktG/*Bayern* Rn. 14; Grigoleit/*Grigoleit* § 16 Rn. 7 (EWIV kann generell kein übergeordnetes Unternehmen sein).
[173] *Kiefner/Schürnbrand* AG 2013, 789 (790 f.).
[174] Hüffer/Koch/*Koch* Rn. 19; MüKoAktG/*Bayer* Rn. 47 f.; Emmerich/Habersack/*Emmerich* Rn. 24 ff., 25 a; Kölner Komm AktG/*Koppensteiner* Rn. 86; Wachter/*Franz* Rn. 15; Hölters/*Hirschmann* Rn. 10.
[175] Hüffer/Koch/*Koch* Rn. 19; MüKoAktG/*Bayer* Rn. 48; Emmerich/Habersack/*Emmerich* Rn. 25a; Kölner Komm AktG/*Koppensteiner* Rn. 86.
[176] Wohl abw. die hM, Hüffer/Koch/*Koch* Rn. 19; Wachter/*Franz* Rn. 15 mit Fn. 45; Emmerich/Habersack/*Emmerich* Rn. 25; Kölner Komm AktG/*Koppensteiner* Rn. 86 (eigener Geschäftsbetrieb nicht erforderlich), allerdings nicht mit Blick auf den Sonderfall natürlicher Personen.
[177] Großkomm AktG/*Windbichler* Rn. 26; Emmerich/Habersack/*Emmerich* Rn. 25a.
[178] Großkomm AktG/*Windbichler* Rn. 17, 26; eingehend jetzt *Heinzelmann*, Die Stiftung im Konzern, 2003.
[179] Hüffer/Koch/*Koch* Rn. 19; MüKoAktG/*Bayer* Rn. 47 f.; Emmerich/Habersack/*Emmerich* Rn. 25a aE; *Mülbert* ZHR 163 (1999), 1 (16); zB die Landesbank Berlin, *Bezzenberger/Schuster* ZGR 1996, 481; *Schuster* FS Bezzenberger, 2000, 757; aA LAG Berlin AG 1996, 140; dazu *Fett*, Öffentlich-rechtliche Anstalten als abhängige Konzernunternehmen, 2001; vgl. ferner BerlVerfGH DVBl. 2000, 51 zu den Berliner Wasserbetrieben.

den, zu bejahen, ebenso die der EWIV.[180] Zweifelhaft, aber im Ergebnis ebenso zu bejahen ist die Unterordnungsfähigkeit von Genossenschaften (wegen § 1 Abs. 2 GenG)[181] sowie die der Societas Europaea mit dualistischer wie auch monistischer Struktur (dazu → § 17 Rn. 48). Dagegen ist für bloße Innengesellschaften, die weder ein Unternehmen tragen noch Vermögen halten, auch auf der Seite der beherrschten Unternehmen kein Raum.[182] Wenn etwa ein Unternehmen Aktien durch einen Einzelkaufmann hält, den es über eine atypische stille Gesellschaft zu kontrollieren vermag,[183] ist bereits der Einzelkaufmann selbst abhängiges Unternehmen für § 16 Abs. 4, ohne dass es auf die Unternehmenseigenschaft der stillen Gesellschaft noch ankäme.

55   **3. Ausländische Rechtsträger.** Die vorstehenden Grundsätze gelten entsprechend für ausländische Rechtsträger, die in der künftigen Rechtspraxis nach *Inspire Art* (→ Vor § 15 Rn. 31 ff.) eine verstärkte Rolle spielen können. Ausländische Kapitalgesellschaften (Privat- wie Aktiengesellschaften)[184] sind also auf jeder Stufe taugliches Unternehmen im Sinne der §§ 15 ff. (→ Rn. 10 und → Vor § 15 Rn. 32). Das gilt ganz unabhängig von der Frage, inwieweit auf sie das materielle Konzernrecht Anwendung findet (→ Vor § 15 Rn. 31 ff.). So ist nicht zu bezweifeln, dass mittelbarer Erwerb eigener Anteile nach den §§ 71 ff. auch verboten bleibt, wenn er über eine Kette von Limiteds ausgeführt wird. Bei anderen Rechtsträgern wie Vereinigungen, Kooperativen, *Limited Liability Partnerships*, *Trusts* usw sind unter Berücksichtigung ihrer jeweiligen Spezifika die gleichen Erwägungen wie zu ihren deutschen Entsprechungen anzustellen.

V. Rechtliche Selbstständigkeit

56   Diesem Merkmal kommt keine besondere Bedeutung zu. Es stellt klar, dass sich die §§ 15 ff. an den Unternehmensträger richten, nicht etwa vom Unternehmen als Objekt des Rechtsverkehrs sprechen.[185] Eigene Rechtssubjektivität ist nicht erforderlich. Vielmehr genügt die Teilrechtsfähigkeit (Personengesellschaften).[186] Jedoch müssen dem Unternehmen Rechte und Pflichten zugeordnet werden können,[187] weshalb Innengesellschaften (→ Rn. 42, 54), Familien- oder Gesellschafterstämme ausscheiden.[188] Auch rechtlich unselbstständige Betriebe wie Zweigniederlassungen oder kommunale Eigenbetriebe desselben Rechtsträgers sind keine Unternehmen.[189]

§ 16 In Mehrheitsbesitz stehende Unternehmen und mit Mehrheit beteiligte Unternehmen

(1) Gehört die Mehrheit der Anteile eines rechtlich selbständigen Unternehmens einem anderen Unternehmen oder steht einem anderen Unternehmen die Mehrheit der Stimmrechte zu (Mehrheitsbeteiligung), so ist das Unternehmen ein in Mehrheitsbesitz stehendes Unternehmen, das andere Unternehmen ein an ihm mit Mehrheit beteiligtes Unternehmen.

(2) ¹Welcher Teil der Anteile einem Unternehmen gehört, bestimmt sich bei Kapitalgesellschaften nach dem Verhältnis des Gesamtnennbetrags der ihm gehörenden Anteile zum Nennkapital, bei Gesellschaften mit Stückaktien nach der Zahl der Aktien. ²Eigene Anteile sind bei Kapitalgesellschaften vom Nennkapital, bei Gesellschaften mit Stückaktien von der Zahl der Aktien abzusetzen. ³Eigenen Anteilen des Unternehmens stehen Anteile gleich, die einem anderen für Rechnung des Unternehmens gehören.

(3) ¹Welcher Teil der Stimmrechte einem Unternehmen zusteht, bestimmt sich nach dem Verhältnis der Zahl der Stimmrechte, die es aus den ihm gehörenden Anteilen aus-

---

[180] Großkomm AktG/*Windbichler* Rn. 18; Wachter/*Franz* Rn. 15.
[181] Großkomm AktG/*Windbichler* Rn. 17; dazu → § 17 Rn. 48.
[182] Zur Innengesellschaft als herrschendes Unternehmen → Rn. 43.
[183] → Rn. 53. Zur stillen Gesellschaft als gesellschaftsrechtlich fundiertes Herrschaftsmittel → § 17 Rn. 39 ff., 41.
[184] Zu einem EU-weiten Überblick siehe die Länderdarstellungen in *van Hulle/Gesell*, European Corporate Law, 2006, Part 2.
[185] Großkomm AktG/*Windbichler* Rn. 14.
[186] Hüffer/Koch/*Koch* Rn. 20; Grigoleit/*Grigoleit* Rn. 17; Emmerich/Habersack/*Emmerich* Rn. 24; Kölner Komm AktG/*Koppensteiner* Rn. 94.
[187] Vgl. Kölner Komm AktG/*Koppensteiner* Rn. 56.
[188] Anders zu Gesellschafterstämmen im Kartellrecht noch BGHZ 74, 359 (365) = 1979, 2401; jetzt aber BGHZ 121, 137 = NJW 1993, 2114.
[189] Hüffer/Koch/*Koch* Rn. 20; MüKoAktG/*Bayer* Rn. 49; Emmerich/Habersack/*Emmerich* Rn. 24; Kölner Komm AktG/*Koppensteiner* Rn. 94.

üben kann, zur Gesamtzahl aller Stimmrechte. ²Von der Gesamtzahl aller Stimmrechte sind die Stimmrechte aus eigenen Anteilen sowie aus Anteilen, die nach Absatz 2 Satz 3 eigenen Anteilen gleichstehen, abzusetzen.

(4) Als Anteile, die einem Unternehmen gehören, gelten auch die Anteile, die einem von ihm abhängigen Unternehmen oder einem anderen für Rechnung des Unternehmens oder eines von diesem abhängigen Unternehmens gehören und, wenn der Inhaber des Unternehmens ein Einzelkaufmann ist, auch die Anteile, die sonstiges Vermögen des Inhabers sind.

Schrifttum: Siehe Vor § 15.

Übersicht

	Rn.		Rn.
I. Systematik und Teleologie	1–9	b) Zurechnung fremder Anteile (Abs. 4)	18–25
1. Aufbau	1	c) Einzelkaufmann (4. Variante des Abs. 4)	26
2. Unternehmensbegriff	2	4. Personengesellschaften	27
3. Anwendungsbereich	3–6	IV. Die Stimmenmehrheit (Abs. 3)	28–36
4. Teleologie	7–9	1. Allgemeines	28
a) Mehrheitsbesitz	7, 8	2. Gesamtstimmen im Unternehmen	29
b) Zurechnung	9	3. Stimmen des übergeordneten Unternehmens	30–36
II. Der duale Begriff der Mehrheitsbeteiligung	10–12	a) Eigene Stimmrechte	31, 32
1. Allgemeines	10, 11	b) Zurechnung	33, 34
2. Maßgeblicher Zeitpunkt	12	c) Berechnung	35, 36
III. Die Kapitalmehrheit (Abs. 2 und 4)	13–27	V. Rechtsformspezifische Besonderheiten	37–41
1. Allgemeines	13	1. GmbH; ausländische Kapitalgesellschaften	38
2. Berechnung des Gesamtkapitals	14, 15	2. Personengesellschaften	39
a) Berechnungsmethode	14	3. Einzelkaufmännisches Unternehmen	40
b) Abzug eigener Anteile	15	4. Sonstige	41
3. Kapitalbeteiligung des Mehrheitsgesellschafters	16–26		
a) Eigene Anteile	17		

I. Systematik und Teleologie

1. Aufbau. § 16 beschreibt die Verbindung zweier Unternehmen durch Mehrheitsbesitz. Die Mehrheitsbeteiligung ist selbstständige Vorstufe auf dem Weg zur Betrachtung als Konzern. Sie kann auf zwei Grundlagen beruhen: **Kapitalmehrheit** oder **Stimmenmehrheit**. Das unterscheidet § 16 von Kontrollkonzepten, die regelmäßig nur die Stimmenmehrheit im Auge haben.[1] Die Abs. 2 und 4 enthalten nähere Vorschriften für Berechnung und Zurechnung der Kapitalmehrheit, während Abs. 3 die Ermittlung der Stimmenmehrheit betrifft. **1**

2. Unternehmensbegriff. Das Unternehmen in § 16 ist im Sinn des allgemeinen Unternehmensbegriffs zu verstehen.[2] Dabei ist dessen unterschiedliche Auslegung für herrschende und abhängige Unternehmen zu beachten (→ Rn. 20, 23). Da § 16 Abs. 4 die Unternehmenseigenschaft voraussetzt, ist er zu ihrer Begründung im Wege der Zurechnung anderweitiger wirtschaftlicher Interessen nicht anwendbar.[3] **2**

3. Anwendungsbereich. Die wichtigste Folge der Mehrheitsbeteiligung ist die Abhängigkeitsvermutung in § 17 Abs. 2, die weiter zur Konzernvermutung in § 18 Abs. 1 S. 3 führt.[4] Die Mehrheitsbeteiligung führt also in aller Regel zum Unterordnungskonzern. Eine unwiderlegbare Abhän- **3**

---

[1] Zum Hintergrund → Rn. 8. Zu den Kontrollkonzepten → Vor § 15 Rn. 2.
[2] → § 15 Rn. 11 ff.; Hüffer/Koch/*Koch* Rn. 3; MüKoAktG/*Bayer* Rn. 7; K. Schmidt/Lutter/*J. Vetter* Rn. 3; aA Emmerich/Habersack/*Emmerich* Rn. 4 (immer Einbeziehung von Formkaufleuten); weiter auch Kölner Komm AktG/*Koppensteiner* Rn. 3 mit Fn 4, § 15 Rn. 17, 65 im Anschluss an *Mülbert* ZHR 163 (1999), 1 (40) ff.; zu dieser Diskussion eingehend → § 15 Rn. 51.
[3] BGHZ 148, 123 = NJW 2001, 2973 – MLP; Hüffer/Koch/*Koch* Rn. 12; Grigoleit/*Grigoleit* Rn. 17; Emmerich/Habersack/*Emmerich* Rn. 16; Kölner Komm AktG/*Koppensteiner* Rn. 3 mit Fn 4; Henssler/Strohn/*Maier-Reimer/Kessler* § 15 Rn. 10; näher → Rn. 19 sowie → § 15 Rn. 30 ff.
[4] Kölner Komm AktG/*Koppensteiner* Rn. 10; K. Schmidt/Lutter/*J. Vetter* Rn. 1.

gigkeitsvermutung besteht ferner bei qualifizierter wechselseitiger Beteiligung (§ 19 Abs. 2 und § 19 Abs. 3).

4 Auf die Mehrheitsbeteiligung verweisen **innerhalb des Aktiengesetzes** die Kapitalschutzvorschriften der § 56 Abs. 2 und § 56 Abs. 3, § 71a Abs. 2, § 71d S. 2, welche den (mittelbaren) Erwerb eigener Aktien unterbinden wollen, ferner die Publizitätsvorschriften der § 20 Abs. 4, § 21 Abs. 2, § 160 Abs. 1 Nr. 1 und § 160 Abs. 1 Nr. 2, die Abfindungsvorschrift des § 305 Abs. 2 Nr. 1 und § 305 Abs. 2 Nr. 2 sowie die Vorschrift zum Depotstimmrecht in § 135 Abs. 1 S. 3, deren Anwendung aber durch § 10 Abs. 1a KAGG bei Kapitalanlagetöchtern eingeschränkt ist.

5 **Außerhalb des Aktiengesetzes** finden sich etliche Verweise auf § 16 bzw. auf die Mehrheitsbeteiligung, zum Teil auch in Vorschriften, welche sich ansonsten von den Definitionen des Konzernrechts gelöst haben, zB § 272 Abs. 4 S. 4 HGB, § 19 Abs. 2 S. 2 Nr. 1a KWG, § 36 Abs. 3 GWB. Nicht hierher ist § 4 Abs. 4 S. 2 UBGG zu rechnen,[5] da es bei der dort erwähnten Mehrheitsbeteiligung lediglich um die Stimmrechte geht.

6 Des Öfteren wird auf die **Berechnungs- und Zurechnungsnormen** der Abs. 2 und 4 verwiesen,[6] beispielsweise in den §§ 19, 20, 21 sowie zur Feststellung der 95 % Quote beim Squeeze-Out (§ 327a Abs. 2; § 39a Abs. 2 WpÜG).[7] Solche Verweisungen enthalten selbst Gesetze, die sich sonst nicht mehr am Konzernrecht des AktG orientieren.[8] Und selbst wo es an einer ausdrücklichen Verweisung fehlt, kann z.B. die Wertung der Zurechnungsnorm des Abs 4 herangezogen werden, um zu begründen, dass für den Begriff des **„Mehrheitsanteilseigners"** in § 10c Abs 5 EnWG auch mittelbare Beteiligungen miteinzurechnen sind.[9] Anderseits werden Berechnung bzw. Zurechnung von vielen neueren Gesetzen autonom bestimmt (zB § 34 WpHG, § 30 WpÜG, § 290 Abs. 3 HGB, § 290 Abs. 4 HGB). Einen Fortschritt bietet dabei der Begriff des *„acting in concert",*[10] der problemlos Stimmvereinbarungen umfasst, bei welchen das Merkmal „für Rechnung" dagegen nicht per se zu begründen ist.[11]

7 **4. Teleologie. a) Mehrheitsbesitz.** Die zentrale Funktion des § 16 ist die Feinsteuerung des Abhängigkeitsschutzes[12] durch Einstieg in die Vermutungskette zum Unterordnungskonzern (→ Rn. 3). Denn mit der (Kapital)Mehrheit ist regelmäßig die Beherrschungsmöglichkeit verbunden (→ Rn. 10). Doch führt nicht jede Kapitalmehrheit zur Beherrschung. Deshalb sollen die beteiligten Unternehmen den Abhängigkeitsregeln entgehen können.[13] Diese Entlastungsmöglichkeit beschränkt aber trotz Beweislastumkehr[14] die Effizienz des Konzernschutzes. Die abstrakte Gefährlichkeit des Mehrheitsbesitzes rechtfertigt daher bestimmte, weniger belastende Schutzvorschriften (zB § 19 Abs. 1, § 20 Abs. 1) an der einfacher zu ermittelnden Kapitalmehrheit anzusetzen.[15]

8 Einem etwas anderen Zweck dient § 16 im Rahmen des Kapitalschutzes. Die Gefährdung durch mittelbaren Eigenerwerb ist unabhängig von der Abhängigkeit. Sie entsteht bereits infolge der Kapitalverflechtung, die nicht einmal den Grad des Mehrheitsbesitzes zu erreichen braucht (vgl. § 19). Dementsprechend müssen diese Vorschriften schon an die Kapitalmehrheit anknüpfen.[16] Das unterscheidet sie vom Anwendungsbereich der Kontrollkonzepte, welche diesen Aspekt nicht zu erfassen brauchen, und sich daher regelmäßig mit der Stimmenmehrheit begnügen können (§ 290 Abs. 2 Nr. 1 HGB).

9 **b) Zurechnung.** § 16 Abs. 4 dient dem Schutz vor Umgehungen des Konzernrechts durch Zwischenschaltung von Strohmännern. Nur mit Vorsicht sollte man darin aber eine allgemeine Regel

---

[5] AA Großkomm AktG/*Windbichler* Rn. 10.
[6] Siehe Hüffer/Koch/*Koch* Rn. 12; Großkomm AktG/*Windbichler* Rn. 25.
[7] Zu den damit verbundenen Gestaltungsmöglichkeiten siehe *Maslo* NZG 2004, 163 ff.
[8] ZB § 271 Abs. 1 S. 4 HGB, § 10 Abs. 2 S. 3 KWG.
[9] So überzeugend OLG Düsseldorf BeckRS 2017, 103010 unter Zurückweisung der Beschwerde gegen den Beschluss der Bundesnetzagentur vom 30.3.2015 – Az BK7-14-122.
[10] § 30 Abs. 2 WpÜG, § 34 Abs. 2 WpHG.
[11] → Rn. 23; ebenso K. Schmidt/Lutter/*J. Vetter* Rn. 30.
[12] Zur Teleologie des Konzernrechts → Vor § 15 Rn. 26 ff.
[13] Dazu BegrRegE *Kropff* S. 31 f.; AusschussB, S. 28; das führt aber zu Hypertrophie, siehe → Vor § 15 Rn. 4.
[14] Zur prozessualen Seite der §§ 16, 17 Abs. 2, § 18 Abs. 1 S. 3 siehe auch MüKoAktG/*Bayer* Rn. 3; Kölner Komm AktG/*Koppensteiner* Rn. 6.
[15] Diese Normen brauchen sich also nicht auf den Nachweis fehlender Kontrollmöglichkeiten, Stimmverbote etc einzulassen. Ähnlich wie hier Großkomm AktG/*Windbichler* Rn. 4.
[16] Dass hier auch die Stimmenmehrheit genügt, ist nicht zu kritisieren (skeptisch aber Kölner Komm AktG/*Koppensteiner* Rn. 8), da zusätzlich die Gefahr der Verwaltungsherrschaft droht. Daher wird bei diesen Vorschriften auch § 17 miteinbezogen (→ Rn. 4). Außerdem ist auch die Verflechtung bis 50% bereits gefährlich, vgl. § 19.

erblicken.[17] Denn § 16 Abs. 4 erfasst nicht *alle* Gestaltungen, in denen Umgehungsschutz geboten ist. Das erklärt sich aus seiner systematischen Stellung im Rahmen des § 16, der an das formalisierte Kriterium des Mehrheitsbesitzes anknüpft. Dementsprechend erfasst Abs. 4 nur formale, aus der Bilanz ersichtliche[18] Kriterien wie den Anteilsbesitz für Rechnung des übergeordneten Unternehmens oder durch abhängige Unternehmen, nicht aber Stimmbindungen etc (→ Rn. 23). Für andere Zurechnungsfragen enthält er somit allenfalls einen Mindeststandard.[19]

II. Der duale Begriff der Mehrheitsbeteiligung

1. Allgemeines. Die duale Definition der Mehrheitsbeteiligung erfasst Kapital- und Stimmen- 10
mehrheit. Diese fallen regelmäßig zusammen, weil sich das Stimmrecht nach der Beteiligung richtet (§ 134 Abs. 1 S. 1, § 47 Abs. 2 GmbHG). Zu Abweichungen kommt es in der AG bei stimmrechtslosen Vorzügen (§ 139 Abs. 1), Mehr- und Höchststimmrechten (soweit noch zulässig),[20] sowie sonstigen gesetzlichen oder satzungsmäßigen Stimmrechtsverboten.[21] In der GmbH herrscht ohnehin Satzungsfreiheit.[22] Dadurch kann es zu unterschiedlicher Mehrheit nach Kapital bzw. Stimmrechten kommen.[23] Das führt aber regelmäßig nicht zu mehrfacher Abhängigkeit („Mehrmütterherrschaft", dazu → § 17 Rn. 14 ff.), sondern zu Abhängigkeit von der Stimmenmehrheit. Mehrfache Mehrheiten können auch durch mittelbare Zurechnungen nach § 16 Abs. 4 entstehen, da keine Absorption stattfindet (→ Rn. 16). Hier mündet die mehrfache Mehrheit in „Mehrmütterherrschaft",[24] diese aber nicht in mehrfache Konzernzugehörigkeit.[25] Stimmrechtsverbote können nicht zu mehrfacher Mehrheit führen, das da sie von der Gesamtstimmzahl nicht abzuziehen sind (→ Rn. 29). Wechseln kann hier aber die Herrschaft nach § 17 Abs. 1.

Die Betrachtung des Gesetzes ist streng **formalistisch.** Liegen die Voraussetzungen der Mehr- 11
heitsbeteiligung vor, kommt es weder auf die konkreten Einflussmöglichkeiten noch auf die Dauer oder die Zweckbestimmung der Beteiligung, etwa als Treugut, an.[26]

2. Maßgeblicher Zeitpunkt. Der maßgebliche Zeitpunkt für das Vorliegen der Voraussetzungen 12
ergibt sich wie beim Unternehmensbegriff aus der jeweiligen Sachnorm (→ § 15 Rn. 45). Eine Besonderheit gilt für die Mehrheitsbeteiligung an einer Personengesellschaft. Bei variablen Kapitalkonten wird der letzte Bilanzstichtag herangezogen.[27]

III. Die Kapitalmehrheit (Abs. 2 und 4)

1. Allgemeines. Abs. 2 enthält die Berechnungsformel für die Kapitalmehrheit. Dem Wortlaut 13
nach gilt er lediglich für (in- und ausländische) Kapitalgesellschaften.[28] Zu Personengesellschaften → Rn. 27. Nach S. 1 muss der Kapitalanteil des Mehrheitsgesellschafters[29] mehr als die Hälfte des gesamten Grund- bzw. Stammkapitals der Gesellschaft umfassen. Zu berechnen sind also einerseits

---

[17] Statt aller MüKoAktG/*Bayer* Rn. 23; Großkomm AktG/*Windbichler* Rn. 25 sowie Rn. 5 (Modellcharakter).
[18] Vgl. § 266 Abs. 2 B III Nr. 2 HGB, § 271 Abs. 1 S. 4 HGB, § 272 Abs. 4 HGB. Für den Bilanzausweis entscheidet das wirtschaftliche Eigentum (Baumbach/Hopt/*Merkt* HGB § 246 Rn. 14 ff.). Der Begriff „auf Rechnung" erfasst diese zwar nicht ganz exakt, aber doch regelmäßig (→ Rn. 22), während bloße Stimmbindungen völlig unerheblich sind. Ähnlich wie hier Großkomm AktG/*Windbichler* Rn. 29.
[19] Vgl. → § 15 Rn. 30 ff. zur Zurechnung im Rahmen der Unternehmenseigenschaft.
[20] Siehe im Einzelnen § 134 Abs. 1 S. 2, § 5 Abs. 7 EGAktG sowie § 5 EGAktG iVm § 12 Abs. 2 S. 2 AktG aF.
[21] § 44 WpHG, § 20 Abs. 7, § 21 Abs. 4 (unterlassene Meldepflicht), § 134 Abs. 2 S. 1 (nicht vollständige Einlagenleistung).
[22] Baumbach/Hueck/*Zöllner/Noack* GmbHG § 47 Rn. 33 f.
[23] Hüffer/Koch/*Koch* Rn. 2; Grigoleit/*Grigoleit* Rn. 8; K. Schmidt/Lutter/*J. Vetter* Rn. 2; Wachter/*Franz* Rn. 1; Hölters/*Hirschmann* Rn. 2.
[24] Emmerich/Habersack/*Emmerich* Rn. 17.
[25] Eine solche wird grundsätzlich nur bei Gemeinschaftsunternehmen anerkannt (→ § 18 Rn. 20 ff.), die aber ein Fall „gemeinschaftlicher Herrschaft" sind (→ § 17 Rn. 15 ff.) und nicht aus Zurechnungen nach § 16 Abs. 4 hervorgehen. Zur Widerlegung der Abhängigkeitsvermutung durch Beherrschungsvertrag zwischen Mutter und Enkelin → § 17 Rn. 56.
[26] Großkomm AktG/*Windbichler* Rn. 2; vgl. demgegenüber § 271 Abs. 1 HGB, § 37 Abs. 3 GWB, § 36 WpHG. Siehe noch → Rn. 17 zum Eigentumserwerb infolge Wertpapierdarlehen.
[27] Hüffer/Koch/*Koch* Rn. 2, 10; MüKoAktG/*Bayer* Rn. 13; Großkomm AktG/*Windbichler* Rn. 20; Emmerich/Habersack/*Emmerich* Rn. 6; Kölner Komm AktG/*Koppensteiner* AktG Rn. 14, 26.
[28] Die Einbeziehung ausländischer Kapitalgesellschaften folgt aus dem Unternehmensbegriff (→ Vor § 15 Rn. 32, § 15 Rn. 10). Zu den Besonderheiten → Rn. 37.
[29] ZB bei der AG der Gesamtnennbetrag oder die Stückzahl (Abs. 2 S. 2) seiner Aktien, bei der GmbH seine Stammeinlage(n) und bei der Personengesellschaft sein Kapitalkonto.

das Gesamtkapital der Gesellschaft und andererseits der Kapitalanteil des Gesellschafters. Dabei gelten unterschiedliche Regelungen.

14 **2. Berechnung des Gesamtkapitals. a) Berechnungsmethode.** Die Grundsätze für die Berechnung des Gesamtkapitals sind unstreitig.[30] Ausgangspunkt ist bei der Aktiengesellschaft das aktuelle Grundkapital (bzw. die Gesamtzahl der Aktien)[31] und bei der GmbH das satzungsmäßige Stammkapital.[32] Rücklagen rechnen nicht dazu. Kapitalveränderungen müssen wirksam vorgenommen und ins Handelsregister eingetragen sein. Unerheblich ist, ob und wieweit die Einlage erbracht ist. Auch auf das Stimmrecht kommt es nicht an, obwohl das fehlende Stimmrecht aus eigenen Anteilen die Grundlage der Ausnahme in S. 2 darstellt (→ Rn. 16). Daher sind stimmrechtslose Vorzüge ebenso mitzurechnen wie Anteile, bezüglich derer Stimmrechtsverbote bestehen.

15 **b) Abzug eigener Anteile.** Einen Abzug vom Gesellschaftskapital hat das Gesetz für Anteile vorgesehen, die der Gesellschaft selbst „gehören" (zum Begriff → Rn. 17; Abs. 2 S. 2). Gleichgestellt werden durch Abs. 2 S. 3 Anteile, die von einem Dritten „für Rechnung der Gesellschaft" gehalten werden.[33] Anders als nach Abs. 4 sind Anteile, die durch ein abhängiges Unternehmen gehalten werden, aber nicht erfasst.[34] Denn dort galt das Stimmverbot des § 71b ursprünglich nicht. Dies ist mit § 71d Abs. 1 S. 2 und § 71d Abs. 1 S. 3 überholt. Nach der Prämisse *cessante ratione cedit lex* ist die Beschränkung des Abs. 2 S. 3 durch Analogie zu § 16 Abs. 4, § 71d Abs. 1 S. 3 zu überwinden. Danach rechnen auch die Anteile der Tochter als Anteile der Mutter.[35] Eigenen Anteilen gleich stehen auch kaduzierte Aktien oder Geschäftsanteile vor der Verwertung.[36]

16 **3. Kapitalbeteiligung des Mehrheitsgesellschafters.** Dem Gesamtkapital der Gesellschaft ist der Kapitalanteil des herrschenden Unternehmens gegenüber zu stellen. Maßgeblich ist der Gesamtnennbetrag seiner Anteile bzw. die Anzahl seiner Stückaktien. Angesetzt werden eigene Anteile nach Abs. 2 und zuzurechnende Anteile nach Abs. 4. Der Mehrheitsbesitz kann ausschließlich in zugerechneten Anteilen bestehen.[37] Der Wortlaut des Abs. 4 („auch") steht diesem Gebot effektiven Umgehungsschutzes nicht entgegen. Die Zurechnung führt nicht dazu, dass die Anteile beim Vordermann nicht mehr berücksichtigt werden.[38] Die frühere **Absorptionstheorie**[39] widerstreitet dem Normzweck und ist mit Anerkennung der Mehrmütterherrschaft überholt.[40] Das muss auch bei ausländischen Rechtsträgern gelten, selbst wenn deren Heimatrecht Absorptionswirkungen anerkennt.[41]

---

[30] Vgl. Hüffer/Koch/*Koch* Rn. 8; MüKoAktG/*Bayer* Rn. 29 ff.; K. Schmidt/Lutter/*J. Vetter* Rn. 7 ff.; Emmerich/Habersack/*Emmerich* Rn. 10; Kölner Komm AktG/*Koppensteiner* Rn. 22; Großkomm AktG/*Windbichler* Rn. 12 ff.; MHdB AG/*Krieger* § 69 Rn. 21 ff. S. aber → Rn. 15.

[31] Sie ergibt sich aus der Satzung, § 23 Abs. 3 Nr. 4.

[32] Das muss wegen § 34 GmbHG nicht der Summe der Nennwerte der Geschäftsanteile entsprechen, siehe Großkomm AktG/*Windbichler* Rn. 14.

[33] Dazu → Rn. 21 sowie Emmerich/Habersack/*Emmerich* Rn. 11 f., demzufolge im Übrigen die bloße Stimmbindung bei Abs. 2 S. 3 nicht zur Zurechnung führen soll (Emmerich/Habersack/*Emmerich*. Rn. 12 aE im Anschluss an *Vedder*, Zum Begriff „für Rechnung" im Aktiengesetz und im WpHG, 1999, 161 f.), während er im Rahmen der Abs. 3 und 4 die Zurechnung gegen die hM befürwortet (Emmerich/Habersack/*Emmerich*. Rn. 18 und 25); tendenziell für engere Auslegung des Abs. 4 dagegen Kölner Komm AktG/*Koppensteiner* Rn. 24.

[34] Vgl. demgegenüber Abs. 4 sowie § 71d S. 2 und § 71d S. 3.

[35] Dafür zutr MüKoAktG/*Bayer* Rn. 32 ff., 34; ihm folgend mittlerweile die hM, K. Schmidt/Lutter/*J. Vetter* Rn. 10; Grigoleit/*Grigoleit* Rn. 12; Hüffer/Koch/*Koch* Rn. 9; Kölner Komm AktG/*Koppensteiner* Rn. 25; Emmerich/Habersack/*Emmerich* Rn. 11; MHdB AG/*Krieger* § 69 Rn. 25; wohl auch Henssler/Strohn/*Maier-Reimer/Kessler*, Rn. 3; aA noch Großkomm AktG/*Windbichler* Rn. 13; NK-AktR/*Peres/Walden* Rn. 10, obwohl die Sinnhaftigkeit der Norm auch dort bezweifelt wird.

[36] Großkomm AktG/*Windbichler* Rn. 13, 14 (ebenso für abandonierte Anteile nach § 27 GmbHG); Kölner Komm AktG/*Koppensteiner* Rn. 23 mit Fn. 51. Das gilt unabhängig davon, ob solche Anteile als eigene Anteile der Gesellschaft oder als „subjektlose Rechte" anzusehen sind (zum Streit hierum Hüffer/Koch/*Koch* § 64 Rn. 8 sowie Baumbach/Hueck/*Fastrich* GmbHG § 21 Rn. 12).

[37] Heute unstr, BGHZ 107, 7 = NJW 1989, 1800 – Tiefbau; Hüffer/Koch/*Koch* Rn. 13; Grigoleit/*Grigoleit* Rn. 16; MüKoAktG/*Bayer* Rn. 44; K. Schmidt/Lutter/*J. Vetter* Rn. 23; Emmerich/Habersack/*Emmerich* Rn. 17; Kölner Komm AktG/*Koppensteiner* Rn. 34; Großkomm AktG/*Windbichler* Rn. 29.

[38] Heute allgM, siehe nur BGH NJW 2000, 3647 = NZG 2000, 1220 = ZIP 2000, 1723 (zu Mitteilungspflichten nach § 20); LG Berlin AG 1998, 195 f.; Hüffer/Koch/*Koch* Rn. 13; Grigoleit/*Grigoleit* Rn. 18; MüKoAktG/*Bayer* Rn. 45; K. Schmidt/Lutter/*J. Vetter* Rn. 23; Emmerich/Habersack/*Emmerich* Rn. 16a; Kölner Komm AktG/*Koppensteiner* Rn. 35; NK-AktR/*Peres/Walden* Rn. 14; Großkomm AktG/*Windbichler* Rn. 28, 31.

[39] ZB *Schäfer* BB 1966, 229 f.

[40] Eingehend Kölner Komm AktG/*Koppensteiner* Rn. 35 f.

[41] ZB bei einem englischen *trust*, vgl. sec. 23 (2) CA 1985.

a) Eigene Anteile. Nach Abs. 2 S. 1 ist erforderlich, dass die Anteile dem herrschenden Unter- 17
nehmen „gehören". Entscheidend ist die **dingliche Berechtigung**. Das Unternehmen muss Inhaber
des Anteils bzw. Eigentümer der Aktien sein.[42] Die Anteile müssen existieren und wirksam erworben
worden sein, was bei einer Vinkulierung erst ab Genehmigung der Fall ist.[43] Erwerbsoptionen reichen
nicht aus (Umkehrschluss aus § 20 Abs. 2 AktG).[44] Die Legitimation gegenüber der Gesellschaft (§ 67
Abs. 2 AktG, § 16 Abs. 1 GmbHG), die Ausübbarkeit des Stimmrechts, sonstige schuldrechtliche
Beschränkungen wie Treuhandverhältnisse oder Stimmbindungen[45] sowie dingliche Belastungen
sind unerheblich.[46] Sie spielen nur im Rahmen der Abhängigkeit nach § 17 bzw. der Zurechnung
nach Abs. 4 eine Rolle. Daher gehören die Anteile dem **Treuhänder**, dem **Sicherungsnehmer**,
dem **mittelbaren Stellvertreter**, dem **Kommissionär**, dem **Pfandschuldner** sowie dem **Besteller eines Nießbrauchs** am Gewinnstammrecht.[47] Aber auch im Fall eines „mitgliedschaftsspaltenden" Nießbrauchs, sofern man diesen für zulässig hält,[48] gehören die Anteile nicht alternativ oder
kumulativ dem Nießbraucher, da sich die dingliche Zuordnung nicht verändert.[49] Allerdings ist im
Bereich des Squeeze Out fraglich geworden, ob die Rechtsinhaberschaft infolge eines Wertpapierdarlehens ausreichen soll. Das ist aus Sicht des § 16 zu bejahen,[50] da keine Abweichung von den
allgemeinen Grundsätzen etwa zur Behandlung einer Treuhand angezeigt ist. Der Gefahr eines
Rechtsmissbrauchs ist im Rahmen der §§ 138, 242, 826 BGB zu begegnen. Beim Squeeze Out ist
dabei aber die – verfassungsgemäße – Grundsatzentscheidung für seine Zulässigkeit ohne materielle
Rechtfertigung allein infolge formaler Anteilsquote, die sich zudem auch aus Zusammenrechnung
ergeben kann, zu beachten.[51]

b) Zurechnung fremder Anteile (Abs. 4). Nach den ersten drei Varianten des Abs. 4 werden 18
dem herrschenden Unternehmen Anteile zugerechnet, die von einem abhängigem Unternehmen[52] (§ 17) oder von einem „anderen", der nicht Unternehmen sein muss, „für Rechnung"
des übergeordneten oder des abhängigen Unternehmens gehalten werden. Der Zweck dieser als
unwiderlegliche Vermutung[53] bzw. Fiktion[54] konstruierten Zurechnungsnorm liegt im Umgehungsschutz.[55]

aa) Unternehmenseigenschaft des übergeordneten Unternehmens. Gemeinsame Voraus- 19
setzung der ersten drei Zurechnungsfälle des § 16 Abs. 4 ist, dass das übergeordnete Unternehmen

---

[42] BGH NZG 2009, 585 (586 Rn. 9) (zu § 327a, der auf § 16 Abs. 2 verweist); Hüffer/Koch/*Koch* Rn. 6; MüKoAktG/*Bayer* Rn. 24; K. Schmidt/Lutter/*J. Vetter* Rn. 5; Emmerich/Habersack/*Emmerich* Rn. 13; Kölner Komm AktG/*Koppensteiner* Rn. 27; Großkomm AktG/*Windbichler* Rn. 21. Ausreichend ist die Rechtsstellung als Miteigentümer an der Sammelurkunde, vgl. §§ 5 ff. DepotG.

[43] Großkomm AktG/*Windbichler* Rn. 21; Emmerich/Habersack/*Emmerich* Rn. 13.

[44] Großkomm AktG/*Windbichler* Rn. 22; *Noack*, Gesellschaftervereinbarungen bei Kapitalgesellschaften, 1994, 88. Auch ein paralleles Andienungsrecht ändert daran nichts, Kölner Komm AktG/*Koppensteiner* Rn. 27; aA *Naumann*, in IDW, WP-HdB 2017, Kap. C Rn. 79, falls Andienungsrecht (put option) mit unentziehbarer, jederzeit ausübbarer call option kombiniert, da dann eine eigentümergleiche Rechtsmacht besteht.

[45] Insoweit zutr. MüKoAktG/*Bayer* Rn. 41.

[46] Ebenso K. Schmidt/Lutter/*J. Vetter* Rn. 5; Grigoleit/*Grigoleit* Rn. 10.

[47] Nach Überwindung der früheren Absorptionstheorie (→ Rn. 16) heute allgM, siehe Hüffer/Koch/*Koch* Rn. 7; Wachter/*Franz* Rn. 9; MüKoAktG/*Bayer* Rn. 25 ff.; Emmerich/Habersack/*Emmerich* Rn. 13 f.; Grigoleit/*Grigoleit* Rn. 10; Kölner Komm AktG/*Koppensteiner* Rn. 27; eingehend Großkomm AktG/*Windbichler* Rn. 21 aE, 23 (mit überzeugendem Argument aus § 71 Abs. 1 Nr. 4 AktG, der auch bei Einkaufskommission von Erwerb eigener Aktien ausgeht); MHdB AG/*Krieger* § 69 Rn. 29.

[48] Siehe dazu Hüffer/Koch/*Koch* Rn. 7; Baumbach/Hueck/*Zöllner*/*Noack* GmbHG § 47 Rn. 26; Großkomm AktG/*Windbichler* Rn. 42.

[49] So die hM, Großkomm AktG/*Windbichler* Rn. 42; Emmerich/Habersack/*Emmerich* Rn. 14; Hölters/*Hirschmann* Rn. 7; ADS Rn. 21; aA Hüffer/Koch/*Koch* Rn. 7; MüKoAktG/*Bayer* Rn. 28.

[50] BGHZ 180, 154 Rn. 9 = NZG 2009, 585; im Grundsatz auch OLG München NZG 2007, 192 = ZIP 2006, 2370; LG Landshut NZG 2006, 400, freilich mit (zu) weiter Annahme von Rechtsmissbrauch.

[51] Lediglich für eine enge Missbrauchsausnahme daher BGH NZG 2009, 585 gegen Vorinstanzen OLG München NZG 2007, 192 = ZIP 2006, 2370; LG Landshut NZG 2006, 400; wie der BGH die ganz hM, etwa die krit Anm zum OLG-Urteil *Kumpan*/*Mittermeier* ZIP 2009, 404; *C. Schäfer*/*Dette* NZG 2009, 1 mwN; Grigoleit/*Grigoleit* Rn. 10 aE; ferner MüKoAktG/*Grunewald* § 327a Rn. 8; *Kort* AG 2006, 557 ff.; *Kort* WM 2006, 2149 ff.; Hüffer/Koch/*Koch* § 327a Rn. 12; aA insbesondere *Ph. Baums* WM 2001, 1843 (1850).

[52] Unternehmensbegriff wie → § 15 Rn. 14, 53 f., insbesondere einschließlich ausländischer Unternehmen, Hüffer/Koch/*Koch* Rn. 12; MüKoAktG/*Oechsler* Rn. 43; Großkomm AktG/*Windbichler* Rn. 30, 49; insoweit auch Emmerich/Habersack/*Emmerich* Rn. 4; ADS Rn. 23.

[53] Großkomm AktG/*Windbichler* Rn. 25 aE.

[54] Für letzteres MüKoAktG/*Bayer* Rn. 43 aE; ADS Rn. 22; Zur Frage *Zilias* WPg 1967, 465 (467).

[55] Statt aller BegrRegE *Kropff* S. 30; Hüffer/Koch/*Koch* Rn. 12; *Bork* ZGR 1994, 237 (246).

bereits die Unternehmenseigenschaft hat.[56] Damit scheint auf den ersten Blick eine gravierende Schutzlücke verbunden. Denn Abs. 4 kann nicht eingreifen, um einen Privataktionär zum Unternehmen zu qualifizieren, wenn er durch einen Strohmann eine Mehrheitsbeteiligung an einer weiteren Gesellschaft erwirbt. Die Antwort darauf liegt aber nicht in der direkten oder analogen Anwendung des § 16 Abs. 4, sondern in eigenen Zurechnungsgrundsätzen (siehe ausführlich → § 15 Rn. 30 ff.).

20 **bb) Abhängiges Unternehmen (1. Variante).** Die Zurechnung in der ersten Variante setzt sowohl Abhängigkeit nach § 17[57] als auch Unternehmenseigenschaft voraus. Da es hier um das untergeordnete Unternehmen geht, ist jeder potentielle Unternehmensträger sowie jede unternehmerisch tätige natürliche Person gemeint (→ § 15 Rn. 14). Die anderweitige wirtschaftliche Interessenbindung spielt keine Rolle.

21 Hinsichtlich der Abhängigkeit ist vertreten worden, dass gemeinschaftliche Beherrschung eines Unternehmens nicht ausreiche, um die Zurechnung nach § 16 Abs. 4 für die jeweils beteiligten Unternehmen auszulösen.[58] Hintergrund ist die Auffassung, dass in diesen Fällen entgegen der hM keine mehrfache Abhängigkeit vorliege, sondern nur ein einheitliches Abhängigkeitsverhältnis.[59] Dem ist zu widersprechen. Es ist nicht einzusehen, dass sich mittelbare Herrschaftspotentiale anders als unmittelbare nicht aus Zusammenrechnungen ergeben sollten.[60] Außerdem wären erhebliche Beweisschwierigkeiten zu befürchten.[61] Daher setzt Zurechnung auch bei § 16 Abs. 4 nicht die *alleinige* Abhängigkeit vom übergeordneten Unternehmen voraus.[62] Ihr stehen weder Konsortial- noch Mehrmütterherrschaft (→ § 17 Rn. 14 ff.) entgegen.

22 **cc) Für Rechnung des Unternehmens (2. Variante).** Nach der zweiten Variante müssen die Anteile „für Rechnung" des herrschenden Unternehmens gehalten werden. In diesem Fall ist der Dritte formaler Rechtsinhaber. Die Anteile „gehören" ihm im Sinne des § 16 Abs. 1 S. 1 (→ Rn. 19). Er ist jedoch von Kosten und Risiko der Beteiligung befreit.[63] Paradigma sind Geschäftsbesorgung und (fremd- oder eigennützige) Treuhand.[64] Kosten und Risiken müssen nicht vollständig, aber doch zum wesentlichen Teil[65] übernommen sein. Eine teilweise Übernahme genügt nicht.[66] Keine Anwendung findet § 16 Abs. 4 auf den Geber eines Wertpapierdarlehens, da er das

---

[56] BGHZ 148, 123 (126 f.) = NJW 2001, 2973 – MLP; zust. Hüffer/Koch/*Koch* Rn. 12; K. Schmidt/Lutter/ *J. Vetter* Rn. 25; Emmerich/Habersack/*Emmerich* Rn. 16; Kölner Komm AktG/*Koppensteiner* Rn. 3 mit Fn. 4; *Cahn* AG 2002, 30 (33).

[57] § 17 Abs. 2 ist anwendbar; OLG München DB 2004, 1356 mit Anm *Götz* = DStR 2004, 1359 = Der Konzern 2004, 611; LG Stuttgart DB 2005, 327. Mehrheitsbesitz als solcher reicht dagegen nicht, Emmerich/ Habersack/*Emmerich* Rn. 16; Kölner Komm AktG/*Koppensteiner* Rn. 29 mit Fn. 62, *Cahn*, Kapitalerhaltung im Konzern, 1998, 215 ff.

[58] Großkomm AktG/*Windbichler* Rn. 30; zust. Kölner Komm AktG/*Koppensteiner* Rn. 29.

[59] So Großkomm AktG/*Windbichler* § 17 Rn. 64 ff., 69 f.; dagegen → § 17 Rn. 15 ff.

[60] AA Großkomm AktG/*Windbichler* Rn. 30: Unterschied zwischen Zurechnung bei § 16 und § 17 gerechtfertigt, da formalisierter § 16 nicht von Koordinierungsbedarf abhängen darf. Doch die formalisierte Betrachtungsweise endet, wo sie das Gesetz selbst verlässt. Mit demselben Argument müsste man sonst eine „kombinierte Beherrschung" (→ § 17 Rn. 25) zur Feststellung der Abhängigkeit bei § 16 Abs. 4 außer Acht lassen.

[61] Siehe nur den Brau und Brunnen Fall des OLG Karlsruhe AG 2004, 147.

[62] Der Sache nach wie hier OLG Karlsruhe AG 2004, 147 – Brau und Brunnen III: „gemeinsame Zielsetzung" der paritätischen Anteilseigner soll ausreichen, eigene wirtschaftliche Zwecke des Partnerunternehmens nicht entgegenstehen. Freilich lag dort wohl eher Vorherrschaft der Hypo-Bank vor, s. auch → § 17 Rn. 28.

[63] AllgM, Hüffer/Koch/*Koch* Rn. 12; MüKoAktG/*Bayer* Rn. 47; Emmerich/Habersack/*Emmerich* Rn. 12; Großkomm AktG/*Windbichler* Rn. 27; Kölner Komm AktG/*Koppensteiner* Rn. 24, 30; *Vedder*, Zum Begriff „für Rechnung" im Aktiengesetz und im WpHG, 1999, 154 ff.

[64] Anders nur bei atypischer Verlagerung der wirtschaftlichen Chancen und Risiken auf den Treuhänder, MüKoAktG/*Bayer* Rn. 47; *Mertens* FS Beusch, 1993, 583 f. Es ist zweifelhaft, inwieweit das durch Weisungsrechte des Treugebers kompensiert werden kann, dafür explizit Kölner Komm AktG/*Koppensteiner* Rn. 30, *Letixerant*, Die aktienrechtliche Abhängigkeit vor dem dinglichen Erwerb einer Mehrheitsbeteiligung: eine fallgruppenorientierte Untersuchung der mitgliedschaftlichen und der nicht-, außer- und vormitgliedschaftlichen Abhängigkeit von Zielaktiengesellschaften in den verschiedenen Phasen einer Akquisition unter Einbeziehung fusionskontrollrechtlicher Sachverhalte, 2001, 179 ff. Doch sind Weisungsrechte allgemein ja nicht erforderlich, siehe Kölner Komm AktG/*Koppensteiner* Rn. 30.

[65] Entscheidend muss die Parallele zu eigenen Anteilen sein. Dies wird regelmäßig erst ab 80% anzunehmen sein. Die Tragung jedenfalls der Anschaffungskosten fordert Kölner Komm AktG/*Koppensteiner* Rn. 24 aE; für die Notwendigkeit zusätzlicher Weisungsrechte zur Kompensation des geringeren Kapitaleinsatzes Kölner Komm AktG/*Koppensteiner* Rn. 30 mit Fn. 67.

[66] HM, Kölner Komm AktG/*Koppensteiner* Rn. 24, 30; *Koppensteiner* FS Rowedder, 1994, 214 ff.; *Wolframm*, Mitteilungspflichten familiär verbundener Aktionäre nach § 20 AktG, 1998, 132 ff.; aA *Vedder*, Zum Begriff „für Rechnung" im Aktiengesetz und im WpHG, 1999, 121 ff., 154 ff.

wirtschaftliche Risiko im Regelfall gerade nicht trägt.[67] Anders liegt es aber, wenn das wirtschaftliche Risiko komplett beim Darlehensgeber verbleibt.[68] Die Fälle des Abs. 4 sind nicht gleichbedeutend mit dem „wirtschaftlichen Eigentum" des Bilanz- und Steuerrechts, wo es entscheidend auf die Ausschließung des formell Berechtigten von der Nutzung ankommt.[69] Doch liegt hierin ein Indiz. Ein Weisungsrecht ist nicht erforderlich.[70] Das Gleiche gilt für einen Anspruch auf Übereignung der Anteile durch den Dritten.[71] Sein Bestehen reicht umgekehrt nicht aus, um die Zurechnung zu begründen.[72] Auf die Wirksamkeit bzw. Zulässigkeit der schuldrechtlichen Treuhandvereinbarung kommt es schließlich nicht an,[73] während die dingliche Rechtslage unbedingt zu beachten ist (→ Rn. 19).

Der Begriff „für Rechnung" zeigt, dass die **Stimmbindung** ohne wirtschaftliche Flankierung **nicht** ausreicht.[74] Dies ist aus dem formalen Ansatz des § 16 zu verstehen, da sich die Zurechnungsfälle des § 16 Abs. 4 aus der Bilanz ablesen lassen (§ 266 Abs. 2 B III Nr. 2 HGB). Auch wenn die Nichtberücksichtigung von Stimmbindungen bei § 16 dem Umgehungsschutzzweck nicht voll genügt, besteht kein Anlass für eine erweiternde Auslegung, etwa mit Blick auf eine Ausstrahlungswirkung des *acting in concert*,[75] da sich wegen § 17 keine gravierenden Schutzlücken ergeben. Eine Konsortialvereinbarung vermittelt daher keine Anteilsmehrheit, weder für die einzelnen Mitglieder noch für die Konsortialgesellschaft, obwohl diese durchaus selbst Unternehmen sein kann (→ § 15 Rn. 41), was im Rahmen des § 17 von Bedeutung bleibt. 23

dd) Für Rechnung eines abhängigen Unternehmens (3. Variante). Die dritte Variante des Abs. 4 ergänzt die beiden vorherigen, indem sie das Halten von Anteilen für Rechnung eines abhängigen Unternehmens miteinbezieht. Die so kombinierten Tatbestandsmerkmale sind wie vorstehend auszulegen. 24

ee) Umfang der Zurechnung. Liegen die Voraussetzungen des Abs. 4 zu, wird die Beteiligung nach dem Wortlaut in vollem Umfange zugerechnet, nicht etwa nur quotiert.[76] Daran ist im Interesse der Rechtssicherheit festzuhalten. Denn in bedeutenden Anwendungsfeldern der Verweisung geht es um die Abhängigkeit, nicht um die Kapitalverflechtung. So zum Beispiel bei § 305 Abs. 2 Nr. 2, wo der Abgefundene davor geschützt werden soll, erneut in einem abhängigen Unternehmen zu landen,[77] oder beim Squeeze Out, der eine reibungslose Beherrschung ermöglichen soll.[78] Wo es aber um die Kapitalverflechtung geht, spielt in aller Regel auch die Abhängigkeit eine Rolle (s. § 56 Abs. 2, § 71a Abs. 2, § 71d S. 2), so dass kein Anlass für eine abweichende Auslegung besteht.[79] 25

---

[67] ZB *Sieger/Hasselbach* WM 2004, 1370 ff.
[68] So im Fall des OLG München NZG 2006, 398. Fraglich ist dann nur, ob es sogar zu einer Wegzurechnung beim formalen Inhaber kommt, dazu → Rn. 17 aE.
[69] Baumbach/Hopt/*Merkt* HGB § 246 Rn. 14.
[70] Kölner Komm AktG/*Koppensteiner* Rn. 30.
[71] Arg. § 20 Abs. 2 Nr. 1; Großkomm AktG/*Windbichler* Rn. 27; Emmerich/Habersack/*Emmerich* Rn. 12; aA noch *Geßler* in *Geßler/Hefermehl* Rn. 29.
[72] ZB der Rückgewähranspruch beim typischen Wertpapierdarlehen (eben im Text) oder Erwerbsoptionen, MüKoAktG/*Bayer* Rn. 41, 38; Emmerich/Habersack/*Emmerich* Rn. 18; *Emmerich/Habersack* KonzernR § 3 I 2; *Mertens* FS Beusch, 1993, 583 (589 ff.); Großkomm AktG/*Windbichler* Rn. 22 (sofern keine unter Abs. 4 fallenden Einflussmöglichkeiten damit verbunden); ADS Rn. 8.
[73] Großkomm AktG/*Windbichler* Rn. 27 aE mit Fn. 73.
[74] HM, K. Schmidt/Lutter/*J. Vetter* Rn. 29 f.; Wachter/*Franz* Rn. 19; Hölters/*Hirschmann* Rn. 13; Kölner Komm AktG/*Koppensteiner* Rn. 24; MHdB AG/*Krieger* § 69 Rn. 34; *Vedder*, Zum Begriff „für Rechnung" im Aktiengesetz und im WpHG, 1999, 161 f.; Großkomm AktG/*Windbichler* Rn. 29, die zutr. darauf hinweist, dass für den Kapitalschutz das „wirtschaftliche Eigentum" wichtiger ist als die Kontrolle (siehe schon → Rn. 9); aA *Mertens* FS Beusch, 1993, 589 ff.; ihm folgend MüKoAktG/*Bayer* Rn. 41; Emmerich/Habersack/*Emmerich* Rn. 18a, 29 (widersprüchlich aber in Rn. 12 aE); grds auch *Wolfram*, Mitteilungspflichten familiär verbundener Aktionäre nach § 20 AktG, 1998, 129 ff.
[75] Dazu → Rn. 6. Wie hier abl K. Schmidt/Lutter/*J. Vetter* Rn. 30.
[76] OLG Stuttgart BeckRS 2009, 08 824 = AG 2009, 204; OLG Hamburg ZIP 2003, 2076 (2078) = NZG 2003, 978 = AG 2003, 698 = EWiR 2003, 1169 f. (*Korsten*); LG Stuttgart DB 2005, 327; LG Hamburg ZIP 2003, 947 (949); Großkomm AktG/*Windbichler* Rn. 31; Kölner Komm AktG/*Koppensteiner* Rn. 6; → § 327a Rn. 17 mwN.
[77] Siehe den Fall des OLG Hamburg ZIP 2003, 2076.
[78] Vgl. BegrRegE BT-Drs. 14/7034, 31; BGH NZG 2009, 585 (586 Rn. 9). Im Bereich des Squeeze Out findet aktuell der praxisrelevante Streit statt, vgl. OLG Stuttgart BeckRS 2009, 08 824 = AG 2009, 204.
[79] So auch Großkomm AktG/*Windbichler* Rn. 31 unter Auseinandersetzung mit abweichenden Regelungen etwa in § 10a Abs. 6 S. 5 KWG, § 10a Abs. 7 KWG.

26 c) Einzelkaufmann (4. Variante des Abs. 4). Im Gegensatz zu den ersten drei Fällen des Abs. 4 enthält die aus heutiger Sicht ungeschickt formulierte[80] vierte Variante keine echte Zurechnungsnorm, sondern stellt eigentlich Selbstverständliches klar, nämlich dass sich der Einzelkaufmann als einheitlicher Rechtsträger für die Zwecke des § 16 nicht auf die buchführungstechnische Aufspaltung seines Vermögens berufen kann.[81] Das hat ebenso für andere unternehmenstragende natürliche Personen oder die öffentliche Hand zu gelten.[82] Die Zurechnung gilt aber nicht im Verhältnis zwischen Personengesellschaft und Gesellschaftern,[83] da hier *a limine* keine Identität der Rechtssubjekte vorliegt. Das muss auch für sonstiges gesamthänderisch gebundenes Vermögen des Unternehmensträgers gelten. Freilich bleibt in diesen Fällen eine Zusammenrechnung nach allgemeinen Grundsätzen möglich (→ § 15 Rn. 30 ff., 43).

27 4. Personengesellschaften. Für Personengesellschaften gilt § 16 Abs. 2 dem Wortlaut nach nicht. Hier ist zur Berechnung der Anteilsmehrheit in erster Linie auf das Verhältnis vorhandener Kapitalkonten der Gesellschafter abzustellen.[84] Bei variablen Konten kommt es auf den Bilanzstichtag an (→ Rn. 12). Bei der unternehmenstragenden **Miterbengemeinschaft** sind die Erbanteile heranzuziehen, bei der (auch fortgesetzten) **Gütergemeinschaft** wird oft Gleichberechtigung herrschen (vgl. § 1476 Abs. 1 BGB). Bei Innengesellschaften[85] wird der „virtuelle" Kapitalanteil im Innenverhältnis für entscheidend angesehen.[86] Unmittelbare Anteile der Personengesellschaft an sich selbst sind nach ganz hM ausgeschlossen,[87] so dass insoweit die Zurechnungsnorm des Abs. 2 S. 2 leerläuft. Anders liegt es aber für mittelbare Eigenanteile,[88] wenn etwa die hundertprozentige Tochtergesellschaft einer OHG an jener selbst beteiligt ist, so dass insoweit Abs. 2 S. 3 und auch die hier befürwortete Analogie zu § 16 Abs. 4, § 71d S. 2 und 3 greifen können.[89]

IV. Die Stimmenmehrheit (Abs. 3)

28 1. Allgemeines. Die Stimmenmehrheit ist gemäß Abs. 3 zu berechnen. Dieser gilt im Gegensatz zu Abs. 2 für sämtliche Gesellschaftsformen.[90] Maßgeblich ist das Verhältnis der Stimmen des Anteilsinhabers zur absoluten Gesamtzahl aller Stimmrechte im Unternehmen. Auf eine bloß tatsächliche, relative Mehrheit (zB Hauptversammlungsmehrheit) kommt es nicht an.[91] Nach dem Wortlaut werden Stimmrechtsverbote nur beim Anteilinhaber, nicht aber bei der Gesamtzahl in Abzug gebracht (→ Rn. 29, 35). So kann es zwar zu einem Verlust, nicht aber zu einem Wechsel der Mehrheit durch Stimmverbote kommen.

29 2. Gesamtstimmen im Unternehmen. Gezählt werden alle generellen Stimmrechte des Unternehmens. Punktuelle Sonderstimmrechte bleiben außer Betracht. **Abzuziehen** sind nach Abs. 3 S. 2 die Stimmen aus eigenen Anteilen sowie die Stimmen aus nach Abs. 2 S. 3 zuzurechnenden Anteilen. Jene Zurechnung erfasst dem Wortlaut nach nur Anteile, die einem anderen für Rechnung des Unternehmens gehören. Sie muss aber entgegen der hM auch für Anteile im Besitz

---

[80] Nach heutigem Stand der Dogmatik des Unternehmensbegriffs wäre statt „Inhaber des Unternehmens" vom „Unternehmensträger" und statt „Einzelkaufmann" von „natürlicher Person" zu sprechen, kritisch zur Formulierung auch Großkomm AktG/*Windbichler* Rn. 32. Deshalb lassen sich aus dieser Norm auch keine Rückschlüsse auf den Unternehmensbegriff ziehen, etwa dass er handelsrechtlich bilanziertes Unternehmensvermögen erfordere (so aber *Milde*, Der Gleichordnungskonzern im Gesellschaftsrecht, 1996, 23, 38; gegen ihn Großkomm AktG/*Windbichler*,, § 15 Rn. 14 und § 16 Rn 32).
[81] So auch Großkomm AktG/*Windbichler* Rn. 32 f.; Emmerich/Habersack/*Emmerich* Rn. 19.
[82] Heute ganz hM, Hüffer/Koch/*Koch* Rn. 13; MüKoAktG/*Bayer* Rn. 50; Kölner Komm AktG/*Koppensteiner* Rn. 31, 33; Großkomm AktG/*Windbichler* Rn. 32; Emmerich/Habersack/*Emmerich* Rn. 20; *Emmerich/Habersack* KonzernR § 3 I 2; offen *ADS* Rn. 25; anders noch *Zöllner* ZGR 1976, 1 (26) (auf Grundlage überholten Unternehmensbegriffs).
[83] Heute allgM, Hüffer/Koch/*Koch* Rn. 13; MüKoAktG/*Bayer* Rn. 51; Kölner Komm AktG/*Koppensteiner* Rn. 32; Großkomm AktG/*Windbichler* Rn. 33; Emmerich/Habersack/*Emmerich* Rn. 20; MHdB AG/*Krieger* § 69 Rn. 28; *ADS* Rn. 32; aA noch *Leo* AG 1965, 352 f.
[84] Siehe Hüffer/Koch/*Koch* Rn. 2, 10; Grigoleit/*Grigoleit* Rn. 6; MüKoAktG/*Bayer* Rn. 35; Kölner Komm AktG/*Koppensteiner* Rn. 14; Großkomm AktG/*Windbichler* Rn. 16 ff.; Emmerich/Habersack/*Emmerich* Rn. 6.
[85] Gegen deren Anerkennung als Unternehmen aber mit Recht die hM, → § 15 Rn. 42, 53.
[86] MüKoAktG/*Bayer* Rn. 35.
[87] Baumbach/Hopt/*Roth* HGB § 105 Rn. 30.
[88] Baumbach/Hopt/*Roth* HGB § 105 Rn. 30.
[89] Anders Hüffer/Koch/*Koch* Rn. 10; MüKoAktG/*Bayer* Rn. 35.
[90] Heute allgM, siehe Großkomm AktG/*Windbichler* Rn. 45.
[91] Großkomm AktG/*Windbichler* Rn. 44 („Stimmrechte", nicht „Stimmen"); zust. Emmerich/Habersack/*Emmerich* Rn. 22.

abhängiger Unternehmen gelten.[92] Ansonsten sind Stimmverbote jedoch *nicht* zu berücksichtigen, da dies mit der formalisierten Betrachtung, die im Bereich des Beteiligungsbesitzes angezeigt ist, nicht zu vereinbaren wäre.[93] Das gilt auch für § 134 Abs. 2, obwohl die Stimmrechte vor Einzahlung eigentlich noch nicht entstanden sind.[94]

3. Stimmen des übergeordneten Unternehmens. Nach Abs. 3 S. 1 müssen die Stimmrechte dem herrschenden Unternehmen „zustehen". Zu berücksichtigen sind hier sämtliche Stimmen, die das Unternehmen „aus den ihm gehörenden Anteilen ausüben kann". Dazu rechnen die **eigenen Stimmrechte** des Anteilsinhabers. Hinzu kommen ggf **zurechenbare** Stimmrechte Dritter (→ Rn. 35).   30

a) Eigene Stimmrechte. Eigene Stimmrechte des Anteilsinhabers erwachsen aus dem „ihm gehörenden Anteilen". Das erfordert dinglich verankerte Inhaberschaft (→ Rn. 17). Stimmrechtvollmachten (Depotstimmrecht),[95] Ermächtigungen (§ 129 Abs. 3) oder Stimmbindungsverträge begründen keine eigenen Stimmrechte.[96] Eine andere Frage ist, ob hierauf eine Zurechnung gestützt werden kann (→ Rn. 34). Danach stehen die Stimmen dem **Pfandschuldner,** dem **Kommissionär,** dem **Sicherungsgeber,** und dem **Treuhänder** zu.[97] Ebenso liegt es grundsätzlich für den **Besteller** eines Nießbrauchs (zur dinglichen Zuordnung schon → Rn. 17); anders aber, wenn in Sonderkonstellationen das Stimmrecht mitübertragen worden ist, insbesondere beim „mitgliedschaftsspaltenden" Nießbrauch.[98] Dass der Anteil dem Nießbraucher nicht unter Verdrängung des Eigentümers „gehört", sollte angesichts der gespaltenen dinglichen Rechtsstellung nicht entgegenstehen. Falls man dem nicht folgt, kommt hier aber eine Zurechnung nach Abs. 4 in Betracht (→ Rn. 33).   31

Eine weitere Besonderheit ergibt sich bei den Legitimationsnormen der § 16 Abs. 1 GmbHG, § 67 Abs. 2. Diese enthalten zwar keine Wirksamkeitshindernisse für die Übertragung.[99] Sie führen aber dazu, dass der Nichtberechtigte im Verhältnis zur Gesellschaft weiterhin als Gesellschafter fingiert[100] bzw. unwiderleglich vermutet wird, während der tatsächliche Inhaber verdrängt wird und die ihm gehörenden Rechte nicht ausüben kann. Schon das führt nach hM zum Abzug bei seiner Stimmmacht (→ Rn. 35, str.). Darüber hinaus ist festzustellen: Da es für den Mehrheitsbesitz wesentlich auf das Innenverhältnis zur Gesellschaft ankommt, ist die Fiktion der Legitimationsnormen auch bei § 16 zu berücksichtigen. Die Anteile gehören danach abweichend von der dinglichen Rechtslage im Außenverhältnis (noch) dem Veräußerer.[101]   32

b) Zurechnung. Neben den eigenen Stimmen können dem übergeordneten Unternehmen fremde Stimmen zugerechnet werden. Zwar sieht Abs. 3 keine ausdrückliche Zurechnung vor. Jedoch rechnen zu den Anteilen des Unternehmens auch diejenigen, welche ihm nach Abs. 4 gehören.[102]   33

---

[92] → Rn. 16; wie hier MüKoAktG/*Bayer* Rn. 38, 34; aA Hüffer/Koch/*Koch* Rn. 11; Emmerich/Habersack/ *Emmerich* Rn. 22; Kölner Komm AktG/*Koppensteiner* Rn. 41.
[93] AllgM, Hüffer/Koch/*Koch* Rn. 11; MüKoAktG/*Bayer* Rn. 37; Emmerich/Habersack/*Emmerich* Rn. 22; Großkomm AktG/*Windbichler* Rn. 43; Kölner Komm AktG/*Koppensteiner* Rn. 40f mit Fn. 92; *ADS* Rn. 19.
[94] Großkomm AktG/*Windbichler* Rn. 43; zust. Emmerich/Habersack/*Emmerich* Rn. 22.
[95] MüKoAktG/*Bayer* Rn. 36; Kölner Komm AktG/*Koppensteiner* Rn. 43; MHdB AG/*Krieger* § 69 Rn. 34.
[96] K. Schmidt/Lutter/*J. Vetter* Rn. 14; diff. Kölner Komm AktG/*Koppensteiner* Rn. 43; Großkomm AktG/ *Windbichler* Rn. 36 ff. (wenn gebundene Stimme nicht wirksam abzugeben); aA MüKoAktG/*Bayer* Rn. 41.
[97] Ganz hM, BGHZ 104, 66 (74) = NJW 1988, 1844 (zur GmbH); Hüffer/Koch/*Koch* Rn. 7; Grigoleit/ *Grigoleit* Rn. 10; MüKoAktG/*Bayer* Rn. 25 ff.; Kölner Komm AktG/*Koppensteiner* Rn. 20, 33; Großkomm AktG/ *Windbichler* Rn. 39 aE, 42; MHdB AG/*Krieger* § 69 Rn. 34; differenzierend nach Eigeninteresse bzw. Bindung *ADS* Rn. 28.
[98] Soweit man die Abspaltbarkeit des Stimmrechts zugunsten des Nießbrauchers für möglich hält Hüffer/ Koch/*Koch* Rn. 7; MüKoAktG/*Bayer* Rn. 28 (ferner *ders*. Rn. 26 zu einem Stimmrecht des Treugebers in der GmbH); Grigoleit/*Grigoleit* Rn. 10; K. Schmidt/Lutter/*J. Vetter* Rn. 14; abweichend Emmerich/Habersack/ *Emmerich* Rn. 14.
[99] AllgM, Baumbach/Hueck/*Fastrich* GmbHG § 16 Rn. 1, 9; Hüffer/Koch/*Koch* § 67 Rn. 11.
[100] BGHZ 112, 103 (113) = NJW 1990, 2622.
[101] Wie hier wohl Wachter/*Franz* Rn. 16 („überlegenswert"); teilweise übereinstimmend, nämlich bezüglich der Nichtberücksichtigung bei Inhaber, der tatsächlich nicht ausüben kann, auch Großkomm AktG/*Windbichler* Rn. 35; Hölters/*Hirschmann* Rn. 10; Bürger/Körbers/*Fett* Rn. 21; aA K. Schmidt/Lutter/*J. Vetter* Rn. 21; Emmerich/Habersack/*Emmerich* Rn. 24 mit dem Argument, sonst habe der Anteilsinhaber sein Stimmgewicht in der Hand; dagegen aber noch → Rn. 35.
[102] So zutr. MüKoAktG/*Bayer* Rn. 46; Kölner Komm AktG/*Koppensteiner* Rn. 47; Großkomm AktG/*Windbichler* Rn. 34, die auf die ausdrückliche Stimmrechtszurechnung aus den Anteilen nach dem WpHG hinweist; MHdB AG/*Krieger* § 69 Fn 34 aE; *Mertens* FS Beusch, 1993, 589 f.

Dementsprechend kann es auch die damit verbundenen Stimmen als „aus ihm gehörenden Anteilen ausüben".[103] Ein Weisungsrecht ist auch hier nicht erforderlich.[104]

34 **Keine Zurechnung** findet jenseits von Abs. 4 statt, so dass Abstimmungsmacht aufgrund von **Stimmbindungsverträgen,** Konsortialvereinbarungen, **Stimmrechtsvollmachten** oder -ermächtigungen nicht zuzurechnen ist.[105] Das mag mit Blick auf den Umgehungsschutz bedenklich erscheinen, ist aber mit dem formalen Ansatz des § 16 (→ Rn. 9) zu erklären und angesichts des solche Herrschaft erfassenden § 17 akzeptabel.[106]

35 **c) Berechnung.** Zu zählen sind sämtliche eigenen und zugerechneten Stimmen unter Beachtung gegebener Mehrfach- oder Höchststimmklauseln. **Abzuziehen** sind solche Stimmen, welche der Anteilsinhaber nicht „ausüben kann". Das betrifft vor allem gesetzliche oder satzungsmäßige **Stimmrechtsverbote.**[107] Fraglich ist geworden, ob das auch Stimmrechtsverbote betrifft, die aus der Verletzung von Mitteilungspflichten (§ 20 Abs. 7, § 21 Abs. 4, § 44 WpHG) herrühren. Das wird neuerdings mit dem Argument verneint, andernfalls habe der Aktionär sein Stimmgewicht in der Hand.[108] Mit Blick auf § 17 kann jedoch am natürlichen Wortlautverständnis festgehalten werden.[109] Dingliche Belastungen (Pfandrecht, Nießbrauch) lassen das Stimmrecht des Anteilsinhabers grundsätzlich unberührt.[110]

36 **Nicht abzuziehen** sind demgegenüber punktuelle Stimmverbote und Schranken des Stimmrechts,[111] ferner eigene Stimmen des Unternehmens, welche kraft § 16 Abs. 3 S. 2 und § 16 Abs. 3 S. 3 (sowie § 16 Abs. 4 analog, → Rn. 33) einem anderen Unternehmen zugerechnet werden.[112] Denn hier findet, wie allgemein, keine Absorption der verwirklichten Tatbestandsmerkmale zugunsten des Hintermannes statt.

V. Rechtsformspezifische Besonderheiten

37 Obwohl der allgemeine Teil des Konzernrechts rechtsformneutral ausgestaltet ist, ist nicht zu übersehen, dass die Definition des Mehrheitsbesitzes durch Kapital- und Stimmenmehrheit die Aktiengesellschaft vor Augen hat, wie insbesondere Abs. 2 S. 1 letzter HS. zeigt. Daraus folgen Besonderheiten bei der sinnentsprechenden Anwendung, sofern andere in- und ausländische Unternehmensträger vom Leitbild der AG abweichen. So wird auf der Seite des übergeordneten

---

[103] Wie hier K. Schmidt/Lutter/*J. Vetter* Rn. 22; iE ebenso MüKoAktG/*Bayer* Rn. 46; Kölner Komm AktG/ *Koppensteiner* Rn. 47, die allerdings ein zu korrigierendes Redaktionsversehen annehmen, weil der Hintermann die Stimmen nicht ausüben könne. Doch damit wenden sie die Fiktion des Abs. 4 nur halbherzig an.

[104] Schon → Rn. 22; insoweit aA Kölner Komm AktG/*Koppensteiner* Rn. 43, jedoch in gewissem Widerspruch zu seinen zutr Beobachtungen in Rn. 47, wonach es sich bei den Fällen des Abs. 4 ohnehin „durchweg um Stimmen handelt, über die der herrschende Unternehmer (der Treugeber) entscheiden kann."

[105] Schon → Rn. 23 zur Kapitalzurechnung; außerdem K. Schmidt/Lutter/*J. Vetter* Rn. 14; Kölner Komm AktG/*Koppensteiner* Rn. 33; MHdB AG/*Krieger* § 69 Rn. 34; eingehend Großkomm AktG/*Windbichler* Rn. 36 ff.; aA hinsichtlich Stimmbindungsverträgen *Mertens* FS Beusch, 1993, 589 ff.; ihm folgend MüKoAktG/*Bayer* Rn. 41; Emmerich/Habersack/*Emmerich* Rn. 25; NK-AktR/*Peres/Walden* Rn. 14; Grigoleit/*Grigoleit* Rn. 19; *Wolfram*, Mitteilungspflichten familiär verbundener Aktionäre nach § 20 AktG, 1998, 130 ff.

[106] So zutr Großkomm AktG/*Windbichler* Rn. 39 gegen das aus dem Vergleich zu weiter gefassten Zurechnungsnormen wie § 290 Abs. 3 S. 2 HGB. Eine andere Ansicht sieht den Ausschluss bloßer Stimmbindungen darin begründet, dass abredewidrige Stimmen gleichwohl wirksam sind, und plädiert deshalb für ausnahmsweise Zurechnung, wo diese Möglichkeit praktisch nicht besteht, Kölner Komm AktG/*Koppensteiner* Rn. 43; *Ulmer* FS Goerdeler, 1987, 623 (645); *Noack*, Gesellschaftervereinbarungen bei Kapitalgesellschaften, 1994, 91; *Martens* AG 1993, 499 ff. Jedoch sind abredewidrige Stimmen auch gültig, wenn die Anteile für Rechnung des Unternehmens gehalten werden und daher zurechenbar sind.

[107] Hüffer/Koch/*Koch* Rn. 11; MüKoAktG/*Bayer* Rn. 39; Kölner Komm AktG/*Koppensteiner* Rn. 44 ff.; Großkomm AktG/*Windbichler* Rn. 35; ADS Rn. 20. Dagegen sind solche Stimmverbote bei der Gesamtzahl der Stimmen im Unternehmen nicht zu beachten, → Rn. 29.

[108] Grundlegend MüKoAktG/*Bayer* Rn. 40; dem folgend MHdB AG/*Krieger* § 69 Rn. 33; Hüffer/Koch/ *Koch* Rn. 11 Emmerich/Habersack/*Emmerich* Rn. 24; Grigoleit/*Grigoleit* Rn. 9; jetzt auch Kölner Komm AktG/ *Koppensteiner* Rn. 46 (anders noch Voraufl. Rn. 34). Siehe schon (→ Rn. 32).

[109] Hüffer/Koch/*Koch* Rn. 11; Großkomm AktG/*Windbichler* Rn. 35; ADS Rn. 20. Die abweichende Ansicht von MüKoAktG/*Bayer* Rn. 40 übersieht, dass eine „generelle Betrachtungsweise" (dh die Berücksichtigung nur genereller, nicht aber konkret-individueller Stimmverbote) den Wortlaut des § 16 Abs. 3 S. 1 nicht ausschöpft. Deshalb gehen die Hinweise auf § 136 Abs. 1 S. 2 sowie auf die ganz hM zu § 21 WpHG a.F. – nunmehr § 33 WpHG (vgl. MüKoAktG/*Bayer* § 21 WpHG Rn. 19 f.) fehl.

[110] Hüffer/Koch/*Koch* Rn. 7; MüKoAktG/*Bayer* Rn. 27; Kölner Komm AktG/*Koppensteiner* Rn. 44; Großkomm AktG/*Windbichler* Rn. 42. Anders freilich bei zulässiger Abspaltung des Stimmrechts.

[111] Großkomm AktG/*Windbichler* Rn. 35; Kölner Komm AktG/*Koppensteiner* Rn. 44 f.

[112] Hüffer/Koch/*Koch* Rn. 7; Großkomm AktG/*Windbichler* Rn. 39 aE; differenzierend *Noack*, Gesellschaftervereinbarungen bei Kapitalgesellschaften, 1994, 91 bei Sicherung durch gemeinsames Sperrdepot.

Unternehmens teilweise vertreten, dass die EWIV keinen Mehrheitsbesitz halten darf, weil sie sonst vom dienenden zum herrschenden Unternehmen würde.[113] Praktisch wichtiger sind die erörterten Restriktionen auf der Seite des **untergeordneten Unternehmens:**

1. GmbH; ausländische Kapitalgesellschaften. Zur GmbH[114] wird mit Blick auf die Satzungsfreiheit vertreten, dass der Mehrheitsbesitz nur berücksichtigt werden sollte, wenn er einen gewichtigen Einfluss auf die Geschäftsführung begründe.[115] Das ist aber eine Frage des § 17 und steht im Widerspruch zur formalen Anknüpfung des § 16, die mit einer von vornherein gewichteten Betrachtung erheblich beeinträchtigt würde. Dementsprechend sind partielle Mehrstimmrechte für Minderheitsgesellschafter nicht bei § 16, sondern unter der Frage der „Herrschaft" zu würdigen.[116] Das Gleiche gilt für die besondere Struktur der **KGaA**.[117] Nach diesen Grundsätzen ist der Mehrheitsbesitz im Sinne des § 16 auch bei **ausländischen Kapitalgesellschaften** generell beachtlich, und zwar unerheblich davon, ob diese eher der satzungsstrengen deutschen AG oder der GmbH mit umfassender Satzungsfreiheit (so zB Limited und Plc) entsprechen.[118] Mit der Anwendung des § 16 ist freilich nicht schon gesagt, dass die jeweilige Sachnorm des deutschen Rechts (zB §§ 52, 56, 57, 71d) uneingeschränkte Anwendung, etwa auch im Ausland, findet (→ Vor § 15 Rn. 33). 38

2. Personengesellschaften. Personengesellschaften einschließlich der Partnergesellschaft können dem § 16 nur unterfallen, wenn sie abweichend vom gesetzlichen Leitbild dem Mehrheitsprinzip folgen (zur „Kapitalmehrheit" schon → Rn. 27).[119] Das gilt entgegen dem an der Aktiengesellschaft orientierten Wortlaut des § 16 Abs. 3 S. 1 („Stimmrechte ... aus den ihm gehörenden Anteilen") auch dann, wenn das Stimmgewicht nicht der Kapitalbeteiligung folgt.[120] Daher sind auch Stimmen aus kapitallosen Beteiligungen zu berücksichtigen. Auf das konkrete Gewicht der Stimmenmehrheit für die Geschäftsführung sollte man ebensowenig wie bei der GmbH (→ Rn. 38) schon im Rahmen des § 16 abstellen.[121] Gesellschaften mit (gültigem)[122] Einstimmigkeitsprinzip unterliegen dem § 16 aber nicht, da Mehrheit dann keine Rolle spielt.[123] Ebenso liegt es in der **EWIV**, wo Stimmenmehrheit eines Mitgliedes verboten ist[124] und Kapitalmehrheit, selbst wenn zulässig,[125] daher sinnlos wäre. Diese Grundsätze gelten für in- wie ausländische Personengesellschaften. 39

3. Einzelkaufmännisches Unternehmen. Beim einzelkaufmännischen Unternehmen ist entgegen erstem Anschein eine Stimmenmehrheit und sogar eine „Kapitalmehrheit" nicht denklogisch 40

---

[113] So MüKoAktG/*Bayer* Rn. 14 im Anschluss an *Gleichmann* ZHR 149 (1985), 633 (636 f.); dem folgend auch Grigoleit/*Grigoleit* Rn. 7. Einer solchen ungeschriebenen Beschränkung ist aber mit Blick auf die ausdrücklichen Regelungen in Art 3 Abs. 2 a) EWIVVO und Art 3 Abs. 2 b) EWIVVO zu widersprechen. Siehe zum Ganzen ferner Großkomm AktG/*Windbichler* § 15 Rn. 18; *Lentner*, Das Gesellschaftsrecht der Europäischen Wirtschaftlichen Interessenvereinigung (EWIV), 1994, 68 f. Siehe auch → § 15 Rn. 52.
[114] Eingehend *Liebscher* GmbH-KonzernR Rn. 96 ff.
[115] Emmerich/Habersack/*Emmerich* Rn. 5, 7; Kölner Komm AktG/*Koppensteiner* Rn. 18; Scholz/*Emmerich* GmbHG Anh. KonzernR Rn. 36; aA MüKoAktG/*Bayer* Rn. 11 (der die Gegenmeinung als hM bezeichnet); Wachter/*Franz* Rn. 8; der Sache nach auch Baumbach/Hueck/*Beurskens* KonzernR Rn. 25; Großkomm AktG/*Windbichler* Rn. 14; Hüffer/Koch/*Koch* Rn. 3 ff., wenngleich ohne ausdrückliche Stellungnahme.
[116] Baumbach/Hueck/*Beurskens* KonzernR Rn. 18; aA Emmerich/Habersack/*Emmerich* Rn. 5; Emmerich/Habersack KonzernR § 3 I 1 a; MüKoAktG/*Bayer* Rn. 42, allerdings in gewissem Widerspruch zu *ders.* Rn. 11.
[117] MüKoAktG/*Bayer* Rn. 12.
[118] Der AG entspricht beispielsweise die (bisher noch) satzungsstrenge ungarische „GmbH", die Korlátolt felelősségű társaság (Kft). Der GmbH entsprechen die satzungsfreien englische Ltd und Plc. Zu den verschiedenen Gesellschaftsformen in der EU siehe die umfassende Darstellung bei *van Hulle/Gesell*, European Corporate Law, 2006.
[119] Hüffer/Koch/*Koch* Rn. 5; Wachter/*Franz* Rn. 7; Hölters/*Hirschmann* Rn. 3; MüKoAktG/*Bayer* Rn. 13; Kölner Komm AktG/*Koppensteiner* Rn. 14, 17; Großkomm AktG/*Windbichler* Rn. 17, 45; Emmerich/Habersack/*Emmerich* Rn. 6; Grigoleit/*Grigoleit* Rn. 6; MHdB AG/*Krieger* § 69 Rn. 20, 30. Zum Bilanzstichtag als maßgeblichen Berechnungszeitpunkt bei variablen Kapitalkonten siehe Rn. 14.
[120] Heute allgM, Hüffer/Koch/*Koch* Rn. 5; MüKoAktG/*Bayer* Rn. 13; Kölner Komm AktG/*Koppensteiner* Rn. 14; Großkomm AktG/*Windbichler* Rn. 17, 45; MHdB AG/*Krieger* § 69 Rn. 18.
[121] AA Emmerich/Habersack/*Emmerich* Rn. 7; Kölner Komm AktG/*Koppensteiner* Rn. 18.
[122] Siehe Baumbach/Hopt/*Roth* HGB § 119 Rn. 34: Abweichung nicht nur durch Gesellschaftsvertrag möglich (§ 119 Abs. 2 HGB), sondern auch durch einstimmigen Gesellschafterbeschluss oder längere Übung.
[123] AllgM, Hüffer/Koch/*Koch* Rn. 5; Emmerich/Habersack/*Emmerich* Rn. 6; Kölner Komm AktG/*Koppensteiner* Rn. 13; Großkomm AktG/*Windbichler* Rn. 45, 48.
[124] Art. 17 Abs. 1 S. 2 EWIVVO; darauf abhebend auch MüKoAktG/*Bayer* Rn. 14; Grigoleit/*Grigoleit* Rn. 7. Das schließt freilich die Bildung von Konsortien zur Kontrolle der EWIV nicht ausdrücklich aus.
[125] Verneinend MüKoAktG/*Bayer* Rn. 14; offen Großkomm AktG/*Windbichler* Rn. 17.

ausgeschlossen. Sie kommt etwa in Betracht, wenn eine **Miterbengemeinschaft** oder eine **Gütergemeinschaft** das Unternehmen trägt (→ § 15 Rn. 43). Freilich muss in diesen Fällen der Mehrheitsinhaber selbst nach allgemeinen Grundsätzen Unternehmen sein (§ 15 Rn. 20 ff.). Eine (Stimmen)Mehrheitsbeteiligung soll außerdem im Fall einer **atypischen stillen Gesellschaft** möglich sein.[126] Das ist jedoch abzulehnen, und zwar nicht nur, weil die Innengesellschaft kein Rechtsträger sein kann und deshalb kein Unternehmen iSd § 15 ist (→ § 15 Rn. 42, 53), sondern auch, weil diese Stimmen auf einer anderen Ebene liegen, wie der Vergleich zur stillen Gesellschaft an einer AG mit ihren Aktionären zeigt.[127]

41 **4. Sonstige.** Im Verein, ob ideell oder wirtschaftlich, ist wegen § 35 BGB jedenfalls eine Stimmenmehrheit möglich,[128] nach zutr Ansicht aber bei entsprechender Gestaltung auch eine Kapitalmehrheit einzelner Mitglieder.[129] Anders liegt es im VVaG, wo beides ausgeschlossen ist.[130] Auch in der Genossenschaft kann es regelmäßig weder zu einer Kapital- noch zu einer Stimmenmehrheit[131] eines einzelnen Mitglieds kommen.[132] Das gilt nach ganz hM mangels Mitgliedern[133] auch für eine Stiftung.[134] Das sind aber nur die Grundsätze für eigene Anteils- bzw. Stimmmehrheiten. Zurechnungen fremder Stimmen bzw. Anteile können ggf. doch den Mehrheitsbesitz nach § 16 oder Herrschaft nach § 17 begründen. Auf die Wirksamkeit bzw. Zulässigkeit der Zurechnungskonstruktionen kommt es dabei nicht an.[135]

§ 17 Abhängige und herrschende Unternehmen

(1) Abhängige Unternehmen sind rechtlich selbständige Unternehmen, auf die ein anderes Unternehmen (herrschendes Unternehmen) unmittelbar oder mittelbar einen beherrschenden Einfluß ausüben kann.

(2) Von einem in Mehrheitsbesitz stehenden Unternehmen wird vermutet, daß es von dem an ihm mit Mehrheit beteiligten Unternehmen abhängig ist.

Schrifttum: → Vor § 15.

---

[126] Hüffer/Koch/*Koch* Rn. 4; MüKoAktG/*Bayer* Rn. 18; Emmerich/Habersack/*Emmerich* Rn. 6 aE; Kölner Komm AktG/*Koppensteiner* Rn. 17; NK-AktR/*Peres/Walden* Rn. 5; MHdB AG/*Krieger* § 69 Rn. 20, 30; auch Grigoleit/*Grigoleit* Rn. 6.
[127] Wie hier K. Schmidt/Lutter/*J. Vetter* Rn. 6; Großkomm AktG/*Windbichler* Rn. 18, auch eingehend auf den Streitstand zu § 271 HGB (etwa Baumbach/Hopt/*Merkt* HGB § 271 Rn. 2).
[128] HM, MüKoAktG/*Bayer* Rn. 17; K. Schmidt/Lutter/*J. Vetter* Rn. 12; Emmerich/Habersack/*Emmerich* Rn. 8; Grigoleit/*Grigoleit* Rn. 7; MHdB AG/*Krieger* § 69 Rn. 30; *ADS* Rn. 14; prinzipiell auch Hüffer/Koch/*Koch* Rn. 3; für wirtschaftliche Vereine auch Kölner Komm AktG/*Koppensteiner* Rn. 17; grds. aA Großkomm AktG/*Windbichler* Rn. 46, da Stimmrecht nicht aus (Kapital)Anteil fließe (anders daher, wenn im wirtschaftlichen Verein Kapitalanteile eingeräumt würden). Das ist aber zu enghezig und träfe auch bei Personengesellschaften nicht zu.
[129] Hüffer/Koch/*Koch* Rn. 4 (vgl. § 45 Abs. 3 BGB); Emmerich/Habersack/*Emmerich* Rn. 8; einschränkend Kölner Komm AktG/*Koppensteiner* Rn. 15; Großkomm AktG/*Windbichler* Rn. 19, 46 (nur für wirtschaftlichen Verein); grds aA MüKoAktG/*Bayer* Rn. 17; K. Schmidt/Lutter/*J. Vetter* Rn. 4; Grigoleit/*Grigoleit* Rn. 7; MHdB AG/*Krieger* § 69 Rn. 20. Doch dass sich die Verbindung von Mitgliedschaft und Kapitalanteil bei diesen Verbänden nicht aus dem Gesetz ergibt, darf zu keinen anderen Schlüssen als bei der Personengesellschaft (Rn. 39) führen.
[130] Zur Kapitalmehrheit unstr, MüKoAktG/*Bayer* Rn. 17; K. Schmidt/Lutter/*J. Vetter* Rn. 4; Kölner Komm AktG/*Koppensteiner* Rn. 15; Grigoleit/*Grigoleit* Rn. 7; MHdB AG/*Krieger* § 69 Rn. 20. Zur Stimmenmehrheit str. abl. MüKoAktG/*Bayer* Rn. 17: das Gleichbehandlungsgebot schließe eine satzungsmäßige Stimmenmehrheit aus; aA Kölner Komm AktG/*Koppensteiner* Rn. 17; K. Schmidt/Lutter/*J. Vetter* Rn. 4.
[131] Das einzelne Mitglied hat höchstens 3 Stimmen (§ 43 Abs. 3 S. 5 GenG), die Mindestzahl ist aber sieben Mitglieder (§ 4 GenG). Wie hier etwa K. Schmidt/Lutter/*J. Vetter* Rn. 4, 12.
[132] Großkomm AktG/*Windbichler* Rn. 19, 48; MüKoAktG/*Bayer* Rn. 15 f.; Kölner Komm AktG/*Koppensteiner* Rn. 15, 17; Emmerich/Habersack/*Emmerich* Rn. 8; Emmerich/Habersack KonzernR § 36 III 1; Grigoleit/*Grigoleit* Rn. 7. Eine Ausnahme ist die Zentralgenossenschaft.
[133] Dazu eingehend *K. Schmidt* GesR § 7 II; *Heinzelmann,* Die Stiftung im Konzern, 2003.
[134] Hüffer/Koch/*Koch* Rn. 5; Grigoleit/*Grigoleit* Rn. 7; MüKoAktG/*Bayer* Rn. 19; Emmerich/Habersack/*Emmerich* Rn. 8; Kölner Komm AktG/*Koppensteiner* Rn. 15, 17; MHdB AG/*Krieger* § 69 Rn. 20, 30; Großkomm AktG/*Windbichler* Rn. 19, 46 mit dem Hinweis, dass Stimmrechte in Organisationsgremien nicht aus der Mitgliedschaft folgen.
[135] Die Zulässigkeit solcher gemeinschaftlicher Beherrschung ist nicht hier, sondern innerhalb der jeweiligen Spezialgesetze zu erörtern, siehe etwa *Beuthien* in Mestmäcker/Behrens, Gesellschaftsrecht der Konzerne, 1991, 133, 155 f. zu Stimmbindungsverträgen in der Genossenschaft.

Übersicht

	Rn.		Rn.
I. Systematik und Teleologie	1–7	7. Die Herrschaftsmittel im Einzelnen	24–48
1. Aufbau und Bedeutung	1	a) Minderheitsbeteiligung („kombinierte Beherrschung")	25–35
2. Abhängigkeit und Kontrolle	2	b) Künftige Beteiligung	36, 37
3. Anwendungsbereich	3–7	c) Gesellschaftsrechtlich vermittelte Herrschaft ohne Beteiligung	38–44
II. Der Abhängigkeitstatbestand (Abs. 1)	8–48	d) Beherrschung anderer Gesellschaftsformen	45–48
1. Möglichkeit der Beherrschung	8	III. Die Abhängigkeitsvermutung (Abs. 2)	49–56
2. Beherrschender Einfluss („Herrschaft")	9–11	1. Allgemeines	49
3. Umfang der Herrschaft	12, 13	2. Widerlegung der Vermutung	50
4. Unmittelbare, mittelbare und mehrfache Beherrschung	14–18	3. Mittel zur Widerlegung	51–56
a) Grundsätzliches	14	a) Allgemeines	51
b) Sonderfall Gemeinschaftsunternehmen	15–17	b) Entherrschungsverträge	52
c) Joint Venture mit Nicht-Unternehmen	18	c) Vorübergehende Beteiligungen	53
5. Beständigkeit der Herrschaft	19	d) Unternehmerische Mitbestimmung	54
6. Gesellschaftsrechtlich vermittelte Herrschaft	20–23	e) Unabhängige Aufsichtsräte	55
		f) Mehrstufige Abhängigkeit	56

I. Systematik und Teleologie

1. Aufbau und Bedeutung. Der Abhängigkeitstatbestand des § 17 stellt eine eigenständige Unternehmensverbindung dar. In seinem Rahmen genügt die bloße Beherrschungsmöglichkeit (→ Rn. 8). Dem liegt die Einsicht zugrunde, dass die Abwehr der Konzerngefahr nicht am Nachweis einheitlicher Leitung hängen darf. Denn Beeinflussung in Unternehmensgruppen kann subtil und intransparent erfolgen. Obwohl der Abhängigkeitstatbestand an sich nur eine Vorstufe zur Konzernbetrachtung ist, knüpfen zentrale Schutzregeln wie die §§ 311 ff. daher an die Beherrschungssituation an, wodurch die Beherrschung neben dem Unternehmensbegriff zum Schlüsselmerkmal des Konzernrechts avanciert ist.[1] Das unterstreicht auch ihre neu gewonnene Rolle als Auslöser der Konzernrechnungslegungspflicht nach § 290 Abs. 1 HGB nF (→ Vor § 15 Rn. 17).

2. Abhängigkeit und Kontrolle. Das Ausreichen der Beherrschungsmöglichkeit rückt § 17 in die Nähe der vordringenden Kontrollkonzepte.[2] Die beiden unterscheiden sich nicht so sehr dadurch, dass letztere tatsächliche Kontrolle verlangen würden.[3] Vielmehr genügt auch dort regelmäßig die Kontrollmöglichkeit, wie etwa § 37 Abs. 1 Nr. 2 GWB („Möglichkeit, bestimmenden Einfluss auszuüben"), § 3e InsO („die Möglichkeit der Ausübung eines beherrschenden Einflusses") oder § 290 Abs. 1 HGB sowie die abstrakt formulierten Herrschaftsmittel des § 290 Abs. 2 Nr. 1–3 HGB zeigen.[4] Der wesentliche Unterschied liegt darin, dass § 17 noch nicht zur konsolidierten Betrachtung der Unternehmensgruppe führt. Die Abhängigkeit beschreibt ebenso wie § 16 eine reine **Zweierverbindung**, die lediglich eine Durchgangsstufe auf dem Weg zur Gesamtbetrachtung nach § 18 markiert. Zwar können sowohl nach unten als auch nach oben mehrfache Bindungen vorliegen (näher → Rn. 14). Aber eine Gesamtbetrachtung der von einer Mutter direkt oder indirekt abhängigen Unternehmen (zB Schwester-, Tochter- und Enkelgesellschaften) ist nicht möglich (→ § 15 Rn. 2). Mit Blick auf § 290 Abs. 1 HGB nF ist die weitere Schwelle der einheitlichen Leitung (§ 18) aber nicht mehr verständlich.[5]

---

[1] Hüffer/Koch/*Koch* Rn. 2; K. Schmidt/Lutter/*J. Vetter* Rn. 2; Emmerich/Habersack/*Emmerich* Rn. 2; → § 18 Rn. 1.
[2] ZB § 290 Abs. 2 HGB, § 1 Abs. 8 KWG, § 34 Abs. 3 WpHG, § 1a Abs. 3 UBGG oder § 37 Abs. 1 Nr. 2 GWB; → § 15 Rn. 2 und Großkomm AktG/*Windbichler* Rn. 8; K. Schmidt/Lutter/*J. Vetter* Rn. 4; Emmerich/Habersack/*Emmerich* Rn. 3.
[3] Missverständlich Großkomm AktG/*Windbichler* Rn. 90.
[4] Siehe ferner Großkomm AktG/*Windbichler* Rn. 89, Baumbach/Hopt/*Merkt* HGB § 290 Rn. 8f.; ADS Rn. 116 sowie § 290 HGB Rn. 29 ff. zur Frage einer Widerlegbarkeit der gesetzlichen Kontrollinstrumente, etwa der Stimmenmehrheit durch einen Entherrschungsvertrag (dazu allg. → Rn. 52).
[5] Zur Kritik an der Hypertrophie bereits → Vor § 15 Rn. 4; siehe auch *Druey*, Verhandlungen des Deutschen Juristentages, Bd I, 1992, H 45 ff.; positiver aber K. Schmidt FS Druey, 2002, 562 f.

3 **3. Anwendungsbereich.** Obwohl § 17 rechtsformneutral ausgestaltet ist, entfaltet er seine Bedeutung fast ausschließlich für die Aktiengesellschaft. Für die GmbH existiert kein Abhängigkeitsrecht, da sie weder eine weisungsfreie Verwaltung noch einen gleich strengen Kapitalschutz aufweist.[6] Die Begriffe des § 17 sind im Rahmen von Verweisungen grundsätzlich einheitlich auszulegen.[7] Das gilt jedenfalls innerhalb des Aktiengesetzes. Bei Querverweisen aus anderen Gesetzen mag im Einzelfall eine differenzierte Betrachtung vertreten werden.[8] Das gilt beispielsweise für die Widerlegung der Abhängigkeitsvermutung, wofür das Kartellrecht Entherrschungsverträge (→ Rn. 52) nicht genügen lässt.[9] Bei Einführung eigenständiger Zurechnungsregeln in den Spezialgebieten können sich solche Diskussionen überleben,[10] aber auch unter dem Banner der Ausstrahlungswirkung (→ Vor § 15 Rn. 1) weitergeführt werden.[11]

4 **Innerhalb des Aktiengesetzes** führt der Abhängigkeitsbegriff zunächst zur widerleglichen Konzernvermutung nach § 18 Abs. 1 S. 3 und damit in den Konzerntatbestand.[12] Des Weiteren löst er die **Schutzregelungen** der §§ 311 ff. für die **abhängige Gesellschaft** aus. An der Abhängigkeit hängen beispielsweise die anfechtungsträchtige Frage, ob der Vorstand einen Abhängigkeitsbericht (§ 312) hätte verfassen müssen,[13] sowie gravierende Haftungsrisiken für die herrschende Gesellschaft und ihre Organmitglieder (§ 317 Abs. 1 und 3). Schutz bei Abhängigkeit vermitteln ferner die § 305 Abs. 2 Nr. 2, § 320b Abs. 1 S. 3 (Möglichkeit der Barabfindung bei abhängiger Obergesellschaft),[14] § 302 Abs. 2 (Verlustübernahme bei Betriebspacht oder -überlassung) sowie § 293d Abs. 1 S. 2 (Auskunftsrecht der Vertragsprüfer).

5 **Andere Verweisungen zielen auf Umgehungsschutz.** Neben § 16 Abs. 4 (dazu → § 16 Rn. 9, 18 ff.) sind hier zahlreiche Vorschriften zu nennen, welche das **Innenrecht** der **herrschenden Gesellschaft** vor Aushebelung bewahren. So das Verbot des mittelbaren Eigenerwerbs in § 56 Abs. 2 und § 56 Abs. 3, § 71d S. 2, der Schutz gegen (mittelbare) Verwaltungsherrschaft und Selbstbedienung in den § 71d S. 4, § 71b; § 89 Abs. 2 S. 2; § 115 Abs. 1 S. 2; § 100 Abs. 2 S. 1 Nr. 2 sowie die §§ 134 Abs. 1 S. 4, § 136 Abs. 2, § 145 Abs. 2 und § 145 Abs. 3.

6 **Außerhalb des Aktiengesetzes** finden sich Anknüpfungen an § 17 bzw. seine Elemente noch in § 272 Abs. 4 S. 4 HGB, § 34 Abs. 3 WpHG,[15] § 2 Abs. 6 WpÜG, § 11 Abs. 1 S. 4 UmwG, § 36 Abs. 2 GWB, § 1 Abs. 6 KWG und § 1 Abs. 7 KWG, § 15 Abs. 1 S. 1 Nr. 12 KWG, in § 19 Abs. 2 Nr. 5b BörsZulVO, in § 77a BetrVG 1952 sowie vielfach im Mitbestimmungsrecht. § 54 BetrVG verweist dagegen nur auf § 18. Das bedeutet aber lediglich, dass Herrschaft iSd § 17 nicht

---

[6] S. auch BGHZ 90, 381 (387, 395 ff.) = NJW 1984, 1893 – BuM; Baumbach/Hueck/*Beurskens* KonzernR Rn. 18.
[7] So jetzt im Grds. auch BAG NZG 2005, 512 = NZA 2005, 647 = ZIP 2005, 915 (zu § 18); Hüffer/Koch/*Koch* Rn. 2 f.; MüKoAktG/*Bayer* Rn. 4; Emmerich/Habersack/*Emmerich* Rn. 4; Großkomm AktG/*Windbichler* Rn. 9; Kölner Komm AktG/*Koppensteiner* Rn. 11 f. (gespaltener Abhängigkeitsbegriff nur unter engen Voraussetzungen); *Henze*, Konzernrecht: höchst- und obergerichtliche Rechtsprechung, 2001, Rn. 25 f. Allerdings ist die Frage der gespaltenen Auslegung komplex und der Standpunkt gerade des BAG längst nicht eindeutig, vgl. BAGE 137, 123 = NZA 2011, 866 Rn. 27 ff., insbes 30; dazu auch → Vor § 15 Rn. 11 ff.
[8] Dazu allg laufend → Vor § 15 Rn. 11; wie hier wohl auch Großkomm AktG/*Windbichler* Rn. 10; Kölner Komm AktG/*Koppensteiner* Rn. 13; Emmerich/Habersack/*Emmerich* Rn. 4 (nach Möglichkeit einheitlich); offen lassend BGHZ 121, 137 (145 f.) = NJW 1993, 2114 – WAZ.
[9] Eingehend Großkomm AktG/*Windbichler* Rn. 89, auch zur Frage der Widerlegungsmöglichkeiten in den nationalen und europäischen Kontrollkonzepten; zum Kartellrecht ferner *Emmerich* AG 2000, 529 (534).
[10] S. dazu den eingehenden Überblick bei Großkomm AktG/*Windbichler* Rn. 6 f. (mit Unterteilung nach Sachvorschriften – wo eine abweichende Auslegung allgemein eher in Betracht kommen dürfte – Zurechnungsnormen und Rollenverteilung innerhalb von Konzernen). So folgt etwa das LG Nürnberg-Fürth WuW/E DE-R 1659 im Rahmen des § 36 Abs. 2 GWB ohne Weiteres der aktienrechtlichen Dogmatik zur kombinierten Beherrschung. Nicht erledigt dürfte die Streitfrage allerdings auch nach der Neufassung für die Termini „abhängig" und „herrschend" in § 15 Abs. 1 S. 1 Nr. 12 KWG (Organkredite) sein, wo die hM für ein Verständnis im Sinn des § 17 plädiert (Großkomm AktG/*Windbichler* Rn. 7 mit Fn. 15).
[11] S. etwa K. Schmidt/Lutter/*J. Vetter* Rn. 4, 26 ff. zum *acting in concert*.
[12] Fraglich ist die Wirkung des Abhängigkeitsbegriffs für das Konzernrechnungslegungsrecht nach § 290 Abs. 1 HGB (dazu → § 18 Rn. 5).
[13] BGHZ 148, 123 (124) = NJW 2001, 2793; OLG Düsseldorf ZIP 1993, 1791 (1793). Alternativ kann im Registerverfahren die Einreichung eines Abhängigkeitsberichts verlangt werden, zB BGHZ 135, 107 ff. = NJW 1997, 1855.
[14] ZB die „Brau & Brunnen"-Fälle (→ Rn. 28); OLG Düsseldorf Der Konzern 2003, 841; OLG Hamburg NZG 2001, 471; LG Mosbach AG 2001, 206.
[15] MüKoAktG/*Bayer* § 22 WpHG Rn. 12 mwN und unter Verweis auf Begr.RegE zum WpÜG, BT-Drs. 14/7034, 35. Dagegen tendiert die Rspr. (vgl. OLG München NZG 2005, 1017 (1018); OLG Düsseldorf BeckRS 2013, 21114 eher zu autonomer Auslegung und beruft sich für die Mehrmütterschaft auf § 36 Abs. 2 S. 2 GWB analog.

per se ausreicht, um einen Konzernbetriebsrat zu bestellen. Zur Begründung der Konzernvermutung des § 18 Abs. 1 können § 17 Abs. 1 und § 17 Abs. 2 (ebenso wie § 16 AktG) selbstverständlich herangezogen werden.[16] Ungeklärt ist, inwieweit der **neugefasste § 290 Abs. 1 HGB** mit seinem wortgleichen Abstellen auf „beherrschenden Einfluss" als Verweis auf § 17 zu begreifen ist.[17] Nach hier vertretener Sicht ist das grds zu bejahen, weil damit ein klarer Ausgangspunkt gewonnen ist und dennoch Raum für eine abweichende Bestimmung nach den Zwecken des Rechnungslegungsrechts verbleibt (→ Vor § 15 Rn. 17 sowie allg. → Rn. 11).

Schließlich beeinflusst der Begriff der Abhängigkeit ganz allgemein die Dogmatik, soweit sich **7 Zurechnungsfragen** stellen,[18] beispielsweise im Rahmen der Treuepflicht,[19] von Wettbewerbsverboten[20] oder Stimmrechtsmissbräuchen.[21] Ferner werden im Rahmen des Stimmrechtsausschlusses wegen Interessenkollision gemäß § 47 Abs. 4 GmbHG auch die Stimmen abhängiger Unternehmen zugerechnet.[22] Für die Bestimmung nahestehender Personen nach § 138 InsO ist ebenfalls die Wertung des § 17 AktG herangezogen worden, während sie allerdings im Rahmen der Zurechnung von Gesellschafterdarlehen bei der abhängigen AG – zu Unrecht – zurückgedrängt wurde (→ § 15 Rn. 8 mit Fn. 12).[23]

II. Der Abhängigkeitstatbestand (Abs. 1)

1. Möglichkeit der Beherrschung. Abhängigkeit liegt vor, wenn ein Unternehmen auf ein **8** anderes Unternehmen beherrschenden Einfluss ausüben kann. Auslöser von Abhängigkeit ist nach dem Wortlaut bereits die bloße Möglichkeit der Beherrschung („beherrschenden Einfluss ausüben kann"). Auf die tatsächliche Ausübung von Herrschaft kommt es nicht an,[24] so dass § 17 umgekehrt nicht durch den Nachweis mangelnder Einflussnahme zu widerlegen ist.[25] Ebenso wenig braucht der Einfluss jederzeit und sofort geltend zu machen sein. Doch müssen seine Grundlagen aktuell vorhanden und dürfen nicht erst in Zukunft begründbar sein.[26] Das abhängige Unternehmen darf sich nicht jederzeit entwinden können (→ Rn. 19). Unerheblich ist, zu welchem Zweck und mit welchem Zeithorizont die Herrschaftsmöglichkeit begründet worden ist (→ Rn. 19, 53). Maßgeblich ist die Perspektive des abhängigen Unternehmens (→ Rn. 14).

2. Beherrschender Einfluss („Herrschaft"). Beherrschenden Einfluss im Sinne des Abs. 1 **9** hat nach hier vertretener Sicht, wer die **Führung der Geschäfte** im abhängigen Unternehmen **bestimmen** kann.[27] Das kann direkt durch Weisungs- oder Geschäftsführungsbefugnisse[28] geschehen. Wo das ausgeschlossen ist, sind indirekte Machtmittel beachtlich. Leitbild ist hier die

---

[16] LArbG Berlin BeckRS 2005, 40764 und 2005, 42930.
[17] Jedenfalls für Ausstrahlungswirkung *Lüdenbach/Jens* BB 2009, 1230; s. auch *Kraft/Link* ZGR 2013, 514; *Koppensteiner* FS Hopt, 2010, 959 ff.; *Beck* DStR 2013, 2468 (aus Sicht des an § 290 HGB anknüpfenden Entwurfs eines Konzerninsolvenzrechts).
[18] ZB BVerfGE 128, 226 = NJW 2011, 1201 (zur Grundrechtbindung gemischtwirtschaftlicher Unternehmen; BGHZ 117, 8; OLG Saarbrücken BeckRS 2013, 11958 (Erstreckung des § 114a ZVG auf Erwerb durch abhängige Unternehmen); OLG Köln BeckRS 16696 (zur lauterkeitsrechtlichen Frage, ob sich ein Vertreiber von Presseerzeugnissen als „unabhängig" bezeichnen darf).
[19] BHGZ 65, 15 = NJW 1975, 2101 – ITT.
[20] BGHZ 89, 162 = NJW 1984, 1351 – Heumann/Ogilvy; dazu etwa *Wiedemann/Hirte* ZGR 1986, 163 (172 ff.).
[21] BGHZ 80, 69 = NJW 1981, 1512 – Süssen; LG Berlin BeckRS 2013, 02851 – Suhrkamp; dazu *Meyer* NJW 2013, 753; zum Ganzen auch Großkomm AktG/*Windbichler* Rn. 8.
[22] *Liebscher* GmbH-KonzernR Rn. 117.
[23] LG Freiburg BeckRS 2006, 05 119 = GmbHR 2006, 704 = AG 2006, 674. Allerdings sollte nicht § 138 InsO, sondern §§ 16, 17 die Zurechnungsfrage bei Gesellschafterdarlehen regeln, *Schall* ZIP 2010, 205 (209 f.).
[24] AllgM, BGHZ 62, 193 (196 f.) = NJW 1974, 855; OLG Düsseldorf AG 2005, 538 = NZG 2005, 1012; KG Berlin AG 2005, 398; OLG Karlsruhe AG 2004, 147; Hüffer/Koch/*Koch* Rn. 4, 6; Grigoleit/*Grigoleit* Rn. 5; Wachter/*Franz* Rn. 4; Hölters/*Hirschmann* Rn. 3; MüKoAktG/*Bayer* Rn. 11; K. Schmidt/Lutter/*J. Vetter* Rn. 5; Emmerich/Habersack/*Emmerich* Rn. 8; Großkomm AktG/*Windbichler* Rn. 19; Kölner Komm AktG/*Koppensteiner* Rn. 17, 19.
[25] Kölner Komm AktG/*Koppensteiner* Rn. 17, 101; Emmerich/Habersack/*Emmerich* Rn. 41a; Baumbach/Hueck/*Beursken* KonzernR Rn. 18, der hierin zugleich Stärke und Schwäche des Konzernrechts erblickt.
[26] MüKoAktG/*Bayer* Rn. 11 f.
[27] Vgl. BGHZ 121, 137 (146) = – WAZ: Einfluss auf Geschäfts- und Personalpolitik; BGH Der Konzern 2007, 134 (135) (zur Mehrmütterklausel in § 36 Abs. 2 S. 2 GWB): gemeinsame Unternehmenspolitik; MHdB AG/*Krieger* § 69 Rn. 39. Zum notwendigen Umfang → Rn. 12 f.
[28] So zB in der GmbH (Gesellschaftergeschäftsführer, Mehrheitsgesellschafter, vgl. § 37 Abs. 2 GmbHG), in der GmbH & Co KG (Komplementär) oder in Personengesellschaften, die dem Mehrheitsprinzip folgen. Wie hier K. Schmidt/Lutter/*J. Vetter* Rn. 8; Wachter/*Franz* Rn. 4; Grigoleit/*Grigoleit* Rn. 7.

Macht zu (personellen) Konsequenzen,[29] wie sie dem Mehrheitsgesellschafter in der AG zukommt (arg § 17 Abs. 2).[30] Nicht erforderlich ist, dass der beherrschende Einfluss in einheitliche Leitung münden kann.[31] „Negative" Beherrschung reicht aber nicht aus (→ Rn. 27).

10 Unter dem AktG 1965 wird nicht mehr gefordert, dass das herrschende Unternehmen der AG seinen Willen aufzwingen kann,[32] wie das RG es noch zu § 15 AktG 1937 vertrat.[33] Daher genügt auch für andere Herrschaftsmittel als den Mehrheitsbesitz, dass sie einen entsprechenden Einfluss auf die Geschäftspolitik vermitteln.[34] So reicht beispielsweise, wenn der Herrscher der abhängigen Verwaltung Konsequenzen für unbotmäßiges Verhalten androhen kann.[35]

11 Zu beachten ist der Unterschied zwischen der AG und anderen in- und ausländischen Gesellschaftsformen.[36] Er zeigt sich im *indirekten*[37] Herrschaftsmittel der Personalhoheit[38] gegenüber der *direkten* Herrschaft durch Weisungsbefugnisse. Außerhalb der AG tritt die Rolle des Einflusses durch Personalhoheit (zB das Recht zur Bestellung eines Geschäftsführers) gegenüber unmittelbaren Geschäftsleitungsbefugnissen zurück. Bloß vorübergehender Erwerb einer Anteilsmehrheit lässt nicht direkte Beherrschung durch Geschäftsführungsbefugnisse, wohl aber eine indirekte durch Sanktionsgewalt entfallen (→ Rn. 53).

12 **3. Umfang der Herrschaft.** Es wird oft gesagt, dass die Beherrschung das ganze Unternehmen oder zumindest die wichtigen Geschäftsbereiche zu umfassen hat und nicht punktuell sein dürfe.[39] Dies entspricht der hier vertretenen Sicht, dass Beherrschung die Bestimmung der Geschäftstätigkeit im abhängigen Unternehmen meint (→ Rn. 9). Dem wird vor allem entgegen gehalten, dass im

---

[29] Direkte und indirekte Herrschaftsmittel sind von unmittelbarer und mittelbarer Beherrschung abzugrenzen, Rn. 11. Siehe auch Grigoleit/*Grigoleit* Rn. 7, der von „mediatisierter Konkretisierung" der Herrschaft spricht.
[30] Ganz auf diesen Regelfall ausgerichtet ist das Verständnis des Herrschaftsbegriffs durch Rspr. und hM, OLG Karlsruhe AG 2004, 147 f.; LG Mannheim AG 2003, 216 (Vorinstanz); OLG Frankfurt WM 2002, 1048 (1052); OLG Düsseldorf ZIP 1993, 1791 (1793); Hüffer/Koch/*Koch* Rn. 5; MüKoAktG/*Bayer* Rn. 26 f.; Emmerich/Habersack/*Emmerich* Rn. 5 ff.; Emmerich/Habersack KonzernR § 3 II 2a; Großkomm AktG/*Windbichler* Rn. 9 ff.; ADS Rn. 25 f.; grds. auch Kölner Komm AktG/*Koppensteiner* Rn. 21. Das ist im Ansatz nicht ganz zutr. Es verdeckt, dass es letztlich um die Geschäftsführung geht, die für den AG-Aktionär aber nur indirekt zu erreichen ist.
[31] BGHZ 62, 193 (196) = NJW 1974, 855; Hüffer/Koch/*Koch* Rn. 4; aA Kölner Komm AktG/*Koppensteiner* Rn. 18; *Krieger* FS Semler, 1993, 510; siehe ferner Großkomm AktG/*Windbichler* Rn. 14; Emmerich/Habersack/*Emmerich* Rn. 6. Doch beschreibt das Junktim zwischen Abhängigkeit und Konzernierung nur den Regelfall und passt nicht als rechtliches Erfordernis, wie sowohl das Beispiel mehrstufiger Abhängigkeit in Mutter-Tochter-Enkel-Beziehungen (→ Rn. 14) als auch einheitlicher Leitung in Gleichordnungskonzernen zeigt.
[32] Ganz hM, Hüffer/Koch/*Koch* Rn. 5; MüKoAktG/*Bayer* Rn. 25; Emmerich/Habersack/*Emmerich* Rn. 8; Großkomm AktG/*Windbichler* Rn. 11, 20; Kölner Komm AktG/*Koppensteiner* Rn. 21; anders noch *K. Schmidt* ZGR 1980, 277 (285); unklar BGHZ 121, 137 (146) = NJW 1993, 2114 – WAZ: „Denn Herrschaft setzt voraus, dass das abhängige Unternehmen sich dem Einfluss nicht entziehen kann, den ein anderes auf seine Geschäfts- und Personalpolitik auszuüben vermag". Das meint aber wohl eher die Beständigkeit als die Unwiderstehlichkeit des Einflusses, vgl. → Rn. 19.
[33] RGZ 167, 40 (49) – Thega. Siehe aber → Rn. 22 f. zur Fruchtbarmachung dieses Kriteriums in Fällen nicht-gesellschaftsrechtlich fundierten Einflusses.
[34] Ganz hM; zweifelnd *Dierdorf*, Herrschaft und Abhängigkeit einer AG auf schuldvertraglicher und tatsächlicher Grundlage, 1978, 53 f.; aA Kölner Komm AktG/*Koppensteiner* Rn. 23 (§ 17 Abs. 2 markiere nur Höchstanforderung. Andere Herrschaftsmittel müssen nicht notwendig gleichen Umfang erreichen). Richtigerweise typisiert aber § 17 Abs. 2 das notwendige Maß indirekter Herrschaft über ein Unternehmen, wenn der direkte Zugriff auf die Geschäftsführung versperrt ist, → Rn. 11.
[35] OLG Karlsruhe AG 2004, 147 f.; OLG Frankfurt WM 2002, 1048 (1052); OLG Düsseldorf ZIP 1993, 1791 (1793) – Feldmühle Nobel/Stora; Kölner Komm AktG/*Koppensteiner* Rn. 21; Emmerich/Habersack/*Emmerich* Rn. 8; Emmerich/Habersack KonzernR § 3 II 2b mit Hinweis auch auf das Kartellrecht (zB BKartA „Philipps/Lindner" AG 2000, 520).
[36] BGHZ 90, 381 (395 ff.) = NJW 1984, 1893 – BuM. Zu ausländischen Gesellschaften → Vor § 15 Rn. 32; → § 15 Rn. 10; → § 16 Rn. 38.
[37] NB: Damit ist nicht der Unterschied zwischen unmittelbarem und mittelbarem Einfluss gemeint (dazu → Rn. 14). Auch die Mehrheitsbeteiligung in der AG vermittelt *unmittelbaren* herrschenden Einfluss im Gegensatz zu mittelbaren Einfluss durch Zurechnung der Macht Dritter. Dieser unmittelbare Einfluss verkörpert sich in der mittelbaren Kontrolle der Geschäftsführung.
[38] Dazu etwa BAGE 53, 187; OLG Düsseldorf ZIP 1993, 1791 (1793); OLG München AG 1995, 383.
[39] Ganz hM, BGHZ 135, 107 (114) = NJW 1997, 1855 – VW: „umfassend"; OLG Düsseldorf ZIP 1993, 1791 (1793); Hüffer/Koch/*Koch* Rn. 6 (7) (wesentliche unternehmerische Teilfunktionen); Grigoleit/*Grigoleit* Rn. 8; Henssler/Strohn/*Maier-Reimer/Kessler* § 17 Rn. 4; Hölters/*Hirschmann* Rn. 3; K. Schmidt/Lutter/*J. Vetter* Rn. 8; Großkomm AktG/*Windbichler* Rn. 17; iE auch Kölner Komm AktG/*Koppensteiner* Rn. 70, 26 f.; aA Emmerich/Habersack/*Emmerich* Rn. 9 f; MHdB AG/*Krieger* § 69 Rn. 39 mit Verweis auf OLG Karlsruhe AG 2004, 147 (148).

Rahmen der einheitlichen Leitung (§ 18) nach vordringender Ansicht ausreiche, wenn diese nur über einzelne, zentrale Unternehmensbereiche bestehe (→ § 18 Rn. 11). Entsprechendes müsse auch bei der vorgelagerten Abhängigkeit gelten.[40] Doch dieser Schluss ist nicht zwingend. Wenn innerhalb eines schon bestehenden Abhängigkeitsverhältnisses die Ausübung einheitlicher Leitung über einen wichtigen Unternehmensbereich ausreicht, folgt daraus nicht, dass dies schon zur Begründung der Abhängigkeit selbst genügen muss. Die Auflockerung bei der einheitlichen Leitung ist eher daraus zu verstehen, dass bei schon bestehender Abhängigkeit die *weiteren* Anforderungen nicht überspannt werden sollen. So mag die vollständige Fremdsteuerung der Finanzpolitik eines abhängigen Unternehmens für die Annahme eines Konzerns ausreichen.[41] Doch wird diese immer noch von der umfassenderen Herrschaftsmöglichkeit flankiert, auch wenn jene nicht ausgeübt zu werden braucht. Ohne sie wäre eine derartige Beherrschungssituation auch kaum denkbar.[42]

Vor diesem Hintergrund ist der hM mit der folgenden Einschränkung zuzustimmen: Zur Begründung von Abhängigkeit reicht die Beherrschung nur bestimmter Sparten (Produktion, Vertrieb, Organisation) nicht aus. Jedoch darf die Abhängigkeitsvermutung des § 17 Abs. 2 nicht mit dem Nachweis bloß punktueller Herrschaft entkräftet werden.[43] Ansonsten bleibt zu prüfen, ob eine vermeintliche Teilherrschaft nicht mittelbar die gesamte Geschäftspolitik erfasst, wie es bei der Budgethoheit nahe liegen mag. 13

4. Unmittelbare, mittelbare und mehrfache Beherrschung. a) Grundsätzliches. Der 14 beherrschende Einfluss kann sich unmittelbar aus eigenem Recht (Anteilsbesitz) oder auch nur mittelbar durch Mitwirkung Dritter (Stimmbindung, Treuhand) ergeben,[44] wobei allerdings das Erfordernis gesellschaftsrechtlicher Verflechtung zu beachten ist (ab → Rn. 20). Auf die Rechtmäßigkeit der Beherrschung[45] bzw. auf die Wirksamkeit der zugrunde liegenden Vereinbarungen kommt es nicht an, sofern sie praktisch umgesetzt werden.[46] Mittelbare und unmittelbare Beherrschungsmittel können nebeneinander stehen und schließen sich nicht aus.[47] Dabei kann es zu mehrfacher Abhängigkeit „nach oben" kommen, wenn verschiedenen Unternehmen herrschender Einfluss zukommt (**„Mehrmütterherrschaft")**.[48] Denn es kommt auf die Perspektive des abhängigen Unternehmens an, nicht auf den Herrschaftswillen des übergeordneten Unternehmens.[49] Der Dritte

---

[40] Emmerich/Habersack/*Emmerich* Rn. 9 f.; ähnlich Staub/*Ulmer* HGB Anh. § 105 Rn. 27 (einzelne zentrale unternehmerische Entscheidungsbereiche). Für Gleichlauf (auf Basis der entgegengesetzten Sicht) auch K. Schmidt/Lutter/*J. Vetter* Rn. 8.

[41] So LArbG BW AiB 2002, 110 ff. mit Anm *Growe* zu einer gemeinnützigen Tochter, die kein eigenes Vermögen halten durfte und deshalb auf die Investitionsplanung des Konzerns sowie die kostendeckende Kalkulation der konzerninternen Pachtverträge angewiesen war.

[42] Nicht überzeugend daher Kölner Komm AktG/*Koppensteiner* Rn. 27.

[43] Ansonsten läge in der Tat ein unvereinbarer Widerspruch zu § 18 Abs. 1 vor, vgl. Emmerich/Habersack/*Emmerich* Rn. 10.

[44] Hüffer/Koch/*Koch* Rn. 6; Grigoleit/*Grigoleit* Rn. 5; Henssler/Strohn/*Maier-Reimer/Kessler* § 17 Rn. 9; K. Schmidt/Lutter/*J. Vetter* Rn. 18; Emmerich/Habersack/*Emmerich* Rn. 26 f.; Kölner Komm AktG/*Koppensteiner* Rn. 29 ff.

[45] Diese ist wegen § 76 grundsätzlich umstritten für den faktischen Konzern, s. Hüffer/Koch/*Koch* § 311 Rn. 3 ff.

[46] Dies entspricht der wirtschaftlichen Betrachtungsweise des Unternehmensbegriffs, → § 15 Rn. 20. Vgl. ferner → Rn. 41 sowie Großkomm AktG/*Windbichler* Rn. 19, 36 und Vor § 15 Rn. 54; MüKoAktG/*Bayer* Rn. 38 mit Parallelschluss zu BGHZ 80, 69 – Süssen: gespaltene Familienstämme als Einheit, wenn in Vergangenheit stets einheitlich aufgetreten; ferner MüKoAktG/*Bayer* Rn. 69 zu einer möglicherweise unwirksamen Verpflichtung des Vorstands von Bremer Vulkan, die Landesinteressen wahrzunehmen.

[47] Großkomm AktG/*Windbichler* Rn. 57; Kölner Komm AktG/*Koppensteiner* Rn. 32; Emmerich/Habersack KonzernR § 3 II 3 b.

[48] Heute allgM, grundlegend BGHZ 62, 193 (196 f.) = NJW 1974, 855 – Seitz: „für die Feststellung eines Abhängigkeitsverhältnisses ist nicht umgekehrt erforderlich, dass sich daraus im Wege einheitlicher Leitung ein Konzernverhältnis entwickeln kann"; Hüffer/Koch/*Koch* Rn. 8, 13 ff.; Grigoleit/*Grigoleit* Rn. 5; Wachter/*Franz* Rn. 17; Hölters/*Hirschmann* Rn. 13 f.; MüKoAktG/*Bayer* Rn. 77; Henssler/Strohn/*Maier-Reimer/Kessler* § 17 Rn. 10 f.; K. Schmidt/Lutter/*J. Vetter* Rn. 19; eingehend Großkomm AktG/*Windbichler* Rn. 59 ff.; Emmerich/Habersack/*Emmerich* Rn. 12, 26 ff.; Kölner Komm AktG/*Koppensteiner* Rn. 31 f.; zu den früheren, auf den Wortlaut gestützten Bedenken etwa bei Großkomm AktG/*Würdinger*, 3. Aufl. 1973, Anm. 11; *Pentz*, Die Rechtsstellung der Enkel-AG in einer mehrstufigen Unternehmensverbindung, 1994, 21 ff. Zweifelhaft daher OLG Düsseldorf ZIP 1993, 1791 (1795) (§ 17 Abs. 2 streite für Abhängigkeit von X und nicht von Y und müsse erst widerlegt werden).

[49] BGHZ 62, 193 (196 f.) = NJW 1974, 855 – Seitz; BGHZ 135, 107 (114) = 1997, 1855; OLG Düsseldorf AG 2005, 538; KG Berlin AG 2005, 398; OLG Karlsruhe AG 2004, 147; Großkomm AktG/*Windbichler* Rn. 18; Hüffer/Koch/*Koch* Rn. 4; Emmerich/Habersack/*Emmerich* Rn. 12; *Emmerich/Habersack* KonzernR § 3 II 2 b; MHdB AG/*Krieger* § 69 Rn. 38; mit Recht einschränkend K. Schmidt/Lutter/*J. Vetter* Rn. 13 aE (gilt nicht bei irriger Annahme von Abhängigkeit).

kann seinerseits vom herrschenden Unternehmen abhängig sein („mehrstufige Abhängigkeit").[50] Der klassische Fall ist der Mehrheitsbesitz der Mutter an der Tochter, die den Mehrheitsbesitz an der Enkelin hält usw. Diese Herrschaftsketten können auch über ausländische Gesellschaften führen (→ Vor § 15 Rn. 32). Bei mehrstufiger Abhängigkeit führt die Mehrmütterherrschaft nicht zu mehrfacher Konzernzugehörigkeit, sondern zu einer Konzernbindung mit der obersten Gesellschaft (→ § 18 Rn. 19). Anders kann es in den folgend zu besprechenden Gemeinschaftsunternehmen liegen.

15 **b) Sonderfall Gemeinschaftsunternehmen.** Eine besondere Fallgruppe der Zusammenrechnung von Einflusspotentialen stellen Gemeinschaftsunternehmen dar,[51] deren Grundlage etwa ein Gleichordnungskonzern (§ 18 Abs. 2),[52] *Joint Venture Agreements* oder ähnliche Vereinbarungen, aber auch tatsächliche Besonderheiten der Beteiligungsverhältnisse sein können.[53] Sie zeichnen sich dadurch aus, dass die Herrschaft nicht von einem der beteiligten Unternehmen ausgeübt wird, sondern von beiden zusammen. Das führt zu der Frage, ob hier Abhängigkeit von jedem Unternehmen vorliegt, also ein Fall der Mehrmütterherrschaft,[54] oder ob es sich um ein einziges Abhängigkeitsverhältnis („gemeinschaftliche Herrschaft") handelt.[55] Das spielt eine Rolle, wenn man die Rechtsfolgen der Herrschaft auf der Seite des herrschenden Unternehmens differenzieren möchte.[56] Nach letzterer Ansicht wäre in den Brau & Brunnen-Fällen (→ Rn. 28) bei Annahme gemeinschaftlicher Herrschaft in der paritätisch gehaltenen Beteiligungsgesellschaft keine Abhängigkeit von der Hypobank zu begründen gewesen. Eine Barabfindung nach § 320b Abs. 1 S. 3 wäre nicht zu gewähren gewesen. Im Wettbewerbsrecht hat sich § 36 Abs. 2 S. 2 GWB für die Annahme von Mehrmütterherrschaft entschieden. Ebenso werten zB § 12 Abs. 3 S. 2 ZuG 2012[57] oder der Rundfunkstaatsvertrag bei der Frage der Programmzurechnung (§ 28 Abs. 1 S. 4 RStV[58]). Auch die hM zum allgemeinen Konzernrecht hat diesen Weg eingeschlagen. Dem hatte sich schließlich das Steuerrecht

---

[50] MüKoAktG/*Bayer* Rn. 73 ff.; Großkomm AktG/*Windbichler* Rn. 57 ff., 59 ff.; Kölner Komm AktG/*Koppensteiner* Rn. 32; Hüffer/Koch/*Koch* Rn. 6, 13 ff.
[51] Dazu noch → § 18 Rn. 20 ff.; BAG BeckRS 2015, 69307 = JR 2016, 345 = AuR 2015, 333 (LS) = DB 2015, 1728 (LS) = BB 2015, 1652 (LS); Hüffer/Koch/*Koch* Rn. 13 ff.; MüKoAktG/*Bayer* Rn. 76 ff.; K. Schmidt/Lutter/*J. Vetter* Rn. 45 ff.; Großkomm AktG/*Windbichler* Rn. 59 ff., 64 f.; Emmerich/Habersack/*Emmerich* Rn. 28 ff.; Kölner Komm AktG/*Koppensteiner* Rn. 83 ff.; NK-AktR/*Peres*/*Walden* Rn. 13 ff.; zum Gemeinschaftsunternehmen in der Mitbestimmung Hüffer/Koch/*Koch* § 96 Rn. 4; *Böttcher*/*Liekefett* NZG 2003, 701; für mehrfache Wahlrechte der Arbeitnehmer in den jeweiligen Konzernen BAGE 53, 287 (299 ff.); für mehrfache Konzernbetriebsräte BAG NZG 2005, 512 = ZIP 2005, 915; zu grenzüberschreitenden Gemeinschaftsunternehmen LArbG München BeckRS 2009, 66911.
[52] Zwar führt nicht jedes Gemeinschaftsunternehmen zwingend zu einem Gleichordnungskonzern zwischen den Müttern. Jedoch lassen sich in der Praxis Integrationswirkungen beobachten („Gruppeneffekt"), näher Kölner Komm AktG/*Koppensteiner* § 18 Rn. 20 (mit Fn. 60).
[53] AllgM, BGHZ 62, 193 (199 ff.) = NJW 1974, 855 – Seitz; OLG Düsseldorf AG 2005, 538; KG Berlin AG 2005, 398; kaum nachvollziehbar hingegen OLG Schleswig v 28.10.2010 – 5 U 55/09, BeckRS 2010, 29118 = GWR 2011, 34 (*Soudry*), das die Figur der gemeinschaftlichen Herrschaft (konkret durch France Telecom und Hauptaktionär Schmidt über Mobilcom) vollkommen verkennt (→ Rn. 18 mit Fn. 67). Die Grundlage des Zusammenwirkens muss aber verlässlich sein und darf nicht unsicher sein, Kölner Komm AktG/*Koppensteiner* Rn. 83 ff.; dazu allg. → Rn. 8 und → Rn. 19.
[54] So die hM, BAG BeckRS 2015, 69307 = JR 2016, 345 (LS 2 sowie Rn. 27) = AuR 2015, 333 (LS) = DB 2015, 1728 (LS) = BB 2015, 1652 (LS)BAG NZA 1996, 274 (275); LArbG Köln, ArbuR 2006, 214 (red LS), Rn. 55; Hüffer/Koch/*Koch* Rn. 13 f.; Wachter/*Franz* Rn. 17; MüKoAktG/*Bayer* Rn. 77; K. Schmidt/Lutter/*J. Vetter* Rn. 45; Emmerich/Habersack/*Emmerich* Rn. 30 ff., 32; Kölner Komm AktG/*Koppensteiner* Rn. 70; Grigoleit/*Grigoleit* Rn. 16; Hölters/*Hirschmann* Rn. 14; MHdB GmbH/*Kiefner* § 67 Rn. 33. Das oft hierfür zitierte Seitz-Urteil BGHZ 62, 193 = NJW 1974, 855 – Seitz bestätigt diese Ansicht nicht, sondern spricht seinen Formulierungen nach eher für die Gegenmeinung (siehe nächste Fn.).
[55] Großkomm AktG/*Windbichler* Rn. 66 f.; ihr grds. folgend NK-AktR/*Peres*/*Walden* Rn. 13c; vgl. auch BGHZ 62, 193 = NJW 1974, 855 – Seitz LS: „Zwischen einer Gruppe von Familiengesellschaften ... und einem Unternehmen, an dem diese Gesellschaften zusammen mehr als 50% der Anteile innehaben, kann *ein* Abhängigkeitsverhältnis bestehen."; LG Mosbach AG 2001, 206 = NZG 2001, 763: (LS. 1: „ein Abhängigkeitsverhältnis"); aA zB Henssler/Strohn/*Maier-Reimer*/*Kessler* § 17 Rn. 11; Wachter/*Franz* Rn. 17; ferner unten im Text. Zur Frage, ob das Verhältnis mit dem gemeinschaftlich herrschenden Unternehmen oder (auch oder nur) zu ihrem Leitungsorgan besteht, s. → Rn. 18.
[56] ZB Großkomm AktG/*Windbichler* Rn. 66 sowie § 16 Rn. 30 (Zurechnung abhängiger Unternehmen nur bei alleiniger Herrschaft); dagegen → § 16 Rn. 21. Im Rahmen der §§ 291 ff., §§ 311 ff. sind die Folgen gemeinschaftlicher Beherrschung weitgehend geklärt, siehe Emmerich/Habersack/*Habersack* § 311 Rn. 14; Kölner Komm AktG/*Koppensteiner* § 291 Rn. 57 ff.
[57] Dazu VG Berlin BeckRS 2013, 58144.
[58] Dazu VG Hannover BeckRS 2013, 58864.

angeschlossen, was jetzt aber vom Gesetzgeber korrigiert wurde.[59] Die Quotenkonsolidierung des § 310 HGB deutet dagegen eher in Richtung einer einheitlichen Beziehung, die dann aufgespalten wird, als auf mehrfache Abhängigkeit.

Stellungnahme: Zunächst ist der tatsächliche Unterschied zwischen alleiniger, mehrfacher und gemeinschaftlicher Herrschaft anzuerkennen. Letztere liegt anders als etwa gestufte Abhängigkeit. Die Aussage, dass sowohl A als auch B herrschen, widerstreitet der Tatsache, dass sie nur gemeinsam herrschen können und niemand den anderen dominieren kann.[60] Ohne Koordinierung würden sie sich vielmehr neutralisieren.[61] Auch wirtschaftlich besteht ein erheblicher Unterschied. Die Neigung zu Gewinnverschiebungen, etwa zwischen der gut verdienenden Raffinerie und der defizitären Petrochemie eines Mineralölkonzerns, sinkt naturgemäß, wenn die Gewinne allein erwirtschaftet, die Verluste aber in einem Gemeinschaftsunternehmen geteilt werden. Eine andere Frage ist, wie diesen besonderen Umständen im Rahmen des § 17 Rechnung zu begegnen ist. Die hM hat sich bei Gemeinschaftsunternehmen mit guten Gründen sogar zur Anerkennung mehrfacher Konzernzugehörigkeit, also geteilter „einheitlicher Leitung" durchgerungen.[62] Das muss erst recht gelten, wenn es noch nicht um die Gesamtbetrachtung, sondern erst um die Gefahren aus der *Beherrschungsmöglichkeit* geht. Diesen würde man nicht gerecht, könnte man die gemeinschaftliche Herrschaft nach Art einer „Gesamthandsherrschaft" nicht mehr mit der Alleinherrschaft des beteiligten Unternehmens zusammenrechnen.[63] Die Folge wären ua schwer hinnehmbare Lücken beim Umgehungsschutz.[64] Das stünde ferner im Widerspruch zu den Grundsätzen der „kombinierten Beherrschung" (→ Rn. 27). Daher ist der hM zu folgen.[65]

Dementsprechend ist die Tochter beim üblichen 50 %–50 % Joint Venture nicht nur von A und B gemeinsam, sondern entsprechend § 36 Abs. 2 S. 2 GWB sowohl von A als auch von B abhängig. Dazu tritt gegebenenfalls ein Koordinierungsorgan.[66] Da hierfür eine beständige gemeinsame Beherrschung vorausgesetzt ist,[67] mündet diese besondere Form der Mehrmütterherrschaft in mehrfacher Konzernzugehörigkeit (→ § 18 Rn. 21). Anders aber, wenn sich die beiden Spitzen selbst in einem Gleichordnungskonzern zusammenschließen (→ § 18 Rn. 22). Im Übrigen ist nicht zu übersehen, dass auch Vorherrschaft nur eines der Partner vorliegen kann (näher → Rn. 28). Die gleichen Grundsätze müssen zur Anwendung kommen, falls das Vehikel des Gemeinschaftsunternehmens eine Personengesellschaft ist.[68]

c) Joint Venture mit Nicht-Unternehmen. Nach einer Entscheidung des OLG Frankfurt[69] sollen die Anwendung der vorstehenden Grundsätze davon abhängen, dass es sich bei allen Parteien

---

[59] Zur Entwicklung eingehend Kölner Komm AktG/*Koppensteiner* § 291 Rn. 58 ff.; Emmerich/Habersack/ *Emmerich* Rn. 29.
[60] Insoweit zutr. Großkomm AktG/*Windbichler* Rn. 66 f.; siehe auch Kölner Komm AktG/*Koppensteiner* § 18 Rn. 20 und § 291 Rn. 57.
[61] Zutr MüKoAktG/*Bayer* Rn. 80; Emmerich/Habersack/*Emmerich* Rn. 29, 31.
[62] → § 18 Rn. 20 ff.; Kölner Komm AktG/*Koppensteiner* Rn. 20.
[63] Entsprechend können Beteiligungen im gesamthänderischen Vermögen zwar nicht über § 16 Abs. 4 der Einzelperson zugerechnet werden, wohl aber über allgemeine Grundsätze, vgl. → § 16 Rn. 26, § 15 Rn. 43.
[64] Siehe dazu den Fall des OLG Brandenburg BeckRS 2008, 02 649 zu einer eigenkapitalersatzenden Nutzungsüberlassung durch eine Gesellschaft, die vom Mehrheitsgesellschafter der Schuldnerin und einem Nichtgesellschafter gemeinsam zu je 50% kontrolliert wurde. Das OLG ging stattdessen den (ebenfalls zweifelhaft → Rn. 44) Weg über die personellen Verflechtungen zwischen Überlasserin und Schuldnerin, um daran die Unternehmensverbindung aufzuhängen.
[65] So auch Emmerich/Habersack/*Emmerich* Rn. 30; Henssler/Strohn/*Maier-Reimer/Kessler* § 17 Rn. 11.
[66] Vorausgesetzt ist natürlich dessen Unternehmenseigenschaft (vgl. → § 15 Rn. 41 f.). Wie hier BAG NZG 2005, 512 (514) (obwohl auf mögliche Schutzlücken hinweisend); Kölner Komm AktG/*Koppensteiner* Rn. 86 ff., § 291 Rn. 58 ff.; K. Schmidt/Lutter/*J. Vetter* Rn. 49 aE; wohl auch Emmerich/Habersack/*Emmerich* Rn. 32 (konzernrechtliche Beziehungen ... nicht *nur* zu etwaiger GbR zwischen den Müttern); explizit gegen Einbeziehung einer leitenden GbR Hüffer/Koch/*Koch* Rn. 14 unter unzutr. Berufung auf den Seitz-Fall, BGHZ 62, 193 (201) (→ § 15 Rn. 41); offen LG Mosbach NZG 2001, 763. Die Beherrschungsverträge im Zuge der steuerlichen Organschaft werden nach der Neufassung des § 14 KStG (wieder) nur mit dem Koordinierungsorgan anerkannt, Kölner Komm AktG/*Koppensteiner* Rn. 59; zu den steuerlichen Konsequenzen *Winkemann* BB 2003, 1649 (KGaA als Alternative).
[67] Emmerich/Habersack/*Emmerich* Rn. 30.
[68] Voraussetzung ist aber die Unternehmenseigenschaft der GbR, vor allem ihre heute anerkannte Teilrechtsfähigkeit (→ § 15 Rn. 40 ff.). Vgl. aber das Kartellrecht, wo über die typische gemeinsame Interessenlage und Leitungsmacht bei Personengesellschaften hinaus noch weitere Umstände verlangt werden, BGHZ 81, 56 (60) = NJW 1981, 2699; Großkomm AktG/*Windbichler* Rn. 62 (s. § 37 Abs. 1 Nr. 2 GWB). Zu den Voraussetzungen von Mehrmütterherrschaft nach § 36 Abs. 2 S. 2 jetzt BGH Der Konzern 2007, 134.
[69] OLG Frankfurt NZG 2004, 419 = AG 2004, 567 = DStR 2004, 698 (LS). (Nur) So wäre auch OLG Schleswig BeckRS 2010, 29118 = GWR 2011, 34 (*Soudry*) iE erklärbar (Kooperationsvereinbarung der France Telecom mit Hauptaktionär Schmidt als bloßem Privataktionär).

des Joint Venture um Unternehmen im Sinne des § 15 AktG handelt, nicht aber, wenn sich ein Unternehmen und reine Privataktionäre gleichberechtigt gegenüberstehen. Diese Ansicht ist im Lichte der allgemeinen Zurechnungsregeln (→ § 15 Rn. 30 ff.) nicht haltbar.[70] Vielmehr gilt folgendes: Wenn sich die beiden Anteilsblöcke neutralisieren und keine gemeinsame Herrschaft ausgeübt wird, liegt unabhängig vom Unternehmensbegriff keine Unternehmensverbindung im Sinne der §§ 15 ff. vor. Wenn die Herrschaftsmacht aber koordiniert wird, ist danach zu unterscheiden, ob einer Seite die Vorherrschaft zukommt oder ob gemeinschaftliche Herrschaft ausgeübt wird. Wenn die zugrunde liegenden Vereinbarungen auf eine Herrschaft des Unternehmens hinauslaufen, ist dieses kraft Zurechnung der Stimmen der Nichtunternehmer herrschendes Unternehmen. Die Privataktionäre sind keine Unternehmer. Wenn umgekehrt die Privataktionäre die Vorherrschaft halten, werden sie dadurch nicht zum Unternehmen.[71] Die anderweitigen wirtschaftlichen Interessen des untergeordneten Partners dominieren nicht und werden ihnen daher nicht zugerechnet. Zwischen dem Gemeinschaftsunternehmen und dem unterlegenen Partner-Unternehmen besteht ebenfalls keine Unternehmensverbindung. Wenn aber beide Blöcke zu gemeinschaftlicher Herrschaft koordiniert sind, ist das Unternehmen schon kraft der allgemeinen Grundsätze zur Mehrmütterherrschaft (eben → Rn. 17) als herrschendes Unternehmen anzusehen, da die fehlende Unternehmenseigenschaft der Partner weder seine Unternehmenseigenschaft noch seine Herrschaft in Frage stellt. Aber auch die vormaligen Privataktionäre müssen sich die anderweitige Interessenbindung ihres Mitherrschers zurechnen lassen (→ § 15 Rn. 34).[72] Sie verlieren also ihr Privatgesellschafterprivileg und werden selbst zu Unternehmen. Das allein ist sachgerecht, weil die koordinierte Führung durch die abweichenden wirtschaftlichen Interessen des beteiligten Unternehmens geprägt werden kann.

19 **5. Beständigkeit der Herrschaft.** Des Weiteren bedarf es einer **beständigen** Beherrschungsmöglichkeit.[73] Situationsbezogene Umstände wie ein überzeugender Auftritt in der Gesellschafterversammlung oder eine zufällige Hauptversammlungsmehrheit reichen nicht aus.[74] Die Herrschaft ist ebenfalls beständig, wenn sie unmittelbar auf eigenem Recht oder mittelbar auf gesicherter Mitwirkung Dritter gründet.[75] Das abhängige Unternehmen darf sich dem herrschenden Einfluss nicht einfach entziehen können.[76] Darüber hinaus kann auch eine für sich nicht hinreichende Machtposition (Minderheitsbeteiligung) durch **verlässliche tatsächliche Umstände** zur Beherrschung verdichtet werden („kombinierte Beherrschung", → Rn. 25). Standardbeispiel ist die faktische Hauptversammlungsmehrheit (→ Rn. 30). Im Übrigen können vorübergehende Beteiligungen genügen, da **keine Dauerhaftigkeit** vorausgesetzt ist.[77] Auch für Banken gilt keine generelle Ausnahme.[78] Allerdings kann vor allem bei einer AG die Grundlage für die Herrschaftsvermutung entfallen, wenn die Verwaltung vom Zwischenerwerber offensichtlich keine Sanktionen zu befürchten hat.[79]

---

[70] Wie hier K. Schmidt/Lutter/*J. Vetter* Rn. 49; Kölner Komm AktG/*Koppensteiner* Rn. 89; Emmerich/Habersack/*Emmerich* Rn. 30; MHdB AG/*Krieger* § 69 Rn. 55; aA *Bauer* NZG 2001, 742 (745).

[71] Ebenso Kölner Komm AktG/*Koppensteiner* Rn. 89. So dürfte es im Fall des OLG Frankfurt gelegen haben, wo allein die Privataktionäre die Geschäftsführer stellen konnten (vgl. NZG 2004, 419 f.). Daher ist die Entscheidung insoweit iE zutr.

[72] Insoweit abl Henssler/Strohn/*Maier-Reimer*/*Kessler* § 17 Rn. 11.

[73] BegrRegE *Kropff* S. 31; BGHZ 135, 107 ff. = NJW 1997, 1855 – VW; OLG Düsseldorf AG 2005, 538 f.; KG Berlin AG 2005, 398 f.; Hüffer/Koch/*Koch* Rn. 7; Grigoleit/*Grigoleit* Rn. 8; MüKoAktG/*Bayer* Rn. 13; K. Schmidt/Lutter/*J. Vetter* Rn. 12; Großkomm AktG/*Windbichler* Rn. 21; Emmerich/Habersack/*Emmerich* Rn. 11, 13, 18; MHdB AG/*Krieger* § 69 Rn. 40; Wachter/*Franz* Rn. 6; Hölters/*Hirschmann* Rn. 3; *ADS* Rn. 16 ff.; iE auch Kölner Komm AktG/*Koppensteiner* Rn. 20 (Einfluss darf nicht „unsicher" sein). Entsprechendes gilt für die einheitliche Leitung, → § 18 Rn. 17.

[74] OLG Düsseldorf AG 2005, 538 f.; KG Berlin AG 2005, 398 f.; Kölner Komm AktG/*Koppensteiner* Rn. 42; Hüffer/Koch/*Koch* Rn. 6; Emmerich/Habersack/*Emmerich* Rn. 13; MHdB AG/*Krieger* § 69 Rn. 40, 44; differenzierend MüKoAktG/*Bayer* Rn. 50, falls sich Zufallskonstellation durch komplette Besetzung des Aufsichtsrates verfestigt hat.

[75] Hüffer/Koch/*Koch* Rn. 6; Wachter/*Franz* Rn. 6; Hölters/*Hirschmann* Rn. 3; Emmerich/Habersack/*Emmerich* Rn. 11; eingehend Kölner Komm AktG/*Koppensteiner* Rn. 45 ff.

[76] Kölner Komm AktG/*Koppensteiner* Rn. 20; dem folgend etwa BGHZ 121, 137 (146) = NJW 1993, 2114 – WAZ; OLG Frankfurt WM 2002, 1048 (1052); Emmerich/Habersack/*Emmerich* Rn. 8.

[77] BGH NJW 1997, 943 = ZIP 1997, 416 zu einer möglichen Haftung aus qualifiziert faktischem Konzern bei einwöchiger Konzernierung; Hüffer/Koch/*Koch* Rn. 7; Grigoleit/*Grigoleit* Rn. 8; MüKoAktG/*Bayer* Rn. 13, 62; Großkomm AktG/*Windbichler* Rn. 21; Kölner Komm AktG/*Koppensteiner* Rn. 25; Emmerich/Habersack/*Emmerich* Rn. 11; MHdB AG/*Krieger* § 69 Rn. 40; *ADS* Rn. 19; teils kritisch bezüglich AG K. Schmidt/Lutter/*J. Vetter* Rn. 11; → § 15 Rn. 26, 45.

[78] Kölner Komm AktG/*Koppensteiner* Rn. 38; MüKoAktG/*Bayer* Rn. 62 (anders lediglich im Zusammenhang mit Erwerb im Rahmen eines mittelbaren Bezugsrechts nach § 186 Abs. 5, unstr., *ADS* Rn. 33).

[79] Zutr. Kölner Komm AktG/*Koppensteiner* Rn. 25 aE; → Rn. 53.

6. Gesellschaftsrechtlich vermittelte Herrschaft. Eine zentrale Streitfrage des § 17 lautet, auf 20 welchen Mitteln die vorbeschriebene Einflussmöglichkeit beruhen muss. Nach einer älteren Meinung sollen für § 17 Abs. 1 tatsächliche Umstände jeder Art ausreichen können.[80] So wollte sie insbesondere die **wirtschaftliche Abhängigkeit** von Lieferanten, Kunden oder Kreditgebern subsumieren.[81] Demgegenüber vertritt die hM im Anschluss an den BuM-Fall des BGH,[82] dass der Einfluss **gesellschaftsrechtlich vermittelt** sein muss, insbesondere durch Beteiligung im abhängigen Unternehmen. Besteht eine solche Beteiligung, so reicht nach ganz hM allerdings aus, dass sie erst durch weitere verlässliche Umstände rechtlicher oder tatsächlicher Art zur Abhängigkeit verdichtet wird („kombinierte Beherrschung", → Rn. 25). Dabei können auch wirtschaftliche Verflechtungen berücksichtigt werden (→ Rn. 35). Außerdem ist zu bedenken, dass keine *eigene* Beteiligung vorausgesetzt ist. Es reicht vielmehr die Zurechnung einer fremden Beteiligung, zB auf Grundlage eines Treuhandverhältnisses, aus.[83] Ist also beispielsweise der Hauptgesellschafter in die enge Vertragsbeziehung miteinbezogen (zB bei 1-Mann-Gesellschaft als Franchiseunternehmen), ist der Weg zu § 17 ohne Weiteres eröffnet.

Stellungnahme: Der Wortlaut und die Entstehungsgeschichte[84] stützen die einschränkende Auslegung nicht. Soweit die hM systematisch aus dem Leitbild der Abhängigkeit (§ 17 Abs. 2) sowie den Rechtsfolgen der §§ 311 ff. argumentiert,[85] ist dem entgegenzuhalten, dass § 17 Abs. 2 nur ein typisierter Abhängigkeitstatbestand ist[86] und dass die §§ 311 ff. zwar herausgehobene, aber nicht die einzigen Rechtsfolgen des § 17 sind.[87] Ebenso wenig überzeugt daher, den Schutzweck des Konzernrechts auf gesellschaftsrechtliche Beeinträchtigungen zu beschränken,[88] weil das Konzernrecht in erster Linie den

---

[80] *Baumbach/Hueck* Anm. 2; Geßler/Hefermehl/*Geßler* Rn. 40 f.; *Dierdorf,* Herrschaft und Abhängigkeit einer AG auf schuldvertraglicher und tatsächlicher Grundlage, 1978, 38 ff., 154 ff.; neuerdings wieder *Bayreuther,* Wirtschaftlich-existentiell abhängige Unternehmen in Konzern- Kartell und Arbeitsrecht, 2001, 67 ff.; *Soudry/Löb* GWR 2011, 127; im Ansatz auch MüKoAktG/*Bayer* Rn. 29 f.; grds. zust. *Servatius,* Gläubigereinfluss durch Covenants, 2008, 350 ff.

[81] Siehe auch MüKoAktG/*Bayer* Rn. 29 f.; zur durch den Wegfall der Haftungskomponente teilweise überholten Diskussion siehe etwa *Bayreuther,* Wirtschaftlich-existentiell abhängige Unternehmen in Konzern- Kartell und Arbeitsrecht, 2001, 67 ff.; speziell zum Franchising noch *Teubner* ZHR 154 (1990), 295 (318 f.); *Herrfeld,* Die Abhängigkeit des Franchisenehmers, 1998; differenzierend *Oechsler* ZGR 997, 464 ff.; weiter *Hirte* CR 1992, 193 ff.; für Einbeziehung in Konzernrecht ferner *Martinek* Franchising 1987 S. 643 ff.; *Buschbeck-Bülow* BB 1989, 352 ff. (zur Betriebsverfassung); hiergegen *Selzner,* Betriebsverfassungsrechtliche Mitbestimmung in Franchise-Systemen, 1994, 108.

[82] BGHZ 90, 381 (395 f.) = NJW 1984, 1893 unter Abgrenzung zu BGHZ 62, 193 (199); BGHZ 69, 334 (337) = NJW 1978, 104; bestätigt in BGHZ 121, 137 (145) = NJW 1993, 2114 – WAZ; BGHZ 135, 107 (114) = 1997, 1855 – VW; BGHZ 148, 123 (125) = NJW 2001, 2973 – MLP; OLG Schleswig BeckRS 2010, 29118; OLG Düsseldorf AG 2005, 538 ff.; Der Konzern 2003, 841 f.; KG Berlin AG 2005, 398; OLG Karlsruhe NZG 2004, 334 f.; OLG Frankfurt AG 1998, 139 f.; Hess LArbG AuR 2004, 478 (LS) = ZBVR 2005, 37 (LS); LG Hamburg v 15.3.2004, 414 O 123/93; Hüffer/Koch/*Koch* Rn. 8; Grigoleit/*Grigoleit* Rn. 6; Wachter/*Franz* Rn. 7; MüKoAktG/*Bayer* Rn. 21 f., 29 f.; Großkomm AktG/*Windbichler* Rn. 12 f., 40 ff.; Henssler/Strohn/*Maier-Reimer/Kessler* § 17 Rn. 5; K. Schmidt/Lutter/*J. Vetter* Rn. 15; Hölters/*Hirschmann* Rn. 5; Emmerich/Habersack/*Emmerich* Rn. 14 ff.; *Emmerich/Habersack* KonzernR § 3 II 3 a; Kölner Komm AktG/*Koppensteiner* Rn. 28, 58 ff., 70, 77; NK-AktR/*Peres/Walden* Rn. 9; MHdB AG/*Krieger* § 69 Rn. 41; MHdB GmbH/*Kiefner* § 67 Rn. 31 und 35; *ADS* Rn. 23; *Henze,* Konzernrecht: höchst- und obergerichtliche Rechtsprechung, 2001, Tz. 31 ff.; *Liebscher* GmbH-KonzernR Rn. 103; *Ederle,* Verdeckte Beherrschungsverträge, 2010, 14 ff.

Offenlassend jetzt BAGE 137, 121 = NZA 2011, 866, LS 1 und Rn. 27 ff. (siehe zur hier erneut virulenten Grundsatzfrage um die Beachtlichkeit arbeitsrechtlicher Wertungen auch → Vor § 15 Rn. 11 ff.).

Gegen eine gesellschaftsrechtliche Grundlage die wohl hM im Kartellrecht vgl. *Immenga/Mestmäcker* GWB § 36 Rn. 49 f.; offen lassend BGHZ 121, 137 (145 f.) = NJW 1993, 2114 – WAZ; BGHZ 81, 56 (60) = NJW 1981, 2699; s. LG Nürnberg-Fürth WuW/E DE-R 1659 „erforderliche gesellschaftsrechtlich vermittelte Einflussmöglichkeit".

[83] ZB BGHZ 107, 7 = NJW 1989, 1800 – Tiefbau: Die beklagte Bank war nicht selbst beteiligt, doch stand die Eigenschaft zumindest eines der beiden Gesellschafter als Strohmann im Raum.

[84] Nach den Materialien wurden jedenfalls schuldvertragliche Bindungen als Grundlage angesehen, und – entgegen dem Referentenentwurf (RefE zum AktG 1965 (1958) S. 195 f.) – selbst rein tatsächliche Verhältnisse nicht *a limine* ausgeschlossen, BegrRegE *Kropff* S. 31; vgl. den ausführlichen Überblick zur Entstehungsgeschichte bei MüKoAktG/*Bayer* Rn. 15 ff.; für die Überwindung des historischen Arguments auch Großkomm AktG/*Windbichler* Rn. 12 aE.

[85] Etwa BGHZ 90, 381 (395 f.) = NJW 1984, 1893; Hüffer/Koch/*Koch* Rn. 8; Kölner Komm AktG/*Koppensteiner* Rn. 28, 59; Großkomm AktG/*Windbichler* Rn. 12 f.; K. Schmidt/Lutter/*J. Vetter* Rn. 15 (dessen zusätzlicher Verweis auf die Unterscheidung von §§ 311 ff. und § 117 nicht überzeugt, weil diese durch das Privataktionärsprivileg, nicht durch den gesellschaftsrechtlich vermittelten Einfluss geprägt wird).

[86] Der systematische Schluss der hM verallgemeinert eine Spezialvorschrift.

[87] Das anerkennend auch Kölner Komm AktG/*Koppensteiner* Rn. 77.

[88] BGHZ 90, 381 (395 f.) = NJW 1984, 1893; MüKoAktG/*Bayer* Rn. 21; Kölner Komm AktG/*Koppensteiner* Rn. 59.

Minderheitsgesellschafter schütze[89] und weil die typische Konzerngefahr durch Überfremdung des gesellschaftlichen Eigeninteresses von innen komme,[90] während gegen schädliche Dominanz von außen das allgemeine Zivil- und Wettbewerbsrecht zu schützen hätten.[91] Denn um Minderheitenschutz ging es auch der einstigen Autokran-Rechtsprechung (BGHZ 95, 330) nicht. Bezeichnend ist in diesem Zusammenhang etwa die Tatsache, dass die in der Weltfinanzkrise notorisch gewordenen Zweckgesellschaften regelmäßig allein über vertragliche Bindungen, nicht über gesellschaftsrechtliche Mittel gesteuert wurden, um die Konsolidierung nach den sachlich verwandten Konzernrechnungslegungsvorschriften zu vermeiden.[92] Auch das Vorhandensein anderer Schutzmechanismen ist kein Argument gegen die Anwendbarkeit des Konzernrechts. Das gilt erst recht, wenn Austauschverträge zunehmend die Funktion der Beteiligungskonzerne übernehmen.[93] Franchiseketten wie McDonalds oder Starbucks erscheinen dem Verkehr nicht wie Einzelgesellschaften, sondern wie „Scheinauslandszweigstellen" internationaler Konzerne. Die Gefahr schädlicher Fremdsteuerung besteht gleichermaßen bei externer Abhängigkeit, zB wenn der Autobauer dem Zulieferer die Verlagerung der Produktion in *Low-Cost* Länder diktiert oder die Hausbank die rechtzeitige Abwicklung des Unternehmens verzögert, um ihre Kredite noch nicht abschreiben zu müssen. Folgerichtig wird in England nicht bezweifelt, dass neben der Muttergesellschaft auch eine Bank potentiell als „*shadow director*" aus „*wrongful trading*" haften kann.[94]

22 Jedoch besteht die Gefahr, dass das Abstellen auf die bloße Einflussmöglichkeit bei externen Einflüssen zu weit führt.[95] Denn die Parteien eines Austauschvertrages sind nur in weit geringerem Umfang zur gegenseitigen Rücksichtnahme verpflichtet.[96] Angesichts dessen ist der hM zwar im Grundsatz zuzustimmen. Jedoch ist zum einen auf die Möglichkeit abweichender Auslegung in anderen Rechtsgebieten zu verweisen (→ Vor § 15 Rn. 11). Zum anderen ist ungeachtet dieser spezifischen Abweichungsmöglichkeiten eine generelle **Ausnahme**[97] von der hM angezeigt, wenn ein Unternehmen einem anderen im Sinn der reichsgerichtlichen Rechtsprechung **seinen Willen aufzwingen** kann bzw. **tatsächlich durchsetzt**. Für die gesellschaftsrechtlich vermittelte Einflussmöglichkeit ist das zu eng (→ Rn. 10). Jenseits derselben markiert dieser Gedanke aber eine wichtige Grenze, die etwa auch im Rahmen des § 117 fruchtbar zu machen ist (→ § 117 Rn. 15). Die „Versklavung" des Vertragspartners ist nicht erlaubt. Die Selbstbestimmung der Gesellschaft muss gewahrt bleiben. Deshalb haben solchermaßen „degenerierte" Austauschbeziehungen dem Konzernrecht zu unterfallen.[98] Mit dieser Auslegung würde beispielsweise gewährleistet, dass „scheinselbstständige" **Zweckgesellschaften von Banken** auch dem Aktienkonzernrecht unterfallen, was man auch als Beispiel für eine umgekehrte Wechselwirkung mit den Rechnungslegungsvorschriften begreifen könnte (siehe dort den neuen § 290 Abs. 2 Nr. 4 HGB[99]). Ferner spricht dafür, dass die hM in Fällen, wo die vertragliche Beziehungen bis zur Herstellung einheitlicher Leitung reichen, von vornherein zur Annahme eines bloßen Gleichordnungskonzerns gezwungen ist, also ungeachtet tatsächlicher Subordination.[100]

---

[89] BGHZ 90, 381 (396) = NJW 1984, 1893; wohl auch MüKoAktG/*Bayer* Rn. 31: Beim Franchising scheide ein Mehrheits- Minderheitskonflikt.

[90] MüKoAktG/*Bayer* Rn. 21; Kölner Komm AktG/*Koppensteiner* Rn. 59.

[91] Etwa Kölner Komm AktG/*Koppensteiner* Rn. 59; Emmerich/Habersack/*Emmerich* Rn. 15. Diese Argumentation ist mit der Anerkennung „kombinierter Beherrschung" (→ Rn. 25) aber nur schwer vereinbar, konsequent insoweit nur Kölner Komm AktG/*Koppensteiner* Rn. 68.

[92] Kümpel/Piel DStR 2009, 1222 (1226); Lüdenbach/Jens BB 2009, 1230 (1231 f.).

[93] Vgl. Emmerich/Habersack/*Emmerich* Rn. 14; Raupach FS Bezzenberger, 2000, 327; freilich stellt sich hier auch die Problematik nur punktuellen Einflusses, Großkomm AktG/*Windbichler* Rn. 41; dazu → Rn. 12 f.

[94] *Re a Company (No 005 009/1987), ex parte Copp* (1989) BCLC 13; *Hirt* ECFR 2004, 71 (89); → Vor § 15 Rn. 39.

[95] Insoweit zutr. BGHZ 90, 381 (386) = NJW 1984, 1893; OLG Karlsruhe NZG 2004, 334; Emmerich/Habersack/*Emmerich* Rn. 15 aE; Emmerich/Habersack KonzernR § 3 II 3 a. Kritisch zu den Definitionsversuchen der Gegenansicht Kölner Komm AktG/*Koppensteiner* Rn. 60. So wäre die Einbeziehung einzelkaufmännischen Unternehmen in den Abhängigkeitsbegriff wesentlich umfassender möglich als mit dem Erfordernis der gesellschaftsrechtlichen Verflechtung (→ Rn. 48).

[96] Tendenziell wie hier Großkomm AktG/*Windbichler* Rn. 13. Zum Dualismus von Austausch und Gesellschaftsvertrag auch *Windbichler* Vor § 15 Rn. 18 f. mwN.

[97] Für Ausnahmen auch MüKoAktG/*Bayer* Rn. 29 (dazu noch Fn. 92).

[98] Dafür spricht ferner, dass Unternehmensverträge auch ohne Beteiligung geschlossen werden können, und dass bei qualifiziert faktischer Beherrschung dieselben Haftungsrisiken entstehen (→ Vor § 15 Rn. 14 f., → § 15 Rn. 47).

[99] Dort wird auf die Tragung der Mehrheit der Chancen und Risiken durch das herrschende Unternehmen bei wirtschaftlicher Betrachtung abgestellt, dazu *Kümpel/Piel* DStR 2009, 1222 (1226); eingehend *Lüdenbach* BB 2009, 1230 (1232 ff.).

[100] So in der Tat Hess LArbG AuR 2004, 478 (LS) = ZBVl 2005, 37 (LS).

Bei Anwendung der hier befürworteten Ausnahme ist aber Vorsicht geboten. Auch die externe 23
Dominanz muss beständig sein (→ Rn. 19) und darf sich nicht bloß situationsbedingt (zB akuter Kreditbedarf) ergeben. Leitfaden kann die englische Vorstellung einer „cession of autonomy" des Managements in den wesentlichen Geschäftsbereichen sein.[101] Auf eine organisatorische Einbindung des abhängigen Unternehmens (Weisungsbefugnisse, Kontrollrechte) kommt es nicht entscheidend an; sie wird aber den Beweis erleichtern. Abhängigkeiten, die auf rein tatsächlichen Verhältnissen oder bloßen Austauschverträgen beruhen, sind nicht zu berücksichtigen. Schließlich muss der externe Einfluss auf die Verfolgung gesellschaftsfremder unternehmerischer Zwecke gerichtet sein, um einer konzernspezifischen Gefahrensituation zu entsprechen.[102] Nach diesen Maßgaben dürfte § 17 nicht ausufern.

7. Die Herrschaftsmittel im Einzelnen. Gesellschaftsrechtlich vermittelte Herrschaft beruht 24
grundsätzlich auf bestehenden Beteiligungen (zu Optionen → Rn. 36) an der abhängigen Gesellschaft, die entweder aus eigenem Recht gehalten oder über § 16 Abs. 4 zugerechnet werden. Die Wirksamkeit des Erwerbs nach den Grundsätzen der fehlerhaften Gesellschaft genügt, ebenso aber auch eine unwirksame Abrede, sofern sie in die Tat umgesetzt wird. Denn entscheidend ist die wirtschaftliche Betrachtung.[103] Die spätere Heilung darf nicht als unzulässige rückwirkende Herrschaftsbegründung missverstanden werden.[104] Wie Abs. 2 veranschaulicht, wird Herrschaft im Sinne des § 17 insbesondere durch den Allein-[105] oder Mehrheitsbesitz (§ 16) vermittelt. Der Klärung bedarf, welche weiteren Umstände die Annahme gesellschaftsrechtlich vermittelter Herrschaft begründen können. Dabei liegt das Hauptaugenmerk auf der AG, wo sich entweder eine Minderheitsbeteiligung zur Herrschaft verdichten kann (ab → Rn. 25) oder andere Herrschaftsinstrumente wie Personalunionen oder Unternehmensverträge zur Debatte stehen (ab → Rn. 38). Besonderheiten anderer Gesellschaftsformen werden zum Abschluss angesprochen (→ Rn. 45 ff.).

a) Minderheitsbeteiligung („kombinierte Beherrschung"). Nach heute gängiger Auffas- 25
sung in Rechtsprechung und Literatur reicht eine Minderheitsbeteiligung aus, wenn sie in Verbindung mit weiteren verlässlichen Umständen rechtlicher oder tatsächlicher Art den nötigen Einfluss auf die Personalpolitik der abhängigen Gesellschaft sichert („kombinierte Beherrschung").[106] Das Ergebnis ist meist herrschender Einfluss eines Unternehmens. Es kann aber auch um gemeinschaftliche Herrschaft gehen (→ Rn. 15 ff.), so vor allem bei hälftigen Beteiligungen. Die kombinierte Beherrschung muss im Umfang der Herrschaft kraft Mehrheitsbesitz gleichkommen (→ Rn. 9, 12). Die Minderheitsbeteiligung darf dabei nicht gänzlich unerheblich sein.[107]

aa) Verlässliche Umstände rechtlicher Art. (1) Allgemeines. In rechtlicher Hinsicht kom- 26
men vor allem Instrumente der Satzung wie Mehr- oder Höchststimmrechte, aber auch die Bezeichnung des Unternehmensgegenstandes,[108] Gesellschafterverträge (Stimmrechtsvereinbarungen)[109]

---

[101] Das wurde für die Haftung als *shadow director* für nötig empfunden, → Vor § 15 Rn. 49; *Hirt* ECFR 2004, 71 (89 f.); zur umfassenden Steuerung durch eine Bank siehe BGHZ 107, 7 – Tiefbau, wobei freilich gesellschaftsrechtliche Grundlage kraft Treuhandzurechnung im Raum stand; zu eng MüKoAktG/*Bayer* Rn. 29, der neben wesentlichen Kontroll- und Direktionsrechten noch verlangt, dass ein Wechsel zu anderen Kreditgeber nicht realisierbar ist. Nicht überzeugend auch die weitere dort vertretene Ausnahme, wenn die Überlebensfähigkeit nur durch Bürgschaften der öffentlichen Hand gesichert ist. Die Überlebensfähigkeit kann ebenso von anderen Austauschbeziehungen abhängen, was gerade Grundlage der Gegenmeinung ist.
[102] Zutr. *Servatius*, Gläubigereinfluss durch Covenants, 2008, 353 ff.
[103] Vgl. → § 15 Rn. 18, 20 zum Unternehmensbegriff. Zu Unternehmensverträgen noch → Rn. 38. Wie hier MüKoAktG/*Bayer* Rn. 38; Großkomm AktG/*Windbichler* Rn. 53; iE wohl auch Kölner Komm AktG/*Koppensteiner* Rn. 46 aE, 64 f. (tatsächliche Befolgung als „psychischer Sonderumstand").
[104] MüKoAktG/*Bayer* Rn. 63.
[105] MüKoAktG/*Bayer* Rn. 34.
[106] Ganz hM, BGHZ 148, 123 (125 f.) = NJW 2001, 2973 – MLP; BGHZ 135, 107 (114) = NJW 1997, 1855 – VW; BGHZ 80, 69 = NJW 1981, 1512 (1513); BGHZ 69, 334 (347) = NJW 1978, 104 – VEBA; BAG BeckRS 2015, 69307 = JR 2016, 345 Rn. 26; OLG Düsseldorf AG 2005, 538 = NZG 2005, 1012; OLG Düsseldorf Der Konzern 2003, 841 (842) = AG 2003, 668; KG Berlin AG 2005, 398; OLG Karlsruhe AG 2004, 147; Hüffer/Koch/*Koch* Rn. 9; Wachter/*Franz* Rn. 11 ff.; Grigoleit/*Grigoleit* Rn. 9; Hölters/*Hirschmann* Rn. 7 ff.; MüKoAktG/*Bayer* Rn. 36; K. Schmidt/Lutter/*J. Vetter* Rn. 16; Großkomm AktG/*Windbichler* Rn. 24; Emmerich/Habersack/*Emmerich* Rn. 16, 18 ff.; NK-AktR/*Peres/Walden* Rn. 5; LG Nürnberg-Fürth WuW/E DE-R 1659 (zu § 36 Abs. 2 GWB); aA Kölner Komm AktG/*Koppensteiner* Rn. 68, der lediglich die Kombination gleichartiger Beherrschungsmittel (zB eigene und fremde Stimmmacht) anerkennt; stark einschränkend jetzt auch Henssler/Strohn/*Maier-Reimer/Kessler* § 17 Rn. 5 (nur in Ausnahmesituationen, zB personellen Verflechtungen).
[107] OLG Düsseldorf Der Konzern 2003, 841 (842); zust. Emmerich/Habersack/*Emmerich* Rn. 16 aE.
[108] Großkomm AktG/*Windbichler* Rn. 31, 33; Emmerich/Habersack/*Emmerich* Rn. 20; Kölner Komm AktG/*Koppensteiner* Rn. 50; MHdB AG/*Krieger* § 69 Rn. 47.
[109] Kölner Komm AktG/*Koppensteiner* Rn. 46; Emmerich/Habersack/*Emmerich* Rn. 21.

oder sonstige strukturelle Besonderheiten[110] in Betracht. Für die hM rechnet hierher auch der Fall, dass die Kapitalmehrheit mangels Zurechnung gemäß § 16 Abs. 4 im Rahmen des § 16 Abs. 2 S. 3 zwar nicht rechnerisch, aber faktisch erreicht wird.[111] Dagegen sind Entsendungsrechte zum Aufsichtsrat wegen der Beschränkung auf ein Drittel der Mitglieder in § 101 Abs. 2 S. 4 ungeeignet, Herrschaft zu begründen.[112]

27 **(2) Sperrminorität.** Unstreitig ist mittlerweile, dass die Sperrminorität per se keine Herrschaft begründet, da sie keinen aktiven Einfluss auf die Geschäftspolitik eröffnet. „Negative Beherrschung" reicht nicht aus.[113] Der Einfluss des Minderheiters muss vielmehr auf das erforderliche Maß gesteigert werden.[114]

28 **(3) 50 % Beteiligung; Parität.** Das Vorstehende gilt grundsätzlich auch für eine 50 %-Beteiligung. Besonderheiten sind zu beachten, wenn sich zwei Blöcke neutralisieren. Hier kann es an Beherrschung ganz fehlen.[115] Es kann aber auch gemeinschaftliche Herrschaft beider Unternehmen vorliegen (→ Rn. 18) oder Oberhand eines Unternehmens vorliegen. Entscheidend sind allein die tatsächlichen Umstände.[116] Paradigma hierfür sind die Brau & Brunnen-Fälle, die in den letzten Jahren die Gerichte in Deutschland beschäftigt haben.[117] Die Brau & Brunnen AG hatte bundesweit lokale Aktienbrauereien übernommen, ohne Barabfindungen anzubieten. Dagegen wurde mit der Behauptung geklagt, die Brau & Brunnen AG sei von der Hypovereinsbank abhängig. Jene hielt zunächst 34 %, später noch 25,6 % an der Brau & Brunnen AG selbst. Knapp 25 % wurden von einer Beteiligungsgesellschaft verwaltet, an der die Hypo-Bank und ein Investor zu je 50 % beteiligt waren. 25,1 % gehörten einer anderen Bank. Die paritätische Holding war zur Veräußerung der Schachtelbeteiligung gegründet worden. Eine ausdrückliche Stimmbindung in der Holding war aber nicht nachweisbar. Dennoch gelangten die Obergerichte in Düsseldorf, Karlsruhe und Berlin aus den Umständen dieses Falles, vor allem des gemeinsamen Veräußerungszwecks, zur Abhängigkeit (jedenfalls) von der Hypovereinsbank. An deren bestimmenden Einfluss habe sich durch die Einschaltung der Holding als Verkaufsvehikel nichts geändert.[118] Nicht zuletzt konnte die Hypo-Bank kraft einer Option jederzeit ihre Anteile zurückholen. So lag hier Abhängigkeit von der Hypo-Bank vor, und zwar allein von dieser.[119] Denn andernfalls hätten sich die Gerichte intensiver mit der Debatte um die Zusammenrechenbarkeit von eigener und gemeinschaftlicher Herrschaft (→ Rn. 15 ff.) befassen müssen. Der Fall bestätigt im Übrigen die herrschende Auffassung, wonach nicht schon das Vorliegen einer paritätischen Beteiligung die Vermutung (gemeinschaftlicher) Herrschaft

---

[110] BGHZ 90, 381 (397) = NJW 1984, 1893; Hüffer/Koch/*Koch* Rn. 10; MüKoAktG/*Bayer* Rn. 43 f. mit dem Beispiel erhöhter Stimmerfordernisse bei der Wahl des AR. Des Weiteren denkbar die Position des Landes Niedersachsen unter dem umstrittenen VW-Gesetz.

[111] Großkomm AktG/*Windbichler* Rn. 23; nach hier vertretener Auffassung ist dagegen Mehrheitsbesitz gegeben, → § 16 Rn. 15.

[112] MüKoAktG/*Bayer* Rn. 41; Kölner Komm AktG/*Koppensteiner* Rn. 50; MHdB AG/*Krieger* § 69 Rn. 47.

[113] OLG Düsseldorf Der Konzern 2003, 841 (844); Hüffer/Koch/*Koch* Rn. 10; Wachter/*Franz* Rn. 5; Hölters/*Hirschmann* Rn. 9; Grigoleit/*Grigoleit* Rn. 9; Henssler/Strohn/*Maier-Reimer/Kessler* § 17 Rn. 6; MüKoAktG/*Bayer* Rn. 42; Großkomm AktG/*Windbichler* Rn. 20; MHdB AG/*Krieger* § 69 Rn. 39, 44; ADS Rn. 36; eingehend Kölner Komm AktG/*Koppensteiner* Rn. 24, 43, 70; differenzierend MüKoAktG/*Bayer* Rn. 42; K. Schmidt/Lutter/*J. Vetter* Rn. 9; Emmerich/Habersack/*Emmerich* Rn. 25, wonach Besetzung der Organe gegen Sperrminorität nicht möglich; zur früheren Gegenansicht Werner/Peters AG 1978, 297 ff.; ferner das Kartellrecht, BKartA WuW 1995, 223.

[114] MüKoAktG/*Bayer* Rn. 44; ein Beispiel sind Satzungsgestaltungen, die eine Besetzung der Gesellschaftsorgane gegen den Willen des Minderheitsgesellschafters verbieten, vgl. Emmerich/Habersack/*Emmerich* Rn. 25 aE.

[115] So z.B. in BAG BeckRS 2015, 69307 = JR 2016, 345 Rn. 32 ff.; OLG Stuttgart BeckRS 00660 = AG 2013, 604.

[116] Exemplarisch die Prüfung bei BAG BeckRS 2015, 69307 = JR 2016, 345 Rn. 32 ff. Siehe auch Grigoleit/*Grigoleit* Rn. 18; Wachter/*Franz* Rn. 17; Großkomm AktG/*Windbichler* Rn. 66. Nach OLG Stuttgart BeckRS 00660 = AG 2013, 604 (LS 4) reicht bei paritätischer Beteiligung auch die Stellung des einen Gesellschafters als eines von mehreren alleinvertretungsberechtigten Organmitgliedern nicht zur Begründung seiner Herrschaft aus.

[117] OLG Düsseldorf AG 2005, 538 – Brau & Brunnen VI; KG Berlin AG 2005, 398 – Brau & Brunnen V; Vorinstanz LG Berlin v. 9.11.2001 – 98 AktE 13/90; OLG Karlsruhe NZG 2004, 334 f. = AG 2004, 147 – Brau & Brunnen III; Vorinstanz LG Mannheim AG 2003, 216; LG Hamburg v. 15.3.2004 – 414 O 123/93 – Brau & Brunnen IV; LG Berlin AG 1996, 230 – Brau & Brunnen I; AG 1997, 183 – Brau & Brunnen II, alle außer LG Berlin v. 9.11.2001 iE für Abhängigkeit der Brau & Brunnen AG von der Hypovereinsbank. Zu den alternativen Begründungen der Landgerichte noch → Rn. 34.

[118] OLG Karlsruhe AG 2004, 147 f.: Die beiden Gesellschaften seinen „regelmäßig gemeinsam marschiert". Dem folgend KG Berlin und OLG Düsseldorf.

[119] Die obergerichtlichen Urteile bejahen durchweg Abhängigkeit von der Hypovereinsbank, ohne die Frage von Mitherrschaft des Investors zu behandeln. Gegen gemeinschaftliche Herrschaft wohl OLG Karlsruhe AG 2004, 147 f., demzufolge eigene wirtschaftliche Zwecke des Partnerunternehmens der Annahme von Beherrschung durch die Hypo-Bank nicht entgegenstehen sollen; ferner LG Hamburg v. 15.3.2004 – 414 O 123/93 (LS).

durch beide Unternehmen trägt,[120] obwohl Wirtschaftsunternehmen grundsätzlich rational arbeiten und man daher geneigt wäre, die Koordinierung ihrer Aktivitäten zu unterstellen. Für andere Paritäten wie Familienstämme wäre eine solche Vermutung erst recht unbegründet.[121]

(4) 30 % Beteiligung an börsennotierter Gesellschaft. Ungeachtet des eben Gesagten reicht 29 aber grundsätzlich aus, wenn eine Beteiligung in Höhe von 30 % an einer börsennotierten Gesellschaft besteht.[122] Das ergibt sich aus der gesetzlichen Wertung des § 29 Abs. 2 WpÜG und lässt sich mit dem älteren § 17 Abs. 2 AktG nicht überzeugend bestreiten. Denn entgegen dem BGH geht es dabei nicht um die (unpassende) Übernahme der formellen, zwingenden Schwelle des § 29 Abs. 2 WpÜG, sondern um das gesetzliche Aufgreifen der Erfahrungswertung, welche jener Regelung zugrunde liegt und die natürlich nicht auf die besonderen Zwecke des Kapitalmarktrechts beschränkt ist.[123] Das Auslegungsprinzip der Einheit der Rechtsordnung gebietet hier die Respektierung dieser Wertung. Das hat bei § 17 AktG in Form einer – neben § 17 Abs. 2 tretenden, zusätzlichen – widerleglichen Vermutung bei börsennotierten Gesellschaften zu geschehen. Diese ist etwa auszuräumen, wenn ein gleicher oder größerer Block den Anteil neutralisiert. Dann gilt der allgemeine Grundsatz, dass eine Minderheitsherrschaft gegen einen größeren Anteilseigner kaum denkbar ist.[124] Das Gleiche gilt, wenn sich der Blockholder aus anderen Gründen nicht regelmäßig durchsetzen konnte. Dass die regelmäßige HV-Präsenz so hoch lag, dass die 30 %-Beteiligung rein rechnerisch nicht zur Mehrheit gereicht hätte, reicht entgegen dem BGH aber nicht schon per se aus, die Vermutungswertung analog § 29 Abs. 2 WpÜG auszuräumen.

bb) Verlässliche Umstände tatsächlicher Art. (1) Faktische Hauptversammlungsmehr- 30
heit. Paradigma für tatsächliche Umstände, die eine Minderheitsbeteiligung zur Herrschaft verdichten können, ist vor allem eine beständige (nicht: dauerhafte[125]) tatsächliche Mehrheit in der Hauptversammlung.[126] **Großer Streubesitz** im abhängigen Unternehmen reicht für diese Annahme aber

---

[120] So die hM, BGH Der Konzern 2007, 134 (zu § 36 Abs. 2 S. 2 GWB) mit dem Hinweis, dass umgekehrt ein neutraler Schlichtungsmechanismus gemeinsame Herrschaft nicht ausschließe; OLG Düsseldorf AG 2005, 538; OLG Hamm AG 1998, 588; LArbG Köln AuR 2006, 214 (red. LS), Rn. 55 ff.; Hüffer/Koch/*Koch* Rn. 16; Grigoleit/*Grigoleit* Rn. 17; Großkomm AktG/*Windbichler* Rn. 60, 65; Kölner Komm AktG/*Koppensteiner* Rn. 93; Emmerich/Habersack/*Emmerich* Rn. 31; Emmerich/Habersack KonzernR § 3 III 1 aE; *Henze*, Konzernrecht: höchst- und obergerichtliche Rechtsprechung, 2001, Rn. 47; anders MüKoHGB/*Mülbert* KonzernR Rn. 44; *Siegels*, Die Privatperson als Konzernspitze, 1997, 102; *Säcker* NJW 1980, 801 (804); tendenziell auch MüKoAktG/*Bayer* Rn. 81 (Beweis des ersten Anscheins); siehe auch § 37 Abs. 1 Nr. 2 GWB.
[121] Insoweit zutr. zB MüKoAktG/*Bayer* Rn. 36. BGHZ 62, 193 *(Seitz)* betraf eine andere Frage, siehe → Rn. 33.
[122] AA BGH NZG 2012, 1033 Rn. 22 mit zust. Anm *Müller-Eising/T. Stoll* GWR 2012, 315 und *Gounalakis* LMK 2012, 335783; Kölner Komm WpÜG/*v. Bülow* § 29 Rn. 80; Schwark/Zimmer/*Noack*WpÜG § 29 Rn. 22; K. Schmidt/Lutter/*J. Vetter* Rn. 20; MHdB AG/*Krieger* § 69 Rn. 43; Emmerich/Habersack/*Habersack* Vor § 311 Rn. 27; *Brellochs* NZG 2012, 1010 (1011) (mit Hinweis auf das Kartellrecht); tendenziell wie hier Ehricke/Ekkenga/Oechsler/*Oechsler* WpÜG § 29 Rn. 13.
[123] BegrRegE WpÜG, BT-Drs. 14/7034, 53; *Seibt* ZIP 2012, 1 (7); *Brellochs* NZG 2012, 1010 (1011).
[124] BGHZ 90, 381, 397; Hüffer/Koch/*Koch* Rn. 10; MüKoAktG/*Bayer* Rn. 44; Großkomm AktG/*Windbichler* Rn. 24 aE.
[125] Nach der Rechtsprechung des BGH geht die (notwendige) „Beständigkeit" allerdings fließend in das Erfordernis einer gewissen Dauerhaftigkeit über (vgl. BGH NZG 2012, 1033 Rn. 16: „Das kann auch dann der Fall sein, wenn die Hauptversammlungen ... erfahrungsgemäß so schlecht besucht sind, dass die unter 50% liegende Beteiligung eines Großaktionärs regelmäßig ausreicht, um *für einen längeren Zeitraum* Beschlüsse mit einfacher Mehrheit durchzusetzen."; BGHZ 135, 107 (114) = NJW 1997, 1855 – VW: HV-Mehrheit mit 20% Anteil bei 37% Präsenz für fünf konsekutive Jahre). Einen fixen Zeitraum verlangt der BGH dabei jedoch nicht, was in der Praxis für Unklarheit sorgt (krit. *Müller-Eising/T. Stoll* GWR 2012, 315). Die gesellschaftsrechtliche Literatur weist das Kriterium der zeitlichen Dauerhaftigkeit überwiegend zurück, vgl. *Larisch/Bunz* NZG 2013, 1247 f. mwN, ausdrücklich gegen die hM im Bilanzrecht, die eine bestimmte zeitliche Dauerhaftigkeit (3–5 Jahre) der faktischen Mehrheit zur Konsolidierungsvoraussetzung erhebt (vgl. MüKoBilR/*Saenger/Hoehne* HGB § 290 Rn. 37; BeBiKo/Grottel/*Kreher* HGB § 290 Rn. 51; *Küting* DB 2009, 73, 78). Abw. aber *Müller-Eising/T. Stoll* GWR 2012, 315, die unter Hinweis auf § 9 S. 2 WpÜG-AngebVO auch für das Gesellschaftsrecht fordert, dass die faktische Mehrheit in drei aufeinanderfolgenden Hauptversammlungen bestanden haben müsse (freilich sind kapitalmarktrechtliche Wertungen nach BGH NZG 2012, 1033 gerade nicht übertragbar).
[126] AllgM, BGHZ 69, 334 (347) = NJW 1978, 104; BGHZ 135, 107 (114) = NJW 1997, 1855; NZG 2012, 1033 Rn. 16; Hüffer/Koch/*Koch* Rn. 9; Wachter/*Franz* Rn. 11; Hölters/*Hirschmann* Rn. 7; Grigoleit/*Grigoleit* Rn. 10; Henssler/Strohn/*Maier-Reimer/Kessler* § 17 Rn. 6; K. Schmidt/Lutter/*J. Vetter* Rn. 20; Emmerich/Habersack/*Emmerich* Rn. 19 f.; Kölner Komm AktG/*Koppensteiner* Rn. 41. Siehe zB BGHZ 135, 107 (114) = NJW 1997, 1855 – VW mit krit. Anm. *Mertens* AG 1996, 241 (245): HV-Mehrheit mit 20% Anteil bei 37% Präsenz für fünf konsekutive Jahre. Hieran dürfte freilich das VW-Gesetz mitursächlich gewesen sein. Zu einem aktuellen Überblick siehe *Küting* DB 2009, 73 (Durchschnittspräsenz bei DAX 30-Unternehmen: 54, 56%), der außerdem zu Recht darauf hinweist, dass die faktische HV-Mehrheit bis zur Annahme eines Konzerntatbestandes (auch in der Rechnungslegung, dazu → Vor § 15 Rn. 17) führen kann.

allein nicht aus, da hier nur eine ungesicherte Mehrheit vorliegt.[127] Das soll auch bei üblicher Stützung der Verwaltung durch **Depotstimmrechte** gelten, da kein Anspruch auf die Unterstützung durch die Drittstimmen bestehe.[128] Doch das ist widersprüchlich. Wenn verlässliche tatsächliche Umstände prinzipiell ausreichen, kann bei Depotstimmen nichts anderes gelten.[129] Das herrschende Unternehmen hat ja auch keinen Anspruch auf geringe Präsenz bei der Hauptversammlung. Dementsprechend überzeugt auch nicht, dass die hM die Relevanz des Depotstimmrechtes zur Verstärkung eigener Minderheitsbeteiligungen der Banken grundsätzlich verneint.[130] Jene Problematik ist zwar durch den neuen § 135 Abs. 1 S. 2 weitgehend entschärft.[131] In Restbereichen wie etwa der Beherrschung allein durch Depotstimmrechte oder im Bereich der Ausnahme des § 10a Abs. 1 KAGG[132] ist aber der Mindermeinung der Vorzug zu geben.[133]

31 (2) **Personelle Verflechtungen.** Auch personelle Verflechtungen in den Leitungsorganen können geringere Beteiligungen verstärken.[134] Dafür reicht jedenfalls die Mehrheit in allen maßgeblichen Gremien (also Vorstand und Aufsichtsrat).[135] Doch sollte auch die Mehrheit in einem dieser beiden Gremien ausreichen, da sie entweder die Macht zur eigenständigen Geschäftsführung oder zur Androhung von Konsequenzen vermittelt (→ Rn. 9). Maßgeblich ist hier aber letzten Endes der Einzelfall, wobei zB die Amtsperioden oder das Vorliegen von Allein- oder Gesamtvertretung zu gewichten sind.[136] Gegebenenfalls mag sogar die Besetzung der Schlüsselpositionen des Vorstands- und/oder des Aufsichtsratsvorsitzenden ausreichen, wenn dieser sich regelmäßig durchzusetzen vermag. Im MLP-Fall wurde allerdings die Stellung als Aufsichtsratsvorsitzender in Verbindung mit einer Beteiligung von 9 % bzw. 15 % nicht für ausreichend erachtet.[137] Die Rechtmäßigkeit der Ämterhäufung ist unerheblich.[138]

32 (3) **Beständige faktische Verbindung mit Dritten.** Ein weiterer Fall kombinierter Beherrschung liegt vor, wenn die Verbindung mit einem Dritten in ständiger Übung belegt, dass mit dessen Unterstützung immer gerechnet werden kann.[139] Praktisch geht es hier vor allem um Beweisschwierigkeiten bei verdeckten Treuhandabreden, die eigentlich eine rechtliche Bindung begründen würden. Dabei werden ähnliche Kriterien wie auch beim *acting in concert* (§ 30 Abs. 2 WpÜG; § 34 Abs. 2 WpHG) heranzuziehen sein.[140] Ein weiteres Anwendungsfeld scheint in neuerer Zeit das „Wolfsrudelphänomen" zu sein, wo sich bestimmte professionale Investoren (idR Hedge Fonds) hinter den strategischen Konzepten eines „Leitwolfs" sammeln und diesem dadurch zur Durchsetzung gegenüber dem Management verhelfen[141] – wie das unter anderem vor einigen Jahren in der Deut-

---

[127] OLG Düsseldorf Der Konzern 2003, 841 (843); diff. K. Schmidt/Lutter/*J. Vetter* Rn. 21.
[128] OLG Düsseldorf Der Konzern 2003, 841 (843); Hüffer/Koch/*Koch* Rn. 10; Großkomm AktG/*Windbichler* Rn. 24; insoweit auch Kölner Komm AktG/*Koppensteiner* Rn. 48; Emmerich/Habersack KonzernR § 3 III 5 b; einschränkend und damit iE wie hier Emmerich/Habersack/*Emmerich* Rn. 24: zwar reiche nicht schon die wiederholte, aber doch die beständige, verlässliche Unterstützung; siehe ferner *Habersack* ZHR 165 (2001), 172; *Noack* FS Lutter, 2000, 1463; *U. H. Schneider* AG 1990, 317 (321 f.).
[129] Kritisch auch MüKoAktG/*Bayer* Rn. 40 mit Hinweis auf Familienbindungen (dazu noch → Rn. 32).
[130] Hüffer/Koch/*Koch* Rn. 10; MHdB AG/*Krieger* § 69 Rn. 44; ADS Rn. 31; Hölters/*Hirschmann* Rn. 9; differenzierend Kölner Komm AktG/*Koppensteiner* Rn. 49; Großkomm AktG/*Windbichler* Rn. 24, 56.
[131] Keine Ausübung des Depotstimmrechts bei eigener oder zugerechneter Beteiligung über 5%.
[132] Stimmmacht von Depotbank und Kapitalanlagetochter, vgl. zu den Gründen der Ausnahme BegrRegE BR-Drs. 872/97 = ZIP 1997, 2059 (2065).
[133] Überzeugend MüKoAktG/*Bayer* Rn. 45 ff., 49; so auch OLG Karlsruhe AG 2004, 147 (obiter für frühere Rechtslage); Emmerich/Habersack/*Emmerich* Rn. 24; Emmerich/Habersack KonzernR § 3 III 5 b; *Götz*, Der Entherrschungsvertrag im Aktienrecht, 1991, 55 ff.
[134] BGHZ 135, 107 (114 f.) = NJW 1997, 1855 – VW; OLG Saarbrücken BeckRS 2013 11958 (LS 2); OLG München AG 1995, 383; Emmerich/Habersack/*Emmerich* Rn. 19; MüKoAktG/*Bayer* Rn. 33; K. Schmidt/Lutter/*J. Vetter* Rn. 16 aE; ADS Rn. 64; Wachter/*Franz* Rn. 11; Hölters/*Hirschmann* Rn. 8; MHdB AG/*Krieger* § 69 Rn. 43; jetzt auch OLG Düsseldorf AG 2005, 538 (540); zurückhaltend noch OLG Düsseldorf Der Konzern 2003, 841 (845); restriktiv bei Grigoleit/*Grigoleit* Rn. 14; eingehend Großkomm AktG/*Windbichler* Rn. 43 ff.; aA Kölner Komm AktG/*Koppensteiner* Rn. 64; siehe noch zur Personalunion als *alleinigem* Herrschaftsmittel Rn. 44.
[135] OLG Frankfurt WM 2002, 1048 (1051); Wachter/*Franz* Rn. 11; enger Grigoleit/*Grigoleit* Rn. 14: Mehrheit muss nach Struktur der Beteiligungsverhältnisse gesichert sein.
[136] Vgl. BGHZ 62, 193 (200) = NJW 1974, 855.
[137] BGHZ 148, 123 (126) = NJW 2001, 2973.
[138] Großkomm AktG/*Windbichler* Rn. 46.
[139] BGHZ 125, 366 = NJW 1994, 1801 (1802); OLG Karlsruhe AG 2004, 147; LG Mosbach AG 2001, 206 = NZG 2001, 763 („permanent koordiniertes Handeln" einer Investorengruppe); K. Schmidt/Lutter/*J. Vetter* Rn. 34; Wachter/*Franz* Rn. 16; Grigoleit/*Grigoleit* Rn. 13.
[140] Zutr K. Schmidt/Lutter/*J. Vetter* Rn. 26 ff.
[141] *Alon Brav/Amil Dasgupta/Richmond Mathews* „Wolf Pack Activism", ECGI Finance Working Paper N° 501/2017, April 2017; *John C. Coffee/Darius Palia* „The Wolf at the Door: The Impact of Hedge Fund Activism on Corporate Governance", Columbia Law and Economics Working Paper No. 521, 6. September 2015.

sche Börse AG bezüglich der Blockade der Übernahme der London Stock Exchange ans Licht getreten ist (dazu schon → § 15 Rn. 28). Dabei ist an der Beständigkeit bei näherer Betrachtung nicht zu zweifeln, da ja Dauerhaftigkeit nicht erforderlich ist und zB vorüber gehende Beteiligungen ausreichen (→ Rn. 19). In gleicher Weise muss daher ausreichen, wenn sich andere professionelle Anleger über eine bestimmte Zeit hinweg verlässlich hinter der Strategie eines Leitwolfs sammeln. Eine andere Fallgruppe sind **Familienverbindungen.** Diese reichen allein noch nicht aus, da Familienmitglieder nicht notwendig gleichlaufende Interessen haben.[142] Anders liegt es aber, wenn in der Vergangenheit regelmäßig gemeinsam abgestimmt worden ist,[143] wobei die Abhängigkeit je nach Fall entweder von sämtlichen Gesellschaftern (sofern sie Unternehmen sind) oder vom Stammesführer besteht.

Ein besonders verzwicktes Szenario für die Annahme einer gesicherten Zusammenwirkung betraf 33 BGHZ 62, 193 = NJW 1974, 855 *(Seitz)*. Dort wurden drei Minderheitsbeteiligungen mit der treffenden Erwägung zusammengerechnet, dass die jeweiligen Unternehmen von zwei Familienstämmen gehalten wurden, so dass ihre Geschäftspolitik notwendig vorab koordiniert werden musste und daher mit einheitlichem Auftreten nach außen, dh gegenüber den abhängigen Unternehmen, zu rechnen war.[144] Die Zurechnung lag also nicht schon darin begründet, dass bei gemeinschaftlicher oder paritätischer Beteiligung Koordinierungsbedarf herrscht, sondern dass bei gemeinschaftlicher Beteiligung an *mehreren* Unternehmen vorherige Koordination und anschließendes gemeinsames Auftreten nach außen wahrscheinlich ist.

Ein ähnlicher Argumentationsansatz wurde in den **„Brau & Brunnen"** Fällen versucht.[145] Da 34 die Landgerichte anders als die Obergerichte (→ Rn. 28) mangels Stimmbindung keine direkte Herrschaft der Hypo-Bank über die Holding feststellen konnten, begründeten sie die Beherrschung der Brau & Brunnen AG mit der Blockademöglichkeit der Hypo-Bank in der paritätischen Holding, welche ihr automatisch die relative Hauptversammlungsmehrheit aufgrund des eigenen Anteils sichere.[146]

(4) Wirtschaftliche Abhängigkeit. Zwischen rechtlichen und tatsächlichen Umständen 35 anzusiedeln ist schließlich der Fall wirtschaftlicher Abhängigkeit infolge „lebenswichtiger", rein schuldrechtlicher Vertragsbindungen (schon ab → Rn. 20). Im Rahmen „kombinierter Beherrschung" können solche Bindungen auch heute ganz hM genügen.[147] Das ist unabhängig von Obigem schon deshalb zutreffend, weil die Vertragspartner innerhalb der Gesellschaft stehen und solche Austauschbeziehungen auch in anderem Zusammenhang gesellschaftsrechtlichen Einschlag erlangen können (Eigenkapitalersatz). Fraglich ist aber das notwendige Ausmaß. Abstrakte Zahlen (etwa ein Darlehen in Höhe von 50 % des Stammkapitals) bieten sich hier nicht an, da mit ihnen keine Stimmacht verbunden ist. Maßgeblich ist vielmehr, ob und wieweit der Minderheiter im

---

[142] BGHZ 77, 94 (106) = NJW 1980, 2254; BGHZ 80, 69 (73) = NJW 1981, 1512 – Süssen; BGHZ 121, 137 (144 ff.) = NJW 1993, 2114 – WAZ; vgl. auch FtD v. 16.12.2005, S. 6: „WAZ-Eigner streiten weiter"); BGH NJW 1992, 1167 – Steinhart; Hüffer/Koch/*Koch* Rn. 6; MüKoAktG/*Bayer* Rn. 39; K. Schmidt/Lutter/ *J. Vetter* Rn. 33; Kölner Komm AktG/*Koppensteiner* Rn. 66; Großkomm AktG/*Windbichler* Rn. 25; siehe auch den kritischen Beitrag von *Kleinmann/Josenhans* BB 2004, 1341 ff. Der Zusammenhalt in englischen Familien ist offenbar größer, vgl. sec. 822 CA 2006.
[143] Wie hier BGHZ 74, 359 (368) = NJW 1979, 2401; ferner etwa BGHZ 80, 69 = NJW 1981, 1512 (1513); K. Schmidt/Lutter/*J. Vetter* Rn. 34; aA Kölner Komm AktG/*Koppensteiner* Rn. 66.
[144] Zust Kölner Komm AktG/*Koppensteiner* Rn. 91. Die Verallgemeinerungsfähigkeit bezweifelnd Hüffer/ Koch/*Koch* Rn. 16; kritisch auch *Kleinmann/Josenhans* BB 2003, 1341 ff.
[145] LG Berlin AG 1996, 230; AG 1997, 183 – Brau & Brunnen I und II; LG Mannheim AG 2003, 216 – Brau & Brunnen III (mit anderer Begründung bestätigt durch OLG Karlsruhe AG 2004, 147, → Rn. 28); LG Hamburg v. 15.3.2004, 414 O 123/93 – Brau & Brunnen IV; aA LG Berlin v 9.11.2001, 98 AktE 13/90 – Brau & Brunnen V, aufgehoben durch KG Berlin AG 2005, 398; kritisch auch OLG Düsseldorf AG 2005, 538 ff., dessen eigener Schluss von den faktischen Umständen auf eine „stillschweigende Übereinkunft", aber „ohne entsprechende Vereinbarung" jedoch ebenfalls zweifelhaft ist.
[146] Grds. zust. Emmerich/Habersack/*Emmerich* Rn. 19. Zu dem (aus seiner Sicht freilich unerheblichen) Streit, ob die Blockademöglichkeit in den Brau & Brunnenfällen angesichts der üblichen Hauptversammlungsfrequenz tatsächlich die Mehrheit gesichert hätte, siehe OLG Düsseldorf AG 2005, 538.
[147] BGHZ 90, 381 (397) = NJW 1984, 1893; BGHZ 107, 7 (13) = 1989, 1800 – Tiefbau; OLG Düsseldorf AG 2005, 538 f.; Der Konzern 2003, 841 f.; ZIP 1993, 1791 (1793) – Feldmühle Nobel/Stora = EWiR 1994, 211 *(Kort)*; KG Berlin AG 2005, 398; OLG Karlsruhe AG 2004, 147; OLG Frankfurt AG 1998, 139 f.; Großkomm AktG/*Windbichler* Rn. 40 aE; MüKoAktG/*Bayer* Rn. 31 f.; Wachter/*Franz* Rn. 13; MHdB AG/*Krieger* § 69 Rn. 41; Emmerich/Habersack/*Emmerich* Rn. 16; Emmerich/Habersack KonzernR § 3 II 3 a; ADS Rn. 21 ff.; nur für Abhängigkeitsbegriff im Kartellrecht auch BGHZ 121, 137 (146) = NJW 1993, 2114 – WAZ; einschränkend K. Schmidt/Lutter/*J. Vetter* Rn. 16 (zufällige Kombination von wirtschaftlichem Einfluss und Anteilsbesitz reicht nicht); gänzlich ablehnend Hüffer/Koch/*Koch* Rn. 8 unter unzutr. Berufung auf BGHZ 90, 381 (395 f.) = NJW 1984, 1893; Kölner Komm AktG/*Koppensteiner* Rn. 68; wohl auch Grigoleit/*Grigoleit* Rn. 15 („kaum denkbar").

Einzelfall kraft der Vertragsbeziehung in die Lage gesetzt worden ist, die **Geschäftspolitik des Unternehmens zu bestimmen** (→ Rn. 9). Vertragliche Mitspracherechte sind hier ebenso zu bedenken wie in der Vergangenheit tatsächlich ausgeübter Einfluss, während bloße Kontrollrechte oder Zustimmungserfordernisse, die nicht bis in Einzelheiten des Tagesgeschäfts reichen, nicht genügen (keine „negative Beherrschung", → Rn. 27). Zu beachten ist, dass eine 20 %ige Beteiligung in Verbindung mit der Stellung als Großgläubiger vom BGH nicht für ausreichend erachtet worden ist,[148] wohl aber eine 48 %ige Beteiligung eines Treuhänders zusammen mit der wirtschaftlichen Abhängigkeit seines Mitgesellschafters.[149] Besonders nahe mag die Beherrschung im Übrigen bei kapitalersetzenden Darlehen oder Gebrauchsüberlassungen liegen, deren Gewährung das Überleben der Gesellschaft sichert.

36 b) **Künftige Beteiligung.** Nach hM reichen bloße Ansprüche auf Anteilserwerb (Optionen) grundsätzlich nicht aus.[150] Demgegenüber nimmt eine Gegenansicht mit Blick auf §§ 20, 21 sowie auf den vorauseilenden Gehorsam der Verwaltung bereits im Vorfeld Herrschaft des Erwerbers an,[151] die regelmäßig neben die des Veräußerers tritt.[152] Das OLG Düsseldorf hat sich der hM für einen Fall der **kombinierten Beherrschung** mit einer bereits bestehenden Minderheitsbeteiligung angeschlossen, aber eine Ausnahme für möglich gehalten, wenn die Verwaltung bereits im Vorfeld zur Rücksichtnahme auf die Erwerber verpflichtet ist.[153]

37 **Stellungnahme.** Im Grundsatz ist der hM zuzustimmen. Das gilt ungeachtet der Frage eventueller Anwartschaftsrechte deshalb, weil Optionen nur die Grundlage für die künftige Begründung der Einflussmöglichkeit darstellen.[154] Bis zur Übertragung bleibt der Veräußerer meist fest im Sattel.[155] „Vorauseilender Gehorsam" ist mangels beständiger Grundlage (→ Rn. 19) nicht zu berücksichtigen.[156] Jedoch entscheidet immer die faktische, nicht die rechtliche Lage. Ein Indiz für eine abweichende Beurteilung mag schon in einem Antrag auf Befreiung vom Vollzugsverbot gesehen werden (§ 41 Abs. 2 GWB), ferner in der vereinbarten Fortbeschäftigung der Verwaltung oder in bestimmten, einflussbegründenden Klauseln eines Business Combination Agreements.[157] Nicht zu übersehen ist auch, dass eine Erwerbsoption, mit der ein paritätischer Mitbeteiligter jederzeit ausgekauft werden kann, die Herrschaft begründen kann (→ Rn. 28).[158] Schließlich können die vom OLG Düsseldorf erwogenen Ausnahmen nur im Zusammenhang mit einer bereits bestehenden gesellschaftsrechtlichen Grundlage (→ Rn. 20) zum Tragen kommen. Die Optionen selbst reichen hierfür nicht aus. Anders sieht das die Gegenmeinung. Doch trägt die Vorwirkung der Mitteilungspflichten in § 20 Abs. 2, § 34 Abs. 1 Nr. 5 WpHG mit ihrem Zweck der Vorfeldinformation über künftige Beteiligungen eher den Gegenschluss (dazu schon → § 16 Rn. 17).

38 c) **Gesellschaftsrechtlich vermittelte Herrschaft ohne Beteiligung. aa) Organisationsrechtliche Unternehmensverträge.** Auch ohne eigene oder zugerechnete Beteiligung ist gesell-

---

[148] BGHZ 90, 381 (397) = NJW 1984, 1893 – BuM; Emmerich/Habersack/*Emmerich* Rn. 16.
[149] BGHZ 107, 7 (16) = NJW 1989, 1800 – Tiefbau.
[150] MHdB AG/*Krieger* § 69 Rn. 44; *ders.* FS Semler, 1993, 503 ff.; dem folgend Hüffer/Koch/*Koch* Rn. 10; Großkomm AktG/*Windbichler* Rn. 50; Emmerich/Habersack/*Emmerich* Rn. 12; K. Schmidt/Lutter/*J. Vetter* Rn. 35; *ADS* Rn. 18, 34; Kölner Komm AktG/*Koppensteiner* Rn. 20, 47 (aber anders, falls Gegenleistung erbracht und nur noch Anteilserwerb aussteht); Grigoleit/*Grigoleit* Rn. 11; *Liebscher* GmbH-KonzernR Rn. 104.
[151] MüKoAktG/*Bayer* Rn. 53 ff.; dem folgend der 1. Strafsenat, BGH NJW 2006, 453 (456) – Kinowelt; zust. *Kutzner* NJW 2006, 3541 (3543); im Übrigen *Lutter* FS Steindorff, 1990, 125 (132 f.); *Noack* Gesellschaftervereinbarungen, 1994, 90; *M. Weber* ZIP 1994, 678 ff.; differenzierend *Letixerant*, Die aktienrechtliche Abhängigkeit vor dem dinglichen Erwerb einer Mehrheitsbeteiligung: eine fallgruppenorientierte Untersuchung der mitgliedschaftlichen und der nicht-, außer- und vormitgliedschaftlichen Abhängigkeit von Zielaktiengesellschaften in den verschiedenen Phasen einer Akquisition unter Einbeziehung fusionskontrollrechtlicher Sachverhalte, 2001, 301 ff.
[152] MüKoAktG/*Bayer* Rn. 57; *Lutter* FS Steindorff, 1990, 125 (134); *M. Weber* ZIP 1994, 678 (686); angesichts der Figur der Mehrmütterherrschaft (→ Rn. 14) unzutr. die Gegenargumentation des OLG Düsseldorf ZIP 1993, 1791 (1795).
[153] OLG Düsseldorf ZIP 1993, 1791 (1795 f.) – Feldmühle Nobel/Stora.
[154] → Rn. 8; insoweit auch MüKoAktG/*Bayer* Rn. 11.
[155] Und muss es auch, etwa aus kartellrechtlicher Sicht, § 41 Abs. 1 GWB.
[156] So auch Grigoleit/*Grigoleit* Rn. 11; AA MüKoAktG/*Bayer* Rn. 53 ff. (mit Argument aus §§ 20, 21 AktG); *Lutter* FS Steindorff, 1990, 125 (133); *Noack* Gesellschaftervereinbarungen, 1994, 89 f.; *M. Weber* ZIP 1994, 678 (683 ff.).
[157] Dazu *Schall* in Kämmerer/Veil, Übernahme- und Kapitalmarktrecht in der Reformdiskussion, 2013, 75 ff. und jetzt eingehend *Wiegand*, Investorenvereinbarungen und Business Combination Agreements bei Aktiengesellschaften, 2017.
[158] Ähnlich K. Schmidt/Lutter/*J. Vetter* Rn. 35 (mit Verweis auf die Lage beim *acting in concert*).

schaftsrechtlich vermittelte Herrschaft möglich. Ein möglicher Fall sind die organisationsrechtlichen Unternehmensverträge des § 291.[159] Diese werden zwar wegen § 293 Abs. 1 kaum isoliert ohne entsprechende Beteiligung abgeschlossen. Jedoch ist durchaus möglich, dass die Leitung im Konzern von einer unteren Tochterebene ausgeht, die keine eigene oder zurechenbare Beteiligung an den von ihr beherrschten Gesellschaften hat.[160] Auch hier spielt die Nichtigkeit keine Rolle, sofern der Vertrag faktisch vollzogen wird.[161] Das hat unabhängig von den sonstigen Rechtsfolgen in diesem umstrittenen Problemfeld zu gelten, wie etwa der Anwendbarkeit der Grundsätze der fehlerhaften Gesellschaft.[162] Es betrifft den Fall verdeckter Beherrschungsverträge. Die grundsätzlichen Erwägungen zum Ausschluss bloßer Austauschverträge (→ Rn. 20 ff.) greifen in derartigen Umgehungskonstellationen nicht.

bb) Gesellschaftsverträge. Ansonsten sind die Voraussetzungen, unter welchen Verträge eine **39** gesellschaftsrechtliche Grundlage vermitteln, in der bisherigen Diskussion noch nicht ganz klar herausgearbeitet. Das gilt etwa für die Unternehmensverträge des § 292. Verbreitet wird in diesem Zusammenhang zwischen organisationsrechtlichen und bloß schuldrechtlichen Verträgen differenziert.[163] Damit kann die grundsätzliche Trennung zwischen Austausch- und Gesellschaftsverträgen gemeint sein. Es können aber auch alle Verträge ausgegrenzt sein, die (anders als § 291) nicht in das Organisationsrecht der abhängigen Gesellschaft eingreifen,[164] darunter etwa die stille Gesellschaft oder die Stimmbindung mit einem externen Dritten. Zum Teil wird unter „organisationsrechtlich" auch die betriebliche Organisation missverstanden.[165]

Nach hier vertretener Auffassung muss es um die Grundsatztrennung zwischen Austausch und **40** Gesellschaftsverträgen gehen, nicht um die formale Einbindung in die Gesellschaftsorganisation. Eine gesellschaftsrechtliche Verbindung mit der Gesellschaft oder einem Gesellschafter hebt den Dritten vom Austauschpartner *„at arm's length"* ab (→ Rn. 21). Entscheidend ist demnach, ob die herrschaftsbegründende Vereinbarung ein bloßes Austauschverhältnis oder ein auf einen gemeinsamen Zweck gerichtetes **Gesellschaftsverhältnis mit der Gesellschaft oder mit einem oder mehreren Gesellschaftern** darstellt. Auf die korporationsrechtliche Wirkung kommt es nicht an.[166]

Eine andere Frage ist, ob der fragliche (Gesellschafts)Vertrag die notwendigen Herrschaftsmit- **41** tel (zB Weisungsbefugnisse für Geschäftsführung) enthält oder überhaupt enthalten darf. Sie ist von der Voraussetzung einer gesellschaftsrechtlichen Grundlage scharf zu trennen. So vermittelt eine typische stille Gesellschaft zwar eine gesellschaftsrechtliche Grundlage, aber in der Regel keinen herrschenden Einfluss (§ 233 HGB).[167] Doch ist die rechtliche Ausgestaltung immer nur **Indiz** für oder gegen Herrschaft, kein zwingendes Differenzierungskriterium. Denn sobald die gesellschaftsrechtliche Grundlage besteht, kommt es entscheidend auf die tatsächlichen Umstände an (→ Rn. 14), die auch eine schwächere Position verdichten können („kombinierte Beherrschung", → Rn. 25).

---

[159] Ganz hM Hüffer/Koch/*Koch* Rn. 12; Hölters/*Hirschmann* Rn. 11; Grigoleit/*Grigoleit* Rn. 15; Großkomm AktG/*Windbichler* Rn. 35; Emmerich/Habersack/*Emmerich* Rn. 22 f.; anders für isolierte Gewinnabführungsverträge MüKoAktG/*Bayer* Rn. 65; K. Schmidt/Lutter/*J. Vetter* Rn. 42; Kölner Komm AktG/*Koppensteiner* Rn. 52; Wachter/*Franz* Rn. 19 und 20; MHdB AG/*Krieger* § 69 Rn. 46.

[160] Siehe etwa die Fälle BAG NZA 2007, 999; OLG Düsseldorf NZG 2007, 77; dazu eingehend → § 18 Rn. 19.

[161] Vgl. schon → Rn. 24; wie hier Emmerich/Habersack/*Emmerich* Rn. 22 aE; enger (nur bei Eintragung, dh bei Wirksamkeit mit Grundsätzen faktischer Gesellschaft) Kölner Komm AktG/*Koppensteiner* Rn. 54, 65; MüKoAktG/*Bayer* Rn. 71; Hüffer/Koch/*Koch* § 291 Rn. 21; siehe ferner *Oechsler* ZGR 1997, 465 (473 ff.); *Ernsthaler* NJW 1994, 817 ff.

[162] Siehe dazu BGHZ 103, 1 (4) = NJW 1988, 1326; einschränkend (nur mit Registereintragung) zur GmbH BGH NJW 1996, 659 f.; zur AG MüKoAktG/*Bayer* Rn. 71; MüKoAktG/*Altmeppen* § 291 Rn. 198 ff.; aA *Hirte/Schall* Der Konzern 2006, 243 ff.

[163] Etwa Hüffer/Koch/*Koch* Rn. 12; Emmerich/Habersack/*Emmerich* Rn. 23; NK-AktR/*Peres/Walden* Rn. 11; K. Schmidt/Lutter/*J. Vetter* Rn. 43; Wachter/*Franz* Rn. 19 f; eingehend Kölner Komm AktG/*Koppensteiner* Rn. 53.

[164] In letzterem Sinne offenbar Großkomm AktG/*Windbichler* Rn. 30, 42; Kölner Komm AktG/*Koppensteiner* Rn. 53 ff.; unklar Hüffer/Koch/*Koch* Rn. 12 iVm § 292 Rn. 2, 4, 11. Doch würde damit mehr verlangt als etwa bei Stimmbindungsverträgen von Aktionären.

[165] Zu beobachten vor allem in der Diskussion um „enge Austauschverträge" wie Franchising, Zulieferverträge etc (→ Rn. 20), dazu zutr Großkomm AktG/*Windbichler* Rn. 38 mit Fn. 120; s. auch MüKoAktG/*Bayer* Rn. 30, der hier richtiger von „organisatorischer Abhängigkeit" spricht.

[166] So zutr Großkomm AktG/*Windbichler* Rn. 53 zu Stimmbindungsverträgen; aA Kölner Komm AktG/*Koppensteiner* Rn. 53 ff., 56.

[167] Vgl. Emmerich/Habersack/*Emmerich* Rn. 23.

42 **Beispiele** für gesellschaftsrechtliche Verankerung finden sich etwa bei (atypischen wie typischen) stillen Gesellschaften,[168] bei gesellschaftsvertraglichen Stimmbindungen mit externen Dritten, sofern sie die wesentlichen Geschäftsbereiche oder zumindest die Personalbesetzung erfassen.[169] Das gilt auch, wenn solche Verträge als Nebenabrede zu Austauschverträgen (Anteilserwerb) geschlossen werden, sofern sie auf einen gemeinsamen Zweck (Willensausübung in der Gesellschaft) gerichtet sind. Eine gesellschaftsrechtliche Grundlage vermitteln ferner die Gewinngemeinschaft nach § 292 Abs. 1 Nr. 1.[170] Dagegen reichen die Austausch-Unternehmensverträge in § 292 Abs. 1 Nr. 3 für sich nicht aus.[171] Jedoch werden sie wegen § 293 Abs. 1 üblicherweise mit der Muttergesellschaft geschlossen und verstärken dann die Konzerneinbindung.[172] Nicht ausreichend sind ferner die Rechtsstellung des Pfandgläubigers oder des stimmrechtslosen[173] Nießbrauchers,[174] da diese noch nicht die Mitgliedschaft betreffen, sondern lediglich einen rechtlich gesicherten Erwerbs- bzw. Nutzungsanspruch darstellen. Aus § 16 Abs. 4 ergibt sich nichts anderes, da es bei Pfand und Nießbrauch gerade nicht zur treuhänderischen Vollrechtsübertragung kommt.

43 Zusammenfassend lässt sich zum Erfordernis der gesellschaftsrechtlichen Grundlage (schon → Rn. 20 ff.) das folgende Beispiel bilden: B hat in einer AG eine bestimmte Summe gegen jährliche Gewinnbeteiligung eingelegt. Über die Anwendbarkeit von § 17 entscheidet zunächst die Abgrenzung zwischen stiller Gesellschaft und partiarischem Darlehen. Letzterenfalls könnte § 17 nur greifen, wenn B seinen Willen aufzwingen kann (→ Rn. 22). Ansonsten reicht eine der Mehrheitsbeteiligung entsprechende Einflussmöglichkeit auf die Geschäftsführung. Diese mag bei einer atypischen stillen Gesellschaft eher vorkommen. Ausschlaggebend sind letztlich die tatsächlichen Umstände.

44 **cc) Personelle Verflechtungen.** Nicht mit Sicherheit geklärt ist, ob und unter welchen Voraussetzungen personelle Verflechtungen als **alleiniges** Machtmittel in Betracht kommen.[175] Nach hier vertretener Auffassung ist eine bloße Organstellung ebenso wie ein Beherrschungsvertrag ein gesellschaftsrechtlich begründetes Machtmittel und als solches nicht generell auszuschließen.[176] „Gesell-

---

[168] Emmerich/Habersack/*Emmerich* Rn. 23 aE. Stille Gesellschaften unterfallen grds dem § 292 Abs. 2 Nr. 2 (siehe Hüffer/Koch/*Koch* § 292 Rn. 15), ohne dass es darauf ankäme. Herrschaft wird aber regelmäßig nur bei atypischen stillen Gesellschaften anzunehmen sein, MüKoAktG/*Bayer* Rn. 122; Kölner Komm AktG/*Koppensteiner* Rn. 82; noch enger Großkomm AktG/*Windbichler* Rn. 42 (nur atypische stille Gesellschaft kombiniert mit Minderheitsbeteiligung) unter anderem mit Hinweis auf die §§ 76, 291 Abs. 1; ebenso K. Schmidt/Lutter/*J. Vetter* Rn. 15 (allein nicht ausreichend). Zur *Unterbeteiligung* als besonderer Form der stillen Gesellschaft *Letixerant,* Die aktienrechtliche Abhängigkeit vor dem dinglichen Erwerb einer Mehrheitsbeteiligung: eine fallgruppenorientierte Untersuchung der mitgliedschaftlichen und der nicht-, außer- und vormitgliedschaftlichen Abhängigkeit von Zielaktiengesellschaften in den verschiedenen Phasen einer Akquisition unter Einbeziehung fusionskontrollrechtlicher Sachverhalte, 2001, 98 ff.

[169] Vgl. → Rn. 9, 12. Eingehend und iE wie hier Großkomm AktG/*Windbichler* Rn. 52 ff., 55; auch Kölner Komm AktG/*Koppensteiner* Rn. 70.

[170] Emmerich/Habersack/*Emmerich* Rn. 23. Dass die Gewinngemeinschaft regelmäßig zum Gleichordnungskonzern führt, steht nicht zwingend entgegen, → Rn. 41; aA Großkomm AktG/*Windbichler* Rn. 38 mit Fn. 117; abl. auch Kölner Komm AktG/*Koppensteiner* Rn. 53; Wachter/*Franz* Rn. 20; Grigoleit/*Grigoleit* Rn. 15; MHdB AG/*Krieger* § 69 Rn. 46.

[171] Hüffer/Koch/*Koch* Rn. 12 (nur kombinierte Beherrschung möglich); Großkomm AktG/*Windbichler* Rn. 37; Kölner Komm AktG/*Koppensteiner* Rn. 53; Wachter/*Franz* Rn. 20; Grigoleit/*Grigoleit* Rn. 15; MHdB AG/*Krieger* § 69 Rn. 46; weiter offenbar Emmerich/Habersack/*Emmerich* Rn. 23 (zumindest Indiz für Abhängigkeit).

[172] Siehe LArbG BW AiB 2002, 110 ff. mit Anm. *Growe.*

[173] → § 16 Rn. 17, 31. Vgl. → Rn. 36 f. zu Optionen.

[174] AA offenbar Großkomm AktG/*Windbichler* Rn. 51 vgl. mit Rn. 55.

[175] Im Rahmen kombinierter Beherrschung sind sie grds. anerkannt, → Rn. 31. Eingehend zum Ganzen Großkomm AktG/*Windbichler* Rn. 43 ff.; Kölner Komm AktG/*Koppensteiner* Rn. 62; *Decher,* Personelle Verflechtungen im Aktienkonzern, 1990, 215 ff.

[176] Lediglich auf die personellen Verflechtungen abstellend offenbar OLG Brandenburg BeckRS 2008, 02 649 in einem komplizierten Sachverhalt zum alten Eigenkapitalersatzrecht: K und F beherrschten die nutzungsüberlassende Gesellschaft gemeinsam zu je 50%, sie waren beide auch auf verschiedenen Ebenen in die Geschäftsführung der Schuldnerin verwickelt, aber nur K war mittelbar (mit Mehrheit) an der Schuldnerin beteiligt. Hier wäre gleichwohl eine Lösung über die Abhängigkeit bloß vom Mehrheitsgesellschafter K möglich gewesen, da ihm die gemeinsame Herrschaft voll zuzurechnen wäre (→ Rn. 15 ff.). Für Ausreichen bloßer personeller Verflechtungen Großkomm AktG/*Windbichler* Rn. 47; *Decher,* Personelle Verflechtungen im Aktienkonzern, 1990, 217, der daran eine tatsächliche Vermutung für das Vorliegen von Herrschaft knüpft; wohl auch NK-AktR/*Peres/Walden* Rn. 12; K. Schmidt/Lutter/*J. Vetter* Rn. 40 f.; aA wohl die heute hM, Hess LArbG AuR 2004, 478 (LS) = ZBVR 2005, 37 (LS) mit wenig überzeugenden Konsequenzen (→ Rn. 22); Kölner Komm AktG/*Koppensteiner* Rn. 62; Emmerich/Habersack/*Emmerich* Rn. 19; MHdB AG/*Krieger* § 69 Rn. 48; s. schon RGZ 167, 40 (54) – Thega. Dafür spricht auch, dass es gerade um die Geschäftsführung im abhängigen Unternehmen geht (→ Rn. 9), an der dessen Verwaltungsmitglieder näher dran sind.

schaftsrechtlich begründet" heißt nicht „in Gesellschafterrechten begründet". Die Machtposition ist mit Blick auf die Abberufbarkeit von Verwaltungsmitgliedern zwar schwächer, aber keineswegs ungesichert.[177] Insbesondere leitet der Vorstand unmittelbar die Geschäfte (§ 76). Die konzernrechtliche Gefahrenlage ist daher nicht von der Hand zu weisen. Entscheidend kommt es letztlich auf den Einzelfall an. Mehrheitliche Besetzung des Vorstandes und/oder Aufsichtsrates kann nämlich auch bei Gleichordnungskonzernen vorliegen.[178] Daher ist im Einzelfall anhand wirtschaftlicher Betrachtung der Gesamtkonstellation genau festzustellen, ob und in welcher Richtung eine Subordination zwischen den von den gleichen Personen geleiteten Gesellschaften besteht.[179]

d) Beherrschung anderer Gesellschaftsformen. aa) GmbH. Bei der GmbH[180] eröffnet die 45
Mehrheitsbeteiligung unmittelbaren Einfluss auf die Geschäftsführung (§ 37 Abs. 2 GmbHG). Zugleich tritt der Gedanke der mittelbaren Kontrolle durch Personalhoheit in den Hintergrund (→ Rn. 11). Da sich das abhängige Unternehmen der Herrschaft nicht jederzeit entziehen können darf (→ Rn. 9, 17), wird die Stellung als Geschäftsführer als solche überhaupt nur ausreichen, wenn sie durch Beschränkungen der Abberufbarkeit[181] oder faktisch durch zuverlässige Unterstützung eines dritten Gesellschafters abgesichert ist.

Aufgrund der Satzungsfreiheit kann außerdem einem Minderheitsgesellschafter unmittelbarer Ein- 46
fluss auf die Geschäftsführung zugedacht werden, etwa durch Sonderrechte oder Mehrstimmrechte.[182] Dies kann spiegelbildlich zur Widerlegung der Abhängigkeitsvermutung vom Mehrheitsgesellschafter führen.[183] Möglich sind ferner partielle Befugnisse durch Sondermehrstimmrechte, welche im Einzelfall zu gewichten sind (etwa Finanzhoheit),[184] oder die Festschreibung der Abhängigkeit im Unternehmensgegenstand.[185] Dagegen werden Zustimmungserfordernisse keine Beherrschungsmöglichkeit tragen, sofern sie nicht sehr weitgehend in das Tagesgeschäft eingreifen (keine „negative Beherrschung").[186] Fraglich ist, inwieweit so die Beherrschung durch externe Dritte ermöglicht werden kann.[187] Zu bedenken ist, dass die GmbH zwar für Dritteinfluss grundsätzlich offen ist, dass aber eine Fremdbestimmung ihrer wesentlichen Angelegenheiten von außen nicht zulässig ist, da so die Gesellschafterversammlung als oberstes Organ entmachtet würde.[188] Auch die Einrichtung weiterer Gesellschaftsorgane („Verwaltungsbeirat") beschränkt nicht die Macht der Gesellschafter, sondern nur die der Geschäftsführung. Die Herrschaft eines außenstehenden Dritten wird daher selten zu belegen sein.

bb) Personengesellschaften. Auch bei Personengesellschaften[189] betrifft Herrschaft direkt die 47
Geschäftsführung, nicht die Personalhoheit. Dabei steht der jeweilige Vertrag ganz im Vordergrund. Man sollte daraus aber nicht folgern, dass § 17 Abs. 2 generell unanwendbar wäre (→ Rn. 49). In der GmbH & Co KG schlägt die Herrschaft der Komplementärin im Regelfall durch,[190] so dass

---

[177] Großkomm AktG/*Windbichler* Rn. 45 mit Verweis auf § 103 Abs. 1 S. 2 sowie § 84 Abs. 3.
[178] Hess LArbG AuR 2004, 478 (LS) = ZBVl 2005, 37 (LS); zu japanischen „Unternehmensgruppen" *Takahashi*, Konzern und Unternehmensgruppe in Japan – Regelung nach dem deutschen Modell, 1994, 13 ff.
[179] Viel zu oberflächlich insoweit OLG Brandenburg BeckRS 2008, 02 649, wenngleich das offenbar gefundene Ergebnis (Abhängigkeit der nutzungsüberlassenden Grundstücksgesellschaft von der insolventen Betriebsgesellschaft) bei wirtschaftlicher Betrachtung zutreffen wird.
[180] Dazu auch MüKoAktG/*Bayer* Rn. 123 ff.; Emmerich/Habersack/*Emmerich* Rn. 45 ff.; Kölner Komm AktG/*Koppensteiner* Rn. 79; *Liebscher* GmbH-KonzernR Rn. 113 ff.
[181] Zu deren Zulässigkeit Baumbach/Hueck/*Zöllner*/*Noack* GmbHG § 38 Rn. 4 ff. (Grenze: wichtiger Grund). In Betracht kommt als rechtlicher Umstand auch eine Einschränkung der Abberufbarkeit aufgrund Treuepflicht (dazu Baumbach/Hueck/*Zöllner*/*Noack* GmbHG § 38 Rn. 9d).
[182] S. Baumbach/Hueck/*Fastrich* GmbHG § 3 Rn. 32, 46 f.; § 14 Rn. 17 f. (Sonderrechte); Baumbach/Hueck/*Zöllner*/*Noack* GmbHG § 47 Rn. 43 (Mehrstimmrechte); Emmerich/Habersack/*Emmerich* Rn. 46; Kölner Komm AktG/*Koppensteiner* Rn. 79.
[183] Vgl. Emmerich/Habersack/*Emmerich* Rn. 47.
[184] → § 16 Rn. 40 und Baumbach/Hueck/*Beurskens* KonzernR Rn. 18.
[185] Dazu Großkomm AktG/*Windbichler* Rn. 33; Kölner Komm AktG/*Koppensteiner* Rn. 50.
[186] Vgl. → Rn. 27 zur Sperrminorität. Wie hier Großkomm AktG/*Windbichler* Rn. 33 mit Fn. 97.
[187] Großkomm AktG/*Windbichler* Rn. 33.
[188] S. dazu Baumbach/Hueck/*Zöllner*/*Noack* GmbHG § 45 Rn. 5, § 46 Rn. 60 ff., 65; weitergehend aber Kölner Komm AktG/*Koppensteiner* Rn. 79 im Anschluss an BGH WM 1972, 1295 f.
[189] Dazu MüKoAktG/*Bayer* Rn. 115 ff.; Großkomm AktG/*Windbichler* Rn. 28; Emmerich/Habersack/*Emmerich* Rn. 48; Kölner Komm AktG/*Koppensteiner* Rn. 81 f.
[190] BGHZ 89, 162 (166 f.) – Heumann/Ogilvy; BAG NJW 1991, 2923 (2926) = ZIP 1991, 884 (888); OLG München DB 2004, 1356 mit Anm. *Götz*; Großkomm AktG/*Windbichler* Rn. 28; Kölner Komm AktG/*Koppensteiner* Rn. 81. S. aber auch LG München I BeckRS 2009, 13 644 = AG 2009, 632 = Der Konzern 2009, 364, wo Herrschaft primär auf den 51%-Anteil der GmbH an der KG sowie das dort geltende einfache Mehrheitsprinzip gestützt wurde, und die Eigenschaft als einzige Komplementärin nur als Zusatzargument angeführt wurde.

§ 17   48   Erstes Buch. Aktiengesellschaft

dann die mehrheitliche Beherrschung der Komplementär-GmbH auch die der KG vermittelt.[191] Da § 164 HGB jedoch abdingbar ist (vgl. § 163 HGB),[192] kann freilich auch Herrschaft durch einen Kommanditisten vorliegen (zB Weisungsrechte).[193] Eine **stille Gesellschaft** ist bloße Innengesellschaft und kann deshalb grundsätzlich nicht beherrscht werden.[194] Davon zu unterscheiden ist die Frage, inwieweit stille Gesellschaften als Herrschaftsmittel in Betracht kommen (→ Rn. 41 und 43).

48 cc) **Sonstige Gesellschaftsformen.** In der **KGaA** kommt grundsätzlich nur Beherrschung durch die persönlich haftenden Gesellschafter in Betracht, da nur sie geschäftsführungs- und vertretungsbefugt sind.[195] Anders aber auch hier bei „herrschenden" Kommanditaktionären (→ Rn. 47). Bei **Genossenschaften**[196] erscheint wegen der Beschränkungen direkten Mehrheitsbesitzes eine Beherrschung praktisch nur äußerst eingeschränkt unter den Voraussetzungen der kombinierten Beherrschung, ggf. unter Mitwirkung Dritter denkbar.[197] Das Gleiche gilt für den **wirtschaftlichen Verein**, für den VVaG sowie für die **Stiftung**.[198] Bei letzterer darf man aber nicht aus dem Fehlen von Mitgliedern auf die Unmöglichkeit von Beherrschung nach § 17 Abs. 1 schließen.[199] Denn das Erfordernis gesellschaftsrechtlich vermittelter Herrschaft ist aus § 17 Abs. 2 hergeleitet und auf die AG gemünzt (→ Rn. 9). Es darf einer sinnentsprechenden Anwendung der Abhängigkeit auf andere unternehmenstragende Gebilde im Rahmen des rechtsformneutralen allgemeinen Konzernrechts nicht entgegenstehen.[200] So ist bei Stiftungen insbesondere Herrschaft durch Personalhoheit oder den Stiftungszweck denkbar.[201] Bei Einzelkaufleuten ist eine gesellschaftsrechtlich vermittelte Beherrschung durch eine stille Gesellschaft (→ Rn. 42) möglich, ferner im Fall von unternehmenstragenden Miterben- oder Gütergemeinschaften (→ § 15 Rn. 43). Die **Societas Europaea** ist nicht nur taugliche Konzernspitze, sondern kann sowohl mit dualistischer wie auch monistischer Struktur beherrscht werden.[202] In Streit steht ohnehin nicht ihre grundsätzliche Einbeziehung in die rechtsformneutralen, selbst auf ausländische Unternehmen anwendbaren §§ 15 ff., sondern die Anwendbarkeit des materiellen Aktienkonzernrechts in den §§ 291 ff.[203] In **ausländischen Kapitalgesellschaften** ist regelmäßig der Mehrheitsbesitz das entscheidende Beherrschungsinstrument. Die Zulässigkeit und Reichweite anderer Beherrschungsmittel wie Stimmbindungen, Mehrfachstimmrechte Treuhandverhältnisse etc richtet sich nach dem ausländischen Gesellschaftsstatut.[204] Zu beachten ist die geringere Rolle personeller Verflechtungen in Ländern wie England oder Frankreich, wo die Direktoren

---

[191] BAG NZG 2012, 754 (757 f., Rn. 49) unter Verweis auf BAG NJW 1996, 2884.
[192] Missverständlich demgegenüber BAG NZG 2012, 754 (757 f., Rn. 49): „Bei einer KG ist die Geschäftsführung aber allein Angelegenheit der persönlich haftenden Gesellschafter. Die Kommanditisten sind hiervon nach § 164 S. 1 HGB ausgeschlossen." Das klingt als ginge das BAG von zwingendem Recht aus.
[193] → § 15 Rn. 29 mit Fn. 75; MüKoAktG/*Bayer* Rn. 118; Kölner Komm AktG/*Koppensteiner* Rn. 81; s. im Übrigen → Rn. 49.
[194] → § 15 Rn. 54; MüKoAktG/*Bayer* Rn. 122; Großkomm AktG/*Windbichler* Rn. 30.
[195] MüKoAktG/*Bayer* Rn. 126; K. Schmidt/Lutter/*J. Vetter* Rn. 68; Kölner Komm AktG/*Koppensteiner* Rn. 81; ADS Rn. 83; eingehend *Bertram* WPg 2009, 411 ff., der Abhängigkeit (und damit Berichtspflicht nach § 312) auf Basis der hM zu Recht verneint, wenn eine „& Co KGaA" durch eine bloße Komplementär-Kapitalgesellschaft ohne eigenen Geschäftsbetrieb geleitet wird (anders bei Abstellen auf die Formkaufmannseigenschaft, vgl. zum Streit → § 15 Rn. 17 und 19).
[196] MüKoAktG/*Bayer* Rn. 127 ff.; Großkomm AktG/*Windbichler* Rn. 29; Kölner Komm AktG/*Koppensteiner* Rn. 80; Emmerich/Habersack/*Emmerich* Rn. 49 f.; eingehend *Reul*, Das Konzernrecht der Genossenschaften, 1997, 115 ff.
[197] Vgl. Großkomm AktG/*Windbichler* Rn. 29; K. Schmidt/Lutter/*J. Vetter* Rn. 68; schon → § 16 Rn. 41.
[198] Für Stiftungen und Vereine wie hier Kölner Komm AktG/*Koppensteiner* Rn. 80; Nur für VVaG wie hier Großkomm AktG/*Windbichler* Rn. 30; nur für wirtschaftlichen Verein wie hier MüKoAktG/*Bayer* Rn. 132 f.; K. Schmidt/Lutter/*J. Vetter* Rn. 68. Doch die Unzulässigkeit ist lediglich ein Indiz gegen Herrschaft. Zum Ganzen etwa auch *Sprengel*, Vereinskonzernrecht, 1998, 100 ff.
[199] So aber Großkomm AktG/*Windbichler* Rn. 30 aE; MüKoAktG/*Bayer* Rn. 131; dem folgend K. Schmidt/Lutter/*J. Vetter* Rn. 68. Zur davon zu unterscheidenden Unmöglichkeit von Mehrheitsbesitz mit der Folge der Unanwendbarkeit (nur) des § 17 Abs. 2 dagegen → § 16 Rn. 41. Die Lage entspricht derjenigen bei Anstalten öffentlichen Rechts, wo ebenfalls kein Mehrheitsbesitz, wohl aber Herrschaft (etwa des Bundes oder eines Landes) möglich ist, vgl. OLG Düsseldorf WuW 2008, 997.
[200] S. dazu auch OLG Düsseldorf WuW 2008, 997 (für Anstalt öffentlichen Rechts).
[201] S. auch Kölner Komm AktG/*Koppensteiner* Rn. 80; Großkomm AktG/*Windbichler* Rn. 49; *Heinzelmann* Die Stiftung im Konzern, 2003, 209 ff.
[202] MüKoAktG/*Ego* SE-VO Anh. Art. 9 Rn. 19 mwN.
[203] Dafür die ganz hM, eingehend MüKoAktG/*Altmeppen* SE-VO Anh. Art. 9 Rn. 14 ff.; *Habersack* ZGR 2003, *Maul* ZGR 2003, 743 ff.; *Veil* WM 2003, 2169 ff.; *Jaecks/Schönborn* RIW 2003, 254; *Teichmann* ZGR 2002, 383 (444 ff.); *Neye/Teichmann* AG 2003, 169 f. (178); aA *Hommelhoff* AG 2003, 179 (182 ff.).
[204] Für den schuldrechtlichen Stimmbindungsvertrag herrscht dagegen Rechtswahlfreiheit.

jederzeit und unabdingbar vom Mehrheitsgesellschafter abberufen werden können *(ad nutum)*.[205] Eine Beherrschung bloß aufgrund von Geschäftsleitungspositionen, ohne Rückendeckung der Mehrheit (zB im Rahmen einer kombinierten Beherrschung), lässt sich daher kaum begründen. Auch Anstalten des öffentlichen Rechts sind der Beherrschung zugänglich, auch wenn mangels Mehrheitsbesitz § 17 Abs. 2 nicht greifen kann.[206]

III. Die Abhängigkeitsvermutung (Abs. 2)

1. Allgemeines. Abs. 2 stellt die widerlegliche[207] Vermutung der Abhängigkeit bei Mehrheitsbesitz nach § 16 auf.[208] Denn Mehrheitsbesitz führt regelmäßig dazu, dass man die Geschäfte der abhängigen Gesellschaft unmittelbar (GmbH) oder mittelbar (AG) beherrschen kann (→ Rn. 9). Das rechtfertigt die Beweiserleichterung, die unter anderem für Abschlussprüfer von Bedeutung ist.[209] Die Vermutung greift sowohl bei Stimmen- als auch bei Kapitalmehrheit und gilt auch bei mehrstufiger Abhängigkeit (→ Rn. 14).[210] Trotz Rechtsformneutralität ist der Anwendungsbereich der Vermutung aber jenseits von AG und GmbH deutlich eingeschränkt. Für die KGaA kann die Vermutung nicht gelten, weil die Geschäftsführung den persönlich haftenden Gesellschaftern obliegt (eben → Rn. 48). Das gleiche muss für KG und entsprechend auch für GmbH & Co KG gelten.[211] Bei letzterer entscheidet – jedenfalls bei nur einem Komplementär – grds die Mehrheit an jenem.[212] Das bedeutet aber nicht, dass es keine herrschenden Kommanditisten geben könnte. Die Herrschaft ist jedoch über § 17 Abs. 1 zu begründen (→ Rn. 47). Allerdings sollten Personengesellschaften nicht pauschal dem § 17 Abs. 2 entzogen werden.[213] Richtig ist zwar, dass Personengesellschaften mit Einstimmigkeitsprinzip nicht dem § 16 unterfallen. Ist dieses jedoch abbedungen, besteht jedenfalls bei der OHG kein Grund, die Vermutung nicht anzuwenden.[214] Besondere Vertragsgestaltungen sind dann im Rahmen der Widerlegung zu berücksichtigen.

2. Widerlegung der Vermutung. Die Folge der Vermutung ist, dass grundsätzlich schon der Mehrheitsbesitz zur Abhängigkeit führt. Wer sich darauf beruft, dass trotz Mehrheitsbesitzes kein herrschender Einfluss ausgeübt werden könne, muss dies darlegen und beweisen.[215] Dazu genügt bei der AG der Nachweis, dass die Mehrheit nicht die Besetzung des Aufsichtsrates erlaubt. Abweichend von § 292 ZPO[216] ist nicht der Gegenbeweis fehlender Abhängigkeit auch aus anderen Grundlagen erforderlich.[217] Denn § 17 Abs. 2 liegt insoweit anders, als er nur eine mögliche

---

[205] Für England sec. 303 Companies Act 1985; für Frankreich *Storck* ECFR 2004, 36 (44).
[206] OLG Düsseldorf WuW 2008, 997 – Universitätsklinikum Greifswald: Bundesland als herrschendes Unternehmen nach § 17 Abs. 1 iVm § 36 Abs. 3 GWB (kartellrechtliche Unternehmensfiktion).
[207] Unwiderleglich aber bei wechselseitiger Beteiligung, § 19 Abs. 2 und 3.
[208] Zur Entstehungsgeschichte s. Großkomm AktG/*Windbichler* Rn. 68; Kölner Komm AktG/*Koppensteiner* Rn. 94; MüKoAktG/*Bayer* Rn. 85.
[209] Emmerich/Habersack/*Emmerich* Rn. 34.
[210] AllgM, MüKoAktG/*Bayer* Rn. 114.
[211] BAG NZA 2012, 633 (Rn. 49); Brügel/Tillkorn GmbHR 2013, 459; aA Kölner Komm AktG/*Koppensteiner* Rn. 97; OLG München NZG 2004, 781 (782) = DStR 2004, 1359 = DB 2004, 1356 mit Anm *Götz* (zu Stiftung & Co KG), dazu gleich noch → Rn. 51.
[212] BAG NZA 2012, 633 (Rn. 49); NZA 1996, 706; bei der Einheits-GmbH&Co KG muss es wiederum auf die Mehrheit an der KG ankommen. Siehe auch die diff Darstellung bei *Brügel/Tillkorn* GmbHR 2013, 459.
[213] So aber Hüffer/Koch/*Koch* Rn. 17; K. Schmidt/Lutter/*J. Vetter* Rn. 67; Großkomm AktG/*Windbichler* Rn. 69.
[214] Im Ansatz wie hier zB BGHZ 89, 162 (167) = NJW 1984, 1351 – Heumann/Ogilvy: an § 17 Abs. 2 angelehnte tatsächliche Vermutung; BGH ZIP 1992, 274 (275); OLG München NZG 2004, 781 (782) = DStR 2004, 1359 = DB 2004, 1356 mit Anm *Götz* (zu Stiftung & Co KG) (siehe aber vorvorige Fn.); OLG Hamm ZIP 2000, 2302 (2306); Kölner Komm AktG/*Koppensteiner* Rn. 97; ferner BAG NZA 2012, 633 (Rn. 49); NZA 2004, 863 (zu gleichgelagerter Frage bei Vermutungsregel des § 6 Abs. 2 S. 1 Nr. 2 EBRG).
[215] Das kann sowohl das herrschende Unternehmen sein, das nicht nach § 317 haften will, als auch die abhängige AG, die keinen Abhängigkeitsbericht erstellen möchte, Hüffer/Koch/*Koch* Rn. 18; MüKoAktG/*Bayer* Rn. 90; Emmerich/Habersack/*Emmerich* Rn. 34; Großkomm AktG/*Windbichler* Rn. 70; Kölner Komm AktG/*Koppensteiner* Rn. 99.
[216] Die bloße Erschütterung der Vermutungsgrundlage reicht sonst nur bei tatsächlichen Vermutungen, Zöller/*Greger* ZPO Vor § 284 Rn. 33, § 292 Rn. 2.
[217] Großkomm AktG/*Windbichler* Rn. 71; Kölner Komm AktG/*Koppensteiner* Rn. 100; iE auch Grigoleit/*Grigoleit* Rn. 21; aA Hüffer/Koch/*Koch* Rn. 19; MüKoAktG/*Bayer* Rn. 95; K. Schmidt/Lutter/*J. Vetter* Rn. 53; Wachter/*Franz* Rn. 25; Hölters/*Hirschmann* Rn. 16; MHdB AG/*Krieger* § 69 Rn. 59; ADS Rn. 98 f.; aber auch Emmerich/Habersack/*Emmerich* Rn. 36 f., obwohl *ders.* Rn. 36 selbst davon ausgehend, dass allein die Personalhoheit ratio des Abs. 2 ist.

§ 17 51 Erstes Buch. Aktiengesellschaft

Grundlage der Herrschaft mit der Vermutung unterlegt. Ist diese Grundlage erschüttert, besteht kein sinnvoller Grund mehr für weitere Beweiserleichterungen. Die Gegenmeinung übersieht, dass die Anknüpfung der Vermutung (auch) an die Kapitalmehrheit selbst schon eine Beweiserleichterung darstellt (→ § 16 Rn. 7), welche durch die hier vertretene Auffassung mitnichten unterlaufen wird.[218] Wer ihr nicht folgen möchte, wird zumindest Erleichterungen beim Beweis negativer Tatsachen zulassen müssen.[219] Bei der GmbH muss neben der Personalhoheit auch das Weisungsrecht fehlen.[220]

51 **3. Mittel zur Widerlegung. a) Allgemeines.** Geeignet sind alle Tatsachen, die belegen, dass der übliche mit einer Mehrheitsbeteiligung verbundene Einfluss nicht vorliegt. Diese müssen jedoch ihrerseits auf einer gesicherten rechtlichen Grundlage beruhen. Nicht genügend sind das schlichte Nichtgebrauchmachen von der Herrschaft (→ Rn. 8) sowie bloße Absichten oder einseitige Willenserklärungen.[221] In Betracht kommen aber unstreitig sämtliche Verschiebungen der Stimmmacht durch qualifizierte Mehrheiten,[222] Höchststimmrechte, fremde Mehrfachstimmrechte, Stimmverbote[223] und -ausschlüsse (§ 139) sowie Stimmbindungen zugunsten anderer Gesellschafter,[224] wobei in der AG nach hier vertretener Sicht ausreicht, dass die Aufsichtsratswahl verhindert wird (→ Rn. 50). Doch wird sich angesichts der unklaren Rechtslage für die Praxis eine weiter gefasste Entherrschung empfehlen.[225] Das Stimmrecht braucht nicht unausübbar zu werden, vielmehr reicht die Durchsetzbarkeit der Stimmbindung aus.[226] Befreien kann sich danach insbesondere der weisungsgebundene Treuhänder,[227] weil in einer solchen Konstellation das Fremdinteresse überragend ist.[228] Zu einem ähnlichen Ergebnis gelangte das OLG München in einem besonders gelagerten Fall bei einer vollkommen mit Hintermann dominierten Holding GmbH & Co KG.[229] Das ist aus den Besonderheiten des Einzelfalles[230] zu verstehen und lässt sich nicht auf mehrstufigen Besitz verallgemeinern. Auch bei Zurechnung über eine GmbH als abhängiges Unternehmen reicht deren allgemeine Weisungsabhängigkeit nach § 37 Abs. 2 GmbHG nicht zur eigenen Entlastung aus. Beherrschungsverträge mit Dritten sind dagegen

---

[218] Im Übrigen erscheint entgegen MüKoAktG/*Bayer* Rn. 95 eine kombinierte Beherrschung nicht unbedingt wahrscheinlich. Immerhin ist der Kapitalmehrheit bewusst die Macht entzogen worden.

[219] Hüffer/Koch/*Koch* Rn. 20; MüKoAktG/*Bayer* Rn. 95; K. Schmidt/Lutter/*J. Vetter* Rn. 53 (Beweisantritt erst erforderlich, wenn Umstände vorgetragen sind, die auf kombinierte Beherrschung deuten); Emmerich/Habersack/*Emmerich* Rn. 37, 38; allg. dazu Zöller/*Greger* ZPO Vor § 284 Rn. 24.

[220] Insoweit zutr. *Liebscher* GmbH-KonzernR Rn. 112, allerdings im Anschluss an die nicht überzeugende Ansicht, welche auch bei der AG mehr als den Ausschluss der Aufsichtsratswahl fordert. Zu einem Praxisbeispiel siehe LAG Köln 10.11.2005 – 10 TaBV 15/05 Rn. 5.

[221] Großkomm AktG/*Windbichler* Rn. 72; K. Schmidt/Lutter/*J. Vetter* Rn. 52 und 55; Wachter/*Franz* Rn. 25; Hölters/*Hirschmann* Rn. 16 und 18; Grigoleit/*Grigoleit* Rn. 22.

[222] Vgl. OLG München BeckRS 2012 17266 = ZIP 2012, 1756; Wachter/*Franz* Rn. 26; Hölters/*Hirschmann* Rn. 18.

[223] Wachter/*Franz* Rn. 26; Hölters/*Hirschmann* Rn. 18. Das gilt auch bei § 20 Abs. 7, § 21 Abs. 4 sowie § 44 WpHG. Selbstverursachung steht nicht entgegen, Großkomm AktG/*Windbichler* Rn. 74; aA K. Schmidt/Lutter/*J. Vetter* Rn. 57; Kölner Komm AktG/*Koppensteiner* Rn. 106.

[224] MüKoAktG/*Bayer* Rn. 99; Kölner Komm AktG/*Koppensteiner* Rn. 107; Wachter/*Franz* Rn. 27; einschränkend K. Schmidt/Lutter/*J. Vetter* Rn. 55 f. (Gesellschaft muss Kenntnis haben. Argument: Perspektive des Unternehmens maßgeblich).

[225] So auch MüKoAktG/*Bayer* Rn. 101; siehe dazu *Hentzen* ZHR 157 (1993), 65 (69).

[226] MüKoAktG/*Bayer* Rn. 99.

[227] So zutr. Großkomm AktG/*Windbichler* Rn. 78 gegen Kölner Komm AktG/*Koppensteiner* Rn. 107 f. Freilich bedarf es des Weisungsrechts. Die bloße Zurechnung beim Hintermann reicht mangels Absorption (→ § 16 Rn. 18) nicht.

[228] Die gleiche Wertung lag dem Ausschluss des weisungsgebundenen *trustees* von den Meldepflichten des englischen Rechts nach sec. 209 (1) (a) iVm (5) CA 1985 zugrunde. Diese Ausnahme scheint nicht mehr fortzugelten (unklar sec. 821 (3) CA 2006).

[229] OLG München NZG 2004, 781 = AG 2004, 455; zust. Emmerich/Habersack/*Emmerich* Rn. 41a; kritisch K. Schmidt/Lutter/*J. Vetter* Rn. 59.

[230] Es ging um einen Squeeze Out, wo die – vollkommen von Z beherrschte – Holding GmbH & Co KG als designierter Hauptaktionär die 95% Schwelle nur durch Zurechnung von Aktien erreichen konnte, die von der Z Stiftung & Co KG gehalten wurden. Die Verwaltungsholding hielt nun zwar die Kapitalmehrheit an der Stiftung & Co KG, jedoch hielt Z die restlichen Anteile und war zugleich einer der beiden Komplementäre (neben der Stiftung). Das OLG München erkannte schon deshalb zu Recht, dass es sich nicht um eine gewöhnliche Mutter-Tochter-Enkel-Kette (Z – Holding – Stiftung) handelte (so aber K. Schmidt/Lutter/*J. Vetter* Rn. 59), weil in der KG der Mehrheitsbesitz grds nicht gegen die Herrschaft der Komplementäre verschlägt. Hier lag der Unterschied zum MLP-Fall. Z beherrschte die Stiftung & Co selbst bereits unmittelbar und nicht bloß über die Verwaltungsholding. Selbst bei Anwendung des § 17 Abs. 2 (dagegen → Rn. 49) lag hier also (kombinierte) Beherrschung durch den Minderheitsgesellschafter vor, ungeachtet der ihm über die Verwaltungsholding zurechenbaren weiteren Anteile.

grds. ein hinreichendes Mittel.[231] Im Übrigen zur mehrstufigen Abhängigkeit → Rn. 56. **Nicht** zur Widerlegung der Abhängigkeit taugen ferner Wettbewerbs- oder Beteiligungsverbote.[232] Zu besonderen Gesellschaftsformen wie der KGaA siehe schon ab → Rn. 45.

b) Entherrschungsverträge. Ein praktisch anerkanntes Mittel sind auch die so genannten „Entherrschungsverträge",[233] mit anderen Worten negative Stimmvereinbarungen. Sie werden oft vom Mehrheitsbesitzer abgeschlossen, können aber auch eine Beherrschung kraft faktischer Hauptversammlungsmehrheit (→ Rn. 30) verhindern.[234] Anders als bei *B*eherrschungsverträgen setzen sie auf keiner Seite die Unternehmenseigenschaft voraus. Sie können vielmehr sowohl mit den anderen Gesellschaftern als auch direkt mit dem abhängigen Unternehmen geschlossen werden. Gegen letztere werden neuerdings mit Blick auf das Verbot der Stimmbindung gegenüber der Gesellschaft und ihre daher angeblich fehlende Durchsetzbarkeit dogmatische Bedenken erhoben.[235] Doch Stimmverzicht ist nicht gleich Stimmbindung, erlaubt vor allem keine Verwaltungsherrschaft und muss daher wirksam (auch) gegenüber der Gesellschaft erklärt werden können. Mindestinhalt ist die Begrenzung der Stimmmacht zur Wahl bzw. Abberufung des Aufsichtsrates auf weniger als die Hälfte („Minuseins-Regel") der in der Hauptversammlung vertretenen Stimmen.[236] Begrenzung auf feste Größe soll nicht ausreichen, was aber bei entsprechend niedriger Quote (zB 20 %) zweifelhaft ist. Herrschaft hängt dann nämlich vom Zufall (HV-Präsenz), nicht mehr von Mehrheitsbeteiligung ab. Um ihre Wirkung zu entfalten, müssen Entherrschungsverträge nach verbreiteter Ansicht für mindestens 5 Jahre abgeschlossen werden.[237] Das überzeugt für AG und mitbestimmte GmbH, nicht aber für gewöhnliche GmbH.[238] Die unabdingbare Kündigungsmöglichkeit aus wichtigem Grund bereitet grds kein Hindernis.[239] Entherrschungsverträge bedürfen der Schriftform,[240] einer satzungsmäßigen Grundlage in Form der Erlaubnis zur nicht-unternehmerischen Beteiligungsverwaltung[241] sowie

---

[231] Siehe nur MüKoAktG/*Bayer* Rn. 113; K. Schmidt/Lutter/*J. Vetter* Rn. 58.
[232] Siehe Großkomm AktG/*Windbichler* Rn. 84.
[233] Zuletzt BAG BeckRS 2015, 69307 = JR 2016, 345 Rn. 3 (in der seltenen Form eines „Gewinnabführungs- und **Ent**herrschungsvertrags"), dabei letztlich aber ohne Stellungnahme zur Entherrschungswirkung, vgl. Rn. 31: „Es kann dahinstehen, ob die ... Abhängigkeitsvermutung ... durch die Entherrschungsklausel ... widerlegt ist." Des Weiteren LArbG Bremen 9.8.2012 – 3 TaBV 19/11 LS 5 und Rn. 106; OLG Düsseldorf NZG 2007, 77 (78) = NZA 2007, 707 (708); OLG Köln WM 1993, 644 = AG 1993, 86; LG Mainz AG 1991, 30; Hüffer/Koch/*Koch* Rn. 22; Grigoleit/*Grigoleit* Rn. 25 f.; MüKoAktG/*Bayer* Rn. 99 ff.; Kölner Komm AktG/*Koppensteiner* Rn. 109 ff.; K. Schmidt/Lutter/*J. Vetter* Rn. 60; Wachter/*Franz* Rn. 31; Hölters/*Hirschmann* Rn. 18; Emmerich/Habersack/ *Emmerich* Rn. 42 ff.; ADS Rn. 116 ff.; MHdB AG/*Krieger* § 69 Rn. 62 f.; *Götz,* Der Entherrschungsvertrag im Aktienrecht, 1991, 4 ff., 60 f.; zT kritisch jetzt aber Großkomm AktG/*Windbichler* Rn. 76 ff., 80. Im Kartellrecht werden Entherrschungsverträge nicht anerkannt, Großkomm AktG/*Windbichler* Rn. 89. Im WpHG und WpÜG helfen sie nicht gegen die Überschreitung der Anteilsgrenzen (§ 29 Abs. 2 WpÜG; § 33 WpHG) durch eigene Anteile, können aber schädliche Zurechnungen verhindern, vgl. *Larisch/Bunz* NZG 2013, 1247 (1250 f.).
[234] Dazu eingehend *Larisch/Bunz* NZG 2013, 1247.
[235] Eingehend Großkomm AktG/*Windbichler* Rn. 80 mit offenem Ergebnis; Für Zulässigkeit Kölner Komm AktG/*Koppensteiner* Rn. 109; K. Schmidt/Lutter/*J. Vetter* Rn. 60; *Jäger* DStR 1995, 1113 ff.; abl. *Hüttemann* ZHR 156 (1992), 314 (324 ff.); s. auch *Hommelhoff,* Die Konzernleitungspflicht, 1982, 83 ff.
[236] Siehe nur MüKoAktG/*Bayer* Rn. 100; Kölner Komm AktG/*Koppensteiner* Rn. 111; Wachter/*Franz* Rn. 31; für Erstreckung auf weitere Gegenstände vereinzelt Stimmen, zB *Hentzen* ZHR 157 (1993) 65 (69); daher sicherheitshalber zu weitergehendem Verzicht ratend K. Schmidt/Lutter/*J. Vetter* Rn. 61; hiergegen aber *Larisch/ Bunz* NZG 2013, 1247 (1249).
[237] Dazu LArbG Bremen 9.8.2012 – 3 TaBV 19/11 LS 5 und Rn. 106 ff., insbes. 109; OLG Köln WM 1993, 644 = AG 1993, 86; LG Mainz AG 1991, 30; Hüffer/Koch/*Koch* Rn. 22; Wachter/*Franz* Rn. 31; MüKoAktG/ *Bayer* Rn. 102 ff.; Emmerich/Habersack/*Emmerich* Rn. 43; Kölner Komm AktG/*Koppensteiner* Rn. 111; MHdB AG/*Krieger* § 69 Rn. 62; *Larisch/Bunz* NZG 2013, 1247 (1249 f.); diff K. Schmidt/Lutter/*J. Vetter* Rn. 62 (Laufzeit jedenfalls über nächste Organwahl hinaus).
[238] Gleichwohl für Übernahme der Fünfjahresfrist *Liebscher* GmbH-KonzernR Rn. 112. Richtig ist, dass eine zu kurze Mindestlaufzeit oder gar jederzeitige Kündbarkeit die Herrschaftsvermutung nicht widerlegen, weil die Macht des Mehrheitsgesellschafters dann noch ihre Schatten wirft. Dennoch sollten Zweijahresverträge bei der GmbH jedenfalls dann ausreichen, wenn nicht nur die Abhängigkeitsvermutung negiert werden soll, sondern die Herrschaft in andere Hände übertragen wird, etwa wenn die Konzernleitung umstrukturiert wird (vgl. LArbG Köln 10.11.2005 – 10 TaBV 15/05) oder der Mehrheitsgesellschafter seine Leistungsmacht vorübergehend in die Hände eines Investors legt.
[239] K. Schmidt/Lutter/*J. Vetter* Rn. 62; ausf. MüKoAktG/*Bayer* Rn. 102 ff.
[240] AllgM, LArbG Bremen 9.8.2012 – 3 TaBV 19/11 Rn. 106; Emmerich/Habersack/*Emmerich* Rn. 43; Kölner Komm AktG/*Koppensteiner* Rn. 116; MHdB AG/*Krieger* § 69 Rn. 62; *Larisch/Bunz* NZG 2013, 1247 (1249); für GmbH *Liebscher* GmbH-KonzernR Rn. 112.
[241] MüKoAktG/*Bayer* Rn. 109; Kölner Komm AktG/*Koppensteiner* Rn. 114, MHdB AG/*Krieger* § 69 Rn. 62; teils wird aber auch ein bloßer Zustimmungsbeschluss der Hauptversammlung für ausreichend gehalten, vgl. Hölters/*Hirschmann* Rn. 18; *Larisch/Bunz* NZG 2013, 1247 (1250 mwN).

nach verbreiteter, wenngleich für AG nicht überzeugender Auffassung der Zustimmung der Hauptversammlung der herrschenden Gesellschaft.[242] Bei GmbH ist allerdings Zustimmung der Gesellschafterversammlung im herrschenden Unternehmen regelmäßig geboten, da dessen Geschäftsführung nicht einseitig die Reichweite des Weisungsrechts verkürzen darf.[243] Für diesen Beschluss reicht (wie für die Weisungen) einfache Mehrheit, eine Analogie zu § 293 Abs. 2 AktG ist abzulehnen.[244] Dass der Vertrag **ernsthaft gewollt** sein muss, wie verbreitet gefordert wird,[245] ergibt sich bereits aus § 117 BGB und darf nicht dazu führen, dass man eine wirtschaftlich nachvollziehbare Motivation, also eine Art „sachlicher Rechtfertigung" als materielles Erfordernis statuiert.[246] Ebenso wenig ist eine Absicherung durch Vertragsstrafen oder notarielle Hinterlegung[247] der Aktien erforderlich,[248] mag sie auch angesichts der Diskussion empfehlenswert sein. Schließlich wird vertreten, der Vertrag solle im Anhang oder Lagebericht erwähnt werden, nicht hingegen in jeder Einladung zur Hauptversammlung.[249]

53 c) **Vorübergehende Beteiligungen.** Umstritten ist die Einordnung von Mehrheitsbeteiligungen, die vorübergehend gehalten werden. Sicherlich dienen sie nicht der unternehmerischen Betätigung im abhängigen Unternehmen. Jedoch reichen tatsächliche Umstände oder einseitige Absichten nicht zur Beseitigung der Herrschaftsmöglichkeit (→ Rn. 51). In der Regel werden daher die abgeschlossenen Verträge vorzulegen sein. Dagegen soll die bilanzielle oder aufsichtsrechtliche Behandlung nicht maßgeblich sein, da auf Selbsteinstufung beruhend.[250] Das ist vor allem für den allgemeinen Handelsbestand der **Banken** von Bedeutung. Hier sollte jedenfalls eine Befreiung von den Meldepflichten nach § 36 Abs. 1 Nr. 2 WpHG, § 36 Abs. 4 WpHG helfen, zumal ein Stimmverbot mit sich bringt.[251] Außerdem ist eine Ausnahme anerkannt bei Emissionen, solange die Bezugsfrist offen ist und ein Weisungsrecht der Gesellschaft besteht.[252] Im Übrigen wird nicht genügend beachtet, dass die Herrschaftsvermutung in der AG am „dünnen Faden" der Furcht vor personellen Konsequenzen hängt. Zur Widerlegung der Abhängigkeitsvermutung bei Handelsbeständen sollte also durchaus der Nachweis ausreichen können, dass eine solche Furcht aus Sicht des abhängigen Unternehmens auf absehbare Zeit nicht begründet ist (→ Rn. 19), was neben einer entsprechenden Amtsdauer auch durch die Inanspruchnahme von fusionsrechtlichen Bankenklauseln (§ 37 Abs. 3 GWB) gestützt werden kann.[253] Eine generelle analoge Anwendung von § 37 Abs. 3 GWB ist aber wegen des anderen regulatorischen Umfeldes (Gefahr für Wettbewerb, nicht Konzerngefahr) nicht angezeigt.[254]

---

[242] Die Frage steht in engem Zusammenhang mit der internen Konzernleitungspflicht des Vorstands des herrschenden Unternehmens, siehe etwa MHdB AG/*Krieger* § 69 Rn. 62; Emmerich/Habersack/*Emmerich* Rn. 44, der auch ein entsprechendes Zustimmungserfordernis in der abhängigen Gesellschaft erwägt; *Hommelhoff,* Die Konzernleitungspflicht, 1982, 84 f.; *Jäger* DStR 1995, 1113 (1117); gegen ein Zustimmungserfordernis mit Recht die hM, OLG Köln AG 1993, 86 f.; LG Mainz AG 1991, 30 (32 f.); MüKoAktG/*Bayer* Rn. 110; Grigoleit/ *Vetter* Rn. 26; K. Schmidt/Lutter/*J. Vetter* Rn. 64; Großkomm AktG/*Windbichler* Rn. 83; Kölner Komm AktG/ *Koppensteiner* Rn. 115; MHdB AG/*Krieger* § 69 Rn. 62; aA *Larisch/Bunz* NZG 2013, 1247 (1250).
[243] Zur Konzernleitung im GmbH-Konzern eingehend *Liebscher* GmbH-KonzernR Rn. 950 ff., insbes. Rn. 956. Wo diese Regeln aber abbedungen sind (dazu *Liebscher* GmbH-KonzernR Rn. 885 f., 957) und die Binnenstruktur der AG angeglichen ist, sollten stattdessen die dortigen Regeln (vorige Fn.) gelten. Zum Zustimmungserfordernis beim Beherrschungsvertrag Baumbach/Hueck/*Beurskens* GmbHG KonzernR Rn. 110; *Liebscher* GmbH-KonzernR Rn. 651 f.
[244] Dagegen ziehen diejenigen, die bei der AG als Obergesellschaft Zustimmung der HV zum Entherrschungsvertrag fordern, überwiegend § 293 analog heran (also ¾ Mehrheit), vgl. *Jäger* DStR 1995, 1113 (1117); s. auch *Hommelhoff,* Die Konzernleitungspflicht, 1982, 96.
[245] Vgl. LArbG Bremen 9.8.2012 – 3 TaBV 19/11 Tz. 109; K. Schmidt/Lutter/*J. Vetter* Rn. 63.
[246] Wie hier Kölner Komm AktG/*Koppensteiner* Rn. 112; MHdB AG/*Krieger* § 69 Rn. 62; offenlassend *Larisch/ Bunz* NZG 2013, 1247 (1249); aA LG Mainz ZIP 1991, 583; MüKoAktG/*Bayer* Rn. 112; K. Schmidt/Lutter/ *J. Vetter* Rn. 63; grundlegend *Barz* FS Bärmann, 1975, S. 185 (196 f.).
[247] Dazu ausführlich *Götz,* Der Entherrschungsvertrag im Aktienrecht, 1991, 64 ff.
[248] HM, MüKoAktG/*Bayer* Rn. 105; K. Schmidt/Lutter/*J. Vetter* Rn. 63; Kölner Komm AktG/*Koppensteiner* Rn. 113; unklar Großkomm AktG/*Windbichler* Rn. 80 aE (Durchsetzungsprobleme sollen in die Nähe einseitiger Absichtserklärungen führen, die nicht ausreichen).
[249] MüKoAktG/*Bayer* Rn. 107 ff.; K. Schmidt/Lutter/*J. Vetter* Rn. 65; *Hentzen* ZHR 157 (1993) 65 (70 ff.); *Götz,* Der Entherrschungsvertrag im Aktienrecht, 1991, 117 f.; für Erwähnung in Einladung *Jäger* DStR 1995, 1113 (1116).
[250] Großkomm AktG/*Windbichler* Rn. 72.
[251] Großkomm AktG/*Windbichler* Rn. 72; aA Kölner Komm AktG/*Koppensteiner* Rn. 119; *Hirte* FS Wiedemann, 2002, 967 ff. (973).
[252] Eingehend Großkomm AktG/*Windbichler* Rn. 72.
[253] AA Großkomm AktG/*Windbichler* Rn. 73.
[254] Kölner Komm AktG/*Koppensteiner* Rn. 37; MüKoAktG/*Bayer* Rn. 45; K. Schmidt/Lutter/*J. Vetter* Rn. 44.

d) **Unternehmerische Mitbestimmung.** Die Arbeitnehmermitbestimmung nach dem Drittelb G widerlegt die Herrschaft nach mittlerweile einhelliger Ansicht nicht.[255] Das gilt aufgrund der Stichentscheidsbefugnis des Vorsitzenden auch bei paritätischer Mitbestimmung. Umstrittener ist die Lage aber in der Montanmitbestimmung. Doch ist auch hier mit der hM an der Vermutung festzuhalten, schon da sie mit einer bloßen Pattsituation nicht hinreichend widerlegt ist.[256] Erst das Vorhandensein eines **Entsenderechts** eines Minderheitsgesellschafters kann diese Bewertung bei paritätischer Mitbestimmung verändern.[257]

e) **Unabhängige Aufsichtsräte.** Nach dem eben Gesagten könnte auch ein künftiger Ausbau der Unabhängigkeit von Aufsichtsratsmitgliedern, insbesondere in etwa einzurichtenden *Audit Committees*, nicht zur Widerlegung der Abhängigkeitsvermutung führen, und zwar auch nicht in Kumulation mit paritätischer Mitbestimmung. Denn die neutralen Mitglieder dienen der Kontrolle, nicht der Entwicklung einer (vom Interesse des Mehrheitsgesellschafters abweichenden) Geschäftspolitik.

f) **Mehrstufige Abhängigkeit.** Die Widerlegung der Abhängigkeitsvermutung bei mehrstufiger Abhängigkeit (→ Rn. 14) bereitet an sich keine besonderen Probleme. Ausgangspunkt ist das Fehlen einer Absorptionswirkung und die daran geknüpfte Möglichkeit mehrfacher Herrschaft (→ § 16 Rn. 10, 16). Daher wird die Abhängigkeit der Enkelin von der Tochter nicht schon durch die Zurechnung bei der Mutter nach § 16 Abs. 4 widerlegt.[258] Auch steht ein Beherrschungsvertrag zwischen Tochter und Enkelin der Herrschaft der Mutter nicht entgegen,[259] da § 18 Abs. 1 S. 2 nicht besagt, dass die einheitliche Leitung gerade von der unmittelbaren Obergesellschaft ausgehen müsste. Allerdings kann erheblicher Eigenbesitz der Mutter in der Enkelin dazu führen, Alleinherrschaft der Mutter anzunehmen (→ Rn. 51 zu einem Sonderfall des OLG München). In jedem Fall widerlegt ein Beherrschungsvertrag mit der Mutter oder mit einer Schwestergesellschaft des Tochterunternehmens[260] die Herrschaft der Tochter.[261] Das gilt auch im GmbH-Konzern, ohne dass es eines zusätzlichen Verzichts der Tochter auf ihr Weisungsrecht in der Enkelin bedürfte.[262] In diesen Fällen wird die Herrschaft der Mutter in der Enkelin nicht mehr über die Tochter, sondern über die Beherrschungsverträge vermittelt. Denn die mehrstufige Abhängigkeitskette reißt bei Widerlegung auf einer Ebene ab, so dass die Abhängigkeitsvermutung zu Lasten des Hintermannes bereits mit der Widerlegung gegenüber dem Vordermann entfällt.[263] Abgesehen von den Sonderfällen mehrfacher oder gemeinsamer Beherrschung (ab → Rn. 14) genügt dabei regelmäßig der Nachweis, dass das Unternehmen von einem anderen als dem Mehrheitsbesitzer und ohne bzw. gegen letzteren beherrscht wird.[264] Diese Grundsätze können freilich zu Lücken bei Unterleitungsstrukturen (→ § 18 Rn. 23), va mit ausländischen Konzernspitzen, führen und bedürfen daher ggf der teleologischen Modifikation (zB im Mitbestimmungsrecht).

§ 18 Konzern und Konzernunternehmen

(1) ¹Sind ein herrschendes und ein oder mehrere abhängige Unternehmen unter der einheitlichen Leitung des herrschenden Unternehmens zusammengefaßt, so bilden sie

---

[255] BAGE 22, 390, 397 f.; Hüffer/Koch/*Koch* Rn. 11; Grigoleit/*Grigoleit* Rn. 22; MüKoAktG/*Bayer* Rn. 92; Großkomm AktG/*Windbichler* Rn. 85; Kölner Komm AktG/*Koppensteiner* AktG Rn. 121; MHdB AG/*Krieger* § 69 Rn. 64; *ADS* Rn. 56.

[256] Hüffer/Koch/*Koch* Rn. 11; MüKoAktG/*Bayer* Rn. 92; MHdB AG/*Krieger* § 69 Rn. 64; grds aA Großkomm AktG/*Windbichler* Rn. 85; Kölner Komm AktG/*Koppensteiner* AktG Rn. 120; *ADS* Rn. 55.

[257] K. Schmidt/Lutter/*J. Vetter* Rn. 54; Wachter/*Franz* Rn. 28.

[258] Großkomm AktG/*Windbichler* Rn. 86, ferner Rn. 75; insoweit auch Kölner Komm AktG/*Koppensteiner* Rn. 108.

[259] Hüffer/Koch/*Koch* Rn. 23; Grigoleit/*Grigoleit* Rn. 30; MüKoAktG/*Bayer* Rn. 114; Kölner Komm AktG/ *Koppensteiner* Rn. 126; MHdB AG/*Krieger* § 69 Rn. 65; *ADS* Rn. 122.

[260] Vgl. den Fall des LArbG Köln 10.11.2005 – TaBV 15/05, BeckRS 2006, 41415, wo die ausländische Konzernspitze die Beherrschungsverträge mit den deutschen Enkelgesellschaften über ausländische Schwestern der deutschen Tochter abschließen ließ.

[261] Hüffer/Koch/*Koch* Rn. 23; Wachter/*Franz* Rn. 29; MüKoAktG/*Bayer* Rn. 114; K. Schmidt/Lutter/*J. Vetter* Rn. 58; Kölner Komm AktG/*Koppensteiner* Rn. 126; MHdB AG/*Krieger* § 69 Rn. 65; *ADS* Rn. 123; aA Grigoleit/*Grigoleit* Rn. 30.

[262] Das ergibt sich aus der Änderung der Kompetenzordnung durch den Beherrschungsvertrag, vgl. *Liebscher* GmbH-KonzernR Rn. 679 ff. Gleichwohl war im Fall des LArbG Köln 10.11.2005 TuBV 15/05, BeckRS 2006, 41415 ein entsprechender Entherrschungsvertrag zwischen der deutschen Tochter und den ausländischen Schwestern geschlossen worden.

[263] Hüffer/Koch/*Koch* Rn. 23; Wachter/*Franz* Rn. 30; MüKoAktG/*Bayer* Rn. 114; Emmerich/Habersack/ *Emmerich* Rn. 41; Kölner Komm AktG/*Koppensteiner* Rn. 126; MHdB AG/*Krieger* § 69 Rn. 65.

[264] Kölner Komm AktG/*Koppensteiner* Rn. 118.

einen Konzern; die einzelnen Unternehmen sind Konzernunternehmen. ²Unternehmen, zwischen denen ein Beherrschungsvertrag (§ 291) besteht oder von denen das eine in das andere eingegliedert ist (§ 319), sind als unter einheitlicher Leitung zusammengefaßt anzusehen. ³Von einem abhängigen Unternehmen wird vermutet, daß es mit dem herrschenden Unternehmen einen Konzern bildet.

(2) Sind rechtlich selbständige Unternehmen, ohne daß das eine Unternehmen von dem anderen abhängig ist, unter einheitlicher Leitung zusammengefaßt, so bilden sie auch einen Konzern; die einzelnen Unternehmen sind Konzernunternehmen.

Schrifttum: Siehe → Vor § 15.

Übersicht

	Rn.		Rn.
I. Systematik und Teleologie	1–7	1. Allgemeines	18
1. Aufbau und Bedeutung	1	2. Ausnahmen	19–23
2. Weitere Konzernformen	2–4	a) Mitbestimmungsrecht	19, 19a
3. Anwendungsbereich	5, 6	b) Gemeinschaftsunternehmen	20–22
4. Teleologie	7	c) „Unterleitung"	23
II. Die einheitliche Leitung	8–17	IV. Der Unterordnungskonzern	24–28
1. Allgemeines	8	1. Allgemeines	24
2. Umfang	9–15	2. Die Vermutungsregeln	25–28
a) Enger Konzernbegriff	10	a) § 18 Abs. 1 S. 2	25, 26
b) Weiter Konzernbegriff	11	b) § 18 Abs. 1 S. 3	27
c) Gemeinsamkeiten	12	c) Mitbestimmung	28
d) Stellungnahme	13–15	V. Der Gleichordnungskonzern	29–32
3. Tatsächliche Ausübung, Leitungsmittel	16	1. Allgemeines	29, 30
4. Dauer	17	2. Vertraglicher Gleichordnungskonzern	31
III. Mehrfache Konzernzugehörigkeit	18–23	3. Faktischer Gleichordnungskonzern	32

I. Systematik und Teleologie

1. Aufbau und Bedeutung. In § 18 werden zwei Arten von Konzernen definiert. Der herkömmliche Unterordnungskonzern des Abs. 1 besteht aus einem herrschenden und einem oder mehreren abhängigen Unternehmen[1] unter einheitlicher Leitung. Beim Gleichordnungskonzern (Abs. 2) stehen die Unternehmen dagegen unter einheitlicher Leitung, ohne voneinander abhängig zu sein. Die Differenzierung wirkt sich auf die Anforderungen der einheitlichen Leitung aus (→ Rn. 9). Beide Konzernformen sind grundsätzlich getrennt, können aber in bestimmten Konstellationen ineinander greifen (näher ab → Rn. 18). Denn § 18 markiert anders als die §§ 16, 17 eine mehrseitige Unternehmensverbindung.[2] Sämtliche Unternehmen unter einheitlicher Leitung werden als Konzern betrachtet. Damit ist aber keine eigene Rechtssubjektivität verbunden. Das Recht sieht den Konzern lediglich für bestimmte Zwecke als Einheitsunternehmen an (zB Konzernbetriebsrat, früher auch Rechnungslegung, → Vor § 15 Rn. 7, 17). Oft geht es dabei um Zurechnungsfragen. Die wesentlichen Schutzregelungen zur Konzerngefahr knüpfen dagegen an die Abhängigkeit an.[3] Der Kerntatbestand des Konzernrechts steht damit in der gesellschaftsrechtlichen Praxis eher am Rande (zur rechtspolitischen Fragwürdigkeit schon → § 17 Rn. 2). Er spielt hauptsächlich im Rahmen der Mitbestimmung eine Rolle (→ Rn. 6). Das wird bei den Auslegungsdiskussionen nicht immer hinreichend berücksichtigt (→ Rn. 14). Diese Marginalisierung hat sich noch verstärkt, seit das Rechnungslegungsrecht endgültig von der einheitlichen Leitung als Konsolidierungsvoraussetzung abgerückt ist (näher → Rn. 5).

2. Weitere Konzernformen. Unterordnungs- sowie Gleichordnungskonzerne werden unterteilt in Vertragskonzerne und faktische Konzerne.[4] Die Unterteilung ist nicht synchron. Im Unterord-

---

[1] Aus der Bezugnahme auf die Begriffe des § 17 ergibt sich zugleich das in Abs. 1 nicht eigens genannte Erfordernis der rechtlichen Selbstständigkeit dieser Unternehmen, allgM, Hüffer/Koch/*Koch* Rn. 6.
[2] Emmerich/Habersack/*Emmerich* Rn. 7; Kölner Komm AktG/*Koppensteiner* Rn. 5.
[3] S. schon → § 17 Rn. 1; Hüffer/Koch/*Koch* Rn. 1; MüKoAktG/*Bayer* Rn. 16; Emmerich/Habersack/*Emmerich* Rn. 2; Kölner Komm AktG/*Koppensteiner* Rn. 2, 14.
[4] Statt aller Hüffer/Koch/*Koch* Rn. 3; Emmerich/Habersack/*Emmerich* Rn. 3; Kölner Komm AktG/*Koppensteiner* Rn. 7.

nungskonzern ist für den Begriff des Vertragskonzerns maßgeblich, ob gesetzlich anerkannte Leitungsmacht vorliegt.[5] Das ist nur beim Beherrschungsvertrag (§ 291 Abs. 1 S. 1, § 308) oder bei der Eingliederung (§§ 319ff., § 323) der Fall. Ansonsten beruht die einheitliche Leitung auf faktischer Grundlage, auch wenn sie durch rechtliche Regelungen wie etwa Stimmbindungsverträge abgesichert ist. In Gleichordnungskonzernen wird danach unterschieden, ob sich die Unternehmen der einheitlichen Leitung auf vertraglicher Grundlage (auch durch Unternehmensverträge nach § 291 Abs. 2, § 292), oder bloß rein tatsächlich unterstellt haben.[6] Zulässigkeit und Grenzen der verschiedenen Konzernformen sind Fragen des besonderen Konzernrechts.[7]

Eine besondere Form des Konzerns war der **qualifiziert faktische Konzern.** Diese Figur wurde im GmbH-Konzernrecht entwickelt, wo die umfassende Kodifikation eines dem dritten Buch des AktG entsprechenden Konzernschutzrechts gescheitert war.[8] Dabei ging es um die Frage, welche Intensität eine Unternehmensverbindung erreichen musste, um daran auch ohne Abschluss eines Beherrschungsvertrags entsprechende Haftungsfolgen knüpfen zu können. Das wurde angenommen, wenn das abhängige Unternehmen in einer Weise geleitet wurde, dass sich die einzelnen Nachteilszufügungen nicht mehr isoliert erkennen und ausgleichen ließen. Grundlage war die Haftungslücke, die sich im GmbH-Recht aus dem Fehlen von den §§ 311 ff. entsprechenden Normen ergab. In Fortentwicklung dieser Grundsätze wurde zuletzt der qualifiziert faktische Gleichordnungskonzern zur Begründung eines horizontalen Haftungsdurchgriffs unter Schwestergesellschaften erwogen.[9]

Heutzutage haben diese Figuren außerhalb der Aktiengesellschaft keinen Raum mehr.[10] Innerhalb der AG spielen die Voraussetzungen und die Rechtsfolgen qualifiziert faktischer Konzernierung dagegen weiterhin eine gewisse Rolle (→ Vor § 15 Rn. 14 f.).

3. Anwendungsbereich. Einst war die Konzernrechnungslegung die wichtigste Rechtsfolge des Konzerntatbestands. Dies war bereits mit § 290 Abs. 2 HGB praktisch weitgehend überholt und ist jetzt mit dem neuen § 290 Abs. 1 HGB, der nur noch auf beherrschenden Einfluss abstellt, gänzlich entfallen (näher → Vor § 15 Rn. 17). Das kann nicht ohne Folgen für die Auslegung des § 18 bleiben. Denn indem nun schon die Rechnungslegung die wirtschaftliche Gesamtbetrachtung lediglich an die Beherrschungsmöglichkeit knüpft, besteht keine sachliche Rechtfertigung mehr für allzu hohe Anforderungen an das Vorliegen einheitlicher Leitung im Unterordnungskonzern (→ Rn. 14). Darüberhinaus ist die Sinnhaftigkeit der weiteren Stufe des § 18 als Voraussetzung der Einheitsbetrachtung ganz grds in Frage gestellt (→ § 17 Rn. 2 und → Vor § 15 Rn. 5).

Im Übrigen wird auf § 18 meist zusammen mit § 17 (ggf. auch § 16) verwiesen.[11] Seine praktische Bedeutung reduziert sich dann auf die Einbeziehung von Gleichordnungskonzernen, zB in § 36 Abs. 2 S. 1 GWB, bei der Erstreckung von Auskunftspflichten oder in § 3e Abs. 1 Nr. 2 InsO. Isolierte Verweise auf den Konzerntatbestand sind demgegenüber eher selten. Die wichtigsten Beispiele sind heute die unternehmerischen Mitbestimmungsgesetze[12] und der Konzernbetriebsrat nach § 54 BetrVG, während nach § 6 EBRG die Kontrollmöglichkeit ausreicht (→ Vor § 15 Rn. 2). Würde der Gesetzgeber dem auch für unternehmerische und betriebliche Mitbestimmung folgen, hätte sich die Bedeutung des § 18 erledigt (→ Vor § 15 Rn. 5). Das wäre umso folgerichtiger, als in den arbeitsrechtlichen Vorschriften ohnehin nur auf den Unterordnungskonzern des Abs. 1 verwiesen wird,[13] wobei dann auch noch die Vermutung des Abs. 1 S. 3 assistiert. Auch § 97 Abs. 1 S. 1 verweist der Sache nach nur auf Abs. 1.[14] Nur § 291 Abs. 2 verweist umgekehrt allein auf den

---

[5] Hüffer/Koch/*Koch* Rn. 3.
[6] BGHZ 121, 137 (146 f.) = NJW 1993, 2114 – WAZ; Emmerich/Habersack/*Emmerich* Rn. 30 f.; Hüffer/Koch/*Koch* Rn. 21; Kölner Komm AktG/*Koppensteiner* Rn. 37; → Rn. 31 f.
[7] Dazu Hüffer/Koch/*Koch* Rn. 4 ff.
[8] S. dazu die Dokumentation von *Hirte,* Der qualifiziert faktische Konzern, 1992, mit Fortsetzungsband 1993; zur Entwicklung auch *Hirte/Schall* Der Konzern 2006, 243 ff.
[9] BAG NZG 1999, 661 = AG 1999, 376; OLG Dresden NZG 2000, 598 = AG 2000, 419; AG Eisenach AG 1995, 519 = GmbHR 1995, 445; Emmerich/Habersack/*Emmerich* Rn. 37 (str.).
[10] → Vor § 15 Rn. 12 f.; damit ist freilich nichts gesagt zu anderen Begründungsansätzen für einen Durchgriff bei Schwestergesellschaften, dazu *K. Schmidt* FS Wiedemann, 2002, 1218: Analogie zu § 670 BGB für einseitigen Haftungsdurchgriff; Haftungsgemeinschaft nach §§ 730 ff., wenn Vermögenstrennung missachtet wird.
[11] So vor allem bei der Erstreckung von Auskunftsrechten in § 145 Abs. 3, § 293d Abs. 1, § 313 Abs. 1 S. 4; s. ferner § 134 Abs. 1 S. 4, § 308 Abs. 1 und § 308 Abs. 2.
[12] § 2 Abs. 1 DrittG; § 5 Abs. 1 MitbestG; § 1 Abs. 4 MontanmitbG. Das DrittelbG verweist jetzt vollumfänglich auf den Konzernbegriff (*Seibt* NZA 2004, 767 (770)), während in §§ 76, 77a BetrVG 1952 die Konzernvermutung nach § 18 Abs. 1 S. 3 ausgenommen war, vgl. BAG NJW 1996, 1691 f. Der Verweis greift allerdings nach wie vor nur zum Zweck der Bestimmung des Wahlkörpers, nicht zur Arbeitnehmerzurechnung bei der Spitzengesellschaft nach § 2 Abs. 2 DrittelbG (vgl. OLG Zweibrücken NZG 2006, 31).
[13] Rechtspolitische Rechtfertigung bei Großkomm AktG/*Windbichler* Rn. 66.
[14] Der Verweis läuft für Gleichordnungskonzerne leer, da sie nicht unter die Mitbestimmung fallen, Kölner Komm AktG/*Koppensteiner* Rn. 13.

Gleichordnungskonzern. Von den Anknüpfungen, die nicht ausdrücklich differenzieren, sind die wichtigsten in § 100 Abs. 1 S. 2 und § 308 Abs. 1 und § 308 Abs. 2 zu finden.[15]

7 **4. Teleologie.** Der Konzerntatbestand dient der Abrundung des Schutzes gegen Konzerngefahren, der meist schon an die Abhängigkeit anknüpft (→ Rn. 1 und → § 17 Rn. 1), durch Einbeziehung des Gleichordnungskonzerns (zB § 36 Abs. 2 GWB. Zum Schutzzweck des Konzernrechts → Vor § 15 Rn. 26 ff.). Häufiger noch soll er aber die Gesamtbetrachtung des Unternehmens ermöglichen und so der wirtschaftlichen Realität Rechnung tragen (→ Vor § 15 Rn. 7, 29). Hier sind aktuell freilich nur noch die unternehmerische und betriebliche Mitbestimmung zu nennen. Hier macht es grds. Sinn, die Arbeitnehmer überall da zu beteiligen, wo die für den Betrieb oder das Unternehmen wesentlichen Entscheidungen getroffen werden. Das führt dann wiederum zu Ansätzen eines Konzernverfassungsrechts,[16] was letzten Endes wiederum dem Schutz vor Konzerngefahren dient.

II. Die einheitliche Leitung

8 **1. Allgemeines.** Die Kernvoraussetzung eines Konzerns ist, dass die beteiligten Unternehmen unter einheitlicher Leitung zusammengefasst sind. Dabei kommt dem Merkmal der Zusammenfassung nach zutreffender Ansicht keine eigenständige Bedeutung zu.[17] Insbesondere braucht man nicht erst daraus das Erfordernis einer beständigen Grundlage der Konzernleitung (→ Rn. 17) herzuleiten.

9 **2. Umfang.** Der Begriff der einheitlichen Leitung ist vom Gesetzgeber bewusst offen gelassen worden.[18] Klar erscheint, dass nicht die Leitung als Führungsfunktion im Sinn des § 76 gemeint sein kann,[19] die das Aktiengesetz zwingend dem Vorstand zuweist.[20] Denn diese steht jenseits von Vertragskonzernen, also etwa im faktischen Konzern, unverändert dem Vorstand der abhängigen Gesellschaft zu.[21] Dennoch geht § 18 Abs. 1 davon aus, dass auch solche Gesellschaften unter einheitlicher Leitung zusammengefasst werden können. Gleiches gilt nach Abs. 2 im Gleichordnungskonzern, dort sogar ohne jede hierarchische Untermauerung. Das zeigt, dass der Leitungsbegriff in § 18 nicht den identischen Inhalt haben kann, sondern von § 76 abweicht. Gleichwohl muss sich Leitung iS des § 18 auch als Führung (eben des Konzerns) darstellen. Nach *Windbichler* soll Zusammenfassung unter einheitlicher Leitung bedeuten „die Abstimmung von Entscheidungen auf der unternehmerisch-planerischen Ebene, die für das gesamte Unternehmen von tragender Bedeutung sind."[22] Das scheint plausibel. Bei diesem Prozess wird ein aktives, zukunftsgestaltendes Tun vorausgesetzt.[23] Ist man sich dieser Grundlegung gewiss, kann man sich der verbreiteten Diskussion zwischen dem „engen" und dem „weiten" Konzernbegriff zuwenden,[24] die sich nicht auf den Begriff der Leitung als solche, sondern nur auf deren Umfang bezieht. Beiden gemeinsam ist bislang offenbar die Annahme einer einheitlichen Definition für beide Konzernarten.[25] Das ist, wie zu zeigen sein wird, zweifelhaft.

10 **a) Enger Konzernbegriff.** Nach dem engen Konzernbegriff soll einheitliche Leitung nur vorliegen, wenn sämtliche oder zumindest die wesentlichen Unternehmensbereiche zentral geführt werden und der Konzern so als wirtschaftliche Einheit erscheint.[26]

---

[15] Vgl. Emmerich/Habersack/*Emmerich* Rn. 2.
[16] Dazu schon (zurückhaltend) → Vor § 15 Rn. 7, 29; ferner Großkomm AktG/*Windbichler* Vor § 15 Rn. 41 ff.; Hüffer/Koch/*Koch* Rn. 7, 8; Emmerich/Habersack/*Emmerich* Rn. 9; grundlegend *Mülbert* ZHR 163 (1999), 1 (24 ff.); MüKoHGB/*Mülbert* KonzernR Rn. 30 ff.
[17] HM, Hüffer/Koch/*Koch* Rn. 7; MüKoAktG/*Bayer* Rn. 27; Kölner Komm AktG/*Koppensteiner* Rn. 4; *ADS* Rn. 24; aA Großkomm AktG/*Windbichler* Rn. 21 f.; MHdB AG/*Krieger* § 69 Rn. 69; Emmerich/Habersack/*Emmerich* Rn. 15.
[18] BegrRegE *Kropff* S. 33; Emmerich/Habersack/*Emmerich* Rn. 9; Kölner Komm AktG/*Koppensteiner* Rn. 15.
[19] Hüffer/Koch/*Koch* § 76 Rn. 9.
[20] Die Frage wird selten behandelt. Ansatzweise immerhin *Herwig*, Leitungsautonomie und Fremdeinfluss, 2000, S. 48, der allerdings entgegen der hier vertretenen Sicht von einem einheitlichen Begriff des AktG auszugehen scheint, sich in der Folge aber mit § 76 auseinandersetzt.
[21] Hüffer/Koch/*Koch* § 76 Rn. 47 aE.
[22] Großkomm AktG/*Windbichler*, Rn. 24.
[23] Eingehend Kölner Komm AktG/*Koppensteiner* Rn. 23.
[24] Siehe nur MHdB AG/*Krieger* § 69 Rn. 70.
[25] ZB Kölner Komm AktG/*Koppensteiner* Rn. 18; kritisch, iE aber ebenso Großkomm AktG/*Windbichler* Rn. 49.
[26] Hüffer/Koch/*Koch* Rn. 10; eingehend Kölner Komm AktG/*Koppensteiner* Rn. 15 ff., insbes 19, 22 ff.; der Sache nach auch Großkomm AktG/*Windbichler* Rn. 19 ff., 24, 26.

b) Weiter Konzernbegriff. Nach dem weiten Konzernbegriff, der vor allem in der arbeitsge- 11
richtlichen Praxis Niederschlag gefunden hat,[27] reicht dagegen die einheitliche Leitung eines wesentlichen Bereichs aus, sofern sich daraus auf ein gesamtunternehmerisches Interesse schließen lässt.[28]

c) Gemeinsamkeiten. Einigkeit zwischen beiden Ansätzen besteht insoweit, als zentrales Cash- 12
Management den Anforderungen einheitlicher Leitung genügt.[29] Der Gedanke trägt auch die mittelbare Beherrschung der Finanzpolitik durch Lenkung der Grundfunktionen.[30] Umstritten sind die Ergebnisse allerdings, wenn sich die Zentralisierung auf andere Unternehmenssektoren wie die Personalplanung, den Vertrieb oder den Forschungsbereich (zB Wella/Procter & Gamble) beschränkt oder wenn sie nur die groben Leitlinien der Konzernpolitik[31] erfasst.

d) Stellungnahme. Die Anforderungen an die einheitliche Leitung sind entsprechend dem teleo- 13
logischen Unternehmensbegriff von den Rechtsfolgen her zu bestimmen. Dabei ist entgegen den bisherigen Ansichten zwischen Unterordnungs- und Gleichordnungskonzernen zu differenzieren.

aa) Unterordnungskonzern. Ausgangspunkt für den Unterordnungskonzern ist, dass die konso- 14
lidierte Betrachtung in der Konzernbilanz als Hauptfolge spätestens mit dem neuen § 290 Abs. 1 HGB überholt ist (→ Rn. 5) – und mit ihr die notwendige Vorstellung vom Konzern als wirtschaftlicher Einheit.[32] Mit Blick hierauf ist dem weiten Unternehmensbegriff zu folgen. Das erspart im Bereich des § 18 eine gespaltene Auslegung (dazu noch → Rn. 19 und → Vor § 15 Rn. 11).[33] Die verbliebenen Anwendungsbereiche des § 18 Abs. 1 sind für das Arbeitsrecht relevant (→ Rn. 6). Dort darf das Erfordernis einheitlicher Leitung nicht zu eng verstanden werden.[34] Es muss genügen, dass die verbundenen Unternehmen in ein übergeordnetes Gesamtunternehmensinteresse eingebettet sind.[35] Das kann sich aber schon aus der Bestimmung der groben Richtlinien oder aus der Zentralisierung einzelner Teilbereiche wie der Personalpolitik oder der Grundlagenforschung ergeben. Dies gilt umso mehr, als zusätzlich die Möglichkeit umfassenden herrschenden Einflusses vorliegen muss,[36] der sich gerade nicht auf einzelne Bereiche beschränken darf (→ § 17 Rn. 12 f.).

bb) Gleichordnungskonzern. Etwas anders gilt für den Gleichordnungskonzern. Da es hier an 15
der Vorstufe der Abhängigkeit und damit an einer abstrakten Möglichkeit zur Durchsetzung einer einheitlichen Unternehmenspolitik fehlt, kann man nicht schon aus einer punktuellen Koordination zu einer Gesamtbetrachtung des Unternehmens gelangen. Hier wäre der Beweislast nicht genügt. Deshalb ist dort dem engen Konzernbegriff zu folgen.[37]

3. Tatsächliche Ausübung, Leitungsmittel. Die einheitliche Leitung muss tatsächlich ausgeübt 16
werden.[38] Soweit keine Vermutungsregeln eingreifen, ist voller Nachweis zu erbringen. Entscheidend ist, dass die Leitung im oben beschriebenen Umfang tatsächlich ausgeübt worden ist und nicht bloß die Möglichkeit zur Ausübung bestand. Dabei kommt es grundsätzlich nicht darauf an, mit welchen

---

[27] S. etwa BAGE 80, 322 = NZA 1996, 674 (675); BAG NZG 2012, 754 (758, Rn. 52 ff.); LAG BW AiB 2002, 110 ff. mit Anm *Growe*; zu § 5 MitbestG BAG AG 1974, 404 = DB 1973, 2302; OLG Düsseldorf BeckRS 2013, 12793 = AG 2013, 720; MüKoAktG/*Gach* MitbestG § 5 Rn. 14.
[28] Mittlerweile wohl hM, Emmerich/Habersack/*Emmerich* Rn. 10 ff.; MüKoAktG/*Bayer* Rn. 28 ff., 33; Henssler/Strohn/*Maier-Reimer/Kessler* Rn. 3; K. Schmidt/Lutter/*J. Vetter* Rn. 11; Wachter/*Franz* Rn. 3; Grigoleit/*Grigoleit* Rn. 5 ff. (7); Hölters/*Hirschmann* Rn. 11 ff., 15; Bürgers/Körber/*Fett*, Rn. 6; tendenziell BayObLG AG 1998, 523; vermittelnd NK-AktR/*Peres/Walden* Rn. 9: einheitliche Leitung, wenn rechtliche Trennung „künstlich" erscheint.
[29] BGHZ 115, 187 (191) = NJW 1991, 3142 – Video; BGHZ 107, 7 (20) = 1989, 1800 – Tiefbau; Hüffer/Koch/*Koch* Rn. 9, 11; Grigoleit/*Grigoleit* Rn. 6; MüKoAktG/*Bayer* Rn. 31; Großkomm AktG/*Windbichler* Rn. 25; Emmerich/Habersack/*Emmerich* Rn. 10 ff.; Kölner Komm AktG/*Koppensteiner* Rn. 25 ff.; *ADS* Rn. 31 ff.
[30] Zutr. Kölner Komm AktG/*Koppensteiner* Rn. 28, 30.
[31] Dafür etwa *Baumbach/Hueck* Anm. 4.
[32] Wie hier MüKoAktG/*Bayer* Rn. 33; K. Schmidt/Lutter/*J. Vetter* Rn. 11; grds. auch Großkomm AktG/*Windbichler* Rn. 22; aA Hüffer/Koch/*Koch* Rn. 10; Kölner Komm AktG/*Koppensteiner* Rn. 14, 17.
[33] Dagegen explizit BAG NZG 2005, 512 = NZA 2005, 647 = ZIP 2005, 915.
[34] Ebenso K. Schmidt/Lutter/*J. Vetter* Rn. 11; Grigoleit/*Grigoleit* Rn. 7.
[35] Kritisch zu diesem Erfordernis Großkomm AktG/*Windbichler* Rn. 25, freilich von ihrem engeren Ansatz aus. In der Sache wie hier Kölner Komm AktG/*Koppensteiner* Rn. 20 zu Gemeinschaftsunternehmen (dazu auch ab → Rn. 20). Deren (teleologisch gebotene) Einbeziehung widerspricht aber (zu eng verstandener) wirtschaftlicher Einheit.
[36] Übersehen von Hüffer/Koch/*Koch* 10. Aufl. 2012 Rn. 10 (s. nun aber Hüffer/Koch/*Koch* Rn. 9, 10), wenn dieser die Notwendigkeit einer Wirtschaftseinheit für das Konzernorganisationsrecht ins Feld führt; gegen ihn auch MüKoAktG/*Bayer* Rn. 33.
[37] AA etwa Emmerich/Habersack/*Emmerich* Rn. 25, der aber zugleich Schwierigkeiten mit seinem weiten Konzernbegriff bei Gleichordnungskonzern einräumen muss.
[38] Siehe nur Emmerich/Habersack/*Emmerich* Rn. 14.

Mitteln die Leitung ausgeübt wurde oder ob dies zu Recht geschehen ist.[39] Als Grundlage sind neben ausdrücklichen oder stillschweigenden Weisungen also auch bloße Empfehlungen, Planungskonzepte und Zielvorgaben, des Weiteren Personalunionen[40] und sonstige Verflechtungen denkbar. Dabei wird nach dem hier vertretenen „weiten" Konzernbegriff insbesondere nachgewiesener Einfluss auf eine unternehmerische Grundsatzentscheidung mit fortwährender Bedeutung für die Selbstständigkeit des Unternehmens (Zusammenlegung der Forschungsabteilungen) zur Begründung des Unterordnungskonzerns ausreichen können.[41]

17 **4. Dauer.** Hinter der Frage des Umfangs der Leitungsmacht verdeckt und noch wenig erörtert ist, ob und wieweit die einheitliche Leitung einer zeitlichen Dimension bedarf.[42] In Anlehnung an das zur Abhängigkeit Gesagte (→ § 17 Rn. 19) wird man hier eine gewisse Beständigkeit, nicht aber Dauerhaftigkeit erfordern können.[43] Bloße Ad-hoc-Koordination genügt nicht. Doch darf man keinesfalls einen „positiven" Verbund zum gemeinsamen Wirtschaften als Einheitsunternehmen fordern. Vielmehr muss genügen, wenn etwa ein Unternehmen mit dem Ziel erworben wird, es „aufzupolieren" und weiterzuveräußern oder auch, es zu zerschlagen. Denn während seiner Konzernzugehörigkeit sind tiefgreifende Strukturmaßnahmen zu erwarten, die insbesondere eine Beteiligung des Konzernbetriebsrates gebieten. Andererseits kann bloßer Durchgangserwerb von Banken, auch wenn er die Abhängigkeit nach § 17 nicht notwendig beseitigt (→ § 17 Rn. 19, 53), durchaus die Vermutung einheitlicher Leitung widerlegen (vgl. § 296 Abs. 1 Nr. 3 HGB).[44]

III. Mehrfache Konzernzugehörigkeit

18 **1. Allgemeines.** Die Vorstellung einer mehrfachen Konzernzugehörigkeit lässt sich mit dem Erfordernis einheitlicher Unternehmensleitung nur schwerlich vereinbaren. Darin liegt ein grundlegender Unterschied zur Abhängigkeit, wo die bloße Beherrschungsmöglichkeit ausreicht, die in verschiedenen Richtungen vorliegen kann und entsprechend erfasst werden muss.[45] Deshalb lehnt die hM eine mehrfache Konzernzugehörigkeit grundsätzlich ab.[46] Ein „Konzern im Konzern" wird nicht anerkannt. Das gilt sowohl für Unterordnungskonzerne zwischen Tochter und Enkelin als auch für – nach dem Wortlaut denkbare[47] – Gleichordnungskonzerne zwischen den Schwestern.[48] Erst recht können abhängige Unternehmen keine Gleichordnungskonzerne mit Unternehmen eingehen, die von der Mutter unabhängig sind.[49] Im mehrgliedrigen Unterordnungskonzern aus Mutter, Tochter und Enkelin wird die Konzernvermutung allein auf die unabhängig herrschende Obergesellschaft bezogen.[50] Das gilt auch, wenn eventuelle Beherrschungsverträge parallel zu den Beteiligungen und nicht, wie auch möglich,[51] direkt mit der Mutter geschlossen worden sind.

---

[39] AllgM, Hüffer/Koch/*Koch* Rn. 12; MüKoAktG/*Bayer* Rn. 34 ff.; Großkomm AktG/*Windbichler* Rn. 27; Kölner Komm AktG/*Koppensteiner* Rn. 38; siehe schon BegrRegE *Kropff* S. 33. Praktisch wird sich der Richter von der tatsächlichen Ausübung zulässigen Verhaltens leichter überzeugen lassen als von der Behauptung rechtswidrigen Handelns.

[40] Kölner Komm AktG/*Koppensteiner* Rn. 38 (aber in Rn. 26, 29 gegen gemeinsame Personalpolitik als Grundlage einheitlicher Leitung).

[41] Anders Großkomm AktG/*Windbichler* Rn. 21, die aber einem engen Konzernbegriff folgt. Praktisch werden die meisten Fragen ohnehin durch die Vermutungsregeln erledigt.

[42] Siehe aber Großkomm AktG/*Windbichler* Rn. 21, die dem Begriff der Leitung „konzeptionelle, planende Elemente" beimisst. Das Zeitelement ist ferner der berechtigte Kern der Ansicht, welche dem Merkmal der Zusammenfassung eine eigenständige Bedeutung zumessen will (→ Rn. 8).

[43] Ebenso MüKoAktG/*Bayer* Rn. 37; K. Schmidt/Lutter/*J. Vetter* Rn. 13; Kölner Komm AktG/*Koppensteiner* Rn. 4; MHdB AG/*Krieger* § 69 Rn. 69.

[44] Zutr Großkomm AktG/*Windbichler* Rn. 38; siehe näher → Rn. 27.

[45] Vgl. auch Großkomm AktG/*Windbichler* Rn. 21, die mit Recht darauf hinweist, dass es bei § 18 anders als bei § 17 nicht aus dem Blickwinkel des abhängigen Unternehmens ausreicht.

[46] Ganz hM, Hüffer/Koch/*Koch* Rn. 14; Wachter/*Franz* Rn. 9; Grigoleit/*Grigoleit* Rn. 10; Hölters/*Hirschmann* Rn. 18; MüKoAktG/*Bayer* Rn. 40 ff., 42; K. Schmidt/Lutter/*J. Vetter* Rn. 14; Großkomm AktG/*Windbichler* Rn. 83; Kölner Komm AktG/*Koppensteiner* Rn. 31 ff.; Emmerich/Habersack/*Emmerich* Rn. 17 ff., 19 zum Unterordnungskonzern, Rn. 33 ff. zum Gleichordnungskonzern; ADS Rn. 19; MHdB AG/*Krieger* § 69 Rn. 76; abw. K. Schmidt FS Lutter, 2000, 1167 (1189 ff.).

[47] Großkomm AktG/*Windbichler* Rn. 62 f.; zum horizontalen Haftungsdurchgriff schon → Rn. 3 f.

[48] Emmerich/Habersack/*Emmerich* Rn. 33; eingehend Kölner Komm AktG/*Koppensteiner* Rn. 8.

[49] Emmerich/Habersack/*Emmerich* Rn. 33; Kölner Komm AktG/*Koppensteiner* Rn. 8.

[50] Hüffer/Koch/*Koch* Rn. 13 f.; Großkomm AktG/*Windbichler* Rn. 41; unklar Kölner Komm AktG/*Koppensteiner* Rn. 31 aE.

[51] HM, Hüffer/Koch/*Koch* § 291 Rn. 15. Str. ist, ob solche Konstellationen zum vollen Ansatz des Gemeinschaftsunternehmens entgegen § 310 HGB verpflichten, siehe MüKoAktG/*Bayer* Rn. 43; Baumbach/Hopt/*Merkt* HGB § 310 Rn. 5 f.; aA Hüffer/Koch/*Koch* Rn. 16.

2. Ausnahmen. a) Mitbestimmungsrecht. In Abweichung vom Gesagten hat das Mitbestimmungsrecht in § 5 Abs. 3 MitbestG für die Zwecke der Arbeitnehmerzurechnung die **Teilkonzernspitze** gesetzlich anerkannt,[52] um eine Flucht aus der Mitbestimmung zu vermeiden.[53] Wenn die eigentliche Konzernspitze mitbestimmungsfrei ist, insbesondere im Ausland liegt, gilt eine Teilkonzernspitze im Inland als Konzernobergesellschaft.[54] Dabei kommt es jedenfalls nicht darauf an, ob dort noch Kompetenz für wesentliche Entscheidungen verblieben ist.[55] Anders liegt es nach der Figur des **„Konzerns im Konzern"**, die solche Teilkompetenzen voraussetzt. Jene Figur ist von der arbeitsgerichtlichen Rechtsprechung entwickelt worden, um die Vorschriften der unternehmerischen bzw. betrieblichen Mitbestimmung dort zur Geltung zu bringen, wo relevante Leitungsmacht ausgeübt wird.[56] Daher ist in diesem Rahmen originäre Leitungsmacht des zusätzlich berufenen Unternehmens erforderlich.[57] Die aus den Zwecken des unternehmerischen wie betrieblichen Mitbestimmungsrechts hergeleitete Figur des „Konzerns im Konzern" hat das BAG im Rahmen des § 54 BetrVG jüngst erneut bestätigt.[58] Im gleichen Atemzug hat es sich aber auch dem allgemeinen Konzernbegriff der §§ 15 ff. AktG unterworfen und eine analoge Übertragung der mitbestimmungsrechtlichen Teilkonzernregelung auf das Betriebsverfassungsrecht abgelehnt. Maßgebend war im Endeffekt die Überlegung, dass die Zwecke der betrieblichen Mitbestimmung keine Mitsprache auf einer Ebene verlangten, wo keinerlei Entscheidungsmacht angesiedelt sei.[59] So verweigerte das BAG die Möglichkeit eines Konzernbetriebsrates in einer Konstellation, wo die Tochterunternehmen nicht mehr von ihren inländischen Mehrheitsgesellschaftern, sondern über Beherrschungsverträge ausschließlich von englischen Obergesellschaften geleitet wurden.

Eine andere Frage ist, ob in eine solchen Konstellationen überhaupt die Bildung eines **Teilkonzerns** nach § 5 Abs. 3 MitbestG in Betracht käme.[60] Denn dort **fehlt** es auf der Zwischenebene nicht nur an realer (Teil)Leitungsmacht, sondern sogar an der **Beherrschungsmöglichkeit.** Denn die inländische Teilkonzernspitze ist trotz ihrer Mehrheitsbeteiligung aufgrund der an ihr vorbei bzw. über sie hinweg führenden Beherrschungsverträge mit den Enkelgesellschaften nicht als herrschendes Unternehmen iS des § 17 anzusehen (→ § 17 Rn. 56). Ähnlich liegt es in den Fällen, wo die inländischen Beteiligungen allesamt in einer managementlosen Zwischenholding gelagert wurden. Dennoch dürfte die teleologische Auslegung für die OLG-Rspr. streiten. Zum einen die latente Umgehungsgefahr: jede ausländische oder sonst mitbestimmungsfreie Konzernspitze könnte die inländische Teilkonzernspitze durch direkte

---

[52] Vgl. zu diesem Rechtsgedanken ferner § 11 Abs. 3 PublG.
[53] S. nur BAG NZA 2007, 999 (1005 Rn. 61) = RIW 2007, 856 mit zust. Anm. *Seitz/Werner*; ErfK/*Oetker* MitbestG § 5 Rn. 18.
[54] Dazu grds. Großkomm AktG/*Windbichler* Rn. 70, 82; Emmerich/Habersack/*Emmerich* Rn. 18; *Röder/Powietzka* DB 2004, 542 ff.; *Schweisfurth*, Konzern im Konzern als Mitbestimmungsproblem, 2001. Zum Problem fehlender Herrschaft iS des § 17 auf der Zwischenebene gleich anschließend im Text.
[55] Explizit BAG NZA 2007, 999 (1003 ff. Rn. 49 ff.) = RIW 2007, 856 mit zust. Anm. *Seitz/Werner* (zu § 54 BetrVG); zu einer ganz ähnlichen Konstellation aus Sicht der unternehmerischen Mitbestimmung (§ 5 MitbestG) weitergehend OLG Düsseldorf NZG 2007, 77 (78): Teilkonzernspitze selbst muss nicht einmal herrschendes Unternehmen sein, sofern kapitalmäßige Mehrheitsbeteiligung vorhanden (dazu gleich näher im Text). Zu den engeren Voraussetzungen des „Konzerns im Konzern" gegenüber dem Teilkonzern grds. auch ErfK/*Oetker* § 5 MitbestG Rn. 20; UHH/*Ulmer/Habersack* MitbestG § 5 Rn. 70 f.
[56] Grundlegend BAGE 34, 230, 233 ff. (zu § 54 BetrVG); bestätigt in BAG NZA 2007, 999 = RIW 2007, 856 mit zust. Anm. *Seitz/Werner*; ferner OLG München NZG 2009, 112 (zu § 5 MitbestG); zust. MüKoAktG/*Bayer* Rn. 41; K. Schmidt/Lutter/*J. Vetter* Rn. 14; Hüffer/Koch/*Koch* Rn. 14 und § 96 Rn. 4; Grigoleit/*Grigoleit* Rn. 11; offen Emmerich/Habersack/*Emmerich* Rn. 18 f.; kritisch Großkomm AktG/*Windbichler* Rn. 83.
[57] BAGE 34, 230 (235 f.); BAG NZA 2007, 999 (1003 f. Rn. 49): „wesentliche Leitungsaufgaben" (zum Betriebsverfassungsrecht), ebenso die Vorinstanz LArbG Köln BeckRS 2006, 41415; OLG München NZG 2009, 112: „eigenverantwortliche Leitungsmacht" über die Tochterunternehmen (zur unternehmerischen Mitbestimmung); UHH/*Ulmer/Habersack* MitbestG § 5 Rn. 35; Emmerich/Habersack/*Emmerich* Rn. 18; *Kort* NZG 2009, 81 (82 f.); *Seibt* ZIP 2008, 1301 (1303 f.) mwN. Für eine Differenzierung des Umfangs der erforderlichen Leitungsaufgaben für den Konzern im Konzern nach betrieblicher bzw. unternehmerischer Mitbestimmung (Entscheidungsspielraum entweder in betriebsverfassungsrechtlichen oder unternehmerischen Fragen) *Pflüger* NZA 2009, 130 ff.
[58] BAG NZA 2007, 999 (1003 f., Rn. 49).
[59] Zur widersprüchlichen Argumentationsweise des BAG, was das Bestehen eines eigenständigen arbeitsrechtlichen Konzernbegriffs angeht, kritisch → Vor § 15 Rn. 11.
[60] Dafür eine starke OLG-Rspr., beginnend mit OLG Stuttgart NJW-RR 1995, 1067 = ZIP 1995, 1004; dem folgend OLG Düsseldorf NZG 2007, 77 (78) = ZIP 2006, 2375; beidem folgend OLG Frankfurt BeckRS 2008, 08 258 = BB 2008, 1194 = ZIP 2008, 878 (879 f.); zust. MüKoAktG/*Gach* MitbestG § 5 Rn. 38; WWKK/*Koberski* Rn. 59; *Trittin/Gilles* AuR 2008, 136 (138 f.); offenlassend BAG NZA 2007, 999 (1005 Rn. 63) (zu § 54 BetrVG); aA zB ErfK/*Oetker* MitbestG § 5 Rn. 21; UHH/*Ulmer/Habersack* MitbestG § 5 Rn. 70; *Habersack* AG 2007, 641 (647 f.); *Burg/Böing* Der Konzern 2008, 605 ff.; *Kort* NZG 2009, 81 (84 f.); *Seibt* ZIP 2008, 1301 ff. (1307 ff.).

Beherrschungsverträge, deren Abschluss ihr ein leichtes ist, oder einfacher noch durch „managementlose" Zwischenholdings „kaltstellen".[61] Zudem ist die Ansiedlung von Mitbestimmungseinrichtungen auf Ebene der Mehrheitsgesellschafterin schon wegen ihrer notwendig verbleibenden organisationsrechtlichen Befugnisse nicht so sinnlos, wie von der Gegenansicht unterstellt.

20 **b) Gemeinschaftsunternehmen.** Ein weiterer Sonderfall sind Gemeinschaftsunternehmen (→ § 17 Rn. 15 ff.). Hier geht es um die Frage, in welcher Form sie innerhalb mit ihnen verbundener hierarchischer Verbände zu berücksichtigen sind.

21 **aa) Untergeordnete Gemeinschaftsunternehmen.** Das Gemeinschaftsunternehmen kann in Form eines oder mehrerer gemeinsam gehaltener Tochter- und Enkelunternehmen betrieben werden. Die gemeinschaftliche Beherrschung lässt sich nicht schon aus einer paritätischen Beteiligung ableiten (→ § 17 Rn. 28). Sie kann etwa im Abschluss von koordinierten Beherrschungsverträgen (→ Rn. 25) mit den Muttergesellschaften liegen,[62] aber auch aus den Umständen wie zB aus der tatsächlichen Koordination der Herrschaft folgen, wenn die gleichgerichteteten Interessen eine gemeisname Unternehmenspolitik sichern.[63] In solchen Fällen ist das Gemeinschaftsunternehmen (samt dazugehöriger Tochterunternehmen) nach hM auf beiden Seiten als (unterordnungs)konzernzugehörig anzusehen.[64] Danach sind beispielsweise bei jeder der Muttergesellschaften Konzernbetriebsräte zu bilden bzw. vorhandene mitzubesetzen (§ 55 BetrVG). Ein separater „Gemeinschaftskonzernbetriebsrat" kommt nicht in Betracht.[65] Das trägt der Besonderheit der „gesamthänderischen" Herrschaft am besten Rechnung.[66] Der auf den Regelfall zugeschnittene Wortlaut („unter der einheitlichen Leitung *des* herrschenden Unternehmens") sollte dem nicht entgegenstehen.[67] Der Koordinierungsbedarf schließt die Einbettung in die einheitliche Leitung der jeweiligen Konzerne jedenfalls nicht aus.[68] Die Alternative, das Gemeinschaftsunternehmen ins Zentrum eines isolierten Konzernverhältnisses mit beiden gemeinschaftlich herrschenden Müttern[69] oder gar nur mit ihrem Koordinierungsorgan (GbR)[70] zu rücken, überzeugt dagegen nicht, da es die Beziehungen zu den Gesamtkonzernen der Mütter nicht angemessen erfasst. Umgekehrt werden am Gemeinschaftsunternehmen beteiligte Konzerne nicht *allein* aufgrund ihres gemeinsamen Bindegliedes zum Gesamtkonzern verschmolzen (siehe nächste Rn).[71] Allerdings kann es durch die gemeinschaftliche Herrschaft zu „Gruppeneffekten" kommen.[72]

22 **bb) Übergeordnete Gemeinschaftsunternehmen.** Eine andere Möglichkeit besteht darin, dass sich die Obergesellschaften zweier Unterordnungskonzerne in einem Gleichordnungskonzern zusammenschließen. Das führt zu einer Kombination der Konzernformen mit und ohne Abhängigkeitsverhältnis, die sich eigentlich auszuschließen scheinen.[73] In diesem Fall wird hier verbreitet vertreten, dass neben dem Gleichordnungskonzern an der Spitze jeweils Teilunterordnungskonzerne

---

[61] Zu Umgehungskonstruktionen allg *Wisskirchen/Bissels/Dannhorn* DB 2007, 2238 ff.
[62] Folge: § 18 Abs. 1 S. 2, allgM, BAGE 53, 187; Hüffer/Koch/*Koch* Rn. 17; MüKoAktG/*Bayer* Rn. 43, 45; Emmerich/Habersack/*Emmerich* Rn. 21.
[63] BAG BeckRS 2016, 69307 = JR 2016, 345 Rn. 27 unter Verweis auf BAGE 112, 166.
[64] BAG NZG 2005, 512 = NZA 2005, 647 = ZIP 2005, 915; insoweit unklar, da nur von mehrfacher Abhängigkeit sprechend, aber wohl auch BAG BeckRS 2015, 69307 = JR 2016, 345 Rn. 27; LAG München v. 1.7.2004 – 3 TaBV 53/03 8 (für grenzüberschreitende Gemeinschaftsunternehmen); Hüffer/Koch/*Koch* Rn. 16; Grigoleit/*Grigoleit* Rn. 12; MüKoAktG/*Bayer* Rn. 43; K. Schmidt/Lutter/*J. Vetter* Rn. 15; Emmerich/Habersack/*Emmerich* Rn. 18; Kölner Komm AktG/*Koppensteiner* Rn. 20, 34.
[65] BAG NZG 2005, 512 (515) mit dem Hinweis, dass nach der Gegenansicht kein Entsendungsrecht zu den Konzernbetriebsräten der Teilspitzen bestünde. Bei grenzüberschreitenden Gemeinschaftsunternehmen (LAG München v. 1.7.2004 – 3 TaBV 53/03 8) kann der Konzernbetriebsrat bei der deutschen Teilspitze eingerichtet werden, was im Ergebnis der Lage bei Unterordnungskonzernen (→ Rn. 19) entspricht.
[66] Nicht zuletzt mit Blick auf den Konsolidierungskreis (§ 310 HGB). S. → § 17 Rn. 15 ff. Wie hier auch BAG NZG 2005, 512 (514 f.); Kölner Komm AktG/*Koppensteiner* Rn. 34.
[67] BAG NZG 2005, 512 (514 f.) sieht diese Auffassung sogar im Einklang mit dem Wortlaut. Das trifft aber nicht zu, da in § 18 entgegen dem BAG nicht von Unternehmen die Rede ist, von denen „eines oder mehrere beherrschen".
[68] Eingehend Kölner Komm AktG/*Koppensteiner* Rn. 20, 34; aA Großkomm AktG/*Windbichler* Rn. 42.
[69] So Großkomm AktG/*Windbichler* Rn. 85, 42; hiergegen schon → § 17 Rn. 15 ff., 17; s. aber noch → Rn. 22.
[70] Dagegen Kölner Komm AktG/*Koppensteiner* Rn. 9, 34. Widersprüchlich BAG NZG 2005, 512 (513 und 514), das einen Konzernbetriebsrat beim Leitungsorgan prinzipiell abzulehnen scheint, wiewohl es bei rechtlich selbstständigem Leitungsorgan (BGB-Außengesellschaft) zumindest für möglich hält.
[71] Insoweit zutr. Großkomm AktG/*Windbichler* Rn. 85; auch Kölner Komm AktG/*Koppensteiner* Rn. 20 mit Fn. 60 gegen WP-HdB 2000 Bd. I S. 1927.
[72] Kölner Komm AktG/*Koppensteiner* Rn. 20.
[73] Vgl. Emmerich/Habersack/*Emmerich* Rn. 33.

nach Abs. 1 fortbestehen.[74] Ungezwungener erscheint hier jedoch die Annahme einer einheitlichen Konzernbeziehung, die durch kombinierte Anwendung der § 18 Abs. 1 S. 1 Teilsatz 2 und § 18 Abs. 2 Teilsatz 2 bestimmt wird.[75] Rechtsfolgen, welche Abhängigkeit voraussetzen, sind danach nur für die Gruppe von Konzernunternehmen eröffnet, welche sich zueinander in einem Abhängigkeitsverhältnis befinden. Dabei ist genau zu prüfen, ob sich die Gleichordnung an der Spitze in gemeinschaftlicher Beherrschung der gegenseitigen Tochterunternehmen durch beide Obergesellschaften fortsetzt. In diesem Fall führt die Mehrmütterherrschaft nicht zu mehrfacher Konzernzugehörigkeit (→ Rn. 21), sondern zu einem einheitlichen Unterordnungskonzern mit den gleichgeordneten Müttern an der Spitze. Der Wortlaut steht hier ebensowenig entgegen wie bei der Annahme mehrfacher Konzernzugehörigkeit (→ Rn. 21). Unabhängig von diesen Konstruktionsfragen sollte den „Gesamt-Vorständen" § 100 Abs. 2 S. 2 direkt bezüglich der „eigenen" Tochtergesellschaften[76] und analog bezüglich der „anderen" Tochtergesellschaften zugute kommen.[77]

c) „Unterleitung". Eine andere, in den Vordergrund dringende Frage ist, wie eine Delegation **23** der Leitungsmacht an untergeordnete Stellen zu erfassen ist. Offenbar gehen nationale wie internationale Konzerne zunehmend dazu über, zentrale Leitungsmacht bei Tochtergesellschaften anzusiedeln.[78] Das mag etwa im Fall einer Dachgesellschaft, die bloße Verwaltungsholding sein soll, sinnvoll sein, ebenso zur Straffung der Entscheidungswege sowie zum Überspringen bloßer, etwa aus steuerlichen Aspekten kreierter Zwischenholdings. Zuweilen steht freilich auch der Versuch einer Flucht aus der Mitbestimmung im Raum. Für das Aktienkonzernrecht erweisen sich solche Konstellationen kaum als problematisch.[79] Im Mitbestimmungsrecht liegt das anders, jedoch stehen dort einstweilen hinreichende Gegenmittel zur Verfügung genügend (→ Rn. 19).

IV. Der Unterordnungskonzern

1. Allgemeines. Der Unterordnungskonzern ist ein hierarchischer Unternehmensverbund mit **24** einem rechtlich selbstständigen Unternehmen als beherrschender Konzernspitze. Konzernspitze kann sein, wer herrschendes Unternehmen sein kann.[80] Begründet wird § 18 regelmäßig durch seine beiden Vermutungsregeln.

2. Die Vermutungsregeln. a) § 18 Abs. 1 S. 2. Der Abschluss eines Beherrschungsvertrages[81] **25** oder die Eingliederung einer AG begründen die unwiderlegliche Vermutung des § 18 Abs. 1 S. 2. Nach dem Wortlaut („besteht", „eingegliedert ist") ist anders als im Rahmen des § 17 Wirksamkeit wenigstens nach den Grundsätzen der fehlerhaften Gesellschaft erforderlich. Im Rahmen mehrstufiger Unternehmensverbindungen kann sowohl eine Beherrschungskette als auch (ggf. zusätzlich) ein direkter Beherrschungsvertrag zwischen Konzernspitze und Enkelin vorliegen. Im Ergebnis liegt aber (nur) einheitliche Leitung durch die Konzernspitze vor (→ Rn. 18). Anders liegt es mit parallelen Beherrschungsverträgen[82] bei Mehrmütterherrschaft in Gemeinschaftsunternehmen,[83] wo die Vermutung ebenfalls anwendbar ist.[84] Sie können mit den Mutterunternehmen geschlossen werden. Dagegen soll eine ggf vorhandene Koordinierungs-GbR als (alleiniger) Vertragspartner ausscheiden, jedoch in die Verträge mit den Müttern einbezogen werden können.[85] Daran braucht mit Anerken-

---

[74] *K. Schmidt* FS Lutter, 2000, S. 1167 (1186 f.); *K. Schmidt* FS Wiedemann, 2002, 1199 (1208); teilw. wohl auch Kölner Komm AktG/*Koppensteiner* Rn. 32 f.; unklar Hüffer/Koch/*Koch* Rn. 15.
[75] Großkomm AktG/*Windbichler* Rn. 86, 60 f.; Emmerich/Habersack/*Emmerich* Rn. 33; Grigoleit/*Grigoleit* Rn. 12; wohl auch Kölner Komm AktG/*Koppensteiner* Rn. 31 („nur ein Konzern").
[76] Insoweit unstr., Kölner Komm AktG/*Koppensteiner* Rn. 33; Hüffer/Koch/*Koch* Rn. 15; Emmerich/Habersack/*Emmerich* Rn. 33, aber auch der Ansatz Großkomm AktG/*Windbichler* Rn. 86, 60 f.
[77] Wie hier Kölner Komm AktG/*Mertens* § 100 Rn. 18; unklar Hüffer/Koch/*Koch* Rn. 15; ablehnend wohl die hM, Hüffer/Koch/*Koch* § 100 Rn. 11 aE.
[78] Vgl. BAG NZA 2007, 999 = RIW 2007, 856 mit zust. Anm. *Seitz/Werner*; OLG Düsseldorf NZG 2007, 77 (78) = ZIP 2006, 2375; OLG Frankfurt BeckRS 2008, 08 258 = BB 2008, 1194 = ZIP 2008, 878 (879 f.); OLG München NZG 2009, 112.
[79] *K. Schmidt/Lutter/J. Vetter* Rn. 14.
[80] Zu rechtsformspezifischen Hinderungsgründen → § 17 Rn. 48.
[81] Nicht ausreichend sind Gewinnabführungsverträge oder sonstige Unternehmensverträge nach §§ 291, 292. Zu den Gründen Großkomm AktG/*Windbichler* Rn. 32.
[82] Zum Koordinierungsbedarf eingehend Kölner Komm AktG/*Koppensteiner* § 291 Rn. 57 ff.; ferner LG Frankfurt DB 1990, 624 (Vertragsschlüsse nur bei koordiniertem Beherrschungswillen zulässig); kritisch Hüffer/Koch/*Koch* § 291 Rn. 15.
[83] Hüffer/Koch/*Koch* § 291 Rn. 16.
[84] Hüffer/Koch/*Koch* Rn. 17; Grigoleit/*Grigoleit* Rn. 14; MüKoAktG/*Bayer* Rn. 45; MHdB AG/*Krieger* § 69 Rn. 77.
[85] Hüffer/Koch/*Koch* § 291 Rn. 16; offen MHdB AG/*Krieger* § 71 Rn. 10.

nung der Teilrechtsfähigkeit der Außen-GbR und der damit verbundenen akzessorischen Haftung nicht mehr festgehalten werden.[86] Unabhängig davon, ob der Vertrag mit allen Beteiligten oder nur mit der GbR geschlossen worden ist, ist die Konzernvermutung des § 18 Abs. 2 S. 2 gegenüber allen gemeinschaftlich herrschenden Müttern begründet.[87]

26 Für Beherrschungsverträge mit einer GmbH gilt die Vorschrift entsprechend, während bei anderen Gesellschaftsformen (Genossenschaft, Personengesellschaft) bereits die Zulässigkeit von Beherrschungsverträgen umstritten ist. Jedenfalls kann daran keine unwiderlegliche Vermutung geknüpft werden.[88] Zur Rolle der Mitbestimmung noch → Rn. 28.

27 **b) § 18 Abs. 1 S. 3.** Die widerlegbare Vermutung des Abs. 1 S. 3 beruht auf der Erwartung, dass eingerichtete Leitungsmöglichkeiten auch tatsächlich genutzt werden.[89] Sie gilt auch bei Gemeinschaftsunternehmen.[90] Die Vermutung baut auf dem Abhängigkeitstatbestand des § 17 auf und ist daher in zweifacher Weise abzuwehren. Erstens durch Widerlegung der Abhängigkeitsvermutung des § 17 Abs. 2 (→ § 17 Rn. 49 ff.) und zweitens durch Widerlegung der Konzernvermutung mit dem Argument, dass trotz bestehender Abhängigkeit (= Herrschaftsmöglichkeit) keine einheitliche Leitung ausgeübt werde.[91] Die Anforderungen an letzteres richten sich wesentlich danach, ob man dem engen oder dem weiten Konzernverständnis folgt.[92] Im ersteren Fall wird man sich mit dem Nachweis begnügen können, dass keine umfassende wirtschaftliche Einheit vorliege, während man letzteren Falls darzutun hat, dass trotz Zusammenlegung eines wesentlichen Bereichs (zB Grundlagenforschung) kein beständiges Gesamtunternehmensinteresse (dazu → Rn. 14) umgesetzt wird.[93] Der bloße Wille zur Umsetzung einer solchen reicht jedenfalls nicht aus.[94] Um das Fehlen einheitlicher Leitung zu begründen, mag etwa ein für die Zwecke des § 17 noch nicht ausreichender Entherrschungsvertrag genügen.[95] Indizien lassen sich ferner aus Konsolidierungsverboten bzw. – wahlrechten gewinnen, so für gänzlich branchenfremde Unternehmen[96] oder bloßen Durchgangserwerb (§ 296 Abs. 1 Nr. 3 HGB, dazu schon → Rn. 17). Der Nachweis finanzieller Unabhängigkeit steht einem weiten Konzernbegriff nicht zwingend entgegen.[97] Umgekehrt wird bei finanzieller Abhängigkeit kaum je Entlastung gelingen.[98] Die Insolvenz der abhängigen Gesellschaft beendet die einheitliche Leitung.[99]

28 **c) Mitbestimmung.** Nachdem die Mitbestimmung nach zutr hM der Beherrschungsmöglichkeit nicht entgegensteht (→ § 17 Rn. 54), kann sie erst recht nicht gegen einheitliche Leitung nach § 18 in Stellung gebracht werden.[100] Denn die Arbeitnehmerbeteiligung erstreckt sich naturgemäß nicht auf die Erstellung des Unternehmenskonzeptes.

---

[86] Zutr. Kölner Komm AktG/*Koppensteiner* § 291 Rn. 58 ff., 61.
[87] Kölner Komm AktG/*Koppensteiner* Rn. 43.
[88] Ausf. Großkomm AktG/*Windbichler* Rn. 33.
[89] BegrRegE *Kropff* S. 31; Kölner Komm AktG/*Koppensteiner* Rn. 40.
[90] Zur Begründung vgl. → Rn. 21; wie hier Kölner Komm AktG/*Koppensteiner* Rn. 44; K. Schmidt/Lutter/ *J. Vetter* Rn. 21; Grigoleit/*Grigoleit* Rn. 15; MHdB AG/*Krieger* § 69 Rn. 77; Hüffer/Koch/*Koch* Rn. 18; unklar Großkomm AktG/*Windbichler* Rn. 42; einschränkend UHH/*Ulmer/Habersack* MitbestG § 5 Rn. 52 (bei mehr als zwei Partnern Vereinbarung von Einstimmigkeit nötig), noch enger die Vorauf. *Hanau/Ulmer* MitbestG, 1981, § 5 Rn. 52 (zusätzliche Umstände wie Stimmpoolung erforderlich).
[91] Zu einem Beispiel BAG NZA 2012, 633 (637 Rn. 52); s. ferner Hüffer/Koch/*Koch* Rn. 19; MüKoAktG/ *Bayer* Rn. 48; Emmerich/Habersack/*Emmerich* Rn. 23 f.; Kölner Komm AktG/*Koppensteiner* Rn. 45. Die isolierte Widerlegungsmöglichkeit bezüglich des § 18 Abs. 1 S. 3 wird verkannt von LArbG Berlin 11.2.2005 – TaBV 945/05, Rn. 55; LArbG Berlin 11.2.2005 – 2 TaBV 945/05, AE 2006, 54 (LS), Rn. 59.
[92] Ebenso Wachter/*Franz* Rn. 11; Hölters/*Hirschmann* Rn. 21.
[93] Strenger BAGE 80, 322 = NZA 1996, 274; BAG NZG 2012, 754 = NZA 2012, 633 (637 Rn. 52); OLG Düsseldorf BeckRS 2013, 12793 = AG 2013, 720; Henssler/Strohn/*Maier-Reimer/Kessler* Rn. 6; Grigoleit/ *Grigoleit* Rn. 16; K. Schmidt/Lutter/*Vetter* Rn. 23 (ebenfalls auf Basis des weiten Konzernbegriffs): Nachweis, dass in keinem wesentlichen Bereich Leitungsmacht ausgeübt wird; so wohl auch MüKoAktG/*Gach* MitbestG § 5 Rn. 19: Dem ist zu entgegen, gehe es doch beim weiten Konzernbegriff nicht um punktuelle tatsächliche Leitung, sondern um einheitliche Leitung. Überzeugender daher Hölters/*Hirschmann* Rn. 21 im Anschluss an ArbG Düsseldorf BeckRS 2011, 72434: Ausräumung der Indizien, die auf einheitliche Leitung hindeuten.
[94] Hüffer/Koch/*Koch* Rn. 19 aE.
[95] Großkomm AktG/*Windbichler* Rn. 40.
[96] § 295 HGB. S. Großkomm AktG/*Windbichler* Rn. 36; aber auch MüKoAktG/*Bayer* Rn. 38.
[97] Anders bei engem Verständnis, s. Hüffer/Koch/*Koch*, 10. Aufl. 2012, Rn. 19 mit Hinweis auf BayObLGZ 2002, 46 (52 ff.).
[98] S. LAG BW AiB 2002, 110 ff. mit Anm *Growe*; Emmerich/Habersack/*Emmerich* Rn. 24 aE; MüKoAktG/ *Bayer* Rn. 48 (Mindestvoraussetzung).
[99] Großkomm AktG/*Windbichler* Rn. 43; zust. Kölner Komm AktG/*Koppensteiner* Rn. 45; K. Schmidt/Lutter/ *J. Vetter* Rn. 19.
[100] Heute allgM, Hüffer/Koch/*Koch* Rn. 17, 18; MüKoAktG/*Bayer* Rn. 47; K. Schmidt/Lutter/*J. Vetter* Rn. 20; Kölner Komm AktG/*Koppensteiner* Rn. 42; Emmerich/Habersack/*Emmerich* Rn. 26.

V. Der Gleichordnungskonzern

1. Allgemeines. Der Gleichordnungskonzern zeichnet sich durch das Fehlen von Abhängigkeit 29 aus. Davon ist auch auszugehen, wenn sich zwei Muttergesellschaften einer GbR als Koordinierungsorgan unterstellen, da sie durch dieses nicht in eine dem § 17 entsprechende Abhängigkeit geraten.[101] Zur Bildung von Gemeinschaftsunternehmen siehe auch → Rn. 22. Über § 18 Abs. 2 werden die gleichgeordneten Gemeinschaftskonzerne jeweils auch mit den alleinigen Tochtergesellschaften der anderen Seite verbunden.[102] Die Figur des Gleichordnungskonzerns spielt im Kartellrecht eine ungleich größere Rolle.[103] Im Gesellschaftsrecht kommt ihr kaum eigenständige Bedeutung zu.[104] Die ihn betreffenden Rechtsregeln, insbesondere der formlos mögliche Vertragsschluss nac § 291 Abs 2, lassen sich aber als dogmatische Referenzpunkte für die (Un)Zulässigkeit von leitungsbezogenen Abreden im Zuge von Investorenvereinbarungen oder Business Combination Agreements fruchtbar machen.[105]

Das Fehlen von Abhängigkeit bedingt, dass für das Merkmal der einheitlichen Leitung hier dem 30 engen Konzernbegriff zu folgen ist.[106] Außerdem dürfen keine nachteiligen Weisungen durch ein ggf vorhandenes Leitungsorgan erteilt werden, da § 76 uneingeschränkt gilt.[107] Bei Verstößen kommt eine Haftung neben den allgemeinen Vorschriften wie § 117 oder der Verletzung der Treuepflicht auch analog §§ 311, 317[108] oder nach den Grundsätzen des qualifiziert faktischen (Gleichordnungs)Konzerns in Betracht.[109] Ohnehin deuten nachteilige Weisungen eher auf das Vorliegen von Abhängigkeit hin. Im echten Gleichordnungskonzern wird es sich dagegen auch dann, wenn die Entscheidung in einem gemeinsamen Koordinierungs- und Leitungsorgan getroffen und anschließend in den Unternehmen umgesetzt worden ist, eher um (gemeinsame) schlechte Geschäftsentscheidungen handeln, die keine Haftung begründen können.

2. Vertraglicher Gleichordnungskonzern. Der vertragliche Gleichordnungskonzern beruht auf 31 einem „Gleichordnungsvertrag", der regelmäßig zu einer BGB-Gesellschaft zwischen den beteiligten Unternehmen führt.[110] Zustimmungserfordernisse seitens der Hauptversammlung bestehen dabei grds nicht.[111] In Betracht kommt insoweit auch ein Unternehmensvertrag nach § 292 Abs. 1 Nr. 1 (Gewinngemeinschaft), nicht aber eine Beherrschungsvertrag (§ 291 Abs. 2). Die Kartellverbote sind dazu beachten (§ 1 GWB; Art. 101 AEUV). Im Falle eines Verstoßes kann die Nichtigkeitsfolge nach den üblichen Grundsätzen auch nicht durch die Grundsätze der fehlerhaften Gesellschaft überwunden werden.[112]

3. Faktischer Gleichordnungskonzern. Faktische Gleichordnungskonzerne ergeben sich aus 32 der tatsächlichen Unterstellung der Beteiligten unter eine einheitliche Leitung.[113] Weitere Vorausset-

---

[101] Hüffer/Koch/*Koch* Rn. 20; überzeugend Großkomm AktG/*Windbichler* Rn. 52 (aber anders, wenn Gesellschafter Koordinierungsorgan bilden).
[102] S. nur K. Schmidt/Lutter/*J. Vetter* Rn. 23.
[103] Etwa im Rahmen von Kartellverboten nach Art. 101 AEUV bzw. § 1 GWB, dazu Hüffer/Koch/*Koch* Rn. 22 aE; kritisch jetzt *Buntscheck* WuW 2004, 374 ff., der gegen die hM für eine Ausdehnung des Konzernprivilegs auf Gleichordnungskonzerne plädiert.
[104] So auch K. Schmidt/Lutter/*J. Vetter* Rn. 26; S. aber auch MHdB GmbH/*Kiefner* § 67 Rn. 38, die durchaus praktische Bedeutung erkennen; ganz anders ist die Lage in Japan, wo solche Kartelle eine große Rolle spielen, vgl. *Takahashi* ECFR 2006, 287 ff.
[105] Siehe *Schall* in Kämmerer/Veil, Übernahme- und Kapitalmarktrecht in der Reformdiskussion, 2013, 75 ff; *Wiegand*, Investorenvereinbarung und Business Combination Agreements bei Aktiengesellschaften, 2017, 91 ff.
[106] → Rn. 10, 15; aA hM, siehe nur Grigoleit/*Grigoleit* Rn. 19; Emmerich/Habersack/*Emmerich* Rn. 25; Hölters/*Hirschmann* Rn. 24, dabei explizit für Gleichlauf mit Abs. 1.
[107] HM, K. Schmidt/Lutter/*J. Vetter* Rn. 27; MHdB AG/*Krieger* § 69 Rn. 88 f.; *Hommelhoff*, Die Konzernleitungspflicht, 1982, 389; *Milde*, Der Gleichordnungskonzern im Gesellschaftsrecht, 1996, 161, 237 ff.; *Veil*, Unternehmensverträge. Organisationsautonomie und Vermögensschutz im Recht der Aktiengesellschaft, 2003, S. 162 ff.; *Grüner* NZG 2000, 602; differenzierend Emmerich/Habersack/*Emmerich* Rn. 36 f. (bei Zustimmung der Gesellschafter mit erforderlicher Mehrheit analog Vertragskonzern zu behandeln); aA Kölner Komm AktG/*Koppensteiner* § 291 Rn. 109.
[108] Emmerich/Habersack/*Emmerich* Rn. 37; teilw. auch K. Schmidt/Lutter/*J. Vetter* Rn. 32, 34 sowie § 317 Rn. 50 ff. (teleologische Erweiterung des § 317).
[109] → Rn. 3 f.; Emmerich/Habersack/*Emmerich* Rn. 38; aA K. Schmidt/Lutter/*J. Vetter* Rn. 34 f.
[110] K. Schmidt/Lutter/*J. Vetter* Rn. 24; Emmerich/Habersack/*Emmerich* Rn. 29; Kölner Komm AktG/*Koppensteiner* Rn. 37; Grigoleit/*Grigoleit* Rn. 23; MHdB GmbH/*Kiefner* § 67 Rn. 40.
[111] So auch K. Schmidt/Lutter/*J. Vetter* Rn. 37, der aber auf Geltung der allg Holzmüller/Gelatine-Prinzipien hinweist. Zu fragen ist dafür, inwieweit „Mediatisieren durch Koordinieren" möglich ist.
[112] Emmerich/Habersack/*Emmerich* Rn. 29; s. jetzt aber auch MüKoHGB/*Schmidt* HGB § 105 Rn. 237 ff.
[113] Hüffer/Koch/*Koch* Rn. 21; Emmerich/Habersack/*Emmerich* Rn. 30; Großkomm AktG/*Windbichler* Rn. 53 ff.; Grigoleit/*Grigoleit* Rn. 24; MHdB GmbH/*Kiefner* § 67 Rn. 41; MHdB AG/*Krieger* § 69 Rn. 83; *Grüner* NZG 2000, 601, 602; zu Beispielen siehe BGHZ 121, 137 = NJW 1993, 2114 – WAZ/IKZ; BGH NZG 1999, 254 = AG 1999, 181 und BKartA AG 1996, 477 – Tukan/Deil.

zungen bestehen nicht. Vor allem bedarf es anders als beim Unterordnungskonzern keiner gesellschaftsrechtlichen Grundlage der einheitlichen Leitung.[114] Die bloße Koordination der Herrschaftsmacht mehrerer Unternehmen soll allerdings nicht ausreichen, vielmehr müssten diese sich der einheitlichen Leitung unterstellen.[115] Das ist zweifelhaft, da es gerade nicht um Abhängigkeit geht, sondern um einheitliche Leitung im Zusammenwirken. Da faktische Gleichordnung oft (vor dem Kartellrecht) verdeckt werden soll und der Nachweis schwierig ist,[116] sollte man die Anforderungen nicht überspannen. Flankiert wird die einheitliche Leitung häufig durch Personalunionen oder wechselseitige Beteiligungen (§ 19).[117]

§ 19 Wechselseitig beteiligte Unternehmen

(1) ¹Wechselseitig beteiligte Unternehmen sind Unternehmen mit Sitz im Inland in der Rechtsform einer Kapitalgesellschaft, die dadurch verbunden sind, daß jedem Unternehmen mehr als der vierte Teil der Anteile des anderen Unternehmens gehört. ²Für die Feststellung, ob einem Unternehmen mehr als der vierte Teil der Anteile des anderen Unternehmens gehört, gilt § 16 Abs. 2 Satz 1, Abs. 4.

(2) Gehört einem wechselseitig beteiligten Unternehmen an dem anderen Unternehmen eine Mehrheitsbeteiligung oder kann das eine auf das andere Unternehmen unmittelbar oder mittelbar einen beherrschenden Einfluß ausüben, so ist das eine als herrschendes, das andere als abhängiges Unternehmen anzusehen.

(3) Gehört jedem der wechselseitig beteiligten Unternehmen an dem anderen Unternehmen eine Mehrheitsbeteiligung oder kann jedes auf das andere unmittelbar oder mittelbar einen beherrschenden Einfluß ausüben, so gelten beide Unternehmen als herrschend und als abhängig.

(4) § 328 ist auf Unternehmen, die nach Absatz 2 oder 3 herrschende oder abhängige Unternehmen sind, nicht anzuwenden.

Schrifttum: → § 15; *Adams,* Die Usurpation von Aktionärsbefugnissen mittels Ringverflechtung in der „Deutschland AG", AG 1994, 148; *Hettlage,* Die AG als Aktionär, AG 1981, 92; *K. Schmidt,* Wechselseitige Beteiligungen im Gesellschafts- und Kartellrecht, 1995; *Klix,* Wechselseitige Beteiligungen, 1981; *Wastl/Wagner,* Wechselseitige Beteiligungen im Aktienrecht, AG 1997, 241; *Takahashi,* Japanese Corporate Groups under the New Legislation, ECFR 2006, 287.

Übersicht

	Rn.		Rn.
I. Systematik und Teleologie	1–8	5. Bilanzielle Behandlung	8
1. Allgemeines	1, 2	**II. Die einfache wechselseitige Beteiligung (Abs. 1)**	9–13
2. Unternehmensbegriff	3		
3. Teleologie und Anwendungsbereich	4, 5	1. Allgemeines	9
a) Einfache Beteiligung (Abs. 1)	4	2. Anwendungsbereich	10–13
b) Qualifizierte Beteiligungen (Abs. 2 und 3)	5	a) Kapitalgesellschaften	10
4. Legitimationsfunktion des § 19?	6, 7	b) Sitz im Inland	11, 12
a) Verhältnis zum Verbot mittelbaren Eigenerwerbs	6	c) Ringbeteiligungen	13
b) Verhältnis zum Verbot der Einlagenrückgewähr	7	**III. Qualifizierte Beteiligungen (Abs. 2 und 3)**	14

I. Systematik und Teleologie

1 **1. Allgemeines.** Die Norm definiert die wechselseitige Beteiligung als besondere Form der Unternehmensverbindung. Sie liegt vor, wenn zwei Unternehmen in Form der Kapitalgesellschaft

---

[114] Hess. LAG v. 5.2.2004 – 9 TaBV 64/03, AuR 2004, 478 (LS 1) = ZBVR 2005, 37 (LS 1); kritisch dazu aber → § 17 Rn. 22 aE. Der Grund für die abweichende Behandlung liegt danach darin, dass der Weg zu § 18 Abs. 2 nicht über § 17 führt.
[115] Hüffer/Koch/*Koch* Rn. 20; MüKoAktG/*Bayer* Rn. 51.
[116] Vgl. K. Schmidt/Lutter/*J. Vetter* Rn. 24; Emmerich/Habersack/*Emmerich* Rn. 31.
[117] Hüffer/Koch/*Koch* Rn. 20 f.; Emmerich/Habersack/*Emmerich* Rn. 30; Großkomm AktG/*Windbichler* Rn. 50 ff.; Kölner Komm AktG/*Koppensteiner* Rn. 37, der auf die besondere Verbreitung von Gleichordnungskonzernen im Versicherungsbereich (VVaG) hinweist; zu Japan *Takahashi,* Konzern und Unternehmensgruppe in Japan – Regelung nach dem deutschen Modell, 1994, 13 ff.

mit Inlandssitz *unmittelbar aneinander* mit *jeweils über 25 %* beteiligt sind. Werden diese Voraussetzungen nicht erfüllt oder werden die Beteiligungen im Dreieck oder im Ring gehalten (→ Rn. 13), liegt keine Unternehmensverbindung im Sinn des § 19 vor. Dann gelten lediglich allgemeine Schutzvorschriften wie § 33 Abs. 2 GmbHG.[1] Wechselseitige Beteiligungen und Ringverflechtungen sind ein typisches Merkmal der **vormaligen Deutschland-AG** gewesen.[2] Allerdings hat hierzulande eine massive Entflechtung eingesetzt, nicht zuletzt begünstigt durch die Steuerfreiheit von Gewinnen aus Beteiligungsveräußerungen durch Kapitalgesellschaften sowie Verbesserungen der Corporate Governance Standards im Zuge zunehmenden internationalen Kapitalzuflusses.

Die Abs. 2 und 3 enthalten besondere Vorschriften für wechselseitige Beteiligung, bei denen dem einen oder beiden Unternehmen am anderen Mehrheitsbesitz (§ 16) oder Herrschaft (§ 17) zukommt. Man bezeichnet diese Konstellationen als **einseitig bzw. zweiseitig qualifizierte wechselseitige Beteiligung**. Ihre Hauptfolge ist nach Abs. 4, dass das besondere „Auffangrecht" für die einfache wechselseitige Beteiligung in § 328 keine Anwendung findet. Stattdessen gilt allgemeines Abhängigkeitsrecht mit minimalen Modifikationen (→ Rn. 5).

2. Unternehmensbegriff. Nach dem Wortlaut ist neben der Rechtsform der Kapitalgesellschaft zusätzlich die Erfüllung des allgemeinen Unternehmensbegriffs vorausgesetzt. Ungeachtet dessen will eine vordringende Meinung jede Kapitalgesellschaft anerkennen.[3] Das trifft im Ergebnis zu. Die partielle Rückkehr zum **institutionellen Unternehmensbegriff** ergibt sich bei § 19 allerdings schon daraus, dass hier der weitere teleologische Unternehmensbegriff der gleichgeordneten Unternehmen anzuwenden ist (→ § 15 Rn. 14).[4] Erfasst ist also jeder Rechtsträger in Form einer Kapitalgesellschaft, unabhängig von der anderweitigen Interessenbindung. Dieser Unternehmensbegriff wird über Abs. 2 („ist … anzusehen") und 3 („gelten beide") insoweit auch für den Begriff des herrschenden Unternehmens maßgeblich.

3. Teleologie und Anwendungsbereich. a) Einfache Beteiligung (Abs. 1). Nur der einfachen Beteiligung nach Abs. 1 kommt eigenständige rechtliche Bedeutung zu. Denn für sie gilt § 328. Diese Vorschrift, die im Zusammenhang mit den allgemeinen Mitteilungspflichten steht, dient weniger dem Schutz vor der allgemeinen Konzerngefahr durch Fremdsteuerung als vielmehr dem spezifischeren Schutz vor Kapitalverwässerung und Verwaltungsherrschaft, die sich aus dem mittelbaren Eigenbesitz der Gesellschaften ergibt.[5] Dieser Gefahr hat der Gesetzgeber allerdings auch durch das Verbot mittelbaren Eigenerwerbs von mehr als 10 % in den §§ 71 ff. entgegengewirkt. So erklärt sich die Beschränkung des § 328 auf die einfache Kreuzbeteiligung von über 25 % bis zu 50 %. Sie muss lediglich den Schutz unterhalb von Herrschaft oder Mehrheitsbesitz gewährleisten. Dies geschieht in abgestufter Weise. Minderheitsbeteiligungen von über 25 % bis zu 50 % werden durch Meldepflichten und Ausübungssperren unattraktiv gemacht. Unterhalb dieser Schwellen bestehen hingegen keinerlei Beschränkungen (→ Rn. 7). Trotz gewisser Disharmonien zu den §§ 71 ff.[6] ist dem zuzustimmen.[7] Insbesondere erscheint die Gefahr einer gegenseitigen Verwaltungsherrschaft mit dieser Schwelle hinreichend gebannt,[8] da eine Beteiligung unter der Sperrminorität regelmäßig keine Beherrschung erlaubt und andernfalls ohnehin § 71b einschlägig wäre.

b) Qualifizierte Beteiligungen (Abs. 2 und 3). Die qualifizierten Formen in den Abs. 2 und 3 werden der Sonderregelung des § 328 dagegen entzogen (Abs. 4) und dem allgemeinen Recht der abhängigen Unternehmen überantwortet. Abs. 3 dient dabei lediglich der Klarstellung, dass sich die wechselseitige Beherrschung bzw. Mehrheitsbeteiligung entgegen der Annahme des Reichsgerichts

---

[1] Eingehende Darstellung bei Emmerich/Habersack/*Emmerich* Rn. 20 ff.
[2] Vgl. *Adams* AG 1994, 148 ff. Zur wechselseitigen Beteiligung im Finanzbereich und in internationalen Verbünden Kölner Komm AktG/*Koppensteiner* Rn. 4. Zur ähnlichen Bedeutung in Japan *Takahashi* ECFR 2006, 287 ff.
[3] Großkomm AktG/*Windbichler* Rn. 12; K. Schmidt/Lutter/*J. Vetter* Rn. 7; Emmerich/Habersack/*Emmerich* Rn. 8; Kölner Komm AktG/*Koppensteiner* § 15 Rn. 91; *Mülbert* ZHR 163 (1999), 43 f.; unklar Hüffer/Koch/*Koch* Rn. 2.
[4] Zutr. Großkomm AktG/*Windbichler* Rn. 13; K. Schmidt/Lutter/*J. Vetter* Rn. 7.
[5] Hüffer/Koch/*Koch* Rn. 1; MüKoAktG/*Bayer* Rn. 2 ff.; Emmerich/Habersack/*Emmerich* Rn. 4 ff.; Kölner Komm AktG/*Koppensteiner* Rn. 3; NK-AktR/*Wagner* Rn. 8 ff.
[6] Die theoretische Maximalverwässerung nach §§ 71 ff. beträgt 5%, nach § 19 Abs. 1 hingegen 6,25% (zu bestimmen nach dem Produkt der Beteiligungsquoten, nicht nach der vollen Beteiligungsquote, so die hM, MüKoAktG/*Bayer* Rn. 2 ff.).
[7] So auch Hüffer/Koch/*Koch* Rn. 1.
[8] AA MüKoAktG/*Bayer* Rn. 16; kritisch auch Kölner Komm AktG/*Koppensteiner* Rn. 3 aE, 12, 15 ff.; Emmerich/Habersack/*Emmerich* Rn. 7.

im Iduna-Fall⁹ nicht neutralisiert, sondern beide Unternehmen das jeweils andere beherrschen. Der materielle Regelungsgehalt von Abs. 2 erschöpft sich im Ausschluss der Widerlegbarkeit der Abhängigkeitsvermutung bei Mehrheitsbesitz. Praktische Bedeutung haben beide Absätze kaum, da qualifizierte wechselseitige Beteiligungen wegen § 71c nur vorübergehende Phänomene darstellen (→ Rn. 6).

6 **4. Legitimationsfunktion des § 19? a) Verhältnis zum Verbot mittelbaren Eigenerwerbs.** Teilweise wurde angenommen, aus § 19 ergäbe sich die Zulässigkeit der dort geregelten Beteiligungsformen. Diese Annahme betraf zunächst sein Verhältnis zu den später neu gefassten §§ 71 ff. betreffs Erwerbs eigener Aktien. Insoweit geht heute aber die allgM zu Recht vom Vorrang der §§ 71 ff. aus.[10] Das heißt, die wechselseitige Beteiligung ist nur unter den dort geregelten Voraussetzungen zulässig. Andernfalls ist die Beteiligung gemäß § 71d S. 4 iVm § 71c zurückzuführen, und zwar auch bei beidseitigem Mehrheitsbesitz.[11] Die Abbaupflicht ist nicht etwa perplex,[12] sondern trifft in der Logik des Abs. 3 zunächst beide herrschenden Unternehmen. Ob und wieweit die Erfüllung durch das eine Unternehmen die Verpflichtung des anderen entfallen lässt, ist eine Frage des maßgeblichen Zeitpunkts im Rahmen des § 71c.[13]

7 **b) Verhältnis zum Verbot der Einlagenrückgewähr.** Ferner wird auch heute noch den §§ 328, 19 Abs. 1 die Funktion beigemessen, die wechselseitige Beteiligung gegenüber dem Verbot der Einlagenrückgewähr zu legitimieren.[14] Träfe diese Sicht zu, wären wechselseitige Beteiligungen außerhalb des Anwendungsbereichs des § 19, also unter Beteiligung von Personengesellschaften oder ausländischen Kapitalgesellschaften eigentlich grundsätzlich unzulässig,[15] oder zumindest dann unzulässig, wenn sie sich innerhalb des von § 19 mit Beschränkungen belegten Rahmens (beiderseits über 25 %) bewegten.[16] Dem ist jedoch zu widersprechen. An Einlagenrückgewähr ist grundsätzlich nur bei der „Muttergesellschaft" zu denken, also bei der zuerst beteiligten Gesellschaft. Denn die Tochter gewährt durch den anschließenden (Teil)Erwerb der Mutter nicht die Einlage der Mutter zurück, da die Aktionäre nicht für Rechnung der Mutter handeln (vgl. § 71d Abs. 1 S. 1). Allenfalls steht eine mittelbare Einlagenrückgewähr durch die Tochter als Drittem an die Aktionäre der Mutter im Raum. Die Leistung durch einen Dritten wird der Leistung durch die AG aber ebenfalls nur dann gleichgestellt, wenn der Dritte abhängig war oder für Rechnung der AG gehandelt hat.[17] Ist das der Fall, greift das Verbot der Einlagenrückgewähr. Andernfalls besteht keine Beschränkung für eine wechselseitige Beteiligung, die nicht dem § 19 unterfällt, und zwar selbst dann, wenn die „Unbedenklichkeitsgrenze" von 25 % überschritten worden ist. Daher trifft nicht zu, dass § 19 Abs. 1, § 328 gegenüber dem Verbot der Einlagenrückgewähr eine Legitimationswirkung entfalten, an der es etwa bei Schachtelbeteiligungen mit ausländischen Gesellschaften fehlen würde.[18]

8 **5. Bilanzielle Behandlung.** Sämtliche Formen der wechselseitigen Beteiligung sind im Anhang zu nennen (§ 160 Abs. 1 Nr. 7). Rückstellungen nach § 272 Abs. 4 S. 4 HGB betreffen demgegenüber nur qualifizierte Formen, da sie nur für Anteile herrschender oder mit Mehrheit beteiligter Unternehmen zu bilden sind. Die einfache wechselseitige Beteiligung erfüllt auch nicht das Merkmal

---

[9] RGZ 149, 305.
[10] Hüffer/Koch/*Koch* Rn. 6, 8; MüKoAktG/*Bayer* Rn. 49 f.; Großkomm AktG/*Windbichler* Rn. 8 f., 28; Kölner Komm AktG/*Koppensteiner* Rn. 6, 11; Emmerich/Habersack/*Emmerich* Rn. 16, 18; MHdB AG/*Krieger* § 69 Rn. 113; *Cahn*, Kapitalerhaltung im Konzern, 1998, 210 ff.
[11] Ganz hM, Großkomm AktG/*Windbichler* Rn. 35; MüKoAktG/*Bayer* Rn. 51; Grigoleit/*Grigoleit* Rn. 9; Emmerich/Habersack/*Emmerich* Rn. 19; Kölner Komm AktG/*Koppensteiner* Rn. 11; MHdB AG/*Krieger* § 69 Rn. 113; aA Kölner Komm AktG/*Lutter* § 71d Rn. 48; Hüffer/Koch/*Koch* Rn. 8.
[12] So aber Kölner Komm AktG/*Lutter* § 71d Rn. 48; Hüffer/Koch/*Koch* Rn. 8; überzeugend dagegen Kölner Komm AktG/*Koppensteiner* Rn. 11; dem folgend auch Grigoleit/*Grigoleit* Rn. 9; Emmerich/Habersack/*Emmerich*, Rn. 19; Hölters/*Hirschmann* Rn. 5.
[13] Dazu die Kommentierung zu → § 71c Rn. 2 ff., 6 ff. Stellt man auf den Erwerbszeitpunkt ab, bleibt die Veräußerungspflicht des anderen Teils *a limine* unberührt.
[14] ZB MüKoAktG/*Bayer* Rn. 28; Kölner Komm AktG/*Koppensteiner* Rn. 30.
[15] *Hettlage* AG 1981, 92 (97).
[16] Kölner Komm AktG/*Koppensteiner* Rn. 24; MHdB AG/*Krieger* § 69 Rn. 114; Emmerich/Habersack/*Emmerich* Rn. 26; MüKoAktG/*Bayer* Rn. 28, nach deren Ansicht die unbeschränkte Zulässigkeit wechselseitigen Beteiligungserwerbs unterhalb der Schwellen des § 19 Abs. 1 auf Auslandsgesellschaften zu erstrecken ist.
[17] → § 57 Rn. 56 ff.; Großkomm AktG/*Windbichler*, Rn. 10; Hüffer/Koch/*Koch* § 57 Rn. 17: Handeln auf Rechnung der AG oder durch abhängige oder in Mehrheitsbesitz stehende Unternehmen.
[18] Wie hier *Wastl/Wagner* AG 1997, 241 (247 f.); tendenziell auch K. Schmidt/Lutter/*J. Vetter* Rn. 21; Großkomm AktG/*Windbichler* Rn. 11; gegen eine Erstreckung der kapitalgesellschaftsrechtlichen Stimmrechtsbeschränkungen auf die Kommanditanteile einer GmbH & Co KG BGHZ 119, 346 = NJW 1993, 1265; aA MüKoAktG/ *Bayer* Rn. 28; Kölner Komm AktG/*Koppensteiner* Rn. 30; MHdB AG/*Krieger* § 70 Rn. 116.

verbundener Unternehmen nach § 271 Abs. 2 HGB, § 290 HGB, kann aber als assoziiertes Unternehmen nach § 271 Abs. 1, § 311 erscheinen.[19]

II. Die einfache wechselseitige Beteiligung (Abs. 1)

1. Allgemeines. Die einfache wechselseitige Beteiligung bestimmt sich durch eine Mindestbeteiligung von jeweils bis zu 25 % sowie durch das Fehlen qualifizierender Umstände (Mehrheitsbeteiligung, Herrschaft) nach den Abs. 2 und 3. Die Berechnung erfolgt nach § 16 Abs. 2 S. 1 sowie § 16 Abs. 4. Das heißt, es kommt nur auf die Kapital-, nicht auf die Stimmenmehrheit an.[20] Mangels Verweis auf § 16 Abs. 2 S. 2 und § 16 Abs. 2 S. 3 werden Eigenanteile der Zielgesellschaft anders als bei der Feststellung der Abhängigkeit nach § 16 Abs. 2 und § 16 Abs. 3 (→ Rn. 14) nicht abgezogen.[21] Nur so erhält die nicht herrschende Beteiligungsgesellschaft Klarheit über das Bestehen ihrer Meldepflicht. Durch den Verweis auf § 16 Abs. 4 können zu einem gewissen Grad auch ringförmige Beteiligungen erfasst werden (→ Rn. 13).

2. Anwendungsbereich. a) Kapitalgesellschaften. Erfasst werden nach dem Wortlaut nur **Kapitalgesellschaften** (AG, KGaA, GmbH, vgl. § 3 Abs. 1 Nr. 2 UmwG). § 328 stellt als zusätzliches Erfordernis die Beteiligung wenigstens einer AG oder KGaA auf. Für eine wechselseitige Beteiligung zweier GmbH gilt nach hM § 33 Abs. 2 GmbHG.[22] Eine Einbeziehung von Personengesellschaften contra legem kommt nicht in Betracht.[23]

b) Sitz im Inland. Beide beteiligte Kapitalgesellschaften müssen außerdem ihren **Sitz im Inland** haben.[24] Daraus ergab sich früher unter Geltung der Sitztheorie mit Selbstverständlichkeit die Beschränkung auf inländische Kapitalgesellschaften (AG, KGaA, GmbH). Sie war vom Gesetzgeber gewollt und wurde von der allgM mit dem Argument abgesichert, dass der deutsche Gesetzgeber kaum Ausübungssperren für ausländische Anteile verfügen könne.[25] Im Übrigen ergebe sich aus § 57 Abs. 1 ein grundsätzliches Verbot wechselseitiger Beteiligungen auch bei Beteiligung ausländischer Gesellschaften. Diese seien lediglich unterhalb der Schwellen des § 19 Abs. 1 zuzulassen, um Wertungswidersprüche mit Inlandsfällen zu vermeiden. Die Argumentation der hM ist nach *Inspire Art*[26] und *Sevic*[27] in mehrfacher Hinsicht zweifelhaft geworden. Zunächst ist das klare Wortlautargument entfallen. Vielmehr fragt sich nun, ob mit „Sitz im Inland" der Verwaltungssitz[28] oder der Satzungssitz[29] gemeint ist (dazu auch → Vor § 15 Rn. 33). Im ersteren Fall wären auch eine englische Limited oder Plc mit Tätigkeitsschwerpunkt in Deutschland eine Kapitalgesellschaft mit Sitz im Inland. Andernfalls bliebe es bei einer Beschränkung auf deutsche Kapitalgesellschaften. Die bisherige Logik müsste also zu einer Auslegung als Satzungssitz führen. Dies ist aber europarechtlich nicht haltbar, wenn man mit der hM annimmt, dass §§ 19, 328 eine Legitimationsfunktion haben. Dann verstößt der pauschale Ausschluss ausländischer Gesellschaften ebenso gegen die Niederlassungsfreiheit wie die parallele Regelung in § 3 UmwG (zu dieser Argumentation bereits → Vor § 15 Rn. 37 mwN). Dem lässt sich aber auch nicht mit dem Abstellen auf den Verwaltungssitz abhelfen, da dann nur „Scheinauslandsgesellschaften" in den Genuss der Legitimation kämen, nicht aber gewöhnliche Auslandsgesellschaften. Umgekehrt ist zu bedenken, dass § 328 auch als Beschränkung empfunden werden kann, deren Erstreckung auf ausländische Gesellschaften mit tatsächlichem Sitz in Deutschland

---

[19] Großkomm AktG/*Windbichler* Rn. 20.
[20] Statt aller Hüffer/Koch/*Koch* Rn. 3; Emmerich/Habersack/*Emmerich* Rn. 9.
[21] Heute allgM, Hüffer/Koch/*Koch* Rn. 3; MüKoAktG/*Bayer* Rn. 30; Kölner Komm AktG/*Koppensteiner* Rn. 19; Emmerich/Habersack/*Emmerich* Rn. 9 aE; MHdB AG/*Krieger* § 69 Rn. 94; kritisch, aber iE ebenso Großkomm AktG/*Windbichler* Rn. 17.
[22] Emmerich/Habersack/*Emmerich* Rn. 21 ff.; K. Schmidt/Lutter/*J. Vetter* Rn. 20.
[23] BGHZ 119, 346 (355) = NJW 1993, 1265; Hüffer/Koch/*Koch* Rn. 2; MüKoAktG/*Bayer* Rn. 23 f.; K. Schmidt/Lutter/*J. Vetter* Rn. 20; grds. auch (bedauernd) Emmerich/Habersack/*Emmerich* Rn. 8, 25, die aber bei qualifizierter wechselseitiger Beteiligung eine Erstreckung des Verbots mittelbaren Eigenerwerbs auf die GmbH & Co KG erwägen, dazu auch LG Berlin GmbHR 1987, 395; MüKoAktG/*Bayer* Rn. 25; Lutter/Hommelhoff/*Lutter/Hommelhoff* § 33 Rn. 22.
[24] Großkomm AktG/*Windbichler* Rn. 14, 40; Emmerich/Habersack/*Emmerich* Rn. 8, 26; Kölner Komm AktG/*Koppensteiner* Rn. 14, 29 ff.
[25] Vgl. MüKoAktG/*Bayer* Rn. 26, Großkomm AktG/*Windbichler* Rn. 40.
[26] EuGH 30.9.2003 – Rs C-167/01 – *Inspire Act*; dazu etwa *de Kluiver* ECFR 2004, 121; *Maul/Schmidt* BB 2003, 2297; *Bayer* BB 2003, 2357; *Klinke* ECFR 2005, 270 (286 ff.) mit zahlreichen Nachw.
[27] EuGH 13.12.2005 – Rs C-411/03 – *Sevic*; dazu etwa *Schindler* ECFR 2006, 109; *Bungert* BB 2006, 53; *Geyrhalter/Weber* DStR 2006, 146; *Koppensteiner* Der Konzern 2006, 40.
[28] So Hüffer/Koch/*Koch* Rn. 2.
[29] So iE Kölner Komm AktG/*Koppensteiner* Rn. 14, 29 ff.; Emmerich/Habersack/*Emmerich* Rn. 8 und (ausdrücklich) § 21 Rn. 5.

gegenüber Art. 48, 54 EGV der Rechtfertigung bedarf. Das insbesondere, wenn man mit der hier vertretenen Auffassung eine Legitimationsfunktion der §§ 19, 328 gegenüber § 57 AktG ablehnt (→ Rn. 6 f.).

12 Diese komplizierte Lage lässt sich in zwei Schritten auflösen: Erstens sollte grundsätzlich der Satzungssitz, nicht der tatsächliche Sitz entscheiden, da sich die grenzüberschreitenden Probleme nicht nur bei Scheinauslandsgesellschaften stellen und deren isolierte Einbeziehung keinen Sinn macht, sondern vielmehr zu Rechtfertigungsproblemen bei Art. 49, 54 AEUV führt. Zweitens aber sind die §§ 19, 328 entgegen der bisher allgM über ihren Wortlaut hinaus auf grenzüberschreitende Verflechtungen anzuwenden, und zwar für beide Beteiligte, da sich eine Begrenzung auf den deutschen Teil anders als im Umwandlungsrecht nicht sinnvoll darstellen lässt. Dies ergibt sich ohne Weiteres aus der von der hM angenommenen Legitimationsfunktion in Verbindung mit der *Sevic*-Rechtsprechung des EuGH. Lehnt man jene Legitimationsfunktion ab und misst §§ 19, 328 lediglich beschränkende Wirkung bei, kann ihre Erstreckung auf grenzüberschreitende Fälle gleichwohl geboten sein, nämlich wenn im Heimatrecht der anderen Gesellschaft Kreuzverflechtungen ebenfalls verpönt sind.[30] Es macht keinen Sinn, dass ein derartiges beidseitiges Verbot allein durch die Grenzüberschreitung ausgehebelt wird (typisches Problem des Normmangels). Insoweit steht die internationale Erstreckung der §§ 19, 328 allerdings unter dem Vorbehalt, dass das ausländische Recht die fragliche Beteiligungsstruktur mindestens ebenso scharf sanktioniert.[31] Im Falle börsennotierter Unternehmen ist dabei nicht nur das ausländische Gesellschaftsrecht, sondern auch das ausländische Kapitalmarktrecht heranzuziehen. So sehen die englischen *listing rules* im Fall von *cross-shareholdings* sogar Übernahmepflichten vor. Dann kann gegen die Anwendung von § 328 Abs. 3 auf eine in Deutschland gelistete Plc (zB die mittlerweile insolvente Air Berlin Plc) nichts einzuwenden sein. Letzteres lässt sich im Übrigen ganz ungeachtet der Frage des Anwendungsbereichs von § 19 auch mit einer Qualifikation des § 328 Abs. 3 als Kapitalmarktrecht erreichen (näher → § 328 Rn. 6).

13 **c) Ringbeteiligungen.** § 19 beschreibt ein reines Zweierverhältnis. Auf Dreiecks- und **Ringbeteiligungen** ist er an sich nicht anzuwenden.[32] Möglich ist aber eine Zurechnung über § 16 Abs. 4, wenn die Zwischenglieder abhängig sind.[33] Dies führt dann mangels Absorption (→ § 16 Rn. 10, 16) zu einer mehrfachen wechselseitigen Beteiligung.

III. Qualifizierte Beteiligungen (Abs. 2 und 3)

14 Auf qualifizierte Schachtelbeteiligungen findet das **Recht der abhängigen Unternehmen** (§ 17) Anwendung. Zur begrenzten Funktion der beiden Abs. in diesem Rahmen schon → Rn. 5. Bemerkenswert ist lediglich, dass sich die Berechnung des Anteilsbesitzes anders als bei Abs. 1 (→ Rn. 9) in vollem Umfang nach § 16 richtet. Die unwiderlegliche Vermutung des Abs. 3 zur Überwindung des Iduna-Falls[34] erscheint zwar realitätsfern, da eine solche Konstellation entweder von einer Seite initiiert worden ist (einseitige Herrschaft) oder auf einer Gleichordnungskonstruktion beruht (dann eigentlich überhaupt keine Beherrschung, § 18 Abs. 2).[35] Doch erscheint es unter Schutzaspekten sachgerecht, das Recht der abhängigen Unternehmen beidseitig anzuwenden. Die unwiderlegliche Abhängigkeitsvermutung führt zu einer beidseitigen Konzernvermutung nach § 18 Abs. 1 S. 3. Diese wird praktisch kaum widerlegbar sein,[36] da es an einer einheitlichen Leitung nicht fehlen wird, selbst wenn sie im Einzelfall auf Gleich-, nicht auf Unterordnung beruht.

Vorbemerkung zu §§ 20–22

Schrifttum: *Abram*, Ansprüche von Anlegern wegen Verstoßes gegen Publizitätspflichten oder den Deutschen Corporate Governance Kodex?, NZG 2003, 307; *Arends*, Die Offenlegung von Aktienbesitz nach deutschem Recht, Diss Bayreuth 2000; *Assmann*, Übernahmeangebote im Gefüge des Kapitalmarktrechts insbesondere im

---

[30] Anders Emmerich/Habersack/*Emmerich* Rn. 8; Grigoleit/*Grigoleit* Rn. 3, die aber beide das Argument der Legitimationsfunktion iVm EuGH Rs C-411/03 – *Sevic* untergewichten dürfen.

[31] Strenger ist etwa Frankreich, milder dagegen England, vgl. → § 328 Rn. 3 und → Rn. 1 mit Fn. 1.

[32] Ganz hM, Hüffer/Koch/*Koch* Rn. 5, 8; Wachter/*Franz* Rn. 4; Hölters/*Hirschmann* Rn. 6; Kölner Komm AktG/*Koppensteiner* Rn. 22; MüKoAktG/*Grunewald* § 328 Rn. 1 (mit rechtspolitischer Kritik); abw. Wastl/*Wagner* AG 1997, 241 ff.; zur Ringverflechtung siehe noch *Adams* AG 1994, 148 ff. und oben → Rn. 1 mit Fn. 1.

[33] Hüffer/Koch/*Koch* Rn. 5, 8; Wachter/*Franz* Rn. 4; Hölters/*Hirschmann* Rn. 6; MüKoAktG/*Bayer* Rn. 36 ff.; Kölner Komm AktG/*Koppensteiner* Rn. 23; Emmerich/Habersack/*Emmerich* Rn. 10; MHdB AG/*Krieger* § 69 Rn. 96.

[34] RGZ 149, 305.

[35] Kritisch etwa Kölner Komm AktG/*Koppensteiner* Rn. 25 ff.; Emmerich/Habersack/*Emmerich* Rn. 17; aA Hüffer/Koch/*Koch* Rn. 7; Großkomm AktG/*Windbichler* Rn. 30.

[36] So auch Kölner Komm AktG/*Koppensteiner* Rn. 11.

Vorbemerkung   **1   Vor § 20**

Lichte des Insiderrechts, der Ad hoc-Publizität und des Manipulationsverbots, ZGR 2002, 697; *Bungert,* Mitteilungspflicht gemäß § 21 II AktG gegenüber Beteiligungsfirmen mit Auslandssitz, NZG 1999, 757; *Burgard,* Inzidente Mitteilungen gemäß § 20 AktG?, WM 2012, 1937; *Caspari,* Anlegerschutz in Deutschland im Lichte der Brüsseler Richtlinien, NZG 2005, 98; *Diekmann,* Mitteilungspflichten nach §§ 20 ff. AktG und dem Diskussionsentwurf des Wertpapierhandelsgesetzes, DZWir 1994, 13; *Dühn,* Schadensersatzhaftung börsennotierter Aktiengesellschaften für fehlende Kapitalmarktinformationen, Diss Osnabrück 2003; *Falkenhagen,* Aktuelle Fragen zu den neuen Mitteilungs- und Veröffentlichungspflichten nach Abschnitt 4 und 7 des WpHG, WM 1995, 1005; *Fleischer,* Das vierte Finanzmarktförderungsgesetz, NJW 2002, 2977; *Grimm/Wenzel,* Praxisrelevante Probleme der Mitteilungspflichten nach § 21 AktG, AG 2012, 274; *Hägele,* Praxisrelevante Probleme der Mitteilungspflichten nach §§ 20, 21 AktG, NZG 2000, 726; *Holland/Burg,* Mitteilungspflicht nach § 21 AktG beim Erwerb sämtlicher Geschäftsanteile an einer GmbH?, NZG 2006, 601; *Hüffer,* Verlust oder Ruhen von Aktionärsrechten bei Verletzung aktienrechtlicher Mitteilungspflichten?, FS Boujong, 1996, 277; *Irringer/Longrée,* Aktienrechtliche Mitteilungspflichten gem. § 20 AktG nach Formwechsel in eine AG, NZG 2013, 1289; *Leitzen,* Mitteilungspflichten nach § 21 AktG und die notarielle Praxis im Gesellschafrecht, MittBayNot 2012, 183; *Leuring,* § 21 AktG – ein Fallstrick für Berater konzentrierter Unternehmen; NJW-Spezial 2004, 267; *Marsch-Barner,* Der Begriff des „Für-Rechnung-Haltens", WuB II A § 20 AktG, 1/1992, 1170; *Neye,* Harmonisierung der Mitteilungspflichten zum Beteiligungsbesitz bei börsennotierten Aktiengesellschaften, ZIP 1996, 1853; *Nietsch,* Stimmlosigkeit im Recht fehlerhafter Beschlüsse, WM 2007, 917; *Nodoushani,* Die Transparenz von Beteiligungsverhältnissen, WM 2008, 1671; *Paudtke,* Zum zeitweiligen Verlust der Rechte eines Aktionärs gem. § 20 VII AktG, NZG 2009, 939; *Priester,* Die Beteiligungspublizität gemäß §§ 20, 160 III Nr. 11 AktG bei Gründung der Gesellschaft, AG 1974, 212; *Quack,* Die Mitteilungspflichten des § 20 AktG und ihr Einfluss auf das Verhalten der Organe des Mitteilungsadressaten, FS Semler, 1993, S. 581; *Schneider,* Anwendungsprobleme bei den kapitalmarktrechtlichen Vorschriften zur Offenlegung von wesentlichen Beteiligungen an börsennotierten Aktiengesellschaften (§§ 21 ff. WpHG), AG 1997, 81; *Schneider/Schneider,* Der Rechtsverlust gemäß § 28 WpHG bei Verletzung der kapitalmarktrechtlichen Meldepflichten – zugleich eine Untersuchung zu § 20 Abs. 7 AktG und § 59 WpÜG, ZIP 2006, 493; *Siekmann,* Öffentlich-rechtliche Grenzen zivilrechtlicher Publizitätspflichten, FS Friauf, 1996, 647; *Starke,* Beteiligungstransparenz im Gesellschafts- und Kapitalmarktrecht, Diss. Konstanz 2002; *Sudmayer,* Mitteilungs- und Veröffentlichungspflichten nach §§ 21, 22 WpHG, BB 2002, 685; *Wastl,* Directors Dealings und aktienrechtliche Treuepflicht – ein exemplarischer Beitrag zur Bedeutung der aktienrechtlichen Treuepflichten im Kapitalmarktsektor, NZG 2005, 17; *Widder,* Rechtsnachfolge in Mitteilungspflichten nach §§ 21 ff. WpHG, § 20 AktG?, NZG 2004, 275.

Übersicht

	Rn.		Rn.
I. Entstehung und weitere Fortentwicklung der Normen	1–4	d) Mitteilungspflichten aus aktienrechtlicher Treupflicht?	11
II. Normzweck und Systematik	5–14	e) Verhältnis der verschiedenen Mitteilungs- und Publizitätspflichten zueinander	12–14
1. Regelungszweck	5	III. Anwendungsbereich	15–20
2. Systematische Einordnung und Regelungsstruktur	6, 7	1. Betroffene Aktienarten	15
3. Verhältnis der §§ 20, 21 zueinander	8	2. Zeitlicher Anwendungsbereich	16
4. Praktische Relevanz und normatives Umfeld	9–14	3. Internationaler Geltungsbereich	17–20
a) Wechselseitig beteiligte Unternehmen (§ 328)	9	IV. Rechtsnatur	21–28
b) Meldepflichten nach dem Kapitalanlagegesetzbuch (§ 289 KAGB)	9a	1. Der Normen	21
c) Weitere Mitteilungs- und Publizitätsvorschriften	10	2. Der daraus folgenden Pflichten und Obliegenheiten	22–27
		3. Der Mitteilung	28

I. Entstehung und weitere Fortentwicklung der Normen

Die §§ 20–22 wurden durch das Aktiengesetz vom 6.9.1965 (BGBl. 1965 I 1089) eingeführt. Es **1** handelte sich um eine **sehr umstrittene Neuerung,**[1] gegen die eingewandt wurde, dass das Aktienrecht ein konzentrationsneutrales Organisationsrecht sei, die Vorschriften eigentlich ins Konzernrecht gehörten und der Grundtyp der Aktiengesellschaft die anonyme Anlegergesellschaft sei. Der Aktionär habe ein berechtigtes Interesse daran, anonym zu bleiben und seine Vermögensverhältnisse nicht offen legen zu müssen. Gesetzliche Offenlegungspflichten seien daher ein Anschlag auf das freiheitliche Wirtschaftssystem und unterwanderten dessen Fundament.[2] Überdies wurde die Beschränkung der Mitteilungspflichten auf Unternehmen als rechtspolitisch und verfassungsrechtlich fragwürdig angese-

---

[1] *v. Godin/Wilhelmi* Vor § 20 Anm. 1 und 2; BegrRegE *Kropff* S. 40; *Austmann* WiB 1994, 143.
[2] *Vallenthin* Die Stimmrechtsverteidigung durch Banken, 1966, 36, 49.

hen.³ Nach der neueren Entwicklung im Kapitalmarktrecht wird die Notwendigkeit der Publizität und Transparenz der Mitgliederstruktur als Instrument privatrechtlicher Kontrolle aber nicht mehr grundlegend bestritten.⁴

2 Durch das **3. Finanzmarktförderungsgesetz** vom 24.3.1998 (BGBl. 1998 I 529) wurden die Normen teilweise geändert: § 20 Abs. 7 und § 21 Abs. 4 wurden neu gefasst, um klarzustellen, dass die Rechte aus Aktien des mitteilungspflichtigen Unternehmens an der Gesellschaft für den maßgeblichen Zeitraum nicht bloß ruhen, sondern ein (endgültiger) Rechtsverlust eintreten sollte. Dies war zuvor streitig.⁵ Durch die Änderung wurde zugleich eine Harmonisierung mit dem ebenfalls neu gefassten § 28 WpHG erreicht. Ferner wurden § 20 Abs. 8 und § 21 Abs. 5 neu eingefügt, um eine klare Abgrenzung gegenüber dem WpHG zu schaffen. Entgegen verschiedenen Stimmen aus der Literatur⁶ hat sich der Gesetzgeber nur für die sog. **kleine Lösung** entschieden und die Anwendungsbereiche geklärt, nicht aber eine der beiden Regelungen abgeschafft und in die andere Regelung einbezogen (sog. große Lösung).⁷ Durch Art. 1 Nr. 6 StückAG vom 25.3.1998 wurde in § 20 Abs. 3 lediglich eine Textbereinigung vorgenommen, da die bergrechtliche Gewerkschaft zum 1.1.1994 nicht mehr besteht.

3 Das **Gesetz zur Regelung von öffentlichen Angeboten zum Erwerb von Wertpapieren und von Unternehmensübernahmen** vom 20.12.2001 (BGBl. 2001 I 3822) ließ in seinem Art. 7 die §§ 20–22 unberührt, veränderte aber deren normatives Umfeld durch Einführung des WpÜG und die Anpassung der §§ 21 ff. WpHG.⁸ Auch das am 1.7.2002 in Kraft getretene **4. Finanzmarktförderungsgesetz** hat lediglich zu Änderungen im normativen Umfeld der §§ 20–22 geführt.⁹

4 Durch das am 20.1.2007 in Kraft getretene **„Transparenzrichtlinie-Umsetzungsgesetz"** (TUG) (BGBl. 2007 I 10), das die Richtlinie 2004/109/EG (sog. **Transparenzrichtlinie II**) umgesetzt hat, wurden die §§ 20, 21 nur geringfügig geändert. In den § 20 Abs. 8 und § 21 Abs. 5 WpHG wurden die Wörter „einer börsennotierten Gesellschaft" durch „eines Emittenten" ersetzt. Mit Wirkung ab dem 3.1.2018 wurde schließlich durch das **Zweite Finanzmarktnovellierungsgesetz** (BGBl. 2017 I 1693) der in § 20 Abs. 8 und § 21 Abs. 5 enthaltene Verweis an die neue Nummerierung des 6. Abschnitts des WpHG angepasst.

II. Normzweck und Systematik

5 **1. Regelungszweck.** Die Mitteilungspflichten nach §§ 20, 21 dienen dem Zweck, die Gesellschaft, die übrigen Aktionäre, die Gläubiger und die sonstige Öffentlichkeit über bestehende oder entstehende Konzernbildungen zu informieren.¹⁰ So heißt es in der **Begründung zu § 19 des Regierungsentwurfs,** der die jetzt in §§ 20–22 geregelten Pflichten zusammenfasste:¹¹ *„Der Entwurf schreibt sie [die Mitteilungspflicht] vor, um die Aktionäre, die Gläubiger und die Öffentlichkeit über geplante und bestehende Konzernverbindungen besser zu unterrichten und die vielfach auch für die Unternehmensleitung selbst nicht erkennbaren wahren Machtverhältnisse in der Gesellschaft deutlicher hervortreten zu lassen. Ferner soll durch diese Mitteilungspflicht die Rechtssicherheit bei der Anwendung derjenigen Vorschriften, die an die Höhe einer Beteiligung anknüpfen, erhöht werden."* Der Gesetzgeber zieht also den Kreis derjenigen, die durch die Informationspflichten begünstigt werden sollen, sehr weit. Weiterhin zielt die Vorschrift auf die Erhöhung der Rechtssicherheit bei denjenigen Vorschriften ab, die an die Höhe der Beteiligung anknüpfen.¹²

---

³ Großkomm AktG/*Windbichler* § 20 Rn. 17; Kölner Komm AktG/*Koppensteiner* § 20 Rn. 9 mwN; *Maul* BB 1985, 898; *Starke,* Beteiligungstransparenz im Gesellschafts- und Kapitalmarktrecht, 2002, 241.
⁴ Kölner Komm AktG/*Koppensteiner* § 20 Rn. 9; *Hägele* NZG 2000, 726; *Starke,* Beteiligungstransparenz im Gesellschafts- und Kapitalmarktrecht, 2002, 141 ff.
⁵ Großkomm AktG/*Windbichler* § 20 Rn. 64 mwN; für endgültigen Rechtsverlust: *Quack* FS Semler, 1993, 581 (584).
⁶ *Junge* FS Semler, 1993, 482; *Happ* JZ 1994, 245 f.; *Burgard* AG 1992, 51; *Witt* AG 1998, 171; Kölner Komm AktG/*Koppensteiner* § 20 Rn. 8.
⁷ Assmann/Schneider/*Schneider* WpHG Vor § 21 Rn. 66 ff.; *Sudmeyer* BB 2002, 685; kritisch *Witt* WM 1998, 1153 (1160 f.).
⁸ Ausgelöst durch die Richtlinie des Rates 88/627/EWG über die bei Erwerb und Veräußerung einer bedeutenden Beteiligung an einer börsennotierten Gesellschaft zu veröffentlichenden Informationen vom 12.12.1988, ABl. EG 1988 L 348, 62; zur Entstehungsgeschichte: Kölner Komm WpÜG/*Hirte/Heinrich* Einl. Rn. 35 ff.; *Fleischer/Kalss,* Das neue Wertpapiererwerbs- und Übernahmegesetz, 2002, 42 ff. sowie *Krause* ZGR 2002, 500 ff.; *Hopt* ZHR 1995, 135 (136 ff.); *Zinser* EuZW 2003, 10 ff. und *Neye* NZG 2002, 1144 ff.
⁹ *Fleischer* NJW 2002, 2977 ff.; *Rudolph* BB 2002, 1036 ff.; *Ziouvas/Walter* WM 2002, 1483 (1485).
¹⁰ BGHZ 167, 204 (208) = NZG 2006, 505 (506); NZG 2016, 1182 (1183); KG AG 1990, 500 (501).
¹¹ Begr. zu § 19 RegE bei *Kropff* nach § 21.
¹² BGH NZG 2016, 1182 (1183); KG AG 1990, 500 (501).

Vorbemerkung 6–9a **Vor § 20**

2. Systematische Einordnung und Regelungsstruktur. Die Vorschriften sind an der Schnitt- 6
stelle zwischen Gesellschafts-, Kapitalmarkt- und Konzernrecht angesiedelt und wurden vom Gesetzgeber im ersten Buch des AktG im Zusammenhang mit den konzernrechtlichen Vorschriften (den §§ 15 ff.) verortet.

Der folgende grobe Überblick kann als erste Orientierung zu den verschiedenen Informations- 7
pflichten dienen:[13] **Mitteilungspflichten** ergeben sich aus § 20 Abs. 1, 3–5 und § 21 Abs. 1–3 und **Bekanntmachungspflichten** aus § 20 Abs. 6. Die **Rechtsfolgen** unterlassener oder fehlerhafter Mitteilungen ergeben sich aus § 20 Abs. 7 und § 21 Abs. 4. § 22 gewährt der Gesellschaft, der eine Mitteilung nach § 20 Abs. 1, 3 oder 4 oder § 21 Abs. 1 oder 2 gemacht worden ist, einen Anspruch auf **Nachweis** der mitgeteilten Beteiligung. Bei § 20 Abs. 8 und § 21 Abs. 5 handelt es sich um Kollisionsnormen.

3. Verhältnis der §§ 20, 21 zueinander. Treffen die Mitteilungspflichten aus §§ 20, 21 zusam- 8
men, so gehen diejenigen aus § 20 denen aus § 21 vor.[14] Dies bedeutet bspw., dass eine Mitteilung nach § 21 Abs. 1 nicht erforderlich ist, wenn eine AG mehr als 25 % an einer anderen AG erwirbt und diese Beteiligung nach § 20 Abs. 1 (und 3) gemeldet hat.

4. Praktische Relevanz und normatives Umfeld. a) Wechselseitig beteiligte Unterneh- 9
men (§ 328). § 328 knüpft unmittelbar an §§ 20, 21 an[15] und erweitert in seinem Abs. 4 die Pflichten der §§ 20, 21 im Hinblick auf wechselseitig beteiligte Unternehmen,[16] die sich einander die genaue Höhe ihrer jeweiligen Beteiligung und später ebenfalls jede Änderung unverzüglich schriftlich mitzuteilen haben. § 328 Abs. 4 betrifft anders als §§ 20, 21 sowohl börsennotierte als auch nichtbörsennotierte Gesellschaften.[17]

b) Meldepflichten nach dem Kapitalanlagegesetzbuch (§ 289 KAGB). Insbesondere für 9a
von *Private Equity-* oder *Hedge-*Fonds[18] gehaltene Beteiligungen an nicht börsennotierten Unternehmen (mit Ausnahme der in § 287 Abs. 2 KAGB genannten) sieht § 289 KAGB zusätzliche Mitteilungspflichten vor, die ggf. neben den Mitteilungspflichten nach §§ 20 f. AktG bestehen. Gem § 289 Abs. 1 KAGB muss eine AIF-Kapitalverwaltungsgesellschaft (§§ 1 Abs. 16, 287 Abs. 1 KAGB) die Bundesanstalt für Finanzdienstleistungsaufsicht (BaFin) informieren, wenn der Stimmrechtsanteil des nicht börsennotierten Unternehmens (§ 1 Abs. 19 Nr. 27 KAGB), der von dem alternativen Investmentfonds („AIF", vgl. § 1 Abs. 3 KAGB) gehalten wird, durch Erwerb, Verkauf oder Halten von Anteilen an dem nicht börsennotierten Unternehmen die Schwellenwerte von 10 %, 20 %, 30 %, 50 % oder 75 % erreicht, über- oder unterschreitet. Eine Mitteilung an das Unternehmen, an dem die Beteiligung besteht, ist hingegen nicht erforderlich (anders im Falle von Abs. 2). Meldepflichtig sind – nach dem Wortlaut der Norm – auch Beteiligungen an ausländischen Unternehmen (mit Sitz in einem EU-Mitgliedsstaat), die vom AIF gehalten werden.[19] Im Fall der Kontrollerlangung (mehr als 50 % der Stimmrechte, vgl. § 288 Abs. 1 KAGB) hat die AIF-Kapitalverwaltungsgesellschaft neben der BaFin auch das Unternehmen und die Anteilseigner über Situation, Umstände und Datum des Kontrollerwerbs zu unterrichten (§ 289 Abs. 2 und 3 KAGB). Bei der Berechnung der vom AIF gehaltenen Stimmrechte werden für Zwecke des § 289 Abs. 1 und 2 KAGB[20] zusätzlich zu von dem betreffenden AIF unmittelbar gehaltenen Stimmrechten (dh die Anteile an dem Unternehmen müssen zum betreffenden Fondsvermögen gehören) auch die Stimmrechte berücksichtigt, die von durch den AIF kontrollierten Unternehmen (maßgeblich ist auch insoweit das Halten von mehr als 50 % der Stimmrechte) und von natürlichen oder juristischen Personen, die in ihrem eigenen Namen,

---

[13] Systematische Übersichten bieten ferner MüKoAktG/*Bayer* § 20 Rn. 3 sowie § 21 Rn. 5; Emmerich/Habersack/*Emmerich* § 20 Rn. 2; *Raiser/Veil* KapGesR § 52 Rn. 1 ff.
[14] KG AG 1999, 126 (127); KG NZG 2000, 42; *Hägele* NZG 2000, 726; *Heinsius* FS Fischer, 1979, 215 (216 f.); *Burgard* AG 1992, 41 (55); *Habermann* VersR 1998, 801 (802); *Witt* WM 1998, 1153 (1154); Hüffer/Koch/*Koch* § 20 Rn. 1; Emmerich/Habersack/*Emmerich* § 21 Rn. 4; NK-AktR/*Heinrich* § 21 Rn. 1; Grigoleit/*Rachlitz* § 20 Rn. 1; *Fatemi* DB 2013, 2195; *Raiser/Veil* KapGesR § 52 Rn. 2; aA Großkomm AktG/*Windbichler* § 21 Rn. 2; Kölner Komm AktG/*Koppensteiner* § 20 Rn. 7 und § 21 Rn. 1 (für Nebeneinander der Mitteilungspflichten nach § 20 und § 21).
[15] Emmerich/Habersack/*Emmerich* § 328 Rn. 4; *Emmerich* NZG 1998, 622 (624); Hüffer/Koch/*Koch* § 328 Rn. 8.
[16] Emmerich/Habersack/*Emmerich* § 328 Rn. 4; Hüffer/Koch/*Koch* § 328 Rn. 8; Kölner Komm AktG/*Koppensteiner* § 328 Rn. 18; *Arends*, Die Offenlegung von Aktienbesitz nach deutschem Recht, 2000, 25.
[17] Emmerich/Habersack/*Emmerich* § 328 Rn. 5; Kölner Komm AktG/*Koppensteiner* § 328 Rn. 6; MHdB AG/*Krieger* § 68 Rn. 117; wohl ebenso K. Schmidt/Lutter/*Vetter* § 328 Rn. 12.
[18] *Viciano-Gofferje* BB 2013, 2506; *Swoboda* in Weitnauer/Boxberger/Anders KAGB § 289 Rn. 2.
[19] *Weitnauer* AG 2013, 672 (675); *Viciano-Gofferje* BB 2013, 2506 (2507).
[20] Zur Anwendbarkeit des § 288 Abs. 2 Satz 2 AktG auf die Mitteilungspflichten des § 289 Abs. 1 und 2 KAGB: *Viciano-Gofferje* BB 2013, 2506 (2507 f.).

aber im Auftrag des AIF oder eines von dem AIF kontrollierten Unternehmens handeln, gehalten werden (§ 288 Abs. 2 Satz 1 KAGB). Die sich hiernach ergebene Stimmrechtszahl ist gem. § 288 Abs. 2 Satz 2 KAGB ins Verhältnis zur Gesamtzahl der Stimmrechte des Unternehmens zu setzen; zu berücksichtigen sind dabei auch Stimmrechte, die vorübergehend nicht ausgeübt werden können (wie zB bei einem Rechtsverlust nach § 20 Abs. 7 AktG). Die jeweilige Mitteilung ist „so rasch wie möglich" zu machen, spätestens innerhalb von 10 Arbeitstagen (§ 289 Abs. 5 KAGB). Die Begriffe „so rasch wie möglich" entstammt der AIFM-Richtlinie; er dürfte jedoch mit „unverzüglich" iSv § 121 Abs. 1 Satz 1 BGB gleichzusetzen sein.[21] So hat der Gesetzgeber auch die in Art. 12 Abs. 2 der Transparenzrichtlinie enthaltene Formulierung „so rasch wie möglich" in § 21 Abs. 1 WpHG mit dem Begriff „unverzüglich" gleichgesetzt (→ Anh. § 22 Rn. 31). Die vorsätzliche oder leichtfertige Nichterfüllung der Mitteilungspflichten nach § 289 Abs. 1 oder 2 KAGB stellt gem. § 340 Abs. 2 Nr. 76 KAGB eine Ordnungswidrigkeit dar, die mit mit einer Geldbuße bis zu 5 Mio. € geahndet werden kann. Gegenüber einer juristischen Person oder einer Personenvereinigung kann über diesen Betrag hinaus eine Geldbuße bis zu dem höheren der Beträge aus (i) 10 % des jährlichen Gesamtumsatzes (§ 340 Abs. 7 Satz 1 Nr. 1 KAGB) und (ii) des Zweifachen des aus dem Verstoß gezogenen wirtschaftlichen Vorteils bzw. der vermiedenen Nachteile (§ 340 Abs. 7 Satz 2 KAGB) festgesetzt werden.

10 **c) Weitere Mitteilungs- und Publizitätsvorschriften.** Weitere Mitteilungs- und Publizitätsvorschriften sind insbesondere in §§ 42, 67, 121 Abs. 3, § 129 Abs. 1 Satz 2, §§ 131, 160 Abs. 1 Nr. 7 und 8, § 293g Abs. 3, § 294 Abs. 1 Satz 1, § 295 Abs. 1 Satz 2 und Abs. 2 Satz 3, §§ 326, 327 Abs. 2 und 3 AktG, Art. 19 MAR, §§ 33 ff. WpHG (vormals §§ 21 ff. WpHG), §§ 10 ff., 23, 35 WpÜG, §§ 7 und 23 UBGG, §§ 37 iVm 39 GWB, §§ 2c, 24, 32 KWG, §§ 271, 285 Nr. 11, 313 Abs. 2, 325 HGB sowie in § 60 Abs. 3 Satz 1 AWV enthalten.[22]

11 **d) Mitteilungspflichten aus aktienrechtlicher Treupflicht?** Umstritten ist, ob ergänzend zu §§ 20, 21 Mitteilungspflichten aus der aktienrechtlichen Treupflicht[23] hergeleitet werden können. Ein Teil der Literatur[24] bejaht dies mit dem Argument, dass die gesetzlich geregelten Mitteilungspflichten nicht mehr den heutigen Entwicklungen gewachsen seien und häufig umgangen würden. Eine andere Ansicht zieht die Herleitung aus der aktienrechtlichen Treupflicht im Einzelfall[25] in Erwägung, wenn etwa ein herrschendes Unternehmen zur Gründung eines faktischen Konzerns schreitet[26] oder sich Missbrauchsfälle unterhalb der gesetzlichen Schwellenwerte ereignen.[27] Allerdings lässt diese Ansicht ungeklärt, unter welchen Voraussetzungen im Einzelnen tatsächlich eine Mitteilungspflicht aus der aktienrechtlichen Treupflicht folgen soll. Zutreffend spricht sich demgegenüber eine dritte Auffassung[28] (teilweise unter Bezugnahme auf die sog. Linotype-Entscheidung des BGH)[29] gegen die Herleitung von Mitteilungspflichten im Sinne der §§ 20, 21 unmittelbar aus der aktienrechtlichen Treupflicht aus, da mit den §§ 20, 21 eine ausdrückliche gesetzliche Regelung besteht.

12 **e) Verhältnis der verschiedenen Mitteilungs- und Publizitätspflichten zu einander.** Grundsätzlich ergänzen sich die vorgenannten Mitteilungs- und Publizitätspflichten gegenseitig und kommen gegebenenfalls **nebeneinander** zur Anwendung, wenn ihre jeweiligen tatbestandlichen Voraussetzungen vorliegen. Mitteilungen nach § 67 Abs. 3 sind bspw. von Mitteilungen nach §§ 20 ff. zu unterscheiden und können solche grds. nicht ersetzen.[30] Die Aufnahme eines Erwerbers von GmbH-Anteilen in die Gesellschafterliste gem. **§ 16 Abs. 1 GmbHG iVm § 40 GmbHG** ist im

---

[21] Zweifelnd hieran: *Viciano-Gofferje* BB 2013, 2506 (2507).
[22] Vgl. dazu Großkomm AktG/*Windbichler* § 20 Rn. 10–15 und 61–62 sowie zu § 21 Rn. 2–5; ferner *Arends*, Die Offenlegung von Aktienbesitz nach deutschem Recht, 2000, 9–112; *Neye* ZIP 1996, 1853 (1854 ff.); *Habermann* VersR 1998, 801 (803 ff.); *Burgard* AG 1992, 41 (44 ff.); *Zöllner* NZG 2003, 354 (356 f.).
[23] Näher zur aktienrechtlichen Treupflicht *Voigt*, Haftung aus Einfluß auf die Aktiengesellschaft (§§ 117, 309, 317 AktG), 2004, 165 ff.; zur Bedeutung der aktienrechtlichen Treupflicht im Kapitalmarktrecht *Wastl* NZG 2005, 17 ff.
[24] *Burgard* AG 1992, 41 (47 ff.); Assmann/Schneider/*Schneider* WpHG Vor § 21 Rn. 69 mwN.
[25] Emmerich/Habersack/*Emmerich* § 20 Rn. 8 f. und 12; *Emmerich* NZG 1998, 622 (624); ähnlich auch *Wastl* NZG 2005, 17 (22 f.) für den Anwendungsbereich des WpHG.
[26] Emmerich/Habersack/*Emmerich* § 20 Rn. 9 und 12 mwN.
[27] *Arends*, Die Offenlegung von Aktienbesitz nach deutschem Recht, 2000, 27 ff.
[28] Grigoleit/*Rachlitz* § 20 Rn. 3; *Wolframm*, Mitteilungspflichten familiär verbundener Aktionäre nach § 20 Aktiengesetz, Diss Berlin, 1998, 183 ff.; *Joussen* BB 1992, 1075 ff. unter Bezugnahme auf BGHZ 103, 184 ff.; *Starke*, Beteiligungstransparenz im Gesellschafts- und Kapitalmarktrecht, 2002, 169 und 173; Kölner Komm AktG/ *Koppensteiner* § 20 Rn. 31.
[29] BGHZ 103, 184 ff.
[30] Großkomm AktG/*Windbichler* § 20 Rn. 20. Möglich ist allerdings die Verbindung beider Mitteilungen, siehe → § 20 Rn. 22.

Rahmen des § 21 als „Kenntnisnahme auf anderem Wege" zu werten, so dass dadurch § 21 grds. nicht Genüge getan ist.[31] Es bedarf also neben der Eintragung in die Gesellschafterliste und deren Aufnahme in das Handelsregister nach § 16 Abs. 1 iVm § 40 GmbHG – bei Vorliegen der jeweiligen Voraussetzungen – auch einer Mitteilung nach § 21.

Die in § 20 Abs. 8 und § 21 Abs. 5 iVm § 21 Abs. 2 WpHG und §§ 1 und 2 Abs. 7 WpÜG 13 enthaltenen **Kollisionsnormen** trennen teilweise die Anwendungsbereiche und haben zur Folge, dass die §§ 20–22 neben Mitteilungs- und Publizitätsvorschriften aus dem WpHG für Aktien eines Emittenten iSd § 21 Abs. 2 WpHG nicht zur Anwendung kommen. Diese Vorschriften stehen also in einem **Exklusivitäts- oder Alternativverhältnis**.[32]

In Literatur, Rechtsprechung und Praxis stehen die §§ 33 ff. WpHG, §§ 10 ff., 23, 35 WpÜG und 14 nicht die §§ 20 ff. im Vordergrund. Die §§ 33 ff. WpHG knüpfen im Unterschied zu §§ 20, 21 die Mitteilungspflichten ausschließlich an die Veränderung von Stimmrechtsanteilen und nicht an die jeweilige Kapitalbeteiligung. Diese kapitalmarktrechtlichen Mitteilungspflichten haben erhebliche Auswirkungen auf das Aktienrecht, wie sich insbesondere in den §§ 36 Abs. 6, 44 WpHG zeigt. Denn in Gestalt des zeitweiligen Verlustes der Rechte aus den Aktien (§ 44 Abs. 1, 2 WpHG) bzw. der Stimmrechtssperre (§ 36 Abs. 6 WpHG) sind Eingriffe in den Kernbereich der Mitgliedschaftsrechte vorgesehen.

III. Anwendungsbereich

1. Betroffene Aktienarten. Die Vorschriften gelten für alle Aktienarten, insbesondere auch 15 für vinkulierte Namensaktien[33] und – da in erster Linie Kapitalbeteiligungen offenzulegen sind – Vorzugsaktien ohne Stimmrecht.

2. Zeitlicher Anwendungsbereich. Bereits das Halten einer Beteiligung im **Gründungssta-** 16 **dium** der Gesellschaft (also bei deren Neugründung oder Umwandlung in eine AG, KGaA oder – aufgrund der Verweisung in Art. 9 Abs. 1 lit. c (ii) SE-VO – in eine SE) ist durch die Gründungsaktionäre nach § 20 mitteilungspflichtig.[34] Die Mitteilungspflichten enden mit Löschung der Gesellschaft oder mit Zulassung ihrer Aktien zum Handel an einem organisierten Markt iSv § 2 Abs. 11 WpHG (in letzterem Fall finden dann die §§ 33 ff. WpHG Anwendung).

3. Internationaler Geltungsbereich. Wie sich aus §§ 20 Abs. 1 und 21 Abs. 1 explizit ergibt, 17 betreffen diese Regelungen nur Beteiligungen an Gesellschaften mit **Sitz im Inland**.

Dass sich lediglich den §§ 20 Abs. 1 und 21 Abs. 1, nicht aber den weiteren Regelungen des 18 Gesamtkomplexes ausdrückliche Bestimmungen zu ihrem internationalen Anwendungsbereich entnehmen lassen, ist irrelevant. Die weiteren Regelungen bauen nach zutreffender Ansicht auf § 20 Abs. 1 und § 21 Abs. 1 auf, so dass der Gesetzgeber schlicht von einer Wiederholung absah. Daher finden auch die übrigen Absätze von § 20, § 21 nur auf Beteiligungen an Gesellschaften mit Sitz im Inland Anwendung. Insbesondere bei § 21 Abs. 2 ist dies jedoch streitig: Einige Stimmen[35] sind der Ansicht, das Gesetz enthalte in Abs. 2 gerade nicht die Einschränkung des Abs. 1, die der Gesetzgeber ohne weiteres hätte aufnehmen können, es jedoch unterlassen hat und daher die Mitteilungspflicht auch in Bezug auf ausländische Unternehmen gelte. Die hM[36] ist demgegenüber der zutreffenden Ansicht, dass der zweite Abs. auf dem ersten aufbaue und der Gesetzgeber lediglich aus redaktionellen Gründen eine Wiederholung des gesamten Wortlauts vermieden hat, ohne aber auf die Einschränkung des Abs. 1 verzichten zu wollen. Das AktG wolle nur inländische Unternehmen schützen, wie

---

[31] *Hägele* GmbHR 2007, 258 (259); K. Schmidt/Lutter/*Veil* § 21 Rn. 2; wohl ebenso *Müller/Federmann* BB 2009, 1375 (1380); aA *Holland/Burg* NZG 2006, 601 (603). Gegen das Erfordernis einer Mitteilung nach § 21, wenn die meldepflichtige AG sämtliche Geschäftsanteile an der GmbH unmittelbar erwirbt: *Grimm/Wenzel* AG 2012, 274 (281 f.).

[32] Assmann/Schneider/*Schneider* WpHG Vor § 21 Rn. 67; Emmerich/Habersack/*Emmerich* § 20 Rn. 2 und § 21 Rn. 1; zum Verhältnis zwischen WpHG und WpÜG *Assmann* ZGR 2002, 697 (716 f.); vgl. auch KG AG 2010, 494 (496).

[33] KG AG 1990, 500 f.

[34] BGHZ 167, 204 (208); KG AG 2010, 494 (496); LG Düsseldorf ZIP 2010, 1129 (1131) (zu Formwechsel von GmbH in AG); Kölner Komm AktG/*Koppensteiner* § 20 Rn. 21; NK-AktR/*Heinrich* § 20 Rn. 5; MüKoAktG/ *Bayer* § 20 Rn. 30; aA Großkomm AktG/*Windbichler* § 20 Rn. 19.

[35] Großkomm AktG/*Windbichler* § 21 Rn. 9; Kölner Komm AktG/*Koppensteiner* § 21 Rn. 4; Henssler/Strohn/ *Maier-Reimer* § 21 Rn. 4; *Grimm/Wenzel* AG 2012, 274 (277); Hüffer/Koch/*Koch* § 21 Rn. 3.

[36] MüKoAktG/*Bayer* § 21 Rn. 3; Emmerich/Habersack/*Emmerich* § 21 Rn. 8; Bürgers/Körber/*Becker* § 21 Rn. 3; *Leitzen* MittBayNot 2012, 183 (184); K. Schmidt/Lutter/*Veil* § 21 Rn. 5; MHdB AG/*Krieger* § 68 Rn. 144; *Bungert* NGZ 1999, 757 (758).

sich aus der Gesetzesbegründung[37] ergebe. Rechtsfolgen seien an eine Mehrheitsbeteiligung nur bei Gesellschaften mit Sitz im Inland normativ geknüpft worden.

19 Nach zutreffender hM kommt es dabei jeweils maßgeblich auf den **Satzungssitz** (und nicht den Verwaltungssitz) der Gesellschaft an,[38] wie sich insbesondere auch aus § 5 ergibt.

20 Da sich die Mitteilungspflicht als mitgliedschaftliche Pflicht nach dem Statut der Gesellschaft richtet, können die §§ 20 und 22 auch ausländische Unternehmen als (mitteilungspflichtige) Aktionäre inländischer Gesellschaften betreffen.[39] Die hM gelangt durch systematische und teleologische Interpretation der Vorschrift angesichts der § 19 und § 328 Abs. 4 zu Recht zu diesem Ergebnis. Eine Ausnahme hierzu bildet § 20 Abs. 3, der sich nur an inländische Kapitalgesellschaften als Mitteilungspflichtige richtet.[40]

IV. Rechtsnatur

21 **1. Der Normen.** Es handelt sich um formelle Gesetze und zugleich um **zwingendes Recht**.[41] Auf die Einhaltung der Mitteilungspflichten kann daher nicht verzichtet werden; dies gilt selbst dann, wenn das Bestehen oder der Fortfall der meldepflichtigen Beteiligung der Gesellschaft aus anderen Gründen bekannt sein sollte.[42] Die Vorschriften sind dem **Privatrecht** zuzuordnen, da sie primär die Rechtsverhältnisse zwischen Privaten regeln.[43]

22 **2. Der daraus folgenden Pflichten und Obliegenheiten.** Die Rechtsnatur der aus den §§ 20, 21 folgenden Pflichten (iwS) ist streitig. Ein Teil der Literatur[44] qualifiziert sie als bloße Obliegenheiten, ein anderer Teil[45] hält sie für echte Rechtspflichten. Die Rechtsprechung hatte bislang keinen Anlass, den Streit zu entscheiden. Aus dem Wortlaut der Vorschriften, der auf echte Rechtspflichten hindeutet, kann noch keine zwingende Schlussfolgerung gezogen werden. Dies zeigt auch ein Seitenblick auf typische Obliegenheiten, wie zB die Untersuchungs- und Rügeobliegenheit beim Handelskauf nach § 377 HGB. Obliegenheiten[46] vermögen im Gegensatz zu echten Rechtspflichten weder primäre Erfüllungsansprüche noch bei deren Nichterfüllung nachfolgende sekundäre Schadensersatzansprüche zugunsten eines „Berechtigten" zu begründen. Eine Obliegenheit wird daher vor allem im Eigeninteresse befolgt, da der Belastete bei ihrer Verletzung einen Rechtsverlust oder andere rechtliche Nachteile durch die Rechtsordnung selbst erleiden kann. Eine echte Rechtspflicht ist – insbesondere aus Sicht des „Berechtigten" – insofern ein Mehr gegenüber einer reinen Obliegenheit. Er kann bei einer echten Rechtspflicht selbst darauf hinwirken, dass sie vom Verpflichteten eingehalten wird. Die Rechtsordnung stellt ihm dazu ein rechtliches Instrumentarium zur Verfügung.

23 Eine Aktiengesellschaft ist gegenüber einem mitteilungspflichtigen Aktionär zwar nicht völlig schutzlos gestellt: Sie kann auf die Einhaltung der Mitteilungspflicht hinwirken, indem zB der Vorstand zunächst Erkundigungen bei dem betreffenden Aktionär einholt. Bei Verletzung der Mitteilungspflicht kann (und muss) der Vorstand für die Einhaltung des § 20 Abs. 7 sorgen und damit den Aktionär zur Erfüllung seiner Mitteilungspflicht anhalten. Andererseits hat die Aktiengesellschaft streng genommen keinerlei durchsetzbaren Anspruch auf die Erbringung der Mitteilung,[47] so dass

---

[37] *Kropff* S. 39.
[38] *Bungert* NZG 1999, 757 (760); NK-AktR/*Heinrich* § 21 Rn. 3; Emmerich/Habersack/*Emmerich* § 21 Rn. 8; aA Hüffer/Koch/*Koch* § 21 Rn. 3 (maßgeblich sei der Verwaltungssitz); *Leitzen* MittBayNot 2012, 183 (184).
[39] Bürgers/Körber/*Becker* § 20 Rn. 6; K. Schmidt/Lutter/*Veil* § 20 Rn. 14; Großkomm AktG/*Windbichler* § 20 Rn. 16 und § 21 Rn. 6; *Diekmann* DZWir 1994, 13 (15); *Maul* NZG 1999, 741 (746); *Habermann* VersR 1998, 801; Kölner Komm AktG/*Koppensteiner* § 20 Rn. 34.
[40] Großkomm AktG/*Windbichler* § 20 Rn. 35; MüKoAktG/*Bayer* § 20 Rn. 22; Hüffer/Koch/*Koch* § 20 Rn. 5; MHdB AG/*Krieger* § 68 Rn. 145; Emmerich/Habersack/*Emmerich* § 20 Rn. 25; *Jaecks/Schönborn* RIW 2003, 254 (261); Bürgers/Körber/*Becker* § 20 Rn. 14; K. Schmidt/Lutter/*Veil* § 20 Rn. 26; aA Kölner Komm AktG/*Koppensteiner* § 20 Rn. 34.
[41] BGHZ 114, 203 (213); BGHZ 167, 204 (208); NZG 2016, 1182 (1183); Kölner Komm AktG/*Koppensteiner* § 20 Rn. 11.
[42] BGH NZG 2016, 1182 (1183).
[43] Zur Abgrenzung *Siekmann* FS Friauf, 1996, 647 ff.; Assmann/Schneider/*Schneider* WpHG Vor § 21 Rn. 15.
[44] Emmerich/Habersack/*Emmerich* § 20 Rn. 30; Grigoleit/*Rachlitz* § 20 Rn. 7; Henssler/Strohn/*Maier-Reimer* § 20 Rn. 18; Großkomm AktG/*Windbichler* § 20 Rn. 9 und 88 wie bereits *Würdinger* in Anm. 1 der Vorauflage des Großkomm AktG; Kölner Komm AktG/*Koppensteiner* § 20 Rn. 7; wohl ebenso OLG Stuttgart AG 2009, 124 (128) (es bestehe kein Anspruch auf Erfüllung der Mitteilungspflicht).
[45] MüKoAktG/*Bayer* § 20 Rn. 2; Kölner Komm AktG/*Koppensteiner* § 20 Rn. 11.
[46] Zum Obliegenheitsbegriff Palandt/*Grüneberg* BGB Einl. vor § 241 Rn. 13 mit Verweis auf BGHZ 24, 382 und BGH NJW 1995, 401 (402); Jauernig/*Mansel* BGB § 241 Rn. 13.
[47] Das räumt auch Kölner Komm AktG/*Koppensteiner* § 20 Rn. 11 ein, der gleichwohl von einer echten Rechtspflicht ausgeht.

es sich bei der **Mitteilungspflicht** letztlich nur um eine **Obliegenheit** handelt. Das Gleiche gilt auch hinsichtlich der **Bekanntmachungspflicht** nach § 20 Abs. 6. Zwar hat der Aufsichtsrat nach § 111 Abs. 1 die Geschäftsführung zu überwachen und könnte, falls der Vorstand eine Bekanntmachung versäumt hat oder zu versäumen droht, dies rügen und auf die Bekanntmachung hinwirken. Dies ist jedoch lediglich eine interne Selbstkontrolle. Von außen hat niemand einen Anspruch auf die Bekanntmachung.

Anders verhält es sich mit der **Unterlassungspflicht** des mitteilungspflichtigen Unternehmens aus § 20 Abs. 7. Hier hat die Gesellschaft das Recht und regelmäßig sogar im Interesse der Gesellschaft die Pflicht, das mitteilungspflichtige (säumige) Unternehmen von der Ausübung gesperrter Rechte abzuhalten.[48] Bspw. dadurch, dass mitteilungspflichtige Unternehmen von der Teilnahme an der Hauptversammlung ausgeschlossen werden,[49] besteht ein wirksames Mittel, um die Einhaltung der Unterlassungspflicht durchzusetzen. 24

Streitig ist, ob es sich bei den Normen im Hinblick auf die von ihnen statuierten Pflichten und Obliegenheiten um **Schutzgesetze** iSd § 823 Abs. 2 BGB handelt: Während eine Literaturansicht in § 20 kein Schutzgesetz sieht,[50] bejaht die **hM**[51] dessen Schutzgesetzeigenschaft. Dabei wird jedoch von einem Teil der Schutzgesetzcharakter von § 20 Abs. 7 mit dem Argument verneint, dass es sich hierbei um eine Sanktionsnorm handle, die für sich selbst spreche und keine weitere Sanktion nach sich ziehen wolle.[52] 25

Schließlich differenziert eine Ansicht[53] zwischen den einzelnen aus § 20 folgenden Pflichten entsprechend deren Bindungswirkung und Charakter. Bei den Mitteilungspflichten aus § 20 Abs. 1–5 handle es sich um Obliegenheiten, die damit als Schutzgesetze nicht geeignet seien. Demgegenüber weise die Bekanntmachungspflicht in § 20 Abs. 6 Schutzgesetzcharakter auf. Eine Verletzung des § 20 Abs. 7 könne zwar Schadensersatzpflichten wegen der Verletzung des Gesellschaftsvertrags nach sich ziehen, § 20 Abs. 7 sei aber wegen des engen Mitgliedschaftsbezugs nicht als Schutzgesetz iSd § 823 Abs. 2 BGB zu sehen. 26

In Bezug auf § 21 ergibt sich ein ähnliches Meinungsbild: Die **hM**[54] bejaht wie bei § 20 generell die Schutzgesetzeigenschaft des § 21. Andere[55] verneinen sie im Hinblick auf die Rechtsnatur der Mitteilungspflichten und den Zweck des § 21. 27

3. Der Mitteilung. Häufig werden die Mitteilungen als rechtsgeschäftsähnliche Erklärungen qualifiziert.[56] Dies wären auf die Herbeiführung eines tatsächlichen Erfolgs gerichtete Erklärungen, deren Rechtsfolgen kraft Gesetzes eintreten.[57] Die Mitteilungen nach §§ 20, 21 sind hingegen nicht auf die Herbeiführung eines (gesetzliche Rechtsfolgen herbeiführenden) tatsächlichen Erfolgs gerichtet. Vielmehr treten Rechtsfolgen nur bei einer Verletzung der Mitteilungspflichten nach § 20 Abs. 1 und 4 sowie § 21 Abs. 1 und 2 ein, so dass sie richtigerweise als bloße **Wissenserklärung** zu qualifizieren sind.[58] 28

§ 20 Mitteilungspflichten

(1) ¹**Sobald einem Unternehmen mehr als der vierte Teil der Aktien einer Aktiengesellschaft mit Sitz im Inland gehört, hat es dies der Gesellschaft unverzüglich schriftlich**

---

[48] *Quack* FS Semler, 1993, 581 (587); ähnlich *Gelhausen/Bandey* WPg 2000, S. 497, 503.
[49] *Quack* FS Semler, 1993, 581 (588 ff.). Vgl. auch → § 20 Rn. 43 und 56.
[50] Henssler/Strohn/*Maier-Reimer/Kessler* § 20 Rn. 18; wohl ebenso *v. Godin/Wilhelmi* § 20 Anm. 10 (das Unterlassen der Bekanntmachung bleibe „ohne jede Folgen"); Großkomm AktG/*Würdinger*, 3. Aufl. 1973, § 20 Anm. 1, 10 f.
[51] MüKoAktG/*Bayer* § 20 Rn. 2 und 85; Kölner Komm AktG/*Koppensteiner* § 20 Rn. 11 und 90 f.; *Maul* NZG 1999, 741 (746); MHdB AG/*Krieger* § 68 Rn. 141; *Heinsius* FS Fischer, 1979, 215 (235); Assmann/Schneider/*Schneider* WpHG Vor § 21 Rn. 24; Emmerich/Habersack/*Emmerich* § 20 Rn. 64; *Burgard* AG 1992, 41 (51); K. Schmidt/Lutter/*Veil* § 20 Rn. 45; NK-AktR/*Heinrich* § 20 Rn. 27. S. auch BGH NZG 2013, 939 (942), der auf die hM zu § 20 AktG hinweist, ohne sich in der Sache hierzu zu äußern.
[52] *Starke*, Beteiligungstransparenz im Gesellschafts- und Kapitalmarktrecht, 2002, 266 f.
[53] *Grigoleit/Rachlitz* § 20 Rn. 7; Großkomm AktG/*Windbichler* § 20 Rn. 9 und 88 ff.
[54] K. Schmidt/Lutter/*Veil* § 21 Rn. 8; MüKoAktG/*Bayer* § 21 Rn. 6; NK-AktR/*Heinrich* Rn. 6; Emmerich/Habersack/*Emmerich* § 21 Rn. 9 und § 20 Rn. 64.
[55] *Grigoleit/Rachlitz* § 20 Rn. 7; Großkomm AktG/*Windbichler* § 21 Rn. 13.
[56] OLG München BeckRS 2012, 12690; Emmerich/Habersack/*Emmerich* § 20 Rn. 30; *Burgard* WM 2012, 1937 (1940); *Hägele* NZG 2000, 726 (727).
[57] Palandt/*Ellenberger* BGB Überbl. vor § 104 Rn. 6; Erman/*H.F. Müller* BGB Einl. § 104 Rn. 6; Staudinger/*Knothe*, 2017, BGB Vor § 104 Rn. 86.
[58] Ebenso für die Einordnung der Mitteilungen nach §§ 21 ff. WpHG als Wissenserklärung: KG AG 2005, 205; *Scholz* AG 2009, 313 (318); Schwark/Zimmer/*Schwark* WpHG § 21 Rn. 29.

mitzuteilen. ²Für die Feststellung, ob dem Unternehmen mehr als der vierte Teil der Aktien gehört, gilt § 16 Abs. 2 Satz 1, Abs. 4.

(2) Für die Mitteilungspflicht nach Absatz 1 rechnen zu den Aktien, die dem Unternehmen gehören, auch Aktien,
1. deren Übereignung das Unternehmen, ein von ihm abhängiges Unternehmen oder ein anderer für Rechnung des Unternehmens oder eines von diesem abhängigen Unternehmens verlangen kann;
2. zu deren Abnahme das Unternehmen, ein von ihm abhängiges Unternehmen oder ein anderer für Rechnung des Unternehmens oder eines von diesem abhängigen Unternehmens verpflichtet ist.

(3) Ist das Unternehmen eine Kapitalgesellschaft, so hat es, sobald ihm ohne Hinzurechnung der Aktien nach Absatz 2 mehr als der vierte Teil der Aktien gehört, auch dies der Gesellschaft unverzüglich schriftlich mitzuteilen.

(4) Sobald dem Unternehmen eine Mehrheitsbeteiligung (§ 16 Abs. 1) gehört, hat es auch dies der Gesellschaft unverzüglich schriftlich mitzuteilen.

(5) Besteht die Beteiligung in der nach Absatz 1, 3 oder 4 mitteilungspflichtigen Höhe nicht mehr, so ist dies der Gesellschaft unverzüglich schriftlich mitzuteilen.

(6) ¹Die Gesellschaft hat das Bestehen einer Beteiligung, die ihr nach Absatz 1 oder 4 mitgeteilt worden ist, unverzüglich in den Gesellschaftsblättern bekanntzumachen; dabei ist das Unternehmen anzugeben, dem die Beteiligung gehört. ²Wird der Gesellschaft mitgeteilt, daß die Beteiligung in der nach Absatz 1 oder 4 mitteilungspflichtigen Höhe nicht mehr besteht, so ist auch dies unverzüglich in den Gesellschaftsblättern bekanntzumachen.

(7) ¹Rechte aus Aktien, die einem nach Absatz 1 oder 4 mitteilungspflichtigen Unternehmen gehören, bestehen für die Zeit, für die das Unternehmen die Mitteilungspflicht nicht erfüllt, weder für das Unternehmen noch für ein von ihm abhängiges Unternehmen oder für einen anderen, der für Rechnung des Unternehmens oder eines von diesem abhängigen Unternehmens handelt. ²Dies gilt nicht für Ansprüche nach § 58 Abs. 4 und § 271, wenn die Mitteilung nicht vorsätzlich unterlassen wurde und nachgeholt worden ist.

(8) Die Absätze 1 bis 7 gelten nicht für Aktien eines Emittenten im Sinne des § 33 Absatz 4 des Wertpapierhandelsgesetzes.

Übersicht

	Rn.
I. Normadressaten	1–5
1. Mitteilungspflichten	1–4
2. Bekanntmachungspflicht	5
II. Mitteilungspflichtige Vorgänge	6–20
1. Schachtelbeteiligung (§ 20 Abs. 1)	6–15
a) Kapitalbeteiligung	7
b) Dem Mitteilungspflichtigen gehörende Aktien	8, 9
c) Zurechnung von Aktien	10–14
d) Mehrfache Mitteilungspflichten	15
2. Schachtelbeteiligung ohne Zurechnung nach § 20 Abs. 2 (§ 20 Abs. 3)	16, 17
3. Mehrheitsbeteiligung (§ 20 Abs. 4)	18, 19
4. Wegfall einer mitteilungspflichtigen Beteiligung (§ 20 Abs. 5)	20
III. Modalitäten der Mitteilung	21–27
1. Zeitpunkt	21
2. Form	22, 23
3. Inhalt	24–27

	Rn.
IV. Bekanntmachung erhaltener Mitteilungen	28–33
1. Bekanntmachungspflicht (§ 20 Abs. 6)	28–30
2. Modalitäten der Bekanntmachung	31–33
a) Zeitpunkt	31
b) Form	32
c) Inhalt	33
V. Rechtsfolgen von Mitteilungspflichtverletzungen	34–59
1. Rechtsverlust (§ 20 Abs. 7)	34–56
a) Voraussetzungen	34–40
b) Rechtsfolgen (§ 20 Abs. 7 Satz 1)	41–51
c) Fortbestehen des Dividenden- und Liquidationserlöses (§ 20 Abs. 7 Satz 2)	52–54
d) Darlegungs- und Beweislast	55
e) Anlassbezogene Prüfungspflicht des Vorstands	56
2. Ordnungswidrigkeiten und strafrechtliche Konsequenzen	57, 58
3. Schadensersatzpflicht	59

I. Normadressaten

1. Mitteilungspflichten. Die Mitteilungspflichten nach § 20 richten sich nur an **Unternehmen**, ohne dass es auf deren Rechtsform oder Sitz ankommt (anders nur in Abs. 3). Erfasst werden daher auch Unternehmen mit Sitz im Ausland.[1] Unternehmenseigenschaft besitzen zudem in- und ausländische **Körperschaften des öffentlichen Rechts** (zB Bund, Länder und Gemeinden), Anstalten und sonstige juristische Personen des öffentlichen Rechts.[2] **Natürliche Personen** können Unternehmenseigenschaft haben. Entscheidend ist, ob die betreffende Person auch außerhalb der Gesellschaft unternehmerisch tätig ist und so ein konzernrechtlich relevanter Interessenkonflikt entstehen kann.[3] Privataktionären, die keine andere (wesentliche) wirtschaftliche Interessenbindung haben, fehlt hingegen die Unternehmenseigenschaft mit der Folge, dass sie nicht den Mitteilungspflichten nach § 20 unterfallen.[4] Eine Gesellschaft bürgerlichen Rechts **(GbR)** ist als Unternehmen anzusehen, wenn sich deren Gesellschafter über das bloße Halten von Aktien hinaus in der GbR hinsichtlich dieser Beteiligung wirtschaftlich planend und entscheidend betätigen sowie unter dem Dach der GbR ihre unternehmerischen Interessen koordinieren.[5] Da die Mitteilungspflicht nach § 20 dazu dient, geplante und bestehende Konzernverbindungen der Gesellschaft offenzulegen, ist die Gesellschaft selbst nicht nach § 20 meldepflichtig, wenn ihr (unmittelbar oder mittelbar) mehr als 25 % der **eigenen Aktien** gehören. Der Bestand an eigenen Aktien ist allerdings bspw. nach § 71 Abs. 3 oder § 160 Abs. 1 Nr. 2 bekanntzumachen.

Die Mitteilungspflicht trifft auch die **Gründungsaktionäre,** selbst wenn sich deren Beteiligung 2 bereits aus dem Gründungsprotokoll ergibt.[6] Ebenfalls meldepflichtig nach § 20 ist der Alleinaktionär.[7]

Die Mitteilungspflicht nach § 20 **Abs. 3** gilt nur für Kapitalgesellschaften (AG, KGaA, SE, GmbH, 3 UG) mit Sitz im Inland.[8]

Zum Verhältnis des § 20 zu § 21 AktG, wenn beide Tatbestände verwirklicht sind, siehe → Vor 4 § 20 Rn. 8. Zum Verhältnis der §§ 20 f. zu den **§§ 33 ff. WpHG** siehe → Vor § 20 Rn. 13 sowie zu **§ 289 KAGB** siehe → Vor § 20 Rn. 9a.

2. Bekanntmachungspflicht. Die Bekanntmachungspflicht nach § 20 Abs. 6 betrifft den **Mit-** 5 **teilungsempfänger,** also die AG, die KGaA (§ 278 Abs. 3) oder aufgrund des Verweises in Art. 9 Abs. 1 lit. c (ii) SE-VO die inländische SE, nicht jedoch das mitteilungspflichtige Unternehmen.

II. Mitteilungspflichtige Vorgänge

1. Schachtelbeteiligung (§ 20 Abs. 1). Die Mitteilungspflicht nach § 20 Abs. 1 besteht, sobald 6 einem Unternehmen mehr als 25 % der Aktien (sog. Schachtelbeteiligung) an einer AG, KGaA oder – aufgrund des Verweises in Art. 9 Abs. 1 lit. c (ii) SE-VO – an einer SE[9] mit inländischem Satzungssitz (→ Vor § 20 Rn. 19) gehören.

a) Kapitalbeteiligung. Die Mitteilungspflicht wird bei Erwerb einer Kapitalbeteiligung von 7 mehr als 25 % ausgelöst. Die Stimmrechtsquote ist hingegen irrelevant.[10] Die Berechnung der Kapitalbeteiligung erfolgt nach § 16 Abs. 2 Satz 1. Hiernach ist bei Stückaktien die Zahl der Stückaktien im Verhältnis zur Gesamtzahl der Aktien, bei Nennbetragsaktien das Verhältnis des Gesamtnennbetrags der dem meldepflichtigen Unternehmen gehörenden Aktien zum Nennkapital der Gesellschaft maßgebend. Da § 20 nicht auf § 16 Abs. 2 Satz 2 und 3 verweist, sind **eigene Aktien** (einschließlich von Dritten für Rechnung der Gesellschaft gehaltene Aktien) nicht bei der Berechnung des Nennkapitals der Gesellschaft bzw. der Gesamtzahl der Stückaktien abzuziehen.[11] Auch sind stimmrechtslose Vorzugsaktien zu berücksichtigen, weil es allein auf die Kapitalbeteiligung ankommt.[12]

---

[1] MüKoAktG/*Bayer* Rn. 6; Hüffer/Koch/*Koch* Rn. 2.
[2] BGHZ 69, 334 (338 ff.); BGHZ 135, 107; MüKoAktG/*Bayer* Rn. 6 und § 15 Rn. 38; Hüffer/Koch/*Koch* Rn. 2 und § 15 Rn. 8 ff.
[3] BGH NZG 2001, 938 (939); OLG Hamm NZG 2001, 563 (565); KG AG 2010, 494 (496); MüKoAktG/*Bayer* § 15 Rn. 21.
[4] MüKoAktG/*Bayer* Rn. 6; Bürgers/Körber/*Becker* Rn. 6.
[5] BGHZ 114, 203 (210 f.) = NJW 1991, 2765 (2766) und dazu *Krieger* EWiR § 20 AktG 1/91, 746; *Hägele* NZG 2000, 726 (727); MüKoAktG/*Bayer* Rn. 7; Hüffer/Koch/*Koch* Rn. 2; Bürgers/Körber/*Becker* Rn. 6.
[6] BGHZ 167, 204 (208); KG AG 2010, 494 (496); OLG München AG 2010, 842 (843); LG Düsseldorf ZIP 2010, 1129 (1131); MüKoAktG/*Bayer* Rn. 7.
[7] BGH NZG 2016, 1182 (1183); Emmerich/Habersack/*Emmerich* Rn. 30a; MHdB AG/*Krieger* § 69 Rn 125.
[8] MüKoAktG/*Bayer* Rn. 8; Hüffer/Koch/*Koch* Rn. 5.
[9] Bürgers/Körber/*Becker* Rn. 4; K. Schmidt/Lutter/*Veil* Rn. 17; *Götze* in Habersack/Mülbert/Schlitt Kapitalmarktinformation-HdB § 20 Rn. 4.
[10] MüKoAktG/*Bayer* Rn. 12; *Habermann* VersR 1998, 801; *Möllers* ZGR 1997, 334 (343).
[11] MüKoAktG/*Bayer* Rn. 13; MHdB AG/*Krieger* § 68 Rn. 119.
[12] K. Schmidt/Lutter/*Veil* Rn. 19.

8 b) Dem Mitteilungspflichtigen gehörende Aktien. Die Aktien „gehören" dem (meldepflichtigen) Unternehmen, wenn es deren rechtlicher Eigentümer ist.[13] Ausgelöst wird die Mitteilungspflicht grds. nur bei einem **Beteiligungserwerb** („Sobald ... gehört ..."), was einen Wechsel der Rechtsinhaberschaft erfordert.[14] Die Art des Erwerbs spielt dabei keine Rolle.[15] Mitteilungspflichten können sich daher zB in den Fällen einer Anteilsübertragung, Verschmelzung, Spaltung iSv § 123 UmwG oder Erbfolge ergeben. Mangels Wechsel der Rechtsinhaberschaft lösen die **Umfirmierung** oder der (identitätswahrende) **Formwechsel**[16] **des Aktionärs** ebenso wenig wie die Begründung eines **Nießbrauchs**[17] an Aktien eine Mitteilungspflicht aus. Auch ein **Delisting** der Aktien der Gesellschaft bewirkt keine Veränderung der Beteiligung des meldepflichtigen Unternehmens, so dass hierdurch keine Mitteilungspflicht ausgelöst wird.[18]

9 Ohne Beteiligungserwerb kann die Mitteilungspflicht durch einen **Formwechsel der Gesellschaft,** an der die Beteiligung besteht, in die Rechtsform einer AG oder KGaA ausgelöst werden, wenn in Folge des Formwechsels der Anwendungsbereich des § 20 erstmals eröffnet wird.[19] Dies ist bspw. der Fall, wenn der formwechselnde Rechtsträger eine GmbH oder Personengesellschaft ist. Eine Mitteilungspflicht kann auch durch die Begründung eines **Veränderung eines Zurechnungstatbestands** nach § 20 Abs. 1 Satz 2 (zB durch den Erwerb einer Aktien haltenden Gesellschaft) oder § 20 Abs. 2 (zB durch den Erwerb von Call-Optionen auf Aktien der Gesellschaft) oder durch die Verringerung der Gesamtzahl der ausgegebenen Aktien (zB bei Einziehung von Aktien oder Herabsetzung des Grundkapitals mit Zusammenlegung von Aktien) ausgelöst werden, wenn in Folge dessen dem meldepflichtigen Unternehmen erstmals insgesamt mehr als 25 % der Aktien gehören. Gleiches gilt bei der **Erlangung der Unternehmenseigenschaft** (ohne gleichzeitige Veränderung der Beteiligungshöhe).[20] Hingegen kann der Verlust der Unternehmenseigenschaft des Meldepflichtigen keine Mitteilungspflicht nach § 20 Abs. 5 begründen,[21] da zugleich mit deren Wegfall auch die Mitteilungspflicht selbst endet.

10 c) Zurechnung von Aktien. aa) Nach §§ 20 Abs. 1 Satz 2, 16 Abs. 4. Für die Feststellung, ob dem meldepflichtigen Unternehmen mehr als 25 % der Aktien gehören, sind neben den ihm gehörenden Aktien auch solche Aktien zu berücksichtigen, die einem von ihm abhängigen Unternehmen oder einem Dritten (zB als Treuhänder[22] oder Geschäftsbesorger[23]) gehören, der die Aktien für Rechnung des (meldepflichtigen) Unternehmens oder eines von diesem abhängigen Unternehmens iSv § 17 hält (§ 20 Abs. 1 Satz 2, § 16 Abs. 4). Durch diese Zurechnung soll die Umgehung von Mitteilungspflichten unterbunden werden. Eine Mitteilungspflicht kann auch alleine aufgrund des Einsetzens oder der Veränderung einer Zurechnung nach § 16 Abs. 4 ausgelöst werden und zwar auch dann, wenn das (meldepflichtige) Unternehmen selbst keine Aktien besitzt.[24] **Für Rechnung** werden die Aktien gehalten, wenn die Chancen und Risiken aus den Aktien (auch) das mitteilungspflichtige Unternehmen bzw. das von ihm abhängige Unternehmen treffen und dieses rechtlich gesicherten Einfluss auf die Ausübung der Verwaltungsrechte (insbesondere der Stimmrechte) aus den Aktien hat.[25] Keine Zurechnung erfolgt daher, wenn mit dem die Aktien haltenden Unternehmen ein Treuhandvertrag geschlossen wurde, dieser jedoch nichtig ist, da eine rein faktische Einflussnahmemöglichkeit nicht genügt.[26] Ebenso wenig führt ein abgestimmtes Verhalten (sog. *acting in*

---

[13] K. Schmidt/Lutter/ *Veil* Rn. 21; Grigoleit/ *Rachlitz* Rn. 9.
[14] OLG Köln NZG 2009, 830 (831); K. Schmidt/Lutter/ *Veil* Rn. 47.
[15] Emmerich/Habersack/ *Emmerich* Rn. 20; Großkomm AktG/ *Windbichler* Rn. 20 ff.
[16] OLG Köln NZG 2009, 830 (831) (zu Umfirmierung und Formwechsel des Aktionärs); K. Schmidt/Lutter/ *Veil* Rn. 14; Bürgers/Körber/ *Becker* Rn. 7.
[17] *Wolframm,* Mitteilungspflichten familiär verbundener Aktionäre nach § 20 Aktiengesetz, Diss. Berlin 1998, 146 ff.
[18] LG München I BeckRS 2008, 23312 (insoweit nicht abgedruckt in NZG 2009, 143 ff.).
[19] LG Düsseldorf ZIP 2010, 1129 (1131) = BeckRS 2010, 13983; *Iriger/Longrée* NZG 2013, 1289 (1291 ff.); Emmerich/Habersack/ *Emmerich* Rn. 20; Grigoleit/ *Rachlitz* Rn. 11; K. Schmidt/Lutter/ *Veil* Rn. 17, Henssler/Strohn/ *Maier-Reimer/Kessler* § 20 Rn. 3.
[20] Großkomm AktG/ *Windbichler* Rn. 16; K. Schmidt/Lutter/ *Veil* Rn. 13; Diekmann DZWir 1994, 13 (15); Grigoleit/ *Rachlitz* Rn. 11.
[21] Dafür jedoch Großkomm AktG/ *Windbichler* Rn. 22 und 39; Grigoleit/ *Rachlitz* Rn. 11.
[22] BGHZ 114, 203 (215); OLG Stuttgart AG 2013, 604 (607) = BeckRS 2013, 00660; *Fatemi* DB 2013, 2195 (2196).
[23] OLG Stuttgart AG 2013, 604 (607) = BeckRS 2013, 00660; → § 16 Rn. 22; Bürgers/Körber/ *Fett* § 16 Rn. 15.
[24] OLG Hamm AG 1998, 588; MüKoAktG/ *Bayer* Rn. 15; MHdB AG/ *Krieger* § 68 Rn. 120.
[25] Vgl. OLG Frankfurt BeckRS 2013, 19282 Rn. 86; LG Hannover WM 1992, 1239 (1243 f.); MüKoAktG/ *Bayer* Rn. 16. Ebenso zu § 22 Abs. 1 Satz 1 Nr. 2 WpHG: BGHZ 180, 154 (169) = NZG 2009, 585 (589) (vertraglich gesicherte Möglichkeit zur Einflussnahme auf die Stimmrechtsausübung).
[26] LG Berlin AG 1991, 34 (35); MüKoAktG/ *Bayer* Rn. 17; wohl aA KG AG 1990, 500 f.

concert) zwischen zwei oder mehr Unternehmen in Bezug auf die Gesellschaft zu einer Zurechnung.[27] Zuzurechnen sind nach § 20 Abs. 1 Satz 2, § 16 Abs. 4 stets alle dem abhängigen Unternehmen gehörenden Aktien und zwar auch dann, wenn das meldepflichtige Unternehmen nicht dessen alleiniger Gesellschafter ist (die Zurechnung erfolgt also nicht nur pro rata im Verhältnis zur Beteiligung am abhängigen Unternehmen).[28]

bb) Nach § 20 Abs. 2. Zuzurechnen sind nach § 20 Abs. 2 **Nr. 1** Aktien, deren Übereignung 11 das mitteilungspflichtige Unternehmen, ein von diesem abhängiges Unternehmen oder ein für Rechnung des Meldepflichtigen oder eines von diesem abhängigen Unternehmens handelnder Dritter verlangen kann. Dies ist der Fall, wenn ein entsprechender Anspruch zB aufgrund eines Kauf-, Tausch-, Sachdarlehens- oder Schenkungsvertrages besteht.[29] Ebenso werden **Call-Optionen** erfasst.[30] Da nach dem Wortlaut ein Anspruch auf Übereignung („verlangen kann") bestehen muss, werden Vorkaufsrechte vor Eintritt des Vorkaufsfalls[31] sowie aufschiebend bedingte Ansprüche[32] (soweit der Bedingungseintritt nicht allein vom meldepflichtigen Unternehmen herbeigeführt werden kann) nicht erfasst. Weiterhin scheidet eine Zurechnung auch dann aus, wenn die den Übereignungsanspruch begründende rechtsgeschäftliche Vereinbarung unwirksam ist.[33] Da im Fall von **vinkulierten Namensaktien** der Aktienerwerb von der Zustimmung der Gesellschaft abhängt, kommt nach zutreffender Auffassung eine Zurechnung erst ab dem Zeitpunkt der Zustimmungserteilung in Betracht.[34] Hingegen werden nach hM trotz Fehlens eines Übereignungsanspruchs einseitige Angebote iSv § 145 BGB erfasst, wenn sie für den Anbietenden bindend sind.[35]

Auflösende Bedingungen und Gestaltungsrechte, deren Eintritt bzw. Ausübung allein im Einflussbereich des meldepflichtigen Unternehmens liegt, lassen bis zu ihrem Eintritt bzw. ihrer Ausübung das Bestehen des Übereignungsanspruchs unberührt und stehen daher einer Zurechnung nach § 20 Abs. 2 Nr. 1 bis zu diesem Zeitpunkt nicht entgegen.[36] 12

Nach § 20 Abs. 2 **Nr. 2** werden Aktien zugerechnet, bezüglich derer eine Abnahmeverpflichtung, 13 zB infolge eines unechten Pensionsgeschäfts nach § 340b Abs. 3 HGB oder der Vereinbarung einer Put-Option, besteht.[37]

Eine Zurechnung von Stimmrechten nach § 20 Abs. 2 setzt nicht voraus, dass dem mitteilungs- 14 pflichtigen Unternehmen selbst Aktien gehören.[38] Eine Mitteilungspflicht kann sich daher auch allein aufgrund einer Zurechnung nach § 20 Abs. 2 ergeben.[39]

d) Mehrfache Mitteilungspflichten. Eine Zurechnung nach § 20 Abs. 1 Satz 2 (iVm § 16 15 Abs. 4) oder § 20 Abs. 2 lässt die Berücksichtigung der Aktien, die zugerechnet werden, beim unmittelbaren Aktionär unberührt (**keine Absorption** aufgrund der Anteilszurechnung). Daher können hinsichtlich derselben Beteiligung mehrere Unternehmen (der unmittelbare Aktionär sowie Unternehmen, denen die Aktien zugerechnet werden) mitteilungspflichtig sein.[40]

---

[27] KG AG 2010, 494, 496; Grigoleit/*Rachlitz* Rn. 13. Etwas anderes kann zB allerdings dann gelten, wenn die dem abgestimmten Verhalten zugrunde liegenden Vereinbarungen bspw. zugleich ein Für-Rechnung-Halten begründen, wie etwa wenn hiernach ein Abstimmungspartner über die Ausübung der Stimmen aus den gepoolten Aktien bestimmt und er (zumindest auch) die mit den gepoolten Aktien verbundenen Chancen und Risiken trägt (vgl. Emmerich/Habersack/*Emmerich* Rn. 19).
[28] Ebenso zur Zurechnung nach § 327a Abs. 2, § 16 Abs. 4: OLG Stuttgart AG 2009, 204 (206) = BeckRS 2009, 08824.
[29] MüKoAktG/*Bayer* Rn. 18; Emmerich/Habersack/*Emmerich* Rn. 23; MHdB AG/*Krieger* § 68 Rn. 121.
[30] LG Hannover WM 1992, 1239 (1244); MüKoAktG/*Bayer* Rn. 18; Hüffer/Koch/*Koch* Rn. 4.
[31] Großkomm AktG/*Windbichler* Rn. 30; K. Schmidt/Lutter/*Veil* Rn. 24; Bürgers/Körber/*Becker* Rn. 11.
[32] Bürgers/Körber/*Becker* Rn. 11; Grigoleit/*Rachlitz* Rn. 13.
[33] MHdB AG/*Krieger* § 68 Rn. 121.
[34] LG Berlin AG 1991, 34 (35); MüKoAktG/*Bayer* Rn. 19; K. Schmidt/Lutter/*Veil* Rn. 24; Bürgers/Körber/ *Becker* Rn. 12; aA KG AG 1990, 500 (501) (Zurechnung bis Zustimmung zur Übertragung von Gesellschaft verweigert wird); Emmerich/Habersack/*Emmerich* Rn. 23; Großkomm AktG/*Windbichler* Rn. 31; Grigoleit/ *Rachlitz* Rn. 13.
[35] MüKoAktG/*Bayer* Rn. 18; Hüffer/Koch/*Koch* Rn. 4; Großkomm AktG/*Windbichler* Rn. 30 mwN; *Diekmann* DZWir 1994, 13 (14); Bürgers/Körber/*Becker* Rn. 11.
[36] Grigoleit/*Rachlitz* Rn. 13.
[37] MüKoAktG/*Bayer* Rn. 18; Emmerich/Habersack/*Emmerich* Rn. 24; Großkomm AktG/*Windbichler* Rn. 32.
[38] MüKoAktG/*Bayer* Rn. 15; MHdB AG/*Krieger* § 68 Rn. 121; Emmerich/Habersack/*Emmerich* Rn. 22.
[39] Bürgers/Körber/*Becker* Rn. 11.
[40] BGHZ 114, 203 (213) = NJW 1991, 2765 (2768); NJW 2000, 3647; NZG 2016, 1182, 1183; LG Berlin AG 1998, 195 ff.; LG Bonn Der Konzern 2004, 491 (492); Großkomm AktG/*Windbichler* Rn. 27 und 53; MüKoAktG/*Bayer* Rn. 9; Hüffer/Koch/*Koch* Rn. 3 und 4; Kölner Komm AktG/*Koppensteiner* Rn. 37 ff.; *Vetter* EWiR § 20 1/2000, 989 f.; Henssler/Strohn/*Maier-Reimer* § 16 Rn. 7; Hölters/*Hirschmann* § 16 Rn. 12 u. § 20 Rn. 7.

16 **2. Schachtelbeteiligung ohne Zurechnung nach § 20 Abs. 2 (§ 20 Abs. 3).** Abs. 3 begründet nach zutreffender Auffassung eine Mitteilungspflicht nur für inländische Kapitalgesellschaften.[41] Die Vorschrift steht im Zusammenhang mit §§ 19, 328 und will gewährleisten, dass die Gesellschaft ermitteln kann, inwieweit eine **wechselseitige Beteiligung** vorliegt und welche Rechtsfolgen sich daraus (insbesondere im Hinblick auf § 328) ergeben.[42] In Bezug auf eine derartige Mitteilung besteht daher auch keine Bekanntmachungspflicht der Gesellschaft nach § 20 Abs. 6 (→ Rn. 28).

17 Die **Berechnung** des zurechenbaren Aktienanteils erfolgt im Wesentlichen wie im Rahmen des § 20 Abs. 1, also unter Anwendung des § 16 Abs. 2 Satz 1 und Abs. 4, jedoch ohne Zurechnung nach § 20 Abs. 2.[43]

18 **3. Mehrheitsbeteiligung (§ 20 Abs. 4).** Die von Abs. 4 begründete Mitteilungspflicht knüpft an den Erwerb einer Mehrheitsbeteiligung an. Aufgrund des Verweises auf § 16 Abs. 1 wird sowohl der Erwerb von mehr als 50 % der Aktien (**Kapitalmehrheit**) als auch von mehr als 50 % der Stimmrechte (**Stimmmehrheit**) erfasst. Denkbar ist ein Auseinanderfallen von Stimm- und Kapitalmehrheit etwa bei Bestehen von Mehrstimmrechten, die allerdings seit dem 1.6.2003 infolge von § 12 Abs. 2 AktG iVm § 5 Abs. 1 und 2 EGAktG überhaupt nur noch bestehen, wenn die Hauptversammlung ihre Fortgeltung beschlossen hat. Die Berechnung der Beteiligungshöhe richtet sich nach § 16 Abs. 2–4.[44] Im Unterschied zu § 20 Abs. 1 sind im Rahmen von § 20 Abs. 4 **eigene Aktien** (einschließlich von Dritten für Rechnung der Gesellschaft gehaltene Aktien) bei der Berechnung des Nennkapitals der Gesellschaft bzw. der Gesamtzahl der Stückaktien abzuziehen. Entgegen dem Wortlaut des § 16 Abs. 2 gilt dies nach zutreffender Auffassung entsprechend für von Tochterunternehmen der Gesellschaft gehaltene (eigene) Aktien.[45] zu Da § 20 Abs. 4 keinen Verweis auf § 20 Abs. 2 enthält, findet für Zwecke der Ermittlung einer Mehrheitsbeteiligung insoweit keine Zurechnung statt.[46]

19 Liegt die Stimmmehrheit bei einem und die Kapitalmehrheit bei einem anderen Unternehmen, haben beide Unternehmen eine Mehrheitsbeteiligung zu melden.[47]

20 **4. Wegfall einer mitteilungspflichtigen Beteiligung (§ 20 Abs. 5).** Nach § 20 Abs. 5 ist auch der Wegfall einer nach § 20 Abs. 1, 3 oder 4 mitteilungspflichtigen Beteiligung der Gesellschaft zu melden. Damit ist nicht nur der komplette Wegfall der Beteiligung gemeint, sondern auch das Absinken unter einen zuvor überschrittenen Schwellenwert (zB in Folge einer Beteiligungsveräußerung oder verwässernden Kapitalerhöhung[48]). Die Regelung des Abs. 5 ist ihrem Wortlaut nach ausschließlich auf die Beteiligungshöhe bezogen, nicht jedoch auf das Wegfallen anderer Voraussetzungen der ursprünglichen Mitteilungspflicht nach § 20 Abs. 1, 3 oder 4.[49] Eine Mitteilung nach § 20 Abs. 5 ist nach zutreffender Auffassung auch dann erforderlich, wenn zuvor die Abgabe der Mitteilung über das Halten der Beteiligung entgegen § 20 Abs. 1, 3 oder 4 unterlassen worden ist.[50] Anderenfalls würde die vorausgegangene Pflichtwidrigkeit privilegiert. Nicht erforderlich ist hingegen eine Mitteilung nach § 20 Abs. 5, wenn im Fall einer Mehrheitsbeteiligung zunächst Kapital- und Stimmmehrheit vorlagen und dann eine von beiden wegfällt,[51] da in diesem Fall unverändert eine Mehrheitsbeteiligung iSv § 20 Abs. 4 besteht.

---

[41] MüKoAktG/*Bayer* Rn. 22; Hüffer/Koch/*Koch* Rn. 5; K. Schmidt/Lutter/*Veil* Rn. 26; Emmerich/Habersack/*Emmerich* Rn. 25; → Vor § 20 Rn. 20. AA Kölner Komm AktG/*Koppensteiner* Rn. 34.
[42] MüKoAktG/*Bayer* Rn. 21; Grigoleit/*Rachlitz* Rn. 14.
[43] MüKoAktG/*Bayer* Rn. 22; Emmerich/Habersack/*Emmerich* Rn. 26; Hüffer/Koch/*Koch* Rn. 5; *Götze* in Habersack/Mülbert/Schlitt Kapitalmarktinformation-HdB § 20 Rn. 9.
[44] AllgM: KG AG 1999, 126 (127) (zu § 16 Abs. 4); KG NZG 2000, 42 (bestätigt durch BGH NJW 2000, 3647); OLG Frankfurt BeckRS 2011, 24255; OLG Stuttgart AG 2013, 604 (608) = BeckRS 2013, 00660; MüKoAktG/*Bayer* Rn. 25; Emmerich/Habersack/*Emmerich* Rn. 28a; Hüffer/Koch/*Koch* Rn. 6.
[45] Grigoleit/*Grigoleit* § 16 Rn. 12; MüKoAktG/*Bayer* § 16 Rn. 34; Hüffer/Koch/*Koch* § 16 Rn. 9; aA Großkomm AktG/*Windbichler* § 16 Rn. 13.
[46] MüKoAktG/*Bayer* Rn. 25; Emmerich/Habersack/*Emmerich* Rn. 28a; Kölner Komm AktG/*Koppensteiner* Rn. 20; *Götze* in Habersack/Mülbert/Schlitt Kapitalmarktinformation-HdB § 20 Rn. 10.
[47] Emmerich/Habersack/*Emmerich* Rn. 28a; Grigoleit/*Rachlitz* Rn. 15.
[48] OLG Stuttgart AG 2013, 604 (607) = BeckRS 2013, 00660.
[49] Emmerich/Habersack/*Emmerich* Rn. 29; aA Großkomm AktG/*Windbichler* Rn. 22 und 39 (Mitteilung nach Abs. 5 auch bei Wegfall sonstiger Voraussetzung der Mitteilung, wie zB der Unternehmenseigenschaft des Mitteilungspflichtigen).
[50] LG München II BeckRS 2006, 13195; MüKoAktG/*Bayer* Rn. 26; MHdB AG/*Krieger* § 68 Rn. 124; Hüffer/Koch/*Koch* Rn. 7; K. Schmidt/Lutter/*Veil* Rn. 31; aA Kölner Komm AktG/*Koppensteiner* Rn. 21.
[51] OLG München AG 2012, 45 (47) = BeckRS 2011, 20057; MüKoAktG/*Bayer* Rn. 29; Großkomm AktG/*Windbichler* Rn. 37; Hölters/*Hirschmann* § 20 Rn. 10.

III. Modalitäten der Mitteilung

1. Zeitpunkt. Die Mitteilung hat zu erfolgen, „**sobald**" dem Meldepflichtigen die meldepflichtige Beteiligung gehört bzw. nicht mehr gehört. Die Mitteilung muss daher zu oder nach dem Zeitpunkt der Entstehung der Mitteilungspflicht erfolgen.[52] Eine vor diesem Zeitpunkt erfolgte Mitteilung genügt daher idR nicht zur Erfüllung der Mitteilungspflicht.[53] Die Mitteilung hat nach dem ausdrücklichen Wortlaut der Abs. 1, 3–5 „**unverzüglich**", dh ohne schuldhaftes Zögern iSv § 121 Abs. 1 Satz 1 BGB,[54] nach Entstehung der Mitteilungspflicht (also zB nach Erwerb der letzten bzw. Veräußerung der ersten Aktie, die den entsprechenden Tatbestand des § 20 verwirklicht)[55] zu erfolgen.

2. Form. Die Mitteilung muss **schriftlich** iSv § 126 BGB[56] (Namensunterschrift oder notariell beglaubigtes Handzeichen) gegenüber der Gesellschaft erfolgen, wobei eine Übermittlung der im Original unterzeichneten Urkunde per Fax genügt.[57] Die elektronische Form iSd § 126a BGB ist mit Blick auf § 126 Abs. 3 BGB ebenfalls ausreichend.[58] Dies erfordert jedoch die Verwendung einer qualifizierten elektronischen Signatur; eine eingescannte Unterschrift genügt nicht.[59] Mündliche, telefonische oder telegrafische Mitteilungen sind wegen Nichtbeachtung von §§ 126, 126a BGB unwirksam[60] und genügen daher ebenso wenig, wie eine **anderweitige Kenntniserlangung** (zB durch Umschreibung von Namensaktien im Aktienregister, Anmeldung zu bzw. Vertretung in der Hauptversammlung) des meldepflichtigen Tatbestands durch die Gesellschaft.[61] Unschädlich ist allerdings die Verbindung einer ausdrücklichen Mitteilung[62] mit anderen Erklärungen gegenüber der Gesellschaft wie bspw. einer Mitteilung nach § 67 Abs. 1 Satz 2,[63] einem Auskunftsverlangen nach § 67 Abs. 6 Satz 1,[64] einem Antrag auf Einberufung einer Hauptversammlung gemäß § 122[65] oder einem Übertragungsverlangen nach § 327a Abs. 1.[66]

Wird die Mitteilung durch einen Dritten für das mitteilungspflichtige Unternehmen vorgenommen, so muss in ihr die erfolgte **Vertretung** bzw. Beauftragung zum Ausdruck kommen, da die Mitteilung eines Dritten an sich nicht genügt.[67]

3. Inhalt. Der genaue Inhalt der Mitteilung ist gesetzlich nicht näher geregelt.[68] Aus dem Sinn und Zweck der Vorschrift folgt jedoch, dass eine Mitteilung nur dann ordnungsgemäß ist, wenn die Mitteilung vom Empfänger als Mitteilung iSv § 20 erfasst werden kann,[69] die Gesellschaft die mitge-

---

[52] BGH NZG 2016, 1182 (1184).
[53] BGH NZG 2016, 1182 (1184).
[54] MüKoAktG/*Bayer* Rn. 30; Bürgers/Körber/*Becker* Rn. 22.
[55] OLG München AG 2012, 45 (47) = BeckRS 2011, 20057; Hüffer/Koch/*Koch* Rn. 8; Kölner Komm AktG/*Koppensteiner* Rn. 29; *Hägele* NZG 2000, 726 (727).
[56] BGH NZG 2016, 1182 (1184); OLG Schleswig AG 2008, 129 (131); KG AG 2010, 494 (496); MüKoAktG/*Bayer* Rn. 35; Emmerich/Habersack/*Emmerich* Rn. 31; Hüffer/Koch/*Koch* Rn. 8.
[57] MüKoAktG/*Bayer* Rn. 35; Emmerich/Habersack/*Emmerich* Rn. 31; Hüffer/Koch/*Koch* Rn. 8; Bürgers/Körber/*Becker* Rn. 20; K. Schmidt/Lutter/*Veil* Rn. 12.
[58] OLG Schleswig AG 2008, 129 (131); MüKoAktG/*Bayer* Rn. 35; Emmerich/Habersack/*Emmerich* Rn. 31.
[59] OLG Schleswig AG 2008, 129 (131); Hüffer/Koch/*Koch* Rn. 8.
[60] MüKoAktG/*Bayer* Rn. 35; Emmerich/Habersack/*Emmerich* Rn. 31.
[61] BGHZ 114, 203 (213 f.); KG AG 1990, 500 (501); KG AG 2010, 494 (496); LG Düsseldorf ZIP 2010, 1129 (1131); MüKoAktG/*Bayer* Rn. 10; Emmerich/Habersack/*Emmerich* Rn. 30a; *Irriger/Longrée* NZG 2013, 1289 (1291).
[62] *Burgard* WM 2012, 1937 (1941 f.) verlangt insoweit, dass das entsprechende Schreiben einen ausdrücklichen Hinweis darauf enthalten müsse, dass mit ihm auch die Mitteilungspflicht nach § 20 AktG erfüllt werden soll. Dies erscheint zwar sinnvoll, um der Gesellschaft die Erfüllung ihrer Veröffentlichungspflicht zu vereinfachen. Erforderlich ist dies jedoch nicht, wenn der Inhalt des Schreibens alle Informationen enthält, die eine Mitteilung nach § 20 AktG enthalten muss und daher die Gesellschaft in der Lage ist, die erhaltenen Informationen ohne weiteres zu veröffentlichen. In einem solchen Fall erscheint es als bloße Förmelei, wenn man vom Meldepflichtigen einen ausdrücklich Hinweis verlangen würde, dass das Schreiben auch der Erfüllung der Mitteilungspflicht dienen soll.
[63] OLG München AG 2010, 842 (843).
[64] OLG München AG 2010, 842 (843); Grigoleit/*Rachlitz* Rn. 17.
[65] LG Hamburg WM 1996, 168 (170).
[66] OLG München BeckRS 2012, 12690; OLG München AG 2012, 45 (47) = BeckRS 2011, 20057.
[67] BGH NJW 2000, 3647 (3648); NZG 2016, 1182 (1184); Hüffer/Koch/*Koch* Rn. 8; Emmerich/Habersack/*Emmerich* Rn. 34; s. auch OLG Frankfurt BeckRS 2011, 24255 (Bestehen der Vertretungsmacht genüge). Ebenso für den Fall Nachholung einer unterlassenen Mitteilung: OLG Hamburg BeckRS 2016, 17009.
[68] OLG München AG 2012, 45 (47) = BeckRS 2011, 20057; OLG München AG 2010, 842 (843); *Fatemi* DB 2013, 2195 (2198).
[69] BGH NZG 2016, 1182 (1184).

teilte Beteiligung und den Mitteilungstatbestand[70] sowie den Inhaber der Beteiligung in den Gesellschaftsblättern bekannt machen kann, ohne dass in der Öffentlichkeit Zweifel entstehen, welche Art Beteiligung gemeint und wem sie zuzuordnen ist.[71]

25 Nicht ausreichend ist eine pauschale Bezugnahme auf die §§ 20 ff., da in der Öffentlichkeit keine Zweifel darüber entstehen dürfen, welche Art der Beteiligung gemeint ist.[72] Es reicht jedoch aus, wenn auf die einschlägigen Absätze des § 20 verwiesen wird,[73] ohne zB die genaue Höhe der Beteiligung offenzulegen.[74] Nicht zwingend erforderlich ist, den genauen Absatz des § 20, nach dem die Mitteilung erfolgt, zu nennen,[75] wenn zB durch die Angabe der Beteiligungshöhe klargestellt wird, welcher Schwellenwert überschritten bzw. unterschritten wurde und ob eine Zurechnung erfolgt. Die bloße Übersendung eines Depotauszugs, aus dem sich die vom mitteilungspflichtigen Unternehmen gehaltene Beteiligung ersehen lässt, ist allerdings grundsätzlich unzureichend, da sich hieraus idR weder Höhe noch Stückelung des Grundkapitals der Gesellschaft ergeben und daher der zu meldende Anteil (mehr als 25 % bzw. 50 %) nicht ersichtlich ist.[76] Ebenso wenig genügt für eine Mitteilung nach § 20 Abs 1, 3, 4 oder 5 die bloße Übersendung eines Kaufvertrags, aus dem sich nicht die unbedingte Übertragung bzw. Abtretung der Beteiligung ergibt.[77]

26 Im Einzelnen hat eine Mitteilung zu enthalten: (1) Firma bzw. Name des mitteilungspflichtigen Unternehmens und dessen Sitz oder Anschrift, (2) die Angabe des Bestehens bzw. – im Fall von Abs. 5 – des Wegfalls der (meldepflichtigen) Beteiligung, wobei weder die genaue Höhe oder Zusammensetzung der Beteiligung noch das Datum des Beteiligungserwerbs bzw. -wegfalls angegeben werden muss,[78] (3) die Angabe, ob es sich um eine Mitteilung nach § 20 Abs. 1, 3, 4 oder 5 handelt (ausreichend ist, dass sich der Tatbestand aus dem Inhalt der Mitteilung eindeutig bestimmen lässt), und (4) im Fall einer Zurechnung auch die Art der Zurechnung (§ 20 Abs. 2 oder § 16 Abs. 4).[79] Sinnvollerweise sollte auch der Dritte angegeben werden, dessen Aktien dem meldepflichtigen Unternehmen zugerechnet werden.

27 Bei Mitteilungen nach **§ 20 Abs. 4** sollte auch die Art der Mehrheitsbeteiligung (Kapital- und/oder Stimmmehrheit) mitgeteilt werden; eine Verpflichtung hierzu besteht jedoch nicht.[80] Nicht erforderlich ist, dass einer Mitteilung nach § 20 ein Nachweis für das Bestehen bzw. Nichtbestehen der Beteiligung beigefügt wird;[81] vielmehr besteht eine Nachweispflicht des Meldepflichtigen nur in den Grenzen von § 22.

IV. Bekanntmachung erhaltener Mitteilungen

28 **1. Bekanntmachungspflicht (§ 20 Abs. 6).** Gemäß § 20 Abs. 6 hat die Gesellschaft die ihr zugegangenen Mitteilungen nach § 20 Abs. 1, 4 oder 5 unverzüglich zu veröffentlichen. Eine Mitteilung nach Abs. 3 löst keine Bekanntmachungspflicht aus, da derartige Mitteilungen im Hinblick auf §§ 19, 328 nur internen Zwecken dienen.[82]

29 Ausgelöst wird die Bekanntmachungspflicht nur mit dem **Zugang einer schriftlichen Mitteilung.**[83] Erfährt die Gesellschaft ohne ordnungsgemäße Mitteilung vom Vorliegen eines Mitteilungstatbestands, ist sie zwar **bekanntmachungsberechtigt,** aber nicht zur Bekanntmachung verpflich-

---

[70] BGHZ 114, 203 (215 ff.); NJW 2000, 3647 f.; NZG 2016, 1182 (1184); OLG München AG 2012, 45 (47) = BeckRS 2011, 20057.
[71] BGHZ 114, 203 (215); NZG 2016, 1182 (1184); OLG München BeckRS 2012, 12690; OLG München AG 2012, 45 (47) = BeckRS 2011, 20057; OLG München AG 2010, 842 (843); *Burgard* WM 2012, 1937 (1938).
[72] BGHZ 114, 203 (214 ff.).
[73] BGH NZG 2016, 1182 (1184).
[74] MHdB AG/*Krieger* § 68 Rn. 125; *Hägele* NZG 2000, 726 (728); wohl ebenso BGH NJW 2000, 3647 (3648).
[75] OLG München BeckRS 2012, 12690; LG Hamburg AG 1996, 233.
[76] BGH NJW 2000, 3647 f.; *Vetter* EWiR § 20 AktG 1/2000, 989, 990.
[77] BGH NZG 2016, 1182 (1184) (zu § 20 Abs. 4).
[78] LG Bonn Der Konzern 2004, 491 (492).
[79] MüKoAktG/*Bayer* Rn. 31 ff.; Emmerich/Habersack/*Emmerich* Rn. 33 ff. Nach OLG Köln Der Konzern 2004, 30 (32) genügt die Mitteilung über die Art der Beteiligungsform gem. § 20 Abs. 1 oder Abs. 4; nicht erforderlich seien Angaben zur Höhe der Beteiligung, deren Zusammensetzung oder die Art der Mehrheitsbeteiligung. Gegen eine Angabepflicht: Bürgers/Körber/*Becker* Rn. 21.
[80] LG Bonn Der Konzern 2004, 491 (492 und 494); LG Hamburg AG 1996, 233; MüKoAktG/*Bayer* Rn. 24; MHdB AG/*Krieger* § 68 Rn. 127; Henssler/Strohn/*Maier-Reimer/Kessler* Rn. 10.
[81] OLG München AG 2012, 45 (48) = BeckRS 2011, 20057; Henssler/Strohn/*Maier-Reimer* Rn. 10.
[82] MHdB AG/*Krieger* § 68 Rn. 130; Emmerich/Habersack/*Emmerich* Rn. 27. Vgl. auch → Vor § 20 Rn. 9.
[83] BGHZ 167, 204 (208 f.); BGHZ 114, 203 (213 f.); Bürgers/Körber/*Becker* Rn. 23.

tet.[84] Ebenso wenig besteht eine Pflicht zu einer Korrekturmitteilung, wenn der Gesellschaft die Fehlerhaftigkeit einer (veröffentlichten) Mitteilung anderweitig als durch eine (Korrektur-) Mitteilung bekannt wird.[85] Falls die Gesellschaft ohne vorausgegangene Mitteilung eine mitteilungspflichtige Tatsache bekannt macht, sollte diese Veröffentlichung nicht als Bekanntmachung nach § 20 Abs. 6 bezeichnet werden, da dieser nur die Veröffentlichung erhaltener Mitteilungen regelt.[86]

Besteht Grund zur Annahme, dass ein Aktionär seiner Mitteilungspflicht nicht genügt hat, ist der Vorstand der Gesellschaft verpflichtet, sich nach besten Kräften um **gesicherte Kenntnis** darüber zu bemühen, ob Mitteilungspflichtverstöße vorliegen (→ Rn. 56). Sofern eine (vermeintlich fehlerhafte) Mitteilung erstattet wurde, kann (und ggf. muss) der Vorstand insoweit vom Nachweisanspruch gemäß § 22 Gebrauch machen (→ § 22 Rn. 4).[87] 30

2. Modalitäten der Bekanntmachung. a) Zeitpunkt. Die Bekanntmachung hat **unverzüglich** nach Entstehen der Bekanntmachungspflicht, also nach Zugang der Mitteilung, zu erfolgen. „Unverzüglich" bedeutet, wie in § 121 Abs. 1 Satz 1 BGB, ohne schuldhaftes Zögern.[88] Der Zugang eines Nachweises gemäß § 22 darf nicht zuvor abgewartet werden.[89] Dies gilt jedoch ausnahmsweise dann nicht, wenn ernsthafte Zweifel an der Richtigkeit der zugegangenen Mitteilung bestehen.[90] Um eine Irreführung der übrigen Aktionäre und sonstiger Dritter zu verhindern, ist es in diesem Fall nicht als schuldhaftes Zögern anzusehen, wenn die Gesellschaft von einer Veröffentlichung vorläufig absieht, bis das mitteilungspflichtige Unternehmen die Ordnungsmäßigkeit der in der Mitteilung enthaltenen Angaben nachgewiesen hat. 31

b) Form. Die Bekanntmachung muss in den **Gesellschaftsblättern** erfolgen. Damit ist gemäß § 25 die Einrückung in den Bundesanzeiger erforderlich. Durch die Aktienrechtsnovelle 2016 wurde § 25 Satz 2 aF gestrichen, demzufolge die Satzung auch andere Medien als Gesellschaftsblätter bezeichnen konnten. Soweit in einer Satzung vor dem 31.12.2015 hiervon Gebrauch gemacht hatte, bleibt diese Satzungsregelung zwar wirksam (§ 26h Abs. 3 Satz 1 EGAktG). Für die Frage der ordnungsgemäßen Erfüllung der Bekanntmachungspflicht nach § 20 Abs. 6 kommt es jedoch auch in diesem Fall wegen § 26h Abs. 3 Satz 2 EGAktG allein auf die Veröffentlichung im Bundesanzeiger an.[91] 32

c) Inhalt. Aus der Bekanntmachung müssen zumindest die **Identität** des mitteilungspflichtigen Unternehmens (also zB Firma und Sitz), der **Mitteilungstatbestand** (unter Angabe der gehaltenen bzw. nicht mehr bestehenden Beteiligung) sowie die Identität der bekanntmachenden Gesellschaft zu entnehmen sein.[92] 33

V. Rechtsfolgen von Mitteilungspflichtverletzungen

1. Rechtsverlust (§ 20 Abs. 7). a) Voraussetzungen. aa) Unterlassen einer Mitteilung nach Abs. 1 oder 4. Die Nichterfüllung der Mitteilungspflichten nach § 20 Abs. 1 oder § 20 Abs. 4 bewirkt gemäß § 20 Abs. 7 Satz 1 einen zeitweiligen Rechtsverlust. Hingegen führen nach dem eindeutigen Wortlaut von § 20 Abs. 7 Satz 1 Verstöße gegen die Mitteilungspflichten nach § 20 Abs. 3 oder § 20 Abs. 5[93] wie auch ein Verstoß der Gesellschaft gegen die ihr obliegende Bekanntmachungspflicht nach § 20 Abs. 6[94] nicht zu einem Rechtsverlust. Da nur die Verletzung einer Mitteilungspflicht sanktioniert ist, können unzutreffende freiwillige Mitteilungen keinen Rechtsverlust begründen.[95] Von einem Rechtsverlust kann auch der säumige *Allein*aktionär betroffen sein.[96] 34

---

[84] BGHZ 114, 203 (215) (Vorstand müsse nicht bekanntmachen); OLG Stuttgart AG 2013, 604 (608) = BeckRS 2013, 00660; Großkomm AktG/*Windbichler* Rn. 57; *Quack* FS Semler, 1993, 581 (587); *Diekmann* DZWir 1994, 13 (16); MHdB AG/*Krieger* § 68 Rn. 130; Kölner Komm AktG/*Koppensteiner* Rn. 45; aA Bürgers/Körber/*Becker* Rn. 23 (keine Bekanntmachungsbefugnis).
[85] BGHZ 114, 203 (215).
[86] MüKoAktG/*Bayer* Rn. 38.
[87] Ebenso Emmerich/Habersack/*Emmerich* Rn. 36.
[88] KG AG 1990, 500 (501); MüKoAktG/*Bayer* Rn. 37; NK-AktR/*Heinrich* Rn. 11.
[89] MHdB AG/*Krieger* § 68 Rn. 130; MüKoAktG/*Bayer* Rn. 37; K. Schmidt/Lutter/*Veil* Rn. 33.
[90] Emmerich/Habersack/*Emmerich* Rn. 36.
[91] Vgl. Hüffer/Koch/*Koch* § 25 Rn. 1.
[92] Emmerich/Habersack/*Emmerich* Rn. 36.
[93] OLG Hamburg BeckRS 2016, 17009; OLG Stuttgart AG 2013, 604 (607) = BeckRS 2013, 00660; *Götze* in Habersack/Mülbert/Schlitt Kapitalmarktinformation-HdB § 20 Rn. 11.
[94] OLG Stuttgart AG 2013, 604 (607) = BeckRS 2013, 00660; OLG München AG 2012, 45 (48) = BeckRS 2011, 20057; OLG Köln NZG 2009, 830 (831); Hüffer/Koch/*Koch* Rn. 9; K. Schmidt/Lutter/*Veil* Rn. 47; Bürgers/Körber/*Becker* Rn. 24.
[95] KG NZG 2005, 224 (226).
[96] BGH NZG 2016, 1182 (1183); MüKoAktG/*Bayer* Rn. 50.

35   Die Mitteilungspflichten sind **nicht erfüllt,** wenn die erforderliche Mitteilung nicht oder nicht ordnungsgemäß (nicht richtig, nicht vollständig, nicht in der vorgeschriebenen Weise oder nicht rechtzeitig) vorgenommen wurde.[97] Dies ist auch dann der Fall, wenn die Gesellschaft in anderer Weise als durch eine Mitteilung Kenntnis von einem meldepflichtigen Ereignis erlangt, gleich, ob die Gesellschaft dies nach § 20 Abs. 6 freiwillig bekannt macht.[98] Anderenfalls würde die vom Gesetzgeber mit der Mitteilungspflicht bezweckte Rechtssicherheit in Bezug auf die Beteiligungsquoten (→ Vor § 20 Rn. 5) nicht erreicht. Zudem würde der Gesellschaft eine Möglichkeit zum Verzicht auf die Mitteilung eröffnet, die ihr nicht zustehen soll.[99]

36   Aus Gründen der Verhältnismäßigkeit führt jedoch nicht jede unvollständige oder sonst fehlerhafte Mitteilung nach § 20 Abs. 1 oder § 20 Abs. 4 zum Rechtsverlust nach § 20 Abs. 7.[100] Die Sanktion eines Rechtsverlusts verdienen allein solche Mitteilungen, die derart fehlerbehaftet sind, dass der Informationszweck der Mitteilung nicht erfüllt wird. (→ Vor § 20 Rn. 5). Keinen Rechtsverlust bewirken daher formale Mängel (zB Rechtschreibfehler, fehlerhafte Angabe der Anschrift des mitteilungspflichtigen Unternehmens) oder geringfügige inhaltliche Fehler, die den Informationszweck der Mitteilung nicht in Frage stellen, also insbesondere keine Zweifel an der zu meldenden Beteiligung (Halten von mehr als dem vierten Teil der Aktien bzw. einer Mehrheitsbeteiligung) und an der Identität des mitteilungspflichtigen Unternehmen lassen.[101]

37   **bb) Verschulden des Mitteilungspflichtigen.** Weiterhin setzt der Rechtsverlust nach zutreffender Auffassung ein Verschulden (Vorsatz oder Fahrlässigkeit) des meldepflichtigen Unternehmens in Bezug auf die Verletzung der Mitteilungspflicht nach § 20 Abs. 1 oder § 20 Abs. 4 voraus.[102] Das Verschuldenserfordernis lässt sich bereits vom Gesetzeswortlaut („unverzüglich", dh ohne schuldhaftes Zögern) ableiten,[103] ist allerdings mit Blick auf die erheblichen Sanktionen zur Wahrung des Verhältnismäßigkeitsprinzips auch unerlässlich. Es kommt auf das Verschulden in der Person des mitteilungspflichtigen Unternehmens an. Ist das mitteilungspflichtige Unternehmen eine juristische Person, ist ihm in entsprechender Anwendung von § 31 BGB ein Verschulden seiner Organe zuzurechnen.[104]

38   Eine **vorsätzliche** Verletzung einer Mitteilungspflicht liegt nur dann vor, wenn dem mitteilungspflichtigen Unternehmen die zum objektiven Meldetatbestand gehörenden Tatsachen bekannt sind und es die Pflichten nach § 20 Abs. 1 oder § 20 Abs. 4 bewusst nicht erfüllt oder sich zumindest mit deren Verletzung abfindet.[105] Neben der Tatsachenkenntnis muss sich das mitteilungspflichtige Unternehmen über das Bestehen von Mitteilungspflichten bei Erwerb einer wesentlichen Beteiligung an einer Gesellschaft bewusst sein, wobei eine genaue Pflichtenkenntnis nicht erforderlich ist.[106]

39   **Fahrlässigkeit** liegt vor, wenn eine Mitteilungspflichtverletzung eintritt, weil das mitteilungspflichtige Unternehmen die im Verkehr erforderliche Sorgfalt außer Acht lässt (§ 276 Abs. 2 BGB), die von

---

[97] Großkomm AktG/*Windbichler* Rn. 66; Bürgers/Körber/*Becker* Rn. 25; Emmerich/Habersack/*Emmerich* Rn. 45; vgl. auch BGHZ 114, 203 (215 ff.).

[98] *Klöhn/Parhofer* NZG 2017, 321 (322); Emmerich/Habersack/*Emmerich* Rn. 30a, 37; aA Kölner Komm AktG/*Koppensteiner* Rn. 45 (Bekanntmachung beendet Rechtsverlust); MüKoAktG/*Bayer* Rn. 50 (bei Einpersonen-AG beendet Bekanntmachung den Rechtsverlust); offen gelassen: BGH NZG 2016, 1182 (1184), der indes darauf hinweist, dass die aA vom Gesetzeswortlaut abweicht.

[99] BGH NZG 2016, 1182 (1183) (keine Möglichkeit zum Verzicht auf die Einhaltung der Mitteilungspflichten).

[100] OLG Stuttgart AG 2013, 604, 607 = BeckRS 2013, 00660; ebenso zu § 28 WpHG: OLG Düsseldorf AG 2006, 202 (205); OLG Frankfurt ZIP 2008, 138 (142 f.); KG AG 2009, 30 (38).

[101] OLG Stuttgart AG 2013, 604 (607) = BeckRS 2013, 00660; OLG Düsseldorf AG 2010, 711 (712); Emmerich/Habersack/*Emmerich* Rn. 45. Siehe → Anh. § 22 Rn. 107.

[102] OLG Hamburg BeckRS 2016, 17009; KG AG 1990, 500 (501); KG NZG 2000, 42 (43) (im Ergebnis bestätigt durch BGH NJW 2000, 3647); MüKoAktG/*Bayer* Rn. 49; MHdB AG/*Krieger* § 68 Rn. 132; Bürgers/Körber/*Becker* Rn. 25; Hüffer/Koch/*Koch* Rn. 10; *Klöhn/Parhofer* NZG 2017, 321 (323); ebenso zu § 28 WpHG: OLG München NZG 2009, 1386 (1388); KG AG 2009, 30 (38); LG Köln AG 2008, 336 f.; Fuchs/*Zimmermann* WpHG, 2009, § 28 Rn. 16; aA kein Verschulden (zB versammlungsbezogener Verwaltungsrechte erforderlich: OLG Schleswig ZIP 2007, 2214 (2216); Grigoleit/*Rachlitz* Rn. 23.

[103] KG AG 1990, 500 (501); Emmerich/Habersack/*Emmerich* Rn. 46; Hüffer/Koch/*Koch* Rn. 11.

[104] MüKoAktG/*Bayer* Rn. 84; Emmerich/Habersack/*Emmerich* Rn. 46; *Mülbert* FS K. Schmidt, 2009, 1237; Schäfer/Hamann/*Opitz* WpHG § 28 Rn. 10; Angerer/Geibel/Süßmann/*Tschauner* WpÜG § 59 Rn. 20; Schneider/*Schneider* ZIP 2006, 493 (499) (Geschäftsführerverschulden maßgeblich); *Heusel,* Rechtsfolgen der Verletzung der Beteiligungstransparenzvorschriften, 2011, 151 f. § 31 BGB gilt gemäß § 89 Abs. 1 BGB auch für Körperschaften, Stiftungen und Anstalten des öffentlichen Rechts (vgl. auch Palandt/*Ellenberger* BGB § 31 Rn. 3).

[105] Schneider/*Schneider* ZIP 2006, 493 (499 f.); Schäfer/Hamann/*Opitz* WpHG § 28 Rn. 56; Assmann/Schneider/*Schneider* WpHG § 28 Rn. 27j und 64; *v. Bülow/Petersen* NZG 2009, 481 (482). Zur Anwendbarkeit des zivilrechtlichen Vorsatzbegriffs: BGH NZG 2016, 1182 (1185).

[106] Vgl. *v. Bülow/Petersen* NZG 2009, 481 (482).

einem Unternehmen mit einer wesentlichen Beteiligung zu verlangen ist.[107] Zu den Sorgfaltspflichten gehört ua, dass Unternehmen mit wesentlichen Beteiligungen eine geeignete Organisation zur Erfüllung von Mitteilungspflichten vorhalten und zB im Zusammenhang mit Beteiligungsveränderungen auch das Bestehen von Mitteilungspflichten prüfen bzw. durch geeignete Personen prüfen lassen.[108]

Ein Verschulden des mitteilungspflichtigen Unternehmens scheidet aus, wenn dieses einem unvermeidbaren **Rechtsirrtum** unterliegt.[109] Ein Rechtsirrtum liegt vor, wenn sich das mitteilungspflichtige Unternehmen über das Bestehen oder die Reichweite der Mitteilungspflichten nach § 20 Abs. 1 bzw. § 20 Abs. 4 irrt.[110] Die Unvermeidbarkeit des Irrtums ist bspw. dann zu bejahen, wenn sich das mitteilungspflichtige Unternehmen bzw. – bei juristischen Personen – dessen Organe oder die von ihnen Beauftragten durch eine Auskunft bei einem fachkundigen Rechtsanwalt über die Mitteilungspflichten vergewissert haben und es aufgrund fehlerhafter Beratung zur Mitteilungspflichtverletzung gekommen ist.[111]

b) Rechtsfolgen (§ 20 Abs. 7 Satz 1). aa) Vom Rechtsverlust betroffene Aktien. Die Verletzung der Mitteilungspflichten nach § 20 Abs. 1 und 4 führt zum Verlust der Rechte aus den vom mitteilungspflichtigen Unternehmen gehaltenen Aktien sowie aus solchen Aktien, die von ihm abhängigen Unternehmen sowie von Dritten für Rechnung des mitteilungspflichtigen Unternehmens oder eines von diesem abhängigen Unternehmens gehalten werden (sog. **konzernweiter Rechtsverlust**). Dies gilt selbst dann, wenn das abhängige Unternehmen oder der Dritte seinen Mitteilungspflichten ordnungsgemäß nachgekommen ist.[112] Erfüllt dagegen ein abhängiges Unternehmen oder ein Dritter seine Mitteilungspflichten nicht, so erfasst der Rechtsverlust nicht auch die vom herrschenden Unternehmen gehaltenen Aktien,[113] sofern dieses seinen Mitteilungspflichten ordnungsgemäß nachgekommen ist.

Nach zutreffender Auffassung sind die Rechte aus den nach § 20 Abs. 2 zugerechneten Aktien nicht von einem Rechtsverlust des Zurechnungsadressaten betroffen,[114] da ansonsten in unverhältnismäßiger Weise in die Rechtsposition des Dritten eingegriffen würde.

bb) Umfang des Rechtsverlusts. § 20 Abs. 7 bewirkt einen zeitweiligen Rechtsverlust („Rechte ... bestehen nicht"), solange die Mitteilungspflicht nicht erfüllt wurde. Von der Sanktion sind – vorbehaltlich Satz 2 – sämtliche **Verwaltungs- und Vermögensrechte** aus allen Aktien betroffen.[115] Betroffen sind daher insbesondere das Stimmrecht, – vorbehaltlich Satz 2 – das Dividendenrecht, das Bezugsrecht,[116] das Auskunftsrecht, das Recht auf Einberufung[117] und Teilnahme an der Hauptversammlung, das Rede- und Fragerecht in der Hauptversammlung,[118] das Recht zur Erhebung des Widerspruchs,[119] die Anfechtungsbefugnis nach § 245 Nr. 1–3[120] und das Recht zur

---

[107] Kölner Komm WpHG/*Kremer/Oesterhaus* WpHG § 28 Rn. 37; vgl. auch Assmann/Schneider/*Schneider* WpHG § 28 Rn. 27j (zur groben Fahrlässigkeit).
[108] Vgl. *v. Bülow/Petersen* NZG 2009, 481 (483).
[109] BGH NZG 2016, 1182 (1185); KG AG 1990, 500 (501); LG Frankfurt BeckRS 2017, 140170 (Rn. 32); MüKoAktG/*Bayer* Rn. 49; Kölner Komm WpHG/*Kremer/Oesterhaus* § 28 Rn. 37; *Mülbert* FS K. Schmidt, 2009, 1234; Bürgers/Körber/*Becker* Rn. 25.
[110] *Schneider* NZG 2009, 121 (124); vgl. auch Assmann/Schneider/*Schneider* WpHG § 28 Rn. 66; *Widder/Koch* AG 2007, 13 (18).
[111] *Schneider/Schneider* ZIP 2006, 493 (500). Vgl. auch Assmann/Schneider/*Schneider* WpHG § 28 Rn. 67; *v. Bülow/Petersen* NZG 2009, 481 (483).
[112] OLG Frankfurt BeckRS 2011, 24255; MüKoAktG/*Bayer* Rn. 48; Emmerich/Habersack/*Emmerich* Rn. 43; Großkomm AktG/*Windbichler* Rn. 69; einschränkend: *Klöhn/Parhofer* NZG 2017, 321 (324) (eigenes Verschulden des abhängigen Unternehmens erforderlich, wenn nicht zugleich die Minderheitsgesellschafter beteiligt sind).
[113] MüKoAktG/*Bayer* Rn. 48; Grigoleit/*Rachlitz* Rn. 24.
[114] LG Hannover WM 1992, 1239 (1244); MüKoAktG/*Bayer* Rn. 46 und 48; *Diekmann* DZWir 1994, 13 (16), der jedoch der Gegenansicht folgt, wenn der Mitteilungspflichtige die Rechte aus den zuzurechnenden Aktien über eine Vollmacht ausüben kann; *Heinsius* FS Fischer, 1979, 215 (222); MHdB AG/*Krieger* § 68 Rn. 133; *Austmann* WiB 1994, 143 (146 Fn. 30); aA *Burgard*, Die Offenlegung von Beteiligungen, 1990, 57.
[115] BGHZ 167, 204 (209); OLG Schleswig AG 2008, 129 (131); KG AG 1999, 126 (127) (zum Stimmrecht); LG Bonn Der Konzern 2004, 491 (494); Kölner Komm AktG/*Koppensteiner* Rn. 63; Bürgers/Körber/*Becker* Rn. 29.
[116] BGHZ 114, 203 (214); K. Schmidt/Lutter/*Veil* Rn. 39.
[117] LG Bonn Der Konzern 2004, 491 (494).
[118] MüKoAktG/*Bayer* Rn. 55; K. Schmidt/Lutter/*Veil* Rn. 39.
[119] BGHZ 167, 204 (210); *Nietsch* WM 2007, 917 (923); K. Schmidt/Lutter/*Veil* Rn. 40.
[120] BGHZ 167, 204 (210); BGH NZG 2009, 827 (828); OLG München AG 2010, 842 (843); LG Köln RNotZ 2016, 612 (616); *Paudtke* NZG 2009, 939 (940); *Nietsch* WM 2007, 917 (923); K. Schmidt/Lutter/*Veil* Rn. 39. Die Anfechtungsbefugnis nach § 243 Nr. 3 bleibt jedoch bestehen, wenn die nach § 20 Abs. 1 oder § 20 Abs. 4 erforderliche Mitteilung noch vor Ablauf der Anfechtungsfrist nach § 246 Abs. 1 nachgeholt wird, vgl. BGH NZG 2009, 827 (828); wohl ebenso LG Köln RNotZ 2016, 612 (616). Zweifelhaft ist, ob ein Rechtsverlust

§ 20   44–46   Erstes Buch. Aktiengesellschaft

Beantragung der gerichtlichen Bestellung des Abschlussprüfers.[121] Erfasst wird auch das Recht, Mitglieder in den Aufsichtsrat zu entsenden, wenn es den Inhabern bestimmter Aktien zusteht.[122] Dem vom Rechtsverlust betroffenen Aktionär darf auch der Zutritt zur Hauptversammlung versagt werden.[123]

44   Nicht erfasst werden hingegen die **Mitgliedschaft** als solche[124] und – da nicht die Substanz der Beteiligung angetastet werden soll – das Recht zum Bezug junger Aktien aus einer **Kapitalerhöhung aus Gesellschaftsmitteln** (§ 212)[125] sowie das Recht auf **Entgelt bei Einziehung** von Aktien (§ 237).[126] Unberührt bleiben auch Abfindungs- und Ausgleichsansprüche zB bei einem Squeezeout (§§ 327a ff. AktG, § 39a WpÜG) und – da es sich um einen schuldrechtlichen Anspruch handelt[127] – nach § 305 AktG bei Bestehen eines Beherrschungs- oder Gewinnabführungsvertrages.[128]

45   Maßgeblich für den Eintritt des **Verlusts des Bezugsrechts** nach § 186 Abs. 1 im Fall einer Kapitalerhöhung gegen Einlagen ist, ob die erforderliche Mitteilung im Zeitpunkt des Kapitalerhöhungsbeschlusses vorlag, da in diesem Zeitpunkt der Grundstein für den Anspruch auf den Bezug der neuen Aktien gelegt wird.[129] Entsprechend kommt es im Fall des genehmigten Kapitals auf den Zeitpunkt des Ausnutzungsbeschlusses des Vorstands an.[130] Die neuen Aktien, die dem vom Rechtsverlust betroffenen Aktionär zugestanden hätten, bleiben nach richtiger Ansicht bei der Gesellschaft (also keine Erhöhung des Bezugsrechts der übrigen Aktionäre) und sind vom Vorstand nach pflichtgemäßem Ermessen zu verwerten.[131] Soweit keine Bezugsrechte anderer (nicht vom Rechtsverlust betroffener) Aktionäre beeinträchtigt werden, zB weil der Zeichnungsvertrag Aktien betrifft, hinsichtlich derer Aktionäre von ihrem Bezugsrecht keinen Gebrauch gemacht haben und die daher anderweitig verwertet werden können, kann die AG auch mit einem vom Rechtsverlust betroffenen Aktionär einen Zeichnungsvertrag abschließen.[132] Hat ein vom Rechtsverlust betroffener Aktionär zu Unrecht junge Aktien bezogen, muss er nach § 62 Abs. 1 den Vermögenswert der ausgeübten Bezugsrechte der AG erstatten; eine Rückabwicklung findet hingegen nicht statt.[133]

46   Maßgeblich für die Frage eines **Dividendenverlusts** ist, ob der Rechtsverlust nach § 20 Abs. 7 zum Zeitpunkt des Gewinnverwendungsbeschlusses bestand.[134] Zur (rückwirkenden) Heilung des

---

auch das Recht zur Erhebung der Nichtigkeitsklage umfasst (ausdrücklich offengelassen durch BGHZ 190, 291 (299) = NZG 2011, 1147 (1149); dagegen zB *Heusel*, Rechtsfolgen der Verletzung der Beteiligungstransparenzvorschriften, 2011, 163 f. mwN). Dies ist jedenfalls zu verneinen, wenn die Klägerin zum Schluss der mündlichen Verhandlung berechtigt ist, die Mitgliedschaftsrechte auszuüben (LG Köln RNotZ 2016, 612 (616); *Wettich* GWR 2016, 320).
[121] LG Bonn Der Konzern 2004, 491 (494).
[122] *Heinsius* FS Fischer, 1979, 215 (223).
[123] MüKoAktG/*Bayer* Rn. 53; *Quack* FS Semler, 1993, 581 (588 ff.).
[124] BGH NZG 2009, 827 (828); OLG Schleswig AG 2008, 129 (131); Hüffer/Koch/*Koch* Rn. 12; vgl. auch BGHZ 167, 204 (209) (nur Herrschafts- und Vermögensrechte betroffen).
[125] Hüffer/Koch/*Koch* Rn. 16; *Hüffer* FS Boujong, 1996, 277 (285 ff.); Kölner Komm AktG/*Koppensteiner* Rn. 72; MHdB AG/*Krieger* § 68 Rn. 135; K. Schmidt/Lutter/*Veil* Rn. 40; Bürgers/Körber/*Becker* Rn. 31; NK-AktR/*Heinrich* Rn. 19; Emmerich/Habersack/*Emmerich* Rn. 48 und 60; *Raiser/Veil* KapGesR § 52 Rn. 11; aA MüKoAktG/*Bayer* Rn. 67.
[126] Schwark/Zimmer/*Schwark* WpHG § 28 Rn. 16; aA MüKoAktG/*Bayer* Rn. 77; Kölner Komm AktG/*Koppensteiner* Rn. 65.
[127] BGHZ 167, 299 = NZG 2006, 623.
[128] Emmerich/Habersack/*Emmerich* Rn. 63; Kölner Komm WpHG/*Kremer/Oesterhaus* § 28 Rn. 82; *Heusel*, Rechtsfolgen der Verletzung der Beteiligungstransparenzvorschriften, 2011, 172; *Riegger/Wasmann* FS Hüffer, 2010, 823 (832) (ausgenommen seien alle Abfindungsansprüche).
[129] MüKoAktG/*Bayer* Rn. 61; Hüffer/Koch/*Koch* Rn. 16; *Diekmann* DZWir 1994, 13 (16); Emmerich/Habersack/*Emmerich* Rn. 60; K. Schmidt/Lutter/*Veil* Rn. 40; Grigoleit/*Rachlitz* Rn. 28; wohl auch Kölner Komm AktG/*Koppensteiner* Rn. 69; aA *v. Godin/Wilhelmi* Anm. 10 (maßgeblich sei Ende der Bezugsfrist). Offengelassen von BGHZ 114, 203 (218) (das Bezugsrecht kann jedenfalls nicht mehr ausgenutzt werden, wenn die Mitteilung nicht vor Ablauf der Bezugsfrist nachgeholt wurde).
[130] Emmerich/Habersack/*Emmerich* Rn. 60.
[131] MüKoAktG/*Bayer* Rn. 64; Hüffer/Koch/*Koch* Rn. 16; Emmerich/Habersack/*Emmerich* Rn. 61; Bürgers/Körber/*Becker* Rn. 31; K. Schmidt/Lutter/*Veil* Rn. 40; NK-AktR/*Heinrich* Rn. 22; aA Kölner Komm AktG/*Koppensteiner* Rn. 70 (Bezugsrecht der übrigen Aktionäre erhöhe sich nach Maßgabe ihrer Beteiligung).
[132] BGHZ 114, 203 (207).
[133] Hüffer/Koch/*Koch* Rn. 17; *Hüffer* FS Boujong, 1996, 277 (294); MüKoAktG/*Bayer* Rn. 66; *Quack* FS Semler, 1993, 581 (590); Kölner Komm AktG/*Koppensteiner* Rn. 83; Emmerich/Habersack/*Emmerich* Rn. 62; NK-AktR/*Heinrich* Rn. 22; aA Großkomm AktG/*Windbichler* Rn. 86 (Rückabwicklung gemäß § 71d Satz 5 und 6 iVm § 71c); *Heinsius* FS Fischer, 1979, 215 (233 f.) (Anspruch der Gesellschaft aus § 62 Abs. 1 Satz 1 auf Verwertung der Aktien analog § 214 Abs. 3 iVm § 226 Abs. 3 Satz 2–6).
[134] LG München I NZG 2009, 226 (227); MüKoAktG/*Bayer* Rn. 70; Emmerich/Habersack/*Emmerich* Rn. 53; Hüffer/Koch/*Koch* Rn. 15; K. Schmidt/Lutter/*Veil* Rn. 41.

Dividendenverlusts → Rn. 52. Die **Rückforderung** zu Unrecht gezahlter Dividenden richtet sich nach § 62 Abs. 1.[135] Ein ebenfalls möglicher Rückzahlungsanspruch nach § 812 BGB wird durch die speziellere aktienrechtliche Regelung des § 62 Abs. 1 verdrängt.[136] Besteht ein solcher Anspruch nach § 62 Abs 1, ist der Vorstand grds. zur Geltendmachung verpflichtet; anderenfalls kann er nach § 93 AktG schadensersatzpflichtig sein.[137] Der auf die vom Dividendenverlust betroffenen Aktien entfallende Gewinnanteil erhöht nicht den Dividendenanspruch der übrigen Aktionäre, sondern ist als außerordentlicher Ertrag zu vereinnahmen.[138]

Mittelbare Folge des **Stimmrechtsverlusts** ist, dass **Hauptversammlungsbeschlüsse** der **47** Gesellschaft wegen Gesetzesverletzung nach § 243 Abs. 1 anfechtbar (und nicht nichtig) sind, wenn sich das Mitstimmen des vom Stimmrecht ausgeschlossenen Aktionärs auf das Beschlussergebnis ausgewirkt hat.[139] Dies gilt auch, wenn sämtliche an der Beschlussfassung teilnehmende Aktionäre von einem Rechtsverlust betroffen sind.[140] Werden die vom Rechtsverlust betroffenen Stimmen mitgezählt, ist zwar die davon beeinflusste Feststellung des Beschlussergebnisses durch den Versammlungsleiter unrichtig.[141] Um einen (nichtigen) Scheinbeschluss handelt es sich dennoch nicht.[142] Die Feststellung des Beschlussergebnisses durch den Versammlungsleiter und deren Aufnahme in die Niederschrift (§ 130) bewirken, dass der betreffende Hauptversammlungsbeschluss existiert, sofern er nicht wirksam angefochten ist.[143] Der Vorstand ist allerdings ggf. zur Beschlussanfechtung verpflichtet, wenn dies im Interesse der Gesellschaft liegt.[144] Ein Hauptversammlungsbeschluss, der der Zustimmung des (säumigen) mitteilungspflichtigen Unternehmens bedarf, wird ohne dessen Zustimmung wirksam, wenn es zum Zeitpunkt der Beschlussfassung von einem Rechtsverlust betroffen ist.[145] Ein Beschluss, dessen Zustandekommen auf durch nach § 20 Abs. 7 gesperrten Stimmen beruht, ist nach § 244 bestätigungsfähig.[146]

cc) Beendigung des Rechtsverlusts. Der Rechtsverlust nach § 20 Abs. 7 endet mit Wirkung **48** für die Zukunft *(ex nunc)* mit der Erfüllung der Mitteilungspflicht (zur rückwirkenden Heilung eines Dividendenverlusts → Rn. 52).[147] Erforderlich hierfür ist die Nachholung der unterlassenen bzw. Korrektur der fehlerhaften Mitteilung. Wurden mehrere Mitteilungspflichten nicht erfüllt, kommt es für das Fortbestehen eines Rechtsverlusts auf die zuletzt erforderliche Mitteilung an. Wurde

---

[135] BGH NZG 2016, 1182 (1183); LG München I NZG 2009, 226 (227) (zu § 59 WpÜG); MüKoAktG/ *Bayer* Rn. 76; Hüffer/Koch/*Koch* Rn. 17; Kölner Komm AktG/*Koppensteiner* Rn. 82; K. Schmidt/Lutter/*Veil* Rn. 44; NK-AktR/*Heinrich* Rn. 25; aA *Raiser/Veil* KapGesR § 52 Rn. 12 (§ 62 Abs. 1 Satz 2 AktG „oder" § 812 Abs. 1 Satz 1 BGB seien einschlägig; *Schneider/Schneider* ZIP 2006, 493 (498) (Rückforderung richte sich nach §§ 812 ff. BGB).
[136] BGH NZG 2016, 1182 (1183).
[137] LG München I NZG 2009, 226 (227).
[138] LG München I NZG 2009, 226 (227); Emmerich/Habersack/*Emmerich* Rn. 56; K. Schmidt/Lutter/*Veil* Rn. 42; *Rieger/Wasmann* FS Hüffer, 2010, 823 (841); aA *Raiser/Veil* KapGesR § 52 Rn. 12; *Schneider/Schneider* ZIP 2006, 493 (496) (Ausschüttung als Zusatzdividende); offengelassen durch BGH DStR 2014, 2470 (2471 f.) = BeckRS 2014, 14948 (aber: Möglichkeit einer Vermeidung des Dividendenverlusts durch Nachholung der Mitteilung schließe eine Verteilung auf andere Aktionäre im Zeitpunkt der Hauptversammlung aus).
[139] BGH DStR 2014, 2470 (2471) = BeckRS 2014, 14948; BGHZ 167, 204 (213); OLG Frankfurt BeckRS 2011, 24255; OLG München AG 2012, 45 (47) = BeckRS 2011, 20057; LG Düsseldorf ZIP 2010, 1129 (1131); LG Darmstadt BeckRS 2017, 104799; MüKoAktG/*Bayer* Rn. 56 f.; Hüffer/Koch/*Koch* Rn. 17; *Hägele* NZG 2000, 726 (727); *Paudtke* NZG 2009, 939 (940). Siehe auch zu § 28 WpHG: OLG Köln BeckRS 2014, 01445 (eine Auswirkung auf das Beschlussergebnis sei nicht ersichtlich, wenn der Hauptaktionär einem Stimmrechtsverlust erlitten hätte und auch bei Herausrechnung seiner Stimmrechte der Hauptversammlungsbeschluss noch mit ganz überwiegender Mehrheit – 90,8% – angenommen worden wäre).
[140] BGHZ 167, 204 (213 f.); Emmerich/Habersack/*Emmerich* Rn. 51.
[141] BGHZ 167, 204 (213).
[142] BGHZ 167, 204 (213).
[143] BGHZ 167, 204 (213).
[144] MüKoAktG/*Bayer* Rn. 58.
[145] *Heinsius* FS Fischer, 1979, 215 (224); *Irriger/Longrée* NZG 2013, 1289 (1292). Wird allerdings unter bewusster Ausnutzung des Rechtsverlusts (sofern sich dies als Treuepflichtverletzung oder unzulässige Rechtsausübung darstellt) zu Lasten des vom Rechtsverlust betroffenen Aktionärs eine anderenfalls nicht mögliche Beschlussfassung herbeigeführt, kann der entsprechende Hauptversammlungsbeschluss wegen Einberufungsfehlern nach § 241 Nr. 1 nichtig sein (BGH NZG 2009, 827 (828)).
[146] BGHZ 189, 32 (43) = NZG 2011, 669 (672) (dies gelte auch, wenn der Rechtsverlust zum Zeitpunkt des Bestätigungsbeschlusses fortbestehe); OLG Stuttgart NZG 2005, 432 (437); LG Köln Der Konzern 2009, 372 (377); *Schmidtbleicher* AG 2008, 72 (77); *Kirschner* DB 2008, 623 (625); aA LG Köln NZG 2009, 272 (LS) = BeckRS 2007, 17373; LG Mannheim AG 2005, 780 (781).
[147] OLG München AG 2010, 842 (843); OLG Düsseldorf AG 2010, 710 (711) = BeckRS 2010, 01348; Emmerich/Habersack/*Emmerich* Rn. 49.

diese ordnungsgemäß erstattet, sind frühere Mitteilungsmängel nach zutreffender Auffassung ab dem Zeitpunkt der ordnungsgemäßen Mitteilung unerheblich.[148] Der Rechtsverlust wird jedoch nicht dadurch beendet, dass die Gesellschaft auf andere Weise als durch eine ordnungsgemäße Mitteilung vom mitteilungspflichtigen Sachverhalt Kenntnis erlangt.

49 Weiterhin endet ein Rechtsverlust mit Übertragung der hiervon betroffenen Aktien auf einen Dritten (erfasst werden **Einzel- und Gesamtrechtsnachfolge**), sofern die Aktien auch nicht mehr dem Meldepflichtigen nach § 20 Abs. 1 Satz 2, § 16 Abs. 4 zugerechnet werden.[149]

50 Ein Rechtsverlust endet weiterhin mit Wirkung für die Zukunft ab dem Zeitpunkt der Zulassung der Aktien der Gesellschaft zum Handel an einem organisierten Markt iSv § 2 Abs. 11 WpHG,[150] da hiermit die Anwendbarkeit der §§ 20 ff. und mithin die (verletzte) Mitteilungspflicht endet.[151]

51 Der Rechtsverlust entfällt hingegen nicht durch den nachträglichen **Wegfall des mitteilungspflichtigen Tatbestands,** also zB wenn das mitteilungspflichtige Unternehmen die maßgebliche Beteiligungsschwelle durch Veräußerung wieder unterschritten hat.[152]

52 c) **Fortbestehen des Dividendenrechts und Liquidationserlöses (§ 20 Abs. 7 Satz 2).** Mit der Regelung des § 20 Abs. 7 Satz 2 wird dem mitteilungspflichtigen Unternehmen die Möglichkeit gegeben, einen Verlust des Dividendenanspruchs nach § 58 Abs. 4 und des Anspruchs auf den Liquidationserlös nach § 271 auch mit Wirkung für die Vergangenheit zu vermeiden. Beide Ansprüche bestehen gemäß § 20 Abs. 7 Satz 2 trotz einer Verletzung der Mitteilungspflicht nach § 20 Abs. 1 oder 4 fort, wenn die Mitteilung nicht vorsätzlich unterlassen[153] wurde und nachgeholt worden ist.

53 Die **Nachholung** erfolgt durch die Abgabe der (unterlassenen) ordnungsgemäßen Mitteilung. Eine bestimmte Frist für die Nachholung sieht das Gesetz nicht vor.[154] Insbesondere ist zur Vermeidung eines Dividendenverlusts nicht erforderlich, dass die Mitteilung noch vor der Fassung des Gewinnverwendungsbeschlusses nachgeholt sein muss.[155] Sobald allerdings das mitteilungspflichtige Unternehmen Kenntnis vom Unterlassen der Mitteilung erlangt, wird man verlangen müssen, dass es die ordnungsgemäße Mitteilung unverzüglich vornimmt.[156] Denn auch die ursprüngliche Mitteilung nach § 20 Abs. 1 oder 4 muss unverzüglich erfolgen.

54 Wurden mehrere Mitteilungen durch das meldepflichtige Unternehmen unterlassen, liegt eine Nachholung iSv § 20 Abs. 7 Satz 2 vor, wenn die zuletzt erforderliche Mitteilung ordnungsgemäß erfolgt ist (→ Rn. 48). Denn in diesem Fall wurde die von § 20 angestrebte Beteiligungstransparenz hergestellt, so dass es keiner Sanktionierung des Fehlverhaltens des Meldepflichtigen mehr bedarf.

55 d) **Darlegungs- und Beweislast.** Die Darlegungs- und Beweislast richtet sich nach den allgemeinen zivilrechtlichen Grundsätzen.[157] Im Fall eines Rechtsstreits zwischen der Gesellschaft und dem mitteilungspflichtigen Unternehmen zB wegen Rückforderung zu Unrecht gezahlter Dividenden muss daher die Gesellschaft die tatsächlichen Voraussetzungen des Rechtsverlusts nach § 20 Abs. 7 Satz 1 darlegen und ggf. beweisen.[158] Die Darlegungs- und Beweislast für die tatsächlichen Voraussetzungen der Ausnahmeregelung des Satzes 2 (dh fehlender Vorsatz, unverzügliche Nachholung) trifft hingegen das mitteilungspflichtige Unternehmen.[159] Im **Anfechtungsprozess** trifft den Anfechtungskläger (Aktionär), der seine Klage (auch) auf Mitteilungspflichtverstöße stützt, hinsichtlich der

---

[148] OLG München WM 2010, 1859 (1860); *Schneider/Schneider* ZIP 2006, 493 (496); Emmerich/Habersack/*Emmerich* Rn. 49; ebenso zu § 28 WpHG: → Anh. § 22 Rn. 111.
[149] LG Hamburg WM 1996, 168 (170); LG Düsseldorf ZIP 2010, 1129 (1131); MüKoAktG/*Bayer* Rn. 51; Bürgers/Körber/*Becker* Rn. 26; *Widder* NZG 2004, 275 (277) (zur Gesamtrechtsnachfolge); ebenso zu § 28 WpHG: BGH NZG 2009, 585 (589); OLG Stuttgart NZG 2005, 432 (435).
[150] Ebenso für den umgekehrten Fall des Wegfalls der Börsenzulassung: Fuchs/*Zimmermann* WpHG § 28 Rn. 23; Schäfer/Hamann/*Opitz* WpHG § 28 Rn. 40.
[151] Für Wegfall der Mitteilungspflichten nach § 20 AktG: Großkomm AktG/*Windbichler* Rn. 56; *Götze* in Habersack/Mülbert/Schlitt Kapitalmarktinformation-HdB § 20 Rn. 18.
[152] LG München II BeckRS 2006, 13195; *Götze* in Habersack/Mülbert/Schlitt Kapitalmarktinformation-HdB § 20 Rn. 17; aA Großkomm AktG/*Windbichler* Rn. 37; Grigoleit/*Rachlitz* Rn. 26.
[153] Zum Begriff der Nichterfüllung → Rn. 35.
[154] MüKoAktG/*Bayer* Rn. 82; Hüffer/Koch/*Koch* Rn. 15.
[155] BGH DStR 2014, 2470 (2472) = BeckRS 2014, 14948; Kölner Komm AktG/*Koppensteiner* Rn. 75; aA Großkomm AktG/*Windbichler* Rn. 76 (Nachholung nur bis zum Gewinnverwendungsbeschluss).
[156] BGH NZG 2016, 1182 (1185); MüKoAktG/*Bayer* Rn. 82; Emmerich/Habersack/*Emmerich* Rn. 57.
[157] BGHZ 167, 204 (212); OLG Düsseldorf NZG 2009, 260 (262); OLG Stuttgart AG 2009, 204 (212); OLG Stuttgart AG 2009, 124 (127 f.); Bürgers/Körber/*Becker* Rn. 25.
[158] BGH NZG 2016, 1182 (1186); K. Schmidt/Lutter/*Veil* Rn. 43.
[159] BGH NZG 2016, 1182 (1186); Großkomm AktG/*Windbichler* Rn. 87; Hüffer/Koch/*Koch* Rn. 13; MHdB AG/*Krieger* § 68 Rn. 137; Kölner Komm AktG/*Koppensteiner* Rn. 74; Paul/*Kleemann* GWR 2016, 419.

tatsächlichen Voraussetzungen des § 20 Abs. 7 Satz 1 die Darlegungs- und Beweislast.[160] Allerdings wird insoweit vertreten, dass gewisse Beweiserleichterungen nach dem Grundsatz der größeren Tatsachennähe hinsichtlich solcher Umstände in Betracht kommen, die in den Wahrnehmungsbereich der Gesellschaft fallen und in einer sekundären Darlegungslast der Gesellschaft münden.[161] Die Gesellschaft hat jedoch grds. nur Kenntnis darüber, ob und mit welchem Inhalt ihr nach § 20 Abs. 1–5 Beteiligungen mitgeteilt worden sind.[162] Soweit die Gesellschaft nach § 20 Abs. 6 zur Bekanntmachung der ihr mitgeteilten Beteiligungen verpflichtet ist und sich ihre Aktionäre daher selbst hierüber informieren können,[163] kommt eine sekundäre Darlegungslast der Gesellschaft allenfalls bei einer Verletzung der Bekanntmachungspflicht nach § 20 Abs. 6 in Betracht.[164] Im Übrigen setzt die Annahme einer sekundären Darlegungslast der Gesellschaft stets voraus, dass der primär darlegungspflichtige Anfechtungskläger substantiiert tatsächliche Anhaltspunkte für den behaupteten Mitteilungsverstoß vorgetragen hat[165] und es folglich der Gesellschaft zumutbar ist, zu diesen Umständen, die sie kennt, nähere Angaben zu machen.[166] Fehlt es an einem substantiierten Vortrag des Anfechtungsklägers, wie zB bei Angaben ins Blaue hinein[167] oder bloßem Bestreiten der Mitteilungspflichterfüllung mit Nichtwissen, scheidet eine sekundäre Darlegungslast der Gesellschaft aus.[168]

e) Anlassbezogene Prüfungspflicht des Vorstands. Besteht Grund zur Annahme, dass ein 56 Aktionär seiner Mitteilungspflicht nicht genügt hat und ein Rechtsverlust nach § 20 Abs. 7 eingetreten sein könnte, ist der Vorstand der Gesellschaft unter Berücksichtigung seiner Pflichten nach § 93 grds. verpflichtet, den Sachverhalt aufzuklären.[169] Steht die Fehlerhaftigkeit einer erstatteten Mitteilung in Frage, ist der Vorstand verpflichtet, den Nachweis der Beteiligung nach § 22 zu verlangen.[170] Gelangt er zu der Überzeugung, dass ein Rechtsverlust nach § 20 Abs. 7 eingetreten ist, muss er grds. die Ausübung der aus den Aktien folgenden Rechte durch den betroffenen Aktionär verhindern, wenn der betroffene Aktionär ggf. nach Aufforderung seiner Mitteilungspflicht nicht genügt.[171] Allerdings besteht keine generelle Überwachungspflicht des Vorstands, ob Aktionäre ihren Mitteilungspflichtigen genügt haben.[172] Im Fall von Namensaktien ist der Vorstand daher auch nicht verpflichtet, bei jeder Umschreibung zu prüfen, ob sich aus den Eintragungen eine mitteilungspflichtige Beteiligung ergibt.[173]

2. Ordnungswidrigkeiten und strafrechtliche Konsequenzen. Die Überlassung des Stimm- 57 rechts aus Aktien, die von einem Rechtsverlust nach § 20 Abs. 7 betroffen sind, an Dritte (zB Kreditinstitute, sonstige Bevollmächtigte) sowie die Ausnutzung der überlassenen Stimmrechte zum Zweck der Stimmrechtsausübung kann sowohl für das mitteilungspflichtige Unternehmen als auch für den Dritten eine Ordnungswidrigkeit gemäß § 405 Abs. 3 Nr. 5 darstellen, die mit einer Geldbuße von bis zu 25.000 € geahndet werden kann (§ 405 Abs. 4).[174]

Eine Strafbarkeit von Vorstand und Aufsichtsrat wegen Untreue nach § 266 StGB kommt in 58 Betracht, wenn trotz positiver Kenntnis vom Rechtsverlust eine Dividendenzahlung an den vom

---

[160] BGH NZG 2009, 589 (592); BGHZ 167, 204 (213); OLG Stuttgart AG 2009, 124 (127); OLG Stuttgart AG 2009, 204 (212) mwN; OLG Stuttgart BeckRS 2013, 00660 (insoweit nicht abgedruckt in AG 2013, 604 ff.); LG Memmingen NJOZ 2002, 53 (54).
[161] OLG Stuttgart BeckRS 2013, 00660 (insoweit nicht abgedruckt in AG 2013, 604 ff.); OLG Stuttgart AG 2009, 124 (127); LG Köln ZIP 2012, 229 (231) = BeckRS 2011, 20382; Bürgers/Körber/*Göz* § 246 Rn. 43.
[162] OLG Stuttgart AG 2013, 604 (608) = BeckRS 2013, 00660; OLG Stuttgart AG 2009, 124 (128); OLG Stuttgart AG 2009, 204 (212).
[163] Mitteilungen nach § 20 Abs. 1 und 4 sind in den Gesellschaftsblättern, also nach § 25 AktG zumindest im Bundesanzeiger, der über das Internet frei zugänglich ist, zu veröffentlichen.
[164] OLG Stuttgart AG 2009, 124 (128); OLG Stuttgart AG 2009, 204 (212); für eine Beweislastumkehr bei unterlassener Veröffentlichung einer Mitteilung nach § 20 Abs. 1: OLG Dresden BB 2005, 680 (682).
[165] OLG Düsseldorf NZG 2009, 260 (262); pauschaler Vortrag durch Anfechtungskläger ist nicht ausreichend: BGH NZG 2009, 589 (592).
[166] BGH NJW 1999, 714 ff.; BGH NJW 2005, 2614 (2615); OLG Stuttgart AG 2009, 124 (127).
[167] OLG Stuttgart BeckRS 2013, 00660 (insoweit nicht angedruckt in AG 2013, 604 ff.); OLG Stuttgart AG 2009, 124 (127); OLG Düsseldorf ZIP 2009, 170 (173); LG Köln AG 2008, 336 (338); LG Memmingen NJOZ 2002, 53 (54); *Schneider* WM 2006, 1321 (1327).
[168] Vgl. OLG Düsseldorf NZG 2009, 260 (262).
[169] OLG Hamburg BeckRS 2016, 17009; Emmerich/Habersack/*Emmerich* Rn. 37. Vgl. auch *Paudtke/Glauer* NZG 2016, 125 (131), die eine Nachforschungspflicht der Gesellschaft aus der Treuepflicht herleiten.
[170] Grigoleit/*Rachlitz* Rn. 5; Emmerich/Habersack/*Emmerich* Rn. 36.
[171] *Quack* FS Semler, 1993, 581 (587); ähnlich *Gelhausen/Bandey* WPg 2000, 497 (503).
[172] OLG Stuttgart AG 2009, 124 (127); Grigoleit/*Rachlitz* Rn. 5.
[173] KG AG 1990, 500 (501); OLG Hamburg BeckRS 2016, 17009.
[174] MüKoAktG/*Bayer* Rn. 88; Bürgers/Körber/*Becker* Rn. 25.

§ 21   1   Erstes Buch. Aktiengesellschaft

Rechtsverlust betroffenen Aktionär erfolgt.[175] Ein vom Rechtsverlust betroffener Aktionär kann sich ggf. wegen Betruges nach § 263 StGB strafbar machen.[176]

59 **3. Schadensersatzpflicht.** Nach hM sind die Mitteilungspflichten nach § 20 Abs. 1 und 4 Schutzgesetze im Sinne des § 823 Abs. 2 BGB mit der Folge, dass ihre Verletzung Schadensersatzansprüche durch die Gesellschaft und (Mit-)Aktionäre auslösen kann.[177] Die Verletzungshandlung kann in dem gänzlichen Unterlassen der erforderlichen Mitteilung oder in einer inhaltlich falschen Mitteilung liegen. Derartige Ansprüche dürften jedoch vielfach am erforderlichen Nachweis eines kausal auf die Verletzung der Mitteilungspflicht zurückführbaren Schadens scheitern. Bei unberechtigten Dividendenauszahlungen oder Verstößen gegen die Bekanntmachungspflicht kann der Vorstand gemäß § 93 Abs. 3 Nr. 1 (und bei Verletzung seiner Aufsichtspflicht auch der Aufsichtsrat nach § 116) gegenüber der Gesellschaft zum Schadensersatz verpflichtet sein.[178] Bei Bekanntmachungsverstößen kommen Schadensersatzansprüche von Aktionären gegen die Gesellschaft nach § 823 Abs. 2 BGB in Betracht.[179]

§ 21 Mitteilungspflichten der Gesellschaft

(1) ¹Sobald der Gesellschaft mehr als der vierte Teil der Anteile einer anderen Kapitalgesellschaft mit Sitz im Inland gehört, hat sie dies dem Unternehmen, an dem die Beteiligung besteht, unverzüglich schriftlich mitzuteilen. ²Für die Feststellung, ob der Gesellschaft mehr als der vierte Teil der Anteile gehört, gilt § 16 Abs. 2 Satz 1, Abs. 4 sinngemäß.

(2) Sobald der Gesellschaft eine Mehrheitsbeteiligung (§ 16 Abs. 1) an einem anderen Unternehmen gehört, hat sie dies dem Unternehmen, an dem die Mehrheitsbeteiligung besteht, unverzüglich schriftlich mitzuteilen.

(3) Besteht die Beteiligung in der nach Absatz 1 oder 2 mitteilungspflichtigen Höhe nicht mehr, hat die Gesellschaft dies dem anderen Unternehmen unverzüglich schriftlich mitzuteilen.

(4) ¹Rechte aus Anteilen, die einer nach Absatz 1 oder 2 mitteilungspflichtigen Gesellschaft gehören, bestehen nicht für die Zeit, für die sie die Mitteilungspflicht nicht erfüllt. ²§ 20 Abs. 7 Satz 2 gilt entsprechend.

(5) Die Absätze 1 bis 4 gelten nicht für Aktien eines Emittenten im Sinne des § 33 Absatz 4 des Wertpapierhandelsgesetzes.

Übersicht

	Rn.		Rn.
I. Anwendungsbereich und Normadressaten	1–3	III. Modalitäten der Mitteilung	7–10
1. Anwendungsbereich	1	1. Zeitpunkt	7
2. Mitteilungspflichtige	2	2. Form	8
3. Mitteilungsadressaten	3	3. Inhalt	9
II. Mitteilungspflichtige Vorgänge	4–6	4. Keine Veröffentlichung	10
1. Halten einer Schachtelbeteiligung (§ 21 Abs. 1)	4	IV. Rechtsfolgen einer fehlerhaften Mitteilung	11–13
2. Halten einer Mehrheitsbeteiligung (§ 21 Abs. 2)	5	1. Rechtsverlust (§ 21 Abs. 4)	11
		2. Schadensersatzpflicht	12
3. Wegfall einer mitteilungspflichtigen Beteiligung (§ 21 Abs. 3)	6	3. Ordnungswidrigkeiten und strafrechtliche Konsequenzen	13

I. Anwendungsbereich und Normadressaten

1 **1. Anwendungsbereich.** Zur Abgrenzung und systematischen Einordnung kann im Wesentlichen auf die Vorbemerkungen (→ Vor § 20 Rn. 6 ff.) verwiesen werden. Keine Anwendung findet

---

[175] Schneider/Schneider ZIP 2006, 493 (499).
[176] MüKoAktG/Bayer Rn. 88.
[177] LG München II BeckRS 2006, 13195; MüKoAktG/Bayer Rn. 85; Kölner Komm AktG/Koppensteiner Rn. 90; Emmerich/Habersack/Emmerich Rn. 64; Bürgers/Körber/Heinrich Rn. 24; NK-AktR/Heinrich Rn. 27; aA Großkomm AktG/Windbichler Rn. 88; Henssler/Strohn/Maier-Reimer/Kessler § 20 Rn. 18; Grigoleit/Rachlitz § 20 Rn. 7. → Vor § 20 Rn. 25 ff. S. auch BGH NZG 2013, 939 (942) (mit Hinweis auf die hM).
[178] K. Schmidt/Lutter/Veil Rn. 47.
[179] OLG München AG 2012, 45 (48) = BeckRS 2011, 20057 (Verstöße gegen die Bekanntmachungspflicht nach § 20 Abs. 6 können Schadensersatzpflichten begründen).

die Mitteilungspflicht gegenüber Gesellschaften, deren Aktien zum Handel an einem organisierten Markt iSv § 2 Abs. 11 WpHG zugelassen sind (§ 21 Abs. 5). Hierdurch sollen doppelte Mitteilungspflichten in Bezug auf Emittenten vermieden werden.[1] Ebenso wie im Fall von § 20 (→ § 20 Rn. 2) gilt die Mitteilungspflicht nach § 21 bereits für Gründungsgesellschafter.[2]

2. Mitteilungspflichtige. Mitteilungspflichtig sind nur Gesellschaften, die unter das AktG fallen, also AG und KGaA mit Sitz im Inland.[3] Aufgrund des Verweises in Art. 9 Abs. 1 lit. c (ii) SE-VO gilt § 21 ebenfalls für eine inländische SE.[4]

3. Mitteilungsadressaten. Die Mitteilungspflichten bestehen im Fall von § 21 Abs. 1 gegenüber Kapitalgesellschaften (AG, KGaA, SE, GmbH, UG)[5] mit Sitz im Inland und im Fall von § 21 Abs. 2 gegenüber sämtlichen Unternehmen, unabhängig von deren Rechtsform (erfasst werden also zusätzlich auch Personengesellschaften), mit Sitz im Inland.[6] Maßgeblich ist dabei jeweils der Satzungssitz.[7] Ist der Mitteilungsadressat eine inländische AG, KGaA oder SE, so genügt die Abgabe einer Mitteilung nach § 20 (→ Vor § 20 Rn. 8).

II. Mitteilungspflichtige Vorgänge

1. Halten einer Schachtelbeteiligung (§ 21 Abs. 1). Sobald einem Mitteilungspflichtigen mehr als der vierte Teil der Anteile an einer anderen Kapitalgesellschaft mit Sitz im Inland gehört, hat es dies der Gesellschaft unverzüglich schriftlich mitzuteilen. Die Berechnung erfolgt gemäß § 21 Abs. 1 Satz 2 entsprechend § 16 Abs. 2 Satz 1 und Abs. 4 (→ § 20 Rn. 8–10). Eine weitergehende Zurechnung, wie in § 20 Abs. 2, findet nicht statt.[8]

2. Halten einer Mehrheitsbeteiligung (§ 21 Abs. 2). Steht einem Mitteilungspflichtigen eine Mehrheitsbeteiligung (Mehrheit der Anteile oder der Stimmrechte, § 16 Abs. 1) an einem anderen Unternehmen (→ Rn. 3) zu, ist auch dieses mitzuteilen. Ob eine Mehrheitsbeteiligung besteht, bestimmt sich nach § 16 Abs. 2–4.[9]

3. Wegfall einer mitteilungspflichtigen Beteiligung (§ 21 Abs. 3). Abs. 3 begründet in Parallele zu § 20 Abs. 5 eine Mitteilungspflicht bei Wegfall einer Schachtel- oder Mehrheitsbeteiligung. Sie wird durch Unterschreiten von zumindest einer der beiden Schwellen in § 21 Abs. 1 oder 2 ausgelöst.[10]

III. Modalitäten der Mitteilung

1. Zeitpunkt. Die Mitteilung muss jeweils „unverzüglich", also entsprechend § 121 Abs. 1 Satz 1 BGB ohne schuldhaftes Zögern, erfolgen (→ § 20 Rn. 21). Es genügt nicht, dass die Mitteilung unverzüglich abgesandt wurde, vielmehr ist auf den rechtzeitigen Eingang beim Mitteilungsempfänger abzustellen.

2. Form. Erforderlich ist eine schriftliche Mitteilung,[11] wobei eine Übermittlung per Fax genügt (→ § 20 Rn. 22). Gemäß §§ 126 Abs. 3, 126a BGB genügt die elektronische Form (→ § 20 Rn. 22). Die Mitteilung ist nicht deshalb entbehrlich, weil die Gesellschaft anderweitig Kenntnis von der Beteiligung erlangt hat (→ § 20 Rn. 22). Die Mitteilung kann mit anderen Erklärungen gegenüber der Gesellschaft verbunden werden.

---

[1] Hüffer/Koch/*Koch* Rn. 5.
[2] *Holland/Burg* NZG 2006, 601; Grigoleit/*Rachlitz* Rn. 2.
[3] Hüffer/Koch/*Koch* Rn. 2; Emmerich/Habersack/*Emmerich* Rn. 1; MüKoAktG/*Bayer* Rn. 1; Bürgers/Körber/*Becker* Rn. 1.
[4] Bürgers/Körber/*Becker* Rn. 1; Emmerich/Habersack/*Emmerich* Rn. 1.
[5] MHdB AG/*Krieger* § 68 Rn. 141; Hüffer/Koch/*Koch* Rn. 2; Bürgers/Körber/*Becker* Rn. 2.
[6] Emmerich/Habersack/*Emmerich* Rn. 8; MüKoAktG/*Bayer* Rn. 3; K. Schmidt/Lutter/*Veil* Rn. 4 f.; *Leitzen* MittBayNot 2012, 183 (184); Grigoleit/*Rachlitz* Rn. 2; für eine Anwendung auch auf ausländische Unternehmen: Großkomm AktG/*Windbichler* Rn. 9; Kölner Komm AktG/*Koppensteiner* Rn. 4; Hüffer/Koch/*Koch* Rn. 3; Henssler/Strohn/*Maier-Reimer/Kessler* § 21 Rn. 4; *Grimm/Wenzel* AG 2012, 274 (277).
[7] Emmerich/Habersack/*Emmerich* Rn. 5 und 8; *Bungert* NZG 1999, 757 (760); NK-AktR/*Heinrich* § 21 Rn. 2; aA *Leitzen* MittBayNot 2012, 183 (184).
[8] Bürgers/Körber/*Becker* Rn. 2.
[9] Hüffer/Koch/*Koch* Rn. 3; MüKoAktG/*Bayer* Rn. 3; Grigoleit/*Rachlitz* Rn. 2; Großkomm AktG/*Windbichler* Rn. 10.
[10] Großkomm AktG/*Windbichler* Rn. 11; MHdB AG/*Krieger* § 68 Rn. 145. Vgl. auch Emmerich/Habersack/*Emmerich* Rn. 9.
[11] K. Schmidt/Lutter/*Veil* § 21 Rn. 3; *Hägele* GmbHR 2007, 258 (259).

9   **3. Inhalt.** Zum Inhalt der Mitteilung siehe die Ausführungen → § 20 Rn. 24–27. Wenn es zu Überschneidungen mit anderen Mitteilungspflichten kommt, ist darauf zu achten, dass hinreichend deutlich wird, wer welche Mitteilungspflicht wem gegenüber erfüllen möchte. Falls der notwendige Inhalt der Mitteilung nicht im Wege der Auslegung zweifelsfrei ermittelt werden kann, gehen Unklarheiten zu Lasten des Mitteilungspflichtigen.

10 **4. Keine Veröffentlichung.** Im Unterschied zu § 20 Abs. 6 sieht § 21 keine Pflicht des Mitteilungsadressaten (der Gesellschaft) zur Veröffentlichung erhaltener Mitteilungen vor.[12]

IV. Rechtsfolgen einer fehlerhaften Mitteilung

11 **1. Rechtsverlust (§ 21 Abs. 4).** Die vorsätzliche oder fahrlässige Verletzung der Mitteilungspflichten nach § 21 Abs. 1 wie auch nach § 21 Abs. 2 führt zum Verlust der Rechte aus den dem Mitteilungspflichtigen gehörenden Anteilen. Aufgrund des unterschiedlichen Wortlauts zu § 20 Abs. 7 Satz 1 sind vom Rechtsverlust allein die dem Meldepflichtigen selbst gehörenden Anteile betroffen.[13] Gegen eine dem Wortlaut widersprechende Auslegung des § 21 Abs. 4 spricht das aus Art. 103 Abs. 2 GG iVm § 3 OWiG folgende Bestimmtheitserfordernis, da die Überlassung bzw. Nutzung des Stimmrechts aus von einem Rechtsverlust nach § 21 Abs. 4 betroffenen Aktien eine Ordnungswidrigkeit nach § 405 Abs. 3 Nr. 5 ist. Insoweit kommt auch eine andersartige („gespaltene") Auslegung oder analoge Anwendung für den Bereich des Zivilrechts nicht in Betracht.[14] Die Unterlassung der nach § 21 Abs. 3 gebotenen Mitteilung bei Wegfall einer meldepflichtigen Beteiligung ist wie das Unterlassen der Mitteilung nach § 20 Abs. 5 sanktionslos.[15] Im Übrigen gelten die Ausführungen → § 20 Rn. 34–56 entsprechend.

12 **2. Schadensersatzpflicht.** Die Verletzung der Mitteilungspflichten nach § 21 Abs. 1 und 2 kann darüber hinaus nach hM Schadensersatzansprüche nach § 823 Abs. 2 BGB begründen.[16] Siehe im Übrigen → § 20 Rn. 59.

13 **3. Ordnungswidrigkeiten und strafrechtliche Konsequenzen.** Nur die Überlassung vom Rechtsverlust betroffener „Aktien" (gilt also nur in Bezug auf AG, KGaA und SE) kann eine Ordnungswidrigkeit nach § 405 Abs. 3 Nr. 5 darstellen, so dass die Überlassung sonstiger Anteile hiernach keine ordnungswidrigkeitenrechtlichen Konsequenzen nach sich zieht.[17] Zu den möglichen strafrechtlichen Konsequenzen → § 20 Rn. 58.

§ 22 Nachweis mitgeteilter Beteiligungen

Ein Unternehmen, dem eine Mitteilung nach § 20 Abs. 1, 3 oder 4, § 21 Abs. 1 oder 2 gemacht worden ist, kann jederzeit verlangen, daß ihm das Bestehen der Beteiligung nachgewiesen wird.

I. Anwendungsbereich und Voraussetzungen

1   **1. Normzweck und Verhältnis zu §§ 20, 21 AktG.** Die Nachweispflicht dient in erster Linie der Rechtssicherheit.[1] Sie soll dem Unternehmen, an das eine Mitteilung nach § 20 Abs. 1, 3 oder 4 oder nach § 21 Abs. 1 oder 2 übermittelt wurde, eine Möglichkeit zur Überprüfung der Ordnungsmäßigkeit dieser Mitteilung gewähren. Mitteilungen nach § 20 Abs. 5 oder § 21 Abs. 3 lösen hingegen keine Nachweispflicht aus.[2] Da der Mitteilungsadressat „jederzeit" (und ggf. auch

---

[12] Emmerich/Habersack/*Emmerich* Rn. 2; *Holland/Burg* NZG 2006, 601 (603).
[13] Zweifelnd, ob auch zugerechnete Anteile vom Rechtsverlust betroffen sind: Emmerich/Habersack/*Emmerich* Rn. 10; aA (vom Rechtsverlust seien auch nach § 16 Abs. 4 zugerechnete Anteile betroffen) Hüffer/Koch/*Koch* Rn. 4; MüKoAktG/*Bayer* Rn. 4; K. Schmidt/Lutter/*Veil* Rn. 7; *Grimm/Wenzel* AG 2012, 274 (280); *Leitzen* MittBayNot 2012, 183 (186); *Bürger* GWR 2017, 26.
[14] So zu den kapitalmarktrechtlichen Mitteilungspflichten: BGHZ 190, 291 (298 f.) = NZG 2011, 1147 (1149); *Veil/Dolff* AG 2010, 385 (389); *Fleischer/Bedkowski* DStR 2010, 933 (936 f.); *v. Bülow/Petersen* NZG 2009, 1373 (1375 f.).
[15] MüKoAktG/*Bayer* Rn. 6; Grigoleit/*Rachlitz* Rn. 4.
[16] MüKoAktG/*Bayer* Rn. 6; K. Schmidt/Lutter/*Veil* Rn. 8; Hölters/*Hirschmann* § 21 Rn. 6. Vgl. auch → Vor § 20 Rn. 25 ff.
[17] MüKoAktG/*Bayer* Rn. 6; Bürgers/Körber/*Becker* Rn. 5.
[1] MüKoAktG/*Bayer* Rn. 1; K. Schmidt/Lutter/*Veil* Rn. 2.
[2] Hüffer/Koch/*Koch* Rn. 1; MüKoAktG/*Bayer* Rn. 2.

mehrfach) einen Nachweis des Bestehens der mitgeteilten Beteiligung verlangen kann, kann auch das Fortbestehen einer mitgeteilten Beteiligung überprüft werden.[3]

2. Normadressaten. Anspruchsinhaber sind Unternehmen, denen eine Mitteilung nach § 20 Abs. 1, 3 oder 4 oder nach § 21 Abs. 1 oder 2 gemacht worden ist. Verpflichtet ist derjenige, der mitgeteilt hat, also ggf. auch ein ausländisches Unternehmen.[4] Hat ein Dritter für das mitteilungspflichtige Unternehmen die Mitteilung erstattet, trifft die Nachweispflicht auch das mitteilungspflichtige Unternehmen selbst.[5]

3. Zeitlicher Anwendungsbereich. Die Nachweispflicht entsteht erst nach Zugang einer Mitteilung nach § 20 Abs. 1, 3 oder 4 oder § 21 Abs. 1 oder 2 („dem eine Mitteilung ... gemacht worden ist"). Fehlt es an einer solchen Mitteilung, kann das Unternehmen auch dann keinen Nachweis nach § 22 verlangen, wenn es anderweitig Kenntnis vom Bestehen einer mitteilungspflichtigen Beteiligung erlangt.[6] Nach Zugang der Mitteilung kann das Unternehmen „jederzeit" den Nachweis der Beteiligung verlangen. Ein zeitlich enger Zusammenhang mit der Mitteilung ist nicht erforderlich.[7] Die Nachweispflicht besteht nur auf **Verlangen** des Mitteilungsadressaten.[8] Einer besonderen Form bedarf das Verlangen nicht.

II. Inhalt und Form des Nachweises

1. Inhalt des Nachweisanspruchs. Nicht explizit geregelt ist der Inhalt des Nachweisanspruchs. Da eine Kontrolle der inhaltlichen Richtigkeit der Mitteilung ermöglicht werden soll,[9] ist nachzuweisen, dass der Mitteilungspflichtige die gemeldete Beteiligung tatsächlich hält, was ggf. auch den Nachweis einer Beteiligungszurechnung umfasst. Nachzuweisen ist auch der Zeitpunkt des Beteiligungserwerbs, um – mit Blick auf einen möglichen (zeitweiligen) Rechtsverlust nach § 20 Abs. 7 bzw. § 21 Abs. 4 – die Rechtzeitigkeit („unverzüglich") der Mitteilung überprüfen zu können.[10] Da das Unternehmen „jederzeit" den Nachweis des Bestehens der Beteiligung verlangen kann, ist auch das Fortbestehen der Beteiligung (zum Zeitpunkt des Nachweises) von der Nachweispflicht umfasst.[11]

2. Form des Nachweises. Der Nachweis kann grundsätzlich **in jeder Form** geführt werden.[12] Nachweisgeeignet sind zB Depotbescheinigungen oder Abtretungsurkunden, ggf. unter Hinzufügung von Treuhandverträgen oder Nachweisen von Abhängigkeitsverhältnissen.[13] Die **Kosten** des Nachweises hat der Nachweispflichtige zu tragen.[14] Da der Nachweis in engem Zusammenhang mit der Mitteilung steht und lediglich deren Richtigkeit belegen soll, ist er wegen des mitgliedschaftlichen Bezugs der Nachweispflicht grundsätzlich wie die Mitteilung **am Satzungssitz** des Mitteilungsadressaten zu erbringen.

III. Gerichtliche Durchsetzung des Anspruchs

1. Gerichtliche Zuständigkeit. Sachlich sind die ordentlichen Gerichte, funktionell die **Kammern für Handelssachen** gemäß § 95 Abs. 1 Nr. 4a GVG zuständig, soweit solche nach § 94 GVG bestehen. § 22 ZPO eröffnet neben dem allgemeinen Gerichtsstand des Nachweispflichtigen gemäß §§ 12, 13 ZPO einen besonderen Gerichtsstand am allgemeinen Gerichtsstand der Gesellschaft nach § 17 Abs. 1 ZPO.

2. Statthafte Klageart. Der Nachweisanspruch kann mit einer **Leistungsklage** eingeklagt werden. Da es sich um keinen Zahlungsanspruch handelt, kommt das Mahnverfahren gemäß § 688 Abs. 1 ZPO nicht in Betracht.

---

[3] Großkomm AktG/*Windbichler* Rn. 3; MüKoAktG/*Bayer* Rn. 2; Hüffer/Koch/*Koch* Rn. 2; Emmerich/Habersack/*Emmerich* Rn. 6; aA Kölner Komm AktG/*Koppensteiner* Rn. 3.
[4] MHdB AG/*Krieger* § 68 Rn. 129.
[5] Emmerich/Habersack/*Emmerich* Rn. 3 (die Nachweispflicht treffe nur den Meldepflichtigen).
[6] MüKoAktG/*Bayer* Rn. 2; Bürgers/Körber/*Becker* Rn. 2; Grigoleit/*Rachlitz* Rn. 1.
[7] Großkomm AktG/*Windbichler* Rn. 6; Bürgers/Körber/*Becker* Rn. 2; Grigoleit/*Rachlitz* Rn. 1; Emmerich/Habersack/*Emmerich* Rn. 4; aA MHdB AG/*Krieger* § 68 Rn. 123 und *Diekmann* DZWir 1994, 13 (15): Nach Erbringung des Nachweises bestehe eine erneute Nachweispflicht nur dann, wenn Anlass zur Annahme bestehe, dass eine meldepflichtige Veränderung in der Beteiligung eingetreten ist.
[8] Grigoleit/*Rachlitz* Rn. 1; Emmerich/Habersack/*Emmerich* Rn. 3.
[9] Hüffer/Koch/*Koch* Rn. 1; MHdB AG/*Krieger* § 68 Rn. 129; NK-AktR/*Heinrich* Rn. 1.
[10] Ebenso Emmerich/Habersack/*Emmerich* Rn. 5; Grigoleit/*Rachlitz* Rn. 1.
[11] Bürgers/Körber/*Becker* Rn. 2; K. Schmidt/Lutter/*Veil* Rn. 2; NK-AktR/*Heinrich* Rn. 2.
[12] MHdB AG/*Krieger* § 68 Rn. 129; Bürgers/Körber/*Becker* Rn. 3.
[13] K. Schmidt/Lutter/*Veil* Rn. 3; Grigoleit/*Rachlitz* Rn. 1; *Weber* NJW 1994, 2849 (2855).
[14] Emmerich/Habersack/*Emmerich* Rn. 7; Bürgers/Körber/*Becker* Rn. 3; Grigoleit/*Rachlitz* Rn. 1.

8 **3. Vollstreckung.** Die Vollstreckung aus dem erstrittenen Titel erfolgt gegebenenfalls **gemäß § 888 ZPO,** da der Nachweis durch einen Dritten nicht erbracht werden kann, sondern vom Willen des Nachweispflichtigen abhängt.[15] Der Nachweispflichtige kann also vom Prozessgericht des ersten Rechtszugs zur Erbringung des Nachweises durch Verhängung eines Zwangsgeldes oder nötigenfalls durch Anordnung einer Zwangshaft per Beschluss angehalten werden. Das einzelne **Zwangsgeld** darf gemäß § 888 Abs. 1 Satz 2 ZPO den Betrag von 25.000 € nicht übersteigen und geht, wenn es eingetrieben werden kann, an die Staatskasse. Die **Zwangshaft** darf nach § 888 Abs. 1 Satz 3 ZPO iVm § 802j Abs. 1 Satz 1 ZPO die Dauer von sechs Monaten nicht übersteigen.

Anhang

Wertpapierhandelsgesetz §§ 33–47

in der Fassung der Bekanntmachung vom 9. September 1998 (BGBl. 1998 I 2708), zuletzt geändert durch Gesetz v. 10.7.2018 (BGBl. 2018 I 1102)

§ 33 WpHG Mitteilungspflichten des Meldepflichtigen; Verordnungsermächtigung

(1) [1]Wer durch Erwerb, Veräußerung oder auf sonstige Weise 3 Prozent, 5 Prozent, 10 Prozent, 15 Prozent, 20 Prozent, 25 Prozent, 30 Prozent, 50 Prozent oder 75 Prozent der Stimmrechte aus ihm gehörenden Aktien an einem Emittenten, für den die Bundesrepublik Deutschland der Herkunftsstaat ist, erreicht, überschreitet oder unterschreitet (Meldepflichtiger), hat dies unverzüglich dem Emittenten und gleichzeitig der Bundesanstalt, spätestens innerhalb von vier Handelstagen unter Beachtung von § 34 Absatz 1 und 2 mitzuteilen. [2]Bei Hinterlegungsscheinen, die Aktien vertreten, trifft die Mitteilungspflicht ausschließlich den Inhaber der Hinterlegungsscheine. [3]Die Frist des Satzes 1 beginnt mit dem Zeitpunkt, zu dem der Meldepflichtige Kenntnis davon hat oder nach den Umständen haben mußte, daß sein Stimmrechtsanteil die genannten Schwellen erreicht, überschreitet oder unterschreitet. [4]Hinsichtlich des Fristbeginns wird unwiderleglich vermutet, dass der Meldepflichtige spätestens zwei Handelstage nach dem Erreichen, Überschreiten oder Unterschreiten der genannten Schwellen Kenntnis hat. [5]Kommt es infolge von Ereignissen, die die Gesamtzahl der Stimmrechte verändern, zu einer Schwellenberührung, so beginnt die Frist abweichend von Satz 3, sobald der Meldepflichtige von der Schwellenberührung Kenntnis erlangt, spätestens jedoch mit der Veröffentlichung des Emittenten nach § 41 Absatz 1.

(2) [1]Wem im Zeitpunkt der erstmaligen Zulassung der Aktien zum Handel an einem organisierten Markt 3 Prozent oder mehr der Stimmrechte an einem Emittenten zustehen, für den die Bundesrepublik Deutschland der Herkunftsstaat ist, hat diesem Emittenten sowie der Bundesanstalt eine Mitteilung entsprechend Absatz 1 Satz 1 zu machen. [2]Absatz 1 Satz 2 gilt entsprechend.

(3) Als Gehören im Sinne dieses Abschnitts gilt bereits das Bestehen eines auf die Übertragung von Aktien gerichteten unbedingten und ohne zeitliche Verzögerung zu erfüllenden Anspruchs oder einer entsprechenden Verpflichtung.

(4) Inlandsemittenten und Emittenten, für die die Bundesrepublik Deutschland der Herkunftsstaat ist, sind im Sinne dieses Abschnitts nur solche, deren Aktien zum Handel an einem organisierten Markt zugelassen sind.

(5) [1]Das Bundesministerium der Finanzen kann durch Rechtsverordnung, die nicht der Zustimmung des Bundesrates bedarf, nähere Bestimmungen erlassen über den Inhalt, die Art, die Sprache, den Umfang und die Form der Mitteilung nach Absatz 1 Satz 1 und Absatz 2. [2]Das Bundesministerium der Finanzen kann die Ermächtigung durch Rechtsverordnung auf die Bundesanstalt übertragen, soweit die Art und die Form der Mitteilung nach Absatz 1 oder Absatz 2, insbesondere die Nutzung eines elektronischen Verfahrens, betroffen sind.

§ 34 WpHG Zurechnung von Stimmrechten

(1) [1]Für die Mitteilungspflichten nach § 33 Absatz 1 und 2 stehen den Stimmrechten des Meldepflichtigen Stimmrechte aus Aktien des Emittenten, für den die Bundesrepublik Deutschland der Herkunftsstaat ist, gleich,
1. die einem Tochterunternehmen des Meldepflichtigen gehören,
2. die einem Dritten gehören und von ihm für Rechnung des Meldepflichtigen gehalten werden,

---

[15] K. Schmidt/Lutter/*Veil* Rn. 4; Bürgers/Körber/*Becker* Rn. 1.

3. die der Meldepflichtige einem Dritten als Sicherheit übertragen hat, es sei denn, der Dritte ist zur Ausübung der Stimmrechte aus diesen Aktien befugt und bekundet die Absicht, die Stimmrechte unabhängig von den Weisungen des Meldepflichtigen auszuüben,
4. an denen zugunsten des Meldepflichtigen ein Nießbrauch bestellt ist,
5. die der Meldepflichtige durch eine Willenserklärung erwerben kann,
6. die dem Meldepflichtigen anvertraut sind oder aus denen er die Stimmrechte als Bevollmächtigter ausüben kann, sofern er die Stimmrechte aus diesen Aktien nach eigenem Ermessen ausüben kann, wenn keine besonderen Weisungen des Aktionärs vorliegen,
7. aus denen der Meldepflichtige die Stimmrechte ausüben kann auf Grund einer Vereinbarung, die eine zeitweilige Übertragung der Stimmrechte ohne die damit verbundenen Aktien gegen Gegenleistung vorsieht,
8. die bei dem Meldepflichtigen als Sicherheit verwahrt werden, sofern der Meldepflichtige die Stimmrechte hält und die Absicht bekundet, diese Stimmrechte auszuüben.

²Für die Zurechnung nach Satz 1 Nummer 2 bis 8 stehen dem Meldepflichtigen Tochterunternehmen des Meldepflichtigen gleich. ³Stimmrechte des Tochterunternehmens werden dem Meldepflichtigen in voller Höhe zugerechnet.

(2) ¹Dem Meldepflichtigen werden auch Stimmrechte eines Dritten aus Aktien des Emittenten, für den die Bundesrepublik Deutschland der Herkunftsstaat ist, in voller Höhe zugerechnet, mit dem der Meldepflichtige oder sein Tochterunternehmen sein Verhalten in Bezug auf diesen Emittenten auf Grund einer Vereinbarung oder in sonstiger Weise abstimmt; ausgenommen sind Vereinbarungen in Einzelfällen. ²Ein abgestimmtes Verhalten setzt voraus, dass der Meldepflichtige oder sein Tochterunternehmen und der Dritte sich über die Ausübung von Stimmrechten verständigen oder mit dem Ziel einer dauerhaften und erheblichen Änderung der unternehmerischen Ausrichtung des Emittenten in sonstiger Weise zusammenwirken. ³Für die Berechnung des Stimmrechtsanteils des Dritten gilt Absatz 1 entsprechend.

(3) ¹Wird eine Vollmacht im Falle des Absatz 1 Satz 1 Nummer 6 nur zur Ausübung der Stimmrechte für eine Hauptversammlung erteilt, ist es für die Erfüllung der Mitteilungspflicht nach § 33 Absatz 1 und 2 in Verbindung mit Absatz 1 Satz 1 Nummer 6 ausreichend, wenn die Mitteilung lediglich bei Erteilung der Vollmacht abgegeben wird. ²Die Mitteilung muss die Angabe enthalten, wann die Hauptversammlung stattfindet und wie hoch nach Erlöschen der Vollmacht oder des Ausübungsermessens der Stimmrechtsanteil sein wird, der dem Bevollmächtigten zugerechnet wird.

§ 35 WpHG Tochterunternehmenseigenschaft; Verordnungsermächtigung

(1) Vorbehaltlich der Absätze 2 bis 4 sind Tochterunternehmen im Sinne dieses Abschnitts Unternehmen,
1. die als Tochterunternehmen im Sinne des § 290 des Handelsgesetzbuchs gelten oder
2. auf die ein beherrschender Einfluss ausgeübt werden kann,
ohne dass es auf die Rechtsform oder den Sitz ankommt.

(2) Nicht als Tochterunternehmen im Sinne dieses Abschnitts gilt ein Wertpapierdienstleistungsunternehmen hinsichtlich der Beteiligungen, die von ihm im Rahmen einer Wertpapierdienstleistung nach § 2 Absatz 3 Satz 1 Nummer 7 verwaltet werden, wenn
1. das Wertpapierdienstleistungsunternehmen die Stimmrechte, die mit den betreffenden Aktien verbunden sind, unabhängig vom Mutterunternehmen ausübt,
2. das Wertpapierdienstleistungsunternehmen
   a) die Stimmrechte nur auf Grund von in schriftlicher Form oder über elektronische Hilfsmittel erteilten Weisungen ausüben darf oder
   b) durch geeignete Vorkehrungen sicherstellt, dass die Finanzportfolioverwaltung unabhängig von anderen Dienstleistungen und unter Bedingungen erfolgt, die gleichwertig sind denen der Richtlinie 2009/65/EG des Europäischen Parlaments und des Rates vom 13. Juli 2009 zur Koordinierung der Rechts- und Verwaltungsvorschriften betreffend bestimmte Organismen für gemeinsame Anlagen in Wertpapieren (OGAW) (ABl. L 302 vom 17.11.2009, S. 32) in der jeweils geltenden Fassung,
3. das Mutterunternehmen der Bundesanstalt den Namen des Wertpapierdienstleistungsunternehmens und die für dessen Überwachung zuständige Behörde oder das Fehlen einer solchen Behörde mitteilt und
4. das Mutterunternehmen gegenüber der Bundesanstalt erklärt, dass die Voraussetzungen der Nummer 1 erfüllt sind.

(3) Nicht als Tochterunternehmen im Sinne dieses Abschnitts gelten Kapitalverwaltungsgesellschaften im Sinne des § 17 Absatz 1 des Kapitalanlagegesetzbuchs und EU-Verwaltungsgesellschaften im Sinne des § 1 Absatz 17 des Kapitalanlagegesetzbuchs hinsichtlich der Beteiligungen, die zu den von ihnen verwalteten Investmentvermögen gehören, wenn
1. die Verwaltungsgesellschaft die Stimmrechte, die mit den betreffenden Aktien verbunden sind, unabhängig vom Mutterunternehmen ausübt,
2. die Verwaltungsgesellschaft die zu dem Investmentvermögen gehörenden Beteiligungen im Sinne der §§ 33 und 34 nach Maßgabe der Richtlinie 2009/65/EG verwaltet,
3. das Mutterunternehmen der Bundesanstalt den Namen der Verwaltungsgesellschaft und die für deren Überwachung zuständige Behörde oder das Fehlen einer solchen Behörde mitteilt und
4. das Mutterunternehmen gegenüber der Bundesanstalt erklärt, dass die Voraussetzungen der Nummer 1 erfüllt sind.

(4) Ein Unternehmen mit Sitz in einem Drittstaat, das nach § 32 Absatz 1 Satz 1 in Verbindung mit § 1 Absatz 1a Satz 2 Nummer 3 des Kreditwesengesetzes einer Zulassung für die Finanzportfolioverwaltung oder einer Erlaubnis nach § 20 oder § 113 des Kapitalanlagegesetzbuchs bedürfte, wenn es seinen Sitz oder seine Hauptverwaltung im Inland hätte, gilt nicht als Tochterunternehmen im Sinne dieses Abschnitts, wenn
1. das Unternehmen bezüglich seiner Unabhängigkeit Anforderungen genügt, die denen nach Absatz 2 oder Absatz 3, auch in Verbindung mit einer Rechtsverordnung nach Absatz 6, jeweils gleichwertig sind,
2. das Mutterunternehmen der Bundesanstalt den Namen dieses Unternehmens und die für dessen Überwachung zuständige Behörde oder das Fehlen einer solchen Behörde mitteilt und
3. das Mutterunternehmen gegenüber der Bundesanstalt erklärt, dass die Voraussetzungen der Nummer 1 erfüllt sind.

(5) Abweichend von den Absätzen 2 bis 4 gelten Wertpapierdienstleistungsunternehmen und Verwaltungsgesellschaften jedoch dann als Tochterunternehmen im Sinne dieses Abschnitts, wenn
1. das Mutterunternehmen oder ein anderes Tochterunternehmen des Mutterunternehmens seinerseits Anteile an der von dem Unternehmen verwalteten Beteiligung hält und
2. das Unternehmen die Stimmrechte, die mit diesen Beteiligungen verbunden sind, nicht nach freiem Ermessen, sondern nur auf Grund unmittelbarer oder mittelbarer Weisungen ausüben kann, die ihm vom Mutterunternehmen oder von einem anderen Tochterunternehmen des Mutterunternehmens erteilt werden.

(6) Das Bundesministerium der Finanzen wird ermächtigt, durch Rechtsverordnung, die nicht der Zustimmung des Bundesrates bedarf, nähere Bestimmungen zu erlassen über die Umstände, unter denen in den Fällen der Absätze 2 bis 5 eine Unabhängigkeit vom Mutterunternehmen gegeben ist.

§ 36 WpHG Nichtberücksichtigung von Stimmrechten

(1) Stimmrechte aus Aktien eines Emittenten, für den die Bundesrepublik Deutschland der Herkunftsstaat ist, bleiben bei der Berechnung des Stimmrechtsanteils unberücksichtigt, wenn ihr Inhaber
1. ein Kreditinstitut oder ein Wertpapierdienstleistungsunternehmen mit Sitz in einem Mitgliedstaat der Europäischen Union oder in einem anderen Vertragsstaat des Abkommens über den Europäischen Wirtschaftsraum ist,
2. die betreffenden Aktien im Handelsbuch hält und dieser Anteil nicht mehr als 5 Prozent der Stimmrechte beträgt und
3. sicherstellt, dass die Stimmrechte aus den betreffenden Aktien nicht ausgeübt und nicht anderweitig genutzt werden, um auf die Geschäftsführung des Emittenten Einfluss zu nehmen.

(2) Unberücksichtigt bei der Berechnung des Stimmrechtsanteils bleiben Stimmrechte aus Aktien, die gemäß der Verordnung (EG) Nr. 2273/2003 zu Stabilisierungszwecken erworben wurden, wenn der Aktieninhaber sicherstellt, dass die Stimmrechte aus den betreffenden Aktien nicht ausgeübt und nicht anderweitig genutzt werden, um auf die Geschäftsführung des Emittenten Einfluss zu nehmen.

(3) Stimmrechte aus Aktien eines Emittenten, für den die Bundesrepublik Deutschland der Herkunftsstaat ist, bleiben bei der Berechnung des Stimmrechtsanteils unberücksichtigt, sofern
1. die betreffenden Aktien ausschließlich für den Zweck der Abrechnung und Abwicklung von Geschäften für höchstens drei Handelstage gehalten werden, selbst wenn die Aktien auch außerhalb eines organisierten Marktes gehandelt werden, oder

2. eine mit der Verwahrung von Aktien betraute Stelle die Stimmrechte aus den verwahrten Aktien nur aufgrund von Weisungen, die schriftlich oder über elektronische Hilfsmittel erteilt wurden, ausüben darf.

(4) ¹Stimmrechte aus Aktien, die die Mitglieder des Europäischen Systems der Zentralbanken bei der Wahrnehmung ihrer Aufgaben als Währungsbehörden zur Verfügung gestellt bekommen oder die sie bereitstellen, bleiben bei der Berechnung des Stimmrechtsanteils am Emittenten, für den die Bundesrepublik Deutschland der Herkunftsstaat ist, unberücksichtigt, soweit es sich bei den Transaktionen um kurzfristige Geschäfte handelt und die Stimmrechte aus den betreffenden Aktien nicht ausgeübt werden. ²Satz 1 gilt insbesondere für Stimmrechte aus Aktien, die einem oder von einem Mitglied im Sinne des Satzes 1 zur Sicherheit übertragen werden, und für Stimmrechte aus Aktien, die dem Mitglied als Pfand oder im Rahmen eines Pensionsgeschäfts oder einer ähnlichen Vereinbarung gegen Liquidität für geldpolitische Zwecke oder innerhalb eines Zahlungssystems zur Verfügung gestellt oder von diesem bereitgestellt werden.

(5) ¹Für die Meldeschwellen von 3 Prozent und 5 Prozent bleiben Stimmrechte aus solchen Aktien eines Emittenten, für den die Bundesrepublik Deutschland der Herkunftsstaat ist, unberücksichtigt, die von einer Person erworben oder veräußert werden, die an einem Markt dauerhaft anbietet, Finanzinstrumente im Wege des Eigenhandels zu selbst gestellten Preisen zu kaufen oder zu verkaufen, wenn
1. diese Person dabei in ihrer Eigenschaft als Market Maker handelt,
2. sie eine Zulassung nach der Richtlinie 2004/39/EG hat,
3. sie nicht in die Geschäftsführung des Emittenten eingreift und keinen Einfluss auf ihn dahingehend ausübt, die betreffenden Aktien zu kaufen oder den Preis der Aktien zu stützen und
4. sie der Bundesanstalt unverzüglich, spätestens innerhalb von vier Handelstagen mitteilt, dass sie hinsichtlich der betreffenden Aktien als Market Maker tätig ist; für den Beginn der Frist gilt § 33 Absatz 1 Satz 3 und 4 entsprechend.

²Die Person kann die Mitteilung auch schon zu dem Zeitpunkt abgeben, an dem sie beabsichtigt, hinsichtlich der betreffenden Aktien als Market Maker tätig zu werden.

(6) Stimmrechte aus Aktien, die nach den Absätzen 1 bis 5 bei der Berechnung des Stimmrechtsanteils unberücksichtigt bleiben, können mit Ausnahme von Absatz 3 Nummer 2 nicht ausgeübt werden.

(7) Das Bundesministerium der Finanzen kann durch Rechtsverordnung, die nicht der Zustimmung des Bundesrates bedarf,
1. eine geringere Höchstdauer für das Halten der Aktien nach Absatz 3 Nummer 1 festlegen,
2. nähere Bestimmungen erlassen über die Nichtberücksichtigung der Stimmrechte eines Market Maker nach Absatz 5 und
3. nähere Bestimmungen erlassen über elektronische Hilfsmittel, mit denen Weisungen nach Absatz 3 Nummer 2 erteilt werden können.

(8) Die Berechnung der Stimmrechte, die nach den Absätzen 1 und 5 nicht zu berücksichtigen sind, bestimmt sich nach den in Artikel 9 Absatz 6b und Artikel 13 Absatz 4 der Richtlinie 2004/109/EG des Europäischen Parlaments und des Rates vom 15. Dezember 2004 zur Harmonisierung der Transparenzanforderungen in Bezug auf Informationen über Emittenten, deren Wertpapiere zum Handel auf einem geregelten Markt zugelassen sind, und zur Änderung der Richtlinie 2001/34/EG (ABl. L 390 vom 31.12.2004, S. 38) benannten technischen Regulierungsstandards.

§ 37 WpHG Mitteilung durch Mutterunternehmen; Verordnungsermächtigung

(1) Ein Meldepflichtiger ist von den Meldepflichten nach § 33 Absatz 1 und 2, § 38 Absatz 1 und § 39 Absatz 1 befreit, wenn die Mitteilung von seinem Mutterunternehmen erfolgt oder, falls das Mutterunternehmen selbst ein Tochterunternehmen ist, durch dessen Mutterunternehmen erfolgt.

(2) Das Bundesministerium der Finanzen kann durch Rechtsverordnung, die nicht der Zustimmung des Bundesrates bedarf, nähere Bestimmungen erlassen über den Inhalt, die Art, die Sprache, den Umfang und die Form der Mitteilung nach Absatz 1.

§ 38 WpHG Mitteilungspflichten beim Halten von Instrumenten; Verordnungsermächtigung

(1) ¹Die Mitteilungspflicht nach § 33 Absatz 1 und 2 gilt bei Erreichen, Überschreiten oder Unterschreiten der in § 33 Absatz 1 Satz 1 genannten Schwellen mit Ausnahme der Schwelle von 3 Prozent entsprechend für unmittelbare oder mittelbare Inhaber von Instrumenten, die

1. dem Inhaber entweder
    a) bei Fälligkeit ein unbedingtes Recht auf Erwerb mit Stimmrechten verbundener und bereits ausgegebener Aktien eines Emittenten, für den die Bundesrepublik Deutschland der Herkunftsstaat ist, oder
    b) ein Ermessen in Bezug auf sein Recht auf Erwerb dieser Aktienverleihen, oder
2. sich auf Aktien im Sinne der Nummer 1 beziehen und eine vergleichbare wirtschaftliche Wirkung haben wie die in Nummer 1 genannten Instrumente, unabhängig davon, ob sie einen Anspruch auf physische Lieferung einräumen oder nicht.

²Die §§ 36 und 37 gelten entsprechend.

(2) Instrumente im Sinne des Absatz 1 können insbesondere sein:
1. übertragbare Wertpapiere,
2. Optionen,
3. Terminkontrakte,
4. Swaps,
5. Zinsausgleichsvereinbarungen und
6. Differenzgeschäfte.

(3) ¹Die Anzahl der für die Mitteilungspflicht nach Absatz 1 maßgeblichen Stimmrechte ist anhand der vollen nominalen Anzahl der dem Instrument zugrunde liegenden Aktien zu berechnen. ²Sieht das Instrument ausschließlich einen Barausgleich vor, ist die Anzahl der Stimmrechte abweichend von Satz 1 auf einer Delta-angepassten Basis zu berechnen, wobei die nominale Anzahl der zugrunde liegenden Aktien mit dem Delta des Instruments zu multiplizieren ist. ³Die Einzelheiten der Berechnung bestimmen sich nach den in Artikel 13 Absatz 1a der Richtlinie 2004/109/EG des Europäischen Parlaments und des Rates vom 15. Dezember 2004 zur Harmonisierung der Transparenzanforderungen in Bezug auf Informationen über Emittenten, deren Wertpapiere zum Handel auf einem geregelten Markt zugelassen sind, und zur Änderung der Richtlinie 2001/34/EG (ABl. L 390 vom 31.12.2004, S. 38) benannten technischen Regulierungsstandards. ⁴Bei Instrumenten, die sich auf einen Aktienkorb oder einen Index beziehen, bestimmt sich die Berechnung ebenfalls nach den technischen Regulierungsstandards gemäß Satz 2.

(4) ¹Beziehen sich verschiedene der in Absatz 1 genannten Instrumente auf Aktien desselben Emittenten, sind die Stimmrechte aus diesen Aktien zusammenzurechnen. ²Erwerbspositionen dürfen nicht mit Veräußerungspositionen verrechnet werden.

(5) ¹Das Bundesministerium der Finanzen kann durch Rechtsverordnung, die nicht der Zustimmung des Bundesrates bedarf, nähere Bestimmungen erlassen über den Inhalt, die Art, die Sprache, den Umfang und die Form der Mitteilung nach Absatz 1. ²Das Bundesministerium der Finanzen kann die Ermächtigung durch Rechtsverordnung auf die Bundesanstalt übertragen, soweit die Art und die Form der Mitteilung nach Absatz 1, insbesondere die Nutzung eines elektronischen Verfahrens, betroffen sind.

§ 39 WpHG Mitteilungspflichten bei Zusammenrechnung; Verordnungsermächtigung

(1) Die Mitteilungspflicht nach § 33 Absatz 1 und 2 gilt entsprechend für Inhaber von Stimmrechten im Sinne des § 33 und Instrumenten im Sinne des § 38, wenn die Summe der nach § 33 Absatz 1 Satz 1 oder Absatz 2 und § 38 Absatz 1 Satz 1 zu berücksichtigenden Stimmrechte an demselben Emittenten die in § 33 Absatz 1 Satz 1 genannten Schwellen mit Ausnahme der Schwelle von 3 Prozent erreicht, überschreitet oder unterschreitet.

(2) ¹Das Bundesministerium der Finanzen kann durch Rechtsverordnung, die nicht der Zustimmung des Bundesrates bedarf, nähere Bestimmungen erlassen über den Inhalt, die Art, die Sprache, den Umfang und die Form der Mitteilung nach Absatz 1. ²Das Bundesministerium der Finanzen kann die Ermächtigung durch Rechtsverordnung auf die Bundesanstalt übertragen, soweit die Art und die Form der Mitteilung nach Absatz 1, insbesondere die Nutzung eines elektronischen Verfahrens, betroffen sind.

§ 40 WpHG Veröffentlichungspflichten des Emittenten und Übermittlung an das Unternehmensregister

(1) ¹Ein Inlandsemittent hat Informationen nach § 33 Absatz 1 Satz 1, Absatz 2 und § 38 Absatz 1 Satz 1 sowie § 39 Absatz 1 Satz 1 oder nach entsprechenden Vorschriften anderer Mitgliedstaaten der Europäischen Union oder anderer Vertragsstaaten des Abkommens über den Europäischen Wirtschaftsraum unverzüglich, spätestens drei Handelstage nach Zugang der Mitteilung zu veröffentlichen; er übermittelt sie außerdem unverzüglich, jedoch nicht vor ihrer Veröffentlichung dem Unternehmensregister

im Sinne des § 8b des Handelsgesetzbuchs zur Speicherung. ²Erreicht, überschreitet oder unterschreitet ein Inlandsemittent in Bezug auf eigene Aktien entweder selbst, über ein Tochterunternehmen oder über eine in eigenem Namen, aber für Rechnung dieses Emittenten handelnde Person die Schwellen von 5 Prozent oder 10 Prozent durch Erwerb, Veräußerung oder auf sonstige Weise, gilt Satz 1 entsprechend mit der Maßgabe, dass abweichend von Satz 1 eine Erklärung zu veröffentlichen ist, deren Inhalt sich nach § 33 Absatz 1 Satz 1, auch in Verbindung mit einer Rechtsverordnung nach § 33 Absatz 5 bestimmt, und die Veröffentlichung spätestens vier Handelstage nach Erreichen, Überschreiten oder Unterschreiten der genannten Schwellen zu erfolgen hat; wenn für den Emittenten die Bundesrepublik Deutschland der Herkunftsstaat ist, ist außerdem die Schwelle von 3 Prozent maßgeblich.

(2) Der Inlandsemittent hat gleichzeitig mit der Veröffentlichung nach Absatz 1 Satz 1 und 2 diese der Bundesanstalt mitzuteilen.

(3) Das Bundesministerium der Finanzen kann durch Rechtsverordnung, die nicht der Zustimmung des Bundesrates bedarf, nähere Bestimmungen erlassen über
1. den Inhalt, die Art, die Sprache, den Umfang und die Form sowie die elektronische Verarbeitung der Angaben der Veröffentlichung nach Absatz 1 Satz 1 einschließlich enthaltener personenbezogener Daten und
2. den Inhalt, die Art, die Sprache, den Umfang, die Form sowie die elektronische Verarbeitung der Angaben der Mitteilung nach Absatz 2 einschließlich enthaltener personenbezogener Daten.

§ 41 WpHG Veröffentlichung der Gesamtzahl der Stimmrechte und Übermittlung an das Unternehmensregister

(1) ¹Ist es bei einem Inlandsemittenten zu einer Zu- oder Abnahme von Stimmrechten gekommen, so ist er verpflichtet, die Gesamtzahl der Stimmrechte und das Datum der Wirksamkeit der Zu- oder Abnahme in der in § 40 Absatz 1 Satz 1, auch in Verbindung mit einer Rechtsverordnung nach Absatz 3 Nummer 1, vorgesehenen Weise unverzüglich, spätestens innerhalb von zwei Handelstagen zu veröffentlichen. ²Er hat die Veröffentlichung gleichzeitig der Bundesanstalt entsprechend § 40 Absatz 2, auch in Verbindung mit einer Rechtsverordnung nach Absatz 3 Nummer 2, mitzuteilen. ³Er übermittelt die Informationen außerdem unverzüglich, jedoch nicht vor ihrer Veröffentlichung, dem Unternehmensregister nach § 8b des Handelsgesetzbuchs zur Speicherung.

(2) ¹Bei der Ausgabe von Bezugsaktien ist die Gesamtzahl der Stimmrechte abweichend von Absatz 1 Satz 1 nur im Zusammenhang mit einer ohnehin erforderlichen Veröffentlichung nach Absatz 1, spätestens jedoch am Ende des Kalendermonats, in dem es zu einer Zu- oder Abnahme von Stimmrechten gekommen ist, zu veröffentlichen. ²Der Veröffentlichung des Datums der Wirksamkeit der Zu- oder Abnahme bedarf es nicht.

§ 42 WpHG Nachweis mitgeteilter Beteiligungen

Wer eine Mitteilung nach § 33 Absatz 1 oder 2, § 38 Absatz 1 oder § 39 Absatz 1 abgegeben hat, muß auf Verlangen der Bundesanstalt oder des Emittenten, für den die Bundesrepublik Deutschland der Herkunftsstaat ist, das Bestehen der mitgeteilten Beteiligung nachweisen.

§ 43 WpHG Mitteilungspflichten für Inhaber wesentlicher Beteiligungen

(1) ¹Ein Meldepflichtiger im Sinne der §§ 33 und 34, der die Schwelle von 10 Prozent der Stimmrechte aus Aktien oder eine höhere Schwelle erreicht oder überschreitet, muss dem Emittenten, für den die Bundesrepublik Deutschland Herkunftsstaat ist, die mit dem Erwerb der Stimmrechte verfolgten Ziele und die Herkunft der für den Erwerb verwendeten Mittel innerhalb von 20 Handelstagen nach Erreichen oder Überschreiten dieser Schwellen mitteilen. ²Eine Änderung der Ziele im Sinne des Satzes 1 ist innerhalb von 20 Handelstagen mitzuteilen. ³Hinsichtlich der mit dem Erwerb der Stimmrechte verfolgten Ziele hat der Meldepflichtige anzugeben, ob
1. die Investition der Umsetzung strategischer Ziele oder der Erzielung von Handelsgewinnen dient,
2. er innerhalb der nächsten zwölf Monate weitere Stimmrechte durch Erwerb oder auf sonstige Weise zu erlangen beabsichtigt,
3. er eine Einflussnahme auf die Besetzung von Verwaltungs-, Leitungs- und Aufsichtsorganen des Emittenten anstrebt und
4. er eine wesentliche Änderung der Kapitalstruktur der Gesellschaft, insbesondere im Hinblick auf das Verhältnis von Eigen- und Fremdfinanzierung und die Dividendenpolitik anstrebt.

⁴Hinsichtlich der Herkunft der verwendeten Mittel hat der Meldepflichtige anzugeben, ob es sich um Eigen- oder Fremdmittel handelt, die der Meldepflichtige zur Finanzierung des Erwerbs der Stimmrechte aufgenommen hat. ⁵Eine Mitteilungspflicht nach Satz 1 besteht nicht, wenn der Schwellenwert auf Grund eines Angebots im Sinne des § 2 Absatz 1 des Wertpapiererwerbs- und Übernahmegesetzes erreicht oder überschritten wurde. ⁶Die Mitteilungspflicht besteht ferner nicht für Kapitalverwaltungsgesellschaften sowie ausländische Verwaltungsgesellschaften und Investmentgesellschaften im Sinne der Richtlinie 2009/65/EG, die einem Artikel 56 Absatz 1 Satz 1 der Richtlinie 2009/65/EG entsprechenden Verbot unterliegen, sofern eine Anlagegrenze von 10 Prozent oder weniger festgelegt worden ist; eine Mitteilungspflicht besteht auch dann nicht, wenn eine Artikel 57 Absatz 1 Satz 1 und Absatz 2 der Richtlinie 2009/65/EG entsprechende zulässige Ausnahme bei der Überschreitung von Anlagegrenzen vorliegt.

(2) Der Emittent hat die erhaltene Information oder die Tatsache, dass die Mitteilungspflicht nach Absatz 1 nicht erfüllt wurde, entsprechend § 40 Absatz 1 Satz 1 in Verbindung mit der Rechtsverordnung nach § 40 Absatz 3 Nummer 1 zu veröffentlichen; er übermittelt diese Informationen außerdem unverzüglich, jedoch nicht vor ihrer Veröffentlichung dem Unternehmensregister nach § 8b des Handelsgesetzbuchs zur Speicherung.

(3) ¹Die Satzung eines Emittenten mit Sitz im Inland kann vorsehen, dass Absatz 1 keine Anwendung findet. ²Absatz 1 findet auch keine Anwendung auf Emittenten mit Sitz im Ausland, deren Satzung oder sonstige Bestimmungen eine Nichtanwendung vorsehen.

(4) Das Bundesministerium der Finanzen kann durch Rechtsverordnung, die nicht der Zustimmung des Bundesrates bedarf, nähere Bestimmungen über den Inhalt, die Art, die Sprache, den Umfang und die Form der Mitteilungen nach Absatz 1 erlassen.

§ 44 WpHG Rechtsverlust

(1) ¹Rechte aus Aktien, die einem Meldepflichtigen gehören oder aus denen ihm Stimmrechte gemäß § 34 zugerechnet werden, bestehen nicht für die Zeit, für welche die Mitteilungspflichten nach § 33 Absatz 1 oder 2 nicht erfüllt werden. ²Dies gilt nicht für Ansprüche nach § 58 Abs. 4 des Aktiengesetzes und § 271 des Aktiengesetzes, wenn die Mitteilung nicht vorsätzlich unterlassen wurde und nachgeholt worden ist. ³Sofern die Höhe des Stimmrechtsanteils betroffen ist, verlängert sich die Frist nach Satz 1 bei vorsätzlicher oder grob fahrlässiger Verletzung der Mitteilungspflichten um sechs Monate. ⁴Satz 3 gilt nicht, wenn die Abweichung bei der Höhe der in der vorangegangenen unrichtigen Mitteilung angegebenen Stimmrechte weniger als 10 Prozent des tatsächlichen Stimmrechtsanteils beträgt und keine Mitteilung über das Erreichen, Überschreiten oder Unterschreiten einer der in § 33 genannten Schwellen unterlassen wird.

(2) Kommt der Meldepflichtige seinen Mitteilungspflichten nach § 38 Absatz 1 oder § 39 Absatz 1 nicht nach, so ist Absatz 1 auf Aktien desselben Emittenten anzuwenden, die dem Meldepflichtigen gehören.

§ 45 WpHG Richtlinien der Bundesanstalt

¹Die Bundesanstalt kann Richtlinien aufstellen, nach denen sie für den Regelfall beurteilt, ob die Voraussetzungen für einen mitteilungspflichtigen Vorgang oder eine Befreiung von den Mitteilungspflichten nach § 33 Absatz 1 gegeben sind. ²Die Richtlinien sind im Bundesanzeiger zu veröffentlichen.

§ 46 WpHG Befreiungen; Verordnungsermächtigung

(1) ¹Die Bundesanstalt kann Inlandsemittenten mit Sitz in einem Drittstaat von den Pflichten nach § 40 Absatz 1 und § 41 freistellen, soweit diese Emittenten gleichwertigen Regeln eines Drittstaates unterliegen oder sich solchen Regeln unterwerfen. ²Die Bundesanstalt unterrichtet die Europäische Wertpapier- und Marktaufsichtsbehörde über die erteilte Freistellung. ³Satz 1 gilt nicht für Pflichten dieser Emittenten nach § 40 Absatz 1 und § 41 auf Grund von Mitteilungen nach § 39.

(2) ¹Emittenten, denen die Bundesanstalt eine Befreiung nach Absatz 1 erteilt hat, müssen Informationen über Umstände, die denen des § 33 Absatz 1 Satz 1 und Absatz 2, § 38 Absatz 1 Satz 1, § 40 Absatz 1 Satz 1 und 2 sowie § 41 entsprechen und die nach den gleichwertigen Regeln eines Drittstaates der Öffentlichkeit zur Verfügung zu stellen sind, in der in § 40 Absatz 1 Satz 1, auch in Verbindung mit einer Rechtsverordnung nach Absatz 3, geregelten Weise veröffentlichen und gleichzeitig der Bundesanstalt mitteilen. ²Die Informationen sind außerdem unverzüglich, jedoch

nicht vor ihrer Veröffentlichung dem Unternehmensregister im Sinne des § 8b des Handelsgesetzbuchs zur Speicherung zu übermitteln.

(3) Das Bundesministerium der Finanzen wird ermächtigt, durch Rechtsverordnung, die nicht der Zustimmung des Bundesrates bedarf, nähere Bestimmungen über die Gleichwertigkeit von Regeln eines Drittstaates und die Freistellung von Emittenten nach Absatz 1 zu erlassen.

§ 47 WpHG Handelstage

(1) Für die Berechnung der Mitteilungs- und Veröffentlichungsfristen nach diesem Abschnitt gelten als Handelstage alle Kalendertage, die nicht Sonnabende, Sonntage oder zumindest in einem Land landeseinheitliche gesetzlich anerkannte Feiertage sind.

(2) Die Bundesanstalt stellt im Internet unter ihrer Adresse einen Kalender der Handelstage zur Verfügung.

Schrifttum zu den nachfolgend kommentierten Regelungen des WpHG: *Bachmann*, Rechtsfragen der Wertpapierleihe, ZHR 173 (2009), 596; *Baums/Sauter*, Anschleichen an Übernahmeziele mit Hilfe von Aktienderivaten, ZHR 173 (2009), 454; *Borges*, Acting in Concert: Vom Schreckgespenst zur praxistauglichen Zurechnungsnorm, ZIP 2007, 357; *Brouwer*, Neue Transparenzvorgaben auf dem Weg zum Kapitalmarkt, AG 2010, 404; *v. Bülow/Petersen*, Der verlängerte Rechtsverlust auf Grund der Verletzung kapitalmarktrechtlicher Mitteilungspflichten, NZG 2009, 481; *v. Bülow/Petersen*, Stimmrechtszurechnung zum Treuhänder?, NZG 2009, 1373; *v. Bülow/Stephanblome*, Acting in Concert und neue Offenlegungspflichten nach dem Risikobegrenzungsgesetz, ZIP 2008, 1797; *Cahn*, Die Mitteilungspflicht des Legitimationsaktionärs, AG 2013, 459; *Cascante/Bingel*, Verbesserte Beteiligungstransparenz (nicht nur) vor Übernahmen?, NZG 2011, 1086; *Dietrich*, Änderungen bei der wertpapierhandelsrechtlichen Beteiligungstransparenz im Zusammenhang mit Investmentvermögen, ZIP 2016, 1612; *Drinkuth*, Gegen den Gleichlauf des Acting in concert nach § 22 WpHG und § 30 WpÜG, ZIP 2008, 676; *Fleischer*, Mitteilungspflichten für Inhaber wesentlicher Beteiligungen (§ 43 WpHG), AG 2008, 873; *Fleischer*, Rechtsverlust nach § 28 WpHG und entschuldbarer Rechtsirrtum des Meldepflichtigen, DB 2009, 1335; *Fleischer/Schmolke*, Kapitalmarktrechtliche Beteiligungstransparenz nach §§ 21 ff. WpHG und „Hidden-Ownership", ZIP 2008, 1501; *Gätsch/Schäfer*, Abgestimmtes Verhalten nach § 22 II WpHG und § 30 II WpÜG in der Fassung des Risikobegrenzungsgesetzes, NZG 2008, 846; *Greven/Fahrenholz*, Die Handhabung der neuen Mitteilungspflichten nach § 27a WpHG, BB 2009, 1487; *Heusel*, Der neue § 25a WpHG im System der Beteiligungstransparenz, WM 2012, 291; *Heusel*, Die Rechtsfolgen einer Verletzung der Beteiligungstransparenzpflichten gem. §§ 21 ff. WpHG, Diss. Tübingen, 2011; *Hutter/Kaulamo*, Das Transparenzrichtlinie-Umsetzungsgesetz: Änderungen der anlassabhängigen Publizität, NJW 2007, 471; *Merkner/Sustmann*, Die Verwaltungspraxis der BaFin in Sachen Beteiligungstransparenz auf Grundlage der Neufassung des Emittentenleitfadens, NZG 2013, 1361; *Nodoushani*, Die Transparenz von Beteiligungsverhältnissen – Aktien- und kapitalmarktrechtliche Mitteilungspflichten im Lichte neuer Gesetzesentwicklungen, WM 2008, 1671; *Petersen/Wille*, Zulässigkeit eines Squeeze-out und Stimmrechtszurechnung bei Wertpapierdarlehen, NZG 2009, 856; *Pluskat*, Investorenmitteilung nach § 27a WpHG – wie viel Beteiligungstransparenz geht noch?, NZG 2009, 206; *Schiessl*, Beteiligungsaufbau mittels Cash-settled Total Return Equity Swaps – neue Modelle und Einführung von Meldepflichten, Der Konzern 2009, 291; *Schilha*, Umsetzung der EU-Transparenzrichtlinie 2013: Neuregelungen zur Beteiligungspublizität und periodischen Finanzberichterstattung, DB 2015, 1821; *Schneider*, Acting in Concert – ein kapitalmarktrechtlicher Zurechnungstatbestand, WM 2006, 1321; *Schneider/Brouwer*, Kapitalmarktrechtliche Meldepflichten bei Finanzinstrumenten, AG 2008, 557; *Scholz*, Verlust von Aktionärsrechten gem. § 28 WpHG, AG 2009, 313; *Segna*, Irrungen und Wirrungen im Umgang mit den §§ 21 ff. WpHG und § 244 AktG, AG 2008, 311; *Söhner*, Die Umsetzung der Transparenzrichtlinie III, ZIP 2015, 2451; *Sudmeyer*, Mitteilungs- und Veröffentlichungspflichten nach §§ 21, 22 WpHG, BB 2002, 685; *Süßmann/Meder*, Schärfere Sanktionen bei Verletzung der Mitteilungspflichten, WM 2009, 976; *Teichmann/Epe*, Die neuen Meldepflichtigen für künftig erwerbbare Stimmrechte (§§ 25, 25a WpHG), WM 2012, 1213; *Weber/Meckbach*, Finanzielle Differenzgeschäfte – Ein legaler Weg zum „Anschleichen" an die Zielgesellschaft bei Übernahmen?, BB 2008, 2022; *v. Werder/Petersen*, Mitteilungspflichten nach § 25a WpHG bei Erwerbsrechten und Erwerbsmöglichkeiten aus Gesellschaftsverträgen oder Gesellschaftervereinbarungen?, CFL 2012, 178; *Zimmermann*, Die kapitalmarktrechtliche Beteiligungstransparenz nach dem Risikobegrenzungsgesetz, ZIP 2009, 57.

Übersicht

	Rn.		Rn.
I. Vorbemerkungen zu den §§ 33–47 WpHG	1–18	a) Sachlicher Anwendungsbereich	9–11
		b) Internationaler Anwendungsbereich	12
1. Normzweck und Entstehungsgeschichte	1–7b	c) Abgrenzung zu den §§ 20–22 AktG	13
2. Regelungsstruktur der §§ 33–47 WpHG	8	d) Verhältnis zu sonstigen Mitteilungspflichten	14
3. Anwendungsbereich	9–14	4. Rechtsnatur	15–18

	Rn.
a) Der Normen	15
b) Der Mitteilungspflichten	16
c) Der Mitteilung	17
d) Der Befreiung und des Emittentenleitfadens	18
II. Mitteilungspflichten wegen Veränderung des Stimmrechtsanteils aus Aktien (§ 33 Abs. 1 WpHG)	18a–33b
1. Regelungsgegenstand	18a
2. Meldepflichtige (Normadressaten)	19–21
3. Mitteilungspflichtige Vorgänge	22–30
a) Berührung von Meldeschwellen	22, 23
b) Berechnung des Stimmrechtsanteils	24–26a
c) Art der Schwellenberührung	27–30
4. Frist, Form und Inhalt der Mitteilung	31–33
a) Frist	31
b) Form	32
c) Inhalt	33
5. Rechtsfolgen einer Verletzung der Mitteilungspflicht	33a
6. Nachholung unterlassener bzw. Korrektur fehlerhafter Mitteilungen	33b
III. Mitteilungspflichten wegen erstmaliger Börsenzulassung der Aktien des Emittenten (§ 33 Abs. 2 WpHG)	34–36a
1. Regelungsgegenstand und Normadressaten	34
2. Mitteilungspflichtige Vorgänge	35
3. Frist, Form und Inhalt der Mitteilung	36
4. Rechtsfolgen einer Verletzung der Mitteilungspflicht	36a
IV. Zurechnung von Stimmrechten (§§ 34, 35 WpHG)	37–58
1. Regelungsgegenstand und Normzweck	37–39
2. Zurechnungstatbestände	40–58
a) Von Tochterunternehmen gehaltene Aktien § 34 Abs. 1 Satz 1 Nr. 1 WpHG	40–45
b) Für Rechnung des Meldepflichtigen gehaltene Aktien (§ 34 Abs. 1 Satz 1 Nr. 2 WpHG)	46, 47
c) Zur Sicherheit übertragene Aktien (§ 34 Abs. 1 Satz 1 Nr. 3 WpHG)	48
d) Mit einem Nießbrauch belastete Aktien (§ 34 Abs. 1 Satz 1 Nr. 4 WpHG)	49
e) Durch einseitige Willenserklärung erwerbbare Aktien (§ 34 Abs. 1 Satz 1 Nr. 5 WpHG)	50
f) Anvertraute Stimmrechte, Stimmrechtsvollmachten (§ 34 Abs. 1 Satz 1 Nr. 6 WpHG)	51
g) Übertragene Stimmrechte (§ 34 Abs. 1 Satz 1 Nr. 7 WpHG)	51a
h) zur Sicherheit verwahrte Stimmrechte (§ 34 Abs. 1 Satz 1 Nr. 8 WpHG)	51b

	Rn.
i) Abgestimmtes Verhalten (*acting in concert*) (§ 34 Abs. 2 WpHG)	52–58
V. Nichtberücksichtigung von Stimmrechten (§ 36 WpHG)	59–63
1. Allgemeines	59
2. Einzelne Ausnahmetatbestände	60–63
a) Im Handelsbuch gehaltene Aktien (§ 36 Abs. 1 WpHG)	60
b) Zu Stabilisierungszwecken erworbene Aktien (§ 36 Abs. 2 WpHG)	60a
c) Zur Abrechnung und Abwicklung gehaltene Aktien; verwahrte Aktien (§ 36 Abs. 3 WpHG)	61
d) Von Zentralbanken gehaltene Aktien (§ 36 Abs. 4 WpHG)	62
e) In der Eigenschaft als Market Maker erworbene Aktien (§ 36 Abs. 5 WpHG)	63
VI. Erfüllung der Mitteilungspflichten durch Mutterunternehmen (§ 37 WpHG) oder Dritte	64, 65
1. Mitteilungen durch Mutterunternehmen (§ 37 WpHG)	64
2. Beauftragung eines Dritten	65
VII. Mitteilungspflichten beim Halten von Instrumenten (§ 38 WpHG)	66–76
1. Normzweck und Entstehungsgeschichte	66–66c
2. Normadressaten	67
3. Mitteilungspflichtige Vorgänge	68–74b
a) Erfasste Instrumente	69–71j
b) Unmittelbares und mittelbares Halten	72
c) Berechnung des (potentiellen) Stimmrechtsanteils	73–73b
d) Schwellenberührung	74
e) Ausnahme für Angebote iSd WpÜG	74a
f) Erstmalige Börsenzulassung	74b
4. Inhalt, Form und Frist der Mitteilung	75
5. Rechtsfolgen einer Verletzung der Mitteilungspflicht	76
VIII. Mitteilungspflichten bei Zusammenrechnung von Stimmrechten aus Aktien und Instrumenten (§ 39 WpHG)	76a–76h
1. Normzweck und Entstehungsgeschichte	76a
2. Normadressaten	76b
3. Mitteilungspflichtige Vorgänge	76c–76f
a) Berechnung des aggregierten Stimmrechtsanteils	76d
b) Schwellenberührung	76e
c) Erstmalige Börsenzulassung	76f
4. Inhalt, Form und Frist der Mitteilung	76g
5. Rechtsfolgen einer Verletzung der Mitteilungspflicht	76h
IX. Veröffentlichungspflichten des Emittenten (§§ 40, 41 WpHG)	77–84a

	Rn.		Rn.
1. Überblick	77	b) Zieländerung (§ 43 Abs. 1 Satz 2 WpHG)	97
2. Veröffentlichung erhaltener Mitteilungen (§ 40 Abs. 1 Satz 1 WpHG)	78–82	4. Inhalt der Mitteilung	98
a) Gegenstand	78, 79	5. Form und Frist der Mitteilung	99
b) Inhalt, Form und Frist der Veröffentlichung	80–82	6. Rechtsfolgen bei Verletzung der Mitteilungspflicht	100
3. Veröffentlichungspflicht bei Erwerb eigener Aktien (§ 40 Abs. 1 Satz 2)	83	7. Veröffentlichung der Mitteilung (§ 43 Abs. 1, 2 WpHG)	101
4. Veränderungen der Gesamtzahl der Stimmrechte des Emittenten (§ 41 WpHG)	84	**XII. Rechtsverlust (§ 44 WpHG)**	102–118
		1. Regelungsgegenstand und Normzweck	102–104a
5. Rechtsfolgen einer Verletzung der Veröffentlichungspflichten	84a	2. Rechtsverlust (§ 44 Abs. 1 Satz 1, Abs. 2 WpHG)	105–113a
X. Nachweis mitgeteilter Beteiligungen (§ 42 WpHG)	85–90	a) Voraussetzungen	105–108
		b) Umfang des Rechtsverlusts	109–110
1. Regelungsgegenstand und Normzweck	85	c) Beendigung des Rechtsverlusts	111–113a
2. Normadressaten	86	3. Fortbestehen des Dividendenrechts und Liquidationserlöses (§ 44 Abs. 1 Satz 2 WpHG)	114
3. Anspruchsvoraussetzungen	87–89	4. Verlängerter Rechtsverlust (§ 44 Abs. 1 Satz 3, 4 WpHG)	115–117
a) Vorliegen einer Mitteilung	87, 88	a) Voraussetzungen	115
b) Verlangen des Emittenten oder der BaFin	89	b) Rechtsfolge	116
4. Durchsetzbarkeit	90	c) Bagatellausnahme	117
XI. Mitteilungspflichten für Inhaber wesentlicher Beteiligungen (§ 43 WpHG)	91–101	5. Beweislast	118
		XIII. Richtlinien der BaFin und Befreiung von Inlandsemittenten mit Sitz in Drittstaat (§§ 45, 46 WpHG)	119, 120
1. Regelungsgegenstand und Normzweck	91, 92	1. Richtlinien der BaFin (§ 45 WpHG)	119
2. Normadressaten	93, 94	2. Befreiung von der Veröffentlichungspflicht (§ 46 WpHG)	120
3. Mitteilungspflichtige Vorgänge	95–97		
a) Erwerb oder Ausbau einer wesentlichen Beteiligung (§ 43 Abs. 1 Satz 1 WpHG)	95, 96	**XIV. Handelstage (§ 47 WpHG)**	121

I. Vorbemerkungen zu den §§ 33–47 WpHG

1. Normzweck und Entstehungsgeschichte. Mit den zum 1.1.1995 in Kraft getretenen §§ 21–30 WpHG aF (seit dem 3.1.2018: §§ 33–47 WpHG) setzte der Gesetzgeber – um vier Jahre verspätet – die sog. **Transparenzrichtlinie I**[1] durch das **Zweite Finanzmarktförderungsgesetz**[2] in nationales Recht um. Kern der Regelungen sind die Mitteilungs- und Veröffentlichungspflichten bei Veränderungen von Stimmrechtsanteilen an börsennotierten Gesellschaften.

Ihr **Zweck** ist es, die Investitionsbereitschaft institutioneller Investoren zu steigern, Informationsvorsprünge zu reduzieren, das Anlegervertrauen in die Wertpapiermärkte zu stärken und die Funktionsfähigkeit des Kapitalmarktes zu fördern.[3] Zudem soll der Gesellschaft ein verbesserter Überblick über die Aktionärsstruktur und mögliche Beherrschungsverhältnisse verschafft werden.[4] Auch soll dem Missbrauch von Insiderinformationen entgegengewirkt und die Wettbewerbsfähigkeit des Finanzplatzes Deutschland erhöht werden.[5]

Die durch das Zweite Finanzmarktförderungsgesetz eingeführten Regelungen haben in der Folgezeit zahlreiche Änderungen und Ergänzungen erfahren, insbesondere durch die nachfolgend genann-

---

[1] Richtlinie 88/627/EWG des Rates vom 12.12.1988 über die bei Erwerb und Veräußerung einer bedeutenden Beteiligung an einer börsennotierten Gesellschaft zu veröffentlichenden Informationen, ABl. EG 1988 Nr. L 348, 62. Die Transparenzrichtlinie I wurde durch Art. 111 Abs. 1 RL 2001/34/EG, ABl. EG 2004 Nr. L 390, 38, aufgehoben und deren maßgebliche Bestimmungen in Art. 85 ff. RL 2001/34/EG übernommen.
[2] Vom 26.7.1994, BGBl. 1994 I 1749.
[3] BegrRegE BT-Drs. 12/6679, 52.
[4] BegrRegE BT-Drs. 12/6679, 52; vgl. auch BGHZ 190, 291 (298) = NZG 2011, 1147 (1149) (Transparenz über die wesentliche Eigentümerstruktur und die sonstigen Einwirkungsmöglichkeiten).
[5] BegrRegE BT-Drs. 12/6679, 52; Assmann/Schneider/*Schneider* WpHG Vor § 21 Rn. 21; MüKoAktG/*Bayer* Anh. § 22 § 21 WpHG Rn. 1.

ten Gesetze: Mit dem **Dritten Finanzmarktförderungsgesetz**[6] wurde unter anderem § 21 Abs. 1a WpHG aF eingeführt und damit die Frage geklärt, ob die Mitteilungspflichten auch bei erstmaliger Börsenzulassung entstehen können. Ferner wurde in § 21 Abs. 1 WpHG aF aufgenommen, dass der Meldepflichtige seine Anschrift sowie den Tag des Erreichens, Über- oder Unterschreitens in der Mitteilung zu nennen hat.[7] § 28 WpHG aF wurde in Parallele zu § 20 Abs. 7 AktG verschärft und der Rechtsverlust (gegenüber dem früheren Ruhen des Stimmrechts) als Sanktion für die Verletzung der Mitteilungspflichten nach § 21 Abs. 1 und 1a WpHG aF vorgesehen.

4   Durch Art. 2 des **Gesetzes zur Regelung von öffentlichen Angeboten zum Erwerb von Wertpapieren und von Unternehmensübernahmen**[8] wurde insbesondere die Zurechnungsnorm des § 22 WpHG aF mit dem neu eingeführten § 30 WpÜG harmonisiert, um einen Gleichlauf der Stimmrechtszurechnung im WpHG und WpÜG zu erreichen.[9] Trotz wiederholt in der Literatur vorgebrachter Kritik[10] hat der Gesetzgeber hieran auch in der Folgezeit festgehalten.[11] Zudem wurde der Anwendungsbereich des WpHG durch die Einbeziehung des geregelten Marktes in Anlehnung an das WpÜG erweitert („zum Handel an einem organisierten Markt" statt „zum amtlichen Handel an einer Börse").

5   Die nächsten wesentlichen Änderungen haben die §§ 21 ff. WpHG aF durch das am 20.1.2007 in Kraft getretene **Transparenzrichtlinie-Umsetzungsgesetz** (TUG) erfahren, mit dem die sog. **Transparenzrichtlinie II**[12] in deutsches Recht umgesetzt wurde. Bezweckt wurde mit dem TUG die Erhöhung der Markteffizienz und Verbesserung des Anlegerschutzes. Beide Regelungsziele werden in nahezu allen jüngeren Richtlinien zum Kapitalmarktrecht fast schematisch wiederholt.[13] Durch das TUG wurden neue Meldeschwellen (3 %, 15 %, 20 % und 30 %) eingeführt und die Meldefristen verkürzt (4 Handelstage statt bislang 7 Kalendertage). Zudem wurde eine Mitteilungspflicht beim Halten von Finanzinstrumenten in § 25 WpHG aF eingeführt. Auch wurden die Vorschriften über die Nichtberücksichtigung von Stimmrechten (§ 23 WpHG aF) und die Veröffentlichungspflichten des Emittenten (§§ 26, 26a WpHG aF) geändert; Veröffentlichungen des Emittenten müssen seither mittels dem sog. europäischen Medienbündel verbreitet werden.

6   Mit Wirkung zum 28.12.2007 wurde durch das **Investmentänderungsgesetz**[14] unter anderem in § 21 Abs. 1 Satz 4 WpHG aF die Vermutungsregel eingeführt, dass der Meldepflichtige zwei Handelstage nach Eintritt der Schwellenberührung hiervon Kenntnis hat (relevant für Beginn der Mitteilungsfrist). Weiterhin wurden § 22 Abs. 3a Satz 1 WpHG aF (Ausnahme für Wertpapierdienstleistungsunternehmen) und § 23 Abs. 4 WpHG aF (Nichtberücksichtigung bei Market Makern) neu gefasst.

7   Durch das **Risikobegrenzungsgesetz**[15] wurden mit Wirkung zum 19.8.2008 die Zurechnungstatbestände des § 22 Abs. 1 Satz 1 Nr. 6 und Abs. 2 WpHG aF modifiziert sowie die Rechtsfolgen fehlerhafter Stimmrechtsmitteilungen durch Einführung eines verlängerten Rechtsverlusts in § 28 Satz 3 und 4 WpHG aF verschärft. Die durch das TUG eingefügte Mitteilungspflicht beim Halten von Finanzinstrumenten wurde mit Wirkung zum 1.3.2009 dahingehend geändert, dass die Stimmrechte aus Aktien und aus Finanzinstrumenten für Zwecke des § 25 Abs. 1 WpHG aF aggregiert wurden. Mit § 27a WpHG aF wurde mit Wirkung zum 31.5.2009 eine zusätzliche Mitteilungspflicht für die Inhaber wesentlicher Beteiligungen eingeführt. Weiterhin wurde durch das am 29.5.2009 in Kraft getretene **Bilanzrechtsmodernisierungsgesetz**[16] (BilMoG) der Tochterunternehmensbegriff in § 290 Abs. 1 und 2 HGB erweitert, was – aufgrund der (dynamischen)[17]

---

[6] Vom 24.3.1998, BGBl. 1998 I 529, 538.
[7] Nach damals hM war bis zur Gesetzesänderung die Datumsangabe nicht erforderlich, vgl. *Nottmeier/Schäfer* AG 1997, 87 (92); *Witt* WM 1998, 1153 (1157).
[8] Vom 20.12.2001, BGBl. 2001 I 3822, 3837.
[9] BegrRegE BT-Drs. 14/7034, 53 und 70.
[10] *Drinkuth* ZIP 2008, 676 (677 ff.); Schäfer/Hamann/*Opitz* WpHG § 22 Rn. 1a; MüKoAktG/*Bayer* Anh. § 22 § 22 WpHG Rn. 2 und Rn. 44 (den unterschiedlichen Schutzzwecken von WpHG und WpÜG sei durch entsprechende Auslegung zu begegnen).
[11] BegrRegE BT-Drs. 16/7438, 8.
[12] Richtlinie 2004/109/EG des Europäischen Parlaments und des Rates vom 15.12.2004 zur Harmonisierung der Transparenzanforderungen in Bezug auf Informationen über Emittenten, deren Wertpapiere zum Handel auf einem geregelten Markt zugelassen sind, und zur Änderung der Richtlinie 2001/34/EG.
[13] Vgl. exemplarisch die Wertpapierprospektrichtlinie, hier Erwägungsgrund 10 RL 2003/71/EG des Europäischen Parlamentes und des Rates vom 4.11.2003.
[14] Vom 21.12.2007, BGBl. 2007 I 3089.
[15] Vom 12.8.2008, BGBl. 2008 I 1666.
[16] Vom 25.5.2008, BGBl. 2008 I 1102.
[17] K. Schmidt/Lutter/*Veil* WpHG § 22 Rn. 7; gegen eine dynamische Verweisung spricht sich hingegen Kölner Komm WpHG/*v. Bülow* WpHG § 22 Rn. 291 ff. aus.

Verweisung in § 22 Abs. 3 WpHG aF – Auswirkungen auf die Zurechnung von Stimmrechten nach § 22 Abs. 1 Satz 1 Nr. 1 WpHG aF hat. Weitere wesentliche Änderungen haben die Beteiligungstransparenzvorschriften durch das **Anlegerschutz- und Funktionsverbesserungsgesetz**[18] (AnsFuG) erfahren, welches mit Wirkung zum 1.2.2012 insbesondere die Mitteilungspflichten in Bezug auf das Halten von Finanzinstrumenten (§ 25 WpHG aF) geändert (ua Ausweitung auf sonstige Instrumente und Streichung von § 25 Abs. 1 Satz 4 WpHG aF) und eine zusätzliche Mitteilungspflicht für weitere Finanzinstrumente und sonstige Instrumente eingeführt hat (§ 25a WpHG aF). Weitere Änderungen haben die Beteiligungstransparenzvorschriften durch das **AIFM-Umsetzungsgesetz**[19] (AIFM-UmsG) im Hinblick auf die hiermit erfolgte Einführung des Kapitalanlagegesetzbuchs (KAGB) zum 22.7.2013 erfahren. Durch die Ergänzung von § 21 Abs. 1 Satz 1 WpHG aF um die Worte „aus ihm gehörenden Aktien" hat der Gesetzgeber mit dem **Kleinanlegerschutzgesetz**[20] klargestellt, dass allein die Eintragung als Legitimationsaktionär in das Aktienregister keine Mitteilungspflichten begründet.[21]

Weitere wesentliche Änderungen haben die Beteiligungstranzparenzvorschriften durch das **Gesetz zur Umsetzung der Transparenzrichtlinie-Änderungsrichtlinie**[22] (TRL-ÄndRL-UmsG) erfahren, mit welchem die Transparentrichtlinie-Änderungsrichtlinie[23] (TRL-ÄndRL) in deutsches Recht umgesetzt wurde. Neben kleineren Änderungen in den §§ 21, 22 WpHG aF (Änderungen beim Beginn der Meldefrist, Ausweitung der Zurechnungstatbestände) wurden die Meldepflichten beim Halten von Finanz- und sonstigen Instrumenten (§§ 25, 25a WpHG) in § 25 WpHG aF zusammengefasst und ein neuer Meldetatbestand für den aggregierten Stimmrechtsbestand (§ 25a WpHG aF) geschaffen. Schließlich wurde das Sanktionsregime (Ausweitung des Rechtsverlusts auf die Verletzung der Meldepflicht beim Halten von Instrumenten, Erhöhung des Bußgeldrahmens und Einführung des sog. *Naming and Shaming*) signifikant verschärft. Darüber hinaus wurden durch das **Erste Finanzmarktnovellierungsgesetz**[24] u.a. die Verordnungsermächtigungen in §§ 21, 25, 25a und 26 WpHG aF angepasst. 7a

Schließlich wurden die Beteiligungstransparenzvorschriften mit Wirkung ab dem 3.1.2018 durch das **Zweite Finanzmarktnovellierungsgesetz**[25] (2. FiMaNoG) neu nummeriert: Aus §§ 21–30 WpHG aF wurden die §§ 33–47 WpHG, ohne dass sich wesentliche inhaltliche Änderungen ergeben. In § 21 Abs. 1 Satz 2 WpHG wurde zudem der Begriff „Zertifikate" durch den neu definierten Begriff „Hinterlegungsscheine" (§ 2 Abs. 34 WpHG) ersetzt, ohne dass sich hierdurch materielle Änderungen für den Anwendungsbereich des § 21 WpHG ergeben. Die folgende Übersicht stellt die neue der bisherigen Nummerierung gegenüber: 7b

aF	nF	aF	nF	aF	nF
§ 21	§ 33	§ 25	§ 38	§ 27a	§ 43
§ 22	§ 34	§ 25a	§ 39	§ 28	§ 44
§ 22a	§ 35	§ 26	§ 40	§ 29	§ 45
§ 23	§ 36	§ 26a	§ 41	§ 29a	§ 46
§ 24	§ 37	§ 27	§ 42	§ 30	§ 47

2. Regelungsstruktur der §§ 33–47 WpHG. Im Zentrum des Regelungskomplexes des 6. Abschnitts des WpHG stehen die **Mitteilungspflichten** aus §§ 33 Abs. 1 und 2 WpHG (Stimmrechte aus Aktien; Eingangsmeldeschwelle: 3 %), 38 Abs. 1 WpHG (Stimmrechte aus Instrumenten; Eingangsmeldeschwelle: 5 %), 39 Abs. 1 WpHG (Summe der Stimmrechte aus Aktien und Instrumenten; Eingangsmeldeschwelle: 5 %) und 43 Abs. 1 WpHG (Strategie- und Mittelherkunftsbericht; Eingangsmeldeschwelle: 10 %) sowie die **Veröffentlichungspflichten** des Emittenten aus §§ 40, 41 und 43 8

---

[18] Vom 5.4.2011, BGBl. 2011 I 598 (geändert durch Art 21 des Gesetzes zur Novellierung des Finanzanlagevermittler- und Vermögensanlagerechts vom 6.12.2011, BGBl. 2011 I 2481).
[19] Vom 4.7.2013, BGBl. 2013 I 1981.
[20] Vom 3.7.2015, BGBl. 2015 I 1114.
[21] BegrRegE BT-Drs. 18/3394, 53; MüKoAktG/*Bayer* Anh. § 22 § 21 WpHG Rn. 3.
[22] Vom 20.11.2015, BGBl. 2015 I 2029.
[23] Richtlinie 2013/50/EU des Europäischen Parlaments und des Rates vom 22. Oktober 2013 zur Änderung der Richtlinie 2004/109/EG des Europäischen Parlaments und des Rates zur Harmonisierung der Transparenzanforderungen in Bezug auf Informationen über Emittenten, deren Wertpapiere zum Handel auf einem geregelten Markt zugelassen sind, der Richtlinie 2003/71/EG des Europäischen Parlaments und des Rates betreffend den Prospekt, der beim öffentlichen Angebot von Wertpapieren oder bei deren Zulassung zum Handel zu veröffentlichen ist, sowie der Richtlinie 2007/14/EG der Kommission mit Durchführungsbestimmungen zu bestimmten Vorschriften der Richtlinie 2004/109/EG, ABl. EU 2013 L 294, 13.
[24] Vom 30.6.2016, BGBl. 2016 I 1514.
[25] Vom 23.6.2017, BGBl. 2017 I 1693.

Abs. 2 WpHG.[26] Die **Rechtsfolgen von Verstößen** gegen die Mitteilungspflichten aus §§ 33 Abs. 1 und 2, 38 und 39 WpHG regelt insbesondere § 44 WpHG (sowie die hier nicht näher erläuterte Bußgeldvorschrift des § 120 Abs. 2 WpHG). Die §§ 34–36 WpHG bestimmen, welche Stimmrechte im Hinblick auf die Mitteilungspflichten dem Meldepflichtigen zuzurechnen bzw. bei ihm nicht zu berücksichtigen sind. Ergänzt werden die §§ 33 ff. WpHG durch die **§§ 12–17 WpAIV**.[27] Hierin sind die Anforderungen betreffend Inhalt, Art, Form und Sprache der Mitteilungen (§§ 12, 14 WpAIV) sowie betreffend Inhalt, Format, Art und Sprache der Veröffentlichungen (§§ 15, 16 WpAIV iVm §§ 3a f. WpAIV) und der Mitteilung der Veröffentlichung an die BaFin (§ 17 WpAIV iVm § 3c WpAIV) geregelt. Außerdem findet sich in § 13 WpAIV eine Ausnahme von der Mitteilungspflicht nach § 38 Abs. 1 Satz 1 WpHG für Instrumente, die einem Emittent den Erwerb eigener Aktien ermöglichen.

9 **3. Anwendungsbereich. a) Sachlicher Anwendungsbereich.** Die **Mitteilungspflichten** nach § 33 Abs. 1 und 2 WpHG, § 38 Abs. 1 WpHG, § 39 Abs. 1 WpHG und § 43 Abs. 1 WpHG gelten in Bezug auf **Emittenten,** für die die Bundesrepublik **Deutschland** der **Herkunftsstaat** ist (§ 2 Abs. 13 WpHG). Erfasst werden gemäß § 33 Abs. 4 WpHG indes nur solche Emittenten, deren Aktien zum Handel an einem organisierten Markt iSv § 2 Abs. 11 WpHG[28] zugelassen sind. Mitteilungspflichten bestehen danach gegenüber einem Emittenten, (1) der seinen Sitz in Deutschland hat und dessen Aktien an einem organisierten Markt in Deutschland oder einem anderen EU-/EWR-Staat zugelassen sind, oder (2) der seinen Sitz in einem Drittstaat (§ 2 Abs. 12 WpHG) hat, dessen Aktien an einem organisierten Markt in Deutschland oder einem anderen EU-/EWR-Staat zugelassen sind und der die Bundesrepublik Deutschland als Herkunftsstaat gem. § 4 WpHG gewählt hat.[29]

10 Die **Veröffentlichungspflichten** nach §§ 40, 41 und 43 Abs. 2 WpHG treffen **Inlandsemittenten** (§ 2 Abs. 14 WpHG), deren Aktien zum Handel an einem organisierten Markt iSv § 2 Abs. 11 WpHG zugelassen sind (§ 33 Abs. 4 WpHG). Erfasst werden (1) Emittenten, für die Deutschland der Herkunftsstaat ist, mit Ausnahme solcher, deren Wertpapiere ausschließlich in einem anderen EU-/EWR-Staat zugelassen sind und soweit sie dort vergleichbaren Mitteilungspflichten unterfallen, und (2) Emittenten, für die ein anderer EU-/EWR-Staat Herkunftsstaat ist und deren Wertpapiere ausschließlich in Deutschland börsenzugelassen sind.

11 Hat der Emittent **verschiedene Aktiengattungen,** genügt für die Anwendbarkeit der §§ 33 ff. WpHG, dass eine der Gattungen börsenzugelassen ist. Sind nur die Vorzugsaktien des Emittenten zum Handel an einem organisierten Markt zugelassen, greifen die §§ 33 ff. WpHG dennoch für alle mit Stimmrechten verbundene Aktien des Emittenten ein.[30]

12 **b) Internationaler Anwendungsbereich.** § 33 Abs. 1 und 2 WpHG, § 38 Abs. 1 WpHG, § 39 Abs. 1 WpHG und § 43 Abs. 1 WpHG begründen Mitteilungspflichten **gegenüber jedermann**

---

[26] Mitteilungspflichten anlässlich einzelner Änderungen der §§ 21 ff. WpHG aF (sog. Bestandsmitteilungen) finden sich in § 127 WpHG. Nach § 127 Abs. 2 WpHG (§ 41 Abs. 2 WpHG aF) war der am 1.4.2002 gehaltene Stimmrechtsanteil zu melden (LG Köln BeckRS 2009, 15920, *Witt* AG 2001, 233 (239)). Nicht anzugeben sind in den Bestandsmitteilungen die überschrittenen Meldeschwellen (ebenso OLG Düsseldorf BeckRS 2010, 01348; OLG Düsseldorf NZG 2009, 260 (262)) oder die Anzahl der gehaltenen Stimmrechte (OLG Düsseldorf Beschl. v. 5.2.2009, Az 18 U 134/08, S. 7 – nicht veröffentlicht; LG Köln BeckRS 2009, 15920). Nach § 127 Abs. 5 Satz 1 WpHG (§ 41 Abs. 4a Satz 1 WpHG aF) musste der Meldepflichtige seinen Stimmrechtsanteil (→ Rn. 24 ff.) zum 20.1.2007 mitteilen, sofern der Stimmrechtsanteil die durch das TUG zum 20.1.2007 neu eingeführten Meldeschwellen von 15, 20 oder 30% erreichte, über- oder unterschritt und der Meldepflichtige nicht zuvor eine Mitteilung mit gleichwertigen Informationen an den Emittenten gerichtet hatte. Eine solche Mitteilung ist dann gegeben, wenn seither keine Veränderung des Stimmrechtsanteils eingetreten ist, durch die eine der neuen Meldeschwellen berührt worden wäre (zB keine Mitteilungspflicht, wenn zuletzt 18% gemeldet wurden und zwischenzeitlich der Stimmrechtsanteil zum 20.1.2007 auf 16% gesunken ist). Nicht erforderlich ist jedoch, dass die vorherige Mitteilung den seit dem 20.1.2007 gemäß § 12 WpAIV aF erforderlichen Inhalt aufwies (OLG Frankfurt BeckRS 2009, 11045; OLG Köln Beschl. v. 5.2.2009 – 18 U 134/08, S. 10 nicht veröffentlicht; aA OLG Düsseldorf WM 2010, 709 (711)), da sich das Gleichwertigkeitserfordernis allein auf den nach § 127 Abs. 5 Satz 1 WpHG (§ 41 Abs. 4a Satz 1 WpHG aF) zu meldenden Stimmrechtsanteil bezieht.
[27] Verordnung zur Konkretisierung von Anzeige-, Mitteilungs- und Veröffentlichungspflichten sowie der Pflicht zur Führung von Insiderverzeichnissen nach dem Wertpapierhandelsgesetz (Wertpapierhandelsanzeige- und Insiderverzeichnisverordnung – WpAIV) vom 13.12.2004, BGBl. 2004 I 3376 (zuletzt geändert durch Art. 1 Dritte ÄndVO vom 2.11.2017 (BGBl. I 3727)).
[28] Organisierter Markt iSv § 2 Abs. 11 WpHG (§ 2 Abs. 5 WpHG aF) ist in Deutschland nur der regulierte Markt (§§ 32 ff. BörsG) und nicht der Freiverkehr (vgl. OLG Köln AG 2009, 835 (836); OLG München NZG 2008, 755 (757); LG Köln AG 2009, 835 (836) = BeckRS 2009, 6939). In Bezug auf Emittenten, deren Aktien lediglich im Freiverkehr (§ 48 BörsG) gehandelt werden, sind die §§ 33 ff. WpHG daher nicht anwendbar.
[29] Die BaFin stellt auf ihrer Internetseite (www.bafin.de) ein Formular für die Abgabe der „Wahlerklärung" zur Verfügung.
[30] *Nottmeier/Schäfer* AG 1997, 87 (91); Kölner Komm WpHG/*Hirte* § 21 Rn. 102.

("Wer …" bzw. "Wem …"), dem Stimmrechte in näher definiertem Umfang an einem Emittenten zustehen. Es kommt also nicht auf die Staatsangehörigkeit oder den Sitz des Stimmrechtsinhabers an.[31] Die Veröffentlichungspflichten nach §§ 40, 41, 43 Abs. 2 WpHG treffen auch Inlandsemittenten mit Sitz in einem Drittstaat (nicht EU-/EWR-Staat). Zur Vermeidung einer Doppelbelastung solcher Inlandsemittenten kann die BaFin diese von den Veröffentlichungspflichten befreien, wenn sie nach ausländischem Recht mit §§ 40, 41 WpHG gleichwertigen Veröffentlichungspflichten unterliegen oder sich solchen freiwillig unterwerfen (§ 46 WpHG).[32] Nicht befreit werden kann jedoch von den Veröffentlichungspflichten in Bezug auf Mitteilungen nach § 39 WpHG (§ 46 Abs. 1 Satz 3 WpHG).

c) Abgrenzung zu den §§ 20–22 AktG. Mit Einführung der § 20 Abs. 8 AktG und § 21 Abs. 5 **13** AktG durch das Dritte Finanzmarktförderungsgesetz im Jahr 1998 wurde die bis dahin geltende Parallelität der aktien- und wertpapierhandelsrechtlichen Mitteilungspflichten beendet. Seither finden die §§ 20 ff. AktG nur auf nicht börsennotierte Gesellschaften Anwendung.[33] Mit Zulassung der Aktien des Emittenten zum Handel an einem organisierten Markt iSv § 2 Abs. 11 WpHG endet die Anwendbarkeit der §§ 20 ff. AktG; ein wegen Verletzung der Mitteilungspflichten zuvor eingetretener Rechtsverlust nach § 20 Abs. 7 Satz 1 AktG endet *ex nunc* (→ § 20 Rn. 50). Wird allerdings die Mitteilung anlässlich der Börsenzulassung (§ 33 Abs. 2 WpHG) nicht ordnungsgemäß erstattet, kann dann ein (neuer) Rechtsverlust nach § 44 WpHG eintreten. Wird die Börsenzulassung widerrufen (§ 39 BörsG), enden die Mitteilungspflichten nach §§ 33 ff. WpHG, so dass ein etwaig zuvor nach § 44 WpHG eingetretener Rechtsverlust zu diesem Zeitpunkt mit Wirkung für die Zukunft endet.[34] Allein der Wegfall der Börsenzulassung löst keine Mitteilungspflicht nach §§ 20 f. AktG aus, wenn die Beteiligungstransparenz bereits über Mitteilungen nach §§ 33 ff. WpHG hergestellt worden ist.[35]

d) Verhältnis zu sonstigen Mitteilungspflichten. Die Mitteilungspflichten nach §§ 33 ff. **14** WpHG stehen neben und unabhängig von sonstigen Mitteilungspflichten, die beim Erwerb von Stimmrechten ausgelöst werden können (zB §§ 23, 35 Abs. 1 WpÜG, Art. 19 MAR, § 67 AktG).[36]

4. Rechtsnatur. a) Der Normen. Es handelt sich um formelle Gesetze und zugleich um zwin- **15** gendes Recht.[37] Mitteilungs- und Nachweispflichten haben sowohl öffentlich-rechtlichen als auch privatrechtlichen Charakter, da sie gegenüber der BaFin wie auch gegenüber dem Emittenten zu erbringen sind.

b) Der Mitteilungspflichten. Die Rechtsnatur der Mitteilungspflichten ist streitig. Die Recht- **16** sprechung hatte bisher keinen Anlass, den Streit zu entscheiden. In der Literatur wird teilweise vertreten, dass die Mitteilungspflichten nicht nur der Stärkung bzw. Förderung der Funktionsfähigkeit der Kapitalmärkte, sondern auch dem Schutz der Gesellschaft und der Anleger dienen und mithin Schutzgesetz iSv § 823 Abs. 2 BGB sind.[38] Nach zutreffender Auffassung handelt es sich jedoch um keine auf individuellen Vermögensschutz gerichtete Vorschriften, sondern um **aufsichtsrechtliche Regelungen,** aus denen weder Erfüllungs- noch Schadensersatzansprüche gemäß § 823 Abs. 2 BGB folgen.[39]

c) Der Mitteilung. Häufig werden die Mitteilungen nach § 33 Abs. 1 und 2 WpHG, § 38 Abs. 1 **17** WpHG, § 39 Abs. 1 WpHG und § 43 Abs. 1 WpHG als rechtsgeschäftsähnliche Erklärungen qualifiziert.[40] Dies wären jedoch nur auf die Herbeiführung eines tatsächlichen Erfolgs gerichtete Erklärun-

---

[31] *Nottmeier/Schäfer* AG 1997, 87 (90); Assmann/Schneider/*Schneider* WpHG § 21 Rn. 21.
[32] Vgl. BegrRegE BT-Drs. 16/2498 S. 39; Assmann/Schneider/*Schneider* WpHG § 29a Rn. 3.
[33] Assmann/Schneider/*Schneider* WpHG Vor § 21 Rn. 67; Kölner Komm WpHG/*Hirte* § 21 Rn. 15; Hüffer/Koch/*Koch* § 20 Rn. 18 f.
[34] *Fuchs/Dehlinger/Zimmermann* WpHG § 28 Rn. 23; Schäfer/Hamann/*Opitz* WpHG § 28 Rn. 40.
[35] OLG München NZG 2008, 755 (757); LG München I AG 2008, 904 (910).
[36] Assmann/Schneider/*Schneider* WpHG Vor § 21 Rn. 59 und 85; Kölner Komm WpHG/*Hirte* WpHG § 21 Rn. 55a ff.
[37] Vgl. auch BGH NZG 2006, 505 (506) zu §§ 20 ff. AktG.
[38] *Burgard* BB 1995, 2069 (2070) (Fn. 24); Assmann/Schneider/*Schneider* WpHG § 28 Rn. 79; MüKoAktG/*Bayer* § 22 Anh. § 21 WpHG Rn. 2; *Heusel*, Rechtsfolgen einer Verletzung der Beteiligungstransparenzpflichten, 2011, 215 ff.; NK-AktR/*Heinrich* WpHG § 21 Rn. 2.
[39] *Fuchs/Zimmermann* WpHG § 28 Rn. 54; *Fleischer* DB 2009, 1335 (1340); Schäfer/Hamann/*Opitz* WpHG § 21 Rn. 42; *Pluskat* NZG 2009, 206 (210); *Sudmeyer* BB 2002, 685 (691); *Schäfer* in Marsch-Barner Börsennotierte AG-HdB Rn. 18.59; *Riegger/Wasmann* FS Hüffer, 2010, 823 (841 f.); offengelassen von LG Köln BeckRS 2011, 21938. Vgl. auch BGHZ 192, 90 (97 ff.) = NZG 2012, 263 (265) zu § 20a WpHG aF und BGH NZG 2013, 939 (942) zu § 35 WpÜG, der insoweit einen Drittschutz angesichts der vorwiegend kapitalmarktrechtlichen Ausrichtung dieser Normen ablehnt. Die vom BGH hierfür genannten Gründe lassen sich auf die Mitteilungspflichten nach den §§ 33 ff. WpHG übertragen.
[40] *Sudmeyer* BB 2002, 685 (689) (Fn. 79); K. Schmidt/Lutter/*Veil* WpHG § 21 Rn. 3; ebenso zu § 20 AktG: OLG München BeckRS 2012, 12690.

gen, deren Rechtsfolgen kraft Gesetzes eintreten.[41] Die Mitteilungen sind hingegen nicht auf die Herbeiführung eines (gesetzliche Rechtsfolgen herbeiführenden) tatsächlichen Erfolgs gerichtet (vielmehr treten Rechtsfolgen nur bei einer Verletzung der Mitteilungspflichten ein). Daher sind die Mitteilungen richtigerweise als **Wissenserklärung** zu qualifizieren.[42]

18 d) **Der Befreiung und des Emittentenleitfadens.** Die Befreiung nach § 46 Abs. 1 WpHG ist ihrer Rechtsnatur nach ein **begünstigender Verwaltungsakt** iSd §§ 35 ff. VwVfG. Bei dem von der BaFin herausgegebenen **Emittentenleitfaden** handelt es sich um eine norminterpretierende Verwaltungsvorschrift, die zwar zu einer Selbstbindung der Verwaltung, nicht jedoch zu einer Bindung der Gerichte führt.[43] Gleiches gilt auch für die von der BaFin veröffentlichte Liste der „FAQ zu den Transparenzpflichten des WpHG in den Abschnitten 6 (§§ 33 ff. WpHG) und 7 (§§ 48 ff. WpHG)".

II. Mitteilungspflichten wegen Veränderung des Stimmrechtsanteils aus Aktien (§ 33 Abs. 1 WpHG)

18a 1. **Regelungsgegenstand.** § 33 Abs. 1 WpHG (zuvor § 21 Abs. 1 WpHG aF) begründet eine Mitteilungspflicht im Falle bestimmter Veränderungen des Stimmrechtsanteils aus Aktien eines Emittenten, für den die Bundesrepublik Deutschland der Herkunftsstaat ist (§ 2 Abs. 13 WpHG) und dessen Aktien zum Handel an einem organisierten Markt zugelassen sind (§ 33 Abs. 4 WpHG). Die Regelung wird ergänzt durch § 33 Abs. 3 WpHG (sofort erwerbbare Stimmrechte, → Rn. 24a) und §§ 34–36 WpHG (Zurechnung und Nichtberücksichtigung von Stimmrechten, → Rn. 37 ff.).

19 2. **Meldepflichtige (Normadressaten).** Normadressat des § 33 Abs. 1 WpHG ist **jedermann** („wer"), dem ein mitteilungspflichtiger Stimmrechtsanteil zusteht. Mitteilungspflichtig können daher inländische wie ausländische **natürliche** und **juristische Personen** sein.[44] Im Gegensatz zu § 20 AktG sind nicht nur Unternehmen, sondern auch **private Anleger** mitteilungspflichtig.[45] Ferner können Personenhandelsgesellschaften (oHG, KG, GmbH & Co. KG, EWIV), nicht eingetragene Vereine und Gesellschaften bürgerlichen Rechts (**GbR**) mitteilungspflichtig sein.[46] Gleiches gilt für in- und ausländische öffentlich-rechtliche Körperschaften und sonstige juristische Personen des öffentlichen Rechts.[47] Allerdings kann nur mitteilungspflichtig sein, wer nach der auf ihn anwendbaren Rechtsordnung rechtsfähig ist.[48] Insbesondere bei ausländischen Rechtsinstituten ist daher stets deren Rechtsfähigkeit zu prüfen (zB ist ein *common law trust* mangels Rechtsfähigkeit nicht selbst, sondern grds. der *trustee* als rechtlicher Eigentümer des Trustvermögens mitteilungspflichtig[49]).

20 Die **Güter- oder Erbengemeinschaft** als solche ist nicht rechtsfähig[50] und damit selbst nicht mitteilungspflichtig.[51] Stattdessen sind alle der Gesamthand zustehende Stimmrechte bei jedem einzelnen Mitglied zu berücksichtigen, so dass jedes Mitglied (in seiner gesamthänderischen Verbundenheit) der Meldepflicht bezüglich des gesamten von der Gemeinschaft gehaltenen Anteils unter-

---

[41] Palandt/*Ellenberger* BGB Überbl v § 104 Rn. 6; Erman/*H. F. Müller* BGB Einl. § 104 Rn. 6; Staudinger/*Knothe* (2011) BGB Vor § 104 Rn. 86.
[42] KG AG 2005, 205; *Scholz* AG 2009, 313 (318); Schwark/Zimmer/*Schwark* WpHG § 21 Rn. 29.
[43] Vgl. BGHZ 192, 90 (108) = NZG 2012, 263 (267); BGH NZG 2008, 300 (303); *v. Bülow/Petersen* NZG 2009, 481 (483) (Fn. 34); *Fleischer* ZGR 2007, 401 (404); siehe auch BaFin Emittentenleitfaden 2013, S. 27.
[44] BegrRegE BT-Drs. 12/6679, 52; BaFin Emittentenleitfaden, 2013, S. 109; MüKoAktG/*Bayer* Anh. § 22 § 21 WpHG Rn. 3; Kölner Komm WpHG/*Hirte* § 21 Rn. 129; Assmann/Schneider/*Schneider* WpHG § 21 Rn. 9.
[45] OLG Stuttgart AG 2009, 124 (129); MüKoAktG/*Bayer* § 22 Anh. § 21 WpHG Rn. 3; Assmann/Schneider/*Schneider* WpHG § 21 Rn. 9.
[46] Fuchs/*Zimmermann* WpHG § 21 Rn. 9 ff.; MüKoAktG/*Bayer* Anh. § 22 § 21 WpHG Rn. 3 f.; Assmann/Schneider/*Schneider* WpHG § 21 Rn. 9, 12 und 13. Vgl. zur Rechtsfähigkeit der Außen-GbR: BGHZ 146, 341; BGH NZG 2013, 707. Siehe auch zur Meldepflicht einer GbR nach § 20 AktG: BGHZ 114, 203 (210 f.) = NJW 1991, 2765 (2766). Zur rechtlichen Meldepflicht einer Innen-GbR: BGH AG 2009, 163 (zur Schutzgemeinschaft).
[47] BaFin Emittentenleitfaden, 2013, S. 109; MüKoAktG/*Bayer* Anh. § 22 § 21 WpHG Rn. 3 und Rn. 10; Assmann/Schneider/*Schneider* WpHG § 21 Rn. 9.
[48] LG München I NZG 2008, 637 = BeckRS 2008, 11 391; LG München I BeckRS 2011, 03164 (insoweit nicht abgedruckt in NZG 2011, 390); Fuchs/*Zimmermann* WpHG § 21 Rn. 14; ebenso BaFin Emittentenleitfaden, 2013, S. 109.
[49] Vgl. auch BaFin Emittentenleitfaden, 2013, S. 115; Assmann/Schneider/*Schneider* WpHG § 21 Rn. 21.
[50] Zur fehlenden Rechtsfähigkeit der Erbengemeinschaft: BGH NZG 2006, 940 (941); Palandt/*Edenhofer* BGB Einf. vor § 2032 Rn. 1; Jauernig/*Stürner* BGB § 2032 Rn. 1; Bamberger/Roth/*Lohmann* BGB § 2032 Rn. 5. Zur fehlenden Rechtsfähigkeit der Gütergemeinschaft: BayObLG NZG 2003, 431; MüKoHGB/*Schmidt* § 1 Rn. 51; Bamberger/Roth/*Siede* BGB § 1416 Rn. 1; MüKoBGB/*Leipold* 1923 Rn. 40.
[51] Assmann/Schneider/*Schneider* WpHG § 21 Rn. 16; *Nottmeier/Schäfer* AG 1997, 90; MüKoAktG/*Bayer* Anh. § 22 § 21 WpHG Rn. 5; *Starke*, Beteiligungstransparenz im Gesellschafts- und Kapitalmarktrecht, 2002, 181.

liegt.⁵² Mangels Rechtsfähigkeit ist auch die **Bruchteilsgemeinschaft** (§§ 741 ff. BGB) als solche nicht mitteilungspflichtig.⁵³ Die Stimmrechte aus im Gemeinschaftseigentum gehaltenen Aktien sind bei den Mitgliedern quotal, dh entsprechend ihres jeweiligen Anteils am Gemeinschaftseigentum, zu berücksichtigen.⁵⁴

Stimmrechtspools, die reine Innen-GbR sind, sind ebenfalls nicht rechtsfähig⁵⁵ und daher selbst 21 nicht mitteilungspflichtig. Mitteilungspflichtig ist allerdings gemäß § 34 Abs. 2 WpHG jedes einzelne Poolmitglied.⁵⁶ Im Fall von **Hinterlegungsscheinen** (§ 2 Abs. 31 WpHG), die Aktien vertreten (zB *Depositary Receipts*),⁵⁷ sind nach § 33 Abs. 1 Satz 2 WpHG die Stimmrechte aus den in den Hinterlegungsschein verbrieften Aktien beim Inhaber und nicht beim Aussteller des Hinterlegungsscheins zu berücksichtigen.

3. Mitteilungspflichtige Vorgänge. a) Berührung von Meldeschwellen. Die Mitteilungs- 22 pflicht entsteht, wenn der Stimmrechtsanteil des Meldepflichtigen – unter Berücksichtigung der §§ 33 Abs. 3, 34–36 WpHG – durch Erwerb, Veräußerung oder auf sonstige Weise 3 %, 5 %, 10 %, 15 %, 20 %, 25 %, 30 %, 50 % oder 75 % der Stimmrechte an einem Emittenten, für den Deutschland Herkunftsstaat ist (→ Rn. 9), erreicht, über- oder unterschreitet („berührt"). Ist der Emittent eine **REIT-Aktiengesellschaft,** gelten zusätzlich die Schwellen von 80 % und 85 % der Stimmrechte (§ 11 Abs. 5 REITG).

Das Entstehen der Mitteilungspflicht setzt eine **Veränderung des Stimmrechtsanteils** des Mel- 23 depflichtigen voraus.⁵⁸ Veränderungen des Stimmrechtsanteils, ohne dass zugleich eine Meldeschwelle berührt wird, lösen jedoch keine Mitteilungspflicht aus.⁵⁹ Werden innerhalb eines Tages durch verschiedene Erwerbs- oder Veräußerungsvorgänge Meldeschwellen berührt, genügt nach Verwaltungspraxis der BaFin, die auch nach Inkrafttreten des TRL-ÄndRL-UmsG beibehalten wurde,⁶⁰ eine Mitteilung, der der Stimmrechtsanteil zum Ende des Tages zugrunde gelegt wird **(Intraday-Ausnahme).**⁶¹ Ist auf Grundlage dieses Stimmrechtsanteils keine Meldeschwelle berührt, kann eine Mitteilung unterbleiben.⁶² Da allerdings gesetzlich eine solche **Saldierung** nicht vorgesehen ist, sollte vorsorglich jeder Vorgang, durch den eine Meldeschwelle berührt wird, gesondert gemeldet werden. Nicht erforderlich ist eine **„Abmeldung"** durch den Meldepflichtigen, wenn das die Schwellenunterschreitung auslösende Ereignis zum Erlöschen seiner Rechtsträgereigenschaft führt (zB Erlöschen des übertragenden Rechtsträgers bei einer Verschmelzung,⁶³ Tod des Meldepflichtigen). In diesen Fällen kann jedoch freiwillig eine Mitteilung durch den Rechtsnachfolger vorgenommen werden.

b) Berechnung des Stimmrechtsanteils. Der Stimmrechtsanteil des Meldepflichtigen ent- 24 spricht der nach Maßgabe der § 1 Abs. 3 WpHG, §§ 33–36 WpHG ermittelten Zahl der beim Meldepflichtigen zu berücksichtigenden Stimmrechte (Zähler) geteilt durch die Gesamtzahl der insgesamt vorhandenen Stimmrechte (Nenner) multipiziert mit 100. Hinsichtlich der **Gesamtzahl der Stimmrechte** des Emittenten ist die letzte vor Abgabe der Mitteilung von der Gesellschaft nach § 41 WpHG veröffentliche Zahl zugrunde zu legen (§ 12 Abs. 3 WpAIV). Dies gilt auch dann, wenn die zum Zeitpunkt der Mitteilung tatsächlich vorhandene Gesamtzahl der Stimmrechte von der zuletzt nach § 41 WpHG veröffentlichten Zahl abweicht.⁶⁴

---

⁵² *Fuchs/Zimmermann* WpHG § 21 Rn. 34; Kölner Komm WpHG/*Hirte* § 21 Rn. 135; Assmann/Schneider/ *Schneider* WpHG § 21 Rn. 17; Jahresbericht des BAWe 1996, S. 28; aA Schäfer/Hamann/*Opitz* Kapitalmarktgesetze § 21 WpHG Rn. 11.
⁵³ *Fuchs/Zimmermann* WpHG § 21 Rn. 34; Kölner Komm WpHG/*Hirte* § 21 Rn. 135.
⁵⁴ OLG Stuttgart NZG 2005, 432 (434); OLG Hamburg BeckRS 2012, 14529 (insoweit nicht abgedruckt in NZG 2012, 944); *Fuchs/Zimmermann* WpHG § 21 Rn. 34; Assmann/Schneider/*Schneider* WpHG § 21 Rn. 11.
⁵⁵ BGH AG 2009, 163 (zur Schutzgemeinschaft).
⁵⁶ MüKoAktG/*Bayer* Anh. § 22 § 21 WpHG Rn. 7; NK-AktR/*Heinrich* WpHG § 21 Rn. 4 und WpHG § 22 Rn. 18.
⁵⁷ Durch das 2. FiMaNoG wurde das Wort „Zertifikate" durch „Hinterlegungsscheine" ersetzt, ohne dass sich hierdurch eine inhaltliche Änderung ergibt.
⁵⁸ Vgl. OLG Düsseldorf NZG 2009, 260 (261); LG Krefeld NZG 2009, 265 (266); *Fuchs/Zimmermann* WpHG § 21 Rn. 37.
⁵⁹ Kölner Komm WpHG/*Hirte* § 21 Rn. 71.
⁶⁰ *Meyer* BB 2016, 771 (774).
⁶¹ *Tautges* WM 2017, 512 (516) (Fn 58); *Meyer* BB 2016, 771 (774); BaFin Emittentenleitfaden, 2013, S. 108.
⁶² BaFin Emittentenleitfaden, 2013, S. 108; wohl ebenso *Renz/Rippel* BKR 2009, 265 (266); aA Assmann/ Schneider/*Schneider* WpHG § 21 Rn. 69 (das erstmalige und das letztmalige Berühren einer Schwelle während eines Tages sei zu melden); *Fuchs/Zimmermann* WpHG § 21 Rn. 37.
⁶³ BaFin Emittentenleitfaden, 2013, S. 108.
⁶⁴ BaFin, FAQ zu den Transparenzpflichten des WpHG, Stand: 3.1.2018, S. 12 zu Frage 25; BegrRegE BT-Drs. 18/5010 48; aA Emmerich/Habersack/*Schürnbrand* WpHG § 21 Rn. 9 (Meldepflichtige müssen die vom

24a Für die Ermittlung der beim Meldepflichtigen zu berücksichtigenden Stimmrechtszahl sind zunächst die Stimmrechte aus sämtlichen ihm **„gehörenden"** Aktien des Emittenten zu berücksichtigen. Während hierfür bis zum Inkrafttreten des TRL-ÄndRL-UmsG ausschließlich die zivilrechtlichen Eigentumsverhältnisse maßgeblich waren,[65] gelten seither gemäß **§ 33 Abs. 3 WpHG** als dem Meldepflichtigen gehörend auch Stimmrechte aus Aktien Dritter, die der Meldepflichtige aufgrund eines unbedingten und ohne zeitliche Verzögerung zu erfüllenden schuldrechtlichen Anspruchs (zB aus Kauf- oder Schenkungsvertrag) oder einer entsprechenden Verpflichtung erwerben kann.[66] An einem **unbedingten Anspruch** fehlt es, wenn entweder das den Anspruch begründende Rechtsgeschäft selbst unter einer aufschiebenden Bedingung (§ 158 BGB) vorgenommen wird oder der Aktienerwerb von äußeren Umständen abhängt (zB unter Vollzugsbedingungen, wie der fusionskontrollrechtlichen Freigabe, steht oder – im Falle von vinkulierten Namensaktien – von der Zustimmung der Gesellschaft oder von sonstigen Zustimmungen Dritter abhängt).[67] Anders verhält es sich hingegen im Falle von reinen Potestativbedingungen; hier ist von einem unbedingten Anspruch auszugehen. Tritt bei einem zunächst bedingten Anspruch die Bedingung ein oder wird auf sie verzichtet, liegt ab diesem Zeitpunkt ein unbedingter Anspruch vor. Sofern dieser dann auch sofort zu erfüllen ist, sind ab diesem Zeitpunkt die Stimmrechte bei dem Meldepflichtigen zu berücksichtigen.[68] **Ohne zeitliche Verzögerung** ist ein Anspruch zu erfüllen, wenn die Erfüllung innerhalb der üblicherweise im jeweiligen Markt als sofortige Lieferung akzeptierten Fristen zu erfolgen hat (in Abgrenzung zum Termingeschäft nach § 2 Abs. 3 Nr. 1 WpHG).[69] Durch das Tatbestandsmerkmal „ohne zeitliche Verzögerung" soll erreicht werden, dass ein Rechtsgeschäft entweder nach § 33 Abs. 1 WpHG oder § 38 Abs. 1 WpHG, nicht jedoch nach beiden Tatbeständen zugleich, meldepflichtig ist.[70] Unter Berücksichtigung von Art. 5 Abs. 2 VO (EU) 909/2014[71] ist im Fall von Aktiengeschäften, die an Handelsplätzen[72] ausgeführt werden, eine sofortige Erfüllung bei vorgesehener Abwicklung spätestens am zweiten Geschäftstag nach dem betreffenden Abschluss („t+2") gegeben.[73] In anderen Sachverhalten wird – entsprechend der bisherigen Verwaltungspraxis der BaFin – auch eine Abwicklung innerhalb von „t+3" noch als sofortige Erfüllung anzusehen sein.[74] Dies gilt entsprechend auch im Falle von außerbörslichen Aktiengeschäften. Probleme ergeben sich, wenn es zu Verzögerungen bei der Abwicklung kommt, die dazu führen, dass das Geschäft nicht mehr innerhalb der als sofortige Lieferung akzeptierten Fristen erfüllt wird. Sobald dem Meldepflichtigen dieser Umstand bekannt wird, ist er grds. zur Abgabe einer neuen (korrigierenden) Stimmrechtsmitteilung verpflichtet (Erwerber: Heruntermeldung nach § 33 WpHG und – sofern der Anspruch fortbesteht – Hinaufmeldung nach § 38 WpHG; Veräußerer: Hinaufmeldung nach § 33 WpHG).[75] Zur Vermeidung überflüssiger Stimmrechtsmitteilungen bedarf es jedoch keiner neuen Mitteilung, wenn die Abwicklung des Geschäfts noch innerhalb der für die neue Mitteilung maßgeblichen Meldefrist erfolgt.[76] In diesem Fall würde die dann nur kurzfristige Hinuntermeldung keinen zusätzlichen Erkenntniswert für den Kapitalmarkt und den Emittenten bieten.

24b **Hinzuzurechnen** sind nach § 34 WpHG bestimmte Stimmrechte aus Aktien Dritter (→ Rn. 40 ff.). **Nicht zu berücksichtigen** sind hingegen (i) nach § 33 Abs. 3 WpHG Stimmrechte

---

Emittenten zuletzt veröffentlichte Stimmrechtszahl heranziehen, soweit sie keine positive Kenntnis über eine hiervon abweichende Stimmrechtszahl haben). Siehe zur früheren Rechtslage: *v. Bülow/Petersen* NZG 2009, 481 (484) (Wahlrecht zwischen der vom Emittenten zuletzt veröffentlichten oder der tatsächlichen Anzahl); BaFin Emittentenleitfaden, 2013, S. 106 (Meldepflichtige müssen bei entsprechender Kenntnis bzw. Kennenmüssen die tatsächliche Gesamtstimmrechtszahl der Mitteilung zugrunde legen); *S.H. Schneider* NZG 2009, 121 (124) (Meldepflichtige müssen zwingend die vom Emittenten zuletzt veröffentlichte Stimmrechtszahl heranziehen).

[65] Fuchs/*Zimmermann* WpHG § 21 Rn. 28; Schäfer/Hamann/*Opitz* WpHG § 21 Rn. 20; Assmann/Schneider/*Schneider* WpHG § 21 Rn. 32.
[66] BegrRegE BT-Drs. 18/5010, 44; *Söhner* ZIP 2015, 2451 (2453); *Schilha* DB 2015, 1821 (1824).
[67] BaFin, FAQ zu den Transparenzpflichten des WpHG, Stand: 3.1.2018, S. 10 zu Frage 22a (zur Kartellfreigabe).
[68] Vgl. BegrRegE BT-Drs. 18/5010, 44; *Schilha* DB 2015, 1821 (1824).
[69] BegrRegE BT-Drs. 18/5010, 44.
[70] BegrRegE BT-Drs. 18/5010, 44.
[71] Vordnung (EU) Nr. 909/2014 des Europäischen Parlaments und des Rates vom 23. Juli 2014 zur Verbesserung der Wertpapierlieferungen und -abrechnungen in der Europäischen Union und über Zentralverwahrer sowie zur Änderung der Richtlinien 98/26/EG und 2014/65/EU und der Verordnung (EU) Nr. 236/2012.
[72] Gemäß Art. 4 Abs. 1 Nr. 24 RL 2015/65/EU sind Handelsplätze ein geregelter Markt, ein multilaterales Handelssystem oder ein organisiertes Handelssystem (erfasst werden also sowohl der geregelte Markt als auch der Freiverkehr).
[73] BegrRegE BT-Drs. 18/5010, 44; *Weidemann* NZG 2016, 605 (607); *Söhner* ZIP 2015, 2451 (2454); *Schilha* DB 2015, 1821 (1825).
[74] Vgl. zu „t+3" auch: BaFin, Präsentation zum Transparenzworkshop, Stand: 9.3.2016, S. 21.
[75] *Schilha* DB 2015, 1821 (1825).
[76] Vgl. *Schilha* DB 2015, 1821 (1825) (kein schuldhaftes Zögern bei Ausnutzung der maximalen Meldefrist).

aus Aktien, die ein Dritter vom Meldepflichtigen aufgrund eines unbedingten und ohne zeitliche Verzögerung zu erfüllenden Anspruchs oder einer entsprechenden Verpflichtung erwerben kann,[77] um einen Gleichlauf der Mitteilungspflichten von Erwerber und Veräußerer sicherzustellen, und (ii) nach § 34 WpHG nicht zu berücksichtigende Stimmrechte (→ Rn. 59 ff.).

Bei der Ermittlung der Stimmrechtszahl des Meldepflichtigen und der Gesamtzahl der Stimm- 25 rechte des Emittenten bleiben **Vorzugsaktien ohne Stimmrecht** außer Betracht, solange das Stimmrecht ruht.[78] Zu berücksichtigen sind demgegenüber von einem **Stimmverbot**[79] oder **vorübergehenden (Stimm-)Rechtsverlust**[80] betroffene Aktien sowie **Mehrstimmrechte**,[81] soweit diese bestehen. Bei der Ermittlung der Gesamtzahl der Stimmrechte des Emittenten sind auch von diesem gehaltene **eigene Aktien** zu berücksichtigten.[82] Satzungsmäßige **Höchststimmrechte** bleiben außer Betracht, da nur die Stimmrechtsinhaberschaft, nicht jedoch die konkrete Stimmkraft entscheidend ist.[83]

§ 1 Abs. 3 Satz 1 WpHG nimmt die Anleger in **offenen Investmentvermögen** (§ 1 Abs. 4 26 KAGB) von den Mitteilungspflichten der §§ 33 ff. WpHG aus.[84] Diese Ausnahme gilt gem. § 1 Abs. 3 Satz 2 WpHG nicht für sog. Spezial-AIF iSd § 1 Abs. 6 KAGB. Auf Anleger in geschlossenen Investmentvermögen (wie InvestmentAG iSd §§ 140 ff. KAGB) finden die §§ 33 ff. WpHG hingegen uneingeschränkt Anwendung.[85] Aufgrund der Ausnahme nach § 1 Abs. 3 Satz 1 WpHG gelten Stimmrechte aus Aktien, die zu einem offenen Investmentvermögen gehören, dessen Vermögensgegenstände im Miteigentum der Anleger stehen und bei dem es sich nicht um einen Spezial-AIF iSd § 1 Abs. 6 KAGB handelt, als nicht dem Meldepflichtigen gehörend (und sind mithin nicht bei der Berechnung des Stimmrechtsanteils zu berücksichtigen).[86] Die Stimmrechte aus diesen Aktien sind jedoch bei der Kapitalverwaltungsgesellschaft zu berücksichtigen.[87] Handelt es sich hingegen um ein **Spezial-AIF,** sind die Stimmrechte aus den zum Sondervermögen zählenden Aktien bei den Anlegern (Miteigentümern) quotal entsprechend ihrer Beteiligung am Investmentvermögen zu berücksichtigen.[88] Ein Spezial-AIF ist ein Investmentvermögen (das kein OGAW ist), dessen Anteile aufgrund schriftlicher Vereinbarungen mit der Verwaltungsgesellschaft oder aufgrund der konstituierenden Dokumente (zB Satzung) des AIF ausschließlich von professionellen (§ 1 Abs. 19 Nr. 32 KAGB) oder semiprofessionellen (§ 1 Abs. 19 Nr. 33 KAGB) Anlegern gehalten werden.

Der in das Aktienregister eingetragene **Legitimationsaktionär** gilt – außer in den Fällen des 26a § 67 Abs. 4 Satz 5 und Abs. 7 AktG – gemäß § 67 Abs. 2 Satz 1 AktG gegenüber der AG als

---

[77] BegrRegE BT-Drs. 18/5010 S. 44 (§ 21 Abs. 1b (WpHG aF) gelte für Erwerb und Veräußerung); *Schilha* DB 2015, 1821 (1824).
[78] Assmann/Schneider/*Schneider* WpHG § 21 Rn. 45 ff.; Kölner Komm WpHG/*Hirte* WpHG § 21 Rn. 84 f.; vgl. auch BaFin Emittentenleitfaden, 2013, S. 105.
[79] Assmann/Schneider/*Schneider* WpHG § 21 Rn. 64; Schäfer/Hamann/*Opitz* WpHG § 21 Rn. 18.
[80] ZB § 28 WpHG, § 59 WpÜG, § 20 Abs. 7 AktG, § 67 Abs. 2 Satz 2 und 3 sowie § 134 Abs. 2 AktG, vgl. Kölner Komm WpHG/*v. Bülow* § 22 Rn. 51; Kölner Komm WpHG/*Hirte* § 21 Rn. 76 und 92; Fuchs/*Dehlinger/Zimmermann* WpHG § 21 Rn. 27; ebenso BaFin Emittentenleitfaden, 2013, S. 105.
[81] Schäfer/Hamann/*Opitz* Kapitalmarktgesetze § 21 WpHG Rn. 15; MüKoAktG/*Bayer* § 22 Anh. § 21 WpHG Rn. 23; Assmann/Schneider/*Schneider* WpHG § 21 Rn. 43. Bei deutschen Emittenten bestehen Mehrstimmrechte nach dem 1.6.2003 infolge § 12 Abs. 2 AktG iVm § 5 Abs. 1 und 2 EGAktG überhaupt nur noch, wenn die Hauptversammlung ihre Fortgeltung beschlossen hat.
[82] OLG Köln NZG 2012, 946 (949); BaFin Emittentenleitfaden, 2013, S. 105; Kölner Komm WpHG/*Hirte* WpHG § 21 Rn. 76; Assmann/Schneider/*Schneider* WpHG § 21 Rn. 59; aA *Gätsch/Bracht* AG 2011, 813 (817 f.).
[83] Schäfer/Hamann/*Opitz* WpHG § 21 Rn. 17; Kölner Komm WpHG/*Hirte* WpHG § 21 Rn. 90; *Gätsch/Bracht* AG 2011, 813 (817); aA *Falkenhagen* WM 1995, 1005 (1008). Bei deutschen Emittenten sind Höchststimmrechte gem. § 134 Abs. 1 Satz 2 AktG iVm § 5 Abs. 7 EGAktG spätestens am 1.6.2000 ausgelaufen.
[84] Mit der Einführung der Ausnahmevorschrift in § 1 Abs. 3 WpHG wurde zugleich eine Bestandsmitteilungspflicht nach § 41 Abs. 4g WpHG aF (= § 127 Abs. 11 WpHG nF) eingeführt.
[85] *Dietrich* ZIP 2016, 1612 (1615).
[86] Vgl. BegrRegE BT-Drs. 18/5010, 42 und 55; BaFin, FAQ zu den Transparenzpflichten des WpHG, Stand: 3.1.2018, S. 16 f. zu Frage 31a.
[87] Die Berücksichtigung der Stimmrechte bei der Kapitalverwaltungsgesellschaft beruht im Falle der sog. Miteigentumslösung auf § 33 Abs. 1 Satz 1 bzw. 3 WpHG, da die die Stimmrechte vermittelnden Aktien der Kapitalverwaltungsgesellschaft gehören, und im Falle der Treuhandlösung auf § 34 Abs. 1 Satz 1 Nr. 6 WpHG, da der Kapitalverwaltungsgesellschaft die Stimmrechte aufgrund der Ausübungsberechtigung nach § 94 Abs. 1 KAGB zuzurechnen sind. Vgl. dazu auch *Dietrich* ZIP 2016, 1612 (1617).
[88] *Dietrich* ZIP 2016, 1612 (1617 f.); BaFin, FAQ zu den Transparenzpflichten des WpHG, Stand: 3.1.2018, S. 16 f. zu Frage 31a. Ebenso zur Behandlung von Spezialsondermögen nach § 94 KAGB aF: BaFin Emittentenleitfaden, 2013, S. 124; ebenso zum früheren § 32 InvG: OLG Stuttgart DB 2005, 100 (101); *Beckmann* InvestmentHdB, 2009, 410 § 32 Rn. 28; Assmann/Schneider/*S.H. Schneider* WpHG Anh. § 22 Rn. 294; *Dreibus/Schäfer* NZG 2009, 1289 (1291).

Aktionär und ist daher im Verhältnis zur AG zur Ausübung der Stimmrechte berechtigt. Da er jedoch nicht Eigentümer der betreffenden Aktien ist und es sich somit nicht um seine Stimmrechte handelt, kommt eine Berücksichtigung dieser Stimmrechte bei dem Legitimationsaktionär nur in Betracht, wenn zumindest einer der Zurechnungstatbestände des § 34 WpHG erfüllt ist.[89] Dies hat der Gesetzgeber zwischenzeitlich durch die Einfügung der Worte „aus ihm gehördenden Aktien" in § 33 Abs. 1 Satz 1 WpHG auch klargestellt.[90] Kann der Legitimationsaktionär aber bspw. die Stimmrechte nach eigenem Ermessen ausüben, kommt eine Zurechnung nach § 34 Abs. 1 Satz 1 Nr. 6 WpHG und mithin eine Mitteilungspflicht des Legitimationsaktionärs in Betracht.[91]

27 **c) Art der Schwellenberührung.** Ob die Meldeschwellen durch Erwerb oder Veräußerung von Aktien oder auf sonstige Weise berührt werden, ist für das Bestehen der Mitteilungspflicht unerheblich (muss jedoch nach § 12 Abs. 1 WpAIV (§ 17 WpAIV aF) iVm Nr. 2 des Formulars in der Mitteilung angegeben werden). Für den **Erwerb** oder die **Veräußerung** ist grundsätzlich die zivilrechtliche Eigentumslage, also der Tag des dinglichen Erwerbs bzw. der Veräußerung der Aktien, maßgeblich.[92] Beachtlich ist daher auch eine zivilrechtlich fingierte Rückwirkung des Eigentumserwerbs (zB § 184 BGB) bzw. des rückwirkenden Entfalls der Eigentümerstellung (zB bei Ausschlagung der Erbschaft, § 1953 BGB). Bei Bestehen eines auf die Übertragung von Aktien gerichteten unbedingten und ohne zeitliche Verzögerung zu erfüllenden Anspruchs oder einer entsprechenden Verpflichtung (→ Rn. 24) wird jedoch die Mitteilungspflicht bereits mit Bestehen des Anspruchs oder der Verpflichtung ausgelöst (vgl. § 33 Abs. 3 WpHG).

28 Bei **Namensaktien** ist die Eintragung des Erwerbers in das Aktienregister keine Voraussetzung für die Wirksamkeit der Übertragung der Aktie, so dass die Mitteilungspflicht mit dem Aktienerwerb bzw. im Fall des § 33 Abs. 3 WpHG mit der Anspruchsentstehung – unabhängig von einer Eintragung – entsteht.[93] Hingegen hängt bei **vinkulierten Namensaktien** die Wirksamkeit der Aktienübertragung von der Zustimmung der Gesellschaft ab, so dass in diesem Fall ein mitteilungspflichtiger Erwerb frühestens mit Erteilung der Zustimmung vorliegt.[94]

29 Eine Schwellenberührung **in sonstiger Weise** liegt zB bei einer Veränderung des Stimmrechtsanteils in Folge von Kapitalerhöhung oder -herabsetzung,[95] Gesamtrechtsnachfolge (zB Verschmelzung, Erbfolge)[96] oder bei Einsetzen oder Veränderung einer Zurechnung nach § 34 WpHG[97] vor. Die bloße **Änderung der Zusammensetzung des Stimmrechtsanteils** aus eigenen und zugerechneten Stimmrechten oder die Änderung von Zurechnungstatbeständen, ohne dass der Gesamtstimmrechtsanteil des Meldpflichtigen eine Meldeschwelle berührt, ist nicht mitteilungspflichtig.[98] Ebenso

---

[89] BaFin Emittentenleitfaden, 2013, S. 109; *Cahn* AG 2013, 459 (460 ff.); *Götze* BKR 2013, 265 (266); Hölters/*Hirschmann* § 135 Rn. 34; *Nartowska* NZG 2013, 124 (127); Assmann/Schneider/*Schneider* WpHG § 21 Rn. 52 ff.; Fuchs/*Zimmermann* WpHG § 21 Rn. 32; *Merkner/Sustmann* NZG 2013, 1361 (1362); aA OLG Köln NZG 2012, 946 (948 f.); *Bayer/Scholz* NZG 2013, 721 (724 ff.).

[90] BegrRegE BT-Drs. 18/3994, 53; MüKoAktG/*Bayer* § 22 Anh. § 21 WpHG Rn. 3.

[91] BegrRegE BT-Drs. 18/3994, 53; BaFin Emittentenleitfaden, 2013, S. 109; *Cahn* AG 2013, 459 (460); *Nartowska* NZG 2013, 124 (126).

[92] LG München I ZIP 2004, 167 (169); LG Kiel BeckRS 2008, 12 662; LG Köln Der Konzern 2009, 372 (376); BaFin Emittentenleitfaden, 2013, S. 106; Kölner Komm WpHG/*Hirte* § 21 Rn. 145; Assmann/Schneider/*Schneider* WpHG § 21 Rn. 73 f.

[93] Assmann/Schneider/*Schneider* WpHG § 21 Rn. 49 und 51.

[94] Assmann/Schneider/*Schneider* WpHG § 21 Rn. 55; MüKoAktG/*Bayer* Anh. § 22 § 21 WpHG Rn. 27.

[95] OLG Düsseldorf AG 2009, 535 (536); BaFin Emittentenleitfaden, 2013, S. 106. Maßgeblich für das Entstehen der Mitteilungspflicht ist das Wirksamwerden der Kapitalerhöhung bzw. -herabsetzung, also das Entstehen/Enden der Aktienrechte, vgl. Kölner Komm WpHG/*Hirte* § 21 Rn. 125; ebenso BaFin Emittentenleitfaden, 2013, S. 106 f.

[96] OLG Düsseldorf AG 2009, 535 (536); LG München I Der Konzern 2009, 364 (370); BaFin Emittentenleitfaden, 2013, S. 106; *Widder* NZG 2004, 275 ff. (schon vor Eintritt der Erbfolge entstandene Mitteilungspflichten gehen jedoch nicht auf den Rechtsnachfolger über); Schäfer/Hamann/*Opitz* WpHG § 21 Rn. 23; MüKoAktG/*Bayer* § 22 Anh. § 21 WpHG Rn. 28.

[97] OLG Düsseldorf AG 2009, 535 (536); BaFin Emittentenleitfaden, 2013, S. 106; MüKoAktG/*Bayer* Anh. § 22 § 21 WpHG Rn. 28; Kölner Komm WpHG/*Hirte* § 21 Rn. 124; vgl. auch BegrRegE BT-Drs. 12/6679, 53.

[98] OLG Hamburg ZIP 2012, 1347 (1352) = BeckRS 2012, 14529 (keine Meldpflicht bei konzerninternen Umschichtungen, die nicht mit einer Schwellenberührung verbunden sind); OLG Frankfurt DB 2009, 2200 (2201) (keine Meldpflicht der Konzernspitze bei Umhängen einer meldepflichtigen Beteiligung im Konzern); LG München I ZIP 2004, 167 (169); LG Frankfurt BeckRS 2008, 03 382 (insoweit nicht abgedruckt in ZIP 2008, 1183 f.); LG Berlin Urt. v. 11.1.2007 – 93 O 31/06, S. 36 (nicht veröffentlicht); *Sudmeyer* BB 2002, 685 (688 f.); BaFin Emittentenleitfaden, 2013, S. 105; Schäfer/Hamann/*Opitz* WpHG § 22 Rn. 99.

wenig lösen identitätswahrende **Formwechsel** (§§ 192 ff. UmwG),[99] Sitzverlegungen[100] oder **Umfirmierungen** bzw. Namensänderungen[101] des Meldepflichtigen eine Mitteilungspflicht aus, da sie nicht zu einer Veränderung seines Stimmrechtsanteils führen.

Der **Erwerb eigener Aktien** durch den Emittenten ist nicht nach § 33 WpHG mitteilungspflich- 30 tig, sondern unterfällt der Veröffentlichungspflicht nach § 40 Abs. 1 Satz 2 WpHG.[102] Eine Mitteilungspflicht nach § 33 WpHG scheidet insbesondere auch deshalb aus, weil dem Emittenten aus eigenen Aktien gemäß § 71b AktG Stimmrechte nicht zustehen können.

4. Frist, Form und Inhalt der Mitteilung. a) Frist. Eine nach § 33 Abs. 1 WpHG erforderli- 31 che Mitteilung ist **unverzüglich**,[103] **spätestens innerhalb von vier Handelstagen** (§ 47 WpHG) zu machen. Nach § 33 Abs. 1 Satz 3 WpHG beginnt die Frist in dem Zeitpunkt, in dem der Meldepflichtige Kenntnis davon hatte oder nach den Umständen haben musste, dass sein Stimmrechtsanteil die relevanten Schwellen erreicht, über- oder unterschritten hat. Für die Interpretation des Begriffs „Kennenmüssen" ist auf die Legaldefinition des § 122 Abs. 2 BGB abzustellen, also die auf Fahrlässigkeit beruhende Unkenntnis.[104] Maßgeblich ist dabei diejenige Sorgfalt, die von einem Marktteilnehmer mit wesentlicher Beteiligung erwartet werden kann.[105] Im Fall von sog. passiven Schwellenberührungen (in Folge der Veränderung der Gesamtstimmrechtszahl) beginnt die Frist erst ab positiver Kenntnis des Meldepflichtigen (§ 33 Abs. 1 Satz 5 WpHG), spätestens aber mit der Veröffentlichung nach § 41 WpHG.[106] Gem. **§ 33 Abs. 1 Satz 4 WpHG** wird vermutet, dass der Meldepflichtige zwei Tage nach der Schwellenberührung hiervon Kenntnis hat.[107] Die **Fristberechnung** erfolgt nach §§ 187 ff. BGB.[108] Entscheidend für die **Fristwahrung** ist nach dem Sinn und Zweck der Vorschrift der Eingang der Mitteilung bei dem Emittenten und der BaFin. Ein **Zugang iSv § 130 BGB** ist nicht erforderlich,[109] da es sich bei den Mitteilungen um reine Wissenserklärungen handelt (→ Rn. 17), für die § 130 BGB nicht gilt. Nicht erforderlich ist, dass die Mitteilung „**gleichzeitig**" oder mit nur geringfügigem zeitlichem Abstand an den Emittenten und die BaFin übermittelt wird.[110] Vielmehr ist § 33 WpHG nur zu entnehmen, dass die Mitteilung beim Emittenten und der BaFin jeweils rechtzeitig (also innerhalb der Meldefrist) eingehen muss.

b) Form. Die Art, Form und Sprache der Mitteilungen richten sich nach § 14 WpAIV. Nach 32 § 14 Satz 1 WpAIV sind sie schriftlich oder mittels Telefax in deutscher oder englischer Sprache

---

[99] OLG Düsseldorf BeckRS 2010, 01348; OLG Frankfurt DB 2009, 2200 (2201); OLG Köln NZG 2009, 830 (831); LG Düsseldorf BeckRS 2008, 08 574; BaFin Emittentenleitfaden, 2013, S. 108; *Schäfer* in Marsch-Barner/Schäfer Börsennotierte AG-HdB Rn. 18.41.
[100] OLG Hamm AG 2009, 876 (878) = BeckRS 2009, 09618.
[101] OLG Hamburg ZIP 2012, 1347 (1352) = BeckRS 2012, 14529; OLG Düsseldorf BeckRS 2010, 01348; OLG Frankfurt DB 2009, 2200 (2201); OLG Köln NZG 2009, 830 (831); OLG Düsseldorf NZG 2009, 260 (261); OLG Düsseldorf AG 2009, 535 (536); OLG Hamm AG 2009, 876 (878) = BeckRS 2009, 09618; LG Düsseldorf BeckRS 2008, 08574; LG Krefeld NZG 2009, 265 (266); LG München I Der Konzern 2009, 364 (370); BaFin Emittentenleitfaden, 2013, S. 108; *Bedkowski/Widder* BB 2008, 245; Kölner Komm WpHG/*Hirte* § 21 Rn. 151; Schäfer/Hamann/*Opitz* WpHG § 21 Rn. 22; *Nodoushani* WM 2008, 1671 (1674); *Segna* AG 2008, 311 (312 ff.); *Schäfer* in Marsch-Barner/Schäfer Börsennotierte AG-HdB Rn. 18.41; aA LG Köln AG 2008, 336 (338 f.); *Heppe* WM 2002, 60 (70) (jeweils für Mitteilungspflicht bei Umfirmierung).
[102] BaFin Emittentenleitfaden, 2013, S. 105; Schäfer/Hamann/*Opitz* WpHG § 21 Rn. 3; Kölner Komm WpHG/*Hirte* WpHG § 21 Rn. 70.
[103] „Unverzüglich" bedeutet auch hier „ohne schuldhaftes Zögern" (§ 121 Abs. 1 Satz 1 BGB), vgl. BaFin Emittentenleitfaden, 2013, S. 110; Assmann/Schneider/*Schneider* WpHG § 21 Rn. 128; *Weber-Rey/Benzler* in Habersack/Mülbert/Schlitt Kapitalmarktinformation-HdB § 20 Rn. 72.
[104] Kölner Komm WpHG/*Hirte* WpHG § 21 Rn. 170; Schäfer/Hamann/*Opitz* WpHG § 21 Rn. 26.
[105] MüKoAktG/*Bayer* Anh. § 22 § 21 WpHG Rn. 40; ausführlich Schäfer/Hamann/*Opitz* WpHG § 21 Rn. 26 ff.; vgl. auch zu § 62 AktG: BGH NZG 2016, 1182 (1184 f.), demzufolge danach zu unterscheiden sei, ob es sich um einen Kleinaktionär oder einen geschäftserfahrenen Großaktionär handele.
[106] *Söhner* ZIP 2015, 2451 (2453); BaFin, FAQ zu den Transparenzpflichten des WpHG, Stand: 3.1.2018, S. 12 zu Frage 25.
[107] Die BaFin hält an ihrer bisherigen Auffassung (siehe Emittentenleitfaden, 2013, S. 111) fest, wonach die Vermutungsregel nur in Ausnahmefällen zum Tragen komme (vgl. BaFin, FAQ zu den Transparenzpflichten des WpHG, Stand: 3.1.2018, S. 11 zu Frage 23). Diese Verwaltungspraxis ist abzulehnen, da hierdurch § 33 Abs. 1 Satz 4 WpHG praktisch gegenstandslos und die Beweislast zu Lasten des Meldepflichtigen umgekehrt würde.
[108] Kölner Komm WpHG/*Hirte* WpHG § 21 Rn. 164; MüKoAktG/*Bayer* Anh. § 22 § 21 WpHG Rn. 41; NK-AktR/*Heinrich* WpHG § 21 Rn. 10.
[109] Gegen das Erfordernis eines Zugangs iSv § 130 BGB: Schwark/Zimmer/*Schwark* WpHG § 22 Rn. 29; aA Assmann/Schneider/*Schneider* WpHG § 21 Rn. 131; *Weber-Rey/Benzler* in Habersack/Mülbert/Schlitt Kapitalmarktinformation-HdB § 20 Rn. 72; Kölner Komm WpHG/*Hirte* WpHG § 22 Rn. 165 (der sich für eine analoge Anwendung von § 130 Abs. 1, Abs. 3 BGB ausspricht).
[110] Schäfer/Hamann/*Opitz* WpHG § 21 Rn. 31 („zweckmäßigerweise" werde die Mitteilung allerdings gleichzeitig erstattet); aA Assmann/Schneider/*Schneider* WpHG § 21 Rn. 132.

an den Emittenten und die BaFin zu übersenden. Wegen § 126 Abs. 3 BGB, § 126a BGB bzw. § 3a Abs. 2 VwVfG genügt die **elektronische Form,** was allerdings die Verwendung einer qualifizierten elektronischen Signatur erfordert.[111] § 14 Satz 2 WpAIV eröffnet der BaFin die Möglichkeit, die Abgabe von Mitteilungen auf elektronischem Wege ohne Berücksichtigung der Anforderungen des § 3a Abs. 2 VwVfG zu ermöglichen.[112] Bis zur Bereitstellung des Verfahrens bleibt es jedoch dabei, dass dass die Abgabe einer Mitteilung in elektronischer Form die Voraussetzungen des § 3a Abs. 2 VwVfG erfüllen muss.[113] Die Übersendung der Mitteilung per einfacher Email genügt daher nicht.

33 c) **Inhalt.** Nach § 12 Abs. 1 WpAIV muss die Mitteilung unter Verwendung des der WpAIV als Anlage beigefügten Formulars abgegeben werden.[114] Das Formular ist nach Auffassung der BaFin stets vollständig auszufüllen.[115] Ein solches Erfordernis ist jedoch weder dem Gesetz zu entnehmen, noch ist dies zur Erfüllung der mit den Mitteilungspflichten angestrebten Beteiligungstransparenz erforderlich. Vielmehr muss es genügen, das Formular stets nur insoweit auszufüllen, wie es zur Erfüllung der konkreten Mitteilungspflicht nach §§ 33, 38 oder 39 WpHG erforderlich ist. Bspw. bedarf es zur Erfüllung der Mitteilungspflicht nach § 21 Abs. 1 WpHG nicht der Angaben nach Nr. 7b.1 und 7b.2 des Formulars zu den vom Meldepflichtigen gehaltenen Instrumenten. Die nach § 12 Abs. 1 WpAIV iVm mit Formular erforderlichen Angaben beinhalten u.a. den Namen und die Anschrift[116] des Emittenten (Nr. 1 des Formulars), den Grund der Mitteilung (Nr. 2 des Formulars), den Namen und den Sitz bzw. Wohnort und Staat des Meldepflichtigen (Nr. 3 des Formulars) (die postalische[117] Anschrift des Meldepflichtigen muss nur der BaFin übersendet werden, womit dem Emittenten ggf. die Ausübung des Nachweisanspruchs nach § 43 WpHG erschwert wird), das Datum der Schwellenberührung (Nr. 5 des Formulars), die Höhe des infolge des die Mitteilungspflicht auslösenden Vorgangs[118] gehaltenen Stimmrechtsanteils als absolute Zahl und Prozentzahl in Bezug auf die Gesamtmenge der Stimmrechte und alle mit Stimmrechten versehenen Aktien derselben Gattung (Nr. 6 und 7a des Formulars), wobei grds. auch weiterhin die Angabe des auf zwei Nachkommastellen kaufmännisch gerundeten Stimmrechtsanteils genügt,[119] und die Angabe des zuletzt gemeldeten Stimmrechtsbestands (Nr. 6 des Formulars). Nicht mehr erforderlich ist die Angabe sämtlicher[120] berührter Meldeschwellen und die Angabe, ob diese erreicht, über- oder unterschritten wurden.[121] Im Fall einer Zurechnung von Stimmrechten ist zudem der zugerechnete Stimmrechtsanteil anzugeben; nicht mehr erforderlich ist hingegen die Angabe der Zurechnungstatbestände und der hiernach jeweils zuzurechnenden Stimmrechte. Erfolgt eine Stimmrechtszurechnung nach § 34 WpHG bedarf es ferner der Angabe des Namens des Aktionärs, aus dessen Aktien dem Meldepflichtigen Stimmrechte zugerechnet werden, wenn dessen zugerechneter Stimmrechtsanteil jeweils 3 % oder mehr beträgt (Nr. 4 des Formulars). Im Fall einer Zurechnung nach § 34 Abs. 1 Satz 1 Nr. 1 WpHG bedarf es darüber hinaus der Angabe der (Kette der) Tochterunternehmen, von denen dem Meldepflichtigen mindestens 3 % der Stimm-

---

[111] OLG Schleswig AG 2008, 129 (131) (zu § 20 AktG); *Hutter/Kaulamo* NJW 2007, 471 (476). Vgl. BaFin Emittentenleitfaden, 2013, S. 110 (eine einfache elektronische Signatur genüge nicht); aA Kölner Komm WpHG/*Hirte* WpHG § 21 Rn. 158; Assmann/Schneider/*Schneider* WpHG § 21 Rn. 127. Siehe auch BegrRegE BT-Drs. 18/5010, 58 (elektronische Übermittlung müsse Anforderungen des § 3a Abs. 2 VwVfG wahren, solange die BaFin nicht von der Möglichkeit des § 14 Satz 2 WpAIV Gebrauch mache).
[112] BegrRegE BT-Drs. 18/3994, 58.
[113] BaFin, FAQ zu den Transparenzpflichten des WpHG, Stand: 3.1.2018, S. 5 zu Frage 10.
[114] Das Formular ist in deutscher und englischer Sprache auf der Internetseite der BaFin unter www.bafin.de abrufbar.
[115] BaFin, FAQ zu den Transparenzpflichten des WpHG, Stand: 3.1.2018, S. 3 zu Frage 4.
[116] Bei inländischen Emittenten genügt in jedem Fall die Angabe der im Handelsregister eingetragenen Geschäftsanschrift.
[117] LG München I AG 2009, 918 (922); MüKoAktG/*Bayer* Anh. § 22 § 21 WpHG Rn. 35. Insoweit ist ausreichend, dass sich Firma und Anschrift aus dem Schreiben (zB Briefkopf, Fußzeile) ersehen lassen, vgl. LG München I BeckRS 2008, 11391 = NZG 2008, 637.
[118] OLG Düsseldorf BeckRS 2010, 01348; Fuchs/*Zimmermann* WpHG § 21 Rn. 72.
[119] OLG Frankfurt ZIP 2008, 138 (142 f.); KG AG 2009, 30 (38); LG München I ZIP 2004, 167 (168); LG München I NZG 2008, 637 = BeckRS 2008, 11391; BaFin Emittentenleitfaden, 2013, S. 110; Fuchs/*Zimmermann* WpHG § 21 Rn. 73; Bürgers/Körber/*Becker* Anh. § 22 § 21 WpHG Rn. 7.
[120] So bereits zur Rechtslage vor dem TRL-ÄndRL-UmsG: LG München I NZG 2008, 637 = BeckRS 2008, 11391; BaFin Emittentenleitfaden, 2013, S. 110. Anders zur Rechtslage vor Inkrafttreten des TUG: OLG Köln Beschl. v. 5.2.2009 – 18 U 134/08, S. 8 f. (nicht veröffentlicht) (ausreichend war die Angabe der zuerst berührten Meldeschwelle).
[121] BaFin, FAQ zu den Transparenzpflichten des WpHG, Stand: 3.1.2018, S. 4 zu Frage 5.

rechte zugerechnet werden (Nr. 8 des Formulars).[122] In diesen Fällen ist der BaFin zudem auch stets ein vereinfachtes Organigramm zu übersenden (Nr. 8 des Formulars). **§ 12 Abs. 2 WpAIV** stellt klar, dass im Falle der Schwellenberührung durch ein Tochterunternehmen dessen Mitteilungspflicht bereits durch eine (eigene) Mitteilung seines Mutterunternehmens gemäß dem Formular erfüllt wird.[123] Die Angaben nach Nr. 8 des Formulars stellen insoweit die Beteiligungstransparenz her. Trifft nur das Tochterunternehmen eine Mitteilungspflicht, wie bspw. bei konzerninternen Umstrukturierungen, eröffnet § 12 Abs. 2 WpAIV die Möglichkeit, diese Mitteilungspflicht durch eine (freiwillige) Mitteilung des Mutterunternehmens zu erfüllen.[124]

5. Rechtsfolgen einer Verletzung der Mitteilungspflicht. Die vorsätzliche oder fahrlässige 33a Verletzung der Mitteilungspflicht nach § 33 Abs. 1 WpHG hat einen Rechtsverlust nach § 44 WpHG zur Folge (→ Rn. 102 ff.). Wird die Mitteilungspflicht vorsätzlich oder leichtfertig verletzt, stellt dies zudem eine Ordnungswidrigkeit gem. § 120 Abs. 2 Nr. 2 lit. d WpHG (zuvor § 39 Abs. 2 Nr. 2 lit. f WpHG aF) dar, die gemäß § 120 Abs. 17 Satz 1 WpHG (zuvor § 39 Abs. 4 Satz 1 WpHG aF) mit einer Geldbuße von bis zu 2.000.000 € geahndet werden kann (allgemeiner Bußgeldrahmen).[125] Relevant ist der allgemeine Bußgeldrahmen für natürliche Personen. Bei juristischen Personen und Personenvereinigungen kann darüber hinaus gemäß § 120 Abs. 17 Satz 2 und 3 WpHG eine Geldbuße bis zu dem höheren der folgenden Berträge verhängt werden: (i) 10.000.000 € (§ 120 Abs. 17 Satz 2 Nr. 1 WpHG), (ii) 5 % des (Konzern-)[126] Gesamtumsatzes (bei inländischen Meldepflichtigen iSv § 277 Abs. 1 HGB),[127] den die juristische Person oder Personenvereinigung im der Behördenentscheidung vorausgegangenen Geschäftsjahr erzielt hat[128] (§ 120 Abs. 17 Satz 2 Nr. 2 WpHG), und (iii) das Dreifache des aus dem Verstoß erzielten Gewinns bzw. vermiedenen Nachteils (§ 120 Abs. 17 Satz 3 u. 4 WpHG). Weiterhin kann die Verletzung der Mitteilungspflicht den Tatbestand der Marktmanipulation nach Art. 12 Abs. 1 lit. c MAR, Art. 15 MAR erfüllen.[129] Hingegen kommt mangels Schutzgesetzeigenschaft (→ Rn. 16) eine Schadensersatzpflicht des Meldpflichtigen wegen Mitteilungspflichtverstößen gegenüber dem Emittenten und den übrigen Aktionären nicht in Betracht. Schließlich hat die BaFin gemäß § 124 WpHG (zuvor § 40c WpHG aF) Entscheidungen und Sanktionen wegen Mitteilungsverstößen unverzüglich auf ihrer Internetseite bekannt zu machen (sog. *Naming and Shaming*). Durch das 2. FiMaNoG wird die Bekanntmachung auf eine Dauer von 5 Jahre begrenzt; personenbezogene Daten – soweit von einer Bekanntmachung nicht nach § 124 Abs. 3 WpHG abgesehen wurde – müssen dann gelöscht werden, sobald die Bekanntmachung nicht mehr erforderlich ist (§ 124 Abs. 4 WpHG idF durch das 2. FiMaNoG).

6. Nachholung unterlassener bzw. Korrektur fehlerhafter Mitteilungen. Der Meldepflich- 33b tige hat unverzüglich unterlassene Mitteilungen nachzuholen bzw. fehlerhafte Mitteilungen zu korrigieren, sobald er hiervon Kenntnis erlangt. Bloß unwesentliche Mängel einer Mitteilung (→ Rn. 107) bedürfen allerdings keiner Korrektur, da durch eine solche Mitteilung gerade kein unzutreffendes Bild über die Stimmrechtsverhältnisse vermittelt wird. Eine Nachholung bzw. Korrektur ist grds. nicht mehr erforderlich, wenn der Meldepflichtige seit der unterlassenen bzw. fehlerhaften Mitteilung eine ordnungsgemäße Mitteilung, die sich auf ein zeitlich nachfolgendes Meldeereignis bezieht, erstattet hat (→ Rn. 111), da hierdurch die Transparenz der Stimmrechtsverhältnisse bereits hergestellt wurde. Sind **mehrere Mitteilungen** fehlerhaft bzw. unterlassen worden, ist zur Vermeidung eines weiteren Rechtsverlusts ausreichend, dass die zuletzt erforderliche Mitteilung nachgeholt bzw. korrigiert worden ist.[130] Eine Nachholung bzw. Korrektur erfolgt dadurch, dass die erforderliche

---

[122] So auch bereits zur Rechtslage vor dem TRL-ÄndRL-UmsG: OLG Düsseldorf BeckRS 2010, 01348; LG München I NZG 2008, 637 = BeckRS 2008, 11391; BaFin Emittentenleitfaden, 2013, S. 130. Nach § 22 Abs. 4 WpHG aF war hingegen keine Angabe der Namen der Tochterunternehmen erforderlich (LG Düsseldorf BeckRS 2008, 08574).
[123] BegrRegE BT-Drs. 18/3994, 58.
[124] BegrRegE BT-Drs. 18/5010, 58.
[125] Die BaFin hat auf ihrer Internetseite Leitlinien zur Festsetzung von Geldbußen bei Verstößen gegen Vorschriften des WpHG („WpHG-Bußgeldleitlinien") veröffentlicht.
[126] BegrRegE BT-Drs. 18/3994, 53.
[127] BegrRegE BT-Drs. 18/3994, 53.
[128] Maßgeblich ist der im jüngsten aufgestellten und ggf. geprüften Jahres- bzw. Konzernabschluss des Meldepflichtigen ausgewiesene Umsatz (vgl. dazu auch BegrRegE BT-Drs. 18/3994, 54).
[129] Ebenso zu § 20 Abs. 1 WpHG aF: Assmann/Schneider/*Vogel* WpHG § 20a Rn. 110; Kölner Komm WpHG/*Mock/Stoll/Eufinger* WpHG § 20a Rn. 173; *Heusel*, Rechtsfolgen der Verletzung der Beteiligungstransparenzvorschriften, 2011, 226.
[130] OLG Stuttgart BeckRS 2008, 21818 (insoweit nicht abgedruckt in AG 2009, 124 ff.); OLG Köln Beschl. v. 5.2.2009 – 18 U 134/08, S. 7 (nicht veröffentlicht); LG Köln BeckRS 2009, 15920 (auch eine ordnungsgemäße Bestandsmitteilung nach § 41 Abs. 2 WpHG aF beendet früheren Rechtsverlust); Kölner Komm WpHG/*Kremer/Oesterhaus* WpHG § 28 Rn. 83; *Schneider/Schneider* ZIP 2006, 493 (496); *v. Bülow/Petersen* NZG 2009, 481 (485).

(ursprünglich nicht ordnungsgemäß erfolgte) Mitteilung an den Emittenten und die BaFin übermittelt wird.[131] Die Korrekturmitteilung hat dabei zwingend unter Verwendung des Formulars nach § 12 Abs. 1 WpAIV zu erfolgen (anzukreuzen ist das Feld „Korrektur..."). Dabei sollte freiwillig unter Nr. 10 des Formulars auch der aktuell gehaltene Stimmrechtsanteil angegeben werden, soweit dieser vom zu meldenden Stimmrechtsanteil abweicht. Siehe zur Beendigung eines Rechtsverlusts im Einzelnen → Rn. 111 ff.

III. Mitteilungspflichten wegen erstmaliger Börsenzulassung der Aktien des Emittenten (§ 33 Abs. 2 WpHG)

34 **1. Regelungsgegenstand und Normadressaten.** Durch den Börsengang (IPO) einer Gesellschaft, deren Aktien zuvor nicht zum Handel an einem organisierten Markt zugelassen waren, können Mitteilungspflichten nach § 33 Abs. 2 WpHG (zuvor § 21 Abs. 1a WpHG aF) entstehen. Mitteilungspflichtig ist **jedermann**,[132] dem im Zeitpunkt der Börsenzulassung zumindest 3 % der Stimmrechte des Emittenten, für den Deutschland Herkunftsstaat ist (→ Rn. 9), zustehen. Die Mitteilung ist gegenüber dem Emittenten wie auch gegenüber der BaFin zu machen.

35 **2. Mitteilungspflichtige Vorgänge.** Ausgelöst wird die Mitteilungspflicht nach § 33 Abs. 2 WpHG durch die **erstmalige Zulassung**[133] der Aktien des Emittenten zum Handel an einem organisierten Markt iSv § 2 Abs. 11 WpHG (→ Rn. 9). Maßgeblich ist das Zulassungsdatum, nicht der Zeitpunkt der Aufnahme der Börsennotierung.[134] Weitere Voraussetzung ist ein dem Meldepflichtigen zustehender Stimmrechtsanteil von zumindest 3 % zu dem Zeitpunkt, in dem die Zulassung der Aktien erfolgt. Die Berechnung des Stimmrechtsanteils erfolgt unter Berücksichtigung der § 1 Abs. 3 WpHG, § 33 Abs. 3 WpHG, §§ 34–36 WpHG (→ Rn. 24 ff.).

36 **3. Frist, Form und Inhalt der Mitteilung.** Die Mitteilung ist unverzüglich, spätestens aber innerhalb von vier Handelstagen nach Kenntnis oder Kennenmüssen des Haltens eines Stimmrechtsanteils von zumindest 3 % und der Börsenzulassung der Aktien des Emittenten zu erstatten (zur Fristberechnung → Rn. 31). Der Inhalt der Mitteilung ergibt sich aus § 12 Abs. 1 und 2 WpAIV iVm dem der WpAIV anliegenden Formular, welches zwingend für die Mitteilung nach § 33 Abs. 2 WpHG zu verwenden ist (→ Rn. 33). Die Art, Form und Sprache der Mitteilungen richten sich nach § 14 WpAIV (→ Rn. 32).

36a **4. Rechtsfolgen einer Verletzung der Mitteilungspflicht.** Die Ausführungen in → Rn. 33a gelten entsprechend.

IV. Zurechnung von Stimmrechten (§§ 34, 35 WpHG)

37 **1. Regelungsgegenstand und Normzweck.** Nach § 34 Abs. 1 und 2 WpHG (zuvor § 22 Abs. 1 uns 2 WpHG aF) werden unter im Einzelnen definierten Voraussetzungen dem Meldepflichtigen Stimmrechte aus Aktien Dritter zugerechnet. Die Zurechnungsvorschrift bezweckt die Offenlegung von (mittelbaren) Stimmrechtseinflüssen und die Eindämmung von Umgehungsmöglichkeiten der Mitteilungspflicht nach § 33 WpHG.[135] Maßgeblich für eine Zurechnung von Stimmrechten nach § 34 WpHG muss daher die Möglichkeit des Meldepflichtigen zur Einflussnahme auf die Ausübung der betreffenden Stimmrechte sein.[136] Ob das Ziel, mittelbare Stimmrechtseinflüsse offenzulegen, tatsächlich durch § 34 WpHG erreicht wird, muss mit Blick auf die Vielzahl der Zurechnungstatbestände und die mehrfache Berücksichtigung derselben Stimmrechte bei verschiedenen Meldepflichtigen bezweifelt werden. Durch das TRL-ÄndRL-UmsG wurde § 34 Abs. 1 Satz 1 WpHG um zwei neue Zurechnungstatbestände ergänzt: Eine Zurechnung soll zukünftig auch dann erfolgen, wenn das Stimmrecht losgelöst von der Aktie übertragen wird (§ 34 Abs. 1 Satz 1 Nr. 7 WpHG). Da eine solche isolierte Übertragung des Stimmrechts nach deutschem Aktienrecht nicht zulässig ist, hat dieser Zurechnungstatbestand nur bei ausländischen Emittenten Bedeutung. Darüber hinaus werden auch Stimmrechte aus zur Sicherheit verwahrten Aktien dem

---

[131] Fuchs/*Zimmermann* WpHG § 28 Rn. 19; siehe auch Assmann/Schneider/*Schneider* WpHG § 28 Rn. 68.
[132] Wie bei § 33 Abs. 1 WpHG sind Normadressaten in- und ausländische natürliche und juristische Personen und Personenhandelsgesellschaften sowie Körperschaften und sonstige juristische Personen des öffentlichen Rechts, → Rn. 19–21.
[133] Genauer durch die Zulassungsentscheidung, vgl. BaFin Emittentenleitfaden, 2013, S. 111; Kölner Komm WpHG/*Hirte* WpHG § 21 Rn. 190; Schäfer/Hamann/*Opitz* WpHG § 21 Rn. 24.
[134] BaFin Emittentenleitfaden, 2013, S. 111; Fuchs/*Zimmermann* WpHG § 21 Rn. 56.
[135] Assmann/Schneider/*Schneider* WpHG § 22 Rn. 3 ff.; *Burgard* BB 1995, 2069 (2071).
[136] BGHZ 190, 291 (298) = NZG 2011, 1147 (1149); BGHZ 180, 154 (169) = NZG 2009, 585 (589).

Sicherungsnehmer zugerechnet werden, sofern diesem die Aktien nicht sicherungsübereignet werden (dann ggf. Zurechnung nach § 34 Abs. 1 Satz 1 Nr. 3 WpHG), ihm aber die Stimmrechte zustehen und er die Absicht bekundet, sie auch auszuüben (§ 34 Abs. 1 Satz 1 Nr. 8 WpHG). Im Übrigen hat der Gesetzgeber jedoch von einer vollständigen Angleichung an die Zurechnungstatbestände des Art. 10 Transparenzrichtlinie II abgesehen.[137] Insbesondere wurde der Tatbestand des *acting in concert* in § 34 Abs. 2 WpHG unverändert belassen, obgleich dieser weitergefasst ist als Art. 10 lit. a Transparenzrichtlinie II. Die Zurechnungstatbestände werden durch § 35 WpHG ergänzt, in dem die Tochterunternehmenseigenschaft und deren Fortfall geregelt werden. Die Vorschrift fasst dabei die zuvor in § 22 Abs. 3, 3a WpHG aF und § 29a WpHG aF sowie § 94 KAGB aF enthaltenen Regelungen zusammen und modifiziert diese leicht.[138] Bei den Zurechnungstatbeständen in § 34 Abs. 1 Satz 1 Nr. 1 und 2 WpHG ist der neue **§ 33 Abs. 3 WpHG** zu berücksichtigen,[139] wonach als „Gehören" bereits das Bestehen eines auf die Übertragung von Aktien gerichteten unbedingten und ohne zeitliche Verzögerung zu erfüllenden Anspruchs oder einer entsprechenden Verpflichtung gilt.

Durch die Zurechnung von Stimmrechten nach § 34 WpHG kann es zu sog. **doppelten oder** 38 **mehrfachen Mitteilungspflichten** kommen, da die Zurechnung nicht zu einer Hinwegrechnung (Absorption) der zugerechneten Stimmrechte beim Aktionär führt.[140] Die zugerechneten Stimmrechte sind folglich sowohl beim Aktionär als auch beim Zurechnungsadressaten für die Berechnung des jeweiligen Stimmrechtsanteils zu berücksichtigen, so dass hinsichtlich derselben Stimmrechte mehrere Personen meldepflichtig sein können.

§ 34 Abs. 1 und 2 WpHG enthält einen abschließenden Katalog von Zurechnungstatbeständen. 39 Aufgrund des wegen der Bußgeldvorschrift des § 120 Abs. 2 WpHG zu beachtenden **Analogieverbots** nach Art. 103 Abs. 2 GG iVm § 3 OWiG scheidet eine analoge Anwendung bzw. den Wortlaut überschreitende Auslegung des § 34 WpHG aus.[141] Auch kommt eine andersartige („gespaltene") Auslegung oder analoge Anwendung für den Bereich des Zivilrechts nicht in Betracht.[142]

2. Zurechnungstatbestände. a) Von Tochterunternehmen gehaltene Aktien § 34 Abs. 1 40 **Satz 1 Nr. 1 WpHG.** Dem Meldepflichtigen werden nach § 34 **Abs. 1 Satz 1 Nr. 1** WpHG die Stimmrechte aus Aktien zugerechnet, die einem seiner Tochterunternehmen **gehören**. Die Aktien **gehören** dem Tochterunternehmen, wenn es deren zivilrechtlicher Eigentümer ist[143] oder – gem. § 33 Abs. 3 WpHG – einen auf die Übertragung der Aktien gerichteten unbedingten und ohne zeitliche Verzögerung zu erfüllenden Anspruch hat (→ Rn. 24a). Nicht (mehr) zugerechnet werden Stimmrechte aus Aktien des Tochterunternehmens, (i) deren Übereinung ein Dritter iSd § 33 Abs. 3 WpHG beanspruchen kann (→ Rn. 24b) oder (ii) aus denen Stimmrechte nach § 36 WpHG unberücksichtigt bleiben (→ Rn. 59 ff.).

§ 35 Abs. 1 WpHG definiert **Tochterunternehmen** als Unternehmen, die nach § 290 HGB als 41 Tochterunternehmen gelten (§ 35 Abs. 1 Nr. 1 WpHG) oder auf die ein beherrschender Einfluss ausgeübt werden kann (§ 35 Abs. 1 Nr. 2 WpHG). Die Rechtsform oder der Sitz des Tochterunternehmens spielen dabei keine Rolle. **Tochterunternehmen iSv § 290 Abs. 1 HGB** sind Unternehmen, auf die der Meldepflichtige unmittelbar oder mittelbar einen beherrschenden Einfluss ausüben kann. Der Begriff „beherrschender Einfluss" ist im HGB nicht näher definiert. Ein beherrschender Einfluss iSv § 290 Abs. 1 HGB ist indes zu bejahen, wenn ein Unternehmen die Möglichkeit hat, die Finanz- und Geschäftspolitik des Tochterunternehmens dauerhaft zu bestimmen, um aus dessen Tätigkeit Nutzen zu

---

[137] Zur möglichen Europarechtswidrigkeit einzelner „überschießender" Zurechnungstatbestände siehe *Hitzer/Hauser* NZG 2016, 1365 (1366 ff.).
[138] BegrRegE BT-Drs. 18/5010, 45 f.
[139] BegrRegE BT-Drs. 18/5010, 44.
[140] OLG Düsseldorf BeckRS 2013, 21114; Assmann/Schneider/*Schneider* WpHG § 21 Rn. 97; Fuchs/*Dehlinger/Zimmermann* WpHG § 21 Rn. 6; *v. Bülow/Bücker* ZGR 2004, 669 (706).
[141] BGHZ 190, 291, 298 = NZG 2011, 1147 (1149); BGHZ 169, 98 (106) = NZG 2006, 945 (947) (zu § 30 Abs. 2 WpÜG); *Veil/Dolff* AG 2010, 385 (389); *Fleischer/Bedkowski* DStR 2010, 933 (936 f.); *v. Bülow/Petersen* NZG 2009, 1373 (1375 f.); Fuchs/*Zimmermann* WpHG Vor § 21 Rn. 25; *Pentz* ZIP 2003, 1478 (1480); *Eichner* ZRP 2010, 5, 6; aA *Cahn* ZHR 162 (1998), 1 (8 f.); *Hammen* Der Konzern 2009, 18 (21) (Analogieverbot gelte nur iRd § 39 Abs. 2 WpHG).
[142] BGHZ 190, 291 (298 f.) = NZG 2011, 1147 (1149); *Veil/Dolff* AG 2010, 385 (389); *Fleischer/Bedkowski* DStR 2010, 933 (936 f.); *v. Bülow/Petersen* NZG 2009, 1373 (1375 f.).
[143] LG Köln BeckRS 2011, 20382 (zivilrechtliches Eigentum sei erforderlich; ein Anwartschaftsrecht genüge nicht – insoweit nicht abgedruckt in ZIP 2012, 229 ff.); BaFin Emittentenleitfaden, 2013, S. 112; Kölner Komm WpHG/*v. Bülow* WpHG § 22 Rn. 70; ebenso zu § 30 Abs. 1 Satz 1 Nr. 1 WpÜG: BGH NZG 2014, 985 (988).

ziehen.[144] Eine gesellschaftsrechtliche Vermittlung des Einflusses dürfte hiernach grds. nicht erforderlich sein,[145] ist jedoch für Zwecke des § 35 Abs. 1 Nr. 1 WpHG mit Blick auf den dort geltenden Beherrschungsbegriff (→ Rn. 42) sowie die unterschiedlichen Regelungszwecke von § 290 HGB und §§ 33 ff. WpHG zu fordern (anders nur wegen des eindeutigen Wortlauts im Fall von § 290 Abs. 2 Nr. 4 HGB). Ob der beherrschende Einfluss tatsächlich ausgeübt wird, ist unerheblich.[146] In den Fällen des **§ 290 Abs. 2 HGB** wird ein beherrschender Einfluss unwiderlegbar („stets") vermutet.[147] Dies gilt in Bezug auf Unternehmen, bei denen dem Meldepflichtigen die Mehrheit der Stimmen der Gesellschafter zusteht (§ 290 Abs. 2 Nr. 1 HGB) oder bei denen er berechtigt ist, die Mehrheit des die Finanz- und Geschäftspolitik bestimmenden Verwaltungs-, Leitungs- oder Aufsichtsorgans zu bestellen oder abzuberufen, und er gleichzeitig Gesellschafter ist (§ 290 Abs. 2 Nr. 2 HGB), oder bei denen ihm das Recht zusteht, die Finanz- und Geschäftspolitik auf Grund eines mit einem anderen Unternehmen geschlossenen Beherrschungsvertrages oder auf Grund einer Bestimmung in der Satzung des anderen Unternehmens zu bestimmen (§ 290 Abs. 2 Nr. 3 HGB). Maßgeblich ist allein die formale Rechtsinhaberschaft und nicht die konkrete Ausübungsmöglichkeit; unbeachtlich sind daher schuldvertragliche Ausübungshindernisse zB in Form von **Entherrschungs- oder Stimmbindungsverträgen**.[148] Vermutet wird ein beherrschender Einfluss auch stets in Bezug auf **„Zweckgesellschaften"**. Dies sind Unternehmen, die der Erreichung eines eng begrenzten und genau definierten Ziels des Meldepflichtigen dienen und bei denen der Meldepflichtige bei wirtschaftlicher Betrachtung die Mehrheit der aus dem Unternehmen resultierenden Chancen und Risiken trägt (§ 290 Abs. 2 Nr. 4 HGB).[149] Da es allein auf die Chancen- und Risikotragung ankommt, ist eine Beteiligung an der Zweckgesellschaft nicht erforderlich.[150] Keine Anwendung findet § 290 Abs. 2 Nr. 4 HGB auf Spezial-Sondervermögen iSv § 2 Abs. 2 InvG[151] oder vergleichbare ausländische Investmentvermögen oder als Sondervermögen aufgelegte offene inländische Spezial-AIF mit festen Anlagebedingungen iSd § 284 KAGB oder vergleichbare EU-Investmentvermögen oder ausländische Investmentvermögen, die den als Sondervermögen aufgelegten offenen inländischen Spezial-AIF mit festen Anlagebedingungen iSd § 284 KAGB vergleichbar sind. Nach **§ 290 Abs. 3 HGB** sind dem Meldepflichtigen Rechte iSv § 290 Abs. 2 HGB, die Tochterunternehmen oder bestimmten Dritten[152] gehören, zuzurechnen (Satz 1 und 2) bzw. bei ihm nicht zu berücksichtigen

---

[144] Bericht RechtsA BT-Drs. 16/12407, 89; BeBiKo/*Grottel/Kreher* § 290 HGB Rn. 25; Baumbach/Hopt/*Merkt* HGB § 290 Rn. 6; *Küting/Seel* Beihefter zu DStR Heft 26/2009, 37 (38); Kölner Komm WpHG/*v. Bülow* WpHG § 22 Rn. 301.

[145] So BeBiKo/*Grottel/Kreher* HGB § 290 Rn. 21; *Schruff* Der Konzern 2009, 511 (512); *Kirsch* IRZ 2009, 237 (238); Kölner Komm WpHG/*v. Bülow* WpHG § 22 Rn. 302; aA *Lüdenbach/Freiberg* BB 2009, 1230 (1232) (grds. gesellschaftsrechtliche Vermittlung des Einflusses erforderlich, anders bei § 290 Abs. 2 Nr. 4 HGB); MüKoBilanzR/*Senger/Hoehne* HGB § 290 Rn. 35 (rein wirtschaftliche Abhängigkeiten genügen nicht). Für das Erfordernis einer gesellschaftsrechtlichen Beteiligung für Zwecke des § 2 Abs. 6 WpÜG: Kölner Komm WpÜG/*v. Bülow* WpÜG § 30 Rn. 60.

[146] Bericht RechtsA BT-Drs. 16/12407, 89; BeBiKo/*Grottel/Kreher* HGB § 290 Rn. 20; MüKoHGB/*Busse von Colbe* HGB § 290 Rn. 13.

[147] BaFin Emittentenleitfaden, 2013, S. 113; Kölner Komm WpHG/*v. Bülow* WpHG § 22 Rn. 302; *Küting/Seel* Beihefter zu DStR Heft 26/2009, 37 (38); *Schruff* Der Konzern 2009, 511 (513).

[148] *Larisch/Bunz* NZG 2013, 1247 (1251); *Kraft/Link* ZGR 2013, 514 (519 f.) u (547) (mit Hinweis auf DRS 19.23); ebenso zu § 290 Abs. 2 HGB aF: OLG Frankfurt AG 2008, 87 (88); OLG Frankfurt AG 2007, 592 (594); ADS § 290 Rn. 30 und 38; aA Kölner Komm WpHG/*v. Bülow* WpHG § 22 Rn. 304; MüKoAktG/*Bayer* Anh. § 22 Rn. 14 zu § 22 WpHG; *v. Keitz/Ewelt* in Baetge/Kirsch/Thiele, Bilanzrecht, HGB § 290 Rn. 163; Schwark/Zimmer/*Schwark* WpHG § 22 Rn. 68.

[149] Zu Umständen, die auf das Vorliegen einer Zweckgesellschaft hinweisen können, vgl. Bericht RechtsA BT-Drucks. 16/12407, 89; Baumbach/Hopt/*Merkt* HGB § 290 Rn. 12. Siehe hierzu auch *Schruff* Der Konzern 2009, 511 (513 ff.).

[150] Vgl. Bericht RechtsA, BT-Drs. 16/12407, 89. Vgl. *Küting/Seel* Beihefter zu DStR Heft 26/2009, 37 (40); *Kümpel* DStR 2009, 1222 (1226); *Lüdenbach/Freiberg* BB 2009, 1230 (1232); Kölner Komm WpHG/*v. Bülow* WpHG § 22 Rn. 310.

[151] Das InvG wurde durch das AIFM-UmsG aufgehoben.

[152] Zurechnet werden solche Rechte eines Dritten, die (i) der Dritte für Rechnung (siehe hierzu OLG Frankfurt BeckRS 2013, 19282 Rn. 86) des Meldepflichtigen oder eines seiner Tochterunternehmen hält (§ 290 Abs. 3 Satz 1, 2. Fall HGB) oder (ii) über die der Meldepflichtige oder einer seiner Tochterunternehmen auf Grund einer Vereinbarung mit dem Dritten (der ein „anderer" Gesellschafter sein muss) verfügen kann (§ 290 Abs. 3 Satz 2 HGB). § 290 Abs. 3 Satz 2 HGB erfasst eine auf Dauer angelegte Stimmrechtsüberlassung in Satzungsbestimmungen, Stimmbindungsverträgen oder Poolverträgen (OLG Frankfurt BeckRS 2013, 19282 Rn. 88; MüKoHGB/*Busse v. Colbe* HGB § 290 Rn. 63; MüKoBilanzR/*Senger/Hoehne* HGB § 290 Rn. 165; siehe auch OLG Frankfurt BeckRS 2013, 10348). Schuldrechtliche Erwerbsverträge (zB Zwangsumtauschanleihe, Put-/Call-Optionen) genügen nicht, um eine Zurechnung nach § 290 Abs. 3 Satz 2 HGB auszulösen, da solche Rechtspositionen noch keine Beherrschungsmöglichkeit gewähren (vgl. OLG Frankfurt BeckRS 2013, 10348; OLG Frankfurt BeckRS 2013, 19282 Rn. 88).

(Satz 3).[153] Auch **Privataktionäre** (ohne Unternehmenseigenschaft) können Mutterunternehmen iSv § 35 Abs. 1 Nr. 1 WpHG iVm § 290 HGB sein, da es auch insoweit nicht auf die Rechtsform ankommt.[154]

Ob der Meldepflichtige einen **beherrschenden Einfluss** iSv § 35 Abs. 1 Nr. 2 WpHG auf ein 42 Unternehmen hat, richtet sich nach § 17 AktG.[155] Ausreichend ist auch insoweit ein mittelbar beherrschender Einfluss, wobei keine Begrenzung auf zwei Beteiligungsstufen erfolgt.[156] Ein Tochterunternehmen kann von mehreren Mutterunternehmen abhängig sein und von diesen gemeinsam beherrscht werden (**Mehrmütterherrschaft**).[157]

Nicht als Tochterunternehmen gelten **Wertpapierdienstleistungsunternehmen** (§ 2 Abs. 10 43 WpHG) hinsichtlich der Beteiligungen, die im Rahmen der Finanzportfolioverwaltung (§ 2 Abs. 8 Satz 1 Nr. 7 WpHG) verwaltet werden, wenn die in **§ 35 Abs. 2 WpHG** iVm §§ 2 f. TranspRLDV beschriebenen Voraussetzungen vorliegen. Ebenfalls nicht als Tochterunternehmen gelten **Kapitalverwaltungsgesellschaften** (§ 17 KAGB) und EU-Verwaltungsgesellschaften (§ 1 Abs. 17 KAGB) unter den Voraussetzungen des **§ 35 Abs. 3 WpHG** iVm §§ 2 f. TranspRLDV, zu denen insbesondere die Ausübung der Stimmrechte unabhängig vom Mutterunternehmen und die Abgabe einer entsprechenden Erklärung gehört.[158] Dabei ist es nicht erforderlich, dass die Unabhängigkeit auf allen Konzernebenen nachgewiesen wird.[159] So ist bspw. ein Unternehmen im Verhältnis zum mittelbaren Mutterunternehmen unabhängig, wenn das unmittelbare von dem mittelbaren Mutterunternehmen unabhängig iSd § 35 Abs. 3 WpHG ist. Schließlich gilt unter den Voraussetzungen des § 35 Abs. 4 WpHG nicht als Tochterunternehmen ein Unternehmen das nach § 32 Abs. 1 Satz 1 KWG iVm § 1 Abs. 1a Satz 2 Nr. 3 KWG einer Zulassung für die Finanzportfolioverwaltung oder einer Erlaubnis nach § 20 KAGB oder § 113 KAGB bedürfte, wenn es seinen Sitz oder seine Hauptverwaltung im Inland hätte.

Ist der Emittent Tochterunternehmen des Meldepflichtigen und hält der Emittent **eigene Aktien** 44 (§§ 71, 71d AktG), so sind dem Meldepflichtigen nach zutreffender Auffassung an diesen Aktien keine Stimmrechte zuzurechnen,[160] da die Stimmrechte aus eigenen Aktien nicht ausübbar sind (§ 71b AktG) und daher die Anzahl der durch den Meldepflichtigen beeinflussbaren Stimmrechte nicht erhöhen können. Eigene Aktien sind daher nur nach § 40 Abs. 1 Satz 2 WpHG durch den Emittenten zu veröffentlichen.

§ 34 Abs. 1 Satz 2 WpHG sieht eine **Kettenzurechnung**[161] dergestalt vor, dass dem Meldepflichti- 45 gen auch die Stimmrechte zuzurechnen sind, die seinem Tochterunternehmen zwar nicht gehören, diesem aber nach § 34 Abs. 1 Satz 1 Nr. 2–8 WpHG zugerechnet werden. Gemäß **§ 34 Abs. 1 Satz 3 WpHG** werden die Stimmrechte des Tochterunternehmens dem Mutterunternehmen in voller Höhe

---

[153] Abzuziehen sind nach § 290 Abs. 3 Satz 3 HGB Rechte, die (1) mit Anteilen verbunden sind, die von dem Meldepflichtigen oder von seinen Tochterunternehmen für Rechnung einer anderen Person gehalten werden, oder (2) mit Anteilen verbunden sind, die als Sicherheit gehalten werden, sofern diese Rechte nach Weisung des Sicherungsgebers oder, wenn ein Kreditinstitut die Anteile als Sicherheit für ein Darlehen hält, im Interesse des Sicherungsgebers ausgeübt werden.
[154] OLG Düsseldorf BeckRS 2013, 21114; OLG Stuttgart AG 2005, 125 (128); OLG Stuttgart AG 2009, 124 (129); LG Köln BeckRS 2009, 15920; BaFin Emittentenleitfaden, 2013, S. 112; Assmann/Schneider/*Schneider* WpHG § 22 Rn. 33; aA Kölner Komm WpHG/*v. Bülow* WpHG § 22 Rn. 298 f.
[155] BegrRegE BT-Drs. 14/7034, 35; BaFin Emittentenleitfaden, 2013, S. 113; MüKoAktG/*Bayer* Anh. § 22 § 22 WpHG Rn. 12; Kölner Komm WpHG/*v. Bülow* WpHG § 22 Rn. 312 ff.
[156] OLG Hamm AG 2009, 876 (879) = BeckRS 2009, 09618; Assmann/Schneider/*Schneider* WpHG § 22 Rn. 39 ff.; Kölner Komm WpHG/*v. Bülow* WpHG § 22 Rn. 313.
[157] OLG Düsseldorf BeckRS 2013, 21114; OLG München I AG 2005, 407; Assmann/Schneider/*Schneider* WpHG § 22 Rn. 42 ff.; Kölner Komm WpHG/*v. Bülow* WpHG § 22 Rn. 325 ff.
[158] Siehe zu § 94 KAGB aF: BaFin Emittentenleitfaden, 2013, S. 123 ff. Gemäß § 2 Abs. 1 i.V.m. Abs. 3 TranspRLDVO übt eine Kapitalverwaltungsgesellschaft die Stimmrechte unabhängig vom Meldepflichtigen aus, wenn das Mutterunternehmen oder andere von diesem kontrollierte Unternehmen nicht durch unmittelbare oder mittelbare Weisungen oder in anderer Weise auf die Ausübung der Stimmrechte aus den zum Sondervermögen gehörenden Aktien einwirken dürfen und die Kapitalverwaltungsgesellschaft die Stimmrechte frei und unabhängig von ihrem Mutterunternehmen und den anderen von diesem kontrollierten Unternehmen ausübt.
[159] Die BaFin ist von ihrer früheren Praxis des „Alles oder Nichts" abgerückt (vgl. BaFin, FAQ zu den Transparenzpflichten des WpHG, Stand: 3.1.2018, S. 15 zu Frage 30a; *Dietrich* ZIP 2016, 1612 (1615)).
[160] Fuchs/*Zimmermann* WpHG § 22 Rn. 12; *Widder/Kocher* AG 2007, 13 (19); *Schnabel/Korff* ZBB 2007, 179 (180); K. Schmidt/Lutter/*Veil* Anh. § 22 AktG, § 21 WpHG Rn. 13; *Busch* AG 2009, 425 (428 ff.); *Gätsch/Bracht* AG 2011, 813 (816 ff. (die zudem auch eine Berücksichtigung im „Nenner" ausschließen): aA, dh für eine Zurechnung der Stimmrechte aus eigenen Aktien: Kölner Komm WpHG/*v. Bülow* § 22 Rn. 51; Assmann/Schneider/*Schneider* WpHG § 22 Rn. 31c. Nach nunmehr geänderter Verwaltungspraxis spricht sich auch die BaFin gegen eine Zurechnung eigener Aktien aus (vgl. BaFin-Journal 12/2014 S. 5).
[161] Assmann/Schneider/*Schneider* WpHG § 22 Rn. 18 ff.; MüKoAktG/*Bayer* Anh. § 22 § 22 WpHG Rn. 7; *Hilgers* in Deilmann/Lorenz Die börsennotierte AG § 6 Rn. 45.

zugerechnet. Die genaue Beteiligungsquote des Mutterunternehmens an dem Tochterunternehmen bleibt somit außer Betracht.[162] Im Falle der **Mehrmütterherrschaft** sind daher die Stimmrechte des Tochterunternehmens allen Mutterunternehmen jeweils in voller Höhe zuzurechnen.[163]

46 b) **Für Rechnung des Meldepflichtigen gehaltene Aktien (§ 34 Abs. 1 Satz 1 Nr. 2 WpHG).** Gemäß § 34 Abs. 1 Satz 1 Nr. 2 werden auch Stimmrechte aus Aktien zugerechnet, die einem Dritten gehören und von ihm (zB als Treuhänder oder Kommissionär) für Rechnung des Mitteilungspflichtigen gehalten werden. Die Aktien „gehören" dem Dritten, wenn er deren zivilrechtlicher Eigentümer ist[164] oder – gem. § 33 Abs. 3 WpHG – einen auf die Übertragung der Aktien gerichteten unbedingten und ohne zeitliche Verzögerung zu erfüllenden Anspruch hat (→ Rn. 24a). Nicht (mehr) zugerechnet werden Stimmrechte aus vom Dritten für Rechnung des Meldepflichtigen gehaltenen Aktien, deren Übereinung ein Dritter iSd § 33 Abs. 3 WpHG beanspruchen kann (→ Rn. 24b). Für Rechnung des Meldepflichtigen werden die Aktien nur dann gehalten, wenn den Meldepflichtigen (auch) die wirtschaftlichen **Chancen und Risiken**[165] aus den Aktien treffen.[166] Eine Zurechnung nach § 34 Abs. 1 Satz 1 Nr. 2 WpHG setzt weiterhin voraus, dass der Meldepflichtige über einen rechtlich gesicherten (mittelbaren) **Stimmrechtseinfluss** verfügt.[167] Hieran fehlt es, wenn eine Einflussnahme des Meldepflichtigen vertraglich ausgeschlossen wurde. Dies gilt auch dann, wenn der formale Aktionär – wie zB in Treuhandverhältnissen – zur Wahrung der Interessen des Meldepflichtigen bei Ausübung der Stimmrechte verpflichtet ist.[168] Die Zurechnung erfolgt stets nur vom Dritten zum Meldepflichtigen; eine wechselseitige Zurechnung (also auch der dem Meldepflichtigen zustehenden Stimmrechte zum Dritten) sieht das Gesetz nicht vor.[169]

47 Im Fall einer **Wertpapierleihe,** bei der es sich um ein Sachdarlehen iSv § 609 BGB handelt,[170] hält der Entleiher nur dann die geliehenen Aktien für Rechnung des Verleihers, wenn sich der Verleiher ausnahmsweise vertraglich Einfluss auf die Stimmrechtsausübung durch den Entleiher gesichert hat.[171] Dies gilt ebenfalls für **Wertpapierpensionsgeschäfte** (ua *repurchase agreements*).[172] Eine Zurechnung nach § 34 Abs. 1 Satz 1 Nr. 2 WpHG scheidet im Fall von **Call-Optionen,** die einen Barausgleich bzw. ein Barausgleichsrecht des Stillhalters vorsehen (*cash settled options*), oder bei **finanziellen Differenzgeschäften** (zB *contracts for difference* bzw. *cash-settled total return equity swaps*) aus, da der Inhaber des Finanzinstruments regelmäßig keinen Einfluss auf die Ausübung der Stimmrechte aus Aktien nehmen kann, mit denen sich die jeweilige Gegenpartei zur Risikoabsicherung eingedeckt

---

[162] MüKoAktG/*Bayer* Anh. § 22 § 22 WpHG Rn. 42.
[163] OLG München AG 2005, 407; OLG Düsseldorf BeckRS 2013, 21114; LG Köln AG 2008, 336 (338); LG Düsseldorf Urt v 29.8.2012 – 41 O 87/10, S. 26; Assmann/Schneider/*Schneider* WpHG § 22 Rn. 44; MüKoAktG/*Bayer* Anh. § 22 § 22 WpHG Rn. 16.
[164] BaFin Emittentenleitfaden, 2013, S. 115; *Petersen/Wille* NZG 2009, 856 (859); Schäfer/Hamann/WpHG *Opitz* § 22 Rn. 28; Kölner Komm WpHG/*v. Bülow* WpHG § 22 Rn. 77; vgl. BegrRegE BT-Drs. 14/7034, 53.
[165] Gemeint sind das Bestands-, Kurs-, Dividenden- und Bezugsrisiko, vgl. OLG Köln AG 2013, 391 (392 f.) (zu Kurs-, Insolvenz- und Dividendenrisiko); BaFin Emittentenleitfaden, 2013, S. 115; *Petersen/Wille* NZG 2009, 856 (858); Kölner Komm WpHG/*v. Bülow* § 22 Rn. 79; ebenso zu § 30 WpÜG: BGH NZG 2014, 985 (990).
[166] OLG Köln AG 2013, 391 (392 f.); OLG München NZG 2009, 1386 (1388); OLG Köln AG 2013, 391 (393); LG Köln ZIP 2012, 229 (230); *Petersen/Wille* NZG 2009, 856 (858); Kölner Komm WpHG/*v. Bülow* WpHG § 22 Rn. 79; ebenso BGH NZG 2014, 985 (990).
[167] Für Erfordernis einer rechtlich gesicherten Einflussmöglichkeit: BGHZ 180, 154 (169) = NZG 2009, 585 (589); OLG Frankfurt BeckRS 2013, 19282 Rn. 86; *Petersen/Wille* NZG 2009, 856 (858 f.); *v. Bülow/Petersen* NZG 2009, 1373 (1375); Kölner Komm WpHG/*v. Bülow* WpHG § 22 Rn. 80; *Schiessl* Der Konzern 2009, 291 (295); wohl ebenso BGH NZG 2014, 985 (991 f.); OLG Köln AG 2013, 391 (393) und LG Köln ZIP 2012, 229 (230 f.) (allgemeine vertragliche Nebenpflichten, wie Interessenwahrungs-, Schutz- und Loyalitätspflichten, genügen nicht). Faktische Einflussmöglichkeit ausreichend: OLG München NZG 2009, 1386 (1388); LG Köln BeckRS 2011, 20382; VG Frankfurt BKR 2007, 40 (43); BaFin Emittentenleitfaden, 2013, S. 116; *Weber-Rey/Benzler* in Habersack/Mülbert/Schlitt Kapitalmarktinformation-HdB § 20 Rn. 83; Bürgers/Körber/*Becker* Anh. § 22 § 22 WpHG Rn. 4.
[168] *Petersen/Wille* NZG 2009, 856 (859); *v. Bülow/Petersen* NZG 2009, 1373 (1375); aA zu Treuhandfällen VG Frankfurt BKR 2007, 40 (43); BaFin Emittentenleitfaden, 2013, S. 116.
[169] BGHZ 190, 291 (296 f.) = NZG 2011, 1147 (1148).
[170] *Bachmann* ZHR 173 (2009), 596 (600).
[171] BGHZ 180, 154 (169) = NZG 2009, 585 (589); OLG München BeckRS 2009, 87515; *Petersen/Wille* NZG 2009, 856 (859); Fuchs/*Zimmermann* WpHG § 22 Rn. 56; Kölner Komm WpHG/*v. Bülow* § 22 Rn. 102; MüKoAktG/*Bayer* Anh. § 22 § 22 WpHG Rn. 24; nunmehr ebenso BaFin Emittentenleitfaden, 2013, S. 116 (aufgegeben wurde die Unterscheidung zwischen einfacher und Ketten-Wertpapierleihe); aA *Bachmann* ZHR 173 (2009), 596 (629) (grds. werde Stimmrechtseinfluss durch die Zuordnung der Chancen und Risiken indiziert, der Nachweis des Gegenteils sei jedoch zulässig).
[172] *Petersen/Wille* NZG 2009, 856 (859); Schäfer/Hamann/*Opitz* WpHG § 22 Rn. 45; Kölner Komm WpHG/*v. Bülow* WpHG § 22 Rn. 97 f.; aA Assmann/Schneider/*Schneider* WpHG § 22 Rn. 90 f.

hat.[173] Nur wenn sich – entgegen der typischen Gestaltungspraxis – der Inhaber der Finanzinstrumente ausnahmsweise im Rahmen der vertraglichen Absprachen einen Stimmrechtseinfluss gesichert hat, kommt eine Zurechnung der Stimmrechte aus den von der Gegenpartei gehaltenen Aktien nach § 34 Abs. 1 Satz 1 Nr. 2 WpHG in Betracht.[174] In anderen Fällen kommt allerdings eine Mitteilungspflicht nach § 38 Abs. 1 WpHG in Betracht (→ Rn. 1a).

c) Zur Sicherheit übertragene Aktien (§ 34 Abs. 1 Satz 1 Nr. 3 WpHG). § 34 Abs. 1 Satz 1 Nr. 3 WpHG sieht grds. die Zurechnung von Stimmrechten aus Aktien vor, die der Meldepflichtige **einem Dritten als Sicherheit übertragen**[175] hat. Grds. sind die Stimmrechte aus den sicherungsübereigneten Aktien beim Sicherungsgeber zu berücksichtigen, da diesem regelmäßig (idR bis zum Eintritt des Sicherungsfalls) die Ausübung der Stimmrechte vertraglich vorbehalten wird. Obgleich der Sicherungsnehmer (der Dritte) formalrechtlich Eigentümer der Aktien wird, waren nach der bisherigen Verwaltungspraxis der BaFin die Stimmrechte bei ihm (und nicht beim Sicherungsgeber) nur dann zu berücksichtigen, wenn er die Absicht bekundete (zB im Rahmen der Sicherungsabrede), die Stimmrechte aus den ihm übereigneten Aktien unabhängig von etwaigen Weisungen des Sicherungsgebers auszuüben.[176] Die Berücksichtigung der Stimmrechte aus den sicherungsübereigneten Aktien erfolgte also alternativ beim Sicherungsgeber oder Sicherungsnehmer.[177] In Abkehr von ihrer bisherigen Verwaltungspraxis geht die BaFin nunmehr davon aus, dass die Stimmrechte stets beim Sicherungsnehmer und – bei Vorliegen der Voraussetzungen des § 34 Abs. 1 Satz 1 Nr. 3 WpHG – auch beim Sicherungsgeber zu berücksichtigen sind (kumulative Berücksichtigung).[178] 48

d) Mit einem Nießbrauch belastete Aktien (§ 34 Abs. 1 Satz 1 Nr. 4 WpHG. Nach **§ 34 Abs. 1 Satz 1 Nr. 4 WpHG** werden Stimmrechte aus Aktien zugerechnet, an denen zugunsten des Meldepflichtigen ein **Nießbrauch** (§§ 1068, 1030 BGB) bestellt ist. Der Nießbraucher wird damit im Hinblick auf das Stimmrecht wie der Eigentümer der Aktien behandelt.[179] Gerechtfertigt ist dies jedoch nur, wenn der Nießbraucher im Verhältnis zum Aktieneigentümer nach eigenem Ermessen über die Ausübung der Stimmrechte entscheiden kann.[180] In jedem Fall sind die Stimmrechte aus den belasteten Aktien weiterhin beim Eigentümer zu berücksichtigen.[181] 49

e) Durch einseitige Willenserklärung erwerbbare Aktien (§ 34 Abs. 1 Satz 1 Nr. 5 WpHG). Gemäß **§ 34 Abs. 1 Satz 1 Nr. 5 WpHG** werden auch Stimmrechte aus Aktien zugerechnet, die der Meldepflichtige durch eine Willenserklärung erwerben kann. Erfasst werden nur die Fälle, in denen der dingliche Erwerb nur noch von einer Willenserklärung des Meldepflichtigen 50

---

[173] *Petersen/Wille* NZG 2009, 856 (859); *Fuchs/Zimmermann* WpHG § 22 Rn. 56; Kölner Komm WpHG/ *v. Bülow* § 22 Rn. 104 ff.; *Eichner* ZRP 2010, 5 (6); K. Schmidt/Lutter/ *Veil* § 22 WpHG Rn. 19; aA *Schneider/ Brouwer* AG 2008, 557 (562 f.); vgl. auch *Fleischer/Schmolke* ZIP 2008, 1501 (1504 f.) (Zurechnung bejaht, wenn übernommenes Risiko so wesentlich ist, dass zumindest ein faktischer Einfluss auf die Stimmrechte besteht); *Weber/Meckbach* BB 2008, 2022 (2028) (Zurechnung bei Einsatz zur Umsetzung von Übernahmeplänen).
[174] *Petersen/Wille* NZG 2009, 856 (859); *Schiessl* Der Konzern 2009, 291 (295), der zu Recht darauf hinweist, dass ein Stimmrechtseinfluss regelmäßig auch deshalb ausscheidet, weil die Banken die zur Risikoabsicherung erworbenen Aktien im Handelsbuch halten, was nach § 36 Abs. 1 Nr. 3, Abs. 6 WpHG voraussetzt, dass die Stimmrechte aus diesen Aktien nicht ausgeübt werden.
[175] Mangels (dinglicher) „Übertragung" der Aktien werden nach zutreffender Auffassung von § 34 Abs. 1 Satz 1 Nr. 3 WpHG Verpfändungen nicht erfasst, vgl. BaFin Emittentenleitfaden, 2013, S. 117 (zu § 22 WpHG aF); *Fuchs/Zimmermann* WpHG § 22 Rn. 60; MüKoAktG/ *Bayer* Anh. § 22 § 22 WpHG Rn. 27; Kölner Komm WpHG/v. *Bülow* WpHG § 22 Rn. 129; aA NK-AktR/ *Heinrich* WpHG § 22 Rn. 12. Sollte allerdings ausnahmsweise dem Pfandgläubiger die Ausübung der Stimmrechte aus den verpfändeten Aktien nach eigenem Ermessen gestattet sein (zB aufgrund entsprechender Regelung in der Verpfändungsvereinbarung), kommt eine Zurechnung der Stimmrechte zum Pfandgläubiger nach § 34 Abs. 1 Satz 1 Nr. 6 WpHG in Betracht (vgl. BaFin Emittentenleitfaden, 2013, S. 117; Kölner Komm WpHG/v. *Bülow* WpHG § 22 Rn. 129).
[176] BaFin Emittentenleitfaden, 2013, S. 117; Assmann/Schneider/ *Schneider* WpHG § 22 Rn. 95; MüKoAktG/ *Bayer* Anh. § 22 § 22 WpHG Rn. 27.
[177] BaFin Emittentenleitfaden, 2013, S. 117; Assmann/Schneider/ *Schneider* WpHG § 22 Rn. 93; MüKoAktG/ *Bayer* Anh § 22 Rn. 28 zu § 22 WpHG; *Weber-Rey/Benzler* in Habersack/Mülbert/Schlitt Kapitalmarktinformation-HdB § 20 Rn. 85.
[178] BaFin, FAQ zu den Transparenzpflichten des WpHG, Stand: 3.1.2018, S. 14 zu Frage 28 mit Hinweis auf Begr RegE BT-Drs. 18/5010, 45.
[179] BaFin Emittentenleitfaden, 2013, S. 117; MüKoAktG/ *Bayer* Anh. § 22 § 22 WpHG Rn. 29; K. Schmidt/ Lutter/ *Veil* § 22 Rn. 22.
[180] Kölner Komm WpHG/v. *Bülow* WpHG § 22 Rn. 133; aA BaFin Emittentenleitfaden, 2013, S. 117; Fuchs/ *Zimmermann* WpHG § 22 Rn. 62; Bürgers/Körber/ *Becker* Anh. § 22 § 22 WpHG Rn. 6; Schäfer/Hamann/ *Opitz* WpHG § 22 Rn. 56.
[181] MüKoAktG/ *Bayer* Anh. § 22 § 22 WpHG Rn. 29.

abhängt (zB **dingliche Optionen**).¹⁸² Schuldrechtliche Erwerbsrechte (zB Call-Optionen, Kaufverträge, Bezugsrecht aus Wandelschuldverschreibung) werden hingegen nicht erfasst.¹⁸³ Für sie ist in § 38 Abs. 1 WpHG eine eigenständige Mitteilungspflicht vorgesehen. Führt statt einer Willenserklärung ein vom Meldepflichtigen zu bewirkender Realakt (zB Kaufpreiszahlung) zum Eigentumserwerb, genügt dies ebenfalls für die Annahme einer Zurechnung nach § 34 Abs. 1 Satz 1 Nr. 5 WpHG.¹⁸⁴ Gegenstand des Erwerbsrechts müssen nach dem Wortlaut von § 34 Abs. 1 Satz 1 WpHG Aktien des Emittenten sein; Rechte zum Erwerb sonstiger Finanzinstrumente, die ihrerseits den Aktienerwerb ermöglichen, genügen folglich nicht.¹⁸⁵ Bei aufschiebenden Bedingungen, deren Eintritt nicht ausschließlich vom Meldepflichtigen herbeigeführt werden kann (anders bei Potestativbedingungen), oder aufschiebenden Befristungen scheidet eine Zurechnung nach § 34 Abs. 1 Satz 1 Nr. 5 WpHG aus.¹⁸⁶ Ebenso scheidet eine Zurechnung nach § 34 Abs. 1 Satz 1 Nr. 5 WpHG aus, wenn der Veräußerer der Aktien Einwendungen oder Rücktrittsrechte geltend machen oder seine Lieferverpflichtung schlicht nicht erfüllen kann,¹⁸⁷ da in diesen Fällen der Eigentumserwerb durch den Meldepflichtigen nicht durch seine Willenserklärung herbeigeführt werden kann.

51 f) **Anvertraute Stimmrechte, Stimmrechtsvollmachten (§ 34 Abs. 1 Satz 1 Nr. 6 WpHG).** Ferner werden nach § **34 Abs. 1 Satz 1 Nr. 6 WpHG** Stimmrechte aus Aktien zugerechnet, die dem Meldepflichtigen **anvertraut** sind, sofern er die Stimmrechte aus diesen Aktien nach eigenem Ermessen ausüben kann und keine besonderen Weisungen des Aktionärs vorliegen. Ein Anvertrautsein im Sinne der § 34 Abs. 1 Satz 1 Nr. 6 WpHG liegt zB im Fall der elterlichen Sorge vor.¹⁸⁸ Eine Zurechnung ist ausdrücklich auch für den Fall vorgesehen, dass der Meldepflichtige das Stimmrecht als **Bevollmächtigter** weisungsfrei nach eigenem Ermessen ausüben kann.¹⁸⁹ Hauptanwendungsfall ist die Stimmrechtsvertretung in der Hauptversammlung; erfasst wird allerdings bspw. auch die Stimmrechtsvertretung bei der Abstimmung der Aktionäre über einen Insolvenzplan (§§ 235, 238a InsO). Die Stimmrechtszurechnung knüpft allein an die Möglichkeit zur weisungsfreien Stimmrechtsausübung, dh an die entsprechende Vollmachtserteilung an. Nicht erforderlich ist, dass während der Laufzeit der Vollmacht auch tatsächlich eine Stimmrechtsvertretung stattfindet. Wesentliche Bedeutung hat die Zurechnung nach § 34 Abs. 1 Satz 1 Nr. 6 WpHG insbesondere bei ausländischen Fondsmanagementgesellschaften.¹⁹⁰ Die Stimmrechtsvertretung durch **Kreditinstitute** gem. § 135 Abs. 1 AktG bewirkt keine Zurechnung nach § 34 Abs. 1 Satz 1 Nr. 6 WpHG.¹⁹¹ Sofern der Bevollmächtigte nur für eine Hauptversammlung zur Ausübung von Stimmrechten nach eigenem Ermessen ermächtigt wird, kann nach § 22 Abs. 3 WpHG in der Mitteilung über das Überschreiten von Meldeschwellen auch bereits die „Herabmeldung" erfolgen. In der Praxis ist bei der Erteilung von Stimmrechtsvollmachten für Hauptversammlungen zur Vermeidung von Meldepflichten auf die Erteilung von Weisungen für sämtliche Abstimmungen zu achten. Seit der Verschärfung des § 44 Abs. 1 WpHG (§ 28 Abs. 1 WpHG aF) durch das TRL-ÄndRL-UmsG hat auch ein Meldepflichtverstoß des Bevollmächtigten auf die Wirksamkeit seiner Stimmabgabe Einfluss, da der Rechtsverlust seither auch Aktien erfasst, aus denen dem Bevollmächtigten nach § 34 Abs. 1 Satz 1 Nr. 6 WpHG Stimmrechte zugerechnet werden (→ Rn. 109).

---

¹⁸² OLG Köln AG 2013, 391 (393); LG Köln ZIP 2012, 229 (231) = BeckRS 2011, 20382; BaFin Emittentenleitfaden, 2013, S. 117 f.; *Weber-Rey/Benzler* in Habersack/Mülbert/Schlitt Kapitalmarktinformation-Hdb § 20 Rn. 88; ebenso zu § 30 Abs. 1 Satz 1 Nr. 5 WpÜG: BGH NZG 2014, 985 (989).
¹⁸³ OLG Köln AG 2013, 391 (392) (auch nicht bei Kombination von Call- und Put-Optionen); LG Köln ZIP 2012, 229 (231) = BeckRS 2011, 20382; BaFin Emittentenleitfaden, 2013, S. 117; Kölner Komm WpHG/*v. Bülow* WpHG § 22 Rn. 138; Schäfer/Hamann/*Opitz* WpHG § 22 Rn. 58a; MüKoAktG/*Bayer* Anh. § 22 § 22 WpHG Rn. 32; *Baums/Sauter* ZHR 173 (2009), 454 (467 f.); K. Schmidt/Lutter/*Veil* WpHG § 22 Rn. 24; nunmehr ebenso Assmann/Scheider/*Schneider* WpHG § 22 Rn. 110; aA *Franck* BKR 2002, 709 (711 f.).
¹⁸⁴ BaFin Emittentenleitfaden, 2013, S. 117; K. Schmidt/Lutter/*Veil* WpHG § 22 Rn. 23; vgl. auch Kölner Komm WpHG/*v. Bülow* WpHG § 22 Rn. 141.
¹⁸⁵ Kölner Komm WpHG/*v. Bülow* § 22 Rn. 137; K. Schmidt/Lutter/*Veil* WpHG § 22 Rn. 24.
¹⁸⁶ LG Köln Der Konzern 2009, 372 (377) (aufschiebend auf Kartellfreigabe bedingt); LG Köln ZIP 2012, 229 (231) = BeckRS 2011, 20382; Kölner Komm WpHG/*v. Bülow* WpHG § 22 Rn. 142 ff.; MüKoAktG/*Bayer* Anh § 22 Rn. 35 zu § 22 WpHG; Schwark/Zimmer/*Schwark* WpHG § 22 Rn. 11 f.
¹⁸⁷ OLG Köln AG 2013, 391 (394); LG Köln ZIP 2012, 229 (231) = BeckRS 2011, 20382; Kölner Komm WpHG/*v. Bülow* WpHG § 22 Rn. 144.
¹⁸⁸ VGH Kassel NZG 2010, 1307 (1308 f.); *Leuering* NZG 2010, 1285; BaFin Emittentenleitfaden, 2013, S. 118 f.
¹⁸⁹ BaFin Emittentenleitfaden, 2013, S. 119; Assmann/Schneider/*Schneider* WpHG § 22 Rn. 120 und 122; *Hutter/Kaulamo* NJW 2007, 471 (474).
¹⁹⁰ Assmann/Schneider/*Schneider* WpHG § 22 Rn. 125; BaFin Emittentenleitfaden, 2013, S. 119.
¹⁹¹ BaFin Emittentenleitfaden, 2013, S. 119; *Weber-Rey/Benzler* in Habersack/Mülbert/Schlitt Kapitalmarktinformation-HdB § 20 Rn. 94.

g) **Übertragene Stimmrechte (§ 34 Abs. 1 Satz 1 Nr. 7 WpHG).** Nach § 34 Abs. 1 Satz 1 51a
Nr. 7 WpHG werden dem Meldepflichtigen auch Stimmrechte zugerechnet, die er aufgrund
einer Vereinbarung ausüben kann, die eine zeitweilige Übertragung der Stimmrechte ohne die
damit verbundenen Aktien gegen Gegenleistung vorsieht. Da bei deutschen Kapitalgesellschaften
eine Trennung des Stimmrechts von der Mitgliedschaft unzulässig ist (**Abspaltungsverbot**),[192]
kann dieser Tatbestand nur bei Emittenten ausländischer Rechtsform relevant sein.[193]

h) **zur Sicherheit verwahrte Stimmrechte (§ 34 Abs. 1 Satz 1 Nr. 8 WpHG).** Darüber 51b
hinaus sind dem Meldepflichtigen gemäß **Abs. 1 Satz 1 Nr. 8 WpHG** auch die Stimmrechte aus
Aktien zuzurechnen, die vom Meldepflichtigen zur Sicherheit verwahrt werden, sofern er die Stimmrechte hält und die Absicht bekundet, diese Stimmrechte auszuüben. Zunächst muss der Meldepflichtige die stimmberechtigten Aktien „**verwahren**". Anders als im Fall von § 34 Abs. 1 Satz 1 Nr. 3
WpHG bedarf es also keiner Übereignung der Aktien; vielmehr genügt, dass der Meldepflichtige
aufgrund der mit dem Sicherungsgeber geschlossenen Vereinbarungen zur Ausübung der Stimmrechte aus den verwahrten Aktien ermächtigt ist. Dabei ist eine Zurechnung mit Blick auf den Sinn
und Zweck des § 34 WpHG, Stimmrechtseinflüsse offenzulegen (→ Rn. 37), jedoch nur gerechtfertigt, wenn der Meldepflichtige die Stimmrechte aus den verwahrten Aktien nach eigenem Ermessen
ausüben kann. Vom Anwendungsbereich erfasst wird bspw. die Pfandverwahrung,[194] die allerdings
bereits nach altem Recht von Nr. 6 erfasst wurde, wenn der Pfandnehmer ausnahmsweise zur Stimmrechtsausübung ermächtigt war.[195] Schließlich muss der Meldepflichtige auch **die Absicht bekun-
den,** die Stimmrechte auch nach eigenem Ermessen auszuüben. Dies erfordert eine entsprechende
nach außen erkennbare Willensäußerung durch den Meldepflichtigen,[196] die jedoch auch durch
schlüssiges Verhalten (zB durch Stimmabgabe) erfolgen kann.

i) **Abgestimmtes Verhalten** (*acting in concert*) **(§ 34 Abs. 2 WpHG). aa) Voraussetzungen.** 52
Über **§ 34 Abs. 2 Satz 1 WpHG** werden dem Meldepflichtigen auch die Stimmrechte eines Dritten
zugerechnet, mit denen er oder eines seiner Tochterunternehmen das Verhalten in Bezug auf den
Emittenten abstimmt (sog. *acting in concert*). **Dritter** kann jeder sein, der unmittelbar Stimmrechte
hält oder dem Stimmrechte gemäß § 34 Abs. 1 WpHG zugerechnet werden,[197] nicht jedoch der
Emittent[198] oder der Meldepflichtige selbst (Absprachen zwischen verschiedenen Organen bzw.
Abteilungen des Meldepflichtigen über dessen Stimmrechte sind kein *acting in concert*).[199] Auch ein
Tochterunternehmen des Meldepflichtigen kann Dritter sein, sofern tatsächlich eine Abstimmung
(iSe Gleichordnungsverhältnisses) vorliegt, also das Tochterunternehmen nicht nur den Weisungen
des Mutterunternehmens folgt.[200] Unerheblich ist, ob der Meldepflichtige selbst Stimmrechte hält
oder ihm solche – unabhängig von einer Zurechnung vom Dritten nach § 34 Abs. 2 WpHG –
zugerechnet werden.[201] Die **Abstimmung** kann aufgrund einer **Vereinbarung** (gleich ob förmlich
oder formlos, ausdrücklich oder konkludent)[202] oder in sonstiger Weise erfolgen.[203] Typische Fälle

---

[192] BGH NJW 1987, 780; MüKoAktG/*Heider* AktG § 8 Rn. 89; Kölner Komm AktG/*Dauner-Lieb* AktG § 8 Rn. 45.
[193] BegrRegE BT-Drs. 18/3994, 45; BaFin, FAQ zu den Transparenzpflichten des WpHG, Stand: 3.1.2018, S. 13 zu Frage 27; *Söhner* ZIP 2015, 2451 (2454).
[194] DAV-Handelsrechtsausschuss NZG 2015, 1069 (1070); *Söhner* ZIP 2015, 2451 (2456).
[195] MüKoAktG/*Bayer* Anh. § 22 § 22 WpHG Rn. 36.
[196] Vgl. Emmerich/Habersack/*Schürnbrand* Anh. § 22 WpHG § 22 Rn. 13.
[197] OLG Düsseldorf BeckRS 2013, 21114.
[198] LG Köln ZIP 2012, 229 (232) = BeckRS 2011, 20382 (zu § 30 Abs. 2 WpÜG); Kölner Komm WpHG/ *v. Bülow* WpHG § 22 Rn. 195.
[199] LG München BeckRS 2011, 03164 (kein *acting in concert* zwischen Bund und Bundesfinanzministerium bzw. SoFFin – insoweit nicht abgedruckt in NZG 2011, 390 ff.) – bestätigt durch OLG München NZG 2011, 1227; vgl. auch *Weber-Rey/Benzler* in Habersack/Mülbert/Schlitt Kapitalmarktinformation-HdB § 20 Rn. 96. Das einzelne Organmitglied kann sich jedoch hinsichtlich der von ihm persönlich gehaltenen Stimmrechte mit der meldepflichtigen Gesellschaft iSv § 34 Abs. 2 WpHG abstimmen; dies gilt jedoch nur dann, wenn tatsächlich eine Verhaltenskoordination erfolgt (ebenso Kölner Komm WpHG/*v. Bülow* WpHG § 22 Rn. 274; Bürgers/Körber/ *Becker* Anh. § 22 § 22 WpHG Rn. 9; aA Assmann/Schneider/*Schneider* WpHG § 22 Rn. 209, der bei geschäftsfüh-renden Organmitgliedern stets von einem *acting in concert* ausgeht).
[200] Kölner Komm WpHG/*v. Bülow* WpHG § 22 Rn. 195, 257; Assmann/Schneider/*Schneider* WpHG § 22 Rn. 211a; kritisch, ob *acting in concert* zwischen Mutter- und Tochterunternehmen überhaupt in Betracht kommt (wenn im Ergebnis auch offengelassen): OLG Düsseldorf BeckRS 2013, 21114.
[201] BaFin Emittentenleitfaden, 2013, S. 120; Assmann/Schneider/*Schneider* WpHG § 22 Rn. 193b; Bür-gers/Körber/*Becker* Anh. § 22 § 22 WpHG Rn. 9; aA Fuchs/*Dehlinger/Zimmermann* WpHG § 22 Rn. 89.
[202] MüKoAktG/*Bayer* Anh.§ 22 § 22 WpHG Rn. 45; *Schneider* WM 2006, 1321 (1323); *Weiler/Meyer* NZG 2003, 909.
[203] BaFin Emittentenleitfaden, 2013, S. 120 f.; MüKoAktG/*Bayer* Anh. § 22 § 22 WpHG Rn. 45; *Schneider* WM 2006, 1321 (1323); *Weiler/Meyer* NZG 2003, 909.

einer Abstimmung aufgrund einer Vereinbarung sind Stimmbindungs- und Poolverträge.[204] Unerheblich ist, ob sich die Parteien einer solchen Vereinbarung die Möglichkeit eines abweichenden Stimmverhaltens offen halten (sog. **Öffnungsklausel**).[205] Ausreichend ist bereits eine Abstimmung **in sonstiger Weise,** worunter jede sonstige gegenseitige Koordinierung der Verhaltensweisen auf Grund eines bewussten geistigen Kontakts zu verstehen ist.[206] Unerheblich ist, auf welchen Motiven die Abstimmung beruht, also etwa auch, ob sie freiwillig erfolgt.[207] Erfasst werden auch sog. *gentlemen's agreements* sowie ein „informelles" Verständnis der Beteiligten.[208] Ein solches Verständnis kann sich zB auch darin zeigen, dass bewusst Umstände geschaffen werden, die eine gleichgerichtete Stimmabgabe erwarten lassen (zB identische Besetzung der Leitungsorgane oder identische Anteilseignerstruktur).[209] Nicht ausreichend ist hingegen bloßes Parallelverhalten.[210] Ebenso wenig kann ein bloßer Informationsaustausch oder Beratungen zwischen Aktionären vor oder während einer Hauptversammlung ein *acting in concert* begründen.[211]

53 **Gegenstand der Abstimmung** muss gemäß § 34 Abs. 2 Satz 2 WpHG die Ausübung von Stimmrechten in der Hauptversammlung des Emittenten oder ein Zusammenwirken mit dem Ziel einer dauerhaften und erheblichen Änderung der unternehmerischen Ausrichtung des Emittenten sein.[212] Erforderlich ist ein unmittelbarer Bezug zum Emittenten, weshalb allein eine Abstimmung in Bezug auf eine Vorschaltgesellschaft, die eine Beteiligung am Emittenten hält, noch keine Zurechnung nach § 34 Abs. 2 WpHG begründet (ggf. aber nach § 34 Abs. 1 Satz 1 Nr. 1 WpHG).[213]

54 Bei einer Abstimmung über die **Stimmrechtsausübung** liegt – vorbehaltlich des Eingreifens der Einzelfallausnahme (→ Rn. 57) – stets ein *acting in concert* vor; auf das Vorhandensein einer weitergehenden unternehmerischen Strategie (Gesamtplan) der an der Abstimmung Beteiligten kommt es nicht an.[214]

55 Eine **Änderung der unternehmerischen Ausrichtung,** also der vom Vorstand festgelegten Unternehmenspolitik[215] einschließlich ihrer organisatorischen Durchsetzung (wie zB Planung, Finanzierung, Besetzung von Führungspositionen),[216] liegt zB vor bei einer grundlegenden Änderung des Geschäftsmodells[217] oder der Finanzierungsstruktur,[218] der Trennung von wesentlichen Geschäftsbereichen[219] oder Tochterunternehmen, oder bei sonstigen Maßnahmen, die eine Umsetzung der vom Vorstand festgelegten Unternehmenspolitik vereiteln (zB Zahlung einer Superdividende, wodurch geplante

---

[204] OLG Frankfurt NJW 2004, 3716 (3719); OLG Düsseldorf BeckRS 2013, 21114; *Schneider* WM 2006, 1321 (1323); BaFin Emittentenleitfaden, 2013, S. 121.
[205] Assmann/Schneider/*Schneider* WpHG § 22 Rn. 200a; K. Schmidt/Lutter/*Veil* WpHG § 22 Rn. 44; aA *Lange* ZBB 2004, 22 (27).
[206] BGHZ 169, 98 (104) = NZG 2006, 945 (946); MüKoAktG/*Bayer* Anh. § 22 § 22 WpHG Rn. 45; Kölner Komm WpHG/*v. Bülow* WpHG § 22 Rn. 199; wohl ebenso BaFin Emittentenleitfaden, 2013, S. 121.
[207] BGHZ 169, 98 (104) = NZG 2006, 945 (946) (Grenze sei Drohung iSv § 123 BGB); OLG Stuttgart NZG 2005, 432 (436); Kölner Komm WpHG/*v. Bülow* WpHG § 22 Rn. 200.
[208] MüKoAktG/*Bayer* Anh. § 22 § 22 WpHG Rn. 45; *Weiler/Meyer* NZG 2003, 909; BaFin Emittentenleitfaden, 2013, S. 121.
[209] Vgl. LG Köln ZIP 2012, 229 (231) = BeckRS 2011, 20382 (zu § 30 Abs. 2 WpÜG).
[210] LG Köln ZIP 2012, 229 (231) = BeckRS 2011, 20382 (zu § 30 Abs. 2 WpÜG); Bürgers/Körber/*Becker* Anh. § 22 § 22 WpHG Rn. 9; Kölner Komm WpHG/*v. Bülow* WpHG § 22 Rn. 215; *Schockenhoff* NZG 2015, 657 (660).
[211] *Schockenhoff* NZG 2015, 657 (660); *Gesell* FS Maier-Reimer, 2010, 123 (134 f.); Kölner Komm WpHG/*v. Bülow* WpHG § 22 Rn. 215; K. Schmidt/Lutter/*Veil* WpHG § 22 Rn. 39 (ein gegenseitiger Austausch genüge nicht). Ebenso ESMA, Information on shareholder cooperation and acting in concert under the Takeover Bids Directive v. 12.11.2013, S. 5 f.
[212] Vor Inkrafttreten des Risikobegrenzungsgesetzes war nur die Abstimmung über die Stimmrechtsausübung erfasst (so BGHZ 169, 98 (105) = NZG 2006, 945 (946 f.) zu § 30 Abs. 2 WpÜG aF).
[213] LG München I AG 2009, 918 (923).
[214] BaFin Emittentenleitfaden, 2013, S. 121; Bürgers/Körber/*Becker* Anh. § 22 § 22 WpHG Rn. 9; *Gätsch/Schäfer* NZG 2008, 846 (850); Assmann/Schneider/*Schneider* WpHG § 22 Rn. 178; wohl auch *v. Bülow/Stephanblome* ZIP 2008, 1797 (1798).
[215] BaFin Emittentenleitfaden, 2013, S. 121; *v. Bülow/Stephanblome* ZIP 2008, 1797 (1799); Kölner Komm WpHG/*v. Bülow* WpHG § 22 Rn. 221; ebenso zu § 30 Abs. 2 WpÜG: LG Köln ZIP 2012, 229 (232) = BeckRS 2011, 20382 (abstellend auf Vorstand oder Großaktionär).
[216] Vgl. auch Assmann/Schneider/*Schneider* WpHG § 22 Rn. 178.
[217] Bericht FinanzA BT-Drs. 16/9821, 12 (liSp).
[218] *Zimmermann* ZIP 2009, 57 (58).
[219] Bericht FinanzA BT-Drs. 16/9821, 12 (liSp); *Drinkuth* ZIP 2008, 676 (677); Assmann/Schneider/*Schneider* WpHG § 22 Rn. 184; *v. Bülow/Stephanblome* ZIP 2008, 1797 (1798).

Investitionen vereitelt werden).²²⁰ Mangels angestrebter „Änderung" werden Einflussnahmen zur **Erhaltung des Status quo** nicht erfasst.²²¹ Die Änderung muss nur „**Ziel**" der Abstimmung sein; unerheblich ist daher, ob sie tatsächlich von den an der Abstimmung Beteiligten durchgesetzt werden kann.²²² **Dauerhaft und erheblich** (nachhaltig) ist die angestrebte Änderung nur, wenn sie längerfristige Wirkungen auf den Emittenten hat, also insbesondere nicht kurzfristig und mit nur geringfügigem Aufwand wieder rückgängig gemacht werden kann.²²³

Kein tauglicher Abstimmungsgegenstand ist der **abgestimmte Aktienerwerb** als solcher,²²⁴ da 56 hiermit noch keine Einflussnahme auf den Emittenten einhergeht. Ebenso wenig liegt im bloßen Abschluss einer **Stand-still-Vereinbarung**²²⁵ oder einer Nichteinlieferungsvereinbarung²²⁶ (Vereinbarung, ein öffentliches Angebot iSd WpÜG nicht anzunehmen) ein *acting in concert*, da solche Vereinbarungen nicht auf eine Einflussnahme auf den Emittenten abzielen.

Das Gesetz nimmt lediglich auf **Einzelfälle** bezogene Vereinbarungen von der Zurechnung aus (§ 34 57 Abs. 2 Satz 1, 2. Halbs WpHG). Das Vorliegen eines Einzelfalls ist formal, also bezogen auf die Häufigkeit des Abstimmungsverhaltens, zu bestimmen.²²⁷ Ein Einzelfall liegt zB bei einer (einmaligen) Abstimmung über die Stimmrechtsausübung in *einer* Hauptversammlung des Emittenten vor (zB Wahl des Aufsichtsrats, eine Kapitalerhöhung).²²⁸ Da das Gesetz von „Einzelfällen" spricht, werden von der Ausnahmeregelung auch wiederholte Abstimmungen zu demselben oder anderen Gegenständen erfasst,²²⁹ sofern sich die jeweilige Abstimmung auf einen konkreten Einzelfall bezieht und kein Fortsetzungszusammenhang besteht.²³⁰ Die Einzelfallausnahme ist dem Wortlaut nach grds. auf beide in § 34 Abs. 2 Satz 2 WpHG genannten Formen der Einflussnahme anwendbar;²³¹ im Falle einer sonstigen Einflussnahme (also nicht Stimmrechtsausübung) wird es jedoch häufig vielfältige Einwirkungen auf den Emittenten bzw. dessen Organe geben, so dass hier regelmäßig kein Einzelfall vorliegen dürfte.

bb) Rechtsfolge. § 34 Abs. 2 WpHG führt zu einer **wechselseitigen Zurechnung** der Stimm- 58 rechte der Abstimmungspartner „**in voller Höhe**". Für die Zurechnung ist unerheblich, ob der

---

²²⁰ Bericht FinanzA BT-Drs. 16/9821, 12; *Drinkuth* ZIP 2008, 676 (677); Assmann/Schneider/*Schneider* WpHG § 22 Rn. 184. Wie *Korff* AG 2008, 692 (693) zutreffend feststellt, genügt eine bloße Einflussnahme auf die Dividendenpolitik nicht, wenn sich hieraus nur unwesentliche Auswirkungen auf die Unternehmensplanung bzw. das operative Geschäft ergeben.
²²¹ Bericht FinanzA BT-Drs. 16/9821, 11 (reSp); BaFin Emittentenleitfaden, 2013, S. 121; *Gätsch*/*Schäfer* NZG 2008, 846 (850); *Korff* AG 2008, 692 (693); *Zimmermann* ZIP 2009, 57 (58); Kölner Komm WpHG/*v. Bülow* § 22 Rn. 224. Siehe auch LG Köln ZIP 2012, 229 (232) = BeckRS 2011, 20382 (es bedürfe eines Gegensatzes der sich Abstimmenden zum derzeitigen Inhaber der Kontrolle).
²²² Anders noch im RegE, der noch auf die Eignung des Zusammenwirkens abstellte (BegrRegE BT-Drucks 16/7438, 5); vgl. auch *Weber-Rey* DStR 2008, 1967 f.; *Zimmermann* ZIP 2009, 57 (58).
²²³ *Zimmermann* ZIP 2009, 57 (58). Laut BaFin Emittentenleitfaden, 2013, S. 121 komme es darauf an, ob ein Ende der Auswirkungen absehbar ist. AA Kölner Komm WpHG/*v. Bülow* § 22 Rn. 221.
²²⁴ *Gätsch*/*Schäfer* NZG 2008, 846 (848 f.); *Weber*/*Meckbach* BB 2008, 2022 (2025); K. Schmidt/Lutter/*Veil* WpHG § 22 Rn. 41; Kölner Komm WpHG/*v. Bülow* WpHG § 22 Rn. 269; anders noch der RegE zum Risikobegrenzungsgesetz BT-Drs. 16/7438, 5, der in diesem Punkt jedoch nicht Gesetz geworden ist, vgl. Bericht FinanzA BT-Drs. 16/9821, 11 (reSp). AA Assmann/Schneider/*Schneider* WpHG § 22 Rn. 185 ff.
²²⁵ BGHZ 169, 98 (109) = NZG 2006, 945 (948); OLG Köln BeckRS 2013, 08423 (insoweit nicht abgedruckt in AG 2013, 391 ff.); LG Köln ZIP 2012, 229 (232) = BeckRS 2011, 20382; Kölner Komm WpHG/*v. Bülow* WpHG § 22 Rn. 270; *Uhlendorf* DB 2006, 2455 (2456); *Hamann* ZIP 2007, 1088 (1090); aA *Eidenmüller* DStR 2007, 2116 (2120); *Schneider* WM 2006, 1321 (1327) (bei Vorliegen eines Gesamtplans); *Wackerbarth* ZIP 2007, 2340 (2345).
²²⁶ OLG Köln AG 2013, 391 (394).
²²⁷ Für formale Bestimmung: BGHZ 169, 98 (107) = NZG 2006, 945 (947); MüKoAktG/*Bayer* Anh. § 22 § 22 WpHG Rn. 49; Kölner Komm WpHG/*v. Bülow* WpHG § 22 Rn. 228 f.; *v. Bülow* FS U. H. Schneider, 2011, 141, 145 (149); *Weber-Rey*/*Benzler* in Habersack/Mülbert/Schlitt Kapitalmarktinformation-HdB § 20 Rn. 99; *Gesell* FS Maier-Reimer, 2010, 123 (138 f.) Nach Auffassung der BaFin kommt es auf eine Abgrenzung zwischen nachhaltigen und bloß punktuellen Einflussnahmen an, ob auch eine einmalige Abstimmung zu einer Hauptversammlung, die nachhaltig auf den Emittenten wirkt, ist grds. kein Einzelfall (Emittentenleitfaden, 2013, S. 122).
²²⁸ OLG Stuttgart NZG 2005, 432 (436); LG Düsseldorf AG 2007, 797; Bericht FinanzA BT-Drs. 16/7438, 11; Assmann/Schneider/*Schneider* WpHG § 22 Rn. 191c; BaFin Emittentenleitfaden, 2013, S. 122.
²²⁹ Bericht FinanzA BT-Drs. 16/9821, 12 (liSp); BaFin Emittentenleitfaden, 2013, S. 122; Schäfer/Hamann/*Opitz* WpHG § 22 Rn. 92; Kölner Komm WpHG/*v. Bülow* WpHG § 22 Rn. 230.
²³⁰ *v. Bülow*/*Stephanblome* ZIP 2008, 1797 (1799); Baums/Thoma/*Diekmann* WpÜG § 30 Rn. 75; *Gesell* FS Maier-Reimer, 2010, 123 (140); Kölner Komm WpHG/*v. Bülow* WpHG § 22 Rn. 231 f. Wohl ebenso BaFin Emittentenleitfaden, 2013, S. 122 (die Abstimmung müsse sich als „punktuelle Einflussnahme" darstellen, um der Einzelfallausnahme zu unterfallen).
²³¹ *Gesell* FS Maier-Reimer, 2010, 123 (139); Schäfer/Hamann/*Opitz* WpHG § 22 Rn. 91; Kölner Komm WpHG/*v. Bülow* WpHG § 22 Rn. 229; aA BaFin Emittentenleitfaden, 2013, S. 122; *Hoppe*/*Michel*, BaFin-Journal 04/2010, 1 (5); Bürgers/Körber/*Becker* § 22 Anh. § 22 WpHG Rn. 9.

Meldepflichtige auf die Entscheidungen des Pools Einfluss hat (zB aufgrund der Stimmverhältnisse im Pool bei Splitterbeteiligungen bzw. Stimmführerschaft eines Beteiligten).[232] Zuzurechnen sind stets sämtliche von den Abstimmungspartnern gehaltenen bzw. ihnen nach § 34 Abs. 1 WpHG zugerechneten Stimmrechte (§ 34 Abs. 2 Satz 3 WpHG), und zwar auch dann, wenn der Dritte einem vorübergehenden Stimmrechtsverlust[233] (zB nach § 44 WpHG oder § 59 WpÜG) unterliegt oder – da stets „in voller Höhe" zuzurechnen ist – ein Teil der Stimmrechte ausdrücklich von der Abstimmung ausgenommen worden ist.[234] Dem Dritten nach § 34 Abs. 2 WpHG zugerechnete Stimmrechte werden dem Meldepflichtigen hingegen nicht zugerechnet, da § 34 Abs. 2 Satz 3 WpHG die **Kettenzurechnung** auf § 34 Abs. 1 WpHG beschränkt.[235]

V. Nichtberücksichtigung von Stimmrechten (§ 36 WpHG)

59 **1. Allgemeines.** Nach § 36 WpHG (zuvor § 23 WpHG aF) sind bestimmte Stimmrechte bei der Ermittlung des Stimmrechtsanteils des Meldepflichtigen nicht zu berücksichtigen. Sind Stimmrechte nach § 36 WpHG beim Inhaber der Aktien nicht zu berücksichtigen, erfolgt auch keine Zurechnung dieser Stimmrechte zu Dritten (zB einem Mutterunternehmen).[236] Die einzelnen Tatbestände des § 36 WpHG stehen nebeneinander, so dass – bei Vorliegen der jeweiligen Voraussetzungen – die jeweiligen Höchstgrenzen kumulativ in Anspruch genommen werden können.[237] Die Regelung zur Nichtberücksichtigung von Stimmrechten hat zunächst durch das TUG eine wesentliche Änderung erfahren; insbesondere bedarf es seither für die Nichtberücksichtigung keines Befreiungsantrags bei der BaFin mehr.[238] Weitere wesentliche Änderungen hat § 36 WpHG durch das TRL-ÄndRL-UmsG erfahren. Dabei wurde die Handelsbuchausnahme (§ 36 Abs. 1 WpHG) modifiziert und eine weitere Ausnahme für Stabilisierungsgeschäfte (§ 36 Abs. 2 WpHG) eingefügt. Zudem wurde durch eine Änderung der bisherigen Verwaltungspraxis der BaFin der Anwendungsbereich der Abwicklungsausnahme (§ 36 Abs. 3 WpHG) deutlich ausgeweitet.

60 **2. Einzelne Ausnahmetatbestände. a) Im Handelsbuch gehaltene Aktien (§ 36 Abs. 1 WpHG).** Nicht zu berücksichtigen sind gem. **§ 36 Abs. 1 WpHG** bis zu 5 % der Stimmrechte von Kreditinstituten oder Wertpapierdienstleistungsunternehmen mit Sitz in einem EU-/EWR-Staat, wenn die Aktien im **Handelsbuch** gehalten werden, die Stimmrechte aus diesen Aktien nicht ausgeübt werden und auch im Übrigen kein Einfluss auf die Geschäftsführung des Emittenten genommen wird. Gemäß Art. 4 Abs. 1 Nr. 86 Kapitalanforderungsverordnung (CRR)[239] sind dem Handelsbuch alle Positionen in Finanzinstrumenten (dh auch Aktien[240]) und Waren zuzuordnen, die ein Institut entweder mit Handelsabsicht oder zur Absicherung anderer mit Handelsabsicht gehaltener Positionen des Handelsbuchs hält. Gehalten werden mit Handelsabsicht nach Art. 4 Abs. 1 Nr. 85 CRR (i) Eigenhandelspositionen und Positionen, die sich aus Kundenbetreuung und Marktpflege ergeben, (ii) Positionen, die zum kurzfristigen Wiederverkauf gehalten werden, und (iii)

---

[232] Ebenso BaFin Emittentenleitfaden, 2013, S. 122; Bürgers/Körber/*Becker* § 22 Anh. § 22 WpHG Rn. 9; Schäfer/Hamann/*Opitz* WpHG § 22 Rn. 93a; Lenz/Linke AG 2002, 361 (368); Uhlendorf DB 2006, 2455; Assmann/Schneider/*Schneider* WpHG § 22 Rn. 193a f.; OLG Düsseldorf AG 2006, 202 (205) (Zurechnung zu einem Poolmitglied, das selbst nur über eine Splitterbeteiligung verfügt); aA Lange ZBB 2004, 22 (26); Kölner Komm WpHG/v. Bülow § 22 Rn. 237; v. Bülow/Bücker ZGR 2004, 669 (707 f.); Borges ZIP 2007, 357 (360); K. Schmidt/ Lutter/*Veil* WpHG § 22 Rn. 44. Nach BGHZ 190, 291 (298) ist für die Zurechnung nach § 22 Abs. 2 WpHG aF (jetzt § 34 Abs. 2 WpHG) die Möglichkeit einer Einflussnahme des Meldepflichtigen auf die Stimmrechtsausübung erforderlich. Der BGH hat jedoch nicht näher konkretisiert, wann eine solche Einflussnahmemöglichkeit vorliegt. Für eine Einflussnahmemöglichkeit ist jedoch nicht erforderlich, dass sich der Meldepflichtige im Pool durchsetzen kann.
[233] Assmann/Schneider/*Schneider* WpHG § 22 Rn. 193a.
[234] Ebenso Schäfer/Hamann/*Opitz* WpHG § 22 Rn. 93; Kölner Komm WpHG/v. Bülow WpHG § 22 Rn. 235 u 242; Kölner Komm WpÜG/v. Bülow WpÜG § 30 Rn. 255; aA (bei „Teil-Poolung" nur Zurechnung der Stimmrechte, die in die Poolvereinbarung einbezogen sind): OLG Düsseldorf BeckRS 2013, 21114; BaFin Emittentenleitfaden, 2013, 122 f.; Assmann/Schneider/*Schneider* WpHG § 22 Rn. 200; K. Schmidt/Lutter/*Veil* WpHG § 22 Rn. 44; Brellochs ZIP 2011, 2225 (2231).
[235] OLG Düsseldorf BeckRS 2013, 21114; Kölner Komm WpHG/v. Bülow WpHG § 22 Rn. 241. Zu prüfen ist allerdings, ob ggf. zwischen dem Meldepflichtigen und dem „Vierten" auch eine Abstimmung iSe bewusst geistigen Kontakts erfolgt.
[236] BaFin Emittentenleitfaden, 2013, S. 130 (zur Sperrwirkung ggü Mutterunternehmen); Bürgers/Körber/ *Becker* Anh. § 22 § 23 WpHG Rn. 1; krit hierzu: Kölner Komm WpHG/*Hirte* WpHG § 23 Rn. 63.
[237] BaFin Emittentenleitfaden, 2013, S. 130; Bürgers/Körber/*Becker* Anh. § 22 § 23 WpHG Rn. 1.
[238] Bürgers/Körber/*Becker* Anh. § 22 § 23 WpHG Rn. 1; Hutter/Kaulamo NJW 2007, 471 (475).
[239] Verordnung (EU) 575/2013 vom 26. Juni 2013.
[240] Art. 4 Abs. 1 Nr. 50 lit. b CRR iVm Anhang I Abschnitt C Nr. 1, Art. 4 Abs. 1 Nr. 18 lit. a RL 2004/ 39/EG.

Positionen, bei denen die Absicht besteht, aus bestehenden oder erwarteten kurzfristigen Kursunterschieden zwischen Ankaufs- und Verkaufskurs oder aus anderen Kurs- oder Zinsschwankungen Profit zu ziehen. Dem Handelsbuch zuzuordnen sind dabei auch Finanzinstrumente, die von einer natürlichen oder juristischen Person gehalten werden, welche im Auftrag oder auf Ersuchen von Kunden andere als Eigenhandelsgeschäfte tätigt oder aus diesen Geschäften resultierende Positionen absichert (sog. **client-serving transactions**) (vgl. § 36 Abs. 8 WpHG iVm Art. 9 Abs. 6 lit. b RL 2004/109/EG, Art. 6 Delegierte Verordnung (EU) 2015/761).[241] Alle anderen Positionen sind dem Anlagebuch zuzuordnen und werden folglich von § 36 Abs. 1 WpHG nicht erfasst. Bis zur Änderung des § 23 Abs. 1 WpHG aF (jetzt § 36 Abs. 1 WpHG) durch das TRL-ÄndRL-UmsG war für jeden Meldepflichtigen der Handelsbestand gesondert festzustellen, so dass zB in Konzernsachverhalten jedes einzelne Konzernunternehmen, welches die Voraussetzungen des § 23 Abs. 1 WpHG aF erfüllte, meldefrei Aktien, die insgesamt bis zu 5 % der Stimmrechte gewähren, im Handelsbestand halten konnte.[242] Seither ist hingegen der relevante Stimmrechtsanteil konzernweit zu ermitteln, sog. **vertikale Aggregation** (vgl. § 36 Abs. 8 WpHG iVm Art. 9 Abs. 6 lit. b RL 2004/109/EG, Art. 3 Delegierte Verordnung (EU) 2015/761). Danach sind für die Ermittlung der im Handelsbuch gehaltenen Stimmrechte bei einem Mutterunternehmen auch die von dessen (unmittelbaren und mittelbaren) Tochterunternehmen iSv § 35 Abs. 1 WpHG im Handelsbuch gehaltenen Stimmrechte zu berücksichtigen.[243] Dabei bleiben nach § 35 Abs. 2–5 WpHG nicht zuzurechnende Stimmrechte unberücksichtigt.[244] Nur wenn der vertikal aggregierte Bestand die 5 %-Schwelle nicht überschreitet, bleibt er meldefrei. Weiterhin sind für die Berechnung des (meldefreien) Stimmrechtsanteils sämtliche Stimmrechte aus im Handelsbuch gehaltenen Aktien (§§ 33, 34) und Instrumenten (§ 38) zusammenzurechnen, sog. **horizontale Aggregation** (vgl. § 36 Abs. 8 WpHG iVm Art. 9 Abs. 6 lit. b RL 2004/109/EG, Art. 2 Delegierte Verordnung (EU) 2015/761). Folglich kann sich der Meldepflichtige auf die Handelsbuchausnahme nur berufen, wenn der horizontal und vertikal aggregierte Stimmrechtsbestand die 5 %-Schwelle nicht überschreitet. Weiterhin erfolgt eine Nichtberücksichtigung nur wenn die Stimmrechte nicht ausgeübt oder sonst zur Einflussnahme auf den Emittenten verwenden werden (§ 36 Abs. 1 Nr. 3 WpHG). Das **Einflussnahmeverbot** ist dabei auf die im Handelsbuch gehaltenen Aktien beschränkt,[245] wie der Wortlaut des durch § 36 Abs. 1 Nr. 3 WpHG umgesetzten Art. 9 Abs. 6 lit. b Transparenz-RL II zeigt („…die Stimmrechte aus Aktien, die im Handelsbuch gehalten werden, nicht ausgeübt werden und nicht anderweitig benutzt werden…"), zumal die Stimmrechte aus diesen Aktien ohnehin nach § 36 Abs. 6 WpHG ruhen.

b) Zu Stabilisierungszwecken erworbene Aktien (§ 36 Abs. 2 WpHG). Nach § 36 Abs. 2 WpHG bleiben ferner Stimmrechte aus Aktien, die gemäß der Verordnung (EG) Nr. 2273/2003 zu Stabilisierungszwecken erworben wurden, bei der Berechnung des Stimmrechtsanteils unberücksichtigt, wenn der Aktieninhaber sicherstellt, dass die Stimmrechte aus den betreffenden Aktien nicht ausgeübt und nicht anderweitig genutzt werden, um auf die Geschäftsführung des Emittenten Einfluss zu nehmen. In den Anwendungsbereich der Ausnahme fallen bspw. Aktienkäufe zur Kursstabilisierung durch die Emissionsbank im Zusammenhang mit einem Börsengang sowie der Anspruch auf Lieferung von Aktien (Instrument iSv § 38 WpHG) aus einer sog. Greenshoe-Option.[246] Nicht von der Ausnahme erfasst wird hingegen der aus der Wertpapierleihe erfolgende Rückübertragungsanspruch des Altaktionärs, der der Emissionsbank bei Ausübung der Greenshoe-Option Aktien geliefert hat.[247] Anders als die Ausnahme nach § 36 Abs. 1 WpHG sieht § 36 Abs. 2 WpHG keine Obergrenze für den befreiten Stimmrechtsanteil vor.

60a

---

[241] Bereits nach § 23 Abs. 1 WpHG aF nahm die BaFin an, dass Positionen aus diesen Geschäften dem Handelsbestand unterfielen (vgl. BaFin, FAQ zu den Transparenzpflichten des WpHG, Stand: 3.1.2018, S. 18 zu Frage 32).
[242] *Weber-Rey/Benzler* in Habersack/Mülbert/Schlitt Kapitalmarktinformation-HdB § 20 Rn. 107; Assmann/Schneider/*Schneider* WpHG § 23 Rn. 18; aA Kölner Komm WpHG/*Hirte* WpHG § 23 Rn. 63 (konsolidierte Betrachtung sei erforderlich).
[243] ESMA, Final Report on draft Regulatory Technical Standards on major shareholdings and an indicative list of financial instruments subject to notification requirements under the revised Transparency Directive, S. 15, 42 f.; BaFin, FAQ zu den Transparenzpflichten des WpHG, Stand: 3.1.2018, S. 18 zu Frage 32.
[244] BaFin, FAQ zu den Transparenzpflichten des WpHG, Stand: 3.1.2018, S. 18 zu Frage 32.
[245] *Fuchs/Zimmermann* WpHG § 23 Rn. 13; aA Emmerich/Habersack/*Schürnbrand* Anh. § 22 WpHG § 23 Rn. 3 (auch Anlagebestand erfasst); MüKoAktG/*Bayer* § 22 Anh. § 23 WpHG Rn. 6.
[246] BaFin, Transparenzworkshop 2016 – Vortrag 1, S. 28 u. 32 (abrufbar unter www.bafin.de); *Tautges* WM 2017, 512 (514); *Meyer* BB 2016, 771 (774).
[247] BaFin, Transparenzworkshop 2016 – Vortrag 1, S. 30 ff. (abrufbar unter www.bafin.de); *Tautges* WM 2017, 512 (514 f.); *Meyer* BB 2016, 771 (774).

61 **c) Zur Abrechnung und Abwicklung gehaltene Aktien; verwahrte Aktien (§ 36 Abs. 3 WpHG).** Weiterhin sind nach **§ 36 Abs. 3 Nr. 1 WpHG** Stimmrechte aus Aktien dann nicht zu berücksichtigen, wenn die Aktien ausschließlich zum Zweck der Abrechnung und Abwicklung für höchstens drei Handelstage (§ 47 WpHG) gehalten werden. Diese Ausnahme betraf nach der früheren Verwaltungspraxis der BaFin in Deutschland nur Clearstream.[248] Im Zuge des TRL-ÄndRL-UmsG hat die BaFin diese restriktive Verwaltungspraxis aufgegeben und hält nunmehr die Ausnahme auch auf Aktien anwendbar, die durch die Emissionsbanken im Rahmen eines Börsengangs oder einer Kapitalerhöhung gezeichnet werden.[249] Ebenfalls erfasst wird von § 36 Abs. 3 Nr. 1 WpHG die Übernahme von Altaktien zwecks (Um-)Platzierung.[250] Die Frist von drei Handelstagen beginnt im Falle eines Börsengangs mit der Zulassung zum Handel an einem organisierten Markt[251] und im Falle einer Kapitalerhöhung mit der Eintragung der Kapitalerhöhung im Handelsregister.[252] Weiterhin sind nach **§ 36 Abs. 3 Nr. 2 WpHG** solche Aktien nicht zu berücksichtigen, aus denen die mit der **Verwahrung betraute Stelle** (zB Depotbanken, sonstige ausländische Verwahrstellen) die Stimmrechte nur aufgrund von Weisungen, die schriftlich oder über elektronische Hilfsmittel (zB Fax, Email) erteilt wurden, ausüben darf. Im Unterschied zur § 36 Abs. 3 Nr. 1 WpHG ist § 36 Abs. 3 Nr. 2 WpHG nicht nur bei einem (beabsichtigten) kurzfristigen Halten anwendbar.[253] Auch die in § 36 Abs. 3 WpHG enthaltenen Ausnahmen sehen keine Obergrenze für den befreiten Stimmrechtsanteil vor.[254]

62 **d) Von Zentralbanken gehaltene Aktien (§ 36 Abs. 4 WpHG). Nach § 36 Abs. 4 WpHG** bleiben Stimmrechte aus Aktien unberücksichtigt, die die Mitglieder des Europäischen Systems der Zentralbanken bei der Wahrnehmung ihrer Aufgaben als Währungsbehörden zur Verfügung gestellt bekommen oder die sie bereitstellen, sofern es sich bei den Transaktionen um kurzfristige Geschäfte handelt (höchstens drei Monate)[255] und die Stimmrechte aus den betreffenden Aktien nicht ausgeübt werden.

63 **e) In der Eigenschaft als Market Maker erworbene Aktien (§ 36 Abs. 5 WpHG).** Weiterhin bleiben nach **§ 36 Abs. 5 WpHG** bei Market Makern, die über eine Zulassung nach der Richtlinie 2004/39/EG hinsichtlich der von ihnen in ihrer Eigenschaft als Market Maker erworbenen Aktien die Meldeschwellen von 3 % und 5 % unberücksichtigt (dh keine Mitteilung vor Erreichen der 10 % Schwelle), sofern sie keinen Einfluss auf die Geschäftsführung des Emittenten nehmen und der BaFin unverzüglich, spätestens innerhalb von vier Handelstagen mitteilen, dass sie als Market Maker hinsichtlich der betreffenden Aktien tätig sind (oder – im Fall von § 36 Abs. 5 Satz 2 WpHG – werden wollen). Der Fristenlauf beginnt erst mit Kenntnis oder Kennenmüssen des Aktienerwerbs, durch welchen der Stimmrechtsanteil (wenn er nicht befreit wäre) eine Meldeschwelle des § 33 Abs. 1 WpHG erreicht oder überschritten hätte (§ 36 Abs. 5 Satz 1 Nr. 4, 2. Halbs. WpHG iVm § 33 Abs. 1 Satz 3 und 4 WpHG).[256] Die Mitteilung kann auch schon zu dem Zeitpunkt abgeben werden, an dem beabsichtigt wird, hinsichtlich der betreffenden Aktien als Market Maker tätig zu werden (§ 36 Abs. 5 Satz 2 WpHG). Aufgrund der durch das TRL-ÄndRL-UmsG eingefügten Bezugnahme auf die Richtlinie 2004/39/EG findet die Ausnahme nicht mehr nur auf Market Marker mit einer inländischen Erläubnis, sondern auch auf solche mit einer Erlaubnis eines anderen EU/EWR-Staats Anwendung.[257] Bei der Berechnung des relevanten Stimmrechtsanteils sind neben den vom Meldepflichtigen als Market Marker erworbenen Aktien auch die Stimmrechte aus den von Tochterunternehmen in ihrer Eigenschaft als

---

[248] Assmann/Schneider/*Schneider* WpHG § 23 Rn. 41.
[249] BaFin, Transparenzworkshop 2016 – Vortrag 1, S. 34 (abrufbar unter www.bafin.de); *Tautges* WM 2017, 512 (516); *Meyer* BB 2016, 771 (775).
[250] BaFin, FAQ zu den Transparenzpflichten des WpHG, Stand: 3.1.2018, S. 18 zu Frage 33; *Tautges* WM 2017, 512 (517).
[251] BaFin, Transparenzworkshop 2016 – Vortrag 1, S. 32 (abrufbar unter www.bafin.de); *Meyer* BB 2016, 771 (775).
[252] BaFin, Transparenzworkshop 2016 – Vortrag 1, S. 34 (abrufbar unter www.bafin.de).
[253] Assmann/Schneider/*Schneider* WpHG § 23 Rn. 46; MüKoAktG/*Bayer* Anh. § 22 § 23 WpHG Rn. 8.
[254] Emmerich/Habersack/*Schürnbrand* Anh. § 22 WpHG § 23 Rn. 5.
[255] Assmann/Schneider/*Schneider* WpHG § 23 Rn. 52; Kölner Komm WpHG/*Hirte* WpHG § 23 Rn. 50; siehe auch Schwark/Zimmer/*Schwark* WpHG § 23 Rn. 16; MüKoAktG/*Bayer* Anh. § 22 § 23 WpHG Rn. 9.
[256] Zutreffend: Kölner Komm WpHG/*Hirte* WpHG § 23 Rn. 59; Schäfer/Hamann/*Opitz* WpHG § 23 Rn. 25; aA Schwark/Zimmer/*Schwark* WpHG § 23 Rn. 19; Assmann/Schneider/*Schneider* WpHG § 23 Rn. 60 (Frist beginne ab Kenntnis oder Kennenmüssen der Aufnahme der Tätigkeit als Market Marker).
[257] BegrRegE BT-Drs. 18/3994, 46. Die Ausnahme nach § 23 Abs. 4 WpHG aF erfasste hingegen nur Market Maker, die über eine inländische Erlaubnis verfügten, vgl. Assmann/Schneider/*Schneider* WpHG § 23 Rn. 58; krit. hierzu Kölner Komm WpHG/*Hirte* WpHG § 23 Rn. 55.

Market Maker erworbenen Aktien (sog. **vertikale Aggregation,** → Rn. 60)[258] und Stimmrechte aus als Market Maker erworbenen Instrumenten iSd § 38 WpHG (sog. **horizontale Aggregation,** → Rn. 60)[259] zu berücksichtigen. Somit kann sich der Meldepflichtige auf die Market Maker-Ausnahme nur stützen, wenn der horizontal und vertikal aggregierte Stimmrechtsanteil nicht die 10 %-Schwelle erreicht oder überschreitet. Schließlich erfolgt eine Nichtberücksichtigung nur, wenn keine Einflussnahme auf den Emittenten iSv § 36 Abs. 5 Satz 1 Nr. 3 WpHG erfolgt. Die den Market Maker im Falle einer Nichtberücksichtigung von Stimmrechten treffenden Mitteilungs- und Nachweispflichten sind in § 4 TranspRLDV geregelt.

VI. Erfüllung der Mitteilungspflichten durch Mutterunternehmen (§ 37 WpHG) oder Dritte

1. Mitteilungen durch Mutterunternehmen (§ 37 WpHG). Nach § 37 Abs. 1 WpHG (zuvor § 24 Abs. 1 WpHG aF) genügt in Konzernsachverhalten zur Erfüllung der Mitteilungspflichten die Abgabe einer (einzigen) Mitteilung durch das Mutterunternehmen **(befreiende Konzernmitteilung).** Erfüllt das Mutterunternehmen seine Mitteilungspflicht bedarf es keiner weiteren Mitteilung durch die Tochterunternehmen. Zur Vermeidung von Transparenzlücken wurden im Gegenzug die Angabepflichten des Mutterunternehmens in dessen Mitteilung ausgeweitet (vgl. die nach § 12 Abs. 1 WpAIV iVm Nr. 4, 7 und 8 des Formulars erforderlichen Angaben). Während § 24 WpHG aF bis zu dessen Änderung durch TRL-ÄndRL-UmsG nur für **Konzerne** galt, für die nach den §§ 290, 340i HGB[260] ein Konzernabschluss aufgestellt werden musste,[261] erfasst die neue Regelung alle Mutter-Tochter-Verhältnisse iSd § 35 Abs. 1 WpHG.[262] § 37 Abs. 1 WpHG gilt für Mitteilungen nach § 33 Abs. 1 und 2 WpHG, § 38 Abs. 1 WpHG und § 39 Abs. 1 WpHG, für die das Formular zu § 12 WpAIV zu verwenden ist. Keine Anwendung findet § 37 WpHG hingegen auf Mitteilungen nach § 43 Abs. 1 WpHG.[263] Weder ist § 43 Abs. 1 WpHG in § 37 Abs. 1 WpHG erwähnt, noch wäre eine Anwendung der Befreiungsregelung sachgerecht, da der vom Mutterunternehmen nach § 43 Abs. 1 WpHG zu erstattende Strategie- und Mittelherkunftsbericht keine vergleichbaren Angaben für Tochterunternehmen enthalten muss und mithin eine eigene Mitteilung durch die betroffenen Tochterunternehmen nicht entbehrlich macht. Möglich ist weiterhin, dass sämtliche Mitteilungen nach § 43 Abs. 1 WpHG für alle Konzernunternehmen durch das Mutterunternehmen gebündelt abgegeben werden. Die Befreiungswirkung des § 37 Abs. 1 WpHG wirkt nur, soweit das Mutterunternehmen eine Mitteilung in Übereinstimmung mit § 12 Abs. 1 WpAIV iVm dem Formular abgegeben hat (§ 17 Abs. 2 WpAIV). Bis zur Erfüllung der Mitteilungspflicht durch das Mutterunternehmen besteht die eigene Mitteilungspflicht des Tochterunternehmens fort.[264] Wie bisher wird das Bestehen einer eigenständigen Mitteilungspflicht des Mutterunternehmens weder nach dem Wortlaut (§ 37 Abs. 1 WpHG, § 12 Abs. 2 WpAIV) noch nach Sinn und Zweck der Vorschrift vorausgesetzt.[265] Trifft daher nur das Tochterunternehmen eine Mitteilungspflicht (zB aus Anlass einer Beteiligungsumhängung im Konzern), kann das Mutterunternehmen durch eine eigene (freiwillige) Mitteilung nach § 12 Abs. 1, 2 WpAIV auch die Mitteilungspflicht des Tochterunternehmens erfüllen.[266]

---

[258] Vgl. § 23 Abs. 7 WpHG iVm Art. 9 Abs. 6 lit. b RL 2004/109/EG, Art. 3 Delegierte Verordnung (EU) 2015/761 der Kommission.

[259] Vgl. § 23 Abs. 7 WpHG iVm Art. 9 Abs. 6 lit. b RL 2004/109/EG, Art. 2 Delegierte Verordnung (EU) 2015/761 der Kommission.

[260] Auch Fälle, in denen das Mutterunternehmen den Konzernabschluss aufgrund der Art. 4 f Verordnung (EG) Nr. 1606/2002 (und bis 10.12 2004 auch § 292a HGB), waren vom Sinn und Zweck der Vorschrift eingeschlossen, vgl. Kölner Komm WpHG/*Hirte* WpHG § 24 Rn. 12; MüKoAktG/*Bayer* § 22 Anh. § 24 WpHG Rn. 4.

[261] LG Berlin Urt. v. 11.1.2007 – 93 O 31/06, S. 37 (nicht veröffentlicht); Kölner Komm WpHG/*Hirte* WpHG § 24 Rn. 12. Die BaFin akzeptierte in entsprechender Anwendung von § 24 WpHG aF bereits vor dessen Änderung durch das TRL-ÄndRL-UmwG auch Mitteilungen ausländischer Konzernmütter in eigenem Namen für ihre Tochterunternehmen (Emittentenleitfaden, 2013, S. 134).

[262] BegrRegE BT-Drs. 18/5010, 46; Emmerich/Habersack/*Schürnbrand* Anh. § 22 § 24 WpHG Rn. 2.

[263] aA Emmerich/Habersack/*Schürnbrand* Anh. § 22 § 24 WpHG Rn. 1.

[264] Emmerich/Habersack/*Schürnbrand* Anh. § 22 § 24 WpHG Rn. 4.

[265] Emmerich/Habersack/*Schürnbrand* Anh. § 22 § 24 WpHG Rn. 3. Ebenso zu § 24 WpHG aF: *Schneider* FS Brandner, 1996, 572 sowie Assmann/Schneider/*Schneider* WpHG § 24 Rn. 12.

[266] BegrRegE BT-Drs. 18/3994, 58; Emmerich/Habersack/*Schürnbrand* Anh. § 22 § 24 WpHG Rn. 3; MüKoAktG/*Bayer* Anh. § 22 § 27a WpHG Rn. 4.

65 **2. Beauftragung eines Dritten.** Der Meldepflichtige kann einen Dritten mit der Erfüllung der Meldepflichten beauftragen.[267] Das Vorliegen einer wirksamen Bevollmächtigung iSd §§ 164 ff. BGB ist hierfür nicht erforderlich.[268] Eine Abgabe der Erklärung durch einen in keiner Weise beauftragten bzw. autorisierten Dritten ist jedoch nicht möglich.[269]

VII. Mitteilungspflichten beim Halten von Instrumenten (§ 38 WpHG)

66 **1. Normzweck und Entstehungsgeschichte.** Zur Erschwerung eines unerkannten Beteiligungsaufbaus wurde durch das TUG (→ Rn. 5) eine Mitteilungspflicht beim Halten bestimmter Finanzinstrumente eingeführt. Erfasst werden sollten insbesondere auf Aktien bezogene Derivate, wie Call-Optionen.[270] Die Mitteilungspflicht nach § 25 Abs. 1 WpHG aF bestand zunächst unabhängig von der Mitteilungspflicht nach § 21 WpHG aF. Zudem wurden nach § 25 Abs. 1 Satz 3 WpHG aF ursprünglich Stimmrechte aus Aktien (§§ 21, 22 WpHG aF) und aus Finanzinstrumenten (§ 25 WpHG aF) nicht zusammengerechnet. Um die Meldedichte zu erhöhen, wurde durch das Risikobegrenzungsgesetz mit Wirkung zum 1.3.2009 eine solche Zusammenrechnung (Aggregation) eingeführt (§ 25 Abs. 1 Satz 3 WpHG aF). Eine weitere Ausweitung hat § 25 WpHG aF durch das AnsFuG (→ Rn. 7) erfahren. Hierdurch wurde mit Wirkung ab dem 1.2.2012 der Anwendungsbereich des § 25 WpHG aF auf „sonstige Instrumente" erstreckt, womit der Gesetzgeber insbesondere die zuvor nicht meldepflichtigen (Rücklieferungs- bzw. Rückübertragungs-) Ansprüche aus Wertpapierdarlehens- und echten Pensionsgeschäften bzw. Repo-Geschäften erfassen wollte.[271] Zudem wurde § 25 Abs. 1 Satz 4 WpHG aF gestrichen, um die Beteiligungstransparenz beim Halten von Instrumenten zu erhöhen. Diese Maßnahmen sollten – wie auch die ebenfalls durch das AnsFuG erfolgte Einführung eines zusätzlichen Meldetatbestands für Finanzinstrumente und sonstige Instrumente, die einen Aktienerwerb ermöglichen (§ 25a WpHG aF) – ein Anschleichen an Emittenten weiter erschweren.[272]

66a In Umsetzung der TRL-ÄndRL wurden die Meldetatbestände beim Halten von Instrumenten (§§ 25, 25a WpHG aF) zusammengefasst und dabei die Meldesystematik der TRL-ÄndRL übernommen. Durch das 2. FiMaNoG wurde § 25 WpHG aF zu § 38 WpHG. Während § 33 WpHG weiterhin die Mitteilungspflichten bei Stimmrechten aus Aktien regelt, enthält § 38 WpHG nF einen einheitlichen Meldetatbestand für sämtliche Instrumente. Die Unterscheidung zwischen „Finanzinstrumenten" und „sonstigen Instrumenten" wurde dabei aufgegeben. Zudem knüpft die Mitteilungspflicht des § 38 WpHG nicht mehr an den aggregierten Stimmrechtsanteil aus Aktien und Instrumenten an. Offenzulegen ist nach § 38 WpHG allein der Stimmrechtsanteil aus Instrumenten. Um durch die Trennung entstehende Transparenzlücken zu vermeiden, sieht § 39 WpHG eine eigenständige Mitteilungspflicht für den aggregierten Stimmrechtsanteil aus Aktien und Instrumenten vor.

66b Die Neufassung des Meldetatbestands durch das TRLÄndRL-UmsG soll grds. keine inhaltlichen Änderungen hinsichtlich der erfassten Instrumente zur Folge haben.[273] Mit wenigen Ausnahmen erfasst daher § 38 WpHG sämtliche bereits zuvor den §§ 25, 25a WpHG aF unterfallende Finanz- und sonstigen Instrumente. Bei Instrumenten, die ausschließlich einen Barausgleich vorsehen und kein der zugrunde liegenden Aktie entsprechendes lineares, symmetrisches Auszahlungsprofil aufweisen, ist – anders als nach § 25a Abs. 2 Satz 2 WpHG aF – die Anzahl der zu meldenden Stimmrechte delta-adjustiert (auf Basis eines allgemein anerkannten *Standard Pricing Modells*) zu berechnen. Durch das TRL-ÄndRL-UmsG wurden zudem die Rechtsfolgen der Verletzung der Mitteilungspflicht erheblich verschärft: Neben einer deutlichen Erhöhung des Bußgeldrahmens kann die Verletzung der Mitteilungspflicht nach § 38 WpHG nunmehr auch zu einem Rechtsverlust nach § 44 Abs. 2 WpHG führen (→ Rn. 105).

66c Im Hinblick auf die Änderung des Meldesystems durch das TRL-ÄndRL-UmsG hat der Gesetzgeber eine **Bestandsmitteilungspflicht** für den Stimmrechtsanteil aus Instrumenten zum 15.01.2016 vorgesehen, sofern der Stimmrechtsanteil des Meldepflichtigen aus Instrumenten am 26.11.2015 mindestens 5 % beträgt (§ 127 Abs. 10 Satz 2 WpHG). Die vorsätzliche oder leichtfertige Verletzung der Bestandsmitteilungspflicht stellt eine Ordnungswidrigkeit dar (§ 127 Abs. 12

---

[267] OLG Hamburg ZIP 2012, 1347, 1352 = BeckRS 2012, 14529 (Vornahme im Wege der Stellvertretung möglich); Kölner Komm WpHG/*Hirte* § 21 Rn. 137; *Scholz* AG 2009, 313 (318).
[268] *Scholz* AG 2009, 313 (318).
[269] Kölner Komm WpHG/*Hirte* § 21 Rn. 137; vgl. auch zu § 20 Abs. 7 AktG: BGH NZG 2016, 1182 (1184); NJW 2000, 3647 (3648); Hüffer/Koch/*Koch* § 20 Rn. 8.
[270] *Hutter/Kaulamo* NJW 2007, 471 (475).
[271] Begr RegE BT-Drs. 17/3628, 17 und 19 (reSp); BaFin Emittentenleitfaden, 2013, S. 134.
[272] Begr RegE BT-Drs. 17/3628, 17 (reSp).
[273] Begr RegE BT-Drs. 18/5010, 46; *Schilha* DB 2015, 1821 (1822).

Nr. 3 WpHG), die mit einem Bußgeld bis zu € 200.000 geahndet werden kann (§ 127 Abs. 13 WpHG). Einen Rechtsverlust kann sie jedoch nicht zur Folge haben.

2. Normadressaten. Normadressat des § 38 Abs. 1 WpHG ist **jeder** („wer"), der einen mitteilungspflichtigen Stimmrechtsanteil aus Finanzinstrumenten und sonstigen Instrumenten hält. Wie bei § 33 Abs. 1 WpHG sind Normadressaten daher insbesondere in- und ausländische natürliche und juristische Personen des privaten und öffentlichen Rechts und Personenhandelsgesellschaften (→ Rn. 19–21).

3. Mitteilungspflichtige Vorgänge. Eine Mitteilungspflicht nach § 38 WpHG besteht im Falle des unmittelbaren oder mittelbaren Haltens von Instrumenten, die (1) ihrem Inhaber entweder (a) bei Fälligkeit ein unbedingtes Recht auf Erwerb mit Stimmrechten verbundener und bereits ausgegebener Aktien eines Emittenten, für den die Bundesrepublik Deutschland der Herkunftsstaat ist, oder (b) ein Ermessen in Bezug auf sein Recht auf Erwerb dieser Aktien verleihen, oder (2) sich auf solche Aktien beziehen und eine vergleichbare wirtschaftliche Wirkung haben wie die vorgenannten Instrumente, unabhängig davon, ob sie einen Anspruch auf physische Lieferung einräumen oder nicht, wenn der (potentielle) Stimmrechtsanteil des Meldepflichtigen eine oder mehrere der Schwellen des § 33 Abs. 1 WpHG (mit Ausnahme der 3 %-Schwelle) erreicht, über- oder unterschreitet.

a) Erfasste Instrumente. Der Begriff „**Instrumente**" ist im WpHG nicht legal definiert. § 38 Abs. 2 WpHG enthält lediglich eine nicht abschließende Liste erfasster Instrumente (übertragbare Wertpapiere, Optionen, Terminkontrakte, Swaps, Zinsausgleichsvereinbarungen und Differenzgeschäfte), wobei die genannten Instrumente nur dann dem § 38 WpHG unterfallen, wenn sie im Einzelfall die Voraussetzungen des § 38 Abs. 1 WpHG erfüllen.[274] Damit hat der Gesetzgeber eine offene und dynamische Regelung geschaffen, deren nähere Ausgestaltung der BaFin und den Gerichten überlassen wird.[275] Dabei ging der Gesetzgeber trotz des geänderten Wortlauts davon aus, dass die bisher durch § 25 Abs. 1 WpHG idF vor dem TRL-ÄndRL-UmsG erfassten Instrumente dem § 38 Abs. 1 Satz 1 Nr. 1 WpHG und die bisher durch § 25a Abs. 1 WpHG idF vor dem TRL-ÄndRL-UmsG erfassten Instrumte dem § 38 Abs. 1 Satz 1 Nr. 2 WpHG unterfallen.[276] Im Interesse einer weitgehenden Hamonisierung der Transparenzvorschriften in den EU/EWR-Staaten ist bei der Bestimmung der einbezogenen Instrumente die von der ESMA auf Grundlage von Art. 13 RL 2004/109/EG (idF durch die TRL-ÄndRL) veröffentlichte[277] indikative Liste von meldepflichtigen Instrumenten, bei der es sich um eine rechtlich nicht bindende Empfehlung handelt,[278] zu berücksichtigen. Vor diesem Hintergrund wird man als Instrument iSv § 38 WpHG **jedes Rechtsverhältnis** anzusehen haben, welches ein Erwerbsrecht iSd § 38 Abs. 1 Satz 1 Nr. 1 WpHG oder eine Erwerbsmöglichkeit iSd § 38 Abs. 1 Satz 1 Nr. 2 WpHG vermittelt.[279]

aa) Erwerbsrechte (§ 38 Abs. 1 Satz 1 Nr. 1 WpHG). Nach **§ 38 Abs. 1 Satz 1 Nr. 1 WpHG** unterfallen der Mitteilungspflicht Instrumente, die ihrem Inhaber (i) bei Fälligkeit ein unbedingtes Recht auf den Erwerb mit Stimmrechten verbundener und bereits ausgegebener Aktien eines Emittenten iSd § 2 Abs. 13 WpHG, § 33 Abs. 4 WpHG oder (ii) ein Ermessen in Bezug auf sein Recht auf Erwerb dieser Aktien vermitteln (sog. **Erwerbsrechte**). Erfasst werden hiervon zunächst sämtliche (auf Vertrag oder Gesetz beruhende) **Ansprüche** auf die Übereignung von bereits ausgegebenen Stammaktien bzw. die Abtretung der in solchen Aktien verkörperten Mitgliedschaftsrechte (physische Abwicklung). Da – anders als nach § 25 Abs. 1 WpHG idF vor dem TRL-ÄndRL-UmsG – das Erwerbsrecht nicht mehr zwingend im Rahmen einer **rechtlich bindenden Vereinbarung** bestehen muss,[280] sind nunmehr auch einseitige (bindende) Verkaufsangebote iSd §§ 145, 148 BGB einbezogen.[281] An einem Erwerbs*recht* fehlt es im Falle von bloßen *gentlemen's agreements*, unverbindlichen Absichtserklärungen oder unwirksamen Vereinbarun-

---

[274] Emmerich/Habersack/*Schürnbrand* Anh. § 22 WpHG § 25 Rn. 4; *Schilha* DB 2015, 1821 (1822); Begr RegE BT-Drs. 18/5010, 47.
[275] Begr RegE BT-Drs. 18/5010, 47.
[276] Begr RegE BT-Drs. 18/5010, 46; BaFin, FAQ zu den Transparenzpflichten des WpHG, Stand: 3.1.2018, S. 23 zu Frage 39.
[277] Abrufbar unter www.esma.europa.eu.
[278] Emmerich/Habersack/*Schürnbrand* Anh. § 22 WpHG § 25 Rn. 4; *Schilha* DB 2015, 1821 (1823).
[279] Vgl. auch Begr RegE BT-Drs. 18/5010, 46 („[...] da für die Meldepflicht eines Instruments [...] nicht die Begrifflichkeit, sondern das Vorliegen der Voraussetzungen der Nummern 1 und 2 maßgeblich ist.").
[280] *Schiessl* Der Konzern 2009, 291 (296); *Weber-Rey/Benzler* in Habersack/Mülbert/Schlitt Kapitalmarktinformation-HdB § 20 Rn. 123; Assmann/Schneider/*Schneider* WpHG § 25 Rn. 43; aA Schäfer/Hamann/*Opitz* WpHG § 25 Rn. 13 (das Erwerbsrecht müsse nicht auf einer rechtlich bindenden Vereinbarung beruhen, sondern lediglich einen Aktienerwerb im Rahmen einer solchen ermöglichen).
[281] aA Emmerich/Habersack/*Schürnbrand* Anh. § 22 § 25 WpHG Rn. 10.

gen,²⁸² sowie bei Instrumenten, die – nur oder ggf. nach Wahl der Gegenpartei – einen finanziellen Ausgleich vorsehen (zB *cash settled options*, finanzielle Differenzgeschäfte) oder nur eine Erwerbspflicht begründen (wie zB **Put-Optionen, unechtes Pensionsgeschäft**).²⁸³

70a Durch den Zusatz „**bei Fälligkeit**" werden auch solche Instrumente einbezogen, durch die zwar ein unbedingter, aber noch nicht fälliger Verschaffungsanspruch begründet wird.²⁸⁴ Mithin ist die Ausübbarkeit keine Voraussetzung. Der Regelung unterfallen daher sowohl Instrumente mit einem Umtausch- oder Aktienbezugsrecht während der (gesamten) Laufzeit als auch solche, bei denen das Recht erst zu einem späteren Zeitpunkt ausgeübt werden kann.²⁸⁵ Im Fall von (europäischen) Optionen ist daher unerheblich, ob der Ausübungszeitraum bereits erreicht ist.²⁸⁶ Da es allein auf das Bestehen des Erwerbsrechts ankommt, ist unerheblich, ob die jeweilige Gegenpartei bereits Inhaber der bei Fälligkeit zu liefernden Aktien ist oder sich einen Zugriff hierauf gesichert hat, um die Aktien bei Fälligkeit liefern zu können.²⁸⁷

70b Das Erwerbsrecht muss „unbedingt" sein oder im alleinigen Ermessen des Inhabers des Instruments stehen (sog. **einseitiges Erwerbsrecht**). Dies ist der Fall, wenn der Aktienerwerb allein von dessen Willen oder vom Zeitablauf abhängt.²⁸⁸ Potestativbedingungen sind daher unschädlich.²⁸⁹ An einem einseitigen Erwerbsrecht fehlt es hingegen, wenn der Aktienerwerb von äußeren Umständen abhängt (zB Erreichen eines bestimmten Kursniveaus,²⁹⁰ Notwendigkeit einer fusionskontrollrechtlichen Freigabe,²⁹¹ der Zustimmung der Gesellschaft bei einem vinkulierte Namensaktien betreffenden Erwerbsrecht²⁹² oder sonstigen Zustimmungen oder Handlungen Dritter) oder aufgrund von vertraglichen Kündigungs-, Widerrufs- oder Rücktrittsrechten durch die Gegenpartei oder einen Dritten verhindert werden kann.²⁹³

71 Das Erwerbsrecht muss in Bezug auf **stimmberechtigte Aktien** eines **Emittenten** iSv § 2 Abs. 13 WpHG, § 33 Abs. 4 WpHG (→ Rn. 9) bestehen. Nicht erfasst werden folglich Rechte auf den Erwerb von stimmrechtslosen Vorzugsaktien, solange das Stimmrecht nicht auflebt.²⁹⁴ Unerheblich ist dabei, ob die betreffende Aktie selbst zum Handel an einem regulierten Markt zugelassen ist; eine Meldepflicht besteht daher zB auch, wenn sich das Instrument auf nicht börsenzugelassene Stammaktien eines Emittenten bezieht, bei dem ausschließlich die stimmrechtslosen Vorzüge börsenzugelassen sind. Das Erwerbsrecht muss sich zudem auf bereits **ausgegebene Aktien** beziehen. Maßgeblich ist insoweit, dass die Aktien im Zeitpunkt der Entstehung bzw. des Erwerbs des Erwerbsrechts ausgegeben sind.²⁹⁵ Daher unterliegen Wandlungsrechte oder Optionsrechte aus Mitarbeiterprogrammen, die in der Regel mit bedingtem Kapital unterlegt sind, nicht der Meldepflicht (anders, wenn das Optionsprogramm ausschließlich mit eigenen Aktien unterlegt ist).²⁹⁶ Gleiches gilt, wenn sich der Emittent die Bedienung der Wandlungs- oder Optionsrechte aus eigenen Aktien vorbehalten hat (in diesem Fall kann es sich jedoch um ein Instrument nach Abs. 1 Satz 1 Nr. 2 handeln). Ebenso

---

²⁸² Emmerich/Habersack/*Schürnbrand* Anh. § 22 § 25 WpHG Rn. 10.
²⁸³ Emmerich/Habersack/*Schürnbrand* Anh. § 22 § 25 WpHG Rn. 8; Kölner Komm WpHG/*Heinrich* WpHG § 25 Rn. 34 und 42; *Baums/Sauter* ZHR 173 (2009), 454 (469); *v. Bülow/Stephanblome* ZIP 2008, 1797 (1800); *Fleischer/Schmolke* ZIP 2008, 1501 (1504); *Weber/Meckbach* BB 2008, 2022 (2024); *Gätsch/Schäfer* NZG 2008, 846 (849); *Schiessl* Der Konzern 2009, 291 (296); *Eichner* ZRP 2010, 5 (6); BaFin Emittentenleitfaden, 2013, S. 134 f.
²⁸⁴ Emmerich/Habersack/*Schürnbrand* Anh. § 22 § 25 WpHG Rn. 8.
²⁸⁵ Emmerich/Habersack/*Schürnbrand* Anh. § 22 § 25 WpHG Rn. 8.
²⁸⁶ Emmerich/Habersack/*Schürnbrand* Anh. § 22 § 25 WpHG Rn. 8; vgl. auch BaFin Emittentenleitfaden, 2013, S. 135.
²⁸⁷ Assmann/Schneider/*Schneider* WpHG § 25 Rn. 27; *Korkmaz* WM 2017, 222 (226) (es genüge die Möglichkeit, die Aktien in Zukunft erwerben zu können).
²⁸⁸ *Rück/Heusel* NZG 2016, 897 (900); Emmerich/Habersack/*Schürnbrand* Anh. § 22 § 25 WpHG Rn. 9.
²⁸⁹ Vgl. Emmerich/Habersack/*Schürnbrand* Anh. § 22 § 25 WpHG Rn. 8; BaFin Emittentenleitfaden, 2013, S. 135; Assmann/Schneider/*Schneider* WpHG § 25 Rn. 41 und 47 f.; *Fuchs/Zimmermann* WpHG § 25 Rn. 9; *Weber-Rey/Benzler* in Habersack/Mülbert/Schlitt Kapitalmarktinformation-HdB § 20 Rn. 128; vgl. auch Art 11 Abs. 1, 2. Unterabs der Durchführungsrichtlinie 2007/14/EG.
²⁹⁰ BegrRegE BT-Drs. 16/2498, 37; Assmann/Schneider/*Schneider* WpHG § 25 Rn. 46.
²⁹¹ *Krause* AG 2011, 469 (474); vgl. auch zu § 22 Abs. 1 Satz 1 Nr. 5 WpHG aF: LG Köln Der Konzern 2009, 372 (377) (keine Zurechnung, wenn aufschiebend auf Kartellfreigabe bedingt).
²⁹² *Schäfer/Hamann/Opitz* WpHG § 25 Rn. 14.
²⁹³ Emmerich/Habersack/*Schürnbrand* Anh. § 22 § 25 WpHG Rn. 9.
²⁹⁴ *Schäfer/Hamann/Opitz* WpHG § 25 Rn. 18a.
²⁹⁵ Ebenso BaFin Emittentenleitfaden, 2013, S. 135 und S. 143 (zum Bezugsrecht); *Fuchs/Zimmermann* WpHG § 25 Rn. 8; Kölner Komm WpHG/*Heinrich* WpHG § 25 Rn. 21; aA Assmann/Schneider/*Schneider* WpHG § 25 Rn. 13 (maßgeblich sei der Zeitpunkt der Fälligkeit des Lieferanspruchs).
²⁹⁶ Emmerich/Habersack/*Schürnbrand* Anh. § 22 § 25 WpHG Rn. 6; Assmann/Schneider/*Schneider* WpHG § 25 Rn. 37 ff.; MüKoAktG/*Bayer* Anh. § 22 § 25 WpHG Rn. 3.

wenig unterfallen § 38 WpHG gesetzliche oder vertragliche Bezugsrechte auf neue (noch nicht ausgegebene) Aktien.[297] Hingegen kann im Falle eines **mittelbaren Bezugsrechts** (§ 186 Abs. 5 AktG), in dem zunächst das Emissionsunternehmen die jungen Aktien übernimmt und diese anschließend den Aktionären zum Kauf anbietet, mit der Annahme des Kaufangebots, durch welches zwischen Emissionsunternehmen und Aktionär ein Aktienkaufvertrag über bereits ausgegebene Aktien zustande kommt,[298] eine Mitteilungspflicht nach § 38 Abs. 1 WpHG ausgelöst werden.[299]

Dem § 38 Abs. 1 Satz 1 Nr. 1 WpHG unterfallen bspw. **Call-Optionen** und Futures/Forwards, **71a** sofern – zumindest auch – ein Recht auf die Lieferung der Aktien besteht, **Aktienkaufverträge** oder **Wertpapierleihverträge,** die einen zeitlich hinausgeschobenen Fälligkeitszeitpunkt für die Lieferung der Aktien durch den Verkäufer bzw. Verleiher vorsehen (also nicht sofort iSv § 33 Abs. 3 WpHG zu erfüllen sind),[300] der Rücklieferungsanspruch des Darlehensgebers eines **Wertpapierdarlehens** und der Rückübertragungsanspruch aus der Rückkaufvereinbarung bei einem **echten Pensionsgeschäft** (§ 340 Abs. 2 HGB) bzw. **Repo-Geschäft** (*repurchase agreement*).[301]

bb) Erwerbsmöglichkeiten (§ 38 Abs. 1 Satz 1 Nr. 2 WpHG). Von **§ 38 Abs. 1 Satz 1 Nr. 2** **71b** **WpHG** werden alle Instrumente erfasst, die sich auf mit Stimmrechten verbundene und bereits ausgegebene Aktien eines Emittenten iSd § 2 Abs. 13 WpHG, § 33 Abs. 4 WpHG (→ Rn. 71) beziehen und eine vergleichbare wirtschaftliche Wirkung haben wie die Erwerbsrechte iSd Nr. 1, wobei unerheblich ist, ob sie einen Anspruch auf physische Lieferung gewähren oder nicht **(Erwerbsmöglichkeit).** Der erforderliche **Aktienbezug** liegt dabei nur vor, wenn (i) das Instrument seinen Inhaber direkt oder indirekt zum Erwerb von Aktien berechtigt oder verpflichtet oder (ii) das Bestehen des Instruments oder seine Renditechancen direkt oder oder indirekt (ganz oder teilweise)[302] von der Kurs- bzw. Wertentwicklung der zugrunde liegenden Aktien abhängen.[303]

Eine mit einem Erwerbsrecht **vergleichbare wirtschaftliche Wirkung** weist das Instrument **71c** auf, wenn es aufgrund seiner konkreten Ausgestaltung oder Zweckbestimmung seinem Inhaber – bei einer wirtschaftlichen Betrachtungsweise – eine **Zugriffsmöglichkeit** auf Aktien des Emittenten eröffnet.[304] Dies ist bereits dann der Fall, wenn die Gegenpartei zumindest ein wirtschaftliches und rechtlich abgesichertes Interesse an der Lieferung von Aktien hat.[305] Hierbei ist ein rein objektiver Maßstab anzulegen, so dass es nicht darauf ankommt, ob die Parteien im konkreten Fall die Aktienlieferung vertraglich ausgeschlossen haben[306] oder ob der Inhaber des Instruments Aktien tatsächlich erwerben möchte.[307] Unerheblich ist ferner, ob die Vereinbarung einen rechtsverbindlichen

---

[297] *Schneider/Brouwer* AG 2008, 557 (562); *Schäfer/Hamann/Opitz* WpHG § 25 Rn. 27.
[298] *Hüffer/Koch/Koch* § 186 Rn. 51; MüKoAktG/*Peifer* § 186 Rn. 112 f.
[299] *Schäfer/Hamann/Opitz* WpHG § 25 Rn. 27.
[300] BaFin Emittentenleitfaden, 2013, S. 135; Kölner Komm WpHG/*Heinrich* WpHG § 25 Rn. 27; *Fuchs/Zimmermann* WpHG § 25 Rn. 10; *Schäfer* in Marsch-Barner/Schäfer Börsennotierte AG-HdB Rn. 18.61.
[301] *Emmerich/Habersack/Schürnbrand* Anh. § 22 § 25 WpHG Rn. 5; *Weidemann* NZG 2016, 605 (607 u. 610); BaFin Emittentenleitfaden, 2013, S. 135; *Schäfer* in Marsch-Barner/Schäfer Börsennotierte AG-HdB Rn. 18.61; *Cascante/Bingel* NZG 2011, 1086 (1092 f.); *Renz/Rippel* BKR 2011, 235 (237); Kölner Komm WpHG/*Heinrich* WpHG § 25 Rn. 36, 38 und 40; vgl. auch *Schäfer/Hamann/Opitz* WpHG § 25 Rn. 6 (nach dessen Auffassung diese Instrumente bereits von § 25 WpHG aF erfasst waren).
[302] Eine teilweise Abhängigkeit genügt mit Blick auf die Einbeziehung von Aktienkörben und Indizes gemäß Art. 4 Abs. 1 der Delegierten Verordnung 2015/761, deren Wert nur nur zu einem (nicht unwesentlichen) Teil von der Kursentwicklung der Aktie abhängen muss.
[303] VG Frankfurt NZG 2016, 913 (915 u. 917 f); *Rück/Heusel* NZG 2016, 897 (900 f.); vgl. auch Begr RegE BT-Drs. 17/3628, 20 (liSp) („Ein solcher [*Aktienbezug, Anm. d. Verf.*] folgt insbesondere aus der Abhängigkeit des Instrumentes im Hinblick auf sein Bestehen und/oder seine Renditechancen von der Kursentwicklung der jeweiligen Aktie.").
[304] Vgl. VG Frankfurt NZG 2016, 913 (916); *Rück/Heusel* NZG 2016, 897 (900 f.); *Emmerich/Habersack/Schürnbrand* Anh. § 22 § 25 WpHG Rn. 12. Siehe dazu auch ESMA, Final Report on draft Regulatory Technical Standards on major shareholdings and an indicative list of financial instruments subject to notification requirements under the revised Transparency Directive, S. 34: „Here, the notification requirement is rather triggered by the fact that the financial instrument gives the holder an economic exposure similar to that one has when holding a share or an entitlement to acquire a share.".
[305] *v. Werder/Petersen* CFL 2012, 178 (179); *Krause* AG 2011, 469 (477); *Schneider* AG 2011, 645 (648); *Teichmann/Epe* WM 2012, 1213 (1215) (rechtliche Bindung sei erforderlich); wohl weitergehend: Kölner Komm WpHG/*Heinrich* WpHG § 25a Rn. 36 (wirtschaftliches Interesse genüge).
[306] *Wehowsky* in Erbs/Kohlhaas, Strafrechtliche Nebengesetze, WpHG § 25a Rn. 3; wohl ebenso *Wackerbarth* ZIP 2010, 1527 (1530).
[307] *Heusel* WM 2012, 291 (293); Assmann/Schneider/*Schneider* WpHG § 25a Rn. 30; *Schäfer/Hamann/Opitz* WpHG § 25a Rn. 8b; *Schäfer* in Marsch-Barner/Schäfer Börsennotierte AG-HdB Rn. 18.63; aA *Brandt* CFL 2012, 110 (115 f.) (für Erforderlichkeit einer Erwerbsabsicht).

Anspruch auf die Lieferung von Aktien oder einen Barausgleich vorsieht.[308] Eine dem Vorstehenden entsprechende Zugriffsmöglichkeit auf Aktien ist insbesondere dann gegeben, wenn das Instrument (i) den Inhaber an der Entwicklung des Aktienkurses partizipieren lässt und die Gegenseite ihre Risiken aus dem Instument durch das Halten von Aktien zumindest reduzieren kann (wie zB bei Derivaten auf Aktien mit Barausgleich), (ii) dem Inhaber ein unter Bedingungen (ansonsten Fall von § 38 Abs. 1 Satz 1 Nr. 1 WpHG) stehendes Erwerbsrecht gewährt (zB bedingter Lieferanspruch aus Kaufvertrag, Call-Option mit Barausgleichswahlrecht des Stillhalters) oder (iii) eine Erwerbspflicht des Inhabers in Bezug auf Aktien begründet (zB die Stillhalterposition bei Put-Optionen).[309] Erfasst werden auch solche Instrumente, die ihren Inhaber zum Erwerb von Instrumenten berechtigten, welche wiederum einen Erwerb von ausgegebenen und stimmberechtigten Aktien eines Emittenten ermöglichen (sog. **Kettenerwerbe**).[310] Hierzu zählen bspw. auch Erwerbsmöglichkeiten in Bezug auf Anteile an einer (Holding-) Gesellschaft, die Aktien eines Emittenten hält, sofern die Erwerbsmöglichkeit dazu führt, dass die Holding zu einem Tochterunternehmen (§ 35 Abs. 1 WpHG) des Meldepflichtigen bei Erfüllung des Instruments würde oder sich der Meldepflichtige den Besitz der Aktien von dieser Gesellschaft verschaffen könnte.[311]

71d   An einer Zugriffsmöglichkeit fehlt es hingegen bei durch den Anbietenden frei widerruflichen Erwerbsangeboten.[312] In diesen Fällen wird keine Zugriffsmöglichkeit, sondern nur eine bloße „Chance" auf den Erwerb von Aktien eröffnet. **Erwerbschancen** werden jedoch nicht von § 38 Abs. 1 Satz 1 Nr. 2 WpHG erfasst,[313] da diese von ihrer wirtschaftlichen Wirkung nicht mit einem Erwerbsrecht vergleichbar sind. Aus diesem Grund werden auch Verfügungen von Todes wegen (Testament, Erbvertrag), mit denen der zukünftige Erblasser einer Person Aktien eines Emittenten auf den Todesfall zuwendet, nicht erfasst, da der Erblasser hierdurch zum Ausdruck bringt, dass er sich seiner Dispositionsbefugnis zu Lebzeiten noch nicht entäußern will und mithin lediglich eine Erwerbschance aus Sicht des Begünstigten vorliegt.[314]

71e   **Von § 38 Abs. 1 Satz 1 Nr. 2 WpHG erfasst** werden: Finanzielle Differenzgeschäfte (*contracts for difference*),[315] Futures/Forwards auf Aktien,[316] Swaps (zB *cash settled equity swaps*)[317] und Call-Optionen auf Aktien des Emittenten, die ausschließlich oder nach Wahl des Stillhalters einen Barausgleich vorsehen oder die unter Bedingungen stehen, deren Eintritt nicht allein vom Inhaber der Call-Option herbeigeführt werden kann,[318] sog. *collars* (Kombination von Call- und Put-Optionen),[319] Termingeschäfte,[320] unwiderrufliche Verpflichtungen zur Annahme eines öffentlichen Angebots iSv § 2 Abs. 1 WpÜG (sog. *irrevocable undertaking to tender*),[321] Futures, Optionen, Swaps, Zertifikate und

---

[308] Begr RegE BT-Drs. 17/3628, 19; *Weber-Rey/Benzler* in Habersack/Mülbert/Schlitt Kapitalmarktinformation-HdB § 20 Rn. 145.
[309] BaFin, Präsentation zum Transparenzworkshop, Stand: 9.3.2016, S. 45; Emmerich/Habersack/*Schürnbrand* Anh. § 22 § 25 WpHG Rn. 13 ff; aA *Weidemann* NZG 2016, 605 (609) (gegen die Einbeziehung von Put-Optionen). Siehe auch die Regelbeispiele des § 25a Abs. 1 Satz 2 WpHG aF.
[310] *Korkmaz* WM 2017, 222 (226); Begr RegE BT-Drs. 17/3628, 19 (reSp); BaFin Emittentenleitfaden, 2013, S. 140; Assmann/Schneider/*Schneider* WpHG § 25a Rn. 52; Kölner Komm WpHG/*Heinrich* WpHG § 25a Rn. 66; *Wehowsky* in Erbs/Kohlhaas, Strafrechtliche Nebengesetze, WpHG § 25a Rn. 3.
[311] BaFin Emittentenleitfaden, 2013, S. 142; *v. Werder/Petersen* CFL 2012, 178 (180); *Schneider* AG 2011, 645 (649).
[312] Assmann/Schneider/*Schneider* WpHG § 25a Rn. 18; *Schneider* AG 2011, 645 (648).
[313] *Korkmaz* WM 2017, 222 (226); *Rück/Heusel* NZG 2016, 897 (900); *Teichmann/Epe* WM 2012, 1213 (1215); *Schneider* AG 2011, 645 (648); so wohl auch Kölner Komm WpHG/*Heinrich* WpHG § 25a Rn. 106 (eine abstrakte Erwerbsmöglichkeit genüge nicht).
[314] *Schneider* AG 2011, 645 (647).
[315] BaFin Emittentenleitfaden, 2013, S. 141; Schäfer/Hamann/*Opitz* WpHG § 25a Rn. 18 ff.; Assmann/Schneider/*Schneider* WpHG § 25a Rn. 39; Kölner Komm WpHG/*Heinrich* WpHG § 25a Rn. 40; *Schäfer* in Marsch-Barner/Schäfer Börsennotierte AG-HdB Rn. 18.62.
[316] BaFin Emittentenleitfaden, 2013, S. 141; *Weidemann* NZG 2016, 605 (609); Kölner Komm WpHG/*Heinrich* § 25a Rn. 44; *Weber-Rey/Benzler* in Habersack/Mülbert/Schlitt Kapitalmarktinformation-HdB § 20 Rn. 148; *Schäfer* in Marsch-Barner/Schäfer Börsennotierte AG-HdB Rn. 18.62.
[317] BaFin Emittentenleitfaden, 2013, S. 141; *Weidemann* NZG 2016, 605 (609); Assmann/Schneider/*Schneider*WpHG § 25a Rn. 44; Kölner Komm WpHG/*Heinrich* WpHG § 25a Rn. 40; *Weber-Rey/Benzler* in Habersack/Mülbert/Schlitt Kapitalmarktinformation-HdB § 20 Rn. 148; *Schäfer* in Marsch-Barner/Schäfer Börsennotierte AG-HdB Rn. 18.62; *Cascante/Bingel* NZG 2011, 1086 (1090).
[318] BaFin Emittentenleitfaden, 2013, S. 141; *Weidemann* NZG 2016, 605 (609); Schäfer/Hamann/*Opitz* WpHG § 25a Rn. 15 und 26.
[319] Kölner Komm WpHG/*Heinrich* WpHG § 25a Rn. 50.
[320] BaFin Emittentenleitfaden, 2013, S. 141 iVm 135; *Cascante/Bingel* NZG 2011, 1086 (1094).
[321] BaFin Emittentenleitfaden, 2013, S. 141; *Brandt* CFL 2012, 110 (112); *Merkner/Sustmann* NZG 2012, 241 (243); *Merkner/Sustmann* NZG 2013, 1361 (1368); *Seibt* CFL 2011, 313 (319); Schäfer/Hamann/*Opitz* WpHG § 25a Rn. 62; *Cascante/Bingel* NZG 2011, 1086 (1094 f.).

Differenzkontrakte auf Aktienkörbe und Indizes (soweit die Aktie zum Erwerbszeitpunkt mit mehr als 20 % im Aktienkorb bzw. Index Berücksichtigung findet oder das Instrument – bei gewichteter Berechnung – mehr als 1 % der Stimmrechte an einem bestimmten Emittenten vermittelt, vgl. Art. 4 Delegierte Verordnung 2015/761),[322] Put-Optionen (meldepflichtig ist in diesem Fall der Stillhalter),[323] Andienungsrechte mit vorbestimmtem Preis (entspricht einer Put-Option mit physischem Settlement),[324] unechte Pensionsgeschäfte (§ 340b Abs. 3 HGB), bei denen der Pensionsnehmer keiner Rückübertragungspflicht unterliegt, sondern lediglich zur Rückübertragung berechtigt ist (vergleichbar mit einer Put-Option),[325] Bezugs- und Optionsrechte aus Wandel- und Optionsanleihen, sofern sich der Emittent die Lieferung eigener Aktien in den Anleihebedingungen vorbehalten hat,[326] *right of rehypothecation*[327] im Falle von Prime Brokerage-Vereinbarungen (wenn auch ein Recht zur Verfügung über die betreffenden Aktien besteht),[328] sowie Vorkaufs- und Vorerwerbsrechte.[329]

Grds. sind auch *hard underwritings* bei einer Umplatzierung von Aktien (sofern Settlement > t+2) **71f** und *Greenshoe*-Optionen Instrumente iSd § 38 WpHG.[330] Die aus diesen Instrumenten folgenden Stimmrechte bleiben jedoch gemäß § 38 Abs. 1 Satz 2 WpHG iVm § 36 Abs. 3 Nr. 1 WpHG (*hard underwritings*) bzw. § 36 Abs. 2 WpHG (*Greenshoe*-Option) bei der Berechnung des Stimmrechtsanteils des Meldepflichtigen unberücksichtigt, wenn die jeweiligen Voraussetzungen des § 36 WpHG erfüllt sind (→ Rn 60a f.).[331]

Nicht erfasst von § 38 Abs. 1 Satz 1 Nr. 2 WpHG werden Rechte aus Wandel- und Optionsanleihen, die ausschließlich aus bedingtem oder genehmigtem Kapital bedient werden und die erforderlichen Aktien mithin bei Ausübung geschaffen werden,[332] bloße Aufforderungen zur Abgabe von Angeboten (*invitatio ad offerendum*)[333] und an eine unbestimmte Anzahl von Personen gerichtete, einseitige Rechtsgeschäften (zB **Auslobung** iSv § 657 BGB),[334] da es sich hierbei aus Sicht des Adressaten jeweils nur um Erwerbschancen handelt, und – gemäß § 13 WpAIV – Instrumente, die sich auf (eigene) Aktien eines Emittenten beziehen und es diesem Emittenten ermöglichen, eigene Aktien zu erwerben. Auch sind im Vorfeld eines möglichen Aktienerwerbs geschlossene unverbindliche *term sheets*, *letters of intent* oder ein *memorandum of understanding* in der Regel nicht erfasst, da diese allenfalls eine Erwerbschance begründen.[335] Ebenso wenig erfasst sind auf Aktienkörbe (*baskets*) und Indizes bezogene Instrumente, sofern die Voraussetzungen des Art. 4 der Delegierten Verordnung 2015/761 nicht erfüllt sind, da in diesen Fällen eine vergleichbare wirtschaftliche Wirkung zu verneinen ist. **71g**

Ebenso wenig erfasst werden **öffentliche Angebote iSd WpÜG** zum Erwerb von Aktien einer **71h** Zielgesellschaft (= Put-Option mit physischem Settlement), da in diesen Fällen die Transparenz

---

[322] BaFin Emittentenleitfaden, 2013, S. 141; Assmann/Schneider/*Schneider* WpHG § 25a Rn. 48 ff.
[323] BaFin Emittentenleitfaden, 2013, S. 141; *Weber-Rey/Benzler* in Habersack/Mülbert/Schlitt Kapitalmarktinformation-HdB § 20 Rn. 150; Assmann/Schneider/*Schneider* WpHG § 25a Rn. 45 f.; *Cascante/Bingel* NZG 2011, 1086 (1089). Gegen eine Meldepflicht von Put-Optionen mit Barausgleich: *Götze* BKR 2013, 265 (269); *Weidemann* NZG 2016, 605 (609); krit. insoweit auch Kölner Komm WpHG/*Heinrich* WpHG § 25a Rn. 45.
[324] *v. Werder/Petersen* CFL 2012, 178 (182).
[325] BaFin Emittentenleitfaden, 2013, S. 141; *Cascante/Bingel* NZG 2011, 1086 (1092); Bürgers/Körber/*Becker* Anh. § 22 § 25a WpHG Rn. 5.
[326] *Korkmaz* WM 2017, 222 (226); BaFin Emittentenleitfaden, 2013, S. 135, 141; Kölner Komm WpHG/*Heinrich* § 25a Rn. 55; vgl. auch Schäfer/Hamann/*Opitz* WpHG § 25a Rn. 35; *Schäfer* in Marsch-Barner/Schäfer Börsennotierte AG-HdB Rn. 18.62; aA *Götze* BKR 2013, 265 (270).
[327] Siehe hierzu *Verfürth/Emde* in Emde/Dornseifer/Dreibus/Hölscher InvG § 2 Rn. 201.
[328] Kölner Komm WpHG/*Heinrich* WpHG § 25a Rn. 61 f.; vgl. auch BaFin Emittentenleitfaden, 2013, S. 143 (Einzelfallentscheidung).
[329] BaFin Emittentenleitfaden, 2013, S. 142; Bürgers/Körber/*Becker* Anh. § 22 § 25a WpHG Rn. 5; zu Recht für eine Ausnahme von in Gesellschaftervereinbarungen enthaltenen Rechten: *v. Werder/Petersen* CFL 2012, 178 (181); Kölner Komm WpHG/*Heinrich* WpHG § 25a Rn. 48.
[330] *Tautges* WM 2017, 512 (514 u. 517); *Brandt* CFL 2012, 110 (112); vgl. auch den Hinweis in BaFin Emittentenleitfaden, 2013, S. 143.
[331] BaFin, FAQ zu den Transparenzpflichten des WpHG, Stand: 28.11.2016, S. 18 zu Frage 33; *Tautges* WM 2017, 512 (514 ff); *Meyer* BB 2016, 771 (774).
[332] *Korkmaz* WM 2017, 222 (226); *Merkner/Sustmann* NZG 2013, 1361 (1368); *Cascante/Bingel* NZG 2011, 1086 (1095).
[333] VG Frankfurt NZG 2016, 913 (915); *Teichmann/Epe* WM 2012, 1213 (1219); *Cascante/Bingel* NZG 2011, 1086 (1095); vgl. auch Begr RegE BT-Drs. 17/3628, 20 (liSp).
[334] Nach Begr RegE BT-Drs. 17/3628, 20 (liSp); *Teichmann/Epe* WM 2012, 1213 (1215).
[335] Ebenfalls gegen das Bestehen einer Meldepflicht: Schäfer/Hamann/*Opitz* WpHG § 25a Rn. 63, der zu Recht darauf hinweist, dass sich eine Meldepflicht auch dann nicht ergibt, wenn einzelne Klauseln (wie zB zur Vertraulichkeit oder Exklusivität) verbindlich vereinbart werden; *Cascante/Bingel* NZG 2011, 1086 (1095), denen zufolge eine Meldepflicht selbst bei Vereinbarung einer *Break Fee* nicht bestehe; differenzierend: Kölner Komm WpHG/*Heinrich* WpHG § 25a Rn. 64 (Meldepflicht bei faktisch oder rechtlich durchsetzbaren Ansprüchen); Bürgers/Körber/*Becker* Anh. § 22 § 25a WpHG Rn. 5.

hinsichtlich der Erwerbsmöglichkeit bereits im Rahmen der nach § 23 Abs. 1 WpÜG zu veröffentlichenden sog. Wasserstandsmitteilungen hergestellt wird.[336] Gleiches gilt auch in Bezug auf das Andienungsrecht nach § 39c WpÜG, da auch die entsprechende Erwerbsmöglichkeit durch die Veröffentlichung nach § 23 Abs. 1 Satz 1 Nr. 4 WpÜG offengelegt und bereits hierdurch die notwendige Transparenz geschaffen wird. Auch eine Aktienübernahmeverpflichtung nach § 305 Abs. 1 AktG bei Beherrschungs-/Gewinnabführungsverträgen wird nicht erfasst, da die erforderliche Transparenz hinsichtlich der Erwerbsmöglichkeit insoweit über die aktienrechtlichen Veröffentlichungspflichten sichergestellt wird.[337] Gleiches gilt für Erwerbsmöglichkeiten aus Verschmelzungs- und Spaltungsverträgen, da die umwandlungsrechtlichen Bestimmungen für eine hinreichende Transparenz sorgen und hierdurch kein verdeckter Beteiligungserwerb ermöglicht wird.[338]

71i Zudem unterfallen auch Pfandrechte an Aktien bei Vorliegen einer **Verfallvereinbarung** iSv § 1259 BGB nicht § 38 Abs. 1 Satz 1 Nr. 2 WpHG, da diese allein der Kreditsicherung und von ihrer wirtschaftlichen Wirkung nicht einem Erwerbsrecht entsprechen.[339] Ebenfalls nicht erfasst werden Rechte auf die Abgabe eines Erwerbsangebots *(right of first offer)*,[340] Mitveräußerungsrechte *(tag along rights)* und Mitverkaufspflichten *(drag along rights)* in **Gesellschaftervereinbarungen,**[341] da diese Rechte primär dem Mitgesellschafter- bzw. Minderheitenschutz dienen, weder von ihrem Bestehen noch ihrer Wertentwicklung von der Kursentwicklung der Aktien abhängig und daher von ihrer wirtschaftlichen Wirkung nicht mit einem Erwerbsrecht vergleichbar sind.[342] Nach Auffassung der BaFin soll dies jedoch nur dann gelten, wenn die erwerbbaren Stimmrechte bereits nach §§ 33, 34 WpHG offengelegt worden sind.[343] Ebenfalls nicht erfasst wird der in **Treuhandverhältnissen** bestehende Herausgabeanspruch des Treugebers gegen den Treunehmer, da hierdurch – auch mit Blick auf die Wertung des § 34 Abs. 1 Satz 1 Nr. 2 WpHG – keine (zusätzliche) Möglichkeit des Erwerbs von solchen Aktien begründet wird, die dem Treugeber nicht bereits iSd §§ 33, 34 WpHG (rechtlich oder wirtschaftlich) gehören.

71j Schließlich werden – anders als nach § 25a Abs. 1 WpHG aF – keine Instrumente erfasst die lediglich einem **Dritten,** der nicht selbst Inhaber des Instruments (Vertragspartei) ist, ein Erwerbsrecht oder eine Erwerbsmöglichkeit verschaffen.[344] Soweit dem Dritten aus dem Instrument eigene Rechte zustehen (zB im Falle eines echten Vertrages zugunsten Dritter iSv § 328 BGB), ist dieser selbst als Inhaber eines Instruments anzusehen, so dass den Dritten dann eine eigene Mitteilungspflicht nach § 38 WpHG treffen kann.[345]

72 **b) Unmittelbares und mittelbares Halten.** Unmittelbar werden die Instrumente gehalten, wenn sie im Eigentum des Meldepflichtigen stehen.[346] Ein mittelbares Halten liegt vor, wenn die Instrumente einem **Tochterunternehmen** des Meldepflichtigen oder einem Dritten gehören, der die Instrumente **für Rechnung** des Meldepflichtigen hält.[347] Für Rechnung des Meldepflich-

---

[336] BaFin, Präsentation zum Transparenzworkshop, Stand: 9.3.2016, S. 47.
[337] BaFin Emittentenleitfaden, 2013, S. 142 f.; *Merkner/Sustmann* NZG 2013, 1361 (1369); Kölner Komm WpHG/*Heinrich* WpHG § 25a Rn. 57.
[338] BaFin, Präsentation zum Transparenzworkshop, Stand: 9.3.2016, S. 47; vgl. auch *Merkner/Sustmann* NZG 2013, 1361 (1369); Kölner Komm WpHG/*Heinrich* WpHG § 25a Rn. 58.
[339] BaFin, Präsentation zum Transparenzworkshop, Stand: 9.3.2016, S. 47; *Brandt* CFL 2012, 110 (113); *v Bülow/Petersen,* Börsen-Zeitung v 13.5.2013, S. 13; Kölner Komm WpHG/*Heinrich* § 25a Rn. 53. AA eine Meldepflicht bejahend für den Fall, dass ein Verfallrecht iSv § 1259 Satz 1 BGB vereinbart wird, wonach die Aktien im Verwertungsfall dem Pfandgläubiger zufallen oder dieser die Aktien übernehmen kann: BaFin Emittentenleitfaden, 2013, S. 142; Schäfer/Hamann/*Opitz* WpHG § 25a Rn. 43; *Teichmann/Epe* WM 2012, 1213 (1218); *Merkner/Sustmann* NZG 2013, 1361 (1369) (die jedoch für die Schaffung einer entsprechenden Ausnahmeregelung plädieren).
[340] *v. Werder/Petersen* CFL 2012, 178 (181 f.); Kölner Komm WpHG/*Heinrich* WpHG § 25a Rn. 48; differenzierend: Schäfer/Hamann/*Opitz* WpHG § 25a Rn. 59.
[341] *v. Werder/Petersen* CFL 2012, 178 (182); *v. Bülow/Petersen,* Börsen-Zeitung v 11.5.2013, S. 13; *Götze* BKR 2013, 265 (269); Schäfer/Hamann/*Opitz* WpHG § 25a Rn. 61; Kölner Komm WpHG/*Heinrich* WpHG § 25a Rn. 49; aA BaFin Emittentenleitfaden, 2013, S. 142 (abhängig vom Inhalt der einzelnen Vereinbarung).
[342] VG Frankfurt NZG 2016, 913 (917 f.); BaFin, Präsentation zum Transparenzworkshop, Stand: 9.3.2016, S. 47; *Rück/Heusel* NZG 2016, 897 (900 ff).
[343] BaFin, FAQ zu den Transparenzpflichten des WpHG, Stand: 3.1.2018, S. 25 f. zu Frage 42a.
[344] BaFin, FAQ zu den Transparenzpflichten des WpHG, Stand: 3.1.2018, S. 24 zu Frage 42.
[345] Schäfer/Hamann/*Opitz* WpHG § 25a Rn. 3a.
[346] BaFin Emittentenleitfaden, 2013, S. 136; Kölner Komm WpHG/*Heinrich* WpHG § 25 Rn. 52; weitergehend Schäfer/Hamann/*Opitz* WpHG § 25 Rn. 3.
[347] Kölner Komm WpHG/*Heinrich* WpHG § 25 Rn. 53; Assmann/Schneider/*Schneider* WpHG § 25 Rn. 51; Schäfer/Hamann*Opitz* Kapitalmarktgesetze § 25 WpHG Rn. 4; Fuchs/*Zimmermann* WpHG § 25 Rn. 12; siehe auch BaFin Emittentenleitfaden, 2013, S. 136 (Tochterunternehmen und Verwaltungstreuhänder).

tigen werden die Instrumente gehalten, wenn den Meldepflichtigen (auch) die wirtschaftlichen Chancen und Risiken aus den Instrumenten treffen und er einen rechtlich gesicherten Einfluss auf die Ausübung der Instrumente hat.[348] Nur wenn der Meldepflichtige über einen solchen Einfluss verfügt, hat er eine Rechtsposition inne, die ihm einen Zugriff auf die Aktien vermittelt. Ein mittelbares Halten liegt hingegen nicht bereits dann vor, wenn sich der Meldepflichtige mit Dritten über den gemeinsamen Aufbau einer Beteiligung verständigt oder ein *acting in concert* iSv § 34 Abs. 2 WpHG in Bezug auf den Emittenten erfolgt.[349] Ebenso wenig kann von einem mittelbaren Halten gesprochen werden, wenn der Meldepflichtige vom Inhaber des Instruments zu dessen Ausübung bevollmächtigt wurde.[350] Weder verfügt der Meldepflichtige über eine Zugriffsmöglichkeit auf die vom Dritten erwerbbaren Aktien (vielmehr steht diese allein dem Dritten zu), noch treffen ihn – vergleichbar dem Inhaber des Instruments – die wirtschaftlichen Chancen und Risiken aus dem Instrument.

c) Berechnung des (potentiellen) Stimmrechtsanteils. Der (potentielle) Stimmrechtsanteil **73** des Meldepflichtigen entspricht der nach Maßgabe der §§ 1 Abs. 3, 38, 36 WpHG ermittelten Zahl der beim Meldepflichtigen zu berücksichtigenden Stimmrechte (Zähler) geteilt durch die Gesamtzahl der insgesamt vorhandenen Stimmrechte (Nenner) multipiziert mit 100. Hinsichtlich der **Gesamtzahl der Stimmrechte** des Emittenten ist die letzte vor Abgabe der Mitteilung von der Gesellschaft nach § 41 WpHG veröffentliche Zahl zugrunde zu legen (§ 12 Abs. 3 WpAIV). Dies gilt auch dann, wenn die zum Zeitpunkt der Mitteilung tatsächlich vorhandene Gesamtzahl der Stimmrechte von der zuletzt nach § 41 WpHG veröffentlichten Zahl abweicht.[351] Für die Berechnung der vom **Meldepflichtigen gehaltenen Stimmrechtszahl** sind zunächst die (potentiellen) Stimmrechte aus Aktien zu berücksichtigen, die (1) der Meldepflichtige bei Ausübung der von ihm unmittelbar und mittelbar gehaltenen Instrumente iSd § 38 Abs. 1 Satz 1 Nr. 1 WpHG erwerben würde und (2) deren Erwerb dem Meldepflichtigen durch die von ihm unmittelbar und mittelbar gehaltenen Instrumente iSd § 38 Abs. 1 Satz 1 Nr. 2 WpHG ermöglicht wird. Hierbei sind verschiedene vom Meldepflichtigen unmittelbar und mittelbar gehaltene Instrumente (zB unterschiedliche Arten von Instrumenten, Instrumente mit unterschiedlichen Gegenparteien), die sich auf denselben Basiswert (Aktie des Emittenten) beziehen, gemäß § 38 Abs. 4 Satz 1 WpHG zusammenzurechnen. Eine Saldierung von Long- und Short-Positionen ist gem. § 38 Abs. 4 Satz 2 WpHG nicht möglich.[352] Unberücksichtigt bleiben gem. § 38 Abs. 1 Satz 2 WpHG nach **§ 36 WpHG** nicht zu berücksichtigende Stimmrechte.[353] § 36 WpHG gilt dabei – anders als § 23 WpHG idF vor Inkrafttreten des TRL-ÄndRL-UmsG – unabhängig davon, ob es sich um Stimmrechte aus Erwerbsrechten (§ 38 Abs. 1 Satz 1 Nr. 1 WpHG) oder Erwerbsmöglichkeiten (§ 38 Abs. 1 Satz 1 Nr. 2 WpHG) handelt.[354] Stimmrechte aus Aktien, auf die sich das Instrument bezieht und aus denen die Stimmrechte bereits nach §§ 33, 34 WpHG beim Meldepflichtigen zu berücksichtigen sind, sind nicht „doppelt" zu erfassen, da anderenfalls der (potentielle) Stimmrechtsanteil des Meldepflichtigen größer erscheinen würde, als er tatsächlich

---

[348] Schäfer/Hamann/*Opitz* WpHG § 25 Rn. 4 (erforderlich sei die Herrschaft des Meldepflichtigen über die Instrumente); wohl nur auf die wirtschaftliche Chancen- und Risikoverteilung abstellend: Assmann/Schneider/*Schneider* WpHG § 25 Rn. 53; Kölner Komm WpHG/*Heinrich* WpHG § 25 Rn. 53.

[349] Schäfer/Hamann/*Opitz* WpHG § 25 Rn. 5a; aA BaFin, FAQ zu den Transparenzpflichten des WpHG, Stand: 3.1.2018, S. 27 zu Frage 43 (abgestimmte(r) Erwerb oder Veräußerung führe zu mittelbarem Halten); Assmann/Schneider/*Schneider* WpHG § 25 Rn. 53.

[350] aA BaFin, FAQ zu den Transparenzpflichten des WpHG, Stand: 3.1.2018, S. 27 f. zu Frage 43b (Bevollmächtigung zur Ausübung des Instruments sei mittelbares Halten).

[351] BaFin, FAQ zu den Transparenzpflichten des WpHG, Stand: 28.11.2016, S. 12 zu Frage 25; BegrRegE BT-Drs. 18/5010, 48; aA Emmerich/Habersack/*Schürnbrand* WpHG § 21 Rn. 9 (Meldepflichtige müssen die vom Emittenten veröffentlichten Stimmrechtszahl heranziehen, soweit sie keine positive Kenntnis über eine hiervon abweichende Stimmrechtszahl haben). Siehe zur früheren Rechtslage: *v. Bülow/Petersen* NZG 2009, 481 (484) (Wahlrecht zwischen der vom Emittenten veröffentlichten und der tatsächlichen Anzahl); BaFin Emittentenleitfaden, 2013, S. 106 (Meldepflichtige müssen bei entsprechender Kenntnis bzw. Kennenmüssen die tatsächliche Gesamtstimmrechtszahl der Mitteilung zugrunde legen); *S.H. Schneider* NZG 2009, 121 (124) (Meldepflichtige müssen zwingend die vom Emittenten veröffentlichte Stimmrechtszahl heranziehen).

[352] BaFin Emittentenleitfaden, 2013, S. 136; Kölner Komm WpHG/*Heinrich* WpHG § 25 Rn. 57.

[353] Bei der Ermittlung des im Handelsbuch (§ 36 Abs. 1 WpHG) gehaltenen Stimmrechtsanteils sind Stimmrechte aus Aktien (§§ 33, 34 WpHG) und aus Instrumenten (§ 38 WpHG) jeweils zu aggregieren. Sollte der aggregierte Stimmrechtsanteil die maßgebliche Höchstschwelle (5%) überschreiten, sind sämtliche gehaltene Stimmrechte zu berücksichtigen (BaFin Emittentenleitfaden, 2013, S. 132; Kölner Komm WpHG/*Hirte* WpHG § 23 Rn. 16). Entsprechendes gilt in Bezug auf zur Abrechnung und Abwicklung (§ 36 Abs. 3 Nr. 1 WpHG) sowie als Market Maker (§ 36 Abs. 5 WpHG, maßgeblich ist hier die 10%-Schwelle) gehaltenen Stimmrechten.

[354] BaFin, FAQ zu den Transparenzpflichten des WpHG, Stand: 3.1.2018, S. 29 zu Frage 45.

wäre.³⁵⁵ So sind bspw. dingliche Optionen, die dem § 34 Abs. 1 Satz 1 Nr. 5 WpHG unterfallen, nicht zusätzlich (doppelt) bei der Ermittlung des Stimmrechtsanteils aus Instrumenten zu berücksichtigen.³⁵⁶ Nicht mehrfach zu berücksichtigen sind zudem Stimmrechte aus Aktien, auf die sich mehrere Rückforderungsansprüche aus konzerninternen (Ketten-) Wertpapierleihen beziehen.³⁵⁷

73a Die Zahl der (potentiellen) Stimmrechte errechnet sich dabei wie folgt: Bezieht sich das Instrument auf eine bestimmte Zahl von Aktien des Emittenten, ist diese Zahl maßgeblich (§ 38 Abs. 3 Satz 1 WpHG). Sieht das Instrument hingegen ausschließlich einen Barausgleich vor, ist die Anzahl der Stimmrechte davon abweichend auf einer Delta-angepassten Basis zu berechnen, wobei die nominale Anzahl der zugrunde liegenden Aktien mit dem Delta des Instruments zu multiplizieren ist (§ 38 Abs. 3 Satz 2 WpHG). Im Falle von Instrumenten mit einem linear symmetrischen Auszahlungsprofil ist ein Delta-Faktor von 1 (§ 38 Abs. 3 Satz 3 WpHG iVm Art. 5 Abs. 1 Delegierte Verordnung 2015/761) und in den übrigen Fällen ein anhand allgemein anerkanntes Standard-Bepreisungsmodell berechneter Delta-Faktor (§ 38 Abs. 3 Satz 3 WpHG iVm Art 5 Abs. 2 Delegierte Verordnung 2015/761) anzuwenden. Die näheren Anforderungen an das Standard-Bepreisungsmodell ergeben sich aus Art. 5 Abs. 3 und 4 Delegierte Verordnung 2015/761. Die Anzahl der so erwerbbaren Stimmrechte muss einmal **täglich** unter Berücksichtigung des letzten Schlusskurses der zugrunde liegenden Aktie berechnet werden (§ 38 Abs. 3 Satz 3 WpHG iVm Art. 5 Abs. 6 Delegierte Verordnung 2015/761).

73b Im Fall von Instrumenten, die sich auf **Aktienkörbe oder Indices** beziehen, sind die (erwerbbaren) Stimmrechte auf der Grundlage des Gewichts (dh Anteils) der Aktie in dem Aktienkorb oder Index zu berechnen (Art. 4 Abs. 1 Delegierte Verordnung 2015/761). Eine Berücksichtigung von Stimmrechten aus Aktienkörben oder Indices erfolgt jedoch nur, wenn (i) die über diese Instrumente gehaltenen Stimmrechte bedeutend sind (dh einem Stimmrechtsanteil von mindestens 1 % entsprechen) oder das Finanzinstrument nicht in erster Linie der Anlagediversifizierung dient (also wenn die Aktien mindestens 20 % des Werts der Wertpapiere in dem Korb oder Index ausmachen) (vgl. Art. 4 Abs. 1 Nr. 1 und 2 Delegierte Verordnung 2015/761).

74 d) **Schwellenberührung.** Eine Mitteilung nach § 38 Abs. 1 WpHG ist stets erforderlich, wenn der Stimmrechtsanteil aus Instrumenten (ohne Berücksichtigung des Stimmrechtsanteils aus Aktien) eine **Meldeschwelle** des § 33 Abs. 1 WpHG (mit Ausnahme der 3 %-Schwelle) **erreicht, über- oder unterschreitet.** Unerheblich ist, ob das Berühren derselben Meldeschwelle bereits nach § 33 WpHG oder § 39 WpHG gemeldet worden ist.³⁵⁸

74a e) **Ausnahme für Angebote iSd WpÜG.** Vor der Änderung durch das TRL-ÄndRL-UmsG statuierten §§ 25 Abs. 2a WpHG aF und 25a Abs. 1 Satz 5 WpHG aF den Vorrang der übernahmerechtlichen Veröffentlichungspflichten. Hiernach bedurfte es keiner Mitteilung nach §§ 25, 25a WpHG aF, wenn die aufgrund der Annahme des Angebots erwerbbare Stimmrechtszahl nach § 23 Abs. 1 WpÜG zu veröffentlichen war. Die mit dem TRL-ÄndRL-UmsG erfolgte Streichung der § 25 Abs. 2a WpHG aF, § 25 Abs. 1 Satz 5 WpHG aF soll dieses Vorrangverhältnis nicht aufheben.³⁵⁹ Anderenfalls müssten erwerbbare Stimmrechte im Zusammenhang mit öffentlichen Angeboten iSd WpÜG „doppelt" (nach § 38 WpHG und § 23 Abs. 1 WpÜG) gemeldet werden, womit der (potentielle) Stimmrechtsanteil des Meldepflichtigen überhöht dargestellt würde.³⁶⁰ Daher ist auch weiterhin keine Mitteilung nach § 38 WpHG erforderlich, soweit das Instrument ein durch die Annahme eines öffentlichen Angebots iSd WpÜG geschlossener Kaufvertrag ist und mithin die Anzahl der durch das öffentliche Angebot erwerbbaren Stimmrechte nach § 23 Abs. 1 WpÜG (in den sog. Wasserstandsmitteilungen) offenzulegen ist.³⁶¹

---

³⁵⁵ Begr RegE BT-Drs. 18/5010, 47; BaFin, Präsentation zum Transparenzworkshop, Stand: 9.3.2016, S. 49; Kölner Komm WpHG/*Heinrich* WpHG § 25 Rn. 65; so auch zu § 25a WpHG: BaFin Emittentenleitfaden, 2013, S. 145; *v. Werder/Petersen* CFL 2012, 178 (182). Eine Doppelzählung dürfte jedoch dann zu erfolgen haben, wenn das Erwerbsrecht auch mit anderen, als den bereits beim Meldepflichtigen nach §§ 21, 22 zu berücksichtigenden Aktien erfüllt werden kann, vgl. *Krause* AG 2011, 469 (476 f.).
³⁵⁶ Begr RegE BT-Drs. 18/5010, 47.
³⁵⁷ BaFin Emittentenleitfaden, 2013, S. 137 f. (keine Kumulierung der Rückübertragungsansprüche aus Wertpapierdarlehen zwischen verschiedenen Konzernunternehmen, sofern die einzelnen Darlehen in ihrem Bestand voneinander abhängen und im Übrigen im Wesentlichen den gleichen Inhalt aufweisen).
³⁵⁸ Vgl. BaFin Emittentenleitfaden, 2013, S. 136 f.; Assmann/Schneider/*Schneider* WpHG § 25 Rn. 60.
³⁵⁹ *Korkmaz* WM 2017, 222 (227).
³⁶⁰ *Korkmaz* WM 2017, 222 (227).
³⁶¹ BaFin, FAQ zu den Transparenzpflichten des WpHG, Stand: 3.1.2018, S. 25 zu Frage 42; *Korkmaz* WM 2017, 222 (227).

f) Erstmalige Börsenzulassung. Sofern zum Zeitpunkt der Begründung bzw. des Erwerbs **74b** des Instruments die Gesellschaft, auf deren Aktien sich das Instrument bezieht, noch nicht über börsenzugelassene Aktien verfügt (also noch kein Emittent iSv § 2 Abs. 13 WpHG, § 33 Abs. 4 WpHG ist), sondern die Zulassung erst während der Laufzeit des Instruments erfolgt, wird durch die erstmalige Zulassung eine Mitteilungspflicht nach §§ 38, 33 Abs. 2 WpHG ausgelöst,[362] sofern der Stimmrechtsanteil des Meldepflichtigen aus Instrumenten eine oder mehrere der Schwellen des § 33 Abs. 1 WpHG (mit Ausnahme der 3 %-Schwelle) erreicht oder überschreitet.

4. Inhalt, Form und Frist der Mitteilung. Der Inhalt der Mitteilung richtet sich nach § 12 **75** Abs. 1 WpAIV iVm dem der WpAIV als Anlage beigefügten Formular. Die nach Nr. 7.b.2 und Nr. 7.b.3 des Formulars erforderlichen Angaben zu Ausübungszeitraum, Fälligkeit und Verfall müssen nur zu erfolgen, wenn die Vereinbarung bzw. die Bedingungen des Instruments ausdrückliche Regelungen hierzu enthalten.[363] Die Mitteilung ist gemäß § 14 WpAIV schriftlich oder per Fax in deutscher oder englischer Sprache an den Emittenten der dem Instrument zugrundeliegenden Aktien und die BaFin zu übermitteln. Die Mitteilung muss unverzüglich (§ 121 Abs. 1 Satz 1 BGB), spätestens innerhalb von 4 Handelstagen, erfolgen,[364] sobald der Meldepflichtige weiß oder wissen muss, dass er einen meldepflichtigen Bestand an Instrumenten hält bzw. nicht mehr hält.[365] Im Fall der passiven Schwellenberührung (aus Anlass der Änderung der Gesamtzahl der Stimmrechte des Emittenten) beginnt die Mitteilungspflicht erst mit positiver Kenntnis des Meldepflichtigen, spätestens jedoch ab Vornahme der Veröffentlichung nach § 41 WpHG durch den Emittenten (vgl. § 38 Abs. 1 WpHG iVm § 33 Abs. 1 Satz 5 WpHG). In **Konzernsachverhalten** sind Tochterunternehmen gemäß § 38 Abs. 1 Satz 2 WpHG, § 37 Abs. 1 WpHG von der Abgabe eigener Mitteilungen befreit, wenn das Mutterunternehmen eine Mitteilung nach § 38 Abs. 1 WpHG iVm § 12 Abs. 1, 2 WpAIV abgegeben hat (→ Rn. 64).

5. Rechtsfolgen einer Verletzung der Mitteilungspflicht. Die Verletzung der Mitteilungs- **76** pflicht nach § 38 Abs. 1 Satz 1 WpHG kann einen **Rechtsverlust** nach § 44 WpHG zur Folge haben.[366] Betroffen von dem Rechtsverlust sind jedoch nur diejenigen Aktien, die dem Meldepflichtigen gehören (§ 44 Abs. 2 WpHG). Hierdurch soll der Rechtsverlust auf die Person des Meldepflichtigen beschränkt werden.[367] Für die Dauer der Pflichtverletzung soll der Meldepflichtige keine Rechte aus ihm gehörenden Aktien des Emittenten geltend machen können, ohne dass es auf den Zeitpunkt des Erwerbs ankommt.[368] Dem Meldepflichtigen gehören iSv § 44 Abs. 2 WpHG solche Aktien, deren Eigentümer er ist und – gem. § 33 Abs. 3 WpHG – die er aufgrund eines unbedingten und sofort zu erfüllenden Anspruchs erwerben kann. Nicht erfasst werden hingegen Aktien, (i) die ein Dritter iSd § 33 Abs. 3 WpHG vom säumigen Meldepflichtigen zu erwerben berechtigt ist, (ii) auf die sich ein vom säumigen Meldepflichtige gehaltenes Instrument iSd § 38 WpHG bezieht oder (iii) aus denen dem Meldepflichtigen Stimmrechte gemäß § 34 WpHG zugerechnet werden. Der Rechtsverlust nach § 44 Abs. 2 WpHG endet – vorbehaltlich § 44 Abs. 1 Satz 3 WpHG –, sobald der Meldepflichtige entweder eine ordnungsgemäße Mitteilung gemacht oder die fraglichen Instrumente nicht mehr hält (zB aufgrund Verkauf, Verfall oder Ausübung).[369] Darüber hinaus stellt die Verletzung der Mitteilungspflicht eine **Ordnungswidrigkeit** gem. § 120 Abs. 2 Nr. 2 lit. e WpHG dar, die gemäß § 120 Abs. 17 Satz 1 WpHG mit einer Geldbuße von bis zu 2.000.000 € geahndet werden kann (allgemeiner Bußgeldrahmen).[370] Relevant ist der allgemeine Bußgeldrahmen für natürliche Personen. Bei juristischen Personen und Personenvereinigungen kann darüber hinaus gemäß § 120 Abs. 17 Satz 2 und 3 WpHG eine Geldbuße bis zu dem höheren der folgenden Beträge verhängt werden: (i) 10.000.000 € (§ 120 Abs. 17 Satz 2 Nr. 1 WpHG), (ii) 5 % des (Konzern-)[371] Gesamtumsatzes (bei inländischen Meldepflichtigen iSv § 277 Abs. 1 HGB),[372] den die juristische Person oder Personenvereinigung im der Behördenentscheidung vorausgegangenen Geschäftsjahr

---

[362] BaFin, FAQ zu den Transparenzpflichten des WpHG, Stand: 3.1.2018, S. 29 zu Frage 47.
[363] BaFin Emittentenleitfaden, 2013, S. 139.
[364] BaFin Emittentenleitfaden, 2013, S. 140; Assmann/Schneider/*Schneider* WpHG § 25 Rn. 73.
[365] BaFin Emittentenleitfaden, 2013, S. 140; aA Schäfer/Hamann/*Opitz* WpHG § 25 Rn. 60.
[366] Kölner Komm WpHG/*Heinrich* WpHG § 25 Rn. 76; Assmann/Schneider/*Schneider* WpHG § 25 Rn. 78; → Rn. 97.
[367] Begr RegE BT-Drs. 18/5010, 48.
[368] Begr RegE BT-Drs. 18/5010, 48.
[369] Begr RegE BT-Drs. 18/5010, 48.
[370] Die BaFin hat auf ihrer Internetseite Leitlinien zur Festsetzung von Geldbußen bei Verstößen gegen Vorschriften des WpHG („WpHG-Bußgeldleitlinien") veröffentlicht.
[371] BegrRegE BT-Drs. 18/3994, 53.
[372] BegrRegE BT-Drs. 18/3994, 53.

erzielt hat³⁷³ (§ 120 Abs. 17 Satz 2 Nr. 2 WpHG), und (iii) das Dreifache des aus dem Verstoß gezogenen wirtschaftlichen Vorteils oder vermiedenen wirtschaftlichen Nachteils (§ 120 Abs. 17 Satz 3 WpHG). Weiterhin kann die Verletzung der Mitteilungspflicht den Tatbestand der Marktmanipulation nach Art. 12 Abs. 1 lit. c MAR, Art. 15 MAR erfüllen.³⁷⁴ Mangels Schutzgesetzeigenschaft (→ Rn. 16) kommt eine Schadensersatzpflicht des Meldepflichtigen nach § 823 Abs. 2 BGB gegenüber dem Emittenten der Aktien, auf die sich die Instrumente beziehen, und dessen Aktionären nicht in Betracht.³⁷⁵ Schließlich hat die BaFin gemäß § 124 WpHG Entscheidungen und Sanktionen wegen Mitteilungsverstößen unverzüglich auf ihrer Internetseite bekannt zu machen (sog. *Naming and Shaming*). Durch das 2. FiMaNoG wurde die Bekanntmachung auf eine Dauer von 5 Jahre begrenzt; personenbezogene Daten – soweit von einer Bekanntmachung nicht nach § 124 Abs. 3 WpHG abgesehen wurde – müssen dann gelöscht werden, sobald die Bekanntmachung nicht mehr erforderlich ist (§ 124 Abs. 4 WpHG).

VIII. Mitteilungspflichten bei Zusammenrechnung von Stimmrechten aus Aktien und Instrumenten (§ 39 WpHG)

76a **1. Normzweck und Entstehungsgeschichte.** In Ergänzung zu § 25 WpHG aF wurde § 25a WpHG aF durch das AnsFuG (→ Rn. 7) mit Wirkung zum 1.2.2012 eingeführt, um den heimlichen Aufbau einer wesentlichen Beteiligung (das sog. „Anschleichen") an einen Emittenten unter Verwendung von Instrumenten, die nach den Bestimmungen der §§ 21, 22 und 25 WpHG aF nicht meldepflichtig waren, weiter zu erschweren.³⁷⁶ § 25a WpHG aF diente dabei als Auffangnorm,³⁷⁷ die sämtliche nicht bereits durch §§ 21, 22 und 25 WpHG aF erfasste Stimmrechtspositionen erfassen sollte. Durch das TRL-ÄndRL-UmsG wurden die zuvor § 25a WpHG aF unterfallenden Erwerbsmöglichkeiten in den Anwendungsbereich des § 25 WpHG aF (nunmehr § 38 WpHG) einbezogen (§ 38 Abs. 1 Satz 1 Nr. 2 WpHG) und die zuvor erfolgte Anknüpfung an den aggregierten Stimmrechtsanteil Aktien und Instrumenten aufgegeben.³⁷⁸ Dafür wurde in § 25a WpHG aF (nunmehr § 39 WpHG) eine gesonderte Mitteilungspflicht für den aggregierten Stimmrechtsanteil aus Aktien und Instrumenten eingeführt.

76b **2. Normadressaten.** Normadressat des § 39 Abs. 1 WpHG ist jeder („wer"), der einen mitteilungspflichtigen Stimmrechtsanteil aus Aktien und Instrumenten hält. Wie bei §§ 33, 38 WpHG sind Normadressaten daher insbesondere in- und ausländische natürliche und juristische Personen des privaten und öffentlichen Rechts und Personenhandelsgesellschaften (→ Rn. 19–21).

76c **3. Mitteilungspflichtige Vorgänge.** Gemäß § 39 Abs. 1 WpHG muss derjenige eine Stimmrechtsmitteilung an den Emittenten und die BaFin abgeben, dessen aggregierter Stimmrechtsanteil aus Aktien (§§ 33–36 WpHG) und Instrumenten (§§ 38, 36 WpHG) eine oder mehrere der Schwellen des § 33 Abs. 1 WpHG (mit Ausnahme der 3 %-Schwelle) erreicht, über- oder unterschreitet.

76d **a) Berechnung des aggregierten Stimmrechtsanteils.** Die für § 39 WpHG maßgebliche Stimmrechtszahl des Meldepflichtigen entspricht der Summe aus (i) den Stimmrechten aus Aktien des Emittenten, die beim Meldepflichtigen gemäß §§ 33–36 WpHG zu berücksichtigen sind (→ Rn. 24–26a), und (ii) den Stimmrechten aus Instrumenten, die dem Meldepflichtigen gemäß §§ 38, 36 WpHG zustehen (→ Rn. 73–73b). Dabei sind Stimmrechte, die gleichzeitig unter mehrere Zurechnungstatbestände des § 34 WpHG oder in den Anwendungsbereich von § 33 und § 38 WpHG fallen, nicht zu kumulieren, sondern bei der Berechnung der Stimmrechtszahl nur einmal zu berücksichtigen.³⁷⁹ Andernfalls würde ein „überhöhter" Stimmrechtsanteil ausgewiesen, womit der Kapitalmarkt nicht zutreffend über den tatsächlichen bzw. potentiellen Stimmrechtseinflusses des Meldepflichtigen informiert würde.

---

³⁷³ Maßgeblich ist der im jüngsten aufgestellten und ggf. geprüften Jahres- bzw. Konzernabschluss des Meldepflichtigen ausgewiesene Umsatz (vgl. dazu auch BegrRegE BT-Drs. 18/3994, 54).
³⁷⁴ Assmann/Schneider/*Vogel* WpHG § 20a Rn. 110; Kölner Komm WpHG/*Mock/Stoll/Eufinger* WpHG § 20a Rn. 173; Kölner Komm WpHG/*Heinrich* WpHG § 25 Rn. 78; *Heusel*, Rechtfolgen der Verletzung der Beteiligungstransparenzvorschriften, 2011, 226.
³⁷⁵ Ebenfalls gegen die Schutzgesetzeigenschaft von § 25 WpHG: Schäfer/Hamann/*Opitz* WpHG § 25 Rn. 67; aA *Heusel*, Rechtfolgen der Verletzung der Beteiligungstransparenzvorschriften, 2011, 224.
³⁷⁶ Begr RegE, BT-Drs. 17/3628, 17 reSp (Vermeidung eines Aufbaus größerer Stimmrechtsbestände in intransparenter Weise); BaFin-Journal 3/2012, S. 8; *Brandt* CFL 2012, 110.
³⁷⁷ Assmann/Schneider/*Schneider* WpHG § 25a Rn. 14; *Heusel* WM 2012, 291 (292); *Weber-Rey/Benzler* in Habersack/Mülbert/Schlitt Kapitalmarktinformation-HdB § 20 Rn. 140.
³⁷⁸ Begr RegE, BT-Drs. 18/5010, 46.
³⁷⁹ Begr RegE BT-Drs. 18/5010, 47.

Die so errechnete Stimmrechtzahl des Meldepflichtigen (Zähler) ist ins Verhältnis zur zuletzt nach § 41 WpHG veröffentlichten Gesamtzahl der Stimmrechte aus Aktien des Emittenten (Nenner) zu setzen, woraus sich der für Zwecke des § 39 WpHG maßgebliche Stimmrechtsanteil ergibt.

b) Schwellenberührung. Eine Mitteilung nach § 39 Abs. 1 WpHG ist stets erforderlich, wenn der aggregierte Stimmrechtsanteil aus Aktien und Instrumenten eine **Meldeschwelle** des § 33 Abs. 1 WpHG (mit Ausnahme der 3 %-Schwelle) **erreicht, über- oder unterschreitet.** Eine Veränderung des aggregierten Stimmrechtsanteils ohne Schwellenberührung löst hingegen keine Mitteilungspflicht nach § 39 WpHG aus. Ebenso wenig wird eine Mitteilungspflicht nach § 39 WpHG ausgelöst, wenn sich nur die Zusammensetzung des aggregierten Stimmrechtsanteils ändert (also etwa unter Ausnutzung eines zuvor gehaltenen Instruments stimmberechtigte Aktien erworben werden).

76e

c) Erstmalige Börsenzulassung. Im Fall der erstmaligen Börsenzulassung der Aktien des Emittenten wird neben den Mitteilungspflichten nach § 33 Abs. 2 WpHG und ggf. § 38 Abs. 1 WpHG zugleich auch eine Mitteilungspflicht nach § 39 WpHG in Bezug auf den aggregierten Stimmrechtsbestand ausgelöst, sofern dieser zumindest die 5 %-Schwelle erreicht.

76f

4. Inhalt, Form und Frist der Mitteilung. Der Inhalt der Mitteilung richtet sich nach § 12 Abs. 1 WpAIV iVm dem der WpAIV als Anlage beigefügten Formular. Die Mitteilung ist gemäß § 14 WpAIV schriftlich oder per Fax in deutscher oder englischer Sprache an den Emittenten und die BaFin zu übermitteln. Die Mitteilung muss unverzüglich (§ 121 Abs. 1 Satz 1 BGB), spätestens innerhalb von vier Handelstagen, erfolgen, sobald der Meldepflichtige weiß oder wissen muss, dass er einen meldepflichtigen Bestand an Aktien und/oder Instrumenten hält bzw. nicht mehr hält (→ Rn. 75). Im Fall der passiven Schwellenberührung (aus Anlass der Änderung der Gesamtzahl der Stimmrechte des Emittenten) beginnt die Mitteilungspflicht erst mit positiver Kenntnis des Meldepflichtigen, spätestens jedoch ab Vornahme der Veröffentlichung nach § 41 WpHG durch den Emittenten (vgl. § 33 Abs. 1 Satz 5 WpHG iVm § 39 Abs. 1 WpHG).

76g

5. Rechtsfolgen einer Verletzung der Mitteilungspflicht. Die Verletzung der Mitteilungspflicht kann einen Rechtsverlust nach § 44 WpHG zur Folge haben. Der Rechtsverlust beschränkt sich dabei allerdings gem. § 44 Abs. 2 WpHG auf die dem Meldepflichtigen gehörenden Aktien (→ Rn. 76). Zudem stellt die vorsätzliche oder leichtfertige Mitteilungspflichtverletzung eine Ordnungswidrigkeit gem. § 120 Abs. 2 Nr. 2 lit. e WpHG dar (zur Höhe der Geldbuße → Rn. 76). Weiterhin kann die Verletzung der Mitteilungspflicht den Tatbestand der Marktmanipulation nach Art. 12 Abs. 1 lit. c, 15 MAR erfüllen (→ Rn. 76). Mangels Schutzgesetzeigenschaft (→ Rn. 16) kommt eine Schadensersatzpflicht des Meldepflichtigen nach § 823 Abs. 2 BGB gegenüber dem Emittenten der Aktien, auf die sich die Instrumente beziehen, und dessen Aktionären nicht in Betracht. Maßnahmen und Sanktionen wegen Verstößen gegen die Mitteilungspflicht nach § 39 WpHG sind durch die BaFin gem. § 124 WpHG bekannt zu machen (→ Rn. 76). In **Konzernsachverhalten** sind Tochterunternehmen gemäß § 37 Abs. 1 WpHG von der Abgabe eigener Mitteilungen befreit, wenn das Mutterunternehmen eine Mitteilung nach § 39 Abs. 1 WpHG iVm § 12 Abs. 1, 2 WpAIV abgegeben hat (→ Rn. 64).

76h

IX. Veröffentlichungspflichten des Emittenten (§§ 40, 41 WpHG)

1. Überblick. Die Veröffentlichungspflichten des Emittenten sind durch das TUG in erheblichem Umfang geändert worden. § 40 WpHG iVm §§ 15–17 WpAIV setzen das Publikationsregime der Transparenzrichtlinie II und der hierzu ergangenen Durchführungsrichtlinie 2007/14/EG der Kommission um. Die Veröffentlichungspflichten gelten für Inlandsemittenten (→ Rn. 10). Inlandsemittenten mit Sitz in einem Drittstaat (nicht EU-/EWR-Mitgliedsstaat) kann die BaFin gem. § 46 WpHG von den Pflichten nach §§ 40 Abs. 1, 41 WpHG befreien.[380] Dies gilt jedoch nicht in Bezug auf Mitteilungen nach § 39 WpHG (vgl. § 46 Abs. 1 Satz 3 WpHG). Um einen Gleichlauf der Veröffentlichungspflicht des Emittenten im Falle des Haltens eigener Aktien mit den übrigen aktienrechtlichen Regelungen zu erreichen, wurden durch das TRL-ÄndRL-UmsG in die Veröffentlichungspflicht nach § 40 Abs. 1 Satz 2 WpHG auch von Tochterunternehmen des Emittenten gehaltene Aktien des Emittenten einbezogen.[381] Zudem hat der Gesetzgeber die Veröffentlichungspflicht aus Anlass von Veränderungen der Gesamtstimmrechtszahl (§ 41 WpHG) geändert, um eine zeitnahe Information des Kapitalmarktes und Transparenzdefizite durch die Anknüpfung der Mitteilungspflichten nach §§ 33 ff. WpHG an die zuletzt erfolgte Veröffentlichung nach § 41 WpHG zu minimieren.[382]

77

---

[380] Vgl. *Hutter/Kaulamo* NJW 2007, 471 (476).
[381] Begr RegE BT-Drs. 18/5010, 47.
[382] Begr RegE BT-Drs. 18/5010, 47.

78 **2. Veröffentlichung erhaltener Mitteilungen (§ 40 Abs. 1 Satz 1 WpHG). a) Gegenstand.**
Zu veröffentlichen sind nur erhaltene Stimmrechtsmitteilungen nach den §§ 33, 38 und 39 WpHG bzw. nach den anwendbaren Vorschriften anderer EU-/EWR-Staaten. Sonstige freiwillige Mitteilungen müssen nicht veröffentlicht werden. Ebenso wenig besteht eine Veröffentlichungspflicht bei anderweitiger Kenntniserlangung von mitteilungspflichtigen Sachverhalten durch den Emittenten.[383]

79 Um eine Fehlinformation bzw. Irreführung des Kapitalmarktes zu vermeiden, sind offensichtlich fehlerhafte Mitteilungen vom Emittenten vorerst nicht zu veröffentlichen, sondern der Meldepflichtige zur Korrektur aufzufordern.[384] Wird die Mitteilung innerhalb der Veröffentlichungsfrist korrigiert, ist nur die Korrekturmitteilung zu veröffentlichen, da die Veröffentlichung fehlerhafter Mitteilungen eher zur Verwirrung des Kapitalmarktes als zur Steigerung der Transparenz beiträgt. Erfolgt keine Korrektur, sollte der Emittent eine Befreiung von der Veröffentlichungspflicht bei der BaFin erwirken (§ 4 WpHG).[385] Wird diese nicht erteilt, muss der Emittent die fehlerhafte Mitteilung veröffentlichen.[386]

80 **b) Inhalt, Form und Frist der Veröffentlichung.** Veröffentlicht werden müssen gem. § 15 WpAIV sämtliche Angaben der vom Emittenten erhaltenen Mitteilungen in dem vom Formular vorgegebenen Format (Grundsatz der „1:1"-Veröffentlichung).

81 Die Art und Sprache der Veröffentlichung bestimmt sich nach § 16 WpAIV iVm § 3a WpAIV; der Emittent kann die Veröffentlichung in Englisch vornehmen, wenn er die Mitteilung (nur) auf Englisch erhalten hat. Die Mitteilung über die Veröffentlichung ist an die BaFin weiterzuleiten (§ 40 Abs. 2 WpHG iVm §§ 17, 3c WpAIV). Ferner sind die veröffentlichten Informationen nach Veröffentlichung dem Unternehmensregister zur Speicherung zu übermitteln (§ 40 Abs. 1 Satz 1, 2. Halbs. WpHG).

82 Der Emittent muss die Veröffentlichung unverzüglich (§ 121 Abs. 1 Satz 1 BGB), spätestens innerhalb von drei Handelstagen (§ 47 WpHG), nach Erhalt der Stimmrechtsmitteilung vornehmen.

83 **3. Veröffentlichungspflicht bei Erwerb eigener Aktien (§ 40 Abs. 1 Satz 2).** Erwirbt der Emittent (§§ 2 Abs. 13, 33 Abs. 4 WpHG) selbst, ein Tochterunternehmen (§ 35 WpHG) des Emittenten oder ein Dritter, der für Rechnung des Emittenten handelt, (eigene) Aktien des Emittenten, hat der Emittent dies bei Berühren der Meldeschwellen von 5 % und 10 % (bei Emittenten, für die Deutschland Herkunftsstaat ist (→ Rn. 9), gilt zusätzlich die 3 %-Schwelle nach § 38 Abs. 1 Satz 2 WpHG zu veröffentlichen und der BaFin mitzuteilen. Da jedenfalls einem inländischen Emittenten aus eigenen Aktien keine Stimmrechte zustehen (§ 71b AktG), ist bei der Berechnung der nach § 40 Abs. 1 Satz 2 WpHG zu meldenden Beteiligung zu unterstellen, dass die Stimmrechte aus den eigenen Aktien nicht ruhen. Zu melden ist also der hypothetische Stimmrechtsanteil. Bei der Berechnung sind stets die (hypothetischen) Stimmrechte des Emittenten mit denjenigen zu aggregieren, die von Tochterunternehmen und für Rechnung des Emittenten handelnde Dritte gehalten werden. Maßgeblich sind dabei jeweils die Eigentumsverhältnisse. Da § 40 Abs. 1 Satz 2 WpHG nicht an das „Gehören" der Aktien anknüpft, findet die Regelung des § 33 Abs. 3 WpHG iRd § 40 Abs. 1 Satz 2 WpHG keine Anwendung.[387] Die so ermittelte (hypothetische) Stimmrechtszahl (Zähler) ist in das Verhältnis zur Gesamtzahl der Stimmrechte des Emittenten (Nenner) zu setzen. Seit Inkrafttreten des TRL-ÄndRL-UmwG[388] sind auch von Tochterunternehmen des Emittenten gehaltene Aktien des Emittenten zu berücksichtigen. Hierdurch wird ein weitgehender Gleichlauf der melderechtlichen Veröffentlichungspflicht mit den aktienrechtlichen Regelung zum Erwerb eigener Aktien (§§ 71, 71d AktG) erreicht. Anders als § 71d Satz 2, 2. Fall AktG erfasst der § 40 Abs. 1 Satz 2 WpHG nach seinem Wortlaut („für Rechnung dieses Emittenten") jedoch nicht Aktien des Emittenten, die von einem Dritten für Rechnung des Tochterunternehmens gehalten werden. Insoweit scheidet auch eine analoge Anwendung des § 40 Abs. 1 Satz 2 WpHG aufgrund des wegen der Bußgeldvorschrift des § 120 Abs. 2 WpHG zu beachtenden **Analogieverbots** nach Art. 103 Abs. 2 GG iVm § 3 OWiG aus (vgl. → Rn. 39). Der Inhalt der Veröffentlichung richtet sich nach § 33 Abs. 1 WpHG i.V.m. § 12 WpAIV (vgl. § 40 Abs. 1 Satz 2 WpHG).[389] Art und Sprache der Veröffentlichung richten sich nach § 16 WpAIV.

---

[383] OLG Stuttgart AG 2009, 124 (128); Assmann/Schneider/*Schneider* WpHG § 26 Rn. 7.
[384] Vgl. Kölner Komm WpHG/*Hirte* WpHG § 26 Rn. 28; Assmann/Schneider/*Schneider* WpHG § 26 Rn. 14, 38.
[385] Vor Inkrafttreten des TUG war dies in § 25 Abs. 4 WpHG aF ausdrücklich geregelt.
[386] Kölner Komm WpHG/*Hirte* WpHG § 26 Rn. 28.
[387] aA Emmerich/Habersack/*Schürnbrand* WpHG § 26 Rn. 5.
[388] Zur früheren Rechtslage: BaFin Emittentenleitfaden, 2013, S. 155.
[389] Die BaFin hat für die Veröffentlichung nach § 40 Abs. 1 Satz 2 WpHG ein Meldeformular auf ihrer Internetseite (www.bafin.de) veröffentlicht.

4. Veränderungen der Gesamtzahl der Stimmrechte des Emittenten (§ 41 WpHG). Ist 84
es bei einem Inlandsemittenten (§§ 2 Abs. 13, 33 Abs. 4 WpHG) zu einer Zu- oder Abnahme von
Stimmrechten gekommen (zB in Folge einer **Kapitalerhöhung oder -herabsetzung**), so ist er
verpflichtet, die (neue) Gesamtzahl der Stimmrechte und das Datum der Wirksamkeit der Zu- oder
Abnahme unverzüglich (§ 121 Abs. 1 Satz 1 BGB), spätestens innerhalb von zwei Handelstagen (§ 47
WpHG) zu veröffentlichen und der BaFin mitzuteilen (§ 41 Abs. 1 WpHG). Die Frist beginnt mit
der Kenntnis bzw. dem Kennenmüssen der Stimmrechtsveränderung (zB Eintragung der Kapitalerhöhung in das Handelsregister, wobei unerheblich ist, ob das Registergericht diese bereits bekannt
gemacht hat[390]). Im Falle der Ausgabe von **Bezugsaktien aus bedingtem Kapital** ist gem. § 41
Abs. 2 WpHG abweichend hiervon die Gesamtzahl der Stimmrechte nur im Zusammenhang mit
einer ohnehin erforderlichen Veröffentlichung nach § 41 Abs. 1 WpHG, spätestens jedoch am Ende
des Kalendermonats (letzter Tag des Monats, vgl. § 192 BGB), in dem es zu einer Veränderung
gekommen ist, durch den Emittent zu veröffentlichen. Fällt dieser Tag auf einen Samstag, Sonntag
oder gesetzlichen Feiertag ist die Veröffentlichung spätestens am nächsten Werktag vorzunehmen.[391]
Eine Veröffentlichung am letzten, dem Monatsende vorausgehenden Werktag ist ebenfalls möglich.
In der Mitteilung nach § 41 Abs. 2 WpHG ist anders als im Fall von § 41 Abs. 1 WpHG der Tag,
an dem die Veränderung wirksam geworden ist, nicht anzugeben (§ 41 Abs. 2 Satz 2 WpHG); der
Emittent kann diese Angabe jedoch freiwillig machen.

5. Rechtsfolgen einer Verletzung der Veröffentlichungspflichten. Die vorsätzliche oder 84a
leichtfertige Verletzung der **Veröffentlichungspflichten** nach § 40 Abs. 1 Satz 1 Satz 1 und 2
WpHG und § 41 Abs. 1 Satz 1 WpHG stellt eine Ordnungswidrigkeit gem. § 120 Abs. 4 lit. a und
b WpHG dar, die gem. § 120 Abs. 17 WpHG mit einer Geldbuße bis zu dem höheren der folgenden
Berträge geahndet werden kann:[392] (i) 10.000.000 € (§ 120 Abs. 17 Satz 2 Nr. 1 WpHG), (ii) 5 %
des (Konzern-)[393] Gesamtumsatzes (bei inländischen Meldepflichtigen iSv § 277 Abs. 1 HGB),[394]
den die juristische Person im der Behördenentscheidung vorausgegangenen Geschäftsjahr erzielt
hat[395] (§ 120 Abs. 17 Satz 2 Nr. 2 WpHG), und (iii) das Dreifache des aus dem Verstoß gezogenen
wirtschaftlichen Vorteils oder vermiedenen wirtschaftlichen Nachteils (§ 120 Abs. 17 Satz 3 WpHG).
Die vorsätzliche oder leichtfertige Verletzung der gegenüber der BaFin bestehenden **Mitteilungspflichten** nach § 40 Abs. 2 WpHG und § 41 Abs. 1 Satz 2 WpHG stellt gem. § 120 Abs. 2 Nr. 2
lit. f bzw. g WpHG ebenfalls eine Ordnungswidrigkeit dar, die mit einer Geldbuße von bis zu
500.000 € geahndet werden kann (§ 120 Abs. 24 WpHG). Zudem kann die Verletzung der Veröffentlichungspflicht den Tatbestand der Marktmanipulation nach Art. 12 Abs. 1 lit. c MAR, Art. 15 MAR
erfüllen.[396] Mangels Schutzgesetzeigenschaft (→ Rn. 16) kommt eine Schadensersatzpflicht des
Emittenten nach § 823 Abs. 2 BGB gegenüber seinen Aktionären nicht in Betracht.[397] Die vorsätzliche oder leichtfertige Verletzung der **Übermittlungspflicht** nach § 40 Abs. 1 Satz 1 WpHG und
§ 41 Abs. 1 Satz 1 WpHG stellt eine Ordnungswidrigkeit gem. § 120 Abs. 2 Nr. 10 WpHG dar, die
mit einer Geldbuße von bis zu 500.000 € geahndet werden kann (§ 120 Abs. 24 WpHG).

X. Nachweis mitgeteilter Beteiligungen (§ 42 WpHG)

1. Regelungsgegenstand und Normzweck. Gemäß § 42 WpHG (zuvor § 27 WpHG aF) kön- 85
nen Emittent und BaFin[398] den Nachweis der ihnen mitgeteilten Beteiligungen verlangen. Der
Nachweisanspruch verfolgt einen doppelten Zweck: Die Steigerung der Effektivität der Kapital-

---

[390] BaFin, FAQ zu den Transparenzpflichten des WpHG, Stand: 3.1.2018, S. 35 zu Frage 53.
[391] Assmann/Schneider/*Schneider* WpHG § 26a Rn. 12; Kölner Komm WpHG/*Hirte* § 26a Rn. 19; aA BaFin Emittentenleitfaden, 2013, S. 156 (Veröffentlichung müsse am vorherigen letzten Handelstag vorgenommen werden); wohl ebenso *Schäfer* in Marsch-Barner/Schäfer Börsennotierte AG-HdB Rn. 18.73b.
[392] Keine Relevanz hat der allgemeine Bußgeldrahmen nach § 120 Abs. 17 Satz 2 Nr. 1 WpHG, da es sich beim Emittenten stets um eine juristische Person handelt.
[393] BegrRegE BT-Drs. 18/3994, 53.
[394] BegrRegE BT-Drs. 18/3994, 53.
[395] Maßgeblich ist der im jüngsten aufgestellten und ggf. geprüften Jahres- bzw. Konzernabschluss des Meldepflichtigen ausgewiesene Umsatz (vgl. dazu auch BegrRegE BT-Drs. 18/3994, 54).
[396] Assmann/Schneider/*Vogel* WpHG § 20a Rn. 110.
[397] Schäfer/Hamann/*Opitz* WpHG § 26 Rn. 23; Schwark/Zimmer/*Schwark* WpHG § 26 Rn. 14; aA Kölner Komm WpHG/*Hirte* WpHG § 26 Rn. 53 und § 26a Rn. 27; Assmann/Schneider/*Schneider* WpHG § 26 Rn. 70.
[398] Neben dem Nachweisanspruch nach § 42 WpHG kann die BaFin auch gem. § 6 Abs. 3 WpHG die erforderlichen Auskünfte und Informationen vom Meldepflichtigen verlangen (ebenso Bürgers/Körber/*Becker* Anh. § 22 § 27 WpHG Rn. 2).

marktaufsicht wie auch den Schutz des Emittenten und des Kapitalmarktes vor fehlerhaften Mitteilungen.[399]

86 **2. Normadressaten.** Nachweispflichtig ist derjenige, der die Mitteilung abgegeben hat (der Meldende).[400] Erfüllt ein Dritter die Mitteilungspflicht, kann der Nachweis auch unmittelbar vom Meldepflichtigen verlangt werden.[401] Anderenfalls könnte durch die Einschaltung (uninformierter) Dritter der Nachweisanspruch vereitelt werden.

87 **3. Anspruchsvoraussetzungen. a) Vorliegen einer Mitteilung.** Der Nachweisanspruch besteht nur in Bezug auf „mitgeteilte" Beteiligungen, also solchen, die Gegenstand einer Mitteilung nach § 33 Abs. 1 oder 2 WpHG, § 38 Abs. 1 WpHG oder § 39 Abs. 1 WpHG waren.[402] Nach dem eindeutigen Wortlaut („Wer eine Mitteilung ... abgegeben hat") besteht kein Nachweisanspruch, wenn der Emittent anderweitig, also nicht aufgrund einer Mitteilung Kenntnis von einem die Mitteilungspflicht auslösenden Sachverhalt erlangt.[403] § 42 WpHG begründet folglich keinen Ausforschungsanspruch gegen Aktionäre, bei denen angenommen wird, dass sie ihren Mitteilungspflichten nicht nachgekommen sind.[404]

88 Mitgeteilt ist die Beteiligung, die am Tag der Schwellenberührung bestand, so dass auch nur deren Nachweis verlangt werden kann. Daher wird durch § 42 WpHG **keine Überprüfung des Fortbestehens** der Beteiligung ermöglicht.[405] Obgleich nach dem Wortlaut lediglich die „Beteiligung" nachzuweisen ist, erfasst der Anspruch sämtliche Pflichtangaben des § 12 WpAIV iVm dem der WpAIV als Anlage beigefügten Formular,[406] da ansonsten die durch § 42 WpHG bezweckte Überprüfung der Ordnungsgemäßheit der Mitteilung nicht vollständig ermöglicht würde. Der Nachweis kann in jeder geeigneten Weise erbracht werden,[407] bspw. durch eine Bestätigung des depotführenden Instituts.

89 **b) Verlangen des Emittenten oder der BaFin.** Die Nachweispflicht besteht nur auf **Verlangen.** Grds. besteht keine Pflicht des Emittenten, einen Nachweis zu verlangen. Bei Zweifeln (nicht nur Mutmaßungen oder Gerüchten) an der Richtigkeit der Mitteilung (zB aufgrund von widersprüchlichen Angaben) muss der Vorstand des Emittenten jedoch auf einen Nachweis bestehen.[408] Unterlässt er dies, kann er sich gegenüber der Gesellschaft nach § 93 Abs. 2 bzw. 3 AktG schadensersatzpflichtig machen (etwa wenn Dividenden zu Unrecht ausgezahlt werden).[409] Das Nachweisverlangen unterliegt keiner besonderen Form und ist nicht fristgebunden.[410] Daher kann der Anspruch auch noch nach Aufgabe der Beteiligung geltend gemacht werden, etwa um die Rückforderung von Dividenden wegen eines möglichen Rechtsverlusts nach § 44 WpHG prüfen zu können.

90 **4. Durchsetzbarkeit.** Die **BaFin** kann ihren Nachweisanspruch im Wege der Verwaltungsvollstreckung durchsetzen.[411] Der Emittent kann seinen Anspruch einklagen und den erwirkten Titel nach § 888 ZPO vollstrecken.[412] Zur gerichtlichen Durchsetzung → § 22 AktG Rn. 6 ff.

---

[399] MüKoAktG/*Bayer* Anh. § 22 § 27 WpHG Rn. 1; NK-AktR/*Heinrich* WpHG § 27 Rn. 1; Schäfer/Hamann/*Opitz* WpHG § 27 Rn. 1.
[400] *Schäfer* in Marsch-Barner/Schäfer Börsennotierte AG-HdB Rn. 18.75.
[401] Kölner Komm WpHG/*Hirte* WpHG § 27 Rn. 10; Bürgers/Körber/*Becker* Anh. § 22 § 27 WpHG Rn. 2; Schäfer/Hamann/*Opitz* WpHG § 27 Rn. 3 (Nachweis obliege dem Vertretenen); Assmann/Schneider/*Schneider* WpHG § 27 Rn. 4.
[402] OLG Stuttgart AG 2009, 124 (128) („... sofern eine solche Meldung vorliegt."); Kölner Komm WpHG/*Hirte* § 27 Rn. 9; Assmann/Schneider/*Schneider* WpHG § 27 Rn. 4.
[403] Kölner Komm WpHG/*Hirte* WpHG § 27 Rn. 10; MüKoAktG/*Bayer* Anh. § 22 § 27 WpHG Rn. 3; Assmann/Schneider/*Schneider* WpHG § 27 Rn. 4; NK-AktR/*Heinrich* WpHG § 27 Rn. 2.
[404] OLG Stuttgart AG 2009, 124 (128); Schäfer/Hamann/*Opitz* WpHG § 21 Rn. 41; Assmann/Schneider/*Schneider* WpHG § 27 Rn. 8 ff.; aA Kölner Komm WpHG/*Hirte* WpHG § 27 Rn. 18.
[405] Assmann/Schneider/*Schneider* WpHG § 27 Rn. 8a; aA Schäfer/Hamann/*Opitz* WpHG § 27 Rn. 7; NK-AktR/*Heinrich* WpHG § 27 Rn. 2.
[406] Assmann/Schneider/*Schneider* WpHG § 27 Rn. 12; aA Fuchs/*Zimmermann* WpHG § 27 Rn. 8 (nur Anspruch auf Nachweis der Höhe des Stimmrechtsanteils).
[407] BegrRegE BT-Drs. 12/6679, 56; Assmann/Schneider/*Schneider* WpHG § 27 Rn. 13 ff.
[408] OLG Stuttgart AG 2009, 124 (128); Kölner Komm WpHG/*Hirte* WpHG § 27 Rn. 16; Schäfer/Hamann/*Opitz* WpHG § 27 Rn. 5.
[409] Schäfer/Hamann/*Opitz* WpHG § 27 Rn. 5.
[410] Emmerich/Habersack/*Schürnbrand* WpHG § 27 Rn. 4.
[411] OLG Stuttgart AG 2009, 124 (128); Assmann/Schneider/*Schneider* WpHG § 27 Rn. 19.
[412] MüKoAktG/*Bayer* Anh. § 22 § 27 WpHG Rn. 5; Assmann/Schneider/*Schneider* WpHG § 27 Rn. 18; Emmerich/Habersack/*Schürnbrand* WpHG § 27 Rn. 6.

XI. Mitteilungspflichten für Inhaber wesentlicher Beteiligungen (§ 43 WpHG)

1. Regelungsgegenstand und Normzweck. Mit § 43 WpHG wurde durch das Risikobegren- 91
zungsgesetz mit Wirkung zum 31.5.2009 eine zusätzliche Mitteilungspflicht für die Inhaber wesentlicher Beteiligungen (10 % oder mehr der Stimmrechte) eingeführt. Inhaber wesentlicher Beteiligungen müssen seither neben den Mitteilungen nach § 33 Abs. 1 WpHG[413] bei Erreichen oder Überschreiten der Schwelle von 10 % oder einer höheren Meldeschwelle die mit dem Beteiligungserwerb verfolgten Ziele und die Herkunft der für den Erwerb verwendeten Mittel offenlegen. Hierdurch sollen „gesamtwirtschaftlich unerwünschte Aktivitäten von Finanzinvestoren" verhindert bzw. zumindest erschwert werden.[414]

Allerdings kann gem. § 43 Abs. 3 WpHG in der Satzung des Emittenten vorgesehen werden, 92
dass die zusätzliche Mitteilungspflicht keine Anwendung findet (**Opt-out-Möglichkeit**).[415]

2. Normadressaten. Die zusätzliche Mitteilungspflicht trifft nur **Meldepflichtige**, deren 93
Stimmrechtsanteil aus Aktien (§§ 33–36 WpHG) die 10 %-Meldeschwelle oder eine höhere Schwelle des § 33 Abs. 1 WpHG erreicht oder überschreitet. Wegen der Bezugnahme auf § 34 WpHG ist nicht nur der unmittelbare Aktionär, sondern jeder mitteilungspflichtig, dem in erforderlicher Höhe Stimmrechte zugerechnet werden.[416] Keiner Mitteilungspflicht nach § 43a Abs. 1 WpHG unterliegen gemäß § 43 Abs. 1 Satz 6 WpHG Kapitalverwaltungsgesellschaften iSd KAGB sowie ausländische Verwaltungsgesellschaften und Investmentgesellschaften iSd OGAW-Richtlinie, die einem Art. 25 Abs. 1 Satz 1 der OGAW-Richtlinie entsprechenden Verbot unterliegen, sofern eine Anlagegrenze von 10 % oder weniger festgelegt worden ist.

Die Mitteilungspflicht besteht nur gegenüber **Emittenten**, für die Deutschland Herkunftsstaat 94
ist (→ Rn. 9). Im Unterschied zu den Mitteilungspflichten nach §§ 33, 38 und 39 WpHG bedarf es nach § 43 Abs. 1 WpHG keiner Mitteilung an die BaFin.

3. Mitteilungspflichtige Vorgänge. a) Erwerb oder Ausbau einer wesentlichen Beteili- 95
gung (§ 43 Abs. 1 Satz 1 WpHG). Erreicht oder überschreitet der Stimmrechtsanteil aus Aktien die Schwellen von 10 %, 15 %, 20 %, 25 %, 30 %, 50 % oder 75 %, muss der Meldepflichtige die Ziele und die Herkunft der Mittel offenlegen. Bei der Ermittlung des Stimmrechtsanteils des Meldepflichtigen sind die §§ 34–36 WpHG zu berücksichtigen.[417] Ab Erreichen der Meldeschwelle von 10 % ist daher bei einem weiteren Aufbau der Beteiligung neben der Mitteilung nach § 33 Abs. 1 WpHG stets auch eine Mitteilung nach § 43 Abs. 1 WpHG erforderlich. **Stimmrechte aus Instrumenten** (§ 38 WpHG) bleiben unberücksichtigt, da § 43 Abs. 1 WpHG nach seinem Wortlaut nur für „Meldpflichtige im Sinne der §§ 33 und 34" gilt.[418] Aus dem gleichen Grund löst auch das Erreichen oder Überschreiten der zusätzlichen Meldeschwellen des § 11 Abs. 5 REITG keine Mitteilungspflicht nach § 43 WpHG aus.

Ausgelöst wird die Mitteilungspflicht nach § 43 WpHG nur bei einem Beteiligungsaufbau, so 96
dass eine Schwelle nur dann **„erreicht"** wird, wenn dies Folge eines Hinzuerwerbs von Stimmrechten ist.[419] Im Falle des **Unterschreitens** von Schwellen wird keine Mitteilungspflicht nach Satz 1 ausgelöst; ggf. muss jedoch eine Zweckänderung nach Satz 2 mitgeteilt werden. Wird die wesentliche Beteiligung aufgrund eines **Angebots iSv § 2 Abs. 1 WpÜG** erworben bzw. ausgebaut, bedarf es gem. Abs. 1 Satz 5 keiner Mitteilung nach § 43 WpHG. Diese Ausnahmeregelung ist weit auszulegen und erfasst alle Fälle, in denen die von § 43 WpHG angestrebte Transparenz bereits durch die übernahmerechtlichen Veröffentlichungspflichten hergestellt wird. Erfasst werden daher sämtliche Beteiligungserwerbe, die in einem zeitlichen und sachlichen Zusammenhang mit dem Angebot stehen, also insbesondere Parallel- und Nacherwerbe, die in der nach § 14 WpÜG veröffentlichten

---

[413] Im Fall der erstmaligen Zulassung der Aktien des Emittenten zum Handel an einem organisierten Markt (Fall des § 33 Abs. 2 WpHG) ist keine „Eingangsmitteilung" nach § 43 WpHG durch den Inhaber einer wesentlichen Beteiligung erforderlich, vgl. *Fleischer* AG 2008, 873 (876); *Greven/Fahrenholz* BB 2009, 1487 (1488); *v. Bülow/ Stephanblome* ZIP 2008, 1797 (1801).
[414] BegrRegE BT-Drs. 16/7438, 8.
[415] Eine Übersicht über die Emittenten, die von der Opt-out-Möglichkeit Gebrauch gemacht haben, findet sich in *Bayer/Hoffmann* AG 2013, R 199 ff.
[416] *Fleischer* AG 2008, 873 (876); *Schneider* FS Nobbe, 2009, 741 (748).
[417] MüKoAktG/*Bayer* Anh. § 22 § 27a WpHG Rn. 2; *Greven/Fahrenholz* BB 2009, 1487 (1489); Assmann/ Schneider/*Schneider* WpHG § 27a Rn. 6; *Zimmermann* ZIP 2009, 57 (61).
[418] MüKoAktG/*Bayer* Anh. § 22 § 27a WpHG Rn. 3; *Heusel* WM 2012, 291 (296); *Greven/Fahrenholz* BB 2009, 1487 (1489); Assmann/Schneider/*Schneider* WpHG § 27a Rn. 4; *Schneider* FS Nobbe, 2009, 741 (748); *Querfurth* WM 2008, 1957 (Fn. 6); *Zimmermann* ZIP 2009, 57 (61); aA *Fleischer* AG 2008, 873 (876); *König* BB 2008, 1910 (1912 f.).
[419] *Zimmermann* ZIP 2009, 57 (61).

Angebotsunterlage dargestellt bzw. angekündigt sind.[420] Nicht erforderlich ist, dass die wesentliche Beteiligung gerade durch den Vollzug des Angebots erworben wurde.

97 **b) Zieländerung (§ 43 Abs. 1 Satz 2 WpHG).** Ändern sich die Ziele, ist dies nach § 43 Abs. 1 Satz 2 WpHG mitzuteilen. Die Mitteilungspflicht wird bereits ausgelöst, wenn sich in einem der nach § 43 Abs. 1 Satz 3 WpHG mitzuteilenden Punkte eine Änderung ergibt. In der Änderungsmitteilung sind die geänderten bzw. neuen Ziele zu bezeichnen. Da § 43 Abs. 1 Satz 2 WpHG nur eine (unselbständige) „Aktualisierungspflicht" statuiert,[421] lösen Zieländerungen, ohne dass es zuvor eine Mitteilung nach § 43 Abs. 1 Satz 1 WpHG gegeben hat, keine Mitteilungspflicht nach § 43 Abs. 1 Satz 2 WpHG aus.

98 **4. Inhalt der Mitteilung.** Der Inhalt der Mitteilung richtet sich nach § 43 Abs. 1 Satz 3 und 4 WpHG. Anzugeben ist nach § 43 Abs. 1 Satz 3 WpHG, ob die Beteiligung strategischen Zielen oder der Erzielung von Handelsgewinnen dient (Abgrenzung wie beim Handelsbuch iSv § 36 Abs. 1 Nr. 2 WpHG)[422] (Nr. 1), ob weitere Stimmrechte (unmittelbar oder mittelbar) innerhalb der nächsten 12 Monate ab Auslösung der Mitteilungspflicht erworben werden sollen (Nr. 2)[423] sowie ob eine Einflussnahme auf die Besetzung der Organe des Emittenten (Nr. 3) und eine wesentliche Änderung der Kapitalstruktur der Gesellschaft (zB deutliche Erhöhung des Verschuldungsgrads, Ausschüttung einer Superdividende)[424] angestrebt wird (Nr. 4). Nach § 43 Abs. 1 Satz 4 WpHG muss angegeben werden, ob der die Mitteilungspflicht auslösende Beteiligungserwerb durch Eigen- oder Fremdmittel finanziert wurde. Maßgeblich ist insoweit die bilanzielle Einordnung.[425] Bei gemischter Finanzierung ist der jeweilige Anteil an der Gesamtfinanzierung anzugeben.[426] Weitere Angaben (zB zu Höhe, Laufzeit, Zinsen und sonstigen Konditionen der Finanzierung oder zu den finanzierenden Instituten) sind nicht erforderlich.[427]

99 **5. Form und Frist der Mitteilung.** Bis zu dem Erlass einer Verordnung nach § 43 Abs. 4 WpHG sind die für Mitteilungen nach § 33 WpHG geltenden Vorschriften heranzuziehen.[428] Danach muss die Mitteilung schriftlich oder per Fax an den Emittenten übermittelt werden. Die Frist beträgt 20 Handelstage. Da § 43 WpHG an die Mitteilungspflicht nach § 33 WpHG anknüpft, kann für den Fristbeginn auf § 33 Abs. 1 Satz 3 WpHG abgestellt werden, so dass es auf Kenntnis oder Kennenmüssen der Schwellenberührung bzw. – in den Fällen des § 43 Abs. 1 Satzes 2 WpHG – die Zieländerung ankommt.[429] Die Mitteilung kann in deutscher oder englischer Sprache erfolgen.[430]

100 **6. Rechtsfolgen bei Verletzung der Mitteilungspflicht.** An die Verletzung der Mitteilungspflicht nach § 43 Abs. 1 WpHG sind keine unmittelbaren Sanktionen geknüpft.[431] Wurde die erforderliche Mitteilung allerdings nicht (fristgerecht) gemacht, muss der Emittent diesen Umstand veröffentlichen (§ 43 Abs. 2 WpHG). Auch kann eine nicht ordnungsgemäße Mitteilung ggf. den Tatbestand der Marktmanipulation nach Art. 12 Abs. 1 lit. c MAR, Art. 15 MAR erfüllen.[432] Hinge-

---

[420] Für eine weite Auslegung von § 43 Abs. 1 Satz 5 WpHG: *Pluskat* NZG 2009, 206 (207 f.).
[421] *Diekmann/Merkner* NZG 2007, 921 (924); *Greven/Fahrenholz* BB 2009, 1487 (1490); *Korff* AG 2008, 692 (696); *v. Bülow/Stephanblome* ZIP 2008, 1797 (1803); *Weber-Rey* DStR 2008, 1967 (1968); *Schäfer* in Marsch-Barner/Schäfer Börsennotierte AG-HdB Rn. 18.65.
[422] *Pluskat* NZG 2009, 206 (208).
[423] Insoweit kann bspw. der Erwerb von Instrumenten iSd § 38 WpHG relevant sein, wenn dieser Erwerb mit dem Ziel des Aktienerwerbs erfolgt. In diesem Fall ist ggf. eine Zieländerung iSv § 43 Abs. 1 Satz 2 WpHG mitzuteilen. Nicht mitteilungspflichtig ist hingegen die Absicht, Instrumente iSd § 38 WpHG erwerben zu wollen (*Heusel* WM 2012, 291 (296)).
[424] *MüKoAktG/Bayer* Anh. § 22 § 27a WpHG Rn. 11; *Fleischer* AG 2008, 873 (879); Assmann/Schneider/*Schneider* WpHG § 27a Rn. 19.
[425] *Greven/Fahrenholz* BB 2009, 1487 (1492); *Fleischer* AG 2008, 873 (879); Schwark/Zimmer/*Schwark* WpHG § 27a Rn. 16.
[426] BegrRegE BT-Drs. 16/7438, 12; BaFin Emittentenleitfaden, 2013, S. 149.
[427] Vgl. *Brandt* BKR 2008, 441 (449); *Pluskat* NZG 2009, 206 (209); Assmann/Schneider/*Schneider* WpHG § 27a Rn. 20; *Zimmermann* ZIP 2009, 57 (62).
[428] *Greven/Fahrenholz* BB 2009, 1487 (1492 f.).
[429] *Fleischer* AG 2008, 873 (881); *Zimmermann* ZIP 2009, 57 (61).
[430] AA Assmann/Schneider/*Schneider* WpHG § 27a Rn. 24 (Mitteilung müsse in deutscher Sprache erfolgen, wenn Emittent eine Aktiengesellschaft deutschen Rechts sei); K. Schmidt/Lutter/*Veil* § 27a WpHG Rn. 18.
[431] Assmann/Schneider/*Schneider* WpHG § 27a Rn. 29; *Schneider* FS Nobbe, 2009, 741 (752).
[432] Emmerich/Habersack/*Schürnbrand* WpHG § 27a Rn. 14; MüKoAktG/*Bayer* Anh. § 22 § 27a WpHG Rn. 21; *Fleischer* AG 2008, 873 (882); *Querfurth* WM 2008, 1957 (1958 f.); *Greven/Fahrenholz* BB 2009, 1487 (1493).

gen scheidet mangels Schutzgesetzeigenschaft des § 43 WpHG eine Schadensersatzpflicht des Meldepflichtigen nach § 823 Abs. 2 BGB aus.[433]

7. Veröffentlichung der Mitteilung (§ 43 Abs. 1, 2 WpHG). Der Inlandsemittent hat die 101 ihm zugegangene Mitteilung gemäß § 40 Abs. 1 Satz 1 WpHG zu veröffentlichen (§ 43 Abs. 2, 1. Fall WpHG). Hat der Emittent zB aufgrund einer Stimmrechtsmitteilung nach § 33 Abs. 1 WpHG (positive) Kenntnis davon erlangt, dass ein Meldepflichtiger eine wesentliche Beteiligung erlangt bzw. ausgebaut hat und nicht (fristgemäß) seiner Mitteilungspflicht nach § 43 Abs. 1 WpHG nachgekommen ist, so hat er auch dies zu veröffentlichen (§ 43 Abs. 2, 2. Fall WpHG). Gleiches gilt, wenn der Emittent Kenntnis von einer Zieländerung (zB entgegen der früheren Mitteilung erfolgte Einflussnahme auf die Organbesetzung) erlangt und der Meldepflichtige seiner Mitteilungspflicht nach § 43 Abs. 1 Satz 2 WpHG nicht nachkommt. Seit dem TRL-ÄndRL-UmsG hat der Emittent die zu veröffentlichende Information zudem an das Unternehmensregister zur Speicherung zu übermitteln (§ 43 Abs. 2, 2. Halbs. WpHG).

XII. Rechtsverlust (§ 44 WpHG)

1. Regelungsgegenstand und Normzweck. Nach § 44 Abs. 1 Satz 1 WpHG (zuvor § 28 102 WpHG aF) bestehen Rechte aus Aktien, die einem Meldepflichtigen gehören oder aus denen ihm Stimmrechte gem. § 34 Abs. 1 WpHG zugerechnet werden, für die Zeit nicht, für welche Mitteilungspflichten nach § 33 Abs. 1 oder 2 WpHG nicht erfüllt werden. Die Vorschrift bezweckt die effiziente Durchsetzung der Mitteilungspflichten und die Sanktionierung von Verstößen.[434] Modifiziert wird die Regelung in § 44 Abs. 1 Satz 1 WpHG durch die Sätze 2 bis 4. Gemäß § 44 Abs. 1 Satz 2 WpHG erstreckt sich der Rechtsverlust nicht auf Ansprüche nach § 58 Abs. 4 AktG (Dividendenrecht) und § 271 AktG (Liquidationserlös), wenn die Mitteilung nicht vorsätzlich unterlassen wurde und nachgeholt worden ist.

Nach § 28 WpHG aF endete der Rechtsverlust stets mit Erstattung der erforderlichen Mitteilung, 103 weshalb insbesondere ein Stimmrechtsverlust sogar durch eine kurz vor der Abstimmung in der Hauptversammlung der Gesellschaft abgegebene Stimmrechtsmitteilung noch vermieden werden konnte.[435] Um ein hierdurch ermöglichtes Anschleichen an den Emittenten zu erschweren,[436] wurde durch das Risikobegrenzungsgesetz in § 28 Satz 3 WpHG aF ein um sechs Monate **verlängerter Rechtsverlust** bei vorsätzlicher oder grob fahrlässiger Verletzung von Mitteilungspflichten nach § 21 WpHG aF eingeführt. Ausgenommen hiervon waren lediglich Bagatellverstöße iSv § 28 Satz 4 WpHG aF.[437] § 28 Satz 3 und 4 WpHG aF sind am 19.8.2008 in Kraft getreten.[438] Hiervor erfolgte Mitteilungspflichtverstöße ziehen daher keinen verlängerten Rechtsverlust nach sich.[439]

Die Verletzung der Mitteilungspflichten nach **127 Abs. 2 und 5 WpHG** löst einen Rechts- 104 verlust nach § 28 Satz 1 WpHG aF (nicht jedoch § 44 WpHG) aus (§ 127 Abs. 4 bzw. Abs. 5 Satz 10 WpHG). Keine Anwendung findet insoweit der verlängerte Rechtsverlust, da § 28 Satz 3 und 4 WpHG aF erst nachträglich eingeführt wurde und auf zuvor erfolgte Verstöße keine Anwendung findet (→ Rn. 103). Hingegen findet § 44 WpHG keine Anwendung auf die Bestandsmitteilungspflichten nach § 127 Abs. 6–11 WpHG. Ebenso wenig bewirkt die Verletzung von Mitteilungspflichten nach **§ 43 Abs. 1 WpHG** einen Rechtsverlust nach § 44 WpHG.[440]

Durch das **TRL-ÄndRL-UmsG** wurde der Rechtsverlust auch auf die Verletzung der Meldepflich- 104a ten nach **§§ 38, 39 WpHG** erstreckt (§ 44 Abs. 2 WpHG).[441] In diesem Fällen wird der Rechtsverlust

---

[433] Emmerich/Habersack/*Schürnbrand* WpHG § 27a Rn. 14; *Fleischer* AG 2008, 873 (882); *Greven/Fahrenholz* BB 2009, 1487 (1493); *Querfurth* WM 2008, 1957 (1961); *v. Bülow/Stephanblome* ZIP 2008, 1797 (1804); Schwark/ Zimmer/*Schwark* WpHG § 27a Rn. 15; aA MüKoAktG/*Bayer* Anh. § 22 § 27a WpHG Rn. 21 (die Schutzgesetzeigenschaft bejahend).
[434] BegrRegE BT-Drs. 12/6679, 56; MüKoAktG/*Bayer* Anh. § 22 § 28 WpHG Rn. 1; NK-AktG/*Heinrich* WpHG § 28 Rn. 1; Schneider FS Kümpel, 2003, 477.
[435] KG AG 2009, 30, 38; BegrRegE BT-Drs. 16/7438, 13; Kölner Komm WpHG/*Kremer/Oesterhaus* WpHG § 28 Rn. 6; Assmann/Schneider/*Schneider* WpHG § 28 Rn. 27a ff.
[436] BegrRegE BT-Drs. 16/7438, 13.
[437] Bericht FinanzA BT-Drs. 16/9821, 12.
[438] Art 1 Ziff. 5 Risikobegrenzungsgesetz.
[439] *v. Bülow/Petersen* NZG 2009, 481 (486); *Korff* AG 2008, 692 (699); *Heinrich/Kiesewetter* Der Konzern 2009, 137 (144); aA *Süßmann/Meder* WM 2009, 976 (978 f.). Vgl. auch LG Berlin BB 2009, 1265 (keine Rückwirkung in Bezug auf vor dem Inkrafttreten des § 28 Satz 3 WpHG ausgeübte Rechte).
[440] *Söhner* ZIP 2015, 2451 (2457); Emmerich/Habersack/*Schürnbrand* WpHG § 28 Rn. 6; *Fleischer* AG 2008, 873 (881).
[441] Zuvor war die Verletzung der Mitteilungspflichten beim Halten von Instrumenten nach §§ 25, 25a WpHG aF nicht mit dem Rechtsverlust nach § 28 WpHG aF sanktioniert, vgl. *Brouwer* AG 2012, 78 (79); *Teichmann/*

jedoch – anders als bei der Verletzung der Mitteilungspflichten nach § 33 Abs. 1 und 2 WpHG (→ Rn. 109) – auf die Person des Meldepflichtigen beschränkt. Zudem wurde der bisherige Wortlaut des § 28 WpHG aF in Abs. 1 übernommen. Satz 1 wurde dahingehend geändert, dass der Rechtsverlust nicht nur die vom Meldepflichtigen gehaltenen und ihm nach § 34 Abs. 1 Satz 1 Nr. 1 und 2 WpHG zugerechneten Stimmrechte, sondern sämtliche dem Meldepflichtigen nach § 34 WpHG zugerechneten Stimmrechte erfasst.

105 **2. Rechtsverlust (§ 44 Abs. 1 Satz 1, Abs. 2 WpHG). a) Voraussetzungen. aa) Nichterfüllung einer Mitteilungspflicht.** § 44 Abs. 1 Satz 1 (ggf. iVm Abs. 2) WpHG sanktioniert nur die Verletzung von Mitteilungspflichten nach §§ 33 Abs. 1 und 2, 38 Abs. 1 und 39 Abs. 1 WpHG.[442] Folglich löst eine fehlerhafte freiwillige Mitteilung nicht die Sanktion des § 44 Abs. 1 Satz 1 WpHG aus, da gegen keine „Mitteilungspflicht" verstoßen wird. Auch können unterlassene oder fehlerhafte **Veröffentlichungen nach § 40 WpHG** durch den Emittenten[443] oder in der Datenbank auf der Webseite der BaFin[444] einen Rechtsverlust nicht bewirken, da hier keine den Meldepflichtigen treffenden Pflichten verletzt werden.

106 Aus dem Wortlaut des § 44 WpHG geht nicht eindeutig hervor, ob es eines vollständigen Unterlassens der Mitteilung bedarf, um von einer **„Nichterfüllung"** sprechen zu können. Während dies von einer Ansicht gefordert wird,[445] wird nach herrschender Auffassung[446] in Anlehnung an § 120 Abs. 2 aE WpHG die Sanktion immer dann ausgelöst, wenn die gebotene Mitteilung gar nicht oder nicht ordnungsgemäß, also nicht richtig, nicht vollständig, nicht in der vorgeschriebenen Weise[447] (also zB nicht unter Verwendung des Formulars zu § 12 WpAIV) oder nicht rechtzeitig gemacht wird. Letztere Ansicht verdient den Vorzug, da auch eine erfolgte fehlerhafte Mitteilung geeignet sein kann, die durch die Mitteilungspflichten angestrebte Transparenz zu vereiteln. Maßgeblich für die Frage, ob der Mitteilungspflicht genügt wurde, ist die zuletzt erstattete Mitteilung. Ist die letzte Mitteilung ordnungsgemäß, sind Fehler früherer Mitteilungen unerheblich.[448] Dies gilt auch dann, wenn die zuletzt erstattete ordnungsgemäße Mitteilung eine Bestandsmitteilung nach § 127 WpHG ist, da auch durch diese die vom WpHG angestrebte Beteiligungstransparenz hergestellt wird.[449]

107 Aus Gründen der Verhältnismäßigkeit sind inhaltliche Fehler, Unvollständigkeiten oder Verfristungen unerheblich und führen nicht zu einem Rechtsverlust nach § 44 WpHG, solange der mit der Mitteilung verfolgte Informationszweck erfüllt wird (sog. **unwesentliche Mängel**).[450] Unwesentlich sind insbesondere offensichtliche Schreibfehler,[451] geringfügige Abweichungen des gehaltenen vom

---

Epe WM 2012, 1213 (1215); *Brandt* BKR 2008, 441 (444); *Fleischer* ZGR 2008, 185 (210); *Fleischer* AG 2008, 873 (881) (zu § 27a WpHG); *Korff* AG 2008, 692 (694); *Möller/Holzner* NZG 2008, 166 (170); *Schneider/Brouwer* AG 2008, 557 (559); *Scholz* AG 2009, 313 (314); aA *Wilsing/Goslar* DB 2007, 2467 (2471) (zu § 25 WpHG: fehlerhafte Aggregation könne Stimmrechtsverlust auslösen). Für eine Ausweitung des § 28 WpHG aF auf Verletzungen der Meldepflichten nach §§ 25, 25a WpHG aF *de lege ferenda*: *Brouwer* AG 2012, 78 ff.

[442] OLG Frankfurt ZIP 2008, 138 (142); LG Kiel BeckRS 2008, 12662; Kölner Komm WpHG/*Kremer/Oesterhaus* WpHG § 28 Rn. 27; Assmann/Schneider/*Schneider* WpHG § 28 Rn. 10.

[443] OLG Düsseldorf AG 2010, 710 (711) = BeckRS 2010, 01348; KG AG 2009, 30 (38); OLG Köln NZG 2009, 830 (831); LG München I AG 2009, 918 (922); MüKoAktG/*Bayer* Anh. § 22 § 28 WpHG Rn. 6.

[444] Vgl. OLG Frankfurt ZIP 2008, 138 (142) (Veröffentlichungen in Datenbank lassen keinen Rückschluss auf Fehlerhaftigkeit der Meldungen zu); LG Frankfurt BeckRS 2008, 03382 (insoweit nicht abgedruckt in ZIP 2008, 1183 f.).

[445] *Hüffer*, 10. Aufl. 2012, § 20 Rn. 22.

[446] OLG Düsseldorf AG 2010, 710 (711) = BeckRS 2010, 01348; OLG Düsseldorf AG 2009, 40 (41); MüKoAktG/*Bayer* Anh. § 22 § 28 WpHG Rn. 7; Schäfer/Hamann/*Opitz* WpHG § 28 Rn. 5; Assmann/Schneider/*Schneider* WpHG § 28 Rn. 16.

[447] Nach § 14 WpAIV (§ 18 aF) muss die Mitteilung an den Emittenten und die BaFin übermittelt werden. Da § 44 WpHG in erster Linie die Beteiligungstransparenz schützt, nicht aber der Unterstützung der BaFin bei ihrer Aufsichtstätigkeit dient, soll bei bloß fehlender Übermittlung der Mitteilung an die BaFin ein Rechtsverlust nicht ausgelöst werden, vgl. *Mülbert* FS K. Schmidt, 2009, 1226; *v. Bülow/Petersen* NZG 2009, 481 (482) (zu § 28 Satz 3 WpHG aF).

[448] OLG Stuttgart BeckRS 2008, 21818 (insoweit nicht abgedruckt in AG 2009, 124 ff.); OLG Köln Beschl. v. 5.2 2009 – 18 U 134/08, S. 7 (nicht veröffentlicht).

[449] LG Köln BeckRS 2009, 15920 – bestätigt durch OLG Köln Beschl. v. 5.2.2009 – 18 U 134/08, S. 7 (nicht veröffentlicht).

[450] OLG Düsseldorf BeckRS 2010, 01348; OLG Frankfurt ZIP 2008, 138 (142 f.); KG AG 2009, 30 (38); OLG Köln NZG 2012, 946 (949); OLG Köln BeckRS 2013, 04438; Kölner Komm WpHG/*Kremer/Oesterhaus* § 28 Rn. 31 f.; Schäfer/Hamann/*Opitz* WpHG § 28 Rn. 5; Assmann/Schneider/*Schneider* WpHG § 28 Rn. 17 und 19; *Scholz* AG 2009, 313 (315).

[451] OLG Düsseldorf AG 2006, 202 (205); *Scholz* AG 2009, 313 (316).

gemeldeten Stimmrechtsanteil,[452] geringfügige falsche Abgaben eines nach § 34 WpHG zugerechneten Stimmrechtsanteils[453] sowie sonstige formale Fehler (zB fehlerhafte Anschrift).[454]

bb) Verschulden. Der Rechtsverlust setzt ein Verschulden (Vorsatz oder Fahrlässigkeit) des **108** Meldepflichtigen voraus.[455] Ist der Meldepflichtige eine juristische Person, kommt es entsprechend § 31 BGB auf ein Verschulden ihres geschäftsführenden Organs an.[456] Eine Zurechnung von Drittverschulden kann mangels Zurechnungsnorm im WpHG mit Blick auf den Strafcharakter von § 44 WpHG auch nicht im Wege der analogen Rechtsanwendung begründet werden.[457] Allerdings kann dem Meldepflichtigen bei der Beauftragung Dritter ein eigenes Verschulden zur Last fallen, wenn er den Beauftragten nicht ordnungsgemäß ausgewählt, angeleitet und überwacht hat.[458] Der Pflichtenumfang hängt dabei von den Umständen des Einzelfalls ab, insbesondere von der Vorbildung und Erfahrung des Beauftragten und dessen bisheriger Bewährung.[459] An einem Verschulden des Meldepflichtigen fehlt es, wenn er einem unvermeidbaren Rechtsirrtum unterliegt (→ § 20 Rn. 40). Ein solcher liegt zB vor, wenn es zu einem Meldefehler gekommen ist, obgleich sich der Meldepflichtige ordnungsgemäß bei der Prüfung des Bestehens von Meldepflichten und der Erstellung der Mitteilungen hat beraten lassen (zB durch Einholung von Auskünften bei einem fachkundigen, im Wirtschaftsrecht tätigen Rechtsanwalt[460] oder der BaFin[461]). Ebenfalls fehlt es an einem Verschulden des Meldepflichtigen, wenn seine Mitteilung in Folge einer unterbliebenen oder fehlerhaften Veröffentlichung des Emittenten nach § 41 WpHG unrichtig ist. Korrigiert der Emittent seine fehlerhafte Veröffentlichung nach § 41 WpHG, ist auch der Meldepflichtige zu einer Korrektur seiner Mitteilung verpflichtet, soweit der meldete vom tatsächlich gehaltenen Stimmrechtsanteil nicht nur unwesentlich abweicht (→ Rn. 107).

b) Umfang des Rechtsverlusts. Ein verschuldeter Verstoß gegen Mitteilungspflichten aus **109** § 33 Abs. 1 oder 2 WpHG zieht als Sanktion den **zeitweiligen,**[462] **aber – vorbehaltlich § 44**

---

[452] OLG Frankfurt ZIP 2008, 138 (142 f.) (Abweichung um 1,28%-Punkte); KG AG 2009, 30 (38) (Abweichung um 0,79 und 1,64%-Punkte); OLG Köln NZG 2012, 946 (949) (soweit Abweichung nicht dazu führt, dass Meldeschwelle berührt wird); *Scholz* AG 2009, 313 (316); einschränkend: *Riegger/Wasmann* FS Hüffer, 2010, 823 (838) (mit Blick auf § 28 Satz 4 WpHG aF seien geringfügige Ungenauigkeiten nur dann unbeachtlich sein, wenn dem Meldepflichtigen insoweit kein Vorsatz oder grobe Fahrlässigkeit zur Last fällt).

[453] *Fuchs/Zimmermann* WpHG § 28 Rn. 15 (sofern der Gesamtstimmrechtsanteil zutreffend und das Vorliegen einer Zurechnung angegeben wurde und die Mitteilung nicht im Widerspruch zu Drittmeldungen steht).

[454] OLG Düsseldorf BeckRS 2010, 01348 (unvollständige Anschrift); LG Köln BeckRS 2009, 15920; *Scholz* AG 2009, 313 (316).

[455] OLG Düsseldorf BeckRS 2013, 21114; OLG München NZG 2009, 1386 (1388); KG AG 2009, 30 (38); LG Köln AG 2008, 336 f.; LG Frankfurt BeckRS 2017, 140170 (Rn. 32); *Fuchs/Zimmermann* WpHG § 28 Rn. 16; *Emmerich/Habersack/Schürnbrand* WpHG § 28 Rn. 10; *Fleischer* DB 2009, 1335; *MüKoAktG/Bayer* Anh. § 22 § 28 WpHG Rn. 11; *Assmann/Schneider/Schneider* WpHG § 28 Rn. 20; *Schäfer/Hamann/Opitz* WpHG § 28 Rn. 6; *Bürgers/Körber/Becker* Anh. § 22 § 28 WpHG Rn. 2; *Schäfer* in Marsch-Barner/Schäfer Börsennotierte AG-HdB Rn. 18.50; aA zu § 20 Abs. 7 AktG: OLG Schleswig ZIP 2007, 2214, 2216 (für versammlungsbezogene Verwaltungsrechte sei kein Verschulden erforderlich). Zum Vorsatzbegriff siehe *Scholz/Weiß* BKR 2013, 324 ff. sowie *Riegger/Wasmann* FS Hüffer, 2010, 823 (839 ff.).

[456] *MüKoAktG/Bayer* § 20 Rn. 84; *Schäfer/Hamann/Opitz* WpHG § 28 Rn. 10; *Mülbert* FS K. Schmidt, 2009, 1237.

[457] In diese Richtung auch *Schäfer/Hamann/Opitz* WpHG § 28 Rn. 10; *v. Bülow/Petersen* NZG 2009, 481 (483); *Fleischer* DB 2009, 1335 (1340); *Kölner Komm WpÜG/Kremer/Oesterhaus* WpÜG § 59 Rn. 80; aA *MüKoAktG/Schlitt* WpÜG § 59 Rn. 58; *MüKoAktG/Bayer* AktG § 20 Rn. 84.

[458] *v. Bülow/Petersen* NZG 2009, 481 (483); *Fleischer* DB 2009, 1335 (1338); detailliert: *Heusel*, Rechtsfolgen der Verletzung der Beteiligungstransparenzvorschriften, 2011, 144 ff.

[459] *v. Bülow/Petersen* NZG 2009, 481 (483).

[460] LG Düsseldorf Urt v 29.8.2012 – 41 O 87/10, S. 32 (nicht veröffentlich; bestätigt durch OLG Düsseldorf BeckRS 2013, 21114); *v. Bülow/Petersen* NZG 2009, 481 (483); *Fleischer* DB 2009, 1335 (1338); siehe auch *Riegger/Wasmann* FS Hüffer, 2010, 823 (825) (denen zufolge sich der Meldepflichtige allerdings der Fachkompetenz des Anwalts vergewissern müsse); *Heusel*, Rechtsfolgen der Verletzung der Beteiligungstransparenzvorschriften, 2011, 147 f.

[461] LG München I AG 2009, 918 (923); LG Düsseldorf Urt. v. 29.8.2012 – 41 O 87/10, S. 32 (nicht veröffentlicht; bestätigt durch OLG Düsseldorf BeckRS 2013, 21114); *v. Bülow/Petersen* NZG 2009, 481 (483); *Fleischer* DB 2009, 1335 (1337); *Kölner Komm WpHG/Hirte* WpHG § 21 Rn. 195; *Schneider* NZG 2009, 121 (124 f.); *Verse* BRK 2010, 328 (330 f.); *Riegger/Wasmann* FS Hüffer, 2010, 823 (825 f.); *Heusel*, Rechtsfolgen der Verletzung der Beteiligungstransparenzvorschriften, 2011, 143 f. (Vertrauensschutz gelte auch in Bezug auf die im Emittentenleitfaden enthaltenen Ausführungen); im Grundsatz ebenso OLG München NZG 2009, 1386 (1388) (jedoch keine Exkulpation in schwierigen Sachverhaltskonstellationen); aA LG Köln AG 2008, 336 (338 f.); *Assmann/Schneider/Schneider* WpHG § 28 Rn. 67 („nicht in jedem Fall unvermeidbar").

[462] Betroffen sind also nur die Rechte, die sonst in der Zeitspanne zwischen dem Verstoß und dem Zugang der gebotenen Mitteilung in ordnungsgemäßer Weise hätten ausgeübt werden können; vgl. auch *Schäfer/Hamann/Opitz* WpHG § 28 Rn. 11.

Abs. 1 Satz 2 WpHG – insoweit endgültigen[463] **Rechtsverlust** gemäß § 44 Abs. 1 WpHG nach sich. Der Meldepflichtige verliert grds. **alle Rechte** aus den Aktien, die ihm gehören oder aus denen ihm Stimmrechte gemäß § 34 WpHG zugerechnet werden.[464] Auch der verschuldete Verstoß gegen die Mitteilungspflichten nach §§ 38, 39 **WpHG** führt zu einem solchen Rechtsverlust. Ausweislich der Gesetzesbegründung soll der Rechtsverlust in diesen Fällen jedoch auf die Person des Meldepflichtigen begrenzt sein.[465] Daher erfasst der Rechtsverlust in den Fällen des § 44 Abs. 2 WpHG lediglich die dem Meldepflichtigen gehörenden Aktien.[466] Maßgeblich hierfür sind grds. die zivilrechtlichen Eigentumsverhältnisse (→ Rn. 24a). Darüber hinaus geltend gemäß § 33 Abs. 3 WpHG als dem Meldepflichtigen gehörend auch Aktien, die er aufgrund eines unbedingten und sofort zu erfüllenden Anspruchs erwerben kann.[467] Aktien des Meldepflichtigen, die ein Dritter aufgrund eines unbedingten und sofort zu erfüllenden Anspruchs erwerben kann, geltend hingegen als ihm nicht (mehr) gehörend. Unerheblich ist dabei jeweils, ob der Meldepflichtige die Aktien bereits zum Zeitpunkt des Eintritts des Rechtsverlusts erworben hatte oder sich erst während der Dauer des Rechtsverlust erwirbt (wobei die Rechte dann erst ab Erwerb ruhen).[468] Nicht vom Rechtsverlust nach § 44 Abs. 2 WpHG erfasst werden die Rechte aus Dritten gehörenden Aktien, aus denen die Stimmrechte dem Meldepflichtigen nach § 34 WpHG zugerechnet werden[469] oder die der Meldepflichtige iSd § 38 WpHG erwerben kann.

109a Erfasst werden vom Rechtsverlust die Mitverwaltungs- (ua Stimmrecht, Recht zur Teilnahme an Hauptversammlung, Recht zur Erhebung des Widerspruchs gegen die Beschlussfassung, Anfechtungsbefugnis nach § 245 Nr. 1–3 AktG)[470] und Vermögensrechte (ua Dividendenrecht, Bezugsrechte).[471] Unberührt bleiben die Mitgliedschaft selbst[472] und – da nicht die Substanz der Beteiligung angetastet werden soll – das Recht zum Bezug junger Aktien aus einer **Kapitalerhöhung aus Gesellschaftsmitteln** (§ 212 AktG)[473] sowie Abfindungs- und Ausgleichsansprüche zB **bei Einziehung von Aktien** (§ 237 AktG), einem Squeeze-out (§§ 327a ff. AktG, § 39a WpÜG) oder – da es sich um einen schuldrechtlichen Anspruch handelt[474] – nach **§ 305 AktG** bei Bestehen eines Beherrschungs- oder Gewinn-

---

[463] Kölner Komm WpHG/*Kremer/Oesterhaus* WpHG § 28 Rn. 42; Assmann/Schneider/*Schneider* WpHG § 28 Rn. 4.
[464] OLG Stuttgart NZG 2005, 432 (435); OLG München NZG 2009, 1386 (1387); Emmerich/Habersack/*Schürnbrand* WpHG § 28 Rn. 14; Assmann/Schneider/*Schneider* WpHG § 28 Rn. 43 ff. *Merkner/Sustmann* AG 2013, 243 (248 und 249) möchten den Rechtsverlust (jedenfalls den Stimmrechtsverlust) darüber hinaus auch auf solche Aktien erstrecken, die dem Meldepflichtigen zwar nicht mehr gehören, aus denen er jedoch aufgrund des § 123 Abs. 4 Satz 5 AktG die Stimmrechte in der Hauptversammlung noch ausüben kann (sofern er nicht vertraglich verpflichtet ist, dass Stimmrecht nur nach den Weisungen des neuen Eigentümers der Aktien auszuüben). Einschränkend fordern *Klöhn/Parhofer* NZG 2017, 321 (324 f.) ein eigenes Verschulden um Rechte eines abhängigen Unternehmens, an dem Minderheitsaktionäre beteiligt sind, ruhen zu lassen. Bis zum Inkrafttreten des TRL-ÄndRL-UmsG blieben Rechte aus Aktien, aus denen die Stimmrechte nach § 34 Abs. 1 Satz 1 Nr. 3–6 oder Abs. 2 WpHG dem säumigen Meldepflichtigen zugerechnet werden, hingegen unberührt (OLG Bremen BeckRS 2009, 16506 (insoweit nicht abgedruckt in AG 2009, 412 ff.); LG München I BeckRS 2011, 03164; LG Dortmund BeckRS 2012, 00096).
[465] BegrRegE BT-Drs. 18/5010, 48.
[466] *Burgard/Heimann* WM 2015, 1445 (1452); Emmerich/Habersack/*Schürnbrand* WpHG § 28 Rn. 15.
[467] AA *Burgard/Heimann* WM 2015, 1445 (1452); Emmerich/Habersack/*Schürnbrand* WpHG § 28 Rn. 15.
[468] BegrRegE BT-Drs. 18/5010, 48.
[469] *Burgard/Heimann* WM 2015, 1445 (1452), die allerdings auch erwerbbare Aktien iSv § 33 Abs. 3 WpHG und § 34 Abs. 1 Satz 1 Nr. 5 WpHG einbeziehen möchten; aA Emmerich/Habersack/*Schürnbrand* WpHG § 28 Rn. 15 (Rechtsverlust nach Abs. 2 erfasse auch Aktien, aus denen dem Meldepflichtigen Stimmrechte zugerechnet werden).
[470] Vgl. BGHZ 167, 204 (209); BGH NZG 2009, 827 (828); OLG München NZG 2009, 1386 (1387); OLG Köln BeckRS 2014, 01445; *Paudtke* NZG 2009, 939 (940); *Nietsch* WM 2007, 917 (923). Allerdings erfasst der Rechtsverlust nicht die Anfechtungsbefugnis nach § 245 Nr. 3 AktG, wenn die erforderliche Mitteilung noch vor Ablauf der Anfechtungsfrist nachgeholt wird, vgl. BGH NZG 2009, 827 (828). Zweifelhaft ist, ob ein Rechtsverlust auch das Recht zur Erhebung der Nichtigkeitsklage umfasst (ausdrücklich offengelassen durch BGHZ 190, 291 (299) = NZG 2011, 1147 (1149); dagegen zB *Heusel*, Rechtsfolgen der Verletzung der Beteiligungstransparenzvorschriften, 2011, 163 f. mwN).
[471] Kölner Komm WpHG/*Kremer/Oesterhaus* WpHG § 28 Rn. 63 ff.; Assmann/Schneider/*Schneider* WpHG § 28 Rn. 32 ff.; Bürgers/Körber/*Becker* Anh.§ 22 § 28 WpHG Rn. 3; vgl. auch OLG Schleswig ZIP 2006, 421, 423. Siehe auch zu § 20 Abs. 7 AktG → AktG § 20 Rn. 43.
[472] BGH NZG 2009, 827 (828) (zu § 20 Abs. 7 AktG); KG AG 2009, 30 (38); Assmann/Schneider/*Schneider* WpHG § 28 Rn. 24.
[473] *Riegger/Wasmann* FS Hüffer, 2010, 823 (831); Kölner Komm WpHG/*Kremer/Oesterhaus* WpHG § 28 Rn. 79 ff. Siehe auch zu § 20 Abs. 7 AktG → AktG § 20 Rn. 44.
[474] BGHZ 167, 299 = NZG 2006, 623.

abführungsvertrages.[475] Sofern kein Fall des § 44 Abs. 1 Satz 3 WpHG vorliegt, kann der Emittent wegen eines noch bis zur Hauptversammlung behebbaren Mitteilungsmangels die Anmeldung bzw. Zulassung zur Hauptversammlung nicht verweigern, auch wenn die Mitteilung erst nach Ablauf der Anmeldefrist nachgeholt wird.[476] Auch sind von einem Rechtsverlust nicht die Rechte betroffen, die an das bloße Halten einer Beteiligung anknüpfen, wie etwa die Antragsbefugnis nach § 39a WpÜG.[477] Siehe ferner → § 20 Rn. 43 ff.

Ein Hauptversammlungsbeschluss ist **anfechtbar,** wenn sich das Mitstimmen eines vom Stimm- 110 recht nach § 44 WpHG ausgeschlossenen Aktionärs auf das Beschlussergebnis ausgewirkt hat.[478] Ein Beschluss, dessen Zustandekommen auf durch § 44 WpHG gesperrten Stimmen beruht, ist allerdings nach § 244 AktG bestätigungsfähig.[479] Die Anfechtbarkeit eines Hauptversammlungsbeschlusses wegen eines Rechtsverlusts führt allerdings nicht zum Erfolg einer positiven Feststellungsklage in Bezug auf einen Gegenantrag, über den nicht angestimmt worden ist.[480]

c) **Beendigung des Rechtsverlusts.** Der Rechtsverlust nach § 44 Abs. 1 Satz 1, Abs. 2 WpHG 111 endet – vorbehaltlich § 44 Abs. 1 Satz 3 WpHG – mit Nachholung der unterlassenen Mitteilung bzw. Korrektur der fehlerhaften Mitteilung. Maßgeblich ist insoweit der Eingang der Mitteilung beim Emittenten und der BaFin; auf eine Veröffentlichung nach § 40 WpHG kommt es hingegen nicht an.[481] Sind mehrere Mitteilungen fehlerhaft bzw. unterlassen worden, ist zur Vermeidung eines weiteren Rechtsverlusts ausreichend, dass die zuletzt erforderliche Mitteilung nachgeholt bzw. korrigiert worden ist.[482] Eine Nachholung bzw. Korrektur erfolgt dadurch, dass die erforderliche (ursprünglich nicht ordnungsgemäß erfolgte) Mitteilung an den Emittenten und die BaFin übermittelt wird.[483] Dabei sollte freiwillig auch der aktuell gehaltene Stimmrechtsanteil (sofern vom zu meldenden abweichend) angegeben werden. Nach Auffassung der BaFin – die im WpHG allerdings keine Stütze findet – muss eine Korrekturmitteilung ausdrücklich als solche gekennzeichnet werden.[484] Siehe auch → Rn. 33b.

Weiterhin endet ein Rechtsverlust mit Übertragung der hiervon betroffenen Aktien auf einen 112 Dritten (erfasst werden **Einzel- und Gesamtrechtsnachfolge**), sofern die Stimmrechte aus den übertragenen Aktien dem säumigen Meldepflichtigen anschließend auch nicht mehr nach § 34 WpHG zugerechnet werden.[485] Er endet ferner ohne weiteres mit dem **Wegfall der Börsenzulassung** der Aktien des Emittenten, da ab diesem Zeitpunkt die §§ 33 ff. WpHG keine Anwendung mehr finden.[486]

---

[475] Kölner Komm WpHG/*Kremer/Oesterhaus* WpHG § 28 Rn. 82; *Heusel,* Rechtfolgen der Verletzung der Beteiligungstransparenzvorschriften, 2011, 172; *Riegger/Wasmann* FS Hüffer, 2010, 823 (832) (ausgenommen seien alle Abfindungsansprüche). Vgl. auch zu § 20 Abs. 7 AktG → AktG § 20 Rn. 44.
[476] KG AG 2009, 30 (38); Kölner Komm WpHG/*Kremer/Oesterhaus* WpHG § 28 Rn. 57; *Schneider/Schneider* ZIP 2006, 493 (495).
[477] OLG Frankfurt BeckRS 2014, 04650; LG Frankfurt AG 2013, 433 (435) = BeckRS 2013, 03313; MüKo-AktG/*Grunewald* § 39a WpÜG Rn. 21.
[478] BGH DStR 2014, 2470 (2471) = BeckRS 2014, 14948; BGHZ 189, 32 (43) = NZG 2011, 669 (672); OLG Stuttgart NZG 2005, 432 (435); OLG Stuttgart BeckRS 2008, 21818 (insoweit nicht abgedruckt in AG 2009, 124 ff.); OLG Bremen BeckRS 2009, 16506 (insoweit nicht abgedruckt in AG 2009, 412 ff.); BeckRS 2014, 01445 (eine Auswirkung auf das Beschlussergebnis sei nicht ersichtlich, wenn der Hauptaktionär einem Stimmrechtsverlust erlitten hätte und auch bei Herausrechnung seiner Stimmrechte der Hauptversammlungsbeschluss noch mit ganz überwiegender Mehrheit – 90,8% – angenommen worden wäre); ebenso zu § 20 Abs. 7 AktG: BGHZ 167, 204 (213).
[479] BGHZ 189, 32 (43) = NZG 2011, 669 (672) (dies gelte auch, wenn der Rechtsverlust zum Zeitpunkt des Bestätigungsbeschlusses fortbestehe); OLG Stuttgart NZG 2005, 432 (437); LG Köln Der Konzern 2009, 372 (377); *Schmidtbleicher* AG 2008, 72 (77); *Kirschner* DB 2008, 623 (625); aA LG Köln NZG 2009, 272 (Ls) = BeckRS 2007, 17373; LG Mannheim AG 2005, 780 (781).
[480] OLG Köln NZG 2012, 946 (950).
[481] KG AG 2009, 30 (38) (zu § 25 WpHG aF).
[482] OLG Stuttgart BeckRS 2008, 21818 (insoweit nicht abgedruckt in AG 2009, 124 ff.); OLG Köln Beschl. v. 5.2.2009 – 18 U 134/08, S. 7 (nicht veröffentlicht); LG Köln BeckRS 2009, 15920 (auch ordnungsgemäße Bestandsmitteilung nach § 41 Abs. 2 WpHG aF beendet früheren Rechtsverlust); Kölner Komm WpHG/*Kremer/Oesterhaus* § 28 Rn. 83; *Schneider/Schneider* ZIP 2006, 493, 496; *v. Bülow/Petersen* NZG 2009, 481 (485).
[483] Fuchs/Zimmermann WpHG § 28 Rn. 19; vgl. auch Assmann/Schneider/*Schneider* WpHG § 28 Rn. 68.
[484] BaFin Emittentenleitfaden, 2013, S. 110.
[485] BGHZ 180, 154 (169) = NZG 2009, 585 (589); OLG Hamm AG 2009, 876 (880) = BeckRS 2009, 09618 (zum konzernweiten Rechtsverlust); OLG Stuttgart NZG 2005, 432 (435); Kölner Komm WpHG/*Kremer/Oesterhaus* § 28 Rn. 99 f.; *Petersen/Wille* NZG 2009, 856 (859); Assmann/Schneider/*Schneider* WpHG § 28 Rn. 70; Bürgers/Körber/*Becker* Anh.§ 22 § 28 WpHG Rn. 3; aA Schäfer/Hamann/*Opitz* WpHG § 28 Rn. 36a (Fortsetzung des Rechtsverlusts bei Universalsukzession).
[486] Fuchs/Zimmermann WpHG § 28 Rn. 23; Schäfer/Hamann/*Opitz* WpHG § 28 Rn. 40.

113 Der Rechtsverlust nach § 44 Abs. 1 WpHG Satz 1 endet hingegen nicht bereits dadurch, dass der mitteilungspflichtige Tatbestand später wieder entfällt (zB Unterschreiten der Meldeschwellen, deren Überschreiten nicht gemeldet wurde).[487] Ebenso wenig wird der Rechtsverlust dadurch beendet, dass die Gesellschaft und die BaFin auf andere Weise als durch eine ordnungsgemäße Mitteilung vom mitteilungspflichtigen Sachverhalt Kenntnis erlangen.[488] Allerdings beseitigt eine durch die BaFin im Wege der **Ersatzvornahme** herbeigeführte Mitteilung die Rechtsfolge aus § 44 WpHG mit Wirkung *ex nunc*.

113a Im Fall des § 44 Abs. 2 WpHG endet der Rechtsverlust hingegen auch dann, wenn der Meldepflichtige die fraglichen Instrumente nicht mehr unmittelbar oder mittelbar hält (zB in Folge von Veräußerung, Verfall oder Ausübung).[489] Der Rechtsverlust würde daher durch Veräußerung eines zunächst unmittelbar gehaltenen Instruments nicht enden, wenn das Instrument an ein Tochterunternehmen (§ 35 WpHG) veräußert und daher auch nach der Veräußerung als mittelbar gehaltenes Instrument beim Meldepflichtigen zu berücksichtigen wäre.

114 **3. Fortbestehen des Dividendenrechts und Liquidationserlöses (§ 44 Abs. 1 Satz 2 WpHG).** Mit der Regelung des § 44 Abs. 1 Satz 2 (ggf. iVm Abs. 2) WpHG wird dem Meldepflichtigen die Möglichkeit gegeben, einen Verlust des Dividendenanspruchs nach § 58 Abs. 4 AktG und des Anspruchs auf den Liquidationserlös nach § 271 AktG zu vermeiden. Beide Ansprüche bestehen nach § 44 Abs. 1 Satz 2 WpHG fort, wenn die Mitteilung nicht vorsätzlich (→ Rn. 115) unterlassen wurde und nachgeholt worden ist. Nachgeholt ist die Mitteilung, wenn sie mit dem Inhalt erstattet wurde, den die unterlassene Mitteilung hätte aufweisen müssen. Eine Nachholung ist nicht mehr erforderlich, wenn eine zeitlich nachfolgende Mitteilungspflicht ordnungsgemäß erfüllt worden ist (→ Rn. 111). Die Beweislast für die tatsächlichen Voraussetzungen der Ausnahmeregelung des § 44 Abs. 1 Satz 2 WpHG trifft den Meldepflichtigen.[490] Die **Rückforderung** zu Unrecht gezahlter Dividenden richtet sich nach § 62 Abs. 1 AktG.[491] Besteht ein solcher Anspruch, ist der Vorstand grds. zu dessen Geltendmachung verpflichtet. Kommt er dieser Pflicht nicht nach, kann er ggf. dem Emittenten gegenüber nach § 93 AktG schadensersatzpflichtig sein.[492] Der auf die vom Dividendenverlust betroffenen Aktien entfallende Gewinnanteil erhöht nicht den Dividendenanspruch der übrigen Aktionäre, sondern ist als außerordentlicher Ertrag zu vereinnahmen.[493] Siehe auch → § 20 Rn. 46.

115 **4. Verlängerter Rechtsverlust (§ 44 Abs. 1 Satz 3, 4 WpHG). a) Voraussetzungen.** Der Meldepflichtige muss einen Rechtsverlust nach § 44 Abs. 1 Satz 1 (ggf iVm Abs. 2)[494] WpHG erlitten haben, wobei der Rechtsverlust (auch) auf einer **fehlerhaften Angabe des Stimmrechtsanteils** des Meldepflichtigen beruhen muss. Sonstige inhaltliche Fehler der Mitteilung (zB unrichtiges Datum, unzutreffende Meldeschwelle, fehlerhafte Stimmrechtsanzahl) führen nicht zu einem verlängerten Rechtsverlust.[495] Der Stimmrechtsanteil muss vom Meldepflichtigen vorsätzlich oder grob fahrlässig unzutreffend angegeben worden sein. **Vorsatz** liegt vor, wenn dem Meldepflichtigen die zum jeweiligen Tatbestand des § 33 Abs. 1 oder 2 WpHG, § 38 Abs. 1 WpHG oder § 39 Abs. 1 WpHG und – bei Zurechnung oder Nichtberücksichtigung von Stimmrechten – auch der §§ 34–36 WpHG gehörenden Tatsachen bekannt sind und er die Mitteilungspflicht bewusst nicht erfüllt oder er sich zumindest mit deren Verletzung abfindet.[496] **Grob fahrlässig** handelt, wer die erforderliche Sorgfalt

---

[487] OLG Hamm AG 2009, 876 (880) = BeckRS 2009, 09618; zu § 59 WpÜG: OLG Frankfurt NZG 2007, 553 (556).
[488] Assmann/Schneider/*Schneider* WpHG § 28 Rn. 13; vgl. auch zu § 20 Abs. 7: BGHZ 114, 203 (215); *Paudtke* NZG 2009, 939 (940).
[489] BegrRegE BT-Drs. 18/5010 S. 48; aA Emmerich/Habersack/*Schürnbrand* WpHG § 28 Rn. 19.
[490] Schäfer/Hamann/*Opitz* WpHG § 28 Rn. 54, 56; Assmann/Schneider/*Schneider* WpHG § 28 Rn. 69.
[491] LG München I NZG 2009, 226 (227); Schäfer/Hamann/*Opitz* WpHG § 28 Rn. 47; Assmann/Schneider/*Schneider* WpHG § 28 Rn. 35; *Schäfer* in Marsch-Barner/Schäfer Börsennotierte AG-HdB Rn. 18.58; aA *Schneider/Schneider* ZIP 2006, 493, 498 (Rückforderung gem. §§ 812 ff. BGB).
[492] LG München I NZG 2009, 226 (227).
[493] LG München I NZG 2009, 226 (227); Emmerich/Habersack/*Emmerich* AktG § 20 Rn. 56; K. Schmidt/Lutter/*Veil* Rn. 42; aA Fuchs/*Zimmermann* WpHG § 28 Rn. 43; Assmann/Schneider/*Schneider* WpHG § 28 Rn. 34 (Anspruch der übrigen Aktionäre erhöhe sich); offengelassen durch BGH DStR 2014, 2470 (2471 f.) = BeckRS 2014, 14948 (aber: Möglichkeit einer Vermeidung des Dividendenverlusts durch Nachholung der Mitteilung schließe regelmäßig eine Verteilung auf andere Aktionäre im Zeitpunkt der Hauptversamlung aus).
[494] BegrRegE BT-Drs. 18/5010 S. 48.
[495] *v. Bülow/Petersen* NZG 2009, 481 (482).
[496] Vgl. Schäfer/Hamann/*Opitz Kapitalmarktgesetze* WpHG § 28 Rn. 56; Assmann/Schneider/*Schneider* WpHG § 28 Rn. 27j und 64; *v. Bülow/Petersen* NZG 2009, 481 (482).

nach den gesamten Umständen in ungewöhnlich hohem Maße verletzt, also nicht beachtet hat, was jedem hätte einleuchten müssen.[497]

b) Rechtsfolge. Der Rechtsverlust nach Satz 1 dauert sechs Monate an, nachdem der Melde- **116** pflichtige die unterlassene Mitteilung nachgeholt hat. Entgegen dem Wortlaut von § 44 Abs. 1 Satz 3 WpHG („verlängert sich die Frist nach Satz 1") sind nach Sinn und Zweck der Regelung[498] nur die Verwaltungsrechte, insbesondere das Stimmrecht, vom verlängerten Rechtsverlust betroffen.[499] Selbst wenn jedoch ein Ruhen der Vermögensrechte angenommen wird, kann dies – wegen § 44 Abs. 1 Satz 2 WpHG – für Dividenden und Liquidationserlös nur bei vorsätzlich fehlerhafter Angabe des Stimmrechtsanteils gelten.[500]

c) Bagatellausnahme. Nach § 44 Abs. 1 Satz 4 WpHG greift der verlängerte Rechtsverlust nach **117** § 44 Abs. 1 Satz 3 WpHG nicht ein, wenn die Abweichung bei der Höhe der in der vorangegangenen unrichtigen, dh den Rechtsverlust auslösenden[501] Mitteilung angegebenen Stimmrechte weniger als 10 % des tatsächlichen Stimmrechtsanteils beträgt und keine Mitteilung über das Erreichen, Über- oder Unterschreiten einer der in § 33 WpHG genannten Schwellen unterlassen wurde. Mangels vorangegangener Mitteilung scheidet die Bagatellausnahme aus, wenn die zuletzt erforderliche Mitteilung insgesamt unterlassen oder der Stimmrechtsanteil in der Mitteilung überhaupt nicht angegeben wurde.[502] Die Bagatellklausel greift ferner nur dann ein, wenn der gemeldete vom tatsächlich gehaltenen Stimmrechtsanteil um weniger als 10 % (und nicht 10 %-Punkte) nach oben oder unten abweicht.[503]

5. Beweislast. Die Darlegungs- und Beweislast für die tatsächlichen Voraussetzungen des § 44 **118** WpHG richtet sich nach den allgemeinen zivilprozessualen Grundsätzen.[504] Daher muss zB in **Anfechtungsklagen** gegen Hauptversammlungsbeschlüsse des Emittenten der Aktionär, der seine Klage (auch) auf Mitteilungsmängel stützt, die tatsächlichen Voraussetzungen von § 44 Abs. 1 Satz 1 und ggf. Satz 3[505] WpHG sowie der Emittent diejenigen des § 44 Abs. 1 Satz 4 WpHG darlegen und beweisen.[506] Dabei sind die Veröffentlichungen in der Datenbank der BaFin nicht geeignet, den Nachweis für die Nichterfüllung von Mitteilungspflichten zu erbringen.[507] Siehe auch → § 20 Rn. 55. In Verfahren nach dem **FamFG** (zB betr. den übernahmerechtlichen Squeeze-out nach § 39a WpÜG) genügen Angaben ins Blaue hinein nicht, um eine weitere Aufklärung etwaiger Meldepflichtverstöße von Amts wegen zu erfordern.[508]

---

[497] BGHZ 10, 12 (16); 89, 153 (161) = NJW 1984, 789; BGHZ 106, 204 (211) = NJW 1989, 974; OLG Frankfurt NJW 2003, 2111; Bamberger/Roth/*Unberath* BGB § 277 Rn. 2; vgl. auch *v. Bülow/Petersen* NZG 2009, 481 (483).
[498] BegrRegE BT-Drs. 16/7438, 13 (es soll verhindert werden, dass auch künftig Mitteilungen ohne rechtliche Konsequenzen unterlassen werden können, solange die Meldepflicht zur Hauptversammlung erfüllt wird).
[499] Beschlussempfehlung FinanzA BT-Drs. 16/9778, 2 („fortwirkenden Stimmrechtsentzugs"); BegrRegE BT-Drs. 16/7438, 13 (nur Mitverwaltungsrechte); *v. Bülow/Petersen* NZG 2009, 481 (484); *v. Bülow/Stephanblome* ZIP 2008, 1797, 1805; *Süßmann/Meder* WM 2009, 976 (977); *Weber-Rey* DStR 2008, 1967 (1969); *Nodoushani* WM 2008, 1671 (1674) (nur die nicht gemeldeten Stimmrechte würden vom fortwirkenden Rechtsverlust erfasst); aA OLG Frankfurt BeckRS 2014, 04650 (Vermögens-, Verwaltungs- und Sonderrechte aus Aktien seien erfasst); *Fleischer/Schmolke* ZIP 2008, 1501 (1507) (fortwirkendes Ruhen sämtlicher Rechte); *Wilsing/Goslar* DB 2007, 2467 (2471); MüKoAktG/*Bayer* Anh. § 22 § 28 WpHG Rn. 60; Emmerich/Habersack/*Schürnbrand* WpHG § 28 Rn. 24.
[500] MüKoAktG/*Bayer* Anh. § 22 § 28 WpHG Rn. 60; aA *Süßmann/Meder* WM 2009, 976 (977).
[501] *v. Bülow/Petersen* NZG 2009, 481 (484); Emmerich/Habersack/*Schürnbrand* WpHG § 28 Rn. 23.
[502] *v. Bülow/Petersen* NZG 2009, 481 (485); MüKoAktG/*Bayer* Anh. § 22 § 28 WpHG Rn. 57.
[503] *Korff* AG 2008, 692 (697); *Zimmermann* ZIP 2009, 57 (63); Emmerich/Habersack/*Schürnbrand* WpHG § 28 Rn. 23; wohl ebenso LG Berlin BB 2009, 1265; nunmehr auch Assmann/Schneider/*Schneider* WpHG § 28 Rn. 27k.
[504] OLG Düsseldorf AG 2010, 711 (712 f.) = BeckRS 2010, 01348; OLG Düsseldorf NZG 2009, 260 (262); OLG Stuttgart AG 2009, 204 (212); OLG Stuttgart AG 2009, 124 (127 f.); LG Köln AG 2008, 336 (338); *Schneider* WM 2006, 1321 (1327); *v. Bülow/Stephanblome* ZIP 2008, 1797 (1805); *v. Bülow/Petersen* NZG 2009, 481 (485 f.) (zu 28 Satz 3 und 4 WpHG); für Beweislastumkehr bei § 20 Abs. 7 AktG, wenn die Mitteilung nicht nach § 20 Abs. 6 AktG veröffentlicht wurde: OLG Dresden BB 2005, 680 (682).
[505] OLG Düsseldorf AG 2010, 711 (712 f.) = BeckRS 2010, 01348; OLG Düsseldorf NZG 2009, 260 (262); OLG Stuttgart AG 2009, 124 (127); LG München I AG 2009, 918 (923) (auch im Freigabeverfahren trifft die Darlegungs- und Beweislast die Kläger des Hauptsacheverfahrens); *v. Bülow/Petersen* NZG 2009, 481 (486).
[506] *v. Bülow/Petersen* NZG 2009, 481 (486); vgl. hierzu auch OLG Stuttgart AG 2009, 204 (212).
[507] OLG Frankfurt ZIP 2008, 138 (142); OLG Stuttgart BeckRS 2008, 21818 (insoweit nicht abgedruckt in AG 2009, 124 ff.); LG Frankfurt ZIP 2009, 1422 (1424).
[508] OLG Frankfurt BeckRS 2012, 12084 (insoweit nicht abgedruckt in AG 2012, 635 ff.).

XIII. Richtlinien der BaFin und Befreiung von Inlandsemittenten mit Sitz in Drittstaat (§§ 45, 46 WpHG)

119 **1. Richtlinien der BaFin (§ 45 WpHG).** Nach § 45 Satz 1 WpHG ist die **BaFin** dazu ermächtigt, Richtlinien aufzustellen, nach denen sie beurteilt, ob die Voraussetzungen für einen mitteilungspflichtigen Vorgang oder eine Befreiung von den Mitteilungspflichten nach § 33 Abs. 1 WpHG gegeben sind. Von ihrer Richtlinienkompetenz nach § 45 WpHG hat die BaFin bislang keinen Gebrauch gemacht. Der **Emittentenleitfaden** der BaFin (Stand 22.7.2013)[509] sowie die von der BaFin veröffentlichte Liste der „FAQ zu den Transparenzpflichten des WpHG in den Abschnitten 6 (§§ 33 ff.) und 7 (§§ 48 ff.)" erläutern jedoch die Verwaltungspraxis der BaFin ua in Bezug auf die Mitteilungs- und Veröffentlichungspflichten nach den §§ 33 ff. WpHG. Bei dem Emittentenleitfaden handelt es sich um eine norminterpretierende Verwaltungsvorschrift, die zwar zu einer Selbstbindung der Verwaltung, nicht jedoch zu einer Bindung der Gerichte führt.[510] Gleiches gilt auch für die von der BaFin veröffentlichte Liste der „FAQ zu den Transparenzpflichten des WpHG in den Abschnitten 6 (§§ 33 ff.) und 7 (§§ 48a ff.)".

120 **2. Befreiung von der Veröffentlichungspflicht (§ 46 WpHG).** Gem § 46 WpHG kann die BaFin einen Inlandsemittent mit Sitz in einem Drittstaat (nicht EU-/EWR-Staat) von den Veröffentlichungspflichten nach den §§ 40, 41 WpHG befreien, sofern der Emittent nach ausländischem Recht gleichwertigen Veröffentlichungspflichten unterliegt oder sich solchen freiwillig unterwirft. Die Gleichwertigkeit der Anforderungen bestimmt sich nach näherer Maßgabe der § 46 Abs. 3 WpHG iVm §§ 5–7 TranspRLDV. In diesem Fall muss jedoch die Verbreitung der Informationen unverändert mittels des sog. europäischen Medienbündels erfolgen (§ 41 Abs. 2 Satz 1 WpHG, § 40 Abs. 1 Satz 1 WpHG iVm § 3a WpAIV). Ferner müssen die Informationen gleichzeitig mit ihrer Veröffentlichung an die BaFin sowie an das Unternehmensregister zur Speicherung übermittelt werden (§ 46 Abs. 2 Satz 1 und 2 WpHG). Über erteilte Freistellungen hat die BaFin die Europäische Wertpapier- und Marktaufsichtsbehörde (ESMA) zu informieren (§ 46 Abs. 1 Satz 2 WpHG).

XIV. Handelstage (§ 47 WpHG)

121 § 47 WpHG (zuvor § 30 WpHG aF) definiert in Abs. 1 den Begriff „Handelstage" und verpflichtet – in Umsetzung von Art. 7 Abs. 2 Durchführungsrichtlinie 2007/14/EG – in Abs. 2 die BaFin, einen Kalender der Handelstage zu veröffentlichen.[511] Nach § 47 Abs. 1 WpHG gelten als Handelstage alle Kalendertage, die nicht Sonnabende, Sonntage oder zumindest in einem Bundesland landeseinheitliche gesetzlich anerkannte Feiertage sind.

---

[509] Abrufbar auf der Internetseite der BaFin (http://www.bafin.de).
[510] Vgl. BGHZ 192, 90 (108) = NZG 2012, 263 (267); BGH NZG 2008, 300 (303); v. Bülow/Petersen NZG 2009, 481 (483) (Fn. 34); Fleischer ZGR 2007, 401 (404); siehe auch BaFin Emittentenleitfaden, 2013, S. 27.
[511] Der Kalender der Handelstage ist auf der Webseite der BaFin (http://www.bafin.de) abrufbar.

Zweiter Teil. Gründung der Gesellschaft

§ 23 Feststellung der Satzung

(1) ¹Die Satzung muß durch notarielle Beurkundung festgestellt werden. ²Bevollmächtigte bedürfen einer notariell beglaubigten Vollmacht.

(2) In der Urkunde sind anzugeben
1. die Gründer;
2. bei Nennbetragsaktien der Nennbetrag, bei Stückaktien die Zahl, der Ausgabebetrag und, wenn mehrere Gattungen bestehen, die Gattung der Aktien, die jeder Gründer übernimmt;
3. der eingezahlte Betrag des Grundkapitals.

(3) Die Satzung muß bestimmen
1. die Firma und den Sitz der Gesellschaft;
2. den Gegenstand des Unternehmens; namentlich ist bei Industrie- und Handelsunternehmen die Art der Erzeugnisse und Waren, die hergestellt und gehandelt werden sollen, näher anzugeben;
3. die Höhe des Grundkapitals;
4. die Zerlegung des Grundkapitals entweder in Nennbetragsaktien oder in Stückaktien, bei Nennbetragsaktien deren Nennbeträge und die Zahl der Aktien jeden Nennbetrags, bei Stückaktien deren Zahl, außerdem, wenn mehrere Gattungen bestehen, die Gattung der Aktien und die Zahl der Aktien jeder Gattung;
5. ob die Aktien auf den Inhaber oder auf den Namen ausgestellt werden;
6. die Zahl der Mitglieder des Vorstands oder die Regeln, nach denen diese Zahl festgelegt wird.

(4) Die Satzung muß ferner Bestimmungen über die Form der Bekanntmachungen der Gesellschaft enthalten.

(5) ¹Die Satzung kann von den Vorschriften dieses Gesetzes nur abweichen, wenn es ausdrücklich zugelassen ist. ²Ergänzende Bestimmungen der Satzung sind zulässig, es sei denn, daß dieses Gesetz eine abschließende Regelung enthält.

Schrifttum: Auernhammer, Die Vorratsgründung und Mantelverwendung bei der GmbH, MittRhNotK 2000, 137; *Altmeppen,* Zur Mantelverwendung in der GmbH, NZG 2003, 145; *Bachmann,* Abschied von der „wirtschaftlichen Neugründung,"?, NZG 2011, 441; *Barz,* Die durch die Aktienrechtsreform 1965 veranlaßten Satzungsänderungen, AG 1966, 39; *Baumann/Reiß,* Satzungsergänzende Vereinbarungen – Nebenverträge im Gesellschaftsrecht, ZGR 1989, 157; *Bayer,* Empfehlen sich besondere Regelungen für börsennotierte und für nichtbörsennotierte Gesellschaften NJW Beilage 2008 Heft 21, S. 21; *Bayer,* Neue und gebrauchte Mäntel, „gestreckte" und „mutierte" Gründungen – Die Rechtsfigur der „wirtschaftlichen Neugründung" in der Rechtsprechung des BGH, FS Goette, 2011, 15; *Blasche,* Individualisierung sowie Über- und Unterschreitung des Unternehmensgegenstandes, DB 2011, 517; *Boesebeck,* „Satzungsdurchbrechung" im Recht der AG und der GmbH, NJW 1960, 2265; *Fleischer,* Neues zur Lockerung der Satzungsstrenge bei nicht börsennotierten Aktiengesellschaften, AG 2013, 693; *Ganske,* Das Zweite gesellschaftsrechtliche Koordinierungsgesetz vom 13. Dezember 1978, DB 1978, 2461; *Gerber,* Das Gründungsrecht der Vorrats-AG: Auswirkungen der BGH-Rechtsprechung zur Vorrats-GmbH auf die Verwendung einer Vorrats-AG, Rpfleger, 2004, 469; *Göhmann,* Sind bei der wirtschaftlichen Neugründung einer GmbH die Sacheinlagevorschriften und § 19 Abs. 5 GmbHG zu beachten?, RNotZ 2011, 290; *Goette,* Auslandsbeurkundungen im Kapitalgesellschaftsrecht, FS Boujong, 1996, 131; *Goette,* Haftungsfragen bei der Verwendung von Vorratsgesellschaften und „leeren" GmbH-Mänteln, DStR 2004, 461; *Gronstedt,* Vorratsgesellschaften: Praktische Konsequenzen aus der neuen BGH-Rechtsprechung, BB 2003, 860; *Habersack,* Wandlungen des Aktienrechts, AG 2009, 1; *Habersack,* Wider das Dogma von der unbeschränkten Gesellschafterhaftung bei wirtschaftlicher Neugründung einer AG oder GmbH, AG 2010, 845; *Heidinger,* Neues zur Verwendung von Vorratsgesellschaften und zum Mantelkauf, ZNotP 2003, 82; *Heidinger/Meyding,* Der Gläubigerschutz bei der „wirtschaftlichen Neugründung" von Kapitalgesellschaften, NZG 2003, 1129; *Hellermann,* Aktienrechtliche Satzungsstrenge und Delegation von Gestaltungsspielräumen an den Vorstand, NZG 2008, 561; *Hermanns,* Neues zur (wirtschaftlichen) Neugründung von Kapitalgesellschaften, ZNotP 2010, 242; *Hirte,* Die europäische Aktiengesellschaft, die aktienrechtliche Satzungsstrenge: Kapitalmarkt und sonstige Legitimation versus Gestaltungsfreiheit, in Lutter/Wiedemann, Gestaltungsfreiheit im Gesellschaftsrecht, 1998, 61; *Hirte,* Der Unternehmensgegenstand und die Abschaffung seiner registergerichtlichen Kontrolle durch das Gesetz zur Modernisierung des GmbH-Rechts und zur Bekämpfung von Mißbräuchen, FS Hüffer, 2010, 329; *Hoffman-Becking,* Der Einfluss schuldrechtlicher Gesellschaftervereinbarungen auf die Rechtsbeziehungen in der Kapitalgesellschaft, ZGR 1994, 442; *Hüffer,* Harmonisierung des aktienrechtlichen Kapitalschutzes, NJW 1979, 1065; *Ihrig,* Die Verwertung von GmbH-Mänteln, BB 1988, 1197; *Jürgenmeyer,* Satzungsklauseln über qualifizierte Beschlussmehrheiten im Aufsichtsrat der

§ 23

Aktiengesellschaft, ZGR 2007, 112; *Knur,* Das Aktiengesetz 1965 – Die Satzungsgestaltung nach dem neuen Recht, DNotZ 1966, 324; *Körber/Eller-Uhe,* Anforderungen an den Nachweis der Vertretungsmacht von Prokuristen und GbR-Gesellschaftern bei der Gründung von Kapitalgesellschaften, DNotZ 2009, 92; *Koch,* Höherrangiges Satzungsrecht vs. schuldrechtliche Satzungsüberlagerung am Beispiel eines vertraglichen Gewinnauszahlungsschlüssels, AG 2015, 213; *Kort,* Die Bedeutung von Unternehmensgegenstand und Gesellschaftszweck einer AG bei Auslagerung von Geschäftsbereichen auf gemeinnützige Gesellschaften, NZG 2011, 929; *Krafka,* Die wirtschaftliche Neugründung von Kapitalgesellschaften, ZGR 2003, 577; *Krolop,* Zur Begrenzung der Unterbilanzhaftung bei der Vorrats- und Mantelgründung, ZIP 2011, 305; *Kuntz,* Gestaltung von Kapitalgesellschaften zwischen Freiheit und Zwang, 2016; *Leitzen,* Neues zu Satzungsdurchbrechungen und schuldrechtlichen Nebenabreden, RNotZ 2010, 566; *Mertens,* Politisches Programm in der Satzung der Aktiengesellschaft?, NJW 1970, 1718; *Nodoushani,* Weniger Satzungsstrenge für geschlossene Gesellschaften, NZG 2008, 452; *Priester,* Nichtkorporative Satzungsbestimmungen bei Kapitalgesellschaften, DB 1979, 681; *Priester,* Beginn der Rechtsperson – Vorräte und Mäntel, ZHR 168 (2004), 248; *Rittner,* Die Satzungsautonomie der Aktiengesellschaft und die innere Ordnung des Aufsichtsrats nach dem MitbestG, DB 1980, 2493; *Schaub,* Vorratsgesellschaften vor dem Aus?, NJW 2003, 2125; *Schockenhoff,* Die Auslegung von GmbH- und AG-Satzungen, ZGR 2013, 76; *Rohles-Puderbach,* Vorrats- und Mantelgesellschaften – Entwicklung, Haftungsrisiken und Umsetzung in der Praxis, RNotZ 2006, 274; *Schäfer,* Besondere Regelungen für börsennotierte und für nichtbörsennotierte Gesellschaften?, NJW 2008, 2536; *K. Schmidt,* Die Verwendung von GmbH-Mänteln und Haftungsfolgen: ein Thema von gestern?, ZIP 2010, 857; *Semler,* Gedanken zur Bedeutung des Unternehmenszwecks, FS Hopt, 2010, 1391; *Spindler,* Regeln für börsennotierte vs Regeln für geschlossene Gesellschaften – Vollendung des Begonnenen, AG 2008, 598; *Teichmann,* Gestaltungsfreiheit in Mitbestimmungsvereinbarungen, AG 2008, 797; *Tieves,* Der Unternehmensgegenstand der Kapitalgesellschaft, 1998; *Wallner,* Der Unternehmensgegenstand der GmbH als Ausdruck der Unternehmensfreiheit, JZ 1986, 721; *H. Westermann,* Zweck der Gesellschaft und Gegenstand des Unternehmens im Aktien- und Genossenschaftsrecht, FS Schnorr v. Carolsfeld, 1973, 517; *Winkler,* Materielle und formelle Bestandteile in Gesellschaftsverträgen und Satzungen und ihre verschiedenen Auswirkungen, DNotZ 1969, 394; *Werner,* Aktiengesellschaften von der Stange?; NZG 2001, 397.

Übersicht

	Rn.		Rn.
I. Allgemeines	1–2a	d) Eingezahlter Betrag (Abs. 2 Nr. 3)	27
II. Die Satzung	3, 4	**IV. Satzungsstrenge/Fakultativer Satzungsinhalt (Abs. 5)**	28–32
1. Begriff und Rechtsnatur der Satzung	3		
2. Satzungsbestimmungen	4	1. Normzweck, Grundsatz	28, 28a
III. Das Gründungsprotokoll	5–27	2. Abweichung	29
1. Überblick	5	3. Ergänzung	30
2. Form	6–11	4. Rechtsfolgen	31
a) Notarielle Beurkundung	6	5. Heilung	32
b) Zweck des Beurkundungserfordernisses	7, 8	**V. Folgen bei Gründungsfehlern**	33–38
c) Beurkundung im Ausland	9–11	1. Überblick	33
3. Satzungsfeststellung	12–13b	2. Nichteintragung im Handelsregister	34
a) Bedeutung	12	3. Berufung auf Gründungsmängel	35–38
b) Vertretung	13–13b	a) Überblick	35
4. Inhalt der Satzung (Abs. 3 und 4)	14–23	b) Vor Invollzugsetzung	36
a) Überblick	14	c) Vor Eintragung, aber nach Invollzugsetzung	37
b) Firma und Sitz (Abs. 3 Nr. 1)	15	d) Nach Eintragung	38
c) Gegenstand des Unternehmens (Abs. 3 Nr. 2)	16–18a	**VI. Satzungsauslegung**	39, 40
d) Höhe des Grundkapitals (Abs. 3 Nr. 3)	19	**VII. Satzungsergänzende Nebenabreden**	41–41b
e) Zerlegung in Stück- bzw. Nennbetragsaktien (Abs. 3 Ziff. 4)	20, 20a	**VIII. Mantelverwendung und Vorratsgesellschaften**	42–47
f) Namens- und/oder Inhaberaktien (Abs. 3 Nr. 5: Aktienart)	21	1. Überblick	42
g) Zahl der Vorstandsmitglieder (Abs. 3 Nr. 6)	22	2. Grundregeln	43–45b
h) Form der Bekanntmachung (Abs. 4)	23	a) Offenlegung gegenüber Handelsregister (wirtschaftliche Neugründung)	43, 44
5. Erklärung der Übernahme der Aktien (Abs. 2)	24–27	b) Abgrenzung	45, 45a
a) Überblick	24	c) Rechtsfolgen bei fehlender Offenlegung	45b
b) Gründer (Abs. 2 Nr. 1)	25		
c) Aktienart/Aktiengattung (Abs. 2 Nr. 2)	26	3. Anwendung bei der AG	46, 47

I. Allgemeines

Mit § 23 beginnen die Vorschriften über die **Gründung der Gesellschaft**. § 23 behandelt zum einen die **Grundlagen der Aktiengesellschaft,** nämlich den grundlegenden Gesellschaftsvertrag – die Satzung – und definiert deren Mindestinhalt. In Abs. 2 wird aber zusätzlich und nur aus dem historischen Kontext heraus verständlich die Aktienübernahme als zweites wesentliches Gründungsmerkmal einer Aktiengesellschaft festgelegt Die jetzige Gesetzesfassung stellt klar, dass die beiden Erfordernisse, Feststellung der Satzung und Übernahme sämtlicher Aktien durch die Gründergesellschafter, als Teile der einheitlichen Gründung der Gesellschaft im Rahmen der notariellen Beurkundung des Gesellschaftsvertrages untrennbar zusammengehören.[1] Schließlich wird in Abs. 5 die sog. Satzungsstrenge definiert, dh der Rahmen für das tatsächliche Wirken und rechtliche Konsequenzen der Gesellschaft festgelegt. § 23 AktG unterscheidet in Abs. 2 und Abs. 3 bezüglich der zu machenden Angaben in der Gründungsurkunde danach, ob es sich um die Erklärung der Aktienübernahme (Abs. 2) oder um den Inhalt der Satzung (Abs. 3 und 4) handelt.

Die **praktische Bedeutung** des § 23 liegt darin, dass die Vorschrift im Gründungsablauf drei Elemente regelt:[2]
– Abfassung des Gründungsprotokolls
– Feststellung der Satzung
– Übernahme der Aktien.
Wesentlicher Kern der Gründung ist die Abfassung des Gründungsprotokolls und die Abfassung der Satzung nach § 23 AktG.[3]

Rechtsfolge der wirksamen rechtsgeschäftlichen Errichtung der AG ist bis zur Eintragung im Handelsregister das Entstehen einer Vorgesellschaft, die Vor-AG.[4] Zur Vorgesellschaft vgl. ausführlich unten Heidinger → § 41 Rn. 17 ff.; Mit der Übernahme aller Aktien durch die Gründer ist die Gesellschaft errichtet (§ 29). Mit Eintragung der AG gehen sämtliche Rechte und Pflichten der Vor-AG automatisch auf die AG über (Identitätsgrundsatz). Zum Schutz der Kapitalaufbringung verbietet § 41 Abs. 4 AktG vor Eintragung der AG eine **Übertragung von „Anteilsrechten"** (Aktien). Bei der **Satzungsänderung im Gründungsstadium** ist eine Mitwirkung sämtlicher Gründer erforderlich. Die Änderungsvereinbarung ist notariell zu beurkunden.[5]

II. Die Satzung

1. Begriff und Rechtsnatur der Satzung. In § 23 AktG wird der **Begriff der Satzung** verwendet, wobei in § 2 definiert ist, dass die Begriffe Gesellschaftsvertrag und Satzung synonym sind. Die Satzung ist die geschriebene Verfassung der AG, die Grundnorm, die neben dem Gesetz die grundlegenden Fragen der Verfassung der AG bestimmt. Nach *Würdinger*[6] ist sie die Summe der rechtsgeschäftlich aufgestellten Normen, welche in Ergänzung oder Abänderung des Gesetzes die körperschaftlichen Rechtsverhältnisse der Gesellschaft regeln und damit die Gesellschaft gegenüber den anderen Aktiengesellschaften individualisieren. Die **Rechtsnatur** ist umstritten. Nach der in der Lit. herrschenden sog. **Vertragstheorie**[7] als auch nach der von der Rspr.[8] vertretenen sog. **modifizierten Normentheorie**[9] geht die hM davon aus, dass der Gesellschaftsvertrag in seiner Entstehung rechtsgeschäftlichen Regeln untersteht, erst in seinen Wirkungen wird er als objektives Recht behandelt. Wegen der Einzelheiten zum Begriff vgl. auch Erläuterungen zu § 2. Die reine Vertragstheorie, wonach für die Auslegung der Satzung einer Kapitalgesellschaft uneingeschränkt die Auslegungsgrundsätze für bürgerliche Verträge anzuwenden sind, wird nicht mehr vertreten. In der Vertragstheorie wird eingeräumt, dass die Anwendung dieser Auslegungsgrundsätze nicht in Betracht kommen kann, soweit sie mit der körperschaftlichen Struktur der juristischen Person oder gesetzli-

---

[1] Großkomm AktG/*Röhricht/Schall* Rn. 2; MüKoAktG/*Pentz* Rn. 12; Hüffer/Koch/*Koch* Rn. 16; K. Schmidt/Lutter/*Seibt* Rn. 23; Grigoleit/*Vedder* Rn. 18.
[2] Vgl. Checklisten zur Gründung Würzburger Notar-HdB/*Reul* Teil 5, Kap. 4 Rn. 4; MV-HdB I GesR/*Hölters* V. vor Nr. 1.
[3] Würzburger Notar-HdB/*Reul* Teil 5, Kap. 4 Rn. 4 ff.
[4] NK-AktR/*Braunfels* Rn. 1; Grigoleit/*Vedder* Rn. 1; → § 41 Rn. 2 ff.
[5] Hüffer/Koch/*Koch* § 41 Rn. 30.
[6] *Würdinger* Aktienrecht S. 39.
[7] *Flume* JurPerson § 9 I; *Lutter* AcP 180 (1980), 95 (97).
[8] Vgl. insbes. BGHZ 21, 370 (373 ff.); 47, 172 (179 f.); 96, 245; vgl. auch die Bewertung von *Reuter* ZGR 1987, 475 (477); OLG Frankfurt WM 1985, 1466 (1468).
[9] Zu den Begriffen vgl. *Schmidt* JZ 1989, 1077 (1078 f.); Bamberger/Roth/*Schöpflin* BGB § 21 Rn. 38 ff. mwN; Großkomm AktG/*Röhricht/Schall* Rn. 11; K. Schmidt/Lutter/*Seibt* Rn. 3; Kölner Komm AktG/*Arnold* Rn. 9; MüKoAktG/*Pentz* Rn. 3.

chen Formerfordernissen kollidieren. In der gemäßigten Normentheorie wird dem Umstand Rechnung getragen, dass der Gründungsvertrag einer juristischen Person nicht nur Regeln enthält, die die körperschaftliche Struktur betreffen, sondern auch Bestimmungen individualrechtlichen Inhalts. Zwischen beiden Kategorien sei bei der Auslegung zu differenzieren.[10] In der praktischen Rechtsanwendung sind die Unterschiede der beiden Theorien relativ gering. Die Literatur spricht jetzt überwiegend davon, dass Einigkeit bestehe, dass die Rechtsnatur der Satzung weder rein schuldrechtlicher Vertrag noch reiner Akt körperschaftlicher Privatautonomie sei, sondern ein Rechtsgeschäft sui generis, das neben den subjektiven Rechten und Pflichten der Gründer auch objektive Normen aufstellt und damit schuldvertragliche und **organisationsvertragliche Elemente** aufweist.[11]

4   **2. Satzungsbestimmungen.** Ausgehend vom formalen Satzungsbegriff, wonach der gesamte Inhalt, der nach § 23 Abs. 1 S. 1 AktG notariell beurkundeten Satzung als „Satzung" der AG angesehen wird, wird in Rechtsprechung und Literatur zwischen korporativen (körperschaftsrechtlichen, materiellen, echten) und nicht-korporativen (individualrechtlichen, formellen, unechten) Bestandteilen der Satzung differenziert.[12] Die Abgrenzung ist deshalb von Bedeutung, da korporative Satzungsbestimmungen objektiv ausgelegt werden, ihre Änderung kann nur durch Satzungsänderung erfolgen, die Anfechtung ist eingeschränkt.[13] Zu den **korporativen Bestandteilen** gehören alle Bestimmungen, die nicht nur für die bei Inkrafttreten der Bestimmung vorhandenen Gesellschafter oder einzelne von ihnen gelten, sondern für einen unbestimmten Personenkreis, zu dem sowohl gegenwärtige als auch künftige Gesellschafter und/oder Gläubiger der Gesellschaft gehören. Hierzu zählt insbesondere der in § 23 Abs. 3 und 4 AktG vorgeschriebene notwendige Satzungsinhalt sowie die Regelungen, von denen nach § 23 Abs. 5 die Satzung von den Vorschriften des AktG in zulässiger Weise abweicht. Mit dem korporativen Satzungsbestandteil ist also nicht nur der notwendige Mindestinhalt des Aktiengesetzes gemeint, sondern die Gesamtheit der Bestimmungen, die nur im Rahmen der Satzung als Organisationsregelungen wirksam geschlossen werden können oder nach dem Willen der Gesellschafter an der besonderen Gestaltungswirkung der Satzung teilhaben sollen.[14] Materielle Satzungsbestimmungen sind daher auch die fakultativ in die Satzung aufgenommenen Regelungen, welche die Organisation der Gesellschaft betreffen und trotz der Satzungsstrenge abweichend gestaltet werden können. Der BGH hat hierzu festgestellt, dass die Bestimmung dann dem materiellen Bereich zuzuordnen ist, wenn „sie nicht nur für die derzeitigen, bei Inkrafttreten der Bestimmung vorhandenen Gesellschafter oder einzelne von ihnen gilt, sondern für einen unbestimmten Personenkreis, zu dem sowohl gegenwärtige als auch künftige Gesellschafter und/oder Gläubiger der Gesellschaft gehören."[15] Entscheidend für die Abgrenzung ist, ob die Regelung den korporativen Organisationsinhalt der Gesellschaft definieren soll oder ob sie nur im Einzelfall eine individuelle Regelung der Gesellschafter darstellt.[16] Korporativ sind auch solche Bestimmungen, die die Mitgliedschaft der Aktionäre – in den Grenzen des § 23 Abs. 5 – ausgestalten.[17] **Nicht-korporative Satzungsbestandteile** sind hingegen Vereinbarungen anderer, regelmäßig schuldrechtlicher Art, die nur äußerlich in die Satzungsurkunde aufgenommen worden sind, ohne zugleich an der besonderen materiellen Qualität von Satzungsrecht teilzunehmen.[18] Notwendigerweise unechte, nur formelle Satzungsbestandteile sind alle Regelungen, die schon nach ihrem Inhalt nur schuldrechtliche Vereinbarungen unter den Gesellschaftern zum Gegenstand haben. Durch die Aufnahme in die Satzung verlieren

---

[10] Großkomm AktG/*Brendel* § 2 Rn. 51 ff.
[11] So K. Schmidt/Lutter/*Seibt* Rn. 3; Großkomm AktG/*Brendel* § 2 Rn. 48; Hüffer/Koch/*Koch* Rn. 7; Bürgers/Körber/*Körber* Rn. 4, 18 ff.; Kölner Komm AktG/*Arnold* Rn. 9; *Ulmer* FS Werner, 1984, 711 (712); Wachter/*Wachter* Rn. 5.
[12] Vgl. BGHZ 38, 155 (161) = NJW 1963, 202; BGHZ 18, 205 (207 f.); Bürgers/Körber/*Körber* Rn. 18 ff.; Großkomm AktG/*Röhricht/Schall* Rn. 15 ff.; Hüffer/Koch/*Koch* Rn. 2; MüKoAktG/*Pentz* Rn. 39 ff.; K. Schmidt/Lutter/*Seibt* Rn. 5; Kölner Komm AktG/*Arnold* Rn. 10 ff.; Grigoleit/*Vedder* Rn. 4; *K. Schmidt* GesR § 5 I 1d aa; *Priester* DB 1979, 681.
[13] Großkomm AktG/*Röhricht/Schall* Rn. 15; MüKoAktG/*Pentz* Rn. 40; K. Schmidt/Lutter/*Seibt* Rn. 5; Kölner Komm AktG/*Arnold* Rn. 19; Grigoleit/*Vedder* Rn. 3; Bürgers/Körber/*Körber* Rn. 19.
[14] Großkomm AktG/*Röhricht/Schall* Rn. 19 ff.; MüKoAktG/*Pentz* Rn. 40; K. Schmidt/Lutter/*Seibt* Rn. 5; Kölner Komm AktG/*Arnold* Rn. 10 ff.; Grigoleit/*Vedder* Rn. 4; Bürgers/Körber/*Körber* Rn. 19; *K. Schmidt* GesR § 5 I 1d aa; *Priester* DB 1979, 681.
[15] BGHZ 123, 347 (350).
[16] Vgl. Großkomm AktG/*Röhricht/Schall* Rn. 19 ff.; MüKoAktG/*Pentz* Rn. 40; NK-AktR/*Braunfels* Rn. 8; Bürgers/Körber/*Körber* Rn. 19; Kölner Komm AktG/*Arnold* Rn. 13 f.; K. Schmidt/Lutter/*Seibt* Rn. 5; Grigoleit/*Vedder* Rn. 5; Wachter/*Wachter* Rn. 7.
[17] Großkomm AktG/*Röhricht/Schall* Rn. 24; MüKoAktG/*Pentz* Rn. 40.
[18] Großkomm AktG/*Röhricht/Schall* Rn. 28; MüKoAktG/*Pentz* Rn. 41 f.; K. Schmidt/Lutter/*Seibt* Rn. 6 f.; Bürgers/Körber/*Körber* Rn. 20; Bürgers/Körber/*Körber* Rn. 20; Kölner Komm AktG/*Arnold* Rn. 15 f.; Grigoleit/*Vedder* Rn. 7 f.

derartige nicht-korporative Bestimmungen nicht ihre Rechtsnatur als schuldrechtliche Regelung. Es handelt sich dabei also um solche Regelungen, die auch außerhalb der Satzung durch individuelle Vereinbarungen unter den Gesellschaftern oder gar mit Dritten hätten wirksam getroffen werden können. Vereinbarungen mit Dritten sind immer nur Vereinbarungen nicht korporativer Art, da sie nicht Teil der Satzung sein können.[19] Als notwendige formelle Satzungsbestandteile werden daher auch solche Regelungen genannt, die nicht wirksam als materielle Regelungen der Satzung vereinbart werden können, weil sie über § 23 Abs. 5 hinausgehen, wie zB Bestellung des ersten Aufsichtsrates (§ 30 Abs. 1 S. 1), die Begründung von Nebenpflichten, soweit über § 55 Abs. 1 hinausgehend, sowie sonstige Nebenabreden, wie Vereinbarungen über Sondervorteile sowie die Vereinbarungen über den Gründungsaufwand (§ 26).[20] Ihre Änderung unterliegt daher auch nicht den für Satzungsänderungen geltenden Bestimmungen.[21] Nicht-korporative Satzungsbestimmungen bilden keinen Bestandteil der Mitgliedschaft. Bei einer Veräußerung der Aktien gehen sie daher nicht automatisch auf den Erwerber über; ein Übergang ist vielmehr – vom Fall der Gesamtrechtsnachfolge abgesehen – nur durch Schuldübernahme, Schuldbeitritt oder dreiseitigen Vertrag unter Beteiligung der Gesellschaft möglich.[22]

III. Das Gründungsprotokoll

Bei der praktischen Satzungs- und Urkundengestaltung sollte zur Vermeidung von Eintragungs- und Auslegungsschwierigkeiten darauf geachtet werden, dass die formellen Bestimmungen nicht in den Satzungstext mit aufgenommen werden, sondern zumindest räumlich getrennt und deutlich als Nebenvereinbarungen ersichtlich sind.[23]   5

1. Überblick. Grundlage der Gründung der Aktiengesellschaft ist das Gründungsprotokoll, das zum einen die in § 23 genannten Maßgaben und Mindestbestimmungen enthalten muss, das aber in der Praxis in der Regel auch weitergehende Gründungsformalitäten mit erledigt, zB die in § 30 genannten Bestellungen. Zwingend muss das Gründungsprotokoll die in § 23 Abs. 2 und 3 enthaltenen Angaben sowie die Feststellung der Satzung beinhalten. Die Satzung muss nach § 23 Abs. 1 durch notarielle Beurkundung festgestellt werden, das Gleiche gilt für die Bestellung des ersten Aufsichtsrates der Gesellschaft und den Abschlussprüfer nach § 30 Abs. 1 AktG. In der Praxis sind deshalb diese Angaben in der Regel in einer notariellen Urkunde enthalten, die sich deshalb wie folgt zusammensetzt:
– Angabe der Gründer (§ 23 Abs. 2 Nr. 1 AktG)
– Angabe der Aktienart und Aktiengattung (§ 23 Abs. 2 Nr. 2 AktG)
– Angabe des Einzahlungsbetrages
– Grundkapital (§ 23 Abs. 2 Nr. 3)
– Feststellung der Satzung mit den in § 23 Abs. 3 AktG erforderten Mindestangaben
– Bestellung des ersten Aufsichtsrates (§ 30 Abs. 1 S. 2 AktG)
– Bestellung der Abschlussprüfer (§ 30 Abs. 1 AktG)
Ferner muss die Gründungssatzung nach § 26 Abs. 1 dem einem Aktionär oder einem Dritten für seine Mitwirkung an der Gründung eingeräumten **Sondervorteil** enthalten. Anzugeben ist außerdem nach § 26 Abs. 2 die Gesamtsumme des von der Gesellschaft zu tragenden Gründungsaufwandes, wie insbesondere die Notar- und Gerichtskosten, die **Kosten** einer Gründungsprüfung und die Kosten der Rechtsberatung.

2. Form. a) Notarielle Beurkundung. § 23 Abs. 1 S. 1 verlangt für die Satzungsfeststellung die   6
notarielle Beurkundung. Gemeint ist damit nicht nur der eigentliche Satzungstext, sondern die Satzung im weiteren Sinne bestehend aus der in Abs. 2 behandelten Übernahmeerklärung der Gründer und der in Abs. 3 und 4 näher geregelten Festsetzung des engeren Satzungsinhalts.[24] Die Satzungsfeststellung stellt den **Abschluss eines Gesellschaftsvertrages** dar, anzuwenden sind daher die Vorschriften für die Beurkundung von Willenserklärungen nach den §§ 8 ff. BeurkG, eine Beurkun-

---

[19] *Priester* DB 1979, 681 (682); Kölner Komm AktG/*Arnold* Rn. 16; K. Schmidt/Lutter/*Seibt* Rn. 6; Grigoleit/*Vedder* Rn. 7; Wachter/*Wachter* Rn. 8.
[20] K. Schmidt/Lutter/*Seibt* Rn. 7; Hüffer/Koch/*Koch* Rn. 4; Großkomm AktG/*Röhricht/Schall* Rn. 31; Grigoleit/*Vedder* Rn. 7.
[21] BGHZ 123, 347 (350) = AG 1994, 78; MHdB AG/*Wiesner* § 6 Rn. 2; Großkomm AktG/*Röhricht/Schall* Rn. 8; Hüffer/Koch/*Koch* Rn. 4; K. Schmidt/Lutter/*Seibt* Rn. 6.
[22] *Noack*, Gesellschaftervereinbarungen bei Kapitalgesellschaften, 1994, 171 ff.; Großkomm AktG/*Röhricht/Schall* Rn. 15.
[23] So auch der Hinweis von NK-AktR/*Braunfels* Rn. 9.
[24] Großkomm AktG/*Röhricht/Schall* Rn. 36; Kölner Komm AktG/*Arnold* Rn. 30 K. Schmidt/Lutter/*Seibt* Rn. 11; Wachter/*Wachter* Rn. 12.

dung nach § 36 BeurkG, wie sie etwa bei Gesellschafterbeschlüssen zulässig ist, in Form einer Tatsachenfeststellung ist bei der Gründung nicht zulässig.[25] In der Literatur wird aus der Formulierung in § 23 Abs. 1 S. 1 und § 23 Abs. 2 die **Einheitlichkeit der Beurkundung** verlangt.[26] Daraus wird gefolgert, dass eine Beurkundung von Angebot und Annahme nicht zulässig ist, da es sich bei der Satzungsfeststellung um einen einheitlichen körperschaftsrechtlichen Akt handelt. Auch eine getrennte Beurkundung der Übernahmeerklärung nach Abs. 2 und der Feststellung des Satzungsinhalts nach Abs. 3 und 4 sei nicht zulässig.[27] Der Begriff der Einheitlichkeit sollte allerdings nicht überinterpretiert werden, da er in erster Linie die Einheitlichkeit des Protokolls und Textes erhalten will und damit auch der Sicherheit im Rechtsverkehr dient. Entscheidend ist, dass die Satzung in einer einzigen Urkunde enthalten ist, die auch die genannten Gründungsangaben enthält.[28] Der Einsatz des beurkundungsrechtlichen Instrumentariums, etwa die Verweisung auf eine Anlage nach § 9 Abs. 1 S. 2 BeurkG ist zulässig.[29] § 9 Abs. 1 S. 2 BeurkG bestimmt, dass die Erklärungen der Beteiligten in der Niederschrift enthalten sind. S. 2 sieht alternativ vor, dass Erklärungen in einem Schriftstück, auf das in der Niederschrift verwiesen und das dieser beigefügt wird, als in der Niederschrift selbst enthalten gelten. Über die **Fiktionswirkung** des § 9 Abs. 1 S. 2 BeurkG gelten diese Erklärungen als in der Niederschrift selbst enthalten und damit auch beurkundet.[30] Zulässig ist es auch, dass die Beurkundung der Gründungserklärungen **sukzessive** erfolgt, da § 23 Abs. 1 eine gleichzeitige Anwesenheit nicht vorschreibt.[31] Dementsprechend können die Beitrittserklärungen nacheinander vor dem Notar abgefertigt werden, der hierüber allerdings ein einheitliches Protokoll fertigen muss. Auch die Anwendung des § 13a Abs. 1 BeurkG mit der Möglichkeit der Verweisung auf eine bereits notariell beurkundete Erklärung ist im Rahmen der Aktiengründung zulässig.[32] § 16 BeurkG regelt das anzuwendende Verfahren, wenn einer der Beteiligten der Urkundssprache nicht mächtig ist. Für den Fall der Sprachunkundigkeit sieht das BeurkG die Übersetzung in die den Beteiligten bekannte Sprache vor. § 16 BeurkG bestimmt die Amtspflicht des Notars, falls einer der Beteiligten der Sprache der Beurkundung nicht hinreichend kundig ist. In diesem Fall muss ein Dolmetscher hinzugezogen werden, sofern der Notar nicht selbst übersetzt (§ 16 Abs. 3 Satz 1 BeurkG).[33] Urkundssprache kann entweder die deutsche Sprache sein oder nach § 5 Abs. 2 BeurkG auch eine andere Sprache, wenn der Notar der Sprache hinreichend kundig ist und die Beteiligten dies verlangen.[34] § 5 Abs. 2 gestattet es auch, eine **doppelsprachige Urkunde** zu errichten.[35]

7   b) **Zweck des Beurkundungserfordernisses.** Die Beurkundung zielt generell auf Errichtung einer öffentlichen Urkunde im Sinne der §§ 415, 418 ZPO. Diese begründet den vollen Beweis des durch die Urkundsperson beurkundeten Vorgangs bzw. der darin bezeugten Tatsachen (§ 415 Abs. 1 ZPO, § 418 Abs. 1 ZPO). Diese Urkunden erbringen vollen Beweis darüber, dass die Erklärung dem niedergelegten Inhalt so, wie beurkundet, abgegeben wurde. Darüber hinaus besteht für die über ein Rechtsgeschäft aufgenommenen Urkunden nach der ständigen Rechtsprechung des BGH die Vermutung der Vollständigkeit und Richtigkeit.[36] Im Hinblick auf den korporationsrechtlichen Charakter der Satzung spielt dieses Element der notariellen Beurkundung eine besondere Bedeutung, da für den Rechtsverkehr nur der objektive Inhalt der Satzung zählt. In den letzten Jahren wurde deutlich, dass besonders das Beurkundungsverfahren bei Rechtsgeschäften dazu führt, dass notariell beurkundete Rechtsgeschäfte eine **höhere innere Vertragsgerechtigkeit** und **Richtigkeit** haben; diese Schutzfunktion zugunsten der Gründer, der Aktionäre, Gläubiger, des Registerwesens, letztendlich des Rechtswesens dient die Form besonders bei der Gründung von Kapitalgesellschaften, die

---

[25] Hüffer/Koch/*Koch* Rn. 9; Würzburger Notar-HdB/*Reul* Teil 5 Kap. 4 Rn. 6; Grigoleit/*Vedder* Rn. 13; zur Abgrenzung vgl. *Nordholtz*, DNotZ 2018, 404 ff.
[26] Kölner Komm AktG/*Arnold* Rn. 30; Großkomm AktG/*Röhricht/Schall* Rn. 55 ff.; MüKoAktG/*Pentz* Rn. 28; NK-AktR/*Braunfels* Rn. 6; K. Schmidt/Lutter/*Seibt* Rn. 15; Bürgers/Körber/*Körber* Rn. 6.
[27] Kölner Komm AktG/*Arnold* Rn. 30; Großkomm AktG/*Röhricht/Schall* Rn. 55 ff.; MüKoAktG/*Pentz* Rn. 28; NK-AktR/*Braunfels* Rn. 6; K. Schmidt/Lutter/*Seibt* Rn. 15; Bürgers/Körber/*Körber* Rn. 6.
[28] So zu Recht Würzburger Notar-HdB/*Reul* Teil 5 Kap. 4 Rn. 7.
[29] K. Schmidt/Lutter/*Seibt* Rn. 15; Wachter/*Wachter* Rn. 13; Großkomm AktG/*Röhricht/Schall* Rn. 57; Bürgers/Körber/*Körber* Rn. 6; Kölner Komm AktG/*Arnold* Rn. 3.
[30] Eylmann/Vaasen/*Limmer* BeurkG § 9 Rn. 6; Kölner Komm AktG/*Arnold* Rn. 30.
[31] Kölner Komm AktG/*Arnold* Rn. 31; Hüffer/Koch/*Koch* Rn. 9; NK-AktR/*Braunfels* Rn. 6; K. Schmidt/Lutter/*Seibt* Rn. 15; Bürgers/Körber/*Körber* Rn. 6.
[32] Großkomm AktG/*Röhricht/Schall* Rn. 58; NK-AktR/*Braunfels* Rn. 6; Kölner Komm AktG/*Arnold* Rn. 31; Bürgers/Körber/*Körber* Rn. 6.
[33] Vgl. zum Dolmetscher bei Beurkundungen *Eckhardt* ZNotP 2005, 221 ff.; *Lerch* NotBZ 2006, 6 ff.; *Renner* ZNotP 2005, 145 ff.
[34] Armbrüster/Preuß/Renner/*Preuß* BeurkG § 5 Rn. 5 ff.; *Winkler* BeurkG § 5 Rn. 6 ff.
[35] Vgl. eingehend *Hertel* FS Wolfsteiner, 2007, 51 ff.; Armbrüster/Preuß/Renner/*Preuß* BeurkG § 5 Rn. 89.
[36] Vgl. BGH NJW 2017, 175 = DNotZ 2017, 48; BGH NJW 2002, 3164 (3165).

nach der Gründung ein von den Gründern losgelöstes Eigenleben führen.[37] Mit der notariellen Beurkundung sind Überlegungssicherung bzw. Warnfunktion[38] und die Belehrungssicherung[39] verbunden, außerdem hat der Notar eine Pflicht zur ausgewogenen und interessengerechten Vertragsgestaltung.[40] Der Notar hat nach der Rechtsprechung des BGH sogar die Aufgabe, die Beteiligten zu beraten, in welcher rechtlichen Form das von ihnen erstrebte Ziel zu erreichen ist. In einem solchen Fall müsse der Notar über die notwendige Belehrung hinaus weitere Vorschläge für die erforderlichen Regelungen unterbreiten, wenn aus den ihm erkennbaren Umständen Bedarf dafür bestehe.[41] Der Notar hat daher auch die Aufgabe „planender Beratung".[42] Der Notar ist nach § 17 BeurkG verpflichtet, den Willen der Beteiligten zu erforschen, den Sachverhalt zu klären, die Beteiligten über die rechtliche Tragweite des Geschäfts zu belehren und ihre Erklärungen klar und unzweideutig in der Niederschrift wiederzugeben. Dabei soll er darauf achten, dass Irrtümer und Zweifel vermieden, sowie unerfahrene und gewandte Beteiligte nicht benachteiligt werden. Die Beurkundungsform sichert daher, dass die Beteiligten über das Rechtsgeschäft und seine Rechtsfolgen entsprechend belehrt werden. Die Haftungsrechtsprechung des BGH hat aus diesen Prüfungs- und Belehrungspflichten, die als die Hauptpflicht des Notars im Rahmen der Beurkundung angesehen werden kann, einen breitgefächerten Pflichtenkanon entwickelt, der erhebliche Schutzfunktionen zugunsten der Beteiligten hat. Die Besonderheit dieser Rspr. ist aber, dass der Notar nicht nur zur Erörterung bestimmter Punkte verpflichtet ist, sondern auch zum Vorschlag einer gerechten vertraglichen Regelung.[43] Notarielle Verträge enthalten daher bezüglich ihrer inneren Vertragsgerechtigkeit eine größere Parität zwischen den Beteiligten als nicht beurkundete Verträge.[44] Dies gilt besonders bei der korporationsrechtlichen Satzung der AG.

Darüber hinausgehend haben notarielle Urkunden **gerichtsentlastende Funktion.** Dies gilt 8 im besonderen Maße im Gesellschaftsrecht und besonders im komplexen Aktienrecht. So hat die zwingende Einschaltung des Notars im **Vorfeld einer Registereintragung** eine deutliche Gerichtsentlastung dadurch zur Folge, dass der Notar eine **Legalitätskontrolle** nach § 14 Abs. 2 BNotO vornimmt, notarielle Urkunden eine erhöhte **Beweissicherung** bewirken und durch die Belehrung und Verpflichtung zur gerechten Vertragsgestaltung auch eine höhere **inhaltliche Bestandskraft** der Urkunden erreicht wird. Register sind in erster Linie **Publizitätsmittel,** die die Sicherheit des Rechtsverkehrs dadurch garantieren, dass wichtige Informationen kundgegeben werden, die im Interesse der Öffentlichkeit und auch zum Schutz der am Wirtschaftsleben teilnehmenden Personen jedermann zugänglich sind.[45] In einer arbeitsteiligen Gesellschaft, die auf einer freien Marktwirtschaft beruht, stellt das Handelsregister neben dem Grundbuch eine Informationseinrichtung dar, die für bedeutende Geschäftsvorfälle eine wichtige Rolle spielt. Die im Handelsregister enthaltenen Informationen sind Grundlagen für Vertragsschlüsse und andere wichtige Entscheidungen von Investoren, Unternehmen und Verbrauchern. Es liegt daher im öffentlichen Interesse, die Richtigkeit, Vollständigkeit, Aktualität und leichte Zugänglichkeit des Registers so weit wie möglich zu gewährleisten.[46] Sowohl beim Grundstück als auch beim Unternehmen gibt es Rechtsverhältnisse, die für die Rechtsstellung eines Dritten, der in Ansehung des Grundstücks

---

[37] Speziell zur AG vgl. K. Schmidt/Lutter/*Seibt* Rn. 12; NK-AktR/*Braunfels* Rn. *3;* Bürgers/Körber/*Körber* Rn. 6; Wachter/*Wachter* Rn. 15; Großkomm AktG/*Röhricht/Schall* Rn. 62 f.; Grigoleit/*Vedder* Rn. 13; ausführlich allgemein *Limmer* FS Rheinisches Notariat, 1998, 15 ff.; *Winkler* BeurkG Einl. Rn. 19 ff.; *Basty* FS Schippel, 1996, 571 ff.; Staudinger/*Hertel* (2017)BeurkG Rn. 23 ff., 44; Eylmann/Vaasen/*Limmer* BeurkG § 1 Rn. 6; Armbrüster/ Preuß/Renner/*Armbrüster/Renner* BeurkG Einl. Rn. 29 ff.; *Frenz* FG Weichler, 1997, 175 ff.; *Krafka* DNotZ 2002, 677 (679 ff.).

[38] Hierzu *Winkler* Einl. BeurkG Rn. 19; BGHZ 58, 386 (394); *Heldrich* AcP 147 (1947) 91 ff.; *Winkler* NJW 1971, 402. Staudinger/*Hertel* (2017) BeurkG Rn. 7 ff..; Eylmann/Vaasen/*Eylmann* Einl. BeurkG Rn. 3; Armbrüster/Preuß/Renner/*Armbrüster/Renner* BeurkG Einl. Rn. 14 ff.; *Frenz* FG Weichler, 1997, 175 ff.; *Bohrer* DNotZ 2002, 579 ff.

[39] Vgl. zu den Formzwecken vgl. Eylmann/Vaasen/*Eylmann* Einf. BeurkG Rn. 3; *Winkler* BeurkG Einl. Rn. 19; Staudinger/*Hertel* (2017) BeurkG Rn. 6 ff.

[40] Vgl. BGH DNotZ 1996, 568; BGH NJW 1994, 2283; BGH NJW 1995, 330; *Jerschke* DNotZ 1989, Sonderheft, 21 (28); *Reithmann* FS Schippel, 1996, 769 (774); Staudinger/*Hertel* (2017) BeurkG Rn. 14 f.

[41] BGH DNotZ 1996, 568 (571); dazu *Reithmann* ZNotP 1999, 142 ff.

[42] So *Reithmann* ZNotP 1999, 142 (143).

[43] So die Interpretation von *Grziwotz* NJW 1995, 641; vgl. auch *Winkler* BeurkG Einl. Rn. 19 ff.; *Basty* FS Schippel, 1996, 571 ff.; Staudinger/*Hertel* (2017) BeurkG Rn. 13 ff.; Eylmann/Vaasen/*Limmer* BeurkG § 1 Rn. 6; Armbrüster/Preuß/Renner/*Armbrüster/Renner* BeurkG Einl. Rn. 21 ff.

[44] *Limmer* FS Rheinisches Notariat, 1998, 15 (39); *Keim* MittBayNot 1994, 2 (5); Staudinger/*Hertel* (2017) BeurkG Rn. 14.

[45] Vgl. zum Handelsregister *Limmer* Notarius International 1997, 32.

[46] Vgl. *Zipp/Auer,* Vom Handelsregister zum Firmenbuch, 1997, 25.

bzw. Unternehmens ein Rechtsgeschäft vornimmt, erheblich werden. Diese Rechtsverhältnisse sind, wenn sie allein auf dem Gestaltungswillen des Unternehmensinhabers beruhen, für die Öffentlichkeit meist nicht zuverlässig erkennbar. Zu diesem Zweck werden die für den Rechtsverkehr wichtigen Informationen zuverlässig und mit Vertrauensschutz in den verschiedenen Registern bzw. Grundbüchern ausgestaltet und veröffentlicht. Die Register dienen somit dem **öffentlichen Interesse nach Verkehrsschutz.**[47] Der Gesetzgeber hat aber durch bestimmte Formerfordernisse – die notarielle Beurkundung oder Beglaubigung – sichergestellt, dass schon im Vorfeld **Notare in das Registrierungssystem eingeschaltet** sind. IdR bedürfen Eintragungen in ein Grundbuch oder Handelsregister der öffentlichen Beglaubigung oder sogar der Beurkundung durch einen Notar. Der Gesetzgeber hat also als Grundlage für Eintragungen in diese Register eine bestimmte Form der Urkunde vorgeschrieben und damit einen Teil der Verantwortung für den Inhalt des Registers auf den Notar verlagert. Die Notare sind daher Teil des einheitlichen Registrierungsverfahrens und nehmen hierbei eigene öffentliche Aufgaben wahr, die letztendlich der Registereintragung und damit auch dem Staatsinteresse dienen. Dadurch, dass der Notar die Beteiligten über die rechtliche Wirksamkeit des Rechtsgeschäfts unterrichten und dafür sorgen muss, dass der Rechtsordnung entsprechende wirksame Urkunden errichtet werden, werden die Gerichte deutlich von unwirksamen oder der Rechtsordnung widersprechenden Urkunden entlastet. Schließlich führen die umfangreichen Pflichten des Notars zur Belehrung und ausgewogenen Vertragsgestaltung (vgl. § 17 BeurkG) dazu, dass diese zu deutlich weniger Rechtsstreitigkeiten führen, als nicht beurkundete Verträge. Der Notar ist dabei für die unzweideutige Textfassung der öffentlichen Urkunde mit dem Beweiswert der Vollständigkeit und Richtigkeit verantwortlich.[48] Auch hierdurch werden generell die Rechtsordnung und die Gerichte von Streitigkeiten entlastet **(Gerichtsentlastungsfunktion oder Filterfunktion).**[49] Die Bedeutung dieser Aufgaben des Notars im Vorfeld für die Richtigkeit des Grundbuchs oder Registers darf nicht unterschätzt werden, gerade der Vergleich mit Ländern, die den Notar nicht kennen, zeigt welche erheblichen Schutzprobleme bestehen, wenn keine Präventivkontrolle besteht.[50] Derartige Register sind leicht Ziel von betrügerischen Aktionen und bieten keinerlei Verkehrsschutz.[51] Der EuGH hat diese Überlegungen in der Rechtssache „Piringer" für den Bereich des Grundbuchs bestätigt und einen nationalen Vorbehalt für Notare mit dem Unionsrecht für vereinbar erklärt.[52] Dabei hat er darauf hingewiesen, dass diese Beschränkung gerechtfertigt sei. Denn dem Grundbuch komme vor allem in bestimmten Mitgliedstaaten, die das lateinische Notariat kennen, u. a. im Rahmen von Grundstückstransaktionen entscheidende Bedeutung zu. Nationale Bestimmungen, die vorschreiben, dass die Richtigkeit von Eintragungen in ein Grundbuch durch vereidigte Berufsangehörige wie Notare überprüft werden muss, würden insofern zur Gewährleistung der Rechtssicherheit von Grundstückstransaktionen und zur Funktionsfähigkeit des Grundbuchs beitragen. Die Führung des Grundbuchs stelle insofern einen wesentlichen Bestandteil der vorsorgenden Rechtspflege dar, als sie die ordnungsgemäße Rechtsanwendung und die Rechtssicherheit von Akten zwischen Privatpersonen gewährleisten soll, was zu den Aufgaben und Zuständigkeiten des Staates gehört. Durch das Gesetz zur Neuordnung der Aufbewahrung von Notariatsunterlagen und zur Einrichtung des Elektronischen Urkundenarchivs bei der Bundesnotarkammer sowie zur Änderung weiterer Gesetze vom 1.6.2017 (BGBl. 2017 I 1396) wurden in § 378 Abs. 3 FamFG neue Prüfungs- und Einreichungspflichten im Grundbuch- und Registerverkehr eingeführt, die diese Kontroll- und Filterfunktion durch den Notar gesetzlich festlegen.[53] Danach sind sämtliche Anmeldungen in Registersachen mit Ausnahme der Genossenschafts- und Partnerschaftsregistersachen vor ihrer Einreichung für das Registergericht von einem Notar auf Eintragungsfähigkeit zu prüfen. Somit ist der Notar verpflichtet, dafür Sorge zu tragen, dass nur sachgerecht abgefasste und vollständige Anmeldungen beim Registergericht eingereicht werden. Auch die Gesetzesbegründung macht die Funktion deutlich:[54] „Durch die Regelungen soll die Sicherstellung eines funktionierendes

---

[47] Vgl. auch *Reithmann*, Vorsorgende Rechtspflege, 1989, 56.
[48] Vgl. *Jerschke* ZNotP 2001, 89 (90); *Jerschke* FS Hagen, 1999, 289.
[49] Staudinger/*Hertel* (2017) BeurkG Rn. 25 ff..; Eylmann/Vaasen/*Limmer* BeurkG § 1 Rn. 8.
[50] Vgl. dazu zB *Vogel* FS Max Planck Institut für Privatrecht, 2001, 1065 = notar 2002, 45 zu den Problemen des schwedischen Grundstücksverkehrs; *Franzmann* MittBayNot 2009, 346 ff. zu Betrugsrisiken im englischen Grundstücksrecht. Vgl. auch *Mauch* ZVglRWiss 106 (2007) 272 ff. zum Systemvergleich im Gesellschaftsrecht.
[51] Vgl. *Mauch* ZVglRWiss 106 (2007) 272 ff.; *Limmer* FS 200 Jahre Heymann, 2015, 449 ff.
[52] EuGH EuZW 2017, 394 = DNotZ 2017, 447 m. Anm. *Raff*.
[53] Vgl. dazu *Attenberger* MittBayNot 2017, 335 (336); *Diehn/Rachlitz* DNotZ 2017, 487 (489 f.); Gutachten, DNotI-Report 2017, 89 (90); *Weber*, RNotZ 2017, 427 ff.; *Eickelberg/Böttcher* FGPrax 2017, 145 ff.; *Krafka*, NZG 2017, 889 ff.; OLG Celle DNotZ 2018, 449 ff.
[54] BT-Drs. 18/10607, 108 ff.

Grundbuch- und Registerwesens gewährleistet werden. Die Überprüfung von Anmeldungen in Registersachen auf Grundlage der dem Notar zur Verfügung stehenden Erkenntnismittel wird mit dem vorgeschlagenen § 378 Absatz 3 FamFG nunmehr unabhängig von der Beurkundung oder Beglaubigung ausdrücklich als notarielle Amtspflicht und registerrechtliche Verfahrensvorschrift geregelt. Durch die Regelung wird die faktische Filter- und Entlastungsfunktion des Notars im Interesse der Sicherung der hohen Qualität, Schnelligkeit und Effizienz der registergerichtlichen Eintragungsverfahren gesetzlich verankert." Als Verfahrensvorschrift ist der vorgeschlagene § 378 Abs. 3 FamFG zugleich formelle Voraussetzung im Eintragungsverfahren. Dadurch wird sichergestellt, dass in allen Fällen vorab die Prüfung der Anmeldung auf Eintragungsfähigkeit erfolgt und die Registergerichte ausschließlich sachgerecht formulierte Anmeldungen erhalten.

c) Beurkundung im Ausland. Die Beurkundung eines **ausländischen Notars im Inland** verstößt gegen das deutsche Territoritalitätsprinzip und ist damit nach deutschem Recht nichtig. Hiervon zu trennen ist die Frage, ob die Beurkundung eines ausländischen Notars in seinem Heimatland im Inland anerkannt wird. Hier spielen eine Reihe von Fragen des Internationalen Privatrechts sowie der Gleichwertigkeit eine Rolle. Soll die Satzung im Ausland festgestellt werden, so bedarf sie auch notarieller Beurkundung, da das Geschäftsrecht das Gesellschaftsstatut ist, wenn die Gesellschaft ihren Sitz der Hauptverwaltung in Deutschland hat.[55]

Auf die **Ortsform** kann es dabei nicht ankommen. Auch im **Gesellschaftsrecht** ist die Auffassung herrschend, dass die Vorgänge, die die Struktur der Gesellschaft betreffen, zwingend den Formvorschriften des Wirkungsstatuts unterliegen, also sich nach dem Recht richten, dem die Gesellschaft selbst untersteht **(Gesellschaftsstatut).**[56] Für die Einschränkung der Anknüpfung der Formvorschriften im Gesellschaftsrecht auf das Wirkungsstatut spricht die Tatsache, dass insbesondere öffentliche Interessen durch die Formvorschriften des Wirkungsstatuts geschützt werden, nämlich Rechtssicherheit, Verkehrsschutz und Richtigkeitsgewähr öffentlich-rechtlicher Register[57] (→ Rn. 8). Gerade bei Kapitalgesellschaften haben Strukturänderungen wie Gründung, Satzungsänderung, Abschluss eines Unternehmensvertrages, Verschmelzung, Spaltung, Umwandlung etc. nicht nur für die unmittelbar an dem Vorgang beteiligten Personen erheblichen Einfluss, sondern für Dritte (Gläubiger, zukünftige Gesellschafter), den öffentlichen Rechtsverkehr und die Rechtssicherheit allgemein.[58] Die Einhaltung der Form des Wirkungsstatuts, also die notarielle Beurkundung durch einen deutschen Notar, sichert nicht nur die Richtigkeit der Registereintragung, sondern umfassenden Verkehrsschutz durch „strukturelle" Richtigkeitsgewähr im Gesellschaftsrecht.[59] Auch der vorliegende Entwurf für ein Gesetz zum Internationalen Privatrecht der Gesellschaften, Vereine und juristischen Personen sieht die Unzulässigkeit der Ortsform vor.[60]

Ergibt sich auf Grund der internationalen privatrechtlichen Formvorschriften, dass die Form des Geschäftsstatuts einzuhalten ist und sieht diese notarielle Beurkundung vor, dann stellt sich im zweiten Schritt die Frage, inwieweit auch ein **ausländischer Notar** die inländische Form der notariellen Beurkundung erfüllen kann. Diese Frage lässt sich nicht einheitlich beantworten, sondern es kommt auf den spezifischen Schutzweck der Formvorschrift an.[61] Bei der Auslegung der Formvorschrift muss entschieden werden, inwieweit die Beurkundung durch einen ausländischen Notar der inländischen, dh die Person der Beurkundung in Ausbildung und Stellung im Rechtssystem sowie das

---

[55] OLG Hamm NJW 1974, 1057; OLG Karlsruhe RIW 1979, 567; LG Augsburg ZIP 1996, 1057; MüKoAktG/*Pentz* Rn. 30; Hüffer/Koch/*Koch* Rn. 10; Großkomm AktG/*Röhricht/Schall* Rn. 68.
[56] So KG NJW 2018, 1828 = NZG 2018, 304; OLG Hamm NJW 1974, 1057; OLG Karlsruhe RIW 1979, 567; AG Köln RIW 1989, 991; AG Fürth MittBayNot 1991, 30; LG Augsburg MittBayNot 1996, 318; NK-AktR/*Braunfels* Rn. 4; K. Schmidt/Lutter/*Seibt* Rn. 17; Großkomm AktG/*Röhricht/Schall* Rn. 48; MüKoAktG/*Pentz* Rn. 30; Kölner Komm AktG/*Arnold* Rn. 35; Bürgers/Körber/*Körber* Rn. 7, *Schervier* NJW 1992, 593; *Ebenroth/Wilken* JZ 1991, 1064; *Goette* FS Boujong, 1996, 137; *von Randenbergh* GmbHR 1996, 909; *Wolff* ZIP 1995, 1491; *Winkler* BeurkG Einl. Rn. 61 ff.; *Großfeld/Berndt* RIW 1996, 630; *Scholz/Westermann* GmbHG Einl. Rn. 93; Lutter/Hommelhoff/*Bayer* GmbHG § 2 Rn. 18; *Dignas* GmbHR 2005, 139; *Kröll* ZGR 2000, 122; *Reithmann* in Reithmann/Martiny IntVertragsR-HdB Rn. 5.262 ff.; *Kindler* AG 2007, 721 (725); Gutachten DNotI-Report 1995, 219; Staudinger/*Hertel* BGB (2017) BeurkG Rn. 856; *Herrler*, NJW 2018, 1787; Gutachten DNotI-Report 2016, 93, 94; aA Palandt/*Thorn* EGBGB Art. 11 Rn. 13.
[57] Vgl. Gutachten DNotI-Report 1995, 219.
[58] Vgl. auch den grundlegenden „Supermarkt-Beschluss" BGHZ 105, 324 (338) = NJW 1989, 295; vgl. auch OLG Hamburg NJW-RR 1993, 1317 = MittBayNot 1994, 80.
[59] *Hommelhoff* DNotZ 1989, Sonderheft, 104, 111; Staudinger/*Großfeld* (1998) IntGesR Rn. 442; *Goette* FS Boujong, 1996, 131 (142); Staudinger/*Hertel* (2017) BeurkG Rn. 856.
[60] Vgl. RefE abrufbar unter http://ww.bmj.de/media/rchive/2751.pdf, dazu *Leuering* ZRP 2008, 73 (77); *C. Schneider* BB 2008, 566 (574); *Wagner/Timm* IPRax 2008, 81 (88).
[61] *Winkler* BeurkG Einl. Rn. 81 ff.; *Reithmann* in Reithmann/Martiny IntVertragsR-HdB Rn. 5.318 ff.

Verfahren der Beurkundung **gleichwertig ist (Substitution)**.[62] Eine in der Literatur verbreitete Meinung scheint das für das deutsche Verfahren existentielle Belehrungserfordernis als verzichtbar anzusehen.[63] Das ist mehr als zweifelhaft; notarielle Formvorschriften dienen nicht nur dem Schutz der Beteiligten durch Überlegungssicherung und Belehrungssicherung, sondern auch generell dem Rechtsverkehr durch erhöhte Beweissicherung und der Gerichtsentlastung. Insbesondere bei solchen Beurkundungen, die Grundlage für eine Register- oder Grundbucheintragung sind, erfüllt der Notar durch Einhaltung des spezifischen Beurkundungsverfahrens öffentlich-rechtliche Aufgaben: Legalitätskontrolle (§ 14 Abs. 2 BNotO). Identitätskontrolle (§ 10 BeurkG), Prüfung der Geschäftsfähigkeit (§ 11 BeurkG), Prüfung der Vertretungsmacht (§ 12 BeurkG). Mit der Wahrnehmung dieser auch im öffentlichen Interesse bestehenden Pflichten wird die Richtigkeit der zum Zwecke des öffentlich-rechtlichen Verkehrsschutzes geschaffenen Register und Grundbücher garantiert. Damit ist der Notar **Teil des Registerverfahrens** (→ Rn. 8) und nimmt damit genuin Zwecke des inländischen Rechts wahr, die durch einen ausländischen Notar so nicht wahrgenommen werden können.[64] Darüber hinausgehend hat der Gesetzgeber dem Notar vielfältigste Mitteilungspflichten des öffentlichen und Steuerrechts auferlegt, deren Erfüllung allein im öffentlichen Interesse erfolgt und die zwingend mit der Beurkundung verknüpft sind. Die notarielle Beurkundung dient daher nicht nur dem Zweck der Errichtung einer beweissichernden Urkunde und dem Beteiligtenschutz, sondern vielfältigsten öffentlich-rechtlichen, steuerrechtlichen und Verkehrsschutzinteressen. Da ausländische Notare weder den öffentlich-rechtlichen und steuerrechtlichen Mitteilungspflichten noch dem inländischen Verkehrsschutz und dem inländischen Register und Grundbuchverfahren verpflichtet sind, gewinnt in Literatur und Rechtsprechung die Meinung an Zuwachs, dass bei solchen Fällen eine ausländische Beurkundung der inländischen nicht gleichwertig sein kann.[65] Die Frage ist aber im Einzelnen umstritten.[66] Im Ergebnis spricht daher einiges dafür, bei der Satzungsfeststellung die Gleichwertigkeit generell zu verneinen.[67] In der Literatur wird vermehrt angesichts aktueller Entwicklungen besonders auch im gesetzgeberischen Bereich zu Recht darauf hingewiesen, dass der Standpunkt der bisherigen herrschenden Meinung, wonach es auf eine „oberflächliche" Gleichwertigkeit der Beurkundungssysteme ankommt, die bestehende Rechtsunterschiede und die speziellen Aufgaben des deutschen Notars gegenüber dem deutschen Staat zu wenig berücksichtigt und deshalb das pauschale Gleichwertigkeitspostulat fraglich ist.[68] Auch das AG Charlottenburg verneinte zur GmbH-Gründung die Gleichwertigkeit der Beurkundung der Gründung einer GmbH im Kanton Bern/Schweiz.[69] Die Beurkundung in Bern sei nicht gleichwertig, weil dort das Beurkundungsverfahren eine vollständige Verlesung der Urkunde nicht vorsehe, die vollständige Verlesung aber ein tragendes Prinzip des deutschen Beurkundungsrechts sei (§ 13 Abs. 1 BeurkG). Auch die freiwillige Verlesung

---

[62] BGHZ 80, 76; OLG Stuttgart IPRspr. 1981 Nr. 10a; OLG Düsseldorf RIW 1989, 225; OLG München RIW 1998, 148; *Reithmann* in Reithmann/Martiny IntVertragsR-HdB Rn. 5.318 ff.; Staudinger/*Großfeld* (1998) IntGesR Rn. 431 MüKoBGB/*Spellenberg* EGBGB Art. 11 Rn. 86 ff.; Kölner Komm AktG/*Arnold* Rn. 37 f.; Armbrüster/Preuß/Renner/*Armbrüster* BeurkG § 1 Rn. 66 ff.; Staudinger/*Hertel* (2017) BeurkG Rn. 856; *Winkler* BeurkG Einl. Rn. 81 ff.; *Wolfsteiner* DNotZ 1978, 532; *Kropholler* ZHR 140 [1976] 394 (410); *Bokelmann* NJW 1975, 1625; *Mann* ZHR 138 [1974] 448 (453 ff.); sehr ausf. mit Darstellung auch der Entwicklung und des heutigen Standes und mit umfassenden Nachw. Staudinger/*Winkler v. Mohrenfels* (2013) EGBGB Art. 11 Rn. 285 ff. (293 f.).

[63] MüKoAktG/*Pentz* Rn. 34; Hüffer/Koch/*Koch* Rn. 11; Bürgers/Körber/*Körber* Rn. 8; Kölner Komm AktG/*Arnold* Rn. 39.

[64] Vgl. *Preuß* DNotZ 2008, 258 (262 f.); *Böttcher* ZNotP 2010, 6 (11).

[65] Vgl. *König/Götte/Bormann* NZG 2009, 881 ff., *Böttcher* ZNotP 2010, 6 ff.; *Braun* DNotZ 2009, 585 ff.; *Bauer/Anders* BB 2012, 593 ff.; – *Reithmann* in Reithmann/Martiny IntVertragsR-HdB Rn. 5.318 ff.; *Winkler* BeurkG Einl. Rn. 80 ff.; LG Augsburg MittBayNot 1996, 318; *Lichtenberger* FS Schippel, 1996, 729 ff.; *Goette* FS Boujong, 1996, 131 (139 ff.); Staudinger/*Großfeld* (1998) IntGesR Rn. 431 ff.; *Langhein*, Kollisionsrecht der Registerurkunden, 1995100 ff.; *Langhein* Rpfleger 1996, 45 ff.; *Schervier* NJW 1992, 595 ff.

[66] Vgl. Nachweise bei Palandt/*Thorn* EGBGB Art. 11 Rn. 5 ff.; 11 ff.; *Reithmann* in Reithmann/Martiny IntVertragsR-HdB Rn. 5.318 ff.; *Böttcher* ZNotP 2010, 6 ff.; *Böttcher* NZG 2009, 1354 ff.; *König/Götte/Bormann* NZG 2009, 881; speziell zur Frage der Einreichung der Gesellschafterliste durch ausländische Notare vgl. BGH NJW 2014, 2026 = DNotZ 2014, 457 = MittBayNot 2014, 256; dazu *Küller* NJW 2014, 1994; *Heckschen* BB 2014, 462; *Tebben* DB 2014, 585; *Herrler* GmbHR 2014, 225; dazu *Wicke* DB 2013, 1099.

[67] *Goette* FS Boujong, 1996, 131 (140 ff.); NK-AktR/*Braunfels* Rn. 4 ff.; aA MüKoAktG/*Pentz* Rn. 34; Hüffer/Koch/*Koch* Rn. 11; Großkomm AktG/*Röhricht/Schall* Rn. 75; Kölner Komm AktG/*Arnold* Rn. 31; Bürgers/Körber/*Körber* Rn. 7 f.

[68] Vgl. Lutter/Hommelhoff/*Bayer* GmbHG § 2 Rn. 19, § 15 Rn. 27; *Goette* DStR 1996, 709 f.; *Reithmann* NJW 2003, 185 (286 ff.); UHW/*Ulmer* GmbHG § 2 Rn. 20 f.; Henssler/*Strohn* GmbHG § 2 Rn. 17; *König/Götte/Bormann* NZG 2009, 881 ff., *Böttcher* ZNotP 2010, 6 ff.; *Braun* DNotZ 2009, 585 ff.; *Bauer/Anders* BB 2012, 593 ff.

[69] AG Charlottenburg GWR 2016, 96 = BeckRS 2016, 02475 = RNotZ 2016, 119.

der gesamten Urkunde durch den ausländischen Notar ändere daran nichts. Es komme abstrakt darauf an, dass der ausländische Notar nach der geltenden Verfahrensordnung ein gleichwertiges Beurkundungsverfahren einhalten müsse. Weiter führt das AG Charlottenburg aus, die angeordnete Beurkundungspflicht nach § 2 GmbHG verfolge den Zweck, den zu beurkundenden Vorgang rechtlich zu prüfen, die Urkundsbeteiligten rechtlich zu beraten und zu belehren, damit Irrtümer und Zweifel vermieden sowie unerfahrene und ungewandte Beteiligte nicht benachteiligt würden (§ 17 Abs. 1 BeurkG). Auch wenn die Befolgung der Pflichten des § 17 Abs. 1 BeurkG nicht Wirksamkeitsvoraussetzung der Beurkundung sei, so handele es sich dabei jedoch um eine notarielle Amtspflicht. Auf die Einhaltung notarieller Amtspflichten können aber die Urkundsbeteiligten nicht verzichten. Einem solchen Verzicht käme es aber gleich, wenn die Beteiligten einen ausländischen Notar aufsuchten, von dem sie von vornherein eine genaue Kenntnis des deutschen Gesellschaftsrechts und eine umfassende Belehrung gar nicht erwarten könnten. Das KG hat jetzt allerdings im Beschl. v. 24.1.2018 die Entscheidung des AG Charlottenburg aufgehoben und festgestellt, dass die Beurkundung einer GmbH-Gründung durch einen Notar des Kantons Bern wirksam sei; diese Entscheidung des KG ist mit der wohl überwiegenden Literatur abzulehnen, da sie die oben geschilderten vielfältigen Funktionen der notariellen Beurkundung verkennt, die vom schweizerischen Notar nicht eingehalten werden.[70]

3. Satzungsfeststellung. a) Bedeutung. § 23 Abs. 1 S. 1 spricht von der Feststellung der Satzung durch notarielle Beurkundung. Die Vorschrift ist in Zusammenhang mit § 2 zu sehen (s. dazu Erläuterungen bei § 2): Danach müssen sich an der Feststellung des Gesellschaftsvertrags (der Satzung) eine oder mehrere Personen beteiligen, welche die Aktien gegen Einlagen übernehmen. Die Satzungsfeststellung ist nach allgemeiner Meinung der Abschluss des Gesellschaftsvertrages, der bei der Einmann-Gründung durch einseitige Erklärung geschehen kann.[71] Die Rechtsnatur der Satzungsfeststellung hängt eng zusammen mit der Frage, welche Rechtsnatur die Satzung als solche hat und geht auf die Lehre *von Gierkes* zurück, wonach der Gründungsakt einen sozialrechtlicher Konstitutivakt oder einen Gesamtakt darstellt, der nicht unter den Begriff des Rechtsgeschäfts fällt. Dennoch verliert die Einigung der Gründer nicht den Charakter eines Vertrages, so dass dieser auch schuldrechtliche Elemente enthält. Dennoch besteht Einigkeit, dass es sich im Schwerpunkt um einen Organisationsvertrag handelt, der die Grundlagen der Gesellschaft objektiv festlegt.[72] Im Grundsatz besteht weitgehend Einigkeit, dass der anfangs herrschende Vertragscharakter dazu führt, dass die Vorschriften des allgemeinen Teil des BGB über Willenserklärung, Auslegung und Willensmängel grundsätzlich zur Anwendung kommen,[73] dass allerdings mit der Handelsregistereintragung das schuldrechtliche Element völlig zurücktritt und der organisationsrechtliche Charakter dominiert und Mängel der Willenserklärung nur in sehr beschränktem Umfang geltend gemacht werden können (→ Rn. 33 ff.). Auch aus der Formulierung des § 2 wird deutlich, dass vor der Eintragung der Vertragscharakter noch überwiegt. Es gelten die allgemeinen Vorschriften über Willenserklärung (§§ 104 ff. BGB).[74] Dabei ist zu berücksichtigen, dass die Satzung ein Regelwerk ist, das auf Dauer angelegt ist, die Funktion als Organisationsvertrag erfüllt und den Wechsel von Gesellschaftern regeln soll, dementsprechend verselbstständigt sich die Satzung gegenüber den Gründern und wird zum Statut der AG.[75]

b) Vertretung. Die Gründer können sich bei der Feststellung der Satzung ohne weiteres rechtsgeschäftlich vertreten lassen.[76] Es gelten zunächst die allgemeinen Vorschriften der §§ 164 ff. BGB. Nach § 23 Abs. 1 S. 2 ist jedoch hierzu entgegen der allgemeinen Vorschrift des § 167 Abs. 2 BGB eine **notariell beglaubigte Vollmacht** erforderlich. Die Beglaubigung ist hier anders als in anderen Bereichen nach hM **materielles Wirksamkeitserfordernis,** eine nur schriftliche Vollmacht ist

---

[70] Vgl. KG NJW 2018, 1828 = NZG 2018, 304, dazu *Cramer,* DStR 2018, 746 ff.; *Stelmaszyk* GWR 2018, 103 ff.; *Heinze* NZG 2018, 371 ff.; *Heinze* DNotZ 2017, 804 ff.; *Herrler* NJW 2018, 1787 ff.
[71] Hüffer/Koch/*Koch* Rn. 6; Großkomm AktG/*Röhricht/Schall* Rn. 6 ff.; MüKoAktG/*Pentz* Rn. 11; Bürgers/Körber/*Körber* Rn. 3; Kölner Komm AktG/*Arnold* Rn. 27 f.; Wachter/*Wachter* Rn. 11; Grigoleit/*Vedder* Rn. 12.
[72] Hüffer/Koch/*Koch* Rn. 7; Großkomm AktG/*Röhricht/Schall* Rn. 6 ff.; NK-AktR/*Braunfels* Rn. 2; K. Schmidt/Lutter/*Seibt* Rn. 3; *Ulmer* FS Werner, 1984, 911 (912); Wachter/*Wachter* Rn. 9 Grigoleit/*Vedder* Rn. 5.
[73] Kölner Komm AktG/*Arnold* Rn. 17; Hüffer/Koch/*Koch* Rn. 8.
[74] Hüffer/Koch/*Koch* Rn. 8; Großkomm AktG/*Röhricht/Schall* Rn. 6 ff.; NK-AktR/*Braunfels* Rn. 2; K. Schmidt/Lutter/*Seibt* Rn. 59; Bürgers/Körber/*Körber* Rn. 3; Kölner Komm AktG/*Arnold* Rn. 28.
[75] BGHZ 47, 172 (179 f.).
[76] Hüffer/Koch/*Koch* Rn. 12; Kölner Komm AktG/*Arnold* Rn. 44; Großkomm AktG/*Röhricht/Schall* Rn. 68; NK-AktR/*Braunfels* Rn. 7; K. Schmidt/Lutter/*Seibt* Rn. 20; Bürgers/Körber/*Körber* Rn. 10; Wachter/*Wachter* Rn. 16; Grigoleit/*Vedder* Rn. 15.

§ 23   13a   Erstes Buch. Aktiengesellschaft

gem. § 125 BGB nichtig,[77] die Willenserklärung des Beteiligten ist allerdings bei fehlender Form bei der Mehrpersonengesellschaft nur schwebend unwirksam und kann von dem Vertretenem nachgenehmigt werden, wobei die Genehmigung abweichend von § 182 Abs. 2 BGB auch der notariellen Beglaubigung bedarf.[78] Bei der Einmann-Gründung ist dies nach § 180 BGB nicht zulässig, die Erklärung ist nichtig und kann auch nicht geheilt werden.[79] Die Form ist also nicht nur Ordnungsvorschrift, sondern hat ähnlich wie die Beurkundung materiellen Gehalt.[80] Dadurch sollen zunächst Zweifel an der Legitimation des Bevollmächtigten ausgeschlossen werden und dem Registergericht eine verlässliche Prüfung möglich werden.[81] Die Gesetzesbegründung zum vergleichbaren § 2 GmbHG nennt als Grund der Formvorschrift, dass spätere „Zweifel und Streitigkeiten über die Legitimation der Vertreter abzuschneiden" seien.[82] Durch die damit verbundene Rechtssicherheit dient die Formvorschrift wegen der weitreichenden Wirkungen der Satzung auch dem präventiven Schutz der Aktionäre.[83] Eine Beglaubigung garantiert als öffentliche Beurkundung die Tatsache, dass die Unterschrift oder das Handzeichen von einer bestimmten Person herrührt, dass der Aussteller persönlich seine Unterschrift oder sein Handzeichen vor der Urkundsperson vollzogen oder anerkannt hat und dass die beglaubigte Erklärung von der Urkundsperson daraufhin überprüft wurde, ob sie offensichtlich sittenwidrig, nichtig ist oder sonst im offenen Widerspruch zur Rechtsordnung steht. Dadurch werden insbes. das Handelsregister- und das Grundbuchverfahren entscheidend entlastet.[84] Als Wirksamkeitserfordernis erhält die Beglaubigung aber im Rahmen der Gründung noch eine inhaltliche Bedeutung. Auf Beglaubigungen sind nicht die Vorschriften über Willenserklärungen, dh der §§ 6 ff. BeurkG anwendbar. Insbes. die ausführlichen Prüfungs- und Belehrungspflichten der §§ 10, 11, 12, 16, 17 ff. BeurkG sind nicht anwendbar. § 40 BeurkG hat ein eigenes **Prüfungs- und Belehrungspflichtenprogramm** aufgestellt, das der Notar zu beachten hat. In diesem Zusammenhang besteht nach § 40 Abs. 4 die Identitätsfeststellung und nach § 40 Abs. 2 BeurkG eine Evidenzprüfung im Hinblick auf die Rechtmäßigkeit des beglaubigten Textes.[85] Zu beachten ist, dass bei Bevollmächtigung eines anderen Gründers dieser von den Beschränkungen des § 181 BGB befreit werden sollte, wobei die Literatur z.T. eine konkludente Befreiung annimmt.[86]

13a   Zulässig ist bei der Gründung einer Mehrpersonengesellschaft auch, dass eine **vollmachtlose Vertretung** als **Vertreters ohne Vertretungsmacht** erfolgt und die Form durch eine sog. **Vollmachtsbestätigung** (Genehmigung) in notariell beglaubigter Form gewahrt bleibt, wobei die Genehmigung abweichend von § 182 Abs. 2 BGB auch der notariellen Beglaubigung bedarf.[87] Bei der Einmann-Gründung ist dies nach § 180 BGB nicht zulässig, die Erklärung ist nichtig und kann auch nicht geheilt werden.[88] Zuletzt hat des OLG Stuttgart[89] den Zweck dieser Einschränkung begründet: An die Stelle der vertraglichen Einigung trete bei der Einmann-Gründung die einseitige, nicht empfangsbedürftige Willenserklärung des alleinigen Gründers. Dieser Organisationsakt sei ein

---

[77] NK-AktR/*Braunfels* Rn. 7; K. Schmidt/Lutter/*Seibt* Rn. 20; Hüffer/Koch/*Koch* Rn. 12; Kölner Komm AktG/*Arnold* Rn. 45 Wachter/*Wachter* Rn. 16; Grigoleit/*Vedder* Rn. 15: Bürgers/Körber/*Körber* Rn. 10.
[78] Großkomm AktG/*Röhricht/Schall* Rn. 86 ff.; NK-AktR/*Braunfels* Rn. 2; K. Schmidt/Lutter/*Seibt* Rn. 3; Bürgers/Körber/*Körber* Rn. 10; Wachter/*Wachter* Rn. 16.
[79] Vgl. → Rn. 13a; Wachter/*Wachter* Rn. 16; Grigoleit/*Vedder* Rn. 15; Bürgers/Körber/*Körber* Rn. 10; vgl. zum gleichen Problem bei der GmbH LG Berlin GmbHR 1996, 123; OLG Frankfurt GmbHR 2003, 415 = DNotZ 2003, 459; OLG München ZIP 2011, 772; aA *Dürr* GmbHR 2008, 410 ff., der von nur schwebender Unwirksamkeit ausgeht.
[80] Zu Recht Hüffer/Koch/*Koch* Rn. 1; Wachter/*Wachter* Rn. 16.
[81] Großkomm AktG/*Röhricht/Schall* Rn. 86; K. Schmidt/Lutter/*Seibt* Rn. 20; MüKoAktG/*Pentz* Rn. 15; Grigoleit/*Vedder* Rn. 15.
[82] Vgl. BGH NJW 1969, 1856.
[83] Vgl. zur vergleichbaren Vorschrift im GmbHG MüKoGmbHG/*Mayer* § 2 Rn. 65.
[84] *Malzer* DNotZ 2000, 169 (173).
[85] Eylmann/Vaasen/*Limmer* BeurkG § 40 Rn. 2; *Malzer* DNotZ 2000, 169 (171 ff.); *Winkler* BeurkG § 40 Rn. 34; *Lerch* BeurkG § 40 Rn. 6; Armbrüster/Preuß/Renner/*Preuß* BeurkG § 40 Rn. 19 f.
[86] Vgl. Wachter/*Wachter* Rn. 16; für konkludente Befreiung Kölner Komm AktG/*Arnold* Rn. 44 und 48; Grigoleit/*Vedder* Rn. 15.
[87] Großkomm AktG/*Röhricht/Schall* Rn. 88; NK-AktR/*Braunfels* Rn. 2; K. Schmidt/Lutter/*Seibt* Rn. 3; Bürgers/Körber/*Körber* Rn. 10; Kölner Komm AktG/*Arnold* Rn. 48; Wachter/*Wachter* Rn. 16; Grigoleit/*Vedder* Rn. 15; vgl. zum gleichen Problem bei der GmbH LG Berlin GmbHR 1996, 123; OLG Frankfurt GmbHR 2003, 415 = DNotZ 2003, 459; OLG München ZIP 2011, 772; aA *Dürr* GmbHR 2008, 410 ff., der von nur schwebender Unwirksamkeit ausgeht.
[88] Wachter/*Wachter* Rn. 16; Grigoleit/*Vedder* Rn. 15; vgl. zum gleichen Problem bei der GmbH LG Berlin GmbHR 1996, 123; OLG Frankfurt GmbHR 2003, 415 = DNotZ 2003, 459; OLG München ZIP 2011, 772; OLG Stuttgart MittBayNot 2016, 168 = notar 2015, 257; aA *Dürr* GmbHR 2008, 410, der eine Genehmigung für zulässig erachtet.
[89] OLG Stuttgart MittBayNot 2016, 168 = notar 2015, 257.

einseitiges Rechtsgeschäft und unterliege den dafür geltenden Vorschriften des BGB. Bei Vornahme durch einen vollmachtlosen bzw. nicht formgültig bevollmächtigten Vertreter sei die Gründung deshalb nach § 180 S. 1 BGB unwirksam. Eine nachträgliche Genehmigung scheitere bereits an dessen Wortlaut sowie vor allem an dessen Zweck. Die Vorschrift diene der notwendigen Rücksichtnahme auf den Erklärungsempfänger. Empfänger der Errichtungserklärung des Einmann-Gründers sei der Rechtsverkehr. Aus seiner Sicht sei die Gründung einer juristischen Person ein wichtiger Vorgang, über dessen Wirksamkeit sogleich Klarheit herrschen müsse. Es könne dem Alleingesellschafter nicht gestattet werden, den Gründungsvorgang längere Zeit offen zu halten und die Handlungsfähigkeit der Vor-GmbH, die Handelndenhaftung und die Vorbelastungshaftung des Alleingesellschafters in der Schwebe zu halten. Eine „Heilung" ist nur durch Bestätigung nach § 141 BGB möglich, die der notariellen Beurkundung bedarf.[90] Auch das im Grundbuchrecht verwendete Verfahren des **mündlich bevollmächtigten Vertreters** ist wegen der Formvorschrift des § 23 Abs. 1 S. 2 nicht möglich.[91] Im Einzelfall kann eine strengere Form erforderlich sein, wenn dies aus den allgemeinen Vorschriften folgt, etwa zB notarielle Beurkundung der Vollmacht bei unwiderruflichen Vollmachten mit der Verpflichtung zur Einbringung von Grundstücken (§ 311b BGB).[92] Streitig ist, ob die **Prokura** die Gründung einer Aktiengesellschaft umfasst; die herrschende Meinung bejaht dies zu Recht, so dass danach beim Prokuristen keine beglaubigte Vollmacht erforderlich ist.[93] Zum Teil wird dies allerdings abgelehnt, unter anderem mit dem Argument, dass nach der Änderung des § 9 Abs. 3 HGB durch das EHUG[94] der Prokurist nicht für Grundlagengeschäfte befugt sei und die AG-Gründung ein solches darstelle.[95] Eine andere Meinung verlangt im Hinblick auf den geringeren Publizitätsschutz des Prokuristen eine Vollmacht für diesen.[96] Hierzu führt *Penz* aus:[97] Werde die Prokura widerrufen, müssen Dritte dies gegen sich gelten lassen, wenn diese Tatsache eingetragen und bekannt gemacht werde. Dies gelte nach § 15 Abs. 2 S. 2 HGB nur dann nicht, wenn die in Frage stehende Handlung innerhalb von fünfzehn Tagen ab der Bekanntmachung vorgenommen wurde und der Dritte beweise, dass er den Widerruf weder kannte noch kennen musste. Insofern könnten sich die Beteiligten nur bedingt auf die Vorlage eines Handelsregisterauszugs verlassen. Liege demgegenüber eine Vollmachtsurkunde vor, dürfe der Rechtsverkehr auf das Bestehen der Vollmacht vertrauen. Denn gem. § 172 Abs. 2 BGB gelte die Vollmacht als fortbestehend, bis die Urkunde dem Vollmachtgeber zurückgegeben oder für kraftlos erklärt werde. Diese Auffassungen sind abzulehnen: Die Änderung des § 9 Abs. 3 HGB sollte im Gegenteil den Rechtsverkehr vereinfachen und sogar die behördliche Einsichtnahme ausreichen lassen.[98] Etwas anderes gilt nur, wenn im Rahmen einer Sachgründung wesentliche Unternehmensteile eingebracht werden.[99] Der Nachweis der Vertretungsbefugnis kann dann durch beglaubigten Handelsregisterauszug in öffentlich beglaubigter Form geführt werden oder Notarbescheinigung nach § 21 BNotO. Die Registerbescheinigung im Sinne des § 21 BNotO ist vor allem dadurch gekennzeichnet, dass ihr eine **besondere Beweiswirkung** nach § 21 Abs. 1 S. 2 BNotO zukommt. Die Bescheinigung hat die gleiche Beweiskraft wie ein Zeugnis des Registergerichts. Voraussetzung ist, dass sich diese Umstände aus einer Eintragung im Handelsregister oder einem ähnlichen Register ergeben. Gegenstand der Registerbescheinigung können daher nur allgemein Rechtsverhältnisse von Handelsgesellschaften oder juristischen Personen sein, die in einem Handelsregister oder einem ähnlichen Register eingetragen sind. Dementsprechend kann der Notar nur über Handelsgesellschaften und Kapitalgesellschaften Auskunft geben, die im Handelsregister eingetragen sind oder über Partnerschaften, die im Partnerschaftsregister, Genossenschaften, die im Genossenschaftsregister und Vereine, die im Vereinsregister eingetragen sind.[100] Nach allgemeiner Ansicht ist es zulässig, dass der Notar eine Registerbescheinigung nach § 21 Abs. 1 BNotO auch auf der Grundlage eines Online-Zugriffs auf das elektronisch geführte

---

[90] Vgl. OLG Stuttgart MittBayNot 2016, 168 = notar 2015, 257; Grooterhorst NZG 2007, 605; *Wachter* GmbHR 2003, 660; Baumbach/Hueck/*Fastrich* GmbHG § 2 Rn. 7 und 22; Staudinger/*Schilken* (2014) BGB § 180 Rn. 11; MüKoBGB/*Schubert* BGB § 180 Rn. 7; LG Berlin GmbHR 1996, 123.
[91] OLG Stuttgart MittBayNot 2016, 168 = notar 2015, 257.
[92] Kölner Komm AktG/*Arnold* Rn. 25; MüKoAktG/*Pentz* Rn. 20; Bürgers/Körber/*Körber* Rn. 10.
[93] Großkomm AktG/*Röhricht/Schall* Rn. 90; Hüffer/Koch/*Koch* Rn. 12; Kölner Komm AktG/*Arnold* Rn. 46; NK-AktR/*Braunfels* Rn. 7; Grigoleit/*Vedder* Rn. 15; Wachter/*Wachter* Rn. 18; Bürgers/Körber/*Körber* Rn. 11: Vollmacht ist zweckmäßig.
[94] BGBl. 2006 I 2553.
[95] K. Schmidt/Lutter/*Seibt* Rn. 20.
[96] MüKoAktG/*Pentz* Rn. 18.
[97] MüKoAktG/*Pentz* Rn. 18.
[98] Bürgers/Körber/*Körber* Rn. 11; *Körber/Effer-Uhe* DNotZ 2009, 92 (96 f.).
[99] *Körber/Effer-Uhe* DNotZ 2009, 92 (94 f.).
[100] Vgl. Arndt/Lerch/Sandkühler/*Sandkühler* BNotO § 21 Rn. 9.

§ 23   13b   Erstes Buch. Aktiengesellschaft

Handelsregister erstellen darf.[101] Der **Handlungsbevollmächtigte** nach § 54 HGB bedarf nach allg. Ansicht der Vollmacht.[102]

13b **Gesetzliche/organschaftliche Vertreter** oder Vertreter von öffentlich-rechtlichen Körperschaften handeln nicht aufgrund Vollmacht, so dass § 23 Abs. 1 S. 2 nicht anwendbar ist.[103] Diese müssen ihre Rechtsstellung auf andere Weise nachweisen. Der Nachweis der Vertretungsbefugnis kann dann bei Handelsgesellschaften durch Handelsregisterauszug in öffentlich beglaubigter Form geführt werden oder durch Notarbescheinigung nach § 21 BNotO.[104] Der Notar kann auch eine Registerbescheinigung aufgrund Einsicht bei einem ausländischen Register oder aufgrund Einsicht in einen beglaubigten ausländischen Registerauszug erteilen, wenn das ausländische Register seiner rechtlichen Bedeutung und Funktion nach dem deutschen Handelsregister entspricht.[105] Das ist beim schwedischen Handelsregister der Fall.[106] Ob das ausländische Register dem entspricht, ist im Einzelfall zu klären.[107] Umstritten ist die Zulässigkeit einer Vertretungsbescheinigung aufgrund Einsicht in das englische Handelsregister beim Companies House in Cardiff.[108] Die überwiegende Meinung lehnt dies ab, da dieses keine Angaben zur Vertretungsbefugnis von Gesellschaftsorganen enthält und keinerlei Gutglaubensschutz bzw. Richtigkeitsgewähr leistet.[109] **Öffentlich-rechtlichen Körperschaften** können sich durch entsprechende Legitimations-/Bestallungsurkunde ausweisen. Dem Formzwang unterliegen sie ebenfalls nicht.[110] Unklar ist die **BGB-Gesellschaft**. Aufgrund der mittlerweile anerkannten Rechtsfähigkeit der BGB-Gesellschaft wird diese Gründer und nicht die BGB-Gesellschafter (→ Rn. 25). Dementsprechend handeln die Geschäftsführer auch nicht aufgrund Vollmacht, sondern wie bei anderen Personengesellschaften als geschäftliche Vertreter.[111] Kraft Gesetzes sind nur alle Gesellschafter gemeinsam vertretungsbefugt (§§ 709, 714 BGB). Allerdings kann der Gesellschaftsvertrag die Organstellung und damit die Vertretungsmacht anders regeln, zB Einzelvertretungsbefugnis. Auch in diesem Fall bleibt es bei der organschaftlichen Vertretung.[112] Unabhängig davon kann auch daneben eine rechtsgeschäftliche Vollmacht bestehen. Die Formvorschrift des § 23 Abs. 1 S. 2 gilt nur für letztere, nicht aber für die organschaftlichen Vertreter.[113] Bei **minderjährigen Gründern** sind die Eltern als gesetzliche Vertreter vertretungsberechtigt. Sind die Eltern oder ein Elternteil selbst an der Gründung beteiligt ist, ist ihre Vertretungsmacht für die Kinder nach § 1629 Abs. 2 BGB, § 1795 Abs. 2 BGB, § 181 BGB ausgeschlossen. Es ist dann ein Ergänzungspfleger erforderlich. Nach § 1822 Nr. 3, 3. Var. BGB iVm § 1643 Abs. 1 BGB (bzw.

---

[101] BNotK, Rundschreiben Nr. 14/2003 v. 14.4.2003; zustimmend *Winkler* BeurkG § 12 Rn. 22a.
[102] Großkomm AktG/*Röhricht/Schall* Rn. 90; MüKoAktG/*Pentz* Rn. 22; NK-AktR/*Braunfels* Rn. 2; K. Schmidt/Lutter/*Seibt* Rn. 3; Bürgers/Körber/*Körber* Rn. 11; Kölner Komm AktG/*Arnold* Rn. 47.
[103] Großkomm AktG/*Röhricht/Schall* Rn. 91; NK-AktR/*Braunfels* Rn. 2; K. Schmidt/Lutter/*Seibt* Rn. 3; Bürgers/Körber/*Körber* Rn. 13; Kölner Komm AktG/*Arnold* Rn. 49 f.; Wachter/*Wachter* Rn. 16; Grigoleit/*Vedder* Rn. 15; MüKoAktG/*Pentz* Rn. 22.
[104] Großkomm AktG/*Röhricht/Schall* Rn. 91; NK-AktR/*Braunfels* Rn. 2; K. Schmidt/Lutter/*Seibt* Rn. 3; Bürgers/Körber/*Körber* Rn. 13; Kölner Komm AktG/*Arnold* Rn. 49 f.; Wachter/*Wachter* Rn. 16; Grigoleit/*Vedder* Rn. 15; MüKoAktG/*Pentz* Rn. 22.
[105] OLG Schleswig DNotZ 2008, 709 f. mAnm *Apfelbaum* DNotZ 2008, 711; OLG *Brandenburg* MittBayNot 2011, 222; OLG Nürnberg DNotZ 2014, 626; OLG Düsseldorf NZG 2015, 199 = RNotZ 2015, 88; LG Aachen MittBayNot 1990, 125 f.; *Melchior/Schulte* NotBZ 2003, 344, 346; Schippel/Bracker/*Reithmann* BNotO § 21 Rn. 21; Arndt/Lerch/Sandkühler/*Sandkühler* BNotO § 21 Rn. 15; Armbrüster/Preuß/Renner/*Piegsa* BeurkG § 12 Rn. 38; *Winkler* BeurkG § 12 Rn. 25; Diehn/*Kilian* BNotO § 20 Rn. 11; *Pfeiffer* Rpfleger 2012, 240 (244); *Süß* DNotZ 2005, 180 (184); *Bönner* RNotZ 2015, 253 (267); *Suttmann* notar 2014, 273; *Pelikan* notar 2014, 160, sowie *Spieker* notar 2014, 196; ablehnend *Wachter* NotBZ 2004, 249 (250).
[106] OLG Schleswig DNotZ 2008, 709 f. mAnm *Apfelbaum* DNotZ 2008, 711; KG DNotZ 2012, 60; Diehn/*Kilian* BNotO § 20 Rn. 11.
[107] Vgl. *Apfelbaum* DNotZ 2008, 211 ff.; *Pfeiffer* Rpfleger 2012, 240 (244); Diehn/*Kilian* BNotO § 20 Rn. 1; vgl. Kurzdarstellungen zum ausländischen Handelsregisterrecht in *Brunnschweiler* in Schmidt-Kessel/Leutner HandelsregisterR 405 ff. vgl. auch *Apfelbaum* DNotZ 2008, 711 ff.
[108] Vgl. *Wachter* ZNotP 2005, 122 (128); *Mauch* ZVglRWiss 106 (2007) 272 (280 f., 285 f.); *Henweweer* FGPrax 2004, 259 (260).
[109] KG DNotZ 2012, 604 (605); OLG Düsseldorf NZG 2015, 199 = RNotZ 2015, 88; OLG Nürnberg DNotZ 2014, 626; Diehn/*Kilian* BNotO § 21 Rn. 11 Arndt/Lerch/Sandkühler/*Sandkühler* BNotO § 21 Rn. 15; Armbrüster/Preuß/Renner/*Piegsa* BeurkG § 12 Rn. 36 ff.
[110] Großkomm AktG/*Röhricht/Schall* Rn. 91; NK-AktR/*Braunfels* Rn. 2; K. Schmidt/Lutter/*Seibt* Rn. 3; Bürgers/Körber/*Körber* Rn. 13; Kölner Komm AktG/*Arnold* Rn. 49 f.; Wachter/*Wachter* Rn. 16; Grigoleit/*Vedder* Rn. 15; MüKoAktG/*Pentz* Rn. 25.
[111] Jetzt hM MüKoBGB/*Schäfer* BGB § 714 Rn. 16 f.; Palandt/*Sprau* BGB § 714 Rn. 2, anders die früher hM *K.Schmidt* GesR § 60 II 2b.
[112] MüKoBGB/*Schäfer* BGB § 705 Rn. 257, § 709 Rn. 13 ff., § 714 Rn. 16 f.; Palandt/*Sprau* BGB § 714 Rn. 2.
[113] Kölner Komm AktG/*Arnold* Rn. 49 f.; Grigoleit/*Vedder* Rn. 15; MüKoAktG/*Pentz* Rn. 24, unklar Bürgers/Körber/*Körber* Rn. 13.

Feststellung der Satzung 14, 15 § 23

im Falle eines Ergänzungspflegers iVm § 1915 Abs. 1 S. 1 BGB) ist die für Gründung auch einer Kapitalgesellschaft wie einer Aktiengesellschaft eine familiengerichtliche Genehmigung erforderlich.[114]

4. Inhalt der Satzung (Abs. 3 und 4). a) Überblick. Die § 23 Abs. 3 und 4 legen den **Min-** 14 **destinhalt** einer Satzung einer Aktiengesellschaft fest. Satzungen bei denen die entsprechenden Angaben fehlen oder rechtswirksam sind, weil etwa gegen gesetzliche Verbote verstoßen wird, dürfen nicht im Handelsregister eingetragen werden.[115] Zweck der Regelung ist die Information der Öffentlichkeit über bestimmte für den Rechtsverkehr wichtige Angaben der Gesellschaft und damit Schaffung der notwendigen Publizität. Zum anderen wird dadurch erreicht, dass Änderungen nur im Wege der Satzungsänderung durch die Hauptversammlung beschlossen werden können.[116]

b) Firma und Sitz (Abs. 3 Nr. 1). Bezüglich der **Firmenbildung** kann auf die Erläuterungen 15 zu § 4 verwiesen werden. Bezüglich der Angabe der Firma muss nach § 4 AktG nur die Rechtsformbezeichnung „Aktiengesellschaft" oder eine allgemeine verständliche Abkürzung („AG") dieser Bezeichnung enthalten sein. Hat die Gesellschaft eine **Zweigniederlassung,** so ist auch die Firma der Zweigniederlassung in die Satzung aufzunehmen, wenn sie von der Hauptfirma abweicht.[117] Es wird daher empfohlen für den Fall, dass später Zweigniederlassungen errichtet werden sollen, bereits in der Gründungssatzung eine Regelung über die Firmierung einer (künftigen) Zweigniederlassung aufzunehmen:[118] Im Übrigen gelten für die Firma der AG die handelsrechtlichen Vorschriften der §§ 17 ff. HGB. Durch das HRefG vom 22.6.1998 BGBl. 1998 I 1474 wurden die allgemeinen Regeln der Firmenbildung grundlegend neu geändert. Ziel der Reform war es, das im europäischen Vergleich viel zu strenge deutsche Firmenbildungsrecht zu liberalisieren und grundlegend zu vereinfachen und um Wettbewerbsnachteilen deutscher Unternehmen im Europäischen Binnenmarkt entgegenzuwirken.[119] Die Liberalisierung des Firmenrechts war einer der wichtigsten Gegenstände des HRefG. Auch für die AG wurde in. § 4 eine Liberalisierung geschaffen, nämlich den Wegfall des sog. Entlehnungsgebotes, wonach früher zwingend bei der Kapitalgesellschaft die Firma dem Gegenstand des Unternehmens entlehnt sein musste.[120] Alle Firmenträger können daher entscheiden, ob sie eine **Personen- oder Sachfirma** wählen wollen, auch die Wahl einer reinen Phantasiefirma, die nicht dem Unternehmensgegenstand entnommen ist, ist zulässig. Dementsprechend kann sowohl der Einzelkaufmann eine Sachfirma, eine Phantasiefirma als auch eine Personenfirma wählen. Abgrenzungs- und Zulässigkeitskriterium ist nach § 18 Abs. 1 HGB die **Unterscheidungskraft.** Die Firma muss zur Kennzeichnung des Kaufmanns geeignet sein und Unterscheidungskraft besitzen und sie darf nach § 18 Abs. 2 HGB keine Angaben enthalten, die geeignet sind, über geschäftliche Verhältnisse, die für die angesprochene Verkehrskreise wesentlich sind, zu täuschen **(Irreführungsverbot).** Es bleiben also materielle Zulässigkeitskriterien, die im Einzelfall zu prüfen sind, allerdings mit anderen Zielrichtungen. Es besteht außerdem nach § 18 Abs. 1 HGB die Vorgabe, dass die Firma **individualisierungsfähig** ist.[121] Darüber hinaus gilt das Gebot der **Firmenunterscheidbarkeit** nach § 30 HGB (vgl. im Übrigen Erläuterungen zu § 4). Ferner ist in der Satzung der **Sitz der Gesellschaft** anzugeben. Hierbei sind die Beschränkungen des § 5 AktG zu beachten (vgl. Anmerkungen zu § 5). Auch das AktG wurde durch das MoMiG vom 23. Oktober 2008 (BGBl. 2008 I 2026) geändert. Nach § 5 AktG ist Sitz der Gesellschaft der Ort im Inland, den die Satzung bestimmt. Im Gegensatz zur früheren Rechtslage gibt es für den Sitz der Gesellschaft keine weiteren Anforderungen mehr. Insbesondere muss sich der Satzungssitz damit nicht mehr in einem Ort befinden, an dem die Gesellschaft einen Betrieb, ihre Geschäftsleitung oder ihre Verwaltung hat (§ 5 Abs. 2 AktG aF). Zulässig ist nach neuer Rechtslage, dass die Gesellschaft ihren **„Satzungssitz"** nach § 5 AktG im Inland wählt, während der eigentliche **„Verwaltungssitz",** an dem sich also die Geschäftsleitung

---

[114] Wohl hM MüKoBGB/*Kroll-Ludwigs* BGB § 1822 Rn. 25; Staudinger/*Veit* (2014) BGB § 1822 Rn. 85; Erman/*Saar* BGB § 1822 Rn. 17; Palandt/*Götz* BGB § 1822 Rn. 9; *Bürger* RNotZ 2006, 156 (159); *Brüggemann* FamRZ 1990, 124 (127); zur GmbH Baumbach/Hueck/*Fastrich* GmbHG § 2 Rn. 25 ff; *Rust,* DStR 2005, 1942 (1944); *Werner,* GmbHR 2006, 737 (738).
[115] Großkomm AktG/*Röhricht/Schall* Rn. 107 f.; NK-AktR/*Braunfels* Rn. 18; K. Schmidt/Lutter/*Seibt* Rn. 30; Grigoleit/*Vedder* Rn. 23.
[116] Großkomm AktG/*Röhricht/Schall* Rn. 108.
[117] BayObLGZ 1992, 59 (63); NK-AktR/*Braunfels* Rn. 19; K. Schmidt/Lutter/*Seibt* Rn. 31; Kölner Komm AktG/*Arnold* Rn. 69; Grigoleit/*Vedder* Rn. 24 str., aA Dirksen/*Volkers* BB 1993, 598 (599).
[118] So K. Schmidt/Lutter/*Seibt* Rn. 31; Formulierungsvorschlag bei Dirksen/*Volkers* BB 1993, 598 (600).
[119] Vgl. Begründung zum RegE BR-Drs. 43/97, 19; *Schäfer* Handelsrechtsreformgesetz S. 13 ff.; *Lutter/Welp* ZIP 1999, 1074 ff.; *Kaiser* JZ 1999, 495.
[120] Vgl. *Bockelmann,* Das Recht der Firmen- und Geschäftsbezeichnungen, 1999, Rn. 552; *Lutter/Welp* ZIP 1999, 1073.
[121] Vgl. dazu *Bülow* DB 1999, 269 (270).

befindet, im Ausland liegt.[122] Durch Entscheidungen des EuGH ist mittlerweile geklärt, dass auch der Satzungssitz ins Ausland verlegt werden kann, wobei die Einzelheiten des grenzüberschreitenden Formwechsels noch nicht abschließend geklärt sind.[123] Nach der Entscheidung „Polbud" ist grenzüberschreitender Rechtsformwechsel selbst dann zulässig, wenn die Gesellschaft nur ihren *satzungsmäßigen Sitz,* nicht aber auch ihren *tatsächlichen Verwaltungssitz* in einen anderen Mitgliedstaat verlegt.[124]

16 **c) Gegenstand des Unternehmens (Abs. 3 Nr. 2).** § 23 Abs. 3 Nr. 2 verlangt die Angabe des Gegenstandes des Unternehmens, bei Industrie- und Handelsunternehmen soll namentlich die Art der Erzeugnisse und Waren, die hergestellt und gehandelt werden, näher angegeben werden. Gegenstand des Unternehmens ist der Bereich und die Art der Betätigung der Gesellschaft, mit anderen Worten deren Tätigkeitsbereich. Dadurch ist die Formulierung enger als in § 3 Abs. 1 Nr. 2 GmbHG. Mit dieser Präzisierung sollen farblose und allgemein gehaltene Formulierungen verhindert werden.[125] Während die frühere Rechtsprechung eher großzügig war,[126] wird heute meistens auf den Zweck der Vorschrift zurückgegriffen, um die erforderliche Individualisierung des Unternehmensgegenstandes zu bestimmen. Nach außen sollen die am Geschäftsverkehr Beteiligten die Möglichkeit erhalten, sich über die Tätigkeit des Unternehmens zu informieren **(Öffentlichkeitsfunktion)**.[127] Ferner soll auch das Registergericht prüfen können, ob die Gesellschaft einen erlaubten Zweck verfolgt. Nach innen, dh im Verhältnis zu den Gesellschaftern, wird mit der Festlegung des Unternehmensgegenstands zugleich auch die Geschäftsführungsbefugnis eingegrenzt **(interne Begrenzungsfunktion)**.[128] Der Vorstand darf daher durch Geschäftsführungsmaßnahmen den Unternehmensgegenstand nicht ohne Zustimmung der Aktionäre erweitern. Ein Organ, das Geschäfte betreibt, die vom Unternehmensgegenstand nicht gedeckt sind, handelt pflichtwidrig.[129] Das Gesetz verfolgt zunächst den Zweck, dass die Entscheidung über den Tätigkeitsbereich der Gesellschaft – als grundlegende Strukturentscheidung – in der Hand der Gesellschafter bleibt. Zugleich sollen aber auch die beteiligten Verkehrskreise auf Grund der Eintragung im Handelsregister wenigstens in den Grundzügen über den Tätigkeitsbereich der Gesellschaft informiert werden. Insoweit kommt der Angabe des Unternehmensgegenstandes im Gesellschaftsvertrag eine gewisse Publizitätsfunktion zu. Letztendlich wird damit auch die Minderheit gegen willkürliche Ausweitung oder Änderung des Betätigungsfeldes geschützt. Der Vorstand muss die Schranken beachten, die die Grundlagenkompetenz der Gesellschafter sowie Gegenstand und Zweck der Gesellschaft ihrer Geschäftsführungsbefugnis setzen.[130] In der obergerichtlichen Rechtsprechung und der Literatur hat der Unternehmensgegenstand auch eine aktive Komponente erhalten: Der Vorstand hat nach dieser Meinung nicht nur die Grenzen des satzungsmäßigen Zweckes einzuhalten, er hat auch die Verpflichtung im Rahmen seiner Geschäftsführung, den Unternehmensgegenstand **aktiv zu verwirklichen (Unterschreitungsverbot)**.[131] Das OLG Stuttgart war der Meinung, dass der in der Satzung verankerte Unternehmensgegenstand

---

[122] BT-Drs. 16/9737, 94; vgl. zur GmbH *Otte* BB 2009, 344; Lutter/Hommelhoff/*Bayer* GmbHG § 2 Rn. 1 ff.
[123] Vgl. „Vale" EuGH NJW 2012, 2715; OLG Nürnberg DNotZ 2014, 150 m. Anm. *Hushahn,* das eine Satzungssitzverlegung und grenzüberschreitenden Formwechsel zulässt. „Cartesio"-Entscheidung des EuGH NZG 2009, 61; s. dazu Leible/*J. Hoffmann* BB 2009, 58; OLG Frankfurt NZG 2017, 423.
[124] EuGH NJW 2017, 3639 = NZG 2017, 1308; vgl. *Kindler* NZG 2018, 1 ff.; *Hushahn* RNotZ 2018, 23 ff.; *Stelmaszyk* EuZW 2018, 418 ff.
[125] BegrRegE § 23 bei *Kropff* S. 43; Kölner Komm AktG/*Arnold* Rn. 72 ff.; NK-AktR/*Braunfels* Rn. 32; K. Schmidt/Lutter/*Seibt* Rn. 32; Bürgers/Körber/*Körber* Rn. 28; Wachter/*Wachter* Rn. 34; Grigoleit/*Vedder* Rn. 25 f.
[126] RGZ 62, 96 (98).
[127] BGH WM 1981, 163 (164); BayObLG NJW-RR 1996, 413; OLG Frankfurt OLGZ 1987, 40; OLG Köln ZIP 2009, 1469 = RNotZ 2009, 548; Großkomm AktG/*Röhricht/Schall* Rn. 112 ff.; NK-AktR/*Braunfels* Rn. 18; K. Schmidt/Lutter/*Seibt* Rn. 32. Kölner Komm AktG/*Arnold* Rn. 83; *Hirte* FS Hüffer, 2010, 329 (330); *Carstens/Gisewski* CCZ 2009, 72 ff.; *Elsing* notar 2013, 368; *Thoma* RNotZ 2011, 413 (414).
[128] Vgl. eingehend Erläuterungen bei → § 82 Rn. 27 ff.; OLG Köln ZIP 2009, 1469 = RNotZ 2009, 548; OLG Stuttgart AG 2003, 527 = NZG 2003, 778 = ZIP 2003, 1981, BayObLG NZG 2000, 987; Hüffer/Koch/*Koch* Rn. 21; Großkomm AktG/*Röhricht/Schall* Rn. 112 ff.; NK-AktR/*Braunfels* Rn. 32; K. Schmidt/Lutter/*Seibt* Rn. 32; Kölner Komm AktG/*Arnold* Rn. 78; Wachter/*Wachter* Rn. 34; Grigoleit/*Vedder* Rn. 25 f.; *Kiesewetter/Spengler* Der Konzern 2009, 451 (457); *Carstens/Gisewski* CCZ 2009, 72 ff.; *Thoma* RNotZ 2011, 413 (414).
[129] BGH NJW 2013, 1958 = NZG 2013, 293; BGHZ 119, 305 (332) = DB 1992, 2383.
[130] OLG Koblenz NJW-RR 1991, 487; BGH NJW 1991, 1681; *Tieves,* Der Unternehmensgegenstand der Kapitalgesellschaft, 1998, 268 ff.; Bürgers/Körber/*Körber* Rn. 28; Kölner Komm AktG/*Arnold* Rn. 78.
[131] → § 82 Rn. 31; → § 179 Rn. 64; OLG Köln ZIP 2009, 1469 = RNotZ 2009, 548; OLG Stuttgart AG 2003, 527 = NZG 2003, 778 = ZIP 2003, 1981; OLG Stuttgart AG 2005, 693; K. Schmidt/Lutter/*Seibt* Rn. 38a; Hüffer/Koch/*Koch* § 179 Rn. 9a; *Fleischer* ZIP 2005, 141 (143); NK-AktR/*Braunfels* Rn. 32; *Kiesewetter/Spengler* Der Konzern 2009, 451 (457); *Feldhaus* BB 2009, 562 (565); *Carstens/Gisewski* CCZ 2009, 73 ff.; *Thoma* RNotZ 2011, 413 (141).

Feststellung der Satzung 16a, 16b § 23

und die von der Gesellschaft tatsächlich ausgeübte Unternehmenstätigkeit auseinanderfallen können, wenn sich die unternehmerischen Betätigungsfelder verändert haben, ohne dass die Satzung angepasst wurde. Sei der tatsächliche unternehmerische Tätigkeitsbereich der Gesellschaft von den Satzungsbestimmungen dauerhaft nicht mehr gedeckt, dann sei der Vorstand verpflichtet, diesen satzungswidrigen Zustand zu beenden.[132] Halte der Vorstand es im Interesse der Gesellschaft allerdings für inopportun, den tatsächlichen Tätigkeitsbereich der Gesellschaft wieder an die Satzungsvorgaben anzupassen, etwa weil eine Neupositionierung am Markt wirtschaftlich notwendig erscheine oder sich die geänderte Unternehmensstrategie als erfolgreich erwiesen habe, so müsse er jedenfalls die nächste Hauptversammlung darüber entscheiden lassen, ob die Satzung angepasst oder die Tätigkeit wieder an den ursprünglichen Unternehmensgegenstand angeglichen werden solle[133] Eine solche versteckte Satzungsänderung kann nach Auffassung des OLG Stuttgart auch in der Unterschreitung des Unternehmensgegenstandes liegen. Die Bestimmung des Unternehmensgegenstandes in der Satzung bedeutet danach in der Regel auch, dass der genannte Tätigkeitsbereich auch ausgefüllt werden muss, so dass die dauerhafte **Aufgabe eines in der Satzung genannten Produktionszweiges** von der Zustimmung der Hauptversammlung abhängt.[134] Auch das OLG Köln[135] hat – allerdings dies einschränkend – entschieden, dass der satzungsmäßige Unternehmensgegenstand einer Aktiengesellschaft nicht nur eine den Unternehmensgegenstand überschreitende Tätigkeit verbiete, sondern könne – wenn die Tätigkeitsfelder in der Satzung verbindlich und abschließend gefasst seien – den Vorstand auch zur Ausfüllung des Unternehmensgegenstands verpflichten bzw. ihm die dauerhafte Aufgabe der dort festgelegten Tätigkeit untersagen. Rechtsfolge der Satzungsunterschreitung sei, dass entweder die Hauptversammlung die Satzung entsprechend ändern müsse oder die entsprechende Tätigkeit wieder aufgenommen werden müsse. Es könne allerdings erwogen werden, eine vorübergehende Satzungsunterschreitung in Ausnahmefällen zuzulassen, wenn eine vorherige Entscheidung der Hauptversammlung nicht möglich sei und die Zustimmung der Hauptversammlung als sicher erscheine. Angesichts der doch etwas vagen Rechtsprechung der Obergerichte sollte bei der Abfassung des Unternehmensgegenstandes beachtet werden, dass das Leitungsorgan nicht durch eine abschließende und verbindliche Beschreibung der Tätigkeitsfelder in eine häufig gar nicht gewollte Ausfüllungspflicht gezwungen wird.[136] Im Ergebnis ist daher nur bei einer dauerhaften und endgültigen Unterschreitung des Unternehmensgegenstandes eine Anpassung durch Hauptversammlungsbeschluss erforderlich.[137] Ferner wird man im Interesse der Rechtsklarheit ein solches Unterschreitungsverbot mit dem OLG Köln nur annehmen können, wenn die objektive Auslegung der Satzung ergibt, dass die dort genannten Tätigkeitsfelder verbindlich und abschließend gefasst sind.[138] Bei der Fassung des Unternehmensgegenstandes sollten diese Konsequenzen berücksichtigt werden.

§ 23 Abs. 3 Nr. 2 AktG verlangt, dass bei Industrie- und Handelsunternehmen die Art der Erzeugnisse und Waren, die hergestellt und gehandelt werden sollen, näher und damit präzise angegeben werden. Die genaue Angabe des Schwerpunkts der Geschäftstätigkeit schützt nicht nur das Informationsinteresse außenstehender Dritter, sondern durch die Präzisierung der Geschäftsführungsbefugnis auch den Aktionär und die Gesellschaft.   16a

Umstritten ist, inwieweit und in welchem Umfang im Unternehmensgegenstand die Tatsache aufgenommen werden muss, dass die Geschäfte auch durch abhängige Tochtergesellschaften erfüllt werden **(Konzernklausel).**[139] Der BGH hat jedenfalls im sog. Gelatine Urteil vom 26.4.2004[140] entschieden, dass auch wenn die Satzung eine sog. Konzernklausel enthält, dennoch die Zustimmung der Hauptversammlung nach sog. Holzmüller-Doktrin erforderlich sein kann.[141] Mit der Aufnahme   16b

---

[132] OLG Stuttgart ZIP 2005, 1415 = AG 2005, 693 = NZG 2007, 234; OLG Köln ZIP 2009, 1469 = RNotZ 2009, 548.
[133] OLG Stuttgart ZIP 2005, 1415 = AG 2005, 693 = NZG 2007, 234.
[134] Großkomm AktG/*Wiedemann* § 179 Rn. 60; Emmerich/Habersack/*Habersack*, 6. Aufl. 2016, Vor § 311 Rn. 31; Bürgers/Körber/*Körber* § 179 Rn. 5; K. Schmidt/Lutter/*Seibt* § 179 Rn. 18; aA Hüffer/Koch/*Koch* § 179 Rn. 9a.
[135] OLG Köln ZIP 2009, 1469 = RNotZ 2009, 548, weitergehend noch die Vorinstanz LG Köln AG 2008, 778 = ZIP 2008, 1981.
[136] So zu Recht der Hinweis der Schriftleitung RNotZ 2009, 551; vgl. auch *Feldhaus* BB 2009, 562.
[137] OLG Stuttgart AG 2005, 693; *Fleischer* ZIP 2005, 141 (143); NK-AktR/*Braunfels* Rn. 32; *Kiesewetter/Spengler* Der Konzern 2009, 451 (457); *Feldhaus* BB 2009, 562 (565); *Carstens/Gieseweski* CCZ 2009, 73 ff.
[138] OLG Köln ZIP 2009, 1469 = RNotZ 2009, 548; *Kiesewetter/Spengler* Der Konzern 2009, 451 (457); *Carstens/Giseweskii* CCZ 2009, 72 ff.; vgl. auch die Erläuterung von *Fleischer* zu → § 82 Rn. 31.
[139] → § 82 Rn. 32; sowie Hüffer/Koch/*Koch* Rn. 24a; *Gätsch* in Marsch-Barner/Schäfer Börsennotierte AG-HdB § 4 Rn. 33; aA *Streuer*, Der statuarische Unternehmensgegenstand, 2001, 17 ff.
[140] BGH AG 2004, 384 (395 f.) = ZIP 2004, 993 (995) (mAnm *Altmeppen*) und BGH ZIP 2004, 1001 (1002), dazu auch *Liebscher* ZGR 2005, 1 ff.
[141] Ebenso Emmerich/Habersack/*Habersack,* 6. Aufl. 2016, Vor § 311 Rn. 45; aA *Lutter* FS Stimpel, (1985), 825 (847 f.); *Wiedemann*, Die Untenehmensgruppe im Privatrecht, 1988, 57.

einer allgemeinen Konzernöffnungsklausel in die Satzung erweiterten die Aktionäre lediglich den Handlungsspielraum des Vorstandes, der dementsprechend nicht gehalten sei, den Unternehmensgegenstand ausschließlich durch eigene operative Tätigkeit der Aktiengesellschaft zu verwirklichen, sondern dafür auch zu gründende oder zu erwerbende Gesellschaften oder Beteiligungen einsetzen dürfe. Des mit der Anerkennung ungeschriebener Hauptversammlungszuständigkeiten bezweckten Schutzes begeben sich die Aktionäre dadurch nicht; das habe der Senat der Sache nach bereits in der „Holzmüller"-Entscheidung[142] angenommen, indem er für die Hauptversammlung der Muttergesellschaft ein Mitwirkungsrecht auch bei grundlegenden Maßnahmen in der Tochtergesellschaft nach Durchführung einer der Zustimmung der Aktionäre bedürfenden Ausgliederungsmaßnahme anerkannt habe. ZT wird auch die Auffassung vertreten eine Konzernöffnungsklausel sei auszulegen und gestatte lediglich eine unternehmerische Beteiligung, wenn sie nicht ausdrücklich auch eine kapitalistische Beteiligung, die keinen unternehmerischen Einfluss gewährt, erlaube.[143] Dieser Auffassung ist jedoch nach Meinung des OLG Frankfurt nicht zu folgen.[144] Sie würde nämlich eine Beteiligung an Unternehmen der gleichen Branche nur dann gestatten, wenn der Anteilserwerb sofort mindestens 25 % betragen würde. Ein sukzessiver Erwerb von Anteilen in dieser Größenordnung wäre dann nicht möglich. Nach überwiegender Meinung genügt allerdings eine pauschale Konzernklausel.[145]

17 Die **Individualisierung des Unternehmensgegenstandes** entsprechend dem Normzweck wird dann erreicht, wenn der Schwerpunkt der Geschäftätigkeit aus der Angabe des Unternehmensgegenstandes ersichtlich ist.[146] Zu beachten ist, dass eine AG nach Maßgabe der Bestimmung des Aktiengesetzes zu jedem gesetzlich zulässigen Zweck errichtet werden kann. Unzulässig ist der Zweck dann, wenn entweder durch besondere Gesetze die Rechtsform für einen bestimmten Zweck ausgeschlossen ist oder wenn die Gesellschaft gegen Gesetze oder gegen die guten Sitten verstößt. Die Beschreibung des Unternehmensgegenstandes muss informativ sein und ihn hinreichend individualisieren. Eine abschließende, ins Einzelne gehende Umschreibung der Geschäftätigkeit ist nicht erforderlich. Die Angaben zum Unternehmensgegenstand müssen jedoch grds. so konkret sein, dass die interessierten Verkehrskreise der Satzung entnehmen können, in welchem Geschäftszweig und in welcher Weise sich die Gesellschaft betätigen will.[147] Nicht völlig klar ist, ob das MoMiG insoweit eine Erleichterung geschaffen hat und daher allgemeinere Gegenstände zulässig sind.[148] Eine ungenaue Umschreibung des Gegenstandes weist nicht nur keine hinreichende Individualisierung auf, sondern kann dazu führen dass öffentlich-rechtliche Genehmigungen erforderlich wären, zwar nicht mehr zur Eintragung, aber aus öffentlich-rechtlicher Sicht. So umfasst etwa die Formulierung „Handel mit Waren aller Art" auch die nach § 72 AMG erlaubnispflichtige Ein- und Ausfuhr von Fertigarzneimitteln. Erbringt eine Gesellschaft nach dem in ihrem Gesellschaftsvertrag statuierten Unternehmensgegenstand „Beratungsleistungen aller Art", so beinhaltet ihr Tätigkeitsfeld auch die Erbringung von Rechts- und Steuerberatungen, für die uU nach dem RDG und StBerG eine Anerkennungspflicht besteht. IÜ wird häufig übersehen, dass die geplante Unternehmenstätigkeit einer Erlaubnis zB nach dem Güterkraftverkehrsgesetz oder der Gewerbeordnung – hier insbesondere nach § 34 GewO bedarf. Bei der Formulierung des Unternehmensgegenstandes ist zu prüfen, ob eine öffentlich-rechtliche Genehmigung erforderlich ist. Anders als früher ist die Vorlage der **Genehmigung zwar nicht mehr Eintragungsvoraussetzung** und bei der Anmeldung der Gesellschaft zum Handelsregister nicht mehr nachzuweisen,[149] dennoch bleiben natürlich die materiell-rechtlichen Grenzen anderer Rechtsnormen wirksam und sind zu beachten, dazu gehören auch die öffentlich-rechtlichen Genehmigungserfordernisse.[150] Der Unternehmensgegenstand darf nicht gegen ein Gesetz

---

[142] BGHZ 83, 122 (141 ff.).
[143] So Kölner Komm AktG/*Koppensteiner,* 3. Aufl. 2004, Vor § 291 Rn. 64.
[144] OLG Frankfurt AG 2008, 862.
[145] Vgl. Erläuterung → § 82 Rn. 32.
[146] BayObLG GmbHR 2003, 414 (415); NK-AktR/*Braunfels* Rn. 23; K. Schmidt/Lutter/*Seibt* Rn. 35; Bürgers/Körber/*Körber* Rn. 28 ff.; Kölner Komm AktG/*Arnold* Rn. 83 ff.; Hüffer/Koch/*Koch* Rn. 24; Wachter/*Wachter* Rn. 34; Grigoleit/*Vedder* Rn. 25 f.; *Elsing* notar 2013, 368; *Thoma* RNotZ 2011, 413 (414).
[147] BayObLG GmbHR 2003, 414 (415); NK-AktR/*Braunfels* Rn. 23; K. Schmidt/Lutter/*Seibt* Rn. 35; Bürgers/Körber/*Körber* Rn. 28 ff.; Kölner Komm AktG/*Arnold* Rn. 83 ff.; Hüffer/Koch/*Koch* Rn. 24; Wachter/*Wachter* Rn. 34; Grigoleit/*Vedder* Rn. 25 f.
[148] So *Hirte* FS Hüffer, 2010, 329 (335); aA die hM vgl. Hüffer/Koch/*Koch* Rn. 24; Wachter/*Wachter* Rn. 34; Grigoleit/*Vedder* Rn. 25 f.; zur GmbH auch Lutter/Hommelhoff/*Bayer* GmbHG § 3 Rn. 6; Schröder/*Cannive* NZG 2008, 1 (2); *Heckschen* GmbHR 2007, 198.
[149] § 37 Abs. 4 Nr. 5 AktG wurde durch das MoMiG aufgehoben, BGBl. 2008 I 2026.
[150] Vgl. die Übersicht für erlaubnis-oder anzeigepflichtige Unternehmensgegenstände: *Elsing* notar 2013, 368 (369).

Feststellung der Satzung 18, 18a § 23

(§ 134 BGB) oder die guten Sitten (§ 138 BGB) verstoßen.[151] Darüber hinaus sind **spezialgesetzliche Vorgaben an den Unternehmensgegenstand** zu beachten: Gesellschaften, deren Unternehmensgegenstand die Beratung und Vertretung in Rechtsangelegenheiten ist, können zB nach § 59c Abs. 1 BRAO als Rechtsanwaltsgesellschaft zugelassen werden. Das setzt nach § 59d Nr. 1 BRAO, voraus, dass die Gesellschaft den Anforderungen den Erfordernissen der §§ 59c, 59e und 59 f BRAO entspricht. Neben dem Tätigkeitsschwerpunkt kann es sich empfehlen auch **Randbereiche oder Hilfsgeschäfte** im Unternehmensgegenstand zu erwähnen, denn dann kann es sich uU im Rahmen des § 52 Abs. 9 um einen nachgründungsfreien Erwerb handeln.[152] Zulässig sind daher allgemein gehaltene Zusätze („und verwandte Geschäfte"), wenn sich anhand des Hauptgegenstandes der hierdurch festgelegte Bereich hinreichend konkret entnehmen lässt.[153] Umstritten ist, ob sog. **konkretisierende Satzungsbestimmungen** zulässig sind (→ § 82 Rn. 33). Gewisse Konkretisierungen sind nach überwiegender Meinung zulässig, die Grenze der Zulässigkeit ist erst dann überschritten, wenn der vom Gesetz dem Vorstand zugebilligte Handlungsspielraum erheblich eingeschränkt wird und dadurch das Zuständigkeitssystem der einzelnen Organe deutlich verändert wird. Nach Auffassung des OLG Stuttgart[154] ist das der Fall, wenn die Satzungsänderung die Herstellung eines bestimmten Produktes verbieten will, das vom sachlichen Unternehmensgegenstand abgedeckt ist. In diesem Zusammenhang wird auch die Frage diskutiert, ob der *share-holder-value*-Ansatz aufgenommen werden darf (→ § 82 Rn. 33).

Nach hM ist der Gegenstand des Unternehmens vom **Gesellschaftszweck** zu unterscheiden.[155] 18 Die Funktion des Gesellschaftszwecks und die Abgrenzung ist allerdings im Einzelnen umstritten.[156] Sie ist allerdings deswegen von Bedeutung, da der Gesellschaftszweck nach h.M. nur mit Zustimmung aller Aktionäre geändert werden darf, während für die Änderung des Unternehengegenstandes satzungsändernde Mehrheit genügt.[157] Als Gesellschaftszweck einer AG kommt jeder beliebige Zweck in Betracht, der mit dem Gesetz vereinbar ist.[158] Im Wesentlichen wird zwischen erwerbswirtschaftlichen, sonstigen wirtschaftlichen und ideellen Zwecken unterschieden. Gesellschaftszweck ist die allgemeine Zielsetzung des Unternehmens ohne Rücksicht auf die konkrete Aufgabe.[159] Der Übergang von einer öffentlichen Zweckbestimmung zu einer erwerbswirtschaftlichen stellt zB eine Änderung des Gesellschaftszwecks dar.[160] Dagegen kennzeichnet der Unternehmensgegenstand den Bereich und die Art der Betätigung der Gesellschaft. Der Unternehmensgegenstand umschreibt den Bereich und die Art der Tätigkeit der Gesellschaft. Der Gesellschaftszweck schreibt die Geschäftsgrundlage der Gesellschaft fest und sichert sie gegen Änderungen. Die Bestimmung des Gesellschaftszwecks wird formal dadurch erschwert, dass er – anders wie der Unternehmensgegenstand – kein zwingender Satzungsinhalt ist und deshalb regelmäßig im Gesellschaftsvertrag nicht angegeben wird. Eine Zweckänderung wird allgemein für zulässig gehalten, erfordert nach hM in Anlehnung an § 33 Abs. 1 S. 2 BGB einen einstimmigen Beschluss der Gesellschafter.[161] Die Änderung des Unternehmensgegenstandes ist Satzungsänderung und bedarf der Mehrheit nach § 179 Abs. 2.

Die **Vorrats- oder Mantelgründung** einer Kapitalgesellschaft wird nach nunmehr ganz herr- 18a schender Ansicht in Rechtsprechung und Literatur stets als zulässig angesehen (vgl. → Rn. 42 ff.). Insbesondere wird in der Gründung einer Vorratsgesellschaft kein Scheingeschäft iSd § 117 BGB

---

[151] NK-AktR/*Braunfels* Rn. 24; K. Schmidt/Lutter/*Seibt* Rn. 32; Kölner Komm AktG/*Arnold* Rn. 80.
[152] Hüffer/Koch/*Koch* § 23 Rn. 24f. und § 82 Rn. 9; K. Schmidt/Lutter/*Seibt* Rn. 35.
[153] OLG Frankfurt NJW-RR 1987, 287 = GmbHR 1987, 231 = DB 1987, 38; LG Bielefeld RNotZ 2001, 594; Hüffer/Koch/*Koch* § 23 Rn. 24f.; K. Schmidt/Lutter/*Seibt* Rn. 35; MüKoAktG/*Pentz* Rn. 82.
[154] OLG Stuttgart AG 2006, 727 (728); dazu *Freitag* EWiR 2007, 257.
[155] *Tieves*, Der Unternehmensgegenstand der Kapitalgesellschaft, 1998, 13 ff.; Bürgers/Körber/*Körber* Rn. 29 f.; Großkomm AktG/*Röhricht/Schall* Rn. 125 ff.; K. Schmidt/Lutter/*Seibt* Rn. 34; Bürgers/Körber/*Körber* Rn. 29; Wachter/*Wachter* Rn. 34 ff.; Grigoleit/*Vedder* Rn. 25 ff.; Gisewski CCZ 2009, 72; *Kort* NZG 2011, 929; *Thoma* RNotZ 2011, 413 (414).
[156] *Kort* NZG 2011, 929; Großkomm AktG/*Röhricht/Schall* Rn. 125.
[157] So zu Recht Bürgers/Körber/*Körber* Rn. 29; zur analogen Anwendung des § 33 Abs. 1 S 2 BGB MüKo-AktG/*Pentz* Rn. 70; Großkomm AktG/*Röhricht/Schall* Rn. 126; Hüffer/Koch/*Koch* Rn. 22; K. Schmidt/Lutter/ *Seibt* Rn. 34; Wachter/*Wachter* Rn. 34 ff.; Grigoleit/*Vedder* Rn. 29.
[158] MüKoAktG/*Pentz* Rn. 70; Hüffer/Koch/*Koch* Rn. 22, NK-AktR/*Braunfels* Rn. 21; K. Schmidt/Lutter/ *Seibt* Rn. 34; Bürgers/Körber/*Körber* Rn. 29 f.; Kölner Komm AktG/*Arnold* Rn. 74.
[159] Bürgers/Körber/*Körber* Rn. 29 f.; Großkomm AktG/*Röhricht/Schall* Rn. 125 ff.; K. Schmidt/Lutter/*Seibt* Rn. 34; Bürgers/Körber/*Körber* Rn. 29; Wachter/*Wachter* Rn. 34 ff.; Grigoleit/*Vedder* Rn. 25 ff.; Gisewski CCZ 2009, 72; *Kort* NZG 2011, 929.
[160] *Kort*, NZG 2011, 929.
[161] MüKoAktG/*Pentz* Rn. 70; Großkomm AktG/*Röhricht/Schall* Rn. 126; Hüffer/Koch/*Koch* Rn. 22; Bürgers/Körber/*Körber* Rn. 29; K. Schmidt/Lutter/*Seibt* Rn. 34; Wachter/*Wachter* Rn. 34 ff.; Grigoleit/*Vedder* Rn. 29.

erkannt, wenn eine sog. offene Vorratsgründung inmitten steht und als Unternehmensgegenstand auch auf die tatsächlich beabsichtigte Tätigkeit der Gesellschaft hingewiesen wird, nämlich die **„Verwaltung des eigenen Vermögens"**.[162] Bei einer solchen Offenlegung der Vorratsgründung, bei der die Verwirklichung des angegebenen Unternehmensgegenstandes („Verwaltung des eigenen Vermögens") tatsächlich gewollt ist, kann das Registergericht eine spätere Mantelverwendung ohne Weiteres kontrollieren. Ein Scheingeschäft iSd § 117 BGB liegt damit nicht vor. Wird die Vorratsgründung dagegen nicht offengelegt und wird lediglich ein fiktiver oder zumindest derzeit nicht ernstlich gewollter Unternehmensgegenstand in der Satzung angegeben und die Vorratsgründung damit nicht offengelegt (verdeckte Vorratsgründung), so sind derartige Angaben nichtig und führen zur Gesamtnichtigkeit der Satzung und damit zur Nichtigkeit der Gründung insgesamt.[163]

19 **d) Höhe des Grundkapitals (Abs. 3 Nr. 3).** § 23 Abs. 3 Nr. 3 verlangt die Angabe der Höhe des Grundkapitals. Bei der Angabe sind die im § 6 und § 7 genannten Voraussetzungen zu beachten. Nach § 6 muss das Grundkapital auf einen Nennbetrag in Euro lauten und nach § 7 mindestens 50 000,- € betragen. Für bestimmte Unternehmensgegenstände sind höhere Mindestangaben des Mindestgrundkapitals vorgesehen, zB Hypothekenbanken, Kapitalanlagegesellschaften, Versicherungen und Bausparkassen. Das Grundkapital muss in einer Fixgröße angegeben werden, es genügt nicht, dass es sich errechnen läßt.[164] Variable Bestandteile lassen sich nur durch ein genehmigtes Kapital erreichen, die auch bei der Gründung bereits festgesetzt werden können.[165] Dieses gehört allerdings nicht zum Grundkapital.[166] Im Übrigen gelten auch bei der Gründung die §§ 202 ff.[167]

20 **e) Zerlegung in Stück- bzw. Nennbetragsaktien (Abs. 3 Ziff. 4).** Bzgl. der Angaben zu Aktien kann zunächst auf die Erläuterungen zu den §§ 8 ff. verwiesen werden. § 23 Abs. 3 Ziff. 4 verlangt Angaben über die Zerlegung des Grundkapitals entweder in Nennbetragsaktien oder in Stückaktien, bei Nennbetragsaktien Angaben der Nennbeträge und Zahl der Aktien neben Nennbetrag, bei Stückaktien deren Zahl, außerdem, wenn mehrere Gattungen bestehen, die Gattung der Aktien und der Zahl der Aktien jeder Gattung. Jede Aktie verkörpert einen Bruchteil des Grundkapitals. Das Grundkapital ist nach § 1 Abs. 1 AktG in Aktien zerlegt. Die Vorschrift soll Klarheit über die Zerlegung des Grundkapitals schaffen.[168] Notwendig sind daher Angaben über die **Aktienform (Nennbetrags- oder Stückaktien,** beide Aktienformen sind nebeneinander nicht zulässig[169]), über die Einteilung des Grundkapitals (Nennbeträge bzw. Aktienzahl) und über die Aktiengattung und die Zahl der Aktien jeder Gattung, wenn mehrere Gattungen bestehen. Durch das Stückaktiengesetz vom 25.3.1998 (BGBl. 1998 I 590) sind auch Stückaktien zulässig. Bei der Stückaktie handelt es sich um eine unechte nennwertlose Aktie. Der Mindestnennbetrag beträgt einen Euro, höhere Nennbeträge sind zulässig. Diese müssen auf volle Euro lauten. Bei „krummen" Beträgen ist im Rahmen der **Kapitalaufbringung** zu achten, dass der anteilige Betrag am Grundkapital nicht nach kaufmännischen Grundsätzen auf- oder abgerundet wird. Zulässig ist nur eine **Aufrundung** auf den nächst höheren, glatten Eurocent-Betrag. Andernfalls würde die Einlage den anteiligen Betrag am Grundkapital nicht vollständig decken.[170] § 8 Abs. 3 S. 1 AktG ermöglicht der Gesellschaft die Einführung so genannter „unechter nennwertloser" Stückaktien. Diese sind nach § 8 Abs. 2 S. 2 AktG am Grundkapital im gleichen Umfang beteiligt und dürfen nach S. 3 dieser Bestimmung den Betrag von einem Euro nicht unterschreiten. Als „unechte nennwertlose Aktie" ist die Stückaktie dadurch gekennzeichnet, dass das nennbetragsmäßig festgesetzte Grundkapital der Gesellschaft, §§ 6 und 7 AktG, in Aktien zerlegt ist, welche jeweils einen Teilbetrag des Grundkapitals repräsentieren. Das Grundkapital dient insoweit als „Bezugsgröße", anhand derer sich im Wege der Division jeder Aktie ein rechnerischer oder „fiktiver Nennbetrag" zuordnen lässt. Im Ergebnis unterscheidet sich die unechte nennwertlose Aktie von der Nennbetragsaktie allein dadurch, dass sie nicht ausdrücklich

---

[162] MüKoAktG/*Pentz* Rn. 90; Hüffer/Koch/*Koch* Rn. 26; Großkomm AktG/*Röhricht/Schall* Rn. 346; *Priester* DB 1983, 2291 (2298).
[163] MüKoAktG/*Pentz* Rn. 91; Kölner Komm AktG/*Arnold* Rn. 56; *Meyer* ZIP 1994, 1661 (1663); NK-AktR/*Braunfels* Rn. 47 f.; K. Schmidt/Lutter/*Seibt* Rn. 25.
[164] Großkomm AktG/*Röhricht/Schall* Rn. 152; MüKoAktG/*Pentz* Rn. 115; Bürgers/Körber/*Körber* Rn. 34; Hüffer/Koch/*Koch* Rn. 28; Grigoleit/*Vedder* Rn. 31.
[165] Großkomm AktG/*Röhricht/Schall* Rn. 152 f., NK-AktR/*Braunfels* Rn. 33; K. Schmidt/Lutter/*Seibt* Rn. 46; Bürgers/Körber/*Körber* Rn. 34; Kölner Komm AktG/*Arnold* Rn. 113.
[166] Wachte/*Wachter* Rn. 37; Grigoleit/*Vedder* Rn. 30; K. Schmidt/Lutter/*Seibt* Rn. 46.
[167] K. Schmidt/Lutter/*Seibt* Rn. 46; Grigoleit/*Vedder* Rn. 30.
[168] Hüffer/Koch/*Koch* Rn. 29; Bürgers/Körber/*Körber* Rn. 35; Kölner Komm AktG/*Arnold* Rn. 115.
[169] S. Erläuterung → § 8 Rn. 8; Wachter/*Wachter* Rn. 39; Grigoleit/*Vedder* Rn. 30; K. Schmidt/Lutter/*Seibt* Rn. 46.
[170] Bürgers/Körber/*Westermann* § 8 Rn. 16.

auf einen Nennbetrag lautet.[171] Die Angabe der Summe des Nennbetrags bzw. die Anzahl der übernommenen Stückaktien und die Summe der Ausgabebeträge für jeden einzelnen Gründer sind ausreichend. Weitere Angaben sind erforderlich, wenn Aktien mit unterschiedlichen Nenn- und/oder Ausgabebeträgen ausgegeben werden sowie bei Zeichnung verschiedener Aktiengattungen durch einzelne Gründer;[172] dabei wird verlangt, dass bei der Ausgabe von Aktien mit unterschiedlichen Nennbeträgen die jeweilige Zahl der Aktien pro Gattung und Nennbetrag anzugeben ist.[173] Eine Zuordnung bestimmter Nennbeträge zu bestimmten individuellen Aktien ist allerdings nicht erforderlich.[174] Der Ausgabebetrag ist stets anzugeben und zwar auch dann, wenn kein Agio vereinbart ist. Die Festsetzung unterschiedlicher Ausgabebeträge ist zulässig.[175] Ob bloße schuldrechtliche Zuzahlungspflichten bzw. Finanzierungsvereinbarungen („investors agreement") anstelle eines Agios vereinbart werden können, ist unklar.[176] Soweit schließlich Namens- als auch Inhaberaktien ausgegeben werden, muss ebenso ersichtlich sein, welcher Gründer welche Anzahl von welchen Aktien übernimmt.[177]

Falls mehrere Gattungen von Aktien (§ 11) bestehen, ist die Gattung der Aktien und die Zahl der Aktien je Gattung anzugeben.[178] Gattungen entstehen, wenn Aktien unterschiedliche Mitgliedschaftsrechte gewähren oder mit unterschiedlichen Mitgliedschaftspflichten verbunden sind, dabei kann es sich um Vermögensrechte oder Mitgliedschaftsrechte handeln. In der Satzung sind daher auch die unterschiedlichen Rechte bzw. Pflichten anzugeben.[179] Zur Abgrenzung, wann verschiedene Aktiengattungen vorliegen und welche verschiedenen Rechte und Pflichten dazu führen, kann auf die Erläuterungen zu → § 11 Rn. 7 ff., 18 ff. verwiesen werden. Bei Ausgabe von Aktiengattungen zu unterschiedlichen Nennbeträgen (§ 8 Abs. 2) verlangt die hM auch die Angabe der jeweiligen Zahl der Aktien pro Gattung und Nennbetrag, damit die Zusammensetzung des Grundkapitals nachvollzogen werden kann.[180]

f) Namens- und/oder Inhaberaktien (Abs. 3 Nr. 5: Aktienart). Vgl. ausführlich Erläuterungen zu → § 10 Rn. 6 ff. Nach § 23 Abs. 3 Nr. 5 ist anzugeben, ob die Aktien auf den Inhaber oder auf den Namen ausgestellt werden. Nach § 10 Abs. 1 ist die Regelform die Namensaktie. Durch das Gesetz zur Änderung des Aktiengesetzes (Aktienrechtsnovelle 2016) vom 22.12.2015[181] wurde die Ausgabe von Inhaberaktien erheblich eingeschränkt[182] (ausführlich → § 10 Rn. 1a, 8a f.). Inhaberaktien dürfen danach nur noch ausgegeben werden wenn die Gesellschaft börsennotiert ist oder der Anspruch auf Einzelverbriefung ausgeschlossen ist und die Sammelurkunde bei einer der folgenden Stellen hinterlegt wird: a) einer Wertpapiersammelbank im Sinne des § 1 Abs. 3 Satz 1 DepotG, b) einem zugelassenen Zentralverwahrer oder einem anerkannten Drittland-Zentralverwahrer gemäß der Verordnung (EU) Nr. 909/2014 des Europäischen Parlaments und des Rates vom 23. Juli 2014 zur Verbesserung der Wertpapierlieferungen und -abrechnungen in der Europäischen Union und über Zentralverwahrer sowie zur Änderung der Richtlinien 98/26/EG und 2014/65/EU und der Verordnung (EU) Nr. 236/2012 (ABl. 2014 L 257, 1 vom 28.8.2014) oder c) einem sonstigen ausländischen Verwahrer, der die Voraussetzungen des § 5 Abs. 4 Satz 1 DepotG erfüllt. Inhaberaktien bleiben daher auch bei nicht börsennotierten Gesellschaften zulässig, in jedem Fall muss jedoch der Anspruch auf Einzelverbriefung ausgeschlossen und die Sammelurkunde bei einer in § 10 Abs. 1 Nr. 2 lit. a–c AktG genannten Stelle verwahrt sein.[183] Die Ausgabe von mehr als einer Sammelurkunde bleibt zulässig, sofern diese Sammelurkunden sämtliche bestehenden Inhaberaktien erfassen.[184] Für Gesellschaften, deren Satzung vor dem Inkrafttreten der Aktienrechtsnovelle 2016 durch notari-

---

[171] MüKoAktG/*Heider* § 8 Rn. 20.
[172] MüKoAktG/*Pentz* Rn. 59; Hüffer/Koch/*Koch* Rn. 28; Bürgers/Körber/*Körber* Rn. 35; Wachter/*Wachter* Rn. 37; K. Schmidt/Lutter/*Seibt* Rn. 47; aA Großkomm AktG/*Röhricht/Schall* Rn. 159.
[173] Großkomm AktG/*Röhricht/Schall* Rn. 159; Grigoleit/*Vedder* Rn. 31.
[174] K. Schmidt/Lutter/*Seibt* Rn. 47; Großkomm AktG/*Röhricht/Schall* Rn. 159.
[175] Hüffer/Koch/*Koch* § 23 Rn. 18.
[176] Vgl. BayObLG DB 2002, 940 = NotBZ 2002, 221; Hergeth/Eberl DStR 2002, 1818; Schorling/Vogel AG 2003, 86; vgl. dazu Hüffer/Koch/*Koch* § 54 Rn. 7.
[177] Zur Ausgabe von Namensaktien s. *Maul* NZG 2001, 585.
[178] Vgl. dazu Erläuterungen zu § 11 und Großkomm AktG/*Röhricht/Schall* Rn. 156; Hüffer/Koch/*Koch* Rn. 29; Bürgers/Körber/*Körber* Rn. 35; Wachter/*Wachter* Rn. 40; Grigoleit/*Vedder* Rn. 31; K. Schmidt/Lutter/*Seibt* Rn. 48.
[179] Hüffer/Koch/*Koch* Rn. 29; MüKoAktG/*Pentz* Rn. 123 f.; Bürgers/Körber/*Körber* Rn. 35; Wachter/*Wachter* Rn. 40; K. Schmidt/Lutter/*Seibt* Rn. 48.
[180] Hüffer/Koch/*Koch* Rn. 29; MüKoAktG/*Pentz* Rn. 124; K. Schmidt/Lutter/*Seibt* Rn. 48.
[181] BGBl. 2015 I 2565.
[182] Vgl. dazu *Wälzholz/Wolffskeel* MittBayNot 2016, 197 (199); *Ihrig/Wandt* BB 2016, 6 (7).
[183] *Wälzholz/Wolffskeel* MittBayNot 2016, 197 (199) mit Formulierungsbeispiel.
[184] *Ihrig/Wandt* BB 2016, 6 (7); *Wälzholz/Wolffskeel* MittBayNot 2016, 197.

elle Beurkundung festgestellt wurde und deren Aktien auf den Inhaber lauten, verbleibt es bei der bisherigen Rechtslage (§ 26 h Abs. 1 EGAktG).[185] Bereits bestehende Aktiengesellschaften mit Inhaberaktien, deren Satzung am Tag vor dem Inkrafttreten des Gesetzes notariell festgestellt ist, können diese deshalb grundsätzlich beibehalten. Dies gilt bei entsprechenden Altgesellschaften auch für zukünftige Kapitalerhöhungen.[186] Die Satzung muss die notwendigen Angaben diesbezüglich zum Schutz des Rechtsverkehrs enthalten. Soweit Inhaberaktien nach § 10 Abs. 1 zulässig sind, können auch beide Formen nebeneinander bestehen.[187] Teilweise verlangen allerdings Sondervorschriften auch bestimmte Aktienformen, zB ausschließlich Namensaktien dürfen bei Wirtschafts- und Buchführungsgesellschaften (§ 28 Abs. 5 S. 2 WPO, § 130 Abs. 2 WPO) und den Steuerberatungsgesellschaften (§ 50 Abs. 5 S. 3 StBerG) ausgegeben werden. Ferner ist § 10 Abs. 2 zu beachten: wenn Aktien bereits vor der vollen Leistung des höheren Ausgabebetrages ausgegeben werden, müssen sie auf den Namen lauten und werden als solche in der Satzung aufgeführt.[188] Umstritten ist, ob bei satzungswidriger Ausgabe von Inhaber- oder Namensaktien die Aktien ungültig sind. Die überwiegende Meinung verneint dies zu Recht im Hinblick auf den Verkehrsschutz.[189] Die Aktionäre können jedoch den Umtausch in satzungsmäßige Aktien verlangen.[190] Zur Frage der nachträglichen Umwandlung von Inhaber in Namensaktien oder umgekehrt → § 24 Rn. 3 ff.

22 **g) Zahl der Vorstandsmitglieder (Abs. 3 Nr. 6).** Nach § 23 Abs. 2 Nr. 6 muss die Satzung auch die Zahl der Mitglieder des Vorstandes oder die Regeln, nach denen diese Zahl festgelegt wird, angeben, stellvertretende Vorstandsmitglieder sind nach § 94 mitzuzählen. Der Vorstand kann dabei nach § 76 Abs. 2 AktG aus einer oder mehreren Personen bestehen. Bei Gesellschaften mit einem Grundkapital von mehr als drei Millionen Euro muss der Vorstand mindestens aus zwei Personen bestehen, wenn die Satzung nichts anderes bestimmt (§ 76 Abs. 2 S. 2). In der Praxis wird häufig die Anzahl der Vorstände nicht konkret bestimmt, da sonst bei jeder Änderung Satzungsänderungen erforderlich sind und nur die Regel angegeben, nach der die Zahl festgelegt wird.[191] Möglich und in der Praxis üblich ist die Festlegung einer Mindest- oder einer Höchstzahl, wobei allerdings klar angegeben werden muss, nach welchen Regeln die genaue Zahl festgelegt wird.[192] Üblich ist die Satzungsbestimmung, dass die Zahl vom Aufsichtsrat festgelegt wird.[193] Angaben zur Zahl der Aufsichtsratsmitglieder werden in der Satzung nicht zwingend gefordert.[194]

23 **h) Form der Bekanntmachung (Abs. 4).** Nach § 23 Abs. 4 muss die Satzung ferner Bestimmungen über die Form der Bekanntmachung der Gesellschaft enthalten. Die Vorschrift wird ergänzt durch § 25, wonach der elektronische Bundesanzeiger als Pflichtgesellschaftsblatt zwingend angegeben ist (vgl. Erläuterungen bei § 25). Die praktische Bedeutung des § 23 Abs. 4 ist daher gering, da nur bezüglich weiterer freiwilliger Bekanntmachungsblätter die Satzungsfreiheit in § 23 Abs. 4 besteht.

24 **5. Erklärung der Übernahme der Aktien (Abs. 2). a) Überblick.** In § 23 Abs. 2 ist die sog. Aktienübernahmeerklärung geregelt, die bestimmt, dass in der notariellen Urkunde zusätzlich zur eigentlichen Satzungsfeststellung das **Rechtsgeschäft der Übernahmeerklärung** enthalten sein muss, diese Erklärung ist nicht Teil der Satzung, aber Teil der **Gründungsurkunde**.[195] Satzungsfest-

---

[185] Vgl. Erläuterungen zu → § 10 Rn. 85; *Wälzholz/Wolffskeel* MittBayNot 2016, 197 (199).
[186] K. Schmidt/Lutter/*Ziemons* § 10 Rn. 51.
[187] Hüffer/Koch/*Koch* Rn. 30; Kölner Komm AktG/*Arnold* Rn. 118; Bürgers/Körber/*Körber* Rn. 36; Wachter/*Wachter* Rn. 41; K. Schmidt/Lutter/*Seibt* Rn. 49; Grigoleit/*Vedder* Rn. 31 und § 10 Rn. 7 f.
[188] Vgl. Hüffer/Koch/*Koch* Rn. 30; Kölner Komm AktG/*Arnold* Rn. 119; Wachter/*Wachter* Rn. 41; K. Schmidt/Lutter/*Seibt* Rn. 49; Grigoleit/*Vedder* Rn. 31 und § 10 Rn. 10.
[189] OLG Hamburg AG 1970, 230; Kölner Komm AktG/*Arnold* R 69; Hüffer/Koch/*Koch* Rn. 30; Großkomm AktG/*Röhricht/Schall* Rn. 162; Bürgers/Körber/*Körber* Rn. 36; MüKoAktG/*Pentz* Rn. 131; K. Schmidt/Lutter/*Seibt* Rn. 50; Grigoleit/*Vedder* Rn. 31.
[190] Hüffer/Koch/*Koch* Rn. 30; Kölner Komm AktG/*Arnold* Rn. 119; K. Schmidt/Lutter/*Seibt* Rn. 49; Grigoleit/*Vedder* Rn. 31 und § 10 Rn. 10.
[191] Würzburger Notar-HdB/*Reul* Teil 5 Kap. 4 Rn. 191, Großkomm AktG/*Röhricht/Schall* Rn. 166; NK-AktR/*Braunfels* Rn. 37; K. Schmidt/Lutter/*Seibt* Rn. 50; Bürgers/Körber/*Körber* Rn. 37; Kölner Komm AktG/*Arnold* Rn. 124.
[192] Kölner Komm AktG/*Arnold* Rn. 74; Großkomm AktG/*Röhricht/Schall* Rn. 163 f.; Hüffer/Koch/*Koch* Rn. 31; NK-AktR/*Braunfels* Rn. 37; K. Schmidt/Lutter/*Seibt* Rn. 50; Bürgers/Körber/*Körber* Rn. 37.
[193] BGH NZG 2002, 817 (818); LG Köln DB 1998, 1855; *Ganske* DB 1978, 2461 (2462); Hüffer/Koch/*Koch* Rn. 31; NK-AktR/*Braunfels* Rn. 37; K. Schmidt/Lutter/*Seibt* Rn. 50; krit. Großkomm AktG/*Röhricht/Schall* Rn. 166.
[194] Großkomm AktG/*Röhricht/Schall* Rn. 167; Wachter/*Wachter* Rn. 41; K. Schmidt/Lutter/*Seibt* Rn. 50.
[195] Großkomm AktG/*Röhricht/Schall* Rn. 93, NK-AktR/*Braunfels* Rn. 13; K. Schmidt/Lutter/*Seibt* Rn. 23; Bürgers/Körber/*Körber* Rn. 14; Kölner Komm AktG/*Arnold* Rn. 56 f.; Wachter/*Wachter* Rn. 22; Grigoleit/*Vedder* Rn. 18.

Feststellung der Satzung

stellung und Aktienübernahme können nur einheitlich in einer Urkunde durch dieselben Personen erfolgen (Einheitsgründung).[196] Mit der Aktienübernahmeerklärung, verpflichten sich die Gründer zur Übernahme von Aktien und damit zur Leistung der Einlage. Nach hM ist diese Erklärung ein von der Feststellung der Satzung zu unterscheidendes Rechtsgeschäft.[197] Die Einlageverpflichtung ist aber notwendig materieller Satzungsbestandteil.[198] In der Praxis wird die Aktienübernahmeerklärung aus der Satzung im Sinne des § 23 Abs. 3 zwar ausgegliedert. Dies erfolgt aber nur aus formalen Erwägungen, dass die Satzung nicht mit Angaben belastet werden soll, die nur im Gründungsstadium von öffentlichem Interesse sind.[199] Anzugeben sind dabei: die Gründer, Aktienart und Aktiengattung sowie der Einzahlungsbetrag auf das Grundkapital. Die Übernahme der Aktien ist rechtlich eine einseitige empfangsbedürftige an die Mitgründer gerichtete Willenserklärung, durch die die Verpflichtung zur Leistung der Einlage begründet wird.[200] Die Übernahmeerklärung muss bestimmt und unbedingt sein, auch Befristungen sind nicht zulässig.[201] Das Registergericht müsste die Eintragung ablehnen. Etwas anderes gilt, wenn die Bedingung oder Befristung eingetreten ist und dies dem Registergericht in öffentlich beglaubigter Form nachgewiesen wird.[202]

b) Gründer (Abs. 2 Nr. 1). Die Gründer sind in § 28 definiert (vgl. Erläuterungen zu → § 2 Rn. 7 ff. und § 28), das sind die Aktionäre, die die Satzung feststellen und mindestens eine Aktie übernehmen.[203] Erforderlich ist, dass diese hinreichend identifizierbar sind.[204] Bei natürlichen Personen müssen Vor- und Nachname sowie Anschrift anzugeben, bei juristischen Personen Firma und Sitz.[205] Ergänzt werden diese Vorschriften durch die beurkundungsrechtlichen Vorschriften der §§ 10, 12 BeurkG. Zur **BGB-Gesellschaft** ist die aktuelle Rechtsentwicklung zu beachten. In der Entscheidung des BGH vom 29.1.2001[206] wurde die Rechtsfähigkeit der **GbR** erstmals vom BGH vollständig anerkannt anerkannt, so dass sie auch ohne weiteres Gründer einer AG sein kann.[207] Der II. Zivilsenat des BGH hat die GbR in dem Umfang im Zivilprozess als parteifähig angesehen, indem sie als Teilnehmer am Rechtsverkehr Träger von Rechten und Pflichten sein kann. Hierbei hat der BGH weiter ausgeführt, dass nach seiner Rspr. die GbR als Gesamthandsgemeinschaft ihrer Gesellschafter im Rechtsverkehr grds., dh soweit nicht spezielle Gesichtspunkte entgegenstehen, jede Rechtsposition einnehmen. Bereits zuvor hatte sich der BGH mehrfach damit auseinandergesetzt, ob und wie die GbR am Rechtsverkehr teilnehmen kann.[208] Zunächst hatte der II. Zivilsenat des BGH entschieden, dass die GbR selbst Träger von Rechten und Pflichten aus einem, im Namen der Gesellschaft abgeschlossenen Vertrag sein kann,[209] sowie dass die GbR als solche Mitglied einer Genossenschaft werden kann[210] der XI. Zivilsenat das BGH hat dann entschieden, dass die GbR Wechsel- und Scheckfähig ist.[211] In seinem grundlegendem Beschluss vom 4. Dezember 2008[212] erlaubt der BGH erstmals die Eintragung einer GbR in das Grundbuch, ohne dass die Gesellschafter genannt werden müssen. Damit hat der BGH anerkannt, dass auch eine GbR in das Grundbuch als Rechtsinhaberin eingetragen werden darf, die unter einem ihr von den Gesellschaftern gegebenen

---

[196] NK-AktR/*Braunfels* Rn. 13; K. Schmidt/Lutter/*Seibt* Rn. 23; Bürgers/Körber/*Körber* Rn. 6, 14.
[197] Kölner Komm AktG/*Arnold* Rn. 56 ff., NK-AktR/*Braunfels* Rn. 24; K. Schmidt/Lutter/*Seibt* Rn. 24.
[198] Hüffer/Koch/*Koch* Rn. 16; MüKoAktG/*Pentz* Rn. 55, NK-AktR/*Braunfels* Rn. 24; K. Schmidt/Lutter/ *Seibt* Rn. 23 f.; Kölner Komm AktG/*Arnold* Rn. 57; Grigoleit/*Vedder* Rn. 18.
[199] *Hüffer* NJW 1979, 1065 (1066).
[200] Hüffer/Koch/*Koch* Rn. 16; Großkomm AktG/*Röhricht/Schall* Rn. 95; Kölner Komm AktG/*Arnold* Rn. 93, NK-AktR/*Braunfels* Rn. 13; K. Schmidt/Lutter/*Seibt* Rn. 24; Bürgers/Körber/*Körber* Rn. 14.
[201] Großkomm AktG/*Röhricht/Schall* Rn. 96, NK-AktR/*Braunfels* Rn. 14; K. Schmidt/Lutter/*Seibt* Rn. 24; Kölner Komm AktG/*Arnold* Rn. 59; Grigoleit/*Vedder* Rn. 18.
[202] Str. so Großkomm AktG/*Röhricht/Schall* Rn. 96; Grigoleit/*Vedder* Rn. 18; aA Kölner Komm AktG/*Arnold* Rn. 59; MüKoAktG/*Pentz* Rn. 56.
[203] Hüffer/Koch/*Koch* Rn. 17; K. Schmidt/Lutter/*Seibt* Rn. 25; Großkomm AktG/*Röhricht/Schall* Rn. 101; Kölner Komm AktG/*Arnold* Rn. 59; MüKoAktG/*Pentz* Rn. 58; Wachter/*Wachter* Rn. 23.
[204] K. Schmidt/Lutter/*Seibt* Rn. 25; MüKoAktG/*Pentz* Rn. 58; Wachter/*Wachter* Rn. 23.
[205] Hüffer/Koch/*Koch* Rn. 17; MüKoAktG/*Pentz* Rn. 58; K. Schmidt/Lutter/*Seibt* Rn. 25; Wachter/*Wachter* Rn. 23; Grigoleit/*Vedder* Rn. 19.
[206] BGHZ 146, 342 = NJW 2001, 1056 = DNotZ 2001, 234.
[207] NK-AktR/*Braunfels* Rn. 15.
[208] BGHZ 79, 374 (378) = NJW 1981, 1213; BGHZ 116, 86 (88) = NJW 1992, 499 ff.; BGHZ 136, 254 (257) = NJW 1997, 2754 ff.; DB 2000, 2117.
[209] BGHZ 79, 374 ff. = NJW 1981, 1213 ff.
[210] BGHZ 116, 86 ff. = NJW 1992, 499 ff.
[211] BGHZ 136, 254 ff. = NJW 1997, 2754 ff.
[212] BGH NJW 2009, 594 = NotBZ 2009, 98 = DB 2009, 109 = notar 2009 mAnm. *Jeep* = ZNotP 2009, 66; dazu vgl. *Böhringer* NotBZ 2009, 86; *Zimmermann* MDR 2009, 237 ff.; *Lautner* NotBZ 2009, 77; *Tebben* NZG 2009, 288 ff.

Namen auftritt. Unklar ist, ob diese Rechtsprechung auf **die Gründungsurkunde der AG** übertragen werden kann mit der Folge, dass nicht mehr die Gesellschafter angegeben werden müssen als Gründer, sondern die GbR selbst mit ihrem Namen.[213] Der BGH hat festgestellt, dass die **Gesellschaft bürgerlichen Rechts unter der Bezeichnung in das Grundbuch** eingetragen werden kann, die ihre Gesellschafter im Gesellschaftsvertrag für sie vorgesehen haben. Sehe der Gesellschaftsvertrag keine Bezeichnung der GbR vor, werde die GbR als „Gesellschaft bürgerlichen Rechts bestehend aus ..." und den Namen ihrer Gesellschafter eingetragen. Auszugehen sei davon, dass die GbR, ohne juristische Person zu sein rechtsfähig sei, soweit sie durch Teilnahme am Rechtsverkehr eigene Rechte und Pflichten begründen. Nach Auffassung des BGH führt die Anerkennung der Teilrechtsfähigkeit der GbR dazu, dass eine GbR auch Eigentum an Grundstücken und grundstücksgleichen Rechte sowie beschränkte dingliche Rechte an Grundstücken und grundstücksgleichen Rechten erwerben könne. Deshalb sei ein Grundstück, als dessen Eigentümer mehrere natürliche Personen mit dem Zusatz „als Gesellschafter bürgerlichen Rechts" eingetragen sind, auch nicht (gesamthänderisch gebundenes) Eigentum dieser natürlichen Personen, sondern Eigentum der GbR.[214] Eine GbR könne durch ihre Organe handeln. Wer zur Vertretung einer GbR befugt sei, lasse sich indessen anders als bei registerfähigen rechtsfähigen Personengesellschaften nicht einem öffentlichen Register entnehmen, weil ein solches Register für die GbR nicht vorgesehen sei. Das Vertrauen in die Vertretungsbefugnis eines oder mehrerer Gesellschafter werde auch durch den Grundbucheintrag nicht geschützt.[215] Welche Rechtsträger von Eigentum es gebe, bestimme sich nämlich allein nach dem materiellen bürgerlichen Recht. Allein danach bestimme sich auch, welche Rechtsträger eintragungsfähig seien. Das Grundbuchrecht beschränke die Buchbarkeit von Eigentum nicht; dies widerspräche auch seiner dienenden Funktion.[216] Das Grundbuchrecht solle den rechtsgeschäftlichen Verkehr mit dem nach bürgerlichem Recht möglichen Grundeigentum und beschränkten dinglichen Rechten an Grundstücken nämlich auf sichere und verlässliche Weise ermöglichen, aber nicht verhindern. Die fehlende Anpassung des Grundbuchrechts an die Anerkennung der Teilrechtsfähigkeit der GbR dürfe deshalb nicht zu einer Blockade des rechtsgeschäftlichen Verkehrs mit Grundstücken und beschränkten dinglichen Rechten von Gesellschaften bürgerlichen Rechts führen. Das Verfahrensrecht sei vielmehr an das geänderte Verständnis des Wesens der GbR anzupassen. Daran habe sich die Auslegung des Grundbuchrechts auszurichten. Mit der Anerkennung ihrer Teilrechtsfähigkeit gehört die GbR nach Meinung des BGH auch zu den Gesellschaften, die im Sinne von § 14 Abs. 2 BGB mit der Fähigkeit ausgestattet sind, Rechte zu erwerben und Verbindlichkeiten einzugehen. Das Vermögen einer GbR sei damit nicht mehr, wie von § 15 Abs. 3 GBV vorausgesetzt, Vermögen ihrer Mitglieder, sondern Vermögen einer rechtsfähigen Personengesellschaft. Solches Vermögen werde grundbuchtechnisch bei allen anderen rechtsfähigen Personengesellschaften entsprechend der materiellen Rechtslage wie bei juristischen Personen als deren Vermögen und unter deren Bezeichnung, und nicht unter Nennung ihrer Gesellschafter gebucht. Damit entstehe eine planwidrige Lücke. Die bisher vorgesehene Form der Buchung von Vermögen einer GbR durch Nennung ihrer Gesellschafter entspreche nicht mehr der materiellen Rechtslage. Sie im Gegenteil irreführend, weil sie den Blick darauf verstelle, dass das Grundstück oder Recht an einem Grundstück gerade kein Gesellschafter-, sondern Gesellschaftsvermögen sei. Nach Meinung des BGH muss die GbR in einer Form eingetragen werden, die sie von anderen Gesellschaften bürgerlichen Rechts unterscheide. Das sei in Anlehnung an die Vorschriften für die registerfähigen rechtsfähigen Personengesellschaften dadurch zu erreichen, dass die GbR grundsätzlich unter der Bezeichnung eingetragen wird, die von ihren Gesellschaftern für das Auftreten der Gesellschaft im Rechtsverkehr vereinbart ist.[217] Diese Bezeichnung genüge, um die GbR von anderen zu unterscheiden. Wenn die Gesellschaft keinen Namen führt, so ist nach Meinung des BGH die Grundbucheintragung in Anlehnung an die bisherige Buchungsform zulässig, dass der Bezeichnung des Berechtigten mit „Gesellschaft bürgerlichen Rechts" der Zusatz „bestehend aus" und die Namen der Gesellschafter der Gesellschaft hinzugesetzt werden. Wenn man in dem bisher strengen Grundbuchrecht diese Bezeichnung als ausreichend erachtet, so muss dies erst recht bei der AG-Gründung gelten. Gründer in diesem Sinne ist daher die BGB-Gesellschaft selbst und nicht ihre Gesellschafter, die Angabe der Bezeichnung der GbR,

---

[213] Ablehnend noch NK-AktR/*Braunfels* Rn. 15, allerdings vor dem BGH-Urteil zur Grundbuchfähigkeit; ebenfalls ablehnend Kölner Komm AktG/*Arnold* Rn. 60, allerdings ohne Auseinandersetzung mit der BGH-Rechtsprechung zur Grundbuchfähigkeit.
[214] BGH NJW 2006, 3716 (3717).
[215] BGH BGHZ 107, 268 (272); BGH NJW 2006, 2189 (2190).
[216] Vgl. BGH NJW 2008, 1378 (1379); *Leipold* FS Canaris, 2007, 221 (230 f.); *Krüger* AcP 208 (2008) 699 (711 f.).
[217] So auch *Leipold* FS Canaris, 2007, 221 (231 f.).

Feststellung der Satzung   **26, 27 § 23**

wenn diese eine solche führt, genügt.[218] Es spricht allerdings manches dafür, die in § 47 GBO vom Gesetzgeber aufgenommene Wertung auch im Aktienrecht zu übernehmen, so dass bei der BGB-Gesellschaft auch die Gesellschafter mitanzugeben sind.[219] Hierfür spricht auch die Entwicklung im GmbH-Recht. Durch das Gesetz zur Umsetzung der Vierten EU-Geldwäscherichtlinie, zur Ausführung der EU-Geldtransferverordnung und zur Neuorganisation der Zentralstelle für Finanztransaktionsuntersuchungen vom 23.6.2017[220] ist bei der GmbH-Gesellschafterliste in § 40 Abs. 1 S. 2 GmbHG jetzt geregelt, dass für den Fall, dass ein GmbH-Gesellschafter selbst eine Gesellschaft ist, die Gesellschaft anzugeben ist und bei nicht im Handelsregister eingetragenen Gesellschaften deren jeweilige Gesellschafter unter einer zusammenfassenden Bezeichnung mit Name, Vorname, Geburtsdatum und Wohnort anzugeben sind. Ist eine Gesellschaft bürgerlichen Rechts Gesellschafterin der GmbH müssen daher zwingend auch Angaben zu den einzelnen Gesellschaftern in die Liste aufgenommen werden. Es spricht viel dafür diese Regelung auch für Angabe der BGB-Gesellschafter bei der AG zu übernehmen.

c) Aktienart/Aktiengattung (Abs. 2 Nr. 2). Nach § 23 Abs. 2 Nr. 2 sind bei Nennbetragsaktien der Nennbetrag anzugeben (→ Rn. 22 zu § 8). Anzugeben ist dabei die Summe der Nennwerte der von den einzelnen Gründern übernommenen Aktien. Aus dem Wortlaut lässt sich nicht klar entnehmen, ob bei Aktien mit unterschiedlichen Nenn- und/oder Ausgabebeträgen die Anzahl der Aktien anzugeben sind. In der Literatur ist dementsprechend umstritten, ob diese Angaben erforderlich sind.[221] Aus Klarheitsgründen sollten die weiteren Angaben erfolgen. In der Praxis wird dies auch regelmäßig der Fall sein. Bei Stückaktien lässt § 23 Abs. 2 Nr. 2 die Angabe ihrer Zahl sowie ihres Ausgabebetrages und ggf die Gattung genügen. Nicht erforderlich ist die Angabe der auf die Einzelstückaktie entfallenden Anteile am Grundkapital.[222] Wird von der Möglichkeit des § 9 Abs. 1 AktG Gebrauch gemacht, wird die Ausgabe also zu einem höheren Betrag also gegen **Aufgeld bzw. Agio** vorgenommen, muss dieses Agio in der Satzung angegeben werden (→ § 9 Rn. 23 ff.). Vom „gesellschaftsrechtlichen" Agio zu unterscheiden ist das sog. **schuldrechtliche Agio** („Investors agreement"). Eine derartige Leistung der Aktionäre an die Gesellschaft außerhalb der eigentlichen Kapitalaufbringungsvorschriften ist als schuldrechtliche Nebenabrede oder „investors agreement" jedenfalls bei einer Kapitalerhöhung zulässig.[223] Gleiches gilt auch für den Fall der Gründung.[224] Klarzustellen ist, dass es sich um ein schuldrechtliches Agio, nicht aber um ein gesellschaftsrechtlich begründetes Agio handelt. Dies ist im Registerverfahren nachzuweisen.[225] Streitig allein ist, ob ein solches schuldrechtliches Agio nur durch Vereinbarung der Aktionäre untereinander vereinbart werden kann oder ob auch eine unmittelbare Vereinbarung zwischen der Gesellschaft einerseits und dem Gründer bzw. Zeichner andererseits möglich ist.[226]

26

d) Eingezahlter Betrag (Abs. 2 Nr. 3). In der Urkunde ist der eingezahlte Betrag des Grundkapitals anzugeben. Dies ist der Gesamtbetrag der Geldleistungen der Gründer auf das Grundkapital. Eine Aufgliederung auf die einzelnen Gründer oder auf die Leistung Aufgeld ist nicht erforderlich.[227] Anzugeben ist der Gesamtbetrag, der im Zeitpunkt der Aktienübernahme (Satzungsfeststellung) bereits eingezahlt ist.[228] *Vedder* weist zu Recht darauf hin, dass zu diesem Zeitpunkt wegen der fraglichen Erfüllungswirkung Zahlungen an die Vor-AG nicht erfolgt sein sollten.[229]

27

---

[218] So auch Bürgers/Körber/*Körber* Rn. 15 (anders noch die Vorauflage); offen gelassen von Grigoleit/*Vedder* Rn. 19.
[219] Ebenso Wachter/*Wachter* Rn. 23; offenlassend Grigoleit/*Vedder* Rn. 19.
[220] BGBl. 2017 I 1822.
[221] Noch ablehnend in der 4. Aufl. Großkomm AktG/*Röhricht/Schall*, Rn. 73 bejahend Hüffer/Koch/*Koch* Rn. 18; MüKoAktG/*Pentz* Rn. 59; NK-AktR/*Braunfels* Rn. 16; K. Schmidt/Lutter/*Seibt* Rn. 26; Bürgers/Körber/*Körber* Rn. 16; jetzt auch in der 5. Aufl. von Großkomm AktG/*Röhricht/Schall* Rn. 102.
[222] Großkomm AktG/*Röhricht/Schall* Rn 106; Hüffer/Koch/*Koch* Rn. 18; Bürgers/Körber/*Körber* Rn. 16.
[223] BGH WM 2007, 2378 (2380); OLG Köln NZG 2007, 108; BayObLG DB 2002, 940 = NotBZ 2002, 221; OLG Köln NZG 2007, 108.
[224] In diesem Sinne wohl Hüffer/Koch/*Koch* § 9 Rn. 9.
[225] BayObLG DB 2002, 940 = NotBZ 2002, 221.
[226] *Gerber* MittBayNot 2002, 305 ff.; *Hermanns* ZIP 2003, 788 ff. sowie *Schorling/Vogel* AG 2003, 86 ff.; *Becker* NGZ 2003, 510 ff.; *Hergeth/Eberl* DStR 2002, 1818; *Wagner* DB 2004, 293 (295 ff.); vgl. dazu Hüffer/Koch/*Koch* § 54 Rn. 7.
[227] Großkomm AktG/*Röhricht/Schall* Rn. 106; Bürgers/Körber/*Körber* Rn. 16.
[228] Kölner Komm AktG/*Arnold* Rn. 91; Hüffer/Koch/*Koch* Rn. 19; K. Schmidt/Lutter/*Seibt* Rn. 29; Wachter/*Wachter* Rn. 30; Grigoleit/*Vedder* Rn. 22.
[229] Grigoleit/*Vedder* Rn. 22.

IV. Satzungsstrenge/Fakultativer Satzungsinhalt (Abs. 5)

28 **1. Normzweck, Grundsatz.** Nach § 23 Abs. 5 kann die Satzung einer Aktiengesellschaft von den Vorschriften des AktG nur abweichen, wenn dies ausdrücklich zugelassen ist. Die Vorschrift schränkt zum Schutz von Gläubigern und künftigen Aktionären die Satzungsautonomie stark ein.[230] Das Prinzip der Satzungsstrenge beruht auf der Entscheidung des RG vom 25.9.1901.[231] Das RG hatte festgestellt, dass weder das alte noch das neue Handelsgesetzbuch für die AG bestimme, dass das Rechtsverhältnis der Aktionäre zu der AG sich in erster Linie nach dem Gesellschaftsvertrag richte. Die Regelungen über die Rechtsverhältnisse der Gesellschafter und der AG seien – so das RG – nur soweit dispositiv, wie das Gesetz dies ausdrücklich zulasse. Historisch wird dieses Prinzip aus Gründen des Anlegerschutzes und insbesondere als Reaktion auf die zahlreichen Schwindelgründungen aus der so genannten Gründerzeit erklärt.[232] Durch die Satzungsstrenge soll die Verkehrsfähigkeit der Aktie gewährleistet werden: Durch eine Standardisierung der Gesellschaftsstruktur soll die Handelbarkeit der Aktie verbessert werden.[233] Ferner wird auch die sozialschützende Funktion genannt.[234] In der Literatur wird dieser Grundsatz zT auch aus europarechtlicher Sicht de lege lata oder zumindest rechtspolitisch in Frage gestellt.[235] Während ein Teil der Literatur in dieser Vorschrift eine „programmatische Absage an das Prinzip der Vertragsfreiheit für das Gebiet des Aktienrechts" sieht,[236,237] Auf dem 67. Deutschen Juristentag (DJT) in Erfurt wurde über diese Grundfrage des deutschen Aktienrechts diskutiert. Gefordert wurde eine stärkere Differenzierung zwischen börsennotierten und nichtbörsennotierten Aktiengesellschaften. Einzelne Deregulierungsvorschläge bezogen sich auch auf die Reichweite des Prinzips der Satzungsstrenge.[238] Solange keine gesetzgeberische Aufweichung des Grundsatzes erfolgt, ist er aber als geltendes Recht in der Praxis zu beachten.[239]

28a **Gesetz im Sinne dieser Vorschrift** ist nur das AktG. Ergänzende Bestimmungen der Satzungen sind zulässig, es sei denn, dass dieses Gesetz eine abschließende Regelung enthält.[240] Sämtliche Bestimmungen des AktG sind grundsätzlich **zwingendes Recht**. Das Gesetz unterscheidet zwischen nur eingeschränkt zulässiger Abweichung und zulässiger Ergänzung, die Abgrenzung ist in der Praxis nicht einfach. So sind Abweichungen grundsätzlich nur erlaubt, wenn das Gesetz sie ausdrücklich zulässt, Ergänzungen nur, soweit das Gesetz nicht abschließende Regelungen enthält.[241] Umstritten ist, ob auch Abweichungen von „aktienrechtlichen Nebengesetzen" insbesondere von Mitbestimmungsgesetzen von § 23 Abs. 5 S. 1 AktG erfasst werden. Die hM lehnt dies zu Recht ab. Der zwingende Charakter der §§ 27–29, 31 und 32 MitbestG ergibt sich aus diesen Bestimmungen selbst und bedarf nicht eines Rückgriffs auf § 23 Abs. 5 S. 1 AktG.[242]

29 **2. Abweichung.** Eine **Abweichung** liegt vor, wenn die gesetzliche Regelung durch eine andere ersetzt wird. Eine Abweichung im Sinne des § 23 Abs. 5 S. 1 liegt vor, wenn die Satzung eine

---

[230] Hüffer/Koch/*Koch* Rn. 34 ff.; Großkomm AktG/Röhricht/Schall Rn. 173 ff.; Bürgers/Körber/*Körber* Rn. 40; Kölner Komm AktG/*Arnold* Rn. 129; K. Schmidt/Lutter/*Seibt* Rn. 53; Wachter/*Wachter* Rn. 53; Grigoleit/*Vedder* Rn. 36; *Koch* AG 2015, 213.

[231] RGZ 49, 77 (80), ferner RGZ 65, 91 (92); vgl. dazu *Spindler* AG 2008, 598 ff.; *Bayer,* Gutachten E für den 67. Deutschen Juristentag, S E 29 ff.

[232] Vgl. *Spindler* in Bayer/Habersack, Aktienrecht im Wandel, Bd. II 2007, Kap. 22 Rn. 11 ff.; *Bayer,* Gutachten E für den 67. Deutschen Juristentag, S E 32; *Schäfer* NJW 2008, 2536 (2537); Kölner Komm AktG/*Arnold* Rn. 130; *Priester* BB 1996, 333.

[233] *Assmann* ZBB 1989, 49 (59 ff.); *Koch* AG 2015, 213; NK-AktR/*Braunfels* Rn. 40; K. Schmidt/Lutter/*Seibt* Rn. 53.

[234] Hüffer/Koch/*Koch* Rn. 34; NK-AktR/*Braunfels* Rn. 14; K. Schmidt/Lutter/*Seibt* Rn. 24; *Grundmann/Möslein* ZGR 2003, 317 (361).

[235] *Grundmann/Möslein* ZGR 2003, 317; *Fleischer* ZHR 168 (2004), 673 (691 f.); *Hommelhoff* in Lutter/Hommelhoff, Die Europäische Gesellschaft, 2005, 18 f.; *Eidenmüller* JZ 2001, 1041 (1046); *Spindler* AG 1998, 53 (73); Bürgers/Körber/*Körber* Rn. 40; Kölner Komm AktG/*Arnold* Rn. 131 ff.

[236] Großkomm AktG/Röhricht/Schall Rn. 174.

[237] *Jürgenmeyer* ZGR 2007, 112 ff.

[238] Vgl. *Bayer,* Gutachten für den 67. Deutscher Juristentag, 2008, S E 27 ff.; *Spindler* AG 2008, 598 ff.; *Richter* ZHR 172 (2008), 419; Kölner Komm AktG/*Arnold* Rn. 134 f.

[239] NK-AktR/*Braunfels* Rn. 40; K. Schmidt/Lutter/*Seibt* Rn. 53; Bürgers/Körber/*Körber* Rn. 40; Wachter/*Wachter* Rn. 55.

[240] Hüffer/Koch/*Koch* Rn. 34 ff.; K. Schmidt/Lutter/*Seibt* Rn. 54; Wachter/*Wachter* Rn. 58; Grigoleit/*Vedder* Rn. 38 f.

[241] NK-AktR/*Braunfels* Rn. 41; K. Schmidt/Lutter/*Seibt* Rn. 54; Wachter/*Wachter* Rn. 58; Grigoleit/*Vedder* Rn. 38 f.

[242] MHdB AG/*Wiesner* § 6 Rn. 10; Großkomm AktG/Röhricht/Schall Rn. 180; Hüffer/Koch/*Koch* Rn. 34 ff.; *Fabricius* FS Hilger und Stumpf, 1983, 155 (158 ff.); MüKoAktG/*Pentz* Rn. 148.

bestimmte Frage anders regelt als eine Vorschrift des AktG.[243] Die **Abweichungsbefugnis** muss sich aus dem Wortlaut des Gesetzes oder gegebenenfalls mittels Auslegung eindeutig ergeben. Bloßes Schweigen des Gesetzes kann keine Abweichungsbefugnis begründen. Lässt das Gesetz Abweichungen zu, so steht damit allerdings noch keine unbeschränkte Gestaltungsfreiheit fest.[244] Vielmehr ist sodann in einem weiteren Schritt die Reichweite dieser Freistellung von der Satzungsstrenge zu untersuchen. Maßstab der Untersuchung ist dabei der Zweck der zugrunde liegenden Norm. An ihm ist zu messen, ob der betreffenden Vorschrift eine Wertung zugrunde liegt, die auch Ausstrahlung auf die Zulässigkeit von Abweichungen hat, oder ob das Gesetz tatsächlich jede Art von Abweichungen zulassen will. In folgenden Bestimmungen befinden sich nach überwiegender Meinung Abweichungsbefugnisse im Gesetz:[245] §§ 24, 31 Abs. 2, § 52 Abs. 5, § 58 Abs. 2 S. 2 und Abs. 3 S. 2, § 59 Abs. 1, § 60 Abs. 3, § 63 Abs. 1 S. 2, § 77 Abs. 1 S. 2 und Abs. 2 S. 1, § 78 Abs. 2 S. 1 und Abs. 3 S. 1, § 95 Abs. 5, § 103 Abs. 1 S. 3, § 108 Abs. 2 S. 1 und Abs. 4, § 109 Abs. 3, § 111 Abs. 5, § 121 Abs. 4 S. 1 und Abs. 5, § 122 Abs. 1 S. 2, § 123 Abs. 2–4, § 133 Abs. 1 und 2, § 134 Abs. 1 S. 2–4 und Abs. 2 S. 2 und Abs. 3 S. 2, § 135 Abs. 4 S. 4, § 139 Abs. 1, § 140 Abs. 3, § 150 Abs. 2, § 179 Abs. 2 S. 2 und 3, § 179a Abs. 1 S. 2, § 182 Abs. 1 S. 2 und 3 und Abs. 4 S. 2, § 186 Abs. 3 S. 3, § 193 Abs. 1 S. 2, § 202 Abs. 2 und 4, § 203 Abs. 3 S. 2, § 221 Abs. 1 S. 3, § 222 Abs. 1 S. 2, § 229 Abs. 3, § 237 Abs. 4 S. 3, § 262 Abs. 1 Nr. 2, § 265 Abs. 2 S. 1, § 269 Abs. 2 S. 1 und Abs. 3 S. 1 und 2, § 274 Abs. 1 S. 3, § 287 Abs. 1, § 289 Abs. 4 S. 4, § 293 Abs. 1 S. 3 und Abs. 2 S. 2, § 300 Nr. 1, § 319 Abs. 2 S. 3, § 320 Abs. 1 S. 3.

3. Ergänzung. Eine Ergänzung liegt nur vor, wenn das Gesetz den entsprechenden Regelungsinhalt enthält und die gesetzliche Regelung ihren Gedanken nach weitergeführt wird, also im Grundsatz unberührt bleibt.[246] Ergänzungen sind zulässig, es sei denn das Gesetz enthält eine abschließende Regelung. Die **Ergänzung** lässt die gesetzliche Regelung im Grundsatz unberührt, ordnet also keine von ihr abweichende Rechtsfolgen an, fügt ihr aber eine oder mehrere weitere Regelungen hinzu, welche die gesetzlichen Bestimmungen konkretisieren oder einen von ihr nicht geregelten, offen gelassenen Freiraum ausfüllen.[247] Es kann eine vom Gesetzgeber gewollte Regelungslücke eines ganzen in sich geschlossenen Fragenkomplexes vorliegen oder nur ein Schweigen des Gesetzes zu bestimmten Einzelfragen aus im Grundsatz gesetzlich geregelten Sachverhalten. Wird also deutlich, dass die vorhandenen gesetzlichen Bestimmungen zur Thematik keinen Raum für zusätzliche Regelungen lassen wollen, sind die Satzungsgeber zu einer privatautonomen Ergänzung nicht befugt. Im Gesetz ausgewiesene **Regelungsfreiräume** finden sich vor allem in Form von Gestattungen, in der Satzung zusätzliche, im Gesetz nicht vorgesehene Gestaltungen zu treffen (zB Aktien verschiedener Gattungen zu schaffen, § 11 S. 1, oder den Aktionären in bestimmten Fällen Nebenverpflichtungen, § 55 Abs. 1, oder Vertragsstrafen, § 55 Abs. 2, § 63 Abs. 3, aufzuerlegen) oder im Gesetz enthaltene Regelungen inhaltlich zu ergänzen (zB weitere Blätter als Gesellschaftsblätter zu bezeichnen, § 22 S. 2) Streitig ist, ob ergänzend zu den Regelungen der § 76 bzw. § 100 weitere persönliche Voraussetzungen oder Qualifikationsmerkmale für den Vorstand oder für die Aufsichtsratmitglieder aufgestellt werden dürfen, wie zB Mindestalter, Höchstalter, Erfordernis eines inländischen Wohnsitzes, bestimmte Berufsqualifikationen, Religionszugehörigkeit, Staatsangehörigkeit, Zugehörigkeit zu einer bestimmten Familie oder eine Pflicht zum Aktienbesitz.[248] Die wohl überwiegende Meinung hält im Prinzip die Festlegung von solchen Voraussetzungen für zulässig, sofern die grundlegenden Mechanismen des Aktienrechts berücksichtigt werden, zB dass dem Aufsichtsrat bei der Vorstandsbestellung ein gewisses Auswahlermessen verbleibt.[249] In jedem Fall wird man das Diskriminierungsverbot beachten müssen, so dass zB bestimmte Religionszugehörigkeiten, ein bestimmtes Geschlecht und wohl auch nicht das Alter vorgegeben werden dürfen, wohl aber eine Altershöchstgrenze.[250] ZT

---

[243] Großkomm AktG/*Röhricht/Schall* Rn. 176; Hüffer/Koch/*Koch* Rn. 35; Bürgers/Körber/*Körber* Rn. 41; Kölner Komm AktG/*Arnold* Rn. 137.
[244] MüKoAktG/*Pentz* Rn. 154; NK-AktR/*Braunfels* Rn. 41; K. Schmidt/Lutter/*Seibt* Rn. 56; Bürgers/Körber/*Körber* Rn. 41; Kölner Komm AktG/*Arnold* Rn. 138.
[245] NK-AktR/*Braunfels* Rn. 42; Großkomm AktG/*Röhricht/Schall* Rn. 185 ff.; Kölner Komm AktG/*Arnold* Rn. 139 ff.; K. Schmidt/Lutter/*Seibt* Rn. 56.
[246] NK-AktR/*Braunfels* Rn. 43; Großkomm AktG/*Röhricht/Schall* Rn. 242; K. Schmidt/Lutter/*Seibt* Rn. 57, Hüffer/Koch/*Koch* Rn. 37; Bürgers/Körber/*Körber* Rn. 42; Kölner Komm AktG/*Arnold* Rn. 149 f.; Wachter/ *Wachter* Rn. 58 f.; Grigoleit/*Vedder* Rn. 38 f.
[247] Großkomm AktG/*Röhricht/Schall* Rn. 242.
[248] Vgl. zum Vorstand → § 76 Rn. 126 ff., für die Aufsichtsratmitglieder → § 100 Rn. 40 ff.
[249] So Großkomm AktG/*Röhricht/Schall* Rn. 244 ff.; MüKoAktG/*Pentz* Rn. 161; NK-AktR/*Braunfels* Rn. 44; K. Schmidt/Lutter/*Seibt* Rn. 57, Hüffer/Koch/*Koch* Rn. 38; Bürgers/Körber/*Körber* Rn. 43; Kölner Komm AktG/*Arnold* Rn. 152; Wachter/*Wachter* Rn. 59.
[250] → § 76 Rn. 128, sowie MüKoAktG/*Spindler* § 76 Rn. 108; zur Altershöchstgrenze vgl. → § 76 Rn. 124.

wird beim Vorstand eine solche Vorgabe generell als unzulässige Fremdbindung angesehen.[251] Auch die mitbestimmungsrechtlichen Fragen sind beim Vorstand zu beachten (§ 76 Rn. 129). Nähere Bestimmungen über die Wahl des Aufsichtsratsvorsitzenden und seiner Stellvertreter und ähnliches können getroffen werden, § 107 Abs. 1 ist nur in dem geregelten Bereich zwingend, im Übrigen aber für Satzungsbestimmungen offen (→ § 107 Rn. 5). Zulässig sind allerdings nur im eingeschränkten Rahmen auch Festlegung eines Schiedsgerichts;[252] Schaffung fakultativer Gremien wie zB Beiräte, Verwaltungsräte, soweit die gesetzliche Kompetenzverteilung nicht beeinträchtigt wird;[253] Erweiterung des Auskunftsrechtes der Aktionäre;[254] Schaffung des Amtes des Vorstandssprechers[255] oder Ehrenvorsitzenden;[256] streitig ist inwieweit die Einräumung einer generellen Befugnis des Aufsichtsrates zur Fassungsänderung der Satzung zulässig ist,[257] jedenfalls unzulässig ist diese Befugnis auf einzelne Aufsichtsratsmitglieder zulässig wohl aber einem Aufsichtsratsausschuss zu übertragen[258] Die Klärung, ob das Gesetz keine abschließende Regelung enthält, ob also eine Regelungslücke vorliegt, ist im Einzelfall im Wege der Auslegung unter Berücksichtigung von Sinn und Zweck der betroffenen Vorschrift zu ermitteln. Wenn das Gesetz keine ausdrückliche Formulierung des Regelungsfreiraumes enthält, kann sich eine solche dennoch aus einer Gesamtanalyse des gesamten Normstruktursystems ergeben. Wobei es sind allerdings auch ungeschriebene Strukturprinzipien des Aktiengesetzes und der allgemeinen Gesetze zu berücksichtigen.

31 **4. Rechtsfolgen.** Enthält die Satzung eine gegen § 23 Abs. 5 verstoßende Bestimmung, so ist die Gesellschaft **nicht ordnungsgemäß errichtet.** Das Registergericht darf, wenn der Mangel nicht behoben wird, die Gesellschaft nicht eintragen.[259] Streitig ist, ob darüber hinaus die § 23 Abs. 5 verstoßende Bestimmung der Satzung nichtig und nicht nur unwirksam oder anfechtbar ist. Nach einer Auffassung ist Rechtsfolge eines Verstoßes gegen § 23 Abs. 5 auch dann aus § 241 Nr. 3 zu entnehmen, wenn der Mangel bereits in der ursprünglichen Satzung enthalten ist.[260] Danach liegt Nichtigkeit nur vor, wenn die Regelung gegen Normen verstößt, die zum aktienrechtlichen Regelungskern gehört, im Übrigen nur Anfechtbarkeit. Nach anderer wohl herrschender Auffassung behandelt § 241 ausdrücklich nur die Nichtigkeit von Hauptversammlungsbeschlüssen. Eine Anwendung von § 241 Nr. 3 könne deshalb nur für spätere satzungsändernde Hauptversammlungsbeschlüsse in Betracht kommen. Aber auch bei ihnen müsse man zu dem Schluss kommen, dass sie mit dem Wesen der grundsätzlich auf zwingendes Recht gegründeten Aktiengesellschaft (§ 241 Nr. 3, 1. Alt.) unvereinbar seien. Nach dieser Auffassung liegt grds. Nichtigkeit vor.[261]

32 **5. Heilung.** Eine andere Frage ist, ob der Verstoß gegen § 23 Abs. 5 durch Eintragung der Satzungsänderung nach § 242 Abs. 2 geheilt werden kann. Diese Frage ist unabhängig von der Streitfrage der Rechtsfolgen zu bejahen, weil die Satzungsänderung ungeachtet ihrer Gesetzeswidrigkeit durch die Eintragung im Handelsregister jedenfalls öffentlich verlautbart ist und § 242 Abs. 2 die Heilungsmöglichkeit selbst für schwerste Nichtigkeitsgründe vorsieht. Insofern ist § 242 Abs. 2

---

[251] So *Hommelhoff* BB 1977, 322 (324 ff.); Grigoleit/*Vedder* § 76 Rn. 49; Hölters/Weber § 79 Rn. 76; für Unzulässigkeit auch unverbindlicher Vorschlagsrechte Lutter/Krieger/*Verse*, Rechte und Pflichten des Aufsichtsrates, 2014, § 7 Rn. 335.
[252] → § 246 Rn. 8; BGHZ 132, 347 (349 ff.) = AG 1994, 78, Hüffer/Koch/*Koch* § 246 Rn. 19 NK-AktR/ *Braunfels* Rn. 44; K. Schmidt/Lutter/*Seibt* Rn. 57; *Heskamp* RNotZ 2012, 415 (424); *Henze*, ZIP 2002, 97 (99 f.); MüKoAktG/*Pentz* § 23 Rn. 161; *K. Schmidt* ZGR 1988, 523 (537); *K. Schmidt* ZHR 162 (1998), 265 (282).
[253] Hüffer/Koch/*Koch* Rn. 38; NK-AktR/*Braunfels* Rn. 44; K. Schmidt/Lutter/*Seibt* Rn. 57; Grigoleit/*Vedder* Rn. 39; Bürgers/Körber/*Körber* Rn. 43.
[254] Hüffer/Koch/*Koch* Rn. 38; NK-AktR/*Braunfels* Rn. 44; K. Schmidt/Lutter/*Seibt* Rn. 57; Grigoleit/*Vedder* Rn. 39; Bürgers/Körber/*Körber* Rn. 43.
[255] *Lutter* ZIP 1984, 645 (648); Großkomm AktG/*Röhricht/Schall* Rn. 190; Hüffer/Koch/*Koch* Rn. 38; NK-AktR/*Braunfels* Rn. 44; K. Schmidt/Lutter/*Seibt* Rn. 57; Grigoleit/*Vedder* Rn. 39; Bürgers/Körber/*Körber* Rn. 43.
[256] *Siebel* FS Peltzer, 2001, 519 (526 f.); Großkomm AktG/*Röhricht/Schall* Rn. 190; Hüffer/Koch/*Koch* Rn. 38; NK-AktR/*Braunfels* Rn. 44; K. Schmidt/Lutter/*Seibt* Rn. 57; Bürgers/Körber/*Körber* Rn. 43.
[257] → § 179 Rn. 110; Hüffer/Koch/*Koch* Rn. 38 und § 179 Rn. 11; K. Schmidt/Lutter/*Seibt* Rn. 57; Grigoleit/*Vedder* Rn. 40; abl. *Fritzsche* WM 1984, 1243 (1244).
[258] → § 179 Rn. 110; Hüffer/Koch/*Koch* § 179 Rn. 11.
[259] Großkomm AktG/*Röhricht/Schall* Rn. 259; Bürgers/Körber/*Körber* Rn. 44; Kölner Komm AktG/*Arnold* Rn. 153; *Wachter*/Wachter Rn. 58 f.; Grigoleit/*Vedder* Rn. 42 f.
[260] Hüffer/Koch/*Koch* Rn. 43; Bürgers/Körber/*Körber* Rn. 44; Kölner Komm AktG/*Zöllner* § 241 Rn. 115 f.; *Werner* AG 1968, 182; Kölner Komm AktG/*Arnold* Rn. 153 ff.
[261] Großkomm AktG/*Röhricht/Schall* Rn. 260; MüKoAktG/*Pentz* Rn. 162; iErg OLG Düsseldorf BB 1968, 59.

analog anzuwenden, so dass die Nichtigkeit einzelner Satzungsbestimmungen entfällt, wenn Handelsregistereintragung stattfand und seitdem drei Jahre vergangen sind.[262]

V. Folgen bei Gründungsfehlern

1. Überblick. Der Gründungsvorgang kann an verschiedenen Mängeln, wie jedes Rechtsgeschäft 33 leiden: Erklärungsmängel, wie zB Minderjährigkeit, Irrtum etc, Formmängel, zB fehlende Beurkundung, und insbesondere Satzungsmängel, also Verstöße gegen aktienrechtliche Bestimmungen.

2. Nichteintragung im Handelsregister. Das Rechtsgeschäft der Gründung besteht aus Sat- 34 zungsfeststellung und Aktienübernahme, die im Gründungsprotokoll enthalten sind. Leidet dieses an einem Mangel so sieht § 38 vor, dass bei Errichtungsmängeln die Eintragung vom Registergericht abzulehnen ist.[263] Siehe dazu auch Erläuterungen zu § 38. Dies gilt für Formfehler und materiellrechtliche Mängel (s. § 38).

3. Berufung auf Gründungsmängel. a) Überblick. Hinsichtlich rechtlicher Mängel des 35 Gesellschaftsvertrags sind drei Phasen zu unterscheiden: **vor Invollzugsetzung, vor Eintragung, aber nach Invollzugsetzung** der Gesellschaft (Auftreten nach außen), **nach Eintragung** im Handelsregister.[264]

b) Vor Invollzugsetzung. Vor Invollzugsetzung sind die allgemeinen Regeln des BGB über 36 Rechtsgeschäfte (zB §§ 105, 125, 142 BGB) anwendbar.

c) Vor Eintragung, aber nach Invollzugsetzung. Eine Einschränkung erfährt der genannte 37 Grundsatz, wenn die Vor-AG in Vollzug gesetzt ist. Das ist der Fall wenn die Gesellschaft durch Abschluss von Rechtsgeschäften nach außen in Erscheinung getreten ist. Ab diesem Zeitpunkt ist nur eingeschränkte Berufung auf Mängel des Gesellschaftsvertrags möglich: Mängel wirken nur noch als Auflösungsgründe (ex nunc), beeinträchtigen aber nicht die Wirksamkeit der Gesellschaft. Überwiegend wird die Lehre von der fehlerhaften Gesellschaft (dh tatsächliches Bestehen und rechtliche Anerkennung der in Vollzug gesetzten Gesellschaft trotz Mangels der rechtsgeschäftlichen Grundlage) angewendet:[265] In Rechtsprechung und Literatur ist anerkannt, dass Mängel der gesellschaftsrechtlichen Erklärung bei der Gründung einer Kapitalgesellschaft grundsätzlich nicht eine rückwirkende Vernichtung der Gesellschaft zur Folge haben.[266] Auch wenn die genaue dogmatische Begründung der Lehre von der fehlerhaften Gesellschaft nach wie vor umstritten ist, sind die dahinterstehenden Motive doch größtenteils identisch. Im Innenverhältnis ist eine Rückabwicklung bei einer fehlerhaften Gründung häufig praktisch nicht möglich oder zumindest nicht interessengerecht. Im Außenverhältnis sollen die Gläubiger der Gesellschaft geschützt werden, die im Vertrauen auf den Bestand der Gesellschaft mit dieser Rechtsgeschäfte abgeschlossen haben. Die Rechtsprechung und Literatur hat insoweit das Institut der fehlerhaften Gesellschaft entwickelt, um den fehlerhaft zustande gekommenen Gesellschaftsvertrag nach dessen in Vollzugsetzung nach außen und nach innen als wirksam zu behandeln und die Gesellschafter, die sich auf den Mangel berufen, auf den Weg der einseitigen Auflösung zu verweisen. Jedoch ist zu beachten, dass der rechtlichen Anerkennung der fehlerhaften Gesellschaft gewichtige Interessen der Allgemeinheit (Verstößen des Vertrages, nicht nur einzelner Klauseln gegen §§ 134, 138 BGB) oder bestimmter besonderer schutzwürdiger Personen entgegenstehen können. Der Schutz nicht voll Geschäftsfähiger geht zB vor.[267]

---

[262] BGHZ 144, 365 (368) = NJW 2000, 2819 zur GmbH; Großkomm AktG/*Röhricht/Schall* Rn. 262; MüKo-AktG/*Pentz* Rn. 164; Hüffer/Koch/*Koch* Rn. 43; Bürgers/Körber/*Körber* Rn. 44: Kölner Komm AktG/*Arnold* Rn. 155; Grigoleit/*Vedder* Rn. 43.

[263] Großkomm AktG/*Röhricht/Schall* Rn. 263; Kölner Komm AktG/*Arnold* Rn. 157; NK-AktR/*Braunfels* Rn. 46; Wachter/*Wachter* Rn. 60.

[264] Hüffer/Koch/*Koch* Rn. 41 f.; Kölner Komm AktG/*Arnold* Rn. 1560 ff.; Großkomm AktG/*Röhricht/Schall* Rn. 263 ff.; MüKoAktG/*Pentz* Rn. 162 ff.; Bürgers/Körber/*Körber* Rn. 45 ff.; K. Schmidt/Lutter/*Seibt* Rn. 59 ff.; Grigoleit/*Vedder* Rn. 46 ff.; Wachter/*Wachter* Rn. 60 ff.

[265] Hüffer/Koch/*Koch* Rn. 41 f., § 275 Rn. 3 ff.; Kölner Komm AktG/*Arnold* Rn. 160 f.; Großkomm AktG/*Röhricht/Schall* Rn. 265 ff.; MüKoAktG/*Pentz* Rn. 167 f., NK-AktR/*Braunfels* Rn. 46; K. Schmidt/Lutter/*Seibt* Rn. 61; Bürgers/Körber/*Körber* Rn. 47; Grigoleit/*Vedder* Rn. 46; Wachter/*Wachter* Rn. 61; zur GmbH BGHZ 13, 320 (322 ff.).

[266] BGHZ 3, 285 (288); BGHZ 13, 320 (324); Hüffer/Koch/*Koch* Rn. 41 f., § 275 Rn. 3 ff.; Kölner Komm AktG/*Arnold* Rn. 160 f.; Großkomm AktG/*Röhricht/Schall* Rn. 266 ff.; MüKoAktG/*Pentz* Rn. 167 f., NK-AktR/*Braunfels* Rn. 46; K. Schmidt/Lutter/*Seibt* Rn. 61; Bürgers/Körber/*Körber* Rn. 47; Grigoleit/*Vedder* Rn. 46; Wachter/*Wachter* Rn. 61.

[267] *Goette* DStR 1996, 266 (270).

38 d) Nach Eintragung. Mit Eintragung der Gesellschaft im Handelsregister ändert sich die Rechtssituation grundlegend. Grundsätzlich tritt Heilung von Mängeln der Beteiligung einzelner Gründer und des Gründungsakts durch Eintragung ins Handelsregister ein, dies gilt auch dann, wenn der Mangel vor der Eintragung geltend gemacht wurde.[268] Dies ergibt sich aus § 275, der nur in einigen Fällen Nichtigkeitsklage zulässt. Ausnahme ergeben sich daher ausschließlich aus § 275 iVm § 397 FamFG. Nach der Eintragung genießt die Gesellschaft einen weitreichenden Bestandsschutz: einzelne Satzungsbestimmungen, die nichtig sind, werden nach § 242 Abs. 2 AktG analog geheilt,[269] nur bei schwersten Mängeln besteht die Möglichkeit der Nichtigkeitsklage nach den §§ 275 ff. AktG. Daneben kann ohne zeitliche Beschränkung durch das Registergericht Amtslöschung der AG nach den §§ 397, 399 FamFG erfolgen. Nach der Eintragung im Handelsregister können daher Nichtigkeitsgründe nur im Wege der Klage auf Nichtigkeitserklärung nach § 275 geltend gemacht werden. Bei der Klage gemäß § 275 Abs. 1 handelt es sich um eine Gestaltungsklage, die im Erfolgsfalle dazu führt, dass die bisher trotz eines Nichtigkeitsgrundes rechtlich existierende, fehlerhafte Gesellschaft auf Grund der gerichtlichen Nichtigerklärung ex nunc aufgelöst wird.[270] Umgekehrt bewirkt der Ablauf der Ausschlussfrist des § 275 Abs. 3 AktG keine Veränderung des bisherigen Rechtszustandes, sondern dessen Unanfechtbarkeit.

VI. Satzungsauslegung

39 Die Auslegung von Gesellschaftsverträgen richtet sich nur bis zur Eintragung nach den für alle Verträge geltenden Regeln, dh nach den §§ 133–157 BGB. Nach der Eintragung ist unter Berücksichtigung der Besonderheiten der Satzung einer AG als eine Ordnung für die Organisation der juristischen Person, die nicht nur für die Gründer, sondern auch für Dritte und namentlich für später hinzugetretene Gesellschafter rechtliche Bedeutung erlangen kann, nur die sog. **objektive Auslegung** maßgebend.[271] **Körperschaftsrechtliche Regelungen** in der Satzung sind daher nach ständiger Rechtsprechung objektiv und nicht nach dem subjektiven Verständnis der Gesellschafter auszulegen.[272] Denn die Satzung enthält objektives Recht, da sie nicht nur für die gegenwärtigen Aktionäre, sondern auch für künftige und für Gläubiger von Bedeutung ist. Deshalb muss sie, soweit sie formelle und materielle korporationsrechtliche Bestandteile hat, nach ihrem objektiven Erklärungswert aus sich bzw. aus ihrem Inhalt heraus ausgelegt werden. Aus diesem Grund kommt dem Wortlaut vor allem in seiner evtl. typischen Bedeutung eine erhöhte Aussagekraft zu. Im Zweifel ist nach dem Sinn und Zweck der Regelung zu fragen, soweit er sich aus objektiv erkennbaren Umständen ergibt; es ist auch der systematische Bezug der Regelung zu beachten. Umstände aus der Entstehungsgeschichte oder der späteren Entwicklung der Gesellschaft dürfen grundsätzlich nicht herangezogen werden.[273] Eine teleologische Auslegung hat sich dabei an objektiv bekannten Umständen zu orientieren. Das bedeutet, dass für die Auslegung grundsätzlich allein der Vertragstext, dh der in der Satzung zum Ausdruck kommende Gesellschafterwille maßgeblich sein soll.[274] Satzungsbestimmungen mit körperschaftsrechtlichem Charakter müssen daher nach objektiven Gesichtspunkten einheitlich aus sich heraus ausgelegt werden. Umstände, die in der Satzung keinen – wenn auch nur unvollkommenen – Niederschlag gefunden haben, können zur Auslegung grundsätzlich nicht herangezogen werden.[275] Darüber hinaus ist anerkannt, dass ergänzend der Sinnzusammenhang des Textes und der erkennbare Zweck der fraglichen Regelung berücksichtigt werden muss, vorausgesetzt, dass sie für außenstehende Dritte gleichfalls ohne weiteres erkennbar sind. Wortlaut, Sinn und Zweck der Regelung kommt dabei ebenso maßgebende Bedeutung zu wie dem systematischen Bezug der Klausel zu anderen Satzungsvorschriften. Umstände, für die sich keine ausreichenden Anhaltspunkte in der Satzung finden, können zur Auslegung grundsätzlich nicht herangezogen werden. Außerhalb

---

[268] RGZ 82, 375 (377); BGH 21, 378 (382 f.) = NJW 1957, 19; Hüffer/Koch/*Koch* Rn. 42; Kölner Komm AktG/*Arnold* Rn. 164 ff.; Großkomm AktG/*Röhricht/Schall* Rn. 278; MüKoAktG/*Pentz* Rn. 174 f.; NK-AktR/*Braunfels* Rn. 48; K. Schmidt/Lutter/*Seibt* Rn. 62; Bürgers/Körber/*Körber* Rn. 48; Grigoleit/*Vedder* Rn. 47; Wachter/*Wachter* Rn. 62.
[269] BGH WM 2000, 1544.
[270] Vgl. § 277; Hüffer/Koch/*Koch* § 275 Rn. 27; Bürgers/Körber/*Körber* Rn. 48; K. Schmidt/Lutter/*Seibt* Rn. 60.
[271] BGHZ 123, 347 = NJW 1994, 51; BGHZ 96, 245 (250) = NJW 1986, 1083; BGHZ 116, 359 (364); 142, 116 (143 f.); KG FGPrax 2016, 158; Hüffer/Koch/*Koch* Rn. 39; Großkomm AktG/*Röhricht/Schall* Rn. 37 ff.; Bürgers/Körber/*Körber* Rn. 18 ff.; differenzierend Kölner Komm AktG/*Arnold* Rn. 19 ff.; NK-AktR/*Braunfels* Rn. 11; K. Schmidt/Lutter/*Seibt* Rn. 9; Grigoleit/*Vedder* Rn. 45.
[272] BGHZ 47, 172 (180); 96, 250; 123, 347 (350, 352); BGH NZG 2003, 127 (130).
[273] Vgl. BayObLG NJW-RR 2002, 456.
[274] BGHZ 116, 359 (364).
[275] BGHZ 123, 347 = NJW 1994, 51.

der Satzung liegende Sachzusammenhänge können unter Umständen dann berücksichtigt werden, wenn deren Kenntnis bei den Mitgliedern und Organen allgemein vorausgesetzt werden kann.[276] Im Rahmen der objektiven Auslegung können allerdings nicht nur die beim Handelsregister eingereichte Unterlagen, sondern alle öffentlich zugänglichen Dokumente herangezogen werden.[277] Dies spielt vor allem bei nachträglichen Satzungsänderungen eine Rolle. Dann können auch Auslegungskriterien aus der Einladung zur Hauptversammlung entnommen werden, die öffentlich bekannt gemacht worden und auch über das Unternehmensregister einsehbar ist.[278]

Einer Satzungsbestimmung kommt **körperschaftsrechtlicher Charakter** zu, wenn sie für einen unbestimmten Personenkreis Bedeutung hat, zu dem gegenwärtige und künftige Aktionäre und Gesellschaftsgläubiger gehören.[279] Nach der ständigen Rechtsprechung ist daher eine Satzungsbestimmung dann dem körperschaftsrechtlichen – und nicht dem individualrechtlichen – Bereich zuzurechnen, wenn sie nicht nur für die derzeitigen, bei Inkrafttreten der Bestimmung vorhandenen Gesellschafter oder einzelne von ihnen gilt, sondern für einen unbestimmten Personenkreis, zu dem sowohl gegenwärtige als auch künftige Gesellschafter und/oder Gläubiger der Gesellschaft gehören.

VII. Satzungsergänzende Nebenabreden

Den Beteiligten steht es frei, aufgrund der allgemeinen Vertragsfreiheit schuldrechtliche Vereinbarungen außerhalb der Satzung zu treffen. Es handelt sich um **„satzungsergänzende" oder schuldrechtliche Nebenabreden.** Unter solchen Nebenverträgen sind Vereinbarungen zu verstehen, die einzelne oder alle Gesellschafter bei Gründung oder nachträglich zur Regelung ihrer Rechtsverhältnisse untereinander oder im Verhältnis zur AG außerhalb der Satzung treffen.[280] Ihre Zulässigkeit ist im Prinzip unbestritten,[281] so dass die Aktionäre darin Regelungen vorsehen können, die in der Satzung der Aktiengesellschaft nicht zulässig wären.[282] Bindungswirkung kommt ihnen nach überwiegender Meinung allerdings nur zu, soweit sie nicht gegen die höherrangige Satzung verstoßen,[283] wobei die Bedeutung dieses Postulats, wie *Koch*[284] gezeigt hat, nicht ganz klar ist. Die Nebenabreden unterliegen daneben den **allgemeinen vertragsrechtlichen Schranken,** wie zB § 138 BGB.[285] So findet sich in der Praxis die Gestaltung, dass etwa die Altgesellschafter ihre Rechte und Pflichten in Form einer **Konsortialvereinbarung** koordinieren, wobei sie in der Regel im Interesse eines gemeinsamen Auftretens einem einzigen Gründer Stimmrechtsvollmacht erteilen.[286] Besondere

---

[276] BGH WM 1974, 372 (373); WM 1981, 438; ZIP 1983, 297 (298); WM 1989, 1809 (1810); BGHZ 63, 282 (290); 96, 245 (250); 116, 359.
[277] KG FGPrax 2016, 158 = GWR 2016, 361 mAnm *Stretz.*
[278] KG FGPrax 2016, 158 = GWR 2016, 361 mAnm *Stretz.*
[279] BGHZ 123, 347 = NJW 1994, 51; Kölner Komm AktG/*Arnold* Rn. 21.
[280] Vgl. BGH DNotZ 2013, 697 = MittBayNot 2013, 254 = NJW-RR 2013, 410 = NZG 2013, 220 = AG 2013, 224; BGH NJW 2010, 3718 = DNotZ 2011, 135 = RNotZ 2010, 589 mAnm *Leitzen;* Hüffer/Koch/*Koch* Rn. 45 ff.; Großkomm AktG/*Röhricht/Schall* Rn. 296; MüKoAktG/*Pentz* Rn. 195; NK-AktR/*Braunfels* Rn. 55 ff.; K. Schmidt/Lutter/*Seibt* Rn. 64 ff.; Bürgers/Körber/*Körber* Rn. 50 ff.; Kölner Komm AktG/*Arnold* Rn. 172 ff.; Grigoleit/*Vedder* Rn. 9 ff.; Wachter/*Wachter* Rn. 64 ff.; MHdB AG/*Wiesner* § 6 Rn. 1 ff.; *Priester* DB 1979, 681; *Baumann/Reiß* ZGR 1989, 157 (158); *König* ZGR 2005, 217 ff. (zum Stimmenpool); *Koch* AG 2015, 213 ff.; *Mayer* MittBayNot 2006, 281 ff.; *Dürr,* Nebenabreden im Gesellschaftsrecht, 1994; *Joussen,* Gesellschafterabsprachen neben Satzung und Gesellschaftsvertrag, 1995; *Köhler,* Nebenabreden im GmbH- und Aktienrecht. Zulässigkeit und Wirkung, 1992; *Noack,* Gesellschaftervereinbarungen bei Kapitalgesellschaften, 1994; *Ripka,* Poolverträge und die neueren Entwicklungen des Gesellschaftsrechts, 2000; *Rodemann,* Stimmbindungsvereinbarungen in den Aktien- und GmbH-Rechten Deutschlands, Englands, Frankreichs und Belgiens, 1998; *Westermann,* Das Verhältnis von Satzung und Nebenordnungen in der Kapitalgesellschaft, 1994; *Hoffmann-Becking,* Nebenordnungen in der Kapitalgesellschaft, 1994, 25 ff.; ferner etwa *Baumann/Reiss* ZGR 1989, 157 ff., ZGR 1994, 442 ff.; *Odersky* FS Lutter, 2000, 557 ff.; *Priester* FS Claussen, 1997, 319 ff.; *Wälzholz* GmbHR 2009, 1020 ff.
[281] Vgl. BGH AG 2013, 224 = DNotZ 2013, 697 = MittBayNot 2013, 254; BGH NJW 2010, 371 = DNotZ 2011, 135 = RNotZ 2010, 589 mAnm *Leitzen;* BGH DStR 2008, 60; BGH NJW 1983, 1910 = GmbHR 1983, 196; BGH ZIP 1987, 293 (294); BGHZ 123, 15 = BB 1993, 1474 = DNotZ 1994, 313 = NJW 1993, 2246 und die Nachweise in → Fn. 279.
[282] BGH AG 2013, 224 = DNotZ 2013, 697 = MittBayNot 2013, 254; Hüffer/Koch/*Koch* Rn. 45 ff.; MüKoAktG/*Pentz* Rn. 196; *Mayer* MittBayNot 2006, 281 (285); *Noack,* Gesellschaftervereinbarungen bei Kapitalgesellschaften, 1994, 113 ff.; ebenso für die GmbH BGHZ 48, 163 (166), vgl. auch BGH NJW 1983, 1910; BGH ZIP 1983, 432 f.; BGH ZIP 1987, 293 (295).
[283] So die herrschende Kommentarliteratur: MüKoAktG/*Pentz* Rn. 196; K. Schmidt/Lutter/*Seibt* Rn. 65; Bürgers/Körber/*Körber* Rn. 53; Kölner Komm AktG/*Arnold* Rn. 181.
[284] *Koch* AG 2015, 213 (215).
[285] BGH DNotZ 2013, 697 = MittBayNot 2013, 254 = NJW-RR 2013, 410 = NZG 2013, 220 = AG 2013, 224.
[286] Großkomm AktG/*Röhricht/Schall* Rn. 297, 299; K. Schmidt/Lutter/*Seibt* Rn. 64.

Bedeutung haben schuldrechtliche **Nebenabreden** bei personalistischen Aktiengesellschaften, weil sie neben den statuarisch verankerten Instrumenten eine weitere Möglichkeit zur Sicherung des Einflusses auf das Unternehmen bilden. Es ist auch zulässig, dass sich Aktionäre verpflichten, weitere, über ihre Einlagepflicht hinausgehende Leistungen zu erbringen.[287] Gegenstand schuldrechtlicher Nebenabreden können auch solche sein, die im korporativen Bereich unzulässig wären.[288] Gegenstand könne auch sein Beschränkungen bei der Veräußerung oder Vererbung von Aktien, Einflussnahme auf Besetzung von Organen, Verhaltensmaßnahmen bei Kapitalmaßnahmen, Wettbewerbsregelungen etc.[289] Diese Vereinbarungen sind auch dann von der Satzung zu unterscheiden, wenn alle Aktionäre an der Vereinbarung beteiligt sind. Sie unterliegen **nicht den Formvorschriften** des § 23 Abs. 1 AktG, bzw. der §§ 179 ff. AktG, und nicht der Publizität des Handelsregisters.[290] Gerade deshalb, aber auch um das Verfahren der Satzungsänderung mit seinen Mehrheitserfordernissen zu vermeiden, sind sie für die Praxis interessant.[291] Nach Auffassung des BayObLG kann das Registergericht jedoch Vorlage von außerhalb der Satzung bzw. Kapitalerhöhungsbeschlüssen getroffenen Vereinbarungen verlangen, um die Einhaltung des § 36a AktG kontrollieren zu können.[292] Offen gelassen hat der Senat, „ob registerrechtliche Konsequenzen auch dann in Betracht kommen", wenn die neuen Aktionäre keine Einlagepflicht gegenüber der Gesellschaft, sondern lediglich eine schuldrechtlich begründete Zuzahlungspflicht gegenüber ihren Mitaktionären übernommen haben". Nicht vollständig geklärt ist die Frage, ob **es immanente Grenzen für solche Vereinbarungen** gibt.[293] Zum Teil wird als Abgrenzung vorgeschlagen, dass schuldrechtliche Nebenabreden dort nicht mehr möglich sind, „wo der von der Person des Gesellschafters losgelöste genuin innergesellschaftliche Bereich beginnt, dh der Bereich des Schuldrechts verlassen und der Bereich des Verfassungsrechtes der Gesellschaft betreten wird".[294] Koch, will die „Grenzlinie zwischen höherrangigem Satzungsrecht und satzungsüberlagernder Nebenabreden anhand der Publizitätsfunktion der Satzung und der damit verbundenen Schutzinteressen außenstehender Dritter" ziehen.[295] Nur wenn die Abrede auf die Parteien beschränkt bleibt, soll sie zulässig sein. Der BGH hat jedenfalls im Urteil vom 22.2.2013 festgestellt, dass durch eine schuldrechtliche Vereinbarung zwischen der Aktiengesellschaft und ihrem jeweiligen Aktionär keine Rechte und Pflichten begründet werden können, die alle gegenwärtigen und künftigen Aktionäre treffen sollen und damit mitgliedschaftlicher Natur sind.[296] Nach Meinung des BGH jedenfalls ist ein schuldrechtlicher Vertrag zwischen einer Aktiengesellschaft und einem Aktionär unwirksam, wenn danach der Aktionär verpflichtet sein soll, bei Beendigung der Vertragsbeziehung die von ihm entgeltlich erworbenen Aktien entschädigungslos auf die Gesellschaft zurück zu übertragen. Der BGH[297] differenziert danach, „ob die Gesellschafter sich nur schuldrechtlich oder mitgliedschaftlich haben binden wollen". Mitgliedschaftlich bedeutet dabei, daß die Nebenleistungspflicht an den Gesellschaftsanteil gebunden ist, mit ihm also auf den neuen Gesellschafter übergehe und diesen automatisch ebenfalls zur Erbringung dieser Nebenleistung verpflichte. Eine solche ohne gesonderte Vereinbarung zwischen neuem Gesellschafter und Altgesellschaftern eintretende Verpflichtung bedürfe notarieller Beurkundung und Aufnahme in die Satzung. Als problematisch für schuldrechtliche Nebenabreden angesehen werden ebenfalls folgende Regelungen:[298] die Einrichtung und Abschaffung von Gesellschaftsorganen wie Aufsichtsrat, Beirat etc., der Bestellung

---

[287] Hüffer/Koch/*Koch* Rn. 45; Bürgers/Körber/*Körber* Rn. 52; Kölner Komm AktG/*Arnold* Rn. 172 ff.; Grigoleit/*Vedder* Rn. 9; Wachter/*Wachter* Rn. 64.
[288] BGH AG 2013, 224 = DNotZ 2013, 697 = MittBayNot 2013, 254; BGH ZIP 2009, 216; BGH ZIP 1987, 103 (104); BGH ZIP 1987, 103 (104); BGHZ 126, 226 (234 f.); MüKoAktG/*Pentz* Rn. 196; K. Schmidt/Lutter/*Seibt* Rn. 65; Bürgers/Körber/*Körber* Rn. 50; Grigoleit/*Vedder* Rn. 9; Wachter/*Wachter* Rn. 64.
[289] Vgl. im Einzelnen *Mayer* MittBayNot 2006, 281 (283 ff.).
[290] BGH NJW 2010, 3718 = DNotZ 2011, 135 = RNotZ 2010, 589 mAnm *Leitzen*; OLG München AG 2017, 441; MüKoAktG/*Pentz* Rn. 198; Großkomm AktG/*Röhricht/Schall* Rn. 324; K. Schmidt/Lutter/*Seibt* Rn. 66; Bürgers/Körber/*Körber* Rn. 50.
[291] Vgl. MüKoAktG/*Pentz* Rn. 189; K. Schmidt/Lutter/*Seibt* Rn. 65; Bürgers/Körber/*Körber* Rn. 50; Grigoleit/*Vedder* Rn. 9; Wachter/*Wachter* Rn. 65.
[292] BayObLG MittBayNot 2002, 304.
[293] *Koch* AG 2015, 213 (215 ff.); Großkomm AktG/*Röhricht/Schall* Rn. 314 ff.; MüKoAktG/*Pentz* Rn. 198; K. Schmidt/Lutter/*Seibt* Rn. 65; Bürgers/Körber/*Körber* Rn. 53; Kölner Komm AktG/*Arnold* Rn. 181.
[294] So *Leitzen* RNotZ 2010, 566 (569); ähnlich Großkomm AktG/*Röhricht/Schall* Rn. 317.
[295] *Koch* AG 2015, 213 (219).
[296] BGH AG 2013, 224 = DNotZ 2013, 697 = MittBayNot 2013, 254; vgl. auch für die GmbH BGHZ 38, 155 (161); ebenso Großkomm AktG/*Wiedemann* § 179 Rn. 34 f.; Großkomm AktG/*Röhricht/Schall* Rn. 13; Kölner Komm AktG/*Zöllner* § 179 Rn. 8, 11; ebenso für die GmbH BGHZ 38, 155 (161); UHW/*Ulmer* GmbHG § 53 Rn. 8; aA *Becker* ZGR 1986, 383 Fn. 86.
[297] BGHZ 123, 15 = BB 1993, 1474 = DNotZ 1994, 313 = NJW 1993, 2246.
[298] So *Leitzen* RNotZ 2010, 566 (569).

Feststellung der Satzung 41a § 23

von Organen (Geschäftsführer, Aufsichtsräte etc.), abstrakte und konkrete Vertretungsregelungen, das Verfahren der Fassung von Beschlüssen in Gesellschaftsorganen, die Neuaufnahme von Gesellschaftern, Regelungen zur Beendigung der Mitgliedschaft (zB Einziehungsvoraussetzungen und -verfahren) mit Ausnahme der hiermit verbundenen schuldrechtlichen Ansprüche, der Inhalt der Mitgliedschaft, soweit es um die von einzelnen Ansprüchen verselbständigten Mitgliedschaftsrechte und -pflichten der Gesellschafter geht und ähnliches.

Nach älteren Urteilen des BGH sollen derartigen schuldrechtlichen Vereinbarungen, die sämtliche Gesellschafter binden, sogar satzungsgleiche Qualität zu kommen. Ist die Bindung von sämtlichen Gesellschaftern eingegangen worden, so könne sie auch im Wege der Anfechtungs- oder Nichtigkeitsklage geltend gemacht werden.[299] In der Entscheidung vom 20.1.1983[300] hat der BGH bei der GmbH bei einem Verstoß gegen eine Stimmbindungsvereinbarung entschieden, dass, wenn ein Gesellschafter ein solches mit einem Mitgesellschafter getroffenes Abkommen verletze, indem er abredewidrig abstimme, so sei zwar der auf diese Weise zustandegekommene Beschluss grundsätzlich nicht anfechtbar, vielmehr der Streit um die Rechtsfolgen des Verstoßes unter den an der Bindung Beteiligten und nicht mit der Gesellschaft auszutragen. Etwas anderes gilt aber nach Auffassung des BGH dann, wenn der Beschluss gegen eine von allen Gesellschaftern eingegangene Bindung verstößt. Haben alle Gesellschafter eine die Gesellschaft betreffende Angelegenheit unter sich einverständlich geregelt, so sei diese Regelung – auch ohne Bestandteil der Satzung zu sein – zumindest solange zugleich als eine solche der Gesellschaft zu behandeln, als dieser nur die aus der Abrede Verpflichteten angehören. In diesem Falle bestehe kein Grund, die vertragswidrig überstimmten Gesellschafter auf den umständlichen Weg einer Klage gegen die Mitgesellschafter zu verweisen, um durch deren Verurteilung zu einer gegenteiligen Stimmabgabe den Beschluss aus der Welt zu schaffen. Die überstimmten Gesellschafter können den Beschluss vielmehr durch Klage gegen die Gesellschaft anfechten. Die hM lehnt dies mittlerweile ab, der BGH hat die Rechtsprechung zwar offiziell noch nicht aufgegeben, die Lit rechnet aber damit, dass sie inzident aufgegeben ist.[301] Nach überwiegender Ansicht in der Literatur soll keine Anfechtbarkeit gegeben sein.[302] ZT wird Anfechtbarkeit allerdings angenommen, wenn alle Aktionäre an der Nebenabrede beteiligt sind.[303] Auch das OLG Stuttgart[304] hat in einer Entscheidung aus dem Jahre 2001 festgestellt, dass die Verletzung einer Nebenabrede keine Verletzung eines Gesetzes oder einer Satzung iSv § 243 Abs. 1 AktG darstelle. Gegen die Anfechtbarkeit spricht weiter, dass schuldrechtliche Nebenabreden ein von der Satzung unabhängiges, besonderes Rechtsverhältnis unter den Gesellschaftern als Privatpersonen begründen, das nicht in die GmbH-Sphäre und damit in eine körperschaftliche Struktur projiziert werden kann. Da derartige Vereinbarungen nach überwiegender Meinung rein schuldrechtlicher Natur sind, binden sie nur die Vertragspartner und deren Gesamtrechtsnachfolger, nicht aber neu hinzukommende Aktionäre.[305] Dazu bedarf es einer schuldrechtlichen Vertragsübernahme durch den Sonderrechtsnachfolger. Außerdem gelten für schuldrechtliche Nebenabreden uneingeschränkt die Auslegungsgrundsätze der §§ 133, 157 BGB.[306] Bei schuldrechtliche Stimmbindungsverträge verpflichten sich die Vertragsteile, die ihnen zustehenden Stimmrechte in der vertraglich festgelegten Weise auszuüben. Wesentlicher Zweck ist, durch die einheitliche Stimmrechtsausübung den Einfluss der Gesellschaftergruppe zu sichern. Bei Verstoß gegen die Vereinbarung bestehen aber Schadensersatzpflichten nach allgemeinem Leistungsstörungsrecht.[307] Die Vereinbarung kann auch zur Gründung einer

---

[299] BGH NJW 1983, 1910; NJW 1987, 1890.
[300] BGH NJW 1983, 1910 = GmbHR 1983, 196, vgl. auch BGHZ 123, 15 = BB 1993, 1474 = DNotZ 1994, 313= NJW 1993, 2246; OLG Hamm NZG 2000, 1036.
[301] Hüffer/Koch/*Koch* Rn. 47; MüKoAktG/*Pentz* Rn. 193 f.
[302] NK-AktR/*Braunfels* Rn. 57; Kölner Komm AktG/*Arnold* Rn. 180; *Ulmer* NJW 1987, 1890 ff.; Wachter/*Wachter* Rn. 67; Baumbach/Hueck/*Fastrich* GmbHG § 3 Rn. 57 ff.; Lutter/Hommelhoff/*Bayer* GmbHG § 47 Rn. 20, Anh. § 47 Rn. 44; *Henze*, Höchstrichterliche Rechtsprechung im Recht der GmbH, 2012, 390 ff.; *Goette* Die GmbH § 7 Rn. 82 f.; *Winter* ZHR 154 (1990), 259 ff.; OLG Koblenz DB 1990, 2413 und NJW 1986, 1693; differenzierend: *Noack*, Gesellschaftervereinbarungen bei Kapitalgesellschaften, 1994, 156 ff. mit umfassendem Überblick über den Meinungsstand; dem BGH weitgehend folgend: Scholz/*K. Schmidt*, 10. Aufl. 2010, GmbHG § 45 Rn. 116 und § 47 Rn. 53.
[303] So K. Schmidt/Lutter/*Seibt* Rn. 68.
[304] OLG Stuttgart BB 2001, 794 = NZG 2001, 416.
[305] Zur GmbH BGH NJW 2010, 37 1 = DNotZ 2011, 135 = RNotZ 2010, 589 mAnm *Leitzen*; BGHZ 123, 15 = BB 1993, 1474 = DNotZ 1994, 313 = NJW 1993, 2246; BGH NJW 1983, 1910 (1911); BGH ZIP 1987, 293; NK-AktR/*Braunfels* Rn. 56; Großkomm AktG/*Röhricht/Schall* Rn. 328; K. Schmidt/Lutter/*Seibt* Rn. 66; Hüffer/Koch/*Koch* Rn. 46; Grigoleit/*Vedder* Rn. 10; Wachter/*Wachter* Rn. 65.
[306] Hüffer/Koch/*Koch* Rn. 46; MüKoAktG/*Pentz* Rn. 190; K. Schmidt/Lutter/*Seibt* Rn. 66; Bürgers/Körber/*Körber* Rn. 51; Grigoleit/*Vedder* Rn. 10.
[307] Hüffer/Koch/*Koch* Rn. 46; MüKoAktG/*Pentz* Rn. 193 f.; Bürgers/Körber/*Körber* Rn. 54.

(Innen-)BGB-Gesellschaft führen.[308] Die Gesellschaft kann nach Meinung des BGH eine Nebenabrede gemäß § 328 BGB einem Gesellschafter entgegenhalten, der trotz seiner schuldrechtlichen Bindung aus der von ihm mit getroffenen Nebenabrede auf die in der Satzung festgelegte höhere Abfindung klagt.[309] Schuldrechtlicher Vertrag zwischen einer Aktiengesellschaft und einem Aktionär, wonach der Aktionär seine Aktien auf die Gesellschaft unentgeltlich zu übertragen hat, wenn der Vertrag beendet wird, ist jedenfalls dann nach § 138 BGB nichtig, wenn der Aktionär die Aktien zuvor entgeltlich erworben hat.[310]

41b Bei der inhaltlichen Beurteilung der Nebenvereinbarung und der Satzung ist das **Trennungsprinzip** zu beachten: Die Auslegung der Satzung erfolgt nach objektiven Kriterien und kann daher durch schuldrechtliche Nebenabreden im Prinzip nicht berührt werden.[311] Teilweise wird allerdings die Durchbrechung des Trennungsprinzips gefordert, wenn es um unbestimmte Rechtsbegriffe geht.[312] Das ist abzulehnen. Für die Ausgestaltung der Nebenvereinbarung gilt im Grundsatz Vertragsfreiheit. Zu beachten sind allerdings die allgemeinen Regeln: Grenze setzen zB die Treuepflicht, die durch Nebenabreden nicht berührt wird und auch nicht gestaltet werden kann.[313] Bei Stimmbindungsverträgen sind die Schranken der §§ 136, 405 zu beachten.[314] Bestimmte Regelungen könne auch nur in der Satzung und nicht in Nebenvereinbarungen getroffen werden, hierzu zählen alle Regelungen die die Gesellschaft und ihre Beziehungen zu den Aktionären betreffen und auch alle zwingenden Satzungsbestimmungen, auch die Ausgestaltung der Einlagepflicht etc.[315]

VIII. Mantelverwendung und Vorratsgesellschaften

42 **1. Überblick.** Vor allem bei Registergerichten mit längeren Eintragungszeiten hat sich die Problematik der Mantelverwendung und Vorratsgründung entwickelt. Die Praxis benötigt in manchen Fällen relativ schnell eine Kapitalgesellschaft, die im Handelsregister eingetragen ist und bei der die Haftungsbeschränkung besteht. Zu diesem Zweck werden entweder vorhandene Neugesellschaften erworben, deren Zweck bisher nur die Verwaltung eigenen Vermögens war **(Vorratsgründung)**, oder es wird eine vorhandene AG verwendet, die bereits ein Unternehmen betrieben hat, bei der aber eine wirtschaftliche Neugründung gewünscht ist **(Mantelverwendung)**. Die sog. Mantel- oder Vorratsgründung ist die Gründung einer Gesellschaft ohne die konkrete Absicht der Gründer, den satzungsgemäßen Unternehmensgegenstand tatsächlich in absehbarer Zeit zu betreiben.[316] Die **Vorratsgründung** einer Kapitalgesellschaft wird nach nunmehr ganz herrschender Ansicht in Rechtsprechung und Literatur als zulässig angesehen. Insbesondere wird in der Gründung einer Vorratsgesellschaft kein Scheingeschäft iSd § 117 BGB erkannt, wenn eine sogenannte offene Vorratsgründung inmitten steht und als Unternehmensgegenstand auch auf die tatsächlich beabsichtigte Tätigkeit der Gesellschaft hingewiesen wird, nämlich die **„Verwaltung des eigenen Vermögens"**.[317] Bei einer solchen Offenlegung der Vorratsgründung, bei der die Verwirklichung des angegebenen Unterneh-

---

[308] NK-AktR/*Braunfels* Rn. 56; Bürgers/Körber/*Körber* Rn. 54; *Mayer* MittBayNot 2006, 281 (282); Kölner Komm AktG/*Arnold* Rn. 175; Grigoleit/*Vedder* Rn. 10; Wachter/*Wachter* Rn. 66.
[309] BGH NJW 2010, 371 = DNotZ 2011, 135 = RNotZ 2010, 589 mAnm *Leitzen*; ebenso OLG München AG 2017, 441.
[310] BGH DNotZ 2013, 697 = MittBayNot 2013, 254 = NJW-RR 2013, 410 = NZG 2013, 220 = AG 2013, 224.
[311] OLG Stuttgart BB 2001, 794 (797); *Ulmer* FS Röhricht, 2005, 633 (644); NK-AktR/*Braunfels* Rn. 57; Kölner Komm AktG/*Arnold* Rn. 177; MüKoAktG/*Pentz* Rn. 200; Grigoleit/*Vedder* Rn. 11; Wachter/*Wachter* Rn. 67; Hüffer/Koch/*Koch* Rn. 47; Bürgers/Körber/*Körber* Rn. 54.
[312] So *Hoffmann-Becking* ZGR 1994, 442 (459).
[313] NK-AktR/*Braunfels* Rn. 57; Hüffer/Koch/*Koch* Rn. 47; *Mayer* MittBayNot 2006, 281 (282); *Ulmer* NJW 1987, 1849.
[314] *Mayer* MittBayNot 2006, 281 (287 f.).
[315] *Mayer* MittBayNot 2006, 281 (283).
[316] Vgl. zur Gesamtproblematik *Ulmer* ZIP 2012, 1265 ff.; *Jeep* NZG 2012, 1209 ff.; *Horn* DB 2012, 1024 ff.; *Rohles-Puderbach* RNotZ 2006, 274 ff.; *Habersack* AG 2010, 845 ff.; *Hüffer* NJW 2011, 1772 ff.; *Bachmann* NZG 2011, 441 ff.; *Bachmann* NZG 2012, 579 ff.; *K. Schmidt* ZIP 2011, 857 ff.; *Kaspar* NZG 2011, 305 ff., *Thaeter/Meyer* DB 2003, 539 ff.; *Altmeppen* NZG 2003, 145 ff.; *Kallmeyer* GmbHR 2003, 322 ff.; *Nolting* ZIP 2003, 651 ff.; *Meilicke* BB 2003, 857 ff.; *Heidinger* ZNotP 2003, 82 ff.; *Gronstedt* BB 2003, 2433 ff.; Kölner Komm AktG/*Arnold* Rn. 92 ff.; Hüffer/Koch/*Koch* Rn. 26; K. Schmidt/Lutter/*Seibt* Rn. 40; Bürgers/Körber/*Körber* Rn. 33a; Grigoleit/*Vedder* Vor § 23 Rn. 9; Wachter/*Wachter* Rn. 68; NK-AktR/*Braunfels* Rn. 27.
[317] MüKoAktG/*Pentz* Rn. 90; Hüffer/Koch/*Koch* Rn. 26; Großkomm AktG/*Röhricht/Schall* Rn. 346; Grigoleit/*Vedder* Rn. 9; *Priester* DB 1983, 2291 (2298); NK-AktR/*Braunfels* Rn. 27; K. Schmidt/Lutter/*Seibt* Rn. 40; *Schaub* NJW 2003, 2125; *Krafka* ZGR 2003, 577; *Heidinger* ZNotP 2003, 82; *Heidinger* ZGR 2005, 101 ff.; *Heidinger/Meyding* NZG 2003, 1129; *Wicke* NZG 2005, 409 ff.; *Meyding/Heidinger*, Zehn Jahre Deutsches Notarinstitut, Beiträge zur notariellen Praxis, 2003, 257 ff.; zur Rechtsprechung vgl. → Rn. 43 und 44.

mensgegenstandes („Verwaltung des eigenen Vermögens") tatsächlich gewollt ist, kann das Registergericht eine spätere Mantelverwendung ohne Weiteres kontrollieren. Ein Scheingeschäft iSd § 117 BGB liegt damit nicht vor.

2. Grundregeln. a) Offenlegung gegenüber Handelsregister (wirtschaftliche Neugründung). Die Behandlung der Problematik war lange Zeit umstritten. Die „Gründung durch Vorrats-Gesellschaft oder Mantelerwerb" ist rechtlich betrachtet kein Fall einer Gesellschafts-Gründung, sondern formal gesehen ein Fall eines Anteilskaufes: Rechtlich handelt es sich um den Kauf von Gesellschaftsanteilen, dh bei der AG Aktien. Die Einlageleistung wurde bewirkt und ist erloschen (§ 362 BGB). Als Kontrollmechanismus stehen nun – formal gesehen – nur die Vorschriften der Kapitalerhaltung zur Verfügung. Allerdings war in der Lit umstritten, ob trotz dieser formalen Betrachtung als Anteilskauf die Verwendung einer Vorrats-Gesellschaft bei ihrer „Aktivierung" erneut den Vorschriften der Gründungsprüfung unterworfen ist. Der BGH hat in den grundlegenden Beschlüssen aus dem Jahre 2002 bzw. 2003 für Klarheit gesorgt. Durch Beschl. v. 9.12.2002[318] (**„Vorratsgründung"**) sowie Beschl. v. 7.7.2003[319] (**„Mantelverwendung"**) hat der BGH für die GmbH in diesem Zusammenhang das sog. Konstrukt der **„wirtschaftlichen Neugründung"** präzisiert. Die Verwendung des Mantels einer zunächst „auf Vorrat" gegründeten Gesellschaft stelle wirtschaftlich eine Neugründung dar. Auf diese wirtschaftliche Neugründung durch Ausstattung der Vorratsgesellschaft mit einem Unternehmen und erstmalige Aufnahme ihres Geschäftsbetriebes seien die der Gewährleistung der Kapitalausstattung dienenden Gründungsvorschriften einschließlich der registergerichtlichen Kontrolle entsprechend anzuwenden. Damit findet insbesondere eine **registergerichtliche Prüfung** der vom Mantelverwender in der Anmeldung der mit der wirtschaftlichen Neugründung verbundenen Änderungen abzugebenden Versicherung statt. Der BGH hatte bereits im Beschluss vom 16. März 1992[320] zum vergleichbaren Fall der **Vorratsgründung einer Aktiengesellschaft** ausgesprochen, dass Bedenken gegen die Zulassung derartiger Gründungen in erster Linie auf der Befürchtung beruhen, dass bei einer späteren Verwendung des Mantels die Gründungsvorschriften umgangen werden könnten. Die Umgehung der Gründungsvorschriften könne zur Folge haben, dass die gesetzliche und gesellschaftsvertragliche Kapitalausstattung bei Aufnahme der wirtschaftlichen Tätigkeit nicht gewährleistet sei. Das rechtfertige zwar kein generelles präventiv wirkendes Verbot der Gründung von Vorratsgesellschaften; im Interesse eines wirksamen Schutzes der Gläubiger sei aber bei der späteren Verwendung des Mantels, die als wirtschaftliche Neugründung anzusehen sei, die sinngemäße Anwendung der Gründungsvorschriften geboten. Diese für die Vorratsaktiengesellschaft aufgestellten unmissverständlichen Grundsätze seien auf den Fall der Verwendung einer auf Vorrat gegründeten GmbH uneingeschränkt übertragbar. Die mit der Vorratsgründung und späteren wirtschaftlichen Neugründung bei der Mantelverwendung verbundenen Probleme eines wirksamen Gläubigerschutzes stellen sich bei der GmbH in gleicher Weise; daher sei auch bei dieser Kapitalgesellschaft dem vornehmlichen Zweck der Gründungsvorschriften, die reale Kapitalaufbringung der gesetzlich vorgeschriebenen Kapitalausstattung der Gesellschaft im Zeitpunkt ihres Entstehens als Voraussetzung für die Beschränkung ihrer Haftung auf das Gesellschaftsvermögen sicherzustellen, durch deren analoge Anwendung bei der späteren wirtschaftlichen Neugründung Rechnung zu tragen. Für die GmbH hat daher der BGH entschieden, dass der Geschäftsführer jedenfalls entsprechend § 8 Abs. 2 GmbHG zu versichern habe, dass die in § 7 Abs. 2 und 3 GmbHG bezeichneten Leistungen auf die Stammeinlagen bewirkt seien und dass der Gegenstand der Leistungen sich weiterhin in seiner freien Verfügung befinde. Das Registergericht habe daher entsprechend § 9c GmbHG iVm § 12 FGG (jetzt § 29 FamFG) in eine **Gründungsprüfung** einzutreten, die sich jedenfalls auf die Erbringung der Mindeststammeinlagen und im Falle von Sacheinlagen auf deren Werthaltigkeit zu beziehen habe (§ 7 Abs. 2, Abs. 3 GmbHG, § 8 Abs. 2 GmbHG). Entscheidender verfahrensrechtlicher Anknüpfungspunkt für die Kontrolle durch das Registergericht sei auch bei der Verwendung des Mantels einer Vorrats-GmbH die anlässlich der wirtschaftlichen Neugründung abzugebende **Anmeldeversicherung** nach § 8 Abs. 2 GmbHG. An dieser Notwendigkeit einer Offenlegung der wirtschaftlichen Neugründung hält der BGH auch im Urteil vom 6.3.2012 ausdrücklich fest: Unterbleibe sie, trügen die in Anspruch genommenen Gesellschafter die Darlegungs- und Beweislast dafür, dass im maßgeblichen Zeitpunkt keine Differenz zwischen dem (statutarischen)

---

[318] BGHZ 153, 158 = NJW 2003, 897 = DNotZ 2003, 443 = MittBayNot 2004, 230 = RNotZ 2003, 193 = Rpfleger 2003, 195 = ZGR 2003, 577 mAnm *Krafka*.
[319] BGHZ 155, 318 = NJW 2003, 3198 = DNotZ 2003, 951 = NotBZ 2003, 393 = RNotZ 2003, 524; bestätigt durch BGH DStR 2008, 933 m. Anm. *Goette* = MDR 2008, 271 = NJW-RR 2008, 483 = WM 2008, 254 = ZIP 2008, 217.
[320] BGHZ 117, 323 = NJW 1992, 1824.

Stammkapital und dem Wert des Gesellschaftsvermögens bestanden habe.[321] Zur Begründung führt der BGH aus, dass die übliche Beweislastverteilung bei unterbliebener Offenlegung nicht interessengerecht sei:[322] Den Gesellschaftern werde ansonsten ermöglicht, mit einer inaktiven Gesellschaft unter Umgehung des registergerichtlichen Präventivschutzes wieder am Wirtschaftsleben teilzunehmen.

44 Auch für die **Verwendung „alter Mäntel"** wendet der BGH diese Regeln an:[323] Diese für die Verwendung der auf Vorrat gegründeten Gesellschaft aufgestellten Grundsätze seien auf den Fall der Verwendung eines „alten" Mantels einer existenten, im Rahmen ihres früheren Unternehmensgegenstandes tätig gewesen, jetzt aber unternehmenslosen Gesellschaft entsprechend übertragbar. Auch die Verwendung eines solchen alten, leer gewordenen Mantels stellt nach Meinung des BGH wirtschaftlich eine Neugründung dar. Als wirtschaftliche Neugründung sei es anzusehen, wenn die in einer GmbH verkörperte juristische Person als unternehmensloser Rechtsträger („Mantel") bestehe und sodann mit einem Unternehmen ausgestattet werde. Dabei mache es bei wertender Betrachtung keinen Unterschied, ob die Unternehmenslosigkeit im Sinne des Fehlens eines Geschäftsbetriebes – wie bei der „offenen" Vorratsgründung – von Anfang an vorgesehen sei und sodann die Gesellschaft erstmals den Betrieb eines Unternehmens aufnehme, oder ob sie – wie bei den sog. alten Gesellschaftsmänteln – darauf beruhe, dass der Betrieb eines (ursprünglich) vorhandenen Unternehmens mittlerweile eingestellt bzw. endgültig aufgegeben worden sei und sodann der gleichsam als „inhaltsloser Hülle" fortbestehenden juristischen Person ein neues Unternehmen „implantiert" werde. Die mit der wirtschaftlichen Neugründung verbundenen Probleme eines wirksamen Gläubigerschutzes bestehen sowohl im Anschluss an eine Vorratsgründung als auch im Zusammenhang mit der „Wiederbelebung" eines leeren Mantels durch Ausstattung mit einem (neuen) Unternehmen: In beiden Fällen besteht nach der Entscheidung des BGH die Gefahr einer Umgehung der Gründungsvorschriften mit der Folge, dass die gesetzliche und gesellschaftsvertragliche Kapitalausstattung bei Aufnahme der wirtschaftlichen Tätigkeit nicht gewährleistet sei. Die Gläubiger seien im Falle der Verwendung eines bereits stillgelegten, leeren Mantels sogar stärker gefährdet und daher schutzbedürftiger als bei der Verwendung einer Vorrats-GmbH. Während nämlich bei der zunächst inaktiven Vorratsgesellschaft die zuvor anlässlich der rechtlichen Gründung durch das Registergericht kontrollierte Kapitalausstattung zum Zeitpunkt der wirtschaftlichen Neugründung durch Aufnahme ihres Geschäftsbetriebes regelmäßig noch unversehrt, vermindert allenfalls um die Gründungskosten und Steuern, vorhanden sein werde, sei im Zeitpunkt der Verwendung eines alten Gesellschafts-Mantels das früher aufgebrachte Stammkapital des inaktiv gewordenen Unternehmens typischerweise nicht mehr unversehrt, sondern zumeist sogar bereits verbraucht. Daher sei gerade bei dieser Art der Mantelverwendung dem vornehmlichen Zweck der Gründungsvorschriften, die reale Kapitalaufbringung der gesetzlich vorgeschriebenen Kapitalausstattung der Gesellschaft im Zeitpunkt ihres Entstehens als Voraussetzung für die Beschränkung ihrer Haftung auf das Gesellschaftsvermögen sicherzustellen, durch deren analoge Anwendung bei der (späteren) wirtschaftlichen Neugründung Rechnung zu tragen. Auch für den „alten Mantel" wendet daher der BGH die gleichen Grundsätze wie bei der Vorratsgründung an: Da die Verwendung eines alten Gesellschaftsmantels – nicht anders als diejenige einer Vorrats-GmbH – als wirtschaftliche Neugründung anzusehen sei, sei sie der registergerichtlichen Kontrolle nach denselben Maßstäben zu unterwerfen, wie sie bereits im Beschluss vom 9. Dezember 2002 im Hinblick auf die Verwendung einer Vorrats-GmbH aufgestellt worden seien. Das bedeute, dass die Tatsache der Wiederverwendung eines zwischenzeitlich leer gewordenen Gesellschaftsmantels gegenüber dem Registergericht offen zu legen sei; diese Offenlegung der wirtschaftlichen Neugründung ist mit der Versicherung gemäß § 8 Abs. 2 GmbHG zu verbinden, dass die in § 7 Abs. 2 und 3 GmbHG bezeichneten Leistungen auf die Stammeinlagen bewirkt sind und dass der Gegenstand der Leistungen sich zu diesem Zeitpunkt endgültig in der freien Verfügung der Geschäftsführer befinde. Die Rechtsprechung der **Oberlandesgerichte,** aber auch die **Literatur** haben sich dieser Sichtweise ganz überwiegend angeschlossen.[324] Der BGH hat

---

[321] BGHZ 192, 341 = NJW 2012, 1875 = DNotZ 2013, 43.
[322] BGHZ 192, 341 = NJW 2012, 1875 = DNotZ 2013, 43.
[323] BGHZ 155, 318 = NJW 2003, 3198.
[324] KG Berlin ZIP 2012, 186 = DB 2012, 2387; OLG Nürnberg ZIP 2011, 1670 = MittBayNot, 2011, 417 = RNotZ 2001, 557; OLG Celle FGPrax 2002, 18; OLG Jena BB 2004, 2206 (2207) = MittBayNot 2005, 60 = NZG 2004, 1114 = RNotZ 2005, 52; OLG Jena DB 2006, 2624 (2625) = NotBZ 2007, 26 = ZIP 2007, 124; OLG Köln NJW-Spezial 2008, 213 = ZIP 2008, 973; OLG Schleswig DB 2006, 2737 = NJW-Spezial 2007, 78 = NZG 2007, 75 = RNotZ 2007, 230 = WM 2007, 449 (450); OLG München GmbHR 2010, 425 = BB 2010, 1240 = MittBayNot 2010, 32; *Heidinger* ZGR 2005, 101 ff.; *Wicke* NZG 2005, 409 ff.; MüKoAktG/*Pentz* Rn. 390 ff.; Hüffer/Koch/*Koch* Rn. 27 ff.; K. Schmidt/Lutter/*Seibt* Rn. 39 ff.; K. Schmidt/Lutter/*Seibt* Rn. 40; Bürgers/Körber/*Körber* Rn. 33a; Grigoleit/*Vedder* Vor § 23 Rn. 9; Wachter/*Wachter* Rn. 68; NK-AktR/*Braunfels* Rn. 27.

den grundsätzlichen Ansatz nochmals bestätigt in der Entscheidung vom 6.3.2012 und festgestellt, dass das Registergericht entsprechend § 9c GmbHG in eine Gründungsprüfung einzutreten hat, die sich jedenfalls auf die Erbringung der Mindeststammeinlagen und im Falle von Sacheinlagen auf deren Werthaltigkeit zu beziehen hat.[325] Entscheidender verfahrensrechtlicher Anknüpfungspunkt für die Kontrolle durch das Registergericht sei die auch anlässlich einer wirtschaftlichen Neugründung abzugebende Anmeldeversicherung nach § 8 Abs. 2 GmbHG. Danach sei zu versichern, dass die in § 7 Abs. 2 und 3 GmbHG bezeichneten Leistungen auf die Geschäftsanteile bewirkt seien und dass der Gegenstand der Leistungen sich – weiterhin oder jedenfalls wieder – endgültig in der freien Verfügung der Geschäftsführer befinde.

b) Abgrenzung. Auch die Frage der **Abgrenzung der Mantelverwertung** von einer bloßen Umorganisation der Gesellschaft ist im Einzelnen unklar.[326] Dazu stellte der BGH fest:[327] Für die Abgrenzung der Mantelverwendung von der Umorganisation oder Sanierung einer (noch) aktiven Gesellschaft sei entscheidend, ob die Gesellschaft noch ein aktives Unternehmen betrieb, an das die Fortführung des Geschäftsbetriebes – sei es auch unter wesentlicher Umgestaltung, Einschränkung oder Erweiterung seines Tätigkeitsgebietes – in irgendeiner wirtschaftlich noch gewichtbaren Weise anknüpft oder ob es sich tatsächlich um einen leer gewordenen Gesellschaftsmantel ohne Geschäftsbetrieb handelt, der seinen – neuen oder alten – Gesellschaftern nur dazu diene, unter Vermeidung der rechtlichen Neugründung einer die beschränkte Haftung gewährleistenden Kapitalgesellschaft eine gänzlich neue Geschäftstätigkeit – ggf wieder – aufzunehmen. Die Grundsätze über die wirtschaftliche Neugründung können auch anzuwenden sein, wenn der Gesellschafterbestand bei Aufnahme des Geschäftsbetriebs zunächst unverändert bleibt und nach der (Wieder-) Aufnahme des Geschäftsbetriebs (teilweise) die gleiche Art von Geschäften betrieben wird wie zuvor.[328] Indizien für eine solche Mantelverwendung, insbesondere im Anschluss an eine offene Vorratsgründung, sind nach Auffassung des BGH regelmäßig die mit der wirtschaftlichen Neugründung einhergehenden eintragungspflichtigen **Änderungen des Unternehmensgegenstandes,** die Neufassung der **Firma,** Verlegung des **Gesellschaftssitzes** und/oder Neubestellung der **Organmitglieder.**[329] Nach Auffassung des BGH handelt es sich dabei jedoch nur um Indizien, sei es, dass diese kumulativ oder auch nur einzeln gegeben sind. **Kennzeichnend** für die Mantelverwendung im Sinne einer wirtschaftlichen Neugründung ist allein die **bisherige Unternehmenslosigkeit** bzw. das Fehlen eines Geschäftsbetriebes.[330] Eine „leere Hülse" in diesem Sinne liegt nach dem BGH-Beschluss vom 18.1.2010 nicht vor, wenn die Gesellschaft konkrete Aktivitäten zur Planung und Vorbereitung der Geschäftstätigkeit im Rahmen des Unternehmensgegenstandes entfaltet.[331] Die Grundsätze der wirtschaftlichen Neugründung finden auch in der **Liquidation der Gesellschaft** Anwendung.[332] Die Abgrenzungsgrundsätze bedürfen allerdings nach Meinung des BGH für den Fall der wirtschaftlichen Neugründung in der Liquidation der Anpassung. Allein die mit der Fortführung beabsichtigte Zweckänderung von einer Abwicklungs- hin zu einer werbenden Gesellschaft sei als solche keine wirtschaftliche Neugründung, weil die aufgelöste Gesellschaft nicht per se ein unternehmensleerer Mantel sei. Dass während der Liquidation Geschäfte allenfalls noch im Rahmen des Abwicklungszwecks betrieben und nach Beendigung der laufenden Geschäfte mit der weiteren Abwicklung die nach außen gerichtete Geschäftstätigkeit zum Erliegen kommt, reiche zur Annahme einer leeren Hülse nicht aus.[333]

Ebenfalls als abzugrenzende Fallgruppe diskutiert wird die sog. verdeckte Vorratsgründung:[334] Eine **verdeckte Vorratsgründung** liegt nach dem BGH dann vor, wenn die Absicht der Gründer

---

[325] BGHZ 192, 341 = NJW 2012, 1875 = DNotZ 2013, 43, *Tavakoli* NJW 2012, 1855; *Götz* GmbHR 2013, 290; *Bittner* BB 2012, 1756; *Horn* DB 2012, 1255; *Gottschalk* DStR 2012, 1458; *Podewils* GmbHR 2012, 1175; *Kuszlik* GmbHR 2012, 882.
[326] Vgl. dazu Gutachten DNotI-Report, 2011, 1 (2); Hüffer/Koch/*Koch* Rn. 27b; K. Schmidt/Lutter/*Seibt* Rn. 41; Bürgers/Körber/*Körber* Rn. 33a; Grigoleit/*Vedder* Vor § 23 Rn. 8.
[327] BGHZ 155, 318 = NJW 2003, 3198; BGH NJW 2010, 1459 = MittBayNot 2010, 324 = DStR 2010, 763 mAnm *Goette*; BGH DNotZ 2014, 384 = NZG 2014, 264 = DB 2014, 410; vgl. auch KG Berlin ZIP 2012, 186 = DB 2012, 2387.
[328] BGHZ 192, 341; BGH DNotZ 2014, 384 = NZG 2014, 264 = DB 2014, 410.
[329] BGHZ 155, 318 = NJW 2003, 3198.
[330] Hüffer/Koch/*Koch* Rn. 27b; MüKoAktG/*Pentz* Rn. 97; Michalski/Heidinger/Leinle/*J. Schmidt/J.Schmidt* § 3 GmbHG Rn. 118 f.;UHW/*Ulmer* GmbHG § 3 Rn. 155 ff.; *Priester* ZHR 168 (2004), 248 (253); *Priester* DB 1983, 2291 (2297 f.); *Heidinger/Meyding* NZG 2003, 1129 (1133).
[331] BGH DStR 2010, 763 mAnm *Goette*.
[332] BGH DNotZ 2014, 384 = NZG 2014, 264 = DB 2014, 410.
[333] BGH DNotZ 2014, 384 = NZG 2014, 264 = DB 2014, 410.
[334] Vgl. BGH DNotZ 1994, 107 (113 f.); *Ebenroth/Müller* DNotZ 1994, 75 (86); ablehnend OLG Stuttgart ZIP 1992, 250 (252).

nicht darauf gerichtet ist, einen entsprechenden Geschäftsbetrieb innerhalb eines absehbaren Zeitraums unter Berücksichtigung der üblichen Anlaufzeiten aufzunehmen. Schwierig zu erfassen sind Situationen, in denen zunächst die reguläre Gründung mit Geschäftsaufnahme geplant ist, diese aber dann aus nicht vorhersehbaren Gründen (zB Finanzkrise) scheitert oder sich deutlich verzögert.[335] Teilweise wird dabei von der sog. **Mutation zur Vorratsgesellschaft** gesprochen.[336] ME ist diese Fallgruppe abzulehnen, wenn nicht besonders gravierende Einzelfallumstände – wie zB jahrelange Untätigkeit bei der Verwirklichung des Unternehmenszwecks – vorliegen. Sachlich begründete Verzögerungen rechtfertigen jedenfalls nicht die erneute Anwendung der Gründungsvorschriften. Einigkeit besteht jedenfalls, dass die Anwendung des Gründungsrechts jedenfalls dann nicht in Betracht kommt, wenn sich die tatsächliche Geschäftsaufnahme lediglich um die „üblichen Anlauf- und Vorlaufzeiten" verzögert.[337] Gleiches gilt dann, wenn die Gesellschafter eine sofortige Geschäftsaufnahme planten, sich diese aber wegen unvorhergesehener Schwierigkeiten verzögert und die Gesellschaft in dieser Zeit konkrete Aktivitäten zur Vorbereitung ihrer Geschäftstätigkeit entfaltet.[338]

45b c) **Rechtsfolgen bei fehlender Offenlegung.** Unterbleibt diese Offenlegung gegenüber dem Handelsregister, gelten die Grundsätze der **Unterbilanzhaftung**.[339] Streitig im Anschluss an diesen Grundsatz war allerdings die Frage auf welchen Stichtag dabei abzustellen ist. ZT wurde angenommen, dass nicht die tatsächliche Aufnahme einer unternehmerischen Tätigkeit durch die Vorratsgesellschaft, sondern grundsätzlich erst der **Zeitpunkt der Offenlegung** der wirtschaftlichen Neugründung gegenüber dem Registergericht maßgeblich sei. Erfolgte mithin keine solche Offenlegung im unmittelbaren Zusammenhang mit der wirtschaftlichen Neugründung, sondern erst Jahre später und war aber zum Zeitpunkt der Offenlegung gegenüber dem Registergericht das in der Satzung genannte Grund- oder Stammkapital nicht durch das Gesellschaftsvermögen gedeckt, hafteten die Gesellschafter bzw. die Aktionäre nach dieser Ansicht den Gläubigern der Gesellschaft gegenüber nach den Grundsätzen der für die Vorratsgesellschaft entwickelten Unterbilanzhaftung, und zwar unbeschränkt. Nach obergerichtlichen Entscheidungen führte dies dazu, dass die unterbliebene Offenlegung das **Risiko einer zeitlich unbeschränkten Unterbilanzhaftung** begründete, selbst wenn im Zeitpunkt der wirtschaftlichen Neugründung (also der Geschäftsaufnahme) das Gesellschaftsvermögen die Stammkapitalziffer deckte.[340] In der Literatur wurde diese uU erhebliche Haftung besonders bei der Mantelverwendung und den damit verbundenen Abgrenzungsschwierigkeiten zum Teil kritisiert.[341] Auch das KG Berlin[342] wandte sich gegen dieses Ergebnis und wies auf die verfassungsrechtlichen und rechtsdogmatischen Bedenken gegen die Haftung nach den Grundsätzen der Vorbelastungshaftung hin und hatte in dem dort zu Entscheidungen stehenden Fall erkannt, dass – auch bei Verletzung der Anzeigepflicht gegenüber dem Handelsregister – jedenfalls dann eine Haftung ausscheidet, wenn das statutarische Stammkapital der Gesellschaft vollständig eingezahlt und bei Aufnahme der Geschäftstätigkeit noch unverbraucht vorhanden ist. Das OLG München[343] hielt an der zeitlich unbeschränkten Gesellschafterhaftung fest, erwog aber ebenfalls eine Ausnahme von dieser Rechtsfolge, wenn die Gesellschafter nachweisen konnten, dass im Zeitpunkt der „Revitalisierung" das Stammkapital durch das Gesellschaftsvermögen gedeckt war. Im Urteil vom 6.3.2012 hat

---

[335] Vgl. den Sachverhalt bei DNotI-Report 2011, 1.
[336] Vgl. *Goette* DStR 2010, 764 (765).
[337] BGH DNotZ 1994, 107 (113).
[338] BGH NJW 2010, 1459 = MittBayNot 2010, 324 = DStR 2010, 763 mAnm *Goette*.
[339] BGHZ 155, 318 = DNotZ 2003, 951; BGH ZIP 2008, 217; BGHZ 192, 341 = NJW 2012, 1875 = DNotZ 2013, 43; ebenso OLG Jena BB 2004, 2206 (2207); OLG Jena DB 2006, 2624 (2625); OLG Köln ZIP 2008, 973; OLG Schleswig WM 2007, 449 (450); OLG München GmbHR 2010, 428; Kölner Komm AktG/ *Arnold* Rn. 109; *Wicke* NZG 2005, 409 (414); MüKoAktG/*Pentz* Rn. 101 (106); differenzierend *Heidinger* ZGR 2005, 101 (111).
[340] Vgl. OLG Jena ZIP 2007, 124 = NotBZ 2007, 26; MittBayNot 2005, 60 = RNotZ 2005, 52; vgl. auch OLG Jena BB 2004, 2206 (2207); OLG Jena DB 2006, 2624 (2625); OLG Köln ZIP 2008, 973; OLG Schleswig WM 2007, 449 (450); *Heidinger* ZGR 2005, 101 (111); *Wicke* NZG 2005, 409 (414); MüKoAktG/*Pentz* Rn. 101, 106.
[341] *Altmeppen* DB 2003, 2050 ff.; *Kleindiek* FS Priester, 2007, 369 (376 ff.); vgl. auch *Ulmer* ZIP 2012, 1265 ff.; *Jeep* NZG 2012, 1209 ff.; *Horn* DB 2012, 1024 ff.; *Rohles-Puderbach* RNotZ 2006, 274 ff.; *Habersack* AG 2010, 845 ff.; *Hüffer* NJW 2011, 1772 ff.; *Bachmann* NZG 2011, 441 ff.; *Bachmann* NZG 2012, 579 ff.; *K. Schmidt* ZIP 2011, 857 ff.; *Kaspar* NZG 2011, 305 ff.
[342] KG Berlin NZG 2010, 387; zustimmend *Giedinghagen/Rulf* EWiR 2010, 291 (292); *Habersack* AG 2010, 845 (849 f.); *Hermanns* ZNotP 2010, 242 (244 f.); *K. Schmidt* ZIP 2010, 857 (862 f.); *Wahl/Schult* NZG 2010, 611 (613); *Werner* GmbHR 2010, 804 (807); *Lehmann-Richter* GWR 2010, 389 (390 f.); *Altmeppen* DB 2003, 2050 (2052); *Heidinger/Meyding* NZG 2003, 1129 (1133); *Ahrens* DB 1998, 1069 (1072).
[343] OLG München MittBayNot 2010, 326 = ZNotP 2010, 267.

der BGH[344] dazu Klarheit und eine **Haftungsbegrenzung** geschafft, indem er entschied, dass wenn die mit einer wirtschaftlichen Neugründung einhergehender Satzungsänderungen zu verbindende Offenlegung der wirtschaftlichen Neugründung gegenüber dem Registergericht unterbleibt, die Gesellschafter (nur) im Umfang einer Unterbilanz haften, die in dem Zeitpunkt besteht, zu dem die wirtschaftliche Neugründung entweder durch die Anmeldung der Satzungsänderungen oder durch die Aufnahme der wirtschaftlichen Tätigkeit erstmals nach außen in Erscheinung tritt. Zugleich verwirft der BGH das Haftungsmodell der Unterbilanzhaftung nicht grundsätzlich. Vielmehr müsse ein ggf. im maßgeblichen Zeitpunkt vorhandenes negatives Gesellschaftsvermögen ausgeglichen werden. Für die Art und Weise dieses Ausgleichs zieht der BGH bei der GmbH die im Rahmen der §§ 30, 31 GmbHG sowie bei der Aufbringung fehlender Bareinlagen geltenden Grundsätze heran, sodass der Anspruch insbesondere nicht durch Zweckerreichung erlischt. Bei fehlender Offenlegung einer wirtschaftlichen Neugründung tragen die unter dem Gesichtspunkt der Unterbilanzhaftung in Anspruch genommenen Gesellschafter die Darlegungs- und Beweislast dafür, dass in dem Zeitpunkt, zu dem die wirtschaftliche Neugründung nach außen in Erscheinung getreten ist, keine Differenz zwischen dem (statutarischen) Stammkapital und dem Wert des Gesellschaftsvermögens bestanden hat. Damit ist für die Praxis klargestellt, dass eine zeitlich unbegrenzte Unterbilanzhaftung nicht eingreift, die Unterbilanzhaftung vielmehr höhenmäßig fixiert ist. Hinsichtlich des Zeitpunktes differenziert der BGH:[345] Sind mit der wirtschaftlichen Neugründung Satzungsänderungen verbunden, ist die Registeranmeldung maßgeblich, in den übrigen Fällen dagegen die erstmals nach außen in Erscheinung tretende Aufnahme der Geschäftstätigkeit.

3. Anwendung bei der AG.[346] Die **Grundsätze der BGH-Rechtsprechung** zur Verwendung einer Vorratsgesellschaft oder zur Mantelverwendung gelten nicht nur für die GmbH, sondern **auch für die AG.**[347] Schon das Grundsatzurteil des BGH von 1992 betraf, wie erwähnt, den Fall einer Vorratsaktiengesellschaft. Auch in seinem Urteil zur Verwendung einer Vorratsgesellschaft[348] zieht der BGH ohne Ansatz der Differenzierung die Rechtsprechung zur Aktiengesellschaft gleichermaßen wie zur GmbH heran. Gelten sonach auch im Aktienrecht die Gründungsvorschriften, ist ebenso die Bestimmung des **§ 36 Abs. 1 AktG** anzuwenden. Im Grundsatz ist daher davon auszugehen, dass – wie bei der GmbH – sowohl die **Offenlegung der Verwendung einer Vorrats-AG** bzw. der wirtschaftlichen Neugründung erfolgen muss, als auch die entsprechenden Regeln bezüglich der Anmeldung der Versicherung und Kapitalaufbringung wie bei der Neugründung zu beachten sind.[349]

Welche einzelnen Gründungsbestimmungen wie anzuwenden sind, ist allerdings nicht vollständig klar.[350] Welche der § 36 Abs. 2, §§ 36a, 37 Abs. 1, Abs. 4 Nr. 5, §§ 46 und 48 zu beachten sind, ist dabei offen.[351] Das bedeutet zunächst, dass das **Grundkapital im Zeitpunkt des Erwerbs der Vorratsgesellschaft voll eingezahlt** und abgesehen von den satzungsmäßigen Gründungskosten noch in voller Höhe vorhanden sein muss.[352] Maßgebender Zeitpunkt für das Vorliegen der Voraussetzungen der Kapitalaufbringung ist die **Offenlegung der wirtschaftlichen Neugründung** gegenüber dem Handelsregister.[353] Dies hat nach der gesetzlichen Regelung „der Vorstand, sämtliche

---

[344] BGHZ 192, 341 = NJW 2012, 1875 = DNotZ 2013, 43, *Tavakoli* NJW 2012, 1855; *Götz* GmbHR 2013, 290; *Bittner* BB 2012, 1756; *Horn* DB 2012, 1255; *Gottschalk* DStR 2012, 1458; *Podewils* GmbHR 2012, 1175; *Kuszlik* GmbHR 2012, 882.
[345] BGHZ 192, 341 = NJW 2012, 1875 = DNotZ 2013, 43.
[346] Vgl. Großkomm AktG/*Röhricht/Schall* Rn. 344 ff.; NK-AktR/*Braunfels* Rn. 31 ff.; Kölner Komm AktG/*Arnold* Rn. 92 ff.; K. Schmidt/Lutter/*Seibt* Rn. 40 ff.; *Gerber* Rpfleger 2004, 469; Grigoleit/*Vedder* Vor § 23 Rn. 14 ff.; Wachter/*Wachter* Rn. 68; Gutachten DNotI-Report 2012, 93; DNotI-Report 2011, 1; auch den Formularteil „Erwerb einer Vorrats-AG" bei BeckFormB/*Gerber* B:VI.
[347] *Gerber* Rpfleger 2004, 469 (470); *Heinze* BB 2012, 67 ff.; Hüffer/Koch/*Koch* Rn. 27 ff.; NK-AktR/*Braunfels* Rn. 31 ff.; Kölner Komm AktG/*Arnold* Rn. 92 ff.; K. Schmidt/Lutter/*Seibt* Rn. 40 ff.; Grigoleit/*Vedder* Vor § 23 Rn. 8 ff.; Wachter/*Wachter* Rn. 68; Gutachten DNotI-Report 2012, 93 (95); DNotI-Report 2011, 1.
[348] BGH NJW 2012, 897 = DNotZ 2003, 443.
[349] Vgl. BeckFormB/*Gerber* B:VI. S. 194; *Heinze* BB 2012, 67 (70); Kölner Komm AktG/*Arnold* Rn. 103 ff.; Hüffer/Koch/*Koch* Rn. 27a; NK-AktR/*Braunfels* Rn. 31; Kölner Komm AktG/*Arnold* Rn. 92 ff.; K. Schmidt/Lutter/*Seibt* Rn. 43; *Gerber* Rpfleger 2004, 469; Grigoleit/*Vedder* Vor § 23 Rn. 14; Wachter/*Wachter* Rn. 69; Gutachten DNotI-Report 2012, 93 (94); DNotI-Report 2011, 1 (2).
[350] Vgl. *Gerber* Rpfleger 2004, 469 ff.; *Heinze* BB 2012, 67 ff.; Grigoleit/*Vedder* Vor § 23 Rn. 8 ff.; Gutachten DNotI-Report 2012, 93 ff.
[351] Großkomm AktG/*Röhricht/Schall* Rn. 368 ff.; Hüffer/Koch/*Koch* Rn. 27a; Kölner Komm AktG/*Arnold* Rn. 105; vgl. auch OLG Frankfurt GmbHR 1999, 32 mAnm *Börner*; AG Duisburg GmbHR 1997, 256; AG Erfurt GmbHR 1997, 74.
[352] *Mulert* in Happ AktienR 2.01 Rn. 59; Großkomm AktG/*Henze* § 54 Rn. 36; Kölner Komm AktG/*Arnold* Rn. 103 f.
[353] *Gerber* Rpfleger 2004, 471; Kölner Komm AktG/*Arnold* Rn. 103 ff.

Gründungsmitglieder und Aufsichtratsmitglieder" entsprechend § 36a Abs. 1, § 37 Abs. 1 bei erstmaliger Verwendung der Vorratsgesellschaft **zu versichern und nachzuweisen.**[354] Neben der Offenlegung bedarf es daher auch im Aktienrecht einer **Anmeldeerklärung analog § 37 Abs. 1 S. 1.**[355] Sind die Angaben falsch, so **haften die Erklärenden nach § 48** bzw. § 46.[356] Streitig ist allerdings, wer die Erklärung analog § 37 Abs. 1 S. 1 abzugeben hat. Zum Teil werden als „Gründer" im Sinne des § 36 Abs. 1 im Falle der Mantelverwendung nicht die ursprünglichen Gründer der Gesellschaft, sondern die „Erwerber" angesehen.[357] Vergleichbar ist die Rechtslage mit dem Fall der Anwendung der Nachgründungsvorschriften des § 52 bei der Mantelverwendung. Bezüglich der Eigenschaft als Gründer im Sinne des § 52 wird bei der Mantelverwendung ebenso nicht auf die ursprünglichen Gründer, die die Vorrats-AG selbst gegründet haben, abgestellt[358] sondern ganz überwiegend auf diejenigen, die die Vorrats-AG erwerben und sie dann nach entsprechender Satzungsänderung mit unternehmerischen Leben erfüllen.[359] Allerdings hilft diese Lösung nicht bei den Fällen der wirtschaftlichen Neugründung, in der kein Gesellschafterwechsel stattfindet. Vorzugswürdiger ist daher die Meinung, die zu Recht daraufhin weist, dass die Mitwirkung von Aktionären oder der Hauptversammlung bei einer Rechtshandlung im Registerverfahren systemfremd ist und die Hauptversammlung keine Zuständigkeit mehr hat, so dass die Anmeldeerklärung nur von den Mitgliedern des Vorstands und des Aufsichtsrats abzugeben ist.[360] Umstritten ist ferner, ob die Kapitalaufbringung **analog § 37 Abs. 1 S. 3** durch eine **Bankbestätigung** nachzuweisen ist und ob die **§§ 32 ff. entsprechend** anwendbar sind, also das Registergericht insbesondere einen Gründungsbericht und einen Gründungsprüfungsbericht verlangen kann.[361] Zum Teil wird angenommen, dass die die Mitglieder des **Vorstandes und des Aufsichtsrates** den Hergang der Mantelverwendung im Rahmen der **Gründungsprüfung** entsprechend § 33 Abs. 1 zu prüfen haben.[362] Der Umfang der Gründungsprüfung ergebe sich aus § 34, sei aber bei einer Vorrats-AG auf die ordnungsgemäße Kapitalaufbringung zu reduzieren,[363] sofern nicht ausnahmsweise bei Sacheinlagen analog § 34 Abs. 1 Nr. 1 und 2, Abs. 2 eine erweiterte Prüfung erforderlich sei. Die **Gründungsprüfung** nach § 33 soll sich dabei idR aber darauf beschränken können, ob das nach der Satzung erforderliche Kapital (noch) vorhanden sei.[364] Allein die Ausstattung mit dem gesetzlichen Mindestkapital genügt danach nicht.[365] Streitig ist auch, ob gem. § 32 Abs. 1 die Gründer einen schriftlichen **Gründungsbericht** über den Hergang der Gründung zu erstatten haben.[366] Teilweise wird allerdings neben der Offenlegung nur die Erklärung analog § 37 Abs. 1 S. 1 gefordert, weil Gründungsformalitäten nicht zweckgerecht sind. Dieser Auffassung ist zu folgen; denn der Gründungsbericht analog § 32 und ein Gründungsprüfungsbericht analog § 34 Abs. 2 sind entbehrlich, da diese Dokumente ihre Rechtfertigung in erster Linie darin hätten, eine (hier nicht stattfindende) registergerichtliche Entscheidung vorzubereiten.[367] Dies gilt auch für die **Bankbestätigung zur** Kapitalaufbringung **analog § 37 Abs. 1 S. 3**. Auch auf diese kann mE verzichtet werden, da im Regelfall keine Barzahlung erfolgt.[368] Zum Teil wird allerdings

---

[354] Vgl. BeckFormB/*Gerber* B:VI. S. 194; Großkomm AktG/*Röhricht/Schall* Rn. 369; Kölner Komm AktG/*Arnold* Rn. 103 ff.; Hüffer/Koch/*Koch* Rn. 27a; NK-AktR/*Braunfels* Rn. 31; Kölner Komm AktG/*Arnold* Rn. 92 ff.; K. Schmidt/Lutter/*Seibt* Rn. 43; *Gerber* Rpfleger 2004, 469; Grigoleit/*Vedder* Vor § 23 Rn. 14; Wachter/*Wachter* Rn. 69; Gutachten DNotI-Report 2012, 93; DNotI-Report 2011, 1 (2).
[355] *Mulert* in Happ AktienR Abschn. 2.07 Rn. 4; BeckFormB/*Gerber* B:VI. S. 194 Anm. 5; MüKoAktG/*Pentz* § 23 Rn. 102, 104; *Gerber* Rpfleger 2004, 469 (471); *Heinze* BB 2012, 67 (70).
[356] BGHZ 192, 341 = NJW 2012, 1875 = DNotZ 2013, 43, *Heinze* BB 2012, 67 (69) f.; vgl. dazu auch *Tavakoli* NJW 2012, 1855; *Götz* GmbHR 2013, 290; *Bittner* BB 2012, 1756; *Horn* DB 2012, 1255; *Gottschalk* DStR 2012, 1458; *Podewils* GmbHR 2012, 1175; *Kuszlik* GmbHR 2012, 882.
[357] *Gerber* Rpfleger 2004, 469 (471).
[358] So aber *Dormann/Fromholzer* AG 2001, 242 (243); *Werner* ZIP 2001, 1403 (1404).
[359] *Priester* DB 2001, 467 (468); *Grootehorst* NZG 2001, 145 (148); *Eishold* DStR 2001, 748 (751); *Reichert* ZGR 2001, 554 (559); Kölner Komm AktG/*Arnold* Rn. 103.
[360] So zu Recht *Heinze* BB 2012, 67 (69 f.); Grigoleit/*Vedder* Vor § 23 Rn. 14.
[361] Vgl. DNotI-Report 2012, 93 (95); *Gerber* Rpfleger 2004, 469 (470), BeckFormB/*Gerber* B:VI; Kölner Komm AktG/*Arnold* Rn. 105; Grigoleit/*Vedder* Vor § 23 Rn. 14.
[362] *Gerber* Rpfleger 2004, 469 (470); BeckFormB/*Gerber* B:VI; Kölner Komm AktG/*Arnold* Rn. 105; Grigoleit/*Vedder* Vor § 23 Rn. 14; Großkomm AktG/*Röhricht/Schall* Rn. 369; Hüffer/Koch/*Koch* Rn. 27a.
[363] *Gerber* Rpfleger 2004, 469 (470).
[364] So auch *Gerber* Rpfleger 2004, 469 (470).
[365] BGHZ 155, 318 = DNotZ 2003, 951 = NJW 2003, 3198 = Rpfleger 2003, 661 (663); *Gerber* Rpfleger 2004, 469 (470); aA *Grootehorst* NZG 2001, 145 (147).
[366] Bejahend *Gerber* Rpfleger 2004, 469 (470), BeckFormB/*Gerber* B:VI., ablehnend; Großkomm AktG/*Röhricht/Schall* Rn. 369; *Grootehorst* NZG 2001, 145 (148).
[367] *Heinze* BB 2012, 67 (68 f.); vgl. auch *Heinze* GmbHR 2011, 962 ff.; ähnlich auch das ältere Schrifttum *Grootehorst* NZG 2001, 145 (148); *Werner* NZG 2001, 397 (398); Großkomm AktG/*Röhricht/Schall* Rn. 369.
[368] *Heinze* BB 2012, 67 (68 f.).

in der Literatur eine solche gefordert.[369] Manche Autoren sprechen sich auch für die entsprechende Anwendung des § 26 Abs. 1 (Festsetzung von Sondervorteilen) und des § 26 Abs. 2 (Festsetzung des Gründungsaufwands) aus.[370] Im GmbH-Recht ist umstritten, ob die „Kosten der wirtschaftlichen Neugründung" überhaupt auf die Gesellschaft überwälzt werden können.[371] Das OLG Stuttgart[372] war allerdings der Meinung, dass, wenn bei der Vorratsgründung einer Aktiengesellschaft der Gründungsaufwand ausschließlich von der Gründerin selbst (und damit nicht von der Gesellschaft) getragen wurde, im Rahmen der wirtschaftlichen Neugründung ein Gründungsaufwand von der Gesellschaft (erstmals) übernommen werden und die entsprechende Satzungsergänzung in das Handelsregister eingetragen werden kann. Hiervon zu trennen ist die Frage, ob beim Erwerb einer Vorratsgesellschaft die hierfür notwendigen Gründungskosten nochmals zu Lasten des Kapitals erstattet werden dürfen.[373] Ungeklärt sind auch die **registerrechtlichen Kompetenzen** im Rahmen der wirtschaftlichen Neugründung. Fraglich ist, ob das Registergericht bei unterlassener Offenlegung die Eintragung eines Wechsels von Organmitgliedern, einer im Zusammenhang mit oder lediglich anlässlich der wirtschaftlichen Neugründung beschlossenen Satzungsänderung etc. ablehnen darf.[374] Bei der GmbH wird dies zum Teil zu Recht abgelehnt, weil die Eintragung lediglich deklaratorischer Natur ist und eine öffentlich-rechtliche Anmeldepflicht besteht würde das Registergericht durch eine verweigerte Eintragung zur Verlängerung der Unrichtigkeit des Handelsregisters beitragen.[375] Gleiches gilt für die Einreichung de Gesellschafterliste bei der GmbH und die nach § 106 Hs. 1 vorgeschriebene Liste der Aufsichtsratsmitglieder bei der AG.[376] Bei **Satzungsänderungen**, die natürlich nicht verpflichtend sind, ist umstritten, ob das Registergericht die Eintragung verweigern kann, solange nicht ein an anderer Stelle bestehender rechtswidriger Zustand beseitigt wird.[377] Dies ist auch bei der Satzungsänderung abzulehnen, da unterschiedliche Fragestellungen sonst registerrechtlich vermischt werden.

§ 24 Umwandlung von Aktien

(aufgehoben)

I. Anspruch auf Aktienumwandlung

Durch das Gesetz zur Änderung des Aktiengesetzes (Aktienrechtsnovelle 2016) vom 22.12.2015[1] wurde die Ausgabe von Inhaberaktien erheblich eingeschränkt (ausführlich → § 10 Rn. 1a, 8af.). § 24 wurde dementsprechend ersatzlos gestrichen.[2] Dies ist vor dem Hintergrund der Neuregelung des § 10[3] notwendig: Inhaberaktien dürfen danach nur noch ausgegeben werden wenn die Gesellschaft börsennotiert ist oder der Anspruch auf Einzelverbriefung ausgeschlossen ist und die Sammelurkunde bei einer der folgenden Stellen hinterlegt wird: a) einer Wertpapiersammelbank im Sinne des § 1 Abs. 3 Satz 1 DepotG, b) einem zugelassenen Zentralverwahrer oder einem anerkannten Drittland-Zentralverwahrer gemäß der Verordnung (EU) Nr. 909/2014 des Europäischen Parlaments und des Rates vom 23. Juli 2014 zur Verbesserung der Wertpapierlieferungen und -abrechnungen in der Europäischen Union sowie über Zentralverwahrer sowie zur Änderung der Richtlinien 98/26/EG und 2014/65/EU und der Verordnung (EU) Nr. 236/2012 (ABl. 2014 L 257, 1 vom 28.8.2014) oder c) einem sonstigen ausländischen Verwahrer, der die Voraussetzungen des § 5 Abs. 4 Satz 1 DepotG erfüllt. Bei nichtbörsennotierten Gesellschaften wäre daher das Verlangen eines Aktionärs, seine Namensaktie in eine Inhaberaktie umzutauschen, nach der Neuregelung nicht mehr ohne Weiteres erfüllbar. Bei börsennotierten Gesellschaften würde es nach der Meinung des Entwurfs einen unverhältnismäßigen Verwaltungsaufwand verursachen, wenn einzelne Aktionäre über einen Umwandlungsanspruch eine abweichende Aktienart erhielten.[4] Ein praktisches Bedürfnis dafür sat-

---

[369] *Gerber* Rpfleger 2004, 469 (470); BeckFormB/*Gerber* B:VI.,4 bei der Vorratsgesellschaft.
[370] *Pfeffer*, Die Haftung in der Entstehungsphase der Aktiengesellschaft, 2006, 175.
[371] *Wälzholz* NZG 2005, 409 (413); *Ulrich* WM 2004, 915 (918); *Gerber* Rpfleger 2004, 469 (471).
[372] OLG Stuttgart DNotZ 2013, 152 = NJW-RR 2013, 368 = AG 2013, 95.
[373] Verneinend OLG Jena ZIP 2004, 2327; *Gerber* Rpfleger 2004, 469 (471).
[374] Vgl. Gutachten DNotI-Report 2012, 93 (94).
[375] *Heinze* GmbHR 2011, 962 (968) wohl auch Gutachten DNotI-Report 2012, 93 (94).
[376] *Heinze* BB 2012, 67 (68 f.); *Heinze* GmbHR 2011, 962 ff.; DNotI-Report 2012, 93 (94).
[377] Bejahend: OLG München DNotZ 2006, 222; KG DNotZ 2006, 304; verneinend: BayObLG DNotZ 1997, 506; *Priester* GmbHR 2007, 296.
[1] BGBl. 2015 I 2565.
[2] Vgl. RegBegr BR-Drs. 852/11; *Wälzholz/Wolffskeel* MittBayNot 2016, 197 (200).
[3] Vgl. dazu Hüffer/Koch/*Koch* § 10 Rn. 1.
[4] RegBegr BR-Drs. 852/11, 14.

zungsmäßige Umwandlungsansprüche auch künftig ausdrücklich gesetzlich zu regeln, besteht danach nicht.[5] Im Hinblick auf die Satzungsstrenge des Aktienrechts (§ 23 Abs. 5) ist darauf zu achten, dass eine dementsprechende Regelung nicht mehr in neu beurkundete Satzungen aufgenommen wird.[6]

2 Für Gesellschaften, deren Satzung vor dem Inkrafttreten der Aktienrechtsnovelle 2016 dh vor dem 31.12.2015 durch notarielle Beurkundung festgestellt wurde und deren Aktien auf den Inhaber lauten, verbleibt es bei der bisherigen Rechtslage (§ 26h Abs. 1 EGAktG).[7] Bereits bestehende Aktiengesellschaften mit Inhaberaktien können diese deshalb grundsätzlich beibehalten. Nach § 26h Abs. 2 EGAktG gilt ferner folgendes: Sieht die Satzung einer Gesellschaft einen Umwandlungsanspruch gemäß § 24 AktG in der bis zum 30. Dezember 2015 geltenden Fassung vor, so bleibt diese Satzungsbestimmung wirksam. Dh dass für Altsatzungen weiterhin die Möglichkeit der Umwandlung besteht, so dass die nachfolgenden Ausführungen für diese Gesellschaften weiterhin Bedeutung haben. Eine Satzungsanpassung ist nicht erforderlich.[8]

3 Voraussetzung ist zum einen eine entsprechende (Alt-)**Satzungsklausel** und zum anderen ein **Verlangen des Aktionärs.** Die Satzung kann den Anspruch von Einschränkungen und von weiteren Voraussetzungen (etwa Beschränkung auf bestimmte Aktiengattungen) oder von der Zustimmung des Vorstandes abhängig machen.[9] Der Anspruch richtet sich gegen die Gesellschaft, vertreten durch den Vorstand. Das Umwandlungsverlangen muss an den Vorstand gerichtet werden. Eine Form ist nicht erforderlich, kann aber durch die Satzung vorgesehen werden.[10] Das Umwandlungsverlangen stellt eine empfangsbedürftige Willenserklärung dar, die an die Gesellschaft zu richten ist.[11] Aktionäre mit Inhaberaktien müssen diese vorlegen, Namensaktionäre müssen im Aktienregister eingetragen sei.[12] Die Umwandlung erfolgt durch den Vorstand durch **reine Verwaltungshandlung,** eine Änderung der Satzung ist damit nicht verbunden.[13] Die Umwandlung geschieht durch Änderung des Urkundentextes oder durch Aktienneuausgabe. Bei der Umwandlung von Inhaber- in Namensaktien ist die Eintragung des Inhabers in das Aktienbuch zu vollziehen, im umgekehrten Fall ist die Eintragung zu löschen.[14] Die Kosten der Umwandlung trägt, wenn die Satzung nichts anderes bestimmt, der Aktionär.[15] Umgewandelt werden können aber nur die Aktien, bei denen ein entsprechendes Aktionärsverlangen vorliegt, so dass die Gesellschaft uU sowohl Inhaber- als auch Namensaktionäre hätte. Was häufig nicht gewünscht ist.

II. Aktienumwandlung durch Satzungsänderung

4 Von § 24 aF zu unterscheiden ist die reguläre **Umwandlung durch Satzungsänderung,** wie sie auch in der Praxis am häufigsten stattfand; diese ist durch die §§ 179 ff. geregelt.[16] Durch Satzungsänderung können Inhaberaktien in Namensaktien und Namensaktien in Inhaberaktien umgewandelt werden, letzteres jetzt nach der Neuregelung nur sofern nach § 10 nF überhaupt zulässig ist. Die Umwandlung kann sich auch auf einen Teil der Aktien beschränken. In der Praxis ist in den letzten Jahren ein Trend zur Namensaktie festzustellen,[17] so dass viele große Gesellschaften von Inhaberaktien in Namensaktien gewechselt haben, dies auch vor dem Hintergrund, die Aktionäre persönlich ansprechen zu können.

---

[5] *Wälzholz/Wolffskeel* MittBayNot 2016, 197 (200).
[6] So zu Recht *Wälzholz/Wolffskeel* MittBayNot 2016, 197 (200).
[7] Hölters/*Solveen* Rn. 2.
[8] Hölters/Solveen Rn. 2; Hüffer/Koch/*Koch* Rn. 1.
[9] Hüffer/Koch/*Koch* Rn. 2; MüKoAktG/*Pentz* Rn. 5; NK-AktR/*Braunfels* Rn. 2; K. Schmidt/Lutter/*Seibt* Rn. 4; Bürgers/Körber/*Lohse* Rn. 2; Kölner Komm AktG/*Arnold* Rn. 4.
[10] MüKoAktG/*Pentz* Rn. 7; K. Schmidt/Lutter/*Seibt* Rn. 5.
[11] NK-AktR/*Braunfels* Rn. 1; K. Schmidt/Lutter/*Seibt* Rn. 5; Hüffer/Koch/*Koch* Rn. 3; MüKoAktG/*Pentz* Rn. 7; Grigoleit/*Vedder* Rn. 2; Wachter/*Wachter* Rn. 6.
[12] Hüffer/Koch/*Koch* Rn. 3; MüKoAktG/*Pentz* Rn. 7.
[13] Großkomm AktG/*Röhricht/Schall* Rn. 7; K. Schmidt/Lutter/*Seibt* Rn. 6; NK-AktR/*Braunfels* Rn. 2; Bürgers/Körber/*Lohse* Rn. 4.
[14] Großkomm AktG/*Röhricht/Schall* Rn. 8; K. Schmidt/Lutter/*Seibt* Rn. 6; NK-AktR/*Braunfels* Rn. 2.
[15] So Hüffer/Koch/*Koch* Rn. 5; MüKoAktG/*Pentz* Rn. 8; Großkomm AktG/*Röhricht/Schall* Rn. 9; K. Schmidt/Lutter/*Seibt* Rn. 7; Grigoleit/*Vedder* Rn. 6; str. aA Wachter/*Wachter* Rn. 5: Kosten trägt die Gesellschaft.
[16] *Noack* FS Bezzenberger, 2000, 291 (301 ff.); MüKoAktG/*Pentz* Rn. 11; Großkomm AktG/*Röhricht/Schall* Rn. 10; Hüffer/Koch/*Koch* Rn. 6; NK-AktR/*Braunfels* Rn. 4; K. Schmidt/Lutter/*Seibt* Rn. 2; Bürgers/Körber/*Lohse* Rn. 6 ff.; vgl. Beschlussmuster bei BeckFormB/*Gerber* S. 662 ff.
[17] *Noack* FS Bezzenberger, 2000, 291 (301 ff.); MüKoAktG/*Pentz* Rn. 11; Großkomm AktG/*Röhricht/Schall* Rn. 10; Hüffer/Koch/*Koch* Rn. 6; NK-AktR/*Braunfels* Rn. 4; K. Schmidt/Lutter/*Seibt* Rn. 2; vgl. Beschlussmuster bei BeckFormB/*Gerber* S. 662 ff.

Die **Umwandlung durch Satzungsänderung** richtet sich nach den allgemeinen Bestimmungen des 5
§§ 179 ff. (vgl. Erläuterungen zu § 179). Die Umwandlung setzt einen Beschluss voraus, durch den
die in § 23 Abs. 3 Nr. 5 vorgeschriebene Satzungsbestimmung geändert wird.[18] Inhaber- und
Namensaktien sind keine Aktien verschiedener Gattungen, sondern verschiedener Aktienart.

Umstritten ist dabei, ob die **Zustimmung der betroffenen Aktionäre** erforderlich ist und 6
ob die Satzungsänderung allein bereits das Entstehen der neuen Aktienart zur Folge hat, oder ob
noch die Aktionäre mitwirken müssen. Nach einer Auffassung[19] ist hierfür neben einer Satzungsänderung auch die Zustimmung jedes Aktionärs, dessen Verpflichtung zur Umwandlung seiner Namensaktien in Inhaberaktien begründet werden soll, erforderlich. Nach anderer, wohl überwiegender
Ansicht bedarf die Satzungsänderung jedenfalls dann nicht der Zustimmung des einzelnen Aktionärs,
wenn von der Umstellung der Namensaktien auf Inhaberaktien alle Aktien der Gesellschaft betroffen
sind. Die herrschende Meinung lässt es bei der in § 179 vorgesehenen Mehrheit und verlangt daher
keine Individualzustimmung.[20] Der herrschenden Meinung ist zu folgen, da es kein Sonderrecht
iSd § 35 BGB auf Beibehaltung der erworbenen Aktienart gibt und auch kein Individualrecht betroffen ist.[21]

Die **Durchführung der Umwandlung** erfolgt wie folgt: Die Aktien sind bei der Gesellschaft, 7
vertreten durch den Vorstand, einzureichen und von ihr gegen neue Aktienurkunden auszutauschen
oder durch Änderung des Urkundentextes.[22] Durch die Satzungsänderung werden die ausgegebenen
Aktienurkunden unrichtig und können nach § 73 für kraftlos erklärt werden.[23] Ist die Satzung durch
Satzungsänderung geändert, sind die Aktionäre zur Mitwirkung bei der Umwandlung verpflichtet.[24]

§ 25 Bekanntmachungen der Gesellschaft

**Bestimmt das Gesetz oder die Satzung, daß eine Bekanntmachung der Gesellschaft
durch die Gesellschaftsblätter erfolgen soll, so ist sie in den Bundesanzeiger einzurücken.**

Schrifttum: Deilmann/Messerschmidt, Erste Erfahrungen mit dem elektronischen Bundesanzeiger, NZG 2003,
616; *Noack*, Der elektronische Bundesanzeiger im Aktienrecht im Überblick: BB 2002, 2025; *Noack*, Neue
Entwicklungen im Aktienrecht und moderne Informationstechnologien 2003–2005, NZG 2004, 297; *Oppermann*,
Veröffentlichung der Hauptversammlungseinladung im elektronischen Bundesanzeiger ausreichend?, ZIP 2003,
793; *Spindler/Kramsky*, Der elektronische Bundesanzeiger als zwingendes Gesellschaftsblatt bei Pflichtbekanntmachungen der GmbH, NZG 2005, 746.

I. Normentwicklung und Normzweck

Durch das Gesetz zur Änderung des Aktiengesetzes (Aktienrechtsnovelle 2016) vom 22.12.2015[1] 1
wurde S. 2 des § 25 ersatzlos gestrichen. S. 2 sah die Möglichkeit weiterer Blätter oder elektronischer
Informationsmedien als Gesellschaftsblätter vor. Dies ist jetzt geändert worden. Die Begründung
zum RegE weist als Begründung auf die Rechtsunsicherheit hin, dass bisher umstritten war, zu
welchem Zeitpunkt eine Bekanntmachung bewirkt war, wenn die Veröffentlichung im Bundesanzeiger und in den oder den weiteren Gesellschaftsblättern an unterschiedlichen Tagen erfolgte:[2] „§ 25
Satz 2 AktG bestimmt, dass die Satzung neben dem Bundesanzeiger auch andere Blätter oder elektronische Informationsmedien als Gesellschaftsblätter bezeichnen kann. Diese Regelung soll ersatzlos
gestrichen werden. Sieht die Satzung neben dem Bundesanzeiger, der gemäß § 25 Satz 1 AktG
obligatorisches Gesellschaftsblatt aller Aktiengesellschaften ist, weitere Gesellschaftsblätter vor und
erfolgt in diesem Fall die Veröffentlichung nicht am selben Tag im Bundesanzeiger und in den
weiteren Gesellschaftsblättern, ist der Zeitpunkt der Bekanntmachung fraglich. Während einige
Autoren meinen, die Bekanntmachung sei erst mit Erscheinen des letzten, die Veröffentlichung
enthaltenden Gesellschaftsblattes vollzogen, gehen andere davon aus, maßgebend für den Eintritt der

---

[18] MüKoAktG/*Pentz* Rn. 24.
[19] MüKoAktG/*Pentz* Rn. 24.
[20] MüKoAktG/*Pentz* Rn. 12; die Zustimmung verlangt wird von Kölner Komm AktG/*Kraft* Rn. 18 mit
Hinweis auf § 35 BGB; *Noack* FS Bezzenberger, 2000, 291 (301).
[21] MüKoAktG/*Pentz* Rn. 12; die Zustimmung verlangt wird von Kölner Komm AktG/*Kraft* Rn. 18 mit
Hinweis auf § 35 BGB; *Noack* FS Bezzenberger, 2000, 291 (301).
[22] MüKoAktG/*Pentz* Rn. 12; die Zustimmung verlangt wird von Kölner Komm AktG/*Kraft* Rn. 18 mit
Hinweis auf § 35 BGB; *Noack* FS Bezzenberger, 2000, 291 (301).
[23] Hüffer/Koch/*Koch* Rn. 7; MüKoAktG/*Pentz* Rn. 13.
[24] Hüffer/Koch/*Koch* Rn. 7; MüKoAktG/*Pentz* Rn. 13.
[1] BGBl. 2015 I 2565.
[2] BT-Drs. 18/4349, 18; vgl. auch Hüffer/Koch/*Koch* Rn. 1.

Bekanntmachungswirkungen sei allein das Einrücken der Information in den Bundesanzeiger. Sofern das Gesetz nicht ausdrücklich auf die Bekanntmachung im Bundesanzeiger abhebt, kann es danach zu Unklarheiten bei der Berechnung verschiedener Fristen des Aktiengesetzes kommen (vgl. § 214 Absatz 2 Satz 1, Absatz 3 Satz 1, § 246 Absatz 4 Satz 2, § 272 Absatz 1 AktG). Dies ist für die Unternehmenspraxis sehr negativ. Aber auch in anderen Fällen, in denen das Gesetz die Bekanntmachung in den Gesellschaftsblättern vorschreibt, wie es beispielsweise bei der Einberufung der Hauptversammlung gemäß § 121 Absatz 4 Satz 1 AktG der Fall ist, bleibt bei mehreren Gesellschaftsblättern mitunter unklar, wann die Wirkungen der Bekanntmachungen eintreten. Von der Möglichkeit, weitere Gesellschaftsblätter qua Satzungsregelung vorzusehen, wird in der Praxis kaum noch Gebrauch gemacht. Große Teile der Kommentarliteratur raten im Hinblick auf die gravierenden Rechtsfolgen, die eine fehlerhafte Bekanntmachung haben kann, von der Aufnahme einer entsprechenden Satzungsklausel ab. Zukünftig soll daher allein der Bundesanzeiger das maßgebliche Gesellschaftsblatt einer Aktiengesellschaft sein." Dies bedeutet, dass eine dementsprechende Bestimmung nicht mehr in die Satzung aufgenommen werden kann.[3] Der Gesetzgeber weist aber zutreffend darauf hin, dass es der Gesellschaft natürlich freisteht, Informationen neben dem Bundesanzeiger auch freiwillig in weiteren Publikationen zu veröffentlichen.[4] Nach der Übergangsregelung in § 26h Abs. 3 EGAktG, bleiben entsprechende Angaben in Altsatzungen, deren Satzung vor dem Inkrafttreten der Aktienrechtsnovelle 2016, dh vor dem 31.12.2015 durch notarielle Beurkundung festgestellt wurde, auch weiterhin wirksam.[5] Eine Satzungsanpassung ist nicht erforderlich.[6] Bei einer entsprechenden Satzungsregelung muss die Pflichtbekanntmachungen also auch künftig in den in der Satzung vorgesehenen Medien veröffentlicht werden.[7] An diese weitere Veröffentlichung werden allerdings keine Rechtsfolgen mehr geknüpft.[8]

2 Die **Struktur der Publizität** bei der AG ist die folgende: Bekanntmachungen von Gesellschaftsvorgängen erfolgen bei strukturellen wichtigen Vorgängen durch Eintragung im Handelsregister und werden durch das Gericht veröffentlicht. Die Gesellschaften können freiwillige Veröffentlichungen im Sinne von § 23 Abs. 4 vornehmen[9] und sind zu Pflichtveröffentlichungen aufgrund Satzung oder Gesetz gezwungen, nur für letztere gilt § 25.[10] Das Aktiengesetz regelt an verschiedenen Stellen, dass Bekanntmachungen in den Gesellschaftsblättern zu erfolgen haben: zB § 20 Abs. 6, § 64 Abs. 2, 3; § 97 Abs. 1 S. 1, §§ 106, 121 Abs. 3, § 124 Abs. 1 S. 1, § 214 Abs. 1, § 226 Abs. 2 S. 2 und 3. Diese Bekanntmachungen sind vom Vorstand, in Ausnahmefällen vom Gericht durchzuführen (§ 99 Abs. 2 S. 1, § 306 Abs. 3 S. 1). Durch das Gesetz zur weiteren Reform des Aktien- und Bilanzrechts, zu Transparenz und Publizität (Transparenz- und Publizitätsgesetz) vom 19.7.2002[11] wurde bestimmt, dass der **elektronische Bundesanzeiger Pflichtgesellschaftsblatt** der Aktiengesellschaften ist. Wenn das Aktiengesetz und die Satzungen davon sprechen, dass etwas in den „Gesellschaftsblättern" bekannt zu machen ist, so ist dies im elektronischen Bundesanzeiger durchzuführen.[12] Auch im Umwandlungsgesetz ist verschiedentlich von den Gesellschaftsblättern die Rede (§§ 62, 231, 267, 268 UmwG). Auch insoweit ist der elektronische Bundesanzeiger maßgeblich. In der Regierungsbegründung zum TransPuG[13] heißt es hierzu, dass die ursprüngliche Formulierung, die von einer Bekanntmachung „in Papierform" ausging, nicht mehr zeitgemäß sei. Demgemäß soll die elektronische Bekanntmachung gleichsam also der „elektronische Bundesanzeiger" ergänzend zum „Papier-Bundesanzeiger" als Bekanntmachungsmedium zur Verfügung gestellt werden. Während dabei der Referentenentwurf zum TransPuG noch eine Wahlmöglichkeit der Gesellschaft für eine Bekanntmachung im elektronischen Bundesanzeiger bzw. im Papier-Bundesanzeiger vorgesehen hatte, hat der Regierungsentwurf zum TransPuG als auch die endgültige Neufassung des § 25 S. 1 AktG nF von einer derartigen Wahlmöglichkeit Abstand genommen. Nach Auffassung des Gesetzgebers soll dadurch vermieden werden, dass ein Interessent sowohl die Schriftform als auch die elektronische

---

[3] *Wälzholz/Wolffskeel* MittBayNot 2016, 197 (200).
[4] Begr. RegE, BT-Drs. 18/4349, 19; *Wälzholz/Wolffskeel* MittBayNot 2016, 197 (200) mit Formulierungsvorschlag; Hölters/*Solveen* Rn. 7.
[5] Hüffer/Koch/*Koch* Rn. 1; Hölters/*Solveen* Rn. 2.
[6] Hölters/*Solveen* Rn. 7.
[7] Hölters/Solveen Rn. 7.
[8] Begr. RegE, BT-Drs. 18/4349, 19; Hölters/*Solveen* Rn. 7; *Wälzholz/Wolffskeel* MittBayNot 2016, 197 (200).
[9] *Wälzholz/Wolffskeel* MittBayNot 2016, 197 (200) mit Formulierungsvorschlag, Wachter/*Wachter*, Rn. 9.
[10] NK-AktR/*Braunfels* Rn. 1; K. Schmidt/Lutter/*Seibt* Rn. 1; Bürgers/Körber/*Lohse* Rn. 1; Kölner Komm AktG/*Arnold* Rn. 3; K. Schmidt/Lutter/*Seibt* Rn. 1; Grigoleit/*Vedder* Rn. 1; Wachter/*Wachter* Rn. 1 f.
[11] BGBl. 2002 I 2681, dazu *Ihrig/Wagner*, BGB 2002, S. 789 ff.; *Zühner* AG 2002, 1; *Noack* DB 2002, 620.
[12] *Noack* DB 2002, 2025 ff.; NK-AktR/*Braunfels* Rn. 2; K. Schmidt/Lutter/*Seibt* Rn. 3; Bürgers/Körber/*Lohse* Rn. 2; Kölner Komm AktG/*Arnold* Rn. 4; K. Schmidt/Lutter/*Seibt* Rn. 1 ff.; Grigoleit/*Vedder* Rn. 1; Wachter/*Wachter* Rn. 4 f.
[13] Vgl. dazu *Seibert*, Das Transparenz- und Publizitätsgesetz, 2003, 8.

Form des Bundesanzeigers nach etwaigen Bekanntmachungen durchsuchen müsse. Mit dem zum Gesetz gewordenen Regierungsentwurf soll vielmehr die Veröffentlichung der Unternehmensmitteilungen konsequenterweise ganz auf die elektronische Form umgestellt werden. Allein der elektronische Bundesanzeiger ist nach der Gesetzesbegründung dann das einheitliche nationale Veröffentlichungsinstitut. Nach Abschaffung der Druckausgabe ist der elektronische Bundesanzeiger alleiniges Pflichtmedium. Durch das Gesetz zur Änderung von Vorschriften über Verkündung und Bekanntmachungen sowie der Zivilprozessordnung, des Gesetzes betreffend die Einführung der Zivilprozessordnung und der Abgabenordnung vom 22.12.2011[14] wurde in § 25 S. 1 das Wort „elektronisch" gestrichen, so dass jetzt die Formulierung „Bundesanzeiger" den elektronischen meint.[15]

§ 25 betrifft nur die sog. **Pflichtbekanntmachung,** das sind solche, die kraft Gesetzes oder aufgrund der Satzung in den Gesellschaftsblättern zu veröffentlichen sind.[16] Sog. **freiwillige Bekanntmachungen** der Gesellschaft werden nicht durch § 25 geregelt, sondern durch die nach § 23 Abs. 4 erforderliche Regelung in der Satzung (→ § 23 Rn. 23). Für die **Bekanntmachungen des Registergerichts** gilt § 10 HGB. **3**

II. Der Bundesanzeiger als Pflichtgesellschaftsblatt

§ 25 soll gewährleisten, dass Pflichtbekanntmachungen in einer allgemein zugänglichen Quelle veröffentlicht werden, und allen Interessenten ein einheitliches Medium zur Verfügung steht.[17] Die zur elektronischen Veröffentlichung bestimmten Texte können auf elektronischem Weg via Internet (www.ebundesanzeiger.de) an den Bundesanzeigerverlag übermittelt werden. Hierzu muss man sich einmalig beim Bundesanzeigerverlag elektronisch registrieren. Im Regelfall müssen die Daten bis spätestens 14 Uhr des Übermittlungstages beim Bundesanzeiger eingegangen sein, damit spätestens am übernächsten Erscheinungstag diese veröffentlicht werden. Eingerückt im Sinne des § 25 Abs. 1 ist eine Bekanntmachung, wenn sie auf der Website des elektronischen Bundesanzeigers eingestellt ist.[18] **4**

Verschiedentlich verlangt das Gesetz, dass **Bescheinigung und Nachweise** über den Zeitpunkt und Inhalt der Bekanntmachung benötigt werden, zB Änderungen im Aufsichtsrat nach § 106 AktG und die Einberufung der Hauptversammlung nach § 130 Abs. 3 AktG. In diesen Fällen genügt die Angabe der Internetfundstelle.[19] In der Praxis wird aus Vereinfachungsgründen ein Ausdruck des elektronischen Bundesanzeigers der Urkunde beigefügt. **5**

III. Weitere Gesellschaftsblätter

§ 25 S. 2 aF sah vor, dass in der Satzung auch **andere Blätter oder elektronische Informationsmedien als Gesellschaftsblätter** bezeichnet werden konnten. Durch die Streichung des S. 2 sind solche Blätter dann keine Gesellschaftsblätter iS des Gesetzes oder der Satzung mehr und die Veröffentlichungen in diesen Medien zwar möglich, aber für die Gültigkeit der Bekanntmachung unerheblich.[20] **6**

IV. Rechtsfolgen der Veröffentlichung in den Gesellschaftsblättern

Bekanntmachungen der AG im elektronischen Bundesanzeiger lösen in der Regel Rechtswirkungen aus, zB förmliche Einberufung der Hauptversammlung. Auch in anderen Zusammenhängen kann es darauf ankommen, ob eine Gesellschaftsmitteilung rechtzeitig und in korrekter Weise erfolgt ist, zB Kaduzierung und Kraftloserklärung (§ 64 Abs. 3, § 73 Abs. 2 S. 3).[21] Wird durch die Bekanntmachung eine **Frist** in Lauf gesetzt, so ist das Ereignis, das die Frist gem. § 187 BGB beginnen lässt, das Einstellen der Information auf die Website des elektronischen Bundesanzeigers.[22] **7**

---

[14] BGBl. 2011 I 3044.
[15] Großkomm AktG/*Röhricht/Schall* Rn. 1.
[16] MüKoAktG/*Pentz* Rn. 3; K. Schmidt/Lutter/*Seibt* Rn. 3; Grigoleit/*Vedder* Rn. 1; Wachter/*Wachter* Rn. 6.
[17] MüKoAktG/*Pentz* Rn. 3; Hüffer/Koch/*Koch* Rn. 2; Kölner Komm AktG/*Arnold* Rn. 4 f.
[18] Hüffer/Koch/*Koch* Rn. 2.
[19] Hüffer/Koch/*Koch* Rn. 3; K. Schmidt/Lutter/*Seibt* Rn. 4; *Noack* BB 2002, 2027; Grigoleit/*Vedder* Rn. 4; Wachter/*Wachter* Rn. 7.
[20] So zu Recht Großkomm AktG/*Röhricht/Schall* Rn. 4; Begr. RegE, BT-Drs. 18/4349, 19; Hölters/*Solveen* Rn. 7; *Wälzholz/Wolffskeel* MittBayNot 2016, 197 (200).
[21] *Noack* BB 2002, 2026; Kölner Komm AktG/*Arnold* Rn. 12.
[22] Hüffer/Koch/*Koch* Rn. 5; MüKoAktG/*Pentz* Rn. 12; NK-AktR/*Braunfels* Rn. 3; K. Schmidt/Lutter/*Seibt* Rn. 8; Bürgers/Körber/*Lohse* Rn. 4; Kölner Komm AktG/*Arnold* Rn. 14.

§ 26 Sondervorteile. Gründungsaufwand

(1) Jeder einem einzelnen Aktionär oder einem Dritten eingeräumte besondere Vorteil muß in der Satzung unter Bezeichnung des Berechtigten festgesetzt werden.

(2) Der Gesamtaufwand, der zu Lasten der Gesellschaft an Aktionäre oder an andere Personen als Entschädigung oder als Belohnung für die Gründung oder ihre Vorbereitung gewährt wird, ist in der Satzung gesondert festzusetzen.

(3) [1]Ohne diese Festsetzung sind die Verträge und die Rechtshandlungen zu ihrer Ausführung der Gesellschaft gegenüber unwirksam. [2]Nach der Eintragung der Gesellschaft in das Handelsregister kann die Unwirksamkeit nicht durch Satzungsänderung geheilt werden.

(4) Die Festsetzungen können erst geändert werden, wenn die Gesellschaft fünf Jahre im Handelsregister eingetragen ist.

(5) Die Satzungsbestimmungen über die Festsetzungen können durch Satzungsänderung erst beseitigt werden, wenn die Gesellschaft dreißig Jahre im Handelsregister eingetragen ist und wenn die Rechtsverhältnisse, die den Festsetzungen zugrunde liegen, seit mindestens fünf Jahren abgewickelt sind.

Schrifttum: Elsing, Gründungsaufwand und seine Höchstgrenze? § 5 GmbHG; § 26 AktG, DNotZ 2011, 245; *Cramer,* Die Übernahme des Gründungsaufwands durch die GmbH, NZG 2015, 373; *Hupka,* Übernahme des Gründungsaufwands durch die GmbH im Gesellschaftsvertrag, notar 2017, 104; *Junker,* Der Sondervorteil im Sinne des § 26 AktG, ZHR 159 (1995), 207; *Jürgenmeyer/Maier,* Der Gründungsaufwand bei der GmbH als verdeckte Gewinnausschüttung, BB 1996, 2135 (2138); *Wachter,* Festsetzung des Gründungsaufwands in der GmbH-Satzung, NZG 2010, 734.

Übersicht

	Rn.		Rn.
I. Normzweck	1	5. Übertragung und Erlöschen des Sondervorteils	6
II. Sondervorteile	2–6	III. Gründungsaufwand (Abs. 2)	7–10
1. Begriff	2	IV. Rechtsfolgen fehlender oder unrichtiger Festsetzungen von Sondervorteil oder Gründungsaufwand	11–13
2. Arten von Sondervorteilen	3		
3. Materiell-rechtliche Grenzen	4	V. Änderung und Beseitigung der Festsetzung (Abs. 4, 5)	14–16
4. Festsetzung in der Satzung	5		

I. Normzweck

1 Die Vorschrift schützt vor ihrem historischen Kontext in erster Linie gegenwärtige und künftige Aktionäre vor Vorteilen der Gründer, die für die gesamte Dauer der Aktiengesellschaft eine Last darstellen können.[1] Durch derartige Vorteile kann der zur Verteilung an die Aktionäre zur Verfügung stehende Gewinn geschmälert und die Kapitalgrundlage gefährdet sein.[2] Hauptzweck ist also der **Aktionärsschutz.** Mittel des Schutzes ist **Satzungspublizität,**[3] derartige Vorteile, die aus derartigen Vereinbarungen resultieren müssen offen gelegt und publik gemacht werden. Der Funktion nach handelt es sich um eine **Formvorschrift,** indem die Einhaltung einer bestimmten Form, nämlich die Festsetzung in der Satzung vorgeschrieben wird.[4] In der Literatur wird aber zu Recht auch darauf hingewiesen, dass zumindest mittelbar hieraus auch ein **Gläubigerschutz** resultiert, weil durch derartige Vorteile die Kapitalgrundlagen geschmälert werden können.[5] Die Vorschrift hat **zwei Regelungsbereiche** und regelt zum einen die Sondervorteile zugunsten einzelner Aktionäre und Dritter (§ 26 Abs. 1) zum anderen Gründungsaufwand zu Lasten der Gesellschaft (§ 26 Abs. 2). Beides wird nicht verboten; die Wirksamkeit einer entsprechenden Vereinbarung verlangt jedoch

---
[1] Vgl. *Junker* ZHR 159 (1995), 210; NK-AktR/*Braunfels* Rn. 1; K. Schmidt/Lutter/*Seibt* Rn. 1, Bürgers/Körber/*Lohse* Rn. 1; Kölner Komm AktG/*Arnold* Rn. 3; Grigoleit/*Vedder* Rn. 1; Wachter/*Wachter* Rn. 2.
[2] Großkomm AktG/*Röhricht/Schall* Rn. 2.
[3] Hüffer/Koch/*Koch* Rn. 1; NK-AktR/*Braunfels* Rn. 1; K. Schmidt/Lutter/*Seibt* Rn. 2; Kölner Komm AktG/*Arnold* Rn. 3; Grigoleit/*Vedder* Rn. 1; Wachter/*Wachter* Rn. 2.
[4] So *Junker* ZHR 159 (1995), 207; anders Kölner Komm AktG/*Arnold* Rn. 13; vgl. auch NK-AktR/*Braunfels* Rn. 1; K. Schmidt/Lutter/*Seibt* Rn. 2.
[5] Großkomm AktG/*Röhricht/Schall* Rn. 2; MüKoAktG/*Pentz* Rn. 3; Hüffer/Koch/*Koch* Rn. 1; Grigoleit/*Vedder* Rn. 1; Wachter/*Wachter* Rn. 2; Bürgers/Körber/*Lohse* Rn. 1; zweifelnd *Junker* ZHR 159 (1995), 210.

eine Festsetzung in der Satzung (§ 26 Abs. 3). Die Vorschrift wird im GmbHG in § 26 Abs. 1 und 2 entsprechend angewendet.[6] § 26 Abs. 2 soll als allgemeiner Rechtsgedanke für alle Kapitalgesellschaften und damit auch für die GmbH im Interesse der Gläubiger sicherstellen, dass in der Satzung offen gelegt wird, wie weit das Grundkapital vorbelastet ist.[7]

II. Sondervorteile

1. Begriff. Die herrschende Meinung entwickelt den Begriff zum einen schutzbezogen und zum anderen in Abgrenzung zur mitgliedschaftlichen Stellung: Erfasst sind solche Sondervorteile, die Ansprüche gegen die Gesellschaft gewähren und die geeignet sein können, die Interessen der Aktionäre zu beeinträchtigen.[8] Entscheidend ist, dass es sich um ein **Gläubigerrecht** handelt, das einzelnen oder allen Aktionären oder Dritten aus Anlass der Gründung gewährt wird, also nicht Rechte, die aus der Mitgliedschaft folgen.[9] Vorzugsrechte, mit denen gem. § 11 einzelne Aktiengattungen ausgestattet werden können, sind dementsprechend keine Sondervorteile im Sinne der Vorschrift. Früher wurde vertreten, dass aus der unterschiedlichen Formulierung zu Abs. 2 Sondervorteile im Sinne des Abs. 1 nur solche sein können, die von anderen Aktionären zu erbringen sind. Diese Auffassung wird mittlerweile abgelehnt, wobei nach der überwiegenden Meinung zu Recht es gleichgültig ist, wer die entsprechende Leistung zu erbringen hat, die Gesellschaft oder der Aktionär.[10] In der Literatur umstritten und von der Rechtsprechung bislang nicht geklärt ist in diesem Zusammenhang die Frage, ob sich Sondervorteile auch aus **Austauschverträgen** ergeben können oder ob sie dem Berechtigten **gegenleistungsfrei** zufließen müssen. Zum Teil wird dies in der Literatur verneint.[11] Nach der Gegenmeinung können sich Sondervorteile auch aus gegenseitigen Verträgen ergeben, sofern diese zu Bedingungen abgeschlossen werden, die den Vertragspartner der Gesellschaft unangemessen bevorzugen bzw. bei denen ein auffälliges Missverhältnis zwischen Leistung und Gegenleistung besteht.[12] Der BGH[13] hat im Zusammenhang mit einem Architektenvertrag insoweit die Auffassung geäußert, dass die Annahme eines Sondervorteils in Betracht komme, „wenn die Vergütung übermäßig hoch sei". Dieser Meinung ist mE zu folgen,[14] da sonst leicht Umgehungen möglich wären. Wie sich aus § 26 Abs. 3 ergibt, sind in Abs. 1 nur solche Sondervorteile angesprochen, die aus **Anlass der Gründung** gewährt werden. Aktionären oder Dritten nach Eintragung der Gesellschaft in das Handelsregister eingeräumte und nicht im Zusammenhang mit der Gründung stehende besondere Vorteile müssen zu Ihrer Wirksamkeit nicht in der Satzung festgesetzt werden. „Aus Anlass der Gründung" sind derartige Vorteile dann gewährt, wenn sie mit der Gründung in sachlichem Zusammenhang stehen.[15]

2. Arten von Sondervorteilen. Sondervorteile können **Vorteile jeglicher Art** sein:[16] Gläubigerrechtliche Gewinnvorteile, etwa Anteile am Gewinn oder Umsatz; Umsatzprovisionen, Recht auf freien Zutritt zu Veranstaltungen oder Anlagen der Gesellschaft, Wiederkaufsrechte bezüglich eingebrachter Sachen, Exklusivverträge auf Lieferung oder Bezug von Waren und Dienstleistungen, Nutzungen des Anlagevermögens durch den Begünstigten. Auch nicht vermögensrechtliche Vorteile kommen in Betracht:[17] über § 131 hinausgehende Informationsrechte, Rechte auf Büchereinsicht. Umstritten ist, ob auch ein Entsenderecht in den Aufsichtsrat gem. § 101 Abs. 2 (→ § 101 Rn. 47 ff.)

---

[6] BGH NJW 1989, 1610 = AG 1989, 274; Hüffer/Koch/*Koch* Rn. 1; K. Schmidt/Lutter/*Seibt* Rn. 2.
[7] BGHZ 107, 1 (5).
[8] *Junker* ZHR 159 (1995), 211; Bürgers/Körber/*Lohse* Rn. 2; Kölner Komm AktG/*Arnold* Rn. 5; Grigoleit/*Vedder* Rn. 2; Wachter/*Wachter* Rn. 6.
[9] Großkomm AktG/*Röhricht/Schall* Rn. 7; Hüffer/Koch/*Koch* Rn. 2; MüKoAktG/*Pentz* Rn. 8; NK-AktR/*Braunfels* Rn. 3; K. Schmidt/Lutter/*Seibt* Rn. 4; Bürgers/Körber/*Lohse* Rn. 2; Kölner Komm AktG/*Arnold* Rn. 7.
[10] Hüffer/Koch/*Koch* Rn. 2; Großkomm AktG/*Röhricht/Schall* Rn. 6; NK-AktR/*Braunfels* Rn. 3; enger MüKoAktG/*Pentz* Rn. 9: nur solche Vorteile, die zumindest auch durch die Gesellschaft zu erbringen sind ebenso K. Schmidt/Lutter/*Seibt* Rn. 4.
[11] Großkomm AktG/*Röhricht/Schall* Rn. 3.
[12] *Junker* ZHR 159 (1995), 207; GHEK/*Eckardt* § 26 Rn. 14; NK-AktR/*Braunfels* Rn. 4; K. Schmidt/Lutter/*Seibt* Rn. 5; Kölner Komm AktG/*Arnold* Rn. 17; Grigoleit/*Vedder* Rn. 2; vgl. auch Wachter/*Wachter* Rn. 6.
[13] BGH WM 1969, 882 (884).
[14] So wohl auch Bürgers/Körber/*Lohse* Rn. 2.
[15] Hüffer/Koch/*Koch* Rn. 2; MüKoAktG/*Pentz* Rn. 8.
[16] Vgl. die Aufzählung bei *Junker* ZHR 159 (1995), 213; MüKoAktG/*Pentz* Rn. 12; Großkomm AktG/*Röhricht/Schall* Rn. 10; Hüffer/Koch/*Koch* Rn. 3; Bürgers/Körber/*Lohse* Rn. 3 ff.; NK-AktR/*Braunfels* Rn. 4 ff.; K. Schmidt/Lutter/*Seibt* Rn. 6 f.; Bürgers/Körber/*Lohse* Rn. 3 ff.; Kölner Komm AktG/*Arnold* Rn. 8; Grigoleit/*Vedder* Rn. 4; Wachter/*Wachter* Rn. 7.
[17] MüKoAktG/*Pentz* Rn. 12; NK-AktR/*Braunfels* Rn. 5; K. Schmidt/Lutter/*Seibt* Rn. 7.

einen Sondervorteil darstellen kann.[18] Für die Praxis ist die Frage unbedeutend, da sich in § 101 Abs. 2 die gleiche Formvorschrift findet, wie in § 26 Abs. 1.

4 **3. Materiell-rechtliche Grenzen.** § 26 verbietet Sondervorteile als solche nicht, es können aber andere Vorschriften des Aktienrechts dies verbieten.[19] So kann ein Sondervorteil gegen das Verbot der Rückzahlung von Einlageleistungen (§ 57 Abs. 1) oder die Zahlung von Zinsen (§ 57 Abs. 2) verstoßen. Vereinzelt wurde der Vorrang des § 57 bestritten.[20] Die herrschende Meinung geht aber vom Vorrang des § 57 aus.[21] **Kapitalerhaltungsvorschriften** finden daher vorrangig und uneingeschränkt Anwendung. Daher ist jede Zuwendung unzulässig, die ein Aktionär außerhalb der ordnungsgemäßen Verteilung des Bilanzgewinns erhält. Auch überhöhte Vergütungen sind deshalb unzulässig.[22] Unzulässige **Sondervorteile nicht vermögensrechtlicher Art** stellen etwa die Zusicherung von Vorstandsposten oder eines Rechts auf Vorstandsernennung dar, da eine solche Bestimmung gegen § 84 verstößt.[23]

5 **4. Festsetzung in der Satzung.** § 26 wird zT als **Formvorschrift** gewertet.[24] Dies wird überwiegend zu Recht abgelehnt.[25] § 26 Abs. 1 verlangt aber die Festsetzung des Sondervorteils in der Satzung und die Bezeichnung des Berechtigten. Notwendig ist die **genaue Bezeichnung** des Vorteils und der Person, der er gewährt werden soll. Unzulässig wäre eine Satzungsbestimmung, durch die der Vorstand zur Gewährung des Sondervorteils ermächtigt wird.[26] Allgemeine Beschreibungen genügen ebenfalls nicht.[27] Zu unterscheiden von der Festsetzung des Vorteils in der Satzung ist allerdings der Vertrag, der zwischen der Gesellschaft und dem Begünstigten geschlossen wird. Dieser kann nach allgemeinen Grundsätzen formfrei geschlossen werden, wenn nicht andere Formvorschriften dies vorschreiben.[28]

6 **5. Übertragung und Erlöschen des Sondervorteils.** Da die Sondervorteile nicht mitgliedschaftsrechtliche Rechte, sondern Drittrechte sind, gehen sie nicht automatisch mit der Übertragung der Aktie auf etwaige Rechtsnachfolger über.[29] Die Übertragung erfolgt nach den für **Abtretung von Rechten** geltenden Regeln nach §§ 398 ff., 413 BGB. Bei der Übertragung von Aktien sollte daher geklärt werden, ob die Sondervorteile separat mitübertragen werden, dann sind die Spezialvorschriften zu beachten. Die Satzung kann die **Übertragbarkeit einschränken** oder ausschließen.[30] Eine Einschränkung könnte auch darin liegen, dass nur Aktionäre Berechtigte sein können. Aus der Satzung und deren Auslegung kann sich ergeben, dass der Sondervorteil nur bestimmten Personen zustehen soll, dann ist er uU nicht übertragbar. Ebenfalls zu beachten ist § 399 BGB, wonach es darauf ankommt, ob die Übertragung ohne Veränderung des Inhalts möglich ist. Häufig sind höchstpersönliche Rechte, etwa Kontroll- und Herrschaftsrechte, nicht übertragbar.[31] Das **Erlöschen des Sonderrechts** bestimmt sich nach den §§ 362 ff., 397 BGB bzw. vorrangig den Satzungsbestimmungen.[32]

III. Gründungsaufwand (Abs. 2)

7 Gem. § 26 Abs. 2 ist der Gesamtaufwand, der zu Lasten der Gesellschaft an Aktionäre oder andere Personen als Entschädigung oder als Belohnung für die Gründung oder ihre Vorbereitung gewährt

---

[18] Bejahend Hüffer/Koch/*Koch* Rn. 3; MüKoAktG/*Pentz* Rn. 12; Großkomm AktG/*Röhricht/Schall* Rn. 17; abl. Kölner Komm AktG/*Arnold* Rn. 9.
[19] *Junker* ZHR 159 (1995), 214 ff.; MüKoAktG/*Pentz* Rn. 13; NK-AktR/*Braunfels* Rn. 6; K. Schmidt/Lutter/*Seibt* Rn. 8 f.; Kölner Komm AktG/*Arnold* Rn. 10.
[20] *Ebenroth,* Die verdeckten Vermögenszuwendungen im transnationalen Unternehmensrecht, 1979, 324.
[21] *Junker* ZHR 159 (1995) 214 ff.; Hüffer/Koch/*Koch* Rn. 3; MüKoAktG/*Pentz* Rn. 13; NK-AktR/*Braunfels* Rn. 6; K. Schmidt/Lutter/*Seibt* Rn. 8.
[22] MüKoAktG/*Pentz* Rn. 13; Kölner Komm AktG/*Arnold* Rn. 10 ff.
[23] Hüffer/Koch/*Koch* Rn. 3; MüKoAktG/*Pentz* Rn. 15.
[24] *Junker* ZHR 159 (1995), 214 ff.; Grigoleit/*Vedder* Rn. 1.
[25] Großkomm AktG/*Röhricht/Schall* Rn. 20; NK-AktR/*Braunfels* Rn. 1; K. Schmidt/Lutter/*Seibt* Rn. 1; Bürgers/Körber/*Lohse* Rn. 6; Kölner Komm AktG/*Arnold* Rn. 13.
[26] MüKoAktG/*Pentz* Rn. 17; NK-AktR/*Braunfels* Rn. 7; K. Schmidt/Lutter/*Seibt* Rn. 10; Bürgers/Körber/*Lohse* Rn. 6; Kölner Komm AktG/*Arnold* Rn. 12.
[27] Hüffer/Koch/*Koch* Rn. 4.
[28] Hüffer/Koch/*Koch* Rn. 4; MüKoAktG/*Pentz* Rn. 18.
[29] Großkomm AktG/*Röhricht/Schall* Rn. 23.
[30] MüKoAktG/*Pentz* Rn. 21.
[31] Großkomm AktG/*Röhricht/Schall* Rn. 24; MüKoAktG/*Pentz* Rn. 21.
[32] Kölner Komm AktG/*Arnold* Rn. 15; MüKoAktG/*Pentz* Rn. 21; NK-AktR/*Braunfels* Rn. 9; K. Schmidt/Lutter/*Seibt* Rn. 13.

wird, ebenfalls in der Satzung gesondert festzusetzen. Diese Leistungen stellen den sog. Gründungsaufwand dar.[33] Ebenso wie § 26 Abs. 1 dient die Vorschrift dem **Gläubiger- und Aktionärsschutz:** Es soll sichergestellt werden, dass in der Satzung offen gelegt wird, in welchem Umfang das Grundkapital durch Gründungsaufwand vorbelastet ist.[34] Dies schützt aber insoweit auch die Gründer, indem klargestellt wird, dass bestimmte Aufwendungen von der Gesellschaft erstattet werden. Die Festsetzung gibt den entsprechenden Gesellschaftern einen schuldrechtlichen Anspruch gegen die Gesellschaft auf Erstattung.

Unter dem **Gründungsaufwand** sind einerseits die **gesetzlich bestimmten Kosten** im Zusammenhang mit der Errichtung der Gesellschaft und der Erbringung der Einlagen, dh also Notar- und Gerichtsgebühren, Veröffentlichungskosten, Verkehrsteuern bei Einbringung von Sacheinlagen, andererseits der **Gründerlohn** zu verstehen, dh die vertraglichen Vergütungen an Gründer oder Dritte für beratende Tätigkeit aus Anlass der Gründung.[35] Nicht zum Gründungsaufwand gehören die Aufwendungen für den Betrieb des Unternehmens der künftigen AG. Nicht als Gründungsentschädigung angesehen werden Ausgaben, die für den Geschäftsbetrieb und den Aufbau des Unternehmens der Gesellschaft ausgegeben werden, etwa Schaffung einer Betriebsstruktur, Vertriebskosten, Werbekosten etc.[36] **Gründerlohn** ist das Entgelt für die im Zusammenhang mit der Gründung der Gesellschaft erbrachten Dienstleistungen, wobei die Leistung an den Aktionär oder Dritte gezahlt werden kann.[37] Der Gründungsaufwand ist daher zu unterscheiden von den Betriebsaufwendungen der Vorgesellschaft, die durch die Vorbereitung und die Aufnahme der Unternehmenstätigkeit entstehen. In der aktienrechtlichen Literatur wird hierunter beispielsweise die Miete von Geschäftsräumen, die Anwerbung von Arbeitnehmern oder Aufwendungen für den Betrieb eines erst nach Eintragung einzubringenden Unternehmens verstanden.[38] Entschädigung ist der Ausgleich für Ausgaben, die für die Entstehung der Gesellschaft unabhängig zu welchem Zeitpunkt gemacht worden sind (Aufwendungsersatz), etwa Steuern, Notar- und Gerichtsgebühren, Honorare von Gründungsprüfern, Kosten der Bekanntmachung, Druck von Aktienurkunden.[39] Die für den ersten Vorstand in der Gründungsphase einer Vor-AG geschuldete Vergütung gehört nach Auffassung des BGH nicht zu dem nach § 26 Abs. 2 in der Satzung gesondert auszuweisenden Gründungsaufwand.[40] Zwar ließen sich nach Meinung des BGH auch die Kosten für die Anstellung des ersten Vorstandes nach dem Wortlaut des Gesetzes noch als Gründungsaufwand einordnen, weil jede neu gegründete Aktiengesellschaft für ihre vollständige Entstehung eines Vertretungsorgans bedarf; der BGH verkennt auch nicht, dass die Zuerkennung einer überhöhten Vergütung an die Organe zu einer Aushöhlung der soeben erst aufgebrachten und aufzubringenden Kapitals führen kann. Dies ist indessen nach Meinung des BGH keine Besonderheit der Gestaltung der Dienstverträge des ersten Vorstandes. Auch in anderer Weise könne in diesem Stadium durch Eingehung von Verbindlichkeiten – zB durch den Abschluss von Mietverträgen, durch die Einstellung von Personal oder durch den Aufbau eines Vertriebsnetzes – oder durch Aufwendungen Teile des eingezahlten oder einzuzahlenden Kapitals verbraucht werden, ohne dass dem ein entsprechender im Gesellschaftsvermögen verbliebener Gegenwert gegenübersteht.

Wie bei den Sondervorteilen ist **Wirksamkeitsvoraussetzung** der Übernahme des Gründungsaufwandes, dass dieser in der Satzung festgelegt ist. Nach herrschender Meinung ist anzugeben der Gesamtbetrag des Gründungsaufwands (Gründungsentschädigung und Gründerlohn), wobei die Gesamtsumme als Endbetrag zu bezeichnen ist, Einzelangaben genügen nicht, sind aber auch nicht erforderlich.[41] Abzulehnen ist die Entscheidung des OLG Celle zur GmbH, in der die namentliche

---

[33] MüKoAktG/*Pentz* Rn. 26; Großkomm AktG/*Röhricht/Schall* Rn. 28; NK-AktR/*Braunfels* Rn. 9; K. Schmidt/Lutter/*Seibt* Rn. 13; Bürgers/Körber/*Lohse* Rn. 7 ff.; Kölner Komm AktG/*Arnold* Rn. 17 f.; Grigoleit/*Vedder* Rn. 10; Wachter/*Wachter* Rn. 10.
[34] OLG Frankfurt RNotZ 2010, 481; MüKoAktG/*Pentz* Rn. 27; NK-AktR/*Braunfels* Rn. 9; K. Schmidt/Lutter/*Seibt* Rn. 13; Bürgers/Körber/*Lohse* Rn. 7 ff.
[35] *Jürgenmeyer/Maier* BB 1996, 2135; Großkomm AktG/*Röhricht/Schall* Rn. 32 f.; Hüffer/Koch/*Koch* Rn. 5; NK-AktR/*Braunfels* Rn. 9; K. Schmidt/Lutter/*Seibt* Rn. 15; Grigoleit/*Vedder* Rn. 10; Wachter/*Wachter* Rn. 10.
[36] Hüffer/Koch/*Koch* Rn. 5; Großkomm AktG/*Röhricht/Schall* Rn. 35; MüKoAktG/*Pentz* Rn. 31; Kölner Komm AktG/*Arnold* Rn. 17; Grigoleit/*Vedder* Rn. 10; Wachter/*Wachter* Rn. 11.
[37] Hüffer/Koch/*Koch* Rn. 5; MüKoAktG/*Pentz* Rn. 32; Großkomm AktG/*Röhricht/Schall* Rn. 34; *Jürgenmeyer/Maier* BB 1996, 2135; NK-AktR/*Braunfels* Rn. 9; K. Schmidt/Lutter/*Seibt* Rn. 15.
[38] Kölner Komm AktG/*Arnold* Rn. 26; K. Schmidt/Lutter/*Seibt* Rn. 14.
[39] Vgl. BGHZ 107, 1; Großkomm AktG/*Röhricht/Schall* Rn. 32; Hüffer/Koch/*Koch* Rn. 5; MüKoAktG/*Pentz* Rn. 30.
[40] BGH NJW 2004, 2519 = AG 2004, 508 = DNotZ 2005, 59.
[41] BGHZ 107, 1 (7); OLG Frankfurt RNotZ 2010, 481; MüKoAktG/*Pentz* Rn. 34; Hüffer/Koch/*Koch* Rn. 6; Großkomm AktG/*Röhricht/Schall* Rn. 36; NK-AktR/*Braunfels* Rn. 11; K. Schmidt/Lutter/*Seibt* Rn. 16; Bürgers/Körber/*Lohse* Rn. 9; Kölner Komm AktG/*Arnold* Rn. 24 ff.; Grigoleit/*Vedder* Rn. 12; Wachter/*Wachter* Rn. 13; BayObLGZ 1988, 296; OLG Düsseldorf GmbHR 1987, 59 und BayObLG DB 1988, 1531 beide zur GmbH; *Jürgenmeyer/Maier* BB 1996, 2135 (2137).

Nennung derjenigen Gründungskosten verlangt wird, die die Gesellschaft tragen soll.[42] Es genügt allerdings nicht, wenn lediglich eine Obergrenze für den Gründungsaufwand iHv 10 % des Stammkapitals enthalten ist.[43] Soweit die Höhe noch nicht feststeht, sind die Einzelbeträge zu schätzen.[44] Fraglich ist, ob eine zu hohe Angabe des Gründungsaufwandes ein Eintragungshindernis darstellen kann. Vor dem Schutzzweck der Vorschrift ist dies abzulehnen, wenn nicht eine völlig unsinnige Schätzung vorliegt.[45] Von der Festsetzung in der Satzung zu unterscheiden sind die Angaben bei der Handelsregisteranmeldung, hier ist eine konkrete Berechnung beizufügen. Eine **Obergrenze** sieht das Gesetz nicht vor, allerdings gilt beim Gründungslohn das Prinzip der **Angemessenheit**,[46] Gründerlohn kann auch im Einzelfall gegen die Kapitalerhaltungsvorschriften verstoßen. Gründungsaufwand wird von den Registergerichten idR bis 10 % des ausgewiesenen Stammkapitals ohne Einzelnachweis akzeptiert.[47] Das Registergericht hat die Eintragung erst dann zu verweigern, wenn die Gründungskosten in der Satzung in abwegigem Umfang zu hoch angesetzt sind.[48]

10 Die **Wirkung der ordnungsgemäßen Festsetzung** liegt zunächst in der Wirksamkeit der daraus folgenden Ansprüche auf Erstattung gegen die AG, darüber hinaus hat die ordnungsgemäße Festsetzung die Folge, dass eine aus dem Gründungsaufwand folgende Unterbilanz der Eintragung nicht entgegensteht.[49] Die aus dem ausgewiesenen Gründungsaufwand entstehenden Anfangsverluste müssen von den Gesellschaftern icht im Rahmen der Vorbelastungshaftung ausgeglichen werden.[50] Die Rechtsfolge ordnungsgemäßer Festsetzung ist also nicht nur die Wirksamkeit gegenüber der Gesellschaft, sondern auch die Unschädlichkeit einer gerade daraus folgenden Unterbilanz (Vorbelastung) für ihre Eintragung.[51] Ist der Gründungsaufwand korrekt festgelegt, so kann er zu Lasten der Einlagen von der Vorgesellschaft oder der späteren AG beglichen bzw. erstattet werden, und zwar auch zu Lasten des Kapitals, ohne dass dadurch die Unterbilanzhaftung der Gründer ausgelöst wird. Darüber hinaus greifen bzgl. des satzungsgemäß von der AG übernommenen Gründungsaufwandes auch nicht die Kapitalerhaltungsvorschriften. Soweit die Satzung über den Gründungsaufwand nichts aussagt, sind die Gründer dessen alleinige Schuldner mit der Folge, dass sie im Außenverhältnis für Rechnung der AG zu leisten und dieser zu erstatten haben, was sie an Gründungsaufwand aufgebracht hat.[52] Übernehmen die Gründer Kosten anlässlich der Gründung, ist keine dies klarstellende Regelung in der Satzung erforderlich.[53]

IV. Rechtsfolgen fehlender oder unrichtiger Festsetzungen von Sondervorteil oder Gründungsaufwand

11 § 26 Abs. 3 S. 1 bestimmt, dass ohne diese Festsetzung die Verträge und Rechtshandlungen zu ihrer Ausführung der Gesellschaft gegenüber **unwirksam** sind. Die Vorschrift regelt damit zunächst nur die zivilrechtlichen Folgen. Davon zu unterscheiden sind die registerrechtlichen Folgen. Nach hM ist bei einem Verstoß gegen die Vorschrift die Gesellschaft nicht ordnungsgemäß errichtet, das Registergericht hat die **Eintragung abzulehnen** (ggf. nach Zwischenverfügung).[54]

12 Die durch § 26 Abs. 3 S. 1 folgenden **zivilrechtlichen Folgen** sind zu unterscheiden zwischen dem Zeitpunkt vor und nach der Eintragung der Gesellschaft im Handelsregister. Nach § 26 Abs. 3 S. 2 kann **nach der Eintragung der Gesellschaft** im Handelsregister die Unwirksamkeit nicht mehr durch Satzungsänderung geheilt werden. Daraus folgt, dass bis zur Eintragung unterlassene

---

[42] OLG Celle NJW-RR 2016, 865 = MittBayNot 2016, 436; ablehnend auch *Hupka* notar 2017, 104; *Cramer* GWR 2016, 186; vgl. auch MüKoAktG/*Pentz* Rn. 34; Hüffer/Koch/*Koch* Rn. 6; Großkomm AktG/*Röhricht/Schall* Rn. 36; NK-AktR/*Braunfels* Rn. 11; K. Schmidt/Lutter/*Seibt* Rn. 16; Bürgers/Körber/*Lohse* Rn. 9; Kölner Komm AktG/*Arnold* Rn. 24 ff.; Grigoleit/*Vedder* Rn. 12; Wachter/*Wachter* Rn. 13.
[43] OLG Zweibrücken DNotI Report 2013, 166.
[44] Kölner Komm AktG/*Arnold* Rn. 24; Hüffer/Koch/*Koch* Rn. 6; Bürgers/Körber/*Lohse* Rn. 9; Grigoleit/*Vedder* Rn. 12; Wachter/*Wachter* Rn. 15; *Hupka* notar 2017, 104.
[45] Ähnlich Hüffer/Koch/*Koch* Rn. 6.
[46] Hölters/*Solveen* Rn. 11; MüKoAktG/*Pentz* Rn. 33.
[47] *Jürgenmeyer/Maier* BB 1996, 2135 (2139).
[48] Zur GmbH vgl. s. auch LG Gießen GmbHR 1995, 453; Baumbach/Hueck/*Fastrich* GmbHG, 19. Aufl. 2010, § 5 Rn. 57; Scholz/*Winter* GmbHG § 5 Rn. 113; *Hupka* notar 2017, 104.
[49] KG NZG 2004, 826 (827); MüKoAktG/*Pentz* Rn. 36; Großkomm AktG/*Röhricht/Schall* Rn. 38; Hüffer/Koch/*Koch* Rn. 6; NK-AktR/*Braunfels* Rn. 12; K. Schmidt/Lutter/*Seibt* Rn. 17.
[50] Hachenburg/*Ulmer* GmbHG § 5 Rn. 188.
[51] Hüffer/Koch/*Koch* Rn. 6; MüKoAktG/*Pentz* Rn. 27; Großkomm AktG/*Röhricht/Schall* Rn. 38.
[52] BGH NJW 1998, 233 = MittRhNotK 1998, 59; OLG Frankfurt RNotZ 2010, 481.
[53] OLG Frankfurt RNotZ 2010, 481. MüKo-AktG/*Pentz* Rn. 34.
[54] Hüffer/Koch/*Koch* Rn. 7; MüKoAktG/*Pentz* Rn. 41; NK-AktR/*Braunfels* Rn. 13; K. Schmidt/Lutter/*Seibt* Rn. 18; Bürgers/Körber/*Lohse* Rn. 11; Kölner Komm AktG/*Arnold* Rn. 29; Grigoleit/*Vedder* Rn. 14; Wachter/*Wachter* Rn. 17.

oder unrichtige Festsetzungen über Sondervorteile oder Gründungsaufwand durch Satzungsänderung nachgeholt werden können.[55] Bleibt der Fehler unentdeckt und wird die Gesellschaft eingetragen, so **entsteht die AG wirksam,** § 139 BGB findet insoweit keine Anwendung.[56] Eine Heilung des Mangels ist allerdings zu diesem Zeitpunkt nicht mehr möglich.[57] Für die Verträge und Ausführungsgeschäfte gilt dann § 26 Abs. 3 S. 1. Die herrschende Meinung ist bei der **Rechtsfolge** insoweit relativ streng: Verträge sind unwirksam, die Gesellschaft muss Leistungen verweigern.[58] Sogar Erfüllungshandlungen, etwa dingliche Übertragungen, Abtretungen von Forderungen etc. sind nach der hM der Gesellschaft gegenüber unwirksam, auch Eigentum kann nicht rechtswirksam nach hM erworben werden.[59] Dieser Meinung ist allerdings auf dingliche Rechtsgeschäfte unter Hinweis auf das Abstraktionsprinzip zu widersprechen, da im deutschen Recht auch schwerwiegendere Verstöße gegen gesetzliche Vorschriften nicht zur Unwirksamkeit der dinglichen Übereignungsakte führen, mE sollte daher nur ein Bereicherungsanspruch bestehen.

Die Regeln für die fehlende Festsetzung gelten auch für die **unvollständige oder unrichtige** 13 **Festsetzung.** Sind die Festsetzungen etwa zu niedrig, dürfen höhere Leistungen nicht erbracht werden.[60]

V. Änderung und Beseitigung der Festsetzung (Abs. 4, 5)

Zum Schutz der Gesellschaft sind derartige Satzungsbestimmungen auch in zeitlicher Hinsicht 14 perpetuiert: Nach § 26 Abs. 4 können die Festsetzungen erst geändert werden, wenn die Gesellschaft **fünf Jahre im Handelsregister** eingetragen ist. Nach § 26 Abs. 5 können Satzungsbestimmungen über die Festsetzung durch Satzungsänderung erst beseitigt werden, wenn die Gesellschaft **30 Jahre im Handelsregister eingetragen** ist und wenn die Rechtsverhältnisse die der Festsetzung zugrunde liegen, seit mindestens fünf Jahren abgewickelt sind. Abs. 4 verbindet also jede Änderung der Satzungsbestimmungen über Sondervorteile und den Gründungsaufwand in den ersten fünf Jahren nach der Eintragung der Gesellschaft. Ein Zweck ergibt sich aus § 51: Durch die in § 51 normierte Verjährungsfrist für Ansprüche nach den §§ 46–49 soll verhindert werden, dass die Verfolgung durch Unkenntnis verjährt wird. Der Zweck des Abs. 4 des § 26 wird daher darin gesehen, zu verhindern, Ersatzansprüche aus der Gründung durch eine Änderung ihrer Grundlagen zu beseitigen oder zu beeinträchtigen. Auf diese Weise sollen Gläubiger und Aktionäre durch Informationen über die Gründungsvorgänge vor potentiell gefährlichen Abreden geschützt werden. Erst nach Ablauf der Verjährungsfrist für diese Ersatzansprüche aus der Gründungsphase (vgl. § 51) solle daher eine Änderung zulässig sein. Die Sperrfrist bezüglich der ersten fünf Jahre ist unabänderlich: Auch zugunsten der Gesellschaft dürfen keine Änderungen erfolgen. Nach Ablauf der Frist ist nach § 26 grundsätzlich eine Änderung möglich, zu prüfen ist aber ob nicht weitere Voraussetzungen erforderlich sind, hier trifft § 26 Abs. 4 keine Regelung.[61] Nach Ablauf der Frist können Änderungen nur zugunsten der Aktiengesellschaft und nur mit Zustimmung des betroffenen Gläubigers erfolgen.[62] Wie sich aus § 26 Abs. 3 ergibt, kann, da auch die unwirksame Bestimmung nicht geheilt werden kann, eine solche auch nicht erweitert werden. Durch Änderungs- oder Aufhebungsvertrag kann allerdings mit dem Berechtigten materiell-rechtlich das Gläubigerrecht verändert werden, die Satzungsbestimmung muss bestehen bleiben, hat dann nur formale Bedeutung.[63]

§ 26 Abs. 5 betrifft die **Beseitigung derartiger Bestimmungen:** Satzungsbestimmung über 15 Sondervorteile und den Gründungsaufwand können erst nach 30 Jahren nach Eintragung der Gesellschaft im Handelsregister beseitigt werden. Voraussetzung ist, dass die Rechtsverhältnisse, die den

---

[55] MüKoAktG/*Pentz* Rn. 43; Hüffer/Koch/*Koch* Rn. 7; Großkomm AktG/*Röhricht/Schall* Rn. 49; NK-AktR/*Braunfels* Rn. 13 Kölner Komm AktG/*Arnold* Rn. 30 f.; Grigoleit/*Vedder* Rn. 17; Wachter/*Wachter* Rn. 17.
[56] RGZ 114, 81; Kölner Komm AktG/*Arnold* Rn. 30; Großkomm AktG/*Röhricht/Schall* Rn. 51; MüKoAktG/*Pentz* Rn. 45; NK-AktR/*Braunfels* Rn. 13; K. Schmidt/Lutter/*Seibt* Rn. 18.
[57] Hüffer/Koch/*Koch* Rn. 8; K. Schmidt/Lutter/*Seibt* Rn. 20; Großkomm AktG/*Röhricht/Schall* Rn. 63; Grigoleit/*Vedder* Rn. 17; Wachter/*Wachter* Rn. 17.
[58] Großkomm AktG/*Röhricht/Schall* Rn. 39, 41; Hüffer/Koch/*Koch* Rn. 7; NK-AktR/*Braunfels* Rn. 14; K. Schmidt/Lutter/*Seibt* Rn. 19; Kölner Komm AktG/*Arnold* Rn. 30 ff.; Grigoleit/*Vedder* Rn. 15; Wachter/*Wachter* Rn. 19.
[59] MüKoAktG/*Pentz* Rn. 47; Hüffer/Koch/*Koch* Rn. 7; NK-AktR/*Braunfels* Rn. 13; K. Schmidt/Lutter/*Seibt* Rn. 19; Bürgers/Körber/*Lohse* Rn. 12; Kölner Komm AktG/*Arnold* Rn. 30 ff.
[60] MüKoAktG/*Pentz* Rn. 51.
[61] MüKoAktG/*Pentz* Rn. 56; Hüffer/Koch/*Koch* Rn. 9; NK-AktR/*Braunfels* Rn. 18 f.; K. Schmidt/Lutter/*Seibt* Rn. 22 f.; Grigoleit/*Vedder* Rn. 18; Wachter/*Wachter* Rn. 23.
[62] Hüffer/Koch/*Koch* Rn. 9; Kölner Komm AktG/*Arnold* Rn. 36 f.; MüKoAktG/*Pentz* Rn. 56; Grigoleit/*Vedder* Rn. 18; Wachter/*Wachter* Rn. 23.
[63] MüKoAktG/*Pentz* Rn. 58; NK-AktR/*Braunfels* Rn. 19; K. Schmidt/Lutter/*Seibt* Rn. 23.

Festsetzungen zugrunde liegen, seit mindestens fünf Jahren abgewickelt sind. Beseitigung ist im Unterschied zur Änderung die Streichung der Satzungsbestimmung, die gegenstandslos geworden ist.[64] Derartige Festsetzungen über Sondervorteile und Gründungsaufwand werden gegenstandslos, wenn die entsprechenden Verpflichtungen weggefallen oder durch Erfüllung erloschen sind.[65]

16   Streitig ist, ob Abs. 5 auch für Satzungsbestimmungen gilt, die durch ein zwischen der Gesellschaft und den Berechtigten abgeschlossenen Erlassvertrag gegenstandslos geworden sind. Zum Teil wird hier die Vorschrift angewandt.[66] Anderer Ansicht nach ist dieser Sachverhalt der Regelung des § 26 Abs. 4 zu unterstellen.[67] Der letzteren Auffassung ist mE zu folgen.

§ 27 Sacheinlagen; Sachübernahmen; Rückzahlung von Einlagen

(1) ¹Sollen Aktionäre Einlagen machen, die nicht durch Einzahlung des Ausgabebetrags der Aktien zu leisten sind (Sacheinlagen), oder soll die Gesellschaft vorhandene oder herzustellende Anlagen oder andere Vermögensgegenstände übernehmen (Sachübernahmen), so müssen in der Satzung festgesetzt werden der Gegenstand der Sacheinlage oder der Sachübernahme, die Person, von der die Gesellschaft den Gegenstand erwirbt, und der Nennbetrag, bei Stückaktien die Zahl der bei der Sacheinlage zu gewährenden Aktien oder die bei der Sachübernahme zu gewährende Vergütung. ²Soll die Gesellschaft einen Vermögensgegenstand übernehmen, für den eine Vergütung gewährt wird, die auf die Einlage eines Aktionärs angerechnet werden soll, so gilt dies als Sacheinlage.

(2) Sacheinlagen oder Sachübernahmen können nur Vermögensgegenstände sein, deren wirtschaftlicher Wert feststellbar ist; Verpflichtungen zu Dienstleistungen können nicht Sacheinlagen oder Sachübernahmen sein.

(3) ¹Ist eine Geldeinlage eines Aktionärs bei wirtschaftlicher Betrachtung und auf Grund einer im Zusammenhang mit der Übernahme der Geldeinlage getroffenen Abrede vollständig oder teilweise als Sacheinlage zu bewerten (verdeckte Sacheinlage), so befreit dies den Aktionär nicht von seiner Einlageverpflichtung. ²Jedoch sind die Verträge über die Sacheinlage und die Rechtshandlungen zu ihrer Ausführung nicht unwirksam. ³Auf die fortbestehende Geldeinlagepflicht des Aktionärs wird der Wert des Vermögensgegenstandes im Zeitpunkt der Anmeldung der Gesellschaft zur Eintragung in das Handelsregister oder im Zeitpunkt seiner Überlassung an die Gesellschaft, falls diese später erfolgt, angerechnet. ⁴Die Anrechnung erfolgt nicht vor Eintragung der Gesellschaft in das Handelsregister. ⁵Die Beweislast für die Werthaltigkeit des Vermögensgegenstandes trägt der Aktionär.

(4) ¹Ist vor der Einlage eine Leistung an den Aktionär vereinbart worden, die wirtschaftlich einer Rückzahlung der Einlage entspricht und die nicht als verdeckte Sacheinlage im Sinne von Absatz 3 zu beurteilen ist, so befreit dies den Aktionär von seiner Einlageverpflichtung nur dann, wenn die Leistung durch einen vollwertigen Rückgewähranspruch gedeckt ist, der jederzeit fällig ist oder durch fristlose Kündigung durch die Gesellschaft fällig werden kann. ²Eine solche Leistung oder die Vereinbarung einer solchen Leistung ist in der Anmeldung nach § 37 anzugeben.

(5) Für die Änderung rechtswirksam getroffener Festsetzungen gilt § 26 Abs. 4, für die Beseitigung der Satzungsbestimmungen § 26 Abs. 5.

Schrifttum: *Adrianesis,* Die Neuregelung der verdeckten Sacheinlage bei der AG durch das ARUG, WM 2011, 968; *Altmeppen,* Cash-Pool, Kapitalaufbringungshaftung und Strafbarkeit der Geschäftsleiter wegen falscher Versicherung, ZIP 2009, 1545; *Altmeppen,* Cash Pooling und Kapitalaufbringung, NZG 2010, 441; *Altmeppen,* Die Grenzen der Zulässigkeit des Cash Pooling, ZIP 2006, 1025; *Altmeppen,* Zur Verwendung eines „alten" GmbH-Mantels, DB 2003, 2050; *Altrichter-Herzberg,* Tatbestand und Rechtsfolgen der verdeckten Sacheinlage bei der GmbH sowie die nachträgliche Umwandlung der Bareinlage in eine (offene) Sacheinlage in Zivil- und Steuerrecht, 2004; *Angermayer,* Die aktienrechtliche Prüfung von Sacheinlagen, Diss. Düsseldorf 1994; *Avvento,* Hin- und Herzahlen: Offenlegung als konstitutive Voraussetzung des Eintritts der Erfüllungswirkung?, BB 2010, 202; *Baier,* Die Rechtsprechung des BGH zur Behandlung von Gesellschafterdarlehen in der Insolvenz, DB 2014, 227; *Banerjea,* Die Zinspflicht trotz Heilung verdeckter Sacheinlagen, AG 1998, 498; *Banerjea,* Unwirksame Leistungen auf die Stammeinlage

---

[64] Hüffer/Koch/*Koch* Rn. 10; MüKoAktG/*Pentz* Rn. 61.
[65] Hüffer/Koch/*Koch* Rn. 10; K. Schmidt/Lutter/*Seibt* Rn. 23; Grigoleit/*Vedder* Rn. 19; Wachter/*Wachter* Rn. 24; MüKoAktG/*Pentz* Rn. 58; NK-AktR/*Braunfels* Rn. 19.
[66] Kölner Komm AktG/*Arnold* Rn. 37; MüKoAktG/*Pentz* Rn. 62; vgl. auch Grigoleit/*Vedder* Rn. 19.
[67] Großkomm AktG/*Röhricht/Schall* Rn. 73; Hüffer/Koch/*Koch* Rn. 10; Wachter/*Wachter* Rn. 24; K. Schmidt/Lutter/*Seibt* Rn. 23, Hölters/Solveen Rn. 18.

Sacheinlagen; Sachübernahmen; Rückzahlung von Einlagen § 27

und nachträgliche Erfüllung, GmbHR 2004, 445; *Bayer,* Moderner Kapitalschutz, ZGR 2007, 220; *Bayer/Lieder,* Einbringung von Dienstleistungen in die AG, NZG 2010, 86; *Bayer/Lieder,* Kapitalaufbringung im Cash-Pool, GmbHR 2006, 449; *Bayer/Lieder,* Moderne Kapitalaufbringung nach ARUG, GWR 2010, 3; *Bayer/Schmidt,* Die Reform der Kapitalaufbringung bei der Aktiengesellschaft durch das ARUG, ZGR 2009, 805; *Becker,* Heilung verdeckter Sacheinlagen bei der GmbH, RNotZ 2005, 569; *Benecke,* Die Prinzipien der Kapitalaufbringung und ihre Umgehung – Rechtsentwicklung und neue Perspektiven, ZIP 2010, 105; *Benz,* Verdeckte Sacheinlage und Einlagenrückzahlung im reformierten GmbH-Recht (MoMiG), 2010; *Bergmann,* Die verschleierte Sacheinlage bei AG und GmbH, AG 1987, 57; *Binder,* Mittelbare Einbringung eigener Aktien als Sacheinlage und Informationsgrundlagen von Finanzierungsentscheidungen in Vorstand und Aufsichtsrat, ZGR 2012, 757; *Blasche,* Verdeckte Sacheinlage und Hin- und Herzahlen – Abgrenzung, Unterschiede sowie Einordnung wichtiger Praxisfälle, GmbHR 2010, 288; *Blasche/König,* Upstream-Darlehen vor dem Hintergrund des neuen § 30 Abs. 1 GmbHG, GmbHR 2009, 897; *Bork,* Die Einlagefähigkeit obligatorischer Nutzungsrechte, ZHR 154 (1990), 205; *Bormann/Urlichs,* Der Entwurf des MoMiG zur Regelung des Hin- und Herzahlens – ein Fremdkörper im GmbH-Gesetz, GmbHR 2008, 119; *Bormann/Urlichs,* Kapitalaufbringung und Kapitalerhaltung nach dem MoMiG, GmbHR 2008, Sonderheft MoMiG, S. 37; *Bormann/Urlichs,* Kapitalerhöhung im Cash Pooling – welche Erleichterungen bringt das MoMiG tatsächlich?, DStR 2009, 641; *Böttcher,* Die gemischte verdeckte Sacheinlage im Rahmen der Kapitalerhöhung – „Rheinmöve", NZG 2008, 416; *Böttcher,* Die kapitalschutzrechtlichen Aspekte der Aktionärsrichtlinie, NZG 2008, 481; *Brocker/Rockstroh,* Upstream-Darlehen und Cash-Pooling in der GmbH nach der Rückkehr zur bilanziellen Betrachtungsweise, BB 2009, 730; *Bröcker,* Nachgründung, Sachgründung und Kapitalschutz, 2006; *Bunnemann,* Anwendung der Grundsätze der „verdeckten Sacheinlage" bei einer Sachkapitalerhöhung?, NZG 2005, 955; *Busse,* Verdeckte Einlegung von Dienstleistungen, in Beiträge für Klaus J. Hopt, 2008, 87; *Cavin,* Kapitalaufbringung in GmbH und AG, 2012; *Dauner-Lieb,* Die Auswirkungen des MoMiG auf die Behandlung verdeckter Sacheinlagen im Aktienrecht, AG 2009, 217; *Döllerer,* Das Kapitalnutzungsrecht als Gegenstand der Sacheinlage bei Kapitalgesellschaften, FS Fleck, 1988, 35; *Drygala,* Die aktienrechtliche Nachgründung zwischen Kapitalaufbringung und Kapitalerhaltung, FS Huber, 2006, 691; *Ebenroth/Kräutter,* Der Einfluss der 2. gesellschaftsrechtlichen Richtlinie auf die Lehre von der verdeckten Sacheinlage bei der Aktiengesellschaft, DB 1990, 2153; *Einsele,* Verdeckte Sacheinlage, Grundsatz der Kapitalaufbringung und Kapitalerhaltung, NJW 1996, 2681; *Ekkenga,* Sachkapitalerhöhung gegen Schuldbefreiung, ZGR 2009, 581; *Emde,* Vorratsgesellschaft und Kapitalaufbringung – Oder: Wer gezahlt hat, hat gezahlt, GmbHR 2000, 1193; *Emde,* Vorratsgesellschaft und verschleierte Sacheinlage, Zweiter Teil des Themas „Wer gezahlt hat, hat gezahlt", GmbHR 2003, 1034; *Ettinger/Reiff,* Die Auswirkungen der Entscheidung des BGH vom 7.7.2003 (NZG 2003, 867) auf zukünftige und bereits vollzogene Heilungen verdeckter Sacheinlagen bei der GmbH, NZG 2004, 258; *Frese,* Kredite und verdeckte Sacheinlage – Zur Sondersituation von Emissionsbanken, AG 2001, 15; *Fuchs,* Die Neuregelung zur verdeckten Sacheinlage durch das MoMiG und ihre Rückwirkung, BB 2009, 170; *Gärtner,* Keine verschleierte Sacheinlage bei Bargründung einer GmbH und unmittelbar folgendem Umsatzgeschäft, GmbHR 2003, 1417; *Gehrlein,* Kein Sonderrecht für Cash-Pool-Zahlungssysteme bei Begleichung der GmbH-Stammeinlage, MDR 2006, 789; *Giedinghagen/Lakenberg,* Kapitalaufbringung durch Dienstleistungen?, NZG 2009, 201; *Gienow,* Zur Differenzhaftung nach § 9 GmbHG, FS Semler, 1993, 167; *Gottschalk,* „Update" zur Sacheinlage: Einordnung der aktuellen BGH-Rechtsprechung in das aktienrechtliche System der Kapitalaufbringung, GWR 2012, 121; *Groß,* Heilung verdeckter Sacheinlagen in der GmbH durch Umwidmungsbeschluss der Gesellschafter, GmbHR 1996, 721; *Habersack,* Dienst- und Werkleistungen des Gesellschafters und das Verbot der verdeckten Sacheinlage und des Hin- und Herzahlens, FS Priester, 2007, 157; *Habersack,* Neues zur verdeckten Sacheinlage und zum Hin- und Herzahlen – das „Qivive"-Urteil des BGH, GWR 2009, 129; *Habersack,* Verdeckte Sacheinlage und Hin- und Herzahlen nach dem ARUG – gemeinschaftsrechtlich betrachtet, AG 2009, 557; *Habersack,* Verdeckte Sacheinlage, nicht ordnungsgemäß offengelegte Sacheinlage und Hin- und Herzahlen – Geklärte und ungeklärte Fragen nach „Eurobike", GWR 2010, 299 601, 107; *Habersack,* Verdeckte (gemischte) Sacheinlage, Sachübernahme und Nachgründung im Aktienrecht, ZGR 2008, 48; *Haberstock,* Rückzahlungen an Gesellschafter aus freier Kapitalrücklage, NZG 2008, 220; *Habetha,* Verdeckte Sacheinlage, endgültige freie Verfügung, Drittzurechnung und Heilung nach fehlgeschlagenen Bareinzahlungen im GmbH-Recht, ZGR 1998, 1005; *Hasche,* Die Sachgründung der GmbH, 1999; *Heckschen,* Einlagenrückgewähr ohne Offenlegung? – Plädoyer für einen dritten Lösungsweg, GWR 2011, 51; *Heckschen/Heidinger,* Die GmbH in der Gestaltungs- und Beratungspraxis, 3. Aufl. 2013; *Heidinger,* Die Haftung und die Vertretung in der Gründungsphase der GmbH im Vergleich zur (kleinen) AG, GmbHR 2003, 189; *Heidinger,* Der Kapitalschutz der GmbH auf dem Prüfstand, DNotZ 2005, 97; *Heidinger,* Die Rechtsgeschäfte der Vor-AG mit Dritten, ZNotP 2000, 182; *Heidinger,* Die wirtschaftliche Neugründung, ZGR 2005, 101; *Heidinger,* Zum Einlagegegenstand bei der Heilung einer verdeckten Sacheinlage, ZNotP 2004, 465; *Heil,* Die verdeckte Sacheinlage bei Beteiligung Dritter, NZG 2001, 913; *Heinze,* Verdeckte Sacheinlagen und verdeckte Finanzierungen nach dem MoMiG, GmbHR 2008, 1065; *Helms,* Heilung verdeckter Sacheinlagen und Saldotheorie, GmbHR 2000, 1079; *Henkel,* Die verdeckte Sacheinlage im GmbH-Recht unter Beteiligung von dem Gesellschafter nahestehenden Personen, GmbHR 2005, 1589; *Hennke,* Die Reform der Nachgründung nach § 52 AktG, Bedeutung gegenüber der verdeckten Sacheinlage und der Prospekthaftung, 2006; *Hentzen,* Die Abgrenzung von Kapitalaufbringung und Kapitalerhaltung im Cash-Pool, DStR 2006, 948; *Herchen,* Vorratsgründung, Mantelverwendung und geräuschlose Beseitigung der Kapitalaufbringung, DB 2003, 2211; *Herrler,* Kapitalaufbringung bei der GmbH, DNotZ 2008, 903; *Herrler,* Kapitalaufbringung nach dem MoMiG – Verdeckte Sacheinlagen und Hin- und Herzahlen (§ 19 Abs. 4 und 5 GmbHG nF), DB 2008, 2347; *Herrler,* Erfüllung der Einlageschuld und entgeltliche Dienstleistungen durch Aktionäre, NZG 2010, 407; *Herrler,* Heilung einer nicht erfüllungstauglichen Einlagenrückzahlung, GmbHR 2010, 785; *Herrler,* Erleichterung der Kapitalaufbringung durch § 19 Abs. 5 GmbHG (sog. Hin- und Herzahlen)? – Zweifelsfragen und Ausblick, DStR 2011, 2255; *Herrler,* Handlungsoptionen bei tilgungsschädlicher Einlagenrückzahlung, DStR 2011, 2300; *Herrler,* (Keine) Erleichterung der Kapitalaufbringung durch § 19 Abs. 5 GmbHG – Offene

Fragen und praktische Schwierigkeiten beim sog. „Hin- und Herzahlen", in Bayer/Koch, Aktuelles GmbH-Recht, 2013, 95; *Herrler/Reymann,* Die Neuerungen im Aktienrecht durch das ARUG – Unter besonderer Berücksichtigung der Neuregelungen zur Hauptversammlung und zur Kapitalaufbringung bei der AG (Teil 2), DNotZ 2009, 914; *Hoffmann,* Die unzulässige Einlage von Dienstleistungen im GmbH- und Aktienrecht, NZG 2001, 433; *Hoffmann-Becking,* Ausgabebetrag bei Sacheinlagen, FS Wiedemann, 2002, 999; *Hofmeister,* Entgeltliche Dienstvereinbarungen und Kapitalaufbringung bei Gründung der AG, AG 2010, 261; *Holzapfel/Roschmann,* Nachgründung gemäß § 52 AktG, FS Bezzenberger, 2000, 163; *Ihrig,* Die endgültige freie Verfügung über die Einlage von Kapitalgesellschaftern: ein Beitrag zum Recht der Kapitalaufbringung bei GmbH und Aktiengesellschaft, 1991; *Illhardt,* Die Einlagenrückzahlung nach § 27 Abs. 4 AktG, 2013; *Joost,* Das Kapital in Bedrängnis, FS Priester, 2007, 337; *Joost,* Systematische Betrachtungen zur Neuregelung von Kapitalaufbringung und Kapitalerhaltung im Recht der GmbH, FS Hüffer, 2010, 403; *Just,* Die unzulässige Einlage von Dienstleistungen im Kapitalgesellschaftsrecht, NZG 2003, 161; *Kamm/Kropf,* Insolvenzanfechtung im Cash-Pool, ZInsO 2014, 689; *Kersting,* Verdeckte Sacheinlage, in: Gesellschaftsrecht in der Diskussion 2008, Jahrestagung der gesellschaftsrechtlichen Vereinigung (VGR), 2009, 101; *Kersting,* Dienstabreden über die Erbringung entgeltlicher Dienstleistungen durch einen Inferenten im GmbH-Recht, FS Hopt, 2010, 919; *Klaiber,* Rechtsfolgen mangelhafter Sacheinlagen im Innenverhältnis, DZWIR 2007, 313; *Klasen,* Recht der Sacheinlage: Rechtliche Rahmenbedingungen – Neuerungen durch MoMiG und ARUG, BB 2008, 2694; *Kley,* Sachkapitalerhöhung bei der Aktiengesellschaft: Einbringungsvertrag und Zeichnung der neuen Aktien, Notwendigkeit und Formerfordernisse, RNotZ 2003, 17; *Koch,* Die Nachgründung: Entgeltliche Erwerbsverträge und gesellschaftsrechtliche Geschäfte der jungen Aktiengesellschaft nach altem und neuem Recht (Namensaktiengesetz 2001), 2002; *Koch,* Die verdeckte gemischte Sacheinlage im Spannungsfeld zwischen Kapitalaufbringung und Kapitalerhaltung, ZHR 175 (2011), S. 55; *Kreuels,* Abgrenzung der Lehre von der verdeckten Sacheinlage vom Grundsatz endgültig freier Verfügung, 1996; *Krieger,* Zur verdeckter Sacheinlagen in der GmbH – Besprechung der Entscheidung BGH ZIP 1996, 668 –, ZGR 1996, 674; *Krolop,* Die (verdeckte) gemischte Sacheinlage und die Mischeinlage, NZG 2007, 577; *Krolop/Pleister,* Die entdeckte verdeckte Sacheinlage – Rücktritt vom „Versuch" ohne Beteiligung der Hauptversammlung?, AG 2006, 650; *Kupjetz/Peter,* Die Kapitalaufbringung der GmbH in Gründung in einem physischen Cash-Pooling-System – Ein praxisorientiertes Prüfungsschema für § 19 Abs. 5 GmbHG, GmbHR 2012, 498; *Kurth,* Zur Heilung der verdeckten Sacheinlage, NJW 2003, 3180; *Langenbucher,* Zum Tatbestand der verdeckten Sacheinlage bei der GmbH, NZG 2003, 211; *Langenbucher,* Zur Rechtsfolge der verdeckten Sacheinlage bei der GmbH, DStR 2003, 1838; *Lenz,* Die Heilung verdeckter Sacheinlagen bei Kapitalgesellschaften, 1996; *Lieb,* Probleme bei der Heilung der verdeckten Sacheinlage (unter besonderer Berücksichtigung des Bereicherungsrechts), ZIP 2002, 2013; *Lüssow,* Das Agio im GmbH- und Aktienrecht, Eine Analyse des Kapitalgesellschaftsrechts mit ausgewählten Bezügen zum Bilanz- und Steuerrecht, 2005; *Lutter/Zöllner,* Ausschüttungs-Rückhol-Verfahren und Sachkapitalerhöhung, ZGR 1996, 164; *Maier-Reimer/Wenzel,* Kapitalaufbringung in der GmbH nach dem MoMiG, ZIP 2008, 1449; *Maier-Reimer/Wenzel,* Nochmals: Die Anrechnung der verdeckten Sacheinlage nach dem MoMiG, ZIP 2009, 1185; *Markwardt,* Kapitalaufbringung nach dem MoMiG, BB 2008, 2414; *Martens,* Die Nachgründungskontrolle bei Einheit von Aktienerwerb und Verkehrgeschäften, FS Priester, 2007, 427; *Martens,* Die verschleierte gemischte Sacheinlage als Stolperstein der Gerechtigkeit – Zugleich Anmerkungen zu BGH v. 9.7.2007 – II ZR 62/06 (Lurgi), AG 2007, 732; *Mayer,* Kapitalaufbringungsrisiken bei der GmbH im Rahmen eines sog. Cash-Pooling und Heilungsmöglichkeiten, FS Priester, 2007, 445; *Meilicke,* „Verschleierte Sacheinlage" und EWG-Vertrag, DB 1990, 1173; *Meilicke,* Die „verschleierte" Sacheinlage – eine deutsche Fehlentwicklung, 1989; *Meilicke,* Im Blickpunkt: BGH-Rechtsprechung zur Mantelverwendung von Vorratsgesellschaften, BB 2003, 857; *Merkner/Schmidt-Bendun,* Haftung von Rechtsanwälten und Steuerberatern nach Empfehlung einer (gemischten) verdeckten Sacheinlage, NZG 2009, 1054; *Merkner/Schmidt-Bendun,* Verdeckte Sacheinlage und/oder unzulässiges Hin- und Herzahlen?, NJW 2009, 3072; *Merkt/Mylich,* Zwei aktienrechtliche Fragen im Lichte der ISION-Entscheidung des BGH, NZG 2012, 525; *Meyding/Heidinger,* Der Gläubigerschutz bei der „wirtschaftlichen Neugründung" von Kapitalgesellschaften, in Zehn Jahre Deutsches Notarinstitut, 2003, 257; *Meyer/Ludwig,* Annäherung der Rechtsfolgen verdeckter Sacheinlagen im Aktien- und GmbH-Recht, NotBZ 2004, 1; *Müller, Hans-Friedrich,* Rechtsfolgen verdeckter Sacheinlagen, NZG 2011, 761; *Müller, Welf,* Abgesang und Auftakt für die verdeckte Sacheinlage, NJW 2009, 2862; *Müller-Eising,* Die verdeckte Sacheinlage – Tatbestand und Rechtsfolgen unter besonderer Berücksichtigung von Drittbeteiligungsfällen, 1993; *Mylich,* Einlage eigener Aktien und Rechtsrat durch den Aufsichtsrat, NZG 2012, 525, *Naraschewski,* Die (vorsorgliche) Heilung von fehlerhaften Kapitalaufbringungsvorgängen bei der GmbH, FS Priester, 2007, 523; *Neumann,* Cash-Pooling bei einer konzernangehörigen GmbH – Risiken und Sorgfaltspflichten des Geschäftsführers, GmbHR 2016, 1016; *Passow,* Die Haftung des Kreditinstituts aus § 37 Abs. 1 S. 4 AktG bei verdeckten Kapitalerhöhungen, 2002; *Pentz,* Die Bedeutung der Sacheinlagefähigkeit für die verdeckte Sacheinlage sowie erste höchstrichterliche Aussagen zum Hin- und Herzahlen nach MoMiG, GmbHR 2009, 505; *Pentz,* Verdeckte Sacheinlage nach dem MoMiG und prozessuale Folgen des Übergangsrechts, GmbHR 2009, 126; *Pentz,* Die verdeckte Sacheinlage im GmbH-Recht nach dem MoMiG, FS Karsten Schmidt, 2009, 1265; *Pentz,* Gemischte Sacheinlage ohne Offenlegung des Vergütungsbestandteils, FS Martin Winter, 2011, 499; *Pentz,* Neues zur verdeckten Sacheinlage, ZIP 2003, 2093; *Pluskat/Marquardt,* Keine verdeckte Sacheinlage bei der Erbringung von entgeltlichen Dienstleistungen durch Gesellschafter nach Bareinlageleistung, NJW 2009, 2353; *Priester,* Beginn der Rechtsperson, Vorräte und Mäntel, ZHR 168 (2004), 248; *Priester,* Die Heilung verdeckter Sacheinlagen im Recht der GmbH, DB 1990, 1753; *Priester,* Geschäfte mit Dritten vor Eintragung der AG, Zur teleologischen Reduktion des § 27 AktG, ZHR 165 (2001), 383; *Priester,* Heilung verdeckter Kapitalerhöhungen aus Gesellschaftsmitteln, GmbHR 1998, 861; *Priester,* Heilung verdeckter Sacheinlagen bei der GmbH, ZIP 1996, 1025; *Priester,* Kapitalaufbringung bei korrespondierenden Zahlungsvorgängen, ZIP 1991, 345; *Priester,* Kapitalaufbringung und zeitnahe Gesellschaftergeschäfte, FS Rheinisches Notariat, 1998, 335; *Priester,* Kapitalaufbringung, FS 100 Jahre GmbH-Gesetz, 1992, 159; *Priester,* Vorausleistungen auf die Kapitalerhöhung nach

Sacheinlagen; Sachübernahmen; Rückzahlung von Einlagen   § 27

MoMiG und ARUG, DStR 2010, 494; *Priester,* Zur Wirksamkeit des Verkehrsgeschäfts bei verdeckter Sacheinlage im Recht der GmbH, FS Bezzenberger, 2000, 309; *Priester,* Die gemischte Sacheinlage zwischen Kapitalaufbringung und Kapitalerhaltung, FS Maier-Reimer, 2010, 525; *Rawert,* Heilung verdeckter Sacheinlagen durch nachträgliche Änderung der Einlagedeckung, GmbHR 1995, 87; *Reichert-Clauß,* Bereicherungsrechtliche Rückabwicklung des verdeckten Geschäfts bei verdeckter Sacheinlage, NZG 2004, 273; *Reiff/Ettinger,* Gesellschaftsrechtliche Treupflichten im Zusammenhang mit der Heilung von verdeckten Sacheinlagen bei der GmbH, DStR 2004, 1258; *Rezori,* Die Kapitalaufbringung bei der GmbH-Gründung – Ausgewählte Gesichtspunkte und Neuregelung der §§ 19 Abs. 4 und 5 GmbHG, RNotZ 2011, 125; *Richter,* Die Verpflichtung des Inferenten zur Übertragung eines Vermögensgegenstandes als Gegenstand der Sacheinlage, ZGR 2009, 721; *Rohles-Puderbach,* Vorrats- und Mantelgesellschaften – Entwicklung, Haftungsrisiken und Umsetzung in der Praxis, RNotZ 2006, 274; *Roth,* Die Reform der verdeckten Sacheinlage, FS Hüffer, 2010, 853; *Salzig,* Die Kapitalaufbringung bei der sog. GmbH-Stafette, NotBZ 2005, 422; *Sandhaus/Nießen,* Sachübernahme bei der GmbH und im Rahmen von Kapitalerhöhungen?, NJW-Spezial 2010, 207; *Schall,* Kapitalgesellschaftsrechtlicher Gläubigerschutz, 2009; *Schall,* Kapitalaufbringung nach dem MoMiG, ZGR 2009, 126; *Schäfer,* Die „Heilung" der verdeckten Sacheinlage im Aktienrecht – was bleibt nach „Rheinmöve"?, FS Hüffer, 2010, 863; *Schmidt K.,* Obligatorische Nutzungsrechte als Sacheinlagen?, ZHR 154 (1990), 237; *Schmidt K.,* Vorratsgründung, Mantelkauf und Mantelverwendung, NJW 2004, 1345; *Schöpflin,* Die Lehre von der verdeckten Sacheinlage – Eine gelungene Rechtsfortbildung?, GmbHR 2003, 57; *Schorling/Vogel,* Schuldrechtliche Finanzierungsvereinbarungen neben Kapitalerhöhungsbeschluss und Zeichnung, AG 2003, 86; *Schulz,* Unwirksame Sacheinlagevereinbarungen bei börsennotierten Aktiengesellschaften, NZG 2010, 41; *Schuster,* Heilungsmöglichkeiten der verdeckten Sacheinlage im Recht der GmbH, 2001; *Siebert,* Die Haftung der Mitglieder des Übernahmekonsortiums nach den Regeln der verdeckten Sacheinlage, NZG 2006, 366; *Sosnitza,* Die Einlagefähigkeit von Domain-Namen bei der Gesellschaftsgründung, GmbHR 2002, 821; *Spiegelberger/Walz,* Die Prüfung der Kapitalaufbringung im Rahmen der GmbH-Gründung, GmbHR 1998, 761; *Steinbeck,* Obligatorische Nutzungsüberlassung als Sacheinlage und Kapitalersatz, ZGR 1996, 116; *Stiller/Redeker,* Aktuelle Fragen der verdeckten gemischten Sacheinlage, ZIP 2010, 865; *Swoboda,* Die Anwendung der Vorschriften zur „verschleierten Sachgründung" im Zusammenhang mit der „wirtschaftlichen Neugründung" von Vorratsgesellschaften, GmbHR 2005, 649; *Theusinger,* Barkapitalerhöhung im Cash-Pool nach MoMiG, NZG 2009, 1017; *Theusinger,* Die Kapitalaufbringung im physischen Cash Pool, Der Konzern 2009, 460; *Theusinger/Liese,* Keine verdeckte Sacheinlage bei der „Einlage" von Dienstleistungen, NZG 2009, 641; *Traugott/Groß,* Leistungsbeziehungen zwischen Aktionär und Aktiengesellschaft: Wie lässt sich das Risiko einer verdeckten Sacheinlage verringern?, BB 2003, 481; *Trendelenburg,* Anmerkung zum Urteil des BGH vom 16.2.2009 – II ZR 120/07 „Qivive", BB 2009, 976; *Trölitzsch,* Differenzierung für Sachanlagen in Kapitalgesellschaften, 1998; *Ulmer,* Der „Federstrich des Gesetzgebers" und die Anforderungen der Rechtsdogmatik – Kritische Anmerkungen aus rechtssystematischer Sicht zur Ausgestaltung bestimmter Deregulierungsvorschläge im RegE MoMiG, ZIP 2008, 45; *Ulmer,* Die „Anrechnung" (MoMiG) des Wertes verdeckter Sacheinlagen auf die Bareinlageforderung der GmbH – ein neues Erfüllungssurrogat?, ZIP 2009, 293; *Ulmer,* Verdeckte Sacheinlagen im Aktien- und GmbH-Recht, ZHR 154 (1990), 128; *Ulrich,* Verwendung von Vorratsgesellschaften und gebrauchten Gesellschaftsmänteln nach dem BGH-Beschluss vom 7. Juli 2003 = WM 2003, 1814, WM 2004, 915; *Urban,* Die Differenzhaftung des GmbH-Gesellschafters im Zusammenhang mit der Überbewertung von Sacheinlagen, FS Sandrock, 1995, 305; *Veil/Werner,* Die Regelung der verdeckten Sacheinlage – eine gelungene Rechtsfortbildung des GmbH-Rechts und bürgerlich-rechtlichen Erfüllungsregimes?, GmbHR 2009, 729; *Vetter,* Schutz gegen Umgehung der Kapitalaufbringungsregeln bei der AG – Überlegungen de lege ferenda, FS Hellwig, 2011, 373; *Volhard,* Zur Heilung verdeckter Sacheinlagen, ZGR 1995, 286; *Wachter,* Leitlinien der Kapitalaufbringung in der neueren Rechtsprechung des Bundesgerichtshofs, DStR 2010, 1240; *Wächter,* Tatbestand und Heilung verdeckter Sacheinlagen, insbesondere bei Unternehmenseinbringungen, GmbHR 2006, 1084; *Wälzholz/Bachner,* Probleme der so genannten Stafetten-Gründung von Kapitalgesellschaften, NZG 2006, 361; *Weissbaupt,* Die Heilung „vergessener" Nachgründungsgeschäfte, ZGR 2005, 726; *Weitnauer,* Die verdeckte Sacheinlage: Ein Schreckgespenst verliert an Schrecken, NZG 2006, 298; *Weng,* Aktienrechtliche Differenzhaftung bei Sacheinlagen, DStR 2012, 862; *Wicke,* GmbHG Kommentar, 3. Aufl. 2016; *Wicke,* Einführung in das Recht der Hauptversammlung, das Recht der Sacheinlagen und das Freigabeverfahren nach dem ARUG, 2009; *Wieneke,* Die Festsetzung des Gegenstands der Sacheinlage nach §§ 27, 183 AktG, AG 2013, 437; *Wieneke,* Die Differenzhaftung des Inferenten und die Zulässigkeit eines Vergleichs über ihre Höhe, NZG 2012, 136; *Wilhelm,* Umgehungsverbote im Recht der Kapitalaufbringung, ZHR 167 (2003), 520; *Winter,* Die Rechtsfolgen der „verdeckten" Sacheinlage – Versuch einer Neubestimmung, FS Priester, 2007, 867; *Wirsch,* Die Vollwertigkeit des Rückgewähranspruchs – Kapitalaufbringung und Kapitalerhaltung im Cash Pool – Der Konzern 2009, 443; *Wohlschlegel,* Gleichbehandlung von Sacheinlagen und Sachübernahmen im Gründungsrecht der GmbH, DB 1995, 2053; *Zabel,* Welche Bedeutung hat § 19 Abs. 5 Satz 2 GmbHG für die Erfüllung der Einlageschuld?, DZWIR 2010, 359.

Übersicht

	Rn.		Rn.
I. Einführung	1–6	c) Verhältnis der Bar- zur Sacheinlage	4
1. Entwicklung der Norm	1	d) Europarechtliche Aspekte	5
2. Grundlagen der Norm	2–5	3. Regelungsinhalt und Normaufbau	6
a) Grundsatz der realen Kapitalaufbringung	2	**II. Sacheinlage (Abs. 1 und 2)**	7–48
b) Funktion der Norm	3	1. Begriff der Sacheinlage, Sacheinlagevereinbarung, Vollzugsgeschäft	7–9

	Rn.
2. Sacheinlagefähigkeit	10–48
a) Allgemeines	10–14
b) Einzelne Sacheinlagegegenstände	15–33
c) Bewertungsfragen	34–48
III. Sachübernahme	49–63
1. Begriff und Gesetzeszweck	49, 50
2. Fingierte Sacheinlage (Abs. 1 S. 2)	51
3. Abgrenzung	52–55
4. Sachübernahmevereinbarung und Vollzugsgeschäft	56–60
a) Rechtsnatur	57
b) Gegenstand der Sachübernahme	58, 59
c) Gegenleistung/Vergütung	60
5. Bewertung	61–63
IV. Gemischte Sacheinlage und Mischeinlage	64–66
V. Festsetzung in der Satzung (Abs. 1 S. 1)	67–73
VI. Rechtsfolgen fehlerhafter Festsetzung	74–81
VII. Sonstige Mängel und Leistungsstörungen	82–102
1. Die Sacheinlagevereinbarung	83–97
a) Untaugliche Sacheinlage	84, 85
b) Anfechtung wegen Willensmangel	86, 87
c) Leistungsstörungen	88–97
2. Die Sachübernahmevereinbarung	98–100
3. Vollzugsgeschäft	101, 102
VIII. Verdeckte Sacheinlage (Abs. 3)	103–212
1. Einführung, Abgrenzung	103–129
a) Problemstellung	103
b) Umgehungsschutz	104, 105
c) Europarechtliche Indikation	106
d) Verdeckte Sacheinlage, verdeckte (fingierte) Sachübernahme, Verwendungsabrede	107–113
e) Verdeckte Sacheinlage und Nachgründung	114–117
f) Verdeckte Forderungseinbringung, Aufrechnungsverbot (§ 66 Abs. 1 S. 2) und Einlagenrückzahlung („Hin- und Herzahlen" iSv § 27 Abs. 4)	118–125
g) Verdeckte Sacheinlage bei wirtschaftlicher Neugründung	126–129
2. Tatbestandsvoraussetzungen	130–173
a) Allgemeines	130, 131
b) Wirtschaftliche Entsprechung (objektiver Tatbestand)	132–165
c) Abrede (subjektiver Tatbestand)	166–173
3. Rechtsfolgen nach § 27 Abs. 3	174–199
a) Allgemeines	174
b) Die Verpflichtung zur Geldeinlage und ihre Erfüllung	175–177
c) Keine Unwirksamkeit des Sachgeschäfts	178
d) Anrechnung des Sachwerts auf die Einlageschuld	179–192
e) Die Anrechnung in Sonderfällen	193–199

	Rn.
4. Weitere Sanktionen verdeckter Sacheinlagen, Haftung weiterer Beteiligter	200–202
5. Heilung	203–211
6. Übergangsregelung (§ 20 Abs. 7 EGAktG)	212
IX. Hin- und Herzahlen (Abs. 4)	213–302
1. Einführung	213–218
a) Rechtslage vor Inkrafttreten des ARUG	214
b) Neuregelung des Hin- und Herzahlens; gesetzgeberischer Wille	215–218
2. Tatbestand	219–241
a) Erfordernis einer vorherigen Verwendungsabsprache	221–225
b) Rückzahlung der Geldeinlage bei wirtschaftlicher Betrachtung	226–239
c) Formelle Subsidiarität	240, 241
3. Erfüllungsvoraussetzungen	242–252
a) Vollwertigkeit	243–248
b) Fälligkeit und Liquidität der Forderung	249–251
c) Darlegungs- und Beweislast	252
4. Weitere (verfahrensrechtliche) Anforderungen	253–262
a) Pflicht zur Offenlegung isV § 27 Abs. 4 S. 2	254–256
b) (Weitere) Sanktionen einer unterlassenen Offenlegung	257, 258
c) Werthaltigkeits-, Fälligkeits- und Liquiditätsnachweis?	259–262
5. Rechtsfolgen	263–265
a) Erheblichkeit auch einer nur geringfügigen Wertdiskrepanz	264
b) Rechtfertigung der Abkehr von bilanzieller Betrachtungsweise	265
6. „Heilung" eines nicht einlagentilgenden Hin- und Herzahlens?	266–283
a) Nachbesserung bis zur Eintragung	267
b) Kapitalherabsetzung und anschließende Kapitalerhöhung	268
c) Endgültige Beendigung des Finanzierungsgeschäfts	269
d) Darlehensrückführung und Neuausreichung?	270
e) „Heilung" nach Eintragung unter Aufrechterhaltung des Finanzierungsgeschäfts	271–283
7. Sondersituation in der AG & Co. KG?	284, 285
8. Unterschiede gegenüber der verdeckten Sacheinlage	286, 287
a) Vorteile des Hin- und Herzahlens gegenüber der verdeckten Sacheinlage	286
b) Nachteile des Hin- und Herzahlens gegenüber der verdeckten Sacheinlage	287
9. Europarechtliche Rahmenbedingungen	288–300
a) Mindesteinlage nach Art. 48 Abs. 1 GesR-RL	288–290

	Rn.		Rn.
b) Spannungsverhältnis zu Sachgründungsvorschriften (Art. 49 ff. GesR-RL)	291	3. Cash-Pooling und Kapitalaufbringung (§ 27 Abs. 3 und 4)	307–316
c) Verhältnis zu Nachgründungsvorschriften (Art. 52 GesR-RL)	292	a) Verbindlichkeiten gegenüber dem Cash-Pool mindestens in Höhe der Einlageschuld	309
d) Verbot der Darlehensgewährung nach § 71a (vgl. Art. 64 GesR-RL)?	293–300	b) Keine Verbindlichkeiten gegenüber dem Cash-Pool	310
10. Übergangsregelung zum Hin- und Herzahlen (§ 20 Abs. 7 EGAktG)	301, 302	c) Einlageschuld übersteigt Verbindlichkeiten gegenüber dem Cash-Pool (Mischfälle)	311
X. Cash-Pool	303–316	d) Praktische Handhabung	312–316
1. Einführung	303, 304		
2. Cash-Pooling und Kapitalschutz vor dem ARUG/MoMiG	305, 306	XI. Änderung und Beseitigung von Satzungsfestsetzungen (Abs. 5)	317–320

I. Einführung

1. Entwicklung der Norm. Vorläufer von § 27 sind insbesondere § 20, § 145 Abs. 3 AktG 1937 und § 12 der 3. DVO zum AktG 1937 sowie § 186 Abs. 2, 4 HGB. Diese Regelungen wurden nahezu unverändert in § 27 AktG 1965 übernommen.[1] In Umsetzung[2] der **Kapitalrichtlinie**[3] ist bei § 27 Abs. 1 ein zweiter Satz sowie ein neuer Abs. 2 eingefügt worden,[4] ohne dass sich daraus eine sachliche Änderung des durch Auslegung ermittelten bisher geltenden Rechts ergab.[5] Das **Stückaktiengesetz**[6] passte den Wortlaut des Abs. 1 S. 1 und Abs. 3 an die Einführung der Stückaktien an. Mit dem **ARUG**[7] wurden mit Wirkung zum 1.9.2009 Abs. 3 und 4 grundlegend neu gefasst. Das AktG enthält nun eine zum GmbH-Recht fast wortgleiche Regelung, die erst durch das **MoMiG**[8] zum 1.11.2008 ins GmbHG neu eingeführt worden war. Bei dieser überhasteten, pauschalen Übernahme der GmbH-rechtlichen Regelungen hat der Gesetzgeber allerdings nicht nur die Unzulänglichkeiten des GmbHG ins AktG transportiert, sondern darüber hinaus einige aktienrechtliche Besonderheiten übersehen bzw. nicht beachtet.

2. Grundlagen der Norm. a) Grundsatz der realen Kapitalaufbringung. Der Grundsatz der realen Kapitalaufbringung, dem § 27 dient,[9] ist zwar im Gesetz nicht explizit ausgesprochen, aber in einer Vielzahl von Vorschriften verankert.[10] Dieses dem **gesamten Kapitalgesellschaftsrecht**[11] zugrunde liegende Prinzip soll eine tatsächliche und endgültige Aufbringung des in der Satzung (§ 23 Abs. 2 Nr. 3) bzw. nach der Eintragung auch im Handelsregister verlautbarten Grundkapitals sicherstellen. Die Gesellschafter müssen durch ihre Einlagen in das Gesellschaftsvermögen ein Garantiekapital aufbringen, das der Gesellschaft als „Betriebsfond", „Verlustpolster" und insbesondere den Gläubigern als Deckungsmasse iSe „Haftungsfonds" zumindest einmal bei der Gründung bzw. bei jeder Kapitalerhöhung zur Verfügung stehen soll.[12] Dies ist als der Preis bzw. das gerechtfertigte Äquivalent für den Ausschluss der persönlichen Haftung der hinter der Gesellschaft stehenden natürli-

---

[1] Vgl. Großkomm AktG/*Schall* Rn. 1; MüKoAktG/*Pentz* Rn. 1; Kölner Komm AktG/*Arnold* Rn. 1.
[2] Art. 1 Nr. 4 des Durchführungsgesetzes v. 13.12.1978, BGBl. 1978 I 1959.
[3] Zweite Richtlinie des Rates der Europäischen Gemeinschaften zur Koordinierung des Gesellschaftsrechts (RL 77/91/EWG v. 13.12.1976, ABl. EG 1977 Nr. L 26, 1). Neu gefasst durch RL 2012/30/EU v. 25.10.2012, ABl. EU 2012 L 315, 74, geändert durch RL 2014/59/EU v. 15.5.2014, ABl. EU 2014 L 173, 190. Inzwischen ohne inhaltliche Änderung aufgegangen in der Richtlinie des Europäischen Parlaments und des Rates über bestimmte Aspekte des Gesellschaftsrechts (RL 2017/1132/EU v. 14.6.2017, ABl. EU 2017 L 169, 46; GesR-RL).
[4] K. Schmidt/Lutter/*Bayer* Rn. 5; Großkomm AktG/*Schall* Rn. 1.
[5] MüKoAktG/*Pentz* Rn. 2; Großkomm AktG/*Schall* Rn. 1.
[6] V. 25.3.1998, BGBl. 1998 I 590.
[7] Gesetz zur Umsetzung der Aktionärsrechterichtlinie v. 30.7.2009, BGBl. 2009 I 2479.
[8] Gesetz zur Modernisierung des GmbH-Rechts und zur Bekämpfung von Missbräuchen v. 23.10.2008, BGBl. 2008 I 2026.
[9] Vgl. Großkomm AktG/*Schall* Rn. 2; K. Schmidt/Lutter/*Bayer* Rn. 3.
[10] Vgl. hierzu ausführlich unter Aufzählung der einschlägigen Bestimmungen MüKoAktG/*Pentz* Rn. 5.
[11] Vgl. für die GmbH § 5 Abs. 4, § 7 Abs. 2–4, § 8 Abs. 1 Nr. 4 und 5, § 9, 9a, 9b, § 9c S. 2, § 19 Abs. 5 GmbHG.
[12] Großkomm AktG/*Schall* Rn. 2. Zu der auf nationaler wie auf europäischer Ebene um die dort maßgebliche Kapitalrichtlinie (→ Rn. 1) geführten „Kapitaldebatte" des vergangenen Jahrzehnts und der in diesem Zusammenhang geübten Kritik am bewährten Kapitalsystem s. näher Großkomm AktG/*Schall* Rn. 11 ff.

chen Personen und die Gewährung der Haftungsbeschränkung anzusehen.[13] Darüber hinaus bietet es eine Seriositätsschwelle bei der Gründung.[14] Hierzu gehört das Gebot der Ausstattung der Gesellschaft mit dem in der Satzung verlautbarten Grundkapital und das inzwischen allerdings stark aufgeweichte Verbot der späteren Rückgewähr (insbesondere → Rn. 103 ff. Abs. 3 zur verdeckten Sacheinlage und → Rn. 213 ff. Abs. 4 zum Hin- und Herzahlen) derselben.

3   **b) Funktion der Norm.** Sacheinlagen und Sachübernahmen sind unter dem Gesichtspunkt der realen Kapitalaufbringung potenziell für die Gesellschaft und damit auch für die Mitgründer, die später hinzukommenden Aktionäre und insbesondere die Gesellschaftsgläubiger gefährlich, da hierbei die Gefahr der Überbewertung des Einlage- bzw. Übernahmegegenstandes durch die beteiligten Gründer besteht (Verbot der Unterpari-Emission in § 9, § 36a Abs. 2 S. 3). Hiergegen soll § 27 schützen, indem er im Zusammenspiel mit anderen Normen[15] die **Publizität** der Sacheinlage und Sachübernahme anordnet und die **präventive Werthaltigkeitskontrolle durch das Registergericht** ermöglicht. Daneben werden in § 27 die in anderen Normen[16] verwendeten Begriffe der Sacheinlage und der Sachübernahme definiert.

4   **c) Verhältnis der Bar- zur Sacheinlage.** Nach hM[17] ist der Gesellschafter primär zur Erbringung einer Bareinlage verpflichtet. Erfolgen die entsprechenden Festsetzungen in der Satzung, kann auch eine Sacheinlage wirksam vereinbart werden. Im Sinne einer datio in solutum[18] kann die vorrangige Geldschuld auch durch Sachwerte erfüllt werden. Die Neuregelung in Abs. 3 zur verdeckten Sacheinlage (→ Rn. 103 ff.) hat die strikte Trennung zwischen Sacheinlage und Bareinlage durch die neue Wertanrechnung eines verdeckt eingebrachten Sacheinlagegegenstandes wirtschaftlich zwar etwas aufgeweicht, aber nicht aufgehoben.

5   **d) Europarechtliche Aspekte.** Während das Konzept der Kapitalaufbringung zuvor in den verschiedenen europäischen Staaten unterschiedlich streng durchgeführt war, hat die **Kapitalrichtlinie**[19] in diesem Punkt für die Mitgliedstaaten der EU eine **Vereinheitlichung** gebracht (schon → Rn. 1 f.).[20] Vor diesem Hintergrund ist § 27 nach den für die Auslegung angeglichenen Rechts anzuwendenden Grundsätzen **richtlinienkonform auszulegen**.[21] Insbesondere zeigt sich der europarechtliche Einfluss an der Diskussion um die **Abgrenzung von Bar- und Sacheinlage bei Bezahlung von Altschulden**,[22] in deren Zusammenhang der Charakter der Kapitalrichtlinie als bloßer **Mindeststandard**[23] sowie die Reichweite der **Vorlagepflicht an den EuGH**[24] Gegenstand intensiver Diskussion sind. Europarechtliche Implikationen sind ferner etwa in Bezug auf die Regelung der verdeckten Sacheinlage zu sehen. Während die Vereinbarkeit des Rechtsinstituts und vor allem der strengen Rechtsfolgen der verdeckten Sacheinlage nach dem bis zur Neufassung durch das ARUG geltenden Recht mit den Vorgaben der Kapitalrichtlinie in Rede stand,[25] besteht auf der Basis des geltenden § 27 infolge der Liberalisierung der Kapitalaufbringung durch die Neuregelungen der verdeckten Sacheinlage (§ 27 Abs. 3) ein anders gelagertes Spannungsverhältnis zu den

---

[13] *Lutter,* Kapital, Sicherung der Kapitalaufbringung und Kapitalerhaltung in den Aktien- und GmbH-Rechten der EWG, 1964; *Lutter* FS Stiefel, 1987, 505; Großkomm AktG/*Schall* Rn. 2.
[14] Vgl. RegBegr zum MoMiG Referentenentwurf v. 29.5.2006 S. 38 zu § 5 GmbHG. Hierin sieht etwa Großkomm AktG/*Schall* Rn. 16 „zuallererst" den Schutzzweck der Regelung, wohingegen die „Funktion des Grundkapitals, als Betriebsfonds für die Gesellschaft und als Haftungsmasse für ihre Gläubiger zu dienen", inzwischen „überholt" erscheine (so Großkomm AktG/*Schall* Rn. 128).
[15] ZB § 32 Abs. 2 (Gründungsbericht), § 33 Abs. 2 Nr. 4 (Gründungsprüfung), § 36a Abs. 2 (Einbringung von Sacheinlagen), § 38 Abs. 1–4 (gerichtliche Prüfung), § 41 Abs. 3 (Übernahme von Verpflichtungen durch die Gesellschaft), § 52 (Nachgründung).
[16] Vgl. zB § 32 Abs. 2, § 33 Abs. 2 Nr. 4, § 34 Abs. 1 Nr. 2, § 36a Abs. 2, § 38 Abs. 2 S. 2, § 41 Abs. 3, § 54 Abs. 2 und § 183.
[17] *Lutter,* Kapital, Sicherung der Kapitalaufbringung und Kapitalerhaltung in den Aktien- und GmbH-Rechten der EWG, 1964, 269 (285); Kölner Komm AktG/*Arnold* § 27 Rn. 4, 12; NK-AktR/*Polley* Rn. 4 f.; Hüffer/Koch/*Koch* Rn. 2; Großkomm AktG/*Schall* Rn. 95; K. Schmidt/Lutter/*Bayer* Rn. 4; *Ulmer* ZHR 154 (1990), 128 (130); aA MüKoAktG/*Pentz* Rn. 13 f. mit Verweis auf § 66 Abs. 1 und 2.
[18] Krit. zu diesem Begründungsansatz MüKoAktG/*Pentz* Rn. 13.
[19] → Rn. 1.
[20] Näher Großkomm AktG/*Schall* Rn. 17 ff. Zur zwischenzeitlich auch um das europäische Recht geführten „Kapitaldebatte" s. Großkomm AktG/*Schall* Rn. 11 ff. und schon → Rn. 12.
[21] Dazu nur etwa Großkomm AktG/*Schall* Rn. 19 ff. mwN.
[22] Eingehende Darstellung bei Großkomm AktG/*Schall* Rn. 23 ff. mwN. S. auch → Rn. 24.
[23] Näher Großkomm AktG/*Schall* Rn. 25 ff. mwN auch zur Rechtsprechung des BGH. S. auch → Rn. 106.
[24] Dazu Großkomm AktG/*Schall* Rn. 26 ff. mwN auch zur Rechtsprechung des BGH.
[25] Dazu mwN Großkomm AktG/*Schall* Rn. 40 ff. Auch in diesem Zusammenhang ist die Reichweite der Vorlagepflicht an den EuGH thematisiert worden, s. Großkomm AktG/*Schall* Rn. 43 f.

Vorgaben des europäischen Rechts. Es stellt sich nämlich allenfalls die Frage, ob die Regelung im Lichte des **Gebots der praktischen Wirksamkeit** den Bestimmungen der Kapitalrichtlinie (bzw. der Richtlinie über bestimmte Aspekte des Gesellschaftsrechts → Rn. 1) entspricht,[26] was allerdings letztlich ohne weiteres zu bejahen ist (→ Rn. 106).[27] Zu den europarechtlichen Rahmenbedingungen im Zusammenhang mit der Regelung des Hin- und Herzahlens in § 27 Abs. 4 → Rn. 288 ff.

3. Regelungsinhalt und Normaufbau. Neben den Definitionen von Sacheinlage und Sach- 6 übernahme enthält § 27 Abs. 1 S. 1 die detaillierte Anordnung der Offenlegung in der Satzung. Abs 1 S. 2 stellt die Sachübernahme mit Anrechnungsvereinbarung auf die Bareinlage ausdrücklich der Sacheinlage gleich (sog. fingierte Sacheinlage). Abs. 2 stellt klar, dass Sacheinlagen und Sachübernahmen einen wirtschaftlich feststellbaren Wert haben müssen (Halbsatz 1) und – deshalb – keine Dienstleistungen in Frage kommen (Halbsatz 2). An Stelle der früheren Bestimmung der Nichtigkeitsfolgen bei fehlenden Festsetzungen in der Satzung in Abs. 3 aF und dem Verbot der Heilung durch bloße Satzungsänderung in Abs. 4 aF sind im geltenden Abs. 3 die verdeckte Sacheinlage und im geltenden Abs. 4 das Hin- und Herzahlen eigens geregelt.[28] Diese neuen Absätze übernehmen die durch das MoMiG erst zum 1.11.2008 in § 19 Abs. 4 und 5 GmbHG eingefügten Regelungen ohne erforderliche Anpassung an das Aktienrecht. In Abs. 5 wird für Änderung und Beseitigung der Satzungsfestsetzungen über Sacheinlagen und Sachübernahmen auf die Regelungen in § 26 Abs. 4 und 5 verwiesen.

II. Sacheinlage (Abs. 1 und 2)

1. Begriff der Sacheinlage, Sacheinlagevereinbarung, Vollzugsgeschäft. Eine Einlage ist 7 ein auf die Aktie (§ 2) an die Gesellschaft zu leistender Beitrag, der die Haftungsmasse mehrt.[29] In § 27 Abs. 1 S. 1 wird die **Sacheinlage negativ zur Bareinlage abgegrenzt**[30] als Einlage, die nicht durch Einzahlung des Nennbetrags oder des höheren Ausgabebetrags der Aktien zu leisten ist. Nebenleistungen iSd § 55 fallen nicht unter die Bestimmung, da sie nicht auf die Aktie geleistet werden (genauer → § 55 Rn. 1).

Die Leistung einer Sacheinlage findet ihre rechtliche Grundlage in der **Sacheinlagevereinbarung** 8 zwischen den Gründern, in der sie sich schuldrechtlich verpflichten, der AG die Sacheinlage zu erbringen. Die Sacheinlagevereinbarung muss nach § 27 Abs. 1 S. 1 nicht zwingend in Gänze in der Satzung selbst festgesetzt werden, vorgeschrieben ist lediglich die Festsetzung einzelner Aspekte (im Einzelnen → Rn. 67). Nach vorzugswürdiger, heute ganz hM handelt es sich bei der Sacheinlagevereinbarung um einen unselbstständigen, materiellen Bestandteil des Gesellschaftsvertrages.[31] Früher vertretene konträre Strukturierungen[32] – die Annahme eines vom Gesellschaftsvertrag unabhängigen, einseitig verpflichtenden Vertrags eigener Art zwischen dem Inferenten und den übrigen Gründern, der entweder eine körperschaftliche Regelung darstelle oder aber eine organisationsrechtliche Bestimmung, die nur aus Publizitätsgründen in die Satzung aufzunehmen sei – erscheinen inzwischen im Wesentlichen überwunden.

Von der Sacheinlagevereinbarung als pflichtenbegründendem Rechtsgeschäft ist das **Vollzugsge-** 9 **schäft** zu unterscheiden, das auf ihr beruht.[33] Mit ihm erfolgt die abstrakte Übertragung in das Vermögen der AG.[34] Das Vollzugsgeschäft unterliegt den für den jeweiligen Einlagegegenstand einschlägigen Vorschriften.[35] Vor Eintragung erfolgt die Übertragung an die Vorgesellschaft vertreten durch ihren Vorstand (→ § 41 Rn. 49 ff.). Doch kann das Vollzugsgeschäft, was bei formbedürftigen Erfüllungsgeschäften angesichts der für den Gründungsvertrag ohnehin erforderlichen notariellen Beurkundung zweckmäßig sein kann, auch schon in die Gründungssatzung aufgenommen werden.

---

[26] Hingegen ist die zum früheren Rechtszustand debattierte Primärrechtswidrigkeit aufgrund zu strenger Rechtsfolgen mit deren Abmilderung durch die in § 27 Abs. 3 verankerte Anrechnungslösung vom Tisch, s. Großkomm AktG/*Schall* Rn. 46.
[27] S. Großkomm AktG/*Schall* Rn. 47 sowie Rn. 48 zum Charakter der Kapitalrichtlinie als bloßer Mindeststandard und Rn. 49 zur Frage der Vorlagepflicht an den EuGH in diesem Zusammenhang.
[28] Eingeführt durch das ARUG v. 30.7.2009, BGBl. 2009 I 2479 mit Wirkung v. 1.9.2009.
[29] MüKoAktG/*Pentz* Rn. 11; K. Schmidt/Lutter/*Bayer* Rn. 6.
[30] Vgl. auch Art. 10 Kapital-RL/Art. 49 GesR-RL: „Einlagen, die nicht Bareinlagen sind".
[31] BGHZ 45, 338 (345) = NJW 1966, 1311; Hüffer/Koch/*Koch* Rn. 4; MüKoAktG/*Pentz* Rn. 16; Kölner Komm AktG/*Arnold* Rn. 13; Großkomm AktG/*Schall* Rn. 101.
[32] Nachweis dieser Auffassungen bei MüKoAktG/*Pentz* Rn. 16; Großkomm AktG/*Schall* Rn. 101.
[33] MüKoAktG/*Pentz* Rn. 15.
[34] Die rechtliche Konstruktion folgt dem Trennungs- und Abstraktionsprinzip, vgl. Großkomm AktG/*Schall* Rn. 103.
[35] Großkomm AktG/*Schall* Rn. 103; MüKoAktG/*Pentz* Rn. 17; Hüffer/Koch/*Koch* Rn. 4; K. Schmidt/Lutter/*Bayer* Rn. 9.

Das hat zur Folge, dass der einzubringende Gegenstand sogleich in das Gesamthandvermögen der gleichzeitig entstehenden, durch ihre Gründer repräsentierten Vorgesellschaft überführt wird. Stets bleibt das Vollzugsgeschäft allerdings rechtlich abstrakter Verfügungsakt, beruhend auf den allgemeinen Vorschriften und getrennt von der Gründungssatzung, und wird nicht etwa zu deren körperschaftlichem Bestandteil.[36] § 36a Abs. 2 schließlich ermöglicht die Erfüllung der Sacheinlageverpflichtung erst nach der Eintragung der AG im Handelsregister.

10 **2. Sacheinlagefähigkeit. a) Allgemeines.** Als Sacheinlagegegenstand kommen nicht nur Sachen (§ 90 BGB),[37] sondern alle **vermögenswerten Gegenstände** in Betracht, die Gegenstand des Rechtsverkehrs sein können.[38] § 27 Abs. 2 schränkt diesen weiten Sacheinlagebegriff dahin ein, dass nur Vermögensgegenstände in Betracht kommen, deren **wirtschaftlicher Wert feststellbar** ist, und dass **Dienstleistungen** (näher → Rn. 30 f.) nicht in Frage kommen. Erforderlich ist eine „funktionale Äquivalenz" von Sach- und Bareinlage, die Sacheinlage muss „so gut wie Geld" sein.[39] Damit ist vorausgesetzt, dass der Gegenstand der Sacheinlage zum einen bewertungsfähig ist – er muss einen gegenwärtig fassbaren, dh konkret feststellbaren und in einer bestimmten Geldsumme ausdrückbaren Vermögenswert aufweisen – und dass er zum anderen zu einem bestimmten Stichtag „zur freien Verfügung" in das Vermögen der Gesellschaft überführt werden kann (dass er in diesem Sinne also übertragbar ist, noch → Rn. 12).[40]

11 Die Frage, ob darüber hinaus nur solche Wirtschaftsgüter als Sacheinlage zulässig sind, die **bilanzierungsfähig** sind, verneint die inzwischen hM im aktienrechtlichen Schrifttum – entsprechend der Beurteilung der im Recht der GmbH nicht anders als hier zu beantwortenden Frage in der GmbH-rechtlichen Literatur – zu Recht.[41] Die Vorschriften über die Aufbringung bzw. den Erhalt des Grundkapitals einerseits und die Bilanzierungsvorschriften andererseits verfolgen unterschiedliche Zwecke. Erstere zielen auf die tatsächliche Sicherung der Gesellschaftsgläubiger, insbesondere auf die Verschaffung des für den Betrieb des Gesellschaftsunternehmens notwendigen Betriebskapitals, die Bilanzierungsvorschriften dagegen bezwecken vorrangig eine sachgerechte Information verschiedener Interessengruppen wie der Gläubiger, der Aktionäre und der Öffentlichkeit.[42] Ist ein Wirtschaftsgut bewertungsfähig (→ Rn. 10), wird es zwar regelmäßig auch bilanzierungsfähig sein, gleichwohl ist Bilanzierungsfähigkeit nicht zwingende Voraussetzung, sondern nur ein starkes Indiz für die Sacheinlagefähigkeit.[43] Umgekehrt sind Aktivposten für latente Steuern (§ 274 Abs. 1 S. 2 iVm § 266 Abs. 2 D HGB)[44] und aktive Rechnungsabgrenzungsposten (§ 250 Abs. 1 HGB) nicht einlagefähig, obwohl sie bilanziert werden, da ihnen kein realer Vermögenswert zukommt.[45]

12 Zu Recht geht die heute ganz hM davon aus, die Einbringungsfähigkeit eines Gegenstands setze über die Übertragbarkeit in dem in → Rn. 10 gemeinten Sinn hinaus nicht voraus, dass der Gegenstand **durch die Gesellschaft** im Wege der Weiterveräußerung oder Überlassung **an Dritte übertragbar** ist und infolgedessen als **Zugriffsobjekt für Zwangsvollstreckungsmaßnahmen** der Gesellschaftsgläubiger dienen kann.[46] Hierfür spricht insbesondere, dass auch nicht in diesem Sinne übertragbare Gegenstände den Gläubigerinteressen dienen können und die Gesellschaft mit ihrem

---

[36] S. zum Ganzen MüKoAktG/*Pentz* Rn. 17; Großkomm AktG/*Schall* Rn. 105.
[37] Hüffer/Koch/*Koch* Rn. 3; Kölner Komm AktG/*Arnold* Rn. 11.
[38] MüKoAktG/*Pentz* Rn. 11.
[39] *Knobbe-Keuk* ZGR 1980, 214, 222. S. auch K. Schmidt/Lutter/*Bayer* Rn. 10.
[40] Zum Ganzen mwN auch MüKoAktG/*Pentz* Rn. 12; s. ferner eingehend Großkomm AktG/*Schall* Rn. 106 ff.
[41] S. zu einem Überblick über den Meinungsstand Großkomm AktG/*Schall* Rn. 121; MüKoAktG/*Pentz* Rn. 18; Hüffer/Koch/*Koch* Rn. 14. Dem dürfte die Sicht der neueren Judikatur entsprechen, s. – zum GmbH-Recht – BGHZ 29, 300 (304), wonach das „Erfordernis der Bilanzfähigkeit" ... „nicht wörtlich zu nehmen" sei.
[42] Vgl. Hüffer/Koch/*Koch* Rn. 14. Ferner MüKoAktG/*Pentz* Rn. 19 sowie Kölner Komm AktG/*Arnold* Rn. 44, dort auch dazu, dass gegen die hier vertretene Sicht schon deshalb nicht einzuwenden ist, auf ihrer Grundlage trete die Gesellschaft möglicherweise bereits im Stadium der Überschuldung ins Leben, weil insoweit nicht die Jahresbilanz, sondern ein Vermögensstatus (Überschuldungsbilanz) maßgebend ist. Dass die Verkürzung der Aktivseite den Gewinnausweis erschwert, müssen die mit solcher Sacheinlage einverstandenen Gründer hinnehmen und liegt im Übrigen ohnehin nicht im Schutzbereich des Kapitalaufbringungsrechts, s. MüKoAktG/*Pentz* Rn. 19 und Hüffer/Koch/*Koch* Rn. 14.
[43] Vgl. Großkomm AktG/*Schall* Rn. 125.
[44] Die früheren Bilanzierungshilfen (§ 269 S. 1, § 274 Abs. 2 S. 1 HGB aF) wurden durch das Gesetz zur Modernisierung des Bilanzrechts (Bilanzrechtsmodernisierungsgesetz – BilMoG) v. 25.5.2009, BGBl. 2009 I 1102 ff. zum 29.5.2009 abgeschafft.
[45] MüKoAktG/*Pentz* Rn. 20; Hüffer/Koch/*Koch* Rn. 14; Kölner Komm AktG/*Arnold* Rn. 43.
[46] S. hierzu MüKoAktG/*Pentz* Rn. 21 sowie Großkomm AktG/*Schall* Rn. 127 ff., jeweils mwN, auch zur Gegenauffassung.

Vermögen frei wirtschaften kann, ein Anspruch der Gläubiger, in diesem Vermögen nur isoliert pfändbares Wirtschaftsgut vorzufinden, schon deshalb nicht besteht.[47]

Streitig ist allerdings, ob zumindest eine **Verwertbarkeit zusammen mit dem Gesamtunternehmen** gegeben sein muss, ob Einbringungsfähigkeit also erfordert, dass der eingebrachte Gegenstand zusammen mit dem Unternehmen der Gesellschaft übertragen und somit im Insolvenzfall mit dem Unternehmen veräußert werden kann. Auch das verneint die heute hM[48] zu Recht. Sieht man als Zweck der Sacheinlagevorschriften an, dass die (eingebrachten) Vermögensgegenstände insbesondere in der Insolvenz für die Gläubiger der Gesellschaft verwertbar sein müssen,[49] genügt es zwar nicht, wenn der eingelegte Gegenstand der Gesellschaft zukünftige Aufwendungen erspart. Denn davon profitieren die Gläubiger in der Insolvenz, die auf eine Befriedigung ihrer Forderungen durch die aktuell vorhandenen Mittel angewiesen sind, nicht.[50] Die richtlinienkonforme Auslegung muss aber berücksichtigen, dass der europäische Gesetzgeber in Art. 7 Kapital-RL/Art. 46 GesR-RL gerade die Verwertbarkeit als Kriterium für die Einlagefähigkeit im Hinblick auf die Gefahr unterschiedlicher Auslegungen abgelehnt hat. Selbst bei Bareinlagen garantieren weder die Kapitalaufbringungs- noch die -erhaltungsgrundsätze, dass die Gesellschaft bis zur Insolvenz mit den Barmitteln verwertungsfähige Vermögensgegenstände erworben hat. Daher muss es genügen, wenn der Gesellschaft ein bewertbarer Vermögensgegenstand so zur freien Verfügung des Vorstandes geleistet wird, dass dieser der Gesellschaft einen geldwerten Vorteil erbringt (Übertragbarkeit in dem in → Rn. 10 gemeinten Sinn), auch wenn dieser für die Gläubiger weder in der Einzelzwangsvollstreckung noch in der Insolvenz verwertbar ist.[51]

Nicht sacheinlagefähig sind entsprechend dem Rechtsgedanken des § 27 Abs. 2 sog. **aleatorische Gegenstände,** bei denen selbst ein Mindestwert nicht sicher feststellbar ist oder bei denen es mehr oder weniger vom Zufall bestimmt ist, ob sie überhaupt zu erlangen sind.[52] Die praktische Bedeutung dieser Einschränkung dürfte aber begrenzt sein.[53] § 27 Abs. 2 weitergehend ein allgemeines Verbot solcher Sacheinlagen zu entnehmen, bei denen die tatsächliche Erbringung erheblich gefährdet oder mit deutlichen Unsicherheiten verbunden ist,[54] stellte dagegen eine nicht hinreichend bestimmte Einschränkung dar und dürfte auch der Sache nach zu weit gehen.[55] Jedenfalls dürfen nicht ganze Gruppen von Vermögensgegenständen pauschal als nicht sacheinlagefähig eingestuft werden.

b) Einzelne Sacheinlagegegenstände. aa) Sachen. Eigentum an **beweglichen oder unbeweglichen Sachen** ist einlagefähig. Dabei muss der Inferent im Zeitpunkt der Begründung des Einlageversprechens weder Eigentümer sein noch muss die Sache bereits existieren;[56] es genügt, wenn der Inferent die Sache erst später beschafft, herstellt oder von einem Dritten einlegen lässt. Die Sache muss nicht einmal zum Zeitpunkt der Eintragung der AG entstanden sein, da eine Sacheinlage erst innerhalb von fünf Jahren danach zu leisten ist (§ 36a, → § 36a Rn. 10).[57] Selbst wenn der Gesellschaft schon eine unzerstörbare Anwartschaft auf den Erwerb des Eigentums zusteht, kann ein Grundstück noch Sacheinlagegegenstand sein.[58] Belastungen hindern nicht die Einlagefähigkeit, sondern werden bei der Bewertung (→ Rn. 33 ff.) berücksichtigt.[59] Dies gilt auch für ein grundschuldbelastetes Grundstück.[60]

bb) Beschränkt dingliche Rechte. Einlagefähig sind auch **grundstücksgleiche Rechte** wie das Erbbaurecht oder das Bergwerkseigentum[61] sowie **beschränkt dingliche Rechte** an Sachen

---

[47] Vgl. MüKoAktG/*Pentz* Rn. 21; Großkomm AktG/*Schall* Rn. 128; Hüffer/Koch/*Koch* Rn. 15.
[48] Für diese etwa Großkomm AktG/*Schall* Rn. 130 ff.; Hüffer/Koch/*Koch* Rn. 15. Ebenso wohl MüKoAktG/*Pentz* Rn. 21 mwN, auch zur Gegenauffassung.
[49] *K. Schmidt* ZHR 154 (1990), 237 (248 ff.); *Ihrig,* Die endgültige freie Verfügung über die Einlage von Kapitalgesellschaftern: ein Beitrag zum Recht der Kapitalaufbringung bei GmbH und Aktiengesellschaft, 1991, 116 ff.; *Bork* ZHR 154 (1990), 205 (209); *Priester* FS 100 Jahre GmbHG, 1992, 159 (172).
[50] MHLS/*Leitzen* GmbHG § 5 Rn. 67; *K. Schmidt* ZHR 154 (1990), 237 (249 f.).
[51] Wie hier Großkomm AktG/*Schall* Rn. 130 ff.; *Meilicke* BB 1991, 579 (580); *Bork* ZHR 154 (1990), 205 (228, 229); *Döllerer* FS Fleck, 1988, 35 (46).
[52] MüKoAktG/*Pentz* Rn. 20; vgl. auch Bürgers/Körber/*Lohse* Rn. 11a.
[53] Kölner Komm AktG/*Arnold* Rn. 45.
[54] So MüKoAktG/*Pentz* Rn. 34.
[55] Vgl. Kölner Komm AktG/*Arnold* Rn. 45.
[56] RGZ 118, 113 (120); RG JW 1936, 42; Kölner Komm AktG/*Arnold* Rn. 48; Großkomm AktG/*Schall* Rn. 134; MüKoAktG/*Pentz* Rn. 23.
[57] So die hM, etwa MüKoAktG/*Pentz* Rn. 23; Großkomm AktG/*Schall* Rn. 134; Kölner KommAktG/*Arnold* Rn. 48; aA etwa NK-AktR/*Polley* Rn. 13 f. mwN und mit näherer Begründung.
[58] OLG Brandenburg ZIP 2007, 969 zur Kapitalerhöhung.
[59] MüKoAktG/*Pentz* Rn. 23; Kölner KommAktG/*Arnold* Rn. 48; NK-AktR/*Polley* Rn. 14.
[60] OLG Frankfurt RPfleger 2006, 608.
[61] MüKoAktG/*Pentz* Rn. 24; K. Schmidt/Lutter/*Bayer* Rn. 13.

wie zB Grundpfandrechte, Dienstbarkeiten oder Nießbrauch.[62] Diese können an Gegenständen des Gründers oder auch eines Dritten bestehen. Die Übertragbarkeit auf die AG[63] (nicht zB bei der Hypothek ohne die Forderung) oder zumindest die Überlassung zur Ausübung (vgl. zB Dienstbarkeit § 1092 Abs. 1 S. 2 BGB oder Nießbrauch § 1059 S. 2 BGB) müssen gewährleistet sein, das Recht kann aber auch erstmals zu Gunsten der AG bestellt werden.[64]

17 cc) **Sonstige Rechte und Vermögensgegenstände. Mitgliedschaftsrechte,** die übertragbar sind, können als Sacheinlage eingebracht werden, wenn sie einen feststellbaren Vermögenswert haben; dies ist bei **Aktien oder GmbH-Geschäftsanteilen** der Fall.[65] Eigene Aktien der Gesellschaft können jedoch nicht als Sacheinlage eingebracht werden, weil mit ihnen der Gesellschaft real kein neues Kapital zugeführt wird.[66] **Anteile an Personengesellschaften** müssen aufgrund ihres Gesellschaftsvertrages oder der Zustimmung aller Mitgesellschafter übertragbar sein.[67] **Vereinsmitgliedschaften** werden in aller Regel keinen feststellbaren Vermögenswert haben.

18 **Immaterialgüterrechte** wie Marken-, Urheber-, Patent-, Verlags-, Warenzeichen-, Gebrauchs- und Geschmacksmusterrechte sowie Lizenzen an solchen Rechten sind einlagefähig.[68] Bei der Firma fehlt es an der Übertragbarkeit (an die AG) ohne das Unternehmen (§§ 22, 23 HGB), so dass die isolierte Einlage nicht in Frage kommt.[69] Selbst ein Kundenstamm[70] oder eine Vertreterorganisation[71] können Gegenstand einer Sacheinlage sein. Allgemein anerkannt ist auch die Sacheinlagefähigkeit von rechtlich nicht geschütztem **Know-how,**[72] Fabrikationsgeheimnissen, Herstellungsverfahren uÄ.

19 Entscheidend hängt hier wie auch sonst die Sacheinlagefähigkeit davon ab, dass der einzubringende Gegenstand einen gegenwärtig fassbaren, dh konkret feststellbaren und in einer bestimmten Geldsumme ausdrückbaren Vermögenswert aufweist[73] und dass er damit für die AG wirtschaftlich verwertbar ist.

20 dd) **Sachgesamtheiten.** Einlagefähig sind auch Sachgesamtheiten wie zB Warenlager, Fuhrparks, Produktionsanlagen, Betriebs- und Büroeinrichtungen, Nachlässe, Insolvenzmassen, Wertpapierdepots usw., soweit sie **abgrenzbare Vermögensmassen** darstellen.[74] Ausreichend ist es, die Sachgesamtheit als solche zum Gegenstand der Sacheinlagevereinbarung zu machen, nicht die einzelnen ihr zugehörigen Gegenstände. Jedoch muss der Vollzug nach dem **sachenrechtlichen Bestimmtheitsgrundsatz** durch Einzelübertragung jedes einzelnen Gegenstandes nach den jeweils für seine abstrakte Übertragung geltenden Regeln erfolgen.[75]

21 Der praktisch bedeutsamste Fall der Einlage einer Sachgesamtheit ist das **Unternehmen (Handelsgeschäft).**[76] Welche Teile eines Unternehmens in das Gesellschaftsvermögen eingebracht werden, richtet sich nach der getroffenen Vereinbarung; im Zweifel ist die Einbringung des gesamten Unternehmens, also sämtlicher ihm zuzurechnender Vermögenswerte, Gegenstand der Sacheinlagevereinbarung.[77] Die **Einbringung der Firma** bedarf allerdings der ausdrücklichen Einwilligung des Einlegers (§ 22 HGB) sowie der Aufnahme in die Satzung der AG (§ 23 Abs. 3 Nr. 1). Ist das Unternehmen ohne die Firma Gegenstand der Einlagevereinbarung, soll es im Zweifel – wenn sich also aus der Einlagevereinbarung nichts anderes ergibt – unbelastet von Verbindlichkeiten einzubrin-

---

[62] BGHZ 45, 338 (345) = NJW 1966, 1311; MüKoAktG/*Pentz* Rn. 24; Großkomm AktG/*Schall* Rn. 137.
[63] Zum Erfordernis der Übertragbarkeit → Rn. 10, 12 f.
[64] Großkomm AktG/*Schall* Rn. 137.
[65] Großkomm AktG/*Schall* Rn. 144. Vgl. aber KG NZG 2005, 718 (keine wirksame Einlage von Kommanditanteilen, wenn die GmbH hierdurch im Wege der Gesamtrechtsnachfolge Inhaber einer Forderung gegen den Inferenten wird).
[66] BGH NZG 2011, 1271 (1272).
[67] Großkomm AktG/*Schall* Rn. 144.
[68] MüKoAktG/*Pentz* Rn. 24; K. Schmidt/Lutter/*Bayer* Rn. 13; Großkomm AktG/*Schall* Rn. 138; vgl. auch *Sosnitza* GmbHR 2002, 821 zur Einlagefähigkeit von Domain-Namen.
[69] Großkomm AktG/*Schall* Rn. 142, dort auch zum ebenfalls nicht einlagefähigen sog. Goodwill.
[70] Großkomm AktG/*Schall* Rn. 143; MüKoAktG/*Pentz* Rn. 25. Einschränkend Scholz/*Veil* GmbHG § 5 Rn. 49 (nur zusammen mit dem Unternehmen).
[71] Großkomm AktG/*Schall* Rn. 143; MüKoAktG/*Pentz* Rn. 25.
[72] RG JW 1936, 42; Kölner Komm AktG/*Arnold* Rn. 64; Großkomm AktG/*Schall* Rn. 139; MüKoAktG/*Pentz* Rn. 25.
[73] → Rn. 10. S. Großkomm AktG/*Schall* Rn. 140.
[74] Vgl. hierzu und zum Folgenden Großkomm AktG/*Schall* Rn. 145.
[75] Zur Möglichkeit der Sammelbezeichnung und den an sie zu stellenden Anforderungen BGH NJW 1992, 1161; Palandt/*Bassenge* BGB § 930 Rn. 3.
[76] Zu möglichen wirtschaftlichen Hintergründen Großkomm AktG/*Schall* Rn. 146; s. auch *Wächter* GmbHR 2006, 1084.
[77] Großkomm AktG/*Schall* Rn. 147 f.; MüKoAktG/*Pentz* Rn. 32.

gen sein, umgekehrt soll bei Einbringung des Unternehmens mit der Firma entsprechend der dann ausgelösten Außenhaftung der Gesellschaft nach § 25 Abs. 1 S. 1 HGB im Zweifel eine Einbringung unter Einschluss der Verbindlichkeiten Gegenstand der Sacheinlagevereinbarung sein.[78] Anderes gilt jedoch bei der Gründung einer Auffanggesellschaft durch den Insolvenzverwalter, weil in diesem Fall die gesetzliche Außenhaftung nach § 25 Abs. 1 S. 1 HGB entfällt.[79]

ee) Forderungen. Forderungen gegen Dritte können als Sacheinlage eingebracht werden, wenn ihnen ein Vermögenswert zukommt und sie abtretbar sind.[80] Es kommt aber auch auf den Inhalt der Forderung an. Ist der Gegenstand, der gefordert werden kann, sacheinlagefähig, ist dies die darauf gerichtete Forderung grds. auch.[81] Dass die Abtretung der Zustimmung des Schuldners oder eines Dritten bedarf, hindert nicht die Abtretbarkeit in diesem Sinne.[82]

Sacheinlagefähig sind grds. auch Forderungen, die **in ihrer Einbringlichkeit zweifelhaft** oder **bestritten**, von einer **Gegenleistung abhängig** oder sonst **einredebehaftet** sind.[83] Solche Umstände sind bei der Bewertung (→ Rn. 34 ff.) zu berücksichtigen. Entsprechendes gilt für **aufschiebend befristete** Forderungen.[84] Dagegen sind **aufschiebend bedingte** Forderungen, jedenfalls solange die Bedingung nicht eingetreten ist und der Bedingungseintritt auch nicht überwiegend wahrscheinlich ist, keine tauglichen Sacheinlagegegenstände, weil ihre Entstehung ungewiss ist und dem Anspruch kein wirtschaftlicher Wert zukommt.[85] Erst recht sind künftige Forderungen unter solchen Umständen, wenn also – wie wohl in der Regel – ihre Entstehung ungewiss ist, nicht sacheinlagefähig.[86] Anders liegt es hingegen bei Forderungen auf künftige Leistung, die zwar erst in der Zukunft, aber mit Sicherheit zu erfolgen hat.[87]

Auch **gegen die Vorgesellschaft** (→ § 41 Rn. 70) gerichtete Forderungen können einlagefähig sein.[88] Solche Forderungen können – wie alle Forderungen – nicht im Wege der Bargründung, sondern müssen im Wege der Sacheinlage eingebracht werden.[89] Einlagefähig sind auch Ansprüche gegen die Gesellschaft auf Erstattung verauslagter Gründungskosten (§ 26),[90] nicht hingegen Ansprüche auf Zahlung von Gründerlohn jedenfalls im Hinblick darauf, dass der Gründer hier im Ergebnis nur eine Dienstleistung (→ Rn. 30) erbringt.[91]

Nicht einlagefähig sind **künftige Ansprüche** gegen die AG, wie zB künftige Gehalts- oder Dividendenansprüche;[92] andernfalls fehlte es an einer effektiven Aufbringung eines realen Haftungsfonds bei der AG. Gesellschafterdarlehensforderungen sind nur sehr eingeschränkt als Sacheinlage einlagefähig, Schranken bilden insbesondere der Nachrang nach § 39 Abs. 1 Nr. 5 InsO und das

---

[78] Großkomm AktG/*Schall* Rn. 149 mwN.
[79] BGH BeckRS 2006, 14044; MüKoAktG/*Pentz* Rn. 32; Großkomm AktG/*Schall* Rn. 149.
[80] MüKoAktG/*Pentz* Rn. 26; Großkomm AktG/*Schall* Rn. 172; K. Schmidt/Lutter/*Bayer* Rn. 14.
[81] Vgl. Großkomm AktG/*Schall* Rn. 177.
[82] Großkomm AktG/*Schall* Rn. 172; UHL/*Ulmer/Casper* § 5 Rn. 63; Scholz/*Veil* § 5 Rn. 45; MüKoGmbHG/*Schwandtner* § 5 Rn. 114; zur Unmöglichkeit wegen Verweigerung der Zustimmung → Rn. 88 ff.
[83] Großkomm AktG/*Schall* Rn. 173 mwN. Ferner wird etwa ein Vertragsangebot eines Dritten an den Gründer für sacheinlagefähig gehalten, wenn die Konkretisierung und Bindung so weit fortgeschritten ist, dass die AG daraus durch bloße Annahme eine Forderung gegen den Dritten begründen kann (näher Großkomm AktG/*Schall* Rn. 180).
[84] Großkomm AktG/*Schall* Rn. 175; Kölner Komm AktG/*Arnold* Rn. 52; MüKoAktG/*Pentz* Rn. 28.
[85] BGH, NZG 2011, 667 Rn. 14. Das rechtfertigt allerdings nicht eine pauschale Ausgrenzung aller aufschiebend bedingten Forderungen aus dem Kreis der sacheinlagefähigen Vermögenswerte (so aber offenbar die wohl hM, etwa MüKoAktG/*Pentz* Rn. 28 oder auch Kölner Komm AktG/*Arnold* Rn. 52; wie hier Großkomm AktG/*Schall* Rn. 176); ist der Bedingungseintritt etwa sehr wahrscheinlich, wird ein feststellbarer Vermögenswert vorliegen (→ Rn. 10) und die Forderung sacheinlagefähig sein. Wie für aufschiebend bedingte ist jedenfalls für auflösend bedingte Forderungen zu entscheiden (vgl. MüKoAktG/*Pentz* Rn. 28; Kölner Komm AktG/*Arnold* Rn. 52).
[86] Vgl. Hüffer/Koch/*Koch* Rn. 16; Kölner Komm AktG/*Arnold* Rn. 52. Im Einzelfall ist jedoch auch hier danach zu unterscheiden, ob ein feststellbarer Vermögenswert vorliegt (→ Rn. 10), wofür es wesentlich auf den Grad der Ungewissheit ankommt, näher Großkomm AktG/*Schall* Rn. 175.
[87] Kölner Komm AktG/*Arnold* Rn. 52; MüKoAktG/*Pentz* Rn. 28.
[88] BGHZ 110, 47 (60) = NJW 1990, 982; BGHZ 113, 335 ff. (341) = NJW 1991, 1754; Großkomm AktG/*Schall* Rn. 181 mwN in Fn. 251, dort auch dazu, dass dies höhere praktische Relevanz bei der Kapitalerhöhung hat; MüKoAktG/*Pentz* Rn. 29; NK-AktR/*Polley* Rn. 16; K. Schmidt/Lutter/*Bayer* Rn. 16.
[89] MüKoAktG/*Pentz* Rn. 29; NK-AktR/*Polley* Rn. 16; K. Schmidt/Lutter/*Bayer* Rn. 16; s. auch Großkomm AktG/*Schall* Rn. 181 mwN in Fn. 252.
[90] BGHZ 53, 71 = NJW 1970, 469; Großkomm AktG/*Schall* Rn. 181; MüKoAktG/*Pentz* Rn. 29; NK-AktR/*Polley* Rn. 16. AA allerdings Kölner Komm AktG/*Arnold* Rn. 54.
[91] Im Ergebnis wie hier etwa Großkomm AktG/*Schall* Rn. 181; Kölner Komm AktG/*Arnold* Rn. 54. AA MüKoAktG/*Pentz* Rn. 29 mwN bei und mit Fn. 93 (einlagefähig „im angemessenen Rahmen").
[92] Großkomm AktG/*Schall* Rn. 181 mwN in Fn. 255; NK-AktR/*Polley* Rn. 16; MüKoAktG/*Pentz* Rn. 29.

Insolvenzanfechtungsrecht, jedenfalls werden weithin Abschläge bei der Bewertung vorzunehmen sein.[93]

26 Keine tauglichen Sacheinlagegegenstände sind **Forderungen jedweder Art**[94] **gegen den Inferenten** selbst.[95] Im Ergebnis käme es nur zu einem Forderungsaustausch (geschützte Stammeinlageforderung gegen sonstige nicht geschützte Forderung) ohne reale Kapitalaufbringung.[96] Weder eine Darlehenszusage noch ein Wechselakzept oder die Übernahme einer Bürgschaft durch den Inferenten sind daher geeignete Sacheinlagegegenstände.[97] Daran ist ungeachtet der Neuregelung des Hin- und Herzahlens in Abs. 4 festzuhalten.[98] Wirtschaftlich führt ein ordentliches Hin- und Herzahlen zwar zum Ergebnis, dass statt einer einmal geleisteten Bareinlage der Gesellschaft nur eine (werthaltige) Forderung gegen den Gesellschafter verbleibt. Es musste aber wenigstens einmal der Gesellschaft Bargeld zugeflossen sein, auf das die Gläubiger, wenn auch nur kurz, zugreifen konnten.

27 Einlagefähig sind Forderungen der Gesellschaft gegen den Gesellschafter indes dann, wenn sie **dinglich** (Pfandrecht, Grundpfandrecht, Sicherungsübereignung uÄ) **gesichert** oder wie beim obligatorischen Nutzungsrecht (→ Rn. 33) mit einer Besitzverschaffung verbunden sind. In diesen Fällen wird ein greifbarer Vermögensgegenstand aus dem Vermögen des Gründers ausgesondert und real in das Vermögen der Gesellschaft überführt.[99]

28 **Forderungen gegen Mitgesellschafter** sind hinsichtlich ihrer Einlagefähigkeit zu behandeln wie gegen den Inferenten gerichtete Forderungen.[100] Andernfalls öffnete man Umgehungen Tür und Tor, könnten die Gründer doch wechselseitig gegeneinander gerichtete Forderungen einbringen.

29 Die **Übernahme einer Schuld** oder **die Tilgung einer Verbindlichkeit** der Gesellschaft sind einlagefähige Gegenstände,[101] bedürfen aber zwingend einer Sacheinlagevereinbarung.[102] Die hM[103] lässt jedoch in Anwendung des § 362 Abs. 2 BGB für den die Mindesteinlage nach § 36 Abs. 2, § 36a Abs. 1 überschreitenden Teil der Einlage (Resteinlage) auch die von der Gesellschaft veranlasste unmittelbare Befriedigung eines Gesellschaftsgläubigers, dessen Forderung vollwertig, fällig und liquide ist, durch den Gründer als Tilgung einer Bareinlageforderung zu. Ein **Schuldbeitritt** oder eine **selbstschuldnerische Bürgschaft** genügen nicht, da die AG dadurch nicht endgültig von der Verbindlichkeit befreit wird.[104]

30 **ff) Dienst- und Werkleistung.** Nicht sacheinlagefähig ist die Verpflichtung zu einer **Dienstleistung durch den Gründer** (s. § 27 Abs. 2 2. HS).[105] Darüber hinaus sind nach § 27 Abs. 2 2. Hs. AktG **Dienstleistungsverpflichtungen** auch **von Dritten** nicht sacheinlagefähig.[106] Zu den Konsequenzen für die **verdeckte Sacheinlage von Dienstleistungen** → Rn. 148. Das mag sich durch die Materialen zu dieser Vorschrift nicht belegen und weder ihr noch Art. 7 Kapital-RL (jetzt Art. 46 GesR-RL → Rn. 1) zweifelsfrei entnehmen lassen.[107] Doch umfassen die Regelungen zumindest ihrem Wortlaut nach beide Konstellationen. In der Sache sprechen für diese Sicht die Schwierigkeiten, auf die Durchsetzung von Dienstleistungsverpflichtungen im Wege der Zwangsvollstreckung stößt (vgl. §§ 887, 888 Abs. 3 BGB),[108] ferner die typischen Risiken, die

---

[93] Näher Großkomm AktG/*Schall* Rn. 190. S. zu den früheren eigenkapitalersetzenden Darlehen etwa MüKo-AktG/*Pentz* Rn. 29.
[94] Beispiele bei Großkomm AktG/*Schall* Rn. 169.
[95] BGHZ 180, 38 Rn. 10 = NZG 2009, 463; Großkomm AktG/*Schall* Rn. 167 mwN in Fn. 224; MüKoAktG/*Pentz* Rn. 26; Kölner Komm AktG/*Arnold* Rn. 59. Vgl. ferner KG NZG 2005, 718 (Übertragung von Forderungen gegen den Inferenten mittelbar durch Einbringung einer Gesellschafterstellung).
[96] Großkomm AktG/*Schall* Rn. 167; K. Schmidt/Lutter/*Bayer* Rn. 15.
[97] RGZ 49, 22 (26); MüKoAktG/*Pentz* Rn. 36; Großkomm AktG/*Schall* Rn. 169; Kölner Komm AktG/*Arnold* Rn. 59 f.
[98] Vgl. auch K. Schmidt/Lutter/*Bayer* Rn. 15.
[99] Großkomm AktG/*Schall* Rn. 169; MüKoAktG/*Pentz* Rn. 26.
[100] Wie hier die hM, etwa MüKoAktG/*Pentz* Rn. 27; Kölner Komm AktG/*Arnold* Rn. 61; K. Schmidt/Lutter/*Bayer* Rn. 15 mwN. AA Großkomm AktG/*Schall* Rn. 174 mwN in Fn. 236.
[101] MüKoAktG/*Pentz* Rn. 30; Kölner Komm AktG/*Arnold* Rn. 60; Großkomm AktG/*Schall* Rn. 166.
[102] MüKoAktG/*Pentz* Rn. 30 mwN.
[103] BGH NJW 1986, 989; Großkomm AktG/*Schall* Rn. 166 mwN in Fn. 223; *Hüffer* ZGR 1993, 474 (477 ff.); *Priester* DB 1987, 1473 (1475).
[104] Großkomm AktG/*Schall* Rn. 166.
[105] Unstreitig, s. nur etwa BGHZ 180, 38 Rn. 9 f. = NZG 2009, 463 oder Großkomm AktG/*Schall* Rn. 170; ferner MüKoAktG/*Pentz* Rn. 33 sowie Hüffer/Koch/*Koch* Rn. 22, jeweils mwN.
[106] Ganz hM, etwa BGHZ 184, 158 Rn. 16 = NZG 2010, 343; Großkomm AktG/*Schall* Rn. 179 mwN in Fn. 248; Kölner Komm AktG/*Arnold* Rn. 66; MüKoAktG/*Pentz* Rn. 33; Hüffer/Koch/*Koch* Rn. 22; Grigoleit/*Vedder* Rn. 10. AA etwa *Hüffer* NJW 1979, 1065 (1067); *Skibbe* GmbHR 1980, 73 (74f.); *Sudhoff*/*Sudhoff* NJW 1982, 129 (130); Voraufl. Rn. 31.
[107] Großkomm AktG/*Schall* Rn. 179; Kölner Komm AktG/*Arnold* Rn. 66; MüKoAktG/*Pentz* Rn. 33.
[108] Vgl. BGHZ 180, 38 Rn. 9 = NZG 2009, 463; Hüffer/Koch/*Koch* Rn. 22; Grigoleit/*Vedder* Rn. 10.

solche Verpflichtungen angesichts ihrer Abhängigkeit von der Person der Schuldners und des für die Leistungserbringung unerlässlichen persönlichen Einvernehmens aufweisen.[109] Dienstleistungsverpflichtungen vor diesem Hintergrund generell aus dem Kreis sacheinlagefähiger Gegenstände auszunehmen und die Risiken nicht nur bei der Bewertung (→ Rn. 34 ff.) der grds. als sacheinlagefähig angesehenen Dienstleistung zu berücksichtigen, stellt eine jedenfalls vertretbare und letztlich auch in der Sache vorzugswürdige Vorgehensweise dar.[110] Es gibt nach allem keinen Grund, vom Wortlaut der gesetzlichen Regelung abzugehen.[111]

Einlagefähig können dagegen Forderungen auf Erbringung von **Werkleistungen** sein. Allerdings ist zu differenzieren. Nicht einlagefähig sind solche, die sich in ihrer Abhängigkeit von der Person des Schuldners so weit an eine Verpflichtung zur Dienstleistung annähern, dass sie mit ihnen wertungsmäßig auf eine Stufe zu stellen sind.[112] 31

Auch für die Sachübernahme kommt grds. nur ein sacheinlagefähiger Vermögensgegenstand in Betracht (→ Rn. 58), folglich können Dienstleistungen auch nicht Gegenstand einer Sachübernahme sein (s. § 27 Abs. 2 2. HS).[113] 32

gg) Nutzungsrechte. Gegenüber Dritten bestehende **obligatorische Nutzungsrechte** (zu dinglichen Nutzungsrechten → Rn. 16) sind grds. sacheinlagefähig.[114] Auch ein obligatorisches Nutzungsrecht an einer Sache des **Inferenten** kann als Sacheinlage eingelegt werden.[115] Es muss eine **feste Laufzeit** oder eine konkret bestimmbare **Mindestdauer** vereinbart sein,[116] das Nutzungsrecht nicht vor einer festgelegten und für die Bewertung zugrunde zu legenden Dauer durch Kündigung der AG oder auch durch vertragliche Vereinbarungen entzogen werden können, andererseits darf es aber auch nicht unbefristet und als solches eingelegt sein, weil es dann nicht bewertbar ist.[117] Darüber hinaus muss der Gegenstand des Nutzungsrechts durch Besitzübergang aus dem Vermögen des Inferenten ausgesondert worden sein.[118] Gefahren wegen der Kündigungsmöglichkeit des Insolvenzverwalters in der Insolvenz des Inferenten (§ 109 Abs. 1 InsO) oder der Veräußerung ohne Weitergabe der Nutzungsverpflichtung[119] müssen bei der Bewertung berücksichtigt werden.[120] 33

c) Bewertungsfragen. aa) Bewertungszeitpunkt. Stichtag für die Wertbemessung eines offen eingebrachten Sacheinlagegegenstandes ist der **Tag der Anmeldung** der Gesellschaft beim Handelsregister. Durch Regelung in der Satzung einen hiervon abweichenden Stichtag festzulegen, ist nicht möglich. Welchen Stichtag die Gründer der von ihnen vorgenommenen Bewertung der Sacheinlage mit Wirkung untereinander zugrunde legen, steht ihnen hingegen frei.[121] Bleibt der Zeitwert des Sacheinlagegegenstandes zum Zeitpunkt der Anmeldung hinter dem eventuell auf einen anderen Zeitpunkt errechneten Anrechnungswert zurück (zur Überbewertung/Unterpari-Emission → Rn. 42), muss der Inferent die Differenz durch Geld ausgleichen (auch → § 36a Rn. 12 und zum Absinken des Wertes nach Anmeldung → § 38 Rn. 5). 34

bb) Bewertungsmaßstab im Einzelnen. Maßgebende Bemessungsgrundlage für die Bewertung einer Sacheinlage ist der **Zeitwert des eingebrachten Gegenstandes,**[122] der nicht den Anschaffungs- oder Herstellungskosten nach § 255 HGB entsprechen muss.[123] Für **Anlagevermö-** 35

---

[109] Vgl. Großkomm AktG/*Schall* Rn. 179; auch MüKoAktG/*Pentz* Rn. 33; Hüffer/Koch/*Koch* Rn. 22.
[110] Vgl. Großkomm AktG/*Schall* Rn. 179.
[111] So aber noch Voraufl. Rn. 31: Teleologische Reduktion von § 27 Abs. 2 2. Halbsatz dergestalt, dass die Vorschrift die Dienstleistung von Dritten als Sacheinlage nicht ausschließt.
[112] Großkomm AktG/*Schall* Rn. 178; Kölner Komm AktG/*Arnold* Rn. 53. In der Sache wohl übereinstimmend MüKoAktG/*Pentz* Rn. 35, der zwischen vertretbarer und unvertretbarer Werkleistung unterscheidet.
[113] Großkomm AktG/*Schall* Rn. 233.
[114] Ganz hM, etwa MüKoAktG/*Pentz* Rn. 31 und Großkomm AktG/*Schall* Rn. 155, jeweils mwN. Sacheinlagefähig kann sogar das Angebot auf Erwerb des Nutzungsrechts sein (s. Großkomm AktG/*Schall* Rn. 157).
[115] HM, vgl. etwa BGHZ 144, 290 (294) = NZG 2004, 910; s. ferner MüKoAktG/*Pentz* Rn. 31 sowie Großkomm AktG/*Schall* Rn. 158 ff. und Hüffer/Koch/*Koch* Rn. 18, jeweils mwN.
[116] BGHZ 144, 290 (294) = NZG 2004, 910.
[117] Zum Ganzen MüKoAktG/*Pentz* Rn. 31 sowie Großkomm AktG/*Schall* Rn. 159 ff. und Hüffer/Koch/*Koch* Rn. 18, jeweils mwN.
[118] MüKoAktG/*Pentz* Rn. 31; Großkomm AktG/*Schall* Rn. 158; Hüffer/Koch/*Koch* Rn. 18.
[119] Vgl. *Bork* ZHR 154 (1990), 205 (217); *K. Schmidt* ZHR 154 (1990), 237 (257); *Steinbeck* ZGR 1996, 116 (126 mit Fn. 47).
[120] MüKoAktG/*Pentz* Rn. 31.
[121] Zum Ganzen MüKoAktG/*Pentz* Rn. 38. S. auch Großkomm AktG/*Schall* Rn. 197 mwN in Fn. 278; Hüffer/Koch/*Koch* Rn. 20; Kölner Komm AktG/*Arnold* Rn. 67; K. Schmidt/Lutter/*Bayer* Rn. 21. Vgl. auch § 9 GmbHG.
[122] MüKoAktG/*Pentz* Rn. 37; Großkomm AktG/*Schall* Rn. 195 mwN in Fn. 272.
[123] MüKoAktG/*Pentz* Rn. 37.

gen stellt die Literatur ganz überwiegend auf den **(Wieder-)Beschaffungs- oder Herstellungswert** bei der Gesellschaft ab, also auf den Preis, den die Gesellschaft für die Anschaffung des Gegenstandes aufwenden müsste,[124] für **Umlaufvermögen** dagegen auf den regelmäßig niedrigeren **Einzelveräußerungswert,**[125] dh den bei einem Verkauf erzielbaren Preis bzw. den Liquidationswert. Dabei sind auch eventuelle dingliche Belastungen zu berücksichtigen.[126] Zur Berücksichtigung nur des **Nettopreises** und eines eventuellen **Vorsteuererstattungsanspruches** → Rn. 189.

36 Fehlt ein Markt zur Bestimmung des Zeitwertes – wie etwa bei **immateriellen Wirtschaftsgütern** wie Firma, gewerbliche Schutzrechte oder Know-how, bei Unternehmen, Betriebsteilen usw. –, so ist anhand des **voraussichtlichen Ertrages** zu bewerten, den die Gesellschaft nach objektiven Maßstäben erwirtschaften wird.[127] Bei solcher Bewertung werden stets gewichtige Unsicherheiten verbleiben, schon das Vorsichtsprinzip gebietet zurückhaltende Ansätze.[128] Zu weit geht es aber, diesen Unsicherheiten bei Fehlen bisheriger Verwertungserfolge generalisierend mit dem Ansatz eines nur geringfügigen Werts zu begegnen.[129] Auch ein Beurteilungs- oder gar Ermessensspielraum steht den Gründern bei einer solchen Bewertung nicht zu, doch ist eine Ertragswertberechnung jedenfalls in den Bereichen, die auf Prognosen gründen, weithin lediglich auf Vertretbarkeit, nicht auf „Richtigkeit" überprüfbar.[130]

37 **Forderungen auf Geldzahlung** sind grds. mit ihrem Nennwert anzusetzen, maßgebend ist aber letztlich der realisierbare Erlös.[131] Bewertungsabschläge ergeben sich etwa aufgrund fehlender Bonität des Schuldners, auch bestrittene oder einredebehaftete Forderungen sind nicht liquide und erfordern einen Abschlag vom Nennbetrag.[132] Fehlende Fälligkeit zwingt zur Abzinsung der (unverzinslichen) Forderung.[133] Die Bewertung **sonstiger Forderungen** hängt primär von deren Inhalt ab.

38 Der Wert einer **Forderung gegen die Vorgesellschaft** (zur grds. Einlagefähigkeit → Rn. 24) bestimmt sich objektiv. Er richtet sich danach, zu welchem Wert ein Dritter die Forderung erwerben würde, nicht in welcher Höhe die Gesellschaft von einer Verbindlichkeit befreit wird. Die Vollwertigkeit hängt davon ab, ob die AG die Forderung neben ihren sonstigen Verbindlichkeiten aus eigenen Mitteln befriedigen könnte.[134]

39 Der Wert eines **obligatorischen Nutzungsrechts** (→ Rn. 33) bzw. einer Gebrauchsüberlassung kann anhand der Vergleichsmiete für den vorgesehenen Nutzungszeitraum ermittelt werden.[135] Dieser Wert entspricht dem kapitalisierten Nutzungswert, dessen Zahlung die Gesellschaft während der fest vereinbarten Mindestlaufzeit der Überlassung dadurch erspart, dass ihr der Gegenstand von ihrem Gesellschafter als Einlage zur Nutzung zur Verfügung gestellt wird.[136] Die Gefahr, dass der Gesellschaft die Nutzungsmöglichkeit vorzeitig entzogen wird (→ Rn. 33),[137] führt zu einem Bewertungsabschlag. Auch für eventuelle Gegenleistungen (Mietzins, Pachtzins uÄ), die nicht der Einleger, sondern die AG selbst zu tragen hat, müssen Abschläge gemacht werden.[138] Bei ortsüblichem Mietzins ist das Nutzungsrecht als Sacheinlage also wertlos.

---

[124] Großkomm AktG/*Schall* Rn. 195.
[125] Großkomm AktG/*Schall* Rn. 195; MüKoAktG/*Pentz* Rn. 37; Hüffer/Koch/*Koch* Rn. 20; Bürgers/Körber/*Lohse* Rn. 14; Kölner Komm AktG/*Arnold* Rn. 69. Anders Voraufl. Rn. 35, 188 und *Benz,* Verdeckte Sacheinlage und Einlagenrückzahlung im reformierten GmbH-Recht (MoMiG), 2010, 146 ff.: Maßgeblichkeit des Wiederbeschaffungswerts auch für Umlaufvermögen, da eine generelle Begrenzung des Wertansatzes für Umlaufvermögen auf den Einzelveräußerungswert weder praktikabel noch sachgerecht sei; der Einzelveräußerungswert begrenze den anrechenbaren Wert nur dann ausnahmsweise nach oben, wenn der eingebrachte Gegenstand nicht für betriebliche Zwecke verwendet werden und deshalb nur durch seine Veräußerung bzw. Liquidation für die Gesellschaft nutzbar gemacht werden kann.
[126] OLG Frankfurt Rpfleger 2006, 608 (zum grundschuldbelasteten Grundstück); Kölner Komm AktG/*Arnold* Rn. 69.
[127] Großkomm AktG/*Schall* Rn. 196 mwN. S. ferner Kölner Komm AktG/*Arnold* Rn. 69 sowie MüKoAktG/*Pentz* Rn. 37: Ertragswertermittlung bei Anlagevermögen, soweit Wiederbeschaffung nicht in Betracht kommt.
[128] Vgl. MüKoAktG/*Pentz* Rn. 37; Großkomm AktG/*Schall* Rn. 196.
[129] So aber UHL/*Ulmer/Casper* § 5 Rn. 91. Dagegen MüKoAktG/*Pentz* Rn. 37; Großkomm AktG/*Schall* Rn. 196. Vgl. auch BGHZ 29, 300 = NJW 1959, 934 zu den Rechten an einer Operette.
[130] Im hiesigen Zusammenhang Großkomm AktG/*Schall* Rn. 196. Vgl. zur Überprüfung der Unternehmensbewertung nach Ertragswertverfahren im Spruchverfahren lediglich auf Vertretbarkeit etwa BVerfG AG 2012, 674 (676); OLG Stuttgart AG 2015, 580 (582).
[131] Vgl. Kölner Komm AktG/*Arnold* Rn. 69; K. Schmidt/Lutter/*Bayer* Rn. 20.
[132] Vgl. Großkomm AktG/*Schall* Rn. 173, 188.
[133] Vgl. Großkomm AktG/*Schall* Rn. 189.
[134] Str., wie hier etwa MüKoAktG/*Pentz* Rn. 29 mwN. Ausführliche Darstellung mwN, auch zur Gegenauffassung, etwa bei Großkomm AktG/*Schall* Rn. 183 ff.
[135] Hüffer/Koch/*Koch* Rn. 20; MüKoAktG/*Pentz* Rn. 37; K. Schmidt/Lutter/*Bayer* Rn. 20.
[136] Großkomm AktG/*Schall* Rn. 159.
[137] Vgl. dazu ausführlich Großkomm AktG/*Schall* Rn. 160 ff. vor allem bei Grundstücken durch Grundpfandgläubiger.
[138] Großkomm AktG/*Schall* Rn. 156.

Der Zeitwert eines **Unternehmens** wird heute im Allgemeinen mit dem sog. Ertragswert[139] **40** ermittelt. Um eine schon erstellte Bilanz zum Wertnachweis beim Handelsregister verwenden zu können und aus steuerlichen Gründen wird bei der Einbringung von Unternehmen oft der (regelmäßig unter dem Ertragswert liegende) Buchwert des Unternehmens in der (zeitnahen) letzten Jahresschlussbilanz angesetzt.[140] Will man eine Unterbewertung (**Überpari-Emission,** → Rn. 43) des Unternehmens vermeiden, kommt eine im Gesellschaftsvertrag festzusetzende sog. **gemischte Einlage** (Inferent erhält für den überschießenden Wert neben den Aktien noch eine Vergütung von der AG; genauer → Rn. 64 f.) in Frage.[141] Erreicht der angesetzte Buchwert (ausnahmsweise) nicht (mehr) den Zeitwert zum Zeitpunkt der Anmeldung, liegt demgegenüber eine unzulässige **Unterpari-Emission** vor (→ Rn. 42),[142] die zu einer baren Zuzahlungspflicht (Differenzhaftung) des Inferenten führt.[143] Wenn eine bare Zuzahlung der Differenz durch den Inferenten schon im Gesellschaftsvertrag vorgesehen ist, kann eine sog. **Mischeinlage** vorliegen (→ Rn. 66).[144]

Sowohl bei der gemischten Einlage als auch bei der Mischeinlage steht bei der Festsetzung im **41** Gesellschaftsvertrag der **genaue Wert des Unternehmens** zum entscheidenden Zeitpunkt der Anmeldung beim Handelsregister noch nicht fest. Daher wird es in der Praxis für zulässig gehalten, in der Satzung über die zwingende Festsetzung der auszugebenden Aktien (§ 27 Abs. 1 S. 1) hinaus nur allgemein zu vereinbaren, dass ein zum maßgeblichen Stichtag etwa **vorhandener Mehrwert oder Minderwert des Unternehmens** durch Geldleistung seitens der AG bzw. des Inferenten auszugleichen ist.[145] Streitig ist allerdings, ob zumindest ein geschätzter Wert anzugeben ist, oder die Bestimmbarkeit anhand einer auf den Anmeldungsstichtag aufzustellenden Bilanz eine ausreichende Nachprüfbarkeit für den Registerrichter schafft.[146] Bei der Mischeinlage ergibt sich die zeitliche Grenze der Anmeldung für die Bestimmung des Wertes der Sacheinlage aber schon aus der Tatsache, dass der eingeforderte bare Teil der Einlage bis dahin bereits geleistet sein muss (§ 36 Abs. 2 iVm § 36a Abs. 1). Diese Problematik stellt sich gleichermaßen, wenn im Gesellschaftsvertrag eine Pflicht zum Ausgleich der Wertdifferenz zum Zeitpunkt der (späteren) tatsächlichen Einbringung nach Maßgabe einer auf diesen Stichtag aufgestellten Einbringungsbilanz vorgesehen ist.[147] Entscheidender Stichtag für die Differenzhaftung bleibt auch hier der **Zeitpunkt der Anmeldung** beim Handelsregister.

cc) Verbot der Überbewertung. Das in § 9 Abs. 1 verankerte Verbot der **Unterpari-Emission** **42** gilt auch für die Sacheinlage (vgl. auch § 34 Abs. 1 Nr. 2, § 36a Abs. 2 S. 3 und § 38 Abs. 2 S. 2). Der tatsächliche (Zeit)Wert des Sacheinlagegegenstandes bildet daher die Obergrenze für den auf die übernommenen Aktien anzurechnenden Betrag.[148] Auch wenn ein in der überbewerteten Sacheinlage enthaltenes **Aufgeld (Agio)** systembedingt nicht unmittelbar an dem durch das Verbot der Unterpari-Emission nach § 9 Abs. 1 gewährten Schutz teilhat, unterliegt es bei der AG dennoch der Kapitalaufbringungskontrolle durch das Registergericht (→ § 36a Rn. 6).[149] Historischer Grund hierfür ist aber nicht der Gläubigerschutz, sondern der Anlegerschutz insbesondere vor der Gefahr der sog. „Agiotage" (Spekulation mit hohen Aktienwerten bei niedrigem Kapitaleinsatz).[150] Zu den Rechtsfolgen einer unzulässigen Überbewertung → Rn. 44 ff.

---

[139] Vgl. dazu Großkomm AktG/*Schall* Rn. 199.
[140] S. dazu Großkomm AktG/*Schall* Rn. 204 f. mwN.
[141] Vgl. Großkomm AktG/*Schall* Rn. 202 mwN.
[142] Vgl. Großkomm AktG/*Schall* Rn. 199.
[143] Zur Differenzierung dieser Differenzhaftung zur Unterbilanzhaftung genauer → § 41 Rn. 84.
[144] Vgl. K. Schmidt/Lutter/*Bayer* Rn. 33; *Priester* BB 1980, 19 (20). S. ferner – jedoch gegen die Einordnung als Mischeinlage – Großkomm AktG/*Schall* Rn. 202; Scholz/*Veil* § 5 Rn. 58.
[145] Großkomm AktG/*Schall* Rn. 200 mwN in Fn. 282.
[146] Bestimmbarkeit genügt etwa Großkomm AktG/*Schall* Rn. 202 mwN, auch zur Gegenauffassung, in Fn. 287; ebenso Kölner Komm AktG/*Arnold* Rn. 71; Scholz/*Veil* § 5 Rn. 58; *Priester* BB 1980, 19 (22 f.); *Priester* GmbHR 1982, 112 f.; K. Schmidt/Lutter/*Bayer* Rn. 19. OLG Zweibrücken GmbHR 1981, 214 f. AA OLG Stuttgart GmbHR 1982, 109 (110 f.): Wenigstens geschätzter Wert; *Güntner* NJW 1975, 524 (526): Angabe des festen Werts; ähnlich *Sudhoff/Sudhoff* NJW 1982, 129 ff.
[147] Dazu näher Großkomm AktG/*Schall* Rn. 203.
[148] Großkomm AktG/*Schall* Rn. 191 mwN in Fn. 265; MüKoAktG/*Pentz* Rn. 37; Kölner Komm AktG/ *Arnold* Rn. 67, 72 ff.; K. Schmidt/Lutter/*Bayer* Rn. 19.
[149] *Hoffmann-Becking* FS Wiedemann, 2002, 999 (1001 ff.): Auch bei der Sacheinlage. S. auch Großkomm AktG/*Schall* Rn. 192, 209 sowie BGH NZG 2012, 69 (71) – Babcock; vgl. ferner K. Schmidt/Lutter/*Bayer* Rn. 19; Grigoleit/*Vedder* Rn. 23. Anders im Recht der GmbH, s. BGH NZG 2008, 73 (74); dazu *Heidinger* in Heckschen/Heidinger Die GmbH in der Gestaltungs- und Beratungspraxis § 11 Rn. 61 ff.
[150] *Lüssow*, Das Agio im GmbH- und Aktienrecht, Eine Analyse des Kapitalgesellschaftsrechts mit ausgewählten Bezügen zum Bilanz- und Steuerrecht, 2005, 173; *Schorling/Vogel* AG 2003, 86 (88); s. auch ausführlich *Hoffmann-Becking* FS Wiedemann, 2002, 999 (1000 ff.).

43 **dd) Unterbewertung.** Streitig ist, ob ein Wahlrecht besteht, die Sacheinlage unter ihrem tatsächlichen (Zeit)Wert einzubringen (sog. **Überpari-Emission**).[151] Durch eine solche Einbringung wird zwar die reale Kapitalaufbringung nicht gefährdet, da die AG mehr an Wert erhält als sie fordern kann und ausweist.[152] Doch war gegen die Möglichkeit einer solchen Einbringung früher – Ausnahmen konnten sich allerdings seit jeher im Anwendungsbereich des UmwStG ergeben[153] – das Verbot der willkürlichen Bildung stiller Reserven bei Kapitalgesellschaften (vgl. § 279 Abs. 1 S. 1 HGB aF iVm § 253 Abs. 4 HGB aF) anzuführen, das dazu zwang, den „Mehrwert" der Sacheinlage zum Zeitpunkt der Anmeldung über den Nennbetrag der Aktien und ein eventuelles Aufgeld hinaus in die Kapitalrücklagen zu stellen (§ 272 Abs. 2 Nr. 1 HGB; s. auch § 150 AktG).[154] Nach den Änderungen der Bilanzierungsvorschriften durch das BilMoG[155] überzeugt diese Sicht nicht mehr.[156] Wertsteigerungen zwischen Anmeldung und Eintragung soll auch dadurch Rechnung getragen werden können, dass die AG sich dem Inferenten gegenüber in der Satzung verpflichtet, den Mehrwert zum Eintragungszeitpunkt zu erstatten.[157] Dies ist aber nur für Wertsteigerungen bis zur Anmeldung unbedenklich. Für Wertverluste zwischen Anmeldung und Eintragung müsste der Inferent – jedenfalls bei Sacheinlageleistung vor Anmeldung – nicht aus Differenzhaftung analog § 9 Abs. 1 GmbHG (→ Rn. 47) aufkommen, da dafür nur auf die Werthaltigkeit der Sacheinlage zum Zeitpunkt der Anmeldung ankommt. Daher erscheint es sachgerecht, auch Wertsteigerungen nach der Anmeldung der Gesellschaft zuzurechnen. Diese trägt die Folgen einer Wertveränderung beim Sacheinlagegegenstand im positiven und im negativen Sinne, da sie auch die Sachherrschaft über diesen hat. Der Gläubigerschutz ist ausreichend über die Unterbilanzhaftung, berechnet auf den Zeitpunkt der Eintragung der AG, berücksichtigt (genauer → § 41 Rn. 77 ff.). Bei der Einbringung von **Unternehmen** muss die genaue Höhe des in die Kapitalrücklage einzustellenden Mehrwertes der Sacheinlage noch nicht in der Satzung festgestellt werden (→ Rn. 41).[158]

44 **ee) Rechtsfolgen der Überbewertung. (1) Vor Eintragung der Gesellschaft.** Ob eine Überbewertung (→ Rn. 42) der Sacheinlage wegen des daraus folgenden Verstoßes gegen das Verbot der Unterpari-Emission (§ 9 Abs. 1) die **Nichtigkeit der Satzung** der AG und der **Übernahmeerklärung** des Gründers verursacht, ist streitig (→ § 9 Rn. 14, 17), mit der vordringenden Ansicht aber zu verneinen.[159] Praktische Bedeutung hat die Kontroverse vor allem im Hinblick auf das Verhältnis der Gründer zu der AG vor der Eintragung im Handelsregister zu. Mit Blick auf die neu geregelten Rechtsfolgen einer verdeckten Sacheinlage erscheint die Annahme der Nichtigkeit bei bloßer Überbewertung nicht mehr wertungskonform.[160]

45 Einigkeit besteht darüber, dass das Registergericht die **Eintragung** der Gesellschaft wegen überbewerteter Sacheinlagen **ablehnen** muss.[161] Erfolgt jedoch eine bare Zuzahlung der Wertdifferenz mit entsprechender Versicherung und Nachweis, kann trotz Fehlerhaftigkeit der Satzung eingetragen werden.[162]

46 **(2) Nach Eintragung der Gesellschaft.** Wird die Gesellschaft trotz Überbewertung der Sacheinlage eingetragen, ist die **Gesellschaft wirksam entstanden.** Es besteht weder die Möglichkeit der Nichtigkeitsklage (§ 275) noch der Löschung (§ 397 FamFG) oder der Auflösung (§ 399 FamFG).[163]

47 Die Gesellschaft hat gegen den Inferenten einen unverzichtbaren Anspruch auf Ausgleich der Wertdifferenz durch Geldleistung (sog. **Differenzhaftung**),[164] der aus der mit der Übernahme

---

[151] Dazu etwa MüKoAktG/*Pentz* Rn. 39; Großkomm AktG/*Schall* Rn. 193 f. Umfangreiche Nachweise bei K. Schmidt/Lutter/*Bayer* Rn. 22.
[152] Vgl. Großkomm AktG/*Schall* Rn. 193.
[153] MüKoAktG/*Pentz* Rn. 39 mit Verweis auf § 20 UmwStG aF.
[154] S. etwa Großkomm AktG/*Schall* Rn. 193; MüKoAktG/*Pentz* Rn. 39.
[155] Gesetz zur Modernisierung des Bilanzrechts (Bilanzrechtsmodernisierungsgesetz – BilMoG) v. 25.5.2009, BGBl. 2009 I 1102 ff.
[156] Hierzu tendierend auch K. Schmidt/Lutter/*Bayer* Rn. 22. Anders hingegen viele unter Rückgriff auf das Gebot der zutreffenden Dotierung der Kapitalrücklage nach § 150 AktG iVm § 272 Abs. 2 Nr. 1 HGB, so etwa MüKoAktG/*Pentz* Rn. 39; ebenso Großkomm AktG/*Schall* Rn. 193; Kölner Komm AktG/*Arnold* Rn. 68; Hüffer/Koch/*Koch* Rn. 19.
[157] Vgl. MüKoAktG/*Pentz* Rn. 41 aE; Grigoleit/*Vedder* Rn. 27; Kölner Komm AktG/*Arnold* Rn. 71.
[158] Kölner Komm AktG/*Arnold* Rn. 71.
[159] Ebenso etwa Großkomm AktG/*Schall* Rn. 207; MüKoAktG/*Pentz* Rn. 42; Kölner Komm AktG/*Arnold* Rn. 73; K. Schmidt/Lutter/*Bayer* Rn. 24. Anders aber die tradierte Sicht, s. etwa Hüffer/Koch/*Koch* § 9 Rn. 5.
[160] S. Großkomm AktG/*Schall* Rn. 207.
[161] MüKoAktG/*Pentz* Rn. 43; Großkomm AktG/*Schall* Rn. 208; K. Schmidt/Lutter/*Bayer* Rn. 23.
[162] MüKoAktG/*Pentz* Rn. 42 f.; Großkomm AktG/*Schall* Rn. 208.
[163] MüKoAktG/*Pentz* Rn. 44; Großkomm AktG/*Schall* Rn. 210; Grigoleit/*Vedder* Rn. 26.
[164] MüKoAktG/*Pentz* Rn. 44; Großkomm AktG/*Schall* Rn. 211; Grigoleit/*Vedder* Rn. 26; vgl. zur Differenzhaftung bei überbewerteter Sacheinlage im Rahmen einer gemischten Bar-/Sachkapitalerhöhung auch OLG Jena ZIP 2006, 1989 = WM 2006, 2258.

bzw. Zeichnung verbundenen Kapitaldeckungszusage, dem Verbot der Unterpariemission und einer Analogie zu § 9 Abs. 1 GmbHG folgt.[165] Die Verjährung beträgt analog § 9 Abs. 2 GmbHG 10 Jahre und kann wegen des zwingenden Charakters des Differenzhaftungsanspruchs auch nicht vertraglich verkürzt werden.[166] Der Grundsatz der realen Kapitalaufbringung zwingt dazu, diesen Anspruch nicht auf die Höhe des Ausgabebetrages der Aktien zu beschränken, wenn ein Sacheinlagegegenstand mit negativem Wert (zB überschuldetes Unternehmen) eingebracht wird.[167] Der Differenzhaftungsanspruch unterliegt dem Befreiungs- und Aufrechnungsverbot des § 66 Abs. 1, kann aber bei tatsächlicher oder rechtlicher Ungewissheit über seinen Bestand oder Umfang Gegenstand eines Vergleichs sein; ein solcher Vergleich bedarf nicht der Zustimmung der Hauptversammlung.[168]

Die Wertdeckungspflicht erstreckt sich auch auf ein eventuell vereinbartes **korporatives Agio**.[169] **48**
Dies folgt zwar nicht aus dem Verbot der Unterpari-Emission (schon → Rn. 42), aber aus § 23 Abs. 2 Nr. 2 und § 36a Abs. 2 S. 3.[170]

III. Sachübernahme

1. Begriff und Gesetzeszweck. Nach der **Legaldefinition** in § 27 Abs. 1 S. 1 ist unter einer **49** Sachübernahme die Übernahme von vorhandenen oder herzustellenden Anlagen oder anderen Vermögensgegenständen durch die Gesellschaft zu verstehen. Im Unterschied zur Sacheinlage besteht bei der Sachübernahme die von der Gesellschaft für den Erwerb/die Übernahme des betreffenden Gegenstandes zu erbringende Gegenleistung nicht in der Einräumung von Mitgliedschaftsrechten (Aktien), sondern in einer Vergütung sonstiger Art, regelmäßig in Geld. Rechtsgrund der Sachleistung des Inferenten an die Gesellschaft ist anders als bei der Sacheinlage nicht dessen (Sach)Einlageversprechen, sondern ein gewöhnlicher schuldrechtlicher Austauschvertrag, dessen einzige Besonderheit darin besteht, dass er im Zusammenhang mit der Gründung der Gesellschaft geschlossen worden ist. Zu ihrer Wirksamkeit bedarf die Sachübernahme der Festsetzung in der Satzung (§ 27 Abs. 1 S. 1 2. HS).[171] Es gelten weitestgehend dieselben Verfahrensvorschriften wie bei einer Gründung mittels Sacheinlagen (vgl. §§ 31, 32 Abs. 2, § 33 Abs. 2 Nr. 4, §§ 33a, 34, 37 Abs. 4 Nr. 2 und 4, § 38 Abs. 2).

Die gesetzliche Regelung über die Sachübernahme hat einen **positiven und einen negativen** **50** **Gesetzeszweck**. Sie ermöglicht es im **positiven** Sinne, schon vor der Entstehung der Vor-AG, also noch im Stadium der Vorgründungsgesellschaft (→ § 41 Rn. 18 ff.), durch Vereinbarung der Gründer und Festsetzung in der Satzung einen rechtsverbindlichen Vertrag mit Wirkung für die spätere AG zu schließen, ohne dass der Vorstand der (Vor-)AG mitwirken müsste. Dies korrespondiert mit § 41 Abs. 3 (→ § 41 Rn. 133). **Negativ** verhindern die Sachübernahmekautelen die Wirksamkeit einer solchen Vereinbarung ohne Satzungsfestsetzung und Registerprüfung, weil sie ähnliche Gefahren für die Gesellschaft schafft wie Sacheinlageabreden:[172] Bei einer Sachübernahme mit Verrechnungsabrede (fingierte Sacheinlage → Rn. 51) erhält die Gesellschaft wirtschaftlich nur den Sachübernahmegegenstand, ohne Verrechnungsabrede zwar zunächst die bare Einlage, die aber durch das Austauschgeschäft aufgrund der Sachübernahmevereinbarung wieder abfließt.

2. Fingierte Sacheinlage (Abs. 1 S. 2). Soll die Vergütung für den von der Gesellschaft zu **51** übernehmenden Vermögensgegenstand auf die (Bar)Einlage eines Aktionärs angerechnet werden, gilt die Sachübernahme kraft gesetzlicher Fiktion als Sacheinlage. Gesetzlich geregelt ist hier ein typischer Umgehungsfall (zu weiteren Umgehungsfällen → Rn. 103 ff., verdeckte Sacheinlage). Die Fiktion eröffnet über die für Sachübernahmeverträge ohnehin ebenso wie für Sacheinlagevereinbarungen geltenden Publizitäts- und Prüfungspflichten (§ 27 Abs. 1 S. 1) hinaus die Anwendung des

---

[165] BGH NZG 2012, 69 (71) – Babcock. Zu dieser Entscheidung *Verse* ZGR 2012, 875 ff.; *Priester* AG 2012, 525; *Weng* DStR 2012, 862; *Wienecke* NZG 2012, 136. Vgl. zur Begründung der Differenzhaftung in der Literatur Großkomm AktG/*Schall* Rn. 214, ferner MüKoAktG/*Pentz* Rn. 44 sowie dort Rn. 45 zu weiteren daneben bestehenden Ansprüchen.
[166] BGH NZG 2012, 69 (74) – Babcock; vgl. auch MüKoAktG/*Pentz* Rn. 44; Grigoleit/*Vedder* Rn. 26; Kölner Komm AktG/*Arnold* Rn. 74. Vor dem 15.12.2004 betrug die Verjährungsfrist nur 5 Jahre.
[167] Großkomm AktG/*Schall* Rn. 212 f. mwN; MüKoAktG/*Pentz* Rn. 44; Kölner Komm AktG/*Arnold* Rn. 74; K. Schmidt/Lutter/*Bayer* Rn. 26.
[168] BGH NZG 2012, 69 (72) – Babcock; Grigoleit/*Vedder* Rn. 26.
[169] So jetzt ausdrücklich BGH NZG 2012, 69 (71) – Babcock mwN; ebenso die hL, s. etwa Hüffer/Koch/*Koch* Rn. 21 mwN; MüKoAktG/*Pentz* Rn. 44 mwN in Fn. 172. Anders jedoch nach wie vor bei der GmbH, s. BGH NZG 2008, 73 (74); Grigoleit/*Vedder* Rn. 26.
[170] MüKoAktG/*Pentz* Rn. 44.
[171] Vgl. zum Ganzen Großkomm AktG/*Schall* Rn. 222 f.
[172] Großkomm AktG/*Schall* Rn. 223.

§ 36a zur Leistungspflicht der Sacheinlage auch für die Sachübernahme.[173] Bei der GmbH wird nur der Fall einer solchen Sachübernahmevereinbarung mit Verrechnungsabrede den Kautelen der Sacheinlage unterworfen und dort als Sachübernahme, nicht als (fingierte) Sacheinlage bezeichnet.[174]

52 **3. Abgrenzung.** Abzugrenzen ist die Sachübernahme von Geschäften durch den Vorstand für die Vor-AG (→ § 41 Rn. 49 ff.), für die AG innerhalb von zwei Jahren nach Eintragung im Handelsregister (sog. Nachgründung, § 52), aber auch von der verdeckten Sacheinlage (→ Rn. 103 ff.).

53 Auf **Rechtsgeschäfte der Vor-AG,** die diese, vertreten durch den Vorstand im Rahmen seiner Vertretungsmacht (→ § 41 Rn. 54 ff.), mit Dritten abschließt und bei denen es zu einem Erwerb von Vermögensgegenständen kommt, ist § 27 Abs. 1 S. 1 nicht anzuwenden.[175] Vom Wortlaut der Norm ist dieser Fall nicht erfasst, allerdings kannte der historische Gesetzgeber die Vor-AG als Rechtspersönlichkeit noch nicht. Doch hat die Vor-AG seitdem einen solchen Entwicklungsstand erreicht (insbesondere zu nennen sind Unterbilanz- und Verlustdeckungshaftung der Gründer, → § 41 Rn. 77 ff., 87 ff.), dass die Anwendung der Sachübernahmeregeln nicht mehr erforderlich erscheint. Zweifelhaft ist allerdings die Behandlung bereits vor der Satzungsfestsetzung vorabgesprochener, aber erst im Stadium der Vor-AG rechtsgeschäftlich bindend geschlossener Verträge. Denn diese fallen nach dem Wortlaut der Norm, wie ihn bereits das Reichsgericht interpretiert hat, ebenfalls unter § 27 Abs. 1 S. 1 (→ Rn. 57).[176] Folgt man dieser Sicht, kann in solchen Fällen ein späterer bindender Abschluss auch durch einen hierzu vertretungsberechtigten Vorstand die Anwendung von § 27 Abs. 1 – insoweit entgegen hM – nicht im Nachhinein vermeiden.[177]

54 Rechtsgeschäfte innerhalb von zwei Jahren nach der Eintragung können als **Nachgründungsgeschäfte** unter § 52 fallen. Seit dem Jahr 2001[178] werden aber Geschäfte mit Dritten nicht mehr erfasst. Die Abgrenzung zur Sachübernahme ist dahin vorzunehmen, dass ordnungsgemäß in die Satzung aufgenommene Sachübernahmen von § 52 nicht mehr erfasst werden; auch hier kann es zu einer Überschneidung von bereits vor Feststellung der Satzung vorabgesprochenen, aber erst nach der Eintragung rechtsgeschäftlich bindend geschlossenen Geschäften kommen.[179]

55 Schließlich kann sich bei Beteiligung eines Gründers die Abgrenzung zwischen einer offenen Sachübernahme ohne Verrechnungsabrede und einer verdeckten fingierten Sacheinlage stellen. Maßgebliches Kriterium ist, ob über die Vergütung im Rahmen des Sachübernahmegeschäfts absprachegemäß die Geldeinlageleistung des Inferenten neutralisiert werden soll, sei es durch Verrechnung, sei es durch Hin- und Herzahlen der betreffenden Beträge. Das ist zu verneinen, wenn die Vergütung aus Mitteln erfolgt bzw. erfolgen soll, die von den eingezahlten Geldeinlagen eindeutig separiert worden sind (→ Rn. 107 ff.). In der Praxis dürfte der Fall, dass mit einem Gründer eine Sachübernahmevereinbarung ohne Verrechnungsabrede getroffen und dabei die maßgeblichen Verfahrensvorschriften eingehalten werden, ohnehin kaum eine Rolle spielen. Denn in der Regel wird der Sacherwerb vom Inferenten entweder offen als (uU auch nur fingierte) Sacheinlage deklariert oder gar nicht offengelegt. In letzterem Fall liegt eine verdeckte fingierte Sacheinlage vor (→ Rn. 108).

56 **4. Sachübernahmevereinbarung und Vollzugsgeschäft.** Wie bei der Sacheinlage ist auch bei der Sachübernahme – neben der eventuellen, allerdings nicht zwingenden Verrechnungsabrede – zwischen ihrer Vereinbarung als pflichtbegründendem, **schuldrechtlichem Rechtsgeschäft** und dem darauf beruhenden dinglichen Vollzugsgeschäft zu unterscheiden.[180] Für das **Vollzugsgeschäft** ergeben sich keine Besonderheiten im Verhältnis zur Sacheinlage (→ Rn. 9).

57 **a) Rechtsnatur.** Die Sachübernahmevereinbarung ist ein gewöhnlicher, **schuldrechtlicher Austauschvertrag,** der – bei Einhalten aller Wirksamkeitsvoraussetzungen – die AG ohne spätere Bestätigung durch den Vorstand berechtigt und verpflichtet.[181] In Frage kommt vor allem ein Kauf- oder Werkvertrag und Lizenzvertrag, aber auch ein Vertrag zugunsten Dritter. Die Vereinbarung muss bei bzw. anlässlich der Gründung der Gesellschaft von den Gründern untereinander oder von

---

[173] RegE mit Begr BT-Drs. 8/1678, 12; BGHZ 110, 47 (58 f.) = NJW 1990, 982; Großkomm AktG/*Schall* Rn. 224; MüKoAktG/*Pentz* Rn. 66; Hüffer/Koch/*Koch* Rn. 7; Bürgers/Körber/*Lohse* Rn. 9.
[174] Vgl. etwa Kölner Komm AktG/*Arnold* Rn. 28.
[175] Ebenso die ganz hM, etwa MüKoAktG/*Pentz* Rn. 61a; Großkomm AktG/*Schall* Rn. 226; *Koch,* Die Nachgründung, Entgeltliche Erwerbsverträge und gesellschaftsrechtliche Geschäfte der jungen Aktiengesellschaft nach altem und neuem Recht (Namensaktiengesetz 2001), 2002, 144 ff.; *Priester* ZHR 165 (2001), 383 ff.; Hüffer/Koch/*Koch* Rn. 5a; Kölner Komm AktG/*Arnold* Rn. 26. Kritisch *Heidinger* ZNotP 2000, 182.
[176] RGZ 121, 99 (102); 157, 213 (224); 167, 99 (108).
[177] Ebenso Kölner Komm AktG/*Arnold* Rn. 26.
[178] Art. 1 Nr. 3 NaStraG v. 18.1.2001, BGBl. 2001 I 123.
[179] Vgl. – teilweise wohl abweichend – MüKoAktG/*Pentz* Rn. 63.
[180] MüKoAktG/*Pentz* Rn. 64.
[181] Großkomm AktG/*Schall* Rn. 225.

den Gründern für die Gesellschaft mit dem Veräußerer des Gegenstandes geschlossen werden. Nach der Rechtsprechung des Reichsgerichts genügt es aber schon, dass die Vereinbarung – wenn sie auch noch nicht rechtswirksam zustandegekommen ist – so feste Gestalt angenommen hat, dass mit der **Verwirklichung der Übernahmeabsicht bestimmt gerechnet** werden kann.[182] Zur Anfechtungsmöglichkeit wegen Willensmängeln und zu den Leistungsstörungen → Rn. 98 ff.

b) Gegenstand der Sachübernahme. Für den Gegenstand der Sachübernahme nimmt die 58 hM[183] im Grundsatz nichts anderes an als für die **Sacheinlage** (→ Rn. 10 ff.). Danach können Gegenstand der Sachübernahme alle Vermögensgegenstände mit Ausnahme von Dienstleistungen (→ Rn. 30, 32) sein, die einen objektiv feststellbaren, in einer Geldsumme ausdrückbaren, wirtschaftlichen Wert besitzen (§ 27 Abs. 2).

Die Verpflichtung zur Aufbringung des Grundkapitals und damit der Kapitalaufbringungsgrund- 59 satz werden als solche durch die Vereinbarung einer Sachübernahmeverpflichtung der Gesellschaft zwar nicht unmittelbar berührt.[184] Allerdings wird die Kapitalausstattung der Gesellschaft mittelbar dadurch betroffen, dass die bare Einlageleistung abredegemäß im Austausch mit einem Vermögensgegenstand an den Gründer oder einen Dritten ausgezahlt wird oder die Barleistungspflicht gleich dadurch erfüllt wird, dass der Vergütungsanspruch aus der Sachübernahme verrechnet wird. Um Wertungswidersprüche zu vermeiden, müssen **Dienstleistungen oder nicht bewertbare Vermögensgegenstände,** für deren Erwerb absprachegemäß Barmittel abfließen, erst recht strengen Publizitäts- und Kontrollmechanismen unterfallen. Die hM[185] lässt daher die Vergütungspflicht für im Rahmen der Entstehung der AG vereinbarte oder geleistete Dienstleistungen nur durch Festsetzung in der Satzung als Sondervorteil nach § 26 entstehen (→ § 26 Rn. 8). Gleiches müsste auch für nicht bewertbare Vermögensgegenstände gelten.[186] Die Fälle, in denen auf der Basis einer noch nicht rechtsverbindlichen Absprache zum Zeitpunkt der Gründung die bindende rechtsgeschäftliche Verpflichtung zur Übernahme einer Dienstleistung erst später entsteht (→ Rn. 57 zur Rechtsprechung des Reichsgerichts), könnten allenfalls von dem Umgehungsschutz der verdeckten Sacheinlage erfasst werden; dies betrifft allerdings vom Ansatz her nur Vereinbarungen mit den Gründern, nicht mit Dritten, und wird letztlich im Ergebnis auch abgelehnt.[187] Bis zwei Jahre nach der Eintragung greifen bei Übernahme von Dienstleistungen (nur) von dem in § 52 genannten Personenkreis die Nachgründungsvorschriften (→ § 52 Rn. 32). Damit entsteht zwar eine **Schutzlücke** insbesondere gegen den Rückfluss der baren Einlageleistung für Dienstleistungen von Dritten und – nach der hM zur verdeckten Sacheinlage – auch von Gründern.[188] Sie dürfte indes jedenfalls für den Zeitraum vor der Eintragung durch die Gründerhaftung bei der Vor-AG (→ § 41 Rn. 76 ff.) ausreichend geschlossen sein.[189]

c) Gegenleistung/Vergütung. Die von der AG für die Übernahme des Vermögensgegenstandes 60 zu leistende Vergütung darf **nicht in zu diesem Zweck geschaffenen Aktien** bestehen.[190] Dann läge nämlich eine Sacheinlage gegen Gewährung von Mitgliedschaftsrechten vor. Ansonsten kommen Geld oder auch jede beliebige geldwerte Leistung als Tauschwert in Frage. Darunter zählen zB auch zurückerworbene eigene Aktien.[191] Aus dem Schutzzweck der Norm (Grundsatz der realen Kapitalaufbringung, → Rn. 2) folgt, dass eine **Übernahme ohne Vergütung** nicht unter die Sachübernahmevorschriften fällt.[192] Denn ohne Abfluss von Geld oder Vermögen aus dem Gesellschaftsvermögen kann die Kapitalaufbringung nicht gefährdet werden. Bei der Übernahme eines Unternehmens ist aber zu beachten, dass auch in der **Übernahme von Verbindlichkeiten** eine Gegenleistung zu sehen ist.

5. Bewertung. Für die Bewertung des Sachübernahmegegenstandes gelten im Grundsatz diesel- 61 ben Regeln wie für die **Sacheinlage** (→ Rn. 34 ff.). Der **maßgebliche Zeitpunkt** ist allerdings

---

[182] RGZ 121, 99 (102); 157, 213 (224); 167, 99 (108). S. dazu – auch zu Gegenstimmen – etwa Kölner Komm AktG/*Arnold* Rn. 30 sowie Großkomm AktG/*Schall* Rn. 227 und MüKoAktG/*Pentz* Rn. 62.
[183] Großkomm AktG/*Schall* Rn. 233, 235 mwN.
[184] Großkomm AktG/*Schall* Rn. 233.
[185] Großkomm AktG/*Schall* Rn. 235; Kölner Komm AktG/*Arnold* Rn. 27; Grigoleit/*Vedder* Rn. 32.
[186] Vgl. Kölner Komm AktG/*Arnold* Rn. 27.
[187] S. BGHZ 180, 38 = NJW 2009, 2375 – Qivive; BGH NZG 2010, 343 = ZIP 2010, 423 – Eurobike; *Häublein* DNotZ 2009, 771; *Lieder* GmbHR 2009, 1177; *Herrler* JA 2009, 529; *Pluskat/Marquardt* NJW 2009, 2353–2355; *Theusinger/Liese* NZG 2009, 641.
[188] Ausführlich hierzu *Benz*, Verdeckte Sacheinlage und Einlagenrückzahlung im reformierten GmbH-Recht (MoMiG), 2010, 367 ff.
[189] Zur Nichtanwendung des § 27 bei der Vor-AG → Rn. 53.
[190] Großkomm AktG/*Schall* Rn. 236.
[191] RGZ 121, 99 (103); Großkomm AktG/*Schall* Rn. 236.
[192] Kölner Komm AktG/*Arnold* Rn. 31.

nicht die Anmeldung zum Handelsregister, sondern derjenige, in dem der zu übernehmende Gegenstand und damit die Gefahr auf die Gesellschaft übergehen.[193] Dies zwingt den Registerrichter zu einer prospektiven Bewertung.

62 Eine **Unterbewertung** mit Bildung stiller Reserven ist wie bei jedem Anschaffungsvorgang unbedenklich.[194] Erfolgt jedoch eine nicht unerhebliche **Überbewertung**, muss das Gericht die Eintragung nach § 38 Abs. 1 S. 2, Abs. 2 S. 2 ablehnen, sofern die Differenz nicht durch bare Zuzahlung durch einen der Beteiligten ausgeglichen wird.[195] Wird trotz Überbewertung eingetragen, bleibt die Sachübernahmevereinbarung wirksam.[196] Bei einer Sachübernahmevereinbarung mit Anrechnungsvereinbarung auf die Einlageleistung muss in Höhe der Überbewertung die **Differenzhaftung** wie bei der Sacheinlage (→ Rn. 47) eingreifen.[197] Denn § 27 Abs. 1 S. 2 stellt diese durch gesetzliche Fiktion gleich (→ Rn. 51). Entsprechendes gilt bei Sachübernahmen von Gründern ohne Verrechnungsabrede.[198] Systematisch fraglich erscheint die Differenzhaftung hingegen bei der Überbewertung im Rahmen einer Sachübernahmevereinbarung mit einem neutralen Dritten ohne Anrechnungsvereinbarung.[199]

63 Die Gesellschaft kann ggf. gegen die Beteiligten **Schadensersatz** nach Maßgabe der §§ 46, 47, 48 geltend machen.[200]

IV. Gemischte Sacheinlage und Mischeinlage

64 Unter einer **gemischten Sacheinlage** ist die Übertragung eines Vermögensgegenstandes zu verstehen, dessen Wert den Betrag der übernommenen Einlage übersteigt und für den der Gründer deshalb im Umfang der Einlage Aktien bzw. Geschäftsanteile, hinsichtlich des darüber hinausgehenden Wertes hingegen ein anderes Entgelt erhält.[201] Bei der gemischten Sacheinlage handelt es sich um eine **Kombination von Sacheinlage und Sachübernahme**.[202] Im einfachsten Fall zahlt die Gesellschaft den die Geldeinlage übersteigenden Betrag an den Gesellschafter. Die Vergütung kann jedoch auch auf andere Weise erfolgen. So wird häufig hinsichtlich des die Einlage übersteigenden Wertes ein Darlehen des Gesellschafters an die Gesellschaft vereinbart.[203] Auch die Übernahme von Schulden des Gesellschafters kann ein Entgelt darstellen, das zu einer gemischten Sacheinlage führt.[204] In Betracht kommt das insbesondere dann, wenn ein ganzes Unternehmen mit Aktiven und Passiven eingelegt wird, weil dessen genauer für die Einbringung relevanter Wert im Zeitpunkt der Anmeldung der Gesellschaft zum Handelsregister bei Satzungsfeststellung, in der der Nennwert bzw. die Stückzahl und der Ausgabebetrag der Aktien festgelegt werden müssen (§ 27 Abs. 1 S. 1, § 23 Abs. 2 Nr. 2), oft noch nicht bekannt ist.[205]

65 Die genaue rechtliche Behandlung der gemischten Sacheinlage ist streitig. Die hM in der Literatur will sie, unabhängig davon, ob sie teilbar oder unteilbar ist, **einheitlich den Regeln für die Sacheinlage unterwerfen**.[206] Der BGH entscheidet ebenso jedenfalls dann, wenn sie eine kraft Parteivereinbarung unteilbare Leistung betrifft,[207] überdies hat sich das Gericht der hM in der

---

[193] Großkomm AktG/*Schall* Rn. 237; Kölner Komm AktG/*Arnold* Rn. 76.
[194] Großkomm AktG/*Schall* Rn. 237; Kölner Komm AktG/*Arnold* Rn. 76; Grigoleit/*Vedder* Rn. 37; vgl. auch *Ballerstedt* FS Geßler, 1971, 69 (74 f.); *Döllerer* WPg 1969, 333 (335).
[195] MüKoAktG/*Pentz* Rn. 65; Großkomm AktG/*Schall* Rn. 238; K. Schmidt/Lutter/*Bayer* Rn. 30; Grigoleit/*Vedder* Rn. 37.
[196] Großkomm AktG/*Schall* Rn. 238; Kölner Komm AktG/*Arnold* Rn. 76; Grigoleit/*Vedder* Rn. 37.
[197] Kölner Komm AktG/*Arnold* Rn. 76; K. Schmidt/Lutter/*Bayer* Rn. 30; Grigoleit/*Vedder* Rn. 37.
[198] Kölner Komm AktG/*Arnold* Rn. 76; K. Schmidt/Lutter/*Bayer* Rn. 30; Grigoleit/*Vedder* Rn. 37.
[199] Ablehnend auch Kölner Komm AktG/*Arnold* Rn. 76; K. Schmidt/Lutter/*Bayer* Rn. 30; Grigoleit/*Vedder* Rn. 37.
[200] Großkomm AktG/*Schall* Rn. 238; Grigoleit/*Vedder* Rn. 37.
[201] BGHZ 170, 47 = NJW 2007, 765 – Warenlager; BGHZ 173, 145 = NJW 2007, 3425 – Lurgi I; BGHZ 175, 265 = NZG 2008, 425 – Rheinmöve; Großkomm AktG/*Schall* Rn. 216 mwN in Fn. 314; MüKoAktG/*Pentz* Rn. 67; Bürgers/Körber/*Lohse* Rn. 10; K. Schmidt/Lutter/*Bayer* Rn. 31.
[202] BGH NZG 2007, 144 (145) = DStR 2007, 263; K. Schmidt/Lutter/*Bayer* Rn. 31; MüKoAktG/*Pentz* Rn. 67; Großkomm AktG/*Schall* Rn. 216; Bürgers/Körber/*Lohse* Rn. 10.
[203] MüKoAktG/*Pentz* Rn. 67; K. Schmidt/Lutter/*Bayer* Rn. 31.
[204] K. Schmidt/Lutter/*Bayer* Rn. 31.
[205] S. Großkomm AktG/*Schall* Rn. 216, dort auch zu der – abzulehnenden – Ansicht, jede Unternehmenseinbringung sei als gemischte Sacheinlage anzusehen, wenn nur Verbindlichkeiten des Gründers übernommen werden.
[206] S. etwa Großkomm AktG/*Schall* Rn. 217 sowie MüKoAktG/*Pentz* Rn. 68, jeweils mwN. Zum Ganzen auch Bürgers/Körber/*Lohse* Rn. 10.
[207] BGH NZG 2007, 144 (145) = DStR 2007, 263.

Literatur inzwischen angenähert.[208] Die Werthaltigkeit des einzubringenden Sachgegenstands ist also auch hinsichtlich des nicht durch Gewährung von Gesellschaftsrechten vergüteten Teils darzulegen und der registergerichtlichen Kontrolle zu unterziehen.[209] Die Gegenmeinung,[210] die bei Teilbarkeit der Leistung die jeweiligen Rechtsgrundsätze der Sacheinlage und Sachübernahme anwenden will, führt zu einer sinnwidrigen Aufspaltung eines einheitlichen Rechtsvorganges.[211] Auswirkungen hat dieser Meinungsstreit insbesondere bei der Festsetzung in der Satzung (→ Rn. 67 ff.) und den Rechtsfolgen mangelhafter Leistungen (→ Rn. 82 ff.).[212]

Bei der **Mischeinlage** (zum Teil auch missverständlich gemischte Bar- und Sacheinlage genannt) **66** hat der Gründer auf die übernommenen Aktien Bar- und Sacheinlagen zu erbringen (→ § 36a Rn. 13 ff., zur verdeckten Mischeinlage → Rn. 193).[213]

V. Festsetzung in der Satzung (Abs. 1 S. 1)

Nach § 27 Abs. 1 S. 1 muss in der Satzung nicht die ganze Sacheinlage- bzw. Sachübernahmever- **67** einbarung selbst festgesetzt werden, sondern nur der **Gegenstand** der Sacheinlage oder Sachübernahme,[214] die **Person,** von der die Gesellschaft den Gegenstand erwirbt, der **Nennbetrag** oder die **Zahl** (Stückaktien) der bei der Sacheinlage zu gewährenden Aktien oder die bei der Sachübernahme zu gewährende **Vergütung.**[215] Die Festsetzungen müssen **im Satzungstext selbst** enthalten sein, so dass eine Verlautbarung in einer (mitbeurkundeten) Anlage nach § 9 Abs. 1 S. 2 BeurkG für die nach § 27 Abs. 1 S. 1 notwendige Festsetzung nicht genügt.[216] Die Öffentlichkeit soll alle Informationen allein durch Einsicht in die Satzung und nicht erst durch Einblick in weitere Unterlagen im Handelsregister erlangen können.[217] Zur **Änderung der Satzungsfestsetzung** → Rn. 317 ff. zu Abs. 5.

Die Angaben müssen so genau sein, dass dem **Registerrichter** eine Prüfung der Werthaltigkeit **68** der einzulegenden oder zu übernehmenden Vermögensgegenstände ermöglicht wird. Aber auch die **interessierte Öffentlichkeit** muss sich einen zutreffenden Eindruck von den Kapitalverhältnissen und den Bindungen zu Lasten der in Gründung befindlichen Gesellschaft verschaffen können.[218] Daher sind auch **Nebenabsprachen,** die sich auf die Wertverhältnisse der einzubringenden Gegenstände oder die Gegenleistung auswirken bzw. ihrer Bestimmung dienen, aufzunehmen.[219]

Der **Gegenstand** der Sacheinlage oder der Sachübernahme muss so eindeutig und klar in die **69** Satzung aufgenommen werden, dass er bestimmbar ist und etwaige Belastungen erkennbar sind. Unvertretbare Sachen, Forderungen und Rechte müssen sich individualisieren lassen.[220] Dies gelingt bei **Forderungen** ebenfalls durch Angabe des Schuldners, des Gegenstandes der Forderung und des Schuldgrundes.[221] Bei **vertretbaren Sachen** sind Art und Menge genau anzugeben.[222] Bei **Grundstücken** kann auf die Grundbucheintragung verwiesen werden, wobei es zB genügt, sämtliche

---

[208] S. BGH NZG 2012, 69 (75) – Babcock, wonach es naheliege, dass – anders als bei der Kapitalerhöhung – „bei der bereits bei der Gründung vereinbarten Sachübernahme eine kraft Parteivereinbarung unteilbare Leistung vorliegt, selbst wenn eine Sachleistung teilbar ist."

[209] OLG Stuttgart Beschl. v. 19.1.1981 – 8 W 295/81.

[210] Vertreten insbesondere im früheren aktienrechtlichen Schrifttum, etwa bei Kölner Komm AktG/*Kraft* 2. Aufl. Rn. 51 mwN (wie hier jetzt Kölner Komm AktG/*Arnold* Rn. 35); wN bei Großkomm AktG/*Schall* Rn. 217 in Fn. 319. Auf der Linie dieser Gegenmeinung jetzt allerdings auch Hüffer/Koch/*Koch* Rn. 8a „aus Gründen systematischer Geschlossenheit" im Hinblick auf die Behandlung bei Kapitalerhöhung.

[211] Vgl. Großkomm AktG/*Schall* Rn. 217; MüKoAktG/*Pentz* Rn. 68.

[212] S. MüKoAktG/*Pentz* Rn. 68; Bürgers/Körber/*Lohse* Rn. 10.

[213] K. Schmidt/Lutter/*Bayer* Rn. 33; Großkomm AktG/*Schall* Rn. 221; MüKoAktG/*Pentz* Rn. 67; *Habersack* FS Konzen, 2006, S. 179 (181); Bürgers/Körber/*Lohse* Rn. 10; vgl. auch OLG Jena ZIP 2006, 1989 = WM 2006, 2258 = NZG 2007, 147 zur Anfechtung des Beschlusses einer gemischten Bar- und Sachkapitalerhöhung wegen Überbewertung der Sacheinlage im Zusammenhang mit dem Bezugsrechtsausschluss.

[214] OLG Dresden OLG-Report 2003, 543 = NotBZ 2004, 37: Ungenaue Bezeichnung der Sache im Gesellschaftsvertrag der GmbH reicht aus, wenn sich Sache im Zusammenspiel von Gesellschaftsvertrag, Sachgründungsbericht etc. identifizieren lässt.

[215] Vgl. Großkomm AktG/*Schall* Rn. 239; MüKoAktG/*Pentz* Rn. 69.

[216] MüKoAktG/*Pentz* Rn. 69; Großkomm AktG/*Schall* Rn. 247.

[217] Vgl. bei der GmbH auch die Folgeproblem der Satzungsbescheinigung nach § 54 GmbHG.

[218] Vgl. Großkomm AktG/*Schall* Rn. 240; MüKoAktG/*Pentz* Rn. 69.

[219] So auch die inzwischen hM, s. etwa Großkomm AktG/*Schall* Rn. 246 mwN, auch zur Gegenauffassung; wie hier auch MüKoAktG/*Pentz* Rn. 69; Hüffer/Koch/*Koch* Rn. 9; Kölner Komm AktG/*Arnold* Rn. 39; vgl. auch RGZ 114, 77 (81); RGZ 118, 113 (117).

[220] MüKoAktG/*Pentz* Rn. 70.

[221] Vgl. KG HRR 1928 Nr. 2201; MüKoAktG/*Pentz* Rn. 70.

[222] MüKoAktG/*Pentz* Rn. 70 mit instruktiven Beispielen; Großkomm AktG/*Schall* Rn. 208.

Grundstücke, die auf den Namen eines Gründers in einem bestimmten Grundbuch eingetragen sind, in Bezug zu nehmen.[223]

70   Für Sachgesamtheiten wie insbesondere auch **Unternehmen** können keine strengeren Anforderungen an die Festsetzung in der Satzung gestellt werden als sie nach dem sachenrechtlichen Bestimmtheitsgrundsatz bei der später gesondert erforderlichen Übertragung auf die AG gelten. Daher genügen Allformeln wie „Das unter der Firma X (Adresse …) betriebene Handelsgeschäft (HRA/B Nr. …) mit allen Aktiva und Passiva".[224] Die Übernahme von **Verbindlichkeiten** muss ausdrücklich erwähnt werden.[225] An sich sind auch für Belastungen und Verbindlichkeiten, die die Gesellschaft übernimmt, die gleichen Anforderungen an die Bestimmtheit zu stellen wie für den Gegenstand der Sacheinlage bzw. -übernahme selbst.[226] Im Zusammenhang mit einer Unternehmenseinbringung wird demgegenüber die Bezugnahme auf eine Einbringungsbilanz, die erst im Rahmen der Anmeldung der Gesellschaft mit vorgelegt wird, für ausreichend gehalten.[227] Durch einzelne genau bezeichnete Nennung können bestimmte Gegenstände auch ausgenommen werden.[228]

71   Zur Festsetzung der **Gegenleistung** genügt bei **Sacheinlagen** die Angabe des Ausgabebetrages der zu gewährenden Aktien und bei der **Sachübernahme** der Betrag der zu gewährenden **Vergütung**. Erfolgt diese nicht in Geld, muss auch die Gegenleistung so genau bestimmt sein wie der Gegenstand der Sacheinlage bzw. Sachübernahme selbst.[229]

72   Eine **gemischte Sacheinlage** (→ Rn. 64 f.) ist insgesamt unter Hinweis auf ihren besonderen Charakter als Sacheinlage zu bezeichnen und zusätzlich ist die von der Gesellschaft zu leistende Vergütung offen zu legen.[230] Festzulegen ist dabei, in welcher Form (Zahlung oder sonstige Gegenleistung) und in welchem Umfang (ganz oder teilweise) die Gesellschaft den Mehrwert des Sacheinlagegegenstandes zu vergüten hat.[231] Die genaue **ziffernmäßige Angabe** ist aber entbehrlich, wenn der Betrag sich aufgrund der Satzungsfestsetzungen zum (entscheidenden) Zeitpunkt der Anmeldung zum Handelsregister durch den Registerrichter konkretisieren und damit die Richtigkeit der Berechnung kontrollieren lässt (schon → Rn. 41).[232]

73   Die Angaben über die **Person(en),** von der/denen die Gesellschaft den Gegenstand erwirbt, müssen so konkret sein, dass sie identifiziert werden kann/können; dies erfordert bei natürlichen Personen die Angabe des Namens, Vornamens und der Anschrift, bei juristischen Personen und Personengesellschaften die Angabe der Firma und des Sitzes der Gesellschaft.[233]

VI. Rechtsfolgen fehlerhafter Festsetzung

74   Nach dem früheren § 27 Abs. 3 S. 1 hatte sowohl das Fehlen der Satzungsfestsetzung als auch eine von der Vereinbarung mit den Gründern abweichende (fehlerhafte) sowie eine zu unbestimmte Festsetzung die **Unwirksamkeit der Sacheinlagevereinbarung und ihrer Vollzugsgeschäfte**[234] zur Folge.[235] Diese Unwirksamkeit wirkte zwar entsprechend dem Wortlaut

---

[223] MüKoAktG/*Pentz* Rn. 70; vgl. auch Hüffer/Koch/*Koch* Rn. 10.
[224] MüKoAktG/*Pentz* Rn. 70; K. Schmidt/Lutter/*Bayer* Rn. 35; Großkomm AktG/*Schall* Rn. 241.
[225] RG JW 1905, 214; RG Recht 1909 Nr. 2528; *Priester* BB 1980, 19 (20); vgl. OLG Düsseldorf NJW 1993, 2123 = WM 1993, 1245 zum Kapitalerhöhungsbeschluss.
[226] Großkomm AktG/*Schall* Rn. 245 mwN in Fn. 361.
[227] MüKoAktG/*Pentz* Rn. 70 mwN in Fn. 222; insbesondere *Priester* BB 1980, 19 (20); aA *Sudhoff/Sudhoff* NJW 1982, 129 (131, 133).
[228] RG LZ 1918, 918; OLG München OLGR 32, 135 (136); Großkomm AktG/*Schall* Rn. 241 mwN in Fn. 356; MüKoAktG/*Pentz* Rn. 70 mwN in Fn. 221.
[229] Großkomm AktG/*Schall* Rn. 243.
[230] RG JW 1905, 214; *Priester* BB 1980, 19 (20); MüKoAktG/*Pentz* Rn. 68 mwN in Fn. 211; vgl. auch OLG Stuttgart GmbHR 1982, 109 (110 ff.) m. Anm. *Priester*.
[231] Großkomm AktG/*Schall* Rn. 218, 244; vgl. auch MüKoAktG/*Pentz* Rn. 72 sowie ausf. *Pentz* FS Martin Winter, 2011, 499 ff.
[232] Großkomm AktG/*Schall* Rn. 218, 244; Hüffer/Koch/*Koch* Rn. 9; MüKoAktG/*Pentz* Rn. 72: Berechenbarkeit aus der Satzung genügt. Dementsprechend die hM zum Recht der GmbH: OLG Zweibrücken GmbHR 1981, 214; *Priester* BB 1980, 19 (22); aA indes OLG Stuttgart GmbHR 1982, 109 (110 f.) m. abl. Anm. *Priester*: Wenigstens Angabe des geschätzten Wertes im Gesellschaftsvertrag; *Güntner* NJW 1975, 524 (526): Angabe eines festen Wertes; ähnlich *Sudhoff/Sudhoff* NJW 1982, 129.
[233] MüKoAktG/*Pentz* Rn. 71; Großkomm AktG/*Schall* Rn. 242.
[234] Zu den Folgen der Unwirksamkeit der dinglichen Erfüllungsgeschäfte und den verschiedenen Rückabwicklungskonstellationen s. genauer MüKoAktG/*Pentz*, 3. Aufl. 2008, Rn. 76 und Großkomm AktG/*Röhricht*, 4. Aufl. 1996, Rn. 152.
[235] MüKoAktG/*Pentz*, 3. Aufl. 2008, Rn. 48 und 74; Großkomm AktG/*Röhricht*, 4. Aufl. 1996, Rn. 138; zur differenzierten Rechtsfolge bei fehlerhafter Festsetzung von Nebenabreden Großkomm AktG/*Röhricht*, 4. Aufl. 1996, Rn. 150 ff.

und dem Schutzzweck der Bestimmung, die Kapitalaufbringung bei der Gesellschaft zu sichern, nur gegenüber der Gesellschaft.[236] Aus den hiervon betroffenen Rechtsgeschäften wurden aber weder die Gesellschaft noch der andere Teil (Gründer oder Dritter) berechtigt bzw. verpflichtet noch konnten gegenüber der Gesellschaft daraus Schadensersatzforderungen entstehen. Die Unwirksamkeit war eine im Zivilprozess von Amts wegen zu berücksichtigende **Einwendung**, auf die sich die Gesellschafter, alle Gründer, Aktionäre und Dritte berufen konnten.[237] Dies galt unabhängig davon, ob der Vertrag für die Gesellschaft vorteilhaft gewesen wäre[238] oder die Gründung der Gesellschaft infolge der Unwirksamkeit keinen wirtschaftlichen Sinn mehr machte.[239]

Nach der Neuregelung in § 27 Abs. 3 S. 2 durch das ARUG sind bei Sacheinlagen, die verdeckt ohne Einhaltung des Abs. 1 eingebracht werden (→ Rn. 103 ff.), die Verträge über die Sacheinlage und die Rechtshandlungen zu ihrer Ausführung **nicht unwirksam**. Damit hat sich die Rechtslage für die Zukunft und, soweit das neue Recht rückwirkend anzuwenden ist (→ Rn. 212) sogar für die Vergangenheit geändert. Die Änderung hat *a maiore ad minus* auch Bedeutung für die Fälle fehlerhafter Festsetzung, in denen § 27 Abs. 3 S. 2 analog anzuwenden ist: Die Gründer können im Fall der verdeckten Sacheinlage, in dem das Erfordernis der Satzungspublizität bewusst missachtet wird, nicht besser stehen als in Fällen, in denen eine ordnungsgemäße Festsetzung angestrebt worden und lediglich misslungen ist.[240] 75

Allerdings hat das Registergericht bei Kenntnis von der fehlerhaften Festsetzung die **Eintragung** ins Handelsregister gemäß § 38 Abs. 1 zu versagen.[241] Der betroffene Inferent kann die Eintragung im Handelsregister also durch einen Hinweis auf die fehlerhafte Festsetzung verhindern. Hat der Gründer dagegen nachweislich seine subsidiäre Bareinlageverpflichtung nach den Vorschriften der § 36 Abs. 2, § 54 Abs. 3 erfüllt, kann die Eintragung trotz fehlender bzw. fehlerhafter Festsetzung in der Satzung nicht mehr zurückgewiesen werden, da die Kapitalaufbringung in diesem Fall gesichert ist.[242] Vor der endgültigen Zurückweisung des Eintragungsantrages muss den Gründern Gelegenheit zur ordnungsgemäßen Festsetzung gegeben werden (→ § 38 Rn. 12).[243] Sie erfolgt durch nachträgliche Aufnahme erforderlicher Angaben in die Satzung aufgrund eines notariell zu beurkundenden einstimmig zu fassenden Beschlusses mit Zustimmung aller Gründer.[244] Jedenfalls vor der Eintragung kann der Gründer auch von den übrigen Gründern die Mitwirkung an der erforderlichen Richtigstellung durch Satzungsänderung verlangen.[245] Wenn man nach der Aufhebung von § 27 Abs. 4 aF, der nach hM eine Umwidmung nach der Eintragung verhinderte, jetzt die Heilung durch „qualifizierte Satzungsänderung" zulässt (→ Rn. 203 ff.), kann man auch dafür aus der gesellschaftsrechtlichen Treuepflicht eine Mitwirkung der Mitgesellschafter verlangen.[246] 76

Die **Beitrittserklärung** des Inferenten bleibt wie bisher von der Mangelhaftigkeit der Festsetzung in der Satzung grds. unberührt. Wird die Gesellschaft trotz fehlerhafter Festsetzung in der Satzung ins Register eingetragen, besteht Einigkeit darüber, dass **die Gesellschaft Bestandsschutz** genießt.[247] Die Gültigkeit der Satzung wird von dem Fehler nicht berührt. Dies ergab sich vor der Änderung durch das ARUG aus § 27 Abs. 3 S. 2 aF, lässt sich aber auch weiterhin aus den allgemeinen Grundsätzen zur fehlerhaften Gesellschaft ableiten. Entsprechendes dürfte aber auch schon für die Zeit vor Eintragung gelten.[248] 77

---

[236] MüKoAktG/*Pentz*, 3. Aufl. 2008, Rn. 75; Großkomm AktG/*Röhricht*, 4. Aufl. 1996, Rn. 137.
[237] MüKoAktG/*Pentz*, 3. Aufl. 2008, Rn. 75; Großkomm AktG/*Röhricht*, 4. Aufl. 1996, Rn. 137.
[238] RG JW 1901, 142.
[239] Vgl. hierzu BGH AG 1975, 76 (77).
[240] S. Bürgers/Körber/*Lohse* Rn. 20; K. Schmidt/Lutter/*Bayer* Rn. 39; Hüffer/Koch/*Koch* Rn. 12a; Großkomm AktG/*Schall* Rn. 255; Kölner Komm AktG/*Arnold* Rn. 41.
[241] Hüffer/Koch/*Koch* Rn. 12; Bürgers/Körber/*Lohse* Rn. 18; K. Schmidt/Lutter/*Bayer* Rn. 40; Großkomm AktG/*Schall* Rn. 254; NK-AktR/*Polley* Rn. 31; Kölner Komm AktG/*Arnold* Rn. 40.
[242] Bürgers/Körber/*Lohse* Rn. 18; NK-AktR/*Polley* Rn. 31; K. Schmidt/Lutter/*Bayer* Rn. 40; vgl. auch Großkomm AktG/*Schall* Rn. 254.
[243] Bürgers/Körber/*Lohse* Rn. 18; Großkomm AktG/*Schall* Rn. 254.
[244] Hüffer/Koch/*Koch* Rn. 12; Bürgers/Körber/*Lohse* Rn. 19; K. Schmidt/Lutter/*Bayer* Rn. 42; Großkomm AktG/*Schall* Rn. 254; NK-AktR/*Polley* Rn. 31.
[245] Ebenso wohl NK-AktR/*Polley* Rn. 30; anders Großkomm AktG/*Schall* Rn. 252.
[246] NK-AktR/*Polley* Rn. 30; so auch Großkomm AktG/*Schall* Rn. 252. Vgl. ferner Bürgers/Körber/*Lohse* Rn. 21, dort auch zur geringen praktischen Bedeutung.
[247] Etwa K. Schmidt/Lutter/*Bayer* Rn. 38 mwN, 40; Großkomm AktG/*Schall* Rn. 255; Hüffer/Koch/*Koch* Rn. 12; Bürgers/Körber/*Lohse* Rn. 18; Kölner Komm AktG/*Arnold* Rn. 40.
[248] So etwa K. Schmidt/Lutter/*Bayer* Rn. 38 mwN; anders Großkomm AktG/*Schall* Rn. 251 (regelmäßig Nichtigkeit nach § 139 BGB).

78 Unwirksam ist lediglich die modifizierende Erfüllungsabrede in Form der Sacheinlagevereinbarung,[249] folglich ist der Gründer auch nach geltendem Recht **zur Leistung der Bareinlage verpflichtet.**[250] Dieser Anspruch verjährt analog § 54 Abs. 4 S. 1, § 62 Abs. 3 S. 1 sowie § 9 Abs. 2 GmbHG.[251] Von der Verpflichtung kann der Gründer im Ausgangspunkt nicht durch Leistung einer Sacheinlage befreit werden.[252] Bereits nach § 27 Abs. 3 S. 3 aF trat an die Stelle der nicht wirksam festgesetzten Sacheinlage – unabhängig von dem eventuell entgegenstehenden Willen der Gründer – die Verpflichtung, den Nennbetrag oder den höheren Ausgabebetrag der von ihm übernommenen Aktien in Geld einzuzahlen.[253] Diese Lage modifiziert nach geltendem Recht allerdings die analoge Anwendung von § 27 Abs. 3 S. 2 (→ Rn. 75). Sie hat zum Zeitpunkt der Eintragung oder der späteren Überlassung eine **automatische Anrechnung des Wertes des eingelegten Sacheinlagegegenstands** zur Folge.[254] Also muss im Ergebnis der Ersatzeinlageanspruch auf Geldleistung in dieser Höhe erlöschen. Wirksam und *cum causa* erfolgt sind auch die vollzogenen Ausführungsgeschäfte, so dass ab Eintragung eine Rückabwicklung – anders als nach früherem Recht – nicht mehr erfolgt.[255]

79 Bei der **fehlerhaft festgesetzten Sachübernahme** ergaben sich vor der Änderung des Abs. 3 im Grundsatz dieselben Rechtsfolgen wie bei der fehlerhaften Sacheinlagevereinbarung.[256] Es bestand ein **Eintragungshindernis** und die Sachübernahmevereinbarung sowie die Rechtshandlungen zu ihrer Ausführung waren der Gesellschaft gegenüber **unwirksam** (§ 27 Abs. 3 S. 1 aF). Dies galt, obwohl die Sachübernahmevereinbarung nicht Teil der Kapitalaufbringung war, sondern diese nur mittelbar gefährdete (→ Rn. 59). Die **bare Einlageleistungsverpflichtung** der Gründer ergab sich anders als bei der fehlerhaft festgesetzten Sacheinlagevereinbarung nicht aus § 27 Abs. 3 S. 3 aF. Vielmehr hatte die Sachübernahmevereinbarung von vornherein die Verpflichtung der Gründer zur (baren) Zahlung der Einlageleistung nicht berührt. Eine eventuell bereits erfolgte **Anrechnung** (§ 27 Abs. 1 S. 2) war nach § 27 Abs. 3 S. 1 ebenfalls **unwirksam.**

80 Der Gesetzgeber hat den für fehlerhafte Sachübernahmen einschlägigen Abs. 3 vollständig geändert und nur noch Regelungen für die verdeckte Sacheinlage aufgenommen. Die Sachübernahme mit Verrechnungsabrede wird nach Abs. 1 S. 2 wie eine Sacheinlage behandelt. Aber auch die **verdeckte Sachübernahme** (→ Rn. 111 f.) **ohne Anrechnungsvereinbarung oder mit Dritten** kann von den Rechtsfolgen her nicht strenger behandelt werden als die verdeckte Sacheinlage. Denn diese Varianten sind insbesondere strukturell nicht so gläubigergefährdend wie die verdeckte Sacheinlage. Also ist auch auf fehlerhaft festgesetzte Sachübernahmen **§ 27 Abs. 3 S. 2 analog** anzuwenden. Die Frage der **Anrechnung** auf die offene Einlageverpflichtung stellt sich insbesondere bei Verträgen mit Dritten allerdings regelmäßig nicht.[257]

81 Das Unterbleiben der in § 27 Abs. 1 S. 1 vorgesehenen Festsetzung in der Satzung kann zu einer **Sonderprüfung des Gründungsvorganges** nach § 142 führen. In Frage kommen auch **Schadensersatzverpflichtungen** nach §§ 46 ff., 47 Nr. 2 und **Strafbarkeit** nach § 399 Abs. 1 Nr. 1.[258]

VII. Sonstige Mängel und Leistungsstörungen

82 Im Hinblick auf neben der fehlerhaften Festsetzung (→ Rn. 74 ff.) bestehende Mängel bzw. Leistungsstörungen ist zwischen solchen der Sacheinlage- bzw. Sachübernahmevereinbarung, solchen des Sacheinlagegegenstandes selbst und solchen des Vollzugsgeschäfts (→ Rn. 101) zur Übertragung des Sacheinlagegegenstandes zu unterscheiden.

---

[249] Die Unwirksamkeit erfasst allerdings nicht das Verhältnis der Gründer untereinander sowie dasjenige zwischen Gründern und Dritten, insoweit können insbesondere Schadensersatzansprüche bestehen, vgl. dazu etwa K. Schmidt/Lutter/*Bayer* Rn. 41; NK-AktR/*Polley* Rn. 30.

[250] K. Schmidt/Lutter/*Bayer* Rn. 38; Großkomm AktG/*Schall* Rn. 255; Hüffer/Koch/*Koch* Rn. 12; Bürgers/Körber/*Lohse* Rn. 20. Eine Pflicht zur Erbringung der Sacheinlage besteht demgegenüber nicht, s. etwa Großkomm AktG/*Schall* Rn. 255; K. Schmidt/Lutter/*Bayer* Rn. 39.

[251] Hüffer/Koch/*Koch* Rn. 12.

[252] Bürgers/Körber/*Lohse* Rn. 20; K. Schmidt/Lutter/*Bayer* Rn. 39; Hüffer/Koch/*Koch* Rn. 12a.

[253] Zu den Folgen der offenen Bareinlageverpflichtung für einen gutgläubigen Erwerber der Aktie *Schulz* NZG 2010, 41.

[254] K. Schmidt/Lutter/*Bayer* Rn. 39; Hüffer/Koch/*Koch* Rn. 12a; Bürgers/Körber/*Lohse* Rn. 20; Großkomm AktG/*Schall* Rn. 255; Kölner Komm AktG/*Arnold* Rn. 41.

[255] Vgl. Bürgers/Körber/*Lohse* Rn. 20; K. Schmidt/Lutter/*Bayer* Rn. 39; Großkomm AktG/*Schall* Rn. 255.

[256] MüKoAktG/*Pentz*, 3. Aufl. 2008, Rn. 80; Großkomm AktG/*Röhricht*, 4. Aufl. 1996, Rn. 156 f.

[257] Vgl. zum Ganzen Bürgers/Körber/*Lohse* Rn. 20; Kölner Komm AktG/*Arnold* Rn. 41, 128; Großkomm AktG/*Schall* Rn. 255.

[258] Bürgers/Körber/*Lohse* Rn. 21.

1. Die Sacheinlagevereinbarung.[259] Neben den in → Rn. 74 ff. erörterten Mängeln der Sacheinlagevereinbarung wegen Nichteinhalten der vorgeschriebenen Form ist denkbar, dass eine untaugliche Sacheinlage festgesetzt wird (→ Rn. 84), die Sacheinlagevereinbarung an Willensmängeln leidet (→ Rn. 86 f.) oder aber dass Leistungsstörungen auftreten (→ Rn. 88 ff.). 83

a) Untaugliche Sacheinlage. Haben die Gründer eine **untaugliche Sacheinlage** 84 (→ Rn. 10 ff.) vereinbart, führt dies wie eine fehlerhafte Festsetzung der Sacheinlagevereinbarung in der Satzung (näher → Rn. 74 ff.) nach § 27 Abs. 3 S. 1 aF zur **Unwirksamkeit der Sacheinlagevereinbarung und ihrer Vollzugsgeschäfte.**[260] Den Gründern drohte auch hier ersatzweise die **bare Einlagepflicht.** Nur vor der Eintragung konnte dem Gründer im Einzelfall ein Anspruch auf Vereinbarung einer untauglichen Sacheinlage möglichst nahe kommenden tauglichen Einlage oder eine Kündigung der Gesellschaft aus wichtigem Grund entsprechend § 723 BGB zugebilligt werden (auch → § 41 Rn. 42).

Auch für diesen Fall **fehlt** es jetzt an einer **gesetzlichen Regelung.** Für eine die Bareinlagepflicht 85 tilgende Wirkung oder die in § 27 Abs. 3 S. 3 für die verdeckte Sacheinlage vorgesehene **Anrechnung** ist kein Raum. Sonst würden nicht einlagefähige Vermögensgegenstände faktisch einlagefähig gemacht.[261] Fraglich erscheint jedoch, ob auch weiterhin – aber jetzt ohne ausdrückliche Grundlage im geschriebenen Recht – von der **Unwirksamkeit der diesbezüglichen Vereinbarungen** mit der Folge des bereicherungsrechtlichen Ausgleichs nach § 812 Abs. 1 S. 1 auszugehen ist.[262] Folgt man dem nicht, erfolgt die Korrektur der **grds. wirksamen Vereinbarungen** ebenfalls durch bereicherungsrechtlichen Ausgleich, dann allerdings nach § 812 Abs. 1 S. 2 wegen Verfehlung des mit der Leistung erstrebten Zwecks.[263] Wie früher kommen aber auch ein Anspruch auf Vereinbarung einer der untauglichen Sacheinlage möglichst nahe kommenden tauglichen Einlage oder eine Kündigung der Gesellschaft aus wichtigem Grund entsprechend § 723 BGB in Betracht.[264]

b) Anfechtung wegen Willensmangel. Bei **Willensmängeln** kommt **vor der Eintragung** 86 im Handelsregister die Anfechtung der Sacheinlagevereinbarung in Frage (schon → § 23 Rn. 33 ff.). Entscheidend ist dann, ob die damit regelmäßig konditional verknüpfte Beitrittserklärung des Gesellschafters noch angefochten werden kann (→ § 23 Rn. 37).[265] Ist das nicht der Fall, kommt lediglich eine isolierte Teilanfechtung der Sacheinlagevereinbarung in Betracht. Sie ist praktisch selten zulässig, führt im Erfolgsfall aber zur Verpflichtung des Gründers, den Ausgabebetrag (ggf. zuzüglich Agio) in bar zu leisten.[266] Hat der Gründer (nachweislich) anstelle der unwirksamen Sacheinlage den eingeforderten Betrag (§ 36 Abs. 2) in bar eingezahlt, sollte die Gesellschaft ohne vorherige Änderung der Festsetzung in der Satzung im Handelsregister eingetragen werden können.[267]

Nach der Eintragung ist nach ganz hM[268] die **Anfechtung** der Sacheinlagevereinbarung **wegen** 87 **Willensmängeln ausgeschlossen.** Die Gegenansicht argumentiert für die von ihr unter bestimmten Voraussetzungen vertretene Zulässigkeit der Anfechtung vor allem damit, dass die Kapitalgrundlage der AG durch eine Anfechtung nicht in Frage gestellt würde, da an die Stelle der erfolgreich angefochtenen Sacheinlagevereinbarung die Verpflichtung zur Leistung einer Bareinlage (Zug um Zug gegen Rückerstattung des Sacheinlagegegenstandes) trete.[269] Die **Gültigkeit der Satzung und der Aktienübernahmeerklärung** soll durch eine Anfechtung nach ganz einheitlicher Meinung jedenfalls nicht beeinträchtigt werden können.

c) Leistungsstörungen. Die Behandlung von Leistungsstörungen bei Sacheinlagevereinbarungen 88 war schon zum alten Schuldrecht umstritten.[270] In Frage kommen insbesondere die Regelungen über **Unmöglichkeit, Verzug** und **Sach- bzw. Rechtsmängel.** Nach hM überlagert der Grundsatz

---

[259] Zur Notwendigkeit und Formerfordernissen beim Einbringungsvertrag bei der Sachkapitalerhöhung *Kley* RNotZ 2003, 17.
[260] MüKoAktG/*Pentz*, 3. Aufl. 2008, Rn. 48 aE.
[261] Vgl. BGH NZG 2011, 1271 (1272); Grigoleit/*Vedder* Rn. 11.
[262] Dafür Grigoleit/*Vedder* Rn. 11 gestützt auf § 27 Abs. 2.
[263] Vgl. Grigoleit/*Vedder* Rn. 11.
[264] Vgl. MüKoAktG/*Pentz* Rn. 48 aE; Grigoleit/*Vedder* Rn. 11.
[265] Für weitergehende Möglichkeit der Anfechtung auch der Beitrittserklärung wohl Großkomm AktG/*Schall* Rn. 261; ebenso wohl Kölner Komm AktG/*Arnold* Rn. 17.
[266] Wie hier zum Ganzen MüKoAktG/*Pentz* Rn. 49; K. Schmidt/Lutter/*Bayer* Rn. 46.
[267] Großkomm AktG/*Schall* Rn. 260.
[268] BGHZ 21, 378 (382) = NJW 1957, 19; K. Schmidt/Lutter/*Bayer* Rn. 47 sowie MüKoAktG/*Pentz* Rn. 49 und Kölner Komm AktG/*Arnold* Rn. 18, jeweils mwN, auch der Gegenauffassung.
[269] Etwa Großkomm AktG/*Schall* Rn. 262.
[270] Vgl. dazu MüKoAktG/*Pentz*, 3. Aufl. 2008, Rn. 50 ff. und Großkomm AktG/*Röhricht*, 4. Aufl. 1996, Rn. 169 ff.

der realen Kapitalaufbringung die allgemeinen zivilrechtlichen Regelungen zu den Leistungsstörungen.[271] Demzufolge sind die allgemeinen Leistungsstörungsregeln auf Sacheinlagevereinbarungen nur mit der Maßgabe anzuwenden, dass die Entstehung der Gesellschaft mit dem eingetragenen Gründungskapital sichergestellt ist und sich im Fall der Sacheinlage der Einlageanspruch gegen den Sacheinleger nach Ausübung von Leistungsstörungsansprüchen nicht in eine ungesicherte Forderung verwandelt.[272] Sehr streitig ist, ob selbst mit dieser Maßgabe Sach- und Rechtsmängel nach **Kaufrecht** zu beurteilen sind (genauer → Rn. 94 ff.).[273]

89 Einer vollständigen **Anwendung der §§ 320 ff. BGB** auf Einlageleistungen stand man wegen Fehlens eines Gegenseitigkeitsverhältnisses[274] schon zum alten Schuldrecht verbreitet ablehnend gegenüber.[275] Dies gilt für das neue Schuldrecht gleichermaßen.[276] So sollen sich die Gesellschafter anstelle der Einrede des nicht erfüllten Vertrages (§ 320 BGB) und derjenigen der Leistung Zug um Zug (§ 322 BGB) auf den Gleichbehandlungsgrundsatz (§ 53a) und ausnahmsweise auf den Missbrauchseinwand berufen können, wenn die Beiträge ohne sachlichen Grund von den Mitgesellschaftern nicht eingezogen werden.[277]

90 **aa) Unmöglichkeit.** Bei Anwendung des neuen Schuldrechts wird der Gesellschafter nach § 275 BGB von der primären Leistungspflicht frei, wenn die Erbringung der Sacheinlage für den Gesellschafter **nachträglich unmöglich** wird oder wenn sie **von Anfang an unmöglich** ist.[278] Die Befreiungswirkung greift aber nur im Hinblick auf die Sacheinlageverpflichtung durch, ohne den Beitritt zu betreffen.[279] Die „subsidiäre" Bareinlagepflicht bleibt bestehen. Die Befreiungswirkung des § 275 BGB bezieht sich also nur auf die Sachleistung, nicht aber auf die Einlagepflicht schlechthin.[280] Eine Anwendung von § 326 Abs. 2 BGB scheidet aus, weil das in der Norm vorausgesetzte Synallagma von Leistung und Gegenleistung bei der Sacheinlagevereinbarung fehlt.[281]

91 Die Gesellschaft kann bei vom Schuldner zu vertretender Unmöglichkeit auch **Schadensersatz** verlangen (§ 280 Abs. 1 und 3, §§ 283, 311a Abs. 2 BGB).[282] Die allgemeinen Grundsätze der Kapitalaufbringung erfordern es aber, dass der nicht gleichermaßen gesicherte (Verjährung, Aufrechnung uÄ) Schadensersatzanspruch nicht an die Stelle des Einlageanspruches tritt.[283] Die Verpflichtung des Aktionärs, den Ausgabebetrag in bar zu erbringen, bleibt bestehen. Doch kommt der Ersatz des darüber hinausgehenden Schadens in Betracht.[284]

92 In Frage kommt auch ein **Rücktritt** durch die Gesellschaft nach § 326 Abs. 5, § 323 BGB mit der Folge einer Rückabwicklung der Sacheinlage nach §§ 346 ff. BGB.[285] Die Bareinlagepflicht bleibt aber auch dann bestehen.[286]

93 **bb) Sonstiges zur Leistungsstörung.** Bei **Verzug** gilt im Kern das zu den Schadensersatzansprüchen bei Unmöglichkeit der Leistung Gesagte (→ Rn. 91). In Betracht kommen Ansprüche

---

[271] Vgl. BGHZ 45, 338 (345) = NJW 1966, 1311; Hüffer/Koch/*Koch* Rn. 11; NK-AktR/*Polley* Rn. 32; Grigoleit/*Vedder* Rn. 28.
[272] MAH AktR/*Peres* § 13 Rn. 137.
[273] Dafür die wohl hM, etwa K. Schmidt/Lutter/*Bayer* Rn. 50; Kölner Komm AktG/*Arnold* Rn. 22 ff. Dagegen MüKoAktG/*Pentz* Rn. 55 ff.; Großkomm AktG/*Schall* Rn. 420.
[274] MAH AktR/*Peres* § 13 Rn. 136 spricht von unvollkommen gegenseitigem Vertrag.
[275] S. etwa OLG Schleswig NZG 2004, 1006 zur Unanwendbarkeit der §§ 320 ff. BGB auf Sacheinlagen im Rahmen der Kapitalerhöhung wegen Schutz der realen Kapitalaufbringung.
[276] BeckHdB AG/*Maul* § 4 Rn. 21; vgl. auch Großkomm AktG/*Schall* Rn. 418; Palandt/*Grüneberg* BGB Vor § 320 Rn. 6.
[277] BeckHdB AG/*Maul* § 4 Rn. 21; vgl. zur Personengesellschaft Staub/*Schäfer* HGB § 105 Rn. 148 f.; BeckHdB PersG/*Müller* § 4 Rn. 75.
[278] S. nur MüKoAktG/*Pentz* Rn. 50; K. Schmidt/Lutter/*Bayer* Rn. 48. Anders noch § 306 aF BGB, der bei anfänglicher Unmöglichkeit zur Nichtigkeit der Sacheinlagevereinbarung führte (Großkomm AktG/*Röhricht* 4. Aufl. Rn. 169 f.).
[279] NK-AktR/*Polley* Rn. 32.
[280] MüKoAktG/*Pentz* Rn. 50; K. Schmidt/Lutter/*Bayer* Rn. 48; Großkomm AktG/*Schall* Rn. 416 f.; Hüffer/Koch/*Koch* Rn. 11.
[281] Kölner Komm AktG/*Arnold* Rn. 20; NK-AktR/*Polley* Rn. 32; Großkomm AktG/*Schall* Rn. 418.
[282] Kölner Komm AktG/*Arnold* Rn. 19; NK-AktR/*Polley* Rn. 32; MüKoAktG/*Pentz* Rn. 51; K. Schmidt/Lutter/*Bayer* Rn. 48.
[283] Vgl. MüKoAktG/*Pentz* Rn. 51. Anders offenbar NK-AktR/*Polley* Rn. 32: Nennbetrag wegen des Verbots der Unterpari-Emission Untergrenze des Schadensersatzes; sinnentstellend zitiert bei MAH AktR/*Peres* § 13 Rn. 139 f., dass der Schadensersatz der Höhe nach auf den Ausgabebetrag beschränkt sein soll.
[284] Vgl. Kölner Komm AktG/*Arnold* Rn. 19; MüKoAktG/*Pentz* Rn. 51; Großkomm AktG/*Schall* Rn. 416 f.; K. Schmidt/Lutter/*Bayer* Rn. 48; MAH AktR/*Peres* § 13 Rn. 139 f. (Begleit-, Verzögerungs- oder Rückabwicklungsschäden).
[285] K. Schmidt/Lutter/*Bayer* Rn. 48; NK-AktR/*Polley* Rn. 32; offen Kölner Komm AktG/*Arnold* Rn. 19.
[286] K. Schmidt/Lutter/*Bayer* Rn. 48; NK-AktR/*Polley* Rn. 32; Kölner Komm AktG/*Arnold* Rn. 19.

auf Ersatz des Verzögerungsschadens nach § 280 Abs. 1 und 2, § 286 BGB bei fortbestehender Sacheinlagepflicht sowie Schadensersatz statt der Leistung nach § 280 Abs. 1 und 3, § 281 BGB, wobei auch dann Bareinlagepflicht besteht und der darüber hinausgehende Schaden zu ersetzen ist. Letzteres gilt auch bei einem Rücktritt der Gesellschaft, der grds. in Frage kommt.[287]

cc) Sach- und Rechtsmängel. Ob bei **Sach- und Rechtsmängeln** die kaufrechtlichen Bestimmungen mit durch den Grundsatz der realen Kapitalaufbringung modifizierten Rechtsfolgen anzuwenden sind, ist – wie schon erwähnt (→ Rn. 88) – streitig. Die praktische Bedeutung der Kontroverse dürfte begrenzt sein.[288]

Die wohl hM möchte Kaufrecht anwenden. Dann steht der Gesellschaft bei Mängeln der Sacheinlage ein vorrangiger Anspruch auf **Nacherfüllung** zu (§ 437 Nr. 1 BGB, § 439 BGB). Sekundär kommen Ansprüche auf **Schadensersatz statt der Leistung** (§ 437 Nr. 3 BGB, §§ 280 ff., § 311a Abs. 2 BGB) sowie **Minderung** (§ 437 Nr. 2 BGB, § 441 BGB) und **Rücktritt** (§ 437 Nr. 2, §§ 323, 326 Abs. 5 BGB) in Frage. In allen Fällen des Eingreifens sekundärer Behelfe soll allerdings die Bareinlagepflicht bestehen. Die kaufrechtlichen Ansprüche sollen nach § 438 BGB in kurzer Frist verjähren, nicht aber die Bareinlagepflicht. Der Haftungsausschluss nach § 442 BGB sowie die Genehmigungsfiktion des § 377 HGB sollen ausgeschlossen sein.[289]

Andere lehnen die Anwendung von Kaufrecht ab, da der Beitritt zu einer AG weder ein kaufrechtlicher noch ein kaufrechtsähnlicher Vorgang sei.[290] Sie greifen auf allgemeines Leistungsstörungsrecht und ergänzend auf den Grundsatz der realen Kapitalaufbringung zurück. Dann gilt:[291]
– Ist eine **vertretbare Sache** geschuldet, hat eine mangelhafte Leistung keine Erfüllungswirkung und der Inferent bleibt zur Leistung einer Sache mittlerer Art und Güte verpflichtet.
– Bei **unvertretbaren Sachen** führt eine Wertminderung aufgrund des Mangels der Sache zu einer baren Zuzahlungspflicht des Inferenten. Dies gilt auch bei einem vereinbarten Agio. Bei Funktionsuntauglichkeit der Sache kommt die Anwendung der Unmöglichkeitsregeln (→ Rn. 90 ff.) in Frage.
– Eine Schadensersatzhaftung des Inferenten wegen Verletzung der gesellschaftsrechtlichen Einbringungspflicht kann sich direkt über § 280 Abs. 1 und 3, §§ 281 ff. BGB ergeben.

dd) Unzulässigkeit einer Befreiung. Eine Befreiung des Inferenten von den erwähnten Pflichten ist nach § 66 nicht zulässig.[292]

2. Die Sachübernahmevereinbarung. Bei **Sachübernahmen ohne Verrechnungsabrede** können **Willensmängel** anders als bei der Sacheinlagevereinbarung (→ Rn. 86 f.) vor wie nach der Eintragung der Gesellschaft uneingeschränkt nach den **allgemeinen Bestimmungen des BGB** geltend gemacht werden. Denn ein solcher Sachübernahmevertrag ist nicht körperschaftsrechtlicher Natur, sondern er stellt einen (schuldrechtlichen) Austauschvertrag dar, dessen Fortbestand grds. weder die Aufbringung des Grundkapitals noch die Wirksamkeit der Gesellschaftsgründung berührt (→ Rn. 57).[293] Daran hat auch die Neuregelung in § 27 Abs. 3 und Abs. 4 grds. nichts geändert. Unter besonderen Umständen kann der Mangel der Sachübernahmevereinbarung vor der Eintragung im Handelsregister allerdings die **Unwirksamkeit der Beteiligung an der AG** und sogar die **Unwirksamkeit der Gesellschaft** nach sich ziehen, wenn nämlich der Gründer geltend macht, dass er sich ohne wirksame Sachübernahmevereinbarung nicht beteiligt hätte, oder aber bei Fehleridentität in Bezug auf Vereinbarung und Beitritt. Dann kann die Gesellschaft nicht eingetragen werden (§ 38 Abs. 1 S. 2).[294]

Bei **Sachübernahmen mit Verrechnungsabrede** (fingierte Sacheinlage, → Rn. 51) kommt allerdings wie bei der Sacheinlagevereinbarung (→ Rn. 86 f.) (Teil)Anfechtung wegen eines **Willensmangels** nur ausnahmsweise in Betracht.[295]

---

[287] Zum Ganzen K. Schmidt/Lutter/*Bayer* Rn. 49; Großkomm AktG/*Schall* Rn. 419; MüKoAktG/*Pentz* Rn. 53 f.; Kölner Komm AktG/*Arnold* Rn. 21.
[288] Ebenso Kölner Komm AktG/*Arnold* Rn. 23.
[289] S. zum Ganzen K. Schmidt/Lutter/*Bayer* Rn. 50; Kölner Komm AktG/*Arnold* Rn. 24.
[290] Etwa MüKoAktG/*Pentz* Rn. 55 ff.; Großkomm AktG/*Schall* Rn. 420. Kritik daran bei Kölner Komm AktG/*Arnold* Rn. 23.
[291] Zum Ganzen MüKoAktG/*Pentz* Rn. 56 ff.
[292] Näher etwa MüKoAktG/*Pentz* Rn. 60.
[293] Großkomm AktG/*Schall* Rn. 258; vgl. auch MüKoAktG/*Pentz* Rn. 65.
[294] Vgl. zum Ganzen Großkomm AktG/*Schall* Rn. 258.
[295] Wie hier etwa Hüffer/Koch/*Koch* Rn. 11; NK-AktR/*Polley* Rn. 33. Anders – uneingeschränkte Möglichkeit der Anfechtung nach allgemeinen Regeln – offenbar MüKoAktG/*Pentz* Rn. 65; Großkomm AktG/*Schall* Rn. 258.

100 Bei **Leistungsstörungen** gelten für beide Arten der Sachübernahme die Vorschriften des allgemeinen Rechts ohne Einschränkungen.[296] Denn es geht nur um die Erfüllung der Leistungspflichten aus dem zugrunde liegenden schuldrechtlichen Erwerbsgeschäft.[297] In der Regel wird Kaufrecht gelten.[298]

101 **3. Vollzugsgeschäft.**[299] Die aufgrund der Sacheinlagevereinbarung bestehende Sacheinlageverpflichtung wird durch ein Vollzugsgeschäft erfüllt, insbesondere durch **dingliche Verfügung** nach für den jeweiligen Sacheinlagegegenstand geltenden allgemeinen Regeln. Eventuelle **Mängel** sind nach den jeweils einschlägigen Vorschriften zu beurteilen. Insbesondere bei Sachgesamtheiten wie Unternehmen ist der sachenrechtliche Bestimmtheitsgrundsatz zu beachten, der höhere Anforderungen als an die Festsetzung der Sacheinlage in der Satzung stellt.

102 Sacheinlagen sind zu dem in der Satzungsvereinbarung bestimmten Zeitpunkt **fällig**. In § 36a Abs. 2 S. 2 ist für die Leistung eine Höchstfrist von 5 Jahren geregelt (s. dazu genauer dort).

VIII. Verdeckte Sacheinlage (Abs. 3)

103 **1. Einführung, Abgrenzung. a) Problemstellung.** Das Phänomen der verdeckten Sacheinlage hat sich in der Rechtsprechung und Lehre vor allem zur GmbH entwickelt.[300] Verdeckte Sacheinlagen sind Gestaltungen zur Umgehung der Sacheinlagevorschriften, wobei der Gesellschaft nicht effektiv oder bleibend Barkapital und Neuliquidität zugeführt wird, obwohl eine Barleistung vereinbart, gezeichnet, angemeldet und im Handelsregister eingetragen und publiziert wird. Die der verdeckten Sacheinlage zugrunde liegende Zielrichtung des Kapitalaufbringungsschutzes war bei der **GmbH und der AG** bis zum Inkrafttreten des MoMiG[301] weitgehend identisch im Gesetz geregelt und hatte sich wegen der vergleichbaren Interessenlage bei allen Kapitalgesellschaften auch in Literatur und Rechtsprechung parallel entwickelt. Daher waren die zur GmbH ergangene Rechtsprechung und geäußerten Literaturmeinungen auf die AG übertragbar. Diesen Gleichlauf hat das MoMiG mit der Neuregelung der verdeckten Sacheinlage im GmbH-Recht unterbrochen und das ARUG durch Übernahme eben dieser Regelung in das Aktienrecht wiederhergestellt. Da die Frage des Kapitalaufbringungsschutzes **gleichermaßen bei der Gründung wie bei der Kapitalerhöhung** relevant wird, ist die Problematik der verdeckten Sacheinlage auch bei der Kapitalerhöhung zu beachten (vgl. § 183 Abs. 2, → § 188 Rn. 68 ff.). Zur Anwendung bei der „wirtschaftlichen Neugründung" **(Vorratsgesellschaft und Mantelkauf)** → Rn. 126 ff.

104 **b) Umgehungsschutz.** Das Gesetz unterscheidet strikt zwischen Bareinlage (§ 54 Abs. 3, § 36 Abs. 2, § 36a Abs. 1) und Sacheinlage (§§ 27, 36a Abs. 2). Was nicht Bareinlage ist, muss zwingend Sacheinlage sein.[302] Da der Wert einer Sacheinlage anders als der einer Bareinlage nicht von vornherein und für jeden erkennbar feststeht, wird diese strengeren Publizitäts- und Prüfungsanforderungen (→ Rn. 3, auch § 32 Abs. 2, § 33 Abs. 1 und Abs. 2 Nr. 4, §§ 34, 37 Abs. 4 Nr. 2 und Nr. 4, § 38 Abs. 1 und Abs. 2) unterstellt, um die **reale Kapitalaufbringung** zu sichern.[303] Wird der Gesellschaft formal Bargeld als Einlage zugeführt und diese dann in zwar rechtlich getrennten Geschäften, aber im Rahmen eines einheitlich gewollten Vorganges wirtschaftlich durch eine Sacheinlage ausgetauscht, droht die **Umgehung der genannten strengeren Vorschriften für die Sacheinlage**. Objektiv wird der Gesellschaft anstelle der versprochenen Bareinlage ein anderer Gegenstand geleistet.[304] Diese Form der Umgehung der Sacheinlagevorschriften wird als verdeckte Sacheinlage bezeichnet.[305] Dem entspricht die nunmehr in das Gesetz aufgenommene Legaldefinition, wonach

---

[296] Großkomm AktG/*Schall* Rn. 414; Kölner Komm AktG/*Arnold* Rn. 34; MüKoAktG/*Pentz* Rn. 65; K. Schmidt/Lutter/*Bayer* Rn. 29, 51.
[297] UHL/*Ulmer*/*Casper* § 5 Rn. 126.
[298] MüKoAktG/*Pentz* Rn. 65; Hüffer/Koch/*Koch* Rn. 11; NK-AktR/*Polley* Rn. 33.
[299] Genauer auch → § 36a Rn. 9.
[300] Damals rechtspolitisch umstritten, vgl. *Schöpflin* GmbHR 2003, 57; *Wilhelm* ZHR 167 (2003), 520 ff.; *Lutter/Gehling* WM 1989, 1445 (1447); *Priester* ZIP 1991, 345 (348).
[301] Gesetz zur Modernisierung des GmbH-Rechts und zur Bekämpfung von Missbräuchen (MoMiG), BGBl. 2008 I 2026.
[302] MüKoAktG/*Pentz* Rn. 78.
[303] Vgl. MüKoAktG/*Pentz* Rn. 75, 78; zur praktischen Vermeidung der verdeckten Sacheinlage bei der AG *Traugott/Groß* BB 2003, 481.
[304] *Goette* Die GmbH § 2 Rn. 43.
[305] S. nur BGHZ 110, 47 = NJW 1990, 982; BGHZ 113, 335 = NJW 1991, 1754; BGHZ 132, 133 = NJW 1996, 1286; BGHZ 152, 37 = NJW 2002, 3774 = ZIP 2002, 2045; vgl. auch BGH DStR 2006, 2326. Aus der Literatur nur etwa MüKoAktG/*Pentz* Rn. 75, 79. Auseinandersetzung mit grundsätzlichen Bedenken gegen die Lehre von der verdeckten Sacheinlage aus der Zeit vor deren Normierung in § 27 Abs. 3 bei MüKoAktG/*Pentz* Rn. 84 f.

eine verdeckte Sacheinlage vorliegt, wenn eine Geldeinlage eines Aktionärs bei wirtschaftlicher Betrachtung und aufgrund einer im Zusammenhang mit der Übernahme der Geldeinlage getroffenen Abrede vollständig oder teilweise als Sacheinlage zu bewerten ist (§ 27 Abs. 3 S. 1).

Während nach **alter Rechtslage** das Vorliegen einer verdeckten Sacheinlage die Erfüllungswir- 105 kung der Geldeinlageleistung ausschloss, so dass der Inferent seine Einlage ein weiteres Mal leisten musste, und überdies die Unwirksamkeit des Sachgeschäfts sowohl in schuldrechtlicher als auch in dinglicher Hinsicht bewirkte (§ 27 Abs. 3 AktG aF), hat der Gesetzgeber die Rechtsfolgen der verdeckten Sacheinlage mit der in § 27 Abs. 3 enthaltenen Neuregelung wesentlich entschärft (→ Rn. 174 ff.).

c) Europarechtliche Indikation. Seit langer Zeit streitig diskutiert wird die Frage, ob die in 106 Art. 13 Kapital-RL (früher Art. 11 Kapital-RL, jetzt Art. 52 GesR-RL → Rn. 1) enthaltene Regelung zur Nachgründung lediglich einen Mindeststandard vorgibt[306] oder als abschließend zu interpretieren ist mit der Folge, dass sie einem weitergehenden Umgehungsschutz durch nationales Recht entgegensteht.[307] Mittlerweile ist in Literatur und Rechtsprechung weitgehend anerkannt, dass Art. 13 Kapital-RL (Art. 52 GesR-RL) **lediglich einen Mindeststandard** vorgibt und es den Mitgliedstaaten unbenommen ist, einen weitergehenden Schutz vorzuschreiben.[308] Die Liberalisierung der verdeckten Sacheinlage durch das ARUG ist insofern unbedenklich.[309] Gerade umgekehrt stellt sich jetzt allenfalls die Frage, ob die Anrechnungslösung in § 27 Abs. 3 AktG nF dem **Gebot der praktischen Wirksamkeit** der Bestimmungen der Kapitalrichtlinie (nun der Richtlinie über bestimmte Aspekte des Gesellschaftsrechts → Rn. 1) entspricht.[310] Da nach wie vor ein gewisses Sanktionsgefälle zwischen der offenen und der verdeckten Sacheinlage besteht (insbesondere Beweislastverteilung für die Werthaltigkeit des verdeckt eingebrachten Sachgegenstands, Strafbarkeit falscher Angaben), ist § 27 Abs. 3 jedoch ohne weiteres mit den Richtlinien zu vereinbaren.[311]

d) Verdeckte Sacheinlage, verdeckte (fingierte) Sachübernahme, Verwendungsabrede. 107 Grundlegender Unterschied zwischen Sacheinlage und Sachübernahme ist die *causa*, die den Sacherwerb der Gesellschaft zugrunde liegt (→ Rn. 49): Bei einer Sacheinlage leistet der Aktionär den betreffenden Sachgegenstand in Erfüllung seiner im Übernahmevertrag eingegangenen Sacheinlageverpflichtung. Rechtsgrund einer Sachübernahme ist dagegen ein gewöhnlicher Austauschvertrag (zB ein Kauf- oder Werkvertrag), der per se keinen unmittelbaren Bezug zur Kapitalaufbringung aufweist.[312] Soll die dem Aktionär zustehende Vergütung aus solch einem Vertrag auf seine Geldeinlageverpflichtung angerechnet werden, gilt dies im Aktienrecht – anders als im GmbH-Recht[313] – gem. § 27 Abs. 1 S. 2 als (fingierte) Sacheinlage. Verdeckt ist die Sacheinlage oder Sachübernahme, wenn die gemäß § 27 Abs. 1 erforderlichen Festsetzungen in der Satzung fehlen. Von diesen Vorüberlegungen ausgehend ergibt sich folgende Differenzierung:

Verdeckte fingierte Sacheinlage: Die meisten als „verdeckte Sacheinlage" etikettierten Fälle 108 sind systematisch eigentlich als verdeckte *fingierte* Sacheinlagen einzuordnen. Die Gesellschaft schließt mit dem Inferenten einen Austauschvertrag, typischerweise einen Kaufvertrag, der Rechtsgrund für den Sacherwerb der Gesellschaft ist. Der Aktionär erhält eine Vergütung, durch die seine Geldeinlage wirtschaftlich neutralisiert wird, sei es durch hin- und herfließende Zahlungen, sei es durch Verrechnung. Der Sacherwerb der Gesellschaft und die Neutralisierung der Geldeinlage durch die aufgrund des Sachgeschäfts geschuldete Vergütung sind durch eine Vorabsprache miteinander verknüpft.

---

[306] BGHZ 110, 47, (68 ff.) = NJW 1990, 982; BGH DStR 2006, 2326: Europarechtskonformität der Rspr. zur verdeckten Sacheinlage nicht zweifelhaft; s. dazu auch BGHZ 118, 83 (103 f.) = NJW 1992, 2222; *Habersack* AG 2009, 557 (559); MüKoAktG/*Pentz* Rn. 86; *Lutter/Gehling* WM 1989, 1445 (1456 ff.); *Ebenroth/Kräutter* DB 1990, 2153. Weitere Nachweise bei Großkomm AktG/*Schall* Rn. 41 in Fn. 44.

[307] *Meilicke*, Die „verschleierte" Sacheinlage – eine deutsche Fehlentwicklung, 1989, 97 ff.; *Meilicke* DB 1990, 1173; *Loos* AG 1989, 381 (386); *Einsele* NJW 1996, 2681 (2683); vgl. auch die Schlussanträge des GA *Tesauro* (*Meilicke*/ADV-ORGA) ZIP 1992, 1036 (1040, 1042 unter Nr. 12 und 17 ff.). Weitere Nachweise bei Großkomm AktG/*Schall* Rn. 41 in Fn. 42 f.

[308] BGHZ 110, 47 (68 ff.) = NJW 1990, 982; BGHZ 118, 83 (103 f.) = NJW 1992, 2222; BGH DStR 1994, 512 m. Anm. *Goette*; BGHZ 132, 133 = NJW 1996, 1286; BGHZ 152, 37 = NJW 2002, 3774 = ZIP 2002, 2045; vgl. auch BGH DStR 2006, 2326; s. auch *Bayer/Schmidt* ZGR 2009, 805 (830); *Habersack* AG 2009, 557 (559).

[309] *Herrler/Reymann* DNotZ 2009, 914 (919); Grigoleit/*Vedder* Rn. 40.

[310] S. etwa MüKoAktG/*Pentz* Rn. 87; Großkomm AktG/*Schall* Rn. 41 bei Fn. 45; Grigoleit/*Vedder* Rn. 40. Vgl. auch *Habersack* AG 2009, 557 (559 f.).

[311] *Grigoleit/Vedder* Rn. 40; *Habersack* AG 2009, 557 (559 f.); *Bayer/Schmidt* ZGR 2009, 805 (830 ff.); s. auch Großkomm AktG/*Schall* Rn. 47. Anders MüKoAktG/*Pentz* Rn. 87.

[312] Vgl. Großkomm AktG/*Schall* Rn. 223.

[313] Vgl. UHL/*Ulmer/Casper* § 5 Rn. 119; MHLS/*Leitzen* GmbHG § 5 Rn. 53.

109 **Verdeckte Sacheinlage:** Der (mehr akademische) Reinfall einer verdeckten Sacheinlage läge vor, wenn die Beteiligten als Inhalt der Einlageverpflichtung eine Sachleistung vereinbarten, die nach § 27 Abs. 1 erforderlichen Festsetzungen und das daran anknüpfende Sacheinlageverfahren aber unterließen. De iure wäre eine solche Sacheinlagevereinbarung unwirksam, der Inferent wäre zur Leistung einer Geldeinlage verpflichtet. Erbringt er gleichwohl die (unwirksam vereinbarte) Sachleistung im Einvernehmen mit der Gesellschaft, ist hierin eine anfänglich vereinbarte Leistung an Erfüllungs statt zu sehen. Das lässt gleichzeitig den Rückschluss zu, dass eine vor oder gleichzeitig mit der Begründung der Einlageverpflichtung vereinbarte Leistung an Erfüllungs statt nicht nur in analoger, sondern in unmittelbarer Anwendung den Regeln über Sacheinlagen unterfällt.

110 Eng verwandt hiermit sind die Fälle der verdeckten Forderungseinbringung. Wirtschaftlich erlangt die Gesellschaft hier anstelle der geschuldeten Geldeinlage die Befreiung von einer Verbindlichkeit. Auch hierin könnte man eine anfänglich vereinbarte Leistung an Erfüllungs statt sehen, die durch Verrechnung oder ein äußerlich kaschierendes, wirtschaftlich aber gleich zu behandelndes Hin- und Herzahlen vollzogen wird.

111 **Verdeckte Sachübernahme mit Inferent:** Eine verdeckte Sachübernahme mit dem Inferenten kommt nur in den seltenen Fällen in Betracht, in denen zwar der Sacherwerb bei Begründung der Einlageverpflichtung abgesprochen ist, gleichwohl aber der Vergütungsanspruch des Inferenten nicht auf dessen Einlageverpflichtung angerechnet oder in wirtschaftlich entsprechender Weise verknüpft werden soll; andernfalls läge eine verdeckte fingierte Sacheinlage vor. Da diese nur voraussetzt, dass die Einlage des Inferenten durch dessen Vergütungsforderung wirtschaftlich neutralisiert wird, ohne dass es auf die konkrete Ausführung des Mittelrückflusses ankommt, sind verdeckte Sachübernahmen ieS mit dem Inferenten äußerst selten.[314] Diese Fallgruppe kommt in Betracht, wenn die Vergütung an den Inferenten aus Mitteln erfolgt, die der Gesellschaft eigens zu diesem Zweck als sonstige Zuzahlung (§ 272 Abs. 2 Nr. 4 HGB) zugeführt und separiert worden sind. Die Regelung des § 27 Abs. 3 erfasst die verdeckte Sachübernahme nicht.[315]

112 **Verdeckte Sachübernahme mit Drittem:** Schließlich ist denkbar, dass bereits bei Begründung der Einlageverpflichtung verabredet wird, dass die Gesellschaft einen Vermögensgegenstand von einem Dritten (deshalb zwangsläufig ohne Anrechnung auf die Einlageverpflichtung) erwerben soll, die nach § 27 Abs. 1 S. 1 gebotenen Sachgründungskautelen aber nicht eingehalten werden. Die Nichteinhaltung der Sachgründungsvorschriften wird hier allein über die Schadensersatzhaftung des § 46 und die Strafandrohung für falsche Angaben bzw. das Verschweigen erheblicher Umstände in § 399 Abs. 1 Nr. 1 sanktioniert. Außerdem hat das Registergericht die Eintragung der Gesellschaft zu verweigern, sofern es die verdeckte Sachübernahme erkennt (§ 38 Abs. 1 S. 2). Auf die Erfüllung der Einlageverpflichtung der Aktionäre wirkt sich eine mit einem Dritten vereinbarte Sachübernahme hingegen nicht aus. Dieser Fall, der im GmbH-Recht keine Entsprechung hat, wird von der von dort übernommenen Regelung des § 27 Abs. 3 schon dem Wortlaut nach nicht erfasst, da es nicht um die Bewertung einer Geldeinlage als Sacheinlage geht.[316] Zumindest entsprechend gilt jedoch die in § 27 Abs. 3 S. 2 enthaltene Aussage, dass das Sachgeschäft mit dem Dritten nicht wegen der Nichteinhaltung der Sachgründungskautelen schuldrechtlich oder dinglich unwirksam ist.[317]

113 **Verwendungsabsprachen:** Absprachen über einen Sacherwerb der Gesellschaft können danach bei Gründung nur zulässig sein, wenn sie erst nach Begründung der Einlageverpflichtung getroffen worden sind. Unverbindliche Planungsabsichten sind demgegenüber auch ohne diese zeitliche Einschränkung unschädlich. Sowohl bei der zeitnahen Umsetzung unverbindlicher Planungen als auch bei Absprachen, die erst nach Begründung der Einlageverpflichtung getroffen werden, gilt es jedoch zu bedenken, dass eine entsprechende verbindliche Vorabrede bei engem zeitlichem Zusammenhang zur Gründung (widerleglich) vermutet werden kann (→ Rn. 170).

114 **e) Verdeckte Sacheinlage und Nachgründung.** Teilweise wird vertreten, dass die Bestimmungen über die Nachgründung in § 52 eine abschließende Regelung darstellten und folglich kein Raum für rechtliche Regelungen über verdeckte Sacheinlagen sei.[318] Die Rechtsprechung ist dem

---

[314] Vgl. auch Kölner Komm AktG/*Arnold* Rn. 128; Großkomm AktG/*Schall* Rn. 275.
[315] Vgl. Kölner Komm AktG/*Arnold* Rn. 128; Großkomm AktG/*Schall* Rn. 275.
[316] Vgl. auch Großkomm AktG/*Schall* Rn. 275.
[317] So auch Kölner Komm AktG/*Arnold* Rn. 128; aA Großkomm AktG/*Schall* Rn. 275.
[318] *Loos* AG 1989, 381 (386 ff.); *Meilicke*, Die „verschleierte" Sacheinlage – eine deutsche Fehlentwicklung, 1989, 43 ff.; *Meilicke* DB 1989, 1067 und 1119; *Wilhelm* ZHR 152 (1988), 333; *Wilhelm* GS Knobbe-Keuk, 1997, 321 (326 ff., 343 ff.); *Hennke*, Die Reform der Nachgründung nach § 52 AktG, Bedeutung gegenüber der verdeckten Sacheinlage und der Prospekthaftung, 2006, 264 ff. (319): Allenfalls verdeckte Sacheinlage als ergänzender Tatbestand; OLG Koblenz ZIP 2007, 33, aufgehoben durch BGHZ 175, 265 = NZG 2008, 425 – Rheinmöve. S. auch die Darstellung bei MüKoAktG/*Pentz* Rn. 84.

wiederholt und zu Recht entgegengetreten.[319] Beide Regelungen haben einen eigenen, **streng zu unterscheidenden Anwendungsbereich** (auch → § 52 Rn. 55).[320] Die Nachgründungsvorschriften erfassen typisiert Geschäfte mit Gründern oder bedeutenden Aktionären (Beteiligung von mehr als 10 %) innerhalb eines Zeitraumes von zwei Jahren nach der Eintragung, wenn die Gegenleistung im Verhältnis zum Grundkapital von einiger Bedeutung ist (mehr als 10 % des Grundkapitals). Sie gewährleisten damit einen abstrakten, an objektive Merkmale anknüpfenden Schutz vor Umgehung der Sachgründungsvorschriften,[321] während die Grundsätze der verdeckten Sacheinlage einen konkreten Umgehungsschutz unter Einbeziehung eines subjektiven Elements (Abrede) bewirken. Daher geht nicht nur die hM,[322] sondern auch der Gesetzgeber im Zuge der Neufassung der Regelung durch das ARUG[323] zu Recht von der Anwendbarkeit der Regeln über die verdeckte Sacheinlage neben den Nachgründungskautelen aus. Praktisch relevant wird das insbesondere, wenn das die verdeckte Sacheinlage konstituierende Sachgeschäft erst nach Eintragung der Gesellschaft abgeschlossen wird, eine darauf gerichtete Abrede aber bereits bei Begründung der Einlageverpflichtung bestand oder unwiderlegt vermutet werden kann.

Aufgrund des unterschiedlichen Schutzzwecks (→ § 52 Rn. 55) unterscheiden sich auch die Rechtsfolgen von verdeckter Sacheinlage und Nachgründung. Die Liberalisierung der verdeckten Sacheinlage (Wertanrechnung, keine Unwirksamkeit des Sachgeschäfts) im Zuge der Neuregelung durch das ARUG hat allerdings das Verhältnis dieser beiden Regelungskomplexe auf den Kopf gestellt:[324] Gerade umgekehrt als früher zieht ein Verstoß gegen die Nachgründungsvorschriften nach geltendem Recht strengere Rechtsfolgen nach sich als eine verdeckte Sacheinlage.[325] Bei gleichzeitiger Anwendbarkeit beider Regelungen hat das zur Folge, dass die **Abmilderung bei den Rechtsfolgen der verdeckten Sacheinlage** nur **eingeschränkt** zum Tragen kommt.[326] Denn ein Verstoß gegen die Nachgründungsvorschriften steht der Wirksamkeit des Sachgeschäfts und damit auch der Anrechnung (§ 27 Abs. 3 S. 3) entgegen (genauer → Rn. 185). 115

Das Nebeneinander von Nachgründungsvorschriften und der Neuregelung in § 27 Abs. 3 überzeugt nicht.[327] Der Gesetzgeber hat zwar ausweislich der Gesetzesbegründung das Konkurrenzverhältnis dieser beiden Regelungen gesehen,[328] aber die Implikationen der Neuregelung nicht hinreichend bedacht: Wendet man mit der hM[329] § 52 nur auf Verträge an, die nach Eintragung der Gesellschaft abgeschlossen worden sind, unterscheiden sich die Rechtsfolgen signifikant je nachdem, ob der tatsächliche Vertragsschluss noch vor oder erst nach Eintragung der Gesellschaft erfolgt. Unter Kapitalschutzgesichtspunkten lässt sich diese Differenzierung nicht rechtfertigen; wertungsmäßig Gleiches wird hier in fragwürdiger Weise ungleich behandelt. Das wiegt umso schwerer, als der für die Differenzierung maßgebliche Eintragungszeitpunkt weitgehend dem Einfluss der Beteiligten entzogen ist. Im Übrigen ist zu befürchten, dass im Zweifelsfall der betreffende Vertrag – § 52 lässt die Schriftform ausreichen – rückdatiert wird, um den Vorgang den Nachgründungsregeln zu entziehen. Die gesetzliche Regelung schafft hier einen bedenklichen Anreiz für Manipulationen. 116

Will man diese Ungereimtheiten vermeiden, könnte man entweder den Anwendungsbereich der Nachgründungsvorschriften einschränken, so dass diese auf Fälle der verdeckten Sacheinlage keine Anwendung finden, oder gerade umgekehrt die Anwendbarkeit der Nachgründungsvorschriften auch auf Rechtsgeschäfte vor Eintragung der Gesellschaft ausdehnen.[330] Der zuerst genannte Ansatz widerspräche jedoch nicht nur der Gesetzesbegründung,[331] sondern muss schon im Hinblick auf 117

---

[319] BGHZ 110, 47 = NJW 1990, 982 = AG 1990, 298; BGHZ 173, 145 = NJW 2007, 3425 = NZG 2007, 754 – Lurgi; BGHZ 175, 265 = NZG 2008, 425 – Rheinmöve.
[320] Vgl. zum Folgenden auch MüKoAktG/*Pentz* Rn. 85.
[321] BT-Drs. 16/13098, 37.
[322] Vgl. zB BGHZ 173, 145 = NJW 2007, 3425 = NZG 2007, 754 – Lurgi; BGHZ 175, 265 = NZG 2008, 425 – Rheinmöve; BGHZ 113, 335 (340 ff.) = NJW 1991, 1754; BGHZ 118, 83 (93 ff.) = NJW 1992, 2222 – BuM; BGHZ 122, 180 (184 f.) = NJW 1993, 1983; BGHZ 135, 381 (383 ff.) = NJW 1997, 2516; MüKoAktG/*Pentz* Rn. 85 mwN in Fn. 245; Kölner Komm AktG/*Arnold* Rn. 84; *Henze* ZHR 154 (1990), 105 ff.; *Priester* DStR 1990, 770 ff.; *Ulmer* ZHR 154 (1990), 128.
[323] BT-Drs. 16/13098, 36.
[324] Vgl. auch *Wicke* ARUG S. 49.
[325] *Wicke* ARUG S. 49.
[326] *Herrler/Reymann* DNotZ 2009, 914 (920 f.).
[327] Kritisch etwa auch K. Schmidt/Lutter/*Bayer* § 52 Rn. 55; MüKoAktG/*Pentz* Rn. 82.
[328] BT-Drs. 16/13098 S. 36.
[329] Vgl. RGZ 130, 248 (253); K. Schmidt/Lutter/*Bayer* § 52 Rn. 7 mwN; MüKoAktG/*Pentz* § 52 Rn. 6 mwN; *Priester* ZHR 165 (2001), 383 (394); aA *Holzapfel/Roschmann* FS Bezzenberger, 2000, 163 (170); → § 52 Rn. 34 ff.
[330] *Herrler/Reymann* DNotZ 2009, 914 (921 f.).
[331] BT-Drs. 16/13098, 36.

Art. 13 Kapital-RL (früher Art. 11 Kapital-RL, jetzt Art. 52 GesR-RL → Rn. 1) ausscheiden, der einen § 52 weitgehend entsprechenden Schutz ab „Gründung" der Gesellschaft vorgibt.[332] Die Alternative, die Nachgründungsvorschriften schon auf die Vor-AG entsprechend anzuwenden, wäre zwar unter Wertungsgesichtspunkten stimmig,[333] würde aber einen ungewollten, in Ausnahmefällen durch die Neuregelung in § 27 Abs. 3 auftretenden Normenkonflikt zur Regel machen.[334] *De lege lata* wird man daher das unharmonische Nebeneinander der Vorschriften zur Nachgründung und zur verdeckten Sacheinlage hinnehmen müssen (auch → § 52 Rn. 60).[335]

118 f) **Verdeckte Forderungseinbringung, Aufrechnungsverbot (§ 66 Abs. 1 S. 2) und Einlagenrückzahlung („Hin- und Herzahlen" iSv § 27 Abs. 4).** Wird zwischen dem Einlageanspruch der AG und einer den Aktionär betreffenden Forderung iwS ein wirtschaftlicher Bezug hergestellt, ist für die rechtliche Bewertung einerseits nach der Richtung der Forderung, andererseits nach der Art der Verknüpfung (Hin- und Herzahlen, Verrechnung, Aufrechnung) zu differenzieren:

119 aa) **Forderungen der Gesellschaft gegen den Aktionär (Einlagenrückzahlung).** Nach ganz hM sind Forderungen der Gesellschaft gegen den Inferenten nicht sacheinlagefähig (→ Rn. 26). Dementsprechend ist insoweit auch kein Raum für die Anwendung der Regeln über verdeckte Sacheinlagen (→ Rn. 146 ff.).[336] Dem hat der Gesetzgeber Rechnung getragen und für die Fälle der verdeckten Finanzierung, bei der die Gesellschaft wirtschaftlich anstelle einer baren Einlageleistung nur eine schuldrechtliche Forderung gegen den Inferenten erhält, eine Sonderregelung in § 27 Abs. 4 getroffen (→ Rn. 213 ff.).

120 bb) **Forderungen des Aktionärs gegen die Gesellschaft (verdeckte Forderungseinbringung).** Die verdeckte Einbringung einer Forderung des Aktionärs gegen die Gesellschaft unterfällt demgegenüber als verdeckte Sacheinlage grds. der Regelung des § 27 Abs. 3. In Betracht kommen hierfür insbesondere Darlehensverbindlichkeiten der AG gegenüber dem Aktionär.[337]

121 (1) **Aufrechnung durch den Aktionär.** Gemäß § 66 Abs. 1 S. 2 ist die Aufrechnung gegen die Einlageforderung der Gesellschaft unzulässig. Erfasst ist davon nur die einseitig durch den Aktionär erklärte Aufrechnung. Insoweit hat sich durch die Neuregelung des § 27 Abs. 3 nichts geändert. Als **gesetzliches Aufrechnungsverbot**[338] schließt § 66 Abs. 1 S. 2 bei einem Verstoß die Aufrechnungswirkung aus. Eine gleichwohl erklärte Aufrechnung des Aktionärs geht ins Leere, die Forderungen stehen sich unverändert gegenüber.[339]

122 Nach geltendem Recht lässt die verdeckte Sacheinlage die Wirksamkeit des Sachgeschäfts unberührt (§ 27 Abs. 3 S. 2). Auch auf dinglicher Ebene ist die Auf- oder Verrechnung von Gesellschafterforderungen mit dem Einlageanspruch der Gesellschaft grds. wirksam, wobei die Einlageschuld allerdings nur nach Maßgabe des § 27 Abs. 3 S. 1 und 3 getilgt wird (→ Rn. 199). Die Rechtsfolgen der verdeckten Sacheinlage schließen eine Auf- oder Verrechnung somit nicht *a priori* aus, sondern modifizieren nur ihre Wirkung. Demgegenüber verhindert das Aufrechnungsverbot des § 66 Abs. 1 S. 2 die Wirksamkeit der vom Gesellschafter erklärten Aufrechnung, so dass sich die gegenseitigen Forderungen von Gesellschaft und Gesellschafter unverändert gegenüberstehen. Der Gesellschafter behält seine Forderung, wird umgekehrt aber auch nicht durch Anrechnung nach § 27 Abs. 3 S. 1 und 3 von seiner Einlageschuld befreit. Diese über die Rechtsfolgen einer verdeckten Sacheinlage hinausgehende Wirkung des Aufrechnungsverbots nach § 66 Abs. 1 S. 2 ist **sinnvoll**:[340] Denn da die Aufrechnung ein einseitiges Gestaltungsgeschäft[341] ist, könnte der Aktionär andernfalls eine nicht mehr vollwertige Forderung gegen die Gesellschaft im Wege der Aufrechnung zur Tilgung seiner Einlageschuld verwenden, ohne dass sich die AG bzw. ihr Vorstand dagegen zu Wehr setzen könn-

---

[332] Herrler/Reymann DNotZ 2009, 914 (921 f.).
[333] Befürwortend Frey, Einlagen in Kapitalgesellschaften, 1990, 112 ff.; Heidinger ZNotP 2000, 182 (187 f.); Holzapfel/Roschmann FS Bezzenberger, 2000, 163 (170); MAH AktR/Peres § 14 Rn. 163.
[334] Vgl. Herrler/Reymann DNotZ 2009, 914 (921 f.).
[335] So im Ergebnis auch Herrler/Reymann DNotZ 2009, 914 (921 f.); Lieder ZIP 2010, 964 (968 ff.). Ebenso etwa K. Schmidt/Lutter/Bayer § 52 Rn. 55.
[336] BGHZ 165, 352 = NJW 2006, 906; BGHZ 165, 113 = NJW 2006, 509.
[337] Vgl. zB OLG Celle OLG-Report 2006, 323 = GmbHR 2006, 433; OLG Hamburg GmbHR 2006, 934 = ZIP 2006, 1908 (LS), beide zur GmbH.
[338] Vgl. Palandt/Grüneberg § 387 Rn. 13.
[339] S. nur etwa MüKoAktG/Bayer § 66 Rn. 44; K. Schmidt/Lutter/Fleischer § 66 Rn. 7 f.; vgl. zum Recht der GmbH Lutter/Hommelhoff/Bayer GmbHG § 19 Rn. 24 f.; so auch, jedoch krit. Veil ZIP 2007, 1241 (1246).
[340] Krit. – zum Recht der GmbH – allerdings bereits Veil ZIP 2007, 1241 (1246). Anders auch Habersack/Weber ZGR 2014, 509 (524 ff.).
[341] Palandt/Grüneberg BGB § 388 Rn. 1.

ten.[342] Meist wird allerdings bei Vorliegen einer verdeckten Sacheinlage auch die Verrechnung einvernehmlich verabredet sein, so dass § 66 Abs. 1 S. 2 nicht zur Anwendung kommt.

(2) Aufrechnung durch die Gesellschaft, einvernehmliche Verrechnung. Die einvernehmliche Verrechnung und die Aufrechnung durch die Gesellschaft sind nicht eigens gesetzlich geregelt. Sie können Bestandteile einer **verdeckten Sacheinlage** sein und unterstehen dann § 27 Abs. 3.[343] Entscheidend ist hierfür, ob der Abschluss des Sachgeschäfts (und damit die Begründung der Gegenforderung des Gesellschafters) oder die Verrechnung einer Gesellschafterforderung mit der Einlageschuld im Zeitpunkt der Entstehung der Einlageverpflichtung abgesprochen war. Die früher übliche Differenzierung zwischen Alt- und Neuforderungen[344] je nachdem, ob die Forderung vor oder nach Begründung der Einlageverpflichtung entstanden ist, ist insoweit obsolet, denn der gesetzliche Tatbestand der verdeckten Sacheinlage setzt ausnahmslos eine entsprechende Abrede voraus.[345] Nichts anderes gilt im Übrigen, wenn eine solchermaßen verdeckte Sacheinlage durch Hin- und Herzahlen statt durch Verrechnung vollzogen wird.

Über die Regeln der verdeckten Sacheinlage hinaus ist nach tradierter Ansicht die einvernehmliche Verrechnung und die Aufrechnung durch die Gesellschaft durch den Grundsatz eingeschränkt, dass die zu verrechnende Forderung des Gesellschafters **fällig, vollwertig und liquide** sein muss.[346] Dieser Grundsatz kann nach der Neuausrichtung der Rechtsfolgen verdeckter Sacheinlagen nicht mehr unverändert fortgelten. Im Anwendungsbereich der verdeckten Sacheinlage bestimmt das Gesetz, dass der Wert des verdeckt eingebrachten Vermögensgegenstandes (ggf. zeitlich verzögert, vgl. § 27 Abs. 3 S. 4) auf die fortbestehende Einlageschuld angerechnet wird (§ 27 Abs. 3 S. 3). Das gilt auch für die verdeckte Einbringung von gegen die Gesellschaft gerichteten Forderungen. Sind diese nicht fällig, vollwertig oder liquide, hat nach allgemeinen Bewertungsgrundsätzen ein entsprechender Wertabschlag zu erfolgen, der nur im äußersten Fall zu einer Abschreibung auf Null führen wird. Die Forderung ist mithin schuldmindernd mit ihrem Teilwert zu berücksichtigen. Dies gilt bei der verdeckten Sacheinlage ohne Unterschied, ob hin- und hergezahlt oder verrechnet wird, und muss erst recht gelten, wenn (regelmäßig mangels nachweisbarer entsprechender Abrede) der Tatbestand der verdeckten Sacheinlage nicht erfüllt ist. Denn andernfalls würde das Vorliegen einer verdeckten Sacheinlage privilegiert (Berücksichtigung der Forderung mit ihrem Teilwert), was nicht richtig sein kann. Im Hinblick auf die Wertung des § 27 Abs. 3 S. 3 gilt deshalb unabhängig vom Vorliegen einer verdeckten Sacheinlage, dass die Einlageforderung der Gesellschaft durch Verrechnung mit Gesellschafterforderungen (nur) in der Höhe getilgt wird, den diese objektiv und nachweisbar haben.[347] Außerhalb der Grundsätze der verdeckten Sacheinlage stützt sich diese Beschränkung der Auf- bzw. Verrechnungswirkung auf das allgemeine Befreiungsverbot des § 66 Abs. 1 S. 1. Dieser Grundsatz gilt schließlich auch dann, wenn nach Begründung der Einlageverpflichtung (deshalb keine verdeckte Sacheinlage) anstelle einer Verrechnung das **Hin- und Herzahlen** der (Rest)Einlage und einer gegenläufigen dem Gesellschafter gebührenden Leistung vereinbart wird.[348] Hierin kann man zugleich eine **nachträglich vereinbarte Leistung an Erfüllungs statt** sehen.

Zusammenfassend ist festzuhalten, dass nach geltendem Recht nicht die Verrechnung als solche verboten ist, sondern allenfalls die verdeckte Sacheinlage, in deren Ausführung sie erfolgt. Unabhängig vom Vorliegen einer verdeckten Sacheinlage tilgt die Verrechnung oder Aufrechnung durch die Gesellschaft die Einlageschuld des Inferenten nur in Höhe des objektiven Wertes der Gesellschafter-

---

[342] Anders – zum Recht der GmbH – *Veil* ZIP 2007, 1241 (1246). Für eine Einschränkung des Verbots der Aufrechnung durch den Gesellschafter nach § 66 Abs. 1 S. 2 durch eine Analogie zu § 27 Abs. 3 etwa *Habersack/Weber* ZGR 2014, 509 (524 ff.); dagegen indes die hM, s. etwa MüKoAktG/*Pentz* Rn. 191; MüKoAktG/*Bayer* § 66 Rn. 45; K. Schmidt/Lutter/*Fleischer* § 66 Rn. 8; Hüffer/Koch/*Koch* § 66 Rn. 5; Kölner Komm AktG/*Drygala* § 66 Rn. 25.

[343] Vgl. etwa Kölner Komm AktG/*Drygala* § 66 Rn. 22 ff.; s. – zum Recht der GmbH – auch schon *Veil* ZIP 2007, 1241 (1245 f.).

[344] Vgl. zu ihr etwa Kölner Komm AktG/*Drygala* § 66 Rn. 22 f.

[345] Wie hier Kölner Komm AktG/*Drygala* § 66 Rn. 24. Anders MüKoAktG/*Bayer* § 66 Rn. 49, 61.

[346] BGHZ 125, 141= NJW 1994, 1477; BGHZ 90, 370= NJW 1984, 1891; BGHZ 42, 89= WM 1964, 944. Aus der Literatur s. nur K. Schmidt/Lutter/*Fleischer* § 66 Rn. 9 ff.; MüKoAktG/*Bayer* § 66 Rn. 47 ff.

[347] Ausf. *Benz*, Verdeckte Sacheinlage und Einlagenrückzahlung im reformierten GmbH-Recht (MoMiG), 2010, 249 ff. Im Ergebnis ebenso die hM im Aktienrecht für die einvernehmliche Verrechnung (zumindest in Bezug auf nicht vollwertige Forderungen), s. etwa Großkomm AktG/*Schall* Rn. 352; MüKoAktG/*Bayer* § 66 Rn. 66; K. Schmidt/Lutter/*Fleischer* § 66 Rn. 8; Kölner Komm AktG/*Drygala* § 66 Rn. 22 ff. Uneinheitlich hingegen die aktienrechtliche Literatur zur Aufrechnung der Gesellschaft, insoweit für eine Analogie zu § 27 Abs. 3 (zumindest in Bezug auf nicht vollwertige Forderungen) etwa Kölner Komm AktG/*Drygala* § 66 Rn. 22 ff., 34 sowie K. Schmidt/Lutter/*Fleischer* § 66 Rn. 10; anders MüKoAktG/*Bayer* § 66 Rn. 60 mwN.

[348] *Benz*, Verdeckte Sacheinlage und Einlagenrückzahlung im reformierten GmbH-Recht (MoMiG), 2010, 253 ff. (263 ff.).

forderung. Darüber hinaus ist die einvernehmliche Verrechnung oder Aufrechnung durch die Gesellschaft kapitalaufbringungsrechtlich weder verboten noch beschränkt.

126 **g) Verdeckte Sacheinlage bei wirtschaftlicher Neugründung.** Mit den Urteilen vom 9. Dezember 2002[349] und 7. Juli 2003[350] hat der BGH klargestellt, dass auf die sog. „wirtschaftliche Neugründung" das **Gründungsrecht grds. analog Anwendung** findet (→ § 23 Rn. 42 ff.).[351] Dies betrifft sowohl die präventive Kontrolle durch das Registergericht als auch das Haftungsstatut zur Sicherung der realen Kapitalaufbringung. Die Grundsätze der „wirtschaftlichen Neugründung" sind gleichermaßen bei der GmbH wie bei der AG anzuwenden.[352]

127 Unter den unbestimmten Rechtsbegriff **„wirtschaftliche Neugründung"** fällt sowohl die Verwendung einer neuen, noch ungebrauchten **Vorratsgesellschaft** als auch eines bereits gebrauchten, meist vermögenslosen, jedenfalls unternehmenslos gewordenen **Mantels.** Entscheidendes gemeinsames Kriterium für beide Fallgruppen ist die erstmalige bzw. erneute **Ausstattung mit einem Unternehmen,** durch die die Gründungsvorschriften umgangen werden könnten. Die Vermögenslosigkeit, die Abtretung der Geschäftsanteile oder Aktien, die Änderung des Unternehmensgegenstandes, die Sitzverlegung, die Firmenänderung oder die Bestellung eines neuen Vorstandes/Geschäftsführers stellen, insbesondere wenn mehrere Tatbestände zusammentreffen, **starke Indizien,** aber keine unverzichtbaren Voraussetzungen für das Vorliegen einer wirtschaftlichen Neugründung dar.

128 Die analoge Anwendung der Gründungsvorschriften bei der wirtschaftlichen Neugründung sollte aber nur soweit erfolgen, wie dies zur Vermeidung der Umgehung der ordentlichen, rechtlichen Neugründung und aus Gläubigerschutzgesichtspunkten erforderlich ist. Daher wird die Anwendung der Regeln über die **verdeckte Sacheinlage,** um die reale Kapitalaufbringung auf den Zeitpunkt der erstmaligen Ausstattung mit einem Unternehmen und des Auftretens am Markt sicher zu stellen, schon im Fall der Verwendung einer **Vorratsgesellschaft** streitig diskutiert.[353] Teilweise bestritten wird auch eine Anwendung der verdeckten Sacheinlage bei der **Mantelverwendung.**[354] Hauptargument ist, dass eine sinntragende Unterscheidung zwischen einer „wirtschaftlichen Bargründung" und einer „wirtschaftlichen Sachgründung" nicht möglich ist. Letztlich geht es aus Gläubigerschutzgesichtspunkten nur darum, dass das Vermögen des verwendeten Mantels nicht das satzungsmäßige Nennkapital deckt. Allein darauf können die betroffenen Verkehrskreise vertrauen, das muss versichert werden und wird vom Registergericht geprüft. Außerdem schulden die Gesellschafter bei der wirtschaftlichen Neugründung überhaupt keine neue Einlageleistung, sondern haften nur für die Wertdifferenz bis zur Höhe des satzungsmäßigen Stammkapitals im Rahmen der Unterbilanzhaftung (auch → § 41 Rn. 74, 86, 91 und 97).

129 Wendet man auf die wirtschaftliche Neugründung überhaupt die Regeln zur verdeckten Sacheinlage an, muss die Regelung des § 27 Abs. 3 dann auch in vollem Umfang Geltung erlangen. Insbesondere erfolgt dann auch die **automatische Anrechnung** nach S. 3.[355] Diese Anrechnung vermindert oder beseitigt eine ansonsten eventuell bestehende Unterbilanzhaftung. Die Wirkung der Offenlegung im Rahmen der wirtschaftlichen Neugründung (Fixierung des Berechnungszeitpunktes für die Unterbilanzhaftung) beeinträchtigt die verdeckte Sacheinlage nicht, da die damit verbundene **Versicherung** nur die wertmäßige Deckung des satzungsmäßigen Stammkapitals und nicht die bare Deckung beinhaltet.

130 **2. Tatbestandsvoraussetzungen. a) Allgemeines.** Unter der **alten Rechtslage** wurde bei der Darstellung der verdeckten Sacheinlage meist nach Fallgruppen differenziert. Unterschieden wurden insbesondere die verdeckte Forderungseinbringung (durch Verrechnung oder Hin- und Herzahlen der Beträge zur Vermeidung der Verrechnung) und das Hin- und Herzahlen in Vollzug eines Ver-

---

[349] BGHZ 153, 158 = NJW 2003, 892 = GmbHR 2003, 227.
[350] BGHZ 155, 318 = NJW 2003, 3198 = ZIP 2003, 1790.
[351] Vgl. ausf. Hüffer/*Koch*/*Koch* § 23 Rn. 25 ff.; *Heidinger* ZGR 2005, 101 ff. mit zahlreichen weiteren Nachweisen; *Rhodes-Puderbach* RNotZ 2006, 274; OLG Jena GmbHR 2004, 1468 = NZG 2004, 1114; OLG Hamburg ZIP 2004, 2431; aA *K. Schmidt* NJW 2004, 1345 mwN; *Priester* ZHR 168 (2004), 248.
[352] *Altmeppen* DB 2003, 2050 (2051); *Meyding/Heidinger,* Zehn Jahre Deutsches Notarinstitut, 2003, 257 (286); so auch ausdrücklich BGHZ 153 (158, 161) = NJW 2003, 892 = GmbHR 2003, 227.
[353] Befürwortend Großkomm AktG/*Schall* Rn. 274 mwN in Fn. 407; allg. abl. *Priester* DB 1983, 2291 (2296); *Herchen* DB 2003, 2211 (2212); insbes. für die Vorratsgesellschaft abl. *Swoboda* GmbHR 2005, 649; *Emde* GmbHR 2003, 1034; *Emde* GmbHR 2000, 1193; LG München NZG 2006, 318; zu dieser Entscheidung ebenfalls abl. *Weitnauer* NZG 2006, 298.
[354] S. insbes. *Heidinger* ZGR 2005, 101 (115 f.); zweifelnd schon *Meyding/Heidinger,* Zehn Jahre Deutsches Notarinstitut, 2003, 257 (285 f.); *Swoboda* GmbHR 2005, 649 (655); *Meilicke* BB 2003, 857 (859); *Ulrich* WM 2004, 915 (918); *Weitnauer* NZG 2006, 298 (299). S. auch Großkomm AktG/*Schall* Rn. 274 mwN in Fn. 408.
[355] *Wicke* GmbHG § 3 Rn. 12.

kehrsgeschäfts mit einem Gründer. Allgemein umstritten war, was Gegenstand einer verdeckten Sacheinlage sein kann, welche Anforderungen an die verwendeten Mittel zu stellen sind und ob subjektive Voraussetzungen zu fordern sind. Die durch das ARUG eingeführte gesetzliche Regelung der verdeckten Sacheinlage und die Qivive-Entscheidung[356] des BGH haben diese Fragen zum Teil geklärt.

Nach der **Legaldefinition** des § 27 Abs. 3 S. 1 liegt eine verdeckte Sacheinlage vor, wenn „eine Geldeinlage eines Aktionärs bei wirtschaftlicher Betrachtung und aufgrund einer im Zusammenhang mit der Übernahme der Geldeinlage getroffenen Abrede vollständig oder teilweise als Sacheinlage zu bewerten" ist. Der Gesetzgeber hat damit die im GmbH-Recht mit dem MoMiG eingeführte Definition der verdeckten Sacheinlage (§ 19 Abs. 4 S. 1 GmbHG) für das Aktienrecht übernommen. Erklärtes Ziel war es, dadurch eine einheitliche Rechtslage bei AG und GmbH zu schaffen;[357] § 27 Abs. 3 soll dem Entwurf zufolge (jedenfalls derzeit) ebenso angewandt und ausgelegt werden wie § 19 Abs. 4 GmbHG.[358] Dessen Formulierung sollte ohne inhaltliche Änderung an die Rechtsprechung des BGH anknüpfen.[359] Ganz geglückt ist das nicht,[360] denn es geht streng genommen nicht darum, ob die Geldeinlage als Sacheinlage zu bewerten ist, sondern ob sich der Gesamtvorgang als Umgehung der Sacheinlagevorschriften darstellt.[361] Für das GmbH-Recht hatte der BGH bereits in seiner Qivive-Entscheidung ausgesprochen, an seiner bisherigen Definition der verdeckten Sacheinlage auch künftig festzuhalten.[362] Im Eurobike-Urteil hat er dies für das Aktienrecht bestätigt.[363] Auch auf der Grundlage des § 27 Abs. 3 S. 1 dürften sich keine wesentlichen Änderungen hinsichtlich des Tatbestands der verdeckten Sacheinlage ergeben. Diesem lassen sich zwei **strukturbildende Merkmale** entnehmen: Zum einen das Merkmal der **wirtschaftlichen Entsprechung**, das den objektiven Tatbestand bildet, zum anderen die **Abrede** als maßgebliches Kriterium des subjektiven Tatbestands.[364] Eine verdeckte Sacheinlage setzt danach voraus, dass die Gesellschaft trotz der formal vereinbarten Bareinlage im wirtschaftlichen Ergebnis einen Sachwert erhält (objektiver Tatbestand) und dies unter den Beteiligten vorabgesprochen war (subjektiver Tatbestand).

b) Wirtschaftliche Entsprechung (objektiver Tatbestand). Der objektive Tatbestand der verdeckten Sacheinlage setzt voraus, dass durch die Verknüpfung einer Geldeinlage mit einem Sachgeschäft ein Erfolg erzielt wird, der im wirtschaftlichen Ergebnis einer Sacheinlage entspricht, so dass sich der Gesamtvorgang als Umgehung der Sacheinlagevorschriften darstellt (vgl. § 27 Abs. 3 S. 1). Allgemein formuliert ist das dann der Fall, wenn die Gesellschaft einen sacheinlagefähigen Gegenstand erhält und die Geldeinlage des Gesellschafters durch eine gegenläufige Zahlung oder Zahlungsverpflichtung der Gesellschaft neutralisiert wird. Das kann durch Abschluss eines Veräußerungsgeschäfts, bei dem der Aktionär einen Anspruch auf Barvergütung gegen die Gesellschaft erwirbt, oder durch Verrechnung bzw. Hin- und Herzahlen sonstiger Forderungen geschehen. Der objektive Tatbestand der verdeckten Sacheinlage, die wirtschaftliche Entsprechung, weist somit **zwei Strukturelemente** auf: die **Neutralisierung der Geldeinlage** (→ Rn. 133 ff.) und den **Erwerb eines sacheinlagefähigen Gegenstandes** (→ Rn. 146 ff.).

aa) Neutralisierung der Geldeinlage. (1) Neutralisierung. Das Element der „Neutralisierung" der Geldeinlage[365] deutet auf zwei wesentliche Aspekte der verdeckten Sacheinlage hin. Zum einen fließt der Gesellschaft die ihr versprochene Geldeinlage nicht endgültig zu; im Hinblick auf den Kapitalaufbringungsschutz liegt hierin die Wurzel des Übels „verdeckte Sacheinlage". Umgekehrt fließen die Barmittel beim Inferenten nicht dauerhaft ab. Entsprechend wird häufig formuliert, bei einer verdeckten Sacheinlage müsse die Einlage an den Gesellschafter zurückfließen.[366]

---

[356] BGHZ 180, 38 = NJW 2009, 2375; dazu *Häublein* DNotZ 2009, 771; *Lieder* GmbHR 2009, 1177; *Herrler* JA 2009, 529; *Pluskat/Marquardt* NJW 2009, 2353; *Theusinger/Liese* NZG 2009, 641. S. auch BGH NZG 2010, 343 = ZIP 2010, 423 – Eurobike.
[357] BegrRA BT-Drs. 16/13098 S. 36 f.; so auch BGH NZG 2010, 343 = ZIP 2010, 423 – Eurobike.
[358] BegrRA BT-Drs. 16/13098 S. 37 mit fehlerhaftem Verweis auf § 19 Abs. 5 GmbHG.
[359] BegrBReg BT-Drs. 16/6140 S. 40.
[360] So zutreffend zum GmbH-Recht *Gesell* BB 2007, 2241 (2245 f.); *Pentz* FS K. Schmidt, 2009, 1265 (1273); *Pentz* GmbHR 2009, 126 (127); krit. auch Hüffer/Koch/*Koch* Rn. 26; vgl. auch Kölner Komm AktG/*Arnold* Rn. 89.
[361] Vgl. BGHZ 155, 329 = NJW 2003, 3127.
[362] BGHZ 180, 38 = NJW 2009, 2375 – Qivive.
[363] BGH NZG 2010, 343 = ZIP 2010, 423 = GmbHR 2010, 421 mit krit. Anm. *Müller;* mit rechtsdogmatischer Kritik auch *Lieder* EWiR 2010, 169.
[364] Vgl. nur etwa MüKoAktG/*Pentz* Rn. 90.
[365] Vgl. etwa auch Hüffer/Koch/*Koch* Rn. 28.
[366] Exemplarisch *Pentz* FS K. Schmidt, 2009, 1265 (1269 f.); *Dauner-Lieb* AG 2009, 217.

134 Daraus folgt einerseits, dass der Schutzzweck der verdeckten Sacheinlage nicht tangiert ist, wenn die Gesellschaft für das fragliche Rechtsgeschäft **kein Entgelt** schuldet, wobei allerdings auch in der bloßen **Übernahme von Verbindlichkeiten** eine Gegenleistung zu sehen ist. Praktisch relevant kann das insbesondere beim scheinbar unentgeltlichen **Erwerb eines Unternehmens** werden, wenn auch die Passiva übernommen werden.[367] In diesem Fall obliegt es dem Registergericht, die Werthaltigkeit des übertragenen Unternehmens im Rahmen der Sacheinlagekautelen zu überprüfen. Auch muss den Verkehrskreisen publiziert werden, dass der AG wirtschaftlich kein Bargeld, sondern ein mit Verbindlichkeiten belastetes Unternehmen zugeführt wird.

135 Andererseits wird die Geldeinlage des Inferenten aber auch dann neutralisiert, wenn der von der Gesellschaft zu entrichtende **Kaufpreis angemessen** ist und einem Drittvergleich standhält. Denn die Sacheinlagevorschriften, deren Nichteinhaltung durch § 27 Abs. 3 sanktioniert wird, sollen – anders als das Schutzsystem zur Kapitalerhaltung in §§ 57, 62 – die präventive Werthaltigkeitsprüfung durch das Registergericht sicherstellen und durch die Publizität der Sacheinlage die Einschätzbarkeit für die betroffenen Verkehrskreise ermöglichen.[368]

136 Die Neutralisierung der Geldeinlage ist **bilanziell zu interpretieren:** Der Tatbestand der verdeckten Sacheinlage setzt nicht voraus, dass die Einlage tatsächlich an den Inferenten zurückfließt; es reicht aus, dass eine die Geldeinlage bilanziell neutralisierende Gegenforderung begründet wird.[369] Der entscheidende Aspekt des Umgehungsschutzes und der realen Kapitalaufbringung ist bereits dann tangiert. Denn die Gesellschaft kann mit Entstehen der gegen sie gerichteten Forderung den Abfluss der eingelegten Barmittel nicht mehr einseitig verhindern. Hierin liegt eine nicht hinnehmbare Gefährdung der Gläubigerinteressen.[370] Im Übrigen kommt bereits der Abschluss des Sachgeschäfts der Vereinbarung einer Sachübernahme bzw. fingierten Sacheinlage gleich, die nur dann zulässig ist, wenn die Kautelen des § 27 Abs. 1 eingehalten werden.

137 In Rechtsprechung und Literatur ist heute[371] anerkannt, dass die gegenläufigen Zahlungen zwischen Gesellschaft und Gesellschafter nicht unter **Einsatz identischer, „nämlicher" Mittel** erfolgen müssen, um den Tatbestand der verdeckten Sacheinlage zu erfüllen.[372] Legt man (wie hier vertreten) der „Neutralisierung" der Geldeinlage ein bilanzielles Verständnis zugrunde, ist das offensichtlich, denn schon die Begründung der Gegenforderung des Inferenten erfüllt – das Vorliegen der übrigen Voraussetzungen unterstellt – den Tatbestand der verdeckten Sacheinlage; auf den Vollzug der Zahlungen und die dafür eingesetzten Mittel kommt es dann nicht mehr an.

138 Hieraus folgt, dass eine verdeckte Sacheinlage nicht dadurch vermieden werden kann, dass die dem Gesellschafter gewährte Vergütung nicht unmittelbar aus Einlagemitteln bestritten wird, sondern mit Hilfe von **Fremdkapital** aufgebracht wird.[373] Streitig diskutiert[374] wird, ob durch einen Verzicht auf einen sofortigen baren Rückfluss von Geld an den Inferenten im Rahmen des einschlägigen Verkehrsgeschäftes eine verdeckte Sacheinlage vermieden werden kann, so zB wenn die Kaufpreisforderung **gestundet** oder als Darlehen zugunsten des Verkäufers **eingebucht** wird. Da in diesen Fällen letztlich nur die (absprachegemäße) Auszahlung verzögert wird, kann dies allein eine verdeckte Sacheinlage nicht verhindern.[375] Entscheidend kommt es nämlich auf die Begründung des schuldrechtlichen Vertrages, dh der die Einlage neutralisierenden Gegenforderung an.[376] Erfolgversprechender erscheint die Kombination mit einer zusätzlichen Abrede, dass der gestundete Kaufpreis oder das Gesellschafterdarlehen nur aus zukünftigen Gewinnen getilgt werden kann.[377] Damit ist eine Gläubigergefährdung zwar ausgeschlossen. Allerdings wird die bei der offenen Sacheinlage vorgese-

---

[367] Vgl. dazu auch *Wächter* GmbHR 2006, 1084.
[368] Vgl. Großkomm AktG/*Schall* Rn. 276; auch BGH NZG 2007, 144 (146).
[369] Ausführlich *Benz,* Verdeckte Sacheinlage und Einlagenrückzahlung im reformierten GmbH-Recht (MoMiG), 2010, 22 ff. Wie hier Hüffer/Koch/*Koch* Rn. 28; Grigoleit/*Vedder* Rn. 44; Großkomm AktG/*Schall* Rn. 293. AA *Habersack* FS Priester, 2007, 157 (172 f.).
[370] AA *Habersack* FS Priester, 2007, 157 (173).
[371] Nicht ganz eindeutig RGZ 98, 276; RGZ 152, 292.
[372] BGHZ 175, 265 = NZG 2008, 425 – Rheinmöve; BGH NJW 2009, 2886 = NZG 2009, 747 – Lurgi II; Hüffer/Koch/*Koch* Rn. 28; Großkomm AktG/*Schall* Rn. 294; MüKoAktG/*Pentz* Rn. 90; *Müller-Eising,* Die verdeckte Sacheinlage – Tatbestand und Rechtsfolgen unter besonderer Berücksichtigung von Drittbeteiligungsfällen, 1993, 130 f.
[373] *Centrale für GmbH* GmbHR 1997, 209.
[374] Befürwortend *Wohlschlegel* DB 1995, 2053; s. auch *Priester* FS Rheinisches Notariat, 1998, S. 335 (347 ff.).
[375] So auch *Kutzer* GmbHR 1987, 297 (300); *v. Gerkan* GmbHR 1992, 433 (436); *Spiegelberger* MittBayNot 1981, 53 (54); *ders.* MittBayNot 1985 161 (166); vgl. auch OLG Düsseldorf BB 1996, 1953 = DB 1996, 1816.
[376] OLG Düsseldorf BB 1996, 1953 = DB 1996, 1816.
[377] So insbes. *Priester* ZIP 1991, 345 (353); *ders.* FS Rheinisches Notariat, 1998, S. 335 (347 ff.); *Mayer* NJW 1990, 2593 (2599); *Wohlschlegel* DB 1995, 2053; krit. aber AG Charlottenburg GmbHR 1996, 685, das die Unsicherheit der Gewinnprognose als Gegenargument anführt.

hene präventive Registerkontrolle und Publizität durch einen selbst gestalteten kautelarjuristischen Gläubigerschutzmechanismus ersetzt.

Kein zwingendes Merkmal der verdeckten Sacheinlage ist es, dass die Geldeinlage des Gesellschafters und die ihm von der Gesellschaft gewährte Leistung **dem Betrag nach übereinstimmen**.[378] Übersteigt das Volumen des Sachgeschäfts die geleistete Einlage, liegt strukturell eine verdeckte gemischte Sacheinlage vor (→ Rn. 194 ff.). Im umgekehrten Fall, dh wenn die Geldeinlage nur zum Teil an den Inferenten zurückfließt, handelt es sich um eine verdeckte Mischeinlage (→ Rn. 193). Das Auseinanderfallen der hin- und hergeleisteten Beträge ist diesen beiden Sonderfällen verdeckter Sacheinlagen immanent. Umgekehrt ist die Nämlichkeit der eingezahlten und zurückgeflossenen Mittel oder ihre betragsmäßige Übereinstimmung aber ein starkes Indiz für eine entsprechende Abrede (subjektiver Tatbestand der verdeckten Sacheinlage).[379] 139

Schließlich kommt es auch nicht auf die **Reihenfolge** der die Neutralisierung der Geldeinlage bewirkenden Einzelakte an. Ob **hin- und hergezahlt** oder **her- und hingezahlt** wird oder ob ein tatsächlicher Geldfluss durch **Verrechnung** von vornherein vermieden wird, spielt keine Rolle.[380] Auf der Grundlage des hier vertretenen bilanziellen Verständnisses ist das selbstverständlich, denn nicht die Ausführung der Zahlungen, sondern die Begründung der die Geldeinlage kompensierenden Zahlungsverpflichtung der Gesellschaft ist entscheidend (→ Rn. 136). Auch unter Wertungsgesichtspunkten ist die Gleichbehandlung dieser Fallvarianten geboten, denn sie beeinträchtigen das Gebot ordnungsgemäßer Kapitalaufbringung gleichermaßen und können im Einzelfall nahtlos ineinander übergehen.[381] 140

(2) Geldeinlage. Der Tatbestand der verdeckten Sacheinlage setzt eine „Geldeinlage" voraus. Hiermit meint das Gesetz – im Gegensatz zur „Übernahme" der Einlage – die **tatsächliche Leistung** der Einlage. Ob es sich dabei um eine Einzahlung auf die gesetzliche **Mindesteinlage** oder eine erst später fällig gestellte **Resteinlage** handelt, ist dem Gesetzeswortlaut nach unerheblich.[382] Wird die Resteinlage erst später eingefordert, wird allerdings bei größerem zeitlichem Abstand zur Begründung der Einlageverpflichtung das Vorliegen einer Abrede (subjektiver Tatbestand der verdeckten Sacheinlage) nicht vermutet werden können (→ Rn. 170 ff.). 141

Aus dem Erfordernis einer „Geldeinlage" folgt weiter, dass bei ordnungsgemäßer Durchführung einer **offenen Sachgründung** kein Raum für eine verdeckte Sacheinlage ist.[383] Anders als im GmbH-Recht könnte man zwar in der Vereinbarung eines über die (Sach)Einlageverpflichtung des Inferenten hinausgehenden Sacherwerbs der Gesellschaft vom Gesellschafter eine Sachübernahme sehen (vgl. § 27 Abs. 1 S. 1 Alt. 2). Vom Wortlaut des § 27 Abs. 3 wird dieser Fall jedoch mangels „Geldeinlage" nicht erfasst. Auch eine Analogie kommt insoweit nicht in Betracht, denn die Rechtsfolgen der verdeckten Sacheinlage passen insoweit nicht, weil der Bezug zur Einlageverpflichtung fehlt. 142

Demgegenüber lässt eine ordnungsgemäße **Sachübernahmevereinbarung** grds. die Geldeinlageverpflichtung der Gründer unberührt. Wird daneben ohne die gebotene Offenlegung eine Forderungsverrechnung oder ein weiteres Sachgeschäft verabredet, ist die Anwendung des § 27 Abs. 3 zumindest begrifflich nicht ausgeschlossen. Wird dann jedoch die Sachübernahmevereinbarung vollzogen und die Vergütung aus dem Sachgeschäft unter Einhaltung der Sacheinlagekautelen auf die Geldeinlageverpflichtung des Aktionärs angerechnet, gilt das als (offene) Sacheinlage (sog. **fingierte Sacheinlage**, § 27 Abs. 1 S. 2) mit der Folge, dass nicht zugleich eine verdeckte Sacheinlage vorliegen 143

---

[378] Kölner Komm AktG/*Arnold* Rn. 98; Großkomm AktG/*Schall* Rn. 326 ff.; MüKoAktG/*Pentz* Rn. 96 f.; Grigoleit/*Vedder* Rn. 44; *Kutzer* GmbHR 1987, 297 (300).

[379] NK-AktR/*Polley* Rn. 42; Kölner Komm AktG/*Arnold* Rn. 96; *Heidinger* in Heckschen/Heidinger Die GmbH in der Gestaltungs- und Beratungspraxis § 11 Rn. 170 f.; *Priester* ZIP 1991, 345 (349); *Lutter* FS Stiefel, 1987, 505 (516); *Kreuels*, Abgrenzung der Lehre von der verdeckten Sacheinlage vom Grundsatz endgültig freier Verfügung, 1996, 47; *Müller-Eising*, Die verdeckte Sacheinlage – Tatbestand und Rechtsfolgen unter besonderer Berücksichtigung der Drittbeteiligungsfälle, 1993, 130; aA noch RGZ 152, 292 (300); *Henze* ZHR 154 (1990), 105 (108, 113); *Mayer* NJW 1990, 2593 (2598).

[380] BGHZ 113, 335 = NJW 1991, 1754; BGHZ 132, 133 = NJW 1996, 1286; BGH NJW 1998, 1951 = ZIP 1998, 780; BGH NZG 2010, 343 = ZIP 2010, 423 – Eurobike; OLG Köln NZG 2000, 489; Großkomm AktG/*Schall* Rn. 293; MüKoAktG/*Pentz* Rn. 90, 192.

[381] Ausf. *Benz*, Verdeckte Sacheinlage und Einlagenrückzahlung im reformierten GmbH-Recht (MoMiG), 2010, 26 f.

[382] So bereits früher zum GmbH-Recht BGHZ 132, 141 = NJW 1996, 1473; *Priester* ZIP 1991, 345 (349); *D. Mayer* NJW 1990, 2593 (2598).

[383] Vgl. auch *Heidinger* in Heckschen/Heidinger Die GmbH in der Gestaltungs- und Beratungspraxis § 11 Rn. 179 ff.; *Traugott/Groß* BB 2003, 481 (488); *Mayer* NJW 1990, 2593 (2599); aA *Bunnemann* NZG 2005, 955, der den Schutz über die Kapitalerhaltungsgrundsätze zu Unrecht nicht für ausreichend hält.

kann. Denn ein und dieselbe Geldeinlageleistung kann nur einmal als (fingierte offene oder verdeckte) Sacheinlage bewertet werden.

144 Auch die sog. **Stufengründung,**[384] bei der im unmittelbaren Anschluss an eine Bargründung eine offene Sachkapitalerhöhung durchgeführt wird, verwirklicht nicht den Tatbestand der verdeckten Sacheinlage, und zwar auch dann nicht, wenn bei der Bargründung ein Hinweis auf die geplante spätere Sachkapitalerhöhung unterbleibt.[385] Allerdings kann in der Sachkapitalerhöhung uU eine Nachgründung iSd § 52 liegen (→ § 52 Rn. 48 f.). Schließlich liegt auch keine verdeckte Sachübernahme vor, wenn die offen eingelegte Sacheinlage später durch einen anderen Vermögensgegenstand abspracheGemäß ausgetauscht wird (zu den Folgen der nicht ordnungsgemäßen Festsetzung der Sacheinlage → Rn. 80).[386]

145 Anders als im GmbH-Recht[387] unterfällt im Aktienrecht auch das **Aufgeld (Agio)** dem kapitalaufbringungsrechtlichen Schutz.[388] Die Grundsätze der verdeckten Sacheinlage finden damit auch dann Anwendung, wenn als Agio eingezahlte Beträge abspracheGemäß durch ein korrespondierendes Sachgeschäft neutralisiert werden. Das gilt allerdings nur für ein echtes, **korporatives Agio,** das als solches in die Rücklage nach § 272 Abs. 2 Nr. 1 HGB eingestellt wird. Verpflichten sich die Gesellschafter hingegen rein schuldrechtlich über den aktienrechtlichen Ausgabebetrag (§ 9) hinaus zu **sonstigen Zuzahlungen in die freie Kapitalrücklage** (§ 272 Abs. 2 Nr. 4 HGB),[389] sind die Kapitalschutzvorschriften nicht tangiert, wenn die solchermaßen eingezahlten Beträge abspracheGemäß für gründungsnahe Sachgeschäfte oder zur Tilgung von Gesellschafterforderungen eingesetzt werden.[390] Dabei können die Aktionäre zwischen der Vereinbarung eines „echten" Agios und einer freiwilligen Zuzahlung frei wählen.[391] Voraussetzung für eine unschädliche Verwendung freiwilliger Zuzahlungen ist jedoch, dass diese von den „echten Einlagen" eindeutig getrennt sind, am besten auf separaten Bankkonten.[392] Andernfalls kann nicht mit hinreichender Sicherheit ausgeschlossen werden, dass eine im Übrigen als verdeckte Sacheinlage zu bewertende Leistung an den Inferenten nicht auch das kapitalaufbringungsrechtlich geschützte Vermögen belastet. Da nach hier vertretener Auffassung bereits die Begründung einer die Geldeinlage neutralisierenden Forderung den Tatbestand der verdeckten Sacheinlage verwirklichen kann, empfiehlt es sich, bereits in dem dem Sachgeschäft zugrunde liegenden Schuldvertrag zu vereinbaren, dass Leistungen an den Gesellschafter nur zu Lasten der separat verbuchten freiwilligen Zuzahlung, nicht zu Lasten des allgemeinen Gesellschaftsvermögens erfolgen dürfen.[393]

146 **bb) Erwerb eines sacheinlagefähigen Gegenstandes. (1) Erfordernis der Sacheinlagefähigkeit.** Um die Antwort auf die Frage, ob eine verdeckte Sacheinlage vorliegen kann, wenn der betreffende Gegenstand nicht sacheinlagefähig ist, wurde lange Zeit gerungen.[394] Weder MoMiG noch ARUG haben sie gelöst. Im Wesentlichen standen sich zwei Argumente gegenüber: Auf der einen Seite der Verweis auf die Unmöglichkeit regelkonformen Verhaltens, auf der anderen das *argumentum de minore ad maius,* dass die verdeckte Einbringung nicht sacheinlagefähiger Gegenstände die Kapitalaufbringung noch mehr gefährde als die klassischen Fälle verdeckter Sacheinlagen. Keines der beiden Argumente führte zu einer in allen Konsequenzen überzeugenden Lösung. Dementsprechend wurden verschiedene Korrekturen vorgeschlagen, um im Einzelfall doch zu einem sachgerechten Ergebnis zu gelangen.[395] Der BGH hat mit seiner **„Qivive"-Entscheidung**[396] für das GmbH-

---

[384] S. dazu *Spiegelberger/Walz* GmbHR 1998, 761 (773 f.); *Widmann/Mayer/Mayer* Umwandlungsrecht Anh. 5 Rn. 316 ff.

[385] AA offenbar *Spiegelberger/Walz* GmbHR 1998, 761 (773 f.).

[386] *Scholz/Veil* GmbHG § 19 Rn. 102 zum Recht der GmbH: § 19 Abs. 4 GmbHG analog.

[387] BGH NZG 2008, 73 (74); s. zum GmbH-Recht *Heidinger* in Heckschen/Heidinger Die GmbH in der Gestaltungs- und Beratungspraxis § 11 Rn. 61 ff.; *Benz,* Verdeckte Sacheinlage und Einlagenrückzahlung im reformierten GmbH-Recht (MoMiG), 2010, 32 f.

[388] MüKoAktG/*Pentz* Rn. 90; Hüffer/Koch/*Koch* Rn. 28; *Koch* ZHR 175 (2011), 55 (64).

[389] Vgl. Hüffer/Koch/*Koch* § 36a Rn. 2a; *Schorling/Vogel* AG 2003, 86; für Offenlegung und Registerprüfung allerdings BayObLG AG 2002, 510.

[390] BGH NZG 2008, 76; OLG München OLG-Report 2006, 932 = ZIP 2007, 126 zur KGaA; Hüffer/Koch/*Koch* Rn. 28; vgl. auch *Gärtner* GmbHR 2003, 1417 zur GmbH.

[391] OLG München OLG-Report 2006, 932 = ZIP 2007, 126 zur KGaA; vgl. auch *Wienecke* NZG 2012, 136 (138).

[392] Vgl. BGH NZG 2008, 76.

[393] *Benz,* Verdeckte Sacheinlage und Einlagenrückzahlung im reformierten GmbH-Recht (MoMiG), 2010, 33 f.

[394] Überblick bei *Habersack* FS Priester, 2007, 157 (164); *Giedinghagen/Lakenberg* NZG 2009, 201 ff.; *Busse* FS Hopt, S. 87 ff.

[395] *Habersack* FS Priester, 2007, 157 (169 ff.); *T. Bezzenberger* JZ 2007, 946 (948 f.); *Hoffmann* NZG 2001, 433 (436 f.); *Henze* ZHR 154 (1990), 105 (112 f.).

[396] BGHZ 180, 38 = NJW 2009, 2375.

Recht entschieden, dass eine verdeckte Sacheinlage nur bei sacheinlagefähigen Gegenständen vorliegen kann und dies in der Entscheidung „Eurobike"[397] für das Aktienrecht bestätigt.[398] Die Gegenansicht ist damit unabhängig von ihrer inhaltlichen Berechtigung[399] für die Praxis obsolet.

Auch wenn damit die Sacheinlagefähigkeit des verdeckt eingelegten Vermögensgegenstands 147 vorausgesetzt wird, muss es sich bei dem als verdeckte Sacheinlage schädlichen Verkehrsgeschäft nicht um einen **Kaufvertrag** mit nachfolgender Übereignung handeln. Genauso geeignet, die Sacheinlagekautelen zu umgehen, ist ein **Werkvertrag, Miet-, Pacht-**[400] **oder Lizenzvertrag** (Einbringung eines obligatorischen Nutzungsrechts). Auch die Tatsache, dass Entgeltzahlungen bei Miet-, Pacht- und Lizenzverträgen typischerweise nicht einmalig, sondern periodisch erfolgen, kann den von der verdeckten Sacheinlage zu erfassenden Rückfluss der baren Einlageleistung nicht entscheidend in Zweifel ziehen. Voraussetzung dürfte aber im Lichte der Qivive-Entscheidung sein, dass eine feste Laufzeit oder Mindestlaufzeit für die Nutzungsüberlassung vereinbart ist, da es andernfalls an der Sacheinlagefähigkeit fehlt (→ Rn. 33).[401]

Keine verdeckte Sacheinlage, sondern allenfalls eine Einlagenrückzahlung („Hin- und Herzahlen") 148 iSv § 27 Abs. 4 liegt vor, wenn der Inferent eine gegen sich selbst gerichtete Forderung der AG einbringt (insbesondere **gesellschaftsfinanzierter Beteiligungserwerb**). Aus dem Anwendungsbereich der verdeckten Sacheinlage auszuklammern ist weiter die verdeckte Einbringung von **Dienstleistungen,** des schuldrechtlichen Anspruchs auf Vornahme künftiger Dienstleistungen und der (künftigen) Entgeltforderung des Inferenten gegen die AG für noch zu erbringende Dienste.[402]

(2) Erwerb. Die Bewertung des Einbringungsvorgangs als verdeckte Sacheinlage setzt voraus, dass 149 die Gesellschaft vom Inferenten einen sacheinlagefähigen Gegenstand erwirbt. Ein Erwerb in diesem Sinne liegt zweifelsfrei vor, wenn das Sachgeschäft bereits **dinglich vollzogen** wurde, die Gesellschaft also Eigentümerin des eingebrachten Gegenstands bzw. Inhaberin des betreffenden Rechts geworden ist. Die gebotene wirtschaftliche Entsprechung kann jedoch auch bereits dann gegeben sein, wenn die Gesellschaft erst einen **schuldrechtlichen Anspruch auf die Sachleistung** erlangt hat. Auch bei der offenen Sacheinlage geht der Sachleistung das Sacheinlageversprechen des Inferenten voraus. Außerdem zeigt § 27 Abs. 3 S. 3, dass der Tatbestand der verdeckten Sacheinlage bereits vor der Überlassung des verdeckt eingebrachten Vermögensgegenstandes verwirklicht sein kann, denn nur so kann der bezweckte vorübergehende Ausschluss der Erfüllungswirkung erreicht werden.[403]

Verpflichtet sich der Inferent zur **verdeckten Einbringung einer gegen die Gesellschaft** 150 **gerichteten Forderung,** ist bereits hierin ein „Erwerb" zu sehen. Regelmäßig fehlt es aber bei der verdeckten Einbringung von Forderungen an einem eigenständigen Verpflichtungsgeschäft, das Anknüpfungspunkt für den „Erwerb" der Forderung sein könnte. Die verdeckt eingelegte Forderung wird vielmehr unmittelbar mit der Bareinlageforderung der Gesellschaft verrechnet oder es findet ein Hin- und Herzahlen statt. In diesen Fällen muss – und kann im Übrigen auch nur – auf den dinglichen Erwerb der Forderung abgestellt werden. Die Gesellschaft erwirbt in diesem Sinne eine gegen sie gerichtete Forderung in dem Zeitpunkt, in dem sie von ihr als Verbindlichkeit befreit wird. Im Falle einer Verrechnung ist das der Zeitpunkt, in dem die Verrechnung wirksam wird. Entsprechendes gilt für die Aufrechnung. Werden die Forderungen hin- und hergezahlt, ist auf die Erfüllung der Gesellschafterforderung durch die Gesellschaft abzustellen, weil sie damit die Befreiung von ihrer Verbindlichkeit gegenüber dem Gesellschafter erlangt.

(3) Einzelne Gegenstände verdeckter Sacheinlagen. (a) Forderungen des Inferenten 151 **gegen die AG.** Forderungen des Inferenten gegen die Gesellschaft können Gegenstand einer verdeckten Sacheinlage sein.[404] Auf den Rechtsgrund der Forderung kommt es nicht an; in Betracht kommen insbesondere der Anspruch auf Rückzahlung eines Darlehens und der Anspruch auf Gewinnauszahlung.[405] Die früher übliche Differenzierung zwischen **Alt- und Neuforderungen** je

---

[397] BGH NZG 2010, 343 = ZIP 2010, 423 = GmbHR 2010, 421.
[398] Ebenso BGH NZG 2011, 1271 (1272). Aus der Literatur nur etwa Hüffer/Koch/*Koch* Rn. 29.
[399] Zur Kritik nur etwa MüKoAktG/*Pentz* Rn. 94 f.
[400] *Spiegelberger/Walz* GmbHR 1998, 761 (773); AG Charlottenburg GmbHR 1996, 685.
[401] BGHZ 144, 290 (294) = GmbHR 2000, 870 mwN; BGH GmbHR 2004, 1219 = NJW-RR 2004, 1341 = NZG 2004, 910 zur GmbH. Kritisch hierzu etwa MüKoAktG/*Pentz* Rn. 94.
[402] Vgl. *Hofmeister* AG 2010, 261; *Benecke* ZIP 2010, 105 (107). S. auch Hüffer/Koch/*Koch* Rn. 29 mwN.
[403] Ausführlich *Benz,* Verdeckte Sacheinlage und Einlagenrückzahlung im reformierten GmbH-Recht (MoMiG), 2010, 65 ff.
[404] K. Schmidt/Lutter/*Bayer* Rn. 67 mwN; Hüffer/Koch/*Koch* Rn. 30 mwN; MüKoAktG/*Pentz* Rn. 193 ff.; Kölner Komm AktG/*Arnold* Rn. 100; Roth/Altmeppen/*Roth* GmbHG § 19 Rn. 55 ff.; *Blasche* GmbHR 2010, 288 (290).
[405] BGHZ 152, 37 = NJW 2002, 3774 = ZIP 2002, 2045; OLG Stuttgart ZIP 2004, 909 für Gewinn-, BGH WM 1978, 1271 für Gehaltsansprüche; K. Schmidt/Lutter/*Bayer* Rn. 67 mwN.

nachdem, ob die Forderung vor oder nach Begründung der Einlageverpflichtung entstanden ist, hat sich mit der Neuregelung insofern erübrigt, als nunmehr in beiden Fällen die verdeckte Einbringung der Forderung im Zeitpunkt der Begründung der Einlageforderung abgesprochen sein muss.[406] Bei Neuforderungen stellt sich allerdings das zusätzliche Problem, dass diese definitionsgemäß bei Begründung der Einlageverpflichtung noch nicht entstanden sind und demnach als bloße künftige Forderung nicht Gegenstand einer offenen Sacheinlage sein könnten. Gleichwohl kommen auch hier die Grundsätze der verdeckten Sacheinlage zum Tragen, wenn sich der Gesellschafter zur Einbringung einer solchen Forderung verpflichtet. Denn die Unmöglichkeit einer offenen Sacheinlage folgt hier nicht aus der Natur des Einlagegegenstandes, sondern lediglich aus der – von den Beteiligten bestimmten – zeitlichen Abfolge von Kapitalaufbringungsvorgang und Forderungsbegründung. Diese Abfolge kann nicht entscheidend dafür sein, ob die Regeln der verdeckten Sacheinlage eingreifen oder nicht. Die Gesellschaft „erwirbt" eine solche Neuforderung, wenn sie einen schuldrechtlichen Anspruch gegen den Inferenten auf Verschaffung der betreffenden Forderung erlangt (→ Rn. 150), spätestens mit tatsächlicher Befreiung von der Verbindlichkeit. Auf welche Weise die gegen die Gesellschaft gerichtete Forderung eingebracht wird (Aufrechnung, Verrechnung, Hin- und Herzahlen), ist unerheblich (→ Rn. 150). Daher ergeben sich auch nach dem tatsächlichen Geschehensablauf Abgrenzungsschwierigkeiten zur nicht schuldtilgenden Voreinzahlung bei einer Kapitalerhöhung, durch die eine Forderung nach § 812 BGB entsteht, die ggf. verdeckt eingelegt wird.[407]

152 **(b) Forderungen der AG gegen den Inferenten.** Nach ständiger Rechtsprechung des BGH[408] können Forderungen der Gesellschaft gegen den Inferenten nicht Gegenstand einer offenen oder verdeckten Sacheinlage sein, da auf diese Weise der gesetzlich besonders geschützte Einlageanspruch der Gesellschaft gegen eine gewöhnliche schuldrechtliche Forderung ausgetauscht würde.[409] Der Gesetzgeber hat diese Rechtsprechung aufgegriffen und diesen Fall des sog. „Hin- und Herzahlens" in § 27 Abs. 4 eigens geregelt (ausführlich → Rn. 213ff., zur Problematik des Cash-Pooling → Rn. 303ff.).

153 **(c) Schütt-aus-hol-zurück-Verfahren.** Weniger bei der Gründung als bei der Kapitalerhöhung relevant ist das sog. **Schütt-aus-hol-zurück-Verfahren.** Bei diesem wird die bare Einlageleistung dadurch erbracht, dass sie entweder mit einem Gewinnanspruch des Gesellschafters verrechnet wird oder der Gewinn erst ausgezahlt und unmittelbar danach als bare Einlage wieder eingezahlt oder in umgekehrter Reihenfolge hin- und hergezahlt wird. Dieses Verfahren war früher insbesondere wegen der unterschiedlichen Körperschaftsteuerbelastung von ausgeschütteten und thesaurierten Gewinnen attraktiv.[410] Es stellt nach den oben dargestellten Kriterien bei entsprechender Abrede aber grds. eine **verdeckte Sacheinlage** dar.[411] Die der Gesellschaft zugeflossene Geldeinlage wird durch den verdeckt eingebrachten Gewinnanspruch des Inferenten neutralisiert, die Gesellschaft erlangt wirtschaftlich betrachtet anstelle der versprochenen Bareinlage nur die Befreiung von einer Verbindlichkeit.

154 Bei einer GmbH hat der BGH[412] in einem solchen Fall ausnahmsweise die verdeckte Einbringung der Gewinnforderung auch ohne Beachtung der Sacheinlagevorschriften für zulässig gehalten, solange hierbei in der Sache die **Vorschriften über eine Kapitalerhöhung aus Gesellschaftsmitteln** eingehalten werden. Dem Gläubigerschutz werde dadurch genügt, zumal die Gewinnforderung schon allein durch einen entsprechenden Gewinnverwendungsbeschluss zur Einstellung in die Rücklagen für eine Kapitalerhöhung aus Gesellschaftsmitteln hätte verwendbar gemacht werden können. Diese Überlegungen lassen sich auf eine Kapitalerhöhung bei der AG übertragen, wenn die Kautelen des § 210 für die Kapitalerhöhung aus Gesellschaftsmitteln beachtet werden.[413]

155 In erster Linie soll den Beteiligten auf diese Weise erspart werden, die einzubringende Forderung (Gewinnausschüttungsanspruch), die bereits auf ihr Bestehen und ihre Werthaltigkeit im Rahmen eines nach §§ 316, 267 Abs. 1 HGB testierten Jahresabschlusses (Pflichtprüfung für nicht kleine Kapitalgesell-

---

[406] Vgl. K. Schmidt/Lutter/*Bayer* Rn. 67 mwN; Roth/Altmeppen/*Roth* GmbHG § 19 Rn. 57; Kölner Komm AktG/*Arnold* Rn. 100; MüKoAktG/*Pentz* Rn. 196; aA wohl Hüffer/Koch/*Koch* Rn. 30.
[407] S. dazu *Priester* DStR 2010, 494.
[408] BGHZ 180, 38 = NJW 2009, 2375; BGHZ 165, 352 = NJW 2006, 906; BGHZ 165, 113 = NJW 2006, 509.
[409] *Blasche* GmbHR 2010, 288 (291).
[410] Vgl. auch Roth/Altmeppen/*Roth* GmbHG § 19 Rn. 58a.
[411] BGHZ 113, 335 = NJW 1991, 1754; K. Schmidt/Lutter/*Bayer* Rn. 67; MüKoAktG/*Pentz* Rn. 195; *Lutter* DB 1978, 1965 (1969).
[412] BGHZ 135, 381 (384 ff.) = NJW 1997, 2516; so schon Lutter/Zöllner ZGR 1996, 164 (178 ff.); s. hierzu auch *Priester* GmbHR 1998, 861; *Bayer* ZIP 1998, 1985 (1989). Ferner Roth/Altmeppen/*Roth* GmbHG § 19 Rn. 58.
[413] MüKoAktG/*Pentz* Rn. 195; Grigoleit/*Vedder* Rn. 51; s. auch Großkomm AktG/*Schall* Rn. 315; Kölner Komm AktG/*Arnold* Rn. 99.

schaften) geprüft worden ist, einer erneuten Werthaltigkeitsprüfung unterziehen zu müssen. Das gilt auch auf der Grundlage des geltenden Rechts zur verdeckten Sacheinlage. Denn wird der nachweisliche Wert einer verdeckt eingebrachten Forderung nach Maßgabe des § 27 Abs. 3 S. 3 ohnehin auf die Einlageverpflichtung angerechnet, muss auch die Einbringung des Gewinnausschüttungsanspruchs unter Einhaltung der besonderen, an die Kapitalerhöhung aus Gesellschaftsmitteln angelehnten Kautelen schuldtilgende Wirkung haben. Eine solche Einbringung erfolgt auch nicht „verdeckt", weil die Beteiligten dieses besondere Verfahren gegenüber dem Registergericht offenlegen müssen. Hierfür spricht schließlich auch die Wertung des § 33a Abs. 1 Nr. 2, wonach von einer externen Gründungsprüfung abgesehen werden kann, wenn für die Einbringung des Vermögensgegenstandes bereits eine *lege artis* erstellte Bewertung vorhanden ist, die nicht älter als sechs Monate ist.

cc) Sachlich-zeitlicher Zusammenhang als objektive Tatbestandsvoraussetzung? Auf der 156 Grundlage des früher geltenden Rechts wurde zum Teil in Literatur und Rechtsprechung ein **sachlicher und zeitlicher Zusammenhang** zwischen den wirtschaftlich als Sacheinlage verknüpften Vorgängen (Begründung einer Bareinlagepflicht, Verkehrsgeschäft mit Gründer bzw. Forderungsverrechnung) als **objektive Tatbestandsvoraussetzung** für das Vorliegen einer verdeckten Sacheinlage gefordert.[414]

Das Kriterium des **sachlichen Zusammenhangs** wurde von seinen Befürwortern allerdings 157 nicht einheitlich interpretiert und blieb im Ergebnis meist unpräzise, rein kasuistisch umschrieben.[415]

Tatsächlich war das Tatbestandsmerkmal „sachlicher Zusammenhang" schon früher wegen seiner 158 fehlenden Konturen als objektives Tatbestandsmerkmal der verdeckten Sacheinlage praktisch ungeeignet. Es war überdies auch der Sache nach verfehlt, denn der „Umgehungsvorwurf" liegt nicht in dem objektiven Rechtsgeschäft als solchem, sondern in der subjektiven Verknüpfung (Abrede) des Rechtsgeschäfts mit der Bareinlage wirtschaftlich zu einer Sacheinlage. Die neue Legaldefinition des § 27 Abs. 3 S. 1 bestätigt dies. Die im früheren Schrifttum genannten Kriterien für das Vorliegen eines sachlichen Zusammenhangs gehen im Tatbestandsmerkmal der wirtschaftlichen Entsprechung auf. Eine weitergehende Prüfung des sachlichen Zusammenhangs als eigenständige Voraussetzung des Tatbestands der verdeckten Sacheinlage erübrigt sich damit.[416]

Die frühere Ansicht, die verdeckte Sacheinlage setze zwingend einen engen **zeitlichen Zusam-** 159 **menhang** voraus, dürfte auf die Auffassung zurückgegangen sein, der Tatbestand der verdeckten Sacheinlage sei rein objektiv zu bestimmen.[417] Sie lässt sich – unabhängig von ihrer Berechtigung unter dem früher geltenden Recht[418] – mit der Gesetz gewordenen Definition der verdeckten Sacheinlage nicht mehr vereinbaren (§ 27 Abs. 3 S. 1: „aufgrund einer im Zusammenhang mit der Übernahme der Geldeinlage getroffenen Abrede") und widerspricht überdies der Regelungsabsicht des Gesetzgebers.[419]

dd) Geschäfte des laufenden Geschäftsbetriebs. Noch nicht abschließend geklärt ist die 160 Abgrenzung eines iSd verdeckten Sacheinlage schädlichen Verkehrsgeschäftes von einem neutralen Umsatzgeschäft mit einem Gründer. Eine Unterscheidung nach dem Gegenstand des Rechtsgeschäftes erscheint nicht Erfolg versprechend. Denn der Schutzzweck der Lehre von der verdeckten Sacheinlage gebietet es (bei Vorliegen der übrigen Kriterien), inhaltlich grds. jedes Verkehrsgeschäft zwischen der Gesellschaft und einem Gründer, bei dem es wirtschaftlich zum Austausch der baren Einlageleistung mit einem sonstigen Vermögensgegenstand kommt, zu erfassen.[420] Der BGH erkennt **keine Bereichsausnahme** für Umsatzgeschäfte an und interpretiert den Begriff der laufenden Geschäfte restriktiv.[421] Jeder Rückfluss der baren Einlageleistung an einen Gründer verschlechtert

---

[414] Hierzu Voraufl. Rn. 156.
[415] Hierzu näher Voraufl. Rn. 157.
[416] Ebenso Hüffer/Koch/*Koch* Rn. 32; Grigoleit/*Vedder* Rn. 48.
[417] *Lutter* FS Stiefel, 1987, 505 (512 ff.); *Lutter/Gehling* WM 1989, 1445 (1446); *Tillmann* GmbHR 1987, 329 (333); *Roth* DNotZ 1989, 3 (12); *D. Mayer* NJW 1990, 2593 (2597); *Langenfeld* GmbHR 1981, 53 (55); *Müller-Eising*, Die verdeckte Sacheinlage – Tatbestand und Rechtsfolgen unter besonderer Berücksichtigung von Drittbeteiligungsfällen, 1993, 125 ff.
[418] S. zur Kritik daran Voraufl. Rn. 159.
[419] Vgl. zum GmbH-Recht BegrBReg BT-Drs. 16/6140 S. 41; wie hier Grigoleit/*Vedder* Rn. 48. Gegen das Erfordernis eines zeitlichen Zusammenhangs nach geltendem Recht etwa auch Hüffer/Koch/*Koch* Rn. 32; K. Schmidt/Lutter/*Bayer* Rn. 66; Kölner Komm AktG/*Arnold* Rn. 96.
[420] Vgl. Kölner Komm AktG/*Arnold* Rn. 97; s. auch Großkomm AktG/*Schall* Rn. 333.
[421] BGHZ 180, 38 = NJW 2009, 2375; BGH NJW-RR 2008, 843 = NZG 2008, 311; BGHZ 170, 47 = NJW 2007, 765; großzügiger OLG Hamm NZG 2005, 184 = ZIP 2005, 1138, für den Erwerb von Umlaufvermögen (Warenlager) von einem Gründer, aufgehoben durch BGHZ 170, 47 = NJW 2007, 765; strenger auch schon OLG Hamburg BB 1988, 504 = WM 1988, 579 = ZIP 1988, 372. Der Linie des BGH folgen etwa Hüffer/Koch/*Koch* Rn. 32; Großkomm AktG/*Schall* Rn. 333 f. mwN. Der Gegenauffassung: Kölner Komm AktG/*Arnold* Rn. 97; Grigoleit/*Vedder* Rn. 52.

die Vermögensstruktur der gegründeten Gesellschaft gegenüber der offen ausgewiesenen und (allein) vom Registergericht überprüften Bareinlage zu Lasten der Gläubiger und ist deshalb grds. zu einer Gefährdung der realen Kapitalaufbringung bzw. einer Umgehung der Sacheinlagekautelen geeignet. Der Drittvergleich spielt bei der hier in Frage stehenden Sicherung der Kapitalaufbringung anders als im Bereich der Kapitalerhaltung keine entscheidende Rolle. Auch kann für ein reines Handelsunternehmen Umlaufvermögen eine ebenso große Bedeutung haben wie das Anlagevermögen für ein produzierendes Unternehmen. Zu weit ginge es jedoch, den Gesellschaftern zeitnah zur Gründung oder der Kapitalerhöhung generell alle Geschäfte mit der AG zu verbieten. Entscheidend ist, ob bei Begründung der Einlageverpflichtung eine auf die Vornahme des konkreten Geschäfts gerichtete Abrede besteht. Kann sie weder bewiesen noch vermutet werden, ist der Vorgang im Hinblick auf die Grundsätze der verdeckten Sacheinlage unproblematisch. Normale, alltägliche Umsatzgeschäfte des laufenden Geschäftsverkehrs[422] zwischen der AG und dem Gründer sind insofern privilegiert, als bei ihnen eine solche Abrede auch bei engem zeitlichem Zusammenhang nicht vermutet werden kann (→ Rn. 173).[423]

161   ee) **Kaskadengründung.** Problematisch unter dem Gesichtspunkt der realen Aufbringung von baren Einlageleistungen ist auch die meist bei der „Herstellung" von Vorrats-GmbHs vorkommende sog. **Kaskadengründung** (auch **Pyramidengründung** genannt), bei der eine neu gegründete Kapitalgesellschaft mit der erhaltenen Geldeinlage sogleich eine Tochtergesellschaft, diese wiederum eine Enkelgesellschaft usw. gründet.[424] Bei der AG kommen diesbezüglich die gleichen Überlegungen zum Tragen. Teilweise wird diese Konstruktion als verdeckte Sacheinlage angesehen, da letztlich den beteiligten Gesellschaften absprachegemäß jeweils nur eine Beteiligung an ihrer Tochter und kein Bargeld verbleibt.[425] Mit der gesetzlichen Mindesteinlage wird im Wege der Bargründung ein Vielfaches an Stamm- bzw. Grundkapital generiert. Auch wenn man das kapitalaufbringungsrechtlich für bedenklich halten mag,[426] liegt insoweit jedenfalls keine verdeckte Sacheinlage vor, denn die Geldeinlage des Inferenten wird nicht durch eine gegenläufige Forderung oder Zahlung an ihn neutralisiert.[427] Es handelt sich lediglich um eine besondere Form der Mittelverwendung ohne Rückfluss an den Inferenten.[428] Konsequent weitergedacht hätte die Gegenansicht überdies untragbare Konsequenzen für den Aufbau und die Umstrukturierung von Holdinggesellschaften und Konzernen.

162   ff) **Beteiligung Dritter.** Die Anwendung der Grundsätze über die verdeckte Sacheinlage kann nicht durch Einschaltung Dritter verhindert werden.[429] Dabei ist es unerheblich, ob ein Dritter auf der Seite der AG oder auf der Seite des Inferenten bei den Zahlungsströmen, beim schädlichen Verkehrsgeschäft oder bei einer Verrechnung zwischengeschaltet wird, soweit letztlich wirtschaftlich die baren Einlagen der AG wieder entzogen werden und an den Inferenten zurückfließen. Besteht ein **besonderes Näheverhältnis** zu dem Inferenten oder der Gesellschaft, muss der Dritte bei der Beurteilung, ob eine verdeckte Sacheinlage vorliegt, gleichsam an die Stelle des Inferenten oder der Gesellschaft gesetzt werden. Die genauen **Zurechnungskriterien** sind streitig. Eine Orientierung an § 89 Abs. 3 S. 1, § 115 Abs. 2 sowie an § 138 Abs. 1 InsO lehnt die Rechtsprechung ab.[430] Sie stellt vielmehr darauf ab, ob der Inferent durch die Leistung an den Dritten in gleicher Weise begünstigt wird wie im Falle einer Leistung an sich selbst.[431]

---

[422] S. die Formulierung in BGHZ 170, 47 (58) = NJW 2007, 765 (768).
[423] So auch Großkomm AktG/*Schall* Rn. 335; Hüffer/Koch/*Koch* Rn. 32; K. Schmidt/Lutter/*Bayer* Rn. 66; Grigoleit/*Vedder* Rn. 52; hierzu tendierend auch BGHZ 170, 47 = NJW 2007, 765; zurückhaltend Kölner Komm AktG/*Arnold* Rn. 97.
[424] S. dazu schon krit. *Schneider* ZGR 1984, 497 (504 ff.) unter kreditsicherheitsrechtlichen Aspekten; *Burgard* AG 2006, 527.
[425] *Salzig* NotBZ 2005, 422; s. dazu auch *Heidinger* in Heckschen/Heidinger Die GmbH in der Gestaltungs- und Beratungspraxis § 11 Rn. 323 f.
[426] S. dazu *Salzig*, NotBZ 2005, 422, durch Vergleich mit der Gründung zweier Schwestergesellschaften und Veräußerung der Geschäftsanteile an einer Schwestergesellschaft an die andere Schwestergesellschaft.
[427] Im Ergebnis wie hier *Wälzholz/Bachner* NZG 2006, 361.
[428] Ebenso Großkomm AktG/*Schall* Rn. 318.
[429] BGHZ 125, 141 (144) = NJW 1994, 1477; vgl. auch BGHZ 155, 329 = NJW 2003, 3127 = DB 2003, 1894 = ZIP 2003, 1540 und BGHZ 153, 107 = NJW 2003, 825 = NZG 2003, 168; BGH NZG 2010, 343 = ZIP 2010, 423 – Eurobike; ausführlich MüKoAktG/*Pentz* Rn. 197 ff. mit zahlreichen Fallbeispielen.
[430] BGH, GmbHR 2011, 705 (707); dazu etwa K. Schmidt/Lutter/*Bayer* Rn. 71; krit. auch Hüffer/Koch/*Koch* Rn. 31; *Henkel* GmbHR 2005, 1589 (1592).
[431] BGHZ 166, 8 = NJW 2006, 1736 = DStR 2006, 764 (für die GmbH); BGH NZG 2010, 343 = ZIP 2010, 423 – Eurobike; dazu etwa MüKoAktG/*Pentz* Rn. 197 sowie K. Schmidt/Lutter/*Bayer* Rn. 70 mwN.

Handelt bei einem schädlichen Verkehrsgeschäft ein Dritter als **Treuhänder** für den Gründer 163
oder ist der Gründer Treuhänder für einen Dritten, kann eine verdeckte Sacheinlage vorliegen.[432]
Ein **Verwandtschaftsverhältnis** allein genügt nicht,[433] kann aber ein Indiz für ein besonderes
Näheverhältnis sein.[434] Insbesondere auf Seiten der AG, aber auch des Inferenten kann eine entsprechend intensive **Unternehmensverbindung** zur Zurechnung führen.[435]

Erfolgt die Leistung aus dem Vermögen der AG **auf Geheiß eines Gründers** an einen Dritten, 164
kann ebenfalls eine verdeckte Sacheinlage vorliegen.[436] Gleiches gilt für die Befreiung des Gründers
von einer Verbindlichkeit gegenüber einem Dritten.[437] Vereinbart der Dritte für sich selbst mit den
Gründern ein Erwerbsgeschäft der AG, liegt ohne die erforderlichen Festsetzungen nach § 27 Abs. 1
eine **verdeckte Sachübernahme** (→ Rn. 111 f.) vor.

gg) Mittelbares Bezugsrecht (§ 186 Abs. 5). Besonderheiten ergeben sich, wenn eine Emissi- 165
onsbank die aus einer Kapitalerhöhung hervorgehenden Aktien übernimmt und sich gleichzeitig
dazu verpflichtet, sie den Altaktionären zum Bezug anzubieten (sog. **mittelbares Bezugsrecht** nach
§ 186 Abs. 5, genauer → § 186 Rn. 67 ff.).[438] Jedenfalls wenn alle Bezugsrechte ausgeübt werden,
der Emissionsbank auch keine sog. Spitzen verbleiben und sie für ihre Dienstleistung lediglich eine
angemessene Vergütung erhält, ist es nicht gerechtfertigt, die Bank in das Verbot verdeckter Sacheinlagen einzubeziehen. Denn die Bank verfolgt dann mit der Gesellschaftsbeteiligung kein wirtschaftliches Eigeninteresse, sondern fungiert nur als Abwicklungsstelle mit einer einem fremdnützigen
Treuhänder ähnlichen Stellung.[439] In diesem Fall ist es unschädlich, wenn mit den von der Emissionsbank aufgebrachten Geldeinlagen Darlehensforderungen getilgt werden, die dieser gegen die Gesellschaft zustehen. Aber auch wenn nicht festgestellt werden kann, dass alle Aktionäre ihr Bezugsrecht
ausgeübt haben, und/oder die Emissionsbank Spitzen übernommen hat, büßt sie nicht automatisch
ihre Stellung als treuhänderisch agierende Abwicklungsstelle ein, wenn im Zeitpunkt der Zeichnung
die rasche Platzierung der übernommenen Aktien auf dem Kapitalmarkt unproblematisch erschien[440]
und die Unterbringung der Aktien infolge unvorhersehbarer Umstände wie zB bei plötzlichen
Einbrüchen auf dem Kapitalmarkt oder im Börsengeschehen nicht durchführbar ist, die Bank sich
aber weiterhin um die Platzierung bemüht.[441] Hilfsweise ist auf die tatsächliche Entwicklung abzustellen, welche die Verwertung genommen hat.[442] Die rein treuhänderische Stellung der Emissionsbank
endet aber jedenfalls in dem Moment, in dem sie die Rechte aus den übernommenen Aktien wahrnimmt, mit der Folge, dass die Grundsätze der verdeckten Sacheinlage auf sie Anwendung finden.[443]

c) Abrede (subjektiver Tatbestand). aa) Erfordernis eines subjektiven Elements. Ob die 166
Rechtsfigur der verdeckten Sacheinlage ein subjektives Element enthält, war lange Zeit umstritten.[444]
Eine Ansicht legte der verdeckten Sacheinlage ein rein objektives Verständnis zugrunde.[445] Das

---

[432] Vgl. BGHZ 110, 47 (66 ff.) = NJW 1990, 982. Zu solchen und zu ähnlichen Fällen näher etwa MüKoAktG/*Pentz* Rn. 199.
[433] BGH GmbHR 2011, 705 (707).
[434] Hierzu MüKoAktG/*Pentz* Rn. 200; Hüffer/Koch/*Koch* Rn. 31.
[435] Näher MüKoAktG/*Pentz* Rn. 201 ff. mwN.
[436] MüKoAktG/*Pentz* Rn. 205.
[437] Vgl. BGHZ 132, 133 (136 ff.) = NJW 1996, 1286; MüKoAktG/*Pentz* Rn. 206.
[438] BGHZ 118, 83 (95 ff.) = NJW 1992, 2222 (2225) – BuM; BGHZ 122, 180 (185) = NJW 1993, 1983; BGH NJW 1995, 2486; vgl. auch BGH NZG 2010, 343 = ZIP 2010, 423 – Eurobike; *Siebert* NZG 2006, 366; *Frese* AG 2001, 15; *Assmann/Sethe* ZHR 158 (1994), 646 ff.; *Groß* AG 1991, 217 (225 f.); ders. AG 1993, 108 (115 f.); *Lutter/Gehling* WM 1989, 1445 (1447); *Timm/Schöne* ZGR 1994, 113 (114); *Ulmer* ZHR 154 (1990), 128 (142); Hüffer/Koch/*Koch* § 186 Rn. 44.
[439] BGHZ 118, 83 (95 ff.) = NJW 1992, 2222 (2225) – BuM; *Ulmer* ZHR 154 (1990), 128 (142); Grigoleit/*Vedder* Rn. 50; Hüffer/Koch/*Koch* § 186 Rn. 55a; MüKoAktG/*Schürnbrand* § 186 Rn. 162 mwN in Fn. 517; im Ergebnis ebenso *Lutter/Gehling* WM 1989, 1445 (1447); aA *Priester* ZIP 1991, 345 (354).
[440] *Lutter/Gehling* WM 1989, 1445 (1447).
[441] BGHZ 118, 83 (95 ff.) = NJW 1992, 2222 (2225) – BuM; MüKoAktG/*Schürnbrand* § 186 Rn. 163.
[442] BGHZ 118, 83 (95 ff.) = NJW 1992, 2222 (2225) – BuM.
[443] BGHZ 118, 83 (95 ff.) = NJW 1992, 2222 (2225) – BuM; Grigoleit/*Vedder* Rn. 50; vgl. auch MüKoAktG/*Schürnbrand* § 186 Rn. 163 mwN.
[444] S. zum Streitstand aus damaliger Sicht *Altrichter-Herzberg*, Tatbestand und Rechtsfolgen der verdeckten Sacheinlage bei der GmbH sowie die nachträgliche Umwandlung der Bareinlage in eine (offene) Sacheinlage im Zivil- und Steuerrecht, 2004, 41 ff.; *Müller-Eising*, Die verdeckte Sacheinlage – Tatbestand und Rechtsfolgen unter besonderer Berücksichtigung von Drittbeteiligungsfällen, 1993, 125 ff.; *Hasche*, Die Sachgründung der GmbH, 1999, 154 ff.; *K. Schmidt* GesR § 37 II 4 a, S. 1123 f.; *Mülbert* ZHR 154 (1990), 145 (187 ff.).
[445] *Lutter* FS Stiefel, 1987, 505 (514 f.); *Lutter/Gehling* WM 1989, 1445 (1446 ff.); *Müller-Eising*, Die verdeckte Sacheinlage – Tatbestand und Rechtsfolgen unter besonderer Berücksichtigung von Drittbeteiligungsfällen, 1993, 125 ff.

andere Extrem bildete die Auffassung, wonach eine ausdrückliche Umgehungsabsicht oder ein Täuschungswille iSe vorwerfbaren subjektiven Verhaltens erforderlich sei.[446] Der BGH hatte diese Streitfrage zunächst offen gelassen,[447] sich dann aber der vermittelnden Ansicht angeschlossen, die zwar keine Umgehungsabsicht, wohl aber eine Abrede forderte.[448] Diese Sicht hat der Gesetzgeber im Tatbestand des § 27 Abs. 3 S. 1 umgesetzt. Der zuletzt ohnehin kaum noch geführte Streit um das Erfordernis eines subjektiven Elements bei der verdeckten Sacheinlage ist damit endgültig in diesem Sinne entschieden.

167 **bb) Inhalt.** Die Abrede beinhaltet eine Einigung der Gründer, dass einer von ihnen seine Bareinlage im wirtschaftlichen Ergebnis durch eine andere Leistung als Geld erbringen soll oder kann („verbindliche Gründungsplanung"[449]). Die einseitige Absicht oder nur schlichte Erwartung eines einzelnen von mehreren Gründern genügt nicht.[450] Anders jedoch bei der Einmann-Gründung:[451] Bei ihr kann es eine „Abrede" im eigentlichen Sinne naturgemäß nicht geben, weil eine solche mindestens zwei Beteiligte voraussetzt; in dieser Sonderkonstellation reicht ein entsprechendes „Vorhaben" des alleinigen Gründungsgesellschafters deshalb aus.[452]

168 **cc) Parteien.** Die Abrede über die verdeckte Sacheinlage wird bei Gründung einer Gesellschaft zwischen dem Bareinleger und seinen sämtlichen Mitgesellschaftern getroffen.[453] Sie kann aber ebenso gut zwischen dem einlagepflichtigen Gesellschafter und dem Vorstand erfolgen,[454] auch wenn die Gesellschaft zu diesem Zeitpunkt noch nicht eingetragen ist.[455] Bei einem geschäftsführenden Gesellschafter einer Mehrpersonen-GmbH hielt das OLG Düsseldorf[456] sogar eine Abrede zwischen dem Gesellschafter als Inferent mit sich selbst als Geschäftsführer der Vor-GmbH für möglich. Bei einer Kapitalerhöhung wird die verdeckte Sacheinlage in der Regel – gleichsam als Nebenbestimmung zum Übernahmevertrag – zwischen dem Inferenten und der Gesellschaft, diese vertreten durch ihren Vorstand, vereinbart.[457]

169 **dd) Zeitpunkt.** Die Abrede muss grds. im Zeitpunkt der Begründung der Einlageverpflichtung getroffen worden sein,[458] was bei der Gründung regelmäßig mit der Feststellung der Satzung zusammenfällt. Bei der Kapitalerhöhung ist entsprechend auf den Abschluss des Übernahmevertrages abzustellen. Die Leistung der Bareinlage ist aber auch dann nicht schuldtilgend, wenn die Abrede erst später – doch vor der Einlageleistung[459] – getroffen wird.[460] Eine verdeckte Sacheinlage liegt in diesem Fall zwar nicht vor.[461] Die Wertung des § 27 Abs. 3 S. 3 muss hier allerdings entsprechend eingreifen.[462] Die schuldtilgende Wirkung einer solchen Leistung kann wegen Verstoßes gegen das

---

[446] So noch BGHZ 28, 314 (319); BGH NJW 1979, 216; abl. bereits BGHZ 132, 133 = NJW 1996, 1286; BGHZ 152, 37 = NJW 2002, 3774 = ZIP 2002, 2045; dazu *Priester* DNotZ 2003, 210; Brandenburgisches OLG NZG 1999, 28; *Altrichter-Herzberg*, Tatbestand und Rechtsfolgen der verdeckten Sacheinlage bei der GmbH sowie die nachträgliche Umwandlung der Bareinlage in eine (offene) Sacheinlage im Zivil- und Steuerrecht, 2004, 42; OLG Saarbrücken OLG-Report 2004, 91.
[447] Vgl. BGHZ 125, 141= NJW 1994, 1477; BGHZ 110, 47 = NJW 1990, 982.
[448] BGHZ 132, 133 = NJW 1996, 1286.
[449] BGHZ 170, 47 = NJW 2007, 765.
[450] OLG Hamm GmbHR 1994, 472 (473); *Henze* ZHR 154 (1990), 105 (114); MüKoAktG/*Pentz* Rn. 99; Kölner Komm AktG/*Arnold* Rn. 93; Hüffer/Koch/*Koch* Rn. 33.
[451] MüKoAktG/*Pentz* Rn. 99; Kölner Komm AktG/*Arnold* Rn. 93; Hüffer/Koch/*Koch* Rn. 33; Großkomm AktG/*Schall* Rn. 302.
[452] Für die GmbH BGH NZG 2008, 311= NJW-RR 2008, 843.
[453] MüKoAktG/*Pentz* Rn. 103; Kölner Komm AktG/*Arnold* Rn. 93; Großkomm AktG/*Schall* Rn. 298; K. Schmidt/Lutter/*Bayer* Rn. 63; *Henze* ZHR 154 (1990), 105 (114).
[454] BGHZ 132, 133= NJW 1996, 1286; OLG Düsseldorf GmbHR 1996, 855 = NJW-RR 1997, 485; Großkomm AktG/*Schall* Rn. 298; K. Schmidt/Lutter/*Bayer* Rn. 63.
[455] OLG Düsseldorf GmbHR 1996, 855 = NJW-RR 1997, 485; Großkomm AktG/*Schall* Rn. 298.
[456] GmbHR 1996, 855 = NJW-RR 1997, 485.
[457] *Henze* ZHR 154 (1990), 105 (114); K. Schmidt/Lutter/*Bayer* Rn. 63.
[458] BGHZ 155, 329 = NJW 2003, 3127 = DB 2003, 1894 = ZIP 2003, 1540; vgl. schon BGHZ 152, 37 = NJW 2002, 3774 = ZIP 2002, 2045; *Henze* ZHR 154 (1990), 105 (114); *Pentz* ZIP 2003, 2093 (2096) mwN; MüKoAktG/*Pentz* Rn. 100; *Grigoleit/Vedder* Rn. 53.
[459] Wird die Rückzahlung erst nach Einlageleistung vereinbart, gilt § 57 AktG, vgl. K. Schmidt/Lutter/*Bayer* Rn. 64.
[460] So im Ergebnis auch MüKoAktG/*Pentz* Rn. 101 f., 189; K. Schmidt/Lutter/*Bayer* Rn. 64; Kölner Komm AktG/*Arnold* Rn. 95; Hüffer/Koch/*Koch* Rn. 33.
[461] MüKoAktG/*Pentz* Rn. 101 f.; K. Schmidt/Lutter/*Bayer* Rn. 64; vgl. auch Großkomm AktG/*Schall* Rn. 300. Anders Kölner Komm AktG/*Arnold* Rn. 95.
[462] Vgl. MüKoAktG/*Pentz* Rn. 102, 189; K. Schmidt/Lutter/*Bayer* Rn. 64.

ee) Vermutung aufgrund (sachlichen und) zeitlichen Zusammenhangs. Nach inzwischen 170 ganz hM stellt ein enger (sachlicher und) zeitlicher Zusammenhang (zu dessen Qualität als objektivem Tatbestandsmerkmal → Rn. 156 ff.) zwischen der Bareinlage und einem objektiv zur Umgehung der Sacheinlagekautelen geeigneten Verhalten ein beweiskräftiges Indiz für das Vorliegen einer Abrede dar.[465] Dabei kommt es nicht auf den zeitlichen Zusammenhang mit einer eventuellen Bareinlageleistung, sondern mit der Begründung der Einlageverpflichtung an.[466] Ebenso kann hinsichtlich des schädlichen Verkehrsgeschäftes bereits auf den Zeitpunkt des schuldrechtlichen Vertrages abgestellt werden; wann die vereinbarte Gegenleistung erfolgt, ist dann nicht entscheidend.[467] Alternativ kann der zeitliche Zusammenhang aber auch auf die Nähe des dinglichen Vollzugs des Sachgeschäfts oder der Forderungseinbringung zur Begründung der Einlageverpflichtung gestützt werden.

Ein **genau bestimmter Zeitraum,** innerhalb dessen der in Rede stehende zeitliche Zusammen- 171 hang anzunehmen ist, lässt sich nicht angeben. Die in der Literatur[468] verbreitet genannte **Sechsmonatsgrenze** taugt als **faustformelartiger Anhaltspunkt,** wobei letztlich die konkreten Umstände entscheiden.[469] Der BGH[470] hat den zeitlichen Zusammenhang bei einem Zeitraum von acht Monaten verneint. Der Gesetzgeber hat bewusst darauf verzichtet, mit der gesetzlichen Regelung der verdeckten Sacheinlage eine feste Frist für den zeitlichen Zusammenhang zu normieren, weil eine solche Frist in jedem Fall leicht zu unterlaufen wäre.[471]

Der enge sachliche und zeitliche Zusammenhang schafft nur eine **widerlegbare Vermutung** für 172 eine Umgehungsabrede, bewirkt also eine **Beweislastumkehr.** Einerseits kann diese Vermutung widerlegt und so der subjektive Tatbestand der verdeckten Sacheinlage ausgeschlossen werden. Andererseits kann eine Abrede zur Umgehung der Sacheinlagevorschriften auch ohne zeitlichen Zusammenhang positiv bewiesen werden.[472] Das Vorliegen eines zeitlichen Zusammenhangs ist also keine Voraussetzung für das Vorliegen einer verdeckten Sacheinlage (→ Rn. 156 ff.).

ff) Keine Vermutung bei Geschäften des laufenden Geschäftsbetriebs. Gewöhnliche 173 **Geschäfte des täglichen Geschäftslebens** sind nicht generell vom objektiven Tatbestand der verdeckten Sacheinlage ausgenommen (→ Rn. 160). Allerdings kann bei solchen Geschäften auch bei engem zeitlichem Zusammenhang zur Gründung oder Kapitalerhöhung die Abrede nicht vermutet werden:[473] Es fehlt der für die Vermutung weiter erforderliche sachliche Zusammenhang, denn bei gewöhnlichen Geschäften kann nicht generalisierend unterstellt werden, die Gesellschafter hätten in Wahrheit die Einbringung des betreffenden Gegenstandes als Sacheinlage vereinbart. Bei solchen Standardgeschäften hätte die Gesellschaft genauso gut von jedem Dritten erwerben können. Ziel der Sacheinlagevorschriften soll es aber nicht sein, den Leistungsverkehr zwischen Gesellschaft und Gesellschafter gänzlich zu unterbinden. Dieser Ansicht gegenüber hat sich auch der BGH aufgeschlossen geäußert.[474] Folgt man ihr, ist die Beweislast so verteilt, dass der Gläubiger (Gesellschaft oder Insolvenzverwalter) den die Vermutung der Abrede begründenden sachlichen und zeitlichen Zusammenhang beweisen muss.[475] Im Gegenzug hat der Inferent das Vorliegen eines gewöhnlichen Geschäfts des laufenden Geschäftsbetriebes zu beweisen,

---

[463] S. zum GmbH-Recht *Benz,* Verdeckte Sacheinlage und Einlagenrückzahlung im reformierten GmbH-Recht (MoMiG), 2010, 259 ff. (263 ff.).

[464] Näher MüKoAktG/*Pentz* Rn. 101.

[465] BGHZ 125, 141 (143 f.) = NJW 1994, 1477; BGHZ 132, 133 (139) = NJW 1996, 1286; MüKoAktG/*Pentz* Rn. 104; Hüffer/Koch/*Koch* Rn. 34; K. Schmidt/Lutter/*Bayer* Rn. 66; *Henze* ZHR 154 (1990), 105 (114); *Ulmer* ZHR 154 (1990), 128 (141).

[466] BGHZ 152, 37 = NJW 2002, 3774 = ZIP 2002, 2045; vgl. dazu *Langenbucher* NZG 2003, 211 und *Benz,* Verdeckte Sacheinlage und Einlagenrückzahlung im reformierten GmbH-Recht (MoMiG), 2010, 80 ff.

[467] OLG Düsseldorf BB 1996, 1953 = DB 1996, 1816; ausführlich *Benz,* Verdeckte Sacheinlage und Einlagenrückzahlung im reformierten GmbH-Recht (MoMiG), 2010, 83 ff.

[468] MüKoAktG/*Pentz* Rn. 104; K. Schmidt/Lutter/*Bayer* Rn. 66; Kölner Komm AktG/*Arnold* Rn. 96; Hüffer/Koch/*Koch* Rn. 34.

[469] S. MüKoAktG/*Pentz* Rn. 104.

[470] BGHZ 152, 37 (45) = NJW 2002, 3774 = ZIP 2002, 2045.

[471] Vgl. für das GmbH-Recht BegrRegE BT-Drs. 16/6140, 41. S. auch Hüffer/Koch/*Koch* Rn. 34; K. Schmidt/Lutter/*Bayer* Rn. 66.

[472] BGHZ 170, 47 = NJW 2007, 765; K. Schmidt/Lutter/*Bayer* Rn. 66; Kölner Komm AktG/*Arnold* Rn. 96.

[473] So auch Großkomm AktG/*Schall* Rn. 335; Hüffer/Koch/*Koch* Rn. 32; K. Schmidt/Lutter/*Bayer* Rn. 66; Grigoleit/*Vedder* Rn. 52, 55; zurückhaltend Kölner Komm AktG/*Arnold* Rn. 97.

[474] BGHZ 170, 47 = NJW 2007, 765. S. aus der Rechtsprechung ferner etwa OLG Hamm BB 1990, 1221 (1222); OLG Karlsruhe NJW-RR 1991, 295 = ZIP 1991, 27; anders OLG Hamburg DB 1988, 646.

[475] Vgl. OLG Karlsruhe NJW-RR 1991, 295 = ZIP 1991, 27.

um die Vermutung einer Abrede zu entkräften (im Falle eines *non-liquet* bleibt es bei der Vermutung der Abrede).[476] Hat der Inferent diesen Beweis erbracht, muss der Gläubiger das tatsächliche Vorliegen einer entsprechenden Abrede beweisen; gelingt ihm das nicht, bestehen auf das Vorliegen einer verdeckten Sacheinlage gestützte Ansprüche nicht. Liegt aber eine entsprechende Abrede tatsächlich vor und gelingt deren positiver Nachweis, sind die Gläubigerschutzgedanken (reale Kapitalaufbringung, → Rn. 2) bei einem Geschäft des laufenden Geschäftsbetriebes mit einem Gründer genauso relevant wie bei Erwerbsgeschäften über Anlagevermögen; die Grundsätze der verdeckten Sacheinlage kommen dann uneingeschränkt zur Anwendung.

174   **3. Rechtsfolgen nach § 27 Abs. 3. a) Allgemeines.** Die durch das ARUG eingeführte Regelung der Rechtsfolgen der verdeckten Sacheinlage weist drei prägende Elemente auf. Erstens hat die Leistung der Geldeinlage bei Vorliegen einer verdeckten Sacheinlage – jedenfalls zunächst – keine Erfüllungswirkung (§ 27 Abs. 3 S. 1). Zweitens wird der objektive Wert des verdeckt eingelegten Gegenstandes auf die Geldeinlageverpflichtung angerechnet (§ 27 Abs. 3 S. 3). Drittens bewirkt das Vorliegen einer verdeckten Sacheinlage weder auf schuldrechtlicher noch auf dinglicher Ebene die Nichtigkeit des Sachgeschäfts (§ 27 Abs. 3 S. 2). Die gesetzliche Verankerung der beiden zuletzt genannten Elemente bewirkte einen Paradigmenwechsel im Recht der verdeckten Sacheinlage.

175   **b) Die Verpflichtung zur Geldeinlage und ihre Erfüllung.** Der Aktionär wird wegen § 27 Abs. 3 S. 1 durch Leistung der *pro forma* vereinbarten Geldeinlage nicht von seiner Einlageverpflichtung befreit.[477] Das hat zum einen im Hinblick auf die von den Gründern, Vorstands- und Aufsichtsratsmitgliedern vorzunehmende Anmeldung der Gesellschaft (§ 36 Abs. 1) Bedeutung: Liegt eine verdeckte Sacheinlage vor, kann nicht wahrheitsgemäß erklärt werden, dass die „Voraussetzungen des § 36 Abs. 2 und des § 36a erfüllt sind" (§ 37 Abs. 1 S. 1).[478] Eine diesbezüglich falsche Angabe kann nach § 399 Abs. 1 Nr. 1 bestraft werden. Zum anderen ist damit klargestellt, dass der Registerrichter die Eintragung abzulehnen hat (§ 38 Abs. 1), wenn er die verdeckte Sacheinlage erkennt.[479]

176   Wegen des Fortbestehens der Einlageverpflichtung fallen gem. § 63 Abs. 2 S. 1 ab Fälligkeit der Einlageforderung **Zinsen** in Höhe von fünf Prozent an.[480] Einmal entstanden entfallen diese auch nicht, soweit später die Einlageschuld im Wege der Anrechnung nach § 27 Abs. 3 S. 3 erlischt. Nach § 63 Abs. 2 S. 2 kommen ferner **Schadensersatzansprüche** in Frage.

177   Der Anspruch der Gesellschaft auf Einbringung der baren Einlage **verjährt** gemäß § 54 Abs. 4 S. 1 in 10 Jahren von seiner Entstehung an, sofern nicht der Insolvenzvorbehalt des § 54 Abs. 4 S. 2 eingreift (→ § 54 Rn. 89).[481] Richtigerweise ist nicht auf die „Entstehung", sondern auf die Fälligkeit der Einlageforderung kraft Satzung oder Aufforderung des Vorstands (§ 63 Abs. 1) abzustellen.[482]

178   **c) Keine Unwirksamkeit des Sachgeschäfts.** § 27 Abs. 3 S. 2 hat den früheren § 27 Abs. 3 S. 1 aF in sein Gegenteil verkehrt. Das Vorliegen einer verdeckten Sacheinlage bewirkt nach geltendem Recht **weder in schuldrechtlicher noch in dinglicher Hinsicht** die **Unwirksamkeit** des sie konstituierenden Sachgeschäfts. Andere Wirksamkeitsmängel oder Nichtigkeitsgründe werden dadurch aber nicht ausgeschlossen.[483] Das gilt insbesondere auch für die Bestimmungen zur **Nachgründung.** So sind gemäß § 52 Abs. 1 Nachgründungsgeschäfte und die Rechtshandlungen zu ihrer Ausführung nur mit Zustimmung der Hauptversammlung und Eintragung im Handelsregister wirksam (→ § 52 Rn. 67 ff., 75 ff.).

179   **d) Anrechnung des Sachwerts auf die Einlageschuld. aa) Dogmatik der Anrechnung.** Wesen und Funktionsweise der Anrechnung werden seit Inkrafttreten des MoMiG im GmbH-rechtlichen Schrifttum **kontrovers diskutiert.** Die Beschreibung der dortigen Regelung als „von Praxis und Wissenschaft überwiegend gut aufgenommene" in den Materialien zum ARUG[484]

---

[476] Vgl. OLG Karlsruhe NJW-RR 1991, 295 = ZIP 1991, 27: Beweislast für „normales Umsatzgeschäft" beim Gesellschafter.
[477] Soweit sich das nicht schon aus § 27 Abs. 3 S. 1 ergibt, folgt es jedenfalls daraus, dass es an einer Leistung zur endgültigen freien Verfügung des Vorstands nach § 36 Abs. 2 fehlt bzw. ein *aliud* geleistet wird, vgl. näher etwa Hüffer/Koch/*Koch* Rn. 36; MüKoAktG/*Pentz* Rn. 111 f. S. auch K. Schmidt/Lutter/*Bayer* Rn. 74.
[478] BegrRA BT-Drs. 16/13098, 36; vgl. auch zum MoMiG BegrRA BT-Drs. 16/9737, 56.
[479] BegrRA BT-Drs. 16/13098, 36.
[480] MüKoAktG/*Pentz* Rn. 112; K. Schmidt/Lutter/*Bayer* Rn. 77.
[481] MüKoAktG/*Pentz* Rn. 118 f.; K. Schmidt/Lutter/*Bayer* Rn. 77. Zu dem bis zum Inkrafttreten dieser mit dem Gesetz zur Anpassung von Verjährungsvorschriften an das Gesetz zur Modernisierung des Schuldrechts vom 9.12.2004 (BGBl. 2004 I 3214) eingeführten Vorschrift zum 15.12.2004 geltenden Verjährungsrecht s. Voraufl. Rn. 177.
[482] → § 54 Rn. 83 mwN.
[483] Vgl. MüKoAktG/*Pentz* Rn. 107 f.
[484] BegrRA BT-Drs. 16/13098, 36.

erscheint vor diesem Hintergrund etwas voreilig.[485] Eher hat der Gesetzgeber die Unsicherheiten über die dogmatische Einordnung der Anrechnung mit dem ARUG in das Aktienrecht überführt. Es lassen sich zur konsistenten dogmatischen Einordnung insgesamt sechs Linien nachverfolgen,[486] allerdings ohne dass der Entscheidung zwischen den unterschiedlichen Ansätzen nennenswerte praktische Bedeutung zukäme.[487] Der auch hier vertretenen Parallele zur offenen Sachübernahme und der dortigen Differenzhaftung[488] stehen gegenüber die Einordnung der Anrechnung als eine der Vorteilsausgleichung nahestehende Rechtsfigur eigener Art ähnlich § 326 Abs. 2 S. 2 BGB[489] oder aber als *ipso iure* eintretende Verrechnung der offenen Geldeinlageforderung der Gesellschaft mit einer aus einer nicht als Erfüllung anerkannten Bareinlageleistung herrührenden, allerdings auf den Wert des verdeckt eingelegten Vermögensgegenstandes beschränkten Bereicherungsforderung.[490] Vertreten wird ferner die Einordnung der Anrechnung als eine nachträgliche Umwidmung der Sachleistung in eine Leistung an Erfüllungs statt[491] oder aber als Beseitigung der schwebenden Erfüllungssperre der auf die Bareinlagepflicht erbrachten Leistung.[492] Schließlich sehen Einige die Anrechnung – mit Unterschieden im Einzelnen[493] – als ein Erfüllungssurrogat eigener Art an.[494]

Sachgerechte Ergebnisse lassen sich auf praktisch einfach zu handhabendem Weg erzielen, wenn man die **Anrechnung parallel zur Differenzhaftung bei einer offenen fingierten Sacheinlage** (§ 27 Abs. 1 S. 2, → Rn. 51) interpretiert.[495] Dieses Erklärungsmodell dürfte auch der Regelungsintention des Gesetzgebers am nächsten kommen. Ausgangspunkt ist dabei die Überlegung, dass der klassische Fall einer verdeckten Sacheinlage strukturell einer fingierten Sacheinlage entspricht, bei der die Gesellschaft mit dem Inferenten einen gewöhnlichen Austauschvertrag abschließt (zB einen Kauf- oder Werkvertrag), die beiderseitigen Zahlungsverpflichtungen miteinander verknüpft werden – anders als gesetzlich geboten – nicht unter Einhaltung der Sacheinlagekauteln miteinander verknüpft werden. Bei der offenen fingierten Sacheinlage wird der Inferent in Höhe des gemäß Sachübernahmevereinbarung anzurechnenden Betrages von seiner Einlageverpflichtung befreit, hat aber einen etwaigen Minderwert des eingebrachten Vermögensgegenstandes im Wege der Differenzhaftung auszugleichen. Die in § 27 Abs. 3 S. 3 vorgesehene Anrechnungslösung fasst diese beiden Schritte, Nominalwertverrechnung kraft Sachübernahmevereinbarung und Differenzhaftung, lediglich zusammen. Diese Interpretation der Anrechnungslösung entspricht auch dem gesetzlichen Wortlaut: Die offene fingierte Sacheinlage lässt sich unter Einbeziehung der Differenzhaftung auf die Formel „Gesamthaftung des Inferenten = übernommene Geldeinlageverpflichtung abzüglich anzurechnender Vergütung zuzüglich Differenzhaftung" bringen. Löst man die Variable „Differenzhaftung" auf, ergibt sich „Gesamthaftung des Inferenten = übernommene Geldeinlageverpflichtung abzüglich anzurechnender Vergütung zuzüglich anzurechnender Vergütung abzüglich Wert des eingebrachten Vermögensgegenstandes". Die Variable „anzurechnende Vergütung" kürzt sich aus der Gleichung heraus, so dass sich am Ende exakt die Formel ergibt, die der Gesetzgeber in § 27 Abs. 3 S. 3 für die verdeckte Sacheinlage vorgibt: Haftung des Inferenten = Geldeinlageverpflichtung abzüglich Wert des eingebrachten Vermögensgegenstandes. Diese Herleitung hilft nicht nur in komplexeren Fällen der verdeckten Sacheinlage wie zB der verdeckten gemischten Sacheinlage weiter, wo man unter Rückbesinnung auf die Langformel und auf das in ihr enthaltene Differenzhaftungselement zu sachgerechten Ergebnissen kommt (→ Rn. 194 ff.). Sie erklärt zugleich, weshalb der Wert des verdeckt eingebrachten Vermögensgegenstandes auf die Geldeinlageverpflichtung des Inferenten angerechnet werden kann, obwohl die Gesellschaft diesen auf der Grundlage eines wirksamen (§ 27 Abs. 3 S. 2) Austauschvertrages erworben hat.[496]

---

[485] Krit. auch *Bayer/Schmidt* ZGR 2009, 805 (832).
[486] Prägnanter Überblick bei MüKoAktG/*Pentz* Rn. 123.
[487] Vgl. Hüffer/Koch/*Koch* Rn. 39; Kölner Komm AktG/*Arnold* Rn. 108; NK-AktR/*Polley* Rn. 61.
[488] S. sogleich im Text.
[489] *Ulmer* ZIP 2009, 293 (295 ff.); Hüffer/Koch/*Koch* Rn. 39.
[490] *Sernetz* ZIP 2010, 2173 (2176 ff.).
[491] *Maier-Reimer/Wenzel* ZIP 2008, 1449 ff.; *Maier-Reimer/Wenzel* ZIP 2009, 1185 ff.; ihnen folgend *Fuchs* BB 2009, 170 (172); *Westermann* DZWiR 2008, 485 (489).
[492] *Heinze* GmbHR 2008, 1065 f.
[493] Näher MüKoAktG/*Pentz* Rn. 123.
[494] *Pentz* FS K. Schmidt, 2009, 1265 (1275 ff.); *Pentz* GmbHR 2009, 126 (127 ff.). S. auch *Müller, Hans-Friedrich* NZG 2011, 761 (762) mwN.
[495] Ausf. *Benz,* Verdeckte Sacheinlage und Einlagenrückzahlung im reformierten GmbH-Recht (MoMiG), 2010, 111 ff. Wie hier etwa K. Schmidt/Lutter/*Bayer* Rn. 80 mwN in Fn. 331; Grigoleit/*Vedder* Rn. 58; *Bayer/ J. Schmidt* ZGR 2009, 805 (824 ff.).
[496] Dies vermag die Theorie von *Maier-Reimer/Wenzel,* wonach der Wert der Sachleistung als an Erfüllungs statt auf die Geldeinlageverpflichtung geleistet anzusehen ist (ZIP 2008, 1449 (1452); ZIP 2009, 1185 (1190)), nicht schlüssig zu erklären. Konsequenz wäre, dass die Sachleistung auf einer doppelten *causa* beruhen würde, was elementaren Grundprinzipien des Schuldrechts zuwiderliefe. Entsprechend wollen *Maier-Reimer/Wenzel* den Austauschvertrag „ausblenden", geraten damit aber in Widerspruch zu § 27 Abs. 3 S. 2, wonach das Sachgeschäft gerade wirksam ist.

181 bb) Keine Kondiktion der geleisteten Bareinlage. Eng mit der dogmatischen Konstruktion der Anrechnung verwandt ist die Frage, ob der Inferent wie nach alter Rechtslage seine zunächst ohne Erfüllungswirkung geleistete Geldeinlage nach Bereicherungsrecht zurückverlangen kann. In Betracht kommt hierfür eine *condictio ob rem* (§ 812 Abs. 1 S. 2 Alt. 2 BGB) oder eine *condictio indebiti* (§ 812 Abs. 1 S. 1 Alt. 1 BGB).[497] Aus der Funktionsweise der Anrechnungslösung folgt jedoch, dass nach geltendem Recht ein solcher **Bereicherungsanspruch** des Inferenten **insgesamt ausgeschlossen** ist.[498] Das ist offensichtlich, wenn man – wie hier vertreten[499] – die Anrechnungslösung durch eine Parallele zur Differenzhaftung bei einer offen fingierten Sacheinlage (§ 27 Abs. 1 S. 2) erklärt. Der dort eingreifenden Differenzhaftung entspricht hier der Ausschluss der Anrechnung ohne bereicherungsrechtlichen Ausgleich.[500]

182 Aber auch aus den Vorschriften des Bereicherungsrechts selbst folgt, dass der Inferent seine (zumindest zunächst) fehlgeschlagene Einlageleistung nicht kondizieren kann. Die *condictio ob rem* setzt nämlich ebenso wie die *condictio indebiti* in den entsprechenden Fällen voraus, dass die Zweckverfehlung endgültig feststeht.[501] Bei der verdeckten Sacheinlage entscheidet sich die Frage, ob der Inferent von seiner Einlageverpflichtung befreit, der mit seiner Einlageleistung verfolgte Zweck mithin erreicht worden ist, erst in dem Zeitpunkt endgültig, den das Gesetz für die Wertanrechnung bestimmt, dh frühestens bei Eintragung der Gesellschaft bzw. der Kapitalerhöhung. Bis dahin kann ein Kondiktionsanspruch des Gesellschafters nicht entstehen.[502]

183 Soweit der Gesellschafter dann kraft Anrechnung gem. § 27 Abs. 3 S. 3 nachträglich von seiner Geldeinlageverpflichtung befreit wird, ist der mit der Leistung bezweckte Erfolg erreicht und ein Kondiktionsanspruch schon dem Tatbestand nach ausgeschlossen.[503] Richtigerweise gilt das auch, soweit die Anrechnung infolge fehlender Werthaltigkeit des verdeckt eingebrachten Vermögensgegenstandes (endgültig) unterbleibt.[504] Denn die ungeschmälerte Verbleib der Geldeinlage bei der Gesellschaft ist die Voraussetzung dafür, dass überhaupt – wenn auch ggf. nicht in voller Höhe – eine Anrechnung erfolgen kann. Im Übrigen hat die Gesellschaft nichts „erlangt", soweit der Einlagegegenstand überbewertet wurde und deshalb die Wertanrechnung unterbleibt, ist mithin erst gar nicht bereichert.[505] Auch deshalb scheidet insoweit ein Bereicherungsanspruch aus.[506] Auf eine Entreicherung der Gesellschaft nach § 818 Abs. 3 BGB, wie im Schrifttum zT vertreten,[507] kommt es somit weder hinsichtlich des angerechneten noch hinsichtlich des nicht angerechneten Betrages an.

184 Die Kondiktion der Geldeinlage kommt damit nur und erst dann ausnahmsweise in Betracht, wenn die Ingangsetzung der gesetzlichen Wertanrechnung nach § 27 Abs. 3 S. 3 sicher ausgeschlossen ist, so etwa, wenn die Eintragung der Gesellschaft oder der Kapitalerhöhung endgültig abgelehnt oder aufgegeben worden ist.[508]

185 cc) Voraussetzungen der Anrechnung. Die Anrechnung erfolgt frühestens mit **Eintragung der Gesellschaft im Handelsregister** (§ 27 Abs. 3 S. 4). Ferner setzt die Anrechnung implizit die

---

[497] Für eine *condictio ob rem* BGH NJW 1998, 1951; *Knobbe-Keuk* ZIP 1986, 885 (889); *Helms* GmbHR 2000, 1079 (1080); *Priester* FS Bezzenberger, 2000, 309 (319). Für eine *condictio indebiti* demgegenüber *Müller-Eising*, Die verdeckte Sacheinlage – Tatbestand und Rechtsfolgen unter besonderer Berücksichtigung von Drittbeteiligungsfällen, 1993, 153 f.; *Custodis* DNotZ 1997, 437 (462); *Habetha* ZGR 1998, 305 (330); vgl. hierzu auch *Kersting* VGR 14 (2009) S. 101 (108 Fn. 17).
[498] *Benz*, Verdeckte Sacheinlage und Einlagenrückzahlung im reformierten GmbH-Recht (MoMiG), 2010, 102 ff. (123 ff.).
[499] Wie hier etwa K. Schmidt/Lutter/*Bayer* Rn. 80 mwN in Fn. 332; Grigoleit/*Vedder* Rn. 65.
[500] Insoweit ähnlich *Ulmer* ZIP 2009, 293 (298), wonach die Anrechnungslösung als *lex specialis* das Bereicherungsrecht verdrängt; ebenso *Müller, Hans-Friedrich* NZG 2011, 761 (762).
[501] S. nur etwa Bamberger/Roth/*Wendehorst* BGB § 812 Rn. 61, 96, jeweils mwN. Im hier gegebenen Zusammenhang Grigoleit/*Vedder* Rn. 65.
[502] Vgl. Grigoleit/*Vedder* Rn. 65.
[503] So auch *Kersting* VGR 14 (2009) S. 101 (113). *Pentz* GmbHR 2009, 126 (128 f.) sowie *Pentz* FS K. Schmidt, 2009, 1265 (1278) sieht die Gesellschaft insoweit als entreichert (§ 818 Abs. 3 BGB) an. Maier-Reimer/Wenzel ZIP 2008, 1449 (1452 f.) berücksichtigen diesen Umstand nicht.
[504] Wie hier etwa K. Schmidt/Lutter/*Bayer* Rn. 80.
[505] *Benz*, Verdeckte Sacheinlage und Einlagenrückzahlung im reformierten GmbH-Recht (MoMiG), 2010, 124 f.
[506] Anders *Kersting* VGR 14 (2009) S. 101 (113), der insoweit § 818 Abs. 3 BGB zur Anwendung bringen will; ihm zustimmend *Schall* ZGR 2009, 126 (139 f.).
[507] *Kersting* VGR 14 (2009) S. 101 (113 f.) und *Pentz* GmbHR 2009, 126 (128 f.) sowie FS K. Schmidt, 2009, 1265 (1278). Skeptisch gegenüber einer Ableitung der „dogmatischen Fundierung einer funkelnagelneuen gesellschaftsrechtlichen Regelung aus § 818 Abs. 3 BGB" hingegen zu Recht *Dauner-Lieb* AG 2009, 217 (223).
[508] Ebenso K. Schmidt/Lutter/*Bayer* Rn. 80 mwN in Fn. 333; Grigoleit/*Vedder* Rn. 65.

schuldrechtliche und dingliche Wirksamkeit der Sacheinbringung voraus. Denn andernfalls hat die Gesellschaft nicht dauerhaft einen anrechenbaren Wert erlangt. Besondere Bedeutung erlangen damit insbesondere die Vorschriften über die **Nachgründung** (§ 52), die in ihrem (teilidentischen) Anwendungsbereich (→ Rn. 114 ff.) neben die Regelung des § 27 Abs. 3 treten. Solange das Sachgeschäft (schwebend) unwirksam ist, weil die Zustimmung der HV noch nicht eingeholt worden oder die Eintragung im Handelsregister nicht erfolgt ist (vgl. § 52 Abs. 1), kann der Wert des betreffenden Vermögensgegenstandes nicht auf die gem. § 27 Abs. 3 S. 1 offen gebliebene Einlageverpflichtung angerechnet werden. Denn der betreffende Vermögensgegenstand ist damit der Gesellschaft noch nicht „überlassen" iSv § 27 Abs. 3 S. 3. Da die Nachholung der Nachgründungskautelen den Vertrag nur mit Wirkung *ex nunc* wirksam werden lässt,[509] scheidet auch für die Wertanrechnung nach § 27 Abs. 3 S. 3 eine Rückwirkung auf die Vornahme des Rechtsgeschäfts von vornherein aus. Unterfällt ein Rechtsgeschäft kumulativ den Nachgründungsvorschriften und der Regelung der verdeckten Sacheinlage, laufen die Erleichterungen bei den Rechtsfolgen des § 27 Abs. 3 jedenfalls solange ins Leere, bis das Nachgründungsverfahren nachgeholt oder das Rechtsgeschäft außerhalb der Zweijahresfrist wiederholt worden ist. Der Inferent trägt dabei das Risiko, dass der verdeckt eingelegte Vermögensgegenstand zwischenzeitlich an Wert verliert oder dass er bei einer Insolvenz der Gesellschaft seine Einlage nochmals leisten muss, mit eigenen Ansprüchen aber ausfällt. Hierauf ist in der Praxis zu achten.

dd) Maßgeblicher Wert. (1) Bewertungszeitpunkt. Gemäß § 27 Abs. 3 S. 3 ist der verdeckt **186** eingebrachte Vermögensgegenstand grds. mit dem Wert anzurechnen, den er im **Zeitpunkt der Anmeldung** der Gesellschaft bzw. der Kapitalerhöhung hat. Maßgeblich ist der Zugang der Anmeldung beim Registergericht,[510] bei Übermittlung in elektronischer Form mithin der Zeitpunkt, in dem die E-Mail in der Mailbox des Gerichts abrufbar gespeichert ist.[511] Wird der Vermögensgegenstand jedoch der Gesellschaft erst nach der Anmeldung überlassen, ist für den anzurechnenden Wert auf diesen späteren **Zeitpunkt der Überlassung** abzustellen. Entscheidend ist der dingliche Rechtsübergang auf die Gesellschaft. Bei Grundstücken setzt das die Eintragung der Gesellschaft als Eigentümerin im Grundbuch voraus (§ 873 BGB); bindende Auflassung (§ 873 Abs. 2, § 925 BGB) und Eigentumsvormerkung genügen nicht.[512] Aus dem Stichtagsprinzip des § 27 Abs. 3 S. 3 folgt, dass Wertveränderungen (positiver oder negativer Art), die nach dem maßgeblichen Bewertungsstichtag (Anmeldung oder Überlassung) eintreten, unbeachtlich sind.[513]

(2) Maßgaben zur Bewertung. Die Maßgaben zur Bewertung sind bei der Anrechnung **187** dieselben wie bei der offenen Sacheinlage und bei der Differenzhaftung analog § 9 GmbHG (→ Rn. 34 ff.),[514] die die Überbewertung offener Sacheinlagen korrigiert und deshalb den für diese geltenden Bewertungsprinzipien folgt. Bei der Bewertung ist der **tatsächliche, objektive Wert** zugrunde zu legen.[515] Ein Bewertungsspielraum besteht insoweit nicht.[516] § 38 Abs. 2 S. 2, der für die Prüfung durch das Gericht auf einen nicht unwesentlichen Minderwert der Sacheinlage abstellt, bezieht sich nur auf die formelle Kapitalaufbringungskontrolle, schränkt aber das Gebot effektiver Kapitalaufbringung nicht materiell-rechtlich ein.

Die Ermittlung des Werts im Einzelnen (Maßgeblichkeit des Wiederbeschaffungs- oder Einzelver- **188** äußerungswerts) folgt den für Sacheinlagen geltenden Regeln (→ Rn. 35).[517]

---

[509] MüKoAktG/*Pentz* § 52 Rn. 49 f.; K. Schmidt/Lutter/*Bayer* § 52 Rn. 42, 45; Großkomm AktG/*Priester* § 52 Rn. 87, 89.
[510] Vgl. Lutter/Hommelhoff/*Bayer* GmbHG § 9 Rn. 5 mwN.
[511] Palandt/*Ellenberger* BGB § 130 Rn. 7a; *Ultsch* NJW 1997, 3007 f.; *Vehslage* DB 2000, 1801 (1803); *Dörner* AcP 202 (2002) 363 (366); *Janal* MDR 2006, 368 (370 ff.).
[512] *Benz*, Verdeckte Sacheinlage und Einlagenrückzahlung im reformierten GmbH-Recht (MoMiG), 2010, 142 ff. Vgl. auch Großkomm AktG/*Schall* Rn. 359.
[513] K. Schmidt/Lutter/*Bayer* Rn. 75; *Benz*, Verdeckte Sacheinlage und Einlagenrückzahlung im reformierten GmbH-Recht (MoMiG), 2010, 145. Ergänzende Leistungen wegen eines Mangels des verdeckt eingelegten Gegenstandes – sei es auf der Basis kaufrechtlichen Gewährleistungsrechts, sei es auf der Basis von Rechtsbehelfen des allgemeinen Leistungsstörungsrechts (→ Rn. 94 ff.) – erhöhen im Moment ihrer Erbringung allerdings den maßgebenden Wert des Gegenstandes, vgl. etwa Lutter/Hommelhoff/*Bayer* GmbHG § 19 Rn. 78; MüKoAktG/ *Pentz* Rn. 119.
[514] S. auch Lutter/Hommelhoff/*Bayer* GmbHG § 19 Rn. 78; K. Schmidt/Lutter/*Bayer* Rn. 75.
[515] Lutter/Hommelhoff/*Bayer* GmbHG § 19 Rn. 78; K. Schmidt/Lutter/*Bayer* Rn. 75; MüKoAktG/*Pentz* Rn. 121; Großkomm AktG/*Schall* Rn. 357; Kölner Komm AktG/*Arnold* Rn. 109.
[516] Großkomm AktG/*Schall* Rn. 357.
[517] Großkomm AktG/*Schall* Rn. 357; MüKoAktG/*Pentz* Rn. 121; Hüffer/Koch/*Koch* Rn. 40; NK-AktR/ *Polley* Rn. 62.

189 (3) **Umsatzsteuer.** Unabhängig davon, ob der Inferent der **Umsatzsteuer** unterworfen ist oder nicht und welcher Wertansatz maßgeblich ist (Wiederbeschaffungs- oder Einzelveräußerungswert), ist immer auf den **Nettopreis** abzustellen.[518] Eine etwa anfallende Umsatzsteuer bleibt bei der Bewertung des Einlagegegenstandes also unberücksichtigt. Das ist auch unter bewertungsrechtlichen Gesichtspunkten folgerichtig, denn die umsatzsteuerliche Verstrickung des Gegenstandes hat keinen Einfluss auf seinen Sachwert. Erwirbt die Gesellschaft jedoch im Rahmen der (offenen oder verdeckten) Einbringung einen **Vorsteuererstattungsanspruch,** so stellt dieser einen eigenständigen Einlagegegenstand dar,[519] der im Falle der verdeckten Sacheinlage auf die Einlageverpflichtung gemäß § 27 Abs. 3 S. 3 angerechnet werden kann. Sind die steuerrechtlichen Voraussetzungen für den Vorsteuerabzug erfüllt, ist der Anspruch mit seinem Nominalwert anzusetzen. Etwas anderes dürfte nur dann gelten, wenn die Gesellschaft wirtschaftlich so schlecht steht, dass sie ihre Umsatzsteuerschuld nicht mehr erfüllen kann und deshalb die Befreiung von dieser Verbindlichkeit im Wege des Vorsteuerabzugs nicht mehr mit dem vollen Wert berücksichtigt werden kann.

190 ee) **Beweislast und Beweissicherung.** Gemäß § 27 Abs. 3 S. 5 hat der Aktionär den anzurechnenden Wert des verdeckt eingebrachten Vermögensgegenstandes zu beweisen. Dies soll ihn ermuntern, für eine ordnungsgemäße Festsetzung und Bewertung der Sacheinlage Sorge zu tragen.[520] Nicht immer wird sich diese Hoffnung des Gesetzgebers erfüllen. Aus Sicht des Aktionärs kommt dann der Beweissicherung besondere Bedeutung zu. Ob ein zeitnah eingeholtes **Privatgutachten** („Schubladengutachten") hierfür geeignet ist, richtet sich nach seiner Qualität und Seriosität. Es ist nicht *a priori* untauglich, bietet aber jedenfalls keinen verlässlichen Schutz.[521] Im Übrigen müssen die Beteiligten achtgeben, durch ein solches Gutachten nicht einen Beweis für ihren Vorsatz zu schaffen, der ihre Strafbarkeit nach § 399 Abs. 1 Nr. 1 bzw. 4 begründen könnte.[522]

191 In der Literatur wird zum Teil die Erhebung einer **Feststellungsklage** gegen die Gesellschaft vorgeschlagen.[523] Statthaft dürfte sie nur sein, wenn sie darauf gerichtet ist festzustellen, dass der Inferent der Gesellschaft keine Einlage mehr schuldet (negative Feststellungsklage). Der Wert der verdeckt eingebrachten Gegenstände oder die Höhe der *ipso iure* erfolgten Anrechnung kann demgegenüber nicht Inhalt einer Feststellungsklage sein, weil es sich dabei nicht um ein Rechtsverhältnis iSv § 256 ZPO handelt. Das erforderliche Feststellungsinteresse hat der Aktionär jedoch nur, wenn sich die Gesellschaft eines entsprechenden (fortbestehenden) Einlageanspruchs „berühmt". Sind sich die Gesellschaft und der Aktionär einig, dass die Einlageschuld durch Anrechnung erloschen ist und wollen diesbezüglich nur dauerhaft Rechtssicherheit erlangen, ist die Feststellungsklage deshalb kein geeignetes Mittel.

192 Demgegenüber bietet das **selbständige Beweisverfahren** (§§ 485 ff. ZPO) einen zuverlässigen und vergleichsweise kostengünstigen Weg, um den Wert des verdeckt eingebrachten Vermögensgegenstandes beweissicher festzuhalten.[524] Die Wirkung des selbständigen Beweisverfahrens besteht darin, dass jede Partei den selbständig erhobenen Beweis in einem künftigen Streitverfahren so verwerten kann, als ob er in diesem selbst erhoben worden wäre (§ 493 Abs. 1 ZPO).[525] Das selbständige Beweisverfahren nimmt somit die Beweisaufnahme des Prozessgerichts vorweg und ersetzt sie.[526] Das gilt allerdings nur, wenn der Gegner des späteren Streitverfahrens (hier die Gesellschaft) auch zum selbständigen Beweisverfahren rechtzeitig geladen war (§ 493 Abs. 2 ZPO). Wurde die Gesellschaft am selbständigen Beweisverfahren beteiligt, wirkt dessen Ergebnis auch für und wider einen später bestellten Insolvenzverwalter über ihr Vermögen.[527]

---

[518] *Benz,* Verdeckte Sacheinlage und Einlagenrückzahlung im reformierten GmbH-Recht (MoMiG), 2010, 156 ff.; ebenso MüKoAktG/*Pentz* Rn. 121; K. Schmidt/Lutter/*Bayer* Rn. 75; Grigoleit/*Vedder* Rn. 23; Lutter/Hommelhoff/*Bayer* GmbHG § 19 Rn. 78.
[519] Ebenso Grigoleit/*Vedder* Rn. 23.
[520] BegrRA BT-Drs. 16/13098, 36.
[521] *Gehrlein* Der Konzern 2007, 771 (784); *Heckschen* DStR 2007, 1442 (1449); krit. Großkomm AktG/*Schall* Rn. 360; Kölner Komm AktG/*Arnold* Rn. 112; zweifelnd NK-AktR/*Polley* Rn. 65; zurückhaltend K. Schmidt/Lutter/*Bayer* Rn. 76; Hüffer/Koch/*Koch* Rn. 44. Positiver dagegen MüKoAktG/*Pentz* Rn. 154.
[522] S. etwa Großkomm AktG/*Schall* Rn. 360; ferner Kölner Komm AktG/*Arnold* Rn. 112; Hüffer/Koch/*Koch* Rn. 44.
[523] *Gehrlein* Der Konzern 2007, 771 (784); K. Schmidt/Lutter/*Bayer* Rn. 76; *Wicke* GmbHG § 19 Rn. 28; *Wicke* ARUG S. 51.
[524] Lutter/Hommelhoff/*Bayer* GmbHG § 19 Rn. 79; K. Schmidt/Lutter/*Bayer* Rn. 76; Hüffer/Koch/*Koch* Rn. 44.
[525] S. nur etwa MüKoZPO/*Schreiber* § 493 Rn. 1 mwN.
[526] *Schellhammer* Zivilprozess Rn. 1819.
[527] *Benz,* Verdeckte Sacheinlage und Einlagenrückzahlung im reformierten GmbH-Recht (MoMiG), 2010, 163 ff. (167 f.).

e) **Die Anrechnung in Sonderfällen. aa) Verdeckte Mischeinlage.** Eine verdeckte Mischein- 193
lage liegt vor, wenn das Volumen des Sachgeschäfts hinter der Einlageleistung zurückbleibt, mithin
nur ein Teil der Einlageleistung durch Rückfluss an den Inferenten neutralisiert wird. § 27 Abs. 3
S. 1 erfasst ausdrücklich auch den Fall, dass eine Geldeinlage nur „teilweise als Sacheinlage zu bewerten" ist. Auf der Rechtsfolgenseite wird die Differenzierung zwischen vollständiger und teilweiser
verdeckter Sacheinlage indes nicht aufgegriffen. Mit Blick auf die ratio legis ist der Verweis auf die
„teilweise" verdeckte Sacheinlage jedoch eindeutig als bloße Klarstellung zu interpretieren, dass der
Tatbestand der verdeckten Sacheinlage auch in diesem Fall erfüllt sein kann und nicht etwa wegen
der Diskrepanz der gegenseitigen Forderungen von vornherein ausgeschlossen ist. Auf der **Rechtsfolgenseite** ist § 27 Abs. 3 S. 1 **um das Wort „insoweit" zu ergänzen:** „... so befreit dies den
Aktionär *insoweit* nicht von seiner Einlageverpflichtung".[528] Damit ist klargestellt, dass die Erfüllungswirkung nur hinsichtlich desjenigen Teilbetrages ausgeschlossen wird, der durch das Sachgeschäft
neutralisiert wurde, dh an den Inferenten zurückgeflossen ist oder zurückfließen soll.[529]

bb) Verdeckte gemischte Sacheinlage. Der BGH war bereits wiederholt mit Fällen verdeckter 194
Sacheinlagen befasst, bei denen über das eingelegte Geld hinaus Barmittel von der Gesellschaft an
den Inferenten abgeflossen sind.[530] In diesen sog. (verdeckten) gemischten Sacheinlagen sieht er eine
Kombination von Sacheinlage und Sachübernahme, die als einheitliches Rechtsgeschäft insgesamt
den Regeln über Sacheinlagen unterliegt. Entsprechend wendet der BGH die Grundsätze zur verdeckten Sacheinlage auf den gesamten Vorgang an, dh insbesondere auch auf den die Einlage übersteigenden Teil.[531] Das soll jedenfalls dann gelten, wenn es sich bei dem eingebrachten Vermögensgegenstand um eine kraft Parteivereinbarung unteilbare Leistung handelt.[532] Das Argument, die Beteiligten
hätten bei der Gründung anstelle der Sacheinlage auch den Weg der Aufspaltung in eine Bareinlage
und eine davon getrennte Sachübernahme wählen können, lehnt der BGH zu Recht ab:[533] Die
Sachübernahme untersteht denselben kapitalaufbringungsrechtlichen Schutzmechanismen wie die
Sacheinlage. Hält der Gesellschafter diese nicht ein, steht ihm kein Wahlrecht hinsichtlich der daraus
resultierenden Rechtsfolgen zu; er kann die Unwirksamkeit nicht auf das isolierte Sachübernahmegeschäft beschränken.[534]

Nach früherem Recht war das Sachgeschäft damit sowohl schuldrechtlich als auch dinglich 195
unwirksam (vgl. § 27 Abs. 3 S. 1, § 183 Abs. 2 S. 1 AktG aF) und in voller Höhe rückabzuwickeln.[535]
Der Einlageanspruch war nicht wirksam erfüllt. Nach **geltendem Recht** ist das Sachgeschäft hingegen uneingeschränkt wirksam (§ 27 Abs. 3 S. 2). Der Gesellschafter hat seine Geldeinlage (jedenfalls
zunächst) nicht mit Erfüllungswirkung geleistet (§ 27 Abs. 3 S. 1). Fragen wirft jedoch die in § 27
Abs. 3 S. 3 angeordnete Anrechnung auf. Diese basiert konzeptionell auf der Annahme, dass sich
der der Gesellschaft als Geldeinlage zufließende und der über das Sachgeschäft an den Inferenten
zurückfließende Betrag decken. Übersteigt das Volumen des Sachgeschäfts jedoch die Einlageleistung
des Inferenten, führt das zu einer Gefährdung des Stammkapitals, die eine Modifikation der Anrechnungslösung erforderlich macht. Die Lösung ergibt sich auch hier aus einer Parallele zur Differenzhaftung bei einer offenen (gemischten) Sacheinbringung. Dort ist der an den Inferenten herausgezahlte
Betrag bei der Bewertung des eingebrachten Vermögensgegenstandes abzuziehen (Ansatz des Nettoeinlagewerts); entsprechend erhöht sich die Differenzhaftung. Das ist auf die verdeckte gemischte

---

[528] Ebenso etwa K. Schmidt/Lutter/*Bayer* Rn. 88; Lutter/Hommelhoff/*Bayer* GmbHG § 19 Rn. 93; Grigoleit/
Vedder Rn. 57; MüKoAktG/*Pentz* Rn. 140; *Müller, Hans-Friedrich* NZG 2011, 761 (764). Im Ergebnis wie hier
auch Großkomm AktG/*Schall* Rn. 326, 364. Anders aber *Veil/Werner* GmbHR 2009, 729 (735 f.); Kölner Komm
AktG/*Arnold* Rn. 116.

[529] *Benz,* Verdeckte Sacheinlage und Einlagenrückzahlung im reformierten GmbH-Recht (MoMiG),
2010, 173 ff.; *Müller, Hans-Friedrich* NZG 2011, 761 (764).

[530] BGHZ 175, 265 = NZG 2008, 425 – Rheinmöve; BGHZ 173, 145 = NJW 2007, 3425 – Lurgi I; BGHZ
170, 47 = NJW 2007, 765 – Warenlager; BGH ZIP 2010, 978 = DStR 2010, 1087 – AdCoCom m. Anm.
Goette.

[531] BGHZ 175, 265 = NZG 2008, 425 – Rheinmöve; BGHZ 173, 145 = NJW 2007, 3425 – Lurgi I; BGHZ
170, 47 = NJW 2007, 765 – Warenlager; BGH ZIP 2010, 978 = DStR 2010, 1087 – AdCoCom m. Anm.
Goette.

[532] BGHZ 175, 265 = NZG 2008, 425 – Rheinmöve; BGHZ 173, 145 = NJW 2007, 3425 – Lurgi I; BGHZ
170, 47 = NJW 2007, 765 – Warenlager; BGH ZIP 2010, 978 = DStR 2010, 1087 – AdCoCom m. Anm.
Goette.

[533] BGHZ 170, 47 = NJW 2007, 765 – Warenlager. S. etwa auch K. Schmidt/Lutter/*Bayer* Rn. 86.

[534] BGHZ 170, 47 = NJW 2007, 765 – Warenlager.

[535] S. zur Rückabwicklung der verdeckten gemischten Sacheinlage nach früherem Recht BGH NJW 2009,
2886 = NZG 2009, 747 – Lurgi II, wonach in die Saldierung der beiderseitigen Bereicherungsansprüche auch
der Bereicherungsanspruch des Inferenten wegen unwirksamer Bareinlageleistung einzubeziehen ist (Aufgabe des
Senatsurteils NJW 1998, 1951 = ZIP 1998, 780 (783)).

Sacheinbringung und die dort geltende Anrechnungslösung zu übertragen. Vereinfacht ausgedrückt ist die Anrechnungslösung hier negativ zu formulieren: Soweit der Wert des verdeckt eingebrachten Vermögensgegenstands hinter der dem Aktionär zufließenden Vergütung zurückbleibt, ist die Anrechnung ausgeschlossen bzw. gesperrt[536] (**Minderwert als Anrechnungssperre**).[537] Die Buchung eines Darlehens zugunsten des Aktionärs steht dabei der Auszahlung einer Barvergütung an ihn gleich.

196 Übersteigt die Differenz zwischen dem von der Gesellschaft gezahlten Kaufpreis und dem minderen Wert des dafür erlangten Vermögensgegenstandes die geleistete Geldeinlage, erweist sich jedoch auch diese Modifikation der Anrechnungslösung als unzureichend.[538] Denn sie kann einen Minderwert der Einlageleistung durch einen Totalausschluss der Anrechnung maximal in Höhe der geleisteten Geldeinlage kompensieren. Diese Schutzlücke ist durch eine **Parallele zur offenen gemischten Sacheinlage** zu schließen. Dort trifft den Inferenten für den Minderwert des eingebrachten Sachgegenstands eine **Differenzhaftung**. Diese ist nach zutreffender und herrschender Ansicht nicht auf den Betrag der übernommenen Einlage begrenzt (→ Rn. 47).[539] Das wird primär dann relevant, wenn der eingebrachte Vermögensgegenstand einen negativen Wert hat (so zB bei einem überschuldeten Unternehmen), kommt aber auch bei der gemischten Sacheinlage zum Tragen, wenn sich bei der Berechnung der Differenzhaftung infolge des Abzugs der dem Inferenten zu zahlenden Vergütung ein negativer Wert ergibt. Der Inferent hat bei einer gemischten Sacheinbringung den gesamten Fehlbetrag auszugleichen. Bei der Ermittlung des im Wege der Differenzhaftung zu ersetzenden Fehlbetrages sind hier auf der einen Seite der Betrag der übernommenen Einlage, auf der anderen Seite der tatsächliche Wert des eingebrachten Vermögensgegenstandes abzüglich des an den Inferenten herausgezahlten oder ihm als Darlehen gutgeschriebenen Betrags zu vergleichen. Ergibt sich bei diesem Vergleich aus Sicht der Gesellschaft ein negativer Wert, geht die Differenzhaftung über den Betrag der übernommenen Einlage hinaus. Hat der Inferent bei der offenen gemischten Sacheinlage den gesamten Fehlbetrag auch über den Betrag der übernommenen Einlageverpflichtung hinaus auszugleichen, muss ihn eine entsprechende Haftung erst recht bei der verdeckten gemischten Sacheinlage treffen. Die Frage, ob die Formalia der Sachgründung bzw. Sachkapitalerhöhung eingehalten worden sind oder nicht, rechtfertigt insoweit keine unterschiedliche Behandlung. Im Ergebnis darf die verdeckte Sacheinlage jedenfalls nicht gegenüber der ordnungsgemäß durchgeführten Sacheinbringung privilegiert werden.[540] Fließt bei der Gesellschaft als Vergütungsleistung mehr Vermögen ab als sie als Sachwert erhält und kann der Fehlbetrag auch nicht durch einen vollständigen Ausschluss der Anrechnung kompensiert werden, hat der Inferent über die nochmalige Einzahlung seiner Einlage hinaus den verbleibenden Fehlbetrag im Wege der Differenzhaftung auszugleichen.[541] Nach Ansicht des BGH ist diese Schutzlücke – jedenfalls im GmbH-Recht – hingegen durch eine ergänzende Anwendung der §§ 30, 31 GmbHG (hier §§ 57, 62) zu schließen.[542]

197 cc) **Teileinzahlung**. Gemäß § 36a Abs. 1 ist bei Bareinlagen der nach § 36 Abs. 2 eingeforderte Betrag, mindestens jedoch ein Viertel des geringsten Ausgabebetrags zuzüglich eines etwa vereinbarten Agios vor Anmeldung einzuzahlen. Über § 188 Abs. 2 S. 1 gilt das auch für die Kapitalerhöhung. In § 27 Abs. 3 ist der Fall der Teileinzahlung nicht eigens geregelt. Indem § 27 Abs. 3 S. 3 aber auf die (nach Abs. 3 S. 1) „fortbestehende" Geldeinlagepflicht des Aktionärs Bezug nimmt, wird deutlich,

---

[536] So auch die ganz hM, s. etwa BGHZ 185, 44 (63 f.) = BGH ZIP 2010, 978 = DStR 2010, 1087 – AdCoCom m. Anm. *Goette*; K. Schmidt/Lutter/*Bayer* Rn. 87; Kölner Komm AktG/*Arnold* Rn. 115; MüKoAktG/*Pentz* Rn. 131; Großkomm AktG/*Schall* Rn. 366; *Koch* ZHR 175 (2011), 55 (65 ff.); *Müller, Hans-Friedrich* NZG 2011, 761 (763).

[537] Beispiel: Beträgt die Geldeinlageverpflichtung des Aktionärs € 1000,– und verkauft er der Gesellschaft im Rahmen einer verdeckten Sacheinlage einen Gegenstand, der objektiv € 1000,– wert ist, für € 1200,–, kommt eine Anrechnung nur in Höhe von € 800,– in Betracht; in Höhe von € 200,– ist die Anrechnung „gesperrt".

[538] Vgl. etwa *Müller, Hans-Friedrich* NZG 2011, 761 (763).

[539] S. etwa Großkomm AktG/*Schall* Rn. 212 f. mwN; MüKoAktG/*Pentz* Rn. 44; Kölner Komm AktG/*Arnold* Rn. 74; K. Schmidt/Lutter/*Bayer* Rn. 26.

[540] Vgl. auch K. Schmidt/Lutter/*Bayer* Rn. 87; Großkomm AktG/*Schall* Rn. 367; *Müller, Hans-Friedrich* NZG 2011, 761 (763). Anders MüKoAktG/*Pentz* Rn. 136.

[541] Ausf. *Benz*, Verdeckte Sacheinlage und Einlagenrückzahlung im reformierten GmbH-Recht (MoMiG), 2010, 183 ff. Ebenso – jedenfalls im Ergebnis – die ganz hM, etwa K. Schmidt/Lutter/*Bayer* Rn. 87; Großkomm AktG/*Schall* Rn. 367; Hüffer/Koch/*Koch* Rn. 41; Kölner Komm AktG/*Arnold* Rn. 115; *Müller, Hans-Friedrich* NZG 2011, 761 (763 f.); *Koch* ZHR 175 (2011), 55 (68 ff.). AA MüKoAktG/*Pentz* Rn. 136.

[542] BGHZ 185, 44 (64 f.) = ZIP 2010, 978 = DStR 2010, 1087 – AdCoCom m. Anm. *Goette*. Für das Aktienrecht zustimmend MüKoAktG/*Pentz* Rn. 136. Anders ganz überwiegend das Schrifttum, etwa K. Schmidt/Lutter/*Bayer* Rn. 87; Hüffer/Koch/*Koch* Rn. 41; *Müller, Hans-Friedrich* NZG 2011, 761 (763 f.); *Koch* ZHR 175 (2011), 55 (68 ff.); *Benz*, Verdeckte Sacheinlage und Einlagenrückzahlung im reformierten GmbH-Recht (MoMiG), 2010, 188 f.

dass der Wert des verdeckt eingebrachten Vermögensgegenstandes **maximal in Höhe des eingezahlten Betrages** auf die Einlageverpflichtung angerechnet werden kann.[543] Im Übrigen würde er nämlich nicht auf die „fortbestehende", sondern auf die ursprüngliche Einlageverpflichtung angerechnet.

Bei der Teileinzahlung kann sich weiter das Problem stellen, dass bei der Gesellschaft als Vergütung **198** der Sachleistung des Inferenten mehr Barmittel abfließen, als sie als Einlage erhalten hat. Das Volumen des Sachgeschäfts übersteigt maW den Betrag der erbrachten Einlageleistung. Dieses Problem entspricht strukturell der (verdeckten) gemischten Sacheinlage und ist auch wie dort zu lösen: Im Interesse einer effektiven Kapitalaufbringung ist die **Anrechnung** nach § 27 Abs. 3 S. 3 **gesperrt**, soweit der Wert des verdeckt eingebrachten Gegenstandes hinter der von der Gesellschaft entrichteten Vergütung zurückbleibt. Geht der Fehlbetrag über den geleisteten Einlageteil hinaus, hat der Aktionär nicht nur diesen Teil der Einlage mangels Anrechnung noch einmal zu leisten, sondern auch die **darüber hinausgehende Differenz auszugleichen.**[544]

dd) Verrechnung. Die Rechtsfolgen des § 27 Abs. 3 kommen auch zum Tragen, wenn im Rah- **199** men einer verdeckten Sacheinlage die Geldeinlage des Inferenten durch Verrechnung oder durch eine von der Gesellschaft erklärte Aufrechnung neutralisiert wird: Die Verrechnung ist wirksam (§ 27 Abs. 3 S. 2), bewirkt aber zunächst nicht, dass die Einlageschuld erlischt (§ 27 Abs. 3 S. 1).[545] Mit dem Erwerb der verdeckt eingebrachten Forderung durch die Gesellschaft, dh mit Befreiung von der betreffenden Verbindlichkeit, wird jedoch der objektive Wert der Forderung auf die Einlageverpflichtung des Gesellschafters angerechnet (§ 27 Abs. 3 S. 3).[546] Die Anrechnung erfolgt jedoch frühestens mit Eintragung der Gesellschaft bzw. der Kapitalerhöhung (§ 183 Abs. 2) im Handelsregister (§ 27 Abs. 3 S. 4). Zu dem für die Bewertung maßgeblichen Zeitpunkt → Rn. 186.

4. Weitere Sanktionen verdeckter Sacheinlagen, Haftung weiterer Beteiligter. Da im Falle **200** einer verdeckten Sacheinlage die erbrachte Geldeinlage nicht die Geldeinlageverpflichtung tilgt (§ 27 Abs. 3 S. 1) und die Wertanrechnung nicht vor Eintragung der Gesellschaft erfolgt (§ 27 Abs. 3 S. 4), kann in der Anmeldung nicht erklärt werden, dass die Einlagen ordnungsgemäß bewirkt worden sind und endgültig zur freien Verfügung des Vorstands stehen.[547] Bei vorsätzlich falschen Angaben zum Zwecke der Eintragung der Gesellschaft droht Gründern, Vorstands- und Aufsichtsratsmitgliedern **Strafe** nach § 399 Abs. 1 Nr. 1. Entsprechendes gilt gemäß § 399 Abs. 1 Nr. 4 bei der Kapitalerhöhung für falsche Angaben von Vorstands- und Aufsichtsratsmitgliedern über die Einbringung des neuen Kapitals. Vorstandsmitglieder sind ggf. für 5 Jahre **vom Vorstandsamt ausgeschlossen** (§ 76 Abs. 3 S. 2 Nr. 3 lit. c). Ferner folgt eine **zivilrechtliche Haftung** der Vorstands- und Aufsichtsratsmitglieder, der übrigen Gründer, der Hintermänner und ggf. der Gründungsprüfer aus §§ 46–49.[548] Nach § 37 Abs. 1 S. 4 kommt auch eine Haftung des **Kreditinstitutes** in Frage, wenn es eine inhaltlich unrichtige Bestätigung abgegeben hat, dass der bare Einlagebetrag zur freien Verfügung des Vorstandes stehe (§ 37 Abs. 1 S. 3, → § 37 Rn. 5).[549]

Der **Inferent** einer verdeckten Sacheinlage wird weiter dadurch sanktioniert, dass der Beginn **201** seines **Stimmrechts** gemäß § 134 Abs. 2 S. 1 bis zur vollständigen Erfüllung seiner Einlageverpflichtung **gehemmt** wird.[550] Das gilt gemäß § 134 Abs. 2 S. 2 allerdings nur, wenn der Wert des verdeckt eingebrachten Vermögensgegenstandes offensichtlich hinter der Einlageverpflichtung zurückbleibt, also wenn offensichtlich ist, dass die Geldeinlageverpflichtung auch nicht durch Anrechnung gem. § 27 Abs. 3 S. 3 erloschen ist. Dadurch soll verhindert werden, dass im Falle einer verdeckten Sacheinlage der Versammlungsleiter in der HV das Stimmrecht erst nach Einholung aussagekräftiger Wertgutachten feststellen kann und der Streit über die Werthaltigkeit der Einlage in ein Beschlussanfechtungsverfahren getragen wird. Andernfalls könnte die bloße Möglichkeit minimaler Wertdifferenzen

---

[543] Wie hier Kölner Komm AktG/*Arnold* Rn. 113; NK-AktR/*Polley* Rn. 64; Großkomm AktG/*Schall* Rn. 332. AA *Pentz* FS K. Schmidt, 2009, 1265 (1279).
[544] Wie hier zum Ganzen K. Schmidt/Lutter/*Bayer* Rn. 85; Kölner Komm AktG/*Arnold* Rn. 114; NK-AktR/ *Polley* Rn. 64; Großkomm AktG/*Schall* Rn. 332; Lutter/Hommelhoff/*Bayer* GmbHG § 19 Rn. 89 f.; *Heidinger* in Heckschen/Heidinger Die GmbH in der Gestaltungs- und Beratungspraxis § 11 Rn. 289 ff.
[545] In der Sache übereinstimmend etwa K. Schmidt/Lutter/*Bayer* Rn. 81; Kölner Komm AktG/*Arnold* Rn. 111; Lutter/Hommelhoff/*Bayer* GmbHG § 19 Rn. 84.
[546] S. etwa K. Schmidt/Lutter/*Bayer* Rn. 81; Kölner Komm AktG/*Arnold* Rn. 111; Lutter/Hommelhoff/*Bayer* GmbHG § 19 Rn. 84; *Benz*, Verdeckte Sacheinlage und Einlagenrückzahlung im reformierten GmbH-Recht (MoMiG), 2010, 198 f.
[547] BT-Drs. 16/13098, 36.
[548] MüKoAktG/*Pentz* Rn. 155.
[549] Vgl. zur Kapitalerhöhung BGH NJW 2005, 3721 = ZIP 2005, 2012; ausführlich zur Anwendung des § 37 Abs. 1 S. 4 bei der verdeckten Sacheinlage *Passow* S. 49 ff.; s. ferner MüKoAktG/*Pentz* Rn. 157.
[550] Hierzu kritisch *Bayer/Schmidt* ZGR 2009, 805 (828).

wichtige Strukturmaßnahmen blockieren und damit auch die übrigen Mitaktionäre massiv schädigen.[551] Jedenfalls bis zu dem Zeitpunkt, in dem nach dem Gesetz die Wertanrechnung erfolgt, dürfte aber das Stimmrecht des betreffenden Aktionärs gehemmt sein. Denn bis dahin stellt sich die mitunter schwierige Frage, welchen Wert der verdeckt eingebrachte Vermögensgegenstand hat, (noch) nicht; die Nichterfüllung der Einlageverpflichtung ist insoweit offensichtlich. Außerdem kann sich die (teilweise) Nichterfüllung der Geldeinlageverpflichtung infolge einer verdeckten Sacheinlage nach der – allerdings dispositiven (§ 60 Abs. 3) – Vorschrift des § 60 Abs. 2 auch auf die **Gewinnverteilung** auswirken.[552] Diese Regelung wurde bewusst nicht auf offensichtliche Bewertungsdifferenzen beschränkt.[553]

202 **Steuerberater und Rechtsanwälte,** die zu einer den Tatbestand einer verdeckten Sacheinlage verwirklichenden Gestaltung raten, haften für den daraus entstehenden Schaden.[554] Der Berater kann sich dabei sogar als Gehilfe oder Anstifter strafbar machen.[555] In Frage kommt schließlich die Haftung des beurkundenden **Notars,** wenn er bei erkennbaren Anhaltspunkten für eine verdeckte Sacheinlage nicht über deren Rechtsfolgen belehrt hat (§ 17 BeurkG).[556]

203 **5. Heilung.** Für das **GmbH-Recht** hatte der BGH auf der Grundlage der früheren Rechtsprechungsgrundsätze zur verdeckten Sacheinlage eine Heilung durch nachträgliche – also nach Eintragung in das Handelsregister erfolgte[557] – Umwandlung der Bar- in eine Sacheinlage gebilligt, wenn die Einlagendeckung durch satzungsändernden Mehrheitsbeschluss entsprechend geändert und die ursprünglich unterbliebene Werthaltigkeitsprüfung nachgeholt wurde.[558] Ob diese Rechtsprechung auf das Aktienrecht übertragen werden konnte, war bis zur Umgestaltung des Rechtszustands durch das ARUG umstritten.[559] § 27 Abs. 4 AktG aF, wonach die aus der fehlenden Festsetzung der Sacheinlage folgende Unwirksamkeit nach Eintragung der Gesellschaft nicht durch Satzungsänderung geheilt werden konnte, stand dem jedenfalls dem Wortlaut nach entgegen.[560] Nach Ansicht des Reformgesetzgebers ist diese Vorschrift **obsolet** geworden:[561] Sie habe lediglich die nachträgliche Festsetzung einer Sacheinlage durch Satzungsänderung ohne Werthaltigkeitskontrolle verhindern sollen. Dieser Schutzzweck werde aber bereits dadurch erreicht, dass die Rechtsprechung die Umwandlung einer Bar- in eine Sacheinlage durch Änderung der Einlagendeckung nur dann zulasse, wenn hierbei die Werthaltigkeitskontrolle nachgeholt werde. Vor dem Hintergrund dieser Rechtsentwicklung könne § 27 Abs. 4 AktG aF ersatzlos entfallen. Im Hinblick auf das nach wie vor gegebene Sanktionsgefälle zwischen der ordnungsgemäß festgesetzten und der verdeckten Sacheinlage hielt es der Reformgesetzgeber für sinnvoll, zusätzlich zur Neuregelung den Beteiligten die Möglichkeit zu eröffnen, den der verdeckten Sacheinlage anhaftenden Fehler nachträglich zu beseitigen. Die verdeckte Sacheinlage werde diskriminiert, weil die für Sacheinlagen geltenden Vorschriften über die Publizität und Werthaltigkeitsprüfung nicht eingehalten wurden. Werde dies nachgeholt, spreche nichts dagegen, die Vorschriften über ordnungsgemäß festgesetzte Sacheinlagen anzuwenden, insbesondere die für den Inferenten günstigere allgemeine Beweislastverteilung bei der Differenzhaftung wegen überbewerteter Sacheinlagen.[562] Der Umwandlung einer Bar- in eine Sacheinlage stehe schließlich auch nicht die zeitliche Schranke der § 27 Abs. 5, § 26 Abs. 4 entgegen. Denn aus Wortlaut und systematischer Stellung von § 27 Abs. 5 ergebe sich, dass die Vorschrift nur rechtswirksame Festsetzungen zu Sacheinlagen betreffe.[563] § 27 Abs. 5 errichte „also eine zeitliche Sperre etwa für die Umwandlung einer Sach- in eine Bareinlage, nicht aber auch umgekehrt für die Umwandlung

---

[551] BT-Drs. 16/13098, 39. Vgl. zum Ganzen etwa MüKoAktG/*Arnold* § 134 Rn. 29.
[552] BT-Drs. 16/13098, 39; kritisch *Bayer/Schmidt* ZGR 2009, 805 (828).
[553] BT-Drs. 16/13098, 39.
[554] BGH ZIP 2009, 1427 = DB 2009, 1642; MüKoAktG/*Pentz* Rn. 156.
[555] *Benz,* Verdeckte Sacheinlage und Einlagenrückzahlung im reformierten GmbH-Recht (MoMiG), 2010, 235 f.
[556] Vgl. BGH NJW 1996, 524 zur Kapitalerhöhung bei der GmbH; s. MüKoAktG/*Pentz* Rn. 156.
[557] Vor Eintragung der AG in das Handelsregister können noch seit dem ARUG geltenden und konnten auch schon nach früherem Aktienrecht mangelnde bzw. fehlerhafte Festsetzungen durch nachträgliche Beachtung der förmlichen Voraussetzungen des § 27 Abs. 1 durch Satzungsänderung nachgeholt und der Mangel dadurch geheilt werden, s. hierzu näher etwa K. Schmidt/Lutter/*Bayer* Rn. 42, 89; MüKoAktG/*Pentz* Rn. 161; Hüffer/Koch/*Koch* Rn. 45; NK-AktR/*Polley* Rn. 69. Der folgende Text bezieht sich allein auf die Heilung nach Eintragung der AG in das Handelsregister.
[558] BGHZ 132, 141 (148 ff.) = NJW 1996, 1473; dazu etwa *Krieger* ZGR 1996, 674 ff.; *Schuster,* Heilungsmöglichkeiten der verdeckten Sacheinlage im Recht der GmbH, 2001, 109 ff.; vgl. auch BT-Drs. 16/13098, 36 f.
[559] Nachweis der Literatur in Vorauf. Rn. 203 Fn. 498.
[560] K. Schmidt/Lutter/*Bayer* Rn. 89; MüKoAktG/*Pentz* Rn. 160; BT-Drs. 16/13098, 36.
[561] BT-Drs. 16/13098, 36.
[562] BT-Drs. 16/13098, 36 f.
[563] Vgl. Kölner Komm AktG/*Arnold* Rn. 122.

einer Bar- in eine Sacheinlage".[564] Mit dem ARUG soll somit offenkundig auch für das Aktienrecht die **Heilung verdeckter Sacheinlagen** nach denselben Grundsätzen **zugelassen** werden, die vor Inkrafttreten des MoMiG im GmbH-Recht anerkannt waren.[565]

Für eine Bewertung dieser Umgestaltung der Rechtslage ist zunächst zu sehen, dass mit der Liberalisierung der verdeckten Sacheinlage die **Bedeutung** einer Heilung **erheblich gesunken** ist.[566] Das Sachgeschäft ist wirksam (§ 27 Abs. 3 S. 2), der Wert des verdeckt eingebrachten Gegenstands wird ohne Zutun der Beteiligten *ex lege* auf die Geldeinlageschuld angerechnet, und das sogar mit seinem ursprünglichen Wert im Zeitpunkt der Anmeldung bzw. der Überlassung, sofern diese erst nach Anmeldung erfolgt. Anders als bisher trägt der Inferent also nicht mehr das Risiko, dass der verdeckt eingebrachte Gegenstand bis zur Heilung an Wert verliert. Im Ergebnis steht der Inferent damit bereits von Gesetzes wegen besser als bei Durchführung des Heilungsverfahrens vor der Reform. Als Nachteil bleibt aus seiner Sicht primär die ihm ungünstige Beweislastverteilung bzgl. des anzurechnenden Wertes (§ 27 Abs. 3 S. 5) entsprechend dürfte hierin das zentrale Motiv für eine Heilung liegen (zu alternativen Möglichkeiten, mit dem Beweislastrisiko umzugehen → Rn. 190 ff.).[567] Die Strafbarkeit einer bereits verwirklichten verdeckten Sacheinlage lässt sich durch ein zivilrechtliches Heilungsverfahren ohnehin nicht mehr beseitigen.[568]

Die Praxis dürfte das Plädoyer des Gesetzgebers für die Möglichkeit der Heilung verdeckter Sacheinlagen mit Gefallen aufgenommen haben. Sowohl rechtspolitisch als auch rechtsdogmatisch bestehen jedoch – ebenso wie im reformierten GmbH-Recht[569] – erhebliche **Bedenken**. Im Ergebnis wird den Beteiligten auf diese Weise weitgehend anheim gestellt, ob sie die Kautelen der Sacheinlage wie vorgeschrieben von vornherein einhalten oder zu einem ihnen genehmen Zeitpunkt nachholen. Zwar machen sie sich im Falle einer verdeckten Sacheinlage durch ihre falschen Angaben gegenüber dem Registergericht nach § 399 Abs. 1 Nr. 1 strafbar. Der diesbezüglich erforderliche Vorsatz lässt sich in der Praxis aber nur schwer nachweisen,[570] zivilrechtliche Beweiserleichterungen (→ Rn. 170 ff.) gelten im Strafrecht nicht.[571] Wäre die Strafandrohung tatsächlich ein ernsthaftes Risiko, müssten die Beteiligten auch vor der mit der Heilung verbundenen Offenlegung gegenüber dem Registergericht zurückschrecken. Das ist jedoch regelmäßig nicht der Fall und auch vom Gesetzgeber nicht gewollt.[572] **Rechtspolitisch** zu kritisieren ist danach, dass die registergerichtliche Kapitalaufbringungskontrolle durch die Neuregelung der verdeckten Sacheinlage und gleichzeitige Zulassung der Heilung nach alter (GmbH-rechtlicher) Art ihre präventive Funktion weitgehend verliert.[573]

Rechtsdogmatisch lässt die Gesetzesbegründung offen, wie die Heilung auf der Grundlage des neuen Rechts zu vollziehen ist. Irrig ist insoweit die Vorstellung des Gesetzgebers, es könne nahtlos an die bisherigen Rechtsprechungsgrundsätze zur Heilung im GmbH-Recht angeknüpft werden.[574]

---

[564] BT-Drs. 16/13098, 37; krit. hierzu *Wicke* ARUG S. 52.
[565] Kölner Komm AktG/*Arnold* Rn. 122; Hüffer/Koch/*Koch* Rn. 46; MüKoAktG/*Pentz* Rn. 160; K. Schmidt/Lutter/*Bayer* Rn. 89; NK-AktR/*Polley* Rn. 69; *Wicke* ARUG S. 52; *Herrler/Reymann* DNotZ 2009, 914 (922); *Bayer/Schmidt* ZGR 2009, 805 (828 f.).
[566] Hüffer/Koch/*Koch* Rn. 46; Kölner Komm AktG/*Arnold* Rn. 123. Zum GmbH-Recht etwa *Handelsrechtsausschuss des DAV* NZG 2007, 735 (739); *Gehrlein* Der Konzern 2007, 771 (784); *Veil* ZIP 2007, 1241 (1245); Roth/Altmeppen/*Roth* GmbHG § 19 Rn. 90; *Benz*, Verdeckte Sacheinlage und Einlagenrückzahlung im reformierten GmbH-Recht (MoMiG), 2010, 217 ff.
[567] MüKoAktG/*Pentz* Rn. 160; Kölner Komm AktG/*Arnold* Rn. 123; NK-AktR/*Polley* Rn. 71; Roth/Altmeppen/*Roth* GmbHG § 19 Rn. 90; *Benz*, Verdeckte Sacheinlage und Einlagenrückzahlung im reformierten GmbH-Recht (MoMiG), 2010, 217 ff. (221); *Herrler/Reymann* DNotZ 2009, 914 (922).
[568] Kölner Komm AktG/*Arnold* Rn. 122; MüKoAktG/*Pentz* Rn. 160.
[569] Dort bewerten die Möglichkeit einer Heilung positiv etwa Lutter/Hommelhoff/*Bayer* GmbHG § 19 Rn. 95; *Lieder* ZIP 2010, 964 (971). Zweifelnd hingegen *Heidinger* in Heckschen/Heidinger Die GmbH in der Gestaltungs- und Beratungspraxis § 11 Rn. 298; *Benz*, Verdeckte Sacheinlage und Einlagenrückzahlung im reformierten GmbH-Recht (MoMiG), 2010, 217 ff.
[570] *Herrler/Reymann* DNotZ 2009, 914 (917); *Benz*, Verdeckte Sacheinlage und Einlagenrückzahlung im reformierten GmbH-Recht (MoMiG), 2010, 224 ff.; s. auch BegrRA BT-Drs. 16/13098, 40.
[571] *Herrler/Reymann* DNotZ 2009, 914 (917).
[572] BT-Drs. 16/13098, 36.
[573] Krit. auch *Heidinger* in Heckschen/Heidinger Die GmbH in der Gestaltungs- und Beratungspraxis § 11 Rn. 298; *Herrler/Reymann* DNotZ 2009, 914 (917); *Benz*, Verdeckte Sacheinlage und Einlagenrückzahlung im reformierten GmbH-Recht (MoMiG), 2010, 222 f. Der im Text geübten Kritik zustimmend NK-AktR/*Polley* Rn. 70 in Fn. 303. Den durch das ARUG geschaffenen Rechtszustand befürwortet dagegen etwa *Lieder* ZIP 2010, 964 (971).
[574] K. Schmidt/Lutter/*Bayer* Rn. 90; *Benz*, Verdeckte Sacheinlage und Einlagenrückzahlung im reformierten GmbH-Recht (MoMiG), 2010, 217 ff.; *Heidinger* in Heckschen/Heidinger Die GmbH in der Gestaltungs- und Beratungspraxis § 11 Rn. 298.

Denn während nach bisherigem Recht die verdeckte Sacheinbringung sowohl schuldrechtlich als auch dinglich unwirksam war (§ 27 Abs. 3 AktG aF),[575] berührt das Vorliegen einer verdeckten Sacheinlage jetzt die Wirksamkeit des Sachgeschäfts nicht mehr (§ 27 Abs. 3 S. 2): Die Gesellschaft erlangt auch an verdeckt eingelegten Sachen endgültig Eigentum; sie ist insbesondere auch keinem Kondiktionsanspruch des Inferenten bzgl. der empfangenen Sachleistung ausgesetzt, denn das Sachgeschäft ist schuldrechtlich wirksam und damit Rechtsgrund. Was die Gesellschaft aber bereits endgültig wirksam erlangt hat, kann und muss der Inferent nicht nochmals einbringen.[576]

207 Wird zur Heilung der verdeckten Sacheinlage die Einlageverpflichtung des Aktionärs auf den bereits verdeckt eingebrachten Gegenstand umgestellt, ist problematisch, wie sich die nachträglich begründete Sacheinlageverpflichtung mit der schuldrechtlichen und dinglichen Wirksamkeit des Sachgeschäfts (§ 27 Abs. 3 S. 2) vereinbaren lässt.[577] Denn die Gesellschaft hat zwar den ihr nachträglich als Sacheinlage versprochenen Vermögensgegenstand bereits erhalten, dies aber aufgrund des wirksam vereinbarten Sachgeschäfts (typischerweise ein Kaufvertrag), nicht auf Grundlage einer – zu diesem Zeitpunkt noch gar nicht bestehenden – Sacheinlageverpflichtung. Was der Gesellschaft aber bereits aufgrund des Sachgeschäfts geleistet worden ist, kann nicht gleichzeitig Gegenstand einer Sacheinlage sein. Auch wenn der betreffende Gegenstand nicht erneut eingebracht wird, sondern lediglich festgestellt[578] wird, dass ihn die Gesellschaft zu einem bestimmten Wert als Sacheinlage erhalten hat, bleibt das Problem, dass *causa* der Einbringung sowohl das wirksame Sachgeschäft als auch das mit der Heilung abgegebene Sacheinlageversprechen wäre. Eine solche „Doppelcausa" ist dem Schuldrecht indes fremd. Als **Lösung** ließe sich allenfalls[579] erwägen, **nachträglich die Anrechnung der Vergütung aus dem Sachgeschäft auf den Einlageanspruch der Gesellschaft (§ 27 Abs. 1 S. 2) zu gestatten,** wenn das für fingierte Sacheinlagen (§ 27 Abs. 1 S. 2) geltende Verfahren nachgeholt wird. Auf diese Weise ließe sich die gleichzeitige Wirksamkeit des Sachgeschäfts erklären, denn bei einer fingierten Sacheinlage ist *causa* für die Einbringung nicht ein Sacheinlageversprechen, sondern das Sachgeschäft selbst, dh ein gewöhnlicher schuldrechtlicher Austauschvertrag (→ Rn. 108).

208 Voraussetzung für eine Heilung auf diesem Weg ist ein mit **satzungsändernder Mehrheit**[580] **gefasster Gesellschafterbeschluss,** durch den die Anrechnung der Vergütung auf die Geldeinlageverpflichtung des Inferenten nachträglich festgestellt und gebilligt wird. In dem Beschluss aufzuführen sind die Gesellschafter, auf deren Einlageverpflichtung die Anrechnung erfolgt ist, und der konkrete Inhalt des Sachgeschäfts, auf dem die angerechnete Vergütungsforderung des Inferenten beruht.[581] Bei der Heilung einer verdeckten Forderungseinbringung sind nähere Angaben zu der betreffenden Forderung erforderlich. Aus der gesellschaftsrechtlichen Treuepflicht kann ggf. eine Pflicht zur Mitwirkung der Mitgesellschafter an der Heilung abgeleitet werden.[582]

209 Die für Sacheinlagen bei der AG vorgesehene Werthaltigkeitskontrolle ist vollumfänglich nachzuholen, das Verfahren nach §§ 32 ff. insgesamt zu durchlaufen.[583] Soweit die verdeckte Sacheinlage durch die Gründer vereinbart worden ist, haben Vorstand und Aufsichtsrat nach den allgemeinen Grundsätzen die interne Gründungsprüfung vorzunehmen; hat der Vorstand hingegen an der verdeckten Sacheinlage mitgewirkt, dann ist die interne Gründungsprüfung analog § 52 Abs. 3 AktG allein durch den Aufsichtsrat durchzuführen.[584] Der **Anmeldung** des Heilungsbeschlusses zum Handelsregister sind als **Anlagen** beizufügen ein von allen Gründern erstatteter und unterzeichneter **Bericht** über die nachträgliche Zulassung der fingierten Sacheinlage (vgl. §§ 32, 37 Abs. 4 Nr. 4), ein **Prüfungsbericht** des Vorstands und/oder Aufsichtsrats sowie des gerichtlich zu bestellenden,

---

[575] BGHZ 155, 329 = NJW 2003, 3127.
[576] So auch K. Schmidt/Lutter/*Bayer* Rn. 90; *Veil* ZIP 2007, 1241 (1245); *Heidinger* in Heckschen/Heidinger Die GmbH in der Gestaltungs- und Beratungspraxis § 11 Rn. 298.
[577] Gegen die im Folgenden dargestellten Bedenken indes Großkomm AktG/*Schall* Rn. 340.
[578] Für *ex nunc* wirkende Feststellung des Erlöschens der Bareinlageverpflichtung K. Schmidt/Lutter/*Bayer* Rn. 90; Lutter/Hommelhoff/*Bayer* GmbHG § 19 Rn. 96.
[579] Anders Großkomm AktG/*Schall* Rn. 340.
[580] Ebenso K. Schmidt/Lutter/*Bayer* Rn. 90; Kölner Komm AktG/*Arnold* Rn. 124; MüKoAktG/*Pentz* Rn. 162; NK-AktR/*Polley* Rn. 70; *Lieder* ZIP 2010, 964 (971); Lutter/Hommelhoff/*Bayer* GmbHG § 19 Rn. 96. Für das GmbH-Recht vor dem MoMiG bereits BGHZ 132, 141 (154) = NJW 1996, 1473; anders (Einstimmigkeit erforderlich) etwa *Krieger* ZGR 1996, 674 (685).
[581] Vgl. K. Schmidt/Lutter/*Bayer* Rn. 90; *Lieder* ZIP 2010, 964 (971).
[582] BGHZ 155, 329 = NJW 2003, 3127 = DB 2003, 1894 = ZIP 2003, 1540; OLG Düsseldorf RNotZ 2006, 242; Kölner Komm AktG/*Arnold* Rn. 124; MüKoAktG/*Pentz* Rn. 161; Lutter/Hommelhoff/*Bayer* GmbHG § 19 Rn. 96; *Krieger* ZGR 1996, 674 (686); *Pentz* ZIP 2003, 2093 (2096); krit. *Reiff/Ettinger* DStR 2004, 1258.
[583] Kölner Komm AktG/*Arnold* Rn. 125; NK-AktR/*Polley* Rn. 71; K. Schmidt/Lutter/*Bayer* Rn. 91; *Lieder* ZIP 2010, 964 (971). AA MüKoAktG/*Pentz* Rn. 165.
[584] K. Schmidt/Lutter/*Bayer* Rn. 91; *Lieder* ZIP 2010, 964 (971).

externen Prüfers (vgl. § 33 Abs. 1, Abs. 2 Nr. 4, § 37 Abs. 4 Nr. 4), die **Verträge,** die dem Sachgeschäft zugrunde lagen oder mit denen die betreffende Forderung des Gesellschafters eingebracht worden ist (vgl. § 37 Abs. 4 Nr. 2) und eine **Versicherung aller Vorstands- und Aufsichtsratsmitglieder sowie aller Gesellschafter** (vgl. § 36 Abs. 1, s. aber für die Kapitalerhöhung § 188 Abs. 1, wonach die Anmeldung nur durch Vorstand und Aufsichtsratsvorsitzenden zu erfolgen hat), dass der betreffende Gegenstand zur freien Verfügung des Vorstands geleistet worden ist und sein Wert dem auf die Einlageschuld angerechneten Betrag entspricht.

Für die Beurteilung der Werthaltigkeit des Sacheinlagegegenstandes ist auf den der gesetzlichen 210 Wertanrechnung nach § 27 Abs. 3 S. 3 zugrunde legenden Wert abzustellen, also auf den Zeitpunkt der Anmeldung der vorgeblichen Bargründung oder aber der späteren Überlassung des Gegenstands, nicht auf den Wert im Zeitpunkt der späteren Heilung.[585] Einen eventuellen Minderwert der Sacheinlage zur ursprünglich vereinbarten Bareinlage muss der Inferent bar zuschießen (Differenzhaftung).[586]

Davon unabhängig ist freilich eine „Heilung" durch nochmalige, ursprünglich nicht abgesprochene **Zahlung der Bareinlage** möglich, durch die eine etwa offen gebliebene Geldeinlageforderung erlischt. Eine „Heilung" durch **Kapitalherabsetzung und anschließende Kapitalerhöhung** dürfte zwar grds. ebenfalls in Betracht kommen, aber nur eher eine theoretische Möglichkeit darstellen (→ Rn. 268).[587] Das **Nachgründungsverfahren nach § 52** ist für die Heilung verdeckter Sacheinlagen nach geltendem Recht **ohne Bedeutung** (auch → § 52 Rn. 56 ff.):[588] Die beiden Regelungskomplexe haben einen unterschiedlichen Normzweck und stehen systematisch nebeneinander (→ Rn. 114 ff.). Die Heilung des einen Verstoßes kuriert nicht den anderen.

6. Übergangsregelung (§ 20 Abs. 7 EGAktG). Gemäß § 20 Abs. 7 EGAktG gilt die Neuregelung der verdeckten Sacheinlage auch für Altfälle, sofern nicht bereits vor Inkrafttreten des ARUG am 1.9.2009 eine wirksame Vereinbarung (insbesondere Vergleich) erzielt oder ein rechtskräftiges Urteil erwirkt[589] worden ist.[590] Diese Rückwirkung betrifft auch die nach früherem Recht gemäß § 27 Abs. 3 S. 1 AktG aF unwirksamen Sachgeschäfte.[591] Der aus der verdeckten Sacheinlage hergeleitete Wirksamkeitsmangel ist mit Wirkung *ex tunc* entfallen.[592] Diese rückwirkende Änderung der dinglichen Rechtslage und darüber hinaus der Eingriff in anhängige Streitverfahren sind verfassungsrechtlich nicht unbedenklich, letztlich aber bei weiter Auslegung des Ausnahmetatbestands für Vereinbarungen, die über die Folgen einer verdeckten Sacheinlage noch auf der Grundlage des früheren Rechts getroffen worden sind, hinnehmbar.[593]

IX. Hin- und Herzahlen (Abs. 4)

1. Einführung. In Literatur und Rechtsprechung wurde lange Zeit nicht zwischen der verdeckten 213 Sacheinlage und dem sog. Hin- und Herzahlen (im Folgenden auch „Einlagenrückzahlung") unterschieden, sondern die Rückzahlung der Einlage iSv § 27 Abs. 4 (bzw. § 19 Abs. 5 GmbHG) als Untergruppe der verdeckten Sacheinlage angesehen.[594] Im Unterschied zur verdeckten Sacheinlage iSv § 27 Abs. 3, bei der die Sondervorschriften für Sacheinlagen (ua § 27 Abs. 1, 2, § 32 Abs. 2, § 33

---

[585] K. Schmidt/Lutter/*Bayer* Rn. 92; Hüffer/Koch/*Koch* Rn. 46; Kölner Komm AktG/*Arnold* Rn. 125; MüKoAktG/*Pentz* Rn. 165; *Lieder* ZIP 2010, 964 (971); Lutter/Hommelhoff/*Bayer* GmbHG § 19 Rn. 98; *Markwardt* BB 2008, 2414 (2418); *M. Winter* FS Priester, 2007, 867 (878); *Herrler/Reymann* DNotZ 2009, 914 (922). AA *Roth/Altmeppen* GmbHG § 19 Rn. 93.
[586] Kölner Komm AktG/*Arnold* Rn. 125; MüKoAktG/*Pentz* Rn. 165; *Lieder* ZIP 2010, 964 (971).
[587] Gegen sie Großkomm AktG/*Schall* Rn. 337. S. BayObLG DB 1978, 337 f. für die GmbH; *Wiedemann* ZIP 1991, 1257 (1268) für Kapitalerhöhung bei AG; für Heilung durch analoge Anwendung der Vorschriften zur vereinfachten Kapitalherabsetzung in Verbindung mit gleichzeitiger Kapitalerhöhung *Lenz* S. 101 ff.
[588] *Lieder* ZIP 2010, 964 (971). Ebenso etwa K. Schmidt/Lutter/*Bayer* § 52 Rn. 54; s. auch Großkomm AktG/ *Schall* Rn. 337.
[589] Dazu OLG Koblenz NZG 2010, 29 (30).
[590] Zu dieser Übergangsregelung etwa MüKoAktG/*Pentz* Rn. 168 ff.; K. Schmidt/Lutter/*Bayer* Rn. 123 ff.
[591] *Bormann/Urlichs* GmbHR 2008 Sonderheft MoMiG S. 37, 41; *Fuchs* BB 2009, 170 (172); *Benz,* Verdeckte Sacheinlage und Einlagenrückzahlung im reformierten GmbH-Recht (MoMiG), 2010, 200 f.
[592] K. Schmidt/Lutter/*Bayer* Rn. 124 mwN in Fn. 515; MüKoAktG/*Pentz* Rn. 169; zum Recht der GmbH BGHZ 185, 44 (54) = BGH ZIP 2010, 978 = DStR 2010, 1087 – AdCoCom m. Anm. *Goette*.
[593] Ausführlich *Benz,* Verdeckte Sacheinlage und Einlagenrückzahlung im reformierten GmbH-Recht (MoMiG), 2010, 208 ff. Für Verfassungskonformität auch K. Schmidt/Lutter/*Bayer* Rn. 124 mwN sowie – zum Recht der GmbH – BGHZ 185, 44 (51 ff.) = BGH ZIP 2010, 978 = DStR 2010, 1087 – AdCoCom m. Anm. *Goette*. Differenzierend dagegen MüKoAktG/*Pentz* Rn. 171 f.
[594] Vgl. zur Entwicklung der Rechtsprechung des BGH: *Benz,* Verdeckte Sacheinlage und Einlagenrückzahlung im reformierten GmbH-Recht (MoMiG), 2010, 271 ff.

Abs. 2 Nr. 4, §§ 33a, 36a Abs. 2, §§ 37a, 38 Abs. 2, 3) umgangen werden, ist das Hin- und Herzahlen dadurch charakterisiert, dass die **Geldeinlage** des Inferenten an diesen oder an einen dem Inferenten zuzurechnenden Dritten[595] **absprachegemäß als Darlehen** oder aufgrund einer Treuhandabrede (wieder) **ausgereicht** wird. Angesichts dessen, dass Forderungen der Gesellschaft gegen den Inferenten nach ganz hM **nicht sacheinlagefähig** sind (→ Rn. 26), kommt eine Umgehung der Sachgründungs- bzw. Sacherhöhungsvorschriften beim Hin- und Herzahlen nicht in Betracht. Wirtschaftlich betrachtet leistet der Inferent im Fall des Hin- und Herzahlens iSv § 27 Abs. 4 indes nichts, da die Einlagemittel durch die Gesellschaft selbst finanziert werden (zum daraus resultierenden Spannungsverhältnis mit Art. 64 GesR-RL [früher Art. 25 Kapital-RL] sowie § 71a → Rn. 295 ff.). Im Ergebnis wird lediglich die gesellschaftsrechtliche Einlagenforderung der AG durch einen schwächeren schuldrechtlichen (Rück-)Zahlungsanspruch ersetzt. Die fehlende Absicherung des schuldrechtlichen Rückzahlungsanspruchs insbesondere durch § 66 Abs. 1 ist unvermeidliche Konsequenz des nach der gesetzlichen Konzeption erfolgreich abgeschlossenen Kapitalaufbringungsvorgangs unter Beachtung der Kautelen von § 27 Abs. 4. Aufgrund der Rückzahlungsabrede zwischen Gesellschaft und Aktionär fehlt es – vorbehaltlich des Eingreifens von § 27 Abs. 4 – an einer Leistung endgültig zur freien Verfügung des Vorstands iSv § 36 Abs. 2, § 54 Abs. 3.

213a Aufgrund der mangels gesellschaftsrechtlicher Absicherung des schuldrechtlichen Rückzahlungsanspruchs gegen den Aktionär (näher → Rn. 220) drohenden Schutzlücken wurde und wird die Liberalisierung des Kapitalaufbringungsrechts in § 19 Abs. 5 GmbH und § 27 Abs. 4 **in rechtspolitischer Hinsicht** vielfach kritisiert[596] und eine strenge Handhabung der gesetzlichen Tatbestandsvoraussetzungen gefordert.[597] Die dieser Forderung folgende bisherige Handhabung dieser beiden Vorschriften in der Rechtsprechung hat dazu geführt, dass von der in § 19 Abs. 5 GmbHG und § 27 Abs. 4 eröffneten Möglichkeit eines legalen Hin- und Herzahlens – soweit ersichtlich – derzeit **praktisch kein Gebrauch gemacht** wird. Man mag daraus den Schluss ziehen, dass sich der Rechtsverkehr damit abgefunden hat, dass ein Hin- und Herzahlen trotz der ökonomischen Vorteile insbesondere im Konzern im Anwendungsbereich von § 19 Abs. 5 GmbHG und § 27 Abs. 4 nicht sinnvoll realisierbar ist, und er deshalb gänzlich darauf verzichtet. Deutlich naheliegender dürfte jedoch die Vermutung sein, dass das Hin- und Herzahlen ähnlich wie vor Inkrafttreten der Neuregelungen in § 19 Abs. 5 GmbHG und § 27 Abs. 4 weiterhin, allerdings außerhalb der Wahrnehmung der Registergerichte praktiziert wird. Da die allfälligen **Umgehungsgestaltungen** tendenziell nicht darauf ausgerichtet sein dürften, den Interessen von Gläubigern und Anlegern in besonderem Maße Rechnung zu tragen, ist der Gesetzgeber aufgerufen, durch Präzisierung des Tatbestands von § 19 Abs. 5 GmbHG und § 27 Abs. 4 eine in der Praxis handhabbare Regelung zu schaffen, die die Interessen der Gesellschaft, der Aktionäre und der Gläubiger in einen angemessenen Ausgleich bringt.

214 **a) Rechtslage vor Inkrafttreten des ARUG.** Bis zum Inkrafttreten des ARUG wurden die beiden Zahlungsvorgänge von der BGH-Rechtsprechung wegen vergleichbarer Risiken für die reale Kapitalaufbringung als *nullum* behandelt und die **Darlehensabrede** als **unwirksam** angesehen mit der Folge, dass die Einlageschuld des Inferenten in voller Höhe fortbestand.[598] Als dogmatische Grundlage diente meistens das Gebot der Einlagenleistung zur endgültig freien Verfügung des Vorstands (§ 36 Abs. 2, § 54 Abs. 3).[599] Teilweise wurde auch auf das Befreiungsverbot des § 66 Abs. 1 S. 1 bzw. – vor allem in der älteren Rechtsprechung – unmittelbar auf die Grundsätze der verdeckten Sacheinlage zurückgegriffen.[600] Allerdings führten als „Darlehensrückzahlung" deklarierte Zahlungen an die Gesellschaft, die objektiv der offenen Einlageschuld eindeutig zugeordnet werden konnten, zur Tilgung der Einlageschuld.[601] Die **Gefahr einer doppelten Leistung** der Einlage bestand – anders als bei der verdeckten Sacheinlage – daher grundsätzlich nicht, wenn die Geldeinlage an den Inferenten selbst

---

[595] ZB ein mit dem Inferenten iSv § 15 AktG verbundenes Unternehmen. Näher → Rn. 233.
[596] *Bayer/Lieder* GmbHR 2006, 1121 (1123); *Bayer/Lieder* ZGR 2005, 133 (142); *Heckschen* DStR 2008, 1442 (1447); *K. Schmidt* GmbHR 2008, 449 (451 ff.); *Pentz* GmbHR 2009, 505 (511 f.); MüKoAktG/*Pentz* Rn. 214 („zulasten der Vorstandsmitglieder gehende, systematisch bedenkliche Privilegierung der Gründer").
[597] *K. Schmidt/Lutter/Bayer* Rn. 98.
[598] BGHZ 168, 188 = NZG 2006, 712.
[599] BGHZ 113, 335 (347 f.) = NJW 1991, 1754; BGHZ 119, 177 (188) = NJW 1992, 3300; *Habetha* ZGR 1998, 305 (315 f., 318 f.); *Henze* ZHR 154 (1990), 105 (117 f.); *Mülbert* ZHR 154 (1990), 145 (185 mit Fn. 147); *Ulmer* ZHR 154 (1990), 128 (137 f.).
[600] Für die GmbH: BGHZ 153, 107 aE; BGH NJW 2001, 3781 (Verweis auf Entscheidungen zur verdeckten Sacheinlage).
[601] Vgl. zum alten Recht: BGHZ 165, 113 = NZG 2006, 24; BGH NZG 2008, 511 (512 Rn. 6) (jeweils zum Hin- und Herzahlen); BGHZ 168, 188 = NZG 2006, 716 (zum Her- und Hinzahlen); zur Rechtsfolge nach dem ARUG: BGH NJW 2010, 1948 Rn. 16 – ADCOCOM.

zurückgezahlt wurde.[602] Eine bei wirtschaftlicher Betrachtung doppelte Einlagenerbringung war nur in den Fällen denkbar, in denen die Geldeinlage absprachegemäß an einen dem Inferenten zuzurechnenden Dritten (zB an die zentrale Cash-Pool-Gesellschaft im Konzern, → Rn. 303 ff.) ausgereicht wurde und sich der Darlehensrückzahlungsanspruch später als nicht werthaltig erwies.

b) Neuregelung des Hin- und Herzahlens; gesetzgeberischer Wille. Durch das MoMiG wurden die Kapitalaufbringungsregeln für die GmbH in § 19 Abs. 4 und Abs. 5 GmbHG liberalisiert und im Wesentlichen eine **bilanzielle Betrachtungsweise** eingeführt.[603] Sowohl auf Tatbestands- als auch auf Rechtsfolgenseite findet sich allerdings eine klare gesetzliche Differenzierung zwischen der verdeckten Sacheinlage einerseits und dem Hin- und Herzahlen andererseits. Zunächst verzichtete der Gesetzgeber aufgrund von Zweifeln an der Vereinbarkeit eines derartigen Regimes bei der AG mit sekundärem Gemeinschaftsrecht (→ Rn. 288 ff.) auf eine parallele Regelung im Aktienrecht. Mit dem Inkrafttreten des ARUG wurde die im GmbH-Recht vorgezeichnete weitgehend bilanzielle Betrachtungsweise bei der Kapitalaufbringung sowie die kategoriale Unterscheidung zwischen verdeckter Sacheinlage und Hin- und Herzahlen im Aktienrecht nachvollzogen. Zudem wurden das aktienrechtliche Kapitalaufbringungs- und Kapitalerhaltungsrecht (vgl. § 57 Abs. 1 S. 3 Var 2) in diesem Punkt weitgehend harmonisiert.[604] Wegen deren unterschiedlicher Behandlung auf Tatbestands- und Rechtsfolgenseite sind die verdeckte Sacheinlage und das Hin- und Herzahlen aber klar voneinander zu trennen. Im Gegensatz zur verdeckten Sacheinlage kommt der Geldeinlage des Inferenten beim Hin- und Herzahlen unter den in § 27 Abs. 4 normierten Voraussetzungen Erfüllungswirkung zu (zum insoweit maßgeblichen Zeitpunkt → Rn. 248).

Der Normierung des Hin- und Herzahlens als eigenständige Fallgruppe im Rahmen der Kapitalaufbringung liegt die gesetzgeberische Zielsetzung der **Ermöglichung von Cash-Management-Systemen** zugrunde.[605] Derartige Systeme werden vorrangig von Konzernen genutzt, weshalb sich § 19 Abs. 5 GmbHG und folglich auch § 27 Abs. 4 dem Vorwurf eines **Sonderrechts für die Kapitalaufbringung im Konzern** ausgesetzt sehen.[606] Angesichts der strengen Anforderungen des BGH an § 19 Abs. 5 GmbHG, die sich zwanglos auf § 27 Abs. 4 übertragen lassen (→ Rn. 242 ff.), sind die angestrebten Erleichterungen des Cash-Managements bislang noch nicht eingetreten (vgl. zur Problematik des Cash-Pools → Rn. 303 ff.). Sofern die **Anforderungen von § 27 Abs. 4 nicht gewahrt** sind, gelten die in → Rn. 214 geschilderten Rechtsprechungsgrundsätze weiterhin, dh die beiden Zahlungsvorgänge stellen ein *nullum* dar mit der Folge, dass die Einlageschuld des Inferenten zunächst in voller Höhe fortbesteht (zu Möglichkeiten der „Heilung" → Rn. 266 ff.); eine Anrechnung analog § 27 Abs. 3 S. 2 kommt insoweit nicht in Betracht.[607]

Dem System der Kapitalaufbringung bei der Aktiengesellschaft liegt weiterhin der Gedanke der realen Kapitalaufbringung zugrunde, was insbesondere durch § 36 Abs. 2 Var. 2 iVm § 54 Abs. 3 (Leistung der Geldeinlage endgültig zur freien Verfügung des Vorstands) und § 66 Abs. 1 (Befreiungs- und Aufrechnungsverbot) zum Ausdruck kommt. Angesichts des restriktiven Ansatzes des BGH im Hinblick auf die Erfüllungswirkung (→ Rn. 255) ist derzeit davon auszugehen, dass er den **Ausnahmecharakter** von § 27 Abs. 3 und 4 herausstreichen und einer Ausdehnung der in diesen Vorschriften angelegten bilanziellen Betrachtungsweise entgegentreten wird.[608] Zum Sonderfall von entgeltlichen Dienstleistungen des Inferenten gegenüber der Gesellschaft → Rn. 234 ff. Im Übrigen ist noch nicht abschließend geklärt, ob ein nicht erfüllungsschädliches Hin- und Herzahlen nach Maßgabe von § 27 Abs. 4 aufgrund einer ggf. unvermeidlichen Kollision mit dem (europarechtlich überlagerten) Verbot des § 71a Abs. 1 S. 1 von vornherein ausscheidet und § 27 Abs. 4 daher **gänzlich leerläuft** (→ Rn. 293 ff.).

Die Problematik des Hin- und Herzahlens stellt sich in gleicher Weise bei der **Kapitalerhöhung** (vgl. § 183 Abs. 2, § 194 Abs. 2, § 205 Abs. 3), sodass die nachfolgenden Ausführungen dort entsprechend gelten.

2. Tatbestand. Auch zum Hin- und Herzahlen wurde in Anlehnung an das GmbH-Recht (§ 19 Abs. 5 GmbHG) mit § 27 Abs. 4 eine Regelung in das AktG eingefügt. Nach der gesetzlichen Konzeption setzt eine Rückzahlung von Einlagen iS des § 27 Abs. 4 S. 1 – allgemein als „Hin- und Herzahlen" bezeichnet – voraus, dass „vor der Einlage eine Leistung an den Aktionär vereinbart

---
[602] BGH NJW 2008, 511 (512 Rn. 8).
[603] Beschlussempfehlung und Bericht des Rechtsausschusses, BT-Drs. 16/13098, 37.
[604] Beschlussempfehlung und Bericht des Rechtsausschusses, BT-Drs. 16/13098, 37.
[605] Beschlussempfehlung des Rechtsausschusses des Bundestages zum RegE des MoMiG, BT-Drs. 16/9737, 56.
[606] So MüKoGmbHG/*Märtens*, 1. Aufl. 2009, § 19 Rn. 284.
[607] AllgM, vgl. nur Großkomm AktG/*Schall* Rn. 374 f.
[608] Vgl. auch *Markwardt* BB 2008, 2414 (2420); eine Leistung an Erfüllungs statt grundsätzlich für möglich haltend: *Herrler* DB 2008, 2347 (2351).

worden ist, die wirtschaftlich einer Rückzahlung der Einlage entspricht und die nicht als verdeckte Sacheinlage im Sinne von Abs. 3 zu beurteilen ist". Der Tatbestand des Hin- und Herzahlens unterscheidet sich von dem der verdeckten Sacheinlage. Maßgeblich ist nicht eine als Rückzahlung zu bewertende Leistung, sondern die bloße „Vereinbarung" einer solchen. Folglich ist zunächst zu untersuchen, ob vor der Leistung der Einlage eine Leistung an den Gesellschafter vereinbart worden ist, und erst anschließend, ob diese wirtschaftlich einer Rückzahlung der Einlage entspricht.[609]

220 Das gegenüber der Regelung der verdeckten Sacheinlage **subsidiäre**[610] Hin- und Herzahlen ist dadurch gekennzeichnet, dass die Geldeinlage im Rahmen eines Darlehensvertrages oder in sonstiger Weise absprachegemäß (wieder)[611] an den Gesellschafter oder an einen dem Inferenten zuzurechnenden Dritten ausgereicht wird. Im Regelfall wird im Rahmen von § 27 Abs. 4 die mitgliedschaftliche Leistungspflicht durch einen **schwächeren schuldrechtlichen Anspruch** ersetzt.[612] Eine gesellschaftsrechtliche Absicherung nach §§ 65 f. AktG scheidet insoweit zunächst aus. Zwar wird teilweise geltend gemacht, jedenfalls das Befreiungs- und Aufrechnungsverbot nach § 66 Abs. 1 (bzw. § 19 Abs. 2 GmbHG) müsse Anwendung finden.[613] Angesichts des vom Gesetz sanktionierten Wandels von der mitgliedschaftlichen Einlagenverbindlichkeit zur bloßen schuldrechtlichen Darlehensforderung ist diese Einschränkung – auch mit Blick auf die Schutzwürdigkeit des Zessionars im Fall der Abtretung des Anspruchs, der keine Kenntnis vom Hin- und Herzahlen hat – jedoch nicht gerechtfertigt.[614] Es wird die Aufgabe der Rechtsprechung werden, die sich daraus ergebenden Umgehungsmöglichkeiten einzuschränken.

221 a) **Erfordernis einer vorherigen Verwendungsabsprache. aa) Rechtsnatur der „Vereinbarung" iSv § 27 Abs. 4 S. 1.** Vergleicht man den Wortlaut des § 27 Abs. 4 S. 1 („Vereinbarung") mit der Legaldefinition der verdeckten Sacheinlage in § 27 Abs. 3 S. 1 („Abrede"), liegt es zunächst nahe, an den subjektiven Tatbestand des Hin- und Herzahlens strengere Anforderungen zu stellen als an den der verdeckten Sacheinlage. Während bei Letzterer allgemein anerkannt ist, dass die **bloße Übereinkunft der Beteiligten** genügt,[615] könnte man bei § 27 Abs. 4 S. 1 den Abschluss eines rechtsverbindlichen Vertrages fordern. Mit Blick auf die gesetzgeberische Zielsetzung, an die Rechtsprechung des BGH zum Hin- und Herzahlen anzuknüpfen, sowie aufgrund der anderenfalls drohenden Schutzlücken[616] sind die Tatbestandsmerkmale „Abrede" gem § 27 Abs. 3 S. 1 und „Vereinbarung" gem § 27 Abs. 4 S. 1 parallel im Sinne einer bloßen Übereinkunft auszulegen, die **keinen Rechtsbindungswillen** der Beteiligten erfordert.[617]

222 bb) **Parteien der Vereinbarung.** Die Übereinkunft wird **im Gründungsstadium** grundsätzlich zwischen dem **Inferenten** und seinen **Mitgesellschaftern** getroffen. Selbst vor Eintragung der Gesellschaft kann nach üA statt der Mitgesellschafter der Vorstand in vertretungsberechtigter Zahl handeln. Im Rahmen einer **Kapitalerhöhung** hat die Abrede – mangels Weisungsbefugnis der Aktionäre gegenüber dem Vorstand – stets zwischen dem Inferenten und der **Gesellschaft,** vertreten durch den Vorstand, zu erfolgen (zur parallelen Fragestellung bei der verdeckten Sacheinlage → Rn. 168 mwN).

---

[609] Zutreffend *Benz,* Verdeckte Sacheinlage und Einlagenrückzahlung im reformierten GmbH-Recht (MoMiG), 2010, 284 f.

[610] Dieser Aspekt kann insbesondere bei der Kapitalaufbringung im Rahmen eines Cash-Management-Systems Bedeutung erlangen (vgl. hierzu *Herrler* DNotZ 2008, 903 (906 f.); *Maier-Reimer/Wenzel* ZIP 2008, 1449 (1454) sowie → Rn. 240).

[611] Zur Gleichbehandlung von Hin- und Her- sowie Her- und Hinzahlen nach altem GmbH-Recht vgl. BGHZ 168, 188 = NZG 2006, 716 (717); s. auch → Rn. 229.

[612] So ausdrücklich der Gesetzentwurf der Bundesregierung v. 23.5.2007 zum MoMiG, BT-Drs. 16/6140, 35.

[613] So *Bormann* GmbHR 2007, 897 (903); *Heinze* GmbHR 2008, 1065 (1071); *Roth/Altmeppen/Roth* GmbHG § 19 Rn. 108 (jeweils zur GmbH: entsprechende Anwendung von § 19 Abs. 2 GmbHG); darüber hinausgehend: *Wicke* GmbHG § 19 Rn. 37; aA MüKoGmbHG/*Schwandtner* § 19 Rn. 358; vgl. auch *Schall,* Kapitalgesellschaftsrechtlicher Gläubigerschutz, 2009, 135.

[614] Kölner Komm AktG/*Arnold* Rn. 148; K. Schmidt/Lutter/*Bayer* Rn. 98; Großkomm AktG/*Schall* Rn. 412; *Gehrlein* Der Konzern 2007, 771 (782); *Goette* DStR 2009, 51 (53); *Herrler* DB 2008, 2347 (2348); Hüffer/Koch/*Koch* Rn. 52; *Pentz* GmbHR 2009, 505 (511) (jeweils zu § 19 Abs. 5 GmbHG); *Herrler/Reymann* DNotZ 2009, 914 (923 Fn. 48) (zu § 27 Abs. 4).

[615] Vgl. *K. Schmidt* GesR § 37 II 4 a, S. 1122 ff.; *Benz,* Verdeckte Sacheinlage und Einlagenrückzahlung im reformierten GmbH-Recht (MoMiG), 2010, 74 f. mwN. S. auch → Rn. 166 ff.

[616] Würden die Gesellschafter vor der Leistung der Bareinlage nur in Form eines *Gentlemen's Agreement* deren Rückzahlung verabreden und den verbindlichen Darlehensvertrag erst danach abschließen, wäre nicht § 27 Abs. 4, sondern § 57 Abs. 1 S. 3 Var. 2 anzuwenden. Damit könnten die Beteiligten darüber disponieren, ob die Kapitalaufbringungs- oder die (weniger strengen) Kapitalerhaltungsregeln Anwendung finden (vgl. *Benz,* Verdeckte Sacheinlage und Einlagenrückzahlung im reformierten GmbH-Recht (MoMiG), 2010, 288).

[617] So auch *Benz,* Verdeckte Sacheinlage und Einlagenrückzahlung im reformierten GmbH-Recht (MoMiG), 2010, 284 ff. mit Beispielsfällen; Hüffer/Koch/*Koch* Rn. 49; Grigoleit/*Vedder* Rn. 68.

cc) Sonderfall: Ein-Mann-AG. Bei der **Ein-Mann-AG** (§ 2) kommt eine Vereinbarung denk- 223 notwendig nicht in Betracht. Deshalb stellt die Rechtsprechung darauf ab, ob sich aus dem Gesamtzusammenhang ein entsprechendes **Vorhaben** des Alleingesellschafters ergibt.[618] Dies gilt im Gründungsstadium, bei der Kapitalerhöhung hingegen nur dann, wenn kein vom Gesellschafter personenverschiedener Vorstand vorhanden ist.

dd) Maßgeblicher Zeitpunkt. Ob die **Absprache notwendig vor der Einlagenleistung** 224 getroffen werden muss und bei nachfolgenden Absprachen lediglich die Kapitalerhaltungsregeln (§ 57) zu beachten sind, ist umstritten.[619] Aufgrund des Wortlauts („vor der Einlage [...] vereinbart") und der Parallele bei der verdeckten Sacheinlage (Erfordernis einer vorherigen Verwendungsabsprache, → Rn. 169) ist der Anwendungsbereich des § 27 Abs. 4 bei einer der Einlagenleistung nachfolgenden Übereinkunft zur Rückzahlung der Einlage nicht eröffnet; eine analoge Anwendung kommt ebenfalls nicht in Betracht.[620] Eine unschwer mögliche Gesetzesumgehung ist angesichts der Vermutung der Absprache bei engem sachlichem und zeitlichem Zusammenhang (→ Rn. 225) nicht zu befürchten.[621] Im Unterschied zur verdeckten Sacheinlage, bei der es auf den Zeitpunkt der Übernahme der Einlageverpflichtung ankommt (→ Rn. 169), bildet die **tatsächliche Leistung der Einlage** die **maßgebliche Zäsur**. Eine nachfolgende Rückzahlungsabsprache ist allein an § 57 zu messen.

ee) Vermutung einer Vereinbarung. Bei einem **engen sachlichen und zeitlichen Zusam-** 225 **menhang** zwischen der Leistung der Einlage und der Begründung der Rückzahlungsverpflichtung der Gesellschaft[622] streitet allerdings – ebenso wie bei der verdeckten Sacheinlage (→ Rn. 170 ff.) – eine **widerlegliche Vermutung** für eine vorherige Vereinbarung.[623] Denn wie bei der verdeckten Sacheinlage wird es den Gläubigern der Gesellschaft nur schwer möglich sein, das Zustandekommen und erst recht den Zeitpunkt der Übereinkunft über die Rückzahlung nachzuweisen.[624] Im Einklang mit der bisherigen Rechtsprechung des BGH[625] greift die Vermutung jedenfalls dann nicht mehr, wenn zwischen den maßgeblichen Rechtshandlungen **mehr als 8 Monate** liegen.[626] Außerhalb eines engen zeitlichen Zusammenhangs kommt der positive Nachweis einer Übereinkunft in Betracht.

b) Rückzahlung der Geldeinlage bei wirtschaftlicher Betrachtung. Das Hin- und Herzah- 226 len setzt tatbestandlich ferner voraus, dass die vereinbarte Leistung „wirtschaftlich einer Rückzahlung der Einlage entspricht". Auf die Identität der hin- und herfließenden Zahlungen (**Nämlichkeit**)[627] kommt es **ebenso wenig** an wie auf die **betragsmäßige Übereinstimmung** der vereinbarten gegenseitigen Zahlungen. Daher ist auch die **Bestellung einer Sicherheit** aus dem Vermögen der AG für die Einlage des Gründers tatbestandsmäßig.[628] Anders als auf Rechtsfolgenseite (→ Rn. 263 ff.) gilt auf der Tatbestandsseite kein Alles-oder-Nichts-Prinzip.[629] Entscheidend ist allein die Zielsetzung der

---

[618] Vgl. zur verdeckten Sacheinlage: BGHZ 170, 47 (51) = NJW 2007, 765 für die GmbH.
[619] So K. Schmidt/Lutter/*Bayer* § 27 Rn. 106; *Illhardt*, Die Einlagenrückzahlung nach § 27 Abs. 4 AktG, 2013, 75 ff.; *Bormann* GmbHR 2007, 897 (902); aA *Wälzholz* MittBayNot 2008, 425 (432): Einlage bei nachträglicher Absprache erst mit erfolgter Rückgewähr ordnungsgemäß erbracht.
[620] AA Kölner Komm AktG/*Arnold* Rn. 138.
[621] OLG Stuttgart NZG 2012, 231 (232); K. Schmidt/Lutter/*Bayer* Rn. 106; *Herrler/Reymann* DNotZ 2009, 914 (924); *Illhardt*, Die Einlagenrückzahlung nach § 27 Abs. 4 AktG, 2013, 75 ff.; Hölters/*Solveen* Rn. 47; Grigoleit/*Vedder* Rn. 68; ebenso *Benz*, Verdeckte Sacheinlage und Einlagenrückzahlung im reformierten GmbH-Recht (MoMiG), 2010, 292; *Bormann* GmbHR 2007, 897 (902); UHL/*Casper* GmbHG § 19 Rn. 183; *Wicke* GmbHG § 19 Rn. 33 aE (jeweils für den Parallelfall bei § 19 Abs. 5 GmbHG); aA Kölner Komm AktG/*Arnold* Rn. 138; differenzierend NK-AktR/*Polley* Rn. 81 und Großkomm AktG/*Schall* Rn. 388 (nachträgliche Abrede bis zur Anmeldung bzw. Eintragung relevant). Vgl. auch Lutter/Hommelhoff/*Bayer* GmbHG § 19 Rn. 92 mwN zum Meinungsbild.
[622] Der letztgenannte Zeitpunkt impliziert wegen § 488 S. 2 Var. 2 BGB die tatsächliche Rückzahlung der Einlage.
[623] Vgl. K. Schmidt/Lutter/*Bayer* Rn. 106; *Herrler* JA 2009, 529 Fn. 27; Roth/Altmeppen/*Roth* GmbHG § 19 Rn. 97; Grigoleit/*Vedder* Rn. 68.
[624] *Benz*, Verdeckte Sacheinlage und Einlagenrückzahlung im reformierten GmbH-Recht (MoMiG), 2010, 293.
[625] BGHZ 152, 37 = NJW 2002, 3774; vgl. auch BGH NZG 2008, 511 = NJW-RR 2008, 1067.
[626] Zum Meinungsstand hinsichtlich des maßgeblichen Zeitraums → Rn. 171.
[627] Eine gegenständliche Identität ist im Rahmen des in der Praxis fast ausschließlich praktizierten bargeldlosen Zahlungsverkehrs ohnehin nicht zu erreichen.
[628] MüKoAktG/*Pentz* Rn. 216 mwN.
[629] Zur Problematik einer die Einlageleistung übersteigenden Rückzahlung sowie zum Erfordernis der Gleichartigkeit von Einlage und vereinbarter Leistung der Gesellschaft vgl. *Benz*, Verdeckte Sacheinlage und Einlagenrückzahlung im reformierten GmbH-Recht (MoMiG), 2010, 301 f., 303 f.

Beteiligten, die **Geldeinlage des Inferenten** durch eine gegenläufige Zahlung oder Zahlungsverpflichtung der Gesellschaft **(teilweise)** zu **neutralisieren.**[630] Geldeinlage meint nicht lediglich die **Mindesteinlage** nach § 36a Abs. 1, sondern nach Wortlaut, systematischer Stellung des § 27 Abs. 4 und Sinn und Zweck der Regelung ebenso die **Resteinlage.**[631] Zur Behandlung des **Agios** (Aufgelds) iSv § 36a Abs. 1 Var. 2 sowie der Differenzierung zwischen korporativem und schuldrechtlichem Agio[632] bei der verdeckten Sacheinlage, die auf das Hin- und Herzahlen übertragbar ist, → Rn. 145.

227 Kennzeichnend für das Hin- und Herzahlen ist demgemäß eine **verdeckte Finanzierung der Einlagemittel** des Inferenten durch die Gesellschaft, dh die Geldeinlage soll vereinbarungsgemäß als Darlehen oder aufgrund einer Treuhandabrede an den Inferenten (zurück-)fließen.[633] Bei Zahlungen der Gesellschaft an den Inferenten im Gegenzug für Sach-, Werk- oder Dienstleistungen ist der Anwendungsbereich des § 27 Abs. 4 – unbeschadet der Subsidiarität des Hin- und Herzahlens gegenüber der verdeckten Sacheinlage – grundsätzlich nicht eröffnet (vgl. Wortlaut „Rückzahlung", Entstehungsgeschichte; zum Sonderfall der Dienstleistung sogleich → Rn. 234 ff.).[634]

228 aa) **Hin- und Herzahlen.** Die Leistung der Geldeinlage durch den Inferenten an die Gesellschaft und deren anschließende Wiederausreichung im Wege eines Darlehens an diesen – ein Hin- und Herzahlen im eigentlichen Wortsinn – bildet den Grundfall des § 27 Abs. 4.

229 bb) **Her- und Hinzahlen.** § 27 Abs. 4 findet ebenfalls Anwendung, wenn der Aktionär das Darlehen bereits vor Leistung der Geldeinlage erhalten hat und mit dem ausgereichten Geld anschließend absprachegemäß seine Einlagenverbindlichkeit erfüllt **(Her- und Hinzahlen).** Der Wortlaut des § 27 Abs. 4 steht dieser Auslegung nicht entgegen, da keine Rückzahlung der Einlage, sondern lediglich die Vereinbarung einer Leistung an den Gesellschafter erforderlich ist, die bei wirtschaftlicher Betrachtung einer Einlagenrückzahlung entspricht. Wirtschaftlich betrachtet hat die **zeitliche Reihenfolge** der Zahlungen – auch unter Berücksichtigung des Normzwecks und der Interessenlage – **keine Bedeutung.**[635]

230 cc) **Bloße Verrechnung?** In Anbetracht dessen, dass die korporationsrechtliche Einlagenforderung im wirtschaftlichen Ergebnis lediglich gegen einen einfachen schuldrechtlichen Zahlungsanspruch ausgetauscht wird, stellt sich die Frage, ob tatsächlich zwei gegenläufige Zahlungsströme, die sich typischerweise auf Kontogutschriften beschränken, für die Einhaltung der Vorgaben von § 27 Abs. 4 unverzichtbar sind. Insoweit ist vorab festzuhalten, dass eine schuldrechtliche Forderung gegen den Inferenten selbst mangels Aussonderung des Einlagegegenstandes aus dessen Vermögen nicht sacheinlagefähig ist,[636] das sodann gleiche »Einbuchen« einer derartigen Forderung daher nicht in den Anwendungsbereich von § 27 Abs. 3 fällt. Die hM in der Literatur steht u.a. deshalb auf dem Standpunkt, dass eine Einlagenrückzahlung stets tilgungsschädlich ist, wenn es an einem **tatsächlichen Zahlungsstrom** vom Inferenten zur Gesellschaft und wieder zurück (oder umgekehrt) fehlt.[637] Teilweise wird insoweit auf den Wortlaut von § 19 Abs. 5 S. 1 GmbHG verwiesen. Angesichts dessen, dass dort lediglich von „eine[r] Leistung an den Gesellschafter" die Rede ist,

---

[630] *Benz*, Verdeckte Sacheinlage und Einlagenrückzahlung im reformierten GmbH-Recht (MoMiG), 2010, 296 (300).
[631] Zutreffend *Benz*, Verdeckte Sacheinlage und Einlagenrückzahlung im reformierten GmbH-Recht (MoMiG), 2010, 296 f.; aA *Schluck-Amend/Penke* DStR 2009, 1433 (1436).
[632] Kapitalrücklage nach § 272 Abs. 2 Nr. 1 bzw. § 272 Abs. 2 Nr. 4 HGB, was gemäß § 150 AktG für die Rücklagenverwendung von Relevanz ist. Für die Abgrenzung zwischen korporativem und schuldrechtlichen Agio vgl. BGH NZG 2008, 73 ff. = GmbHR 2008, 147 ff. mit Anm. *Herchen*.
[633] BGHZ 180, 38 = NJW 2009, 2375 – Qivive; BGH NZG 2010, 343 – Eurobike; vgl. auch *Herrler* NZG 2010, 407; *Schluck-Amend/Penke* DStR 2009, 1433 (1435); *Theusinger/Liese* NZG 2009, 641 (644).
[634] *Bormann/Urlichs* GmbHR 2008 Sonderheft MoMiG, 37, 45, 48; *Giedinghagen/Lakenberg* NZG 2009, 201 (204 f.); aA *Heinze* GmbHR 2008, 1065 (1070); *Wicke* GmbHG § 19 Rn. 33.
[635] So ausdrücklich BGH NZG 2010, 343 Rn. 24 – Eurobike. Ebenso *Benz*, Verdeckte Sacheinlage und Einlagenrückzahlung im reformierten GmbH-Recht (MoMiG), 2010, 307 f.; *K. Schmidt/Lutter/Bayer* Rn. 117; *Maier-Reimer/Wenzel* ZIP 2008, 1449 (1454); *Herrler/Reymann* DNotZ 2009, 914 (923 Fn. 47); Großkomm AktG/*Schall* Rn. 386; *Hölters/Solveen* Rn. 43.
[636] BGH NJW 2009, 2375 Rn. 10 = BGHZ 180, 38 – Qivive; kritisch gegenüber dem gesetzlichen Konzept: *Drygala* NZG 2007, 561 (564).
[637] *Bormann/Urlichs* GmbHR 2008 Sonderheft MoMiG, 37, 43; Großkomm AktG/*Schall* Rn. 387 („Seriositätssignal", vgl. § 311b Abs. 1 S. 2 BGB, § 518 Abs. 2 BGB, § 766 S. 3 BGB); *Drygala* NZG 2007, 561 (564); *Illhardt* DZWIR 2011, 524 (525) (unter Verweis auf Wortlaut sowie Gläubigerschutzerwägungen); *Illhardt*, Die Einlagenrückzahlung nach § 27 Abs. 4 AktG, 2013, 84 ff.; *Bürgers/Körber/Lohse* Rn. 50; *K. Schmidt/Lutter/Bayer* Rn. 105, ausführlicher: Lutter/Hommelhoff/*Bayer* GmbHG § 19 Rn. 107; MüKoAktG/*Pentz* Rn. 218; MüKoGmbHG/*Schwandtner* § 19 Rn. 326; *Rezori* RNotZ 2011, 125 (130); wohl auch OLG Stuttgart NZG 2012, 231 (232) (ohne nähere Problematisierung); *Kupjetz/Peter* GmbHR 2012, 498 (503).

„die wirtschaftlich einer Rückzahlung der Einlage entspricht", ist die Auslegung anhand des Wortlauts der Vorschrift jedoch im besten Fall unergiebig. Die Gesetzesbegründung liefert indes gewisse Anhaltspunkte für das Erfordernis tatsächlicher Zahlungsströme („wieder auszahlen", „wieder an den Inferenten zurückfließt").[638] Ungeachtet der Diskussion über die Bedeutung der Gesetzesbegründung bei der Gesetzesauslegung[639] dürfte es sich hierbei aber eher um eine typisierende Beschreibung als um die Normierung tatsächlicher Zahlungsströme als konstitutive Tilgungsvoraussetzung handeln.

Entscheidend erscheint mir der **fehlende Mehrwert eines tatsächlichen Zahlungsflusses** für die Zwecke des Schutzes der Gläubiger bzw. des Rechtsverkehrs.[640] Hält man sich die gesetzgeberische Zielsetzung der Einführung einer (weitgehend) bilanziellen Betrachtungsweise bei der Kapitalaufbringung sowie das Erfordernis der bloßen wirtschaftlichen Entsprechung der Einlagenrückzahlung vor Augen, besteht unter Wertungsgesichtspunkten kein relevanter Unterschied zwischen einem tatsächlich stattfindenden Zahlungsfluss und -rückfluss[641] und einer bloßen Verrechnung der gegenläufigen Ansprüche. Gerade bei umgehendem oder zeitnahem Rückfluss der Geldeinlage (und erst recht bei einem Her- und Hinzahlen; dazu sogleich) kann mE nicht davon gesprochen werden, dem Gesellschafter werde durch das Erfordernis eines tatsächlichen Zahlungsstroms der „Ernst [seines] [...] Einlageversprechens [im Sinne eines Seriositätssignals] vor Augen" geführt.[642] Schutzwürdige Gläubigerinteressen sind ebenfalls nicht ersichtlich. Vielmehr erweist sich die Forderung eines tatsächlichen Geldtransfers – insbesondere bei umgehender Rücküberweisung – als „gekünstelt", wie selbst manche Verfechter der hM einräumen.[643] Wegen der Möglichkeit einer verdeckten Finanzierung durch die Gesellschaft im Wege des Her- und Hinzahlens wird durch das Erfordernis eines tatsächlichen Zahlungsstroms schließlich auch nicht mit der nötigen Zuverlässigkeit dokumentiert, dass der Inferent (ggf. nur für sehr kurze Zeit) zur Aufbringung der entsprechenden Barmittel in der Lage ist. Im Übrigen dürfte eine Finanzierung der Geldeinlage durch diejenige Bank, die auch das Konto der GmbH führt und bereits einen entsprechenden Rücküberweisungsauftrag erhalten hat, unabhängig von der Bonität des Inferenten in der Regel nicht schwer zu erlangen sein, sodass selbst in Fällen des Hin- und Herzahlens im engeren Sinne kein Mehrwert der kurzzeitigen Fähigkeit des Inferenten zur Aufbringung der Barmittel ersichtlich ist.

Ungeachtet der fehlenden Sacheinlagefähigkeit einer schlichten Forderung gegen den Inferenten ist der Anwendungsbereich des § 27 Abs. 4 im Ergebnis daher richtigerweise im Grundsatz eröffnet, wenn vor Einlagenleistung ein (Darlehensaus-)Zahlungsanspruch des Inferenten gegen die Gesellschaft begründet worden ist und anschließend seitens der Gesellschaft[644] eine Verrechnung mit der baren Einlageleistungsverpflichtung erfolgt.[645]

dd) Dritte als Empfänger. Grundsätzlich hat die Einlagenrückzahlung an den Inferenten zu erfolgen. Aber auch die vereinbarungsgemäße Zahlung der Geldeinlage an einen Dritten kann ein Hin- und Herzahlen darstellen, wenn der Inferent durch die Zahlung an den Dritten in gleicher Weise begünstigt wird wie durch eine Zahlung an ihn selbst.[646] Bei Leistung an ein **vom Inferenten beherrschtes Unternehmen**[647] gilt dies ebenso wie für Leistungen an Personen, die im Innenverhältnis **für Rechnung des Inferenten handeln.**[648] Demgegenüber rechtfertigt die familiäre Nähebeziehung allein nicht die Zurechnung.[649] Nach Ansicht des BGH liegt auch bei Einzahlung der Geldeinlage auf ein einem Cash-Management-System unterliegendes Gesellschaftskonto eine Einlagenrückzahlung iSv § 27 Abs. 4 vor, wenn dem **Inferenten** die (unmittelbare oder mittelbare) **Verfü-**

---

[638] Regierungsbegründung zum MoMoG, BT-Drs. 16/6140, 34 f.
[639] Vgl. hierzu rechtsvergleichend *Fleischer* AcP 211 (2011), 317 ff.
[640] Denkbar wäre zB Vorteile bei der Pfändung der zunächst geleisteten Geldeinlage bei der GmbHG (Hin- und Herzahlen) – im Gründungsstadium ein höchst unwahrscheinliches Szenario. Im umgekehrten Fall (Her- und Hinzahlen) wäre eine Pfändung beim Inferenten möglich, doch dürften bei drohender Pfändung kaum je die Voraussetzungen nach § 27 Abs. 4 für eine tilgungsschädliche Einlagenrückgewähr vorliegen.
[641] Im Extremfall sofortige Rücküberweisung der Geldeinlage nach Eingang auf dem Gesellschaftskonto.
[642] So aber Großkomm AktG/*Schall* Rn. 387.
[643] Vgl. *Illhardt* DZWIR 2011, 524 (525).
[644] Eine Aufrechnung seitens des Inferenten scheidet wegen § 66 Abs. 1 S. 2 aus.
[645] Ebenso *Benz*, Verdeckte Sacheinlage und Einlagenrückzahlung im reformierten GmbH-Recht (MoMiG), 2010, 308 f.; *Cavin*, Kapitalaufbringung in GmbH und AG, 2012, 623; *Heinze* GmbHR 2008, 1065 (1070); Grigoleit/*Vedder* Rn. 71; Henssler/Strohn/*Verse* GmbHG § 19 Rn. 80.
[646] BGHZ 171, 113 (116) = ZIP 2007, 528 = DNotZ 2007, 708.
[647] BGHZ 125, 141 (144) = ZIP 1994, 701 = MittBayNot 1994, 344; BGHZ 170, 47 (53) = ZIP 2007, 178 = DNotZ 2007, 230; OLG Schleswig GmbHR 2012, 908 (910); OLG Koblenz GmbHR 2011, 579 (580).
[648] BGHZ 110, 47 (67) = ZIP 1990, 156.
[649] BGH NZG 2011, 667 Rn. 15; vgl. auch BGH NJW 2013, 1742 Rn. 10 = BGHZ 196, 312.

gungsbefugnis über das zentrale Cash-Pool Konto zusteht.[650] Im Übrigen gelten die Ausführungen zur verdeckten Sacheinlage insoweit entsprechend (→ Rn. 162 ff.).

234 **ee) Sonderfall: Entgeltliche Dienstleistungen des Inferenten.** Erhält der Inferent im Rahmen des Kapitalaufbringungsvorgangs abspracheg emäß eine Zahlung für eine (nach hM nicht sacheinlagefähige, → Rn. 30) **Dienstleistung** gegenüber der AG, ist zu differenzieren: War die **Dienstleistung** im Zeitpunkt der Begründung der Einlageforderung **schon erbracht** und damit der **Vergütungsanspruch bereits entstanden,** ist Letzterer im Wege der **Sacheinlage** einzubringen. Anderenfalls ist danach zu unterscheiden, ob die Einlage zunächst an die Gesellschaft geleistet und anschließend wieder an den Gesellschafter in Erfüllung des Dienstleistungsvertrages zurückfließt (Konstellation des **Hin- und Herzahlens**) oder ob zunächst der Austauschvertrag erfüllt und erst danach die Geldeinlage geleistet wird (Konstellation des **Her- und Hinzahlens**).

235 In „Eurobike" hat der BGH klargestellt, dass für die Vereinbarung entgeltlicher Dienstleistungen weder ein abstraktes Verbot iSv § 27 Abs. 3 gilt noch die Tilgungswirkung eine präventive Werthaltigkeits- und Liquiditätskontrolle durch das Registergericht iSv § 27 Abs. 4 voraussetzt.[651] Es findet lediglich eine **nachträgliche Missbrauchskontrolle** statt, welche der BGH – wie in „Qivive"[652] angedeutet – beim Hin- und Herzahlen verortet. Eine der Erfüllung der Einlageschuld entgegenstehende Einlagenrückzahlung iSv § 27 Abs. 4 soll nur vorliegen, wenn die Geldeinlage für die Bezahlung der Dienstleistungen entgegen § 36 Abs. 2 iVm § 54 Abs. 3 **reserviert** wurde (Hin- und Herzahlen) oder eine verdeckte Finanzierung der Geldeinlage durch die Gesellschaft in Gestalt eines Her- und Hinzahlens anzunehmen sei. Letzteres scheide immer dann aus, wenn eine tatsächlich erbrachte Dienstleistung entgolten wird, die Vergütung einem **Drittvergleich** standhält und die Leistung **aus Sicht der Gesellschaft nicht unbrauchbar** und damit nicht wertlos ist.[653] Werden die vorgenannten Kriterien beachtet, steht der Abschluss von Dienstleistungsverträgen der erfolgreichen Kapitalaufbringung nicht entgegen.[654] Ob sich als gewöhnliche Geschäfte der laufenden Geschäftstätigkeit darstellen, ist ohne Bedeutung.[655] Handelt es sich beim Dienstleistungsverpflichteten um den ersten Vorstand der AG, ist dessen Vergütung nach Ansicht des BGH nicht gem. § 26 Abs. 2 in der Satzung als Gründungsaufwand auszuweisen.[656]

236 **(1) Reservierung schädlich (Hin- und Herzahlen)?** Eine schädliche Reservierung der Geldeinlage ist nach Ansicht des BGH zu bejahen, wenn die Geldeinlage nicht in den allgemeinen Geldkreislauf der Gesellschaft eingespeist wurde.[657] Allerdings soll die bloße Begründung eines Entgeltanspruchs des Inferenten vor Leistung der Geldeinlage[658] und eine damit korrespondierende Abnahmepflicht der Gesellschaft noch nicht automatisch zu einer erfüllungsschädlichen Reservierung führen.[659] Vergleicht man den entgeltlichen Dienstleistungsvertrag mit anderen Austauschgeschäften des Inferenten mit der AG (verdeckte Sacheinlage, Darlehensgewährung, → Rn. 136, 226), ist zu konstatieren, dass dort im Interesse der realen Kapitalaufbringung allein der (verabredete) Einlagenrückfluss, nicht hingegen die gegenständliche Identität der Mittel maßgeblich ist.[660] Hinzu kommt, dass sich die Frage der Reservierung sachnotwendig nur beim Hin- und Herzahlen, nicht hingegen beim Her- und Hinzahlen stellen kann. Man könnte insoweit den Standpunkt vertreten, beim Her- und Hinzahlen sei die Geldeinlage stets „reserviert", da über sie bereits im Vorfeld durch Auszahlung

---

[650] BGH NJW 2009, 3091 – Cash Pool II; hierzu Scholz/*Veil* GmbHG § 19 Rn. 165.
[651] BGH NZG 2010, 343 – Eurobike; vgl. auch *Hofmeister* AG 2010, 261 (270 f.).
[652] BGHZ 180, 38 = NJW 2009, 2375 Rn. 18 – Qivive (es sei denn, „die Abrede [geht] dahin, die Einlagemittel unter Umgehung der Kapitalaufbringungsregeln [sic] wieder an den Einleger zurückfließen zu lassen"); hierzu *Hentzen/Schwandtner* ZGR 2009, 1007 ff.; *Herrler* JA 2009, 529 (531); *Schluck-Amend/Penke* DStR 2009, 1433 (1435); *Theusinger/Liese* NZG 2009, 641 (644); *Häublein* DNotZ 2009, 771; *Lieder* GmbHR 2009, 1177; *Pluskat/Marquardt* NJW 2009, 2353.
[653] BGH NZG 2010, 343 – Eurobike, hierzu *Herrler* NZG 2010, 407; *Hofmeister* AG 2010, 261.
[654] Vgl. auch *Habersack* GWR 2010, 107 (108).
[655] Anders (noch) *Bayer/Lieder* NZG 2010, 86 (89).
[656] BGH NJW 2004, 2519; Hüffer/Koch/*Koch* § 26 Rn. 12; MüKoAktG/*Pentz* § 26 Rn. 41, jew mwN.
[657] Vgl. *Schluck-Amend/Penke* DStR 2009, 1433 (1439); *Herrler* NZG 2010, 407 (408). Der Einrichtung eines Sonderkontos vergleichbar den Vorschlägen zum Cash-Pool, von dem nur die sonstigen Geschäftsbedürfnisse bezahlt werden (hierzu *Goette* DStR 2006, 767 f.; *Cahn* ZHR 166 (2002), 278 (287) sowie → Rn. 315), bedarf es aber nicht.
[658] Zur fehlenden Sacheinlagefähigkeit eines Vergütungsanspruchs für eine noch zu erbringende Dienstleistung vgl. *Bayer/Lieder* NZG 2010, 86 (87).
[659] BGH NZG 2010, 343 – Eurobike. So schon *Habersack* GWR 2009, 129 (131); *Schwandter/Henzen* ZGR 2009, 1007 (1012). Offen noch BGH NZG 2009, 462 Rn. 20 – Qivive (bloßes Abrufrecht).
[660] BGH NZG 2008, 425 Rn. 13 – Rheinmöve; BGH NZG 2009, 747 Rn. 11 – Lurgi.

an den Inferenten verfügt worden ist.⁶⁶¹ Zwar fordert § 36 Abs. 2 iVm § 54 Abs. 3 eine Leistung endgültig zur freien Verfügung des Vorstands. Eine Reservierung führt aber in der Regel zu keinem höheren Risiko für das den Gläubigern zur Verfügung stehende Gesellschaftsvermögen. Umgekehrt bietet eine fehlende Reservierung keine Gewähr für eine effektive Vermögenszuführung. Im Interesse der Harmonisierung der Kapitalaufbringungsregeln **sollte das Kriterium der Reservierung** im Rahmen von Austauschgeschäften mit dem Inferenten daher durch teleologische Reduktion der § 36 Abs. 2 iVm § 54 Abs. 3 **aufgegeben werden.** Den berechtigten Belangen der Gläubiger wird auch in der Konstellation des Hin- und Herzahlens durch eine objektive und subjektive Werthaltigkeitsprüfung (sogleich → Rn. 237) angemessen Rechnung getragen.⁶⁶²

(2) Keine verdeckte Finanzierung (Her- und Hinzahlen). Die Erfüllung der Geldeinlageverbindlichkeit setzt nach dem BGH weiter voraus, dass die erbrachte Dienstleistung **objektiv werthaltig** ist, also von der Gesellschaft zu marktgerechten Bedingungen eingekauft wurde (Drittvergleich), was der Inferent darzulegen und ggf nachzuweisen hat.⁶⁶³ Auch wenn insoweit ein gewisser Toleranzrahmen anzuerkennen sein wird, empfiehlt es sich gleichwohl, den marktgerechten Lohn zu ermitteln und dies zu dokumentieren.⁶⁶⁴ Schließlich darf die werthaltige Dienstleitung für die Gesellschaft (subjektiv) **nicht schlechterdings unbrauchbar** sein. Ein bloßes Missverhältnis zwischen objektivem Wert und subjektivem Nutzen hindert die Erfüllungswirkung nicht. Das letztgenannte Kriterium dient allein der Missbrauchsvermeidung (zB Abschluss eines für die Gesellschaft sinnlosen Dienstleistungsvertrags, etwa eines Beratungsvertrages ohne jeden Bezug zur Geschäftstätigkeit). Seine praktische Bedeutung wird daher voraussichtlich gering bleiben. Zu den europarechtlichen Rahmenbedingungen → Rn. 288 ff. Unabhängig von der Frage nach dem Geltungsanspruch von Art. 64 Abs. 1 GesR-RL (→ Rn. 293 ff.) ist eine *financial assistance* in diesem Sinne zu verneinen, wenn die erbrachte Dienstleistung objektiv werthaltig und nicht aus Sicht der Gesellschaft unbrauchbar ist.⁶⁶⁵ 237

(3) Rechtsfolgen. Wurde die Geldeinlage für die Bezahlung des Entgelts an den Inferenten reserviert (zur Kritik an diesem Kriterium Rn. 236) oder war die Dienstleistung objektiv nicht werthaltig bzw. subjektiv wertlos, stellt sich die Verwendungsabsprache als Einlagenrückzahlung iSv § 27 Abs. 4 AktG dar. Aufgrund des dort normierten Alles-oder-Nichts-Prinzips kommt eine Tilgungswirkung zunächst nicht in Betracht.⁶⁶⁶ Der BGH scheint einer **Anrechnung** des (objektiven) Wertes der Dienstleistung auf die Einlageverbindlichkeit generell kritisch gegenüberzustehen,⁶⁶⁷ was bei Verstößen gegen das Reservierungskriterium – sofern man dieses anerkennt – sowie im Falle der völligen Unbrauchbarkeit der Dienstleistung für Zwecke der Gesellschaft angemessen ist. Wurde die erbrachte Dienstleistung hingegen lediglich zu teuer „eingekauft" (nur **teilweise objektive Werthaltigkeit**), erscheint ein ungeschmälertes Fortbestehen der Einlageverbindlichkeit eine allzu harte Sanktion, da der Inferent trotz realer Vermögenszuführung – anders als bei einem herkömmlichen Hin- und Herzahlen in Gestalt des Forderungstausches⁶⁶⁸ oder bei einem bloßen Scheingeschäft – Gefahr läuft, seine Einlage im Falle der Insolvenz der Gesellschaft (bei wirtschaftlicher Betrachtung) erneut erbringen zu müssen⁶⁶⁹ – ein Risiko, welches durch die gesetzliche Neuregelung der Kapitalaufbringungsregeln gerade beseitigt werden sollte.⁶⁷⁰ 238

Diese Schlechterstellung der Erbringung einer teilweise werthaltigen Dienstleistung gegenüber der verdeckten Sacheinlage und dem Forderungstausch als dem Standardfall des Hin- und Herzahlens ist nicht gerechtfertigt. Die strenge Alles-oder-Nichts-Lösung in § 27 Abs. 4 AktG beruht auf der Annahme, dass der Inferent bei nicht zweifelsfreier Bonität in aller Regel nicht in der Lage sein wird, eine etwaige Differenz auszugleichen. Bei der verdeckten Sacheinlage ist eine derartige Schluss- 239

---

⁶⁶¹ Entgegen der hM für eine strengere Behandlung des Her- und Hinzahlens plädierend: Baumbach/Hueck/ *Fastrich* GmbHG § 19 Rn. 75; *Heckschen,* Das MoMiG in der notariellen Praxis, 2009, Rn. 130–132.
⁶⁶² *Bayer/Lieder* NZG 2010, 86 (87 f.) (teleologische Reduktion des Leistungsgebots zur endgültig freien Verfügung); *Schwandter/Henzen* ZGR 2009, 1007 (1013); *Lieder* EWiR 2010, 169 (170); *Herrler* NZG 2010, 407 (408 f.). In der Tendenz ebenso *Habersack* GWR 2010, 107 (108) (Erstreckung der Werthaltigkeitsprüfung auf das Hin- und Herzahlen); wohl auch *Goette* DStR 2010, 563.
⁶⁶³ Allgemeine Beweislastregel, vgl. BGH NJW 1999, 352 (353); Zöller/*Greger* ZPO, 32. Aufl. 2018, Vor § 284 Rn. 17a.
⁶⁶⁴ *Herrler* NZG 2010, 407 (409 f.).
⁶⁶⁵ *Herrler* NZG 2010, 407 (410).
⁶⁶⁶ Zu den weiteren Folgen der Nichterfüllung der Einlageschuld vgl. *Bayer/Lieder* NZG 2010, 86 (91 f.).
⁶⁶⁷ NZG 2010, 343 Rn. 18, 24 („Eine verdeckte Finanzierung liegt nur vor, ‚wenn' [...]" anstelle von ‚soweit').
⁶⁶⁸ Vermeintliche „Darlehensrückzahlungen" tilgen die Einlageschuld, vgl. BGH NZG 2006, 24 (25), → Rn. 214.
⁶⁶⁹ *Schwandter/Henzen* ZGR 2009, 1007 (1016).
⁶⁷⁰ Vgl. Regierungsbegründung zum MoMiG, BT-Drs. 16/6140, 40 zu § 19 Abs. 4 und 5 GmbHG. Diese Vorschrift wurde unverändert in das Aktienrecht übernommen (BT-Drs. 16/13098, 36 f.).

folgerung nicht angezeigt, weshalb insoweit die Anrechnungslösung (§ 27 Abs. 3 S. 3) greift (→ Rn. 263). Vor diesem Hintergrund weist die Dienstleistung mehr Ähnlichkeiten mit der verdeckten Sacheinlage als mit dem Hin- und Herzahlen auf (Zuführung eines realen Vermögenswerts, kein Indiz für Zahlungsschwierigkeiten). Eine **erfüllungsschädliche Einlagenrückgewähr** iSv § 27 Abs. 4 ist daher bei lediglich fehlender objektiver Vollwertigkeit **nur insoweit** anzunehmen, als der objektive Wert der Dienstleistung hinter der Einlageverbindlichkeit zurückbleibt.[671] Eine derartige Berücksichtigung des Wertes der Dienstleistung[672] kommt freilich bei einer erfüllungsschädlichen Reservierung und bei subjektiver Wertlosigkeit nicht in Betracht.

240 **c) Formelle Subsidiarität.** (Negative) Tatbestandsvoraussetzung des Hin- und Herzahlens iSv § 27 Abs. 4 ist das Nichtvorliegen einer verdeckten Sacheinlage iSv § 27 Abs. 3 S. 1. Bei der Leistung des Inferenten an die Gesellschaft darf es sich **nicht** um einen **sacheinlagefähigen Gegenstand** handeln. Die Regelung der verdeckten Sacheinlage in § 27 Abs. 3 genießt Vorrang. Bei abstrakter Betrachtung ist das Konkurrenzverhältnis zwischen verdeckter Sacheinlage und Hin- und Herzahlen geklärt. Bereits im Gesetzgebungsverfahren wurde allerdings nachhaltig darauf hingewiesen, dass die **Abgrenzung** der beiden Rechtsinstitute **nicht durchwegs trennscharf möglich** sei.[673] Angesichts der Unterschiede in den Rechtsfolgen führt dies in der Praxis, insbesondere beim **Cash-Pool** (→ Rn. 303 ff.) sowie beim sog. „**Debt-to-equity double swap**" (Umwandlung eines [nicht mehr werthaltigen] Altdarlehens in Eigenkapital)[674] zu erheblichen Schwierigkeiten.

241 Der verdeckten Sacheinlage und dem Hin- und Herzahlen ist gemein, dass die Leistung der **Geldeinlage** des Inferenten durch absprachegemäßen Abschluss eines weiteren Rechtsgeschäfts zwischen Gesellschaft und Gesellschafter **neutralisiert** wird. Ferner erfordert die verdeckte Sacheinlage die Zuführung eines sacheinlagefähigen Vermögensgegenstandes im Zuge eines Austauschgeschäfts. Fehlt es an einem solchen, liegt allerdings nicht ohne weiteres ein Fall des Hin- und Herzahlens vor, sondern nur dann, wenn die in → Rn. 219 ff. genannten Voraussetzungen erfüllt sind, namentlich eine entsprechende Vereinbarung vor Einlageleistung getroffen wurde.[675] Nach einhelliger Meinung kann ein durch die Darlehensausreichung begründeter **Zahlungsanspruch gegen den Gesellschafter** nicht Gegenstand einer (verdeckten) Sacheinlage sein.[676] Auch **Dienstleistungen des Inferenten** sind **nicht sacheinlagefähig** (→ Rn. 30). Wie bereits erörtert unterfallen sie aber grundsätzlich auch nicht § 27 Abs. 4 (→ Rn. 234 ff.). Etwas anderes gilt nach Ansicht des BGH nur dann, wenn die Geldeinlage nicht in den Geldkreislauf der Gesellschaft eingespeist wurde, sondern als Gegenleistung für die Entlohnung der Dienstleistungen des Inferenten reserviert war, oder wenn die Dienstleistung entweder objektiv nicht werthaltig oder subjektiv wertlos war.[677] Zur Sondersituation im Cash-Pool → Rn. 307 ff.

242 **3. Erfüllungsvoraussetzungen.** Liegt ein Hin- und Herzahlen im obigen Sinne vor, wird der Inferent gem § 27 Abs. 4 S. 1 von seiner Einlageverpflichtung frei, wenn die (Wieder-) Ausreichung der Geldeinlage an ihn durch einen **vollwertigen Rückzahlungsanspruch** gedeckt ist (→ Rn. 243 ff.), der **fällig** ist oder **jederzeit** – dh ohne weitere Voraussetzungen – durch fristlose Kündigung durch die Gesellschaft **fällig gestellt werden kann, liquide** ist, dh frei von Einwendungen und Einreden und nach Grund und Höhe unstreitig ist (→ Rn. 249 ff.), und **wirksam** begründet wurde.[678] Dem (ungeschriebenen) Erfordernis der Wirksamkeit des Anspruchs können insbesondere die zu beachtenden europarechtlichen Rahmenbedingungen entgegenstehen (→ Rn. 288 ff.). Die

---

[671] Ebenso *Schwandter/Henzen* ZGR 2009, 1007 (1021 f.). Vgl. auch *Hofmeister* AG 2010, 261 (271 f.), der auf die Vorbelastungshaftung der Gründer im Errichtungszeitpunkt hinweist, welche auch auf Dienstleistungsabreden anwendbar sei.

[672] Hierin ist auch keine unzulässige Anrechnung iSv § 27 Abs. 3 zu sehen, durch welche § 27 Abs. 2 Hs. 2 unterlaufen würde, da keine entsprechende Anwendung dieser Vorschrift erfolgt, sondern die Verwendungsabsprache dem Regime des § 27 Abs. 4 unterstellt wird, allerdings nur insoweit, als das vereinbarte Entgelt den objektiven Wert der Dienstleistung übersteigt.

[673] Stellungnahme des Bundesrates v. 6.7.2007, BT-Drs. 16/6140, 66. Ebenso *Drygala* NZG 2007, 561 (564); *Gesell* BB 2007, 2241 (2246); *Gehrlein* Der Konzern 2007, 771 (782); *Oppenhoff* BB 2008, 1630 (1632); *Wachter* NotBZ 2008, 361 (367 Fn. 36); *Wicke* GmbHG § 19 Rn. 33.

[674] Näher *Benz*, Verdeckte Sacheinlage und Einlagenrückzahlung im reformierten GmbH-Recht (MoMiG), 2010, 329 f.; *Ekkenga* ZGR 2009, 581 (586) (zum Grundfall des „Debt-Equity-Swaps").

[675] *Benz*, Verdeckte Sacheinlage und Einlagenrückzahlung im reformierten GmbH-Recht (MoMiG), 2010, 327 f.

[676] AllgM, vgl. nur K. Schmidt/Lutter/*Bayer* § 27 Rn. 15; MüKoAktG/*Pentz* § 27 Rn. 26, jew. mwN. Vgl. auch BGH NJW 2006, 906; NJW 2006, 509 (jeweils zur GmbH).

[677] Vgl. BGH NJW 2009, 2375 Rn. 20 = DNotI-Report 2009, 78 – Qivive; BGH NZG 2010, 343 = ZIP 2010, 423 – Eurobike.

[678] Großkomm AktG/*Schall* Rn. 394 mwN.

bereits im Zuge des MoMiG im Rahmen der Kapitalerhaltung in § 57 Abs. 1 S. 2 Hs. 2 eingeführte **bilanzielle Betrachtungsweise** wurde durch das ARUG auf die Kapitalaufbringung erstreckt.[679] Hierbei ist ein ausschließlich **objektiver Maßstab** anzuwenden und nicht auf die subjektiven Erkenntnismöglichkeiten des Vorstands abzustellen (str).[680] Nur unter den vorgenannten Anforderungen darf der Vorstand an einem Hin- und Herzahlen mitwirken.[681] Nach hM ist das Hin- und Herzahlen bzw. die entsprechende Abrede zusätzlich in der Anmeldung nach § 37 **offenzulegen** (vgl. § 27 Abs. 4 S. 2), damit die Erfüllungswirkung eintritt (→ Rn. 255). Gegenstand der Vollwertigkeits-, Fälligkeits- und Liquiditätsprüfung muss stets ein wirksam (in aller Regel rechtsgeschäftlich)[682] begründeter Anspruch der Gesellschaft auf Rückzahlung sein.[683]

a) Vollwertigkeit. Ausgehend von der vom Reformgesetzgeber angestrebten bilanziellen Betrachtungsweise setzt die Vollwertigkeit einer Forderung voraus, dass diese **bilanziell in voller Höhe aktiviert** werden darf.[684] Einer „mit an Sicherheit grenzenden Wahrscheinlichkeit" der Darlehensrückzahlung bedarf es zwar nicht.[685] Mit Blick auf die Zielsetzung der realen Kapitalaufbringung genügt es jedoch nicht, dass das Vermögen des Inferenten zur Deckung seiner sämtlichen Verbindlichkeiten ausreicht.[686] Vielmehr ist ein Rückzahlungsanspruch nur dann als vollwertig iSv § 27 Abs. 4 anzusehen, wenn erstens das Vermögen des Schuldners im Zeitpunkt der Rückzahlung der Geldeinlage zur Erfüllung aller Verbindlichkeiten ausreicht und zweitens **keine konkreten Anhaltspunkte**[687] dafür bestehen, dass die Forderung im Zeitpunkt ihrer Geltendmachung (teilweise) uneinbringlich sein wird (zur Relevanz einer etwaigen Besicherung sogleich → Rn. 244).[688] Ein jeder Forderung immanentes, lediglich abstraktes Ausfallrisiko steht der Qualifizierung eines Rückzahlungsanspruchs als vollwertig auch dann nicht entgegen, wenn es sich später konkretisiert. Anderenfalls liefe § 27 Abs. 4 von vornherein leer, da die uneingeschränkte Kreditwürdigkeit eines Schuldners für die Zukunft nicht garantiert werden kann.[689] Bei § 57 Abs. 1 S. 3 stellt der BGH auf „eine **vernünftige kaufmännische Beurteilung** [ab], wie sie auch bei der Bewertung von Forderungen aus Drittgeschäften im Rahmen der Bilanzierung (§ 253 HGB) maßgeblich [sei]".[690] Mit Blick auf den Ausnahmecharakter von § 27 Abs. 4 im System der Kapitalaufbringung wird man gleichwohl

---

[679] Stellungnahme des Bundesrates v 6.7.2007, BT-Drs. 16/6140, 61, 66; K. Schmidt/Lutter/*Bayer* § 27 Rn. 108.

[680] K. Schmidt/Lutter/*Bayer* § 27 Rn. 111; Kölner Komm AktG/*Arnold* Rn. 142; NK-AktR/*Polley* Rn. 83; aA (allein bilanzielle Betrachtung; **konkretes Ausfallrisiko nur bei Erkennbarkeit** für den Vorstand **relevant**) Hüffer/Koch/*Koch* Rn. 50; MüKoAktG/*Pentz* Rn. 224; Großkomm AktG/*Schall* Rn. 394.

[681] Näher zum Pflichtenkreis des Vorstands: *Illhardt*, Die Einlagenrückzahlung nach § 27 Abs. 4 AktG, 2013, 124 ff. mwN.

[682] Im Einzelfall kann auch ein gesetzlicher Rückgewähranspruch, zB nach § 812 BGB, in Betracht kommen, vgl. *Benz*, Verdeckte Sacheinlage und Einlagenrückzahlung im reformierten GmbH-Recht (MoMiG), 2010, 333 f.; im Ergebnis wird die Bereicherungsansprüche die Vollwertigkeits- und Liquiditätsanforderungen aber kaum je erfüllen. Schon die bloße nicht völlig unwahrscheinliche Möglichkeit, der Schuldner könne die Entreicherungseinrede (§ 818 Abs. 3 BGB) erheben, schließt die Liquidität des Anspruchs aus.

[683] Vgl. Roth/Altmeppen/*Roth* GmbHG § 19 Rn. 104.

[684] *Büchel* GmbHR 2007, 1065 (1067); *Illhardt*, Die Einlagenrückzahlung nach § 27 Abs. 4 AktG, 2013, 102 f.; *Schall* ZGR 2009, 126 (141); Kölner Komm AktG/*Arnold* Rn. 142; Hölters/*Solveen* Rn. 48; MüKoAktG/*Pentz* § 27 Rn. 224; vgl. auch BGHZ 179, 71 = NJW 2009, 850 – MPS. Für einen knappen Überblick über die Bilanzierungsregeln für Forderungen: *Benz*, Verdeckte Sacheinlage und Einlagenrückzahlung im reformierten GmbH-Recht (MoMiG), 2010, 335 ff.

[685] BGHZ 179, 71 = NJW 2009, 850 – MPS.

[686] *Benz*, Verdeckte Sacheinlage und Einlagenrückzahlung im reformierten GmbH-Recht (MoMiG), 2010, 341. So die Formel des BGH zur Vollwertigkeit bei der Verrechnung von Forderungen, vgl. BGHZ 153, 107 = NJW 2003, 825; BGHZ 125, 141 = NJW 1994, 1477.

[687] Von Relevanz sind insoweit u.a. ein etwaiges Rating des Inferenten, dessen Finanzierungsstruktur, etwaige Dominoeffekte im Konzern und Klumpenrisiken; vgl. *Cahn* Der Konzern 2009, 67 (74); *Grigoleit/Rieder*, GmbH-Recht nach dem MoMiG, 2009, Rn. 199.

[688] Kölner Komm AktG/*Arnold* Rn. 142; K. Schmidt/Lutter/*Bayer* Rn. 109, 111; *Benz*, Verdeckte Sacheinlage und Einlagenrückzahlung im reformierten GmbH-Recht (MoMiG), 2010, 341 ff.; *Grigoleit/Rieder*, GmbH-Recht nach dem MoMiG 2009, Rn. 199; Hüffer/Koch/*Koch* Rn. 50; *Illhardt*, Die Einlagenrückzahlung nach § 27 Abs. 4 AktG, 2013, 103 f. mwN; Grigoleit/*Vedder* Rn. 76; großzügiger insoweit – zu Unrecht – *Schall* ZGR 2009, 126 (141 ff.); strenger Baumbach/Hueck/*Fastrich* GmbHG § 19 Rn. 76: tatsächlicher Verkehrswert maßgebend, nicht Aktivierbarkeit einer Forderung und damit Erkenntnismöglichkeiten des Geschäftsführers (Arg.: reale Kapitalaufbringung). Vgl. auch OLG Schleswig GmbHR 2012, 908 (911). Zur Relevanz der Solvenz aller an einem Cash Pool beteiligten Tochtergesellschaften für die Solvenz der Mutter vgl. *Rezori* RNotZ 2011, 125 (144 f.).

[689] *Herrler* DStR 2011, 2255 (2258); *Illhardt*, Die Einlagenrückzahlung nach § 27 Abs. 4 AktG, 2013, 104 f.; *Wicke* ARUG, 2009, 57.

[690] BGHZ 179, 71 = NJW 2009, 850 – MPS.

tendenziell strenge Anforderungen an die Vollwertigkeit stellen müssen.[691] So muss sich der Vorstand der uneingeschränkten Kreditwürdigkeit des Aktionärs als Grundlage der Aktivierbarkeit der Forderung versichern; auf Tatsachen gestützte, auch geringfügige Zweifel insoweit stehen der Vollwertigkeit entgegen (→ Rn. 263).[692] Näher zum Begriff der Vollwertigkeit → § 57 Rn. 141 ff. Als Bonitätsnachweis kommt ua die positive Bewertung des Rückgewährschuldners durch eine anerkannte Ratingagentur in Betracht.[693] Bei **Forderungen** gegen den Inferenten **in fremder Währung** (etwa gegen eine ausländische Konzernmutter) muss sichergestellt sein, dass das Risiko von Kursschwankungen ausschließlich zulasten des Inferenten und nicht zulasten der Gesellschaft geht.[694]

243a Vorstehende Grundsätze gelten ebenfalls im Falle des „Hin- und Herzahlens" durch **Bestellung einer Sicherheit** aus dem Vermögen der AG für die Einlage des Gründers. Insoweit ist allerdings danach zu differenzieren, ob neben der von der AG gestellten Sicherheit **weitere Sicherheiten** für die Zahlungspflicht des Gründers bestehen und wenn ja, ob diese **vorrangig, gleichrangig oder nachrangig** gegenüber der von der AG gestellten Sicherheit in Anspruch zu nehmen sind. Sofern keine weiteren Sicherheiten existieren oder diese gegenüber der seitens der AG gestellten Sicherheit nachrangig oder zumindest mit dieser gleichrangig sind, kommt es für die Vollwertigkeit allein auf die vollständige bilanzielle Aktivierbarkeit des Rückzahlungsanspruchs gegen den Gründer nach vorstehenden Grundsätzen (→ Rn. 243) im maßgeblichen Zeitpunkt (→ Rn. 248) an. Nur wenn die weiteren Sicherheiten gegenüber der von der AG gestellten Sicherheit vorrangig in Anspruch zu nehmen sind, ist – neben der Kreditwürdigkeit des Gründers – die Werthaltigkeit der vorrangigen Sicherheit maßgeblich. Sofern letzteres nach vorstehenden Grundsätzen (→ Rn. 243) zu bejahen ist, schlägt dies auf die Kreditwürdigkeit des Gründers durch, sodass der Rückzahlungsanspruch vollwertig ist.[695]

243b Bei Bejahung der Vollwertigkeit im Gründungsstadium und Tilgung der Einlageverbindlichkeit ist der Vorstand im Interesse der AG in der Folge zur regelmäßigen Überprüfung der Kreditwürdigkeit des Aktionärs im Sinne einer **Beobachtungspflicht** gehalten, um bei sich abzeichnenden Zweifeln an der fortbestehenden Kreditwürdigkeit eine Realisierung des Anspruchs zu ermöglichen (→ Rn. 287).[696]

244 aa) Besicherungserfordernis? Trotz des stets gegebenen Ausfallrisikos, dem allein durch eine werthaltige Sicherheit begegnet werden könnte, setzt die Vollwertigkeit des Rückzahlungsanspruchs im Einklang mit den allgemeinen Bilanzierungsgrundsätzen und der aktuellen Rechtsprechung des BGH zu § 57 (→ Rn. 243) **keine Besicherung** desselben voraus.[697] Ein Besicherungserfordernis, das im Gesetzeswortlaut nicht angelegt ist, würde zudem die gesetzgeberische Zielsetzung, die Erleichterung des Cash Pooling, konterkarieren.[698] Gleichwohl kann die Stellung einer werthaltigen Sicherheit unter Umständen trotz nicht zweifelsfreier Bonität des Schuldners zur Qualifizierung einer Forderung als vollwertig iSv § 27 Abs. 4 führen. Die Besicherung stellt einen von mehreren Faktoren bei der Bewertung des Rückzahlungsanspruchs dar, die etwaige Zweifel an der Einbringlichkeit auszugleichen vermögen.[699] Eine werthaltige Sicherheit führt bei einem konkreten Ausfallrisiko

---

[691] Zutr. *Illhardt,* Die Einlagenrückzahlung nach § 27 Abs. 4 AktG, 2013, 105; *Hangenbrauck* EWiR 2011, 383 (384); *Kupjetz/Peter* GmbHR 2012, 498 (500 f.); abweichend *Korts* BB 2009, 2112 (2113).
[692] K. Schmidt/Lutter/*Bayer* Rn. 112 mwN.
[693] Vgl. OLG München GmbHR 2011, 422 (423).
[694] Vgl. *Illhardt,* Die Einlagenrückzahlung nach § 27 Abs. 4 AktG, 2013, 115 f. mwN.
[695] In diesem Sinne MüKoGmbHG/*Schwandtner* § 19 Rn. 347; MüKoAktG/*Pentz* Rn. 228; im Ergebnis wohl ebenso *Drygala/Kremer* ZIP 2007, 1289 (1295), die ein zweistufiges Prüfungsprogramm vorsehen: Zunächst sei die Wahrscheinlichkeit der Inanspruchnahme aus der Sicherheit in den Blick zu nehmen. Nur wenn nach den bilanzrechtlichen Regeln eine Rückstellung für ungewisse Verbindlichkeiten gem. § 249 HGB gebildet werden müsse, sei die Werthaltigkeit des Anspruchs gegen den Gründer zu prüfen. Im Übrigen sei der Vorgang für die Gesellschaft bilanzneutral, sodass es auf die Werthaltigkeit des Rückgriffsanspruchs nicht ankomme. Zustimmend *Kiefer/Theusinger* NZG 2008, 801 (805). MüKoAktG/*Pentz* Rn. 228.
[696] Vgl. BGHZ 179, 71 = NJW 2009, 850 – MPS (zu § 57 Abs. 1 S. 3 nF); K. Schmidt/Lutter/*Bayer* Rn. 112; MüKoAktG/*Pentz* Rn. 226, jew mwN.
[697] *Benz,* Verdeckte Sacheinlage und Einlagenrückzahlung im reformierten GmbH-Recht (MoMiG), 2010, 343 ff.; *Bayer/Lieder* GWR 2010, 3 (5); *Heckschen* DStR 2009, 166 (173); *Herrler* DStR 2011, 2255 (2259); Kölner Komm AktG/*Arnold* Rn. 143; MüKoAktG/*Pentz* Rn. 227; Großkomm AktG/*Schall* Rn. 397; Hölters/*Solveen* Rn. 48; Grigoleit/*Vedder* Rn. 76; *Illhardt,* Die Einlagenrückzahlung nach § 27 Abs. 4 AktG, 2013, 106 mwN; vgl. ebenso BGHZ 179, 71 = NJW 2009, 850 – MPS (zu § 57 Abs. 1 S. 3 nF); aA *Verspay* MDR 2009, 117 (120).
[698] *Illhardt,* Die Einlagenrückzahlung nach § 27 Abs. 4 AktG, 2013, 106 f.
[699] BFH DStRE 1998, 911; BeBiKo/*Ellrott/Ring* § 253 Rn. 570; Staub/*Kleindiek* HGB § 253 Rn. 73; *Weidenbach-Koschnike* BC 2007, 129, 131.

allerdings nur dann zur Erfüllung der Einlageverpflichtung, wenn die Sicherheit selbst (idR der als Sicherheit eingeräumte Anspruch)[700] den weiteren Anforderungen des § 27 Abs. 4 S. 1 genügt, insbesondere voll liquide (→ Rn. 249 ff.) ist. Eine Sicherungsgrundschuld erfüllt diese Anforderungen – im Unterschied zu einer abstrakten Sicherungshypothek[701] – wegen § 1193 Abs. 2 S. 2 BGB nicht.[702] Gleiches gilt für eine Bürgschaft, die nicht auf erstes Anfordern und unter Verzicht auf die Einrede der Vorausklage gestellt ist.

Hiervon unberührt bleibt allerdings die Pflicht des Vorstands zur ordnungsgemäßen Geschäftsführung nach § 93 Abs. 1. Wenn keine konkreten Anhaltspunkte für die Realisierung des abstrakten Ausfallrisikos bestehen, wird man die Ausreichung eines unbesicherten Darlehens an den Inferenten jedenfalls nicht ohne weiteres als pflichtwidrig ansehen können.[703]

bb) Verzinsungserfordernis? Eine unverzinsliche Forderung ist nach Bilanzierungsgrundsätzen grundsätzlich auf ihren Barwert **abzuzinsen,** dh mit einem niedrigeren Wert als ihrem Nominalwert in der Bilanz anzusetzen.[704] Die Abzinsung kann allerdings aus Vereinfachungsgründen bei kurzer Restlaufzeit unterbleiben (im Einzelnen str, drei Monate bis ein Jahr).[705] Teilweise wird eine Übertragung dieser Vereinfachungsregel auf § 27 Abs. 4 S. 1 mit der Begründung bejaht, angesichts des Erfordernisses der jederzeitigen Abrufbarkeit der Forderung (→ Rn. 250) fehle es an einer Grundlage für eine etwaige Diskontierung derselben, zumal die Geldentwertung kaum vorhersehbar sei.[706] Bei der Kapitalaufbringung ist jedoch dem Gläubigerschutz Vorrang vor Praktikabilitätserwägungen einzuräumen, mit der Folge, dass eine unverzinsliche (bzw. nicht marktüblich verzinste) Forderung abzuzinsen und somit nicht vollwertig ist.[707] Dies wird auch dadurch belegt, dass eine marktübliche Verzinsung bei der Kapitalerhaltung schon vor Inkrafttreten des ARUG anerkannt war.[708] Unabhängig von dieser Streitfrage erscheint es schon mit Blick auf die Pflichten des Vorstands gemäß § 93 **empfehlenswert,** eine **Verzinsung vorzusehen.**[709] Nach vielfach vertretener Ansicht soll eine Verzinsung im **Cash-Pool** allerdings unter Verweis auf die Zielsetzung des MoMiG-/ARUG-Gesetzgebers entbehrlich sein, wenn der Tochtergesellschaft *konkrete* Vorteile aus der Teilnahme am Cash-Pool erwachsen (Deckung eines kurzfristigen Kreditbedarfs zu vergleichbar günstigen Konditionen, Volumeneffekte bzw. sonstige Kosteneinsparungen bei konzernweiter Bündelung der Fremdmittelaufnahme etc).[710]

---

[700] Bürgschaft, abstraktes Schuldversprechen bzw. Schuldanerkenntnis, Hypothek, Grundschuld.
[701] Vgl. hierzu *Heinze* AcP 211 (2011), 105; zur systematischen Unanwendbarkeit der Sondervorschriften für den Grundschuld bei der Hypothek: OLG Köln DNotZ 2013, 768; vgl. aber Palandt/*Herrler*, BGB, 77. Aufl. 2018, § 1113 Rn. 30 a.E. zur nunmehr ggf. strengeren Linie des V. Zivilsenat des BGH (NJW 2017, 2469), der darauf abzuzielen scheint, eine Umgehung von § 1193 Abs. 2 S. 2 BGB ungeachtet der strukturellen Unterschiede zwischen Hypothek, Grundschuld und abstraktem Schuldanerkenntnis zu verhindern.
[702] Vgl. *Benz,* Verdeckte Sacheinlage und Einlagenrückzahlung im reformierten GmbH-Recht (MoMiG), 2010, 344 f.; *Herrler* DStR 2011, 2255 (2259).
[703] Zustimmend *Illhardt,* Die Einlagenrückzahlung nach § 27 Abs. 4 AktG, 2013, 108. Vgl. aber BGH ZIP 2002, 213 (214) zur Genossenschaft.
[704] Vgl. BGHZ 179, 71 = NJW 2009, 850 – MPS.
[705] Vgl. EBJS/*Böcking/Gros* HGB, 3. Aufl. 2014, HGB § 253 Rn. 113 mwN; s. aber zur Abzinsung eines Darlehens auch ohne feste Laufzeit mit jederzeitiger Kündigung BFH DStR 2009, 2587.
[706] So zB *Bauer* ZNotP 2012, 202 (209); *Drygala/Kremer* ZIP 2007, 1289 (1293); *Gehrlein* Der Konzern 2007, 771 (785); *Goette* ZHR 177 (2013), 740 (749); *Grigoleit/Rieder,* GmbH-Recht nach dem MoMiG, 2009, Rn. 200; *Kiefner/Theusinger* NZG 2008, 801, 804; *Bürgers/Körber/Lohse* Rn. 54; MüKoAktG/*Pentz* § 27 Rn. 227; Roth/Altmeppen/*Roth* GmbHG § 19 Rn. 104; *Rezori* RNotZ 2011, 125 (131); *Schall* ZGR 2009, 126 (141 Fn. 56) wegen Geringfügigkeit der Verzinsung; Großkomm AktG/*Schall* Rn. 397; vgl. auch *Bormann/Urlichs,* Sonderheft MoMiG GmbHR 2008, S. 37 (44).
[707] *Benz,* Verdeckte Sacheinlage und Einlagenrückzahlung im reformierten GmbH-Recht (MoMiG), 2010, 346 f.; *Bayer/Lieder* GWR 2010, 3 (5); *Heckschen* DStR 2009, 166 (173); *Heinze* GmbHR 2008, 1065 (1071); *Herrler* DStR 2011, 2255 (2259); *Illhardt,* Die Einlagenrückzahlung nach § 27 Abs. 4 AktG, 2013, 109 f.; Kölner Komm AktG/*Arnold* Rn. 143; NK-AktR/*Polley* Rn. 85; GBS/*Sirich von Kis-Sira* GmbHG § 19 Rn. 66; Hölters/*Solveen* Rn. 48; *Spliedt* ZIP 2009, 149 (150); *Wachter* NotBZ 2008, 361 (367); *Wicke* NotBZ 2009, 1 (3); *Wirsch* Der Konzern 2009, 443 (449); für das Kapitalerhaltungsrecht *Blasche/König* GmbHR 2009, 897 (900).
[708] *Lieder* GmbHR 2009, 1177 (1182); *Illhardt/Fiebelkorn* DZWIR 2010, 526 (528). Vgl. K. Schmidt/Lutter/*Bayer* § 57 Rn. 100 mwN.
[709] So auch *Bormann/Urlichs* Sonderheft MoMiG GmbHR 2008, 37 (44); *Grigoleit/Rieder,* GmbH-Recht nach dem MoMiG, 2009, Rn. 200.
[710] *Altmeppen* NZG 2010, 401 (404); K. Schmidt/Lutter/*Bayer* Rn. 109; *Benz,* Verdeckte Sacheinlage und Einlagenrückzahlung im reformierten GmbH-Recht (MoMiG), 2010, 348; *Illhardt,* Die Einlagenrückzahlung nach § 27 Abs. 4 AktG, 2013, 111; *Lieder* GmbHR 2009, 1177 (1182); *Spliedt* ZIP 2009, 149 (150); *Wand/Tillmann/Heckenthaler* AG 2009, 148 (152); aA *Eusani* GmbHR 2009, 795 (798); *Wirsch* Der Konzern 2009, 443 (449).

247 Was die **Höhe der Verzinsung** anbelangt, ist zunächst festzuhalten, dass ein gesteigertes Ausfallrisiko nicht durch einen erhöhten Zinssatz kompensiert werden kann.[711] Darüber hinaus ist eine abstrakte Angabe des angemessenen Zinssatzes kaum möglich. Der durchschnittliche Zinssatz für Tagesgeldkonten mag ein gewisser Anhaltspunkt sein.[712] Angesichts der (jedenfalls derzeit) nicht zuverlässig ermittelbaren Referenzgröße (marktübliche Verzinsung) wird man der Gesellschaft zur Vermeidung unnötiger Härten bei geringfügiger Unterschreitung des Marktzinses einen gewissen Spielraum einzuräumen haben. Abweichungen von bis zu 1 % absolut sollte man daher nicht als schädlich ansehen.[713]

248 **cc) Maßgeblicher Zeitpunkt.** Der maßgebliche Zeitpunkt für die Beurteilung der Vollwertigkeit ist umstritten. Überwiegend wird auf die **Begründung des Rückzahlungsanspruchs** durch Rückgewähr der Geldeinlage (vgl. § 488 Abs. 1 S. 2 BGB) abgestellt.[714] Eine spätere (positive oder negative) Veränderung des Wertes der Forderung soll danach für die Zwecke des § 27 Abs. 4 irrelevant sein.[715] Teilweise wird der Zeitpunkt der **Eintragung** der Gesellschaft (bzw. der Kapitalerhöhung) für maßgeblich gehalten.[716] Unklar bleibt allerdings, auf welcher Grundlage das Gericht dies prüfen soll, beziehen sich die eingereichten Unterlagen doch notwendig auf einen früheren Stichtag. Teilweise wird – vorwiegend aus Praktikabilitätserwägungen – generell auf den Zeitpunkt der Anmeldung abgestellt.[717] Zur Sicherung der realen Kapitalaufbringung erscheint es vorzugswürdig, zwar grundsätzlich auf den Zeitpunkt der Anspruchsentstehung abzustellen. Erfolgte die Rückzahlung hingegen bereits vor der Anmeldung, kommt es jedoch im Interesse des Gläubigerschutzes auf die Vollwertigkeit der Forderung im Zeitpunkt des **Eingangs der Anmeldung** bei Gericht an. Dies steht auch im Einklang mit der – mE abzulehnenden – Qualifizierung der Offenlegung nach § 27 Abs. 4 S. 2 als Erfüllungsvoraussetzung durch den BGH (→ Rn. 255 f.).[718] Praktische Schwierigkeiten bei der Anwendung dieser Kriterien im Cash-Pool sind hinzunehmen.[719]

249 **b) Fälligkeit und Liquidität der Forderung.** Der Rückzahlungsanspruch muss nicht nur vollwertig, sondern im Interesse eines Ausgleichs zwischen dem Prinzip der realen Kapitalaufbringung und der Privilegierung in § 27 Abs. 4 nach allgemeinen Bilanzierungsgrundsätzen (jederzeit) fällig und voll liquide (→ Rn. 250 f.) sein. Das ungeschriebene Merkmal der vollen Liquidität[720] resultiert daraus, dass nur unter dieser Voraussetzung eine Gleichstellung mit Bargeld oder Guthaben auf einem Konto gerechtfertigt ist (vgl. auch das gesetzgeberische Leitbild der bilanziellen Betrachtungsweise).[721]

250 **aa) Fälligkeit bzw. jederzeitige Fälligstellbarkeit.** Dem Wortlaut des § 27 Abs. 4 S. 1 gemäß muss der Rückzahlungsanspruch „jederzeit fällig [sein] oder durch fristlose Kündigung durch die

---

[711] K. Schmidt/Lutter/*Bayer* Rn. 109; Roth/Altmeppen/*Roth* GmbHG § 19 Rn. 104; *Illhardt*, Die Einlagenrückzahlung nach § 27 Abs. 4 AktG, 2013, 111; aA *Wirsch* Der Konzern 2009, 443 (448 f.).

[712] *Illhardt*, Die Einlagenrückzahlung nach § 27 Abs. 4 AktG, 2013, 111; abweichend: *Benz*, Verdeckte Sacheinlage und Einlagenrückzahlung im reformierten GmbH-Recht (MoMiG), 2010, 347 f.: Orientierung an Fälligkeitszinsen nach § 63 Abs. 2 S. 1 (5 %).

[713] *Wirsch* Der Konzern 2009, 443 (449); *Herrler* DStR 2011, 2255 (2259); *Illhardt*, Die Einlagenrückzahlung nach § 27 Abs. 4 AktG, 2013, 111; aA *Sporré* DZWIR 2010, 184 (186).

[714] *Altmeppen* NZG 2010, 441 (444); Kölner Komm AktG/*Arnold* Rn. 142; *Bayer/Lieder* GWR 2010, 3 (5); *Bayer/J. Schmidt* ZGR 2009, 805 (835); *Blasche* GmbHR 2010, 288 (293); *Bormann* GmbHR 2007, 897 (902); *Gehrlein* Der Konzern 2007, 771 (782); *Heckschen* DStR 2009, 166 (173); *Heinze* GmbHR 2008, 1065 (1070); *Illhardt*, Die Einlagenrückzahlung nach § 27 Abs. 4 AktG, 2013, 106; Bürgers/Körber/*Lohse* Rn. 54; Großkomm AktG/*Schall* Rn. 399; ursprünglich auch *Herrler* DB 2008, 2347 (2349).

[715] So (allerdings ohne Problematisierung) Bormann/Urlichs Sonderheft MoMiG GmbHR 2008, 37 (43); *Gehrlein* Der Konzern, 2007, 771 (782); *Grigoleit/Rieder,* GmbH-Recht nach dem MoMiG, 2009, Rn. 201; *Herrler* DB 2008, 2347 (2349).

[716] *Büchel* GmbHR 2007, 1065 (1067); Grigoleit/*Vedder* Rn. 76.

[717] *Markwardt* BB 2008, 2414 (2420); *Pentz* GmbHR 2009, 505 (511); MüKoAktG/*Pentz* Rn. 225; *Zahrte,* Finanzierung durch Cash Pooling in internationalen mehrstufigen Konzern nach dem MoMiG, 2010, 138.

[718] *Herrler* GmbHR 2010, 785 (787). Zustimmend: *Benz*, Verdeckte Sacheinlage und Einlagenrückzahlung im reformierten GmbH-Recht (MoMiG), 2010, 349 f.; MüKoGmbHG/*Lieder* § 56a Rn. 44; Hölters/*Solveen* Rn. 48; Grigoleit/*Vedder* Rn. 76; Henssler/Strohn/*Verse* GmbHG § 19 Rn. 82; ähnlich: Scholz/*Veil* GmbHG § 19 Rn. 183: bei Ausreichung des Darlehens vor Anmeldung Vollwertigkeit bei Ausreichung und bei Anmeldung erforderlich.

[719] AA *Illhardt*, Die Einlagenrückzahlung nach § 27 Abs. 4 AktG, 2013, 118 f.

[720] Dogmatisch wird das Merkmal der Liquidität mitunter (ohne Ergebnisrelevanz) als Element der Vollwertigkeit angesehen (vgl. Nachweise bei *Illhardt*, Die Einlagenrückzahlung nach § 27 Abs. 4 AktG, 2013, 1, 3 Fn. 309), dann nicht als ungeschriebenes Tatbestandsmerkmal.

[721] *Ulmer* ZIP 2008, 45 (54); ebenso *Maier-Reimer/Wenzel* ZIP 2008, 1449 (1453). Vgl. auch Beschlussempfehlung und Bericht des Rechtsausschusses v. 18.6.2008, BT-Drs. 16/9737, 56.

Gesellschaft fällig [gestellt] werden [können]". Dies erfordert ein **jederzeit voraussetzungslos ausübbares Recht** der Gesellschaft, die **Geldforderung ohne Kündigungsfrist abzurufen**. Hierdurch wird dem Umstand Rechnung getragen, dass die Prognose über die künftige Realisierbarkeit bei länger laufenden Darlehensverträgen in aller Regel mit nicht unerheblichen Unsicherheiten behaftet ist.[722] Daneben soll die endgültig freie Verfügbarkeit der Einlage (§ 36 Abs. 2) gewährleistet werden.[723] Aufgrund dieser Anforderung ist sicherzustellen, dass bei unbefristeter Darlehensgewährung eine von § 488 Abs. 3 S. 2 BGB (3-monatige Kündigungsfrist) abweichende Regelung getroffen wird;[724] ein fristloses Kündigungsrecht bei Verschlechterung der Vermögensverhältnisse etc nach § 490 Abs. 1 BGB genügt nicht.[725] Leider hat der Gesetzgeber die missglückte Formulierung des § 19 Abs. 5 S. 1 GmbHG („jederzeit fällig ...") auch in § 27 Abs. 4 S. 1 AktG übernommen und das ARUG insoweit nicht zu einer sprachlichen Korrektur genutzt.[726] Für den Cash-Pool verlangt der BGH, dass der zugrunde liegende Vertrag jederzeit fristlos und ohne Angabe von Gründen gekündigt werden kann, nicht nur bei Vermögensverfall.[727]

bb) Liquidität. Über die jederzeitige Abrufbarkeit hinaus impliziert das Erfordernis der vollen Liquidität des Rückzahlungsanspruchs, dass dieser **frei von Einwendungen und Einreden** ist. Anderenfalls wäre er nach dem Niedrigstwertprinzip des § 253 Abs. 3 HGB in der Bilanz mit Null anzusetzen. Auch muss der **Anspruch nach Grund und Höhe unstreitig** sein.[728] Dies folgt unmittelbar aus allgemeinen Bilanzierungsgrundsätzen, wonach bestrittene Forderungen erst dann aktiviert werden dürfen, wenn sie vom Schuldner anerkannt sind oder rechtskräftig über sie entschieden wurde.[729] Die vorstehenden Aspekte führen allesamt zu einer bilanziellen Abwertung des Rückzahlungsanspruchs und stehen daher bereits dessen Einstufung als vollwertig entgegen.[730] Ungeachtet dessen, dass § 66 Abs. 1 auf den Rückzahlungsanspruch keine Anwendung findet (→ Rn. 220), fehlt es an der erforderlichen Liquidität, wenn die Gesellschaft bereits im Zusammenhang mit der Einlagenleistung des Gründers auf den Rückzahlungsanspruch **verzichtet**.[731]

c) Darlegungs- und Beweislast. Im Unterschied zur verdeckten Sacheinlage (§ 27 Abs. 3 S. 5) hat der Gesetzgeber die Darlegungs- und Beweislast im Rahmen des Hin- und Herzahlens nicht ausdrücklich normiert. Es gelten die allgemeinen Beweisregeln, wonach jede Partei die für sie günstigen Umstände zu beweisen hat.[732] Wie sich aus der negativen Formulierung des § 27 Abs. 4 S. 1 ergibt, trägt der **Inferent** grundsätzlich die Darlegungs- und Beweislast hinsichtlich der Vollwertigkeit, Fälligkeit und Liquidität des Rückzahlungsanspruchs.[733] Ob etwas anderes gilt, wenn die Gesellschaft die (Bar-)Leistung als Erfüllung angenommen hat (vgl. § 363 BGB),[734] erscheint schon mit Blick auf den Ausnahmecharakter der Vorschrift zweifelhaft.[735]

4. Weitere (verfahrensrechtliche) Anforderungen. Wurde vor Leistung der Geldeinlage vereinbart, diese iSv § 27 Abs. 4 S. 1 an den Inferenten zurückzuzahlen, sind die **Gründer** sowie sämtliche Mitglieder des **Vorstands** und des **Aufsichtsrats** gemäß § 27 Abs. 4 S. 2 verpflichtet, das (beabsichtigte) Hin- und Herzahlen in der Anmeldung nach § 36 AktG **offen zu legen**.[736] Die

---

[722] Beschlussempfehlung und Bericht des Rechtsausschusses v. 18.6.2008, BT-Drs. 16/9737, 56.
[723] *Ulmer* ZIP 2008, 45 (54).
[724] MüKoAktG/*Pentz* Rn. 229.
[725] OLG Düsseldorf DNotZ 2013, 70 (74).
[726] *Herrler* DB 2008, 2347 (2348); ebenso *Benz*, Verdeckte Sacheinlage und Einlagenrückzahlung im reformierten GmbH-Recht (MoMiG), 2010, 351; *Grigoleit/Rieder*, GmbH-Recht nach dem MoMiG 2009, Rn. 194 Fn. 346; *Illhardt*, Die Einlagenrückzahlung nach § 27 Abs. 4 AktG, 2013, 121.
[727] BGH NJW 2009, 3091 = NZG 2009, 944 – Cash-Pool II.
[728] Kölner Komm AktG/*Arnold* Rn. 145; K. Schmidt/Lutter/*Bayer* Rn. 110; *Bayer/J. Schmidt* ZGR 2009, 805 (835); *Benz*, Verdeckte Sacheinlage und Einlagenrückzahlung im reformierten GmbH-Recht (MoMiG), 2010, 348 f.; Hüffer/Koch/*Koch* Rn. 50; *Ulmer* ZIP 2008, 45.
[729] BFH DStR 2000, 1179 (1181); DStR 2001, 567 (568); FG Düsseldorf BB 2011, 51.
[730] Zutreffend: *Benz*, Verdeckte Sacheinlage und Einlagenrückzahlung im reformierten GmbH-Recht (MoMiG), 2010, 348 f. unter Verweis auf die Gesetzesmaterialien zu § 30 Abs. 1 GmbHG.
[731] MüKoAktG/*Pentz* Rn. 233 mwN.
[732] Vgl. BGH NJW 1991, 1052 (1053) = BGHZ 113, 222; Zöller/*Greger* ZPO, 32. Aufl. 2018, Vor § 284 Rn. 17a.
[733] *Herrler* DB 2008, 2347 (2349); *Illhardt*, Die Einlagenrückzahlung nach § 27 Abs. 4 AktG, 2013, 133 f.; Hüffer/Koch/*Koch* Rn. 50; *Wicke* GmbHG § 19 Rn. 32. Vgl. OLG München GmbHR 2011, 422 (423).
[734] So *Büchel* GmbHR 2007, 1065 (1067 f.); *Tebben* RNotZ 2008, 441 (461) (jeweils für die GmbH).
[735] Ablehnend: *Illhardt*, Die Einlagenrückzahlung nach § 27 Abs. 4 AktG, 2013, 133 f.
[736] Bei der Kapitalerhöhung sind gemäß § 184 Abs. 1 S. 1 nur der Vorstand und der Vorsitzende des Aufsichtsrats anmeldepflichtig.

notwendigen Angaben in der Anmeldung beschränken sich nach dem Gesetz darauf, **dass** und **in welcher Weise** eine Einlagenrückzahlung verabredet wurde.[737]

254 **a) Pflicht zur Offenlegung iSv § 27 Abs. 4 S. 2.** Mit dem Offenlegungserfordernis verfolgten die Gesetzesverfasser des ARUG das Ziel, dem Registergericht die Prüfung zu ermöglichen, ob die Erfüllungsvoraussetzungen nach § 27 Abs. 4 S. 1 vorliegen.[738] Ob es sich beim Offenlegungserfordernis selbst um eine materiell-rechtliche Tilgungsvoraussetzung handelt, ist in Rechtsprechung und Literatur nach wie vor heftig umstritten.

255 **aa) HM: Offenlegung in der Anmeldung als Erfüllungsvoraussetzung.** Der BGH hat seine bereits in einem *obiter dictum* in „Qivive"[739] angedeutete Auffassung in seiner „Cash-Pool II"-Entscheidung manifestiert, dass die Offenlegung des Hin- und Herzahlens in der Anmeldung gemäß § 19 Abs. 5 S. 2 GmbHG (bzw. § 27 Abs. 4 S. 2) eine **Voraussetzung für die Erfüllung der Einlageschuld** sei.[740] Eine Begründung hierfür hat der BGH hingegen nicht geliefert. Die Instanzgerichte folgen dem BGH nahezu ausnahmslos.[741] Überwiegend wird auch im Schrifttum davon ausgegangen, bei Angabe des Hin- und Herzahlens handele es sich mit Blick auf den Gesetzeszweck des Offenlegungserfordernisses, der Ermöglichung einer **präventiven registergerichtlichen Kontrolle** von Vollwertigkeit, Fälligkeit und Liquidität des Rückzahlungsanspruchs, um eine Erfüllungsvoraussetzung.[742] Vom BGH noch nicht ausdrücklich erörterte Konsequenz dieses Ansatzes ist das **Hinausschieben der Erfüllungswirkung bis zur** ordnungsgemäßen **Anmeldung** des Hin- und Herzahlens.[743] Maßgeblich für die Werthaltigkeit, Fälligkeit und Liquidität des Anspruchs wäre demnach der Zeitpunkt des Eingangs der Anmeldung bei Gericht (→ Rn. 248).

256 **bb) Stellungnahme.** Bei genauerer Betrachtung erscheint es vorzugswürdig, entsprechend dem Wortlaut von § 27 Abs. 4 S. 1, der die Erfüllungswirkung nicht an die Offenlegung knüpft, eine Tilgung der Einlageschuld nicht von Letzterer abhängig zu machen, sondern die nach § 27 Abs. 4 S. 2 in der Anmeldung geforderten Angaben beim Hin- und Herzahlen **lediglich als formellrechtliche,** straf- und schadenersatzbewehrte **Verpflichtung** von Gründern, Vorstand und Aufsichtsrat anzusehen.[744] Hierfür spricht auch der **systematische Vergleich zur verdeckten Sacheinlage,** bei der die Präventivwirkung infolge Nichttilgung der Einlageschuld als zu strenge Sanktion erachtet und durch die Anrechnungslösung mit Eintragung nach § 27 Abs. 3 S. 3, 4 (→ Rn. 179 ff.) gerade preisgegeben wurde.[745] Die Anwendung auf Altfälle hätte zudem ein **Leerlaufen der Übergangsvorschrift** des § 20 Abs. 7 EGAktG zur Folge, da eine Offenlegung vor Inkrafttreten des

---

[737] *Heidinger* in Heckschen/Heidinger, Die GmbH in der Gestaltungs- und Beratungspraxis § 11 Rn. 99; *Markwardt* BB 2009, 2414 (2420).
[738] Vgl. Beschlussempfehlung und Bericht des Rechtsausschusses v. 18.6.2008, BT-Drs. 16/9737, 56.
[739] BGHZ 180, 38 = NJW 2009, 2375 Rn. 16 – Qivive; dazu *Häublein* DNotZ 2009, 771; *Lieder* GmbHR 2009, 1177; *Herrler* JA 2009, 529; *Pluskat/Marquardt* NJW 2009, 2353–2355; *Theusinger/Liese* NZG 2009, 641.
[740] BGH NJW 2009, 3091 Rn. 24 f. = NZG 2009, 944 – Cash-Pool II; BeckRS 2016, 114504.
[741] OLG Stuttgart BB 2011, 2897 m. Anm. *Herrler* = DNotZ 2012, 524 (*obiter dictum*); ebenso (zur Parallelvorschrift des § 19 Abs. 5 S. 2 GmbHG) OLG Düsseldorf GmbHR 2012, 1135 (1137); OLG Koblenz MittBayNot 2011, 330 = GmbHR 2011, 579; OLG Nürnberg DZWIR 2011, 167 (171); aA LG Erfurt DZWIR 2010, 525 im Hinblick auf Altfälle.
[742] Vgl. Kölner Komm AktG/*Arnold* Rn. 147; *Bormann/Urlichs* GmbHR 2008 Sonderheft MoMiG, 37, 44; MHLS/*Ebbing* GmbHG § 19 Rn. 175; *Goette* GWR 2009, 333 (336); *Habersack* GWR 2009, 129; Hüffer/Koch/*Koch* Rn. 50; *Kupjetz/Peter* GmbHR 2012, 498 (501); *Pentz* GmbHR 2009, 505 (511); *Pluskat/Marquardt* NJW 2009, 2353 (2343); *Priester* DNotZ 2009, 946 (948); *Servatius* → § 183 Rn. 29; *Wälzholz* GmbHR 2008, 841 (846); Großkomm AktG/*Schall* Rn. 408 ff. (Rückflussabreden ohne Offenlegung wegen Verstoßes gegen § 36 Abs. 2 nichtig; Erfüllungswirkung nicht zur Verhinderung des Doppelzahlungsrisikos erforderlich); tendenziell auch *Tebben* RNotZ 2008, 441 (461).
[743] *Herrler/Reymann* DNotZ 2009, 914 (925 f.); *Pentz* GmbHR 2009, 505 (511); *Schluck-Amend/Penke* DStR 2009, 1433 (1436); Kölner Komm AktG/*Arnold* Rn. 148.
[744] Vgl. *Altmeppen* ZIP 2009, 1545 (1547 f.); *Apfelbaum* notar 2008, 160 (167); *Avvento* BB 2010, 202; *Heidinger/Berkefeld* in Heckschen/Heidinger, Die GmbH in der Gestaltungs- und Beratungspraxis § 11 Rn. 112; *Herrler* DNotZ 2008, 903 (905 Fn. 11); *Herrler* GmbHR 2010, 785 (786 f.); *Herrler* DStR 2011, 2255 (2256 ff.); *Illhardt,* Die Einlagenrückzahlung nach § 27 Abs. 4 AktG, 2013, 144 ff.; *Illhardt/Fiebelkorn* DStR 2010, 526 (527); *Lieder* GmbHR 2009, 1177 (1179 f.); *G. H. Roth* NJW 2009, 3397 ff.; *Seibert* Dokumentation 27 (38); GBS/*Sirich von Kis-Sira* GmbHG § 19 Rn. 69; *Theusinger* NZG 2009, 1017, 1018; *Grigoleit/Vedder* Rn. 79; Henssler/Strohn/*Verse* GmbHG § 19 Rn. 86; *Wedemann* GmbHR 2008, 1131 (1133 Fn. 18); *M. Winter* in Goette/Habersack, Das MoMiG in Wissenschaft und Praxis, 2009, Kap. 2 Rn. 53; *Zabel* DZWIR 2010, 359 ff.; tendenziell auch K. Schmidt/Lutter/*Bayer* Rn. 114.
[745] Ausführlich zu diesem Gesichtspunkt *Benz,* Verdeckte Sacheinlage und Einlagenrückzahlung im reformierten GmbH-Recht (MoMiG), 2010, 411 f.; *G. Roth* NJW 2009, 3397 (3398).

ARUG zur Zurückweisung der Anmeldung geführt hätte.[746] Durch die **Gesetzesmaterialien zum ARUG** wird darüber hinaus das zentrale Argument der herrschenden Meinung – die postulierte Zielsetzung der Gesetzesverfasser, eine präventive registergerichtliche Kontrolle von Vollwertigkeit, Fälligkeit und Liquidität des Rückzahlungsanspruchs zu ermöglichen – jedenfalls stark relativiert („Liegen die Voraussetzungen für eine Erfüllungswirkung gemäß § 27 Abs. 4 **S. 1** AktG nicht vor, so verbleibt es bei der bisherigen Rechtslage." [Hervorhebung durch Verf.]).[747] Schließlich eignet sich die Offenlegungspflicht nur bei der Mindesteinlage (einschließlich eines statutarischen Agios, § 36 Abs. 2 iVm § 36a Abs. 1) als Erfüllungsvoraussetzung, nicht hingegen bei der **Resteinlage,** da bei Letzterer gerade kein Anmeldeerfordernis besteht.[748] Im Übrigen ist ein Verstoß gegen die Verpflichtung aus § 27 Abs. 4 S. 2 anderweitig sanktioniert (→ Rn. 257 f.). Unter dem Gesichtspunkt des Gläubigerschutzes kommt es allein auf die Vollwertigkeit, Fälligkeit und Liquidität des Rückzahlungsanspruchs an.[749]

b) (Weitere) Sanktionen einer unterlassenen Offenlegung. aa) Strafbewehrung. Unabhängig vom Streit um die materiell-rechtliche Qualifizierung der Pflicht nach § 27 Abs. 4 S. 2 ist die Unterlassung der gebotenen Offenlegung für Gründer, Vorstand und Aufsichtsrat nach § 399 Abs. 1 Nr. 1 Var. 2[750] (Verschweigen erheblicher Umstände) **strafbewehrt.**[751] Nebenfolge einer strafrechtlichen Verurteilung ist gemäß § 76 Abs. 3 S. 2 Nr. 3 lit. c AktG bzw. § 6 Abs. 2 S. 2 Nr. 3 lit. c GmbHG ein fünfjähriges **Bestellungshindernis** als Vorstand bzw. Geschäftsführer. Eine diesem Verbot widersprechende Geschäftsführerbestellung ist nach § 134 BGB unheilbar unwirksam. Eine Strafbarkeit kann auch dann drohen, wenn die Voraussetzungen des § 27 Abs. 4 AktG nicht vorliegen, weil der Anspruch nicht in vollem Umfang werthaltig, fällig oder liquide ist – Kenntnis des Betreffenden vom relevanten Umstand vorausgesetzt. Der rechtliche Berater kann sich wegen Anstiftung oder Beihilfe strafbar machen.[752]

bb) Zivilrechtliche Haftung. Sieht man von der – nach Auffassung des BGH – fortbestehenden Einlageverpflichtung des Inferenten ab, haften Gründer, Vorstand und Aufsichtsrat gegenüber Gesellschaftsgläubigern grundsätzlich gemäß § 823 Abs. 2 BGB iVm § 399 Abs. 1 Nr. 1 Var. 2 auf Schadensersatz. Zusätzlich besteht eine Innenhaftung der Vorstandsmitglieder nach § 93 Abs. 2 und der Aufsichtsratsmitglieder nach § 116 iVm § 93 Abs. 2 sowie sämtlicher anmeldepflichtiger Personen nach § 46 bzw. § 48. Im Unterschied zur verdeckten Sacheinlage, bei der infolge der Anrechnungslösung die zivilrechtliche Haftung bei Werthaltigkeit des Einlagegegenstands leer läuft,[753] führt die unterlassene Offenlegung iSv § 27 Abs. 4 S. 2 nach Auffassung des BGH zur Nichttilgung der Einlageschuld. Für die noch offene Einlageverbindlichkeit haften folglich künftig auch die übrigen Gründer sowie sämtliche Vorstands- und Aufsichtsratsmitglieder. Freilich ist der einzelne Inferent, dem seine Geldeinlage iSv § 27 Abs. 4 zurückgezahlt wurde, im Innenverhältnis allein zur Erfüllung der fortbestehenden Einlageverbindlichkeit verpflichtet. Dennoch haften alle nach §§ 46, 48 Verantwortlichen als (unechte) Gesamtschuldner.[754]

c) Werthaltigkeits-, Fälligkeits- und Liquiditätsnachweis? Ob das Registergericht Anforderungen an die ordnungsgemäße Dokumentation einer Einlagenrückzahlung stellen darf – und wenn ja, welche – ist noch weitgehend ungeklärt. Gesetzlich ist ein derartiger Nachweis – anders als zB

---

[746] *Benz,* Verdeckte Sacheinlage und Einlagenrückzahlung im reformierten GmbH-Recht (MoMiG), 2010, 410 f.; *Herrler* GmbHR 2010, 785 (790); *Herrler* DNotZ 2008, 903 (905 Fn. 11); *Heidinger/Berkefeld* in Heckschen/Heidinger, Die GmbH in der Gestaltungs- und Beratungspraxis § 11 Rn. 112; *Maier-Reimer* EWiR 2009, 537; *G. H. Roth* NJW 2009, 3397 (3399); Sympathien auch bei K. Schmidt/Lutter/*Bayer* § 27 Rn. 114. Die Gegenauffassung will aus diesem Grund bei Altfällen teilweise auf das Offenlegungserfordernis als Erfüllungsvoraussetzung verzichten (LG Erfurt DZWIR 2010, 525; *Wälzholz* GmbHR 2008, 841 (846); *Heckschen,* Das MoMiG in der notariellen Praxis, 2009, Rn. 140), was aber unter Wertungsgesichtspunkten nicht überzeugt (*Herrler* DStR 2011, 2255 (2256 f.); ablehnend auch BGH NJW 2009, 3091 = NZG 2009, 944 Rn. 24f = CashPool II).
[747] Beschlussempfehlung und Bericht des Rechtsausschusses, BT-Drs. 16/13098, 37; *Herrler* DStR 2011, 2255 (2258); *Illhardt,* Die Einlagenrückzahlung nach § 27 Abs. 4 AktG, 2013, 144.
[748] *Benz,* Verdeckte Sacheinlage und Einlagenrückzahlung im reformierten GmbH-Recht (MoMiG), 2010, 412; *Herrler* DStR 2011, 2255 (2256).
[749] *Herrler* DStR 2011, 2255 (2258); *Illhardt,* Die Einlagenrückzahlung nach § 27 Abs. 4 AktG, 2013, 144.
[750] § 399 Abs. 1 Nr. 4 bei Kapitalerhöhung.
[751] Generell gegen eine Strafbarkeit bei lediglich unterlassener Offenlegung des Hin- und Herzahlens: *Altmeppen* ZIP 2009, 1545 (1548 ff.); *Altmeppen* NZG 2010, 441 (442), was angesichts der insoweit klaren gesetzgeberischen Intention nicht überzeugt (ebenso *Illhardt,* Die Einlagenrückzahlung nach § 27 Abs. 4 AktG, 2013, 151 f.).
[752] Vgl. hierzu auch *Heckschen,* Das MoMiG in der notariellen Praxis, 2009, Rn. 150 ff.
[753] Vgl. *Herrler* DB 2008, 2347 (2350).
[754] Vgl. OLG Hamm GmbHR 1994, 399 (401); MüKoGmbHG/*Herrler* GmbHG § 9a Rn. 33 mwN.

bei der Sachgründung – nicht ausdrücklich vorgeschrieben. Der Gesetzeswortlaut („angeben", nicht „versichern") scheint prima facie keine gesteigerten Anforderungen zu stellen. Daraus wird teilweise gefolgert, ein Nachweis sei – jedenfalls im Parallelfall der GmbH – regelmäßig nicht erforderlich. Die registergerichtliche Prüfung könne auf Grundlage der von den Beteiligten gemachten Angaben erfolgen, da die Versicherung gemäß § 8 Abs. 2 S. 1 GmbHG (bzw. § 37 Abs. 1) sämtliche Tatbestandsvoraussetzungen einer die Einlageschuld tilgenden Rückgewähr iSv § 19 Abs. 5 S. 1 GmbHG (bzw. § 27 Abs. 4 S. 1) erfasse. Aus § 8 Abs. 2 S. 2 GmbHG ergebe sich, dass das Gericht Nachweise nur bei erheblichen Zweifeln an der Richtigkeit der Versicherung fordern dürfe.[755] Abgesehen davon, dass es im Aktienrecht an einer korrespondierenden Vorschrift zu § 8 Abs. 2 S. 2 GmbHG fehlt, überzeugt dies – ungeachtet der Formstrenge im Aktienrecht[756] – schon deshalb nicht, weil weitere Angaben bzw. Nachweise **für eine sinnvolle Prüfung unverzichtbar** sind. Die Einlagenrückgewähr nach § 27 Abs. 4 tritt an die Stelle der Bareinlage, deren ordnungsgemäße Leistung dem Registergericht nicht durch eine schlichte Versicherung, sondern durch Bestätigung des kontoführenden Instituts (§ 37 Abs. 1 S. 2, 3) nachzuweisen ist. Eine erhebliche Reduzierung der Nachweisanforderungen im Anwendungsbereich von § 27 Abs. 4 wäre mit der gesetzgeberischen Zielsetzung bei der Einführung dieser Ausnahmevorschrift nicht vereinbar.[757] Vom Standpunkt der höchstrichterlichen Rechtsprechung aus gilt dies umso mehr, als ansonsten das postulierte konstitutive Offenlegungserfordernis weitgehend funktionslos bliebe. Aus diesem Grund erscheint eine hinreichende Substantiierung von Vollwertigkeit, Fälligkeit und Liquidität des Rückzahlungsanspruchs grundsätzlich nötig.[758] In jedem Fall ist das Registergericht berechtigt, ohne konkrete Zweifel Nachweise anzufordern.[759] Verbleiben auf Seiten des Registergerichts substantiierte Zweifel an der Werthaltigkeit, Fälligkeit und/oder Liquidität des Rückzahlungsanspruchs, hat es den Beteiligten durch Erlass einer Zwischenverfügung Gelegenheit zur Abhilfe, dh zur Präzisierung des vorgelegten Werthaltigkeits-, Fälligkeits- und Liquiditätsnachweises, zu geben (§ 26 S. 2 HRV). Aus Sicht der Anmeldenden ist es im Übrigen schon zur Haftungsvermeidung unverzichtbar, als Grundlage der Versicherung entsprechende Nachweise zu beschaffen.

260 Allerdings dürfen die **Anforderungen** an die vorzulegenden Nachweise mit Blick auf die gesetzgeberische Zielsetzung, die grundsätzliche Ermöglichung der Einlagenrückzahlung, **nicht überspannt** werden, sondern nur so weit gehen, wie es im Sinne eines vernünftigen Gläubigerschutzes unter Anerkennung der gesetzgeberischen Wertentscheidung geboten erscheint. Keinesfalls darf der Werthaltigkeits-, Fälligkeits- und Liquiditätsnachweis – etwa aufgrund der damit notwendig verbundenen (hohen) Kosten – ein Instrument zur faktischen Vereitelung der ordnungsgemäßen Einlagenrückzahlung iSv § 27 Abs. 4 sein.[760]

261 Für den **Nachweis der Vollwertigkeit** des Rückzahlungsanspruchs kommen ein – freilich in der Regel kostspieliges – **Sachverständigengutachten** (zB vom Steuerberater oder Wirtschaftsprüfer)[761] sowie (als Spezialfall des Sachverständigengutachtens) eine zeitnah erfolgte **Bonitätsprüfung** durch ein Kreditinstitut (zB anlässlich einer Darlehensausreichung) in Betracht. Werden Sicherheiten gestellt, verlagert sich die Werthaltigkeitsprüfung von der Person des Inferenten auf die Sicherheiten, die ihrerseits – sofern sie an die Stelle der fehlenden oder jedenfalls undokumentierten Bonität des Gesellschafters treten – die weiteren Voraussetzungen des § 27 Abs. 4 S. 1 erfüllen müssen (vor allem jederzeitige Fälligstellbarkeit).[762] Ein aktuelles **Rating einer anerkannten Ratingagentur** eignet sich grundsätzlich ebenfalls als Bonitätsnachweis. Sofern ein Cash-Pool bei der Mutter- bzw. Holdinggesellschaft unterhalten wird, die sich regelmäßig Fremdkapital durch Begebung von Anleihen beschafft, ist häufig bereits ein derartiges Rating vorhanden, sodass ein auf diese Weise geführter Bonitätsnachweis keine Zusatzkosten verursacht. Entgegen einer teilweise vertretenen Auffassung

---

[755] *NK-AktR/Polley* Rn. 88; *Komo* BB 2011, 2307 (2311 f.); *Schall* ZGR 2009, 126 (143); *Servatius* → § 188 Rn. 86; *Wachter* GmbHR 2011, 423 (424 f.), der davon ausgeht, die Neuregelung in § 19 Abs. 5 GmbHG sei andernfalls faktisch „tot"; GBS/*Sirich von Kis-Sira* GmbHG § 19 Rn. 71.
[756] Diesen Aspekt betonend: *Wachter* GmbHR 2011, 423 (424).
[757] *Illhardt*, Die Einlagenrückzahlung nach § 27 Abs. 4 AktG, 2013, 137 ff.
[758] OLG München GmbHR 2011, 422 = MittBayNot 2011, 331; OLG Schleswig GmbHR 2012, 908 (911 f.); Kölner Komm AktG/*Arnold* Rn. 147; K. Schmidt/Lutter/*Bayer* Rn. 107; *Ekkenga* ZIP 2010, 2469, 2471 f.; *Grigoleit/Rieder*, GmbH-Recht nach dem MoMiG, 2009, Rn. 196; *Herrler* DB 2008, 2347, 2349; *Herrler* DStR 2011, 2255 (2260 f.); *Krafka/Kühn* RegisterR Rn. 1320a; Bürgers/Körber/*Lohse* Rn. 56; MüKoAktG/*Pentz* Rn. 230; Hölters/*Solveen* Rn. 49; Henssler/Strohn/*Verse* § 19 Rn. 87; *Wälzholz* MittBayNot 2008, 425 (431); *Wicke* GmbHG § 19 Rn. 35.
[759] OLG München GmbHR 2011, 422 = MittBayNot 2011, 331.
[760] *Herrler* DStR 2011, 2255 (2260); in der Tendenz ebenso, wenngleich mit anderen Schlussfolgerungen: *Wachter* GmbHR 2011, 423 (425).
[761] *Grigoleit/Rieder*, GmbH-Recht nach dem MoMiG, 2009, Rn. 196 mwN.
[762] *Herrler* DStR 2011, 2255 (2261).

dürfte allerdings der bloße Hinweis auf ein existierendes Rating im Rahmen der Anmeldung nicht ausreichend sein. Zwar wird insoweit auf den Amtsermittlungsgrundsatz gem. § 26 FamFG verwiesen, welcher im Registerverfahren als Verfahren der freiwilligen Gerichtsbarkeit grundsätzlich Anwendung findet.[763] Nach der hier vertretenen Auffassung besteht jedoch ein über die Versicherung gemäß § 37 Abs. 1 hinausgehendes, ungeschriebenes (gesetzliches) Erfordernis, einen Werthaltigkeitsnachweis vorzulegen. Hinter diese spezielle verfahrensrechtliche Anforderung tritt die (allgemeine) Pflicht zur Amtsermittlung nach § 26 FamFG zurück.[764] In Zusammenschau mit der Versicherung des Geschäftsführers sollte insoweit im Regelfall die Übermittlung der wesentlichen Eckdaten des Ratings (Ratingagentur, Ergebnis, Erläuterungen) ausreichend sein.[765] Auf Anforderung des Gerichts sind die ausführlichen Erläuterungen zu übersenden, die dann an der Handelsregisterpublizität nach § 9 HGB teilnehmen. Ob sich hieraus für die registergerichtliche Prüfung ein echter Mehrwert ergibt, ist freilich nicht zweifelsfrei.

Auch für die weiteren in § 27 Abs. 4 S. 1 GmbHG genannten Tilgungsvoraussetzungen (Fälligkeit **262** und Liquidität) ist grundsätzlich ein entsprechender Nachweis zu erbringen. Ohne weiteres genügt die Vorlage des vollständigen Darlehensvertrags zur Substantiierung der marktgerechten Verzinsung sowie der jederzeitigen fristlosen und voraussetzungslosen Fälligstellbarkeit des Rückzahlungsanspruchs.[766] Die Vorlage der relevanten Passagen des Vertrages sollte ebenfalls ausreichend sein.[767] Aufgrund der mit der Einreichung notwendig verbundenen Handelsregisterpublizität ist eine Preisgabe des Zinssatzes bzw. des hierfür geltenden Berechnungsmodus aber häufig nicht erwünscht. Gleichwohl dürfte aus den oben genannten Gründen die bloße Versicherung einer marktgerechten Verzinsung tendenziell nicht genügen.

5. Rechtsfolgen. Während bei der verdeckten Sacheinlage die Tilgungswirkung erst mit Eintra- **263** gung der Gesellschaft (bzw. mit einer nach Eintragung erfolgten Überlassung des Vermögensgegenstands an die Gesellschaft) eintritt, befreit die Geldeinlage im Fall des (subsidiären) Hin- und Herzahlens den Inferenten bereits mit Eingang der Anmeldung bei Gericht, vorausgesetzt der (künftige) Rückzahlungsanspruch ist (voraussichtlich) vollwertig, fällig und liquide und das (geplante) Hin- und Herzahlen wurde in der Anmeldung ordnungsgemäß offen gelegt.[768] Im Unterschied zur verdeckten Sacheinlage wurde beim Hin- und Herzahlen **keine (rein) bilanzielle Betrachtungsweise** eingeführt. Ist der Rückzahlungsanspruch der Gesellschaft im Zeitpunkt seiner Entstehung bzw. der Anmeldung nur teilweise vollwertig, fällig und/oder liquide, scheidet die Tilgung der Einlagenverbindlichkeit aus (vgl. § 27 Abs. 4 S. 1: „wenn", nicht: „soweit"; auch → Rn. 243),[769] mit der Folge, dass die bisherigen Rechtsprechungsregeln zum Hin- und Herzahlen (→ Rn. 214) eingreifen. Die Zahlungsvorgänge bzw. die schuldrechtlichen Vereinbarungen sind dann als *nullum* zu behandeln.[770] Es gilt nicht das Werthaltigkeits- (**keine „Anrechnung"** iSv § 27 Abs. 3), sondern ein **Alles-oder-Nichts-Prinzip**.[771] Ist die Tilgungswirkung hingegen eingetreten und der Kapitalaufbringungsvorgang damit abgeschlossen, finden die strengen für die Einlageforderung geltenden Bestimmungen keine Anwendung (str., → Rn. 220).

a) Erheblichkeit auch einer nur geringfügigen Wertdiskrepanz. Ist die Forderung zu einem **264** lediglich unwesentlichen Teil bilanziell nicht aktivierungsfähig, muss das Gericht die Eintragung gleichwohl ablehnen, da die Einlagepflicht nicht – auch nicht teilweise – erfüllt wurde. Der Rechtsgedanke des § 38 Abs. 2 S. 2 (nur unwesentliche Minderwertigkeit kein Eintragungshindernis) kann

---

[763] So GES/*Sirich von Kis-Sira* GmbHG § 19 Rn. 72.
[764] So auch OLG München GmbHR 2011, 422 = MittBayNot 2011, 331.
[765] Zustimmend: *Illhardt*, Die Einlagenrückzahlung nach § 27 Abs. 4 AktG, 2013, 140; *Kilian* notar 2012, 12 (14).
[766] Henssler/Strohn/*Verse* GmbHG § 19 Rn. 87; *Wicke* GmbHG § 19 Rn. 35; *Kupjetz/Peter* GmbHR 2012, 498 (503).
[767] Jedenfalls in Kombination mit der Versicherung, dass sich für die relevanten Parameter (Verzinsung, Fälligstellbarkeit etc) aus den übrigen Vertragsbestimmungen keine Einschränkungen ergeben.
[768] *Herrler/Reymann* DNotZ 2009, 914 (924).
[769] Eine Forderung, die wegen eines gewissen Ausfallrisikos zu beispielsweise 20 % ihres Nennbetrags abzuschreiben ist, als nicht existent zu behandeln, ist mit einer bilanziellen Betrachtungsweise nicht vereinbar (vgl. *Benz*, Verdeckte Sacheinlage und Einlagenrückzahlung im reformierten GmbH-Recht (MoMiG), 2010, 370).
[770] *Büchel* GmbHR 2007, 1065 (1068); *Benz*, Verdeckte Sacheinlage und Einlagenrückzahlung im reformierten GmbH-Recht (MoMiG), 2010, 364 f. Vgl. auch Gegenäußerung der Bundesregierung zur Stellungnahme des Bundesrats, BT-Drs. 16/6140 S. 76.
[771] *Herrler* DB 2008, 2347 (2348); *Tebben* RNotZ 2008, 441 (460); *Wachter* NotBZ 2008, 361 (367). Freilich lässt nicht jede unzulässige Rückzahlung die Einlageverpflichtung notwendig in voller Höhe wieder aufleben. § 27 Abs. 4 S. 1 GmbHG steht der schuldtilgenden Wirkung der Einlageleistung vielmehr nur in Höhe des Betrages entgegen, dessen Rückzahlung an den Inferenten vereinbart worden ist.

insoweit nicht herangezogen werden. Durch diese Sondervorschrift für Sacheinlagen bzw. Sachübernahmen sollen lange Eintragungszeiten vermieden werden, die darauf beruhen, dass die Gerichte zusätzlich zu den eingereichten Unterlagen ein (weiteres) Sachverständigengutachten einholen. Auch beim Hin- und Herzahlen nach § 27 Abs. 4 drohen durch regelmäßig einzuholende externe Gutachten hinsichtlich der Bonität des Gesellschafters eine erhebliche Kostenbelastung und eine zeitliche Verzögerung des Eintragungsvorgangs. Dennoch scheidet eine entsprechende Anwendung von § 38 Abs. 2 S. 2 mangels hinreichend vergleichbarer Interessenlage aus. Bei einer (ordnungsgemäß vereinbarten) Sacheinlage löst eine geringfügige Überbewertung lediglich eine Verpflichtung des Inferenten aus, die Wertdifferenz in Geld auszugleichen (bilanzielle Betrachtung). Demgegenüber gilt für das Hin- und Herzahlen das Alles-oder-Nichts-Prinzip. Jeder Minderwert führt zur vollständigen Negierung der Erfüllung der Einlageschuld. Aus diesem Grund dürfen aus Sicht des Gerichts an der Vollwertigkeit (und Liquidität) der Forderung bei der gebotenen kaufmännischen Betrachtung keine vernünftigen Zweifel bestehen.[772]

265 **b) Rechtfertigung der Abkehr von bilanzieller Betrachtungsweise.** Diese im Vergleich zu den Rechtsfolgen der verdeckten Sacheinlage strenge Handhabung ist aufgrund eines **strukturellen Unterschieds** zwischen Hin- und Herzahlen und verdeckter Sacheinlage gerechtfertigt. Im Rahmen von § 27 Abs. 3 kann die Haftung des Inferenten einen etwaigen Minderwert des verdeckt eingelegten Gegenstands ausgleichen. „Allein die Tatsache, dass die Sacheinlage den Wert der geschuldeten Einlageleistung unterschreitet, bedeutet nicht, dass der Gesellschafter auch den Anspruch auf die Differenz nicht erfüllen kann."[773] Ist hingegen beim Hin- und Herzahlen der Rückgewähranspruch mangels zweifelsfreier Bonität des Inferenten nicht vollwertig, wird letzterer in aller Regel auch nicht in der Lage sein, die Differenz zu bezahlen.[774] Ergänzend wird die besondere Rechtsunsicherheit einer quantifizierenden Bonitätsbewertung sowie der Umstand angeführt, diese besondere Härte der Rechtsfolgenseite des § 27 Abs. 4 werde dadurch gemildert, dass jede spätere, als „Darlehensrückzahlung" deklarierte Zahlung zur Tilgung der Einlagenverbindlichkeit führt.[775]

266 **6. „Heilung" eines nicht einlagentilgenden Hin- und Herzahlens?** Hat das Hin- und Herzahlen mangels Vollwertigkeit, Fälligkeit und/oder Liquidität des Rückzahlungsanspruchs oder wegen unterlassener Offenlegung nach § 27 Abs. 4 S. 2 nicht zur Tilgung der Einlageschuld geführt, stellt sich die Frage, wie dieser Mangel in der Kapitalaufbringung behoben werden kann, idealiter unter Aufrechterhaltung des Finanzierungsgeschäfts.

267 **a) Nachbesserung bis zur Eintragung.** Wird ein Verstoß gegen § 27 Abs. 4 nach Eingang der Anmeldung bei Gericht, jedoch vor Eintragung der AG (bzw. der Kapitalerhöhung) bemerkt, kann dieser Fehler noch bereinigt werden, beispielsweise durch Abänderung des Darlehensvertrags (Verzinsungsabrede, Einführung eines jederzeitigen fristlosen Kündigungsrechts der Gesellschaft etc) und entsprechende Mitteilung an das Gericht oder durch Nachholung der bei der Anmeldung unterlassenen Offenlegung der Einlagenrückzahlung. Für die Tilgung der Einlageschuld trotz (verabredeter) Rückgewähr der Barmittel ist zwar grundsätzlich allein der Zeitpunkt des Eingangs der Handelsregisteranmeldung maßgeblich. Im Hinblick auf die Offenlegung bringt § 27 Abs. 4 S. 2 dies explizit zum Ausdruck. Nach allgemeinen Grundsätzen kann die eingereichte Anmeldung aber jedenfalls bis zur Verfügung der Eintragung geändert werden. Ob darüber hinausgehend stets noch bis zum Vollzug der Eintragung möglich ist (vgl. § 382 Abs. 1 S. 2 FamFG),[776] erscheint im Fall einer abgeschlossenen Prüfung zumindest zweifelhaft. Nimmt der Richter die Eintragung jedoch selbst vor (vgl. § 27 Abs. 1 HRV),[777] spricht nichts gegen eine Änderung bis unmittelbar vor Vollzug der Eintragung. Wird die Anmeldung rechtzeitig geändert bzw. ergänzt, stellen die formgerecht nachgereichten Dokumente einen integralen Bestandteil derselben dar. Für die Prüfung der Werthaltigkeit und Liquidität des Rückgewähranspruchs kommt es dann auf den Eingang der geänderten Anmeldung bei Gericht an, sofern die Wiederausreichung der Geldeinlage bereits erfolgt ist (→ Rn. 248).[778] Es empfiehlt sich, mit der Einreichung der geänderten Handelsregisteranmeldung

---

[772] *Herrler* DB 2008, 2347 (2349). Zustimmend *Grigoleit/Rieder*, GmbH-Recht nach dem MoMiG, 2009, Rn. 197; *Gsell* BB 2007, 2241 (2247); *Illhardt*, Die Einlagenrückzahlung nach § 27 Abs. 4 AktG, 2013, 164 f. mwN; aA *Servatius* → § 188 Rn. 88.
[773] Gegenäußerung der Bundesregierung zur Stellungnahme des Bundesrats, BT-Drs. 16/6140 S. 76.
[774] *Gesell* BB 2007, 2241 (2247); *Maier-Reimer/Wenzel* ZIP 2008, 1449 (1454).
[775] Vgl. *Grigoleit/Rieder*, GmbH-Recht nach dem MoMiG 2009, Rn. 197.
[776] *Krafka/Kühn* RegisterR Rn. 81, 83 mwN.
[777] Zur Zuständigkeitsverteilung Richter-Rechtspfleger vgl. §§ 17, 19 Abs. 1 S. 1 Nr. 6 RPflG sowie *Krafka/Kühn* RegisterR Rn. 16 ff.
[778] *Herrler* GmbHR 2010, 785 (788 f.). Zustimmend Bürgers/Körber/*Lohse* § 27 Rn. 57; *Illhardt*, Die Einlagenrückzahlung nach § 27 Abs. 4 AktG, 2013, 186; Großkomm AktG/*Schall* Rn. 403; *Schiemzik* NWB 2011, 45 (51); wohl auch OLG Stuttgart BB 2011, 2897 = DNotZ 2012, 224 (*obiter dictum*).

eine erneute Versicherung gemäß § 37 Abs. 1 S. 1 Hs. 1 zu verbinden, da sich der maßgebliche Zeitpunkt iSv § 27 Abs. 4 verschoben hat. Der praktische Anwendungsbereich einer derartigen Korrektur der Anmeldung vor der Eintragung dürfte freilich sehr begrenzt sein.

b) Kapitalherabsetzung und anschließende Kapitalerhöhung. Ist die Tilgung der Einlageschuld im Rahmen einer Kapitalerhöhung gescheitert, kommt grundsätzlich eine Kapitalherabsetzung zum Zwecke des Erlasses der zu leistenden Einlagen und eine anschließende erneute Kapitalerhöhung in Betracht, bei welcher die Vorgaben von § 27 Abs. 4 beachtet werden.[779] Dieses Verfahren ist allerdings wenig attraktiv und dürfte eine eher theoretische Handlungsoption darstellen,[780] da eine vereinfachte Kapitalherabsetzung iSv § 229 Abs. 1 S. 1 zum Erlass rückständiger Einlagen nicht zulässig ist[781] und deshalb die in §§ 222 ff. normierten Anforderungen (insbes. § 225 Abs. 1 S. 1) gelten. **268**

c) Endgültige Beendigung des Finanzierungsgeschäfts. Eine Tilgung der Einlageschuld trotz nicht ordnungsgemäßer Einlagenrückzahlung ist auch unter Geltung des MoMiG bzw. ARUG – wie der II. Zivilsenat des BGH in seinen Entscheidungen *„Cash-Pool II"* und *„ADCOCOM"* ausdrücklich herausgestellt hat – durch eine Rückführung des dem Inferenten von der Gesellschaft gewährten Darlehens möglich, selbst dann, wenn die Zahlung als **„Darlehensrückzahlung"** und nicht als Einlageleistung deklariert wird.[782] Dies gilt ebenso bei einvernehmlicher Verrechnung der offenen Einlageforderung mit einer vollwertigen Neuforderung des Inferenten.[783] Wie schon nach früherem Recht wird auf diese Weise für den Standardfall der Wiederausreichung der Geldeinlage an den Inferenten eine – auch unter Berücksichtigung der berechtigten Gläubigerinteressen überschießende – doppelte Einlageleistung verhindert. Eine Erfüllung der Einlageverbindlichkeit setzt aber voraus, dass sich die Zahlung **objektiv eindeutig der Einlageschuld zuordnen lässt.** Im Rahmen von Cash-Management-Systemen, insbesondere beim sog. Zero-Balancing, wird diese Voraussetzung indes nicht ohne Weiteres erfüllt.[784] Im Übrigen entspricht die endgültige Beendigung des (bislang unwirksamen) Finanzierungsgeschäfts in der Regel nicht den Vorstellungen des Inferenten, der die Geldeinlage gerade nicht unmittelbar aus eigenen Mitteln aufbringen, sondern sich von der Gesellschaft finanzieren lassen wollte.[785] **269**

d) Darlehensrückführung und Neuausreichung? Dem kann in aller Regel auch nicht durch die **Rückführung der Darlehenssumme** und **anschließende Gewährung eines weiteren Darlehens** begegnet werden.[786] Nach teilweise vertretener Ansicht lässt sich die mangels Wahrung der Anforderungen von § 27 Abs. 4 zunächst missglückte Kapitalaufbringung indes ohne Weiteres dadurch heilen, dass der Rückgewähranspruch der Gesellschaft nach Maßgabe von §§ 362 ff. BGB erfüllt und die Geldmittel sodann umgehend im Sinne eines Gesamtplans wieder an den Aktionär als Darlehen o.Ä. ausgereicht werden, da die Anforderungen der § 36 Abs. 2, § 54 Abs. 3 nur im Eintragungszeitpunkt zu beachten wären und daher keine Anlass mehr für die Anwendung von § 27 Abs. 4 bestünde; eine Ausnahme soll lediglich für Scheinzahlungen gelten.[787] Unter dieser Prämisse laufen die vom BGH streng interpretierten Sonderregelungen der **270**

---

[779] Vgl. BayObLG DNotZ 1978, 365 = GmbHR 1978, 132.
[780] *Herrler* GmbHR 2010, 785 (787); *Herrler* DStR 2011, 2300 (2301); *Bauer* ZNotP 2012, 202 (210); *Illhardt*, Die Einlagenrückzahlung nach § 27 Abs. 4 AktG, 2013, 182 f.
[781] *Marsch-Barner* → § 229 Rn. 4.
[782] BGH NJW 2009, 3091 Rn. 22 = BGHZ 182, 103 – Cash Pool II; NJW 2010, 1948 Rn. 16 = BGHZ 185, 44 – ADCOCOM; BeckRS 2016, 114504; vgl. auch BGH NJW-RR 2008, 1067 Rn. 6; BGH NJW 2006, 509 Rn. 9 f. = BGHZ 165, 113, jeweils zur Rechtslage vor MoMiG/ARUG.
[783] *K. Schmidt/Lutter/Bayer* Rn. 116; *Bayer/J. Schmidt* ZGR 2009, 805 (838); *Illhardt*, Die Einlagenrückzahlung nach § 27 Abs. 4 AktG, 2013, 182; weitergehend: *Schall* ZGR 2009, 126 (148 ff.) (generelle Zulässigkeit der Verrechnung).
[784] Exemplarisch BGH NJW 2009, 3091 Rn. 22 = BGHZ 182, 103 – Cash Pool II. Vgl. *Illhardt*, Die Einlagenrückzahlung nach § 27 Abs. 4 AktG, 2013, 178 f. mwN. AA wohl Großkomm AktG/*Schall* Rn. 377 („eindeutige Zuordnung [...] per se der Fall").
[785] *Benz*, Verdeckte Sacheinlage und Einlagenrückzahlung im reformierten GmbH-Recht (MoMiG), 2010, 374.
[786] *Herrler* DStR 2011, 2300 (2301); *G. H. Roth* NJW 2009, 3397 (3400); *Bauer* ZNotP 2012, 202 (210); *Illhardt*, Die Einlagenrückzahlung nach § 27 Abs. 4 AktG, 2013, 179 f.; anders *Jordans*, Die verdeckte Sacheinlage und die verdeckte Finanzierung nach dem MoMiG, 2011, 260 ff.; *Bormann/Urlichs* DStR 2009, 641 (644). Vgl. auch *Benz*, Verdeckte Sacheinlage und Einlagenrückzahlung im reformierten GmbH-Recht (MoMiG), 2010, 374 ff., der ein sog. „erweitertes Heilungsmodell" („Heilung" durch Darlehensrückzahlung in Kombination mit einer erneuten Darlehensvereinbarung unter Wahrung der Anforderungen von § 27 Abs. 4 S. 1) postuliert.
[787] Großkomm AktG/*Schall* Rn. 376 f.; ebenso MüKoGmbHG/*Lieder* GmbHG § 56a Rn. 57a (anders nur, wenn mehrfaches Hin- und Herzahlen bereits bei ursprünglicher Einlageleistung geplant).

Kapitalaufbringung in § 27 Abs. 4 (Offenlegungserfordernis; Fälligkeit bzw. jederzeitige Fälligstellbarkeit) leer, da bei zeitnaher Rückführung und Neuausreichung der Geldmittel nur die Kapitalerhaltungsregeln des § 57 (→ § 57 Rn. 138 ff.) zu beachten sind. Zurück bliebe allein die Strafbarkeitsdrohung aufgrund der falschen Versicherung, die angesichts des Schattendaseins, das die betreffende Strafvorschrift (soweit ersichtlich) fristet, kaum geeignet ist, ein gesetzeskonformes Verhalten zu gewährleisten. Um eine **Beachtung der Vorgaben von § 27 Abs. 4 effektiv zu gewährleisten**, ist es mE unverzichtbar, dass für die Erfüllung der noch bestehenden Einlageschuld (durch „Darlehensrückzahlung") – jedenfalls soweit es um die Mindesteinlageleistung geht – dieselben Anforderungen gelten wie beim erstmaligen Leistungsversuch. Auch insoweit wirkt nur eine Einlagenleistung zur freien Verfügung der Geschäftsführung schuldtilgend (§ 36 Abs. 2). Eine verabredete Wiederausreichung der Geldeinlage im Wege eines Darlehens befreit beim zweiten Leistungsversuch ebenfalls nur unter den Voraussetzungen des § 27 Abs. 4 von der Einlageschuld. Im Übrigen dürfte bei umgehender Wiederausreichung der an die AG zurückgeführten Geldmittel nicht selten eine **Scheinzahlung** vorliegen, die der Tilgung der offenen Einlageverbindlichkeit nach allgM entgegensteht. Zwar dürfte eine Scheinzahlung ausscheiden, wenn die zurückgeführten Geldmittel nicht unmittelbar wieder ausgereicht werden, etwa weil die AG vorübergehend vom Cash-Pooling ausgenommen wird. Sofern die Wiederausreichung aber aufgrund einer bei Rückführung der Geldmittel bestehenden Absprache erfolgt, schließt dies die Tilgung der Einlageschuld nach der hier vertretenen Auffassung mangels Beachtung der Vorgaben von § 27 Abs. 4 aus.[788] Je geringer der zeitliche Abstand zwischen „Darlehensrückführung" und Neuausreichung ist, desto eher wird eine Absprache zu vermuten sein (→ Rn. 225). Selbst bei großzügig bemessener Wartefrist (mindestens acht Monate) scheidet die Erfüllungswirkung des „zweiten Herzahlens" im Falle einer entsprechenden Abrede aus, die dann freilich von der AG (bzw. deren Insolvenzverwalter) nachgewiesen werden muss.[789]

271 e) „Heilung" nach Eintragung unter Aufrechterhaltung des Finanzierungsgeschäfts. Ob über die vorgenannten Korrekturmechanismen hinaus eine „Heilung" der zunächst fehlgeschlagenen ordnungsgemäßen Einlagenrückzahlung gemäß § 27 Abs. 4 unter Aufrechterhaltung des Finanzierungsgeschäfts möglich ist, indem nachträglich, dh nach Eintragung der AG bzw. der Kapitalerhöhung, das für eine (tilgungsunschädliche) Einlagenrückzahlung vorgesehene Verfahren samt registergerichtlicher Prüfung (ggf. teilweise erneut) durchlaufen wird, ist bislang nicht abschließend geklärt.

272 aa) Möglichkeit einer derartigen „Heilung"? Die hM verneint (im Ergebnis zu Unrecht) eine „Heilungsmöglichkeit" unter Aufrechterhaltung des Finanzierungsgeschäfts generell. Dies gelte insbesondere im Hinblick auf eine unterlassene Offenlegung gemäß § 27 Abs. 4 S. 2, welche mit Blick auf deren Zielsetzung (Ermöglichung einer registergerichtlichen Überprüfung) nach Eintragung der Gesellschaft bzw. nach Eintragung der Kapitalerhöhung nicht mehr nachgeholt werden könne.[790] Da das Eintragungsverfahren bereits abgeschlossen und keine weitere Eintragung durch das Registergericht vorgesehen sei (→ Rn. 283), bleibe die spätere Kundgabe gegenüber dem Registergericht, dass die Vorgaben von § 27 Abs. 4 (weiterhin) gegeben sind oder nachträglich erfüllt wurden, funktionslos.[791] Im Übrigen werde in den Gesetzesmaterialien (zum MoMiG) nur im Hinblick auf die verdeckte Sacheinlage die (fortbestehende) Möglichkeit einer Heilung bejaht. Hieraus sowie aus dem in § 27 Abs. 4 S. 1 normierten Alles-oder-Nichts-Prinzip könne daher im Umkehrschluss gefolgert werden, dass eine nachträgliche Heilung nicht in Betracht kommt. Der Gesetzgeber wollte die Anforderungen an eine nicht erfüllungsschädliche Einlagenrückzahlung in § 27 Abs. 4 abschließend normieren. Auf diese Weise werde zudem der größtmögliche Anreiz zur peinlichen Beachtung der Vorgaben von § 27 Abs. 4 gesetzt.

273 Anknüpfend an die zuletzt genannten Argumente ist zunächst festzuhalten, dass im Gesetzgebungsverfahren **keine bewusste Entscheidung gegen die Heilung einer tilgungsschädlichen Einlagenrückzahlung** getroffen wurde. Vielmehr dürfte eine derartige Möglichkeit überhaupt nicht thematisiert worden sein. Denn vor Inkrafttreten des ARUG war eine zulässige, dh nicht tilgungsschädliche, Einlagenrückgewähr an den Inferenten ausgeschlossen. Vielmehr führte eine absprachegemäße (Wieder-) Ausreichung der Geldeinlage unabhängig von einer etwaigen Werthal-

---
[788] AA Großkomm AktG/*Schall* Rn. 378, der eine Wiederausreichungsabrede bei Rückführung der Geldmittel generell für unproblematisch erachtet. Alle diejenigen, die eine Heilung unter nachträglicher Beachtung sämtlicher Vorgaben von § 27 Abs. 4 ablehnen (Nachweise → Rn. 272), dürften konsequenterweise auch keine die Einlageschuld tilgende Rückzahlung bei umgehender bzw. zeitnaher Wiederausreichung der Geldmittel zulassen.
[789] Hierauf weist G. H. *Roth* NJW 2009, 3397 (3400) zu Recht hin.
[790] So *G.H. Roth* NJW 2009, 3397 (3399); UHL/*Casper* GmbHG § 19 Rn. 198; *Ries* GWR 2011, 161; Großkomm AktG/*Schall* Rn. 379, 403; BeckOK-GmbHG/*Ziemons* GmbHG § 19 Rn. 232.
[791] So *Ries* GWR 2011, 161.

tigkeit, Fälligkeit und Liquidität des Rückzahlungsanspruchs stets zur Nichttilgung der Einlageverbindlichkeit.[792] Auch der zunächst eingängige **Aspekt der Verhaltenssteuerung** erweist sich bei näherer Betrachtung als durchaus ambivalent. Aus ex-ante-Perspektive werden sich umfassend aufgeklärte Geschäftsführer und Inferenten auf diese Weise vermutlich eine bewusste Missachtung der Vorgaben von § 27 Abs. 4 gut überlegen, da als Korrekturmechanismus nach der hier vertretenen Auffassung lediglich die (in der Regel unerwünschte) endgültige Beendigung des Finanzierungsgeschäfts zur Verfügung steht. Nicht selten wird der Verstoß gegen § 27 Abs. 4 jedoch unbewusst bzw. jedenfalls nicht in vollem Bewusstsein aller Rechtsfolgen erfolgen. Unter diesen Umständen müssen Vorstand, Aufsichtsrat und Gründer aus ex-post-Perspektive entscheiden, wie sie mit dem fehlgeschlagenen Kapitalaufbringungsversuch umgehen. Die endgültige Beendigung des Finanzierungsgeschäfts ist dann aber nur eine von mehreren Handlungsoptionen. Nicht völlig lebensfremd dürfte das Bemühen um eine vermeintliche „Darlehensrückführung" zwecks Einlageschuldtilgung unter Verschleierung einer schon vorher verabredeten Wiederausreichung der Geldmittel sein. Denkbar ist zudem das schlichte Verjährenlassen der rückständigen Einlageforderung (10-Jahresfrist nach § 54 Abs. 4 S. 1).[793] Daher darf das Bemühen des Inferenten um einen ordnungsgemäßen Abschluss des Kapitalaufbringungsvorgangs nicht ohne Not zurückgewiesen werden. Vielmehr sollte gerade mit Blick auf die in vielerlei Hinsicht liberalisierten Kapitalaufbringungsregeln darauf abgestellt werden, ob bei nachträglichem Vorliegen aller Anforderungen von § 27 Abs. 4 samt Kundgabe gegenüber dem Registergericht eine Tilgung der Einlageschuld auch unter Berücksichtigung der berechtigten Gläubigerinteressen sachgerecht erscheint.

Eine Heilung des fehlerhaften Kapitalaufbringungsvorgangs kommt von vornherein nur dann ernsthaft in Betracht, wenn eine **Gefährdung berechtigter Gläubigerinteressen ausgeschlossen** ist. Eine derartige Gefährdung liegt nach der gesetzlichen Wertentscheidung nicht allein in der Rückgewähr der Geldeinlage – ungeachtet des Umstands, dass der schuldrechtliche Rückzahlungsanspruch gegenüber der Einlagenforderung bzw. den Geldmitteln bei wirtschaftlicher Betrachtung zweifellos ein Weniger darstellt. Denn die Einlagenrückzahlung als Sonderfall der Geldeinlage wird seit Inkrafttreten des ARUG grundsätzlich als zulässige Form der Einlagenerbringung angesehen. Auf den ersten Blick scheint einer nachträglichen Heilung das (abstrakte) Vertrauen des Rechtsverkehrs darauf entgegen zu stehen, dass die Geldeinlage auf herkömmliche Weise erbracht und gerade nicht durch einen risikobehafteten schuldrechtlichen Zahlungsanspruch ersetzt wurde, da in der an der Publizität gem. § 9 HGB teilnehmenden Handelsregisteranmeldung gerade kein Hin- und Herzahlen verlautbart wurde. Insoweit gilt es aber zu bedenken, dass der BGH bislang die Heilung einer verdeckten Sacheinlage für möglich hielt, obwohl nicht nur die Handelsregisteranmeldung unvollständig bzw. unzutreffend war, sondern zusätzlich die notwendigen Festsetzungen in der Satzung bzw. im Erhöhungsbeschluss fehlten. Diese Verstöße wiegen aus Gläubigersicht umso schwerer, als es jenen durch die letztgenannten Sondervorschriften gerade ermöglicht werden soll, sich über die Kapitalverhältnisse der Gesellschaft und über die mit der Sachgründung bzw. -erhöhung verbundenen spezifischen Gefahren zu informieren.[794] Trotz Vereitelung dieser gesetzlichen Zielsetzung war eine Heilung im beschriebenen Verfahren schon bislang möglich und soll nach den Gesetzesmaterialien weiterhin zulässig sein. Da eine ordnungsgemäße Einlagenrückzahlung iSv § 27 Abs. 4 – anders als eine Sachgründung – keine Satzungspublizität erfordert, sondern lediglich in der Handelsregisteranmeldung verlautbart wird, erscheint eine strengere Behandlung der zunächst fehlgeschlagenen Einlagenrückzahlung jedenfalls unter Publizitätsgesichtspunkten nicht gerechtfertigt.[795]

Im Ergebnis ist eine strengere Handhabung als bei Verstößen gegen die Sachkapitalaufbringungsvorschriften auch deshalb gerechtfertigt, weil bei der Einlagenrückzahlung im Interesse des Gläubigerschutzes bewusst keine rein bilanzielle Betrachtungsweise, sondern eine **strenge Alles-oder-Nichts-Lösung** gewählt wurde. Bei der Einführung dieser Regelung hatte man ausschließlich die Schwierigkeiten vor Augen, die bei zweifelhafter Bonität eines Inferenten zu befürchten sind,[796] und wollte daher einer Mittelausreichung an derartige Personen präventiv entgegen wirken. Darüber hinausgehende Absichten lassen sich weder dem Gesetzeswortlaut noch den Gesetzesmaterialien entnehmen. Aus dem Alles-oder-Nichts-Prinzip folgt somit nicht

---

[792] Vgl. *D. Mayer* FS Priester, 2007, 445 (461 f.).
[793] Daran schließt sich freilich noch eine fünf- bzw zehnjährige Verjährungsfrist nach § 93 Abs. 6 betreffend den Schadensersatzanspruch der Gesellschaft gegen den pflichtwidrig handelnden Vorstand an.
[794] Dies kommt auch darin zum Ausdruck, dass die Festsetzungen iSv § 27 Abs. 1 gemäß § 27 Abs. 5 iVm § 26 Abs. 5 dreißig Jahre (bei der GmbH zehn Jahre in Anlehnung an § 9 Abs. 2 GmbHG) Bestandteil der Satzung bleiben müssen.
[795] Näher: *Herrler* DStR 2011, 2300 (2303).
[796] Vgl. Gegenäußerung der Bundesregierung, BT-Drs. 16/6140, 76 liSp. (zur Parallelregelung im GmbHG).

zwangsläufig, dass eine Heilung einer zunächst an den Voraussetzungen des § 27 Abs. 4 gescheiterten Barkapitalaufbringung unter Aufrechterhaltung des Finanzierungsgeschäfts ausscheidet. In den Beratungen zu den Parallelregelungen im GmbHG bestand weitgehend Einvernehmen, dass die Verpflichtung des Inferenten zur erneuten Erbringung der Geldeinlage trotz tatsächlicher Wertzuführung grundsätzlich eine überschießende Sanktion darstellt.[797] Wird durch erneutes (ggf. nur teilweises) Durchlaufen des für eine tilgungsunschädliche Einlagenrückzahlung vorgesehenen Verfahrens eine Gefährdung berechtigter Gläubigerinteressen ausgeschlossen, da eine effektive und gegenüber dem Registergericht dokumentierte Wertzuführung stattfindet, liegt es jedenfalls nicht in der allgemeinen Tendenz des liberalisierten Kapitalaufbringungsrechts, eine Tilgung der Einlageschuld kategorisch unter Verweis auf ein stichtagsbezogenes Alles-oder-Nichts-Prinzip zu verweigern.[798]

276 Ungeachtet des grds bereits durch die Eintragung der AG (bzw. der Kapitalerhöhung) abgeschlossenen Registerverfahrens ist eine (ggf erneute) **Offenlegung nicht** schlechterdings **funktionslos.** Denn es steht dem Registergericht jederzeit frei, weitere Nachweise für die Werthaltigkeit, Fälligkeit und Liquidität des Rückgewähranspruchs zu fordern[799] und diesem Wunsch im Wege des Registerzwangs (§ 14 HGB) Geltung zu verschaffen. Im Übrigen verlangt der BGH auch in anderem Kontext – im Fall einer wirtschaftlichen Neugründung – eine Offenlegung samt Versicherung gegenüber dem Registergericht, ohne dass dort eine Handelsregistereintragung vorgesehen wäre.[800] Schließlich hat der BGH nach früherem Recht die Heilung einer verdeckten Sacheinlage im Rahmen einer Kapitalerhöhung für möglich gehalten, obwohl die Handelsregisteranmeldung betreffend die Umwidmung der Geld- in eine Sacheinlage dort ebenfalls keine Eintragungsverfügung nach sich zog,[801] da die Festsetzungen nach § 183 Abs. 1 S. 1 lediglich im Kapitalerhöhungsbeschluss, nicht jedoch in der Satzung enthalten sein müssen.[802] In allen vorgenannten Fällen stellt sich das Registerverfahren nicht deswegen als funktionslos dar, weil lediglich die Anwendung von Registerzwang gemäß § 14 HGB als Sanktionsmittel zur Verfügung steht und nicht die Verweigerung der begehrten Eintragung.

277 Die Gestattung der „Reparatur" einer zunächst tilgungsschädlichen Einlagenrückzahlung würde ferner verhindern, dass die Anordnung der rückwirkenden Geltung von § 27 Abs. 4 in der Übergangsvorschrift des § 20 Abs. 7 EGAktG gänzlich leer läuft **(praktikables Verfahren in Altfällen).** Zwar scheidet eine Rückwirkung im engeren Sinne praktisch deshalb aus, weil es bei Kapitalaufbringungsvorgängen vor Inkrafttreten des ARUG stets an der von der Rechtsprechung auch für Altfälle geforderten Offenlegung als Tilgungsvoraussetzung fehlt. Würde man jedoch eine Heilung der zunächst vor Inkrafttreten des ARUG nicht tilgenden Einlagenleistung unter gewissen Voraussetzungen zulassen, käme eine „Rückwirkung" im weiteren Sinne jedenfalls insoweit in Betracht, als bei fortbestehender (bzw. erst nachträglich eingetretener) Vollwertigkeit, Fälligkeit und Liquidität des Rückgewähranspruchs die Erfüllung der Einlageverbindlichkeit unter Aufrechterhaltung des Finanzierungsgeschäfts mit ex-nunc-Wirkung möglich wäre.[803]

---

[797] Vgl. RegBegr., BT-Drs. 16/6140, 40 (zur Parallelregelung im GmbHG).

[798] Vgl. *Herrler* DStR 2011, 2300 (2303 f.), auch mit Blick auf die tendenziell großzügige Rechtsprechung im Fall von entgeltlichen Dienstleistungen des Inferenten.

[799] Vgl. OLG München GmbHR 2011, 422.

[800] Vgl. BGH NJW 2003, 892 (893) = BGHZ 153, 158; BGH NJW 2003, 3198 (3199 f.) = BGHZ 155, 318; BGH NJW 2012, 1875 = BGHZ 192, 341 Rn. 17 f. Eine Handelsregistereintragung aufgrund einer ggf zeitgleich angemeldeten Satzungsänderung (konstitutiv) oder eines Wechsels im Vorstands (deklaratorisch) ist kein notwendiger Bestandteil einer wirtschaftlichen Neugründung und ändert nichts daran, dass die Zäsurwirkung bereits mit dem Eingang von Offenlegung und korrespondierender Versicherung bei Gericht eintritt (vgl. *Heinze* GmbHR 2011, 962 (964)).

[801] BGH NJW 1996, 1473 (1477) = BGHZ 132, 141: Im Fall der Kapitalerhöhung ist der Beschluss ebenfalls „zur Eintragung in das Handelsregister anzumelden".

[802] Teilweise wurde daher für einen (gesetzlich freilich nicht vorgesehenen) Vermerk betreffend die Änderung der Einlagendeckung plädiert (*D. Mayer* MittBayNot 1996, 164 (167) mit Formulierungsvorschlag; *Scholz/Priester,* GmbHG, 9. Aufl. 2002, § 56 Rn. 44).

[803] *Herrler* DStR 2011, 2300 (2305 f.), auch zum Gesichtspunkt eines anerkennenswerten Bedürfnisses für eine Reparatur (wohl wegen der Anmeldepflicht aller nach § 36 Abs. 1 nicht bei der AG, sondern nur bei der GmbH zu bejahen). Im Lichte des § 20 Abs. 7 EGAktG mit ähnlicher Argumentation: *Rezori* RNotZ 2011, 125 (132 f.), der eine nachträgliche Offenlegung des Hin- und Herzahlens zulassen, allerdings für die Frage der Vollwertigkeit, Fälligkeit und Liquidität auf den Zeitpunkt der ursprünglichen Begründung des Rückzahlungsanspruchs abstellen möchte. Dies überzeugt zum einen unter Gläubigerschutzaspekten nicht und schließt zum anderen eine Heilung in Altfällen praktisch aus, weil die strengen Anforderungen von § 27 Abs. 4 S. 1 in der Vergangenheit kaum je beachtet wurden. Zumindest an der jederzeitigen voraussetzungslosen und fristlosen Fälligstellbarkeit dürfte es in aller Regel fehlen.

Aufgrund der vorgenannten Erwägungen sollte eine Heilung einer zunächst tilgungsschädlichen 278
Einlagenrückzahlung mE jedenfalls im Grundsatz zugelassen werden.[804] Aufgrund des regelmäßig
vorzulegenden, typischerweise kostenträchtigen Werthaltigkeitsnachweises (→ Rn. 259 ff.) dürfte
keine Überfrachtung des Registerverfahrens durch immer neue Heilungsversuche drohen. Ein Heilungsversuch für „wenn es brenzlig wird", ist wegen der nachfolgenden Heilungsvoraussetzungen
nicht zu befürchten.[805] Vielmehr wird den Gesellschaftern lediglich ein Weg zurück in die (zivilrechtliche) Legalität eröffnet. Die strafrechtliche Relevanz der falschen Versicherung (§ 399 Abs. 1 Nr. 1
bzw. Nr. 4) bleibt von einer etwaigen Heilung ohnehin unberührt. Im Übrigen ist eine Nachholung
der Vorgaben von § 27 Abs. 4 im Interesse des Gläubigerschutzes allemal vorzugswürdig gegenüber
der propagierten „Heilung" durch Rückführung und umgehende bzw. zeitnahe Neuausreichung
der Geldmittel, für welche lediglich die weniger strengen Kapitalerhaltungsregeln Anwendung finden
sollen (vgl. Nachweise → Rn. 270).

bb) „Heilungsvoraussetzungen". Die Anforderungen an eine nachträgliche Reparatur einer 279
zunächst fehlgeschlagenen Einlagenrückzahlung haben sich an den in § 27 Abs. 4 normierten Vorgaben zu orientieren, wobei die anerkannten Grundsätze zur Heilung einer verdeckten Sacheinlage
zu berücksichtigen sind. Da die Einlagenrückzahlung einen Sonderfall der Geldeinlage darstellt, liegt
die darlehensweise Rückgewähr der Geldeinlage an den Inferenten grundsätzlich[806] allein in der
Hand des Vorstands. Festsetzungen in der Satzung (§ 27 Abs. 1) bzw. im Kapitalerhöhungsbeschluss
(§ 183 Abs. 1 S. 1) sind nicht erforderlich. Daher setzt die Heilung mangels Änderung der Einlageart
keinen Hauptversammlungsbeschluss (mit satzungsändernder Mehrheit) voraus.

(1) (Ggf. erneute) Offenlegung. Um dem Registergericht eine Prüfung der Tilgungsvorausset- 280
zungen nach § 27 Abs. 4 S. 1 zu ermöglichen, ist die das Hin- und Herzahlen in jedem Fall (ggf.
erneut[807]) gem. § 27 Abs. 4 S. 2 anzugeben. Der Rückgewähranspruch der Gesellschaft gegen den
Inferenten muss im Zeitpunkt des Eingangs der Offenlegung bei Gericht vollwertig, fällig und liquide
sein. Eine etwaige zwischenzeitliche Verschlechterung der Bonität des Inferenten hindert demgemäß
die (nachträgliche) Erfüllung der Einlageverbindlichkeit. Zwecks Substantiierung ist ein geeigneter
Werthaltigkeits-, Fälligkeits- und Liquiditätsnachweis beizufügen (→ Rn. 259 ff.).

(2) Erneute Versicherung. Aufgrund der Unrichtigkeit der ursprünglichen Versicherung gemäß 281
§ 37 Abs. 1 (ggf. iVm § 188 Abs. 2 S. 1) bedarf es einer erneuten Versicherung aller anmeldepflichtigen Personen (§ 36 Abs. 1 bzw. § 188 Abs. 1).[808] Zwar erschließt sich deren Mehrwert nicht auf den
ersten Blick, da eine Strafbewehrung mangels ausdrücklicher gesetzlicher Anordnung ausscheidet
(*nulla poena sine lege*) und die Versicherung damit als Grundlage der registergerichtlichen Entscheidung
an Bedeutung verliert.[809] In Anbetracht der mit einer erneuten Versicherung ggf verbundenen
zivilrechtlichen Haftungsfolgen gemäß bzw. analog §§ 46, 48 ist diese aber nicht funktionslos, was sich
insbesondere im Falle eines zwischenzeitlichen Vorstands- oder Aufsichtsratswechsels zeigt. Zudem
unterscheidet sich die neuerliche Haftung nach §§ 46, 48 von der ursprünglichen Haftung wegen
falscher Versicherung durch den unterschiedlichen Beginn der Verjährungsfrist (vgl. § 51 S. 2). Im
Übrigen fordert der BGH bei der Anmeldung einer wirtschaftlichen Neugründung trotz der fehlen-

---

[804] *Herrler* GmbHR 2010, 785 (789 ff.); *Herrler* DStR 2011, 2300 (2302 ff.); zustimmend Henssler/Strohn/*Verse*
GmbHG § 19 Rn. 93a; Rowedder/Schmidt-Leithoff/*Pentz* GmbHG § 19 Rn. 248; tendeziell auch; K. Schmidt/
Lutter/*Bayer* Rn. 116; Lutter/Hommelhoff/*Bayer* GmbHG § 19 Rn. 127; *Heidinger/Berkefeld* in Heckschen/Heidinger, Die GmbH in der Gestaltungs- und Beratungspraxis § 11 Rn. 130 und *Rezori* RNotZ 2011, 125 (132 f.).
Letzterer will aber – zu Unrecht – die bloße nachträgliche Offenlegung genügen lassen. Offen lassend: OLG
Stuttgart BB 2011, 2897 mit Anm. *Herrler* = DNotZ 2012, 224 = DZWIR 2011, 521 = GmbHR 2012, 215
(*obiter dictum*), OLG München NZG 2013, 347 (348).
[805] So aber UHL/*Casper* GmbHG § 19 Rn. 198 (unter generalpräventiven Erwägungen).
[806] Anders als bei der GmbH (*Herrler* DStR 2011, 2300 (2306 Fn. 46)) können die Aktionäre dem grds nicht
weisungsabhängigen Vorstand (§ 76 Abs. 1) eine Rückzahlung der Geldeinlage an einen Inferenten zwar nicht
verbieten. Da die Anmeldung gemäß § 36 Abs. 1 jedoch auch von den Gründern vorzunehmen ist, haben sie
faktisch doch Einfluss darauf, ob ein tilgungsunschädliches Hin- und Herzahlen stattfinden kann.
[807] Falls die Erfüllung der Geldeinlageverpflichtung nicht an der unterlassenen Angabe iSv § 27 Abs. 4 S. 2,
sondern an der fehlenden Vollwertigkeit, Fälligkeit und/oder Liquidität des Rückgewähranspruchs gescheitert ist.
[808] Vgl. *Herrler* GmbHR 2010, 785 (791).
[809] Das Registergericht überprüft die Einlagenleistungen grundsätzlich allein anhand der Versicherung, da es
sich aufgrund der Strafbewehrung auf deren Richtigkeit verlassen kann. Ohne die strafrechtliche Sanktion ist
dieses Vertrauen nicht ohne weiteres gerechtfertigt (vgl. *Heidinger* ZGR 2005, 101 (105–107 mwN)). Bei der
Einlagenrückzahlung nach § 27 Abs. 4 kommt der Versicherung aber insofern keine gesteigerte Bedeutung zu,
als sich das Registergericht (wie im Regelfall) einen Werthaltigkeits-, Fälligkeits- und Liquiditätsnachweis vorlegen
lässt, da es die Erfüllung der Vorgaben von § 27 Abs. 4 S. 1 im Wesentlichen ebenso gut wie die anmeldepflichtigen
Personen (Vorstand, Aufsichtsrat und Gründer, § 36 Abs. 1) prüfen kann.

den Strafbewehrung in ständiger Rechtsprechung ebenfalls eine Versicherung entsprechend § 8 Abs. 2 GmbHG bzw. § 37 Abs. 1 S. 1).[810]

282 **(3) Erneute Anmeldung?** Mit Blick auf die anerkannten Grundsätze zur Heilung einer verdeckten Sacheinlage ist ferner zu klären, ob auch die Heilung eines zunächst erfüllungsschädlichen Hin- und Herzahlens eine erneute Handelsregisteranmeldung erfordert, da sich die ursprüngliche Anmeldung durch Eintragung erledigt hat. Von ihrer Konzeption her ist eine Anmeldung iSv § 12 Abs. 1 HGB auf die Herbeiführung einer Handelsregistereintragung gerichtet. Im Unterschied zur Umwidmung einer Geld- in eine Sacheinlage, welche aufgrund der hierfür erforderlichen Satzungsänderung (vgl. § 27 Abs. 1) eine Handelsregistereintragung (vgl. § 181) und damit auch eine darauf gerichtete Anmeldung voraussetzt, wird die Einlagenrückzahlung gemäß § 27 Abs. 4 nicht im Handelsregister verlautbart. Dies spricht zunächst gegen das Erfordernis einer erneuten Handelsregisteranmeldung. Insoweit ist jedoch zu berücksichtigen, dass im Fall einer verdeckten Sacheinlage im Rahmen eines Kapitalerhöhungsvorgangs die Umwidmung ebenfalls keiner Handelsregistereintragung bedarf, da die Festsetzungen nach § 183 Abs. 1 lediglich im Kapitalerhöhungsbeschluss, nicht jedoch in der Satzung enthalten sein müssen.[811] Gleichwohl ging der BGH für die Heilung einer verdeckten Sacheinlage bei einer Kapitalerhöhung von einem Anmeldeerfordernis aus.[812] Vor diesem Hintergrund erscheint es jedenfalls ratsam, die (ggf. erneute) Offenlegung iSv § 27 Abs. 4 S. 2 samt der Versicherung analog § 37 Abs. 1 mit einer von allen Gründern, Vorstands- und Aufsichtsratsmitgliedern (vgl. § 36 Abs. 1) zu bewirkenden Handelsregisteranmeldung nach Maßgabe von § 12 Abs. 1 S. 1 HGB zu verbinden.[813] In der Anmeldung ist ferner zu erläutern, weshalb die Barkapitalaufbringung nicht erfolgreich war und dass die Einlageverbindlichkeit deshalb (ggf. teilweise)[814] fortbesteht.[815]

283 **(4) Verlautbarung im Handelsregister?** Das ordnungsgemäße Hin- und Herzahlen wird nicht im Handelsregister verlautbart. Der gebotene Gläubiger- bzw. Verkehrsschutz wird nach der gesetzlichen Konzeption allein dadurch gewährleistet, dass das Registergericht die Einhaltung der in § 27 Abs. 4 normierten Anforderungen vor der Eintragung der Gesellschaft überprüft (§ 38 Abs. 1 S. 1). Wie bereits erläutert, steht das fehlende Eintragungserfordernis der Heilung einer zunächst tilgungsschädlichen Einlagenrückzahlung nicht entgegen. Auch im Falle einer verdeckten Sacheinlage im Rahmen einer Kapitalerhöhung hielt der BGH schon bislang eine Heilung (ungeachtet der fehlenden Verlautbarung der Umwandlung der Geld- in eine Sacheinlage im Handelsregister) für möglich.[816] Gleiches hat konsequenterweise für die Heilung einer erfüllungshindernden Einlagenrückzahlung zu gelten. Bei Bejahung der Heilungsvoraussetzungen durch das Registergericht wäre allerdings ein entsprechender (deklaratorischer) Vermerk im Handelsregister zweckmäßig, durch den die erst nachträgliche Erfüllung der Voraussetzungen von § 27 Abs. 4 und damit der vom Regelfall abweichende maßgebliche Zeitpunkt insbesondere für die Werthaltigkeit der Forderung verlautbart wird.[817]

284 **7. Sondersituation in der AG & Co. KG?** Die Erfüllungswirkung des Hin- und Herzahlens nach § 27 Abs. 4 könnte bei der AG & Co. KG, bei der die AG der KG ihr Grundkapital absprachegemäß darlehensweise zur Verfügung stellt,[818] mit der teleologischen Erwägung bezweifelt werden, bei wirtschaftlicher Betrachtung **fehle das zusätzliche Haftungssubstrat** in Form des Vermögens des Komplementärs. Der Komplementär dient den Gläubigern der KG als zusätzliches Haftungssubjekt.

---

[810] Vgl. BGH NJW 2003, 892 (893) = BGHZ 153, 158; BGH NJW 2003, 3198 (3199 f.) = BGHZ 155, 318; bestätigt durch BGH NJW 2012, 1875 Rn. 17.
[811] Vgl. Scholz/*Priester* GmbHG, 9. Aufl. 2002, § 56 Rn. 44.
[812] BGH NJW 1996, 1473 (1477) = BGHZ 132, 141.
[813] So auch OLG Stuttgart BB 2011, 2897 m. Anm. *Herrler* = DNotZ 2012, 224 = DZWIR 2011, 521 m. Anm. *Illhardt* (obiter dictum zu § 27 Abs. 4 AktG), leider jedoch ohne abschließende Entscheidung über die grundsätzliche Möglichkeit einer nachträglichen Heilung.
[814] Trotz des Alles-oder-Nichts-Prinzips kommt ein teilweises Fortbestehen dann in Betracht, wenn dem Inferenten nur ein Teil seiner Geldeinlage als Darlehen wiederausgereicht wurde.
[815] Vgl. Scholz/*Priester*, GmbHG, 9. Aufl. 2002, § 56 Rn. 43. Formulierungsvorschlag: *Herrler* in Bayer/Koch, Aktuelles GmbH-Recht, 2013, 95, 135 f.
[816] BGH NJW 1996, 1473 (1477) = BGHZ 132, 141.
[817] *Herrler* DStR 2011, 2300 (2307); ebenso hinsichtlich der Heilung einer verdeckten Sacheinlage: *D. Mayer* MittBayNot 1996, 164 (167); Scholz/*Priester* GmbHG, 9. Aufl. 2002, § 56 Rn. 44; ablehnend: OLG München NZG 2013, 347 f. unter Verweis darauf, dass die Einlagenleistung keine eintragungsfähige Tatsache sei.
[818] Zwar fließt die Geldeinlage nicht an den Inferenten zurück. Die KG als Empfänger der Leistung ist aber typischerweise ein dem Inferenten nach den oben dargestellten Grundsätzen (→ Rn. 233) zuzurechnender Dritter (ebenso *Grigoleit/Rieder*, GmbH-Recht nach dem MoMiG 2009, Rn. 204; vgl. zur früheren Rechtslage BGHZ 174, 370 = NZG 2008, 143).

Bei einer juristischen Person als Komplementär zielt die unbeschränkte Haftung für Gesellschaftsverbindlichkeiten nach §§ 128, 161 Abs. 2 HGB allein auf das Vermögen der Komplementärgesellschaft (natürliche Personen verfügen über ein hiervon zu trennendes Erwerbspotential). Hat die AG ihr gesamtes Grundkapital darlehensweise an die KG ausgereicht und ist einzige Aufgabe der AG die Übernahme der Komplementärstellung, stellt der Rückzahlungsanspruch gegen die KG den einzigen Vermögenswert der AG dar.[819] Dieser ist just in dem Moment nicht mehr werthaltig, in dem es auf die Haftung der AG nach §§ 128, 161 Abs. 2 HGB ankommt (Überschuldung bzw. Zahlungsunfähigkeit der KG selbst). Diese **strukturelle Wertlosigkeit des Darlehensanspruchs** in der Krise der KG könnte der Erfüllung der Einlageschuld entgegenstehen, da die Auszahlung der Geldeinlage an die KG regelmäßig nach den oben dargestellten Kriterien (→ Rn. 233) dem Inferenten zuzurechnen ist.

Dem ist aber entgegen zu halten, dass das **Vertrauen** der Gläubiger der KG auf die Solvenz 285 des Komplementärs **generell nicht schutzwürdig** ist. So sind die Gläubiger beispielsweise nicht davor geschützt, dass die AG ihr Grundkapital im Rahmen ihres Geschäftsbetriebs oder infolge einer erfolglosen Investitionsentscheidung eingebüßt hat. Nichts anderes gilt für die Verwendung der Geldeinlage zur Darlehensgewährung an die KG. Nach den in § 27 Abs. 4 statuierten Erfüllungsvoraussetzungen kommt es ausschließlich auf die Werthaltigkeit, Fälligkeit und Liquidität des Rückzahlungsanspruchs im Zeitpunkt der Darlehensausreichung an. Eine irgendwie geartete Zukunftsprognose ist allerdings insoweit von Bedeutung, als dadurch der Wert des Anspruchs bei wirtschaftlicher Betrachtung bereits im Moment der Ausreichung gemindert ist.[820] Die bloße Gefahr einer künftigen Wertlosigkeit des Rückzahlungsanspruchs – sei sie auch strukturell bedingt – hat der Gesetzgeber dagegen bewusst der Gesellschaft und mittelbar deren Gläubigern zugewiesen.[821] Im Übrigen können Erwerbschancen der AG jederzeit durch Erweiterung ihres Geschäftsgegenstandes entstehen. Sofern die Voraussetzungen des § 27 Abs. 4 vorliegen, steht die Darlehensgewährung durch die AG an die KG einer Tilgung der Einlageschuld folglich nicht entgegen.[822]

8. Unterschiede gegenüber der verdeckten Sacheinlage. a) Vorteile des Hin- und Her- 286 **zahlens gegenüber der verdeckten Sacheinlage.** Das Hin- und Herzahlen ist gegenüber der verdeckten Sacheinlage insoweit privilegiert, als die Einlageschuld nicht erst mit Eintragung der Gesellschaft (bzw. der Kapitalerhöhung) in das Handelsregister getilgt wird. Die **Vorverlegung des Tilgungszeitpunktes** wurde jedoch durch die Qualifizierung des Offenlegungserfordernisses nach § 27 Abs. 4 S. 2 als Erfüllungsvoraussetzung (→ Rn. 255) wesentlich relativiert. Dadurch kommt eine Tilgung der Einlageschuld erst mit Eingang der Handelsregisteranmeldung samt Offenlegung bei Gericht in Betracht, nicht schon mit Begründung der Darlehensforderung durch Wiederausreichung der Geldeinlage. Im Unterschied zur verdeckten Sacheinlage impliziert das Hin- und Herzahlen nicht per se einen zivil- und strafrechtlich sanktionierten Verstoß gegen die Regeln der (Sach-)Kapitalaufbringung. Vielmehr handelt es sich um einen **Sonderfall der Geldeinlage,** der bei Beachtung der in § 27 Abs. 4 normierten Voraussetzungen zur ordnungsgemäßen Tilgung der Einlageschuld führt.

b) Nachteile des Hin- und Herzahlens gegenüber der verdeckten Sacheinlage. Eine 287 Schlechterstellung erfährt das Hin- und Herzahlen gegenüber der verdeckten Sacheinlage in mehrfacher Weise. Die Tilgungswirkung nach Abs. 4 S. 1 setzt notwendig eine uneingeschränkte Werthaltigkeit des Rückzahlungsanspruchs voraus. Jegliche Einschränkung insoweit lässt die Einlageschuld in voller Höhe fortbestehen (**Alles-oder-Nichts-Lösung** im Unterschied zum Anrechnungsmodell des § 27 Abs. 3 S. 3) und führt zur Unwirksamkeit der zugrunde liegenden schuldrechtlichen Vereinbarungen (Fortgeltung der bisherigen Rechtsprechungsregeln). Hinzu kommt, dass die Erfüllung der Einlageverpflichtung nicht nur die Vollwertigkeit, Fälligkeit und Liquidität des Rückzahlungsanspruchs, sondern – jedenfalls nach Ansicht der hM – **zusätzlich** die **Offenlegung** des Hin- und Herzahlens (zwecks Werthaltigkeitskontrolle durch das Gericht) voraussetzt, während bei der verdeckten Sacheinlage eine vergleichbare Kontrolle nach der Neuregelung sachnotwendig ausscheidet.[823] Das Hin- und Herzahlen stellt auch unter **Kapitalerhaltungsgesichtspunkten** an den **Vor-**

---

[819] Vgl. OLG Schleswig GmbHR 2012, 908 (911 f.).
[820] Speziell zum Fall der GmbH & Co. KG: *Benz,* Verdeckte Sacheinlage und Einlagenrückzahlung im reformierten GmbH-Recht (MoMiG), 2010, 342 f.; *Binz/Sorg,* Die GmbH & Co. KG § 3 Rn. 19. Zur Bestellung von Sicherheiten durch die KG für die AG vgl. *Illhardt,* Die Einlagenrückzahlung nach § 27 Abs. 4 AktG, 2013, 157.
[821] Zustimmend: *Illhardt,* Die Einlagenrückzahlung nach § 27 Abs. 4 AktG, 2013, 154 f.
[822] *Herrler* GmbHR 2010, 785 (792).
[823] Diesbezüglich zu Recht auf einen Wertungswiderspruch infolge der Aufgabe der präventiven Unwirksamkeitssanktion bei § 27 Abs. 3 AktG bzw § 19 Abs. 4 GmbHG hinweisend: *G. H. Roth* NJW 2009, 3397 (3398).

stand erhebliche Anforderungen, die zwar nicht mehr die Erfüllung der Einlageschuld, aber seine persönliche Haftung betreffen. So wird dieser überwiegend als verpflichtet angesehen, die Werthaltigkeit der Darlehensforderung fortlaufend zu prüfen und ggf. Maßnahmen zur Realisierung zu ergreifen.[824] Insbesondere bei der Einbindung einer Konzernuntergesellschaft in ein Cash-Management-System treten dadurch schwer überwindbare Interessengegensätze zutage, da der weisungsabhängige Geschäftsführer der Untergesellschaft gegen die weisungsberechtigte Muttergesellschaft vorgehen muss.

288 **9. Europarechtliche Rahmenbedingungen. a) Mindesteinlage nach Art. 48 Abs. 1 GesR-RL.** Für das Gründungsstadium ist allerdings fraglich, ob das in Art. 48 Abs. 1 GesR-RL[825] (vormals Art. 9 Abs. 1 Kapital-RL[826] bzw. § 36a Abs. 1 normierte Mindesteinzahlungserfordernis beim Hin- und Herzahlen iSv § 27 Abs. 4 als Unterfall der Geldeinlage zu berücksichtigen ist und somit nur ein eingeschränkter Anwendungsbereich verbleibt.[827] Obwohl die Gesetzesverfasser des ARUG mögliche Konflikte der Neuregelung in § 27 Abs. 4 mit den Vorgaben der Kapitalrichtlinie ausführlich erörterten, wurde das Mindesteinzahlungserfordernis von Art. 48 Abs. 1 GesR-RL offenbar übersehen.[828] Nach 48 Abs. 1 GesR-RL muss bei Geldeinlagen mindestens **ein Viertel des geringsten Ausgabebetrags** (nach § 36a Abs. 1 zuzüglich eines etwaigen Agios) an die Gesellschaft geleistet werden. Dies dient der Gewährleistung der effektiven Kapitalaufbringung.[829] Teilweise wird geltend gemacht, § 36a Abs. 1 bzw. 48 Abs. 1 GesR-RL setze die **effektive Leistung** von mindestens 25 % des Nennbetrags in Geld voraus. Diesem Erfordernis werde ein lediglich schuldrechtlicher Rückzahlungsanspruch nicht gerecht; insoweit dürfe die Einlage nicht an den Inferenten oder einen ihm zuzurechnenden Dritten (zurück-)fließen.[830]

289 Für die Beurteilung des Verhältnisses des Hin- und Herzahlens (§ 27 Abs. 4 AktG) zum Mindesteinzahlungserfordernis (§ 36a Abs. 1 AktG, Art. 48 Abs. 1 GesR-RL) kommt es entscheidend darauf an, ob die Bestimmung der Kapitalrichtlinie (Art. 9 Abs. 1 Kapital-RL) oder lediglich die deutsche Umsetzungsnorm eine effektive Leistung der Mindesteinlage in Geld verlangt. Würde lediglich § 36a einer absprachegemäßen Rückzahlung des Einzahlungsbetrags entgegenstehen, würde § 27 Abs. 4 den bereits zuvor in Kraft getretenen § 36a Abs. 1 im Wege der *lex posterior*-Regel sowie als *lex specialis* verdrängen.[831] Wegen des Grundsatzes der **autonomen Auslegung des Unionsrechts**[832] hat § 27 Abs. 4 hingegen auf Art. 48 Abs. 1 GesR-RL auslegende Bedeutung keinen Einfluss. Schließt Art. 48 Abs. 1 GesR-RL eine Rückzahlung der Geldeinlage in Höhe von 25 % aus, kann sich die Erfüllungswirkung des Hin- und Herzahlens **aufgrund richtlinienkonformer Auslegung**[833] von § 27 Abs. 4 nur auf 75 % der jeweiligen Einlage erstrecken. Mit anderen Worten dürfte in diesem Fall ein Viertel des geringsten Ausgabebetrags nicht an den Inferenten zurückfließen.[834] Ein Agio kann dagegen, weil Art. 48 Abs. 1 GesR-RL nur den Nennbetrag der Aktie betrifft –

---

[824] K. Schmidt/Lutter/*Bayer* Rn. 112; *Bormann* GmbHR 2007, 897 (903); *Goette*, Einführung GmbHR, Einf Rn. 24; *Illhardt*, Die Einlagenrückzahlung nach § 27 Abs. 4 AktG, 2013, 124 ff.; *Lieder* GmbHR 2009, 1177 (1184); *Lips/Randel/Werwigk* DStR 2008, 2220 (2222); *Markwardt* BB 2008, 2414 (2419); vgl. zur Konkretisierung der Vorstandspflichten auch BGHZ 176, 71 = NJW 2009, 850 – MPS.

[825] Richtlinie 2017/1132 EU des Europäischen Parlaments und des Rates vom 14. Juni 2017 über bestimmte Aspekte des Gesellschaftsrechts, ABl. EU Nr. L 169, 46.

[826] Richtlinie 2012/30/EU des Europäischen Parlaments und des Rates vom 25. Oktober 2012 zur Koordinierung der Schutzbestimmungen, die in den Mitgliedstaaten den Gesellschaften im Sinne des Artikels 54 Absatz 2 des Vertrages über die Arbeitsweise der Europäischen Union im Interesse der Gesellschafter sowie Dritter für die Gründung der Aktiengesellschaft sowie für die Erhaltung und Änderung ihres Kapitals vorgeschrieben sind, um diese Bestimmungen gleichwertig zu gestalten, ABl. EU Nr. L 315, 74.

[827] Bei der Kapitalerhöhung stellt sich diese Problematik ebenfalls, vgl. Art. 69 GesR-RL (vormals Art. 30 Kapitel-RL), § 188 Abs. 2 S. 1 iVm § 36a Abs. 1.

[828] *Habersack* AG 2009, 557 (560 f.); *Cavin*, Kapitalaufbringung in GmbH und AG, 2012, 624.

[829] Vgl. Hüffer/Koch/*Koch* Rn. 1; Grigoleit/*Vedder* § 36a Rn. 1.

[830] *Habersack* AG 2009, 557 (561); ihm folgend *Ekkenga* ZIP 2010, 2469 (2470); Bürgers/Körber/*Lohse* Rn. 48; Großkomm AktG/*Schall* Rn. 63 ff., 394 unter Verweis auf den *effet utile* (ggf. Ausnahme für den Cash Pool); *Servatius* → § 183 Rn. 31 (für die Kapitalerhöhung); *Wicke* ARUG, 2009, 56; ähnlich *N. Schmidt*, Kapitalaufbringung und Kapitalerhaltung im Cash-Pool nach Inkrafttreten des MoMiG und des ARUG, 2011, 67; tendenziell auch Kölner Komm AktG/*Arnold* Rn. 133.

[831] *Herrler/Reymann* DNotZ 2009, 914 (927).

[832] Vgl. EuGH Slg 1982, 13 = EWiR 1982, 458 Rn. 8. Näher zur autonomen Auslegung des EG-Rechts: *Schwarze* in Schwarze, EU-Kommentar, 2. Aufl. 2008, EGV Art. 220 Rn. 30 mwN.

[833] Vgl. zu diesem Auslegungskriterium Calliess/Ruffert/*Ruffert* EUV – EGV, 3. Aufl. 2007, EGV Art. 249 Rn. 113 ff.; nach Ansicht des BGH ist das nationale Recht sogar richtlinienkonform fortzubilden, vgl. BGHZ 179, 27 = ZIP 2009 m. Anm. *Herrler/Tomasic*.

[834] Vgl. auch *Habersack* AG 2009, 557 (561); *Wicke* ARUG S. 56.

ohne Beeinträchtigung der Erfüllungswirkung des § 27 Abs. 4 – in voller Höhe an den Aktionär zurückgezahlt werden.[835]

Art. 48 Abs. 1 GesR-RL ordnet die Leistung von mindestens 25 % des Nennbetrags der jeweiligen **290** Aktie an. Dass Verwendungsabsprachen der ordnungsgemäßen Einlagenleistung in diesem Sinne entgegenstehen, lässt sich der Vorschrift unmittelbar nicht entnehmen. Ein bestimmter Modus der Geldeinlagenleistung wird gerade nicht vorgeschrieben.[836] Auch aus der Gesamtsystematik der Kapitalrichtlinie ergibt sich keine generelle Schädlichkeit von Verwendungsabsprachen mit dem Inferenten. Vielmehr werden diese lediglich nach Art. 64 GesR-RL (§ 71a) inkriminiert.[837] Ebenso fehlt es an Anhaltspunkten dafür, dass Art. 48 Abs. 1 GesR-RL jeglichen Mittelabfluss nach Gründung bzw. Entstehung der Gesellschaft verbietet.[838] Hält man sich vor Augen, dass viele europäische Rechtsordnungen an die befreiende Leistung der Geldeinlage keine ähnlich strengen Anforderungen wie das deutsche Recht stellen,[839] erscheint es trotz der in vielen Punkten deutschen Prägung der Kapitalrichtlinie wahrscheinlich, dass der EuGH für die Frage der wirksamen Einlageleistung iSv Art. 48 Abs. 1 GesR-RL eine bilanzielle Betrachtungsweise an- bzw. allein auf eine **effektive Vermögensmehrung** bei der Gesellschaft abstellt.[840] Die Anforderungen nach § 36a Abs. 1 und vor allem von Art. 48 Abs. 1 GesR-RL sind daher auch dann gewahrt, wenn die Geldeinlage aufgrund einer vorherigen Absprache wieder an den Inferenten zurückgezahlt wird, sofern die weiteren Erfüllungsvoraussetzungen des § 27 Abs. 4 S. 1[841] vorliegen. Würde man der Gegenauffassung folgen, wäre konsequenterweise ebenfalls die Behandlung entgeltlicher Dienstleistungen durch den Gesellschafter im Zusammenhang mit einer Bareinlage zu überdenken.[842] Bis zur Klärung dieser Frage durch den EuGH mag es gleichwohl empfehlenswert sein, **ein Viertel des geringsten Ausgabebetrags bei der AG zu belassen** und nur den überschießenden Betrag darlehensweise iSv § 27 Abs. 4 zurückzuzahlen.[843]

b) Spannungsverhältnis zu Sachgründungsvorschriften (Art. 49 ff. GesR-RL). Generelle **291** Zweifel an der Vereinbarkeit von § 27 Abs. 4 mit der Kapitalrichtlinie könnten sich zudem aus Art. 49 ff. GesR-RL (ex Art. 10 ff. Kapital-RL) ergeben (ua obligatorische Werthaltigkeitsprüfung, Offenlegung, Art. 49 Abs. 1–3 GesR-RL).[844] Zwar handelt es sich hierbei um Sonderregeln für Sacheinlagen, während das Hin- und Herzahlen einen Spezialfall der Geldeinlage darstellt, doch erscheint es jedenfalls nicht a priori ausgeschlossen, die Einlagenrückzahlung, bei der es sich wirtschaftlich betrachtet um eine **Forderungseinbringung** durch den Inferenten handelt, **europarechtlich als Sacheinlage zu qualifizieren**. Für eine derartige Sichtweise lässt sich der Schutz der Gläubiger und der Mitaktionäre anführen, der eine Werthaltigkeitsprüfung und Offenlegung gebietet.[845] Forderungen werden zudem im deutschen (→ Rn. 22 ff.) und luxemburger[846] Recht als Sacheinlagen qualifiziert. Demgegenüber wird die Einordnung von Forderungen als Geldeinlage unter Hinweis auf die autonome Auslegung der Kapitalrichtlinie insbesondere auf die liberalere Handhabung im britischen[847] und tschechischen[848] Recht sowie auf die Position des Generalanwalts *Tesauro* in der Rechtssache „Meilicke"[849] gestützt. Im Ergebnis ist **jedenfalls der Rückgewähran-**

---

[835] Zustimmend: *Bayer/Lieder* GWR 2010, 3 (6); *Grigoleit/Vedder* Rn. 81; aA *Servatius* → § 183 Rn. 31; offen lassend: *Habersack* AG 2009, 557 (561).
[836] *Seibert* FS Maier-Reimer, 2010, 673 (686); zustimmend: *Illhardt*, Die Einlagenrückzahlung nach § 27 Abs. 4 AktG, 2013, 211 f.
[837] *Herrler* DNotZ 2010, 237 (238); ebenso *Cavin*, Kapitalaufbringung in GmbH und AG, 2012, 624 f.
[838] Vgl. *Drygala/Staake/Szalai*, Kapitalgesellschaftsrecht, 2012, § 20 Rn. 17; NK-AktR/*Polley* Rn. 75; *Seibert* FS Maier-Reimer, 2010, 673 (685 f.).
[839] Vgl. sec. 583 (3) (d), (5) *Companies Act* 2006; § 59 Abs. 8 tschechisches HGB.
[840] Ebenso *Cavin*, Kapitalaufbringung in GmbH und AG, 2012, 624 f.; *Drygala/Staake/Szalai*, Kapitalgesellschaftsrecht, 2012, § 20 Rn. 17; *Illhardt*, Die Einlagenrückzahlung nach § 27 Abs. 4 AktG, 2013, 210 ff.; NK-AktR/*Polley* Rn. 75; *Seibert* FS Maier-Reimer, 2010, 673 (685 f.). Vgl. auch Erläuterungen der Kommission zu Art. 9 Richtlinienentwurf 1970, ABl. EG Nr. C 48 vom 24.4.1970, S. 8, 11. Vorsichtiger: K. Schmidt/Lutter/*Bayer* Rn. 101 („völlig offen").
[841] Die Offenlegung des Hin- und Herzahlens gemäß § 27 Abs. 4 S. 2 spielt bei einer rein bilanziellen Betrachtungsweise keine Rolle.
[842] → Rn. 234 ff.; BGH NZG 2010, 343 – Eurobike; *Herrler* DNotZ 2010, 237 (238).
[843] *Bayer/Lieder* GWR 2010, 3 (6); *Hölters/Solveen* Rn. 55.
[844] K. Schmidt/Lutter/*Bayer* Rn. 102; *Bayer/J. Schmidt* ZGR 2009, 805 (840 f.).
[845] Vgl. u.a. *Drinkuth*, Die Kapitalrichtlinie – Mindest- oder Höchstnorm?, 1998, 156 ff., 161; *Groß* AG 1993, 108 (111); *Joost* ZIP 1992, 1033 (1035).
[846] *Putz* in Hirte/Bücker, Grenzüberschreitende Gesellschaften, 2006, § 8 Rn. 10 mwN.
[847] Sec. 583 (3) (d), (5) *Companies Act* 2006.
[848] § 59 Abs. 8 tschechisches HGB.
[849] GA *Tesauro*, Schlussantrag vom 8.4.1992, Slg 1992, I-4871 Rn. 13 ff.

spruch der AG gegen den Inferenten iSv § 27 Abs. 4 nicht als Sacheinlage anzusehen, die dem Regime der Art. 49 ff. GesR-RL unterfällt. Durch die Erfordernisse der Vollwertigkeit, Fälligkeit und Liquidität sowie das Alles-oder-Nichts-Prinzip ist sichergestellt, dass keine Gefährdung von Gläubiger- oder Mitaktionärsinteressen droht; die Forderung ist „so gut wie Bargeld".[850] Der Schutzzweck der Art. 49 ff. GesR-RL ist somit nicht betroffen.[851] Im Übrigen wird selbst im strengen deutschen Recht eine Forderung der Gesellschaft gegen den Inferenten selbst nicht als Sacheinlage qualifiziert.[852]

292 **c) Verhältnis zu Nachgründungsvorschriften (Art. 52 GesR-RL).** Zwar stellt eine schuldrechtliche Forderung gegen den Inferenten nach deutschem Aktienrecht keinen sacheinlagefähigen Vermögensgegenstand dar (→ Rn. 26). Das schließt es aber nicht notwendig aus, dass es sich bei dem Rückgewähranspruch iSv § 27 Abs. 4 S. 1 um einen „Vermögensgegenstand" iSv Art. 52 Abs. 1 GesR-RL (vormals Art. 13 Abs. 1 Kapital-RL) bzw. § 52 Abs. 1 handelt. Denn nach mittlerweile hM unterfallen auch Austauschgeschäfte über nicht sacheinlagefähige Vermögensgegenstände den Nachgründungsvorschriften (→ § 52 Rn. 32). Allerdings dient das Nachgründungsregime dazu, eine Umgehung der Sachgründungsvorschriften zu verhindern.[853] Unter der Prämisse, dass der Rückgewähranspruch der AG gegen den Inferenten iSv § 27 Abs. 4 nicht als Sacheinlage iSv Art. 49 ff. GesR-RL (ex Art. 10 ff. Kapital-RL) anzusehen ist (→ Rn. 291), besteht kein Anlass dafür, das Hin- und Herzahlen dem Anwendungsbereich von Art. 52 Abs. 1 GesR-RL zu unterstellen.[854]

293 **d) Verbot der Darlehensgewährung nach § 71a (vgl. Art. 64 GesR-RL)?** Die in § 27 Abs. 4 normierte Tilgungswirkung des Hin- und Herzahlens wird zudem möglicherweise durch das in § 71a Abs. 1 S. 1 statuierte Verbot der finanziellen Unterstützung *(financial assistance)* überlagert, welches auf Art. 23 der ursprünglichen Kapital-RL (RL 77/91/EWG)[855] zurückgeht.[856] Mittlerweile ist die Regelung zur *financial assistance* in Art. 64 GesR-RL (RL 2017/1132) verortet. In der Gesetzesbegründung des ARUG findet sich eine ausdrückliche Klarstellung dahingehend, dass die Verbotstatbestände des § 71a von § 27 Abs. 4 unberührt bleiben.[857] Sollte das Hin- und Herzahlen im konkreten Fall zugleich ein Rechtsgeschäft darstellen, welches die Gewährung eines Darlehens durch die Gesellschaft an einen anderen zum Zweck des Erwerbs von Aktien dieser Gesellschaft zum Gegenstand hat, ist (nach hM nur) das Kausalgeschäft (der **Darlehensvertrag**) gemäß § 71a Abs. 1 S. 1 **nichtig**[858] und ein vertraglicher **Rückgewähranspruch** iSv § 27 Abs. 4 S. 1 ist **nicht zur Entstehung gelangt.** Eine Befreiung des Inferenten von der Einlageschuld nach § 27 Abs. 4 scheidet in diesem Fall aus,[859] da dies einen wirksamen vertraglichen Rückgewähranspruch voraussetzt und der Bereicherungsanspruch der Gesellschaft gegen den Inferenten einem solchen nicht gleich steht (→ Rn. 242 Fn. 606). Aus diesem Grund kommt § 71a Vorrang vor § 27 Abs. 4 zu.[860] Inwiefern der Anwendungsbereich des § 27 Abs. 4 leer läuft, richtet sich danach, ob – und wenn ja, mit welchem Geltungsanspruch – § 71a in Fällen des Hin- und Herzahlens zur Anwendung gelangt.

---

[850] Vgl. GA *Tesauro*, Schlussantrag vom 8.4.1992, Slg 1992, I-4871 Rn. 14 f.
[851] Ebenso *Illhardt*, Die Einlagenrückzahlung nach § 27 Abs. 4 AktG, 2013, 219 ff.; Großkomm AktG/*Schall* Rn. 59 ff.
[852] *Illhardt*, Die Einlagenrückzahlung nach § 27 Abs. 4 AktG, 2013, 219; im Ergebnis ähnlich: *Bayer/J. Schmidt* ZGR 2009, 805 (840) (§ 27 Abs. 4 als zulässiger Umgehungsschutz vergleichbar den Rechtsprechungsregeln zur verdeckten Sacheinlage); *Habersack* GWR 2009, 129 (132).
[853] *Ebenroth/Neiß* BB 1992, 2085 (2088); *Lutter/Bayer/Schmidt* EurUnternehmensR § 20 Rn. 71. Zur ratio von § 52 → § 52 Rn. 5 mwN.
[854] *Illhardt*, Die Einlagenrückzahlung nach § 27 Abs. 4 AktG, 2013, 224 ff.; anders noch 2. Aufl. 2010, Rn. 269.
[855] Zweite Richtlinie des Rates vom 13.12.1976 zur Koordinierung der Schutzbestimmungen, die in den Mitgliedstaaten den Gesellschaften im Sinne des Artikels 58 Absatz 2 des Vertrages im Interesse der Gesellschafter sowie Dritter für die Gründung der Aktiengesellschaft sowie für die Erhaltung und Änderung ihres Kapitals vorgeschrieben sind, um diese Bestimmungen gleichwertig zu gestalten, ABl. EG 1977 Nr. L 26, 1 vom 31.1.1977.
[856] Nach Art. 64 Abs. 1 GesR-RL darf eine Gesellschaft „im Hinblick auf den Erwerb ihrer Aktien durch einen Dritten" unmittelbar oder mittelbar weder Vorschüsse geben noch Darlehen gewähren noch Sicherheiten leisten.
[857] Begründung des Rechtsausschusses, BT-Drs. 16/13098, 38.
[858] Die Nichtigkeitsfolge des § 71a Abs. 1 S. 1 erfasst nach hM nur das schuldrechtliche, nicht hingegen das dingliche Rechtsgeschäft, vgl. Kölner Komm AktG/*Lutter/Drygala* Rn. 50; Hüffer/Koch/*Koch* § 71a Rn. 4; MüKoAktG/*Oechsler* Rn. 40; aA *Cahn* → § 71a Rn. 50; K. Schmidt/Lutter/*T. Bezzenberger* § 71a Rn. 17.
[859] Begründung des Rechtsausschusses, BT-Drs. 16/13098, 38 li Sp 2. Abs.; vgl. auch *Bayer/Schmidt* ZGR 2009, 805 (839); *Habersack* AG 2009, 557 (562). Es fehlt an einer wirksamen Vereinbarung iSv § 27 Abs. 4 S. 1 und folglich an einem Rückgewähranspruch in diesem Sinne. Auch steht der Bereicherungsanspruch der Gesellschaft gegen den Inferenten einem vertraglichen Rückgewähranspruch nicht gleich.
[860] AllgM, vgl. nur K. Schmidt/Lutter/*Bayer* Rn. 100; Hüffer/Koch/*Koch* Rn. 53; MüKoAktG/*Pentz* Rn. 212; Hölters/*Solveen* Rn. 54.

aa) Hin- und Herzahlen als Darlehensgewährung iSv Art. 64 GesR-RL, § 71a Abs. 1 294
S. 1? Entgegen der Begründung des BT-Rechtsausschusses handelt es sich beim Hin- und Herzahlen um eine ‚Darlehensgewährung' iSv Art. 64 GesR-RL bzw. § 71a Abs. 1. Der Umstand, dass der Rückgewähranspruch nach § 27 Abs. 4 kein Zahlungsziel vorgibt, sondern jederzeit fällig oder sofort kündbar ist, steht dem nicht entgegen.[861] Durch das Hin- und Herzahlen wird die gesellschaftsrechtliche Einlageforderung in einen schuldrechtlichen Anspruch (idR iSv § 488 BGB) umgewandelt. Der Aspekt der jederzeitigen Fälligkeit (bzw. Fälligstellbarkeit) dieses Anspruchs ändert nichts an der Qualifikation als Darlehen, zumal in der Praxis die ausgereichte Geldeinlage gerade in der Regel nicht unmittelbar bzw. zeitnah von der Gesellschaft zurückgefordert wird.[862] Eine mögliche Anwendung des Verbots der *financial assistance* scheitert daher nicht an der fehlenden Darlehensgewährung iSv Art. 64 Abs. 1 GesR-RL bzw. § 71a Abs. 1.[863]

bb) Originärer Aktienerwerb von Art. 64 GesR-RL bzw. § 71a Abs. 1 S. 1 erfasst? Ent- 295
scheidende Bedeutung kommt somit der Frage zu, ob Art. 64 GesR-RL bzw. § 71a Abs. 1 S. 1 den originären Anteilserwerb im Rahmen der Gesellschaftsgründung oder einer Kapitalerhöhung erfasst. Für das nationale Recht erscheint es mit Blick auf **Wortlaut** („Erwerb" im Gegensatz zu „Zeichnung" in § 56, welcher den originären Erwerb regelt) und **systematische Stellung** des § 71a im Umfeld von Vorschriften zum derivativen Aktienerwerb nahe liegend, davon auszugehen, dass sich das Verbot der Darlehensgewährung nicht auf den originären, sondern **allein** auf den **derivativen Aktienerwerb** erstreckt.[864] Dies wird durch § 27 Abs. 4 bestätigt, dem bei Erstreckung des § 71a Abs. 1 auch auf den originären Erwerb bei Gründung der AG oder bei einer Kapitalerhöhung keine Bedeutung zukäme.

Die vorstehenden Erwägungen werden allerdings durch den Geltungsanspruch von Art. 64 GesR- 296
RL überlagert. Seit der **Neufassung von Art. 23 Abs. 1 Uabs. 5 Kapital-RL** durch RL 2006/68/EG[865] (jetzt Art. 64 Abs. 5 GesR-RL) ist klargestellt, dass grundsätzlich der **originäre Erwerb** von Aktien im Rahmen einer Kapitalerhöhung ebenfalls in den Anwendungsbereich der Richtlinie und folglich auch in den Anwendungsbereich der richtlinienkonform auszulegenden Vorschriften des nationalen Rechts fällt.[866] Würde sich § 71a Abs. 1 – wie teilweise in der Literatur vertreten[867] – indes aus diesem Grund ohne weiteres auf sämtliche Gründungs- und Kapitalerhöhungsvorgänge erstrecken, verbliebe – weil der deutsche Gesetzgeber von der Öffnungsklausel in Art. 64 GesR-RL keinen Gebrauch gemacht hat[868] – für ein erfüllungstaugliches Hin- und Herzahlen nach § 27 Abs. 4 kein Raum (**absolutes Verbot** des Hin- und Herzahlens).

Ein **sachlicher Grund** dafür, dass das in Art. 64 GesR-RL normierte Verbot bei *jeder* Kapitalerhö- 297
hung (und noch dazu bei der Gründung) Geltung beansprucht, wird aber nicht geliefert.[869] Zwar gilt das Verbot der *financial assistance* im englischen Recht,[870] das 1976 als Vorbild für Art. 23 RL 77/91/EWG diente,[871] sowohl für den derivativen als auch für den originären Anteilserwerb. Wegen

---

[861] So aber tendenziell Begründung des Rechtsausschusses, BT-Drs. 16/13098, 38 li Sp 3. Abs.
[862] *Habersack* AG 2009, 557 (563); *Herrler/Reymann* DNotZ 2009, 914 (928).
[863] *Habersack* AG 2009, 557 (563); *Herrler/Reymann* DNotZ 2009, 914 (928); *Hölters/Solveen* Rn. 54; *Illhardt*, Die Einlagenrückzahlung nach § 27 Abs. 4 AktG, 2013, 278 ff. Offener: *Wicke* ARUG, 2009, 56; aA *Altmeppen* NZG 2010, 441 (445).
[864] So *K. Schmidt/Lutter/T. Bezzenberger* § 71a Rn. 20; Großkomm AktG/*Merkt*, 4. Aufl. 2008, § 71a Rn. 43; MüKoAktG/*Oechsler* § 71a Rn. 15; *Schroeder*, Finanzielle Unterstützung des Aktienerwerbs, 1994, 153; aA *Drygala* Konzern 2007, 396 (405); *Drygala* JZ 2011, 53 (56); *Habersack* AG 2009, 557 (562); Großkomm AktG/*Schall* Rn. 70 ff.; → § 56 Rn. 12 f.; → § 71a Rn. 16.
[865] Richtlinie 2006/68/EG des Europäischen Parlaments und des Rates vom 6.9.2006 zur Änderung der Richtlinie 77/91/EWG des Rates in Bezug auf die Gründung von Aktiengesellschaften und die Erhaltung und Änderung ihres Kapitals – ABl. EG 2006 Nr. L 264, 32. Art. 23 Abs. 1 UAbs. 5 Kapital-RL 2006 (jetzt Art. 64 Abs. 5 GesR-RL): „Erwirbt ein Dritter ... eigene Aktien ... oder zeichnet er Aktien, die anlässlich einer Erhöhung des gezeichneten Kapitals emittiert wurden".
[866] Der Grundsatz der richtlinienkonformen Auslegung gilt – jedenfalls nach Ablauf der Umsetzungsfrist – ebenfalls für Normen der nationalen Rechtsordnung, die bei Erlass der Richtlinie schon in Kraft waren.
[867] So *Habersack* AG 2009, 557 (563); ihm folgend: *Drygala/Staake/Szalai*, Kapitalgesellschaftsrecht, 2012, § 20 Rn. 16, 22 ff.; *N. Schmidt*, Kapitalaufbringung und Kapitalerhaltung im Cash-Pool nach Inkrafttreten des MoMiG und des ARUG, 2011, 68; Großkomm AktG/*Schall* Rn. 74 ff. mwN; tendenziell auch *Bürgers/Körber/Lohse* Rn. 47.
[868] Anforderungen an die Zulässigkeit der *financial assistance* nach Art. 64 GesR-RL u.a. Genehmigung durch die HV, schriftlicher Bericht des Vorstands, Überprüfung der Kreditwürdigkeit.
[869] Vgl. *Habersack* AG 2009, 557 (562).
[870] Ursprünglich war dieses Verbot im *Companies Act* 1948 sowie im *Case Law* verankert. Heutzutage findet sich das Verbot in den Vorschriften des englischen *Companies Act* 2006 (sec 677 ff.).
[871] Vgl. zur Entstehungsgeschichte *Cahn* → § 71a Rn. 1 ff. und ausführlich *Illhardt*, Die Einlagenrückzahlung nach § 27 Abs. 4 AktG, 2013, 237 ff.

§ 27   298, 299

des Grundsatzes der autonomen Auslegung des Unionsrechts kommt diesem Umstand jedoch allenfalls indizielle Bedeutung zu.[872] Eine derartige weite Auslegung ließe zudem den **Wortlaut** der Vorschrift („Dritter")[873] unberücksichtigt. Dieser deutet vielmehr darauf hin, dass sich Art. 64 GesR-RL lediglich an Personen richtet, die bislang keine Aktien halten.[874] Das bisherige Verständnis der nationalen Vorschrift des § 71a Abs. 1, wonach Finanzierungshilfen an derzeitige Aktionäre ebenfalls erfasst sind,[875] ist im Hinblick auf die Auslegung von Art. 64 GesR-RL ohne Bedeutung. Zudem würde § 71a Abs. 1 von § 27 Abs. 4 überlagert.

298   Unter Zugrundelegung dieses Verständnisses des Tatbestandsmerkmals **„Dritter"** hätte man es nur mit einem finanzierten Anteilserwerb iSv Art. 64 Abs. 5 GesR-RL zu tun, wenn es zu einer **Änderung der Herrschaftsverhältnisse** bei der Gesellschaft käme.[876] Weil die Beteiligungsquoten bei der Gründung der AG sowie beim Aktienerwerb durch verhältniswahrende Kapitalerhöhung (in Ausübung eines Bezugsrechts) nicht verschoben werden, würde insofern das Verbot der *financial assistance* nicht Platz greifen. Angesichts dessen, dass der **Schutzzweck** des Verbots der finanziellen Unterstützung nach Art. 64 GesR-RL alles andere als klar ist („*the rule's rationale is far from clear*"),[877] erscheint eine einschränkende Auslegung des Verbotstatbestands vorzugswürdig, zumal durch die Anforderungen in § 27 Abs. 4 sichergestellt ist, dass der Gesellschaft die Einlagen bei wirtschaftlicher Betrachtung tatsächlich zufließen und ein von der AG zu tragendes relevantes finanzielles Risiko, welches sich ggf. zulasten der Gläubiger auswirkt, nicht existiert.[878]

299   Angesichts des Wortlauts und des Topos der effektiven Zuführung des erhöhten Grundkapitals besteht kein Anlass für eine extensive Auslegung von Art. 64 GesR-RL. Rechtfertigungsbedürftig ist nicht die Einschränkung des Verbots der *financial assistance* auf den Aktienerwerb durch Dritte,[879] sondern mit Blick auf den unklaren Normzweck vielmehr die Erstreckung der Aktienerwerb auf sämtliche Fälle des originären Erwerbs. Eine solche Rechtfertigung ist nicht ersichtlich. Für eine enge Auslegung des Verbots spricht auch der durch die RL 2006/68/EG in Art. 23 Abs. 1 Kapital-RL (jetzt Art. 64 GesR-RL) neu eingeführte Erlaubnisvorbehalt im vormals strikten Verbot (von der der deutsche Gesetzgeber indes keinen Gebrauch gemacht hat). Im Ergebnis hindert Art. 64 GesR-RL bzw. § 71a Abs. 1 nach der hier vertretenen Auffassung die Entstehung eines wirksamen Rückgewähranspruchs dann nicht, wenn die finanzielle Unterstützung nicht zu einer Änderung der Herrschaftsverhältnisse führt. Unter dieser Prämisse ist ein nicht erfüllungsschädliches **Hin- und Herzahlen** iSv § 27 Abs. 4 unbeschadet der Vorgaben von Art. 25 Kapital-RL, § 71a Abs. 1 **bei der Gründung einer AG** sowie bei einem **Aktienerwerb im Rahmen einer Kapitalerhöhung unter Ausnutzung des Bezugsrechts ohne Erhöhung der Beteiligungsquote möglich**.[880] Selbst wenn dies letztlich

---

[872] Vgl. *Ferran*, Principles of Corporate Finance Law, 2008, 286; offener: *Bayer/Schmidt* ZGR 2009, 805 (841).
[873] Vgl. § 71a Abs. 1 S. 1: „einen anderen".
[874] Nach Erwägungsgrund 5 der Änderungsrichtlinie vom 6.9.2006 (RL 2006/68/EG, ABl. EG 2006 Nr. L 264, 32) sollen durch die Neufassung von Art. 23 Kapital-RL 2006 „Aktionäre und Dritte" gleichermaßen geschützt werden. Eine solche Differenzierung würde sich jedoch erübrigen, wenn jedermann – mit Ausnahme der Gesellschaft selbst – „Dritter" wäre. Vgl. Beschlussempfehlung und Bericht des Rechtsausschusses, BT-Drs. 16/13098, 38; in diesem Sinne auch *Hofmeister* AG 2010, 261 (264), der dies auch der Eurobike-Entscheidung des BGH (NZG 2010, 343) entnehmen möchte. AA *Habersack* AG 2009, 557 (563). Dessen Hinweis, bei der Gründung sei jeder Dritter, überzeugt nicht, da sich Art. 64 Abs. 5 GesR-RL (= Art. 23 Abs. 1 UAbs. 5 Var. 2 KapRL 2006) unmittelbar nur auf die Kapitalerhöhung bezieht.
[875] So *Cahn* → § 71a Rn. 34.
[876] So Begründung des Rechtsausschusses, BT-Drs. 16/13098, 38 li Sp 3. Abs.; tendenziell ebenso: *Herrler/Reymann* DNotZ 2009, 914 (929). Eine vollständige Herausnahme des originären Anteilserwerbs aus dem Anwendungsbereich von Art. 64 Abs. 1 GesR-RL scheidet aufgrund der Neuregelung durch die Änderungsrichtlinie aus.
[877] *Wymeersch* FS Drobnig, 1988, 725 (746); einer postulierten Unklarheit des Normzwecks entgegentretend: Großkomm AktG/*Schall* Rn. 74: neben der Eindämmung von Marktmissbrauch im Vorfeld von Unternehmensübernahmen, dem Schutz der Kompetenzverteilung zwischen den Gesellschaftsorganen und einem ergänzenden, der Kapitalerhaltung vorgelagerten Vermögensschutz auch Umgehungsschutz gegen den mittelbaren Erwerb eigener Aktien. Vgl. ausführlich zum Meinungsstand *Cahn* → § 71a Rn. 6 ff. und *Illhardt*, Die Einlagenrückzahlung nach § 27 Abs. 4 AktG, 2013, 255 ff. (Umgehungsschutz, selbständiger Kapitalschutz?, weitergehender Normzweck?).
[878] Sympathisierend auch: *Wicke* ARUG, 2009, 56.
[879] So aber *Habersack* AG 2009, 557 (562).
[880] *Herrler/Reymann* DNotZ 2009, 914 (929 f.). Sympathisierend: *Hüffer/Koch/Hölters/Solveen* Rn. 54a; NK-AktR/*Polley* Rn. 76; ähnlich *Illhardt*, Die Einlagenrückzahlung nach § 27 Abs. 4 AktG, 2013, 278: nur Aktienerwerb inkriminiert, „der im Anschluss zu einem Wechsel in der Herrschaftsstruktur der Gesellschaft führt"; zurückhaltender Hüffer/Koch/*Koch* Rn. 53 („wenn man Funktionslosigkeit nicht hinnehmen will, […] plausibelste Lösung"); für ein Sonderregime für Cash-Management-Systeme: *Altmeppen* NZG 2010, 441 (445); *Ekkenga* ZIP 2010, 2469 (2470 - Arg: keine Kreditgewährung zum Zwecke des Erwerbs von Aktien); Großkomm AktG/*Schall* Rn. 79 iVm Rn. 67; enger: Kölner Komm AktG/*Arnold* Rn. 135 f. (originärer Aktienerwerb bei Kapitalerhöhung von Art. 25 Abs. 1 KapRL bzw. § 71a Abs. 1 erfasst, nicht hingegen bei Gründung).

vom EuGH anders gesehen werden sollte, dürfte eine über die fortbestehende Einlageschuld des Inferenten hinausgehende zivil- und strafrechtliche Haftung der Gründer, Vorstands- und Aufsichtsratsmitglieder mangels Verschuldens ausscheiden, da den vorgenannten Personen kaum der Erlass einer gänzlich funktionslosen Vorschrift durch den Gesetzgeber zum Vorwurf gemacht werden kann. Meines Erachtens besteht daher in den aufgezeichneten Grenzen des Anwendungsbereichs von § 27 Abs. 4 kein Anlass, besonders zurückhaltend von dieser Gestaltung Gebrauch zu machen,[881] zumal die staatlichen Gerichte aufgrund der konstitutiven Offenlegung des Hin- und Herzahlens notwendig in die konkrete Art und Weise der Kapitalaufbringung eingebunden sind.

cc) Sonderfall Konzernverhältnisse (§ 71a Abs. 1 S. 3). Bei Bestehen eines Beherrschungs- 300 oder Gewinnabführungsvertrags iSv § 291 findet das Verbot der finanziellen Unterstützung gemäß § 71a Abs. 1 S. 3 keine Anwendung (→ § 71a Rn. 17 ff.). Ungeachtet des vorstehenden Meinungsstreits verbleibt insoweit in jedem Fall ein Anwendungsbereich für das Hin- und Herzahlen iSv § 27 Abs. 4, was insbesondere für Cash-Management-Systeme von Bedeutung ist.[882] Auf den faktischen Konzern ist § 71a Abs. 1 S. 3 hingegen nicht anwendbar,[883] so dass es bei der beschriebenen Rechtsunsicherheit verbleibt.[884]

10. Übergangsregelung zum Hin- und Herzahlen (§ 20 Abs. 7 EGAktG). Wie bereits bei 301 der verdeckten Sacheinlage erstreckt § 20 Abs. 7 S. 1 EGAktG die Neuregelung in § 27 Abs. 4 auch auf Fälle des Hin- und Herzahlens, die vor dem 1.9.2009 stattgefunden haben **(Altfälle)**. Nach § 20 Abs. 7 S. 1 EGAktG ist demnach – sofern die Erfüllungsvoraussetzungen des § 27 Abs. 4 vorliegen – eine aufgrund eines damals unzulässigen Hin- und Herzahlens am 31.8.2009 bestehende Einlagenverbindlichkeit mit Inkrafttreten der Neuregelung als erloschen anzusehen. **Maßgeblicher Zeitpunkt** der Vollwertigkeits-, Fälligkeits- und Liquiditätsprüfung ist auch für Altfälle der Zeitpunkt der Einlagenrückzahlung bzw. der Anmeldung (→ Rn. 248).[885] Nach § 20 Abs. 7 S. 2 EGAktG kommt eine rückwirkende Tilgung der Einlageschuld dann nicht in Betracht, wenn über die aus der Unwirksamkeit folgenden Ansprüche zwischen der Gesellschaft und dem Inferenten bereits vor dem 1.9.2009 ein rechtskräftiges Urteil ergangen oder eine wirksame Vereinbarung zwischen der Gesellschaft und dem Gesellschafter getroffen worden ist. Zu den (beim Hin- und Herzahlen in abgemilderter Form auftretenden)[886] verfassungsrechtlichen Bedenken → Rn. 212.

Für die Praxis wird die **rückwirkende Anwendung von § 27 Abs. 4** aber weitgehend **bedeu-** 302 **tungslos** bleiben.[887] Neben der **Beweisnot des Inferenten** (vor allem im Hinblick auf die Werthaltigkeit des Rückzahlungsanspruchs) **fehlt** es in Altfällen wohl durchgängig an der **Offenlegung** nach § 27 Abs. 4 S. 2, die der BGH als konstitutiv für die Tilgung der Einlageschuld ansieht (→ Rn. 255). Zwar wurde in der Literatur erwogen, insoweit vom Erfordernis der Offenlegung als Erfüllungsvoraussetzung abzusehen, um § 20 Abs. 7 S. 1 nicht leer laufen zu lassen.[888] In der „Cash-Pool II"-Entscheidung hat der BGH nunmehr jedoch ausdrücklich klargestellt, dass die Offenlegung auch in Altfällen Erfüllungsvoraussetzung ist.[889] Darüber hinaus waren die Cash-Pool Verträge in der Vergangenheit regelmäßig nicht – wie vom BGH in „Cash-Pool II" gefordert[890] – jederzeit und voraussetzungslos kündbar, so dass die Erfüllungswirkung ebenso hieran scheitert. Zu einer gewissen Relevanz von § 20 Abs. 7 S. 1 EGAktG könnte einzig das oben beschriebene **Heilungsverfahren** (→ Rn. 266 ff.) führen. Eine Tilgung der fortbestehenden Einlageschuld setzt danach eine Offenlegung des Hin- und Herzahlens, eine erneute Versicherung und wohl auch eine erneute Anmeldung

---

[881] Hierzu ratend aber K. Schmidt/Lutter/*Bayer* Rn. 100; *Bayer/Lieder* GWR 2010, 3 (6); Hüffer/Koch/*Koch* Rn. 53 aE; *Wicke* ARUG, 2009, 56; Bürgers/Körber/*Lohse* Rn. 47 („sollte man von einem Hin- und Herzahlen absehen").

[882] *Ekkenga* ZIP 2010, 2469 (2470); Hüffer/Koch/*Koch* Rn. 54; Hölters/*Solveen* Rn. 54b; *Wicke* ARUG, 2009, 56; offen: *Habersack* FS Hopt, 2010, 725 (743); zweifelnd aber: *Illhardt*, Die Einlagenrückzahlung nach § 27 Abs. 4 AktG, 2013, 270 ff.

[883] *Cahn* → § 71a Rn. 22; Köln Komm AktG/*Lutter/Drygala* § 71a Rn. 48.

[884] Hüffer/Koch/*Koch* Rn. 54; Hölters/*Solveen* Rn. 54b.

[885] AA *Heinze* GmbHR 2008, 1065 (1073).

[886] Keine Änderung der dinglichen Zuordnung von Vermögensgegenständen, idR nicht unmittelbar Rechte Dritter betroffen (Ausnahme: Ausreichung der Geldanlage an einen – dem Inferenten freilich zuzurechnenden – Dritten). Der BGH hält die Übergangsregelung zur Neuregelung der verdeckten Sacheinlage für verfassungsgemäß (NJW 2010, 1948 – ADCOCOM).

[887] OLG Koblenz GmbHR 2011, 579 (581); *Herrler* DStR 2011, 2255 (2256).

[888] Köln Komm AktG/*Arnold* Rn. 147, 152; UHL/*Casper* GmbHG § 19 Rn. 192; *Heckschen*, Das MoMiG in der notariellen Praxis, 2009, Rn. 154; *Wälzholz* GmbHR 2008, 841 (846); *Wicke* ARUG, 2009, 61; ebenso LG Erfurt DZWIR 2010, 525.

[889] BGH NJW 2009, 3091 = NZG 2009, 944 = ZIP 2009, 1561 (1564 Rn. 24 f.) – Cash Pool II.

[890] BGHZ 166, 8 = NJW 2006, 1736 – Cash Pool.

voraus und kommt nur in Betracht, wenn der Rückgewähranspruch der AG bei Eingang der Anmeldung vollwertig, fällig und liquide ist.

X. Cash-Pool

303 **1. Einführung.** Das Cash-Pooling ist ein Instrument der Konzernfinanzierung, bei dem die **Liquidität im gesamten Konzern** über ein zentrales Konto (Zielkonto) **ausgeglichen** wird, entweder durch vertraglich vereinbarte, bankarbeitstägliche Übertragung der Salden auf den Konten der Tochtergesellschaften auf das Zentralkonto (sog. „Zero-Balancing") oder durch willkürliche Einzelüberweisungen. Rechtlich stellt sich der Cash-Pool nach ganz hM als System wechselseitiger Darlehensverträge iSv §§ 488 ff. BGB dar.[891]

304 Das Zielkonto kann von der Konzernmutter selbst geführt werden oder bei einer abhängigen, der Konzernmutter kapitalschutzrechtlich zuzurechnenden Betreibergesellschaft angesiedelt sein. Durch das Cash-Pooling werden die **Finanzierung** der Konzerngesellschaften **erleichtert** und deren **Kreditkosten** bzw. Guthabenverzinsung **optimiert**. Gerät ein Konzernunternehmen allerdings in die Krise oder fällt in Insolvenz, sind dessen finanzielle Schwierigkeiten aufgrund des Liquiditätsausgleichs von den anderen am Cash-Pool beteiligten Unternehmen zu tragen.[892]

305 **2. Cash-Pooling und Kapitalschutz vor dem ARUG/MoMiG.** Vor Inkrafttreten der Neuregelungen zur verdeckten Sacheinlage in § 27 Abs. 3 bzw. § 19 Abs. 4 GmbHG und zum Hin- und Herzahlen in § 27 Abs. 4 bzw. § 19 Abs. 5 GmbHG stand seit dem „Novemberurteil" vom 24.11.2003,[893] spätestens aber mit der „Cash-Pool I"-Entscheidung des BGH vom 16.1.2006[894] fest, dass **kein Sonderrecht für den Cash-Pool** existiert, sondern insbesondere die Kapitalaufbringungsregeln ohne Einschränkung zu beachten sind.

306 Eine vor oder nach Einlageleistung vereinbarte **Darlehensgewährung an den Cash-Pool** (Her- und Hin bzw. Hin- und Herzahlen) führte ausnahmslos zur **Nichttilgung der Einlageschuld** (→ Rn. 214). Verfügte der Inferent hingegen über Forderungen gegen die Gesellschaft mindestens in Höhe der Einlageschuld, wurde die geleistete Geldeinlage alsbald auf das Zielkonto weitergeleitet und wurden dadurch **bestehende Darlehensverbindlichkeiten der Gesellschaft gegenüber dem Cash-Pool getilgt,** war der Gesellschaft bei wirtschaftlicher Betrachtung nicht der im Kapitalerhöhungsbeschluss geforderte Geldbetrag, sondern die (ggf. teilweise) Befreiung von Darlehensverbindlichkeiten aus der Cash-Pool-Vereinbarung zugeflossen.[895] Gegen die Gesellschaft gerichtete **Forderungen** waren jedoch dort nach Sachgründung bzw. Sachkapitalerhöhung einzubringen. Anderenfalls lag eine **verdeckte Sacheinlage** vor und bestand infolgedessen die Einlagenverbindlichkeit ungeschmälert fort. (→ Rn. 105).

307 **3. Cash-Pooling und Kapitalaufbringung (§ 27 Abs. 3 und 4).** Angesichts massiver Kritik an dieser Rechtssprechung, welcher auch der BGH in der MPS-Entscheidung vom 1.12.2008[896] Rechnung trug, war es ein wesentliches Anliegen des Reformgesetzgebers, das Cash-Pooling auf eine sichere rechtliche Grundlage zu stellen.[897] Durch die Anrechnungslösung bei der verdeckten Sacheinlage (§ 27 Abs. 3 bzw. § 19 Abs. 4 GmbHG) und durch die Erfüllungslösung beim Hin- und Herzahlen (§ 27 Abs. 4 bzw. § 19 Abs. 5 GmbHG) soll gewährleistet sein, dass die Zahlungsflüsse

---

[891] BGHZ 166, 8 (12); *Bayer/Lieder* GmbHR 2006, 449 ff.; *D. Mayer* FS Priester, 2007, 445 (448); *Cahn* ZHR 166 (2002), 278 (280); *Komo* BB 2011, 2307 (2313); *Kupjetz/Peter* GmbHR 2012, 498 (499); *Langner/Mentgen* GmbHR 2004, 1121 (1123); *Langner* GmbHR 2005, 1017 (1018 f.); *Grothaus/Halberkamp* GmbHR 2005, 1317 (1318); *Theusinger* NZG 2009, 1017; *Bormann/Urlichs* DStR 2009, 641; *Wirsch* Der Konzern 2009, 443 (444); aA *Schäfer* GmbHR 2005, 133 (135 f.); *Ulmer* ZHR 169 (2005), 1 (5).
[892] Vgl. *Benz*, Verdeckte Sacheinlage und Einlagenrückzahlung im reformierten GmbH-Recht (MoMiG), 2010, 46 ff.
[893] BGHZ 157, 72 = NJW 2004, 1111 „Novemberurteil". Dieses hat für die Kapitalerhaltung festgelegt, dass Kreditgewährungen an Gesellschafter, die zu Lasten des gebundenen Vermögens der GmbH erfolgen, auch dann eine Auszahlung im Sinne von § 30 Abs. 1 GmbHG darstellen, wenn sie durch einen vollwertigen Rückzahlungsanspruch gedeckt sind. Der BGH gab damit die bis dahin geltende bilanzielle Betrachtungsweise auf, die nun der Gesetzgeber mit dem MoMiG wieder eingeführt hat.
[894] BGHZ 166, 8 = NJW 2006, 1736 – Cash Pool: „Die in ein Cash-Pool-System einbezogenen Gesellschaften mit beschränkter Haftung unterliegen – ohne dass ein „Sonderrecht" für diese Art der Finanzierung anerkannt werden könnte – bei der Gründung und der Kapitalerhöhung den Kapitalaufbringungsvorschriften des GmbHG und den dazu von der höchstrichterlichen Rechtsprechung entwickelten Grundsätzen." (Leitsatz).
[895] BGHZ 166, 8 = NJW 2006, 1736 (1737) – Cash Pool.
[896] BGHZ 179, 71 = NJW 2009, 850 – MPS.
[897] Vgl. zum MoMiG: Begründung des Regierungsentwurfs, BT-Drs. 16/6140, 34, 40. Hierzu *Noack* DB 2006, 1475 f.; *Grunewald* WM 2006, 2333 (2334); *Vetter*, Verhandlungen und Berichte des 66. DJT, Bd II, S. P 75, 115 f.; *Drygala/Kremer* ZIP 2007, 1289 ff.; *Drygala* NZG 2007, 561 (564).

aufgrund einer Cash-Pool-Abrede der Tilgung der Einlagenverbindlichkeit nicht notwendig entgegenstehen (zur Kapitalerhaltung beim Cash-Pool vgl. → § 57 Rn. 138 ff.), immer vorausgesetzt, die jeweiligen Forderungen sind werthaltig.

Mit Blick auf die Unterschiede zwischen der (verdeckten) Sacheinlage und dem Hin- und Herzahlen als Sonderfall der Bareinlage (→ Rn. 213 ff.) ist für die Beurteilung unter kapitalaufbringungsrechtlichen Gesichtspunkten stets eine **exakte Abgrenzung** zwischen beiden Rechtsinstituten **erforderlich**. Soweit Konzernunternehmen liquide Mittel auf das Zielkonto übertragen, gewähren sie der Muttergesellschaft ein Darlehen. Erhalten sie hingegen ihrerseits Mittel aus dem Cash-Pool, handelt es sich entweder um die Erfüllung offener Darlehensrückgewähransprüche aufgrund früherer Mittelzuführungen oder um die Gewährung eines Darlehens durch den Cash-Pool. Eine Zahlung in den bei der Muttergesellschaft geführten Cash-Pool kann somit die Gewährung eines Darlehens der Tochter an die Muttergesellschaft (sog. *upstream-loan*) oder die Rückzahlung eines zuvor von der Mutter gewährten Darlehens (sog. *downstream-loan*) darstellen.[898] Welche dieser Alternativen verwirklich ist, richtet sich nach ganz hM nach dem **Kontostand der Gesellschaft** bei der poolführenden Muttergesellschaft im **Zeitpunkt der Weiterleitung der Mittel an den Cash-Pool**.[899]

a) Verbindlichkeiten gegenüber dem Cash-Pool mindestens in Höhe der Einlageschuld. 309
Hatte die Gesellschaft im Zeitpunkt der Weiterleitung der Mittel an den Cash-Pool Verbindlichkeiten gegenüber dem Cash-Pool mindestens in Höhe der zu leistenden Bareinlage, stellt sich die Kapitalerhöhung als **Sachkapitalerhöhung** dar, wenn beabsichtigt ist, die bare Einlageleistung in den Pool unter Verrechnung mit den offenen Darlehensansprüchen einzubringen.[900] Diese Konstellation ist bei Gründung der Gesellschaft kaum vorstellbar und betrifft daher nahezu ausschließlich die Kapitalerhöhung. Werden die Sondervorschriften für Sacheinlagen nicht beachtet, liegt eine **verdeckte Sacheinlage** iSv § 27 Abs. 3 vor. Nach Eintragung der Kapitalerhöhung[901] wird der Wert der Forderung auf die fortbestehende Einlagenverbindlichkeit angerechnet (→ Rn. 179 ff.).

b) Keine Verbindlichkeiten gegenüber dem Cash-Pool. Ist der Saldo hingegen im Zeitpunkt 310
der Weiterleitung der Mittel an den Cash-Pool ausgeglichen – was **im Gründungsstadium** nahezu ausnahmslos der Fall sein wird[902] – oder sogar zugunsten der Gesellschaft positiv, kommt eine verdeckte Sacheinlage nicht in Betracht. Denn eine Forderung gegen den Inferenten (hier: Darlehensrückzahlungsanspruch der Tochter gegen die Muttergesellschaft) kann nicht Gegenstand einer Sacheinlage sein (→ Rn. 26).[903] Allerdings kann sich die Gewährung des Darlehens als Hin- und Herzahlen iSv § 27 Abs. 4 darstellen,[904] wenn vorab verabredet wurde, die Geldeinlagemittel in den Cash-Pool einzulegen. Eine Tilgung der Einlageschuld setzt nach Auffassung des BGH neben der Vollwertigkeit, Fälligkeit und Liquidität des Rückzahlungsanspruchs die Offenlegung der Rückzahlung oder einer entsprechenden Vereinbarung nach § 27 Abs. 4 S. 2 voraus (→ Rn. 255).

c) Einlageschuld übersteigt Verbindlichkeiten gegenüber dem Cash-Pool (Mischfälle). 311
Schließlich sind auch **Mischfälle** möglich, wenn die Gesellschaft im Zeitpunkt der Weiterleitung der Mittel an den Cash-Pool zwar Verbindlichkeiten gegenüber dem Cash-Pool hatte, das im Rahmen der Kapitalerhöhung neu gebildete Grundkapital aber diesen Negativsaldo übersteigt und verabredet ist, die Geldeinlage vollständig dem Pool zuzuführen. Der Teil der Einlage, mit dem das Debet beim Cash-Pool auf Null ausgeglichen wird, ist materiell eine (verdeckte) Sacheinlage, da die Gesellschaft insoweit von einer Verbindlichkeit befreit wird. Der übrige Teil der weitergeleiteten Geldeinlage,

---

[898] *Benz,* Verdeckte Sacheinlage und Einlagenrückzahlung im reformierten GmbH-Recht (MoMiG), 2010, 46 ff.

[899] BGH NJW 2009, 3091 = NZG 2009, 944 – Cash-Pool II sowie *Bayer/Lieder* GmbHR 2006, 449 (451 f.); *Benz,* Verdeckte Sacheinlage und Einlagenrückzahlung im reformierten GmbH-Recht (MoMiG), 2010, 50; *Bormann/Urlichs* DStR 2009, 641 (643, 645); *Herrler* DNotZ 2008, 903 (906 f.); *Illhardt,* Die Einlagenrückzahlung nach § 27 Abs. 4 AktG, 2013, 54 ff.; *Maier-Reimer/Wenzel* ZIP 2008, 1449 (1454); aA nur UHL/*Casper* GmbHG § 19 Rn. 201 f.: stets § 27 Abs. 4 einschlägig.

[900] BGH NJW 2009, 3091 = NZG 2009, 944 – Cash-Pool II.

[901] Dies setzt stets eine falsche Versicherung des Geschäftsführers voraus, da das Registergericht bei Offenlegung der getroffenen Verwendungsabsprache die Eintragung wegen Nichtbeachtung der Sacherhöhungsvorschriften abzulehnen hat (vgl. § 38 Abs. 1 S. 2 sowie → § 188 Rn. 33 ff. zum Prüfungsrecht des Registergerichts bei der Kapitalerhöhung).

[902] Ebenso *Illhardt,* Die Einlagenrückzahlung nach § 27 Abs. 4 AktG, 2013, 49.

[903] Entgegen einer teilweise vertretenen Auffassung (*Gsell* BB 2007, 2241 (2244 Fn. 37); *Heinze* GmbHR 2008, 1065 (1070): stets verdeckte Sacheinlage) ist die Konstellation, dass von einer anderen Tochtergesellschaft das Zentralkonto führt, nicht abweichend zu behandeln (*Ekkenga* ZIP 2010, 2469 (2475); *Illhardt,* Die Einlagenrückzahlung nach § 27 Abs. 4 AktG, 2013, 51 f.).

[904] BGH NJW 2009, 3091 = NZG 2009, 944 – Cash-Pool II.

durch den eine Forderung der Gesellschaft gegen den Cash-Pool begründet wird, unterfällt als Darlehen der Gesellschaft an ihren Gesellschafter der Regelung des § 27 Abs. 4.[905]

312 **d) Praktische Handhabung.** Für die **Abgrenzung** zwischen der verdeckten Sacheinlage und dem Hin- und Herzahlen kommt es auf den **Zeitpunkt der Weiterleitung der Einlagemittel** an den Cash-Pool an.[906] Weist das Zielkonto einen negativen Saldo für die Gesellschaft aus, muss die daraus resultierende Forderung der Konzernmutter als offene Sacheinlage eingebracht werden. Problematisch hieran ist, dass die Entscheidung zwischen der Sachgründung bzw. Sachkapitalerhöhung und der Bargründung bzw. Barkapitalerhöhung im Wege des Hin- und Herzahlens iSv § 27 Abs. 4 bereits bei Begründung der Einlageforderung, dh bei Beurkundung des Gründungsvertrags bzw. im Zeitpunkt des Kapitalerhöhungsbeschlusses zu treffen ist. Die Gesellschafter müssen mithin den Saldo des Zentralkontos bei Einzahlung und Weiterleitung der Einlage an den Cash-Pool antizipieren. Gerade in Konstellationen, in denen ein häufiger Wechsel zwischen einem Haben- und einem Soll-Saldo der Gesellschaft stattfindet, sehen sich die Gesellschafter mit erheblichen Schwierigkeiten konfrontiert.[907] Als Ausweg werden drei Verfahrensweisen vorgeschlagen:

313 **aa) Gewährleistung eines nicht negativen Saldos der Gesellschaft gegenüber dem Cash-Pool.** Überwiegend wird empfohlen, die Kapitalaufbringung im Cash-Pool über den Weg der ordnungsgemäßen und offengelegten Einlagenrückzahlung (§ 27 Abs. 4) einzuschlagen (zu den Anforderungen → Rn. 219 ff.).[908] Hierfür muss **gewährleistet** sein, dass der **Saldo** des Zentralkontos in Zeitpunkt der Weiterleitung der Einlagemittel an den Cash-Pool zugunsten der Gesellschaft **im Haben**, zumindest aber **ausgeglichen** ist. Die Zuschießung weiterer Mittel hilft freilich nicht weiter, wenn dadurch ein Rückzahlungsanspruch des Inferenten gegen die Gesellschaft begründet wird. **Im Gründungsstadium** sollte es allerdings grundsätzlich **unschwer möglich** sein, zB durch den einstweiligen Verzicht auf weitere Geschäftstätigkeit oder die vorläufige Nichtteilnahme am Cash-Pool zu gewährleisten, dass die Gesellschaft keinerlei Verbindlichkeiten gegenüber dem Cash-Pool hat, so dass der Kapitalaufbringungsvorgang unter Weiterleitung der Geldeinlagemittel allein dem Regime von § 27 Abs. 4 unterfällt.

314 **bb) Einbringung der Darlehensforderung im Wege der offenen Sacheinlage.** Alternativ kann man – sofern vorhanden – einen Rückforderungsanspruch des poolführenden Inferenten gegen die Gesellschaft als **offene Sacheinlage** einbringen. Insoweit wäre sicherzustellen, dass eine entsprechende Forderung im maßgeblichen Zeitpunkt der Weiterleitung der Einlage seitens des Inferenten vorhanden ist. Gegenüber dem erfüllungstauglichen Hin- und Herzahlen sind die Anforderungen der Sachgründung bzw. Sacherhöhung bei der AG jedoch deutlich komplizierter und verursachen erhebliche Mehrkosten (vgl. hierzu → Rn. 8 ff., ua §§ 32, 33 Abs. 2 Nr. 4), sodass im Regelfall ein nicht negativer Saldo und das damit verbundene einfachere Verfahren nach § 27 Abs. 4 vorzuziehen ist.

315 **cc) Leistung der Einlage auf ein nicht in den Cash-Pool einbezogenes Bankkonto.** Schließlich wird im Schrifttum vorgeschlagen, die Geldeinlage auf ein nicht in den Cash-Pool einbezogenes Bankkonto bei einer anderen Bank zu leisten. Aufgrund der Separierung der Einlage soll ein Rückfluss der Einlage an den Inferenten – auch bei wirtschaftlicher Betrachtung – nicht vorliegen, wenn die Gesellschaft die Gelder im Rahmen ihres Geschäftsbetriebs verwendet. Darin soll eine ordnungsgemäße Leistung der Geldeinlage liegen, die weder § 27 Abs. 3 noch § 27 Abs. 4 unterfällt.[909] Dieser Gestaltungsvariante wird indes entgegen gehalten, dass die Einlagemittel und die an den Inferenten zurückfließenden Mittel nicht identisch sein müssen, um eine verdeckte Sacheinlage oder ein Hin- und Herzahlen darzustellen.[910]

---

[905] BGH NJW 2009, 3091 = NZG 2009, 944 – Cash-Pool II; *Herrler* DNotZ 2008, 903 (907); *Maier-Reimer/Wenzel* ZIP 2008, 1449 (1454).

[906] BGH NJW 2009, 3091 (3092) = NZG 2009, 944 (945) – Cash-Pool II; zustimmend bzw jedenfalls kritiklos referierend: *Altmeppen* ZIP 2009, 1545 (1546); *Benz*, Verdeckte Sacheinlage und Einlagenrückzahlung im reformierten GmbH-Recht (MoMiG), 2010, 47, 51; *Lieder* GmbHR 2009, 1177 (1178); *Theiselmann* Der Konzern 2009, 460 (462); *Theusinger* NZG 2009, 1017; wohl auch *Wirsch* Der Konzern 2009, 443 (444).

[907] Vgl. auch *Benz*, Verdeckte Sacheinlage und Einlagenrückzahlung im reformierten GmbH-Recht (MoMiG), 2010, 51; *Bormann* GmbHR 2009, 931; *Priester* DNotZ 2009, 946 (948).

[908] *Benz*, Verdeckte Sacheinlage und Einlagenrückzahlung im reformierten GmbH-Recht (MoMiG), 2010, 51; *Lieder* GmbHR 2009, 1177 (1181); *Theiselmann* Der Konzern 2009, 460 (462).

[909] So *Goette* DStR 2006, 764 (767); *Priester* DNotZ 2009, 946 (948); *Priester* ZIP 2006, 1557 (1560); *Theusinger* NZG 2009, 1017 (1018 f.); *Komo* BB 2011, 2307 (2313); *Illhardt*, Die Einlagenrückzahlung nach § 27 Abs. 4 AktG, 2013, 58 f.; tendenziell auch UHL/*Casper* GmbHG § 19 Rn. 207.

[910] So ua *Cavin*, Kapitalaufbringung in GmbH und AG, 2012, 632 f.; *Hangenbrauck* DZWIR 2009, 476 (477); *Wirsch*, Der Konzern 2009, 443 (444).

dd) Fazit. Die erstmalige Einbeziehung einer neu gegründeten Gesellschaft in einen Cash-Pool 316
durch Weiterleitung der Geldeinlagemittel kann in rechtssicherer Weise unter Wahrung der in § 27
Abs. 4 normierten Voraussetzungen erfolgen, sofern zuvor – wie regelmäßig – noch keinerlei Verbindlichkeiten gegenüber dem Cash-Pool bestanden. Allerdings gibt es nach wie vor kein Sonderrecht für den Cash-Pool, dh sämtliche Tilgungsvoraussetzungen von § 27 Abs. 4 müssen erfüllt sein,
insbesondere muss die Cash-Pool-Abrede jederzeit voraussetzungs- und fristlos kündbar sein.[911]
Demgegenüber fehlt es weiterhin an einem rechtssicheren und praktikablen Verfahren für die Kapitalerhöhung im Cash-Pool. Damit wurde ein wesentliches Ziel des Reformgesetzgebers des MoMiG
und des ARUG nicht erreicht.[912] Dies ist umso bedauerlicher, als eine Tilgung des noch offenen
Geldeinlageforderung durch schlichte „Darlehensrückführung" im Cash-Pool jedenfalls in Gestalt
des sog. „Zero-Balancing" ausscheidet, da sich die Zahlung nicht zweifelsfrei der offenen Einlageforderung zuordnen lässt (→ Rn. 269).

XI. Änderung und Beseitigung von Satzungsfestsetzungen (Abs. 5)

Vor der Eintragung im Handelsregister sind Änderungen der Satzungsbestimmungen über 317
Sacheinlagen oder Sachübernahmen im Wege der Satzungsänderung mit Zustimmung aller Gründer
(genauer → § 41 Rn. 46) möglich. Zur Heilung einer verdeckten Sacheinlage → Rn. 203 ff.

Nach Eintragung im Handelsregister verweist Abs. 5 für die Änderung auf § 26 Abs. 4 und 318
für die Aufhebung von Satzungsbestimmungen auf § 26 Abs. 5. Sowohl die Änderung als auch die
Beseitigung erfolgt durch Satzungsänderung gemäß §§ 179 ff., wobei die Änderung der Einlageverpflichtung wegen des hiermit verbundenen Eingriffs in die Rechtsstellung des Inferenten zu ihrer
Wirksamkeit seiner Zustimmung bedarf.[913]

Eine **Änderung darf nur zu Gunsten der Gesellschaft** erfolgen und erst wenn diese **fünf Jahre** 319
im Handelsregister eingetragen ist. Somit kommt insbesondere die Erhöhung der dem Inferenten
obliegenden Leistungspflicht in Frage.[914] Ein Wechsel von der **Sacheinlage zur Bareinlage** wird
nach Ablauf der Sperrfrist ganz überwiegend für zulässig gehalten.[915] Demgegenüber wird der umgekehrte Wechsel von der **Bareinlage zur Sacheinlage** abgelehnt. Lässt man mit der nach neuem
Recht herrschenden Ansicht aber die Heilung der verdeckten Sacheinlage wie bei der GmbH durch
„qualifizierte Satzungsänderung" (→ Rn. 203 ff.) zu, ist auch die bei der GmbH[916] von der ganz hM
allgemein zugelassene Änderung der Bareinlage in eine Sacheinlage – jedenfalls nach 5 Jahren – auf
gleichem Wege möglich.

Die Satzungsfestsetzungen über Sacheinlagen oder Sachübernahmen dürfen entsprechend § 26 320
Abs. 5 erst **beseitigt werden,** wenn die Gesellschaft dreißig Jahre im Handelsregister eingetragen ist
und die Rechtsverhältnisse, die den Satzungsfestsetzungen zu Grunde liegen, seit mindestens fünf
Jahren abgewickelt sind. Die **Beseitigung fehlerhafter,** also unvollständiger oder unrichtiger Satzungsbestimmungen unterliegt nicht den Einschränkungen des Abs. 5, kann also jederzeit erfolgen.[917] Wegen
§ 27 Abs. 3 kommt solchen fehlerhaften Festsetzungen keine Bedeutung für die Gesellschaft zu.

§ 28 Gründer

Die Aktionäre, die die Satzung festgestellt haben, sind die Gründer der Gesellschaft.

I. Normzweck

Das Aktiengesetz verwendet an verschiedenen Stellen den Begriff des Gründers: zB § 23 Abs. 2, 1
§ 30 Abs. 1, § 31 Abs. 1, § 32 Abs. 1, § 33 Abs. 2 Nr. 1, § 35 Abs. 1, 2, § 36 Abs. 1, § 40 Abs. 1 Nr. 3,
§§ 46, 50, 160 Abs. 1 Nr. 1, § 399 Abs. 1 Nr. 1, 2. Für diese Vorschriften legt § 28 den Begriff des
Gründers in Form einer **Legaldefinition** fest.[1] Die Legaldefinition gilt vor allem für Vorschriften,

---

[911] BGH NJW 2009, 3091 Rn. 16 ff. = NZG 2009, 944 – Cash-Pool II.
[912] Vgl. *Benz,* Verdeckte Sacheinlage und Einlagenrückzahlung im reformierten GmbH-Recht (MoMiG),
2010, 52; *Bormann/Urlichs* GmbHR 2008 Sonderheft MoMiG, S. 37, 43; *Grigoleit/Rieder,* GmbH-Recht nach
dem MoMiG, 2009, Rn. 225 f.; *Lieder* GmbHR 2009, 1177 (1185).
[913] MüKoAktG/*Pentz* Rn. 239; Kölner Komm AktG/*Arnold* Rn. 153 ff.
[914] Großkomm AktG/*Schall* Rn. 424; Kölner Komm AktG/*Arnold* Rn. 153 ff.
[915] MüKoAktG/*Pentz* Rn. 241; Großkomm AktG/*Schall* Rn. 426.
[916] S. nur MHLS/*Leitzen* GmbHG § 5 Rn. 145 f.; KG GmbHR 2005, 95 = DB 2004, 2577; OLG Hamburg
ZIP 2005, 988.
[917] MüKoAktG/*Pentz* Rn. 242; Großkomm AktG/*Schall* Rn. 430.
[1] Hüffer/*Koch*/*Koch* Rn. 1; Großkomm AktG/*Röhricht*/*Schall* Rn. 1; MüKoAktG/*Pentz* Rn. 2; NK-AktR/
Braunfels Rn. 1; K. Schmidt/Lutter/*Bayer* Rn. 1; Bürgers/Körber/*Körber* Rn. 1; Bürgers/Körber/*Lohse* Rn. 1;
Kölner Komm AktG/*Arnold* Rn. 2.

in denen zivilrechtliche oder strafrechtliche Haftungsfragen enthalten sind. Sondervorschriften gelten im Umwandlungsgesetz: Für die Verschmelzung durch Neugründung oder den Formwechsel nach dem Umwandlungsgesetz gilt § 28 nicht, hier gelten die Sondervorschriften der § 36 Abs. 2 S. 2, § 245 UmwG.[2]

II. Begriff des Gründers

2 Das Gesetz definiert als Gründer die Aktionäre, die die Satzung festgestellt haben. Durch die notariell beurkundete Satzungsfeststellung wird gewährleistet, dass durch eine öffentliche Urkunde nachgewiesen ist, wer zu den Gründern gehört. Die Art der Gründung, Bar- oder Sachgründung spielt keine Rolle. Notwendig ist die **rechtswirksame Mitwirkung** bei der Feststellung der Satzung und die **Zeichnung** mindestens einer Aktie.[3] Zur Frage der Rechtswirksamkeit als Voraussetzung für die Gründereigenschaft wird in der Literatur allerdings zu Recht darauf hingewiesen, dass Rechtswirksamkeitsmängel, die temporär überwunden werden können, nicht die Gründereigenschaft hindern.[4] Bei treuhänderischer Aktienübernahme ist der Treuhänder oder Strohmann der Gründer, nicht der Treugeber, bei Stellvertretung ist Gründer allein der Vertretene, nicht der Vertreter.[5] Entscheidend ist die gesellschaftsrechtliche Bindung zur Gesellschaft, Gründer ist nicht, wer nur eine Sachübernahme nach § 27 zusagt, hier fehlt es an der mitgliedschaftlichen Beziehung, es liegt nur eine schuldrechtliche vor.[6] Der Gründer wird durch die Gründung nicht zum Kaufmann, auch wenn die Vorgesellschaft bereits ein Handelsgewerbe betreibt.[7]

III. Aufgaben und Verantwortlichkeit der Gründer

2a Nach § 23 Abs. 2 Nr. 1 sind in der Gründungsurkunde die Gründer anzugeben. Der oder die Gründer sind im Gründungsprotokoll namentlich aufzuführen und zwar in der Art, dass sie identifiziert werden können (→ § 23 Rn. 25). Nach § 30 Abs. 1 haben die Gründer den ersten Aufsichtsrat der Gesellschaft und die Abschlussprüfer für das erste Voll- oder Rumpfgeschäftsjahr zu bestellen. Nach § 32 Abs. 1 haben die Gründer einen schriftlichen Bericht über den Hergang der Gründung zu erstatten. Schließlich ist die Gesellschaft nach § 36 Abs. 1 bei dem für ihren Sitz zuständigen AG von allen Gründern, allen Mitgliedern des ersten Aufsichtsrates und des Vorstands zur Eintragung anzumelden. Die Gründer sind nach §§ 36, 36a zur Leistung der versprochenen Einlage verpflichtet (vgl. Erläuterungen zu §§ 36, 36a). Den oder die Gründer treffen Mitverantwortung zusammen mit Vorstand und Aufsichtsrat für die Ordnungsmäßigkeit des Gründungsvorganges der AG, die durch die sog. **Gründerhaftung** sanktioniert wird: Nach § 46 sind die Gründer der Gesellschaft als Gesamtschuldner verantwortlich für die Richtigkeit und Vollständigkeit der Angaben, die zum Zwecke der Gründung der Gesellschaft über Übernahme der Aktien, Einzahlung auf die Aktien, Verwendung eingezahlter Beträge, Sondervorteile, Gründungsaufwand, Sacheinlagen und Sachübernahmen gemacht worden sind. Sie sind ferner dafür verantwortlich, dass eine zur Annahme von Einzahlungen auf das Grundkapital bestimmte Stelle (§ 54 Abs. 3) hierzu geeignet ist und dass die eingezahlten Beträge zur freien Verfügung des Vorstands stehen. Wird die Gesellschaft von Gründern durch Einlagen, Sachübernahmen oder Gründungsaufwand vorsätzlich oder aus grober Fahrlässigkeit geschädigt, so sind ihr alle Gründer nach § 46 Abs. 2 als Gesamtschuldner zum Ersatz verpflichtet (vgl. Erläuterungen zu § 46).

IV. Mängel bei der Gründung

3 Bei der Satzungsfeststellung **geschäftsunfähige Personen** sind nicht wirksame Gründer; eine erst nach der Errichtung eintretende Geschäftsunfähigkeit, berührt die Gründungseigenschaft nicht.[8] Abzulehnen ist die Auffassung, die in letzterem Fall ein Austrittsrecht annimmt.[9] Bei **Anfechtung**

---

[2] Hüffer/Koch/*Koch* Rn. 1; Großkomm AktG/*Röhricht*/*Schall* Rn. 1; MüKoAktG/*Pentz* Rn. 3; NK-AktR/ *Braunfels* Rn. 1; Bürgers/Körber/*Lohse* Rn. 2; Kölner Komm AktG/*Arnold* Rn. 2; Grigoleit/*Vedder* Rn. 1; Wachter/*Wachter* Rn. 1.
[3] Hüffer/Koch/*Koch* Rn. 2; Kölner Komm AktG/*Arnold* Rn. 3; Grigoleit/*Vedder* Rn. 2; Wachter/*Wachter* Rn. 2, einschränkend Großkomm AktG/*Röhricht*/*Schall* Rn. 3.
[4] Großkomm AktG/*Röhricht*/*Schall* Rn. 3.
[5] Hüffer/Koch/*Koch* Rn. 2; Großkomm AktG/*Röhricht*/*Schall* Rn. 3; MüKoAktG/*Pentz* Rn. 5; Bürgers/Körber/*Lohse* Rn. 2; Grigoleit/*Vedder* Rn. 2; Wachter/*Wachter* Rn. 6.
[6] Großkomm AktG/*Röhricht*/*Schall* Rn. 2; Grigoleit/*Vedder* Rn. 2.
[7] Großkomm AktG/*Röhricht*/*Schall* Rn. 5; MüKoAktG/*Pentz* Rn. 11; anders LG Essen GmbHR 1978, 173.
[8] Großkomm AktG/*Röhricht*/*Schall* Rn. 4; Hüffer/Koch/*Koch* Rn. 3; NK-AktR/*Braunfels* Rn. 3; K. Schmidt/Lutter/*Bayer* Rn. 6; Bürgers/Körber/*Lohse* Rn. 3; Grigoleit/*Vedder* Rn. 2; Wachter/*Wachter* Rn. 8.
[9] Großkomm AktG/*Röhricht*/*Schall* Rn. 3 Grigoleit/*Vedder* Rn. 2.

der Willenserklärung im Rahmen der Satzungsfeststellung unterscheidet die hM dahingehend, ob die Vor-AG bereits entstanden ist oder nicht: Hat der Gründer seine Erklärung vor Invollzugsetzung der Gesellschaft angefochten, also vor Entstehung der Vor-AG, entfällt seine Beteiligung und damit auch die Gründerstellung nach § 142 BGB rückwirkend. Ist die Gesellschaft dagegen bereits als Vor-AG in Vollzug gesetzt worden, finden die Regeln über die fehlerhafte Gesellschaft Anwendung. Der Anfechtende ist Gründer.[10] Nach Eintragung der Gesellschaft im Handelsregister ist die Anfechtung der Beteiligungserklärung grundsätzlich ausgeschlossen[11] (→ § 23 Rn. 33 ff.). Eine Einschränkung gilt vor der Eintragung, wenn die Vor-AG in Vollzug gesetzt ist. Das ist der Fall, wenn die Gesellschaft durch Abschluss von Rechtsgeschäften nach außen in Erscheinung getreten ist. Ab diesem Zeitpunkt ist nur eingeschränkte Berufung auf Mängel des Gesellschaftsvertrags möglich: Mängel wirken nur noch als Auflösungsgründe (ex nunc), beeinträchtigen aber nicht die Wirksamkeit der Gesellschaft. Überwiegend wird auch hier die Lehre von der fehlerhaften Gesellschaft (dh. tatsächliches Bestehen und rechtliche Anerkennung der in Vollzug gesetzten Gesellschaft trotz Mangels der rechtsgeschäftlichen Grundlage) angewendet (→ § 23 Rn. 37). Mit Eintragung der Gesellschaft im Handelsregister ändert sich die Rechtssituation grundlegend. Grundsätzlich tritt Heilung von Mängeln der Beteiligung einzelner Gründer und des Gründungsakts durch Eintragung ins Handelsregister ein, dies gilt auch dann, wenn der Mangel vor der Eintragung geltend gemacht wurde (→ § 23 Rn. 37).

Der **Tod des Gründers** führt dazu, dass die Erben im Wege der Gesamtrechtsnachfolge auch in 4 diese Rechtsstellung eintreten. Die Erben sind als Gesamtrechtsnachfolger verpflichtet, bei der weiteren Gründung mitzuwirken und auch soweit erforderlich, notwendige Rechtshandlungen zur Gründung der Gesellschaft vorzunehmen.[12] Eine strafrechtliche Verantwortlichkeit der Erben als Gründer scheidet allerdings insoweit mangels persönlicher Gründungsbeziehung aus. Eine zivilrechtliche Haftung geht allerdings auf die Erben als Gründerhaftung des Erblassers über.[13] Die Haftung des nachfolgeberechtigten Erben beruht auf den allgemeinen Vorschriften über die **Erbenhaftung** gem. §§ 1922, 1967 BGB. Für die Altverbindlichkeiten des Erblassers haftet der nachfolgeberechtigte Gesellschafter-Erbe daher grundsätzlich nicht nur mit dem Nachlass, sondern auch mit seinem sonstigen Vermögen. Allerdings ist diese Haftung beschränkbar. Durch Anordnung der Nachlassverwaltung oder Eröffnung des Nachlassinsolvenzverfahrens kann der Erbe gem. §§ 1975 ff. BGB seine Haftung auf den Nachlass beschränken.[14] Wirkt der Erbe allerdings an weiteren Gründungshandlungen mit, so haftet er aus eigenem Verhalten nach den Regeln der Gründerhaftung, eine Haftungsbeschränkung entfällt dann.[15] Eine Kündigung der Gesellschaft aus wichtigem Grund kann nicht angenommen werden, es sei denn die Umstände des Einzelfalls fordern dies, etwa bei der Notwendigkeit der persönlichen Mitwirkung des verstorbenen Gründers.[16]

§ 29 Errichtung der Gesellschaft

Mit der Übernahme aller Aktien durch die Gründer ist die Gesellschaft errichtet.

I. Normzweck

Die Vorschrift definiert den Zeitpunkt, in dem die Gesellschaft errichtet ist, die Vor-AG entsteht. 1 Nach allgemeiner Meinung hat die Bestimmung nur klarstellende Bedeutung, da eine eigene Rechtsfolge daran nicht anknüpft.[1]

---

[10] Hüffer/Koch/*Koch* Rn. 3; MüKoAktG/*Pentz* Rn. 14; Großkomm AktG/*Röhricht/Schall* Rn. 7; NK-AktR/*Braunfels* Rn. 3; K. Schmidt/Lutter/*Bayer* Rn. 5; Bürgers/Körber/*Lohse* Rn. 5; Kölner Komm AktG/*Arnold* Rn. 5 f.; Grigoleit/*Vedder* Rn. 2; Wachter/*Wachter* Rn. 8.

[11] Hüffer/Koch/*Koch* Rn. 3; MüKoAktG/*Pentz* Rn. 14; K. Schmidt/Lutter/*Bayer* Rn. 5; Bürgers/Körber/*Lohse* Rn. 5; Kölner Komm AktG/*Arnold* Rn. 5 f.; Grigoleit/*Vedder* Rn. 2; Wachter/*Wachter* Rn. 8.

[12] Großkomm AktG/*Röhricht/Schall* Rn. 8; MüKoAktG/*Pentz* Rn. 15; NK-AktR/*Braunfels* Rn. 4; K. Schmidt/Lutter/*Bayer* Rn. 7; Bürgers/Körber/*Lohse* Rn. 3; Kölner Komm AktG/*Arnold* Rn. 7; Grigoleit/*Vedder* Rn. 2; Wachter/*Wachter* Rn. 9.

[13] Großkomm AktG/*Röhricht/Schall* Rn. 8; Hüffer/Koch/*Koch* Rn. 4; MüKoAktG/*Pentz* Rn. 15.

[14] K. Schmidt/Lutter/*Bayer* Rn. 7; Großkomm AktG/*Röhricht/Schall* Rn. 8; Bürgers/Körber/*Lohse* Rn. 5; Kölner Komm AktG/*Arnold* Rn. 5 f.; Grigoleit/*Vedder* Rn. 2; Wachter/*Wachter* Rn. 9; NK-AktR/*Braunfels* Rn. 3.

[15] K. Schmidt/Lutter/*Bayer* Rn. 7; Bürgers/Körber/*Lohse* Rn. 5; Kölner Komm AktG/*Arnold* Rn. 5 f.; Grigoleit/*Vedder* Rn. 2; Wachter/*Wachter* Rn. 9; NK-AktR/*Braunfels* Rn. 3.

[16] K. Schmidt/Lutter/*Bayer* Rn. 7; Großkomm AktG/*Röhricht/Schall* Rn. 8 MüKoAktG/*Pentz* Rn. 15; Bürgers/Körber/*Lohse* Rn. 5; Kölner Komm AktG/*Arnold* Rn. 5 f.; Grigoleit/*Vedder* Rn. 2; Wachter/*Wachter* Rn. 9; NK-AktR/*Braunfels* Rn. 3.

[1] MüKoAktG/*Pentz* Rn. 1; Hüffer/Koch/*Koch* Rn. 1; MüKoAktG/*Pentz* Rn. 2; NK-AktR/*Braunfels* Rn. 1; K. Schmidt/Lutter/*Bayer* Rn. 1; Bürgers/Körber/*Lohse* Rn. 1; Kölner Komm AktG/*Arnold* Rn. 2; Grigoleit/*Vedder* Rn. 1.

II. Errichtung der Gesellschaft

2 Nach der Legaldefinition des § 29 ist die Gesellschaft errichtet, wenn alle Aktien durch die Gründer übernommen worden sind. § 23 Abs. 2 Nr. 1 und 2 schreiben vor, dass in der notariellen Urkunde über die Satzungsfeststellung die Gründer sowie die von ihm übernommenen Aktien anzugeben sind, so dass die Aktienübernahme bereits in der Gründungsurkunde erklärt werden muss.[2] Hieraus folgt, dass die AG mit Abschluss des Beurkundungsvorgangs errichtet wird und als Vor-AG entsteht.[3]

III. Rechtsfolgen der Errichtung

3 Mit der Beendigung des Beurkundungsvorgangs und der Übernahme aller Aktien ist die Gesellschaft errichtet, dies führt zur Entstehung einer Vor-Gesellschaft[4] (im Einzelnen § 41).

§ 30 Bestellung des Aufsichtsrats, des Vorstands und des Abschlußprüfers

(1) ¹Die Gründer haben den ersten Aufsichtsrat der Gesellschaft und den Abschlußprüfer für das erste Voll- oder Rumpfgeschäftsjahr zu bestellen. ²Die Bestellung bedarf notarieller Beurkundung.

(2) Auf die Zusammensetzung und die Bestellung des ersten Aufsichtsrats sind die Vorschriften über die Bestellung von Aufsichtsratsmitgliedern der Arbeitnehmer nicht anzuwenden.

(3) ¹Die Mitglieder des ersten Aufsichtsrats können nicht für längere Zeit als bis zur Beendigung der Hauptversammlung bestellt werden, die über die Entlastung für das erste Voll- oder Rumpfgeschäftsjahr beschließt. ²Der Vorstand hat rechtzeitig vor Ablauf der Amtszeit des ersten Aufsichtsrats bekanntzumachen, nach welchen gesetzlichen Vorschriften der nächste Aufsichtsrat nach seiner Ansicht zusammenzusetzen ist; §§ 96–99 sind anzuwenden.

(4) Der Aufsichtsrat bestellt den ersten Vorstand.

Schrifttum: *Brauksiepe,* Der erste Aufsichtsrat einer neugegründeten AG, BB 1967, 484; *Brox,* Die Zusammensetzung des ersten Aufsichtsrats einer Aktiengesellschaft, AG 1966, 347; *Eckardt,* Rechtsfragen zum ersten Aufsichtsrat einer Aktiengesellschaft, FS Hefermehl, 1976, 245; *Heither,* Die Amtszeit des „ersten" Aufsichtsrats nach einer Verschmelzung des Unternehmens mit einem mitbestimmten Unternehmen, DB 2008, 109; *Kowalski/M. Schmidt,* Das aktienrechtliche Statusverfahren nach §§ 96 Abs. 2, 97 ff. AktG – (k)ein Fallstrick im Gesellschaftsrecht, DB 2009, 551; *Kuhlmann,* Die Mitbestimmungsfreiheit im ersten Aufsichtsrat einer AG gemäß § 30 II AktG, NZG 2010, 46; *Thoelke,* Der erste Aufsichtsrat hat sich überlebt!, AG 2014, 137.

Übersicht

	Rn.		Rn.
I. Normzweck	1, 2	4. Aufgaben	16
II. Entstehungsgeschichte	3, 4	5. Vergütung des ersten Aufsichtsrats	17
III. Der erste Aufsichtsrat	5–19	6. Bekanntmachung über die zukünftige Zusammensetzung des Aufsichtsrats	18, 19
1. Bestellung durch die Gründer	5, 6	IV. Der erste Abschlussprüfer	20
2. Verfahren	7–12	V. Der erste Vorstand	21–25
3. Zusammensetzung und Amtszeit	13–15		

I. Normzweck

1 § 30 regelt die Bestellung des ersten Aufsichtsrats und des (ersten) Abschlussprüfers durch die Gründer der Aktiengesellschaft sowie die Bestellung des ersten Vorstands durch den ersten Aufsichtsrat. Soweit es um die Bestellung des ersten Aufsichtsrats und des ersten Vorstands geht, liegt der

---

[2] MüKoAktG/*Pentz* Rn. 3; Kölner Komm AktG/*Arnold* Rn. 3.
[3] MüKoAktG/*Pentz* Rn. 4; Großkomm AktG/*Röhricht/Schall* Rn. 2; Hüffer/Koch/*Koch* Rn. 2; NK-AktR/*Braunfels* Rn. 1; K. Schmidt/Lutter/*Bayer* Rn. 1; Bürgers/Körber/*Lohse* Rn. 2; Kölner Komm AktG/*Arnold* Rn. 2; Grigoleit/*Vedder* Rn. 3.
[4] MüKoAktG/*Pentz* Rn. 4; Großkomm AktG/*Röhricht/Schall* Rn. 3; Hüffer/Koch/*Koch* Rn. 1; NK-AktR/*Braunfels* Rn. 1; K. Schmidt/Lutter/*Bayer* Rn. 1; Bürgers/Körber/*Lohse* Rn. 2; Kölner Komm AktG/*Arnold* Rn. 2; Grigoleit/*Vedder* Rn. 3.

Zweck der Vorschrift in der Herstellung der Handlungsfähigkeit der Vorgesellschaft[1] und damit letztlich in der Schaffung der Voraussetzungen für die Eintragung der Aktiengesellschaft in das Handelsregister. Durch die Bestellung des (ersten) Abschlussprüfers bereits durch die Gründer soll vermieden werden, dass die Einberufung einer Hauptversammlung allein für die Bestellung eines Abschlussprüfers für das erste (Rumpf-)Geschäftsjahr erforderlich wird.[2]

Die Vorschrift wird ergänzt durch § 31, der die Bestellung des ersten Aufsichtsrats für den Sachverhalt regelt, dass anlässlich einer Sachgründung bzw. -übernahme ein Unternehmen oder ein Unternehmensteil als Einlagegegenstand festgesetzt ist.

II. Entstehungsgeschichte

Die Vorschrift in ihrer jetzigen Fassung durch das AktG 1965 geht zurück auf die §§ 23, 87 Abs. 2 AktG 1937, enthält aber gegenüber dem früheren Recht einige wesentliche Änderungen.[3] So wurde durch § 30 Abs. 2 erstmals ausdrücklich geregelt, dass die Vorschriften über die Bestellung von Aufsichtsratsmitgliedern der Arbeitnehmer im Gründungsstadium grundsätzlich keine Anwendung finden und dadurch die bis dahin insoweit bestehende Rechtsunsicherheit beseitigt.[4] Gleichzeitig wurde die Amtszeit des ersten Aufsichtsrates verkürzt (§ 30 Abs. 3). Nach § 87 Abs. 2 AktG 1937 galt nämlich die Bestellung zwingend bis zur Beendigung der ersten Hauptversammlung, die nach Ablauf eines Jahres seit der Eintragung der AG in das Handelsregister zur Beschlussfassung über die Entlastung stattfand.

Schließlich sah das AktG 1937 keine besondere Bestimmung über die Bestellung des ersten Abschlussprüfers vor. Nach der allgemeinen Regelung in § 136 Abs. 1 AktG 1937 musste daher auch der erste Abschlussprüfer durch die Hauptversammlung gewählt werden.[5] Dagegen bestimmt § 30 Abs. 1 AktG nunmehr, dass der Abschlussprüfer für das erste (Rumpf-)Geschäftsjahr von den Gründern zu bestellen ist.

III. Der erste Aufsichtsrat

1. Bestellung durch die Gründer. Der erste Aufsichtsrat der Aktiengesellschaft ist von den Gründern zu bestellen (§ 30 Abs. 1 S. 1). Bis zur Eintragung der Aktiengesellschaft in das Handelsregister richtet sich die Bestellung des Aufsichtsrats allein nach § 30 AktG, erst nach Eintragung der Aktiengesellschaft findet § 101 AktG Anwendung. Gründer sind die Aktionäre, die die Satzung festgestellt haben (§ 28). Scheidet ein Gründer nach der Feststellung der Satzung, aber vor Bestellung des ersten Aufsichtsrats aus, tritt an seine Stelle sein Rechtsnachfolger. Dies gilt sowohl in den Fällen der Einzelrechtsnachfolge als auch der Gesamtrechtsnachfolge (zB Tod eines Gründers).[6] Das Ausscheiden eines Gründers nach bereits erfolgter Bestellung hat keine Auswirkungen.

Vertretung der Gründer bei der Bestellung ist zulässig, die Vollmacht bedarf der Form des § 134 Abs. 3 (Textform);[7] § 23 Abs. 1 S. 2 findet insoweit keine Anwendung. Eine Bestellung durch die Gründer entfällt, soweit die Satzung Entsendungsrechte für Aufsichtsratsmitglieder vorsieht. Denn bereits bei der Bestellung des ersten Aufsichtsrats steht dem Entsendeberechtigten sein satzungsmäßiges Entsenderecht zu.[8] Nach zutreffender Ansicht ist die Bestellungserklärung des Entsendeberechtigten notariell zu beurkunden (§ 30 Abs. 1 S. 2 analog).[9] Übt der Entsendeberechtigte sein Entsendungsrecht nicht aus, kommt eine Bestellung durch die Gründer an Stelle des Entsendeberechtigten nur dann in Betracht, wenn der Entsendeberechtigte endgültig auf sein Entsendungsrecht verzichtet hat.[10] Eine gerichtliche Ersatzbestellung von Mitgliedern des ersten Aufsichtsrats ist gesetzlich nicht vorgesehen.[11]

---

[1] MüKoAktG/*Pentz* Rn. 6; K. Schmidt/Lutter/*Bayer* Rn. 1.
[2] BegrRegE *Kropff* S. 51 f.; MüKoAktG/*Pentz* Rn. 6.
[3] S. ausf. zur Entstehungsgeschichte *Thoelke* AG 2014, 137 (139 ff.).
[4] S. ausf. GHEK/*Eckardt* Rn. 2.
[5] S. ausf. GHEK/*Eckardt* Rn. 4.
[6] GHEK/*Eckardt* Rn. 5.
[7] GHEK/*Eckardt* Rn. 10; Großkomm AktG/*Röhricht/Schall* Rn. 4; MüKoAktG/*Pentz* Rn. 12; K. Schmidt/Lutter/*Bayer* Rn. 5.
[8] GHEK/*Eckardt* Rn. 12; Großkomm AktG/*Röhricht/Schall* Rn. 4; MüKoAktG/*Pentz* Rn. 15; Hüffer/Koch/*Koch* Rn. 2; K. Schmidt/Lutter/*Bayer* Rn. 7.
[9] Großkomm AktG/*Röhricht/Schall* Rn. 4; MüKoAktG/*Pentz* Rn. 15; Hüffer/Koch/*Koch* Rn. 3; K. Schmidt/Lutter/*Bayer* Rn. 7.
[10] GHEK/*Eckardt* Rn. 14; MüKoAktG/*Pentz* Rn. 15.
[11] Grigoleit/*Vedder* Rn. 3.

7   **2. Verfahren.** Die Bestellung des ersten Aufsichtsrats erfolgt durch Beschluss der Gründer. Dieser bedarf gemäß § 30 Abs. 1 S. 2 der notariellen Beurkundung. In der Praxis erfolgt die Bestellung aus Zweckmäßigkeitserwägungen zumeist in der Gründungsurkunde zusammen mit der Feststellung der Satzung, zwingend ist dies jedoch nicht. Erfolgt die Bestellung separat muss sich aus der notariellen Urkunde ergeben, welche Gründer anwesend bzw. vertreten waren, der Umfang der gehaltenen oder vertretenen Aktien (bei Nennbetragsaktien der jeweilige Gesamtbetrag, bei Stückaktien ihre jeweilige Anzahl), wer gewählt ist und wie viele Stimmen jeder Gewählte erhalten hat.[12] Eine Versammlung der Gründer ist für die Bestellung allerdings nicht erforderlich.[13] Findet die Bestellung nicht in einer gemeinsam Versammlung der Gründer statt, muss jede einzelne Erklärung der Gründer beurkundet werden.[14]

8   Für den Beschluss genügt, sofern nicht die Satzung eine hiervon abweichende Regelung vorsieht, die einfache Stimmenmehrheit (§ 133 analog). Die Stimmenmehrheit berechnet sich nach den Aktiennennbeträgen bzw. nach dem rechnerischen Anteil am Grundkapital der anwesenden und vertretenen Gründer.[15] Nach zutreffender hM müssen an der Beschlussfassung nicht alle Gründer mitwirken, es genügt, wenn sie die Möglichkeit hierzu erhalten haben.[16] Soll ein Gründer selbst zum Aufsichtsratsmitglied bestellt werden, ist er trotzdem selbst stimmberechtigt.[17]

9   Gewählt werden kann nur, wer die persönlichen Voraussetzungen der §§ 100, 105 erfüllt.[18] Der Gewählte muss die Wahl zum Aufsichtsratsmitglied annehmen, sofern er sich nicht bereits vor der Wahl mit seiner Wahl einverstanden erklärt hat.[19] Die Annahme der Wahl bedarf keiner Form und kann auch konkludent erfolgen, insbesondere durch Unterzeichnung der Handelsregisteranmeldung oder Aufnahme der Aufsichtsratstätigkeit.[20]

10   Für die Abberufung bzw. Amtsniederlegung des ersten Aufsichtsrats vor Eintragung der Aktiengesellschaft in das Handelsregister finden bereits die allgemeinen Grundsätze, insbesondere § 103 AktG, Anwendung.[21] Für die Abberufung eines Aufsichtsratsmitgliedes ist, sofern nicht die Satzung eine hiervon abweichende Regelung vorsieht, eine Dreiviertelmehrheit der abgegebenen Stimmen der Gründer erforderlich (§ 103 Abs. 1 S. 1 und 2 analog).[22] Nach zutreffender hM bedarf der Beschluss als actus contrarius zur Bestellung analog § 30 Abs. 1 S. 2 der notariellen Beurkundung[23] und zwar auch bei nichtbörsennotierten Aktiengesellschaften.[24] Maßgeblich für die gesetzlich nicht geregelte Amtsniederlegung sind primär die entsprechenden Satzungsbestimmungen. Enthält die Satzung keine Regelung, ist die Niederlegungserklärung an den Vorstand zu richten, Zugang beim Aufsichtsratsvorsitzenden oder den Gründern reicht nicht aus. Ist der erste Vorstand noch nicht bestellt sind bei Fehlen einer satzungsmäßigen Regelung die Gründer richtiger Empfänger der Niederlegungserklärung.[25]

11   Scheidet ein Aufsichtsratsmitglied vor Eintragung der Aktiengesellschaft in das Handelsregister aus, ist von den Gründern nach dem oben beschriebenen Verfahren ein neues Aufsichtsratsmitglied zu bestellen. Auch der so neu zusammengesetzte Aufsichtsrat ist erster Aufsichtsrat.[26] Bestellen die Gründer keinen Aufsichtsrat besteht ein Eintragungshindernis, eine gerichtliche Ersatzbestellung des ersten Aufsichtsrats ist nicht möglich.[27]

12   Scheidet ein Mitglied des ersten Aufsichtsrates dagegen erst nach Eintragung der Aktiengesellschaft in das Handelsregister aus, erfolgt die Neubestellung durch Beschluss der Hauptversammlung (§ 101) oder durch gerichtliche Bestellung (§ 104). Auch diese neuen Mitglieder sind Mitglieder des ersten Aufsichtsrats.[28]

---

[12] GHEK/*Eckardt* Rn. 9; MüKoAktG/*Pentz* Rn. 13; Hüffer/Koch/*Koch* Rn. 3; K. Schmidt/Lutter *Bayer* Rn. 4.
[13] GHEK/*Eckardt* Rn. 7; MüKoAktG/*Pentz* Rn. 11.
[14] GHEK/*Eckardt* Rn. 9; MüKoAktG/*Pentz* Rn. 13.
[15] GHEK/*Eckardt* Rn. 7; Großkomm AktG/*Röhricht/Schall* Rn. 4; Hüffer/Koch/*Koch* Rn. 2.
[16] GHEK/*Eckardt* Rn. 11; Großkomm AktG/*Röhricht/Schall* Rn. 4; Hüffer/Koch/*Koch* Rn. 2.
[17] Hüffer/Koch/*Koch* Rn. 2.
[18] Großkomm AktG/*Röhricht/Schall* Rn. 6; Hüffer/Koch/*Koch* Rn. 2.
[19] GHEK/*Eckardt* Rn. 8; Großkomm AktG/*Röhricht/Schall* Rn. 5; Hüffer/Koch/*Koch* Rn. 2.
[20] GHEK/*Eckardt* Rn. 8; Großkomm AktG/*Röhricht/Schall* Rn. 4; Hüffer/Koch/*Koch* Rn. 2; K. Schmidt/Lutter/*Bayer* Rn. 6.
[21] Hüffer/Koch/*Koch* Rn. 4; K. Schmidt/Lutter/*Bayer* Rn. 12.
[22] Großkomm AktG/*Röhricht/Schall* Rn. 15; MüKoAktG/*Pentz* Rn. 29; Hüffer/Koch/*Koch* Rn. 4; K. Schmidt/Lutter/*Bayer* Rn. 13.
[23] Großkomm AktG/*Röhricht/Schall* Rn. 15; MüKoAktG/*Pentz* Rn. 29; K. Schmidt/Lutter/*Bayer* Rn. 13.
[24] MüKoAktG/*Pentz* Rn. 29; aA K. Schmidt/Lutter/*Bayer* Rn. 13.
[25] Großkomm AktG/*Röhricht/Schall* Rn. 16; Hüffer/Koch/*Koch* Rn. 4.
[26] Großkomm AktG/*Röhricht/Schall* Rn. 17 f.; Hüffer/Koch/*Koch* Rn. 4; K. Schmidt/Lutter/*Bayer* Rn. 14; Grigoleit/*Vedder* Rn. 3.
[27] Hüffer/Koch/*Koch* Rn. 2; K. Schmidt/Lutter/*Bayer* Rn. 3; Bürgers/Körber/*Lohse* Rn. 2.
[28] Großkomm AktG/*Röhricht/Schall* Rn. 18; K. Schmidt/Lutter/*Bayer* Rn. 14.

3. Zusammensetzung und Amtszeit. Der erste Aufsichtsrat setzt sich ausschließlich aus Vertretern der Anteilseigner zusammen. Die Zahl der von den Gründern zu bestellenden Aufsichtsratsmitglieder richtet sich nach der Regelung in der Satzung, ohne satzungsmäßige Regelung beträgt sie drei (§ 95 S. 1). Die Vorschriften über die Wahl von Arbeitnehmervertretern (MitbestG, DrittelbG, MontanMitbestG bzw. MontanMitbestErgG) finden auf die Besetzung des ersten Aufsichtsrats keine Anwendung (§ 30 Abs. 2). Die §§ 30, 31 enthalten insoweit eine abschließende Regelung, als nur in den Fällen einer Sachgründung durch Einbringung eines Unternehmens oder Unternehmensteils Arbeitnehmervertreter im ersten Aufsichtsrat beteiligt werden müssen. Die Sperrwirkung des § 30 Abs. 2 gilt mithin für die gesamte Dauer der Amtszeit des ersten Aufsichtsrats, also auch dann, wenn nach Gründung die Zahl der Arbeitnehmer unmittelbar oder mittelbar die Schwellenwerte des Drittelbeteiligungsgesetz (500 Arbeitnehmer) oder des Mitbestimmungsgesetzes (2000 Arbeitnehmer) überschreitet.[29] Dies gilt auch, wenn im Wege der Gesamtrechtsnachfolge (zB Verschmelzung) ein Unternehmen auf die neugegründete Aktiengesellschaft übergeht, so dass erst nach Ablauf der Amtszeit des ersten Aufsichtsrats ein neuer Aufsichtsrat unter Beteiligung der Arbeitnehmervertreter zu wählen ist.[30]

Die Amtszeit des ersten Aufsichtsrats endet spätestens mit der Beendigung der Hauptversammlung, die über die Entlastung für das erste Voll- oder Rumpfgeschäftsjahr beschließt (§ 30 Abs. 3 S. 1 AktG). Unerheblich ist, ob die Entlastung erteilt oder versagt wird. Die Bestellung für eine kürzere Amtszeit ist zulässig, sie muss aber nach Sinn und Zweck der Gründungsvorschriften wenigstens über den Zeitpunkt der Handelsregistereintragung hinausreichen.[31] Enthält der Beschluss eine längere Amtszeit als in § 30 Abs. 3 S. 1 vorgesehen, so bleibt die Bestellung selbst dennoch wirksam, die Amtszeit endet jedoch mit Ablauf der gesetzlichen Höchstfrist.[32] Nach bisher hM verlängerte sich die Amtszeit des ersten Aufsichtsrats automatisch, wenn die Hauptversammlung nicht innerhalb der Frist des § 120 Abs. 1 S. 1 über die Entlastung des ersten Aufsichtsrats entschieden hat.[33] Nach der BGH-Rechtsprechung zu der Parallelvorschrift in § 102 Abs. 1 endet die Amtszeit des Aufsichtsrats dagegen automatisch spätestens in dem Zeitpunkt, in dem die Hauptversammlung über die Entlastung für das vierte Geschäftsjahr seit seinem Amtsantritt hätte beschließen müssen.[34] Wegen des fast identischen Wortlauts dieser beiden Vorschriften, dürfte dieses Urteil auch auf den ersten Aufsichtsrat Anwendung finden.[35] Die Amtszeit des ersten Aufsichtsrats endet somit spätestens in dem Zeitpunkt, in dem die Hauptversammlung über die Entlastung für das erste Geschäftsjahr seit Gründung hätte beschließen müssen. Das erste Geschäftsjahr beginnt mit der Errichtung der Aktiengesellschaft nach § 29 AktG und nicht erst mit deren Eintragung in das Handelsregister.[36] Die maximale Amtszeit des ersten Aufsichtsrats beträgt somit 20 Monate.

Ist bereits bei Gründung der Gesellschaft absehbar, dass bei einer Neuwahl des Aufsichtsrats Mitbestimmungsrecht Anwendung findet, empfiehlt es sich die Zahl der Mitglieder für den ersten Aufsichtsrat in der Satzung entsprechend niedriger als für den zweiten und die folgenden Aufsichtsräte festzulegen, um sonst ein unvermeidliches Ausscheiden eines Teils der in den ersten Aufsichtsrat gewählten Aktionärsvertreter zu vermeiden.[37]

4. Aufgaben. Die Bestellung des ersten Aufsichtsrats durch die Gründer ist Voraussetzung für die Eintragung der Aktiengesellschaft in das Handelsregister. Ohne den ersten Aufsichtsrat kann die Gründung der Aktiengesellschaft nicht zum Abschluss gebracht werden, da dem Aufsichtsrat während der Gründung eine Reihe von gründungsspezifischen Aufgaben zugewiesen sind. Hierzu gehören in erster Linie die Bestellung des ersten Vorstands (§ 30 Abs. 4), die Gründungsprüfung (§ 33 Abs. 1) sowie die Anmeldung der Aktiengesellschaft (§ 36 Abs. 1).

5. Vergütung des ersten Aufsichtsrats. Ein gesetzlicher Vergütungsanspruch der Mitglieder des ersten Aufsichtsrats besteht nicht. Ihre Vergütung kann auch nicht schon im vornherein in der Satzung festgelegt werden. Vielmehr kann gemäß § 113 Abs. 2 den Mitgliedern des ersten Aufsichts-

---

[29] Kölner Komm AktG/*Arnold* Rn. 11.
[30] Kölner Komm AktG/*Arnold* Rn. 12; Grigoleit/*Vedder* Rn. 6; s. ausf. *Kuhlmann* NZG 2010, 46 (47 ff.); aA *Heither* DB 2008, 109.
[31] Großkomm AktG/*Röhricht*/*Schall* Rn. 12; Hüffer/Koch/*Koch* Rn. 7; MüKoAktG/*Pentz* Rn. 26; Kölner Komm/*Arnold* Rn. 17; K. Schmidt/Lutter/*Bayer* Rn. 11.
[32] Hüffer/Koch/*Koch* Rn. 7; K. Schmidt/Lutter/*Bayer* Rn. 10.
[33] Großkomm AktG/*Röhricht*/*Schall* Rn. 11.
[34] BGH NZG 2002, 916.
[35] BeckFormB/*Pfisterer* B. I. 2. Anm. 11; K. Schmidt/Lutter/*Bayer* Rn. 10; MüKoAktG/*Pentz* Rn. 24; Bürgers/Körber/*Lohse* Rn. 4; Kölner Komm AktG/*Arnold* Rn. 16; Hüffer/Koch/*Koch* Rn. 7.
[36] *Macht* MittBayNot 2004, 81 (83) Fn. 14.
[37] Großkomm AktG/*Röhricht*/*Schall* Rn. 8; Kölner Komm AktG/*Arnold* Rn. 13; Hüffer/Koch/*Koch* Rn. 5.

rats nur die Hauptversammlung eine Vergütung bewilligen, und zwar frühestens diejenige Hauptversammlung, die auch über ihre Entlastung entscheidet. Ob die Tätigkeit des ersten Aufsichtsrats vergütet wird, entscheidet sich dementsprechend erst am Ende seiner Amtszeit. Etwaige Vergütungszusagen der Gründer sind nichtig.[38] Zulässig ist es jedoch, dem ersten Aufsichtsrat eine Vergütung in Form eines Gründerlohns oder eines Sondervorteils unter Beachtung der dafür geltenden gesetzlichen Vorschriften (§§ 26, 32 Abs. 3, § 33 Abs. 2 Nr. 3) zu gewähren.[39] Zulässig ist es schließlich auch, wenn die Gründer eine Vergütung aus ihrem Privatvermögen versprechen.

18   **6. Bekanntmachung über die zukünftige Zusammensetzung des Aufsichtsrats.** Gemäß § 30 Abs. 3 S. 2 hat der Vorstand rechtzeitig vor Ablauf der Amtszeit des ersten Aufsichtsrats Bekannt zu machen, nach welchen gesetzlichen Vorschriften der nächste Aufsichtsrat zusammenzusetzen ist.[40] Die Vorschrift dient der Vorbereitung der Arbeitnehmerbeteiligung in mitbestimmungspflichtigen Gesellschaften.[41] Auf die Bekanntmachung finden die §§ 96–99 Anwendung (§ 30 Abs. 3 S. 2, 2. Hs.). Entgegen dem Wortlaut des § 97 Abs. 1 S. 1 ist die Bekanntmachung aber auch dann erforderlich, wenn der Vorstand der Meinung ist, die Art und Weise der Zusammensetzung des ersten Aufsichtsrats gelte auch für den nächsten Aufsichtsrat.[42] Die Bekanntmachung ist in den Gesellschaftsblättern (§ 25) zu veröffentlichen, also jedenfalls im Bundesanzeiger, und in sämtlichen Betrieben der Gesellschaft und ihrer Konzernunternehmen auszuhängen. Die Bekanntmachung muss die nach Ansicht des Vorstands maßgebliche gesetzliche Grundlage für die Zusammensetzung des Aufsichtsrats enthalten sowie einen Hinweis auf das Recht zur Anrufung des Gerichts und die hierfür geltende Monatsfrist. Gemäß § 30 Abs. 3 S. 2 hat die Bekanntmachung rechtzeitig vor Ablauf der Amtszeit des ersten Aufsichtsrats zu erfolgen. Unter Berücksichtigung der Monatsfrist aus § 97 Abs. 2 S. 1 für den Antrag auf gerichtliche Entscheidung sollte jedenfalls in den Fällen, in denen nicht sicher ausgeschlossen werden kann, dass nach den Mitbestimmungsgesetzen erforderliche Wahlen durchzuführen sind, eine Frist von vier bis fünf Monaten vor der Hauptversammlung eingehalten werden.[43] Ist die Frist zu kurz bemessen, und können deshalb die Wahlvorschläge für die Arbeitnehmervertreter nicht rechtzeitig erstellt werden oder kommt es zur verspäteten Durchführung der Wahl der Arbeitnehmervertreter, kann eine weitere außerordentliche Hauptversammlung erforderlich sein oder ist der zunächst nicht ordnungsgemäß zusammengesetzte Aufsichtsrat nach § 104 durch das Gericht zu bestimmen. Hieraus kann sich eine Schadensersatzpflicht des Vorstandes und des Aufsichtsrats für entstandene Mehrkosten ergeben.[44] Endet die Laufzeit des ersten Aufsichtsrats während eines laufenden gerichtlichen Verfahrens, ist nach hM für die Übergangsphase ein Aufsichtsrat in derselben Zusammensetzung wie der erste Aufsichtsrat zu bestellen.[45]

19   Wird nach der Bekanntmachung keine gerichtliche Entscheidung über die anwendbaren Vorschriften beantragt, werden die vom Vorstand bekanntgegebenen Vorschriften für die Zusammensetzung des Aufsichtsrats verbindlich (§ 30 Abs. 3 iVm § 97 Abs. 2). Wird ein gerichtliche Entscheidung beantragt, so ist diese für und gegen alle verbindlich (§ 99 Abs. 5 S. 2). Wird der Aufsichtsrat unter Verstoß gegen die verbindlich gewordene Bekanntmachung des Vorstands oder gerichtliche Entscheidung zusammengesetzt, so ist die Wahl nichtig (§ 250 Nr. 1).

IV. Der erste Abschlussprüfer

20   Gemäß § 30 Abs. 1 haben die Gründer ebenfalls den ersten Abschlussprüfer zu bestellen, und zwar gleichfalls zu notarieller Urkunde. Auch hier gilt, dass die Bestellung nicht zwingend in der Gründungsurkunde erfolgen hat, zweckmäßigerweise aber so gehandhabt werden sollte. Nach hM ist die Bestellung eines Abschlussprüfers nach § 30 Abs. 1 auch dann erforderlich, wenn es sich bei der gegründeten Aktiengesellschaft um eine kleine Kapitalgesellschaft iSv § 267 Abs. 1 HGB handelt, bei der eine Verpflichtung zur Prüfung des Jahresabschlusses durch einen Abschlussprüfer nicht besteht. Begründet wird dies damit, dass die Frage der Prüfungspflicht im Zeitpunkt der Gründung noch nicht sicher entschieden werden könne, da diese von den erst künftig am Bilanzstichtag gegebenen Verhältnissen abhänge.[46] Von der Bestellung des Prüfers zu unterscheiden sei allerdings

---

[38] Hüffer/Koch/*Koch* Rn. 8; MüKoAktG/*Pentz* Rn. 32; Grigoleit/*Vedder* Rn. 11.
[39] Hüffer/Koch/*Koch* Rn. 8; K. Schmidt/Lutter/*Bayer* Rn. 16.
[40] Muster bei BeckFormB/*Pfisterer* B. I. 14.
[41] Großkomm AktG/*Röhricht/Schall* Rn. 21.
[42] Großkomm AktG/*Röhricht/Schall* Rn. 21; Hüffer/Koch/*Koch* Rn. 9; MüKoAktG/*Pentz* Rn. 34; K. Schmidt/Lutter/*Bayer* Rn. 17.
[43] Großkomm AktG/*Röhricht/Schall* Rn. 22; K. Schmidt/Lutter/*Bayer* Rn. 17.
[44] Großkomm AktG/*Röhricht/Schall* Rn. 22.
[45] Grigoleit/*Vedder* Rn. 14 mwN.
[46] Hüffer/Koch/*Koch* Rn. 10, MHdB AG/*Hoffmann-Becking* § 3 Rn. 23; Grigoleit/*Vedder* Rn. 25.

die anschließende Frage, ob der Aufsichtsrat diesem nach Ablauf des ersten Geschäftsjahres tatsächlich einen Prüfungsauftrag erteilt; dies müsse nicht notwendigerweise der Fall sein.[47] Diese hM ist abzulehnen, die Gründer können nicht verpflichtet werden, einen Abschlussprüfer zu bestellen, wenn für sie bereits im Gründungszeitpunkt absehbar ist, dass die Gesellschaft im ersten Geschäftsjahr nicht prüfungspflichtig sein wird. Die Bestellung eines Abschlussprüfers wäre hier reine Förmelei. Hinzu kommt, dass auch nach der hM ein Unterbleiben der Abschlussprüferbestellung für die Gründung keine Konsequenzen hat. Auch ohne Abschlussprüferbestellung ist die Aktiengesellschaft ordnungsgemäß errichtet und das Registergericht hat die Gesellschaft einzutragen.[48] Sollte sich später bei Aufstellung des Jahresabschlusses die Einschätzung der Gründer als falsch erweisen, ist unverzüglich ein Abschlussprüfer durch die Hauptversammlung zu bestellen. In Betracht kommt ferner eine Ersatzbestellung des Abschlussprüfers durch das Gericht (§ 318 Abs. 4 HGB).

V. Der erste Vorstand

Gemäß § 30 Abs. 4 bestellt der Aufsichtsrat den ersten Vorstand.[49] Die Bestellung des ersten Vorstands erfolgt in der Regel unmittelbar im Anschluss an die Gründung in der ersten konstituierenden Sitzung des Aufsichtsrats. **21**

Für Beschlussfassungen des Aufsichtsrats vor Eintragung der Aktiengesellschaft in das Handelsregister findet bereits § 108 Anwendung. An der Beschlussfassung müssen daher die Hälfte der Mitglieder des Aufsichtsrats teilnehmen, mindestens aber drei (§ 108 Abs. 2). Physische Präsenz der Aufsichtsratsmitglieder ist nicht erforderlich, die Erleichterungen des § 108 Abs. 3 und 4 gelten auch für die konstituierende Sitzung des Aufsichtsrats. **22**

Die Bestellung des ersten Vorstands erfolgt mit einfacher Mehrheit, ein qualifiziertes Mehrheitserfordernis kann in der Satzung nicht vorgesehen werden.[50] Kann der erste Vorstand nicht bestellt werden, sei es weil die erforderliche Mehrheit im Aufsichtsrat nicht erreicht wird, sei es weil der Aufsichtsrat seiner Verpflichtung aus § 30 Abs. 4 nicht nachkommt, so besteht für die Gesellschaft ein Eintragungshindernis. Eine Ersatzbestellung durch das Gericht findet nicht statt. Den Gründern bleibt lediglich die Möglichkeit, die bisherigen Aufsichtsratsmitglieder abzuberufen und neue zu bestellen.[51] **23**

Für die Amtszeit des ersten Vorstands gilt die Höchstgrenze von fünf Jahren (§ 84 Abs. 1 S. 1). **24**

Dem ersten Vorstand sind besondere Aufgaben zugewiesen. So hat der erste Vorstands im Rahmen der Gründungsprüfung mitzuwirken (§ 33 Abs. 1) sowie im Rahmen der Anmeldung der Gesellschaft beim Handelsregister (§ 36 Abs. 1). **25**

§ 31 Bestellung des Aufsichtsrats bei Sachgründung

(1) ¹Ist in der Satzung als Gegenstand einer Sacheinlage oder Sachübernahme die Einbringung oder Übernahme eines Unternehmens oder eines Teils eines Unternehmens festgesetzt worden, so haben die Gründer nur so viele Aufsichtsratsmitglieder zu bestellen, wie nach den gesetzlichen Vorschriften, die nach ihrer Ansicht nach der Einbringung oder Übernahme für die Zusammensetzung des Aufsichtsrats maßgebend sind, von der Hauptversammlung ohne Bindung an Wahlvorschläge zu wählen sind. ²Sie haben jedoch, wenn dies nur zwei Aufsichtsratsmitglieder sind, drei Aufsichtsratsmitglieder zu bestellen.

(2) Der nach Absatz 1 Satz 1 bestellte Aufsichtsrat ist, soweit die Satzung nichts anderes bestimmt, beschlußfähig, wenn die Hälfte, mindestens jedoch drei seiner Mitglieder an der Beschlußfassung teilnehmen.

(3) ¹Unverzüglich nach der Einbringung oder Übernahme des Unternehmens oder des Unternehmensteils hat der Vorstand bekanntzumachen, nach welchen gesetzlichen Vorschriften nach seiner Ansicht der Aufsichtsrat zusammengesetzt sein muß. ²§§ 97–99 gelten sinngemäß. ³Das Amt der bisherigen Aufsichtsratsmitglieder erlischt, wenn der Aufsichtsrat nach anderen als den von den Gründern für maßgebend gehaltenen Vorschriften zusammenzusetzen ist oder wenn die Gründer drei Aufsichtsratsmitglieder bestellt haben, der Aufsichtsrat aber auch aus Aufsichtsratsmitgliedern der Arbeitnehmer zu bestehen hat.

---

[47] Hüffer/Koch/*Koch* Rn. 10.
[48] Hüffer/Koch/*Koch* Rn. 10; MüKoAktG/*Pentz* Rn. 47.
[49] Muster bei BeckFormB/*Pfisterer* B. I. 3.
[50] Hüffer/Koch/*Koch* Rn. 12.
[51] Kölner Komm AktG/*Arnold* Rn. 32; Grigoleit/*Vedder* Rn. 18.

(4) Absatz 3 gilt nicht, wenn das Unternehmen oder der Unternehmensteil erst nach der Bekanntmachung des Vorstands nach § 30 Abs. 3 Satz 2 eingebracht oder übernommen wird.

(5) § 30 Abs. 3 Satz 1 gilt nicht für die nach Absatz 3 bestellten Aufsichtsratsmitglieder der Arbeitnehmer.

Schrifttum: *Leßmann/Glattfeld,* Der Aufsichtsrat beim Formwechsel einer GmbH in eine Aktiengesellschaft, ZIP 2013, 2390; *Röder/Gneiting,* Besetzung des Aufsichtsrats nach dem Betriebsverfassungsgesetz 1952 bei der Gründung von Aktiengesellschaften, DB 1993, 1619. → im Übrigen die Schrifttumsangaben zu § 30.

Übersicht

	Rn.		Rn.
I. Normzweck	1	V. Beteiligung der Arbeitnehmer	14–27
II. Entstehungsgeschichte	2	1. Bekanntmachungspflicht des Vorstands	14–18
III. Sachlicher Anwendungsbereich	3–6	2. Ergänzung des Aufsichtsrats um die Arbeitnehmervertreter	19, 20
IV. Bestellung der Mitglieder des ersten Aufsichtsrats durch die Gründer	7–13	3. Neubestellung des Aufsichtsrats	21–25
1. Überblick	7	a) Neubestellung wegen anderer Zusammensetzung des Aufsichtsrats	21–24
2. Anzahl der von den Gründern zu bestellenden Mitglieder	8–10	b) Neubestellung des Aufsichtsrats im Falle eines dreiköpfigen Aufsichtsrats	25
3. Beschlussfähigkeit	11, 12	4. Amtszeit der Vertreter der Arbeitnehmer im Aufsichtsrat	26, 27
4. Amtszeit	13		

I. Normzweck

1 Die Vorschrift ergänzt § 30 und regelt die Bestellung des ersten Aufsichtsrats bei einer Sachgründung, bei der Gegenstand einer Sacheinlage bzw. -übernahme ein Unternehmen oder Unternehmensteil ist. Um möglichst schnell das Entstehen eines entscheidungsfähigen Aufsichtsrates und die Mitwirkung der Arbeitnehmer sicherzustellen, haben die Gründer nur so viele Aufsichtsratsmitglieder zu bestellen, wie nach den gesetzlichen Vorschriften, die nach ihrer Ansicht für die Zusammensetzung des Aufsichtsrats maßgeblich sind, von der Hauptversammlung ohne Bindung an Wahlvorschläge zu wählen sind (§ 31 Abs. 1 S. 1). Die Vorschrift bezweckt somit in den Fällen, in denen Gegenstand der Sacheinlage ein Unternehmen oder Unternehmensteil ist, eine möglichst frühe Beteiligung der Arbeitnehmer im Aufsichtsrat.[1]

II. Entstehungsgeschichte

2 Die Vorschrift hat im AktG 1937 kein Vorbild gehabt und wurde erst durch das AktG 1965 eingeführt. § 31 Abs. 5, der nunmehr die Amtszeit der Arbeitnehmervertreter im Aufsichtsrat regelt, wurde durch das Gesetz für kleine Aktiengesellschaften und zur Deregulierung des Aktienrechts vom 2.8.1994 (BGBl. 1994 I 1961) neu gefasst.

III. Sachlicher Anwendungsbereich

3 Auch bei der Sachgründung einer Aktiengesellschaft gilt im Grundsatz § 30. Danach ist auch bei der Sachgründung der erste Aufsichtsrat grundsätzlich ohne Arbeitnehmervertreter zu bestellen. § 31 ist eine Sondervorschrift, die nur dann Anwendung findet, wenn Gegenstand einer Sacheinlage bzw. -übernahme ein Unternehmen oder Unternehmensteil ist.

3a Unternehmen im Sinne dieser Vorschrift ist eine Gesamtheit von sachlichen und personellen Mitteln, die in ihrer Zusammenfassung für einen wirtschaftlichen Zweck eingesetzt wird und zu der eine nicht unerhebliche Anzahl von Arbeitnehmern gehört, die eine Auswahl geeigneter Aufsichtsratsmitglieder der Arbeitnehmer möglich macht.[2] Die Vorschrift findet daher keine Anwendung, wenn das einzubringende Unternehmen keine Arbeitnehmer hat.[3] Dementsprechend versteht man unter einem Unternehmensteil einen Teil einer solchen Wirtschaftseinheit, der sich aussondern lässt.[4]

---

[1] BegrRegE *Kropff* S. 49.
[2] GHEK/*Eckardt* Rn. 5; Großkomm AktG/*Röhricht/Schall* Rn. 3; MüKoAktG/*Pentz* Rn. 8.
[3] Kölner Komm AktG/*Arnold* Rn. 4; K. Schmidt/Lutter/*Bayer* Rn. 4.
[4] Großkomm AktG/*Röhricht/Schall* Rn. 3; MüKoAktG/*Pentz* Rn. 7; K. Schmidt/Lutter/*Bayer* Rn. 3.

Ferner findet § 31 nur dann Anwendung, wenn durch Einbringung eines Unternehmens oder **4** Unternehmensteiles ein Wechsel auf Arbeitgeberseite eintritt. Die Vorschrift findet daher keine Anwendung, wenn Gesellschaftsanteile wie GmbH-Geschäftsanteile oder Kommanditanteile eingebracht werden, da in diesen Fällen der Arbeitgeber der selbe bleibt. Anwendung findet § 31 bei einer Verschmelzung zur Neugründung (§ 76 Abs. 2 UmwG) sowie bei einer Aufspaltung bzw. Abspaltung zur Neugründung sowie bei einer Ausgliederung zur Neugründung (§ 135 Abs. 2 UmwG). Schließlich gilt § 31 nach § 197 S. 3 UmwG auch bei einem Formwechsel in die Rechtsform einer Aktiengesellschaft.[5]

Notwendig ist weiter, dass die Sacheinlage bzw. -übernahme formell gemäß § 27 Abs. 1 S. 1 in **5** der Satzung festgesetzt ist.[6] In den Fällen einer verdeckten Sacheinlage findet § 31 daher keine Anwendung.[7]

Unerheblich für die Anwendung der Vorschrift ist es nach zutreffender hM, ob das Unternehmen **6** fortgeführt oder sofort eingestellt werden soll.[8] Gleichgültig ist ferner, ob die in dem eingebrachten Unternehmen beschäftigten Arbeitnehmer schon bisher in einem Aufsichtsrat beteiligt waren und ob bisher überhaupt ein Aufsichtsrat bestand.[9] Schließlich kommt es für die Anwendung der Vorschrift nicht darauf an, ob die Voraussetzungen eines Mitbestimmungsgesetzes beim bisherigen Rechtsträger tatsächlich gegeben sind.[10]

IV. Bestellung der Mitglieder des ersten Aufsichtsrats durch die Gründer

1. Überblick. Die Bestellung der Aktionärsvertreter erfolgt auch im Anwendungsbereich des **7** § 31 nach dem in § 30 vorgesehenen Grundsätzen. § 31 ergänzt und modifiziert § 30 hinsichtlich der Anzahl der zunächst von den Gründern zu bestellenden Aufsichtsratsmitglieder. Auch der nach § 31 Abs. 1 bestellte Aufsichtsrat ist erster Aufsichtsrat iSv § 30 und hat daher auch alle Aufgaben, Rechte und Pflichten eines ersten Aufsichtsrats. Insbesondere hat er nach § 30 Abs. 4 den ersten Vorstand zu bestellen. Ein Arbeitsdirektor braucht noch nicht bestellt zu werden, da auch der erste Aufsichtsrat keine Arbeitnehmervertreter aufweist.[11]

2. Anzahl der von den Gründern zu bestellenden Mitglieder. Gemäß § 31 Abs. 1 S. 1 haben **8** die Gründer nur so viele Aufsichtsratsmitglieder zu bestellen, wie nach den gesetzlichen Vorschriften, die nach ihrer Ansicht nach der Einbringung oder Übernahme für die Zusammensetzung des Aufsichtsrats maßgebend sind, von der Hauptversammlung ohne Bindung an Wahlvorschläge zu wählen sind. Entscheidend ist demnach, ob sich der Aufsichtsrat nach den entsprechenden Mitbestimmungsgesetzen – §§ 1, 4 DrittelbeteiligungsG, §§ 4, 9 MontanMitbestG, § 5 MontanMitbestErgG, oder §§ 1, 7 MitbestG – auch aus Vertretern der Arbeitnehmer zusammensetzt oder ob der Aufsichtsrat mitbestimmungsfrei ist. Grundsätzlich nur im letztgenannten Fall sind von den Gründern sämtliche Aufsichtsratsmitglieder zu bestellen, im Übrigen sind lediglich ⅔ oder die Hälfte der Gesamtzahl aller Aufsichtsratsmitglieder von den Gründern zu bestellen bzw. bei Anwendung des MontanMitbestG bzw. MontanMitbestErgG die Hälfte der Gesamtzahl abzüglich eines Mitgliedes aller Aufsichtsratsmitglieder.

Eine Ausnahme von dem Grundsatz, dass im Aufsichtsrat ein Platz für die Arbeitnehmervertreter **9** frei zu halten ist, gilt gem. § 31 Abs. 1 S. 2. Sind gesetzlich oder nach der Satzung 3 Aufsichtsratsmitglieder zu bestellen und halten die Gründer das DrittelbeteiligungsG für anwendbar, sind gleichwohl alle Aufsichtsratsmitglieder durch die Gründer zu bestellen und nicht lediglich zwei Anteilseignervertreter. Zweck dieser Vorschrift ist es, die Beschlussfähigkeit und damit Handlungsfähigkeit des (ersten) Aufsichtsrats sicherzustellen.

Maßgebend für die Bestellung der Aufsichtsratsmitglieder durch die Gründer ist dabei allein die **10** subjektive Ansicht der Gründer über die Art der Zusammensetzung des Aufsichtsrats, auf die objektive Sachlage kommt es dagegen nicht an. Auch eine irrtümliche Annahme der Gründer ist daher maßgebend, eine Korrektur erfolgt erst im Rahmen des Verfahrens nach Abs. 3.[12] Die Beurteilung

---

[5] S. hierzu ausführlich *Leßmann/Glattfeld* ZIP 2013, 2390 (2391 ff.).
[6] *Baumbach/Hueck* Rn. 2; Hüffer/Koch/*Koch* Rn. 2; MüKoAktG/*Pentz* Rn. 6.
[7] MüKoAktG/*Pentz* Rn. 6.
[8] Kölner Komm AktG/*Arnold* Rn. 5; GHEK/*Eckardt* Rn. 6; Großkomm AktG/*Röhricht/Schall* Rn. 3; MüKoAktG/*Pentz* Rn. 9; Hüffer/Koch/*Koch* Rn. 2; K. Schmidt/Lutter/*Bayer* Rn. 5; aA *Baumbach/Hueck* Rn. 2.
[9] *Baumbach/Hueck* Rn. 2; Hüffer/Koch/*Koch* Rn. 2; Großkomm AktG/*Röhricht/Schall* Rn. 3; MüKoAktG/*Pentz* Rn. 10; K. Schmidt/Lutter/*Bayer* Rn. 5.
[10] Kölner Komm AktG/*Arnold* Rn. 4; Großkomm AktG/*Röhricht/Schall* Rn. 3; Hüffer/Koch/*Koch* Rn. 2; K. Schmidt/Lutter/*Bayer* Rn. 5.
[11] Kölner Komm AktG/*Arnold* Rn. 11; Großkomm AktG/*Röhricht/Schall* Rn. 8; MüKoAktG/*Pentz* Rn. 17.
[12] GHEK/*Eckardt* Rn. 10; Großkomm AktG/*Röhricht/Schall* Rn. 7; K. Schmidt/Lutter/*Bayer* Rn. 10.

durch die Gründer bindet daher zunächst auch das Registergericht, insbesondere ist eine fehlerhafte Einschätzung der Gründer kein Eintragungshindernis.[13] Bei Meinungsverschiedenheiten über die Art der Zusammensetzung des Aufsichtsrats entscheiden die Gründer mit einfacher Mehrheit.[14]

11   **3. Beschlussfähigkeit.** Nach § 31 Abs. 2 ist der nach Abs. 1 S. 1 von den Gründern bestellte Aufsichtsrat beschlussfähig, wenn die Hälfte seiner Mitglieder, mindestens jedoch drei seiner Mitglieder an der Beschlussfassung teilnehmen. Zweck der Vorschrift ist es, die Beschlussfähigkeit des Aufsichtsrats auch dann zu gewährleisten, wenn er sich aus Vertretern der Arbeitnehmer zusammensetzt und daher zunächst noch unvollständig besetzt ist. Die Regelung geht daher der allgemeinen Regelung in § 108 Abs. 2 sowie den Spezialregelungen über die Beschlussfähigkeit in § 10 Montan-MitbestG, § 11 MontanmitbestGErgG und § 28 MitbestG vor.[15] Nach zutreffender hM kommt es für die Berechnung der Hälfte der Aufsichtsratsmitglieder auf die Anzahl der von den Gründern zu bestellenden Aufsichtsratsmitglieder an, nicht auf die tatsächlich vorhandenen Aufsichtsratsmitglieder.[16] Sind von den Gründern nach § 31 Abs. 1 S. 2 alle drei Aufsichtsratsmitglieder zu bestellen ist der Aufsichtsrat nur beschlussfähig, wenn alle drei Mitglieder an der Beschlussfassung teilnehmen.

12   Regelungen in der Satzung über die Beschlussfähigkeit des Aufsichtsrats gehen § 31 Abs. 2 vor. Dabei ist zunächst durch Auslegung zu ermitteln, ob die entsprechende Satzungsregelung auch schon für den ersten Aufsichtsrat gelten soll. Sofern in der Satzung ein Quorum für die Beschlussfähigkeit des Aufsichtsrats vorgesehen ist, dass wegen der zunächst unvollständigen Besetzung des Aufsichtsrats nicht erreicht werden kann, weil die entsprechende Bestimmung die im Gründungsstadium entsprechend niedrigere Anzahl an Aufsichtsratsmitgliedern nicht berücksichtigt, ist das vorgesehene Quorum entsprechend den tatsächlichen Verhältnissen herabzusetzen.[17]

13   **4. Amtszeit.** Für die Amtszeit der von den Gründern bestellten Aufsichtsratsmitglieder gilt § 30 Abs. 3 S. 1, so dass eine Bestellung höchstens bis zur ersten Hauptversammlung, die über die Entlastung für das erste Voll- oder Rumpfgeschäftsjahr entscheidet, möglich ist. Ob die von den Gründern bestellten Aufsichtsratsmitglieder tatsächlich solange im Amt bleiben, hängt allerdings davon ab, ob eine Neuwahl nach § 31 Abs. 3 erforderlich ist.

V. Beteiligung der Arbeitnehmer

14   **1. Bekanntmachungspflicht des Vorstands.** Das Verfahren zur Ergänzung des ersten Aufsichtsrats durch die Arbeitnehmervertreter wird durch die Bekanntmachungspflicht des Vorstands (§ 31 Abs. 3 S. 1) eingeleitet. Der Vorstand ist nach § 31 Abs. 3 S. 1 verpflichtet, unverzüglich (§ 121 BGB) nach Einbringung oder Übernahme des Unternehmens bzw. Unternehmensteils bekanntzumachen, nach welchen gesetzlichen Vorschriften nach seiner Ansicht der Aufsichtsrat zusammengesetzt sein muss. Das weitere Verfahren im Zusammenhang mit der Ergänzung des ersten Aufsichtsrats hängt dann davon ab, ob die Auffassung der Gründer über die Zusammensetzung des Aufsichtsrats in der Bekanntmachung des Vorstands bzw. durch das angerufene Gericht bestätigt wird. Eine Sonderregelung besteht für den Fall, in dem der Aufsichtsrat nur aus drei Mitgliedern besteht (Fall des § 31 Abs. 1 S. 2).

15   Eingebracht bzw. übernommen ist das Unternehmen oder der Unternehmensteil, wenn die Gesellschaft die tatsächliche Verfügungsmacht über die wesentlichen Betriebsmittel erlangt hat und diese somit nutzen kann. Auf den Vollzug oder die Wirksamkeit des Verfügungsgeschäfts kommt es somit nicht an.[18]

16   Die Bekanntmachungspflicht gilt unabhängig davon, ob die Aktiengesellschaft bereits im Handelsregister eingetragen worden ist und ferner unabhängig davon, ob der Vorstand eine andere Zusammensetzung des Aufsichtsrats als durch die Gründer vorgesehen für geboten hält.[19]

17   Für die Bekanntmachung selbst sowie für das Verfahren im Falle von Meinungsverschiedenheiten über die Zusammensetzung des Aufsichtsrats gelten gemäß § 31 Abs. 3 S. 2 die §§ 97–99 entsprechend. Insbesondere muss die Bekanntmachung in allen Gesellschaftsblättern, also immer im Bundesanzeiger, und in allen Betrieben der Gesellschaft veröffentlicht werden.

---

[13] Kölner Komm AktG/*Arnold* Rn. 6; Großkomm AktG/*Röhricht/Schall* Rn. 7; K. Schmidt/Lutter/*Bayer* Rn. 10.
[14] GHEK/*Eckardt* Rn. 10; Großkomm AktG/*Röhricht/Schall* Rn. 7; K. Schmidt/Lutter/*Bayer* Rn. 10.
[15] Kölner Komm AktG/*Arnold* Rn. 9; Bürgers/Körber/*Lohse* Rn. 4.
[16] Großkomm AktG/*Röhricht/Schall* Rn. 10; MüKoAktG/*Pentz* Rn. 21; Hüffer/Koch/*Koch* Rn. 5; K. Schmidt/Lutter/*Bayer* Rn. 13; Bürgers/Körber/*Lohse* Rn. 4; Grigoleit/*Vedder* Rn. 8.
[17] Großkomm AktG/*Röhricht/Schall* Rn. 11; MüKoAktG/*Pentz* Rn. 22; K. Schmidt/Lutter/*Bayer* Rn. 16; Grigoleit/*Vedder* Rn. 8.
[18] Großkomm AktG/*Röhricht/Schall* Rn. 14; MüKoAktG/*Pentz* Rn. 25.
[19] MüKoAktG/*Pentz* Rn. 24; K. Schmidt/Lutter/*Bayer* Rn. 17.

Die das Verfahren nach § 31 Abs. 3 einleitende Bekanntmachungsverpflichtung des Vorstands gilt 18
jedoch dann nicht, wenn das Unternehmen bzw. der Unternehmensteil erst nach der Bekanntmachung gemäß § 30 Abs. 3 S. 2 eingebracht bzw. übernommen wird. Die Bekanntmachung nach § 30 Abs. 3 S. 2 ist dabei dann erfolgt, sobald das letzte die Bekanntmachung enthaltene Publikationsorgan erschienen ist.[20] Die Bekanntmachung nach § 30 Abs. 3 S. 2 zur Vorbereitung der Bildung des zweiten Aufsichtsrats hat gegenüber § 31 Abs. 3, der der Ergänzung des ersten Aufsichtsrats dient, Vorrang. Insbesondere darf der Vorstand diese Bekanntmachung im Hinblick auf die nunmehr durch die Einbringung oder Übernahme des Unternehmens bzw. Unternehmensteils veränderte Sach- und Rechtslage nicht mehr verändern.[21] Die Amtszeit des von den Gründern bestellten ersten (unvollständigen) Aufsichtsrats endet dann wie in § 30 Abs. 3 vorgesehen.[22]

2. Ergänzung des Aufsichtsrats um die Arbeitnehmervertreter. Ergibt sich nach Abschluss 19
des Verfahrens nach § 31 Abs. 3 S. 1 und 2, dass für die Zusammensetzung des Aufsichtsrats dieselben gesetzlichen Vorschriften maßgebend sind, die auch von den Gründern zugrunde gelegt worden, ist der Aufsichtsrat um die Vertreter der Arbeitnehmer zu vervollständigen.

Unterbleibt die Wahl der Arbeitnehmervertreter oder ist für das Wahlverfahren mit einer längeren 20
Verfahrensdauer zu rechnen, kommt auch eine Ersatzbestellung nach § 104 in Betracht.[23]

3. Neubestellung des Aufsichtsrats. a) Neubestellung wegen anderer Zusammensetzung 21
des Aufsichtsrats. Bestimmt sich die Zusammensetzung des Aufsichtsrats nach anderen gesetzlichen Vorschriften als von den Gründern zugrunde gelegt, sei es aufgrund einer unangefochtenen Bekanntmachung des Vorstands sei es aufgrund gerichtlicher Entscheidung, erlischt das Amt der bisherigen Aufsichtsratsmitglieder (§ 31 Abs. 3 S. 3 Alt. 1). Gleichgültig ist dabei, ob die Gründer zu viele oder zu wenige Anteilseignervertreter bestellt haben.[24] Das Amt erlischt jedoch nicht sofort, vielmehr finden die §§ 97–99 entsprechende Anwendung.

Ist Grundlage der anderen Zusammensetzung des Aufsichtsrats die unangefochtene Bekanntma- 22
chung des Vorstands über die Zusammensetzung des Aufsichtsrats, erlischt das Amt des bisherigen Aufsichtsrats mit der Beendigung der ersten Hauptversammlung, die nach Ablauf der Frist, die nach der Bekanntmachung des Vorstands zur Anrufung des Gerichts zur Verfügung steht, einberufen wird, spätestens jedoch sechs Monate nach Ablauf dieser Frist (§ 97 Abs. 2 S. 3).

Bestimmt das Gericht eine andere als von den Gründern angenommene Zusammensetzung des 23
Aufsichtsrats, endet das Amt der bisherigen Aufsichtsratsmitglieder mit der Beendigung der ersten Hauptversammlung, die nach Eintritt der Rechtskraft der Entscheidung einberufen wird, spätestens jedoch sechs Monate nach Eintritt der Rechtskraft (§ 98 Abs. 4 S. 2).

Der Aufsichtsrat ist dann insgesamt neu unter Einschluss der Arbeitnehmervertreter zu wählen. 24
Auch der so gewählte Aufsichtsrat ist erster Aufsichtsrat. Für die Amtszeit der neu zu wählenden Aktionärsvertreter im Aufsichtsrat bzw. das ggf. nach dem MontanMitbestG bzw. Montanmitbest-GErgG zu wählende weitere Mitglied des Aufsichtsrats gilt daher die Höchstdauer des § 30 Abs. 3 S. 1.

b) Neubestellung des Aufsichtsrats im Falle eines dreiköpfigen Aufsichtsrats. Das Amt 25
des bisherigen Aufsichtsrats erlischt schließlich auch dann, wenn der Aufsichtsrat aus drei Mitgliedern besteht, die allein von den Gründern bestellt wurden, der Aufsichtsrat jedoch auch aus einem Arbeitnehmervertreter zu bestehen hat (§ 31 Abs. 3 S. 3 Alt. 2). Auch in diesem Fall erlischt grundsätzlich das Amt aller von den Gründern bestellten Aufsichtsratmitglieder.[25] Haben die Gründer bereits bei der Bestellung der Aufsichtsratsmitglieder bestimmt, welches Aufsichtsratsmitglied ausscheiden soll, endet allein das Amt dieses Aufsichtsratsmitgliedes, während die anderen Mitglieder im Amt bleiben.[26]

4. Amtszeit der Vertreter der Arbeitnehmer im Aufsichtsrat. Gemäß § 31 Abs. 5 gilt die 26
Regelung über die höchstzulässige Amtszeit des ersten Aufsichtsrats nicht für die von den Arbeitnehmern gewählten Vertreter im Aufsichtsrat. Ihre Amtszeit kann daher bereits entsprechend den mitbestimmungsrechtlichen Regelungen für die Höchstdauer des § 102 festgelegt werden.

---

[20] MüKoAktG/*Pentz* Rn. 45.
[21] MüKoAktG/*Pentz* Rn. 42.
[22] Großkomm AktG/*Röhricht/Schall* Rn. 24.
[23] Großkomm AktG/*Röhricht/Schall* Rn. 18; MüKoAktG/*Pentz* Rn. 30; K. Schmidt/Lutter/*Bayer* Rn. 21.
[24] Grigoleit/*Vedder* Rn. 13 mwN.
[25] Großkomm AktG/*Röhricht/Schall* Rn. 19.
[26] Großkomm AktG/*Röhricht/Schall* Rn. 19; K. Schmidt/Lutter/*Bayer* Rn. 23.

27 Wurde der Aufsichtsrat nach § 104 ergänzt, endet die Amtszeit der Arbeitnehmervertreter entweder mit der Wahl der Arbeitnehmervertreter und der Annahme der Wahl (§ 104 Abs. 5) oder nach Ablauf der in § 102 Abs. 1 festgelegten Höchstdauer.[27]

§ 32 Gründungsbericht

(1) Die Gründer haben einen schriftlichen Bericht über den Hergang der Gründung zu erstatten (Gründungsbericht).

(2) [1]Im Gründungsbericht sind die wesentlichen Umstände darzulegen, von denen die Angemessenheit der Leistungen für Sacheinlagen oder Sachübernahmen abhängt. [2]Dabei sind anzugeben
1. die vorausgegangenen Rechtsgeschäfte, die auf den Erwerb durch die Gesellschaft hingezielt haben;
2. die Anschaffungs- und Herstellungskosten aus den letzten beiden Jahren;
3. beim Übergang eines Unternehmens auf die Gesellschaft die Betriebserträge aus den letzten beiden Geschäftsjahren.

(3) Im Gründungsbericht ist ferner anzugeben, ob und in welchem Umfang bei der Gründung für Rechnung eines Mitglieds des Vorstands oder des Aufsichtsrats Aktien übernommen worden sind und ob und in welcher Weise ein Mitglied des Vorstands oder des Aufsichtsrats sich einen besonderen Vorteil oder für die Gründung oder ihre Vorbereitung eine Entschädigung oder Belohnung ausbedungen hat.

Übersicht

	Rn.		Rn.
I. Normzweck	1	1. Zuständigkeit und Verantwortlichkeit der Gründer	3–5
II. Entstehungsgeschichte	2	2. Inhalt des Gründungsberichts	6–13
		a) Allgemeine Angaben für Bar- oder Sachgründungen	6–8
III. Der Gründungsbericht	3–13	b) Weitere Angaben für Sachgründungen	9–13

I. Normzweck

1 Gemäß § 32 Abs. 1 haben in jedem Fall der Gründung – Bar- oder Sachgründung – die Gründer einen Gründungsbericht zu erstellen. Die Vorschrift bezweckt den Schutz gegen unzulängliche Gründungen sowie eine Erleichterung der registergerichtlichen Prüfung nach § 38. Der Gründungsbericht ist ferner die Basis für die Gründungsprüfung gemäß §§ 33–35.[1] Er dient schließlich auch der Information der Öffentlichkeit (§ 40 Abs. 2 HGB und § 9 Abs. 1 HGB). Das Vorliegen des Gründungsberichts ist Eintragungsvoraussetzung (§ 37 Abs. 4 Nr. 4, § 38 Abs. 1 S. 2).

II. Entstehungsgeschichte

2 Die Vorschrift entspricht im wesentlichen § 24 AktG 1937. Während nach früherem Recht bei der Einbringung eines Unternehmens die Betriebsergebnisse für die letzten beiden Geschäftsjahre kumulativ angegeben werden mussten, bestimmt § 32 Abs. 2 S. 2 Nr. 3 nunmehr, einen gesonderten Ausweis für jedes der beiden letzten Geschäftsjahre.

III. Der Gründungsbericht

3 **1. Zuständigkeit und Verantwortlichkeit der Gründer.** Gemäß § 31 Abs. 1 haben die Gründer einen schriftlichen Bericht über den Hergang der Gründung zu erstatten. Der Gründungsbericht muss gemäß § 126 Abs. 1 BGB eigenhändig durch Namensunterschrift unterzeichnet werden. Hierbei haben alle Gründer persönlich zu unterzeichnen. Eine rechtsgeschäftliche Stellvertretung ist wegen der zivil- und strafrechtlichen Verantwortlichkeit der Gründer ausgeschlossen.[2] Gesetzliche Stellvertretung ist dagegen zulässig, für juristische Personen handelt das vertretungsberechtigte Organ, für den Nichtgeschäftsfähigen dessen gesetzlicher Vertreter.[3]

---

[27] MüKoAktG/*Pentz* Rn. 48.
[1] BegrRegE *Kropff* S. 52.
[2] GHEK/*Eckardt* Rn. 4; Großkomm AktG/*Röhricht/Schall* Rn. 3; Kölner Komm AktG/*Arnold* Rn. 3; MüKoAktG/*Pentz* Rn. 6; Hüffer/Koch/*Koch* Rn. 2; K. Schmidt/Lutter/*Bayer* Rn. 2; Bürgers/Körber/*Lohse* Rn. 1.
[3] MüKoAktG/*Pentz* Rn. 6.

Das Gesetz geht von einem gemeinsamen Bericht aller Gründer aus. Es müssen jedoch nicht alle 4 Gründer dasselbe Berichtsexemplar unterzeichnen, zulässig ist es vielmehr, dass die Gründer körperlich getrennte, inhaltlich identische Berichtsexemplare unterzeichnen.[4] Können sich die Gründer nicht auf einen gemeinsamen Bericht einigen, sind getrennte, inhaltlich verschiedene Berichte zulässig.[5] Weichen die Gründungsberichte jedoch in für die Eintragung der Gesellschaft erheblichen Punkten voneinander ab, kann ein Eintragungshindernis bestehen.[6] Jeder Gründer ist gegenüber den anderen Gründern verpflichtet, an der Erstellung eines ordnungsgemäßen Gründungsberichts mitzuwirken.[7]

Die Gründer haften für die Richtigkeit und Vollständigkeit des Gründungsberichts strafrechtlich 5 nach § 399 Abs. 1 Nr. 2 und zivilrechtlich gegenüber der Gesellschaft nach § 46 sowie gegenüber späteren Aktionären und Gläubigern nach § 823 Abs. 2 BGB iVm § 399 Abs. 1 Nr. 2.[8]

2. Inhalt des Gründungsberichts. a) Allgemeine Angaben für Bar- oder Sachgründun- 6 **gen.** Gemäß § 32 Abs. 1 haben die Gründer über den Hergang der Gründung zu berichten. Hierzu gehören alle für die Entstehung der Gesellschaft wesentlichen Entscheidungen und Umstände, und zwar ohne Rücksicht darauf, ob sich diese bereits aus der Satzung ergeben oder nicht.[9] Anzugeben sind neben den nach Abs. 2 und 3 erforderlichen Angaben, der Tag der Satzungsfeststellung sowie die Urkunde hierüber (beurkundender Notar und URNr.); das Grundkapital und dessen Zerlegung in Nennbetrags- oder Stückaktien; der Ausgabebetrag der Aktien; die Anzahl der von jedem Gründer übernommenen Aktien; die Höhe der geleisteten Bareinlagen; der Tag der Bestellung der ersten Organe gemäß §§ 30, 31; die Mitglieder des ersten Aufsichtsrats; die Person des Abschlussprüfers; die Mitglieder des ersten Vorstands, deren Vertretungsbefugnis; Identität zwischen Gründer und Organmitglied.[10] Gehören zu den Gründern juristische Personen, so sind entsprechende Angaben zu machen, wenn vertretungsberechtigte Organmitglieder dieser Gründer zugleich Mitglieder des Vorstands und/ oder Aufsichtsrats der neu gegründeten AG sind. Ist keiner der Gründer zugleich Organmitglied, ist ausdrückliche Fehlanzeige nicht erforderlich. Ebenfalls üblich im Rahmen des Gründungsberichts sind einige kurze Angaben zum Gründungsaufwand. Soweit von den geleisteten Einlagen bereits Gründungskosten beglichen worden, ist dies im Gründungsbericht zu berücksichtigen.

Hat sich ein für den Bericht wesentlicher Umstand nach Fertigstellung des Gründungsberichts 7 geändert, so ist darauf gegebenenfalls in einem Nachtrag hinzuweisen.[11] Diese Nachtragspflicht besteht bis zum Zeitpunkt der Eintragung der Gesellschaft in das Handelsregister.

Gemäß § 32 Abs. 3 ist ferner anzugeben, ob und in welchem Umfang von einem Gründer 8 („Strohmann") Aktien für Rechnung eines Mitglieds des Vorstands oder des Aufsichtsrats übernommen worden sind, sowie ob und in welcher Weise ein Mitglied des Vorstands oder des Aufsichtsrats sich einen besonderen Vorteil (§ 26) oder für die Gründung oder ihre Vorbereitung eine Entschädigung oder Belohnung ausbedungen hat. § 32 Abs. 3 bezweckt, Interessenkollisionen im Rahmen der Gründungsprüfung aufzudecken und zu beurteilen, ob und inwieweit die Aktiengesellschaft von Organmitgliedern beherrscht wird.[12] Die Angaben sind für jedes Vorstands- und Aufsichtsratsmitglied gesondert zu machen.[13] Liegt eine Sondervorteilvereinbarung nicht vor, ist eine ausdrückliche Fehlanzeige zu machen.

b) Weitere Angaben für Sachgründungen. Bei einer Sachgründung sind nach § 32 Abs. 2 S. 1 9 zusätzlich zu den allgemeinen Angaben nach Abs. 1 und 3 die wesentlichen Umstände anzugeben, von denen die Angemessenheit der Leistungen der Gesellschaft für die Sacheinlagen oder Sachübernahme abhängt. Angemessenheit meint dabei die Gleichwertigkeit zwischen dem Gegenstand der Sacheinlage und dem geringsten Ausgabebetrag, ggf. zuzüglich des Mehrbetrages, falls ein Agio vorgesehen ist. Als Mindestinhalt verlangt § 32 Abs. 2 S. 2 Nr. 1 die Angabe, welche vorausgegangenen Rechtsgeschäfte der Einbringende im Hinblick auf die Sacheinlage vorgenommen hat (sog. Zwischengeschäfte). Ferner sind nach § 32 Abs. 2 S. 2 Nr. 2 die Anschaffungs- und Herstellungskos-

---

[4] Großkomm AktG/*Röhricht/Schall* Rn. 5; Kölner Komm AktG/*Arnold* Rn. 4; Hüffer/Koch/*Koch* Rn. 2; K. Schmidt/Lutter/*Bayer* Rn. 3; Bürgers/Körber/*Lohse* Rn. 1.
[5] GHEK/*Eckardt* Rn. 6; MüKoAktG/*Pentz* Rn. 9.
[6] MüKoAktG/*Pentz* Rn. 9.
[7] Großkomm AktG/*Röhricht/Schall* Rn. 6; Kölner Komm AktG/*Kraft* Rn. 5; K. Schmidt/Lutter/*Bayer* Rn. 2.
[8] GHEK/*Eckardt* Rn. 7 f.; MüKoAktG/*Pentz* Rn. 10.
[9] MüKoAktG/*Pentz* Rn. 12; Hüffer/Koch/*Koch* Rn. 3.
[10] Großkomm AktG/*Röhricht/Schall* Rn. 7; Kölner KommAktG/*Arnold* Rn. 7; MüKoAktG/*Pentz* Rn. 13; Muster bei BeckFormB/*Pfisterer* B. I. 5.
[11] Kölner Komm AktG/*Arnold* Rn. 22; MüKoAktG/*Pentz* Rn. 37; Bürgers/Körber/*Lohse* Rn. 3.
[12] Großkomm AktG/*Röhricht/Schall* Rn. 20.
[13] GHEK/*Eckardt* Rn. 27.

ten, die dem Einbringenden in den letzten zwei Jahren für die einzubringenden Gegenstände entstanden sind, aufzuführen. Beim Übergang eines Unternehmens verlangt § 32 Abs. 2 S. 2 Nr. 3 die Angabe der „Betriebserträge" aus den letzten beiden Geschäftsjahren. Die Aufzählung in § 32 Abs. 2 S. 2 Nr. 1–3 ist nicht erschöpfend, es sind vielmehr alle die Angemessenheit der Leistung betreffenden Umstände aufzuführen.[14]

10   **aa) Stellungnahme zur Werthaltigkeit.** Grundsätzlich ist von den Gründern im Gründungsbericht umfassend zur Werthaltigkeit der Sacheinlagen Stellung zu nehmen. Anzugeben sind alle Umstände, die von den Gründern bei sachgemäßer Prüfung für wesentlich hätten angesehen werden müssen (objektiver Maßstab). Häufig werden von den Gründern vor Errichtung des Gründungsprotokolls Gutachten in Auftrag gegeben, um den Wert der in Aussicht genommenen Sacheinlagen feststellen zu können. In diesen Gutachten werden bereits in der Regel die Umstände, von denen die Angemessenheit der Leistungen der Gesellschaft für die Sacheinlagen abhängt, enthalten sein. Es ist zulässig, auf diese Bewertungsgutachten bei Erstellung des Gründungsberichts Bezug zu nehmen und sie dem Gründungsbericht als Anlage beizufügen. Dagegen kann auf den Gründungsprüfungsbericht des externen Gründungsprüfers nach den §§ 33, 34 nicht Bezug genommen werden, da dieser erst nach dem Gründungsbericht der Gründer erstellt wird und letzterer selbst nach § 34 Abs. 1 Nr. 1 Gegenstand der Gründungsprüfung ist.[15]

11   **bb) Vorausgegangene Rechtsgeschäfte des Einbringenden.** Zwingend anzugeben sind nach § 32 Abs. 2 S. 2 Nr. 1 die Rechtsgeschäfte, die auf den Erwerb durch die Gesellschaft hingezielt haben (sog. Zwischengeschäfte). Zweck der Angabe der Zwischengeschäfte ist es, etwaige Zwischengewinne des Einlegers offenzulegen.[16] Ob vorausgegangene Rechtsgeschäfte (Kauf, Tausch, Schenkung usw.) des Einbringenden hinsichtlich des Einlagegegenstandes auf den Erwerb durch die Gesellschaft hingezielt haben, ist danach zu ermitteln, ob der Gegenstand gerade zu dem Zweck erworben wurde, um ihn für die spätere Sachgründung als Sacheinlage zu verwenden.[17] Wurden keine Zwischengeschäfte getätigt, so ist im Gründungsbericht eine Fehlanzeige erforderlich.[18]

12   **cc) Anschaffungs- und Herstellungskosten der letzten zwei Jahre.** § 32 Abs. 2 S. Nr. 2 verlangt ferner die Angabe der Anschaffungs- und Herstellungskosten, die dem Einbringenden in den letzten zwei Jahren vor der Gründung für die einzubringenden Gegenstände entstanden sind. Damit soll die Feststellung ermöglicht werden, ob der betreffende Einleger den Gegenstand mit Gewinn oder Verlust an die Gesellschaft gegen Gewährung von Aktien weitergibt.[19] Anders als bei Nr. 1 kommt es hier nicht darauf an, dass die Gegenstände bereits mit dem Ziel der Veräußerung an die Gesellschaft angeschafft oder hergestellt wurden.[20] Ist eine Sachgesamtheit Gegenstand der Sacheinlage, so müssen die Anschaffungskosten für die Sachgesamtheit, zB den Betrieb, angegeben werden, nicht jedoch die Anschaffungskosten für die einzelnen Gegenstände der Sachgesamtheit.[21] Für die Berechnung der Zweijahresfrist kommt es zum einen auf den Tag an, an dem der betreffende Gegenstand angeschafft wurde, dies ist der Tag des schuldrechtlichen Rechtsgeschäfts, bei Fremdherstellung der Tag der Abnahme und bei Eigenherstellung der Tag der Inbetriebnahmemöglichkeit. Zum anderen kommt es auf den Tag der Satzungsfeststellung (§ 23) an, da zu diesem Zeitpunkt die Gegenleistung der Gesellschaft festgesetzt wird.[22] Sind innerhalb dieser Zweijahresfrist keine Anschaffungs- oder Herstellungskosten entstanden, so ist im Gründungsbericht eine Fehlanzeige erforderlich.[23]

13   **dd) Betriebserträge der letzten zwei Geschäftsjahre.** Beim Übergang eines Unternehmens ist gemäß § 32 Abs. 2 S. 2 Nr. 3 die Angabe der Betriebserträge der letzten beiden Geschäftsjahre erforderlich. Gemeint sind die beiden letzten vor Errichtung der Aktiengesellschaft abgeschlossenen vollen Geschäftsjahre.[24] Die Angabe muss getrennt für jedes Geschäftsjahr erfolgen. Hat das eingebrachte oder übernommene Unternehmen noch nicht zwei Jahre bestanden, genügt die Angabe des Betriebsertrags für das abgelaufene Geschäftsjahr oder bei noch kürzerer Existenz der bisherige

---

[14] GHEK/*Eckardt* Rn. 12; K. Schmidt/Lutter/*Bayer* Rn. 6; Muster bei BeckFormB/*Döbereiner* B. II. 8.
[15] MHdB AG/*Hoffmann-Becking* § 4 Rn. 33.
[16] GHEK/*Eckardt* Rn. 13; MüKoAktG/*Pentz* Rn. 18.
[17] Hüffer/Koch/*Koch* Rn. 5.
[18] GHEK/*Eckardt* Rn. 14; Großkomm AktG/*Röhricht/Schall* Rn. 9.
[19] GHEK/*Eckardt* Rn. 16; Kölner Komm AktG/*Arnold* Rn. 11.
[20] Großkomm AktG/*Röhricht/Schall* Rn. 11.
[21] MHdB AG/*Hoffmann-Becking* § 4 Rn. 34.
[22] GHEK/*Eckardt* Rn. 19; Hüffer/Koch/*Koch* Rn. 5; Kölner Komm AktG/*Arnold* Rn. 12; Großkomm AktG/*Röhricht/Schall* Rn. 12; K. Schmidt/Lutter/*Bayer* Rn. 11.
[23] Großkomm AktG/*Röhricht/Schall* Rn. 12.
[24] Großkomm AktG/*Röhricht/Schall* Rn. 17.

Betriebsertrag.[25] Der Begriff Betriebserträge meint für Kapitalgesellschaften den Jahresüberschuss oder Jahresfehlbetrag nach HGB (§ 275 Abs. 2 Nr. 170 oder Abs. 3 Nr. 16 HGB) für andere Rechtsformen den entsprechenden Betrag nach den für diese geltenden Gewinnermittlungsvorschriften.[26] Unternehmen ist eine betriebsfähige Wirtschaftseinheit, die dem Unternehmer das Auftreten am Markt ermöglicht.[27] Teile eines Unternehmens werden nach hier vertretener Minderheitsmeinung anders als bei § 31 nicht vom Wortlaut der Vorschrift erfasst.[28] Grund hierfür ist, dass die Betriebserträge für Teile eines Unternehmens sich häufig nicht genau ermitteln lassen.

§ 33 Gründungsprüfung. Allgemeines

(1) **Die Mitglieder des Vorstands und des Aufsichtsrats haben den Hergang der Gründung zu prüfen.**

(2) **Außerdem hat eine Prüfung durch einen oder mehrere Prüfer (Gründungsprüfer) stattzufinden, wenn**
1. **ein Mitglied des Vorstands oder des Aufsichtsrats zu den Gründern gehört oder**
2. **bei der Gründung für Rechnung eines Mitglieds des Vorstands oder des Aufsichtsrats Aktien übernommen worden sind oder**
3. **ein Mitglied des Vorstands oder des Aufsichtsrats sich einen besonderen Vorteil oder für die Gründung oder ihre Vorbereitung eine Entschädigung oder Belohnung ausbedungen hat oder**
4. **eine Gründung mit Sacheinlagen oder Sachübernahmen vorliegt.**

(3) ¹In den Fällen des Absatzes 2 Nr. 1 und 2 kann der beurkundende Notar (§ 23 Abs. 1 Satz 1) anstelle eines Gründungsprüfers die Prüfung im Auftrag der Gründer vornehmen; die Bestimmungen über die Gründungsprüfung finden sinngemäße Anwendung. ²Nimmt nicht der Notar die Prüfung vor, so bestellt das Gericht die Gründungsprüfer. ³Gegen die Entscheidung ist die Beschwerde zulässig.

(4) Als Gründungsprüfer sollen, wenn die Prüfung keine anderen Kenntnisse fordert, nur bestellt werden
1. Personen, die in der Buchführung ausreichend vorgebildet und erfahren sind;
2. Prüfungsgesellschaften, von deren gesetzlichen Vertretern mindestens einer in der Buchführung ausreichend vorgebildet und erfahren ist.

(5) ¹Als Gründungsprüfer darf nicht bestellt werden, wer nach § 143 Abs. 2 nicht Sonderprüfer sein kann. ²Gleiches gilt für Personen und Prüfungsgesellschaften, auf deren Geschäftsführung die Gründer oder Personen, für deren Rechnung die Gründer Aktien übernommen haben, maßgebenden Einfluß haben.

Schrifttum: *Grage,* Notarrelevante Regelungen des Transparenz- und Publizitätsgesetzes im Überblick, RNotZ 2002, 326; *Heckschen,* Gründungsprüfung durch den Notar, NotBZ 2002, 429; *Hermanns,* Erleichterungen bei der Gründung von Aktiengesellschaften durch das Transparenz- und Publizitätsgesetz, ZIP 2002, 1785; *Papmehl,* Aktienrechtliche Gründungsprüfung durch Notare, MittBayNot 2003, 187; *Saage,* Zum Umfang der Gründungsprüfung, ZGR 1977, 683; *Selchert,* Prüfung anlässlich der Gründung, Umwandlung, Fusion und Beendigung von Unternehmen, 1977; *Voß,* Die Gründungsprüfung, WPg 1964, 439.

Übersicht

	Rn.		Rn.
I. Normzweck	1, 2	a) Abs. 2 Nr. 1: Gründer ist ein Verwaltungsmitglied	8
II. Entstehungsgeschichte	3	b) Abs. 2 Nr. 2: Übernahme von Aktien für ein Verwaltungsmitglied	9
III. Gründungsprüfung durch Vorstand und Aufsichtsrat	4–6	c) Abs. 2 Nr. 3: Sondervorteil, Gründerlohn oder Gründungsentschädigung für ein Verwaltungsmitglied	10
IV. Externe Gründungsprüfung	7–11	d) Abs. 2 Nr. 4: Sachgründung	11
1. Allgemeines	7	V. Externe Gründungsprüfung durch den beurkundenden Notar	12–14
2. Fälle erforderlicher externer Gründungsprüfung, Abs. 2	8–11		

---

[25] GHEK/*Eckardt* Rn. 25; Großkomm AktG/*Röhricht/Schall* Rn. 18.
[26] MHdB AG/*Hoffmann-Becking* § 4 Rn. 34; Großkomm AktG/*Röhricht/Schall* Rn. 16.
[27] Hüffer/Koch/*Koch* Rn. 2.
[28] AA die wohl hM MüKoAktG/*Pentz* Rn. 24; Großkomm AktG/*Röhricht/Schall* Rn. 20; K. Schmidt/Lutter/*Bayer* Rn. 12; Bürgers/Körber/*Lohse* Rn. 5; Kölner Komm AktG/*Arnold* Rn. 15.

VI. Externe Gründungsprüfung durch den gerichtlich bestellten Gründungsprüfer	Rn. 15–24	1. Antrag auf Bestellung eines Gründungsprüfers	Rn. 15–17
		2. Person des Gründungsprüfers	18, 19
		3. Ausschlussgründe	20–24

I. Normzweck

1 Gemäß § 33 Abs. 1 haben in jedem Fall der Gründung – Bar- oder Sachgründung – die Mitglieder des Vorstands und des Aufsichtsrats den Hergang der Gründung zu prüfen. Ferner hat in den in Abs. 2 enumerativ aufgeführten Fällen eine weitere Gründungsprüfung durch den beurkundenden Notar oder einen externen Gründungsprüfer stattzufinden. Die Vorschrift bezweckt die ordnungsgemäße Errichtung der Aktiengesellschaft sicherzustellen und die registergerichtliche Prüfung nach § 38 zu erleichtern.[1] Zudem soll die Öffentlichkeit ein Überblick über die Gründungsverhältnisse gegeben werden.[2]

2 Die unterlassene Gründungsprüfung stellt einen Errichtungsmangel dar und ist daher nach § 38 Abs. 1 S. 2 Eintragungshindernis. Die gleichwohl eingetragene Gesellschaft ist aber wirksam entstanden, sie kann weder auf Klage für nichtig erklärt werden noch von Amts wegen nach § 397 FamFG gelöscht werden.[3]

II. Entstehungsgeschichte

3 Die Vorschrift entspricht im wesentlichen § 25 AktG 1937. Geändert wurden durch das AktG 1965 lediglich die Voraussetzungen für die Eignung als externer Gründungsprüfer. Die Eignung als Gründungsprüfer ist nunmehr abschließend in § 33 Abs. 4 und 5 geregelt. Ferner wurde durch das TransPuG vom 19.7.2002 Abs. 3 dahingehend geändert, dass in den Fällen des Abs. 1 Nrn. 1 und 2 die Gründungsprüfung anstelle eines externen Gründungsprüfers auch durch den beurkundenden Notar erfolgen kann. Entfallen ist durch das TransPuG auch die Pflicht, dass das Gericht zwingend vor der Bestellung des Gründungsprüfers die Industrie- und Handelskammer anzuhören hat. § 33 Abs. 3 S. 3 wurde durch das FamFG an die Neukonzeption des Rechtsmittelrechtes angepasst, wonach die bisherige Unterscheidung zwischen der einfachen und der sofortigen Beschwerde abgeschafft wurde. Die Beschwerde, §§ 58 ff. FamFG, unterliegt künftig in allen Fällen einer Befristung, die regelmäßig einen Monat beträgt.

III. Gründungsprüfung durch Vorstand und Aufsichtsrat

4 Gemäß § 33 Abs. 1 haben die Mitglieder des Vorstands und des Aufsichtsrats den Hergang der Gründung zu prüfen. Die Prüfungspflicht trifft jedes Mitglied des Vorstands, einschließlich Stellvertreter (§ 94), sowie des Aufsichtsrats persönlich, rechtsgeschäftliche Stellvertretung ist ausgeschlossen.[4]

5 Die Gründungsprüfung muss von denjenigen Mitgliedern des Vorstands und des Aufsichtsrats vorgenommen werden, die anschließend auch die Handelsregisteranmeldung unterzeichnen. Scheidet vor Unterzeichnung der Handelsregisteranmeldung ein Vorstands- oder Aufsichtsratsmitglied aus und wird dieses ersetzt, muss dessen Nachfolger die Prüfung wiederholen.[5]

6 Die Pflicht zur Mitwirkung an der Gründungsprüfung ergibt sich aus der Organstellung, bei den Mitgliedern des Vorstands auch als Nebenpflicht aus ihrem Dienstvertrag. Wegen § 888 Abs. 3 ZPO kann diese Pflicht jedoch nicht zwangsweise durchgesetzt werden.[6]

IV. Externe Gründungsprüfung

7 **1. Allgemeines.** In den in Abs. 2 Nr. 1–4 enumerativ aufgeführten Fällen muss neben der Prüfung der Gründung durch den Vorstand und den Aufsichtsrat eine weitere Prüfung durch einen oder mehrere externe Prüfer erfolgen. Die Aufzählung in Abs. 2 ist abschließend, eine Ausdehnung auf andere Fälle kommt grundsätzlich nicht in Betracht.[7]

---

[1] BegrRegE *Kropff* S. 53.
[2] Großkomm AktG/*Röhricht/Schall* Rn. 2.
[3] GHEK/*Eckardt* Rn. 6; Großkomm AktG/*Röhricht/Schall* Rn. 2; Hüffer/Koch/*Koch* Rn. 2.
[4] Großkomm AktG/*Röhricht/Schall* Rn. 3; MüKoAktG/*Pentz* Rn. 8; K. Schmidt/Lutter/*Bayer* Rn. 2; Bürgers/Körber/*Lohse* Rn. 2.
[5] GHEK/*Eckardt* Rn. 7; Großkomm AktG/*Röhricht/Schall* Rn. 5; MüKoAktG/*Pentz* Rn. 6; Bürgers/Körber/*Lohse* Rn. 2.
[6] Großkomm AktG/*Röhricht/Schall* Rn. 6; MüKoAktG/*Pentz* Rn. 11.
[7] MüKoAktG/*Pentz* Rn. 13.

2. Fälle erforderlicher externer Gründungsprüfung, Abs. 2. a) Abs. 2 Nr. 1: Gründer ist 8
ein Verwaltungsmitglied. Eine externe Gründungsprüfung ist stets erforderlich, wenn zu den Gründern der Aktiengesellschaft auch ein Mitglied des Vorstands oder des Aufsichtsrats gehört. Maßgeblich ist das Vorliegen dieser Voraussetzungen im Zeitpunkt der Registereintragung.[8] Ein Fall des Abs. 2 Nr. 1 ist auch dann gegeben, wenn zu den Gründern eine juristische Person gehört und eines ihrer vertretungsberechtigten Organmitglieder auch Mitglied des Vorstands oder des Aufsichtsrats der neu gegründeten Aktiengesellschaft werden soll.[9] Entsprechend ist die Vorschrift auch dann anzuwenden, wenn Mitglied des Vorstands oder Aufsichtsrats ein „faktisches Organ" der Gründerin ist.[10] Gehört zu den Gründern eine Gesamthandsgesellschaft (OHG, KG, PartG, GbR), so greift Abs. 2 Nr. 1 dann ein, wenn ein geschäftsführender Gesellschafter oder ein Mitglied des Vertretungsorgans Mitglied des Vorstands oder des Aufsichtsrats der neu gegründeten Aktiengesellschaft wird.[11] Ist Gründer eine Erben- oder Gütergemeinschaft, so ist eine Gründungsprüfung bereits immer dann erforderlich, wenn einer der Gesamthänder Mitglied des Vorstands oder des Aufsichtsrats ist.[12] Schließlich ist ein Fall des Abs. 3 Nr. 1 auch dann gegeben, wenn der gesetzliche Vertreter eines Gründers Mitglied des Vorstands oder des Aufsichtsrats der neu gegründeten Aktiengesellschaft wird.[13] Kein Fall des Abs. 2 Nr. 1 liegt dagegen dann vor, wenn ein (zukünftiges) Mitglied des Vorstands oder des Aufsichtsrats bei der Feststellung der Satzung als rechtsgeschäftlich Bevollmächtigter für einen Gründer handelte.[14]

b) Abs. 2 Nr. 2: Übernahme von Aktien für ein Verwaltungsmitglied. Eine externe Grün- 9
dungsprüfung ist ferner stets dann erforderlich, wenn bei der Gründung Aktien für Rechnung eines Vorstands- oder Aufsichtsratsmitglieds übernommen wurden. Die Vorschrift ergänzt und erweitert Abs. 2 Nr. 1 um die Fälle, in denen ein Vorstands- oder Aufsichtsratsmitglied die Aktien nicht selbst übernimmt (Strohmanngründung) und Abs. 2 Nr. 1 daher nicht anwendbar wäre. Auf den Umfang der Übernahme kommt es dabei nicht an, eine Aktie genügt.[15]

c) Abs. 2 Nr. 3: Sondervorteil, Gründerlohn oder Gründungsentschädigung für ein Ver- 10
waltungsmitglied. Eine externe Gründungsprüfung ist auch dann erforderlich, wenn sich ein Mitglied des Vorstands oder des Aufsichtsrats einen besonderen Vorteil oder für die Gründung oder ihre Vorbereitung eine Entschädigung oder Belohnung ausbedungen hat. Von welcher Seite der Vorteil versprochen wurde ist dabei für das Erfordernis einer externen Gründungsprüfung unerheblich. Die Zuwendung durch einen Dritten reicht aus.[16]

d) Abs. 2 Nr. 4: Sachgründung. Schließlich ist eine externe Gründungsprüfung auch dann 11
erforderlich, wenn eine Gründung mit Sacheinlagen oder Sachübernahmen vorliegt und die Satzung entsprechende Festsetzungen hierüber enthält. Fehlt eine entsprechende Satzungsfestsetzung muss die Gründungsprüfung nicht vorgenommen werden. Eine externe Gründungsprüfung ist selbst in den Fällen erforderlich, in denen auf die Sacheinlage bzw. Sachübernahme nur ein geringer Anteil am Grundkapital entfällt.[17] Eine Ausnahme von der Notwendigkeit einer externen Gründungsprüfung bei Sachgründungen enthält nunmehr § 33a.

V. Externe Gründungsprüfung durch den beurkundenden Notar

Gemäß Abs. 3 S. 1 kann in den Fällen des Abs. 2 Nr. 1 und 2 auch der Notar, der die Gründung 12
der Gesellschaft beurkundet hat, anstelle eines Gründungsprüfers die erforderliche Prüfung im Auftrag der Gründer vornehmen. Einer Bestellung durch das Gericht bedarf die Einsetzung des Notars als Prüfer nicht, eine Beauftragung durch die Gründer reicht aus.

Abs. 3 S. 1 ist als Kann-Vorschrift ausgestaltet, dh der Notar muss einen Prüfungsauftrag der 13
Gründer nicht übernehmen.[18] Übernimmt der Notar den Auftrag, finden auf seine Prüfungstätigkeit gemäß § 33 Abs. 3 S. 1Hs. 2 die Bestimmungen über die Gründungsprüfung (§§ 34, 35) entspre-

---

[8] Großkomm AktG/*Röhricht/Schall* Rn. 14; MüKoAktG/*Pentz* Rn. 18.
[9] Großkomm AktG/*Röhricht/Schall* Rn. 11; MüKoAktG/*Pentz* Rn. 17; Hüffer/Koch/*Koch* Rn. 4; Bürgers/Körber/*Lohse* Rn. 3.
[10] Weitergehend wohl MüKoAktG/*Pentz* Rn. 17 („beherrschende Stellung"); aA Großkomm AktG/*Röhricht/Schall* Rn. 11 (keine externe Gründungsprüfung).
[11] Großkomm AktG/*Röhricht/Schall* Rn. 11; Kölner Komm AktG/*Arnold* Rn. 10; MüKoAktG/*Pentz* Rn. 19.
[12] Großkomm AktG/*Röhricht/Schall* Rn. 12; MüKoAktG/*Pentz* Rn. 20; Hüffer/Koch/*Koch* Rn. 4.
[13] Großkomm AktG/*Röhricht/Schall* Rn. 13; Hüffer/Koch/*Koch* Rn. 4.
[14] Großkomm AktG/*Röhricht/Schall* Rn. 13; Kölner Komm AktG/*Arnold* Rn. 13; Hüffer/Koch/*Koch* Rn. 4; aA MüKoAktG/*Pentz* Rn. 21.
[15] Großkomm AktG/*Röhricht/Schall* Rn. 15; MüKoAktG/*Pentz* Rn. 22.
[16] Großkomm AktG/*Röhricht/Schall* Rn. 16; MüKoAktG/*Pentz* Rn. 24.
[17] Großkomm AktG/*Röhricht/Schall* Rn. 17; MüKoAktG/*Pentz* Rn. 26; Hüffer/Koch/*Koch* Rn. 4.
[18] *Heckschen* NotBZ 2002, 429 (431); *Papmehl* MittBayNot 2003, 187 (190).

chende Anwendung. Für die Richtigkeit und Vollständigkeit seines Prüfungsberichts haftet der Notar nach § 19 BNotO. Das Privileg der subsidiären Haftung gemäß § 19 Abs. 1 S. 2 BNotO findet auf die Durchführung der aktienrechtlichen Gründungsprüfung keine Anwendung.[19]

14   Für die Gründungsprüfung durch den Notar ist eine 1,0 Gebühr nach KV-Nr. 25206 zu erheben, mindestens jedoch EUR 1.000. Der Geschäftswert ist in gleicher Weise zu bestimmen, wie für die Gründung der Gesellschaft, also mit dem Wert der Summe aller Einlagen, höchstens EUR 10 Mio.[20]

VI. Externe Gründungsprüfung durch den gerichtlich bestellten Gründungsprüfer

15   **1. Antrag auf Bestellung eines Gründungsprüfers.** Sofern der die Gründung beurkundende Notar in den Fällen des Abs. 2 Nr. 1 oder 2 die Gründungsprüfung nicht durchführt sowie in den Fällen des Abs. 3 Nr. 3 und 4 hat die Gründungsprüfung gemäß Abs. 3 S. 2 durch einen gerichtlich bestellten Gründungsprüfer zu erfolgen.

16   Das Gericht nimmt eine Bestellung des Gründungsprüfers nur auf Antrag vor.[21] Zuständig ist das Amtsgericht (§ 375 Nr. 33 FamFG, § 377 Abs. 1 FamFG iVm § 23a Abs. 1 Nr. 2 Abs. 2 Nr. 4 GVG) des Gesellschaftssitzes (§ 14 AktG). Antragsbefugt sind in jedem Fall sämtliche Gründer gemeinsam.[22] Darüber hinaus soll nach wohl nunmehr hM im Schrifttum auch der Vorstand antragsberechtigt sein.[23] Umstritten ist, ob auch einzelne Gründer antragsberechtigt sind.[24] Mit dem Bestellungsantrag kann dem Gericht auch ein Vorschlag für die Person des Gründungsprüfers unterbreitet werden. Die Auswahl selbst steht jedoch im pflichtgemäßen Ermessen des Gerichts, wobei das Gericht die gesetzlichen Anforderungen an die Eignung als Prüfer zu beachten hat.[25]

17   Abs. 3 aF schrieb zwingend vor, dass das Gericht vor der Bestellung des Gründungsprüfers die Industrie- und Handelskammer anzuhören hatte. Mit der Neufassung des Abs. 3 durch das TransPuG vom 19.7.2002 ist diese Pflicht zur Anhörung der IHK nunmehr entfallen. Die Anhörung der Industrie- und Handelskammer steht nunmehr im Verfahrensermessen des Gerichts.[26]

18   **2. Person des Gründungsprüfers.** Gemäß Abs. 4 Nr. 1 sollen zu Gründungsprüfern nur solche Personen bestellt werden, die hinreichende Buchhaltungskenntnisse haben und erfahren sind. Soll eine Prüfungsgesellschaft bestellt werden, muss mindestens einer der gesetzlichen Vertreter über diese Kenntnis und Erfahrung verfügen (Abs. 4 Nr. 2). Aus dem Umkehrschluss zu § 319 HGB kann gefolgert werden, dass Abs. 4 den Kreis zulässiger Gründungsprüfer nicht nur auf Wirtschaftsprüfer und Wirtschaftsprüfungsgesellschaften bzw. vereidigte Buchprüfer und Buchprüfungsgesellschaften beschränkt.[27] Daneben kommen vor allem Steuerberater und Steuerberatungsgesellschaften als Gründungsprüfer in Betracht. Vor allem dann, wenn weitere Spezialkenntnisse erforderlich sind, kommt eine Bestellung Angehöriger anderer Berufe als Gründungsprüfer in Betracht.[28]

19   Grundsätzlich dürften Wirtschaftsprüfer und vereidigte Buchprüfer unabhängig von der Dauer ihrer beruflichen Tätigkeit stets die Voraussetzungen des Abs. 4 Nr. 1 erfüllen.[29] Bei anderen Berufsgruppen bedarf es der Überprüfung und Überzeugung durch das Gericht, dass hinreichende Buchhaltungskenntnisse bestehen. Die Bestellung eines externen Gründungsprüfers entgegen den Voraussetzungen des Abs. 4 ist stets wirksam.[30] Sie kann jedoch bis zur Eintragung der Gesellschaft jeder Zeit widerrufen werden, wenn das Gericht später seinen Fehler bemerkt.[31]

20   **3. Ausschlussgründe.** Um eine unparteiische Prüfung sicherzustellen, enthält Abs. 5 zwingende Bestellungsverbote. Gemäß Abs. 5 S. 1 darf nicht als Gründungsprüfer bestellt werden, wer nach § 143 Abs. 2 nicht Sonderprüfer sein kann. Durch die Verweisung auf § 143 Abs. 2, der wiederum auf § 319 Abs. 2, 3 und 4 HGB sowie § 319a Abs. 1 HGB verweist, dürfen solche Personen bzw. Prüfungsgesellschaften nicht Gründungsprüfer sein, die nach § 319 Abs. 2, Abs. 3 HGB (natürliche Personen) bzw. Abs. 4 (Prüfungsgesellschaften) oder § 319a Abs. 1 HGB von der Prüfung eines

---

[19] *Heckschen* NotBZ 2002, 429 (431); *Papmehl* MittBayNot 2003, 187 (191).
[20] Streifzug durch das GNotKG, 12. Aufl. 2017, Rn. 1231.
[21] Muster bei BeckFormB/*Pfisterer* B. I. 8.
[22] *Baumbach/Hueck* Rn. 4; BayObLG AG 1974, 22 (24); Hüffer/Koch/*Koch* Rn. 7.
[23] Großkomm AktG/*Röhricht/Schall* Rn. 18; Kölner Komm AktG/*Arnold* Rn. 22; Hüffer/Koch/*Koch* Rn. 7; MüKoAktG/*Pentz* Rn. 30.
[24] S. hierzu MüKoAktG/*Pentz* Rn. 30.
[25] MüKoAktG/*Pentz* Rn. 31; Hüffer/Koch/*Koch* Rn. 7.
[26] Hüffer/Koch/*Koch* Rn. 7; Grigoleit/*Grigoleit* Rn. 12.
[27] Großkomm AktG/*Röhricht/Schall* Rn. 23; Kölner Komm AktG/*Arnold* Rn. 24.
[28] MüKoAktG/*Pentz* Rn. 39.
[29] Großkomm AktG/*Röhricht/Schall* Rn. 24.
[30] Kölner Komm AktG/*Arnold* Rn. 36; Großkomm AktG/*Röhricht/Schall* Rn. 52; Hüffer/Koch/*Koch* Rn. 10.
[31] Großkomm AktG/*Röhricht/Schall* Rn. 52.

Jahresabschlusses ausgeschlossen wären. Insoweit kann auf die entsprechende Kommentierung zu § 143 verwiesen werden.

Nach Abs. 5 S. 2 darf ferner nicht zum Gründungsprüfer bestellt werden, auf dessen Geschäftsführung die Gründer oder Personen, für deren Rechnung die Gründer Aktien übernommen haben, maßgebenden Einfluss haben. Entscheidend ist allein die Möglichkeit eines herrschenden Einflusses, auf die tatsächliche Ausübung kommt es dagegen nicht an[32] Maßgebender Einfluss ist dabei weniger als herrschender Einfluss. Es genügt, dass die Einflussmöglichkeit ein gewisses Gewicht hat.[33] 21

Worauf die Einflussmöglichkeit beruht ist unerheblich, erfasst von Abs. 5 S. 2 wird jede Art der Einflussmöglichkeit. In Betracht kommen etwa persönliche, finanzielle, rechtliche oder wirtschaftliche Beziehungen.[34] 22

Zum Zwecke der Prüfung der persönlichen Bestellungshindernisse aus § 33 Abs. 5 verlangt das Gericht in aller Regel eine Erklärung des vorgesehenen Gründungsprüfers, dass gegen seine Bestellung keine Hinderungsgründe nach § 33 Abs. 5 bestehen Zur Verfahrensbeschleunigung sollte die entsprechende Erklärung des vorgesehenen Gründungsprüfers bereits vorab eingeholt und diese Erklärung sodann dem Antrag auf Bestellung des Gründungsprüfers beigefügt werden.[35] 23

Bei einem Verstoß gegen Abs. 5 ist die Bestellung unwirksam.[36] Sie ist daher vom Gericht unverzüglich zu widerrufen, wenn es seinen Fehler bemerkt oder nachträglich ein Befangenheitsgrund eintritt.[37] § 48 Abs. 1 FamFG bestimmt nunmehr, dass das Gericht des ersten Rechtszugs eine rechtskräftige Entscheidung mit Dauerwirkung aufheben oder ändern kann, wenn sich die zugrunde liegende Sach- oder Rechtslage wesentlich geändert hat. Wird die Gesellschaft trotz eines Verstoßes gegen Abs. 5 in das Handelsregister eingetragen, ist sie jedoch auch nach hier vertretener Ansicht wirksam entstanden und kann nicht deshalb nachträglich gelöscht werden.[38] 24

§ 33a Sachgründung ohne externe Gründungsprüfung

(1) Von einer Prüfung durch Gründungsprüfer kann bei einer Gründung mit Sacheinlagen oder Sachübernahmen (§ 33 Abs. 2 Nr. 4) abgesehen werden, soweit eingebracht werden sollen:
1. übertragbare Wertpapiere oder Geldmarktinstrumente im Sinne des § 2 Absatz 1 und 2 des Wertpapierhandelsgesetzes, wenn sie mit dem gewichteten Durchschnittspreis bewertet werden, zu dem sie während der letzten drei Monate vor dem Tag ihrer tatsächlichen Einbringung auf einem oder mehreren organisierten Märkten im Sinne von § 2 Absatz 11 des Wertpapierhandelsgesetzes gehandelt worden sind,
2. andere als die in Nummer 1 genannten Vermögensgegenstände, wenn eine Bewertung zugrunde gelegt wird, die ein unabhängiger, ausreichend vorgebildeter und erfahrener Sachverständiger nach den allgemein anerkannten Bewertungsgrundsätzen mit dem beizulegenden Zeitwert ermittelt hat und wenn der Bewertungsstichtag nicht mehr als sechs Monate vor dem Tag der tatsächlichen Einbringung liegt.

(2) Absatz 1 ist nicht anzuwenden, wenn der gewichtete Durchschnittspreis der Wertpapiere oder Geldmarktinstrumente (Absatz 1 Nr. 1) durch außergewöhnliche Umstände erheblich beinflusst worden ist oder wenn anzunehmen ist, dass der beizulegende Zeitwert der anderen Vermögensgegenstände (Absatz 1 Nr. 2) am Tag ihrer tatsächlichen Einbringung auf Grund neuer oder neu bekannt gewordener Umstände erheblich niedriger ist als der von dem Sachverständigen angenommene Wert.

Schrifttum: *Böttcher,* Die kapitalschutzrechtlichen Aspekte der Aktionärsrichtlinie (ARUG), NZG 2008, 481; *Klasen,* Recht der Sacheinlage: Rechtliche Rahmenbedingungen – Neuerungen durch MoMiG und ARUG, BB 2008, 2694; *Leuering,* Die vereinfachte Sacheinlage von nicht-börsengehandelten Wertpapieren nach § 33a AktG, NZG 2016, 208; *Merkner/Decker,* Vereinfachte Sachkapitalerhöhung nach dem ARUG – Wertvolle Deregulierung oder Regelung auf dem Papier?, NZG 2009, 887; *Paschos/Goslar,* Der Referentenentwurf des ARUG aus der Sicht der Praxis, AG 2008, 605.

---

[32] Großkomm AktG/*Röhricht/Schall* Rn. 45; MüKoAktG/*Pentz* Rn. 57; Hüffer/Koch/*Koch* Rn. 9.
[33] Großkomm AktG/*Röhricht/Schall* Rn. 45; MüKoAktG/*Pentz* Rn. 57; Hüffer/Koch/*Koch* Rn. 9; K. Schmidt/Lutter/*Bayer* Rn. 13.
[34] Großkomm AktG/*Röhricht/Schall* Rn. 46; MüKoAktG/*Pentz* Rn. 58; Hüffer/Koch/*Koch* Rn. 9.
[35] Muster bei BeckFormB/*Pfisterer* B. I. 8.
[36] Großkomm AktG/*Röhricht/Schall* Rn. 52; MüKoAktG/*Pentz* Rn. 68; Kölner Komm AktG/*Arnold* Rn. 37; Hüffer/Koch/*Koch* Rn. 10.
[37] Großkomm AktG/*Röhricht/Schall* Rn. 52; MüKoAktG/*Pentz* Rn. 71.
[38] Großkomm AktG/*Röhricht/Schall* Rn. 53; MüKoAktG/*Pentz* Rn. 73; sowie im Ergebnis auch Kölner Komm AktG/*Arnold* Rn. 38; Hüffer/Koch/*Koch* Rn. 10.

I. Normzweck

1   Die Vorschrift ergänzt § 33 und regelt für bestimmte Fälle die Entbehrlichkeit einer externen Werthaltigkeitsprüfung. Dabei besteht ein Wahlrecht, es kann auch das Verfahren der externen Gründungsprüfung gewählt werden (§ 33a Abs. 1: „... kann ... abgesehen werden ...").[1]

II. Entstehungsgeschichte

2   Die Vorschrift wurde erstmals durch das Gesetz zur Umsetzung der Aktionärsrichtlinie (ARUG) eingeführt. Die Neuregelung erfolgt allerdings nicht in Umsetzung der Aktionärsrichtlinie, sondern geht zurück auf die am 6.9.2006 verabschiedete Änderung der Kapitalrichtlinie.[2] Diese eröffnet den Mitgliedstaaten ua für die Gründung (Art. 10a Kapital-RL) die Möglichkeit, Ausnahmen von der Pflicht einer externen Werthaltigkeitsprüfung vorzusehen, wenn eindeutige Anhaltspunkte für die Bewertung der einzubringenden Sacheinlagen bestehen. Durch § 33a AktG wird Art. 10a Abs. 1 und 2 Kapital-RL umgesetzt.

III. Befreiungstatbestände

3   **1. Allgemeines.** § 33a Abs. 1 regelt diejenigen Klassen von Gegenständen, bei deren Einbringung von einer externen Werthaltigkeitsprüfung abgesehen werden kann. Werden neben den in § 33a Abs. 1 aufgeführten Gegenständen noch andere Vermögensgegenstände eingebracht, kommt die Erleichterung nur für die Vermögensgegenstände im Sinne dieser Vorschrift in Betracht.[3]

4   **2. Einbringung von übertragbaren Wertpapieren oder Geldmarktinstrumenten (Nr. 1).** Die Ausnahme des § 33a Abs. 1 Nr. 1 ist beschränkt auf die Einbringung von übertragbaren Wertpapieren oder Geldmarktinstrumenten und definiert diese unter Bezugnahme auf die Begriffe „übertragbare Wertpapiere" und „Geldmarktinstrumente" sowie „organisierter Markt" iSv § 2 Abs. 1 S. 1, Abs. 1a und Abs. 5 WpHG.

5   Abzustellen ist für die Bewertung auf den gewichteten Durchschnittskurs, zu dem die zu übertragenden Wertpapiere oder Geldmarktinstrumente während der letzten drei Monate vor dem Tag ihrer tatsächlichen Einbringung gehandelt worden sind. Diese Festlegung des Durchschnittskurses orientiert sich an § 5 WpÜG-AngVO. Dabei soll es ausweislich der Regierungsbegründung nicht darauf ankommen, von wem und in welchem Verfahren er ermittelt wird. Neben den von der BAFin für an deutschen organisierten Märkten gehandelte Wertpapiere zur Verfügung gestellten Daten können auch die von anderen Anbietern ermittelten Preise herangezogen werden.[4]

6   **3. Einbringung sonstiger Vermögensgegenstände (Nr. 2).** Von § 33a Abs. 1 Nr. 2 werden alle sonstigen Fälle erfasst, in denen Vermögensgegenstände, die weder Wertpapiere noch Geldmarktinstrumente im Sine von § 33a Abs. 1 Nr. 1 sind, eingebracht werden. Erforderlich ist lediglich, dass die Vermögensgegenstände von einem Sachverständigen mit dem beizulegenden Zeitwert bewertet werden und der Bewertungsstichtag nicht länger als sechs Monate zurückliegt. Maßgeblich für die Fristberechnung ist auch hier der Tag der tatsächlichen Einbringung. Wertpapiere und Geldmarktpapiere, die nicht mit einem Durchschnittskurs bewertbar sind, fallen nicht unter § 33a Abs. 1 Nr. 1. Für diese Instrumente ist daher der Anwendungsbereich des § 33a Abs. 1 Nr. 2 eröffnet.[5]

7   Ausschließlich maßgeblicher Wertansatz ist der Zeitwert, andere Wertmaßstäbe genügen nicht den Vorgaben der Kapitalrichtlinie.[6]

IV. Ausnahmen von der Befreiungsmöglichkeit

8   Abs. 2 enthält zwei Gegenausnahmen zu den Befreiungsmöglichkeiten nach Abs. 1.

9   Gemäß Abs. 2, 1. Alt. ist eine Neubewertung von Wertpapieren oder Geldmarktinstrumenten erforderlich, wenn der gewichtete Durchschnittspreis der Wertpapiere oder Geldmarktinstrumente durch außergewöhnliche Umstände erheblich beeinflusst worden ist. Die Regelung trägt dem Umstand Rechnung, dass die Preisbildung an organisierten Märkten unter außergewöhnlichen Umständen versagen kann.[7] Außergewöhnliche Umstände können etwa vorliegen, wenn der Handel mit den betreffen-

---

[1] Kölner Komm AktG/*Arnold* Rn. 1 mwN.
[2] RiLi 2006/68/EG v. 6.9.2006 zur Änderung der RiLi 77/91/EWG, ABl. EG 2006 Nr. L 264, 32.
[3] BegrRegE BT-Drs. 16/11 642, 22.
[4] BegrRegE BT-Drs. 16/11 642, 22.
[5] *Leuering* NZG 2016, 208 (210 f.).
[6] *Böttcher* NZG 2008, 481 (482).
[7] BegrRegE BT-Drs. 16/11 642, 22.

den Instrumenten über einen längeren Zeitraum zum erliegen gekommen ist oder ausgesetzt war.[8] Außergewöhnliche Umstände liegen auch dann vor, wenn der Markt durch Missbrauch oder verbotene Kursmanipulation künstlich beeinflusst worden ist, sofern dadurch eine erhebliche Änderung des Börsenwerts bewirkt worden ist. Keine außergewöhnlichen Umstände sind dagegen anzunehmen bei marktüblichem Verhalten im Sinne des Art. 13 MMVO sowie bei erlaubten Rückkaufprogrammen eigener Aktien und Maßnahmen zur Kursstabilisierung, die sich im Rahmen des Art. 5 MMVO halten.[9]

Eine Neubewertung von Vermögensgegenständen iSv Nr. 2 ist erforderlich, wenn ihr Wert am **10** Tag ihrer tatsächlichen Einbringung auf Grund neuer oder neu bekannt gewordener Umstände erheblich niedriger ist als der von dem Sachverständigen angenommene Wert. Im Interesse der realen Kapitalaufbringung kommt es nur auf Umstände an, nach denen die sachverständige Bewertung erheblich zu hoch erscheint. Es genügt, wenn Umstände darauf hindeuten, dass die Bewertung durch den Sachverständigen erheblich zu hoch ausgefallen sein könnte. Unerheblich ist, ob infolge der Überbewertung die reale Kapitalaufbringung gefährdet ist.[10] Maßgeblicher Zeitraum, während dem keine außergewöhnlichen Umstände eintreten oder neu bekannt werden dürfen, ist die Zeit bis zur tatsächlichen Einbringung der Vermögensgegenstände. Danach eintretende neue Umstände sind unbeachtlich.[11] Werden allerdings vor der Anmeldung Umstände bekannt, die schon vor der Einbringung eingetreten waren, kommt eine Anmeldung wegen der nach § 37a Abs. 2 erforderlichen Versicherung nicht mehr in Betracht.[12]

§ 34 Umfang der Gründungsprüfung

(1) Die Prüfung durch die Mitglieder des Vorstands und des Aufsichtsrats sowie die Prüfung durch die Gründungsprüfer haben sich namentlich darauf zu erstrecken,
1. **ob die Angaben der Gründer über die Übernahme der Aktien, über die Einlagen auf das Grundkapital und über die Festsetzungen nach §§ 26 und 27 richtig und vollständig sind;**
2. **ob der Wert der Sacheinlagen oder Sachübernahmen den geringsten Ausgabebetrag der dafür zu gewährenden Aktien oder den Wert der dafür zu gewährenden Leistungen erreicht.**

(2) ¹Über jede Prüfung ist unter Darlegung dieser Umstände schriftlich zu berichten. ²In dem Bericht ist der Gegenstand jeder Sacheinlage oder Sachübernahme zu beschreiben sowie anzugeben, welche Bewertungsmethoden bei der Ermittlung des Wertes angewandt worden sind. ³In dem Prüfungsbericht der Mitglieder des Vorstands und des Aufsichtsrats kann davon sowie von Ausführungen zu Absatz 1 Nr. 2 abgesehen werden, soweit nach § 33a von einer externen Gründungsprüfung abgesehen wird.

(3) ¹Je ein Stück des Berichts der Gründungsprüfer ist dem Gericht und dem Vorstand einzureichen. ²Jedermann kann den Bericht bei dem Gericht einsehen.

Schrifttum: *Angermayer,* Die Bewertung von Sacheinlagen – Eine kritische Auseinandersetzung zum Problem des maßgeblichen Istwerts, WPg 1998, 814; *Kupach/Penné,* Probleme der aktienrechtlichen Gründungsprüfung bei Einbringung eines Unternehmens, WPg 1985, 125; *Lutz/Matschke,* Zur Bewertung von Sacheinlagen bei Gründung und Kapitalerhöhung unter dem Aspekt des Gläubigerschutzes, WPg 1992, 741; *Penné,* Zur aktienrechtlichen Sacheinlagefähigkeit im Rahmen der Gründungsprüfung, WPg 1988, 35; *Schiller,* Die Prüfung von Sacheinlagen im Rahmen der aktienrechtlichen Gründungsprüfungen, AG 1992, 20.

Übersicht

	Rn.		Rn.
I. Normzweck	1	2. Einzelangaben gem. Abs. 1 Nr. 1	5–7
II. Entstehungsgeschichte	2	3. Einzelangaben gem. Abs. 1 Nr. 2	8–10
III. Prüfungsumfang	3–10	IV. Prüfungsbericht	11–15
1. Allgemeines	3, 4	V. Einreichung des Prüfungsberichts	16–18

---

[8] BegrRegE BT-Drs. 16/11 642, 22 mit Verweis auf die einschlägige Rspr. des BVerfG und des BGH.
[9] BegrRegE BT-Drs. 16/11 642, 22.
[10] BegrRegE BT-Drs. 16/11 642, 23.
[11] BegrRegE BT-Drs. 16/11 642, 23.
[12] BegrRegE BT-Drs. 16/11 642, 23.

I. Normzweck

1 Die Vorschrift ergänzt § 33 und regelt die Formalia der Gründungsprüfung sowie deren Umfang und Inhalt. Ihr Normzweck entspricht daher dem des § 33.

II. Entstehungsgeschichte

2 Die Vorschrift entspricht nahezu § 26 AktG 1937. Geändert wurde durch das AktG 1965 im wesentlichen nur Abs. 1 Nr. 2, wonach nunmehr für die Prüfung der Werthaltigkeit von Sacheinlagen darauf abgestellt wird, ob die Leistungen für die Sacheinlagen den Nennbetrag (nunmehr geringsten Ausgabebetrag) erreichen, während es nach altem Recht auf die Angemessenheit der Leistungen ankam. Durch das Gesetz für kleine Aktiengesellschaften und zur Deregulierung des Aktienrechts vom 2.8.1994 ist die frühere Pflicht zur Einreichung bei der IHK entfallen. Ferner hat das StückAG vom 25.3.1998 Abs. 1 Nr. 2 dahingehend geändert, dass anstelle auf den Nennbetrag nunmehr auf den geringsten Ausgabebetrag der Aktien abgestellt wird. Neu eingeführt durch das ARUG wurde Satz 3 in Abs. 2, wonach Angaben zu Gegenstand und Werthaltigkeit der Sacheinlage entbehrlich sind, wenn nach § 33a eine externe Gründungsprüfung nicht stattzufinden hat.

III. Prüfungsumfang

3 **1. Allgemeines.** § 34 regelt den Umfang der Gründungsprüfung nicht abschließend, sondern nennt nur wesentliche Prüfungsgegenstände („namentlich"). Im Übrigen muss sich der Umfang der Gründungsprüfung an ihrem Normzweck orientieren. Hieraus folgt, dass alle tatsächlichen und rechtlichen Vorgänge, die mit der Gründung zusammenhängen sowie alle Umstände, auf die sich die Prüfung durch das Registergericht erstreckt, zu prüfen sind.[1] Dies sind bei der Bargründung neben den in Abs. 1 Nr. 1 ausdrücklich genannten Gegenständen insbesondere Feststellung und Inhalt der Satzung, Bestellung der Mitglieder von Vorstand und Aufsichtsrats und des Abschlussprüfers, Gründungsbericht sowie Formvorschriften, Vollmachten und Genehmigungserfordernisse.[2] Hinzukommen bei einer Sachgründung noch die Einzelangaben nach § 34 Abs. 1 Nr. 2.[3] Der Umfang der vorzunehmenden Prüfung ist dabei sowohl für die Verwaltungsmitglieder als auch für die ggf. erforderlichen externen Gründungsprüfer gleich, wobei Letztere, wie von § 38 Abs. 2 vorausgesetzt, auch den Prüfungsbericht der Verwaltungsmitglieder zu prüfen haben.[4]

4 Aus Abs. 1 Nr. 1 ergibt sich, dass Ausgangspunkt und Grundlage für die Gründungsprüfung der Gründungsbericht nach § 32 ist. Daneben sind der Prüfung aber auch alle sonstigen prüfungsrelevanten Informationen und Unterlagen zugrunde zu legen und gegebenenfalls von den Gründern anzufordern, insbesondere die Gründungsurkunde, die Niederschrift über die konstituierende Sitzung des Aufsichtsrats und die Bankbestätigung gem. § 37 Abs. 1 S. 3 über eventuell bereits geleistete Einlagen. Ferner sind die Gründungsprüfer auch zu eigenen Ermittlungen berechtigt.[5]

5 **2. Einzelangaben gem. Abs. 1 Nr. 1.** Sowohl in den Fällen einer Bar- wie einer Sachgründung umfasst die Prüfung, ob die Angaben der Gründer über die Übernahme der Aktien, über die Einlagen auf das Grundkapital sowie über die Festsetzungen nach § 26 und § 27 richtig und vollständig sind. Dementsprechend sind hierzu im Prüfungsbericht auch ausdrücklich Angaben zu machen.

6 Sind die Einlagen im Zeitpunkt der Gründungsprüfung bereits erbracht worden, hat sich die Prüfung auf die Richtigkeit dieser Angabe und die Ordnungsmäßigkeit der Einlagenleistung zu erstrecken. Sind die Einlagen dagegen wie häufig zu diesem Zeitpunkt noch nicht erbracht worden, beschränkt sich die Prüfung insoweit darauf, ob die Einlagenverpflichtung wirksam begründet wurde. Der Nachweis der wirksamen Einlagenleistung sowie eines etwaigen Aufgeldes ist erst im Zeitpunkt der Anmeldung der Gesellschaft zum Handelsregister zu erbringen.[6]

7 Über die Richtigkeit und Vollständigkeit der Angaben zu §§ 26, 27 hinaus, ist auch die Angemessenheit der Sondervorteile und des Gründerlohns zu prüfen.[7] Soweit keine Umstände gegeben sind, die Satzungsfestsetzungen nach § 26 erforderlich machen würden, ist eine explizite Fehlanzeige notwendig.

---

[1] Großkomm AktG/*Röhricht/Schall* Rn. 3; MüKoAktG/*Pentz* Rn. 9; Hüffer/Koch/*Koch* Rn. 2.
[2] Großkomm AktG/*Röhricht/Schall* Rn. 3; MüKoAktG/*Pentz* Rn. 10; Hüffer/Koch/*Koch* Rn. 2; K. Schmidt/Lutter/*Bayer* Rn. 2. Muster bei BeckFormB/*Pfisterer* B. I. 6. und 7.
[3] Muster bei BeckFormB/*Pfisterer* B. II. 9. und 13.
[4] Großkomm AktG/*Röhricht/Schall* Rn. 3; Hüffer/Koch/*Koch* Rn. 2; K. Schmidt/Lutter/*Bayer* Rn. 2.
[5] Großkomm AktG/*Röhricht/Schall* Rn. 9; MüKoAktG/*Pentz* Rn. 8.
[6] Großkomm AktG/*Röhricht/Schall* Rn. 5; MüKoAktG/*Pentz* Rn. 12; Kölner Komm AktG/*Arnold* Rn. 6; K. Schmidt/Lutter/*Bayer* Rn. 4.
[7] MüKoAktG/*Pentz* Rn. 13.

3. Einzelangaben gem. Abs. 1 Nr. 2. Bei der Sachgründung ist nach Abs. 1 Nr. 2 zusätzlich 8
die Prüfung erforderlich, ob der Wert der Sacheinlagen den geringsten Ausgabebetrag (§ 9 Abs. 1)
der dafür zu gewährenden Aktien erreicht. Die Prüfung erstreckt sich nach dem klaren Wortlaut
nicht auf das Aufgeld, sondern nur auf den geringsten Ausgabebetrag. Nach Art. 10 II Kapital-RL
hat sich die Prüfung jedoch auch auf das Aufgeld zu erstrecken. Dieser Maßstab ist daher auch im
Rahmen des Abs. 1 Nr. 2 zu beachten[8]

Für die Beurteilung der Werthaltigkeit kommt es auf den Zeitpunkt der Gründungsprüfung an, 9
nicht auf den Zeitpunkt der Anmeldung der Gesellschaft zum Handelsregister oder gar den Zeitpunkt
der Eintragung der Gesellschaft in das Handelsregister.[9] Allerdings ist in dem Gründungsbericht
darauf hinzuweisen, wenn Anhaltspunkte für eine in naher Zukunft eintretende Wertminderung
bestehen.[10]

Eine Überbewertung der Sacheinlagengegenstände ist grundsätzlich zulässig, die Grenze bildet das 10
Verbot der Bildung willkürlicher stiller Reserven. Hierauf ist im Gründungsbericht hinzuweisen.[11]

IV. Prüfungsbericht

Über jede Gründungsprüfung ist gemäß § 34 Abs. 2 S. 1 schriftlich zu berichten. Hierbei können 11
alle Mitglieder des Vorstands und des Aufsichtsrats einen gemeinsamen Prüfungsbericht erstatten.[12]
Können sich die Vorstands- oder Aufsichtsratsmitglieder nicht auf einen gemeinsamen Bericht einigen, sind getrennte Berichte zu erstellen oder die Meinungsverschiedenheiten in dem gemeinsamen
Bericht offen zu legen.[13] Die Prüfungsberichte der Verwaltung und des externen Gründungsprüfers
sind dagegen stets in getrennten Urkunden aufzustellen.[14]

Das Schriftformerfordernis verlangt gemäß § 126 Abs. 1 BGB, dass alle Vorstands- und Aufsichts- 12
ratsmitglieder den Prüfungsbericht eigenhändig durch Namensunterschrift unterschreiben, und zwar
ausnahmslos persönlich. Eine Stellvertretung ist nach allgemeiner Meinung ausgeschlossen.[15]

Der Prüfungsbericht hat unter Darlegung der in § 34 Abs. 1 genannten Umstände zu erfolgen. 13
Zu berichten ist dabei über die gesamte Prüfung nicht nur über Beanstandungen oder einzelne
neuralgische Punkte.[16] Anzugeben im Prüfungsbericht sind sämtliche Punkte, auf die sich die Prüfung erstreckt hat.[17]

Bei Sacheinlagen verlangt Abs. 2 S. 2, im Prüfungsbericht den Gegenstand der Sacheinlagen zu 14
beschreiben und die Bewertungsmethode bei Ermittlung des Wertes der Sacheinlage anzugeben.
Betriebs- und Geschäftsgeheimnisse dürfen und brauchen wegen der Publizität des Prüfungsberichts
nicht aufgenommen zu werden.[18]

Findet keine externe Werthaltigkeitsprüfung statt (§ 33a AktG), braucht sich nach dem neu in 15
Abs. 2 eingeführten Satz 3 der Prüfungsbericht nicht mehr auf den Gegenstand und die Werthaltigkeit der Sacheinlagen oder – übernahmen beziehen. Diese Angaben sind jedoch nach der Neuregelung des § 37a Abs. 1 und 2 Gegenstand der Handelsregisteranmeldung. Die Neuregelung bezieht
sich nur auf den Gründungsprüfungsbericht, die Erleichterungen gelten nicht für die Erstellung des
Gründungsberichts durch die Gründer.[19]

V. Einreichung des Prüfungsberichts

Nach Abs. 3 S. 1 ist je ein Exemplar des Prüfungsberichts des externen Gründungsprüfers an das 16
Gericht und den Vorstand einzureichen. Verantwortlich für die Einreichung sind die Gründungsprüfer selbst. Sie können dabei wählen, ob sie den Bericht selbst bei Gericht einreichen oder diesen,

---

[8] BGHZ 191, 364=NZG 2012, 69; Hüffer/Koch/Koch Rn. 3; MHdB AG/Hoffmann-Becking § 4 Rn. 38
Angermayer WPg 1998, 914 (918); K. Schmidt/Lutter/Bayer Rn. 7; Grigoleit/Grigoleit Rn. 4.
[9] MüKoAktG/Pentz Rn. 16; K. Schmidt/Lutter/Bayer Rn. 9.
[10] MüKoAktG/Pentz Rn. 16; K. Schmidt/Lutter/Bayer Rn. 9.
[11] Großkomm AktG/Röhricht/Schall Rn. 8; MüKoAktG/Pentz Rn. 17.
[12] Hüffer/Koch/Koch Rn. 4; Kölner Komm AktG/Arnold Rn. 10; Großkomm AktG/Röhricht/Schall Rn. 10;
MHdB AG/Hoffmann-Becking § 3 Rn. 17; aA GHEK//Eckardt Rn. 12.
[13] Kölner Komm AktG/Arnold Rn. 10; MüKoAktG/Pentz Rn. 18.
[14] Großkomm AktG/Röhricht/Schall Rn. 10; MüKoAktG/Pentz Rn. 19.
[15] GHEK/Eckardt § 33 Rn. 10; Großkomm AktG/Röhricht/Schall Rn. 11; Kölner Komm AktG/Arnold Rn. 10;
MüKoAktG/Pentz Rn. 18; Hüffer/Koch/Koch § 33 Rn. 2; MHdB AG/Hoffmann-Becking § 3 Rn. 17.
[16] Großkomm AktG/Röhricht/Schall Rn. 12; MüKoAktG/Pentz Rn. 20.
[17] Großkomm AktG/Röhricht/Schall Rn. 12; MüKoAktG/Pentz Rn. 20.
[18] Großkomm AktG/Röhricht/Schall Rn. 14; Kölner Komm AktG/Arnold Rn. 12; K. Schmidt/Lutter/Bayer
Rn. 13.
[19] BegrRegE BT-Drs. 16/11 642, 23.

wie in der Praxis üblich, an den Vorstand weiterleiten, der den Bericht dann der Handelsregisteranmeldung beifügt.[20]

17 Die Einreichung des Gründungsprüfungsberichts der Verwaltung ist durch Abs. 3 S. 1 nicht geregelt. Dieser Bericht ist jedoch gem. § 37 Abs. 4 Nr. 4 zusammen mit der Anmeldung einzureichen.

18 Die Einsicht in den Prüfungsbericht bei Gericht ist nach § 34 Abs. 3 S. 2 jedermann gestattet. Betreffend den Bericht der Verwaltung ergibt sich die Einsichtsmöglichkeit aus §§ 37 Abs. 6, 9 HGB. Auf das Einsichtsrecht wird in der Bekanntmachung der Eintragung der Gesellschaft ausdrücklich hingewiesen (§ 40 Abs. 2).

§ 35 Meinungsverschiedenheiten zwischen Gründern und Gründungsprüfern. Vergütung und Auslagen der Gründungsprüfer

(1) Die Gründungsprüfer können von den Gründern alle Aufklärungen und Nachweise verlangen, die für eine sorgfältige Prüfung notwendig sind.

(2) ¹Bei Meinungsverschiedenheiten zwischen den Gründern und den Gründungsprüfern über den Umfang der Aufklärungen und Nachweise, die von den Gründern zu gewähren sind, entscheidet das Gericht. ²Die Entscheidung ist unanfechtbar. ³Solange sich die Gründer weigern, der Entscheidung nachzukommen, wird der Prüfungsbericht nicht erstattet.

(3) ¹Die Gründungsprüfer haben Anspruch auf Ersatz angemessener barer Auslagen und auf Vergütung für ihre Tätigkeit. ²Die Auslagen und die Vergütung setzt das Gericht fest. ³Gegen die Entscheidung ist die Beschwerde zulässig; die Rechtsbeschwerde ist ausgeschlossen. ⁴Aus der rechtskräftigen Entscheidung findet die Zwangsvollstreckung nach der Zivilprozeßordnung statt.

Schrifttum: S. das zu den §§ 33, 34 angeführte Schrifttum.

Übersicht

	Rn.		Rn.
I. Normzweck	1	1. Anwendungsbereich	6
II. Entstehungsgeschichte	2	2. Verfahren	7
III. Auskunftsverlangen der Gründungsprüfer	3–5	3. Entscheidung des Gerichts	8, 9
1. Überblick und Anwendungsbereich	3, 4	V. Vergütungsanspruch der Gründungsprüfer	10–12
2. Umfang des Auskunftsverlangens	5	1. Überblick	10
IV. Meinungsverschiedenheiten zwischen Gründungsprüfern und Gründern	6–9	2. Verfahren	11
		3. Höhe der Vergütung	12

I. Normzweck

1 § 35 schließt die Vorschriften über das Verfahren der Gründungsprüfung ab. § 35 Abs. 1 regelt die Berechtigung der Gründungsprüfer von den Gründern alle für eine sorgfältige Prüfung erforderlichen Informationen zu verlangen und soll damit die ordnungsgemäße Erfüllung der Aufgaben der Gründungsprüfer ermöglichen. Die Regelung wird ergänzt durch Abs. 2, der das Verfahren bei Meinungsverschiedenheiten zwischen Gründungsprüfern und Gründern über den Umfang der Informationspflicht regelt. Abs. 3 schließlich betrifft die Bestimmung der Vergütung und des Auslagenersatzes der Gründungsprüfer.

II. Entstehungsgeschichte

2 Abs. 2 und 3 sind nahezu wortgleich mit der Regelung in § 27 AktG 1937, in Abs. 3 Sätze 3 und 5 wurde lediglich jeweils das Wort „Festsetzung" durch „Entscheidung" ersetzt. Abs. 1 dagegen wurde erst durch die GmbH-Novelle vom 4.7.1980 (Art. 3 Nr. 1) neu eingefügt (BGBl. 1980 I 836). § 35 Abs. 3 S. 3 und S. 4 aF wurden durch das FamFG an die Neukonzeption des Rechtsmittelrechtes angepasst und zu einem Satz zusammengefasst.

---

[20] Großkomm AktG/*Röhricht/Schall* Rn. 15; MüKoAktG/*Pentz* Rn. 24.

III. Auskunftsverlangen der Gründungsprüfer

1. Überblick und Anwendungsbereich. Gemäß § 35 Abs. 1 können die Gründungsprüfer von den Gründern alle Aufklärungen und Nachweise verlangen, die für eine sorgfältige Prüfung notwendig sind. Die Vorschrift begründet keinen zwangsweise durchsetzbaren Rechtsanspruch der Gründungsprüfer gegen die Gründer auf Auskunft, sondern enthält eine Aufklärungsobliegenheit der Gründer.[1] Im Fall der Weigerung der Gründer findet das in Abs. 2 geregelte spezielle gerichtliche Verfahren Anwendung. Aus § 35 Abs. 1 ergibt sich weiter, dass die Gründungsprüfer rechtlich grundsätzlich nicht verpflichtet sind, eigene Ermittlungen anzustellen. Umgekehrt wird das Recht der Gründungsprüfer auf eigene Ermittlungen durch die Vorschrift auch nicht eingeschränkt.[2]

Die Vorschrift gilt nur für die externen Gründungsprüfer, bei mehreren für jeden von ihnen einzeln, nicht dagegen für die Mitglieder des Vorstands oder Aufsichtsrats.[3] Das Auskunftsverlangen ist an keine Form gebunden, es kann daher auch mündlich geltend gemacht werden. Das Auskunftsverlangen muss dabei nicht gegen alle Gründer gemeinsam geltend gemacht werden, die Inanspruchnahme lediglich einzelner Gründer ist zulässig.[4]

2. Umfang des Auskunftsverlangens. Das Auskunftsverlangen kann sich auf alle Umstände beziehen, auf die sich die Gründungsprüfung der externen Gründungsprüfer erstreckt. Es bezieht sich dabei sowohl auf solche Umstände, die einen korrekten Gründungsvorgang belegen sollen, als auch auf solche, die dem Verdacht einer inkorrekten Gründung nachgehen.[5] Auch Geschäfts- und Betriebsgeheimnisse unterfallen dem Auskunftsrecht, auch wenn sie in den Prüfungsbericht selbst nicht aufgenommen werden dürfen.[6]

IV. Meinungsverschiedenheiten zwischen Gründungsprüfern und Gründern

1. Anwendungsbereich. Abs. 2 regelt abschließend das (gerichtliche) Verfahren bei Meinungsverschiedenheiten zwischen den Gründungsprüfern und den Gründern über die Berechtigung und den Umfang einer geforderten Auskunft. Meinungsverschiedenheiten über andere Angelegenheiten sind in dem Prüfungsbericht zu vermerken, für sie gilt das Verfahren nach Abs. 2 nicht.[7] Das Verfahren nach Abs. 2 schließt eine Klage aus.[8]

2. Verfahren. Zuständig ist das Amtsgericht, in dessen Bezirk die Gesellschaft ihren Sitz hat (§ 375 Nr. 3 FamFG, § 377 FamFG iVm § 23a Abs. 2 Nr. 4 GVG). Das Gericht entscheidet nur auf Antrag. Antragsberechtigt sind sowohl jeder Gründungsprüfer, dem die beantragte Auskunft verwehrt wurde, als auch jeder Gründer, der die begehrte Auskunft nicht erteilen möchte.[9] Das Gericht entscheidet über den Antrag im Verfahren der freiwilligen Gerichtsbarkeit durch Beschluss. Die Entscheidung darf nicht ohne vorherige Anhörung des Antragsgegners (§ 37 Abs. 2 FamFG, Art. 103 Abs. 1 GG) ergehen.[10] Der Beschluss ist nicht anfechtbar (Abs. 2 S. 2), sondern wird sofort rechtskräftig. Wird von niemandem ein Antrag auf gerichtliche Entscheidung gestellt, haben die Gründer ihren Prüfungsbericht auf der Grundlage der ihnen zur Verfügung stehenden Informationen zu erstellen und im Prüfungsbericht auf die ihrer Ansicht fehlenden Informationen hinzuweisen.[11]

3. Entscheidung des Gerichts. Gibt das Gericht dem Auskunftsbegehren statt und erteilen die Gründer anschließend die geforderte Auskunft, können die Gründungsprüfer mit ihrer Prüfung fortfahren und den Prüfungsbericht erstellen. Kommen die Gründer der Entscheidung des Gerichts nicht nach, ist eine zwangsweise Durchsetzung der Entscheidung ausgeschlossen.[12] In diesem Fall

---

[1] Großkomm AktG/*Röhricht*/*Schall* Rn. 2; MüKoAktG/*Pentz* Rn. 7; Hüffer/Koch/*Koch* Rn. 2; K. Schmidt/Lutter/*Bayer* Rn. 2; Bürgers/Körber/*Lohse* Rn. 3.
[2] Großkomm AktG/*Röhricht*/*Schall* Rn. 5; Kölner Komm AktG/*Arnold* Rn. 8; MüKoAktG/*Pentz* Rn. 12; K. Schmidt/Lutter/*Bayer* Rn. 5.
[3] Großkomm AktG/*Röhricht*/*Schall* Rn. 6; Kölner Komm AktG/*Arnold* Rn. 4; MüKoAktG/*Pentz* Rn. 8; K. Schmidt/Lutter/*Bayer* Rn. 2.
[4] Großkomm AktG/*Röhricht*/*Schall* Rn. 2; MüKoAktG/*Pentz* Rn. 6.
[5] Großkomm AktG/*Röhricht*/*Schall* Rn. 3; MüKoAktG/*Pentz* Rn. 9.
[6] Großkomm AktG/*Röhricht*/*Schall* Rn. 3; Kölner Komm AktG/*Arnold* Rn. 6; MüKoAktG/*Pentz* Rn. 10; K. Schmidt/Lutter/*Bayer* Rn. 3.
[7] Großkomm AktG/*Röhricht*/*Schall* Rn. 7; Kölner Komm AktG/*Arnold* Rn. 10; MüKoAktG/*Pentz* Rn. 13; Hüffer/Koch/*Koch* Rn. 4: K. Schmidt/Lutter/*Bayer* Rn. 6.
[8] MüKoAktG/*Pentz* Rn. 13; Hüffer/Koch/*Koch* Rn. 4.
[9] Großkomm AktG/*Röhricht*/*Schall* Rn. 8; Kölner Komm AktG/*Arnold* Rn. 11; MüKoAktG/*Pentz* Rn. 14; Hüffer/Koch/*Koch* Rn. 4; K. Schmidt/Lutter/*Bayer* Rn. 6.
[10] Großkomm AktG/*Röhricht*/*Schall* Rn. 8; MüKoAktG/*Pentz* Rn. 17; Hüffer/Koch/*Koch* Rn. 4.
[11] Großkomm AktG/*Röhricht*/*Schall* Rn. 14; MüKoAktG/*Pentz* Rn. 15.
[12] Hüffer/Koch/*Koch* Rn. 5.

muss der Prüfungsbericht nicht erstellt werden (Abs. 2 S. 3), so dass ein Eintragungshindernis besteht. Durch Abs. 2 S. 3 endet die rechtliche Verpflichtung der Gründungsprüfer zur Erstellung des Prüfungsberichts. Die Gründungsprüfer können gleichwohl die Gründungsprüfung abschließen und einen Gründungsprüfungsbericht erstellen. In diesem Fall kann allein wegen der Auskunftsverweigerung die Eintragung nicht abgelehnt werden. Der Prüfungsbericht ist für das Gericht bindend, dieses hat gemäß § 38 über die Eintragung zu entscheiden.[13] In dem Prüfungsbericht ist dann darauf hinzuweisen, warum die Prüfer sich entschieden haben, doch den Prüfungsbericht zu erstellen.

9   Lehnt das Gericht die Erteilung weiterer Auskünfte ab, sind die Gründungsprüfer grundsätzlich verpflichtet, die Gründungsprüfung abzuschließen. Bei einer Verweigerung machen sich die Gründungsprüfer schadensersatzpflichtig (§ 49 iVm § 323 HGB). Die Gründungsprüfer können stattdessen auch um ihre Abberufung bitten, verlieren dann jedoch ihren Vergütungsanspruch.[14]

V. Vergütungsanspruch der Gründungsprüfer

10 **1. Überblick.** Gemäß Abs. 3 S. 1 haben die Gründungsprüfer für ihre Tätigkeit Anspruch auf Ersatz ihrer Auslagen sowie auf eine angemessene Vergütung. Die Höhe der Vergütung wird vom Gericht festgesetzt. Der Anspruch auf Vergütung und Auslagenersatz kann ausschließlich nach Abs. 3 geltend gemacht werden. Eine Klage der Gründungsprüfer gegen die Gesellschaft oder die Gründer auf Vergütung oder Auslagenersatz ist unzulässig.[15] Unwirksam sind auch Vergütungsvereinbarungen mit den Gründern, der Gesellschaft oder Dritten, nach denen den Gründungsprüfern eine außerhalb des Verfahrens nach Abs. 3 geltend zu machende Vergütung zustehen soll.[16]

11 **2. Verfahren.** Das Gericht wird nur auf Antrag tätig. Zuständig ist das Amtsgericht, in dessen Bezirk die Gesellschaft ihren Sitz hat (§ 375 Nr. 3 FamFG, § 377 FamFG iVm § 23a Abs. 2 Nr. 4 GVG). Antragsberechtigt sind die Gründungsprüfer sowie die Gesellschaft, diese vertreten durch den Vorstand.[17] Der Antrag kann bereits der Höhe nach bestimmt sein, muss dies aber nicht. Ein bezifferter Antrag bindet das Gericht nicht.[18] Das Gericht entscheidet über den Antrag im Verfahren der freiwilligen Gerichtsbarkeit nach Anhörung der Gegenseite nach pflichtgemäßem Ermessen. Gegen den Beschluss ist die Beschwerde zulässig (Abs. 3 S. 3, 1. Hs.), die Rechtsbeschwerde ist ausgeschlossen (Abs. 3 S. 3, 2. Hs.).

12 **3. Höhe der Vergütung.** Die Höhe der den Gründungsprüfern zu gewährenden Vergütung ist gesetzlich nicht geregelt. Das Gericht hat daher sowohl über die Höhe der Vergütung als auch über die Angemessenheit der geltend gemachten Auslagen nach seinem pflichtgemäßen Ermessen zu entscheiden. Maßgeblich sind dabei der Umfang und der Schwierigkeitsgrad der Prüfung.[19] Einen Anhaltspunkt für die Höhe der Vergütung bieten dabei die Gebührenordnungen, die für verschiedene Berufsstände erlassen sind (zB § 55 WPO für die Wirtschaftsprüfer), und zwar auch dann wenn der Gründungsprüfer nicht der entsprechenden Berufsgruppe angehört.[20] Schuldner der Vergütung ist die Gesellschaft, bis zu deren Eintragung als Aktiengesellschaft in das Handelsregister die Vor-AG.[21]

§ 36 Anmeldung der Gesellschaft

(1) Die Gesellschaft ist bei dem Gericht von allen Gründern und Mitgliedern des Vorstands und des Aufsichtsrats zur Eintragung in das Handelsregister anzumelden.

(2) Die Anmeldung darf erst erfolgen, wenn auf jede Aktie, soweit nicht Sacheinlagen vereinbart sind, der eingeforderte Betrag ordnungsgemäß eingezahlt worden ist (§ 54 Abs. 3) und, soweit er nicht bereits zur Bezahlung der bei der Gründung angefallenen Steuern und Gebühren verwandt wurde, endgültig zur freien Verfügung des Vorstands steht.

---

[13] Großkomm AktG/*Röhricht/Schall* Rn. 12; Kölner Komm AktG/*Arnold* Rn. 12; MüKoAktG/*Pentz* Rn. 19; Hüffer/Koch/*Koch* Rn. 5; früher streitig. Die gegenteilige Ansicht wird heute aber nicht mehr vertreten.
[14] Großkomm AktG/*Röhricht/Schall* Rn. 13; Kölner Komm AktG/*Arnold* Rn. 13; MüKoAktG/*Pentz* Rn. 20; Hüffer/Koch/*Koch* Rn. 5.
[15] Großkomm AktG/*Röhricht/Schall* Rn. 21; Kölner Komm AktG/*Arnold* Rn. 20.
[16] Großkomm AktG/*Röhricht/Schall* Rn. 21; Kölner Komm AktG/*Arnold* Rn. 19; MüKoAktG/*Pentz* Rn. 26; K. Schmidt/Lutter/*Bayer* Rn. 9; Bürgers/Körber/*Lohse* Rn. 4.
[17] Großkomm AktG/*Röhricht/Schall* Rn. 17; Kölner Komm AktG/*Arnold* Rn. 21.
[18] Großkomm AktG/*Röhricht/Schall* Rn. 17; MüKoAktG/*Pentz* Rn. 27.
[19] Großkomm/*Röhricht/Schall* Rn. 15.
[20] Großkomm/*Röhricht/Schall* Rn. 15.
[21] Großkomm/*Röhricht/Schall* Rn. 19; Kölner Komm AktG/*Kraft* Rn. 16.

Anmeldung der Gesellschaft   1   § 36

Schrifttum: *Ammon*, Die Anmeldung zum Handelsregister, DStR 1993, 1025; *Auer*, Die antizipierte Anmeldung bei der GmbH, DNotZ 2000, 498; *Bachmann*, Die Einmann-AG, NZG 2001, 961; *Bayer/Lieder*, Kapitalaufbringung im Cash-Pool, GmbHR 2006, 449; *C. Becker*, Aktienrechtliches und handelsrechtliches Agio, NZG 2003, 510; *Cahn*, Kapitalaufbringung im Cash-Pool, ZHR 166 (2002) 278; *Gehrlein*, Kein Sonderrecht für Cash-Pool-Zahlungssysteme bei Begleichung der GmbH-Stammeinlage, MDR 2006, 789; *Gottwald*, Staatliche Genehmigungserfordernisse bei GmbH-Gründungen, MittBayNot 2001, 164; *Hermanns*, Gestaltungsmöglichkeiten bei der Kapitalerhöhung mit Agio, ZIP 2003, 788; *Hommelhoff/Kleindiek*, Schuldrechtliche Verwendungspflichten und „freie Verfügung" bei der Barkapitalerhöhung, ZIP 1987, 477; *Hüffer*, Wertmäßige statt gegenständliche Unversehrtheit von Bareinlagen im Aktienrecht, ZIP 1990, 474; *Ihrig*, Die endgültige freie Verfügung über die Einlage von Kapitalgesellschaftern, 1991; *Keilbach*, Die Prüfungsaufgaben des Registergerichte, MittRhNotK 2000, 365; *Koppensteiner*, Agio und Kapitalaufbringung, Der Gesellschafter 2015, 6; *Krafka*, Registerrechtliche Neuerungen durch das FamFG; NZG 2009, 650; *Krebs/Wagner*, Der Leistungszeitpunkt von Sacheinlagen nach § 36a Abs. 2 AktG, AG 1998, 467; *Leitzen*, Öffentlich-rechtliche Genehmigungen in GmbH-Registerverfahren nach dem MoMiG, GmbHR 2009, 480; *Lutter*, Das überholte Thesaurierungsgebot bei Eintragung einer Kapitalgesellschaft im Handelsregister, NJW 1989, 2649; *D. Mayer*, Der Leistungszeitpunkt bei Sacheinlageleistungen im Aktienrecht, ZHR 154 (1990), 535; *Morsch*, Probleme der Kapitalaufbringung und der Kapitalerhaltung im Cash-Pool, NZG 2003, 97; *W. Müller*, Die Leistung der Bareinlage bei der Aktiengesellschaft „zur freien Verfügung des Vorstands", FS Beusch, 1993, 631; *Priester*, Wertgleiche Deckung statt Bardepot?, ZIP 1994, 599; *Priester*, Schuldrechtliche Zusatzleistung bei Kapitalerhöhung im Aktienrecht, FS Röhricht, 2005, 467; *Richter*, Die Verpflichtung des Inferenten zur Übertragung eines Vermögensgegenstandes als Gegenstand der Sacheinlage. Zur Auslegung von § 36a Abs. 2 S. 2 AktG, ZGR 2009, 721; *G. H. Roth*, Die freie Verfügung über die Einlage, FS Semler, 1993, 299; *Schaub*, Stellvertretung bei Handelsregisteranmeldungen, MittBayNot 1999, 539; *K. Schmidt*, Barkapitalaufbringung und „freie Verfügung" bei der Aktiengesellschaft und der GmbH, AG 1986, 106; *Schorling/Vogel*, Schuldrechtliche Finanzierungsvereinbarungen neben Kapitalerhöhungsbeschluß und Zeichnung, AG 2003, 86; *Terbrack*, Die Eintragung einer Aktiengesellschaft im Handelsregister, RPfleger 2003, 225; *Terbrack*, Die Anmeldung einer Aktiengesellschaft zum Handelsregister, RPfleger 2005, 237; *Weigl*, Behördliche Genehmigungen bei der GmbH-Gründung, DNotZ 2011, 169.

Übersicht

	Rn.		Rn.
I. Allgemeines, Normzweck	1	a) Allgemeines	19
II. Verpflichtung zur Anmeldung	2, 3	b) Einzelfälle	20, 21
1. Öffentlich-rechtlich	2	4. Endgültigkeit der freien Verfügung	22
2. Privatrechtlich	3	5. Maßgeblicher Zeitpunkt, Verfügungen des Vorstandes nach Anmeldung	23
III. Form der Anmeldung	4–7	6. Verwendung für Steuern und Gebühren	24
1. Handelsregisteranmeldung	4, 5	**VII. Besonderheiten der Ein-Mann-Gründung**	25, 26
2. Beglaubigung durch ausländische Notare	6	1. Allgemeines	25
3. Beglaubigung durch Konsularbeamte	7	2. Rückgabe nach alter Rechtslage gestellter Sicherheiten	26
IV. Anmeldepflichtiger Personenkreis	8–12	**VIII. Wirksamwerden, Änderung und Rücknahme der Anmeldung**	27–31
1. Allgemeines	9	1. Allgemeines	27
2. Gründer	10	2. Wirksamwerden	28
3. Vorstandsmitglieder	11	3. Rücknahme	29
4. Aufsichtsratsmitglieder	12	4. Änderungen	30
V. Stellvertretung	13, 14	5. Änderungen der Satzung vor Eintragung	31
1. Gesetzliche Vertretung	13	**IX. Folgen fehlerhafter Anmeldung**	32, 33
2. Rechtsgeschäftliche Vertretung	14	1. Ablehnung der Eintragung	32
VI. Zeitpunkt der Anmeldung bei Bareinlagen	15–24	2. Haftung	33
1. Einforderung der Bareinlage	16	**X. Kosten der Anmeldung**	34
2. Ordnungsgemäße Einzahlung	17		
3. Freie Verfügung des Vorstandes	18–21		

I. Allgemeines, Normzweck

§ 36 bestimmt, dass die Gesellschaft nur auf Anmeldung und nicht von Amts wegen in das 1 Handelsregister eingetragen wird. Die Vorschrift regelt ferner den Kreis der anmeldepflichtigen Personen und zur Sicherung der Kapitalaufbringung den frühest möglichen Zeitpunkt der Anmeldung. Mit der Anmeldung wird das zur Entstehung der AG als juristische Person (vgl. § 41) führende Verfahren eingeleitet. Die Anmeldung bringt die Tatsache der Gründung zur Kenntnis des Handelsregisters und informiert dieses zugleich zusammenfassend über die einzutragenden Tatsachen. Die

Anmeldung ist kein Rechtsgeschäft, sondern **empfangsbedürftige Verfahrenshandlung** und zugleich **Eintragungsgrundlage**.[1] Einzelne Vorschriften über Willenserklärungen sind jedoch entsprechend anzuwenden, → Rn. 27 ff. zum Wirksamwerden und zur Rücknahme der Anmeldung. Zum **Inhalt** der Anmeldung vgl. § 37, zur **Zuständigkeit** des Gerichts vgl. § 38.

II. Verpflichtung zur Anmeldung

2 **1. Öffentlich-rechtlich.** Eine öffentlich-rechtliche Verpflichtung zur Handelsregisteranmeldung besteht nicht.[2] Die Anmeldung kann vom Handelsregister gemäß § 407 Abs. 2 S. 1 nicht durch Zwangsgeldfestsetzung nach § 14 HGB, §§ 388 ff. FamFG erzwungen werden. Vielmehr können die Gründer – auch ohne Einverständnis von Vorstand und Aufsichtsrat – nach Errichtung des Gründungsprotokolls den Gründungsakt durch Nichtanmeldung zum Handelsregister einvernehmlich beenden und – soweit erforderlich – die Vor-AG abwickeln[3] oder in anderer Form, zB als Gesellschaft bürgerlichen Rechts fortführen.

3 **2. Privatrechtlich.** Privatrechtlich sind bei der Mehrmanngründung die Gründer, sofern kein berechtigter Weigerungsgrund vorliegt, aus dem Gesellschaftsvertrag untereinander sowie gegenüber der Gesellschaft zur Mitwirkung bei der Anmeldung verpflichtet. Bei der Einmanngründung besteht eine solche Verpflichtung nicht.[4] **Vorstands- und Aufsichtsratsmitglieder** sind aufgrund ihrer Organstellung und aufgrund des der Bestellung zugrunde liegenden Rechtsverhältnisses ebenfalls zur Mitwirkung verpflichtet. Unter den Gründern kann die Mitwirkung durch die Vorgesellschaft, vertreten durch den Vorstand, oder einzelne oder alle Gründer im **Klagewege** erzwungen werden.[5] Nach zutreffender Auffassung gilt dies auch für die Durchsetzung gegen Vorstand und Aufsichtsrat,[6] wobei gegenüber dem Vorstand nach § 112 der Aufsichtsrat, gegenüber dem Aufsichtsrat nach § 78 Abs. 1 der Vorstand für die Gesellschaft auftritt. Die Vollstreckung erfolgt wegen der strafrechtlichen Verantwortlichkeit und der Höchstpersönlichkeit der Anmeldung nicht gemäß § 894 ZPO, sondern gemäß § 888 ZPO.[7] Alternativ können bei ungerechtfertigter Verweigerung der Mitwirkung Schadensersatzansprüche gegen die Betreffenden geltend gemacht werden, Aufsichtsrats- oder Vorstandsmitglieder können nach allgemeinen Grundsätzen abgewählt bzw. abberufen werden.

III. Form der Anmeldung

4 **1. Handelsregisteranmeldung.** Gem. § 12 Abs. 1 HGB ist die Anmeldung selbst elektronisch in öffentlich beglaubigter Form einzureichen. Zur öffentlichen Beglaubigung vgl. § 129 Abs. 1 BGB, § 40 BeurkG, zur Beglaubigung im Inland durch andere Personen als durch Notare vgl. die aufgrund § 63 BeurkG ergangenen Ländervorschriften.[8]

5 Die Anmeldepflichtigen müssen die Anmeldung nicht gleichzeitig unterzeichnen. Ferner müssen nicht alle Anmeldepflichtigen dasselbe Anmeldeexemplar unterzeichnen. Die Unterzeichnung von körperlich getrennten, inhaltlich identischen Exemplaren ist ausreichend. Notarielle Beurkundung der Anmeldung zB durch Aufnahme in das Gründungsprotokoll ersetzt nach § 129 Abs. 2 BGB als strengere Form die öffentliche Beglaubigung, ebenso ein gerichtlicher Vergleich, vgl. § 127a BGB.

6 **2. Beglaubigung durch ausländische Notare.** Unabhängig von der Frage, ob die Gründungsurkunde gemäß § 23 von einem ausländischen Notar errichtet werden kann, → § 23 Rn. 9 ff., kann jedenfalls die Beglaubigung der Unterschriften im Rahmen der Handelsregisteranmeldung auch durch einen ausländischen Notar erfolgen. Im Einzelfall kann eine Legalisation bzw. die Erteilung einer Apostille erforderlich werden. Auch die nach § 37 Abs. 2 S. 2 erforderliche Belehrung kann nunmehr durch einen ausländischen Notar erfolgen.[9]

---

[1] HM vgl. BayObLGZ 1985, 82 (83, 87); Grigoleit/*Vedder* Rn. 1; Hüffer/Koch/*Koch* Rn. 2 mwN; *Krafka/Kühn* RegisterR Rn. 75; MüKoAktG/*Pentz* Rn. 6; NK-AktR/*Terbrack* Rn. 3; Hölters/*Solveen* Rn. 4.

[2] Kölner Komm AktG/*Arnold* Rn. 8; Hüffer/Koch/*Koch* Rn. 5; Bürgers/Körber/*Lohse* Rn. 3; MüKoAktG/*Pentz* Rn. 12.

[3] Kölner Komm AktG/*Arnold* Rn. 8; K. Schmidt/Lutter/*Kleindiek* Rn. 8; MüKoAktG/*Pentz* Rn. 12.

[4] MüKoAktG/*Pentz* Rn. 14; Hölters/*Solveen* Rn. 10.

[5] Kölner Komm AktG/*Arnold* Rn. 10; Hüffer/Koch/*Koch* Rn. 5.

[6] Kölner Komm AktG/*Arnold* Rn. 10; Hüffer/Koch/*Koch* Rn. 5; MüKoAktG/*Pentz* Rn. 17; Großkomm AktG/*Schall* Rn. 13; NK-AktR/*Terbrack* Rn. 11.

[7] Grigoleit/*Vedder* Rn. 4; Hüffer/Koch/*Koch* Rn. 5; MüKoAktG/*Pentz* Rn. 18; Großkomm AktG/*Schall* Rn. 13; NK-AktR/*Terbrack* Rn. 13.

[8] Aufstellung bei *Winkler* BeurkG § 63 Rn. 1.

[9] Hölters/*Solveen* § 37 Rn. 12; aA vor Neufassung des § 37 Abs. 2 die 1. Aufl. und LG Ulm MittBayNot 1988, 128.

3. Beglaubigung durch Konsularbeamte. Öffentliche Beglaubigungen können gemäß § 10 **7**
Abs. 1 Nr. 2 KonsG auch durch Konsularbeamte erfolgen, ebenso die nach § 37 Abs. 2 S. 2 erforderliche Belehrung.[10]

IV. Anmeldepflichtiger Personenkreis

Die Handelsregisteranmeldung muss nach § 36 Abs. 1 von allen Gründern, allen Mitgliedern des **8**
Vorstands und allen Mitgliedern des Aufsichtsrats vorgenommen werden.

1. Allgemeines. Sämtliche Gründer und Verwaltungsmitglieder werden durch die Anmelde- **9**
pflicht nach § 36 Abs. 1 in die zivil- und strafrechtliche Verantwortlichkeit (vgl. §§ 46, 48, 399) einbezogen. Wegen der persönlichen Haftung handeln die Anmelder zum einen im eigenen Namen,[11] zum anderen im Namen der Vor-AG.[12] Dies hat insbesondere auch Auswirkung auf die Beschwerdeberechtigung bei Ablehnung der Eintragung, → § 38 Rn. 15.

2. Gründer. Anmeldepflichtig sind sämtliche Gründer iSv § 28. Scheiden vor der Eintragung **10**
zunächst an der Gründung Beteiligte aus, so müssen diese nicht mehr mitwirken. Treten umgekehrt vor Eintragung im Wege des Nachtrags zur Gründungsurkunde weitere Personen der Gesellschaft bei, so müssen diese die Gesellschaft ebenfalls anmelden. Stirbt ein Gründer nach[13] Errichtung der Gründungsurkunde, aber vor Handelsregisteranmeldung, so haben alle Erben mitzuwirken. Wird der Gründer vor Handelsregisteranmeldung geschäftsunfähig, handelt es sich um eine Frage der gesetzlichen Vertretung, hierzu → Rn. 13. Tod oder nachträgliche Geschäftsunfähigkeit nach Absendung der Handelsregisteranmeldung an das Handelsregister berühren dagegen analog § 130 Abs. 2 BGB die Wirksamkeit der Anmeldung nicht mehr.[14]

3. Vorstandsmitglieder. Anmeldepflichtig sind ferner alle Vorstandsmitglieder, auch Stellvertre- **11**
tende (§ 94).[15] Entscheidend ist dabei die laut Satzung (§ 23 Abs. 3 Nr. 6) oder Gesetz (§ 76 Abs. 2 S. 2) vorgeschriebene Soll-Zahl der Vorstandsmitglieder, nicht die Zahl der tatsächlich vom Aufsichtsrat bestellten Mitglieder. Ein Arbeitsdirektor muss nicht mitwirken, da ein solcher als Mitglied des ersten Vorstandes nicht bestellt werden muss.[16] Vorstandsmitglieder, die bereits vor der Handelsregisteranmeldung wieder ausgeschieden sind, sind nicht anmeldepflichtig; ebenso wenig Vorstandsmitglieder, die nach Eingang der Anmeldung beim Handelsregister, aber vor Eintragung in das Handelsregister bestellt werden, sofern die erforderliche Zahl der Vorstandsmitglieder auch ohne sie erreicht wird.

4. Aufsichtsratsmitglieder. Bei den mitwirkungspflichtigen Aufsichtsratsmitgliedern ist eben- **12**
falls die Soll-Stärke des Aufsichtsrates (§ 95), nicht eine ggf. tatsächlich bestellte niedrigere Zahl maßgeblich. Im Rahmen von § 31, also bei Sachgründung durch Einbringung eines Unternehmens oder Unternehmensteiles, ist ausnahmsweise die – unter Beachtung von § 31 Abs. 1 – allein von den Gründern zu bestellende Zahl entscheidend.[17] Aufsichtsratsmitglieder, die bereits vor der Unterzeichnung der Handelsregisteranmeldung wieder ausgeschieden sind, sind nicht anmeldepflichtig; ebenso wenig Aufsichtsratsmitglieder, die nach Eingang der Anmeldung beim Handelsregister, aber vor Eintragung in das Handelsregister gewählt werden, sofern die erforderliche Zahl der Aufsichtsratsmitglieder auch ohne sie erreicht wird. Bereits gewählte, jedoch noch nicht nachgerückte Ersatzmitglieder (§ 101 Abs. 3) sind ebenfalls nicht anmeldepflichtig.[18]

V. Stellvertretung

1. Gesetzliche Vertretung. Sofern zu den Gründern Gesellschaften, Vereinigungen, Gemein- **13**
schaften uÄ gehören, handeln deren vertretungsberechtigte Organe bzw. gesetzliche Vertreter in

---

[10] Hölters/*Solveen* § 37 Rn. 12; aA vor Neufassung des § 37 Abs. 2 die 1. Aufl. mwN.
[11] So zutr. die frühere hM; aA jedoch BGHZ 117, 323 (327 ff.) = NJW 1992, 1824; Hüffer/Koch/*Koch* Rn. 3; MüKoAktG/*Pentz* Rn. 29; Hölters/*Solveen* Rn. 6.
[12] So auch BGHZ 117, 323 (327 ff.) = NJW 1992, 1824; BayObLG NZG 1998, 71; Hüffer/Koch/*Koch* Rn. 3; MüKoAktG/*Pentz* Rn. 29.
[13] Zur Frage der Gründerfähigkeit der Erbengemeinschaft → § 2 Rn. 12.
[14] Hüffer/Koch/*Koch* Rn. 2; K. Schmidt/Lutter/*Kleindiek* Rn. 11; MüKoAktG/*Pentz* Rn. 34; Großkomm AktG/*Schall* Rn. 41; Hölters/*Solveen* Rn. 7.
[15] Hüffer/Koch/*Koch* Rn. 3a; Bürgers/Körber/*Lohse* Rn. 2; MüKoAktG/*Pentz* Rn. 9; NK-AktR/*Terbrack* Rn. 14.
[16] AG Bremen AG 1979, 207; Hüffer/Koch/*Koch* § 30 Rn. 12.
[17] Hüffer/Koch/*Koch* Rn. 3a; MüKoAktG/*Pentz* Rn. 9; Großkomm AktG/*Schall* Rn. 11; NK-AktR/*Terbrack* Rn. 15.
[18] Kölner Komm AktG/*Arnold* Rn. 7; MüKoAktG/*Pentz* Rn. 9; Großkomm AktG/*Schall* Rn. 10; Hölters/*Solveen* Rn. 8.

vertretungsberechtigter Zahl bei der Handelsregisteranmeldung. Das Gleiche gilt für nicht oder nur beschränkt Geschäftsfähige. Zur Gründerfähigkeit → § 2 Rn. 7 ff., zum Nachweis der Vertretungsbefugnis im Rahmen der Gründungsurkunde → § 23 Rn. 13. Wechseln die Vertretungsberechtigten nach der Handelsregisteranmeldung, so hat dies auf die Wirksamkeit der Anmeldung keinen Einfluss. Maßgeblich ist insoweit der Zeitpunkt der Absendung der Anmeldung an das Handelsregister.[19]

14   **2. Rechtsgeschäftliche Vertretung.** Eine rechtsgeschäftliche Stellvertretung bei der Handelsregisteranmeldung ist nach nunmehr absolut hM trotz § 12 Abs. 1 S. 2 HGB wegen der zivil- und strafrechtlichen Verantwortlichkeit der Beteiligten ausgeschlossen. Sämtliche Anmelder müssen persönlich unterzeichnen.[20]

VI. Zeitpunkt der Anmeldung bei Bareinlagen

15   Bei Bareinlagen setzt § 36 Abs. 2 S. 1 den frühestmöglichen Zeitpunkt der Handelsregisteranmeldung fest. Gem. § 37 Abs. 1 S. 1 haben die Anmeldenden die Voraussetzungen in der Anmeldung zu bestätigen, zum Inhalt der geforderten Erklärungen → § 37 Rn. 3. Zur Leistung der **Sacheinlagen** und den Besonderheiten bei **gemischten Einlagen** → § 36a Rn. 8 ff. und → Rn. 13 ff.

16   **1. Einforderung der Bareinlage.** § 36 Abs. 2 S. 1 setzt zunächst voraus, dass der vom Gründer erbrachte Betrag eingefordert worden ist. Die Mindesthöhe des einzufordernden Betrages regelt § 36a. Demnach muss bei Bareinlagen der für jede Aktie eingeforderte Betrag mindestens ein Viertel des geringsten Ausgabebetrages und das gesamte Agio umfassen. Hierzu und zur Zuständigkeit für die Einforderung im Einzelnen s. §§ 36a, 63 und die Erläuterungen dort. Erbringt ein Gründer eine **freiwillige Mehrleistung** über den eingeforderten Betrag hinaus, so ist damit jedenfalls der eingeforderte Betrag erbracht, zur Frage der schuldbefreienden Wirkung solcher Mehrleistungen → § 36a Rn. 7.

17   **2. Ordnungsgemäße Einzahlung.** Der eingeforderte Betrag muss ordnungsgemäß eingezahlt sein. Nach § 54 Abs. 3 kann die Einzahlung nur in gesetzlichen Zahlungsmitteln oder durch Kontogutschrift auf ein Gesellschaftskonto oder Konto des Vorstandes erfolgen, vgl. hierzu die Anmerkungen zu § 54.

18   **3. Freie Verfügung des Vorstandes.** Die eingezahlten Beträge müssen ferner zur freien Verfügung des Vorstands stehen.

19   **a) Allgemeines.** Freie Verfügbarkeit liegt vor, wenn die Einlage aus dem Herrschaftsbereich des Einlegers ausgesondert und dem Vorstand so übergeben wurde, dass er nach eigenem Ermessen unter Berücksichtigung seiner Verantwortung für die Gesellschaft (§§ 76, 93 Abs. 1) darüber verfügen kann.[21] Bei Bareinlagen setzt dies voraus, dass der Vorstand über den Einlagebetrag ohne Einschränkung disponieren kann und weder rechtlich noch tatsächlich an einer Verwendung gehindert ist.[22]

20   **b) Einzelfälle.** Die freie Verfügbarkeit ist demgemäß **nicht** gegeben,
– in den Fällen der verdeckten Sacheinlage nach § 27 Abs. 3, → § 27 Rn. 103 ff.,
– wenn die Einzahlung nur **zum Schein** erfolgt ist,[23]
– wenn die **Rückzahlung** des zunächst eingezahlten Betrags vereinbart wird („Hin- und Herzahlen") – auch über Dritte oder als Darlehen, auch an verbundene Unternehmen,[24] oder unter „Treuhandabrede",[25] und dieser Sachverhalt nicht unter § 27 Abs. 4 S. 1 fällt und zusätzlich nach § 27 Abs. 4 S. 2 offengelegt wurde, → § 27 Rn. 213 ff. und → § 37 Rn. 10, → Rn. 21 zum Cash-Pool,

---

[19] *Krafka/Kühn* RegisterR Rn. 79.
[20] Ganz hM: BayObLGZ 1986, 203 (205) = NJW 1987, 136; Kölner Komm AktG/*Arnold* Rn. 11; BeckFormB/*Pfisterer* B. I. 11 Anm. 3; Hüffer/Koch/*Koch* Rn. 4; MüKoAktG/*Pentz* Rn. 26; Großkomm AktG/*Schall* Rn. 20; *Schaub* MittBayNot 1999, 539 (542); Hölters/*Solveen* Rn. 9; Grigoleit/*Vedder* Rn. 6.
[21] OLG Frankfurt AG 1991, 402 (403) rSp; Hüffer/Koch/*Koch* Rn. 7; Bürgers/Körber/*Lohse* Rn. 6; Kölner Komm AktG/*Lutter* § 54 Rn. 46; MüKoAktG/*Pentz* Rn. 48; Großkomm AktG/*Schall* Rn. 139; Hölters/*Solveen* Rn. 15; Grigoleit/*Vedder* Rn. 10; Wachter/*Wachter* Rn. 16.
[22] RGZ 144, 348 (355); Hüffer/Koch/*Koch* Rn. 7; MüKoAktG/*Pentz* Rn. 48; *K. Schmidt* AG 1986, 106 (109); Hölters/*Solveen* Rn. 15.
[23] RGZ 157, 213 (225); BGHZ 122, 180 (184 f.) = NJW 1993, 1983; OLG Frankfurt AG 1991, 402 (403 f.); MüKoAktG/*Pentz* Rn. 55; Hölters/*Solveen* Rn. 16; NK-AktR/*Terbrack* Rn. 24; Wachter/*Wachter* Rn. 16.
[24] Zur Konstellation, dass bei der GmbH & Co. KG, die Komplementär-GmbH der KG das Stammkapital als Darlehen zur Verfügung stellt vgl. BGH NZG 2008, 143.
[25] BGHZ 122, 180 (184 f.) = NJW 1993, 1983; NJW 2003, 825 = NZG 2003, 168; NJW 2006, 509 = NZG 2006, 24; NJW 2006, 906 = NZG 2006, 227; NJW 2007, 765 (767) = NZG 2007, 144 (145); MüKoAktG/*Pentz* Rn. 58 ff.

Anmeldung der Gesellschaft 21 § 36

- wenn die Einlage aus dem Vermögen der Gesellschaft stammt, die Gesellschaft zB dem einzahlenden Gründer für die Einlage ein **Darlehen** gewährt hat („Her- und Hinzahlen", → § 27 Rn. 229, dort auch zur entsprechenden Anwendung von § 27 Abs. 4) oder sich für ein entsprechendes Darlehen verbürgt,[26]
- wenn bezüglich des Guthabens auf dem Einzahlungskonto **Gegenforderungen** bestehen,[27]
- wenn auf ein **gesperrtes** oder bereits **gepfändetes** Konto einbezahlt wird.[28]

Problematisch sind folgende Fälle: 21
- Erfolgt die Einzahlung bereits vor Errichtung der notariellen Gründungsurkunde liegt eine **Voreinzahlung an die Vorgründungsgesellschaft** und damit an den falschen Empfänger vor, zum Verhältnis zwischen Vorgründungsgesellschaft und Vor-AG → § 41 Rn. 18 ff. Andererseits verlangt § 23 Abs. 2 Nr. 3 ausdrücklich, dass in der Gründungsurkunde der bereits eingezahlte Betrag des Grundkapitals angegeben wird, geht also offensichtlich davon aus, dass Voreinzahlungen zulässig sind. Eine Erfüllung der Bareinlageverpflichtung (und keine Sachgründung) liegt jedenfalls dann vor, wenn die Vorauszahlung mit einer klaren Zweckbestimmung getroffen wurde, die Übertragung der Mittel auf die Vor-AG im Gesellschaftsvertrag vorgesehen wurde und der Einlagebetrag zur Zeit der Übernahme durch die Vorgesellschaft noch unangetastet abgrenzbar vorhanden ist.[29]
- Die Leistung der Einlage auf ein **debitorisches** Konto verstößt nur dann gegen das Gebot der freien Verfügbarkeit, wenn die Kreditlinie überschritten und der Kontokorrentkredit fällig ist, so dass die Bank die erfolgte Einzahlung mit dem Schuldsaldo verrechnen kann.[30] Das Gebot der freien Verfügbarkeit ist hingegen nicht verletzt, wenn der Vorstand im Rahmen einer gewährten Kreditlinie über den eingezahlten Betrag verfügen kann.[31]
- Ob und unter welchen Voraussetzungen die Zahlung auf ein **Treuhandkonto,** insbesondere ein Notaranderkonto das Erfordernis der freien Verfügbarkeit erfüllt, ist danach zu unterscheiden, ob der Vorstand nach der Hinterlegungsanweisung gegenüber dem Notar alleine und einseitig Auszahlungsanweisungen treffen kann.[32] Diese Voraussetzung muss dabei im Zeitpunkt der Einreichung der Anmeldung beim Handelsregister und nicht erst nach Eintragung der Gesellschaft gegeben sein.
- Bei **schuldrechtlichen Verwendungsbindungen** dergestalt, dass die Einlagen für bestimmte Zwecke verwendet werden sollen, hängt die Beantwortung der Frage der freien Verfügbarkeit jeweils vom Einzelfall ab.[33] Solche Verwendungsabreden sind jedenfalls dann schädlich, wenn sie auf den Erwerb von Vermögensgegenständen vom betreffenden Einleger abzielen und damit letztlich verdeckte Sacheinlagen vorliegen. Sie sind jedenfalls dann unschädlich, wenn es sich um reine Absichtserklärungen zB in Form von unverbindlichen Planungsabsichten handelt und der Vorstand ohne weiteres eine andere Verwendung beschließen kann.
- Probleme mit der „freien Verfügbarkeit" können sich auch ergeben, wenn die neu gegründete Gesellschaft Teilnehmerin eines sog. **Konzern-Cash-Pools** ist. Bei diesem werden die einzelnen Bankguthaben bzw. Bankverbindlichkeiten verschiedener Konzerngesellschaften miteinander verrechnet. Zu unterscheiden ist dabei im Wesentlichen zwischen dem sog. physischen Cash-Pooling und dem sog. virtuellen Cash-Pooling. Bei Letzterem bleiben die einzelnen Bankkonten bestehen und werden lediglich fiktiv von der kontoführenden Bank verrechnet, um auf der Grundlage dieses fiktiven Saldos einheitlich die Soll- bzw. Habenzinsen zu berechnen. Das virtuelle Cash-Pooling ist unter dem Gesichtspunkt der Kapitalaufbringung unbedenklich, da den einzelnen Gesellschaften die Mittel tatsächlich nicht entzogen werden. Beim physischen Cash-Pooling dagegen wird bei der Konzernobergesellschaft oder einer ausgewählten Konzerngesellschaft ein Zentralkonto gebildet. Die Haben-Salden der einzelnen Konten der übrigen Gesellschaften werden

---

[26] RGZ 47, 180 (185 f.); BGHZ 28, 77 (78) = NJW 1958, 1351; BGH NZG 2006, 716; OLG Frankfurt AG 1991, 402 (404); Hüffer/Koch/*Koch* Rn. 8; MüKoAktG/*Pentz* Rn. 57.
[27] BGH NJW 1991, 226 f.; OLG Stuttgart AG 1995, 516 (517).
[28] BGH WM 1962, 644; OLG Hamburg AG 1980, 275 (277); K. Schmidt/Lutter/*Kleindiek* Rn. 22; MüKoAktG/*Pentz* Rn. 69; Wachter/*Wachter* Rn. 17.
[29] OLG Frankfurt NZG 2005, 556; MüKoAktG/*Pentz* Rn. 71.
[30] BGHZ 119, 177 = NJW 1992, 3300; *Hommelhoff/Kleindiek* ZIP 1987, 477 (491); Hüffer/Koch/*Koch* Rn. 8; MüKoAktG/*Pentz* Rn. 68; Hölters/*Solveen* Rn. 16.
[31] BGH NJW 1990, 226 f.; BGH DStR 1996, 1416 (1417); DStR 2002, 1538 (1539); K. Schmidt AG 1986, 106 (110).
[32] Vgl. hierzu Kölner Komm AktG/*Lutter* § 54 Rn. 46; MüKoAktG/*Pentz* Rn. 50; Hüffer/Koch/*Koch* Rn. 7 je mwN; Hölters/*Solveen* Rn. 16; NK-AktG/*Terbrack* Rn. 27.
[33] Hierzu BGH NJW 1991, 226 f.; OLG Köln NZG 2001, 615 f.; *Ihrig*, Die endgültige freie Verfügung über die Einlage von Kapitalgesellschaftern, 1991, 183 ff. (191 ff.); Großkomm AktG/*Schall* Rn. 176 ff.; Hüffer/Koch/ *Koch* Rn. 9 mit einem Überblick zu diesem Fragenkreis und wN.

Döbereiner

auf dieses Konto transferiert. Soll-Salden werden über dieses Zentralkonto ausgeglichen, so dass die Konten der beteiligten Gesellschaften auf null gestellt werden. Erfolgt im Rahmen der Gründung einer neuen Konzerngesellschaft, die von Anfang an am Cash-Pooling beteiligt sein soll, die Erbringung der Einlagen im Rahmen eines physischen Cash-Poolings, so fließt der Betrag unmittelbar an den Cash-Pool zurück und stand damit nie endgültig zur freien Verfügung des Vorstandes. Im Einzelfall wird häufig zusätzlich eine verdeckte Sachgründung vorliegen, wenn letztlich lediglich eine Verrechnungsforderung eingebracht wurde.[34] Die Einzahlung auf ein Cash-Pool-Konto ist insbesondere auch dann eine verdeckte Sacheinlage, wenn der Saldo des Zentralkonto des Cash-Pools im Zeitpunkt der Weiterleitung zulasten der Gesellschaft negativ ist. Andernfalls liegt ein Hin- und Herzahlen vor, das den Inferenten von seiner Einlageverpflichtung befreit, wenn die besonderen Voraussetzungen des § 27 Abs. 4, der gerade die Cash-Pool Fälle erfassen sollte, erfüllt sind, also eine die Einlagepflicht substituierende Vereinbarung getroffen wird, die auf ihrer Grundlage erbrachte Leistung durch einen vollwertigen, jederzeit fälligen oder durch fristlose Kündigung fällig werdenden Rückzahlungsanspruch gegen den Inferenten gedeckt ist und der Geschäftsführer diese Umstände bei der Anmeldung angibt.[35]

— Bei **Kaskadengründungen** (Staffelettengründung, Pyramidengründung) errichtet die neu gegründete AG sofort eine oder mehrere neue Tochterkapitalgesellschaften und verwendet das eingezahlte Grundkapital zur Einzahlung des Haftkapitals der Tochtergesellschaften. Die Tochtergesellschaft ihrerseits gründet ggf. mit dem eingezahlten Kapital wieder eine Enkelgesellschaft, usw. In der Praxis kommt dies vor allem bei der Aufstellung neuer Konzernstrukturen oder auch der Gründung von Vorratsgesellschaften vor. Nach einer Auffassung ist diese Form der Mehrfachgründung im Fall der zulässigen Mittelverwendung, da an den Gründer nichts zurückfließt und somit die Geldeinlage nicht durch eine gegenläufige Forderung oder Zahlung neutralisiert wird.[36] Damit liege jedenfalls keine verdeckte Sachgründung vor. Andererseits verbleibt der neugegründeten Gesellschaft, wie von Anfang an geplant, kein Bargeld, sondern lediglich eine Beteiligung an der Tochtergesellschaft, so dass man unter diesem Aspekt durchaus an eine verdeckte Sacheinlage denken könnte,[37] zumal eine solche nicht zwingend einen Mittelrückfluss an den Gründer voraussetzt, sondern auch bei Einschaltung Dritter, etwa abhängiger Unternehmen (§ 17) oder Konzernunternehmen (§ 18), vorliegen kann. Außerdem kann es sich um eine schädliche Verwendungsbindung im oben genannten Sinn handeln, wenn der Vorstand an einer anderen Mittelverwendung von vornherein gehindert ist. Rechtsprechung hierzu liegt jedenfalls bisher nicht vor. Bis zu einer höchstrichterlichen Klärung ist in der Praxis jedenfalls der sichere Weg, bei der Gründung über das Grundkapital hinaus die zur Gründung der Tochtergesellschaften erforderlichen Beträge in die freien Rücklagen einzuzahlen.

22 **4. Endgültigkeit der freien Verfügung.** § 36 Abs. 2 S. 1 bestimmt schließlich, dass die Bareinlage endgültig zur freien Verfügung stehen muss. Hiergegen würde zB eine Vereinbarung verstoßen, die den Vorstand zur Rückzahlung der Einlagen verpflichtet, die nicht bis zu einem bestimmten Zeitpunkt verbraucht wurden.

23 **5. Maßgeblicher Zeitpunkt, Verfügungen des Vorstandes nach Anmeldung.** Nach dem Einreichen der Anmeldung beim Handelsregister ist der Vorstand in der Verfügung über die ordnungsgemäß eingeforderten Bareinlagen frei.[38] Umstritten ist, ob der Vorstand angesichts der gem. § 37 Abs. 1 S. 1 abzugebenden Erklärung über die Einzahlung der Einlagen schon vor der Handelsregisteranmeldung über die Beträge verfügen darf. Teilweise wird vertreten, der Vorstand sei verpflichtet, die Einlagen auf einem Sonderkonto bis zur Handelsregisteranmeldung zu thesaurieren.[39] Nach der Gegenmeinung soll endgültiger und ordnungsmäßiger Mittelzufluss genügen, diese Auffassung bejaht ohne Einschränkungen die Verfügungsbefugnis des Vorstandes über die eingezahlten Einlagen auch schon vor Handelsregisteranmeldung, sofern die Beurkundung der Gründung bereits erfolgt ist.[40] Nach zutreffender herrschender, insbesondere auch vom BGH vertretener Auffassung dürfen die eingezahlten Einlagen bereits vor der Handelsregisteranmeldung vom Vorstand verwendet werden, wenn der Gesellschaft dafür ein entsprechender Wert zufließt und dieser

---

[34] BGH NJW 2006, 1736 = NZG 2006, 344; ausf. *Morsch* NZG 2003, 97.
[35] Vgl. zur GmbH nun BGH NZG 2009, 944.
[36] → § 27 Rn. 161; Grigoleit/*Vedder* Rn. 12; *Wälzholz/Bachner* NZG 2006, 361.
[37] Vgl. *Salzig* NotBZ 2005, 422.
[38] HM, vgl. Hüffer/Koch/*Koch* Rn. 11 aE mwN; aA *Schippel* FS Steindorff, 1990, 249 (252 f.).
[39] Kölner Komm AktG/*Kraft*, 2. Aufl. 1986, Rn. 11; ebenso zur GmbH: BayObLG NJW 1988, 1599; OLG Köln ZIP 1989, 238 (240).
[40] *Hommelhoff/Kleindiek* ZIP 1987, 477 (485); *Lutter* NJW 1989, 2649 (2652 f., 2655); *K. Schmidt* AG 1986, 106 (112, 115).

Wert im Zeitpunkt der Anmeldung noch vorliegt (**"Prinzip der wertgleichen Deckung"**).[41] An Gründer dürfen die eingezahlten Beträge allerdings nicht zurückfließen, da sonst in der Regel eine verdeckte Sachgründung oder Rückzahlung von Einlagen vorliegen wird. An diesem Prinzip ist für die Kapitalaufbringung bei Gründung einer AG festzuhalten, auch wenn es vom BGH für die Kapitalerhöhung einer GmbH inzwischen aufgegeben wurde.[42] Der BGH hat in seinem Urteil klargestellt, dass die Abkehr von der bisherigen Rspr. nur für Kapitalerhöhungsfälle, nicht jedoch für die Kapitalaufbringung bei Gesellschaftserrichtung gilt. Zur **Prüfung** der wertgleichen Deckung durch das Handelsregister → § 38 Rn. 4.

6. Verwendung für Steuern und Gebühren. Die Verwendung der einbezahlten Beträge für Steuern und Gebühren hindert die Handelsregisteranmeldung nicht. Hierunter fallen lediglich die anlässlich der Gründung erforderlichen und im Rahmen der Satzung nach § 26 Abs. 2 als Gründungskosten festgesetzten Beträge, wie insbesondere Notargebühren, Bekanntmachungskosten, Grundbuchkosten, Kosten für behördliche Genehmigungen oder auch die Vergütung des Gründungsprüfers nach § 35 Abs. 3.[43] Als Steuern kommen zB die Grunderwerbsteuer bei Einbringung von Grundbesitz oder die Umsatzsteuer, die zB im Rahmen der Notarkosten anfällt, in Betracht. Nicht hierunter fallen rein privatrechtliche Verbindlichkeiten wie zB Druckkosten für Aktienurkunden oder Rechtsberatungsgebühren.[44]

VII. Besonderheiten der Ein-Mann-Gründung

1. Allgemeines. Der frühere § 36 Abs. 2 S. 2, wonach bei der Ein-Mann-Gründung ohne volle Einforderung der Bareinlage der Gründer vor Handelsregistereintragung eine Sicherheit stellen musste, wurde durch das MoMiG im Jahre 2008 als in der Praxis verzichtbare und unnötige Komplizierung der Gründung aufgehoben. Bei der Ein-Mann-Gründung bestehen damit insofern keine Besonderheiten mehr.

2. Rückgabe nach alter Rechtslage gestellter Sicherheiten. Fraglich ist angesichts der Neuregelung jedoch, wie zu verfahren ist, wenn bei der Ein-Mann-Gründung vom Aktionär nach alter Rechtslage eine Sicherheit bestellt wurde, insbesondere regelt das MoMiG nicht, ob dem Sicherungsgeber aufgrund der Gesetzesänderung die Sicherheiten zurückzugeben sind. Nach der vor Inkrafttreten des MoMiG geltenden Rechtslage entstand nach Erfüllung der vollständigen Einlageverpflichtung oder späterem Wegfall der Einlageverpflichtung, zB durch Kapitalherabsetzung, ein Anspruch des Gründers auf Freigabe der Sicherheiten. Entsprechend ist nach Inkrafttreten der neuen Gesetzeslage der Sicherungszweck weggefallen, so dass zutreffenderweise davon auszugehen ist, dass der Sicherungsgeber die Sicherheiten nun ohne weiteres zurückverlangen kann.[45]

VIII. Wirksamwerden, Änderung und Rücknahme der Anmeldung

1. Allgemeines. Auch wenn es sich bei der Handelsregisteranmeldung um kein Rechtsgeschäft handelt, sind einzelne Vorschriften über Willenserklärungen entsprechend anzuwenden.[46] Die Handelsregisteranmeldung ist allerdings grundsätzlich bedingungsfeindlich, möglich sind lediglich Rechtsbedingungen und innerverfahrensmäßige Abhängigkeiten, sog. Registerbedingungen, wenn die Eintragung von einer anderen Eintragung in das Handelsregister abhängig gemacht wird. Möglich und zulässig sind auch interne Anweisungen an den Notar, die Anmeldung erst zu einem bestimmten Zeitpunkt beim Handelsregister einzureichen, Beispiel hierzu nachfolgend unter 2 (→ Rn. 28).

2. Wirksamwerden. Auch bei der Handelsregisteranmeldung kann zwischen **Abgabe** und **Zugang** unterschieden werden.[47] Erstere entspricht der Unterzeichnung der Anmeldung vor dem

---

[41] BGHZ 119, 177 (187 f.) = NJW 1992, 3300; BGH DStR 1996, 1416 (1417 liSp); Kölner Komm AktG/ *Arnold* Rn. 49 ff.; BeckFormB/*Pfisterer* B. I. 11 Anm. 5; *Hüffer* ZGR 1993, 474; *Ihrig,* Die endgültige freie Verfügung über die Einlage von Kapitalgesellschaftern, 1991, 90 ff. (93 ff., 109 ff.); *W. Müller* FS Beusch, 1993, 631 (639 f.); MüKoAktG/*Pentz* Rn. 79 ff.; *Priester* ZIP 1994, 599 (601 ff.); *Roth* FS Semler, 1993, 299 (302); Hölters/ *Solveen* Rn. 18; NK-AktR/*Terbrack* Rn. 33; aA Wachter/*Wachter* Rn. 25: Einlagen müssen auch wertgleich bei Anmeldung nicht mehr vorhanden sein.
[42] Vgl. BGHZ 150, 197 (198 f.) = NJW 2002, 1716.
[43] Kölner Komm AktG/*Arnold* Rn. 52; MüKoAktG/*Pentz* Rn. 77.
[44] Kölner Komm AktG/*Arnold* Rn. 52; MüKoAktG/*Pentz* Rn. 78; NK-AktR/*Terbrack* Rn. 32; Hölters/*Solveen* Rn. 17; Grigoleit/*Vedder* Rn. 13.
[45] Vgl. auch *Heckschen,* Das MoMiG in der notariellen Praxis, 2009, Rn. 52.
[46] AllgM s. nur Großkomm AktG/*Schall* Rn. 5, 41 mwN.
[47] Ausführlich *Auer* DNotZ 2000, 498.

Notar; Letztere dem Eingang beim Handelsregister.[48] Insofern ist unproblematisch, wenn die Handelregisteranmeldung – wie in der Praxis häufig – bereits unmittelbar nach Errichtung des Gründungsprotokolls im selben Notartermin unterzeichnet wird, obwohl zu diesem Zeitpunkt in der Regel die Einlagen noch nicht erbracht sind, die Anmelder dies in der Anmeldung jedoch bereits erklären. Maßgeblicher Zeitpunkt für die Verantwortlichkeit der Anmelder ist – wie aus der Rechtsnatur der Anmeldung als Verfahrenshandlung und der Adressierung an das Gericht folgt – der Zeitpunkt des Eingangs der Anmeldung beim Gericht, erst in diesem Zeitpunkt ist die Anmeldung in den Rechtsverkehr gelangt. Die Unterzeichnung der Anmeldung bereits im ersten Notartermin ist als konkludente Anweisung an den Notar zu verstehen, die Anmeldung beim zuständigen Gericht erst einzureichen, wenn die erforderliche Einzahlung erfolgt und nachgewiesen ist.

29 **3. Rücknahme.** Die Anmeldung als Verfahrenshandlung kann nach hM[49] von jedem Anmelder vor der Eintragung einzeln formlos und ohne Begründung zurückgenommen werden. Dem kann aufgrund der privatrechtlichen Verpflichtung der Beteiligten zur Handelsregisteranmeldung nicht uneingeschränkt gefolgt werden. Ein einseitiges Rücknahmerecht kann nur zugebilligt werden, wenn der Inhalt der Anmeldung unrichtig ist und insbesondere zu einer Verantwortlichkeit der Anmelder führen kann. Jeder Beteiligte kann stattdessen Zweifel an der Wirksamkeit der Gründung beim Handelsregister vorbringen und so ggf. die Nichteintragung der Gesellschaft erreichen. Vorstands- und Aufsichtsratsmitglieder haben ferner nach allgemeinen Grundsätzen die Möglichkeit, ihr Amt niederzulegen und so ihre Mitwirkung bei der Gründung zu beenden.

30 **4. Änderungen.** Eine Abänderung der Anmeldung ist vor Eintragung mit Zustimmung aller Beteiligten jederzeit möglich. Sie kann entweder durch neue Anmeldung erfolgen oder im Einzelfall auch durch die Beteiligten oder den Notar. § 44a Abs. 2 BeurkG steht dem nicht entgegen, da es sich nicht um die Beurkundung einer Willenserklärung handelt. Offensichtliche Unrichtigkeiten und Schreibfehler kann der Notar selbst beseitigen. Im Rahmen von § 378 Abs. 2 FamFG (vormals § 129 S. 1 FGG) ist der Notar zur selbständigen Anmeldung von Änderungen berechtigt, soweit es nicht um die in die Anmeldung aufzunehmenden höchstpersönlichen Versicherungen geht, § 378 FamFG ist auch dann einschlägig, wenn eine öffentlich-rechtliche Verpflichtung zur Anmeldung – wie bei der Gründung einer AG, → Rn. 2, nicht besteht.[50] Der Notar kann daher zB eine in der Anmeldung nicht oder unrichtig angegebene Vertretungsbefugnis des Vorstandes selbst anmelden. Möglich und zulässig ist auch die Erteilung einer zusätzlichen, über § 378 FamFG hinausgehenden Vollzugs- und Änderungsvollmacht an den Notar in der Anmeldung. Zu **Änderungen der Eintragung** in das Handelsregister → § 39 Rn. 21.

31 **5. Änderungen der Satzung vor Eintragung.** Davon zu unterscheiden ist die Frage, ob bei Änderungen des Gründungsprotokolls bzw. der Satzung nach Eingang der Handelsregisteranmeldung bei Gericht, jedoch vor Eintragung in das Handelsregister eine neue Handelsregisteranmeldung erforderlich ist. Dies wird teilweise mit der Begründung verneint, die „Gesellschaft" an sich sei bereits durch die erste Anmeldung ausreichend angemeldet, nach dieser Auffassung reicht die bloße Einreichung des Nachtrags zum Gründungsprotokoll aus.[51] Mit der Gegenauffassung ist jedoch davon auszugehen, dass Gegenstand der Anmeldung nicht nur die Gesellschaft an sich, sondern vielmehr die Gesellschaft in ihrer jeweiligen Verfassung ist, die sich eben bei Nachträgen zur Gründungsurkunde geändert hat.[52] Bei Änderungen des Gründungsprotokolls bzw. der Satzung vor Eintragung der Gesellschaft ist damit eine neue Handelsregisteranmeldung erforderlich.

IX. Folgen fehlerhafter Anmeldung

32 **1. Ablehnung der Eintragung.** Weist die Handelsregisteranmeldung Mängel auf, so führt dies zur Zurückweisung der Anmeldung bzw. bei behebbaren Hindernissen zu einer Zwischenverfügung des Gerichts, → § 38 Rn. 12.

33 **2. Haftung.** Die Anmelder haften für die Richtigkeit der Anmeldung gem. §§ 46, 48 zivilrechtlich und gem. § 399 auch strafrechtlich, s. im Einzelnen die Erläuterungen dort.

---

[48] Zur analogen Anwendung von § 130 Abs. 2 BGB bei Tod und Geschäftsunfähigkeit → Rn. 10.
[49] Hüffer/Koch/*Koch* Rn. 5; K. Schmidt/Lutter/*Kleindiek* Rn. 13; MüKoAktG/*Pentz* Rn. 21; Großkomm AktG/*Schall* Rn. 29; Hölters/*Solveen* Rn. 13; Grigoleit/*Vedder* Rn. 3.
[50] *Krafka/Kühn* RegisterR Rn. 121. Im Rahmen der Vorgängervorschrift, § 129 FGG, war dies umstritten, vgl. *Krafka* NZG 2009, 650 (651).
[51] So zur GmbH BayObLG MittBayNot 1974, 229; DB 1978, 880; OLG Zweibrücken DB 2000, 2317.
[52] Siehe etwa Scholz/*Priester* GmbHG § 54 Rn. 4 mwN.

X. Kosten der Anmeldung

Soweit der beglaubigende Notar den Entwurf der Anmeldung fertigt, fällt hierfür nach Kostenverzeichnis GNotKG Nr. 21201 Nr. 5 eine 0,5-Gebühr an. Gemäß Vorbemerkung 2.4.1 Abs. 2 Kostenverzeichnis GNotKG ist mit der Entwurfsgebühr die Gebühr der ersten Unterschriftsbeglaubigung abgegolten. Ohne Entwurfsfertigung des Notars fällt für die bloße Beglaubigung der Unterschrift der Anmelder gem. Kostenverzeichnis GNotKG Nr. 25100 eine 0,2-Gebühr an, die Gebühr beträgt dabei mindestens 20,00 EUR und höchstens 70,00 EUR. Der Geschäftswert bestimmt sich nach § 108 Abs. 1 Nr. 1 GNotKG, so dass der Betrag des Grundkapitals zuzüglich eines in der Gründungssatzung etwa enthaltenen genehmigten Kapitals maßgeblich ist. Der Geschäftswert beträgt gemäß § 106 GNotKG mindestens 30.000,00 EUR und höchstens 1.000.000,00 EUR. 34

§ 36a Leistung der Einlagen

(1) Bei Bareinlagen muß der eingeforderte Betrag (§ 36 Abs. 2) mindestens ein Viertel des geringsten Ausgabebetrags und bei Ausgabe der Aktien für einen höheren als diesen auch den Mehrbetrag umfassen.

(2) ¹Sacheinlagen sind vollständig zu leisten. ²Besteht die Sacheinlage in der Verpflichtung, einen Vermögensgegenstand auf die Gesellschaft zu übertragen, so muß diese Leistung innerhalb von fünf Jahren nach der Eintragung der Gesellschaft in das Handelsregister zu bewirken sein. ³Der Wert muß dem geringsten Ausgabebetrag und bei Ausgabe der Aktien für einen höheren als diesen auch dem Mehrbetrag entsprechen.

Schrifttum: S. bei § 36.

Übersicht

	Rn.		Rn.
I. Allgemeines, Normzweck	1, 2	III. Erbringung von Sacheinlagen (Abs. 2)	8–12
1. Allgemeines	1	1. Allgemeines	8
2. Abgrenzung zu § 23 Abs. 2 Nr. 3	2	2. Dingliche Erfüllung	9
II. Fälligkeit von Bareinlagen (Abs. 1)	3–7	3. Zeitlicher Höchstrahmen	10
1. Zuständigkeit zur Festlegung und Einforderung	3, 4	4. Zulässigkeit von Teilleistungen	11
a) Festlegung in der Satzung oder im Gründungsprotokoll	3	5. Wert der Sacheinlagen	12
b) Festlegung durch Vorstand	4	IV. Gemischte Einlagen	13–18
2. Höhe der eingeforderten Beträge	5–7	1. Gemischte Bar-Sachgründung	13–17
a) Viertel des geringsten Ausgabebetrages	5	a) Getrennte Bar-Sacheinlage	14
b) Aufgeld (Agio)	6	b) Gemischte Bar-Sacheinlage	15–17
c) Freiwillige Mehrleistungen	7	2. Gemischte Sacheinlage	18

I. Allgemeines, Normzweck

1. Allgemeines. § 36a Abs. 1 regelt ergänzend zu § 36 Abs. 2 für Bareinlagen den Mindestbetrag, der vor der Handelsregisteranmeldung eingefordert werden muss. Der schwer verständliche § 36a Abs. 2 trifft nähere Bestimmungen für die Leistung der Sacheinlagen. 1

2. Abgrenzung zu § 23 Abs. 2 Nr. 3. Bereits § 23 Abs. 2 Nr. 3 verlangt, dass in der Gründungsurkunde der eingezahlte Betrag des Grundkapitals angegeben wird. Diese Vorschrift wird überwiegend so verstanden, dass der von den Gründern zum Zeitpunkt der Satzungsfeststellung auf das Grundkapital tatsächlich eingezahlte Gesamtbetrag anzugeben ist.[1] Zur Zeit der Errichtung des Gründungsprotokolls wird in der Regel jedoch noch nichts eingezahlt sein. Es sollte im Gegenteil eher vermieden werden, bereits vor Beurkundung der Gründung Einzahlungen vorzunehmen, da zu diesem Zeitpunkt der Vorstand noch nicht bestellt ist, zu dessen Verfügung die eingezahlten Beträge eigentlich stehen müssten[2] und ferner Voreinzahlungen zumindest in den Grenzbereich zur verdeckten Sachgründung fallen.[3] 2

---

[1] Vgl. etwa Hüffer/Koch/*Koch* § 23 Rn. 19 mwN.
[2] So auch MHdB AG/*Hoffmann-Becking* § 3 Rn. 13.
[3] Zur Problematik von Voreinzahlung und verdeckter Sacheinlage → § 36 Rn. 21 und → § 188 Rn. 56 ff.

II. Fälligkeit von Bareinlagen (Abs. 1)

1. Zuständigkeit zur Festlegung und Einforderung. a) Festlegung in der Satzung oder im Gründungsprotokoll. Die Höhe des einzuzahlenden Betrages kann bereits im Gründungsprotokoll oder der Satzung geregelt sein. Den Gründern steht es dabei frei, über den Mindestbetrag des § 36a Abs. 1 hinausgehende Einzahlungen zu vereinbaren. Die Einforderung selbst erfolgt gem. § 63 Abs. 1 S. 1 stets durch den Vorstand, der intern an die von den Gründern festgelegten Beträge gebunden ist. Fordert der Vorstand weniger ein, so ist für die Handelsregisteranmeldung allein § 36a Abs. 1 maßgeblich, da die Vorschrift von **eingefordertem** und nicht von **einzuforderndem** Betrag spricht. Erreicht der eingeforderte Betrag also die Quote des § 36a Abs. 1, so ist für die Handelsregisteranmeldung ein im Gründungsprotokoll festgesetzter höherer Betrag unerheblich. Legt das **Gründungsprotokoll** die Beträge **zu niedrig** fest, so geht für die Handelsregisteranmeldung § 36a Abs. 1 vor, so dass der Vorstand die höheren Beträge einfordern muss, werden diese einbezahlt, so hindert die unwirksame zu niedrige Festsetzung in der Satzung die Handelsregistereintragung nicht.

b) Festlegung durch Vorstand. Sind im Gründungsprotokoll keine Regelungen getroffen, wird die Höhe der eingeforderten Beträge durch den Vorstand festgelegt, der an die Mindestbeträge des § 36a Abs. 1 gebunden ist, vgl. im Übrigen § 63 und die Erläuterungen dort.

2. Höhe der eingeforderten Beträge. a) Viertel des geringsten Ausgabebetrages. Bei Bareinlagen muss der eingeforderte Betrag zunächst mindestens ein Viertel des geringsten Ausgabebetrages iSv § 9 Abs. 1 betragen. Bei nicht vollständiger Einzahlung ist für die Aktienausgabe § 10 Abs. 2 zu beachten. Bei Nennbetragsaktien ist der jeweilige Nennbetrag, bei Stückaktien ist der auf die einzelne Aktie entfallende anteilige Betrag des Grundkapitals maßgeblich. Der Mindestbetrag muss dabei für **jede Aktie** eingefordert werden, für die Anmeldung nach § 36 ist nicht ausreichend, dass Minderleistungen auf einzelne Aktien durch Mehrleistungen auf andere Aktien ausgeglichen werden.[4]

b) Aufgeld (Agio). Falls der Ausgabebetrag über dem geringsten Ausgabebetrag liegt (**Überpariemission**), muss der eingeforderte Betrag zudem das **gesamte** Agio gem. § 9 Abs. 2 umfassen. Dabei umfasst der Begriff Agio in diesem Sinn lediglich das „echte", kooperationsrechtliche Agio.[5] Haben die Gründer daneben zulässigerweise[6] weitere schuldrechtliche Einzahlungsverpflichtungen – in der Praxis häufig unglücklich und missverständlich als **„schuldrechtliches Agio"** bezeichnet – vereinbart, haben diese im Rahmen von § 36a Abs. 1 keine Bedeutung.

c) Freiwillige Mehrleistungen. Erbringt ein Gründer über den eingeforderten Betrag hinaus freiwillige Mehrleistungen, so ist dies für den Zeitpunkt der Handelsregisteranmeldung grundsätzlich unerheblich, da jedenfalls der eingeforderte Betrag erbracht wurde. Bedeutung für die Handelsregisteranmeldung können freiwillige Mehrleistungen nur dann haben, wenn der eingeforderte Betrag zu niedrig ist und damit die nach § 36a erforderliche Quote nicht erreicht wird. In diesem Fall sind die freiwilligen Mehrleistungen in jedem Fall für die Handelsregisteranmeldung ausreichend, da die zu niedrige Einforderung nicht zu Lasten der Gründer gehen kann. Die praktische Bedeutung des Problems dürfte im Übrigen gering sein, da bei zu niedriger Einforderung durch den Vorstand dieser auf Hinweis der Gründer ohne weiteres die für § 36a erforderlichen Beträge nachfordern kann und wird. Zur – grundsätzlich zu bejahenden[7] – Frage der schuldbefreienden Wirkung freiwilliger Mehrleistungen im Hinblick auf die Einlageschuld → § 54 Rn. 48 ff.

III. Erbringung von Sacheinlagen (Abs. 2)

1. Allgemeines. Das AktG trifft keine ausdrückliche Regelung zur Fälligkeit von Sacheinlagen. § 63 gilt nicht für Sacheinlagen. Die Fälligkeit der Sacheinlagen kann – unter Beachtung des Höchststrahmens des § 36a Abs. 2 S. 2 – zunächst im Gründungsprotokoll oder der Satzung festgelegt werden. Wird – wie zwar nicht unbedingt erforderlich aber in der Praxis häufig[8] – daneben ein gesonderter Einbringungsvertrag geschlossen, so kann die Fälligkeit auch in diesem geregelt werden. Treffen weder Satzung noch Einbringungsvertrag Regelungen zur Fälligkeit der Sacheinlage, so ist diese nach § 271 Abs. 1 BGB sofort fällig.

---

[4] MüKoAktG/*Pentz* § 36 Rn. 44, § 36a Rn. 6; NK-AktR/*Terbrack* Rn. 4; Hölters/*Solveen* Rn. 3; Grigoleit/*Vedder* Rn. 2.
[5] Hüffer/Koch/*Koch* Rn. 2a; Hölters/*Solveen* Rn. 3.
[6] Vgl. ausf. *Becker* NZG 2003, 510; *Hermanns* ZIP 2003, 788; *Schorling/Vogel* AG 2003, 86.
[7] Hüffer/Koch/*Koch* Rn. 3; MüKoAktG/*Pentz* § 36 Rn. 73; NK-AktR/*Terbrack* § 36 Rn. 35.
[8] Vgl. BeckFormB/*Döbereiner* B. II. 3 Anm. 6 ff.

2. Dingliche Erfüllung. Aus den Festsetzungen in der Satzung und gegebenenfalls dem ergänzenden schuldrechtlichen Einbringungsvertrag folgt die Verpflichtung zur dinglichen Erfüllung der Einbringungsverpflichtung. Die dingliche Erfüllung kann in der Satzung, einer Anlage zur Satzung, im Einbringungsvertrag oder in einer gesonderten Urkunde enthalten sein. Im Rahmen der dinglichen Erfüllung der Einbringungsverpflichtung ist zur Wahrung des sachenrechtlichen Bestimmtheitsgrundsatzes der Gegenstand der Sacheinlage genauer zu bezeichnen als im Rahmen der Satzungsfestsetzung. Dies ist insbesondere zu beachten bei der Einbringung von Sachgesamtheiten wie Unternehmen oder Unternehmensteilen.[9] Die dingliche Erfüllung der Sacheinlageverpflichtung setzt voraus, dass der betreffende Gegenstand im Sinne einer **Vollrechtsübertragung** durch Übereignung (§§ 873 ff., 929 ff. BGB) oder Abtretung (§§ 398 ff. BGB) auf die Gesellschaft übergeht und **„zur freien Verfügung"** des Vorstandes steht. Bei **Grundbesitz** reicht allein die Eintragung einer Eigentumsvormerkung nach § 883 BGB nicht aus, da damit die Sacheinlage noch nicht vollständig geleistet ist.[10] Handelt es sich um eine **Gebrauchs- oder Nutzungsüberlassung,** so ist entscheidend, ob der Gegenstand von der Gesellschaft genutzt werden kann.[11] 9

3. Zeitlicher Höchstrahmen. § 36a Abs. 2 S. 2 legt als zeitlichen Höchstrahmen für die Leistung der Sacheinlage eine Frist von fünf Jahren ab Eintragung der Gesellschaft fest, wenn die Sacheinlage in der Verpflichtung besteht, einen Vermögensgegenstand auf die Gesellschaft zu übertragen. Die hM schließt aus dieser schwer verständlichen Regelung, dass dem Gründer entweder im Gründungsprotokoll oder im Einbringungsvertrag für die dingliche Übertragung eine Frist von bis zu 5 Jahren nach Eintragung der Gesellschaft eingeräumt werden kann.[12] Für die Gründung soll die wirksame Begründung der Einlageverpflichtung ausreichen. In der Handelsregisteranmeldung nach § 36a Abs. 2 S. 3 iVm § 37 Abs. 1 muss jedoch in jedem Fall erklärt werden, dass der Wert der Einlage den Nennbetrag der Aktien bzw. bei Stückaktien den anteiligen Wert des Grundkapitals erreicht und auch ein gegebenenfalls festgesetztes Agio gedeckt ist. Maßgeblicher Zeitpunkt ist insoweit stets also der Tag der Handelsregisteranmeldung. Soll die dingliche Erfüllung erst dahin später erfolgen und der Wert sich bis dahin vermindern, so soll dies die Ordnungsgemäßheit der Gründung unberührt lassen, eine Überprüfungsbefugnis des Handelsregisters bestehe nicht.[13] Wer das Risiko einer Wertminderung zu tragen habe, sei anhand der zugrunde liegenden Vereinbarungen zu ermitteln. Diese Unsicherheiten sprechen jedoch dafür, mit der Gegenauffassung § 36a Abs. 2 S. 1 den Vorrang vor § 36 Abs. 2 S. 2 einzuräumen und Letzteren auf die Einbringung von Forderungen gegen Dritte zu beschränken. Nach dieser Auffassung müssen die Erfüllungsgeschäfte vor Anmeldung der Sachgründung zum Handelsregister vollzogen sein.[14] 10

4. Zulässigkeit von Teilleistungen. Nach § 36 Abs. 2 S. 1 sind Sacheinlagen vollständig zu leisten. Die vorstehend unter → Rn. 10 dargestellte hM interpretiert diese Vorschrift in der Weise, dass – sofern dies bei dem betreffenden Gegenstand überhaupt tatsächlich möglich ist – entgegen dem Wortlaut auch für Sacheinlagen Teilleistungen in der Satzung festgesetzt werden können, wenn nur die vollständige Leistung der Sacheinlagen innerhalb der 5-Jahresfrist erfolgt. Folgt man der zutreffenden Gegenauffassung, so ist § 36 Abs. 2 S. 1 konsequenterweise wörtlich zu verstehen und die Zulässigkeit von Teilleistungen zu verneinen. 11

5. Wert der Sacheinlagen. § 36a Abs. 2 S. 2 stellt für die Sachgründung nochmals klar, dass auch hier das Verbot der „Unterpari-Emission" gilt. Der Wert der Sacheinlage muss dem geringsten Ausgabebetrag zuzüglich eines ggf. vereinbarten Agios entsprechen. Zur Bewertung von Sacheinlagen und den Folgen einer Überbewertung → § 27 Rn. 34 ff. 12

IV. Gemischte Einlagen

1. Gemischte Bar-Sachgründung. Erbringt ein Gründer die von ihm übernommene Einlage teilweise in Geld und teilweise mittels Sacheinlage, so liegt eine sog. **gemischte Bar- und Sachein-** 13

---

[9] S. im Einzelnen BeckFormB/*Döbereiner* B. II. 6 Anm. 6.
[10] BeckFormB/*Döbereiner* B. II. 3 Anm. 7; aA wohl MüKoAktG/*Pentz* Rn. 11. Zum Meinungsstand im GmbH-Recht, wo dies aufgrund des anders formulierten § 7 Abs. 3 GmbHG umstritten ist vgl. zB Roth/Altmeppen/*Roth* GmbHG § 7 Rn. 35 mwN.
[11] K. Schmidt/Lutter/*Kleindiek* Rn. 6; MüKoAktG/*Pentz* Rn. 21; Großkomm AktG/*Röhricht/Schall* Rn. 16.
[12] Kölner Komm AktG/*Arnold* Rn. 11; Hüffer/Koch/*Koch* Rn. 4; K. Schmidt/Lutter/*Kleindiek* Rn. 5; *Krebs/Wagner* AG 1998, 467 (468 ff.); MHdB AG/*Hoffmann-Becking* § 4 Rn. 44; MüKoAktG/*Pentz* Rn. 12 ff.; Großkomm AktG/*Röhricht/Schall* Rn. 4 ff.; Hölters/*Solveen* Rn. 5; Grigoleit/*Vedder* Rn. 4.
[13] Großkomm AktG/*Röhricht/Schall* Rn. 21; NK-AktR/*Terbrack* Rn. 8.
[14] Zutr. Kölner Komm AktG/*Kraft*, 2. Aufl. 1986, Rn. 9 ff.; *D. Mayer* ZHR 154 (1990), 535 (542 ff.); Wachter/*Wachter* Rn. 13.

lage vor.¹⁵ Dies gilt jedoch nur, wenn auf jede Aktie Bar- und Sacheinlagen zu erbringen sind. Davon zu unterscheiden ist der Fall, dass ein Gründer einen Teil seiner Aktien gegen Bareinlagen, einen Teil gegen Sacheinlage übernimmt (**getrennte Bar- und Sacheinlage**). In beiden Fällen liegt eine sog. **gemischte Bar-Sachgründung** vor.

14 **a) Getrennte Bar-Sacheinlage.** Bei der getrennten Bar-Sacheinlage wird nicht auf jede Aktie eine Sacheinlage erbracht, Bar- und Sacheinlage sind vielmehr einer bestimmten Aktienzahl zugeordnet und somit unabhängig voneinander, für beide Teile gelten die jeweils einschlägigen Vorschriften.¹⁶

15 **b) Gemischte Bar-Sacheinlage.** Bei der gemischten Bar-Sacheinlage im vorstehend genannten Sinn sind ebenfalls beide Leistungen getrennt zu beurteilen.¹⁷ Der Wert der Sacheinlage ist in diesem Fall zwingend in der Satzung anzugeben.

16 **aa) Ohne Aufgeld.** Ist kein Agio vereinbart, so ist bei der Berechnung der Mindesteinlagepflicht in Höhe von ¼ gemäß § 36a Abs. 1 S. 1 vorab die Sacheinlage von der Gesamteinlage abzuziehen. Die Mindesteinzahlung bezieht sich auf den sich daraus ergebenden Betrag.

17 **bb) Mit Aufgeld.** Ist ein Agio vereinbart, so ist dieses grundsätzlich in voller Höhe in Geld zu bedienen, wenn der Wert der Sacheinlage unter dem geringsten Ausgabebetrag liegt. Vom Unterschiedsbetrag zwischen Wert der Sacheinlage und geringstem Ausgabebetrag ist dann zusätzlich mindestens ein Viertel in bar zu erbringen. Übersteigt bereits der Wert der Sacheinlage den geringsten Ausgabebetrag, so ist – sofern die Satzung nichts anderes bestimmt – der Unterschiedsbetrag zwischen Sacheinlage und tatsächlichem Ausgabebetrag in voller Höhe in bar zu erbringen, da dann die Barleistung stets – voll zu leistendes – Aufgeld ist. In der Satzung kann eine andere Aufteilung festgesetzt werden, zB dass das Aufgeld in voller Höhe durch die Sacheinlage erbracht wird und der geringste Ausgabebetrag auf die Bar- und Sacheinlage aufgeteilt wird.

18 **2. Gemischte Sacheinlage.** Eine **gemischte Sacheinlage** liegt vor, wenn ein Aktionär Gegenstände an die Gesellschaft veräußert und hierfür teilweise Aktien und teilweise eine andere Gegenleistung im Wege der Sachübernahme erhält. Gemischte Sacheinlagen unterliegen uneingeschränkt den Regeln über Sacheinlagen.

§ 37 Inhalt der Anmeldung

(1) ¹In der Anmeldung ist zu erklären, daß die Voraussetzungen des § 36 Abs. 2 und des § 36a erfüllt sind; dabei sind der Betrag, zu dem die Aktien ausgegeben werden, und der darauf eingezahlte Betrag anzugeben. ²Es ist nachzuweisen, daß der eingezahlte Betrag endgültig zur freien Verfügung des Vorstands steht. ³Ist der Betrag gemäß § 54 Abs. 3 durch Gutschrift auf ein Konto eingezahlt worden, so ist der Nachweis durch eine Bestätigung des kontoführenden Instituts zu führen. ⁴Für die Richtigkeit der Bestätigung ist das Institut der Gesellschaft verantwortlich. ⁵Sind von dem eingezahlten Betrag Steuern und Gebühren bezahlt worden, so ist dies nach Art und Höhe der Beträge nachzuweisen.

(2) ¹In der Anmeldung haben die Vorstandsmitglieder zu versichern, daß keine Umstände vorliegen, die ihrer Bestellung nach § 76 Abs. 3 Satz 2 Nr. 2 und 3 sowie Satz 3 entgegenstehen, und daß sie über ihre unbeschränkte Auskunftspflicht gegenüber dem Gericht belehrt worden sind. ²Die Belehrung nach § 53 Abs. 2 des Bundeszentralregistergesetzes kann schriftlich vorgenommen werden; sie kann auch durch einen Notar oder einen im Ausland bestellten Notar, durch einen Vertreter eines vergleichbaren rechtsberatenden Berufs oder einen Konsularbeamten erfolgen.

(3) In der Anmeldung sind ferner anzugeben:
1. eine inländische Geschäftsanschrift,
2. Art und Umfang der Vertretungsbefugnis der Vorstandsmitglieder.

(4) Der Anmeldung sind beizufügen
1. die Satzung und die Urkunden, in denen die Satzung festgestellt worden ist und die Aktien von den Gründern übernommen worden sind;
2. im Fall der §§ 26 und 27 die Verträge, die den Festsetzungen zugrunde liegen oder zu ihrer Ausführung geschlossen worden sind, und eine Berechnung des der Gesellschaft

---

¹⁵ Kölner Komm AktG/*Arnold* § 36 Rn. 21; BeckFormB/*Döbereiner* B. II. 3 Anm. 18.
¹⁶ BeckFormB/*Döbereiner* B. II. 3 Anm. 18; Hüffer/Koch/*Koch* § 36 Rn. 12.
¹⁷ Vgl. Kölner Komm AktG/*Arnold* § 36 Rn. 21; K. Schmidt/Lutter/*Kleindiek* § 36 Rn. 37; Hüffer/Koch/*Koch* § 36 Rn. 12.

zur Last fallenden Gründungsaufwands; in der Berechnung sind die Vergütungen nach Art und Höhe und die Empfänger einzeln anzuführen;
3. die Urkunden über die Bestellung des Vorstands und des Aufsichtsrats;
3a. eine Liste der Mitglieder des Aufsichtsrats, aus welcher Name, Vorname, ausgeübter Beruf und Wohnort der Mitglieder ersichtlich ist;
4. der Gründungsbericht und die Prüfungsberichte der Mitglieder des Vorstands und des Aufsichtsrats sowie der Gründungsprüfer nebst ihren urkundlichen Unterlagen.

(5) Für die Einreichung von Unterlagen nach diesem Gesetz gilt § 12 Abs. 2 des Handelsgesetzbuchs entsprechend.

Schrifttum: *Appell*, Die Haftung der Bank für die Richtigkeit der Bestätigung über die freie Verfügbarkeit eingezahlter Bareinlagen, ZHR 157 (1993), 213; *Bayer*, Die Bankbestätigung gem. § 37 Abs. 1 S. 3 AktG im Rahmen der präventiven Kapitalaufbringungskontrolle, FS Horn, 2006, 273; *Butzke*, Die Einzahlungsbestätigung nach § 37 Abs. 1 S. 3 AktG als Grundlage der Bankenhaftung, ZGR 1994, 94; *Kübler*, Bankhaftung als Notbehelf der präventiven Kapitalaufbringungskontrolle?, ZHR 157 (1993), 196; *Müller*, Die Haftung des Kreditinstituts bei verdeckten Sacheinlagen, ZIP 1998, 137; *Noack*, Das EHUG ist beschlossen – elektronische Handels- und Unternehmensregister ab 2007, NZG 2006, 801; *Röhricht*, Freie Verfügungsmacht und Bankhaftung (§ 37 AktG) – eine Nachlese –, FS Boujong, 1996, 457; *Seibert/Decker*, Das Gesetz über elektronische Handelsregister und Genossenschaftsregister sowie das Unternehmensregister (EHUG), Der „Big Bang" im Recht der Unternehmenspublizität, DB 2006, 2446; *Stenzel*, Handelsregistereintragung von „c/o"-Adressen, NZG 2011, 851; *Wastl/Pusch*, Haftungsrechtliche Verantwortung des kontoführenden Kreditinstituts für die effektive Kapitalaufbringung unter Berücksichtigung strafrechtlicher Aspekte, WM 2007, 1403.

Übersicht

	Rn.		Rn.
I. Allgemeines, Normzweck	1	3. Konkrete Vertretungsbefugnis	13
II. Erklärungen und Nachweise zur Leistung der Einlagen (Abs. 1)	2–10	4. Versicherung über das Nichtvorliegen von Ausschlussgründen	14
1. Leistung der Bareinlagen	3–6	5. Belehrung über die Auskunftspflicht	15
a) Erklärung	3	IV. Angaben zum Aufsichtsrat	16, 17
b) Nachweise	4	1. Mitglieder	16
c) Bankbestätigung	5	2. Vorsitzender und stellvertretender Vorsitzender	17
d) Bezahlte Steuern und Gebühren	6		
2. Besonderheiten bei Sachgründung	7–9	V. Weitere Angaben	18–20
a) Erbringung	8	1. Inländische Geschäftsanschrift (Abs. 3 Nr. 1)	18
b) Werthaltigkeit	9		
3. Offenlegung eines Hin- und Herzahlens nach § 27 Abs. 4 S. 2	10	2. Inländischer Empfangsberechtigter	19
III. Erklärungen zum Vorstand (Abs. 2 und 3 Nr. 2)	11–15	3. Hinweis auf genehmigtes Kapital	20
1. Personen des Vorstandes	11	VI. Beizufügende Anlagen (Abs. 4)	21–26
2. Abstrakte Vertretungsbefugnis	12	VII. Form der Einreichung (Abs. 5)	27

I. Allgemeines, Normzweck

§ 37 legt den Inhalt der in der Handelsregisteranmeldung abzugebenden Erklärungen und die **1** beizubringenden Unterlagen fest. Die Vorschrift soll damit dem Registergericht die Prüfung nach § 38 erleichtern. Zu den Folgen einer fehlerhaften Anmeldung → § 38 Rn. 12 f. Zusätzlich enthält § 37 eine Haftungsnorm für den Fall einer unrichtigen Bankbestätigung bezüglich der erbrachten Bareinlagen.

II. Erklärungen und Nachweise zur Leistung der Einlagen (Abs. 1)

Nach § 37 Abs. 1 haben die Anmelder zu erklären, dass die Voraussetzungen des § 36 Abs. 2 und **2** des § 36a erfüllt sind. Diese Erklärung ist immer notwendig, selbst wenn sich die Tatsachen aus anderen, dem Registergericht zugänglichen Unterlagen, zB der Bankbestätigung nach § 37 Abs. 1 S. 3, ergeben.[1]

---
[1] S. Kölner Komm AktG/*Arnold* Rn. 10; BeckFormB/*Pfisterer* B. I. 11 Anm. 4; Hüffer/Koch/*Koch* Rn. 2; MüKoAktG/*Pentz* Rn. 12; Grigoleit/Vedder Rn. 2.

3 **1. Leistung der Bareinlagen. a) Erklärung.** Bei der Erklärung über die Leistung von Bareinlagen ist die bloße Wiederholung des Gesetzeswortlauts nicht ausreichend. Anzugeben ist vielmehr für jeden Gründer **getrennt** der Ausgabebetrag der Aktien, der eingeforderte sowie der eingezahlte Betrag.[2] Ferner ist zu erklären, dass die eingezahlten Beträge **ordnungsgemäß** einbezahlt wurden und **endgültig zur freien Verfügung** des Vorstandes stehen. Eine darüber hinausgehende Erklärung, dass das Grundkapital nicht durch Verbindlichkeiten vorbelastet ist, ist – anders als im GmbH-Recht, wo die Rechtsprechung dies überwiegend verlangt[3] – angesichts des klaren Wortlauts von § 37 nicht erforderlich.[4] Wurde bereits vor der Einreichung der Handelsregisteranmeldung über die eingezahlten Beträge unter Beachtung des „**Prinzips der wertgleichen Deckung**" verfügt, sind die abgeschlossenen Geschäfte im Einzelnen anzugeben und zusätzlich zu erklären, dass die angeschafften Gegenstände zur freien Verfügung des Vorstandes stehen und ihr Wert den ausgegebenen Beträgen entspricht.[5] Maßgeblicher **Zeitpunkt** für die Erklärung der Anmeldenden, insbesondere für ihre strafrechtliche Verantwortlichkeit nach § 399 Abs. 1 Nr. 1 ist der Eingang der Handelsregisteranmeldung beim Gericht.[6]

4 **b) Nachweise.** Nach § 37 Abs. 2 S. 2 sind Nachweise zu erbringen, dass der eingezahlte Betrag endgültig zur freien Verfügung des Vorstandes steht. Als Nachweis kommt vor allem eine Bankbestätigung gemäß § 37 Abs. 1 S. 2 in Betracht. Wird die Einzahlung nicht durch Kontogutschrift, sondern gemäß § 54 Abs. 3 Alt. 1 durch gesetzliche Zahlungsmittel erbracht, so ist das Gericht auf andere Weise von der Einzahlung zu überzeugen.[7] Wird die Einlage zB auf ein notarielles Treuhandkonto einbezahlt und ist dies im Einzelfall für die freie Verfügbarkeit ausreichend (→ § 36 Rn. 21), so kommt zB eine diesbezügliche Erklärung des Notars in Betracht. Wird in die Barkasse der Gesellschaft eingezahlt, so kann der Nachweis durch eine diesbezügliche Bestätigung eines außenstehenden Dritten, der den Kassenbestand geprüft hat, geführt werden. Nicht ausreichend ist zB ein Beleg über die Einreichung von Schecks, da diese kein gesetzliches Zahlungsmittel darstellen, hier ist vielmehr nach Einlösung des Schecks wiederum eine Bankbestätigung gemäß § 37 Abs. 1 S. 2 erforderlich. Hat die Gesellschaft bereits vor der Einreichung der Handelsregisteranmeldung über die eingezahlten Beträge verfügt, was unter Beachtung des „**Prinzips der wertgleichen Deckung**" zulässig ist (→ § 36 Rn. 23, → § 38 Rn. 4), so sind Verträge, Rechnungen, Belege oder Quittungen beizufügen, um nachzuweisen, dass wertmäßig die Einlagen noch vorhanden sind.

5 **c) Bankbestätigung.** Wird der Betrag – wie in der Praxis üblich – durch Gutschrift auf ein Bankkonto eingezahlt, so ist eine Bankbestätigung des kontoführenden Kreditinstitutes beizubringen. Kontoauszüge oder Einzahlungsbelege sind nicht ausreichend. Eine bestimmte **Form** der Bankbestätigung ist nicht vorgeschrieben, so dass Schriftform iSv § 126 BGB nicht erforderlich ist, ausreichend sind zB auch eine Fax-Bestätigung oder eine Bestätigung in elektronischer Form, zB per e-Mail oder SMS. Selbst eine mündliche oder telefonische Bestätigung, die vom Gericht in den Akten vermerkt wird, kann ausreichend sein. Erforderlich ist jedoch stets, dass für das Gericht zweifelsfrei feststellbar ist und nach seinem Ermessen feststeht, dass die betreffende Erklärung echt ist und von der betreffenden Bank stammt. Der **Erklärende** muss befugt sein, für die Bank eine entsprechende Bestätigung abzugeben und entsprechende Vertretungsbefugnis haben. Ein diesbezüglicher Nachweis kann jedoch lediglich bei Zweifeln im Einzelfall verlangt werden. Der erforderliche **Inhalt** der Bankbestätigung ist gesetzlich nicht geregelt.[8] Richtigerweise hat die Bank zu erklären, dass die betreffenden Beträge auf ein Konto der Gesellschaft einbezahlt wurden und – aus Sicht der Bank – zur freien Verfügung der Gesellschaft stehen, insbesondere, dass keine Gegenforderungen der Bank bestehen und für die Bank keine Rechte Dritter an dem Bankguthaben ersichtlich sind.[9] Dagegen kann von der Bank keine uneingeschränkte Bestätigung verlangt werden, dass die Beträge zur freien Verfügung des Vorstandes stehen, da die Bank zB für die freie Verfügung schädliche Verwendungsbindungen oder Rückzahlungsvereinbarungen in der Regel nicht kennt und nicht kennen kann und

---

[2] Kölner Komm AktG/*Arnold* Rn. 12; Hüffer/Koch/*Koch* Rn. 3; Großkomm AktG/*Röhricht/Schall* Rn. 15.
[3] BGHZ 80, 129 (143), BayObLG GmbHR 1992, 109; 1998, 1225.
[4] AA wohl Grigoleit/*Vedder* Rn. 3.
[5] MüKoAktG/*Pentz* Rn. 26; Großkomm AktG/*Röhricht/Schall* Rn. 17 f.; Hölters/*Solveen* Rn. 5; aA Wachter/*Wachter* Rn. 10.
[6] → § 36 Rn. 23; MüKoAktG/*Pentz* Rn. 14; Großkomm AktG/*Röhricht/Schall* Rn. 16; Hölters/*Solveen* Rn. 4; NK-AktR/*Terbrack* Rn. 6.
[7] Hierzu Kölner Komm AktG/*Arnold* Rn. 15; Hüffer/Koch/*Koch* Rn. 3; MüKoAktG/*Pentz* Rn. 27.
[8] Vgl. mit verschiedenen Differenzierungen *Appell* ZHR 157 (1993) 213; *Butzke* ZGR 1994, 94; *Kübler* ZHR 157 (1993) 196; *Röhricht* FS Boujong, 1996, 457.
[9] So auch MüKoAktG/*Pentz* Rn. 32; Hölters/*Solveen* Rn. 7; strenger wohl K. Schmidt/Lutter/*Kleindiek* Rn. 14; Wachter/*Wachter* Rn. 20.

somit auch nicht die Haftung für dir Richtigkeit übernehmen kann. Wurde von der Gesellschaft bereits über das Guthaben verfügt, so sind die Beträge und der jeweilige Empfänger im Einzelnen aufzuführen. Maßgeblicher **Zeitpunkt** für die Richtigkeit ist der Zeitpunkt der Abgabe der Erklärung, nicht der Zeitpunkt der Eintragung der Gesellschaft.[10] Bei nachträglichen Änderungen ist die Bank nicht verpflichtet, dies dem Gericht mitzuteilen. Nach § 37 Abs. 1 S. 4 **haftet** das Bankinstitut für die Richtigkeit der Bestätigung. Eine strafrechtliche Verantwortlichkeit nach §§ 399 ff. kommt daneben nicht in Betracht, da die Bankmitarbeiter nicht Adressaten dieser Vorschriften sind. Nach hM handelt es sich bei der Haftung nach § 37 Abs. 1 S. 4 um eine Haftung gegenüber der Gesellschaft, nicht gegenüber außenstehenden Dritten. Ein **Verschulden** des Kreditinstituts ist nicht erforderlich, da eine Garantiehaftung vorliegt.[11] Ein **Mitverschulden** soll unerheblich sein, so dass eine Minderung nach § 254 Abs. 1 BGB selbst bei positiver Kenntnis oder Arglist der Gesellschaftsorgane nicht möglich sein soll.[12] Die Gesellschaft ist bei Eingreifen der Voraussetzungen nach § 37 Abs. 1 S. 4 so zu stellen, als ob Bestätigung richtig gewesen wäre (**Haftungsumfang**). Eine nicht vorhandene Einlage ist somit von der Bank zu erbringen. Die Ansprüche aus § 37 Abs. 1 S. 4 **verjähren** analog § 51 nach fünf Jahren ab Eintragung der Gesellschaft in das Handelsregister.[13] Neben § 37 Abs. 1 S. 4 sind bei Verschulden **weitere Haftungstatbestände** nicht ausgeschlossen, wobei eine unerlaubte Handlung nach § 823 Abs. 1 BGB in der Regel mangels Verletzung eines absoluten Rechts nicht vorliegen wird. Ansprüche aus § 826 BGB bzw. § 823 Abs. 2 BGB iVm § 37 Abs. 1 S. 4 sind dagegen denkbar. § 37 Abs. 1 S. 4 dürfte jedoch nur Schutzgesetz gegenüber der Gesellschaft, nicht gegenüber außen stehenden Dritten sein. Dritte sind auch nicht in den Schutzbereich des zwischen der Gesellschaft und der Bank geschlossenen Vertrages einbezogen.

d) Bezahlte Steuern und Gebühren. Nach § 37 Abs. 1 S. 5 ist nach Art und Höhe der Beträge nachzuweisen, wenn von den einbezahlten Beträgen Steuern und Gebühren bezahlt wurden. Als Nachweise sind der Handelsregisteranmeldung Bescheide und Zahlungsbelege beizufügen. Bezahlte Steuern und Gebühren sind jedoch lediglich dann unschädlich, wenn sie in der Gründungsurkunde von der Gesellschaft als Gründungsaufwand übernommen wurden.

2. Besonderheiten bei Sachgründung. Bei der Sachgründung sind hinsichtlich des Inhalts der Anmeldung zwei Punkte zu beachten:

a) Erbringung. Zum einen sind Angaben hinsichtlich der Erbringung der Sacheinlage zu machen. Hier ist zu unterscheiden: Wurde die Sacheinlage bereits erbracht, so ist zu erklären, dass sie vollständig geleistet wurde und endgültig zur freien Verfügung des Vorstandes steht.[14] Handelt es sich um eine Gebrauchs- oder Nutzungsüberlassung, so ist zu erklären, dass der Gegenstand von der Gesellschaft genutzt werden kann.[15] Wurden die Sacheinlagen dinglich noch nicht auf die Gesellschaft übertragen,[16] so ist entweder ein ggf. vereinbarter Fälligkeitszeitpunkt anzugeben oder zu erklären, dass sich der Gründer zur Einbringung innerhalb von 5 Jahren verpflichtet hat.[17]

b) Werthaltigkeit. Zum anderen ist nach § 37 Abs. 1 S. 1, § 36a Abs. 2 S. 3 zu erklären, dass der Wert der Sacheinlagen dem geringsten Ausgabebetrag und bei Ausgabe der Aktien für einen höheren als diesen auch dem Mehrbetrag entspricht. Weitere Angaben hierzu sind nicht erforderlich. Die Wiederholung des Wortlautes des Gesetzes ist ausreichend, da dem Registergericht zur Bewertung der Sacheinlagen der Gründungsbericht nach § 32 und die Gründungsprüfungsberichte nach §§ 33, 34 vorzulegen sind.[18] Wird auf eine externe Gründungsprüfung in den Fällen des § 33a verzichtet, sind weitere Erklärungen nach § 37a erforderlich, vgl. hierzu dort. Maßgeblicher Zeitpunkt für die

---

[10] Hüffer/Koch/*Koch* Rn. 5; MüKoAktG/*Pentz* Rn. 31; Hölters/*Solveen* Rn. 8.
[11] BGHZ 113, 335 (355) = NJW 1991, 1754; BGHZ 119, 177 (181) = NJW 1992, 3300; Hüffer/Koch/*Koch* Rn. 5a; K. Schmidt/Lutter/*Kleindiek* Rn. 15; MüKoAktG/*Pentz* Rn. 37; Großkomm AktG/*Röhricht/Schall* Rn. 36.
[12] BGHZ 113, 335 (355) = NJW 1991, 1754; BGHZ 119, 177 (180 f.) = NJW 1992, 3300; Hüffer/Koch/*Koch* Rn. 5a; MüKoAktG/*Pentz* Rn. 37; Großkomm AktG/*Röhricht/Schall* Rn. 36; Hölters/*Solveen* Rn. 8; Grigoleit/*Vedder* Rn. 9; Wachter/*Wachter* Rn. 21; aA OLG Düsseldorf AG 1991, 278 (279).
[13] OLG Hamburg AG 2007, 500 (504); Hüffer/Koch/*Koch* Rn. 5a; MüKoAktG/*Pentz* Rn. 38; Hölters/*Solveen* Rn. 8; Wachter/*Wachter* Rn. 21.
[14] BeckFormB/*Döbereiner* B. II. 15; s. auch Hüffer/Koch/*Koch* Rn. 4; MüKoAktG/*Pentz* Rn. 39 ff.; Großkomm AktG/*Röhricht/Schall* Rn. 40.
[15] Großkomm AktG/*Röhricht/Schall* Rn. 40; MüKoAktG/*Pentz* Rn. 41.
[16] Zur Fälligkeit von Sacheinlagen → § 36a Rn. 16 f.
[17] Kölner Komm AktG/*Arnold* Rn. 13; Hüffer/Koch/*Koch* Rn. 4; MüKoAktG/*Pentz* § 37 Rn. 41; Großkomm AktG/*Röhricht/Schall* Rn. 41.
[18] Kölner Komm AktG/*Arnold* Rn. 13; BeckFormB/*Döbereiner* B. II. 15 Anm. 3; Hüffer/Koch/*Koch* Rn. 4; MüKoAktG/*Pentz* Rn. 40; Hölters/*Solveen* Rn. 10; Grigoleit/*Vedder* Rn. 5; Wachter/*Wachter* Rn. 11.

Erklärung der Anmeldenden,[19] insbesondere für ihre strafrechtliche Verantwortlichkeit nach § 399 Abs. 1 Nr. 1 und ihre Differenzhaftung ist der Eingang der Handelsregisteranmeldung beim Gericht. Davon zu unterscheiden ist die Frage, wer das Risiko von nach der Anmeldung eingetretenen Wertminderungen zu tragen hat. Dies ist anhand der zwischen dem Einleger und der Gesellschaft getroffenen Vereinbarungen zu ermitteln.[20]

10   **3. Offenlegung eines Hin- und Herzahlens nach § 27 Abs. 4 S. 2.** zu den materiellen Voraussetzungen des § 27 Abs. 4 S. 1 und der Erfüllungswirkung beim Hin- und Herzahlen zunächst → § 27 Rn. 213 ff. Formelle Voraussetzung einer Erfüllungswirkung des Hin- und Herzahlens ist nach § 27, dass die so erbrachte Leistung in der Anmeldung nach § 37 „angegeben" wird. Welche Angaben genau erforderlich sind, wird in der Vorschrift nicht näher ausgeführt. Eine Versicherung, dass das Hin- und Herzahlen im konkreten Fall ordnungsgemäß war, verlangt das Gesetz jedenfalls nicht.[21] Nach dem Wortlaut der Vorschrift müsste in der Anmeldung nur die Tatsache des Hin- und Herzahlens an sich erwähnt werden, die näheren Umstände dagegen müssten nicht dargelegt werden.[22] Die Erklärung soll dem Registergericht die Prüfung ermöglichen, ob die Voraussetzungen einer Erfüllungswirkung trotz Hin- und Herzahlens und eigentlich fehlender endgültiger Verfügungsbefugnis gegeben sind. Diese Prüfung setzt begriffsnotwendig voraus, dass dem Gericht die Umstände jedenfalls so dargelegt werden, dass diese Prüfung ermöglicht wird. In der Anmeldung sind daher nähere Angaben zu machen, in welcher Form und unter welchen Beteiligten das Hin- und Herzahlen stattgefunden hat. Da das Registergericht ohnehin in der Regel weitere Nachweise, etwa Bestätigungen zB eines Steuerberaters über die Vollwertigkeit des Gegenanspruchs, anfordern kann und wird, ist es sinnvoll, bereits in der Anmeldung zu den von § 27 Abs. 4 aufgeführten materiellen Voraussetzungen Stellung zu nehmen und zu erklären, dass die Leitung durch einen vollwertigen Rückzahlungsanspruch gedeckt ist, der jederzeit fällig ist oder durch fristlose Kündigung durch die Gesellschaft fällig werden kann.[23]

III. Erklärungen zum Vorstand (Abs. 2 und 3 Nr. 2)

11   **1. Personen des Vorstandes.** Die Vorstandsmitglieder sind in der Anmeldung zu benennen, und zwar mit Name, Geburtsdatum und Wohnanschrift (vgl. § 24 Abs. 1 HRV, § 43 Nr. 4 HRV).

12   **2. Abstrakte Vertretungsbefugnis.** Gem. § 37 Abs. 3 Nr. 2 ist in der Anmeldung Art und Umfang der Vertretungsbefugnis der Vorstandsmitglieder anzugeben. Hiermit ist zunächst die abstrakte Vertretungsbefugnis gemeint, also diejenige, die aufgrund Gesetz (insbesondere § 78 Abs. 2 S. 1) oder Satzung (vgl. § 78 Abs. 3) für die Mitglieder des Vorstands unabhängig von den konkreten Personen gilt.[24] Nicht erforderlich ist, eine Satzungsermächtigung für den Aufsichtsrat zur abweichenden Regelung der Vertretungsbefugnis (zB zur Erteilung von Einzelvertretungsbefugnis oder – soweit im Rahmen von § 112 zulässig – Befreiung vom Verbot der Mehrfachvertretung des § 181 Alt. 2 BGB) mit aufzuführen, da diese in das Handelsregister üblicherweise nicht eingetragen wird.[25] Auch ist nicht erforderlich, eine nach § 78 Abs. 2 S. 2 bei Gesamtvertretung geltende passive Einzelvertretungsmacht anzumelden.[26]

13   **3. Konkrete Vertretungsbefugnis.** Ferner ist die jeweilige konkrete Vertretungsbefugnis der Vorstandsmitglieder anzugeben, wenn diese aufgrund einer durch Satzungsbestimmung zugelassenen, ausdrücklichen Sonderregelung durch den Aufsichtsrat von der allgemeinen, abstrakten Vertretungsbefugnis abweicht.[27] Auch wenn nur ein Vorstand bestellt ist, ist eine diesem abweichend von der abstrakten Vertretungsbefugnis erteilte Einzelvertretungsbefugnis anzugeben, wenn die Bestellung weiterer Vorstände nicht ausgeschlossen ist. Unschädlich ist es, wenn statt des zutreffenden Begriffs „Einzelvertretungsbefugnis" der Begriff der „Alleinvertretungsbefugnis" verwendet wird.[28] Stimmt

---

[19] Zum maßgeblichen Zeitpunkt für die Prüfung durch das Gericht → § 38 Rn. 5.
[20] BeckFormB/*Döbereiner* B. II. 15 Anm. 3.
[21] AA zu § 19 Abs. 5 GmbHG Roth/Altmeppen/*Roth* GmbHG § 19 Rn. 106.
[22] So *Heckschen*, Das MoMiG in der notariellen Praxis, 2009, Rn. 141.
[23] Vgl. auch *Krafka/Kühn* RegisterR Rn. 1315, die darüber hinaus eine diesbezügliche Versicherung verlangen.
[24] Hüffer/Koch/*Koch* Rn. 8; MüKoAktG/*Pentz* Rn. 54; Hölters/*Solveen* Rn. 17; NK-AktR/*Terbrack* Rn. 19.
[25] BeckFormB/*Pfisterer* B. I. 11 Anm. 6; *Krafka/Kühn* RegisterR Rn. 1315, 952; Hölters/*Solveen* Rn. 17; Grigoleit/*Vedder* Rn. 14; aA Kölner Komm AktG/*Arnold* Rn. 37; Hüffer/Koch/*Koch* Rn. 8; Bürgers/Körber/*Lohse* Rn. 5; MüKoAktG/*Pentz* Rn. 56; NK-AktR/*Terbrack* Rn. 21.
[26] Hölters/*Solveen* Rn. 17; aA Kölner Komm AktG/*Arnold* Rn. 35; K. Schmidt/Lutter/*Kleindiek* Rn. 25; MüKoAktG/*Pentz* Rn. 55; NK-AktR/*Terbrack* Rn. 22.
[27] Kölner Komm AktG/*Arnold* Rn. 35; Hüffer/Koch/*Koch* Rn. 8; Großkomm AktG/*Röhricht/Schall* Rn. 52.
[28] BGH NJW 2007, 3287; *Krafka/Kühn* RegisterR Rn. 950 mwN.

die konkrete Vertretungsbefugnis mit der abstrakten überein, muss dies in der Anmeldung nicht erwähnt werden. Anzumelden sind jedoch unter Beachtung von § 112 zulässig erteilte Befreiungen von § 181 BGB. Nicht anzugeben ist eine rechtsgeschäftliche Ermächtigung nach § 78 Abs. 4.[29]

4. Versicherung über das Nichtvorliegen von Ausschlussgründen. Gem. § 37 Abs. 2 S. 1 **14** haben sämtliche – auch stellvertretenden – Vorstandsmitglieder zu versichern, dass keine Umstände vorliegen, die ihrer Bestellung nach § 76 Abs. 3 S. 2 Nr. 2 und S. 3 entgegenstehen. Bestellungshindernisse nach § 76 Abs. 3 S. 2 Nr. 1 (Betreuung mit Einwilligungsvorbehalt) werden von der Versicherung nicht erfasst. Für die abzugebende Versicherung genügt eine schlichte Wiederholung des Gesetzeswortlauts von § 37 Abs. 2 S. 1 nicht, vielmehr wird in der Praxis eine inhaltlich an § 76 Abs. 3 S. 2 und 3 angelehnte Erklärung verlangt.[30] Demgemäß sind die einzelnen Bestellungshindernisse einzeln anzugeben und zu verneinen. Dabei ist jedoch die allgemeine Erklärung, nicht vorbestraft und nie vorbestraft gewesen zu sein, insoweit ausreichend.[31] Sollte im Einzelfall eine Untersagung der Berufsausübung gegeben sein, so ist der genaue Gegenstand des Verbots anzugeben und zu erklären, ob und inwieweit er mit dem Gegenstand des Unternehmens übereinstimmt.[32]

5. Belehrung über die Auskunftspflicht. Ferner haben die Vorstandsmitglieder zu versichern, **15** dass sie nach § 53 Abs. 2 BZRG über ihre unbeschränkte Auskunftspflicht gegenüber dem Gericht belehrt worden sind. Diese Belehrung kann durch das Registergericht oder – in der Praxis die Regel – durch den beglaubigenden Notar erfolgen (§ 37 Abs. 2 S. 2). Eine Verpflichtung des Notars besteht jedoch nicht.[33] Eine Belehrung durch einen ausländischen Notar, wohl unabhängig davon, wie dessen Berufsbild im Einzelnen ausgestaltet ist, ist ausreichend, ebenso eine Belehrung durch einen Vertreter eines dem Notar vergleichbaren rechtsberatenden Berufs, zB durch einen Rechtsanwalt, sowie eine Belehrung durch einen Konsularbeamten → § 36 Rn. 7. Im Übrigen lässt die Vorschrift offen, was unter einem dem Notar vergleichbaren rechtsberatenden Beruf zu verstehen ist, zu verlangen ist in jedem Fall ein Beruf, bei dem die Rechtsberatung im Vordergrund steht, so dass insbesondere Steuerberater und Wirtschaftsprüfer ausscheiden. Die Belehrung kann auch schriftlich und in ausländischer Sprache erfolgen, in letzterem Fall ist dem Gericht aber ggf. durch eine Übersetzung nachzuweisen, dass die gesetzlichen Vorgaben eingehalten werden.

IV. Angaben zum Aufsichtsrat

1. Mitglieder. Üblicherweise werden in der Anmeldung zum Handelsregister nochmals die Mit- **16** glieder des ersten Aufsichtsrats benannt. Zwingend ist dies allerdings nicht, zumal nach Abs. 4 Nr. 3a nunmehr ohnehin eine Liste der Mitglieder des Aufsichtsrats, aus welcher Name, Vorname, ausgeübter Beruf und Wohnort der Mitglieder ersichtlich sind, beigefügt werden muss.

2. Vorsitzender und stellvertretender Vorsitzender. Auch die Angabe von Vorsitzendem und **17** stellvertretendem Vorsitzenden in der Anmeldung ist nicht erforderlich. Da gem. § 107 Abs. 1 S. 2 der Vorstand ohnehin „anzumelden"[34] hat, wer zum Vorsitzenden und wer zum stellvertretenden Vorsitzenden des Aufsichtsrats gewählt wurde, erfolgt dies in der Praxis häufig und zweckmäßigerweise bereits im Rahmen der Anmeldung der Gründung.

V. Weitere Angaben

1. Inländische Geschäftsanschrift (Abs. 3 Nr. 1). Gem. Abs. 3 Nr. 1 ist in der Anmeldung **18** eine inländische Geschäftsanschrift anzugeben, die nach § 39 Abs. 1 in das Handelsregister eingetragen wird. Bis zum Inkrafttreten des MoMiG am 1.11.2008 war nach § 24 Abs. 2 S. 1 HRV aF nur geregelt, dass die Anmeldung auch die Lage der Geschäftsräume enthalten soll, eine Eintragung im Handelsregister erfolgte jedoch nicht. Die Neuregelung soll der leichteren Identifikation und Auffindbarkeit der Gesellschaft dienen und betrügerische Firmenbestattungen erschweren. Die eingetragene Anschrift ist allgemeine Zugangs- und Zustelladresse für Erklärungen aller Art und zwar

---

[29] Kölner Komm AktG/*Arnold* Rn. 37; Hüffer/Koch/*Koch* Rn. 8; K. Schmidt/Lutter/*Kleindiek* Rn. 20; Großkomm AktG/*Röhricht/Schall* Rn. 52; Hölters/*Solveen* Rn. 18; Grigoleit/*Vedder* Rn. 14; teilweise abw. MüKoAktG/*Pentz* Rn. 57: Möglichkeit, Ermächtigung nach § 78 Abs. 4 AktG zu erteilen ist anzugeben.
[30] BayObLGZ 1981, 396 (398 ff.) zur GmbH; OLG München NZG 2009, 717; Hüffer/Koch/*Koch* Rn. 6; aA MüKoAktG/*Pentz* Rn. 47 mwN.
[31] BGH ZIP 2010, 1337; Wachter/*Wachter* Rn. 25.
[32] Hüffer/Koch/*Koch* Rn. 6; MüKoAktG/*Pentz* Rn. 47; Großkomm AktG/*Röhricht/Schall* Rn. 45.
[33] MüKoAktG/*Pentz* Rn. 50; Großkomm AktG/*Röhricht/Schall* Rn. 48.
[34] Keine Anmeldung „zur Eintragung" gem. § 12 HGB, daher hierfür eigentlich Anzeige durch Vorstandsmitglieder in vertretungsberechtigter Zahl ohne öffentliche Beglaubigung ausreichend – vgl. Kölner Komm AktG/*Mertens* § 107 Rn. 21; *Lutter/Krieger* Rn. 210.

auch, wenn sie tatsächlich nicht mehr zutrifft, aber die Änderung entgegen § 31 HGB nicht angemeldet wurde. Das Unterlassen der Anmeldung einer Anschriftenänderung ermöglicht ferner eine öffentliche Zustellung nach § 185 Nr. 2 ZPO. Anzugeben sind Straße und Hausnummer sowie der Ort und die Postleitzahl, vgl. § 43 Nr. 2b) HRV. Die Geschäftsanschrift wird in der Regel mit der Anschrift der Hauptverwaltung, übereinstimmen, zwingend ist dies jedoch nicht. Eine inländische Geschäftsanschrift ist zB auch dann anzugeben, wenn ein Geschäftslokal überhaupt nicht besteht oder die Gesellschaft ihren Verwaltungssitz im Ausland hat. In Betracht kommt in solchen Fällen zB die inländische Wohnanschrift eines Geschäftsführers, eines Gesellschafters oder die inländische Anschrift eines als Zustellungsbevollmächtigten eingesetzten Vertreters, wie zB eines Rechtsanwalts, Notars oder Steuerberaters, sofern diese ihr Einverständnis erklärt haben. In letzteren Fällen ist im Rahmen der Handelsregisteranmeldung auch deren Name konkret anzugeben. Die Angabe einer c/o-Anschrift ist damit ausreichend, nicht aber ein Postfach.[35] Nach § 18 EGAktG mussten vor Inkrafttreten des MoMiG in das Handelsregister eingetragene Gesellschaften ihre inländische Geschäftsanschrift mit der ersten sie betreffenden Registeranmeldung nach Inkrafttreten der Neuregelung bzw. bis spätestens 31.10.2009 anmelden, sofern sie nicht ihre Anschrift bereits gem. § 24 Abs. 2 HRV mitgeteilt hatten und diese Anschrift noch zutreffend ist.[36] Wenn bis 31.10.2009 keine Anmeldung vorgenommen wurde, wird von Amts wegen die dem Gericht nach § 24 Abs. 2 HRV bekannte oder eine auf andere Weise bekannt gewordene Geschäftsanschrift in das Handelsregister eingetragen, in diesem Fall gilt die mitgeteilte Anschrift unabhängig vom Zeitpunkt ihrer tatsächlichen Eintragung ab dem 31.10.2009 als eingetragene inländische Geschäftsanschrift, wenn sie im elektronischen Informations- und Kommunikationssystem nach § 9 Abs. 1 HGB abrufbar ist.

19 **2. Inländischer Empfangsberechtigter.** Neben der zwingenden Anmeldung und Eintragung einer inländischen Geschäftsanschrift kann nach § 39 Abs. 1 S. 2 freiwillig eine Person angemeldet und im Handelsregister eingetragen werden, die neben den Vertretern der Gesellschaft als zusätzlicher Empfänger für Willenserklärungen und Zustellungen dient. Für die Gesellschaft kann dies den Vorteil haben, dass eine öffentliche Zustellung nach § 185 Nr. 2 ZPO erst dann zulässig ist, wenn eine Zustellung auch an diesen zusätzlichen Empfangsvertreter nicht möglich ist. Bei der empfangsberechtigten Person muss es sich nicht um eine natürliche Person handeln, vielmehr kommen auch inländische juristische Personen und rechtsfähige Vereinigungen in Betracht, ausländische dagegen nur, wenn sie wiederum eine inländische Anschrift haben. Anzugeben sind Familienname und Vorname oder Firma und Rechtsform sowie die inländische Anschrift der empfangsberechtigten Person (§ 43 Nr. 2b HRV).

20 **3. Hinweis auf genehmigtes Kapital.** In der Praxis ist ferner häufig in der Anmeldung ein Hinweis auf ein bereits in der Satzung enthaltenes genehmigtes Kapital sinnvoll, wenn auch nicht unbedingt erforderlich, um zu vermeiden, dass das Registergericht dieses genehmigte Kapital übersieht und deshalb seine Handelsregistereintragung entgegen § 39 Abs. 2 versehentlich unterlässt.

VI. Beizufügende Anlagen (Abs. 4)

21 Die beizufügenden Anlagen ergeben sich aus § 37 Abs. 4. Für die Form gilt über Abs. 5 die Vorschrift des § 12 Abs. 2 HGB. Nicht mehr beigefügt werden müssen für den Betrieb der Gesellschaft erforderliche staatliche Genehmigungen, der frühere § 37 Abs. 4 Nr. 5 wurde durch das MoMiG im Jahre 2008 aufgehoben.[37]

22 **Nr. 1.** Nach Nr. 1 sind die **Satzung** und die **Urkunden,** in denen die Satzung festgestellt worden ist und die Aktien von den Gründern übernommen worden sind, der Anmeldung beizufügen. Dies wird durch Einreichung der notariellen Gründungsurkunde und ggf. errichteter Nachtragsurkunden erfüllt. In der Gründungurkunde sind in der Regel gleichzeitig die Festsetzungen nach §§ 26, 27 sowie die Bestellung des Aufsichtsrates enthalten, so dass Nr. 2 und Nr. 3 insoweit ohne Bedeutung sind.

23 **Nr. 2.** Im Fall der **Sachgründung** nach § 27 Abs. 1 S. 1 Alt. 1 sind gegebenenfalls geschlossene Einbringungsverträge beim Handelsregister einzureichen. Wurden **Sachübernahmen** nach § 27 Abs. 1 S. 1 Alt. 2 vereinbart, sind die entsprechenden Verträge vorzulegen. Das Gleiche gilt, wenn **Gründungsvorteile** gem. § 26 Abs. 1 eingeräumt wurden. Übernimmt die neu gegründete Gesellschaft – wie in der Praxis üblich – die Gründungskosten ist ferner eine Berechnung des der Gesell-

---

[35] OLG Naumburg NZG 2009, 956; Hölters/*Solveen* Rn. 14; Wachter/*Wachter* Rn. 33.
[36] OLG München ZIP 2009, 366.
[37] Siehe hierzu *Gottwald* MittBayNot 2001, 164; *Leitzen* GmbHR 2009, 480; *Weigl* DNotZ 2011, 169.

schaft zur Last fallenden **Gründungsaufwands** einzureichen.[38] In dieser sind die Vergütungen nach Art und Höhe und die Empfänger einzeln anzuführen. Stehen die Beträge noch nicht fest, so sind Schätzungen, bei gleichartigen Positionen wie Telefonkosten ist der Gesamtbetrag ausreichend. Belege müssen nicht vorgelegt werden, können vom Handelsregister jedoch im Einzelfall verlangt werden, wenn Gründungsaufwand gegenüber vergleichbaren Fällen überhöht erscheint.[39]

Nr. 3. Nach Nr. 3 sind die Urkunden über die Bestellung des Vorstands (§ 30 Abs. 4) und des Aufsichtsrats (§ 30 Abs. 1) beizufügen. Die Bestellung des Aufsichtsrates ist in der Regel in der Gründungsurkunde enthalten. Zum Nachweis der Bestellung des Vorstandes ist Vorlage des Aufsichtsratsbeschlusses erforderlich. Nachweise über die Annahme des jeweiligen Amtes sind nicht erforderlich, da hierfür die nach § 36 erforderliche Mitwirkung bei der Handelsregisteranmeldung aller Vorstands- und Aufsichtsratsmitglieder ausreicht.[40] Ein Nachweis über die Bestellung eines Abschlussprüfers gemäß § 30 Abs. 1 wird ebenfalls nicht verlangt, zumal eine Bestellung bei fehlender Prüfungspflicht ohnehin nicht erforderlich ist, → § 30 Rn. 20. 24

Nr. 4. Beizufügen sind ferner der Gründungsbericht der Gründer nach § 32, die Prüfungsberichte von Vorstand und Aufsichtsrat nach § 33, sowie – soweit erforderlich – der Prüfungsbericht des externen Gründungsprüfers nach § 33 nebst ihren urkundlichen Unterlagen (zB Berechnungen, Gutachten usw.). Ausreichend ist auch direkte Einreichung durch die Gründungsprüfer beim Gericht nach § 34 Abs. 3. Wird auf eine externe Gründungsprüfung unter den Voraussetzungen des § 33a verzichtet, sind nach § 37a Abs. 3 weitere Anlagen beizufügen, → § 37a Rn. 6 f. 25

Nr. 4a. Einzureichen ist auch eine Liste der Mitglieder des Aufsichtsrats, aus welcher Name, Vorname, ausgeübter Beruf und Wohnort der Mitglieder ersichtlich ist. 26

VII. Form der Einreichung (Abs. 5)

Die erforderlichen Unterlagen sind nach § 12 Abs. 2 HGB in elektronischer Form beim Handelsregister einzureichen. 27

§ 37a Anmeldung bei Sachgründung ohne externe Gründungsprüfung

(1) ¹Wird nach § 33a von einer externen Gründungsprüfung abgesehen, ist dies in der Anmeldung zu erklären. ²Der Gegenstand jeder Sacheinlage oder Sachübernahme ist zu beschreiben. ³Die Anmeldung muss die Erklärung enthalten, dass der Wert der Sacheinlagen oder Sachübernahmen den geringsten Ausgabebetrag der dafür zu gewährenden Aktien oder den Wert der dafür zu gewährenden Leistungen erreicht. ⁴Der Wert, die Quelle der Bewertung sowie die angewandte Bewertungsmethode sind anzugeben.

(2) In der Anmeldung haben die Anmeldenden außerdem zu versichern, dass ihnen außergewöhnliche Umstände, die den gewichteten Durchschnittspreis der einzubringenden Wertpapiere oder Geldmarktinstrumente im Sinne von § 33a Abs. 1 Nr. 1 während der letzten drei Monate vor dem Tag ihrer tatsächlichen Einbringung erheblich beeinflusst haben könnten, oder Umstände, die darauf hindeuten, dass der beizulegende Zeitwert der Vermögensgegenstände im Sinne von § 33a Abs. 1 Nr. 2 am Tag ihrer tatsächlichen Einbringung auf Grund neuer oder neu bekannt gewordener Umstände erheblich niedriger ist als der von dem Sachverständigen angenommene Wert, nicht bekannt geworden sind.

(3) Der Anmeldung sind beizufügen:
1. Unterlagen über die Ermittlung des gewichteten Durchschnittspreises, zu dem die einzubringenden Wertpapiere oder Geldmarktinstrumente während der letzten drei Monate vor dem Tag ihrer tatsächlichen Einbringung auf einem organisierten Markt gehandelt worden sind,
2. jedes Sachverständigengutachten, auf das sich die Bewertung in den Fällen des § 33a Abs. 1 Nr. 2 stützt.

Schrifttum: S. bei § 33a.

---

[38] Muster bei Bargründung s. BeckFormB/*Pfisterer* B. I. 10 bzw. bei Sachgründung BeckFormB/*Döbereiner* B. II. 14.
[39] AA Großkomm AktG/*Röhricht/Schall* Rn. 57: vorliegende Verträge müssen beigefügt werden.
[40] Hüffer/Koch/*Koch* Rn. 11; MüKoAktG/*Pentz* Rn. 66; Großkomm AktG/*Röhricht/Schall* Rn. 58; Grigoleit/*Vedder* Rn. 21.

I. Allgemeines, Normzweck

1 § 37a wurde durch das ARUG zum 1.9.2009 eingeführt. Die Vorschrift ergänzt in formeller Hinsicht § 33a, der nach Wahl der Gesellschaft eine vereinfachte Sachgründung ohne externe Gründungsprüfung nach § 33a zulässt. Zu den materiellen Voraussetzungen des § 33a vgl. die Erläuterungen dort. § 37a regelt die zusätzlichen Angaben (Abs. 1) und Versicherungen (Abs. 2), die in den Fällen des § 33a in der Handelsregisteranmeldung aufzuführen sind sowie die zusätzlichen Unterlagen, die dem Registergericht vorgelegt werden müssen (Abs. 3). Abs. 1 verlangt in der Anmeldung auch diejenigen Angaben, die ansonsten Gegenstand des Gründungsberichts der Gründer und des Vorstands sowie des Aufsichtsrats wären, auf die nach § 34 Abs. 2 S. 3 aber in den Fällen des § 33a verzichtet werden kann. Zur eingeschränkten Prüfungspflicht des Registergerichts nach § 38 Abs. 3 → § 38 Rn. 9. Die in § 37a Abs. 1 und 2 aufzuführenden Erklärungen und Versicherungen sind von allen Anmeldern abzugeben, die Versicherungen nach Abs. 2 sind nach § 399 Abs. 1 Nr. 1 strafbewehrt. Ein Übergang zum regulären Gründungsverfahren ist jederzeit möglich, so dass zB bei Bedenken des Registergerichts nachträglich noch eine externe Gründungsprüfung nachgeholt werden kann.

II. Zusätzliche Angaben und Versicherungen

2 **1. Erklärung zur Wahlrechtsausübung.** Da die vereinfachte Sachgründung nach § 33a nicht zwingend ist, es der Gesellschaft vielmehr freisteht, ein reguläres Gründungsverfahren mit externer Gründungsprüfung durchzuführen, ist in der Anmeldung gem. Abs. 1 S. 1 zu erklären, dass von der Möglichkeit des § 33a Gebrauch gemacht wird.

3 **2. Beschreibung der Sacheinlage.** Nach Abs. 1 S. 2 ist der Gegenstand jeder Sacheinlage oder Sachübernahme in der Anmeldung zu beschreiben. Weitere Vorgaben enthält das Gesetz nicht. Die Beschreibung soll nach der Begründung zum Referentenentwurf inhaltlich über die notwendigen Festsetzungen in der Satzung nach § 27 Abs. 1 S. 1 hinausgehen.[1] Während die Festsetzung der Sacheinlage in der Satzung vor allem der Konkretisierung des Einlagegegenstands dient, soll die Beschreibung der Sacheinlage zusammen mit den ebenfalls offen zu legenden Bewertungsgrundlagen nach § 37a auch gewährleisten, dass Außenstehende die Werthaltigkeit des Einlagegegenstands selbst einschätzen können. Die Beschreibung muss deshalb nicht nur konkretisierende oder individualisierende, sondern auch wertbildende Faktoren berücksichtigen. Der Gegenstand muss in jedem Fall so genau bezeichnet werden, dass seine Identität zweifellos feststeht. Eine Orientierung am sachenrechtlichen Bestimmtheitsgrundsatz, der im Rahmen der dinglichen Erfüllung der Sacheinlageverpflichtung bei der Einbringung gewahrt werden muss, ist sinnvoll.[2]

4 **3. Wert der Sacheinlage.** Die Anmeldung muss nach Abs. 1 S. 3 die Erklärung enthalten, dass der Wert der Sacheinlagen oder Sachübernahmen den geringsten Ausgabebetrag der dafür zu gewährenden Aktien oder den Wert der dafür zu gewährenden Leistungen erreicht. Abs. 1 S. 3 wiederholt lediglich die bereits nach § 37 Abs. 1 S. 1 iVm § 36a bestehenden Anforderungen und hat insofern nur klarstellende Bedeutung. Die Wiederholung des Gesetzeswortlauts ist ausreichend. In der Anmeldung muss außerdem der Wert der Sacheinlage beziffert werden. Maßgeblich ist der Zeitwert, er ist als Geldbetrag in Euro anzugeben. Stichtag ist der Tag der tatsächlichen Einbringung. Die Quelle der Bewertung, insbesondere zugrundeliegende Börsenkurse oder ein zugrundeliegendes Sachverständigengutachten, und die bei der Bewertung angewandte Methode[3] sind anzugeben. Nach dem eindeutigen Wortlaut ist eine Erklärung, dass auch ein ggf. vereinbartes Agio durch den Wert der Sacheinlagen bzw. Sachübernahmen gedeckt ist, nicht erforderlich.[4]

5 **4. Versicherungen nach Abs. 2.** In der Anmeldung haben die Anmeldenden nach Abs. 2 außerdem ergänzend zu § 37 Abs. 1 und 2 zu versichern, dass ihnen außergewöhnliche Umstände, die den gewichteten Durchschnittspreis der einzubringenden Wertpapiere oder Geldmarktinstrumente im Sinne von § 33a Abs. 1 Nr. 1 während der letzten drei Monate vor dem Tag ihrer tatsächlichen Einbringung erheblich beeinflusst haben könnten, oder Umstände, die darauf hindeuten, dass der beizulegende Zeitwert der Vermögensgegenstände im Sinne von § 33a Abs. 1 Nr. 2 am Tag ihrer tatsächlichen Einbringung auf Grund neuer oder neu bekannt gewordener Umstände erheblich niedriger ist als der von dem Sachverständigen angenommene Wert, nicht bekannt geworden sind.

---

[1] → § 27 Rn. 67 ff. und BeckFormB/*Döbereiner* B. II. 3 Anm. 17.
[2] → § 36a Rn. 9 und BeckFormB/*Döbereiner* B. II. 6 Anm. 6.
[3] Zu den Bewertungsmethoden bei Sacheinlagen → § 27 Rn. 34 ff.
[4] *Paschos/Goslar* AG 2008, 605 (613); aA Großkomm AktG/*Schall* Rn. 5; Kölner Komm AktG/*Arnold* Rn. 7; K. Schmidt/Lutter/*Kleindiek* Rn. 4; Hölters/*Solveen* Rn. 3; Grigoleit/*Vedder* Rn. 1; Wachter/*Wachter* Rn. 7.

Die Wiedergabe des Gesetzeswortlauts ist insoweit ausreichend. Die Erklärung führt dazu, dass die Anmelder für diese Umstände die zivilrechtliche (§§ 46, 48) und strafrechtliche Haftung (§ 399) trifft.

III. Zusätzliche Anlagen

Zusätzlich zu den allgemein nach § 37 Abs. 4 der Anmeldung beizufügenden Unterlagen sind der Anmeldung folgende Anlagen beizufügen: **6**

1. Unterlagen über die Ermittlung des gewichteten Durchschnittspreises. Wurden nach § 33a Abs. 1 Nr. 1 Wertpapiere oder Geldmarktinstrumente, die während der letzten drei Monate vor dem Tag ihrer tatsächlichen Einbringung auf einem organisierten Markt gehandelt worden sind, eingebracht, sind Unterlagen über die Ermittlung des gewichteten Durchschnittspreises vorzulegen. Dieser Wert wird für die an deutschen geregelten Märkten gehandelten Wertpapiere laufend von der Bundesanstalt für Finanzdienstleistungsaufsicht (BaFin) ermittelt und veröffentlicht, so dass insbesondere diese Unterlagen vorgelegt werden können. Eine Vorlage von durch andere Anbieter ermittelten entsprechenden Werten ist jedoch nicht ausgeschlossen.

2. Sachverständigengutachten. In den Fällen des § 33a Abs. 1 Nr. 2 sind die der Bewertung des Sacheinlagegegenstandes zugrundeliegenden Sachverständigengutachten beizufügen. **7**

§ 38 Prüfung durch das Gericht

(1) ¹Das Gericht hat zu prüfen, ob die Gesellschaft ordnungsgemäß errichtet und angemeldet ist. ²Ist dies nicht der Fall, so hat es die Eintragung abzulehnen.

(2) ¹Das Gericht kann die Eintragung auch ablehnen, wenn die Gründungsprüfer erklären oder es offensichtlich ist, daß der Gründungsbericht oder der Prüfungsbericht der Mitglieder des Vorstands und des Aufsichtsrats unrichtig oder unvollständig ist oder den gesetzlichen Vorschriften nicht entspricht. ²Gleiches gilt, wenn die Gründungsprüfer erklären oder das Gericht der Auffassung ist, daß der Wert der Sacheinlagen oder Sachübernahmen nicht unwesentlich hinter dem geringsten Ausgabebetrag der dafür zu gewährenden Aktien oder dem Wert der dafür zu gewährenden Leistungen zurückbleibt.

(3) ¹Enthält die Anmeldung die Erklärung nach § 37a Abs. 1 Satz 1, hat das Gericht hinsichtlich der Werthaltigkeit der Sacheinlagen oder Sachübernahmen ausschließlich zu prüfen, ob die Voraussetzungen des § 37a erfüllt sind. ²Lediglich bei einer offenkundigen und erheblichen Überbewertung kann das Gericht die Eintragung ablehnen.

(4) Wegen einer mangelhaften, fehlenden oder nichtigen Bestimmung der Satzung darf das Gericht die Eintragung nach Absatz 1 nur ablehnen, soweit diese Bestimmung, ihr Fehlen oder ihre Nichtigkeit
1. Tatsachen oder Rechtsverhältnisse betrifft, die nach § 23 Abs. 3 oder auf Grund anderer zwingender gesetzlicher Vorschriften in der Satzung bestimmt sein müssen oder die in das Handelsregister einzutragen oder von dem Gericht bekanntzumachen sind,
2. Vorschriften verletzt, die ausschließlich oder überwiegend zum Schutze der Gläubiger der Gesellschaft oder sonst im öffentlichen Interesse gegeben sind, oder
3. die Nichtigkeit der Satzung zur Folge hat.

Schrifttum: → bei § 36 und § 37.

Übersicht

	Rn.		Rn.
I. Allgemeines, Normzweck	1	2. Formelle Prüfung	7
II. Sachliche, örtliche und funktionale Zuständigkeit	2	3. Materielle Prüfung	8
		V. Besonderheiten bei Sachgründung (Abs. 2 S. 2 und Abs. 3)	9
III. Maßgeblicher Zeitpunkt	3–5	VI. Schranken der Prüfungsbefugnis (Abs. 4)	10
1. Grundsatz	3		
2. Prinzip der wertgleichen Deckung, Vorbelastungen	4	VII. Entscheidungsmöglichkeiten	11–13
3. Werthaltigkeit von Sacheinlagen	5	1. Eintragung, Verfahren	11
IV. Einzelheiten	6–8	2. Zwischenverfügung	12
1. Allgemeines	6	3. Ablehnung der Eintragung	13

	Rn.		Rn.
VIII. Rechtsschutz gegen Ablehnung der Eintragung	14–17	3. Entscheidung über die Beschwerde	16
1. Beschwerde (§ 58 FamFG)	14	4. Rechtsbeschwerde (§ 70 FamFG)	17
2. Beschwerdebefugnis (§ 59 FamFG)	15	**IX. Kosten**	18

I. Allgemeines, Normzweck

1 Gem. § 38 Abs. 1 hat das Gericht zu prüfen, ob die Gesellschaft ordnungsgemäß errichtet und angemeldet ist, um den Rechtsverkehr vor fehlerhaften Gründungen zu schützen. § 38 Abs. 3 setzt der Prüfungskompetenz des Gerichts aber auch Schranken, um dem Interesse der Gesellschaft an zügiger Eintragung gerecht zu werden. Das Handelsregister hat ein **Prüfungsrecht**, aber auch eine **Prüfungspflicht**.[1] Bei Vorliegen der Eintragungsvoraussetzungen besteht ein **Anspruch** der Gesellschaft auf Eintragung in das Handelsregister.[2] Nach § 25 Abs. 1 S. 2 HRV hat das Gericht unverzüglich nach Eingang der Anmeldung zu entscheiden. Es gilt im Übrigen der **Amtsermittlungsgrundsatz** des § 26 FamFG (vormals § 12 FGG), der jedoch die Beteiligten nicht davon entbindet, erforderliche Nachweise und Unterlagen beizubringen.

II. Sachliche, örtliche und funktionale Zuständigkeit

2 Die Eintragung erfolgt gem. § 377 Abs. 1 FamFG **örtlich** bei dem am Sitz (§ 14) der Gesellschaft zuständigen Handelsregister. Für die Führung des Handelsregisters sind gemäß § 23a Abs. 2 Nr. 3 GVG **sachlich** die Amtsgerichte zuständig. Jedes Amtsgericht führt nach § 1 HRV für seinen Bezirk ein Handelsregister, sofern nicht die Landesregierungen durch Rechtsverordnung die Führung des Handelsregisters für mehrere Amtsgerichtsbezirke einem anderen Amtsgericht übertragen haben, vgl. § 376 Abs. 2 FamFG.[3] Hat die Gesellschaft **mehrere Sitze** (→ § 5 Rn. 7 f.) und liegen diese im Zuständigkeitsbereich mehrerer Gerichte, so ist die Prüfung durch sämtliche zuständigen Registergerichte selbständig durchzuführen. Die Gesellschaft entsteht erst mit der letzten Eintragung.[4] Eine Abstimmung zwischen den Gerichten ist nicht vorgesehen. **Funktional** zuständig für die Prüfung und die Eintragung ist nach § 17 Nr. 1 lit. a RPflG, § 25 HRV der Richter.

III. Maßgeblicher Zeitpunkt

3 **1. Grundsatz.** Das Gericht prüft die Eintragungsfähigkeit der Gesellschaft grundsätzlich aufgrund der im Zeitpunkt des Eingangs der Handelsregisteranmeldung bestehenden Sachlage.[5] Dies ändert jedoch nichts daran, dass die Eintragungsvoraussetzungen im Zeitpunkt der Eintragung noch gegeben sein müssen, so dass das Gericht bei diesbezüglichen Zweifeln weitere Nachweise verlangen kann. Ohne besondere Anhaltspunkte besteht für das Gericht hierzu jedoch regelmäßig keine Veranlassung. Besondere Umstände können zB vorliegen, wenn zwischen dem Tag der notariellen Beglaubigung der Handelsregisteranmeldung und deren Eingang beim Gericht ein längerer Zeitraum liegt. Die Anmelder sind im Übrigen nicht verpflichtet, bei Änderung der Umstände dies ungefragt dem Handelsregister mitzuteilen.[6] Tun sie dies dennoch, so ist das Gericht befugt, aufgrund dieser Erkenntnisse die Eintragung abzulehnen.

4 **2. Prinzip der wertgleichen Deckung, Vorbelastungen.** Nach dem Einreichen der Anmeldung beim Handelsregister ist der Vorstand in der Verfügung über die ordnungsgemäß eingeforderten und eingezahlten Bareinlagen frei (→ § 36 Rn. 23). Nach zutreffender herrschender, auch vom BGH vertretener Auffassung dürfen die eingezahlten Einlagen bereits **vor Handelsregisteranmeldung** vom Vorstand verwendet werden, wenn der Gesellschaft dafür ein entsprechender Wert zufließt und dieser Wert im Zeitpunkt der Anmeldung noch vorliegt („Prinzip der wertgleichen Deckung"). Damit hindert die Aufnahme der Geschäftstätigkeit vor Eingang der Handelsregisteranmeldung bei Gericht und ein damit einhergehender Verbrauch der Bareinlage die Eintragung nicht, wenn die damit angeschafften Gegenstände einen entsprechenden Wert besitzen. Dies ist im Einzelfall durch

---

[1] MüKoAktG/*Pentz* Rn. 8; Hölters/*Solveen* Rn. 1.
[2] MüKoAktG/*Pentz* Rn. 8; Großkomm AktG/*Röhricht/Schall* Rn. 3; Hölters/*Solveen* Rn. 3.
[3] Vgl. zu den aufgrund der Vorgängervorschrift des § 376 Abs. 2 FamFG erlassenen Rechtsverordnungen im Einzelnen die Aufstellung bei Krafka/Kühn RegisterR Rn. 13.
[4] *Krafka/Kühn* RegisterR Rn. 356; aA MüKoAktG/*Pentz* Rn. 9.
[5] Hüffer/Koch/*Koch* Rn. 4; K. Schmidt/Lutter/*Kleindiek* Rn. 6; MüKoAktG/*Pentz* Rn. 20; Großkomm AktG/*Röhricht/Schall* Rn. 15; Hölters/*Solveen* Rn. 3; Grigoleit/*Vedder* Rn. 3.
[6] Hüffer/Koch/*Koch* Rn. 5; K. Schmidt/Lutter/*Kleindiek* Rn. 6; MüKoAktG/*Pentz* Rn. 27; Grigoleit/*Vedder* Rn. 3.

Verträge, Rechnungen, Belege oder Quittungen nachzuweisen.[7] Aber auch **nach Anmeldung** entstehende Vorbelastungen hindern die Eintragung idR nicht, da die Kapitalaufbringung durch ggf. eingreifende Unterbilanzhaftung gesichert ist.[8] Das Gericht kann bei positiver Kenntnis von Vorbelastungen die Eintragung also nicht ablehnen und grundsätzlich auch keine Nachweise verlangen. Anders ist dies lediglich, wenn aufgrund dem Gericht bekannter Tatsachen, zB angeschlagener wirtschaftlicher Lage eines Gründers, die Unterbilanzhaftung keinen ausreichenden Ausgleich für Vorbelastungen darstellt.

3. Werthaltigkeit von Sacheinlagen. Umstritten ist, auf welchen Zeitpunkt bei der Prüfung 5 der Werthaltigkeit von Sacheinlagen abzustellen ist. Teilweise wird vertreten, es komme auf den Zeitpunkt der Eintragung an,[9] andere stellen auf die Verhältnisse im Zeitpunkt des Eingangs der Handelsregisteranmeldung ab.[10] Zutreffenderweise ist hier auf die Verhältnisse im Zeitpunkt der Prüfung durch das Gericht abzustellen,[11] das jedoch sich bis zur Eintragung bereits abzeichnende Wertminderungen berücksichtigen kann.

IV. Einzelheiten

1. Allgemeines. Die durch das Gericht vorzunehmende Kontrolle beschränkt sich auf eine 6 **Rechtsprüfung.** Wirtschaftlichkeits- oder Zweckmäßigkeitsgesichtspunkte spielen keine Rolle. Nicht zu prüfen hat das Gericht damit, ob die Gesellschaft wirtschaftlich lebensfähig ist oder ob Satzungsbestimmungen zweckmäßig und interessengerecht sind.[12] Die Prüfung des Gerichts erstreckt sich im Übrigen auf sämtliche gesetzlichen Eintragungsvoraussetzungen. Es handelt sich um eine **formelle** Prüfung – betreffend die Ordnungsmäßigkeit der Anmeldung – sowie eine **materielle** Prüfung – betreffend den Errichtungsvorgang einschließlich der besonderen Prüfungsgegenstände des § 38 Abs. 2. Die Prüfung des Gerichts erfolgt dabei zunächst und in erster Linie aufgrund der eingereichten Unterlagen, im Rahmen von § 26 FamFG kann das Gericht jedoch auch eigene Ermittlungen anstellen und weitere Nachweise von den Beteiligten verlangen. In Betracht kommt insbesondere auch die Einholung eines Gutachtens der IHK nach § 23 S. 2 HRV.

2. Formelle Prüfung. In formeller Hinsicht ist durch das Gericht die Ordnungsgemäßheit der 7 Anmeldung zu kontrollieren, dies umfasst insbesondere folgende Punkte: Sachliche und örtliche Zuständigkeit des Registergerichts; Form der Anmeldung; Anmeldung durch alle anmeldepflichtigen Personen; Mindesteinzahlungen auf die Bareinlage; Leistung zur freien Verfügung des Vorstands; Vorliegen der nach § 37 Abs. 1 S. 1 und Abs. 3, § 37a Abs. 1 und § 27 Abs. 4 S. 2 notwendigen Erklärungen und der durch § 37 Abs. 1 S. 2, S. 3 und S. 5 geforderten Nachweise einschließlich deren Richtigkeit; Abgabe der Versicherungen nach § 37 Abs. 2 und § 37a Abs. 2 einschließlich deren Richtigkeit; Beifügung sämtlicher erforderlicher Anlagen (§ 37 Abs. 4 und § 37a Abs. 3).

3. Materielle Prüfung. In materieller Hinsicht prüft das Gericht die **Gesetzmäßigkeit** der 8 Errichtung. Hierbei sind insbesondere zu prüfen: Wirksamkeit der **Gründungsurkunde** (notarielle Form, Gründerfähigkeit der Gründer, Unterzeichnung durch sämtliche Gründer, ordnungsgemäße Vertretung); notwendiger Mindestinhalt der Satzung nach § 23 Abs. 2–4; vollständige Aktienübernahme; ordnungsgemäße Festsetzung von Sacheinlagen und Sachübernahmen nach § 27 sowie von Sondervorteilen und Gründungsaufwand iSv § 26; Vorliegen der materiellen Voraussetzungen für ein ordnungsgemäßes Hin- und Herzahlen gem. § 27 Abs. 4 S. 1; Bestellung des Aufsichtsrates nach § 30 Abs. 1 und seine ordnungsgemäße Zusammensetzung; Bestellung eines Abschlussprüfers nach § 30 Abs. 1; Bestellung des ersten Vorstandes durch den Aufsichtsrat nach § 30 Abs. 4 und seine Vertretungsbefugnis. Liegen Anhaltspunkte für eine verdeckte Sachgründung vor, sind diese auszuräumen oder die Eintragung ist vom Gericht gegebenenfalls abzulehnen. Aus § 38 Abs. 2 S. 1 folgt, dass auch der **Gründungsbericht** der Gründer und der **Prüfungsbericht** von Vorstand und Aufsichtsrat sowie des externen Gründungsprüfers – soweit erforderlich – durch das Gericht auf den erforderlichen Inhalt und seine Schlüssigkeit zu prüfen sind. Erklärt der Gründungsprüfer zur Überzeugung des Gerichts, dass diese Berichte unrichtig oder unvollständig sind, oder ist dies offensichtlich und zweifelsfrei, so hat das Gericht die Eintragung abzulehnen. Das Gericht kann sich jedoch über

---

[7] MüKoAktG/*Pentz* § 37 Rn. 30; Großkomm AktG/*Röhricht/Schall* Rn. 24.
[8] Hüffer/Koch/*Koch* Rn. 10; MüKoAktG/*Pentz* Rn. 21; Großkomm AktG/*Röhricht/Schall* Rn. 15.
[9] MüKoAktG/*Pentz* Rn. 25.
[10] K. Schmidt/Lutter/*Kleindiek* Rn. 8; Großkomm AktG/*Röhricht/Schall* Rn. 16; NK-AktR/*Terbrack* Rn. 7.
[11] Kölner Komm AktG/*Arnold* Rn. 9; BeckFormB/*Döbereiner* B. II. 15; Anm. 5; Hüffer/Koch/*Koch* Rn. 9; Hölters/*Solveen* Rn. 3.
[12] Kölner Komm AktG/*Arnold* Rn. 14; Hüffer/Koch/*Koch* Rn. 3; MüKoAktG/*Pentz* Rn. 46, 49; Großkomm AktG/*Röhricht/Schall* Rn. 26; Hölters/*Solveen* Rn. 3; Grigoleit/*Vedder* Rn. 2.

die negative Beurteilung des Prüfers auch hinwegsetzen, wenn es der Auffassung ist, dass die Einwände des Prüfers nicht stichhaltig sind. In der Praxis wird dies allerdings nur in Ausnahmefällen vorkommen.

V. Besonderheiten bei Sachgründung (Abs. 2 S. 2 und Abs. 3)

9 Nach § 38 Abs. 2 S. 2 kann das Registergericht die Eintragung auch ablehnen, wenn die Gründungsprüfer erklären oder das Gericht der Auffassung ist, dass der Wert der Sacheinlagen oder Sachübernahmen nicht unwesentlich hinter dem geringsten Ausgabebetrag der dafür zu gewährenden Aktien oder dem Wert der dafür zu gewährenden Leistungen entspricht. In der Praxis – besonders bei nicht eindeutigen Fällen – bedient sich das Gericht gem. § 380 FamFG, § 23 HRV häufig der Mithilfe der zuständigen Industrie und Handelskammer. Wann die Abweichung zwischen Wert und Ausgabebetrag **unwesentlich** ist, ist nicht definiert, liegt also im pflichtgemäßen Ermessen des Gerichts. Die tolerable Bandbreite von Bewertungsdifferenzen darf nicht überschritten sein.[13] Man wird dabei im Interesse des Gläubigerschutzes tendenziell einen strengen Maßstab anlegen müssen.[14] Werden die Aktien **überpari** ausgegeben, erstreckt sich die Prüfung des Gerichts nach dem Wortlaut von § 38 Abs. 2 nicht auf das Agio. Dennoch ist – wie sich aus § 36a Abs. 2 S. 2, § 37 Abs. 1 ergibt – das Gericht berechtigt, auch die Erbringung des Aufgeldes zu prüfen und bei dessen Nichtdeckung die Eintragung abzulehnen. Enthält gem. § 37a Abs. 1 S. 1 die Anmeldung die Erklärung, dass nach § 33a auf eine **externe Gründungsprüfung verzichtet** wurde, hat das Gericht nach § 38 Abs. 3 hinsichtlich der Werthaltigkeit der Sacheinlagen oder Sachübernahmen ausschließlich zu prüfen, ob die Voraussetzungen des § 37a erfüllt sind, also alle dort vorgesehenen Erklärungen und Versicherungen sowie Unterlagen vorliegen. Das Gericht prüft darüber hinaus jedoch weder die materielle Richtigkeit der Erklärungen, noch ob die Voraussetzungen des § 33a Abs. 2 vorliegen. Das Gericht prüft grds. auch nicht die Werthaltigkeit der Sacheinlage, lediglich bei einer offensichtlichen und erheblichen Überbewertung kann die Eintragung abgelehnt werden.

VI. Schranken der Prüfungsbefugnis (Abs. 4)

10 § 38 Abs. 4 setzt der Prüfungsbefugnis des Gerichts im Interesse der Gesellschaft an zügiger Eintragung bezüglich der Satzung der Gesellschaft Schranken. Die Voraussetzungen von **Nr. 1** und **Nr. 2** müssen dabei kumulativ (nicht alternativ) erfüllt sein,[15] so dass das Gericht die Eintragung wegen Satzungsmängeln nur ablehnen darf, wenn der gesetzliche Mindestinhalt der Satzung (§ 23 Abs. 3 und 4, §§ 26, 27) bzw. der Handelsregistereintragung (vgl. § 39) oder Bekanntmachung (vgl. § 10 HGB) betroffen **und** Vorschriften verletzt sind, die ausschließlich dem Gläubigerschutz oder dem öffentlichen Interesse dienen (§ 241 Nr. 3 Alt. 2 und Alt. 3).[16] Nichtigkeit der Satzung iSv **Nr. 3** kommt – sofern bei Mängeln nicht bereits Nr. 2 eingreift – dann in Betracht, wenn eine Satzungsbestimmung unwirksam ist und dies entgegen § 139 BGB im Einzelfall Gesamtnichtigkeit der Satzung zur Folge hat. Auch bei Vorliegen der Voraussetzungen der Nr. 3 müssen kumulativ die Voraussetzungen von Nr. 1 gegeben sein.

VII. Entscheidungsmöglichkeiten

11 **1. Eintragung, Verfahren.** Hält das Gericht alle Eintragungsvoraussetzungen für gegeben, so ist nach § 383 Abs. 1 FamFG die Gesellschaft in das – nach § 8 HGB, § 7 HRV elektronisch geführte – Handelsregister einzutragen. Die Eintragungen in das Handelsregister erfolgen grundsätzlich nach § 27 Abs. 1 HRV durch den Richter selbst. Dieser setzt nach § 28 HRV der Eintragung seinen Nachnamen hinzu und signiert beides. Nimmt der Richter die Eintragung nicht selbst vor, so erlässt er eine – nicht rechtsmittelfähige – Eintragungsverfügung. Diese hat nach § 27 Abs. 2 HRV den Wortlaut der Eintragung festzustellen. Anschließend hat der Urkundsbeamte der Geschäftsstelle die Ausführung der Eintragungsverfügung zu veranlassen und die Eintragung zu signieren.

12 **2. Zwischenverfügung.** Ist eine Anmeldung unvollständig oder steht der Eintragung ein behebbares Hindernis entgegen, so hat der Richter unverzüglich (vgl. § 25 Abs. 1 S. 3 HRV) eine Zwischenverfügung zu erlassen und nach § 382 Abs. 4 FamFG, § 26 S. 2 HRV eine Frist zur Behebung

---

[13] Hüffer/Koch/*Koch* Rn. 9; K. Schmidt/Lutter/*Kleindiek* Rn. 13; MüKoAktG/*Pentz* Rn. 60; Großkomm AktG/*Röhricht/Schall* Rn. 35; Hölters/*Solveen* Rn. 9; Wachter/*Wachter* Rn. 22: Wesentlichkeitsgrenze liegt bei 20 %.

[14] So auch *Krafka/Kühn* RegisterR Rn. 1320.

[15] AA die wohl hM, vgl. Hüffer/Koch/*Koch* Rn. 13; MüKoAktG/*Pentz* Rn. 74 ff.; NK-AktR/*Terbrack* Rn. 22; Grigoleit/*Vedder* Rn. 15.

[16] → § 241 Rn. 194 ff.

der Beanstandung zu setzen. Die Frist ist so zu bemessen, dass bei normalem Verlauf der Dinge das Eintragungshindernis beseitigt werden kann. Ein Fristablauf führt nicht automatisch zur Unwirksamkeit der Anmeldung, sondern berechtigt zur Ablehnung der Eintragung. Fristverlängerung ist möglich.

3. Ablehnung der Eintragung. Eine Ablehnung der Eintragung erfolgt, wenn von vornherein ein nicht behebbares Eintragungshindernis besteht. Die Eintragung kann ferner zurückgewiesen werden, wenn nach Zwischenverfügung die gerügten Mängel nicht beseitigt wurden. Vor Ablehnung ist rechtliches Gehör zu gewähren, im Einzelfall kann zur Kostenersparnis eine Rücknahme der Anmeldung angeregt werden.[17] Die Ablehnung der Eintragung erfolgt nach § 383 Abs. 3 FamFG durch Beschluss und ist nach § 26 S. 1 HRV zu begründen.

VIII. Rechtsschutz gegen Ablehnung der Eintragung

1. Beschwerde (§ 58 FamFG). Gegen die Ablehnung der Eintragung findet das Rechtsmittel der Beschwerde gem. §§ 58 ff. FamFG zum Oberlandesgericht (§ 119 Abs. 1 Nr. 1 GVG) statt. Die Beschwerdefrist beträgt nach § 63 Abs. 1 und 3 FamFG einen Monat ab schriftlicher Bekanntgabe des Beschlusses an den jeweiligen Beteiligten. Auch gegen eine Zwischenverfügung ist nach § 383 Abs. 4 FamFG eine Beschwerde zulässig. Die Beschwerde ist nach § 64 FamFG beim Registergericht einzureichen, ein Anwaltszwang besteht nicht, vgl. § 10 Abs. 1 FamFG. Zum Rechtsschutz gegen erfolgte Eintragungen → § 39 Rn. 21.

2. Beschwerdebefugnis (§ 59 FamFG). Die Beschwerde steht nach § 59 Abs. 1 FamFG demjenigen zu, der durch einen Beschluss in seinen Rechten beeinträchtigt ist. Die Vor-AG, in deren Namen die Anmeldung erfolgt, ist teilrechtsfähig und damit im Verfahren der eigenen Eintragung auch beteiligtenfähig.[18] Hieraus folgt, dass die **Vor-AG** im Falle der Zurückweisung der Anmeldung selbst beschwerdebefugt ist und im Beschwerdeverfahren vom Vorstand vertreten wird. Eine Mitwirkung der anderen in § 36 Abs. 1 genannten Personen ist dabei nicht erforderlich.[19] Beschwerdeberechtigt sind daneben auch die **Gründer**, und zwar nach zutreffender Auffassung jeder Gründer allein, nicht nur alle Gründer gemeinsam.[20] Geht man im Übrigen zutreffenderweise (→ § 36 Rn. 9) davon aus, dass sämtliche Anmelder wegen ihrer persönlichen Haftung zugleich im eigenen Namen handeln, so sind auch **Vorstand** und der **Aufsichtsrat** selbst beschwerdebefugt. Ein deutscher[21] **Notar**, der eine zur Eintragung erforderliche Erklärung beurkundet oder beglaubigt hat, ist im Rahmen von § 378 FamFG, der eine widerlegbare Vermutung der rechtsgeschäftlichen Bevollmächtigung enthält, berechtigt, ohne Vollmachtsnachweis Beschwerde für die Anmelder einzulegen, sofern er auch die Einreichung beim Handelsregister vorgenommen hat und dabei nicht lediglich als Bote aufgetreten ist.[22]

3. Entscheidung über die Beschwerde. Nach Einlegung der Beschwerde erhält nach § 68 FamFG zunächst das Amtsgericht die Möglichkeit, der Beschwerde abzuhelfen. Tut es dies nicht, was bis zur Entscheidung des Beschwerdegerichts möglich ist, so entscheidet das Oberlandesgericht.

4. Rechtsbeschwerde (§ 70 FamFG). Gegen die Zurückweisung der Beschwerde ist die Rechtsbeschwerde nach § 70 FamFG statthaft, sofern sie vom Beschwerdegericht zugelassen wurde. Eine Zulassung erfolgt nach § 70 Abs. 2 FamFG nur dann, wenn die Rechtssache grundsätzliche Bedeutung hat oder die Zulassung zur Fortbildung des Rechts oder zur Sicherung einer einheitlichen Rechtsprechung erforderlich ist. Zuständig zur Entscheidung ist der BGH. Eine Nichtzulassungsbeschwerde gibt es nicht, es besteht allenfalls die Möglichkeit der Anhörungsrüge nach § 44 FamFG. Die Rechtsbeschwerde kann nur darauf gestützt werden, dass die angefochtene Entscheidung auf einer Verletzung des Rechts beruht. Frist und Form sind in §§ 71, 72 FamFG geregelt, es besteht nach § 10 Abs. 6 FamFG Anwaltszwang.

---

[17] Hüffer/Koch/*Koch* Rn. 16; Großkomm AktG/*Röhricht/Schall* Rn. 62; Grigoleit/*Vedder* Rn. 18.
[18] BGHZ 117, 323 (329) = NJW 1992, 1824; BayObLG NJW-RR 1996, 413 reSp; Hüffer/Koch/*Koch* § 36 Rn. 3; MüKoAktG/*Pentz* § 36 Rn. 29; Großkomm AktG/*Röhricht/Schall* Rn. 63.
[19] BGHZ 117, 323 (329); OLG Hamm DB 1992, 264; MüKoAktG/*Pentz* § 36 Rn. 29.
[20] Bürgers/Körber/*Lohse* § 36 Rn. 2; MüKoAktG/*Pentz* § 36 Rn. 29; NK-AktR/*Terbrack* § 36 Rn. 6; aA Hüffer/Koch/*Koch* § 36 Rn. 3; Hölters/*Solveen* Rn. 16.
[21] Für ausländische Notare gilt § 378 FamFG dagegen nicht, vgl. Keidel/*Heinemann* FamFG § 378 Rn. 4; Krafka/*Kühn* RegisterR Rn. 119.
[22] Str. vgl. im Einzelnen Keidel/*Heinemann* FamFG § 378 Rn. 18; Krafka/*Kühn* RegisterR Rn. 124 ff.

IX. Kosten

18 Die Kosten der Eintragung in das Handelsregister sind geregelt in der aufgrund § 58 GNotKG (vormals 79a KostO) ergangenen „Verordnung über Gebühren in Handels-, Partnerschafts- und Genossenschaftsregistersachen" **(Handelsregistergebührenverordnung – HRegGebV)** vom 30.9.2004 (BGBl. 2004 I 2562), zuletzt geändert durch das „Zweite Gesetz zur Modernisierung des Kostenrechts" vom 29.7.2013 (BGBl. 2013 I 2586). Für die Ersteintragung einer Aktiengesellschaft fällt die Gebühr 2102 laut Gebührenverzeichnis zur HRegGebV in Höhe von 300,00 EUR an, wird mindestens eine Sacheinlage geleistet fällt die Gebühr 2103 in Höhe von 360,00 EUR an. Entsteht die Aktiengesellschaft durch Umwandlung ist die Gebühr 2105 in Höhe von 660,00 EUR maßgeblich. Neben der Gebühr für die Ersteintragung werden gemäß § 2 Abs. 1 HRegGebV nur für gleichzeitig angemeldete Zweigniederlassungen (Gebühr 2200 in Höhe von 120,00 EUR) und Prokuren (Gebühr 4000 in Höhe von 40,00 EUR für die erste und Gebühr 4001 in Höhe von 30,00 für jede weitere Prokura) Gebühren erhoben. Ferner entsteht eine Gebühr in Höhe von 40,00 EUR für die Entgegennahme der Liste der Aufsichtsratsmitglieder nach GVHR-Nr. 5003. Wird die Eintragung **zurückgewiesen,** so werden nach § 4 HRegGebV 170 % der für die Eintragung bestimmten Gebühr erhoben. Wird eine Anmeldung spätestens einen Tag vor einer Entscheidung des Gerichts mit der Bestimmung einer angemessenen Frist zur Beseitigung von Hindernissen (Zwischenverfügung) **zurückgenommen** so fallen nach § 3 HRegGebV 75 % der für die Eintragung bestimmten Gebühr, sonst 120 % an. **Kostenschuldner** sind nach § 22 Abs. 1 GNotKG gesamtschuldnerisch die Gründer sowie die Aktiengesellschaft. Eintragungsgebühren können und werden in der Praxis üblicherweise als Gründungsaufwand iSd § 26 Abs. 2 AktG von der Gesellschaft übernommen und dieser dann vom Gericht in Rechnung gestellt. Wird der Gründer für die Gründungskosten bei Nichtzahlung durch die Gesellschaft in Anspruch genommen, so hat er ggf. einen Rückgriffsanspruch aus § 426 BGB gegen die Gesellschaft bzw. die anderen Gründer. Vorstand und Aufsichtsrat haften nicht für die Eintragungskosten, da sie an der Anmeldung nur als Organe der Gesellschaft teilnehmen.

§ 39 Inhalt der Eintragung

(1) ¹**Bei der Eintragung der Gesellschaft sind die Firma und der Sitz der Gesellschaft, eine inländische Geschäftsanschrift, der Gegenstand des Unternehmens, die Höhe des Grundkapitals, der Tag der Feststellung der Satzung und die Vorstandsmitglieder anzugeben.** ²**Wenn eine Person, die für Willenserklärungen und Zustellungen an die Gesellschaft empfangsberechtigt ist, mit einer inländischen Anschrift zur Eintragung in das Handelsregister angemeldet wird, sind auch diese Angaben einzutragen; Dritten gegenüber gilt die Empfangsberechtigung als fortbestehend, bis sie im Handelsregister gelöscht und die Löschung bekannt gemacht worden ist, es sei denn, dass die fehlende Empfangsberechtigung dem Dritten bekannt war.** ³**Ferner ist einzutragen, welche Vertretungsbefugnis die Vorstandsmitglieder haben.**

(2) **Enthält die Satzung Bestimmungen über die Dauer der Gesellschaft oder über das genehmigte Kapital, so sind auch diese Bestimmungen einzutragen.**

Schrifttum: S. bei § 36 und § 37.

Übersicht

	Rn.		Rn.
I. Allgemeines, Normzweck	1	10. Inländischer Empfangsberechtigter	11
II. Inhalt der Eintragung	2–15	11. Bestimmungen über die Dauer der Gesellschaft	12
1. Firma	1	12. Genehmigtes Kapital	13
2. Sitz	3	13. Tag der Eintragung	14
3. Inländische Geschäftsanschrift	4	14. Zusätzliche Angaben	15
4. Gegenstand des Unternehmens	5	**III. Wortlaut und Art der Eintragung, Schriftbild**	16
5. Höhe des Grundkapitals	6	**IV. Folgen fehlerhafter Eintragung**	17–20
6. Tag der Feststellung der Satzung	7	1. Eintragung trotz fehlender oder fehlerhafter Anmeldung	17
7. Abstrakte Vertretungsbefugnis der Vorstandsmitglieder	8	2. Eintragung trotz fehlender materieller Eintragungsvoraussetzungen	18
8. Bestellte Vorstandsmitglieder	9		
9. Konkrete Vertretungsbefugnis der Vorstandsmitglieder	10		

Inhalt der Eintragung 1–9 § 39

	Rn.		Rn.
3. Lückenhafte oder fehlerhafte Eintragung	19	V. Rechtsmittel gegen Eintragungen	21
4. Überflüssige Eintragung	20	VI. Vollzugsmitteilungen	22

I. Allgemeines, Normzweck

Nach § 41 Abs. 1 S. 1 entsteht die Aktiengesellschaft mit ihrer Eintragung in das – nach § 8 HGB, § 7 HRV elektronisch geführte – Handelsregister. Die Vorschrift des § 39 regelt den Mindestinhalt der Eintragung und damit die **Publizität** der wesentlichen Gesellschaftsverhältnisse. Ergänzend gilt § 43 HRV. Die Eintragung einer Aktiengesellschaft erfolgt nach § 3 Abs. 3 HRV in Abteilung B des Handelsregisters. **Muster** s. Anlage 5 HRV und *Krafka/Kühn*.[1] Eintragungserfordernisse nach allgemeinen Vorschriften (zB Prokura, Zweigniederlassung) bleiben von § 39 unberührt, → Rn. 15. 1

II. Inhalt der Eintragung

Inhaltlich sind einzutragen: 2

1. Firma. Vgl. §§ 4, 23 Abs. 3 Nr. 1.

2. Sitz. Vgl. §§ 5, 23 Abs. 3 Nr. 1. Eingetragen wird die politische Gemeinde. Hat die Gesellschaft mehrere Sitze, so sind alle anzugeben. 3

3. Inländische Geschäftsanschrift. → § 37 Rn. 18. 4

4. Gegenstand des Unternehmens. Vgl. § 23 Abs. 3 Nr. 2. Der Gegenstand des Unternehmens wird in das Handelsregister wortwörtlich so eingetragen, wie er in der Gründungsurkunde enthalten ist. Nicht eingetragen werden jedoch die in der Praxis üblichen – wenn auch in der Regel überflüssigen – allgemeinen Zusätze, wie insbesondere die Angabe, dass die Gesellschaft berechtigt ist, alle im Zusammenhang mit dem Unternehmensgegenstand stehenden und ihm dienenden Rechtsgeschäfte durchzuführen, sich an anderen Unternehmen zu beteiligen oder Zweigniederlassungen zu errichten.[2] 5

5. Höhe des Grundkapitals. Vgl. §§ 6, 7, 23 Abs. 3 Nr. 3. Einzutragen ist in Zahlen (nicht in Worten) lediglich die Höhe des Grundkapitals, nicht jedoch die Stückelung des Grundkapitals, die Aktienart oder das Bestehen verschiedener Aktiengattungen. Nicht eingetragen wird, ob das Grundkapital in bar oder durch Sacheinlagen erbracht und ob die Einlagen voll geleistet wurden. 6

6. Tag der Feststellung der Satzung. Vgl. § 23 Abs. 1. Als Tag der Feststellung der Satzung ist das Datum der notariellen Urkunde anzugeben. Hat sich die Beurkundung über mehrere Tage erstreckt, werden sämtliche Tage angegeben, ebenso bei sukzessiver Beurkundung.[3] Bei Änderungen der Satzung vor Eintragung sind ebenfalls sämtliche Tage aufzuführen.[4] Wurde bei Gründung ein Gründer vollmachtlos vertreten und genehmigt er die Urkunde später, ist der Tag der Genehmigung nicht anzugeben, da sie auf den Gründungstag zurückwirkt, vgl. § 184 Abs. 1 BGB.[5] 7

7. Abstrakte Vertretungsbefugnis der Vorstandsmitglieder. Vgl. § 78 Abs. 2 und Abs. 3 S. 1. In das Handelsregister eingetragen wird die „abstrakte", also allgemeine Regelung der Vertretungsbefugnis, wie sie in der Satzung enthalten ist. Nicht eingetragen werden in der Satzung enthaltene Beschränkungen der Dauer der Vertretungsbefugnis. Ferner wird nicht eingetragen, wenn in der Satzung die Möglichkeit eröffnet wurde, mehreren oder einzelnen Vorstandsmitgliedern abweichend von der abstrakten Vertretungsregelung „Einzelvertretungsbefugnis" (vgl. § 78 Abs. 3 S. 2) oder (soweit im Rahmen von § 112 zulässig, s. dort) Befreiung vom Verbot der Mehrfachvertretung des § 181 BGB zu erteilen.[6] 8

8. Bestellte Vorstandsmitglieder. Die bestellten Vorstandsmitglieder werden gem. § 43 Nr. 4 HRV mit ihrem vollen Vor- und Zunamen angegeben, sowie ihrem Geburtsdatum. Anzugeben ist ferner ihr Wohnort, jedoch nur die politische Gemeinde, nicht die genaue Adresse. Nicht angegeben wird eine Berufsbezeichnung. Eingetragen werden auch **stellvertretende** Vorstandsmitglieder nach 9

---

[1] *Krafka/Kühn* RegisterR Rn. 1332.
[2] *Krafka/Kühn* RegisterR Rn. 1326; Hölters/*Solveen* Rn. 7.
[3] Hüffer/Koch/*Koch* Rn. 2; *Krafka/Kühn* RegisterR Rn. 1330; Hölters/*Solveen* Rn. 9.
[4] Kölner Komm AktG/*Arnold* Rn. 11; Hölters/*Solveen* Rn. 9.
[5] Kölner Komm AktG/*Arnold* Rn. 11.
[6] *Krafka/Kühn* RegisterR Rn. 1328; Hölters/*Solveen* Rn. 12.

§ 94, wobei jedoch im Handelsregister keine Bezeichnung als Stellvertreter erfolgt.[7] Der **Vorstandsvorsitzende** wird als solcher ausdrücklich bezeichnet.

10 **9. Konkrete Vertretungsbefugnis der Vorstandsmitglieder.** Bei den einzelnen bestellten Vorstandsmitgliedern wird nach § 39 Abs. 1 S. 2 ihre konkrete Vertretungsbefugnis eingetragen, also auch zB eine abweichend von der abstrakten Vertretungsregelung bestehende Einzelvertretungsbefugnis bzw. Befreiung vom Verbot der Mehrfachvertretung. Nicht eingetragen wird die Dauer der Vertretungsbefugnis.

11 **10. Inländischer Empfangsberechtigter.** → § 37 Rn. 19. Die Eintragung eines inländischen Empfangsberechtigten nimmt, wie Abs. 2 S. 2 Hs. 2 klarstellt, an der Registerpublizität teil. Demnach gilt die Empfangsberechtigung entsprechend § 15 HGB als fortbestehend, bis sie im Handelsregister gelöscht und die Löschung bekannt gemacht ist. Die Vorschrift fingiert jedoch nur eine fortbestehende Empfangsberechtigung, hilft aber nicht, wenn eine Zustellung an der angegebenen Anschrift des Empfangsberechtigten tatsächlich nicht möglich ist.

12 **11. Bestimmungen über die Dauer der Gesellschaft.** Vgl. hierzu § 262 Abs. 1 Nr. 1. Enthält die Satzung Bestimmungen zur Dauer der Gesellschaft, ist diese Dauer im Handelsregister gem. § 39 Abs. 2 einzutragen.

13 **12. Genehmigtes Kapital.** Vgl. hierzu §§ 202 ff. Ein ggf. in der Gründungssatzung enthaltenes genehmigtes Kapital ist in das Handelsregister einzutragen, wobei hier der Betrag und die Angabe der Dauer der Ermächtigung ausreichend sind, vgl. § 43 Nr. 6b hh HRV.

14 **13. Tag der Eintragung.** Ferner wird nach § 382 Abs. 2 FamFG der Tag der Eintragung angegeben. Der Eintragungstag hat zB Bedeutung im Rahmen von § 26 Abs. 4 und 5, § 27 Abs. 4, §§ 51, 52 Abs. 1, § 202 Abs. 1.

15 **14. Zusätzliche Angaben.** Zusätzliche Eintragungserfordernisse nach allgemeinen Bestimmungen bleiben von § 39 unberührt, so dass zB auch eine bereits bei Gründung erteilte Prokura, eine bereits bei Gründung errichtete Zweigniederlassung oder bereits abgeschlossene Organschaftsverträge oder geschaffenes bedingtes Kapital eingetragen werden.

III. Wortlaut und Art der Eintragung, Schriftbild

16 Eine bestimmte Art der Eintragung ist nicht vorgesehen, so dass insbesondere kein Anspruch auf einen bestimmten Wortlaut der Eintragung besteht. Der Wortlaut steht vielmehr im pflichtgemäßen **Ermessen** des Gerichts. Ebenso wenig besteht ein Anspruch auf eine bestimmte Schreibweise, insbesondere kein Anspruch auf Groß- oder Kleinschreibung oder ein bestimmtes Schriftbild wie Kursiv- oder Fettdruck.[8] Die Frage, ob bestimmte Zeichen, wie etwa das „@"-Zeichen in das Handelsregister eingetragen werden könne, ist eine Frage der zulässigen Firmierung.

IV. Folgen fehlerhafter Eintragung

17 **1. Eintragung trotz fehlender oder fehlerhafter Anmeldung.** Wird die Gesellschaft in das Handelsregister eingetragen, obwohl eine Handelsregisteranmeldung gänzlich **fehlt**, so entsteht die Gesellschaft dennoch zunächst aufgrund der rechtsbegründenden Wirkung der Eintragung. Eine Amtslöschung nach § 395 FamFG ist in diesem Fall nach zutreffender Auffassung[9] durch § 397 FamFG jedoch nicht ausgeschlossen, sofern vorher der Gesellschaft gemäß § 395 Abs. 2 FamFG eine Frist zur Nachreichung einer Anmeldung gesetzt wurde. Wird die Gesellschaft eingetragen, obwohl eine **wirksame** Anmeldung fehlt, zB diese nicht notariell beglaubigt oder nicht von allen erforderlichen Anmeldern unterzeichnet ist, so entsteht die Gesellschaft ebenfalls, eine Amtslöschung ist in diesem Fall nach zutreffender Auffassung ausgeschlossen.[10]

18 **2. Eintragung trotz fehlender materieller Eintragungsvoraussetzungen.** Wird die Gesellschaft in das Handelsregister eingetragen, obwohl nicht alle hierfür erforderlichen Voraussetzungen, wie zB die ordnungsgemäße Einzahlung des Grundkapitals oder die Erstattung der erforderlichen Gründungs- und Gründungsprüfungsberichte, vorlagen, so hindert dies grundsätzlich die Entstehung

---

[7] BGH NJW 1998, 1071 (1072); BayObLGZ 1997, 107 (112); Großkomm AktG/*Habersack* § 94 Rn. 15.
[8] KG GmbHR 2000, 1101; BayObLG NJW 1968, 364; BayObLGZ 1971, 163; siehe auch OLG München GmbHR 2010, 155; 2011, 587; aA Wachter/*Wachter* Rn. 5.
[9] Kölner Komm AktG/*Arnold* Rn. 19; Hüffer/Koch/*Koch* Rn. 5; *Krafka/Kühn* RegisterR Rn. 1342.
[10] Keidel/*Heinemann* FamFG § 397 Rn. 17; Hölters/*Solveen* Rn. 15; *Krafka/Kühn* RegisterR Rn. 1342; aA Hüffer/Koch/*Koch* Rn. 5.

der Gesellschaft nicht.[11] Das Gleiche gilt grundsätzlich bei inhaltlichen Mängeln der Satzung. Wurde eine Gesellschaft eingetragen, obwohl die Gesellschaft zB mangels notarieller Beurkundung der Gründungsurkunde oder mangels Aktienübernahme von vornherein nicht wirksam errichtet worden sein kann, so kommt eine Amtslöschung nach § 395 FamFG in Betracht.[12] Unter den Voraussetzungen der §§ 275, 276 kann ferner auf Nichtigkeitsklage bzw. von Amts wegen nach § 397 FamFG eine Löschung in Betracht kommen. Nach § 399 FamFG kann die Gesellschaft bei gravierenden Satzungsmängeln und Nichtbeseitigung trotz Aufforderung aufgelöst werden.[13]

3. Lückenhafte oder fehlerhafte Eintragung. Enthält die Eintragung entgegen § 39 nicht die dort enthaltenen Angaben, so ändert dies nichts am wirksamen Entstehen der Gesellschaft. Dies gilt selbst dann, wenn Firma oder Sitz der Gesellschaft falsch eingetragen sind.[14] Fehlende Angaben sind – ggf. auf Anregung – von Amts wegen zu ergänzen. Enthält die Eintragung zwar alle nach § 39 erforderlichen Angaben, sind diese jedoch nicht korrekt, so ändert dies ebenfalls nichts am wirksamen Entstehen der Gesellschaft. **Schreibfehler** und **offensichtliche Unrichtigkeiten** können ohne weiteres im Rahmen von § 17 HRV berichtigt werden.

19

4. Überflüssige Eintragung. Enthält die Eintragung über die in § 39 aufgeführten Angaben noch weitere, überflüssige Angaben, so können diese Eintragungen ohne weiteres durch das Gericht gelöscht werden.

20

V. Rechtsmittel gegen Eintragungen

Zu den Rechtsmitteln gegen Zwischenverfügungen und die Ablehnung der Eintragung der Gesellschaft → § 38 Rn. 14 ff. Gegen Eintragungsverfügungen und erfolgte Eintragungen selbst gibt es keine Rechtsschutzmöglichkeiten, vgl. § 383 Abs. 3 FamFG. „Rechtsmittel" hiergegen können allenfalls in Anregungen auf Berichtigung von offensichtlichen Unrichtigkeiten oder Einleitung eines Verfahrens nach §§ 395 ff. FamFG umgedeutet werden. Denkbar ist ferner nach strittiger Auffassung[15] allenfalls eine sog. **„Fassungsbeschwerde"** mit dem Ziel, einen bestimmten Eintragungstext durchzusetzen, wenn das Gericht sein Ermessen bei Fassung des Eintragungstextes fehlerhaft ausgeübt hat.

21

VI. Vollzugsmitteilungen

Die erfolgten Eintragungen sind nach § 383 Abs. 1 FamFG den Beteiligten (§ 7 FamFG) bekannt zu geben, sofern hierauf nicht verzichtet wurde, vgl. auch § 36 HRV. Bekanntmachung erfolgt damit an die Gesellschaft und in der Regel an den Notar, nicht aber an alle Anmelder. Nach § 37 HRV ist die Eintragung der Aktiengesellschaft unter Angabe der Vorstandsmitglieder auch der örtlichen Industrie- und Handelskammer mitzuteilen, unter den Voraussetzungen von § 37 Abs. 3 HRV auch der Handwerkskammer bzw. der Landwirtschaftskammer. Bei Sachgründungen unter Einbringung von Grundbesitz ist ferner nach MiZi XXI/1 das nach § 17 GrEStG zuständige Finanzamt – Grunderwerbsteuerstelle – zu benachrichtigen.

22

§ 40 *(aufgehoben)*

§ 41 Handeln im Namen der Gesellschaft vor der Eintragung. Verbotene Aktienausgabe

(1) ¹Vor der Eintragung in das Handelsregister besteht die Aktiengesellschaft als solche nicht. ²Wer vor der Eintragung der Gesellschaft in ihrem Namen handelt, haftet persönlich; handeln mehrere, so haften sie als Gesamtschuldner.

(2) Übernimmt die Gesellschaft eine vor ihrer Eintragung in ihrem Namen eingegangene Verpflichtung durch Vertrag mit dem Schuldner in der Weise, daß sie an die Stelle des bisherigen Schuldners tritt, so bedarf es zur Wirksamkeit der Schuldübernahme der Zustimmung des Gläubigers nicht, wenn die Schuldübernahme binnen drei Monaten nach der Eintragung der Gesellschaft vereinbart und dem Gläubiger von der Gesellschaft oder dem Schuldner mitgeteilt wird.

---

[11] Kölner Komm AktG/*Arnold* Rn. 19; Hölters/*Solveen* Rn. 15.
[12] *Krafka*/*Kühn* RegisterR Rn. 1343.
[13] → § 275 Rn. 24 ff.
[14] So wohl auch Kölner Komm AktG/*Arnold* Rn. 21; aA wenn ausnahmsweise Identität der Gesellschaft nicht festgestellt werden kann MüKoAktG/*Pentz* Rn. 23; Großkomm AktG/*Röhricht*/*Schall* Rn. 16.
[15] Vgl. hierzu *Krafka*/*Kühn* RegisterR Rn. 2442 ff. mwN; *Krafka* NZG 2009, 650 (654).

§ 41

(3) Verpflichtungen aus nicht in der Satzung festgesetzten Verträgen über Sondervorteile, Gründungsaufwand, Sacheinlagen oder Sachübernahmen kann die Gesellschaft nicht übernehmen.

(4) ¹Vor der Eintragung der Gesellschaft können Anteilsrechte nicht übertragen, Aktien oder Zwischenscheine nicht ausgegeben werden. ²Die vorher ausgegebenen Aktien oder Zwischenscheine sind nichtig. ³Für den Schaden aus der Ausgabe sind die Ausgeber den Inhabern als Gesamtschuldner verantwortlich.

Schrifttum: *Altmeppen,* Das unvermeidliche Scheitern des Innenhaftungskonzepts in der Vor-GmbH, NJW 1997, 3272; *Altmeppen,* Konkursantragspflicht in der Vor-GmbH?, ZIP 1997, 273; *Altmeppen,* Zur Verwendung eines „alten" GmbH-Mantels, DB 2003, 2050; *Bayer,* Moderner Kapitalschutz, ZGR 2007, 220; *Bayer/Hoffmann,* Das kurze Leben der Vor-AG, AGReport 2006, R 312; *Bayer/Lieder,* Vorbelastungshaftung und Vorbelastungsbilanz, insbesondere bei späterer Auffüllung des Haftungsfonds, ZGR 2006, 875; *Bayer/Wirth,* Eintragung der Spaltung und Eintragung der neuen Rechtsträger – oder: Pfadsuche im Verweisungsdschungel des neues Umwandlungsrechts, ZIP 1996, 817; *Bergmann,* Die Handelnden-Haftung als Ausgleich fehlender Registerpublizität, GmbHR 2003, 563; *Beuthien,* Die Vorgesellschaft im Privatrechtssystem, ZIP 1996, 305 und 360; *Beuthien,* Haftung bei gesetzlichen Schuldverhältnissen einer Vorgesellschaft, BB 1996, 1337; *Beuthien,* Haftung der Vorgesellschafter: Warum so umständlich? Warum so milde?, WM 2013, 1485; *Beuthien,* Regeln die Vorschriften über die Handelndenhaftung einen Sonderfall des Handelns ohne Vertretungsmacht?, GmbHR 1996, 561; *Beuthien,* Vertretungsmacht bei der Vor-GmbH – erweiterbar oder unbeschränkbar?, NJW 1997, 565; *Beuthien,* Vorgesellschaftshaftung nach innen oder außen?, GmbHR 1996, 309; *Beuthien,* Wer sind die Handelnden? Warum und wie lange müssen sie haften? – Zu Sinn, Inhalt, Reichweite und Dauer der Handelndenhaftung –, GmbHR 2013, 1; *Beuthien,* Zum Haftungsprivileg der Vorgesellschafter, Rechtliche Gründungshilfe zu Lasten der Gläubiger?, FS Hadding, 2004, 309; *Bruski,* Die Gründungsphase der Aktiengesellschaft bei der Spaltung zur Neugründung, AG 1997, 17; *Dauner-Lieb,* Haftung und Risikoverteilung in der Vor-GmbH, GmbHR 1996, 82; *Derwisch-Ottenberg,* Die Haftungsverhältnisse der Vor-GmbH, 1988; *Drygala,* Stammkapital heute – Zum veränderten Verständnis vom System des festen Kapitals und seinen Konsequenzen, ZGR 2006, 587; *Ehses,* Die Gründerhaftung in der Vorgesellschaft: eine Untersuchung von Vor-GmbH, Vor-AG, Vorverein und Vorgenossenschaft, 2000; *Escher-Weingart,* Aktienrecht und Differenzhaftung, AG 1987, 310; *Farrenkopf/Cahn,* Differenzhaftung im Aktienrecht,? AG 1985, 209; *Fichtelmann,* Die prozessuale Stellung der Vorgesellschaft nach ihrer Auflösung, GmbHR 1997, 995; *Fleischer,* Unterbilanzhaftung und Unternehmensbewertung, GmbHR 1999, 752; *Flume,* Die GmbH-Einmanngründung, ZHR 146 (1982), 205; *Flume,* Die Gründung der Einmann-GmbH nach der Novelle zum GmbH-Gesetz, DB 1980, 1781; *Flume,* Die Haftung der Vorgesellschaft bei der Gründung einer Kapitalgesellschaft, FS v. Caemmerer, 1971, 517; *Flume,* Die juristische Person, 1973; *Flume,* Die Rechtsprechung zur Haftung der Gesellschafter der Vor-GmbH und die Problematik der Rechtsfortbildung, DB 1998, 45; *Flume,* Die werdende juristische Person, FS Geßler, 1971, 3; *Ghassemi-Tabar/Eckner,* Der Gewerberaummietvertrag mit einer GmbH in Gründung, NJW 2012, 806; *Geißler,* Fragen zum Insolvenzverfahren der Vor- und Nachgründung, DZWIR 2009, 52; *Goette,* Aktuelle Rechtsprechung des Bundesgerichtshofs zum Aktienrecht, Teil I, DStR 2005, 561; *Götz,* Darlegungs- und Beweislast im Unterbilanzhaftungsprozess bei Erstgründung und bei wirtschaftlicher Neugründung einer GmbH, GmbHR 2013, 290; *Grädler/Köchel,* Die Haftung der Gesellschafter in den Gründungsstadien einer GmbH, ZGS 2011, 441; *Grottke,* Die Vorgründungsgesellschaft der GmbH – Rechtliche Struktur und Haftungsfragen, 1992; *Gummert,* Die Haftungsverfassung der Vor-GmbH nach der jüngsten Rechtsprechung des BGH, DStR 1997, 1007; *Haas,* Vor-GmbH und Insolvenz, DStR 1999, 985; *Habersack/Lüssow,* Vorbelastungshaftung, Vorbelastungsbilanz und Unternehmensbewertung – Plädoyer für ein zweistufiges Vorbelastungskonzept, NZG 1999, 629; *Hartmann,* Gründerhaftung in der Vor-GmbH, WiB 1997, 66; *Hasselmann,* Die vollmachtlose Gründung einer Einpersonen-GmbH, ZIP 2012, 1947; *Heckschen/Heidinger,* Die GmbH in der Gestaltungs- und Beratungspraxis, 4. Aufl. 2018; *Heerma,* Die Haftung des Handelnden beim Mantelkauf, GmbHR 1999, 640; *Heidenhain,* Anwendung der Gründungsvorschriften des GmbH-Gesetzes auf die wirtschaftliche Neugründung einer Gesellschaft, NZG 2003, 1051; *Heidenhain,* Entstehung vermögens- und subjektloser Kapitalgesellschaften, GmbHR 1995, 264 (566); *Heidinger,* Der Kapitalschutz der GmbH auf dem Prüfstand, DNotZ 2005, 97; *Heidinger,* Die Haftung und die Vertretung in der Gründungphase der GmbH im Vergleich zur (kleinen) Aktiengesellschaft, GmbHR 2003, 189; *Heidinger,* Die Rechtsgeschäfte der Vor-AG mit Dritten, ZNotP 2000, 182; *Heidinger,* Die Versicherung der Geschäftsführer über die Stammeinlageleistung, 10 Jahre Deutsches Notarinstitut, 2003, 235; *Heidinger,* Die wirtschaftliche Neugründung, ZGR 2005, 101; *Heidinger/Blath,* Die Unterbilanzhaftung im Kapitalaufbringungssystem der GmbH, ZNotP 2007, 42; *Heidinger/Meyding,* Der Gläubigerschutz bei der „wirtschaftlichen Neugründung" von Kapitalgesellschaften, NZG 2003, 1129; *Heil,* Die Rechtsnatur der Einpersonen-Vor-GmbH und ihre Folgen für die Probleme des Gründungsvorgangs, 2007; *Heinze,* Wirtschaftliche Neugründung und Aktiengesellschaft: Zur „entsprechenden Anwendung der Gründungsvorschriften", BB 2012, 67; *Hey,* Haftung des Gründungsgesellschafters der Vor-GmbH – KG, WM 1994, 1288; *Huber,* Rechtsfähigkeit, juristische Person und Gesamthand, FS Lutter, 2000, 107; *Hueck,* Vorgesellschaft, FS 100 Jahre GmbHG, 1992, 127; *Hüffer,* Zuordnungsprobleme und Sicherung der Kapitalaufbringung bei der Einmanngründung der GmbH, ZHR 145 (1981) 512; *Hüffer,* Die Haftung bei wirtschaftlicher Neugründung unter Verstoß gegen die Offenlegungspflicht, NJW 2011, 1772; *Hüttemann,* Vorbelastungshaftung, Vorbelastungsbilanz und Unternehmensbewertung, FS Huber, 2006, 757; *Jäger,* Die persönliche Gesellschafterhaftung in der werdenden GmbH, 1994; *John,* Die Gründung der Einmann-GmbH, 1986; *John,* Zur Problematik der Vor-GmbH, insbesondere bei der Einmann-Gründung, BB 1982, 505; *Kallmeyer,* Mehrfachaufbringung des Stammkapitals einer GmbH, GmbHR 2003, 322;

Handeln im Namen der Gesellschaft vor der Eintragung   § 41

Kersting, Die Vorgesellschaft im europäischen Gesellschaftsrecht, 2000; *Kersting,* Europäische Vorgaben zur Handelnden-Haftung und zur Haftung in der Vorgesellschaft, GmbHR 2003, 1466; *Kersting,* Verzicht auf den Unversehrtheitsgrundsatz im Recht der GmbH, ZHR 2011, 644; *Kießling,* Vorgründungs- und Vorgesellschaft, 1999; *Kirchner/Dietrich,* Haftungsverfassung der Vor- GmbH und ihre Stellung als Komplementärin einer KG, JA 2008, 340; *Kleindiek,* Zur Gründerhaftung in der Vor-GmbH, ZGR 1997, 427; *Kort,* Die Gründerhaftung in der Vor-GmbH, ZIP 1996, 109; *Krafka,* Die wirtschaftliche Neugründung von Kapitalgesellschaften, ZGR 2003, 577; *Kunz,* Die Vorgesellschaft im Prozeß und in der Zwangsvollstreckung: eine Untersuchung zur Rechts- und Verfahrenssubjektivität der echten und der unechten Vorgesellschaft, 1994; *Leßmann,* Die Vertretung bei den sog. Vorgesellschaften, Gesellschafter- und Verkehrsschutzinteressen nach dem neuen Binnenhaftungskonzept, JURA 2004, 367; *Lieb,* Meilenstein oder Sackgasse? Bemerkungen zum Stand von Rechtsprechung und Lehre zur Vorgesellschaft, FS Stimpel, 1985, 399; *Lieb,* Zum Spannungsverhältnis zwischen Vorbelastungshaftung und Differenzhaftung – Versuch einer Harmonisierung, FS Zöllner, Bd. I, 1998, 347; *Lieder,* Zur Anwendbarkeit der Grundsätze der Mantelverwendung, NZG 2010, 410; *Lieder,* Vorgründungsgesellschaft, Vorbeteiligungsgesellschaft und andere Vorbereitungsgesellschaften, DStR 2014, 2464; *Lieder/Bialluch,* Der eingeschriebene Brief im Gesellschaftsrecht, NZG 2017, 9; *Lousanoff,* Partei- und Prozessfähigkeit der unechten und fehlgeschlagenen Vor-GmbH, NZG 2008, 490; *Lutter,* Haftungsrisiken bei der Gründung einer GmbH, JuS 1998, 1073; *Luttermann/Lingl,* Unterbilanzhaftung, Organisationseinheit der Vor-GmbH und Haftungskonzept, NZG 2006, 454; *Maul,* Welche haftungsrechtlichen Folgen zieht der Verbrauch der Kapitalausstattung vor Eintragung nach sich? Und: Was ist beim Abschluss von Darlehensverträgen im Gründungsstadium zu beachten?, NZG 2014, 251; *Meilicke,* Im Blickpunkt: BGH-Rechtsprechung zur Mantelverwendung von Vorratsgesellschaften, BB 2003, 857; *Meyding/Heidinger,* Der Gläubigerschutz bei der „wirtschaftlichen Neugründung" von Kapitalgesellschaften, Zehn Jahre Deutsches Notarinstitut, 2003, S. 257; *Meyer,* Die Abhängigkeit der Haftung des Handelnden von der Vertretungsmacht für die Vor-GmbH, GmbHR 2002, 1176; *Michalski,* Haftung nach § 11 Abs. 2 GmbHG für rechtsgeschäftsähnliches Handeln, NZG 1998, 248; *Michalski/Barth,* Außenhaftung der Gesellschafter einer Vor-GmbH, NZG 1998, 525; *Michalski/Sixt,* Die Haftung in der Vorgründungs-GmbH, FS Boujong, 1996, 349; *Monhemius,* Bilanzrecht, Gründerhaftung und Scheitern der Vor-GmbH, GmbHR 1997, 384; *Müller/Federmann,* Praktische Hinweise zum Erwerb einer Vorrats- GmbH nach dem MoMiG, BB 2009, 1375; *Murawo,* Die unechte Vorgesellschaft im GmbH- und Aktienrecht, 2006; *Müther,* Vor-GmbH – Die häufigsten Praxisprobleme, MDR 2001, 366; *Neye,* Nochmals: Entstehung vermögens- und subjektloser Kapitalgesellschaften, GmbHR 1995, 565; *Peifer,* Die persönliche Haftung der Gesellschafter einer GmbH, JuS 2008, 490; *Petersen,* Die fehlgeschlagene Einmanngründung – liquidationsloses Erlöschen oder Fiktion des Fortbestandes?, NZG 2004, 400; *Plathner/Sajogo,* Unterbilanzhaftung bei (wirtschaftlicher)Neugründung einer GmbH, DZWiR 2012, 89; *Priester,* Das Gesellschaftsverhältnis im Vorgründungsstadium – Einheit oder Dualismus?, GmbHR 1995, 481; *Priester,* Die Unversehrtheit des Stammkapitals bei Eintragung der GmbH – ein notwendiger Grundsatz?, ZIP 1982, 1141; *Priester,* Geschäfte mit Dritten vor Eintragung der AG, ZHR 165 (2001), 383; *Priester,* Vorbelastungshaftung und anschließende Gewinne, FS Ulmer, 2003, 477; *Raab,* Die Haftung der Gesellschafter der Vor-GmbH im System der Gesellschaft, WM 1999, 1596; *Riedel/Rabe,* Die Vorhaftung bei der Vorgesellschaft, NJW 1968, 873; *Rohles-Puderbach,* Vorrats- und Mantelgesellschaften – Entwicklung, Haftungsrisiken und Umsetzung in der Praxis, RNotZ 2006, 274; *Roth,* Die Gründerhaftung im Recht der Vor-GmbH, ZGR 1984, 597; *Sandberger,* Die Haftung bei der Vorgesellschaft – Zur Interaktion von Rechtsdogmatik und Richterrecht, FS Fikentscher, 1998, 389; *Schaffner,* Die Vorgesellschaft als Gesellschaft sui generis: eine vergleichende Untersuchung von Struktur- und Handelsfragen bei Vor-GmbH und Vor-Partnerschaftsgesellschaft, 2003; *K. Schmidt,* § 41 Abs. 2 AktG: eine gegenstandslose und verfehlte Bestimmung, FS Kraft, 1998, 573; *K. Schmidt,* Der Funktionswandel der Handelndenhaftung im Recht der Vorgesellschaft, GmbHR 1973, 146; *K. Schmidt,* Die Verwendung von GmbH-Mänteln und ihre Haftungsfolgen – ein Thema von gestern? ZIP 2010, 857; *K. Schmidt,* Grundzüge der GmbH-Novelle, NJW 1980, 1769; *K. Schmidt,* Haftung aus Rechtsgeschäften vor Errichtung einer GmbH, GmbHR 1998, 613; *K. Schmidt,* Rechtsgrundlagen der Mitunternehmerschaft im Vorgründungsstadium der GmbH, GmbHR 1982, 6; *K. Schmidt,* Theorie und Praxis der Vorgesellschaft nach gegenwärtigem Stand, GmbHR 1987, 77; *K. Schmidt,* Umwandlung von Vorgesellschaften? §§ 41 AktG, 11 GmbHG und umwandlungsrechtlicher numerus clausus, FS Zöllner, Bd. I, 1998, 521; *K. Schmidt,* Unterbilanzhaftung – Vorbelastungshaftung – Gesellschafterhaftung, ZHR 156 (1992), 93; *K. Schmidt,* Vorratsgründung, Mantelkauf und Mantelverwendung, NJW 2004, 1345; *K. Schmidt,* Zur Haftungsverfassung der Vor-GmbH, ZIP 1997, 671; *K. Schmidt,* Zur Übertragung von Vor-Gesellschaftsanteilen, GmbHR 1997, 869; *Scholz,* Die Haftung der Handelnden in der Vor-GmbH, GmbHR 1956, 3; *Scholz,* Die Haftung der Gründergesellschaft, JW 1938, 3149; *Schröder,* Die Einmann-Vorgesellschaft: Rechtsträgerschaft und Gläubigerschutz, 1990; *Schultze-v. Lasaulx,* Gedanken zur Rechtsnatur der Vorgesellschaft, FS Olivecrona, 1964, 576; *Schulze-Osterloh,* Die Vorbelastungsbilanz der GmbH auf den Eintragungszeitpunkt und der Ausweis des Anspruchs aus der Vorbelastungshaftung im Jahresabschluss, FS Goerdeler, 1987, 531; *Schütz,* Das Modell der Verlustausgleichspflicht im Haftungssystem der Vor-GmbH, 1995; *Schütz,* Enträtselung des Rätsels Vorgesellschaft?, GmbHR 1996, 727; *Schwab,* Handelndenhaftung und gesetzliche Verbindlichkeiten, NZG 2012, 481; *Stoppel,* Vinkulierungsklauseln in der Vorgesellschaft und bei Umwandlung, WM 2008, 147; *Ulmer,* Abschied vom Vorbelastungsverbot im Gründungsstadium der GmbH, ZGR 1981, 593; *Ulmer,* Das Vorbelastungsverbot im Recht der GmbH-Vorgesellschaft – notwendiges oder überholtes Dogma?, FS Ballerstedt, 1975, 279; *Ulmer,* Die Einmanngründung der GmbH – ein Danaergeschenk?, BB 1980, 1001; *Ulmer,* Zur Haftungsverfassung in der Vor-GmbH, ZIP 1996, 733; *Ulmer/Ihrig,* Die Rechtsnatur der Einmann-Gründungsorganisation, GmbHR 1988, 373; *Wallner,* Die Liquidatoren der Vor-GmbH iL, GmbHR 1998, 1168; *Weiland,* Die Vorgesellschaft der GmbH und der AG – mit Hinweisen zur Limited, 2006; *Weimar,* Abschied von der Gesellschafter- und Handelndenhaftung im GmbH-Recht?, GmbHR 1988, 289; *Weimar,* Die Haftungsverhältnisse bei der Vor-AG in neuerer Sicht, AG 1992, 69; *Weimar,* Einmann-Personengesellschaften – ein neuer Typ des Gesellschaftsrechts?, ZIP 1997, 1769; *Weimar*, Entwicklungen im Recht der werdenden Aktiengesellschaft, DStR 1997, 1170; *Weitemeyer*, Die Unterbilanzhaftung bei „Start-up-Unternehmen", NZG 2006, 648; *Werner*, Mantelgründungen und Handelndenhaftung, NZG 1999, 146; *Wiedemann*, Zur Haftungsverfassung der Vor-AG: Der Gleichlauf von Gründerhaftung und Handelnden-Regress, ZIP 1997, 2029; *Wiegand*, Offene Fragen zur neuen Gründerhaftung in der Vor-GmbH, BB 1998, 1065; *Wilhelm*, Das Innenhaftungskonzept geht in sich, DStR 1998, 457; *Zöllner*, Die sogenannte Gründerhaftung, FS Wiedemann, 2002, 1383.

Übersicht

	Rn.		Rn.
I. Einführung	1–16	**IV. Die Haftung**	68–116
1. Entwicklung der Norm	1–4	1. Überblick	68, 69
2. Normaufbau und -zweck	5–13	2. Haftung der Vorgesellschaft	70
a) Regelungsinhalt	5–7	3. Gründerhaftung	71–94
b) Normzweck	8–13	a) Gründerhaftung bei der Vorgründungsgesellschaft	76
3. Anwendungsbereich	14–16	b) Unterbilanzhaftung	77–86a
II. Die Vor-AG	17–43	c) Verlustdeckungshaftung	87–91
1. Abgrenzung Gründungsvorvertrag/Vorgründungsgesellschaft	18–24	d) Unechte Vorgesellschaft	92–93a
		e) Ausfallhaftung	94
2. Rechtsnatur der Vor-AG	25–32a	4. Handelndenhaftung (Abs. 1 S. 2)	95–116
a) Grundlagen	25, 26	a) Grundlagen	95–100
b) Gesellschaft sui generis	27–32a	b) Der Handelnde	101–103
3. Beendigung der Vor-AG	33–43	c) Tatbestandserfüllendes Handeln	104–108
a) Beendigung durch Eintragung im Handelsregister	33–38	d) Haftungsumfang	109
b) Sonstige Beendigungstatbestände	39–43	e) Ausschlusstatbestände	110–113
		f) Regress	114–116
III. Das Organisationsrecht der Vor-AG	44–67	**V. Besonderheiten bei der Einpersonen-Gründung**	117–127
1. Überblick	44	1. Grundlagen	117–119
2. Satzung, Unternehmensgegenstand und Zweck	45–47	2. Die Einpersonen-Vor-AG	120–127
3. Gesellschaftsorgane	48–63	a) Die Rechtsstruktur	120–122
a) Vorstand	49–57	b) Konsequenzen im Einzelnen	123–125
b) Aufsichtsrat	58	c) Insbesondere die Haftung	126, 127
c) Hauptversammlung	59–63	**VI. Übernahme von Verbindlichkeiten**	128–134
4. Mitgliedschaft und Unübertragbarkeit (Abs. 4 S. 1 Hs. 1)	64–66	1. Erleichterte Schuldübernahme (Abs. 2)	128–132
5. Verbot der Aktienausgabe vor Eintragung (Abs. 4 S. 1 Hs. 2)	67	2. Übernahmeverbote (Abs. 3)	133, 134

I. Einführung

1. Entwicklung der Norm. Abs. 1 ist eine fast unveränderte Festschreibung des Art. 211 ADHGB,[1] der ursprünglich noch vom Konzessionsprinzip ausgegangen war.[2] Über § 200 Abs. 1 HGB 1897 und § 34 Abs. 1 AktG 1937 hat sich die heutige Fassung des § 41 Abs. 1 entwickelt.

Abs. 2 wurde ohne Vorgängervorschrift im ADHGB aus § 34 Abs. 2 AktG 1937 übernommen.[3]

Abs. 3 beruht auf § 34 Abs. 3 AktG 1937, wurde 1965 erweitert und umfasst seither neben den Verträgen über Sacheinlagen und Sachübernahmen auch solche über Sondervorteile und den Gründungsaufwand.[4]

Abs. 4 hat seine Vorläufer in Art. 215c Abs. 2 ADHGB idF v. 1884, § 200 Abs. 2 HGB 1897 und § 34 Abs. 4 AktG 1937. Die Änderungen zu seinen Vorgängervorschriften beruhen vor allem auf einer Anpassung an § 795 Abs. 2 BGB aF.[5]

2. Normaufbau und -zweck. a) Regelungsinhalt. § 41 regelt einige Rechtsfragen zu den Rechtsverhältnissen der AG und ihrer Gesellschafter vor der Eintragung im Handelsregister. Abs. 1 stellt klar, dass vor der Eintragung keine juristische Person besteht. Hieran knüpft Abs. 1 S. 2 die persönliche Haftung der Handelnden.

---

[1] Großkomm AktG/*K. Schmidt* Rn. 1.
[2] *Ulmer* FS Ballerstedt, 1975, 288.
[3] Vgl. dazu *K. Schmidt* FS Kraft, 1998, 573 (574).
[4] MüKoAktG/*Pentz* Rn. 1.
[5] Vgl. dazu genauer Großkomm AktG/*K. Schmidt* Rn. 8.

Handeln im Namen der Gesellschaft vor der Eintragung 6–15 § 41

Abs. 2 erleichtert die Übernahme von Verbindlichkeiten durch die Gesellschaft nach ihrer Eintragung – nämlich ohne Zustimmung des Gläubigers. Demgegenüber stellt Abs. 3 klar, dass eine Übernahme von Verpflichtungen aus Verträgen über Sondervorteile, Gründungsaufwand, Sacheinlagen oder Sachübernahmen nur möglich ist, wenn diese in der Satzung festgelegt sind. 6

Abs. 4 verbietet die Ausgabe von Aktien und Zwischenscheinen, sowie die Übertragung von Anteilsrechten vor der Eintragung im Handelsregister. 7

b) Normzweck. Die Regelungen in den einzelnen Absätzen des § 41 verfolgen unterschiedliche Zwecke. Dabei ist auch zu berücksichtigen, dass der ursprüngliche, historische Zweck der Norm beim heutigen Stand der Lehre von der Vorgesellschaft (→ Rn. 17 ff.) teilweise als überholt anzusehen ist. 8

Abs. 1 S. 1 sollte ursprünglich das Auftreten einer noch nicht genehmigten Aktiengesellschaft im Rechtsverkehr verhindern.[6] Nach der heutigen Anerkennung der Vor-AG als selbständige Rechtsträgerin wird nur noch klargestellt, dass die AG zu ihrem Entstehen als juristische Person der Eintragung im Handelsregister bedarf. 9

Die in S. 2 geregelte Handelndenhaftung hatte ursprünglich den Zweck, zum Schutz des Geschäftspartners diesem einen sonst nicht vorhandenen Schuldner zu verschaffen[7] und das unerlaubte Handeln vor der Eintragung zu sanktionieren.[8] Wegen der inzwischen schon bei der Vor-AG erreichten Kapitalsicherung und der persönlichen Gründerhaftung (→ Rn. 71 ff.) ist die Norm rechtspolitisch umstritten.[9] Auch ist ihr Anwendungsbereich auf die errichtete, aber noch nicht eingetragene Vor-AG beschränkt. 10

Abs. 2 basiert auf Abs. 1 S. 1 und ist deshalb ebenfalls überholt. Die Norm ging von dem Vorbelastungsverbot (→ Rn. 73) aus. Nach dem heutigen Stand der Lehre zur Vor-AG bleibt nur noch der Zweck, die Enthaftung des Handelnden (Abs. 1 S. 2) zu erleichtern.[10] 11

Abs. 3 dient dazu, Umgehungen der §§ 26 (Sondervorteile, Gründungsaufwand), 27 (Sacheinlagen, Sachübernahmen) und 52 (Nachgründung) zu verhindern. 12

Abs. 4 S. 1–3 war ursprünglich Ausfluss des früheren Verständnisses der Vorgesellschaft. Auf dieser Grundlage verstand sich das Verbot der Aktienausgabe und der Übertragung von selbst. Heute dient Abs. 4 der Rechtssicherheit, da aufgrund seiner Regelung eine Änderung des Gesellschafterkreises nur durch Satzungsänderung in der nach § 23 vorgeschriebenen Form möglich ist (→ Rn. 65). Dadurch sind die Namen der nach § 46 haftungsrechtlich verantwortlichen Gründer jederzeit feststellbar.[11] 13

3. Anwendungsbereich. § 41 findet primär auf den Fall der **Neugründung** einer Aktiengesellschaft nach §§ 23 ff. Anwendung. Zur Anwendung bei der **wirtschaftlichen Neugründung** → Rn. 86. Auf die Kommanditgesellschaft auf Aktien ist § 41 über die Verweisung in § 278 Abs. 3 ebenfalls anzuwenden. Bei der **Kapitalerhöhung** (§§ 182 ff.) gibt es keine Vorgesellschaft.[12] Dort gelten insbesondere die §§ 189 und 191. 14

Für **Umwandlungsfälle** nach dem UmwG, bei denen eine AG als aufnehmender Rechtsträger oder Zielrechtsträger beteiligt ist, muss bezüglich der Anwendung des § 41 differenziert werden. Bei der **Verschmelzung** bzw. **Spaltung zur Neugründung** entsteht eine Vor-AG,[13] so dass § 41 weitgehend anwendbar ist.[14] Eine Vorgesellschaft entsteht in diesen Fällen erst mit den Zustimmungsbeschlüssen zum Verschmelzungsvertrag, Ausgliederungs- bzw. Spaltungsplan (§ 13 Abs. 1 S. 1 UmwG) und endet mit der Wirksamkeit der Umwandlung durch Eintragung im Handelsregister des übernehmenden (bei der Verschmelzung, § 19 Abs. 1 S. 2 UmwG, § 20 Abs. 1 UmwG) bzw. des übertragenden (bei der Spaltung, § 130 Abs. 1 S. 2 UmwG, § 131 Abs. 1 UmwG) Rechtsträgers.[15] 15

---

[6] Großkomm AktG/*K. Schmidt* Rn. 1; ADHGB-Protokolle, 1857–1861, S. 1451; eingehend *K. Schmidt*, Zur Stellung der oHG im System der Handelsgesellschaften, 1972, 275 ff.
[7] So noch zu § 11 Abs. 2 GmbHG: BGHZ 47, 25 (29) = NJW 1967, 828; BGHZ 53, 210 (214) = NJW 1970, 806; BGHZ 65, 378 (380) = NJW 1976, 419.
[8] RGZ 55, 302 (304).
[9] Vgl. dazu ausführlich Großkomm AktG/*K. Schmidt* Rn. 87.
[10] Großkomm AktG/*K. Schmidt* Rn. 2; *K. Schmidt* FS Kraft, 1998, 573 ff. hält die Norm nicht nur für verfehlt, sondern sogar für gegenstandslos.
[11] MüKoAktG/*Pentz* Rn. 161.
[12] S. aber jüngst der BGH zur geschleierten Kapitalerhöhung bei der GmbH für die Rückabwicklung
[13] *Limmer*, Handbuch der Unternehmensumwandlung, 5. Aufl. 2016, Teil 2 Rn. 247 mwN; Lutter/*Drygala* UmwG § 4 Rn. 24.
[14] Differenzierend Großkomm AktG/*K. Schmidt* Rn. 12 mwN; bei Verschmelzung zur Aufnahme allerdings die Differenzhaftung entsprechend § 9 GmbHG bei der AG ablehnend: BGHZ 171, 293 = NZG 2007, 513.
[15] Ausnahmsweise noch nicht mit Eintragung der neu gegründeten Gesellschaft; s. zum diesbezüglichen Streit über die ansonsten entstehende vermögenslose und subjektlose Kapitalgesellschaft: *Heidenhain* GmbHR 1995, 264; *Neye* GmbHR 1995, 565 mit Duplik *Heidenhain*; Bayer/*Wirth* ZIP 1996, 817.

Bei der **Verschmelzung bzw. Spaltung zur Aufnahme** entsteht wie bei der Kapitalerhöhung keine Vor-AG, so dass eine Anwendung des § 41 nicht in Frage kommt.

16 Demgegenüber ist dies beim **Formwechsel** streitig.[16] In Frage kommt insbesondere die Anwendung von Abs. 1 S. 2 (Handelndenhaftung), wenn schon vor Eintragung des Formwechsels im Handelsregister im Namen der erst entstehenden AG gehandelt wird.[17] Auch Abs. 4 ergibt beim Formwechsel Sinn.[18]

II. Die Vor-AG

17 Bei der Gründung einer AG müssen drei verschiedene Stadien unterschieden werden.[19] Zunächst gibt es ein Vorgründungsstadium, in dem gelegentlich schon ein Gründungsvorvertrag abgeschlossen wird und/oder eine **Vorgründungsgesellschaft** (→ Rn. 18) besteht. Nach Errichtung der Gesellschaft (§ 23) bis zu ihrer Eintragung im Handelsregister entsteht die so genannte **Vorgesellschaft** (→ Rn. 25 ff.). Erst mit Eintragung im Handelsregister existiert die **AG als juristische Person** (§ 41 Abs. 1 S. 1).

18 **1. Abgrenzung Gründungsvorvertrag/Vorgründungsgesellschaft.** Vor der notariell beurkundeten Satzungsfeststellung (§ 23) können die Gründer einen **(Gründungs-)Vorvertrag** schließen, in dem sie sich gegenseitig verpflichten, eine Aktiengesellschaft zu gründen. Diese Vereinbarung muss bereits so bestimmt gehalten sein, dass es möglich ist – jedenfalls im Wege der Auslegung – den Inhalt des abzuschließenden Gesellschaftsvertrages der AG festzulegen.[20] Auch dieser Vorvertrag bedarf analog § 23 Abs. 1 der notariellen Beurkundung.[21] Entsprechend § 23 Abs. 1 S. 2 ist für die **Vollmacht** zum Abschluss eines (Gründungs-)Vorvertrages die Beglaubigungsform zu verlangen.[22]

19 Die Rechtsnatur dieses **Gründungsvorvertrages** ist umstritten.[23] Primär ist er ein gegenseitiger Vertrag, der zum Abschluss des Gesellschaftsvertrages verpflichtet.[23] Die gleichzeitige Einordnung als **BGB-Innengesellschaft** nach den Regeln der §§ 705 ff. BGB[24] überzeugt nicht und verwischt nur die Abgrenzung zu der Frage, ob eine Vorgründungsgesellschaft entstanden ist.[25] Diese entsteht nur, wenn sich die Vertragspartner über die bloße Verpflichtung zum Abschluss des Gesellschaftsvertrages hinaus auch zur Förderung eines bestimmten Zweckes (zB der Gründung der AG) verpflichten (§ 705 BGB).[26] Diese Vereinbarung wird zum Teil[27] mE unscharf als „**Vorgründungsvertrag**" bezeichnet. In dem Gründungsvorvertrag kann also ein Gesellschaftsvertrag (Vorgründungsvertrag), der zur Entstehung einer Vorgründungsgesellschaft führt, enthalten sein, muss dies aber nicht.

20 Schließen sich die Gründer aber unter Abschluss eines **Vorgründungsvertrages** zusammen, entsteht die sog. **Vorgründungsgesellschaft** (unabhängig vom Abschluss des zur Gründung verpflichtenden Gründungsvorvertrages).[28] Dieser ist – separat betrachtet – grundsätzlich **formfrei**.[29] Der Schutzzweck des § 23 greift zugunsten der Gründer nur ein, wenn eine Verpflichtung zum Abschluss eines Aktiengesellschaftsvertrages eingegangen wird. Unabhängig vom Abschluss eines

---

[16] Teilweise Anwendung befürwortend Widmann/Mayer/*Mayer* UmwG § 197 Rn. 195 ff.; weitestgehend abl.: Großkomm AktG/*K. Schmidt* Rn. 10.

[17] So auch Lutter/*Decher/Hoger* UmwG § 197 Rn. 41 mwN auch der Gegenmeinung in Fn. 3; Widmann/Mayer/*Mayer* UmwG § 197 Rn. 201 ff.; wohl auch Semler/Stengel/*Bärwaldt* UmwG § 197 Rn. 53; aA Großkomm AktG/*K. Schmidt* Rn. 10.

[18] Befürwortend auch Großkomm AktG/*K. Schmidt* Rn. 10; Widmann/Mayer/*Mayer* UmwG § 197 Rn. 207.

[19] S. dazu übersichtlich: *Rubner* NJW-Spezial 2008, 303.

[20] Großkomm AktG/*Röhricht* § 23 Rn. 279; MüKoAktG/*Pentz* Rn. 13.

[21] HM MüKoAktG/*Pentz* Rn. 14; Großkomm AktG/*K. Schmidt* Rn. 23; BGH WM 1988, 163 (164) – GmbH; Kölner Komm AktG/*Arnold* Rn. 10; Großkomm AktG/*Röhricht/Schall* § 23 Rn. 339.

[22] Zu den Fällen, in denen sogar Beurkundung verlangt wird, weil die Vollmachtserteilung bereits zu einer Bindung des Vollmachtgebers führt: MüKoAktG/*Pentz* Rn. 15; MüKoBGB/*Schubert* BGB § 167 Rn. 14 ff.; vgl. zur ähnlichen Problematik der Vollmachtsform bei Umwandlungen ausf. *Heidinger/Blath* FS Spiegelberger 2009, 692 ff.

[23] *Priester* GmbHR 1995, 481 (482); MHLS/*Blath* GmbHG § 11 Rn. 10 für die GmbH.

[24] So insbes. Großkomm AktG/*K. Schmidt* Rn. 24; *K. Schmidt* GmbHR 1982, 6 ff.

[25] So auch sehr pointiert *Priester* GmbHR 1995, 481 ff.; zweifelnd auch Großkomm AktG/*Röhricht* § 23 Rn. 284; *Michalski/Sixt* FS Boujong, 1996, 349 (357); ungenau insofern MüKoAktG/*Pentz* Rn. 10; NK-AktR/*Höhfeld* Rn. 4; Bürgers/*Körber/Körber* Rn. 4.

[26] *Priester* GmbHR 1995, 481 (484).

[27] *Michalski/Michalski*, 1. Aufl. 2002, GmbHG § 11 Rn. 14; jetzt genauer MHLS/*Blath* GmbHG § 11 Rn. 14; vgl. auch die Terminologie bei Großkomm AktG/*Röhricht/Schall* § 23 Rn. 342, der Vorgründungsvertrag für den Gründungsvorvertrag synonym verwendet.

[28] *Michalski/Sixt* FS Boujong, 1996, 349 (357).

[29] Großkomm AktG/*Röhricht* § 23 Rn. 281; für die GmbH: MHLS/*Blath* GmbHG § 11 Rn. 15 mwN in Fn. 30.

formbedürftigen Gründungsvorvertrages kann die Vorgründungsgesellschaft also sogar durch bloßes gemeinsames Zusammenwirken konkludent entstehen.[30]

Die Vorgründungsgesellschaft kann bloße **BGB-Innengesellschaft oder eine Außengesellschaft** sein.[31] Beschränkt sich die vereinbarte gesellschaftsrechtliche Zweckförderung auf das Innenverhältnis zwischen den Vertragspartnern (allerdings über die bloße Verpflichtung zum Abschluss eines Aktiengesellschaftsvertrages hinaus − → Rn. 18 f.), entsteht eine BGB-Innengesellschaft. Treten die Gründer nach außen in den Rechtsverkehr, insbesondere indem sie bereits mit den Geschäften der zukünftigen AG beginnen oder bei einer Sachgründung das einzubringende Unternehmen (weiter)führen, entsteht bereits eine Außengesellschaft. Diese wird regelmäßig nicht neben einer eventuellen BGB-Innengesellschaft bestehen, sondern mit dieser identisch sein.[32] Je nachdem welche Art und welchen Umfang die Geschäftstätigkeit entwickelt (kleingewerblich, großgewerblich, freiberuflich, vermögensverwaltend), ist sie BGB-Gesellschaft oder nach § 105 Abs. 2 HGB nicht im Handelsregister eingetragene OHG und in beiden Fällen parteifähig.[33] Nach dieser Einordnung richten sich die auf sie anzuwendenden Normen, insbesondere auch über die Vertretung[34] und die Haftung.[35] Aktienrechtliche Vorschriften, insbesondere § 41 Abs. 1 S. 2, sind nicht anwendbar.[36] 21

Handelt ein Gesellschafter bereits **im Namen der noch nicht existierenden Vorgesellschaft oder AG**, wird im Zweifel ein unternehmensbezogenes Geschäft der Vorgründungsgesellschaft vorliegen.[37] Nur wenn der Vertragspartner Kenntnis von der fehlenden Beurkundung bzw. Eintragung im Handelsregister hat, kann ein insofern aufschiebend bedingtes Rechtsgeschäft angenommen werden. 22

Die Vorgründungsgesellschaft **endet durch Zweckerreichung** im Sinne des § 726 BGB. Dies ist regelmäßig der Fall, wenn die Vorgesellschaft durch Feststellung der Satzung gem. § 23 errichtet, spätestens wenn die AG eingetragen ist. Besteht ein Gesamthandsvermögen, wie insbesondere im Falle des Betriebes eines Unternehmens, findet eine Liquidation im Sinne der §§ 730 ff. BGB statt. Ein **automatischer Übergang** auf die durch Errichtung der AG entstehende Vorgesellschaft findet nicht statt. Soll eine Übertragung des gesamten Vermögens auf die Vor-AG erfolgen, muss dies gesondert vereinbart werden, da ansonsten die Vorgründungsgesellschaft (ggf. ungewollt) noch neben der Vorgesellschaft und selbst neben der eingetragenen AG als Unternehmensträgerin fortbesteht. Hierfür kommt eine **Einzelrechtsübertragung aller Aktiva und Passiva** in Frage, wobei eine stillschweigende Zustimmung der Vertragspartner zur Schuldübernahme nicht ohne weiteres angenommen werden kann.[38] Möglich und meist zweckmäßig ist auch die **Übertragung aller Gesellschaftsanteile** an der Vorgründungsgesellschaft (BGB-Gesellschaft oder OHG) auf die Vorgesellschaft (Vor-AG), so dass es zur Vereinigung aller Mitgliedschaften bei der Vorgesellschaft und dadurch zur Anwachsung des gesamten Vermögens der Vorgründungsgesellschaft kommt.[39] 23

Die Abgrenzung zwischen der Vorgründungsgesellschaft und der Vor-AG ist auch von Bedeutung bei der sog. **„Voreinzahlung"** (dazu auch → § 54 Rn. 68).[40] Hierbei leisten die Gründer bereits vor dem Beurkundungstermin die einzuzahlende Stammeinlage (Grundkapital) auf ein Konto, das auf die noch nicht existierende AG iG lautet. Dadurch entsteht letztlich nur eine Forderung der Vorgründungsgesellschaft gegen die Bank, die nicht automatisch auf die Vorgesellschaft übergeht. Grundsätzlich müsste diese Forderung als Sacheinlage eingebracht werden, so dass die geschuldete 24

---

[30] Großkomm AktG/*Röhricht* § 23 Rn. 281 (284); MüKoAktG/*Pentz* Rn. 11, spricht insofern missverständlich von fehlerhafter Gesellschaft, obwohl gar kein Formerfordernis besteht.
[31] Großkomm AktG/*Röhricht* § 23 Rn. 281; zur Abgrenzung s. ausf. Großkomm AktG/*K. Schmidt* Rn. 19 ff., der aber zu Unrecht den Gründungsvertrag zwingend mit der Innengesellschaft gleichsetzt; vgl. auch *Grottke*, Die Vorgründungsgesellschaft der GmbH, 1992, 74 ff.; *Lieder* DStR 2014, 2464 (2465).
[32] AA Großkomm AktG/*K. Schmidt* Rn. 27.
[33] MüKoAktG/*Pentz* Rn. 20 mwN zur Parteifähigkeit der BGB-Gesellschaft.
[34] S. zur Abgrenzung OLG Stuttgart NZG 2002, 910 − GmbH.
[35] Zu den eingeschränkten Möglichkeiten der Einschränkung der Haftung durch Individualvereinbarung: *Heidinger* in Heckschen/Heidinger, Die GmbH in der Gestaltungs- und Beratungspraxis, 4. Aufl. 2018, Kap. 3 Rn. 26 ff.
[36] Hüffer/Koch/*Koch* Rn. 3; MüKoAktG/*Pentz* Rn. 20 mit missverständlichem Hinweis, dass der Vorstand der *Vorgesellschaft* die Rechtsgeschäfte für die *Vorgründungsgesellschaft* (?) genehmigen können soll; BGHZ 91, 148 (152 f.) = NJW 1984, 2164 zu § 11 GmbHG.
[37] MüKoAktG/*Pentz* Rn. 20.
[38] BGH NJW 1998, 1645 = NZG 1998, 382 mAnm *Reinersdorff*; BGH NJW 1983, 2822; großzügiger insofern AG Hamburg v. 17.7.2006 − 644 C 400/05 nv.
[39] Großkomm AktG/*K. Schmidt* Rn. 38; MüKoAktG/*Pentz* Rn. 21, mit Hinweis auf die Gefahr einer verdeckten Sacheinlage nach § 27 Abs. 3; vgl. zum Grundsatz der Anwachsung BGHZ 65, 79 (82 f.) = NJW 1975, 1774 (1775); BGHZ 113, 132 (133) = NJW 1991, 844; EBJS/*Lorz* HGB § 131 Rn. 42.
[40] Vgl. zur GmbH ausführlich *Heidinger/Berkefeld* in Heckschen/Heidinger, Die GmbH in der Gestaltungs- und Beratungspraxis, 4. Aufl. 2018, Kap. 11 Rn. 9 ff. mwN.

Bareinlageleistung nicht schuldtilgend erfolgt. Teilweise wir jedoch vertreten, dass eine Zahlung vor Gründung für die Vorgesellschaft wirkt, wenn ein enger zeitlicher Zusammenhang zwischen Einzahlung und Beurkundung besteht.[41] Diese Ansicht ist mE jedoch problematisch, da ein Bankkonto für eine noch nicht existierende Vorgesellschaft als Kontoinhaberin gar nicht zulässig wäre (vgl. Grundsatz der Kontenwahrheit nach § 154 AO). Das OLG Frankfurt lässt es dennoch als schuldtilgende Leistung im Rahmen einer Bargründung (sogar bei der Einpersonen-GmbH) genügen, wenn unmittelbar vor der Beurkundung des Gesellschaftsvertrags die Stammeinlage mit einer klaren Zweckbestimmung auf ein auf den Namen der Gesellschaft angelegtes Konto eingezahlt und in der Gründungsurkunde auf die Gesellschaft übertragen wird.[42] Zur Abgrenzung der Voreinzahlung zur verdeckten Sacheinlage auch → § 27 Rn. 151.

25 **2. Rechtsnatur der Vor-AG. a) Grundlagen.** Unabhängig davon, ob vor der Feststellung der Satzung ein Gründungsvorvertrag und/oder eine Vorgründungsgesellschaft existieren, entsteht mit notarieller Beurkundung der Gründung (Errichtung der AG) eine Vor-AG als Gesellschaft mit allen Gründungsgesellschaftern. Diese ist nicht identisch mit der Vorgründungsgesellschaft. Insbesondere kommt es nicht zu einer Rechtsnachfolge mit automatischem Übergang der Aktiva und Passiva (→ Rn. 23).[43]

26 Anders als die Vorgründungsgesellschaft ist die Vorgesellschaft (Vor-AG) ein notwendiges Durchgangsstadium zur Entstehung einer AG.[44]

27 **b) Gesellschaft sui generis.** Bei der Vorgesellschaft handelt es sich weder um eine BGB-Gesellschaft[45] bzw. OHG noch um einen nichtrechtsfähigen Verein,[46] sondern eine **Gesellschaft sui generis** (eigener Art). Die heute hM hat im Wege der Rechtsfortbildung den körperschaftlich strukturierten Charakter einer werdenden juristischen Person herausgearbeitet, die bereits nach dem Recht der Kapitalgesellschaft zu beurteilen ist, soweit dessen Vorschriften nicht die Eintragung voraussetzen.[47] Weiterhin umstritten ist jedoch, ob sie **Gesamthandsgemeinschaft**[48] oder **Körperschaft**[49] ist.

28 Die **Rechtsträgerschaft** der Vorgesellschaft selbst ist heute allgemein anerkannt.[50] Aufgrund ihrer Rechtsfähigkeit ist sie im Zivilprozess aktiv[51] und passiv[52] parteifähig,[53] im Verfahren der

---

[41] *Kanzleiter* DNotZ 1994, 700 f. (Anm. zu OLG Stuttgart DNotZ 1994, 695); wN bei *Heidinger* in Heckschen/Heidinger, Die GmbH in der Gestaltungs- und Beratungspraxis, 4. Aufl. 2018, § 11 Rn. 11 f. mwN; zur anders gelagerten Problematik bei der Kapitalerhöhung, BGH NZG 2007, 23 = DStR 2006, 2266.

[42] OLG Frankfurt DB 2005, 1049 = MittBayNot 2005, 421.

[43] MüKoAktG/*Pentz* Rn. 17.

[44] Hüffer/Koch/*Koch* Rn. 3; Großkomm AktG/*K. Schmidt* Rn. 39; statistische Angaben zur Lebensdauer einer Vor-AG in Deutschland bei *Bayer/Hoffmann* AGReport 2006, R312: je nach Berechnungsmethode 3 bzw. 5–6 Monate.

[45] So noch RGZ 58, 56; 82, 290; 105, 229; 151, 91 (alle zur GmbH); *Scholz* JW 1938, 3149; mwN bei Kölner Komm AktG/*Arnold* Rn. 17.

[46] So zB *Schultze-v. Lasaulx* FS Olivecrona, 1964, 605 ff.; mwN bei Kölner Komm AktG/*Arnold* Rn. 21; neuerdings wieder *Beuthien* ZIP 1996, 307; vgl. auch BGHZ 146, 190 = NJW 2001, 748 zum Gründungsstadium eines kommunalen Zweckverbandes.

[47] Großkomm AktG/*K. Schmidt* Rn. 41; BGHZ 21, 242 (246) = NJW 1956, 1435; BGHZ 45, 338 (347) = NJW 1966, 1311 (1313); BGHZ 51, 30 (32) = NJW 1969, 509; BGHZ 80, 129 (132) = NJW 1981, 1373 (1374); BGHZ 143, 314 (319) = NJW 2000, 1193 (alle zur GmbH); BGHZ 117, 323 (326) = NJW 1992, 1824 (zur AG); BGH NJW 2004, 2519 = NZG 2004, 773 (zur AG); Kölner Komm AktG/*Arnold* Rn. 217 ff.; UHL/Ulmer/Habersack GmbHG § 11 Rn. 10; Bürgers/Körber/*Körber* Rn. 5; umfassend zur „Gesellschaft sui generis" *Schaffner*, Die Vorgesellschaft als Gesellschaft sui generis, 2003, 54 ff. (157 ff.) – GmbH; insbes. zur Bilanzierung bei der Vor-AG: *Weiland*, Die Vorgesellschaft der GmbH und der AG – mit Hinweisen zur Limited, 2006.

[48] So zB MüKoAktG/*Pentz* Rn. 24 mwN in Fn. 63, der keine Unvereinbarkeit mit der körperschaftlichen Struktur sieht; BGH WM 1980, 955 (956); BGHZ 80, 129 (135) = NJW 1981, 1373; Kölner Komm AktG/*Arnold* Rn. 18.

[49] Großkomm AktG/*K. Schmidt* Rn. 42; K. Schmidt/Lutter/*Drygala* Rn. 5, da es keine Einpersonengesamthand gebe; Rowedder/Schmidt-Leithoff/*Schmidt-Leithoff* GmbHG § 11 Rn. 61 spricht von einem Sondervermögen eigener Art.

[50] BGHZ 117, 323 (326) = NJW 1992, 1824 – AG; Großkomm AktG/*K. Schmidt* Rn. 43; Kölner Komm AktG/*Arnold* Rn. 19 f.; MüKoAktG/*Pentz* Rn. 31; diff. *Huber* FS Lutter, 2000, 110.

[51] BGH NJW 1998, 1079 = ZIP 1998, 109; MüKoAktG/*Pentz* Rn. 52; Kölner Komm AktG/*M. Arnold* Rn. 19; aA noch Kölner Komm AktG/*Kraft*, 2. Aufl. 1988, Rn. 36; zum Entfallen der Parteifähigkeit bei nicht zeitnah betriebener Eintragung (unechte Vorgesellschaft) vgl. BGH Hamm NZG 2006, 754 – GmbH; zur Parteifähigkeit nach Auflösung OLG Köln GmbHR 1997, 601 – GmbH; krit. hierzu *Fichtelmann* GmbHR 1997, 995; vgl. ausf. *Kunz*, Die Vorgesellschaft im Prozeß und in der Zwangsvollstreckung, 1994.

[52] MüKoAktG/*Pentz* Rn. 52; Großkomm AktG/*K. Schmidt* Rn. 48; Kölner Komm AktG/*M. Arnold* Rn. 19; BGHZ 79, 239 (241) = NJW 1981, 873; OLG Hamm WM 1985, 658 (659); zur Bestimmung des allgemeinen Gerichtsstandes nach § 17 Abs. 1 ZPO: OLG Brandenburg NZG 2004, 100 – GmbH = DB 2003, 2542.

[53] Sogar noch nach Aufgabe der Eintragungsabsicht: BGH NJW 2008, 2441 = ZIP 2008, 1025; dazu *Lousanoff* NZG 2008, 490.

freiwilligen Gerichtsbarkeit[54] und vor dem Sozialgericht[55] beteiligungsfähig, beschwerdefähig[56] und grundbuchfähig.[57] Darüber hinaus ist sie insolvenzfähig[58] (früher konkurs- und vergleichsfähig), scheck- und wechselfähig,[59] kontofähig,[60] komplementärfähig[61] und mitgliedschaftsfähig.[62] Nach Maßgabe des Art. 19 Abs. 3 GG wird ihr sogar Grundrechtsschutz zugesprochen,[63] ihrem Vermögen allerdings strafrechtlicher Schutz verweigert.[64]

Die Vor-AG kann mE auch schon einen **Gewinnabführungs- und Beherrschungsvertrag** 28a abschließen. Wegen der konstitutiven Wirkung der Handelsregistereintragung nach § 294 Abs. 2 wird in diesen Fällen aber nur ein aufschiebend bedingter Abschluss, an die Eintragung der AG selbst geknüpft, in Frage kommen. Die Vor-AG kann sich selbst schon an der **Gründung einer Kommanditgesellschaft** zB als einzige Komplementärin[65] oder auch an einer weiteren AG beteiligen.[66]

Die Vor-AG selbst ist zwar noch nicht **umwandlungsfähig** iSd. §§ 3, 124 und 191 UmwG. Sie 29 kann aber schon für eine Verschmelzung, Spaltung oder einen Formwechsel der zukünftigen AG die erforderlichen Verträge abschließen, Pläne erstellen und Beschlüsse (→ Rn. 62 ff.) fassen.[67] Die Eintragung der Umwandlung ist allerdings erst möglich, wenn die AG im Handelsregister selbst eingetragen ist. Eine untechnische „Umwandlung" der Vor-AG durch Änderung des Gründungsvertrages zB in eine Vor-GmbH schon bei der Vorgesellschaft ist möglich.[68]

Die Gesellschaft ist Inhaberin eines eventuell existierenden **Gesellschaftsvermögens**.[69] Hierzu 30 gehören auch die Ansprüche auf Leistung der Einlagen auf übernommene Aktien.[70] Als Trägerin von Rechten und Pflichten kann sie aber auch in vollem Umfang Schuldnerin sein.[71]

Die Grundsätze der **Kapitalerhaltung** (insbesondere § 57) gelten erst für die AG ab Eintragung 31 im Handelsregister.[72] Das gesetzliche Ziel, zum Schutz der Gläubiger wenigstens einmal zum Zeitpunkt der Entstehung der AG durch Eintragung die wertmäßige Existenz des Grundkapitals sicherzustellen, wird über die Kapitalaufbringungsgrundsätze (insbesondere §§ 36–38, siehe genauer dazu die dortige Kommentierung) gesichert. Fließen die Einlageleistungen im Gründungs-

---

[54] BGHZ 117, 323 (326) = NJW 1992, 1824; Großkomm AktG/*K. Schmidt* Rn. 47; Kölner Komm AktG/*M. Arnold* Rn. 19; MüKoAktG/*Pentz* Rn. 52.
[55] SG Frankfurt NZG 2004, 1119; Hüffer/Koch/*Koch* Rn. 10.
[56] KG, NZG 2013, 1153 für die Vor-GmbH.
[57] BGHZ 45, 338 (347) = NJW 1966, 1311 (1313); BayObLGZ 1979, 172 = DNotZ 1979, 502; OLG Hamm DNotZ 1981, 582 (alle zur GmbH); Großkomm AktG/*K. Schmidt* Rn. 47; Kölner Komm AktG/*M. Arnold* Rn. 19; MüKoAktG/*Pentz* Rn. 52; Schöner/Stöber Grundbuchrecht, Rn. 990: Eintragung von Vormerkung oder Eintragung; s. aber zu den Risiken im Grundbuchvollzug: *Heidinger/Blath* in Heckschen/Heidinger, Die GmbH in der Gestaltungs- und Beratungspraxis,4. Aufl. 2018, Kap. 3 Rn. 11 ff.
[58] Großkomm AktG/*K. Schmidt* Rn. 49 mwN, nach § 11 Abs. 2 Nr. 1 oder Abs. 1 S. 1 InsO; s. dazu auch ausf. MüKoAktG/*Pentz* Rn. 70 ff.; zum Insolvenzverfahren der Vor-GmbH: *Geißler* DZWiR 2009, 52.
[59] Großkomm AktG/*K. Schmidt* Rn. 43; Hüffer/Koch/*Koch* Rn. 10; Baumbach/Hefermehl/*Casper* WG Einl. Rn. 21.
[60] BGHZ 45, 338 (347) = NJW 1966, 1311 (1313); OLG Celle GmbHR 2000, 775 (776) = NZG 2000, 790 – GmbH; Hüffer/Koch/*Koch* Rn. 10; UHL/*Ulmer/Habersack* GmbHG § 11 Rn. 62.
[61] BGHZ 80, 129 = NJW 1981, 1373; noch offengelassen BGHZ 69, 95 (97) = NJW 1977, 1683; BGHZ 70, 132 = NJW 1978, 636.
[62] Großkomm AktG/*K. Schmidt* Rn. 43, das umfasst die Gründung und den Erwerb von Anteilen an anderen Gesellschaften.
[63] Großkomm AktG/*K. Schmidt* Rn. 43 mwN in Fn. 130; s. auch BVerfG NJW 2014, 613 zum Schutz der Berufsfreiheit einer AnwaltsVor-GmbH.
[64] BGH wistra 2000, 178 – GmbH, keine Geschädigte einer strafrechtlichen Untreue; aA Großkomm AktG/*K. Schmidt* Rn. 43; MüKoAktG/*Pentz* Rn. 31 aE.
[65] Vgl. schon BGHZ 117, 323 (326) = NJW 1992, 1824.
[66] Dies gilt nach hier vertretener Ansicht auch für die Einmann-Vor-AG.
[67] Großkomm AktG/*K. Schmidt* Rn. 128; *K. Schmidt* FS Zöllner, Bd. I, 1998, 521 (523 ff.); MüKoAktG/*Pentz* Rn. 82.
[68] Großkomm AktG/*K. Schmidt* Rn. 129; vgl. auch zur „Umwandlung" kraft Gesetzes in eine OHG durch Aufgabe der Eintragungsabsicht → Rn. 93.
[69] BGHZ 117, 323 (326) = NJW 1992, 1824; Hölters/*Solveen* Rn. 6; MüKoAktG/*Pentz* Rn. 31.
[70] BGHZ 45, 338 (347) = NJW 1966, 1311 (1313) – GmbH; Großkomm AktG/*K. Schmidt* Rn. 43.
[71] Zum Wegfall des Vorbelastungsverbotes BGHZ 80, 129 = NJW 1981, 1373 – GmbH; für AG noch offen gelassen BGHZ 119, 177 (186) = NJW 1992, 3300 (3302); zur Kompensation durch die Vorbelastungshaftung → Rn. 73 ff.
[72] Str., so zur GmbH: MHLS/*Blath* GmbHG § 11 Rn. 48; UHL/*Ulmer/Habersack* GmbHG § 11 Rn. 13; UHL/*Habersack* GmbHG § 30 Rn. 17; Roth/Altmeppen/*Altmeppen* GmbHG § 30 Rn. 3; BGH WM 1980, 955 (956); aA für Anwendung schon auf Vorgesellschaft: MüKoAktG/*Pentz* Rn. 44 (allerdings nicht bei der unechten Vorgesellschaft); Großkomm AktG/*K. Schmidt* Rn. 76; *Priester* ZIP 1982, 1141 (1147 f.); Scholz/*K. Schmidt* GmbHG § 11 Rn. 62.

stadium absprachegemäß unmittelbar an den leistenden Gründer zurück, fehlt es schon an einer schuldtilgenden Leistung der Einlage. Dadurch wird die Eintragung der Gesellschaft trotz unzureichender Kapitalausstattung hinreichend verhindert. Kommt es dennoch zu einer diesbezüglich planwidrigen Eintragung, sorgt die Unterbilanzhaftung aller Gründer für den erforderlichen Gläubigerschutz (→ Rn. 77 ff.). Die Kapitalerhaltungsgrundsätze dienen nicht der „gerechten" Haftungsverteilung unter den Gesellschaftern,[73] sondern dem Schutz der Gläubiger bei bestehender Kapitalgesellschaft vor Rückfluss der Stammeinlagen an die Gesellschafter. Die Haftungsverteilung muss einem internen Ausgleich der haftenden Gründer überlassen bleiben. Die Kapitalerhaltungsgrundsätze kommen quasi zeitlich erst nach abgeschlossener Kapitalaufbringung zur Anwendung.

32 Aufgrund ihrer **Namensfähigkeit**, einschließlich des hiermit verbundenen Schutzes, kann die Vor-AG schon die Firma der zukünftigen AG mit einem Zusatz „i. G." führen.[74] Da sie noch nicht Formkaufmann nach § 6 HGB ist, kommt ihr **Kaufmannseigenschaft** nach § 1 HGB nur zu, wenn sie schon mit einer gewerblichen Tätigkeit begonnen hat, die auf eine entsprechende Größe gerichtet ist.[75] Zur hierfür erforderlichen Zustimmung der Gründer wird auf → Rn. 57 verwiesen. Daraus ergibt sich ggf. auch eine Bilanzierungspflicht.[76] Die Buchführungspflicht wird schon ohne Rücksicht auf die Kaufmannseigenschaft bejaht,[77] da die Vermögenslage der Gesellschaft zum Zeitpunkt der Eintragung ins Handelsregister feststellbar sein muss.

32a Demgegenüber gelten die (früheren) Grundsätze des Eigenkapitalersatzes auch schon im Stadium der Vor-Gesellschaft und werden durch die Verlustdeckungshaftung der Gründungsgesellschafter (→ Rn. 87 ff.) nicht ausgeschlossen.[78] § 32a Abs. 1 GmbHG aF[79] zeigt andersartige Rechtsfolgen und es besteht nach Ansicht des BGH kein Grund, den unmittelbaren oder mittelbaren Gesellschafter einer Vor-GmbH von diesen Rechtsfolgen zu dispensieren.

33 **3. Beendigung der Vor-AG. a) Beendigung durch Eintragung im Handelsregister.** Die Vor-AG existiert nicht mehr, sobald durch die Eintragung im Handelsregister eine Aktiengesellschaft iSd. § 1 als juristische Person entsteht. Streitig ist, ob die Vorgesellschaft zur AG im Verhältnis der Identität (**Identitätstheorie**) steht[80] oder liquidationslos unter **Gesamtrechtsnachfolge** der AG erlischt.[81] Die frühere Ansicht,[82] die von einer Liquidation der Vorgesellschaft mit Einzelrechtsübertragung auf die AG ausging, ist überholt.

34 **aa) Übergang aller Rechte und Pflichten auf AG.** Unabhängig von dem Meinungsstreit zur dogmatischen Erklärung des Rechtsüberganges (→ Rn. 33) ist heute allgemein anerkannt, dass alle Rechte, Pflichten, ganze Vertragsverhältnisse und Verfahrensverhältnisse der Vor-AG unverändert bei der AG fortbestehen (**Kontinuität**).[83] Das früher vertretene, dieser Ansicht entgegenstehende **Vorbelastungsverbot**[84] wurde aufgegeben.[85] Im Zusammenhang mit einer Schuldübernahme durch die eingetragene AG sind die Abs. 2 und 3 zu beachten (→ Rn. 128 ff.).

---

[73] So aber offenbar MüKoAktG/*Pentz* Rn. 44; bei der GmbH spricht schon die subsidiäre Haftung der Mitgesellschafter aus § 31 Abs. 3 gegen den Begründungsansatz von *Pentz*.
[74] Vgl. dazu MüKoHGB/*Heidinger* HGB § 17 Rn. 21 und MüKoHGB/*Heidinger* HGB § 19 Rn. 36; *Kießling*, Vorgründungs- und Vorgesellschaft, 1999, 72.
[75] S. dazu genauer Großkomm AktG/*K. Schmidt* Rn. 45.
[76] MüKoAktG/*Pentz* Rn. 51; Hüffer/Koch/*Koch* Rn. 10; Großkomm HGB/*Pöschke* HGB § 242 Rn. 37 f.
[77] MüKoAktG/*Pentz* Rn. 51; Hüffer/Koch/*Koch* Rn. 10; Großkomm HGB/*Pöschke* HGB § 238 Rn. 17.
[78] Zur GmbH: BGH DStR 2009, 1486 = ZIP 2009, 1273; aA UHL/*Habersack*, 1. Aufl. 2006, GmbHG §§ 32a/b Rn. 14.
[79] Nach ganz hM früher entsprechend auch für die AG anwendbar, s. nur *Hüffer*, 8. Aufl. 2008, § 57 Rn. 17 mwN.
[80] So Großkomm AktG/*K. Schmidt* Rn. 99; *K. Schmidt* GesR § 11 IV 4, § 27 II 3 d; MüKoAktG/*Pentz* Rn. 108, 124; K. Schmidt/Lutter/*Drygala* Rn. 18; Bürgers/Körber/*Körber* Rn. 25; Kölner Komm AktG/ *M. Arnold* Rn. 26; Hüffer/Koch/*Koch* Rn. 16 f.
[81] BGH NJW 1982, 932 – GmbH; *Hüffer*, 10. Aufl. 2012, Rn. 17; Hölters/*Solveen* Rn. 12; unklar Baumbach/ Hueck/*Fastrich* GmbHG § 11 Rn. 56; eingeschränkt auch UHL/*Ulmer/Habersack* GmbHG § 11 Rn. 89 f.; abl. MüKoAktG/*Pentz* Rn. 108 mit Begründung über § 190 UmwG; vgl. dazu auch ausf. *Kießling*, Vorgründungs- und Vorgesellschaft, 1999, 304 ff.
[82] S. Kölner Komm AktG/*Arnold* Rn. 26; MüKoAktG/*Pentz* Rn. 107 jeweils mwN der früheren Meinung; zur Entwicklung im GmbH-Recht *Hueck* FS 100 Jahre GmbHG, 1992, 127 (138 ff.).
[83] BGHZ 80, 129 (140) = NJW 1981, 1373 (1375); BGHZ 91, 148 (151) = NJW 1984, 2164 (beide zur GmbH); OLG Celle GmbHR 2000, 1265 (1266) = NZG 2000, 1134; Großkomm AktG/*K. Schmidt* Rn. 100; MüKoAktG/*Pentz* Rn. 108, 124; Hüffer/Koch/*Koch* Rn. 16.
[84] RGZ 149, 293 (303); 151, 86 (91); BGHZ 53, 210 (212) = NJW 1970, 806; 65, 378 (383) = NJW 1976, 419 (alle für die GmbH).
[85] BGHZ 80, 129 = NJW 1981, 1373; BGHZ 105, 300 = NJW 1989, 710; BGH NJW 1998, 233 = NZG 1998, 102 (alle für die GmbH); gilt auch für die AG: Großkomm AktG/*K. Schmidt* Rn. 44; MüKoAktG/*Pentz* Rn. 113; Kölner Komm AktG/*M. Arnold* Rn. 45 f.

Daneben können bei der AG **originär Rechte und Pflichten** entstehen, die von den Gründern 35 in der Satzung zugunsten oder zu Lasten der eingetragenen Gesellschaft vereinbart wurden. Genannt werden[86] die Ansprüche auf Bareinlagen, soweit diese nicht schon vor der Eintragung zu leisten sind (§ 36 Abs. 2), Nebenverpflichtungen der Aktionäre (§ 55), Rechte bzw. Pflichten aus Sacheinlagen oder -übernahmen (§ 27) bzw. Sondervorteilen (§ 26), sowie zB die Übernahme des Gründungsaufwandes. Meist werden diese Verpflichtungen oder Rechte aber schon vor der Eintragung, also für und gegen die Vor-AG, entstehen. Originär bei der AG ergeben sich jedenfalls die Ansprüche aus den §§ 46 ff.[87]

bb) Veränderung der Haftung. Ab der Eintragung im Handelsregister gilt das **Haftungsre-** 36 **gime der AG,** wonach den Gläubigern für alle bestehenden (von der Vor-AG abgeleiteten) und neuen (originären) Verbindlichkeiten der AG nur noch das Gesellschaftsvermögen haftet (§ 1 Abs. 1 S. 2).

Die **Handelndenhaftung** aus der Zeit der Vor-AG (§ 41 Abs. 1 S. 2, → näher Rn. 95 ff.) 37 erlischt.[88] Ihr Haftungszweck hat sich erledigt.

Für die persönliche Haftung der Gründer aus der Zeit der Vorgesellschaft[89] (**Unterbilanz- bzw.** 38 **Vorbelastungshaftung,** dazu genauer → Rn. 77 ff.) bildet der Eintragungszeitpunkt den Stichtag, auf den es für die Berechnung ihrer Höhe ankommt und mit dem dieser zeitlich endet. Nimmt man mit dem BGH[90] schon vor der Eintragung von vornherein eine **Innenhaftung** der Gründer gegenüber der Gesellschaft auf anteiligen Verlustausgleich (**Verlustdeckungshaftung,** → Rn. 87 ff., insbes. → Rn. 88) an, bleibt diese, als auf den Zeitpunkt der Eintragung im Handelsregister der Höhe nach fixierte, Innenhaftung (Unterbilanzhaftung oder auch Vorbelastungshaftung genannt) gegen die Gründer bestehen.[91] Geht man demgegenüber mit der früher hM in der Literatur (→ Rn. 89)[92] zunächst von einer komplementärartigen unbeschränkten, persönlichen Außenhaftung der Gründer gegenüber den Gläubigern aus, endet diese Außenhaftung mit der Eintragung, mündet aber in die, zeitlich auf die Eintragung berechnete Unterbilanzhaftung als Innenhaftung.[93]

b) Sonstige Beendigungstatbestände. Vor der Eintragung im Handelsregister kann es aus den 39 verschiedensten Gründen zur **Auflösung** der Vorgesellschaft kommen, der noch eine **Abwicklung** (→ Rn. 43) nachfolgen muss, um eine (Voll)**Beendigung** zu erreichen.

Folgende **Auflösungstatbestände** bei der AG gelten auch für die Vor-AG: Der Auflösungsbe- 40 schluss mit entsprechender Mehrheit[94] (§ 262 Abs. 1 Nr. 2), die Eröffnung eines Insolvenzverfahrens (§ 262 Abs. 1 Nr. 3), die Rechtskraft eines Beschlusses, durch den die Eröffnung eines Insolvenzverfahrens mangels Masse abgelehnt wird (§ 262 Abs. 1 Nr. 4, § 26 InsO).

Darüber hinaus ergeben sich **spezifische Auflösungsgründe,** wie das endgültige **Scheitern,**[95] 41 insbesondere durch die rechtskräftige Ablehnung des Eintragungsantrages.[96] Dies lässt sich damit begründen, dass der Zweck (→ Rn. 47) der Vorgesellschaft entfällt (analog § 726 BGB),[97] oder dass sie als Vorgesellschaft sui generis ohne Änderung ihrer Organisation und Haftungsverfassung nicht fortgeführt werden kann.[98] Aber auch die bloße **Aufgabe der Eintragungsabsicht** löst die Vor-AG auf. Führen die Gründer die Gesellschaft dennoch weiter, besteht sie in der Form einer BGB-Gesellschaft oder OHG fort (zur Haftung daraus → Rn. 93 f.).[99] Dennoch bleibt sie als Abwick-

---

[86] NK-AktR/*Höhfeld* Rn. 20.
[87] Großkomm AktG/*K. Schmidt* Rn. 102; MüKoAktG/*Pentz* Rn. 112.
[88] MüKoAktG/*Pentz* Rn. 109 mwN in Fn. 288; Großkomm AktG/*K. Schmidt* Rn. 112 mwN in Fn. 380; Hüffer/Koch/*Koch* Rn. 25.
[89] Dies gilt nicht für die Haftung aus der Zeit der Vorgründungsgesellschaft, → Rn. 21.
[90] BGHZ 134, 333 = NJW 1997, 1507 mAnm *Altmeppen*; bestätigt durch BGHZ 152, 290 = NJW 2003, 429.
[91] Großkomm AktG/*K. Schmidt* Rn. 114 spricht von einem Kontinuum.
[92] Weiterhin Großkomm AktG/*K. Schmidt* Rn. 84; MüKoAktG/*Pentz* Rn. 56–65, mwN für die bis zu sechs verschiedenen Meinungen bei Rn. 55.
[93] So auch jetzt noch MüKoAktG/*Pentz* Rn. 65 und Großkomm AktG/*K. Schmidt* Rn. 114; zu Unrecht für Fortbestand der Gründerhaftung als Außenhaftung auch nach Eintragung der Gesellschaft *Beuthien* ZIP 1996, 360 (362); *Beuthien* GmbHR 1996, 309 (311); abl. auch *Kleindiek* ZGR 1997, 427 (442 f.).
[94] MüKoAktG/*Pentz* Rn. 45.
[95] Großkomm AktG/*K. Schmidt* Rn. 123.
[96] MüKoAktG/*Pentz* Rn. 46.
[97] So die hM zur GmbH: vgl. UHL/*Ulmer/Habersack* GmbHG § 11 Rn. 52 mwN in Fn. 92; jüngst auch OLG München NZG 2017, 1106.
[98] MüKoAktG/*Pentz* Rn. 46; für die GmbH: Scholz/*K. Schmidt* GmbHG § 11 Rn. 64; MHLS/*Blath* GmbHG § 11 Rn. 72.
[99] MüKoAktG/*Pentz* Rn. 50; Großkomm AktG/*K. Schmidt* Rn. 130 f.

lungs- oder als Personengesellschaft parteifähig, so dass in einem laufenden Verfahren weder die Prozessfähigkeit noch die Vertretungsbefugnis eines Prozessbevollmächtigten entfällt.[100] Die Klage bleibt in einem laufenden Prozess zulässig. Die Vor-AG kann auch durch **Kündigung aus wichtigem Grund** aufgelöst werden.[101]

42 Der **Tod eines Gründers** (vgl. auch zum Übergang der Mitgliedschaft → Rn. 65) führt vorbehaltlich abweichender Vereinbarungen nicht zur Auflösung der Vorgesellschaft.[102] Im Einzelfall kann er aber entsprechend § 723 BGB einen wichtigen Grund zur Kündigung der Gesellschaft darstellen,[103] welcher die Auflösung der Gesellschaft bewirkt.[104]

43 Die Auflösung der Vorgesellschaft führt – wird sie nicht in einer anderen Organisationsform fortgeführt – nicht unmittelbar zu ihrer Beendigung, sondern zunächst nur zum Eintritt in das **Liquidationsstadium**. Sie besteht bis zu ihrer Abwicklung nach allgemeinen Grundsätzen fort.[105] Die Liquidation erfolgt nach den Bestimmungen der §§ 262 ff., nicht der §§ 730 ff. BGB.[106] Daher sind nicht die Gesellschafter, sondern die Vorstandmitglieder zuständig.[107]

III. Das Organisationsrecht der Vor-AG

44 **1. Überblick.** Die Rechtsverhältnisse der Vorgesellschaft werden durch § 41 nur fragmentarisch geregelt. Grundlage des Organisationsrechts der Vor-AG sind im Übrigen einige wenige Spezialvorschriften über die Bestellung von Organen (§ 30 Abs. 1 und 4), den Gründungsbericht (§ 32 Abs. 1), die Anmeldung im Handelsregister (§ 36 Abs. 1), sowie die Einlageleistung und ihre Einforderung (§ 36 Abs. 2, § 36 a). Darüber hinaus gelten bereits die Bestimmungen für die eingetragene AG, soweit diese ihrem Sinn nach nicht die Eintragung voraussetzen.[108] Auch die Satzungsregelungen entfalten Wirkung für die Vor-AG, wobei schon § 23 Abs. 5 zu beachten ist.[109]

45 **2. Satzung, Unternehmensgegenstand und Zweck.** Die satzungsmäßigen Grundlagen gelten im Grundsatz auch schon für die Vorgesellschaft. Streitig ist, ob die **Satzung**, wie bei der eingetragenen AG, **objektiv ausgelegt** werden muss (vgl. dazu → § 23 Rn. 39).[110] Die hM[111] will bis zur Eintragung die allgemeinen Grundsätze der Vertragsauslegung (§§ 133, 157 BGB) anwenden, da dem Verkehrsschutz in diesem Stadium mangels Aktienausgabe und -übertragbarkeit (Abs. 4, → Rn. 64 ff.) noch keine Bedeutung zukommt.

46 Eine **Satzungsänderung** ist nach hM vor der Eintragung nicht nach §§ 179 ff. möglich. Vielmehr bedarf es einer der Form des § 23 Abs. 1 entsprechenden Vertragsänderung durch alle Gründer.[112] Zulässig ist aber eine erst mit der Eintragung im Handelsregister (aufschiebend bedingt) wirksame Satzungsänderung durch einen (antizipierten) Mehrheitsbeschluss nach § 179.[113]

47 Unklar ist, ob der **satzungsmäßige Gegenstand** des Unternehmens schon für die Vorgesellschaft gilt.[114] Denn die hM sieht als Zweck der Vorgesellschaft nur die Vollendung des Gründungsvorganges an.[115] Durch einstimmigen Beschluss ist es den Gründern jedenfalls möglich, den **Zweck der Vor-**

---

[100] BGH NJW 2008, 2441 = ZIP 2008, 1025; krit. zur Begründung für den Fortbestand der Prozessvollmacht: *Lousanoff* NZG 2008, 490.
[101] BGHZ 169, 270 = NJW 2007, 589 Mitgesellschafter der Vor-AG zur Erbringung seiner Einlage außer Stande.
[102] Großkomm AktG/*K. Schmidt* Rn. 123.
[103] MüKoAktG/*Pentz* Rn. 47; aA Großkomm AktG/*K. Schmidt* Rn. 123, generell keine ordentliche Kündigung möglich.
[104] MüKoAktG/*Pentz* Rn. 47; Kölner Komm AktG/*Arnold* Rn. 61.
[105] Großkomm AktG/*K. Schmidt* Rn. 124.
[106] K. Schmidt/Lutter/*Drygala* Rn. 23; str.: s. dazu ausf. MüKoAktG/*Pentz* Rn. 49; Großkomm AktG/ *K. Schmidt* Rn. 124; vgl. der Meinungsstand zur GmbH bei *Heckschen/Strnad* in Heckschen/Heidinger, Die GmbH in der Gestaltungs- und Beratungspraxis, 4. Aufl. 2018, Kap. 18 Rn. 2 ff.; *Götz* NZG 2010, 646; vgl. auch *Wallner* GmbHR 1998, 1168.
[107] BGHZ 169, 270 = NJW 2007, 589.
[108] MüKoAktG/*Pentz* Rn. 27.
[109] Großkomm AktG/*K. Schmidt* Rn. 50.
[110] So Großkomm AktG/*K. Schmidt* Rn. 53.
[111] MüKoAktG/*Pentz* Rn. 43; Hüffer/Koch/*Koch* Rn. 5 und § 23 Rn. 40; K. Schmidt/Lutter/*Drygala* Rn. 22; ausf. *Kießling*, Vorgründungs- und Vorgesellschaft, 1999, 266 ff.
[112] Großkomm AktG/*K. Schmidt* Rn. 126; Hüffer/Koch/*Koch* Rn. 7; Kölner Komm AktG/*Kraft* Rn. 27; MüKoAktG/*Pentz* Rn. 39: einstimmiger Beschluss mit Zustimmung aller Gründer; *Weimar* DStR 1997, 1173; vgl. OLG Köln WM 1996, 207 – GmbH.
[113] Großkomm AktG/*K. Schmidt* Rn. 127; s. auch *K. Schmidt* FS Zöllner, Bd. I, 1998, 525 ff.
[114] Befürwortend Großkomm AktG/*K. Schmidt* Rn. 52.
[115] BGHZ 80, 129 (139) = NJW 1981, 1373 (1375) – GmbH; BGHZ 120, 103 (105 f.) = NJW 1993, 459 (460) – GmbH; Kölner Komm AktG/*M. Arnold* Rn. 25; UHL/*Ulmer/Habersack* GmbHG § 11 Rn. 43; Meinungsüberblick bei *Kießling*, Vorgründungs- und Vorgesellschaft, 1999, 77 ff.

AG auf die Vornahme bestimmter Geschäfte zu **erweitern** (vgl. zur Auswirkung auf die Vertretungsmacht des Vorstandes → Rn. 57 und die Haftung der Gründer → Rn. 79). Letztlich ist die Beantwortung dieser Frage davon geprägt, ob man der Identitätstheorie zwischen der Vor-AG und der AG folgt oder eine Gesamtrechtsnachfolge bevorzugt (→ Rn. 33). Die Vertreter der Identitätstheorie befürworten aus ihrer Sicht konsequent die Zweckidentität der Vorgesellschaft und der AG.[116] Bei der Aufnahme der geschäftlichen Tätigkeit handele es sich dann nicht um eine Zweckänderung, die einer satzungsmäßigen Grundlage bedarf. Wegen der Auswirkungen auf den Umfang der Vertretungsmacht für den Vorstand und die Haftung der Gründer wird dennoch ein einstimmiger Beschluss gefordert.

3. Gesellschaftsorgane. Die Vorgesellschaft hat, als Vorstufe der durch die Eintragung als juristische Person entstehenden AG, notwendigerweise bereits die gleichen Organe wie die eingetragene Gesellschaft:[117] Einen Aufsichtsrat (→ Rn. 58) und einen Vorstand (§ 30 Abs. 4; → Rn. 49 ff.). Die Gesellschafter können auch bereits Hauptversammlungsbeschlüsse fassen (→ Rn. 59 ff.). 48

a) Vorstand. Nach § 30 Abs. 4 bestellt der Aufsichtsrat den ersten Vorstand (→ § 30 Rn. 21 ff.) als **notwendiges**[118] **Leitungs- und Vertretungsorgan** der Vorgesellschaft. Dem so bestellten Vorstand ist auch in der Gründungsphase nicht zuzumuten ohne eine Regelung über das Dienstverhältnis tätig zu werden (zum Anstellungsvertrag des Vorstandes → § 84 Rn. 24 ff.).[119] Wegen des schon geltenden Prinzips der Fremdorganschaft sind die Gründer selbst nicht Leitungsorgan.[120] 49

Besondere **Aufgaben** des Vorstandes im Zusammenhang mit der Gründung der Gesellschaft ergeben sich insbesondere aus den §§ 33 Abs. 1, 34, 36 Abs. 2, 36a und 36 Abs. 1. Darüber hinaus hat er alle sonstigen zur Herbeiführung der Eintragung und Vollendung des Gründungsvorganges, insbesondere die im Registerverfahren erforderlichen Geschäfte und Maßnahmen durchzuführen. Er vertritt die Vor-AG auch bei den Vollzugsgeschäften zur Einbringung einer Sacheinlage (→ § 27 Rn. 9). Erforderlichenfalls muss er eine Gründer- oder Hauptversammlung (→ Rn. 59 ff.) einberufen (§ 121 Abs. 1). 50

Eine strafbewehrte **Insolvenzantragspflicht** des Vorstandes wurde zum alten § 92 Abs. 2[121] trotz der Insolvenzfähigkeit der Vorgesellschaft (→ Rn. 28) teilweise verneint.[122] Die Rechtslage hat sich mE unter der Geltung der neuen Regelung der Insolvenzantragspflicht, dem § 15a InsO, grds. nicht geändert, da dort nur die Insolvenzantragspflicht der Organe von juristischen Personen (Abs. 1 S. 1) und Gesellschaften ohne Rechtspersönlichkeit, bei der kein persönlich haftender Gesellschafter eine natürliche Person ist (Abs. 1 S. 2), geregelt wurde. Die Konstellation von § 15a Abs. 1 S. 2 InsO kann aber im Einzelfall auch bei der Vor-AG vorliegen, wenn z.B. alle Gründungsgesellschafter selbst Kapitalgesellschaften sind. Da der Entwicklungsstand der Vor-AG einer juristischen Person zumindest stark angenähert ist, kann man durchaus eine Insolvenzantragspflicht des Vorstandes schon bei der Vor-AG entsprechend § 15a Abs. 1 InsO befürworten.[123] Jedenfalls muss sie mE bejaht werden, wenn keine persönlich haftende natürliche Person unter den Gründern dabei ist.[124] Soweit nicht Führungslosigkeit iSd. § 15a Abs. 3 vorliegt ergibt sich als Konsequenz daraus, dass die Gründer nicht Insolvenzantragspflichtig sind.[125] Die Strafbarkeit scheidet regelmäßig wegen des Analogieverbotes nach Art. 103 Abs. 2 GG aus. Soweit die persönliche Gründerhaftung (→ Rn. 71 ff.) eine natürliche Person trifft, greift auch die ratio legis für die Antragspflicht nicht. 51

Der Vorstand der Vor-AG ist bereits wie bei der eingetragenen AG nach den Grundsätzen des **§ 93 verantwortlich (§ 48 S. 2 AktG)**.[126] Die Befreiung von der **Rentenversicherungspflicht** 52

---

[116] MüKoAktG/*Pentz* Rn. 29; Großkomm AktG/*K. Schmidt* Rn. 51; Bürgers/Körber/*Körber* Rn. 6.
[117] MüKoAktG/*Pentz* Rn. 32.
[118] Zur eventuellen Notvorstandsbestellung nach § 85 durch das Gericht: Großkomm AktG/*K. Schmidt* Rn. 57; MüKoAktG/*Pentz* Rn. 33; abl. OLG Frankfurt NJW-RR 1996, 290 = AG 1996, 88 – AG für die Liquidatorenbestellung.
[119] Siehe jüngst OLG München NZG 2017, 1106; zur Abschlusszuständigkeit für den Anstellungsvertrag → Rn. 58.
[120] Großkomm AktG/*K. Schmidt* Rn. 57; aA *Kießling*, Vorgründungs- und Vorgesellschaft, 1999, 242 ff.
[121] Aufgehoben durch das MoMiG mit Wirkung zum 1.11.2008, BGBl. 2008 I 2026.
[122] Großkomm AktG/*K. Schmidt* Rn. 57; differenzierend: MüKoAktG/*Pentz* Rn. 72; zur GmbH: *Altmeppen* ZIP 1997, 273 f.; **aA** *K. Schmidt/Lutter/Drygala* Rn. 9; Großkomm AktG/*Habersack/Foerster* § 92 Rn. 8; *Haas* DStR 1999, 985 ff.
[123] So auch *K. Schmidt/Lutter/Drygala* Rn. 9; Großkomm AktG/*Habersack/Foerster* § 92 Rn. 8; *Geißler* DZWiR 2009, 52 für die Vor-GmbH.
[124] So auch differenzierend Großkomm AktG/*Habersack/Foerster* § 92 Rn. 8.
[125] *Geißler* DZWiR 2009, 52 (54 f.) für die Vor-GmbH.
[126] MüKoAktG/*Pentz* Rn. 33, 36; Marsch-Barner/Schäfer/*Arnold* § 22 Rn. 8.

§ 41   53–57

nach § 1 S. 4 SGB VI gilt erst bei der eingetragenen AG.[127] Eine **Abberufung** ist entsprechend § 84 Abs. 3 nur aus wichtigem Grund durch den Aufsichtsrat möglich.[128]

53   Die **Geschäftsführungsbefugnis** des Vorstandes ist grundsätzlich auf die zur Eintragung der Gesellschaft erforderlichen Handlungen beschränkt.[129] Der Vorstand ist auch noch an Weisungen der Gründer gebunden, so dass § 76 Abs. 1 nicht gilt.[130] Aus der Satzung, einer von allen Gründern formlos erteilten Zustimmung oder aus der Einbringung eines bereits vorhandenen Unternehmens, das fortgeführt werden muss, kann sich eine **Erweiterung** der Geschäftsführungsbefugnis ergeben.[131]

54   Der Vorstand wird – entgegen der früher vertretenen Auffassung[132] – im Außenverhältnis nicht als Bevollmächtigter der Gründer tätig, sondern als Organ der Vorgesellschaft. Streitig ist, ob seine **Vertretungsmacht** in diesem Stadium unbeschränkt und unbeschränkbar ist.

55   Die wohl überwiegende Meinung geht davon aus, dass die **Vertretungsmacht des Vorstandes** im Gründungsstadium entsprechend dem Umfang seiner Geschäftsführungsbefugnis nur auf die im Rahmen der **Gründung notwendigen Maßnahmen beschränkt** ist. Der Begründungsansatz, dass damit aus Gläubigerschutzgesichtspunkten eine Unterbilanz verhindert werden soll, ist durch die Ersetzung des Vorbelastungsverbotes durch die Unterbilanzhaftung der Gründer (→ Rn. 73) überholt.[133] Begründet wird die Beschränkung jetzt vorrangig mit dem eingeschränkten Zweck der Vorgesellschaft (dazu aber → Rn. 47), der sich grds. in der Herbeiführung der Eintragung erschöpfe.[134] Darüber hinaus wird auch der Schutz der Gründungsgesellschafter vor der unbeschränkten Haftung bei der Vorgesellschaft ins Feld geführt.[135]

56   Demgegenüber befürwortet eine stärker werdende Literaturmeinung,[136] dass sich die **Vertretungsmacht** des Vorstandes auch schon im Gründungsstadium nach § 82 Abs. 1 richte, also **unbeschränkt** sei. Es sei Sache der Beteiligten, insbesondere also der Gründer, und nicht des Rechtsverkehrs, das Risiko des Handelns bei noch fehlender Eintragung und die daraus folgenden Haftungsgefahren (→ Rn. 77 ff.) auf sich zu nehmen.[137]

57   Einigkeit besteht darüber, dass sich eine **Erweiterung der Vertretungsmacht** über die gründungsnotwendigen Geschäfte hinaus aus der Satzung ergeben kann. Die hM[138] lässt auch die (formlose) Zustimmung aller Gründer zur Erweiterung der Vertretungsmacht, meist zum Geschäftsbeginn, genügen.[139] Die besseren Gründe sprechen jedoch für die Satzungsform, damit sich für den Geschäftsverkehr aus der Satzung der Umfang der Vertretungsmacht zweifelsfrei ergibt.[140] Bei einer **Sachgründung** durch Einbringung eines Unternehmens wird von einer – zumindest konkludent erteilten – umfassenden Vertretungsmacht des Vorstandes zur Fortführung des Unternehmens ausgegangen.[141]

---

[127] BSG NZG 2007, 32 (35); SG Frankfurt NZG 2004, 1119; *Ziemons* in Nirk/Ziemons/BinnewiesHdB der Aktiengesellschaft, Stand 11. 2016, Rn. 8.465 f.; s. dazu allg. *Müller/Schulz* DB 2008, 2010 ff.
[128] MüKoAktG/*Pentz* Rn. 33.
[129] MüKoAktG/*Pentz* Rn. 34; Großkomm AktG/*K. Schmidt* Rn. 57; MHLS/*Blath* GmbHG § 11 Rn. 55.
[130] Großkomm AktG/*K. Schmidt* Rn. 57; aA MüKoAktG/*Pentz* Rn. 33, der auf die Kontrollzuständigkeit des Aufsichtsrates verweist.
[131] Großkomm AktG/*K. Schmidt* Rn. 57; MüKoAktG/*Pentz* Rn. 35.
[132] So noch GHEK/*Eckardt* § 29 Rn. 27; ähnlich auch noch Kölner Komm AktG/*Kraft*, 2. Aufl. 1988, Rn. 44.
[133] Großkomm AktG/*K. Schmidt* Rn. 58; krit. zur Haftungskonsequenz der unbeschränkten Vertretungsmacht *Heidinger* ZNotP 2000, 182 (183).
[134] BGHZ 80, 129 (139) = NJW 1981, 1373; BayObLGZ 1965, 294 (305 f.) = NJW 1965, 2254; Hüffer/Koch/*Koch* Rn. 6, 11; Kölner Komm AktG/*M. Arnold* Rn. 32; GHEK/*Eckardt* § 29 Rn. 24 f.; UHL/*Ulmer/Habersack* GmbHG § 11 Rn. 35, 43 mwN zur GmbH.
[135] *Ulmer* ZGR 1981, 593 (597); *Heidinger* ZNotP 2000, 182 (183); DNotI-Report 2007, 140 f.; K. Schmidt/Lutter/*Drygala* Rn. 6 f., allerdings dennoch auf § 82 hinweisend.
[136] MüKoAktG/*Pentz* Rn. 35; Großkomm AktG/*K. Schmidt* Rn. 58; *Weimar* AG 1992, 69 (72 f.); *K. Schmidt* GesR § 27 II 3 a; Bürgers/Körber/*Körber* Rn. 14; Kölner Komm AktG/*M. Arnold* Rn. 32; wohl auch *Beuthien* NJW 1997, 565 (567) jedenfalls bei Betreiben von Grundhandelsgewerbe; **für die GmbH:** MHLS/*Blath* GmbHG § 11 Rn. 63; Scholz/*K. Schmidt* GmbHG § 11 Rn. 58 ff., 72 f.; *Raiser/Veil* KapGesR § 35 Rn. 108, 123 für die Vor-GmbH; *Derwisch-Ottenberg*, Die Haftungsverhältnisse der Vor-GmbH, 1988, 105 ff.
[137] Großkomm AktG/*K. Schmidt* Rn. 58; MüKoAktG/*Pentz* Rn. 34.
[138] MüKoAktG/*Pentz* Rn. 35; Großkomm AktG/*K. Schmidt* Rn. 57.
[139] Zur GmbH: BGHZ 80, 129 (139) = NJW 1981, 1373; Baumbach/Hueck/*Fastrich* GmbHG § 11 Rn. 20.
[140] Hüffer/Koch/*Koch* Rn. 6; *Ulmer* ZGR 1981, 593 (597 f. und 601); *Heidinger* GmbHR 2003, 189 (195); *Heidinger* ZNotP 2000, 182 (183); K. Schmidt/Lutter/*Drygala* Rn. 6 f.: Satzung oder einstimmiger Beschluss; befürwortend auch bei der GmbH: *Leßmann* JURA 2004, 367 (371 f.).
[141] Großkomm AktG/*K. Schmidt* Rn. 58; Hüffer/Koch/*Koch* Rn. 11; Hölters/*Solveen* Rn. 10; vgl. auch GHEK/*Eckardt* § 29 Rn. 9; MüKoAktG/*Pentz* Rn. 35, ergibt sich mittelbar aus Satzung; MHdB AG/*Hoffmann-Becking* § 3 Rn. 37.

b) Aufsichtsrat. Der erste Aufsichtsrat wird durch einen Mehrheitsbeschluss der Gründer bestellt 58
(→ § 30 Rn. 5 ff.). Ansonsten gelten insbesondere §§ 31, 32, 33, 34 und 36. Ihm obliegt bereits die
Überwachungspflicht nach § 111. Insbesondere hat er darüber zu wachen, dass der Vorstand seine
meist noch beschränkte Geschäftsführungsbefugnis (→ Rn. 53) oder sogar noch beschränkte Vertretungsmacht (→ Rn. 55) beachtet.[142] Der Aufsichtsrat ist auch dafür zuständig den Anstellungsvertrag
mit dem ersten Vorstand abzuschließen (dazu → Rn. 49 zum Anstellungsvertrag des Vorstandes
→ § 84 Rn. 24 ff.).[143]

c) Hauptversammlung. Nach zutreffender Ansicht gibt es schon vor der Eintragung der AG 59
im Handelsregister eine Hauptversammlung (teilweise auch Vor-Hauptversammlung[144] oder Gründerversammlung[145] genannt).[146] Daher ist zwischen der Hauptversammlung als körperschaftlichem
Organ und der Gesamtheit der Gründer (zB zuständig für die Erweiterung der Vertretungsmacht
des Vorstandes, → Rn. 57, für das Auswechseln eines Gründers, → Rn. 65 und für das Vollzugsgeschäft bzgl. einer Sacheinlage in der Gründungssatzung → § 27 Rn. 9) zu unterscheiden.

Die §§ 118 ff. werden allerdings durch die Bindung unter den einander persönlich bekannten 60
Gründern überlagert.[147] So ist das Informationsrecht der Gründer nicht auf die nur in der Hauptversammlung auszuübenden Rechte nach § 131 beschränkt. Zusätzlich haben die Gründer ein Recht
auf jederzeitige Information durch Einsicht und Auskunft sowohl untereinander als auch gegenüber
dem Vorstand.[148]

Für die Einberufung gelten die §§ 121 ff. entsprechend, nicht die §§ 48 ff. GmbHG entspre- 61
chend.[149] Auch in Anbetracht des kleinen Kreises der Gründer genügen die Möglichkeiten der §§ 121
Abs. 4 (Ladung durch eingeschriebenen Brief)[150] und 121 Abs. 6 (Vollversammlung). Beschlüsse mit
einfacher Mehrheit sind bereits möglich (§ 133, 134).[151] Für die Niederschrift gilt § 130 Abs. 1
sinngemäß,[152] wobei entsprechend Satz 3 ein privatschriftliches Protokoll, unterzeichnet durch den
Aufsichtsratsvorsitzenden, genügen kann.[153]

Für **strukturändernde Beschlüsse** (Satzungsänderung, Kapitalerhöhung, Umwandlung 62
[→ Rn. 15, 29] u. ä.) genügt nicht einmal Einstimmigkeit (der anwesenden Gründer), sondern ist
die Zustimmung aller Gründer erforderlich.[154] Teilweise wird sogar eine notariell beurkundete Änderung des Gründungsvertrages verlangt.[155] Davon zu unterscheiden ist aber der auf die Eintragung
der AG aufschiebend bedingte antizipierte Mehrheitsbeschluss[156] nach §§ 179 ff. mit Wirkung und
Eintragung erst für die künftige, eingetragene AG.

Ob für die Geltendmachung von **Beschlussmängeln** bereits die §§ 241 ff. gelten, ist umstrit- 63
ten.[157] Das gleiche Bedürfnis nach Rechtsklarheit wie bei der eingetragenen AG spricht für eine
Anwendung, wobei die dreijährige Frist gem. § 242 im Hinblick auf die Interessenlage auch der
späteren Aktionäre erst ab Eintragung läuft.[158]

4. Mitgliedschaft und Unübertragbarkeit (Abs. 4 S. 1 Hs. 1). Die Gründer sind bereits Akti- 64
onäre (§ 28) und halten an der Vorgesellschaft schon eine **gesellschaftsrechtliche Mitgliedschaft**,

---

[142] MüKoAktG/*Pentz* Rn. 37; Großkomm AktG/*K. Schmidt* Rn. 61.
[143] OLG München NZG 2017, 1106.
[144] Großkomm AktG/*K. Schmidt* Rn. 62.
[145] NK-AktR/*Höhfeld* Rn. 11; Grigoleit/*Vedder* Rn. 14.
[146] MüKoAktG/*Pentz* Rn. 38; Kölner Komm AktG/*M. Arnold* Rn. 35; Großkomm AktG/*K. Schmidt* Rn. 62; Hüffer/Koch/*Koch* Rn. 7.
[147] Großkomm AktG/*K. Schmidt* Rn. 62.
[148] Großkomm AktG/*K. Schmidt* Rn. 62: Rechtsgedanke des § 716 BGB.
[149] MüKoAktG/*Pentz* Rn. 38; Hüffer/Koch/*Koch* Rn. 7; Kölner Komm AktG/*M. Arnold* Rn. 35.
[150] Die Wertungen des BGH NJW 2017, 68 werden auch auf § 121 Abs. 4 AktG übertragbar sein, sodass ein Einwurf-Einschreiben hierfür genügt; vgl. *Lieder/Bialluch* NZG 2017, 9 (14).
[151] MüKoAktG/*Pentz* Rn. 39; Großkomm AktG/*K. Schmidt* Rn. 62, die sich auf das Binnenrecht beziehen.
[152] Hüffer/Koch/*Koch* Rn. 7; MüKoAktG/*Pentz* Rn. 39, Großkomm AktG/*K. Schmidt* Rn. 62.
[153] MüKoAktG/*Pentz* Rn. 39.
[154] MüKoAktG/*Pentz* Rn. 39; Hüffer/Koch/*Koch* Rn. 7; GHEK/*Eckardt* § 29 Rn. 32; Kölner Komm AktG/ *Arnold* Rn. 36; Grigoleit/*Vedder* Rn. 14.
[155] Großkomm AktG/*K. Schmidt*, 4. Aufl. 2012, Rn. 62 und 126; für die GmbH: *Heidinger* in Heckschen/ Heidinger, Die GmbH in der Gestaltungs- und Beratungspraxis, 4. Aufl. 2018, Kap. 3 Rn. 88; BGHZ 21, 242 (246) = NJW 1956, 1456.
[156] Zulässigkeit str.: befürwortend Großkomm AktG/*K. Schmidt* Rn. 127; für GmbH: Scholz/*K. Schmidt* GmbHG § 11 Rn. 57; *K. Schmidt* GmbHR 1987, 77 (83); *K. Schmidt* FS Zöllner, Bd. I, 1998, 525 f.
[157] Befürwortend MüKoAktG/*Pentz* Rn. 40; für die GmbH: BGHZ 80, 212 (214) = NJW 1981, 2125 (2126); Rowedder/Schmidt-Leithoff/*Schmidt-Leithoff* GmbHG § 11 Rn. 43; abl. UHL/*Ulmer/Habersack* GmbHG § 11 Rn. 46.
[158] MüKoAktG/*Pentz* Rn. 40; BGHZ 80, 212 (216) = NJW 1981, 2125 (zur GmbH).

aufgrund derer sich für sie aus der Satzung und aus dem Aktiengesetz bestimmte Rechte und Pflichten ergeben (vgl. dazu bei § 30 Abs. 1, § 32 Abs. 1, § 36 Abs. 1, Abs. 2, § 36a). Neben den Haupt- und eventuellen Nebenpflichten aus §§ 54, 55 (insbesondere die fälligen Einlagen zu leisten) sowie der allgemeinen Treuepflicht (§ 53a), müssen sie auch alles sonst zur Eintragung der Gesellschaft Erforderliche tun.[159] Diese **Förderungspflicht** ergibt sich schon aus ihrer Beteiligung an der Gründung und bedarf keines Gründungsvorvertrages (→ Rn. 18 f.). Schuldhafte Verletzung löst gegenüber den anderen Gründern **Schadensersatz** zur Zahlung in das Gesellschaftsvermögen aus. Die **actio pro socio** ist noch nicht durch die Sonderregelung des § 147 ausgeschlossen.[160] Die **Informationsrechte** der Gründer sind noch nicht gemäß § 131 beschränkt (→ Rn. 60). Zur Haftung für Verbindlichkeiten der Gesellschaft → Rn. 77 ff.

65 Abs. 4 S. 1 untersagt ausdrücklich die **Anteilsübertragung.** Zum Normzweck → Rn. 13. Der Mitgliederbestand der Vor-AG kann sich also nur durch formgerechte Änderung der Gründungssatzung unter Beteiligung aller Gründer (→ Rn. 62) oder Gesamtrechtsnachfolge ändern.[161] Dies ist unabhängig von der bisherigen Erbringung der Einlageleistung möglich. Die Auflösung der alten und Neugründung einer neuen Gesellschaft ist damit aber grds. nicht verbunden. Ein gegen das Formerfordernis der Änderung der Gründungssatzung verstoßendes Verfügungsgeschäft ist **nichtig,**[162] wenn keine Auslegung oder Umdeutung (§ 140 BGB) in die Übertragung der zukünftigen Aktien (→ Rn. 66) in Frage kommt. Auch eine Einziehung oder Kaduzierung der Mitgliedschaft ist bei der Vor-AG mangels Eintragung im Handelsregister noch nicht möglich.[163] Die **Gesamtrechtsnachfolge** an der Mitgliedschaft findet beim Tod eines Gründers statt, da diese vererblich ist (→ § 28 Rn. 4). Sie ist auch bei der Verschmelzung einer Gründerin nach § 20 Abs. 1 S. 1 UmwG denkbar. Auch der partiellen Gesamtrechtnachfolge bei der Spaltung nach § 131 Abs. 1 S. 1 UmwG steht nach Wegfall des § 132 UmwG[164] nichts mehr entgegen. Eine **Verpfändung oder Pfändung** der Mitgliedschaft ist wie die Einzelrechtsübertragung ausgeschlossen (§ 1274 Abs. 2 BGB, § 857 Abs. 3 ZPO).[165]

66 Als zulässig angesehen werden sollte aber eine **Übertragung der zukünftigen Aktien/Mitgliedschaftsrechte,** die mit der Eintragung im Handelsregister entstehen.[166] Aber auch eine auf den Zeitpunkt der Eintragung aufschiebend bedingte Verfügung schließt Abs. 4 S. 1 weder vom Wortlaut noch von seinem Normzweck (→ Rn. 13) her aus.[167] Einem Verkauf der künftigen Aktien (Verpflichtungsgeschäft) steht Abs. 1 S. 1 schon von seinem Wortlaut her nicht entgegen.[168]

67 **5. Verbot der Aktienausgabe vor Eintragung (Abs. 4 S. 1 Hs. 2).** Das **Ausgabeverbot** für Aktien- und Zwischenscheine in Abs. 4 S. 1 Hs. 2 bezieht sich nicht auf die Entstehung der Mitgliedschaft, sondern nur auf die Aktienurkunde als ihre endgültige und die Zwischenscheine (§ 8 Abs. 6) als ihre vorläufige Verbriefung. Zum Normzweck → Rn. 13. Von dem Verbot ist nur die Überlassung an die Gründer, nicht die Vorbereitung der Ausgabe durch Ausstellen der Aktienurkunden und Zwischenscheine, selbst mit einem Datum vor der Eintragung, erfasst.[169] Entgegen dem Verbot ausgegebene Aktienurkunden oder Zwischenscheine sind **nichtig** (S. 2), das heißt die Begebung der

---

[159] RGZ 58, 55 (56) – GmbH; Großkomm AktG/*K. Schmidt* Rn. 55; MüKoAktG/*Pentz* Rn. 41, einschließlich Zustimmung zu erforderlicher Satzungsänderung; zum Förderungszweck der Vorgründungsgesellschaft → Rn. 21 und zum Zweck der Vorgesellschaft → Rn. 47.
[160] Großkomm AktG/*K. Schmidt* Rn. 55.
[161] K. Schmidt/Lutter/*Drygala* Rn. 38; *Stoppel* WM 2008, 147 (148); s. ebenso zur GmbH: BGH NZG 2005, 263 = BB 2005, 400; OLG Jena GmbHR 2013, 136 mAnm *Peetz*; OLG Jena NZG 2014, 902, bei der GmbH erst mit Einreichung der geänderten Gesellschaftsverträge beim Handelsregister, aA *K. Schmidt* GmbHR 1997, 869.
[162] MüKoAktG/*Pentz* Rn. 167; K. Schmidt/Lutter/*Drygala* Rn. 36; vgl. zu den Auswirkungen auf den **schuldrechtlichen Vertrag** nach der Schuldrechtsreform: Großkomm AktG/*K. Schmidt* Rn. 68; K. Schmidt/Lutter/*Drygala* Rn. 36: wirksam, bis zur Eintragung der AG nicht vollziehbar.
[163] Vgl. BGHZ 169, 270 = NJW 2007, 589 = ZIP 2006, 2267 (2269).
[164] Zweites Gesetz zur Änderung des Umwandlungsgesetzes v. 24.4.2007, BGBl. 2007 I 542.
[165] Großkomm AktG/*K. Schmidt* Rn. 66; MüKoAktG/*Pentz* Rn. 162.
[166] Ebenso Großkomm AktG/*K. Schmidt* Rn. 67; MüKoAktG/*Pentz* Rn. 164; Kölner Komm AktG/*M. Arnold* Rn. 88; GHEK/*Eckardt* § 29 Rn. 34; Hüffer/Koch/*Koch* Rn. 30; aA noch die früher hM: Großkomm AktG/*Barz*, 3. Aufl. 1973, Anm. 9; Baumbach/Hueck Rn. 12, *Hüffer*, 10. Aufl. 2012, Rn. 30, weil sonst Einstimmigkeitsprinzip und Formzwang unterlaufen würden.
[167] Kölner Komm AktG/*M. Arnold* Rn. 88; Grigoleit/*Vedder* Rn. 42; s. zu den wertpapierrechtlichen Gestaltungsproblemen, wenn Aktien ausgefertigt werden sollen: Großkomm AktG/*K. Schmidt* Rn. 67; zur Geltung einer Vinkulierungsklausel schon bei der Vor-AG: *Stoppel* WM 2008, 147.
[168] Im Ergebnis mit Verweis auf § 311a Abs. 1 BGB ebenso: Hüffer/Koch/*Koch* Rn. 30; Großkomm AktG/*K. Schmidt* Rn. 67; Grigoleit/*Vedder* Rn. 42.
[169] MüKoAktG/*Pentz* Rn. 166; Großkomm AktG/*K. Schmidt* Rn. 69; Hölters/*Solveen* Rn. 28.

Wertpapiere ist unwirksam.[170] Gutgläubiger Erwerb kommt daher nicht in Frage.[171] Eine „Heilung" erfolgt nicht allein durch die Eintragung im Handelsregister, sondern erfordert zusätzlich eine „Anerkennung" der unwirksamen Urkundsausgabe durch die Aktiengesellschaft. Diese kann auch konkludent zB durch Eintragung des Erwerbers im Aktienbuch erfolgen.[172] Für einen daraus eventuell entstehenden **Schaden** (negatives Interesse) sind die Ausgeber (im Regelfall die Vorstände) den Inhabern verschuldensunabhängig als Gesamtschuldner verantwortlich (S. 3) (s. dazu auch die Kommentierung zu § 8 Abs. 2 S. 3). Mitverschulden wird nach § 254 BGB berücksichtigt. Darüber hinaus begehen sie eine Ordnungswidrigkeit (§ 405 Abs. 1 Nr. 2).

IV. Die Haftung

1. Überblick. In der Gründungsphase sind die verschiedensten Haftungsverhältnisse genau voneinander zu unterscheiden.[173] Zunächst stellt sich die Frage der Haftung bei der **Vorgründungsgesellschaft** (vgl. oben → Rn. 18 ff. zur Vorgründungsgesellschaft und → Rn. 76 zur Gründerhaftung). Nach der Errichtung durch die notarielle Beurkundung der Satzung haftet (schuldet) dann die **Vorgesellschaft selbst** aufgrund ihrer (Teil-)Rechtsfähigkeit, insbesondere ihrer Verpflichtungsfähigkeit (dazu → Rn. 28), mit ihrem Vermögen für ihre Verbindlichkeiten sowie die an ihr **beteiligten Gründer** (→ Rn. 70 und → Rn. 71 ff.). Nach Eintragung im Handelsregister haftet nur noch die dann **entstandene AG** mit ihrem Gesellschaftsvermögen, für alle auf sie übergehenden Verbindlichkeiten (→ Rn. 34) der Vorgesellschaft.

Ohne gesetzliche Regelung wurde im Wege der Rechtsfortbildung, hauptsächlich zur GmbH, ein System der **persönlichen Haftung der Gründer** für die Verbindlichkeiten der Vorgesellschaft entwickelt,[174] das für die Vor-AG weitestgehend identisch angewandt[175] wird. Bis zur Eintragung im Handelsregister haften die Gründer für angefallene Verluste persönlich, unbeschränkt und proratarisch (sog. Verlustdeckungshaftung → Rn. 87 ff.). Bei gescheiterter Eintragung der AG kann es bei Fortführung der Geschäfte sogar zur unbeschränkten, persönlichen, gesamtschuldnerischen Haftung aller Gründer für alle Verbindlichkeiten der Vor-AG kommen (→ Rn. 93). Ansonsten haften sie selbst bei gelungener Eintragung persönlich, unbeschränkt und proratarisch (**Unterbilanzhaftung/ Vorbelastungshaftung** → Rn. 77 ff.). Daneben ist in § 41 Abs. 1 S. 2 die persönliche Haftung der für die Vorgesellschaft Handelnden geregelt (→ Rn. 95 ff.).

2. Haftung der Vorgesellschaft. Nach der heute allgemein anerkannten Meinung in Literatur und Rechtsprechung kann die Vor-AG bereits selbst Trägerin von Rechten und Pflichten sein (→ Rn. 28 ff.). Das früher propagierte Vorbelastungsverbot wurde aufgegeben (→ Rn. 73). Daher haftet die Vorgesellschaft mit ihrem ganzen, insbesondere aus schon geleisteten Einlagen und aus Ansprüchen auf ausstehende Einlageleistungen bestehenden, Gesellschaftsvermögen für alle Gesellschaftsverbindlichkeiten. Dies können rechtsgeschäftliche (siehe zur Frage des Umfangs der Vertretungsmacht des Vorstandes → Rn. 54 ff.) oder gesetzliche (zB Steuerschulden,[176] Forderungen aus §§ 812 ff. und 823 ff. BGB) Verbindlichkeiten sein. Für ein Verschulden der Vorstandsmitglieder Dritten gegenüber haftet die Vorgesellschaft entsprechend § 31 BGB.[177] Im Insolvenzverfahren (zur Insolvenzfähigkeit → Rn. 28) wird das Gesellschaftsvermögen zur Insolvenzmasse (§ 35 InsO).[178] Mit Eintragung der AG im Handelsregister endet die Haftung der Vorgesellschaft, da alle Verbindlichkeiten auf die AG übergehen (→ Rn. 34).

---

[170] Großkomm AktG/*K. Schmidt* Rn. 70; *K. Schmidt/Lutter/Drygala* Rn. 39.
[171] GHEK/*Eckardt* Rn. 53; Hüffer/Koch/*Koch* Rn. 31; Kölner Komm AktG/*M. Arnold* Rn. 91; Großkomm AktG/*K. Schmidt* Rn. 70.
[172] RG JW 1933, 1012; Kölner Komm AktG/*M. Arnold* Rn. 91; MüKoAktG/*Pentz* Rn. 168; Großkomm AktG/*K. Schmidt* Rn. 71.
[173] Instruktiv *Peifer* JuS 2008, 490.
[174] Vgl. ausf. zu der Rechtsentwicklung mit den einzelnen früheren Meinungsständen: MüKoAktG/*Pentz* Rn. 55 und Großkomm AktG/*K. Schmidt* Rn. 80 ff.; *Jäger,* Die persönliche Gesellschafterhaftung in der werdenden GmbH, 1994, 30 ff.
[175] Großkomm AktG/*K. Schmidt* Rn. 74; OLG Karlsruhe AG 1999, 131 (132); GHEK/*Eckardt* Rn. 15; Hüffer/Koch/*Koch* Rn. 8; Kölner Komm AktG/*M. Arnold* Rn. 48 f.
[176] Die Vorgesellschaft ist bereits **Körperschaftsteuersubjekt** aber bei reiner Vermögensverwaltung nicht gewerbesteuerpflichtig, FG Baden-Württemberg v. 28.9.2015 – 10 K 2178/12, BeckRS 2016, 94739.
[177] MüKoAktG/*Pentz* Rn. 54; Hüffer/Koch/*Koch* Rn. 13; Kölner Komm AktG/*M. Arnold* Rn. 43; Großkomm AktG/*K. Schmidt* Rn. 60; s. zum noch nicht eingetragenen Idealverein: BAG BB 1979, 1294.
[178] Zu Fragen der Einzelzwangsvollstreckung in das Gesellschaftsvermögen der Vor-AG: Großkomm AktG/ *K. Schmidt* Rn. 77; *Wertenbruch,* Die Haftung von Gesellschaften und Geschäftsanteilen in der Zwangsvollstreckung, 2000, 355 ff. mit umfangreichen Nachweisen.

§ 41 71–75   Erstes Buch. Aktiengesellschaft

71   **3. Gründerhaftung.** Zunächst muss wieder zeitlich differenziert werden zwischen der Haftung der Gründer bei der **Vorgründungsgesellschaft** (→ Rn. 76) und bei der **Vorgesellschaft** (zur **Unterbilanzhaftung** bei Eintragung der AG im Handelsregister → Rn. 77 ff. und zur inhaltsgleichen **Verlustdeckungshaftung** bei Beendigung der Vorgesellschaft ohne Eintragung → Rn. 87 ff.). Nach **Entstehung der AG** durch deren Eintragung im Handelsregister endet die persönliche Gründerhaftung, da den Gläubigern für Neuverbindlichkeiten nur noch das Gesellschaftsvermögen haftet.

72   Die Gründerhaftung wurde von Literatur und Rechtsprechung hauptsächlich im Bereich des GmbH-Rechtes entwickelt.[179] Sie ist Teil des Gläubigerschutzes durch Kapitalschutz, damit wenigstens einmal im Leben einer Kapitalgesellschaft, nämlich zum Zeitpunkt ihrer Entstehung durch Eintragung im Handelsregister das Grundkapital zumindest wertmäßig unversehrt vorhanden ist.[180] Wegen der vergleichbaren Interessenlage gehen die ganz hM in der Literatur[181] und die Rechtsprechung[182] von der Anwendung dieser Grundsätze **auch auf die AG-Gründung** aus.

73   Ein Meilenstein war das Urteil des BGH v. 9.3.1981,[183] mit dem er das frühere **Vorbelastungsverbot, sowie den Unversehrtheitsgrundsatz** für die Vorgesellschaft aufgegeben hat[184] und an seine Stelle die **Vorbelastungshaftung** der Gründer setzte. Mit dem Urteil v. 21.1.1997 hat der BGH[185] dann ein einheitliches Haftungssystem für die Gründer etabliert. Der **Umfang der Haftung** (unbeschränkt, persönlich, proratarisch, wertmäßig für die Aufbringung des Grundkapitals) ist inhaltlich gleich, unabhängig davon, ob es zur Eintragung der Kapitalgesellschaft kommt (Unterbilanzhaftung) oder die Eintragung scheitert und die Vorgesellschaft beendet und erforderlichenfalls abgewickelt wird (Verlustdeckungshaftung). Diese Haftung hat der BGH im Grundsatz als **Innenhaftung** konzipiert.[186]

74   Die Gründerhaftung greift bei der **Ersteintragung der AG,** nicht bei der **Kapitalerhöhung.** Über die analoge Anwendung des Gründungsrechts soll sie auch bei der Verwendung von **Vorratsgesellschaften** und (gebrauchten) **Mantelgesellschaften** Wirkung entfalten (dazu ausführlich → § 23 Rn. 42 ff.).[187] Diese zur GmbH entwickelte Analogie muss dann auch bei der Mantel-AG gelten.[188] Im Einzelnen wird diesbezüglich auf die Erörterungen unten zu den jeweils unterschiedlichen Haftungsarten verwiesen (→ Rn. 86, 91 und 97).

75   In **Umwandlungsfällen,** in denen eine Vorgesellschaft entsteht (→ Rn. 15 ff.), kommt eine Vorbelastungshaftung nur in Frage, wenn (ausnahmsweise) schon im Namen der erst durch die Umwandlung entstehenden AG gehandelt wird.[189] Denn im Gegensatz zur normalen Neugründung bestehen neben der Vor-AG ein oder mehrere übertragende Rechtsträger, denen ansonsten die Verbindlichkeiten zugeordnet werden können. Der BGH hat bei einer Verschmelzung zur Aufnahme die Differenzhaftung entsprechend der § 9 GmbHG, § 36a Abs. 2 S. 3 und § 188 Abs. 2 S. 1 AktG bei der AG abgelehnt.[190] Keiner der Zustimmungsbeschlüsse im Zuge der Verschmelzung enthält

---

[179] Vgl. zur Entwicklung ausführlich Großkomm AktG/*K. Schmidt* Rn. 80 ff. und MüKoAktG/*Pentz* Rn. 55; *Schaffner,* Die Vorgesellschaft als Gesellschaft sui generis, 2003, 123 ff.; *Hartmann* WiB 1997, 66 (67) ff.; *Kort* ZIP 1996, 109.

[180] S. zum Kapitalschutzsystem instruktiv: *Bayer* ZGR 2007, 220 ff.; *Heidinger* DNotZ 2005, 97 ff.

[181] *Wiedenmann* ZIP 1997, 2029; Hüffer/Koch/*Koch* Rn. 12; *Weimar* AG 1992, 69 (71) f.; MHdB AG/*Hoffmann-Becking* § 3 Rn. 36 ff.; *Farrenkopf/Cahn* AG 1985, 209.

[182] So zB ausdrücklich BAG ZIP 2005, 350; LG Heidelberg ZIP 1997, 2045 (2047) = AG 1998, 197 (198); OLG Karlsruhe AG 1999, 131 (132); OLG Hamm AG 2003, 278 rSp; OLG München ZIP 2008, 1635; s. auch BGHZ 149, 273 (274 f.) = NJW 2002, 824 für die Vor-Genossenschaft.

[183] BGHZ 80, 129 = NJW 1981, 1373.

[184] Für den Verzicht auf den Unversehrtheitsgrundsatz im Recht der GmbH auch *Kersting* ZHR 2011, 644 und gravierende Einschränkungen der Gründerhaftung.

[185] BGHZ 134, 333 = NJW 1997, 1507 mAnm *Altmeppen;* hierzu auch *K. Schmidt* ZIP 1997, 671; bestätigt durch BGHZ 149, 273 = NJW 2002, 824 – Genossenschaft; BGH NJW 2001, 2092 – GmbH.

[186] BGHZ 134, 333 = NJW 1997, 1507 mAnm *Altmeppen;* woher str.: dazu im Einzelnen näher → Rn. 88 ff.

[187] Angedeutet schon BGHZ 117, 323 (332) = NJW 1992, 1824 und BGHZ 153, 158 = NJW 2003, 892; jetzt explizit in BGHZ 155, 318 = NJW 2003, 3198 – GmbH; BGH NZG 2008, 147 = ZIP 2008, 217; BGH NJW 2010, 1459 = NZG 2010, 316; BGHZ 192, 341 = NJW 2012, 1875; bestätigt durch OLG Jena GmbHR 2004, 1468; OLG Hamburg GmbHR 2005, 164; OLG Köln ZIP 2008, 973; OLG München ZIP 2010, 579; KG ZIP 2010, 582; **grundlegend abl.:** Großkomm AktG/*K. Schmidt* Rn. 117; **krit. auch** *Krafka* ZGR 2003, 577; *Heidinger/Meyding* NZG 2003, 1129; *Heidinger* ZGR 2005, 101 ff.; für Differenzierung von Vorratsgesellschaft und Mantelverwendung jüngst zu Recht: *K. Schmidt* ZIP 2010, 857.

[188] *Altmeppen* DB 2003, 2051; *Meyding/Heidinger,* Der Gläubigerschutz bei der „wirtschaftlichen Neugründung" von Kapitalgesellschaften, Zehn Jahre Deutsches Notarinstitut, 2003, 257 (286 f.); *Ostermaier* EWiR 2008, 535.

[189] Ungenau generell Anwendung abl.: Großkomm AktG/*K. Schmidt* Rn. 117.

[190] BGHZ 171, 293 = NZG 2007, 513; zust. Lutter/*Grunewald* UmwG § 69 Rn. 28 mwN auch der Gegenmeinung.

eine Kapitaldeckungszusage der Aktionäre, die als Grundlage für eine Differenzhaftung erforderlich wäre. Im Rahmen des § 69 Abs. 1 S. 1 UmwG sind die §§ 188 Abs. 2 und damit auch 36a Abs. 2 S. 3 AktG für unanwendbar erklärt. Diese Überlegungen müssen mE wertungsmäßig gleichermaßen für die Verschmelzung zur Neugründung einer Aktiengesellschaft greifen. Allerdings schließt § 73 UmwG wiederum § 69 UmwG aus und eröffnet damit grds. die Anwendung des § 36a.

a) Gründerhaftung bei der Vorgründungsgesellschaft. Neben der Vorgründungsgesellschaft **76** als BGB-Gesellschaft oder OHG (→ Rn. 21 ff.) haften die Gründer entsprechend den hierfür geltenden allgemeinen Regeln (**§§ 128 ff.** HGB unmittelbar oder analog)[191] unbeschränkt, persönlich, selbstschuldnerisch und gesamtschuldnerisch für alle Verbindlichkeiten der Vorgründungsgesellschaft. Nach § 159 Abs. 1 HGB (analog auch für die BGB-Gesellschaft)[192] **verjähren** diese Ansprüche gegen die Gesellschafter in fünf Jahren nach Auflösung der Gesellschaft. Die **Handelndenhaftung** (→ Rn. 95 ff.) greift noch nicht ein,[193] sondern ggf. § 179 BGB für den Vertreter ohne Vertretungsmacht. Anders als für Schulden der Vorgesellschaft, erlischt die persönliche Haftung der Gesellschafter aus Geschäften der Vorgründungsgesellschaft, weder mit der Gründung, noch mit Eintragung der AG.[194]

b) Unterbilanzhaftung. Die Unterbilanzhaftung (auch Vorbelastungshaftung[195] oder Differenz- **77** haftung genannt) der Gründer bildet bei der Vor-AG (→ Rn. 25 ff.) die aus Gläubigerschutzgesichtspunkten unverzichtbare Prämisse für die Aufgabe des Vorbelastungsverbotes.[196] Sie ist vom BGH[197] zum GmbH-Recht in Anlehnung an § 9 GmbHG als rechtsfortbildende Konkretisierung des Prinzips der **Kapitalaufbringung** entwickelt worden, gilt aber gleichermaßen auch für die AG.[198]
Die Unterbilanzhaftung ist grds. **persönlich und unbeschränkt.** Dabei haften die Gesellschafter **78** nur anteilig (**proratarisch**, also nicht als Gesamtschuldner) entsprechend der jeweils übernommenen Einlage.[199] Die Haftung entsteht nach allgemeiner Meinung gegenüber der Gesellschaft und nicht unmittelbar gegenüber den Gläubigern (sog. **Innenhaftungskonzept;** aber zur streitigen Rechtslage bei der Verlustdeckungshaftung genauer → Rn. 88 f.).[200] Dies gilt (anders als bei der Verlustdeckungshaftung, → Rn. 90) auch bei der Einmann-Gesellschaft und bei Vermögenslosigkeit.[201] Zur **Ausfallhaftung** für Mitgründer → Rn. 94.
Streitig ist, ob die Unterbilanzhaftung nur diejenigen Gründer trifft, die dem **Geschäftsbeginn 79** durch die Vor-AG (bei der Sachgründung auch konkludent) **zustimmen.**[202] Dies lässt sich nicht unabhängig von der ebenfalls streitigen Frage beantworten, ob dem Vorstand bei der Vorgesellschaft unbeschränkte Vertretungsmacht nur mit Zustimmung aller Gründer zukommt (→ Rn. 54 ff.). Bejaht man dies, kann ohne Zustimmung aller Gründer schon die Vorgesellschaft nur stark eingeschränkt, nämlich nur mit den gründungsnotwendigen Verbindlichkeiten belastet werden. Eine Haftungsgefahr für die Gründer über die gründungsnotwendigen Gesellschaftsverbindlichkeiten hinaus ergibt sich dann schon materiell-rechtlich nicht. In diesem Fall trifft auch die unbeschränkte Haftung für die dann nur eingeschränkt möglichen Verpflichtungen der Vorgesellschaft die Gründer nicht unangemessen hart. Durch das Verweigern der Zustimmung können die Gründer also nicht rechtlich ihre persönliche Haftung ausschließen, aber faktisch durch die Beschränkung der Vertretungsmacht

---

[191] Zur BGB-Gesellschaft: MHdB GesR I/*Gummert*, 4. Aufl. 2014, § 18 Rn. 9 ff.; BGHZ 142, 315 = NJW 1999, 3483; BGHZ 146, 341 = NJW 2001, 1056 = DStR 2001 m Anm *Goette*.
[192] Palandt/*Sprau* BGB Vor § 723 Rn. 3; BFH NJW-RR 1998, 1185; *Heidinger* GmbHR 2003, 189 (190).
[193] MüKoAktG/*Pentz* Rn. 20; BGHZ 91, 148 (152) = NJW 1984, 2164 zu § 11 Abs. 2 GmbHG.
[194] BGH NZG 2001, 561 = GmbHR 2001, 293, zur GmbH.
[195] Der BGH DStR 1997, 625 (628) lSp aE verwendet Unterbilanzhaftung und Vorbelastungshaftung synonym und Gründerhaftung als Überbegriff zur Vorbelastungshaftung sowie der Verlustdeckungshaftung; terminologisch erscheint es jedoch sinnvoller, von der Vorbelastungshaftung als Überbegriff für die persönliche Gründerhaftung bei der Vorgesellschaft zu sprechen, die in zwei Ausformungen, nämlich der Unterbilanzhaftung (bei Eintragung) und der Verlustdeckungshaftung (bei Scheitern der Eintragung), vorkommt; vgl. auch Hüffer/Koch/*Koch* Rn. 9a, der die Verlustdeckungspflicht „Seitenstück" der Unterbilanzhaftung nennt.
[196] Vgl. zur Rechtsentwicklung ausführlich Großkomm AktG/*K. Schmidt* Rn. 80.
[197] BGHZ 80, 129, (141) = NJW 1981, 1373.
[198] Hüffer/Koch/*Koch* Rn. 8; OLG München ZIP 2008, 1635.
[199] BGHZ 80, 129 (141) = NJW 1981, 1373; BGH WM 1982, 40; OLG München ZIP 2008, 1635 zur vertraglichen Erweiterung der Haftung.
[200] BGHZ 80, 129 (141) = NJW 1981, 1373; Großkomm AktG/*K. Schmidt* Rn. 114 (121); NK-AktR/*Höhfeld* Rn. 14; MüKoAktG/*Pentz* Rn. 114 spricht von „einlageähnlich"; für die GmbH: MüKoGmbHG/*Merkt* § 11 Rn. 156; *Goette*, Die GmbH, 2. Aufl. 2002, § 1 Rn. 62.
[201] BGH NZG 2006, 64 = NJW-RR 2006, 254; s. dazu *Heidinger/Blath* ZNotP 2007, 42.
[202] Befürwortend OLG Hamm AG 2003, 278 = NZG 2002, 867; vgl. auch BGHZ 134, 333 (335) = NJW 1997, 1507 mAnm *Altmeppen* – GmbH.

in überschaubaren Grenzen halten.²⁰³ Wer sich an einer Sachgründung beteiligt, muss allerdings das volle Haftungsrisiko der Weiterführung des Unternehmens durch die Vorgesellschaft bis zur Eintragung im Handelsregister tragen, da in diesem Fall eine umfassende Vertretungsmacht für den Vorstand zwingend erforderlich ist. Hiergegen hilft die Verwendung einer bereits eingetragenen **Vorratsgesellschaft** (zur Haftung bei der wirtschaftlichen Neugründung durch Verwendung einer Vorratsgesellschaft → Rn. 86 und → Rn. 97).

80 Alle anderen Verknüpfungen von Vertretungsmacht, Haftung und Zustimmung der Gründer kommen nicht zu überzeugenden Ergebnissen. Eine unbeschränkte Vertretungsmacht des Vorstandes bei gleichzeitig eingeschränkter Haftung der Gründer (weil sie nicht zugestimmt haben) anzunehmen, ist aus Gläubigerschutzgesichtspunkten nicht akzeptabel, da dann letztlich schon vor der Eintragung im Handelsregister eine Beschränkung der Haftung auf das Gesellschaftsvermögen wie bei der AG selbst geschaffen würde. Demgegenüber entfaltet die Annahme der unbeschränkten Vertretungsmacht des Vorstandes auch ohne Zustimmung der Gründer bei gleichzeitiger unbeschränkter Haftung aller Gründer (auch ohne deren Zustimmung zur Geschäftsaufnahme)²⁰⁴ für die Gründer zu weitgehende Haftungsrisiken, vergleichbar mit denen bei einer OHG. Gläubigern ist auch bewusst, dass sie nicht mit einer OHG, sondern einer Vor-AG kontrahieren. Die Einschränkung sowohl der Vertretungsmacht als auch der Haftung der Gründer, wenn nicht alle dem Geschäftsbeginn zugestimmt haben,²⁰⁵ würde wiederum die beschränkte Haftung wie bei der eingetragenen AG schon bei der Vor-AG (hier allerdings nur bezogen auf die für die Gründung notwendigen Geschäfte) zu Lasten der Gläubiger realisieren.

81 Die Unterbilanzhaftung **entsteht mit dem Zeitpunkt der Eintragung** der AG im Handelsregister, ist sofort fällig und vom Vorstand der AG umgehend geltend zu machen.²⁰⁶ Nach zwischenzeitlicher Unklarheit über die Verjährungslänge durch die mit der Schuldrechtsreform eingeführte dreijährige Regelverjährung hat der Gesetzgeber im Gesetz zur Anpassung von Verjährungsvorschriften an das Gesetz zur Modernisierung des Schuldrechts vom 9.12.2004²⁰⁷ die Verjährungsfristen im GmbHG und im AktG neu geregelt. Der Anspruch aus Unterbilanzhaftung **verjährt** jetzt analog § 9 Abs. 2 GmbHG und § 54 Abs. 4 in 10 Jahren.²⁰⁸ Die Differenzhaftung, Regress- und Rückzahlungsforderungen verjähren also grds. – vorbehaltlich einzelner Privilegierungen – einheitlich **in zehn Jahren** (§ 9 Abs. 2 GmbHG, § 19 Abs. 6 GmbHG, § 31 Abs. 5 GmbHG; § 54 Abs. 4; § 62 Abs. 3). Bei Altfällen gilt für die Verjährung der **Unterbilanzhaftung** nach Art. 229 § 12 Abs. 1 S. 1 iVm § 6 Abs. 3 EGBGB die frühere kürzere fünfjährige Verjährung, die auch noch nach altem Recht beginnt.²⁰⁹ *Stefan Schmid*²¹⁰ will auch für die Verlustdeckungshaftung bei einer nicht mehr eingetragenen Vor-GmbH bei Fälligkeit und Verjährungsbeginn bis zum 14.12.2004 noch die alte Fünfjahresfrist anwenden.

81a Bei weiter zurückliegenden Sachverhalten hilft der BGH mit einer Art **Beweislastumkehr**.²¹¹ Zwar ist nach den allgemeinen Beweislastregeln die Gesellschaft – bzw. im Falle ihrer Insolvenz der Insolvenzverwalter – darlegungs- und beweispflichtig für das Bestehen von Unterbilanzhaftungsansprüchen.²¹² Den Schwierigkeiten, denen vor allem der Insolvenzverwalter ausgesetzt sein kann,

---

²⁰³ UHL/*Ulmer*/*Habersack* GmbHG § 11 Rn. 102; im Ergebnis ebenso Hüffer/Koch/*Koch* Rn. 8.
²⁰⁴ So zB Großkomm AktG/K. *Schmidt* Rn. 58 (81) und MüKoAktG/*Pentz* Rn. 116.
²⁰⁵ Wohl wegen der nur selten praktisch relevanten Unterschiede, ohne klare Unterscheidung zwischen der → Rn. 54 ff. dargestellten Lösung die wohl noch hM: *Hausschild* in Henn/Frodermann/Jannot AktR-HdB § 3 Rn. 42; MHdB AG/*Hoffmann-Becking*, 2. Aufl. 1999, § 3 Rn. 36; zur GmbH: UHL/*Ulmer*/*Habersack* GmbHG § 11 Rn. 102; Hinweis auf die Wertungswidersprüche im AktG: *Heidinger* GmbHR 2003, 189 (196 ff.).
²⁰⁶ MüKoAktG/*Pentz* Rn. 117; Großkomm AktG/K. *Schmidt* Rn. 122: auch Schuldanerkenntnisse der Gesellschafter genügen; *Goette* Die GmbH § 1 Rn. 51, auch sofortiges Einstellen in die Vorbelastungsbilanz genügt.
²⁰⁷ BGBl. 2004 I 3214; s. dazu insbes. für die GmbH jetzt *Marx* INF 2005, 193; *Wagner* ZIP 2005, 558; zur Übergangsregelung *Götz* NZG 2006, 7.
²⁰⁸ BGHZ 105, 300; BGHZ 149, 273 = NJW 2002, 824; bestätigt durch BGH NZG 2008, 147 = ZIP 2008, 217; OLG Köln GmbHR 2008, 704 (705) = ZIP 2008, 973; OLG Brandenburg GmbHR 2010, 200 = ZIP 2010, 1036; § 9 Abs. 2 GmbHG neu gefasst und § 54 Abs. 4 hinzugefügt durch Gesetz zur Anpassung von Verjährungsvorschriften an das Gesetz zur Modernisierung des Schuldrechts v. 9.12 2004, BGBl. 2004 I 3214; MüKoAktG/*Pentz* Rn. 117, widersprüchlich insofern Rn. 66 aE: Verjährungsfrist für die Gründerhaftung analog § 159 HGB fünf Jahre.
²⁰⁹ Zur GmbH: BGH NZG 2008, 147 (148) = ZIP 2008, 217, zur selben Problematik bei der wirtschaftlichen Neugründung.
²¹⁰ GmbHR 2008, 653.
²¹¹ BGH NZG 2003, 393 =DStR 2003, 650 ff. mAnm *Götz*; vgl. dazu *Götz* ZIP 2003, 1687; so auch Roth/Altmeppen/*Roth* GmbHG § 11 Rn. 18.
²¹² Kölner Komm AktG/M. *Arnold* Rn. 56; MüKoAktG/*Pentz* Rn. 117; BGH NZG 1998, 102 = GmbHR 1997, 1145; OLG Rostock GmbHR 2014, 1264 für die GmbH.

entsprechend substantiierten Vortrag zu halten, wenn eine Vorbelastungsbilanz auf den Eintragungsstichtag nicht erstellt worden ist oder wenn nicht einmal geordnete Geschäftsaufzeichnungen vorhanden sind, ist nach Ansicht des BGH mit den Grundsätzen über die sekundäre Behauptungslast zu begegnen.[213] Ergeben sich unter den bezeichneten Voraussetzungen aus dem dem Insolvenzverwalter vorliegenden Material hinreichende Anhaltspunkte dafür, dass das Stammkapital der Gesellschaft schon im Gründungsstadium angegriffen oder verbraucht worden ist oder sogar darüber hinausgehende Verluste entstanden sind, ist es Sache der Gesellschafter darzulegen, dass eine Unterbilanz nicht bestanden hat.

Schon nach der neuen Rechtsprechung des BGH zu § 31 GmbHG[214] konnte nicht mehr davon ausgegangen werden, dass die Unterbilanzhaftung allein dadurch **erlischt,** dass durch spätere Gewinne der AG die **Unterbilanz beseitigt** wird (sog. Zweckerreichung). Dies hat der BGH entgegen der früher hM in der Literatur[215] für die GmbH jetzt ausdrücklich bestätigt.[216] Vielmehr bedarf es grundsätzlich einer Tilgung des Unterbilanzhaftungsanspruches durch bare Zahlung mit entsprechender ausdrücklicher Zweckbestimmung. Befürwortet wird allerdings die Möglichkeit einer tatsächlich ausgesprochenen Verrechnung im Rahmen der Grundsätze nach § 19 Abs. 2 GmbHG (für die AG § 66 Abs. 1 S. 2) mit einem vollwertigen, fälligen und liquiden Gegenanspruch des Gesellschafters durch die Gesellschaft, als bilanzwirksame Maßnahme.[217] Der BGH[218] verlangt dafür zur GmbH eine tatsächlich ausgesprochene und nicht lediglich unterstellte Verrechnung seitens der Gesellschaft. Unter diesen engen Voraussetzungen hält es der BGH auch in bilanzieller Hinsicht für zulässig, dass die Gesellschafterversammlung den zwingend in der Jahresbilanz der Gesellschaft zu aktivierenden Unterbilanzhaftungsanspruch gegen den betreffenden Gesellschafter mit dem ausgewiesenen Jahresüberschuss bzw. dem an seiner Stelle ausgewiesenen Bilanzgewinn durch Ergebnisverwendungsbeschluss oder durch Auflösung von Kapital- oder Gewinnrücklagen anlässlich der Feststellung des Jahresabschlusses verrechnet. Selbst diese Verrechnungsmöglichkeit ist bei der AG mE in Höhe der nach § 36 Abs. 2, § 36a vor der Anmeldung zu leistenden Zahlung aber zweifelhaft, da diese nur in den durch § 54 Abs. 3 zugelassenen Formen erfolgen kann.[219]

Die Gründer haften auf den Betrag, um den das tatsächliche Gesellschaftsvermögen im Eintragungszeitpunkt hinter dem Betrag des Nennkapitals zurückbleibt (sog. **Unterbilanz**).[220] Ein eventuelles Aufgeld (Agio) erhöht die Haftung entsprechend.[221] Anders als bei der GmbH hat das Agio bei der AG nämlich Einlagencharakter (dazu bei → § 36a Rn. 6). Der Haftungsbetrag kann bei Überschuldung auch über den Betrag des Grundkapitals hinausgehen. Damit soll sichergestellt werden, dass die Gesellschaft wenigstens einmal in ihrem Leben, nämlich zum Zeitpunkt ihrer Entstehung mit der Eintragung im Handelsregister – vorbehaltlich der nach § 26 zugelassenen Belastungen – wertmäßig unversehrt über das satzungsmäßige Grundkapital iSd. Mindestkapitales als den Gläubigern zur Verfügung stehender Haftungsfond verfügt.[222] Wegen des einlageähnlichen Charakters des Unterbilanzhaftungsanspruches gilt § 66 entsprechend.[223]

Um die genaue **Höhe einer solchen Unterbilanz** festzustellen, muss eine Vermögensbilanz (Vorbelastungsbilanz) auf den Stichtag der Eintragung erstellt werden.[224] Diese unterscheidet sich von der nach handelsrechtlichen Grundsätzen aufzustellenden Unterbilanz im Rahmen der §§ 30, 31 GmbHG. Daher ergeben sich hier mE nicht die gleichen Auswirkungen durch die Änderungen

---

[213] Vgl. schon BGH NZG 1998, 102 = DB 1997, 2372 (2373); OLG Brandenburg GmbHR 2010, 200; Kölner Komm AktG/*M. Arnold* Rn. 56; *Goette* DStR 2003, 652 f.; MüKoAktG/*Pentz* Rn. 117, krit. zur Darlegungs- und Beweislast bei der Erstgründung und bei der wirtschaftlichen Neugründung: *Götz* GmbHR 2013, 290 ff.
[214] BGHZ 144, 336 = NJW 2000, 2577 = NZG 2000, 883 mAnm *Altmeppen;* krit. Großkomm AktG/ *K. Schmidt* Rn. 122: Bedienen aus thesaurierten Gewinnen möglich; großzügiger auch noch *Priester* FS Ulmer, 2003, 477 ff.
[215] S. nur UHL/*Ulmer,* 1. Aufl. 2005, GmbHG § 11 Rn. 105 mwN in Fn. 204.
[216] BGH NJW 2006, 1594 = NZG 2006, 390; dazu *Heidinger/Blath* ZNotP 2007, 42; zust. jetzt UHL/*Ulmer/ Habersack* GmbHG § 11 Rn. 105 mwN in Fn. 241; für die wirtschaftliche Neugründung bestätigt auch durch BGHZ 192, 341 = NJW 2012, 1875; s. dazu weiterhin krit. *Bayer/Lieder* ZGR 2006, 875 (880 ff.); Lutter/ Hommelhoff/*Bayer* GmbHG § 11 Rn. 47; weiterhin abl. auch K. Schmidt/Lutter/*Drygala* Rn. 12, in Differenzierung zu § 31 GmbHG.
[217] *Gehrlein* BB 2006, 910; BGH NJW 2006, 1594 = NZG 2006, 390.
[218] BGHZ 165, 391 = NZG 2006, 390 = GmbHR 2006, 482 mAnm *Werner.*
[219] Hüffer/Koch/*Koch* § 66 Rn. 6; MüKoAktG/*Bayer* § 66 Rn. 42 (47).
[220] Hüffer/Koch/*Koch* Rn. 8.
[221] MüKoAktG/*Pentz* Rn. 118.
[222] MüKoAktG/*Pentz* Rn. 114.
[223] MüKoAktG/*Pentz* Rn. 116; UHL/*Ulmer/Habersack* GmbHG § 11 Rn. 101 (112) für § 19 Abs. 2 GmbH.
[224] Hierzu BGH NJW 1998, 233 = NZG 1998, 102; Großkomm HGB/*Pöschke* HGB § 242 Rn. 39 ff.; *Schulze-Osterloh* FS Goerdeler, 1987, 531; *Hüttemann* FS Huber, 2006, 757 ff. insbes. auch zu Bewertungsfragen.

der Bilanzierungsgrundsätze im BilMoG.[225] Zu aktivieren sind die ausstehenden Einlagen sowie etwaige Ansprüche aus §§ 46–49.[226] Dabei ist aber deren Werthaltigkeit zu fordern. Aufschiebend bedingte Verbindlichkeiten müssen genauso passiviert werden wie Gesellschafterdarlehen, selbst solche mit Rangrücktritt.[227] Dies galt auch für eigenkapitalersetzende Gesellschafterdarlehen nach altem Recht.[228] Denn die Grundsätze des Eigenkapitalersatzes galten auch im Stadium der Vor-GmbH und wurden nicht durch die Verlustdeckungshaftung der Gründergesellschafter ausgeschlossen.[229] Eine Unterbilanz kann sich also auch aus dem Verbrauch des Darlehensbetrages vor der Beantragung der AG im Handelsregister ergeben.[230] Soweit von einem Fortbestehen der Gesellschaft auszugehen ist, erfolgt die Bewertung mit den Fortführungswerten, ansonsten zu Zerschlagungs-/Veräußerungswerten.[231] Der Geschäfts- und Firmenwert des in Gang gesetzten Unternehmens kann berücksichtigt werden.[232] Dies ist aber nur ausnahmsweise der Fall, wenn im Stadium der Vor-AG schon eine als bewertbares Unternehmen anzusehende strukturierte Organisationseinheit geschaffen wurde.[233] Kosten für die Ingangsetzung des Geschäftsbetriebes sind nicht zu aktivieren, können sich allerdings im Ertragswertverfahren niederschlagen.

84 Bei vorhandenen Vermögenswerten (insbesondere auch bei der Sachgründung) sind bereits bis zur Eintragung erfolgte **Wertverluste** zu berücksichtigen.[234] Dies ist von der Frage zu unterscheiden, ob für die Wertbemessung einer Sacheinlage der Zeitpunkt der Anmeldung der Gesellschaft maßgeblich ist.[235] Ein tatsächlicher Wert unter dem Betrag der dafür übernommenen Stammeinlage zum Zeitpunkt der Anmeldung führt zu einer **Differenzhaftung** des Einlegers (→ § 27 Rn. 40 f., 47; vgl. auch § 9 GmbHG). Die davon grundsätzlich unabhängige Unterbilanzhaftung trifft demgegenüber alle Gründer und stellt auf den Zeitpunkt der Eintragung ab. Bei Wertveränderungen im Vermögen der Vorgesellschaft zwischen Anmeldung und Eintragung (durch operative Gewinne oder Verluste oder auch Wertsteigerungen oder -verluste im Aktivvermögen) kann es zur unterschiedlichen Beurteilung der Höhe und sogar des Vorliegens der Differenzhaftung und der Unterbilanzhaftung kommen.[236]

85 Das Vorliegen von Vorbelastungen (ohne wertmäßigen Ausgleich) zum Zeitpunkt der Anmeldung stellt nach ganz hM ein **Eintragungshindernis** dar.[237] Entgegen der wohl überwiegenden Ansicht gilt dies auch, wenn die Vorbelastung erst zwischen Anmeldung und Eintragung eintritt,[238] obwohl die Bilanzierung der sich daraus ergebenden Unterbilanzhaftungsansprüche gegen die Gesellschafter eine Unterbilanz auszugleichen scheint. Ein Eintragungshindernis liegt jedenfalls dann vor, wenn die Realisierung dieser Ansprüche mangels Leistungsfähigkeit der Gründer ernsthaft gefährdet ist, da dann mangels Vollwertigkeit schon kein Anspruch gegen die Gründer bilanziert werden dürfte.[239] Aber auch bei Vollwertigkeit des Anspruches gegen die Gründer ermöglicht die großzügigere Ansicht, dass die AG (hat sie die bare Einlageleistung der Gründer schon vor der Eintragung verbraucht) mit einem Vermögen ins Handelsregister eingetragen werden muss und damit als AG beginnt, deren Vermögen ausschließlich aus Forderungen gegen die Gründer besteht, deren Werthal-

---

[225] S. dazu MHLS/*Heidinger* GmbHG § 30 Rn. 31 ff.
[226] MüKoAktG/*Pentz* Rn. 120, mit weiteren detaillierten Ausführungen.
[227] Großkomm AktG/*K. Schmidt* Rn. 120.
[228] Jedenfalls ohne Rangrücktritt: BGHZ 124, 282.
[229] BGH NZG 2009, 782.
[230] *Maul* NZG 2014, 251, 252.
[231] BGHZ 124, 282 (285) = NJW 1994, 724; BGH NJW 1998, 233 = NZG 1998, 102.
[232] Durch die Ertragswertmethode: BGHZ 140, 35 = NJW 1999, 283 f. = GmbHR 1999, 31; dazu *Fleischer* GmbHR 1999, 752 ff.; *Habersack/Lüssow* NZG 1999, 629; s. auch Hüffer/Koch/*Koch* Rn. 9 und *Hüttemann* FS Huber, 2006, 757 ff.; krit. zur Festlegung auf die Ertragswertmethode: MüKoAktG/*Pentz* Rn. 119, Fn. 319; jetzt auch weiter BGH NJW 2006, 1594 = NZG 2006, 390: durch betriebswirtschaftlich anerkannte, vom Tatrichter auszuwählende Bewertungsmethode; dazu *Luttermann/Lingl* NZG 2006, 454; *Weitemeyer* NZG 2006, 648.
[233] BGH NJW 2006, 1594 = NZG 2006, 390.
[234] AA Großkomm AktG/*K. Schmidt* Rn. 119 mwN in Fn. 411, der nur operative Verluste berücksichtigen will; ihm tendenziell zust. *Lieb* FS Zöllner, Bd. I, 1998, 353 ff.; befürwortend auch MüKoAktG/*Pentz* Rn. 121; dieser Meinung ist aus Gläubigerschutzgesichtspunkten nicht zu folgen.
[235] So Großkomm AktG/*Schall* § 27 Rn. 197; so ausdrücklich für die GmbH in § 9 GmbHG geregelt.
[236] Vgl. auch *Goette* Die GmbH § 1 Rn. 59: werthaltige Ansprüche aus Differenzhaftung wegen überbewerteter Sacheinlagen sind in die Vorbelastungsbilanz einzustellen; dies verkennt Großkomm AktG/*K. Schmidt* Rn. 119, wenn er die strenge Unterbilanzhaftung (aufgrund von Wertverlusten) bei Sacheinlagen nur auf den Anmeldungsstichtag für gerechtfertigt hält.
[237] Großkomm AktG/*K. Schmidt* Rn. 73; Hüffer/Koch/*Koch* § 38 Rn. 10; K. Schmidt/Lutter/*Drygala* Rn. 13.
[238] Str.: BayObLG GmbHR 1998, 1225 – GmbH; aA Großkomm AktG/*K. Schmidt* Rn. 73; Hüffer/Koch/*Koch* § 38 Rn. 10; MüKoAktG/*Pentz* § 38 Rn. 21; *Goette* Die GmbH § 1 Rn. 61 aE.
[239] So auch Hüffer/Koch/*Koch* Rn. 9; MüKoAktG/*Pentz* § 38 Rn. 22; selbst das abl.: K. Schmidt/Lutter/*Drygala* Rn. 13.

tigkeit nicht einmal vom Registergericht geprüft wurde. Dies ist aus Gläubigerschutzgesichtspunkten nicht hinnehmbar.[240] Die Belastung für die Gründer erscheint demgegenüber nicht übermäßig, zumal der Unterbilanzhaftungsanspruch sowieso unmittelbar mit der Eintragung entsteht, fällig ist und vom Vorstand geltend gemacht werden müsste (→ Rn. 81). Formal argumentiert könnte der Anspruch aus Unterbilanzhaftung die Unterbilanz vor der Eintragung mangels Existenz auch gar nicht beseitigen. Dies gelänge nur durch einen Anspruch auf Verlustausgleich schon vor Eintragung, dessen Entstehungszeitpunkt aber streitig ist (→ Rn. 88). Die klarere Lösung ist es daher, den Ausgleich der Vorbelastung durch die Gründer im Rahmen der erforderlichen Kapitalaufbringung noch vor der Eintragung zu verlangen.

Eine **neue Wertung des Eintragungshindernisses** könnte allerdings durch die Neuregelung 85a des § 27 Abs. 4 veranlasst sein. Danach ist auch bei der absprachegemäßen Rückzahlung der Einlage eine schuldbefreiende Einlageleistung anzunehmen, wenn u. a. der Rückgewähranspruch gegen den Inferenten vollwertig ist (ausführlich → § 27 Rn. 243 ff.). Es erscheint vordergründig wertungswidersprüchlich, wenn der Fall des vollwertigen Anspruchs auf Unterbilanzhaftung strenger behandelt wird, obwohl die Einlage nicht einmal an den Inferenten zurückgeflossen ist, sondern „nur" verbraucht wurde. Dennoch erscheint mE weiterhin eine Differenzierung zwischen Rückfluss an den Inferenten, der kraft der neuen Sonderregelung in § 27 Abs. 4 privilegiert ist, und dem Unterbilanzhaftungsanspruch angezeigt. Der vollwertige Rückgewähranspruch iSd § 27 Abs. 4 kann also bei der Berechnung einer Unterbilanz iSd § 41 berücksichtigt werden, wenn er im Zeitpunkt der Eintragung selbst auch noch vollwertig ist. Eine sich – ggf. wegen Wertverfall des Rückgewähranspruches oder auch aus anderen Gründen – ergebender Unterbilanzhaftungsanspruch gegen alle Gesellschafter bleibt demgegenüber bei der Feststellung der Unterbilanz unberücksichtigt und muss vor Eintragung eingefordert werden.

Der BGH geht – entgegen vieler kritischer Stimmen in der Literatur[241] – in seiner neueren 86 Rechtsprechung[242] davon aus, dass auf die **wirtschaftliche Neugründung** von Kapitalgesellschaften (Verwendung von Vorratsgesellschaften oder gebrauchten Mänteln) das Gründungsrecht analog Anwendung findet (ausführlich → § 23 Rn. 42 ff.).[243] Der erforderliche Verkehrsschutz wird nach Ansicht des BGH sowohl durch die formalrechtliche, registergerichtliche Präventivkontrolle, als auch durch das Haftungsmodell der Unterbilanzhaftung sichergestellt. Daher schulden die Gesellschafter zwar nicht erneut eine entsprechende Einlageleistung. Allerdings trifft die „wirtschaftlichen Neugründer" die Unterbilanzhaftung. Die mangels Offenlegung früher zeitlich unbegrenzt angenommene Vorbelastungshaftung, häufig bis zur Insolvenz der Gesellschaft, hat der BGH mit Urteil vom 6.3.2012 für die GmbHG jetzt zu Recht abgelehnt,[244] aber systemwidrig immer noch an der Pflicht zur Offenlegung festgehalten und an die fehlende Offenlegung eine Beweislastumkehr geknüpft.[245] Diese Einschränkung durch die Rechtsprechung gilt mE gleichermaßen für die Aktiengesellschaft. Die Unterbilanzhaftung soll weiterhin im Grundsatz sogar für Altfälle vor dem die wirtschaftliche Neugründung „erfindenden" Urteil des BGH von 2003 eingreifen.[246] Allerdings sollte schon nach der früheren Rechtsprechung in diesen Fällen nicht an die im Urteil von 2003 als Stichtag der Unterbilanzhaftung entwickelte Offenlegung angeknüpft

---

[240] S. dazu bei der GmbH ausf. *Meyding/Heidinger*, Der Gläubigerschutz bei der „wirtschaftlichen Neugründung" von Kapitalgesellschaften, Zehn Jahre Deutsches Notarinstitut, 2003, 235 (243 ff.); im Ergebnis auch *Maul* NZG 2014, 251 (252).
[241] Grundlegend abl.: *Kallmeyer* GmbHR 2003, 322; *Heidenhain* NZG 2003, 1051; *Meilicke* BB 2003, 857; *Altmeppen* DB 2003, 2050; *K. Schmidt* NJW 2004, 1345; Großkomm AktG/*K. Schmidt* Rn. 117; krit. auch *Krafka* ZGR 2003, 577; *Heidinger/Meyding* NZG 2003, 1129; *Heidinger* ZGR 2005, 101 ff.
[242] Angedeutet schon BGHZ 117, 332 = NJW 1992, 1824 und BGHZ 153, 158 = NJW 2003, 892; jetzt explizit in BGHZ 155, 318 = NJW 2003, 3198 – GmbH; BGH NZG 2008, 147 = ZIP 2008, 217; Abgrenzung zur Umstrukturierung BGH NJW 2010, 1459 = NZG 2010, 316; dazu *Weder* NZG 2010, 410; BGHZ 192, 341 = NJW 2012, 1875; bestätigt durch OLG Jena GmbHR 2004, 1468; s. auch OLG Celle NotBZ 2005, 444; OLG Schleswig NZG 2007, 75 = ZIP 2007, 279; OLG Köln ZIP 2008, 973; OLG München ZIP 2010, 579; KG ZIP 2010, 582.
[243] Insbes. für die Aktiengesellschaft dazu DNotI-Report 2012, 93; *Heinze* BB 2012, 67; *Gerber* Rpfleger 2004, 469; *Pentz* FS *Hoffmann-Becking*, 2013, 871; *Melchior* AG-Report Heft 15/2013 R223; auch zur AG: *Winnen* RNotZ 2013, 389.
[244] BGHZ 192, 341 = NJW 2012, 1875; dazu zust. *Priester* EWiR 2012, 623; so schon gefordert von *Heidinger* ZGR 2005, 101.
[245] Krit. zur Darlegungs- und Beweislast bei der Erstgründung und bei der wirtschaftlichen Neugründung: *Götz* GmbHR 2013, 290 ff.
[246] Str., grds. befürwortend OLG Jena NZG 2004, 1114 = ZIP 2004, 2327; OLG Jena ZIP 2007, 124 = DB 2006, 2624; einschränkend OLG Köln ZIP 2008, 973; *Ostermaier* EWiR 2008, 535; s. dazu auch DNotI-Report 2008, 91 (92).

werden.[247] Vielmehr verjährt (allgemein → Rn. 81) in solchen Altfällen – nach dem neuen Urteil des BGH von 2012 jetzt auch bei Neufällen – die Unterbilanzhaftung, beginnend mit der Neuaufnahme der unternehmerischen Tätigkeit, die nach außen spätestens durch die im Handelsregister erfolgte Eintragung der Sitzverlegung dokumentiert wird.[248]

86a Eine Unterbilanzhaftung erscheint zudem denkbar in (konzernrechtlichen) Konstellationen der **Kaskadengründung.** Hierbei handelt es sich um Fälle, in denen mit dem eingezahlten Mindestkapital unmittelbar eine Tochtergesellschaft, über diese eine Enkelgesellschaft usw. gegründet wird.[249] Bisher wurde die Problematik weitestgehend unter dem Aspekt der **verdeckten Sacheinlage** bei der GmbH behandelt.[250] Zwar erscheint es unter dem **Gesichtspunkt des Rechtsmissbrauchs** auch bei der AG problematisch, wenn ein Vielfaches an Stammkapital generiert wird, letztlich aber nur einmal 50.000 Euro liquide Mittel in der gesamten Kaskade vorhanden sind. Allerdings handelt es sich bei dieser Gestaltung wohl eher um eine besondere Form der **Mittelverwendung ohne Rückfluss** an den Inferenten, womit eine verdeckte Sacheinlage bei den normalen auf drei Ebenen beschränkten Konzernsachverhalten nicht in Frage käme.[251] Relevanz für eine **Unterbilanzhaftung** kann dieser Vorgang allerdings unabhängig von der Zahl der Ebenen gewinnen, wenn einer oder mehrere der Kaskadengründungen stattfinden, bevor die jeweilige Gründergesellschaft im Handelsregister eingetragen und als AG entstanden ist. Als Vor-AG kann sie bereits eine andere AG gründen, die dann wiederum selbst im Stadium der Vor-AG eine Enkelgesellschaft gründen kann (→ Rn. 28a). Dabei stellt sich die Frage der **Werthaltigkeit der Beteiligung an einer Tochtergesellschaft,** bei der für mehrere Gesellschaften insgesamt nur ein Grundkapital von 50.000 EUR vorhanden ist. Zumindest bei wirtschaftlicher Tätigkeit der Töchter- und Enkelgesellschaften oder falls die Gründungskosten jeweils nicht von den Gesellschaftern übernommen werden kommt die Unterbilanzhaftung in Frage.[252] Der zu geringe Haftungsfond für alle Gesellschaften wird deutlich, wenn mehrere der Kaskadentöchter und -enkel insolvent werden, da dann von den jeweiligen Insolvenzverwaltern Forderungen, die das liquide Gesamtvermögen von 50.000 Euro übersteigen, geltend gemacht werden könnten. Die Kaskade fällt aber schon in sich zusammen, wenn nur das unterste Glied insolvent wird oder auch nur die 50.000 EUR verbraucht. Dann werden nämlich mit einem Schlag alle Tochterbeteiligungen auf allen Ebenen wertlos.

87 c) **Verlustdeckungshaftung.** Kommt es nicht zur Eintragung der AG, greifen die oben dargestellten Grundsätze der Unterbilanzhaftung grundsätzlich nicht, da diese erst mit der Eintragung im Handelsregister entsteht.[253] Um eine Haftungslücke zu schließen und den Anreiz eine Handelsregistereintragung zu verhindern, hat der BGH für den **Zeitraum vor der Eintragung** während der Existenz der Vorgesellschaft (wieder für die GmbH) die sog. Verlustdeckungshaftung als persönliche, unbeschränkte und proratarische (entsprechend der Beteiligung) Haftung entwickelt.[254] Damit ist die frühere Rechtsprechung[255] in Richtung einer **kommanditistenähnlichen Haftung** überholt. Inhaltlich ist die Verlustdeckungshaftung jetzt mit der Unterbilanzhaftung identisch, so dass diesbezüglich kein Wertungswiderspruch mehr existiert. Lediglich die Höhe der Verlustdeckungshaftung beschränkt sich auf die Deckung der entstandenen Verluste, wohingegen nach der Unterbilanzhaftung zusätzlich das Grundkapital aufgefüllt werden muss.[256] Damit liegt ein abgestimmtes, geschlossenes System der Gründerhaftung vor, das nach allg. Meinung auch auf die AG Anwendung findet.[257]

---

[247] Einschränkend bzgl. der fehlenden Offenlegung jetzt auch für Neufälle, bei denen das Stammkapital vorhanden war; KG ZIP 2010, 582 und BGHZ 192, 341 = NJW 2012, 1875.

[248] BGH NZG 2008, 147 = ZIP 2008, 217; jetzt auch für Neufälle BGHZ 192, 341 = NJW 2012, 1875.

[249] → § 27 Rn. 161; s. a. *Schneider* ZGR 1984, 497, 504 ff.; DNotI-Abrufgutachten Nr. 152891 v. 13.2.2017; zur Kaskadengründung im Stadium der Vor-GmbH *Heckschen/Kreußlein* in Heckschen/Heidinger, Die GmbH in der Gestaltungs- und Beratungspraxis, 4. Aufl. 2018, Kap. 3 Rn. 208.

[250] Ausführlich zur Problematik bei der GmbH mwN *Heidinger/Berkefeld* in Heckschen/Heidinger, Die GmbH in der Gestaltungs- und Beratungspraxis, 4. Aufl. 2018, Kap. 11 Rn. 316 ff.; *Salzig*, Die Kapitalaufbringung bei der sog. GmbH-Stafette, Zehn Jahre Deutsches Notarinstitut, 2003, 257.

[251] → § 27 Rn. 161; *Wälzholz/Bachner* NZG 2006, 361; vgl. auch DNotI-Gutachten Nr. 138695, DNotI-Report 2015, 73 ff. zur GmbH.

[252] In diese Richtung auch *Priester* DStR 2016, 1555 (1556 f.).

[253] BGHZ 134, 333 = NJW 1997, 1507.

[254] BGHZ 134, 333 = NJW 1997, 1507; BGHZ ZIP 1996, 590 = NJW 1996, 1210.

[255] BGHZ 65, 378 (382) = NJW 1976, 419; BGHZ 72, 45 (48 f.) = NJW 1978, 1978; BAGE 80, 335 (339 f.) = NJW 1996, 544; KG WM 1994, 1288 (1290 lSp); schon krit. *Hey* JuS 1995, 484.

[256] *Goette* Die GmbH § 1 Rn. 80.

[257] OLG Hamm AG 2003, 278 rSp; OLG Karlsruhe AG 1999, 131 (132); LG Heidelberg ZIP 1997, 2045 (2047) = AG 1998, 197 (198); *Wiedenmann* ZIP 1997, 2029 (2030 ff.); s. auch BGHZ 149, 273 (274 f.) = NJW 2002, 824 für die Vor-Genossenschaft.

Nach Ansicht des BGH greift die Verlustdeckungshaftung erst ein, wenn die Eintragung im 88
Handelsregister endgültig scheitert oder die Gründer die Eintragungsabsicht aufgeben.[258] In der
Literatur wird demgegenüber zum Teil[259] für eine laufende Haftung für Verluste plädiert. Dies
geht einher mit der streitigen Frage, ob die Vorbelastungshaftung eine **Innenhaftung** der Gründer
gegenüber der Gesellschaft oder eine Außenhaftung direkt gegenüber den Gläubigern darstellt. Der
BGH hat die Verlustdeckungshaftung in seiner jüngsten Rechtsprechung grundsätzlich (zu den
Ausnahmen → Rn. 90) als Innenhaftung ausgestaltet.[260] Das Innenhaftungskonzept ergibt sich aus
der von der Rechtsprechung und der hM im Schrifttum herausgearbeiteten Rechtsnatur der Vorgesellschaft (→ Rn. 25 ff.). Sie ist nicht personengesellschaftsrechtlich strukturiert, so dass die Gesellschafter zwischen dem Abschluss des notariellen Gesellschaftsvertrages und der Eintragung der GmbH nicht schon direkt gegenüber den Gläubigern haften, sondern nur verpflichtet sind, ein durch eventuell erwirtschaftete Verluste ausgehöhltes Vermögen der Gesellschaft wieder aufzufüllen. Die einzelnen Gründer sollen dadurch gegen ein Übermaß an Haftung geschützt werden. Es soll auch einen durch die direkte Inanspruchnahme der Gründer zu besorgenden systemwidrigen Wettlauf der Gläubiger um die beschränkte Haftungsmasse verhindern.[261] Für das Innenhaftungskonzept spricht auch der dann weitestgehende Gleichlauf der Unterbilanzhaftung und der Verlustdeckungshaftung. Die Gläubiger sind dadurch auch hinreichend geschützt, da sie den Anspruch der Gesellschaft gegen die Gründer pfänden und sich überweisen lassen können.

Demgegenüber tritt in der Literatur eine starke Meinung für eine unmittelbare **Außenhaftung** 89
der Gründer bei der Vorgesellschaft ein.[262] Dabei wird vor allem auf die für die Gläubiger unzumutbar
erschwerte Haftungsabwicklung hingewiesen,[263] die in einzelnen Konstellationen sogar zu Schutzlücken für die Gläubiger führen könnten.[264] Teilweise wird sogar auf die Europarechtswidrigkeit des
Innenhaftungskonzeptes hingewiesen.[265] Daher wird für eine akzessorische Haftung wie bei einem
Komplementär gem. § 128 HGB plädiert, die nicht lediglich auf das Interesse (Geldschuld) beschränkt
ist, sondern sogar einen Anspruch auf Erfüllung in Natur gegen die Gründer rechtfertigt.[266] Der in
Anspruch genommene Gesellschafter soll dann einen Rückgriffsanspruch gegen die Vorgesellschaft
haben (vgl. § 110 HGB), der zum Schutz der Kapitalaufbringungsgrundsätze allerdings nur aus freiem
Vermögen bedient werden darf und das Verrechnungsverbot des § 66 Abs. 1 S. 2 berücksichtigen
muss.[267] In der Insolvenz der Vor-AG ergibt sich über § 93 InsO selbst bei der Annahme der
Außenhaftung die Durchsetzung der Ansprüche gegen die Gesellschafter allein durch den Insolvenzverwalter.[268]

Allgemein anerkannt ist eine unmittelbare **Außenhaftung** der Gründer auch von der höchstrich- 90
terlichen Rechtsprechung bei den **Sonderfällen** der Vermögenslosigkeit der Vorgesellschaft[269] und
bei der Einmann-Gründung.[270] Dies gilt allerdings nur für die Verlustdeckungs- nicht aber für die

---

[258] BGHZ 134, 333 (341) = NJW 1997, 1507 (1509); ebenso *Lutter* JuS 1998, 1076; unentschieden BSGE 85, 192 (198) = NJW-RR 2000, 1125 (1127) = GmbHR 2000, 425 (428) mAnm *Emde* – GmbH.
[259] *Schütz* GmbHR 1996, 734.
[260] BGH NJW 1996, 1210 (1211 ff.); BGHZ 134, 333 = NJW 1997, 1507; bestätigt durch BGHZ 152, 290 = NJW 2003, 429; grds. befürwortend K. Schmidt/Lutter/*Drygala* Rn. 14 ff.; dazu auch *Goette* DStR 1997, 628; *Ulmer* ZIP 1996, 733 (734 ff.); vgl. auch *Schütz*, Das Modell der Verlustausgleichspflicht im Haftungssystem der Vor-GmbH, 1995, 150 ff.
[261] Hüffer/Koch/*Koch* Rn. 14.
[262] Großkomm AktG/*K. Schmidt* Rn. 84 ff.; *K. Schmidt* ZHR 156 (1992), 93 (107 ff.); MüKoAktG/*Pentz* Rn. 55 (65); *Ehses*, Die Gründerhaftung in der Vorgesellschaft, 2000, 119 ff.; zur GmbH: LAG Köln ZIP 1997, 1921; HessLAG GmbHR 1998, 785; LSG BW GmbHR 1997, 893; MHLS/*Blath* GmbHG § 11 Rn. 67; Michalski/Barth NZG 1998, 525; *Altmeppen* NJW 1997, 3272; weiterhin krit. Roth/Altmeppen/*Altmeppen* GmbHG § 11 Rn. 55; *Flume* DB 1998, 45; *Kleindiek* ZGR 1997, 427; *Raab* WM 1999, 1596; *Wilhelm* DStR 1998, 457; *Zöllner* FS Wiedemann, 2002, 1405 ff.; *Beuthien* FS Hadding, 2004, 309 (314 ff.); K. Schmidt GmbHR 1996, 309; K. Schmidt WM 2013, 1485; K. Schmidt GmbHR 2013, 1; zur GmbH: *Götz* ZGS 2011, 441; zu den bilanzrechtlichen Unterschieden bei Innen- und Außenhaftung *Monhemius* GmbHR 1997, 384 – GmbH.
[263] S. dazu ausführlich Großkomm AktG/*K. Schmidt* Rn. 84 ff.; MüKoAktG/*Pentz* Rn. 60 ff., spricht von Praktikabilität und Interessenabwägung.
[264] MüKoAktG/*Pentz* Rn. 63.
[265] *Götz* GmbHR 2003, 1466; aA *Beuthien* WM 2013, 1485 (1494); K. Schmidt GmbHR 2013 1 (15).
[266] MüKoAktG/*Pentz* Rn. 66.
[267] MüKoAktG/*Pentz* Rn. 67.
[268] Großkomm AktG/*K. Schmidt* Rn. 86; MüKoAktG/*Pentz* Rn. 68.
[269] BGHZ 134, 333 (341) = NJW 1997, 1507 mAnm *Altmeppen*; BAG NZA 2006, 673 – GmbH; OLG Stuttgart NZG 2001, 86 – GmbH; BAGE 93, 151 = NJW 2000, 2915 = GmbHR 2000, 1014 mAnm *Emde*; BAG GmbHR 2001, 919; s. zur Abgrenzung auch *Heidinger/Blath* ZNotP 2007, 42.
[270] BGHZ 134, 333 (341) = NJW 1997, 1507 (1509) mAnm *Altmeppen*; BGH NJW 2001, 2092; *Ulmer* ZIP 1996, 737; *Lutter* JuS 1998, 1077; *Wiegand* BB 1998, 1069; einschränkend: *Müther* MDR 2001, 368; etwas anders an Beendigung ohne geordnetes Liquidationsverfahren anknüpfend: K. Schmidt/Lutter/*Drygala* Rn. 17.

Unterbilanzhaftung (→ Rn. 78).²⁷¹ Wird ein Insolvenzverfahren mangels Masse abgelehnt, muss das Gleiche gelten.²⁷²

91 Bei der „**wirtschaftlichen Neugründung**" durch Verwendung einer Vorratsgesellschaft oder eines alten Mantels will der BGH das Gründungsrecht analog anwenden (→ Rn. 86). Die Frage der Anwendung der Verlustdeckungshaftung ist insbesondere bei der Verwendung einer erneut in Gang gesetzten, ehemals gewerblich tätigen, jetzt unternehmenslosen Gesellschaft (sog. Mantelverwendung) relevant. Zu den Einschränkungen bezüglich der Anspruchsberechtigten und des Anfangszeitpunktes für die Berechnung des Haftungsumfanges wird auf die Überlegungen bei der Unterbilanzhaftung verwiesen (→ Rn. 86). Darüber hinaus erscheint der Lauf der Vorbelastungshaftung ohne zeitliches Ende letztlich bis zur Insolvenz bei nicht erfolgter Offenlegung und Versicherung der vollständigen Einlageleistung nicht gerechtfertigt.²⁷³

92 **d) Unechte Vorgesellschaft.** Haben die Mitglieder der Vorgesellschaft von Anfang an nicht beabsichtigt, die Eintragung zu betreiben, so handelt es sich bei einem solchen Zusammenschluss um eine sog. **unechte Vorgesellschaft,** bei der nur der Schein besteht, es solle eine juristische Person mit beschränktem Haftungsfond entstehen. Auf ein solches Gebilde sind nach allgM die Vorschriften anzuwenden, die für die Gesellschaftsform gelten, die tatsächlich betrieben wird (OHG oder BGB-Gesellschaft).²⁷⁴ Daher ergibt sich auch die Haftung für die Gesellschafter nach § 128 HGB unmittelbar oder entsprechend nach der Akzessorietätstheorie für die BGB-Gesellschaft.²⁷⁵

93 Hat dagegen ursprünglich die Absicht bestanden, die AG eintragen zu lassen, wurde aber diese **Absicht später fallen gelassen** (zB durch formlosen oder sogar konkludenten Auflösungsbeschluss)²⁷⁶ oder ist die Durchführung dieser Absicht durch endgültige Ablehnung des Eintragungsantrages undurchführbar geworden, muss nach der Reaktion der Gründer differenziert werden.²⁷⁷ Werden die begonnenen Geschäfte sofort eingestellt und die Vorgesellschaft entsprechend §§ 264 ff. **liquidiert,** hat es sein Bewenden mit der auf diesen Zeitpunkt zu berechnenden Verlustdeckungshaftung (→ Rn. 87 ff.). Wird der **Geschäftsbetrieb demgegenüber fortgeführt,** wandelt sich die Vorgesellschaft zu diesem Zeitpunkt kraft Gesetzes in eine „unechte Vorgesellschaft", also eine BGB-Gesellschaft oder OHG um.²⁷⁸ Hierfür genügt es sogar schon, wenn die Gründer die ursprüngliche Eintragung nicht mehr ernsthaft betreiben, ohne die Liquidation in die Wege zu leiten.²⁷⁹ Die Gründerhaftung wird zu einer **akzessorischen Außenhaftung.**²⁸⁰ Da der Zeitpunkt der Aufgabe der Eintragungsabsicht als innere Tatsache in der Praxis kaum feststellbar ist, hat der BGH für diese Fälle entschieden, dass das personengesellschaftsrechtliche Haftungssystem (**rückwirkend**) auch für

---

²⁷¹ BGH NZG 2006, 64 = NJW-RR 2006, 254; keine Ausnahme auch bei der wirtschaftlichen Neugründung durch Mantelverwendung: LG Saarbrücken BeckRS 2009, 18741.

²⁷² Ausdrücklich BAGE 93, 151 = NJW 2000, 2915 = GmbHR 2000, 1014 mAnm *Emde; Ulmer* ZIP 1996, 735; so auch K. Schmidt/Lutter/*Drygala* Rn. 15; s. auch *Gummert* DStR 1997, 1010; MHLS/*Blath* GmbHG § 11 Rn. 66 mwN in Fn. 196; LG Braunschweig GmbHR 2001, 920; einschränkend *Müther* MDR 2001, 368; BAG NZA 2006, 673 (676) – GmbH zur Vermögenslosigkeit beim wegen Masseunzulänglichkeit eingestellten Gesamtvollstreckungsverfahren und zur objektiven und rückwirkenden Bestimmung der Vermögenslosigkeit.

²⁷³ So jetzt auch BGHZ 192, 341 = NJW 2012, 1875; anders aber noch LG Berlin EWiR 2008, 401; s. dazu abl. schon *Heidinger* ZGR 2005, 101 (128 ff.): für Begrenzung bis Handelsregistereintragung bzw. tatsächlichem Beginn der Geschäftstätigkeit mit neuem Unternehmen; in diese Richtung schon früher für Altfälle: BGH NZG 2008, 147 = ZIP 2008, 217; OLG Köln ZIP 2008, 973, auch für Neufälle: OLG München ZIP 2010, 579; KG ZIP 2010, 582; abl. für die Variante der „unechten Vorgesellschaft" wegen Aufgabe der Offenlegung auch LG Saarbrücken BeckRS 2009, 18741.

²⁷⁴ Vgl. BGHZ 22, 240 = NJW 1957, 218; *Goette* Die GmbH § 1 Rn. 66; MüKoAktG/*Pentz* Rn. 83; umfassend zur unechten Vorgesellschaft *Murawo*, Die unechte Vorgesellschaft im GmbH- und Aktienrecht, 2006.

²⁷⁵ Auch für die BGB-Gesellschaft jetzt hM seit BGHZ 142, 315 = NJW 1999, 3483; BGHZ 146, 341 = NJW 2001, 1056 = DStR 2001, 310 mAnm *Goette*.

²⁷⁶ *Murawo*, Die unechte Vorgesellschaft im GmbH- und Aktienrecht, 2006, 50 ff., mit Hinweisen auf zahlreiche andere Varianten der Aufgabe der Eintragungsabsicht, S. 83, zB auch einstimmiges formloses Verhalten.

²⁷⁷ Ausführlich zu den Tatbestandsmerkmalen, die zum Entstehen der unechten Vorgesellschaft führen: *Murawo*, Die unechte Vorgesellschaft im GmbH- und Aktienrecht, 2006, 44 ff.

²⁷⁸ HM: BGHZ 80, 129 (142) = NJW 1981, 1373 (1376) – GmbH; BGH NJW 1998, 1079 (1080) = ZIP 1998, 109 – GmbH; OLG Jena GmbHR 1999, 772 (773) = NZG 1999, 461 – GmbH; OLG Hamm NZG 2006, 754 – GmbH; Großkomm AktG/K. *Schmidt* Rn. 130; MüKoAktG/*Pentz* Rn. 83.

²⁷⁹ BGHZ 152, 290 = NJW 2003, 429; OLG Hamm NZG 2006, 754 (755) – GmbH: „nachhaltige Vernachlässigung der Eintragung"; Scholz/K. *Schmidt* GmbHG § 11 Rn. 162; ausführlich *Kießling*, Vorgründungs- und Vorgesellschaft, 1999, 334 ff.; LG Dresden GmbHR 2002, 549 (LS), sogar für den passiven Gesellschafter; dazu *Saenger* EWiR 2002, 285; FG Berlin GmbHR 2000, 834 (835, 836), mkritAnm *Peetz*: allein schon zurechenbares Unterlassen des Vorstandes.

²⁸⁰ Für die Vertreter der Außenhaftung bei der Vorgesellschaft (→ Rn. 89) ergibt sich insofern keine Veränderung der Haftung, vgl. MüKoAktG/*Pentz* Rn. 86.

die Verbindlichkeiten aus der Zeit vor dem Scheitern der Eintragung anzuwenden ist.[281] Die betroffenen Gründer haften also so, als ob sie von Anfang an keine Eintragungsabsicht gehabt hätten (→ Rn. 92), akzessorisch, unbeschränkt und unmittelbar den Gläubigern gegenüber. Kommt es später dennoch zur Eintragung im Handelsregister wird eine „Heilung" mit einem Wechsel in das Haftungssystem der GmbH befürwortet.[282]

Für im Laufe der Gründungsphase **hinzukommende oder ausscheidende Gesellschafter** gilt 93a mE das jeweils zu diesem Zeitpunkt geltende Haftungsregime.[283] Kommt es also zum Ausscheiden noch im Stadium der Vorgesellschaft, richtet sich die Haftung des ausscheidenden Gesellschafters mangels Rückwirkung der „Umwandlung" in eine unechte Vorgesellschaft auch noch nach den für die Vorgesellschaft geltenden Regeln.[284] Fraglich ist allerdings, ob der Höhe nach auch erst nach seinem Ausscheiden entstandenen Verluste erfasst werden.[285] Bei Ausscheiden im Stadium der unechten Vorgesellschaft gilt § 160 HGB (OHG) oder § 736 Abs. 2 BGB iVm § 160 HGB (GbR).[286]

e) Ausfallhaftung. Streitig ist, ob sich – analog der Regelung in § 24 GmbHG, die kein Pendant 94 im Aktienrecht hat – die Unterbilanz- und die Verlustdeckungshaftung der Gründer entsprechend erhöht, soweit der Haftungsbetrag von einem (Mit)Gründer nicht erlangt werden kann.[287] Letztlich hängt diese Frage von einer Interessenabwägung zwischen dem Gläubigerschutz und einem unkalkulierbaren Haftungsrisiko der Gründer ab. Damit ist aber ein unmittelbarer Zusammenhang zu der Frage zu sehen, ob der Vorstand der Vor-AG auch ohne Zustimmung der Gründer (zum Geschäftsbeginn) unbeschränkte Vertretungsmacht hat (→ Rn. 54 ff.), und ob sich die Gründer vor einer uferlosen und unkalkulierbaren persönlichen Haftung dadurch schützen können, dass sie die Zustimmung zum Geschäftsbeginn verweigern (→ Rn. 79).[288] Nimmt man dies zum Schutz der Gründer an, ist unter Gläubigerschutzgesichtspunkten auch eine Ausfallhaftung der Gründer wie in § 24 GmbHG geregelt angezeigt. Ansonsten ergibt sich für jeden Gründer unabhängig von der Höhe seiner Beteiligung letztlich ein unbeschränktes und unbeschränkbares, persönliches Haftungspotential für alle Verbindlichkeiten der Vorgesellschaft in der Höhe, bis das gesamte Grundkapital einschließlich einer eventuellen Überschuldung aufgefüllt ist.

4. Handelndenhaftung (Abs. 1 S. 2). a) Grundlagen. aa) Normzweck.[289] Diese Vorschrift 95 geht noch auf das ursprüngliche Konzessionssystem bei der AG zurück (→ Rn. 1). Ihr wurde zunächst **Straffunktion** gegen das Handeln vor der Eintragung, später überwiegend **Sicherungsfunktion** für die Geschäftspartner, um ihnen zumindest einen Anspruchsgegner zu verschaffen, sowie **Druckfunktion** auf eine beschleunigte Anmeldung und **Bremsfunktion** bzgl. einer unnötigen Geschäftsaufnahme zuerkannt. Beim heutigen Stand der Rechtsentwicklung der Vorgesellschaft ist die Norm rechtspolitisch umstritten.[290] Es bleibt aber noch die Sicherungsfunktion dergestalt, dass für die Gläubiger eine einfachere Möglichkeit der Durchsetzung ihrer Ansprüche besteht, ohne sich um die in → Rn. 68 ff. dargestellten Unterschiede der Haftung je nach tatsächlichen Voraussetzun-

---

[281] BGH NJW 2003, 429 = GmbHR 2003, 97 mit Komm. *K. Schmidt;* **aA** noch die Vorinstanz: OLG Bremen GmbHR 2001, 25 (28) mablAnm *K. Schmidt,* für unbeschränkte, proratarische Innenhaftung für gesamten Zeitraum der Vorgesellschaft; s. dazu auch *Heidinger* GmbHR 2003, 189 (193) zur GmbH; auch für Steuerschulden: FG Münster EFG 2007, 1846 = NotBZ 2008, 43; s. auch LSG Sachsen-Anhalt BeckRS 2011, 72239, persönliche Haftung für Sozialversicherungsbeiträge.
[282] *Murawo,* Die unechte Vorgesellschaft im GmbH- und Aktienrecht, 2006, 214 ff.
[283] S. zur GmbH: *Heidinger* in Heckschen/Heidinger, Die GmbH in der Gestaltungs- und Beratungspraxis, 4. Aufl. 2018, Kap. 3 Rn. 97 ff.; zur Haftung des eintretenden Gesellschafters bei der BGB-Gesellschaft nach §§ 128, 130 HGB analog: BGH NZG 2012, 701 = ZEV 2012, 472; vgl. zur Rechtmäßigkeit dieser Rechtsprechung: BVerfG NZG 2013, 96 = ZIP 2012, 2437.
[284] MüKoAktG/*Pentz* Rn. 87.
[285] S. dazu bei der GmbH genauer differenzierend: *Heidinger* in Heckschen/Heidinger, Die GmbH in der Gestaltungs- und Beratungspraxis, 4. Aufl. 2018, Kap. 3 Rn. 97 ff.
[286] Vgl. zur Rechtmäßigkeit der Haftungsrechtsprechung für die BGB-Gesellschaft: BVerfG NZG 2013, 96 = ZIP 2012, 2437.
[287] So MüKoAktG/*Pentz* Rn. 116; Hüffer/Koch/*Koch* Rn. 9b; *Ehses,* Die Gründerhaftung in der Vorgesellschaft, 2000; 121 ff.; krit. *Heidinger* GmbHR 2003, 189 (195); *Heidinger* ZNotP 2000, 182 (183); aA OLG Karlsruhe AG 1999, 131 (132); LG Heidelberg ZIP 1997, 2045 (2047) = AG 1998, 197 (199); *Wiedenmann* ZIP 1997, 2029 (2033).
[288] *Heidinger* GmbHR 2003, 189 (197) spricht von „magischem Viereck".
[289] Ausführlich zur Systematik und dogmatischen Fundierung der Handelndenhaftung rechtsformübergreifend: *Beuthien* GmbHR 2013, 1; vgl. dazu auch ausf. MüKoAktG/*Pentz* Rn. 126 ff. und Großkomm AktG/*K. Schmidt* Rn. 87 ff.
[290] Großkomm AktG/*K. Schmidt* Rn. 87; Hüffer/Koch/*Koch* Rn. 19; *Lieb* FS Stimpel, 1985, 399; *Weimar* AG 1992, 69 (73); *Bergmann* GmbHR 2003, 563.

gen kümmern zu müssen.[291] Es wird die Unsicherheit des Geschäftspartners kompensiert, ob das handelnde Organ tatsächlich Vertretungsmacht besitzt.[292] Auch ein Rest der og Druck- und Bremsfunktion ist noch erhalten.[293] Eine ersatzlose Streichung der Norm kommt schon wegen der Umsetzung von Art. 7 der Kapitalschutzrichtlinie[294] nicht in Frage.[295]

96   bb) **Anwendungsbereich.** § 41 Abs. 1 S. 2 ist entgegen der früher herrschenden Ansicht nicht anwendbar im **Vorgründungsstadium** (→ Rn. 76), setzt also die Errichtung der Gesellschaft und damit das Vorliegen einer Vor-AG voraus.[296] Mit der Eintragung der Gesellschaft im Handelsregister **endet** nicht nur der Anwendungsbereich der Handelndenhaftung für zukünftige Verbindlichkeiten, sondern erlischt darüber hinaus die bisher schon bestehende Haftung für Altverbindlichkeiten (→ Rn. 111).

97   Die Anwendung der Handelndenhaftung bei der **wirtschaftlichen Neugründung,** insbesondere beim Mantelkauf, ist streitig.[297] Der BGH[298] hat die analoge Anwendung beim Mantelkauf in bestimmten eingeschränkten Fällen für möglich gehalten, wenn die Geschäfte vor Offenlegung der wirtschaftlichen Neugründung aufgenommen worden sind und dem nicht alle Gesellschafter zugestimmt haben. Nachdem der BGH[299] allerdings den Tatbestand der wirtschaftlichen Neugründung jetzt schon an das tatsächliche Tätigwerden der Vorrats- oder Mantelgesellschaft knüpft, bleibt mE kein Raum mehr für die Handelndenhaftung. Auch für **Umwandlungen** nach dem Umwandlungsgesetz kommt die Anwendung der Handelndenhaftung in Frage, wenn eine Vor-AG entsteht und bereits in deren Namen vor Eintragung der Umwandlung gehandelt wird (vgl. dazu genauer → Rn. 15 f.).[300]

98   Keine Anwendung findet Abs. 1 S. 2 auf **ausländische Kapitalgesellschaften,** für die aufgrund europarechtlicher Vorgaben das Gründungsstatut Anwendung findet.[301] Bei sonstigen juristischen Personen wird dies aber anders zu sehen sein.[302] Denkbar erscheint auch die entsprechende Anwendung auf die AG & Co KG.[303]

99   cc) **Verhältnis zu anderen Haftungsgrundlagen.** Die Handelndenhaftung nach § 41 Abs. 1 S. 2 wird teilweise als **Organhaftung** bezeichnet,[304] um sie von der Gründerhaftung (→ Rn. 71 ff.) abzugrenzen. Bei ihr handelt es sich nicht um einen Fall der Rechtsscheinshaftung (**Vertrauenshaf-**

---

[291] MüKoAktG/*Pentz* Rn. 126.
[292] Vgl. BGH NJW 2004, 2519 = NZG 2004, 773 = GmbHR 2004, 1151 mAnm *Bergmann;* s. dazu *Drygala* EWiR 2004, 783; *Goette* DStR 2005, 561; *Bergmann* GmbHR 2003, 563: Ausgleich für fehlende Registerpublizität.
[293] Großkomm AktG/*K. Schmidt* Rn. 87.
[294] ABl. EG 1968 Nr. L 65, 8, jetzt Art. 7 Abs. 2 RL EU 2017/1132 v. 14.7.2017, ABl. EU 2017 L 169, 46 v. 30.6.2017, dazu *Lutter/Bayer/J. Schmidt,* Europäisches Unternehmens- und Kapitalmarktrecht, § 19.
[295] Großkomm AktG/*K. Schmidt* Rn. 87; MüKoAktG/*Pentz* Rn. 127; Hüffer/Koch/*Koch* Rn. 19; *Kersting,* Die Vorgesellschaft im europäischen Gesellschaftsrecht, 2000, 266 ff.; zweifelnd auch Grigoleit/*Vedder* Rn. 41 m. Verweis auf BGH NJW 2004, 2519; zu § 11 GmbHG schon *Roth* ZGR 1984, 618.
[296] BAG NJW 2006, 3230 = NZG 2006, 751; Großkomm AktG/*K. Schmidt* Rn. 90; MüKoAktG/*Pentz* Rn. 129; OLG Köln WM 1996, 261; Hüffer/Koch/*Koch* Rn. 23; Kölner Komm AktG/*M. Arnold* Rn. 66; Hölters/*Solveen* Rn. 22; für die GmbH: BGHZ 91, 148 (150) = NJW 1984, 2164.
[297] Abl. die früher hM: zur GmbH: OLG Karlsruhe DB 1978, 1219 (1220); OLG Hamburg NJW-RR 1987, 811 = DB 1987, 627; OLG Brandenburg NZG 1999, 166 (167) = ZIP 1998, 2095 (2096); *Heerma* GmbHR 1999, 640; *Werner* NZG 1999, 146; weiterhin ablehnend: Großkomm AktG/*K. Schmidt* Rn. 90 und Großkomm AktG/*Röhricht/Schall* § 23 Rn. 372; MüKoAktG/*Pentz* § 23 Rn. 112; Hüffer/Koch/*Koch* § 23 Rn. 27c; befürwortend aber zur GmbH: OLG Hamburg BB 1983, 1116 = GmbHR 1983, 219; KG GmbHR 1998, 739 = NZG 1998, 731; zur AG Kölner Komm AktG/*M. Arnold* Rn. 66.
[298] BGHZ 155, 318 = NJW 2003, 3198; bestätigt durch BGH NZG 2011, 1066 = ZIP 2011, 1761; auch für die Verwendung einer Vorrats-GmbH: LAG Niedersachsen BeckRS 2011, 66859; weiterhin krit.: *Meyding/Heidinger,* Der Gläubigerschutz bei der „wirtschaftlichen Neugründung" von Kapitalgesellschaften, Zehn Jahre Deutsches Notarinstitut, 2003, 257 (275 ff.); einschränkende Interpretation der BGH-Urteile auch bei *Heidinger* ZGR 2005, 101 (112 f.).
[299] BGHZ 192, 341 = NJW 2012, 1875.
[300] Weitgehend abl. Großkomm AktG/*K. Schmidt* Rn. 12 und 90.
[301] BGH NJW 2005, 1648 = ZIP 2005, 805 = DB 2005, 1047 zur englischen private limited company; dazu *Bruns* EWiR 2005, 431; *Wachter* DStR 2005, 1817; *Lieder* DZWIR 2005, 399; zur Haftung nach § 179 BGB bei Handeln für eine ausländische Gesellschaft ohne Rechtsformzusatz: BGH NJW 2007, 1529 = NZG 2007, 426; dazu *Brinkmann* IPRax 2008, 30.
[302] OLG Oldenburg NJW 1990, 1422; OLG Düsseldorf NJW-RR 1995, 1124; KG NJW 1989, 3100; MüKoAktG/*Pentz* Rn. 131 mwN zur in der Literatur im Inland anerkannten ausländischen juristischen Personen.
[303] So LAG München v. 9.7.2008 – 10 Sa 323/08 für die GmbH & Co KG.
[304] Großkomm AktG/*K. Schmidt* Rn. 88; krit. MüKoAktG/*Pentz* Rn. 128, da zu eng; dazu auch → Rn. 101 ff.

tung), da sie unabhängig von der Kenntnis des Geschäftspartners vom Vorhandensein einer bereits eingetragenen Gesellschaft eingreift.[305] Deshalb genügt der Zusatz „in Gründung" oder „i. G." in der Firma nicht, um die Haftung auszuschließen.[306] Sie ist daher als **spezifisch gesellschaftsrechtliche Haftung** eigener Art für rechtsgeschäftliches Handeln im Gründungsstadium einzuordnen.[307]

Das Verhältnis der Handelndenhaftung zur Haftung des **Vertreters ohne Vertretungsmacht nach § 179 BGB** ist streitig. Diese beiden Haftungsgrundlagen überschneiden sich teilweise tatbestandsmäßig, finden nebeneinander Anwendung,[308] sind aber gesondert voneinander zu beurteilen.[309] Billigt man dem Vorstand der Vorgesellschaft bereits umfassende Vertretungsmacht zu (→ Rn. 56 f.), bleibt für eine Haftung nach § 179 BGB schon tatbestandsmäßig kaum Raum. In diesen Fällen des rechtmäßigen Vertretens greift aber die Handelndenhaftung nach § 41 Abs. 1 S. 2.[310] Eine einschränkende Anwendung des § 41 Abs. 1 S. 2 nur auf die Fälle, in denen der Handelnde keine Vertretungsmacht hatte,[311] ist abzulehnen.[312] Dies widerspricht schon der europarechtlichen Verankerung dieser Norm in Art. 7 der ersten gesellschaftsrechtlichen Richtlinie,[313] weil dann kein Anwendungsbereich über § 179 BGB mehr verbliebe. Für den Vertragspartner ist die Frage, ob ein Vorstand bereits zur umfassenden Vertretung der Vor-AG ermächtigt ist, praktisch kaum überprüfbar. Handelt der Vorstand ohne Vertretungsmacht, weil ihm grundsätzlich keine umfassende Vertretungsmacht bei der Vorgesellschaft zugebilligt wird, oder weil er zB bei umfassender Gesamtvertretungsmacht allein auftritt, ist § 41 Abs. 1 S. 2 ebenfalls anzuwenden, obwohl die AG gar nicht wirksam verpflichtet wird (→ Rn. 107).[314] Ein solches Handeln des Vorstandes iS von Abs. 1 S. 2 kann zugleich Vertretung ohne Vertretungsmacht sein.[315] Tritt kein „Handelnder" iS der Vorschrift (→ Rn. 101) als Vertreter für die AG auf, findet § 41 Abs. 1 S. 2 keine Anwendung, § 179 BGB nur, wenn Vertretungsmacht fehlt. Dasselbe gilt beim Handeln vor Satzungsfeststellung für die noch nicht existente Vor-AG.[316]

b) Der Handelnde. Wegen des eingeschränkten Normzweckes (→ Rn. 95) ist der Begriff des Handelnden eng auszulegen. Daher umfasst er entgegen der früher hM[317] nicht mehr die Gründer, auch wenn sie der Aufnahme der Geschäfte zugestimmt haben,[318] sondern nur noch die **Organe der Vorgesellschaft.** Dies sind im Allgemeinen die Vorstandsmitglieder.[319] Wer nicht Vorstandmitglied ist, aber als solches auftritt (faktisches Organmitglied), muss die Haftung nach § 41 Abs. 1 S. 2

---

[305] MüKoAktG/*Pentz* Rn. 128; Großkomm AktG/*K. Schmidt* Rn. 92; zur GmbH: RGZ 47, 1; Scholz/ *K. Schmidt* GmbHG § 11 Rn. 105.
[306] Großkomm AktG/*K. Schmidt* Rn. 92 aE.
[307] MüKoAktG/*Pentz* Rn. 128; Kölner Komm AktG/*M. Arnold* Rn. 67; GHEK/*Eckardt* Rn. 30.
[308] K. Schmidt/Lutter/*Drygala* Rn. 28; MüKoAktG/*Pentz* Rn. 134; UHL/*Ulmer*/*Habersack* GmbHG § 11 Rn. 139.
[309] Zu den einzelnen Konstellationen ausführlich Großkomm AktG/*K. Schmidt* Rn. 88 und MüKoAktG/*Pentz* Rn. 134 (145).
[310] K. Schmidt/Lutter/*Drygala* Rn. 28; vgl. auch Hüffer/Koch/*Koch* Rn. 20; MüKoAktG/*Pentz* Rn. 134; für die GmbH: Baumbach/Hueck/*Fastrich* GmbHG § 11 Rn. 45 ff.; UHL/*Ulmer*/*Habersack* GmbHG § 11 Rn. 129 ff.; *A. Meyer* GmbHR 2002, 1176 (1183); aA *Weimar* GmbHR 1988, 289 (297); sehr krit. auch *Lieb* FS Stimpel, 1985, 399 (405).
[311] So scheinbar BGH NJW 2004 2519 = NZG 2004, 773, für Anwendung des Abs. 1 S. 2 nur bei fehlender Vertretungsmacht; so auch LG Saarbrücken v. 12.6.2009 – 13 S 65/09, BeckRS 2009, 18741: Spezialfall von § 179 BGB.
[312] So ausdrücklich auch MüKoAktG/*Pentz* Rn. 126.
[313] ABl. EG 1968 Nr. L 65, 8 = *Lutter,* Europäisches Unternehmensrecht, 4. Aufl. 1996, 104.
[314] HM: MüKoAktG/*Pentz* Rn. 135, widersprüchlich aber Rn. 145; s. nur BGHZ 80, 182 (183 f.) = NJW 1981, 1452 für die GmbH.
[315] Großkomm AktG/*K. Schmidt* Rn. 88; für die GmbH: Scholz/*K. Schmidt* GmbHG § 11 Rn. 129; Lutter/ Hommelhoff/*Bayer* GmbHG § 11 Rn. 28 aE; *Lutter* JuS 1998, 1073 (1076); K. Schmidt/Lutter/*Drygala* Rn. 29, spricht von einem Wahlrecht des Anspruchstellers; **differenzierend:** MüKoAktG/*Pentz* Rn. 135: § 41 Abs. 1 S. 2 verdrängt § 179 Abs. 2 BGB; für Verdrängung ebenso bei der GmbH zB MHLS/*Blath* GmbHG § 11 Rn. 92; UHL/*Ulmer*/*Habersack* GmbHG § 11 Rn. 128; für sehr eingeschränkte Anwendung des § 179 BGB auch: Scholz/ *K. Schmidt* GmbHG § 11 Rn. 129; wieder anders *Beuthien* GmbHR 1996, 561 (564); *Beuthien* GmbHR 2013, 1; *A. Meyer* GmbHR 2002, 1176 (1185 f.): Vorrang des § 179 BGB.
[316] BAG NJW 2006, 3230 = NZG 2006, 751.
[317] Vgl. nur BGH NJW 1955, 1228; *Riedel/Rabe* NJW 1968, 873.
[318] Jetzt ganz hM: BGHZ 47, 25 (28 f.) = NJW 1967, 828 unter Aufgabe der früheren Rspr.; BGHZ 72, 45 (46) = NJW 1978, 1978 mAnm *Schmidt*; Großkomm AktG/*K. Schmidt* Rn. 89; Hüffer/Koch/*Koch* Rn. 20; Kölner Komm AktG/*M. Arnold* Rn. 70; MüKoAktG/*Pentz* Rn. 132, krit. allerdings Rn. 128 zum zu engen Begriff der Organhaftung.
[319] Zur Haftung der Geschäftsführer bei der GmbH: BGHZ 65, 378 (381) = NJW 1976, 419; BGHZ 66, 359 (361) = NJW 1976, 1685; Kölner Komm AktG/*M. Arnold* Rn. 70; MüKoAktG/*Pentz* Rn. 132.

hinnehmen.³²⁰ Auf die Wirksamkeit seiner Bestellung kommt es also nicht an.³²¹ Zur Frage, ob Vertretungsmacht bestehen muss, → Rn. 107.

102 Wer **nicht Organ** ist und sich nicht als solches geriert, haftet nicht nach Abs. 1 S. 2 (so zB der bereits im Namen der Vor-AG handelnde Prokurist³²² oder Handlungsgehilfe).³²³ Nicht haftbar sind auch **Aufsichtsratsmitglieder,** soweit sie die AG nur im Innenverhältnis wie zB bei der Bestellung des ersten Vorstandes vertreten haben.³²⁴ Haften könne Sie allerdings, wenn sie im Rahmen des § 112 für die AG tätig werden.³²⁵

103 Handelt eine andere Person vom Vorstand **vorgeschoben oder bevollmächtigt,** haftet diese zwar grundsätzlich selbst nicht nach § 41 Abs. 1 S. 2, aber der dahinter stehende Vorstand.³²⁶ Entsprechendes gilt bei der Genehmigung eines mangels Vertretungsmacht schwebend unwirksamen Rechtsgeschäfts durch den Vorstand.³²⁷ Ermächtigt ein gesamtvertretungsberechtigter Vorstand den anderen zum alleinigen Handeln, haften beide nach § 41 Abs. 1 S. 2. Das **Gewährenlassen** eines alleinvertretungsberechtigten Vorstandsmitgliedes durch die anderen genügt demgegenüber nicht,³²⁸ um die Haftung der anderen Vorstände zu begründen.

104 c) **Tatbestandserfüllendes Handeln.** Nur wer rechtsgeschäftlich im Namen der AG gegenüber einem gesellschaftsfremden Dritten handelt (objektive Haftungsvoraussetzungen) haftet nach § 41 Abs. 1 S. 2.

105 aa) **Handeln im Namen der Gesellschaft.** § 41 Abs. 1 S. 2 setzt Handeln im Namen der Gesellschaft vor ihrer Eintragung (zum Handeln bei der Vorgründungsgesellschaft → Rn. 96) voraus. Die Rechtsprechung versteht darunter das Handeln **im Namen der zukünftigen AG.**³²⁹ Die Auslegung nach §§ 133, 157 BGB kann aber auch ergeben, dass zugleich im Namen der Vorgesellschaft und der künftigen juristischen Person kontrahiert wurde.³³⁰ Die hM in der Literatur³³¹ lässt demgegenüber Handeln **im Namen der Vorgesellschaft** genügen. Dies kann sich auch aus dem Gesichtspunkt des unternehmensbezogenen Handelns ergeben.³³² Dabei wird zu Recht darauf hingewiesen, dass das Kontrahieren für die AG aufschiebend bedingt mit ihrer Eintragung gerade keine Handelndenhaftung auslöst.³³³ Letztlich dient das Kriterium „Handeln im Namen der Gesellschaft" nur der Abgrenzung zum Handeln im eigenen Namen.³³⁴

106 bb) **Rechtsgeschäftliches Handeln.** Das Handeln für die Gesellschaft muss rechtsgeschäftlich gewesen sein.³³⁵ Daher haftet der Handelnde nicht für Verbindlichkeiten aus **gesetzlichen Schuldverhältnissen.**³³⁶ Darunter fallen zB Schulden aus Unternehmensübergang (§ 25 HGB),³³⁷ aus unerlaubter Handlung eines Vorstandsmitgliedes (§ 31 BGB),³³⁸ zu zahlende Sozialversicherungsleis-

---

³²⁰ BGHZ 51, 30 (35) = NJW 1969, 509; BGHZ 65, 378 (380 f.) = NJW 1976, 419; BGH NJW 1980, 287.
³²¹ MüKoAktG/*Pentz* Rn. 132.
³²² Vgl. BGHZ 66, 359 (361) = NJW 1976, 1685; Großkomm AktG/*K. Schmidt* Rn. 89; Hüffer/Koch/*Koch* Rn. 20; MüKoAktG/*Pentz* Rn. 133.
³²³ MüKoAktG/*Pentz* Rn. 133.
³²⁴ BGH NJW 2004, 2519 = NZG 2004, 773, mAnm *Bergmann* = AG 2004, 508 = ZIP 2004, 1409; OLG Köln NZG 2002, 1066; Hüffer/Koch/*Koch* Rn. 20.
³²⁵ K. Schmidt/Lutter/*Drygala* Rn. 25.
³²⁶ BGHZ 53, 206 (208) = NJW 1970, 1043; K. Schmidt/Lutter/*Drygala* Rn. 25.
³²⁷ MüKoAktG/*Pentz* Rn. 138.
³²⁸ MüKoAktG/*Pentz* Rn. 138; Großkomm AktG/*K. Schmidt* Rn. 94; OLG Hamburg NJW-RR 1986, 116; UHL/*Ulmer*/*Habersack* GmbHG § 11 Rn. 138; Scholz/*K. Schmidt* GmbHG § 11 Rn. 114; strenger aber Großkomm AktG/*K. Schmidt* Rn. 94, der Hinnahme des Handelns im eigenen Zuständigkeitsbereich genügen lässt.
³²⁹ BGH NJW 1974, 1284 – GmbH; BGHZ 72, 45 (47) = NJW 1978, 1978; OLG Hamm WM 1985, 658 (660); ebenso Kölner Komm AktG/*Kraft* Rn. 95.
³³⁰ BGHZ 72, 45 (47) = NJW 1978, 1978; vgl. auch BGHZ 91, 148 (149) = NJW 1984, 2164.
³³¹ Hüffer/Koch/*Koch* Rn. 22; MüKoAktG/*Pentz* Rn. 20 (136); Großkomm AktG/*K. Schmidt* Rn. 90; für die GmbH: UHL/*Ulmer*/*Habersack* GmbHG § 11 Rn. 137; *Flume*FS Geßler, 1971, 3 (20 ff.); K. Schmidt GmbHR 1973, 146 (149 f.).
³³² MüKoAktG/*Pentz* Rn. 136; K. Schmidt/Lutter/*Drygala* Rn. 27.
³³³ Großkomm AktG/*K. Schmidt* Rn. 90; MüKoAktG/*Pentz* Rn. 136 aE.
³³⁴ MüKoAktG/*Pentz* Rn. 136 mit dem Hinweis auf § 164 Abs. 2 BGB.
³³⁵ MüKoAktG/*Pentz* Rn. 137; Hüffer/Koch/*Koch* Rn. 21; Großkomm AktG/*K. Schmidt* Rn. 91; auch für rechtsgeschäftsähnliche Erklärungen bejahend: OLG Bremen (rkr.) OLGReport 2005, 29 = AG 2005, 167 = ZIP 2005, 716; nicht rechtsgeschäftliche Verbindlichkeiten aufgrund eines für allgemeinverbindlich erklärten Tarifvertrags: BAG NZA 2006, 673 (675) – GmbH.
³³⁶ Kölner Komm AktG/*M. Arnold* Rn. 74; bei der GmbH aber für eine analoge Anwendung des § 11 Abs. 2 GmbHG auf gesetzlichen Verbindlichkeiten: *Schwab* NZG 2012, 481 (485).
³³⁷ MüKoAktG/*Pentz* Rn. 138.
³³⁸ Hüffer/Koch/*Koch* Rn. 21; Hölters/*Solveen* Rn. 22.

tungen[339] und Steuern.[340] Demgegenüber wird die Anwendung von Abs. 1 S. 2 auf gesetzliche Schuldverhältnisse, die materiell an ein rechtsgeschäftliches Verhalten anknüpfen, wegen deren Nähe zum rechtsgeschäftlichen Handeln überwiegend bejaht. Die Abgrenzung ist im Einzelfall aber fraglich.[341] So werden zB Ersatzansprüche aus Vertrag (§ 280 BGB frühere positive Forderungsverletzung oder § 311 Abs. 2 BGB früheres Verschulden aus Vertragsschluss),[342] Rückforderung aus ungerechtfertigter Bereicherung und Ansprüche aus GoA[343] unter § 41 Abs. 1 S. 2 subsumiert.

Streitig ist, ob auch ein Vorstand **ohne Vertretungsmacht** rechtsgeschäftlich für die AG iSd. § 41 Abs. 1 S. 2 handelt.[344] Mit der hM[345] zu § 11 Abs. 2 GmbHG ist dies zu bejahen. Zur Anwendung des § 179 BGB, wenn es an der Vertretungsmacht fehlt, → Rn. 100.   107

cc) Handeln gegenüber gesellschaftsfremdem Dritten. Da nur Dritte und nicht die Gründer   108
selbst geschützt sind, setzt die Handelndenhaftung die Vertretung der Gesellschaft gegenüber gesellschaftsfremden Personen voraus.[346] Den Gründern wird das mit der Gesellschaft im Gründungsstadium verbundene Risiko als Initiatoren zugewiesen, so dass ihnen nicht zugestanden wird, dieses auf die Handelnden abwälzen zu können.[347]

d) Haftungsumfang. Der Handelnde haftet **unbeschränkt, persönlich, primär und akzes-**   109
sorisch neben[348] der Gesellschaft und ggf. neben den Gründern (zur Gründerhaftung → Rn. 71 ff.) für dieselben Verbindlichkeiten. Mehrere Handelnde haften gesamtschuldnerisch (Abs. 1 S. 2 Hs. 2). Anders als die Gründerhaftung ist die Haftung nicht summenmäßig auf das Auffüllen des Stammkapitals beschränkt.[349] Der in Anspruch genommene Handelnde kann alle Einwendungen und Einreden der Gesellschaft zu seiner Verteidigung geltend machen.[350] Da er aber nicht zum Vertragspartner wird, kann er nicht Erfüllung an sich, sondern ggf. (bei entsprechender Vertretungsmacht) nur an die Gesellschaft verlangen.[351] Anderes gilt im Falle der Haftung nach § 179 BGB (→ Rn. 100).[352]

e) Ausschlusstatbestände. aa) Abdingbarkeit. Die ganz hM in der Rechtsprechung[353] und   110
Literatur[354] nimmt an, dass die Handelndenhaftung durch eine (auch nur konkludente) vertragliche Abrede zwischen dem Handelnden und dem Gläubiger oder zwischen diesem und der Gesellschaft abdingbar ist. Allein der Hinweis auf die noch fehlende Eintragung durch einen Firmenzusatz „in Gründung" oÄ genügt jedoch nicht.[355]

bb) Erlöschen. Die Handelndenhaftung erlischt mit der **Eintragung der AG** im Handelsregis-   111
ter.[356] Ihr Zweck (→ Rn. 95) hat sich mit der Entstehung der AG erledigt.[357] Dies gilt auch für

---

[339] BSGE 60, 29 (31) = ZIP 1986, 645 (646); BAGE 85, 94 (97) = NJW 1997, 3331 (3332); OLG Saarbrücken GmbHR 1992, 307; HessLAG Frankfurt GmbHR 1992, 178.
[340] Großkomm AktG/*K. Schmidt* Rn. 91; vgl. BFH GmbHR 1997, 188 – GmbH.
[341] Hüffer/Koch/*Koch* Rn. 21.
[342] MüKoAktG/*Pentz* Rn. 138.
[343] Hüffer/Koch/*Koch* Rn. 21; Kölner Komm AktG/*M. Arnold* Rn. 75; aA MüKoAktG/*Pentz* Rn. 138.
[344] Abl. zu § 11 Abs. 2 GmbHG: *A. Meyer* GmbHR 2002, 1185 mzahlrN zu den unterschiedlichen Meinungen in Fn. 126–137; *Beuthien* GmbHR 1996, 561 (564 f.); *Kießling*, Vorgründungs- und Vorgesellschaft, 1999, 388; *Weimar* GmbHR 1988, 289 (297 f.).
[345] BGHZ 80, 182 (183 f.) = NJW 1981, 1452; UHL/*Ulmer/Habersack* GmbHG § 11 Rn. 139; Lutter/Hommelhoff/*Bayer* GmbHG § 11 Rn. 32; Rowedder/Schmidt-Leithoff/*Schmidt-Leithoff* GmbHG § 11 Rn. 118; *Sandberger* FS Fikentscher, 1998, 389 (416); *Werner* NZG 1999, 146 (147); für AG: MüKoAktG/*Pentz* Rn. 135; Großkomm AktG/*K. Schmidt* Rn. 91.
[346] BGHZ 76, 320 (325) = NJW 1980, 1630; Großkomm AktG/*K. Schmidt* Rn. 92; MüKoAktG/*Pentz* Rn. 141; zur GmbH: UHL/*Ulmer/Habersack* GmbHG § 11 Rn. 140.
[347] MüKoAktG/*Pentz* Rn. 141; UHL/*Ulmer/Habersack* GmbHG § 11 Rn. 140.
[348] MüKoAktG/*Pentz* Rn. 142: unechte Gesamtschuld, daher §§ 422 ff. BGB nicht anwendbar; K. Schmidt/Lutter/*Drygala* Rn. 29; Grigoleit/*Vedder* Rn. 36.
[349] LG Hamburg GmbHR 1996, 763; Großkomm AktG/*K. Schmidt* Rn. 94; MüKoAktG/*Pentz* Rn. 143.
[350] Großkomm AktG/*K. Schmidt* Rn. 94; BGHZ 69, 95 (104) = NJW 1977, 1683 (1685); MüKoAktG/*Pentz* Rn. 143.
[351] MüKoAktG/*Pentz* Rn. 144; Kölner Komm AktG/*M. Arnold* Rn. 76; aA *Scholz* GmbHR 1956, 3 (4).
[352] MüKoAktG/*Pentz* Rn. 145.
[353] BGH NJW 1973, 798; BGHZ 15, 204 (206) = NJW 1955, 219; BGHZ 53, 210 (213) = NJW 1970, 806.
[354] MüKoAktG/*Pentz* Rn. 147; Hüffer/Koch/*Koch* Rn. 24; Kölner Komm AktG/*M. Arnold* Rn. 81; Großkomm AktG/*K. Schmidt* Rn. 93.
[355] Großkomm AktG/*K. Schmidt* Rn. 92 aE und 93.
[356] MüKoAktG/*Pentz* Rn. 109; Hüffer/Koch/*Koch* Rn. 25; BAG ZIP 2005, 350: auch bei in diesem Zeitpunkt bestehender Insolvenzlage; zur GmbH: BGHZ 80, 182 (183) = NJW 1981, 1452; BGH NJW 1982, 932; OLG Brandenburg NZG 2002, 182 (183); aA zur AG: *Escher-Weingart* AG 1987, 310 (311); allg. aA: *Beuthien* GmbHR 2013, 1 (14).
[357] Großkomm AktG/*K. Schmidt* Rn. 112.

Verpflichtungen aus Teilleistungen bei Dauerschuldverhältnissen, für die der Geschäftsgegner seine Leistung schon vor der Eintragung erbracht hat.[358] Eine Ausnahme wird nur für die durch den Vorstand begründete Verpflichtung zu Gründungsentschädigung oder Gründungslohn gesehen, die mangels Festsetzung nach § 26 Abs. 2 nicht von der AG übernommen werden kann.[359] In diesem Fall fehlt es auch nach der Eintragung an einem Schuldner.

111a Allein die Aufgabe der Eintragungsabsicht bringt die Handelndenhaftung nicht zum Erlöschen, obwohl dadurch die Vor-AG erlöschen kann. Wird weiter im Namen der angeblichen „Vor-AG" gehandelt, wird sogar eine analoge Anwendung des § 41 Abs. 1 S. 2 befürwortet.[360]

112 Wegen ihrer **Akzessorietät** erlischt die Haftung auch mit dem Erlöschen der Gesellschaftsverbindlichkeit.[361]

113 cc) **Verjährung.** Da die Handelndenhaftung akzessorisch ist, richtet sich die **Verjährung nach der jeweiligen Gesellschaftsschuld,** für die der Handelnde haftet. Sie ist also uneinheitlich.[362] Verjährungsunterbrechungen gegenüber der Gesellschaft wirken auch gegen den Handelnden.[363]

114 f) **Regress.** Soweit der Handelnde die Gesellschaft im Einklang mit seinen Organpflichten verpflichtet hat (Vertretungsmacht und Geschäftsführungsbefugnis), ist ihm ein Regress- und Freistellungsanspruch **gegen die Gesellschaft** zuzugestehen.[364] In Frage kommt Auftragsrecht (§ 670 BGB) oder – bei Überschreiten der Vertretungsmacht – GoA (§§ 670, 683 BGB).[365] Jedenfalls geht die Forderung gegen die Gesellschaft, für die der Handelnde in Anspruch genommen wurde, auf ihn über.[366]

115 Von anderen nach § 41 Abs. 1 S. 2 **haftbaren Vorstandsmitgliedern** kann ein Handelnder nach § 426 Abs. 1 und Abs. 2 Gesamtschuldnerausgleich verlangen.

116 Ob ein Regress auch gegen die **Gründer** besteht, ist streitig.[367] Durch die Regressforderung gegen die Gesellschaft kann es über die Verlustdeckungshaftung der Gründer (→ Rn. 87) zumindest mittelbar zum Regress bei den Gründern kommen.[368]

V. Besonderheiten bei der Einpersonen-Gründung

117 1. **Grundlagen.** Mit der Änderung des § 2[369] wurde auch im Aktiengesetz, wie in § 1 GmbHG, die Einpersonen-Gründung zugelassen. **Gründer** kann jede natürliche Person, jede juristische Person, jede Personenhandelsgesellschaft, Partnerschaftsgesellschaft und – soweit sie Außengesellschaft ist – BGB-Gesellschaft sein.[370]

118 Durch **einseitige, nicht empfangsbedürftige Willenserklärung** des einzigen Gründers wird die AG gem. § 23 errichtet.[371] Neben der **Ausgliederung** zur Neugründung (§ 123 Abs. 3 Nr. 2 UmwG), stellt auch die **Abspaltung** zur Neugründung (§ 123 Abs. 2 Nr. 2 UmwG) eine Einpersonen-Gründung dar, da unabhängig von der Gewährung der Aktien an alle Gesellschafter des übertra-

---

[358] Großkomm AktG/*K. Schmidt* Rn. 112; MüKoAktG/*Pentz* Rn. 143; Hüffer/Koch/*Koch* Rn. 25; für GmbH: UHL/*Ulmer/Habersack* GmbHG § 11 Rn. 143; vgl. auch BGHZ 70, 132 (141) = NJW 1978, 636.
[359] MüKoAktG/*Pentz* Rn. 129.
[360] MüKoAktG/*Pentz* Rn. 88; *Murawo*, Die unechte Vorgesellschaft im GmbH- und Aktienrecht, 2006, 2007 iVm S. 162 ff.; abl. für die GmbH MHLS/*Blath* GmbHG § 11 Rn. 79.
[361] Großkomm AktG/*K. Schmidt* Rn. 97.
[362] Großkomm AktG/*K. Schmidt* Rn. 94; MüKoAktG/*Pentz* Rn. 146.
[363] MüKoAktG/*Pentz* Rn. 143 aE, scheinbar aA aber Rn. 146 aE.
[364] Großkomm AktG/*K. Schmidt* Rn. 95; MüKoAktG/*Pentz* Rn. 148; NK-AktR/*Höhfeld* Rn. 36.
[365] Hüffer/Koch/*Koch* Rn. 26; Grigoleit/*Vedder* Rn. 39; Hölters/*Solveen* Rn. 23.
[366] MüKoAktG/*Pentz* Rn. 148 mit detaillierten Überlegungen.
[367] Vgl. zu den verschiedenen Ansichten ausf. MüKoAktG/*Pentz* Rn. 149; Kölner Komm AktG/*M. Arnold* Rn. 80; bejahend bei pflichtgemäßem Verhalten: Großkomm AktG/*K. Schmidt* Rn. 96 und ähnlich MüKoAktG/*Pentz* Rn. 151; direkter Regress nur gegen die ausdrücklich oder stillschweigend ermächtigenden Gründer: Scholz/*K. Schmidt* GmbHG § 11 Rn. 128; unklar Hüffer/Koch/*Koch* Rn. 26, erst Gründerregress pauschal bejahend, aber dann wieder einschränkend; wegen der neuen Konzeption der Verlustdeckungshaftung (→ Rn. 87 f.) überholt insofern BGHZ 86, 122 = NJW 1983, 876.
[368] Vgl. MüKoAktG/*Pentz* Rn. 149; Hüffer/Koch/*Koch* Rn. 26; vgl. dazu auch *Stimpel* FS Fleck, 1988, 345; UHL/*Ulmer/Habersack* GmbHG § 11 Rn. 151.
[369] Gesetz für kleine Aktiengesellschaften und zur Deregulierung des Aktienrechts vom 2.8.1994, BGBl. 1994 I 1961.
[370] S. dazu und zur Differenzierung zur Mehrpersonengründung der Gesellschafter einer BGB-Innengesellschaft: Großkomm AktG/*K. Schmidt* Rn. 133.
[371] MüKoAktG/*Pentz* Rn. 73; zur diesbezüglichen Problematik des § 180 BGB bei vollmachtloser Vertretung s. ausf. *Heidinger* in Heckschen/Heidinger, Die GmbH in der Gestaltungs- und Beratungspraxis, 4. Aufl. 2018, Kap. 3 Rn. 73 ff. und *Tonikidis* MittBayNot 2014, 514 jeweils zur GmbH.

genden Rechtsträgers mit der Eintragung im Handelsregister zunächst als Gründer nur der übertragende Rechtsträger gilt (§ 135 Abs. 2 S. 2 UmwG). Zum Entstehungszeitpunkt und Ende der Vorgesellschaft in diesen Fällen → Rn. 15 f.

Zur Einpersonen-Gründung fehlen außer in § 42 (Mitteilungspflicht) spezifische gesetzliche **119** Regelungen über das Gründungsstadium. § 36 Abs. 2 S. 2 (Sicherheitsleistung) wurde durch das MoMiG[372] aufgehoben. Wie bei der Mehrpersonengründung muss diese Regelungslücke durch **Rechtsfortbildung** geschlossen werden. Mangels gesellschaftsrechtlichen Vorvertragsverhältnisses kann es vor der Errichtung der AG keine **Einpersonen-Vorgründungsgesellschaft** geben.[373] In Frage kommt nur die analog § 23 formbedürftige Verpflichtung einem Dritten gegenüber, eine AG zu gründen.[374]

2. Die Einpersonen-Vor-AG. a) Die Rechtsstruktur. Die Frage, ob durch Errichtung der **120** AG eine Einpersonen-**Vorgesellschaft** entsteht, ist sehr umstritten. Die traditionelle Auffassung[375] verneint dies. Sie erkennt allenfalls ein **Sondervermögen** des Alleingründers an, dem namentlich die Einlagenansprüche und die darauf geleisteten Einlagen zuzuordnen sind.[376] Rechtsträger im Gründungsstadium soll nur der Gründer selbst sein. Die insbesondere in der neueren Literatur bevorzugte Ansicht nimmt demgegenüber eine **rechtlich verselbständigte Organisationsform sui generis** mit dem Gründer als einzigem Mitglied an.[377]

Der letzteren Ansicht ist zuzustimmen. Im Rahmen der schon über 100-jährigen Rechtsfortbildung zur Vorgesellschaft ist auch die Einpersonen-Vorgesellschaft als **teilrechtsfähiger Rechtsträger** **121** anzuerkennen. Die Sondervermögenstheorie führt wegen der Zuordnung des Vermögens zum Gründer zu verschiedenen konstruktiven Problemen.[378] Insbesondere kann die **Kapitalaufbringung** nicht zufriedenstellend erklärt werden. Bei Sacheinlagen ist schon die Leistungshandlung selbst kaum darzustellen und die Verfügungsmacht nicht klar abgrenzbar. Mit der Konsequenz der Sondervermögenstheorie, dass auch Privatgläubiger des Gründers in das Sondervermögen vollstrecken können,[379] geht jeglicher Schutz für die Gläubiger der (zukünftigen) AG bzgl. der Leistung der Einlagen ins Leere.

Mit der Anerkennung einer teilrechtsfähigen Vorgesellschaft auch bei der Einpersonen-Gründung **122** wird der vom Gesetzgeber bei Änderung des § 2 offenbar gewünschte, weitestgehende **Gleichlauf** zwischen der Mehrpersonen-Gründung und der Einpersonen-Gründung gewährleistet. Ein solcher ist aus Verkehrsschutz- und Gläubigerschutzaspekten auch sinnvoll.

b) Konsequenzen im Einzelnen. Die Einpersonen-Vorgesellschaft entsteht mit der Errichtung **123** nach § 23 und ist **Rechtsträgerin** sowie Inhaberin des Gesellschaftsverhältnisses.[380] Daher stehen ihr auch die Einlageforderungen gegen den Gründer zu. Die Einlagen werden durch Leistung (insbesondere Zahlung oder Übereignung) an die Vorgesellschaft erbracht. Bezüglich der **Mitgliedschaft des Gründers** und der **Gesellschaftsorgane** gelten die Grundsätze der Mehrpersonen-Vorgesellschaft (→ Rn. 44 ff.) entsprechend.

In das Gesellschaftsvermögen kann nur aufgrund eines gegen die Gesellschaft gerichteten Titels **124** vollstreckt werden. Privatgläubigern des Gründers kann die Drittwiderspruchsklage nach § 771 ZPO

---

[372] BGBl. 2008 I 2026.
[373] HM: Großkomm AktG/*K. Schmidt* Rn. 134; *Priester* GmbHR 1995, 486.
[374] Großkomm AktG/*K. Schmidt* Rn. 134.
[375] Hüffer/Koch/*Hüffer* 10. Aufl. 2012 Rn. 17c; *Bruski* AG 1997, 17 (20); zur GmbH: UHL/*Ulmer/Habersack* GmbHG § 11 Rn. 24 f.; Roth/Altmeppen/*Roth* GmbHG § 11 Rn. 78; *Flume* DB 1980, 1781 (1783); *Flume* ZHR 146 (1982), 205 (208); *Ulmer/Ihrig* GmbHR 1988, 373 (376); vgl. auch BGH wistra 2000, 178 (180); nicht einmal ein Sondervermögen anerkennend: *Ulmer* BB 1980, 1003 f.; missverständlich *Hüffer* ZHR 145 (1981), 521 (532).
[376] *Hüffer,* 10. Aufl. 2012, Rn. 17b mwN; *Heil,* Die Rechtsnatur der Einmann-Vor-GmbH, 2007, 41 ff. (87 ff.), Theorie des subjektiven Sondervermögens; nunn aA Hüffer/Koch/*Koch* Rn. 17c mit Verweis auf die insofern hM.
[377] Insbes. MüKoAktG/*Pentz* Rn. 79; *Raiser/Veil* KapGesR § 35 Rn. 89 ff. für die Vor-GmbH; *John,* Die Gründung der Einmann-GmbH, 1986, 13 (35 ff.); Bürgers/Körber/*Körber* Rn. 41; dezidiert auch Großkomm AktG/*K. Schmidt* Rn. 136; früher *K. Schmidt* NJW 1980, 1769 (1775) noch als Einpersonen-Gesamthand aufgefasst, hieran anknüpfend *Weimar* ZIP 1997, 1769 (1772); OLG Dresden GmbHR 1997, 215 (217); für Grunderwerbsteuer jetzt auch BFHE 197, 304 (307) = BStBl. II 2002, 210 = GmbHR 2002, 223; für GmbH: Baumbach/Hueck/*Fastrich* GmbHG § 11 Rn. 40 f.; Scholz/*K. Schmidt* GmbHG § 11 Rn. 167; Rowedder/Schmidt-Leithoff/*Schmidt-Leithoff* GmbHG § 11 Rn. 143 ff.; *Schröder,* Die Einmann-Vorgesellschaft, 1990, 151 ff.; *John* BB 1982, 505 (507) f.
[378] Vgl. dazu ausf. MüKoAktG/*Pentz* Rn. 77.
[379] *Hüffer,* 10. Aufl. 2012, Rn. 17f; *Flume* JurPers § 5 IV 2 (S. 175); *Ulmer/Ihrig* GmbHR 1988, 373 (382) mwN in Fn. 72, die Drittwiderspruchsklage zulassen wollen.
[380] Großkomm AktG/*K. Schmidt* Rn. 137.

entgegengesetzt werden.³⁸¹ Im **Insolvenzverfahren des Gründers** steht der Gesellschaft ein Aussonderungsrecht nach § 47 InsO zu. Die Einpersonen-Vorgesellschaft ist aber auch selbst insolvenzfähig.

125 Die Einpersonen-Vorgesellschaft endet wie bei der Mehrpersonengründung durch **Eintragung im Handelsregister** und Entstehen der AG als juristische Person. Alle Rechte und Pflichten der Vorgesellschaft werden solche der AG (Identitätstheorie oder Gesamtrechtsnachfolge → Rn. 33 f.). Scheitert die Eintragung, kann der Gründer auch bei der Einpersonen-Vorgesellschaft einen Auflösungsbeschluss fassen und muss grds. analog §§ 262 ff. eine Liquidation vornehmen.³⁸² Zur Haftung und liquidationslosem Vermögensübergang bei Geschäftsfortführung → Rn. 127.

126 c) **Insbesondere die Haftung.** Die **Gründerhaftung** und die **Handelndenhaftung** stellen sich grds. wie bei der Mehrpersonengründung dar (→ Rn. 71 ff. und 95 ff.).³⁸³ Allerdings geht die ganz hM in Literatur und Rechtsprechung davon aus, dass die Verlustdeckungshaftung eine **Außenhaftung** ist (→ Rn. 90). Mit **Eintragung im Handelsregister erlischt** die Handelndenhaftung und wandelt sich die Verlustdeckungshaftung in die **Unterbilanzhaftung** um (→ Rn. 36 ff.). Diese versteht der BGH auch bei der Einmann-Gründung als Innenhaftung.³⁸⁴

127 Wird die Vorgesellschaft trotz Scheiterns der Eintragung oder Aufgabe der Eintragungsabsicht nicht zeitnah liquidiert, sondern weitergeführt, spricht man bei der Mehrpersonengründung von einer **unechten Vorgesellschaft** (→ Rn. 92 f.). Bei der Einpersonengründung besteht kein Anlass mehr für die Anerkennung einer Gesellschaft, so dass die Rechte und Pflichten der Vorgesellschaft im Wege der Gesamtrechtsnachfolge unmittelbar auf den Gründer übergehen.³⁸⁵ Offene Einlageforderungen erlöschen durch Konfusion.

VI. Übernahme von Verbindlichkeiten

128 1. **Erleichterte Schuldübernahme (Abs. 2).** Diese Vorschrift erlaubt eine befreiende Schuldübernahme ohne Gläubigerzustimmung, wenn diese binnen drei Monaten nach der Eintragung der Gesellschaft im Handelsregister erfolgt. Diese Erleichterung zu § 415 Abs. 1 BGB sollte nach der **Vorstellung des historischen Gesetzgebers** (Vorbelastungsverbot → Rn. 73) den Übergang der vor ihrer Eintragung in ihrem Namen eingegangenen Verbindlichkeiten auf die AG ermöglichen und damit den Handelnden von seiner Haftung nach Abs. 1 S. 2 befreien.

129 Beim derzeitigen Stand der Rechtsfortbildung zur Vorgesellschaft (Aufgabe des Vorbelastungsverbotes → Rn. 73; automatischer Übergang der Verbindlichkeiten auf die eingetragene AG → Rn. 34; Erlöschen der Handelndenhaftung mit der Eintragung ipso iure → Rn. 111) hat diese Vorschrift **weitestgehend an praktischer Bedeutung verloren.**³⁸⁶ Billigt man dem Vorstand bei der Vorgesellschaft nur eine auf die gründungsnotwendige Geschäfte eingeschränkte Vertretungsmacht zu (→ Rn. 55), bleibt für darüberhinausgehende Rechtsgeschäfte des Vertreters ohne Vertretungsmacht ein Anwendungsbereich des Abs. 2. Geht man von grds. umfassender Vertretungsmacht des Vorstandes aus (→ Rn. 56), bleiben nur die wenigen Fälle des Alleinhandelns durch den gesamtvertretungsberechtigten Vorstand oder des kollusiven Zusammenwirkens beim Überschreiten der eingeschränkten Geschäftsführungsbefugnis durch Missbrauch der unbeschränkten Vertretungsmacht. Diese Fälle könnten aber auch über § 177 BGB gelöst werden.³⁸⁷ Das Gleiche gilt für das Auftreten im Namen der AG durch sonstige nicht organschaftliche Vertreter ohne Vertretungsmacht, bei dem es nach hM (→ Rn. 101, 103) nicht zur Handelndenhaftung nach Abs. 1 S. 2, sondern nur zur Haftung nach § 179 BGB kommt.

---

[381] Großkomm AktG/*K. Schmidt* Rn. 137.
[382] MüKoAktG/*Pentz* Rn. 81; Großkomm AktG/*K. Schmidt* Rn. 138; vgl. BFHE 197, 304 = BStBl. II 2002, 210 = GmbHR 2002, 223, dann automatischer Anfall des Vermögens beim Gründer.
[383] MüKoAktG/*Pentz* Rn. 79; Großkomm AktG/*K. Schmidt* Rn. 140, der aber bei der Sachgründung eine eventuelle Haftung nach § 25 HGB unmittelbar des Gründers annehmen will.
[384] BGH NZG 2006, 64 = NJW-RR 2006, 254; s. dazu *Heidinger/Blath* ZNotP 2007, 42.
[385] Im Ergebnis ebenso jüngst OLG München NZG 2017, 1106: ipso iure, ohne Liquidationsakt; MüKoAktG/*Pentz* Rn. 81 auch zu den Konsequenzen für eventuell bestellte Sicherheiten; Großkomm AktG/*K. Schmidt* Rn. 145 auch zu den vollstreckungs- und insolvenzrechtlichen Folgen; für GmbH vgl. auch: BFH NZG 2011, 158 = GmbHR 2010, 764; BFHE 197, 304 = BStBl. II 2002, 210 = GmbHR 2002, 223; BGH NZG 1999, 960 (961) mAnm *Grießenbeck*; LG Berlin NJW-RR 1988, 1183 = Rpfleger 1987, 460; Scholz/*K. Schmidt* GmbHG § 11 Rn. 168; krit. *Petersen* NZG 2004, 400, zur GmbH, der die „Einmann-Vor-GmbH" als fortbestehend fingieren und liquidieren will.
[386] MüKoAktG/*Pentz* Rn. 155; Großkomm AktG/*K. Schmidt* Rn. 103, 105: überflüssig; *K. Schmidt* FS Kraft, 1998, 573 ff.; K. Schmidt/Lutter/*Drygala* Rn. 34; zust. *Priester* ZHR 165 (2001), 383 (393).
[387] So insbes. Großkomm AktG/*K. Schmidt* Rn. 105; auch K. Schmidt/Lutter/*Drygala* Rn. 30; Grigoleit/*Vedder* Rn. 40.

Die Vorschrift des Abs. 2 ist nicht anwendbar auf Geschäfte, die im Stadium der **Vorgründungs-** 130
gesellschaft (→ Rn. 18 ff.) abgeschlossen worden sind.[388] Denn die Norm beruht auf der Erwägung, dass nach dem Willen des Gläubigers ein Vertrag mit der Aktiengesellschaft zustande kommen sollte und er lediglich (ohne Zustimmung) den von ihm gewählten Schuldner erhält.[389] Ein vor der Errichtung der Gesellschaft schon im Namen der AG abgeschlossener Vertrag geht aber weder automatisch auf die Vorgesellschaft noch auf die eingetragene AG über (→ Rn. 23). Er kann auch nicht ohne Mitwirkung des Gläubigers durch die Vereinbarung der später errichteten Gesellschaft mit dem handelnden Vorstand von der eingetragenen Gesellschaft übernommen werden.[390]

Tatbestandsvoraussetzung der Schuldübernahme nach Abs. 2 ist ein Vertrag gemäß § 415 BGB 131
(ohne Zustimmungserfordernis) zwischen der eingetragenen AG und dem nach Abs. 1 S. 2 als Handelnden haftenden Schuldner sowie die Mitteilung dieser Schuldübernahme an den Gläubiger innerhalb von 3 Monaten nach der Eintragung im Handelsregister. § 181 BGB und § 112 sind zu beachten.

Die Schuldübernahme ist mit oder ohne Zustimmung des Gläubigers **unzulässig**,[391] wenn es 132
sich um eine Einlagenrückgewähr unter Verstoß gegen § 57 (zur Einschränkung des § 57 durch das MoMiG → § 57 Rn. 14 ff.) handelt oder sie in Abs. 3 genannte Verpflichtungen betrifft (→ Rn. 133).

2. Übernahmeverbote (Abs. 3). Gemäß Abs. 3 kann die eingetragene Gesellschaft (auch mit 133
Zustimmung des Gläubigers) keine Verpflichtungen aus Verträgen übernehmen, die **Sondervorteile, Gründungsaufwand, Sacheinlagen oder Sachübernahmen** betreffen und nicht in der Satzung festgesetzt sind. Diese Beschränkung soll eine Umgehung der §§ 26, 27 und 52 verhindern.[392] Da eine Schuldübernahme der genannten Verbindlichkeiten durch die AG aber schon nach diesen Vorschriften unwirksam war, hatte Abs. 3 **nur klarstellenden Charakter.**[393] Daher ging die Annahme der Nichtigkeit nach § 134 BGB bei Verstoß gegen Abs. 3[394] vor der Neuregelung in § 27 ins Leere.[395] Dieselben Vorschriften standen auch ohne Rückgriff auf Abs. 3 einer Genehmigung durch die AG entgegen. Erfolgt aber eine wirksame Vereinbarung mit Festsetzung in der Satzung bedarf es keiner Schuldübernahme mehr, da dann die AG originär verpflichtet wird.[396] Nach dem neuen § 27 Abs. 3 S. 2 sind jetzt aber Verträge über die (verdeckt eingebrachte) Sacheinlage und die Rechtshandlungen zu ihren Ausführungen nicht unwirksam (näher → § 27 Rn. 174, 178). Um diesen offenen Widerspruch zwischen § 27 Abs. 3 S. 2 und § 41 Abs. 3 zu beseitigen, bedarf es mE einer Nachbesserung des Gesetzgebers bei § 41 Abs. 3.

Aus Abs. 3 konnte bisher klarstellend gefolgert werden, dass die Heilung einer verdeckten Sachein- 134
lage (→ § 27 Rn. 203 ff.) nicht durch Schuldübernahme möglich ist.[397] Auch dies soll sich durch die Neuregelung in § 27 geändert haben (zu den Zweifeln an der neuen Heilungsmöglichkeit durch die Neuregelung der verdeckten Sacheinlage → § 27 Rn. 204).

§ 42 Einpersonen-Gesellschaft

Gehören alle Aktien allein oder neben der Gesellschaft einem Aktionär, ist unverzüglich eine entsprechende Mitteilung unter Angabe von Name, Vorname, Geburtsdatum und Wohnort des alleinigen Aktionärs zum Handelsregister einzureichen.

Schrifttum: *Arends,* Die Offenlegung von Aktienbesitz nach deutschem Recht, 2000; *Bachmann,* Die Einmann-AG, NZG 2001, 961; *Blasche,* Zur Erforderlichkeit eines Versammlungsleiters bei der Einpersonen-Aktiengesellschaft, AG 2017, 16; *Heckschen,* Die „kleine AG" und Deregulierung des Aktienrechts – Eine kritische Bestandsaufnahme, DNotZ 1995, 275; *Hoffmann-Becking,* Gesetz zur „kleinen AG" – unwesentliche Randkorrekturen oder grundlegende Reform?, ZIP 1995, 1; *Kindler,* Die Aktiengesellschaft für den Mittelstand, NJW 1994, 3041; *Lutter,* Das neue „Gesetz für kleine Aktiengesellschaften und zur Deregulierung des Aktienrechts, AG 1994, 429; *Ott,* Die Hauptversammlung einer Einpersonen-Aktiengesellschaft, RNotZ 2014, 423; *Schwarz,* Das Gesetz

---
[388] Großkomm AktG/*K. Schmidt* Rn. 106; *K. Schmidt* FS Kraft, 1998, 573 (583 f.); *K. Schmidt* GmbHR 1998, 613.
[389] MüKoAktG/*Pentz* Rn. 156.
[390] So für die GmbH ausdrücklich: BGH NJW 1998, 1645 = GmbHR 1998, 633 (634); dazu *K. Schmidt* GmbHR 1998, 613 ff.; zust. auch für die AG: Großkomm AktG/*K. Schmidt* Rn. 106.
[391] MüKoAktG/*Pentz* Rn. 157.
[392] RegBegr bei *Kropff* S. 60: Kölner Komm AktG/*M. Arnold* Rn. 87; Hüffer/Koch/*Koch* Rn. 29; MüKoAktG/*Pentz* Rn. 158; Großkomm AktG/*K. Schmidt* Rn. 108.
[393] Großkomm AktG/*K. Schmidt* Rn. 108; MüKoAktG/*Pentz* Rn. 158: überflüssig.
[394] So MüKoAktG/*Pentz* Rn. 158.
[395] Großkomm AktG/*K. Schmidt* Rn. 108: dieser Annahme bedarf es nicht.
[396] Hüffer/Koch/*Koch* Rn. 29; Hölters/*Solveen* Rn. 26.
[397] Großkomm AktG/*K. Schmidt* Rn. 108 aE.

zur Durchführung der Zwölften gesellschaftsrechtlichen EG-Richtlinie – Neuerungen für die Einpersonen-GmbH, DStR 1992, 221; *Seibert*, „Kleine AG" im Rechtsausschuß verabschiedet, ZIP 1994, 914.

Übersicht

	Rn.		Rn.
I. Normzweck	1	2. Inhalt der Mitteilungspflicht	6–8
II. Entstehungsgeschichte	2	3. Einreichung beim Handelsregister	9, 10
III. Mitteilungspflicht der Gesellschaft	3–10	IV. Zulässigkeit und rechtliche Besonderheiten der Einpersonen-Aktiengesellschaft	11, 12
1. Voraussetzungen der Mitteilungspflicht – Alleinaktionär	3–5		

I. Normzweck

1 § 42 regelt die Publizität der Einpersonen-AG, indem eine Aktiengesellschaft mit nur einem einzigen Aktionär verpflichtet wird, diesen Umstand dem Handelsregister mitzuteilen. Zweck der Vorschrift ist die Information des Rechtsverkehrs darüber, dass es sich bei der betreffenden Aktiengesellschaft um eine Gesellschaft mit nur einem Aktionär handelt.[1] Durch diese Publizität sollen insbesondere die gegenwärtigen und zukünftigen Gesellschaftsgläubiger geschützt werden.[2] Dieser Normzweck rechtfertigt es, § 42 AktG nicht nur auf die Fälle von Neugründungen einer Aktiengesellschaft durch nur einen Gründer, sondern auch auf die Fälle der nachträglichen Vereinigung aller Aktien in der Hand eines einzigen Aktionärs anzuwenden.[3]

II. Entstehungsgeschichte

2 § 42 mit seinem jetzigen Regelungsinhalt wurde durch das Gesetz für kleine Aktiengesellschaften und zur Deregulierung des Aktienrechts vom 2. August 1994 (BGBl. 1994 I 1961) eingefügt und hat seine endgültige jetzige Fassung durch das Handelsrechtsreformgesetz vom 22. Juni 1998 (BGBl. 1998 I 1474) erhalten.[4] Durch die Vorschrift wurde Art. 3 iVm Art. 6 der Zwölften Richtlinie[5] über die Publizität der Einpersonen-Gesellschaft in das Aktienrecht umgesetzt. Danach müssen das Entstehen einer Einpersonen-Gesellschaft und die Identität des einzigen Aktionärs aus dem Handelsregister ersichtlich sein. Für die Vorschrift ist keine Übergangsregelung vorgesehen. § 42 gilt daher sowohl für Einpersonen-Aktiengesellschaften, die erst nach dem Inkrafttreten des Gesetzes entstanden sind als auch für bereits im Zeitpunkt des Inkrafttretens bestehende Aktiengesellschaften (Altgesellschaften).[6] Der bis dahin geltende § 42 aF, der die Errichtung einer Zweigniederlassung betraf, ist nunmehr in § 13 Abs. 1 HGB und § 13a HGB geregelt.

III. Mitteilungspflicht der Gesellschaft

3 **1. Voraussetzungen der Mitteilungspflicht – Alleinaktionär.** Die Mitteilungspflicht nach § 42 wird begründet, wenn alle Aktien der Gesellschaft einem Aktionär allein oder neben ihm nur noch der Gesellschaft gehören. Maßgeblich ist allein das rechtliche (formale) Eigentum an den Aktien bzw. bei unverbrieften Aktien die Rechtsinhaberschaft, im Gegensatz zum bloß wirtschaftlichen Eigentum.[7] Eigentümer iSv § 42 sind daher auch der Sicherungseigentümer und der Treuhänder, der die Aktien treuhänderisch für einen oder mehrere Dritte hält.[8] Eigentümer iSv § 42 ist ferner auch der Darlehensnehmer eines Wertpapierdarlehens, nicht dagegen der Darlehensgeber, dem die Aktien grundsätzlich nicht mehr zuzurechnen sind.[9] Eigentümer iSv § 42 sind ferner nicht Inhaber eines lediglich beschränkt dinglichen Rechts, wie der Pfandgläubiger oder der Nießbraucher.[10]

4 Umstritten ist, ob § 16 Abs. 4 im Rahmen des § 42 Anwendung findet, mit der Folge, dass mittelbare Beteiligungen, die von Tochtergesellschaften gehalten werden, der Mutter zuzurechnen

---

[1] Großkomm AktG/*Ehricke* Rn. 9; MüKoAktG/*Pentz* Rn. 7.
[2] Großkomm AktG/*Ehricke* Rn. 10; MüKoAktG/*Pentz* Rn. 7; K. Schmidt/Lutter/*Kleindiek* Rn. 1.
[3] Großkomm AktG/*Ehricke* Rn. 7; MüKoAktG/*Pentz* Rn. 5; Bürgers/Körber/*Körber* Rn. 2.
[4] S. ausf. zur Gesetzgebungsgeschichte Großkomm AktG/*Ehricke* Rn. 1 ff.; MüKoAktG/*Pentz* Rn. 1 ff.
[5] Großkomm AktG/*Ehricke* Rn. 4.
[6] *Seibert* ZIP 1994, 914 (915); MüKoAktG/*Pentz* Rn. 3.
[7] Großkomm AktG/*Ehricke* Rn. 44; MüKoAktG/*Pentz* Rn. 21; K. Schmidt/Lutter/*Kleindiek* Rn. 4 Bürgers/Körber/*Körber* Rn. 7; Kölner Komm AktG/*Arnold* Rn. 9.
[8] Großkomm AktG/*Ehricke* Rn. 44; MüKoAktG/*Pentz* Rn. 21; Hüffer/Koch/*Koch* Rn. 4.
[9] *Sieger/Hasselbach* WM 2004, 1370 (1376); Kölner Komm AktG/*Arnold* Rn. 9.
[10] Hüffer/Koch/*Koch* Rn. 4.

sind. Dies wird von der wohl (noch) hM im Schrifttum bejaht.[11] Gegen eine Anwendung spricht jedoch, dass es in § 42, anders als zB in § 20 Abs. 1 S. 2, § 21 Abs. 1 S. 2, § 328 Abs. 1 S. 3 an einem ausdrücklichen Verweis auf § 16 Abs. 4 gerade fehlt.[12]

Nach seinem Wortlaut, findet § 42 keine Anwendung, wenn aus der Einpersonen-Aktiengesellschaft später wieder eine Mehrpersonenaktiengesellschaft wird. Gleichwohl wird im Schrifttum auch in diesen Fällen eine (analoge) Anwendung des § 42 bejaht.[13] Nach Sinn und Zweck der Regelung besteht hierfür jedoch keine Notwendigkeit.[14]

2. Inhalt der Mitteilungspflicht. Mitzuteilen ist der Umstand, dass alle Aktien einem Aktionär gehören oder neben ihm nur noch der Aktiengesellschaft selbst gehören, wobei Letzteres bei der Gründung nicht vorkommen kann.[15]

Sofern es sich bei dem alleinigen Aktionär um eine natürliche Person handelt, sind ausweislich des Wortlauts des § 42 außerdem Name und Vorname, Geburtsdatum und Wohnort des alleinigen Aktionärs anzugeben.

Handelt es sich bei dem alleinigen Aktionär um eine juristische Person (GmbH, AG oder KGaA) oder eine Personenhandelsgesellschaft handelt, ist zumindest die Angabe der Firma und des Sitzes erforderlich.[16] Die Geschäftsanschrift braucht dagegen nicht angegeben zu werden, da auch bei natürlichen Personen lediglich der Wohnort anzugeben ist. Daneben empfiehlt es sich zweckmäßigerweise auch die Handelsregisternummer des Alleinaktionärs anzugeben.[17]

3. Einreichung beim Handelsregister. Die Mitteilung ist unverzüglich zum Handelsregister einzureichen. Einzureichen beim Handelsregister ist damit lediglich eine Mitteilung und keine Anmeldung iSv § 12 Abs. 1 HGB, öffentliche Beglaubigung der Unterschrift ist daher nicht erforderlich. Mangels besonderer Vorschriften ist es ausreichend, dass die Mitteilung durch Vorstandsmitglieder in vertretungsberechtigter Zahl erfolgt.[18] Daneben kann die Mitteilung aber auch vom Alleinaktionär selbst eingereicht werden.[19] Anders als die Handelsregisteranmeldung nach § 36 kann die Mitteilung auch von Bevollmächtigten vorgenommen werden.[20]

Zuständig ist das Amtsgericht (Registergericht) des Gesellschaftssitzes. Dieses kann zur Durchsetzung der Einreichungspflicht ein Zwangsgeld festsetzen (§ 14 HGB).

IV. Zulässigkeit und rechtliche Besonderheiten der Einpersonen-Aktiengesellschaft

Die Zulässigkeit der Einpersonen-Aktiengesellschaft wird von § 42 bereits vorausgesetzt. Die Gründung einer Aktiengesellschaft durch nur einen Gründer ist in § 2 nunmehr ausdrücklich geregelt. Schon vor Änderung des § 2 durch das Gesetz für kleine Aktiengesellschaften und zur Deregulierung des Aktienrechts vom 2.8.1994 (BGBl. 1994 I 1961) war bereits allgemein anerkannt, dass eine Einpersonen-Aktiengesellschaft durch Vereinigung aller Aktien in der Hand nur eines Aktionärs entstehen konnte.[21] Auch bei der Kommanditgesellschaft auf Aktien ist nach der Neufassung des § 280 Abs. 1 nunmehr eine Einmanngründung zulässig.

Im Übrigen unterscheidet das Aktiengesetz nicht zwischen Einpersonen- und Mehrpersonen-Aktiengesellschaften. Auch die Einpersonen-Aktiengesellschaft ist juristische Person und ist daher als solche von ihrem alleinigen Aktionär zu unterscheiden (Trennungsprinzip). Ferner entspricht auch die Organisationsverfassung der Einpersonen-Aktiengesellschaft derjenigen einer Mehrpersonen-Aktiengesellschaft, erforderlich sind auch hier Vorstand, Aufsichtsrat und Hauptversammlung. Ist der Alleinaktionär eine natürliche Person kann er zugleich (alleiniges) Vorstandsmitglied und Mitglied des Aufsichtsrats sein, ist der Alleinaktionär eine juristische Personen können alle Vorstands- und Aufsichtsratsposten von deren gesetzlichen Vertretern besetzt werden, sofern nur die Schranken des § 105 eingehalten werden.[22] Vertritt der alleinige Vorstand der Aktiengesellschaft bei einem

---

[11] *Hoffmann-Becking* ZIP 1995, 1 (3); *Kindler* NJW 1994, 3041 (3043); *Lutter* AG 1994, 429 (434); Bürgers/Körber/*Körber* Rn. 8.
[12] So auch Hüffer/Koch/*Koch* Rn. 4; MüKoAktG/*Pentz* Rn. 21; *Bachmann* NZG 2001, 961 (963); K. Schmidt/Lutter/*Kleindiek* Rn. 4; Kölner Komm AktG/*Arnold* Rn. 10.
[13] Hüffer/Koch/*Koch* Rn. 5.
[14] So auch MüKoAktG/*Pentz* Rn. 20.
[15] Muster bei BeckFormB/*Pfisterer* B. I. 12.
[16] Hüffer/Koch/*Koch* Rn. 5.
[17] So auch *Bachmann* NZG 2001, 961 (964).
[18] MüKoAktG/*Pentz* Rn. 22; Hüffer/Koch/*Koch* Rn. 5; *Hoffmann-Becking* ZIP 1995, 1 (3).
[19] *Heckschen* DNotZ 1995, 275 (279); *Bachmann* NZG 2001, 961 (964); aA Grigoleit/*Vedder* Rn. 9 mwN.
[20] Hüffer/Koch/*Koch* Rn. 5.
[21] MüKoAktG/*Pentz* Rn. 6.
[22] *Bachmann* NZG 2001, 961 (965).

Rechtsgeschäft gleichzeitig auch den alleinigen Aktionär ist streitig, ob § 181 2. Alt. BGB Anwendung findet.[23] Für eine Anwendung von § 181 2. Alt. BGB in diesen Fällen spricht, dass auch hier eine Interessenkollision vorliegt, die von § 181 BGB verhindert werden soll. Insbesondere gibt es keinen sachlichen Grund § 181 2. Alt. BGB anzuwenden, wenn der Vorstand gleichzeitig die Gesellschaft und einen Dritten vertritt, nicht aber dann wenn der Dritte der alleinige Aktionär ist.[24] Zuständig für die Erteilung der Genehmigung ist dann der Aufsichtsrat. Die Hauptversammlung der Einpersonen-Aktiengesellschaft ist stets notwendig Vollversammlung iSv § 121 Abs. 6.[25] Neben dem Verzicht auf alle Einberufungsvorschriften sind nach herrschender Auffassung die Beifügung der Einberufungsbelege, die Erstellung eines Teilnehmerverzeichnisses und Angaben über Art und Ergebnis von Abstimmungen entbehrlich.[26] Auch ein Versammlungsleiter ist daher entbehrlich.[27] Dagegen haben auch bei der Einpersonen-Aktiengesellschaft Vorstand und Aufsichtsrat ein Teilnahmerecht, deren Verletzung zur Anfechtung der in der Hauptversammlung gefassten Beschlüsse führen kann (§ 245 Nr. 4).[28] Bei der Beschlussfassung in der Hauptversammlung unterliegt der Alleinaktionär nicht dem Stimmverbot aus § 136 Abs. 1.[29]

§§ 43, 44 *(aufgehoben)*

§ 45 Sitzverlegung

(1) **Wird der Sitz der Gesellschaft im Inland verlegt, so ist die Verlegung beim Gericht des bisherigen Sitzes anzumelden.**

(2) [1]**Wird der Sitz aus dem Bezirk des Gerichts des bisherigen Sitzes verlegt, so hat dieses unverzüglich von Amts wegen die Verlegung dem Gericht des neuen Sitzes mitzuteilen.** [2]**Der Mitteilung sind die Eintragungen für den bisherigen Sitz sowie die bei dem bisher zuständigen Gericht aufbewahrten Urkunden beizufügen; bei elektronischer Registerführung sind die Eintragungen und die Dokumente ektronisch zu übermitteln.** [3]**Das Gericht des neuen Sitzes hat zu prüfen, ob die Verlegung ordnungsgemäß beschlossen und § 30 des Handelsgesetzbuchs beachtet ist.** [4]**Ist dies der Fall, so hat es die Sitzverlegung einzutragen und hierbei die ihm mitgeteilten Eintragungen ohne weitere Nachprüfung in sein Handelsregister zu übernehmen.** [5]**Mit der Eintragung wird die Sitzverlegung wirksam.** [6]**Die Eintragung ist dem Gericht des bisherigen Sitzes mitzuteilen.** [7]**Dieses hat die erforderlichen Löschungen von Amts wegen vorzunehmen.**

(3) [1]**Wird der Sitz an einen anderen Ort innerhalb des Bezirks des Gerichts des bisherigen Sitzes verlegt, so hat das Gericht zu prüfen, ob die Sitzverlegung ordnungsgemäß beschlossen und § 30 des Handelsgesetzbuchs beachtet ist.** [2]**Ist dies der Fall, so hat es die Sitzverlegung einzutragen.** [3]**Mit der Eintragung wird die Sitzverlegung wirksam.**

Schrifttum: *Bayer/Schmidt,* Grenzüberschreitende Mobilität von Gesellschaften: Formwechsel durch isolierte Satzungssitzverlegung, ZIP 2017, 2225; *Däubler/Heuschmid,* Cartesio und MoMiG – Sitzverlagerung ins Ausland und Unternehmensmitbestimmung, NZG 2009, 493; *Eidenmüller/Rehm,* Niederlassungsfreiheit versus Schutz des internationalen Rechtsverkehrs: Konturen des Europäischen Internationalen Gesellschaftsrechts, ZGR 2004, 159; *Eiker/Schwind,* Anmerkung zu EuGH, 11.3.2004 – Rs. C-9/02, EWS 2004, 186; *Engert,* Umstrukturierungen unter Beteiligung von EU-Auslandsgesellschaften im deutschen Steuerrecht, DStR 2004, 664; *Heckschen,* Ist das deutsche Umwandlungsrecht gemeinschaftsrechtswidrig?, NotBZ 2005, 315; *Herrler,* Gewährleistung des Wegzugs von Gesellschaften durch Art. 43, 48 EG nur in der Form der Herausaumwandlung, DNotZ 2009, 484; *Katschinski,* Die Begründung eines Doppelsitzes bei Verschmelzung, ZIP 1997, 620; *Horn,* Deutsches und europäisches Gesellschaftsrecht und die EuGH-Rechtsprechung zur Niederlassungsfreiheit – Inspire Art, NJW 2004, 893; *Kindler,* Unternehmensmobilität nach „Polbud": Der grenzüberschreitende Formwechsel in Gestaltungspraxis und Rechtspolitik, NZG 2018, 1; *Kleinert/Probst,* Endgültiges Aus für Sonderanknüpfungen bei (Schein-)Auslandsgesellschaften, DB 2004, 2217; *Kindler,* Ende der Diskussion über die sogenannte Wegzugsfreiheit, NZG 2009, 130; *König,* Doppelsitz einer Kapitalgesellschaft – Gesetzliches Verbot oder zulässiges Mittel der Gestaltung einer Fusion?, AG

---

[23] Dafür MüKoAktG/*Pentz* Rn. 14; Hüffer/Koch/*Koch* Rn. 2; dagegen *Bachmann* NZG 2001, 961 (966).
[24] So aber *Bachmann* NZG 2001, 961 (966).
[25] Muster bei BeckFormB/*Döbereiner* I. VII. 3.
[26] Kölner Komm AktG/*Zöllner* § 133 Rn. 97; *Bachmann* NZG 2001, 961 (967).
[27] *Ott* RNotZ 2014, 423 (425) mwN sowie die Nachweise bei *Blasche* AG 2017, 16 (17 Fn. 9); S. aber auch OLG Köln NZG 2008, 635 (636): Versammlungsleiter erforderlich, wenn die Satzung die Leitung der HV durch einen Versammlungsleiter vorsieht und dadurch ein Sonderrecht des Aufsichtsratsvorsitzenden zur Leitung der Versammlung begründet wird. Teilweise aA *Blasche* AG 2017, 16 (20 ff.).
[28] S. hierzu ausf. *Zöllter-Petzoldt* NZG 2013, 607 ff.
[29] BGH NZG 2011, 950.

2000, 18; *Leible,* Niederlassungsfreiheit und Sitzverlegungsrichtlinie, ZGR 2004, 531; *Mankowski,* Entwicklungen im Internationalen Privat- und Prozessrecht 2003/2004 (Teil 1), RIW 2004, 481; *Nothoff,* Die Zulässigkeit der Eintragung eines Doppelsitzes bei Kapitalgesellschaften, WiB 1996, 773; *Stiegler,* Grenzüberschreitender Formwechsel: Zulässigkeit eines Herausformwechsels – Die Polbud-Entscheidung und ihre Konsequenzen, AG 2017, 846; *Teichmann,* Cartesio: Die Freiheit zum formwechselnden Wegzug, ZIP 2009, 393; *Triebel/v. Hase,* Wegzug und grenzüberschreitende Umwandlungen deutscher Gesellschaften nach „Überseering" und „Inspire Art", BB 2003, 2409; *Weller,* Zum identitätswahrenden Wegzug deutscher Gesellschaften, DStR 2004, 1218; *Ziegler,* GmbH-Sitzverlegung mit weiteren Änderungen des Gesellschaftsvertrages, Rpfleger 1991, 485; *Zimmer,* Nach „Inspire Art": Grenzenlose Gestaltungsfreiheit für deutsche Unternehmen?, NJW 2003, 3585.

Übersicht

	Rn.		Rn.
I. Normzweck	1	3. Gerichtliches Verfahren bei Sitzverlegung in einen anderen Gerichtsbezirk	8–11
II. Entstehungsgeschichte	2		
III. Verlegung des Gesellschaftssitzes	3–13	4. Gerichtliches Verfahren bei Sitzverlegung innerhalb desselben Gerichtsbezirks	12
1. Begriff und Verfahren	3–5		
2. Anmeldung der Sitzverlegung	6, 7	5. Steuerliche Mitteilungspflichten	13

I. Normzweck

Die Vorschrift regelt das bei einer Verlegung des Gesellschaftssitzes einzuhaltende registerrechtliche 1 Verfahren. Sie bezweckt dabei im Wesentlichen die Abstimmung zwischen den an der Sitzverlegung beteiligten Registergerichten und soll so eine ordnungsgemäße Fortführung des Handelsregisters gewährleisten.[1] Die Abs. 1 und 2 regeln den Fall, dass eine Sitzverlegung in einen anderen Gerichtsbezirk vorgenommen wird, Abs. 3 betrifft den Fall einer Sitzverlegung innerhalb desselben Gerichtsbezirkes. Regelungsgegenstand von § 45 ist allein die registerrechtliche Behandlung der Sitzverlegung. Der Begriff der Sitzverlegung wird durch § 45 nicht definiert und auch die formellen Voraussetzungen für eine Sitzverlegung ergeben sich nicht aus § 45, sondern aus den allgemeinen Vorschriften über die Satzungsänderung.

II. Entstehungsgeschichte

Die Vorschrift geht zurück auf § 38 AktG 1937, der eingeführt wurde, um die bis dahin bestehen- 2 den Missstände bei Anmeldung einer Sitzverlegung zu beseitigen. Diese ergaben sich vor allem daraus, dass die Sitzverlegung in das Handelsregister des bisher zuständigen Handelsregisters einzutragen war, ohne dass das für den neuen Gesellschaftssitz zuständige Gericht hierüber informiert wurde. Dies führte häufig dazu, dass die Eintragung am neuen Sitz der Gesellschaft überhaupt nicht mehr erfolgte.[2] § 38 AktG 1937 wurde fast unverändert in das AktG 1965 übernommen. Neu durch das AktG 1965 war die Einführung einer besonderen Bekanntmachungspflicht in § 45 Abs. 3 für die Fälle, in denen die Sitzverlegung innerhalb von zwei Jahren nach Eintragung der Gesellschaft im Handelsregister des neuen Sitzes eingetragen wird. Neu war ebenfalls Abs. 4 AktG 1965, der das registergerichtliche Verfahren bei einer Sitzverlegung innerhalb desselben Gerichtsbezirks regelt.[3] Durch das Gesetz über elektronische Handelsregister und Genossenschaftsregister sowie das Unternehmensregister (EHUG) vom 10.11.2006 (BGBl. I S. 2553) wurde § 45 abermals geändert. In § 45 Abs. 2 S. 2 wurde ein neuer Halbsatz eingeführt, wonach bei elektronischer Registerführung die Eintragungen und Dokumente elektronisch zu übermitteln sind. Ferner wurde der bisherige Abs. 3 vollständig aufgehoben und der bisherige Abs. 4 ist nunmehr Abs. 3.

III. Verlegung des Gesellschaftssitzes

1. Begriff und Verfahren. Zu unterscheiden ist zwischen dem statutarischen Sitz und dem 3 tatsächlichen Sitz (Verwaltungssitz). Verwaltungssitz ist der Ort, an dem die grundlegenden Entscheidungen der Unternehmensleitung effektiv in laufende Geschäftsführungsakte umgesetzt werden.[4] Dagegen ist statutarischer Sitz der Ort im Inland, den die Satzung bestimmt (§ 5 AktG). Die Gesellschaft kann ihren Satzungssitz nunmehr grundsätzlich frei wählen, soweit er im Inland belegen ist. Sitzverlegung iSv § 45 meint die Änderung des statutarischen inländischen Sitzes der Aktiengesellschaft. Der Sitz der Aktiengesellschaft ist materieller Satzungsbestandteil (§ 23 Abs. 3 Nr. 1 AktG).

---

[1] Großkomm AktG/*Ehricke* Rn. 4; Hüffer/Koch/*Koch* Rn. 1.
[2] Großkomm AktG/*Ehricke* Rn. 1.
[3] MüKoAktG/*Pentz* Rn. 1.
[4] BGH NJW 1986, 2194 (2195).

§ 45 4, 5

und kann nur durch Satzungsänderung (§ 179) verlegt werden. Neben den allgemeinen Voraussetzungen für eine Änderung der Satzung (§§ 179, 181), ist bei einer Verlegung des Sitzes § 5 AktG zu beachten.[5] Danach muss der Satzungssitz im Inland sein.

4 Keine Sitzverlegung gemäß § 45 ist die Änderung lediglich des tatsächlichen Sitzes durch Änderung der für den Sitz maßgeblichen Verhältnisse ohne gleichzeitige Änderung der Satzung.[6] Nach bisher hM in Schrifttum und Rechtsprechung sollte in diesen Fällen das Amtslöschungsverfahren nach § 144a FGG (nunmehr § 399 FamFG) ausgelöst werden;[7] während nach der Gegenansicht das nachträgliche Auseinanderfallen von satzungsmäßigen und tatsächlichen Sitz nicht zu einer Amtslöschung nach § 144a FGG (nunmehr § 399 FamFG) führen sollte.[8] Durch das MoMiG gestrichen worden ist der bisherige § 5 Abs. 2 AktG, wonach die Satzung als Sitz in der Regel den Ort zu bestimmen hatte, an dem die Gesellschaft einen Betrieb hat, oder den Ort, an dem sich die Geschäftsleitung befindet oder die Verwaltung geführt wird. Durch die Streichung von § 5 Abs. 2 AktG wurden Satzungssitz und Verwaltungssitz entkoppelt. Der in der Satzung bestimmte Sitz muss nicht mehr mit dem Verwaltungssitz übereinstimmen. Dies bedeutet auch, dass der in der Satzung bestimmte Sitz nicht mit der inländischen Geschäftsanschrift übereinstimmen muss. Unzulässig ist damit auch die teilweise noch anzutreffende Praxis der Registergerichte, eine inländische Geschäftsanschrift im Bereich der politischen Gemeinde des Satzungssitzes zu verlangen. Die ganz hM folgert ferner aus dem Wortlaut des neuen § 5 AktG, dass sich der Verwaltungssitz nicht im Inland befinden muss und es bei Anwendung der Sitztheorie aus deutscher Sicht nicht zu einem Statutenwechsel kommt.[9] Nur dieses Verständnis entspricht auch der Zielsetzung des Regierungsentwurfes, es deutschen Gesellschaften zu ermöglichen, ihren Verwaltungssitz ins Ausland zu verlagern. Dadurch sollen gleiche Ausgangsbedingungen gegenüber vergleichbaren Auslandsgesellschaften geschaffen werden. Es soll der Spielraum deutscher Gesellschaften erhöht werden, ihre Geschäftstätigkeit auch ausschließlich im Rahmen einer Zweigniederlassung, die alle Geschäftstätigkeiten umfasst, außerhalb des deutschen Hoheitsgebiets zu entfalten.[10] Wie das ausländische Recht darauf reagiert, hängt von dem dortigen Kollisionsrecht ab. Folgt es der Sitztheorie, wird es die Gesellschaft weitgehenden dem nationalen Gesellschaftsrecht unterstellen. Bei EG-Mitgliedstaaten wird die Anwendung der Sitztheorie durch die Niederlassungsfreiheit beschränkt, wonach jede Überlagerung durch das Recht des Aufnahmestaats einer Rechtfertigung am Maßstab zwingender Allgemeininteressen bedarf. Im Ergebnis führt dies zu einer weitgehenden Anwendung des Gründungsrechts. Folgt der ausländische Staat der Gründungstheorie, findet ebenfalls das Recht des Gründungsstaates Anwendung.[11]

5 § 45 regelt nur die Sitzverlegung im Inland. Eine Verlegung des Satzungssitzes in das Ausland unter Beibehaltung der Rechtsform einer deutschen Aktiengesellschaft ist nach hM und Rechtsprechung gesellschaftsrechtlich zurzeit nicht möglich, da § 23 Abs. 3 Nr. 1 einen inländischen Satzungssitz voraussetzt.[12] Das Erfordernis eines Sitzes im Inland wurde nunmehr auch durch das MoMiG klarstellend in § 5 AktG eingefügt. Es handelt sich bei einem solchen Beschluss nach bisher hM um einen Auflösungsbeschluss, nach anderer, vorzugswürdiger Ansicht um einen nichtigen Beschluss (§ 241 Nr. 3 AktG), weil er gegen zwingendes Recht verstößt.[13] Für die Annahme eines lediglich nichtigen Beschlusses spricht, dass die Aktionäre die Auflösung der Gesellschaft gerade nicht gewollt haben.[14] Unabhängig davon welchen dieser beiden Ansichten man folgt, kommt eine Eintragung des Beschlusses in das deutsche Handelsregister nicht in Betracht.[15] Der Ausschluss der Eintragung einer Sitzverlegung in das Ausland in das Handelsregister verstößt nach schon bisher hM auch nicht gegen höherrangiges Europarecht (Art. 43, 48 EGV). Die jüngeren Urteile des EuGH zur grenzüberschreitenden Sitzverlegung betreffen nur die tatsächliche Verlegung des Verwaltungssitzes sowie die formwechselnde Sitzverlegung ins Ausland, die mit der Annahme einer ausländischen Gesellschaftsform einhergeht, nicht dagegen die reine Satzungssitzverlegung unter Beibehaltung der bisherigen inländischen Rechtsform. Die Niederlassungsfreiheit gewährt nämlich nur das Recht, als Gesellschaft ihres Grün-

---

[5] Großkomm AktG/*Ehricke* Rn. 6; MüKoAktG/*Pentz* Rn. 4. Muster bei BeckFormB/*Gerber* J. I. 1.
[6] MüKoAktG/*Heider* § 5 Rn. 63; K. Schmidt/Lutter/*Zimmer* Rn. 2.
[7] MüKoAktG/*Heider* § 5 Rn. 67; Hüffer/Koch/*Koch* § 5 Rn. 11.
[8] BayObLG GmbHR 2002, 490 mwN; BGH NZG 2008, 707.
[9] *Kindler* NZG 2009, 130 (132); *Knof/Mock* ZIP 2009, 30 (32).
[10] RegE MoMiG BT-Drs. 16/6140, 29.
[11] *Teichmann* ZIP 2009 393 (401).
[12] S. zuletzt BayObLG DStR 2004, 1224, OLG Brandenburg ZIP 2005, 489 und OLG München ZIP 2007, 2124.
[13] Vgl. die Nachweise bei MüKoAktG/*Heider* § 5 Rn. 65; Hüffer/Koch/*Koch* § 5 Rn. 12 und *Triebel/v. Hase* BB 2003, 2409 (2414).
[14] MüKoAktG/*Pentz* Rn. 24; K. Schmidt/Lutter/*Zimmer* Rn. 28.
[15] OLG München ZIP 2007, 2124.

dungsstatus anerkannt zu werden, nicht aber das Recht, ein anderes Gesellschaftsstatut zu erwerben.[16] In den Urteilen Überseering[17] und Inspire Art[18] hat der EuGH ferner ausdrücklich klargestellt, dass die dort jeweils aufgestellten Grundsätze nur für die Situation des Zuzugs einer Gesellschaft in einen anderen Mitgliedstaat gelten, während es im Übrigen weiterhin bei der aus der Daily Mail Entscheidung gefolgerten niederlassungsrechtlichen Unüberprüfbarkeit von Wegzugsschranken bleibt.[19] In Fällen der Wegzugsbeschränkung gelten nach schon bisher hM weiterhin die Grundsätze der Daily Mail Entscheidung.[20] In dieser Entscheidung hat der EuGH ausgeführt, dass „beim derzeitigen Stand des Gemeinschaftsrechts einer Gesellschaft, die nach dem Recht eines Mitgliedstaates gegründet ist und in diesem ihren satzungsmäßigen Sitz hat, nicht das Recht gewährt, den Sitz ihrer Geschäftsleitung in einen anderen Mitgliedstaat zu verlegen".[21] Später ist zwar im Anschluss an die Entscheidung de Lasteyrie du Saillant, in der der EuGH die französische Wegzugsbesteuerung für natürliche Personen als unvereinbar mit der Niederlassungsfreiheit erklärte, der Schluss gezogen worden, wegen der Gleichstellung natürlicher und juristischer Personen in Art. 48 Abs. 2 EGV seien damit auch die Grundsätze von Daily-Mail überholt.[22] Gegen diese Schlussfolgerung wurde zu Recht geltend gemacht, dass sich der EuGH in de Lasteyrie du Saillant in keiner Weise mit Daily Mail auseinandergesetzt hat und folglich die dort getroffene Differenzierung zwischen natürlichen und juristischen Personen, wonach Letztere nur Produkte ihrer Rechtsordnung seien, weiterhin Geltung beansprucht.[23] In der „Cartesio" Entscheidung[24] hat der EuGH nunmehr die „Daily-Mail"-Entscheidung bekräftigt und daran festgehalten, dass die Niederlassungsfreiheit (Art. 43, 48 EGV) solchen nationalen Rechtsvorschriften nicht entgegenstehe, die es einer nach dem nationalen Recht des Mitgliedstaates gegründeten Gesellschaft verwehrt, ihren Verwaltungssitz in einen anderen Mitgliedstaate zu verlegen und dabei ihre Eigenschaft als Gesellschaft des nationalen Rechts des Mitgliedstaats, nach dessen Recht sie gegründet wurde, zu behalten. Danach falle es in die Kompetenz der Mitgliedstaaten, das Gründen und Fortbestehen einer Gesellschaft zu regeln. Jeder Mitgliedstaat kann autonom festlegen, welche Anknüpfung er von einer Gesellschaft verlangt, die nach seinem Recht gegründet wurde. Er kann darüber hinaus die Anknüpfung festlegen, die für den Erhalt dieser Eigenschaft verlangt wird.[25] Die Niederlassungsfreiheit sei erst dann berührt, wenn der Staat, nach dessen Recht die Gesellschaft gegründet ist, der Gesellschaft den identitätswahrenden Wegzug gestattet und sich aus der Sich des Zuzugsstaats die Frage stellt, ob sie den Zuzug anerkennen muss. Der EuGH hat in einem obiter dictum in der Rechtssache „Cartesio" ausgeführt, dass es Gesellschaften aufgrund der Niederlassungsfreiheit freisteht, ihren Satzungssitz unter Umwandlung ihrer Rechtsform in eine dem Recht des Zuzugsstaats unterliegende Gesellschaftsform in einen anderen Mitgliedstaat zu verlegen, soweit dies nach dem Recht des Zuzugsstaats zulässig ist. Der Gründungsstaat könne für diesen Fall zwar die Anwendung seines eigenen Rechts beenden, anders als bei der Verlegung des Verwaltungssitzes, jedoch nicht automatisch die Auflösung und Liquidation der Gesellschaft anordnen. Beschränkungen sind rechtfertigungsbedürftig.[26] Diese Rechtsprechung hat der EuGH in der Rechtssache „VALE"[27] bestätigt und ausgeführt, dass die für innerstaatliche Umwandlungen geltenden Bestimmungen des Zuzugsstaates gleichermaßen auf grenzüberschreitende Vorgänge angewendet werden müssten. In der Rechtssache Polbud[28] hat der EuGH nunmehr über eine weitere Konstellation entschieden. Danach darf der Wegzugsstaat den identitätswahrenden Formwechsel nicht daran knüpfen, dass die Gesellschaft im Inland aufgelöst wird. Ferner umfasse die Niederlassungsfreiheit auch die isolierte formwechselnde Sitzverlegung, wenn dadurch die Gesellschaft in eine dem Recht des neuen Sitzstaates unterliegende Gesellschaft umgewandelt werden soll.

2. Anmeldung der Sitzverlegung. Allgemein sind Satzungsänderungen beim Amtsgericht (§ 374 Nr. 1 FamFG, § 377 FamFG iVm § 23a Abs. 2 Nr. 3 GVG) des Sitzes der Aktiengesellschaft anzumelden (§ 14 AktG). Aus § 45 Abs. 1 ergibt sich ausdrücklich, dass die Anmeldung auch dann

---

[16] Staudinger/*Großfeld* IntGesR Rn. 680; *Triebel/v. Hase* BB 2003, 2409 (2411); *Heckschen* NotBZ 2005, 315 (319); *Leible* ZGR 2004, 531 (535); *Hoffmann* in Süß/Wachter/ Intern. GmbHR-HdB § 4 Rn. 16.
[17] EuGH NJW 2002, 3614.
[18] EuGH NJW 2003, 3331.
[19] *Hoffmann* in Süß/Wachter/ Intern. GmbHR-HdB § 4 Rn. 16.
[20] *Horn* NJW 2004, 893 (897) mwN; *Eidenmüller/Rehm* ZGR 2004, 159 (178).
[21] EuGH NJW 1989, 2186.
[22] *Eiker/Schwind* EWS 2004, 186 (189); *Kleinert/Probst* DB 2004, 673 (674); *Mankowski* RIW 2004, 481 (484).
[23] *Triebel/v. Hase* BB 2003, 2409 (2410).
[24] EuGH NJW 2009, 569 = DNotZ 2009, 553.
[25] EuGH NJW 2009, 569 = DNotZ 2009, 553 Rn. 103 f., 108, 110.
[26] EuGH NJW 2009, 569 = DNotZ 2009, 553 Rn. 111 ff.
[27] NZG 2012, 871.
[28] NZG 2017, 1308.

beim Gericht des bisherigen und nicht des zukünftigen Sitzes zu erfolgen hat, wenn eine Sitzverlegung angemeldet wird. Bei Satzungsänderungen, die wie die Änderung des Gesellschaftssitzes die in § 39 genannten Angaben betreffen, sind in der Anmeldung die geänderten Satzungsbestandteile anzugeben und die konkreten Änderungen schlagwortartig hervorzuheben. Der Wortlaut der Satzungsänderung muss nicht wiedergegeben werden, allgemeine Floskeln wie „der Sitz wurde geändert" reichen aber nicht aus.[29]

7 Die Anmeldung hat grundsätzlich durch den Vorstand in vertretungsberechtigter Zahl in der Form des § 12 Abs. 1 HGB zu erfolgen. Sieht die Satzung unechte Gesamtvertretung vor, kommt außerdem eine Anmeldung durch ein Vorstandsmitglied gemeinsam mit einem Prokuristen in Betracht. Schließlich ist auch eine Anmeldung durch einen in der Form des § 12 Abs. 1 S. 1 HGB bevollmächtigten Dritten (§ 12 Abs. 1 S. 2 HGB) möglich. Daneben kann die Anmeldung auch gemäß § 378 FamFG durch den die Sitzverlegung beurkundenden Notar erfolgen.

8 **3. Gerichtliches Verfahren bei Sitzverlegung in einen anderen Gerichtsbezirk.** Bei der Anmeldung einer Sitzverlegung in einen Bezirk, durch den die Zuständigkeit eines anderen Gerichts begründet wird, prüft das Gericht des bisherigen Sitzes lediglich, ob die Anmeldung der Sitzverlegung in formeller Hinsicht ordnungsgemäß ist, während die materielle Prüfung der Anmeldung erst durch das für den neuen Sitz zuständige Gericht erfolgt.[30] Das Gericht hat demnach zu prüfen, ob die Anmeldung der Form des § 12 Abs. 1 HGB entspricht und der Anmeldende zur Vertretung der Gesellschaft berechtigt ist. Es hat ferner zu prüfen, ob der Anmeldung die erforderlichen Anlagen – notarielle Niederschrift über die Satzungsänderung und vollständiger Satzungswortlaut mit Bescheinigung nach § 181 Abs. 1 S. 2 – beigefügt sind. Sobald das Gericht des bisherigen Sitzes die Prüfung der formellen Ordnungsmäßigkeit der Anmeldung abgeschlossen hat, teilt es die Sitzverlegung unter Übersendung der bisher geführten Unterlagen dem Gericht des neuen Sitzes mit (§ 45 Abs. 2 S. 1 und 2 AktG). Die Löschung der bisherigen Eintragungen erfolgt erst, nachdem die Sitzverlegung im zuständigen Handelsregister des neuen Sitzes vollzogen ist. Diese Eintragung ist dem Gericht des bisherigen Sitzes mitzuteilen (§ 45 Abs. 2 S. 6). Die Löschung der bisherigen Eintragungen erfolgt dann von Amts wegen (§ 45 Abs. 2 S. 7).

9 Andere Anmeldungen beim Gericht des bisherigen Sitzes können zuvor erledigt werden, aber auch dem neuen Gericht überlassen werden, wenn die Eintragung der Sitzverlegung nach pflichtgemäßem Ermessen vorrangig erscheint.[31]

10 Das Gericht des neuen Sitzes hat zu prüfen, ob die Sitzverlegung ordnungsgemäß beschlossen und § 30 HGB beachtet ist (§ 45 Abs. 2 S. 3 AktG). Es prüft dabei die Ordnungsmäßigkeit der Anmeldung und die Wirksamkeit des Satzungsänderungsbeschlusses.[32] Das Registergericht des neuen Sitzes kann die Übernahme des Verfahrens nicht deshalb ablehnen, weil es hinsichtlich der Anforderungen an die förmliche Richtigkeit der angemeldeten Sitzverlegung strengere Maßstäbe für geboten erachtet als der Registerrichter des bisherigen Sitzes. Das Gericht hat vielmehr über den Antrag in eigener Verantwortung nach § 13h Abs. 2 S. 3 HGB zu befinden ohne hier bei an die Rechtsauffassung des abgebenden Gerichts gebunden zu sein.[33] Hinsichtlich der materiellen Wirksamkeitsprüfung hat das Gericht des neuen Sitzes bei der Prüfung der Wirksamkeit des Beschlusses etwaige Nichtigkeitsgründe zu berücksichtigen. Umstritten ist dagegen, ob auch die Anfechtbarkeit zu prüfen ist.[34] Es hat nicht zu prüfen, ob die angemeldete Satzungssitzverlegung auch in tatsächlicher Hinsicht vollzogen ist, da Satzungssitz und tatsächlicher Sitz nicht übereinstimmen müssen. Sind sämtliche formellen und materiellen Eintragungsvoraussetzungen erfüllt, trägt das Gericht des neuen Sitzes ein und übernimmt die mitgeteilten Eintragungen ohne Nachprüfung in sein Handelsregister (§ 45 Abs. 2 S. 4). Mit der Eintragung in das Handelsregister des Gerichts des neuen Sitzes wird die Sitzverlegung wirksam (§ 45 Abs. 2 S. 5). Eine konstitutive Eintragung beim bisher zuständigen Handelsregister des alten Sitzes erfolgt dagegen nicht, § 181 Abs. 3 findet keine Anwendung.[35] Die Eintragung der Sitzverlegung ist gemäß § 10 HGB bekannt zu machen. Im bisherigen Registerblatt wird die Gesellschaft gelöscht.

---

[29] Hüffer/Koch/*Koch* § 181 Rn. 6 mwN; sowie zuletzt OLG Frankfurt/M RPfleger 2004, 427. Muster bei BeckFormB/*Gerber* J. I. 4.
[30] Großkomm AktG/*Ehricke* Rn. 13; MüKoAktG/*Pentz* Rn. 7 f.; Hüffer/Koch/*Koch* Rn. 3; Bürgers/Körber/*Körber* Rn. 3; K. Schmidt/Lutter/*Zimmer* Rn. 5.
[31] Hüffer/Koch/*Koch* Rn. 3 mwN.
[32] MüKoAktG/*Pentz* Rn. 11; Hüffer/Koch/*Koch* § 181 Rn. 13 f.
[33] OLG Frankfurt/M FGPrax 2008, 164.
[34] Hüffer/Koch/*Koch* § 181 Rn. 14.
[35] MüKoAktG/*Pentz* Rn. 10; Hüffer/Koch/*Koch* Rn. 4; K. Schmidt/Lutter/*Zimmer* Rn. 7.

Welches Registergericht bei der Zurückweisung des Antrags auf Sitzverlegung zuständig ist – das Gericht des bisherigen Sitzes oder das Gericht des neuen Sitzes – ist streitig.[36] Nach einer jüngeren Entscheidung des Landgerichts Leipzig ist das Gericht des neuen Sitzes zuständig.[37] Für die Richtigkeit dieser Ansicht spricht, dass dieses Gericht auch für die materielle Prüfung der Sitzverlegung zuständig ist.[38] **11**

4. Gerichtliches Verfahren bei Sitzverlegung innerhalb desselben Gerichtsbezirks. In diesem Fall bleibt das bisherige Registergericht für die formelle und materielle Prüfung der Anmeldung zuständig. Die Sitzverlegung wird mit ihrer Eintragung in das Handelsregister wirksam (§ 45 Abs. 3 S. 3). **12**

5. Steuerliche Mitteilungspflichten. Die Verlegung der Geschäftsleitung sowie die Verlegung des Sitzes sind gemäß § 137 AO innerhalb eines Monats anzuzeigen. Maßgeblich für den Fristbeginn ist für die Verlegung der Geschäftsleitung deren tatsächliche Verlegung, für die Verlegung des Sitzes die Eintragung im Handelsregister. **13**

§ 46 Verantwortlichkeit der Gründer

(1) ¹Die Gründer sind der Gesellschaft als Gesamtschuldner verantwortlich für die Richtigkeit und Vollständigkeit der Angaben, die zum Zwecke der Gründung der Gesellschaft über Übernahme der Aktien, Einzahlung auf die Aktien, Verwendung eingezahlter Beträge, Sondervorteile, Gründungsaufwand, Sacheinlagen und Sachübernahmen gemacht worden sind. ²Sie sind ferner dafür verantwortlich, daß eine zur Annahme von Einzahlungen auf das Grundkapital bestimmte Stelle (§ 54 Abs. 3) hierzu geeignet ist und daß die eingezahlten Beträge zur freien Verfügung des Vorstands stehen. ³Sie haben, unbeschadet der Verpflichtung zum Ersatz des sonst entstehenden Schadens, fehlende Einzahlungen zu leisten und eine Vergütung, die nicht unter den Gründungsaufwand aufgenommen ist, zu ersetzen.

(2) Wird die Gesellschaft von Gründern durch Einlagen, Sachübernahmen oder Gründungsaufwand vorsätzlich oder aus grober Fahrlässigkeit geschädigt, so sind ihr alle Gründer als Gesamtschuldner zum Ersatz verpflichtet.

(3) Von diesen Verpflichtungen ist ein Gründer befreit, wenn er die die Ersatzpflicht begründenden Tatsachen weder kannte noch bei Anwendung der Sorgfalt eines ordentlichen Geschäftsmannes kennen mußte.

(4) Entsteht der Gesellschaft ein Ausfall, weil ein Aktionär zahlungsunfähig oder unfähig ist, eine Sacheinlage zu leisten, so sind ihr zum Ersatz als Gesamtschuldner die Gründer verpflichtet, welche die Beteiligung des Aktionärs in Kenntnis seiner Zahlungsunfähigkeit oder Leistungsunfähigkeit angenommen haben.

(5) ¹Neben den Gründern sind in gleicher Weise Personen verantwortlich, für deren Rechnung die Gründer Aktien übernommen haben. ²Sie können sich auf ihre eigene Unkenntnis nicht wegen solcher Umstände berufen, die ein für ihre Rechnung handelnder Gründer kannte oder kennen mußte.

Schrifttum: *Dreher*, Die Gründerhaftung bei der GmbH, DStR 1992, 33; *Schürmann*, Die Rechtsnatur der Gründerhaftung im Aktienrecht, 1968.

Übersicht

	Rn.		Rn.
I. Normzweck	1	1. Haftung für Richtigkeit und Vollständigkeit der Gründungsangaben	4–6
II. Entstehungsgeschichte	2	2. Haftung für Auswahl geeigneter Zahlstelle	7
III. Haftung der Gründer für Richtigkeit der Gründungsangaben, Eignung der Zahlstelle sowie Kapitalaufbringung zur freien Verfügung (Abs. 1)	3–9	3. Haftung für freie Verfügung des Vorstands über die Einlageleistungen	8
		4. Rechtsfolgen	9

---

[36] S. die Nachweise bei MüKoAktG/*Pentz* Rn. 16 und Hüffer/Koch/*Koch* Rn. 5.
[37] LG Leipzig NZG 2004, 629 (630); so wohl auch OLG Frankfurt/M FGPrax 2008, 164.
[38] So auch MüKoAktG/*Pentz* Rn. 16; K. Schmidt/Lutter/*Zimmer* Rn. 15; Bürgers/Körber/*Körber* Rn. 8; Kölner Komm AktG/*Arnold* Rn. 15; Grigoleit/*Vedder* Rn. 8.

	Rn.		Rn.
IV. Haftung der Gründer für Schäden durch Einlagen, Sachübernahmen oder Gründungsaufwand	10–15	1. Haftungsvoraussetzungen	18, 19
		2. Rechtsfolgen	20
1. Haftungsvoraussetzungen	11, 12	VII. Haftung der Hintermänner (Abs. 5)	21
2. Rechtsfolgen	13–15		
V. Entlastungsmöglichkeit (Abs. 3)	16, 17		
VI. Ausfallhaftung der Gründer wegen fehlender Leistungsfähigkeit eines Gründers (Abs. 4)	18–20	VIII. Konkurrenzen	22
		IX. Ansprüche Dritter	23

I. Normzweck

1 Die Vorschrift regelt die aktienrechtliche Verantwortlichkeit der Gründer und ihrer Hintermänner gegenüber der Gesellschaft für die Ordnungsmäßigkeit des Gründungsvorgangs. Zweck der Vorschrift ist es, die Ordnungsmäßigkeit des Gründungsvorgangs im Hinblick auf die Aufbringung eines dem satzungsmäßigen Grundkapital entsprechenden Mindestvermögens zu sichern. Die Vorschrift bezweckt daher zum einen den Gläubigerschutz und zum anderen aber auch den Schutz der später hinzukommenden Aktionäre.[1] Aus dem Normzweck folgt, dass die Haftung zwingend ist und daher nicht abbedungen werden kann.[2] Die Gesellschaft als Anspruchsberechtigter kann über die Ansprüche nur nach Maßgabe des § 50 verfügen.

II. Entstehungsgeschichte

2 Die Vorschrift entspricht in ihrem Wortlaut im wesentlichen § 39 AktG 1937. Klargestellt wurde durch die jetzige Fassung des § 46 in dessen Abs. 1 S. 2, dass die Gründer sowohl für die Eignung der Zahlstelle als auch für die freie Verfügung des Vorstands haften, sowie ferner, dass auch die Leistungsunfähigkeit eines Gründers bei der Pflicht zur Erbringung einer Sacheinlage zu einer Haftung der anderen Gründer führen kann.[3]

III. Haftung der Gründer für Richtigkeit der Gründungsangaben, Eignung der Zahlstelle sowie Kapitalaufbringung zur freien Verfügung (Abs. 1)

3 Abs. 1 betrifft die Verantwortlichkeit der Gründer für die Richtigkeit und Vollständigkeit der in S. 1 enumerativ aufgeführten, zum Zwecke der Gründung gemachten Angaben, ferner für die Geeignetheit der zur Annahme von Zahlungen auf das Grundkapital bestimmten Stelle sowie schließlich dafür, dass die Einzahlungen endgültig zur freien Verfügung des Vorstands stehen (Satz 2). Gründer sind dabei alle Aktionäre, die an der Feststellung der Satzung mitgewirkt haben (§ 28). Gläubigerin des Anspruchs ist ausschließlich die mit der Eintragung in das Handelsregister entstandene Aktiengesellschaft, nicht dagegen bereits die Vor-AG und auch nicht sonstige Dritte.[4]

4 **1. Haftung für Richtigkeit und Vollständigkeit der Gründungsangaben.** Die Aufzählung der Angaben in Abs. 1 S. 1, bei deren Unrichtigkeit oder Unvollständigkeit sich eine Haftung der Gründer ergeben kann, ist abschließend.[5] Die Angaben müssen dabei zum Zwecke der Gründung gemacht worden sein. Gemeint ist damit, dass die Angaben im Rahmen des Gründungsverfahrens erfolgt sind, nur gelegentlich oder außerhalb dieses Verfahrens gemachte unrichtige oder unvollständige Angaben werden von der Bestimmung nicht erfasst.[6] Dabei müssen die Angaben nicht von den Gründern selbst gemacht worden sein, die Gründer haften grundsätzlich auch für die von Dritten gemachten Angaben.[7] Gegenüber wem die Angaben gemacht wurden ist unerheblich, sofern die Angaben nur zum Zwecke der Gründung gemacht wurden. Adressat der Angaben können neben dem Registergericht auch Behörden, die eine Genehmigung erteilen sollen oder der Sachgründungsprüfer sein.[8]

---

[1] Großkomm AktG/*Ehricke* Rn. 6; K. Schmidt/Lutter/*Bayer* Rn. 1.
[2] Geßler/Hefermehl/*Geßler/Eckardt* Vor §§ 46–51 Rn. 4; K. Schmidt/Lutter/*Bayer* Rn. 2.
[3] Großkomm AktG/*Ehricke* Rn. 3.
[4] Großkomm AktG/*Ehricke* Rn. 17; MüKoAktG/*Pentz* Rn. 8; Hüffer/Koch/*Koch* Rn. 5; K. Schmidt/Lutter/ *Bayer* Rn. 4; Grigoleit/*Vedder* Rn. 2.
[5] Großkomm AktG/*Ehricke* Rn. 25; MüKoAktG/*Pentz* Rn. 18; Hüffer/Koch/*Koch* Rn. 6; Kölner Komm AktG/*Arnold* Rn. 17.
[6] MüKoAktG/*Pentz* Rn. 23; Bürgers/Körber/*Körber* Rn. 7.
[7] Großkomm AktG/*Ehricke* Rn. 38; MüKoAktG/*Pentz* Rn. 26; K. Schmidt/Lutter/*Bayer* Rn. 8; Bürgers/ Körber/*Körber* Rn. 7.
[8] Großkomm AktG/*Ehricke* Rn. 36; MüKoAktG/*Pentz* Rn. 23; Hüffer/Koch/*Koch* Rn. 6.

Die Angaben müssen objektiv unrichtig oder unvollständig sein, auf die subjektive Vorstellung 5
der Gründer kommt es dagegen nicht an. Irrtümer entlasten die Gründer somit nicht.[9] Unrichtig sind
die Angaben, wenn sie mit der objektiven Tatsachenlage nicht übereinstimmen, Unvollständigkeit
ist gegeben, wenn gründungsrelevante Informationen fehlen.[10] Maßgeblich ist der Zeitpunkt, in
dem die Angaben dem Erklärungsempfänger zugehen, bei Angaben gegenüber dem Registergericht
kommt es also auf den Eingang der Handelsregisteranmeldung an.[11] Die Gründer können ihre
Angaben jedoch bis zur Eintragung der Gesellschaft in das Handelsregister mit haftungsbefreiender
Wirkung korrigieren.[12]

In subjektiver Hinsicht ist Fahrlässigkeit oder Vorsatz des Gründers erforderlich, wobei wie sich 6
aus § 46 Abs. 3 ergibt, das Verschulden vermutet wird (→ Rn. 16 ff.).

2. Haftung für Auswahl geeigneter Zahlstelle. Die Gründer sind ferner dafür verantwortlich, 7
dass der Empfänger der Einzahlungen auf das Grundkapital für die Zahlungsannahme auch geeignet
ist. Ungeeignet sind insbesondere solche Institute, deren Zahlungsfähigkeit konkret nicht gewährleistet ist.[13] Übernehmen die Gründer, wie in der Regel, die Auswahl nicht selbst, haben sie zumindest
den Vorstand bei der ihm insoweit obliegenden Auswahlentscheidung zu überwachen. Es handelt
sich dann um eine Haftung für Auswahlverschulden.[14] Insoweit ist es für die Haftung unerheblich,
wem die Entscheidung über die Auswahl der Zahlstelle obliegt. Das Verschulden der Gründer wird
auch hier vermutet (→ Rn. 16 ff.).

3. Haftung für freie Verfügung des Vorstands über die Einlageleistungen. Die Gründer 8
sind ferner dafür verantwortlich, dass die geleisteten Einlagen endgültig zur freien Verfügung des
Vorstands stehen. Die Verantwortlichkeit des Vorstands bezieht sich sowohl auf die Leistung zur
freien Verfügbarkeit als auch auf die Endgültigkeit.[15] Ausgenommen hiervon ist lediglich der in der
Satzung festgelegte Gründungsaufwand.[16] Das Verschulden der Gründer wird auch hier vermutet
(→ Rn. 16 ff.).

4. Rechtsfolgen. Bei einem Verstoß sind die Gründer als Gesamtschuldner der Gesellschaft zum 9
Schadensersatz verpflichtet. Auf die Schadensberechnung finden die §§ 249 ff. BGB Anwendung.
Eine Kürzung des Schadensersatzanspruchs der Gesellschaft wegen eines Mitverschuldens der Gesellschaft bzw. von Vorstand und Aufsichtsrats kommt dabei nicht in Betracht und zwar weder im
Gründungsstadium noch nach Eintragung der Gesellschaft in das Handelsregister.[17] Ferner haben
die Gründer gem. § 46 Abs. 1 S. 3 Ersatz für fehlende Einzahlungen zu leisten und nicht unter dem
Gründungsaufwand aufgenommene Vergütungen zu ersetzten.

IV. Haftung der Gründer für Schäden durch Einlagen, Sachübernahmen oder Gründungsaufwand

§ 46 Abs. 2 regelt die Haftung der Gründer für Schäden, die der Aktiengesellschaft durch Einlagen, 10
Sachübernahmen oder Gründungsaufwand entstehen. Die Haftung nach Abs. 2 steht neben der
Haftung nach Abs. 1 und tritt daher auch dann ein, wenn der Schaden auf unrichtigen oder unvollständigen Angaben im Zusammenhang mit der Gründung beruht.[18]

1. Haftungsvoraussetzungen. Der Gesellschaft muss objektiv ein Schaden entstanden sein und 11
mindestens einem der Gründer muss in subjektiver Hinsicht zumindest grobe Fahrlässigkeit zur Last
fallen.

Eine Schädigung durch Einlagen oder Sachübernahmen kommt vor allem in den Fällen einer 12
Überbewertung des Sacheinlagegegenstandes sowie der verdeckten Sacheinlage in Betracht.[19] Durch

---

[9] Großkomm AktG/*Ehricke* Rn. 31; MüKoAktG/*Pentz* Rn. 24; Hüffer/Koch/*Koch* Rn. 7; Kölner Komm AktG/*Arnold* Rn. 20.
[10] Großkomm AktG/*Ehricke* Rn. 35; MüKoAktG/*Pentz* Rn. 24; Hüffer/Koch/*Koch* Rn. 7.
[11] Großkomm AktG/*Ehricke* Rn. 40; Hüffer/Koch/*Koch* Rn. 7; K. Schmidt/Lutter/*Bayer* Rn. 10.
[12] Großkomm AktG/*Ehricke* Rn. 41; MüKoAktG/*Pentz* Rn. 28; Hüffer/Koch/*Koch* Rn. 7; Kölner Komm AktG/*Arnold* Rn. 24; Grigoleit/*Vedder* Rn. 4.
[13] Großkomm AktG/*Ehricke* Rn. 48; MüKoAktG/*Pentz* Rn. 33; Hüffer/Koch/*Koch* Rn. 8; Bürgers/Körber/*Körber* Rn. 9.
[14] Großkomm AktG/*Ehricke* Rn. 49; Hüffer/Koch/*Koch* Rn. 8; Kölner Komm AktG/*Arnold* Rn. 30.
[15] MüKoAktG/*Pentz* Rn. 38; Hüffer/Koch/*Koch* Rn. 9; Kölner Komm AktG/*Arnold* Rn. 33.
[16] Großkomm AktG/*Ehricke* Rn. 50.
[17] Großkomm AktG/*Ehricke* Rn. 52; MüKoAktG/*Pentz* Rn. 31; Hüffer/Koch/*Koch* Rn. 10.
[18] MüKoAktG/*Pentz* Rn. 42; Hüffer/Koch/*Koch* Rn. 11; Kölner Komm AktG/*Arnold* Rn. 41; aA Großkomm AktG/*Ehricke* Rn. 58.
[19] Großkomm AktG/*Ehricke* Rn. 60; Hüffer/Koch/*Koch* Rn. 11; K. Schmidt/Lutter/*Bayer* Rn. 13.

Gründungsaufwand wird die Gesellschaft geschädigt, wenn der satzungsmäßig festgesetzte Gründungsaufwand zu hoch ist[20] oder wenn die Gesellschaft über den satzungsmäßig festgesetzten Gründungsaufwand mit weiterem Gründungsaufwand belastet wird.

13 **2. Rechtsfolgen.** Die Gründer haften der Gesellschaft als Gesamtschuldner auf Schadensersatz, wenn zumindest einer der Gründer grob fahrlässig oder vorsätzlich gehandelt hat. Die Berechnung des Schadens richtet sich zwar grundsätzlich nach den §§ 249 ff. BGB, die Gesellschaft ist jedoch hier nicht so zu stellen wie sie ohne das schadensstiftende Ereignis stehen würde, sondern so wie sie bei ordnungsgemäßen Verhalten der Gründer stünde.[21]

14 Bei einer Überbewertung von Sacheinlagen ist der Gesellschaft die Differenz zwischen dem wirklichen und dem festgesetzten Wert zu ersetzen.[22] Die Haftung umfasst dabei auch ein etwaiges Agio.[23] Bei einer überbewerteten Sachübernahme kann die Gesellschaft anstelle der Wertdifferenz auch die Rücknahme des Gegenstandes von den Gründern und Zahlung von vollen Wertersatz in bar verlangen.[24]

15 Bei erhöhtem Gründungsaufwand, ist der Gesellschaft die Differenz zwischen dem angemessenen und dem tatsächlich geleisteten Gründungsaufwand zu ersetzen.[25]

V. Entlastungsmöglichkeit (Abs. 3)

16 Die Haftung nach § 46 Abs. 1 oder Abs. 2 ist Haftung für gesetzlich vermutetes Verschulden. Ein jeder der in Anspruch genommenen Gründer kann diese gesetzliche Verschuldensvermutung durch Beweis des Gegenteils widerlegen, indem er nachweist, dass er die die Ersatzpflicht begründenden Tatsachen weder kannte noch bei Anwendung der Sorgfalt eines ordentlichen Geschäftsmannes kennen musste. Maßstab ist die Sorgfalt eines ordentlichen Geschäftsmanns, der sich auch an Gründungen von Aktiengesellschaften zu beteiligen pflegt.[26] Besondere Kenntnisse oder Fähigkeiten des Gründers sind haftungsverschärfend zu seinen Lasten zu berücksichtigen.[27]

17 Bei der Haftung nach § 46 Abs. 2 gilt die Verschuldensvermutung nur für die Haftung der Hintermänner, für die Haftung des unmittelbar handelnden bedarf es mindestens der groben Fahrlässigkeit. Das Verschulden des unmittelbar handelnden ist nach allgemeinen Beweisgrundsätzen von der Gesellschaft zu beweisen.[28]

VI. Ausfallhaftung der Gründer wegen fehlender Leistungsfähigkeit eines Gründers (Abs. 4)

18 **1. Haftungsvoraussetzungen.** In objektiver Hinsicht muss der Aktiengesellschaft ein Ausfall entstanden sein, der auf die Zahlungsunfähigkeit eines Gründungsaktionärs oder die Unfähigkeit eines Aktionärs, eine Sacheinlage zu leisten, zurückzuführen ist. Bei Bareinlagen fällt die Aktiengesellschaft mit ihrem Anspruch bereits dann aus, wenn feststeht, dass Zahlung auf die Einlage aktuell nicht zu erlangen ist. Eine Klageerhebung oder gar ein Abwarten bis zum Abschluss eines Kaduzierungsverfahrens sind nicht erforderlich.[29] Sind Sacheinlagen vereinbart, liegt Leistungsunfähigkeit des Einlegers dann vor, wenn er subjektiv nicht in der Lage ist, die geschuldete Leistung zu erbringen.[30]

19 In subjektiver Hinsicht ist positive Kenntnis der Zahlungs- oder Leistungsunfähigkeit erforderlich. Nach allgemeinen Beweisgrundsätzen trifft die Aktiengesellschaft hierfür die Beweislast. Die Verschuldensvermutung nach § 46 Abs. 3 gilt hier nicht.

20 **2. Rechtsfolgen.** Diejenigen Gründer, die positive Kenntnis von der Leistungs- oder Zahlungsunfähigkeit haben, haften der Gesellschaft als Gesamtschuldner auf Schadensersatz. Zu ersetzen ist in erster Linie, der bei der Gesellschaft entstandene Ausfall. Kann eine Sacheinlage nicht erbracht werden, so ist der Gesellschaft der gesamte Wert der Sacheinlage in Geld zu ersetzen.[31]

---

[20] MüKoAktG/*Pentz* Rn. 42.
[21] Großkomm AktG/*Ehricke* Rn. 69; MüKoAktG/*Pentz* Rn. 45; Kölner Komm AktG/*Arnold* Rn. 43.
[22] Großkomm AktG/*Ehricke* Rn. 73; MüKoAktG/*Pentz* Rn. 47; Hüffer/Koch/*Koch* Rn. 13.
[23] Großkomm AktG/*Ehricke* Rn. 74.
[24] Großkomm AktG/*Ehricke* Rn. 75; MüKoAktG/*Pentz* Rn. 48; Hüffer/Koch/*Koch* Rn. 13.
[25] Großkomm AktG/*Ehricke* Rn. 77; MüKoAktG/*Pentz* Rn. 49.
[26] BGH NJW 1988, 909.
[27] Großkomm AktG/*Ehricke* Rn. 78; MüKoAktG/*Pentz* Rn. 66.
[28] Großkomm AktG/*Ehricke* Rn. 81.
[29] Großkomm AktG/*Ehricke* Rn. 87; MüKoAktG/*Pentz* Rn. 56; Hüffer/Koch/*Koch* Rn. 15; Grigoleit/*Vedder* Rn. 13; aA die früher hM, *Baumbach/Hueck* Rn. 8.
[30] Großkomm AktG/*Ehricke* Rn. 89; MüKoAktG/*Pentz* Rn. 53; Hüffer/Koch/*Koch* Rn. 15.
[31] Hüffer/Koch/*Koch* Rn. 17; Bürgers/Körber/*Körber* Rn. 19.

VII. Haftung der Hintermänner (Abs. 5)

Der Gesellschaft haften neben den Gründern auch diejenigen Personen, für deren Rechnung 21
die Gründer Aktien übernommen haben (sog. Hintermänner). Voraussetzung für die Haftung des
Hintermannes ist die Verwirklichung eines Haftungstatbestandes nach § 46 Abs. 1–4. Der Hintermann haftet der Gesellschaft zum einen dann, wenn bei ihm selbst die haftungsbegründenden subjektiven Merkmale vorliegen, er also selbst den Gründungsmangel kannte oder bei Anwendung der Sorgfalt eines ordentlichen und gewissenhaften Geschäftsmanns hätte erkennen können. Zum anderen haftet der Hintermann gem. § 45 Abs. 5 S. 2 aber auch dann, wenn nicht sie selbst, sondern ein für sie handelnder Gründer die haftungsbegründenden Umstände kannte oder kennen musste.

VIII. Konkurrenzen

§ 46 ist eine eigenständige Anspruchsgrundlage, die die Haftung der Gründer gegenüber der 22
Gesellschaft jedoch nicht abschließend regelt und daher die allgemeinen Haftungsvorschriften nicht
verdrängt.[32] Als weitere Anspruchsgrundlagen kommen neben vertraglichen Ansprüchen, insbesondere im Zusammenhang mit Sacheinlagen, Ansprüche aus unerlaubter Handlung in Betracht, vor
allem aus § 826 BGB oder § 823 Abs. 2 BGB iVm § 263 StGB. § 46 selbst jedoch kein Schutzgesetz.[33]

IX. Ansprüche Dritter

Anspruchsberechtigt aus § 46 ist allein die Gesellschaft. § 46 ist nach allgemeiner Ansicht auch 23
kein Schutzgesetz iSv § 823 Abs. 2 BGB.[34] Ansprüche Dritter können sich jedoch, bei Vorliegen
der übrigen Voraussetzungen, aus § 826 BGB, aus § 823 Abs. 2 BGB iVm § 262 StGB oder § 266
StGB sowie iVm § 399 Abs. 1 Nr. 1 ergeben.[35]

§ 47 Verantwortlichkeit anderer Personen neben den Gründern

Neben den Gründern und den Personen, für deren Rechnung die Gründer Aktien übernommen haben, ist als Gesamtschuldner der Gesellschaft zum Schadenersatz verpflichtet,
1. wer bei Empfang einer Vergütung, die entgegen den Vorschriften nicht in den Gründungsaufwand aufgenommen ist, wußte oder nach den Umständen annehmen mußte, daß die Verheimlichung beabsichtigt oder erfolgt war, oder wer zur Verheimlichung wissentlich mitgewirkt hat;
2. wer im Fall einer vorsätzlichen oder grobfahrlässigen Schädigung der Gesellschaft durch Einlagen oder Sachübernahmen an der Schädigung wissentlich mitgewirkt hat;
3. wer vor Eintragung der Gesellschaft in das Handelsregister oder in den ersten zwei Jahren nach der Eintragung die Aktien öffentlich ankündigt, um sie in den Verkehr einzuführen, wenn er die Unrichtigkeit oder Unvollständigkeit der Angaben, die zum Zwecke der Gründung der Gesellschaft gemacht worden sind (§ 46 Abs. 1), oder die Schädigung der Gesellschaft durch Einlagen oder Sachübernahmen kannte oder bei Anwendung der Sorgfalt eines ordentlichen Geschäftsmannes kennen mußte.

Schrifttum: *Gerber*, Die Prospekthaftung bei Wertpapieremissionen nach dem Dritten Finanzmarktförderungsgesetz, 2001.

Übersicht

	Rn.		Rn.
I. Normzweck	1	V. Haftung des Emittenten bei der Emission von Aktien (§ 47 Nr. 3)	6–11
II. Entstehungsgeschichte	2		
III. Haftung für den Empfang verdeckten Gründungsaufwands (§ 47 Nr. 1)	3, 4	VI. Konkurrenzen	12
IV. Haftung für Mitwirkung bei Schädigung der Gesellschaft durch Einlagen oder Sachübernahmen (§ 47 Nr. 2)	5	VII. Ansprüche Dritter	13

---

[32] GHEK/*Geßler/Eckardt* Vor §§ 46–51 Rn. 5; K. Schmidt/Lutter/*Bayer* Rn. 3.
[33] Großkomm AktG/*Ehricke* Rn. 124 f.; Hüffer/Koch/*Koch* Rn. 3.
[34] Großkomm AktG/*Ehricke* Rn. 126; Hüffer/Koch/*Koch* Rn. 4.
[35] Großkomm AktG/*Ehricke* Rn. 127; Hüffer/Koch/*Koch* Rn. 4; K. Schmidt/Lutter/*Bayer* Rn. 3.

I. Normzweck

1 Die Vorschrift dient wie § 46 der Sicherung der Kapitalaufbringung und erweitert den Kreis der haftpflichtigen Personen auf solche, die an bestimmten Gründungshandlungen mitgewirkt haben sowie ferner auch auf den Emittenten von Aktien. Diese haften neben Gründern und deren Hintermännern als Gesamtschuldner. § 47 Nr. 1 und 2 knüpfen an die Verwirklichung eines Haftungstatbestandes nach § 46 durch einen Gründer bzw. Hintermann an. Gründer und Hintermänner haften daher selbst nicht aus § 47 Nr. 1 oder Nr. 2. Sie kommen dagegen als Anspruchsgegner nach § 47 Nr. 3 in Betracht.[1] Wie bei § 46 ist Gläubigerin des Anspruchs allein die mit ihrer Eintragung in das Handelsregister entstandene Aktiengesellschaft.[2]

II. Entstehungsgeschichte

2 Die Vorschrift ist nahezu wortgleich mit § 40 AktG 1937.

III. Haftung für den Empfang verdeckten Gründungsaufwands (§ 47 Nr. 1)

3 Nach § 47 Nr. 1 ist zum Schadensersatz verpflichtet, wer beim Empfang einer nicht in den Gründungsaufwand aufgenommenen Vergütung wusste oder annehmen musste, dass die Verheimlichung beabsichtigt oder erfolgt war. In objektiver Hinsicht ist somit ein Verstoß gegen § 26 Abs. 2 erforderlich. Subjektiv ist zumindest Fahrlässigkeit des Empfängers erforderlich. Fahrlässigkeit liegt dann vor, wenn der Empfänger aufgrund der konkreten Umstände im Einzelfall, zB wegen der atypischen Höhe des Gründungsaufwands, verpflichtet war, Nachforschungen darüber anzustellen, ob die Gründer den Gründungsaufwand ordnungsgemäß in der Satzung festgesetzt haben.[3] Der Einwand des Mitverschuldens ist auch hier – wie bei der Haftung der Gründer nach § 46 – ausgeschlossen.[4]

4 Ferner haftet, wer an der Verheimlichung wissentlich mitgewirkt hat. Verheimlichung liegt bereits dann vor, wenn die Aufnahme der gezahlten Vergütung in die Satzung unterblieben ist.[5] Mitwirkung ist jede Förderung oder Begünstigung des gesetzwidrigen Verhaltens.[6] In subjektiver Hinsicht ist hier Vorsatz des Mitwirkenden erforderlich, wobei bedingter Vorsatz genügt.[7] Bloße Fahrlässigkeit reicht dagegen nicht aus.[8]

IV. Haftung für Mitwirkung bei Schädigung der Gesellschaft durch Einlagen oder Sachübernahmen (§ 47 Nr. 2)

5 Nach dieser Vorschrift ist zum Schadensersatz verpflichtet, wer im Fall einer vorsätzlichen oder grob fahrlässigen Schädigung der Gesellschaft durch Einlagen oder Sachübernahmen an der Schädigung wissentlich mitgewirkt hat. Haftungsvoraussetzung ist mithin, dass der Haftungstatbestand des § 46 Abs. 2 oder Abs. 5 durch einen Gründer oder einen Hintermann in objektiver und subjektiver Hinsicht erfüllt ist. Weiterhin muss der Dritte an der Verwirklichung des Haftungstandes mitgewirkt haben. Mitwirkung ist auch hier die Förderung des gesetzwidrigen Verhaltens in irgendeiner Weise.[9] In subjektiver Hinsicht ist Vorsatz des Mitwirkenden erforderlich, Fahrlässigkeit reicht nicht aus.[10]

V. Haftung des Emittenten bei der Emission von Aktien (§ 47 Nr. 3)

6 Die Vorschrift regelt die Haftung desjenigen, der Aktien öffentlich ankündigt (Emittent), um sie in den Verkehr zu bringen. Gemeint ist damit die Aufforderung an einen nicht enger begrenzten Personenkreis, die zunächst von den Gründern übernommenen Aktien zu erwerben.[11] Unerheblich

---

[1] Großkomm AktG/*Ehricke* Rn. 9; MüKoAktG/*Pentz* Rn. 8.
[2] Großkomm AktG/*Ehricke* Rn. 6 und 42; Kölner Komm AktG/*Arnold* Rn. 6; MüKoAktG/*Pentz* Rn. 7.
[3] MüKoAktG/*Pentz* Rn. 16; K. Schmidt/Lutter/*Bayer* Rn. 3; Bürgers/Körber/*Körber* Rn. 5; Grigoleit/*Vedder* Rn. 3.
[4] MüKoAktG/*Pentz* Rn. 17.
[5] Kölner Komm AktG/*Arnold* Rn. 10.
[6] Kölner Komm AktG/*Arnold* Rn. 10.
[7] Kölner Komm AktG/*Arnold* Rn. 12; Hüffer/Koch/*Koch* Rn. 7.
[8] MüKoAktG/*Pentz* Rn. 18; Hüffer/Koch/*Koch* Rn. 7.
[9] Kölner Komm AktG/*Arnold* Rn. 17; Bürgers/Körber/*Körber* Rn. 8.
[10] Großkomm AktG/*Ehricke* Rn. 22; Hüffer/Koch/*Koch* Rn. 8; K. Schmidt/Lutter/*Bayer* Rn. 6.
[11] Großkomm AktG/*Ehricke* Rn. 28; Kölner Komm AktG/*Arnold* Rn. 22; MüKoAktG/*Pentz* Rn. 25; Bürgers/Körber/*Körber* Rn. 9.

ist in welcher Form, schriftlich oder mündlich, die Aufforderung erfolgt.[12] Bedeutung hat die Vorschrift vor allem in den Fällen, in denen die Gründer selbst oder ein Dritter, der seinerseits die Aktien von den Gründern übernommen hat (zB ein Kreditinstitut), die Aktien der Öffentlichkeit zum Erwerb anbieten.[13]

Weitere Voraussetzung ist, dass die öffentliche Ankündigung der Aktien innerhalb eines Zeitraumes von bis zu zwei Jahren nach der Eintragung der Gesellschaft in das Handelsregister erfolgt. Die Ankündigung kann bereits vor Gründung erfolgen.[14]

Die Ankündigung muss ferner zum Zweck der Einführung der Aktien in den Verkehr erfolgen. Ziel der Ankündigung muss es mithin sein, Veräußerungsverträge mit einer noch nicht bestimmten Anzahl von Erwerbern abzuschließen.[15]

Schließlich ist erforderlich, dass die zum Zwecke der Gründung gemachten Angaben unrichtig oder unvollständig sind oder aber die Gesellschaft durch Einlagen oder Sachübernahmen geschädigt worden ist. Voraussetzung ist mithin das Vorliegen der objektiven Voraussetzungen des § 46 Abs. 1 oder des § 46 Abs. 2. Auf ein Verschulden der Gründer kommt es dagegen nicht an.[16]

In subjektiver Hinsicht muss der Emittent das Vorliegen der objektiven Voraussetzungen des § 46 Abs. 1 oder Abs. 2 gekannt haben oder bei Anwendung der Sorgfalt eines ordentlichen Geschäftsmannes kennen müssen. Der Emittent muss mithin die Sorgfalt eines mit öffentlichen Emissionen vertrauten Geschäftsmannes einhalten. Er kann sich nicht darauf berufen, über die hierfür erforderlichen Kenntnisse nicht verfügt zu haben. Sonderkenntnisse und -fähigkeiten sind dagegen haftungsverschärfend zu berücksichtigen.[17] Ferner folgt aus diesem Haftungsmaßstab, dass den Emittenten eine Prüfungspflicht hinsichtlich der von den Gründern im Zusammenhang mit der Gründung gemachten Angaben über die Übernahme der Aktien, die Einzahlung auf die Aktien, die Verwendung der eingezahlten Beträge, die Sondervorteile, den Gründungsaufwand, die Sacheinlagen und die Sachübernahmen, trifft.[18] Ein Mitverschulden der Gesellschaft findet auch hier keine Berücksichtigung.[19]

Nach zutreffender hM findet die Vorschrift entsprechende Anwendung auf Kapitalerhöhungen.[20] Maßgebend für den Lauf der Zweijahresfrist ist die Eintragung der Kapitalerhöhung in das Handelsregister.[21] Dagegen wird eine analoge Anwendung des § 47 Nr. 3 auf die Ankündigung von Wandelschuldverschreibungen von der hM zu Recht abgelehnt.[22]

VI. Konkurrenzen

§ 47 regelt wie auch § 46 die Haftung nicht abschließend und verdrängt daher die allgemeinen Haftungsvorschriften nicht. Als weitere Anspruchsgrundlagen kommen neben vertraglichen Ansprüchen, insbesondere im Zusammenhang mit Sacheinlagen, Ansprüche aus Prospekthaftung nach den §§ 44 ff. BörsG sowie aus unerlaubter Handlung in Betracht, vor allem aus § 826 BGB oder § 823 Abs. 2 BGB iVm § 263 StGB. § 47 selbst ist jedoch kein Schutzgesetz zugunsten der Gesellschaft oder ihrer Aktionäre.[23] Die Haftung nach § 47 Nr. 1 ist nach allgemeiner Ansicht insofern abschließend, als Ansprüche aus ungerechtfertigter Bereicherung (§§ 812 ff. BGB) ausgeschlossen sind.[24]

VII. Ansprüche Dritter

Anspruchsberechtigt aus § 47 ist allein die Gesellschaft. § 47 ist nach allgemeiner Ansicht auch kein Schutzgesetz zugunsten Dritter iSv § 823 Abs. 2 BGB.[25] Ansprüche Dritter können sich jedoch, bei Vorliegen der übrigen Voraussetzungen, aus § 826 BGB, aus § 823 Abs. 2 BGB iVm § 262 StGB oder § 266 StGB sowie iVm § 399 Abs. 1 Nr. 1 ergeben.[26]

---

[12] Großkomm AktG/*Ehricke* Rn. 29; Kölner Komm AktG/*Arnold* Rn. 22; MüKoAktG/*Pentz* Rn. 25; Bürgers/Körber/*Körber* Rn. 9.
[13] Großkomm AktG/*Ehricke* Rn. 24.
[14] Großkomm AktG/*Ehricke* Rn. 34.
[15] Kölner Komm AktG/*Arnold* Rn. 22.
[16] Großkomm AktG/*Ehricke* Rn. 32.
[17] Großkomm AktG/*Ehricke* Rn. 35; MüKoAktG/*Pentz* Rn. 29.
[18] MüKoAktG/*Pentz* Rn. 29; K. Schmidt/Lutter/*Bayer* Rn. 12.
[19] Kölner Komm AktG/*Arnold* Rn. 27; MüKoAktG/*Pentz* Rn. 32.
[20] Großkomm AktG/*Ehricke* Rn. 39; MüKoAktG/*Pentz* Rn. 34; K. Schmidt/Lutter/*Bayer* Rn. 14.
[21] Großkomm AktG/*Ehricke* Rn. 40.
[22] Großkomm AktG/*Ehricke* Rn. 41.
[23] Großkomm AktG/*Ehricke* Rn. 20 u 44; MüKoAktG/*Pentz* Rn. 11; Hüffer/Koch/*Koch* Rn. 3.
[24] Kölner Komm AktG/*Arnold* Rn. 16; Hüffer/Koch/*Koch* Rn. 6.
[25] Großkomm AktG/*Ehricke* Rn. 7; Kölner Komm AktG/*Arnold* Rn. 7; MüKoAktG/*Pentz* Rn. 11.
[26] Kölner Komm AktG/*Arnold* Rn. 7; MüKoAktG/*Pentz* Rn. 12.

§ 48 Verantwortlichkeit des Vorstands und des Aufsichtsrats

¹Mitglieder des Vorstands und des Aufsichtsrats, die bei der Gründung ihre Pflichten verletzen, sind der Gesellschaft zum Ersatz des daraus entstehenden Schadens als Gesamtschuldner verpflichtet; sie sind namentlich dafür verantwortlich, daß eine zur Annahme von Einzahlungen auf die Aktien bestimmte Stelle (§ 54 Abs. 3) hierzu geeignet ist, und daß die eingezahlten Beträge zur freien Verfügung des Vorstands stehen. ²Für die Sorgfaltspflicht und Verantwortlichkeit der Mitglieder des Vorstands und des Aufsichtsrats bei der Gründung gelten im übrigen §§ 93 und 116 mit Ausnahme von § 93 Abs. 4 Satz 3 und 4 und Abs. 6.

Schrifttum: *Schaefer/Missling*, Haftung von Vorstand und Aufsichtsrat, NZG 1998, 441.

Übersicht

	Rn.		Rn.
I. Normzweck	1	4. Haftungsausschluss, Verzicht, Vergleich und Verjährung	7, 8
II. Entstehungsgeschichte	2	5. Geltendmachung durch Gläubiger der Gesellschaft	9
III. Haftung der Organmitglieder	3–9		
1. Objektive Haftungsvoraussetzungen	3, 4	IV. Konkurrenzen	10
2. Subjektive Haftungsvoraussetzungen	5	V. Ansprüche Dritter	11
3. Rechtsfolgen	6		

I. Normzweck

1   Die Vorschrift betrifft die Haftung der Mitglieder von Vorstand und Aufsichtsrat für die Verletzung der sie im Zusammenhang mit der Gründung treffenden Pflichten und bezweckt wie auch die §§ 46 und 47 die Sicherung der Kapitalaufbringung. Ihrer Rechtsnatur nach handelt es sich bei § 48 um einen spezialgesetzlichen Fall gesellschaftsrechtlicher Organhaftung.[1] Wie bei §§ 46 und 47 ist Gläubigerin des Anspruchs allein die mit ihrer Eintragung in das Handelsregister entstandene Aktiengesellschaft.[2]

II. Entstehungsgeschichte

2   Satz 1 der Vorschrift entspricht bis auf unwesentliche sprachliche Änderungen § 41 AktG 1937. Satz 2 wurde durch das Aktiengesetz 1965 eingeführt um klarzustellen, dass die allgemeinen Bestimmungen der §§ 93, 116 gelten, sofern sich aus den Gründungsvorschriften nicht etwas abweichendes ergibt.[3]

III. Haftung der Organmitglieder

3   **1. Objektive Haftungsvoraussetzungen.** Haftungsschuldner sind jeweils die Mitglieder des Vorstands und des Aufsichtsrats. Wegen § 94 trifft die Haftung auch die stellvertretenden Mitglieder des Vorstandes.[4] Die Haftung beginnt mit der Begründung der entsprechenden Organstellung.[5] Wegen der Identität des Pflichtenkreises trifft die Haftung auch das faktische Organmitglied.[6]

4   In objektiver Hinsicht müssen die Organmitglieder ihre Pflichten bei der Gründung der Aktiengesellschaft verletzt haben. Welche Pflichten die Organmitglieder bei der Gründung treffen ergibt sich insbesondere aus den § 33 Abs. 1, §§ 34, 36 Abs. 1 und § 54 Abs. 3. Ferner sind die Vorstandsmitglieder bereits im Gründungsstadium zu einer ordnungsgemäßen Geschäftsführung verpflichtet, wenn bereits vor Eintragung der Aktiengesellschaft in das Handelsregister der Geschäftsbetrieb aufgenommen wird. Insbesondere in der Fallkonstellation der Sacheinlage eines Unternehmens ist dieses ordnungsgemäß fortzuführen.[7]

5   **2. Subjektive Haftungsvoraussetzungen.** Die Haftung der Organmitglieder im Gründungsstadium ist Verschuldenshaftung. Für den Verschuldensmaßstab gelten aufgrund des Verweises in Satz 2 die §§ 93, 116. Maßgeblich ist demnach die Sorgfalt eines ordentlichen und gewissenhaften Geschäftsleiters (§ 93 Abs. 1 S. 1). Das Haftungsprivileg des § 93 Abs. 1 S. 2 gilt zumindest in den Fällen, in denen

---

[1] MüKoAktG/*Pentz* Rn. 9; Hüffer/Koch/*Koch* Rn. 1; Kölner Komm AktG/*Arnold* Rn. 7; aA Großkomm AktG/*Ehricke* Rn. 5 unerlaubte Handlung.
[2] MüKoAktG/*Pentz* Rn. 6; Hüffer/Koch/*Koch* Rn. 2.
[3] BegrRegE *Kropff* S. 67; MüKoAktG/*Pentz* Rn. 1.
[4] Hüffer/Koch/*Koch* Rn. 3; Großkomm AktG/*Ehricke* Rn. 10;; Bürgers/Körber/*Körber* Rn. 3.
[5] Kölner Komm AktG/*Ehricke* Rn. 6; Großkomm AktG/*Ehricke* Rn. 10.
[6] Großkomm AktG/*Ehricke* Rn. 11; K. Schmidt/Lutter/*Bayer* Rn. 2.
[7] Hüffer/Koch/*Koch* Rn. 3; Großkomm AktG/*Ehricke* Rn. 15.

der Vorstand die Geschäfte vor Eintragung der Aktiengesellschaft aufnimmt und somit bereits für die Vor-AG unternehmerisch tätig wird. Keine Anwendung kann § 93 Abs. 1 S. 2 auf die speziellen Pflichten des Vorstands bei der Gründung finden, da hier der Gläubigerschutz im Vordergrund steht.

3. Rechtsfolgen. Diejenigen Organmitglieder, in deren Person der Haftungstatbestand erfüllt ist, haften der Gesellschaft auf Schadensersatz. Eine Mithaftung derjenigen Organmitglieder, bei denen die Voraussetzungen für eine Haftung nicht erfüllt sind, besteht dagegen nicht.[8] Zu ersetzen sind insbesondere nicht geleistete Einlagen sowie Schäden, die aus einer nicht ordnungsgemäßen Gründungsprüfung resultieren.[9] Der Einwand des Mitverschuldens der Gesellschaft ist auch hier ausgeschlossen.[10] 6

4. Haftungsausschluss, Verzicht, Vergleich und Verjährung. Durch den Verweis in Satz 2 auf § 93 S. 1 und 2 kann die Haftung der Organmitglieder durch einen gesetzmäßigen Beschluss der Hauptversammlung ausgeschlossen werden. Ein Beschluss der Hauptversammlung der gegen die zwingenden Regeln zur Kapitalaufbringung verstößt, ist stets gesetzwidrig und kann daher nicht zu einer Enthaftung führen.[11] 7

Für Verzicht, Vergleich und Verjährung gelten dagegen aufgrund des Satzes 2 nicht die Bestimmungen in § 93 Abs. 4 S. 3 und 4 sowie Abs. 6, sondern es bleibt bei der Anwendung der §§ 50, 51. 8

5. Geltendmachung durch Gläubiger der Gesellschaft. Durch den Verweis in Satz 2 auf § 93 Abs. 5, können unter den dort genannten Voraussetzungen die Ansprüche der Gesellschaft auch von ihren Gläubigern geltend gemacht werden. 9

IV. Konkurrenzen

§ 48 regelt wie auch §§ 46 und 47 die Haftung nicht abschließend und verdrängt daher die allgemeinen Haftungsvorschriften nicht. Als weitere Anspruchsgrundlagen kommen Ansprüche aus unerlaubter Handlung in Betracht, vor allem aus § 826 BGB oder § 823 Abs. 2 BGB iVm § 263 StGB. § 48 selbst ist jedoch kein Schutzgesetz zugunsten der Gesellschaft oder ihrer Aktionäre.[12] 10

V. Ansprüche Dritter

Anspruchsberechtigt aus § 48 ist allein die Gesellschaft. § 48 ist nach allgemeiner Ansicht auch kein Schutzgesetz zugunsten Dritter iSv § 823 Abs. 2 BGB.[13] Ansprüche Dritter können sich jedoch, bei Vorliegen der übrigen Voraussetzungen, aus § 826 BGB, aus § 823 Abs. 2 BGB iVm § 262 StGB oder § 266 StGB sowie iVm § 399 Abs. 1 Nr. 1 ergeben.[14] 11

§ 49 Verantwortlichkeit der Gründungsprüfer

§ 323 Abs. 1 bis 4 des Handelsgesetzbuchs über die Verantwortlichkeit des Abschlußprüfers gilt sinngemäß.

Schrifttum: *Angermayer*, Die aktienrechtliche Prüfung von Sacheinlagen, 1994; *Hopt*, Die Haftung des Wirtschaftsprüfers – Rechtsprobleme zu § 323 HGB (§ 168 AktG aF) und zur Prospekt- und Auskunftshaftung, WPg 1986, 61 und 498; *Saage*, Zum Umfang der Gründungsprüfung, ZGR 1977, 683; *Schiller*, Die Prüfung von Sacheinlagen im Rahmen der aktienrechtlichen Gründungsprüfung, AG 1992, 20; *K. Schmidt*, Zur aktienrechtlichen Haftung des Gründungsprüfers bei der Überbewertung von Sacheinlagen. Überlegungen zum Urteil des BGH vom 27.2.1975, II ZR 111/72, DB 1975, 1781.

Übersicht

	Rn.		Rn.
I. Normzweck	1	1. Pflichten der Gründungsprüfer	4
II. Entstehungsgeschichte	2	2. Haftung der Gründungsprüfer	5–11
III. Verantwortlichkeit der Gründungsprüfer	3–11	IV. Konkurrenzen	12
		V. Ansprüche Dritter	13

---

[8] Hüffer/Koch/*Koch* Rn. 5; Großkomm AktG/*Ehricke* Rn. 24; Bürgers/Körber/*Körber* Rn. 8.
[9] Hüffer/Koch/*Koch* Rn. 5.
[10] Kölner Komm AktG/*Arnold* Rn. 14; MüKoAktG/*Pentz* Rn. 24; Großkomm AktG/*Ehricke* Rn. 23.
[11] Großkomm AktG/*Ehricke* Rn. 20.
[12] MüKoAktG/*Pentz* Rn. 10.
[13] MüKoAktG/*Pentz* Rn. 10.
[14] Kölner Komm AktG/*Kraft* Rn. 4; MüKoAktG/*Pentz* Rn. 31.

I. Normzweck

1 Die Vorschrift betrifft die Verantwortlichkeit der (externen) Gründungsprüfer und regelt diese durch die sinngemäße Anwendung von § 323 Abs. 1–4 HGB. Auch § 49 dient damit der Sicherung der Kapitalaufbringung.

II. Entstehungsgeschichte

2 Die Vorschrift entspricht in materieller Hinsicht § 42 AktG 1937. Während diese Vorschrift jedoch noch einen eigenständigen Haftungstatbestand enthielt, wurde in § 49 AktG 1965 für die Haftung des Gründungsprüfers auf die in § 168 Abs. 1–4 AktG 1965 geregelte Haftung des Abschlussprüfers verwiesen. Diese Vorschrift wurde später durch das Bilanzrichtlinien-Gesetz vom 19.12.1985 (BGBl. 1985 I 2355) aufgehoben. § 49 verweist nunmehr auf die die Haftung des Abschlussprüfers regelnde Vorschrift des § 323 HGB, die sinngemäß auf die (externen) Gründungsprüfer anzuwenden ist.

III. Verantwortlichkeit der Gründungsprüfer

3 Die auf die Haftung der Gründungsprüfer sinngemäß anzuwendenden § 323 Abs. 1–4 HGB lauten wie folgt:

(1) ¹Der Abschlußprüfer, seine Gehilfen und die bei der Prüfung mitwirkenden gesetzlichen Vertreter einer Prüfungsgesellschaft sind zur gewissenhaften und unparteiischen Prüfung und zur Verschwiegenheit verpflichtet; § 57b der Wirtschaftsprüferordnung bleibt unberührt. ²Sie dürfen nicht unbefugt Geschäfts- und Betriebsgeheimnisse verwerten, die sie bei ihrer Tätigkeit erfahren haben. ³Wer vorsätzlich oder fahrlässig seine Pflichten verletzt, ist der Kapitalgesellschaft und, wenn ein verbundenes Unternehmen geschädigt worden ist, auch diesem zum Ersatz des daraus entstehenden Schadens verpflichtet. ⁴Mehrere Personen haften als Gesamtschuldner.

(2) ¹Die Ersatzpflicht von Personen, die fahrlässig gehandelt haben, beschränkt sich auf eine Million Euro für eine Prüfung. ²Bei Prüfung einer Aktiengesellschaft, deren Aktien zum Handel im regulierten Markt zugelassen sind, beschränkt sich die Ersatzpflicht von Personen, die fahrlässig gehandelt haben, abweichend von Satz 1 auf vier Millionen Euro für eine Prüfung. ³Dies gilt auch, wenn an der Prüfung mehrere Personen beteiligt gewesen oder mehrere zum Ersatz verpflichtende Handlungen begangen worden sind, und ohne Rücksicht darauf, ob andere Beteiligte vorsätzlich gehandelt haben.

(3) Die Verpflichtung zur Verschwiegenheit besteht, wenn eine Prüfungsgesellschaft Abschlußprüfer ist, auch gegenüber dem Aufsichtsrat und den Mitgliedern des Aufsichtsrats der Prüfungsgesellschaft.

(4) Die Ersatzpflicht nach diesen Vorschriften kann durch Vertrag weder ausgeschlossen noch beschränkt werden.

4 **1. Pflichten der Gründungsprüfer.** Aufgrund der sinngemäßen Anwendung von § 323 Abs. 1 S. 1 HGB haben die Gründungsprüfer die Pflicht zur gewissenhaften und unparteiischen (Gründungs-)Prüfung sowie zur Verschwiegenheit. Was zu einer gewissenhaften Prüfung gehört ergibt sich in erster Linie aus den gesetzlichen Bestimmungen. Für den Gründungsprüfer ergeben sich spezielle Pflichten aus § 34 sowie weiterhin im Hinblick auf die Bewertung von Sacheinlagen oder -übernahmen.[1] So hat der Gründungsprüfer insbesondere gewissenhaft zu untersuchen, ob der Wert der eingebrachten Sacheinlagen den geringsten Ausgabebetrag der zu gewährenden Aktien erreicht (§ 34 Abs. 1 Nr. 2). Dahinter treten die von den Fachausschüssen des Instituts der Wirtschaftsprüfer verabschiedeten Prüfungsstandards und Stellungnahmen sowie Hinweise zurück. Sie können lediglich als Auslegungshilfe herangezogen werden.[2] Daneben treffen den Gründungsprüfer ferner alle die aus dem gesetzlich angeordneten Schuldverhältnis zur Gesellschaft folgenden Pflichten und Nebenpflichten.[3] Schließlich ist es dem Gründungsprüfer untersagt, unbefugt Geschäfts- und Betriebsgeheimnisse zu verwerten (§ 323 Abs. 1 S. 2 HGB). Für die Verschwiegenheitspflicht besteht keine zeitliche Begrenzung, sie besteht auch nach der Gründungsprüfung fort.[4]

5 **2. Haftung der Gründungsprüfer.** Verletzen die Gründungsprüfer schuldhaft ihre Pflichten, so steht der Aktiengesellschaft oder der mit ihr verbundenen Unternehmen ein Schadensersatzanspruch zu (§ 323 Abs. 1 S. 3 HGB).

---

[1] Hüffer/Koch/*Koch* Rn. 3: K. Schmidt/Lutter/*Bayer* Rn. 5.
[2] MüKoAktG/*Pentz* Rn. 23.
[3] Großkomm AktG/*Ehricke* Rn. 8.
[4] Kölner Komm AktG/*Anold* Rn. 14; Großkomm AktG/*Ehricke* Rn. 12.

Verzicht und Vergleich §50

Anspruchsinhaber ist wie bei den §§ 46 ff. auch die mit der Eintragung in das Handelsregister 6
entstandene Aktiengesellschaft.[5] Daneben sind auch die mit ihr verbundenen Unternehmen
anspruchsberechtigt. Aufgrund der systematischen Stellung des § 49 kommt es für den Begriff des
verbundenen Unternehmens auf die Definition in § 15 an, nicht dagegen auf § 271 Abs. 2 HGB.[6]

Anspruchsgegner sind neben dem Gründungsprüfer selbst auch seine Gehilfen sowie die bei der 7
Prüfung mitwirkenden gesetzlichen Vertreter, wenn es sich bei dem Gründungsprüfer um eine
(Prüfungs-)Gesellschaft handelt. Gehilfen sind alle durch die Gründungsprüfer zugezogenen Personen,
gleichviel ob es sich um Angestellte oder freiberuflich Tätige handelt.[7]

In subjektiver Hinsicht muss den Gründungsprüfer entweder Vorsatz oder Fahrlässigkeit treffen, 8
wobei einfache Fahrlässigkeit ausreicht. Maßstab für die geschuldete Sorgfalt ist diejenige, die ein
qualifizierter Gründungsprüfer bei derartigen Prüfungen einzuhalten hat.[8] Der Einwand des Mitverschulden
der Gesellschaft ist hier – anders als bei der Haftung des Abschlussprüfers – wie auch bei
den §§ 46 ff. – ausgeschlossen.[9]

Im Fall einer nur fahrlässigen Pflichtverletzung ist die Haftung des Gründungsprüfers auf eine 9
Million Euro für eine Prüfung beschränkt (§ 323 Abs. 2 S. 1 HGB). Die Erhöhung der Haftsumme
auf vier Millionen Euro unter den Voraussetzungen des § 323 Abs. 2 S. 2 spielt in den Gründungsfällen
wegen des Ausgabeverbots des § 41 Abs. 4 S. 1 keine Rolle.[10]

Grundsätzlich muss die Gesellschaft Pflichtverletzung, Verschulden und den Eintritt eines Scha- 10
dens beweisen.[11] In den Fällen lediglich fahrlässiger Pflichtverletzung gilt § 280 BGB analog, der in
Anspruch Genommene muss sich exkulpieren.[12]

Die Haftung kann nach § 49 iVm § 323 Abs. 4 HGB durch Vertrag weder ausgeschlossen noch 11
beschränkt werden.

IV. Konkurrenzen

§ 49 regelt wie auch §§ 46 ff. die Haftung nicht abschließend und verdrängt daher die allgemeinen 12
Haftungsvorschriften nicht. Als weitere Anspruchsgrundlagen kommen Ansprüche aus unerlaubter
Handlung in Betracht, vor allem aus § 826 BGB oder § 823 Abs. 2 BGB iVm §§ 403, 404. § 323
HGB selbst ist jedoch kein Schutzgesetz zugunsten der Gesellschaft oder ihrer Aktionäre.[13]

V. Ansprüche Dritter

Anspruchsberechtigt aus § 49 ist allein die Gesellschaft. § 49 ist nach allgemeiner Ansicht auch 13
kein Schutzgesetz zugunsten Dritter iSv § 823 Abs. 2 BGB.[14] Ansprüche Dritter können sich jedoch,
bei Vorliegen der übrigen Voraussetzungen, aus § 826 BGB, aus § 823 Abs. 2 BGB iVm §§ 403, 404
sowie iVm 263 ff. StGB ergeben.[15]

§ 50 Verzicht und Vergleich

¹Die Gesellschaft kann auf Ersatzansprüche gegen die Gründer, die neben diesen haftenden
Personen und gegen die Mitglieder des Vorstands und des Aufsichtsrats (§§ 46 bis 48)
erst drei Jahre nach der Eintragung der Gesellschaft in das Handelsregister und nur dann
verzichten oder sich über sie vergleichen, wenn die Hauptversammlung zustimmt und
nicht eine Minderheit, deren Anteile zusammen den zehnten Teil des Grundkapitals erreichen,
zur Niederschrift Widerspruch erhebt. ²Die zeitliche Beschränkung gilt nicht, wenn
der Ersatzpflichtige zahlungsunfähig ist und sich zur Abwendung des Insolvenzverfahrens
mit seinen Gläubigern vergleicht oder wenn die Ersatzpflicht in einem Insolvenzplan
geregelt wird.

---

[5] Großkomm AktG/*Ehricke* Rn. 26.
[6] Hüffer/Koch/*Koch* Rn. 4; Großkomm AktG/*Ehricke* Rn. 27; aA Kölner Komm AktG/*Arnold* Rn. 6; MüKoAktG/*Pentz* Rn. 10.
[7] Kölner Komm AktG/*Arnold* Rn. 4; Großkomm AktG/*Ehricke* Rn. 6.
[8] MüKoAktG/*Pentz* Rn. 35.
[9] MüKoAktG/*Pentz* Rn. 37; aA Kölner Komm AktG/*Arnold* Rn. 22.
[10] Hüffer/Koch/*Koch* Rn. 4; K. Schmidt/Lutter/*Bayer* Rn. 7.
[11] Kölner Komm AktG/*Arnold* Rn. 23; MüKoAktG/*Pentz* Rn. 39.
[12] MüKoAktG/*Pentz* Rn. 39.
[13] MüKoAktG/*Pentz* Rn. 18.
[14] Kölner Komm AktG/*Arnold* Rn. 7; MüKoAktG/*Pentz* Rn. 18.
[15] Kölner Komm AktG/*Arnold* Rn. 7; MüKoAktG/*Pentz* Rn. 46.

Übersicht

	Rn.		Rn.
I. Normzweck	1	IV. Beschränkung der Dispositionsbefugnis	4–15
II. Entstehungsgeschichte	2	1. Vergleichs- und Verzichtsverbot innerhalb der ersten drei Jahre	4–7
III. Anwendungsbereich	3	2. Voraussetzungen für einen zulässigen Verzicht oder Vergleich	8–15

I. Normzweck

1 § 50 beschränkt die Befugnis der Gesellschaft, auf ihr nach den §§ 46–48 zustehende Ansprüche zu verzichten oder zu vergleichen. Die Vorschrift dient damit wie auch die §§ 46 ff. der Sicherung der Kapitalaufbringung. Sie dient ferner dem Minderheitenschutz, indem sie einer Minderheit, deren Anteile am Grundkapital mindestens 10 % betragen die Möglichkeit einräumt auch nach Ablauf einer grundsätzlich dreijährigen Verbotsfrist einem Verzicht oder Vergleich zu widersprechen.[1]

II. Entstehungsgeschichte

2 Die Vorschrift wurde gegenüber ihrer Vorgängerregelung § 43 AktG 1937 teilweise geändert. So beträgt die Frist für das Vergleichs- und Verzichtsverbot nunmehr 3 Jahre statt 5 Jahre. Ferner wurde der erforderliche Anteil der zum Widerspruch berechtigten Minderheit auf 10 % des Grundkapitals festgelegt. Schließlich ist für den Widerspruch der Minderheit eine Erklärung zur Niederschrift erforderlich, während früher bereits die bloße Nein-Stimme genügte. Satz 2 der Vorschrift wurde mit Wirkung zum 1.1.1999 an die Neuregelungen der Insolvenzordnung angepasst.[2]

III. Anwendungsbereich

3 Die Vorschrift umfasst alle Ansprüche nach den §§ 46–48. Nicht erfasst sind konkurrierende Ansprüche der Gesellschaft aus einer anderen Anspruchsgrundlage gegen die in den §§ 46–48 genannten Personen oder Ansprüche gegen Dritte sowie ferner nicht Ansprüche Dritter.[3] Die Vorschrift gilt aufgrund des insoweit eindeutigen Wortlauts ferner nicht für Ansprüche aus § 49 iVm § 323 HGB.

IV. Beschränkung der Dispositionsbefugnis

4 **1. Vergleichs- und Verzichtsverbot innerhalb der ersten drei Jahre.** Ein (teilweiser) Verzicht oder Vergleich ist nach Satz 1 nichtig, wenn er in den ersten drei Jahren nach Eintragung der Gesellschaft in das Handelsregister vereinbart wird. Diese zeitliche Beschränkung gilt gemäß Satz 2 nur dann nicht, wenn der Ersatzpflichtige zahlungsunfähig ist und sich zur Abwendung des Insolvenzverfahrens mit seinen Gläubigern vergleicht oder wenn die Ersatzpflicht in einem Insolvenzplan geregelt wird.

5 Mit Verzicht ist der Erlassvertrag iSv § 397 Abs. 1 BGB sowie das vertragliche negative Schuldanerkenntnis iSv § 397 Abs. 2 BGB gemeint.[4] Vergleich meint den Vergleich nach § 779 BGB sowie den Prozessvergleich.[5]

6 Unzulässig sind ferner alle Rechtsgeschäfte, die in ihrer Wirkung einem Vergleich oder Verzicht gleichkommen. So ist eine Abtretung der Ansprüche unzulässig, wenn der Gesellschaft nicht der volle Gegenwert für die abgetretene Forderung zufließt.[6] Entsprechendes gilt für die Annahme an Erfüllungs Statt, wenn deren Wert hinter dem Wert der Ansprüche zurückbleibt, während eine Annahme an Erfüllungshalber stets zulässig ist.[7] Die Novation, die zur Schaffung einer neuen Forderung führt, die nicht mehr den Beschränkungen des § 50 unterliegt, ist ebenfalls unzulässig.[8]

---

[1] Hüffer/Koch/*Koch* Rn. 1; Kölner Komm AktG/*Arnold* Rn. 2; K. Schmidt/Lutter/*Bayer* Rn. 1.
[2] S. ausf. zur Gesetzgebungsgeschichte Großkomm AktG/*Ehricke* Rn. 1 ff.
[3] Hüffer/Koch/*Koch* Rn. 2; MüKoAktG/*Pentz* Rn. 9; Großkomm AktG/*Ehricke* Rn. 11; K. Schmidt/Lutter/*Bayer* Rn. 2.
[4] Kölner Komm AktG/*Arnold* Rn. 6; MüKoAktG/*Pentz* Rn. 11; Großkomm AktG/*Ehricke* Rn. 13; Bürgers/Körber/*Körber* Rn. 3.
[5] Kölner Komm AktG/*Arnold* Rn. 5; MüKoAktG/*Pentz* Rn. 11; Großkomm AktG/*Ehricke* Rn. 14; Bürgers/Körber/*Körber* Rn. 3.
[6] Kölner Komm AktG/*Arnold* Rn. 8; MüKoAktG/*Pentz* Rn. 13; Großkomm AktG/*Ehricke* Rn. 19.
[7] MüKoAktG/*Pentz* Rn. 13; Großkomm AktG/*Ehricke* Rn. 17.
[8] MüKoAktG/*Pentz* Rn. 13; Bürgers/Körber/*Körber* Rn. 4.

Gleiches gilt für den Klageverzicht (§ 307 ZPO) und für das Anerkenntnis bei negativen Feststellungsklagen.⁹

Ein Verstoß gegen das Vergleichs- und Verzichtsverbot macht die entsprechende Vereinbarung unheilbar nichtig. Eine vor Ablauf der drei Jahre abgeschlossene Vereinbarung wird nicht nach Ablauf der Frist wirksam, sondern muss dann neu abgeschlossen werden.¹⁰ Nichtig ist auch ein Verzicht oder Vergleich, der innerhalb der Dreijahresfrist unter der aufschiebenden Bedingung abgeschlossen wird, dass er erst mit Zustimmung der Hauptversammlung nach Ablauf der drei Jahre wirksam werden soll.¹¹ 7

2. Voraussetzungen für einen zulässigen Verzicht oder Vergleich. Nach Ablauf von drei Jahren seit Eintragung der Gesellschaft in das Handelsregister oder in den Fällen des Satz 2 ist ein Verzicht oder Vergleich zulässig, wenn die Hauptversammlung zustimmt und nicht eine Minderheit von Aktionären, deren Anteile zusammen mindestens 10 % des Grundkapitals erreichen, hiergegen Widerspruch zu Protokoll erklärt hat. Maßgeblich für das Quorum ist das tatsächliche, nicht lediglich das in der Beschlussfassung vertretene Grundkapital.¹² 8

Die Berechnung der Frist richtet sich nach den § 187 Abs. 1 BGB, § 188 Abs. 2 BGB. Der Tag der Eintragung der Gesellschaft in das Handelsregister wird gem. § 187 Abs. 1 BGB bei der Berechnung der Frist nicht mitberechnet.¹³ 9

Für den Hauptversammlungsbeschluss genügt gem. § 133 Abs. 1 grundsätzlich die einfache Mehrheit der abgegebenen Stimmen.¹⁴ Die Stimmverbote nach § 136 Abs. 1 sind dabei zu beachten.¹⁵ 10

Eine Ausnahme von der Dreijahressperrfrist besteht gem. Satz 2 dann, wenn der Ersatzpflichtige zahlungsunfähig ist und sich zur Abwendung des Insolvenzverfahrens mit seinen Gläubigern vergleicht oder wenn die Ersatzpflicht in einem Insolvenzplan geregelt wird. 11

Der Begriff der Zahlungsunfähigkeit bestimmt sich nach § 17 InsO. Der Zahlungsunfähigkeit ist bei juristischen Personen als Anspruchsgegner die Überschuldung nach § 19 InsO gleichzustellen.¹⁶ 12

Bei der in Satz 2 genannten 2. Alternative des Abwendungsvergleichs ist erforderlich, dass sich der Anspruchsgegner mit seinen Gläubigern als Gesamtheit zur Bereinigung seiner wirtschaftlichen Verhältnisse vergleicht. Das Ziel des Vergleichs muss in der Gesamtbereinigung der Verpflichtungen bestehen, wobei einzelne kleinere Gläubiger vom Vergleich ausgenommen werden können.¹⁷ 13

Mit Insolvenzplan im Sinne der 3. Alternative des Satzes 2 ist ein Plan nach den §§ 217 ff. InsO gemeint, der Schuldbereinigungsplan (§§ 305 ff. InsO) fällt nicht darunter.¹⁸ 14

Ein wirksamer Verzicht oder Vergleich wirkt gegenüber jedermann, auch gegenüber einer Aktionärsminderheit, die nach § 147 die Geltendmachung von Ersatzansprüchen nach den §§ 46–48 verlangt (hat).¹⁹ Wegen des Verweises auf § 93 Abs. 4 S. 3 in § 148 Abs. 6 S. 4 tritt die Sperrwirkung auch bei Verzichten oder Vergleichen im Zusammenhang mit von der Gesellschaft erhobener oder übernommener Klagen nach einem Klagezulassungsverfahren ein. 15

§ 51 Verjährung der Ersatzansprüche

¹Ersatzansprüche der Gesellschaft nach den §§ 46 bis 48 verjähren in fünf Jahren. ²Die Verjährung beginnt mit der Eintragung der Gesellschaft in das Handelsregister oder, wenn die zum Ersatz verpflichtende Handlung später begangen worden ist, mit der Vornahme der Handlung.

I. Normzweck

Die Vorschrift regelt einheitlich die Verjährung für Ansprüche der Gesellschaft aus den §§ 46–48. Mit der fünfjährigen Verjährungsfrist soll sichergestellt werden, dass alle der Gesellschaft im Zusammenhang mit ihrer Gründung zugefügten Nachteile, die zu einem Ersatzanspruch der Gesellschaft nach den §§ 46–48 führen, auch aufgedeckt werden.¹ Die Vorschrift bezweckt damit sowohl 1

---
⁹ Grigoleit/*Vedder* Rn. 1.
¹⁰ Kölner Komm AktG/*Arnold* Rn. 26; MüKoAktG/*Pentz* Rn. 15; Großkomm AktG/*Ehricke* Rn. 28.
¹¹ MüKoAktG/*Pentz* Rn. 16; Großkomm AktG/*Ehricke* Rn. 29.
¹² MüKoAktG/*Pentz* Rn. 23.
¹³ Großkomm AktG/*Ehricke* Rn. 28.
¹⁴ MüKoAktG/*Pentz* Rn. 22; Großkomm AktG/*Ehricke* Rn. 39.
¹⁵ MüKoAktG/*Pentz* Rn. 22; Großkomm AktG/*Ehricke* Rn. 39.
¹⁶ MüKoAktG/*Pentz* Rn. 19; Großkomm AktG/*Ehricke* Rn. 33.
¹⁷ MüKoAktG/*Pentz* Rn. 20; Großkomm AktG/*Ehricke* Rn. 34.
¹⁸ MüKoAktG/*Pentz* Rn. 20; aA Großkomm AktG/*Ehricke* Rn. 36.
¹⁹ MüKoAktG/*Pentz* Rn. 14.
¹ MüKoAktG/*Pentz* Rn. 3.

den Schutz der Gläubiger als auch den Schutz der später eingetretenen Aktionäre. Gleichzeitig schafft die fünfjährige Verjährungsfrist aber auch Rechtssicherheit für die Anspruchsgegner, indem verhindert wird, dass diese zu einer Zeit in Anspruch genommen werden, in der sie nicht mehr über die zur Verteidigung notwendigen Unterlagen und Kenntnisse verfügen.[2]

II. Entstehungsgeschichte

2 Die Vorschrift entspricht § 44 AktG 1937 enthält jedoch in ihrer jetzigen Fassung zwei Änderungen. Bereits durch das AktG 1965 wurde in Satz 2 hinsichtlich des Verjährungsbeginns nicht mehr allein wie bis dahin an die Eintragung der Gesellschaft in das Handelsregister angeknüpft, sondern auch auf den Zeitpunkt der schädigenden Handlung, wenn diese nach Eintragung der Gesellschaft erfolgte. Ferner wurden durch das Gesetz zur Anpassung von Verjährungsfristen an das Gesetz zur Modernisierung des Schuldrechts[3] Ansprüche nach § 49 aus dem Anwendungsbereich des § 51 herausgenommen. Für die Ansprüche verbleibt es bei der dreijährigen Regelverjährung nach den §§ 195, 199 BGB.[4]

III. Anwendungsbereich

3 Die Vorschrift regelt die Verjährung für sämtliche Ersatzansprüche der Gesellschaft aus den §§ 46–48. Sie findet nach ganz hM auf konkurrierende Ansprüche der Gesellschaft, insbesondere deliktische Ansprüche, keine Anwendung.[5] Für Ausgleichsansprüche von Gesamtschuldnern nach § 426 Abs. 1 BGB gilt die dreijährige Verjährungsfrist des § 195 BGB.[6]

IV. Verjährungsfrist und Fristberechnung

4 Die Verjährungsfrist beträgt einheitlich für alle Ansprüche aus §§ 46–48 fünf Jahre (§ 51 S. 1). Die Bestimmung ist zwingend, abweichende Vereinbarungen, die die Verjährungsfrist verkürzen sind unzulässig und gem. § 134 BGB nichtig.[7]

5 Die Verjährungsfrist beginnt entweder mit der Eintragung der Gesellschaft in das Handelsregister oder, wenn die zum Ersatz verpflichtende Handlung später begangen worden ist, mit der Vornahme der Handlung (§ 51 S. 2). Die Fristberechnung richtet sich bei beiden Alternativen nach den allgemeinen Regelungen der § 187 Abs. 1 BGB, § 188 Abs. 2 BGB.

V. Verjährung von Vergleichsforderungen

6 Forderungen aus einem nach § 50 wirksam abgeschlossenen Vergleich verjähren gemäß § 212 Abs. 1 Nr. 1 4. Alt. BGB grundsätzlich erneut nach fünf Jahren.

§ 52 Nachgründung

(1) ¹Verträge der Gesellschaft mit Gründern oder mit mehr als 10 vom Hundert des Grundkapitals an der Gesellschaft beteiligten Aktionären, nach denen sie vorhandene oder herzustellende Anlagen oder andere Vermögensgegenstände für eine den zehnten Teil des Grundkapitals übersteigende Vergütung erwerben soll, und die in den ersten zwei Jahren seit der Eintragung der Gesellschaft in das Handelsregister geschlossen werden, werden nur mit Zustimmung der Hauptversammlung und durch Eintragung in das Handelsregister wirksam. ²Ohne die Zustimmung der Hauptversammlung oder die Eintragung im Handelsregister sind auch die Rechtshandlungen zu ihrer Ausführung unwirksam.

(2) ¹Ein Vertrag nach Absatz 1 bedarf der schriftlichen Form, soweit nicht eine andere Form vorgeschrieben ist. ²Er ist von der Einberufung der Hauptversammlung an, die über die Zustimmung beschließen soll, in dem Geschäftsraum der Gesellschaft zur Einsicht der Aktionäre auszulegen. ³Auf Verlangen ist jedem Aktionär unverzüglich eine Abschrift zu erteilen. ⁴Die Verpflichtungen nach den Sätzen 2 und 3 entfallen, wenn der Vertrag für

---

[2] Großkomm AktG/*Ehricke* Rn. 3.
[3] BGBl. 2004 I 3214.
[4] Hüffer/Koch/*Koch* Rn. 1.
[5] GHEK/*Eckardt* Rn. 1; Hüffer/Koch/*Koch* Rn. 2; MüKoAktG/*Pentz* Rn. 6; Großkomm AktG/*Ehricke* Rn. 5.
[6] Hüffer/Koch/*Koch* Rn. 2.
[7] MüKoAktG/*Pentz* Rn. 16.

denselben Zeitraum über die Internetseiten der Gesellschaft zugänglich ist. ⁵In der Hauptversammlung ist der Vertrag zugänglich zu machen. ⁶Der Vorstand hat ihn zu Beginn der Verhandlung zu erläutern. ⁷Der Niederschrift ist er als Anlage beizufügen.

(3) ¹Vor der Beschlußfassung der Hauptversammlung hat der Aufsichtsrat den Vertrag zu prüfen und einen schriftlichen Bericht zu erstatten (Nachgründungsbericht). ²Für den Nachgründungsbericht gilt sinngemäß § 32 Abs. 2 und 3 über den Gründungsbericht.

(4) ¹Außerdem hat vor der Beschlußfassung eine Prüfung durch einen oder mehrere Gründungsprüfer stattzufinden. ²§ 33 Abs. 3 bis 5, §§ 34, 35 über die Gründungsprüfung gelten sinngemäß. ³Unter den Voraussetzungen des § 33a kann von einer Prüfung durch Gründungsprüfer abgesehen werden.

(5) ¹Der Beschluß der Hauptversammlung bedarf einer Mehrheit, die mindestens drei Viertel des bei der Beschlußfassung vertretenen Grundkapitals umfaßt. ²Wird der Vertrag im ersten Jahre nach der Eintragung der Gesellschaft in das Handelsregister geschlossen, so müssen außerdem die Anteile der zustimmenden Mehrheit mindestens ein Viertel des gesamten Grundkapitals erreichen. ³Die Satzung kann an Stelle dieser Mehrheiten größere Kapitalmehrheiten und weitere Erfordernisse bestimmen.

(6) ¹Nach Zustimmung der Hauptversammlung hat der Vorstand den Vertrag zur Eintragung in das Handelsregister anzumelden. ²Der Anmeldung ist der Vertrag mit dem Nachgründungsbericht und dem Bericht der Gründungsprüfer mit den urkundlichen Unterlagen beizufügen. ³Wird nach Absatz 4 Satz 3 von einer externen Gründungsprüfung abgesehen, gilt § 37a entsprechend.

(7) ¹Bestehen gegen die Eintragung Bedenken, weil die Gründungsprüfer erklären oder weil es offensichtlich ist, daß der Nachgründungsbericht unrichtig oder unvollständig ist oder den gesetzlichen Vorschriften nicht entspricht oder daß die für die zu erwerbenden Vermögensgegenstände gewährte Vergütung unangemessen hoch ist, so kann das Gericht die Eintragung ablehnen. ²Enthält die Anmeldung die Erklärung nach § 37a Abs. 1 Satz 1, gilt § 38 Abs. 3 entsprechend.

(8) Einzutragen sind der Tag des Vertragsschlusses und der Zustimmung der Hauptversammlung sowie der oder die Vertragspartner der Gesellschaft.

(9) Vorstehende Vorschriften gelten nicht, wenn der Erwerb der Vermögensgegenstände im Rahmen der laufenden Geschäfte der Gesellschaft, in der Zwangsvollstreckung oder an der Börse erfolgt.

Schrifttum: *Bayer/Lieder*, Einbringung von Dienstleistungen in die AG, NZG 2010, 86; *Binz/Freudenberg*, Zur Nachgründungsproblematik beim going public, Anwendung der Nachgründungsvorschrift des § 52 AktG auf Verträge einer neugegründeten AG mit Nicht-Aktionären, DB 1992, 2281; *Böttcher*, Die gemischte verdeckte Sacheinlage im Rahmen der Kapitalerhöhung – „Rheinmöve", NZG 2008, 416; *Bork*, Nachgründende Kapitalerhöhung mit Sacheinlagen?, AG 1984, 320; *Bröcker*, Die aktienrechtliche Nachgründung: Wie viel Kontrolle benötigt die junge Aktiengesellschaft?, ZIP 1999, 1029; *Bröcker*, Nachgründung, Sachgründung und Kapitalschutz, 2006; *Diekmann*, Die Nachgründung der Aktiengesellschaft, ZIP 1996, 2149; *Dormann/Fromholzer*, Offene Fragen der Nachgründung nach dem NaStraG, AG 2001, 242; *Drygala*, Die aktienrechtliche Nachgründung zwischen Kapitalaufbringung und Kapitalerhaltung, FS Huber, 2006, 691 ff.; *Eisolt*, Neuregelung der Nachgründung durch das Namensaktiengesetz, DStR 2001, 748; *Geiler*, Über die Nachgründung, JW 1929, 2924; *Grooterhorst*, Praktische Probleme beim Erwerb einer Vorrats-AG, NZG 2001, 145; *Grub/Fabian*, Die Anwendung der Nachgründungsvorschriften auf Sachkapitalerhöhungen, AG 2002, 614; *Habersack/Verse*, Europäisches Gesellschaftsrecht, 4. Aufl. 2011; *Habersack*, Verdeckte (gemischte) Sacheinlage, Sachübernahme und Nachgründung im Aktienrecht, ZGR 2008, 48; *Hartmann/Barcaba*, Die Anforderungen an den Bericht des Aufsichtsrats im Nachgründungsverfahren, AG 2001, 437; *Heidinger*, Die Rechtsgeschäfte der Vor-AG mit Dritten, ZNotP 2000, 182; *Hennke*, Die Reform der Nachgründung nach § 52 AktG, Bedeutung gegenüber der verdeckten Sacheinlage und der Prospekthaftung, 2006; *Hildebrand*, Das Nachgründungsstadium der AG und die Problematik des § 52 AktG, Unter Berücksichtigung der Situation junger StartUp-Unternehmen, 2005; *Holzapfel/Roschmann*, Nachgründung gem. § 52 AktG, FS Bezzenberger, 2000, 163; *Hüffer*, Die Haftung bei wirtschaftlicher Neugründung unter Verstoß gegen die Offenlegungspflicht, NJW 2011, 1772; *Jäger*, Aktiengesellschaft, Unter besonderer Berücksichtigung der KGaA, Rechtliche Grundlagen, Finanzierung, Management und Haftung, 2004; *Jäger*, Die Nachgründungsproblematik aus Sicht der Holding-AG, NZG 1998, 370; *Kind*, Erfordernis der Nachgründung, insbesondere bei Holding-Aktiengesellschaften?, FS Nordemann, 1999, 109; *Klasen*, Recht der Sacheinlage: Rechtliche Rahmenbedingungen – Neuerungen durch MoMiG und ARUG, BB 2008, 2694; *Kley*, Sachkapitalerhöhung bei der Aktiengesellschaft: Einbringungsvertrag und Zeichnung der neuen Aktien, Notwendigkeit und Formerfordernisse, RNotZ 2003, 17; *Knott*, Nachgründung im Anschluss an Börsengänge, BB 1999, 806; *Koch*, Die Nachgründung, Entgeltliche Erwerbsverträge und gesellschaftsrechtliche Geschäfte der jungen Aktiengesellschaft nach altem und neuem Recht (Namensaktiengesetz 2001), 2002; *Krieger,* Zur Reichweite des § 52 AktG, FS Claussen, 1997, 223; *Krolop,* Die (verdeckte) gemischte Sacheinlage und die Mischeinlage, NZG 2007, 577; *Kubis,* § 52 AktG – eine unsichere Sicherung der Kapitalaufbringung, AG 1993, 118; *Laub,* Die Nachgründung nach § 52 AktG als kapitalerhaltende Norm, Auswirkungen auf den Tatbestand und seine Anwendung nach dem Umwandlungsgesetz (UmwG), 2004; *Lieder,* Rechtsfragen der aktienrechtlichen Nachgründung nach ARUG, ZIP 2010, 964; *Lutter/Bayer/J. Schmidt,* Europäisches Unternehmens- und Kapitalmarktrecht, ZGR-Sonderheft 1, 6. Aufl. 2018; *Lutter,* Kapital, Sicherung der Kapitalaufbringung und Kapitalerhaltung in den Aktien- und GmbH-Rechten der EWG, 1964; *Lutter/Ziemons,* Die unverhoffte Renaissance der Nachgründung, ZGR 1999, 479; *Martens,* Nachgründungskontrolle beim Formwechsel einer GmbH in eine AG, ZGR 1999, 548; *Martens,* Die Nachgründungskontrolle bei Einheit von Aktienerwerb und Verkehrgeschäften, FS Priester 2007, 427; *Melchior,* Offenlegung der wirtschaftlichen Neugründung bei der AG – How to, AG 2013, R223; *Mülbert,* Anwendung der Nachgründungsvorschriften auf die Sachkapitalerhöhung, AG 2003, 136; *Pentz,* Die Änderungen des Nachgründungsrechts durch das NaStraG, Ein Austausch alter durch neue Probleme, NZG 2001, 346; *Pentz,* Zur beabsichtigten Änderung des § 52 AktG im RefE des Gesetzes zur Namensaktie und zur Erleichterung der Stimmrechtsausübung – Namensaktiengesetz (NaStraG), NZG 2000, 225; *Priester,* Geschäfte mit Dritten vor Eintragung der AG, Zur teleologischen Reduktion des § 27 AktG, ZHR 2001, 383; *Priester,* Neue Regelung zur Nachgründung, Die Entschärfung des § 52 AktG, DB 2001, 467; *Reichert,* Probleme der Nachgründung nach altem und neuem Recht, ZGR 2001, 554; *Chr. Schmidt/Seipp,* Berechnung der Vergütung von Miet- und Leasingverträgen im Rahmen der Nachgründung gemäß § 52 Abs. 1 AktG, ZIP 2000, 2089; *Schwab,* Die Nachgründung im Aktienrecht: Tatbestand, Rechtsfolgen und Verfahren, 2003; *Schwarz,* Europäisches Gesellschaftsrecht, Ein Handbuch für Wissenschaft und Praxis, 2000; *Walter/Hald,* Nachgründungsvorschriften bei der Holding-AG zu beachten?, DB 2001, 1183; *Wastl,* Der Handel mit größeren Aktienpaketen börsennotierter Unternehmen, Eine Bestandsaufnahme aus primär aktien-, börsen- und kapitalmarktrechtlicher Sicht, NZG 2000, 505; *Weisshaupt,* Die Heilung „vergessener" Nachgründungsgeschäfte, ZGR 2005, 726 ff.; *R. Werner,* Nachgründung und Börsengang – wie obsolet ist § 52 AktG?, NZG 2000, 231; *R. Werner,* Zum Anwendungsbereich des § 52 AktG nach der Neufassung durch das NaStraG, ZIP 2001, 1403; *W. Werner,* Zur Unanwendbarkeit der Nachgründungsvorschriften (§§ 52 f. AktG) nach einer Verschmelzung durch Neubildung, DB 1971, 1399; *Wilhelm,* Kapitalaufbringung und Handlungsfreiheit der Gesellschaft nach Aktien- und GmbH-Recht, ZHR 1988, 333; *Witte/Wunderlich,* Die Nachgründungsproblematik bei „jungen Aktiengesellschaften", BB 2000, 2213; *Zimmer,* Die Nachgründungsvorschriften des § 52 AktG – Tatbestand und Reichweite sowie Möglichkeit der Heilung unwirksamer Rechtsgeschäfte, DB 2000, 1265.

Übersicht

	Rn.
I. Einführung	1–9
1. Entwicklung der Norm	1–3
2. Normzweck	4–6
3. Normaufbau	7–9
II. Tatbestand der Nachgründung	10–44
1. Begriff und Rechtsnatur des Nachgründungsvertrages	10
2. Arten der Nachgründungsverträge	11–15
3. Ausnahmen (Abs. 9)	16–23
a) Laufende Geschäfte	17–20
b) Zwangsvollstreckung	21, 22
c) Erwerb an der Börse	23
4. Parteien des Nachgründungsvertrages	24–30
a) Gründer	26, 27
b) Maßgeblich beteiligte Aktionäre	28–30
5. Vertragsgegenstand	31–33
a) Vermögensgegenstände	31
b) Dienstleistungen	32
c) Beteiligungen	33
6. Zeitliche Grenze	34–38
7. Die Vergütung	39–44
III. Anwendungsbereich und Abgrenzungsfragen	45–60
1. Wirtschaftliche Neugründung	45
2. Umwandlungsfälle	46, 47
3. Sachkapitalerhöhung	48–49

	Rn.
4. Konzernkonstellationen	50–53
5. Nachgründung und verdeckte Sacheinlage (Abs. 10 aF)	54–60
a) Unwirksame Sacheinlage- oder Sachübernahmevereinbarung	54
b) Verdeckte Sacheinlage	55
c) Heilung einer verdeckten Sacheinlage	56–60
IV. Nachgründungsverfahren	61–80
1. Schriftform	61
2. Prüfung	62–66
3. Zustimmung der Hauptversammlung	67–74
a) Information der Aktionäre	67–69
b) Zustimmungsbeschluss	70–74
4. Registereintragung	75–80
a) Anmeldung	75
b) Gerichtliche Prüfung	76–78
c) Eintragung und Bekanntmachung	79, 80
V. Rechtsfolgen	81–101
1. Ordnungsgemäßes Verfahren	81–92
a) Rechtslage vor der Eintragung	81–87
b) Rechtsfolgen der Eintragung	88–92
2. Verfahrensfehler	93–101
a) Prüfungen und Berichte	93, 94
b) Aktionärsinformation	95
c) Schriftform	96–98
d) Zustimmung	99
e) Eintragung und Bekanntmachung	100, 101

I. Einführung

1. Entwicklung der Norm.[1] Die Regelung der Nachgründung besteht in ihren Grundzügen 1 bereits seit 1884. § 52 geht zunächst auf **Art. 213 f. ADHGB,** dann auf **§ 207 HGB** und schließlich **§ 45 AktG 1937** zurück. 1965 erfolgte bei der Übernahme in § 52 in dreifacher Hinsicht eine vergleichsweise unbedeutende Änderung. In Abs. 1 S. 1 wurde klargestellt, dass nur Vertragsschlüsse innerhalb von zwei Jahren unter die Einschränkungen der Nachgründung fallen. Regelungen zur Form und über die Information der Aktionäre wurden neu eingefügt, § 45 Abs. 6 S. 2 AktG 1937 (Gelegenheit zur Abhilfe bei Beanstandung, vgl. jetzt die allg. Regelung § 26 S. 2 HRV) wurde gestrichen. Eine weitere Änderung 1979 hatte keine inhaltliche Auswirkung.[2]

Beim Gründungsboom der späten 90er Jahre erwies sich die geltende weite Fassung des § 52 als 2 erhebliche Behinderung für junge Aktiengesellschaften.[3] Daher schränkte der Gesetzgeber durch das **NaStraG**[4] den Anwendungsbereich von § 52 erheblich bezüglich der betroffenen Vertragspartner (→ Rn. 24 ff.) und der Art der betroffenen Geschäfte (Abs. 9, → Rn. 16 ff.) ein.[5] Die Änderung ist nach Art. 7 NaStraG rückwirkend zum 1.1.2000 in Kraft getreten.[6] Darüber hinaus kann die Unwirksamkeit eines zuvor geschlossenen nachgründenden Vertrages seit dem 1.1.2002 nur noch aufgrund der neuen Gesetzesfassung geltend gemacht werden (**Übergangsvorschrift des § 11 EGAktG).**[7] Die Änderung durch das NaStraG nähert die deutsche Regelung inhaltlich den **europarechtlichen Vorgaben** in Art. 11 Abs. 1 und Abs. 2 2. (Kapitalschutz-)Richtlinie der EG zur Koordinierung des Gesellschaftsrechts[8] an, bleibt aber weiterhin über dem europäischen Mindeststandard.[9] Dieser Zusammenhang indiziert auch eine richtlinienkonforme Auslegung der Norm.[10] Kleine Änderungen durch das EHUG[11] brachten Erleichterungen bei den einzureichenden Anlagen (Abs. 6 S. 2) und den Wegfall der Bekanntmachung (Abs. 8).

Durch das ARUG[12] wurde mit Wirkung zum 1.9.2009 in Abs. 4 S. 3 (Gründungsprüfung) auf 3 den neuen § 33a und in Abs. 6 S. 3 (Anmeldung) und § 7 S. 2 (Eintragungshindernisse) auf die neuen §§ 37a und 38 Abs. 3 verwiesen. Damit werden die beiden auf Art. 27 Abs. 2 UAbs. 2 KapitalRL fußenden Grundgedanken der Maßgeblichkeit des Handelskurses und der Vermeidung einer Doppelbewertung auf die Regeln der Nachgründung erstreckt.[13] In Abs. 2 S. 4 wird die erforderliche Information der Aktionäre vor und in der Hauptversammlung in elektronischer Form ermöglicht und damit für die Gesellschaft erleichtert. Abs. 10 wurde zur redaktionellen Anpassung an die Änderungen in § 27 zur verdeckten Sacheinlage aufgehoben.

2. Normzweck. § 52 bindet die Wirksamkeit sog. Nachgründungsgeschäfte (→ Rn. 10 ff.) an 4 die Zustimmung der Hauptversammlung und unterwirft sie der Prüfung sowie der Publizität durch das Registergericht. Insofern ist die Vertretungsmacht des Vorstandes eingeschränkt.[14] Damit stellt das Gesetz ähnliche Anforderungen **wie bei der Sachgründung** (s. §§ 27, 32 ff.). Die auf Bewertungskontrolle von Sacheinlage gerichteten Gründungsvorschriften werden für die ersten beiden Nachgründungsjahre quasi verlängert.[15] Im Gegensatz zum konkreten Schutz vor

---

[1] Vgl. ausf. dazu auch Großkomm AktG/*Priester* Rn. 4 ff.
[2] S. MüKoAktG/*Pentz* Rn. 2.
[3] Vgl. RegBegr zum NaStraG BT-Drs. 14/4051, 10.
[4] Art. 1 Nr. 3 NaStraG v. 18.1.2001, BGBl. 2001 I 123; zur Entstehungsgeschichte vgl. MüKoAktG/*Pentz* Rn. 1 ff.
[5] Zum NaStraG s. MüKoAktG/*Pentz* Rn. 3; rechtspolitisch ausdrücklich zust. Großkomm AktG/*Priester* Rn. 7 und 29.
[6] Zu negativen Auswirkungen der Rückwirkung auf zwischenzeitliche Verfügungen: *Eisolt* DStR 2001, 748 (753 f.); *Pentz* NZG 2001, 346 (354).
[7] Vgl. dazu ausf. *Dormann/Fromholzer* AG 2001, 242 (246 ff.); *Priester* DB 2001, 467 (471); Würzburger Notar-HdB/*Reul* Teil 5 Kap. 4 Rn. 110 spricht von einer Heilungsvorschrift für Geschäfte vor dem 1.1.2000.
[8] 77/91 EWG v. 13.12.1976, ABl. EG 1977 Nr. L 26, 1 ff., jetzt Art. 52 RL EU 2017/1132 v. 14.7.2017, ABl. EU 2017 L 169, 46 v. 30.6.2017; Großkomm AktG/*Priester* Rn. 8; hierzu *Lutter/Bayer/Schmidt* EuropUnternehmensR § 19 Rn. 19.78 ff.; *Habersack/Verse* EuropGesR § 6 Rn. 33 ff. auch mit Hinweis auf Umsetzungsdefizite; *Schwarz* EuropGesR S. 356 ff.; *Ganske* DB 1978, 2461.
[9] Vgl. dazu ausf. Großkomm AktG/*Priester* Rn. 8 ff.
[10] Großkomm AktG/*Priester* Rn. 11.
[11] BGBl. 2006 I. 2553.
[12] BGBl. 2009 I 2479.
[13] *Seibert/Florstedt* ZIP 2008, 2145.
[14] *Bröcker* ZIP 1999, 1029 (1041) spricht von einem teilentmündigten Vorstand.
[15] *Martens* FS Priester, 2007, 427 (429) mwN in Fn. 8 auch zu anderen diskutierten Normzweckelementen.

Umgehung durch die frühere Rechtsprechung und jetzige gesetzliche Neuregelung zur verdeckten Sacheinlage in § 27 Abs. 3 bietet § 52 einen abstrakten Schutz vor Umgehung.[16]

5 Regelungszweck ist vor allem die Sicherung der **realen Kapitalaufbringung** durch Umgehungsschutz der Sachgründungsvorschriften.[17] Denn gründungsnahe Erwerbspflichten einer AG enthalten bezüglich der mangelnden Substanz und Bewertungsfehlern ein ähnliches Risikopotential wie die Sachgründung. Neuerdings wird mehr der ebenfalls gläubigerschützende Aspekt der **Kapitalerhaltung** angeführt.[18] Jedenfalls kann es zu praktischen **Überschneidungen mit Kapitalerhaltungsschutznormen** kommen.[19] Ein Nachgründungsgeschäft kann gleichzeitig einen Verstoß gegen § 57 darstellen, wenn einem wesentlich beteiligten Aktionär dabei verbotenerweise Einlagen zurückgewährt werden (s. dazu näher die Erläuterung bei → § 57 Rn. 1 ff.).

6 Neben dem Gläubigerschutz soll auch die AG vor **übermäßiger Einflussnahme der Gründer** auf den typischerweise von ihnen abhängigen Vorstand geschützt werden. Dies betrifft den Vorstand selbst, vor allem aber die übrigen Aktionäre im Hinblick auf mittelbare Beeinträchtigungen ihrer Interessen durch die Schädigung der Gesellschaft aufgrund unsauberer Machenschaften im Gründungsstadium.[20]

7 **3. Normaufbau.** Abs. 1 enthält die positiven **Tatbestandsmerkmale** der unter die Nachgründungskautelen fallenden Verträge, die in negativer Hinsicht durch Abs. 9 eingegrenzt werden.

8 **Voraussetzung für die Wirksamkeit** der von Abs. 1 erfassten Verträge ist unter anderem die Schriftform (Abs. 2 S. 1). Die erforderliche Mitwirkung der Hauptversammlung durch Zustimmungsbeschluss ist in Abs. 2 S. 2–7 und Abs. 5 geregelt. In Abs. 3 und Abs. 4 enthalten die Prüfungsanforderungen. Das Verfahren für das weitere Wirksamkeitserfordernis der Registereintragung bestimmt sich nach Abs. 6–8. Der frühere Abs. 10, der eine Klarstellung zum Verhältnis von § 52 zu § 27 Abs. 3 aF enthielt, wurde als Folgeänderung des § 27 Abs. 3 durch das ARUG aufgehoben.

9 Für sich aus der Nachgründung ergebende **Ersatzansprüche** enthält § 53 besondere Bestimmungen, die bei den Regelungen der §§ 46, 47 und §§ 49–51 ansetzen.[21]

II. Tatbestand der Nachgründung

10 **1. Begriff und Rechtsnatur des Nachgründungsvertrages.** Unter Nachgründung versteht das Gesetz nach Abs. 1 S. 1 den Abschluss eines Vertrages einer als juristische Person entstandenen AG über den Erwerb von Vermögensgegenständen[22] in den ersten zwei Jahren nach ihrer Eintragung mit den Gründern oder mit mehr als 10 Prozent beteiligten Aktionären, wobei die Vergütung mehr als 10 Prozent des Grundkapitals betragen muss. Es handelt sich dabei nicht um korporative Gründungsgeschäfte, sondern um **schuldrechtliche Verträge,**[23] die wegen ihrer spezifischen Gefährdungslage (→ Rn. 5) ähnlich wie Gründungsgeschäfte behandelt werden.[24]

11 **2. Arten der Nachgründungsverträge.** Die Nachgründungsverträge müssen **keinem bestimmten Geschäftstypus** zuzuordnen sein. Meist handelt es sich um Kaufverträge. Unter § 52 fallen ebenso Werkverträge, selbst wenn kein Material geliefert wird, aber auch Gebrauchsüberlas-

---

[16] Zum Erfordernis der teleologischen Reduzierung – wie bei § 181 BGB –, wenn Missbrauch von vornherein ausgeschlossen ist: *Martens* FS Priester, 2007, 427 (432); dem § 52 neben der Lehre von der verdeckten Sacheinlage jede Grundlage absprechend *Bröcker,* Nachgründung, Sachgründung und Kapitalschutz, 2006, 178.

[17] AllgM; so schon allg. Begr. zur Novelle 1884, Aktenstück Nr. 21, S. 282 abgedruckt bei *Schubert/Hommelhoff* ZGR-Sonderheft 4, 1985, 409.

[18] *Bröcker* ZIP 1999, 1029 (1035); *Bröcker,* Nachgründung, Sachgründung und Kapitalschutz, 2006, 180 ff.; ihm folgend *Zimmer* DB 2000, 1265 (1268); *Drygala* FS Huber, 2006, 691 ff.; vgl. ausf. dazu Großkomm AktG/*Priester* Rn. 14; *Laub,* Die Nachgründung nach § 52 AktG als kapitalerhaltende Norm, Auswirkungen auf den Tatbestand und seine Anwendung nach dem Umwandlungsgesetz, 2004, 21 ff.; *Hildebrand,* Das Nachgründungsstadium der AG und die Problematik des § 52 AktG, 2005, 34 ff. (136) spricht von einer „Brückenfunktion" zwischen Kapitalaufbringung und Kapitalerhaltung; ausdrücklich ablehnend jetzt BGH BGHZ 173, 145 = NJW 2007, 3425 – Lurgi, im Zusammenhang mit der Rückabwicklung nach Bereicherungsrecht oder nach § 62.

[19] *Martens* FS Priester, 2007, 427, (428).

[20] Großkomm AktG/*Priester* Rn. 13; Bürgers/Körber/*Körber* Rn. 1; vgl. auch BGHZ 110, 47 (55).

[21] MüKoAktG/*Pentz* Rn. 6.

[22] Für grds. weite Auslegung: Bürgers/Körber/*Körber* Rn. 5.

[23] MüKoAktG/*Pentz* Rn. 12; Großkomm AktG/*Priester* Rn. 26; Kölner Komm AktG/*Arnold* Rn. 13; Hüffer/Koch/*Koch* Rn. 2.

[24] Hüffer/Koch/*Koch* Rn. 2.

sungsverträge wie zB Miet- und Leasingverträge[25] sowie Darlehensverträge, bei denen die Gesellschaft ein Kapitalnutzungsrecht gegen Zinszahlung erwirbt.[26] Daher kommt mE auch eine Überschneidung mit dem in § 27 Abs. 4 neu geregelten Tatbestand des Hin- und Herzahlens durch Darlehensgewährung in Frage (auch → § 27 Rn. 292).

Schon **Vorverträge,** die entsprechende Verpflichtungen der Gesellschaft enthalten, sowie **Optionsverträge** werden erfasst.[27]

Nicht von § 52 betroffen sind Lieferungen und Leistungen der Gesellschaft gegen (Geld)Zahlung sowie Garantien oder Bürgschaften der Gesellschaft,[28] da es sich um **nichtgeldliche Leistungen des Vertragspartners** handeln muss.[29] Kritisch sind aber wieder Tauschverträge[30] (zur Bemessung der Vergütung → Rn. 39 ff.).

Auf den Abschluss von **Unternehmensverträgen** iSd § 291 findet § 52 keine Anwendung.[31] Diese beinhalten kein Austauschgeschäft zum Erwerb eines Vermögensgegenstandes. Das Gleiche gilt für **stille Gesellschaftsverhältnisse.**[32] Erwirbt die AG aber einen Vermögensgegenstand aufgrund einer Weisung des anderen Vertragsteiles eines Beherrschungsvertrages, bleibt es bei den Regeln des § 52.[33]

Zum Anwendungsbereich **über Vertragsverhältnisse hinaus** wird auf → Rn. 45 ff. verwiesen.

3. Ausnahmen (Abs. 9). Bis zur Änderung durch das NaStraG 2001[34] war als Ausnahme vorgesehen, „wenn der Erwerb der Vermögensgegenstände den **Gegenstand des Unternehmens** bildet". Die jetzige Fassung der Ausnahmen (laufende Geschäfte, Zwangsvollstreckung, Börse) bezweckt, Geschäfte ohne nachgründungstypische Gefahrenlage von entbehrlichen Erschwernissen frei zu stellen[35] und soll § 52 den Vorgaben des Art. 11 Abs. 2 Kapital-RL von 1977 angleichen (vgl. → Rn. 2).[36] Die (normale) Geschäftstätigkeit der Gesellschaft soll nicht durch die Nachgründungsvorschriften behindert werden.[37]

a) Laufende Geschäfte. Nachdem das NaStraG den Anwendungsbereich des § 52 durch die Beschränkung auf Geschäfte mit Gründern und Großaktionären personell erheblich eingeschränkt hat, ist diese Ausnahme im gegenständlichen Anwendungsbereich **eng auszulegen.**[38]

Inhaltlich sind Erwerbsvorfälle, die bislang im Rahmen des **satzungsmäßigen Unternehmensgegenstandes** keine Nachgründungsfälle waren, grds. auch weiterhin als laufende Geschäfte von der Ausnahme erfasst.[39] Eine Erweiterung zur alten Fassung des § 52 Abs. 9 kann insofern aber nicht angenommen werden.[40]

---

[25] MüKoAktG/*Pentz* Rn. 16; Großkomm AktG/*Priester* Rn. 26; aA früher *Teichmann/Koehler* AktG, 3. Aufl. 1950, § 45 Anm. 2b.
[26] MüKoAktG/*Pentz* Rn. 16; zum Kapitalnutzungsrecht als Gegenstand der Sacheinlage: *Döllerer* FS Fleck, 1988, 35 ff.
[27] MüKoAktG/*Pentz* Rn. 16; Großkomm AktG/*Priester* Rn. 26; Kölner Komm AktG/*Arnold* Rn. 13; *Diekmann* ZIP 1996, 2149.
[28] Großkomm AktG/*Priester* Rn. 26; *Holzapfel/Roschmann* FS Bezzenberger, 2000, 163 (166).
[29] MüKoAktG/*Pentz* Rn. 16; Großkomm AktG/*Priester* Rn. 26; aA *Schwab,* Die Nachgründung im Aktienrecht, 2003, 104, bei Fremdwährungen wegen des damit verbundenen Kursrisikos.
[30] Großkomm AktG/*Priester* Rn. 26.
[31] MüKoAktG/*Pentz* Rn. 13, K. Schmidt/Lutter/*Bayer* Rn. 13; Großkomm AktG/*Priester* Rn. 27; *Schwab,* Die Nachgründung im Aktienrecht, 2003, 115.
[32] *Weitnauer* NZG 2001, 1065 (1073).
[33] MüKoAktG/*Pentz* Rn. 13, Großkomm AktG/*Priester* Rn. 27.
[34] BGBl. 2001 I 123.
[35] Hüffer/Koch/*Koch* Rn. 18.
[36] RegBegr BT-Drs. 14/4051, 10 liSp.
[37] Würzburger NotarHdB/*Reul* Teil 5 Kap. 4 Rn. 157.
[38] NK-AktR/*Lohr* Rn. 7; *Priester* DB 2001, 467 (470); *Eisolt* DStR 2001, 748 (752); *Koch,* Die Nachgründung, Entgeltliche Erwerbsverträge und gesellschaftsrechtliche Geschäfte der jungen Aktiengesellschaft nach altem und neuem Recht, 2002, 102; Großkomm AktG/*Priester* Rn. 95; aA *Schwab,* Die Nachgründung im Aktienrecht, 2003, 128 (137); zur krit. Abgrenzung mit der verdeckten Sacheinlage, bei der die BGH-Rechtsprechung (BGH NJW 2007, 765 = NZG 2007, 144) Umsatzgeschäfte gerade nicht ausnimmt: *Krolop* NZG 2007, 577 (579).
[39] *Hildebrand,* Das Nachgründungsstadium der AG und die Problematik des § 52 AktG, 2005, 119; Hüffer/Koch/*Koch* Rn. 18a: zB Grundbesitzerwerb durch Immobilienhandelsgesellschaft; *Koch,* Die Nachgründung, Entgeltliche Erwerbsverträge und gesellschaftsrechtliche Geschäfte der jungen Aktiengesellschaft nach altem und neuem Recht, 2002, 103 f.; *Werner* ZIP 2001, 1403 (1406); *Walter/Hald* DB 2001, 1183 (1185); *Hennke,* Die Reform der Nachgründung nach § 52 AktG, 2006, 81; Anwendungsbereich jedoch einschränkend K. Schmidt/Lutter/*Bayer* Rn. 46; ebenso für Erwerb von Beteiligungen durch Holding-Gesellschaften: Großkomm AktG/*Priester* Rn. 94; *Priester* DB 2001, 467 (470); vgl. auch *Jäger* NZG 1998, 370 (372).
[40] Anders ausdrücklich LG Hagen Rpfleger 2002, 461 (462).

19 Streitig ist, ob unter „laufende" Geschäfte iSd Abs. 9 alle **„gewöhnlichen" Geschäfte iSd § 116 HGB** fallen.[41] Demgegenüber wird zunehmend der Terminus „alltägliche Geschäfte"[42] oder Tagesgeschäft[43] verwendet. Dies wirkt sich zB beim Erwerb von Anlagevermögen zum Aufbau der unternehmensinternen Infrastruktur aus. Versteht man laufende Geschäfte nämlich nur als „Tagesgeschäft", gehören Investitionen im Grundsatz nicht dazu und es wird nur die Beschaffung von kleineren Posten nachgründungsfrei.[44] Nachgründungsfrei sind dann auch nicht mehr der Erwerb von Beteiligungen durch eine Holdinggesellschaft, obwohl diese vom Unternehmensgegenstand abgedeckt sind und insofern auch gewöhnliche Geschäfte iSd § 116 HGB darstellen würden.[45]

20 Unabhängig vom oben genannten Meinungsstreit (→ Rn. 18 f.) ist die Anschaffung von **unternehmensgegenstandsbezogenem Umlaufvermögen**[46] und normale Umsatzgeschäfte marktgängiger Güter[47] regelmäßig nachgründungsfrei. Gleiches gilt für die früher viel diskutierten sog. **Hilfsgeschäfte** (zB Beschaffung von Roh-, Hilfs- und Betriebsstoffen, Halbfertigprodukten, Wareneinkauf und auch Verträge mit Mitarbeitern, externen Beratern oder Dienstleistern),[48] soweit sie zum Tagesgeschäft gehören und im Rahmen des Unternehmensgegenstandes erforderlich sind.[49]

21 b) Zwangsvollstreckung. Wie schon vor dem NaStraG ist auch der **Erwerb in der Zwangsvollstreckung** von den Nachgründungsregeln freigestellt. Die früher ganz hM verlangte aufgrund der Entstehungsgeschichte dieser Ausnahme,[50] dass die erwerbende Gesellschaft die die Zwangsvollstreckung betreibende oder dieser zumindest beigetretene Gläubigerin ist.[51] Diese Einschränkung findet aber weder im Wortlaut noch in dem nun ausdrücklich in das deutsche Recht übernommenen Art. 11 Abs. 2 Kapital-RL eine Stütze.[52] Dieser nimmt jeden Erwerb aus, der auf Anordnung oder unter Aufsicht einer Verwaltungsbehörde oder eines Gerichts erfolgt. Eine übermäßige Einflussnahme liegt beim Erwerb in der Zwangsvollstreckung eher fern. Daher genügt der Erwerb bei jeder Beteiligung an der Zwangsvollstreckung.[53]

22 Der Zwangsvollstreckung gleichzustellen sind der Erwerb aufgrund eines **Pfandverkaufs** nach § 1233 Abs. 2 BGB oder im **Insolvenzverfahren** (§§ 165 f., 173 InsO)[54] sowie eine Versteigerung zur Aufhebung einer Gemeinschaft (§ 753 BGB, §§ 180 ff. ZVG), allerdings nur aufgrund eines vollstreckbaren Titels.[55]

23 c) Erwerb an der Börse. Diese Einschränkung der nachgründungsrelevanten Geschäfte wurde erst durch das NaStraG neu eingeführt und setzt Art. 11 Abs. 2 Kapital-RL um. Erfasst wird jede

---

[41] Befürwortend: *Hartmann/Barcaba* AG 2001, 437 (441); *Dormann/Fromholzer* AG 2001, 242 (246); *Pentz* NZG 2001, 346 (352); schon zur alten Rechtslage *Lutter/Ziemons* ZGR 1999, 479 (487 ff.); tendenziell auch LG Hagen Rpfleger 2002, 461 (462); ablehnend: K. Schmidt/Lutter/*Bayer* Rn. 46; MüKoAktG/*Pentz* Rn. 54 ; NK-AktR/*Lohr* Rn. 8; *Priester* DB 2001, 467 (470); Großkomm AktG/*Priester* Rn. 92; *Koch*, Die Nachgründung, Entgeltliche Erwerbsverträge und gesellschaftsrechtliche Geschäfte der jungen Aktiengesellschaft nach altem und neuem Recht, 2002, 93 (100 ff.); *Hennke*, Die Reform der Nachgründung nach § 52 AktG, 2006, 79; *Hildebrand*, Das Nachgründungsstadium der AG und die Problematik des § 52 AktG, 2005, 118 ff.
[42] K. Schmidt/Lutter/*Bayer* Rn. 46; *Hüffer*, 10. Aufl. 2012, Rn. 18: „Alltagsgeschäfte".
[43] MüKoAktG/*Pentz* Rn. 54, iSv ständig wiederkehrenden Routinegeschäften.
[44] So Großkomm AktG/*Priester* Rn. 92; K. Schmidt/Lutter/*Bayer* Rn. 46; *Priester* DB 2001, 467 (470); *Koch*, Die Nachgründung, Entgeltliche Erwerbsverträge und gesellschaftsrechtliche Geschäfte der jungen Aktiengesellschaft nach altem und neuem Recht, 2002, 100; Hüffer/Koch/*Koch* Rn. 18a; Investitionen in das Anlagevermögen ausnehmend auch: Bürgers/Körber/*Körber* Rn. 23, mehr auf die Notwendigkeit für die Ausübung des Unternehmensgegenstandes abstellend; aA zum alten Recht *Lutter/Ziemons* ZGR 1999, 479 (492).
[45] K. Schmidt/Lutter/*Bayer* Rn. 47; Hüffer/Koch/*Koch* Rn. 18c mwN.
[46] Großkomm AktG/*Priester* Rn. 94; *Eisolt* DStR 2001, 748 (752).
[47] Hüffer/Koch/*Koch* Rn. 18b.
[48] *Krieger* FS Claussen, 1997, 223 (233).
[49] Großkomm AktG/*Priester* Rn. 93; K. Schmidt/Lutter/*Bayer* Rn. 49; Hüffer/Koch/*Koch* Rn. 18b mit jeweils unterschiedlicher Nuancierung bei der Abgrenzung.
[50] Vgl. dazu MüKoAktG/*Pentz* Rn. 57; Großkomm AktG/*Priester* Rn. 96.
[51] Großkomm AktG/*Barz*, 1. Aufl. 1967, Anm. 16; Kölner Komm AktG/*Kraft* Rn. 57; *Hüffer*, 10. Aufl. 2012, Rn. 19; Geßler/Hefermehl/*Eckhardt* Rn. 11.
[52] Großkomm AktG/*Priester* Rn. 96; MüKoAktG/*Pentz* Rn. 58 schon zur bisherigen Fassung in richtlinienkonformer Auslegung.
[53] K. Schmidt/Lutter/*Bayer* Rn. 50, allerdings vollstreckbarer Titel erforderlich; Großkomm AktG/*Priester* Rn. 96; MüKoAktG/*Pentz* Rn. 58; NK-AktR/*Lohr* Rn. 9; Bürgers/Körber/*Körber* Rn. 24; *Eisolt* DStR 2001, 748 (753); Hüffer/Koch/*Koch* Rn. 19, zB. als Mitbieter.
[54] MüKoAktG/*Pentz* Rn. 58; Großkomm AktG/*Priester* Rn. 96, Hüffer/Koch/*Koch* Rn. 19; NK-AktR/*Lohr* Rn. 9.
[55] Großkomm AktG/*Priester* Rn. 96; K. Schmidt/Lutter/*Bayer* Rn. 50; *Hartmann/Barcaba* AG 2001, 437 (442).

Börse iSd Börsengesetzes,[56] insbesondere jede **Warenbörse**.[57] Eine Gefährdung der Kapitalaufbringung ist nicht zu erwarten, da das Geschäft Marktbedingungen unterliegt.[58] Wegen der Bindung an den Börsenpreis wird auch eine entsprechende Anwendung beim Erwerb im Wege des **Übernahmeangebots** nach § 31 WpÜG erwogen.[59]

4. Parteien des Nachgründungsvertrages. Der relevante Kreis der von § 52 erfassten **Vertragspartner** wurde im Verhältnis zur früheren Rechtslage (Aktionäre und Dritte)[60] durch das NaStraG **erheblich eingeschränkt** (Gründer und mit mindestens 10 Prozent beteiligte Aktionäre). Um dem Gesetzeszweck gerecht zu werden und alle manipulationsgefährdeten Verträge zu erfassen, muss dieser verbleibende Kreis der Betroffenen eher **extensiv ausgelegt** werden.[61]   24

Auch **Umgehungstatbestände** müssen erfasst werden. Der Gesetzgeber[62] hat diese Problematik bewusst nicht geregelt, sondern der Rechtsprechung überlassen. Hierbei wird man auf die Grundsätze zur verdeckten Sacheinlage (→ § 27 Rn. 103 ff.) und zur verbotenen Einlagerückgewähr (→ § 57 Rn. 14 ff.) zurückgreifen können.[63] Danach unterfallen dem Nachgründungsrecht auch Verträge mit **Strohmännern** oder **Treuhändern** von Gründern und maßgeblich beteiligten Aktionären.[64] Dasselbe gilt für **verbundene Unternehmen** auf Seiten der Aktionäre,[65] aber auch der AG. Unter Umgehungsgesichtspunkten (zB Gründung zur Durchführung des Geschäftes und volle Finanzierung durch die Mutter) kann auch ein kritischer Erwerb oder eine Kapitalmaßnahme bei der Tochtergesellschaft als Nachgründungsgeschäft der betreffenden Mutter-AG zu werten sein (dazu auch → Rn. 50 ff.).[66]   25

a) Gründer. Der Kreis der Gründer bestimmt sich nach der **Definition in § 28**: „Aktionäre, die die Satzung festgestellt haben". Einzubeziehen sind auch solche Aktionäre, die der AG vor deren Eintragung ins Handelsregister beigetreten sind,[67] weil auch diese die Satzung noch mit festgestellt haben. Selbst zum Zeitpunkt des Vertragsschlusses ausgeschiedene Gründer unterfallen dem § 52.[68]   26

Wendet man § 52 auch auf die Fälle der Verwendung von **Vorratsgesellschaften und den Mantelkauf** an (→ Rn. 45 und → § 23 Rn. 46),[69] fragt es sich, ob die historischen Gründer oder die Verwender als Gründer iSd. § 52 anzusehen sind. Im Hinblick auf den Schutzzweck des § 52 (→ Rn. 5) erscheint es konsequent, im Zusammenhang mit der wirtschaftlichen Neugründung die (ersten) Verwender als Gründer anzusehen.[70] Unabhängig davon kann ein Nachgründungsfall daneben auch schon mit den historischen Gründern vorliegen.[71]   27

b) Maßgeblich beteiligte Aktionäre. Für die Beurteilung, ob ein Aktionär mit mehr als 10 Prozent am Grundkapital der AG beteiligt ist, muss auf den **Zeitpunkt**, in dem der Nachgründungs-   28

---

[56] Vgl. Schwark/Zimmer/*Beck* BörsG § 2 Rn. 1 ff.
[57] Hüffer/Koch/*Koch* Rn. 20; NK-AktR/*Lohr* Rn. 10; Großkomm AktG/*Priester* Rn. 97; *Hartmann/Barcaba* AG 2001, 437 (442).
[58] Hüffer/Koch/*Koch* Rn. 20; *Dormann/Fromholzer* AG 2001, 242 (246); *Hartmann/Barcaba* AG 2001, 437 (442).
[59] Großkomm AktG/*Priester* Rn. 97; *Dormann/Fromholzer* AG 2001, 242 (246); MüKoAktG/*Pentz* Rn. 59; aA *Schwab*, Die Nachgründung im Aktienrecht, 2003, 134.
[60] Im Einzelnen str. vgl. dazu Großkomm AktG/*Priester* Rn. 28 mwN.
[61] Großkomm AktG/*Priester* Rn. 29.
[62] BegrRegE ZIP 2000, 938 (939).
[63] Hüffer/Koch/*Koch* Rn. 3a; Großkomm AktG/*Priester* Rn. 40; Bürgers/Körber/*Körber* Rn. 4.
[64] Großkomm AktG/*Priester* Rn. 41.
[65] *Dormann/Fromholzer* AG 2001, 242 (244); Großkomm AktG/*Priester* Rn. 42; *Pentz* NZG 2001, 346 (351); *Eisolt* DStR 2001, 748 (752); *Reichert* ZGR 2001, 554 (571); s. ausf. zu verschiedenen Konzernkonstellationen: *Reichert* ZGR 2001, 554 (570 ff.); vgl. zur verdeckten Sacheinlage bei der GmbH auch Lutter/Hommelhoff/*Bayer* GmbHG § 19 Rn. 72.
[66] Großkomm AktG/*Priester* Rn. 47; *Reichert* ZGR 2001, 554 (573); vgl. auch *Knott* BB 1999, 806 (808); *Witte/Wunderlich* BB 2000, 2213 (2214); aA *Schwab*, Die Nachgründung im Aktienrecht, 2003, 180 ff.
[67] Großkomm AktG/*Priester* Rn. 30; MüKoAktG/*Pentz* Rn. 14; Hüffer/Koch/*Koch* Rn. 3; *Werner* ZIP 2001, 1403.
[68] Großkomm AktG/*Priester* Rn. 31; *Dormann/Fromholzer* AG 2001, 242 (243); *Hartmann/Barcaba* AG 2001, 437 (440); *Werner* ZIP 2001, 1403 f.
[69] Str. vgl. dazu *Heidinger* ZGR 2005, 101 ff.; auch → § 23 Rn. 42 ff.
[70] Großkomm AktG/*Priester* Rn. 33; *Priester* DB 2001, 467 (468); *Grooterhorst* NZG 2001, 145 (148); *Reichert* ZGR 2001, 554 (559); *Eisolt* DStR 2001, 748 (751); *Koch*, Die Nachgründung, Entgeltliche Erwerbsverträge und gesellschaftsrechtliche Geschäfte der jungen Aktiengesellschaft nach altem und neuem Recht, 2002, 5; *Hennke*, Die Reform der Nachgründung nach § 52 AktG, 2006, 72; *Winnen* RNotZ 2013, 389, 407; *Limmer* → § 23 Rn. 46; aA *Dormann/Fromholzer* AG 2001, 242 f.; *Werner* ZIP 2001, 1403 (1404); *Schwab*, Die Nachgründung im Aktienrecht, 2003, 93 f.
[71] K. Schmidt/Lutter/*Bayer* Rn. 19.

vertrag geschlossen wird, abgestellt werden.[72] Eine vorher oder hinterher höhere bzw. niedrigere Beteiligung ist also irrelevant.[73]

29 Bei der **Sachkapitalerhöhung** als Nachgründungsgeschäft (→ Rn. 48 f.) ist streitig, ob § 52 anwendbar ist, wenn die für den Aktionär maßgebliche Beteiligung von 10 % erst einschließlich der nach Durchführung der Sachkapitalerhöhung erreicht wird. Dies wird von der wohl hM verneint.[74]

30 **Mehrere Beteiligungen** können nach den Grundsätzen des früheren § 32a Abs. 3 S. 2 GmbHG aF[75] **zusammengerechnet** werden, da beide Normen eine vergleichbare Regelungstechnik haben.[76] So kann es zur Hinzurechnung von Anteilen des Treuhänders sowie von abhängigen Unternehmen kommen (auch → Rn. 25 zur Umgehung).[77] Auch das koordinierte Zusammenwirken mehrerer kleinbeteiligter Aktionäre kann die Anwendung des § 52 auslösen.[78]

31 **5. Vertragsgegenstand. a) Vermögensgegenstände.** Von seinem Wortlaut her betrifft § 52 den Erwerb von „**Vermögensgegenständen**". Dieser gesetzliche Begriff wird so weit wie nur irgend möglich ausgelegt.[79] Die Nennung von „vorhandenen oder herzustellenden Anlagen" ist historisch bedingt und stellt nur einen Unterfall der Vermögensgegenstände dar.[80] Erfasst werden zunächst – allerdings nicht nur – alle beweglichen oder unbeweglichen Sachen und Rechte, die Gegenstand einer Sacheinlage oder Sachübernahme sein können (dazu → § 27 Rn. 10 ff.).[81] Infrage kommt auch der **Rückkauf eigener Aktien**.[82]

32 **b) Dienstleistungen. Verpflichtungen zu** Dienstleistungen sind nach § 27 Abs. 2 Hs. 2 nicht sacheinlagefähig (näher bei → § 27 Rn. 30 f.).[83] Daraus schloss die frühere hM, dass diese auch nicht Gegenstand eines Nachgründungsgeschäftes sein konnten.[84] Es wäre aber wertungswidersprüchlich, wenn die Gläubigerschutzvorschrift des § 52 Gegenstände, die wegen ihres erhöhten Gefahrenpotentials nicht einmal sacheinlagefähig sind, nicht erfassen würde.[85] Daher fallen jedenfalls entgeltliche Dienstleistungen, die innerhalb der kritischen zwei Jahre erbracht werden, unter § 52.[86] Darüber hinaus sollten mE auch entgeltliche Verpflichtungen zu Dienstleistungen von den Nachgründungsvorschriften erfasst werden. Dies widerspricht nicht dem Art. 11 Kapital-RL, weil diese nur einen

---

[72] Großkomm AktG/*Priester* Rn. 35; NK-AktR/*Lohr* Rn. 5.
[73] *Dormann/Fromholzer* AG 2001, 242 (245); *Hartmann/Barcaba* AG 2001, 437 (441); *Werner* ZIP 2001, 1403 (1404); Großkomm AktG/*Priester* Rn. 35: vorher oder nachher niedrigere Beteiligung schließt § 52 nicht aus; zum zeitgleichen Aktienerwerb aus Sicht des potentiellen Nachgründungsgeschäft: *Martens* FS Priester, 2007, 427 (432 ff.), für einschränkende Anwendung auf missbrauchsfreies Verkehrsgeschäft.
[74] Vgl. Würzburger NotarHdB/*Reul* Teil 5 Kap. 4 Rn. 165; *Hennke*, Die Reform der Nachgründung nach § 52 AktG, 2006, 76 f.; verneinend *Werner* ZIP 2001, 1403 (1404); *Dormann/Fromholzer* AG 2001, 242 (245); *Hartmann/Barcaba* AG 2001, 437 (440); *Koch*, Die Nachgründung, Entgeltliche Erwerbsverträge und gesellschaftsrechtliche Geschäfte der jungen Aktiengesellschaft nach altem und neuem Recht, 2002, 237 f.; befürwortend Großkomm AktG/*Priester* Rn. 36; *Priester* DB 2001, 467 (469); *Eisolt* DStR 2001, 748 (751 f.); *Schwab*, Die Nachgründung im Aktienrecht, 2003, 158 f.
[75] Vgl. dazu Michalski/*Heidinger* GmbHG, 2. Aufl. 2010, §§ 32a, 32b Rn. 213 ff.; Scholz/K. Schmidt GmbHG 10. Aufl. 2006, §§ 32a, 32b Rn. 203 ff.
[76] Vgl. ausf. auch zum unterschiedlichen Regelungsinhalt Großkomm AktG/*Priester* Rn. 37; für entsprechende Anwendung des § 32a Abs. 3 S. 2 GmbHG auch Bürgers/Körber/*Körber* Rn. 3; aA *Schwab*, Die Nachgründung im Aktienrecht, 2003, 97.
[77] *Werner* ZIP 2001, 1403 (1404 f.); *Pentz* NZG 2001, 346 (351); *Priester* DB 2001, 467 (468); *Hildebrand*, Das Nachgründungsstadium der AG und die Problematik des § 52 AktG, 2005, 80 f.; im Ergebnis zust. auch *Hennke*, Die Reform der Nachgründung nach § 52 AktG, 2006, 74.
[78] S. dazu ausf. Großkomm AktG/*Priester* Rn. 39; zur vergleichbaren Problematik beim früheren Eigenkapitalersetzenden Darlehen s. auch Scholz/K. Schmidt, 10. Aufl. 2006, GmbHG §§ 32a, 32b Rn. 206 und Michalski/*Heidinger* GmbHG, 2. Aufl. 2010, §§ 32a, 32b Rn. 214.
[79] Kölner Komm AktG/*Arnold* Rn. 18 f.; Hüffer/Koch/*Koch* Rn. 4; MüKoAktG/*Pentz* Rn. 16; *Krieger* FS Claussen, 1997, 223 (226); Bürgers/Körber/*Körber* Rn. 5; Grigoleit/*Vedder* Rn. 11.
[80] MüKoAktG/*Pentz* Rn. 15; Großkomm AktG/*Priester* Rn. 43.
[81] MüKoAktG/*Pentz* Rn. 16; Großkomm AktG/*Priester* Rn. 43.
[82] Großkomm AktG/*Priester* Rn. 43; Holzapfel/Roschmann FS Bezzenberger, 2000, 163 (184).
[83] Jüngst auch für die GmbH wieder bestätigt durch BGH NJW 2009, 2375 = NZG 2009, 463 – Qivive; für die AG: BGH ZIP 2010, 423 – EUROBIKE.
[84] MüKoAktG/*Pentz* Rn. 17; GHEK/*Eckhardt* Rn. 8; Kölner Komm AktG/*Kraft* Rn. 7; zust. auch *Kohl* BB 1995, 139 (140).
[85] Vgl. MüKoAktG/*Pentz* Rn. 17; K. Schmidt/Lutter/*Bayer* Rn. 21; Großkomm AktG/*Priester* Rn. 44; Hüffer/Koch/*Koch* Rn. 4; Bürgers/Körber/*Körber* Rn. 5; *Krieger* FS Claussen, 1997, 223 (226); Witte/Wunderlich BB 2000, 2213 (2214); *Zimmer* DB 2000, 1265 (1266); *Laub*, Die Nachgründung nach § 52 AktG als kapitalhaltende Norm, Auswirkungen auf den Tatbestand und seine Anwendung nach dem Umwandlungsgesetz, 2004, 50 ff.
[86] MüKoAktG/*Pentz* Rn. 17; *Herrler* NZG 2010, 407 (410); *Bayer/Lieder* NZG 2010, 86 (92); K. Schmidt/Lutter/*Bayer* Rn. 21; Hüffer/Koch/*Koch* Rn. 4.

Mindeststandard festlegt (→ Rn. 2) und anders als Art. 7 der Richtlinie für Sacheinlagen keine Ausnahme für Dienstleistungen bei Nachgründungsgeschäften vorsieht. Die neuere Rechtsprechung des BGH zur GmbH,[87] welche die verdeckte Sacheinlage beim entgeltlichen Erwerb einer Dienstleistung verneint, da dem Inferenten kein rechtmäßiges Alternativverhalten in Form einer offenen Sacheinlage möglich ist, liefert auch kein Argument im Zusammenhang mit § 52. Denn als Nachgründungsgeschäft könnte eine Dienstleistung ohne weiteres unter Einhaltung der Verfahrensvorschriften wirksam von der AG erworben werden. Ob nun die Gründer oder Aktionäre verdeckt Sacheinlagegegenstände in die AG einbringen oder es durch Dienstleistungsverträge zur Rückgewähr von Einlageleistungen kommt, ist für den Schutz des Vorstandes vor übermäßiger Einflussnahme irrelevant.[88] Auch der ursprünglich geplante, letztlich aber nicht Gesetz gewordene § 52 Abs. 2,[89] der unter anderem den „Erwerb von Dienstleistungen" im Rahmen der Tatbestandsmerkmale von § 52 Abs. 1 gänzlich verbieten wollte, spricht nicht gegen die hier vertretene Ansicht. Denn daraus lässt sich keine Aussage gegen die Zulassung eines Erwerbs von Dienstleistungen durch die AG treffen, wenn die Nachgründungsvorschriften eingehalten werden.

c) Beteiligungen. Der **derivative Erwerb** von Beteiligungen kann wie von jedem Vermögensgegenstand unter § 52 fallen.[90] Streitig ist dies jedoch beim **originären Erwerb** im Rahmen der Gründung oder Kapitalerhöhung von einer Tochtergesellschaft (→ Rn. 50 ff.). 33

6. Zeitliche Grenze. Nach dem Wortlaut des Abs. 1 S. 1 erfassen die Nachgründungsvorschriften nur solche Verträge, die in den ersten zwei Jahren **nach der Eintragung** der Gesellschaft in das Handelsregister abgeschlossen werden. Bei der Entstehung einer AG durch **Formwechsel** ist der Zeitpunkt der Eintragung des Formwechsels entscheidend.[91] 34

Nach hM gelten für das Gründungsstadium **vor der Eintragung** nicht § 52,[92] sondern andere Schutzmechanismen wie insbesondere die Bardeckungspflicht des Sacheinlegers (→ § 27 Rn. 2 ff.), das Verbot der verdeckten Sacheinlage (→ § 27 Rn. 103 ff.) und die Unterbilanzhaftung (→ § 41 Rn. 77 ff.). Bei mehreren zeitlich nacheinander folgenden Nachgründungsgeschäften kommt es nicht zu einer Verlängerung der Zwei-Jahres-Frist.[93] 35

Die Frist berechnet sich nach § 188 Abs. 2 BGB.[94] Entscheidend ist der **Abschluss des schuldrechtlichen Vertrages,** also Zugang von Angebot und Annahme, auch wenn aufgrund einer Befristung oder aufschiebenden Bedingung die Wirksamkeit erst nach Ablauf der Zwei-Jahres-Frist eintritt.[95] Eine erst spätere Leistungserbringung ist irrelevant und nicht ohne weiteres als Neuabschluss (vgl. zur Heilung durch Neuabschluss → Rn. 56 ff.) des schuldrechtlichen Vertrages zu deuten.[96] 36

Bei der **Sachkapitalerhöhung** (→ Rn. 48 f.) kommt es auf den Abschluss des Zeichnungsvertrages an.[97] Zum Teil wird schon ein bindendes Zeichnungsangebot und ein wirksamer Einbringungsvertrag für ausreichend gehalten[98] oder bei Nichtausschluss des Bezugsrechts bereits der Kapitalerhöhungsbeschluss.[99] 37

Wendet man § 52 auch auf die **Vorrats-AG bzw. den Mantelkauf** an (→ Rn. 45), beginnt die Zwei-Jahres-Frist nicht schon mit der Eintragung bei der historischen Gründung, sondern erst im 38

---

[87] BGHZ 180, 38 = ZIP 2009, 713 – Qivive.
[88] *Bayer/Lieder* NZG 2010, 86 (92).
[89] BT-Drs. 8/1678, 4 (13).
[90] Großkomm AktG/*Priester* Rn. 45; *Krieger* FS Claussen, 1997, 223 (233); *Kubis* AG 1993, 118 (119); zur Problematik beim Handel mit größeren Aktienpaketen: *Wastl* NZG 2000, 505 (507 ff.).
[91] S. dazu ausf. *Martens* ZGR 1999, 548 ff.; zur Anwendung des § 52 bei Umwandlungsvorgängen → Rn. 46 f.
[92] RGZ 130, 248 (253); K. Schmidt/Lutter/*Bayer* Rn. 7; Kölner Komm AktG/*Arnold* Rn. 7, 50; MüKoAktG/ *Pentz* Rn. 6; *Koch,* Die Nachgründung, Entgeltliche Erwerbsverträge und gesellschaftsrechtliche Geschäfte der jungen Aktiengesellschaft nach altem und neuem Recht, 2002, 183 ff.; *Priester* ZHR 2001, 383 (394); aA *Frey,* Einlagen in Kapitalerhöhungen, 1990, 112 ff.; *Heidinger* ZNotP 2000, 182 (187 f.); *Holzapfel/Roschmann* FS Bezzenberger, 2000, 163 (170); MAH AktR/*Peres* § 14 Rn. 163.
[93] MüKoAktG/*Pentz* Rn. 19; Großkomm AktG/*Priester* Rn. 49; Hüffer/Koch/*Koch* Rn. 3a aE; Kölner Komm AktG/*Arnold* Rn. 8, 19; *Werner* DB 1971, 1399 (1400).
[94] MüKoAktG/*Pentz* Rn. 19; Großkomm AktG/*Priester* Rn. 48.
[95] MüKoAktG/*Pentz* Rn. 20; *Kubis* AG 1993, 118 (122 f.); Kölner Komm AktG/*Arnold* Rn. 8, 19; Großkomm AktG/*Priester* Rn. 49; Bürgers/Körber/*Körber* Rn. 6; *Diekmann* ZIP 1996, 2149 (2150).
[96] MüKoAktG/*Pentz* Rn. 20; RGZ 130, 248 (252 f.); Kölner Komm AktG/*Arnold* Rn. 19; Großkomm AktG/ *Priester* Rn. 48.
[97] Großkomm AktG/*Priester* Rn. 49; MüKoAktG/*Pentz* Rn. 70; *Kubis* AG 1993, 118 (123); *Koch,* Die Nachgründung, Entgeltliche Erwerbsverträge und gesellschaftsrechtliche Geschäfte der jungen Aktiengesellschaft nach altem und neuem Recht, 2002, 236.
[98] *Kubis* AG 1993, 118 (123); Großkomm AktG/*Priester* Rn. 49.
[99] *Kubis* AG 1993, 118 (123); MüKoAktG/*Pentz* Rn. 70.

Zeitpunkt der „wirtschaftlichen Neugründung".[100] Hierfür bietet sich die Registereintragung der entsprechenden Satzungsänderungen oder mangels einer solchen Eintragung (zB bei der Mantelverwendung) das erneute Ausstatten mit einem Unternehmen und Auftreten am Markt an.[101]

39 **7. Die Vergütung.** Nur wenn der Wert der zu leistenden Vergütung 10 Prozent des Grundkapitals übersteigt, fällt ein Rechtsgeschäft unter die Nachgründungsvorschriften.[102]

40 Maßgeblich als Vergütung ist die im Vertrag vereinbarte **gesamte Gegenleistung**, bei Sachleistungen deren entsprechender Gegenwert in Geld.[103] Bei Vermögenserwerb durch **Verschmelzung und Spaltung** ist der Gesamtnennbetrag der zu gewährenden Aktien maßgebend (§§ 67 S. 2, 125 UmwG). Das Gleiche ist beim Erwerb durch Sachkapitalerhöhung anzunehmen.[104] Bei **Dauerschuldverhältnissen** ist auf die volle Höhe der geschuldeten Vergütung bis zu ihrem vereinbarten Ende bzw. bis zur ersten möglichen ordentlichen Kündigung abzustellen.[105]

41 Erfolgt der Erwerb aufgrund **mehrerer getrennter Verträge**, sind die Einzelvergütungen zusammen zu rechnen, wenn ein einheitlicher Gegenstand vorliegt oder die Aufteilung in mehrere Verträge der Umgehung dient.[106]

42 Maßgeblich für die **Berechnung der 10 %igen Grenze** ist die aktuelle Höhe des Grundkapitals der Gesellschaft im Zeitpunkt des Vertragsabschlusses.[107] Eine **Kapitalerhöhung** kann erst mit dem Zeitpunkt ihrer Wirksamkeit, also der Eintragung ihrer Durchführung im Handelsregister berücksichtigt werden (§ 189).[108] Dies gilt auch für das genehmigte Kapital (§ 203). Im Rahmen des bedingten Kapitals kann jedoch der Nennbetrag (bei Stückaktien der auf sie entfallende anteilige Betrag, § 8 Abs. 3) aller ausgegebenen Bezugsaktien der eingetragenen Kapitalziffer hinzuaddiert werden, da diese Kapitalerhöhung schon mit der Ausgabe der Aktien wirksam ist (§ 200).

43 Abweichend hiervon bestimmt § 67 S. 3 UmwG für die **Verschmelzung** (dies gilt nach § 125 UmwG auch für die Spaltung), dass der Berechnung das durch die Kapitalerhöhung zur Durchführung der Verschmelzung erhöhte Grundkapital zugrunde zu legen ist, obwohl die Kapitalerhöhung erst mit der Eintragung der Verschmelzung bzw. Spaltung wirksam wird.[109] Dies gilt nach hM bei der vergleichbaren Konstellation der **Sachkapitalerhöhung** (→ Rn. 48 f.) entsprechend.[110]

44 Streitig ist, ob § 52 auch eingreift, wenn die **Vergütung aus zukünftigen Gewinnen oder aus freien Rücklagen** geleistet werden soll, da dann keine gebundenen Mittel verwendet werden.[111] Dabei wird mE übersehen, dass § 52 nicht nur der Sicherung der realen Kapitalaufbringung bzw.

---

[100] So zB *Grooterhorst* NZG 2001, 145 (148).
[101] *Priester* DB 2001, 467 (468); vgl. zum Mantelkauf ausf. *Heidinger* ZGR 2005, 101 ff. mwN; vgl. auch BGH NJW 2012, 1875 zur GmbH.
[102] Nach Art. 11 Abs. 1 S. 1 KapRL reicht an sich „mit mindestens" 10 vom Hundert, was durch das ARUG wieder nicht nachgebessert wurde und eine richtlinienkonforme Auslegung provoziert.
[103] MüKoAktG/*Pentz* Rn. 22; Großkomm AktG/*Priester* Rn. 52; Kölner Komm AktG/*Arnold* Rn. 20; *Kubis* AG 1993, 118 (121).
[104] Großkomm AktG/*Priester* Rn. 52.
[105] Großkomm AktG/*Priester* Rn. 52; *Schmidt/Seipp* ZIP 2000, 2089 (2092 ff.); Würzburger NotarHdB/*Reul* Teil 5 Kap. 4 Rn. 155; im Ergebnis ähnlich *Holzapfel/Roschmann* FS Bezzenberger, 2000, 163 (168 f.).
[106] Vgl. zu Indizien für Umgehung MüKoAktG/*Pentz* Rn. 24; Großkomm AktG/*Priester* Rn. 53; Kölner Komm AktG/*Arnold* Rn. 21.
[107] *Heidinger* ZNotP 2000, 182 (187) mwN in Fn. 47; *Hildebrand*, Das Nachgründungsstadium der AG und die Problematik des § 52 AktG, 2005, 103 ff. (141 für Berechnungsgrundlage Grundkapital inkl. aller Rücklagen).
[108] MüKoAktG/*Pentz* Rn. 70; Großkomm AktG/*Priester* Rn. 51; Hüffer/Koch/*Koch* Rn. 5; *Bröcker* ZIP 1999, 1029 (1031).
[109] Semler/Stengel/*Diekmann* UmwG § 67 Rn. 9.
[110] Großkomm AktG/*Priester* Rn. 51; MHdB AG/*Hofmann/Becking* § 4 Rn. 46; *Krieger* FS Claussen, 1997, 223 (228).
[111] Eine Ausnahme **befürwortend** Großkomm AktG/*Priester* Rn. 54 f.; Kölner Komm AktG/*Kraft* 2. Aufl. 1988, Rn. 14; Hüffer/Koch/*Koch* Rn. 5a; *Koch*, Die Nachgründung, Entgeltliche Erwerbsverträge und gesellschaftsrechtliche Geschäfte der jungen Aktiengesellschaft nach altem und neuem Recht, 2002, 41 (60 ff.); *Reichert* ZGR 2001, 554 (563); *Bröcker* ZIP 1999, 1029 (1031); *Drygala* FS Huber, 2006, 691 (693 f.); *Hildebrand*, Das Nachgründungsstadium der AG und die Problematik des § 52 AktG, 2005, 97 ff. (140); **befürwortend** nur für Bilanzgewinn: *Laub*, Die Nachgründung nach § 52 AktG als kapitalerhaltende Norm, Auswirkungen auf den Tatbestand und seine Anwendung nach dem Umwandlungsgesetz, 2004, 55 (61); **abl.** MüKoAktG/*Pentz* Rn. 23; K. Schmidt/Lutter/*Bayer* Rn. 26; NK-AktR/*Lohr* Rn. 6; jetzt auch Kölner Komm AktG/*Arnold*, 3. Aufl. 2011, Rn. 20 mwN in Fn. 60; *Holzapfel/Roschmann* FS Bezzenberger, 2000, 163 (168); *Kubis* AG 1993, 118 (121 f.); *Schmidt/Seipp* ZIP 2000, 2089 (2091 f.); *Wahlers* DStR 2000, 973 (979); *Werner* NZG 2000, 231 (233); *Hartmann/Barcaba* AG 2001, 437 (439); Würzburger NotarHdB/*Reul* Teil 5 Kap. 4 Rn. 156; *Schwab*, Die Nachgründung im Aktienrecht, 2003, 111; vgl. auch MAH AktR/*Peres* § 14 Rn. 159: Grundkapital ist lediglich Berechnungsgröße; Gegenvorschlag von Großkomm AktG/*Priester* Rn. 55 insofern zwar differenzierend, aber unter Rechtssicherheitsgesichtspunkten über die Nichtigkeit des betreffenden Rechtsgeschäfts mE bedenklich.

Kapitalerhaltung, sondern auch dem Schutz der übrigen Aktionäre und der AG vor übermäßigem Einfluss der Gründer dient (→ Rn. 6).

III. Anwendungsbereich und Abgrenzungsfragen

1. Wirtschaftliche Neugründung. Diejenigen, die die Anwendung der neueren BGH-Recht- 45
sprechung[112] zur wirtschaftlichen Neugründung (Mantelkauf und Verwendung von Vorratsgesellschaften) auch für die AG (→ § 23 Rn. 42 ff.) bejahen, wollen auch das Nachgründungsrecht beachtet wissen.[113] § 52 soll dann sowohl auf die Verwendung einer Vorrats-AG als auch den Mantelkauf Anwendung finden, da das neu oder wieder aufgenommene Geschäft in der vorhandenen Eintragung nicht legitimiert ist und daher der Rechtsverkehr in gleicher Weise wie bei einer Neugründung schutzbedürftig sei.[114] Die wirtschaftliche Neugründung kann auch nicht mit einer Kapitalerhöhung gleichgesetzt werden.[115] Reduziert man richtigerweise die wirtschaftliche Neugründung auf die Frage einer eventuellen Unterbilanzhaftung, ist aber kein Raum für die Anwendung des § 52. Dies zeigt auch der Vergleich mit den Sonderregelungen in § 245 Abs. 1, 2 und 3 UmwG jeweils im § 3 (→ Rn. 46). Zum Beginn der Zwei-Jahres-Frist in diesem Fall → Rn. 38. Zur Frage, wer als Gründer gilt, → Rn. 27.

2. Umwandlungsfälle. Nach § 67 UmwG ist § 52 Abs. 3, 4 und 6 bis 9 auf Umwandlungsfälle 46
entsprechend anzuwenden, wenn eine Aktiengesellschaft als übernehmender Rechtsträger innerhalb von zwei Jahren nach der Registereintragung ihrer Gründung einen **Verschmelzungsvertrag** abschließt. Über § 125 UmwG gilt dies entsprechend für die **Spaltung**.[116] Nach § 197 S. 1 UmwG finden auf den **Formwechsel** die für die neue Rechtsform geltenden Gründungsvorschriften, bei einer AG als Zielrechtsträger also auch §§ 52 und 53 Anwendung (s. auch § 220 Abs. 3 S. 2 UmwG).[117] Eine Ausnahme[118] hiervon ergibt sich aus § 245 Abs. 2 und Abs. 3 UmwG jeweils S. 3 für den Formwechsel zwischen AG und KGaA und umgekehrt. Nach § 245 Abs. 1 S. 3 UmwG ist § 52 ebenfalls nicht anwendbar auf den Formwechsel einer GmbH in eine AG, wenn die GmbH schon vorher zwei Jahre im Register eingetragen war. Damit sollte berücksichtigt werden, dass sich die Kapitalaufbringung bei der GmbH nicht grundlegend von den Kapitalaufbringungsregeln der AG unterscheidet.[119] Dadurch werden abgeschlossene Sachverhalte während der Zeit der Existenz der GmbH aber nicht dem § 52 unterworfen.

Zum Teil wurde eine **eingeschränkte Anwendung des § 52** bei Verschmelzungs- oder Spal- 47
tungsverträgen nur auf die Fälle mit einem Gründer oder maßgeblich beteiligten Aktionär befürwortet, damit die Gesamtrechtnachfolge durch eine Umwandlung nicht strenger behandelt wird als die Einzelrechtsübertragung.[120] Der Gesetzgeber hat zwar § 67 UmwG inzwischen auch etwas entschärft,[121] diese Vorstellungen in der Literatur aber nicht umgesetzt.

3. Sachkapitalerhöhung. Die wohl noch hM hält § 52 auf eine **Sachkapitalerhöhung** innerhalb 48
von zwei Jahren nach der Gründung für analog anwendbar.[122] Das OLG Hamm[123] verneint dies

---

[112] BGHZ 117, 323 (332) = NJW 1992, 1824; BGHZ 153, 158 = NJW 2003, 892; BGHZ 155, 318 = NJW 2003, 3198; BGH NZG 2008, 147; einschränkend ist: BGHZ 192, 341 = NZG 2012, 539.
[113] So auch *Melchior* AG 2013, R 223; AG Memmingen Beschl. v. 16.11.2006, MittBayNot 2007, 147.
[114] Hüffer/Koch/*Koch* § 23 Rn. 27 f.; MüKoAktG/*Pentz* § 23 Rn. 114; K. Schmidt/Lutter/*Bayer* Rn. 19 mwN; *Winnen* RNotZ 2013, 389, 406; aA *Dormann*/*Fromholzer* AG 2001, 242 f.; *Werner* ZIP 2001, 1403 (1404), jeweils unter Anknüpfung an den Gründerbegriff des § 28 AktG; *Hüffer* NJW 2011, 1772 (1773); vgl. zum Mantelkauf ausf. *Heidinger* ZGR 2005, 101 ff. mwN.
[115] *Hüffer* NJW 2011, 1772 (1774).
[116] Zum Verschmelzungs- und Spaltungsverbot innerhalb zweier Jahre nach Gründung zum Schutz vor Umgehung des § 52 s. § 76 Abs. 1 UmwG und § 141 UmwG.
[117] S. ausf. *Martens* ZGR 1999, 548 ff.
[118] Neu eingefügt durch das Zweite Gesetz zur Änderung des Umwandlungsgesetzes v. 19.4.2007, BGBl. 2007 I 542.
[119] BegrRegE v. 11.8.2006, BR-Drs. 548/06.
[120] *Laub*, Die Nachgründung nach § 52 AktG als kapitalerhaltende Norm, Auswirkungen auf den Tatbestand und seine Anwendung nach dem Umwandlungsgesetz, 2004, 119; *Priester* DB 2001, 467 (469).
[121] Zweites Gesetz zur Änderung des Umwandlungsgesetzes v. 19.4.2007, BGBl. 2007 I 542; s. dazu RegEBegr v. 9.8.2006, BT-Drs. 16/2919, 13 f.
[122] OLG Oldenburg AG 2002, 620 = ZIP 2002, 1353; K. Schmidt/Lutter/*Bayer* Rn. 10; Großkomm AktG/*Priester* Rn. 23; Kölner Komm AktG/*Arnold* Rn. 12; Hüffer/Koch/*Koch* Rn. 11; NK-AktR/*Lohr* Rn. 4; *Baumbach*/*Hueck* Rn. 3; MüKoAktG/*Pentz* Rn. 69; *Diekmann* ZIP 1996, 2149 (2151); *Grub*/*Fabian* AG 2002, 614 (617); *Kubis* AG 1993, 118 (120 f.); *Schwab*, Die Nachgründung im Aktienrecht, 2003, 156 f.; MAH AktR/*Peres* § 14 Rn. 193 f.; *Müller* LMK 2007, 242984 Anm. zu Lurgi; *Lieder* WuB II A. § 27 AktG 2.08; *Klasen* BB 2008, 2694 (2697), den unterschiedlichen Schutzzweck „Sicherung der wertgleichen Deckung" und „Sicherung der realen Kapitalaufbringung" betonend; abl. *Habersack* ZGR 2008, 48 (58); *Reichert* ZGR 2001, 554 (579 ff.);

jedenfalls bei der Einmann-AG. Die Gewährleistung der realen Kapitalaufbringung wird nach Ansicht des Gerichts schon durch die in § 183 Abs. 3 S. 1 enthaltene Prüfung gewährleistet. Ein darüber hinaus gehender Aktionärsschutz sei bei der Einmann-AG nicht geboten. Dies überzeugt nicht. Obwohl § 183 weitgehend übereinstimmende Anforderungen wie § 52 stellt, fehlt es nicht an einer für die Analogie erforderlichen Regelungslücke. Denn § 52 geht durch die Prüfungs- und Berichtspflicht des Aufsichtsrats, die umfänglicheren Informationsrechte der Aktionäre und die zwingende ¾-Mehrheit über § 183 hinaus. Die Gefahrenlage ist beim Erwerb durch Sachkapitalerhöhung auch mit dem Austauschvertrag vergleichbar. Darüber hinaus hat der Gesetzgeber in § 67 UmwG für die einer Sachkapitalerhöhung vergleichbare Kapitalerhöhung im Rahmen der Verschmelzung die analoge Anwendung des § 52 ausdrücklich angeordnet. An dieser Einschätzung ändert sich auch nichts durch die neuere BGH-Rechtsprechung,[124] die genau zwischen Nachgründung und Sachkapitalerhöhung differenziert und die Heilung der (verdeckten) Sachkapitalerhöhung durch die Einhaltung der Nachgründungsvorschriften verneint (→ Rn. 59 ff.). Diese lässt nämlich ausdrücklich offen,[125] ob die Nachgründungsvorschriften aus den oben dargestellten Gründen bei einer Sachkapitalerhöhung, die innerhalb des Zweijahreszeitraumes nach der Gründung stattfindet, zusätzlich einzuhalten sind.[126]

48a Diese Überlegungen gelten auch bei der Ausübung von **genehmigtem Kapital** durch Sacheinlagen.[127] Werden die Kautelen des § 52 eingehalten, kann eine Sachkapitalerhöhung auch einer Bargründung nachgeschaltet werden (sog. Stufengründung → § 27 Rn. 144).[128]

49 Zur **10 %igen Beteiligung** bei der Sachkapitalerhöhung → Rn. 29.

50 **4. Konzernkonstellationen.**[129] Vor Inkrafttreten des NaStraG[130] wurden auch die **Gründung einer Tochtergesellschaft** und die Teilnahme an einer **Kapitalerhöhung bei einer Tochtergesellschaft** als Nachgründungsfall bei der Mutter-AG diskutiert.[131] Durch die Beschränkung der Nachgründung auf die Gründer und maßgeblich beteiligte Aktionäre durch das NaStraG kommt eine unmittelbare Anwendung der Nachgründungsvorschriften bei solchen gesellschaftsrechtlichen Vorgängen bei einer hundertprozentigen Tochtergesellschaft nicht mehr in Betracht.[132] Zu eventuellen Umgehungsfällen wird auf → Rn. 25 verwiesen.

51 Nachgründungsähnliche Züge bekommt diese Konstellation jedoch, wenn an der neu zu gründenden oder die Kapitalerhöhung durchführenden **Tochtergesellschaft auch Gründer oder maßgebliche Aktionäre** der Aktiengesellschaft **beteiligt sind**.[133] Der Erwerb neuer Geschäftsanteile durch die AG an einer anderen Gesellschaft im Wege der Gründung oder Kapitalerhöhung erfolgt zwar von der betreffenden anderen Gesellschaft, betrifft aber mittelbar auch die daran beteiligten Gründer der AG bzw. deren maßgeblich beteiligte Aktionäre. Da hier kein gegenseitiger Austauschvertrag zwischen der Aktiengesellschaft und ihren Gründern bzw. maßgeblich beteiligten Aktionären vorliegt, kommt eine unmittelbare Anwendung des § 52 AktG nicht in Betracht. Allerdings wird eine analoge Anwendung des § 52 auf diese Fälle überwiegend befürwortet, da der Schutzzweck der Norm in diesem Fall auch eröffnet ist.[134]

Mülbert AG 2003, 136 (142 f.); *Kley* RNotZ 2003, 17 (21 ff.); schon früher *Bork/Stangier* AG 1984, 320 (322); GHEK/*Geßler/Bungeroth* § 183 Rn. 51; *Ritter*, 2. Aufl. 1939, § 45 Anm. 11; *Lutter*, Kapital, 1964, 310; *Laub*, Die Nachgründung nach § 52 AktG als kapitalerhaltende Norm, Auswirkungen auf den Tatbestand und seine Anwendung nach dem Umwandlungsgesetz, 2004, 61 ff.; distanzierter gegenüber der hM auch *Witte/Wunderlich* BB 2000, 2213 (2218); *Hennke*, Die Reform der Nachgründung nach § 52 AktG, 2006, 77 f.
[123] ZIP 2008, 1475 = DStR 2008, 988.
[124] BGH BGHZ 173, 145 = NJW 2007, 3425 – Lurgi; BGHZ 175, 265 = NZG 2008, 425 – Rheinmöve.
[125] BGH BGHZ 173, 145 Rn. 19 = NJW 2007, 3425 – Lurgi; BGHZ 175, 265 – Rn. 11 aE = NZG 2008, 425 – Rheinmöve.
[126] AA *Bormann* jurisPR-HaGesR 7/2008 Anm. 4 zu Lurgi allerdings pauschal allgemein zur Sachkapitalerhöhung ohne Erwähnung der Zweijahresfrist.
[127] Großkomm AktG/*Priester* Rn. 24.
[128] Würzburger NotarHdB/*Reul* Teil 5 Kap. 4 Rn. 164.
[129] S. ausf. zu verschiedenen Konzernkonstellationen: *Reichert* ZGR 2001, 554 (570 ff.).
[130] V. 18.1.2001, BGBl. 2001 I 123.
[131] ZB *Kubis* AG 1993, 118 (119 f.); MüKoAktG/*Pentz*, 2. Aufl. 2008, Rn. 18; MHdB AG/*Hofmann/Becking*, 2. Aufl. 1999, § 4 Rn. 34; *Krieger* FS Claussen, 1997, 223 (233 ff.); abl. *Bröcker* ZIP 1999, 1029 (1031).
[132] Hüffer/Koch/*Koch* Rn. 12; K. Schmidt/Lutter/*Bayer* Rn. 22; *Reichert* ZGR 2001, 554 (582); *Koch*, Die Nachgründung, Entgeltliche Erwerbsverträge und gesellschaftsrechtliche Geschäfte der jungen Aktiengesellschaft nach altem und neuem Recht, 2002, 245 f.
[133] Vgl. dazu ausf. *Koch*, Die Nachgründung, Entgeltliche Erwerbsverträge und gesellschaftsrechtliche Geschäfte der jungen Aktiengesellschaft nach altem und neuem Recht, 2002, 247 ff.
[134] MüKoAktG/*Pentz* Rn. 18; K. Schmidt/Lutter/*Bayer* Rn. 22; NK-AktR/*Lohr* Rn. 4; *Schwab*, Die Nachgründung im Aktienrecht, 2003, 175 f.; Großkomm AktG/*Priester* Rn. 45 aE: beschränkt auf Sachkapitalerhöhung; noch vor Erlass des NaStraG: *Holzapfel/Roschmann* FS Bezzenberger, 2000, 163 (185); *Krieger* FS Claussen,

Dabei müssen mE aber **zwei Ansätze für eine analoge Anwendung des § 52 genau differenziert** werden. Einerseits kann es sich um ein Nachgründungsgeschäft handeln, weil die Mutter-AG selbst von der Tochtergesellschaft bei der Bargründung oder Barkapitalerhöhung eine Beteiligung erwirbt und dies wegen der Beteiligung der Gründer oder maßgeblich beteiligten Aktionäre der Mutter-AG auch an der Tochter mittelbar einen Erwerb von diesen in § 52 Abs. 1 genannten Personen darstellt. Andererseits kann eine Sachgründung oder Sachkapitalerhöhung bei der Tochter genauso als Nachgründungsgeschäft behandelt werden wie eine Sachkapitalerhöhung bei der Mutter-AG selbst, wenn Gründer oder maßgeblich beteiligte Aktionäre der Mutter auch bei der Tochter beteiligt sind. In ersterem Fall wird die Tochtergesellschaft den Gründern/Aktionären der Mutter, in letzterem der Mutter-AG als für das Nachgründungsgeschäft relevanter Vertragspartner gleichgestellt. 52

Erwirbt die junge AG Anteile durch Beteiligung an einer Kapitalerhöhung bei einer ihrer Gründerinnen oder maßgeblich beteiligten Gesellschafterinnen, sind zwar die typischen Vertragsparteien eines Nachgründungsvertrages unmittelbar beteiligt (Entstehung einer **wechselbezüglichen Beteiligung**, s. allg. zur wechselbezüglichen Beteiligung → § 19 Rn. 9 ff.). Da die junge AG die gleichen Anteile aber von den „unverdächtigen" Gesellschaftern der betreffenden Gesellschaft erwerben könnte, liegt keine für die Begründung einer analogen Anwendung des § 52 erforderliche Schutzlücke vor.[135] 53

5. Nachgründung und verdeckte Sacheinlage (Abs. 10 aF). a) Unwirksame Sacheinlage- oder Sachübernahmevereinbarung. Der bisherige Abs. 10 behandelte die Nachgründung bei unwirksamer Sachgründung. Nach dem durch das ARUG[136] neu geregelten § 27 Abs. 3 S. 2, sind Verträge über die Sacheinlage und die Rechtshandlungen zur Ausführung der verdeckten Sacheinlage nicht mehr unwirksam. Durch die Beseitigung der von **Abs. 10** vorausgesetzten Unwirksamkeitsfolge wurde diese Regelung **obsolet**. Als Folgeänderung konnte er, da nicht europarechtlich vorgegeben, **gestrichen** werden.[137] 54

b) Verdeckte Sacheinlage. Die Grundsätze der **verdeckten Sacheinlage** (→ § 27 Rn. 103 ff.), die gleichfalls dem (konkreten) Schutz der Umgehung von Sachgründungsvorschriften dienen, sind neben dem (abstrakt schützenden) § 52 anwendbar.[138] Die Vorschriften über Nachgründungsgeschäfte stellen keine die verdeckte Sacheinlage verdrängende, abschließende Regelung[139] dar. Einerseits ist § 52 enger, da er nur Geschäfte **nach Eintragung** der AG sowie nur mit **Gründern und Großaktionären** (anders früher auch mit Dritten) erfasst. Andererseits ist er weiter, da er bestimmte Geschäfte in einem festen Zeitraum von zwei Jahren auch **ohne Umgehungsabrede** strengen Regeln ähnlich einer Sachgründung unterstellt. Zum Teil wird daraus geschlossen, dass § 52 eine gesetzliche Vermutung für eine verdeckte Sacheinlage darstellt.[140] Demgegenüber wird § 52 auch als **vorrangig anzuwendende Spezialregelung** angesehen.[141] Richtigerweise muss § 52 gesondert neben den Sachgründungsvorschriften angewendet werden und bietet einen flankierenden Schutz gegen Umgehung.[142] Wie zwei sich nur teilweise überschneidende Mengen können Fälle vorliegen, die nur verdeckte Sacheinlage sind (zB vor Eintragung, oder bei gering beteiligten Aktionären bzw. 55

1997, 223 (234 f.); aA um § 52 auf den besonders umgehungsgefährdeten Kernbereich zu reduzieren: *Hüffer/Koch/Koch* Rn. 12 und 12a; *Koch*, Die Nachgründung, Entgeltliche Erwerbsverträge und gesellschaftsrechtliche Geschäfte der jungen Aktiengesellschaft nach altem und neuem Recht, 2002, 254 ff.; *Reichert* ZGR 2001, 554 (582 ff.); vgl. auch RegBegr BT-Drs. 14/4051, 10 lSp.

[135] *Reichert* ZGR 2001, 554 (583).
[136] BGBl. 2009 I 2479 v. 4.8.2009.
[137] Begr des RA BT-Drs. 16/13 098, 56 rSp oben.
[138] HM; BGHZ 173, 145 = NJW 2007, 3425 – Lurgi; BGHZ 175, 265 = NZG 2008, 425 – Rheinmöve; so auch Begr. des RA BT-Drs. 16/13 098, 53 rSp oben; *Drescher* WM 2013, Sonderbeilage 1 (15); *Herrler/Reymann* DNotZ 2009, 914 (921 f.); Großkomm AktG/*Priester* Rn. 16; ausf. *Lutter/Gehling* WM 1989, 1445 (1448 ff.); *Mülbert* ZHR 154 (1990), 145 (170); *Müller-Eising*, Die verdeckte Sacheinlage, 1993, 90 ff.; *Lieder* ZIP 2010, 964, (968); **für abschließende Regelung** bei § 52 AktG noch: *Wilhelm* ZHR 152 (1988), 333 (349 ff.); *Loos* AG 1989, 381 (386 f.); *Hennke*, Die Reform der Nachgründung nach § 52 AktG, 2006, 264 ff. (319), allenfalls verdeckte Sacheinlage als ergänzender Tatbestand.
[139] Dies ergibt sich auch nicht aus der dem § 52 zu Grunde liegenden Art. 11 Kapital-RL; dazu → § 27 Rn. 114.
[140] MüKoAktG/*Pentz* Rn. 10; *Mülbert* ZHR 154 (1990), 145 (176 f.); vgl. auch *Laub*, Die Nachgründung nach § 52 AktG als kapitalerhaltende Norm, Auswirkungen auf den Tatbestand und seine Anwendung nach dem Umwandlungsgesetz, 2004, 39 ff., der durch den Tatbestand der verdeckten Sacheinlage einen konkreten, durch § 52 aufgrund dessen Typisierung einen abstrakten Umgehungsschutz der Sacheinlagevorschriften gewährleistet sieht.
[141] Großkomm AktG/*Priester* Rn. 17; *Jäger* § 13 Rn. 6; *Hennke*, Die Reform der Nachgründung nach § 52 AktG, 2006, 285.
[142] *Lieder* WuB II A. § 27 AktG 2.08.

kleineren Geschäften), die nur einen Nachgründungsvorgang darstellen (innerhalb zweier Jahre nach Eintragung aber ohne konkrete Umgehungsabrede)[143] oder die beide Tatbestände erfüllen.

56 **c) Heilung einer verdeckten Sacheinlage.** Für die früher diskutierte Heilung der verdeckten Sacheinlage durch die Einhaltung der **Nachgründungsvorschriften**,[144] gibt es nach Änderung des § 27 Abs. 3 und Wegfall des Abs. 10 mE keinen Ansatz mehr. Nach hier in der 1. Aufl. 2007 vertretenen Ansicht war dieser Ansatz schon bisher nur Folge der unscharfen Trennung zwischen § 27 und § 52 (1. Aufl. 2007, Rn. 54 ff.) und daher abzulehnen.[145]

57 Auch durch seine beiden Entscheidungen Lurgi[146] und Rheinmöwe[147] hat der BGH klargestellt, dass deutlich zwischen einer verdeckten Sacheinlage und einem Nachgründungsgeschäft zu differenzieren ist. Eine verdeckte **Sachkapitalerhöhung** kann schon deshalb nicht durch die Einhaltung der Nachgründungsvorschriften geheilt werden, da diese nur der Vermeidung einer verdeckten **Sachgründung** dienen. Die Frage nach der Heilung der verdeckten Sachgründung durch Einhaltung der Nachgründungsvorschriften ließ der BGH (allerdings zum alten Recht) aber weiter offen.[148]

58 Nach hier in der 1. Aufl. 2007 vertretenen Ansicht sollte eine Heilung der verdeckten Sacheinlage wie bei der GmbH aber schon bisher durch eine „**qualifizierte Satzungsänderung**" zugelassen werden (ausführlich 1. Aufl. 2007, § 27 Rn. 166),[149] was praktisch dem Verfahren nach § 52 sehr nahe kommt. Das bisherige Hindernis für diese Meinung in der Regelung des § 27 Abs. 4 aF wurde durch das ARUG beseitigt. Daher könnte man meinen, dass eine solche Heilung jetzt unproblematisch möglich ist. Ob eine Heilung der verdeckten Sacheinlage trotz Wirksamkeit der damit einhergehenden, schuldrechtlichen und dinglichen Geschäfte überhaupt noch möglich und zulässig ist, erscheint mE derzeit äußerst fraglich und wird schon zur GmbH sehr streitig diskutiert (ausführlich → § 27 Rn. 203 ff.).[150]

59 Lässt man eine Heilung der verdeckten Sacheinlage zu, muss man aber wie bisher **genau differenzieren** zwischen der allein gegebenen **verdeckten Sacheinlage** und dem Fall, in dem zusätzlich eine **Nachgründungsfall** vorliegt. In letzterem Fall muss nicht nur die verdeckte Sacheinlage geheilt, sondern auch die Nachgründungskautelen für das bisher schwebend unwirksame Nachgründungsgeschäft eingehalten werden.[151] Nach Ablauf von zwei Jahren seit der Eintragung genügt dann die Wiederholung des Nachgründungsgeschäftes (→ Rn. 87), das zwar nach § 27 Abs. 3 S. 2 nicht unwirksam ist, weil eine verdeckte Sacheinlage vorliegt, aber nach § 52 Abs. 1 wegen Verstoß gegen die Nachgründungsvorschriften. § 27 Abs. 3 S. 2 überlagert insofern nicht den § 52 Abs. 1.[152] Vielmehr setzt sich die Rechtsfolge des § 52 Abs. 1 gegenüber derjenigen des § 27 Abs. 3 durch.[153]

60 Es bedarf in diesem Fall also einer „**Doppelheilung**" für die verdeckte Sacheinlage und das unkorrekte Nachgründungsgeschäft. Erfolgt hier keine Heilung eines eventuellen Verstoßes gegen die Nachgründungsvorschriften, dürfte sogar die in § 27 Abs. 3 S. 3 vorgesehene Anrechnung des Wertes der verdeckt eingelegten Sacheinlage scheitern, da diese nach § 52 Abs. 1 ja noch gar nicht wirksam – nicht einmal verdeckt – in die Gesellschaft eingelegt wurde.

IV. Nachgründungsverfahren[154]

61 **1. Schriftform.** § 52 Abs. 2 S. 1 verlangt für den Nachgründungsvertrag die Schriftform iSd § 126 BGB, soweit keine strengere Form wie etwa die notarielle Beurkundung nach § 311b BGB

---

[143] So auch *Martens* FS Priester 2007, 427 (428, 430).
[144] Vgl. *Hüffer*, 8. Aufl. 2008, § 27 Rn. 31; *Lutter/Gehling* WM 1989, 1445 (1455); *Ulmer* ZHR 154 (1990), 128 (143); *Joost* ZIP 1990, 549 (562); *Priester* DB 1990, 1753 ff.; *Rasner* NJW 1993, 186; s. ausf. MüKoAktG/*Pentz*, 2. Aufl. 2008, Rn. 70 ff.: „Teleologische Extension".
[145] Krit. auch Bürgers/Körber/*Körber* Rn. 26a; aA aber OLG Koblenz AG 2007, 242 (245); siehe zur Heilungsproblematik bei der GmbH nach dem MoMiG auch *Heidinger/Knaier* GmbHR 2015, 1.
[146] BGHZ 173, 145 = NJW 2007, 3425 – Lurgi.
[147] BGHZ 175, 265 = NZG 2008, 425 – Rheinmöve.
[148] Ebenso offen gelassen: OLG Hamm Urt. v. 14.1.2008 – 8 U 19/06, BeckRS 2008, 06654; *Böttcher* NZG 2008, 416 (418), hält dies für „unwahrscheinlich"; abl. auch *Bormann* jurisPR-HaGesR 7/2008 Anm. 4 zu Lurgi.
[149] Ebenso *Bröcker*, Nachgründung, Sachgründung und Kapitalschutz, 2006, 216 ff.; offen lassend Begr. des RA BT-Drs. 16/13 098, 54 lSp aE.
[150] Abl. zB bei der GmbH: *Heidinger/Knaier* GmbHR 2015, 1; so auch noch *Heidinger* in Heckschen/Heidinger, Die GmbH in der Gestaltungs- und Beratungspraxis, 3. Aufl. 2013, § 11 Rn. 296 ff., jetzt aber befürwortend *Heidinger/Berkefeld* in Heckschen/Heidinger, Die GmbH in der Gestaltungs- und Beratungspraxis, 4. Aufl. 2018, § 11 Rn. 294 ff.; in der Tendenz demgegenüber auch bei der AG befürwortend: Begr. des RA BT-Drs. 16/13 098, 54 liSp Mitte; *Bayer/Schmidt* ZGR 2009, 805 (828 f.); *Lieder* ZIP 2010, 964 (971).
[151] Grigoleit/*Vedder* Rn. 42.
[152] So jetzt auch *Lieder* ZIP 2010, 964 (969).
[153] Bürgers/Körber/*Körber* Rn. 26a.
[154] Vgl. die Formulare in BeckFormB/*Pfisterer* B. III, S. 121 ff.

oder § 15 GmbHG vorgeschrieben ist. Der schriftliche Vertrag oder sein Entwurf (→ Rn. 70) muss spätestens im Zeitpunkt der Berichterstattung durch den Aufsichtsrat vorliegen.¹⁵⁵ Zu den Rechtsfolgen eines Formmangels → Rn. 96 ff.

2. Prüfung. § 52 Abs. 3 sieht vor dem Zustimmungsbeschluss durch die Hauptversammlung die 62 zwingende **Prüfung durch den Aufsichtsrat** vor. Über diese Prüfung hat der Aufsichtsrat einen sog. **Nachgründungsbericht** zu erstellen, für den sinngemäß § 32 Abs. 2 und 3 gilt (dazu genauer → § 32 Rn. 3 ff.).¹⁵⁶ Berichtspflichtig ist der Aufsichtsrat als Organ (Beschlussfassung mit einfacher Mehrheit), nicht dessen einzelne Mitglieder.¹⁵⁷ Die Unterzeichnung durch den Aufsichtsratsvorsitzenden genügt nach hM, obwohl falsche Angaben im Nachgründungsbericht nach § 339 Abs. 1 Nr. 2 strafbewehrt sind.¹⁵⁸

Darüber hinaus muss nach Abs. 4 ebenfalls noch vor der Beschlussfassung durch die Hauptversammlung eine **Prüfung durch einen externen Gründungsprüfer** erfolgen. § 33 Abs. 3–5, §§ 34, 35 über die Gründungsprüfung gelten entsprechend. Der darüber zu erstellende Prüfungsbericht muss daher insbesondere Aussagen dazu enthalten, ob die Angaben im Nachgründungsvertrag richtig und vollständig sind und ob der Wert der durch diesen Vertrag erworbenen Vermögensgegenstände den Wert der Gegenleistung durch die Gesellschaft erreicht¹⁵⁹ (s. im Übrigen die Kommentierung zu §§ 33, 34 und 35). Der durch das ARUG¹⁶⁰ neu eingefügte Abs. 4 S. 3 erlaubt der Gesellschaft, von der **externen Gründungsprüfung abzusehen,** soweit nach dem ebenfalls neuen § 33a keine Gründungsprüfung erforderlich ist (Wertpapiere mit Börsenkurs oder Bewertung durch Sachverständigen). Damit wird Art. 1 Nr. 3 der **Änderungsrichtlinie**¹⁶¹ umgesetzt, wonach die Art. 10a und 10b Kapital-RL für den in Art. 11 Kapital-RL in Grundzügen geregelten Nachgründungsfall entsprechend gelten. Die externe Wertprüfung iRd „Umgehungstatbestandes" der Nachgründung soll nicht strenger sein als bei der regulären Sachgründung. Die übrigen Voraussetzungen einer wirksamen Nachgründung bleiben davon unberührt.¹⁶²

Die Prüfung und Berichterstattung durch den Aufsichtsrat muss schon deshalb grundsätzlich **vor** 64 **Einberufung der Hauptversammlung** abgeschlossen sein, da sie die Grundlage für die Beschlussempfehlung des Aufsichtsrates bildet.¹⁶³ Entsprechend § 52 Abs. 2 S. 2 ist auch der Prüfungsbericht des Aufsichtsrats sowie des Gründungsprüfers in den Geschäftsräumen ab Einberufung der Hauptversammlung auszulegen bzw. über die Internetseite der Gesellschaft zugänglich zu machen.¹⁶⁴ Darüber hinaus ist nach Abs. 2 S. 5 die **Zugänglichmachung in der Hauptversammlung** selbst geboten.

Auf die zeitliche Reihenfolge der Prüfungsberichte und der Hauptversammlung können die 65 Aktionäre jedoch **verzichten,** da diese nur ihrem eigenen Schutz dient. Eine Vorlage vor der Anmeldung zum Handelsregister genügt also, um dieses zur Prüfung zu befähigen.¹⁶⁵ Ein Verzicht auf die Prüfungen durch den Aufsichtsrat und den Gründungsprüfer sowie die hierzu erstellten Berichte an sich kommt nicht in Frage, da diese auch dem Gläubigerschutz dienen. Zur **Ausnahme für die Gründungsprüfung** durch das ARUG nach Abs. 4 S. 3 → Rn. 63.

Erfolgt eine **Sachkapitalerhöhung,** die unter die Nachgründungsvorschriften fällt (→ Rn. 48 f., 66 kann der nach § 183 Abs. 3 bestellte Prüfer die Prüfungsaufgaben aus § 52 Abs. 4 mit übernehmen, so dass es keiner zusätzlichen, gesonderten Prüfung durch einen Gründungsprüfer bedarf. Prüfungsgegenstand ist hierbei der die Sacheinlage betreffende Einbringungsvertrag.¹⁶⁶

3. Zustimmung der Hauptversammlung. a) Information der Aktionäre. § 52 Abs. 2 S. 2– 67 6 regelt die Unterrichtung der Aktionäre über den Nachgründungsvertrag **vor dem erforderlichen**

---

¹⁵⁵ Großkomm AktG/*Priester* Rn. 57; NK-AktR/*Lohr* Rn. 11.
¹⁵⁶ Zu den Besonderheiten bei der Nachgründung Großkomm AktG/*Priester* Rn. 59 und *Hartmann/Barcaba* AG 2001, 437 (443 f.).
¹⁵⁷ Zur Nachgründungshaftung des Aufsichtsrates: *Doralt/Doralt* in Semler/v. SchenckAR-HdB § 13 Rn. 165 ff.
¹⁵⁸ Großkomm AktG/*Priester* Rn. 60; MHdB AG/*Hofmann/Becking* § 4 Rn. 63; *Hartmann/Barcaba* AG 2001, 437 (443); aA *Diekmann* ZIP 1996, 2149 (2152): durch jedes Aufsichtsratsmitglied.
¹⁵⁹ Großkomm AktG/*Priester* Rn. 61; *Hartmann/Barcaba* AG 2001, 437 (444).
¹⁶⁰ BGBl. 2009 I 2479.
¹⁶¹ RL 2006/68/EG v. 6.9.2006 zur Änderung der RL 77/91/EWG, ABl. EG 2006 Nr. L 264, 32.
¹⁶² RegBegr BT-Drs. 16/11 642, 36.
¹⁶³ OLG München ZIP 2002, 1353 (1354) = AG 2003, 163 rSp; *Schwab* EWiR 2002, 1029 (1030); Hüffer/*Koch*/*Koch* Rn. 14.
¹⁶⁴ Großkomm AktG/*Priester* Rn. 60; Hüffer/*Koch*/*Koch* Rn. 13; *Holzapfel/Roschmann* FS Bezzenberger, 2000, 163 (177); *Volhard* in Semler/Volhard/Reichert HV-HdB § 41 Rn. 3: Nicht vorgeschrieben aber empfehlenswert; aA *Hartmann/Barcaba* AG 2001, 437 (444): Unmittelbar vor der Hauptversammlung reicht aus.
¹⁶⁵ Großkomm AktG/*Priester* Rn. 62.
¹⁶⁶ S. näher zum Prüfungsinhalt MüKoAktG/*Pentz* Rn. 70 aE; Großkomm AktG/*Priester* Rn. 25; *Hartmann/ Barcaba* AG 2001, 437 (440).

Zustimmungsbeschluss, ähnlich dem zu Unternehmensverträgen (§§ 293f und 293g) und Umwandlungsvorgängen (§§ 63 und 64 UmwG) vorgeschriebenen Verfahren.

68 Der wesentliche Inhalt des Nachgründungsvertrages ist bereits **in der Einberufung** der Hauptversammlung, deren Gegenstand die Zustimmung zu diesem Vertrag ist, bekannt zu machen (§ 124 Abs. 2 S. 2).[167] Darüber hinaus ist er **von der Einberufung an** in den Geschäftsräumen der Gesellschaft zur Einsicht der Aktionäre auszulegen (§ 52 Abs. 2 S. 2). Wie bei § 175 Abs. 2 ist damit der Ort der Hauptverwaltung gemeint.[168] Die überobligatorische Auslage der Prüfungsberichte wird empfohlen (→ Rn. 64).[169] Auf Verlangen ist jedem Aktionär auf Kosten der Gesellschaft[170] eine Abschrift des Vertrages zu erteilen (Satz 3). Künftig kann die Gesellschaft alternativ zur Auslegung und Erstellung einer Abschrift den Vertrag **über ihre Internetseite zugänglich** machen (Abs. 2 S. 4).[171] Entsprechend der Regelung des § 175 Abs. 2 S. 4 lässt sich dadurch der Bürokratieaufwand für die Gesellschaften verringern und zugleich der Zugang zu der Information vor allem für ortsfremde oder sogar im Ausland ansässige Aktionäre vereinfachen. Für **börsennotierte Gesellschaften** ergibt sich eine entsprechende Verpflichtung zum zugänglich machen über das Internet schon aus § 124a S. 1 Nr. 3. Für **geschlossene kleinere Gesellschaften besteht ein Wahlrecht,** wie bisher vorzugehen oder den Vertrag im Internet zugänglich zu machen. **Unterbrechungen des Internetzugangs,** die nicht vorsätzlich oder grob fahrlässig von der Gesellschaft herbeigeführt worden sind, und Unterbrechungen, die zB der Systemwartung dienen, sollen nach Ansicht der Regierungsbegründung[172] die Erfüllung der Offenlegungspflicht selbstverständlich nicht berühren. Zu den **Anforderungen an die Internetseite** der Gesellschaft, damit diese geeignet ist, die Informationspflichten nach S. 2 und 3 zu ersetzen, s. auch die Kommentierung bei § 124a und Gutachten des Deutschen Notarinstituts.[173]

69 Des Weiteren ist der Nachgründungsvertrag nochmals **in der Hauptversammlung** selbst zugänglich zu machen (Satz 5). Seit der Änderung durch das ARUG muss er nicht mehr in Papierform ausgelegt werden. Die erforderliche Information kann den Aktionären stattdessen in elektronischer Form zB über bereitgestellte Monitore gegeben werden. Die Verlesung des Vertrages ist nicht vorgeschrieben. Allerdings hat der Vorstand (in der Regel der Vorstandsvorsitzende) ihn zu Beginn der Verhandlung zwingend zu erläutern (Satz 6).[174]

70 **b) Zustimmungsbeschluss.** Abs. 1 S. 1 bestimmt als weitere **Wirksamkeitsvoraussetzung** für den Nachgründungsvertrag den ausdrücklich auf den Vertrag bezogenen[175] Zustimmungsbeschluss der Hauptversammlung. Ein schriftlich abgefasster und geprüfter **Entwurf als Beschlussgrundlage** genügt allerdings.[176] Dies ist im Umwandlungsrecht ausdrücklich ebenso vorgesehen (§ 13 UmwG), war dort aber auch schon vor dieser gesetzlichen Regelung im Umwandlungsrecht ganz hM.

71 Bei **Gesellschaftsinsolvenz** entscheidet allein der Insolvenzverwalter, da im hier vorliegenden nicht korporativen Vermögensbereich die Funktion der Hauptversammlung verdrängt wird.[177]

72 Nach der allgemeinen Regel des § 133 Abs. 1 muss der Beschluss mit **einfacher Stimmenmehrheit** gefasst werden. Hinzukommen muss noch die **Drei-Viertel-Mehrheit** des bei Beschlussfassung **vertretenen Grundkapitals** (Abs. 5 S. 1). Wird der Vertrag im ersten Jahr nach Eintragung der Gesellschaft in das Handelsregister beschlossen, muss die zustimmende Mehrheit außerdem mindestens ein Viertel des gesamten vorhandenen Grundkapitals erreichen (Abs. 5 S. 2). Die Satzung kann die Mehrheitserfordernisse verschärfen oder zusätzliche Anforderungen vorsehen (Satz 3), nicht jedoch abmildern (§ 23 Abs. 5).[178]

---

[167] NK-AktR/*Lohr* Rn. 12.
[168] MüKoAktG/*Pentz* Rn. 27; Großkomm AktG/*Priester* Rn. 66; auch bei → § 175 Rn. 26.
[169] *Volhard* in Semler/Volhard/Reichert HV-HdB § 41 Rn. 3.
[170] MüKoAktG/*Pentz* Rn. 27; Großkomm AktG/*Priester* Rn. 66, str. zu Versandkosten; vgl. zu den Versandkosten auch → § 175 Rn. 28.
[171] RegBegr BT-Drs. 16/11 642, 34; s. allg. zur elektronischen Information der Aktionäre: *Seibert* ZIP 2008, 906 (907); eingehend *Horn* ZIP 2008, 1558 (1565); *Zetsche* Der Konzern 2008, 321 (323 f.), auch zu europarechtlichen Folgefragen; dazu auch *Noack* NZG 2008, 441 (442 f.).
[172] BT-Drs. 16/11 642, 35.
[173] DNotI-Report 2012, 200.
[174] Vgl. näher dazu Großkomm AktG/*Priester* Rn. 67.
[175] MüKoAktG/*Pentz* Rn. 33; Großkomm AktG/*Priester* Rn. 68; Kölner Komm AktG/*Arnold* Rn. 28 ff.
[176] Str.: **befürwortend** Großkomm AktG/*Priester* Rn. 69; *Teichmann/Koehler,* 3. Aufl. 1950, AktG § 45 Anm. 3c; *Ritter,* 2. Aufl. 1939, AktG § 45 Anm. 2 b; MHdB AG/*Hofmann/Becking* Rn. 51; *Hildebrand,* Das Nachgründungsstadium der AG und die Problematik des § 52 AktG, 2005, 58 f.; MüKoAktG/*Pentz* Rn. 33; **abl.** *v. Godin/Wilhelmi* Anm. 7; Kölner Komm AktG/*Arnold* Rn. 23; *Schwab,* Die Nachgründung im Aktienrecht, 2003, 204.
[177] Hüffer/Koch/*Koch* Rn. 15 und Hüffer/Koch/*Koch* § 264 Rn. 10 f.; Großkomm AktG/*Priester* Rn. 72; Kölner Komm AktG/*Arnold* Rn. 28; aA noch BayObLGZ 1925, 183 (186); *Jaeger* JW 1926, 596 f.
[178] Hüffer/Koch/*Koch* Rn. 15; MüKoAktG/*Pentz* Rn. 34; Großkomm AktG/*Priester* Rn. 71.

Nachgründung 73–79 § 52

Der **Vertragspartner** des Nachgründungsvertrages ist nicht durch § 136 daran gehindert, mit 73
abzustimmen.[179] Die **Beschlussanfechtung** nach § 243 Abs. 2 kommt allerdings in Betracht.[180]
Zur Anfechtungsproblematik → Rn. 90.

Dem notariell zu beurkundenden (vgl. § 130 Abs. 1 S. 1 und 3) **Protokoll** ist der Nachgründungs- 74
vertrag als Anlage beizufügen (§ 52 Abs. 2 S. 7).[181]

4. Registereintragung. a) Anmeldung. Nach dem Zustimmungsbeschluss der Hauptversamm- 75
lung muss eine Anmeldung durch den **Vorstand in vertretungsberechtigter Zahl** zum Handelsregister am Sitz der Gesellschaft (§ 14) erfolgen. Einer Mitwirkung des Aufsichtsrates bedarf es – anders als bei der Gründung – nicht.[182] Es gilt die Form des § 12 HGB. Bestehen Zweigniederlassungen, ist § 13c HGB zu beachten. **Gegenstand** der Anmeldung ist der Nachgründungsvertrag (Abs. 6 S. 1), nicht der Zustimmungsbeschluss.[183] Die erforderlichen **Anlagen** ergeben sich aus § 52 Abs. 6 S. 2 zuzüglich der Niederschrift der Hauptversammlung (§ 130 Abs. 5). Findet **keine externe Prüfung** statt (→ Rn. 63), sind bei der Anmeldung – teils ergänzend und teils ersetzend – die besonderen Voraussetzungen des § 37a entsprechend zu beachten (Abs. 6 S. 3). Die anmeldenden Vorstände haben dann in der Anmeldung u. a. zu erklären, dass von einer externen Prüfung abgesehen wird. Darüber hinaus haben sie die **Versicherung nach § 37a Abs. 2** abzugeben und für deren Vollständigkeit und Richtigkeit zivilrechtlich (§ 53) und strafrechtlich (§ 399)[184] die Verantwortung zu übernehmen. An die Stelle der Einbringung bei der Sachgründung tritt im Fall der Nachgründung sinngemäß der Erwerb durch die Gesellschaft.[185]

b) Gerichtliche Prüfung. Das Registergericht prüft die Anmeldung in **formeller und in mate-** 76
rieller Hinsicht[186] (vgl. zu den Einzelheiten → § 38 Rn. 6 ff.). Hierzu gehört Folgendes:
– ordnungsgemäße Anmeldung (Form, Vertretungsberechtigung, erforderliche Anlagen);
– formwirksam abgeschlossener Nachgründungsvertrag (→ Rn. 61);
– Vorliegen eines ordnungsgemäßen Nachgründungsberichts (Abs. 3 und Abs. 7 S. 1) und Prüfungsberichts (Abs. 4) (→ Rn. 62 ff.);
– ist kein Prüfungsbericht erforderlich (→ Rn. 63) die entsprechenden Erklärung nach § 33a Abs. 1 S. 1 (Abs. 7 S. 2);
– wirksamer Zustimmungsbeschluss in ordnungsgemäß einberufener Hauptversammlung mit erforderlicher Mehrheit (→ Rn. 70 ff.);
– keine unangemessen hohe Vergütung (Abs. 7 S. 1) im Nachgründungsvertrag.

Die Prüfung erfolgt zunächst **anhand der eingereichten Unterlagen** einschließlich dem Nach- 77
gründungsbericht (→ Rn. 62) und – soweit erforderlich – dem Gründungsprüfungsbericht (→ Rn. 63), ansonsten der Erklärungen nach § 37a Abs. 1. Durch den Verweis in Abs. 7 S. 2 auf § 38 Abs. 3 wird gewährleistet, dass unter gegebenen Voraussetzungen eine **registergerichtliche präventive Werthaltigkeitsprüfung** der zu erwerbenden Vermögensgegenstände **unterbleibt.** Das Gericht prüft dann lediglich, ob die anstelle des Gründungsprüfungsberichts nach § 37a Abs. 1 abgegebene besondere Erklärung nach Inhalt und Form den gesetzlichen Anforderungen entspricht. Lediglich bei offenkundiger und erheblicher Überbewertung kann das Gericht die Eintragung ablehnen (§ 38 Abs. 3 S. 2). Ansonsten sind dem Registergericht bei zu Tage tretenden Fehlern oder Plausibilitätsmängeln auch **weitere Ermittlungen** nicht versagt.[187]

Fehlt eine der überprüften Voraussetzungen, hat das Registergericht bei behebbaren Mängeln 78
gem. § 26 S. 2 HRV eine **Zwischenverfügung** zu erlassen. Wird dem Mangel nicht abgeholfen oder ist er nicht behebbar, muss es die Eintragung zurückweisen.[188] Dabei ist das Gericht nicht an den Inhalt des Prüfungsberichts gebunden.[189]

c) Eintragung und Bekanntmachung. Kommt das Registergericht zur Überzeugung, dass alle 79
oben genannten Voraussetzungen ordnungsgemäß erfüllt sind, wird der Tag des Vertragsschlusses

---
[179] Großkomm AktG/*Priester* Rn. 71; rechtspolitisch nicht unbedenklich: MüKoAktG/*Pentz* Rn. 35; *Ritter*, 2. Aufl. 1939, AktG § 45 Anm. 5.
[180] MüKoAktG/*Pentz* Rn. 35; Großkomm AktG/*Priester* Rn. 71; Kölner Komm AktG/*Arnold* Rn. 32.
[181] Näher zum Protokoll *Volhard* in Semler/Volhard/Reichert HV-HdB § 38 Rn. 15.
[182] MüKoAktG/*Pentz* Rn. 37; Großkomm AktG/*Priester* Rn. 73.
[183] Großkomm AktG/*Priester* Rn. 73; NK-AktR/*Lohr* Rn. 15.
[184] *Lieder* ZIP 2010, 964 (967) weist auf eine diesbezügliche Regelungslücke beim vereinfachten Verfahren hin, dazu → Rn. 66.
[185] RegBegr BT-Drs. 16/11 642, 36.
[186] MüKoAktG/*Pentz* Rn. 39; Hüffer/Koch/*Koch* Rn. 17; Grigoleit/*Vedder* Rn. 33.
[187] Großkomm AktG/*Priester* Rn. 78.
[188] MüKoAktG/*Pentz* Rn. 39; Hüffer/Koch/*Koch* Rn. 17; NK-AktR/*Lohr* Rn. 16.
[189] Großkomm AktG/*Priester* Rn. 79; Bürgers/Körber/*Körber* Rn. 17.

und der Zustimmung der Hauptversammlung sowie der oder die Vertragspartner der Gesellschaft in das Register eingetragen. Hierzu besteht bei ordnungsgemäßer Durchführung der Nachgründung eine Verpflichtung des Registergerichts.[190]

80 Seit 1.1.2007[191] wird auf die früher erforderliche Zusatzbekanntmachung verzichtet. Stattdessen wird der Inhalt der Eintragung, über den sich der Rechtsverkehr online im Unternehmensregister unterrichten kann, vorgegeben. Bei Bedarf können die eingereichten Dokumente in gleicher Weise eingesehen werden.

V. Rechtsfolgen

81 **1. Ordnungsgemäßes Verfahren. a) Rechtslage vor der Eintragung. aa) Schuldrechtlicher Vertrag.** Vor dem Zustimmungsbeschluss (→ Rn. 70 ff.) und der Registereintragung (→ Rn. 75 ff.) ist der schuldrechtliche Nachgründungsvertrag **schwebend unwirksam.**[192] Mit der Verweigerung der Zustimmung oder der endgültigen, rechtskräftigen Ablehnung der Eintragung durch das Registergericht ist der Nachgründungsvertrag **endgültig unwirksam.**[193]

82 Schon während des Schwebezustandes ist der **Vertragspartner** innerhalb einer angemessenen Frist an den Vertrag gebunden. Ein Widerrufsrecht nach § 178 BGB steht ihm nicht zu, da kein Handeln eines Vertreters ohne Vertretungsmacht vorliegt.[194] Auch wenn der Nachgründungsvertrag keine diesbezügliche Regelung enthält, kann dem anderen Vertragsteil aber nach § 242 BGB ein Recht zur Lösung vom Vertrag zustehen, wenn sich die Durchführung des Nachgründungsvertrags unbotmäßig verzögert.[195] Dem Vorstand der AG muss aber zuvor eine Frist gesetzt werden, die den gesetzlichen Fristen und den Gegebenheiten des konkreten Falles Rechnung trägt.[196]

83 Eine **Schadensersatzpflicht** der Gesellschaft wegen Verweigerung der Zustimmung durch die Hauptversammlung kommt nicht in Betracht,[197] im Einzelfall aber eine Haftung aus culpa in contrahendo (jetzt § 280 iVm § 311 Abs. 2 BGB nF).

84 **bb) Erfüllungsgeschäft.** Entgegen dem **sachenrechtlichen Abstraktionsprinzip** sind nach § 52 Abs. 1 S. 2 auch Geschäfte zur Ausführung eines Nachgründungsvertrages bis zur Zustimmung durch die Hauptversammlung und die Eintragung des schuldrechtlichen Vertrages ins Handelsregister schwebend unwirksam.[198] Vor Wirksamkeit des schuldrechtlichen Nachgründungsvertrages besteht noch **kein Anwartschaftsrecht** der Aktiengesellschaft.[199]

85 Mit dem Wirksamwerden des Nachgründungsvertrages wird das Ausführungsgeschäft „ex nunc" ohne weiteres Zutun wirksam.[200] Dies gilt auch für die **Auflassung eines Grundstücks,** da die schwebende Unwirksamkeit nach § 52 keine Bedingung iSd § 925 Abs. 2 BGB darstellt. Ist der Grundstückserwerb bereits im Grundbuch eingetragen, war dieses bisher unrichtig.[201]

86 Wird der Nachgründungsvertrag endgültig unwirksam, sind bereits **erbrachte Leistungen rückabzuwickeln.** Für die Rückabwicklung der Zahlungen an Aktionäre oder an diesen zuzurechnende Dritte greift nach hM in der Literatur § 62,[202] und nicht § 812 BGB. Der BGH[203] wendet demgegen-

---

[190] Bürgers/Körber/*Körber* Rn. 18.
[191] EHUG, BGBl. 2006 I 2553.
[192] MüKoAktG/*Pentz* Rn. 43; Großkomm AktG/*Priester* Rn. 81; RG JW 1929, 2944 (2946) m. Anm. *Flechtheim;* Hüffer/Koch/*Koch* Rn. 8; Kölner Komm AktG/*Arnold* Rn. 39; NK-AktR/*Lohr* Rn. 17; *Martens* FS Priester, 2007, 427 (439).
[193] MüKoAktG/*Pentz* Rn. 43; NK-AktR/*Lohr* Rn. 17; Großkomm AktG/*Priester* Rn. 86, *Komo* BB 2011, 2307 (2310).
[194] HL; Großkomm AktG/*Priester* Rn. 81; K. Schmidt/Lutter/*Bayer* Rn. 40; Hüffer/Koch/*Koch* Rn. 8; s. ausf. dazu *Geiler* JW 1929, 2924 f.
[195] NK-AktR/*Lohr* Rn. 17; zur genauen Vorgehensweise s. MüKoAktG/*Pentz* Rn. 46; Großkomm AktG/ *Priester* Rn. 82; Kölner Komm AktG/*Arnold* Rn. 41; vgl. auch OLG Braunschweig NZG 2004, 126 (127 f.).
[196] Großkomm AktG/*Priester* Rn. 83: Rechtsanalogie aus §§ 108, 177, 1829 BGB; Kölner Komm AktG/ *Arnold* Rn. 42; *Flechtheim* JW 1929, 2944 (2945); weitergehend MüKoAktG/*Pentz* Rn. 47: im Einzelfall auch ohne Fristsetzung.
[197] MüKoAktG/*Pentz* Rn. 48; Großkomm AktG/*Priester* Rn. 85.
[198] Großkomm AktG/*Priester* Rn. 87; Hüffer/Koch/*Koch* Rn. 9.
[199] Großkomm AktG/*Priester* Rn. 87; MüKoAktG/*Pentz* Rn. 49 unter Hinweis auf BGHZ 75, 221 (225).
[200] HM; vgl. nur Großkomm AktG/*Priester* Rn. 87, MüKoAktG/*Pentz* Rn. 49; aA für rückwirkende Wirksamkeit auch hinsichtlich des Ausführungsgeschäftes *Weißhaupt* ZGR 2005, 726 (734 f.).
[201] Großkomm AktG/*Priester* Rn. 87.
[202] So zB 2. Aufl. 2010, Rn. 86; Großkomm AktG/*Priester* Rn. 88; *Drygala* FS Huber, 2006, 691 (694 f.); *Schwab,* Die Nachgründung im Aktienrecht, 2003, 218 f.; Hüffer/Koch/*Koch* Rn. 9 auch noch unter Berücksichtigung der gegenteiligen BGH-Rspr.
[203] BGH BGHZ 173, 145 = NJW 2007, 3425 – Lurgi; dazu *Müller* LMK 2007, 242 984 Anm. zu Lurgi; zur konkreten Saldierung der beiderseitigen Bereicherungsansprüche s. BGH NZG 2009, 747 – Lurgi II, sich dem BGH anschließend: K. Schmidt/Lutter/*Bayer* Rn. 44; so auch schon vorher MüKo AktG/*Pentz* Rn. 62.

über die §§ 812 ff. BGB an, da § 52 nicht wie § 62 der Kapitalerhaltung (str. → Rn. 5) dient, sondern wie § 27 und § 183 der Kapitalaufbringung, die alle nach Bereicherungsrecht rückabgewickelt werden bzw. bei der verdeckten Sacheinlage wurden. Dies ist zwar im Ansatz zutreffend, darf aber nicht zu einer Besserstellung des betroffenen Aktionärs bei der Rückabwicklung führen, wenn gleichzeitig in dem Nachgründungsgeschäft ein Verstoß gegen § 57[204] gegeben ist.

cc) Nach Ablauf der zwei Jahre. Ist die Zwei-Jahres-Frist des § 52 Abs. 1 S. 1 verstrichen, 87 wird der Vertrag nicht ipso jure wirksam,[205] aber auch nicht unwirksam.[206] Vielmehr kann das Nachgründungsverfahren abgebrochen werden und eine **Neuvornahme oder Bestätigung des Nachgründungsvertrages** durch beide Vertragsteile gem. § 141 BGB erfolgen.[207] Weil § 52 nicht den Vertragspartner schützt, will eine großzügige Ansicht über den Wortlaut der Norm hinaus auch die **einseitige Genehmigung** des Vorstandes gem. § 182 Abs. 1 BGB, § 184 BGB genügen lassen.[208] Die **Rechtshandlungen zur Ausführung** des Nachgründungsvertrages müssen nach dem Wortlaut des § 52 Abs. 1 S. 2 ebenfalls wiederholt werden. Dies entspricht aber nicht dem Regelungszweck dieser Norm, die das Schicksal der Ausführungshandlungen weitestgehend mit dem des Nachgründungsvertrages verknüpft.

b) Rechtsfolgen der Eintragung. Mit der **Eintragung des Nachgründungsvertrages** in das 88 Handelsregister ist der Schwebezustand beendet und wird der Nachgründungsvertrag wirksam. Dies gilt aber nur, wenn die weiteren erforderlichen Wirksamkeitsvoraussetzungen, nämlich ein Zustimmungsbeschluss (Abs. 1 S. 1 → Rn. 70 ff.) und die Schriftform (Abs. 2 S. 1; → Rn. 61) vorliegen. Ansonsten kommt der Eintragung **keine Heilungswirkung** zu.[209]

Auf die Wirksamkeit der **dinglichen Ausführungsgeschäfte** wirkt sich die Formnichtigkeit des 89 Nachgründungsvertrages jedoch nicht aus. § 52 Abs. 1 S. 2 stellt diesbezüglich nur auf die Zustimmung der Hauptversammlung bzw. die Eintragung des Vertrages im Handelsregister ab, durchbricht das Abstraktionsprinzip im Übrigen jedoch nicht.[210]

Sonstige Mängel im Nachgründungsverfahren (Abs. 2 S. 2–7, Abs. 3 und 4: Aktionärsinformatio- 90 nen und Prüfungen) beeinträchtigen die Wirksamkeit des Nachgründungsvertrages nicht. Sie können allerdings zur **Anfechtung des erforderlichen Zustimmungsbeschlusses** führen.[211] Eine strengere Ansicht nimmt Nichtigkeit des Zustimmungsbeschlusses bei fehlender Prüfung (näher → Rn. 93 f.) an. Dies würde dann die Wirksamkeit des Nachgründungsvertrages selbst nach der Eintragung verhindern.

Auch eine **überhöhte Vergütung** an einen Aktionär oder ihm zuzurechnenden Dritten verhin- 91 dert die Wirksamkeit durch die Eintragung nicht. Sie führt aber zu einem Verstoß gegen § 57 (zu den Rechtsfolgen → § 57 Rn. 86 ff.).

Wird eine den Nachgründungsvorschriften unterfallende **Sachkapitalerhöhung** eingetragen, 92 ohne dass die Voraussetzungen des § 52 ansonsten erfüllt sind, kann zwar auch keine Heilung durch Eintragung nach § 52 Abs. 8 erfolgen. Da hierbei der Gläubigerschutz vorgeht, muss aber eine Wirksamkeit der Kapitalerhöhung nach den allgemeinen Grundsätzen der Eintragung einer fehlerhaften Sachkapitalerhöhung (→ § 189 Rn. 10 und → § 183 Rn. 24) angenommen werden.[212] Den Inferenten trifft dann eine Bareinlagepflicht.[213]

2. Verfahrensfehler. a) Prüfungen und Berichte. Fehlt nur eine der beiden in § 52 Abs. 3 93 und 4 vorgesehenen Prüfungen und/oder Berichte (→ Rn. 62 ff.), hat der Registerrichter die **Ein-**

---
[204] Diesbezüglich haben sich durch das MoMiG seit 1.11.2008 allerdings die Bedingungen für den Aktionär deutlich verbessert, s. dazu die Kommentierung bei § 57.
[205] K. Schmidt/Lutter/*Bayer* Rn. 43; Großkomm AktG/*Priester* Rn. 102.
[206] Hüffer/Koch/*Koch* Rn. 8; *Weißhaupt* ZGR 2005, 726 (729).
[207] MüKoAktG/*Pentz* Rn. 61; *Dieckmann* ZIP 1996, 2149 (2150); NK-AktR/*Lohr* Rn. 17; aA *Hartmann/Barcaba* AG 2001, 437 (445); zu den Nachteilen der Bestätigungslösung vgl. *Weißhaupt* ZGR 2005, 726 (736 f.).
[208] So K. Schmidt/Lutter/*Bayer* Rn. 43; Hüffer/Koch/*Koch* Rn. 7 mwN; *Krieger* FS Claussen, 1997, 223 (236); MAH AktR/*Peres* § 14 Rn. 165; *Zimmer* DB 2000, 1265 (1270); *Weißhaupt* ZGR 2005, 726 (737 ff.), sogar schon, wenn vor Ablauf der zwei Jahre die relevanten Größenkriterien der Nachgründung überschritten werden; aA Großkomm AktG/*Barz*, 1. Aufl. 1967, Rn. 4; MüKoAktG/*Pentz* Rn. 61; *Diekmann* ZIP 1996, 2149 (2150); NK-AktR/*Lohr* Rn. 17; *Martens* FS Priester, 2007, 427 (440 ff.), allerdings schon durch einfachen Nachtrag, bei dem den Parteien die Genehmigungsbedürftigkeit nicht bewusst sei.
[209] MüKoAktG/*Pentz* Rn. 50; Großkomm AktG/*Priester* Rn. 89.
[210] MüKoAktG/*Pentz* Rn. 64; Großkomm AktG/*Priester* Rn. 99.
[211] MüKoAktG/*Pentz* Rn. 50.
[212] So auch *Holzapfel/Roschmann* FS Bezzenberger, 2000, 163 (186) im Zusammenhang mit der Gründung von Tochtergesellschaften.
[213] Großkomm AktG/*Priester* Rn. 25; *Koch,* Die Nachgründung, Entgeltliche Erwerbsverträge und gesellschaftsrechtliche Geschäfte der jungen Aktiengesellschaft nach altem und neuem Recht, 2002, 226 f.

§ 53

tragung in das Handelsregister abzulehnen (→ Rn. 77 f.). Das Gleiche muss bei einem Prüfungsbericht mit einem ungünstigen Ergebnis gelten,[214] wenn dann überhaupt eine Zustimmung bei der Hauptversammlung erreicht werden konnte. Die wohl hM[215] nimmt in allen diesen Fällen nur **Anfechtbarkeit des Zustimmungsbeschlusses** an, da es sich dabei nicht um einen Inhaltsfehler im Sinne des § 241 Nr. 3, sondern nur um einen Verfahrensfehler handelt. Teilweise wird allerdings bei Fehlen auch nur einer der beiden Prüfungen der Zustimmungsbeschluss der Hauptversammlung für nichtig gehalten.[216] Zum Teil wird Nichtigkeit nur bei fehlender Prüfung durch den unabhängigen Prüfer (Abs. 4, → Rn. 63) angenommen, da allein dieser dem Gläubigerschutz dient.[217]

94 Nimmt man wegen fehlender Prüfungen Nichtigkeit des Zustimmungsbeschlusses an oder ist dieser aufgrund erfolgreicher Anfechtung nichtig, kann der Nachgründungsvertrag auch nicht durch die **Eintragung im Handelsregister** wirksam werden (→ Rn. 88).

95 b) **Aktionärsinformation.** Fehler bei der Publizität des Nachgründungsvertrages vor der Hauptversammlung nach § 52 Abs. 2 S. 2 und 3 bzw. jetzt auch S. 4 (→ Rn. 67 f.) machen den Zustimmungsbeschluss der Hauptversammlung nach § 243 Abs. 1 **anfechtbar**.[218] Auch wenn der Vorstand es entgegen § 52 Abs. 2 S. 5 und 6 unterlässt, den Nachgründungsvertrag in der Hauptversammlung zugänglich zu machen oder diesen zu erläutern bzw. ihn nur unvollständig erläutert, ist ein gleichwohl gefasster Zustimmungsbeschluss anfechtbar,[219] nicht nichtig.

96 c) **Schriftform.** Wurde das Schriftformerfordernis des Abs. 2 S. 1 nicht eingehalten, ist der Nachgründungsvertrag gemäß § 125 S. 1 BGB **nichtig**. Das Gleiche gilt, wenn andere weitergehende Formvorschriften zB des § 311b BGB oder § 15 GmbHG nicht eingehalten werden.

97 Ein auf dieser Grundlage gefasster **Zustimmungsbeschluss ist anfechtbar**.[220] Eine Zustimmung aufgrund eines schriftlichen Entwurfs sollte aber zugelassen werden (→ Rn. 70).[221] Die **Eintragung** heilt diesen Mangel nicht (→ Rn. 88). Die gebotene Form kann auch nicht nachgeholt werden.[222] Vielmehr ist die Wiederholung des Nachgründungsverfahrens erforderlich.

98 Die Formnichtigkeit des schuldrechtlichen Nachgründungsvertrages schlägt jedoch nicht auf die selbständig zu beurteilende **Wirksamkeit der dinglichen Ausführungsgeschäfte** durch (§ 52 Abs. 1 S. 2), wenn eine Eintragung im Handelsregister erfolgt ist (→ Rn. 89).

99 d) **Zustimmung.** Ein nichtiger oder erfolgreich angefochtener Zustimmungsbeschluss kann den **Nachgründungsvertrag nicht wirksam** werden lassen. Gleiches gilt für die Rechtshandlungen zu seiner Ausführung (Abs. 1 S. 2). Auch eine dennoch erfolgende Eintragung heilt diesen Mangel nicht (→ Rn. 88).

100 e) **Eintragung und Bekanntmachung.** Ohne **Eintragung** werden weder der Nachgründungsvertrag noch die Rechtshandlungen zu seiner Ausführung wirksam (Abs. 1 S. 1 und S. 2). Zur Heilungswirkung der Eintragung wird auf → Rn. 88 ff. verwiesen. Zur Neuvornahme oder Bestätigung auch ohne Eintragung nach zwei Jahren → Rn. 87.

101 Fehlte nur die früher erforderliche **Bekanntmachung**[223] oder war diese fehlerhaft, schränkte dies die Wirksamkeit des Nachgründungsvertrages nicht ein.[224] Dies muss für eventuelle Fehler bei der Veröffentlichung im Registerportal jetzt erst recht gelten.

§ 53 Ersatzansprüche bei der Nachgründung

¹Für die Nachgründung gelten die §§ 46, 47, 49 bis 51 über die Ersatzansprüche der Gesellschaft sinngemäß. ²An die Stelle der Gründer treten die Mitglieder des Vorstands und des Aufsichtsrats. ³Sie haben die Sorgfalt eines ordentlichen und gewissenhaften Geschäftsleiters anzuwenden. ⁴Soweit Fristen mit der Eintragung der Gesellschaft in das

---

[214] Großkomm AktG/*Priester* Rn. 65.
[215] MüKoAktG/*Pentz* Rn. 66; Großkomm AktG/*Priester* Rn. 64; Hüffer/Koch/*Koch* Rn. 14; *v. Godin/Wilhelmi* Anm. 7; Kölner Komm AktG/*Arnold* Rn. 27; *Hartmann/Barcaba* AG 2001, 437 (444).
[216] Großkomm AktG/*Barz*, 1. Aufl. 1967, Anm. 6; *Teichmann/Koehler*, 3. Aufl. 1950, AktG § 45 Anm. 3a, b; *Ritter*, 2. Aufl. 1939, AktG § 45 Anm. 3 (4).
[217] *Baumbach/Hueck* Rn. 7; GHEK/*Eckardt* Rn. 17; *Diekmann* ZIP 1996, 2149 (2152).
[218] NK-AktR/*Lohr* Rn. 12; Hüffer/Koch/*Koch* Rn. 13; Kölner Komm AktG/*Arnold* Rn. 27.
[219] MüKoAktG/*Pentz* Rn. 67 (32 aE); *Diekmann* ZIP 1996, 2149 (2152); NK-AktR/*Lohr* Rn. 12; Hüffer/*Koch* Rn. 13; Kölner Komm AktG/*Arnold* Rn. 27.
[220] Großkomm AktG/*Priester* Rn. 99.
[221] AA Kölner Komm AktG/*Arnold* Rn. 23 f.
[222] Großkomm AktG/*Priester* Rn. 99.
[223] Nur bis 1.1.2007 → Rn. 80.
[224] MüKoAktG/*Pentz* Rn. 42 aE.

Handelsregister beginnen, tritt an deren Stelle die Eintragung des Vertrags über die Nachgründung.

I. Normzweck

Die Vorschrift regelt die Verantwortlichkeit bei der Nachgründung. Normzweck ist es die Haftung bei der Nachgründung grundsätzlich nach denselben Grundsätzen wie die Haftung im Gründungsstadium zu regeln, wobei den Besonderheiten der Nachgründung Rechnung getragen werden soll.[1] Die Vorschrift bezwecke daher im Wesentlichen die Sicherung einer ordnungsgemäßen Kapitalaufbringung.

II. Entstehungsgeschichte

Die Vorschrift entspricht § 46 AktG 1937 enthält jedoch in ihrer jetzigen Fassung zwei Änderungen. So wurde ausdrücklich klargestellt, dass die Vorschriften über die Gründungshaftung sinngemäß anzuwenden sind. Ferner wurde durch Hinzufügung eines neuen Satzes 4 der Verjährungsbeginn ausdrücklich geregelt.

III. Sinngemäße Anwendung der Vorschriften über die Gründungshaftung

Die §§ 46, 47 sowie 49 bis 51 gelten sinngemäß für die Nachgründung. Die Vorschrift gilt nur bei einer Nachgründung iSv § 52 Abs. 1, also nicht für Vereinbarungen, außerhalb des Anwendungsbereichs von § 52.[2] Das schädigende Ereignis muss im Zusammenhang mit der Nachgründung erfolgen. Auf die Pflichtverletzung durch den Nachgründungsprüfer findet § 49 Anwendung.[3]

IV. Besonderheiten für die Nachgründungshaftung

Gemäß Satz 2 treten bei der Nachgründungshaftung an die Stelle der Gründer die Mitglieder des Vorstands und des Aufsichtsrats. Sie haben gemäß Satz 3 die Sorgfalt eines ordentlichen und gewissenhaften Geschäftsleiters zu beachten. Wer auch bei Anwendung der danach erforderlichen Sorgfalt die haftungsbegründenden Tatsachen nicht kennen musste, haftet analog § 46 Abs. 3 nicht.[4] Durch Satz 2 wird nämlich nur der Haftungsmaßstab modifiziert, eine generelle Anwendung des § 46 Abs. 3 aber nicht ausgeschlossen. Daneben bleiben die §§ 93, 116 zusätzlich anwendbar.[5]

Für den Beginn von Fristen tritt bei der Nachgründung gemäß Satz 4 an die Stelle der Eintragung der Gesellschaft in das Handelsregister, die Eintragung des Vertrags über die Nachgründung.

---

[1] Kölner Komm AktG/*Arnold* Rn. 1; Hüffer/Koch/*Koch* Rn. 1.
[2] Kölner Komm AktG/*Arnold* Rn. 3; Großkomm AktG/*Ehricke* Rn. 5.
[3] Kölner Komm AktG/*Arnold* Rn. 10.
[4] Hüffer/Koch/*Koch* Rn. 3; aA Großkomm AktG/*Ehricke* Rn. 16.
[5] Hüffer/Koch/*Koch* Rn. 3; MüKoAktG/*Pentz* Rn. 13.

Dritter Teil. Rechtsverhältnisse der Gesellschaft und der Gesellschafter

§ 53a Gleichbehandlung der Aktionäre

Aktionäre sind unter gleichen Voraussetzungen gleich zu behandeln.

Schrifttum: *Bachmann,* Der Grundsatz der Gleichbehandlung im Kapitalmarktrecht, ZHR 170 (2006), 144; *Baltzer,* Die gesellschaftsrechtliche Treupflicht im Recht der AG und GmbH, 1968; *Baumgärtner,* Rechtsformübergreifende Aspekte der gesellschafsrechtlichen Treuepflicht, 1990; *Beckerhoff,* Treupflichten bei der Stimmrechtsausübung und Eigenhaftung des Stimmrechtsvertreters, 1996; *Bungert,* Die Treupflicht des Minderheitsaktionärs, DB 1995, 1749; *Burgard,* Die Förder- und Treupflicht des Alleingesellschafters einer GmbH, ZIP 2002, 827; *Cahn,* Zur Treuepflicht im Arbeits- und Gesellschaftsrecht, FS Wiese, 1998, 71; *Dreher,* Treuepflichten zwischen Aktionären und Verhaltenspflichten bei der Stimmrechtsbündelung, ZHR 157 (1993) 150; *Fleischer/Harzmeier,* Zur Abdingbarkeit der Treuepflichten bei Personengesellschaft und GmbH, NZG 2015, 1289; *Geiger,* Wettbewerbsverbote im Konzernrecht, 1996; *Grundmann,* Der Treuhandvertrag, 1997; *Hellgardt,* Abdingbarkeit der gesellschaftsrechtlichen Treuepflicht, FS Hopt, 2010, 765; *Hennrichs,* Treupflichten im Aktienrecht, AcP 195 (1995), 221; *Henze,* Zur Treupflicht unter Aktionären, FS Kellermann, 1991, 141; *Henze,* Die Treuepflicht im Aktienrecht, BB 1996, 489; *Henze,* Treupflichten der Gesellschafter im Kapitalgesellschaftsrecht, ZHR 162 (1998), 186; *Hüffer,* Zur gesellschaftsrechtlichen Treupflicht als richterrechtlicher Generalklausel, FS Steindorff, 1990, 59; *G. Hueck,* Der Grundsatz der gleichmäßigen Behandlung im Privatrecht, 1958; *Immenga,* Die personalistische Kapitalgesellschaft, 1970; *Jilg,* Die Treupflicht des Aktionärs, 1996; *Kocher/Eisermann,* Der Gleichbehandlungsgrundsatz als Maßstab in Übernahmesituationen nicht börsennotierter Aktiengesellschaften?, DB 2008, 225; *Kort,* Zur Treupflicht des Aktionärs, ZIP 1990, 294; *Kunze,* Positive Stimmpflichten im Kapitalgesellschaftsrecht, 2004; *Lutter,* Zur Treuepflicht des Großaktionärs, JZ 1976, 225; *Lutter,* Die entgeltliche Ablösung von Anfechtungsrechten – Gedanken zur aktiven Gleichbehandlung im Aktienrecht, ZGR 1978, 347; *Lutter,* Theorie der Mitgliedschaft AcP 180 (1980), 84; *Lutter,* Zur inhaltlichen Begründung von Mehrheitsentscheidungen, ZGR 1981, 171; *ders.,* Die Treuepflicht des Aktionärs, ZHR 153 (1989), 446; *Lutter,* Treupflichten und ihre Anwendungsprobleme, ZHR 162 (1998), 164; *Marsch-Barner,* Treuepflichten zwischen Aktionären und Verhaltenspflichten bei der Stimmrechtsbündelung, ZHR 157 (1993), 172; *Marsch-Barner,* Treupflicht und Sanierung, ZIP 1996, 853; *K. Schmidt/Martens,* Die Treupflicht des Aktionärs, Rechtsdogmatik und Rechtspolitik, 1990; *Mertens/Cahn,* Wettbewerbsverbot und verdeckte Gewinnausschüttung im GmbH-Konzern, FS Heinsius, 1991, 545; *Meyer-Landrut,* Mehrheitsherrschaft und Treupflicht im Aktienrecht, FS Häußling, 1990, 249; *Mülbert/Kiem,* Der schädigende Beteiligungserwerb, ZHR 177 (2013), 819; *Nehls,* Die gesellschaftsrechtliche Treuepflicht im Aktienrecht, 1993; *Paefgen,* Die Gleichbehandlung beim Aktienrückerwerb im Schnittfeld von Gesellschafts- und Übernahmerecht, ZIP 2002, 1509; *Paschke,* Treupflichten im Recht der juristischen Personen, FS Serick, 1992, 313; *Piepenburg,* Mitgliedschaftliche Treupflichten der Aktionäre, 1996; *Rehbinder,* Treuepflichten im GmbH-Konzern, ZGR 1976, 386; *Reul,* Die Pflicht zur Gleichbehandlung der Aktionäre bei privaten Kontrolltransaktionen, 1991; *Röhricht,* Treuepflichten der Aktionäre, insbesondere des Mehrheitsgesellschafters in Hommelhoff/Hopt/v. Werder, Handbuch Corporate Governance, 2003, 513; *Ruthardt,* Angemessene Barabfindung und Gleichbehandlung von Minderheits- und Mehrheitsaktionären, NZG 2014, 972; *Schäfer,* „Girmes" wiedergelesen: Zur Treupflicht des Aktionärs im Sanierungsfall, FS Hommelhoff, 2012, 939; *Schockenhoff,* Gesellschaftsinteresse und Gleichbehandlung beim Bezugsrechtsausschluss, 1988; *Seibt,* Sanierungsgesellschaftsrecht: Mitgliedschaftliche Treuepflicht und Grenzen der Stimmrechtsausübung in der Aktiengesellschaft, ZIP 2014, 1909; *Steindorff,* Der Wettbewerber als Minderheitsaktionär, FS Rittner, 1991, 675; *Thole,* Treupflicht-Torpedo? Die gesellschaftsrechtliche Treupflicht im Insolvenzverfahren, ZIP 2013, 1937; *Timm,* Zur Sachkontrolle von Mehrheitsentscheidungen im Kapitalgesellschaftsrecht, ZGR 1987, 403; *Timm,* Mißbräuchliches Aktionärsverhalten, 1990; *Timm,* Treuepflichten im Aktienrecht, WM 1991, 481; *Tröger,* Treupflicht im Konzernrecht, 2000; *Ulmer,* Der Gläubigerschutz im faktischen GmbH-Konzern bei Fehlen von Minderheitsgesellschaftern, ZHR 148 (1984), 391; *Verse,* Der Gleichbehandlungsgrundsatz im Recht der Kapitalgesellschaften, 2006; *Verse,* Aktienrechtliche Entsendungsrechte am Maßstab des Gleichbehandlungsgrundsatzes und der Kapitalverkehrsfreiheit, ZIP 2008, 1754; *Vetter,* Verpflichtung zur Schaffung von 1 Euro-Aktien?, AG 2000, 193; *Weber,* Vormitgliedschaftliche Treubindungen, 1999; *Wiedemann,* die Bedeutung der ITT-Entscheidung, JZ 1976, 392; *Wiedemann,* Zu den Treuepflichten im Kapitalgesellschaftsrecht, FS Heinsius, 1991, S. 949; *Winter,* Mitgliedschaftliche Treubindungen im GmbH-Recht, 1988; *Ziemons/Jaeger,* Treupflichten bei der Veräußerung einer Beteiligung an einer Aktiengesellschaft, AG 1996, 358; *Zöllner,* Die Schranken mitgliedschaftlicher Stimmrechtsmacht bei den privatrechtlichen Personenverbänden, 1963; *Zöllner,* Treupflichtgesteuertes Aktienkonzernrecht, ZHR 162 (1998), 235; *ders.,* Zur Problematik der aktienrechtlichen Anfechtungsklage, AG 2000, 145; *Zwissler,* Treuegebot – Treuepflicht – Treuebindung, 2002.

Übersicht

	Rn.		Rn.
A. Gleichbehandlungsgebot	1–35	3. Entstehungsgrund	3
I. Grundlagen	1–11	4. Inhalt und Reichweite	4–7
1. Normzweck	1	5. § 53a als offener Tatbestand	8, 9
2. Entstehungsgeschichte	2	6. Relevanz	10, 11

§ 53a 1, 2

	Rn.
II. Der Inhalt des Gleichbehandlungsgebotes	12–31
1. Gleichbehandlung nur unter „gleichen Voraussetzungen"	12–20
a) Beispiele für Gleichbehandlung nach Maßgabe der Kapitalbeteiligung	15
b) Beispiele für Gleichbehandlung nach Köpfen	16, 17
c) Differenzierungen aus sachlichen Gründen	18–20
2. Modifikationen des Gleichbehandlungsgebotes durch die Satzung	21–23
3. Gleichbehandlung	24–27
4. Verzicht auf Gleichbehandlung	28
5. Besonderheiten im Unternehmensverbund	29–31
a) Vertragskonzern	30
b) Faktische Unternehmensverbindungen	31
III. Rechtsfolgen von Verstößen gegen das Gleichbehandlungsgebot	32–35
1. Beschlüsse der Hauptversammlung	32
2. Maßnahmen der Verwaltung	33–35
B. Treupflicht	36–71
I. Grundlagen	36–46
1. Zweck	36
2. Entwicklung	37
3. Wirkungsweise und Anwendungsbereich	38
4. Entstehungsgrund und zwingende Geltung	39
5. Schutzrichtung	40

	Rn.
6. Begründung	41–45
a) Traditionelle Begründungen	41
b) Treuhandrechtlicher Ansatz	42
c) Stellungnahme	43–45
7. Rechtsvergleichender Ausblick	46
II. Inhalt und Adressaten der mitgliedschaftlichen Treupflicht	47–58
1. Adressaten der mitgliedschaftlichen Treupflicht	47
2. Inhalt der Treupflicht	48–52
a) Treupflicht der Aktionäre gegenüber der Gesellschaft	49
b) Treupflicht der Aktionäre untereinander	50
c) Maß der gebotenen Rücksichtnahme	51, 52
3. Grenzen der Treupflicht	53, 54
4. Durchsetzung der Treupflicht und Rechtsfolgen ihrer Verletzung	55–58
a) Erfüllung	55
b) Beschlussanfechtung	56
c) Schadensersatz	57, 58
III. Treupflichten im Konzern	59–71
1. Treupflichten im Vertragskonzern	59, 60
a) Beherrschungsvertrag	59
b) Gewinnabführungsvertrag	60
2. Treupflichten im faktischen Konzern	61–71
a) Problemstellung	61
b) Keine Überlagerung der §§ 311 ff. durch Treubindungen des herrschenden Unternehmens	62–65
c) Ergänzung der §§ 311 ff. durch die Treupflicht?	66–71

A. Gleichbehandlungsgebot

I. Grundlagen

1 **1. Normzweck.** Das Gleichbehandlungsgebot schützt die Aktionäre vor willkürlichen Benachteiligungen durch die Organe der Gesellschaft. Die Vorschrift formuliert eine Regel, auf die sich die Aktionäre im Regelfall ohnehin einigen würden. Sie dient in erster Linie dem Schutz von Minderheiten vor Eingriffen durch die Mehrheit, gilt aber ebenso für Maßnahmen von Organen der Gesellschaft gegenüber einem Mehrheitsaktionär.[1] Zahlreiche Kontrollrechte sind nur auf der Grundlage einer Pflicht zur gleichmäßigen Behandlung der Aktionäre funktionsfähig. Schließlich ist das Gleichbehandlungsgebot Voraussetzung für die Verkehrsfähigkeit der Aktie.

2 **2. Entstehungsgeschichte.** Bereits vor der Aufnahme von § 53a in das AktG war weitgehend anerkannt, dass für die Beziehungen der Gesellschaft zu den Aktionären der Gleichbehandlungsgrundsatz gilt.[2] **Anlass für die** nunmehr geltende ausdrückliche **Regelung**[3] war Art 42 der Kapitalrichtlinie,[4]

---

[1] Kölner Komm AktG/*Drygala* Rn. 9; Großkomm AktG/*Henze/Notz* Rn. 26; Hölters/*Laubert* Rn. 2.
[2] Großkomm AktG/*Henze/Notz* Rn. 1; *Verse,* Der Gleichbehandlungsgrundsatz im Recht der Kapitalgesellschaften, 2006, 15 ff.
[3] Eingefügt durch das Gesetz v. 13.12.1978, BGBl. 1978 I 1959.
[4] Zweite Richtlinie v. 13. Dezember 1976, ABl. EG 1977 Nr. L 26, 1, danach Art. 46 RL 2012/30/EU des Europäischen Parlaments und des Europäischen Rates vom 25. Oktober 2012 zur Koordinierung der Schutzbestimmungen, die in den Mitgliedstaaten den Gesellschaften im Sinne des Art. 54 Abs. 2 des Vertrages über die Arbeitsweise der Europäischen Union im Interesse der Gesellschafter sowie Dritter für die Gründung der Aktiengesellschaft sowie für die Erhaltung und Änderung ihres Kapitals vorgeschrieben sind, um diese Bestimmungen gleichwertig zu gestalten, ABl. EU 2012 Nr. L 315, 74, jetzt Art. 85 RL (EU) 2017/1132 des Europäischen Parlaments und des Rates vom 14. Juni 2017 über bestimmte Aspekte des Gesellschaftsrechts, ABl. EU 2017 Nr. L 169, 46; zu den daraus folgenden gemeinschaftsrechtlichen Vorgaben *Verse,* Der Gleichbehandlungsgrundsatz im Recht der Kapitalgesellschaften, 2006, 7 ff.

der die Mitgliedstaaten verpflichtet, für die Anwendung der Richtlinie die Gleichbehandlung der Aktionäre sicherzustellen, die sich in denselben Verhältnissen befinden. Eine Beschränkung der Umsetzungsnorm auf die von der Richtlinie geregelten Bereiche hätte einen Rückschritt gegenüber der bis dahin erreichten Rechtsentwicklung bedeutet. § 53a ordnet daher allgemein die Geltung des Gleichbehandlungsgrundsatzes an, ohne dass eine Verpflichtung hierzu aufgrund eines unionsrechtlichen allgemeinen Gleichbehandlungsgrundsatzes bestünde.[5]

3. Entstehungsgrund. Grundlage des Gleichbehandlungsgebotes ist das Gesellschaftsverhältnis.[6] Der demgegenüber engere Erklärungsansatz, wonach es sich um eine rechtsgeschäftliche Pflicht handelt, die ihre **Grundlage** im Organisationsvertrag der Gründer hat,[7] gerät bei der Einpersonengründung in Schwierigkeiten. Auch eine spätere Aktienübertragung auf mehrere Erwerber führt hier nicht notwendigerweise zu rechtsgeschäftlichen Beziehungen zwischen den neuen Aktionären, in die sich ein auf Geltung des Gleichbehandlungsgrundsatzes gerichteter Wille der Beteiligten hineinlesen ließe. Schließlich passt die Annahme, der Gleichbehandlungsgrundsatz als solcher stehe nicht zur Disposition der Beteiligten,[8] nicht zu einem vertraglichen Erklärungsmodell.

4. Inhalt und Reichweite. Der Gleichbehandlungsgrundsatz verbietet die Ungleichbehandlung von Aktionären durch die Organe der Gesellschaft.[9] **Normadressaten** sind Vorstand, Aufsichtsrat und Hauptversammlung,[10] nicht aber einzelne Aktionäre;[11] dementsprechend gilt der Gleichbehandlungsgrundsatz nicht für schuldrechtliche Vereinbarungen zwischen Aktionären im Hinblick auf die Rechte aus ihren Beteiligungen.[12] Die Pflichten des Bieters zur Gleichbehandlung der Aktionäre der Zielgesellschaft nach §§ 19, 21 Abs. 4, 31 Abs. 3–5 WpÜG sind daher nicht Ausprägungen des aktienrechtlichen Gleichbehandlungsgrundsatzes, sondern Konkretisierungen seines übernahmerechtlichen Pendants nach § 3 Abs. 1 WpÜG.[13] Auch inhaltlich bestehen im Einzelnen Unterschiede zwischen dem aktienrechtlichen und dem übernahmerechtlichen Gleichbehandlungsgrundsatz. So erfolgt etwa eine Repartierung bei einem überzeichneten Angebot zum Erwerb von Aktien der Gesellschaft bei einem Rückerwerb durch die Gesellschaft selbst gem. § 53a nach den Beteiligungsquoten der annehmenden Aktionäre, bei einem Angebot nach WpÜG gem. § 19 WpÜG dagegen nach dem Umfang der Annahmeerklärungen[14] (zur Anwendbarkeit des WpÜG auf Aktienrückkäufe → § 71 Rn. 157 ff.).

Das Gleichbehandlungsgebot gilt von vornherein nur im Hinblick auf den Vergleich der Position verschiedener **Aktionäre.** Wendet die Gesellschaft Dritten Vorteile zu, die sie ihren Aktionären nicht gewährt, liegt darin kein Verstoß gegen § 53a.[15]

Geschützt sind die Aktionäre in ihrer Eigenschaft als Gesellschafter. Das Gleichbehandlungsgebot dient dem **Schutz der Mitgliedschaft**[16] und betrifft daher grundsätzlich nur den mitgliedschaftlichen Bereich.[17] Aus diesem Grund ist eine unterschiedliche Behandlung mehrerer Erwerbsinteressenten im Hinblick auf die Zulassung einer Due Diligence auch dann regelmäßig nicht am Gleichbehandlungsgrundsatz zu messen, wenn es sich bei ihnen um Aktionäre handelt, denn dabei geht es um ein Anliegen, das gerade nicht in der bereits bestehenden Mitgliedschaft wurzelt.[18] Ausnahmsweise kann die Vorschrift aber auch eine Ungleichbehandlung von Aktionären im Rahmen schuldrechtlicher Beziehungen mit der Gesellschaft verbieten. Das gilt namentlich dann, wenn einzelne

---

[5] Vgl. EuGH NZG 2009, 1350 (1351 Rn. 32 ff.) – Audiolux mAnm *Klöhn* LMK 2009, 294692.
[6] Vgl. Wachter/*Servatius* Rn. 5 f.
[7] So etwa Kölner Komm AktG/*Henze/Notz* Rn. 17; Hüffer/Koch/*Koch* Rn. 3; für die GmbH Hachenburg/ *Raiser* GmbHG § 14 Rn. 69.
[8] Kölner Komm AktG/*Drygala* Rn. 28; Großkomm AktG/*Henze/Notz* Rn. 20, 84, 95.
[9] Kölner Komm AktG/*Drygala* Rn. 5 f.; Hüffer/Koch/*Koch* Rn. 4; MüKoAktG/*Bungeroth* Rn. 5 f.
[10] Kölner Komm AktG/*Drygala* Rn. 5; MüKoAktG/*Bungeroth* Rn. 5; K. Schmidt/Lutter/*Fleischer* Rn. 2; Hölters/*Laubert* Rn. 5; Grigoleit/*Grigoleit/Rachlitz* Rn. 10.
[11] *Verse,* Der Gleichbehandlungsgrundsatz im Recht der Kapitalgesellschaften, 2006, 172 ff. (177 ff.); Wachter/ *Servatius* Rn. 12 f.
[12] *Priester* ZIP 2015, 2156 (2158 f.).
[13] Vgl. etwa *Cahn/Senger* FB 2002, 277 (281).
[14] Hüffer/Koch/*Koch* § 71 Rn. 19k; *Lüken,* Der Erwerb eigener Aktien nach §§ 71 ff. AktG, 2004, 161, jeweils unter Hinweis auf BegrRegE, BT-Drs. 13/9712, 14 li Sp; ausführliche Begründung bei *Möller,* Rückerwerb eigener Aktien, 2005, Rn. 228 ff.; *Baum* ZHR 167 (2003), 580 (599 f., 607 f.); *Berrar/Schnorbus* ZGR 2003, 59 (67); *Kiem* ZIP 2000, 209 (213).
[15] Großkomm AktG/*Henze/Notz* Rn. 39; K. Schmidt/Lutter/*Fleischer* Rn. 19.
[16] Kölner Komm AktG/*Drygala* Rn. 10; Hüffer/Koch/*Koch* Rn. 4.
[17] BGH AG 1997, 414; Großkomm AktG/*Henze/Notz* Rn. 31, 41; K. Schmidt/Lutter/*Fleischer* Rn. 18; *Verse,* Der Gleichbehandlungsgrundsatz im Recht der Kapitalgesellschaften, 2006, 193 ff.
[18] Ebenso *Drygala* WM 2004, 1457 (1459); aA offenbar *Weber-Rey/Reps* ZGR 2013, 597 (612) mwN.

Aktionäre gerade wegen ihrer Stellung innerhalb der Gesellschaft gegenüber anderen bevorzugt oder benachteiligt werden.[19]

7   **In zeitlicher Hinsicht** gilt das Gleichbehandlungsgebot während der gesamten Dauer der Mitgliedschaft. Es beansprucht bereits in der Vorgesellschaft Geltung, namentlich im Hinblick auf das gleichmäßige Einfordern von Einlagen im Rahmen der § 36 Abs. 2, § 36a Abs. 1.[20] Das Gleichbehandlungsgebot ist aber auch nach dem Ausscheiden von Aktionären zu beachten, soweit es um nachwirkende Rechte und Pflichten geht, die ihren Ursprung in der früheren Mitgliedschaft haben.[21]

8   **5. § 53a als offener Tatbestand.** Die Vorschrift verwendet sowohl auf der Tatbestandsseite als auch auf der Rechtsfolgenseite ausfüllungsbedürftige Begriffe. § 53a gebietet die Gleichbehandlung der Aktionäre nur „unter gleichen Voraussetzungen". Auf der **Tatbestandsseite** kommt es für die Beurteilung, ob „gleiche Voraussetzungen" vorliegen, zum einen auf die Ausgestaltung der Mitgliedschaft der betroffenen Aktionäre und auf die jeweils betroffene Rechtsposition an. Zum anderen wird § 53a einhellig als **Willkürverbot** verstanden, das Raum für Differenzierungen aus sachlichen Gründen lässt (näher → Rn. 18). Auch dabei geht es normlogisch um die Frage, ob bei den betroffenen Aktionären gleiche Voraussetzungen vorliegen,[22] nicht hingegen um eine Ausfüllung des Begriffs der Gleichbehandlung.[23]

9   Ebenso lässt der Begriff der Gleichbehandlung auf der **Rechtsfolgenseite** offen, ob es auf eine formal-schematische oder auf eine materielle Gleichbehandlung ankommt, die auch die unterschiedlichen Folgen einer Maßnahme für den einzelnen Aktionär berücksichtigt (näher → Rn. 24 f.).

10   **6. Relevanz.** Praktische Bedeutung hat der Gleichbehandlungsgrundsatz vor allem dort, wo das Gesetz selbst keine ausdrückliche Regelung über die Verteilung von Rechten und Pflichten enthält. Das ist indessen im Hinblick auf eine Reihe wichtiger Rechte der Fall. Die sog. Hauptrechte, namentlich der Anspruch auf Gewinnbeteiligung (§ 58 Abs. 4, § 60), das Bezugsrecht (§ 186), das Recht auf Beteiligung am Liquidationserlös (§ 271) das Stimmrecht (§§ 12, 134) und das Recht zur Andienung von Aktien im Rahmen eines Rückerwerbs nach § 71 Abs. 1 Nr. 8[24] bemessen sich nach der **Beteiligung am Grundkapital**. Sind die Einlagen von allen Aktionären in demselben Verhältnis geleistet, ist dabei die nominale Beteiligung maßgeblich. Sind die Einlagen nicht in demselben Verhältnis geleistet, stellt das Gesetz für den Dividendenanspruch (§ 60 Abs. 2), das Recht auf Beteiligung am Liquidationserlös (§ 271 Abs. 3) und das Stimmrecht (§ 134 Abs. 2) auf die erbrachen Einlagen ab. Bei denjenigen Rechten, die sinnvollerweise nicht nach dem Maß der Kapitalbeteiligung abstufbar sind, namentlich dem Recht zur Teilnahme an der Hauptversammlung und dem Auskunftsrecht (§ 131, insbes. Abs. 4) (sog. Hilfsrechte), hat die **Gleichbehandlung nach Köpfen** zu erfolgen.[25] Die Rechtswidrigkeit von Verstößen gegen diese Regelungen und ihre Folgen ergeben sich aus den betreffenden Vorschriften, ohne dass es eines Umwegs über den Gleichbehandlungsgrundsatz bedürfte.

11   Der **Anwendungsbereich** des Gleichbehandlungsgrundsatzes liegt vielmehr dort, wo das Gesetz nicht ausdrücklich einen solchen Maßstab vorgibt. In diesen Fällen, so etwa beim Einfordern ausstehender Bareinlagen[26] oder hinsichtlich des Rederechts in der Hauptversammlung[27] stellt sich in der Tat die Frage, ob die Gleichbehandlung nach Köpfen, entsprechend der nominalen Beteiligung am Grundkapital oder nach Maßgabe der Leistungen auf die Einlagen zu erfolgen hat. Darüber hinaus zieht das Gleichbehandlungsgebot Grenzen für die Einführung von Satzungsbestimmungen, die eine unterschiedliche Behandlung von Aktionären vorsehen.[28]

---

[19] BGH AG 1997, 414; Kölner Komm AktG/*Drygala* Rn. 23; Großkomm AktG/*Henze/Notz* Rn. 42; MüKoAktG/*Bungeroth* Rn. 7; K. Schmidt/Lutter/*Fleischer* Rn. 18 Wachter/*Servatius* Rn. 10.

[20] Großkomm AktG/*Henze/Notz* Rn. 44.

[21] Großkomm AktG/*Henze/Notz* Rn. 45; *Verse*, Der Gleichbehandlungsgrundsatz im Recht der Kapitalgesellschaften, 2006, 220 ff.

[22] Zutr. MüKoAktG/*Bungeroth* Rn. 14.

[23] So aber Hüffer/Koch/*Koch* Rn. 8 ff.; Kölner Komm AktG/*Drygala* Rn. 16.

[24] Vgl. → § 71 Rn. 120 f.; BegrRegE, BT-Drs. 13/9712, 14; MüKoAktG/*Oechsler* § 71 Rn. 223; Hüffer/Koch/*Koch* § 71 Rn. 19k; *Paefgen* AG 1999, 67 (68).

[25] Kölner Komm AktG/*Drygala* Rn. 26; K. Schmidt/Lutter/*Fleischer* Rn. 26; Hüffer/Koch/*Koch* Rn. 7; MüKoAktG/*Bungeroth* Rn. 13; Hölters/*Laubert* Rn. 9; Grigoleit/*Grigoleit/Rachlitz* Rn. 11; Wachter/*Servatius* Rn. 17.

[26] → Rn. 15 sowie MüKoAktG/*Bungeroth* Rn. 12.

[27] → Rn. 17 sowie Kölner Komm AktG/*Lutter/Zöllner*, 2. Aufl. 1988, Rn. 23; Hüffer/Koch/*Koch* Rn. 7; K. Schmidt/Lutter/*Fleischer* Rn. 26; MüKoAktG/*Bungeroth* Rn. 13.

[28] Näher → Rn. 23 sowie Kölner Komm AktG/*Drygala* Rn. 26; Hüffer/Koch/*Koch* Rn. 5; MüKoAktG/*Bungeroth* Rn. 22.

II. Der Inhalt des Gleichbehandlungsgebotes

1. Gleichbehandlung nur unter „gleichen Voraussetzungen". Aktionäre sind nur unter gleichen Voraussetzungen gleich zu behandeln. Die Frage, ob gleiche Voraussetzungen vorliegen, lässt sich beim Vergleich mehrerer Aktionäre nicht allgemein, sondern nur im Hinblick auf die von einer Maßnahme betroffene Rechtsposition beantworten. Entscheidend ist dabei in erster Linie, welche Umstände das Gesetz als maßgeblich ansieht. 12

So erfüllen Aktionäre mit unterschiedlich hoher Kapitalbeteiligung im Hinblick auf Stimmrecht, Dividendenansprüche, Bezugsrecht und das Recht auf Beteiligung am Liquidationserlös nicht die gleichen Voraussetzungen, wohl aber, soweit es um das Recht zur Teilnahme an der Hauptversammlung und das Recht auf Information geht (dazu bereits → Rn. 10). Indem das Gesetz hinsichtlich der erstgenannten Rechte auf die Höhe der Beteiligung bzw. auf die tatsächlich erbrachten Leistungen, für die zweite Gruppe von Rechten dagegen auf die Aktionärseigenschaft unabhängig vom Umfang des Investments abstellt, definiert es nicht nur unterschiedliche Maßstäbe für die Gleichbehandlung, sondern bestimmt zugleich, worauf es für die Beantwortung der Frage ankommt, ob gleiche Voraussetzungen vorliegen. 13

Soweit weder das Gesetz (vgl. etwa § 60 Abs. 1 und Abs. 2, § 134 Abs. 1 S. 1 und Abs. 2 S. 2 und 3, § 212 S. 1, § 271 Abs. 2) noch die Satzung (näher → Rn. 21) ausdrücklich einen **Maßstab** für die Verteilung von Rechten und Pflichten statuieren, muss im Wege der **Auslegung** bestimmt werden, ob die Höhe der nominellen Beteiligung am Grundkapital, die Höhe der erbrachten Einlageleistungen oder die Aktionärseigenschaft als solche die für die Konkretisierung des Gleichbehandlungsgebotes maßgeblichen Umstände sind. 14

a) Beispiele für Gleichbehandlung nach Maßgabe der Kapitalbeteiligung. Beim **Einfordern ausstehender Einlagen** sind die Aktionäre entsprechend ihrer nominalen Beteiligung am Grundkapital heranzuziehen.[29] Wird bei einer im Wege des genehmigten Kapitals durchgeführten **Kapitalerhöhung mit Bezugsrechtsausschluss** nur ein Teil des Ermächtigungsvolumens für bezugsrechtsunverträgliche Zwecke ausgeschöpft und entschließt sich der Vorstand dazu, die übrigen jungen Aktien den Altaktionären anzubieten, ist der Umfang ihrer bisherigen Beteiligung am Grundkapital maßgeblich. Der Gleichbehandlungsgrundsatz wird hier also durch den Maßstab des § 186 Abs. 1 S. 1 ausgefüllt. Ein Recht oder gar die Pflicht, Paketaktionäre vorrangig zu berücksichtigen, besteht grundsätzlich ebenso wenig wie bei unmittelbarer Geltung des Bezugsrechts, dessen Funktion das Gleichbehandlungsgebot hier übernimmt.[30] Ebenso fordert der Gleichbehandlungsgrundsatz, dass die Aktionäre bei einer **Kapitalherabsetzung** durch Zusammenlegung oder durch Einziehung von Aktien entsprechend ihrer Beteiligung am Grundkapital zu berücksichtigen sind, sofern nicht der Einziehungsgrund nur bei einem Teil der Aktionäre vorliegt. Zu Fällen vom Gesetz ausdrücklich vorgeschriebener Gleichbehandlung nach Maßgabe der Kapitalbeteiligung → Rn. 10. 15

b) Beispiele für Gleichbehandlung nach Köpfen. Bei der Entscheidung über die Zustimmung zur **Übertragung vinkulierter Namensaktien** kommt es allein darauf an, ob die Gründe, die für die Erteilung oder die Verweigerung maßgeblich sind, bei den betroffenen Aktionären vorliegen. Soweit dies der Fall ist, sind sie unabhängig von der Höhe ihrer Beteiligung gleich zu behandeln. Dabei kann sich aus einer bereits bestehenden Genehmigungspraxis aus dem Gleichbehandlungsgebot ein Anspruch auf Erteilung der Zustimmung ergeben.[31] 16

Ebenso wie für das **Recht** der Aktionäre, in der Hauptversammlung **Fragen zu stellen**, ist auch für das **Rederecht** von Gesetzes wegen nicht die Höhe der Kapitalbeteiligung, sondern die Aktionärseigenschaft maßgeblich. Dementsprechend ist bei Redezeitbegrenzungen darauf zu achten, dass alle Aktionäre, die sich bis zur Schließung der Rednerliste gemeldet haben, gleichmäßig Gelegenheit zu Fragen und Stellungnahmen erhalten.[32] Vorschläge im Schrifttum, bei der Bemessung der Redezeit könne der Beteiligungsbesitz berücksichtigt werden,[33] werden dem Gedanken des Minderheitenschutzes, wie er auch in dem von der Höhe der Beteiligung unabhängigen Fragerecht und der individuellen Befugnis zur Beschlussanfechtung zum Ausdruck kommt, nicht gerecht. Die 17

---

[29] MüKoAktG/*Bungeroth* Rn. 12; Kölner Komm AktG/*Drygala* Rn. 69.
[30] Vgl. Kölner Komm AktG/*Drygala* Rn. 70; *Cahn* ZHR 163 (1999), 554 (588 f.).
[31] Vgl. → § 68 Rn. 55; LG Aachen AG 1992, 410 (412); Kölner Komm AktG/*Drygala* Rn. 42; Großkomm AktG/*Henze*/*Notz* Rn. 133; Kölner Komm AktG/*Lutter*/*Drygala* § 68 Rn. 78; MüKoAktG/*Bayer* § 68 Rn. 73.
[32] OLG Frankfurt ZIP 2015, 1020 (1022); LG Frankfurt AG 2013, 178 Rn. 21 m. krit. Anm. *Wilk*/*Ghassemi-Tabar* EWiR § 131 AktG 2/13.
[33] So etwa Kölner Komm AktG/*Zöllner*, 1. Aufl. 1973, § 119 Rn. 91; Kölner Komm AktG/*Lutter*/*Zöllner*, 2. Aufl. 1988, Rn. 23; MüKoAktG/*Bungeroth* Rn. 13; K. Schmidt/Lutter/*Fleischer* Rn. 26; Hüffer/Koch/*Koch* Rn. 7.

Bedeutung der Argumente hängt nicht vom Umfang des Beteiligungsbesitzes ab.[34] Missbräuchen des Rederechts kann durch – ebenfalls von der Beteiligungsquote der betroffenen Aktionäre unabhängige – Ordnungsmaßnahmen des Versammlungsleiters hinreichend Rechnung getragen werden.[35]

18 **c) Differenzierungen aus sachlichen Gründen.** Für die Beurteilung, ob bei verschiedenen Aktionären gleiche Voraussetzungen vorliegen, kommt es nicht allein auf die Ausgestaltung der Mitgliedschaft und auf die betroffene Rechtsposition an. Das Gleichbehandlungsgebot lässt vielmehr auch Raum für die Berücksichtigung sachlicher Gründe bei der Ausfüllung des Begriffs der „gleichen Voraussetzungen". Die Feststellung, eine Ungleichbehandlung sei sachlich gerechtfertigt, besagt mithin nichts anderes, als dass die zu vergleichenden Aktionärsgruppen im Hinblick auf die betroffene Rechtsposition nicht die gleichen Voraussetzungen erfüllen. In diesem Sinne ist § 53a als **Verbot willkürlicher Ungleichbehandlung** zu verstehen.[36]

19 In der Sache geht es dabei vor allem um die Berücksichtigung von **Interessen der Gesellschaft**, die das Interesse des betroffenen Aktionärs an Gleichbehandlung überwiegen.[37] Das Gesetz selbst enthält an verschiedenen Stellen besondere Ausprägungen dieses Gedankens. So schließt etwa § 136 das Stimmrecht von Aktionären aus, deren Sonderinteressen mit dem Gesellschaftsinteresse kollidieren. Aktionäre, die einem solchen Interessenkonflikt unterliegen, erfüllen im Hinblick auf das Stimmrecht nicht die gleichen Voraussetzungen wie andere Aktionäre, die bei gleicher Beteiligung einem derartigen Interessenkonflikt nicht ausgesetzt sind. Fehlt es an einer solchen ausdrücklichen Regelung, muss anhand der Umstände des Einzelfalles beurteilt werden, ob überwiegende Interessen der Gesellschaft es rechtfertigen, Aktionäre unterschiedlich zu behandeln. Eine Ungleichbehandlung ist dabei nur gerechtfertigt, wenn sie ein geeignetes und erforderliches Mittel zur Wahrung der Gesellschaftsinteressen darstellt und die betroffenen Aktionäre nicht unverhältnismäßig beeinträchtigt.[38]

Beispiele:

20 So kann beispielsweise das Interesse der Gesellschaft am Erwerb eines bestimmten Gegenstandes, der sich im Eigentum eines Aktionärs befindet, rechtfertigen, die Ausgabe junger Aktien aus einer Kapitalerhöhung auf ihn zu beschränken und das **Bezugsrecht** der übrigen Aktionäre auszuschließen.[39] Umgekehrt kann es gerechtfertigt sein, einzelne Aktionäre vom Bezugsrecht auszuschließen, wenn sie die Gesellschaft vernichten wollen.[40] Nach der Rechtsprechung stellt ein Ausschluss des Bezugsrechts der Kleinaktionäre auf **Genussrechte** einer ertragsschwachen Gesellschaft zugunsten des Mehrheitsaktionärs jedenfalls dann keinen Verstoß gegen das Gleichbehandlungsgebot dar, wenn dies der Vermeidung anderenfalls höchstwahrscheinlich nutzlos aufgewendeter Begebungskosten dient und die Kleinaktionär als Ausgleich für den Ausschluss ihres Bezugsrechts die Möglichkeit zur Investition in eine attraktivere Anlage erhalten.[41] Die **Umwandlung von Vorzugs- in Stammaktien** unter Gewährung eines Kursabschlags zugunsten der Vorzugsaktionäre widerspricht nicht dem Gleichbehandlungsgrundsatz, wenn dadurch erst der Erfolg der Umwandlungsmaßnahme gewährleistet wird.[42] Wenn der **Rückerwerb von Aktien** eines bestimmten Aktionärs erforderlich ist, um schweren Schaden von der Gesellschaft abzuwenden, gebietet es der Gleichbehandlungsgrundsatz nicht, den anderen Aktionären ein entsprechendes Angebot zu unterbreiten. Ebenso wenig stellt es einen Verstoß gegen das Gleichbehandlungsgebot dar, wenn der Vorstand dem Erwerber einer Sperrminorität die nach der Satzung erforderliche Zustimmung zur **Übertragung vinkulierter Namensaktien** verweigert, obwohl er seine Zustimmung zur Übertragung geringfügiger Beteiligungen stets erteilt hat.[43] Zulässig ist es, die **Redezeit** für einen Aktionär so zu verlängern, dass er die Gelegenheit hat, seine

---

[34] Zutr. Großkomm AktG/*Mülbert* Vor § 118 Rn. 153; *Butzke* Die Hauptversammlung der AG Rn. D 62; D 65 ff.
[35] Kölner Komm AktG/*Drygala* Rn. 26; *Butzke* Die Hauptversammlung der AG Rn. D 65 ff.
[36] Vgl. BGHZ 120, 141 (151 f.) = NJW 1993, 400; OLG München NZG 2010, 1233 (1234 f.); LG München I AG 2016, 834 (836); Kölner Komm AktG/*Drygala* Rn. 11 ff.; Hüffer/Koch/*Koch* Rn. 10; MüKoAktG/*Bungeroth* Rn. 14 ff.; K. Schmidt/Lutter/*Fleischer* Rn. 4; Hölters/*Laubert* Rn. 11; Bürgers/Körber/*Westermann* Rn. 1, 6; NK-AktR/*Janssen* Rn. 4.
[37] K. Schmidt/Lutter/*Fleischer* Rn. 35; Wachter/*Servatius* Rn. 25 ff.
[38] MüKoAktG/*Bungeroth* Rn. 15; Kölner Komm AktG/*Drygala* Rn. 11; Großkomm AktG/*Henze/Notz* Rn. 70 ff.; K. Schmidt/Lutter/*Fleischer* Rn. 35; Hölters/*Laubert* Rn. 11; Grigoleit/*Grigoleit/Rachlitz* Rn. 16; *Verse*, Der Gleichbehandlungsgrundsatz im Recht der Kapitalgesellschaften, 2006, 283 ff.; vgl. auch KG ZIP 2010, 1849 (1852).
[39] BGHZ 71, 40 (43 ff.) = NJW 1978, 1316.
[40] BGHZ 33, 175 (186) = NJW 1961, 26.
[41] BGHZ 120, 141 (151 f.) = NJW 1993, 400.
[42] OLG Köln NZG 2002, 966 (968).
[43] LG Aachen AG 1992, 410 (412); *Lutter* AG 1992, 369 (372); Hüffer/Koch/*Koch* Rn. 10. Ob dies bei einer börsennotierten Gesellschaft mit dem übernahmerechtlichen Verhinderungsverbot des § 33 WpÜG vereinbar ist (dafür beispielsweise Angerer/Geibel/Süßmann/*Brandi* WpÜG § 33 Rn. 56 f.; dagegen etwa Kölner Komm WpÜG/*Hirte* § 33 Rn. 59), hängt nicht zuletzt davon ab, ob der Zweck der Vinkulierung auch darin besteht, die Unabhängigkeit der Gesellschaft zu bewahren.

Anträge zur Tagesordnung sachlich zu begründen.[44] Nicht unproblematisch ist hingegen vor dem Hintergrund der gesetzlichen Regelung des § 131 eine bevorzugte Informationsversorgung einzelner Aktionäre unter Berufung auf das Gesellschaftsinteresse.[45] Werden einzelne Aktionäre durch Pflichtverletzungen der AG geschädigt, stellt die Ersatzleistung durch die Gesellschaft auch dann keine Ungleichbehandlung oder unzulässige Einlagenrückgewähr dar, wenn der AG ihrerseits kein durchsetzbarer Ersatzanspruch gegen einen für den Schadenverantwortlichen Berater zusteht.[46]

2. Modifikationen des Gleichbehandlungsgebotes durch die Satzung. Das Gesetz lässt 21 Raum für die Ausstattung von Aktien mit verschiedenen Rechten (vgl. §§ 11, 12, 23 Abs. 4), Pflichten (vgl. § 55) und Beschränkungen.[47] Wenn die Satzung von dieser Möglichkeit Gebrauch macht, füllt sie insoweit den Begriff der gleichen Voraussetzungen inhaltlich aus und modifiziert damit den Inhalt des Gleichbehandlungsgebotes: Nur die Inhaber gleichartiger Aktien können beanspruchen, durchweg gleich behandelt zu werden. Soweit dagegen Aktionäre Inhaber von Aktien mit unterschiedlicher Ausstattung sind, bestehen hinsichtlich derjenigen Merkmale, die die Verschiedenheit begründen, keine gleichen Voraussetzungen. Eine insoweit unterschiedliche Behandlung stellt daher keine (zulässige) Abweichung vom Gleichbehandlungsgebot dar.[48]

Die Satzung kann das Gleichbehandlungsgebot weder generell noch für bestimmte Aktien oder 22 Aktionäre **abbedingen**.[49] Ein dahin gehender satzungsändernder Beschluss wäre nach § 241 Nr. 3,[50] eine derartige Bestimmung in der ursprünglichen Satzung in entsprechender Anwendung dieser Vorschrift[51] nichtig. Zulässig sind vielmehr nur bestimmte, gesetzlich zugelassene Modifikationen im Hinblick auf einzelne Rechte und Pflichten. Innerhalb der dadurch geschaffenen Aktiengattungen und hinsichtlich der allen Gattungen gemeinsamen Merkmale gilt wiederum der Gleichbehandlungsgrundsatz.

Der Gleichbehandlungsgrundsatz zieht darüber hinaus auch der **nachträglichen Einführung** 23 **von Satzungsbestimmungen** Grenzen, die diesen Grundsatz modifizieren. Bei der Gründung besteht Freiheit, ob und von welchen gesetzlich zulässigen Möglichkeiten, Aktien mit unterschiedlichen Gattungsmerkmalen zu schaffen, Gebrauch gemacht wird und wie diese Aktien zwischen den Gründern verteilt werden. Das Erfordernis allseitiger Zustimmung tritt hier an die Stelle des Gleichbehandlungsgebotes. Demgegenüber ist der Gleichbehandlungsgrundsatz zu beachten, wenn unterschiedliche Aktiengattungen im Wege der Satzungsänderung begründet werden sollen. Die für eine Satzungsänderung ausreichende qualifizierte Mehrheit reicht also nicht ohne weiteres aus, um nachträglich Ungleichheiten einzuführen, etwa zusätzliche Rechte wie einen Vorzug bei der Gewinnverteilung für einzelne Aktionäre zu begründen.[52]

3. Gleichbehandlung. Vor allem im Hinblick auf Satzungsbestimmungen, die im Wege der 24 Satzungsänderung eingeführt werden, kann sich die Frage stellen, ob ein Verstoß gegen § 53a stets eine **formale Ungleichbehandlung** voraussetzt oder ob hierfür auch eine lediglich materielle Ungleichbehandlung ausreichen kann.[53] Eine formale Ungleichbehandlung liegt vor, wenn einzelnen Aktionären Vorteile gewährt oder Beschränkungen auferlegt werden, die anderen Aktionären in gleicher Lage nicht zuteilwerden.[54] Beispiele für eine solche Abweichung von dem einschlägigen Verteilungsmaßstab sind die Gewährung unterschiedlicher Gewinnanteile für die Inhaber gleichartiger Aktien, der Ausschluss einzelner Aktionäre vom Bezugsrecht, die Einräumung eines Wahlrechts

---

[44] OLG Frankfurt BB 2012, 2327 (2328).
[45] So auch *Koch* AG 2017, 129 (136 ff.); *E. Vetter* AG 2016, 873 (875); großzügiger etwa *Bachmann* VGR 2016, 135 (166); *Hirt/Hopt/Mattheus* AG 2016, 725 (737 ff.); vgl. auch *Weber-Rey/Reps* ZGR 2013, 597 (629) mN.
[46] AA *Schwetlik* NZG 2017, 730 (732 f.).
[47] So muss etwa die Möglichkeit der Zwangseinziehung nach § 237 nicht für alle Aktien vorgesehen sein.
[48] MüKoAktG/*Bungeroth* Rn. 21 f.; Hölters/*Laubert* Rn. 7; *Verse*, Der Gleichbehandlungsgrundsatz im Recht der Kapitalgesellschaften, 2006, 207 ff.
[49] Kölner Komm AktG/*Drygala* Rn. 28; Großkomm AktG/*Henze/Notz* Rn. 20, 84; MüKoAktG/*Bungeroth* Rn. 17; Hölters/*Laubert* Rn. 7; Bürgers/Körber/*Westermann* Rn. 7; Hüffer/Koch/*Koch* Rn. 5.
[50] Kölner Komm AktG/*Drygala* Rn. 28; Großkomm AktG/*Henze/Notz* Rn. 84.
[51] Zutr. Hüffer/Koch/*Koch* § 23 Rn. 43 mN zu anderen Begründungen, die aber durchweg zum gleichen Erg. führen.
[52] Näheres dazu → § 60 Rn. 20 ff.; vgl. auch Kölner Komm AktG/*Drygala* Rn. 30 ff.; Hölters/*Laubert* Rn. 7; Kölner Komm AktG/*Drygala* § 60 Rn. 28 ff.; MüKoAktG/*Bungeroth* Rn. 23; MüKoAktG/*Bayer* § 60 Rn. 19.
[53] IdS etwa OLG München NZG 2010, 1233 (1234); Großkomm AktG/*Henze/Notz* Rn. 63 ff.; Wachter/*Servatius* Rn. 19 f.; *Verse*, Der Gleichbehandlungsgrundsatz im Recht der Kapitalgesellschaften, 2006, 231 ff.; grundsätzlich gegen die Anwendung des Gleichbehandlungsgrundsatzes auf Fälle materieller Ungleichbehandlung Grigoleit/*Grigoleit/Rachlitz* Rn. 13.
[54] Bürgers/Körber/*Westermann* Rn. 6.

zwischen Bar- und Sacheinlagen für einzelne Aktionäre,[55] die Erteilung von Informationen nur an einzelne Gesellschafter oder die Gewährung unterschiedlicher Frage- und Redezeiten.[56] Sofern die Aktionäre im Hinblick auf das betroffene Mitgliedschaftsrecht die gleichen Voraussetzungen erfüllen, also keine sachlichen Gründe für eine differenzierende Behandlung vorliegen, verstößt eine solche äußerliche Ungleichbehandlung gegen § 53a.

25 Demgegenüber zeichnet sich eine **materielle Ungleichbehandlung** dadurch aus, dass die fragliche Maßnahme zwar die Anforderungen an eine formale Gleichbehandlung erfüllt, einzelne Aktionäre aber schwerer in ihren Mitgliedschaftsrechten trifft als andere. Als Beispiel für eine solche materielle Ungleichbehandlung wird meist eine **Kapitalherabsetzung** im Verhältnis 10:1 genannt. Sie treffe zwar alle Aktionäre entsprechend ihrer Kapitalbeteiligung und insofern gleichmäßig. Nur Aktionäre mit weniger als 10 Aktien würden aber ihre Mitgliedschaft verlieren.[57] Eine Ungleichbehandlung ist hierin indessen nicht zu sehen. Für alle Aktionäre gilt unabhängig von der Höhe ihrer Beteiligung, dass Aktien, die die zum Ersatz durch neue Aktien nötige Zahl nicht erreichen, für kraftlos erklärt werden können. Auch Aktionäre mit erheblichem Anteilsbesitz erleiden daher bei einer solchen Kapitalherabsetzung Einbußen zugunsten von Aktionären, die keine oder weniger überzählige Aktien besitzen. Ebenso besteht, jedenfalls bei börsennotierten Gesellschaften, für alle Aktionäre gleichermaßen die Möglichkeit, den Verlust überzähliger Mitgliedschaftsrechte durch Zukauf von Aktien zu vermeiden. Der Umstand, dass Aktionäre, die insgesamt über weniger als die notwendige Mindestzahl von Aktien verfügen, ihre Mitgliedschaft vollständig verlieren, während Aktionäre mit höherem Beteiligungsbesitz nur die Spitzen einbüßen, liegt in der Konsequenz unterschiedlicher Anlageentscheidungen.

26 Bei der nachträglichen Einführung von nur noch bei nicht börsennotierten Gesellschaften zulässigen (§ 134 Abs. 1 S. 2, § 3 Abs. 2) **Höchststimmrechten** liegt eine formale Ungleichbehandlung vor, wenn die damit verbundene Beschränkung nur für einzelne Aktionäre gelten soll, nicht dagegen für andere mit ebenso hoher Beteiligung.[58] Selbst wenn aber die Höchstgrenze für alle Aktionäre gleichermaßen festgesetzt wird, trifft die Regelung nur diejenigen Aktionäre, deren Aktienbesitz den Schwellenwert übersteigt. Eine Ungleichbehandlung lässt sich hier nicht etwa mit der Begründung leugnen, bei Aktionären mit derart hohem Beteiligungsbesitz lägen andere Voraussetzungen vor als bei Aktionären mit Aktienbesitz unterhalb der Höchstgrenze. Ohne eine abweichende Satzungsregelung, deren Vereinbarkeit mit dem Gleichbehandlungsgrundsatz gerade fraglich ist, ist für die Stimmkraft der Aktionäre grundsätzlich allein die Kapitalbeteiligung maßgeblich. Ein satzungsändernder Beschluss, durch den ein Höchststimmrecht eingeführt wird, das nur einzelne Aktionäre trifft, behandelt die Aktionäre ungleich und muss sich daher seinerseits am Gleichbehandlungsrundsatz messen lassen.[59] Entscheidend ist daher, ob überwiegende Interessen der Gesellschaft eine Begrenzung der Stimmkraft rechtfertigen, so dass bei den vom Höchststimmrecht betroffenen Aktionären im Hinblick auf die Höhe ihres Anteilsbesitzes andere Voraussetzungen vorliegen als bei den übrigen Gesellschaftern. Entgegen verbreiteter Auffassung nimmt § 134 Abs. 1 S. 2 die dafür erforderliche Abwägung nicht etwa selbst vor,[60] sondern lässt bei ungleicher Betroffenheit der vorhandenen Gesellschafter die Aufnahme einer derartigen Regelung nur in der ursprünglichen Satzung ohne weiteres zu.[61]

27 Zur Gleichbehandlung beim **Erwerb eigener Aktien** → § 71 Rn. 116 ff.; zur Gleichbehandlung bei der **Veräußerung eigener Aktien** → § 71 Rn. 129.

28 **4. Verzicht auf Gleichbehandlung.** Das Gleichbehandlungsgebot steht als solches nicht zur Disposition der Aktionäre[62] (vgl. bereits → Rn. 22). Es kann daher weder durch die Satzung noch durch einen Beschluss der Hauptversammlung generell abbedungen werden. Ebenso wenig können Aktionäre durch schuldrechtliche Nebenabreden generell auf die Einhaltung des Gleichbehandlungsgebotes verzichten und sich damit der Willkür der Gesellschaftsorgane unterwerfen. Zulässig ist es

---

[55] KG ZIP 2010, 1849 (1852).
[56] OLG Frankfurt BB 2012, 2327 (2328).
[57] Kölner Komm AktG/*Drygala* Rn. 14; Großkomm AktG/*Henze/Notz* Rn. 65; Hüffer/Koch/*Koch* Rn. 9; Hölters/*Laubert* Rn. 10; NK-AktR/*Janssen* Rn. 15.
[58] Kölner Komm AktG/*Drygala* Rn. 13.
[59] Kölner Komm AktG/*Lutter/Zöllner*, 2. Aufl. 1988, Rn. 11; Großkomm AktG/*Henze/Notz* Rn. 6, 82 f.; K. Schmidt/Lutter/*Fleischer* Rn. 29; Hüffer/Koch/*Koch* Rn. 9.
[60] So aber MüKoAktG/*Bungeroth* Rn. 24; Hüffer/Koch/*Koch* Rn. 11; Großkomm AktG/*Henze/Notz* Rn. 83; ebenso im Erg. BGHZ 70, 117 (121 f.) = NJW 1978, 540.
[61] *Zöllner*, Die Schranken mitgliedschaftlicher Stimmrechtsmacht bei den privatrechtlichen Personenverbänden, 1963, 122 ff.; *Verse*, Der Gleichbehandlungsgrundsatz im Recht der Kapitalgesellschaften, 2006, 210 ff.
[62] Kölner Komm AktG/*Drygala* Rn. 28, 33; MüKoAktG/*Bungeroth* Rn. 17; Großkomm AktG/*Henze/Notz* Rn. 20, 84, 95; K. Schmidt/Lutter/*Fleischer* Rn. 38; Hölters/*Laubert* Rn. 8; Bürgers/Körber/*Westermann* Rn. 7; Hüffer/Koch/*Koch* Rn. 5.

hingegen, im Einzelfall auf die Einhaltung des Gleichbehandlungsgrundsatzes zu verzichten.[63] Soweit der verzichtende Aktionär über die betroffene Rechtsposition verfügen kann, bestehen gegen eine Zustimmung zur Ungleichbehandlung keine Bedenken. Eine solche Zustimmung kann in der Stimmabgabe für einen entsprechenden Hauptversammlungsbeschluss liegen oder auf andere Weise vor, bei oder nach der Entscheidung zum Ausdruck gebracht werden.[64]

5. Besonderheiten im Unternehmensverbund. § 53a gilt grundsätzlich auch für die Aktionäre einer Gesellschaft, die Teil eines Unternehmensverbundes ist. Allerdings ergeben sich hier eine Reihe von Besonderheiten, die zum Teil unmittelbar aus der gesetzlichen Regelung folgen, zum Teil aber auch aufgrund unterschiedlicher Voraussetzungen auf Seiten des konzernrechtlich verbundenen Aktionärs einerseits und der außenstehenden Aktionäre andererseits im Wege der sachlichen Rechtfertigung herzuleiten sind.[65]

a) Vertragskonzern. Handelt es sich beim anderen Vertragsteil um einen Aktionär, wird beim **Gewinnabführungsvertrag** die Gleichbehandlung der Aktionäre hinsichtlich der Beteiligung am Bilanzgewinn aufgehoben. Darüber hinaus eröffnet ein solcher Vertrag dem anderen Teil den Zugriff auf im Vermögen der AG schlummernde stille Reserven.[66] Für die übrigen Mitgliedschaftsrechte (Stimmrecht, Bezugsrecht, Anspruch auf Beteiligung am Liquidationserlös) bleibt es hingegen bei der Geltung des Gleichbehandlungsgebotes. Beim **Beherrschungsvertrag** steht die Weisungsbefugnis gegenüber dem Vorstand nur dem herrschenden Unternehmen, nicht hingegen den übrigen Aktionären zu. Bei der Beschlussfassung über einen Verzicht oder Vergleich über Ersatzansprüche gegen die gesetzlichen Vertreter des herrschenden Unternehmens oder der abhängigen Gesellschaft selbst können nur deren außenstehende Aktionäre das Stimmrecht ausüben (vgl. § 309 Abs. 3 S. 1, § 310 Abs. 4).

b) Faktische Unternehmensverbindungen. Bei Fehlen eines Beherrschungsvertrages gewährt das Gesetz dem herrschenden Aktionär in Gestalt des hinausgeschobenen Nachteilsausgleichs nach § 311 eine Privilegierung, die nach hM[67] die strengeren Vermögensbindungsregeln der §§ 57, 62 verdrängt, während für die anderen Aktionäre diese allgemeinen Vorschriften gelten.

III. Rechtsfolgen von Verstößen gegen das Gleichbehandlungsgebot

1. Beschlüsse der Hauptversammlung. Hauptversammlungsbeschlüsse, die gegen das Gleichbehandlungsverbot verstoßen, sind in der Regel nach § 243 Abs. 1 anfechtbar.[68] § 53a prägt nicht in dem Sinne das „Wesen" der Aktiengesellschaft, dass Hauptversammlungsbeschlüsse wegen eines Verstoßes gegen das Gleichbehandlungsgebot nach § 241 Nr. 3 Alt. 1 nichtig wären.[69] Ebenso wenig ist die Vorschrift als Ausprägung des öffentlichen Interesses zu verstehen, so dass eine Verletzung die Nichtigkeit nach § 241 Nr. 3 Alt. 3 zur Folge hätte. Ein Gleichbehandlungsverstoß kann nur dann zur Nichtigkeit führen, wenn dieser Verstoß zugleich die Sittenwidrigkeit des Beschlusses begründet. Darüber hinaus kann selbstverständlich ein gleichbehandlungswidriger Beschluss deswegen nichtig sein, weil er zugleich gläubigerschützende Vorschriften verletzt, wie dies etwa bei einem Beschluss über nach § 57 unzulässige Auszahlungen an einzelne Aktionäre der Fall wäre. Nichtig wegen einer Verletzung des „Wesens" der AG wäre schließlich ein Beschluss, durch den das Gleichbehandlungsgebot allgemein außer Kraft gesetzt würde.[70] Ein absichtlicher Verstoß gegen das Gleichbehandlungsgebot kann aber einer Freigabe des Beschlusses nach § 246a entgegenstehen.[71]

---

[63] Großkomm AktG/*Henze/Notz* Rn. 93; K. Schmidt/Lutter/*Fleischer* Rn. 37; Hölters/*Laubert* Rn. 8; Bürgers/Körber/*Westermann* Rn. 7; *Verse*, Der Gleichbehandlungsgrundsatz im Recht der Kapitalgesellschaften, 2006, 320 ff.

[64] Kölner Komm AktG/*Drygala* Rn. 34; MüKoAktG/*Bungeroth* Rn. 20; Großkomm AktG/*Henze/Notz* Rn. 96; Hüffer/Koch/*Koch* Rn. 5; K. Schmidt/Lutter/*Fleischer* Rn. 37.

[65] Vgl. dazu Großkomm AktG/*Henze/Notz* Rn. 158 ff.; *Verse*, Der Gleichbehandlungsgrundsatz im Recht der Kapitalgesellschaften, 2006, 101 ff. (331 ff.).

[66] Näher dazu *Cahn/Simon* Der Konzern 2003, 1 (12 f.).

[67] Vgl. etwa MüKoAktG/*Altmeppen* § 311 Rn. 457 ff.; aA *Cahn*, Kapitalerhaltung im Konzern, 1998, 64 ff., beide mit zahlr. wN.

[68] RGZ 118, 67 (72 f.); BGH BB 1960, 880 (881); LG Köln AG 1981 (81 f.); Kölner Komm AktG/*Drygala* Rn. 37; MüKoAktG/*Bungeroth* Rn. 29; Großkomm AktG/*Henze/Notz* Rn. 110; K. Schmidt/Lutter/*Fleischer* Rn. 39; Bürgers/Körber/*Westermann* Rn. 9; Hüffer/Koch/*Koch* Rn. 12; MHdB AG/*Rieckers* § 17 Rn. 18; NK-AktR/*Janssen* Rn. 23; *Verse*, Der Gleichbehandlungsgrundsatz im Recht der Kapitalgesellschaften, 2006, 355.

[69] Vgl. OLG Frankfurt OLGE 1994, 154 (betr. Kapitalerhöhung unter Ausschluss des Bezugsrechts eines Teils der Aktionäre); Großkomm AktG/*K. Schmidt* § 241 Rn. 58.

[70] Kölner Komm AktG/*Drygala* Rn. 38; MüKoAktG/*Bungeroth* Rn. 30; Großkomm AktG/*K. Schmidt* § 241 Rn. 58; MHdB AG/*Rieckers* § 17 Rn. 18.

[71] Vgl. OLG Köln ZIP 2014, 263 (265); vgl. zu dieser Entscheidung *Florstedt* ZIP 2014, 1513 ff.

33 **2. Maßnahmen der Verwaltung.** Bei Maßnahmen der Verwaltung, die Aktionäre ungleichmäßig treffen, kommt es für die Rechtsfolgen darauf an, ob es um ungleiche Belastungen oder um die ungleichmäßige Zuwendung von Vorteilen geht. Bei **Belastungen,** wie etwa dem Einfordern rückständiger Einlagen, steht dem betroffenen Aktionär ein Leistungsverweigerungsrecht zu, das auch die Entstehung von Sekundäransprüchen auf Verzinsung oder Schadensersatz ausschließt.[72]

34 Unter Umständen können Aktionäre aufgrund des Gleichbehandlungsgebotes von der Gesellschaft ein Verhalten verlangen, auf das sie an sich keinen Anspruch hätten. Das Gleichbehandlungsgebot kann hier zu einer **Reduzierung des** üblicherweise bestehenden **Entscheidungsermessens** führen. Hat etwa die Gesellschaft einzelnen Aktionären ihre Zustimmung zur Übertragung vinkulierter Namensaktien erteilt, ist sie dazu verpflichtet, dies unter vergleichbaren Umständen auch gegenüber anderen veräußerungswilligen Aktionären zu tun.[73] Sind einzelne Aktionäre bei einer Ausgabe junger Aktien ohne sachlichen Grund bevorzugt behandelt worden, können die übergangenen Aktionäre unter engen Voraussetzungen verlangen, bei nächster Gelegenheit eine vergleichbare Zuteilung zu erhalten. Das dürfte praktisch allerdings nur bei unverändertem Aktionärskreis in Betracht kommen, denn anderenfalls würden die zwischenzeitlich hinzugekommenen Aktionäre ihrerseits ohne sachlichen Grund benachteiligt. Leitet die Verwaltung einer nicht börsennotierten Gesellschaft das Angebot einzelner Aktionäre auf Erwerb von Namensaktien an die allein der Gesellschaft bekannten (vgl. § 67 Abs. 6) Adressaten weiter, ist sie verpflichtet, dies auch bei konkurrierenden Angeboten anderer Aktionäre zu tun.[74]

35 Anspruch auf pflichtwidrige Gleichbehandlung haben die Aktionäre nicht.[75] Unterstützt der Vorstand unter Verletzung seiner Neutralitätspflicht das Angebot einzelner Aktionäre auf Erwerb von Namensaktien, indem er es an die allein der Gesellschaft bekannten (vgl. § 67 Abs. 6) Adressaten weiterleitet, folgt daher aus dem Gleichbehandlungsgrundsatz nicht ohne weiteres ein Anspruch anderer Aktionäre auf ebensolche Unterstützung ihres konkurrierenden Erwerbsangebots.[76] Wendet die AG einzelnen Aktionären unter **Verstoß gegen § 57** Vermögensvorteile zu Lasten des Gesellschaftsvermögens zu, können die übrigen Aktionäre nicht verlangen, vergleichbare Zuwendungen zu erhalten. Vielmehr ist der Vorstand verpflichtet, den Rückgewähranspruch aus § 62 geltend zu machen.[77] Die Hauptversammlung kann allerdings bei Ausweis eines hinreichenden Bilanzgewinns eine der unzulässigen Zuwendung an den Empfänger entsprechende Ausschüttung beschließen. Zulässig, wenn auch nur bei auf Geld gerichteten Rückgewähransprüchen möglich, ist es dabei auch, dass die AG mit ihrem Anspruch aus § 62 gegen einen vollwertigen (Dividenden)Anspruch des Empfängers aufrechnet,[78] so dass im Ergebnis alle Aktionäre eine ihrer Beteiligung entsprechende Ausschüttung erhalten. Ein dahin gehender Anspruch der bei der verdeckten Gewinnausschüttung übergangenen Aktionäre, durch den das Entscheidungsermessen der Hauptversammlung über die Gewinnverwendung eingeschränkt würde, besteht allerdings nicht.[79]

B. Treupflicht

I. Grundlagen

36 **1. Zweck.** Trotz der hohen Regelungsdichte durch zwingende Normen besteht auch im Aktienrecht das Bedürfnis nach einer das Verhältnis der Aktionäre untereinander und zur Gesellschaft umfassenden Pflichtbindung, aus der sich **situationsgebundene Verhaltensanforderungen** ableiten lassen. Die gesetzlichen Vorschriften erschöpfen sich zum überwiegenden Teil in organisatorischen Regelungen, die inhaltliche Entscheidungen nicht präjudizieren. Die Gefahr eigennütziger oder sonst dem Gesellschaftsinteresse oder den legitimen mitgliedschaftsbezogenen Belangen der Aktionäre widerstrebender Entscheidungen wird durch sie jedenfalls nicht durchweg gebannt. Auch der Gleichbehandlungsgrundsatz hilft hier nicht immer weiter. Beeinträchtigungen von Aktionärsin-

---

[72] → § 63 Rn. 12; Kölner Komm AktG/*Drygala* Rn. 40; MüKoAktG/*Bungeroth* Rn. 32; Großkomm AktG/*Henze/Notz* Rn. 151; K. Schmidt/Lutter/*Fleischer* Rn. 40; Hüffer/Koch/*Koch* Rn. 12; Hölters/*Laubert* Rn. 12; NK-AktR/*Janssen* Rn. 25.

[73] Kölner Komm AktG/*Drygala* Rn. 42; MüKoAktG/*Bungeroth* Rn. 33; Großkomm AktG/*Henze/Notz* Rn. 133; Hüffer/Koch/*Koch* Rn. 12; NK-AktR/*Janssen* Rn. 26.

[74] OLG Celle NZG 2006, 791 (792).

[75] BGH NZG 2008, 149; Kölner Komm AktG/*Drygala* Rn. 44; Wachter/*Servatius* Rn. 31.

[76] OLG Celle NZG 2006, 791 f., bestätigt durch BGH NZG 2008, 149.

[77] Kölner Komm AktG/*Drygala* Rn. 45; MüKoAktG/*Bungeroth* Rn. 34; Hüffer/Koch/*Koch* Rn. 12.

[78] Kölner Komm AktG/*Drygala* Rn. 45; MüKoAktG/*Bungeroth* Rn. 36; Großkomm AktG/*Henze/Notz* Rn. 139.

[79] Großkomm AktG/*Henze/Notz* Rn. 140 ff.

teressen sind auch ohne Verstoß gegen diesen Grundsatz möglich, so etwa durch illoyales, schädigendes Verhalten einzelner Aktionäre gegenüber der Gesellschaft, durch Verhinderung von Beschlüssen, die im gemeinsamen Interesse geboten wären, durch einen nicht durch überwiegende Interessen der Gesellschaft gebotenen Ausschluss des Bezugsrechts oder durch gleichmäßige Behinderung von Aktionären, beispielsweise durch Verweigerung der Zustimmung zur Übertragung vinkulierter Namensaktien. Die Treupflicht befriedigt das daraus folgende Bedürfnis nach einer inhaltlichen Kontrolle gesellschaftsbezogenen Verhaltens der Gesellschaftsorgane oder einzelner Aktionäre noch unterhalb der Schwelle des Rechtsmissbrauchs.

2. Entwicklung. Ihren Ursprung hat die Treupflicht im Recht der Personengesellschaften. Als Grundlage wurde ursprünglich auf die enge, als personenrechtliches Gemeinschaftsverhältnis bezeichnete Beziehung zwischen den Gesellschaftern einer Personengesellschaft abgestellt.[80] Der Gedanke, dass die Binnenbeziehungen im Gesellschaftsrecht von einem im Verhältnis zu anderen Vertragsverhältnissen gesteigerten Maß an Loyalität geprägt sind, ist in der Folgezeit schrittweise auf das Kapitalgesellschaftsrecht übertragen und zu einem **allgemeinen Grundsatz des Verbandsrechts** ausgebaut worden. Den ersten Schritt auf diesem Weg stellte die ausdrückliche Anerkennung von Treupflichten der Gesellschafter einer GmbH gegenüber ihrer Gesellschaft dar.[81] Es ist bemerkenswert, dass der BGH hier eine Treubindung der Aktionäre gegenüber ihrer AG als selbstverständlich voraussetzt.[82] Der Bejahung von Treupflichten zwischen Gesellschaftern einer GmbH durch das ITT-Urteil[83] folgte die Anerkennung einer Treupflicht des Mehrheitsaktionärs gegenüber der Minderheit durch die Linotype-Entscheidung.[84] Auch in dieser zuletzt genannten Entscheidung unternimmt es der BGH noch, den Bezug zum Ausgangspunkt des Treupflichtgedankens im Personengesellschaftsrecht herzustellen, indem er ausführt, eine AG könne ähnlich wie eine (personalistische) GmbH ausgestaltet sein und damit einer Personengesellschaft nahe kommen.[85] Die endgültige Emanzipation der Treupflicht von ihren Wurzeln im Personengesellschaftsrecht erfolgte durch das Girmes-Urteil des BGH. Seit der Girmes-Entscheidung steht für die Praxis fest, dass auch einem Minderheits- oder Kleinaktionär eine Treupflicht gegenüber der Mehrheit obliegen kann, und zwar auch in einer Publikumsgesellschaft.[86] Anerkannt ist schließlich, dass auch der Gesellschaft ihrerseits gegenüber den Aktionären weitergehende Loyalitätspflichten obliegen als das üblicherweise zwischen Vertragspartnern der Fall ist.[87]

3. Wirkungsweise und Anwendungsbereich. Die Treupflicht hat in erster Linie **rechtsbegrenzende Funktion**.[88] Sie manifestiert sich dabei als Pflicht, die Ausübung von Mitgliedschaftsrechten zu unterlassen. Das ist in erster Linie für das Stimmrecht von Bedeutung. Hier reicht es regelmäßig aus, dass ein Aktionär sich der Stimme enthält und dadurch das Zustandekommen eines im Interesse der Gesellschaft oder seiner Mitaktionäre gebotenen Beschlusses nicht verhindert bzw. nicht zum Zustandekommen eines das Gesellschaftsinteresse oder überwiegende Belange der Mitaktionäre beeinträchtigenden Beschlusses mitwirkt.[89] Unterlassungsgebote können sich aus der Treupflicht aber auch hinsichtlich anderer Mitwirkungsrechte ergeben. So kann es die Treupflicht gebieten, das Recht zur Rede in der Hauptversammlung oder das Fragerecht nicht so lange in Anspruch zu nehmen, dass eine Durchführung der Hauptversammlung in angemessener Zeit ausgeschlossen ist.[90] Nur in seltenen Ausnahmefällen können aus der Treupflicht **positive Handlungspflichten** oder zumindest eine Pflicht zur Stimmenthaltung folgen.[91] Das gilt etwa dann, wenn absehbar ist, dass ohne die Beteiligung bestimmter Aktionäre an der Abstimmung oder gegen deren Stimmen ein Beschluss, auf den die Gesellschaft oder die Mitaktionäre dringend angewiesen sind und der schützenswerte Interessen der mitwirkungspflichtigen Aktionäre nicht beeinträchtigen würde, wegen

---

[80] *A. Hueck*, Der Treuegedanke im modernen Privatrecht, 1947, 12 ff.; ausf. zur Entwicklung der Treupflicht *Weber*, Vormitgliedschaftliche Treubindungen, 1999, 26 ff.
[81] BGHZ 14, 25 (38).
[82] BGHZ 14, 25 (38).
[83] BGHZ 65, 15 (18 f.) = NJW 1976, 191.
[84] BGHZ 103, 184 (194 f.) = NJW 1988, 1579; vgl. auch BGH NJW 1992, 3167 (3171); BGHZ 142, 167 (170) = NJW 1999, 3197.
[85] BGHZ 103, 184 (195) = NJW 1988, 1579.
[86] BGHZ 129, 136 (142 ff.) = NJW 1995, 1739; vgl. dazu auch Kölner Komm AktG/*Drygala* Rn. 94; Wachter/*Servatius* Rn. 51 ff.; *Schäfer* FS Hommelhoff, 2012, 939 (947 ff.).
[87] BGHZ 127, 107 (111 ff.) = NJW 1994, 3094.
[88] Kölner Komm AktG/*Drygala* Rn. 95; K. Schmidt/Lutter/*Fleischer* Rn. 55; Wachter/*Servatius* Rn. 39.
[89] In diesem Sinne auch *Henze* BB 1996, 489 (493).
[90] Vgl. für das Rederecht BGHZ 129, 136 (144) = NJW 1995, 1739; für das Auskunftsrecht *Henze* BB 1996, 489 (495); Hüffer/Koch/*Koch* § 131 Rn. 33, 35.
[91] Ebenso Großkomm AktG/*Henze/Notz* Anh. § 53a Rn. 82; Kölner Komm AktG/*Drygala* Rn. 123 f.

gesetzlicher oder satzungsmäßiger Beschlussfähigkeits- oder Mehrheitserfordernisse nicht zustande käme.[92] Umstritten ist die Frage, ob die Treupflicht auch im Insolvenzverfahren über das Vermögen der Gesellschaft gilt[93] oder ob sie hier durch die insolvenzrechtlichen Verfahrensregeln und Rechtsschutzmöglichkeiten verdrängt wird.[94]

39 **4. Entstehungsgrund und zwingende Geltung.** Grundlage der Treupflicht ist das Gesellschaftsverhältnis als Sonderrechtsbeziehung zwischen den Aktionären.[95] Aus denselben Gründen wie beim Gleichbehandlungsgrundsatz, insbesondere im Hinblick auf Einpersonengründungen mit nachträglicher Aktienübertragung, ist es auch bei der Treupflicht nicht unproblematisch, die Grundlage der Treupflicht in der Satzung zu sehen.[96] Ebenso wenig wie der Gleichbehandlungsgrundsatz (→ Rn. 22, 28) steht die Treupflicht als solche zur Disposition der Aktionäre.[97] Während bei Personengesellschaften die Treupflicht konkretisierende Bestimmungen des Gesellschaftsvertrags für zulässig gehalten werden,[98] dürfte bei der AG aufgrund der Satzungsstrenge für solche Satzungsbestimmungen, anders als für Modifikationen des Gleichbehandlungsgebots (→ Rn. 21), praktisch kein Raum bestehen.[99]

40 **5. Schutzrichtung.** Die Treupflicht gegenüber der Gesellschaft ist lediglich eine Ausprägung der Treupflicht unter den Aktionären, deren gemeinschaftliche Interessen zum Interesse der Gesellschaft gebündelt werden.[100] Dementsprechend gibt es keine Treupflicht des Alleinaktionärs gegenüber der Gesellschaft.[101] Der Schutz von Drittinteressen am Erhalt der Gesellschaft und ihrer Vermögensgrundlagen, um die allein es hier geht, wird nicht durch die Treupflicht, sondern durch zwingendes Recht gewährleistet. Zu dem Bestand an zwingenden gläubigerschützenden Regeln gehört auch die in der neueren Rechtsprechung zur GmbH anerkannte Pflicht des Alleingesellschafters, auf die Eigenbelange der Gesellschaft angemessen Rücksicht zu nehmen und ihren Bestand nicht durch Beeinträchtigung ihrer Fähigkeit zur Bedienung ihrer Verbindlichkeiten zu gefährden.[102] Diese Pflicht unterscheidet sich sowohl hinsichtlich ihrer Schutzrichtung als auch im Hinblick auf die fehlende Abdingbarkeit im Einzelfall grundsätzlich von der mitgliedschaftsbezogenen, die Interessen der Aktionäre sichernden Treupflicht.

41 **6. Begründung. a) Traditionelle Begründungen.** Der Gedanke besonderer persönlicher Verbundenheit der Gesellschafter und der Schutz eines auf dieser Verbundenheit beruhenden besonderen Vertrauens als Grundlage einer Arbeits- und Haftungsgemeinschaft ist keine tragfähige Grundlage für eine Treupflicht, deren grundsätzliche Geltung nicht von der Realstruktur der Gesellschaft abhängt. Herkömmlicherweise werden zwei Begründungen für ein solches allgemeines verbandsrechtliches Prinzip vorgetragen. Die Treupflicht wird zum einen als Korrelat zur Rechtsmacht der Gesellschafter verstanden, durch Ausübung ihrer Teilhaberechte, insbesondere ihres Stimmrechts, auf die gesellschaftsbezogenen Belange der Mitgesellschafter einzuwirken. Dieser Einflussmöglichkeit auf fremde Vermögenswerte entspreche eine gesteigerte Verantwortung.[103] Demgegenüber heben andere darauf

---

[92] Vgl. BGHZ 129, 136 (142 ff.) = NJW 1995, 1739; OLG München WM 2014, 943 (945); Großkomm AktG/*Henze/Notz* Anh. § 53a Rn. 82; *Henze* BB 1996, 489 (493); *Marsch-Barner* ZHR 157 (1993), 172 (179 ff.); MüKoAktG/*Bungeroth* Vor § 53a Rn. 28.

[93] So für die Personengesellschaft LG Frankfurt NZG 2013, 1064 (1065 ff. Rn. 32 ff.) = ZInsO 2013, 1793 (1795 ff.); LG Frankfurt NZG 2013, 1315 (1316 ff. Rn. 35 ff.) = ZInsO 2013, 2015 (2016 ff.) m. Anm. *Fölsing*.

[94] So OLG Frankfurt ZInsO 2013, 2112 (2113 ff. Rn. 9 ff.); *Thole* ZIP 2013, 1937 (1939 ff.) mN zum Meinungsstand.

[95] *Hennrichs* AcP 195 (1995), 221 (234 f.); *Lutter* ZHR 162 (1998), 164 (168).

[96] So aber etwa Großkomm AktG/*Henze/Notz* Anh. § 53a Rn. 21; *Henze* BB 1996, 489 (492); Hüffer/Koch/*Koch* Rn. 15; für (Publikums)Personengesellschaften BGH ZIP 2015, 1626 (1628 Rn. 23).

[97] Großkomm AktG/*Henze/Notz* Anh. § 53a Rn. 126; MüKoAktG/*Bungeroth* Vor § 53 Rn. 20; Kölner Komm AktG/*Drygala* Rn. 126; Hüffer/Koch/*Koch* Rn. 26; für Personengesellschaft und GmbH *Fleischer/Harzmeier* NZG 2015, 1289 (1295).

[98] So für Publikumspersonengesellschaften BGH ZIP 2015, 1626 (1628 Rn. 23).

[99] MüKoAktG/*Bungeroth* Vor § 53 Rn. 20; Kölner Komm AktG/*Drygala* Rn. 126; *Hellgardt* FS Hopt, 2010, 765 (784).

[100] *Lutter* ZHR 162 (1998), 164 (183).

[101] BGHZ 56, 97 (101) = JZ 1972, 20 f.; BGHZ 95, 330 (340, 345 f.) = NJW 1986, 188; BGHZ 119, 257 (262) = NJW 1993, 193; BGH NJW 1991, 1037; BGHZ 122, 333 (336) = NJW 1993, 1922; BFHE 178, 371; Großkomm AktG/*Henze/Notz* Anh. § 53a Rn. 42 ff.; Kölner Komm AktG/*Drygala* Rn. 89; *Lutter* ZHR 162 (1998), 183; aA etwa *Ulmer* ZHR 148 (1984), 391.

[102] BGHZ 149, 10 (16 f.) = NJW 2001, 3622 (3623); BGHZ 150, 61 (67) = NJW 2002, 1803 (1805); BGHZ 151, 181 (186) = NJW 2002, 3024 (3025); *Röhricht* FS 50 Jahre BGH, 2000, 83 (88 ff.).

[103] Vgl. BGHZ 65, 15 (18 f.) = NJW 1976, 191; BGHZ 103, 184 (195) = NJW 1988, 1579; BGHZ 129, 136 (143 f.) = NJW 1995, 1739, jeweils im Anschluss an *Zöllner*, Die Schranken mitgliedschaftlicher Stimmrechtsmacht bei den privatrechtlichen Personenverbänden, 1963, 342 ff.

ab, dass sich bei Abschluss des Gesellschaftsvertrages nicht absehen und dementsprechend auch nicht abschließend regeln lässt, welche Maßnahmen für die Verwirklichung des Verbandszwecks erforderlich sein werden. Die notwendige Offenheit des Verbandes für die Zukunft erfordere ein gesteigertes Maß an Loyalität.[104] Die Treupflicht stellt sich von diesem Ansatz her als Folge der mitgliedschaftlichen Förderpflicht dar.[105]

b) Treuhandrechtlicher Ansatz. Diesen beiden traditionellen Begründungen ist in jüngerer Zeit ein Ansatz gegenübergestellt worden, der es unternimmt, die Treupflicht in die allgemeine Dogmatik des Treuhandrechts einzuordnen.[106] Danach ist zwischen einer Treupflicht stricto sensu und Treupflichten im weiteren Sinne zu unterscheiden. Erstere betrifft Entscheidungen über das Treugut, bei denen der Treuhänder ausschließlich die Interessen des Treugebers zu berücksichtigen, eigene Belange dagegen außer Betracht zu lassen hat. Um Treugut handelt es sich bei denjenigen Werten, die dem Treuhänder zur Verwaltung überlassen worden sind, ohne dass er für die Einräumung der damit verbundenen Entscheidungsmacht eine Gegenleistung erbracht hätte. Bezogen auf Aktionäre geht es dabei um Entscheidungen, durch die die quotale Teilhabe am Gesellschaftsvermögen verändert würde. Da jeder Gesellschafter sein Investment als Gegenleistung für die anteilige Beteiligung am Gesellschaftsvermögen und dessen Erträgen erbracht hat, sind damit überproportionale Vorteile, die zu einer Quotenveränderung führen, nicht abgegolten. Da ein Gesellschafter die einer solchen quotenverändernden Entscheidung zugrunde liegende Einflussmöglichkeit ohne entsprechende Gegenleistung erhalten hat, darf er hierbei lediglich die Interessen seiner Mitgesellschafter (Treugeber) berücksichtigen und muss seine eigenen Belange außer Betracht lassen.[107] Hingegen darf er bei Entscheidungen, die nicht zu einer Veränderung der Beteiligungsquote führen, auch seinen eigenen Interessen Raum geben. Die Belange der Mitgesellschafter sind hier nur nach Treu und Glauben und unter Berücksichtigung der Zweckförderpflicht zu berücksichtigen.[108] Die Anwendungsfälle der Treupflicht im herkömmlichen Sinne sollen sich danach mit Hilfe der Grundsätze über den Rechtsmissbrauch und den Wegfall der Geschäftsgrundlage erfassen lassen, so dass die Treupflicht insoweit als eigenständige dogmatische Kategorie entbehrlich sei.[109]

c) Stellungnahme. Die verbandsrechtliche Treupflicht ist zum einen das Korrelat zu der jedem Gesellschafter kraft seiner Teilhaberechte eingeräumten Macht zur Einwirkung auf fremde Vermögenswerte und zum anderen die Reaktion der Rechtsordnung auf notwendige Offenheit von Gesetz und Satzung hinsichtlich derjenigen Maßnahmen, die während des Bestehens der Gesellschaft für die Förderung des Gesellschaftszwecks erforderlich sein werden.[110] Allein die Möglichkeit, auf erhebliche Vermögensinteressen der anderen Vertragspartei einzuwirken, reicht für die Begründung einer gesteigerten Loyalitätspflicht nicht aus. Solange potentielle Interessenkonflikte vorhersehbar sind und daher durch Gesetz oder durch vertragliche Vereinbarung geregelt werden können, bedarf es keiner Bindung der Parteien, die über das allgemeine Gebot von Treu und Glauben hinausgeht. Selbst in Dauerschuldverhältnissen von uU existentieller Bedeutung für eine oder beide Parteien unterliegen die Beteiligten daher keiner Treupflicht. Eine derartige **gesteigerte Pflicht zur Rücksichtnahme** auf die Belange der anderen Partei ist nur dann notwendig, wenn die Möglichkeit, auf erhebliche Interessen des anderen einzuwirken, nicht an verhältnismäßig präzise Voraussetzungen gebunden werden kann, weil die künftigen Erfordernisse für die Verfolgung eines gemeinsamen Zwecks einer solchen vorausschauenden Regelung nur begrenzt zugänglich sind. Der Betrieb eines Unternehmens setzt ein erhebliches Maß an Flexibilität und Bereitschaft zur Anpassung an die Veränderung äußerer Umstände voraus, deren Entwicklung sich bei Abschluss des Gesellschaftsvertrages nicht vorhersehen lässt. Das Recht kann daher die Verhaltenspflichten der Gesellschafter nicht präzise definieren, sondern muss ihnen ein weites Ermessen für die Konkretisierung der Pflicht zur Förderung des Gesellschaftszwecks einräumen. Die damit verbundene Entscheidungsfreiheit der Gesellschafter ist für die jeweils anderen nur hinnehmbar, wenn wechselseitige Loyalität und Rücksichtnahme bei der Ausübung des Ermessens nicht lediglich Gegenstand unverbindlicher Erwartungen, sondern rechtlicher Pflichten ist. Dieser Loyalitätspflicht kommt daher bei der Konkretisierung von Verhaltenspflichten im Gesellschaftsrecht ein erheblich größerer Stellenwert zu als den Geboten von Treu und Glauben bei Verträgen mit einem durch Gesetz und Vertrag weitgehend fixierten Pflichtenprogramm. Ob

---

[104] *Lutter* AcP 180 (1980) 84 (91 f.).
[105] *Lutter* AcP 180 (1980) 84 (91 f., 102 ff.).
[106] *Grundmann,* Der Treuhandvertrag 1997, passim.
[107] *Grundmann,* Der Treuhandvertrag 1997, 269 ff.
[108] *Grundmann,* Der Treuhandvertrag 1997, 275 f.; Anwendungsbeispiele auf S. 421 ff.
[109] *Grundmann,* Der Treuhandvertrag 1997, 169–191.
[110] Vgl. dazu *Cahn* FS Wiese, 1998, 71, 78 ff.

man diese Pflicht als Ausprägung des Grundsatzes von Treu und Glauben,[111] als Ausfluss der mitgliedschaftlichen Förderpflicht[112] oder als gewohnheitsrechtlich anerkannte richterrechtliche Generalklausel[113] bezeichnet, ist im Ergebnis ohne Bedeutung.

44 Aus den Grundlagen der Treupflicht ergeben sich **Folgen für ihre Konkretisierung.** Je weniger konkrete Anhaltspunkte für die Lösung eines innergesellschaftlichen Konfliktes sich in Gesetz und Satzung finden, desto mehr gebietet es die notwendige Offenheit des Verbandes für die Zukunft, die Pflicht zur Förderung des Gesellschaftszwecks anhand des Gedankens wechselseitiger Loyalität durch situationsgebundene Regeln zu konkretisieren. Das Anliegen, die Einwirkungsmacht auf fremde Vermögenswerte zu steuern, legitimiert die Begrenzung des gesellschafterlichen Entscheidungsermessens nicht nur entsprechend der Qualität der Einwirkungsmacht, sondern auch in Abhängigkeit von der Bedeutung der betroffenen Drittinteressen. Der erste Gesichtspunkt weist auf die erhöhte Pflichtbindung des Mehrheitsaktionärs, der mit Hilfe seiner Stimmmehrheit über die Interessen der Minderheit verfügen kann. Der zweite Aspekt betrifft die Treupflicht des Minderheitsaktionärs: Je geringer die eigene Beteiligung ist, desto größer ist der Anteil der Drittinteressen, auf deren Gestaltung der Aktionär mit Hilfe seiner Teilhaberechte Einfluss nehmen kann. Die Anerkennung einer Treupflicht des Minderheitsaktionärs ergibt sich damit ohne weiteres aus den Grundlagen der Treupflicht. Die Treupflicht des Minderheitsaktionärs besteht dabei unabhängig von einer Koordination seiner Rechte mit denen anderer Aktionäre.[114] Eine solche Bündelung spielt vielmehr nur für die Fragen der Kausalität der Pflichtverletzung für den Schaden und des Vorsatzes eine Rolle.[115]

45 Entgegen verbreiteter Auffassung spielt der Grad der persönlichen Verbundenheit der Aktionäre für Bestehen, Inhalt und Intensität der Treupflicht nahezu keine Rolle. Die historische Grundlage der personenbezogenen Arbeits- und Haftungsgemeinschaft, auf die die Treupflicht ursprünglich gestützt wurde,[116] klingt zwar auch heute noch an, soweit postuliert wird, Inhalt und Intensität der Treupflicht würden von der **Realstruktur der Gesellschaft** bestimmt.[117] Wenn sich die Anerkennung einer gesellschafterlichen Treupflicht aber aus angesichts der notwendigen Offenheit der Gesellschaft für die Zukunft durch Gesetz und Satzung nicht hinreichend steuerbaren Möglichkeit der Aktionäre rechtfertigt, auf fremde Vermögensinteressen einzuwirken, kann die Realstruktur der Gesellschaft keine maßgebliche Rolle spielen. Konkrete Folgerungen für Inhalt und Intensität der aktienrechtlichen Treupflicht sind daraus von der Rechtsprechung auch nicht abgeleitet worden. Der Hinweis auf die (möglicherweise) ähnliche organisatorische Ausgestaltung von Personengesellschaft, GmbH und AG[118] hat vielmehr nur dazu gedient, den Eindruck zu erwecken, es handele sich lediglich um die konsequente Übertragung anerkannter personengesellschaftsrechtlicher Grundsätze auf personalistisch strukturierte GmbH und AG. Tatsächlich ist indessen die Treupflicht in der Personengesellschaft nicht auf den für das Kapitalgesellschaftsrecht maßgeblichen Gesichtspunkt der ohne Anerkennung einer solchen Pflicht nicht hinreichend kontrollierbaren Einwirkungsmacht auf fremde Vermögensinteressen gestützt worden, während umgekehrt die Geltung der Treupflicht des Aktionärs bereits in der Linotype-Entscheidung nicht von der Ähnlichkeit der „Realstruktur" der betroffenen AG mit der einer Personengesellschaft abhängig gemacht worden ist.[119] Soweit mit dem Begriff der „Realstruktur" der Unterschied zwischen unternehmerischer Beteiligung und bloßer Vermögensanlage und den damit verbundenen Folgen für die Pflicht zur Rücksichtnahme auf die Belange der Mitgesellschafter gemeint ist,[120] ist die Bezeichnung zumindest missverständlich. Auch in einer Publikumsgesellschaft kann es unternehmerisch beteiligte Gesellschafter geben, während umgekehrt an einer Gesellschaft mit kleinem Gesellschafterkreis reine Anlagegesellschafter beteiligt sein können. Die Interessen dieser beiden Gesellschaftertypen, etwa an der Aufrechterhaltung ihrer Beteiligungsquote im Rahmen einer Kapitalerhöhung, können unterschiedlich zu gewichten sein und dementsprechend auch ein unterschiedliches Maß an Rücksichtnahme verlangen. Das ist indes-

---

[111] So insbes. *Hennrichs* AcP 195 (1995) 221 (228 ff.).
[112] So namentlich *Lutter* AcP 180 (1980) 84 (91 f., 102 ff.).
[113] *Pehle/Stimpel*, Richterliche Rechtsfortbildung, 1969, 15 (18); Großkomm AktG/*Henze/Notz* Anh. § 53a Rn. 19; Hüffer/Koch/*Koch* Rn. 15.
[114] So aber das von *Dreher* ZHR 157 (1993) 150 (158 ff.) entwickelte Konzept einer „wirkungsbezogenen Treupflicht".
[115] Zu Recht abl. gegenüber der „wirkungsbezogenen Treupflicht" daher auch *Hennrichs* AcP 195 (1995), 221 (236 f.); *Henze* BB 1996, 489 (496); *Lutter* JZ 1995, 1053 (1054).
[116] *A. Hueck*, Der Treuegedanke im modernen Privatrecht, 1947, 12 ff.
[117] Vgl. etwa BGHZ 103, 184 (195) = NJW 1988, 1579; *Henze* BB 1996, 489 (492); *K. Schmidt* GesR § 20 IV 2 d, S. 592.
[118] BGHZ 103, 184 (195) = NJW 1988, 1579.
[119] Vgl. BGHZ 103, 184 (194 ff.) = NJW 1988, 1579.
[120] So etwa *M. Winter*, Mitgliedschaftliche Treubindungen im GmbH-Recht, 1988, 185 ff., insbes. 187 ff.

sen eine Folge des Charakters der jeweiligen Beteiligung, der keineswegs durch die „Realstruktur" der Gesellschaft geprägt sein muss. Nicht zutreffend ist schließlich auch die Behauptung, für die Konkretisierung des Inhalts der Treupflicht spiele die Rechtsform des Verbandes im Verhältnis zu dessen „Realstruktur" keine oder allenfalls ein völlig untergeordnete Rolle.[121] Gerade in dem bedeutsamsten Anwendungsbereich der Treupflicht, der Kontrolle von Mehrheitsmacht, enthält das Aktiengesetz mit seinen konzernrechtlichen Vorschriften spezielle Regelungen, die ganz erhebliche Auswirkungen auf die Treupflicht eines herrschenden Unternehmensaktionärs haben (dazu im Einzelnen → Rn. 61 ff.). Auch im Übrigen würde aber die Bedeutung der zwingenden aktienrechtlichen Kompetenzordnung mit ihren detaillierten Regelungen unterschätzt, wenn man annähme, die Änderung der Rechtsform einer OHG in eine AG habe keine Auswirkungen auf die Stellung der Verbandsmitglieder. Die Gesellschafter können daher zwar ihre Treupflicht bei einem Formwechsel nicht an der Garderobe abgeben,[122] ein solcher Formwechsel bleibt aber andererseits nicht ohne Auswirkungen auf die Treupflicht.

7. Rechtsvergleichender Ausblick. Anders als im deutschen Recht (→ Rn. 37) wird die gesell- **46** schafterliche Treupflicht nach US-amerikanischem Rechtverständnis nicht als Bindung begriffen, die im Grundsatz jeden Gesellschafter unabhängig von der Höhe seiner Beteiligung trifft. Sie ist dort vielmehr ausschließlich ein Mittel zum Schutz der Minderheit vor einem beherrschenden Gesellschafter. Dieser ist sowohl der Gesellschaft als auch seinen Mitgesellschaftern zu fairem Verhalten verpflichtet.[123] Ebenso wie im deutschen GmbH-Recht werden Konzernkonflikte nicht durch besondere Vorschriften, sondern mit Hilfe der Treupflicht geregelt. Das gilt auch für börsennotierte Gesellschaften mit breit gestreutem Anteilsbesitz.[124] Die Treupflicht verbietet dabei außer Schädigungen der kontrollierten Gesellschaft zugunsten des herrschenden Gesellschafters oder eines mit ihm verbundenen Unternehmens[125] auch Umstrukturierungen zum Nachteil der Minderheit.[126] Darüber hinaus soll die Treupflicht es sogar gebieten, dass die Mehrheit selbstgeschaffene Möglichkeiten zur Vermarktung ihrer Anteile auch der Minderheit zugänglich macht.[127] Im Recht des Vereinigten Königreichs spielt die Treupflicht im Sinne einer Grundlage für eigene Klagerechte der Gesellschafter eine erheblich geringere Rolle für den Schutz der Minderheit vor einem Missbrauch von Mehrheitsmacht. Dafür sind vor allem die Verneinung von Treupflichten der Gesellschafter gegenüber der Gesellschaft[128] und die sehr restriktive Haltung der Gerichte gegenüber eigenen Klagerechten der Aktionäre bei Schädigungen der Gesellschaft verantwortlich, durch die eine actio pro socio weitgehend ausgeschlossen ist.[129] Größere Bedeutung als treupflichtgestützte Ansprüche der Minderheit gegenüber der Mehrheit haben demgegenüber die Antragsrechte jedes Gesellschafters nach sec. 994 Companies Act 2006 und §§ 122, 124 Insolvency Act 1986. Danach kann das Gericht auf Antrag eines Gesellschafters weit reichende Anordnungen im Hinblick auf die Geschäftsführung der Gesellschaft erlassen, den Erwerb von Anteilen durch die Gesellschaft oder durch Mitgesellschafter anordnen oder die Auflösung der Gesellschaft beschließen, wenn die Gesellschaft in unfairer Weise zum Nachteil aller oder einzelner Gesellschafter geführt worden ist.[130] Soweit sich dieser Vorwurf auf das Verhalten eines (Mehrheits-) Gesellschafters bezieht, werden dabei Rücksichtnahmepflichten vorausgesetzt, die über das bei anderen Vertragsbeziehungen übliche Maß hinausgehen.

II. Inhalt und Adressaten der mitgliedschaftlichen Treupflicht

1. Adressaten der mitgliedschaftlichen Treupflicht. Die Treupflicht bindet zunächst die **47** Aktionäre. Die Höhe ihrer Beteiligung ist für den Inhalt der aus der Treupflicht folgenden Bindungen von Bedeutung, nicht hingegen für die grundsätzliche Geltung der Treupflicht (bereits → Rn. 37 und 45). Darüber hinaus können aber auch **mittelbare Aktionäre,** insbesondere Treugeber und

---

[121] *K. Schmidt* GesR § 20 IV 2 d, S. 592.
[122] *Wiedemann* GesR Bd. I § 8 II 3 a, S. 433 f.; *K. Schmidt* GesR § 20 IV 2 d, S. 592.
[123] Vgl. Sinclair Oil Corporation v. Levien, 280 A. 2d 717 (719); *American Law Institute,* Principles of Corporate Governance, § 5.10–5.13 und 5.16.
[124] Vgl. Sinclair Oil Corporation v. Levien, 280 A. 2d 717.
[125] Sinclair Oil Corporation v. Levien, 280 A. 2d 717, 719 f.
[126] Vgl. etwa Kahn v. Lynch Communications Systems, Inc, 638 A. 2d 1110 (1994).
[127] Vgl. Jones v. H. F. Ahmanson & Company, 460 P. 2d 464 (1969).
[128] Vgl. Estmanco (Kilner House) Ltd. v. Greater London Council [1982] 1 All ER 437; ausf. zur Entwicklung von Verhaltensstandards für die Gesellschaftermehrheit *Gower,* Principles of Modern Company Law, 10. Aufl. 2016, Rn. 19-4–19-10.
[129] Vgl. Foss v. Harbottle (1843) 2 Hare 461; Prudential Assurance Co Ltd. v. Newman Industries Ltd (No. 2) [1982] 1 All ER 354; zu Ausnahmen von dieser sog. Foss v. Harbottle rule vgl. etwa *Hicks/Goo,* Company Law, 4. Aufl. 2003, 424 ff.
[130] Näher dazu etwa *Gower,* Principles of Modern Company Law, 10. Aufl. 2016, Rn. 20-19 ff.

stille Gesellschafter sowie, in den durch §§ 311 ff., gezogenen Grenzen (ausführlich dazu → Rn. 61 ff.), auch mittelbar herrschende Unternehmen, Treubindungen unterliegen.[131] Eine über derartige Fälle hinausgehende Anerkennung vormitgliedschaftlicher Treubindungen[132] ist in Anbetracht der zunehmenden Regelungsdichte des Insider- und des Übernahmerechts, des Verbots einer eigennützigen Ausnutzung der Organstellung und des dadurch eröffneten Zugangs zu Informationen[133] und der aus den Grundsätzen über die cic folgenden Grenzen des Ausnutzens von Informationsvorsprüngen nicht angezeigt.[134] Die **Haftung eines Stimmrechtsvertreters** für treuwidrige Stimmabgabe ist von der Girmes-Entscheidung zwar nicht kraft eigener Treupflicht des Vertreters,[135] aber entsprechend § 179 BGB wegen fehlender Offenlegung der vertretenen Aktionäre bejaht worden.[136]

48 **2. Inhalt der Treupflicht.** Die Treupflicht wird meist als Gebot zur Rücksichtnahme auf die gesellschaftsbezogenen Belange der Mitaktionäre umschrieben.[137] Diese sehr allgemein gehaltene Formel bedarf in mehrfacher Hinsicht der Präzisierung.

49 **a) Treupflicht der Aktionäre gegenüber der Gesellschaft.** Das gesellschaftsbezogenen Interesse der Aktionäre besteht regelmäßig und in erster Linie im wirtschaftlichen Erfolg der Gesellschaft. Die Treupflicht der Aktionäre gegenüber der Gesellschaft bezeichnet nichts anderes als die Pflicht zur Rücksichtnahme auf dieses gemeinschaftliche Interesse der Aktionäre.[138] Allerdings enthält das Gesetz in Gestalt der §§ 117, 291 ff. und 311 ff., eine Reihe spezieller Regelungen, die bei Beeinträchtigungen dieses Interesses einem Rückgriff auf die Treupflicht Grenzen setzen (näher dazu → Rn. 54, 59 ff.).

50 **b) Treupflicht der Aktionäre untereinander.** Die wechselseitige Treupflicht der Aktionäre untereinander beschränkt sich auf die mitgliedschaftlichen Belange. Rücksichtnahme auf lediglich private Interessen von Mitaktionären ist kraft Treupflicht nicht geschuldet. Die gesellschaftsbezogenen Belange erschöpfen sich allerdings nicht im gemeinsamen Interesse am Erfolg der Gesellschaft. Vielmehr schützt die Treupflicht auch **individuelle Belange** der Aktionäre, die sich auf ihre Beteiligung beziehen. Dass eine Berücksichtigung solcher Aktionärsinteressen dem Gesetz nicht fremd ist, zeigt etwa der Schutz des Interesses einer Aktionärsminderheit und selbst des einzelnen Aktionärs an einer Mindestrendite durch § 254. Ebenso sichert die Rechtsprechung zur Notwendigkeit einer sachlichen Rechtfertigung eines Bezugsrechtsausschlusses das Interesse der überstimmten Aktionäre an einem Erhalt ihrer Beteiligungsquote auch dann, wenn die Ausgabe der Aktien an Dritte aus Sicht der Gesellschaft unschädlich wäre. Treupflichtwidrig können daher etwa Vereinbarungen oder tatsächliche Arrangements zwischen einem Großaktionär und Dritten sein, die dem Großaktionär im Zuge von Sanierungsmaßnahmen die erneute Begründung einer wesentlichen Beteiligung unter Ausschluss der anderen Aktionäre sichern.[139]

51 **c) Maß der gebotenen Rücksichtnahme.** Das Maß der gebotenen Rücksichtnahme ist in erster Linie davon abhängig, ob das Recht, um dessen Ausübung es geht, dem Aktionär im eigenen Interesse oder im Interesse der Gesellschaft verliehen ist. Soweit es um die Interessen des Aktionärs geht, verbietet die Treupflicht lediglich die missbräuchliche Rechtsausübung zum Nachteil der Gesellschaft und der Mitaktionäre. Demgegenüber ist bei der Ausübung von Rechten, mit deren Hilfe der Aktionär den Gesellschaftszweck fördern soll, ein höheres Maß an Rücksichtnahme geboten. Entsprechend dem gesellschaftsnützigen Zweck des Rechts gebietet es die Treupflicht hier, die

---

[131] Näher dazu etwa Großkomm AktG/*Henze/Notz* Anh. § 53a Rn. 32 ff.
[132] Dafür vor allem *Weber*, Vormitgliedschaftliche Treubindungen, 1999, 209 ff.; sympathisierend Großkomm AktG/*Henze/Notz* Anh. § 53a Rn. 40 f.
[133] Vgl. etwa Kölner Komm AktG/*Mertens/Cahn* § 93 Rn. 100, 105; *Grundmann*, Der Treuhandvertrag 1997, 269 (421 ff.).
[134] Ebenso Kölner Komm AktG/*Drygala* Rn. 84.
[135] Dafür aber noch *Timm* WM 1991, 481 (487 f.); *Schöne* WM 1992, 2009 (2012); *Marsch-Barner* ZHR 157 (1993), 172 (184 f.).
[136] BGHZ 129, 136 (149 ff.) = NJW 1995, 1739; zust. etwa *Henssler* DZWiR 1995, 430 (435); zuvor bereits *Henssler* ZHR 157 (1993) 91 (118 f.); für eine Haftung des Stimmrechtsvertreters im Erg. auch *Lutter* JZ 1995, 1053 (1056); danach differenzierend, ob es sich beim Stimmrechtsvertreter um einen Aktionär oder einen außenstehenden Dritten handelt Großkomm AktG/*Henze/Notz* Anh. § 53a Rn. 29–31; für die Haftung auch außenstehender Dritter Kölner Komm AktG/*Drygala* Rn. 87 f.
[137] BGHZ 103, 184 (195) = NJW 1988, 1579; BGHZ 129, 137 (142, 144) = NJW 1995, 1739; MüKoAktG/*Bungeroth* Vor § 53a Rn. 25; Hölters/*Laubert* Rn. 17.
[138] In diesem Sinne *Lutter* ZHR 162 (1998), 164 (183).
[139] OLG Köln ZIP 2014, 263 (267).

Rechtsausübung am Gesellschaftsinteresse zu orientieren und eigene, davon abweichende Interessen zurückzustellen.[140]

Die damit angesprochene **Unterscheidung zwischen eigennützigen und uneigennützigen Aktionärsrechten,** auf die in diesem Zusammenhang häufig rekurriert wird,[141] erlaubt allerdings nur eine erste Orientierung. Als eigennützige Aktionärsrechte werden vor allem die Vermögensrechte,[142] das Auskunftsrecht nach §§ 131, 293g, die Befugnis zur Anfechtung von Hauptversammlungsbeschlüssen, das Recht zur Teilnahme an der Hauptversammlung und das Rederecht qualifiziert.[143] Demgegenüber gilt insbesondere das Stimmrecht als uneigennütziges Recht.[144] Wie gerade das Beispiel des Stimmrechts zeigt, ist eine solche Einteilung nach der Art des ausgeübten Rechts als Grundlage für die Bestimmung des Inhalts mitgliedschaftlicher Treubindungen problematisch.[145] Die Stimmabgabe bei der Beschlussfassung nach § 174 Abs. 1 über die Gewinnverwendung betrifft in der Sache ein eigennütziges Interesse der Aktionäre. Demgegenüber geht es bei einem Beschluss nach § 119 Abs. 2 über eine Geschäftsführungsmaßnahme um eine Angelegenheit, bei der das Gesellschaftsinteresse Vorrang vor den individuellen Belangen der Aktionäre beanspruchen kann. Bei der Entscheidung über den Ausschluss des Bezugsrechts schließlich sind neben Interessen der Gesellschaft auch Interessen der Mitaktionäre an der Aufrechterhaltung ihrer Beteiligungsquote zu berücksichtigen, wobei diese Interessen wiederum nach Art und Höhe der Beteiligung unterschiedliches Gewicht haben können. Vergleichbare Differenzierungen sind auch im Hinblick auf andere Mitverwaltungsrechte wie etwa das Auskunftsrecht und das Anfechtungsrecht geboten. Wenn der Gegenstand einer Beschlussfassung gesellschaftsnützigen Charakter hat, zieht die Treupflicht der Ausübung dieser Hilfsrechte engere Grenzen als bei individualnützigen Beschlüssen. So gewährt etwa § 254 ein Anfechtungsrecht zum Schutz individueller Ausschüttungsinteressen, während eine durch gesellschaftsfremde Gründe motivierte Anfechtung eines Beschlusses nach § 119 Abs. 2 missbräuchlich sein kann.

3. Grenzen der Treupflicht. Die Geltung der Treupflicht im Verhältnis zwischen den Aktionären und gegenüber der Gesellschaft ändert nichts daran, dass die Ausübung mitgliedschaftlicher Rechte **grundsätzlich** im **Ermessen der Aktionäre** steht. Die Treupflicht ist kein Instrument, mit dessen Hilfe die Beteiligung an einer Kapitalgesellschaft in ein fremdnütziges Investment umqualifiziert und Entscheidungen der Aktionäre einer durchgängigen Rechtsaufsicht unterstellt werden dürften. Vor allem darf die Treupflicht nicht als Mittel einer Verrechtlichung mitgliedschaftlicher Entscheidungen missverstanden werden, die es erlauben würde, das Ermessen der Aktionäre durch das eines Gerichts zu ersetzen. Die Treupflicht greift vielmehr erst dann ein, wenn das Verhalten eines Aktionärs mitgliedschaftliche Interessen anderer Aktionäre (einschließlich des Gesellschaftsinteresses) in erheblichem Maße zu beeinträchtigen droht, ohne dass schützenswerte mitgliedschaftliche Interessen des durch die Treupflicht gebundenen Aktionärs auf dem Spiel stünden. Bei Sanierungsmaßnahmen kann dies allenfalls dann angenommen werden, wenn ein aussichtsreiches Sanierungskonzept vorliegt.[146] Im jüngeren Schrifttum ist die These entwickelt worden, der Erwerber einer maßgeblichen Beteiligung sei kraft seiner (vorwirkenden) mitgliedschaftlichen Treupflicht der Gesellschaft gegenüber zum Ausgleich von Schäden verpflichtet, die aufgrund seines Beteiligungserwerbs eintreten,[147] wie dies etwa beim Untergang steuerlicher Verlustvorträge[148] oder dem Eingreifen von Change of control-Klauseln der Fall sein kann.[149] Eine so weit gehende Ausdehnung der Treupflicht würde sich indessen von den Grundlagen dieser Pflicht lösen, deren Zweck darin besteht, der eigennützigen oder willkürlichen Ausübung von Mitgliedschaftsrechten Grenzen zu setzen, wenn

---

[140] In diesem Sinne etwa *Zöllner,* Die Schranken mitgliedschaftlicher Stimmrechtsmacht bei den privatrechtlichen Personenverbänden, 1963, 344 ff.; *M. Winter,* Mitgliedschaftliche Treubindungen im GmbH-Recht, 1988, 20; Kölner Komm AktG/*Drygala* Rn. 97; Hölters/*Laubert* Rn. 17; Bürgers/Körber/*Westermann* Rn. 13; Wachter/*Servatius* Rn. 41; Hüffer/Koch/*Koch* Rn. 16.

[141] Vgl. neben *Zöllner,* Die Schranken mitgliedschaftlicher Stimmrechtsmacht bei den privatrechtlichen Personenverbänden, 1963, 344 ff.; *M. Winter,* Mitgliedschaftliche Treubindungen im GmbH-Recht, 1988, 20; Kölner Komm AktG/*Drygala* Rn. 97; Hölters/*Laubert* Rn. 17; Bürgers/Körber/*Westermann* Rn. 13; Wachter/*Servatius* Rn. 41; Hüffer/Koch/*Koch* Rn. 16 auch *Lutter* ZHR 162 (1998), 164 (168).

[142] Also das Gewinnbezugsrecht (§ 58 Abs. 4), das Recht auf Beteiligung am Liquidationserlös (§ 271 Abs. 1) und das Bezugsrecht nach § 186 Abs. 1, § 203 Abs. 1 und § 221 Abs. 4.

[143] Vgl. etwa *Henze* BB 1996, 489 (492); *M. Winter,* Mitgliedschaftliche Treubindungen im GmbH-Recht, 1988, 20 f.; für die Personengesellschaft MüKoBGB/*Schäfer* BGB § 705 Rn. 196.

[144] Hüffer/Koch/*Koch* Rn. 16.

[145] Zutr. *Henze* BB 1996, 489 (492 f.); ähnl. auch Kölner Komm AktG/*Drygala* Rn. 98 f.

[146] OLG München WM 2014, 943 (945 f.) mit Besprechung *Seibt* ZIP 2014, 1909 (1913 ff.).

[147] *Mülbert/Kiem* ZHR 177 (2013), 819 (844 ff.).

[148] Vgl. *Mülbert/Kiem* ZHR 177 (2013), 819 (824 ff.).

[149] Ausf. zu letzterem *Mülbert/Kiem* ZHR 177 (2013), 819 (832 ff.).

durch eine solche Rechtsausübung die Interessen der Gesellschaft und der Mitaktionäre in unbilliger Weise beeinträchtigt würden (→ Rn. 41 ff.). Der Erwerb von Aktien ist indessen der Ausübung von Mitgliedschaftsrechten bereits nicht gleichzusetzen, weil der Erwerber hier nicht innergesellschaftliche Befugnisse ausübt, die ihm kraft seiner Mitgliedsstellung eingeräumt sind. Im Übrigen würde eine über die Vorgaben des WpÜG hinausgehende faktische Beschränkung des Erwerbs erheblicher Beteiligungen die Position der Mitglieder des Vorstands der Zielgesellschaft in bedenklicher Weise stärken.[150]

54 Darüber hinaus ist eine Kontrolle und Korrektur mitgliedschaftsbezogener Entscheidungen durch die Treupflicht ausgeschlossen, wenn das Gesetz eine **abschließende Regelung** der Entscheidungs-, namentlich der Beschlussvoraussetzungen enthält. Wie insbesondere die durch die Siemens-Nold-Entscheidung[151] nicht aufgegebene[152] materielle Beschlusskontrolle beim Ausschluss des Bezugsrechts zeigt,[153] liegt eine solche abschließende Regelung, die einem Rückgriff auf die Treupflicht grundsätzlich entgegenstehen würde, nicht allein deswegen vor, weil das Gesetz eine qualifizierte Mehrheit für das Zustandekommen eines Beschlusses fordert.[154] Entscheidend ist vielmehr, ob das Gesetz die Interessen einer dissentierenden Minderheit durch zusätzliche Schutzmechanismen wahrt oder eine Bindung an ein gemeinsames Interesse der Art der Entscheidung nach nicht in Betracht kommt. Ersteres ist etwa bei der Entscheidung über den Abschluss eines Unternehmensvertrages[155] oder bei Maßnahmen nach dem UmwG,[156] letzteres insbesondere bei einem Beschluss über die Auflösung der Gesellschaft der Fall.

55 **4. Durchsetzung der Treupflicht und Rechtsfolgen ihrer Verletzung. a) Erfüllung.** Mitaktionäre und AG haben einen Anspruch auf treupflichtgemäßes Verhalten. Die Unterlassung treupflichtwidriger Maßnahmen und, sofern die Treupflicht ausnahmsweise ein positives Tun gebietet, die Vornahme derartiger Handlungen können im Klagewege durchgesetzt werden.[157]

56 **b) Beschlussanfechtung.** Eine treupflichtwidrige Stimmabgabe ist unwirksam und bei der Feststellung des Beschlussergebnisses nicht zu berücksichtigen.[158] In Anbetracht der Schwierigkeiten, die mit der Feststellung einer Treupflichtverletzung verbunden sind, wird von dieser Möglichkeit allerdings nur bei offensichtlichen Verstößen Gebrauch gemacht werden.[159] Werden treupflichtwidrige Stimmen bei der Feststellung des Beschlussergebnisses mitgezählt, so ist ein auf diesen Stimmen beruhender Beschluss anfechtbar.[160] Würde lediglich ein bestimmtes Abstimmungsverhalten der Treupflicht entsprechen, kann die Anfechtungsklage mit einer positiven Beschlussfeststellungsklage verbunden werden.[161]

57 **c) Schadensersatz.** Hat ein Aktionär eine Treupflichtverletzung zu vertreten, kann er zum Schadensersatz verpflichtet sein. Soweit Schäden der Mitaktionäre lediglich einen Schaden der Gesellschaft reflektieren, muss die Ersatzleistung nach dem Rechtsgedanken der § 117 Abs. 1 S. 2, § 317 Abs. 1 S. 2 an die Gesellschaft erfolgen.[162] Klageberechtigt sind dabei sowohl die Gesellschaft als auch die Mitaktionäre.[163]

---

[150] Vgl. im Einzelnen *Cahn/Decher* Der Konzern 2015, 469 (470 ff.).
[151] BGHZ 136, 133 = NJW 1997, 2514.
[152] Vgl. dazu *Cahn* ZHR 163 (1999), 554 (570 ff.).
[153] Zur Einordnung der materiellen Wirksamkeitserfordernisse als Unterfall der Treupflicht vgl. etwa *Henze* BB 1996, 489 (496 f.); *Henze* ZHR 162 (1998), 186 (191 ff.), insbes. 193 f.; Hüffer/Koch/*Koch* Rn. 21.
[154] Zutr. *Zöllner* AG 2000, 145 (155).
[155] *Henze* BB 1996, 489 (498) und MüKoAktG/*Altmeppen* § 293 Rn. 47 ff., 51 ff., jeweils mN zu abw. Auffassungen.
[156] Vgl. *Zöllner* AG 2000, 145 (155).
[157] Großkomm AktG/*Henze/Notz* Anh. § 53a Rn. 142; Kölner Komm AktG/*Drygala* Rn. 129; *Lutter* ZHR 162 (1998), 164 (167).
[158] BGHZ 102, 172 (176) = NJW 1988, 969; BGH NJW 1991, 846; BGH AG 1993, 514 (515); MüKoAktG/*Bungeroth* Vor § 53 Rn. 44; Großkomm AktG/*Henze/Notz* Anh. § 53a Rn. 128 ff.; Hölters/*Laubert* Rn. 20; Hüffer/Koch/*Koch* Rn. 30.
[159] Vgl. *Marsch-Barner* ZHR 157 (1993), 172 (189); MüKoAktG/*Bungeroth* Vor § 53 Rn. 44; Kölner Komm AktG/*Drygala* Rn. 138; K. Schmidt/Lutter/*Fleischer* Rn. 63.
[160] BGHZ 103, 184 (193) = NJW 1988, 1579; BGHZ 142, 167 (169 f.) = NJW 1999, 3197; OLG München WM 2014, 943 ff.; MüKoAktG/*Bungeroth* Vor § 53 Rn. 44; Großkomm AktG/*Henze/Notz* Anh. § 53a Rn. 135; K. Schmidt/Lutter/*Fleischer* Rn. 64; Hüffer/Koch/*Koch* Rn. 29.
[161] Großkomm AktG/*Henze/Notz* Anh. § 53a Rn. 137; K. Schmidt/Lutter/*Fleischer* Rn. 64.
[162] So im Erg. etwa Kölner Komm AktG/*Drygala* Rn. 136; *Lutter* ZHR 162 (1998), 164 (178).
[163] Vgl. *Lutter* ZHR 162 (1998), 164 (177 ff.) mit ausf. Erörterung des Verhältnisses der Ansprüche der AG und der Aktionäre; Hüffer/Koch/*Koch* Rn. 19; zur vergleichbaren Fragestellung im GmbH-Recht *M. Winter*, Mitgliedschaftliche Treubindungen im GmbH-Recht, 1988, 306 ff.

Ersatzansprüche wegen treupflichtwidriger Stimmabgabe kamen nach früherem Recht 58
wegen der Sperrwirkung des § 117 Abs. 7 Nr. 1 AktG, demzufolge die Ausübung des Stimmrechts
in der Hauptversammlung keine Schadensersatzpflicht begründete, nur in Betracht, soweit der Schaden nicht durch Erhebung einer Anfechtungsklage abgewendet werden konnte.[164] Voraussetzung
war auch in diesem Fall, dass dem in Anspruch genommenen Aktionär Vorsatz zur Last fiel.[165]
Auch nach der Streichung dieses Stimmrechtsprivilegs durch Art. 1 Nr. 3 des UMAG, kommt eine
Schadensersatzhaftung wegen treupflichtwidriger Stimmrechtsausübung nur bei vorsätzlichen Treupflichtverletzungen in Betracht, denn anderenfalls wäre die Ausübung des Stimmrechts mit einem
schwer zu kalkulierenden Risiko verbunden, das geeignet wäre, Aktionäre von der Mitwirkung an
Beschlüssen abzuhalten.[166]

III. Treupflichten im Konzern

1. Treupflichten im Vertragskonzern. a) Beherrschungsvertrag. Besteht ein Beherr- 59
schungsvertrag, ist das herrschende Unternehmen nach § 308 Abs. 1 befugt, dem Vorstand der
abhängigen AG nachteilige Weisungen zu erteilen. Dieses Recht ist grundsätzlich nicht durch die
Treupflicht beschränkt. Anderenfalls würde der Beherrschungsvertrag seinen Sinn einbüßen. Überdies wären herrschende Unternehmen, die nicht zugleich Aktionäre sind, gegenüber herrschenden
Aktionären privilegiert, obwohl sich die Ausübung von Herrschaftsmacht auch im letzteren Fall
nicht auf eine mitgliedschaftlich vermittelte Einflussposition, sondern auf den Unternehmensvertrag
stützt. Zu erwägen ist allenfalls, ob die Treupflicht eine Grenze für die Erteilung existenzgefährdender
Weisungen darstellt.[167] Da das Weisungsrecht nur gegenüber dem Vorstand besteht, erstreckt es sich
nicht auf die Entscheidungsbefugnisse der Hauptversammlung. Die Schranken, die die Treupflicht
der Stimmrechtsausübung der Aktionäre zieht, einschließlich der Grundsätze über die materielle
Beschlusskontrolle bei Kapitalmaßnahmen, gelten daher prinzipiell auch für den Aktionär, der als
herrschendes Unternehmen durch einen Beherrschungsvertrag mit der AG verbunden ist.[168]

b) Gewinnabführungsvertrag. Nach § 316 gelten bei Bestehen eines isolierten Gewinnabfüh- 60
rungsvertrages zusätzlich zu den auf Gewinnabführungsverträge anwendbaren Vorschriften über den
Minderheiten- und Gläubigerschutz auch die Regelungen der §§ 311 ff. mit Ausnahme der §§ 312–
315 über den Abhängigkeitsbericht. Damit stellt sich hier die Frage nach einem Anwendungsbereich
für die Treupflicht neben den §§ 311 ff. in ähnlicher Weise wie für faktische Abhängigkeitsverhältnisse
(eingehend dazu → Rn. 61 ff.). De lege ferenda empfiehlt es sich, das Haftungsregime des § 311 ff.
auch bei Bestehen isolierter Gewinnabführungsverträge insgesamt für unanwendbar zu erklären.[169]
Etwaige Lücken im Schutz der Minderheitsaktionäre könnten dann unter Rückgriff auf die Treupflicht gefüllt werden.

2. Treupflichten im faktischen Konzern. a) Problemstellung. Es ist umstritten, ob aus der 61
gesellschafterlichen Treupflicht engere Grenzen für die Leitungsmacht und weitergehende Pflichten
des herrschenden Unternehmens gegenüber der abhängigen Gesellschaft folgen als aus §§ 311 ff.
AktG.[170] Die Frage nach dem **Verhältnis der §§ 311, 317 zur** Haftung des herrschenden Aktionärs
wegen Verletzung seiner **Treupflicht** gegenüber der abhängigen Gesellschaft stellt sich insbesondere
im Hinblick auf die Veranlassung nachteiliger Maßnahmen. §§ 311 ff. setzen voraus, dass derartige
Einflussnahmen des herrschenden Unternehmens nicht von vornherein unzulässig sind,[171] sofern
nur bis zum Ende des Geschäftsjahres Ausgleich tatsächlich geleistet oder verbindlich zugesagt wird.
Unterlassungsansprüche gegenüber dem herrschenden Unternehmen lassen sich danach aus §§ 311,
317 nur herleiten, soweit die zu erwartenden Nachteile einem Ausgleich nicht zugänglich sind oder

---

[164] BGHZ 129, 136 (160) = NJW 1995, 1739; *Zöllner/Winter* ZHR 158 (1994), 59 (74).
[165] BGHZ 129, 136 (162) = NJW 1995, 1739; Großkomm AktG/*Henze/Notz* Anh. § 53a Rn. 147.
[166] Vgl. BGHZ 129, 136 (163) = NJW 1995, 1739; Kölner Komm AktG/*Drygala* Rn. 131; MüKoAktG/
Bungeroth Vor § 53a Rn. 45; K. Schmidt/Lutter/*Fleischer* Rn. 70; Hüffer/Koch/*Koch* Rn. 28.
[167] Ausf. zur Frage der Zulässigkeit derartiger Weisungen MüKoAktG/*Altmeppen* § 308 Rn. 15 ff. mit umfassenden Nachw.
[168] AA offenbar Großkomm AktG/*Henze/Notz* Anh. § 53a Rn. 152 f.
[169] Ausf. dazu *Cahn/Simon* Der Konzern 2003, 1 (17 ff.).
[170] Dafür insbes. *Tröger*, Treupflicht im Konzernrecht, 2000, 199 ff.; *Zöllner* FS Kropff, 1997, 333 (340 f.);
Zöllner ZHR 162 (1998) 235 (240 ff.); vgl. auch *Henze* BB 1996, 489 (493); verneinend etwa Emmerich/
Habersack/*Habersack* § 311 Rn. 54; *Eschenbruch*, Konzernhaftung: Haftung der Unternehmen und der Manager,
1996, Rn. 3343.
[171] Vgl. Kölner Komm AktG/*Koppensteiner* Vor § 311 Rn. 5 ff.; Emmerich/Habersack/*Habersack* Vor § 311
Rn. 6; MüKoAktG/*Altmeppen* § 311 Rn. 26 ff., jeweils mN zum Meinungsstand.

wenn das herrschende Unternehmen zum Ausgleich nicht bereit oder imstande ist.[172] Demgegenüber wäre es dem herrschenden Aktionär aufgrund seiner Treupflicht durchweg verboten, seinen Einfluss auszunutzen, um die abhängige Gesellschaft zum Abschluss nachteiliger Rechtsgeschäfte oder zur Vornahme nachteiliger Maßnahmen zu bewegen. Bei einem Verstoß gegen dieses Unterlassungsgebot wäre sofort Schadensersatz zu leisten, dessen Inhalt und Umfang im Einzelfall über den aus Sicht ex ante zu bemessenden Nachteilsausgleich weit hinausgehen kann. Damit unterscheidet sich die hier erörterte Konkurrenzproblematik von derjenigen zwischen §§ 311, 317 einerseits und den §§ 57, 62 andererseits. Während bei Geltung der Vermögensbindungsvorschriften neben den §§ 311 ff. ein nicht unerheblicher Anwendungsbereich für den hinausgeschobenen Nachteilsausgleich verbleibt,[173] wäre dies nicht der Fall, wenn die Grundsätze über die Treupflicht des Aktionärs ohne konzernspezifische Modifikationen auf das herrschende Unternehmen angewandt würden: Von §§ 311 ff. erfasste Veranlassungen, die sich nicht zugleich als kraft Treupflicht verbotene Schädigung der Gesellschaft darstellen würden, sind kaum denkbar.

62 **b) Keine Überlagerung der §§ 311 ff. durch Treubindungen des herrschenden Unternehmens.** Weder Bedenken gegen die rechtspolitische Zielsetzung der §§ 311 ff. und gegen die Wirksamkeit des Minderheiten- und Gläubigerschutzes durch diese Vorschriften[174] noch der Umstand, dass die Treupflicht des Aktionärs erst nach Erlass des AktG 1965 anerkannt worden ist,[175] würden es rechtfertigen, das besondere konzernrechtliche Haftungsregime durch Anwendung der allgemeinen Grundsätze über die Treupflicht in seinem Kernbereich, der Veranlassung von Rechtsgeschäften oder Maßnahmen, die zu ausgleichsfähigen Nachteilen führen, außer Kraft zu setzen.[176] Eine derart weitgehende rechtsfortbildende Umgestaltung der Verantwortlichkeit des herrschenden Unternehmens bei Fehlen eines Beherrschungsvertrages ließe sich allenfalls dann in Erwägung ziehen, wenn die gesetzliche Regelung ihr Ziel einer über den Schutz der abhängigen Gesellschaft vermittelten Sicherung der Interessen der Minderheitsaktionäre und Gesellschaftsgläubiger nachweislich verfehlt hätte. Von einer solchen Untauglichkeit der §§ 311 ff. kann indessen nicht die Rede sein.[177]

63 Eine Überlagerung der §§ 311, 317 durch Treupflichtgrundsätze lässt sich schließlich auch nicht mit der Erwägung rechtfertigen, es sei kein Grund dafür ersichtlich, die mitgliedschaftlichen Bindungen ausgerechnet dann abzuschwächen, wenn es sich beim herrschenden Aktionär um ein Unternehmen handele. Im Gegenteil erfordere die **besondere Gefährdung,** die der maßgebliche Einfluss eines Aktionärs mit sich bringe, der auch außerhalb der Gesellschaft erwerbswirtschaftliche Interessen verfolge, die Geltung strengerer Verhaltensregeln.[178]

64 Die Abhängigkeit von einem Unternehmen kann zwar zur Folge haben, dass die Gesellschaft in eine verbundweite Planung einbezogen wird, bei der ihre Interessen nicht durchweg Vorrang vor konkurrierenden Interessen anderer Konzernglieder erhalten. Den damit verbundenen Gefahren können allerdings auch **Chancen für die abhängige Gesellschaft** gegenüberstehen, die die Beteiligung eines herrschenden „Privataktionärs" nicht bietet. Synergien lassen sich nur durch die Verbindung mit anderen Unternehmen erzielen. Es liegt durchaus nicht fern, dass auch die abhängige Gesellschaft selbst an einer gerade durch die Konzernverbindung ermöglichten Erhöhung des Gesamtnutzens für die Unternehmensgruppe partizipiert und damit insgesamt besser steht als dies ohne die Verbindung mit dem herrschenden Unternehmen der Fall wäre. Die Konzernverbindung kann daher auch aus der Perspektive der abhängigen Gesellschaft vorteilhaft sein. Eine solche für die abhängige Gesellschaft insgesamt nützliche Konzerneinbindung wäre jedoch ausgeschlossen, wenn es dem herrschenden Unternehmen kraft seiner Treupflicht ausnahmslos untersagt wäre, der abhängigen Gesellschaft im Einzelfall Nachteile zuzufügen, die im Interesse des Gesamtkonzerns unvermeidbar sind. Es sprechen daher durchaus gute Gründe dafür, herrschende Unternehmensaktionäre durch das Privileg des hinausgeschobenen Nachteilsausgleichs besser zu stellen als herrschende „Privataktionäre", bei denen es von vornherein ausgeschlossen ist, Einflussnahmen zum Nachteil der Gesellschaft als Teil eines insgesamt nutzenerhöhenden unternehmerischen Konzepts zu verstehen, das letztlich auch der Gesellschaft selbst zugute kommen kann. Solange die im Einzelfall zugefügten Nachteile

---

[172] Kölner Komm AktG/*Koppensteiner* § 317 Rn. 20; Emmerich/Habersack/*Habersack* § 317 Rn. 12; MüKoAktG/*Altmeppen* § 317 Rn. 46 f.
[173] Vgl. *Cahn,* Kapitalerhaltung im Konzern, 1998, 65.
[174] Vgl. dazu MüKoAktG/*Altmeppen* Vor § 311 Rn. 23 ff.
[175] Unter anderem darauf stützt sich die Argumentation von *Zöllner* ZHR 162 (1998), 235 (240 f.); *Tröger,* Treupflicht im Konzernrecht, 2000, 210 ff.
[176] Ebenso Kölner Komm AktG/*Drygala* Rn. 93.
[177] Vgl. MüKoAktG/*Altmeppen* Vor § 311 Rn. 28 f.
[178] *Zöllner* ZHR 162 (1998), 235 (242).

ausgeglichen werden, bestehen keine durchgreifenden Bedenken dagegen, dass § 311 gerade herrschenden Unternehmensaktionären nachteilige Einflussnahmen gestattet und die Fälligkeit der Kompensationsleistungen bis zum Ende des Geschäftsjahres hinausschiebt.

Für den Vorrang der besonderen Vorschriften der §§ 311 ff. gegenüber den Bindungen durch die 65 Treupflicht und die Sanktionen ihrer (drohenden) Verletzung spricht schließlich die **rechtspolitische Erwägung,** dass anderenfalls eine mit gelegentlichen Nachteilszufügungen verbundene dezentrale Konzernführung ausgeschlossen wäre. Ein herrschendes Unternehmen könnte sich dem treupflichtbedingten Schädigungsverbot nur durch Abschluss eines Beherrschungsvertrages entziehen. Nicht zuletzt die mit einem solchen Unternehmensvertrag verbundenen Pflichten nach §§ 302 f. stellen aber einen erheblichen Anreiz zu zentraler Lenkung der abhängigen Gesellschaft dar.[179]

c) **Ergänzung der §§ 311 ff. durch die Treupflicht?** Es kann daher nicht um eine Verdrängung 66 der Vorschriften über die Verantwortlichkeit bei Fehlen eines Beherrschungsvertrages durch die Grundsätze über die Treupflicht des herrschenden Aktionärs, sondern nur um die Frage gehen, ob und gegebenenfalls in welchen Fällen die Treupflicht eine die §§ 311 ff. **ergänzende Schutzwirkung** entfalten kann.

aa) **Organisationsmaßnahmen.** Maßnahmen der Konzernorganisation, durch die der abhängi- 67 gen Gesellschaft die selbständige Existenzfähigkeit genommen wird,[180] sind einem Ausgleich nach § 311 nicht zugänglich und bereits aus diesem Grunde unzulässig. Es bedarf nicht des Rückgriffs auf die Treupflicht, um Einflussnahmen des herrschenden Unternehmens zu verhindern, die auf Vornahme derartiger Veränderungen gerichtet sind. Ein Anspruch auf Unterlassung lässt sich hier vielmehr ohne weiteres aus § 311 selbst herleiten, der die Ausübung mitgliedschaftlichen Einflusses nur insoweit gestattet, als die nachteiligen Folgen ausgeglichen werden können.[181] Selbst wenn man aber in solchen Fällen die Treupflicht als Grundlage für Unterlassungsansprüche heranziehen will,[182] führt das jedenfalls nicht zu einem über §§ 311, 317 hinausreichenden Schutz des abhängigen Unternehmens, seiner Minderheitsaktionäre und Gläubiger, wenn man mit der hM in entsprechender Anwendung des § 317 Abs. 4 iVm § 309 Abs. 4 S. 1 die Geltendmachung der konzernrechtlichen Unterlassungsansprüche der AG durch deren Aktionäre zulässt.[183]

bb) **Schwierigkeiten der Anspruchsbezifferung.** Eine Haftung des herrschenden Unterneh- 68 mens aus Treupflichtverletzung würde auch nicht etwaige Schwierigkeiten der Bezifferung von Schadensersatzansprüchen beseitigen, die der abhängigen Gesellschaft bei Veranlassung nicht ausgleichsfähiger Nachteile und bei unterbliebenem Nachteilsausgleich zustehen.[184] Ebenso wie die konzernrechtlichen Ansprüche nach § 317 sind Forderungen wegen Verstoßes gegen die Treupflicht auf Schadensersatz gerichtet, so dass sich insoweit unabhängig von der Grundlage des Ersatzanspruchs bei der Schadensbemessung dieselben Probleme stellen.

cc) **Verletzung von Handlungspflichten.** Eigenständige Bedeutung neben §§ 311, 317 kann 69 die Treupflicht des herrschenden Unternehmens vor allem dort entfalten, wo das herrschende Unternehmen seinen beteiligungsbedingten Einfluss zur Schädigung der abhängigen Gesellschaft nutzt, ohne dafür auf eine „Veranlassung" iSv § 311 zurückzugreifen. Das ist zum einen denkbar, wenn der abhängigen Gesellschaft durch **Verletzung einer Handlungspflicht** Nachteile zugefügt werden, denn das Unterlassen einer kraft Treupflicht gebotenen Handlung lässt sich nicht als Veranlassung begreifen. Wegen der Begrenzung der Leistungspflichten der Aktionäre durch §§ 54 f. kann es im vorliegenden Zusammenhang lediglich um die Pflicht gehen, das Stimmrecht in bestimmter Weise auszuüben. Auch insoweit wird die Treupflicht allenfalls in Ausnahmefällen eine Stimmabgabe in bestimmtem Sinne gebieten, denn regelmäßig ist für die Beschlussfassung die (qualifizierte) Mehrheit der abgegebenen Stimmen bzw. des bei der Beschlussfassung vertretenen Grundkapitals erforderlich, so dass eine Stimmenthaltung ausreicht, um das Zustandekommen eines im Interesse der Gesellschaft

---

[179] Vgl. MüKoAktG/*Altmeppen* Vor § 311 Rn. 28.
[180] Für einen treupflichtgestützten Präventivschutz vor derartigen Gefahren plädiert *Tröger,* Treupflicht im Konzernrecht, 2000, 240 f.
[181] Zu Unterlassungsansprüchen aus §§ 311 ff. AktG gegenüber der Veranlassung nicht ausgleichsfähiger Nachteile durch das herrschende Unternehmen Kölner Komm AktG/*Koppensteiner* § 317 Rn. 20; Emmerich/Habersack/*Habersack* § 317 Rn. 12; MüKoAktG/*Altmeppen* § 317 Rn. 47.
[182] So etwa Hüffer/Koch/*Koch* § 317 Rn. 10.
[183] Vgl. Emmerich/Habersack/*Habersack* § 317 Rn. 20; MüKoAktG/*Altmeppen* § 317 Rn. 48.
[184] Hier sieht *Zöllner* ZHR 162 (1998), 235 (240 f.) eine entscheidende Schwäche der Haftung nach §§ 311, 317, der offenbar die Einstandspflicht wegen Treupflichtverletzung abhelfen soll.

§ 54   Erstes Buch. Aktiengesellschaft

liegenden Beschlusses mit Hilfe der Stimmen der übrigen Aktionäre zu ermöglichen.[185] Etwas anderes kann ausnahmsweise dann gelten, wenn die Satzung die gesetzlichen Mehrheitserfordernisse erschwert, so dass ein Beschluss nur mit der (qualifizierten) Mehrheit aller Stimmen oder des gesamten Kapitals gefasst werden kann.[186]

70 dd) **Schutz der Tochtergesellschaft bei direkten Einwirkungen der Muttergesellschaft auf die Enkelgesellschaft.** Eine durch die Mehrheitsbeteiligung ermöglichte Nachteilszufügung ohne Veranlassung kommt zum anderen in mehrstufigen Unternehmensverbindungen in Betracht, wenn das Mutterunternehmen direkt auf die mittelbar von ihm abhängige Enkelgesellschaft einwirkt und dadurch zugleich die unmittelbar abhängige Tochtergesellschaft schädigt, deren Beteiligungsvermögen durch den Nachteil der Enkelgesellschaft geschmälert wird. Mangels einer Veranlassung im Verhältnis zwischen Mutterunternehmen und Tochtergesellschaft liegen die Voraussetzungen der §§ 311, 317 nicht vor. Ansprüche der Tochtergesellschaft gegen das Mutterunternehmen wegen Verletzung einer über die unmittelbaren Rechtsbeziehungen dieser beiden Gesellschaften hinausweisenden Treupflicht ließen sich hier zwar durchaus begründen.[187] Indessen bedarf es bei zweckentsprechendem Verständnis der besonderen konzernrechtlichen Regelungen eines Rückgriffs auf die Treupflicht nicht, um einen angemessenen Schutz der Tochtergesellschaft, ihrer Minderheitsaktionäre und Gläubiger vor den Gefahren derartiger stufenübergreifender Einflussnahmen des Mutterunternehmens zu schützen. Die Tochtergesellschaft und ihre Aktionäre sind nämlich nach § 317 Abs. 4, § 309 Abs. 4 S. 1 und 2 berechtigt, die Ansprüche der Enkelgesellschaft gegen das Mutterunternehmen aus § 317 Abs. 1 geltend zu machen (näher → Rn. 67).

71 ee) **Selbständiger Schutz der Minderheitsaktionäre.** Immerhin entfaltet die Treupflicht ihre Wirkung im Verhältnis des herrschenden Unternehmens zu den Minderheitsaktionären.[188] §§ 311 ff. sichern die Minderheit nur reflexartig vermittelt über den Schutz der AG vor Beeinträchtigungen ihrer Interessen durch das herrschende Unternehmen. Damit sind von vornherein solche Entscheidungen und Maßnahmen nicht erfasst, die in erster Linie die Aktionäre betreffen, wie etwa die Beschlussfassung nach § 174 über die Verwendung des Bilanzgewinns.[189] Nach dem Gedanken des § 317 Abs. 1 S. 2 können Ansprüche der Minderheitsaktionäre wegen Treupflichtverletzung insoweit neben Rechten der Gesellschaft aus §§ 311, 317 geltend gemacht werden, als den Minderheitsaktionären durch das Verhalten des herrschenden Unternehmens Schäden entstanden sind, die nicht lediglich eine Einbuße der Gesellschaft reflektieren.

§ 54 Hauptverpflichtung der Aktionäre

(1) Die Verpflichtung der Aktionäre zur Leistung der Einlagen wird durch den Ausgabebetrag der Aktien begrenzt.

(2) Soweit nicht in der Satzung Sacheinlagen festgesetzt sind, haben die Aktionäre den Ausgabebetrag der Aktien einzuzahlen.

(3) ¹Der vor der Anmeldung der Gesellschaft eingeforderte Betrag kann nur in gesetzlichen Zahlungsmitteln oder durch Gutschrift auf ein Konto bei einem Kreditinstitut oder einem nach § 53 Abs. 1 Satz 1 oder § 53b Abs. 1 Satz 1 oder Abs. 7 des Gesetzes über das Kreditwesen tätigen Unternehmen der Gesellschaft oder des Vorstands zu seiner freien Verfügung eingezahlt werden. ²Forderungen des Vorstands aus diesen Einzahlungen gelten als Forderungen der Gesellschaft.

(4) ¹Der Anspruch der Gesellschaft auf Leistung der Einlagen verjährt in zehn Jahren von seiner Entstehung an. ²Wird das Insolvenzverfahren über das Vermögen der Gesellschaft eröffnet, so tritt die Verjährung nicht vor Ablauf von sechs Monaten ab dem Zeitpunkt der Eröffnung ein.

Schrifttum: *Barthelmeß/Braun,* Zulässigkeit schuldrechtlicher Verfügungsbeschränkungen über Aktien zugunsten der Aktiengesellschaft, AG 2000, 172; *Boos/Fischer/Schulte-Mattler,* Kommentar zu KWG und Ausführungsvor-

---

[185] Vgl. dazu, dass Stimmenthaltungen bei der Berechnung der Stimmen- oder Kapitalmehrheit nicht mitzählen BGHZ 83, 35 f. (Verein); Hüffer/Koch/*Koch* § 133 Rn. 12; § 179 Rn. 14; MHdB AG/*Austmann* § 40 Rn. 34.
[186] Zur Zulässigkeit derartiger Satzungsbestimmungen vgl. etwa Hüffer/Koch/*Koch* § 179 Rn. 17.
[187] Vgl. BGHZ 65, 15 (20) = NJW 1976, 191.
[188] Zur Treupflicht des herrschenden Aktionärs vgl. BGHZ 103, 184 (193 ff.) = NJW 1988, 1579.
[189] Zutr. Kölner Komm AktG/*Koppensteiner* § 311 Rn. 17; *ADS* § 311 AktG Rn. 30; Emmerich/Habersack/ *Habersack* § 311 Rn. 19; *Zöllner* ZHR 162 (1998), 235 (246); aA MüKoAktG/*Altmeppen* § 311 Rn. 122 f.; *Werner* FS Stimpel, 1985, 935 (943).

schriften, 4. Aufl. 2012; *Brandner,* Verdeckte Sacheinlage: eine Aufgabe für den Gesetzgeber?, FS Boujong, 1996, 37; *Dorpalen,* Die Neufassung des § 195 HGB, BankArch 1934/35, 339; *Frey,* Einlagen in Kapitalgesellschaften: Gläubigerschutz und Gestaltungsfreiheit, 1990; *Geßler,* Die Umwandlung von Krediten in haftendes Eigenkapital, FS Möhring, 1975, 173; *Heinsius,* Kapitalerhöhung bei der Aktiengesellschaft gegen Geldeinlagen und Gutschrift der Einlagen auf einem Konto der Gesellschaft bei der Emissionsbank, FS Fleck, 1988, 89; *Hennrichs,* Fortsetzung einer mangels Masse aufgelösten GmbH, ZHR 159 (1995), 593; *Hoffmann-Becking,* Der Einfluß schuldrechtlicher Gesellschaftervereinbarungen auf die Rechtsbeziehungen der Kapitalgesellschaft, ZGR 1994, 444; *Hommelhoff/ Kleindiek,* Schuldrechtliche Verwendungspflichten und „freie Verfügung" bei der Barkapitalerhöhung, ZIP 1987, 477; *G. Hueck,* Der Grundsatz der gleichmäßigen Behandlung im Privatrecht, 1958; *Hüffer,* Wertmäßige statt gegenständlicher Unversehrtheit von Bareinlagen im Aktienrecht, ZGR 1993, 474; *Ihrig,* Die Verwertung von GmbH-Mänteln, BB 1988, 1197; *Ihrig,* Die endgültig freie Verfügung über die Einlage von Kapitalgesellschaftern, 1991; *Immenga,* Vertragliche Vinkulierung von Aktien, AG 1992, 79; *Joussen,* Gesellschafterabsprachen neben Satzung und Gesellschaftsvertrag, 1995; *Köhler,* Nebenabreden im GmbH- und Aktienrecht – Zulässigkeit und Wirkung, 1992; *König,* Der satzungsergänzende Nebenvertrag, 1996; *Krieger,* Zur Heilung verdeckter Sacheinlagen in der GmbH – Besprechung der Entscheidung BGH ZIP 1996, 668, ZGR 1996, 674; *Lutter,* Verdeckte Sachleistungen und Kapitalschutz, FS Stiefel, 1987, 505; *Lutter,* Anmerkung zu BGH Bs v. 4.3.1996 – II ZB 8/95 (OLG Stuttgart), JZ 1996, 912; *Lutter/Gehling,* Verdeckte Sacheinlagen. Zur Entwicklung der Lehre und zu den europäischen Aspekten, WM 1989, 1445; *Mayer,* Mantelkauf und Mantelverwendung – (k)ein Problem?, NJW 2000, 175; *Meilicke,* Bareinlage, Sacheinlage und ihre „Verschleierung" im Recht der GmbH, GmbHR 1989, 411; *Mülbert,* Das „Magische Dreieck der Barkapitalaufbringung", ZHR 154 (1990), 145; *Noack,* Gesellschaftervereinbarungen bei Kapitalgesellschaften, 1994; *Otto,* Gebundene Aktien: Vertragliche Beschränkung der Ausübung und Übertragbarkeit von Mitgliedschaftsrechten zugunsten der AG, AG 1991, 369; *Peters,* Der GmbH-Mantel als gesellschaftsrechtliches Problem, 1989; *Priester,* Nichtkorporative Satzungsbestimmungen bei Kapitalgesellschaften, DB 1979, 681; *Priester,* Mantelverwendung und Mantelgründung bei der GmbH, DB 1983, 2291; *Priester,* Stammeinlagezahlung auf ein debitorisches Bankkonto der GmbH, DB 1987, 1473; *Priester,* Die Heilung verdeckter Sacheinlagen im Recht der GmbH, DB 1990, 1753; *Priester,* Kapitalaufbringung bei mittelbarem Bezugsrecht, FS Brandner, 1996, 97; *Priester,* Schuldrechtliche Zusatzleistungen bei Kapitalerhöhungen im Aktienrecht, FS Röhricht, 2005, 467; *K. Schmidt,* Barkapitalaufbringung und „freie Verfügung" bei der Aktiengesellschaft und der GmbH, AG 1986, 106; *Stimpel,* Unbeschränkte oder beschränkte, Außen- oder Innenhaftung der Gesellschafter der Vor-GmbH?, FS Fleck, 1988, 345; *Thiessen,* Zur Neuregelung der Verjährung im Handels- und Gesellschaftsrecht, ZHR 168 (2004), 503; *Ulmer,* Die wirtschaftliche Neugründung einer GmbH unter Verwendung eines GmbH-Mantels, BB 1983, 1123; *Ulmer,* Verletzung schuldrechtlicher Nebenabreden als Anfechtungsgrund im GmbH-Recht?, NJW 1987, 1849; *Ulmer,* Verdeckte Sacheinlagen im Aktien- und GmbH-Recht, ZHR 154 (1990), 128; *Ulmer,* Rechtsfragen der Barkapitalerhöhung bei der GmbH, GmbHR 1993, 189; *Wiedemann,* Die Erfüllung der Geldeinlagepflicht bei Kapitalerhöhungen im Aktienrecht, ZIP 1991, 1257; *Wilhelm,* Kapitalaufbringung und Handlungsfreiheit der Gesellschaft nach Aktien- und GmbH-Recht, ZHR 152 (1988), 333; *Winkler,* Materielle und formelle Bestandteile in Gesellschaftsverträgen und Satzungen und ihre verschiedenen Auswirkungen, DNotZ 1969, 394; *Winter,* Organisationsrechtliche Sanktionen bei Verletzung schuldrechtlicher Gesellschaftervereinbarungen?, ZHR 154 (1990), 259.

Übersicht

	Rn.		Rn.
I. Regelungsgegenstand und Normzweck	1–4	6. Abgrenzung gegenüber korporativen Pflichten	36, 37
II. Entstehungsgeschichte	5, 6	7. Übergang schuldrechtlicher Verpflichtungen	38, 39
III. Einlagepflicht	7–28	**V. Erfüllung der Einlagepflicht (Abs. 3)**	40–80
1. Inhalt	7–9	1. Allgemeines	40, 41
2. Verhältnis zum Mitgliedschaftsrecht	10	2. Anwendungsbereich	42–45
3. Gläubigerin und Schuldner	11–22	a) Gründungsphase	42–44
a) Gläubigerin	11	b) Kapitalerhöhungen	45
b) Schuldner	12–22	3. Eingeforderter Betrag	46–50
4. Betragsmäßige Begrenzung	23–28	a) Kompetenz	46, 47
a) Der Ausgabebetrag als Obergrenze	23, 24	b) Freiwillige Mehrleistungen	48–50
b) Nebenverpflichtungen	25–27	4. Leistungsformen	51–66
c) Rechtsfolgen bei Verstößen gegen Abs. 1	28	a) Überblick	51, 52
IV. Schuldrechtliche Vereinbarungen	29–39	b) Gesetzliche Zahlungsmittel	53, 54
1. Zulässigkeit und Entstehung	29	c) Kontogutschrift	55–66
2. Änderungen	30	5. Empfangszuständigkeit	67–69
3. Inhalt	31, 32	a) Barleistungen	67
4. Auslegung	33	b) Leistung auf ein Konto der Gesellschaft	68
5. Freiwilligkeit	34, 35	c) Leistung auf ein Konto des Vorstands	69

	Rn.		Rn.
6. Freie Verfügung des Vorstands über den eingezahlten Betrag	70–77	4. Erleichterungen und Erschwerungen der Verjährung	84
a) Maßgeblicher Zeitpunkt	70	5. Behandlung von Altfällen	85
b) Begriff	71–77	6. Konsequenzen nach Eintritt der Verjährung	86–88
7. Rechtsfolgen	78–80	a) Einlageforderung	86
VI. Verjährung (Abs. 4)	81–89	b) Vorstandshaftung	87
1. Grund für die Sonderverjährung	81	c) Anfechtung	88
2. Anwendungsbereich	82	7. Ablaufhemmung der Verjährung in der Insolvenz der AG	89
3. Beginn der Verjährungsfrist	83		

I. Regelungsgegenstand und Normzweck

1 Die Vorschrift befasst sich mit der Hauptverpflichtung der Aktionäre, die Einlagen zu leisten. Sie ist nicht dispositiv (§ 66 Abs. 1 S. 1). Mit ihrer Erfüllung ist das in der Satzung festgelegte Grundkapital (§§ 6, 23 Abs. 3 Nr. 3) aufgebracht. Die Vorschrift normiert damit den **Grundsatz der Kapitalaufbringung**.

2 Abs. 1 begrenzt die Höhe der Einlagepflicht auf den Ausgabebetrag der Aktien (§ 9). Damit ist eine Nachschusspflicht der Aktionäre sowohl in der Gründungsphase als auch nach Eintragung der AG ausgeschlossen. Zweck der Vorschrift ist es dementsprechend, das Verlustrisiko zu beschränken, das mit der Beteiligung an einer AG verbunden ist.[1] Ohne **Risikobegrenzung im Innenverhältnis** könnten die Gesellschafter jederzeit und vor allem dann, wenn die AG über keine Zahlungsmittel mehr verfügt oder die Passiven nicht mehr durch die Aktiven gedeckt sind, zur Auffüllung des Gesellschaftsvermögens verpflichtet werden. Damit liefe im Ergebnis die Haftungsbeschränkung im Außenverhältnis (§ 1 Abs. 1 S. 2) leer.

3 Abs. 2 stellt klar, dass die Einlagepflicht grundsätzlich durch Geldleistung zu erfüllen ist. Sacheinlagen können nur dann mit befreiender Wirkung erbracht werden, wenn die vorgeschriebene Satzungspublizität gewahrt ist, sei es im Rahmen der Gründung (§ 27 Abs. 1, § 206) oder durch satzungsändernden Kapitalerhöhungsbeschluss (§ 183 Abs. 1, § 194 Abs. 1, § 205 Abs. 1). Abs. 2 bestätigt damit das in den § 27 Abs. 3, § 183 Abs. 2, § 194 Abs. 2, § 205 Abs. 3 zum Ausdruck gebrachte **Subsidiaritätsverhältnis** zwischen Bar- und Sacheinlage.[2]

4 Abs. 3 befasst sich ausschließlich mit Bareinlagen. Die Vorschrift knüpft an die § 36 Abs. 2, § 36a Abs. 1 an und bestimmt die Anforderungen, die **bis zur Entstehung der AG** an die ordnungsgemäße Einzahlung der Einlagebeträge und damit an die Erfüllung der Einlagepflicht gem. § 362 Abs. 1 BGB gestellt werden. Die Festlegung besonderer Modalitäten der Einlagenzahlung in der kapitalmäßig noch ungefestigten Gründungsphase dient der Sicherung der realen Kapitalaufbringung und der Verhinderung von Scheinzahlungen.[3] Abs. 4 regelt die **Verjährungsfrist** der Einlagenansprüche der AG.

II. Entstehungsgeschichte

5 Abs. 1 und 2 stimmen inhaltlich mit den Abs. 1 und 2 des § 49 AktG 1937 überein. Der ursprünglich in § 49 Abs. 3 AktG 1937 bestimmte Kreis der **zur Gutschrift ermächtigten kontoführenden Institute** und der zulässigen Zahlungsmittel wurde durch § 54 Abs. 3 AktG 1965 erweitert.

6 Abs. 1 und 2 sind durch Art. 1 Nr. 4 StückAG[4] geändert worden. **Betragsmäßige Obergrenze** der Einlagepflicht ist aufgrund der Einführung von Stückaktien (§ 8 Abs. 3) ausschließlich der Ausgabebetrag. Abs. 3 S. 1 ist durch Art. 4 Nr. 1 BegleitG[5] neu gefasst worden. Zu dem Kreis der zugelassenen kontoführenden Stellen zählen nunmehr auch Unternehmen iSd § 53 Abs. 1 S. 1 KWG, § 53b Abs. 1 S. 1, Abs. 7 KWG. Die Übereignung eines von der Bundesbank bestätigten Schecks erfüllt die Einlagepflicht seither nicht mehr. Abs. 4 ist durch Art. 11 Nr. 2 des AnpassungsG[6] angefügt worden.

---

[1] K. Schmidt/Lutter/*Fleischer* Rn. 1; Großkomm AktG/*Henze* Rn. 4; Hüffer/Koch/*Koch* Rn. 1.
[2] K. Schmidt/Lutter/*Fleischer* Rn. 1.
[3] Vgl. OLG Frankfurt AG 1991, 402 f.; Hüffer/Koch/*Koch* Rn. 12; Großkomm AktG/*Henze* Rn. 6; Kölner Komm AktG/*Drygala* Rn. 58.
[4] Gesetz über die Zulassung von Stückaktien v. 25.3.1998, BGBl. 1998 I 590.
[5] Begleitgesetz zum Gesetz zur Umsetzung von EG-Richtlinien zur Harmonisierung bank- und wertpapierrechtlicher Vorschriften v. 22.10.1997, BGBl. 1997 I 2567.
[6] Gesetz zur Anpassung von Verjährungsvorschriften an das Gesetz zur Modernisierung des Schuldrechts v. 9.12.2004, BGBl. 2004 I 3214.

III. Einlagepflicht

1. Inhalt. Die Einlagepflicht ist in erster Linie auf die Leistung von Geld gerichtet **(Bareinlage).** 7
Der Vorrang der Bareinlage gegenüber der Sacheinlage folgt nicht nur aus § 27 Abs. 3, § 183 Abs. 2,
§ 194 Abs. 2, § 205 Abs. 3, sondern auch aus Abs. 2.[7] Die mitgliedschaftliche Beitragspflicht kann
nur dann unbar in Form einer **Sacheinlage** wirksam erfüllt werden, wenn der Leistungsgegenstand
sacheinlagefähig ist[8] und der Gegenstand selbst, die Person, von der die Gesellschaft den Gegenstand
erwirbt, sowie der Nennbetrag, bei Stückaktien die Zahl der bei der Sacheinlage zu gewährenden
Aktien, in der Satzung (§ 27 Abs. 1) oder im satzungsändernden Kapitalerhöhungsbeschluss (§ 183
Abs. 1, § 194 Abs. 1) festgesetzt werden. Die Werthaltigkeit von Sacheinlagen ist prüfungspflichtig
(§ 34 Abs. 1 Nr. 2, § 183 Abs. 3, § 194 Abs. 4, § 205 Abs. 5). Sofern der Wert des Leistungsgegen-
stands nicht unwesentlich geringer ist als der geringste Ausgabebetrag (§ 9 Abs. 1), kann das Registergericht die Eintragung der Gesellschaft, die des Kapitalerhöhungsbeschlusses oder im Fall des genehmigten Kapitals die der Durchführung der Kapitalerhöhung ablehnen (§ 38 Abs. 2 S. 2, § 184 Abs. 3
S. 1, § 195 Abs. 3 S. 1, § 205 Abs. 7 S. 1).

Die Leistung des Inferenten auf eine festgesetzte Sacheinlage erfolgt **an Erfüllungs statt** (§ 364 8
Abs. 1 BGB) mit der Besonderheit, dass die primär in Geld bestehende Bareinlagepflicht verschuldensunabhängig wieder an die Stelle der Pflicht zur Sacheinlage tritt, soweit diese nicht oder nicht
wie geschuldet erbracht wird.[9] Die Bareinlagepflicht aktualisiert sich weiterhin dann, wenn die
besonderen Sacheinlagekautelen nicht beachtet worden sind (§ 27 Abs. 3 S. 3, § 183 Abs. 2, § 194
Abs. 2, § 205 Abs. 3); die Sacheinlagevereinbarung und die Rechtshandlungen zu ihrer Ausführung
sind in diesen Fällen allerdings seit der Neuregelung der Sacheinlage durch das ARUG[10] nicht mehr
unwirksam (§ 27 Abs. 3 S. 2). Der Wert des eingebrachten Vermögensgegenstands wird auf die
fortbestehende Bareinlagepflicht angerechnet, wenn die Gesellschaft in das Handelsregister eingetragen ist (§ 27 Abs. 3 S. 3 und 4).

Die Fortdauer der Bareinlagepflicht ist vor der Neuregelung der Abs. 2 und 3 des § 27 durch das 9
ARUG[11] insbesondere in der Insolvenz der AG bei **verdeckten Sacheinlagen** als rechtspolitisch
bedenklich angesehen worden.[12] Dem Inferenten ist nämlich die Befreiungswirkung seiner Barleistung versagt worden, so dass er den Einlagebetrag nochmals in voller Höhe einzahlen musste, ohne
mit seinen Gegenansprüchen auf Rückgewähr des Gegenstandes, den er der AG im Rahmen des
nach altem Recht nichtigen Verkehrsgeschäfts übertragen hat, und auf Rückgewähr der ohne
Tilgungswirkung auf die Einlagepflicht geleisteten Barzahlung aufrechnen zu können (§ 66 Abs. 1
S. 2). Der zuletzt genannte Gegenanspruch beruhte auf § 812 BGB und war daher stets insolvenzan-
fällig, der erste war nur in den wenigsten Fällen insolvenzfest, da der Einleger sein Eigentumsrecht
an dem verdeckt eingebrachten Gegenstand meist durch Untergang, gutgläubigen Dritterwerb
oder gem. §§ 946 ff. BGB verloren hatte. Das hatte im Ergebnis zur Folge, dass der Einleger zur
Bareinzahlung in vollem Umfang verpflichtet blieb und seine bereicherungsrechtlichen Gegenan-
sprüche lediglich entsprechend der Insolvenzquote bedient wurden, obwohl er bereits – wenn
auch verdeckt – im Rahmen des Verkehrsgeschäfts einen möglicherweise vollwertigen oder sogar
unterbewerteten Gegenstand eingebracht hatte. Diese Sanktion besteht seit der Reformierung des
Sacheinlagerechts durch das ARUG nicht mehr schlechthin bei jeder verdeckten Sacheinlage.
Durch die Anrechnung des Wertes des eingebrachten Vermögensgegenstandes auf die bestehende
Bareinlagepflicht vermindert sich für den Gesellschafter das Risiko, die Einlage doppelt erbringen
zu müssen.[13] Darüber hinaus kann die Bareinlage nunmehr durch satzungsändernden Beschluss
der HV und Nachholung der ursprünglich unterbliebenen Werthaltigkeitsprüfung nachträglich in
eine Sacheinlage umgewandelt werden.[14] Eine solche Heilung ist durch die Neufassung der § 27
Abs. 4, § 183 Abs. 2, § 194 Abs. 2, § 205 Abs. 3 durch das ARUG sowohl im Rahmen der Gründung
als auch im Rahmen von Kapitalerhöhungen möglich geworden. Nach altem Recht konnte die

---

[7] Vgl. Großkomm AktG/*Henze* Rn. 5; Hüffer/Koch/*Koch* Rn. 10; NK-AktR/*Janssen* Rn. 1; für ein gleichran-
giges Verhältnis von Bar- und Sacheinlage MüKoAktG/*Pentz* § 27 Rn. 13 f.
[8] Vgl. hierzu Kölner Komm AktG/*Arnold* § 27 Rn. 42–66; MüKoAktG/*Pentz* § 27 Rn. 22–36; Großkomm
AktG/*Schall* § 27 Rn. 134–190.
[9] K. Schmidt/Lutter/*Fleischer* Rn. 24; Großkomm AktG/*Henze* Rn. 5; Hüffer/Koch/*Koch* § 27 Rn. 2, § 183
Rn. 4; NK-AktR/*Janssen* Rn. 4; Kölner Komm AktG/*Drygala* Rn. 7; *Drygala* FS Stiefel, 1987, 505 (510).
[10] Gesetz zur Umsetzung der Aktionärsrechterichtlinie v. 30.7.2009, BGBl. 2009 I 2479.
[11] Gesetz zur Umsetzung der Aktionärsrechterichtlinie v. 30.7.2009, BGBl. 2009 I 2479.
[12] *Brandner* FS Boujong, 1996, 37 (42 ff.); *Lutter* FS Stiefel, 1987, 505 (517 f.); *Lutter/Gehling* WM 1989, 1445
(1446); *K. Schmidt* GesR § 37 II 4 b.
[13] RAusschuss BT-Drs. 16/13098, 53; krit. Hüffer/Koch/*Koch* § 27 Rn. 38.
[14] → § 27 Rn. 203 ff.; Hüffer/Koch/*Koch* § 27 Rn. 46.

Unwirksamkeit einer Sacheinlagevereinbarung demgegenüber nicht durch Satzungsänderung geheilt werden (§ 27 Abs. 4 aF).

10 **2. Verhältnis zum Mitgliedschaftsrecht.** Einlagepflicht und Mitgliedschaftsrecht haben denselben Rechtsgrund. Sie entstehen durch die Übernahme der Aktien bei der Feststellung der Satzung (§§ 2, 23 Abs. 2 Nr. 2, § 29), durch den Abschluss des Zeichnungsvertrags bei einer Kapitalerhöhung (§§ 185, 198 Abs. 2 S. 1, § 203 Abs. 1 S. 1) oder durch den derivativen Erwerb nicht voll eingezahlter Aktien. Trotz gleicher Rechtsgrundlage stehen Einlagepflicht und Mitgliedschaftsrechte nicht in einem **synallagmatischen Verhältnis** iSd. §§ 320 ff. BGB.[15] Eine AG kann insbesondere einem Aktionär, der seine Einlagepflicht nicht oder nicht vollständig erfüllt hat, die Geltendmachung von Mitgliedschaftsrechten nicht gem. § 320 BGB versagen.[16] Eine dahingehende Vereinbarung in der Satzung ist unzulässig (§ 23 Abs. 5); die Konsequenzen nicht vollständiger Leistung der Einlagebeträge sind in den § 60 Abs. 2, § 63 Abs. 2 und 3, § 64 Abs. 1, § 134 Abs. 2 abschließend geregelt. Umgekehrt können sich auch Aktionäre nicht auf § 320 BGB berufen und dementsprechend die Einzahlung ihrer Einlagen nicht deswegen verweigern, weil die AG sie an der Ausübung ihrer Mitgliedschaftsrechte hindert oder weil andere Aktionäre ihre Einlagen trotz Einforderung noch nicht erbracht haben.

11 **3. Gläubigerin und Schuldner. a) Gläubigerin.** Gläubigerin des Einlagenanspruchs ist die Gesellschaft. Diese macht die Einlageforderungen bis zu ihrer Eintragung ins HR gem. § 41 Abs. 1 als Vorgesellschaft (Vor-AG) geltend. Nach Eintragung ist die AG Inhaberin der Einlageforderungen.[17]

12 **b) Schuldner. aa) Originärer Erwerb. Schuldner** des Einlagenanspruchs sind im Fall des **originären Erwerbs** die Übernehmer der Aktien (Gründer gem. § 23 Abs. 2 Nr. 2) oder die Zeichner junger Aktien aus einer Kapitalerhöhung (§§ 185, 198 Abs. 2, § 203 Abs. 1). Die Einlagepflicht des Originärerwerbers besteht auch dann fort, wenn die AG entgegen § 10 Abs. 2 S. 1 vor der vollen Leistung des Ausgabebetrags Inhaberaktien ausgegeben hat.[18] Nach Eintragung der Gesellschaft (§ 41 Abs. 1) oder der Kapitalerhöhung (§ 189, 203 Abs. 1) bzw. der Ausgabe der Bezugsaktien (§ 200) schuldet der jeweilige Aktionär die Einlage.

13 **bb) Derivativer Erwerb.** Im Fall des **derivativen Erwerbs** vor vollständiger Einzahlung der Einlage schuldet, unabhängig vom Zeitpunkt der Fälligkeit der Zahlung[19] und unabhängig vom Erwerbstatbestand, grundsätzlich der Erwerber die Einlage.[20] Vor vollständiger Einlageleistung dürfen nach § 10 Abs. 2 S. 1 nur Namensaktien ausgegeben werden. Daher schuldet der Erwerber die ausstehende Einlage erst, wenn er kraft Eintragung im Aktienregister als Aktionär gilt (§ 67 Abs. 2).[21] Der Veräußerer wird mit der Löschung im Aktienregister von seiner Einlagepflicht frei; er haftet gem. § 65 als Vormann lediglich subsidiär.

14 Abweichend von dem für Bareinlagen geltenden Grundsatz (→ Rn. 13) bleibt der Schuldner einer **Sacheinlage** auch nach Veräußerung seiner Aktien zur Leistung der vereinbarten Sacheinlage verpflichtet.[22] Auf den Erwerber geht lediglich die im Verhältnis zur Sacheinlagepflicht subsidiäre Bareinlagepflicht über, falls kein gutgläubig „lastenfreier" Erwerb vorliegt (→ Rn. 15).[23] Die subsidiäre Bareinlagepflicht des Erwerbers aktualisiert sich, wenn der Sacheinleger ausfällt oder die Vereinbarung über die Sacheinlage unwirksam ist (→ Rn. 8). Offene Sacheinlageverpflichtungen gehen nur im Wege der Gesamtrechtsnachfolge auf den Erwerber über.[24]

---

[15] AllgM RGZ 122, 339 (349); MüKoAktG/*Bungeroth* Rn. 6; K. Schmidt/Lutter/*Fleischer* Rn. 5; Großkomm AktG/*Henze* Rn. 8; Hüffer/Koch/*Koch* Rn. 2; NK-AktR/*Janssen* Rn. 3; Kölner Komm AktG/*Drygala* Rn. 5; Bürgers/Körber/*Westermann* Rn. 3.
[16] Vgl. RGZ 122, 339 (349); MüKoAktG/*Bungeroth* Rn. 6; K. Schmidt/Lutter/*Fleischer* Rn. 5; Großkomm AktG/*Henze* Rn. 8; Hüffer/Koch/*Koch* Rn. 2; NK-AktR/*Janssen* Rn. 3; Kölner Komm AktG/*Drygala* Rn. 5; Bürgers/Körber/*Westermann* Rn. 3; aA für Sacheinlagen *v. Godin/Wilhelmi* Anm. 4.
[17] Vgl. BGHZ 169, 270 (272).
[18] BGHZ 122, 180 (197) = NJW 1993, 1983 = LM AktG § 186 Nr. 5.
[19] MüKoAktG/*Bungeroth* Rn. 13; Großkomm AktG/*Henze* Rn. 17; Kölner Komm AktG/*Drygala* Rn. 9.
[20] AllgM Großkomm AktG/*Henze* Rn. 17; Hüffer/Koch/*Koch* Rn. 4; NK-AktR/*Janssen* Rn. 7.
[21] AllgM MüKoAktG/*Bungeroth* Rn. 13; Großkomm AktG/*Henze* Rn. 18; Kölner Komm AktG/*Drygala* Rn. 10.
[22] AllgM OLG Hamm Urt. v. 26.11.2009 – 28 U 27/08, BeckRS 2010, 26540 III. A.1. a) bb) (2); MüKoAktG/*Bungeroth* Rn. 14; Großkomm AktG/*Henze* Rn. 31; Hüffer/Koch/*Koch* Rn. 4; Kölner Komm AktG/*Drygala* Rn. 11.
[23] MüKoAktG/*Bungeroth* Rn. 13; K. Schmidt/Lutter/*Fleischer* Rn. 13; Großkomm AktG/*Henze* Rn. 33; Hüffer/Koch/*Koch* Rn. 4; NK-AktR/*Janssen* Rn. 10; Kölner Komm AktG/*Drygala* Rn. 12.
[24] Großkomm AktG/*Henze* Rn. 34.

Sofern eine AG unter Verstoß gegen § 10 Abs. 2 S. 1 vor vollständiger Leistung des Ausgabebetrags 15
Inhaberaktien ausgibt, ist deren Begebung zwar wirksam;[25] der Originärerwerber ist zur Leistung
der restlichen Einlage verpflichtet (→ Rn. 12). Ein Dritter, der die Aktien in gutem Glauben
(→ Rn. 16) an die Volleinzahlung erwirbt, wird allerdings geschützt. Er schuldet die ausstehenden
Einlagebeträge nicht.[26] Gleiches gilt, wenn eine AG nicht voll eingezahlte Namensaktien ausgibt,
auf denen entgegen § 10 Abs. 2 S. 2 entweder kein oder ein zu hoher Teilleistungsbetrag ausgewiesen
ist.[27] Der gute Glaube an die Voll- oder überhöhte Teileinzahlung wird auch dann geschützt, wenn
die betreffenden Aktien in einer Globalinhaber- oder Globalnamensaktie als **Sammelurkunde** iSd
§ 9a DepotG zusammengefasst sind.[28] Der redliche Geschäftsverkehr darf in den genannten Fällen
auf die Einhaltung zwingender aktienrechtlicher Vorschriften (§ 10 Abs. 2) vertrauen. Bei der gesetzwidrigen Begebung nicht voll eingezahlter Inhaberaktien ist der Vertrauensschutz zudem im Interesse
der Gewährleistung der Verkehrsfähigkeit von Inhaberaktien geboten. Dementsprechend ist ein **gutgläubig „lastenfreier" Aktienerwerb** ausgeschlossen, wenn der Erwerb nicht auf einem rechtsgeschäftlichen Verkehrsgeschäft, sondern auf gesetzlicher Gesamtrechtsnachfolge beruht.[29] Keinen Gutglaubensschutz genießt allerdings derjenige Aktionär, der in Ausübung seines **mittelbaren
Bezugsrechts** gem. § 186 Abs. 5 nicht voll eingezahlte Inhaberaktien erwirbt.[30] Formalrechtlich
liegt zwischen der Emissionsbank und dem Erwerber zwar ein Verkehrsgeschäft vor; der rechtsgeschäftliche Übertragungsakt erfolgt aber lediglich aus abwicklungstechnischen Gründen und dient
allein der Vereinfachung der Durchführung von Kapitalerhöhungen.[31]

Für den **Begriff der Gutgläubigkeit** ist § 932 Abs. 2 BGB maßgeblich.[32] Demnach ist ein 16
Erwerber in den vorgenannten Fällen (→ Rn. 15) gutgläubig, wenn er von der unvollständigen
Einzahlung der Einlagen keine Kenntnis hat und seine Unkenntnis nicht auf grober Fahrlässigkeit
beruht. Der verschärfte Sorgfaltsmaßstab des § 62 Abs. 1 S. 2 beansprucht im vorliegenden Zusammenhang keine Geltung; seine Anwendung ist auf diese Norm beschränkt.[33]

Die Aufbringung des Gesellschaftskapitals wird im Fall des gutgläubig lastenfreien Erwerbs dadurch 17
bewerkstelligt, dass der Veräußerer (Vormann), sofern er nicht seinerseits gutgläubig lastenfreies
Anteilseigentum erworben hat, verpflichtet ist, die offen stehende Resteinlage zu begleichen.[34] Falls
Zweit- und Dritterwerber jeweils gutgläubig in Bezug auf die Volleinzahlung oder den in der Aktie
vermerkten überhöhten Teilleistungsbetrag sind, haftet der Originärerwerber. Bei diesem ist eine
Enthaftung durch Gutglaubensschutz ausgeschlossen.[35] Die Haftung des Originärerwerbers oder die
des unmittelbaren Vormanns des ersten gutgläubigen Derivativerwerbers in der Veräußerungskette
ist deswegen unbedenklich, weil einer von beiden in Anbetracht der dem gutgläubigen Erwerber
unbekannt gebliebenen offen stehenden Resteinlage einen überhöhten Kaufpreis vereinnahmt hat.
Die Haftung beruht allerdings nicht auf der der Mitgliedschaft ursprünglich anhaftenden restlichen
Einlagepflicht.[36] Diese ist im Rahmen des gutgläubigen Aktienerwerbs gem. §§ 932, 936 BGB
erloschen.[37] Die **Haftung des** betreffenden **Vormanns** ergibt sich vielmehr aus einer analogen
Anwendung des § 65 Abs. 1 S. 1, Abs. 2.[38] Der Zweck dieser Vorschrift, die Kapitalaufbringung
auch dann zu gewährleisten, wenn von einem Aktienerwerber ausstehende Einlagebeträge nicht zu

---

[25] AllgM Großkomm AktG/*Brändel* § 10 Rn. 47; MüKoAktG/*Heider* § 10 Rn. 55; Hüffer/Koch/*Koch* § 10 Rn. 9.
[26] BGHZ 122, 180 (197) = NJW 1993, 1983 = LM AktG § 186 Nr. 5; RGZ 144, 138 (145); 82, 72 (73); KG JW 1927, 2434 (2435); OLG Düsseldorf ZIP 1991, 161 (168); Großkomm AktG/*Henze* Rn. 22; K. Schmidt/Lutter/*Fleischer* Rn. 11; Hüffer/Koch/*Koch* Rn. 4; Kölner Komm AktG/*Drygala* Rn. 17.
[27] MüKoAktG/*Bungeroth* Rn. 16; Großkomm AktG/*Henze* Rn. 23; Kölner Komm AktG/*Drygala* Rn. 17; Bürgers/Körber/*Westermann* Rn. 5.
[28] BGHZ 122, 180 (196 f.) = NJW 1993, 1983 = LM AktG § 186 Nr. 5.
[29] K. Schmidt/Lutter/*Fleischer* Rn. 11, Großkomm AktG/*Henze* Rn. 21.
[30] BGHZ 122, 180 (197 ff.) = NJW 1993, 1983 = LM AktG § 186 Nr. 5; *Brandes* WM 1994, 2177 (2180); MüKoAktG/*Bungeroth* Rn. 15; Großkomm AktG/*Henze* Rn. 21; Kölner Komm AktG/*Lutter* § 185 Rn. 9; aA *Priester* FS Brandner, 1996, 97 (109 f.).
[31] BGHZ 122, 180 (198) = NJW 1993, 1983 = LM AktG § 186 Nr. 5.
[32] BGHZ 122, 180 (196) = NJW 1993, 1983 = LM AktG § 186 Nr. 5; MüKoAktG/*Bungeroth* Rn. 17; Großkomm AktG/*Henze* Rn. 25; Kölner Komm AktG/*Drygala* Rn. 19; MHdB AG/*Rieckers* § 16 Rn. 4.
[33] BegrRegE BT-Drs. 8/1678, 14; Großkomm AktG/*Henze* Rn. 25; Kölner Komm AktG/*Drygala* Rn. 19.
[34] RGZ 144, 138 (145); OLG Düsseldorf 1991, 161 (168); MüKoAktG/*Bungeroth* Rn. 19; Großkomm AktG/*Henze* Rn. 24; Kölner Komm AktG/*Drygala* Rn. 20; *v. Godin/Wilhelmi* Anm. 5; MHdB AG/*Rieckers* § 16 Rn. 4.
[35] BGHZ 122, 180 (197) = NJW 1993, 1983 = LM AktG § 186 Nr. 5.
[36] So OLG Düsseldorf ZIP 1991, 161 (168); MüKoAktG/*Bungeroth* Rn. 19; *v. Godin/Wilhelmi* Anm. 5; MHdB AG/*Rieckers* § 16 Rn. 4; aA Kölner Komm AktG/*Drygala* Rn. 20.
[37] Vgl. BGHZ 122, 180 (196) = NJW 1993, 1983 = LM AktG § 186 Nr. 5; im Erg. ebenso Großkomm AktG/*Henze* Rn. 27.
[38] AA Kölner Komm AktG/*Drygala* Rn. 20.

erlangen sind, beansprucht angesichts der vergleichbaren Interessenlage nicht nur in dem in der Vorschrift geregelten, sondern auch in dem hier vorliegenden Sachverhalt Geltung. Denn dass die Inanspruchnahme eines gutgläubigen Aktienerwerbers nicht aus tatsächlichen, sondern aus rechtlichen Gründen (§§ 932, 936 BGB) ausgeschlossen ist, macht im Hinblick auf die Kapitalaufbringung keinen Unterschied. Ein Kaduzierungsverfahren nach § 64 ist nicht durchzuführen, da den gutgläubigen Erwerber für die rückständige Einlage keine Haftung trifft.[39] Die Haftung des Veräußerers ist in analoger Anwendung des § 65 Abs. 2 auf zwei Jahre befristet.[40] Das ist sachgerecht, weil für das gesetzwidrige Inverkehrbringen der Aktien die AG und nicht der Veräußerer verantwortlich ist.

18 Da ein gutgläubiger Erwerber Inhaber der Mitgliedschaft ohne die ihr ursprünglich anhaftende Einlagepflicht geworden ist, können auch **spätere Dritterwerber** nicht Schuldner der noch offen stehenden Resteinlage werden. Auf die Gutgläubigkeit der Dritterwerber kommt es in diesem Zusammenhang nicht an.[41]

19 Der gutgläubig lastenfreie Erwerb von **Zwischenscheinen** (§ 8 Abs. 6, § 10 Abs. 3) ist nicht möglich.[42] Ein trotz ausstehender Einlage weggelassener oder ein überhöhter Tilgungsvermerk kann beim Erwerber kein schutzwürdiges Vertrauen erwecken, da für Zwischenscheine keine dem § 10 Abs. 2 vergleichbaren zwingenden gesetzlichen Vorgaben gelten. Zudem besteht kein Bedürfnis, die besondere Verkehrsfähigkeit von Zwischenscheinen zu sichern. Der Erwerber wird daher in jedem Fall Schuldner der mit einem Zwischenschein verbundenen offen stehenden Bareinlage.

20 cc) **Sonderfall: Verwendung von Gesellschaftsmänteln.** Im Rahmen einer sog. wirtschaftlichen Neugründung einer AG durch Verwendung eines bestehenden unternehmenslosen Rechtsträgers (sog. **Gesellschaftsmantel**) sind die Gründungsvorschriften entsprechend anwendbar.[43] Das gilt sowohl für die Verwendung eines neuen Mantels, also einer auf „Vorrat" gegründeten AG, deren satzungsmäßiger Unternehmensgegenstand (§ 23 Abs. 3 Nr. 2) auf die Verwaltung und Erhaltung des eigenen Vermögens lauten muss,[44] als auch für die Verwendung des „alten" Mantels eines Unternehmens, dessen Geschäftsbetrieb eingestellt worden ist.[45] In den Fällen der Verwendung **alter Gesellschaftsmäntel** ist die entsprechende Anwendung der in erster Linie den Gläubigerinteressen dienenden Gründungsvorschriften deswegen geboten, weil das Gesellschaftskapital eines unternehmenslosen alten Mantels zumeist durch die vorangegangene wirtschaftliche Betätigung aufgebraucht, zumindest aber erheblich reduziert sein wird. Die Ausstattung des dann meist vermögenslosen Rechtsträgers mit einem neuen Unternehmen erfordert hier eine Auffüllung des Kapitals, weil den Gläubigern allein das Gesellschaftsvermögen haftet. Wenn demgegenüber, wie bei Vorratsgründungen üblich, die Kapitalausstattung des Rechtsträgers in **Ermangelung einer vormaligen Geschäftstätigkeit** abgesehen von geringfügigen Verwaltungskosten und Steuern unangetastet ist, dürfte die registergerichtliche Kontrolle der gebotenen Kapitalausstattung keine Schwierigkeiten bereiten. Wo den „Neugründern" die Erbringung des erforderlichen Nachweises aber nicht ohne weiteres gelingt, stellt die durchzuführende registergerichtliche Kontrolle unter Gläubigerschutzgesichtspunkten gerade kein überzogenes Verfahren dar. Den neuen Gesellschaftern ist es im Fall des Kaufs eines auf Vorrat gegründeten Gesellschaftsmantels nicht unzumutbar, mit der Aufnahme der Geschäftstätigkeit bis zur *Anmeldung* der Eintragung des erforderlichen satzungsändernden Beschlusses (→ Rn. 22) zu warten.

21 Die Wiederverwendung eines alten Gesellschaftsmantels ist nach der Rspr des BGH zur Parallelproblematik bei der GmbH gegenüber dem Registergericht offen zu legen.[46] Die **Offenlegungs-**

---

[39] RGZ 144, 138 (145).
[40] AA Kölner Komm AktG/*Drygala* Rn. 20; zur Problematik des Fristbeginns → § 65 Rn. 44 ff.; MüKoAktG/*Bayer* § 65 Rn. 44 ff.
[41] Vgl. MüKoAktG/*Bungeroth* Rn. 20; Kölner Komm AktG/*Drygala* Rn. 20; Großkomm AktG/*Henze* Rn. 29; Bürgers/Körber/*Westermann* Rn. 5; aA Kölner Komm AktG/*Lutter*, 2. Aufl. 1988, Rn. 9.
[42] AllgM KG JW 1927, 2434 (2435); MüKoAktG/*Bungeroth* Rn. 17; K. Schmidt/Lutter/*Fleischer* Rn. 12; Großkomm AktG/*Henze* Rn. 30; NK-AktR/*Janssen* Rn. 9; Kölner Komm AktG/*Drygala* Rn. 21; *v. Godin/Wilhelmi* MHdB AG/*Rieckers* § 16 Rn. 4.
[43] Heute hM BGHZ 117, 323 (331 ff.) = NJW 1992, 1824 = LM FGG § 20 Nr. 46; Hüffer/Koch/*Koch* § 23 Rn. 26; Großkomm AktG/*Henze* Rn. 35 f.; MüKoAktG/*Pentz* § 23 Rn. 102 ff.; Großkomm AktG/*Schall* § 23 Rn. 349, 365 ff.; Kölner Komm AktG/*Arnold* § 23 Rn. 98; ältere Rspr. und Lit. halten eine Mantelverwendung für unzulässig, KG JW 1925, 635 f.; KG JW 1934, 988 (989); OLG Hamburg ZIP 1983, 570 (571 f.); *v. Godin/Wilhelmi* § 1 Anm. 12; laut aA ist die Mantelverwendung zwar zulässig, Probleme der Unterkapitalisierung seien aber nicht durch die Anwendung der Gründungsvorschriften, sondern mit Hilfe der Durchgriffshaftung zu lösen, OLG Frankfurt DB 1991, 2328; Kölner Komm AktG/*Kraft*, 2. Aufl. 1988, § 23 Rn. 60; *Mayer* NJW 2000, 175 (177 ff.).
[44] BGHZ 117, 323 = NJW 1992, 1824 = LM FGG § 20 Nr. 46.
[45] Großkomm AktG/*Henze* Rn. 35 f.; BGHZ 153 (158 ff.) = NJW 2003, 892 ff.; BGHZ 155, 318 = NJW 2003, 3198 ff. (beide für die GmbH).
[46] BGH NJW 2003, 3198.

pflicht dient der registergerichtlichen Erfassung wirtschaftlicher Neugründungen und damit dem Präventivschutz vor gläubigergefährdenden Rechtsformverwendungen. Diese Rspr ist angesichts desselben Schutzzwecks der aktienrechtlichen Gründungsvorschriften auf die Verwendung von alten AG-Mänteln übertragbar.

Diejenigen Gesellschafter, die einen leeren Rechtsträger mit einem Unternehmen ausstatten, sind in entsprechender Anwendung der § 36 Abs. 2, § 54 zur Aufbringung des Kapitals verpflichtet. Ihre Einlagepflicht entsteht in dem Zeitpunkt, in dem sie den satzungsändernden Beschluss über die Änderung des Unternehmensgegenstands (§§ 179, 181, 23 Abs. 3 Nr. 2) fassen. Sofern ein solcher Beschluss ausnahmsweise nicht erforderlich ist oder gesetzeswidrig unterbleibt, ist der Zeitpunkt der maßgeblich, zu dem die Aufnahme der wirtschaftlichen Tätigkeit erstmals nach außen in Erscheinung tritt.[47] Die Neugründer haben das fehlende Gesellschaftskapital dem Verhältnis ihrer Beteiligungen entsprechend bis zum Zeitpunkt der Anmeldung der Eintragung des Beschlusses oder der Aufnahme der Geschäftstätigkeit einzuzahlen (§ 36 Abs. 2 analog). Hinsichtlich der Höhe ist nicht auf das gesetzliche Mindestkapital (§ 7), sondern auf das **in der Satzung festgelegte Grundkapital** (§ 23 Abs. 3 Nr. 3) abzustellen.[48] Es ist nämlich im Hinblick auf das berechtigte Vertrauen des Geschäftsverkehrs auf die Aufbringung des durch das Handelsregister verlautbarten Grundkapitals unbeachtlich, ob die betreffende AG rechtlich oder wirtschaftlich neu gegründet worden ist. Im Übrigen verwenden die Neugründer nicht ohne Grund einen Rechtsträger, dessen statutarisches Kapital über das gesetzliche Mindestkapital hinausgeht. Im Fall der rechtlichen Neugründung hätten sie ebenfalls eine höhere Kapitalziffer in der Satzung festgesetzt.[49]

4. Betragsmäßige Begrenzung. a) Der Ausgabebetrag als Obergrenze. Abs. 1 legt die **Obergrenze** der Einlagepflicht auf den Ausgabebetrag fest. Damit wird eine Nachschusspflicht der Aktionäre ausgeschlossen und das Verlustrisiko begrenzt, das mit dem Anteilseigentum an einer AG verbunden ist. Der **Ausgabebetrag** (§ 9) setzt sich bei Nennbetragsaktien (§ 8 Abs. 2) aus dem Nennbetrag und, sofern vereinbart, dem Aufgeld (Agio) zusammen. Die Summe der Nennbeträge aller Aktien entspricht dem Grundkapital (§ 6). Das Agio ist gem. § 272 Abs. 2 Nr. 1 HGB in die Kapitalrücklagen einzustellen und wird als Bestandteil des Ausgabebetrags ebenfalls von der Einlagepflicht umfasst. Bei Stückaktien (§ 8 Abs. 3) besteht der Ausgabebetrag aus dem auf eine einzelne Aktie entfallenden anteiligen Betrag des Grundkapitals und ggf. dem Agio.

Die **Höhe des Ausgabebetrags** ist bei der Gründung der AG in der Satzung (§ 23 Abs. 2 Nr. 2), bei bedingten Kapitalerhöhungen in der Bezugserklärung (§ 198 Abs. 1 S. 3 iVm § 193 Abs. 2 Nr. 3) und bei Kapitalerhöhungen gegen Einlagen sowie beim genehmigten Kapital im Zeichnungsschein (§ 185 Abs. 2 Nr. 2, § 203 Abs. 1 S. 2) anzugeben. Aktionäre werden damit vor Erwerb ihrer Mitgliedschaft über die Höhe der Einlageverbindlichkeit informiert. Deren Fälligkeit bestimmt bei Bareinlagen nach Entstehung der Gesellschaft gem. § 63 Abs. 1 der Vorstand. Vor Anmeldung der Gesellschaft bzw. der Durchführung der Kapitalerhöhung sind die Einlagen mindestens in der durch § 36 Abs. 2, § 36a Abs. 1, § 188 Abs. 2 S. 1, § 203 Abs. 1 S. 1 vorgegebenen Höhe einzuzahlen. Der nach § 63 Abs. 1 später eingeforderte Betrag ist Bestandteil der Einlagepflicht und kein unzulässiger Nachschuss.[50]

b) Nebenverpflichtungen. Als **Ausnahmen** von der betragsmäßigen Begrenzung nach Abs. 1 kommen grundsätzlich nur **Nebenverpflichtungen iSd § 55** in Betracht. Selbständige körperschaftsrechtliche (korporative), dh mit der Mitgliedschaft verbundene Pflichten, die von dieser Vorschrift nicht umfasst sind und die eine über den Ausgabebetrag hinausgehende Leistung zum Inhalt haben, können Aktionären nicht auferlegt werden.[51] Unzulässig ist es insbesondere, Aktionäre zum Beitritt zu einer Vereinigung[52] oder zur Vornahme von Rechtsgeschäften mit der AG oder einem Dritten zu verpflichten.[53] Ebenfalls unzulässig ist, mit Ausnahme der Regelung des § 68 Abs. 2, die Festlegung körperschaftsrechtlicher Pflichten, durch die die Verfügungsbefugnis von Aktionären über

---

[47] Vgl. BGH NJW 2012, 1875 Rn. 20 ff. (zur GmbH); MüKoAktG/*Pentz* § 23 Rn. 109; Großkomm AktG/ *Röhricht/Schall* § 23 Rn. 371.
[48] Str., wie hier: BGHZ 155, 318 = NJW 2003, 3198 (3200) (für die GmbH); *Hennrichs* ZHR 159 (1995) 593 (606 ff.); Großkomm AktG/*Henze* Rn. 38; *Ihrig* BB 1988, 1197 (1202) (Fn. 71); MüKoAktG/*Pentz* § 23 Rn. 106; *Peters*, Der GmbH-Mantel, 1989, 72 f.; aA *Priester* DB 1983, 2291 (2295 f.); Großkomm AktG/*Röhricht*, 4. Aufl. 2004, § 23 Rn. 136; *K. Schmidt* GesR § 4 III 3 d; *Ulmer* BB 1983, 1123 (1126).
[49] Großkomm AktG/*Henze* Rn. 38.
[50] RGZ 92, 315 (317); MüKoAktG/*Bungeroth* Rn. 11; Großkomm AktG/*Henze* Rn. 45.
[51] MüKoAktG/*Bungeroth* Rn. 23; Großkomm AktG/*Henze* Rn. 46; NK-AktR/*Janssen* Rn. 11; Kölner Komm AktG/*Drygala* Rn. 23.
[52] RGZ 49, 77 (79).
[53] RG JW 1900, 18.

ihren Aktienbesitz beschränkt wird.[54] Hierzu zählt es beispielsweise, Aktionäre durch die Satzung mit Kosten zu belasten, die bei einer nach der Satzung erforderlichen notariellen Unterschriftsbeglaubigung im Rahmen einer Aktienübertragung anfallen.[55]

26   Auch bei einer festgesetzten Sacheinlage kann die Verpflichtung des Aktionärs zur Leistung den Ausgabebetrag betragsmäßig überschreiten. Eine solche Überschreitung liegt vor, wenn die Sacheinlage im Rahmen des Zulässigen[56] unterbewertet ist. Die Einbringung einer **unterbewerteten Sacheinlage** berechtigt den Inferenten weder, eine Aktienzuteilung zu verlangen, die den Ausgabebetrag wertmäßig übersteigt, noch dazu, weniger als die vereinbarte Sacheinlage zu leisten. Die Begrenzung des Abs. 1 greift in diesem Zusammenhang nur ein, wenn der Aktionär wegen Scheiterns der Sacheinlage seine Einlagepflicht subsidiär in bar zu erfüllen hat (→ Rn. 8). Einzuzahlen ist dann nicht der wirkliche Gegenwert des ursprünglich zu übertragenden Gegenstands, sondern lediglich der festgesetzte Ausgabebetrag.[57] Unberührt von der Begrenzung des Abs. 1 bleiben allerdings Schadensersatzansprüche, die der AG gegen das Verbandsmitglied wegen Verletzung seiner Sacheinlagepflicht zustehen.[58] Eine Befreiung von dieser Schadensersatzpflicht ist gem. § 66 Abs. 2 iVm Abs. 1 ausgeschlossen.

27   Keine Ausnahme von Abs. 1 stellen **Nebenansprüche** der AG gem. § 63 Abs. 2 und 3 für den Fall nicht rechtzeitiger Einzahlung eingeforderter Einlagebeträge dar.[59] Auch unselbständige in der Satzung festgelegte Nebenpflichten (sog. **Hilfsverpflichtungen**), die der Sicherung der Erfüllung der Einlagepflicht dienen, verstoßen nicht gegen Abs. 1 solange der AG durch sie nicht mehr Kapital zufließt als der vereinbarte Ausgabebetrag.[60] Hierzu zählen beispielsweise die Verpflichtung zur Hingabe von Wechselakzepten, zur Bestellung von Hypotheken oder anderen Pfandrechten[61] zum Zweck der Sicherung ausstehender Einlagen und die Verpflichtung zur Anzeige von Adressenänderungen sowie des Todes des Aktionärs.[62] Die Verletzung derartiger Hilfspflichten darf nicht mit Mitteln sanktioniert werden, die der AG einen über den Ausgabebetrag hinausgehenden Kapitalzufluss verschaffen, die in Gestalt einer selbständigen körperschaftsrechtlichen Pflicht unzulässig wären und die in den §§ 63, 64 für den Fall der Verletzung der Hauptpflicht vorgesehen sind.[63] Andernfalls könnte über den Umweg der Einführung von Hilfspflichten die durch Abs. 1 gezogene Beitragsgrenze überschritten und das *abschließende* Sanktionsinstrumentarium der §§ 63 und 64 erweitert werden. Hilfsverpflichtungen erlöschen als unselbständige Nebenpflichten mit vollständiger Tilgung der Einlagepflicht.[64]

28   **c) Rechtsfolgen bei Verstößen gegen Abs. 1.** Bestimmungen in der ursprünglichen Satzung, die gegen Abs. 1 **verstoßen**, sind gem. § 23 Abs. 5 S. 1 nichtig. Sofern sie nachträglich durch Hauptversammlungsbeschluss festgelegt worden sind, ergibt sich die Nichtigkeit aus § 241 Nr. 3.[65] Aktionäre können das aufgrund derartiger Satzungsbestimmungen Geleistete gem. §§ 812 ff. BGB kondizieren.[66] Die Aufrechnung gegen eine bestehende Einlageforderung der AG und die Geltendmachung eines Zurückbehaltungsrechts nach §§ 273 f. BGB sind gem. § 66 Abs. 1 S. 2 ausgeschlossen.

IV. Schuldrechtliche Vereinbarungen

29   **1. Zulässigkeit und Entstehung.** Abs. 1 begrenzt ausschließlich die korporativen Pflichten der Einleger gegenüber der AG. Schuldrechtliche Verpflichtungen können Aktionäre demgegenüber ebenso wie Dritte mit **beliebigem Inhalt** eingehen.[67] Derartige Abreden können entweder mit

---

[54] RGZ 49, 77 (79); *Barthelmeß/Braun* AG 2000, 172 (173).
[55] BGHZ 160, 253 (258 f.).
[56] S. hierzu MüKoAktG/*Pentz* § 27 Rn. 39; Großkomm AktG/*Schall* § 27 Rn. 193.
[57] MüKoAktG/*Bungeroth* Rn. 9; K. Schmidt/Lutter/*Fleischer* Rn. 7; Großkomm AktG/*Henze* Rn. 41; Kölner Komm AktG/*Drygala* Rn. 8.
[58] Großkomm AktG/*Henze* Rn. 43.
[59] Großkomm AktG/*Henze* Rn. 42, 51; Hüffer/Koch/*Koch* Rn. 6.
[60] MüKoAktG/*Bungeroth* Rn. 27; Hüffer/Koch/*Koch* Rn. 6; Großkomm AktG/*Henze* Rn. 49; NK-AktR/*Janssen* Rn. 12; Kölner Komm AktG/*Drygala* Rn. 25.
[61] RGZ 92, 315 (317); KG JW 1930, 2712 (2713 f.); OLG Dresden ZHR 40 (1892), 501.
[62] OLG Karlsruhe OLGR 43, 309; KG JW 1930, 2712 (2713).
[63] Vgl. KG JW 1930, 2712 (2713 f.); MüKoAktG/*Bungeroth* Rn. 28; Großkomm AktG/*Henze* Rn. 50; Kölner Komm AktG/*Drygala* Rn. 26.
[64] K. Schmidt/Lutter/*Fleischer* Rn. 16.
[65] AllgM BGHZ 160, 253; RGZ 113, 152 (155); Großkomm AktG/*Henze* Rn. 132; Hüffer/Koch/*Koch* Rn. 5, 20; Kölner Komm AktG/*Drygala* Rn. 22.
[66] K. Schmidt/Lutter/*Fleischer* Rn. 14.
[67] Ganz hM RGZ 79, 332 (335); RGZ 83, 216 (218 f.); RGZ 84, 328 (330); BayObLG NZG 2002, 583 (584); LG Mainz ZIP 1986, 1323 (1328); Großkomm AktG/*Henze* Rn. 53; Hüffer/Koch/*Koch* Rn. 7; NK-AktR/*Janssen* Rn. 13; *Priester* FS Röhricht, 2005, 467 (470); aA Ehrenbergs HdB/*Rudolf Fischer* Bd. III 1, 376 ff.

der AG, mit anderen Aktionären oder gem. § 328 BGB mit Dritten oder anderen Aktionären zugunsten der AG als Begünstigte getroffen werden.[68] Aktionäre werden in diesen Fällen nicht in ihrer Eigenschaft als Verbandsmitglieder, sondern wie Dritte aufgrund ihrer individuellen Erklärung verpflichtet. Vereinbarungen dieser Art können sowohl nach den Regeln des bürgerlichen Rechts und daher mit Ausnahme der einschlägigen Formvorschriften grundsätzlich **formfrei** als auch durch ihre Aufnahme in die **Satzung** getroffen werden.[69] § 23 Abs. 5 steht solchen Satzungsregeln deswegen nicht entgegen, weil das Aktiengesetz nichtkorporative Satzungsregeln nicht verbietet.[70]

2. Änderungen. Sofern schuldrechtliche Vereinbarungen in die Satzung aufgenommen worden sind, bedarf es zu deren späterer Abänderung oder Aufhebung nicht der Einhaltung der für Satzungsänderungen geltenden Regelungen (§§ 179, 181).[71] Sowohl die Begründung als auch die Änderung und Aufhebung nichtkorporativer Nebenabreden sind grundsätzlich an **keine besondere Form** gebunden. Alle Parteien der Abrede müssen einer Änderung oder Aufhebung allerdings zustimmen, falls diesbezüglich keine abweichende Vereinbarung getroffen worden ist. 30

3. Inhalt. Die inhaltlichen Grenzen schuldrechtlicher Nebenabreden werden durch die §§ 134, 138 BGB und im Fall von Stimmbindungsverträgen durch § 136 Abs. 2 gezogen.[72] Zulässig sind beispielsweise Zuzahlungsverpflichtungen,[73] Schenkungen, Abnahme- oder Liefervereinbarungen, Darlehensverpflichtungen und Verlustausgleichspflichten.[74] Wirksam vereinbart werden kann insbesondere eine im Rahmen einer Kapitalerhöhung schuldrechtlich begründete Zuzahlungspflicht der Neuaktionäre gegenüber den Altaktionären.[75] Aktionäre können sich schuldrechtlich aber auch verpflichten, bestimmte **Verfügungen über ihren Aktienbesitz** vorzunehmen oder zu unterlassen.[76] Derartige Beschränkungen können zwischen den Aktionären vereinbart werden.[77] Schuldrechtliche Verfügungsbeschränkungen zwischen Aktionär und AG sind demgegenüber unzulässig.[78] Andernfalls könnte sich der Vorstand, der die AG bei solchen Vereinbarungen vertreten würde, Einfluss auf die Zusammensetzung des Aktionärskreises nehmen und damit in die aktienrechtliche Kompetenzordnung eingreifen. Im Übrigen würden die Voraussetzungen umgangen, die § 68 Abs. 2 an eine Vinkulierung stellt. 31

Vereinbarungen über die Anwendung **korporationsrechtlicher Sanktionen** (§ 64) für den Fall der Verletzung schuldrechtlicher Pflichten sind demgegenüber unzulässig. Das korporative Sanktionsinstrumentarium steht nicht zur Disposition der Parteien (§ 23 Abs. 5).[79] Der AG stehen zur Pflichtdurchsetzung allein die Mittel des Schuldrechts zur Verfügung. 32

4. Auslegung. Für die Auslegung individualrechtlicher Abreden sind die für das Schuldrecht geltenden Auslegungsgrundsätze der **§§ 133, 157 BGB** maßgeblich.[80] Das gilt nicht nur für Abreden außerhalb der Satzung, sondern auch für solche, die in die Satzung aufgenommen worden sind. Der 33

---

[68] Vgl. hierzu *Joussen*, Gesellschafterabsprachen neben Satzung und Gesellschaftsvertrag, 1995; *Köhler*, Nebenabreden im GmbH- und Aktienrecht, 1992; *König*, Der satzungsergänzende Nebenvertrag, 1996; *Noack*, Gesellschaftervereinbarungen bei Kapitalgesellschaften, 1994.
[69] Großkomm AktG/*Henze* Rn. 54; Hüffer/Koch/*Koch* Rn. 7; NK-AktR/*Janssen* Rn. 14; Kölner Komm AktG/*Drygala* Rn. 32; zu Beispielen aus konkreten Satzungsurkunden vgl. *Bayer/Hoffmann* AG 2011, R4 f.
[70] MüKoAktG/*Bungeroth* Rn. 35; K. Schmidt/Lutter/*Fleischer* Rn. 18; Großkomm AktG/*Henze* Rn. 54; Kölner Komm AktG/*Drygala* Rn. 34; *Priester* DB 1979, 681.
[71] BGHZ 18, 205 (208) = NJW 1955, 1716; BGH NJW 1961, 507 (für die GmbH); RGZ 74, 277; MüKoAktG/*Bungeroth* Rn. 40; Großkomm AktG/*Henze* Rn. 67; *Priester* DB 1979, 681 (685); *v. Godin/Wilhelmi* § 179 Anm. 2; *Winkler* DNotZ 1969, 394 (401).
[72] Großkomm AktG/*Henze* Rn. 61; Bürgers/Körber/*Westermann* Rn. 7.
[73] K. Schmidt/Lutter/*Fleischer* Rn. 20.
[74] Vgl. BGH AG 1970, 86 f.; RGZ 79, 332 (335); LG Mainz ZIP 1986, 1323; MüKoAktG/*Bungeroth* Rn. 32; Großkomm AktG/*Henze* Rn. 56; *Immenga* AG 1992, 79 (81).
[75] BayObLG NJW-RR 2002, 1036 (1037).
[76] BayObLG DB 1989, 214 (216 f.) = WM 1989, 138; *Barthelmeß/Braun* AG 2000, 172 ff.; MüKoAktG/*Bungeroth* Rn. 34; Großkomm AktG/*Henze* Rn. 66; Kölner Komm AktG/*Drygala* Rn. 47.
[77] BGHZ 126, 226 = NJW 1994, 2536 = LM BGB § 138 (Bb) Nr. 71; *Immenga* AG 1992, 79 (80) sowie die Nachw. in Fn. 71; aA *Otto* AG 1991, 369 (372).
[78] *Immenga* AG 1992, 79 (83); *Otto* AG 1991, 369 (372 ff.); aA BayObLG DB 1989, 214 (216 f.) = WM 1989, 138; *Barthelmeß/Braun* AG 2000, 172 ff. (177); MüKoAktG/*Bungeroth* Rn. 34; Großkomm AktG/*Henze* Rn. 66.
[79] K. Schmidt/Lutter/*Fleischer* Rn. 22; Großkomm AktG/*Henze* Rn. 75; Hüffer/Koch/*Koch* § 23 Rn. 47; MüKoAktG/*Pentz* § 23 Rn. 201; Großkomm AktG/*Röhricht/Schall* § 23 Rn. 317; *Winter* ZHR 154 (1990), 259 (264 f., 281); im Erg. auch *Hoffmann-Becking* ZGR 1994, 444 (462).
[80] BGH LM ZPO § 549 Nr. 25; MüKoAktG/*Bungeroth* Rn. 39; Großkomm AktG/*Henze* Rn. 62; Hüffer/Koch/*Koch* Rn. 8; NK-AktR/*Janssen* Rn. 18; *Priester* DB 1979, 681 (686); Großkomm AktG/*Röhricht/Schall* § 23 Rn. 54; *Wachter/Servatius* Rn. 7; einschränkend Kölner Komm AktG/*Arnold* § 23 Rn. 175.

Grundsatz der objektiven Satzungsauslegung[81] findet auf sie selbst dann keine Anwendung, wenn die schuldrechtlichen Abreden für künftige Gesellschafter von Bedeutung sind.[82] Dementsprechend unterliegt das Auslegungsergebnis des Tatrichters über schuldrechtliche Nebenabreden, anders als das über korporative Satzungsregeln,[83] keiner unbeschränkten revisionsgerichtlichen Nachprüfung.[84]

34   **5. Freiwilligkeit.** Individualrechtliche Verpflichtungen von Aktionären dürfen von der AG nicht durch die Ausübung **korporativer Druckmittel** wie etwa durch die Androhung einer Kaduzierung erzwungen worden sein;[85] anderenfalls sind sie gem. § 134 BGB wegen Verstoßes gegen Abs. 1 oder im Fall eines Hauptversammlungsbeschlusses gem. § 241 Nr. 3 nichtig. Auch die Ausübung von „**wirtschaftlichem Zwang**" durch die AG zur Erlangung einer über die Einlage hinausgehenden Leistung ist unzulässig.[86] Wirtschaftlicher Zwang liegt vor, wenn Aktionäre die von der AG begehrte Leistung nur erbringen, um wirtschaftlichen Nachteilen zu entgehen. Das ist der Fall, wenn das Opfer derjenigen Aktionäre, die die Leistungsverpflichtung nicht eingehen, im Ergebnis höher ist als das Opfer, das für die anderen Aktionäre mit der Mehrleistung verbunden ist.[87] Aus diesem Grund müssen die Opfer beider Aktionärsgruppen und damit auch der Wert der Mehrleistung und der von der AG als Gegenleistung eingeräumte Vorteil (Vorzug) jeweils in einem **Äquivalenzverhältnis** zueinander stehen.[88] Nur dann ist eine zwanglose Entscheidung der Aktionäre über die Eingehung der in Frage stehenden Verpflichtung möglich.

35   Dementsprechend ist eine für **Sanierungsfälle** vorgesehene nichtkorporative Satzungsregel, nach der diejenigen Aktionäre eine Nennwertherabsetzung oder Zusammenlegung ihrer Aktien hinnehmen müssen, die keine Zuzahlungen in das Gesellschaftsvermögen leisten, nicht in jedem Fall wegen eines Verstoßes gegen Abs. 1 nichtig.[89] Sofern das vermögensmäßige Opfer der zuzahlenden Aktionäre dem Wertverlust entspricht, den die nicht zuzahlenden Aktionäre durch die Nennwertherabsetzung oder Zusammenlegung der Aktien erleiden, besteht für die Aktionäre kein wirtschaftlicher Zwang zur Leistung einer Zuzahlung.[90] Der in Gestalt der Ausnahme von der Kapitalherabsetzung gewährte Vorzug wird durch die im Gegenzug zu leistende Zuzahlung vollständig kompensiert. Die Zuzahlung eines Aktionärs erfolgt daher unter diesen Umständen freiwillig.[91] Zu beachten ist allerdings, dass die Möglichkeit, durch freiwillige Zuzahlungen Vorzüge zu erhalten, allen Aktionären unterbreitet werden muss; andernfalls liegt ein Verstoß gegen den Gleichbehandlungsgrundsatz (§ 53a) vor.[92]

36   **6. Abgrenzung gegenüber korporativen Pflichten.** Die Unterscheidung zwischen an die Mitgliedschaft gebundenen korporativen und schuldrechtlichen Vereinbarungen ist vor allem für die Beantwortung folgender Fragen von Bedeutung: Sind die Abreden wegen eines Verstoßes gegen Abs. 1 gem. § 23 Abs. 5 S. 1 bzw. § 241 Nr. 3 nichtig (→ Rn. 28)? Welche formellen Voraussetzungen müssen für die Begründung, Änderung oder Aufhebung solcher Abreden erfüllt sein (→ Rn. 29 f.)? Welche Auslegungsmaßstäbe sind im Zweifel anzulegen (→ Rn. 33)?[93] Soweit gesellschaftsbezogene Vereinbarungen **nicht in die Satzungsurkunde aufgenommen** worden sind, handelt es sich um schuldrechtliche Nebenabreden.[94] Nach der Rspr. des BGH zum GmbH-Recht,

---

[81] Hierzu Hüffer/Koch/*Koch* § 23 Rn. 39 mwN.
[82] Großkomm AktG/*Henze* Rn. 62.
[83] StRspr RGZ 137, 305 (309); 159, 321 (326); 165, 68 (73 f.); BGHZ 14, 25 (36) = NJW 1954, 1401; BGHZ 36, 296 (314) = NJW 1962, 864; BGHZ 123, 347 (350) = NJW 1994, 51 = LM AktG § 23 Nr. 2; BGHZ 142, 116 (125) = NJW 1999, 2809 = LM BGB § 607 Nr. 170.
[84] BGH LM ZPO § 549 Nr. 25; MüKoAktG/*Bungeroth* Rn. 40; Kölner Komm AktG/*Drygala* Rn. 46; Großkomm AktG/*Henze* Rn. 63; Hüffer/Koch/*Koch* Rn. 8; Großkomm AktG/*Röhricht/Schall* § 23 Rn. 54 aE.
[85] MüKoAktG/*Bungeroth* Rn. 29; Großkomm AktG/*Henze* Rn. 75, 77 f.; Kölner Komm AktG/*Drygala* Rn. 57.
[86] RGZ 52, 287 (293 f.); 76, 155 (157); 80, 81 (85); MüKoAktG/*Bungeroth* Rn. 30; K. Schmidt/Lutter/*Fleischer* Rn. 23; Großkomm AktG/*Henze* Rn. 77; Hüffer/Koch/*Koch* Rn. 9; Bürgers/Körber/*Westermann* Rn. 6; Großkomm AktG/*Wiedemann* § 182 Rn. 103; missverständlich Großkomm AktG/*Barz*, 3. Aufl. 1973, Anm. 9; *v. Godin/Wilhelmi* Anm. 12.
[87] Vgl. RGZ 52, 287 (294).
[88] RGZ 80, 81 (86); Großkomm AktG/*Henze* Rn. 80; Kölner Komm AktG/*Drygala* Rn. 57; Großkomm AktG/*Wiedemann* § 182 Rn. 103.
[89] AA Großkomm AktG/*Henze* Rn. 78; wie hier Großkomm AktG/*Wiedemann* § 180 Rn. 102.
[90] So inzident RGZ 52, 287 (294 f.); vgl. auch Kölner Komm AktG/*Drygala* Rn. 57.
[91] Weitergehend Hüffer/Koch/*Koch* Rn. 5 (zahlungswilligen Aktionären könne ein besseres Zusammenlegungsverhältnis angeboten werden).
[92] RGZ 52, 287 (294); *G. Hueck*, Der Grundsatz der gleichmäßigen Behandlung im Privatrecht, 1958, 55; MüKoAktG/*Bungeroth* Rn. 30; Großkomm AktG/*Henze* Rn. 79; Hüffer/Koch/*Koch* Rn. 9, § 222 Rn. 5.
[93] BGHZ 142, 116 (123) = NJW 1999, 2809 = LM BGB § 607 Nr. 170.
[94] Einschränkend Kölner Komm AktG/*Drygala* Rn. 38 f.

können außerhalb der Satzung zwischen den Gesellschaftern getroffene Vereinbarungen zwar im Ergebnis satzungsgleiches Recht darstellen, wenn alle Gesellschafter zustimmen.[95] Eine solche Abrede habe indessen nur so lange Satzungscharakter, wie der Gesellschaft allein die Gesellschafter angehören, die ihr zugestimmt haben.[96] Diese Rspr. beansprucht aber für das Aktienrecht keine Geltung. Die unterschiedliche Behandlung solcher Abreden im GmbH- und Aktienrecht lässt sich allerdings nicht damit begründen, dass im Aktienrecht bestehende Form- und Publizitätsvorschriften umgangen würden. Solche Regelungen bestehen gem. §§ 53 f. GmbHG auch im Recht der GmbH. Anders als im GmbH-Recht gilt jedoch im Aktienrecht gem. § 23 Abs. 5 das Prinzip der Satzungsstrenge. Dieses ist nicht nur Grundlage für die Verkehrsfähigkeit der Aktie,[97] sondern bringt vor allem zum Ausdruck, dass die AG im Unterschied zur GmbH ein der Privatautonomie grundsätzlich entzogener Verband ist, in dem das Organisationsrecht sowie das damit verbundene Verfahrensrecht nicht zur Disposition der Gesellschafter steht.

Sind gesellschaftsbezogene Vereinbarungen demgegenüber unter Einhaltung der aktienrechtlichen **37** Formerfordernisse **Inhalt der Satzung** geworden, ohne dass ein im Hinblick auf den Charakter der Vereinbarung klarstellender Zusatz vorhanden ist, ist durch **Auslegung** zu ermitteln, ob ein korporativer oder ein individualvertraglicher Satzungsbestandteil vorliegt. Absichten der Gesellschafter können im Rahmen der Auslegung nur dann berücksichtigt werden, wenn sie im Wortlaut der Satzung oder in sonstigen für Dritte erkennbaren Umständen zum Ausdruck kommen.[98] Die Aufnahme der Vereinbarung in die Satzungsurkunde unter Einhaltung der gebotenen Formalien begründet grundsätzlich eine Vermutung dafür, dass eine korporative Verpflichtung aller Aktionäre gewollt ist.[99] Eine solche Vermutung besteht allerdings dann nicht, wenn die satzungsmäßige Festsetzung nicht alle Aktionäre bindet.[100] Das ist beispielsweise der Fall, wenn die verpflichteten Aktionäre in der Satzung namentlich genannt sind[101] und sie der Satzungsbestimmung zugestimmt haben. In derartigen Fällen steht objektiv fest, dass sich die betreffenden Aktionäre nur schuldrechtlich verpflichten wollen. Von einer Mehrzahl schuldrechtlicher Einzelvereinbarungen ist ebenfalls auszugehen, wenn die satzungsmäßige Abrede außerhalb dessen liegt, was gem. § 55 zulässig ist.[102] Denn eine korporative Vereinbarung wäre unter diesen Umständen entgegen dem Willen der Aktionäre wegen Verstoßes gegen Abs. 1 und § 55 Abs. 1 S. 1 und 2 unwirksam. Damit die Einzelvereinbarungen jeweils wirksam sind, müssen die betreffenden Aktionäre der Satzungsregelung allerdings zugestimmt haben (→ § 55 Rn. 52).

7. Übergang schuldrechtlicher Verpflichtungen. Die Unterscheidung zwischen korporativer **38** und schuldrechtlicher Verpflichtung gewinnt nicht nur bei den in → Rn. 36 genannten Fragenkomplexen Bedeutung, sondern auch bei einer Veräußerung des Anteilseigentums. Während korporative Pflichten, insbesondere die Einlagepflicht, angesichts ihrer Bindung an die Mitgliedschaft mit der Übertragung der Aktie grundsätzlich ohne Weiteres auf den Erwerber übergehen (→ Rn. 13 ff.), bedarf es zum Übergang individualrechtlicher Verpflichtungen wegen ihrer Bindung an die jeweilige Person einer Schuldübernahme nach den Regeln der §§ 414 ff. BGB,[103] es sei denn, der Aktienerwerb erfolgt durch Gesamtrechtsnachfolge.[104] Die Anwendung der §§ 414 ff. BGB hat zur Folge, dass die AG eine Übernahme der schuldrechtlichen Verpflichtung durch den Erwerber gem. § 415 Abs. 1 S. 1 BGB genehmigen muss. Wird die Genehmigung nicht erteilt, bleibt der bisherige Aktionär zur Erfüllung und damit ggf. gem. § 280 BGB zum Schadensersatz verpflichtet, wenn nicht vereinbart worden ist, dass die schuldrechtliche Verpflichtung mit der Übertragung des Anteilseigentums auf einen Dritten erlöschen soll. Bei vinkulierten Namensaktien (§ 68 Abs. 2) kann die Zustimmung der AG zur Übertragung der Aktien von der Übernahme der Verpflichtung durch den Erwerber abhängig gemacht werden.[105]

---

[95] BGH NJW 1983, 1910 (1911) = LM GmbHG § 47 Nr. 32; BGH NJW 1987, 1890 = LM GmbHG § 47 Nr. 35; abl. *Ulmer* NJW 1987, 1849 (1851 ff.); *Winter* ZHR 154 (1990), 259 (268 ff.).
[96] BGH NJW 1983, 1910 (1911) = LM GmbHG § 47 Nr. 32.
[97] Hüffer/Koch/*Koch* § 23 Rn. 1.
[98] MüKoAktG/*Bungeroth* Rn. 36; Großkomm AktG/*Henze* Rn. 64; *Priester* DB 1979, 681 (684).
[99] *Priester* DB 1979, 681 (684); Kölner Komm AktG/*Zöllner* § 179 Rn. 31 (soweit der Rahmen des § 55 eingehalten ist).
[100] MüKoAktG/*Bungeroth* Rn. 37; Großkomm AktG/*Henze* Rn. 64.
[101] *Priester* DB 1979, 681 (684).
[102] *Priester* DB 1979, 681 (684).
[103] AllgM Großkomm AktG/*Henze* Rn. 69; Hüffer/Koch/*Koch* Rn. 8.
[104] MüKoAktG/*Bungeroth* Rn. 42; Großkomm AktG/*Henze* Rn. 68; NK-AktR/*Janssen* Rn. 16; *Priester* DB 1979, 681 (686).
[105] MüKoAktG/*Bungeroth* Rn. 43; Großkomm AktG/*Henze* Rn. 70; Kölner Komm AktG/*Drygala* Rn. 45; v. Godin/Wilhelmi Anm. 10.

39 Ein Schuldübernahmevertrag zwischen Erwerber und Veräußerer kann nicht nur ausdrücklich, sondern auch durch **konkludentes Verhalten** zustande kommen.[106] Für die Annahme eines konkludent geschlossenen Übernahmevertrags reicht es allerdings nicht aus, dass die schuldrechtliche Verpflichtung Bestandteil der Satzung geworden ist.[107] Als notwendige Voraussetzung muss der Erwerber vielmehr positive Kenntnis vom Bestand der Sonderverpflichtung haben.[108] Hinzukommen müssen weitere Umstände, die auf den Willen des Erwerbers schließen lassen, die betreffende Schuld zu übernehmen.[109] Bedeutung kann dabei vor allem die Höhe des für die Aktien vereinbarten Preises haben. Liegt er unter dem tatsächlichen Wert der Anteile, spricht dies für eine konkludente Schuldübernahme.[110]

V. Erfüllung der Einlagepflicht (Abs. 3)

40 **1. Allgemeines.** Abs. 3 gehört systematisch zu § 36 Abs. 2, § 36a Abs. 1. Die Vorschrift bestimmt, gegenüber wem und in welcher Leistungsform die Einlagepflicht im Gründungsstadium der Gesellschaft zu erfüllen ist. Sie verschärft für diesen Zeitraum die Anforderungen, die die §§ 362 ff. BGB an die Schuldbefreiung stellen. Die Heraufsetzung der Tilgungsvoraussetzungen dient der Sicherung der Kapitalaufbringung während der kapitalmäßig noch ungefestigten Phase der werdenden AG. Zweck der Aufzählung schuldbefreiender Leistungsformen ist es weiterhin, dem Registerrichter die Überprüfung der effektiven Kapitalaufbringung zu erleichtern[111] und die Transparenz des Kapitalaufbringungsvorgangs zu erhöhen.

41 Die Modalitäten des Abs. 3 gelten ausschließlich für **Bareinlagen.** Die Voraussetzungen wirksamer Erfüllung von Sacheinlageverpflichtungen ergeben sich aus den Vorschriften, die für die einzubringenden Gegenstände maßgeblich sind. Aktienrechtliche Vorgaben macht insoweit nur § 36a Abs. 2.

42 **2. Anwendungsbereich. a) Gründungsphase.** Abs. 3 ist dem Wortlaut nach nur auf diejenigen auf Bareinlageverpflichtungen geleisteten Beträge anwendbar, die vor der Anmeldung der Gesellschaft, also während der **Gründungsphase,** eingefordert worden sind. Die Vorschrift nimmt damit unmittelbar Bezug auf § 36 Abs. 2, der ebenfalls auf die Anmeldung der Gesellschaft abstellt. Da sowohl Abs. 3 als auch § 36 Abs. 2 allein von dem *eingeforderten Betrag* und nicht der Mindesteinlage iSd § 36a Abs. 1 sprechen, gelten die besonderen Tilgungsmodalitäten des Abs. 3 nicht nur für die vor Anmeldung mindestens einzuzahlenden, sondern auch für die vom Vorstand ggf. darüber hinaus eingeforderten Einlagebeträge (→ Rn. 45).[112]

43 Nach allgemeiner und zutreffender Meinung ist Abs. 3 über seinen Wortlaut hinaus entsprechend auf alle Einzahlungen der Gründer anzuwenden, die **zwischen Anmeldung und Eintragung** der AG vorgenommen werden.[113] Da das kapitalmäßig ungesicherte Verbandsstadium grundsätzlich erst mit Eintragung der Gesellschaft endet (§ 41 Abs. 1 S. 1), muss der Anwendungsbereich des Abs. 3 auch die Zeitspanne zwischen Anmeldung und Eintragung umfassen. Nur dann leistet die Vorschrift einen wirksamen Beitrag zur Sicherstellung der Kapitalaufbringung.

44 Abs. 3 soll allerdings entgegen seinem Wortlaut dann nicht anzuwenden sein, wenn die Einlagebeträge zwar vor Anmeldung der AG eingefordert worden sind, aber erst **nach deren Entstehung geleistet** werden.[114] Dieser Auffassung ist nicht uneingeschränkt zuzustimmen. Der Anwendungsbereich des Abs. 3 ist insoweit nicht zu begrenzen, als die Einzahlung eingeforderter Beträge unter

---

[106] MüKoAktG/*Bungeroth* Rn. 43; Großkomm AktG/*Henze* Rn. 71; Kölner Komm AktG/*Drygala* Rn. 43; *Priester* DB 1979, 681 (686).

[107] MüKoAktG/*Bungeroth* Rn. 43; Großkomm AktG/*Henze* Rn. 72; Kölner Komm AktG/*Drygala* Rn. 42; *Priester* DB 1979, 681 (686); *v. Godin/Wilhelmi* Anm. 10; *Winkler* DNotZ 1969, 394 (397).

[108] Großkomm AktG/*Henze* Rn. 72; aA Kölner Komm AktG/*Drygala* Rn. 43 (potentielles Erklärungsbewusstsein genüge).

[109] MüKoAktG/*Bungeroth* Rn. 43; K. Schmidt/Lutter/*Fleischer* Rn. 21; Großkomm AktG/*Henze* Rn. 73; *Winkler* DNotZ 1969, 394 (397); *Winter* ZHR 154 (1990), 259 (264 Fn. 20).

[110] Großkomm AktG/*Henze* Rn. 73.

[111] Vgl. BGHZ 119, 177 (189) = NJW 1992, 3300 = LM AktG § 188 Nr. 2; Großkomm AktG/*Schall* § 36 Rn. 114.

[112] Vgl. MüKoAktG/*Bungeroth* Rn. 50; Großkomm AktG/*Henze* Rn. 83; Kölner Komm AktG/*Drygala* Rn. 59; aA *Hüffer* ZGR 1993, 474 (477); *Wiedemann* ZIP 1991, 1257 (1260); Nach Wachter/*Servatius* Rn. 13 soll überdies für die über § 36 Abs. 2 hinausgehenden Resteinlagen das Merkmal der freien Verfügbarkeit des Vorstands umfassend gelten.

[113] Vgl. K. Schmidt/Lutter/*Fleischer* Rn. 26; Großkomm AktG/*Henze* Rn. 83; Hüffer/Koch/*Koch* Rn. 11; NK-AktR/*Janssen* Rn. 22.

[114] Vgl. Hüffer/Koch/*Koch* Rn. 11; Großkomm AktG/*Henze* Rn. 83, Grigoleit/*Grigoleit/Rachlitz* Rn. 10; Hölters/*Lambert* Rn. 9.

Verstoß gegen § 36 Abs. 2, § 36a Abs. 1, § 37 Abs. 1 ausgeblieben ist.[115] Es besteht kein Grund dafür, die gegenüber § 362 BGB vergleichsweise schärferen Anforderungen des Abs. 3 bei gesetzeswidriger Eintragung der Gesellschaft nicht mehr zu beachten. Zwar ist mit Eintragung die Gründungsphase der Gesellschaft gem. § 41 Abs. 1 S. 1 beendet. Die registergerichtliche Überprüfung der effektiven Kapitalaufbringung ist damit abgeschlossen. Das Gebot, das Gesellschaftskapital in vollem Umfang aufzubringen, bleibt aber trotz des Umstands bestehen, dass der Registerrichter die AG verbotswidrig eingetragen hat.[116] Überdies zeigt die sinngemäße Geltung von § 36 Abs. 2, § 36a Abs. 1, § 54 Abs. 3 bei Kapitalerhöhungen gem. § 188 Abs. 2 S. 1, § 203 Abs. 1 S. 1 (→ Rn. 45), dass der Gesetzgeber die Anwendbarkeit der besonderen Tilgungsmodalitäten des Abs. 3 in Bezug auf die vor Anmeldung – hier der Durchführung der Kapitalerhöhung – eingeforderten Beträge nicht ausschließlich auf den Zeitraum vor der Entstehung der AG beschränkt wissen möchte. Für die Mindesteinlagepflicht iSd. § 36a Abs. 1 gelten die Regeln des Abs. 3 daher auch nach Eintragung der AG. Das Ausbleiben der Einzahlung darüber hinaus eingeforderter Beträge ist demgegenüber nicht gesetzeswidrig, sondern verstößt lediglich gegen satzungsmäßige Vorgaben (→ Rn. 47). Die Anwendung der qualifizierten Tilgungsmodalitäten nach Eintragung ist insoweit nicht geboten.

b) Kapitalerhöhungen. Abgesehen von der Ausnahme für verbotswidrig nicht eingezahlte Mindesteinlagen sind die Tilgungsmodalitäten des Abs. 3 nach der Entstehung der AG nur auf Einlageverpflichtungen aus **Kapitalerhöhungen** anzuwenden. Bei Kapitalerhöhungen gegen Einlagen ergibt sich die sinngemäße Anwendung des Abs. 3 aus der Verweisung des § 188 Abs. 2 S. 1 auf § 36 Abs. 2, der seinerseits auf Abs. 3 verweist. Bei der Ausnutzung eines genehmigten Kapitals gelten die §§ 185–191 und damit auch § 188 Abs. 2 S. 1 gem. § 203 Abs. 1 S. 1 sinngemäß, wodurch über § 36 Abs. 2 ebenfalls auf Abs. 3 verwiesen wird. In beiden Fällen können Inferenten ihre Einlageschulden allerdings nicht durch Einzahlung auf ein Konto des Vorstands erfüllen (§ 188 Abs. 2 S. 2). Bei bedingten Kapitalerhöhungen (§§ 192 ff.) beansprucht Abs. 3 mangels Verweisung keine Anwendung. Falls der Registerrichter die Durchführung einer Kapitalerhöhung unter Verstoß gegen § 188 Abs. 2 S. 1, § 36 Abs. 2, § 36a Abs. 1 versehentlich in das HR einträgt, kann die Mindesteinlageverpflichtung iSd § 36a Abs. 1 aus den genannten Gründen (→ Rn. 44) ebenfalls nur unter Beachtung der Modalitäten des Abs. 3 erfüllt werden.[117] 45

3. Eingeforderter Betrag. a) Kompetenz. Abs. 3 S. 1 bezieht sich ebenso wie § 36 Abs. 2 und § 36a Abs. 1 auf den eingeforderten Betrag. Die Einforderung der Einlagen ist **Aufgabe des Vorstands.**[118] Das ergibt sich nach Eintragung der AG aus § 63 Abs. 1 S. 1 und für die Vor-AG aus dem Rechtsgedanken dieser Vorschrift. Die Einforderung kann im Gründungsstadium abweichend von § 63 Abs. 1 S. 2 mündlich oder schriftlich erfolgen.[119] 46

Die Einforderung der Einlagebeträge muss dem Gleichbehandlungsgebot des § 53a genügen und der Höhe nach je Aktie mindestens ein Viertel des geringsten Ausgabebetrags (§ 9 Abs. 1) und, wenn die Aktien über pari ausgegeben werden, das Agio (§ 9 Abs. 2) umfassen (§ 36a Abs. 1). Zur Einforderung darüber hinausgehender Beträge ist der Vorstand vor Eintragung der AG nur berechtigt, wenn in der Satzung gem. § 23 Abs. 2 Nr. 3 ein höherer als der gem. § 36a Abs. 1 mindestens einzuzahlende Betrag bestimmt ist,[120] es sei denn, die Gründer haben einer uneingeschränkten Geschäftsaufnahme der Vor-AG einstimmig zugestimmt.[121] In diesem Fall kann der Vorstand in entsprechender Anwendung des § 63 Abs. 1 S. 1 nach eigenem pflichtgemäßen Ermessen über die Höhe der eingeforderten Beträge entscheiden, wenn die Einforderung nicht gem. § 111 Abs. 4 S. 2 von der Zustimmung des AR abhängig gemacht worden ist und die **Gründer** nichts Gegenteiliges vereinbart haben. Diese haben vor Eintragung der AG die **Kompetenz,** über die Höhe der einzufordernden Beträge zu befinden, soweit der nach § 36a Abs. 1 vorgeschriebene Mindestbetrag überschritten werden soll. Nach Eintragung liegt demgegenüber nicht nur der Zeitpunkt, sondern auch die Höhe der Einforderung ausstehender Einlagen gem. § 63 Abs. 1 S. 1 im pflichtgemäßen Ermessen des Vorstands. 47

---

[115] AA MüKoAktG/*Bungeroth* Rn. 47; Großkomm AktG/*Henze* Rn. 83; Hüffer/Koch/*Koch* Rn. 11; Kölner Komm AktG/*Drygala* Rn. 59; wie hier LG München ZIP 2012, 2152 (2155).
[116] So ausdrücklich zust. LG München ZIP 2012, 2152 (2155).
[117] AA MüKoAktG/*Bungeroth* Rn. 79.
[118] AllgM Hüffer/Koch/*Koch* § 36 Rn. 6; Großkomm AktG/*Henze* Rn. 116; Großkomm AktG/*Schall* § 36 Rn. 111.
[119] Vgl. Großkomm AktG/*Schall* § 36 Rn. 111.
[120] Vgl. BGHZ 15, 66 (68) = NJW 1954, 1844; ebenso Großkomm AktG/*Henze* Rn. 117; MHdB AG/ *Rieckers* § 16 Rn. 9; *v. Godin/Wilhelmi* § 36 Anm. 9, 11; aA MüKoAktG/*Pentz* § 36 Rn. 43; Großkomm AktG/ *Schall* § 36 Rn. 105, 112.
[121] Großkomm AktG/*Henze* Rn. 117.

48 **b) Freiwillige Mehrleistungen.** Freiwillige Mehrleistungen vor Eintragung der AG sind Leistungen, die Inferenten ohne Einforderung des Vorstands und ohne entsprechende Satzungsgrundlage auf ihre Einlageverbindlichkeit erbringen.[122] Sie stellen keine eingeforderten Beträge iSd Abs. 3 S. 1 dar und bewirken daher grundsätzlich keine Erfüllung der Einlagepflicht.[123] Die Regel des § 271 Abs. 1 BGB, die dem Schuldner das sofortige Bewirken der Leistung gestattet, soweit keine gegenteilige Vereinbarung getroffen worden ist, beansprucht keine Geltung.[124] Andernfalls könnten Aktionäre durch freiwillige Mehrleistungen die Stimmkraft (§ 134 Abs. 2) und die Gewinnbezugsrechte (§ 60 Abs. 1 und 2) zu ihren Gunsten beeinflussen.[125]

49 Unaufgefordert geleistete Einlagebeträge haben nur in denjenigen Fällen schuldbefreiende Wirkung, in denen die **Gründer mit der vorzeitigen Einzahlung einverstanden** sind.[126] Denn ihnen obliegt es, vor Eintragung der Gesellschaft unter Beachtung des § 36a Abs. 1 über die Höhe des später aufzubringenden Kapitals zu entscheiden (→ Rn. 47). Eine Zustimmung der Gründer zur Aufnahme des Geschäftsbetriebs der Vor-AG muss demgegenüber nicht vorliegen (→ Rn. 50).[127] Genauso wenig kommt es darauf an, ob die Gesellschaft (vertreten durch den Vorstand) der Tilgungswirkung nicht eingeforderter Einlagebeträge zustimmt.[128] Falls die Gründer freiwilligen Mehrleistungen zustimmen, sind sie implizit damit einverstanden, dass das Stimmrechtsverhältnis und die Gewinnverteilung durch die Erbringung freiwilliger Mehrleistungen beeinflusst werden kann und dass die Gesellschaft das Risiko des Untergangs des mehr Geleisteten übernimmt.[129] Da derartige Beträge nicht vom Vorstand eingefordert sind, sondern im Einvernehmen mit den Gründern freiwillig geleistet werden, gelten die **Tilgungsmodalitäten** des Abs. 3 nur entsprechend. Sofern sie eingehalten werden, haben die freiwillig geleisteten Einlagebeträge schuldbefreiende Wirkung.

50 Demgegenüber ändert die **Zustimmung** der Gründer **zur Aufnahme des Geschäftsbetriebs** der Gesellschaft **vor Eintragung** nichts daran, dass freiwillige Mehrleistungen selbst bei Beachtung der Vorgaben des Abs. 3 keine Erfüllung bewirken. Für die GmbH hat der BGH zwar entschieden, dass Leistungen auf Einlageverbindlichkeiten unter diesen Umständen Tilgungswirkung entfalten, da die Kapitalaufbringung bei Vermögensverlusten im Zeitpunkt der Eintragung durch die Unterbilanzhaftung sichergestellt ist.[130] Diese gilt auch im Aktienrecht, so dass eine schuldbefreiende Wirkung zumindest unter dem Gesichtspunkt der Kapitalaufbringung auch hier unbedenklich wäre. Die Rspr. zum GmbH-Recht ist allerdings deswegen nicht auf das Aktienrecht übertragbar,[131] weil freiwillige Mehrleistungen im GmbH-Recht, anders als im Aktienrecht (→ Rn. 48), die Stimmkraft der Gesellschafter und die Verteilung des Gewinns nicht beeinflussen. Die Höhe der Einzahlung auf die Stammeinlage spielt insoweit keine Rolle.[132] Freiwillige Mehrleistungen vor Eintragung der AG erfüllen die Einlagepflicht daher nur, wenn die Gründer *der vorzeitigen Einzahlung* zugestimmt haben und die Vorgaben des Abs. 3 beachtet werden (→ Rn. 49).

51 **4. Leistungsformen. a) Überblick.** Abs. 3 S. 1 ist sprachlich missglückt und bedarf daher der Klarstellung. Nach dieser Vorschrift haben Einzahlungen auf eingeforderte Beträge, die vor Eintragung der AG vorgenommen werden, nur dann Tilgungswirkung, wenn sie in gesetzlichen Zahlungsmitteln oder durch Gutschrift auf ein Konto der Gesellschaft oder des Vorstands erfolgen. Für Zahlungen nach Eintragung gilt Abs. 3 grundsätzlich nicht (→ Rn. 44 f.). Das betreffende Konto muss gem. Abs. 3 von einem Kreditinstitut (§ 1 Abs. 1 KWG) oder von einem Unternehmen iSd § 53 Abs. 1 S. 1 KWG, § 53b Abs. 1 S. 1 oder Abs. 7 KWG geführt werden. Bei Kapitalerhöhungen entfaltet die Einzahlung durch Gutschrift auf einem Konto des Vorstands keine Tilgungswirkung (§ 188 Abs. 2 S. 2).

52 Die Aufzählung der zulässigen Leistungsformen in Abs. 3 ist **abschließend und zwingend.**[133] Dementsprechend sind Leistungen an Dritte, insbesondere an Gesellschaftsgläubiger, zur Tilgung

---

[122] MüKoAktG/*Pentz* § 36 Rn. 72.
[123] Bürgers/Körber/*Westermann* Rn. 15.
[124] Großkomm AktG/*Schall* § 36 Rn. 106; MüKoAktG/*Pentz* § 36 Rn. 74; MüKoAktG/*Bungeroth* Rn. 74; Großkomm AktG/*Henze* Rn. 122; aA *Stimpel* FS Fleck, 1988, 345 (347).
[125] Vgl. *Stimpel* FS Fleck, 1988, 345 (347).
[126] Kölner Komm AktG/*Drygala* Rn. 95; Bürgers/Körber/*Westermann* Rn. 15; Grigoleit/*Grigoleit/Rachlitz* Rn. 10 Fn. 22.
[127] AA MüKoAktG/*Pentz* § 36 Rn. 73; Großkomm AktG/*Schall* § 36 Rn. 106.
[128] AA MüKoAktG/*Bungeroth* Rn. 74.
[129] Großkomm AktG/*Henze* Rn. 121.
[130] BGHZ 105, 300 (303 f.) = NJW 1989, 710 = LM GmbHG § 11 Nr. 35; vgl. auch Lutter/Hommelhoff/*Bayer* GmbHG § 7 Rn. 9.
[131] Im Erg. auch MüKoAktG/*Bungeroth* Rn. 74.
[132] Vgl. Michalski/*Römermann* § 47 Rn. 349; Michalski/*Salje* GmbHG § 29 Rn. 118.
[133] BGHZ 119, 177 (189) = NJW 1992, 3300 = LM AktG § 188 Nr. 2; MüKoAktG/*Bungeroth* Rn. 52; Großkomm AktG/*Henze* Rn. 134; *Hüffer* ZGR 1993, 474 (478); Großkomm AktG/*Röhricht* § 36 Rn. 48.

der Einlageforderung selbst dann untauglich, wenn sich der Vorstand mit dieser Form der Leistungserbringung einverstanden erklärt hat.[134] Die abgekürzte Zahlung der Einlage an einen Gesellschaftsgläubiger mit Zustimmung des Vorstands wird neuerdings vor dem Hintergrund der durch das ARUG[135] geschaffenen Erleichterungen im Bereich der Kapitalaufbringung als zulässig angesehen.[136] Diese Auffassung ist allerdings ohne eine Reform von Abs. 3 durch den Gesetzgeber abzulehnen. Abs. 3 schließt eine Schuldbefreiung durch Leistung an Dritte gem. § 362 Abs. 2 BGB nach wie vor aus. Ebenfalls keine Tilgungswirkung entfalten die Aufrechnung (§ 66 Abs. 1 S. 2), Leistungen an Erfüllungs statt (§ 364 Abs. 1 BGB) und Leistungen erfüllungshalber (§ 364 Abs. 2 BGB). Der Einleger bleibt in diesen Fällen zur Erfüllung seiner Einlageschuld verpflichtet und kann das Geleistete kondizieren. Sofern das an Erfüllungs statt oder erfüllungshalber Geleistete allerdings dahingehend verwertet wird, dass der AG der eingeforderte Betrag in gesetzlichen Zahlungsmitteln oder in Form einer Kontogutschrift iSd Abs. 3 S. 1 zufließt, tritt nachträglich Erfüllungswirkung ein.[137] Das ist beispielsweise der Fall, wenn ein der AG zur Tilgung der Einlageschuld übergebener Scheck auf einem Konto iSd Abs. 3 S. 1 in Höhe des eingeforderten Betrags vorbehaltlos gutgeschrieben wird.[138]

b) Gesetzliche Zahlungsmittel. Zulässige Leistungsform ist nach Abs. 3 S. 1 1. Alt. die Barzahlung mit gesetzlichen Zahlungsmitteln. Gemeint sind ausschließlich im **Inland** zugelassene Zahlungsmittel.[139] Einziges gesetzliches Zahlungsmittel sind in der Bundesrepublik auf Euro lautende Banknoten (§ 14 Abs. 1 S. 2 BBankG, Art. 128 Abs. 1 S. 3 AEUV, Art. 16 S. 3 Protokoll über die Satzung des Europäischen Systems der Zentralbanken und der Europäischen Zentralbank) und auf Euro und Cent lautende Münzen (Art. 128 Abs. 2 AEUV). Banknoten werden von der EZB und den nationalen Zentralbanken ausgegeben, Münzen von den Mitgliedstaaten der EWWU. Deutsche Euro-Münzen prägt der Bund (§ 1 MünzG); sie werden von der Deutschen Bundesbank in Verkehr gebracht (§ 7 Abs. 1 MünzG). Mit ausländischen (Bar-)Zahlungsmitteln kann die Einlageschuld nicht erfüllt werden.[140]

Die Einlageschuld erlischt gem. § 362 Abs. 1 BGB mit **Übereignung der Zahlungsmittel** auf die Vor-AG. Abs. 3 S. 1 schließt zwar eine Befreiung von der Einlageschuld durch Übereignungen gem. §§ 930 f. BGB nicht ausdrücklich aus. Eine Übereignung ohne Übergabe der Zahlungsmittel ist aber angesichts des Erfordernisses der freien Verfügungsmacht des Vorstands (→ Rn. 70 ff.) unzulässig.

c) Kontogutschrift. aa) Gutschrift. Zweite schuldbefreiende Leistungsform gem. Abs. 3 S. 1 2. Alt. ist die Gutschrift auf einem Konto. Eine Gutschrift ist wirksam erfolgt, wenn der betreffende Betrag dem Kontoinhaber nach dem Willen der kontoführenden Stelle, der in einem entsprechenden Organisationsakt zum Ausdruck kommen muss, zur Verfügung gestellt wird.[141] Wodurch die Gutschrift ausgelöst worden ist, spielt für das Vorliegen einer ordnungsgemäßen Einzahlung iSd. § 36 Abs. 2 iVm Abs. 3 S. 1 keine Rolle. Denkbar sind insbesondere Bareinzahlungen, Überweisungen, Zahlungsanweisungen und die Einreichung von Wechseln oder Schecks. Die Tilgungswirkung tritt in jedem Fall erst mit der Gutschrift auf einem Konto der Gesellschaft ein, wenn der Vorstand über den gutgeschriebenen Betrag frei verfügen kann. Ob es sich dabei um ein vom Vorstand gegenüber den Gesellschaftern zur Einzahlung benanntes Konto handelt, spielt im Hinblick auf die Tilgungswirkung keine Rolle.[142]

In welcher **Währung** der gutgeschriebene Betrag ausgewiesen sein muss, ist seit der Änderung des Abs. 3 durch Art. 4 Nr. 1 BegleitG[143] nicht mehr ausdrücklich geregelt. Dass Kontogutschriften in Euro Tilgungswirkung entfalten, versteht sich von selbst. Soweit Abs. 3 S. 1 die Einzahlung der

---

[134] BGHZ 119, 177 (188 f.) = NJW 1992, 3300 = LM AktG § 188 Nr. 2; OLG Naumburg NZG 2000, 152 (153); MüKoAktG/*Bungeroth* Rn. 52; Großkomm AktG/*Henze* Rn. 98; Hüffer/Koch/*Koch* Rn. 12; *Koch* ZGR 1993, 474 (479); *Wiedemann* ZIP 1991, 1257 (1264); UHL/*Ulmer/Casper* § 7 Rn. 42; aA Kölner Komm AktG/ *Drygala* Rn. 65; *Ihrig*, Die endgültig freie Verfügung über die Einlage von Kapitalgesellschaften, 1991, 295 ff.; für die GmbH *Ulmer* GmbHR 1993, 189 (190 ff.).
[135] Gesetz zur Umsetzung der Aktionärsrechterichtlinie v. 30.7.2009, BGBl. 2009 I 2479.
[136] Kölner Komm AktG/*Drygala* Rn. 65.
[137] Vgl. RGZ 144, 138 (148); Großkomm AktG/*Henze* Rn. 136; Hüffer/Koch/*Koch* Rn. 13; NK-AktR/ *Janssen* Rn. 23.
[138] Bürgers/Körber/*Westermann* Rn. 11.
[139] AllgM Großkomm AktG/*Henze* Rn. 85; Hüffer/Koch/*Koch* Rn. 13.
[140] K. Schmidt/Lutter/*Fleischer* Rn. 28; Hüffer/Koch/*Koch* Rn. 13.
[141] BGHZ 103, 143 (147 f.) = NJW 1988, 1320 = LM BGB § 665 Nr. 18.
[142] Für den Fall der eigenmächtigen Einzahlung auf ein nicht in Euro lautendes Konto und der damit verbundenen Wechselkursrisiken → Rn. 57 aE.
[143] Begleitgesetz zum Gesetz zur Umsetzung von EG-Richtlinien zur Harmonisierung bank- und wertpapierrechtlicher Vorschriften v. 22.10.1997, BGBl. 1997 I 2567.

Einlagebeträge auf Konten zulässt, die von ausländischen Unternehmen geführt werden (→ Rn. 59), ist darüber hinaus eine Gutschrift in der Währung des betreffenden Sitzstaats zulässig.[144] Gutgeschriebene Beträge, die auf derartige Währungen lauten, genügen den Anforderungen des Abs. 3 S. 1 aber auch dann, wenn die zulässige kontoführende Stelle im Inland ansässig ist. Andernfalls bestünde eine Diskriminierung inländischer kontoführender Stellen.[145]

57 Da Abs. 3 S. 1 Gutschriften auch in anderen Währungen als Euro schuldbefreiende Wirkung beimisst, entstehen **Wechselkursrisiken,** wenn die Währungen nicht an den Euro gekoppelt sind.[146] Das Grundkapital und somit auch der eingeforderte Betrag müssen auf Euro lauten (§ 6). Aus diesem Grund sind im Rahmen der Überprüfung der Kapitalaufbringung bei Anmeldung der Gesellschaft gem. § 36 Kontogutschriften, die auf ausländische Währung lauten, zum amtlichen Mittelkurs in Euro umzurechnen. Im Fall der Abwertung der ausländischen Währung gegenüber dem Euro nach wirksamer Entstehung der Gutschrift in der betreffenden Auslandswährung und vor Anmeldung der AG wird für eine Haftung der Gründer und Mitglieder des Vorstands nach § 46 Abs. 1 S. 2, § 48 S. 1 Hs. 2 auf Ersatz der durch den Kursverlust entstandenen Differenz zwischen dem eingeforderten Betrag und der tatsächlichen Einzahlung umgerechnet in Euro plädiert.[147] Dieser Auffassung ist nicht gänzlich zuzustimmen. Zunächst kommt eine Haftung der Gründer nach § 46 Abs. 1 S. 2 von vornherein nur dann in Betracht, wenn diese den Vorstand im Rahmen der Gründung anweisen, Einzahlungen der Gesellschafter auf nicht in Euro geführte Konten zuzulassen. Die Einforderung der Einlagen selbst ist nämlich allein Sache des Vorstands (→ Rn. 46). Dieser bestimmt dementsprechend auch grundsätzlich die Konten, auf die Gesellschafter ihre Einlagen einzahlen können. Soweit er Gesellschaftern die Einzahlung auf nicht in Euro geführte Konten gestattet und sich zwischen Einzahlung und Anmeldung der Gesellschaft ein Wechselkursrisiko realisiert, ist für dieses Risiko folglich auch grundsätzlich der Vorstand nach § 48 allein verantwortlich. Ihn trifft in solchen Fällen nur dann keine Haftung, wenn er den Gesellschaftern neben nicht in Euro geführten Konten mindestens ein in Euro geführtes Konto zur Einzahlung benennt und die Gesellschafter für den Fall einer Einzahlung auf eines der zuerst genannten Konten auf das Bestehen einer Nachzahlungsverpflichtung bei Abwertung der ausländischen Währung gegenüber dem Euro hinweist. Unter diesen Umständen sind die betreffenden Aktionäre zur Nachzahlung verpflichtet. Eine Nachzahlungspflicht besteht ebenfalls, wenn Aktionäre die eingeforderten Beträge eigenmächtig durch Überweisung auf nicht in Euro geführte Konten der Gesellschaft einzahlen.[148] In beiden Fällen liegt eine Nachzahlungspflicht der Gesellschafter näher als eine Haftung des Vorstands, weil das Abwertungsrisiko allein in den Verantwortungsbereich der betreffenden Gesellschafter fällt. Die Situation ist hier mit jener vergleichbar, die bei Wertverlust einer Sacheinlage zwischen Erstellung des Prüfungsberichts (§ 34 Abs. 2) und der Anmeldung zum HR besteht. Weder das Aktien- noch das GmbH-Recht sieht bei solchen Wertverlusten eine Haftung der Geschäftsleitung vor. In beiden Fällen tragen allein die Gesellschafter das Abwertungsrisiko.[149] Das GmbH-Gesetz bestimmt in § 9 Abs. 1 insoweit sogar ausdrücklich eine Nachzahlungspflicht des betreffenden Gesellschafters.

58 bb) **Kontoführende Stelle.** Zulässige kontoführende Stellen sind Kreditinstitute und Unternehmen im Sinne der in Abs. 3 S. 1 genannten kreditwesenrechtlichen Vorschriften. Für den Begriff des Kreditinstituts ist ebenfalls der kreditwesenrechtliche Begriff maßgeblich.[150] **Kreditinstitute** sind gem. § 1 Abs. 1 S. 1 KWG Unternehmen, die Bankgeschäfte iSd. § 1 Abs. 1 S. 2 KWG gewerbsmäßig oder in einem Umfang betreiben, der einen in kaufmännischer Weise eingerichteten Geschäftsbetrieb erfordert und die keinen der Ausnahmetatbestände des § 2 Abs. 1 KWG verwirklichen. Hierzu zählen nicht nur privatrechtlich organisierte Unternehmen, sondern auch öffentlich-rechtliche Kreditanstalten (Sparkassen, Giro-Zentralen und Landesbanken) sowie Genossenschaftsbanken. Die Deutsche Bundesbank ist wegen § 2 Abs. 1 Nr. 1 KWG keine kontoführende Stelle iSd Abs. 3 S. 1.[151]

59 Die nach Abs. 3 S. 1 zulässige kontoführende Stelle muss ihren Sitz nicht zwingend im Inland haben. Unterhält ein Unternehmen mit Sitz im Ausland eine **Zweigstelle im Inland,** die Bankgeschäfte betreibt, gilt die Zweigstelle selbst gem. § 53 Abs. 1 S. 1 KWG als Kreditinstitut. Die Zweig-

---

[144] MüKoAktG/*Bungeroth* Rn. 67; K. Schmidt/Lutter/*Fleischer* Rn. 31; Hüffer/Koch/*Koch* Rn. 16; vgl. auch Wachter/*Servatius* Rn. 15, offenlassend Bürgers/Körber/*Westermann* Rn. 11.
[145] K. Schmidt/Lutter/*Fleischer* Rn. 31; Hüffer/Koch/*Koch* Rn. 16; Hölters/*Laubert* Rn. 13; aA MüKoAktG/*Bungeroth* Rn. 67; NK-AktR/*Janssen* Rn. 27; Grigoleit/*Grigoleit/Rachlitz* Rn. 13 Fn. 28.
[146] Instruktiv zu den daraus resultierenden Fragen für die Kapitalaufbringung *Re Scandinavian Bank Group plc* [1987] 2 All ER 70.
[147] Vgl. MüKoAktG/*Bungeroth* Rn. 68.
[148] Insoweit zust. Grigoleit/*Grigoleit/Rachlitz* Rn. 13.
[149] Für das Aktienrecht → § 27 Rn. 34.
[150] MüKoAktG/*Bungeroth* Rn. 59; Großkomm AktG/*Henze* Rn. 89; Hüffer/Koch/*Koch* Rn. 15.
[151] K. Schmidt/Lutter/*Fleischer* Rn. 30; Hüffer/Koch/*Koch* Rn. 15.

stelle bedarf einer Bankerlaubnis nach § 32 KWG, soweit diese nicht gem. § 53b KWG entbehrlich ist.[152] Da derartige Zweigstellen als Kreditinstitute gelten, sind sie schon aufgrund dieser Fiktion zulässige kontoführende Stellen iSd Abs. 3 S. 1; die Verweisung auf § 53 Abs. 1 S. 1 KWG ist insoweit praktisch bedeutungslos.

Die Verweisung auf diese Vorschrift ist aber auch im Übrigen überflüssig.[153] Soweit Abs. 3 S. 1 **60** iVm § 53 Abs. 1 S. 1 KWG bestimmt, dass auch von ausländischen Unternehmen unterhaltene inländische Zweigstellen, die Finanzdienstleistungen (§ 1 Abs. 1a S. 2 KWG) erbringen, als zulässige kontoführende Stellen gelten, muss es sich um ein Versehen des Gesetzgebers handeln. Würde man das Gesetz beim Wort nehmen, wären nämlich im Inland ansässige **Finanzdienstleistungsinstitute** (§ 1 Abs. 1a S. 1 KWG) von den kontoführenden Stellen iSd Abs. 3 S. 1 ausgenommen, Zweigstellen ausländischer Unternehmen, die dieselben Finanzdienstleistungen im Inland erbringen, demgegenüber nicht. Eine solche Differenzierung wäre nicht nachvollziehbar. Da der Gesetzgeber offensichtlich nur Kreditinstitute als kontoführende Stellen für tauglich befindet – andernfalls hätte in Abs. 3 S. 1 der Begriff des Instituts (§ 1 Abs. 1b KWG) und nicht der des Kreditinstituts Verwendung gefunden – ist davon auszugehen, dass auch ausländische Unternehmen nur dann als zulässige kontoführende Stellen in Betracht kommen, wenn sie Bankgeschäfte betreiben.[154] Die Verweisung auf § 53 Abs. 1 S. 1 KWG läuft daher leer und ist missverständlich. Sie sollte gestrichen werden.

Abs. 3 S. 1 ist darüber hinaus insoweit missglückt, als die Vorschrift ohne Einschränkung auf § 53b **61** Abs. 1 S. 1 und Abs. 7 KWG verweist. Beide Verweisungen beziehen dem Wortlaut nach auch **Unternehmen mit Sitz in einem anderen Staat des EWR** als zulässige kontoführende Stellen mit ein, die keine Bankgeschäfte iSd § 1 Abs. 1 S. 2 KWG betreiben. Hier ist ebenfalls davon auszugehen, dass der Gesetzgeber die Verweisungen nicht in diesem umfassenden Sinne verstanden wissen möchte (→ Rn. 60). Die Verweisungen beanspruchen nur insoweit Geltung, als sie in einem anderen Staat des EWR ansässige *Kreditinstitute* umfassen.

Im Einzelnen gilt Folgendes: Kontoführende Stellen iSd Abs. 3 S. 1 iVm **§ 53b Abs. 1 S. 1 KWG** **62** sind CRR-Kreditinstitute (§ 1 Abs. 3d S. 1 KWG) und Wertpapierhandelsunternehmen (§ 1 Abs. 3d S. 4 KWG). Beide Arten von Instituten müssen in einem anderen Staat des EWR (§ 1 Abs. 5a S. 1 KWG) domizilieren, von der zuständigen Stelle des Herkunftsstaats zugelassen worden sein und nach Maßgabe der Richtlinien und Verordnungen der Europäischen Union beaufsichtigt werden (sog. Europäischer Pass). Ob sie im Inland Bankgeschäfte betreiben, spielt für die Qualifikation als zulässige kontoführende Stellen iSd Abs. 3 S. 1 keine Rolle. Die Kontoführung kann insbesondere auch im Sitzstaat erfolgen. Dementsprechend können Einlageverpflichtungen gem. Abs. 3 S. 1 auch durch Gutschriften auf **Konten** erfüllt werden, die von Unternehmen mit Europäischem Pass **im EWR geführt** werden.[155] Als kontoführende Stellen iSd Abs. 3 S. 1 iVm **§ 53b Abs. 7 KWG** gelten weiterhin diejenigen in einem Staat des EWR ansässigen Tochterunternehmen (§ 1 Abs. 7 S. 1 KWG), deren Mutterunternehmen (§ 1 Abs. 6 KWG) in dem Staat, in dem die Tochterunternehmen ihren Sitz haben, als CRR-Kreditinstitute zugelassen sind (§ 53b Abs. 7 S. 1 Nr. 3 KWG) und die die Voraussetzungen der übrigen Nummern des § 53b Abs. 7 S. 1 KWG erfüllen. Die Tochterunternehmen müssen Bankgeschäfte iSd § 1 Abs. 1 S. 2 Nr. 1–3, 5, 7–9 KWG betreiben, um den Anforderungen einer kontoführenden Stelle iSd Abs. 3 S. 1 zu genügen. Das Erbringen von Finanzdienstleistungen nach § 1 Abs. 1a S. 2 Nr. 7 KWG und die Ausübung von Tätigkeiten iSd. § 1 Abs. 3 KWG reichen nicht aus. Auch hier ist nicht von Bedeutung, ob die Bankgeschäfte im Inland betrieben werden. Abs. 3 S. 1 verweist nur auf die Unternehmen iSd § 53b Abs. 1 S. 1 und Abs. 7 KWG, verlangt aber nicht, dass diese Unternehmen im Inland tätig sind. Das leuchtet ein. Denn in einem kompetitiven Binnenmarkt versteht es sich von selbst, dass die Gründer und Organe einer werdenden AG sich ihre kontoführenden Stellen unabhängig von deren Sitz innerhalb des Binnenmarkts aussuchen können, solange diese nach Maßgabe der Richtlinien und Verordnungen der Europäischen Union beaufsichtigt werden.

cc) Kontoführende Stellen als Einlageschuldner. Umstritten ist, ob eine Gutschrift bei einer **63** der in Abs. 3 S. 1 genannten kontoführenden Stellen auch dann schuldbefreiende Wirkung entfaltet, wenn die betreffende **kontoführende Stelle** selbst Gründer bzw. Aktionär und damit **Einlageschuldner** ist. Soweit dem bei einer solchen Stelle geführten Konto Beträge gutgeschrieben werden, die auf Leistungen der Mitinferenten beruhen, werden diese gem. § 362 Abs. 1 BGB von der Einlagepflicht frei.[156] Das gilt selbst dann, wenn die Mitinferenten die Beträge von anderen bei der in Frage

---

[152] Boos/Fischer/Schulte-Mattler/*Vahldiek* KWG § 53 Rn. 3.
[153] Ebenso MüKoAktG/*Bungeroth* Rn. 63.
[154] Ebenso MüKoAktG/*Bungeroth* Rn. 62.
[155] Hüffer/Koch/*Koch* Rn. 15.
[156] MüKoAktG/*Bungeroth* Rn. 64; Großkomm AktG/*Henze* Rn. 95; Hüffer/Koch/*Koch* Rn. 17; Kölner Komm AktG/*Drygala* Rn. 77.

stehenden kontoführenden Stelle unterhaltenen Konten aus überweisen. In diesem Zusammenhang ist die Doppelrolle der kontoführenden Stelle aktienrechtlich unbedenklich.

64 Im Schrifttum wird die Tauglichkeit eines Kreditinstituts oder Unternehmens als kontoführende Stelle iSd. Abs. 3 S. 1 dann verneint, wenn das Kreditinstitut oder das Unternehmen seine **eigene Einlagepflicht durch Gutschrift auf ein von ihm selbst geführtes Konto** erfüllen möchte.[157] Eine solche Gutschrift könne deswegen keine Schuldbefreiung bewirken, weil die Einlageschuld andernfalls durch die Eingehung einer neuen Verbindlichkeit, nämlich eines abstrakten Schuldanerkenntnisses,[158] getilgt werden könnte. Dies sei mit dem Gebot der realen Kapitalaufbringung unvereinbar.[159] Die bloße institutsinterne Umbuchung stelle eine reine Formalie dar und sei ohne materielle Bedeutung. Weiterhin fehle es an einem endgültigen Vermögensopfer des Inferenten, was zur Folge habe, dass das Geleistete nicht zur freien Verfügung des Vorstands eingezahlt sei.[160]

65 Der Auffassung, eine kontoführende Stelle könne ihre eigene Einlageschuld nicht durch eine institutsinterne Umbuchung erfüllen, ist nicht zuzustimmen.[161] Dem Wortlaut des Abs. 3 S. 1 ist eine derartige Einschränkung nicht zu entnehmen. Die Vorschrift spricht ohne jede Spezifizierung von *einem* Kreditinstitut und *einem* Unternehmen. Der Wortlaut ist in diesem Zusammenhang von besonderer Bedeutung für den Willen des Gesetzgebers, da diesem die hier erörterte Problematik bereits vor 1937 bekannt war[162] und er gleichwohl im AktG 1937, im AktG 1965 und bei der letzten Änderung des Abs. 3 durch das BegleitG von 1997[163] darauf verzichtete, **Kreditinstitute und Unternehmen mit Doppelrolle** in dem hier erörterten Fall von den **zulässigen kontoführenden Stellen** auszunehmen.[164]

66 Auch systematische Gründe sprechen dafür, zu den kontoführenden Stellen iSd. Abs. 3 S. 1 ohne Einschränkung auch solche zu zählen, die selbst Inferenten sind. Wenn man nämlich mit der allgemeinen Meinung davon ausgeht, dass es unter dem Gesichtspunkt der realen Kapitalaufbringung unbedenklich ist, wenn die Inferenten ihre Einlageschuld bei einer kontoführenden Stelle, die ebenfalls Einlageschuldner ist, durch Kontogutschriften tilgen (→ Rn. 63), ist nicht einzusehen, weswegen dieselbe kontoführende Stelle zur Erfüllung der eigenen Einlageverpflichtung unter Kapitalaufbringungsgesichtspunkten nicht geeignet sein soll. In beiden Fällen – Erfüllung der Einlagepflicht durch einen Mitinferenten und durch die kontoführende Stelle selbst – wird die Schuld durch die Eingehung einer neuen Verbindlichkeit getilgt. Einziger Unterschied ist, dass im ersten Fall der **Schuldner wechselt.** Da der Schuldner aber in beiden Fällen nach Kontogutschrift ein und derselbe ist, nämlich die kontoführende Stelle, und der Gesetzgeber diese, wenn sie die gebotenen kreditwesenrechtlichen Anforderungen erfüllt (→ Rn. 58–62), als vertrauenswürdig erachtet, kann der ausbleibende Schuldnerwechsel für sich genommen die Gegenauffassung befürwortete Differenzierung nicht begründen. Das mit der Kontogutschrift verbundene Bonitätsrisiko ist angesichts desselben Schuldners in beiden Fällen dasselbe. Wenn der Gesetzgeber im Rahmen des Kapitalaufbringungsvorgangs dieses Bonitätsrisiko nicht hätte in Kauf nehmen wollen, hätte er der Kontogutschrift schlechthin keine schuldbefreiende Wirkung zugesprochen.[165] Da der Gesetzgeber Risiken aber in diesem Zusammenhang offenbar hinnimmt, ist es grundsätzlich nicht ausgeschlossen, dass die von ihm als vertrauenswürdig erachteten kontoführenden Stellen, sofern sie zugleich Einlageschuldner sind, durch Gutschrift auf ein von ihnen selbst geführtes Konto mit befreiender Wirkung leisten können. Der Eintritt der Tilgungswirkung hängt in solchen Fällen allein davon ab, ob die Gutschrift gem. Abs. 3 S. 1 zur freien Verfügung des Vorstands steht (→ Rn. 72).

67 **5. Empfangszuständigkeit. a) Barleistungen.** Die Einlageschuld wird mittels **gesetzlicher Zahlungsmittel** getilgt, indem diese der Gesellschaft **übereignet** werden. Der Vorstand handelt

---

[157] Vgl. MüKoAktG/*Bungeroth* Rn. 66; *Frey*, Einlagen in Kapitalgesellschaften, 1990, 184 ff.; *Ihrig*, Die endgültige freie Verfügung über die Einlage von Kapitalgesellschaftern, 1991, 266 ff.; MüKoAktG/*Pentz* § 36 Rn. 69; *Wiedemann* ZIP 1991, 1257 (1264 f.); vgl. hierzu auch Kölner Komm AktG/*Drygala* Rn. 77–79.

[158] Vgl. hierzu BGHZ 6, 121 (124) = NJW 1952, 929 = LM BGB § 270 Nr. 1; BGHZ 26, 167 (171); BGHZ 103, 143 (146) = NJW 1988, 1320 = LM BGB § 665 Nr. 18.

[159] So MüKoAktG/*Bungeroth* Rn. 66.

[160] Vgl. Kölner Komm AktG/*Lutter*, 2. Aufl. 1988, Rn. 37; → Rn. 72.

[161] Ebenso Kölner Komm AktG/*Drygala* Rn. 79; *Geßler* FS Möhring, 1975, 173 (174 ff.); K. Schmidt/Lutter/*Fleischer* Rn. 32; *Heinsius* FS Fleck, 1988, 89 (102 ff.); Großkomm AktG/*Henze* Rn. 96; Hüffer/Koch/*Koch* Rn. 17; NK-AktR/*Janssen* Rn. 28; Großkomm AktG/*Schall* § 36 Rn. 197; Hölters/*Laubert* Rn. 14; MHdB AG/*Rieckers* § 16 Rn. 5.

[162] Vgl. *Dorpalen* BankArch 1934/35, 339 (340).

[163] Begleitgesetz zum Gesetz zur Umsetzung von EG-Richtlinien zur Harmonisierung bank- und wertpapierrechtlicher Vorschriften v. 22.10.1997, BGBl. 1997 I 2567.

[164] Vgl. Großkomm AktG/*Henze* Rn. 96; Hüffer/Koch/*Koch* Rn. 17.

[165] Vgl. Großkomm AktG/*Henze* Rn. 95; Hüffer/Koch/*Koch* Rn. 17.

im Rahmen der Übereignung als organschaftlicher Vertreter der Gesellschaft. Besitz, den der Vorstand an den Zahlungsmitteln erlangt, wird der Gesellschaft unmittelbar zugerechnet.[166]

b) Leistung auf ein Konto der Gesellschaft. Eine Leistung durch Kontogutschrift wirkt gem. **68** Abs. 3 S. 1 nur dann schuldbefreiend, wenn die **Gesellschaft Inhaberin des Kontos** ist. Bloße Verfügungsmacht der Gesellschaft über das Konto eines Dritten, auch über das eines Gründers genügt nicht.[167] Mit „der Gesellschaft" ist die Vor-AG gemeint. Diese ist partiell rechtsfähig[168] und insbesondere kontofähig.[169] Mit Eintragung der Gesellschaft (§ 41 Abs. 1 S. 1) gehen die Kontoinhaberschaft und die damit verbundenen Forderungen ohne Übertragungsakt auf die AG über.

c) Leistung auf ein Konto des Vorstands. Tilgungswirkung entfaltet weiterhin die Gutschrift **69** auf einem **Konto des Vorstands**. Damit ist nicht der Vorstand als natürliche Person, sondern als **Organ der Gesellschaft** gemeint.[170] In dieser Funktion hat der Vorstand keine eigene Rechtspersönlichkeit und ist dementsprechend auch nicht kontofähig. Inhaberin des Kontos ist, auch wenn es die Bezeichnung „Konto des Vorstands" oder den Namen eines Vorstandsmitglieds trägt, ausschließlich die Vor-AG.[171] Nur sie ist gegenüber der kontoführenden Stelle forderungsberechtigt. Die Regel des Abs. 3 S. 2, nach der Forderungen des Vorstands aus Einzahlungen iSd Abs. 3 S. 1 als Forderungen der Gesellschaft gelten, ist überflüssig,[172] da sie nur diejenige Rechtslage fingiert wissen möchte, die ohnehin besteht. Abs. 3 S. 2 sollte folglich gestrichen werden. Gutschriften auf **Privatkonten** der Vorstandsmitglieder bewirken demgegenüber keine Erfüllung der Einlagepflicht.[173] Erfüllung tritt in solchen Fällen erst ein, wenn die Beträge auf ein Konto der Gesellschaft überwiesen und diesem gutgeschrieben werden.

6. Freie Verfügung des Vorstands über den eingezahlten Betrag. a) Maßgeblicher Zeit- 70 punkt. Voraussetzung für die Erfüllung der Einlagepflicht ist gem. Abs. 3 S. 1, dass der eingeforderte Betrag zur freien Verfügung des Vorstands eingezahlt ist. Die Vorschrift wiederholt damit die Anforderungen, die § 36 Abs. 2 bei der Anmeldung der Gesellschaft an die eingezahlten Mittel stellt. Wann dem Vorstand der eingeforderte Betrag zur freien Verfügung gestellt wird, spielt dabei keine Rolle. Der **Zeitpunkt des Erfüllungseintritts** kann insbesondere von dem der Einzahlung abweichen.[174] Eine einmal eingetretene Erfüllung wird durch eine anschließende Beschränkung der Verfügungsmacht des Vorstands selbst dann nicht wieder aufgehoben, wenn die Eintragung der Gesellschaft wegen der Verfügungsbeschränkung vom Registergericht zu Recht zunächst abgelehnt und erst später, nach Beseitigung der Verfügungsbeschränkung, bewilligt wird. Nach Erfüllungseintritt trägt allein die Gesellschaft die Risiken nachfolgender Verfügungsbeschränkungen.[175]

b) Begriff. Das Merkmal der freien Verfügung stimmt mit dem des § 36 Abs. 2 inhaltlich über- **71** ein.[176] Es ist dann verwirklicht, wenn die eingezahlten Beträge aus dem **Einfluss- und Herrschaftsbereich des Einlegers ausgesondert** worden sind, der **Gesellschaft vorbehalts- und risikolos zugeflossen** sind und der **Vorstand** im Rahmen seines unternehmerischen Ermessens über die **Verwendung der Mittel entscheiden** kann.[177] Der Vorstand muss die Mittel insbesondere unabhängig von den Vorgaben Dritter, insbesondere der Einleger, verwenden können.[178]

---

[166] Vgl. BGHZ 56, 73 (77) = NJW 1971, 1358 = LM BGB § 823 (Ac) Nr. 15; dazu K. Schmidt GesR § 10 III 2.
[167] BGH NJW 2001, 1647 (1648) (zur GmbH) = LM GmbHG § 16 Nr. 11.
[168] BGHZ 117, 323 (326) = NJW 1992, 1824 = LM FGG § 20 Nr. 46.
[169] BGH WM 1962, 644; BGHZ 45, 338 (347) = NJW 1966, 1311; BGHZ 117, 323 (326) = NJW 1992 = LM FGG § 20 Nr. 46, 1824; Großkomm AktG/*Henze* Rn. 102; Hüffer/Koch/*Koch* Rn. 19.
[170] K. Schmidt/Lutter/*Fleischer* Rn. 33; Großkomm AktG/*Henze* Rn. 103; Hüffer/Koch/*Koch* Rn. 19; Kölner Komm AktG/*Drygala* Rn. 69.
[171] MüKoAktG/*Bungeroth* Rn. 56; Großkomm AktG/*Henze* Rn. 103; Hüffer/Koch/*Koch* Rn. 19; Kölner Komm AktG/*Drygala* Rn. 69.
[172] MüKoAktG/*Bungeroth* Rn. 56; K. Schmidt/Lutter/*Fleischer* Rn. 33; Großkomm AktG/*Henze* Rn. 103; Hüffer/Koch/*Koch* Rn. 19.
[173] MüKoAktG/*Bungeroth* Rn. 56; Großkomm AktG/*Henze* Rn. 104; Kölner Komm AktG/*Drygala* Rn. 69.
[174] AA offenbar MüKoAktG/*Bungeroth* Rn. 68.
[175] BGHZ 15, 66 (69) = NJW 1954, 1844; Großkomm AktG/*Henze* Rn. 106; Kölner Komm AktG/*Drygala* Rn. 81; *Mülbert* ZHR 154 (1990), 145 (149 f.); Großkomm AktG/*Schall* § 36 Rn. 201.
[176] AllgM Großkomm AktG/*Henze* Rn. 107; Hüffer/Koch/*Koch* Rn. 18.
[177] Vgl. BGHZ 15, 66 (69) = NJW 1954, 1844; BGHZ 113, 335 (347 ff.) = NJW 1991, 1754 = LM GmbHG § 57 Nr. 3; BGHZ 122, 180 (184) = NJW 1993, 1983 = LM AktG § 186 Nr. 5; BGHZ 125, 141 (151) = BGH NJW 1994, 1477 = LM GmbHG § 19 Nr. 16; MüKoAktG/*Bungeroth* Rn. 70; Großkomm AktG/*Henze* Rn. 107; Hüffer/Koch/*Koch* § 36 Rn. 7; MüKoAktG/*Pentz* § 36 Rn. 48; aA Kölner Komm AktG/*Drygala* Rn. 82–89, der allein für maßgeblich hält, ob der Aktionär seinen Risikobeitrag wirksam und endgültig erbracht hat (→ Rn. 89).
[178] BGHZ 96, 231 = NJW 1986, 873 = LM BGB § 826 [Gg] Nr. 5; RGZ 157, 213 (224); Großkomm AktG/*Henze* Rn. 107.

72 aa) Aussonderung des Geleisteten. Eine Aussonderung der eingezahlten Beträge aus dem Einfluss- und Herrschaftsbereich des Inferenten wird im Schrifttum in denjenigen Fällen bestritten, in denen die **kontoführende Stelle selbst Einleger** ist und ihre Einlage durch eine Gutschrift auf ein von ihr geführtes Konto leistet (→ Rn. 63 ff.).[179] Dieser Auffassung ist nicht zuzustimmen.[180] Ein durch die kontoführende Stelle gutgeschriebener Betrag steht dem Vorstand vielmehr dann zur freien Verfügung, wenn durch Vereinbarungen zwischen der Gesellschaft und der kontoführenden Stelle sichergestellt ist, dass diese nach der Gutschrift nicht mehr auf den von ihr geleisteten Betrag zugreifen kann.[181] Die bloße Bezeichnung des Kontos als Einlagen-, Gründungs- oder Kapitalerhöhungskonto oder ähnliches reicht hierzu allerdings nicht aus.[182] Erforderlich ist vielmehr eine ausdrückliche Abrede, in der die Bank auf ihr Pfandrecht nach Nr. 14 Abs. 1 AGB-Banken verzichtet.

73 bb) Leistung ohne Vorbehalt. Eingezahlte Beträge stehen dem Vorstand insbesondere dann **nicht vorbehaltlos** zur Verfügung, wenn die Einzahlung nur **zum Schein** erfolgt[183] oder Inferent und Vorstand die **Rückzahlung des Kapitals** vereinbaren.[184] Auch eine als „Darlehensgewährung" bezeichnete Rückzahlung der Einlage an den Aktionär bedeutet, dass die Leistung nicht zur freien Verfügung des Vorstands gestanden hat.[185] Sofern der Vorstand entgegen einer Rückzahlungsvereinbarung die geleisteten Einlagen nicht zurückgewährt, tritt – soweit die Mittel noch vorhanden sind – in dem Zeitpunkt Erfüllung ein, in dem sich die die Rückzahlung verweigernde Haltung des Vorstands in dessen Verhalten objektiv manifestiert.[186] Entsprechendes gilt, wenn die Rückzahlung nicht an den Inferenten selbst, sondern an ein mit ihm **verbundenes Unternehmen**[187] oder an einen Dritten vorgenommen werden soll, der einem Aktionär iSd § 57 wirtschaftlich gleichzusetzen ist.[188] Wegen § 57 Abs. 1 besteht in solchen Fällen ein Leistungsverbot der Gesellschaft[189] (auch → § 57 Rn. 67 ff.).

74 Die Leistung auf eine Bareinlageverpflichtung entfaltet auch dann keine Tilgungswirkung, wenn der eingezahlte Betrag an den Einleger zum Zweck der Erfüllung einer gegen die Gesellschaft gerichteten Gegenforderung zurückfließt (**verdeckte Sacheinlage**).[190] Der Einleger gibt seine Verfügungsmacht über das von ihm Geleistete auch hier nicht vorbehaltlos auf, sondern stellt die Mittel nur zur späteren Befriedigung eines eigenen Anspruchs zur Verfügung.

75 cc) Leistung ohne Risiken. Die eingezahlten Beträge dürfen im Ergebnis nicht aus dem Vermögen der Gesellschaft stammen.[191] Die Gesellschaft darf den eingezahlten Betrag insbesondere nicht kreditieren oder eine Fremdfinanzierung des vom Inferenten geleisteten Einlagenbetrages besichern.[192] Andernfalls würde die Einlageforderung der Gesellschaft lediglich durch eine Darlehensforderung substituiert oder die Gesellschaft würde eine Mithaftung für den Rückzahlungsanspruch des

---

[179] Generell abl. MüKoAktG/*Bungeroth* Rn. 66; *Ihrig,* Die endgültige freie Verfügung über die Einlage von Kapitalgesellschaftern, 1991, 268; MüKoAktG/*Pentz* § 36 Rn. 69; *Wiedemann* ZIP 1991, 1257 (1264).
[180] Ebenso Kölner Komm AktG/*Drygala* Rn. 79.
[181] *Geßler* FS Möhring, 1975, 173 (175 ff.); *Heinsius* FS Fleck, 1988, 89 (102 ff.); Großkomm AktG/*Henze* Rn. 113; Hüffer/Koch/*Koch* Rn. 18; Heidel/*Janssen* Rn. 29.
[182] Großkomm AktG/*Henze* Rn. 113; Hüffer/Koch/*Koch* Rn. 18; aA Kölner Komm AktG/*Drygala* Rn. 79, der sich dafür ausspricht, aus der Bezeichnung des Kontos den Willen der Bank herauszulesen, auf dieses Konto ohne Vorbehalt zu leisten.
[183] AllgM RGZ 157, 213 (225); OLG Frankfurt AG 1991, 402 (403 f.); Hüffer/Koch/*Koch* § 36 Rn. 8; Großkomm AktG/*Schall* § 36 Rn. 148.
[184] BGHZ 122, 180 (184 f.) = NJW 1993, 1983 = LM AktG § 186 Nr. 5; Hüffer/Koch/*Koch* § 36 Rn. 8; Kölner Komm AktG/*Drygala* Rn. 80; MüKoAktG/*Pentz* § 36 Rn. 59; Großkomm AktG/*Schall* § 36 Rn. 156.
[185] BGHZ 153, 107 (110); BGH ZIP 2005, 2203 (2204).
[186] Vgl. hierzu Großkomm AktG/*Röhricht,* 4. Aufl. 2004, § 36 Rn. 76; enger Großkomm AktG/*Schall* § 36 Rn. 171 aE; gegen eine Erfüllung der Einlageschuld in solchen Fällen MüKoAktG/*Pentz* § 36 Rn. 59.
[187] Vgl. hierzu BGHZ 96, 231 (240) = NJW 1986, 873 = LM BGB § 826 [Gg] Nr. 5; BGHZ 110, 47 (66 f.) = NJW 1990, 982 = LM AktG § 27 Nr. 3; BGH NZG 2003, 867 (869) = WM 2003, 1720.
[188] Großkomm AktG/*Schall* Rn. 155.
[189] BGHZ 69, 274 (280) (GmbH) = NJW 1978, 160 = LM GmbHG § 30 Nr. 7; *Flume* ZHR 144 (1980), 18 (23).
[190] BGHZ 113, 335 (348 f.) = NJW 1991, 1754 = LM GmbHG § 57 Nr. 3; BGHZ 122, 180 (184) = NJW 1993, 1983 = LM AktG § 186 Nr. 5; BHG ZIP 2005, 2203 (2204); Großkomm AktG/*Henze* Rn. 108 f.; *Henze* ZHR 154 (1990), 105 (117 f.); NK-AktR/*Janssen* Rn. 30; *Mülbert* ZHR 154 (1990), 145 (182); Großkomm AktG/*Schall* § 36 Rn. 172; *Ulmer* ZHR 154 (1990), 128 (137 f.); aA Hommelhoff/Kleindiek ZIP 1987, 477 (486 f.); *Meilicke* GmbHR 1989, 411 (413); *K. Schmidt* AG 1986, 106 (110 f.); *Wilhelm* ZHR 152 (1988), 333 (367 ff.).
[191] AllgM BGHZ 122, 180 (184) mwN = NJW 1993, 1983 = LM AktG § 186 Nr. 5; Großkomm AktG/*Schall* § 36 Rn. 149.
[192] RGZ 47, 180 (185); BGHZ 28, 77 f. = NJW 1958, 1351 = LM KO § 82 Nr. 2; OLG Frankfurt AG 1991, 402 (404); Hüffer/Koch/*Koch* § 36 Rn. 8; Großkomm AktG/*Schall* § 36 Rn. 150.

Fremdkapitalgebers übernehmen. In beiden Fällen würden der Gesellschaft die geleisteten Beträge **nicht risikolos** zufließen.

dd) Freie Mittelverwendung. Der Vorstand muss im Rahmen seines unternehmerischen **76** Ermessens frei über die der Gesellschaft vorbehalt- und risikolos zugeflossen Mittel disponieren können. Nur unter diesen Umständen ist die Einzahlung der eingeforderten Beträge für den Inferenten gem. Abs. 3 S. 1 schuldbefreiend. Eine solche **Freiheit des Vorstands bei der Mittelverwendung** ist dann nicht gegeben, wenn die Einzahlung durch Gutschrift auf ein gesperrtes Konto[193] erfolgt oder das Kontoguthaben gepfändet worden ist.[194] Sofern der eingeforderte Betrag auf ein Konto eingezahlt wird, das einen Debetsaldo aufweist (sog. **debitorisches Konto**), hindert die Verrechnung mit dem Sollstand die freie Verfügung nicht in jedem Fall. Falls die liquiden Mittel der Gesellschaft trotz der Verrechnung im Ergebnis in Höhe des eingezahlten Betrags zunehmen, hat die Einzahlung für den Inferenten schuldbefreiende Wirkung.[195] Das ist beispielsweise der Fall, wenn der Debetsaldo zwar durch die Verrechnung zurückgeführt wird, der Vorstand aber aufgrund einer bestehenden Kreditlinie uneingeschränkt über die eingegangenen Mittel verfügen kann. Unerheblich ist in diesem Zusammenhang, ob dem Vorstand die eingezahlten Beträge als Kredit der kontoführenden Stelle auf demselben oder einem anderen Konto zur Verfügung gestellt werden. Ist die **Kreditlinie** der Gesellschaft demgegenüber im Zeitpunkt der Leistung des Einlagebetrags **überschritten** und wird die Kontogutschrift mit dem Debetsaldo verrechnet, bewirkt die Leistung keine Erfüllung der Einlageverbindlichkeit.[196] Durch die Kontogutschrift wird lediglich der Bankkredit getilgt, ohne dass der Vorstand über die Einlagemittel zuvor eine Verwendungsentscheidung getroffen hätte.

Ob und unter welchen Umständen **Verwendungsabreden** zwischen Einlegern und Vorstand **77** die freie Verfügung iSd. Abs. 3 S. 1 hindern, ist nicht abschließend geklärt.[197] Unstreitig ist in diesem Zusammenhang allein, dass derartige Absprachen jedenfalls dann einer freien Verfügung entgegenstehen, wenn sie darauf gerichtet sind, dem Inferenten das Geleistete direkt oder indirekt, mit oder ohne Gegenleistung wieder zuzuführen (→ Rn. 73 f.). Bei Abreden, die den Vorstand demgegenüber verpflichten, die eingezahlten Mittel in einer anderen Weise als zur Rückzahlung an den Inferenten oder an einen diesem wirtschaftlich gleichstehenden Dritten zu verwenden, ist streitig, unter welchen Umständen die Mittel als zur freien Verfügung des Vorstands eingezahlt gelten.[198] Im Ergebnis liegt dann eine freie Verfügung vor, wenn dem Vorstand im Rahmen der Mittelverwendung trotz der Absprache ein **eigenständiger Entscheidungsspielraum** verbleibt. Ob eine von ihm einmal getroffene Verwendungsentscheidung widerruflich ist oder nicht, spielt keine Rolle.[199] Das Bestehen *freier* Verfügungsmacht ausschließlich von der Person abhängig zu machen, die die eingezahlten Mittel letztlich empfängt,[200] würde dem Zweck des Merkmals nicht hinreichend Rechnung tragen. Dieses soll den von Einlegern auf den Vorstand ausübbaren Druck senken, die finanziellen Mittel in einer genau vorgegebenen Weise zu investieren.[201] Dass Kapitalgeber mit der Gründung einer AG und der damit verbundenen Kapitalaufbringung sowie mit der Durchführung einer Kapitalerhöhung bestimmte Investitionszwecke verfolgen, versteht sich zwar von selbst und ist zweifellos legitim. Deren konkrete Realisierung obliegt jedoch nach der aktienrechtlichen Kompetenzordnung ausschließlich dem Vorstand. Mit der durch das Aktiengesetz vorgezeichneten Trennung von Eigentum und Verfügungsmacht wäre es unvereinbar, eingezahltes Kapital als aufgebracht anzusehen, wenn der Vorstand bei dessen Verwendung die Investitions- und Finanzplanung der Inferenten ohne Handlungsspielraum umzusetzen hätte. Das widerspräche einer eigenverantwortlichen Leitung der Geschäfte durch den Vorstand iSd § 76 Abs. 1.[202]

---

[193] BGH WM 1962, 644; Großkomm AktG/*Henze* Rn. 112; Hüffer/Koch/*Koch* § 36 Rn. 8; Großkomm AktG/*Schall* § 36 Rn. 193.
[194] Großkomm AktG/*Henze* Rn. 112; *Hommelhoff/Kleindiek* ZIP 1987, 477 (490); Hüffer/Koch/*Koch* § 36 Rn. 8; Großkomm AktG/*Schall* § 36 Rn. 193.
[195] BGH NJW 1991, 226 f. = LM GmbHG § 55 Nr. 8; BGH NJW 1991, 1294 f. = LM GmbHG § 8 Nr. 5; BGH ZIP 1996, 1466 f.; OLG Frankfurt WM 1984, 1448 f.; OLG Hamm GmbHR 1985, 326 f.; MüKoAktG/*Bungeroth* Rn. 71; Großkomm AktG/*Henze* Rn. 112; Hüffer/Koch/*Koch* § 36 Rn. 8; *Koch* ZGR 1993, 474 (477); *Priester* DB 1987, 1473 (1474 f.); Großkomm AktG/*Schall* § 36 Rn. 193; *K. Schmidt* AG 1986, 106 (110); MHdB AG/*Rieckers* § 16 Rn. 6.
[196] BGH NJW 1991, 226 f.; OLG Frankfurt WM 1984, 1448; OLG Stuttgart AG 1995, 516 (517); Hüffer/Koch/*Koch* § 36 Rn. 8; Großkomm AktG/*Schall* § 36 Rn. 194.
[197] Vgl. hierzu Hüffer/Koch/*Koch* § 36 Rn. 9; *Hommelhoff/Kleindiek* ZIP 1987, 477 (478 ff.); *Krolop/Pleister* AG 2006, 650 (655 f.); *Porzelt* KSzW 2015, 160, 162; Großkomm AktG/*Schall* § 36 Rn. 176–180.
[198] Vgl. hierzu näher Großkomm AktG/*Schall* § 36 Rn. 176–180.
[199] Großkomm AktG/*Schall* § 36 Rn. 179.
[200] So Großkomm AktG/*Röhricht*, 4. Aufl. 2004, § 36 Rn. 81 ff.
[201] Vgl. Großkomm AktG/*Röhricht*, 4. Aufl. 2004, § 36 Rn. 49.
[202] Dieser Argumentation ausdrücklich folgend LG München ZIP 2012, 2152 (2155).

78 **7. Rechtsfolgen.** Einzahlungen, die ein Inferent unter Einhaltung der Vorgaben des Abs. 3 leistet, erfüllen dessen Einlageverbindlichkeit gem. **§ 362 Abs. 1 BGB**. Einzahlungen, die nicht in der durch Abs. 3 vorgeschriebenen Form geleistet werden, sind im Leistungszeitpunkt zur Tilgung der Einlagepflicht ungeeignet. Tilgungswirkung tritt in solchen Fällen allerdings dann ein, wenn die geleisteten Mittel entweder auf ein gem. Abs. 3 S. 1 zugelassenes Konto übertragen werden oder der Vorstand sie der Gesellschaft in gesetzlichen Zahlungsmitteln zuführt.[203] Darlegungs- und beweispflichtig für die Leistung der Einlage ist der sich auf die Erfüllung berufende Aktionär. Der Beweis kann mit Hilfe von unstreitigen oder erwiesenen Indizientatsachen erbracht werden.[204]

79 **Freiwillige Mehrleistungen** befreien von der Einlageschuld nur, wenn sich die Gründer mit derartigen Leistungen einverstanden erklärt haben (→ Rn. 49 f.). Einzahlungen, die vor Eintragung der Gesellschaft ohne Einverständnis der Gründer geleistet werden, tilgen die Einlageverbindlichkeit auch nach Eintragung nicht ohne weiteres. Denn ohne Zahlungsaufforderung des Vorstands nach § 63 Abs. 1 sind die Resteinlageverbindlichkeiten nicht erfüllbar.[205] Das vor Eintragung ohne Zustimmung der Gründer freiwillig Geleistete tilgt die Einlageverbindlichkeit nach Eintragung daher erst mit Bekanntmachung einer entsprechenden Zahlungsaufforderung und nur insoweit, wie die Mittel *wertmäßig*[206] zu diesem Zeitpunkt noch vorhanden sind.

80 Leistungen der Inferenten ohne Tilgungswirkung können gem. §§ 812 ff. BGB kondiziert werden.[207] Eine Aufrechnung des Konditionsanspruchs gegen die nach wie vor bestehende Einlageforderung der Gesellschaft ist gem. § 66 Abs. 1 S. 2 unzulässig. Diese Rechtsfolgen treffen die Inferenten auch, wenn die Verfügungsmacht des Vorstands über die geleisteten Mittel beschränkt ist. Dementsprechend besteht selbst dann ein Anspruch der Gesellschaft auf erneute Leistung der Einlagen, wenn die Inferenten die Einlagebeträge auf Anweisung des Vorstands auf ein bestimmtes Konto überwiesen haben und der Vorstand über die Gutschriften insbesondere deswegen nicht verfügen kann, weil das Konto gesperrt oder gepfändet ist oder einen Debetsaldo bei fehlender oder überzogener Kreditlinie aufweist (→ Rn. 76). Ob die leistenden Inferenten gutgläubig in Bezug auf den die Tilgung hindernden Umstand sind, ist insoweit ohne Bedeutung.[208] Für sie ist es daher ratsam, sich die **freie Verfügungsmacht** des Vorstands von der kontoführenden Stelle **bestätigen zu lassen**.[209] Sofern sich anschließend die Unrichtigkeit der Bestätigung herausstellt und die Einlagepflicht trotz erfolgter Leistung fortbesteht, können die Inferenten immerhin bei der kontoführenden Stelle Regress nehmen. Ohne eine derartige Bestätigung kommen allein deliktische Schadensersatzansprüche (§ 826 BGB) gegen den Vorstand in Betracht, sofern den Inferenten durch die Doppelzahlung ein Schaden entstanden ist. Schadensersatzansprüche aus § 48 Abs. 1 S. 1 Hs. 2 stehen ausschließlich der Gesellschaft zu.

VI. Verjährung (Abs. 4)

81 **1. Grund für die Sonderverjährung.** Nach Abs. 4 S. 1 verjähren Einlagenansprüche der Gesellschaft in **zehn Jahren** von ihrer Entstehung an. Die Verjährungsregelung ist durch Art. 11 Nr. 2 AnpassungsG[210] eingefügt worden. Zuvor galt die alte Regelverjährung von dreißig Jahren (§ 195 BGB aF). Die aktienrechtliche Sonderregelung in Abs. 4 ist aufgrund der Änderung der bürgerlich-rechtlichen Regelverjährung durch das Gesetz zur Modernisierung des Schuldrechts[211] erforderlich geworden, da die neue Regelverjährung von drei Jahren mit subjektivem Beginn (§§ 195, 199 Abs. 1 BGB) weder hinsichtlich der Frist noch des Beginns auf Kapitalaufbringung und Kapitalerhaltung passt.[212] Diese dienen in erster Linie dem Gläubigerschutz. Dementsprechend bestehen die Einlagenansprüche der Gesellschaft primär im Interesse der Gläubiger. Sie und nicht die Anspruchsinhaberin, die Gesellschaft, wären daher an erster Stelle betroffen, wenn die Einlageforderungen bereits nach drei Jahren nicht mehr durchsetzbar wären. Bei Geltung dieser kurzen Verjährungsfrist wäre zu befürchten, dass Gesellschafter versuchten, sich offener Einlageverpflichtungen zu entledigen, indem sie beim Vorstand die bloße Einforderung der Resteinlagen anregen.[213] Würde der Vorstand es bei

---

[203] Großkomm AktG/*Henze* Rn. 136; Hüffer/Koch/*Koch* Rn. 13.
[204] BGH NJW 2007, 3067 f. (für die GmbH); Hüffer/Koch/*Koch* Rn. 20.
[205] AllgM Großkomm AktG/*Gehrlein* § 63 Rn. 29; Hüffer/Koch/*Koch* § 63 Rn. 7.
[206] BGHZ 119, 177 (188) = NJW 1992, 3300 = LM AktG § 188 Nr. 2.
[207] Grigoleit/*Grigoleit/Rachlitz* Rn. 9.
[208] Großkomm AktG/*Schall* § 36 Rn. 198.
[209] Großkomm AktG/*Schall* § 36 Rn. 198.
[210] Gesetz zur Anpassung von Verjährungsvorschriften an das Gesetz zur Modernisierung des Schuldrechts v. 9.12.2004, BGBl. 2004 I 3214.
[211] Gesetz zur Modernisierung des Schuldrechts v. 26.11.2001, BGBl. 2001 I 3138.
[212] BegrRegE BT-Drs. 15/3653, 11 (20); *Thiessen* ZHR 168 (2004), 503, (505, 516).
[213] Vgl. *Thiessen* ZHR 168 (2004), 503 (509 f.).

der Zahlungsaufforderung belassen, ohne die Einlageforderung tatsächlich beizutreiben, wären diese binnen drei Jahren verjährt. Diese Frist ist angesichts der zentralen Bedeutung des Grundsatzes der Kapitalaufbringung für den Gläubigerschutz zu kurz.[214] Das gilt umso mehr, als die Gesellschaftsgläubiger von der Fälligstellung der Einlagenansprüche in der Regel keine Kenntnis erlangen und auf die Durchsetzung der Einlageforderungen keinen Einfluss haben. Aus diesen Gründen hat der Gesetzgeber nach dem Vorbild des § 199 Abs. 4 BGB eine Verjährungsfrist von zehn Jahren bestimmt, die mit Entstehung der Forderung (→ Rn. 82) beginnt. Er hat bei Festlegung der Verjährungsfrist insbesondere den Gleichlauf mit den handels- und steuerrechtlichen Aufbewahrungsfristen nach § 257 Abs. 4 HGB und § 147 Abs. 3 AO im Auge gehabt, um Beweisschwierigkeiten bei der Geltendmachung von Einlagenansprüchen zu reduzieren.[215]

2. Anwendungsbereich. Abs. 4 beansprucht für grundsätzlich für alle Einlagenansprüche der AG 82 Geltung, sei es dass die Ansprüche aus einer Gründung oder aus einer Kapitalerhöhung resultieren, sei es dass es sich bei der Einlage um eine Bar- oder um eine Sacheinlage handelt.[216] Für den aktienrechtlichen Differenzhaftungsanspruch gilt allerdings nach wie vor § 9 Abs. 2 GmbHG analog.[217] Die Regelungen des Abs. 4 sind auch dann anwendbar, wenn Inhaberaktion entgegen § 10 Abs. 2 S. 1 vor der vollen Leistung der Einlage[218] oder wenn Bezugsaktien im Rahmen einer bedingten Kapitalerhöhung entgegen § 199 Abs. 1 vor der Leistung des vollen Gegenwerts ausgegeben werden.

3. Beginn der Verjährungsfrist. Die Verjährungsfrist **beginnt mit der Entstehung des Einla-** 83 **genanspruchs.** Dieser ist entstanden sobald er gerichtlich geltend gemacht werden kann, sei es im Wege der Leistungs- oder der Feststellungsklage, was grundsätzlich voraussetzt, dass der Anspruch fällig ist.[219] Der Einlagenanspruch ist mit Aufforderung der Aktionäre zur Einzahlung durch den Vorstand gem. § 63 Abs. 1 S. 1 fällig,[220] wenn nicht die Gesellschafter bereits bei Gründung die sofortige Fälligkeit der Einlagen in der Satzung festgelegt haben.

4. Erleichterungen und Erschwerungen der Verjährung. Satzungsmäßige **Erleichterungen** 84 **oder Erschwerungen der Verjährung** sind angesichts des § 23 Abs. 5 unzulässig. Die Gesellschaft kann allerdings mit Aktionären individuell eine längere Verjährungsfrist als zehn Jahre vereinbaren.[221] Obergrenze sind gem. § 202 Abs. 2 BGB dreißig Jahre. Vereinbarte Verkürzungen der Verjährungsfrist sind demgegenüber unwirksam.[222] Sie benachteiligen die Gesellschaftsgläubiger und sind daher Verträge zu Lasten Dritter.

5. Behandlung von Altfällen. Übergangsvorschrift ist Art. 229 § 12 Abs. 1 S. 1 Nr. 9, Abs. 2 85 iVm § 6 EGBGB. Danach gilt für Einlagenansprüche, die mit Ablauf des 14.12.2004 noch nicht verjährt waren, eine Verjährungsfrist von zehn Jahren.[223] Der vor dem 15.12.2004 abgelaufene Zeitraum ist nach dem Wortlaut des Art. 229 § 12 Abs. 2 S. 2 EGBGB auf diese Frist anzurechnen. Die uneingeschränkte Anordnung einer solchen Anrechnung stellt allerdings ganz offensichtlich ein **Redaktionsversehen**.[224] Wäre eine Anrechnung auch bei Einlagenansprüchen vorzunehmen, die zwischen dem 15.12.1974 und dem 15.12.1994 fällig wurden, wären diese Einlagenansprüche bei wortlautgetreuer Anwendung von Art. 229 § 12 Abs. 2 S. 2 EGBGB bereits am 15.12.2004 verjährt gewesen. Dieses Ergebnis wird von dem Willen des Gesetzgebers nicht getragen, die Verjährungsfrist bei Ansprüchen gegen die Gesellschafter aus Kapitalaufbringung und Kapitalerhaltung gegenüber der durch das am 1.1.2002 in Kraft getretene Schuldrechtsmodernisierungsgesetz geschaffenen Regelverjährungsfrist von drei Jahren zu verlängern.[225] Aus diesem Grund ist bei Einlagenansprüchen, die vor dem 1.1.2002 fällig geworden sind, keine Anrechnung nach Art. 229 § 12 Abs. 2

---

[214] Hüffer/Koch/*Koch* Rn. 21.
[215] BegrRegE BT-Drs. 15/3653, 20.
[216] BegrRegE BT-Drs. 15/3653, 20.
[217] BGHZ 191, 364 Rn. 41; zust. *Verse* ZGR 2012, 875 (893 f.).
[218] MüKoAktG/*Bungeroth* Rn. 87.
[219] BGH ZIP 2001, 611 (613); BGHZ 53, 222 (225); 55, 340 (341); 113, 188 (193); Palandt/*Ellenberger* BGB § 199 Rn. 3.
[220] Ebenso im Erg. NK-AktR/*Janssen* Rn. 34; differenzierend zwischen Mindesteinlagen (§ 271 Abs. 1 BGB) und Resteinlagen (Aufforderung nach § 63 Abs. 1) Wachter/*Servatius* Rn. 21; zum Beginn des Verjährungslaufs im Fall einer wirtschaftlichen Neugründung durch die Verwendung eines „alten" Gesellschaftsmantels vgl. LG München ZIP 2012, 2152 (2156).
[221] BegrRegE BT-Drs. 15/3653, 21.
[222] Wachter/*Servatius* Rn. 21.
[223] Krit. *Mansell/Bodzikiewicz* NJW 2005, 327 f.; *Wagner* ZIP 2005, 560 f.
[224] MüKoAktG/*Bungeroth* Rn. 96.
[225] BegrRegE BT-Drs. 15/3653, 11 f. (16).

S. 2 EGBGB vorzunehmen. Stattdessen ist in diesen Fällen die neue zehnjährige Verjährungsfrist entsprechend der Überleitungsvorschrift zum Verjährungsrecht des Schuldrechtsmodernisierungsgesetzes (Art. 229 § 6 Abs. 4 S. 1 und 2 EGBGB) vom 1.1.2002 an zu berechnen.[226] Demzufolge verjähren Einlageansprüche, die vor dem 1.1.2002 (und nach dem 15.12.1974) fällig geworden sind, entweder mit Ablauf des 31.12.2011 oder, soweit die ehemals geltende Verjährungsfrist von 30 Jahren vor dem 31.12.2011 abläuft, mit Ablauf des betreffenden früheren Tages. Bei Einlageansprüchen, die zwischen dem 31.12.2001 und dem 15.12.2004 fällig geworden sind, ist der vor dem 15.12.2004 abgelaufene Verjährungszeitraum gem. Art. 229 § 12 Abs. 2 S. 2 EGBGB in die zehnjährige Verjährungsfrist einzurechnen.

86   **6. Konsequenzen nach Eintritt der Verjährung. a) Einlageforderung.** Die AG kann die Einlageforderung nach Eintritt der Verjährung nicht mehr gegen den Aktionär durchsetzen (§ 214 Abs. 1 BGB). Sanktionen nach den §§ 63, 64 (Verzinsung der Einlageforderung Schadensersatz, Vertragsstrafe und Kaduzierung) braucht der Aktionär nach Eintritt der Verjährung seiner Einlageforderung allerdings nicht mehr zu befürchten.[227] Die Regelungen über nicht voll eingezahlte Aktien (§§ 60, 134 Abs. 2 und § 271 Abs. 3) beanspruchen allerdings auch nach Verjährung der Einlageforderung Geltung.[228]

87   **b) Vorstandshaftung.** Der Gesetzgeber sieht in den Regelungen der § 182 Abs. 4 S. 1, § 203 Abs. 3 S. 1, nach denen das Grundkapital nicht erhöht werden soll, solange ausstehende Einlagen auf das bisherige Grundkapital noch erlangt werden können, einen mittelbaren Anreiz für den Vorstand, Einlageforderungen gegen Aktionäre nicht verjähren zu lassen.[229] Wenn der Vorstand eine Einlageforderung gleichwohl **verjähren lässt**, verletzt er gem. § 93 Abs. 1 die Sorgfalt eines ordentlichen und gewissenhaften Geschäftsleiters und haftet der Gesellschaft nach § 93 Abs. 2 auf **Schadensersatz.** Dieser Anspruch verjährt gem. § 93 Abs. 6 in zehn Jahren, wenn die AG zum Zeitpunkt der Pflichtverletzung börsennotiert (§ 3 Abs. 2) ist, sonst in fünf Jahren. Maßgebender Zeitpunkt der Pflichtverletzung ist bei Unterlassung verjährungshemmender Maßnahmen durch den Vorstand gegenüber dem zur Zahlung der Einlage verpflichteten Aktionär der Tag, an dem die Verjährungsfrist des Abs. 4 abläuft. Bis zum Ablauf dieses Tages hat die Unterlassung des Vorstands als soziale Handlungseinheit angedauert.[230] Nach Ablauf dieses Tages ist das Unterlassen verjährungshemmender Maßnahmen als pflichtwidrig zu qualifizieren, weil die Einlageforderung nicht mehr durchsetzbar ist. Der Schadensersatzanspruch aus § 93 Abs. 2 kann gem. § 93 Abs. 5 von den Gesellschaftsgläubigern geltend gemacht werden. Das Verjährenlassen von Einlageforderungen ist als gröbliche Pflichtverletzung des Vorstands iSv § 93 Abs. 5 S. 2 zu qualifizieren. Die Verjährungsfrist iSd § 93 Abs. 6 beginnt gem. § 200 BGB mit der Entstehung des Schadensersatzanspruchs. Das ist der Zeitpunkt des Schadenseintritts und damit der Moment, in dem die Einlageforderung gem. Abs. 4 S. 1 verjährt ist. Aus Sicht der Gläubiger hat die Vorstandshaftung daher im Ergebnis eine Verlängerung der Verjährungsfrist bei börsennotierten Gesellschaften von zehn auf 20 Jahre und bei nicht börsennotierten Gesellschaften von zehn auf 15 Jahre sowie in beiden Fällen jeweils einen Wechsel des Schuldners nach zehn Jahren zur Folge.

88   **c) Anfechtung.** Eine faktische Verlängerung der zehnjährigen Frist des Abs. 4 können Gesellschaftsgläubiger weiterhin durch **Anfechtung des Verjährenlassens** der Einlageforderungen durch den Vorstand nach dem **AnfG** erreichen. In dem Verjährenlassen von Einlageforderungen liegt in Form eines Unterlassens gem. § 1 Abs. 2 AnfG eine Rechtshandlung des Vorstands, die die Gesellschaftsgläubiger benachteiligt. Eine Anfechtung nach § 3 AnfG wird allerdings nur ausnahmsweise erfolgreich sein, weil in den meisten Fällen ein Benachteiligungsvorsatz von Vorstand und Aktionär kaum nachweisbar sein wird. Demgegenüber kommt es bei einer Anfechtung wegen unentgeltlicher Leistung nach § 4 AnfG, auf einen Benachteiligungsvorsatz nicht an. Das Merkmal der Unentgeltlichkeit wird regelmäßig erfüllt sein, weil die AG von ihren Einlageschuldnern für das Unterlassen verjährungshemmender Maßnahmen keine Gegenleistung erhält.[231] Eine Anfechtung nach dieser Vorschrift ist innerhalb von vier Jahren nach Eintritt der Verjährung möglich, mit der Folge, dass immerhin binnen dieses Zeitraums bereits verjährte Einlageforderungen wieder durchge-

---

[226] OLG Düsseldorf NZG 2006, 432 (433); MüKoAktG/*Bungeroth* Rn. 98; aA *Benecke/Geldsetzer* NZG 2006, 7 (8).
[227] MüKoAktG/*Bungeroth* Rn. 101.
[228] MüKoAktG/*Bungeroth* Rn. 99.
[229] BegrRegE BT-Drs. 15/3653, 21.
[230] Vgl. Kölner Komm *Mertens/Cahn* § 93 Rn. 203; ähnlich Großkomm AktG/*Hopt* § 93 Rn. 444; MüKoAktG/*Spindler* § 93 Rn. 293.
[231] MüKoAktG/*Bungeroth* Rn. 105.

setzt werden können.²³² In der **Insolvenz** gilt gem. § 129 Abs. 2 InsO, § 134 InsO Entsprechendes. Hier ist der Insolvenzverwalter zur Anfechtung berechtigt, wenn die Einlageforderung nicht mehr als vier Jahre vor Stellung des Insolvenzantrages verjährt ist.

7. Ablaufhemmung der Verjährung in der Insolvenz der AG. Abs. 4 S. 2 regelt eine **Ablaufhemmung** der Verjährung, die mit dem Beschluss über die Eröffnung des Insolvenzverfahrens eintritt. Eine Hemmung der Verjährungsfrist von sechs Monaten genügt angesichts der im Aktienregister namentlich genannten Einlageschuldner, damit sich der Insolvenzverwalter einen Überblick über noch ausstehende Einlageforderungen verschaffen und verjährungshemmende Handlungen vornehmen kann.²³³ Der Gesetzgeber hat bewusst davon abgesehen, die Ablaufhemmung bereits ab Stellung des Insolvenzantrages beginnen zu lassen.²³⁴ Für eine solche vorgezogene Ablaufhemmung besteht unter Gläubigerschutzgesichtspunkten auch kein Bedürfnis. Soweit das Gericht, das über den Insolvenzantrag zu entscheiden hat, gem. § 21 Abs. 2 S. 1 InsO einen vorläufigen Insolvenzverwalter bestellt und der AG ein allgemeines Verfügungsverbot auferlegt, ist der vorläufige Insolvenzverwalter gem. § 22 Abs. 1 S. 2 Nr. 1 InsO verpflichtet, verjährungshemmende Handlungen vorzunehmen. Verbleibt die Verfügungsgewalt demgegenüber beim Vorstand und lässt dieser eine Einlageforderung verjähren, haftet er zum einen nach § 93 Abs. 1, 2 auf Schadensersatz (→ Rn. 87). Zum anderen kann das Verjährenlassen gem. § 4 AnfG oder § 134 InsO angefochten werden (→ Rn. 88).

89

§ 55 Nebenverpflichtungen der Aktionäre

(1) ¹Ist die Übertragung der Aktien an die Zustimmung der Gesellschaft gebunden, so kann die Satzung Aktionären die Verpflichtung auferlegen, neben den Einlagen auf das Grundkapital wiederkehrende, nicht in Geld bestehende Leistungen zu erbringen. ²Dabei hat sie zu bestimmen, ob die Leistungen entgeltlich oder unentgeltlich zu erbringen sind. ³Die Verpflichtung und der Umfang der Leistungen sind in den Aktien und Zwischenscheinen anzugeben.

(2) Die Satzung kann Vertragsstrafen für den Fall festsetzen, daß die Verpflichtung nicht oder nicht gehörig erfüllt wird.

Schrifttum: *J. Brixner,* Zweckmäßigkeit und Möglichkeiten genossenschaftlicher Betätigung in der Rechtsform der Aktiengesellschaft, 1961; *R. Fischer,* Fragen aus dem Recht der GmbH, JZ 1954, 426; *Ganssmüller,* Die Nebenleistungsgesellschaft auf mangelhafter Grundlage, GmbHR 1955, 172; *Herzog,* Ein Preisgaberecht bei Nebenleistungsgesellschaften, ZHR 97 (1932), 422; *A. Hueck,* Inwieweit besteht eine gesellschafterliche Pflicht des Gesellschafters einer Handelsgesellschaft zur Zustimmung zu Gesellschafterbeschlüssen?, ZGR 1972, 237; *Müller-Erzbach,* Das private Recht der Mitgliedschaft als Prüfstein eines kausalen Rechtsdenkens, 1948; *Schnorr v. Carolsfeld,* Zur Arbeitsleistung im Rahmen von Gesellschaftsverhältnissen, FS A. Hueck, 1959, 261; *K. Schmidt,* Nebenleistungsgesellschaften (§ 55 AktG, § 3 Abs. 2 GmbHG) zwischen Gesellschaftsrecht, Schuldrecht und Kartellrecht – Von der Rübenzucker-AG zum Nebenleistungsnetzwerk, FS Immenga, 2004, 705; *Winkler,* Materielle und formelle Bestandteile in Gesellschaftsverträgen und Satzungen und ihre verschiedenen Auswirkungen, DNotZ 1969, 394.

Übersicht

	Rn.
I. Regelungsgegenstand und Bedeutung der Norm	1–3
II. Entstehungsgeschichte	4
III. Gegenstand der Nebenleistungspflicht	5–9
1. Begriff der Leistung	5
2. Wiederkehrende Leistung	6, 7
3. Nicht in Geld bestehende Leistungen	8, 9
IV. Entgelt für erbrachte Leistungen	10–14
1. Allgemeines	10
2. Entgelt und Bilanzgewinn	11, 12
3. Bestimmung der Höhe des Entgelts	13, 14
V. Begründung und Änderungen von Nebenverpflichtungen	15–22
1. Verknüpfung von Nebenverpflichtung und Mitgliedschaftsrecht	15
2. Vinkulierung	16, 17
3. Regelung in der Satzung	18, 19
4. Änderung und nachträgliche Begründung	20–22
VI. Publizität und Übergang von Nebenverpflichtungen	23–32
1. Publizität	23

---

²³² MüKoAktG/*Bungeroth* Rn. 105 sieht aber auch hier ein „erhebliches Prozessrisiko".
²³³ BegrRegE BT-Drs. 15/3653, 22.
²³⁴ BegrRegE BT-Drs. 15/3653, 21.

	Rn.		Rn.
2. Gutgläubiger „lastenfreier" Erwerb	24–27	1. Beendigung durch Satzungsänderung und Satzungsregelung	41–43
3. Übergang von Nebenverpflichtungen	28–32	a) Satzungsregelung	41
a) Schuldübernahme und Abtretung	28–30	b) Satzungsänderung	42, 43
b) Pfändung, Verpfändung und Insolvenz über das Vermögen des Aktionärs	31, 32	2. Umwandlung, Auflösung und Insolvenz der AG	44–46
VII. Willensmängel, Leistungsstörungen und Vertragsstrafe	33–40	a) Umwandlung	44
		b) Auflösung	45
1. Willensmängel	33–36	c) Insolvenz	46
a) Geschäftsunfähigkeit	33	3. Sonstige Beendigungsgründe	47–50
b) Anfechtung	34–36	a) Veräußerung	47
2. Leistungsstörungen	37–39	b) Erlass	48
a) Vor Entstehung des Nebenleistungsanspruchs	38	c) Einseitige Rechtsgeschäfte des Aktionärs	49, 50
b) Nach Entstehung des Nebenleistungsanspruchs	39	IX. Rechtsfolgen bei Mängeln	51–53
		1. Verstöße gegen Abs. 1 S. 1 und 2	51, 52
3. Vertragsstrafe	40	a) Unwirksamkeit	51
VIII. Beendigung der Nebenleistungspflicht	41–50	b) Umdeutung in schuldrechtliche Einzelverpflichtungen	52
		2. Verstöße gegen Abs. 1 S. 3	53

I. Regelungsgegenstand und Bedeutung der Norm

1 Die Vorschrift erlaubt die satzungsmäßige Vereinbarung einer mitgliedschaftsrechtlichen Nebenpflicht. Sie ist damit die einzige **Ausnahme von der Regelung des § 54 Abs. 1** (→ § 54 Rn. 25), nach der die mitgliedschaftsrechtliche Beitragspflicht der Gesellschafter gegenüber der AG auf den Ausgabebetrag der Aktien (§ 9) begrenzt ist. Eine Nebenverpflichtung iSv § 55 kann die Hauptverpflichtung der Aktionäre, Einlagen zu leisten, nicht substituieren, sondern nur neben sie treten.[1] Die aufgrund einer solchen Nebenpflicht erbrachten Leistungen dürfen nicht in Geld bestehen und nicht der Aufbringung des Grundkapitals der AG dienen; andernfalls wären sie als Sacheinlagen iSd. § 27 zu behandeln. Auf Nebenleistungen sind daher die Vorschriften über die Kapitalaufbringung und Kapitalerhaltung (§§ 36 f., 54, 57 f., 62, 66) nicht anzuwenden.[2]

2 Die Regelung des § 55 ist ein Fremdkörper im Recht der Kapitalgesellschaften, da sie personenbezogene und nicht in Geld bestehende Nebenverpflichtungen als korporative, dh. mit der Mitgliedschaft verbundene Pflichten zulässt. Dadurch **büßt die Aktie** die für sie typische **Verkehrsfähigkeit ein**.[3] Die Ausnahmeregelung ist im Interesse der **Zuckerrübenindustrie** im Rahmen der HGB-Novelle von 1900 in das Handelsgesetzbuch aufgenommen worden.[4] Zuvor hatten sich die in einer AG organisierten Zuckerrübenanbauer neben der korporativen Einlageverpflichtung schuldrechtlich verpflichtet, die Gesellschaft mit Zuckerrüben zu beliefern. Seit Inkrafttreten der HGB-Novelle von 1900 kann die Lieferpflicht als körperschaftsrechtliche Verpflichtung satzungsmäßig vereinbart werden. Zwar kommt ein Zusammenschluss von Zuckerrübenanbauern insbesondere auch in der Organisationsform der Genossenschaft in Betracht. Der Gebrauch dieser Rechtsform birgt aber erhebliche Planungsrisiken bei der Beschaffung der für den Produktionsprozess erforderlichen leicht verderblichen Zuckerrüben. Denn jeder Genosse könnte dann unter Einhaltung der Frist des § 65 GenG jederzeit den Austritt aus dem Verband erklären und sich damit ohne weiteres von seiner Lieferpflicht befreien.[5]

3 Die Vereinbarung von Nebenverpflichtungen iSd § 55 ist nicht nur bei Aktiengesellschaften zulässig, deren Unternehmensgegenstand auf die Herstellung von Zucker gerichtet ist. Auch Unternehmen **anderer Industriezweige** können sich in sog. Nebenleistungs-AGen organisieren. In anderen Branchen, die landwirtschaftliche Rohstoffe verarbeiten, namentlich in der Brennerei-[6] oder Molkereiwirtschaft und in der Industrie der Hefeverwertung,[7] ist allerdings von der Option, korporative Nebenleistungspflichten einzuführen, bislang kein Gebrauch gemacht worden. Selbst in der Zuckerindustrie besteht nur eine geringe Anzahl an Nebenleistungs-AGen.

---

[1] K. Schmidt/Lutter/*Fleischer* Rn. 10.
[2] MüKoAktG/*Bungeroth* Rn. 20; Großkomm AktG/*Henze* Rn. 2; Kölner Komm AktG/*Drygala* Rn. 7; v. Godin/Wilhelmi Anm. 1.
[3] Bürgers/Körber/*Westermann* Rn. 2 aE; vgl. auch Kölner Komm AktG/*Drygala* Rn. 4.
[4] RegBegr *Kropff* S. 72.
[5] Bürgers/Körber/*Westermann* Rn. 2.
[6] Vgl. RGZ 104, 349.
[7] Vgl. RGZ 125, 114.

II. Entstehungsgeschichte

Die Vorschrift ist seit 1965 unverändert. Abs. 1 S. 1 und 3 sowie Abs. 2 stimmen abgesehen von 4
geringfügigen sprachlichen Änderungen in Abs. 2 mit § 50 AktG 1937 überein. Dessen Vorgänger
war § 212 HGB, der im Zuge der HGB-Novelle 1900 eingefügt wurde. Abs. 1 S. 2 ist im Rahmen
der Neufassung des AktG 1965 hinzugekommen.

III. Gegenstand der Nebenleistungspflicht

1. Begriff der Leistung. Der Leistungsbegriff iSd. Abs. 1 S. 1 entspricht dem des § 241 Abs. 1 5
BGB. Leistung kann demnach jedes **Verhalten** sein, das der Rechtsordnung nicht widerspricht.
Dazu gehören auch Unterlassungen. Handlungen, die gegen ein gesetzliches Verbot (§ 134 BGB)
oder gegen die guten Sitten (§ 138 BGB) verstoßen, fallen nicht unter den Leistungsbegriff und
können demzufolge nicht Gegenstand einer Nebenleistungspflicht iSd § 55 sein.[8] Gleiches gilt für
das weisungsgebundene Ausüben von Stimmrechten, wenn die Stimmbindungsvereinbarung gegen
§ 136 Abs. 2 verstößt.[9] Ob die Nebenleistung für die AG einen Vermögenswert darstellt, ist unbeachtlich;[10] ausreichend ist, dass die AG ein schutzwürdiges Interesse an der Leistung hat.[11]

2. Wiederkehrende Leistung. Die Leistungen müssen gem. Abs. 1 S. 1 wiederkehrend sein. 6
Das bedeutet, dass sich die Handlungspflicht **mehrmals, jedoch nicht zwingend in regelmäßigen
Zeitabschnitten aktualisieren** muss.[12] Einmalig oder dauernd bestehende Leistungspflichten können daher nicht als korporative Nebenverpflichtungen vereinbart werden. Gegenstand einer einmaligen korporativen Leistungspflicht kann ausschließlich eine Bar- oder Sacheinlage sein. Eine Dauerleistungspflicht besteht beispielsweise darin, Wettbewerb[13] oder bestimmte Verfügungen[14] zu unterlassen, oder darin, Mitglied in einem bestimmten Verband zu sein[15] oder einen Amtsposten innerhalb der AG zu bekleiden.[16] Derartige Verpflichtungen können ausschließlich durch schuldrechtliche Vereinbarung begründet werden. Zu wiederkehrenden Nebenleistungen zählen etwa die mehrmalige Anlieferung von Rohstoffen (zB Zuckerrüben) und solche Dienstleistungen, die von der AG von Zeit zu Zeit in Anspruch genommen werden (zB die periodische Durchführung einer Revision).[17]

Wiederkehrende Leistungen können auch in Form von **Unterlassungen** erbracht werden.[18] 7
Damit eine Unterlassungspflicht keine *dauernd* bestehende Leistungspflicht darstellt, die nicht unter § 55 zu subsumieren ist (→ Rn. 6), muss die Pflicht der Aktionäre darin bestehen, ein bestimmtes aktives Tun bei mehrfach auftretenden Anlässen zu unterlassen. Die Unterlassungspflicht ist unter diesen Umständen nicht wie im Fall eines Wettbewerbsverbots oder einer Verfügungsbeschränkung dauernd zu beachten, sondern aktualisiert sich jeweils anlässlich eines bestimmten Ereignisses. So können sich die Aktionäre einer Nebenleistungs-AG beispielsweise korporativ dazu verpflichten, Abweichungen von bestimmten Zahlungs- und Lieferbedingungen zu unterlassen, die im Rahmen eines zulässigen Konditionenkartells vereinbart worden sind.[19] Die Pflicht zur Unterlassung aktualisiert sich hier jeweils bei Abschluss der einzelnen Rechtsgeschäfte zwischen den Aktionären und der AG.

3. Nicht in Geld bestehende Leistungen. Korporative Nebenleistungen dürfen gem. Abs. 1 8
S. 1 weder unmittelbar noch **mittelbar**[20] **in Geld** bestehen. Sowohl die Pflicht zur Hingabe von
Zahlungsmittelsubstituten, zu denen insbesondere Schecks, Wechsel und Anweisungen zählen, als

---

[8] K. Schmidt/Lutter/*Fleischer* Rn. 12.
[9] MüKoAktG/*Bungeroth* Rn. 14; Großkomm AktG/*Henze* Rn. 21; *A. Hueck* ZGR 1972, 237 (250).
[10] Wachter/*Servatius* Rn. 3; aA RGZ 49, 77 (78).
[11] MüKoAktG/*Bungeroth* Rn. 14; Großkomm AktG/*Henze* Rn. 16; Hüffer/Koch/*Koch* Rn. 3; Kölner Komm AktG/*Drygala* Rn. 4; aA RGZ 49, 77 (78).
[12] MüKoAktG/*Bungeroth* Rn. 16; Großkomm AktG/*Henze* Rn. 17.
[13] KG OLGR 27, 345 (346); MüKoAktG/*Bungeroth* Rn. 17; Großkomm AktG/*Henze* Rn. 17; Hüffer/Koch/*Koch* Rn. 4; Kölner Komm AktG/*Drygala* Rn. 11; *v. Godin/Wilhelmi* Anm. 4.
[14] Großkomm AktG/*Henze* Rn. 17.
[15] RGZ 49, 77 (79); MüKoAktG/*Bungeroth* Rn. 16; Großkomm AktG/*Henze* Rn. 17; Kölner Komm AktG/*Drygala* Rn. 11.
[16] MüKoAktG/*Bungeroth* Rn. 16; Großkomm AktG/*Henze* Rn. 17; Bürgers/Körber/*Westermann* Rn. 6.
[17] MüKoAktG/*Bungeroth* Rn. 16; Großkomm AktG/*Henze* Rn. 17.
[18] Vgl. MüKoAktG/*Bungeroth* Rn. 17; Großkomm AktG/*Henze* Rn. 19; Kölner Komm AktG/*Drygala* Rn. 12.
[19] Vgl. MüKoAktG/*Bungeroth* Rn. 17; Großkomm AktG/*Henze* Rn. 19; Kölner Komm AktG/*Drygala* Rn. 12; zu den Grenzen, die das Kartellrecht der Ausgestaltung korporativer Nebenverpflichtungen iSd § 55 zieht K. *Schmidt* FS Immenga, 2004, 705 (718 ff.).
[20] NK-AktR/*Janssen* Rn. 6; Kölner Komm AktG/*Drygala* Rn. 13; MHdB AG/*Rieckers* § 16 Rn. 54.

auch die Pflicht zur Bestellung von Sicherheiten für Verbindlichkeiten der AG kann daher nicht gem. § 55 vereinbart werden.[21] Unzulässig ist es weiterhin, Aktionäre von Satzungs wegen zum Abschluss von **Austauschverträgen** mit der AG zu verpflichten, aufgrund derer sie Zahlungen an die AG leisten müssen.[22] Auch in diesen Fällen bestünde die Nebenleistung mittelbar in Geld. Eine Pflicht zum Bezug von Waren oder Dienstleistungen von der AG gegen Entgelt kann daher grundsätzlich nicht gem. § 55 festgesetzt werden.[23]

9 Eine entgeltliche Abnahmepflicht der Aktionäre ist nur insoweit als mitgliedschaftsrechtliche Nebenpflicht zulässig, als sie im Verhältnis zu einer anderen korporativen Nebenverpflichtung eine **untergeordnete Hilfspflicht** darstellt. Das ist beispielsweise der Fall, wenn Aktionäre, die aufgrund einer korporativen Satzungsbestimmung gegenüber der AG zur Lieferung landwirtschaftlicher Rohstoffe verpflichtet sind, Saatgut und Dünger von der AG gegen Entgelt beziehen müssen, damit ein bestimmter Qualitätsstandard der anzuliefernden Rohstoffe aufrecht erhalten wird.[24] Die von den Aktionären zu bezahlende Gegenleistung muss im Verhältnis zu dem Entgelt, das sie für die gelieferten Rohstoffe erhalten, von untergeordneter Bedeutung sein. Wenn Aktionäre ihrer Bezugsverpflichtung nicht nachkommen und sich beispielsweise Saatgut und Dünger anderweitig beschaffen, machen sie sich gegenüber der AG nur dann schadensersatzpflichtig, wenn die gelieferten Rohstoffe aufgrund der Verwendung anderen Saatguts und Düngers nicht die von der AG gewünschte Qualität aufweisen.[25]

IV. Entgelt für erbrachte Leistungen

10 **1. Allgemeines.** Die Nebenleistungen der Aktionäre können entgeltlich oder unentgeltlich erbracht werden. Sind mehrere Nebenverpflichtungen vereinbart, ist es zulässig, nur für **einzelne Leistungen ein Entgelt** festzusetzen. Dementsprechend kann beispielsweise die Anlieferung von Zuckerrüben als entgeltliche und die Entsorgung der Produktionsabfälle als unentgeltliche Nebenleistung vereinbart werden.[26] Abs. 1 S. 2 schreibt vor, dass in der Satzung bestimmt sein muss, ob eine Nebenleistung entgeltlich oder unentgeltlich erbracht werden muss. Die **Satzungspublizität** dient dazu, potenzielle Aktionäre vor Erwerb der Anteile über die mit der Mitgliedschaft verbundenen Risiken zu informieren.[27] Die Pflicht zur Aufnahme der Entgeltregelung in die Satzung gilt gem. § 10 S. 1 EGAktG nicht für Gesellschaften, die bereits vor dem 1.1.1966 korporative Nebenverpflichtungen in ihren Satzungen geregelt haben. Falls eine solche Gesellschaft ihren Unternehmensgegenstand oder die Satzungsbestimmung über eine Nebenverpflichtung ändert, darf diese Änderung nur dann ins HR eingetragen werden, wenn zugleich eine Bestimmung über die Vergütung der Nebenleistung in die Satzung aufgenommen wird (§ 10 S. 2 EGAktG).

11 **2. Entgelt und Bilanzgewinn.** Den Aktionären kann gem. § 61 eine Vergütung (Entgelt) unabhängig davon bezahlt werden, ob die AG einen **Bilanzgewinn** ausweist. Die satzungsmäßige Vereinbarung eines Entgelts ist daher selbst dann nicht überflüssig, wenn alle Aktionäre entsprechend dem Gewinnverteilungsschlüssel (§ 60) zur Erbringung korporativer Nebenleistungen verpflichtet sind. Denn ohne erwirtschafteten Bilanzgewinn würden Aktionäre nicht nur keine Dividendenzahlungen, sondern auch kein Entgelt für ihre Nebenleistungen erhalten, wenn ein solches nicht gem. Abs. 1 S. 2 vereinbart wäre. Entgeltzahlungen der AG für erbrachte Nebenleistungen sind keine Gewinnverwendung. Entgelt und Nebenleistung stehen vielmehr in einem dem Synallagma ähnlichen Verhältnis zueinander (→ Rn. 37).[28] § 61 legt als zulässige Entgeltobergrenze den Wert der Nebenleistung fest (→ § 61 Rn. 7 ff.).

12 Das Auszahlen eines Entgelts kann in der Satzung unter die **Bedingung** gestellt werden, dass die AG einen Bilanzgewinn ausweist.[29] Außerdem besteht die Möglichkeit, die Summe des auszuzahlenden Entgelts durch Satzungsregelung auf die Höhe des Unternehmensgewinns zu beschränken.[30]

---

[21] MüKoAktG/*Bungeroth* Rn. 15; K. Schmidt/Lutter/*Fleischer* Rn. 14; Großkomm AktG/*Henze* Rn. 20; Kölner Komm AktG/*Drygala* Rn. 13.
[22] Ebenso Wachter/*Servatius* Rn. 9.
[23] MüKoAktG/*Bungeroth* Rn. 15; K. Schmidt/Lutter/*Fleischer* Rn. 14; Großkomm AktG/*Henze* Rn. 20; Kölner Komm AktG/*Drygala* Rn. 13.
[24] MüKoAktG/*Bungeroth* Rn. 15; Großkomm AktG/*Henze* Rn. 20; Hüffer/Koch/*Koch* Rn. 4; Kölner Komm AktG/*Drygala* Rn. 13.
[25] v. Godin/*Wilhelmi* Anm. 5; zu Leistungsstörungen → Rn. 37 ff.
[26] MüKoAktG/*Bungeroth* Rn. 18; Großkomm AktG/*Henze* Rn. 11; Hüffer/Koch/*Koch* Rn. 5; Kölner Komm AktG/*Drygala* Rn. 19.
[27] RegBegr *Kropff* S. 72.
[28] Vgl. MüKoAktG/*Bungeroth* Rn. 22; Großkomm AktG/*Henze* Rn. 34; Kölner Komm AktG/*Drygala* Rn. 25.
[29] Vgl. RGZ 104, 349 (350); MüKoAktG/*Bungeroth* Rn. 19; Großkomm AktG/*Henze* Rn. 12.
[30] RG Holdheim 23, 204; MüKoAktG/*Bungeroth* Rn. 19; Großkomm AktG/*Henze* Rn. 12.

Zulässig ist es gem. § 60 Abs. 3 schließlich, bei der Festlegung des für die **Verteilung des Bilanzgewinns maßgeblichen Schlüssels** die Höhe der von den Aktionären erbrachten Nebenleistungen zugrunde zu legen.[31]

3. Bestimmung der Höhe des Entgelts. Die Höhe und die Art des Entgelts (bar oder unbar) **13** muss nicht in der Satzung festgesetzt werden. Die **Bestimmung der Höhe** kann vielmehr durch die Satzung einem Gesellschaftsorgan (Vorstand, AR oder HV) übertragen werden. Das Bestimmungsrecht ist keine Maßnahme der Geschäftsführung, die nach der aktienrechtlichen Kompetenzordnung zwingend in den Aufgabenbereich des Vorstands fällt (§ 23 Abs. 5, § 111 Abs. 4 S. 1, § 119 Abs. 2). Regelungen über das Entgelt für Nebenleistungen betreffen vielmehr das Verhältnis der AG zu ihren Aktionären.[32] Das nach der Satzung zuständige Organ hat die Bestimmung der Höhe des Entgelts gem. §§ 315, 317 BGB nach billigem Ermessen zu treffen[33] und dabei den Grundsatz der Gleichbehandlung (§ 53a) zu wahren.[34] Die Ausübung des Ermessens ist gerichtlich nachprüfbar.[35]

Wenn die Satzung eine Vergütung für korporative Nebenleistungen festsetzt, ohne dabei ausdrücklich fest zu legen, welches Gesellschaftsorgan die Höhe der Vergütung bestimmen soll, ist das zuständige Organ durch **objektive Satzungsauslegung** zu ermitteln. Führt eine solche Auslegung zu keinem Ergebnis, ist auf die **Auslegungsregel des § 316 BGB** zurückzugreifen.[36] Demnach ist derjenige Teil zur Bestimmung berechtigt, der die Gegenleistung – hier das Entgelt –, zu fordern hat. Das wären an sich die zur Nebenleistung verpflichteten Aktionäre. Da die Ausübung des Bestimmungsrechts durch einzelne Aktionäre aber im Ergebnis gegen das Gleichbehandlungsgebot des § 53a verstoßen könnte,[37] sind die Aktionäre in ihrer *Gesamtheit* zur Bestimmung des Entgelts befugt. Zuständiges Gesellschaftsorgan ist daher *im Zweifel* die Hauptversammlung.[38] Der Vorstand hat dieser Vorschläge über die Höhe des Entgelts zum Beschluss vorzulegen.

V. Begründung und Änderungen von Nebenverpflichtungen

1. Verknüpfung von Nebenverpflichtung und Mitgliedschaftsrecht. Nebenverpflichtungen **15** iSd § 55 sind als **korporative Verpflichtungen** (→ Rn. 2) mit der Mitgliedschaft verknüpft.[39] **Schuldner** der Nebenleistungen sind ausschließlich **Aktionäre**. Eine Verpflichtung zur Erbringung von Nebenleistungen kann daher nur durch die Übernahme von Aktien bei der Feststellung der Satzung (§§ 2, 23 Abs. 2 Nr. 2, 29), durch den Abschluss des Zeichnungsvertrags bei einer Kapitalerhöhung (§§ 185, 198 Abs. 2 S. 1, § 203 Abs. 1 S. 1), durch Satzungsänderung (§§ 179, 180) oder durch derivativen Aktienerwerb begründet werden.

2. Vinkulierung. Abs. 1 S. 1 schreibt vor, dass nur die Inhaberschaft solcher Aktien zu korporativen Nebenleistungen verpflichten kann, deren Übertragung an die Zustimmung der Gesellschaft gebunden ist (Vinkulierung). Die Vinkulierung ermöglicht es der Gesellschaft, Einfluss auf die Schuldner der Nebenverpflichtungen zu nehmen. Eine Einflussnahme ist aufgrund des Interesses der Gesellschaft an einer ordnungsgemäßen Pflichterfüllung geboten. Aus Abs. 1 S. 3 folgt, dass korporative Nebenverpflichtungen auch mit Mitgliedschaften verbunden sein können, die in **Zwischenscheinen** verbrieft sind. Diese müssen ebenfalls vinkuliert sein. Da eine Vinkulierung gem. § 68 Abs. 2, Abs. 4 nur bei **Namenspapieren** zulässig ist, müssen Aktien und Zwischenscheine iSd § 55 auf den Namen lauten. Eine Verbriefung der Mitgliedschaftsrechte und der mit der Mitgliedschaft verbundenen Nebenverpflichtungen ist allerdings nicht erforderlich (§ 214 Abs. 4).[40]

Eine Nebenleistungs-AG muss nicht ausschließlich vinkulierte Namensaktien ausgeben, deren **17** Inhaberschaft zu einer Nebenleistung verpflichtet. Nebenleistungspflichten können auch nur einem

---

[31] MüKoAktG/*Bungeroth* Rn. 19; *v. Godin/Wilhelmi* Anm. 7.
[32] MüKoAktG/*Bungeroth* Rn. 7; Großkomm AktG/*Henze* Rn. 12; *v. Godin/Wilhelmi* Anm. 7.
[33] Vgl. RGZ 87, 261 (266); OLG Braunschweig OLGR 36, 278 (280); MüKoAktG/*Bungeroth* Rn. 7; Großkomm AktG/*Henze* Rn. 12; Kölner Komm AktG/*Drygala* Rn. 21; *v. Godin/Wilhelmi* Anm. 7; Bürgers/Körber/*Westermann* Rn. 4; MHdB AG/*Rieckers* § 16 Rn. 53.
[34] OLG Braunschweig AgrarR 1992, 208 (210); MüKoAktG/*Bungeroth* Rn. 7; Großkomm AktG/*Henze* Rn. 21.
[35] MüKoAktG/*Bungeroth* Rn. 7; Großkomm AktG/*Henze* Rn. 12.
[36] AA Großkomm AktG/*Henze* Rn. 12; K. Schmidt/Lutter/*Fleischer* Rn. 18.
[37] Vgl. Großkomm AktG/*Henze* Rn. 12; *v. Godin/Wilhelmi* Anm. 7.
[38] Ebenso Kölner Komm AktG/*Drygala* Rn. 23; aA MHdB AG/*Wiesner*, 3. Aufl. 2007, § 16 Rn. 39, der bei fehlender Satzungsregel den Vorstand für zuständig hält, und Großkomm AktG/*Henze* Rn. 12 (§ 316 BGB sei wegen § 53a nicht anwendbar).
[39] AllgM RGZ 136, 313 (315); Großkomm AktG/*Henze* Rn. 2; Hüffer/Koch/*Koch* Rn. 3; Wachter/*Servatius* Rn. 15.
[40] MüKoAktG/*Bungeroth* Rn. 4 (9).

Teil der Verbandsmitglieder auferlegt werden. Deren Aktien bilden dann eine **besondere Gattung** (§ 11).[41] Ob mit Aktien gleiche Rechte oder gleiche Lasten verbunden sind, spielt für die Gattungsbildung nach § 11 keine Rolle.[42]

18 **3. Regelung in der Satzung.** Die Vereinbarung über eine korporative Nebenverpflichtung muss gem. Abs. 1 S. 1 in der **Satzung** verankert werden, damit sie **wirksam** ist. Jede andere Form der Festsetzung ist unzulässig.[43] Dabei reicht es aus, wenn die Satzung für **Art, Inhalt und Umfang** der Nebenverpflichtung einen Rahmen festlegt.[44] Müsste sie bereits detaillierte Regelungen treffen, wäre der Handlungsspielraum des Vorstands, auf wirtschaftliche Entwicklungen flexibel reagieren zu können, über Gebühr beschränkt. Der Wirksamkeit einer Satzungsregelung über Nebenverpflichtungen steht es daher nicht entgegen, wenn sie lediglich einen Rahmen vorgibt, innerhalb dessen ein Verwaltungsorgan oder ein Dritter über den konkreten Leistungsinhalt und den genauen Leistungsumfang entscheiden kann.[45] Der satzungsmäßig fixierte Leistungsrahmen muss stets eine **angemessene Bandbreite** haben. Diese liegt dann vor, wenn durch die vereinbarten Höchst- und Mindestleistungen dem Interesse der Aktionäre, mit dem Anteilseigentum verbundene Risiken abschätzen zu können, ausreichend Rechnung getragen ist.

19 Die Satzung kann ein Verwaltungsorgan oder einen Dritten zur Konkretisierung der zu erbringenden Nebenleistungen ermächtigen.[46] Die Leistungsbestimmung muss dabei in jedem Fall **billigem Ermessen** entsprechen;[47] anzuwenden sind die **§§ 315 ff. BGB**.[48] Bei der Ermessensausübung sind das Interesse der Gesellschaft, auf marktliche Gegebenheiten reagieren zu können, und das Interesse der Aktionäre, keine außergewöhnlichen Leistungspflichten erfüllen zu müssen, gegeneinander abzuwägen. Die Ermessensausübung ist gerichtlich nachprüfbar.[49] Wenn die Satzung nicht ausdrücklich festlegt, wer Art, Inhalt und Umfang der Leistung konkretisieren soll, ist der zur Bestimmung Berechtigte in erster Linie anhand der Grundsätze der objektiven Satzungsauslegung zu ermitteln. Bleibt eine solche Auslegung erfolglos, ist die Auslegungsregel des § 316 BGB anzuwenden. Danach ist der Vorstand zur Bestimmung berechtigt.

20 **4. Änderung und nachträgliche Begründung.** Zur Änderung sowie zur teilweisen oder vollständigen Aufhebung korporativer Nebenverpflichtungen ist grundsätzlich ein satzungsändernder Beschluss erforderlich (§ 179).[50] Soweit eine Änderung die auferlegte **Nebenverpflichtung verschärft,** bedarf der satzungsändernde Beschluss gem. § 180 Abs. 1 der **Zustimmung aller betroffenen Aktionäre.**[51] Das gilt auch, wenn eine korporative Nebenverpflichtung nachträglich, dh. nach Eintragung der Gesellschaft in das HR (§ 41 Abs. 1), durch satzungsändernden Beschluss erstmals begründet wird. Verweigert auch nur ein betroffener Aktionär die Zustimmung, ist der satzungsändernde Beschluss unwirksam.[52] Gegenüber den zustimmenden Aktionären tritt die Änderung nur dann ein, wenn sich aus dem Beschluss eindeutig ergibt, dass die Nebenverpflichtung oder deren Verschärfung ihnen gegenüber auch insoweit wirksam sein soll, als andere Aktionäre ihre Zustimmung nicht erteilen. Im Zweifel ist davon auszugehen, dass ein Sonderopfer einzelner Aktionäre nicht gewollt ist.[53]

21 Eine **Verschärfung bestehender Nebenverpflichtungen** liegt nicht nur dann vor, wenn der Umfang der Leistungspflichten ausgeweitet wird. Auch die teilweise oder vollständige Aufhebung von Nebenverpflichtungen kann ausnahmsweise eine Zustimmung nach § 180 Abs. 1 erforderlich machen. Das ist bei Nebenverpflichtungen der Fall, die Aktionären zugleich ein **Leistungsrecht**

---

[41] RGZ 80, 95 (97); OLG Braunschweig OLGR 36, 278; MüKoAktG/*Bungeroth* Rn. 13; Großkomm AktG/*Henze* Rn. 4; Kölner Komm AktG/*Drygala* Rn. 56 aE; Bürgers/Körber/*Westermann* Rn. 3; MHdB AG/*Rieckers* § 16 Rn. 53.
[42] Vgl. *v. Godin/Wilhelmi* Anm. 3.
[43] Vgl. RGZ 83, 216 (218); KG OLGR 27, 345 (346).
[44] Vgl. RGZ 87, 261 (265) (zur GmbH); 136, 313 (318); MüKoAktG/*Bungeroth* Rn. 5; K. Schmidt/Lutter/*Fleischer* Rn. 8; Großkomm AktG/*Henze* Rn. 7; *v. Godin/Wilhelmi* Anm. 3; Kölner Komm AktG/*Zöllner* § 180 Rn. 7 f.
[45] RGZ 136, 313 (318); aA Großkomm AktG/*Wiedemann* § 180 Rn. 9.
[46] RGZ 87, 261 (265); 136, 313 (318); MüKoAktG/*Bungeroth* Rn. 5; Großkomm AktG/*Henze* Rn. 9.
[47] Vgl. K. Schmidt/Lutter/*Fleischer* Rn. 8; Großkomm AktG/*Henze* Rn. 9.
[48] MüKoAktG/*Bungeroth* Rn. 5; Großkomm AktG/*Henze* Rn. 9; *v. Godin/Wilhelmi* Anm. 3.
[49] MüKoAktG/*Bungeroth* Rn. 5; Großkomm AktG/*Henze* Rn. 9.
[50] K. Schmidt/Lutter/*Fleischer* Rn. 9.
[51] RGZ 91, 166 (169); 121, 238 (241 f.); 136, 313 (317); MüKoAktG/*Bungeroth* Rn. 8; K. Schmidt/Lutter/*Fleischer* Rn. 9; Großkomm AktG/*Henze* Rn. 28, Bürgers/Körber/*Westermann* Rn. 3.
[52] RGZ 121, 238 (244); Großkomm AktG/*Henze* Rn. 29; Hüffer/Koch/*Koch* § 180 Rn. 9.
[53] HM Hüffer/Koch/*Koch* § 180 Rn. 9; Großkomm AktG/*Wiedemann* § 180 Rn. 20; Kölner Komm AktG/*Zöllner* § 180 Rn. 18; aA *v. Godin/Wilhelmi* § 180 Anm. 4.

gewähren, wie insbesondere einen Anspruch auf Abnahme von Waren oder auf Entgegennahme von Dienstleistungen gegen Entgelt.[54] Eines ausdrücklichen Hinweises in der Satzung auf das Bestehen eines Leistungsrechts bedarf es nicht.[55]

Um eine Verschärfung von Nebenverpflichtungen handelt es sich weiterhin, wenn die von der Gesellschaft geleistete **Vergütung gesenkt** wird,[56] wenn die in der Satzung festgelegte **Lebensdauer** der AG[57] oder eine ursprüngliche **zeitliche Begrenzung der Nebenleistungspflicht verlängert**[58] wird, wenn eine **Vertragsstrafe** nach Abs. 2 **eingeführt oder erhöht** wird[59] oder wenn die **Vinkulierung** (§ 68 Abs. 2) durch die Streichung von Zustimmungsgründen oder durch die Erweiterung der Versagungsgründe **erschwert** wird, damit Aktionäre enger an die Gesellschaft gebunden werden.[60] Auch eine Anhebung des **Qualitätsstandards** für die zu erbringenden Leistungen bedeutet eine Verschärfung der Nebenverpflichtung, der alle betroffenen Aktionäre gem. § 180 Abs. 1 zustimmen müssen. Mit einer Kapitalerhöhung aus Gesellschaftsmitteln ist demgegenüber wegen § 216 Abs. 3 Abs. 2 keine Nebenpflichtverschärfung verbunden; sie begründet daher auch keine Zustimmungspflicht nach § 180 Abs. 1.[61] 22

VI. Publizität und Übergang von Nebenverpflichtungen

1. Publizität. Der Bestand an Nebenverpflichtungen sowie deren Umfang sind gem. Abs. 1 S. 3 in den Aktien und Zwischenscheinen (§ 8 Abs. 6) anzugeben. Die Publizitätspflicht besteht allerdings nur, soweit die Anteile tatsächlich verbrieft sind. Abs. 1 S. 3 begründet keine Pflicht zur Verbriefung der Anteile an Nebenleistungs-AG. Die Publizitätspflicht ist erfüllt, wenn in den Papieren, wie in der Satzung (→ Rn. 18), der Rahmen vermerkt ist, innerhalb dessen die Leistungspflicht konkretisiert werden kann. Detailangaben sind hier ebenso wenig erforderlich wie in der Satzung.[62] **Fehlen** die gebotenen **Angaben,** bleibt die in der Satzung festgelegte **Nebenverpflichtung** gleichwohl bestehen.[63] Die mangelnde Publizität kann aber im Fall eines rechtsgeschäftlichen Aktienerwerbs durch einen Dritten Konsequenzen für den Bestand bzw. den Umfang der Nebenverpflichtung haben (→ Rn. 24 ff.). 23

2. Gutgläubiger „lastenfreier" Erwerb. Wenn die Aktien oder Zwischenscheine entgegen Abs. 1 S. 3 keine, unvollständige oder unrichtige Angaben über die Nebenverpflichtung enthalten, darf der redliche Geschäftsverkehr auf das Nichtbestehen von Nebenverpflichtungen oder auf die in den Aktien bzw. Zwischenscheinen vermerkten unzutreffenden Angaben vertrauen. Das **Vertrauen auf die Einhaltung zwingender aktienrechtlicher Vorschriften** (Abs. 1 S. 3) ist wie beim Erwerb nicht voll eingezahlter Aktien (→ § 54 Rn. 15) schutzwürdig.[64] Das bedeutet, dass ein Dritter, der in Bezug auf das Nichtbestehen einer Nebenverpflichtung oder auf die unzutreffenden Angaben in den Aktien im guten Glauben ist, gem. §§ 932, 936 BGB „lastenfreies" Anteilseigentum erwirbt. Er ist folglich nicht oder nicht in vollem Umfang zur Erbringung der Nebenleistungen verpflichtet. Der Gutglaubensschutz ist ausgeschlossen, wenn der Erwerb nicht auf einem rechtsgeschäftlichen Verkehrsgeschäft, sondern auf gesetzlicher Gesamtrechtsnachfolge beruht. Das gilt auch beim Erwerb der Anteile an dem übernehmenden Rechtsträger bei einer Verschmelzung, da hier ein gutgläubiger Erwerb generell ausgeschlossen ist.[65] Ein gutgläubiger lastenfreier Erwerb ist weiterhin bei der Übertragung unverbriefter Mitgliedschaftsrechte ausgeschlossen,[66] da die Übertragung in diesem Fall nur durch Abtretung und nicht nach sachenrechtlichen Grundsätzen möglich ist. 24

---

[54] Großkomm AktG/*Henze* Rn. 30; *v. Godin/Wilhelmi* Anm. 11.
[55] Großkomm AktG/*Henze* Rn. 40; *v. Godin/Wilhelmi* Anm. 11; aA MüKoAktG/*Bungeroth* Rn. 23.
[56] OLG Braunschweig OLGR 36, 278 (280); MüKoAktG/*Bungeroth* Rn. 8; Großkomm AktG/*Henze* Rn. 28; Kölner Komm AktG/*Drygala* Rn. 46; Großkomm AktG/*Wiedemann* § 180 Rn. 7.
[57] RGZ 136, 185 (188) (GmbH); MüKoAktG/*Bungeroth* Rn. 8; Großkomm AktG/*Henze* Rn. 28; Großkomm AktG/*Wiedemann* § 180 Rn. 7.
[58] MüKoAktG/*Bungeroth* Rn. 8; Großkomm AktG *Henze* Rn. 28.
[59] RGZ 121, 238 (242); MüKoAktG/*Bungeroth* Rn. 8; Großkomm AktG/*Henze* Rn. 28; Kölner Komm AktG/*Drygala* Rn. 46; Großkomm AktG/*Wiedemann* § 180 Rn. 7.
[60] MüKoAktG/*Bungeroth* Rn. 8; Großkomm AktG/*Henze* Rn. 28; Großkomm AktG/*Wiedemann* § 180 Rn. 12.
[61] Vgl. MüKoAktG/*Bungeroth* Rn. 8; Großkomm AktG/*Henze* Rn. 31; Kölner Komm AktG/*Drygala* Rn. 48.
[62] Großkomm AktG/*Henze* Rn. 22.
[63] MüKoAktG/*Bungeroth* Rn. 12; Großkomm AktG/*Henze* Rn. 22; *v. Godin/Wilhelmi* Anm. 13; MHdB AG/ *Rieckers* § 16 Rn. 53 aE.
[64] Vgl. RGZ 82, 72 (73); MüKoAktG/*Bungeroth* Rn. 42; Großkomm AktG/*Henze* Rn. 24; NK-AktR/*Janssen* Rn. 10; Kölner Komm AktG/*Drygala* Rn. 56; *v. Godin/Wilhelmi* Anm. 13.
[65] Kallmeyer/*Marsch-Barner* UmwG § 20 Rn. 4; Lutter/Winter/*Grunewald* UmwG § 20 Rn. 10.
[66] MüKoAktG/*Bungeroth* Rn. 42 aE.

25 Für den **Begriff der Gutgläubigkeit** ist § 932 Abs. 2 BGB maßgeblich (→ § 54 Rn. 16).[67] Danach schadet fehlende Kenntnis der wahren Rechtslage nur dann, wenn sie auf grober Fahrlässigkeit beruht. Selbst bei Zuckerrüben-AGen ist beim Fehlen von Angaben über etwaige Nebenverpflichtungen in den Aktien nicht von einer generellen Nachforschungspflicht des Erwerbers auszugehen, deren Verletzung Bösgläubigkeit zur Folge hätte. Zwar könnte sich der Erwerber durch einen Blick in die Satzung der Gesellschaft über das Bestehen und den Umfang der Nebenverpflichtung ohne Schwierigkeiten informieren. Wenn die Aktien hierüber entsprechende Angaben nicht enthalten, besteht aber kein Anlass, die Satzung einzusehen, zumal die AG dem Aktienerwerb gem. § 68 Abs. 2 ausdrücklich zustimmen muss.

26 Bei einem gutgläubig „lastenfreien" Erwerb (→ Rn. 24) erlöschen die mit der Mitgliedschaft ursprünglich verbundenen Nebenverpflichtungen gem. §§ 932, 936 BGB (→ § 54 Rn. 17).[68] Die erworbenen Aktien gehören fortan einer **anderen Gattung** an oder bilden eine **neue Gattung**. Die Nebenverpflichtung lebt selbst dadurch nicht wieder auf, dass die Aktien an einen weiteren Erwerber veräußert werden, der in Bezug auf das Bestehen oder auf den in den Aktien angegebenen Umfang der Nebenverpflichtung bösgläubig ist.[69] Der ursprüngliche Veräußerer ist ebenfalls nicht zur Erbringung der Nebenleistungen verpflichtet, da er kein Aktionär mehr ist.[70] Er hat lediglich die bereits fälligen und noch offenen Nebenverpflichtungen zu erfüllen.[71] Anders als beim gutgläubigen lastenfreien Erwerb nicht voll eingezahlter Aktien besteht **keine Forthaftung des Veräußerers** in entsprechender Anwendung des § 65 (→ § 54 Rn. 17). Denn die dort tragende Erwägung, die Kapitalaufbringung auch dann zu gewährleisten, wenn von einem Aktienerwerber ausstehende Einlagebeträge nicht zu erlangen sind, kann eine Analogie hier nicht begründen. Nebenleistungen unterliegen anders als Einlagen nicht den Kapitalschutzregeln (→ Rn. 1).

27 Der Veräußerer haftet gegenüber der AG wegen des Erlöschens der Nebenverpflichtung nur dann auf **Schadensersatz**, wenn er bei dem Erwerbsgeschäft bewusst zum Nachteil der Gesellschaft gehandelt hat (§§ 826, 249 S. 1 BGB).[72] Schadensersatzansprüche der AG wegen Verletzung der ihr gegenüber bestehenden **Treupflicht** kommen nicht in Betracht.[73] Dem Aktionär bei der Veräußerung seiner Anteile eine Hinweispflicht aufzuerlegen, würde das in der aktienrechtlichen Treupflicht wurzelnde Pflichtenprogramm überspannen. Die sanktionswürdige Pflichtverletzung begeht nicht das seine Aktien veräußernde Mitglied, sondern die Gesellschaft, namentlich deren Verwaltung. Denn diese hat nicht nur die betreffenden Anteile unter Verstoß gegen Abs. 1 S. 3 ausgegeben, sondern auch den gutgläubig „lastenfreien" Aktienerwerb des Dritten aufgrund ihrer Zustimmung gem. § 68 Abs. 2 überhaupt erst möglich gemacht. Der durch das Erlöschen oder durch den nunmehr geringeren Umfang der Nebenverpflichtung entstandene Schaden der Gesellschaft ist von den Verwaltungsorganen gem. §§ 93, 116 zu ersetzen.[74]

28 **3. Übergang von Nebenverpflichtungen. a) Schuldübernahme und Abtretung.** Eine korporative Nebenverpflichtung ist untrennbarer Bestandteil der Mitgliedschaft (→ Rn. 15). Die Verknüpfung von Mitgliedschaft und Nebenverpflichtung hat zur Folge, dass Nebenverpflichtungen bei einer Veräußerung der Aktien **ohne Schuldübernahme** iSd. §§ 414 ff. BGB auf den Erwerber übergehen und dass der Übergang selbst dann nicht durch Rechtsgeschäft zwischen Veräußerer und Erwerber ausgeschlossen werden kann, wenn die AG einem solchen Ausschluss zustimmt.[75] Die AG kann die Bindung von Mitgliedschaft und Nebenverpflichtung auch dadurch nicht aufheben, dass sie ihre korporativen Nebenleistungsansprüche an einen Dritten abtritt. Der Zulässigkeit einer solchen **Abtretung** steht § 399 1. Alt. BGB entgegen.[76] Das Abtretungsverbot gilt selbst dann, wenn der die Nebenleistung schuldende Aktionär einer Abtretung zustimmt.[77] Denn eine solche Zustimmung kann die Verknüpfung von Nebenverpflichtung und Mitgliedschaft genauso wenig lösen wie eine

---

[67] Großkomm AktG/*Henze* Rn. 24.
[68] Grigoleit/*Grigoleit*/*Rachlitz* Rn. 3.
[69] MüKoAktG/*Bungeroth* Rn. 44; Kölner Komm AktG/*Drygala* Rn. 56, § 54 Rn. 20; K. Schmidt/Lutter *Fleischer* Rn. 26; Großkomm AktG/*Henze* Rn. 24; aA Kölner Komm AktG/*Lutter*, 2. Aufl. 1988, Rn. 24.
[70] MüKoAktG/*Bungeroth* Rn. 43; Großkomm AktG/*Henze* Rn. 25; Kölner Komm AktG/*Drygala* Rn. 57; aA *v. Godin/Wilhelmi* Anm. 13.
[71] MüKoAktG/*Bungeroth* Rn. 21; Hüffer/Koch/*Koch* Rn. 7; Kölner Komm AktG/*Drygala* Rn. 57.
[72] Vgl. MüKoAktG/*Bungeroth* Rn. 43; Kölner Komm AktG/*Drygala* Rn. 58.
[73] Ebenso MüKoAktG/*Bungeroth* Rn. 43; aA Großkomm AktG/*Henze* Rn. 26.
[74] MüKoAktG/*Bungeroth* Rn. 43; Kölner Komm AktG/*Drygala* Rn. 59; Großkomm AktG/*Henze* Rn. 27.
[75] MüKoAktG/*Bungeroth* Rn. 20; Großkomm AktG/*Henze* Rn. 41; Kölner Komm AktG/*Drygala* Rn. 54.
[76] RGZ 136, 313 (315); MüKoAktG/*Bungeroth* Rn. 20; Großkomm AktG/*Henze* Rn. 33; Kölner Komm AktG/*Drygala* Rn. 54; *v. Godin/Wilhelmi* Anm. 10.
[77] Ebenso MüKoAktG/*Bungeroth* Rn. 20; aA RGZ 149, 385 (395); Großkomm AktG/*Henze* Rn. 33; Hüffer/Koch/*Koch* Rn. 7; *v. Godin/Wilhelmi* Anm. 10.

Zustimmung der AG zu einem Ausschluss des Übergangs der Nebenverpflichtung im Rahmen eines Aktienerwerbs. Für die Pfändung korporativer Nebenleistungsforderungen gilt § 851 Abs. 2 ZPO; eine Verpfändung ist gem. § 1274 Abs. 2 BGB ausgeschlossen. Vor Entstehung korporativer Nebenleistungsansprüche kann über diese nach allgemeinen Regeln nur in Gestalt von einzelnen **künftigen Ansprüchen** rechtsgeschäftlich disponiert werden.

Nach Entstehung der Nebenleistungsansprüche sind Schuldübernahme durch Dritte nach §§ 414 ff. BGB und Abtretung nach § 398 BGB rechtlich zulässig.[78] Entstandene Nebenleistungsansprüche sind pfändbar und verpfändbar. Nebenleistungsansprüche entstehen in dem Zeitpunkt, den die Satzung für die Leistung bestimmt. Fehlt eine solche Satzungsbestimmung, entstehen die Ansprüche, wenn der Vorstand die Nebenleistung unter Einhaltung der satzungsmäßigen Vorgaben entsprechend § 63 Abs. 1 S. 1 einfordert. 29

Im Schrifttum wird zwischen dem sogenannten **„Stammrecht auf die Nebenleistungen"** und den **konkreten** abtretbaren und verpfändbaren **Nebenleistungsforderungen** unterschieden.[79] Diese Kategorisierung ist dem Gesetz nicht zu entnehmen. Sie führt bei der Lösung von Rechtsfragen, die sich im Zusammenhang mit korporativen Nebenverpflichtungen stellen, auch nicht weiter und sollte daher aufgegeben werden.[80] Für die rechtliche Behandlung von Nebenleistungsansprüchen ist allein von Bedeutung, ob diese entstanden sind oder nicht (→ Rn. 29). 30

b) Pfändung, Verpfändung und Insolvenz über das Vermögen des Aktionärs. Nebenleistungsaktien können, da es sich um vinkulierte Namensaktien handelt (→ Rn. 16), nur mit Zustimmung der AG **verpfändet** werden (§ 68 Abs. 2 S. 1, § 1274 Abs. 1 BGB).[81] Eine **Pfändung** gem. § 808 ZPO bedarf demgegenüber keiner Zustimmung der AG.[82] Die Erfüllung der Nebenverpflichtung obliegt in beiden Fällen dem Pfandschuldner (Aktionär). Wird die Aktie später veräußert, ist nach herrschender und zutreffender Meinung die Zustimmung der AG zur Übertragung der Aktien erforderlich.[83] Der Aktienerwerber wird ohne weiteres Schuldner der korporativen Nebenverpflichtung. 31

Wenn **über das Vermögen eines Verbandsmitglieds das Insolvenzverfahren** eröffnet wird, gehören dessen Nebenleistungsaktien gem. §§ 35, 36 InsO zur Insolvenzmasse. Der Insolvenzverwalter erlangt gem. § 80 InsO die Verfügungsbefugnis über die Aktien; die ihnen anhaftenden Nebenpflichtungen erlöschen durch Insolvenzeröffnung nicht.[84] Der Insolvenzverwalter ist allerdings in entsprechender Anwendung des § 103 Abs. 2 S. 1 InsO berechtigt, die Erfüllung gegenüber der AG abzulehnen.[85] Diese kann in einem solchen Fall Schadensersatzansprüche statt der Leistung nur als Insolvenzgläubiger und damit nur in Höhe der Insolvenzquote geltend machen (§ 103 Abs. 2 S. 1 InsO, § 174 InsO). 32

VII. Willensmängel, Leistungsstörungen und Vertragsstrafe

1. Willensmängel. a) Geschäftsunfähigkeit. Der originäre und derivative Erwerb von Nebenleistungsaktien durch einen Geschäftsunfähigen oder durch einen vorübergehend Geistesgestörten ist unwirksam; es werden insoweit weder Mitgliedschaftsrechte noch Nebenverpflichtungen beim Erwerber begründet.[86] Die Zustimmung zu einer Nebenverpflichtung nach § 180 ist gem. § 105 Abs. 1 oder 2 BGB nichtig, wenn sie im Zustand der Geschäftsunfähigkeit oder der vorübergehenden Störung der Geistestätigkeit abgegeben wird. Die Mitgliedschaft besteht ohne Nebenverpflichtung fort. Andere Verbandsmitglieder, die der durch Satzungsänderung beschlossenen korporativen Nebenverpflichtung zugestimmt haben, werden nur verpflichtet, wenn sich aus dem Beschluss eindeutig ergibt, dass die Bindungswirkung gegenüber einzelnen Aktionären gewollt ist; andernfalls ist der Beschluss gegenüber allen Aktionären unwirksam (→ Rn. 20). 33

---

[78] MüKoAktG/*Bungeroth* Rn. 21.
[79] Vgl. MüKoAktG/*Bungeroth* Rn. 20 f.; Großkomm AktG/*Henze* Rn. 38; Hüffer/Koch/*Koch* Rn. 6.
[80] Vgl. zur Kritik an der vergleichbaren Differenzierung zwischen „allgemeinem Bezugsrecht" und den „konkreten Bezugsansprüchen" *Cahn* ZHR 164 (2000), 113 (123 bis 129).
[81] Kölner Komm AktG/*Lutter/Drygala* § 68 Rn. 54; MHdB AG/*Sailer-Coceani* § 14 Rn. 75; aA Kölner Komm AktG/*Drygala* Rn. 61.
[82] AllgM MüKoAktG/*Bayer* § 68 Rn. 111; Hüffer/Koch/*Koch* § 68 Rn. 11; Kölner Komm AktG/*Drygala* Rn. 61 aE.
[83] Dazu MüKoAktG/*Bayer* § 68 Rn. 112 f.; Hüffer/Koch/*Koch* § 68 Rn. 11 aE; Kölner Komm AktG/*Drygala* Rn. 62; Kölner Komm AktG/*Lutter/Drygala* § 68 Rn. 55; MHdB AG/*Sailer-Coceani* § 14 Rn. 20; aA für die GmbH RGZ 70, 64 (66); BGHZ 32, 151 (155) = NJW 1960, 1053; BGHZ 65, 22 (24) = NJW 1975, 1835.
[84] RGZ 108, 20 (23) (zur GmbH); Großkomm AktG/*Henze* Rn. 53; Kölner Komm AktG/*Drygala* Rn. 62.
[85] Vgl. Großkomm AktG/*Henze* Rn. 53.
[86] *Ganssmüller* GmbHR 1955, 172 ff.; *v. Godin/Wilhelmi* Anm. 6.

34 b) Anfechtung. Problematisch ist die Beantwortung der Frage, ob der Inhaber von Nebenleistungsaktien seine Erklärung anfechten kann, die ihn zur Erbringung von Nebenleistungen verpflichtet hat. Eine Anfechtung ist nach zutreffender Meinung **unzulässig**.[87] Die *Erklärung,* deren Anfechtbarkeit in Frage steht, kann ausschließlich die Erwerbserklärung bei einer Aktienveräußerung, die Erklärung der Aktienübernahme im Rahmen der Gründung der AG, die Zeichnungserklärung bei einer Kapitalerhöhung oder die Zustimmung nach § 180 sein. Auf anderem Wege können korporative Nebenverpflichtungen nicht begründet werden (→ Rn. 15).

35 In den ersten drei Fällen hat die geäußerte Erklärung zwei Inhalte: Verbandsmitglied zu werden und die Verpflichtung, Nebenleistungen zu erbringen. Wenn der Erklärung ein nach den bürgerlich-rechtlichen Vorschriften zur Anfechtung berechtigender Willensmangel anhaftet und sich der Aktionär durch Anfechtung lediglich von der Nebenverpflichtung befreien möchte, ist die Frage nach der Zulässigkeit einer **Teilanfechtung** aufgeworfen. Das Rechtsgeschäft wäre dergestalt teilbar, dass der nach einer Teilanfechtung verbleibende Teil in dem Erwerb der Mitgliedschaft ohne Nebenverpflichtung bestünde. Eine Teilanfechtung ist in entsprechender Anwendung des § 139 BGB allerdings nur dann möglich, wenn anzunehmen ist, dass das verbleibende Rechtsgeschäft auch ohne den nichtigen Teil vorgenommen worden wäre. Davon ist hier nicht auszugehen, denn der Erwerb einer lastenfreien Mitgliedschaft würde einen einseitigen Eingriff in das Gleichgewicht bedeuten, das innerhalb des Verbands zwischen den Rechten und Pflichten aller Aktionäre besteht.[88] Anders als im Fall eines gutgläubig lastenfreien Erwerbs gem. §§ 932, 936 BGB, bei dem die Nebenverpflichtung erlischt (→ Rn. 24), ist der Verband für den hier vorliegenden Mangel nicht verantwortlich, da nicht die ausgegebenen Aktien, sondern der von einem ursprünglichen Nichtmitglied geäußerte Wille mängelbehaftet ist. Die Verbandsmitglieder sollten daher auch die Konsequenzen nicht zu tragen haben, die mit einer wirksamen Teilanfechtung für sie verbunden wären. Aufgrund dieser aktienrechtlichen Besonderheiten ist eine Teilanfechtung hier unzulässig.[89] Der betroffene Aktionär kann die Nebenleistungspflicht allerdings bei Vorliegen eines wichtigen Grundes kündigen (→ Rn. 50). Eine Anfechtung des gesamten originären Erwerbsgeschäfts kommt schon deswegen nicht in Betracht, weil die AG angesichts des Verbots der Einlagenrückgewähr grundsätzlich nicht zur Rücknahme der Aktien verpflichtet werden kann.[90] Im Fall des derivativen Erwerbs von Nebenleistungsaktien verbleibt es im Hinblick auf das gesamte Erwerbsgeschäft im Verhältnis zwischen Erwerber und Veräußerer bei den allgemeinen Anfechtungsregeln.

36 Ist die von einem Aktionär **nach § 180 Abs. 1 erteilte Zustimmung** mit Willensmängeln behaftet, unterliegt eine Anfechtung demgegenüber keinen Bedenken. Die mit einer Anfechtung verbundene Nichtigkeit der Zustimmungserklärung hat nämlich im Zweifel lediglich zur Folge, dass der satzungsändernde Beschluss über die Einführung oder Verschärfung einer Nebenverpflichtung in Ermangelung der Zustimmung *aller* betroffenen Aktionäre unwirksam ist. Wenn ausnahmsweise von einer Bindungswirkung des Beschlusses gegenüber den übrigen Aktionären auszugehen ist (→ Rn. 20), wäre eine solche Bindung auch dann eingetreten, wenn der seine Zustimmung anfechtende Aktionäre von vornherein nicht zugestimmt hätte. Die Anfechtung der Zustimmung wirkt allerdings nur ex nunc.[91]

37 **2. Leistungsstörungen.** Die bürgerlich-rechtlichen **Vorschriften über Schuldverhältnisse (§§ 241 ff. BGB)** sind auf korporative Nebenverpflichtungen entsprechend anzuwenden, soweit aktienrechtliche Besonderheiten dem nicht entgegenstehen.[92] Falls ein Entgelt satzungsmäßig festgelegt ist, stehen Entgelt und Nebenverpflichtung in einem dem **Synallagma** ähnlichen Verhältnis zueinander.[93] Es sind insoweit auch die für gegenseitige Verträge geltenden Vorschriften entsprechend anzuwenden (§§ 320 ff. BGB). Aus dem besonderen Schuldrecht gelten diejenigen Vorschriften ana-

---

[87] RGZ 88, 187; MüKoAktG/*Bungeroth* Rn. 47; K. Schmidt/Lutter/*Fleischer* Rn. 24; Großkomm AktG/*Henze* Rn. 44; *v. Godin/Wilhelmi* Anm. 4; *R. Fischer* JZ 1954, 426 (428); aA Kölner Komm AktG/*Drygala* Rn. 27–31; *Ganssmüller* GmbHR 1955, 172 ff.
[88] Vgl. MüKoAktG/*Bungeroth* Rn. 47; Großkomm AktG/*Henze* Rn. 44.
[89] AA Bürgers/Körber/*Westermann* Rn. 10; Grigoleit/*Grigoleit/Rachlitz* Rn. 6.
[90] Soweit eine arglistige Täuschung des Aktionärs durch die Gesellschaft in Frage steht, kommen allerdings Schadensersatzansprüche des Aktionärs gegen die Gesellschaft aus §§ 826, 823 Abs. 2 BGB in Betracht (→ § 57 Rn. 47–49).
[91] Vgl. Kölner Komm AktG/*Drygala* Rn. 31 aE; Bürgers/Körber/*Westermann* Rn. 10.
[92] RGZ 87, 261 (265) (zur GmbH); MüKoAktG/*Bungeroth* Rn. 22; Großkomm AktG/*Henze* Rn. 34; Hüffer/Koch/*Koch* Rn. 6; NK-AktR/*Janssen* Rn. 4, 8; Kölner Komm AktG/*Drygala* Rn. 25; Hölters/*Laubert* Rn. 7; Bürgers/Körber/*Westermann* Rn. 9; aA *Müller-Erzbach,* Das private Recht der Mitgliedschaft als Prüfstein eines kausalen Rechtsdenkens, 1948, 323.
[93] Wachter/*Servatius* Rn. 16.

log, deren Regelungsgegenstand dem Leistungsgegenstand der zu erbringenden Nebenverpflichtung am ehesten entspricht.

a) Vor Entstehung des Nebenleistungsanspruchs. Wenn der Erfüllung korporativer Nebenverpflichtungen vor Entstehung des Anspruchs der AG ein Leistungshindernis entgegensteht, das auch durch Veräußerung der Aktien nicht behoben werden kann, erlischt die Nebenleistungspflicht ohne Satzungsänderung.[94] Die Satzung wird damit unrichtig und ist zu korrigieren. Wird die Erfüllung der Nebenleistungspflicht nur einem einzelnen Aktionär **unmöglich,** so wird dieser entsprechend § 275 Abs. 1 BGB von seiner Leistungspflicht frei. Seine Mitgliedschaft besteht ohne Nebenverpflichtung fort. Falls er das Leistungshindernis zu vertreten hat, besteht entsprechend § 280 Abs. 1, 3 BGB iVm § 283 BGB eine Pflicht zum Schadensersatz statt der Leistung. Ob der Aktionär die Unmöglichkeit der Leistungserbringung **zu vertreten** hat, bestimmt sich nach den Regeln der §§ 276–278, 287, 300 Abs. 1 BGB und, falls die Erfüllung der Nebenleistungspflicht für den Aktionär ein Handelsgeschäft ist, nach 347 HGB; die Haftungserleichterung des § 708 BGB gilt nicht.[95] Entsprechend § 280 Abs. 1 S. 2 BGB wird vermutet, dass der Nebenleistungsaktionär die Herbeiführung des Leistungshindernisses zu vertreten hat. Mit Veräußerung der Aktien leben die der Mitgliedschaft anhaftenden Nebenverpflichtungen wieder auf.[96] 38

b) Nach Entstehung des Nebenleistungsanspruchs. Nach Entstehung des Nebenleistungsanspruchs der AG (→ Rn. 29) finden die schuldrechtlichen Regelungen **auf die gestörte fällige Leistung** entsprechende Anwendung. Das gilt insbesondere, wenn die Leistung nicht oder nicht wie geschuldet erbracht wird (§ 280 Abs. 1 und 3 BGB, §§ 281, 320, 323, 437, 634 BGB), wenn der Aktionär oder die AG verspätet leistet (§ 280 Abs. 2 BGB, §§ 286–288, 320 BGB) oder wenn der Leistungserbringung ein Hindernis entgegensteht (§§ 275, 280 Abs. 1 und 3 BGB, §§ 283, 320, 326 BGB). Die Mitgliedschaft als solche und noch nicht entstandene Nebenverpflichtungen bleiben von der Anwendung dieser Vorschriften unberührt.[97] 39

3. Vertragsstrafe. Die Erfüllung korporativer Nebenverpflichtungen kann gem. Abs. 2 durch die Festsetzung einer Vertragsstrafe gesichert werden. Dabei gelten die §§ 339–345 BGB, § 348 HGB.[98] Bei Anwendung des § 340 Abs. 1 S. 2 BGB ist zu beachten, dass nur der bereits entstandene Anspruch der AG auf die Nebenleistung ausgeschlossen ist.[99] Da Abs. 2 sowohl von Nichterfüllung als auch von „nicht gehöriger" Erfüllung spricht, kann neben dem **Nichtleisten** auch das **nicht wie geschuldete und das verspätete Leisten** eine Vertragsstrafe verwirken. Die Satzung muss die Voraussetzungen für die Verhängung und den Umfang der Vertragsstrafe regeln.[100] Als Vertragsstrafe kann insbesondere eine **Geldsumme**[101] oder die **Zwangseinziehung der Aktien**[102] des nicht oder nicht gehörig Erfüllenden (§ 237) festgesetzt werden. Eine Vertragsstrafe, die die **Kaduzierung** von Aktien nach § 64 vorsieht, ist demgegenüber unzulässig,[103] denn die Kaduzierung ist, anders als die Einziehung nach § 237, ausschließlich bei Verletzungen der Einlagepflicht iSd § 54 möglich. Zur Besicherung des potenziellen Anspruchs der AG auf Vertragsstrafe kann die Satzung Aktionäre zur Hingabe von Wechselakzepten oder zur Bestellung anderer Sicherheiten verpflichten.[104] 40

VIII. Beendigung der Nebenleistungspflicht

1. Beendigung durch Satzungsänderung und Satzungsregelung. a) Satzungsregelung. Eine korporative Nebenverpflichtung kann in der Satzung gem. § 158 Abs. 2 BGB **auflösend bedingt** vereinbart oder gem. § 163 BGB bis zu einem Endtermin **befristet** werden. Sie endet in diesen Fällen ohne weiteres mit Eintritt der Bedingung oder durch Zeitablauf. 41

---

[94] Vgl. RGZ 104, 349 (350 f.); vgl. MüKoAktG/*Bungeroth* Rn. 25; Großkomm AktG/*Henze* Rn. 43.
[95] MüKoAktG/*Bungeroth* Rn. 26; K. Schmidt/Lutter/*Fleischer* Rn. 20; Großkomm AktG/*Henze* Rn. 36; Kölner Komm AktG/*Drygala* Rn. 35.
[96] MüKoAktG/*Bungeroth* Rn. 25.
[97] Vgl. MüKoAktG/*Bungeroth* Rn. 24; Großkomm AktG/*Henze* Rn. 35.
[98] MüKoAktG/*Bungeroth* Rn. 28; Großkomm AktG/*Henze* Rn. 56; Hüffer/Koch/*Koch* Rn. 6; Kölner Komm AktG/*Drygala* Rn. 40; *v. Godin/Wilhelmi* Anm. 14; Bürgers/Körber/*Westermann* Rn. 8.
[99] Vgl. MüKoAktG/*Bungeroth* Rn. 28; Großkomm AktG/*Henze* Rn. 56.
[100] MüKoAktG/*Bungeroth* Rn. 28; Großkomm AktG/*Henze* Rn. 56; Wachter/*Servatius* Rn. 16.
[101] MüKoAktG/*Bungeroth* Rn. 27; Großkomm AktG/*Henze* Rn. 57; Hüffer/Koch/*Koch* Rn. 6; Kölner Komm AktG/*Drygala* Rn. 41.
[102] MüKoAktG/*Bungeroth* Rn. 29; Großkomm AktG/*Henze* Rn. 60; *v. Godin/Wilhelmi* Anm. 14.
[103] MüKoAktG/*Bungeroth* Rn. 29; K. Schmidt/Lutter/*Fleischer* Rn. 22; Großkomm AktG/*Henze* Rn. 59; Hüffer/Koch/*Koch* Rn. 6; Kölner Komm AktG/*Drygala* Rn. 41; *v. Godin/Wilhelmi* Anm. 6, 14; Wachter/*Servatius* Rn. 16; aA *Schnorr v. Carolsfeld* FS A. Hueck, 1959, 261 (278).
[104] MüKoAktG/*Bungeroth* Rn. 28; Großkomm AktG/*Henze* Rn. 58; Kölner Komm AktG/*Drygala* Rn. 41.

42 **b) Satzungsänderung.** Nebenverpflichtungen können gem. § 179 durch **satzungsändernden Beschluss** der HV aufgehoben werden. Dabei sind zwei Besonderheiten zu beachten: Ein solcher Beschluss bedarf zu seiner Wirksamkeit in denjenigen Fällen, in denen außer Nebenleistungsaktien **Aktien anderer Gattungen** ausgegeben worden sind, der Zustimmung der Inhaber der anderen Aktien in Form eines Sonderbeschlusses gem. § 179 Abs. 3, wenn die Aufhebung der Nebenleistungspflicht für diese Aktionäre eine Benachteiligung darstellt.[105] Eine Benachteiligung liegt insbesondere dann vor, wenn die AG für die Nebenleistung keine oder lediglich eine Vergütung bezahlen muss, die geringer als der Marktwert der Nebenleistung ist. Ein Mehrheitsbeschluss nach § 179 Abs. 1 und 2 ist aber auch dann grundsätzlich nicht ohne weiteres ausreichend, wenn Aktionäre für ihre Nebenleistungen von Satzung wegen ein Entgelt erhalten. In diesen Fällen besteht regelmäßig ein **Nebenleistungsrecht** der Aktionäre, dessen Aufhebung gem. § 180 der Zustimmung aller Betroffenen bedarf (→ Rn. 21).

43 Wenn die **Vinkulierung der Nebenleistungsaktien** durch satzungsändernden Beschluss **aufgehoben** wird, erlöschen zugleich die den Aktien anhaftenden Nebenverpflichtungen,[106] da die Vinkulierung nach Abs. 1 S. 1 konstitutive Voraussetzung für das Bestehen korporativer Nebenverpflichtungen ist. Bei Aufhebung der Vinkulierung sind diejenigen Beschlusserfordernisse zu beachten, die auch im Fall der unmittelbaren Aufhebung der Nebenverpflichtungen einzuhalten sind (→ Rn. 42).

44 **2. Umwandlung, Auflösung und Insolvenz der AG. a) Umwandlung.** Durch die Umwandlung einer AG nach Maßgabe des UmwG werden bestehende Nebenverpflichtungen der Aktionäre nicht aufgehoben, soweit die Satzung nichts Gegenteiliges bestimmt.[107] Der übernehmende oder neu gegründete Rechtsträger erwirbt kraft Gesamtrechtsnachfolge die Gläubigerstellung der bisherigen AG und damit auch die Inhaberschaft der Nebenleistungsansprüche (§ 20 Abs. 1 Nr. 1 UmwG, §§ 73, 125 S. 1 UmwG, § 176 Abs. 3 S. 1 UmwG, § 177 Abs. 2 S. 1 UmwG). Voraussetzung für den Fortbestand der Nebenverpflichtungen ist allerdings, dass der aufnehmende Rechtsträger vinkulierte Namensaktien bereits emittiert hat oder neu schafft.[108] Im Fall des Formwechsels bleibt das in einer anderen Rechtsform organisierte Unternehmen Inhaber der Nebenleistungsansprüche (§ 202 Abs. 1 Nr. 1 UmwG).

45 **b) Auflösung.** Die Auflösung der AG nach §§ 262 f. hat grundsätzlich das Erlöschen der Nebenverpflichtungen der Aktionäre zur Folge, da die AG ihre werbende Tätigkeit aufgibt[109] und Nebenleistungen demzufolge keine Verwendung mehr finden; der Zweck der Gesellschaft ist nach Auflösung auf die Durchführung der Abwicklung gem. §§ 264 ff. gerichtet. Nebenleistungspflichten können ausnahmsweise fortbestehen, soweit die Abwicklung gem. § 268 Abs. 1 S. 2 die Eingehung neuer Geschäfte erfordert.[110] Nebenleistungsansprüche, die vor Eintragung der Auflösung in das HR entstanden sind (→ Rn. 29), können von den Liquidatoren auch in der Abwicklungsphase geltend gemacht werden.

46 **c) Insolvenz.** Die **Insolvenz** der AG ist gem. § 262 Abs. 1 Nr. 3 und 4 Auflösungsgrund. **Nebenverpflichtungen erlöschen** mit Eröffnung oder Ablehnung der Eröffnung des Insolvenzverfahrens mangels Masse aus dem gleichen Grund wie bei einer Auflösung, die nicht auf Insolvenz beruht (→ Rn. 45).[111] Wenn die Gläubiger gem. § 157 InsO den Beschluss fassen, das **Unternehmen vorläufig fortzuführen,** bestehen die Nebenverpflichtungen allerdings auch hier ausnahmsweise fort.[112] Entgeltansprüche der Aktionäre für insoweit erbrachte Nebenleistungen sind gem. § 55 Abs. 1 Nr. 2 InsO Masseverbindlichkeiten und als solche gem. § 53 InsO aus der Masse vorweg zu erfüllen. Nebenleistungsansprüche, die vor der Auflösung der AG nach § 262 Abs. 1 Nr. 3 oder 4 entstanden und noch nicht erfüllt worden sind, kann der Insolvenzverwalter entsprechend § 103 Abs. 1 InsO geltend machen. Wenn er Erfüllung verlangt, sind die Ansprüche der Aktionäre auf Entgelt ebenfalls Masseverbindlichkeiten iSd § 55 Abs. 1 Nr. 2 InsO der abzuwickelnden AG.[113] Entgeltforderungen

---

[105] Vgl. MüKoAktG/*Bungeroth* Rn. 34.

[106] MüKoAktG/*Bungeroth* Rn. 35; Großkomm AktG/*Henze* Rn. 42; Kölner Komm AktG/*Drygala* Rn. 44.

[107] RGZ 136, 313 (316, 318); MüKoAktG/*Bungeroth* Rn. 37; K. Schmidt/Lutter/*Fleischer* Rn. 34; Großkomm AktG/*Henze* Rn. 50; Hüffer/Koch/*Koch* Rn. 9; Kölner Komm AktG/*Drygala* Rn. 71; Bürgers/Körber/*Westermann* Rn. 11.

[108] Kölner Komm AktG/*Drygala* Rn. 71.

[109] RGZ 72, 236 (239) (Genossenschaft); RGZ 125, 114 (119) (GmbH); MüKoAktG/*Bungeroth* Rn. 36; K. Schmidt/Lutter/*Fleischer* Rn. 34; Großkomm AktG/*Henze* Rn. 51; Hüffer/Koch/*Koch* Rn. 8; Kölner Komm AktG/*Drygala* Rn. 68.

[110] AllgM MüKoAktG/*Bungeroth* Rn. 36; Großkomm AktG/*Henze* Rn. 51; Hüffer/Koch/*Koch* Rn. 8; Kölner Komm AktG/*Drygala* Rn. 68.

[111] K. Schmidt/Lutter/*Fleischer* Rn. 35.

[112] MüKoAktG/*Bungeroth* Rn. 38; Hüffer/Koch/*Koch* Rn. 8; Kölner Komm AktG/*Drygala* Rn. 69; aA Großkomm AktG/*Henze* Rn. 52.

[113] MüKoAktG/*Bungeroth* Rn. 39; Kölner Komm AktG/*Drygala* Rn. 69.

der Aktionäre für vor der Auflösung erbrachte Nebenleistungen können demgegenüber nur nach §§ 174 f. InsO zur Tabelle angemeldet werden.

3. Sonstige Beendigungsgründe. a) Veräußerung. Aktionäre werden von ihrer Nebenverpflichtung frei, indem sie ihre Aktien veräußern. Da Mitgliedschaft und Nebenverpflichtung untrennbar miteinander verbunden sind, geht die Nebenverpflichtung ohne weiteres auf den Erwerber der Aktien über (→ Rn. 28). Nur bei einem gutgläubig „lastenfreien" Erwerb erlöschen die mitgliedschaftlichen Nebenverpflichtungen (→ Rn. 24 ff.). Für den Fall, dass Nebenleistungen von dem Erwerber (Nachmann) nicht zu erlangen sind, **haftet der Veräußerer (Vormann) nicht subsidiär** nach dem Vorbild der Regelung des § 65 (→ Rn. 26).[114] AG und Veräußerer können lediglich schuldrechtlich eine Ausfallhaftung vereinbaren. Um veräußerungswillige Aktionäre zu einer solchen Vereinbarung zu bewegen, kann die AG insbesondere ihre Zustimmung zur Übertragung der Aktien gem. § 68 Abs. 2 von der Übernahme einer schuldrechtlichen Ausfallhaftung abhängig machen. 47

b) Erlass. Korporative Nebenverpflichtungen können nicht durch schuldrechtliche Verträge aufgehoben werden. **Erlassverträge** mit der AG nach § 397 Abs. 1 BGB befreien Aktionäre nur von bereits entstandenen Nebenleistungspflichten.[115] Bei Abschluss solcher Verträge ist das Gleichbehandlungsgebot des § 53a zu beachten. 48

c) Einseitige Rechtsgeschäfte des Aktionärs. Aktionäre sind grundsätzlich nicht berechtigt, sich ihrer Mitgliedschaft samt der ihr anhaftenden Nebenverpflichtung durch einseitiges Rechtsgeschäft zu entledigen. Sie haben insbesondere **kein Recht zur ordentlichen Kündigung** der Nebenleistungspflicht, wenn die Satzung ein solches Recht nicht vorsieht.[116] Aktien können weder **gem. § 959 BGB derelinquiert** noch der Gesellschaft wie im GmbH-Recht gem. § 27 Abs. 1 S. 1 GmbHG zur Verfügung gestellt werden **(kein Abandon)**.[117] 49

Aktionäre können sich von der Nebenverpflichtung außer durch Anfechtung (→ Rn. 34 ff.) einseitig nur durch eine **Kündigung aus wichtigem Grund** befreien. Dieses Kündigungsrecht folgt aus dem in § 314 Abs. 1 BGB zum Ausdruck gebrachten allgemeinen Rechtsgedanken, nach dem niemand auf unbegrenzte Zeit an einem Dauerschuldverhältnis festgehalten werden darf, ohne dass ihm ein Recht auf Kündigung aus wichtigem Grund zusteht. Eine solche Kündigung ist hier an besonders strenge Voraussetzungen geknüpft: Zunächst muss die **Verbandszugehörigkeit** für den Aktionär bei Fortbestand der Nebenverpflichtung **unzumutbar** sein. Weiterhin darf eine **Veräußerung** der Anteile an Dritte ebenfalls **nur unter unzumutbaren Umständen** oder überhaupt nicht möglich sein.[118] Das kann beispielsweise der Fall sein, wenn keine potenziellen Erwerber vorhanden sind, wenn sich solche nur bei völlig untragbaren Preiszugeständnissen finden lassen oder wenn die AG an ihre Zustimmung nach § 68 Abs. 2 derart überzogene Anforderungen stellt, dass eine Veräußerung der Anteile nahezu unmöglich ist.[119] Ist dem Aktionär eine Veräußerung nur unter Leistung einer Zuzahlung möglich, darf er die Nebenverpflichtung ebenfalls aus wichtigem Grund kündigen, wenn die Mitgliedschaft für ihn mit Nebenverpflichtung unzumutbar ist.[120] 50

IX. Rechtsfolgen bei Mängeln

1. Verstöße gegen Abs. 1 S. 1 und 2. a) Unwirksamkeit. Korporative Nebenverpflichtungen sind aufgrund eines Verstoßes gegen Abs. 1 S. 1 gem. § 23 Abs. 5 S. 1 iVm § 134 BGB unwirksam, wenn die Übertragung der zugehörigen Aktien nicht an die Zustimmung der AG gebunden ist (→ Rn. 43). Gleiches gilt, wenn in der Satzung als Nebenleistung eine Geldleistung oder keine wiederkehrende, sondern eine einmalige Leistung bzw. eine Dauerleistung festgesetzt wird. Das Fehlen einer Satzungsklausel, durch die gem. Abs. 1 S. 2 bestimmt wird, ob die Nebenleistungen entgeltlich oder unentgeltlich zu erbringen sind, hat – abgesehen von der Ausnahmeregelung des § 10 EGAktG – 51

---

[114] K. Schmidt/Lutter/*Fleischer* Rn. 30; Bürgers/Körber/*Westermann* Rn. 12.
[115] MüKoAktG/*Bungeroth* Rn. 33; Großkomm AktG/*Henze* Rn. 48; *Winkler* DNotZ 1969, 394 (406).
[116] MüKoAktG/*Bungeroth* Rn. 48; Großkomm AktG/*Henze* Rn. 45; Hüffer/Koch/*Koch* Rn. 9.
[117] RGZ 17, 3 (5); 73, 429 (433); MüKoAktG/*Bungeroth* Rn. 45; Großkomm AktG/*Henze* Rn. 49; Kölner Komm AktG/*Drygala* Rn. 32.
[118] Vgl. RGZ 128, 1 (17); BGHZ 116, 359 (369) = NJW 1992, 892 (beide zur GmbH); *Brixner*, Zweckmäßigkeit und Möglichkeiten genossenschaftlicher Betätigung in der Rechtsform der Aktiengesellschaft, 1961, 126; MüKoAktG/*Bungeroth* Rn. 49; K. Schmidt/Lutter/*Fleischer* Rn. 33; Großkomm AktG/*Henze* Rn. 46 f.; *Herzog* ZHR 97 (1932), 422 (424); vgl. hierzu auch Kölner Komm AktG/*Drygala* Rn. 34; aA *Müller-Erzbach*, Das private Recht der Mitgliedschaft als Prüfstein eines kausalen Rechtsdenkens, 1948, 323.
[119] Wachter/*Servatius* Rn. 15.
[120] MüKoAktG/*Bungeroth* Rn. 49; Großkomm AktG/*Henze* Rn. 46 f.; *Herzog* ZHR 97 (1932), 422 (424); Kölner Komm AktG/*Drygala* Rn. 34.

ebenfalls die Unwirksamkeit der korporativen Nebenverpflichtungen zur Folge.[121] Der Bestand der Mitgliedschaften bleibt jeweils von der Unwirksamkeit der Nebenverpflichtungen unberührt.[122] Leistungen, die auf eine unwirksame Nebenverpflichtung erbracht worden sind, können **gem. §§ 812 ff. BGB kondiziert** werden. Entgeltzahlungen der AG an Aktionäre verstoßen gegen § 57 und sind **nach § 62 zurückzuzahlen**, wenn die Satzung keine Entgeltregelung trifft, die Zahlungen der AG das satzungsmäßig festgesetzte Entgelt übersteigen oder das Entgelt überhöht ist.

52 **b) Umdeutung in schuldrechtliche Einzelverpflichtungen.** Im Fall der Unwirksamkeit korporativer Nebenleistungsvereinbarungen wegen Verstoßes gegen Abs. 1 S. 1 oder S. 2 kann die Satzungsregelung **entsprechend § 140 BGB** in eine Vielzahl schuldrechtlicher Einzelverpflichtungen umgedeutet werden,[123] wenn die betroffenen Gesellschafter der Satzungsregelung gem. § 180 Abs. 1 zugestimmt haben.

53 **2. Verstöße gegen Abs. 1 S. 3.** Das Nichteinhalten der durch Abs. 1 S. 3 angeordneten Publizitätspflicht berührt weder die **Wirksamkeit** der Urkunden noch die der Nebenverpflichtungen.[124] Der Originärerwerber ist zur Erbringung der satzungsmäßig festgelegten Nebenleistungen verpflichtet. Im Fall der Veräußerung der Anteile an einen gutgläubigen Dritten erlöschen die korporativen Nebenverpflichtungen gem. §§ 932, 936 BGB, wenn die übertragenen Mitgliedschaftsrechte verbrieft sind (→ Rn. 24 ff.).

§ 56 Keine Zeichnung eigener Aktien; Aktienübernahme für Rechnung der Gesellschaft oder durch ein abhängiges oder in Mehrheitsbesitz stehendes Unternehmen

(1) Die Gesellschaft darf keine eigenen Aktien zeichnen.

(2) ¹Ein abhängiges Unternehmen darf keine Aktien der herrschenden Gesellschaft, ein in Mehrheitsbesitz stehendes Unternehmen keine Aktien der an ihm mit Mehrheit beteiligten Gesellschaft als Gründer oder Zeichner oder in Ausübung eines bei einer bedingten Kapitalerhöhung eingeräumten Umtausch- oder Bezugsrechts übernehmen. ²Ein Verstoß gegen diese Vorschrift macht die Übernahme nicht unwirksam.

(3) ¹Wer als Gründer oder Zeichner oder in Ausübung eines bei einer bedingten Kapitalerhöhung eingeräumten Umtausch- oder Bezugsrechts eine Aktie für Rechnung der Gesellschaft oder eines abhängigen oder in Mehrheitsbesitz stehenden Unternehmens übernommen hat, kann sich nicht darauf berufen, daß er die Aktie nicht für eigene Rechnung übernommen hat. ²Er haftet ohne Rücksicht auf Vereinbarungen mit der Gesellschaft oder dem abhängigen oder in Mehrheitsbesitz stehenden Unternehmen auf die volle Einlage. ³Bevor er die Aktie für eigene Rechnung übernommen hat, stehen ihm keine Rechte aus der Aktie zu.

(4) ¹Werden bei einer Kapitalerhöhung Aktien unter Verletzung der Absätze 1 oder 2 gezeichnet, so haftet auch jedes Vorstandsmitglied der Gesellschaft auf die volle Einlage. ²Dies gilt nicht, wenn das Vorstandsmitglied beweist, daß es kein Verschulden trifft.

Schrifttum: *Büdenbender*, Eigene Aktien und Aktien an der Muttergesellschaft, DZWir 1998, 1, 55; *Cahn*, Kapitalerhaltung im Konzern, 1998; *Habersack*, Verdeckte Sacheinlage und Hin- und Herzahlen nach dem ARUG, AG 2009, 557; *Hahn*, Die Übernahme von Aktien für Rechnung der Gesellschaft, 2005; *Krause*, Die Gewährung von Aktien beim Unternehmenskauf, RWS Forum 25 (2004), 301; *Schroeder*, Finanzielle Unterstützung des Aktienerwerbs, 1995; *Vedder*, Zum Begriff „für Rechnung" im AktG und im WpHG, 1999; *Winter*, Gesellschaftsrechtliche Schranken für „Wertgarantien" der AG auf eigene Aktien, FS Röhricht, 2005, 709.

Übersicht

	Rn.		Rn.
I. Grundlagen	1–8	II. Das Verbot der Selbstzeichnung (Abs. 1)	9–19
1. Normzweck	1–5		
2. Systematik	6–8	1. Inhalt und Bedeutung des Verbots	9–13

---

[121] MüKoAktG/*Bungeroth* Rn. 11; Großkomm AktG/*Henze* Rn. 62; NK-AktR/*Janssen* Rn. 14; MHdB AG/*Rieckers* § 16 Rn. 53.
[122] RGZ 104, 349 (351); MüKoAktG/*Bungeroth* Rn. 11; Großkomm AktG/*Henze* Rn. 62; MHdB AG/*Rieckers* § 16 Rn. 53.
[123] Zust. Wachter/*Servatius* Rn. 14.
[124] RGZ 82, 72 (73); MüKoAktG/*Bungeroth* Rn. 12; Großkomm AktG/*Henze* Rn. 63; NK-AktR/*Janssen* Rn. 14; MHdB AG/*Rieckers* § 16 Rn. 53 aE.

	Rn.		Rn.
a) Übernahme bei Gründung und Kapitalerhöhung	9–11	d) Haftung der Verwaltung der AG	37–39
b) Finanzielle Unterstützung der Aktienübernahme durch Dritte	12, 13	**IV. Aktienübernahme durch Dritte für Rechnung der AG oder eines verbundenen Unternehmens (Abs. 3)**	40–60
2. Rechtsfolgen eines Verstoßes gegen das Verbot der Selbstzeichnung	14–19	1. Inhalt und Bedeutung des Verbots	40–43
a) Nichtigkeit der Zeichnungserklärung	14	a) Geltung für mittelbare Stellvertreter	40
b) Heilungsmöglichkeit	15, 16	b) Aktienzeichnung	41, 42
c) Rechtsfolgen der Heilung	17–19	c) Abweichung von den Vorgaben der Kapitalrichtlinie	43
III. Aktienübernahme durch verbundene Unternehmen (Abs. 2)	20–39	2. Handeln für Rechnung	44–50
1. Inhalt und Bedeutung des Verbots	20–22	a) Einlage aus dem Vermögen der AG oder eines verbundenen Unternehmens	44, 45
2. Adressaten des Verbots	23–28	b) Teilweise Risikoübernahme	46–50
a) Unternehmen	23	3. Rechtsfolgen einer Aktienübernahme für Rechnung der AG oder eines verbundenen Unternehmens und nachträgliche Übernahme auf eigene Rechnung	51–57
b) Mehrheitsbesitz und Abhängigkeit	24–27		
c) Kein Verbot der Beteiligung der AG an Tochterunternehmen	28		
3. Die verbotenen Erwerbsvorgänge	29–31	a) Meinungsstand	51–53
a) Übernahme bei Gründung	29	b) Kritik und eigene Auffassung	54–57
b) Kapitalerhöhungen	30	4. Mehrstufige mittelbare Stellvertretung	58, 59
c) Erwerb für Rechnung Dritter	31	5. Erwerb durch ein verbundenes Unternehmen für Rechnung der AG oder eines anderen verbundenen Unternehmens	60
4. Rechtsfolgen eines Verstoßes	32–39		
a) Wirksamkeit der Übernahme	32–34		
b) Rechtsposition des Übernehmers	35	**V. Sachverhalte mit Auslandsberührung**	61–63
c) Berichtspflicht	36		

I. Grundlagen

1. Normzweck. § 56 ist durch das Gesetz zur Durchführung der Zweiten Richtlinie des Rates der Europäischen Gemeinschaften (BGBl. 1978 I 1959) neu gefasst worden. Die Vorschrift setzt Art. 18 der Richtlinie[1] um. Sie sichert die Kapitalaufbringung und dient damit dem **Schutz der Gesellschaftsgläubiger**. Die Aufbringung eines die Kapitalziffer deckenden Vermögens wäre nicht gewährleistet, wenn die Gesellschaft entgegen der Regelung des Abs. 1 selbst Einlagenschuldnerin wäre. Selbst wenn man annehmen wollte, ein gegen die Gesellschaft selbst gerichteter Einlagenanspruch gehe nicht sogleich kraft Konfusion unter, und stattdessen die Gesellschaft für verpflichtet hielte, die Einlage aus Gewinnen aufzufüllen, würden ihr damit keine Werte zugeführt, die ihr nicht ohnehin bereits gehörten.

Auch unabhängig von dem ausdrücklichen Verbot des Abs. 1 wäre allerdings ein originärer Erwerb eigener Aktien durch die Gesellschaft nicht möglich. Die Zeichnung oder Übernahme eigener Aktien würde auf einen Vertrag der Gesellschaft mit sich selbst hinauslaufen, bei dem sie, jeweils vertreten durch ihren Vorstand, zugleich als Veräußerer und als Erwerber auftreten würde. Ein solches „**Insichgeschäft**" mag zwar nicht denknotwendig ausgeschlossen sein, wäre aber nach allgemeinen Regeln der Rechtsgeschäftslehre unwirksam. Legitime wirtschaftliche Bedürfnisse, die die Anerkennung einer Ausnahme von diesen Regeln gebieten könnten, sind nicht erkennbar (→ Rn. 4). Dementsprechend ist auch in Rechtsordnungen, deren Gläubigerschutz nicht auf dem System eines festen Grundkapitals basiert und die daher einen Erwerb eigener Aktien in erheblich weitergehendem Umfang zulassen, als dies nach den Vorgaben der Kapitalrichtlinie möglich wäre, nur der derivative, nicht dagegen der originäre Erwerb eigener Aktien gestattet.[2] Abs. 1 formuliert daher nur eine Selbstverständlichkeit als Verbot. Die Bedeutung der Vorschrift ist aus diesem Grund trotz der syste-

---

[1] Zweite Richtlinie des Rates der Europäischen Gemeinschaften zur Koordinierung des Gesellschaftsrechts v. 13.12.1976 (Kapitalrichtlinie) (77/91/EWG) ABl. EG 1977 Nr. L 26, 1 ff., danach Art. 20 RL 2012/30/EU des Europäischen Parlaments und der Europäischen Rates v. 25. Oktober 2012 zur Koordinierung der Schutzbestimmungen, die in den Mitgliedstaaten den Gesellschaften im Sinne des Art. 54 Abs. 2 des Vertrages über die Arbeitsweise der Europäischen Union im Interesse der Gesellschafter sowie Dritter für die Gründung der Aktiengesellschaft sowie für die Erhaltung und Änderung ihres Kapitals vorgeschrieben sind, um diese Bestimmungen gleichwertig zu gestalten, ABl. EU 2012 Nr. L 315, 74, jetzt Art. 59 RL (EU) 2017/1132 des Europäischen Parlaments und des Rates vom 14. Juni 2017 über bestimmte Aspekte des Gesellschaftsrechts, ABl. EU 2017 Nr. L 169, 46.

[2] Vgl. etwa §§ 1.40 (6), 6.31, 6.40 Revised Model Business Corporation Act; §§ 151 (b), 160 Delaware General Corporation Law.

§ 56 3–7

matischen Stellung als Grundtatbestand erheblich geringer als die der Umgehungsverbote nach Abs. 2 und 3.

3 Das Verbot der Selbstzeichnung verhindert zugleich, dass die Verwaltung in die eigene Hauptversammlung hineinregiert.³ Dafür würde allerdings auch die Anordnung des Ruhens von Rechten aus eigenen Aktien ausreichen; das Zeichnungsverbot wäre insoweit nicht erforderlich und würde daher eine unverhältnismäßige Beschränkung darstellen. Auch die Gefahr des Auskaufs unliebsamer Aktionäre unter Einsatz des Gesellschaftsvermögens, die durch die Vorschriften der §§ 71 ff. über den derivativen Aktienerwerb ausgeschlossen werden soll, besteht bei dem von § 56 allein erfassten originären Erwerb nicht. Die **Wahrung der Zuständigkeitsordnung** ist daher kein tragender Normzweck des Selbstzeichnungsverbotes.

4 Abs. 2 und 3 sichern den Grundtatbestand des Abs. 1 gegen **Umgehungen**. Das ist offensichtlich bei der Regelung des Abs. 3, soweit die Vorschrift eine Aktienübernahme durch Dritte für Rechnung der Gesellschaft ausschließt. Könnte der Dritte von der Gesellschaft Freistellung von der Verpflichtung zur Einlageleistung oder Erstattung einer bereits geleisteten Einlage gegen Übertragung der Aktien verlangen, würde dies zum selben Ergebnis wie eine Zeichnung durch die AG selbst führen. Dem Interesse, bei Bedarf kurzfristig Aktien platzieren zu können, ist durch die Instrumente des genehmigten Kapitals und der bedingten Kapitalerhöhung sowie durch die begrenzte Zulassung des Rückerwerbs eigener Aktien hinreichend Rechnung getragen. Die Ausgabe sog. Vorratsaktien, wie sie vor Einführung des Verbots der Selbstzeichnung und der dieses Verbot flankierenden Umgehungstatbestände üblich war,⁴ ist daher nicht durch praktische Bedürfnisse geboten.

5 Eine Aktienübernahme durch ein **abhängiges oder im Mehrheitsbesitz** der AG stehendes **Unternehmen** oder durch einen Dritten für Rechnung eines solchen Unternehmens beeinträchtigt die Kapitalaufbringung dagegen nicht durchweg in gleicher Weise wie eine Aktienübernahme durch die AG selbst oder durch einen auf ihre Rechnung handelnden Dritten. Wirtschaftlich betrachtet stammt die Einlage eines verbundenen Unternehmens nur in Höhe der Beteiligungsquote der AG und damit nicht notwendigerweise in vollem Umfang aus dem Vermögen der Gesellschaft. Das Verbot der Aktienübernahme durch ein abhängiges Unternehmen hat dabei neben dem Verbot für in Mehrheitsbesitz stehende Unternehmen nur bei Beteiligungen von weniger als 50 % Bedeutung. Unter dem für § 56 maßgeblichen Gesichtspunkt der Vermögensverflechtung (→ Rn. 1–3) ist die Vergleichbarkeit der Gefahren für die Kapitalaufbringung mit den Fällen der Selbstzeichnung daher nicht unzweifelhaft. Nach Einfügung von Art. 24a in die Kapitalrichtlinie⁵ (jetzt: Art. 67 RL (EU) 2017/1132)⁶ entspricht aber das Verbot der Aktienübernahme für abhängige Gesellschaften europarechtlichen Vorgaben.

6 **2. Systematik.** § 56 erfasst nur den originären Aktienerwerb.⁷ Der derivative Erwerb eigener Aktien durch die AG selbst, für ihre Rechnung handelnde Dritte und abhängige oder im Mehrheitsbesitz der Gesellschaft stehende Unternehmen wird durch §§ 71 und 71d geregelt. Diese Regelungen werden durch die Rechtsfolgenanordnungen der §§ 71b und 71c flankiert. Nach ihrer systematischen Stellung beziehen sich diese Vorschriften zwar nur auf derivative Erwerbsvorgänge. In Anbetracht des insoweit allgemein gehaltenen Wortlauts des § 71b und angesichts der vergleichbaren Interessenlage bei originären und derivativen Erwerb besteht aber im Ergebnis Einigkeit darüber, dass §§ 71b und 71c auch bei Verstößen gegen die Erwerbsverbote des § 56 Anwendung finden können (näher dazu → Rn. 17 f.). Wenig diskutiert und nicht abschließend geklärt ist demgegenüber die Frage, ob auch das Verbot der finanziellen Unterstützung des Aktienerwerbs nach § 71a (iVm § 71d S. 4) für den originären Aktienerwerb gilt (→ Rn. 12 f.).

7 § 56 untersagt nur die Zeichnung und den Bezug von **Aktien**. Der Erwerb von Bezugsrechten, Optionen, Wandelschuldverschreibungen und ähnlichen Titeln, die zum Erwerb von Aktien der Gesellschaft berechtigen, ohne bereits selbst die Mitgliedschaft zu verbriefen, wird von der Vorschrift nicht erfasst.⁸ Die Gesellschaft und die anderen Adressaten des Zeichnungs- und Bezugsverbots dürfen daher derartige Papiere erwerben und veräußern. Die Ausübung des Erwerbsrechts ist ihnen allerdings nach § 56 untersagt.

---

³ Großkomm AktG/*Henze* Rn. 5, 25; Kölner Komm AktG/*Drygala* Rn. 1, 17; MüKoAktG/*Bungeroth* Rn. 25, 29; Bürgers/Körber/*Westermann* Rn. 1.
⁴ Vgl. hierzu etwa Hahn, Die Übernahme von Aktien für Rechnung der Gesellschaft, 2005, 54 ff.; *Vedder*, Zum Begriff „für Rechnung" im AktG und im WpHG, 1999, 40 ff.; Kölner Komm AktG/*Drygala* Rn. 1; *Winter* FS Röhricht, 2005, 709 (714).
⁵ Durch Art. 1 RL 92/101/EWG v. 23.11.1992, ABl. EG 1992 Nr. L 347, 64 ff.
⁶ ABl. EU 2017 Nr. L 169, 46.
⁷ K. Schmidt/Lutter/*Fleischer* Rn. 3.
⁸ Vgl. *Kopp/Metzner* AG 2012, 856 (857); zu § 71 Hüffer/Koch/*Koch* § 71 Rn. 5; MüKoAktG/*Oechsler* § 71 Rn. 93 f.; Kölner Komm AktG/*Lutter/Drygala* § 71 Rn. 25.

Das Zeichnungsverbot nach Abs. 1 unterscheidet sich von der GmbH-rechtlichen **Parallelvor-** 8
schrift des § 33 Abs. 1 GmbHG zum einen durch die Beschränkung auf originäre Erwerbsvorgänge, da § 33 Abs. 1 GmbHG demgegenüber jeden Erwerb nicht voll eingezahlter Geschäftsanteile, mithin originären und derivativen Erwerb gleichermaßen betrifft. Die GmbH-rechtliche Vorschrift ist zum anderen insoweit zweckgerechter gefasst, als durch die Verwendung des Begriffs „Erwerb" klarer als durch den in Abs. 1 verwendeten Terminus „Zeichnung" zum Ausdruck gebracht wird, dass sowohl das obligatorische als auch das dingliche Geschäft erfasst sein sollen.

II. Das Verbot der Selbstzeichnung (Abs. 1)

1. Inhalt und Bedeutung des Verbots. a) Übernahme bei Gründung und Kapitalerhö- 9
hung. Abs. 1 untersagt der Gesellschaft die Zeichnung eigener Aktien. Anders als Abs. 2–4 unterscheidet die Vorschrift nicht zwischen der Übernahme bei der Gründung und im Rahmen einer Kapitalerhöhung. Es besteht Einigkeit darüber, dass der **Begriff der Zeichnung** weit zu verstehen ist. Er umfasst jede rechtsgeschäftliche Erklärung, die auf den originären Erwerb von Aktien gegen Einlagen gerichtet ist.[9] Dem Normzweck entsprechend gilt das Verbot sowohl für die obligatorische Übernahmeverpflichtung als auch für die Mitwirkung am sachenrechtlichen Begebungsvertrag.

Abs. 1 untersagt seinem Wortlaut nach auch die **Übernahme** eigener Aktien **bei der Gründung.** 10
Da die Gesellschaft als solche vor der Eintragung nicht besteht (§ 41 Abs. 1 S. 1) und auch die Vorgesellschaft erst mit der Übernahme aller Aktien durch die Gründer entsteht, ist ihre Beteiligung an der eigenen Gründung ohnehin ausgeschlossen. Denkbar ist insoweit allein der Erwerb der Aktionärsstellung von einem Gründer im Zeitraum zwischen Errichtung und Eintragung der Gesellschaft. Die Bedeutung von Abs. 1 im Gründungsstadium beschränkt sich folglich darauf, die Übernahme durch Dritte in Vertretung der künftigen Gesellschaft von vornherein auszuschließen.[10]

Das Verbot des Abs. 1 betrifft damit praktisch die Übernahme eigener Aktien im Rahmen von 11
Kapitalerhöhungen. Es gilt sowohl für die Kapitalerhöhung gegen Einlagen (§ 185 Abs. 1 S. 1) als auch für das genehmigte Kapital (§ 203 Abs. 1 S. 1 iVm § 185 Abs. 1 S. 1) und die bedingte Kapitalerhöhung. Dort ist der Gesellschaft die Bezugserklärung nach § 198 untersagt.[11] Dagegen betrifft das Selbstzeichnungsverbot nicht die Kapitalerhöhung aus Gesellschaftsmitteln. Das folgt aus der Spezialregelung des § 215 Abs. 1 und aus dem Umstand, dass die neuen Aktien dem Berechtigten hier kraft Gesetzes zustehen, ohne dass es dafür einer auf die Aktienübernahme gerichteten Erklärung bedürfte (§ 212). Auch seinem Zweck nach beansprucht das Verbot der Zeichnung eigener Aktien keine Geltung, da es bei der Kapitalerhöhung aus Gesellschaftsmitteln lediglich um die Umwandlung von Rücklagen in Grundkapital, also um eine rein bilanztechnische Maßnahme und nicht um die Zuführung neuer Mittel geht, deren Aufbringung durch das Selbstzeichnungsverbot gesichert werden könnte.[12]

b) Finanzielle Unterstützung der Aktienübernahme durch Dritte. Nach bereits früher hL 12
richtet sich Abs. 1 nur gegen Investitionen der Gesellschaft in eigene Aktien, die mit einer Übernahme solcher Aktien durch die Gesellschaft selbst verbunden sind. Dagegen soll das **Verbot der finanziellen Unterstützung** des Aktienerwerbs durch Dritte **nach § 71a Abs. 1** auf den **originären** Aktienerwerb keine Anwendung finden, sondern lediglich für Fälle des derivativen Erwerbs gelten.[13] Diese Auffassung kann sich nunmehr auf § 27 Abs. 4 berufen, denn nach dieser Bestimmung hindert der Rückfluss der Einlage an den Inferenten die Tilgungswirkung der Einlageleistung dann nicht, wenn der Gesellschaft ein vollwertiger (→ § 57 Rn. 141ff.) und jederzeit durchsetzbarer Rückgewähranspruch zusteht, § 27 Abs. 4, § 183 Abs. 2, § 194 Abs. 2, § 205 Abs. 3. Während § 71a jede Finanzierungshilfe durch die Gesellschaft zum Zweck des Aktienerwerbs unabhängig von der zeitlichen Abfolge von Aktienerwerb und Unterstützungshandlung (→ § 71a Rn. 37) verbietet, würden die darlehensweise Vorfinanzierung der Einlage durch die Gesellschaft[14] oder der Rückfluss der

---

[9] Großkomm AktG/*Henze* Rn. 7; Kölner Komm AktG/*Lutter* Rn. 7; MüKoAktG/*Bungeroth* Rn. 9; K. Schmidt/Lutter/*Fleischer* Rn. 8; Hölters/*Laubert* Rn. 4; Hüffer/Koch/*Koch* Rn. 3.
[10] Großkomm AktG/*Henze* Rn. 7; Kölner Komm AktG/*Drygala* Rn. 6.
[11] MüKoAktG/*Bungeroth* Rn. 9; Großkomm AktG/*Henze* Rn. 7; Hölters/*Laubert* Rn. 4; Hüffer/Koch/*Koch* Rn. 3.
[12] Großkomm AktG/*Henze* Rn. 8; Kölner Komm AktG/*Drygala* Rn. 7; Hüffer/Koch/*Koch* Rn. 3; Wachter/*Servatius* Rn. 3.
[13] Beschlussempfehlung und Bericht des Rechtsausschusses zu § 27 Abs. 4, BT-Drs. 16/13 098, 38; *Schroeder*, Finanzielle Unterstützung des Aktienerwerbs, 1995, 153f.; Kölner Komm AktG/*Arnold* § 27 Rn. 136; MüKoAktG/*Oechsler* § 71a Rn. 15.
[14] Für die Geltung von § 27 Abs. 4 auch für diesen Fall etwa Kölner Komm AktG/*Arnold* § 27 Rn. 139; *Maier-Reimer*/*Wenzel* ZIP 2008, 1449 (1454); ebenso zu § 19 Abs. 5 GmbHG Lutter/Hommelhoff/*Bayer* GmbHG § 19 Rn. 103.

Einlage an den Inferenten in Gestalt eines Darlehens der Wirksamkeit der Einlageleistung und der Darlehensgewährung nicht entgegenstehen, sofern nur der Gesellschaft ein vollwertiger und jederzeit durchsetzbarer Rückerstattungsanspruch zusteht. Zudem hat, wie § 71a Abs. 2 zeigt, die finanzielle Unterstützung eines Aktienerwerbs Dritter nicht ohne weiteres zur Folge, dass ein Erwerb für Rechnung der Gesellschaft vorliegen würde, der im Fall der originären Übernahme durch § 56 Abs. 3 erfasst wäre. Nach der geschilderten hL dürfte die Gesellschaft zwar weder selbst noch unter Zwischenschaltung Dritter bei einer Kapitalerhöhung eigene Aktien übernehmen, wohl aber Dritten die für eine Zeichnung auf deren eigene Rechnung erforderlichen Mittel zur Verfügung stellen, während ihr die finanzielle Unterstützung eines derivativen Aktienerwerbs Dritter wiederum untersagt wäre. Zur Rechtfertigung dieser unterschiedlichen Behandlung originärer und derivativer Erwerbsvorgänge wird vor allem auf die Gesetzessystematik, den Wortlaut des § 56, der keine § 71a Abs. 1 entsprechende Regelung enthält, auf die Genese des § 71a zugrunde liegenden Art. 23 Abs. 1 der Kapitalrichtlinie (jetzt: Art. 64 RL (EU) 2017/1132),[15] der bewusst auf Fälle des derivativen Erwerbs beschränkt worden sei und auf den Zweck des § 71a Abs. 1 verwiesen, der Umgehungen der Erwerbsbeschränkungen nach § 71 verhindern solle.[16]

13 Entgegen der hL ist das Verbot der finanziellen Unterstützung des Aktienerwerbs nach **§ 71a auch auf Zeichnungsvorgänge anzuwenden.**[17] Neben der Sache liegt das Argument, bei der Gründung seien die Zeichner nicht Dritte iSv § 71a, so dass die Bestimmung bereits aus diesem Grunde keine Anwendung finde.[18] Bei der Gründung sind die Zeichner vor Ausgabe der Aktien noch nicht Aktionäre, und bei einer Kapitalerhöhung[19] kann die Anwendung des § 71a sinnvollerweise nicht davon abhängig gemacht werden, ob die Zeichner bereits Aktien der Gesellschaft halten oder nicht.[20] Dem Argument, wenn der Gesetzgeber eine § 71a entsprechende Bestimmung für den originären Erwerb gewollt hätte, wäre sie in § 56 aufgenommen worden,[21] lässt sich mit der gleichen Berechtigung entgegenhalten, dass der Gesetzgeber es durch eine ausdrückliche Bezugnahme auf § 71, wie sie etwa § 71c enthält, zum Ausdruck gebracht hätte, wenn er eine Beschränkung des Anwendungsbereichs auf den derivativen Erwerb gewollt hätte. In diesem Sinne wird die im Ergebnis unstreitige Geltung des § 71b für originär erworbene eigene Aktien von den Befürwortern einer unmittelbaren Anwendung dieser Vorschrift mit dem allgemein gehaltenen Wortlaut und dem Fehlen einer § 71c entsprechenden Einschränkung begründet.[22] Selbst wenn man wegen der systematischen Stellung der Regelung gegen ihre unmittelbare Anwendbarkeit Bedenken hätte, wäre doch ihre analoge Anwendung nicht aus diesem Grunde ausgeschlossen. Entscheidend ist insoweit, ob die Gefahren, denen das Verbot der finanziellen Unterstützung des Aktienerwerbs vorbeugen soll, auch bei originären Erwerbsvorgängen vorliegen. Das ist zu bejahen. Ebenso wie bei einem von der Gesellschaft finanzierten derivativen Aktienerwerb wird auch hier das Risiko der Uneinbringlichkeit des Anspruchs der Gesellschaft gegen den Dritten durch eine charakteristische Potenzierung möglicher Schadensursachen erhöht. Ein Vermögensverfall des Schuldners entwertet den Anspruch der Gesellschaft. Das kann zu einem Rückgang des Aktienkurses führen, der wiederum das Vermögen des Schuldners und damit die Befriedigungsaussichten der Gesellschaft weiter beeinträchtigt.[23] Auch im Hinblick auf die Hintanhaltung der Verwaltungseinflusses auf die Zusammensetzung des Aktionärskreises[24] besteht zwischen originärem und derivativem Aktienerwerb kein Unterschied. Wie wenig zweckmäßig eine Beschränkung des Anwendungsbereichs des § 71a wäre, zeigt sich besonders deutlich an der Behandlung des Bezugsrechts: Während der direkte Bezug von Bezugsaktien als originärer Erwerb durch die Gesellschaft finanziert werden dürfte, wäre ihr eine derartige Unterstützung verboten, wenn die Aktien unter Zwischenschaltung eines Kreditinstituts platziert würden,[25]

---

[15] ABl. EU 2017 Nr. L 169, 46.
[16] Näher zu diesen Argumenten *Schroeder*, Finanzielle Unterstützung des Aktienerwerbs, 1995, 152 ff.; vgl. auch Beschlussempfehlung und Bericht des Rechtsausschusses zu § 27 Abs. 4, BT-Drs. 16/13 098, 38; Kölner Komm AktG/*Arnold* § 27 Rn. 136.
[17] So im Erg. auch Kölner Komm AktG/*Drygala* Rn. 8, 56; Kölner Komm AktG/*Lutter/Drygala* § 71a Rn. 21 aE; Grigoleit/*Grigoleit/Rachlitz* Rn. 18 f.; Wachter/*Servatius* Rn. 8 ff.; Hüffer/Koch/*Koch* § 27 Rn. 53; Habersack AG 2009, 557 (563); *Hassner*, Finanzielle Unterstützung zum institutionellen Leveraged Buyout einer Aktiengesellschaft, 2014, 320 ff.
[18] Beschlussempfehlung und Bericht des Rechtsausschusses zu § 27 Abs. 4, BT-Drs. 16/13 098, 38.
[19] Zu Unrecht verengt Kölner Komm AktG/*Arnold* § 27 Rn. 136 die Argumentation auf Fälle der Gründung.
[20] Zutr. *Habersack* AG 2009, 557 (563).
[21] *Schroeder*, Finanzielle Unterstützung des Aktienerwerbs, 1995, 153.
[22] Etwa MüKoAktG/*Bungeroth* Rn. 17; vgl. auch Kölner Komm AktG/*Drygala* Rn. 13.
[23] Vgl. MüKoAktG/*Oechsler* § 71a Rn. 4.
[24] Zu diesem Zweck des § 71a vgl. MüKoAktG/*Oechsler* § 71a Rn. 4.
[25] So in der Tat *Schroeder*, Finanzielle Unterstützung des Aktienerwerbs, 1995, 154; MüKoAktG/*Oechsler* § 71a Rn. 15; für eine Gleichbehandlung von unmittelbarem und mittelbarem Bezugsrecht demgegenüber Kölner Komm AktG/*Lutter/Drygala* § 71a Rn. 22.

obwohl das finanzielle Risiko der Gesellschaft und die Einflussmöglichkeiten der Verwaltung auf die Zusammensetzung des Aktionärskreises im ersten Fall nicht geringer sind als im zweiten. Für eine unterschiedliche Behandlung der finanziellen Unterstützung des derivativen und des originären Aktienerwerbs durch die Gesellschaft sind daher weder gesetzessystematische noch sachliche Gründe ersichtlich. Eine Differenzierung ließe sich daher allenfalls auf die positiv-rechtliche Behandlung des Hin- und Herzahlens im Zusammenhang mit der Leistung von Bareinlagen § 27 Abs. 4 stützen. Diese Bestimmung ist indessen ihrerseits mit Art. 23 Abs. 1 KapitalRL (jetzt: Art. 64 RL (EU) 2017/1132)[26] unvereinbar.[27] Wie Art. 23 Abs. 1 Unterabs. 5 KapitalRL (jetzt: Art. 64 Abs. 5 RL (EU) 2017/1132) zeigt, erstreckt sich das richtlinienrechtliche Verbot der finanziellen Unterstützung des Aktienerwerbs auch auf originäre Erwerbsvorgänge.[28] Dafür spricht entstehungsgeschichtlich, dass das Verbot der financial assistance im englischen Recht, das als Vorbild für die europäische Regelung gedient hat,[29] von je her auch für die Zeichnung von Aktien galt; dementsprechend betrifft section 678 Companies Act 2006 jede Art von „acquisition", also nicht nur „purchases", sondern auch „subscriptions".[30] Art. 23 Abs. 1 KapitalRL gestattet zwar in seiner 2006 geänderten Fassung Ausnahmen vom Verbot der finanziellen Unterstützung des Aktienerwerbs. Der deutsche Gesetzgeber hat indessen von dieser Möglichkeit keinen Gebrauch gemacht; insbesondere erfüllt § 27 Abs. 4 nicht die Anforderungen von Art. 23 Abs. 1 Unterabs. 3[31] und 4[32] (jetzt: Art. 64 Abs. 3 und 4 RL (EU) 2017/1132) an die Lockerung des Verbots der financial assistance. Eine Verdrängung von § 71a durch § 27 Abs. 4 lässt sich schließlich nicht auf die Erwägung stützen, wegen des Erfordernisses der jederzeitigen Rückforderbarkeit sei die Leistung der Gesellschaft kein Darlehen.[33] Zum einen ändert, wie das Beispiel der Sichteinlage zeigt, die sofortige Rückforderbarkeit nichts am Darlehenscharakter der Mittelüberlassung, zum anderen schließt die sofortige Rückforderbarkeit nicht aus, dass Rückforderung und Rückerstattung erst nach längerer Zeit erfolgen.

2. Rechtsfolgen eines Verstoßes gegen das Verbot der Selbstzeichnung. a) Nichtigkeit der Zeichnungserklärung. Eine auf Zeichnung eigener Aktien gerichtete Erklärung der Gesellschaft ist wegen Verstoßes gegen das Verbot des Abs. 1 nach § 134 BGB nichtig.[34] Auch unabhängig von diesem Verbot wäre eine auf Vertragsschluss mit sich selbst gerichtete Erklärung der Gesellschaft nach allgemeinen Regeln der Rechtsgeschäftslehre unwirksam (→ Rn. 2). Bei einer **Kapitalerhöhung gegen Einlagen,** die nur insgesamt angemeldet und eingetragen werden kann, führt die Nichtigkeit der Zeichnungserklärung dazu, dass die Durchführung der Kapitalerhöhung blockiert ist, bis die von der Gesellschaft unter Verstoß gegen Abs. 1 gezeichneten Aktien von einem Dritten gezeichnet worden sind oder der Kapitalerhöhungsbeschluss durch Reduzierung des Erhöhungsbetrages um den von der Gesellschaft gezeichneten Teil geändert worden ist. Bis zu diesem Zeitpunkt dürfen Vorstand und Aufsichtsratsvorsitzender die Anmeldung nach § 188 Abs. 1 nicht vornehmen.[35] Dagegen schließt es die Nichtigkeit der Zeichnungs- oder Bezugserklärung der Gesellschaft nicht aus, dass eine Kapitalerhöhung im Wege des genehmigten Kapitals oder einer bedingten Kapitalerhöhung im Übrigen durchgeführt wird.[36]

b) Heilungsmöglichkeit. Nach Abs. 4 haften die Vorstandsmitglieder gegenüber der Gesellschaft bei Verstößen gegen das Selbstzeichnungsverbot auf die volle Einlage.[37] Die Vorschrift konkretisiert

---

[26] ABl. EU 2017 Nr. L 169, 46.
[27] Ebenso *Habersack* AG 2009, 557 (563); Kölner Komm AktG/*Drygala* Rn. 8; Wachter/*Servatius* Rn. 9; wohl auch Grigoleit/*Grigoleit/Rachlitz* Rn. 19; Hüffer/Koch/*Koch* § 27 Rn. 53; *Hassner,* Finanzielle Unterstützung zum institutionellen Leveraged Buyout einer Aktiengesellschaft, 2014, 325 ff.; aA etwa *Herrler* → § 27 Rn. 299.
[28] Vgl. dazu etwa *Hassner,* Finanzielle Unterstützung zum institutionellen Leveraged Buyout einer Aktiengesellschaft, 2014, 249 ff.
[29] Vgl. Kölner Komm AktG/*Lutter/Drygala* § 71a Rn. 2; MüKoAktG/*Oechsler* § 71a Rn. 1; eingehend *Schroeder,* Finanzielle Unterstützung des Aktienerwerbs, 1995, 20 ff.
[30] Vgl. etwa *E. Ferran,* Company Law and Corporate Finance, 1999, 383 zur insoweit gleich lautenden Vorgängerbestimmung sec. 151 Companies Act 1985; bereits sec. 54 Companies Act 1948 erstreckte das Verbot der financial assistance auf „purchases" und „subscriptions".
[31] Zustimmung der Hauptversammlung.
[32] Unterstützung nur aus Mitteln, die nicht zur Deckung des Grundkapitals und der gesetzlich oder satzungsmäßig gebundenen Reserven erforderlich sind.
[33] So aber Beschlussempfehlung und Bericht des Rechtsausschusses zu § 27 Abs. 4, BT-Drs. 16/13 098, 38.
[34] Großkomm AktG/*Henze* Rn. 9; Kölner Komm AktG/*Lutter* Rn. 8; MüKoAktG/*Bungeroth* Rn. 11; K. Schmidt/Lutter/*Fleischer* Rn. 9; Hüffer/Koch/*Koch* Rn. 4; Grigoleit/*Grigoleit/Rachlitz* Rn. 4; Wachter/*Servatius* Rn. 4; MHdB AG/*Rieckers* § 15 Rn. 3.
[35] Großkomm AktG/*Henze* Rn. 9; MüKoAktG/*Bungeroth* Rn. 11.
[36] Großkomm AktG/*Henze* Rn. 12 f.; MüKoAktG/*Bungeroth* Rn. 11.
[37] Eingehend zu Fragen des Innenausgleichs und der Verjährung MüKoAktG/*Bungeroth* Rn. 20 ff.

nicht als gesetzliche Pauschalierung des entgangenen Gewinns die Haftung nach § 93, sondern statuiert eine eigene Haftung der Vorstandsmitglieder auf Leistung der Einlage. Diese Haftung setzt das Entstehen der Einlagepflicht trotz des Verstoßes gegen das Selbstzeichnungsverbot des Abs. 1 voraus.[38] Dementsprechend besteht Einigkeit darüber, dass die Nichtigkeit der Zeichnungserklärung der Gesellschaft geheilt werden kann.[39] Bei der **Kapitalerhöhung gegen Einlagen** und beim **genehmigten Kapital** tritt diese Heilung mit der Eintragung der Durchführung der Kapitalerhöhung ein,[40] die nach §§ 189, 203 Abs. 1 zur Wirksamkeit der Kapitalerhöhung und zum Entstehen der Mitgliedschaftsrechte führt. Diese Eintragung setzt allerdings voraus, dass sowohl der Vorstand und der Aufsichtsratsvorsitzende als auch der Registerrichter pflichtwidrig die Nichtigkeit der Zeichnungserklärung der Gesellschaft ignoriert haben.

16 Die Wirksamkeit einer **bedingten Kapitalerhöhung** tritt nach § 200 mit der Ausgabe der Bezugsaktien ein. Dennoch sollen nach hL die Heilung einer nach § 56 Abs. 1 nichtigen Bezugserklärung und die Wirksamkeit der Aktienausgabe[41] nicht bereits mit der Aktienausgabe selbst, sondern erst mit der Eintragung der Ausgabe der Aktien im Handelsregister eintreten.[42] Diese Annahme ist indessen weder dogmatisch folgerichtig noch in praktischer Hinsicht befriedigend. Anders als bei der Kapitalerhöhung gegen Einlagen und beim genehmigten Kapital hat die Eintragung nach § 201 nur deklaratorische Bedeutung. Weder der Wortlaut des Gesetzes noch der Zweck des Eintragungserfordernisses deuten darauf hin, dass dies bei einem Verstoß gegen das Verbot des § 56 anders sein sollte. Die hL ist vor allem im Hinblick auf eine Übertragung der verbotswidrig gezeichneten Aktien auf Dritte bedenklich. Werden die Bezugsaktien an der Börse unter derselben Wertpapierkennnummer notiert wie die Altaktien, wird sich auch bei Übertragungsvorgängen vor der Eintragung nach § 201 meist nicht bestimmen lassen, ob Gegenstand der Transaktion Bezugsaktien oder andere eigene Aktien aus den Beständen der Gesellschaft waren. Sind die Bezugsaktien hingegen als solche zu identifizieren, hinge nach der hL die Rechtsposition des Dritterwerber davon ab, ob die Übertragung auf sie vor oder nach der Eintragung nach § 201 stattfände, obwohl diese Eintragung erhebliche Zeit nach der Aktienausgabe erfolgen kann und die Marktteilnehmer ihr Erwerbsverhalten wegen der bloß deklaratorischen Wirkung, die das Gesetz ihr beimisst, regelmäßig nicht von dieser Registereintragung abhängig machen. Der Einwand, die meisten Marktteilnehmer machten sich über die rechtlichen Wirksamkeitsvoraussetzungen einer Kapitalerhöhung keine Gedanken,[43] dürfte jedenfalls für die Mehrzahl institutioneller Investoren nicht zutreffen und ist im Übrigen bereits deswegen unerheblich, weil das System der registerrechtlichen Publizität nicht an konkretes Vertrauen anknüpft. Aus diesen Gründen spricht vieles dafür, dass die Nichtigkeit eines Aktienbezugs der unter Verstoß gegen § 56 erfolgt, bereits mit der Ausgabe der Aktien geheilt wird. Nimmt man mit einem Teil des Schrifttums an, dass die Entgegennahme der Aktienurkunde die Ausübung eines Rechts auf Grund der Bezugserklärung darstellt,[44] läuft dies auf eine entsprechende Anwendung von § 198 Abs. 3 hinaus. Die Heilungswirkung nach dieser Vorschrift erfasst zwar nach hM nur Mängel § 198 Abs. 2 S. 2 und damit nicht Verstöße gegen § 56.[45] Dies schließt aber nicht eine entsprechende Anwendung der Regelung aus, die zu sachgerechten Ergebnissen führt und auch methodisch näher liegt als ein freischwebendes Umfunktionieren der Registereintragung.[46]

17 c) **Rechtsfolgen der Heilung.** Wird die Nichtigkeit der Zeichnung oder des Aktienbezugs geheilt, **erwirbt** die Gesellschaft **wirksam eigene Aktien**.[47] Das führt allerdings nicht dazu, dass die Gesellschaft sich selbst gegenüber zur Einlagenleistung verpflichtet wäre. Die Kapitalaufbringung wird hier vielmehr durch die Haftung der für die Verletzung des Selbstzeichnungs- oder Bezugsverbots verantwortlichen Vorstandsmitglieder nach Abs. 4 gesichert. Hat die Gesellschaft die Aktien

---

[38] Kölner Komm AktG/*Drygala* Rn. 11; Großkomm AktG/*Henze* Rn. 14; *Büdenbender* DZWir 1998, 1 (6).
[39] Großkomm AktG/*Henze* Rn. 14 f.; Kölner Komm AktG/*Drygala* Rn. 11; MüKoAktG/*Bungeroth* Rn. 14; K. Schmidt/Lutter/*Fleischer* Rn. 10; Bürgers/Körber/*Westermann* Rn. 4; Hüffer/Koch/*Koch* Rn. 5.
[40] MüKoAktG/*Bungeroth* Rn. 14; Großkomm AktG/*Henze* Rn. 14; Kölner Komm AktG/*Drygala* Rn. 11; Wachter/*Servatius* Rn. 5.
[41] Zur Unwirksamkeit der Aktienausgabe bei nichtiger Bezugserklärung und zur Heilung, vgl. MüKoAktG/*Fuchs* § 198 Rn. 34 ff.
[42] MüKoAktG/*Bungeroth* Rn. 15; Kölner Komm AktG/*Drygala* Rn. 12; Wachter/*Servatius* Rn. 5; MHdB AG/*Rieckers* § 15 Rn. 3.
[43] Kölner Komm AktG/*Drygala* Rn. 12.
[44] So etwa Kölner Komm AktG/*Lutter* § 198 Rn. 13; *v. Godin/Wilhelmi* § 198 Anm. 7; aA Hüffer/Koch/*Koch* § 198 Rn. 12; MHdB AG/*Scholz* § 58 Rn. 76.
[45] Vgl. Bürgers/Körber/*Westermann* Rn. 4; MüKoAktG/*Bungeroth* Rn. 14; Großkomm AktG/*Henze* Rn. 13; Kölner Komm AktG/*Drygala* Rn. 12; Hüffer/Koch/*Koch* § 198 Rn. 12.
[46] Ebenso im Erg. Bürgers/Körber/*Westermann* Rn. 4; Grigoleit/*Grigoleit/Rachlitz* Rn. 16.
[47] MüKoAktG/*Bungeroth* Rn. 17; Großkomm AktG/*Henze* Rn. 16.

zwischenzeitlich veräußert, schuldet auch der Erwerber die ausstehende Einlage, wenn es sich um Namensaktien handelt (arg. § 10 Abs. 2). Der Gesellschaft stehen aus den eigenen Aktien keine Rechte zu. § 71b gilt auch für originär erworbene eigene Aktien, so dass die Gesellschaft weder das Stimmrecht oder das Recht zur Anfechtung von Hauptversammlungsbeschlüssen ausüben noch Ansprüche auf Dividende oder auf den Bezug von Aktien im Rahmen einer Kapitalerhöhung geltend machen kann.[48] Eine Ausnahme gilt lediglich für eine Kapitalerhöhung aus Gesellschaftsmitteln. § 215 Abs. 1 differenziert nicht danach, ob die eigenen Aktien rechtmäßigerweise oder unter Verstoß gegen ein gesetzliches Verbot erworben worden sind.[49]

Entsprechend § 71c Abs. 1 ist die Gesellschaft verpflichtet, die Aktien binnen eines Jahres seit dem Erwerb zu **veräußern**.[50] Die Dreijahresfrist des § 71c Abs. 2, der nur für Aktien gilt, die in zulässiger Weise erworben worden sind, findet keine Anwendung. Obwohl die Veräußerung zu einem derivativen Erwerb führt, scheiden abhängige oder im Mehrheitsbesitz der Gesellschaft stehende Unternehmen, die nach § 56 Abs. 2 die Aktien nicht hätten zeichnen oder beziehen dürfen, dabei ebenso als Erwerber aus, wie ein für Rechnung der Gesellschaft handelnder Dritter. Da die Gesellschaft keine Einlage an sich selbst erbringen kann, trifft bei einer Veräußerung der Aktien die Verpflichtung zur Einlageleistung den Erwerber. Wie § 71d S. 1 und 2 iVm § 71 Abs. 2 S. 3 zeigen, sollen auch im Fall eines derivativen Erwerbs die für die Einlageleistung erforderlichen Mittel weder unmittelbar noch mittelbar aus dem Gesellschaftsvermögen stammen. Erfolgt innerhalb der Jahresfrist keine Veräußerung, sind die Aktien entsprechend § 71c Abs. 3 iVm § 237 **einzuziehen**.[51]

Nach § 160 Abs. 1 Nr. 1 und 2 hat die AG im Anhang über eigene Aktien zu berichten. § 160 Abs. 1 Nr. 1 betrifft originär, § 160 Abs. 1 Nr. 2 derivativ erworbene Aktien. Während die zuletzt genannte Vorschrift Erwerbsvorgänge der Gesellschaft selbst einbezieht, erstreckt sich die Angabepflicht gem. Nr. 1 nach dem Gesetzeswortlaut nur auf Zeichnung oder Bezug durch abhängige oder in Mehrheitsbesitz stehende Unternehmen und auf Dritte, die für Rechnung eines solchen Unternehmens oder der Gesellschaft gehandelt haben. Die fehlende Erwähnung des originären Erwerbs eigener Aktien durch die Gesellschaft selbst beruht auf einem Versehen.[52] Da kein Grund dafür besteht, solche Aktien aus dem Anwendungsbereich der Berichtspflicht auszunehmen, ist insoweit § 160 Abs. 1 Nr. 1 und Nr. 2 entsprechend anzuwenden.[53]

III. Aktienübernahme durch verbundene Unternehmen (Abs. 2)

1. Inhalt und Bedeutung des Verbots. Abs. 2 S. 1 untersagt abhängigen oder im Mehrheitsbesitz stehenden Unternehmen[54] den originären Erwerb von Aktien der herrschenden oder mehrheitlich beteiligten AG in demselben Umfang, in dem Abs. 1 der AG selbst die Zeichnung oder Übernahme verbietet. Ziel ist die **Sicherung der Kapitalaufbringung** in der herrschenden oder mehrheitlich beteiligten AG. Abs. 2 soll verhindern, dass ein erheblicher Teil der Einlage aus Mitteln stammt, die der AG bei wirtschaftlicher Betrachtung bereits kraft ihrer Beteiligung an dem Erwerberunternehmen gehören.

Dagegen kann das Anliegen, eine **mittelbare Einflussnahme** der Verwaltung der AG **auf die eigene Hauptversammlung** zu verhindern, nicht als tragender Normzweck des absoluten Erwerbsverbotes nach Abs. 2 angesehen werden.[55] Was die Gefahr der Abstimmung im Sinne der Verwaltung der herrschenden AG anbetrifft, würde dafür das Verbot gem. § 71d S. 2 und 4, § 71b ausreichen, Rechte aus Aktien an der herrschenden AG auszuüben. Hinsichtlich der Gefahr der Einflussnahme auf die Mehrheitsverhältnisse in der Hauptversammlung der AG wäre in Anbetracht der insoweit identischen Risiken von originärem und derivativem Erwerb die über § 71 Abs. 1, § 71d S. 2 hinausgehende Regelung nicht plausibel. Schließlich wäre die Erstreckung des Verbots auf in Mehrheitsbesitz stehende, aber nicht abhängige Unternehmen nicht zu erklären, denn bei Widerlegung der

---

[48] MüKoAktG/*Bungeroth* Rn. 17; Großkomm AktG/*Henze* Rn. 16; Kölner Komm AktG/*Drygala* Rn. 13; K. Schmidt/Lutter/*Fleischer* Rn. 11; Hüffer/Koch/*Koch* Rn. 6; Grigoleit/*Grigoleit/Rachlitz* Rn. 4; NK-AktR/ *Janssen* Rn. 9.
[49] → Rn. 10 sowie MüKoAktG/*Bungeroth* Rn. 17; Kölner Komm AktG/*Drygala* Rn. 13.
[50] MüKoAktG/*Bungeroth* Rn. 18; Großkomm AktG/*Henze* Rn. 16; Kölner Komm AktG/*Drygala* Rn. 14; K. Schmidt/Lutter/*Fleischer* Rn. 11; Hölters/*Laubert* Rn. 5; Grigoleit/*Grigoleit/Rachlitz* Rn. 4; Hüffer/Koch/*Koch* Rn. 6.
[51] Hölters/*Laubert* Rn. 5.
[52] Vgl. Großkomm AktG/*Henze* Rn. 18.
[53] Großkomm AktG/*Henze* Rn. 18; MüKoAktG/*Bungeroth* Rn. 19; Grigoleit/*Grigoleit/Rachlitz* Rn. 4.
[54] Die in der Kommentarliteratur anzutreffende Zusammenfassung unter dem Oberbegriff „Tochterunternehmen" ist angesichts der von Abs. 2 abweichenden Definition dieses Begriffs durch § 290 Abs. 2 HGB nicht glücklich.
[55] Vgl. bereits → Rn. 5; anders etwa MüKoAktG/*Bungeroth* Rn. 25; Kölner Komm AktG/*Drygala* Rn. 17.

§ 56   22–26   Erstes Buch. Aktiengesellschaft

Vermutung des § 17 Abs. 2 wäre die Gefahr einer Einflussnahme auf die Verwaltung des Erwerberunternehmens ausgeschlossen.

22   Erst recht geht es Abs. 2 **nicht** um die **Sicherung der Kapitalgrundlagen des** abhängigen oder im Mehrheitsbesitz der AG stehenden **Erwerberunternehmens**.[56] Sie könnten zwar durch die Aktienübernahme insbesondere dann gefährdet sein, wenn das Vermögen der AG ausschließlich oder zu einem erheblichen Teil aus der Beteiligung an dem Erwerberunternehmen besteht, denn unter diesen Umständen repräsentieren die übernommenen Aktien aus Sicht der Erwerberin lediglich eine Beteiligung an sich selbst. Abs. 2 untersagt indessen die Aktienübernahme durch verbundene Unternehmen ohne Rücksicht auf deren Rechtsform (→ Rn. 22). Das Verbot gilt mithin auch für Unternehmen, die einer schwächer ausgeprägten oder sogar überhaupt keiner Kapitalsicherung unterliegen.

23   **2. Adressaten des Verbots. a) Unternehmen.** Der Begriff „**Unternehmen**" entspricht demjenigen des Rechts der verbundenen Unternehmen, ist also rechtsformneutral. Als Adressat des Abs. 2 kommt daher jeder rechtlich verselbständigte Vermögensträger in Betracht.[57]

24   **b) Mehrheitsbesitz und Abhängigkeit.** Für die Beantwortung der Frage, ob ein Erwerber im Mehrheitsbesitz der AG steht oder von ihr abhängig ist, gelten die Regelungen der §§ 16 und 17. Das Verbot des § 56 Abs. 2 gilt daher für unmittelbar und mittelbar abhängige oder im Mehrheitsbesitz der AG stehende Unternehmen gleichermaßen.

25   **Mehrheitsbesitz** liegt sowohl bei einer Stimmenmehrheit als auch bei einer Anteilsmehrheit vor. Beide Tatbestandsalternativen haben allerdings dann keine eigenständige Bedeutung, wenn die Mehrheitsbeteiligung keinen beherrschenden Einfluss iSv § 17 vermittelt. Bei der Bestimmung der Beteiligungsverhältnisse sind auch die Zurechnungsvorschriften des § 16 Abs. 4 anzuwenden. Diese Regelungen können allerdings dazu führen, dass Erwerbsvorgänge, die im Hinblick auf den Kapitalschutzzweck des Zeichnungs- und Übernahmeverbotes identische Gefahren aufweisen, unterschiedlich behandelt werden. Das zeigt sich vor allem dann, wenn ein Unternehmen, an dem die AG nur mittelbar beteiligt ist, als Zeichner oder Übernehmer auftritt.[58] Ist etwa die AG an einem Tochterunternehmen T zu 80 % und dieses wiederum an einem Enkelunternehmen E mit wiederum 80 % beteiligt, und haben T und E einen Entherrschungsvertrag geschlossen, ist E zwar weder von T noch von der übergeordneten AG abhängig. Da die AG aber T beherrscht, sind ihr nach § 16 Abs. 4 deren Anteile an E zuzurechnen, so dass E auch im Mehrheitsbesitz der AG steht. Die Anwendung des Erwerbsverbotes des Abs. 2 entspricht hier auch dem Normzweck, denn durchgerechnet würden 64 % (80 % × 80 %) einer von E geschuldeten Einlage aus dem Vermögen der AG selbst stammen. Trotz identischer Beteiligungsverhältnisse und Gefahren für die Kapitalaufbringung würde Abs. 2 dagegen keine Anwendung finden, wenn der Entherrschungsvertrag zwischen der AG und T abgeschlossen wäre. Da T unter diesen Umständen nicht von der AG abhängig wäre, sind ihre Anteile an E nicht nach § 16 Abs. 4 der AG zuzurechnen. Es ist offensichtlich, dass dieses Ergebnis dem Zweck des § 56 Abs. 2 widersprechen würde. Die Vorschrift ist daher entsprechend auf solche Fälle anzuwenden, in denen die **durchgerechnete Beteiligung** der AG an dem Erwerberunternehmen mehr als 50 % beträgt.

26   Die Gefahr für die Kapitalaufbringung, der Abs. 2 entgegenwirken soll, kann auch bei **Unternehmensverbindungen unterhalb** der Schwelle **einer Mehrheitsbeteiligung** vorliegen. Ist die AG an dem Erwerberunternehmen mit 50 % beteiligt, ohne über beherrschenden Einfluss zu verfügen, sind die Voraussetzungen des Zeichnungs- und Übernahmeverbotes nicht erfüllt, obwohl die Einlageleistung des Erwerberunternehmens bei wirtschaftlicher Betrachtung zur Hälfte aus dem Vermögen der AG stammt. Obwohl die Kapitalaufbringung hier in höherem Maße beeinträchtigt ist als bei einem beherrschenden Einfluss, der auf einer Beteiligung geringeren Umfangs beruht, kommt in Anbetracht des Gesetzeswortlauts eine entsprechende Anwendung von Abs. 2 nicht in Betracht.[59] Die schwerwiegenden Rechtsfolgen einer Verletzung des Erwerbsverbots schließen es aus, den Tatbestand über die in → Rn. 25 aE genannten Fälle einer Durchrechnungsmehrheit hinaus im Wege der Analogie zu erweitern.

---

[56] Ebenso im Erg. Großkomm AktG/*Henze* Rn. 106 f.; MüKoAktG/*Bungeroth* Rn. 97; Kölner Komm AktG/*Drygala* Rn. 96; Grigoleit/*Grigoleit/Rachlitz* Rn. 2; aA Kölner Komm AktG/*Lutter*, 2. Aufl.1988, Rn. 68.

[57] Vgl. etwa MüKoAktG/*Bayer* § 15 Rn. 48; Kölner Komm AktG/*Koppensteiner* § 15 Rn. 56; Hüffer/Koch/*Koch* § 15 Rn. 14.

[58] Eingehend zu den Unzulänglichkeiten der §§ 16, 17 unter Gesichtspunkten des Vermögensschutzes *Cahn*, Kapitalerhaltung im Konzern, 1998, 210 ff.

[59] Ebenso im Erg. Großkomm AktG/*Henze* Rn. 26 ff.; MüKoAktG/*Bungeroth* Rn. 30 f.; Kölner Komm AktG/*Drygala* Rn. 19; K. Schmidt/Lutter/*Fleischer* Rn. 14; Grigoleit/*Grigoleit/Rachlitz* Rn. 6; Bürgers/Körber/*Westermann* Rn. 5.

Die **Abhängigkeit** des Erwerberunternehmens von der AG kann auch auf einem Beherrschungs- 27
vertrag beruhen. Theoretisch ist in diesem Fall keine Beteiligung der herrschenden AG erforderlich.
Obwohl die Einlage des abhängigen Erwerberunternehmens nicht aus Vermögenswerten besteht,
an denen die AG kraft Beteiligung bereits partizipiert hätte, gilt das Erwerbsverbot des Abs. 2 in
Anbetracht des insoweit eindeutigen Wortlauts der Vorschrift auch hier.[60] In der Sache ist dies
allerdings unter dem Gesichtspunkt der Hintanhaltung von Verwaltungseinfluss auf die eigene Hauptversammlung allein nicht gerechtfertigt,[61] denn dafür würde auch das Verbot der Ausübung von
Mitgliedschaftsrechten nach § 71b ausreichen. Zwar führt die Pflicht zur Verlustübernahme durch
die herrschende AG nach oder entsprechend § 302 auch unabhängig von der Höhe der Beteiligung
an dem abhängigen Unternehmen zu einer finanziellen Verflechtung; das gilt aber gleichermaßen
bei einem isolierten Gewinnabführungsvertrag,[62] der keine Abhängigkeit begründet und daher nicht
per se zur Anwendbarkeit von Abs. 2 führt. Daran zeigt sich wiederum, dass die gesetzliche Regelung
nicht konsequent ausgestaltet ist und es in Randbereichen zu Inkonsistenzen kommen kann, deren
Korrektur im Wege teleologischer Gesetzesauslegung allerdings im Interesse der Rechtssicherheit
unterbleiben muss.

c) **Kein Verbot der Beteiligung der AG an Tochterunternehmen.** § 56 Abs. 2 untersagt 28
schließlich nicht die Zeichnung oder Übernahme von **Anteilen eines abhängigen oder in Mehrheitsbesitz stehenden Unternehmens** durch die herrschende oder mit Mehrheit beteiligte AG.[63]
Ein solcher originärer Aktienerwerb verstößt auch dann nicht gegen § 56, wenn die AG den Erwerbspreis aus Mitteln aufbringt, die zur Deckung des Nennkapitals erforderlich sind.[64] Die Kapitalaufbringung bei der Erwerber-AG steht hier ebenso wenig in Frage wie bei einer Investition in andere
Unternehmen.

3. Die verbotenen Erwerbsvorgänge. a) Übernahme bei Gründung. Eine **Übernahme** 29
von Aktien einer herrschenden oder mehrheitlich beteiligten AG **bei Gründung** durch ein im
Mehrheitsbesitz dieser Gesellschaft stehendes oder von ihr abhängiges Unternehmen kommt regelmäßig deswegen nicht in Betracht, weil die künftige AG zur Zeit der Aktienübernahme noch nicht
existiert und das erwerbende Unternehmen daher auch nicht von ihr abhängig sein oder in ihrem
Mehrheitsbesitz stehen kann.[65] Als Anwendungsbereich für das Übernahmeverbot nach Abs. 2 bleiben daher nur Fälle, in denen ein Gründer eine mehrheitliche oder beherrschende Beteiligung an
dem Erwerberunternehmen als Sacheinlage in die AG einbringt und daher bereits bei Gründung
feststeht, dass es sich bei dem Erwerber um einen Adressaten des Verbotes nach Abs. 2 handeln wird.
Hier ist einem solchen Unternehmen die Aktienübernahme untersagt.[66] Das Gleiche gilt bei der
Umgründung einer Gesellschaft anderer Rechtsform in eine AG für ein von der umzugründenden
Gesellschaft abhängiges oder in ihrem Mehrheitsbesitz stehendes Unternehmen.[67]

b) **Kapitalerhöhungen.** Hauptanwendungsfall von Abs. 2 ist die Übernahme von Aktien durch 30
Zeichnung oder durch Ausübung eines Umtausch- oder Bezugsrechts bei **Kapitalerhöhungen** einer
herrschenden oder mehrheitlich beteiligten AG. Dagegen untersagt die Vorschrift nicht die Teilnahme von Aktien, die einem von der AG abhängigen oder in deren Mehrheitsbesitz stehenden
Unternehmen gehören, an einer Kapitalerhöhung aus Gesellschaftsmitteln. Das Umgehungsverbot
des Abs. 2 geht nicht weiter als das Verbot der Selbstzeichnung nach Abs. 1; § 215 gilt daher im
Rahmen des Abs. 2 entsprechend.[68]

c) **Erwerb für Rechnung Dritter.** Nach dem Wortlaut von Abs. 2 ist einem abhängigen oder 31
in Mehrheitsbesitz stehenden Unternehmen der originäre Erwerb von Aktien einer herrschenden
oder mehrheitlich beteiligten AG ohne Rücksicht darauf untersagt, ob der Erwerber für eigene oder
für fremde Rechnung handelt. In Anbetracht des Zwecks der Vorschrift, die Kapitalaufbringung

---

[60] Großkomm AktG/*Henze* Rn. 25; MüKoAktG/*Bungeroth* Rn. 29; Kölner Komm AktG/*Drygala* Rn. 18; Grigoleit/*Grigoleit/Rachlitz* Rn. 6; Hölters/*Laubert* Rn. 7.
[61] So aber Großkomm AktG/*Henze* Rn. 25; MüKoAktG/*Bungeroth* Rn. 29; Kölner Komm AktG/*Drygala* Rn. 18; Hölters/*Laubert* Rn. 7.
[62] Zur Bedeutung dieser Gestaltung vgl. *Cahn/Simon* Der Konzern 2003, 1 ff.
[63] Großkomm AktG/*Henze* Rn. 29; MüKoAktG/*Bungeroth* Rn. 30; Kölner Komm AktG/*Drygala* Rn. 23; Grigoleit/*Grigoleit/Rachlitz* Rn. 7; Hölters/*Laubert* Rn. 8.
[64] Unzutr. die dahin gehende Einschränkung bei Großkomm AktG/*Henze* Rn. 29, K. Schmidt/Lutter/*Fleischer* Rn. 15 und Hüffer/Koch/*Koch* Rn. 8.
[65] Bürgers/Körber/*Westermann* Rn. 6.
[66] Großkomm AktG/*Henze* Rn. 31f; MüKoAktG/*Bungeroth* Rn. 32 f.; Grigoleit/*Grigoleit/Rachlitz* Rn. 5.
[67] Kölner Komm AktG/*Drygala* Rn. 25; Großkomm AktG/*Henze* Rn. 32; Grigoleit/*Grigoleit/Rachlitz* Rn. 5.
[68] Großkomm AktG/*Henze* Rn. 34, 40; MüKoAktG/*Bungeroth* Rn. 36, 42; Kölner Komm AktG/*Drygala* Rn. 31; Hölters/*Laubert* Rn. 8; Grigoleit/*Grigoleit/Rachlitz* Rn. 5; Hüffer/Koch/*Koch* Rn. 11.

bei der herrschenden oder mehrheitlich beteiligten AG zu sichern (→ Rn. 20), ist indessen unter teleologischen Gesichtspunkten bei einem Erwerb für fremde Rechnung dann eine **Ausnahme** von dieser Regel geboten, wenn der Dritte dem als mittelbarer Stellvertreter handelnden Erwerberunternehmen den Erwerbspreis vor der Übernahme der Aktien zur Verfügung gestellt hat.[69] Das abhängige oder im Mehrheitsbesitz der AG stehende Unternehmen reicht hier in der Sache nur fremde Mittel als Einlage weiter. Die Gefahr, dass die Kapitalaufbringung in der AG durch den Ausfall des Dritten beeinträchtigt werden könnte, besteht unter diesen Umständen nicht.

32 **4. Rechtsfolgen eines Verstoßes. a) Wirksamkeit der Übernahme.** Ein originärer Aktienerwerb durch abhängige oder in Mehrheitsbesitz stehende Unternehmen beeinträchtigt die Kapitalaufbringung regelmäßig weniger als eine Zeichnung durch die Gesellschaft selbst. Nur wenn alle Anteile an dem erwerbenden Unternehmen der AG gehören, sind die Folgen einer Aktienübernahme durch dieses Unternehmen denen einer Übernahme durch die Gesellschaft selbst vergleichbar. Je geringer der Anteilsbesitz der AG an dem Erwerberunternehmen ist, desto größer ist der Anteil der Einlageleistung, der aus Mitteln aufgebracht wird, die auch bei wirtschaftlicher Betrachtung nicht ohnehin bereits der AG gehören. Abs. 2 S. 2 zieht daraus die Konsequenz, indem er anordnet, dass ein Verstoß gegen S. 1 der Vorschrift die Aktienübernahme nicht unwirksam macht. Anders als bei Verstößen gegen das Verbot der Zeichnung eigener Aktien nach Abs. 1, findet § 134 BGB keine Anwendung.[70] Eine Verletzung von Abs. 2 S. 1 stellt daher die Wirksamkeit der Gründung oder von Kapitalmaßnahmen nicht in Frage. Auf die bei Verstößen gegen Abs. 1 wichtige Frage nach einer Heilungsmöglichkeit kommt es im Rahmen von Abs. 2 nicht an.[71]

33 Nach hM ist der Registerrichter trotz der Bestimmung des Abs. 2 S. 2 verpflichtet, die **Eintragung** einer unter Verstoß gegen Abs. 2 S. 1 gegründeten Gesellschaft oder einer unter Verletzung dieser Vorschrift vorgenommenen Kapitalerhöhung abzulehnen. Abs. 2 S. 2 ändere weder etwas an der Rechtswidrigkeit von Verstößen gegen S. 1 noch an der Aufgabe, die Ordnungsmäßigkeit der Kapitalbeschaffung zu kontrollieren.[72] Eine Ausnahme von der Pflicht, die Eintragung abzulehnen, gelte lediglich für die bedingte Kapitalerhöhung. Wegen der bloß deklaratorischen Wirkung der Eintragung nach § 201 dürfe der Richter hier die Anpassung des Registers an die mit der Ausübung des Umtausch- oder Bezugsrechts geänderte Rechtslage nicht verweigern.[73] Diese Auffassung hätte indessen zur Folge, dass Verstöße gegen Abs. 1 und Abs. 2 weitgehend identisch behandelt würden. Obwohl Maßnahmen, die das Verbot des Abs. 1 verletzen, nach § 134 BGB nichtig sind, werden sie mit der nach § 41 Abs. 1 S. 1, §§ 189, 203 Abs. 1 S. 1 konstitutiven Eintragung ins Handelsregister wirksam. Für den Aktienerwerb im Rahmen einer bedingten Kapitalerhöhung gilt dies richtiger Ansicht nach sogar bereits mit der Ausgabe der Aktien (näher → Rn. 16). Wäre das Registergericht verpflichtet, die Eintragung von Maßnahmen abzulehnen, die gegen Abs. 2 verstoßen, käme es in der Sache auch hier auf eine Heilung des Gesetzesverstoßes durch die Handelsregistereintragung an. Wenn die Bestimmung des Satzes 2 der Vorschrift Sinn haben soll, kann sie folglich nur dahin verstanden werden, dass eine Aktienübernahme trotz eines Verstoßes gegen Abs. 2 S. 1 wirksam ist und dementsprechend die Eintragung der betreffenden Maßnahme nicht wegen dieser Gesetzesverletzung abgelehnt werden darf.

34 Abs. 2 S. 2 gilt nicht für bloße **Verpflichtungen** eines im Mehrheitsbesitz der AG stehenden oder von ihr abhängigen Unternehmens, in Zukunft Aktien der AG originär zu erwerben. Eine entsprechende Vereinbarung kann nicht durchgesetzt werden, sondern ist nach § 134 nichtig.[74]

35 **b) Rechtsposition des Übernehmers.** Aufgrund der verbotswidrigen, aber wirksamen Aktienübernahme ist das erwerbende Unternehmen zur Leistung der Einlage und zur Erfüllung etwaiger Nebenpflichten (§ 55) verpflichtet.[75] Rechte aus den Aktien stehen ihm dagegen nach § 71d S. 2

---

[69] Für die ausnahmslose Anwendung des Abs. 2 auch beim Erwerb für fremde Rechnung offenbar MüKoAktG/ *Bungeroth* Rn. 90.
[70] K. Schmidt/Lutter/*Fleischer* Rn. 17; Grigoleit/*Grigoleit/Rachlitz* Rn. 8; Wachter/*Servatius* Rn. 14.
[71] Großkomm AktG/*Henze* Rn. 35.
[72] Großkomm AktG/*Henze* Rn. 37; MüKoAktG/*Bungeroth* Rn. 39; Kölner Komm AktG/*Drygala* Rn. 28; Bürgers/Körber/*Westermann* Rn. 7; Hüffer/Koch/*Koch* Rn. 10; Grigoleit/*Grigoleit/Rachlitz* Rn. 8; MHdB AG/ *Rieckers* § 15 Rn. 4; *Schäfer/Gätsch* in Marsch-Barner/Schäfer Börsennotierte AG-HdB Rn. 50.17.
[73] Großkomm AktG/*Henze* Rn. 38; MüKoAktG/*Bungeroth* Rn. 40; Kölner Komm AktG/*Drygala* Rn. 29; Hölters/*Lauber* Rn. 9; Bürgers/Körber/*Westermann* Rn. 7; Grigoleit/*Grigoleit/Rachlitz* Rn. 8; Hüffer/Koch/*Koch* Rn. 10; MHdB AG/*Rieckers* § 15 Rn. 4.
[74] Großkomm AktG/*Henze* Rn. 36; MüKoAktG/*Bungeroth* Rn. 37; Grigoleit/*Grigoleit/Rachlitz* Rn. 8; Wachter/*Servatius* Rn. 14; Hüffer/Koch/*Koch* Rn. 10.
[75] Großkomm AktG/*Henze* Rn. 39; MüKoAktG/*Bungeroth* Rn. 41; Kölner Komm AktG/*Drygala* Rn. 27; K. Schmidt/Lutter/*Fleischer* Rn. 18; Hölters/*Laubert* Rn. 10.

iVm § 71b grundsätzlich nicht zu.[76] Das gilt auch für das Bezugsrecht bei Kapitalerhöhungen.[77] Lediglich an einer Kapitalerhöhung aus Gesellschaftsmitteln nehmen die entgegen Abs. 2 S. 1 erworbenen Aktien teil.[78] Entsprechend § 71d S. 2 und 4 iVm § 71c Abs. 1 ist das Erwerberunternehmen verpflichtet, die verbotswidrig erworbenen Aktien innerhalb eines Jahres seit dem Erwerb zu veräußern.[79] Diese Vorschriften gelten zwar trotz der Tatbestandsalternative des Besitzes von Aktien der herrschenden Gesellschaft nicht unmittelbar, denn § 71 Abs. 1 S. 1 Nr. 1–5, 7 und 8, Abs. 2, auf die § 71d S. 2 Bezug nimmt, betreffen nur den derivativen Aktienerwerb. Wegen der insoweit gleichen Interessenlage sind das Veräußerungsgebot und die es flankierenden Vorschriften aber entsprechend anzuwenden. Die Veräußerungsfrist beginnt mit dem dinglichen Erwerb der Aktien,[80] denn erst ab diesem Zeitpunkt ist das Erwerberunternehmen in der Lage, seine Veräußerungspflicht zu erfüllen.[81] Erfolgt die Veräußerung nicht rechtzeitig, sind die Aktien entsprechend § 71d S. 2 und 4 iVm § 71c Abs. 3, § 237 einzuziehen. Die Veräußerungs- bzw. Einziehungspflicht erlischt allerdings, wenn die AG ihren beherrschenden Einfluss und/oder ihre Mehrheitsbeteiligung an dem Erwerberunternehmen aufgibt.

c) Berichtspflicht. Nach § 160 Abs. 1 S. 1 hat die AG im Anhang über den Bestand und den 36 Zugang der Aktien der Gesellschaft zu berichten, die ein im Mehrheitsbesitz der AG stehendes oder von ihr abhängiges Unternehmen nach § 56 Abs. 2 wirksam erworben hat. Sind solche Aktien im Geschäftsjahr verwertet worden, ist auch darüber sowie über den Verwertungserlös und dessen Verwendung zu berichten. Eine Verletzung der Berichtspflicht stellt eine Ordnungswidrigkeit nach § 334 Abs. 1 Nr. 1d dar und kann überdies strafrechtliche Sanktionen nach § 400 Abs. 1 Nr. 1, § 403 nach sich ziehen.

d) Haftung der Verwaltung der AG. aa) Pflicht zur Leistung der Einlage. Neben dem 37 abhängigen oder in Mehrheitsbesitz stehenden Unternehmen, das unter Verstoß gegen Abs. 2 Aktien der herrschenden oder mehrheitlich beteiligten AG erworben hat, haftet nach Abs. 4 auch jedes Mitglied des Vorstandes dieser Gesellschaft auf die volle Einlage, sofern es nicht nachweist, dass es an dem Verstoß gegen Abs. 2 kein Verschulden trifft. Das Erwerberunternehmen und die haftenden Vorstandsmitglieder sind dabei keine Gesamtschuldner, wohl aber mehrere verantwortliche Vorstandsmitglieder.[82] Die Haftung der Vorstandsmitglieder nach Abs. 4 soll vielmehr nur das Risiko eines Ausfalls des Erwerberunternehmens abdecken. Dem Umstand, dass eine von diesem Unternehmen erbrachte Einlage in Höhe der Beteiligungsquote der AG an der Erwerberin mit Vermögenswerten erbracht wird, die der AG vermittels ihrer Beteiligung bei wirtschaftlicher Betrachtung bereits zuvor gehörten, wird nicht im Rahmen des Abs. 4, sondern durch Schadensersatzansprüche nach §§ 93, 116 Rechnung getragen (→ Rn. 39). Obwohl Abs. 2 als Erwerbsverbot formuliert ist, das sich an die von der AG abhängigen oder in ihrem Mehrheitsbesitz stehenden Unternehmen wendet, sieht Abs. 4 keine Haftung der Geschäftsleitung des Erwerberunternehmens vor.

Soweit das Erwerberunternehmen die geschuldete Einlage leistet, erlischt die Vorstandshaftung 38 nach Abs. 4.[83] Das Erwerberunternehmen, das eine eigene, Abs. 2 S. 2 wirksam begründete Verpflichtung erfüllt hat, kann nicht beim Vorstand der AG Rückgriff nehmen.[84] Soweit umgekehrt ein Vorstandsmitglied nach Abs. 4 leistet, kann es von dem Erwerberunternehmen Erstattung des

---

[76] Im Erg. allg. Auffassung, vgl. Großkomm AktG/*Henze* Rn. 40; MüKoAktG/*Bungeroth* Rn. 41; Kölner Komm AktG/*Drygala* Rn. 31; K. Schmidt/Lutter/*Fleischer* Rn. 18; Hölters/*Laubert* Rn. 10; Bürgers/Körber/*Westermann* Rn. 7; Grigoleit/*Grigoleit/Rachlitz* Rn. 9; Hüffer/Koch/*Koch* Rn. 11.
[77] Großkomm AktG/*Henze* Rn. 40; MüKoAktG/*Bungeroth* Rn. 41; Kölner Komm AktG/*Drygala* Rn. 31; Hüffer/Koch/*Koch* Rn. 11; aA MHdB AG/*Rieckers* § 15 Rn. 5 der annimmt, das Bezugsrecht könne von dem Unternehmen zwar nicht selbst ausgeübt, aber veräußert werden.
[78] Großkomm AktG/*Henze* Rn. 34, 40; MüKoAktG/*Bungeroth* Rn. 35, 42; Kölner Komm AktG/*Drygala* Rn. 31.
[79] K. Schmidt/Lutter/*Fleischer* Rn. 18; Bürgers/Körber/*Westermann* Rn. 7; vgl. auch → § 71d Rn. 55; aA, Veräußerungspflicht nur der herrschenden oder mehrheitlich beteiligten AG MüKoAktG/*Bungeroth* Rn. 51; Kölner Komm AktG/*Drygala* Rn. 29; 32; Hölters/*Laubert* Rn. 10.
[80] AA für den unmittelbaren Anwendungsbereich des § 71c Abs. 1, Fristbeginn bereits mit Abschluss des obligatorischen Erwerbsvertrages MüKoAktG/*Oechsler* § 71c Rn. 11.
[81] Auf der Grundlage der hL, die den Registerrichter für verpflichtet hält, die Eintragung einer unter Verstoß gegen § 56 Abs. 2 erfolgten Gründung oder Kapitalerhöhung abzulehnen (→ Rn. 33), kommt es möglicherweise gar nicht zur Entstehung der zu veräußernden Aktien.
[82] Hüffer/Koch/*Koch* Rn. 17; Bürgers/Körber/*Westermann* Rn. 16; Grigoleit/*Grigoleit/Rachlitz* Rn. 16; Hölters/*Laubert* Rn. 15.
[83] Großkomm AktG/*Henze* Rn. 43; MüKoAktG/*Bungeroth* Rn. 45; Kölner Komm AktG/*Drygala* Rn. 36 f.; Bürgers/Körber/*Westermann* Rn. 16.
[84] Großkomm AktG/*Henze* Rn. 43.

von ihm auf die Einlage geleisteten Betrages verlangen[85] oder nach § 426 BGB bei anderen haftenden Vorstandsmitgliedern Ausgleich suchen. Ist von dem Erwerberunternehmen kein Ausgleich zu erlangen, können die leistenden Vorstandsmitglieder nach dem Rechtsgedanken des § 255 BGB Übertragung der Aktien gegen Erstattung etwa von dem Erwerberunternehmen erbrachter Teile der Einlage beanspruchen.[86]

39 **bb) Schadensersatz.** Eine Haftung der für einen Verstoß gegen Abs. 2 verantwortlichen Mitglieder des Vorstands und des Aufsichtsrats (vgl. insbesondere § 204 Abs. 1 S. 2) gegenüber der AG kommt zum einen dann in Betracht, wenn die Gründung oder Kapitalerhöhung aus diesem Grund scheitert oder sich verzögert.[87] Sie kann aber zum anderen auch dann begründet sein, wenn das Erwerberunternehmen die aufgrund eines gesetzwidrigen, aber wirksamen Erwerbs nach Abs. 2 geschuldete Einlage leistet. Unter diesen Umständen scheidet zwar eine Einstandspflicht nach Abs. 4 aus. Die AG erleidet aber regelmäßig dadurch einen Schaden, dass die Einlage in Höhe ihrer Beteiligungsquote an dem Erwerberunternehmen aus Mitteln stammt, die bei wirtschaftlicher Betrachtung der AG bereits gehörten.[88] Das Verbot des Abs. 2 beruht gerade darauf, dass im Interesse des Kapitalschutzes die rechtliche Selbständigkeit des Erwerberunternehmens zugunsten einer solchen wirtschaftlichen Betrachtung zurücktritt. Die übernommenen Aktien im Vermögen des Erwerberunternehmens stellen aus Sicht der AG keinen kompensierenden Vorteil dar, denn sie repräsentieren ihrerseits nur eine Beteiligung an dem eigenen Vermögen der AG. Der Schaden der AG besteht regelmäßig in dem Produkt aus Beteiligungsquote an dem Erwerberunternehmen und der von diesem Unternehmen erbrachten Einlage.[89]

IV. Aktienübernahme durch Dritte für Rechnung der AG oder eines verbundenen Unternehmens (Abs. 3)

40 **1. Inhalt und Bedeutung des Verbots. a) Geltung für mittelbare Stellvertreter.** Abs. 3 soll verhindern, dass das Verbot der Selbstzeichnung nach Abs. 1 und das Zeichnungsverbot für verbundene Unternehmen nach Abs. 2 durch Einschaltung mittelbarer Stellvertreter umgangen werden, die zwar im eigenen Namen, aber für Rechnung der Gesellschaft oder des mit ihr verbundenen Unternehmens Aktien übernehmen. Die wirtschaftlichen Folgen einer Aktienübernahme durch solche Dritte würden die AG oder das verbundene Unternehmen, für dessen Rechnung der Dritte handelt, in gleicher oder zumindest ähnlicher Weise treffen, wie eine Übernahme der Aktien durch die AG oder das verbundene Unternehmen. Tritt der Dritte als Stellvertreter der AG oder eines iSv Abs. 2 mit ihr verbundenen Unternehmens auf, liegt kein Fall des Abs. 3, sondern ein Verstoß gegen Abs. 1 oder Abs. 2 vor.[90]

41 **b) Aktienzeichnung.** Ebenso wie Abs. 1 und Abs. 2 betrifft das Umgehungsverbot des Abs. 3 nur die **originäre Aktienübernahme.** Der derivative Erwerb durch einen für Rechnung der Gesellschaft oder eines mit ihr verbundenen Unternehmens handelnden Dritten wird durch § 71d erfasst. Die Abgrenzung zwischen einem nach §§ 71 ff. unter bestimmten Voraussetzungen zulässigen derivativen Erwerb von Aktien durch die Gesellschaft oder ein in ihrem Mehrheitsbesitz stehendes oder von ihr abhängiges Unternehmen einerseits und einem von Abs. 3 erfassten originären Erwerb für Rechnung der AG oder eines iSv Abs. 2 mit ihr verbundenen Unternehmens durch einen mittelbaren Stellvertreter andererseits kann allerdings Schwierigkeiten bereiten, wenn die AG oder ein verbundenes Unternehmen die Aktien vom Übernehmer oder Zeichner erwirbt. Dem äußeren Geschehensablauf lässt sich hier regelmäßig nicht ohne weiteres entnehmen, ob ein – auch vom ursprünglichen Inhaber der Aktien – zulässiger derivativer Erwerb oder die Ausführung einer von Abs. 3 erfassten Vereinbarung über eine Aktienübernahme auf Rechnung der AG bzw. eines mit ihr verbundenen Unternehmens vorliegt. Entscheidend sind die Vereinbarungen zwischen den Parteien. Ein Fall des Abs. 3 liegt vor, wenn die Übertragung der Aktien auf die AG oder das verbundene Unternehmen bereits bei der Übernahme der Aktien durch den Dritten vereinbart war. Dafür kann eine Vermutung sprechen, wenn zwischen der Übernahme durch den Dritten und der Weiterübertragung ein enger zeitlicher Zusammenhang besteht und für die Aktienübernahme und die Weiterübertragung vergleichbare Beträge hin und her fließen.

---

[85] MüKoAktG/*Bungeroth* Rn. 46; *Büdenbender* DZWir 1998, 55 (57).
[86] Ähnlich MüKoAktG/*Bungeroth* Rn. 46; Hüffer/Koch/*Koch* Rn. 17.
[87] MüKoAktG/*Bungeroth* Rn. 48 f.
[88] Ebenso MüKoAktG/*Bungeroth* Rn. 45, 49, 25.
[89] Für einen Schadensersatzanspruch in dieser Höhe auch Kölner Komm AktG/*Drygala* Rn. 37.
[90] MüKoAktG/*Bungeroth* Rn. 53.

Abs. 3 betrifft die originäre Aktienübernahme durch einen mittelbaren Stellvertreter sowohl bei **42** Gründung der Gesellschaft als auch bei **Kapitalerhöhungen**. Eine Aktienübernahme im Rahmen der Gründung einer noch nicht existenten Gesellschaft wird allerdings nur ausnahmsweise vorkommen. Wie Abs. 1 und Abs. 2 ist auch das Umgehungsverbot des Abs. 3 vielmehr in erster Linie für die Übernahme von Aktien im Rahmen einer Kapitalerhöhung von Bedeutung. Die Kapitalerhöhung aus Gesellschaftsmitteln ist dabei wiederum nicht erfasst.[91]

c) Abweichung von den Vorgaben der Kapitalrichtlinie. Das Umgehungsverbot des Abs. 3 **43** beruht auf Art. 18 Abs. 2 Kapitalrichtlinie[92] (jetzt: Art. 59 Abs. 2 RL(EU) 2017/1132).[93] Danach gilt die Zeichnung durch eine Person, die im eigenen Namen, aber für Rechnung der Gesellschaft handelt, als für Rechnung des Zeichners vorgenommen.[94] Demgegenüber ordnet Abs. 3 S. 1 lediglich an, dass der Dritte sich nicht darauf berufen kann, dass er die Aktie nicht für eigene Rechnung übernommen hat. Aus dieser Formulierung wird im Schrifttum gefolgert, das Innenverhältnis zwischen der AG bzw. dem mit ihr verbundenen Unternehmen auf der einen und dem Dritten auf der anderen Seite sei grundsätzlich wirksam.[95] Dem Dritten sei es lediglich verwehrt, aus diesem Innenverhältnis Rechte geltend zu machen.[96] Die Übernahme der Aktien auf eigene Rechnung nach Abs. 3 S. 3 setze daher eine Aufhebung des an sich wirksamen Innenverhältnisses voraus.[97] Dieses Gesetzesverständnis wird indessen den Vorgaben der Richtlinie nicht gerecht. Ein richtlinienkonformes und dem Schutzzweck des Übernahmeverbotes entsprechendes Verständnis des Abs. 3 ergibt vielmehr, dass ein Verstoß gegen das Umgehungsverbot die **Unwirksamkeit des** auf einen gesetzeswidrigen Erfolg gerichteten **Innenverhältnisses** nach sich zieht (→ Rn. 50 f.).

2. Handeln für Rechnung. a) Einlage aus dem Vermögen der AG oder eines verbunde- 44 nen Unternehmens. Abs. 3 soll verhindern, dass das Verbot der Selbstzeichnung nach Abs. 1 und das Verbot der Aktienübernahme durch ein im Mehrheitsbesitz der AG stehendes oder von ihr abhängiges Unternehmen nach Abs. 2 durch Einschaltung Dritter umgangen werden. Dafür, ob eine Umgehung dieser Regelungen vorliegt, sind entsprechend dem Normzweck[98] die **Auswirkungen auf das Vermögen der AG** bzw. des mit ihr verbundenen Unternehmens entscheidend. Ein Handeln für Rechnung der AG bzw. eines mit ihr verbundenen Unternehmens liegt danach jedenfalls dann vor, wenn die Aktienübernahme durch den Dritten aufgrund des Rechtsverhältnisses zwischen ihm und der Gesellschaft bzw. dem mit ihr iSv Abs. 2 verbundenen Unternehmen dazu führen könnte, dass im Ergebnis die Gesellschaft oder das verbundene Unternehmen die Einlage erbringen würde. Das wäre insbesondere dann der Fall, wenn die Gesellschaft oder das mit ihr verbundene Unternehmen dem Dritten aufgrund eines Auftrags (§ 662 BGB), eines Geschäftsbesorgungsvertrags (§ 675 BGB) oder eines kommissionsähnlichen[99] Vertrages (§ 406 Abs. 1 iVm § 383 HGB) die Aufwendungen für die Aktienübernahme ersetzen müsste[100] oder wenn der Dritte die Aktien sogleich gegen Rückgewähr seiner Einlage an die Gesellschaft übertragen soll. Dagegen handelt der Dritte nicht auf Rechnung der Gesellschaft, wenn diese die Einlageleistung durch einen Kredit finanziert. Entgegen der Gesetzesbegründung[101] und Teilen des Schrifttums[102] sind derartige Fälle auch nicht nach § 27 Abs. 4, sondern nach § 71a zu beurteilen (→ Rn. 13).

Ein Fall des Abs. 3 liegt auch vor, wenn die Gesellschaft oder ein mit ihr iSv Abs. 2 verbundenes **45** Unternehmen dem Übernehmer der Aktien im Zusammenhang mit der Aktienübernahme die

---

[91] Großkomm AktG/*Henze* Rn. 50; MüKoAktG/*Bungeroth* Rn. 55; Kölner Komm AktG/*Drygala* Rn. 41.
[92] Zweite Richtlinie des Rates der Europäischen Gemeinschaften zur Koordinierung des Gesellschaftsrechts v. 13.12.1976 (Kapitalrichtlinie) (77/91/EWG) ABl. EG 1977 Nr. L 26, 1 ff.
[93] ABl. EU 2017 Nr. L 169, 46.
[94] In der englischen Fassung: „… the subscriber shall be deemed to have subscribed for them for his own account.".
[95] Großkomm AktG/*Henze* Rn. 64, 72; MüKoAktG/*Bungeroth* Rn. 72; Kölner Komm AktG/*Lutter* Rn. 45 f.; Hüffer/Koch/*Koch* Rn. 14.
[96] Großkomm AktG/*Henze* Rn. 69; MüKoAktG/*Bungeroth* Rn. 72; Kölner Komm AktG/*Drygala* Rn. 69; Hüffer/Koch/*Koch* Rn. 14.
[97] Großkomm AktG/*Henze* Rn. 77 ff.; MüKoAktG/*Bungeroth* Rn. 78 ff.; Kölner Komm AktG/*Drygala* Rn. 79; Hüffer/Koch/*Koch* Rn. 16.
[98] → Rn. 1–5 sowie *Vedder*, Zum Begriff „für Rechnung" im AktG und im WpHG, 1999, 49 f.
[99] Da der originäre Erwerb nicht im Wege des Kaufs erfolgt, findet § 383 HGB nicht unmittelbar Anwendung, vgl. Großkomm AktG/*Henze* Rn. 53 Fn. 70.
[100] *Vedder*, Zum Begriff „für Rechnung" im AktG und im WpHG, 1999, 52 ff. mit weiteren Bsp.; Großkomm AktG/*Henze* Rn. 53; MüKoAktG/*Bungeroth* Rn. 57; Kölner Komm AktG/*Drygala* Rn. 43; K. Schmidt/Lutter/ *Fleischer* Rn. 22; Hüffer/Koch/*Koch* Rn. 12; NK-AktR/*Janssen* Rn. 13.
[101] BegrRegE Art. 1 Nr. 1 lit. b) ARUG, BT-Drs. 16/13098, 38.
[102] Vgl. etwa Kölner Komm AktG/*Arnold* § 27 Rn. 135 f.

Option einräumt, die Aktien entgeltlich auf die Gesellschaft oder das verbundene Unternehmen zu übertragen.[103] Bei Ausübung der Option würde dasselbe Ergebnis wie bei Übernahme der Aktien durch die Gesellschaft bzw. das verbundene Unternehmen herbeigeführt. Das Gleiche gilt, wenn der Dritte der Gesellschaft oder einem mit ihr iSv Abs. 2 verbundenen Unternehmen im Zusammenhang mit der Übernahme eine Erwerbsoption auf die Aktien einräumt.[104] Der Umstand, dass der Erwerb hier im Belieben des Optionsinhabers steht, ändert nichts an der Gefahr für die Kapitalaufbringung, der Abs. 3 entgegenwirken soll. Auch in den Fällen der Abs. 1 und 2 besteht keine Pflicht der Gesellschaft oder eines verbundenen Unternehmens, Aktien zu übernehmen. Der Fall zeigt allerdings, dass Abs. 3 S. 1 zu eng formuliert ist (bereits → Rn. 43). Es geht hier nicht darum, ob der Übernehmer sich auf die Optionsvereinbarung berufen kann, sondern allein um die Frage, ob die Gesellschaft oder das verbundene Unternehmen ein wirksames Erwerbsrecht hat. Richtlinienkonform verstanden besagt Abs. 3 hier, dass die Optionsvereinbarung unwirksam ist.

46 **b) Teilweise Risikoübernahme.** Nach hM greift Abs. 3 auch dann ein, wenn die AG das mit der Aktienübernahme verbundene Risiko zum Teil tragen soll.[105] Bei einer Weiterveräußerung durch den Übernehmer dürfe die Gesellschaft daher weder an etwaigen Veräußerungsverlusten beteiligt werden[106] noch dürfe eine Vereinbarung über Vergütung oder Auslagenersatz dazu führen, dass die Einlageleistung des Übernehmers möglicherweise geschmälert werde. So führe die Vereinbarung einer fixen Provision zur Anwendbarkeit des Abs. 3, weil die AG das wirtschaftliche Risiko dafür trage, dass bei nicht ausreichendem Überschuss aus der Weiterveräußerung das für sie aufzubringende Kapital angegriffen werde.[107]

47 **aa) Übernahme des Platzierungsrisikos.** Diese Grundsätze haben vor allem für die Platzierung von Aktien aus Kapitalerhöhungen durch Dritte Bedeutung. Bei einer Kapitalerhöhung bedienen sich Gesellschaften regelmäßig einer Emissionsbank oder eines Emissionskonsortiums, um die jungen Aktien zu platzieren. Dabei kann entweder das Bezugsrecht der Aktionäre nach § 186 Abs. 3 ausgeschlossen sein oder nach § 186 Abs. 5 ein mittelbares Bezugsrecht der Aktionäre gegenüber der Emissionsbank oder dem Konsortium bestehen. Abs. 3 greift in solchen Fällen dann ein, wenn die AG das Risiko der Platzierung übernimmt, indem sie sich verpflichtet, nicht veräußerte Aktien zurückzunehmen oder einen etwaigen Mindererlös der Platzierung zu erstatten.[108] Ist die Gesellschaft selbst Mitglied des Emissionskonsortiums, so liegt trotz der mittlerweile anerkannten weitgehenden Rechtsfähigkeit der GbR[109] ein Verstoß gegen das Verbot der Selbstzeichnung nach Abs. 1 vor,[110] denn die AG würde sich hier im Ergebnis dazu verpflichten, die Einlage zumindest teilweise selbst aufzubringen.

48 **bb) Vergütungen und Auslagenersatz.** Problematisch ist die Anwendung von Abs. 3 auf **Vergütungen und Auslagenersatz** für Emissionsbanken, wenn der Gesellschaft aufgrund solcher Zahlungen im Ergebnis (möglicherweise) weniger zufließt als die von den Emissionsbanken aufzubringende Einlage. Wenn die Gesellschaft die Aktien selbst platziert und sich dabei der Hilfe einer oder mehrerer Banken bedient, ohne dass diese die Aktien übernehmen, steht Abs. 3 der Zahlung einer Vergütung an die Bank(en) nicht entgegen, obwohl dadurch der Ertrag der Emission für die Gesellschaft ebenfalls geschmälert wird. Weder der Wortlaut noch der Zweck der Vorschrift erfordern es, Provisionszahlungen und Auslagenerstattungen für vergleichbare Leistungen unter Abs. 3 zu subsumieren, wenn die Banken die Aktien zunächst selbst übernehmen. Die Anwendung dieser Vorschrift auf solche Vergütungen ist auch nicht etwa aus Gründen des Kapitalschutzes zwingend geboten, wie

---

[103] Vgl. *Vedder*, Zum Begriff „für Rechnung" im AktG und im WpHG, 1999, 58 f.; Kölner Komm AktG/*Drygala* Rn. 51.
[104] Ebenso im Erg. *Vedder*, Zum Begriff „für Rechnung" im AktG und im WpHG, 1999, 58; Kölner Komm AktG/*Drygala* Rn. 52 f.
[105] Ausf. *Hahn*, Die Übernahme von Aktien für Rechnung der Gesellschaft, 2005, 68 ff. (80); Großkomm AktG/*Henze* Rn. 53; MüKoAktG/*Bungeroth* Rn. 57; Kölner Komm AktG/*Drygala* Rn. 44; Hölters/*Laubert* Rn. 11; Hüffer/Koch/*Koch* Rn. 12; *Winter* FS Röhricht, 2005, 709 (713).
[106] Großkomm AktG/*Henze* Rn. 55; MüKoAktG/*Bungeroth* Rn. 57; Kölner Komm AktG/*Drygala* Rn. 44; Hüffer/Koch/*Koch* Rn. 13.
[107] Großkomm AktG/*Henze* Rn. 62; MüKoAktG/*Bungeroth* Rn. 60; Kölner Komm AktG/*Lutter*, 2. Aufl. 1988, Rn. 42; Hüffer/Koch/*Koch* Rn. 13; Hölters/*Laubert* Rn. 12.
[108] Großkomm AktG/*Henze* Rn. 60 f.; MüKoAktG/*Bungeroth* Rn. 59; Kölner Komm AktG/*Drygala* Rn. 62; Bürgers/Körber/*Westermann* Rn. 9; Grigoleit/*Grigoleit/Rachlitz* Rn. 11; Hüffer/Koch/*Koch* Rn. 13; NK-AktR/*Janssen* Rn. 14.
[109] Vgl. BGHZ 146, 341 = NJW 2001, 1056.
[110] Für die Anwendung des Abs. 3 demgegenüber *Hahn*, Die Übernahme von Aktien für Rechnung der Gesellschaft, 2005, 85; Großkomm AktG/*Henze* Rn. 53, 59; MüKoAktG/*Bungeroth* Rn. 62; Kölner Komm AktG/*Drygala* Rn. 64; Hüffer/Koch/*Koch* Rn. 13.

Art. 8 Abs. 2 Kapitalrichtlinie[111] zeigt. Nach dieser Vorschrift können die Mitgliedstaaten zulassen, dass diejenigen, die sich berufsmäßig mit der Unterbringung von Aktien befassen, weniger als den Gesamtbetrag der Aktien zahlen, den sie bei diesem Vorgang zeichnen. Die Vorschrift statuiert damit eine Ausnahme vom Verbot der Unterpariemission nach Art. 8 Abs. 1 der Richtlinie. Vergütungen an Emissionshäuser sind danach selbst dann mit dem Anliegen des Kapitalschutzes vereinbar, wenn der Gesellschaft im Ergebnis weniger zufließt als der Mindestnennbetrag der emittierten Aktien. Vergütungen und Auslagenersatz an Emissionsbanken fallen daher grundsätzlich auch dann nicht unter Abs. 3, wenn sie (möglicherweise) dazu führen, dass der Gesellschaft im Ergebnis weniger als der Ausgabebetrag verbleibt.[112]

cc) Prospekthaftung. Keine Risikoübernahme iSv Abs. 3 durch die Gesellschaft stellt die gesetz- 49 liche Prospekthaftung gegenüber dem Übernehmer wegen unrichtiger oder unvollständiger Prospektinformationen dar, sofern man sie mit einer im Vordringen befindlichen Meinung auch bei originärem Erwerb bejaht (vgl. auch → § 57 Rn. 47 ff.).[113]

dd) Kursgarantie. Eine Kursgarantie der Gesellschaft zugunsten eines Aktienzeichners verstößt 50 grundsätzlich gegen Abs. 3.[114] Sie kann ausnahmsweise zulässig sein, wenn bei einer Akquisition der AG deren Gegenleistung in jungen Aktien besteht, für deren Mindestkurs der Veräußerer eine Garantie der erwerbenden AG verlangt, etwa weil im Interesse der Gesellschaft eine Mindesthaltefrist für die als Gegenleistung begebenen Aktien vereinbart werden soll.[115] Die Kursgarantie stellt hier einen Teil der Gegenleistung für den vom Veräußerer zu übertragenden Gegenstand dar. Für den Fall, dass die Bedingung eintritt, unter der die Kursgarantie eingreift, führt sie zu einem Zahlungsanspruch des Veräußerers gegen die erwerbende AG. Die von der AG erbrachte Gegenleistung besteht in diesem Fall teilweise aus Aktien, im Übrigen aus dem von ihr zu leistenden Ausgleichsbetrag. In der Sache handelt es sich damit um eine sog. gemischte Sacheinlage, die sich dadurch auszeichnet, dass der Veräußerer als Gegenleistung für einen Vermögensgegenstand teilweise junge Aktien, teilweise eine andere Vergütung erhält.[116] Der Umstand, dass dem Veräußerer kein unbedingter, sondern in Gestalt der Kursgarantie lediglich ein bedingter Zahlungsanspruch gegen die Gesellschaft zusteht, hat nicht zur Folge, dass die Kursgarantie gegen § 56 Abs. 3 verstieße.[117]

3. Rechtsfolgen einer Aktienübernahme für Rechnung der AG oder eines verbundenen 51 **Unternehmens und nachträgliche Übernahme auf eigene Rechnung. a) Meinungsstand.** Abs. 3 verbietet nicht die Aktienübernahme durch einen Dritten für Rechnung der AG oder eines iSv Abs. 2 mit ihr verbundenen Unternehmens. Die Aktienübernahme ist daher wirksam.[118] Der Dritte wird Aktionär mit allen daraus resultierenden Pflichten. Insbesondere haftet er nach Abs. 3 S. 2 ohne Rücksicht auf etwaige entgegenstehende Vereinbarungen mit der AG auf die volle Einlage. Dagegen kann er nach Abs. 3 S. 3 aus den übernommenen Aktien keine Rechte geltend machen, bevor er sie nicht für eigene Rechnung übernommen hat. Etwas anderes gilt lediglich für die Teilnahme an einer Kapitalerhöhung aus Gesellschaftsmitteln.[119]

Das der Aktienübernahme zugrunde liegende **Rechtsverhältnis** mit der AG oder dem verbunde- 52 nen Unternehmen ist nach hL **nicht unwirksam**.[120] Allerdings soll dem Übernehmer die Geltendmachung von Rechten aus diesem Rechtsverhältnis versagt sein. Namentlich steht ihm danach kein Anspruch auf Aufwendungsersatz, auf Ersatz eines bei einer Veräußerung der Aktien erzielten Mindererlöses oder auf eine vereinbarte Vergütung zu.[121] Die Abnahme der Aktien durch die Gesell-

---

[111] Zweite Richtlinie des Rates der Europäischen Gemeinschaften zur Koordinierung des Gesellschaftsrechts v. 13.12.1976 (Kapitalrichtlinie) (77/91/EWG) ABl. EG 1977 Nr. L 26, 1 ff., jetzt Art. 47 Abs. 2 RL (EU) 2017/1132, ABl. EU 2017 Nr. L 169, 46.
[112] Ebenso im Erg. Kölner Komm AktG/*Drygala* Rn. 63 f.; Grigoleit/*Grigoleit/Rachlitz* Rn. 11.
[113] So etwa Schäfer/Hamann/*Hamann* BörsG §§ 44, 45 Rn. 83 f. mit umfangr. Nachw.
[114] Kölner Komm AktG/*Drygala* Rn. 58; K. Schmidt/Lutter/*Fleischer* Rn. 23; *Krause* RWS Forum 25 (2004), 301 (321); *Winter* FS Röhricht, 2005, 709 (714 ff.).
[115] Vgl. dazu etwa *Krause*, RWS Forum 25 (2004) 301 (321 ff.); *Winter* FS Röhricht, 2005, 709 (710).
[116] Vgl. etwa BGHZ 170, 47 (54 Rn. 17) = ZIP 2007, 178 (180); Kölner Komm AktG/*Arnold* § 27 Rn. 35; Großkomm AktG/*Röhricht* § 27 Rn. 106.
[117] Näher dazu und zu weiteren Fragen, die sich bei derartigen Gestaltungen stellen, *Krause* RWS Forum 25 (2004) 301 (321 ff.); *Winter* FS Röhricht, 2005, 709 (721 ff.); Kölner Komm AktG/*Drygala* Rn. 60.
[118] Grigoleit/*Grigoleit/Rachlitz* Rn. 12.
[119] Insoweit zutr. Großkomm AktG/*Henze* Rn. 66; MüKoAktG/*Bungeroth* Rn. 71.
[120] Großkomm AktG/*Henze* Rn. 64, 72; MüKoAktG/*Bungeroth* Rn. 74; Kölner Komm AktG/*Drygala* Rn. 55, 66 ff., 74; K. Schmidt/Lutter/*Fleischer* Rn. 24; Hölters/*Laubert* Rn. 13; Hüffer/Koch/*Koch* Rn. 14; NK-AktR/*Janssen* Rn. 17; *Winter* FS Röhricht, 2005, 709 (715 f.).
[121] Großkomm AktG/*Henze* Rn. 69; MüKoAktG/*Bungeroth* Rn. 72; Kölner Komm AktG/*Drygala* Rn. 76, 86; K. Schmidt/Lutter/*Fleischer* Rn. 27; Hüffer/Koch/*Koch* Rn. 14; *Winter* FS Röhricht, 2005, 709 (715 f.).

schaft oder das verbundene Unternehmen soll er selbst dann nicht verlangen können, wenn ein solcher Erwerb nach §§ 71, 71d S. 2 zulässig wäre.[122] Dagegen sollen nach hL die AG bzw. das verbundene Unternehmen alle Rechte aus der Vereinbarung mit dem Übernehmer geltend machen können. Insbesondere könnten den Übernehmer bindende Weisungen erteilt und die Herausgabe eines etwaigen Gewinns aus einer Veräußerung der Aktien beansprucht werden.[123] Die Gesellschaft bzw. das verbundene Unternehmen soll auch einen Anspruch aus dem Innenverhältnis auf Übertragung der übernommenen Aktien geltend machen können. Allerdings gewähre Abs. 3 keinen unentgeltlichen Herausgabeanspruch. Die Gegenseite könne die Übertragung der Aktien vielmehr nur gegen Erstattung der vom Übernehmer geleisteten Einlage beanspruchen, sofern die Voraussetzungen des § 71 bzw. § 71d S. 2 erfüllt seien. Eine gegen Abs. 3 verstoßende Rückabwälzung des mit der Aktienübernahme verbundenen Risikos auf die AG sei darin nicht zu sehen, weil die Gesellschaft bzw. das mit ihr verbundene Unternehmen zum Erwerb der Aktien nur berechtigt, aber nicht verpflichtet sei.[124] Das der Aktienübernahme zugrunde liegende Rechtsverhältnis begründet danach für den Übernehmer lediglich Pflichten, aber keine Rechte während umgekehrt die Gegenseite alle Rechte geltend machen kann, sie aber keine Verpflichtungen treffen.[125]

53 Nach Abs. 3 S. 3 kann der Übernehmer Rechte aus den Aktien erst geltend machen, wenn er sie für eigene Rechnung übernommen hat. Die hL versteht diese Regelung dahin, dass eine **Beendigung des Innenverhältnisses** erforderlich sei, kraft dessen der Übernehmer die Aktien auf Rechnung der Gesellschaft bzw. eines iSv Abs. 2 mit ihr verbundenen Unternehmens halte.[126] Sofern keine auflösende Bedingung vereinbart sei und auch die Voraussetzungen für eine Anfechtung nicht vorlägen, sei regelmäßig ein Auflösungsvertrag erforderlich.[127] Da der Gesellschaft bzw. dem mit ihr verbundenen Unternehmen nach hL aus dem der Aktienübernahme zugrunde liegenden Rechtsverhältnis nur Rechte, aber keinerlei Pflichten erwachsen, während umgekehrt dem Dritten daraus lediglich Pflichten, aber keine Rechte zustehen, sei zwar regelmäßig allein der Dritte, nicht aber die Gegenseite an einer vertraglichen Auflösung dieses Rechtsverhältnisses interessiert. Die Gegenseite könne aber nach Treu und Glauben verpflichtet sein, an einer vertraglichen Beendigung des Rechtsverhältnisses mit dem Dritten mitzuwirken.[128] Im Übrigen sei eine Beendigung nach den Grundsätzen über den Wegfall der Geschäftsgrundlage[129] oder im Wege einer außerordentlichen Kündigung aus wichtigem Grund in Betracht zu ziehen.[130]

54 **b) Kritik und eigene Auffassung.** Das vorstehende referierte Verständnis des Abs. 3 überzeugt weder in der Begründung (bereits → Rn. 43) noch in seinen praktischen Konsequenzen. Nach Art. 18 Abs. 2 Kapitalrichtlinie[131] gilt die Zeichnung durch eine Person, die im eigenen Namen, aber für Rechnung der Gesellschaft handelt, als für Rechnung des Zeichners vorgenommen. Daraus ist zu folgern, dass **Vereinbarungen,** nach denen die Einlage im Ergebnis von der Gesellschaft selbst aufgebracht werden soll, **unwirksam** sind. Dem Wortlaut der Bestimmung lässt sich insbesondere kein Anhaltspunkt dafür entnehmen, dass es der Gesellschaft gestattet sein könnte, aus den der Übernahme zugrunde liegenden Vereinbarungen mit dem Übernehmer einen Anspruch auf Übertragung der Aktien gegen Erstattung der Einlage geltend zu machen. Eine solche Aktienübernahme durch die Gesellschaft hätte das durch § 56 missbilligte Leerlaufen der Kapitalaufbringung zur Folge. Eine Vereinbarung, durch die im Zusammenhang mit dem originären Erwerb durch den Dritten ein Anspruch oder eine Verpflichtung der Gesellschaft auf Erwerb der Aktien begründet werden soll, fällt nicht unter §§ 71 ff., sondern als Umgehung des Verbots der Selbstzeichnung unter die

---

[122] Großkomm AktG/*Henze* Rn. 71; MüKoAktG/*Bungeroth* Rn. 73; Kölner Komm AktG/*Drygala* Rn. 87.
[123] Großkomm AktG/*Henze* Rn. 72; MüKoAktG/*Bungeroth* Rn. 74; Kölner Komm AktG/*Drygala* Rn. 77; K. Schmidt/Lutter/*Fleischer* Rn. 27; Hüffer/Koch/*Koch* Rn. 14.
[124] Großkomm AktG/*Henze* Rn. 73 f.; MüKoAktG/*Bungeroth* Rn. 71; Kölner Komm AktG/*Lutter*, 2. Aufl. 1988, Rn. 46, 55.
[125] Großkomm AktG/*Henze* Rn. 64; Hüffer/Koch/*Koch* Rn. 14; *Winter* FS Röhricht, 2005, 709 (717).
[126] Großkomm AktG/*Henze* Rn. 77; MüKoAktG/*Bungeroth* Rn. 78; Kölner Komm AktG/*Drygala* Rn. 79; Hüffer/Koch/*Koch* Rn. 16; NK-AktR/*Janssen* Rn. 18; *Schäfer/Gätsch* in Marsch-Barner/Schäfer Börsennotierte AG-HdB Rn. 50.19.
[127] Großkomm AktG/*Henze* Rn. 79 f.; Kölner Komm AktG/*Drygala* Rn. 79; MüKoAktG/*Bungeroth* Rn. 79 f.; Hölters/*Laubert* Rn. 14; Hüffer/Koch/*Koch* Rn. 16; *Winter* FS Röhricht, 2005, 709 (716).
[128] Großkomm AktG/*Henze* Rn. 80 ff.; MüKoAktG/*Bungeroth* Rn. 79.
[129] Großkomm AktG/*Henze* Rn. 81; MüKoAktG/*Bungeroth* Rn. 80.
[130] Großkomm AktG/*Henze* Rn. 83; MüKoAktG/*Bungeroth* Rn. 81; Kölner Komm AktG/*Drygala* Rn. 82; Hölters/*Laubert* Rn. 14; Hüffer/Koch/*Koch* Rn. 16.
[131] Zweite Richtlinie des Rates der Europäischen Gemeinschaften zur Koordinierung des Gesellschaftsrechts v. 13.12.1976 (Kapitalrichtlinie) (77/91/EWG) ABl. EG 1977 Nr. L 26, 1 ff., jetzt Art. 59 Abs. 2 RL (EU) 2017/1132, ABl. EU 2017 Nr. L 169, 46.

Vorschriften des § 56. Daran ändert es nichts, dass die Gesellschaft nach dem herrschenden Verständnis von Abs. 3 zu dem Erwerb nur berechtigt, aber nicht verpflichtet sein soll. § 56 geht es nicht in erster Linie um den Schutz der Gesellschaft vor Erwerbsverpflichtungen, sondern, wie der Grundtatbestand des Abs. 1 zeigt, um die Sicherung der Kapitalaufbringung auch und gerade vor Gefährdungen, an denen die Gesellschaft freiwillig mitwirkt. Dementsprechend erfasst Abs. 3 auch solche im Zusammenhang mit einer Aktienübernahme durch Dritte getroffenen Vereinbarungen, nach denen die Gesellschaft nur berechtigt sein soll, die Aktien entgeltlich zu übernehmen (→ Rn. 45).[132] Die Einhaltung von Vereinbarungen mit Banken im Zusammenhang mit der Emission von Aktien ist nicht durch eine Auslegung des Abs. 3 sicherzustellen, die einseitig die Rechte aus dem Innenverhältnis der AG und die korrespondierenden Pflichten dem Dritten zuweist, sondern durch ein Verständnis des Begriffs „auf Rechnung", das nicht zur Unwirksamkeit von Vergütungsvereinbarungen führt, die unter Gesichtspunkten des Kapitalschutzes unbedenklich sind (→ Rn. 48).

Die **Schwächen der hL,** nach der das Rechtsverhältnis mit dem für Rechnung der Gesellschaft handelnden Dritten wirksam ist, **setzen sich bei der Auslegung des Abs. 3 S. 3 fort.** § 56 soll die Kapitalaufbringung sichern. Angesichts dieses Normzwecks wäre es wenig plausibel, wenn das Gesetz das Aufleben der Aktionärsrechte des Dritten von der Beendigung eines Rechtsverhältnisses abhängig machen würde, aus dem der AG lediglich Rechte, aber keine Pflichten erwachsen, das für sie also nur vorteilhaft ist und an dessen Aufhebung sie daher kein Interesse haben kann. Um dennoch den gesetzmäßigen Zustand der Übernahme der Aktien durch den Dritten auf eigene Rechnung herbeizuführen, bedarf es nach hL eines auf Treu und Glauben gestützten Anspruchs gegen die Gesellschaft auf Mitwirkung an einer Aufhebungsvereinbarung oder außerordentlicher Kündigungsrechte des Dritten, die sich nur mit Mühe begründen lassen.[133] 55

Bei sachgemäßer und den Vorgaben des Art. 18 Abs. 2 Kapitalrichtlinie (jetzt: Art. 59 Abs. 2 RL (EU) 2017/1132)[134] entsprechender Auslegung des § 56 Abs. 3 ergibt sich demgegenüber ohne weiteres die Unwirksamkeit von Vereinbarungen, nach denen die Gesellschaft oder ein iSv Abs. 2 verbundenes Unternehmen die wirtschaftlichen Folgen der Aktienübernahme durch einen Dritten tragen sollen.[135] **Es bedarf daher nicht der Beendigung des** ipso iure unwirksamen **Rechtsverhältnisses** mit dem Dritten. Das Erfordernis der Übernahme der Aktien für eigene Rechnung hat vielmehr nur dort Bedeutung, wo die Gesellschaft oder das verbundene Unternehmen in Ausführung einer solchen unwirksamen Vereinbarung Leistungen an den Dritten erbracht und dadurch die Kapitalaufbringung beeinträchtigt hat. Hier stellt Abs. 3 S. 3 sicher, dass der Dritte Rechte aus den Aktien nur dann ausüben kann, wenn er die nach Abs. 3 unzulässigen Zuwendungen zurückgewährt hat und damit der gesetzmäßige Zustand einer Übernahme der Aktien auf eigenes wirtschaftliches Risiko hergestellt ist.[136] Vor dieser Rückabwicklung stehen dem Dritten mit Ausnahme der Beteiligung an einer Kapitalerhöhung aus Gesellschaftsmitteln[137] keine Rechte aus den Aktien zu. 56

Zusammenfassend lässt sich damit Folgendes festhalten: Vereinbarungen zwischen einem originären Erwerber von Aktien und der Gesellschaft oder einem iSv Abs. 2 mit ihr verbundenen Unternehmen, nach denen die Übernahme oder Zeichnung auf Rechnung der Gesellschaft oder des verbundenen Unternehmens erfolgen soll, sind unwirksam. Weder der Dritte noch die Gegenseite können aus einer solchen Abrede Rechte herleiten. Sofern eine solche Vereinbarung trotz ihrer Unwirksamkeit ausgeführt wird, kann der Dritte Rechte aus den Aktien erst dann herleiten, wenn er die empfangenen Leistungen zurückgewährt und damit die Aktien auf eigene Rechnung übernommen hat. 57

4. Mehrstufige mittelbare Stellvertretung. Nach hL gilt bei Einschaltung mehrerer Mittelspersonen **Folgendes:** Der im eigenen Namen auftretende Erwerber wird Aktionär und schuldet die Einlage. Obwohl er nicht unmittelbar für Rechnung der AG oder eines mit ihr verbundenen Unternehmens, sondern aufgrund einer Vereinbarung mit der Mittelsperson handelt, soll Abs. 3 S. 3 entsprechende Anwendung finden, so dass der Übernehmer Rechte aus den Aktien erst ausüben kann, wenn entweder das wirksame Innenverhältnis zwischen ihm und der Mittelsperson oder das ebenfalls **wirksame Innenverhältnis** zwischen der Mittelsperson und der Gesellschaft bzw. dem mit ihr verbundenen Unternehmen beendet ist. Die Rechte und Pflichten zwischen dem Übernehmer und der Mittelsperson richten sich nach den Vereinbarungen zwischen ihnen. Auf dieses Verhält- 58

---

[132] Insoweit zust. Kölner Komm AktG/*Drygala* Rn. 78.
[133] Skeptisch gegenüber der hL auch Bürgers/Körber/*Westermann* Rn. 10, 12.
[134] ABl. EU 2017 Nr. L 169, 46.
[135] Ebenso Grigoleit/*Grigoleit/Rachlitz* Rn. 13.
[136] Ebenso Grigoleit/*Grigoleit/Rachlitz* Rn. 13.
[137] Vgl. dazu Großkomm AktG/*Henze* Rn. 66; MüKoAktG/*Bungeroth* Rn. 71.

nis soll Abs. 3 S. 1 keine Anwendung finden, wohl aber auf das Rechtsverhältnis zwischen der Mittelsperson und der Gesellschaft bzw. dem verbundenen Unternehmen.[138]

59 Ebenso wie bei Einschaltung eines unmittelbar für Rechnung der Gesellschaft oder eines verbundenen Unternehmens handelnden Übernehmers (→ Rn. 50 ff.) folgt indessen auch hier aus dem Zweck des Abs. 3, dass Vereinbarungen zwischen den Parteien insoweit **keine rechtliche Wirkung** entfalten, als sie auf Abwälzung der wirtschaftlichen Folgen der Aktienübernahme auf die Gesellschaft oder ein iSv Abs. 2 mit ihr verbundenes Unternehmen gerichtet sind. Nur im Übrigen sind die Abreden zwischen den Beteiligten wirksam. Ob der Übernehmer oder die Mittelsperson für die Einlage aufzukommen hat, betrifft nicht die Kapitalaufbringung in der AG und ist dementsprechend durch Auslegung der Vereinbarungen zwischen den Vertragspartnern zu bestimmen. Solange weder der Übernehmer noch die Mittelsperson von der Gesellschaft oder einem iSv Abs. 2 mit ihr verbundenen Unternehmen nach Abs. 3 unzulässige Leistungen erhalten hat, kann der Übernehmer die Rechte aus den Aktien ausüben. Nur wenn derartige unzulässige Leistungen erfolgt sind, bedarf es hierfür einer Übernahme für eigene Rechnung nach Abs. 3 S. 3 durch Rückgewähr dieser Zuwendungen.

60 **5. Erwerb durch ein verbundenes Unternehmen für Rechnung der AG oder eines anderen verbundenen Unternehmens.** Bei einem originären Aktienerwerb durch ein von der AG abhängiges oder in ihrem Mehrheitsbesitz stehendes Unternehmen für Rechnung der AG sind sowohl Abs. 2 als auch Abs. 3 berührt. Im Einzelnen gilt folgendes: Nach Abs. 2 darf ein von der AG abhängiges oder in ihrem Mehrheitsbesitz stehendes Unternehmen Aktien der herrschenden oder mehrheitlich beteiligten Gesellschaft weder für eigene Rechnung noch für Rechnung der AG originär erwerben. Ein Verstoß gegen dieses Verbot macht die Übernahme allerdings nach Abs. 2 S. 2 nicht unwirksam. Das Erwerberunternehmen schuldet daher die Einlage.[139] Die Vereinbarung mit der AG, kraft derer das Erwerberunternehmen für Rechnung der Gesellschaft handeln soll, ist unwirksam.[140] Die Aktien sind damit für eigene Rechnung des Erwerberunternehmens übernommen. Das Erwerberunternehmen kann daher weder Freistellung von der Pflicht zur Einlageleistung oder Erstattung einer bereits erbrachten Einlage verlangen noch Einwendungen aus dem Rechtsverhältnis mit der AG geltend machen.[141] Umgekehrt muss das Erwerberunternehmen in Ausführung der unwirksamen Vereinbarung empfangene Leistungen der AG herausgeben. Abs. 3 S. 3 findet insoweit allerdings keine Anwendung, denn nach § 71d S. 2, § 71b stehen dem Erwerberunternehmen mit Ausnahme der Beteiligung an einer Kapitalerhöhung aus Gesellschaftsmitteln aus den übernommenen Aktien keine Rechte zu;[142] auch im Übrigen greifen dieselben Rechtsfolgen ein wie in den sonstigen Fällen des Abs. 2 (→ Rn. 35).

V. Sachverhalte mit Auslandsberührung

61 § 56 dient der Sicherung der Kapitalaufbringung bei Aktiengesellschaften iSd AktG. Abs. 1 findet daher keine Anwendung auf Gesellschaften vergleichbarer Rechtsform, für deren innere Angelegenheiten ausländisches Recht maßgeblich ist.

62 Für die Anwendbarkeit von Abs. 2 kommt es lediglich darauf an, dass das Erwerberunternehmen iSv §§ 16, 17 von der deutschen AG abhängig ist oder in ihrem Mehrheitsbesitz steht. Ob das Unternehmen deutschem oder ausländischem Recht unterliegt, ist hingegen für die Geltung des Erwerbsverbotes nach Abs. 2 unerheblich.[143] Dagegen untersagt Abs. 2 einem deutschen Unternehmen nicht den originären Erwerb von Anteilen an einer herrschenden oder mehrheitlich beteiligten Gesellschaft ausländischen Rechts. Abs. 2 dient nicht dem Schutz des Erwerberunternehmens vor etwaigen Nachteilen aus der Zeichnung von Anteilen einer herrschenden oder mehrheitlich beteiligten Gesellschaft[144] und für den Schutz der Kapitalaufbringung in dieser Gesellschaft ist das betreffende ausländische Recht zuständig.

63 Abs. 3 greift immer dann ein, wenn es um den originären Erwerb von Aktien einer deutschen AG durch einen Dritten geht, der für Rechnung der Gesellschaft oder eines von ihr abhängigen oder in ihrem Mehrheitsbesitz stehenden Unternehmens handelt. Dabei ist es ohne Bedeutung, ob

---

[138] Vgl. zum Ganzen Kölner Komm AktG/*Drygala* Rn. 91 f.
[139] Ebenso Großkomm AktG/*Henze* Rn. 99; MüKoAktG/*Bungeroth* Rn. 91.
[140] → Rn. 34, 52; MüKoAktG/*Bungeroth* Rn. 93.
[141] So im Erg. auch Großkomm AktG/*Henze* Rn. 99; MüKoAktG/*Bungeroth* Rn. 91.
[142] Vgl. Großkomm AktG/*Henze* Rn. 99; MüKoAktG/*Bungeroth* Rn. 92.
[143] Großkomm AktG/*Henze* Rn. 102; MüKoAktG/*Bungeroth* Rn. 96; Grigoleit/*Grigoleit/Rachlitz* Rn. 2.
[144] Vgl. → Rn. 22, sowie Großkomm AktG/*Henze* Rn. 106 f.; MüKoAktG/*Bungeroth* Rn. 97; aA Kölner Komm AktG/*Lutter* Rn. 68.

für die Rechtsverhältnisse des Übernehmers und des iSv Abs. 2 mit der Gesellschaft verbundenen Unternehmens deutsches oder ausländisches Recht maßgeblich ist.[145]

§ 57 Keine Rückgewähr, keine Verzinsung der Einlagen

(1) [1]Den Aktionären dürfen die Einlagen nicht zurückgewährt werden. [2]Als Rückgewähr gilt nicht die Zahlung des Erwerbspreises beim zulässigen Erwerb eigener Aktien. [3]Satz 1 gilt nicht bei Leistungen, die bei Bestehen eines Beherrschungs- oder Gewinnabführungsvertrags (§ 291) erfolgen oder durch einen vollwertigen Gegenleistungs- oder Rückgewähranspruch gegen den Aktionär gedeckt sind. [4]Satz 1 ist zudem nicht anzuwenden auf die Rückgewähr eines Aktionärsdarlehens und Leistungen auf Forderungen aus Rechtshandlungen, die einem Aktionärsdarlehen wirtschaftlich entsprechen.

(2) Den Aktionären dürfen Zinsen weder zugesagt noch ausgezahlt werden.

(3) Vor Auflösung der Gesellschaft darf unter die Aktionäre nur der Bilanzgewinn verteilt werden.

Schrifttum: *Altmeppen*, „Upstream loans", Cash Pooling und Kapitalerhaltung nach neuem Recht, ZIP 2009, 49; *Altmeppen*, Cash Pooling und Kapitalerhaltung bei bestehendem Beherrschungs- oder Gewinnabführungsvertrag, NZG 2010, 361; *Altmeppen*, Wie lange gilt noch das alte Kapitalersatzrecht, ZIP 2011, 641; *Altmeppen*, Aufsteigende Sicherheiten im Konzern, ZIP 2017, 1977; Arbeitskreis zum „Deutsche Telekom III-Urteil" des BGH – Thesen zum Umgang mit dem „Deutsche Telekom III-Urteil des BGH vom 31.05.2011, NJW 2011, 2719 bei künftigen Börsengängen, CFL 2011, 377; *Armour*, Share Capital and Creditor Protection: Efficient Rules for a Modern Company Law, Modern Law Review 2000, 355; *Arnold/Aubel*, Einlagenrückgewähr, Prospekthaftung und Konzernrecht bei öffentlichen Angeboten von Aktien, ZGR 2012, 113; *Ballerstedt*, Kapital, Gewinn und Ausschüttung bei Kapitalgesellschaften, 1949; *Bauer/Farian*, Behandlung von abgetretenen Gesellschafterdarlehen im Insolvenzfall und deren Folgen, GmbHR 2015, 230; *Baums*, Das Zinsverbot im Aktienrecht, FS Horn, 2006, 245; *Bayer*, Zentrale Konzernfinanzierung, Cash Management und Kapitalerhaltung, FS Lutter, 2000, 1011; *Bayer*, Emittentenhaftung versus Kapitalerhaltung, WM 2013, 961; *Bayer/Hoffmann*, Aktionärsverpflegung, Verpflegungsaktionäre und Aktienrecht, AG 2016, R 151; *Bayer/Lieder*, Der Entwurf des MoMiG und die Auswirkungen auf das Cash-Pooling, GmbHR 2006, 1121; *T. Bezzenberger*, Das Kapital der Aktiengesellschaft, 2005; *Bitter*, Rechtsperson und Kapitalerhaltung, ZHR 168 (2004), 302; *Bitter*, Anfechtung von Sicherheiten für Gesellschafterdarlehen nach § 135 Abs. 1 Nr. 1 InsO, ZIP 2013, 1497; *Bommert*, Verdeckte Vermögensverlagerungen im Aktienrecht, 1989; *Bork*, Abschaffung des Eigenkapitalersatzrechts zugunsten des Insolvenzrechts?, ZGR 2007, 250; *Bormann/Urlichs*, Kapitalaufbringung und Kapitalerhaltung nach dem MoMiG, in Römermann/Wachter, GmbH-Beratung nach dem MoMiG, GmbHR Sonderheft Oktober 2008, 37; *Brockfeld*, Darlehen der AG und der GmbH an ihre Gesellschafter, 1987; *Burg/Westerheide*, Praktische Auswirkungen des MoMiG auf die Finanzierung von Konzernen, BB 2008, 62; *Burgard*, Rechtsfragen der Konzernfinanzierung, AG 2006, 527; *Buyer*, Gewinn und Kapital, 1989; *Cahn*, Vergleichsverbote im Gesellschaftsrecht, 1996; *Cahn*, Kapitalerhaltung im Konzern, 1998; *Cahn*, Das richterrechtliche Verbot der Kreditvergabe an Gesellschafter und seine Folgen, Der Konzern 2004, 235; *Cahn.*, Gesellschafterfremdfinanzierung und Eigenkapitalersatz, AG 2005, 217; *Cahn*, Equitable Subordination of Shareholder Loans?, EBOR 7 (2006), 287; *Cahn*, Kredite an Gesellschafter – zugleich Anmerkung zur MPS-Entscheidung des BGH –, Der Konzern 2009, 67; *Canaris*, Die Rückgewähr von Gesellschaftereinlagen durch Zuwendungen an Dritte, FS Fischer, 1979, 31; *Dahl/Schmitz*, Eigenkapitalersatz nach dem MoMiG aus insolvenzrechtlicher Sicht, NZG 2009, 325; *Diekgräf*, Sonderzahlungen an opponierende Kleinaktionäre im Rahmen von Anfechtungs- und Spruchstellenverfahren, 1990; *Dreßel*, Kapitalaufbringung und -erhaltung in der GmbH, 1988; *Drygala*, Stammkapital heute – Zum Verständnis vom System des festen Stammkapitals und seinen Konsequenzen, ZGR 2006, 587; *Drygala/Kremer*, Alles neu macht der Mai – Zur Neuregelung der Kapitalerhaltungsvorschriften im Regierungsentwurf zum MoMiG, ZIP 2007, 1289; *Eberth*, Die Aktiengesellschaft mit atypischer Zwecksetzung, 2000; *Einsele/Walden*, Rückforderung von zum Abkauf von Anfechtungsklagen geleisteten Zahlungen, NZG 2013, 806; *Eichholz*, Das Recht konzerninterner Darlehen, 1993; *Eidenmüller*, Gesellschafterdarlehen in der Insolvenz, FS Canaris, 2007, 49; *Eidenmüller/Engert*, Die angemessene Höhe des Grundkapital der Aktiengesellschaft, AG 2005, 97; *Ekkenga*, Einzelabschlüsse nach IFRS – Ende der aktien- und GmbH-rechtlichen Kapitalerhaltung?, AG 2006, 389; *Engert*, Kreditgewährung an GmbH-Gesellschafter und bilanzorientierter Kapitalschutz, BB 2005, 1951; *Engert*, Kapitalgesellschaft ohne gesetzliches Kapital: Lehren aus dem US-amerikanischen Recht, in Lutter, Das Kapital der Aktiengesellschaft in Europa, ZGR-Sonderheft 17, 2006; *Engert*, Solvenzanforderungen als gesetzliche Ausschüttungssperre, ZHR 170 (2006), 295–335; *Engert*, Drohende Subordination als Schranke einer Unternehmenskontrolle durch Kreditgeber, ZGR 2012, 835; *Enriques/Macey*, Creditors versus Capital Formation: The Case against the European Legal Capital Rules, 86 Cornell Law Review (2001), 1165; *Falkenstein*, Grenzen für die Entnahmerechte der GmbH-Gesellschafter, 1992; *Farrenkopf*, „Kapitalersetzende" Gesellschafterdarlehen bei der Aktiengesellschaft, 1984; *Feltkamp*, Anfechtungsklage und Vergleich im Aktienrecht, 1991; *Ferran*, The Place for Creditor Protection on the Agenda for Modernisation of Company Law in the European Union, ECFR 2006, 178; *Fiedler*, Verdeckte Vermögensverlagerungen bei Kapitalgesellschaften, 1994; *Fleischer/Thaten*, Einlagenrückgewähr und Übernahme des Prospekthaftungsrisikos

---

[145] Großkomm AktG/*Henze* Rn. 103; MüKoAktG/*Bungeroth* Rn. 98 f.; aA Kölner Komm AktG/*Lutter* Rn. 66 f.

durch die Gesellschaft bei der Platzierung von Altaktien, NZG 2011, 1081; *Fleischer/Schneider/Thaten*, Kapitalmarktrechtlicher Anlegerschutz versus aktienrechtliche Kapitalerhaltung – wie entscheidet der EuGH, NZG 2012, 801; *Fridrich*, Der Schutz des Kapitals der Aktiengesellschaft bei fremdfinanzierter Übernahme, 2010; *Führ/Wahl*, Die Auswirkungen des MoMiG auf abgetretene Gesellschafterforderungen, NZG 2010, 889; *Gebauer*, Börsenprospekthaftung und Kapitalerhaltungsgrundsatz in der Aktiengesellschaft, 1999; *Gärtner*, Rückabwicklung überhöhter Gewinnabführung, AG 2016, 793; *Gehrlein*, Der aktuelle Stand des GmbH-Rechts, Der Konzern 2007, 771; *Gehrlein*, Die Behandlung von Gesellschafterdarlehen durch das MoMiG, BB 2008, 846; *Gelhausen/Heinz*, Vermögensentnahmen aus GmbH und AG, FS Hoffmann-Becking, 2013, 357; *Geßler*, Zur handelsrechtlichen verdeckten Gewinnausschüttung, FS Fischer, 1979, 131; *Goette*, Gesellschaftsrecht und Insolvenzrecht – Aktuelle Rechtsprechung des II. Zivilsenats, KTS 2006, 217; *Gross-Langenhoff*, Vermögensbindung im Aktienrecht, 2013; *Haas*, Adressatenkreis und Rechtsnachfolge bei subordinierten Gesellschafterdarlehen, NZG 2013, 1241; *Haas*, Allgemeines Anfechtungsrecht und das Recht der subordinierten Gesellschafterdarlehen, ZIP 2017, 545; *Habersack*, Gesellschafterdarlehen nach dem MoMiG, ZIP 2007, 2145; *Habersack*, Aufsteigende Kredite im Lichte des MoMiG und des „Dezember"-Urteils des BGH, ZGR 2009, 347; *Habersack*, Aufsteigende Kredite nach MoMiG, FS Schaumburg, 2009, 1291; *Habersack*, Die Umplatzierung von Aktien und das Verbot der Einlagenrückgewähr, FS Hommelhoff, 2012, 303; *Habersack/Schürnbrand*, Cash Management und Sicherheitenbestellung bei AG und GmbH im Lichte des richterrechtlichen Verbots der Kreditvergabe an Gesellschafter, NZG 2004, 689; *Heckschen/Kreußlein*, Gesellschafterdarlehen und -sicherheiten in der Krise, RNotZ 2016, 351; *Heerma/Bergmann*, Sicherheitenbestellung an Dritte für Verbindlichkeiten des Gesellschafters als verbotene Auszahlung i.S.d. § 30 Abs. 1 GmbHG, ZIP 2017, 1261; *Hein/Suchan/Geeb*, MoMiG auf der Schnittstelle von Gesellschafts- und Steuerrecht, DStR 2008, 2289; *Hennrichs*, Bilanzgestützte Kapitalerhaltung, HGB-Jahresabschluß und Maßgeblichkeitsprinzip – Dinosaurier der Rechtsgeschichte?, StuW 2005, 256; *Henze*, Reichweite und Grenzen des aktienrechtlichen Grundsatzes der Vermögensbindung – Ergänzung durch die Rechtsprechung zum Existenz vernichtenden Eingriff?, AG 2004, 405; *Henze*, Vermögensbindung und Anlegerschutz, NZG 2005, 115; *Henze*, Konzernfinanzierung und Besicherung – Das Upstreamrisiko aus Gesellschafter- und Bankensicht –, WM 2005, 717; *Henze*, Wirtschaftsbelange der Kapitalgesellschaften versus Minderheits- und Gläubigerschutz: Aspekte der neueren Rechtsprechung des BGH, ZHR 169 (2005), 523; *Hippeli*, Garantieversprechen in der Unternehmensfinanzierung im Lichte der aktienrechtlichen Kapitalerhaltungsvorschriften nach dem MoMiG, NJOZ 2009, 2197; *Hirte*, Neuregelungen mit Bezug auf gesellschaftsrechtlichen Gläubigerschutz und im Insolvenzrecht durch das Gesetz zur Modernisierung des GmbH-Rechts und zur Bekämpfung von Missbräuchen, ZInsO 2008, 689; *Hirte/Mock/Knof*, Ein Abschied auf Raten? – Zum zeitlichen Anwendungsbereich des alten und neuen Rechts der Gesellschafterdarlehen, NZG 2009, 48; *Holzer*, Insolvenzrechtliche Überleitungsvorschriften des MoMiG in der Praxis, ZIP 2009, 2006; *Hommelhoff*, Eigenkapital-Ersatz im Konzern und in Beteiligungsverhältnissen WM 1984, 1105; *Hommelhoff*, Zum Wegfall des Erstattungsanspruchs aus § 31 GmbHG, FS Kellermann, 1991, 165; *Huber/Habersack*, GmbH-Reform: Zwölf Thesen zu einer möglichen Reform des Rechts der kapitalersetzenden Gesellschafterdarlehen, BB 2006, 1; *Joost*, Grundlagen und Rechtsfolgen der Kapitalerhaltungsregeln in der GmbH, ZHR 148 (1984), 27; *Joost*, Grundlagen und Rechtsfolgen der Kapitalerhaltungsregeln im Aktienrecht, ZHR 149 (1985), 419; *Kahler*, Verdeckte Gewinnausschüttungen an Nichtgesellschafter im Gesellschaftsrecht, 1994; *Ketzer*, Eigenkapitalersetzende Aktionärsdarlehen, 1989; *Kindler*, Gesellschaftsrechtliche Grenzen der Emittentenhaftung am Kapitalmarkt – Eine Nachlese zum Fall „EM.TV" vor dem Hintergrund zwischenzeitlicher Entwicklungen, FS Hüffer, 2010, 417; *Kleffner*, Erhaltung des Stammkapitals und Haftung nach §§ 30, 31 GmbHG, 1994; *Kiefner/Bochum*, Aufsteigende Sicherheiten bei GmbH und AG im Lichte der neuen Rechtsprechung des BGH zur Kapitalerhaltung, NZG 2017, 1292; *Kiefner/Theusinger*, Aufsteigende Darlehen und Sicherheitenbegebung im Aktienrecht nach dem MoMiG, NZG 2008, 801; *Klinck/Gärtner*, Versetzt das MoMiG dem Cash-Pooling den Todesstoß?, NZI 2008, 457; *Knolle*, Die verdeckte Gewinnausschüttung im Schnittpunkt von GmbH-Recht, Bilanzrecht und Steuerrecht, 1984; *Kort*, Anlegerschutz und Kapitalerhaltungsgrundsatz, NZG 2005, 708; *Krämer/Gillessen/Kiefner*, Das „Telekom III"-Urteil des BGH – Risikozuweisungen an der Schnittstelle von Aktien- und Kapitalmarktrecht, CFL 2011, 328; *Krolop*, Zur Anwendung der MoMiG-Regelungen zu Gesellschafterdarlehen auf gesellschaftsfremde Dritte, GmbHR 2009, 397; *Krause*, Die Gewährung von Aktien beim Unternehmenskauf, RWS Forum 25 (2004), 301; *Kühbacher*, Darlehen an Konzernunternehmen. Besicherung und Vertragsanpassung, 1993; *Kuntz*, Sicherheiten für Gesellschafterverbindlichkeiten und die Kapitalerhaltung in GmbH und AG, ZGR 2017, 917; *Langenbucher*, Kapitalerhaltung und Kapitalmarkthaftung, ZIP 2005, 239; *Leuschner*, Öffentliche Umplatzierung, Prospekthaftung und Innenregress, NJW 2011, 3275; *Löneke*, Kapitalmarktinformationshaftung, Kapitalerhaltung und die Lehre von der fehlerhaften Gesellschaft, 2009; *Marotzke*, Darlehen und sonstige Nutzungsüberlassungen im Spiegel des § 39 Abs. 1 Nr. 5 InsO – eine alte Rechtsfrage in neuem Kontext, JZ 2010, 592; *Marotzke*, Gläubigerbenachteiligung und Bargeschäftsprivileg bei Gesellschafterdarlehen und vergleichbaren Transaktionen, ZInsO 2013, 641; *Marx*, Der Solvenztest als Alternative zur Kapitalerhaltung in der Aktiengesellschaft, 2006; *Manning/Hanks*, Legal Capital, 3. Aufl. 1990; *K. Mertens*, Aufteilung von Kosten gemischter Aktienplatzierungen zwischen Gesellschaft und Aktionären, AG 2015, 881; *Mestmäcker*, Verwaltung, Konzerngewalt und Rechte der Aktionäre, 1958; *M. Meyer*, Nachteil und Einlagenrückgewähr im faktischen Konzern, 2013; *Möller*, Änderungen des Aktienrechts durch das MoMiG, Der Konzern 2008, 1; *Mülbert*, Sicherheiten einer Kapitalgesellschaft für Verbindlichkeiten ihres Gesellschafters, ZGR 1995, 578; *Mülbert*, Kapitalschutz und Gesellschaftszweck bei der Aktiengesellschaft, FS Lutter, 2000, 535; *Mülbert*, Zukunft der Kapitalaufbringung/Kapitalerhaltung, Der Konzern 2004, 151; *Mülbert/Birke*, Legal Capital – Is There a Case against the European Legal Capital Rules?, EBOR 3 (2002), 695; *Mülbert/Leuschner*, Aufsteigende Darlehen im Kapitalerhaltungs- und Konzernrecht – Gesetzgeber und BGH haben gesprochen, NZG 2009, 281; *Mülbert/Wilhelm*, Haftungsübernahme als Einlagenrückgewähr – Überlegungen zu § 57 AktG im Nachgang zu Telekom III, FS Hommelhoff, 2012, 747; *Mylich*, Kreditsicherheiten für Gesellschafterdarlehen, ZHR 176 (2012), 547; *Nodoushani*, Verbotene Einlagenrückgewähr und bilanzielle

Betrachtungsweise, ZIP 2012, 97; *Nodoushani,* Die neue BGH-Rechtsprechung zum Verbot der Einlagenrückgewähr, NZG 2013, 687; *Obermüller,* Die Anwendung der Regeln über Gesellschafterdarlehen auf Bankkredite, ZInsO 2017, 134; *Oechsler,* Paketzuschläge im Verhältnis zwischen Aktionär und AG, NZG 2008, 690; *Pentz,* Einzelfragen zu Cash Management und Kapitalerhaltung, ZIP 2006, 781; *Pentz,* Zum neuen Recht der Gesellschafterdarlehen, FS Hüffer, 2010, 749; *Pentz,* Abgetretene Forderungen aus Gesellschafterdarlehen und Zurechnung in der Insolvenz, GmbHR 2013, 393; *Podewils,* Umplatzierung von Aktienpaketen und verbotene Einlagenrückgewähr, NZG 2009, 1101; *Preuß,* Die Folgen insolvenzrechtlicher „Verstrickung" von Gesellschafterdarlehen bei Abtretung des Darlehensrückzahlungsanspruchs an einen außenstehenden Dritten, ZIP 2013, 1145; *Primozic,* Insolvenzrisiken bei der Veräußerung von Anteilen gesellschafterfinanzierter Unternehmen, NZG 2016, 679; *Reidenbach,* Cash Pooling und Kapitalerhalt nach neuer höchstrichterlicher Rechtsprechung, WM 2004, 1421; *Renzenbrink/Holzner,* Das Verhältnis von Kapitalerhaltung und Ad-Hoc-Haftung, BKR 2002, 434; *Richard,* Kapitalschutz in der Aktiengesellschaft, 2007; *Riedel,* Unzulässige Vermögenszuwendungen und ihre Rechtsfolgen im Recht der Aktiengesellschaft, 2004; *Röhrkasten,* Die verdeckte Gewinnausschüttung im Handels- und Steuerrecht, 1976; *Rosengarten,* Die Rechtsfolgen eines „verdeckten" Verstoßes gegen § 57 AktG: Endgültiger Abschied von der Nichtigkeit, ZHR 168 (2004), 708; *Roth,* Reform des Kapitalersatzrechts durch das MoMiG, GmbHR 2008, 1184; *Rothley/Weinberger,* Die Anforderungen an Vollwertigkeit und Deckung nach § 30 I 2 GmbHG und § 57 I 3 AktG, NZG 2010, 1001; *Sauer,* Haftung für Falschinformation des Sekundärmarkts, 2004; *Schäfer,* Prospekthaftung bei öffentlicher Umplatzierung von Aktien – Zur richtigen Verteilung der Risiken, ZIP 2010, 1877; *Schäfer,* Kapitalmarktinformationshaftung und die Lehre vom fehlerhaften Verband, ZIP 2012, 2421; *Schäfer,* Einlagenrückgewähr und Risikoübernahme im faktischen AG-Konzern – was folgt aus der Telekom-Entscheidung des BGH?, FS Hoffmann-Becking, 2013, 997; *Schall,* Die Zurechnung von Dritten im neuen Recht der Gesellschafterdarlehen, ZIP 2010, 205; *Schilmar,* Kapitalerhaltung versus Konzernfinanzierung? – Cash Pooling und Upstream-Besicherung im Lichte der neuesten BGH-Rechtsprechung, DB 2004, 1411; *Schlitt,* Die öffentliche Umplatzierung von Aktien – Rechtsbeziehungen unter den Beteiligten, CFL 2010, 304; *K. Schmidt,* Aktionärskredite vor und nach MoMiG – Versuch eines kasuistischen Testlaufs im Laboratorium der Rechtspolitik –, FS Hüffer, 2010, 885; *K. Schmidt,* Gesellschafterdarlehen im GmbH- und Insolvenzrecht nach der MoMiG-Reform – eine alternative Sicht, Gedächtnis-Symposion Winter, Beil. 2 zu ZIP 39/2010, 15; *Schön,* Deutsches Konzernprivileg und europäischer Kapitalschutz – ein Widerspruch?, FS Kropff, 1997, 287; *Schön,* Die Zukunft der Kapitalaufbringung/-erhaltung, Der Konzern 2004, 162; *Schön,* Vermögensbindung und Kapitalschutz in der AG – Versuch einer Differenzierung, FS Röhricht, 2005, 559; *Schubmann,* Das Bargeschäftsprivileg nach § 142 InsO im Rahmen des Cash-Pooling, GmbHR 2014, 519; *Séché/Theusinger,* Upstream-Sicherheiten und Kapitalerhaltung – Neues vom BGH, BB 2017, 1550; *Seibold/Waßmuth,* Offene Rechtsfragen im Zusammenhang mit Gesellschafterdarlehen, GmbHR 2016, 962; *Sieker,* die Verzinsung eigenkapitalersetzender Darlehen, ZGR 1995, 250; *H.-A. Simon,* Die Rechte der Gläubiger einer Aktiengesellschaft gegenüber Aktionären, Organen und herrschendem Unternehmen in dogmatischer und zivilprozessualer Hinsicht, 1970; *Sonnenhol/Stützle,* Auswirkungen des Verbots der Einlagenrückgewähr auf Nichtgesellschafter, WM 1983, 2; *Spliedt,* MoMiG in der Insolvenz – ein Sanierungsversuch, ZIP 2009, 149; *Strohn,* Die Verfassung der Aktiengesellschaft im faktischen Konzern, 1977; *Theusinger/Cernicky,* Kreditgewährung an Gesellschafter. Praktische Hinweise zum Umgang mit MoMiG und neuer Rechtsprechung, CCZ 2009, 146; *Theusinger/Wolf,* Mittelbare Geschäfte mit Vorstandsmitglied und Aktiengesellschaft, NZG 2012, 901; *Thiessen,* Gesellschafterfremdfinanzierung nach dem MoMiG, ZGR 2015, 396; *Thole,* Konzernfinanzierung zwischen Gesellschafts- und Insolvenzrecht, ZInsO 2011, 1425; *Thole,* Nachrang und Anfechtung bei Gesellschafterdarlehen – zwei Seiten derselben Medaille?, ZHR 176 (2012), 513; *Thole,* Gesellschafterbesicherte Kredite und die Anfechtung nach § 135 Abs. 2 InsO, ZIP 2015, 1609; *Tries,* Verdeckte Gewinnausschüttungen im GmbH-Recht, 1991; *Ulmer,* Gesellschafterhaftung gegenüber der GmbH bei Vorteilsgewährung unter Verstoß gegen § 30 Abs. 1 GmbHG, FS 100 Jahre GmbH-Gesetz, 1992, 363; *van Marwyk,* Anfechtungsfeste Zahlungen im Cashpool – bedenkenlose Anwendung aktueller Kontokorrentrechtsprechung, ZInsO 2015, 335; *Verse,* Der Gleichbehandlungsgrundsatz im Recht der Kapitalgesellschaften, 2006; *von Woedtke,* Behandlung von Gesellschafterdarlehen im Rahmen von M & A-Transaktionen im Lichte der aktuellen Rechtsprechung, GmbHR 2014, 1018; *Voß,* Die verdeckte Gewinnausschüttung in betriebswirtschaftlicher und handelsrechtlicher Sicht, 1966; *Wackerbarth,* Prospektveranlassung durch Altaktionäre und Einlagenrückgewähr, WM 2011, 193; *Wahl,* Primärmarkthaftung und Vermögensbindung der Aktiengesellschaft, 2013; *Wand/Tillmann/Heckenthaler,* Aufsteigende Darlehen und Sicherheiten bei Aktiengesellschaften nach dem MoMiG und der MPS-Entscheidung des BGH, AG 2009, 148; *Weber,* Kapitalmarktinformationshaftung und gesellschaftsrechtliche Kapitalbindung – ein einheitliches Problem mit rechtsformübergreifender Lösung?, ZHR 176 (2012), 184; *Wessels,* Aufsteigende Finanzierungshilfen in GmbH und AG, ZIP 2004, 793; *Westermann,* Kapitalschutz als Gestaltungsmöglichkeit, ZHR 172 (2008), 144; *Westermann/Paefgen,* Kritische Überlegungen zum Telekom III-Urteil des BGH und seinen Folgen, FS Hoffmann-Becking, 2013, 1363; *A. Wilhelm,* Unternehmensfinanzierung am Kapitalmarkt und das Recht der Gesellschafterdarlehen, ZHR 180 (2016), 776; *J. Wilhelm,* Die Vermögensbindung bei der Aktiengesellschaft und der GmbH und das Problem der Unterkapitalisierung, FS Flume, Bd. II, 1978, 337; *Wink,* Übernahme des Prospekthaftungsrisikos durch die Gesellschaft bei der Umplatzierung von Aktien und Verbot der Einlagenrückgewähr nach § 57 AktG, AG 2011, 569; *Winkler/Becker,* The Limitation Language bei Akquisitions- und Konzernfinanzierungen unter Berücksichtigung des MoMiG, ZIP 2009, 2361; *M. Winter,* Upstream-Finanzierung nach dem MoMiG-Regierungsentwurf – Rückkehr zum bilanziellen Denken, DStR 2007, 1484; *T. Winter,* § 57 AktG: kein Verbotsgesetz i.S. des § 134 BGB, NZG 2012, 1371; *Witt,* Rechtsfolgen eines Verstoßes gegen § 57 AktG, ZGR 2013, 668; *Woodtli,* Vermögensbindung und Geschäftsleitung im Vertragskonzern, 2010; *Ziemons,* Die Übernahme von Transaktionskosten und Prospektrisiken durch die Aktiengesellschaft nach der BGH-Entscheidung „Dritter Börsengang" der Telekom, GWR 2011, 404; *Zimmerling,* Kapitalerhaltung und Konzernfinanzierung, 1997; *Zöllner,* Die Schranken mitgliedschaftlicher Stimmrechtsmacht bei den privatrechtlichen Personenverbänden, 1963.

Übersicht

	Rn.		Rn.
I. Grundlagen	1–13	3. Schadensersatzansprüche	100, 101
1. Regelungsgegenstand	1	a) Gegen Vorstand und Aufsichtsrat	100
2. Historische Entwicklung und europarechtliche Grundlagen der Vermögensbindung	2, 3	b) Gegen Aktionäre	101
		VI. Aktionärsdarlehen, Abs. 1 S. 4	102–131
3. Normzweck und Funktionsweise der Vermögensbindung	4–10	1. Reform des Kapitalersatzrechts und Gang der Kommentierung	102
a) Normzweck	4–8	2. Kapitalersatzrecht	103–105
b) Funktionsweise	9, 10	a) Rechtsprechungsregeln	103
4. Kritik und Reformtendenzen	11–13	b) Gesetzliche Regelung	104
II. Das Verbot der Einlagenrückgewähr, Abs. 1 S. 1	14–82	c) Übertragung auf die AG	105
		3. Voraussetzungen eigenkapitalersetzender Kredite	106–114
1. Der Verbotstatbestand	14–49	a) Darlehensgewährung in der Krise der Gesellschaft	106
a) Missverständlichkeit der gesetzlichen Terminologie	14	b) Aktionär als Darlehensgeber	107–114
b) Wertmäßige Bindung des Gesellschaftsvermögens	15–17	4. Rechtsfolgen	115–118
c) Verbotsverstoß bei Zuwendungen ohne Gegenleistung	18	a) Wirkung und Umfang der Bindung	115, 116
		b) Dauer der Bindung	117
d) Missverhältnis der beiderseitigen Leistungen bei Austauschgeschäften	19–23	c) Bilanzierung	118
e) Subjektive Tatbestandsmerkmale?	24–29	5. Aktionärsdarlehen nach den MoMiG	119–131
f) Einzelfälle unzulässiger Rückgewähr	30–46a	a) Grundzüge der Neuregelung und rechtspolitische Bewertung	119, 120
g) Vermögensbindung und Schadensersatzansprüche von Aktionären	47–49	b) Gesellschafterdarlehen	121
2. Zeitlicher Anwendungsbereich	50–55	c) Darlehensgeber	122–125
a) Grundsatz	50	d) Sanierungsprivileg	126
b) Abgrenzung von der Kapitalaufbringung	51–53	e) Anfechtbarkeit der Rückgewähr	127–129
		f) Nutzungsüberlassung	130
c) Zuwendungen an zukünftige oder frühere Aktionäre	54, 55	g) Bilanzierung	131
3. Einlagenrückgewähr unter Beteiligung Dritter	56–82	**VII. Ausnahmen vom Verbot der Einlagenrückgewähr**	132–148
a) Problemstellung	56, 57	1. Erwerbspreis für eigene Aktien, Abs. 1 S. 2	132
b) Leistungen durch Dritte	58–66	2. Gegenseitige Beteiligungen	133
c) Leistungen an Dritte	67–82	3. Kapitalherabsetzung	134
III. Das Zinsverbot, Abs. 2	83, 84	4. Abschlagszahlung nach § 59	135
IV. Beschränkung der Vermögensverteilung auf den Bilanzgewinn, Abs. 3	85	5. Konzernrecht	136, 137
		a) Vertragskonzern, Abs. 1 S. 3	136
V. Rechtsfolgen von Verstößen gegen das Verbot der Einlagenrückgewähr	86–101	b) Faktischer Konzern	137
1. Rückgewähransprüche	86–98	6. Vollwertiger Gegenleistungs- oder Rückgewähranspruch, Abs. 1 S. 3 Alt. 2	138–148
a) Meinungsstand und Problemstellung	86	a) Entstehungsgeschichte und Normzweck	138
b) Stellungnahme	87–98	b) Die Tatbestandselemente und ihr Verhältnis zueinander	139, 140
2. Einwand der Gesellschaft wegen Missbrauchs der Vertretungsmacht	99	c) Vollwertigkeit	141–148

I. Grundlagen

1 **1. Regelungsgegenstand.** Die Vorschrift enthält die zentralen Bestimmungen über die aktienrechtliche Vermögensbindung. Die amtliche Überschrift ist insoweit zu eng gefasst, als die Vorschrift nicht lediglich die Rückgewähr und die Verzinsung von Einlagen untersagt. Die Reichweite der Regelung erschließt sich vielmehr erst aus Abs. 3. Danach verstößt vor der Auflösung der Gesellschaft jede Zuwendung an die Aktionäre mit Ausnahme der Verteilung von Bilanzgewinn gegen die aktienrechtliche Vermögensbindung. Sie geht damit erheblich weiter als das Ausschüttungsverbot nach § 30 GmbHG. Die Rechtsfolgen von Verstößen gegen die Vorschrift finden sich in §§ 62 und 66 Abs. 2. §§ 59, 71 ff. enthalten Ausnahmen von diesem Ausschüttungsverbot.

2 **2. Historische Entwicklung und europarechtliche Grundlagen der Vermögensbindung.** Vorläufer des heutigen § 57 waren Art. 216, 217 ADHGB, Art. 213 HGB 1897 und §§ 52 und 54

AktG 1937. § 57 Abs. 3 aF über die Zulässigkeit sog. Bauzinsen wurde im Zuge der Umsetzung der **Kapitalrichtlinie**[1] durch das Gesetz v. 13.12.1978 (BGBl. 1978 I 1959) gestrichen. An die Stelle dieser Regelung setzte das Gesetz für kleine Aktiengesellschaften und zur Deregulierung des Aktienrechts (v. 2.8.1994, BGBl. 1994 I 1961) den früheren § 58 Abs. 5, der seinerzeit aufgehoben und erst 2002 durch Art. 1 Nr. 3b des Transparenz- und Publizitätsgesetzes (v. 19.7.2002, BGBl. 2002 I 2681) neu gefasst wurde. Durch Art. 1 Nr. 5 des MoMiG[2] wurde § 57 Abs. 1 um die neuen Sätze 3 und 4 ergänzt.

Europarechtliche Grundlage der Vermögensbindung nach § 57 ist Art. 15 Abs. 1 KapitalRL (jetzt: Art. 56 Abs. 1–4 RL (EU) 2017/1132). Art. 15 Abs. 1 lit. a KapitalRL (jetzt: Art. 56 Abs. 1 RL (EU) 2017/1132) schreibt einen **Mindeststandard** für die aktienrechtliche Vermögensbindung vor, der durch das AktG nicht unterschritten werden darf. Danach darf keine Ausschüttung[3] an die Aktionäre erfolgen, wenn bei Abschluss des letzten Geschäftsjahres das Nettoaktivvermögen, wie es der Jahresabschluss ausweist, den Betrag des gezeichneten Kapitals zuzüglich der Rücklagen, deren Ausschüttung das Gesetz oder die Satzung nicht gestattet, durch eine solche Ausschüttung unterschreitet oder unterschreiten würde. Nach Art. 15 Abs. 1 lit. c KapitalRL (jetzt: Art. 56 Abs. 3 RL (EU) 2017/1132) darf der Betrag einer Ausschüttung an die Aktionäre den Betrag des Ergebnisses des letzten abgeschlossenen Geschäftsjahrs, zuzüglich des Gewinnvortrags und der Entnahmen aus hierfür verfügbaren Rücklagen, jedoch vermindert um die Verluste aus früheren Geschäftsjahren sowie um die Beträge, die nach Gesetz oder Satzung in Rücklagen eingestellt worden sind, nicht überschreiten.

3. Normzweck und Funktionsweise der Vermögensbindung. a) Normzweck. Die Auffassungen über den **Zweck der aktienrechtlichen Vermögensbindung** gehen seit jeher auseinander. Genannt werden das Interesse der Gläubiger an der Erhaltung eines **Haftungsfonds**,[4] die Sicherung der **Gleichbehandlung** der Aktionäre durch das Unterbinden disproportionaler Vorteilszuwendungen,[5] die Einhaltung der gesetzlichen **Kompetenzordnung**,[6] die durch Zuwendungen außerhalb des gesetzlich vorgeschriebenen Gewinnverwendungsverfahrens durchbrochen würde, und – damit zusammenhängend – die Gewährleistung eines vollständigen und zutreffenden **Gewinnausweises**.[7]

---

[1] Zweite Richtlinie des Rates der Europäischen Gemeinschaften zur Koordinierung des Gesellschaftsrechts v. 13.12.1976 (Kapitalrichtlinie) (77/91/EWG) ABl. EG 1977 Nr. L 26, 1 ff., später Richtlinie 2012/30/EU des Europäischen Parlaments und des Europäischen Rates v. 25. Oktober 2012 zur Koordinierung der Schutzbestimmungen, die in den Mitgliedstaaten den Gesellschaften im Sinne des Art. 54 Abs. 2 des Vertrages über die Arbeitsweise der Europäischen Union im Interesse der Gesellschafter sowie Dritter für die Gründung der Aktiengesellschaft sowie für die Erhaltung und Änderung ihres Kapitals vorgeschrieben sind, um diese Bestimmungen gleichwertig zu gestalten, ABl. EU Nr. 2012 L 315, 74, jetzt Richtlinie (EU) 2017/1132 des Europäischen Parlaments und des Rates vom 14. Juni 2017 über bestimmte Aspekte des Gesellschaftsrechts, ABl. EU 2017 Nr. L 169, 46.

[2] Gesetz zur Modernisierung des GmbH-Rechts und zur Bekämpfung von Missbräuchen v. 23.10.2008 BGBl. 2008 I 2026.

[3] Nach Art. 56 Abs. 4 RL (EU) 2017/1132 umfasst dieser Begriff insbes. die Zahlung von Dividenden und von Zinsen.

[4] So bereits die Begründung zu § 180 des ersten Entwurfs eines Handelsgesetzbuchs für das Deutsche Reich von 1895, abgedr. bei *Schubert/Schmiedel/Krampe*, Quellen zum Handelsgesetzbuch von 1897, Bd. 2/1, S. 119, wortgleich übernommen in die Denkschrift zum HGB, § 215 der Reichstags-Vorlage, abgedr. bei *Schubert/Schmiedel/Krampe*, Bd. 2/2, S. 1061 f.; RGZ 18, 1 (5); RGZ 54, 128 (132); RGZ 80, 148 (152); RGZ 107, 161 (168); *Brodmann* Aktienrecht, 1928, § 213 Anm. 1a; *Ballerstedt*, Kapital, Gewinn und Ausschüttung bei Kapitalgesellschaften, 1949, 132; *Mestmäcker*, Verwaltung, Konzerngewalt und Rechte der Aktionäre, 1958, 116 f. (120 ff.); *Zöllner*, Die Schranken mitgliedschaftlicher Stimmrechtsmacht bei den privatrechtlichen Personenverbänden, 1963, 315; *Düringer/Hachenburg/Flechtheim* HGB, 3. Aufl. 1930 ff., § 213 Anm. 1; Kölner Komm AktG/*Drygala* Rn. 9 f.; MüKoAktG/*Bayer* Rn. 1; Großkomm AktG/*Henze* Rn. 7; *Wiedemann* GesR I § 8 III 1 a, S. 441; *Strohn*, Die Verfassung der Aktiengesellschaft im faktischen Konzern, 1977, 29; *Kropff* DB 1967, 2147 (2148).

[5] RGZ 54, 128 (132); RGZ 107, 161 (168); ausf. dazu in jüngerer Zeit *Bitter* ZHR 168 (2004), 303 (310 f., 329, 335 ff.); vgl. weiter *Ballerstedt*, Kapital, Gewinn und Ausschüttung bei Kapitalgesellschaften, 1949, 132 f. (139 ff.); *Fiedler*, Verdeckte Vermögensverlagerungen bei Kapitalgesellschaften, 1994, 4 f.; *Strohn*, Die Verfassung der Aktiengesellschaft im faktischen Konzern, 1977, 29; *Voß*, Die verdeckte Gewinnausschüttung in betriebswirtschaftlicher und handelsrechtlicher Sicht, 1966, 116 f. (120 ff.); Kölner Komm AktG/*Drygala* Rn. 11 ff.; Großkomm AktG/*Henze* Rn. 7; MüKoAktG/*Bayer* Rn. 2; *Baumbach/Hueck* Rn. 3; *Döllerer* BB 1967, 1437; *Kropff* DB 1967, 2147 (2149); *Gail* WPg 1970, 237 (238).

[6] *Ballerstedt*, Kapital, Gewinn und Ausschüttung bei Kapitalgesellschaften, 1949, 133 (145); *Strohn*, Die Verfassung der Aktiengesellschaft im faktischen Konzern, 1977, 29; *Röhrkasten*, Die verdeckte Gewinnausschüttung im Handels- und Steuerrecht, 1976, 11; Kölner Komm AktG/*Lutter* 2. Aufl. Rn. 2; Großkomm AktG/*Henze* Rn. 7; MüKoAktG/*Bayer* Rn. 2; *Baumbach/Hueck* Rn. 3; *Hefermehl* DB 1954, 1037 (1038 f.); *Döllerer* BB 1967, 1437; *Kropff* DB 1967, 2147 (2149).

[7] *Ballerstedt*, Kapital, Gewinn und Ausschüttung bei Kapitalgesellschaften, 1949, 133 f.; *Strohn*, Die Verfassung der Aktiengesellschaft im faktischen Konzern, 1977, 29; *Röhrkasten*, Die verdeckte Gewinnausschüttung im Handels- und Steuerrecht, 1976, 11; *Voß*, Die verdeckte Gewinnausschüttung in betriebswirtschaftlicher und handels-

5 Die meisten der vorstehend angeführten Begründungen bieten **keine ausreichende Erklärung** für die Kapitalerhaltungsvorschriften des AktG. Hinsichtlich des Gleichbehandlungsgrundsatzes folgt dies bereits daraus, dass selbst gleichmäßige Zuwendungen an alle Aktionäre oder an einen Alleinaktionär untersagt sind, wenn sie sich nicht als Verteilung von Bilanzgewinn darstellen. Ebenso wenig ist die Sicherung der Kompetenzordnung tragender Grund der Vermögensbindung, denn eine Ausschüttung von gebundenem Vermögen, dh von Mitteln, die zur Deckung des Grundkapitals und der Rücklagen nach § 150 AktG, § 272 Abs. 2 und 4 HGB erforderlich sind, ist selbst dann unzulässig, wenn die gesetzlichen Verfahrensvorschriften eingehalten werden. Auch eine zutreffende Abbildung im Jahresabschluss, die eine Verfälschung des Gewinnausweises vermeiden würde, ändert nichts an der Unzulässigkeit derartiger Auszahlungen. Im Übrigen zeigt die zwingende Geltung der GmbH-rechtlichen Parallelvorschrift des § 30 GmbHG, dass es bei der Ausschüttungssperre nicht um die Sicherung von Interessen geht, die zur Disposition der Gesellschafter stehen.

6 **Tragender Grund** für die aktienrechtliche Vermögensbindung ist vielmehr ausschließlich der **Gläubigerschutz**.[8] Ebenso wie § 271 Abs. 1 ist Abs. 1 S. 1 Ausdruck des Rangverhältnisses zwischen Eigenkapital und Fremdkapital. Das Gesellschaftsvermögen dient vorrangig zur Befriedigung der Fremdkapitalgeber, während die Gesellschafter als solche nur Residualansprüche haben. Die Kapitalerhaltung soll diesen Befriedigungsvorrang des Fremdkapitals gegenüber dem Eigenkapital sichern. Die damit verbundene Sicherung der Gleichbehandlung der Aktionäre, der Kompetenzordnung und eines unverfälschten Gewinnausweises sind lediglich Reflex des Gläubigerschutzes.

7 Das bestätigt ein Blick auf die **Entstehungsgeschichte** der maßgeblichen Vorschriften. Das Aktienrecht sah bis zur Novelle durch das HGB von 1897 eine Haftung der Gesellschafter wegen unzulässiger Auszahlungen nur für die Kommanditaktionäre der KGaA vor,[9] die in Höhe der verbotswidrig empfangenen Leistung unmittelbar gegenüber den Gesellschaftsgläubigern für die Verbindlichkeiten der Gesellschaft einzustehen hatten. Im Zuge der Neufassung des Aktienrechts durch das HGB erlangte diese Regelung auch für die Gesellschafter der AG Geltung, § 217 Abs. 1 HGB. Zur Begründung ihrer Haftung gegenüber den Gesellschaftsgläubigern wurde zu § 180 des ersten Entwurfs des Reichsjustizamtes von 1895 ausgeführt: *„Das Vermögen der AG bildet den einzigen Gegenstand der Befriedigung für die Gesellschaftsgläubiger, und wenn Theile dieses Vermögens in ungesetzlicher Weise, insbesondere durch Auszahlung eines in Wirklichkeit nicht erzielten Gewinns oder durch Rückzahlung von Einlagen, den Aktionären ausgeantwortet werden, so ist die Haftung der letzteren gegenüber den Gesellschaftsgläubigern gerechtfertigt; die Verantwortlichkeit der Gesellschaftsorgane reicht zur Sicherung der Gläubiger nicht aus. Davon, dass für die Gesellschafter selbst nach allgemeinen Rechtsgrundsätzen ein Anspruch auf Rückerstattung begründet ist, kann die Haftung der Aktionäre nicht abhängig gemacht werden; die Voraussetzungen eines solchen Anspruchs, insbesondere ein Irrthum auf Seiten der Gesellschaft, werden meistens nicht vorliegen. … Wenn auch nur der Reservefonds seinem gesetzlich bestimmten Zwecke zuwider den Aktionären ausgeantwortet wird, liegt eine unmittelbare Verletzung der berechtigten Interessen der Gläubiger vor"*.[10] Diese Ausführungen wurden wortgleich zur Begründung des neuen § 217 in die Denkschrift zum HGB übernommen.[11] Angesichts dieser Gesetzesbegründung konnte kein Zweifel daran bestehen, dass die Vermögensbindung, insbesondere die Haftung der Aktionäre wegen des Empfangs unzulässiger Leistungen der Gesellschaft, dem Schutz der Gesellschaftsgläubiger zu dienen bestimmt war.

8 Obgleich § 56 AktG 1937 durch die Fassung seines Abs. 3 klarstellte, dass der Gesellschaft selbst ein Rückgewähranspruch zustand und damit den Meinungsstreit betreffend diese Frage[12] entschied, blieb doch auch unter Geltung dieser Vorschrift die Haftung des Empfängers unmittelbar gegenüber

---

rechtlicher Sicht, 1966, 103; Kölner Komm AktG/*Drygala* Rn. 14; Großkomm AktG/*Henze* Rn. 7; *Hefermehl* DB 1954, 1061 (1062); *Döllerer* BB 1967, 1437; *Kropff* DB 1967, 2147 (2149); *Wilhelm* FS Flume, Bd. II, 1978, 337 (354–357).

[8] Ebenso OLG Hamburg AG 2010, 502 (504) Rn. 73; K. Schmidt/Lutter/*Fleischer* Rn. 3; *Fleischer* WM 2007, 909 (910); Grigoleit/*Grigoleit/Rachlitz* Rn. 2; Hölters/*Laubert* Rn. 2; ausf. *Cahn*, Kapitalerhaltung im Konzern, 1998, 7 ff.; *Gross-Langenhoff*, Vermögensbindung im Aktienrecht, 2013, 52 ff.; *M. Meyer*, Nachteil und Einlagenrückgewähr im faktischen Konzern, 2013, 27 ff.

[9] Art. 197 Abs. 3 ADHGB 1870; ebenso bereits Art. 185 Abs. 3 des ADHGB-Entwurfs nach den Beschlussfassungen der zweiten Lesung, abgedr. bei *Lutz*, Protokolle der Kommission zur Berathung eines allgemeinen deutschen Handelsgesetzbuches, 1858–1867; Art. 198 ADHGB in der Fassung der Aktienrechtsnovelle 1884, abgedr. bei *Schubert/Hommelhoff*, 100 Jahre modernes Aktienrecht, ZGR-Sonderheft, 1985; zum Gläubigerschutzzweck dieser Haftung vgl. bereits die Ausführungen im Protokoll zur XXXV. Sitzung der Commission zur Berathung eines allgemeinen deutschen Handelsgesetz-Buches v. 13.3.1857, S. 311 zu Art. 179 des Entwurfs.

[10] Vgl. *Schubert/Schmiedel/Krampe* (Fn. 5) Bd. 2/1, S. 119 f.
[11] Abgedr. bei *Schubert/Schmiedel/Krampe* (Fn. 5) Bd. 2/2, S. 1061 f.
[12] Zum Meinungsstand vor Inkrafttreten des § 56 AktG 1937 vgl. *Simon*, Die Rechte der Gläubiger einer Aktiengesellschaft gegenüber Aktionären, Organen und herrschendem Unternehmen in dogmatischer und zivilprozessualer Hinsicht, 1970, 22.

den Gesellschaftsgläubigern nach § 56 Abs. 1 S. 1 AktG 1937 die primäre Rechtsfolge einer unzulässigen Auszahlung. Bei den Beratungen zum AktG 1965 plädierten die Bundesregierung und der Bundesrat zunächst für eine § 56 AktG 1937 entsprechende Ausgestaltung der Aktionärsverantwortlichkeit, also für eine Haftung des Empfängers gegenüber den Gesellschaftsgläubigern.[13] Erst der Rechtsausschuss hielt eine derartige Vorschrift für unbefriedigend, weil die bisherige Regelung einen eigenen Anspruch der AG zwar voraussetze, diesen aber nicht ausdrücklich erwähne. Auf seinen Vorschlag hin wurde der Rückgewähranspruch der Gesellschaft an die Spitze des neuen § 62 AktG gestellt, während dessen Abs. 2 die Voraussetzungen für die Geltendmachung dieses Anspruchs durch die Gläubiger der Gesellschaft regelt.[14] Die neue Gesetzesfassung bewirkt damit eine **Kanalisierung der Aktionärshaftung in Richtung auf die AG.** Durch den damit verbundenen grundsätzlichen Ausschluss des Zugriffs einzelner Gesellschaftsgläubiger auf die unzulässige Auszahlung in den Händen des Empfängers gewährleistet das Gesetz, dass der Wert der verbotswidrigen Zuwendung nach der Rückgewähr ebenso der Gesamtheit der Gesellschaftsgläubiger zum Zwecke ihrer Befriedigung zur Verfügung steht wie vor der Ausschüttung. Anhaltspunkte dafür, dass hiermit eine Abkehr vom Gläubigerschutzzweck der Rückgewährpflicht des Empfängers verbunden sein sollte, lassen sich der Gesetzesbegründung nicht entnehmen. Im Gegenteil zeigt das Verfolgungsrecht der Gläubiger nach § 62 Abs. 2 AktG,[15] dass es dem Gesetz nach wie vor darum geht, den Schutz der Gesellschaftsgläubiger sicherzustellen.

b) Funktionsweise. Der gebräuchliche **Begriff „Kapitalerhaltung"** beschreibt die aktienrechtliche Vermögensbindung aus mehreren Gründen höchst **missverständlich**.[16] Anliegen des § 57 ist nicht die Erhaltung des Kapitals als einer Rechnungsgröße auf der Passivseite der Bilanz, die von Ausschüttungen und Verlusten ohnehin unberührt bleibt, sondern der Schutz des Vermögens der Gesellschaft vor Auskehr an die Aktionäre.[17] Der Begriff „Vermögen" ist dabei in weitem Sinne zu verstehen. Er beschränkt sich nicht auf Gegenstände, die auf der Aktivseite der Bilanz ausgewiesen werden können, sondern umfasst auch konkrete Erwerbsaussichten und Geschäftschancen der Gesellschaft.[18]

Zuwendungen von Vermögensvorteilen an Aktionäre sind untersagt, soweit sie sich nicht als Verteilung von Bilanzgewinn in dem dafür vorgesehenen Verfahren darstellen oder durch eine besondere gesetzliche Bestimmung gestattet sind. Die Regelung ist **Ausdruck des Nachrangs der Eigenkapitalgeber** gegenüber den Fremdkapitalgebern.[19] Dabei sind innerhalb der Vermögensbindung **zwei Schichten zu unterscheiden**.[20] Aktiva, die zur Deckung des Grundkapitals und solcher Rücklagen erforderlich sind, die nach Gesetz (§ 150 AktG, § 272 Abs. 2 und Abs. 4 HGB) oder Satzung nicht für Auszahlungen an die Aktionäre zur Verfügung stehen, dürfen schlechthin nicht für Ausschüttungen verwendet werden. Demgegenüber unterliegen freie Rücklagen lediglich einer verfahrensrechtlichen Bindung. Soweit sie aufgelöst werden und in den Bilanzgewinn eingehen, stehen die entsprechenden Mittel für Auszahlungen an die Aktionäre zur Verfügung.[21] Der Gläubigerschutz beschränkt sich hier auf die Einhaltung der Regeln über die Aufstellung und Feststellung des Jahresabschlusses einschließlich der Abschlussprüfung. Immerhin führt diese verfahrensrechtliche Bindung dazu, dass außer im Verfahren nach § 59, unterjährige (offene oder verdeckte) Ausschüttungen selbst mit Zustimmung aller Aktionäre nicht zulässig sind.[22] **Normzweck** ist daher **auch insoweit der Gläubigerschutz**[23] und nicht der dadurch lediglich reflexartig bewirkte Aktionärsschutz.[24]

---

[13] Vgl. BegrRegE, Stellungnahme des Bundesrates und der Bundesregierung zu § 62 AktG bei *Kropff* S. 82 f.
[14] Ausschussbericht zu § 62 AktG bei *Kropff* S. 83.
[15] → § 62 Rn. 30 ff. und ausf. *Cahn*, Vergleichsverbote im Gesellschaftsrecht, 1996, 42 ff.
[16] Näher dazu *Bezzenberger*, Das Kapital der Aktiengesellschaft, 2005, 201 ff.
[17] Eingehend dazu *Joost* ZHR 148 (1984), 27 ff.
[18] Vgl. etwa *Bezzenberger*, Das Kapital der Aktiengesellschaft, 2005, 225.
[19] Vgl. dazu etwa *Manning/Hanks*, Legal Capital, 3. Aufl. 1990, 12 ff.
[20] Vgl. *Bezzenberger*, Das Kapital der Aktiengesellschaft, 2005, 18 ff.; *Cahn*, Kapitalerhaltung im Konzern, 1998, 15.
[21] *Mülbert* Der Konzern 2004, 151 (161); *Gelhausen/Heinz* FS Hoffmann-Becking, 2013, 357 (366).
[22] Vgl. *Baums* ZHR 175 (2011), 160 (181); *Gelhausen/Heinz* FS Hoffmann-Becking, 2013, 357 (366).
[23] *Cahn*, Kapitalerhaltung im Konzern, 1998, 12 ff.; so auch der Standpunkt der englischen Rechtsprechung, vgl. insbes. Precision Dippings Ltd v. Precision Dippings Marketing Ltd [1986] Ch 447, zu sec. 43 Companies Act 1980 (jetzt: sec. 271 Companies Act 1985).
[24] So aber Kölner Komm AktG/*Drygala* Rn. 13; *Wachter/Servatius* Rn. 5; *Bommert*, Verdeckte Vermögensverlagerungen im Aktienrecht, 1989, 98; *Bezzenberger*, Das Kapital der Aktiengesellschaft, 2005, 204 f.; *Bezzenberger*, Erwerb eigener Aktien, 2000, Rn. 20; *Wahl*, Primärmarkthaftung und Vermögensbindung der Aktiengesellschaft, 2013, 83 ff. (134 f.), die zu Unrecht die Zwecke der Bildung bestimmter Reserven mit dem Zweck ihrer Bindung gleichsetzt; *Fridrich*, Der Schutz des Kapitals der Aktiengesellschaft bei fremdfinanzierter Übernahme, 2010, 103; *Henze* NZG 2005, 115 (121); *Schön* FS Röhricht, 2005, 559 (562 f.).

Das ist zwar in jüngerer Zeit unter Hinweis auf die Genese von Abs. 3 und § 58 Abs. 4 bestritten worden, aus der sich ergeben soll, dass die Beschränkung der Aktionäre auf den Bilanzgewinn vor allem die Zuständigkeit der Verwaltung für die Bildung von Rücklagen klarstellen sollte.[25] Indessen lässt der Umstand, dass die Bestimmungen über die Dotierung freier Rücklagen der Abgrenzung der Kompetenzen der Verwaltung und der Hauptversammlung dienen, nicht den Schluss zu, dass dies zugleich die Schutzrichtung des Verfahrens wäre, das bei der Auflösung solcher Rücklagen einzuhalten ist. Entscheidend dagegen spricht vielmehr wiederum der Umstand, dass die Einhaltung der verfahrensrechtlichen Bindungen nicht zur Disposition der Aktionäre steht.[26]

11 **4. Kritik und Reformtendenzen.** Das System eines festen Kapitals als Instrument des Gläubigerschutzes ist in jüngerer Zeit zunehmend Gegenstand der Kritik.[27] Eine Reihe von Studien hat sich für Deregulierungen des Systems des Gläubigerschutzes durch Aufbringung und Erhaltung eines festen Kapitals ausgesprochen, wie es die Kapitalrichtlinie vorschreibt.[28] Die EU-Kommission hatte in ihrem Aktionsplan zur Reform des Europäischen Gesellschaftsrechts[29] angekündigt, die Kapitalrichtlinie im Jahre 2008 einer Prüfung zu unterziehen und Alternativen zum System des Kapitalschutzes zu erwägen. Neben den grundsätzlichen Bedenken, ob der Erfolg eines Gläubigerschutzes durch ein festes Kapital den für die konsequente Durchführung eines solchen Systems erforderlichen Aufwand aufwiegt, werden gegen die geltenden Ausschüttungsbeschränkungen vor allem **zwei Einwände** geltend gemacht: Zum einen werde die Effektivität der Ausschüttungssperre nicht zuletzt durch sehr weitgehende bilanzrechtliche Bewertungsspielräume beeinträchtigt.[30] Zum anderen besage eine an Bestandswerten orientierte Gegenüberstellung von Vermögensgegenständen auf der einen und Eigen- und Fremdkapital auf der anderen Seite nichts über die für die Befriedigungsaussichten der Gläubiger zentrale Frage, ob die Gesellschaft über hinreichende Liquidität verfüge, um ihre Verbindlichkeiten bei Fälligkeit zu begleichen.[31] Derzeit bestehen Liquiditätsanforderungen vor allem für Kredit- und Finanzdienstleistungsinstitute nach Art. 411–428 CRR[32] sowie nach gem. § 11 KWG iVm der zum 1.1.2007 in Kraft getretenen Liquiditätsverordnung.

12 Die **Auswirkungen der Rechnungslegung** auf die Ermittlung der Beträge, die für Ausschüttungen an die Gesellschafter zur Verfügung stehen, ist allerdings kein Spezifikum des Gläubigerschutzes durch ein festes Kapital. Sie sind vielmehr auch und erst recht unter Geltung solcher Gläubigerschutzsysteme von Bedeutung, die, wie etwa das Gesellschaftsrecht des Staates Delaware (§§ 170, 154 Del Gen Corp Law) oder der US-Bundesstaaten, deren Gesellschaftsrecht nach dem Vorbild des Revised

---

[25] *Henze* NZG 2005, 115 (120 f.); *Henze* AG 2004, 405 (409 f.); *Henze* WM 2005, 717 (720 f.); *Henze* ZHR 169 (2005), 523 (526 f.); *Schön* FS Röhricht, 2005, 559 (562 ff.).

[26] Insoweit aA Kölner Komm AktG/*Drygala* Rn. 19, der damit der Gläubigerschutzfunktion der Bestimmungen über das Ausschüttungsverfahren nicht gerecht wird.

[27] Vgl. etwa *Enriques/Macey* 86 Cornell L J (2001), 1165; *Kahan* in Hopt/Wymeersch, Capital Markets Law and Company Law, 2003, 145 ff.; *Kübler* in Hopt/Wymeersch, Capital Markets Law and Company Law, 2003, 95 ff.; *Mülbert/Birke* EBOR 3 (2002), 695; *Mülbert* Der Konzern 2004, 151; *Merkt* ZGR 2004, 305.

[28] Vgl. nur die Ergebnisse der SLIM Arbeitsgruppe (Simpler Legislation for the Internal Market: Company Law SLIM Working Group on the simplification of the First and Second Company Law Directives, Propopsals submitted to the European Commission, October 1999), der High Level Group of Company Law Experts (Report of the High Level Group of Company Law Experts on a Modern Regulatory Framework for Company Law in Europe, Bericht vom 4. November 2002) sowie den Report of the Interdisciplinary Group on Capital Maintenance (sog. *Rickford*-Report) 15 EBLR 919 (2004).

[29] Punkt 3.2 und Annex 1 der Mitteilung der Kommission an den Rat und das Europäische Parlament, Modernisierung des Gesellschaftsrechts und der Corporate Governance – Aktionsplan v. 21.5.2003, KOM (2003) 284 endg.

[30] Vgl. etwa *Manning/Hanks*, Legal Capital, 3. Aufl. 1990, 65 ff. (91); *Enriques/Macey* 86 Cornell Law Review 1165, 1190 (1196) (2001); Report of the Interdisciplinary Group on Capital Maintenance 15 EBLR 919, 938 (2004); bedenkenswert dazu aber die Gegenthese von *Ekkenga* AG 2006, 389 ff., wonach mit einer Umstellung auf IFRS die Rechtfertigung für das bisherige Zusammenfallen von handelsrechtlicher Gewinnermittlung und gesellschaftsrechtlicher Ausschüttungsbemessung möglicherweise entfällt.

[31] *Manning/Hanks*, Legal Capital, 3. Aufl. 1990, 64 (92); *Mülbert/Birke* EBOR 4 (2002), 695 (713); Report of the High Level Group of Company Law Experts on a Modern Regulatory Framework for Company Law in Europe, Bericht vom 4. November 2002, S. 16 (87 f.); Report of the Interdisciplinary Group on Capital Maintenance 15 EBLR 919, 971 ff. (2004). Zur möglichen Ausgestaltung von Solvenzanforderungen *Engert* ZHR 170 (2006), 295 (318 ff., 328); Funktionsvergleich zwischen Vermögensbindung und Solvenzschutz bei *Jungmann* ZGR 2006, 638 (645 ff., 674 ff.).

[32] VO (EU) Nr. 575/2013 des Europäischen Parlaments und des Rates vom 26. Juni 2013 über Aufsichtsanforderungen an Kreditinstitute und Wertpapierfirmen und zur Änderung der Verordnung (EU) Nr. 648/2012 (ABl. L 176 vom 27.6.2013, S. 1; L 208 vom 2.8.2013, S. 68; L 321 vom 30.11.2013, S. 6; L 193 vom 21.7.2015, S. 166; L 20 vom 25.1.2017, S. 3), zuletzt geändert durch die Verordnung (EU) 2016/1014 (ABl. L 171 vom 29.6.2016, S. 153).

Model Business Corporation Act (§ 6.40 (c) (2) RMBCA) ausgestaltet ist, weder ein festes Kapital noch die Bildung ausschüttungsresistenter Rücklagen vorschreiben. Auch hier setzt eine Auszahlung an die Aktionäre regelmäßig[33] voraus, dass auch unter Berücksichtigung dieser Ausschüttung das Vermögen der Gesellschaft ihre Schulden deckt, ohne dass hier allerdings zu großzügige Bewertungen durch den Puffer des Kapitals und der gebundenen Rücklagen abgefedert würden.

Zutreffend war demgegenüber die Kritik, dass es im Kapitalerhaltungsrecht an besonderen **13** Regeln zum **Schutz der Liquidität** durch ausschüttungsbedingte Beeinträchtigungen fehlte. Die Verwaltung ist zwar schon aufgrund ihrer Pflicht zur sorgfältigen Unternehmensleitung[34] gehalten, der Gefahr einer Zahlungsunfähigkeit der Gesellschaft nach Kräften vorzubeugen. Die allgemeine Sorgfaltspflicht der Organmitglieder macht aber besondere gesetzliche Ausschüttungssperren zum Schutz der Gläubiger nicht entbehrlich. Das zeigen nicht nur die entsprechenden Bestimmungen in allen gesellschaftsrechtlichen Kodifikationen, sondern auch die jüngere Rechtsprechung zur Vermögensbindung im GmbH-Recht. In seiner Entscheidung vom 24. November 2003[35] hatte der BGH aus § 30 GmbHG das Verbot abgeleitet, aus dem zur Erhaltung des Stammkapitals erforderlichen Vermögen Darlehen an Gesellschafter auszureichen. Ein derartiger Liquiditätsschutz lässt sich indessen nicht auf die auf bilanzielle Vermögenserhaltung gerichtete Regelung des § 30 GmbHG stützen und führt bereits für das GmbH-Recht zu höchst bedenklichen Konsequenzen.[36] Eine konsequente Übertragung dieser Rechtsprechung in das Aktienrecht hätte hier untragbare Ergebnisse gezeitigt.[37] Das Fehlen einer Regelung zum Schutz der Zahlungsfähigkeit der Gesellschaft vor Beeinträchtigungen durch Transaktionen mit Gesellschaftern stellt daher eine Lücke dar, deren Schließung klarer Vorgaben durch das Gesetz bedarf und nicht allein der Rechtsprechung überlassen bleiben kann.[38] Der Gesetzgeber des MoMiG hat hier Abhilfe geschaffen, indem er die auf Erhaltung der Vermögenssubstanz gerichtete Vermögensbindung nach § 57 durch das allein auf Erhaltung der notwendigen Liquidität gerichtete Zahlungsverbot nach § 92 Abs. 2 S. 3 AktG[39] ergänzt hat.[40]

II. Das Verbot der Einlagenrückgewähr, Abs. 1 S. 1

1. Der Verbotstatbestand. a) Missverständlichkeit der gesetzlichen Terminologie. Der **14** **Begriff der Einlagenrückgewähr** beschreibt das Verbot des Abs. 1 S. 1 nur höchst unzureichend. Das Auszahlungsverbot ist nämlich weder dem Gegenstand noch der Höhe nach auf die Einlage des Empfängers beschränkt.[41] Ebenso wenig ist es von Bedeutung, ob der Aktionär seine Einlage bereits ganz oder zum Teil erbracht hat oder nicht und ob er überhaupt selbst Schuldner der Einlageleistung war oder bereits einer seiner Rechtsvorgänger die Einlage geleistet hat.[42] Über den zu eng gefassten Wortlaut der Vorschrift hinaus untersagt Abs. 1 S. 1 vielmehr **jede Zuwendung** der Gesellschaft an einen Aktionär **außerhalb der Verteilung des Bilanzgewinns**, die nicht durch eine besondere gesetzliche Regelung gestattet ist (bereits → Rn. 8).[43] Dabei spielt keine Rolle, ob die Vorteilszuwendung offen oder verdeckt durch ein Umsatzgeschäft, ob sie in Gestalt einer Geldleistung, einer Sachleistung oder auf sonstige Weise, ob sie durch positives Tun oder durch Unterlassen, insbesondere

---

[33] Eine Ausnahme stellt die sog. nimble dividend-Regelung nach § 170 (a) (2) Del Gen Corp Law dar, nach der Zahlungen aus dem Jahresüberschuss auch dann zulässig sind, wenn das Gesellschaftsvermögen die Schulden nicht deckt.
[34] Vgl. dazu etwa Kölner Komm AktG/*Mertens/Cahn* § 93 Rn. 83 ff.
[35] BGHZ 157, 72 ff. = NJW 2004, 1111 f.; zu dieser Entscheidung *Cahn* Der Konzern 2004, 235; *Goette* KTS 2006, 217 (226 f.); *Habersack/Schürnbrand* NZG 2004, 689; *Helmrich* GmbHR 2004, 457; *Reidenbach* WM 2004, 1421; *Schilmar* DB 2004, 1411 (1414); *Vetter* BB 2004, 1509; *Wessels* ZIP 2004, 793.
[36] Vgl. *Cahn* Der Konzern 2004, 235 (238 ff.).
[37] Näher → Rn. 32 ff. und *Cahn* Der Konzern 2004, 235 (243 ff.).
[38] Entgegen dem Anliegen der Befürworter eines Solvenztests als alleiniger Ausschüttungssperre (so insbes. Rickford-Report 15 EBLR 919, 975 f. (2004); vgl. dazu insbes. *Engert* ZHR 170 (2006) 295 (318 ff.)) geht es dabei nicht notwendigerweise um eine Ersetzung, sondern um eine Ergänzung der geltenden bilanzgestützten Ausschüttungssperre.
[39] Eingeführt durch Art. 5 Nr. 11b MoMiG.
[40] Vgl. dazu BGHZ 195, 42 = NZG 2012, 1379; BGHZ 203, 218 = NJW 2015, 8; *Altmeppen* ZIP 2015, 949 ff.; *Cahn* Der Konzern 2009, 7 ff.; Kölner Komm AktG/*Mertens/Cahn* § 92 Rn. 38 ff.
[41] Kölner Komm AktG/*Drygala* Rn. 16; Bürgers/Körber/*Westermann* Rn. 4.
[42] Kölner Komm AktG/*Drygala* Rn. 16; K. Schmidt/Lutter/*Fleischer* Rn. 9; Hölters/*Laubert* Rn. 5.
[43] BGH NZG 2017, 344 (345 Rn. 15); BGHZ 190, 7 Rn. 15 = NZG 2011, 829; BGH NZG 2008, 106 (107) Rn. 16; OLG Hamburg AG 2010, 502 (504 Rn. 73); Kölner Komm AktG/*Drygala* Rn. 16; Hölters/*Laubert* Rn. 5; Bürgers/Körber/*Westermann* Rn. 5; *Gelhausen/Heinz* FS Hoffmann-Becking, 2013, 357 (366); aA und für Anknüpfung nur an § 57 Abs. 3, *Gross-Langenhoff*, Vermögensbindung im Aktienrecht, 2013, 40 f.; *Fridrich*, Der Schutz des Kapitals der Aktiengesellschaft bei fremdfinanzierter Übernahme, 2010, 92 ff.

der Geltendmachung eines Anspruchs der Gesellschaft,[44] erfolgt.[45] Als **Gegenstand einer verbotenen Zuwendung** kommt neben der Übereignung von Gegenständen oder der Nutzungsüberlassung das Erbringen von sonstigen Leistungen aller Art in Betracht.[46] Dabei ist es unerheblich, ob der Gegenstand der Zuwendung bilanzierungsfähig ist oder nicht.[47]

15 **b) Wertmäßige Bindung des Gesellschaftsvermögens.** Der Sinn der Vermögensbindung besteht nicht darin, das Gesellschaftsvermögen in seiner konkreten gegenständlichen Zusammensetzung zu erhalten. Anderenfalls wäre jeder Leistungsaustausch zwischen der Gesellschaft und ihren Aktionären ausgeschlossen. Abs. 1 S. 1 bezweckt vielmehr nur eine wertmäßige Bindung des Gesellschaftsvermögens.[48] **Geschäfte** zwischen der Gesellschaft und ihren Aktionären **zu angemessenen Bedingungen** verstoßen daher grundsätzlich nicht gegen Abs. 1 S. 1.[49] Das gilt auch dann, wenn der Aktionär im Rahmen eines solchen Leistungsaustausches den Gegenstand seiner Sacheinlage zurückerwirbt.

16 Die Bindung des Gesellschaftsvermögens dem Wert nach ist **nicht** als Erfordernis einer **Bilanzneutralität** in dem Sinne zu verstehen, dass eine Gegenleistung des Aktionärs in Höhe des Bilanzansatzes des von der Gesellschaft veräußerten Gegenstandes stets erforderlich, aber auch ausreichend wäre.[50] Abs. 1 S. 1 soll vielmehr sicherstellen, dass die Gesellschaft eine angemessene Gegenleistung für Leistungen erhält, die sie außerhalb der Gewinnverteilung an ihre Aktionäre erbringt. Die Gesellschaft darf sich daher bei der Veräußerung von Gegenständen nicht mit deren Buchwert begnügen, wenn ihr tatsächlicher Wert höher ist.[51] Ebenso wenig ist es mit Abs. 1 S. 1 vereinbar, einem Aktionär Dienstleistungen oder andere nicht bilanzierungsfähige Vermögensvorteile unentgeltlich oder für eine unangemessen geringe Gegenleistung zuzuwenden. Umgekehrt verstößt die Veräußerung eines Gegenstandes zu dem am Markt erzielbaren Preis nicht allein deswegen gegen Abs. 1 S. 1, weil die Gegenleistung des Aktionärs unterhalb des Buchwerts liegt.[52]

17 Ob ein Austauschgeschäft zwischen Gesellschaft und Aktionär gegen Abs. 1 S. 1 verstößt, hängt davon ab, ob die Gesellschaft für ihre Leistung eine angemessene Gegenleistung erhält. **Maßgeblich** hierfür ist das **Verhältnis des Wertes der beiderseitigen Leistungen.**[53] Für dessen Bestimmung sind neben dem Preis auch die übrigen Vertragsbestimmungen, wie etwa Vereinbarungen über die Zahlungsmodalitäten oder die Gewährleistung, zu berücksichtigen. Nicht entscheidend ist demgegenüber ein Vergleich des Wertes des Gesellschaftsvermögens vor und nach dem Leistungsaustausch.[54] Veräußert die Gesellschaft etwa einen Gegenstand, auf den sie für ihre Geschäftstätigkeit angewiesen ist, kann dadurch der Wert des Unternehmens sinken. Dennoch liegt kein Verstoß gegen Abs. 1 S. 1 vor, wenn auch ein am Erwerb interessierter Dritter nicht bereit gewesen wäre, einen höheren Preis zu bieten. Das Gleiche gilt, wenn die Gesellschaft von einem Aktionär zum Marktpreis einen Gegenstand erwirbt, für den sie in Anbetracht ihrer Ausrichtung nur eingeschränkt Verwendung hat. Liegt solchen Geschäften eine unternehmerische Fehlentscheidung zugrunde, kann die Gesellschaft sich von dem Vertrag ebenso wenig lösen, wie von einem Vertrag mit einem außenstehenden Dritten. Hat der Aktionär hingegen in unzulässiger Weise auf die gesellschaftsinterne Entscheidungsfindung Einfluss genommen, ist dies nach § 117, §§ 311 ff. oder als Verletzung der gesellschafterlichen Treupflicht zu sanktionieren. Das Verbot der Einlagenrückgewähr ist aber in keinem Fall betroffen.[55]

---

[44] Dazu etwa *Bezzenberger,* Das Kapital der Aktiengesellschaft, 2005, 222 f.

[45] Ausf. dazu Kölner Komm AktG/*Drygala* Rn. 3 ff. mit rechtsvergl. Nachw.; Wachter/*Servatius* Rn. 3 (8 ff.); ausf. dazu, dass auch die Kapitalrichtlinie nicht etwa nur offene, sondern auch verdeckte Ausschüttungen verbietet *Hassner,* Finanzielle Unterstützung zum institutionellen Leveraged Buyout einer Aktiengesellschaft, 2014, 236 ff. mN auch zur Gegenauffassung.

[46] Vgl. etwa *Bezzenberger,* Das Kapital der Aktiengesellschaft, 2005, 215 ff.; *Riedel,* Unzulässige Vermögenszuwendungen und ihre Rechtsfolgen im Recht der Aktiengesellschaft, 2004, 32; Großkomm AktG/*Henze* Rn. 11.

[47] Großkomm AktG/*Henze* Rn. 11, 57; Wachter/*Servatius* Rn. 8.

[48] Vgl. nur Kölner Komm AktG/*Drygala* Rn. 17, 48 f.; *Grigoleit/Grigoleit/Rachlitz* Rn. 19; Wachter/*Servatius* Rn. 12.

[49] BGHZ 179, 71 (77 Rn. 12) = NZG 2009, 107 (108); BGHZ 190, 7 (16 Rn. 24) = NJW 2011, 2719 (2721) = NZG 2011, 829 (832); Hölters/*Laubert* Rn. 7; Wachter/*Servatius* Rn. 12.

[50] Grundlegend dazu *Stimpel* FS 100 Jahre GmbH-Gesetz, 1992, 335 (343 ff.) zu § 30 GmbHG.

[51] *Bezzenberger,* Das Kapital der Aktiengesellschaft, 2005, 220 ff.; Kölner Komm AktG/*Drygala* Rn. 54; K. Schmidt/Lutter/*Fleischer* Rn. 17; Hölters/*Laubert* Rn. 8.

[52] Großkomm AktG/*Henze* Rn. 57; K. Schmidt/Lutter/*Fleischer* Rn. 17.

[53] BGH NZG 2012, 1030 (1031 Rn. 12, 16); K. Schmidt/Lutter/*Fleischer* Rn. 17; *Grigoleit/Grigoleit/Rachlitz* Rn. 12.

[54] *Grigoleit/Grigoleit/Rachlitz* Rn. 12.

[55] Kölner Komm AktG/*Drygala* Rn. 48 ff.; aA zusätzliches Erfordernis der betrieblichen Rechtfertigung, Wachter/*Servatius* Rn. 19.

c) **Verbotsverstoß bei Zuwendungen ohne Gegenleistung. Einseitige Zuwendungen** der 18 AG an ihre Aktionäre **außerhalb der ordnungsgemäßen Gewinnverteilung** in den Grenzen und unter Einhaltung des Verfahrens der §§ 58, 174, einer durch § 59 gedeckten Abschlagszahlung auf den Bilanzgewinn oder jenseits einer durch §§ 222 ff. gedeckten Kapitalrückzahlung sind regelmäßig unzulässig.[56] Ausnahmsweise verstoßen vermögenswerte Zuwendungen an Aktionäre dann nicht gegen Abs. 1 S. 1, wenn sie, wie etwa die Bewirtung anlässlich einer HV, aus betrieblichen Gründen erfolgen und sich im Rahmen des Üblichen halten.

d) **Missverhältnis der beiderseitigen Leistungen bei Austauschgeschäften. aa) Beurtei-** 19 **lungsmaßstab.** Für die Beurteilung der Angemessenheit einer Gegenleistung des Aktionärs gilt ein objektiver Maßstab. Entscheidend ist, ob ein **ordentlicher und gewissenhafter Geschäftsleiter** das Geschäft zu den vereinbarten Bedingungen abgeschlossen hätte.[57] Gegenstand der Beurteilung ist dabei allein das Wertverhältnis der beiderseitigen Leistungen, nicht dagegen die Frage, ob die betreffende Transaktion aus Sicht der Gesellschaft überhaupt sinnvoll ist (→ Rn. 17). Der in Rechtsprechung[58] und Schrifttum häufig anzutreffende Zusatz, es komme darauf an, ob die gleichen Konditionen auch einem Dritten gewährt worden wären,[59] schließt vorschnell solche Geschäfte aus der Betrachtung aus, die typischerweise nur mit einem Gesellschafter abgeschlossen werden.[60]

Bei Gesellschaften, deren Ziel nicht in der Erzielung von Gewinn, sondern nach ihrem satzungs- 20 mäßigen Zweck in der Förderung der Geschäftstätigkeit ihrer Aktionäre oder Dritter oder in einer anderen nicht auf Gewinnerzielung gerichteten Tätigkeit besteht, wirkt sich dieser **atypische Gesellschaftszweck** auch auf die Beurteilung von Geschäften zu nicht marktüblichen Bedingungen aus. Soweit nicht das Grundkapital oder die gesetzlichen Rücklagen angegriffen werden, deren Erhaltung Art. 56 RL (EU) 2017/1132 (vormals Art. 17 RL 2012/30/EU) gebietet, verstoßen derartige vom Gesellschaftszweck gedeckte Geschäfte mit Aktionären nicht gegen das Verbot der Einlagenrückgewähr.[61] Die Preisfindung erfolgt vielmehr in Übereinstimmung mit der Bindung eines ordentlichen und gewissenhaften Geschäftsleiters an den satzungsmäßigen Gesellschaftszweck[62] (auch → Rn. 38).

bb) Beurteilung bei Möglichkeit eines Marktvergleichs. Kontrahiert die Gesellschaft mit 21 einem Aktionär zu Konditionen, die auf dem Markt für vergleichbare Güter oder Leistungen üblich sind, liegt darin kein Verstoß gegen Abs. 1 S. 1.[63] Die Ausgewogenheit der Vertragsbedingungen ergibt sich hier aus dem Drittvergleich. Dementsprechend sind auch **Preisnachlässe** unbedenklich, soweit die Gesellschaft sie Dritten ebenfalls gewährt. Dies gilt richtiger Ansicht nach auch dann, wenn diese Preispolitik letztlich auf einer unternehmerischen Fehlentscheidung beruht,[64] obwohl derartige Missgriffe einem ordentlichen und gewissenhaften Geschäftsleiter nicht unterlaufen (näher → Rn. 25). Selbst die Beschränkung besonders günstiger Konditionen auf Aktionäre muss nicht gegen die Sorgfalt eines ordentlichen und gewissenhaften Geschäftsleiters verstoßen. So können Sonderkonditionen, die einem Aktionär etwa im Hinblick auf Dauer oder Umfang seiner Geschäftsbeziehung zur Gesellschaft gewährt werden, durchaus im Rahmen des unternehmerischen Ermessens des Vorstands liegen, das durch Abs. 1 S. 1 nicht eingeschränkt wird.[65] Sogar Preisnachlässe für alle

---

[56] Vgl. Großkomm AktG/*Henze* Rn. 25 ff.; Kölner Komm AktG/*Drygala* Rn. 34; Bürgers/Körber/*Westermann* Rn. 14.
[57] OLG Köln AG 2009, 584 (587); OLG Koblenz AG 2007, 408 (409); Grigoleit/*Grigoleit/Rachlitz* Rn. 11.
[58] RGZ 150, 28 (35); BGH NJW 1987, 1194 f.; BGH NJW 1996, 589; OLG Celle GmbHR 1993, 363 (364); OLG Frankfurt AG 1992, 194 (196); OLG Dresden GmbHR 2002, 1245 (1246).
[59] Kölner Komm AktG/*Lutter*, 2. Aufl. 1988, Rn. 15; Großkomm AktG/*Henze* Rn. 35; MüKoAktG/*Bayer* Rn. 48; Hüffer/Koch/*Koch* Rn. 8; MHdB AG/*Rieckers* § 16 Rn. 63; Scholz/*Verse* GmbHG § 30 Rn. 19; *Bommert*, Verdeckte Vermögensverlagerungen im Aktienrecht, 1989, 34; *Buyer*, Gewinn und Kapital, 1989, 38; *Dreßel*, Kapitalaufbringung und -erhaltung in der GmbH, 1988, 233 f.; *Falkenstein*, Grenzen für die Entnahmerechte der GmbH-Gesellschafter, 1992, 84; *Feltkamp*, Anfechtungsklage und Vergleich im Aktienrecht, 1991, 66 ff.; *Fiedler*, Verdeckte Vermögensverlagerungen bei Kapitalgesellschaften, 1994, 8 f. (20 f.); *Tries*, Verdeckte Gewinnausschüttungen im GmbH-Recht, 1991, 53; *M. Winter* ZHR 148 (1984), 579 (586).
[60] Zutr. OLG Köln AG 2009, 584 (587); Rowedder/Schmidt-Leithoff/*Pentz* GmbHG § 30 Rn. 32.
[61] Kölner Komm AktG/*Drygala* Rn. 26; *Mülbert* FS Lutter, 2000, 535 (540 ff.); *Eberth*, Die Aktiengesellschaft mit atypischer Zwecksetzung, 2000, 83 ff. (94 ff.); de lege lata skeptisch MüKoAktG/*Bayer* Rn. 98.
[62] Ebenso für die Beurteilung des Nachteils im Rahmen von § 311 Kölner Komm AktG/*Koppensteiner* § 311 Rn. 43 und Emmerich/Habersack/*Habersack* § 311 Rn. 40, jeweils mwN.
[63] MüKoAktG/*Bayer* Rn. 46 ff.; Großkomm AktG/*Henze* Rn. 41; Kölner Komm AktG/*Drygala* Rn. 61; Grigoleit/*Grigoleit/Rachlitz* Rn. 13; Hölters/*Laubert* Rn. 8; Hüffer/Koch/*Koch* Rn. 10.
[64] MüKoAktG/*Bayer* Rn. 50.
[65] BGH NJW 1987, 1194 (1195); Großkomm AktG/*Henze* Rn. 41; aA Kölner Komm AktG/*Drygala* Rn. 61; Bürgers/Körber/*Westermann* Rn. 17.

Aktionäre können zulässig sein, sofern sie als Vermarktungsstrategie aus betrieblichen Gründen vernünftig erscheinen.[66] Tritt die Gesellschaft gegenüber einem Aktionär als Nachfragerin für Güter oder Leistungen auf, stellt regelmäßig der Marktpreis die Obergrenze für ihre Gegenleistung dar. Auch hier können aber Abweichungen nach oben zulässig sein, wenn sie durch anderweitige Vorteile der AG ausgeglichen werden[67] oder sich aus einer aus betrieblichen Gründen eingegangenen Festpreisvereinbarung ergeben.[68]

22 **cc) Beurteilung bei Fehlen eines Marktvergleichs.** Bei Gütern und Leistungen, für die ein Marktvergleich nicht ohne weiteres möglich ist, besteht ein weiter gehender Ermessensspielraum der Verwaltung für die Festlegung der Konditionen als bei Gütern oder Leistungen mit Marktpreisen. Nur zum Nachteil der Gesellschaft unvertretbare Bedingungen verstoßen gegen Abs. 1 S. 1.[69] Beispiele für derartige Geschäfte sind die Abgabe von Gegenständen des Anlagevermögens, das Erbringen von Serviceleistungen innerhalb eines Konzerns und der Erwerb oder die Veräußerung von nicht börsennotierten Aktien oder von Unternehmen oder Unternehmensteilen.[70] Selbst wenn in solchen Fällen keine oder keine aussagekräftigen Marktpreise existieren, ist doch eine **Orientierung an marktlichen Bewertungsverfahren** nicht von vornherein ausgeschlossen. Jedenfalls dann, wenn auch Dritte Interesse am Erwerb des von der Gesellschaft angebotenen Gegenstandes haben, darf der bei einer Veräußerung an sie erzielbare Preis nicht ohne zwingende betriebliche Gründe zugunsten eines Aktionärs unterschritten werden. Konzerninterne Serviceleistungen könnten zunehmend von Dritten erbracht werden. Ist das von der Gesellschaft an den Aktionär (oder ein mit ihm verbundenes Unternehmen) geleistete Entgelt höher als die Vergütung, die bei einem outsourcing an Dritte zu erbringen wären, muss dies durch sachliche Gründe im Gesellschaftsinteresse gerechtfertigt sein. Im Übrigen können **anerkannte Bewertungsmethoden** Anhaltspunkte für eine ordnungsgemäße Ermessensausübung des Vorstandes bei der Preisfindung liefern.[71] Eine strikte Bindung an derartige Methoden und die darauf basierenden Bewertungsempfehlungen berufsständischer Vereinigungen besteht allerdings wegen ihres fehlenden Rechtsnormcharakters und in Anbetracht des kontinuierlichen Fortschritts der betriebswirtschaftlichen Erkenntnis nicht. Die im Schrifttum anzutreffende Auffassung, derartige Methoden und Empfehlungen seien für die Beurteilung der Angemessenheit uneingeschränkt maßgeblich,[72] geht daher zu weit.[73]

23 **dd) Beweislast.** Die Beweislast für die Unzulänglichkeit der Gegenleistung des Aktionärs trägt nach allgemeinen Grundsätzen die Gesellschaft,[74] sofern nicht im Einzelfall ein Anscheinsbeweis für die Unausgewogenheit des Geschäfts zu ihren Lasten spricht.[75]

24 **e) Subjektive Tatbestandsmerkmale?** Während nach hM Austauschgeschäfte zwischen Gesellschaft und Aktionär stets schon dann gegen Abs. 1 S. 1 verstoßen, wenn das Verhältnis der beiderseitigen Leistungen zum Nachteil der Gesellschaft unausgewogen ist,[76] ist nach einer in der älteren Rechtsprechung[77] und im Schrifttum[78] vertretenen Auffassung darüber hinaus erforderlich, dass

---

[66] MüKoAktG/*Bayer* Rn. 51; aA K. Schmidt/Lutter/*Fleischer* Rn. 14.
[67] MüKoAktG/*Bayer* Rn. 56; Großkomm AktG/*Henze* Rn. 41.
[68] Zu restriktiv daher Kölner Komm AktG/*Drygala* Rn. 52.
[69] Kölner Komm AktG/*Drygala* Rn. 64 f.; Großkomm AktG/*Henz* Rn. 42; MüKoAktG/*Bayer* Rn. 58.
[70] OLG Koblenz AG 2007, 408; MüKoAktG/*Bayer* Rn. 58 f.; Großkomm AktG/*Henze* Rn. 42 ff.; Hüffer/Koch/*Koch* Rn. 10.
[71] OLG Koblenz AG 2007, 408 (409 ff.); K. Schmidt/Lutter/*Fleischer* Rn. 13.
[72] Hüffer/Koch/*Koch* Rn. 10; MüKoAktG/*Bayer* Rn. 58.
[73] Kölner Komm AktG/*Drygala* Rn. 64; *Woodtli*, Vermögensbindung und Geschäftsleitung im Vertragskonzern, 2010, 33 ff.
[74] Kölner Komm AktG/*Drygala* Rn. 62; Grigoleit/*Grigoleit/Rachlitz* Rn. 15.
[75] Vgl. dazu *Oechsler* NZG 2008, 690 ff.
[76] RGZ 150, 28 (35); BGHZ 31, 258 (276); BGH NJW 1987, 1194 (1195); BGHZ 121, 31 (41 f.) = NJW 1993, 392 (394); BGH NJW 1996, 589; OLG Koblenz AG 2007, 408 (410); Kölner Komm AktG/*Lutter* 2. Aufl. Rn. 27; Großkomm AktG/*Henze* Rn. 47; MüKoAktG/*Bayer* Rn. 64; Grigoleit/*Grigoleit/Rachlitz* Rn. 16; Hüffer/Koch/*Koch* Rn. 11; NK-AktR/*Drinhausen* Rn. 9; Hölters/*Laubert* Rn. 9; *Wiedemann* GesR I § 8 III 1 a, S. 441; *Bommert*, Verdeckte Vermögensverlagerungen im Aktienrecht, 1989, 110 f.; *Falkenstein*, Grenzen für die Entnahmerechte der GmbH-Gesellschafter, 1992, 8 f.; *Tries*, Verdeckte Gewinnausschüttungen im GmbH-Recht, 1991, 49 ff.; Lutter FS Stiefel, 1987, 505 (528 f.); *Fleck* ZHR 156 (1992), 81 (82); ebenso die hM zur vGA im Steuerrecht, vgl. etwa BFHE 160, 338 = BStBl. 1990 II S. 454; BFHE 169, 322 = BStBl. II 1993, 247.
[77] Vgl. RGZ 146, 84 (92); RG Recht 1908, Nr. 2248; OLG Karlsruhe DJZ 1912 Sp. 1136.
[78] *Flume* ZHR 144 (1980), 18 (19 ff.); *Flume* JurPerson § 8 IV 2 b, S. 286–290; *Geßler* FS Fischer, 1979, 131 (136); *Wilhelm* FS Flume II, 1978, 337 (379 ff.); *Sieker* ZGR 1995, 250 (261); *Bezzenberger*, Das Kapital der Aktiengesellschaft, 2005, 232 ff.; *Verse*, Der Gleichbehandlungsgrundsatz im Recht der Kapitalgesellschaften, 2006, 196 ff. (202 f.); *U. Rauch*, Verdeckte Gewinnausschüttungen: Kritische Betrachtung ausgewählter Haupt-

der darin liegende Vermögensvorteil dem Aktionär **causa societatis,** also gerade wegen seiner Mitgliedschaft, zugewendet wird. Dabei sind Fälle, in denen es dem Aktionär aufgrund besonderen Verhandlungsgeschicks oder seiner starken Marktposition gelingt, vorteilhafte Konditionen für sich auszuhandeln, von vornherein aus der Betrachtung auszuscheiden, denn auch nach dem rein objektiven Verständnis von Abs. 1 S. 1 ist es einem Gesellschafter nicht verboten, seine Belange gegenüber der Gesellschaft so wahrzunehmen, wie dies einem außenstehenden Dritten gestattet wäre.[79] Lässt sich die Verwaltung ohne Verstoß gegen ihre Sorgfaltspflicht auf ein solches Geschäft ein, liegt keine Minderung des Gesellschaftsvermögens iSv Abs. 1 S. 1 vor.[80]

Es geht daher nur um Fälle, in denen die Vertreter der Gesellschaft deren Interessen nicht mit der Sorgfalt eines ordentlichen und gewissenhaften Geschäftsleiters wahrnehmen. Regelmäßig wird hier zwar bei Vorteilszuwendungen der Gesellschaft an einen Aktionär zumindest stillschweigendes Einverständnis darüber bestehen, dass die Gesellschafterstellung der Grund für die Vorzugsbehandlung ist.[81] Praktische Bedeutung hat die Frage nach subjektiven Voraussetzungen des Abs. 1 S. 1 aber für die Beurteilung **unternehmerischer Fehlentscheidungen,** bei denen die Aktionärseigenschaft des Vertragspartners keine Rolle spielt oder den für die Gesellschaft Handelnden gar nicht bewusst ist. Da einem ordentlichen und gewissenhaften Geschäftsleiter vermeidbare Irrtümer und Fehleinschätzungen nicht unterlaufen, hat der rein objektive Ansatz der hM zur Folge, dass der Gesellschaft bei Geschäften mit Aktionären das Risiko fahrlässiger Verletzungen der unternehmerischen Sorgfalt abgenommen und auf den Vertragspartner abgewälzt wird. Bei konsequenter Anwendung müsste dies auch dann gelten, wenn die Gesellschaft aufgrund einer solchen Fehlentscheidung Dritten dieselben Bedingungen einräumt wie Aktionären. Demgegenüber läge in derartigen Fällen kein Verstoß gegen das Verbot des Abs. 1 S. 1 vor, wenn man dafür eine Zuwendung societatis causa verlangt. **25**

Der Meinungsstreit über die Reichweite von Abs. 1 S. 1 lässt sich auf unterschiedliche Auffassungen über die **Konkretisierung des Schutzzwecks** der Vorschrift zurückführen.[82] Die Vermögensbindung lässt sich zum einen als Reaktion auf die Gefahr verstehen, dass die Gesellschaftsorgane die Belange des Unternehmens bei Geschäften mit Gesellschaftern nicht mit der gleichen Sorgfalt wahrnehmen könnten wie gegenüber außenstehenden Dritten. Hält man diese **besondere Anreizstruktur** für entscheidend, verstoßen nur solche Zuwendungen gegen das Ausschüttungsverbot, die zumindest auch durch die Gesellschafterstellung des Empfängers bedingt sind. Abs. 1 S. 1 kann zum anderen als konsequente **Verlängerung der Kapitalaufbringung** begriffen werden, die sicherstellen soll, dass der von den Aktionären zur Verfügung gestellte Haftungsfonds nicht wieder an sie zurückfließt und das Rangverhältnis zwischen Eigenkapitalgebern und Fremdkapitalgebern gewahrt bleibt. Da im Rahmen der Kapitalaufbringung ein streng objektiver Maßstab gilt, so dass etwa eine Überbewertung von Sacheinlagen auch dann nichts an der Pflicht des Inferenten ändert, eine Leistung in Höhe des versprochenen Wertes zu erbringen, wenn sie auf einem für die Beteiligten unvermeidbaren Irrtum beruht, liegt bei Betonung des systematischen Zusammenhangs von Kapitalaufbringung und Kapitalerhaltung die Annahme nahe, ein Aktionär könne sich nicht „mit Hilfe der Torheit der Verwaltung"[83] Vorteile zu Lasten des Gesellschaftsvermögens verschaffen. **26**

Der systematische **Zusammenhang zwischen Kapitalaufbringung und Kapitalerhaltung** ist allerdings als Argumentationsbasis **nur begrenzt tragfähig,** denn bei der Kapitalaufbringung geht es um Geschäfte, die notwendigerweise nur mit einem (künftigen) Gesellschafter und zwar gerade im Hinblick auf seine Gesellschafterstellung abgeschlossen werden und daher „per se die causa societatis zum Inhalt haben".[84] Dagegen kann die Zuwendung von Vermögensvorteilen aufgrund von Irrtümern oder unternehmerischen Fehlentscheidungen ebenso gut an Dritte erfolgen. Wollte man in derartigen Fällen danach unterscheiden, ob die Vertragspartner der AG zugleich Aktionäre **27**

---

probleme, Diss. Mainz, 1969, 21 ff.; *Weisser,* Der Gewinn der Aktiengesellschaft im Spannungsfeld zwischen Gesellschaft und Aktionären, 1962, 107 f.; *Woodtli,* Vermögensbindung und Geschäftsleitung im Vertragskonzern, 2010, 31 ff.; Kölner Komm AktG/*Drygala* Rn. 89; GHEK/*Hefermehl/Bungeroth* § 57 Rn. 13; Großkomm AktG/ *Barz,* 3. Aufl. 1972, Anm. 3.

[79] Unzutr. daher die insoweit restriktivere Auffassung von *Stimpel* FS 100 Jahre GmbH-Gesetz, 1992, 335 (354); *Brockfeld,* Darlehen der AG und der GmbH an ihre Gesellschafter, 1987, 64 f.; *Tries,* Verdeckte Gewinnausschüttungen im GmbH-Recht, 1991, 50 f.

[80] Vgl. etwa *Bommert,* Verdeckte Vermögensverlagerungen im Aktienrecht, 1989, 34 (76); *Cahn,* Kapitalerhaltung im Konzern, 1998, 57 f.; *Rust,* Verdeckte Einlagenrückgewähr durch Leistung an Dritte in der Kapitalgesellschaft, 2000, 25 ff.

[81] Ebenso die Einschätzung von Großkomm AktG/*Henze* Rn. 46 und Hüffer/Koch/*Koch* Rn. 11.

[82] Näher dazu *Cahn,* Kapitalerhaltung im Konzern, 1998, 51 ff.

[83] Kölner Komm AktG/*Lutter* 2. Aufl. Rn. 27.

[84] Zutr. *Flume* ZHR 144 (1980), 18 (20); *Flume* JurPerson § 8 IV 2 b, S. 288; *Dreßel,* Kapitalaufbringung und -erhaltung in der GmbH, 1988, 234.

sind, würde das zu Differenzierungen nötigen, die auch unter Berücksichtigung der Bedeutung, die das Anliegen des Gläubigerschutzes hat, sachlich nicht gerechtfertigt und mit der auch von der hM anerkannten Maßgeblichkeit von Marktpreisen kaum zu vereinbaren wären. Nähme man die Lehre von der alleinigen Maßgeblichkeit der objektiven Wertverhältnisse beim Wort, wären etwa bei der Veräußerung von Gütern oder Leistungen zu einem sorgfaltspflichtwidrig zu niedrig angesetzten Preis Vertragspartner der AG, die auch nur eine Aktie der Gesellschaft hielten, Rückgewähransprüchen ausgesetzt. Ebenso käme es für die Wirksamkeit der Festsetzung objektiv überhöhter Vorstands- oder Aufsichtsratsbezüge, aber auch für die Gehaltsvereinbarungen mit anderen Mitarbeitern der Gesellschaft, darauf an, ob die Empfänger zugleich Aktien der Gesellschaft besäßen oder nicht, obwohl dieser Umstand für die Bemessung der Vergütung bei gleicher Behandlung von Aktionären und Dritten offensichtlich keinerlei Bedeutung hat.[85] Die Anerkennung der Maßgeblichkeit von Marktpreisen, deren Angemessenheit nicht ihrerseits am Maßstab des ordentlichen und gewissenhaften Geschäftsleiters geprüft wird, zeigt, dass es auch der hM bei dem aus Abs. 1 S. 1 abgeleiteten Verbot verdeckter Vermögenszuwendungen lediglich darum geht, eine bevorzugte Behandlung von Aktionären zu verhindern. Wo ein **Drittvergleich** möglich ist,[86] verstoßen dementsprechend zu vergleichbaren Bedingungen mit Aktionären geschlossene Geschäfte selbst dann nicht gegen Abs. 1 S. 1, wenn ein ordentlicher und gewissenhafter Geschäftsleiter diesen Konditionen nicht zugestimmt hätte. Allein der Umstand, dass jedenfalls dem Aktionär seine Mitgliedschaft in der Gesellschaft bekannt ist, begründet keinen Verstoß gegen das an die AG gerichtete Auszahlungsverbot des Abs. 1 S. 1. Entscheidend ist vielmehr, dass der **Vermögensvorteil nicht durch die Aktionärseigenschaft bedingt** ist. Es zeigt sich, dass die **Lehre vom Erfordernis der causa societatis im Ansatz zutreffend** ist. In diesem Sinne stellt übrigens auch die hL bei Zuwendungen an frühere oder künftige Aktionäre und für die Einbeziehung von Zuwendungen der Gesellschaft an Dritte oder durch Dritte darauf ab, ob die Vermögensverschiebung gerade im Hinblick auf die Aktionärseigenschaft des Empfängers oder einer ihm gleichzustellenden Person erfolgt.[87]

28 Von diesem Ausgangspunkt her kann die sorgfaltspflichtwidrige Zuwendung von Vorteilen an Aktionäre selbst dann mit Abs. 1 S. 1 vereinbar sein, wenn **keine vergleichbaren Geschäfte mit Dritten** abgeschlossen sind, weil es sich bei allen Vertragspartnern zugleich um Aktionäre handelt. Voraussetzung ist hier allerdings, dass die Zuwendung zweifelsfrei nichts mit der Aktionärseigenschaft zu tun hat.[88] Das kann etwa bei pflichtwidrig überhöht festgesetzten Vorstandsvergütungen der Fall sein.[89] Auch wenn alle Organmitglieder in verhältnismäßig geringem Umfang an der Gesellschaft beteiligt sind, wird sich häufig ausschließen lassen, dass dieser geringfügige Aktienbesitz für die Festsetzung der Vergütung ausschlaggebend war. Die verhältnismäßig unerhebliche Beteiligung stellt unter solchen Umständen keine Grundlage für die kapitalerhaltungsrechtliche Kontrolle einer Vergütung dar, die ohne Aktienbesitz der Betroffenen nicht anders ausgefallen wäre.[90] Verbleiben dagegen **Zweifel an der Ursächlichkeit** der Aktionärseigenschaft für die Zuwendung, verstoßen zum Nachteil der AG unausgewogene Geschäfte gegen Abs. 1 S. 1. Die causa societatis muss also nicht positiv feststehen; ein **Verstoß gegen das Ausschüttungsverbot** liegt bei objektiv unausgewogenen Geschäften zwischen Aktionär und Gesellschaft vielmehr schon dann vor, wenn sich nicht ausschließen läßt, dass die Aktionärsstellung ursächlich für die Vorteilszuwendung ist.[91]

29 Gegen dieses Verständnis von Abs. 1 S. 1 lässt sich aus dem zwingenden Charakter des Gebots der Kapitalerhaltung kein durchgreifender Einwand herleiten,[92] denn hierbei würde bereits vorausgesetzt, dass die Vorschrift auch solche Vorteilszuwendungen untersagt, die mit der Aktionärseigenschaft nichts zu tun haben. Ebenso wenig steht § 62 Abs. 1 S. 2 dem hier vertretenen Verständnis der Vermögensbindung entgegen.[93] Die Regelung betrifft Leistungen, die „per se die causa societatis zum Inhalt haben".[94] Sie lässt daher allenfalls einen Umkehrschluss des Inhalts zu, dass es im Übrigen

---

[85] So auch Kölner Komm AktG/*Drygala* Rn. 92.
[86] Daran fehlt es etwa bei nur zum Zweck der Verschleierung von Vorteilszuwendungen an Aktionäre vorgeschobenen Drittgeschäften.
[87] → Rn. 51 sowie Großkomm AktG/*Henze* Rn. 80, 88 f.; Hüffer/Koch/*Koch* Rn. 18.
[88] Bürgers/Körber/*Westermann* Rn. 20.
[89] Kölner Komm AktG/*Drygala* Rn. 93 f.; für die Anwendung von Abs. 1 S. 1 neben § 87 in solchen Fällen allerdings RG HRR 1941 Nr. 132; Großkomm AktG/*Henze* Rn. 48; MüKoAktG/*Bayer* Rn. 71.
[90] Für die Beachtlichkeit eines dahin gehenden Nachweises K. Schmidt/Lutter/*Fleischer* Rn. 20.
[91] So auch die Differenzierung in der englischen Rechtsprechung, vgl. etwa Re Halt Garage (1964) Ltd [1982] 3 All ER 1016, wo es um die Frage ging, ob Vergütungen an die Gesellschafter-Geschäftsführer Entgelt für ihre Dienste oder verkappte Zuwendungen aufgrund ihrer Gesellschafterstellung darstellten; im Erg. ähnlich Kölner Komm AktG/*Drygala* Rn. 90; K. Schmidt/Lutter/*Fleischer* Rn. 20.
[92] So aber Großkomm AktG/*Henze* Rn. 47.
[93] Auf diese Regelung stützt sich MüKoAktG/*Bayer* Rn. 64.
[94] Vgl. *Flume* ZHR 144 (1980), 18 (20); *Flume* JurPerson § 8 IV 2 b, S. 288.

bei derartigen Zuwendungen auf subjektive Elemente nicht ankommt. Dagegen können **aus § 62 Abs. 1 S. 2 keine Folgerungen für** die Beantwortung der Frage gezogen werden, ob **Austauschgeschäfte,** wie sie auch mit Dritten tatsächlich abgeschlossen werden oder doch vorgenommen werden könnten, allein aufgrund objektiver Unausgewogenheit zum Nachteil der Gesellschaft gegen die Vermögensbindung verstoßen.

f) **Einzelfälle unzulässiger Rückgewähr. aa) Nicht ordnungsgemäße Dividendenzahlungen.** Nach Abs. 3 darf vor Auflösung der Gesellschaft an die Aktionäre nur der Bilanzgewinn iSv § 158 Abs. 1 S. 1 Nr. 5, § 174 Abs. 2 Nr. 1 verteilt werden. Verteilungsfähiger Bilanzgewinn setzt einen wirksamen **Jahresabschluss** (§§ 172, 173) voraus. Ist er **nichtig,** fehlt es an einem Bilanzgewinn, der zur Verteilung an die Aktionäre zur Verfügung stünde.[95] Dabei spielt es keine Rolle, ob die Feststellung des Jahresabschlusses wegen Mangelhaftigkeit der zugrunde liegenden Maßnahmen von Vorstand und Aufsichtsrat oder deswegen unwirksam ist, weil der Feststellungsbeschluss der Hauptversammlung ursprünglich nichtig ist oder auf Anfechtungsklage hin für nichtig erklärt wird.[96] Ein Verstoß gegen Abs. 1 S. 1 liegt auch vor, wenn Dividenden auf Aktien gezahlt werden, für die, etwa wegen eines (zeitweiligen) Rechtsverlusts nach § 59 WpÜG, § 44 WpHG, § 20 Abs. 7, § 71d S. 4, § 71 kein Dividendenanspruch besteht.[97]

Dividenden, die unter **Missachtung des** nach § 60 maßgeblichen **Gewinnverteilungsschlüssels** geleistet werden, verletzen nicht nur den Gleichbehandlungsgrundsatz; da die Ansprüche der Aktionäre, die weniger erhalten haben, als ihnen zusteht, nicht erfüllt sind, müsste die Gesellschaft vielmehr insgesamt mehr auszahlen als den verteilungsfähigen Bilanzgewinn.[98] Es liegt also zugleich ein Verstoß gegen Abs. 1 S. 1 vor.

bb) **Leistungsaustausch. Austauschgeschäfte** mit einem Aktionär zu Bedingungen, **die zum Nachteil der AG unausgewogen sind,** verstoßen gegen Abs. 1 S. 1, wenn die damit verbundene Zuwendung an den Aktionär durch das Gesellschaftsverhältnis bedingt ist. Beispiele aus der Rechtsprechung für derartige Geschäfte sind unter anderem: Veräußerung von Gegenständen an den Aktionär unter Marktpreis,[99] Erwerb von Gegenständen durch die AG über Marktpreis,[100] Übernahme von Bauleistungen für einen Aktionär zu nicht kostendeckenden Preisen,[101] Überlassung eines Warenzeichens an den ausscheidenden Hauptaktionär ohne angemessene Gegenleistung,[102] vorzeitige Rückzahlung eines noch nicht fälligen Darlehens an die Ehefrau eines Aktionärs, wenn damit ein Kredit getilgt wird, für den sich der Aktionär verbürgt hat.[103]

cc) **Darlehen an Aktionäre.** Es war von jeher unstreitig, dass ein Verstoß gegen Abs. 1 S. 1 vorliegt, wenn die AG einem Aktionär ein Darlehen zu geringeren als marktüblichen oder, bei Fehlen eines Vergleichsmarktes, nicht risikoadäquaten Zinsen gewährt, wenn sich nicht ausschließen lässt, dass die Vorteilszuwendung wegen der Aktionärsstellung erfolgt ist[104] (→ Rn. 27 f.). Ebenso bestand auch nach früherem Recht Einigkeit darüber, dass eine Kreditvergabe an einen Aktionär mit Abs. 1 S. 1 unvereinbar war, wenn die Einbringlichkeit des Rückzahlungsanspruchs zweifelhaft war. Über dieses allgemein anerkannte Verständnis des Verbots der Einlagenrückgewähr bei Krediten an Gesellschafter ging der **Bundesgerichtshof** in seiner **Entscheidung des BGH vom 24. November 2003**[105] weit hinaus. Nach diesem Urteil stellten Kredite, die eine GmbH einem Gesellschafter aus ihrem nach § 30 GmbHG gebundenen Vermögen gewährte, verbotene Auszahlungen dar, denn nach Auffassung des Bundesgerichtshofs war der vertragliche Rückzahlungsanspruch bei der Bewertung des Geschäfts grundsätzlich außer Betracht zu lassen. Das sollte auch dann gelten,

---

[95] Bürgers/Körber/*Westermann* Rn. 14; Grigoleit/*Grigoleit/Rachlitz* Rn. 10.
[96] Großkomm AktG/*Henze* Rn. 26; Kölner Komm AktG/*Drygala* Rn. 34; MüKoAktG/*Bayer* Rn. 66 f.
[97] LG München AG 2009, 171 (172); Grigoleit/*Grigoleit/Rachlitz* Rn. 10.
[98] Kölner Komm AktG/*Drygala* § 62 Rn. 51; Großkomm AktG/*Henze* Rn. 29, der diese Folgerung auf die im Erg. zutreffende (→ 58 Rn. 98), mit seinen eigenen Ausführungen in § 58 Rn. 102 zu den Auswirkungen nachträglicher Verluste auf den Dividendenauszahlungsanspruch allerdings kaum zu vereinbarende, Annahme stützt, die benachteiligten Aktionäre müssten nicht bis zur Durchsetzung der Rückgewähransprüche gegen die begünstigten Gesellschafter zuwarten. Ebenso MüKoAktG/*Bayer* Rn. 68 und § 58 Rn. 108.
[99] Vgl. OLG Karlsruhe WM 1984, 656 (658 f.).
[100] BGH ZIP 1997, 927; OLG Celle NJW 1993, 739 (740).
[101] BGH NJW 1987, 1194 (1195).
[102] OLG Frankfurt AG 1996, 324 (326).
[103] KG NZG 1999, 161 f.
[104] Ohne das Erfordernis der Zuwendung causa societatis Großkomm AktG/*Henze* Rn. 49; MüKoAktG/*Bayer* Rn. 71.
[105] BGHZ 157, 72 = NJW 2004, 1111; näher zu dieser Entscheidung etwa *Bayer/Lieder* ZGR 2005, 133; *Cahn* Der Konzern 2004, 235; *Habersack/Schürnbrand* NZG 2004, 689; *Reidenbach* WM 2004, 1421; *Vetter* BB 2004, 227; *Wessels* ZIP 2004, 793.

wenn dieser Anspruch vollwertig war, die Kreditvergabe sich also nach bilanziellen Maßstäben als bloßer Aktivtausch darstellte. Maßgebend für diese These waren folgende Erwägungen: Erstens seien schuldrechtliche Ansprüche auf künftige Leistung kein Ausgleich für den Abfluss „realer" Werte, zumal sich die Bonität des Kreditnehmers für den Zeitpunkt der Rückzahlung nicht sicher prognostizieren lasse.[106] Zweitens überspiele die Kreditgewährung die „strukturelle Nachrangigkeit" der Gläubiger des Gesellschafters, die nicht mehr allein auf die Verwertung des Gesellschaftsanteils angewiesen seien, sondern gleichrangig mit den Gesellschaftsgläubigern um die Darlehensvaluta im Vermögen des Gesellschafters konkurrierten.[107] Drittens solle der Gefahr vorgebeugt werden, dass verbotene Auszahlungen als Darlehen verschleiert würden.[108] Diese Argumente trugen zwar nicht das daraus abgeleitete Verbot einer Darlehensvergabe an Gesellschafter aus gebundenem Vermögen.[109] Die Praxis musste indessen davon ausgehen, dass die Rechtsprechung auch im Aktienrecht Darlehen an Gesellschafter an dem vom Bundesgerichtshof entwickelten Maßstab messen würde, denn die Erwägungen des BGH waren ohne weiteres auf die AG übertragbar. Erhebliche Probleme ergaben sich aus dieser Rechtsprechung nicht zuletzt auch für Kreditgewährungen innerhalb von Konzernen, insbesondere für die Praxis des **Cash Pooling** (vgl. dazu auch Vorauﬂ. Rn. 32).[110]

34 Der durch das **MoMiG** eingefügte Abs. 1 S. 3 und sein GmbH-rechtliches Pendant in § 30 Abs. 1 S. 2 GmbHG stellen klar, dass entgegen der in → Rn. 33 referierten Rechtsprechung des Bundesgerichtshofs auch für die Beurteilung von Darlehensverträgen zwischen Gesellschaftern und Gesellschaft bilanzielle Maßstäbe gelten, vollwertige Rückzahlungsansprüche also in Ansatz zu bringen sind.[111] Entgegen einer vor der Einführung des neuen Abs. 1 S. 3 vertretenen Auffassung verstößt die Vergabe eines Darlehens an einen Aktionär nicht notwendigerweise gegen Abs. 1 S. 1, wenn der Rückgewähranspruch der Gesellschaft **nicht besichert** wird.[112] Ebenso ist es für sich genommen unerheblich ob die Gesellschaft auch einem Dritten ein (unbesichertes) Darlehen gewähren würde; anders als im Hinblick auf die Höhe des Zinssatzes spielt insoweit ein Drittvergleich keine Rolle.[113] Im Hinblick auf die Darlehenssumme ist vielmehr entscheidend, ob der **Rückzahlungsanspruch** gegen den Aktionär **vollwertig** ist (dazu im Einzelnen → Rn. 141 ff.). Bei fehlender oder unangemessen niedriger Verzinsung fehlt es an der Deckung der Leistung der Gesellschaft durch eine gleichwertige Gegenleistung. Eine Darlehensgewährung zu solchen Bedingungen ist zwar unzulässig; anders als bei Zweifeln an der Einbringlichkeit von Zins- und/oder Rückzahlungsansprüchen ist die (unbesicherte) Darlehensgewährung aber nicht grundsätzlich unzulässig;[114] der Verbotsverstoß kann vielmehr durch Anhebung der Zinszahlungen auf angemessene Höhe beseitigt werden (dazu auch → Rn. 140). In der unverbundenen AG stellt auch die kurzfristige zinslose Kreditgewährung an Aktionäre eine unzulässige Einlagenrückgewähr dar.[115]

35 Entgegen einer Ansicht im Schrifttum[116] stellt das **Unterlassen der Geltendmachung des Rückzahlungsanspruchs** bei nachträglicher Verschlechterung der Verhältnisse des Aktionärs keinen Verstoß gegen Abs. 1 S. 1 dar.[117] Anderenfalls würde ohne Zutun des Darlehensnehmers seine vertragliche Rückerstattungspflicht durch den der langen Verjährung nach § 62 Abs. 3 unterliegenden und nach § 66 gesicherten Anspruch kapitalerhaltungsrechtlichen Rückgewähranspruch aus § 62

---

[106] BGHZ 157, 72 (75 f.) = NJW 2004, 1111 f. im Anschluss an *Stimpel* FS 100 Jahre GmbH-Gesetz, 1992, 335 (349 ff.).
[107] BGHZ 157, 72 (76) = NJW 2004, 1111 (1112) im Anschluss an *Schön* ZHR 159 (1995) 351 (361).
[108] BGHZ 157, 72 (77) = NJW 2004, 1111 (1112).
[109] Vgl. die Kritik bei *Vetter* BB 2004, 1509, 1512 ff.; *Cahn* Der Konzern 2004, 235 (238 ff.); zuvor bereits *ders.*, Kapitalerhaltung im Konzern, S. 250 ff.; positiver dagegen die Beurteilung der Entscheidung etwa bei *Engert* BB 2005, 1951 ff.; MüKoAktG/*Bayer* Rn. 153 ff.
[110] Vgl. dazu *Altmeppen* ZIP 2006, 1025 (1028 f., 1031 f.); *Goette* KTS 2006, 217 (226 f.); *Habersack/Schürnbrand* NZG 2004, 689 (690 ff.); *Henze* WM 2005, 717 (719 ff.); *Reidenbach* WM 2004, 1421 (1423 ff.); *Seidel* DStR 2004, 1130 (1132 ff.); *Fuhrmann* NZG 2004, 552 (553 ff.); *Kerber* DB 2005, 1835; *Kerber* ZGR 2005, 437 ff.; *Schäfer* GmbHR 2005, 133 (136 ff.); *Ulmer* ZHR 169 (2005), 1 (4 f.); *Hahn* Der Konzern 2004, 641 (643 f.); *Engert* BB 2005, 1951 (1956 f.); *Hentzen* ZGR 2005, 480 (507 ff.).
[111] BegrRegE BT-Drs. 16/6140, 41.
[112] So aber LG Dortmund AG 2002, 97 (98 f.); MüKoAktG/*Bayer* Rn. 153; *Bayer* FS Lutter, 2000, 1011 (1017 ff.); wie hier dagegen Grigoleit/*Grigoleit/Rachlitz* Rn. 38.
[113] Vgl. BGH NZG 2009, 107 (108 Rn. 9 f.); *Kiefner/Theusinger* NZG 2008, 801 (804).
[114] BGH NZG 2009, 107 (109 Rn. 17) zu § 311; vgl. auch *Cahn* Der Konzern 2009, 67 (71).
[115] AA Bürgers/Körber/*Westermann* Rn. 16; Kölner Komm AktG/*Drygala* Rn. 54, 71 jeweils mwN.
[116] Vgl. etwa *Mülbert/Leuschner* NZG 2008, 281 (283 f.), die das Verstreichenlassen einer Kündigungsmöglichkeit der Darlehensgewährung gleichstellen; vgl. auch K. Schmidt/Lutter/*Fleischer* Rn. 57.
[117] Vgl. BegrRegE BT-Drs. 16/6140, 41: „Spätere, nicht vorhersehbare negative Entwicklungen der Forderung...führen nicht zu einer verbotenen Auszahlung"; ebenso im Erg. auch Kölner Komm AktG/*Drygala* Rn. 76; *Altmeppen* ZIP 2009, 49 (54 f.); *Kiefner/Theusinger* NZG 2008, 801 (805); ebenso für § 311 BGH NZG 2009, 107 (109 Rn. 13); zu § 30 GmbHG BGH NZG 2017, 658 (661 Rn. 23).

Abs. 1 überlagert. Zudem müsste man annehmen, dass dieser kapitalerhaltungsrechtliche Anspruch bei anschließender Besserung der Vermögenslage des Schuldners, die ein Belassen des Kredits rechtfertigt, wieder ipso iure entfallen, bei einer nachfolgenden Verschlechterung aber wieder aufleben würde. Eine andere, zu bejahende Frage ist, ob der Vorstand wegen Verletzung seiner Pflicht zur sorgfältigen Geschäftsführung haftbar sein kann, wenn er es trotz Verschlechterung der Vermögenslage es Aktionärs versäumt, den Anspruch der Gesellschaft unverzüglich geltend zu machen.[118]

Das Erfordernis der Vollwertigkeit des Rückzahlungsanspruchs gilt auch bei einer Darlehensvergabe durch eine **faktisch abhängige AG** an ihren herrschenden Aktionär, denn wenn die Einbringlichkeit des Rückzahlungsanspruchs zweifelhaft ist, ist der mit der Darlehensgewährung verbundene Nachteil nicht nach § 311 ausgleichsfähig. Der Vorstand darf ein solches Darlehen daher nicht gewähren bzw. muss es sofort zurückfordern, wenn sich nach der Darlehensgewährung Zweifel an der Vollwertigkeit des Rückzahlungsanspruchs ergeben.[119] Vom Ausgangspunkt der hM, derzufolge §§ 311 ff. mit ihrem gestreckten Nachteilsausgleich die Vermögensbindung nach Abs. 1 S. 1 iVm § 62 verdrängende Sonderregelungen enthalten,[120] kann der in fehlender oder unzureichender Verzinsung liegende Nachteil auch auf andere Weise als durch Anhebung der laufenden Zinszahlungen auf angemessene Höhe ausgeglichen werden.[121] Man wird annehmen müssen, dass ein Verzicht auf Verzinsung auch bei kurzfristigen Darlehen an den herrschenden Aktionär jedenfalls dann ein Nachteil iSv § 311 ist, wenn die Gesellschaft bei anderweitiger Anlage Zins erhalten würde.[122] Als Ausgleich für diesen Nachteil kommt aber beim Cash Pooling der Zugriff auf zinslose Darlehen aus dem Pool in Betracht. 36

Bei **Bestehen eines Beherrschungs- oder Gewinnabführungsvertrages** findet das Verbot der Einlagenrückgewähr nach Abs. 1 S. 3 und § 291 Abs. 3 keine Anwendung. An die Stelle der Vermögensbindung tritt der Anspruch auf Verlustübernahme nach § 302. Zu der Frage, wie sich Zweifel an der Solvenz des herrschenden Unternehmens auf die Rechte der Parteien eines Unternehmensvertrages auswirken, findet sich im Gesetz keine ausdrückliche Regelung. Im Schrifttum wird sie im Zusammenhang mit den Grenzen des Weisungsrechts aus § 308 erörtert. Insoweit wird die Unbeachtlichkeit von Weisungen für den Fall erwogen, dass durch ihre Befolgung die Lebensfähigkeit der abhängigen Gesellschaft gefährdet wäre, weil das herrschende Unternehmen nicht mehr in der Lage ist, den Verlustausgleich zu leisten.[123] Eine weiter gehende Einschränkung der Freistellung des anderen Vertragsteils von den Beschränkungen der Vermögensbindung kommt nicht in Betracht; insbesondere reichen bloße Zweifel an der Leistungsfähigkeit des anderen Vertragsteils nicht aus.[124] Für eine Anwendung des verhältnismäßig strengen Maßstabs, der im Rahmen der Vollwertigkeitsprüfung nach Abs. 1 S. 3 anzulegen ist (→ Rn. 141 ff.) ist im Vertragskonzern kein Raum. Das folgt zum einen daraus, dass § 291 Abs. 3 § 57 einschließlich der Anforderungen des Abs. 1 S. 3 an die Vollwertigkeit von Rückgewähr- oder Gegenleistungsansprüchen für unanwendbar erklärt; zum anderen würde die Durchführung von Unternehmensverträgen mit nicht hinnehmbarer Rechtsunsicherheit belastet, wenn der Vorstand der Gesellschaft bei jedem Geschäft mit dem anderen Vertragsteil dessen voraussichtliche Solvenz prüfen und bei Zweifeln den Geschäftsabschluss – auch entgegen einer Weisung verweigern dürfte. Dass die Grenze für eine Außerkraftsetzung von § 291 Abs. 3 jedenfalls nicht unterhalb der Schranken des Weisungsrechts nach § 308 verlaufen kann, zeigt im Übrigen die Erwägung, dass anderenfalls im Beherrschungsvertrag Bedenken des Vorstands der abhängigen Gesellschaft durch eine bindende Weisung überspielt werden könnten. Bei Bestehen eines Beherrschungs- oder Gewinnabführungsvertrages kann der Vorstand daher allenfalls dann für verpflichtet gehalten werden, eine Darlehensgewährung an den anderen Vertragsteil zu verweigern, 37

---

[118] BGH NZG 2009, 107 (109 Rn. 14); vgl. dazu etwa *Cahn* Der Konzern 2009, 67 (79); *Kropff* NJW 2009, 816 f.

[119] BGH NZG 2009, 107 (108 f. Rn. 13, 14, 17); vgl. dazu *Cahn* Der Konzern 2009, 67 (68 ff.); *Habersack* ZGR 2009, 347 (359 f.).

[120] BGH NZG 2009, 107 (108 Rn. 11); OLG Stuttgart AG 1994, 411 (412); Kölner Komm AktG/*Koppensteiner* § 311 Rn. 161 ff.; MüKoAktG/*Altmeppen* § 311 Rn. 303 ff.; Hüffer/Koch/*Koch* § 311 Rn. 49; *Bezzenberger*, Das Kapital der Aktiengesellschaft, 2005, 326 ff. mwN; aA etwa *Altmeppen* ZIP 1996, 693 (694, 697 f.); *Bommert*, Verdeckte Vermögensverlagerungen im Aktienrecht, 1989, 182 f.; *Wackerbarth*, Grenzen der Leitungsmacht in der internationalen Unternehmensgruppe, 2001, 126 ff.; *Cahn*, Kapitalerhaltung im Konzern, 1998, 64 ff., jeweils m. zahlr. Nachw.; Bedenken im Hinblick auf Art. 15 und 16 KapitalRL bei *Schön* FS Kropff, 1997, 285 (294 ff.).

[121] Vgl. *Habersack* ZGR 2009, 347 (360).

[122] *Möller* Der Konzern 2008, 1 (5); *Mülbert/Leuschner* NZG 2009, 281 (282); *Winter* DStR 2007, 1484 (1487, 1489); aA *Altmeppen* ZIP 2009, 49 (52); *Gehrlein* Der Konzern 2007, 771 (785); *Kiefner/Theusinger* NZG 2009, 801 (804).

[123] K. Schmidt/Lutter/*Langenbucher* § 308 Rn. 33; Emmerich/Habersack/*Emmerich* § 308 Rn. 64; *Habersack/Schürnbrand* NZG 2004, 689 (690); grundsätzlich aA Kölner Komm AktG/*Koppensteiner* § 308 Rn. 50.

[124] So aber *Habersack/Schürnbrand* NZG 2004, 689 (690).

wenn die Insolvenz des anderen Vertragsteils bevorsteht und daher die Existenz der Gesellschaft durch die Darlehensgewährung bedroht wäre; im Übrigen muss sich der Vorstand bei Bedenken an der Leistungsfähigkeit des anderen Vertragsteils entscheiden, ob er den Unternehmensvertrag aus wichtigem Grund kündigt.

38 **dd) Bestellung von Sicherheiten für Kredite des Aktionärs.** Für das Stellen von Sicherheiten durch die Gesellschaft für einen Kredit, den ein Aktionär bei einem Dritten aufgenommen hat, gelten vergleichbare Erwägungen wie für eine Darlehensgewährung durch die AG (→ Rn. 33 ff.). Nach früher hM lag **bereits in der Bestellung** und nicht erst in der Verwertung der Sicherheit eine **Zuwendung an den Aktionär**.[125] Angesichts des Standpunkts, den der BGH zu Darlehen einer GmbH an Gesellschafter aus gebundenem Vermögen eingenommen hatte[126] sprach vor der Rückkehr zur bilanziellen Betrachtungsweise durch das MoMiG vieles dafür, dass die Rechtsprechung eine Sicherheitenbestellung zugunsten eines Aktionärs selbst dann als Verstoß gegen Abs. 1 S. 1 qualifizieren würde, wenn die Gesellschaft für die Übernahme des Risikos der Inanspruchnahme der Sicherheit und der Werthaltigkeit ihres Rückgriffsanspruchs gegen den Aktionär eine angemessene Gegenleistung erhielte,[127] obgleich es in diesem Fall bei wirtschaftlicher Betrachtung an einem Vermögensnachteil der Gesellschaft fehlt. Die **Wirksamkeit der Sicherungsbestellung** im Verhältnis zum Kreditgeber wurde allerdings auch nach früherem Recht durch einen Verstoß gegen Abs. 1 S. 1 nicht ohne weiteres, sondern nur dann beeinträchtigt, wenn der kreditnehmende Aktionär und der Kreditgeber bewusst zum Schaden der Gesellschaft zusammenwirkten, wofür nach der Rechtsprechung die Kenntnis des Kreditgebers vom Verstoß gegen die Vermögensbindung allein nicht ausreichte,[128] oder wenn ein auch gegenüber dem Sicherungsnehmer beachtlicher Missbrauch der Vertretungsmacht vorlag (→ Rn. 99). Gegenüber dieser früher hM, derzufolge eine Sicherheitenbestellung zugunsten von Aktionären nahezu stets unzulässig war, war bereits nach früherem Recht einzuwenden, dass die **Unausgewogenheit** der Bedingungen im Zusammenhang mit der Sicherheitenbestellung selbst dann **nicht ohne weiteres feststeht,** wenn die Gesellschaft die Besicherung nicht in gleicher Form zugunsten eines Dritten vorgenommen hätte.[129] Das zeigen etwa die zahlreichen Gesellschaften, die bestimmungsgemäß lediglich konzerninterne Leistungen erbringen (auch → Rn. 20). Aber auch im Übrigen besagt der Umstand, dass ein Geschäft seiner Art nach für die Gesellschaft ungewöhnlich sein mag, per se nichts darüber, ob sie dadurch eine Vermögenseinbuße erleidet. Selbst auf der Grundlage der erwähnten Rechtsprechung ist die Besicherung solcher Darlehen durch die Gesellschaft unbedenklich, die vom Aktionär an die AG weitergegeben werden.[130] Bei Bestehen eines Beherrschungsvertrages war die Anwendung von Abs. 1 S. 1 ohnehin nach § 291 Abs. 3 ausgeschlossen, und auch bei Fehlen eines Beherrschungsvertrages wird Abs. 1 S. 1 nach hM weitgehend durch §§ 311 ff. verdrängt (→ Rn. 37, 136 und → § 311 Rn. 63). Bestellt die AG eine Sicherheit für einen Kredit, den der Aktionär zum Zweck des Erwerbs von Aktien der Gesellschaft aufgenommen hat, verstößt dies, unabhängig von einer Verletzung von Abs. 1 S. 1, gegen § 71a.[131]

39 Durch Ergänzung von Abs. 1 um den neuen Satz 3 hat der Gesetzgeber klargestellt, dass es für die Beantwortung der Frage, ob eine Leistung der Gesellschaft an oder zugunsten eines Aktionärs eine unzulässige Einlagenrückgewähr darstellt, allein auf die **Auswirkungen auf das Vermögen der Gesellschaft** ankommt. Danach ist entscheidend, ob mit der Inanspruchnahme der Sicherheit zu rechnen ist und ob bejahendenfalls der Rückgriffsanspruch der Gesellschaft gegen den Aktionär, der bei einer Besicherung durch die AG dem Gegenleistungs- oder Rückgewähranspruch iSv § 57 Abs. 1 Satz 3 entspricht,[132] vollwertig ist (→ Rn. 141 ff.).[133] Das ist nach der Rechtsprechung dann

---

[125] BGH NZG 2017, 344 (345 Rn. 15); BGHZ 190, 7 Rn. 21 = NZG 2011, 829; OLG Koblenz AG 1977, 231 f.; OLG München AG 1980, 272 f.; OLG Düsseldorf AG 1980, 273 (274); OLG Hamburg AG 1980, 275 (278 f.); Großkomm AktG/*Henze* Rn. 70 f.; Kölner Komm AktG/*Drygala* Rn. 79; Bürgers/Körber/*Westermann* Rn. 23; Hüffer/Koch/*Koch* Rn. 12; Mülbert/Wilhelm FS Hommelhoff, 2012, 747 (761); ausf. Diskussion bei *Mülbert* ZGR 1995, 578 (586 ff.).
[126] BGHZ 157, 72 = NJW 2004, 1111.
[127] So auch die Einschätzung von *Habersack/Schürnbrand* NZG 2004, 689 (696). Für einen Verstoß gegen Abs. 1 S. 1 auch bei Zahlung einer üblichen Avalprovision *Schön* ZHR 159 (1995), 351 (367); *Maier-Reimer* in Lutter/Scheffler/Schneider, HdB der Konzernfinanzierung, 1998, Rn. 16.18; MüKoAktG/*Bayer* Rn. 75; *Bayer* FS Lutter, 2000, 1011 (1025); Kölner Komm AktG/*Drygala* Rn. 79; aA Großkomm AktG/*Henze* Rn. 51.
[128] So zu § 30 GmbHG BGHZ 138, 291 (299 ff.) = NJW 1998, 2592 (2594 f.); vgl. auch Grigoleit/*Grigoleit/Rachlitz* Rn. 44.
[129] So das Kriterium von MüKoAktG/*Bayer*, 3. Aufl. 2008, Rn. 105.
[130] Zutr. Großkomm AktG/*Henze* Rn. 52.
[131] Zur Geltung dieser Vorschrift im Unternehmensverbund → § 71a Rn. 17 ff.
[132] BGH NZG 2017, 344 (345 Rn. 18); BGH NZG 2017, 658 (660 Rn. 18).
[133] MüKoAktG/*Bayer* Rn. 185 ff.; Bürgers/Körber/*Westermann* Rn. 23; Grigoleit/*Grigoleit/Rachlitz* Rn. 44; Hölters/*Laubert* Rn. 23; Wachter/*Servatius* Rn. 25; *Diem*, Akquisitionsfinanzierung, 2. Aufl. 2009, § 45 Rn. 22;

zu bejahen, wenn nach vernünfiger kaufmännischer Beurteilung im Zeitpunkt der Besicherung ein Forderungsausfall für den Darlehensrückzahlungsanspruch unwahrscheinlich ist,[134] was auch deswegen der Fall sein kann, weil der Aktionär seinerseits eine vorrangige, in Höhe des Rückzahlungsanspruchs werthaltige Sicherheit gestellt hat.[135] Dagegen ist es für sich genommen unerheblich ob die Gesellschaft eine vergleichbare Sicherheit auch für die Verbindlichkeit eines Dritten gestellt hätte.[136] Ist der Freistellungsanspruch bei Bestellung der Sicherheit nicht werthaltig, liegt bereits in der Sicherheitenbestellung eine unzulässige Einlagenrückgewähr.[137] Eine nachfolgende Verwertung der Sicherheit ist für die Frage der Einlagenrückgewähr an den Aktionär hingegen ohne Bedeutung[138] was allerdings nichts an der Pflicht des Vorstands ändert, sich über die Entwicklung des Aktionärs auf dem Laufenden zu halten auf etwaige Verschlechterungen zu reagieren.[139] Die vorstehenden Grundsätze gelten auch für das Stellen von Personalsicherheiten wie Bürgschaften oder Garantien für Verbindlichkeiten eines Aktionärs.[140] Zur Frage der Anfechtbarkeit der Bestellung von Kreditsicherheiten zugunsten eines Aktionärs in der Insolvenz der Gesellschaft vgl. *Thole* ZInsO 2011, 1425 (1427 ff.) mN aus der Rechtsprechung.

ee) Gewährleistungen und Kosten bei der Platzierung von Aktien. Die Freistellung von Emissionsbanken, deren sich die Gesellschaft zur **Platzierung neuer Aktien oder anderer Vermögensanlagen** bedient, von deren Prospekthaftung nach §§ 21, 22 WpPG ist im Hinblick auf Abs. 1 S. 1 unbedenklich, soweit sich die Freistellung auf Mängel des Prospekts bezieht, die nicht von den Banken zu verantworten sind.[141] Die Freistellung der die Aktien zeichnenden Emissionsbank im Innenverhältnis verstößt hier ebenso wenig gegen die Vermögensbindung wie die Prospekthaftung der Gesellschaft gegenüber dem Erwerber der Aktien (→ Rn. 47 ff.). Auch ein Verstoß gegen § 71a liegt unter diesen Umständen nicht vor, denn die Vereinbarung gibt hier lediglich die Verantwortlichkeitsverteilung wieder, die auch ohne vertragliche Regelung gelten würde. Demgegenüber würde eine Freistellung der Emissionsbanken von der Haftung für Prospektmängel aus ihrem Verantwortungsbereich gegen Abs. 1 S. 1 und regelmäßig auch gegen § 71a verstoßen. Die Übernahme des Prospekthaftungsrisikos im Zusammenhang mit der Umplatzierung des Altbestandes eines Aktionärs kann nach der Rechtsprechung eine unzulässige Einlagenrückgewähr darstellen, wenn der Altaktionär die Gesellschaft nicht vertraglich von der Prospekthaftung freistellt.[142] Auch hier liegt allerdings selbst dann keine unzulässige Zuwendung an die als Dienstleister eingeschalteten Banken vor, wenn diese im Zuge der Platzierung die Aktien vorübergehend übernehmen.[143] Nach dem Veranlasserprinzip soll das Prospekthaftungsrisiko aber dem Altaktionär als dem Begünstigten des öffentlichen Angebots der Aktien zuzuordnen sein. Wirtschaftlich profitiere vor allem der Altaktionär von dem öffentlichen Angebot, weil er die unmittelbaren Vorteile aus dem Geschäft, insbesondere den Erlös, erziele. In diesem Fall sei der Altaktionär der Gesellschaft zum Ersatz ihrer Aufwendungen und zum Schadensersatz verpflichtet. Ein Eigeninteresse der Gesellschaft an der Umplatzierung der Altaktien könne die Einlagenrückgewähr nicht kompensieren, solange der Gesellschaft keine konkreten, bilanziell messbaren Vorteile zuflössen, die die Übernahme des Prospekthaftungsrisikos ausgleichen könn-

---

Drygala/Kremer ZIP 2007, 1289 (1295); *Kiefner/Theusinger* NZG 2008, 801 (804); *Komo* GmbHR 2010, 230 (231 f.); *Hippeli* NJOZ 2009, 2197 (2201); *Mülbert/Wilhelm* FS Hommelhoff, 2012, 747 (761); ähnl. auch *Winkler/Becker* ZIP 2009, 2361 (2363).

[134] BGH NZG 2017, 344 (345 Rn. 14, 18 f.) mAnm *Seibt* EWiR 8/2017, 229; BGH NZG 2017, 658 (660 Rn. 19).

[135] BGH NZG 2017, 344 (345 Rn. 21).

[136] Vgl. BGH NZG 2009, 107 (108 Rn. 9 f.); *Kiefner/Theusinger* NZG 2008, 801 (804); ebenso zu § 311 AktG BGHZ 179, 71 (76 Rn. 9 f.) = NZG 2009, 107 (108); weitergehend *Altmeppen* ZIP 2017, 1977 (1979 mN), der bereits die Verpflichtung zur Sicherheitenbestellung als Einlagenrückgewähr qualifiziert.

[137] BGH NZG 2017, 658 (660 Rn. 20; 661 Rn. 27).

[138] BGH NZG 2017, 658 (661 Rn. 24 f.); zust. *Heerma/Bergmann* ZIP 2017, 1261 (1262); *Kiefner/Bochum* NZG 2017, 1292 (1295); *Kuntz* ZGR 2017, 917 (942 f.); *Séché/Theusinger* BB 2017, 1550 (1553 f.).

[139] BGHZ 179, 71 (79 Rn. 14) = NZG 2009, 107 (109); *Kiefner/Bochum* NZG 2017, 1292 (1301 f.); *Kuntz* ZGR 2017, 917 (947 ff.).

[140] *Kiefner/Bochum* NZG 2017, 1292 (1296).

[141] OLG Köln AG 2009, 584 (596); *Hoffmann-Becking* FS Lieberknecht, 1997, 25 (37); *Meyer* in Marsch-Barner/Schäfer Börsennotierte AG-HdB Rn. 8.151 f.; *Arnold/Aubel* ZGR 2012, 113 (148 f.); *Fleischer/Thaten* NZG 2011, 1081 (1085); *Krämer/Gillessen/Kiefner* CFL 2011, 328 (340 f.); *Nodoushani* ZIP 2012, 97 (100); *Schlitt* CFL 2010, 304 (307); *Westermann/Paefgen* FS Hoffmann-Becking, 2013, 1363 (1381).

[142] BGHZ 190, 7 (12 ff. Rn. 15 ff.) = NJW 2011, 2719 (2720 f.) = NZG 2011, 829 (830 ff.); zuvor bereits *Schäfer* ZIP 2010, 1877 (1880 ff.); aA *Westermann/Paefgen* FS Hoffmann-Becking, 2013, 1363 (1370 ff.), vor der Entscheidung des BGH *Schlitt* CFL 2010, 304 (308 ff.); krit. gegenüber der Anwendung von § 57 auch *Wackerbarth* WM 2011, 193 (199 ff.).

[143] *Meyer* in Marsch-Barner/Schäfer Börsennotierte AG-HdB Rn. 8.155 mwN.

ten. In dem vom BGH entschiedenen Fall ging es um eine reine Umplatzierung von Altaktien einer bereits börsennotierten Gesellschaft. Auf echte Börsengänge unter Einbeziehung von Altaktien lassen sich die Erwägungen des BGH nicht ohne weiteres übertragen, denn an der Durchführung eines Börsengangs hat auch die Gesellschaft ein erhebliches Interesse.[144] Hier muss es ausreichen, dass der Gesellschaft als Ausgleich für die Übernahme des Prospekthaftungsrisikos konkrete und bezifferbare, nicht aber notwendigerweise bilanzierbare[145] Vorteile, etwa in Gestalt verbesserter Finanzierungsbedingungen, zufließen.[146] Gleichen die bezifferbaren Vorteile eines Börsengangs unter Einbeziehung von Aktien aus dem Bestand eines Altaktionärs den Nachteil der Übernahme des Prospekthaftungsrisikos nicht aus, kommt es für die Frage, ob die Übernahme dieses Risikos durch die Gesellschaft eine Einlagenrückgewähr an den Aktionär darstellt, darauf an, ob die Initiative für den Börsengang vom Aktionär oder von der Gesellschaft ausgeht, wer den Börsengang also veranlasst hat.[147] Die Übernahme des Prospekthaftungsrisikos stellt dann eine Einlagenrückgewähr dar, wenn nicht Finanzierungsinteressen der Gesellschaft im Vordergrund stehen, sondern der Börsengang durch den Aktionär in dessen eigenem Interesse veranlasst worden ist.[148] Umgekehrt liegt dann keine Einlagenrückgewähr an den Aktionär vor, wenn die Gesellschaft das Prospekthaftungsrisiko und andere Kosten für eine von ihr veranlasste und überwiegend in ihrem Interesse vorgenommene Aktienplatzierung trägt, selbst wenn bei dieser Gelegenheit auch Altaktionäre Aktien aus ihrem Bestand am Kapitalmarkt veräußern.[149] Eine widerlegliche Vermutung spricht dafür, dass der Börsengang von demjenigen Beteiligten veranlasst worden ist, dem der größere Teil des Gesamtplatzierungserlöses zufließt.[150] Ist die Übernahme des Prospekthaftungsrisikos durch die Gesellschaft als Zuwendung an den Aktionär zu qualifizieren, muss dieser die Gesellschaft vom Prospekthaftungsrisiko freistellen.[151] Der Wert dieses Freistellungsanspruchs muss dem übernommenen Prospekthaftungsrisiko entsprechen. Dessen Höhe ergibt sich aus den zu erwartenden Kosten einer Rechtsverteidigung zuzüglich eines Restrisikozuschlags in Höhe der realistischerweise zu erwartenden Zahlungsverpflichtung im Fall einer Inanspruchnahme.[152] Stattdessen kann die Gesellschaft das Prospekthaftungsrisiko in entsprechendem Umfang versichern und vom Aktionär Erstattung der Prämien verlangen.[153] Eine Freistellung des Emissionsunternehmens von der Prospekthaftung bei der **Platzierung des Altbestandes eines Aktionärs** stellt jedenfalls dann eine mit Abs. 1 S. 1 unvereinbare Zuwendung an den Inhaber des Aktienpakets dar, dem der Emissionserlös zufließt, wenn die Gesellschaft kein eigenes Interesse an der Platzierung der Aktien im Publikum hat, das das Risiko der Haftungsfreistellung aufwiegt.[154]

---

[144] Vgl. dazu im Einzelnen Arbeitskreis zum „Deutsche Telekom III-Urteil" des BGH CFL 2011, 377 (378).

[145] In BGHZ 190, 7 (17 Rn. 26) = NJW 2011, 2719 (2721) = NZG 2011, 829 (832) ist darüber hinaus von „konkrete(n), bilanziell messbare(n) Vorteil(en)" die Rede; zur Interpretation dieser Passage *Schäfer* FS Hoffmann-Becking, 2013, 997 (1001 f.); *Westermann/Paefgen* FS Hoffmann-Becking, 2013, 13, 63 (1368 f.), jeweils mN.

[146] Näher dazu Arbeitskreis zum „Deutsche Telekom III-Urteil" des BGH CFL2011, 377 (378); *Arnold/Aubel* ZGR 2012, 113 (131 ff.); *Habersack* FS Hommelhoff, 2012, 303 (309 f.); *Krämer/Gillessen/Kiefner* CFL 2011, 328 (330 f.); *Meyer* in Marsch-Barner/Schäfer Börsennotierte AG-HdB Rn. 7.21a; *Mülbert/Wilhelm* FS Hommelhoff, 2012, S. 747 (773 f.); *Nodoushani* ZIP 2012, 97 (103 ff.).

[147] Arbeitskreis zum „Deutsche Telekom III-Urteil" des BGH CFL 2011, 377 (378); *Schäfer* FS Hoffmann-Becking, 2013, 997 (1005 f.); bei eindeutiger Feststellbarkeit der Veranlassung auch *Krämer/Gillessen/Kiefner* CFL 2011, 328 (330, 334 f.); für eine anteilige Aufteilung des Prospekthaftungsrisikos demgegenüber *Arnold/Aubel* ZGR 2012, 113 (144 f.); *Habersack* FS Hommelhoff, 2012, 303 (312); *Nodoushani* ZIP 2012, 97 (101); *Wink* AG 2011, 569 (578); *Ziemons* GWR 2011, 404; ebenso bei fehlender Feststellbarkeit einer „überwiegenden Veranlassung" *Krämer/Gillessen/Kiefner* CFL 2011, 328 (335 ff.).

[148] Arbeitskreis zum „Deutsche Telekom III-Urteil" des BGH CFL 2011, 377 (378 f.); *Mülbert/Wilhelm* FS Hommelhoff, 2012, 747 (756, 768 f.).

[149] Arbeitskreis zum „Deutsche Telekom III-Urteil" des BGH, CFL 2011, 377 (378); *Krämer/Gillessen/Kiefner*, CFL 2011, 328 (330 f.); *Mülbert/Wilhelm* FS Hommelhoff, 2012, 747 (753, 756); eingehend *K. Mertens* AG 2015, 881 (883 ff.).

[150] Näher dazu und zur Widerlegung der Vermutung Arbeitskreis zum „Deutsche Telekom III-Urteil" des BGH CFL 2011, 377 (379).

[151] BGHZ 190, 7 (25 Rn. 50) = NJW 2011, 2719 (2724) = NZG 2011, 829 (834); *Schäfer* ZIP 2010, 1877 (1880); krit. dazu *Leuschner* NJW 2011, 3275 (3276).

[152] Vgl. dazu im Einzelnen Arbeitskreis zum „Deutsche Telekom III-Urteil" des BGH, CFL 2011, 377 (379 f.); *Arnold/Aubel* ZGR 2012, 113 (138); *Krämer/Gillessen/Kiefner* CFL 2011, 328 (338); *Meyer* in Marsch-Barner/Schäfer Börsennotierte AG-HdB Rn. 7.21b; insoweit nicht eindeutig *Fleischer/Thaten* NZG 2011, 1081 (1083).

[153] Arbeitskreis zum „Deutsche Telekom III-Urteil" des BGH, CFL 2011, 377 (379 f.).

[154] OLG Köln AG 2009, 584 (586 ff.); Grigoleit/*Grigoleit/Rachlitz* Rn. 7; *Hoffmann-Becking* FS Lieberknecht, 1997, 25 (37); *Technau* AG 1998, 445 (457); *Meyer* in Marsch-Barner/Schäfer Börsennotierte AG-HdB Rn. 7.21; für die Möglichkeit der Kompensation (nur) durch konkrete und bezifferbare Vorteile K. Schmidt/Lutter/*Fleischer* Rn. 26 (neue Rechtsprechung des BGH, vgl. Rn. 26); generell gegen Berücksichtigung des Platzierungsinteresses der Gesellschaft MüKoAktG/*Bayer* Rn. 85; skeptisch auch Großkomm AktG/*Henze* Rn. 56.

ff) Erwerb eigener Aktien. Mit dem Erwerb eigener Aktien erhält die Gesellschaft in der Sache 41 eine Beteiligung an Vermögenswerten, die ihr ohnehin bereits gehören, während der Aktionär seine Beteiligung liquidiert.[155] Die **Gegenleistung der Gesellschaft** an den veräußernden Aktionär stellt daher grundsätzlich eine nach Abs. 1 S. 1 **unerlaubte Einlagenrückgewähr** dar.[156] Eine **Ausnahme** sieht Abs. 1 S. 2 lediglich **für den „zulässigen Erwerb"** eigener Aktien vor. Dieser Tatbestand ist spezifisch aktienrechtlich zu verstehen. Seine Voraussetzungen werden im Wesentlichen durch §§ 71, 71d definiert. Ein Erwerb, der nicht innerhalb der durch diese Bestimmungen gezogenen Grenzen erfolgt, verstößt gegen Abs. 1 S. 1. Dagegen führt nicht jede sonstige Rechtsverletzung im Zusammenhang mit einem Erwerb eigener Aktien dazu, dass das Geschäft „unzulässig" und die Zahlung des Erwerbspreises daher als unerlaubte Einlagenrückgewähr zu qualifizieren wäre. Das gilt namentlich für Verstöße gegen diejenigen Bestimmungen, die in Umsetzung der Marktmissbrauchsrichtlinie[157] und der zu ihrer Konkretisierung erlassenen europäischen Regelungen[158] implementiert worden sind, soweit sie nicht zugleich die aktienrechtlichen Erwerbsbeschränkungen verletzen.[159] Ungeachtet der §§ 71 ff. AktG kann die AG verpflichtet sein, eigene Aktien im Wege der Schadensersatzleistung entgeltlich zu übernehmen (näher → Rn. 47 ff. und → § 71 Rn. 151).

Ein Verstoß gegen Abs. 1 S. 1 liegt nach zutreffender, wenn auch umstrittener Auffassung[160] auch 42 bei Einhaltung der Voraussetzungen des § 71 vor, wenn die Gesellschaft einen **überhöhten Preis für die Aktien** entrichtet, vgl. dazu im Einzelnen → § 71 Rn. 45.

Abs. 1 S. 1 ist auch dann verletzt, wenn ein **für Rechnung der AG** handelnder Dritter (§ 71 43 S. 1) oder ein im Mehrheitsbesitz der Gesellschaft stehendes oder von ihr **abhängiges Unternehmen** oder ein Dritter für Rechnung eines solchen Unternehmens (§ 71d S. 2) Aktien der AG erwirbt, soweit dies nicht der Gesellschaft selbst nach § 71 Abs. 1 Nr. 1–5, 7 und 8 und Abs. 2 gestattet wäre. Zweck der Gleichstellung eines solchen Dritterwerbs mit einem Erwerb eigener Aktien durch die AG selbst ist der Schutz des Vermögens der AG, die in solchen Fällen den Erwerbspreis bei wirtschaftlicher Betrachtung vollständig oder zum überwiegenden Teil selbst finanzieren würde. Für die Einbeziehung mittelbar mit der AG verbundener Unternehmen in den Anwendungsbereich der Erwerbsbeschränkung unter dem **Gesichtspunkt des Mehrheitsbesitzes der AG** ist dementsprechend eine bloße Mehrheit der Stimmrechte, die nicht zugleich die Abhängigkeit des Beteiligungsunternehmens zur Folge hat, nicht ausreichend. Andererseits schließt der Umstand, dass ein in der Beteiligungskette zwischen der AG und der Erwerberin stehendes Unternehmen, etwa aufgrund eines Entherrschungsvertrages, nicht von der AG abhängig ist, so dass seine Anteile an dem Erwerberunternehmen der AG nicht nach § 16 Abs. 4 zuzurechnen sind, einen Verstoß gegen Abs. 1 S. 1 nicht aus. Entscheidend ist vielmehr, ob der durchgerechnete Anteilsbesitz der AG an dem Erwerberunternehmen, dh das Produkt der Beteiligungsquotienten auf den verschiedenen Beteiligungsstufen, über 50% liegt (näher → Rn. 66).

gg) Wiederkaufspflicht; Kursgarantie. Nach hL kann die AG einem Aktionär nicht zusagen, 44 ihm bei negativer Kursentwicklung der Aktie Kursdifferenzen zu erstatten (Kursgarantie).[161] Eine derartige Vereinbarung verstieße sowohl gegen Abs. 1 S. 1 als auch gegen § 71a. Dagegen kann sie ihm eine Option auf Wiederveräußerung seiner Aktien an die Gesellschaft zu einem festen Kurs einräumen (→ § 71 Rn. 194 ff.)[162] oder sich sonst zu einem Rückerwerb ihrer Aktien für den Fall verpflichten, dass die Voraussetzungen des § 71 Abs. 1 und 2 erfüllt sind.[163] Letzteres folgt indessen nicht aus Abs. 1 S. 1. Rückerwerbbare Aktien ließen sich nämlich durchaus mit dem Grundsatz der

---

[155] Eingehend dazu *Bezzenberger*, Erwerb eigener Aktien durch die AG, 2002, Rn. 54 ff.; *Cahn*, Kapitalerhaltung im Konzern, 1998, 151 ff. mit zahlr. Nachw.

[156] Kölner Komm AktG/*Drygala* Rn. 95; Großkomm AktG/*Henze* Rn. 65; MüKoAktG/*Bayer* Rn. 128; aA *Bezzenberger*, Erwerb eigener Aktien durch die AG, 2002, Rn. 63 ff.

[157] Richtlinie 2003/6/EG des Europäischen Parlaments und des Rates v. 28. Januar 2003 über Insider-Geschäfte und Marktmanipulation (Marktmissbrauch) ABl. EG 2003 Nr. L 96, 16.

[158] Vgl. dazu die Nachweise bei *Cahn* Der Konzern 2005, 5 Fn. 4 und 5.

[159] Hier wäre etwa an das Verbot des § 71 Abs. 1 Nr. 8 S. 2, Verbot des Erwerbs zum Zweck des Handels in eigenen Aktien zu denken.

[160] Kölner Komm AltG/*Drygala* Rn. 96; *Lutter* ZGR 1978, 347 (356); Großkomm AktG/*Henze* Rn. 65; MüKoAktG/*Bayer* Rn. 73; Grigoleit/*Grigoleit/Rachlitz* Rn. 35 und § 71 Rn. 72; Hölters/*Laubert* Rn. 14; Wachter/*Servatius* Rn. 37; *Benckendorff*, Erwerb eigener Aktien im deutschen und US-amerikanischen Recht, 1998, 235 ff.; aA insbes. *Bezzenberger*, Erwerb eigener Aktien durch die AG, 2002, Rn. 67.

[161] Großkomm AktG/*Henze* Rn. 68; MüKoAktG/*Bayer* Rn. 76; Kölner Komm AktG/*Lutter*, 2. Aufl. 1988, Rn. 31; K. Schmidt/Lutter/*Fleischer* Rn. 22; *Schmid/Mühlhäuser* AG 2001, 493 (496); einschränkend NK-AktR/*Drinhausen* Rn. 13; *Krause* RWS Forum 25 (2004), 301 (318 f.).

[162] *Schmid/Mühlhäuser* AG 2001, 493 (496, 503).

[163] AA Großkomm AktG/*Henze* Rn. 68 f.; MüKoAktG/*Bayer* Rn. 76; Kölner Komm AktG/*Lutter* 2. Aufl. Rn. 31.

Vermögensbindung vereinbaren, wie Art. 39 Kapital-RL[164] und sections 684 ff. Companies Act 2006 zeigen.[165] Entscheidend ist vielmehr, dass § 71 Abs. 1 die Gründe für einen Erwerb eigener Aktien abschließend aufführt.

45 **hh) Abkauf von Anfechtungsklagen.** Nach verbreiteter Auffassung stellt der Abkauf einer Anfechtungsklage durch die Gesellschaft unabhängig von der Einkleidung der Zahlung, etwa als Vergleich, Beraterhonorar, Erstattung von (willkürlich in die Höhe getriebenen) Verfahrenskosten oder Erwerb von Aktien oder anderen Vermögensgegenständen, eine nach Abs. 1 S. 1 unzulässige Einlagenrückgewähr an den klagenden Aktionär dar.[166] Die **causa societatis** derartiger Leistungen wird zu Recht darin gesehen, dass die Erhebung einer Anfechtungsklage durch die Aktionärsstellung ermöglicht wird und dementsprechend auch eine Zuwendung, durch die der Aktionär dazu bewegt wird, eine solche Klage zurückzunehmen oder auf ihre Erhebung von vornherein zu verzichten, im Hinblick auf die Mitgliedschaft erfolgt.[167] Die Frage, ob eine Zuwendung an einen Aktionär ihre Ursache im Gesellschaftsverhältnis hat, mithin causa societatis erfolgt, ist indessen nur dann von Bedeutung, wenn das Geschäft zum Nachteil der Gesellschaft unausgewogen ist. Daran könnte man beim Abkauf von Anfechtungsklagen jedenfalls dann zweifeln, wenn das Produkt aus dem Schaden, den die Gesellschaft für den Fall der Fortführung des Verfahrens zu gewärtigen hat, und der Eintrittswahrscheinlichkeit dieses Schadens höher ist als die für den Abkauf aufgewendete Summe. Unter diesen Umständen würde ein ordentlicher und gewissenhafter Geschäftsleiter auch beim Abkauf einer Klage außenstehender Dritter mit entsprechendem Lästigkeitswert nicht gegen seine Sorgfaltspflicht verstoßen. Anders als bei solchen Klagen kann indessen der Wert der „Gegenleistung" des Aktionärs für die Anwendung von Abs. 1 S. 1 nicht ohne Berücksichtigung des Zwecks der aktienrechtlichen Klagemöglichkeiten bestimmt werden. Unabhängig davon, ob man ihn in der Wahrung eigener Mitgliedschaftsrechte oder in einer objektiven Rechtmäßigkeitskontrolle sieht (→ § 245 Rn. 6 ff.), besteht er jedenfalls nicht darin, einem Aktionär oder mit ihm verbundenen oder als Vertreter für ihn handelnden Personen Sondervorteile zu Lasten des Gesellschaftsvermögens zu verschaffen. Die Klagerücknahme oder der Verzicht auf das Einreichen einer Anfechtungsklage stellt daher keine gleichwertige Gegenleistung für eine Zahlung der Gesellschaft dar, die über den Ausgleich eines Schadens des Aktionärs oder angemessener Aufwendungen hinausgeht. Die Zuwendung ist daher wegen Unvereinbarkeit mit § 57 gem. § 62 zurückzugewähren. Soweit es hingegen um die Haftung des Vorstandes geht, namentlich im Hinblick auf § 93 Abs. 3 Nr. 1, ist dagegen die Ausgewogenheit der beiderseitigen Leistungen im Hinblick auf das Interesse der Gesellschaft an der Bestandskraft und Durchführung des Beschlusses zu bestimmen, das allein Maßstab für das Handeln des Vorstandes sein sollte. Sofern dieses Interesse den zur Abwendung der Anfechtungsklage gezahlten Betrag überwiegt, ein anderes, die Gesellschaft weniger belastendes Mittel nicht zur Verfügung steht und die Anfechtungsklage nicht durch eine Pflichtverletzung des Vorstands veranlasst wurde, liegt in der Leistung an den Aktionär keine zum Schadensersatz verpflichtende Pflichtverletzung vor;[168] jedenfalls fehlt es in diesen Fällen an einem Schaden der Gesellschaft.[169]

46 Nach der **Einführung des Freigabeverfahrens des § 246a** durch das UMAG[170] dürfte allerdings weniger Raum als zuvor für einen Abkauf von Anfechtungsklagen sein. Nach § 246a Abs. 2 S. 1 darf ein Freigabebeschluss auch bei einer möglicherweise begründeten Anfechtungsklage ergehen, wenn nach der Überzeugung des Gerichts das Eintragungsinteresse bei einem der in Abs. 1 der Vorschrift aufgeführten Beschlüsse Vorrang vor dem Klägerinteresse an Eintragungsaufschub hat.[171] Damit steht in Gestalt des Freigabeverfahrens ein Instrument zur Verfügung, um einen Schaden der Gesellschaft durch Eintragungsblockaden zu vermeiden. Der Vorstand wird daher in erster Linie von diesem

---

[164] Zweite Richtlinie des Rates der Europäischen Gemeinschaften zur Koordinierung des Gesellschaftsrechts v. 13.12.1976 (Kapitalrichtlinie) (77/91/EWG) ABl. EG 1977 Nr. L 26, 1 ff.
[165] Näher dazu *Habersack* FS Lutter, 2000, 1329 (1338 ff.).
[166] BGH NJW 1992, 2821; Großkomm AktG/*Henze* Rn. 51; MüKoAktG/*Bayer* Rn. 78; Kölner Komm AktG/*Drygala* Rn. 53; K. Schmidt/Lutter/*Fleischer* Rn. 23; Bürgers/Körber/*Westermann* Rn. 18; Hüffer/Koch/*Koch* Rn. 13; *Ehmann/Walden* NZG 2013, 806 (807).
[167] BGH NJW 1992, 2821 mN.
[168] Ebenso im Erg. *Poelzig* WM 2008, 1009 (1011 ff.); *Schlaus* AG 1988, 113 (116 f.); *Martens* AG 1988, 118 (120); für den Rückerwerb eigener Aktien auch MüKoAktG/*Oechsler* § 71 Rn. 8; *Benckendorff*, Erwerb eigener Aktien im deutschen und US-amerikanischen Recht, 1998, 214 f.; vgl. auch *Ehmann/Walden* NZG 2013, 806 (808), die annehmen, der Vorstand sei entsprechend §§ 904 BGB, 34 StGB gerechtfertigt.
[169] Für die Saldierung einer Vermögensminderung mit damit unmittelbar zusammenhängenden Vorteilen im Rahmen des § 266 StGB etwa Schönke/Schröder/*Perron* StGB, 27. Aufl. 2006, § 266 Rn. 41 mwN.
[170] Gesetz zur Unternehmensintegrität und Modernisierung des Anfechtungsrechts v. 22.9.2005, BGBl. 2005 I 2802.
[171] Vgl. dazu BegrRegE, BT-Drs. 15/5092, 29.

Verfahren Gebrauch machen müssen und nicht auf einen Abkauf der Anfechtungsklage ausweichen dürfen. Obwohl das Gesetz damit in Gestalt des Freigabeverfahrens ein Instrument zur Verfügung stellt, um Schaden der Gesellschaft durch Eintragungsblockaden zu vermeiden und der Vorstand daher gehalten ist, in erster Linie von diesem Verfahren Gebrauch zu machen und nicht auf einen Auskauf des Klägers auszuweichen, kann in Anbetracht der Verfahrensdauer[172] von einer Anfechtungsklage immer noch die Gefahr eines den Aktienerwerb nach § 71 Abs. 1 Nr. 1 oder eine andere Form der Zuwendung an den Kläger rechtfertigenden schweren Schadens der Gesellschaft ausgehen.[173]

ii) Leistungen im Zusammenhang mit der Hauptversammlung. Während Halteprämien **46a** für langfristige Aktionäre und Präsenzboni[174] oder die Erstattung von Kosten für die Teilnahme an der Hauptversammlung[175] gegen § 57 verstoßen würden, stellt eine den reibungslosen Ablauf der Hauptversammlung fördernde Verpflegung im Rahmen des Üblichen keine unzulässige Einlagenrückgewähr dar.[176]

g) Vermögensbindung und Schadensersatzansprüche von Aktionären. Die Erfüllung **47** rechtsgeschäftlicher oder gesetzlicher Schadensersatzansprüche eines Aktionärs aufgrund eines Rechtsverhältnisses, in dem der Gläubiger der Gesellschaft wie ein außenstehender Dritter gegenübertritt, erfolgt nicht causa societatis und verstößt daher nicht gegen Abs. 1 S. 1. Problematisch sind demgegenüber Schadensersatzleistungen der Gesellschaft zur Erfüllung von Ansprüchen, die dem Aktionär gerade aufgrund seiner Mitgliedschaft gegen die Gesellschaft zustehen. Die Frage ist im Zusammenhang mit der Übernahme von Aktien aus nichtigen Kapitalerhöhungen,[177] vor allem aber im Hinblick auf den **Erwerb oder die Veräußerung von Aktien aufgrund unzutreffender Angaben der Gesellschaft** von Bedeutung. Als Grundlage für eine Haftung der Gesellschaft kommen hier neben § 826 BGB und § 823 Abs. 2 BGB iVm § 400 insbesondere § 44 Abs. 1 und Abs. 4 BörsG, § 55 BörsG, § 13 VerkProspG, §§ 97 und 98 WpHG in Betracht. Während sich ein Teil des Schrifttums unter Berufung auf die Gesetzesbegründung zum 3. FMFG[178] für einen durchgängigen und uneingeschränkten Vorrang der kapitalmarktrechtlichen Prospekthaftungstatbestände und der ad-hoc-Haftung als leges speciales gegenüber der aktienrechtlichen Vermögensbindung ausspricht,[179] differenzieren andere im Anschluss an Entscheidungen des RG[180] zwischen originärem und derivativem Erwerb,[181] wobei wiederum keine Einigkeit darüber besteht, ob der Erwerb im Wege des mittelbaren Bezugsrechts nach § 186 Abs. 5 als Fall des originären[182] oder des derivativen[183] Erwerbs zu behandeln ist. Beim originären Erwerb sollen Schadensersatzleistungen an den (ehemaligen) Aktionär wegen des Grundsatzes der Bestandskraft des Zeichnungsvertrages nicht[184] oder nur insoweit zulässig sein, als sie aus dem nicht zur Deckung des Grundkapitals und der gesetzlichen Rücklage erforderlichen Vermögen erbracht werden können,[185] während

---

[172] Vgl. dazu *Baums/Keinath/Gajek* ZIP 2007, 1629 ff.; *Poelzig* WM 2008, 1009 (1015 f.) mN.
[173] K. Schmidt/Lutter/*Fleischer* Rn. 23; ebenso zu § 71 Bürgers/Körber/*Wieneke* § 71 Rn. 13; restriktiv demgegenüber Großkomm AktG/*Merkt* Rn. 174.
[174] MüKoAktG/*Bayer* Rn. 79 mN.
[175] Vgl. dazu etwa *Bayer/Hoffmann* AG 2016, R 151 (152).
[176] *Bayer/Hoffmann* AG 2016, R 151 (152).
[177] Dazu etwa *Zöllner/Winter* ZHR 158 (1994), 59 (75 ff.).
[178] BT-Drs. 13/8933, 54 (78).
[179] MüKoAktG/*Bayer* Rn. 41; Grigoleit/*Grigoleit/Rachlitz* Rn. 6; Hölters/*Laubert* Rn. 3; Wachter/*Servatius* Rn. 27; *Mülbert/Steup* in Habersack/Mülbert/Schlitt, Unternehmensfinanzierung am Kapitalmarkt, 3. Aufl. 2013, § 41 Rn. 7 f.; K. Schmidt/Lutter/*Fleischer* Rn. 66 f.; *Bayer* WM 2013, 961 (966 ff.); für die Prospekthaftung etwa *Gebauer*, Börsenprospekthaftung und Kapitalerhaltungsgrundsatz in der Aktiengesellschaft, 1999, 201 ff.; *Fleischer* Gutachten 64. DJT F 62 (73 f.); *Technau* AG 1998, 445 (456); Baumbach/Hopt/*Hopt* BörsG § 44 Rn. 5; NK-AktR/*Drinhausen* Rn. 12b; *Oulds* in Kümpel/Wittig, Bank- und Kapitalmarktrecht, 4. Aufl. 2011, Rn. 15.231.*Kümpel*, Bank- und Kapitalmarktrecht, 4. Aufl. 2011, Rn. 15.231; *Lenenbach*, Kapitalmarktrecht und kapitalmarktrelevantes Gesellschaftsrecht, 2. Aufl. 2010, Rn. 11.636 ff.; *Bosch* BuB Rn. 10/134; für §§ 37b und 37c WpHG aF (jetzt: §§ 97 und 98 WpHG) etwa *Renzenbrink/Holzner* BKR 2002, 434 (439).
[180] RGZ 71, 97 (98 f.); RGZ 88, 271 (272); detaillierte Darstellung der Rechtsprechung des RG bei *Bayer* WM 2013, 961 (962 ff.).
[181] Ebenso traditionell das englische Recht, vgl. Soden and another v. British and Commonwealth Holdings plc [1998] AC 298, 4 All ER 353 zur Subordination von Schadensersatzansprüchen getäuschter Anleger nach sec. 74 (2) (f) Insolvency Act 1986, wo allerdings ausdrücklich offen gelassen wird, ob diese Differenzierung durch sec. 111 A Companies Act 1985 überholt ist, wonach der Umstand, dass der Gläubiger Gesellschafter war oder ist, die Geltendmachung von Schadensersatzansprüchen nicht ausschließt.
[182] So *Schwark* FS Raisch, 1995, 269 (287); Schwark/Zimmer/*Schwark* BörsG §§ 44, 45 Rn. 13.
[183] Dafür *Krämer/Baudisch* WM 1998, 1161 (1169); Großkomm AktG/*Henze* Rn. 24.
[184] So *Krämer/Baudisch* WM 1998, 1161 (1168 f.).
[185] So Großkomm AktG/*Henze* Rn. 22 f.; Schwark/Zimmer/*Schwark* BörsG §§ 44, 45 Rn. 13.

Ansprüche des derivativen Erwerbers ohne Rücksicht auf die Vermögenslage der Gesellschaft zu erfüllen sein sollen.[186] Nach einer dritten Auffassung beanspruchen Prospekthaftungsansprüche originärer und derivativer Erwerber durchweg Vorrang vor Abs. 1 S. 1, soweit die Gesellschaft die Ersatzleistung zu Lasten freier Rücklagen finanzieren kann.[187] Wieder andere sprechen sich für einen Rangrücktritt der getäuschten Anleger gegenüber den Fremdkapitalgebern in der Insolvenz der Gesellschaft[188] oder sogar für einen Vorrang der Vermögensbindung und die grundsätzliche Unzulässigkeit von Schadensersatzzahlungen an getäuschte Anleger wegen Verstoßes gegen § 57[189] aus.[190] Gegen eine uneingeschränkte Durchsetzbarkeit von Schadensersatzansprüchen getäuschter Anleger, insbesondere gegen eine Rückabwicklung des Erwerbs gegen Erstattung des vom Anleger gezahlten Erwerbspreises, wird schließlich die Lehre vom fehlerhaften Verband ins Feld geführt.[191]

48 Der **BGH** hat, jedenfalls für Fälle des § 826 BGB und vorsätzliche Verstöße gegen § 400, den **uneingeschränkten Vorrang des Anlegerschutzes** vor dem Schutz außenstehender Gläubiger durch die Vermögensbindung **bejaht**[192] (auch → § 71 Rn. 151). Dabei hat er zwar offen gelassen, ob dies auch für Ansprüche aus Prospekthaftung gilt. Soweit solche Ansprüche auf vorsätzlichen Pflichtverletzungen der für die Gesellschaft Handelnden beruhen, kann allerdings kaum etwas anderes gelten als im Hinblick auf Ansprüche aus § 826 BGB und § 823 Abs. 2 BGB bei vorsätzlichem Verstoß gegen § 400. Der Hinweis auf die Gesetzesmaterialien zu § 15 Abs. 6 S. 2 und §§ 37b und 37c WpHG aF (jetzt: § 26 Abs. 3 S. 2 WpHG und §§ 97 und 98 WpHG), die von einer uneingeschränkten Haftung der AG ausgehen,[193] gibt Anlass zu der Vermutung, dass der BGH auch im Übrigen in § 57 kein Hindernis für Ansprüche getäuschter Anleger gegenüber der AG sehen wird.[194]

49 Eine **uneingeschränkte Haftung** der Gesellschaft gegenüber getäuschten Anlegern **verstößt nicht gegen gemeinschaftsrechtliche Vorgaben.**[195] Anders als Schadensersatzleistungen aufgrund von Rechtsbeziehungen, die ebenso gut mit einem außenstehenden Dritten bestehen könnten, geht es zwar bei der Haftung gegenüber getäuschten Anlegern um Ausgleich für Schäden, die notwendig mit der Aktionärseigenschaft des Anspruchstellers zusammenhängen und daher den für die Einlagenrückgewähr typischen mitgliedschaftlichen Bezug aufweisen.[196] Dennoch stellen Leistungen der Gesellschaft auf derartige Ersatzansprüche **keine der Zahlung von Dividenden oder Zinsen**[197] **vergleichbare „Ausschüttung"** von Gesellschaftsvermögen an Aktionäre iSv Art. 15 KapitalRL (jetzt: Art. 56 RL(EU) 2017/1132) dar.[198] Die Vereinbarkeit eines Vorrangs des Anlegerschutzes vor dem Gläubigerschutz mit gemeinschaftsrechtlichen Vorgaben wird durch Art. 6 der Prospektrichtlinie[199] bestätigt.[200] Danach kommt auch die eigene Haftung des Emittenten für fehler-

---

[186] LG Frankfurt AG 1998, 488 (491); OLG Frankfurt AG 2000, 132 (134); Großkomm AktG/*Henze* Rn. 22 f.; Schwark/Zimmer/*Schwark* BörsG §§ 44, 45 Rn. 13; für die Einordnung als nachrangige Ansprüche iSv § 39 InsO in der Insolvenz der Gesellschaft *Baums* ZHR 167 (2003), 139 (170).

[187] *Henze* AG 2004, 405 (407 ff., 410); ebenso für Schadensersatzansprüche aufgrund der Nichtigkeit einer Kapitalerhöhung *Zöllner/Winter* ZHR 158 (1994), 59 (78).

[188] *Baums* ZHR 167 (2003), 139 (170); *Langenbucher* ZIP 2005, 239 (244 f.); *Sauer*, Haftung für Falschinformation des Sekundärmarkts, 2004, 220 ff. (234 ff.); *Wahl*, Primärmarkthaftung und Vermögensbindung der Aktiengesellschaft, 2013, 236 f., allerdings mit Ausnahme für Fälle vorsätzlicher, sittenwidriger Schädigung, S. 238 ff.; Kölner Komm AktG/*Drygala* Rn. 33.

[189] Vgl. etwa *Kindler* FS Hüffer, 2010, 417 (421 ff.).

[190] Ausf. Darstellung des Meinungsstands vor der Entscheidung EuGH NZG 2014, 215 Rn. 49 und Diskussion bei *Weber* ZHR 176 (2012), 184 ff.

[191] *Schäfer* ZIP 2012, 2421 (2424 ff.); *Löneke*, Kapitalmarktinformationshaftung, Kapitalerhaltung und die Lehre von der fehlerhaften Gesellschaft, 2009, 207 ff.

[192] BGH NJW 2005, 2450 (2451 f.) – EM-TV; grundsätzl. zust. etwa *Fleischer* ZIP 2005, 1805 (1810 f.); *Möllers* BB 2005, 1637 (1639 ff.), jeweils mit Ausführungen zur Vereinbarkeit dieser Rechtsprechung mit der Kapitalrichtlinie; *Hutter/Stürwald* NJW 2005, 2428 (2431); *Kort* NZG 2005, 708 (709); krit. zum uneingeschränkten Vorrang des Anlegerschutzes vor der Vermögensbindung dagegen *Schäfer* NZG 2005, 985 (989 f.).

[193] Vgl. BGH NJW 2005, 2450 (2451).

[194] Ebenso OLG Stuttgart NZG 2008, 951 (952); *Kort* NZG 2005, 708.

[195] EuGH NZG 2014, 215 (216 f. Rn. 22 ff.); *Bayer* WM 2013, 961 (966 ff.); auf die Kapitalrichtlinie gestützte Bedenken gegen den Vorrang der Prospekthaftung vor der Vermögensbindung noch bei Kölner Komm AktG/*Lutter/Drygala* § 71 Rn. 101; *Kindler* FS Hüffer, 2010, 417 (427 f.).

[196] Zutr. Schwark/Zimmer/*Schwark* BörsG §§ 44, 45 Rn. 13; Großkomm AktG/*Henze* Rn. 19.

[197] So die Beispiele in Art. 15 Abs. 1 lit. d KapitalRL.

[198] Ebenso Großkomm AktG/*Henze* Rn. 19; *Henze* AG 2004, 405 (410); wohl auch *Langenbucher* ZIP 2005, 239 (242).

[199] Richtlinie 2003/71/EG des Europäischen Parlaments und des Rates betreffend den Prospekt, der beim öffentlichen Angebot von Wertpapieren oder bei deren Zulassung zum Handel zu veröffentlichen ist, und zur Änderung der Richtlinie 2001/34/EG v. 4.11.2003, ABl. EU 2003 Nr. L 364, 64.

[200] *Grundmann*, Europäisches Gesellschaftsrecht, 2004, Rn. 343; *Langenbucher* ZIP 2005, 239 (241 f.); vgl. auch *Mülbert* JZ 2002, 826 (833 f.) zu Art. 21 Abs. 2 der konsolidierten Börsenrichtlinie.

hafte Prospekte in Betracht. Wie ein Gegenschluss zu Art. 25 Prospektrichtlinie zeigt, geht es in Art. 6 Prospektrichtlinie gerade um zivilrechtliche Ansprüche getäuschter Anleger. Der nationale Gesetzgeber ist allerdings nicht gezwungen, den dadurch eröffneten Spielraum vollständig auszuschöpfen. Mit den gemeinschaftsrechtlichen Vorgaben für die Prospekthaftung wären vielmehr auch vermittelnde Lösungen vereinbar, die, wie eine auf das freie Vermögen beschränkte Haftung der Gesellschaft oder ein Rangrücktritt der Anlegeransprüche in der Insolvenz der AG, die Vermögensbindung weniger aushöhlen als dies bei einer Gleichstellung der Ansprüche getäuschter Anleger mit denen von Drittgläubigern der Fall wäre.

2. Zeitlicher Anwendungsbereich. a) Grundsatz. Die Regeln über die Vermögensbindung **50** gelten unbestrittenermaßen während des Bestehens der Gesellschaft, also von ihrer Eintragung bis zu ihrer Löschung,[201] im Falle der Liquidation also auch während des Sperrjahres (§ 272).[202] Auch die Eröffnung des Insolvenzverfahrens über das Vermögen der Gesellschaft ändert nichts an der Geltung von Abs. 1 S. 1 (vgl. § 62 Abs. 2 S. 2). Sowohl Vermögensverlagerungen, die vor diesem Zeitpunkt erfolgt sind, als auch Auszahlungen während des Verfahrens sind untersagt.[203]

b) Abgrenzung von der Kapitalaufbringung. Nach einer im Schrifttum vertretenen Auffas- **51** sung soll es bei **Zuwendungen an einen Gründer**, die **vor Eintragung der Gesellschaft** erfolgen, auf die Höhe des Vermögensvorteils ankommen. Soweit die Einlage bereits erbracht war und die Leistung die Höhe der Einlageverpflichtung nicht übersteigt, liegt danach Nichterfüllung der Einlagepflicht vor, während für darüber hinausgehende Beträge § 57 Anwendung finden soll,[204] dessen grundsätzliche Anwendbarkeit im Gründungsstadium dabei vorausgesetzt wird. Diese Differenzierung führt jedoch nicht durchweg zu überzeugenden Ergebnissen. Hat etwa der Aktionär vereinbarungsgemäß eine Sacheinlage eingebracht und wendet ihm die Gesellschaft Geld oder einen anderen Gegenstand als die vom Gründer geleistete Einlage zu, wäre es nicht zutreffend anzunehmen, die Sacheinlagepflicht sei nicht erfüllt.[205] Im Übrigen laufen die Sanktionsmechanismen des Kapitalaufbringungsrechts teilweise leer, wenn eine Zuwendung erst nach der Anmeldung der Gesellschaft erfolgt (vgl. §§ 36, 36a, 37, 46 S. 1). Schließlich könnte die geschilderte Auffassung ohne Not zu einem Nebeneinander von Kapitalaufbringungs- und Kapitalerhaltungsrecht hinsichtlich einer einheitlichen Zuwendung führen. In Anbetracht der mittlerweile anerkannten Identität von Vorgesellschaft und eingetragener AG erscheint es demgegenüber vorzugswürdig, § 57 bereits im Gründungsstadium anzuwenden und dementsprechend jede Zuwendung an die Gründer vor Eintragung als Verstoß gegen Abs. 1 S. 1 zu qualifizieren.

Nach der Rechtsprechung setzt das Eingreifen der Vermögensbindung eine **wirksame Einlage-** **52** **leistung** voraus. Daran fehlt es mangels Leistung zur freien Verfügung der Geschäftsführung dann, wenn die Einlageleistung vereinbarungsgemäß an den Inferenten oder ein mit ihm verbundenes Unternehmen zurückfließt, (sog. **Hin-und-Herzahlen**).[206] Die Rückzahlung der Einlage an den Inferenten stellt danach nicht ein unzulässige Einlagenrückgewähr dar, die nach § 57 zu beurteilen wäre, sondern führt zur Unwirksamkeit der Einlageleistung, so dass der Gesellschaft ihr Einlageanspruch gegen den Inferenten verbleibt.[207] Auf Empfehlung des Rechtsausschusses[208] bestimmt zwar nunmehr Art. § 27 Abs. 4 in Anlehnung an den durch Art. 1 Nr. 17 lit. c) MoMiG geänderten § 19 Abs. 5 GmbHG,[209] dass ein Rückfluss der Einlageleistung an den Inferenten eine wirksame Erfüllung der Einlagepflicht insoweit nicht ausschließt, als der Gesellschaft ein jederzeit fälliger, vollwertiger Rückgewähranspruch zusteht. An der Abgrenzung zwischen Kapitalaufbringung und Kapitalerhaltung hat sich dadurch allerdings nichts geändert: Sofern bei einem Rückfluss der Einlage an den Inferenten ein vollwertiger und liquider Rückgewähranspruch der Gesellschaft besteht, ist die Einlageleistung wirksam erbracht. Die Frage nach einer unzulässigen Einlagenrückgewähr stellt sich in diesem Fall nicht, weil die Voraussetzungen des § 27 Abs. 4 denen des § 57 Abs. 1 S. 3 entsprechen.[210]

---

[201] MüKoAktG/*Bayer* Rn. 14; Großkomm AktG/*Henze* Rn. 14, 16; Bürgers/Körber/*Westermann* Rn. 7; NK-AktR/*Drinhausen* Rn. 6.
[202] Grigoleit/*Grigoleit/Rachlitz* Rn. 3; für die GmbH BGH NZG 2009, 545 (548 Rn. 42).
[203] MüKoAktG/*Bayer* Rn. 14.
[204] MüKoAktG/*Bayer* Rn. 15.
[205] Entgegen Kölner Komm AktG/*Drygala* Rn. 22 Fn. 87 fehlt es in einem solchen Fall keineswegs notwendigerweise mangels freier Verfügbarkeit an einer wirksamen Einlageleistung.
[206] BGHZ 153, 107 (111) = NZG 2003, 168; BGHZ 165, 113 (116 f.) = NZG 2006, 24; BGHZ 174, 370 (373) Rn. 6 = NZG, 2008, 143; BGH NZG 2009, 463 (465).
[207] BGHZ 174, 370 (376 f. Rn. 10 f.) = NZG 2008, 143.
[208] BT-Drs. 16/13 098, 6 (55).
[209] Vgl. dazu BegrRegE MoMiG BT Drs. 16/6140, 34 f. und Beschlussempfehlung und Bericht des Rechtsausschusses BT-Drs. 16/9737, 97.
[210] Vgl. Beschlussempfehlung und Bericht des Rechtsausschusses BT-Drs. 16/13 098, 55.

Fehlt es dagegen an einem vollwertigen und liquiden Rückgewähranspruch, liegt keine wirksame Einlageleistung vor. In diesem Fall schließen die Bestimmungen über die Kapitalaufbringung die Anwendung des § 57 aus.

53 Erfüllt ein Geschäft zwischen Gründer und Gesellschaft die Voraussetzungen einer sog. **verdeckten Sacheinlage** (dazu im Einzelnen → § 27 Rn. 103 ff.), verdrängte nach hM bereits vor der Neufassung des § 27 Abs. 3 durch das MoMiG das Recht der Kapitalaufbringung die Vermögensbindung nach § 57.[211] Der Vorrang der Kapitalaufbringungsregeln muss erst recht nach neuem Recht gelten, nach dem die Verträge über Sacheinlagen und die Rechtshandlungen zu ihrer Ausführung nicht mangels Aufnahme in die Satzung oder den Kapitalerhöhungsbeschluss unwirksam sind.[212] Vielmehr enthalten § 27 Abs. 3 S. 3, § 183 Abs. 2, § 205 Abs. 3 spezielle, § 57 ausschließende Bestimmungen über die Behandlung verdeckter Sacheinlagen.[213] Soweit der Wert der Leistung, die der Aktionär im Rahmen des Verdeckungsgeschäfts erbringt, hinter der Gegenleistung der AG zurückbleibt, wird die Kapitalaufbringung durch die Beweislast des Inferenten für die Werthaltigkeit seiner Leistung (§ 27 Abs. 3 S. 5 AktG) und das Fortbestehen des Einlageanspruchs in Höhe der Differenz gesichert.[214] Allerdings findet § 57 ergänzend Anwendung, soweit die Zuwendung der Gesellschaft im Rahmen des Verdeckungsgeschäfts den Betrag der Einlage des Aktionärs übersteigt.[215] Das führt namentlich dazu, dass die Ansprüche der AG auf Zahlung dieser Differenz den Verzichts- und Vergleichsbeschränkungen nach § 66 Abs. 1[216] unterliegen. Aus denselben Gründen findet Abs. 1 S. 1 neben den Vorschriften der §§ 52 f. über die **Nachgründung** Anwendung, soweit die Gegenleistung der Gesellschaft den Betrag der Einlage des Aktionärs übersteigt.

54 **c) Zuwendungen an zukünftige oder frühere Aktionäre.** Die Frage nach der Zulässigkeit von Zuwendungen an einen **künftigen Aktionär** stellt sich dann, wenn der Empfänger zur Zeit des Leistungsversprechens und/oder der Vermögensverschiebung noch nicht Aktionär ist. Entscheidend für die Anwendbarkeit von Abs. 1 S. 1 ist in derartigen Fällen, ob das Leistungsversprechen oder die Zuwendung gerade im Hinblick auf die zukünftige Aktionärsstellung und damit societatis causa erfolgen.[217] Ist dies der Fall, müssen sich die Beteiligten beim Wort nehmen lassen und die Zuwendung ist dementsprechend an den Vermögensbindungsvorschriften zu messen. Erfolgt die Zuwendung in engem zeitlichen und sachlichen Zusammenhang mit der Begründung der Aktionärseigenschaft, spricht eine Vermutung dafür, dass sie durch das Gesellschaftsverhältnis bedingt ist.[218]

55 Sagt die Gesellschaft einem Aktionär im Hinblick auf seine Aktionärsstellung Leistungen zu, beansprucht Abs. 1 S. 1 ohne weiteres auch dann Geltung, wenn die Erfüllung dieser Zusage erst nach seinem Ausscheiden erfolgt.[219] Problematisch sind danach nur solche Fälle, in denen die der Zuwendung zugrunde liegende Abrede erst nach der Aufgabe der Aktionärsstellung getroffen wird. Ebenso wie bei Zuwendungen im Hinblick auf einen künftigen Aktienerwerb kommt es auch hier darauf an, ob der Vermögensvorteil durch die **frühere Beteiligung** bedingt ist. Anders als bei Leistungen an einen künftigen Aktionär fehlt es hier aber auch bei einem engen zeitlichen und sachlichen Zusammenhang mit dem Ausscheiden aus der Gesellschaft an einer hinreichenden Grundlage für eine Vermutung der causa societatis,[220] denn gesellschaftsrechtlich vermittelter Einfluss des Empfängers auf die Verwaltung liegt weder bei Zusage der Leistung vor noch ist seine Begründung für die Zukunft geplant (anderenfalls handelt es sich um eine Zuwendung an einen zukünftigen Aktionär). Maßgeblich sind daher die tatsächlichen Umstände des Einzelfalles.

56 **3. Einlagenrückgewähr unter Beteiligung Dritter. a) Problemstellung.** Abs. 1 S. 1 verbietet seinem **Wortlaut** nach allein **Zuwendungen an Aktionäre**. Minderungen des Gesellschaftsver-

---

[211] Großkomm AktG/*Henze* Rn. 15; MüKoAktG/*Bayer* Rn. 15.
[212] Kölner Komm AktG/*Drygala* Rn. 24.
[213] Vgl. *Koch* ZHR 175 (2011), 55 (73 f.).
[214] Beispiel: Bareinlagepflicht 1.000, Kaufpreiszahlung der AG an den Inferenten 1.000, Wert des vom Aktionär der AG veräußerten Gegenstandes 600. Anrechnung von 600 auf die Bareinlage, offene Resteinlage 400.
[215] Beispiel: Bareinlagepflicht 1.000, Kaufpreiszahlung der AG an den Inferenten 2.000, Wert des vom Aktionär der AG veräußerten Gegenstandes 600. Anrechnung von 600 auf die Bareinlage, offene Resteinlage 400, unzulässige Einlagenrückgewähr 1.000. Ebenso MüKoAktG/*Bayer* Rn. 15; Kölner Komm AktG/*Drygala* Rn. 25.
[216] Näher dazu *Cahn*, Vergleichsverbote im Gesellschaftsrecht, 1996, 38 ff.
[217] Großkomm AktG/*Henze* Rn. 80; Kölner Komm AktG/*Drygala* Rn. 119; Hüffer/Koch/*Koch* Rn. 18.
[218] BGH NZG 2008, 106 Rn. 13; MüKoAktG/*Bayer* Rn. 111; Grigoleit/*Grigoleit/Rachlitz* Rn. 28; NK-AktR/*Drinhausen* Rn. 42; krit. *Fridrich*, Der Schutz des Kapitals der Aktiengesellschaft bei fremdfinanzierter Übernahme, 2010, 113 ff.
[219] OLG Frankfurt AG 1996, 324 (325); OLG Hamburg NZG 2013, 137 (138); OLG Hamburg AG 1980, 275 (278); Großkomm AktG/*Henze* Rn. 80; MüKoAktG/*Bayer* Rn. 111; zum GmbH-Recht vgl. BGHZ 13, 49 (54); BGHZ 81, 252 (258) = NJW 1981, 2570 (2571 f.).
[220] Kölner Komm AktG/*Drygala* Rn. 119; *Fridrich*, Der Schutz des Kapitals der Aktiengesellschaft bei fremdfinanzierter Übernahme, 2010, 112 f.; aA, aber ohne hinreichende Begründung MüKoAktG/*Bayer* Rn. 111.

mögens können einem Aktionär jedoch auch dann zugute kommen, wenn er nicht selbst Empfänger der Leistung ist. Umgekehrt kann sich eine Zuwendung an einen Aktionär zu Lasten der Gesellschaft auswirken, ohne dass sie selbst als Leistende in Erscheinung tritt. Der wirtschaftliche Erfolg einer Verlagerung von Gesellschaftsvermögen auf einen Aktionär kann vielmehr unter Einschaltung Dritter erfolgen, ohne dass derartige Vermögensverschiebungen vom Wortlaut des Abs. 1 S. 1 erfasst würden. Die Beteiligung Dritter an solchen Transaktionen ist dabei ebenso auf Seiten der AG wie auf Seiten des Aktionärs möglich. Im ersten Fall, der **Leistung durch einen Dritten,** erbringt dieser dem Aktionär eine Leistung, die im Ergebnis das Gesellschaftsvermögen schmälert. Besonders deutlich wird dies, wenn der Dritte für Rechnung der Gesellschaft handelt. Im zweiten Fall, der **Leistung an einen Dritten,** kommt der Vorteil, den die AG dem Dritten zuwendet, aufgrund seines Verhältnisses zum Aktionär auch oder sogar ausschließlich diesem zugute. Offensichtlich ist dies wiederum dann, wenn der Dritte für Rechnung des Aktionärs handelt und ihm zur Herausgabe des Vorteils verpflichtet ist. Beide genannten Fälle können schließlich zusammentreffen, wenn Dritte sowohl für die Gesellschaft als auch für den Aktionär tätig werden, wie dies etwa bei Zuwendungen eines von der AG abhängigen Unternehmens an einen die AG mittelbar beherrschenden Aktionär der Fall sein kann (etwa Leistungen der Urenkelgesellschaft an die Muttergesellschaft).

Abs. 1 S. 1 ist seinem Wortlaut nach auf Zuwendungen zugeschnitten, bei denen ein unmittelbarer Vermögensabfluss bei der Gesellschaft und ein korrespondierender unmittelbarer Vermögenszufluss bei dem begünstigten Aktionär stattfinden. Bei Zuwendungen unter Beteiligung Dritter fehlt mindestens eines dieser Merkmale, das dementsprechend durch **besondere Zurechnungsgründe** kompensiert werden muss. Tritt als Leistender nicht die Gesellschaft selbst auf **(Leistung durch einen Dritten),** stellt sich in diesem Zusammenhang die Frage, welcher Art die Beziehung des Dritten zur Gesellschaft sein müssen, um die Zuwendung als unerlaubte Auszahlung durch die Gesellschaft zu qualifizieren. **Leistungen** der Gesellschaft **an einen Dritten** können sowohl eine Rückgewährpflicht des Empfängers als auch des Aktionärs auslösen. Eine Einstandspflicht des Empfängers setzt voraus, dass er trotz fehlender Beteiligung an der Gesellschaft wie ein Aktionär zu behandeln ist. Demgegenüber ist eine Haftung des Aktionärs dann zu bejahen, wenn die Zuwendung an den Dritten so zu beurteilen ist, als habe der Aktionär sie empfangen. Entscheidend dafür sind jeweils die Rechtsbeziehungen zwischen dem Empfänger der Leistung und dem Aktionär.

b) Leistungen durch Dritte. aa) Handeln für Rechnung der AG. Abs. 1 S. 1 soll im Interesse der Gesellschaftsgläubiger sicherstellen, dass das Vermögen der AG nicht durch Zuwendungen an Aktionäre außerhalb der Gewinnverteilung geschmälert wird. Eine solche Schmälerung des Gesellschaftsvermögens würde auch dann eintreten, wenn nicht die Gesellschaft selbst, sondern ein Dritter auf Rechnung der AG einem Aktionär Vorteile zuwendet. Eine Erstattung der damit verbundenen Aufwendungen an den Dritten würde zu demselben Ergebnis führen wie eine unmittelbare Zuwendung der Gesellschaft an den Aktionär. Entsprechend § 56 Abs. 3 S. 1 ist dem Dritten regelmäßig die Berufung darauf verwehrt, er habe nicht auf eigene Rechnung gehandelt.[221] Ihm steht daher grundsätzlich **kein** (durchsetzbarer) **Aufwendungsersatzanspruch** gegen die Gesellschaft zu.[222] Das Verhältnis des Aktionärs zu dem Dritten bleibt nach hM von dem Verstoß gegen § 57 unberührt, weil durch die Zuwendung des Dritten das Vermögen der Gesellschaft nicht beeinträchtigt wird.[223] Etwas anderes gilt allerdings dann, wenn der Dritte von AG und Aktionär als gutgläubiges Werkzeug zur Umgehung des Ausschüttungsverbotes eingesetzt wird. In diesem Fall treffen die Folgen des Verstoßes gegen Abs. 1 S. 1 das Geschäft zwischen dem Dritten und dem Aktionär, so dass der Dritte den Vermögensvorteil vom Aktionär zurückverlangen kann.

bb) Abhängige Unternehmen. Zuwendungen durch abhängige Unternehmen an Aktionäre der herrschenden AG verstoßen gegen Abs. 1 S. 1.[224] Regelmäßig stehen abhängige Unternehmen im Mehrheitsbesitz der herrschenden Gesellschaft. In diesem Fall ist die Einbeziehung von Zuwendungen des abhängigen Unternehmens an einen Aktionär der herrschenden AG in den Anwendungsbereich des Abs. 1 S. 1 bereits wegen ihrer **Auswirkungen auf den Wert der Beteiligung** erforderlich. Die Anwendung der Vorschrift auf Leistungen durch abhängige Unternehmen an Aktionäre

---

[221] Großkomm AktG/*Henze* Rn. 75, 212; MüKoAktG/*Bayer* Rn. 102; Kölner Komm AktG/*Drygala* Rn. 120; Hüffer/Koch/*Koch* Rn. 17; *Riedel,* Unzulässige Vermögenszuwendungen und ihre Rechtsfolgen im Recht der Aktiengesellschaft, 2004, 192.

[222] Großkomm AktG/*Henze* Rn. 212; MüKoAktG/*Bayer* Rn. 233; Kölner Komm AktG/*Drygala* Rn. 120; Hüffer/Koch/*Koch* Rn. 17.

[223] Großkomm AktG/*Henze* Rn. 212; MüKoAktG/*Bayer* Rn. 102; Hüffer/Koch/*Koch* Rn. 17.

[224] Ebenso im Erg. Großkomm AktG/*Henze* Rn. 76 ff.; MüKoAktG/*Bayer* Rn. 103 f.; Kölner Komm AktG/ *Drygala* Rn. 121; Grigoleit/*Grigoleit/Rachlitz* Rn. 27; Hüffer/Koch/*Koch* Rn. 17; *Riedel,* Unzulässige Vermögenszuwendungen und ihre Rechtsfolgen im Recht der Aktiengesellschaft, 2004, 192 f.

der herrschenden AG ist aber auch deswegen geboten, weil eine Vermutung dafür spricht, dass eine derartige Zuwendung durch die AG **veranlasst** ist, so dass die Gesellschaft regelmäßig gegenüber dem Beteiligungsunternehmen zum Ausgleich verpflichtet ist. Entgegen einer im neueren Schrifttum vertretenen Auffassung[225] ist die Anwendung von Abs. 1 S. 1 in derartigen Fällen nicht entsprechend § 32a Abs. 3 S. 2 Hs. 2 GmbHG aF (jetzt § 39 Abs. 5 InsO) davon abhängig, dass die herrschende AG zu mindestens 10 % an der zuwendenden Gesellschaft beteiligt ist.[226]

60 **cc) Andere Beteiligungsunternehmen.** Zuwendungen durch nicht von der AG abhängige Beteiligungsunternehmen an einen Aktionär können das Gesellschaftsvermögen in ähnlicher Weise beeinträchtigen wie Leistungen der Gesellschaft selbst. Ein Mittelabfluss bei einem Unternehmen, an dem die AG beteiligt ist, verringert den Wert ihrer Beteiligung. Schon aus Gründen der Rechtssicherheit und der Praktikabilität kann allerdings nicht jede noch so geringe Beteiligung der AG an dem zuwendenden Unternehmen dazu führen, dass Zuwendungen des Beteiligungsunternehmens an einen Aktionär nach § 57 unzulässig wären. Aus § 56 Abs. 2 S. 1, § 71d S. 2 lässt sich vielmehr die Wertung entnehmen, dass unter Gesichtspunkten des Vermögensschutzes lediglich Leistungen solcher Unternehmen wie Leistungen der AG selbst zu qualifizieren sind, an denen sie unmittelbar oder mittelbar **mehrheitlich beteiligt** ist.[227] Ob dies der Fall ist, beurteilt sich grundsätzlich nach § 16.

61 **(1) Anteils- und Stimmrechtsmehrheit.** Da es bei der Anwendung des § 57 allein um die Auswirkungen einer Vermögensverflechtung zwischen der AG und einem Beteiligungsunternehmen geht, das einem Aktionär Vorteile zuwendet, kommt es allerdings nur auf das Vorliegen einer Anteilsmehrheit an; eine Stimmenmehrheit, die weder zugleich den Tatbestand der Anteilsmehrheit erfüllt noch über die Vermutung des § 17 Abs. 2 zur Abhängigkeit des Beteiligungsunternehmens (→ Rn. 59) führt, rechtfertigt hingegen nicht die Anwendung der für die AG geltenden Ausschüttungssperre auf Leistungen des Beteiligungsunternehmens.

62 **(2) Zurechnungsfälle.** In mehrfacher Hinsicht problematisch ist im vorliegenden Zusammenhang die **Zurechnung nach § 16 Abs. 4**.[228] Einerseits entfaltet die Zurechnung des Anteilsbesitzes abhängiger Unternehmen nach dieser Vorschrift eine überschießende Tendenz, soweit es um die Anwendung von Vorschriften geht, deren Anliegen ausschließlich im Vermögensschutz besteht. Andererseits greift die Vorschrift dabei insoweit zu kurz, als die Zurechnung des Anteilsbesitzes vom Vorliegen beherrschenden Einflusses abhängt. Beides lässt sich anhand der nachstehenden Beispiele verdeutlichen:

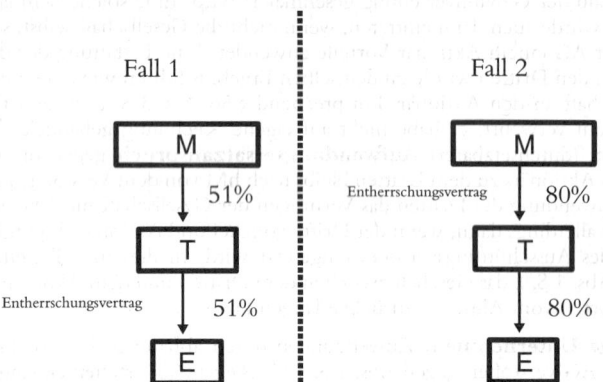

63 Im Fall 1 führt die Anteilszurechnung nach § 16 Abs. 4 dazu, dass M als Mehrheitsgesellschafterin der E gilt, obwohl bei wirtschaftlicher Betrachtung insgesamt nur knapp über 25 % des Eigenkapitals der E aus dem Vermögen der M stammt. Der Abhängigkeitsausschluss im Verhältnis T-E ändert nichts an der Anwendbarkeit der Zurechnungsvorschrift. Dagegen findet § 16 Abs. 4 im Fall 2 keine

---

[225] Großkomm AktG/*Henze* Rn. 78; MüKoAktG/*Bayer* Rn. 52.
[226] Ebenso *Fridrich*, Der Schutz des Kapitals der Aktiengesellschaft bei fremdfinanzierter Übernahme, 2010, 134.
[227] Ebenso Großkomm AktG/*Henze* Rn. 76 f.; MüKoAktG/*Bayer* Rn. 103 f.; Kölner Komm AktG/*Drygala* Rn. 121; Hüffer/Koch/*Koch* Rn. 17.
[228] Eingehend zum Folgenden *Cahn*, Kapitalerhaltung im Konzern, 1998, 210 ff.; für Maßgeblichkeit von § 16 Abs. 4 für die Einbeziehung *Schall* ZIP 2010, 205 (210 ff.).

Keine Rückgewähr, keine Verzinsung der Einlagen **64–67 § 57**

Anwendung. Da T infolge des Entherrschungsvertrages kein von M abhängiges Unternehmen ist,[229] wird die Beteiligung der T an E der M nicht zugerechnet. Obwohl wirtschaftlich betrachtet 64 % (80 % × 80 %) des Eigenkapitals der E aus Mitteln der M stammt, würde § 57 einer Zuwendung der E an einen Aktionär der M nicht entgegenstehen, wenn die Anwendung der Vorschrift von einer Mehrheitsbeteiligung der M an E iSv § 16 abhängig wäre.

Soweit es um die Anwendung von Vorschriften geht, die für herrschende und abhängige Unter- **64** nehmen und, darauf aufbauend, für Konzernunternehmen gelten, ist die Zurechnungsvorschrift des § 16 Abs. 4 insoweit sachgerecht, als sie die Stimmrechte eines abhängigen Unternehmens der herrschenden Gesellschaft in vollem Umfang und nicht nur entsprechend ihrer Beteiligung zurechnet (Fall 1). Damit trägt die Vorschrift dem Umstand Rechnung, dass ein herrschendes Unternehmen (M) dafür sorgen kann, dass nicht nur ein seiner Beteiligungsquote entsprechender Teil, sondern alle Stimmrechte, die einem abhängigen Unternehmen (T) an nachgeordneten Gesellschaften (E) zustehen, in seinem Sinne ausgeübt werden. An einer vergleichbaren **Hebelwirkung fehlt** es hingegen bei der Anwendung von Vorschriften, denen es um die „vermögensmäßige Verflechtung"[230] zweier Unternehmen und die daraus folgenden Auswirkungen bestimmter Transaktionen geht. Zuwendungen eines Enkelunternehmens an einen Aktionär der Mutter-AG mindern deren Vermögen nur entsprechend der Höhe ihrer mittelbaren Beteiligung. Die vollumfängliche **Anteilszurechnung entfaltet** hier also unter Normzweckgesichtspunkten eine **überschießende Wirkung**.

Ebenso wie die vollumfängliche Zurechnung der Stimmrechte eines abhängigen Unternehmens ist **65** nur für die Anwendung von Vorschriften, denen es um die Kontrolle und die zutreffende Offenlegung beherrschenden Einflusses geht, der völlige **Ausschluss der Zurechnung** von Stimmrechten sachgerecht, die einem Unternehmen (T) zustehen, das zwar im Mehrheitsbesitz, aber nicht unter dem beherrschenden Einfluss eines anderen Unternehmens (M) steht (Fall 2). Bei Regelungen, deren Anliegen ausschließlich im Schutz des Vermögens besteht, würde die Anknüpfung an die Beherrschungsmöglichkeit dagegen zu einem **Regelungsdefizit** führen.

(3) Teleologische Bestimmung der Mehrheitsbeteiligung. In Anbetracht dieser Unzuläng- **66** lichkeiten des § 16 ist das Vorliegen einer Mehrheitsbeteiligung im Hinblick auf die Anwendung des Abs. 1 S. 1 auf Zuwendungen von nicht mehr der AG abhängigen Unternehmen eigenständig gemäß dem Vermögensschutzzweck der Vorschrift zu bestimmen. Ein Verstoß gegen die im Verhältnis der AG zum Empfänger geltende Vermögensbindung kommt hier nur dann in Betracht, wenn die AG eine **Anteilsmehrheit** an dem leistenden Unternehmen besitzt; eine bloße Mehrheit der Stimmrechte, die nicht zugleich die Abhängigkeit des Beteiligungsunternehmens zur Folge hat, reicht nicht aus. Bei mittelbaren Beteiligungen kommt es darauf an, ob der **durchgerechnete Anteilsbesitz** der AG an dem leistenden Unternehmen, dh das Produkt der Beteiligungsquotienten auf den verschiedenen Beteiligungsstufen, über 50 % liegt. In dem ersten der in → Rn. 62 gebildeten Beispiele wäre daher § 57 auf Zuwendungen des Enkelunternehmens an einen Aktionär der Muttergesellschaft nicht anwendbar, während im zweiten Beispiel derartige Zuwendungen gegen die aktienrechtliche Vermögensbindung verstoßen würden.

c) Leistungen an Dritte. Unter dieser Überschrift werden im Schrifttum[231] zwei durchaus **67** unterschiedlich gelagerte Sachfragen erörtert. Es geht zum einen um Leistungen der Gesellschaft an einen Dritten, der wegen seiner **Nähe zu einem Aktionär** selbst wie ein Aktionär behandelt wird (→ Rn. 68 ff.). Hier gilt es, die Haftung des Leistungsempfängers zu begründen, obwohl er nicht Aktionär ist. Die andere Gruppe von Fällen zeichnet sich dadurch aus, dass die Gesellschaft ihre Leistung zwar an einen Dritten erbringt, der Vermögensvorteil des Dritten wegen dessen Beziehung zum Aktionär aber im Ergebnis so zu behandeln ist, **als habe der Aktionär sie selbst empfangen** (→ Rn. 72 ff.). Hier gilt es, die Haftung des Aktionärs zu begründen, obwohl er nicht Leistungsempfänger ist. Bezogen auf den Tatbestand des Abs. 1 S. 1 muss also in der ersten Fallgruppe die fehlende Aktionärseigenschaft des Empfängers, in der zweiten Fallgruppe der fehlende Vermögenszufluss beim Aktionär kompensiert werden. Besondere Fragen werfen schließlich Vermögensverlagerungen zwischen verbundenen Unternehmen auf (→ Rn. 77 ff.).

---

[229] Vgl. zur Folge des Abhängigkeitsausschlusses etwa OLG Köln AG 1993, 86 (87); LG Mainz DB 1990, 2361 (2363 f.); Hüffer/Koch/*Koch* § 17 Rn. 22; MüKoAktG/*Bayer* § 17 Rn. 99; *Götz*, Der Entherrschungsvertrag im Aktienrecht, 1991, 18 ff.; *Hentzen* ZHR 157 (1993) 65 (67 f.); abw. *Hüttemann* ZHR 156 (1992), 314 (324 ff.). Vergleichbare Ergebnisse lassen sich etwa durch Stimmbindungsverträge, stimmrechtslose Vorzugsaktien oder GmbH-Anteile sowie bei der nicht börsennotierten AG und bei der GmbH auch durch Höchststimmrechte erzielen.
[230] Ausschussbericht zu § 16 bei *Kropff* S. 29.
[231] Vgl. etwa Großkomm AktG/*Henze* Rn. 79 ff. (214 ff.); MüKoAktG/*Bayer* Rn. 108 ff.; Kölner Komm AktG/*Drygala* Rn. 123 ff.; Hüffer/Koch/*Koch* Rn. 18 f.

68 **aa) Leistungen an aktionärsgleiche Dritte.** Wendet die AG dem **Treugeber eines Aktionärs,** der seine Beteiligung treuhänderisch für den Empfänger hält, einen Vorteil zu, findet nach zutreffender hM Abs. 1 S. 1, unbeschadet der gesamtschuldnerischen Haftung des Treuhänder-Aktionärs bei Veranlassung dieser Zuwendung durch ihn (→ § 62 Rn. 11 aE), auf die Zuwendung an den Treugeber entsprechende Anwendung,[232] denn ihm stehen kraft der Treuhandvereinbarung die Erträge der Beteiligung zu. Dagegen ist Abs. 1 S. 1 auf Leistungen an den **Allein- oder Mehrheitsgesellschafter** einer Gesellschaft, die ihrerseits an der leistenden AG beteiligt ist, entgegen der hM[233] nicht ohne weiteres, sondern nur dann anzuwenden, wenn die Vermutung nicht widerlegt wird, dass die Zuwendung wegen der Beteiligung der Gesellschaft an der AG und damit causa societatis erfolgt ist.

69 Vor allem im Zusammenhang mit dem Abkauf von Anfechtungsklagen wird als faktischer Aktionär und damit als Adressat von Abs. 1 S. 1 der **Vertreter** eines Aktionärs angesehen, der im Zusammenhang mit seiner Tätigkeit als Vertreter für eigene Rechnung Zuwendungen der AG entgegennimmt.[234] Hier spricht eine Vermutung dafür, dass der Vertretene eingeschaltet wird, um die Zuwendung an den Vertreter dem Anwendungsbereich der Vermögensbindung zu entziehen. Der hM ist daher für die Fälle zuzustimmen, in denen diese Vermutung nicht widerlegt wird.

70 **Pfandgläubiger** eines Aktionärs sollen nach überwiegender Auffassung dann in das Auszahlungsverbot einbezogen sein, wenn ihre Stellung atypisch ausgestaltet ist und ihnen Befugnisse einräumt, kraft derer sie die Geschicke der Gesellschaft ähnlich wie ein Aktionär mitbestimmen können.[235] Demgegenüber ist daran festzuhalten, dass Gläubiger eines Gesellschafters nicht der aktienrechtlichen Vermögensbindung unterliegen. Leistungen der Gesellschaft an sie, die zur Befreiung des Aktionärs von seiner Verbindlichkeit führen, sind vielmehr als Zuwendungen an den Aktionär zu qualifizieren. Daran ändert es grundsätzlich nichts, wenn der Gläubiger Einfluss auf die Gesellschaft ausüben kann. Nimmt der Aktionär auf Betreiben des Gläubigers Einfluss auf die Gesellschaft, ist deren Zuwendung an seinen Gläubiger kraft seiner Veranlassung so zu behandeln, als habe er sie entgegengenommen und anschließend weitergeleitet. Hat sich dagegen der Gläubiger durch eigene Vereinbarungen oder durch Ausüben wirtschaftlichen Drucks auf die Gesellschaft die Möglichkeit zur Einflussnahme verschafft,[236] beruht die Zuwendung gerade nicht auf der Stellung als Pfandgläubiger des Aktionärs.[237] Der Konsequenz, jeden Gläubiger der Gesellschaft, der sich durch Ausnutzen seiner wirtschaftlichen Position Einfluss auf die Gesellschaft verschafft, im Hinblick auf Zuwendungen aus dem Gesellschaftsvermögen wie einen Aktionär zu behandeln, hat die Rechtsprechung bekanntlich eine Absage erteilt.[238] Die für § 17 und §§ 311 ff. maßgeblichen Erwägungen beanspruchen konsequenterweise auch im Zusammenhang mit Abs. 1 S. 1 Geltung. Zudem lässt sich das Auszahlungsverbot, jedenfalls nicht in erster Linie, als Korrelat zur Möglichkeit der Einflussnahme auf die Geschäftsleitung begreifen, wie seine Geltung auch für Kleinaktionäre und sogar für die Inhaber stimmrechtsloser Aktien zeigt. Schließlich unterscheiden sich auch die finanziellen Interessen eines Pfandgläubigers grundsätzlich von denen eines Aktionärs. Dessen Stellung zeichnet sich dadurch aus, dass seine Residualansprüche gegenüber der Gesellschaft

---

[232] BGH NZG 2008, 106; OLG Hamburg AG 1980, 275 (278); Großkomm AktG/*Henze* Rn. 81; MüKoAktG/*Bayer* Rn. 114; Grigoleit/*Grigoleit*/*Rachlitz* Rn. 29; Hüffer/Koch/*Koch* Rn. 19; Bürgers/Körber/*Westermann* Rn. 9; MHdB AG/*Rieckers* § 16 Rn. 72; *Riedel,* Unzulässige Vermögenszuwendungen und ihre Rechtsfolgen im Recht der Aktiengesellschaft, 2004, 198 f.; ebenso für die GmbH BGHZ 31, 258 (266 f.) = NJW 1960, 285 (286); BGHZ 75, 334 (335 f.) = NJW 1980, 592 f.; *Altmeppen* FS Kropff, 1997, 641 (644); Scholz/*Verse* GmbHG § 30 Rn. 39; Baumbach/Hueck/*Fastrich* GmbHG § 30 Rn. 27; einschr. *Fleck* FS 100 Jahre GmbHG, 1992, 391 (410 f.).

[233] OLG Hamm ZIP 1995, 1263 (1270); Großkomm AktG/*Henze* Rn. 82; MüKoAktG/*Bayer* Rn. 114; Kölner Komm AktG/*Drygala* Rn. 124; Hüffer/Koch/*Koch* Rn. 19; *Fridrich,* Der Schutz des Kapitals der Aktiengesellschaft bei fremdfinanzierter Übernahme, 2010, 122.

[234] Großkomm AktG/*Henze* Rn. 83; MüKoAktG/*Bayer* Rn. 117; Kölner Komm AktG/*Drygala* Rn. 123; Hüffer/Koch/*Koch* Rn. 18; NK-AktR/*Drinhausen* Rn. 41.

[235] Großkomm AktG/*Henze* Rn. 84; MüKoAktG/*Bayer* Rn. 115; Wachter/*Servatius* Rn. 34; *Riedel,* Unzulässige Vermögenszuwendungen und ihre Rechtsfolgen im Recht der Aktiengesellschaft, 2004, 203 f.; ebenso für die GmbH Rowedder/Schmidt-Leithoff/*Pentz* GmbHG § 30 Rn. 28; Baumbach/Hueck/*Fastrich* GmbHG § 30 Rn. 28, jeweils unter Berufung auf die zum GmbH-Recht ergangenen Entscheidungen BGHZ 106, 7 (9 f.) = NJW 1989, 982 und BGHZ 119, 191 (195 ff.) = NJW 1992, 3035.

[236] So etwa in dem von der hL als Beleg für ihre Auffassung herangezogenen Entscheidung BGHZ 119, 191 = NJW 1992, 3035 zum Eigenkapitalersatz in der GmbH. In diesem Fall war die Gesellschaft selbst Schuldnerin des Pfandgläubigers. Die Gesellschafter hatten die Mithaftung für die Gesellschaftsschuld übernommen und dem Gläubiger ihre Gesellschaftsanteile verpfändet.

[237] Zutr. *Altmeppen* FS Kropff, 1997, 641 (657 f.); Kölner Komm AktG/*Drygala* Rn. 125.

[238] BGHZ 90, 381 (394 ff.) = NJW 1984, 1893 (1896 f.); vgl. auch → § 17 Rn. 20 sowie Kölner Komm AktG/*Koppensteiner* § 17 Rn. 58 ff.

einerseits nachrangig gegenüber denen der Gläubiger, andererseits aber der Höhe nach nicht beschränkt sind, während es sich beim Pfandgläubiger gerade umgekehrt verhält.

Zuwendungen der Gesellschaft an den **Nießbraucher** von Aktien verstoßen nach hM stets gegen Abs. 1 S. 1, weil der Nießbrauch dem Berechtigten eine eigentümerähnliche Stellung einräumt.[239] Dem ist mit der Einschränkung zuzustimmen, dass nur Zuwendungen erfasst werden, die gerade im **Hinblick** auf die Berechtigung des Nießbrauchers an der Beteiligung erbracht werden. 71

bb) Leistungen an Dritte, deren Empfang dem Aktionär zuzurechnen ist. (1) Zurechnungskriterien. Die hM bejaht die Haftung des Gesellschafters für Zuwendungen der Gesellschaft an Dritte, wenn der Gesellschafter entweder durch die Leistung an den Dritten einen **wirtschaftlichen Vorteil** erhalten[240] oder die Gesellschaft zur Leistung an den Dritten **veranlasst**[241] hat. Das Verhältnis der beiden Kriterien zueinander wird meist nicht erläutert, obwohl sie den Leistungsvorgang aus völlig unterschiedlicher Perspektive qualifizieren. Ob dem Gesellschafter ein wirtschaftlicher Vorteil zufließt, hängt von seiner Beziehung zum Dritten ab. Demgegenüber rückt das Veranlassungskriterium das Verhältnis des Gesellschafters zur Gesellschaft in den Mittelpunkt. Fallen Vermögensminderung bei der Gesellschaft und Vermögenszufluss beim Gesellschafter der Höhe nach auseinander, ist auf der Grundlage einer am Veranlassungsprinzip orientierten Konzeption der Umfang der Gesellschafterhaftung an der Minderung des Gesellschaftsvermögens auszurichten, während nach dem Kriterium des wirtschaftlichen Vorteils der Zufluss beim Gesellschafter maßgeblich ist (näher → Rn. 74 und → § 62 Rn. 9). Bei genauerer Betrachtung zeigt sich indessen, dass es sich bei den Merkmalen des wirtschaftlichen Vorteils einerseits und der Veranlassung andererseits jedenfalls im Kapitalerhaltungsrecht nicht um grundsätzlich **disparate Ansätze** zur Haftungsbegründung handelt. Eine kapitalerhaltungsrechtliche Haftung wegen der Veranlassung einer Leistung der Gesellschaft an einen Dritten kommt nur dann in Betracht, wenn die **Einflussnahme** des Gesellschafters nicht durch betriebliche Gründe im Interesse der Gesellschaft, sondern **durch betriebsfremde Erwägungen motiviert** ist.[242] Unter dieser Voraussetzung stellt sich aber die Leistung der Gesellschaft bei normativer Betrachtung als wirtschaftlicher Vorteil des Gesellschafters dar, denn er verfügt de facto wie ein Eigentümer über den Gegenstand der Zuwendung und realisiert damit dessen wirtschaftlichen Wert im eigenen Interesse. Konsequenterweise haftet der Gesellschafter in diesem Fall unabhängig von einer tatsächlichen Mehrung seines Vermögens auf Erstattung des bei der Gesellschaft abgeflossenen Wertes. Die kapitalerhaltungsrechtliche Haftung des Gesellschafters für Leistungen, die die Gesellschaft auf seine Veranlassung hin einem Dritten erbringt, stellt danach lediglich einen besonderen Fall der Haftung wegen des Empfangs eines wirtschaftlichen Vorteils dar.[243] 72

(2) Veranlassung der Zuwendung durch den Aktionär. Erbringt die Gesellschaft einem Dritten eine Leistung, weil dies ein Aktionär **aus betriebsfremden Gründen** veranlasst hat, ist dies für die Anwendung von Abs. 1 S. 1 so zu behandeln, als habe der Aktionär den Gegenstand der Zuwendung selbst erhalten und anschließend an den Dritten weitergeleitet.[244] 73

(3) Tilgung einer Verbindlichkeit des Aktionärs. Tilgt die Gesellschaft eine Verbindlichkeit eines Aktionärs gegenüber dessen Gläubiger, ist darin nach hM eine Zuwendung an den Aktionär 74

---

[239] Großkomm AktG/*Henze* Rn. 84; MüKoAktG/*Bayer* Rn. 114; Grigoleit/*Grigoleit/Rachlitz* Rn. 29; Wachter/*Servatius* Rn. 34; einschränkend *Riedel*, Unzulässige Vermögenszuwendungen und ihre Rechtsfolgen im Recht der Aktiengesellschaft, 2004, 200 ff.; für die GmbH *Fleck* FS 100 Jahre GmbH-Gesetz, 1992, 391 (409); Rowedder/Schmidt-Leithoff/*Pentz* GmbHG § 30 Rn. 23; Scholz/*Verse* § 30 Rn. 51; Baumbach/Hueck/*Fastrich* GmbHG § 30 Rn. 28; aA zum Kapitalersatzrecht *Altmeppen* FS Kropff, 1997, 641 (658); Roth/Altmeppen/*Altmeppen* GmbHG § 30 Rn. 69.

[240] BGHZ 190, 7 (22 Rn. 42) = NJW 2011, 2719 (2723) = NZG 2011, 829 (833); OLG Hamburg AG 1981, 344 (345); OLG Hamburg WM 1987, 1163 (1167); Großkomm AktG/*Henze* Rn. 86 f.; MüKoAktG/*Bayer* Rn. 110; Kölner Komm AktG/*Lutter*, 2. Aufl. 1988, Rn. 39, 41 (43 f.); Hüffer/Koch/*Koch* Rn. 19; wN bei *Cahn*, Kapitalerhaltung im Konzern, 1998, 6 Fn. 2.

[241] BGHZ 190, 7 (22 f. Rn. 42, 44) = NJW 2011, 2719 (2723 Rn. 44) = NZG 2011, 829 (834); OLG Frankfurt WiB 1996, 163 (165); Großkomm AktG/*Henze* Rn. 88; MüKoAktG/*Bayer* Rn. 110, 122; Kölner Komm AktG/*Drygala* Rn. 127; Hüffer/Koch/*Koch* Rn. 19; wN bei *Cahn*, Kapitalerhaltung im Konzern, 1998, 6 Fn. 3.

[242] *Cahn*, Kapitalerhaltung im Konzern, 1998, 21 f.; *Cahn* ZGR 2003, 298 (313 f.); ähnl. Großkomm AktG/*Henze* Rn. 89.

[243] Näher dazu *Cahn*, Kapitalerhaltung im Konzern, 1998, 16 ff.; vgl. auch *Mülbert/Wilhelm* FS Hommelhoff, 2012 747 (753).

[244] OLG Hamburg AG 1980, 275 (278); OLG Düsseldorf GmbHR 2017, 239 (241); Großkomm AktG/*Henze* Rn. 88 f.; MüKoAktG/*Bayer* Rn. 115; Kölner Komm AktG/*Lutter*, 2. Aufl. 1988, Rn. 45; Grigoleit/*Grigoleit/Rachlitz* Rn. 32; *U. H. Schneider* ZGR 1984, 491 (524); *Cahn*, Kapitalerhaltung im Konzern, 1998, 22 ff.; *Verse*, Der Gleichbehandlungsgrundsatz im Recht der Kapitalgesellschaften, 2006, 247.

zu sehen.[245] Richtigerweise ist hier indessen danach zu unterscheiden, ob der Aktionär die Leistung an den Dritten **veranlasst** hat oder nicht.[246] Im zweiten Fall beschränkt sich seine Einstandspflicht auf den tatsächlichen wirtschaftlichen Vorteil, den er durch die Schuldbefreiung erlangt hat (→ § 62 Rn. 11). Er kann daher etwa geltend machen, die getilgte Verbindlichkeit sei einredebehaftet oder der von der Gesellschaft zur Schuldtilgung eingesetzte Gegenstand habe aus sonstigen Gründen einen höheren Wert gehabt als den Betrag der Verbindlichkeit. Derartige Einwände sind dagegen unbeachtlich, wenn der Aktionär die Schuldtilgung veranlasst hat, denn in diesem Fall wird er so behandelt, als habe er den Gegenstand der Zuwendung selbst erhalten.

75 **(4) Leistungsempfang für Rechnung des Aktionärs.** Zuwendungen an einen Dritten, der dem Aktionär im Innenverhältnis zur Herausgabe oder zur weisungsgemäßen Verwendung des Vorteils verpflichtet ist, mithin **für Rechnung des Aktionärs** handelt, sind wie Leistungen an den Aktionär selbst zu behandeln.[247] Erfolgt eine solche Zuwendung indessen ausnahmsweise ohne entsprechende Einflussnahme des Aktionärs, trägt die Gesellschaft das Risiko der Weiterleitung durch die für Rechnung des Aktionärs handelnde Person (→ § 62 Rn. 11).

76 **(5) Leistungen an dem Aktionär nahestehende Personen.** Nach hM sind Leistungen der AG an Ehegatten und minderjährige Kinder eines Aktionärs entsprechend § 89 Abs. 3 S. 1, § 115 Abs. 2 Alt. 1 und 2 AktG, § 138 Abs. 1 InsO, § 3 Abs. 2 AnfG stets so zu behandeln, als sei der Aktionär selbst Zuwendungsempfänger;[248] konsequenterweise müsste dies nunmehr auch für Lebenspartner eines Aktionärs gelten.[249] Dagegen setze eine Rückgewährpflicht des Aktionärs bei Zuwendungen an andere Verwandte oder sonstige ihm nahe stehende Personen grundsätzlich den Nachweis voraus, dass er die Vermögensverschiebung veranlasst oder einen wirtschaftlichen Vorteil daraus gezogen hat,[250] wofür je nach Nähegrad der Beziehung Beweiserleichterungen sprechen sollen.[251] Die von der hL herangezogenen Vorschriften tragen die auf sie gestützte Folge einer unbedingten Einstandspflicht des Aktionärs für Zuwendungen an seinen Ehegatten, Lebenspartner oder minderjährige Kinder bereits deswegen nicht, weil es dort allein um eine Rückgewährpflicht des tatsächlichen Empfängers, nicht aber darum geht, eine Haftung des Organmitglieds oder Schuldners für Zuwendungen an bestimmte nahe Angehörige zu begründen.[252] Ebenso geht die Berufung auf Entscheidungen fehl, in denen nicht die Leistung an nahe Verwandte dem Gesellschafter zugerechnet, sondern gerade umgekehrt der Empfänger wegen seiner Nähebeziehung zum Gesellschafter selbst als Normadressat der Kapitalerhaltungsvorschriften behandelt wurde.[253] Bei Leistungen der AG an Ehegatten, Lebenspartner oder minderjährige Kinder eines Aktionärs spricht zwar eine **Vermutung** dafür, **dass der Aktionär die Zuwendung veranlasst** hat; wenn er aber diese Vermutung widerlegt, ist er nicht als Zuwendungsempfänger zu behandeln (→ § 62 Rn. 12).[254] Eine Empfängergesellschaft ist nicht deswegen wie eine dem Aktionär nahestehende Person zu behandeln, weil dessen Familienangehörige auf sie beherrschenden Einfluss ausüben können, denn die Beteiligung seiner Angehörigen ist dem Aktionär nicht zuzurechnen.[255]

77 **cc) Leistungen an verbundene Unternehmen.** Umstritten ist die kapitalerhaltungsrechtliche Beurteilung von Vermögensverschiebungen innerhalb eines Unternehmensverbundes. Die Vielzahl der im Einzelnen unterschiedlichen Gestaltungen lässt sich im Wesentlichen auf zwei Grundmuster reduzie-

---

[245] BGHZ 60, 324 (330 f.) = NJW 1973, 1036 (1038); LG Düsseldorf AG 1979, 290 (291); *Canaris* FS Fischer, 1979, 31 (52); *Kahlert*, Verdeckte Gewinnausschüttungen an Nichtgesellschafter im Gesellschaftsrecht, 1994, 138; *Tries*, Verdeckte Gewinnausschüttungen im GmbH-Recht, 1991, 78; Großkomm AktG/*Henze* Rn. 87; MüKoAktG/*Bayer* Rn. 120; Kölner Komm AktG/*Lutter*, 2. Aufl. 1988, Rn. 43; Bürgers/Körber/*Westermann* Rn. 8.
[246] *Cahn*, Kapitalerhaltung im Konzern, 1998, 19; vgl. auch → § 62 Rn. 10.
[247] Großkomm AktG/*Henze* Rn. 86; MüKoAktG/*Bayer* Rn. 119; Kölner Komm AktG/*Lutter* 2. Aufl. Rn. 43; Hüffer/Koch/*Koch* Rn. 19; *Canaris* FS Fischer, 1979, 31 (36).
[248] Vgl. etwa Grigoleit/*Grigoleit/Rachlitz* Rn. 32; Bürgers/Körber/*Westermann* Rn. 10. Einschränkend, nur für Fälle gemeinsamer Haushaltsführung Kölner Komm AktG/*Drygala* Rn. 126. Anders als die Rechtsprechung zum Kapitalersatzrecht, derzufolge das ehe- oder Verwandtschaftsverhältnis zwischen Darlehensgeber und Gesellschafter nicht einmal eine Beweiserleichterung für das Vorliegen der Voraussetzungen des Kapitalersatzes begründet, vgl. etwa BGH NZG 2009, 782 (783) Rn. 9 ff.
[249] So in der Tat *Verse*, Der Gleichbehandlungsgrundsatz im Recht der Kapitalgesellschaften, 2006, 248.
[250] Großkomm AktG/*Henze* Rn. 91; MüKoAktG/*Bayer* Rn. 123; Kölner Komm AktG/*Lutter*, 2. Aufl. 1988, Rn. 44; Hüffer/Koch/*Koch* Rn. 19; *Geßler* FS Fischer, 1979, 131 (145); im Erg. auch *Canaris* FS Fischer, 1979, 31 (39).
[251] Großkomm AktG/*Henze* Rn. 91; MüKoAktG/*Bayer* Rn. 123.
[252] Abl. daher *Kleffner*, Erhaltung des Stammkapitals und Haftung nach §§ 30, 31 GmbHG, 1994, 83 ff.; *Hager* ZGR 1989, 71 (102); *Cahn*, Kapitalerhaltung im Konzern, 1998, 25 ff.
[253] Vgl. insbes. BGHZ 81, 365 (368 ff.) = NJW 1982, 386.
[254] So wohl auch *Mülbert/Wilhelm* FS Hommelhoff, 2012, S. 747 (753) Fn. 24.
[255] So zu § 112 BGHZ 196, 312 (314) Rn. 10 = NJW 2013, 1742 (1743) = NZG 2013, 496 (497).

ren. Es geht zum einen um Vermögensverlagerungen zwischen horizontal verbundenen Unternehmen, die weder unmittelbar noch mittelbar aneinander beteiligt sind, namentlich zwischen **Schwestergesellschaften** (→ Rn. 78 ff.). Hier stellt sich einerseits die Frage, ob die Empfängergesellschaft trotz fehlender Beteiligung an der leistenden AG wie deren Aktionärin zu behandeln ist. Andererseits geht es um die Haftung des gemeinsamen Mutterunternehmens trotz fehlenden Leistungsempfangs. Das zweite Grundmuster wird durch die **Zuwendung einer Enkelgesellschaft** E an das über eine Tochtergesellschaft T beteiligte Mutterunternehmen M repräsentiert (→ Rn. 82). Aus der Perspektive der E geht es darum, ob die Leistung an die M zugleich eine Zuwendung an die unmittelbar beteiligte T darstellt und unter welchen Voraussetzungen die M trotz fehlender unmittelbarer Beteiligung wie eine Aktionärin der E zu behandeln ist. Handelt es sich bei der T ebenfalls um eine AG, werfen Zuwendungen der E an M darüber hinaus die Frage auf, ob wegen der damit verbundenen Beeinträchtigung des Vermögens der T auch in deren Verhältnis zu M ein Verstoß gegen Abs. 1 S. 1 vorliegt.

(1) Zuwendungen an horizontal verbundene Unternehmen, insbesondere an eine 78
Schwestergesellschaft. Sofern das gemeinsame Mutterunternehmen M **mehrheitlich an der Empfängergesellschaft beteiligt** ist, soll es nach einer im Schrifttum vertretenen Auffassung wegen der dann bestehenden Möglichkeit des Zugriffs auf den Gegenstand der Zuwendung unabhängig davon als Leistungsempfänger zu behandeln sein, ob es die Zuwendung veranlasst hat.[256] Nach aA soll die Haftung der M davon abhängen, ob sie die Vermögensverschiebung veranlasst hat oder nicht. Während sie im Fall der Veranlassung so zu behandeln sei, als habe sie selbst die Leistung empfangen, hafte sie für von ihr nicht veranlasste Zuwendungen zwischen Schwestergesellschaften nur, wenn aus ihrer Sicht der Vorteil der Empfängerin die Einbuße der leistenden Gesellschaft überwiege, namentlich also bei höherer Beteiligung an der Empfängergesellschaft.[257] In diesem Fall soll sich die Rückgewährpflicht der M auf den Teil der Leistung beschränken, der ihrer Beteiligungsquote an der Empfängerin entspricht.[258] Ebenso ist umstritten, ob die Empfängergesellschaft nur bei Identität der an ihr und der leistenden Gesellschaft beteiligten Gesellschafter oder bei Bösgläubigkeit ihres maßgeblichen Vertreters[259] oder bereits dann als Adressatin der Kapitalerhaltungsvorschriften zu behandeln ist, wenn die M mehrheitlich an ihr beteiligt ist[260] oder ob ihre Haftung mangels Gesellschaftereigenschaft grundsätzlich ausscheidet.[261]

Richtigerweise ist bei **Zuwendungen zwischen Schwestergesellschaften** für die Anwendung 79 von Abs. 1 S. 1 auf das Verhältnis zum herrschenden Unternehmen danach zu differenzieren, ob das Mutterunternehmen die Leistung veranlasst hat oder nicht. Im ersten Fall liegt eine **abgekürzte Leistung** der M an die Empfängergesellschaft vor, die hinsichtlich der Anwendung von Abs. 1 S. 1 so zu behandeln ist, als habe M die Zuwendung selbst erhalten und anschließend an die Empfängergesellschaft weitergeleitet (→ Rn. 72). Eine solche Veranlassung durch das herrschende Unternehmen ist hier ebenso zu vermuten wie im Rahmen des § 311.[262] Ob Abs. 1 S. 1 und die Rückgewährpflicht nach § 62 Anwendung finden, wenn diese **Vermutung nicht widerlegt** wird, mithin von einer Veranlassung der Leistung durch M auszugehen ist, hängt in **faktischen Unternehmensverbindungen** und bei Bestehen eines isolierten Gewinnabführungsvertrages zwischen M und der zuwenden-

---

[256] MüKoAktG/*Bayer* Rn. 126 f.; Kölner Komm AktG/*Lutter*, 2. Aufl. 1988, Rn. 46; Grigoleit/*Grigoleit/Rachlitz* Rn. 32; Bürgers/Körber/*Westermann* Rn. 13; *Geßler* FS Fischer, 1979, 131 (147 f.); für den Fall, dass es sich bei der leistenden Gesellschaft nicht um eine von M abhängige Tochtergesellschaft handelt auch Großkomm AktG/*Henze* Rn. 93 iVm Rn. 95.

[257] Großkomm AktG/*Henze* Rn. 95; *Canaris* FS Fischer, 1979, 31 (43 f.); *Falkenstein*, Grenzen für die Entnahmerechte der GmbH-Gesellschafter, 1992, 81; *Tries*, Verdeckte Gewinnausschüttungen im GmbH-Recht, 1991, 78 (198).

[258] *Canaris* FS Fischer, 31 (43 f.); *Falkenstein*, Grenzen für die Entnahmerechte der GmbH-Gesellschafter, 1992, 81; *Tries*, Verdeckte Gewinnausschüttungen im GmbH-Recht, 1991, 198.

[259] So etwa Kölner Komm AktG/*Lutter*, 2. Aufl. 1988, Rn. 73; *Canaris* FS Fischer, 1979, 31 (42 f.); für Haftung der Empfängergesellschaft „jedenfalls bei Gesellschafteridentität" *M. Winter* ZHR 148 (1984), 579 (590).

[260] So für das Kapitalersatzrecht BGH NZG 1999, 939 (940); zuvor bereits für „wesentliche" bzw. „maßgebliche" Beteiligungen BGH WM 1957, 61 (62); BGH WM 1986, 237 (238 f.); BGH NJW 1991, 357 (358); BGH WM 1991, 678; aus dem Schrifttum etwa *Diekgräf*, Sonderzahlungen an opponierende Kleinaktionäre im Rahmen von Anfechtungs- und Spruchstellenverfahren, 1990, 111; *Michalski* AG 1980, 261 (266); *Oetker* KTS 1991, 521 (525); für das GmbH-Recht Hachenburg/*Goerdeler/Müller* GmbHG § 31 Rn. 21. Nach BGHZ 98, 64 = NJW 2013, 3035 (3037 Rn. 24) = NZG 2013, 1036 (1039); BGH NZG 2012, 545 (546 Rn. 19) soll sogar eine 50 %ige Beteiligung an der Empfängergesellschaft ausreichen, wenn der Gesellschafter zugleich deren alleinvertretungsberechtigter Geschäftsführer ist.

[261] So zu § 30 GmbHG etwa MüKoGmbHG/*Ekkenga* GmbHG § 30 Rn. 182; Scholz/*Verse* GmbHG § 30 Rn. 48; Roth/Altmeppen/*Altmeppen* GmbHG § 30 Rn. 62.

[262] Vgl. *Cahn*, Kapitalerhaltung im Konzern, 1998, 66 ff. Kölner Komm AktG/*Drygala* Rn. 128; Zur Veranlassungsvermutung bei § 311 AktG vgl. → § 311 Rn. 24–26.

§ 57 80–82 Erstes Buch. Aktiengesellschaft

den Gesellschaft[263] vom Verhältnis der Kapitalerhaltungsvorschriften zu §§ 311 ff. ab. Nach hM verdrängen die Regelungen über die Verantwortlichkeit bei Fehlen eines Unternehmensvertrages die Kapitalerhaltungsvorschriften jedenfalls bis zum Ablauf der Ausgleichsfrist nach § 311 Abs. 1.[264] Sind die leistende Gesellschaft und das Mutterunternehmen durch einen **Beherrschungs- oder Gewinnabführungsvertrag** miteinander verbunden, ist die Anwendung von Abs. 1 S. 1 ohnehin durch Abs. 1 S. 3 und § 291 Abs. 3 ausgeschlossen. Abs. 1 S. 1 fände danach in den hier erörterten Fällen niemals Anwendung auf das Verhältnis der leistenden AG zu dem sie beherrschenden Mutterunternehmen. Nach der hier vertretenen Auffassung beanspruchen die Kapitalerhaltungsvorschriften dagegen neben §§ 311 ff. Geltung,[265] so dass in faktischen Unternehmensverbindungen Abs. 1 S. 1 auf das herrschende Unternehmen Anwendung findet, wenn die Vermutung, es habe die Zuwendung durch die leistende Gesellschaft veranlasst, nicht widerlegt wird. Wird die **Vermutung**, dass die Zuwendung an die Empfängergesellschaft durch das herrschende Unternehmen veranlasst worden ist, **widerlegt**, findet Abs. 1 S. 1 auf M keine Anwendung. M erlangt durch von ihr nicht veranlasste Vermögensverschiebungen zwischen nachgeordneten Gesellschaften regelmäßig keinen wirtschaftlichen Vorteil, der eine Rückgewährpflicht rechtfertigen könnte.[266] Namentlich besteht die im Schrifttum für entscheidend gehaltene Möglichkeit des Zugriffs auf den Gegenstand der Zuwendung beim Empfänger[267] auch gegenüber der leistenden Gesellschaft (auch → § 62 Rn. 13).

80 In Ermangelung einer gesellschaftergleichen Finanzierungsverantwortung zwischen Schwesterunternehmen[268] hängt die **Anwendung von Abs. 1 S. 1 auf die Empfängergesellschaft** davon ab, ob ihr die Leistung gerade wegen der über das gemeinsame Mutterunternehmen vermittelten gesellschaftsrechtlichen Verbundenheit oder aus anderen Gründen, etwa im Hinblick auf die zwischen den Schwestergesellschaften bestehende Geschäftsverbindung, erfolgt. Im ersten Fall verwirklicht sich die Gefahr, der die Kapitalerhaltungsvorschriften entgegenwirken sollen. Hier ist es folgerichtig, die Beteiligten beim Wort zu nehmen und den Empfänger wie einen Gesellschafter der leistenden AG zu behandeln. Soweit diese selbst Ansprüche wegen der Vorteilszuwendung geltend macht, obliegt ihr der Nachweis dafür, dass es sich um eine Leistung causa societatis handelt.[269]

81 Veranlasst M die Leistung einer abhängigen AG an ein Schwesterunternehmen, liegt darin nach der hier vertretenen Auffassung sowohl im Verhältnis zum herrschenden Unternehmen als auch zur Empfängergesellschaft eine Einlagenrückgewähr iSv Abs. 1 S. 1. Beide Unternehmen sind daher als Gesamtschuldner zur Rückgewähr verpflichtet. Aus der Perspektive der Empfängergesellschaft handelt es sich dabei um eine abgekürzte Leistung der M, die im Verhältnis dieser beiden Unternehmen eines rechtlichen Grundes nicht entbehrt. Dementsprechend ist im **Innenverhältnis der** beiden **Rückgewährschuldner** allein das herrschende Unternehmen zur Erstattung an die leistende Gesellschaft verpflichtet. Wird die Empfängergesellschaft von der leistenden AG auf Rückgewähr in Anspruch genommen, kann sie dementsprechend ihrerseits berechtigt sein, beim herrschenden Unternehmen Rückgriff zu nehmen oder Freistellung zu verlangen.[270]

82 **(2) Zuwendungen an Gesellschafter des Aktionärs, insbesondere Leistungen einer Enkelgesellschaft an das Mutterunternehmen.** Wendet eine Enkel-AG (E) dem Mutterunternehmen (M) einen Vermögensvorteil zu, erlangt die unmittelbar an E beteiligte Tochtergesellschaft (T) dadurch keinen wirtschaftlichen Vorteil. Sofern T die Vermutung widerlegen kann, sie habe die Zuwendung an M veranlasst, stellt die Zuwendung an M daher keine nach Abs. 1 S. 1 untersagte Leistung der E an T dar; anderenfalls liegt in der Zuwendung an der E an M eine verbotene Rückgewähr an T.[271] Das Empfängerunternehmen M ist zwar mangels Beteiligung an E grundsätz-

---

[263] Da es sich bei den hier in Rede stehenden Zuwendungen nicht um Leistungen aufgrund des Gewinnabführungsvertrages handelt, gelten für sie nach der – insoweit missglückten – gesetzlichen Regelung (näher dazu Kölner Komm AktG/*Koppensteiner* § 316 Rn. 1; *Cahn/Simon* Der Konzern 2003, 1 (17 ff.)) §§ 311, 317.
[264] BGHZ 179, 71 (77 Rn. 11) = NZG 2009, 107 (108); OLG Stuttgart AG 1994, 411 (412); Kölner Komm AktG/*Koppensteiner* § 311 Rn. 161 ff.; MüKoAktG/*Altmeppen* § 311 Rn. 328 ff.; Hüffer/Koch/*Koch* § 311 Rn. 49; *Bezzenberger,* Das Kapital der Aktiengesellschaft, 2005, 326 ff. mwN.
[265] Vgl. etwa *Bommert,* Verdeckte Vermögensverlagerungen im Aktienrecht, 1989, 182 f.; *Schön* FS Kropff, 1997, 285 (194 ff.); *Wackerbarth,* Grenzen der Leitungsmacht in der internationalen Unternehmensgruppe, 2001, 126 ff.; *Cahn,* Kapitalerhaltung im Konzern, 1998, 64 ff., jeweils mit zahlr. Nachw.
[266] Näher dazu *Cahn,* Kapitalerhaltung im Konzern, 1998, 31 ff.; Kölner Komm AktG/*Drygala* Rn. 128.
[267] Vgl. etwa Großkomm AktG/*Henze* Rn. 93; MüKoAktG/*Bayer* Rn. 126 f.
[268] Darstellung und Kritik an dahin gehenden Ansätzen für die Erstreckung der Kapitalerhaltungsvorschriften auf verbundene Unternehmen bei *Cahn,* Kapitalerhaltung im Konzern, 1998, 36 ff.
[269] *Cahn,* Kapitalerhaltung im Konzern, 1998, 61 ff.
[270] Vgl. *Cahn,* Kapitalerhaltung im Konzern, 1998, 76 f.
[271] Näher dazu *Cahn,* Kapitalerhaltung im Konzern, 1998, 90 f.; aA etwa *U. H. Schneider* ZGR 1984, 497 (523 f.); einschränkend aber *U. H. Schneider* JbFSt 1984/85, 497 (511).

lich nicht Adressat mitgliedschaftlicher Pflichten. Die über T vermittelte Verbindung und Einflussmöglichkeiten gegenüber E bedingen jedoch auch im Verhältnis zwischen M und E eine besondere, für das Gesellschaftsverhältnis charakteristische Motivationslage, die dazu geeignet ist, die Wahrnehmung des Gesellschaftsinteresses zugunsten der Interessen des Dritten hintanzustellen. Dementsprechend ist zu vermuten, dass eine Zuwendung an M zum Nachteil der E auf der gesellschaftsrechtlichen Verbindung beider Unternehmen beruht, mithin **causa societatis** erfolgt. Wird diese Vermutung nicht widerlegt, findet Abs. 1 S. 1 trotz fehlender eigener Beteiligung an E im Verhältnis der M zu dieser Gesellschaft Anwendung.[272] Handelt es sich bei T ebenfalls um eine AG, stellt die Zuwendung der E an M zugleich eine Leistung an den herrschenden Aktionär der T durch ein von T abhängiges Unternehmen (→ Rn. 59) dar, die die Vermögensbindung im Verhältnis zwischen T und M verletzt. Die Einbuße der T liegt zum einen in der Minderung des Wertes ihrer Beteiligung an E und ist dementsprechend durch Rückgewähr der M an E auszugleichen. Hat T die Zuwendung der E an M veranlasst und ist sie daher ihrerseits von E auf Rückgewähr in Anspruch genommen worden, kann sie ihrerseits nach Abs. 1 S. 1 Rückgriff bei M nehmen oder Freistellung verlangen.[273]

III. Das Zinsverbot, Abs. 2

Abs. 2 verbietet die Zusage und die Auszahlung von Zinsen auf die Einlagen der Aktionäre. Die Vorschrift hat mittlerweile[274] nur **klarstellende Funktion**.[275] Der einzelne Aktionär hat keinen Anspruch darauf, von der Gesellschaft eine Rendite auf das von ihm zur Verfügung gestellte Eigenkapital zu erhalten. Für Beträge jenseits des Bilanzgewinns folgt dies aus Abs. 3 und, für den Regelfall der Feststellung des Jahresabschlusses durch Vorstand und Aufsichtsrat, aus deren Kompetenz zur Rücklagenbildung nach § 58 Abs. 2, hinsichtlich des nach der Rücklagendotierung verbleibenden Bilanzgewinns aus der Entscheidungszuständigkeit der HV nach § 58 Abs. 3, § 174 Abs. 1. Die im Schrifttum anzutreffende Beschränkung des Zinsbegriffs iSv Abs. 2 auf wiederkehrende Zahlungen, die der Höhe nach bestimmt oder bestimmbar sind und deren Leistung im Hinblick auf die Mitgliedschaft, aber ohne Rücksicht auf einen Bilanzgewinn geleistet werden sollen,[276] ist daher insofern zu eng, als auch die Zusage von aus dem Bilanzgewinn zu entrichtenden Zahlungen unzulässig ist.[277] **Rechtspolitisch** lässt sich das Zinsverbot damit rechtfertigen, dass sich die Disziplinierung der Unternehmensleitung, die mit Festbetragsansprüchen der Eigenkapitalgeber verbunden wäre, auf andere, den Befriedigungsvorrang der Fremdkapitalgeber weniger beeinträchtigende Weise erreichen lässt.[278] Auch als Mittel zur Steigerung der Attraktivität der Aktie,[279] als Anreiz für die Einzahlung der Einlagen[280] und zur Verstetigung der Zahlungen an die Anleger[281] sind Aktienzinsen entweder nicht geeignet oder anderen gläubigerfreundlicheren Alternativen unterlegen.

Zinsversprechen und die entsprechenden Zahlungen der Gesellschaft aufgrund von **marktüblichen Kreditgeschäften** mit einem Aktionär werden durch Abs. 2 nicht untersagt.[282] Ebenso wenig verbietet die Vorschrift die **Verzinsung der Einlagen durch Dritte**,[283] vorausgesetzt sie erfolgt nicht im Ergebnis zu Lasten der Gesellschaft. Unzulässig sind also zum einen Zinsversprechen Dritter für Rechnung der AG; ein Verstoß gegen Abs. 2 liegt zum anderen dann vor, wenn es sich bei dem Dritten um ein mit der AG verbundenes Unternehmen handelt, dessen Leistung der Gesellschaft zuzurechnen ist.[284]

---

[272] *Cahn*, Kapitalerhaltung im Konzern, 1998, 99 f.
[273] Näher dazu *Cahn*, Kapitalerhaltung im Konzern, 1998, 100 ff.
[274] Zur Entstehungsgeschichte *Baums* FS Horn, 2006, 245 (247 f., 250 f., 253 ff., 261 f.); *Henze* AG 2004, 405 (409 f.).
[275] So im Erg. auch Kölner Komm AktG/*Drygala* Rn. 129; K. Schmidt/Lutter/*Fleischer* Rn. 70; MüKoAktG/ *Bayer* Rn. 195.
[276] Hüffer/Koch/*Koch* Rn. 30; Großkomm AktG/*Henze* Rn. 162; MüKoAktG/*Bayer* Rn. 194; Kölner Komm AktG/*Lutter* Rn. 49.
[277] Kölner Komm AktG/*Drygala* Rn. 130; selbst die Inhaber von Vorzugsaktien ohne Stimmrecht haben keinen Anspruch darauf, dass überhaupt eine Ausschüttung erfolgt, wenn ein Bilanzgewinn vorhanden ist, vgl. → § 139 Rn. 18.
[278] Eingehend und instruktiv dazu *Baums* FS Horn, 2006, 245 (249 ff.).
[279] *Baums* FS Horn, 2006, 245 (253 ff.).
[280] *Baums* FS Horn, 2006, 245 (255 ff.).
[281] *Baums* FS Horn, 2006, 245 (259 ff.).
[282] Großkomm AktG/*Henze* Rn. 167; MüKoAktG/*Bayer* Rn. 200; K. Schmidt/Lutter/*Fleischer* Rn. 43 sowie 52 ff.; Bürgers/Körber/*Westermann* Rn. 44.
[283] Vgl. etwa Großkomm AktG/*Henze* Rn. 169 ff.; MüKoAktG/*Bayer* Rn. 205 ff.; K. Schmidt/Lutter/*Fleischer* Rn. 71; Kölner Komm AktG/*Drygala* Rn. 131.
[284] Näher dazu → Rn. 56 ff.; ebenso Kölner Komm AktG/*Drygala* Rn. 131; Großkomm AktG/*Henze* Rn. 168; MüKoAktG Rn. 183.

IV. Beschränkung der Vermögensverteilung auf den Bilanzgewinn, Abs. 3

85 Abs. 3 entspricht wörtlich dem früheren § 58 Abs. 5. Die Bestimmung ist im Zusammenhang mit Abs. 1 S. 1 zu lesen und bestätigt das Verständnis des Verbots der Einlagenrückgewähr als **umfassende Bindung des Vermögens** der AG gegenüber den Aktionären.[285] Über den Wortlaut hinausgehend gilt die Beschränkung von Ausschüttungen an die Aktionäre auf den Bilanzgewinn auch für das Liquidationsstadium bis zum Ablauf des Sperrjahrs nach § 272 Abs. 1.[286]

V. Rechtsfolgen von Verstößen gegen das Verbot der Einlagenrückgewähr

86 **1. Rückgewähransprüche. a) Meinungsstand und Problemstellung.** Nach früher hM ist das Verbot der Einlagenrückgewähr ein **gesetzliches Verbot** iSv § 134 BGB.[287] Daraus ergibt sich zunächst, dass die Gesellschaft Vereinbarungen, die gegen dieses Verbot verstoßen, nicht erfüllen darf.[288] Ebenso sind Beschlüsse der HV nach § 241 Nr. 3 nichtig, wenn sie ihrem Inhalt nach gegen das Verbot der Einlagenrückgewähr verstoßen.[289] Darüber hinaus ist **nach herkömmlicher Auffassung** zu folgern, dass bei einem Verstoß gegen das Verbot der Einlagenrückgewähr das **Verpflichtungsgeschäft**[290] und das **Erfüllungsgeschäft**[291] nichtig sind; für verdeckte, in ein Verkehrsgeschäft eingekleidete Ausschüttungen werden allerdings auch von Vertretern der herkömmlichen Lehre im Hinblick auf das Erfüllungsgeschäft Ausnahmen erwogen.[292] Konsequenz der Nichtigkeit des Verpflichtungsgeschäfts ist die Rückabwicklung bereits erfolgter Erfüllungshandlungen. Dabei ist der Empfänger regelmäßig auf Bereicherungsansprüche nach §§ 812 ff. BGB beschränkt, während die Gesellschaft von ihr erbrachte Leistungen nach der speziellen Rückabwicklungsvorschrift des § 62 herausverlangen kann. Ansprüche nach dieser Bestimmung weisen nicht die Schwächen bereicherungsrechtlicher Ansprüche (§§ 814, 817 S. 2 BGB, § 818 Abs. 3 BGB) auf (→ § 62 Rn. 4), unterliegen der langen Verjährungsfrist des § 62 Abs. 3 und sind nach § 66 Abs. 2 wie ein Einlageanspruch gesichert. Darüber hinaus folgt aus der Nichtigkeit des Erfüllungsgeschäfts, dass der Gesellschaft hinsichtlich einer von ihr erbrachten Sachleistung dingliche Herausgabeansprüche nach § 985 BGB und Folgeansprüche nach §§ 987 ff. BGB zustehen. Sofern eine Sachleistung der Gesellschaft im Vermögen des Empfängers noch vorhanden ist, hat sie in der Insolvenz des Empfängers ein Aussonderungsrecht nach § 47 InsO. Demgegenüber betont eine **neuere Gegenauffassung**, der sich nun auch der BGH angeschlossen hat,[293] dass das Verbot der Einlagenrückgewähr das Gesellschaftsvermögen nicht in seiner gegenständlichen Zusammensetzung, sondern nur dem Wert nach schützen soll und folgert daraus, dass ein Verstoß gegen § 57 die Wirksamkeit des Verpflichtungs- und des Erfüllungsgeschäfts unberührt lässt. Eine Verletzung der Vermögensbindung führt aber weder zu Konditions- noch zu Vindikationsansprü-

---

[285] Großkomm AktG/*Henze* Rn. 181; MüKoAktG/*Bayer* Rn. 213.
[286] MüKoAktG/*Bayer* Rn. 214; Hüffer/Koch/*Koch* Rn. 22.
[287] So etwa Kölner Komm AktG/*Lutter* Rn. 62; Großkomm AktG/*Henze* Rn. 200; MüKoAktG/*Bayer* Rn. 218; *Hüffer*, 9. Aufl. 2010, Rn. 23 f.; MHdB AG/*Rieckers* § 16 Rn. 96; *Bezzenberger*, Das Kapital der Aktiengesellschaft, 2005, 245.
[288] *Rust*, Verdeckte Einlagenrückgewähr durch Leistung an Dritte in der Kapitalgesellschaft, 2000, 85 f.; Kölner Komm AktG/*Lutter* Rn. 65; Großkomm AktG/*Henze* Rn. 206; MüKoAktG/*Bayer* Rn. 219.
[289] Kölner Komm AktG/*Lutter* Rn. 60; Großkomm AktG/*Henze* Rn. 202; MüKoAktG/*Bayer* Rn. 221.
[290] RGZ 107, 161 (168 f.) zu §§ 213, 215 HGB; OLG Koblenz AG 1977, 231; OLG Düsseldorf AG 1980, 273 (274); OLG München AG 1980, 272, (273); Großkomm AktG/*Henze* Rn. 200 f.; Kölner Komm AktG/*Lutter* Rn. 60, 62; *Diekgräf*, Sonderzahlungen an opponierende Kleinaktionäre im Rahmen von Anfechtungs- und Spruchstellenverfahren, 1990, 116 f.; *Feltkamp*, Anfechtungsklage und Vergleich im Aktienrecht, 1991, 138 ff.; *Strohn*, Die Verfassung der Aktiengesellschaft im faktischen Konzern, 1977, 24 f.; *Röhrkasten*, Die verdeckte Gewinnausschüttung im Handels- und Steuerrecht, 1976, 34; *Canaris* FS Fischer, 1979, 31 (33); *Geßler* FS Fischer, 1979, 131 (140); *Wilhelm* FS Flume, Bd. II, 1978, 337 (387); *Michalski* AG 1980, 261; *Sonnenhol/Stützle* WM 1983, 2 (5 f.); und im Erg. auch *Bezzenberger*, Das Kapital der Aktiengesellschaft, 2005, 247 ff.; und für die GmbH BGHZ 136, 125 (129 ff.).
[291] Kölner Komm AktG/*Lutter* Rn. 63; Großkomm AktG/*Henze* Rn. 203 ff.; Bürgers/Körber/*Westermann* Rn. 49; *Diekgräf*, Sonderzahlungen an opponierende Kleinaktionäre im Rahmen von Anfechtungs- und Spruchstellenverfahren, 1990, 116 f.; *Feltkamp*, Anfechtungsklage und Vergleich im Aktienrecht, 1991, 140 ff.; *Strohn*, Die Verfassung der Aktiengesellschaft im faktischen Konzern, 1977, 24 f.; *Röhrkasten*, Die verdeckte Gewinnausschüttung im Handels- und Steuerrecht, 1976, 34; *Canaris* FS Fischer, 1979, 31 (33); *Michalski* AG 1980, 261; *Sonnenhol/Stützle* WM 1983, 2 (5 f.).
[292] Kölner Komm AktG/*Lutter* Rn. 69 f.; zu Recht gegen eine solche in § 57 nicht angelegte Differenzierung *Bezzenberger*, Das Kapital der Aktiengesellschaft, 2005, 246.
[293] BGHZ 196, 312 (316 f. Rn. 15 ff.) = NJW 2013, 1742 (1743) = NZG 2013, 496 (497); zust. OLG Brandenburg AG 2015, 752 (755 Rn. 102); *Bayer/Scholz* AG 2013, 426; *Palzer* JZ 2013, 691 (692); *Witt* ZGR 2013, 668 (672).

chen²⁹⁴ sofern nicht zusätzliche Mängel vorliegen, die zur Nichtigkeit des Verpflichtungs- oder Erfüllungsgeschäfts führen. Keine Einigkeit besteht unter den Vertretern dieser Ansicht allerdings darüber, ob der Gesellschaft ein Anspruch auf Rückgewähr des übertragenen Gegenstands zusteht,²⁹⁵ der Anspruch der Gesellschaft lediglich auf **Wertausgleich** gerichtet ist oder dem Empfänger ein Wahlrecht zwischen Rückgewähr der von der Gesellschaft erbrachten Leistung und Zahlung der Wertdifferenz zusteht.²⁹⁶ Ein Mitverschulden der Gesellschaft ist wegen des Gläubigerschutzzwecks der Vermögensbindung grundsätzlich nicht anspruchsmindernd zu berücksichtigen.²⁹⁷ Obwohl eine Verletzung von § 57 nicht die Unwirksamkeit des betroffenen Rechtsgeschäfts zur Folge hat, darf die Gesellschaft eine Verpflichtung, die gegen das Verbot der Enlagenrückgewähr verstößt, grundsätzlich nicht erfüllen, weil sie die Leistung nach § 62 sofort zurückfordern müsste.²⁹⁸

b) Stellungnahme. aa) Maßgeblichkeit des Zwecks der Vermögensbindung. § 134 BGB **87** präjudiziert die Rechtsfolgen von Verstößen gegen das Verbot der Einlagenrückgewähr nicht. Zum einen ordnet die Vorschrift die Nichtigkeit verbotswidriger Rechtsgeschäfte nur für den Fall an, dass sich aus dem Gesetz nicht ein anderes ergibt und räumt damit dem Zweck der Verbotsnorm des Abs. 1 S. 1 Vorrang vor der Nichtigkeitssanktion ein.²⁹⁹ Zum anderen lässt auch der Begriff der Nichtigkeit in § 134 BGB Raum für eine normzweckbezogene Bestimmung der Rechtsfolgen.³⁰⁰ Entscheidend ist also, ob die herkömmliche Lehre von der Nichtigkeit von Rechtsgeschäften, die gegen Abs. 1 S. 1 verstoßen, oder die grundsätzliche Aufrechterhaltung solcher Geschäfte und die Beschränkung der Rechtsfolgen auf einen Wertausgleich dem Anliegen der Vermögensbindung besser Rechnung trägt, den Wert des Gesellschaftsvermögens wiederherzustellen. Das lässt sich nur unter Berücksichtigung der **Folgen** entscheiden, die sich aus den beiden Ansätzen **für das Gesellschaftsvermögen** ergeben. Dabei ist zu berücksichtigen, dass der Inhalt des Rückgewähranspruchs aus § 62 sich zwar im Wege der Auslegung sowohl als Verpflichtung zur Rückgewähr in corpore als auch im Sinne einer Verpflichtung zum Wertausgleich verstehen lässt, eine bloße Wertausgleichspflicht aber bei Bejahung der Nichtigkeit der dinglichen Übertragung durch die Gesellschaft durch Vindikationsansprüche überlagert und damit letztlich hinfällig würde. Vergleichbares gilt für die zehnjährige Verjährungsfrist nach § 62 Abs. 3.³⁰¹

bb) Sachgefahr. Für eine Wertausgleichspflicht als Rechtsfolge des Verbotsverstoßes spricht, dass **88** sie das Risiko des zufälligen Untergangs oder der Wertminderung eines dem Gesellschafter zuge-

---

²⁹⁴ BGHZ 196, 312 (316 f. Rn. 15 ff.) = NJW 2013, 1742 (1743) = NZG 2013, 496 (497); OLG München NJW 2012, 706 (708 f.) = ZIP 2012, 1024 (1027 f.); zust. *Theusinger/Wolf* NZG 2012, 901 (902); *Winter* NZG 2012, 1371 (1372 f.); *Witt* ZGR 2013, 668 (672 ff.); *Hölters/Laubert* Rn. 28; *Just* EWiR § 57 AktG 1/12, S. 403 (404).
²⁹⁵ Das hält BGHZ 196, 312 (317 Rn. 19) = NJW 2013, 1742 (1743) = NZG 2013, 496 (497 f.) zumindest für möglich; vgl. auch BGHZ 176, 62 (64 f. Rn. 9) = NZG 2008, 467 (468), wonach der Anspruch aus § 31 GmbHG grundsätzlich auf Herausgabe des übertragenen Gegenstands gerichtet ist; ebenso im Grundsatz *Bayer/Scholz* AG 2013, 426 (427 ff.) MüKoGmbHG/*Ekkenga* § 31 Rn. 6; *Scholz/Verse* GmbHG § 31 Rn. 17; *Roth/Altmeppen/Altmeppen* GmbHG § 31 Rn. 10.
²⁹⁶ Vgl. dazu etwa *Wilhelm* FS Flume Bd. II, 1978, 337 (387); *Joost* ZHR 149 (1985), 419 (438); *Cahn*, Kapitalerhaltung im Konzern, 1998, 114 ff.; *Rust*, Verdeckte Einlagenrückgewähr durch Leistung an Dritte in der Kapitalgesellschaft, 2000, 75 ff. (81); *Riedel*, Unzulässige Vermögenszuwendungen und ihre Rechtsfolgen im Recht der Aktiengesellschaft, 2004, 78 ff. (95); MüKoAktG/*Bayer* Rn. 227 f.; *K. Schmidt/Lutter/Fleischer* Rn. 51 f.; Grigoleit/*Grigoleit/Rachlitz* Rn. 20 ff., 23; *Wachter/Servatius* Rn. 39; *K. Schmidt* GesR S. 892 f.; *Einsele* NJW 1996, 2681 (2686); *Röhrkasten*, Die verdeckte Gewinnausschüttung im Handels- und Steuerrecht, 1976, 38 ff.; *Rosengarten* ZHR 168 (2004), 708 (719 ff.); ebenso zu § 31 GmbHG Rowedder/Schmidt-Leithoff/*Pentz* GmbHG § 30 Rn. 449 f.; MüKoGmbHG/*Ekkenga* § 31 Rn. 6; *Scholz/Verse* GmbHG § 31 Rn. 17 mit dem Vorbehalt des Einverständnisses der Gesellschaft; Baumbach/Hueck/*Fastrich* GmbHG § 31 Rn. 16; *Fiedler*, Verdeckte Vermögensverlagerungen bei Kapitalgesellschaften, 1994, 22; *Röhrkasten*, Die verdeckte Gewinnausschüttung im Handels- und Steuerrecht, 1976, 116; *Tries*, Verdeckte Gewinnausschüttungen im GmbH-Recht, 1991, 43 (231 f.); *Flume* ZHR 144 (1980) 18 (24); *Joost* ZHR 148 (1984), 27 (54); *M. Winter* ZHR 148 (1984) 579 (589); *Hager* ZGR 1989, 71 (97 f.); *Einsele* NJW 1996, 2681 (2687); nicht eindeutig NK-AktR/*Drinhausen* Rn. 52 ff.
²⁹⁷ BGH NJW 2011, 2719 (2721) Rn. 22 mwN; *Schäfer* ZIP 2010, 1877 (1880); *Schäfer* FS Hoffmann-Becking, 2013, 997 (1003); differenzierend *Arnold/Aubel* ZGR 2012, 113 (134 f.); vgl. auch *Wackerbarth* WM 2011, 193 (199).
²⁹⁸ BGHZ 196, 312 (318 Rn. 17) = NJW 2013, 1742 (1743) = NZG 2013, 496 (497); OLG Brandenburg AG 2015, 752 (756 Rn. 103).
²⁹⁹ BGHZ 196, 312 (316 Rn. 15) = NJW 2013, 1742 (1743); ausf. dazu *Riedel*, Unzulässige Vermögenszuwendungen und ihre Rechtsfolgen im Recht der Aktiengesellschaft, 2004, 50 ff.
³⁰⁰ Vgl. etwa *Cahn* JZ 1997, 8 ff.
³⁰¹ Vgl. BGHZ 196, 312 (317 Rn. 18) = NJW 2013, 1742 (1743) = NZG 2013, 496 (497).

wandten Gegenstandes auf den Empfänger verlagert. Nimmt man mit der herkömmlichen Lehre an, seine Verpflichtung bestehe in der Herausgabe des empfangenen Gegenstandes, muss man in derartigen Fällen § 275 BGB zugunsten des Aktionärs anwenden, wenn der Empfänger die Unmöglichkeit der Rückgabe nicht zu vertreten hat.[302] Unter solchen Umständen wäre nicht nur das Gesellschaftsvermögen endgültig geschmälert; die herkömmliche Lehre führt überdies zu einer Ungleichbehandlung von Sachleistungen der Gesellschaft und anderen Zuwendungen. Bestehen diese etwa in Dienstleistungen oder in der Überlassung von Gegenständen zur Nutzung, kann der Vorteil von vornherein nicht in corpore herausgegeben werden.[303] Hier kommt auch nach Auffassung derjenigen, die grundsätzlich für eine gegenständliche Rückabwicklung der Ausschüttung plädieren, nur eine Pflicht des Empfängers zum Wertersatz in Betracht, die im Aktienrecht zumeist auf eine Analogie zu § 346 Abs. 2 Nr. 1 BGB (§ 346 S. 2 BGB aF),[304] im GmbH-Recht unmittelbar auf den Zweck der Kapitalerhaltungsvorschriften gestützt wird.[305] Demgegenüber gewährleistet eine grundsätzliche Pflicht zur Wertausgleichszahlung, dass die Haftungsfolgen unabhängig von der Art des zugewandten Vorteils sind.

89 **cc) Probleme der Anspruchsbemessung.** Gegen eine Beschränkung auf eine Pflicht zum Wertausgleich wird eingewandt, dass die Bemessung der Ausgleichsleistung **komplexe Bewertungen** erfordern könne, die sich durch eine Rückabwicklung vermeiden ließen. Überdies werde durch die Rückabwicklung sichergestellt, dass Risiken und Chancen nachträglicher **Wertveränderungen** des Gegenstandes gleichermaßen die Gesellschaft träfen.[306]

90 Veränderungen des Wertes der von der Gesellschaft erbrachten Leistung lassen sich indessen auch auf der Grundlage einer Wertausgleichshaftung angemessen berücksichtigen. Maßgeblich für die Bemessung des Ausgleichanspruchs ist der **Zeitpunkt**, in dem der Gegenstand auf den Empfänger übertragen wird.[307] In diesem Moment wird der Gegenstand der Zuwendung dem Gesellschaftsvermögen entzogen und der Rückgewähranspruch entsteht. Demgegenüber würde ein Abstellen auf einen späteren Zeitpunkt, etwa den der Ausgleichszahlung oder der letzten mündlichen Verhandlung in einem Rechtsstreit gegen den Empfänger, zu sachlich nicht gerechtfertigten Unterschieden in der Behandlung freiwilliger und gerichtlich erzwungener Zahlungen des Aktionärs auf seine Erstattungsverpflichtung führen. Zudem hätte es der Aktionär in der Hand, bei negativer Wertentwicklung durch Hinauszögern der Zahlung das Risiko einer weiteren Wertminderung auf die Gesellschaft abzuwälzen, eine erwartete Wertsteigerung dagegen durch sofortige Leistung selbst zu vereinnahmen. Ist danach der Zeitpunkt der Übertragung des Gegenstandes auf den Gesellschafter für die Bewertung des Vorteils entscheidend, treffen Chancen und Risiken nachträglicher Wertveränderungen gleichmäßig den Zuwendungsempfänger. Bei Herausgabe in corpore würden sich solche Veränderungen dagegen zu Gunsten und zu Lasten der Gesellschaft auswirken. Keine dieser beiden Risikozuweisungsregeln spricht aber per se für oder gegen die damit verbundene Abwicklungsmodalität. Dass es zweckwidrig oder unbillig ist, wenn eine Änderung der für die Bewertung maßgeblichen Umstände sich nicht auf die Höhe des Erstattungsanspruchs und damit zugunsten oder zu Lasten des Gesellschaftsvermögens auswirkt,[308] wie dies bei einer Wertausgleichshaftung der Fall wäre, lässt sich nur behaupten, wenn man bereits unterstellt, dass der Gesellschaft bei einem Verstoß gegen Abs. 1 S. 1 an sich die Rückgewähr des Gegenstandes selbst gebührt. Der Anspruch auf Wertausgleich ist danach **nicht notwendigerweise deckungsgleich mit dem** – regelmäßig ebenfalls begründeten – **Schadensersatzanspruch** gegen die verantwortlichen Organmitglieder **nach § 93 Abs. 3 Nr. 1**. Letzterer kann insbesondere dann über den Wertersatzanspruch hinausgehen, wenn die Einlagenrückge-

---

[302] So etwa Kölner Komm AktG/*Lutter* § 62 Rn. 26; Großkomm AktG/*Henze* § 62 Rn. 40; Hüffer/Koch/*Koch* § 62 Rn. 11; aA MüKoAktG/*Bayer* § 62 Rn. 57.

[303] Zur begrenzten Bedeutung einer Herausgabepflicht auch *Kahlert*, Verdeckte Gewinnausschüttungen an Nichtgesellschafter im Gesellschaftsrecht, 1994, 108.

[304] Vgl. etwa Kölner Komm AktG/*Lutter* § 62 Rn. 26; Großkomm AktG/*Henze* § 62 Rn. 41; Hüffer/Koch/*Koch* § 62 Rn. 11; *Fiedler*, Verdeckte Vermögensverlagerungen bei Kapitalgesellschaften, 1994, 10. Vom Ausgangspunkt der zu §§ 57, 62 AktG vorherrschenden Auffassung (Nichtigkeit des dinglichen Geschäfts) wäre allerdings zumindest bei der Übereignung von Sachen die Herleitung des Nutzungsersatzanspruchs aus §§ 988, 818 Abs. 2 BGB näher liegend, da es bei Eingreifen dieser Vorschriften an der durch eine Analogie zu füllenden Gesetzeslücke fehlt.

[305] Vgl. BGHZ 176, 62 (65 Rn. 10) = NZG 2008, 467 (468); BGHZ 122, 333 (338 f.) = NJW 1993, 1922 (1923).

[306] *Hommelhoff* FS Kellermann, 1991, 165 (168); *Ulmer* FS 100 Jahre GmbH-Gesetz, 1992, 363 (378).

[307] *Cahn*, Kapitalerhaltung im Konzern, 1998, 123 f.; ebenso im Erg. BGHZ 122, 333 (339) = NJW 1993, 1922 (1923); aA *Joost* ZHR 148 (1984), 27 (54) Fn. 83.

[308] In diesem Sinne aber *Hommelhoff* FS Kellermann, 1991, 165 (167); *Ulmer* FS 100 Jahre GmbH-Gesetz, 1992, 363 (378).

währ weitere Schäden der Gesellschaft verursacht hat. Umgekehrt mindern Vermögensvorteile, die der Gesellschaft als Folge einer unzulässigen Einlagenrückgewähr zufließen und daher im Wege der Vorteilsausgleichung Schadensersatzansprüche nach §§ 93, 116 mindern können,[309] nicht auch den Wertausgleichsanspruch gegen den Empfänger.

Probleme der Bewertung eines dem Gesellschafter zugewandten Gegenstandes[310] sollten nicht 91 überschätzt werden. Soweit die Zuwendung der Gesellschaft in der Erbringung von **Dienstleistungen oder** der **Überlassung von Gegenständen** zur Nutzung besteht, ist ihre Rückgewähr in natura ohnehin nicht möglich, so dass sich eine – in solchen Fällen nicht minder problematische – Bewertung auch nach der herkömmlichen Rückabwicklungslösung nicht vermeiden lässt.[311] Besteht die Leistung der Gesellschaft in der **Übertragung einer Sache,** bereitet deren Bewertung und damit die Bezifferung des Vorteils dann keine Schwierigkeiten, wenn für sie ein **Marktpreis** existiert. Sind die Parteien zum Nachteil der Gesellschaft von diesem Preis abgewichen, so entscheidet der Grund hierfür schon darüber, ob überhaupt eine unzulässige Ausschüttung vorliegt, die mit der Sorgfalt eines ordentlichen und gewissenhaften Geschäftsleiters nicht vereinbar ist (→ Rn. 21). Ist diese Frage zu bejahen, kann bei der Bewertung der Marktpreis zugrunde gelegt werden. Bewertungsprobleme, die bei vollständiger Rückabwicklung des Geschäfts nicht entstehen würden, ergeben sich für die Wertausgleichslehre folglich allein im Zusammenhang mit der Übertragung von **Gegenständen, für die ein Marktpreis sich nicht feststellen lässt.** Unter diesen Umständen liegt eine unzulässige Ausschüttung an den Gesellschafter nur vor, wenn die Grenzen des unternehmerischen Ermessens bei der Preisgestaltung überschritten worden sind. In diesen Fällen stellt sich in der Tat die Frage, welcher unternehmerisch noch vertretbare Preis für die Ausgleichszahlung maßgebend sein soll. Die gleiche Problematik ergibt sich indessen auch vom Ausgangspunkt der Restitutionslehre, wenn die Überschreitung des Preisgestaltungsspielraums und damit der Tatbestand einer unzulässigen Auszahlung streitig oder wenn der Gegenstand untergegangen, weiterveräußert oder seine Rückgabe aus sonstigen vom Gesellschafter zu vertretenden Umständen nicht möglich ist, so dass im Rahmen des § 283 BGB der daraus resultierende Schaden der Gesellschaft berechnet werden muss.[312] Vergleichbares gilt bei einer **zwischenzeitlichen Beschädigung** der Sache, für die der Empfänger einzustehen hat.[313] Selbst wenn aber der Gegenstand unversehrt herausgegeben wird, können sich im Rahmen der Rückabwicklung Bewertungsfragen stellen. Das gilt vor allem dann, wenn zwischen der Übertragung auf den Aktionär und der Rückführung an die Gesellschaft ein nicht ganz unerheblicher Zeitraum verstrichen ist, in dem der Aktionär die Sache genutzt hat. Gegenstand einer nach Abs. 1 S. 1 untersagten Leistung kann auch die Überlassung eines Gegenstandes zur **Nutzung** sein.[314] Unter dem Gesichtspunkt der unzulässigen Zuwendung aus dem Gesellschaftsvermögen macht es keinen Unterschied, ob diese Nutzungsüberlassung selbst Vertragsinhalt ist oder ob sie sich als Folge einer als dauerhaft intendierten Sachübertragung darstellt, die später rückgängig gemacht wird. In beiden Fällen ist der wirtschaftliche Erfolg auf Seiten des Gesellschafters und der Gesellschaft derselbe. Auch bei Rückgabe unzulässigerweise übertragener Gegenstände stellt sich daher nach der Restitutionslehre die Frage nach der Zahlung einer Vergütung an die Gesellschaft für den Zeitraum, während dessen der Gesellschafter die Sache in seinem Besitz hatte. Andererseits ist die Bezifferung der angemessenen Nutzungsentschädigung gerade dann mit Schwierigkeiten verbunden, wenn es um die für die Wertausgleichslehre problematischen Gegenstände geht, für die sich kein Marktpreis ermitteln lässt, denn die Höhe der Entschädigung wird sich vorrangig am Wert des Gegenstandes orientieren. Bewertungsfragen stellen sich mithin in einem Großteil der Sachverhalte auch dann, wenn man als Rechtsfolge eines Verstoßes gegen die Kapitalerhaltungsvorschriften grundsätzlich die Rückabwicklung der verbotswidrigen Transaktion verlangt. Aus dem Umstand, dass die Wertausgleichslehre durchweg zur Bezifferung von Ansprüchen zwingt, lässt sich daher kein durchgreifender Einwand gegen sie herleiten.

dd) Interesse der Gesellschaft am Gegenstand der Zuwendung. Gegen eine Beschränkung 92 der Folgen von Verstößen gegen das Verbot der Einlagenrückgewähr auf eine Wertausgleichszahlung wird eingewandt, insbesondere bei betriebsnotwendigen, **nicht ohne weiteres wiederbeschaffbaren Gegenständen** erhalte die Gesellschaft mit einer Wertausgleichszahlung kein ausreichendes

---

[309] Vgl. dazu etwa BGH NZG 2011, 1271 (1275 Rn. 34 f.); OLG Hamburg AG 2010, 502 (507 f.); Kölner Komm AktG/*Mertens/Cahn* § 93 Rn. 134 f.
[310] Bedenken insoweit bei BGHZ 176, 62 (65 Rn. 10 = NZG 2008, 467 (468); *Hommelhoff* FS Kellermann, 1991, 165 (168); *Ulmer* FS 100 Jahre GmbH-Gesetz, 1992, 363 (378).
[311] Kölner Komm AktG/*Lutter,* 2. Aufl. 1988, § 62 Rn. 26; Großkomm AktG/*Henze* § 62 Rn. 41; vgl. auch *Rust,* Verdeckte Einlagenrückgewähr durch Leistung an Dritte in der Kapitalgesellschaft, 2000, 77.
[312] Vgl. Kölner Komm AktG/*Lutter,* 2. Aufl. 1988, § 62 Rn. 26; Großkomm AktG/*Henze* § 62 Rn. 40.
[313] Zur vergleichbaren Problematik der Wertminderung einer Gesellschaftsforderung vgl. BGHZ 122, 333 (339) = NJW 1993, 1922 (1923).
[314] → Rn. 14 und 16 sowie BGHZ 31, 258 (276).

Äquivalent.³¹⁵ Da aber gerade über diese Frage Streit zwischen dem Aktionär und der Gesellschaft entstehen und dieser nicht zugemutet werden könne, ihr besonderes Interesse an dem konkreten Gegenstand durch zeitaufwendige Beweisführungen in einem gerichtlichen Verfahren zu belegen, sei dem Interesse an der Werterhaltung des Gesellschaftsvermögens durch die grundsätzliche Pflicht zur Rückgewähr in corpore besser gedient als durch einen Zahlungsanspruch. Dabei gewährleiste allein die herkömmliche Lehre von der Nichtigkeit aller Rechtsgeschäfte, die gegen Abs. 1 S. 1 verstoßen, dass die Gesellschaft ihr Eigentum an der Sache behalte, so dass ihr in der Insolvenz des Empfängers ein Aussonderungsrecht nach § 47 InsO zugute komme.³¹⁶ In der Tat sind zwar Gestaltungen denkbar, in denen die Gesellschaft ein besonderes Interesse daran hat, den zugewandten Gegenstand wiederzuerhalten. Zum einen ist aber eine Verpflichtung des Empfängers, derartige Interessen der Gesellschaft zu berücksichtigen, systematisch zutreffender seiner gesellschafterlichen Treubindung zuzuordnen und beurteilt sich daher nach den Umständen des Einzelfalles.³¹⁷ Zum anderen dürfte es regelmäßig so liegen, dass die Veräußerung als solche aus Sicht der Gesellschaft nicht zu beanstanden ist, sie vielmehr im Gegenteil ein **Interesse** gerade daran hat, **den Gegenstand nicht zurücknehmen und erneut verwerten zu müssen,** wie dies etwa beim Verkauf eigener Produkte der Fall sein kann. Unter solchen Umständen wäre eine Pflicht zur Rückabwicklung insbesondere dann misslich, wenn durch die Rückführung und eine erneute Verwertung **Kosten** entstünden, die im Verhältnis zum ursprünglichen Mindererlös oder zum Restwert der Sache erheblich wären oder sie gar überstiegen. Was schließlich die Insolvenzfestigkeit etwaiger dinglicher Ansprüche der Gesellschaft betrifft, so fehlt eine Begründung dafür, dass es geboten wäre, die Gesellschaftsgläubiger, um deren Schutz es letztlich geht, durchweg gegenüber den Privatgläubigern des Aktionärs zu bevorzugen.³¹⁸

93 ee) **Schutz vor diktierten Vertragsbedingungen.** Gegen die Lehre von der Wertausgleichspflicht wird geltend gemacht, dass es dem betroffenen Aktionär nicht zumutbar sei, ihn kraft Gesetzes an einen Vertrag zu binden, auf den er sich freiwillig möglicherweise nicht eingelassen hätte.³¹⁹ Darin liegt indessen nur auf den ersten Blick eine unzumutbare Belastung für den Aktionär, denn er ist lediglich verpflichtet, einen Ausgleich in Höhe der Differenz zwischen dem zu niedrigen vereinbarten und dem angemessenen Preis zu zahlen bzw. eine von der Gesellschaft an ihn geleistete Überpreis zurückzuerstatten. Überdies findet eine derartige Korrektur der Preisvereinbarung auch nach der herkömmlichen Nichtigkeitslösung überall dort statt, wo die Leistung der Gesellschaft nicht in natura herausgegeben werden kann. Das ist nicht nur für Fälle der Dienstleistungserbringung und der Nutzungsüberlassung, sondern auch dann von Bedeutung, wenn der auf den Gesellschafter übertragene Gegenstand untergegangen oder beschädigt ist. Hier wird aber die Neufestsetzung der Leistungspflicht nicht als unbillig empfunden. Auch aus der Interessenlage des Gesellschafters ergeben sich daher keine durchgreifenden Einwände gegen die Aufrechterhaltung des Leistungsaustauschs mit der Gesellschaft unter Ergänzung um eine Wertausgleichspflicht.

94 ff) **Einlagenrückgewähr unter Beteiligung Dritter.** Die Zuwendung eines Vermögensvorteils an einen Dritten kann dem Aktionär als eigener Leistungsempfang zuzurechnen sein, ohne dass er notwendigerweise Zugriff auf den Gegenstand der Zuwendung im Vermögen des Empfängers haben müsste (vgl. → Rn. 72 ff. und → § 62 Rn. 9 ff.). Der Umstand, dass die Leistung an den Dritten eine Einlagenrückgewähr an den Aktionär darstellt, wirkt sich auch nicht notwendigerweise auf das Verhältnis der AG zum Leistungsempfänger aus. So ist etwa die Bestellung von Sicherheiten für die Verbindlichkeit eines Aktionärs regelmäßig wirksam (vgl. → Rn. 38). Nichtigkeit als Rechtsfolge des Verstoßes gegen Abs. 1 S. 1 scheidet in solchen, keineswegs seltenen, Fällen von vornherein aus.

---

³¹⁵ *Hager* ZGR 1989, 71 (83); für Rückgewähr in natura in solchen Fällen auch Hachenburg/*Goerdeler/Müller* GmbHG § 31 Rn. 25; *Fiedler,* Verdeckte Vermögensverlagerungen bei Kapitalgesellschaften, 1994, 11.
³¹⁶ IdS Großkomm AktG/*Henze* Rn. 203; *Wiedemann* GesR I § 8 III 1 a, S. 442; vgl. auch OLG Frankfurt WiB 1996, 163 (165).
³¹⁷ Hachenburg/*Goerdeler/Müller* GmbHG § 31 Rn. 25; *Riedel,* Unzulässige Vermögenszuwendungen und ihre Rechtsfolgen im Recht der Aktiengesellschaft, 2004, 86.
³¹⁸ In diesem Sinne auch *Joost* ZHR 148 (1984) 27 (36 f.); *Joost* ZHR 149 (1985) 419 (428); *Bezzenberger,* Das Kapital der Aktiengesellschaft, 2005, 246; *Bommert,* Verdeckte Vermögensverlagerungen im Aktienrecht, 1989, 86; *Geuting,* Die verdeckte Haftungsfondsverlagerung über Angehörige des GmbH-Gesellschafters, 1993, 50 f.; *Rust,* Verdeckte Einlagenrückgewähr durch Leistung an Dritte in der Kapitalgesellschaft, 2000, 61.
³¹⁹ *Bezzenberger,* Das Kapital der Aktiengesellschaft, 2005, 249 f.; *Knolle,* Die verdeckte Gewinnausschüttung im Schnittpunkt von GmbH-Recht, Bilanzrecht und Steuerrecht, 1984, 77 f.; *Ulmer* FS 100 Jahre GmbH-Gesetz, 1992, S. 363 (378); MüKoAktG/*Bayer* § 62 Rn. 53; Großkomm AktG/*Henze* Rn. 208 und § 62 Rn. 44; Kölner Komm AktG/*Drygala* § 62 Rn. 65; *Bayer/Scholz* AG 2013, 426 (428); Lutter/Hommelhoff/*Hommelhoff* § 29 Rn. 53; vgl. zu dieser Problematik auch *Wilhelm* FS Flume Bd. II, 1978, 337 (384); *Geßler* FS Fischer, 1979, S. 131 (141); *Flume* ZHR 144 (1980) 18 (23).

Als Sanktion gegenüber dem Aktionär kommt daher auch hier **von vornherein nur** ein **Anspruch auf Wertersatz** in Betracht.

gg) Zwischenergebnis. Aus der Relativierung der Einwände gegen eine Wertausgleichspflicht 95 als Folge der Verletzung des Verbots der Einlagenrückgewähr (→ Rn. 88–93) folgt allerdings noch nicht, dass diese Konzeption ihrerseits durchweg zu normzweckgerechten Ergebnissen führt. Es hat sich vielmehr gezeigt, dass die Nichtigkeitslösung und die Wertausgleichslösung bei ihrer Anwendung auf eine Reihe von Sachverhaltsgestaltungen der jeweils anderen unterlegen ist.

hh) Wahlrecht? Diese Problematik lässt sich auch nicht durch ein Wahlrecht des Aktionärs oder 96 der Gesellschaft hinsichtlich der Rückgewährmodalitäten[320] entschärfen. Wollte man es dem Belieben des Gesellschafters oder der Gesellschaft überlassen, ob im Einzelfall der Gegenstand zurückgegeben oder Wertersatz in Geld geleistet werden soll, würde damit im Ergebnis dem jeweils anderen Teil einseitig das Risiko von Wertveränderungen aufgebürdet. Wäre etwa der Aktionär befugt, die Zahlung der Wertdifferenz durch Rückgabe des empfangenen Gegenstandes abzuwenden, würde er von dieser Möglichkeit immer dann Gebrauch machen, wenn aufgrund einer zwischenzeitlichen Veränderung der Marktverhältnisse der Gegenstand an Wert verloren hätte. Käme es dagegen zu einer Wertsteigerung, würde er den ursprünglichen Minderpreis durch eine entsprechende Zahlung ausgleichen. Das Gleiche würde mit umgekehrten Vorzeichen für ein Wahlrecht der Gesellschaft gelten.[321] Eine solche einseitige Benachteiligung einer Partei wäre aber vom Zweck des Verbots der Einlagenrückgewähr und des flankierenden Rückgewähranspruchs nach § 62 nicht gedeckt.

ii) Eigener Ansatz. Eine Auflösung des Gegensatzes zwischen Nichtigkeitslösung mit Rückab- 97 wicklung einerseits und Wertausgleichslehre andererseits lässt sich erreichen, wenn man sich die Ursache für die Unterschiede zwischen beiden Auffassungen vergegenwärtigt. Beide leiten ihre Ergebnisse von demselben Ausgangspunkt her, nämlich aus der Prämisse, dass Abs. 1 S. 1 iVm dem Rückgewähranspruch nach § 62 das Gesellschaftsvermögen nicht in seiner gegenständlichen Zusammensetzung, sondern seinem Wert nach schützen und dafür Sorge tragen soll, dass unzulässige Schmälerungen des dadurch gebundenen Haftungsfonds ausgeglichen werden.[322] Die Differenzen zwischen beiden Auffassungen ergeben sich daraus, dass Abs. 1 S. 1 keine eindeutige Aussage darüber enthält, ob die Rückgewähr des Vorteils die Gesellschaft so stellen soll, als habe sie das verbotswidrige Geschäft nicht abgeschlossen oder als ob sie die Transaktion zu angemessenen Bedingungen abgewickelt hätte. Der ersten Alternative entspricht die Nichtigkeit des Geschäfts und seine vollständige Rückabwicklung, der zweiten Sichtweise eine Wertausgleichshaftung in Form der Zuzahlung bzw. Rückgewähr der Differenz zwischen vereinbartem und angemessenem Preis. Abstrakt betrachtet tragen beide Lösungen dem Anliegen der Vermögensbindung gleichermaßen Rechnung. Die Unterschiede zeigen sich erst bei der Anwendung der Ausgleichsprinzipien auf den Einzelfall, bei der je nach Sachverhaltsgestaltung die eine oder die andere Auffassung dem Zweck der Vermögensbindung besser gerecht wird. Die starre **Festlegung auf einen Abwicklungsmodus verfehlt das eigentliche Ziel** von Abs. 1 S. 1, das Vermögen der Gesellschaft vor unzulässigen Schmälerungen zu schützen und etwaige Verbotsverstöße so effektiv wie möglich durch die Wiederherstellung des Haftungsfonds rückgängig zu machen. Diesem Anliegen ist am ehesten gedient, wenn man **im Einzelfall beurteilt, welche Art des Ausgleichs dem Ziel der Werterhaltung am nächsten kommt.**[323]

Von dem in → Rn. 97 entwickelten Ausgangspunkt her bedarf es keiner besonderen Begründung 98 dafür, dass der **zufällige Untergang** des zugewandten Gegenstandes den Gesellschafter grundsätzlich nicht von seiner Ausgleichsverpflichtung befreit. Werterhaltung kann unter diesen Umständen nur Zahlung der Differenz zwischen dem vereinbarten und dem angemessenen Erwerbspreis bedeuten.

---

[320] So für das GmbH-Recht etwa *Fiedler*, Verdeckte Vermögensverlagerungen bei Kapitalgesellschaften, 1994, 22; *Kleffner*, Erhaltung des Stammkapitals und Haftung nach §§ 30, 31 GmbHG, 1994, 134f.; *Kühbacher*, Darlehen an Konzernunternehmen. Besicherung und Vertragsanpassung, 1993, 77; *Tries*, Verdeckte Gewinnausschüttungen im GmbH-Recht, 1991, 232; *Winter* ZHR 148 (1984) 579 (589); *Hager* ZGR 1989, 71 (91 ff., 97 f.); *Ulmer* FS 100 Jahre GmbH-Gesetz, S. 363 (378); *Einsele* NJW 1996, 2681 (2686); *K. Schmidt* GesR § 37 III 2 a, S. 945; im Erg. auch *Knolle*, Die verdeckte Gewinnausschüttung im Schnittpunkt von GmbH-Recht, Bilanzrecht und Steuerrecht, 1984, 80; beschränkt auf leicht wiederzubeschaffende Gegenstände auch Hachenburg/*Goerdeler/ Müller* GmbHG § 31 Rn. 25.
[321] Zu dieser Problematik vgl. *Döllerer* JbFStR 1988/89, 376 f.
[322] Vgl. nur *Ballerstedt*, Kapital, Gewinn und Ausschüttung bei Kapitalgesellschaften, 1949, 134 f.; Kölner Komm AktG/*Drygala* Rn. 9; *Joost* ZHR 149 (1985) 419 (420 f.); zur Parallelproblematik bei der GmbH *Fleck* FS 100 Jahre GmbH-Gesetz, 1992, 391 (393); *Ulmer* FS 100 Jahre GmbH-Gesetz, 1992, 363 (377 f.); *Joost* ZHR 148 (1984) 27 f.; *Hommelhoff* FS Kellermann, 1991, 165 (168); *Flume* ZHR 144 (1980) 18 (23); *U. H. Schneider* ZGR 1985, 279 (282); *U. H. Schneider* FS Döllerer, 1988, 537 (544); *Hager* ZGR 1989, 71 (98).
[323] Vgl. *Cahn*, Kapitalerhaltung im Konzern, 1998, 130 ff.; MüKoAktG/*Bayer* Rn. 110 ff.

Bereitet die **Bewertung des Vorteils** unverhältnismäßige Schwierigkeiten oder ist sie **nicht mit hinreichender Bestimmtheit möglich** und ist der Gegenstand noch vorhanden, spricht dies dafür, den Wertausgleich durch Rückgewähr in corpore zu bewirken. Vergleichbares gilt für das **Risiko nachträglicher Wertschwankungen.** Aus dem Zweck von Abs. 1 S. 1 iVm § 62, das gebundene Gesellschaftsvermögen dem Wert nach zu bewahren, folgt, dass der Empfänger der Gesellschaft zumindest die Differenz zwischen dem von ihm gezahlten und demjenigen Preis zu erstatten hat, den der Gegenstand zum Zeitpunkt der Ausschüttung hatte.[324] Mit der Zuwendung entsteht ein Anspruch der Gesellschaft in dieser Höhe, der nicht kontokorrentartigen Schwankungen je nach der Entwicklung der für die Bewertung maßgeblichen Umstände unterliegt.[325] Sofern der Gesellschafter nicht nachweist, dass eine Wertminderung in mindestens derselben Höhe auch bei der Gesellschaft eingetreten wäre,[326] reicht die spätere **Rückgabe des im Wert geminderten Gegenstandes** als Erfüllung nicht aus. Ob der Aktionär jedoch den Gegenstand zuzüglich eines Ausgleichs für die Wertminderung an die Gesellschaft leistet oder ihn gegen Zuzahlung der Wertdifferenz behält, sollte hier ebenso wie im Falle einer nachträglichen Werterhöhung grundsätzlich den Parteien überlassen bleiben. Erzielen sie hierüber keine Einigung, darf die **Gesellschaft entsprechend §§ 316, 315 Abs. 3 BGB** den Inhalt des Rückgewähranspruchs nach billigem Ermessen bestimmen.[327] Es handelt sich dabei nicht um ein Wahlrecht der Gesellschaft, das als unsachgemäß abzulehnen ist (→ Rn. 96), sondern um ein gerichtlich auf die Angemessenheit seiner Ausübung hin überprüfbares Bestimmungsrecht, das erst dann zum Zuge kommt, wenn sich Einvernehmen über die Modalitäten der Rückgewähr nicht erzielen lässt. **Erfüllungshandlungen,** die unter Verstoß gegen Abs. 1 vorgenommen werden, **sind wirksam,** sofern kein anderweitiger Unwirksamkeitsgrund vorliegt. Der Gesellschaft stehen daher bei einer Verletzung des Verbots der Einlagenrückgewähr keine Vindikationsansprüche gegen den Empfänger zu (→ Rn. 87 aE).

99 **2. Einwand der Gesellschaft wegen Missbrauchs der Vertretungsmacht.** Vorteilszuwendungen unter Verstoß gegen Abs. 1 S. 1 können wegen Missbrauchs der Vertretungsmacht der für die Gesellschaft Handelnden angreifbar sein.[328] Bedeutsam ist das vor allem für Zuwendungen an Dritte, mit denen die Gesellschaft eine verbotswidrige Leistung an einen Aktionär erbringt, wie dies etwa bei der Besicherung einer Aktionärsverbindlichkeit der Fall ist[329] (→ Rn. 38). Dafür reicht allerdings entgegen verbreiteter Ansicht[330] ein objektiver Verstoß des Vertreters gegen interne Pflichtbindungen nicht aus. Ein Irrtum über die Angemessenheit der Vertragsbedingungen kann auch dem Vertretenen selbst unterlaufen, ohne dass er sich deswegen ohne weiteres vom Vertrag lösen könnte. Das besondere Risiko der Einschaltung eines Vertreters, das den Schutz durch die Grundsätze des Missbrauchs der Vertretungsmacht rechtfertigt, verwirklicht sich vielmehr nur dann, wenn der Vertreter die ihm im Verhältnis zum Vertretenen obliegenden Bindungen bewusst zu dessen Schaden verletzt.[331] Darüber hinaus muss auch der Empfänger von dieser Verletzung der Vertreterpflichten zum Schaden des Vertretenen wissen oder sich der Kenntnis verschließen.[332] Die Grundsätze über den Missbrauch der Vertretungsmacht ersparen damit der Gesellschaft den für die Bejahung einer Kollusion erforderlichen Nachweis des bewussten Zusammenwirkens zwischen ihrem Vertreter und dem Dritten. Als Rechtsfolge eines Missbrauchs der Vertretungsmacht steht der Gesellschaft gegenüber dem Dritten ein Einwand aus § 242 BGB zu.[333]

---

[324] So auch BGHZ 122, 333 (339) = NJW 1993, 1922 (1923).
[325] Ebenso zu § 30 GmbHG *Ulmer* FS 100 Jahre GmbH-Gesetz, 1992, 363 (386).
[326] Zu dieser Ausnahme von der Pflicht zum Ausgleich von Wertverlusten vgl. BGHZ 176, 62 (65 f. Rn. 11) = NZG 2008, 467 (468).
[327] So für die vergleichbare Frage der Bestimmung des Inhalts von Ansprüchen auf Nachteilsausgleich nach § 311 AktG *Wilhelm,* Rechtsform und Haftung bei der juristischen Person, 1981, 245 f.
[328] MüKoAktG/*Bayer* Rn. 237; Großkomm AktG/*Henze* Rn. 217; für Verdrängung der Grundsätze über den Missbrauch der Vertretungsmacht durch die Vorschriften über die Vermögensbindung MüKoGmbHG/*Ekkenga* GmbHG § 30 Rn. 278; Scholz/*Verse* GmbHG § 30 Rn. 123; *Joost* ZHR 148 (1984), 27 (30) Fn. 12; *Schön* ZHR 159 (1995) 351 (365 f.), alle zu § 30 GmbHG.
[329] Grundsätzlich abl. etwa *Mülbert* ZGR 1995, 578 (604 ff.); *Rust,* Verdeckte Einlagenrückgewähr durch Leistung an Dritte in der Kapitalgesellschaft, 2000, 71 ff.; zu § 30 GmbHG *Sonnenhol/Groß* ZHR 159 (1995) 388 (407 f.).
[330] BGH NJW 1988, 3012 (3013); vgl. MüKoBGB/*Schubert* § 164 Rn. 220.
[331] *John* FS Mühl, 1981, 349 (356 ff.); *John* GmbHR 1984, 90 (91); *Hueck,* Das Recht der OHG, 1971, § 20 III 2 b, S. 297; *Cahn,* Kapitalerhaltung im Konzern, 1998, 140 f.
[332] So im Anschluss an *Flume* Das Rechtsgeschäft § 45 II 3, S. 789 f. etwa BGH BB 1994, 1103 (1104); BGH ZIP 1994, 1843 (1844); *Geßler* FS v. Caemmerer, 1978, 531 (543 f.); *John* FS Mühl, 1981, 349 (359 f.); *John* GmbHR 1983, 90 (91); *Kahlert,* Verdeckte Gewinnausschüttungen an Nichtgesellschafter im Gesellschaftsrecht, 1994, 219 ff.; *Bommert,* Verdeckte Vermögensverlagerungen im Aktienrecht, 1989, 134 f.; *Tries,* Verdeckte Gewinnausschüttungen im GmbH-Recht, 1991, 131.
[333] Vgl. *Cahn,* Kapitalerhaltung im Konzern, 1998, 142 f. mN zum Meinungsstand.

3. Schadensersatzansprüche. a) Gegen Vorstand und Aufsichtsrat. Gegen Mitglieder der 100 Verwaltung stehen der AG bei Verstößen gegen Abs. 1 S. 1 Schadensersatzansprüche nach §§ 93 Abs. 3 Nr. 1, 2 und 5 iVm § 116 zu. Nach hL besteht der zu ersetzende Schaden in dem Ausfall, den die AG erleidet, weil sie ihre Ansprüche gegen den oder die Empfänger nicht durchsetzen konnte.[334] Demgegenüber ist zu betonen, dass der Schaden der Gesellschaft bereits in der Vermögensminderung oder unterlassenen Vermögensmehrung durch die Einlagenrückgewähr selbst liegt. Sie kann daher von den verantwortlichen Organmitgliedern Ersatz dieses Schadens gegen Abtretung der Rückgewähransprüche verlangen, die ihr gegen den Empfänger zustehen.

b) Gegen Aktionäre. Unter den Voraussetzungen des § 117 sind auch Schadensersatzansprüche 101 gegen Aktionäre denkbar, die unter Ausnutzung ihres Einflusses auf die Geschäftsleitung die Einlagenrückgewähr veranlasst haben. Handelt es sich bei dem Aktionär um ein herrschendes Unternehmen, wird allerdings die Haftung nach § 117 durch die Ausgleichs- und Schadensersatzregelungen der §§ 311 ff. verdrängt.[335]

VI. Aktionärsdarlehen, Abs. 1 S. 4

1. Reform des Kapitalersatzrechts und Gang der Kommentierung. Den Gefahren, die 102 eine Fremdkapitalfinanzierung der Gesellschaft durch ihre Gesellschafter für die Gesellschaftsgläubiger birgt, wenn die Gesellschaft in die Nähe der Insolvenz gerät (→ Rn. 103), versuchte man bislang vor allem durch gesellschaftsrechtliche Regeln entgegenzuwirken. Dabei hatte sich im Laufe der Zeit ein höchst komplexes Regelungsregime entwickelt, das sich aus zwei parallel geltenden Normenkomplexe, den sog. Rechtsprechungsregeln und den gesetzlichen Bestimmungen für Gesellschafterdarlehen, zusammensetzte, die beide für die GmbH konzipiert waren, in modifizierter Form aber auch auf die AG übertragen wurden. Durch das MoMiG[336] ist dieses Recht der sog. kapitalersetzenden Gesellschafterdarlehen grundlegend reformiert und vereinfacht worden. An die Stelle des zweispurigen, durch §§ 135, 143 InsO aF insolvenzrechtlich flankierten, gesellschaftsrechtlichen Regelungsregimes ist eine rein insolvenz- bzw. anfechtungsrechtliche Regelung getreten, die rechtsformunabhängig für alle Kapitalgesellschaften und Personengesellschaften ohne unbeschränkt haftende natürliche Person gilt. Nach Art. 103d EGInsO[337] sind allerdings auf Insolvenzverfahren, die vor dem 1. November 2008 eröffnet worden sind, weiterhin die bis dahin geltenden gesetzlichen Vorschriften anzuwenden. Selbst im Rahmen von nach dem 1. November 2008 eröffneten Insolvenzverfahren sind auf vor diesem Zeitpunkt vorgenommene Rechtshandlungen die bis dahin geltenden Vorschriften der Insolvenzordnung über die Anfechtung von Rechtshandlungen – also die an das frühere Kapitalersatzrecht anknüpfenden §§ 135, 143 InsO aF – anzuwenden, soweit die Rechtshandlungen danach dem der Anfechtung entzogen oder in geringerem Umfang als nach neuem Recht unterworfen sind. Zu den danach anwendbaren vormaligen Regelungen gehören auch die auf eine Analogie zu §§ 30, 31 GmbHG gestützten Rechtsprechungsregeln.[338] Ihre Fortgeltung für Altfälle ist zwar umstritten,[339] entspricht aber dem Zweck der insolvenzrechtlichen Überleitungsbestimmung, denn anderenfalls würde mangels Anwendbarkeit der durch das MoMiG eingeführten Bestimmungen mit Inkrafttreten des MoMiG für Altfälle ein unvollständiges und weniger stringentes Kapitalersatzrecht gelten als vor diesem Zeitpunkt. Es ist nicht anzunehmen, dass der Gesetzgeber eine derartige Rechtsänderung für laufende Verfahren bezweckt hat, die dazu führen könnte, dass der Gesellschaft bereits begründete Ansprüche nachträglich wieder entzogen würden.[340] Gegen die Fortgeltung der Rechtsprechungsregeln für Altfälle sprechen im Übrigen weder die Stellung der Überleitungsvorschrift im EGInsO[341] noch die Gesetzesbegründung,[342] in der es heißt, Art. 103d bestimme den zeitlichen Anwendungsbereich der neuen insolvenzrechtlichen Vorschriften.[343] Dem Wortlaut der Gesetzesbegründung lässt sich nur

---

[334] MüKoAktG/*Bayer* Rn. 234; Großkomm AktG/*Henze* Rn. 226.
[335] Vgl. etwa Kölner Komm AktG/*Koppensteiner* § 311 Rn. 164 m. zahlr. N.
[336] Gesetz zur Modernisierung des GmbH-Rechts und zur Bekämpfung von Missbräuchen v. 23.10.2008, BGBl. 2008 I 2026.
[337] Eingefügt durch Art. 10 MoMiG.
[338] BGHZ 179, 249 (257 Rn. 17 f.) = NZG 2009, 422 (424) m. Anm. *Römermann* = NJW 2009, 1277; BGH NZG 2009, 427 Rn. 8; BGH NJW 2011, 844 (846 Rn. 20) = NZG 2011, 273 (274); BGH NZG 2012, 545 (546) Rn. 14; BGH NZG 2013, 827 (830 Rn. 27); OLG München NZG 2011, 225 (226).
[339] Dagegen etwa *Hirte/Knof/Mock* NZG 2009, 48 (49); *Holzer* ZIP 2009, 206 (207); im Erg. wie hier aber OLG Jena GmbHR 2009, 431 (432 f.); OLG Köln GmbHR 2009, 256 (257); *Guthmann/Nawroth* ZInsO 2009, 174 (176); ausf. *Altmeppen* ZIP 2011, 641 (646 f.).
[340] Zu diesem Aspekt OLG Jena GmbHR 2009, 431 (433).
[341] So aber OLG Jena GmbHR 2009, 431 (432).
[342] So aber OLG Jena GmbHR 2009, 431 (432).
[343] BegrRegE BT-Drs. 16/6140, 57.

entnehmen, um welche neuen Vorschriften es in Art. 103d EGInsO geht, nicht aber, welche bislang geltenden Regeln durch sie ersetzt werden. Die Stellung der Überleitungsvorschrift in der EGInsO erklärt sich ohne weiteres daraus, dass das Gesetz zunächst den Zeitpunkt des Inkrafttretens der insolvenzrechtlichen Neuregelung und nicht das damit verbundene Außerkrafttreten der GmbH-rechtlichen Altregelungen bestimmt. Das frühere Recht der kapitalersetzenden Gesellschafterdarlehen wird folglich für eine gewisse Übergangszeit weiter erhebliche Bedeutung behalten. Zudem ist eine Reihe von Konzepten des früheren Rechts – genannt sei etwa das der einem Gesellschafterdarlehen wirtschaftlich entsprechenden Rechtshandlung, § 39 Abs. 1 Nr. 5 InsO, früher: § 32a Abs. 3 S. 1 GmbHG – ins neue Recht übernommen worden, so dass auch die dazu entwickelten Auslegungsgrundsätze fortgelten.[344] Schließlich ist eine Reihe von Neuerungen nur vor dem Hintergrund der Unzulänglichkeiten des früheren Rechts verständlich. Aus diesen Gründen wird im Folgenden zunächst (2. bis 4., → Rn. 103–118) das bis November 2008 geltende Recht der kapitalersetzenden Aktionärskredite erläutert. Im Anschluss daran erfolgt die Kommentierung der Neuregelung (5., → Rn. 119).

103 2. Kapitalersatzrecht. a) Rechtsprechungsregeln. Nach den von der Rechtsprechung für die GmbH entwickelten Regeln über die Finanzierung der Gesellschaft sind Gesellschafter zwar nicht verpflichtet, ihre Gesellschaft mit einem für deren Geschäftstätigkeit angemessenen Eigenkapital auszustatten. Es steht ihnen vielmehr frei, lediglich das gesetzlich vorgeschriebene Mindestkapital zur Verfügung zu stellen und einen darüber hinausgehenden Mittelbedarf durch Kredite zu decken. Dabei können auch die Gesellschafter selbst als Kreditgeber auftreten. Die Rechtsprechung hat allerdings bereits frühzeitig aus §§ 30, 31 GmbHG **Grenzen der Finanzierungsfreiheit** abgeleitet. **Darlehen,** die ein Gesellschafter zu einem Zeitpunkt gewährt oder belässt,[345] in dem die Gesellschaft sich **in einer Krise** befindet, sind danach ebenso gebunden wie Eigenkapital. Solche sog. eigenkapitalersetzenden Gesellschafterdarlehen dürfen entsprechend § 30 GmbHG nur aus freiem Vermögen, dh aus solchen Mitteln zurückgezahlt werden, die nicht zur Deckung der Stammkapitalziffer benötigt werden. Erfolgt die Rückzahlung eines kapitalersetzenden Darlehens ganz oder zum Teil aus gebundenem Vermögen, ist der unter Verstoß gegen § 30 GmbHG ausgekehrte Betrag der Gesellschaft entsprechend § 31 GmbHG zu erstatten. Verwendet ein Gesellschafter einen Betrag, den ihm die Gesellschaft auf ein kapitalersetzendes Aktionärsdarlehen zurückgezahlt hat, für die Einzahlung einer Einlageschuld aus einer Kapitalerhöhung, ist die Zahlung nicht auf die Einlageverpflichtung, sondern auf die Rückgewährpflicht entsprechend § 31 GmbHG anzurechnen.[346] **Tragender Grund** für diese Behandlung von Gesellschafterdarlehen als haftendes Kapital ist die steigende Risikoneigung der Gesellschafter nach Verlust ihres Kapitaleinsatzes verbunden mit dem Informations- und Einflussvorsprung, der aus ihrer Gesellschafterstellung folgt. Die Umqualifizierung von Darlehen in der Krise soll verhindern, dass die Gesellschafter riskante Projekte mit negativem Erwartungswert durch Darlehen finanzieren, weil sie davon ausgehen, ihre Mittel im Falle des Scheiterns noch rechtzeitig abziehen und dadurch die Folgen dieser Spekulation auf die außenstehenden Gläubiger abwälzen zu können.[347]

104 b) **Gesetzliche Regelung.** Im Zuge der GmbH-Novelle 1980 hat der Gesetzgeber versucht, diese Rechtsprechungsregeln in §§ 32a, 32b GmbHG, § 32a KO (heute: § 39 Abs. 1 Nr. 5 InsO, § 135 InsO), § 3b AnfG (heute: § 6 AnfG) zu kodifizieren. Danach kann ein Gesellschafter seinen Anspruch auf Rückgewähr eines kapitalersetzenden Darlehens in der Insolvenz der Gesellschaft nur als nachrangiger Insolvenzgläubiger geltend machen (§ 32a Abs. 1 GmbHG, § 39 Abs. 1 Nr. 5 InsO). Sofern ein kapitalersetzendes Darlehen innerhalb eines Jahres vor dem Antrag auf Eröffnung des Insolvenzverfahrens zurückgezahlt wird, ist die Befriedigung anfechtbar und der gesamte Betrag muss der Gesellschaft erstattet werden (§ 135 Nr. 2 InsO, § 143 InsO). Nach ganz hM verdrängen allerdings diese besonderen gesetzlichen Bestimmungen nicht die Rechtsprechungsregeln. Diese finden vielmehr weiterhin neben §§ 32a, 32b GmbHG, § 135 InsO, § 6 AnfG Anwendung.[348]

---

[344] BegrRegE BT-Drs. 16/6140, 56; *Bork* ZGR 2007, 250 (254); *Gehrlein* BB 2008, 846 (850); *Kaysers* Finanz Betrieb 2009, 181 (183); für die Ausklammerung von Gläubigern mit vertraglichen Einflussrechten dagegen *Habersack* ZIP 2007, 2145 (2148 f.); skeptisch demgegenüber *Gehrlein* BB 2008, 846 (850).
[345] Zu den Voraussetzungen dieses sog. Stehenlassens BGHZ 127, 341 = NJW 1995, 326; Scholz/*K. Schmidt* GmbHG §§ 32a, 32b Rn. 48 ff.; zur Anfechtbarkeit des Stehenlassens in der Insolvenz des Gesellschafters als anfechtbare unentgeltliche Rechtshandlung BGH NZG 2009, 786 (787 f.).
[346] BGH NZG 2009, 427 Rn. 9.
[347] Näher dazu und zu anderen Normzweckhypothesen *Cahn* AG 2005, 217 (218 ff.); *Cahn* EBOR 7 (2006), 287 ff.; vgl. weiter *Engert* ZGR 2004, 813 ff.; *Skeel/Krause-Vilmar* EBOR 7 (2006), 259 ff. Monographisch *S. Beck,* Kritik des Eigenkapitalersatzrechtes. Zugleich ein Beitrag zur Stärkung des Insolvenzrechtlichen Gläubigerschutzes, 2006; ebenso zu § 135 InsO OLG Hamm ZInsO 2018, 50 (52).
[348] Vgl. BGHZ 90, 370 (374 ff.) = NJW 1984, 1891 f.

c) Übertragung auf die AG. Nach nahezu einhelliger Ansicht beanspruchen die im GmbH- 105 Recht entwickelten Regeln über eigenkapitalersetzende Gesellschafterdarlehen auch für die AG Geltung.[349] Dabei ist allerdings den rechtsformspezifischen Unterschieden zwischen beiden Gesellschaftsformen Rechnung zu tragen. Während die GmbH als geschlossene Gesellschaft mit einer kleinen Zahl von Gesellschaftern konzipiert ist, denen maßgeblicher Einfluss auf die Geschäftsleitung zusteht, ist die AG als Publikumsgesellschaft ausgestaltet, in der die Geschäftsführung dem in eigener Verantwortung agierenden Vorstand obliegt. Dieser Unterschied wirkt sich auf die Anforderungen an die **Beteiligung des kreditgebenden Gesellschafters** aus. Während bei der GmbH zunächst alle Gesellschafter Adressaten der Regeln über kapitalersetzende Gesellschafterdarlehen waren, gelten diese Regeln bei der AG seit jeher nur für unternehmerisch beteiligte Aktionäre (näher → Rn. 107). Mit der Einfügung des Kleinbeteiligungsprivilegs in § 32a Abs. 3 S. 2 GmbHG,[350] das nicht geschäftsführende Gesellschafter mit einem Anteil von nicht mehr als zehn Prozent aus dem Anwendungsbereich des Kapitalersatzrechts ausnimmt, war das GmbH-Recht allerdings insoweit dem Aktienrecht bereits angenähert worden, und nach der Reform durch das MoMiG ist es in dieser Hinsicht zu einer völligen Gleichbehandlung beider Gesellschaftsformen gekommen (→ Rn. 119 f.). Eine Übertragung des Eigenkapitalersatzrechts von der GmbH auf die AG muss zum anderen die **unterschiedliche Ausgestaltung der Vermögensbindung** in beiden Gesellschaften berücksichtigen (→ Rn. 115).

3. Voraussetzungen eigenkapitalersetzender Kredite. a) Darlehensgewährung in der 106 **Krise der Gesellschaft.** § 32a Abs. 1 S. 1 GmbHG definiert als Krise der Gesellschaft eine Situation, in der die Gesellschafter als ordentliche Kaufleute Eigenkapital zugeführt hätten. Das Gesetz bezieht sich damit auf die von der Rechtsprechung entwickelten Kriterien für die eigenkapitalähnliche Bindung von Gesellschafterdarlehen. Danach ist die Krise der Gesellschaft dann zu bejahen, wenn die Gesellschaft **zahlungsunfähig, überschuldet oder** aus sonstigen Gründen **kreditunwürdig** ist, also von dritter Seite keinen Kredit zu marktüblichen Bedingungen erhalten würde.[351] Die Kreditgewährung kann auch in der **Nutzungsüberlassung** von Gegenständen auf der Grundlage einer schuldrechtlichen Vereinbarung ohne Übereignung an die Gesellschaft bestehen.[352] Der Gewährung eines Darlehens steht es gleich, wenn der Gesellschafter trotz Erkennbarkeit der Krise keinen Gebrauch von einer ihm zur Verfügung stehenden Möglichkeit macht, den Kredit durch Kündigung oder, bei entsprechender Einflussmöglichkeit, durch Liquidation der kreditnehmenden Gesellschaft,[353] abzuziehen (sog. **Stehenlassen**).[354] Diese Voraussetzungen gelten auch für die AG. Ebenso ist aber auch die Ausnahme für **Sanierungsbeteiligungen** nach § 32a Abs. 3 S. 3 GmbHG[355] auf die AG zu übertragen.

b) Aktionär als Darlehensgeber. aa) Maßgebliche Beteiligungsschwelle. Die Behandlung 107 von Darlehen als Eigenkapital setzt voraus, dass der kreditgewährende Aktionär über eine **unternehmerische Beteiligung** an der AG verfügt. Nach der Rechtsprechung ist sie regelmäßig bei einem Anteil von mehr als 25 % am Grundkapital zu bejahen, die dem Aktionär eine Sperrminorität vermittelt[356] oder der Aktionär zumindest über einen Anteil in dieser Höhe verfügen kann.[357]

---

[349] Vgl. etwa BGHZ 90, 381 (385 ff.) = NJW 1984, 1893 (1894 f.); OLG Düsseldorf AG 1987, 181 (183); OLG Düsseldorf AG 1991, 401 (402); Kölner Komm AktG/*Lutter*, 2. Aufl. 1988, Rn. 87; Großkomm AktG/*Henze* Rn. 106; MüKoAktG/*Bayer* Rn. 243, jeweils mwN.

[350] Durch Art. 2 Nr. 1 des Gesetzes zur Verbesserung der Wettbewerbsfähigkeit deutscher Konzerne an Kapitalmärkten und zur Erleichterung der Aufnahme von Gesellschafterdarlehen (Kapitalaufnahmeerleichterungsgesetz – KapAEG) v. 20.4.1998, BGBl. 1998 I 707.

[351] BGHZ 31, 258 (272) = NJW 1960, 285 (288); BGHZ 76, 326 (329 f.) = NJW 1980, 1524 f.; BGHZ 81, 252 (255) = NJW 1981, 2570 (2571); BGHZ 90, 381 (390) = NJW 1984, 1893 (1895); BGHZ 119, 201 (206) = NJW 1992, 2891 (2892); OLG München ZIP 2014, 69 (70 ff.) = ZInsO 2014, 248 (249 ff.); Großkomm AktG/*Henze* Rn. 107 ff.; MüKoAktG/*Bayer* Rn. 244 f.; Rowedder/Schmidt-Leithoff/*Pentz* GmbHG § 32a Rn. 40 ff.

[352] BGHZ 109, 55 (57) = NJW 1990, 516; BGHZ 121, 31 (33 ff.) = NJW 1993, 392 f.; BGHZ 127, 1 (5 ff.) = NJW 1994, 2349 (2350); BGHZ 127, 17 (21 ff.) = NJW 1994, 2760 (2761); BGHZ 140, 147 (149 ff.) = NJW 1999, 577.

[353] BGHZ 121, 31 (36 f.) = NJW 1993, 392 (393); BGHZ 127, 1 (6) = NJW 1994, 2349 (2350).

[354] BGHZ 75, 334 (337 ff.) = NJW 1980, 592 f.; BGHZ 127, 336 (341 f.) = NJW 1995, 326 (328); BGH NJW 1996, 722 f.

[355] Monographisch dazu *Lehner*, Sanierungsprivileg (§ 32a Abs. 3 S. 3 GmbHG) für Gesellschaften mit beschränkter Haftung, 2001.

[356] BGHZ 90, 381 (390 ff.) = NJW 1984, 1893 (1895 f.); BGH NZG 2005, 712 (713); ebenso Kölner Komm AktG/*Lutter*, 2. Aufl. 1988, Rn. 93; Hüffer/Koch/*Koch* Rn. 28 f.; *Ketzer*, Eigenkapitalersetzende Aktionärsdarlehen, 1989, 77 ff.; weitergehend etwa *Farrenkopf*, „Kapitalersetzende" Gesellschafterdarlehen bei der Aktiengesellschaft, 1984, 97 f.

[357] OLG Köln ZIP 2009, 808 (809).

Unterhalb dieser Beteiligungshöhe liegt eine unternehmerische Beteiligung, die es rechtfertigt, Aktionärskredite als Eigenkapitalersatz zu behandeln, nur dann vor, wenn der Aktienbesitz in Verbindung mit weiteren Umständen Einfluss auf die Unternehmensleitung gewährt und der Aktionär ein entsprechendes unternehmerisches Interesse zu erkennen gibt.[358] Nach Auffassung des BGH reicht dafür allerdings die Mitgliedschaft im Aufsichtsrat oder Vorstand per se nicht aus.[359] Nach dem Rechtsgedanken des § 30 Abs. 2 WpÜG steht es einer unternehmerischen Beteiligung gleich, wenn der kreditgewährende Aktionär zwar alleine, wohl aber gemeinsam mit anderen Aktionären, mit denen er sein **Abstimmungsverhalten dauerhaft koordiniert,** über eine Sperrminorität verfügt.[360]

108 Eine **Rückführung des Aktienbesitzes** unter den für eine unternehmerische Beteiligung erforderlichen Umfang ändert ebenso wenig etwas an dem kapitalsetzenden Charakter des Darlehens[361] wie ein völliges **Ausscheiden** aus der Gesellschaft.[362]

109 **bb) Einbeziehung Dritter.** Nach § 32a Abs. 3 S. 1 GmbHG gelten die Vorschriften über eigenkapitalersetzende Darlehen darüber hinaus sinngemäß auch für Rechtshandlungen Dritter, die einer Darlehensgewährung nach § 32a Abs. 1 oder 2 GmbHG wirtschaftlich entsprechen. Die aktionärsgleiche Stellung ist etwa für den **Treugeber** eines Aktionärs zu bejahen, der wirtschaftlicher Eigentümer der Aktien ist und dem, vermittelt über den Treuhänder-Aktionär, die mit der Beteiligung verbundenen Informations- und Einflussmöglichkeiten zustehen.[363] Das Gleiche gilt für einen **atypischen stillen Gesellschafter,** wenn die Ausübung der Rechte aus den Aktien weitgehend von ihm gesteuert wird.[364] Für die GmbH hat der BGH in einer Entscheidung aus dem Jahr 1992,[365] die bis heute für große Rechtsunsicherheit bei der Kreditvergabe an Gesellschaften mbH sorgt,[366] einen **atypischen Pfandgläubiger,** der sich aufgrund des Kreditvertrages erhebliche Kontrollrechte hatte einräumen lassen, einem Gesellschafter gleichgestellt und dementsprechend die Darlehen des Gläubigers als Eigenkapitalersatz behandelt. Diese Entscheidung ist zwar problematisch, weil die Einflussmöglichkeiten des Darlehensgebers nicht auf der Stellung als Inhaber des Pfandrechts an den Gesellschaftsanteilen beruhten und weil überdies die Interessenlage des außenstehenden Kreditgebers sich von derjenigen eines Gesellschafters unterscheidet.[367] Da das vom BGH angelegte Kriterium des entscheidenden Einflusses auf die Geschäftsführung[368] demjenigen der unternehmerischen Beteiligung ähnelt, ist allerdings davon auszugehen, dass bei einer kreditnehmenden AG unter vergleichbaren Umständen ebenso entschieden würde. Die Übertragung eines Anspruchs, der dem Kapitalersatzrecht unterliegt, ändert nichts an dessen Rangrücktritt bis zur Überwindung der Krise. Die Folgen treffen daher auch den **Rechtsnachfolger des Aktionärs.**[369]

110 **cc) Verbundene Unternehmen.** In der Rechtsprechung zum Kapitalersatz werden, im Anschluss an § 32a Abs. 5 S. 2 des RegE GmbHG 1977, iSv § 15 ff. verbundene Unternehmen als **wirtschaftliche Einheit** bezeichnet, innerhalb derer den einbezogenen Unternehmen eine Finanzierungsverantwortung für die jeweils anderen obliege, die es rechtfertige, einander gewährte Darlehen dem Kapitalersatzrecht zu unterwerfen.[370] Eine solche pauschale Gleichstellung verbundener Unternehmen mit einem unternehmerisch beteiligten Aktionär ginge jedoch schon deswegen zu

---

[358] BGHZ 90, 381 (391 f.) = NJW 1984, 1893 (1895 f.); BGH NZG 2005, 712 (713); KG AG 2010, 494 (497).
[359] BGH NZG 2005, 712 (713); aA für die Mitgliedschaft im Vorstand etwa MüKoAktG/*Bayer* Rn. 250.
[360] Ebenso für die GmbH *Lutter/Hommelhoff*, 16. Aufl. 2004, §§ 32a/b Rn. 67; ähnl. *Junker* ZHR 156 (1992) 394 (407); weitergehend, koordinierte Kreditvergabe reicht aus, MüKoAktG/*Bayer* Rn. 252 f.; offen gelassen von BGH NZG 2005, 712 (713 f.).
[361] Großkomm AktG/*Henze* Rn. 126; MüKoAktG/*Bayer* Rn. 262.
[362] BGHZ 127, 1 (7) = NJW 1994, 2349 (2350); BGH NZG 1999, 939 (941); Großkomm AktG/*Henze* Rn. 126; MüKoAktG/*Bayer* Rn. 262.
[363] Großkomm AktG/*Henze* Rn. 129; *Cahn* AG 2005, 217 (226 f.).
[364] BGHZ 106, 7 (9 ff.) = NJW 1989, 982; BGH WM 2006, 691 (693).
[365] BGHZ 119, 191 = NJW 1992, 3035.
[366] Eingehend zu den durch die Entscheidung aufgeworfenen Problemen für die Finanzierungspraxis *Maier-Reimer* FS Rowedder, 1994, 245 f. (259 ff.).
[367] Vgl. dazu *Cahn* AG 2005, 217 (226 f.); zust. dagegen *Schwintowski/Dannischewski* ZIP 2005, 840 ff.; MüKoAktG/*Bayer* Rn. 264; Großkomm AktG/*Henze* Rn. 130.
[368] BGHZ 119, 191 (201) = NJW 1992, 3035; einen solchen Einfluss hatte der Genussrechtsinhaber im Fall OLG München ZIP 2015, 187 (189) nicht.
[369] BGH NJW 2011, 844 (846 f.) Rn. 24 = NZG 2011, 273 (275); Großkomm AktG/*Henze* Rn. 131; MüKoAktG/*Bayer* Rn. 268.
[370] So etwa BGHZ 81, 365 (368) = NJW 1982, 386; BGHZ 105, 168 (176 f.) = NJW 1988, 3143 (3145); BGHZ 121, 31 (35) = NJW 1993, 392 (393); BGH NJW 1991, 357 (358); BGH NJW 1992, 1167; BGH NJW 1999, 2822.

weit, weil sie, beim Wort genommen, entgegen dem Anliegen des § 57 zur Bindung von Darlehen führen müsste, die eine Tochter-AG ihrer Muttergesellschaft in deren Krise gewährt.[371] Entgegen der hM ist vielmehr **nach der Stellung der darlehensgewährenden Gesellschaft im Unternehmensverbund zu differenzieren.**

(1) Aufsteigende Darlehen. Darlehen eines abhängigen Unternehmens an die herrschende AG 111 unterliegen mangels einer gesellschaftergleichen Finanzierungsverantwortung des abhängigen für das herrschende Unternehmen niemals dem Kapitalersatzrecht. Eine andere Auffassung wäre mit dem Schutzanliegen des Konzernrechts unvereinbar, das kein Privileg für Krisensituationen des herrschenden Unternehmens kennt und würde überdies geradezu eine Einladung an die herrschende AG darstellen, sich mit Hilfe ihres beherrschenden Einflusses zu Lasten des abhängigen Unternehmens zu bereichern.[372] Erfolgt im mehrstufigen Konzern die Darlehensgewährung der Enkel-AG an die sie beherrschende Tochter-AG auf Veranlassung eines gemeinsamen Mutterunternehmens, das sowohl die Tochter-AG als auch die darlehensgewährende Enkel-AG beherrscht, ist die Darlehensgewährung wie eine Leistung des Mutterunternehmens an die Tochter-AG, deren Kreditrückzahlung an die Enkelgesellschaft wie eine Rückgewähr an das Mutterunternehmen zu behandeln, das daher seinerseits nach den Regeln des Eigenkapitalersatzrechts verpflichtet ist, der Tochter-AG die Mittel bis zur Überwindung der Krise wieder zur Verfügung zu stellen.[373]

(2) Absteigende Darlehen. Bei Krediten des herrschenden Unternehmens an die abhängige 112 AG ist zunächst nach der Art der Unternehmensverbindung zu differenzieren. Das **Bestehen eines Beherrschungsvertrages** wirkt sich nicht nur wegen des Ausgleichsanspruchs nach § 302 auf die Kreditwürdigkeit der abhängigen Gesellschaft aus, die regelmäßig unter Berücksichtigung der Bonität des herrschenden Unternehmens beurteilt wird.[374] Vielmehr folgt das Recht des herrschenden Unternehmens zum Abzug von der abhängigen AG gewährter Darlehen auch in deren Krise aus § 291 Abs. 3. Wenn das herrschende Unternehmen die abhängige Gesellschaft ohne Verstoß gegen § 57 anweisen kann, nicht geschuldete Leistungen zu erbringen, muss dies erst recht für die Weisung gelten, den Anspruch auf Rückgewähr eines Darlehens zu erfüllen. Entgegen verbreiteter Auffassung[375] gilt dies auch dann, wenn Zweifel an der Solvenz des herrschenden Unternehmens und damit an der Werthaltigkeit des Ausgleichsanspruchs aus § 302 bestehen (auch → Rn. 37).[376] Das Gesetz sieht für derartige Fälle das außerordentliche Kündigungsrecht nach § 297 Abs. 1, nicht aber ein Leistungsverweigerungsrecht der abhängigen Gesellschaft nach eigenem Ermessen vor. Bei nur **faktischer Abhängigkeit** gelten nach hL die Regeln über kapitalsetzende Darlehen, obwohl die Vertreter dieser These sich für eine Verdrängung der Vermögensbindung nach § 57 durch den zeitlich gestreckten Nachteilsausgleich nach § 311 aussprechen.[377] Das ist zwar im Ergebnis zutreffend, weil §§ 311 ff. richtiger Ansicht nach die Geltung der Vermögensbindung nicht ausschließen (→ Rn. 137), vom Ausgangspunkt der hL aber inkonsequent.

(3) Darlehen an Schwestergesellschaften. Die Rechtsprechung zur GmbH unterwirft Darle- 113 hen zwischen Schwestergesellschaften, an denen ein Gesellschafter jeweils zumindest eine Mehrheitsbeteiligung hält[378] oder jedenfalls zu 50 % beteiligt ist,[379] dem Kapitalersatzrecht.[380] Für Schwestergesellschaften in der Rechtsform der AG hat der BGH die Anwendung der Regeln über Gesellschafterdarlehen unter Hinweis auf die eigenverantwortliche Leitung durch den Vorstand, die eine rechtlich gesicherte Einflussmöglichkeit durch die gemeinsame Muttergesellschaft ausschließe,

---

[371] Vgl. LG Bonn WM 2005, 2179 (2182); *Cahn,* Kapitalerhaltung im Konzern, 1998, 238; Roth/Altmeppen/ *Altmeppen* GmbHG § 32a aF Rn. 145 ff.; dem BGH zust. dagegen Großkomm AktG/*Henze* Rn. 134; MüKo-AktG/*Bayer* Rn. 267.
[372] Vgl. LG Bonn WM 2005, 2179 (2182); *Altmeppen* FS Kropff, 1997, 662 f.; *Cahn,* Kapitalerhaltung im Konzern, 1998, 238; *Eichholz,* Das Recht konzerninterner Darlehen, 1993, 168 f.; aA Großkomm AktG/*Henze* Rn. 138.
[373] Näher dazu *Cahn,* Kapitalerhaltung im Konzern, 1998, 239 f.
[374] Vgl. dazu Großkomm AktG/*Henze* Rn. 112; Kölner Komm AktG/*Lutter,* 2. Aufl. 1988, Rn. 101; *Ketzer,* Eigenkapitalersetzende Aktionärsdarlehen, 1989, 95 ff.
[375] Vgl. etwa *Ketzer,* Eigenkapitalersetzende Aktionärsdarlehen, 1989, 98 ff.; Kölner Komm AktG/*Lutter,* 2. Aufl. 1988, Rn. 101; MüKoAktG/*Altmeppen* § 302 Rn. 40, § 308 Rn. 122.
[376] Zutr. Kölner Komm AktG/*Koppensteiner* § 308 Rn. 49.
[377] Vgl. etwa Kölner Komm AktG/*Lutter,* 2. Aufl. 1988, Rn. 103 und 80 f.; Großkomm AktG/*Henze* Rn. 116 und 194 ff.; *Ketzer,* Eigenkapitalersetzende Aktionärsdarlehen, 1989, 106 ff.; *Hommelhoff* WM 1984, 1105 (1117 f.).
[378] BGH NZG 1999, 939 (940); BGH NZG 2001, 223; OLG Stuttgart ZIP 2007, 275 (279).
[379] So für den Fall, dass der Gesellschafter zugleich alleinvertretungsberechtigter Geschäftsführer ist, BGHZ 98, 64 = NJW 2013, 3035 (3037 Rn. 24) = NZG 2013, 1036 (1039); BGH NZG 2012, 545 (546 Rn. 19).
[380] BGH NZG 1999, 939 (940) mAnm *Schlitt;* zust. Großkomm AktG/*Henze* Rn. 139 mN zu krit. Stimmen im Schrifttum.

abgelehnt.[381] Der Rechtsprechung zur GmbH ist bereits deswegen zu widersprechen, weil dadurch Konflikte zwischen der Vermögensbindung bei der Darlehensnehmerin einerseits und bei der darlehensgewährenden Gesellschaft andererseits unvermeidlich sind, wenn der Kredit aus gebundenem Vermögen stammt.[382] Demgegenüber schränkte die Rechtsprechung zu Darlehen zwischen Schwester-AG den Anwendungsbereich des Kapitalersatzrechts zu sehr ein, weil sie die faktischen Einflussmöglichkeiten, die eine Mehrheitsbeteiligung gewährt, außer Betracht lässt. Beruht, wofür eine Vermutung spricht, die Kreditvergabe oder -belassung in der Krise der Darlehensnehmerin auf einer Veranlassung durch das gemeinsame Mutterunternehmen, ist die Darlehensvergabe wie eine Auszahlung an das Mutterunternehmen und eine anschließende Weiterleitung der Mittel durch die Mutter an die Darlehensnehmerin zu beurteilen. Das Mutterunternehmen ist daher der auszahlenden Gesellschaft zur Rückgewähr verpflichtet, während der Rückzahlungsanspruch der Mutter gegenüber der Kreditnehmerin den Regeln des Kapitalersatzrechts unterliegt. Kann das Mutterunternehmen die Veranlassungsvermutung widerlegen, ist nach den Umständen des Einzelfalls zu entscheiden, ob die darlehensgewährende Gesellschaft und deren Gläubiger oder die Darlehensnehmerin und deren Gläubiger schutzwürdiger sind.[383]

114 **(4) Darlehen an Enkelgesellschaften.** Derartige Darlehen unterliegen nach hM ohne weiteres dem Kapitalersatzrecht.[384] Richtigerweise ist danach zu differenzieren, ob die Darlehensgewährung durch das nicht unmittelbar beteiligte herrschende Unternehmen gerade wegen der gemeinsamen Konzernzugehörigkeit, also societatis causa im weiteren Sinne gewährt wurde, wofür eine Vermutung spricht, oder ausnahmsweise aus anderen Gründen erfolgt ist, die mit der Konzernzugehörigkeit nichts zu tun haben. Die Kapitalersatzregeln sollten nur im ersten Fall Anwendung finden.[385]

115 **4. Rechtsfolgen. a) Wirkung und Umfang der Bindung.** Liegen die Voraussetzungen für die Bindung eines Aktionärskredits als Eigenkapitalersatz vor, ist der Rückzahlungsanspruch **außerhalb der Insolvenz** insoweit nicht durchsetzbar, als die Mittel zur Deckung der Grundkapitalziffer und der gesetzlichen Rücklage benötigt werden.[386] Entsprechend § 57 ist der Gesellschaft die Rückzahlung insoweit untersagt. Wird das Darlehen dennoch zurückgewährt, steht der Gesellschaft insoweit ein Erstattungsanspruch entsprechend § 62 zu.[387] **In der Insolvenz** der Gesellschaft kann der Rückforderungsanspruch nach § 39 Abs. 1 Nr. 5 InsO insgesamt nur als nachrangige Insolvenzforderung geltend gemacht werden. Anders als die Vorgängerregelung des § 32a KO bezieht die Vorschrift sich auf alle kapitalersetzenden Darlehen und nicht nur auf solche nach § 32a GmbHG. Zweck dieser weiten Formulierung ist gerade die Einbeziehung eigenkapitalersetzender Aktionärsdarlehen.[388] Eine Rückzahlung ist daher nach § 135 InsO anfechtbar. Der Nachrang des Anspruchs auf Rückgewähr von Gesellschafterdarlehen nach § 39 Abs. 1 Nr. 5 InsO hat nicht zur Folge, dass es sich bei der Auszahlung solcher Darlehen um unentgeltliche Leistungen iSv § 134 InsO handelt, so dass in der Doppelinsolvenz von Gesellschaft und Aktionär die Darlehensgewährung angefochten oder die Nachrangigkeit des Darlehensrückgewähranspruchs die Einrede der Anfechtbarkeit nach § 146 Abs. 2 InsO entgegengehalten werden könnte.[389]

116 Bei **Nutzungsüberlassungen** hat die Umqualifizierung des Überlassungsverhältnisses zur Folge, dass der Gesellschafter das vereinbarte Entgelt so lange nicht fordern kann, bis die Gesellschaft es aus freiem Vermögen zu leisten in der Lage ist.[390] In der Insolvenz der Gesellschaft muss der Aktionär der Gesellschaft zwar nicht das Eigentum an dem zur Nutzung überlassenen Gegenstand übertragen oder ihn seiner Substanz nach dem Insolvenzverwalter für die Zwecke der gleichmäßigen Befriedigung aller Insolvenzgläubiger zur Verfügung stellen. Der Insolvenzverwalter kann aber verlangen,

---

[381] BGH NZG 2008, 507 (508 Rn. 12 f.); zust. etwa *Habersack* ZIP 2008, 2385 (2390).
[382] Näher dazu *Cahn*, Kapitalerhaltung im Konzern, 1998, 242 ff.; krit. auch Bürgers/Körber/*Westermann* Rn. 41; *Geist* ZIP 2014, 1662 (1665); *Pentz* GmbHR 2013, 393 (401).
[383] Vgl. dazu *Cahn*, Kapitalerhaltung im Konzern, 1998, 243 f.
[384] Vgl. BGHZ 196, 220 (224 ff. Rn. 12, 15 ff., 22) = NJW 2013, 2282 ff. = NZG 2013, 469 (470 f.); Großkomm AktG/*Henze* Rn. 135 mN.
[385] *Cahn*, Kapitalerhaltung im Konzern, 1998, 97 ff. (245).
[386] MüKoAktG/*Bayer* Rn. 284 f.; Kölner Komm AktG/*Lutter*, 2. Aufl. 1988, Rn. 94; Großkomm AktG/*Henze* Rn. 146 ff.; NK-AktR/*Drinhausen* Rn. 24; *Hommelhoff* WM 1984, 1105 (1118).
[387] MüKoAktG/*Bayer* Rn. 270; Kölner Komm AktG/*Lutter*, 2. Aufl. 1988, Rn. 95; *Hommelhoff* WM 1984, 1105 (1118).
[388] Vgl. BegrRegE InsO, BT-Drs. 12/2443 S. 161; MüKoAktG/*Bayer* Rn. 278 f.; Großkomm AktG/*Henze* Rn. 232 ff.
[389] BGH ZInsO 2016, 2479 (2480 ff. Rn. 12 f.) mN auch zur Gegenansicht in Rn. 17; LG Potsdam ZInsO 2016, 2488 (2489 f.).
[390] BGHZ 109, 55 (66) = NJW 1990, 516 (518); BGHZ 127, 1 (7) = NJW 1994, 2349 (2350); BGHZ 127, 17 (21) = NJW 1994, 2760 (2761); BGHZ 140, 147 (150) = NJW 1999, 577 (578).

dass ihm der Gegenstand für die vereinbarte oder, bei Vereinbarung einer unüblich kurzen Nutzungsdauer, für die übliche Zeit überlassen bleibt, während er den Gegenstand nutzen oder aber das Nutzungsrecht übertragen kann.[391]

b) Dauer der Bindung. Kapitalersetzende Aktionärsdarlehen sind nach hM so lange gebunden, **117** bis die **Krise** der AG **nachhaltig überwunden** ist.[392] Eine dennoch erfolgte Rückzahlung verstößt gegen § 57. Die Ansprüche des Aktionärs gegen die Gesellschaft verlieren durch die eigenkapitalähnliche Bindung ihren Charakter als Verbindlichkeiten nicht. Zinszahlungen und andere periodisch fällig werdende Gegenleistungen laufen auch während der Krise auf. Die Umqualifizierung hat lediglich zur Folge, dass der Gesellschafter während der Dauer der Krise seine Forderungen gegen die GmbH nicht durchsetzen darf. **Nach Überwindung der Krise** ist er jedoch nicht gehindert, die aus seiner Drittgläubigerstellung folgenden Rechte gegen die Gesellschaft – und zwar auch hinsichtlich der Rückstände – zu verfolgen.[393]

c) Bilanzierung. Obwohl der Anspruch auf Rückzahlung eines kapitalersetzenden Darlehens **118** bis zur Überwindung der Krise nicht geltend gemacht werden kann und in der Insolvenz der Gesellschaft nur nachrangig zu befriedigen ist, muss er in der Jahresbilanz,[394] in der Vorbelastungsbilanz bei Gründung[395] und in der Überschuldungsbilanz[396] als Verbindlichkeit passiviert werden. Etwas anderes gilt nur bei einem vereinbarten Rangrücktritt, der Unsicherheiten über den Charakter der Verbindlichkeit ausschließt.[397]

5. Aktionärsdarlehen nach den MoMiG. a) Grundzüge der Neuregelung und rechtspoli- 119 tische Bewertung. Durch das MoMiG ist das Recht der Gesellschafterdarlehen grundsätzlich neu geregelt worden. Die bislang geltende gesellschaftsrechtliche Regulierung der Gesellschafterfremdfinanzierung ist durch ein ausschließlich insolvenz- und anfechtungsrechtliches Regelungsregime ersetzt worden (vgl. → Rn. 102). Die Grundzüge des neuen Rechts der Gesellschafterdarlehen lassen sich wie folgt zusammenfassen. Nach § 39 Abs. 1 Nr. 5, Abs. 4 und 5 InsO sind nunmehr in der Insolvenz einer Gesellschaft ohne unbeschränkt haftende natürliche Person alle Ansprüche auf die Rückgewähr von Gesellschafterdarlehen nachrangig gegenüber den übrigen Forderungen der Insolvenzgläubiger, sofern der Darlehensgeber mit mehr als 10 % am Kapital der Gesellschaft beteiligt oder geschäftsführender Gesellschafter ist.[398] Die Rückgewähr eines solchen Gesellschafterdarlehens stellt zwar keine unzulässige Einlagenrückgewähr dar, § 57 Abs. 1 S. 4 AktG; erfolgt sie aber im Jahr vor dem Insolvenzeröffnungsantrag oder nach diesem Antrag oder, wenn es mangels Masse nicht zur Eröffnung eines Insolvenzverfahrens kommt, im letzten Jahr vor der Erlangung eines vollstreckbaren Titels gegen den Schuldner oder nach der Erlangung dieses Titels, so ist die betreffende Rechtshandlung anfechtbar, § 135 Abs. 1 Nr. 2 InsO, § 6 Abs. 1 Nr. 2 AnfG. Diese Bestimmungen gelten auch für Rechtshandlungen, die einem Gesellschafterdarlehen wirtschaftlich entsprechen, § 39 Abs. 1 Nr. 5 InsO, § 6 Abs. 1 AnfG. Anfechtbar sind darüber hinaus nach § 135 Abs. 1 Nr. 1 InsO, § 6 Abs. 1 Nr. 2 AnfG Rechtshandlungen, die innerhalb der letzten zehn Jahre vor dem Insolvenzeröffnungsantrag oder nach diesem Antrag oder, wenn es mangels Masse nicht zur Eröffnung eines Insolvenzverfahrens kommt, in den letzten zehn Jahren vor der Erlangung eines vollstreckbaren Titels gegen den Schuldner oder nach der Erlangung dieses Titels, **für einen Anspruch auf Rückzahlung eines Gesellschafterdarlehens Sicherung gewährt** haben. Nach der – im Schrifttum allerdings heftig kritisierten[399] – Rechtsprechung des BGH ist eine Sicherungsgewährung während des Anfechtungszeitraums der § 135 Abs. 1 Nr. 1 InsO, § 6 Abs. 1 Nr. 2 AnfG auch dann anfechtbar, wenn die Sicherheit außerhalb der Jahresfrist der § 135 Abs. 1 Nr. 2 InsO, § 6 Abs. 1 Nr. 2 AnfG verwertet und der Anspruch des Darlehensgebers aus dem Erlös befriedigt

---

[391] BGHZ 140, 147 (150) = NJW 1999, 577 (578); BGHZ 127, 1 (7 ff.) = NJW 1994, 2349 (2350).
[392] Großkomm AktG/*Henze* Rn. 144 mN.
[393] BGHZ 140, 147 (153) = NJW 1999, 577 (578); BGHZ 146, 264 (272) = NJW 2001, 1280 (1282).
[394] BGHZ 124, 282 (284) = NJW 1994, 724; Großkomm AktG/*Henze* Rn. 149 f.
[395] BGHZ 124, 282 (285 f.) = NJW 1994, 724 (725); Großkomm AktG/*Henze* Rn. 151.
[396] BGHZ 146, 264 (272 f.) = NJW 2001, 1280 (1282); Kölner Komm AktG/*Mertens/Cahn* Anh. § 92 Rn. 17; Großkomm AktG/*Habersack* § 92 Rn. 57; Hüffer/Koch/*Koch* § 92 Rn. 17; aA noch Großkomm AktG/*Henze* Rn. 155 ff. m. umfangr Nachw.
[397] Insoweit übereinstimmend BGHZ 146, 264 (272 f.) = NJW 2001, 1280 (1282); Kölner Komm AktG/*Mertens/Cahn* Anh. § 92 Rn. 17; Großkomm AktG/*Habersack* § 92 Rn. 57; Großkomm AktG/*Henze* Rn. 155 ff.
[398] Kölner Komm AktG/*Drygala* Rn. 157.
[399] Vgl. *Altmeppen* ZIP 2013, 1745 (1746 ff.); *Hölzle* ZIP 2013, 1992 ff.; *Bitter* ZIP 2013, 1583 ff. und ZIP 2013, 1998 ff.; *Thiessen* ZGR 2015, 396 (434 f.); aus der Literatur vor der Entscheidung des BGH v. 18.7.2013 etwa *Bitter* ZIP 2013, 1497 (1500 ff.); *Marotzke* ZInsO 2013, 641 (648 ff.); *Mylich* ZHR 176 (2012), 547 (563 ff.), jeweils mwN; dem BGH zust. dagegen *Plathner/Luttmann* ZInsO 2013, 1630 (1633); *Thole* NZI 2013, 745 (746).

wurde.[400] Anfechtbar sind schließlich auch Rechtshandlungen, mit denen binnen eines Jahres vor Insolvenzantragstellung oder nach Antragstellung oder, wenn es mangels Masse nicht zur Eröffnung eines Insolvenzverfahrens kommt, im letzten Jahr vor der Erlangung eines vollstreckbaren Titels gegen den Schuldner oder nach der Erlangung dieses Titels, der Anspruch eines Dritten befriedigt wird,[401] wenn ein Gesellschafter diesen Anspruch besichert hatte, § 135 Abs. 2 InsO, § 6a AnfG. Für Nutzungsüberlassungen sieht § 135 Abs. 3 InsO unter bestimmten Voraussetzungen einen Ausschluss des Aussonderungsanspruchs für bis zu einem Jahr seit Eröffnung des Insolvenzverfahrens gegen Gewährung eines Ausgleichs vor. Die wichtigste Neuerung gegenüber dem früheren Recht besteht danach vor allem in Folgendem: Das Recht der Gesellschafterdarlehen ist nunmehr für alle Gesellschaften ohne unbeschränkt haftende natürliche Person unabhängig von ihrer Rechtsform einheitlich geregelt. Für die Nachrangigkeit von Gesellschafterdarlehen kommt es nicht mehr darauf an, ob das Darlehen in der Krise der Gesellschaft hingegeben oder stehengelassen wurde.[402] Die Rückzahlung eines Darlehens während der Jahresfrist ist vielmehr auch dann anfechtbar, wenn sich die Gesellschaft weder bei der Gewährung noch bei der Rückzahlung des Darlehens in einer Notlage befunden hat. Entfallen ist auch die Möglichkeit, ein Gesellschafterdarlehen binnen einer kurzen Überlegungsfrist nach Erkennbarkeit der Krise abzuziehen und damit dem Anwendungsbereich der Kapitalersatzregeln zu entgehen. Der Abzug hilft dem Gesellschafter jetzt nur, wenn die Gesellschaft die Insolvenz noch mindestens ein Jahr vermeiden kann.[403] Durch die Verlagerung der Materie vom Gesellschaftsrecht ins Insolvenzrecht sind Zweifel an der Anwendbarkeit der Regeln über Gesellschafterdarlehen auf Auslandsgesellschaften beseitigt worden, deren Insolvenz nach deutschem Recht abgewickelt wird.[404] Wie der Bundesgerichtshof unlängst entschieden hat, sind sowohl die früheren gesetzlichen Bestimmungen des § 32a GmbHG aF als auch die neuen Regeln der InsO als Insolvenzrecht zu qualifizieren.[405] Sie finden daher auch auf nach ausländischem Recht gegründete Kapitalgesellschaften Anwendung, wenn über deren Vermögen das Hauptinsolvenzverfahren in Deutschland eröffnet worden ist.[406] Der Kreis der einbezogenen Aktionäre ist durch § 39 Abs. 4 gegenüber der früheren Rechtslage (→ Rn. 107) erweitert worden, denn ausreichend ist nunmehr bereits eine Beteiligung von mehr als 10 % am Grundkapital (zum geschäftsführenden Gesellschafter → Rn. 122).

120 Durch die Neuregelung ist das Recht der Gesellschafterdarlehen einerseits vereinfacht worden, denn die Probleme, die mit der Feststellung des Vorliegens einer Krise verbunden waren, stellen sich damit nicht mehr.[407] Allerdings könnte sich die Frist von einem Jahr bei Gesellschaften, die in erheblichem Umfang mit Gesellschafterdarlehen finanziert sind, als zu kurz bemessen erweisen,[408] denn hier kann von der Neuregelung ein Anreiz dafür ausgehen, bei erkennbaren Schwierigkeiten die Darlehen zunächst abzuziehen und die Gesellschaft anschließend durch neue Gesellschafterdarlehen bis zum Ablauf der Jahresfrist des § 135 Abs. 1 Nr. 2 InsO fortzuführen, wenn nur der Umfang der neuen Darlehen hinter der früher gewährten und dann abgezogenen Kredite zurückbleibt. Im Übrigen führt die Neuregelung ihrerseits zu einer Reihe von Zweifelsfragen, die sich nach früherem Recht in dieser Weise nicht gestellt haben, so etwa im Hinblick auf die Folgen einer Abtretung des Rückzahlungsanspruchs auf einen Dritten (→ Rn. 124), die Aufgabe oder Rückführung der Gesellschafterstellung unter die Kleinbeteiligungsgrenze des § 39 Abs. 4 InsO (→ Rn. 125) oder die wiederholte Inanspruchnahme und Rückführung einer Kreditlinie während der Jahresfrist nach § 135 Abs. 1 Nr. 2 InsO (→ Rn. 128 f.). Komplizierte Fragen wirft auch das Verhältnis der Anfechtbarkeit nach § 135 Abs. 1 InsO zum sog. Bargeschäftsprivileg nach § 142 InsO auf.[409] Schließlich geht die Neuregelung, ebenso wie das frühere Recht, im Grundsatz über das notwenige Maß hinaus, indem sie nicht lediglich verhindert, dass Gesellschafter etwaige Informations- und Einflussvorsprünge ausnutzen, um sich für ihre Darlehen in der Krise der Gesellschaft vorrangige Befriedi-

---

[400] BGHZ 198, 64 = NJW 2013, 3035 ff. Rn. 10 ff. = NZG 2013, 1036 (1037 ff.).
[401] Nach BGHZ 200, 210 Rn. 12 ff. = NJW 2014, 1737 (1738) = ZIP 2014, 584 (585 f.); krit. dazu BGH LMK 2014, 358411, kann die Befriedigung solcher Ansprüche auch dann anfechtbar sein, wenn sie nach Verfahrenseröffnung durch den Insolvenzverwalter erfolgt, in dem vom BGH entschiedenen Fall durch Rückführung eines Kontokorrentkredits infolge des Widerrufs von Einziehungsaufträgen und Einziehungsermächtigungen.
[402] BGHZ 98, 64 = NJW 2013, 3035 (3037) Rn. 28 = NZG 2013, 1036 (1039); BGH NJW 2013, 2282; BGH WM 2015, 1119 (1120) Rn. 15.
[403] *Burg/Westerheide* BB 2008, 62 f.; *Roth* GmbHR 2008, 1184 (1186).
[404] BegrRegE BT-Drs. 16/6140 S. 57; *Bork* ZGR 2007, 250 (252); *Eidenmüller* FS Canaris, 2007, 49 (67 f.).
[405] Ebenso etwa *Mankowski* NZG 2016, 281 (286).
[406] BGHZ 190, 364 (371 ff.) Rn. 27 = NZG 2011, 1195 (1196 ff.); vgl. dazu etwa *Schall* NJW 2011, 3745.
[407] Für eine solche Regelung daher bereits *Cahn* AG 2005, 217 (223 f.); ähnl. *Huber/Habersack* BB 2006, 1 ff.
[408] Vgl. bereits *Bork* ZGR 2007, 250 (265).
[409] Eingehend dazu *Marotzke* ZInsO 2013, 641 (642 ff.) m. umfassenden Nachw. zum Meinungsstand.

gung zu verschaffen, sondern darüber hinausgehend den Nachrang solcher Darlehen anordnet. Demgegenüber wäre es vorzugswürdig, Gesellschafterdarlehen in der Insolvenz der Gesellschaft als einfache Insolvenzforderungen zu behandeln und für die Rückführung von Darlehensrückzahlungen zu sorgen, die innerhalb eines typischerweise kritischen Zeitraums vor der Insolvenz erfolgt sind. Auf diese Weise würde Missbräuchen der Gesellschafterstellung zu Lasten außenstehender Gläubiger entgegengewirkt, ohne die Finanzierungsfreiheit der Gesellschafter mehr als notwendig einzuschränken.[410]

b) Gesellschafterdarlehen. Nach § 39 Abs. 1 Nr. 5 InsO sind in der Insolvenz der AG Ansprüche **121** auf Rückgewähr eines – auch kurzfristigen[411] – Gesellschafterdarlehens einschließlich etwaiger Zinsansprüche (§ 39 Abs. 3 InsO) und Forderungen aus einem solchen Darlehen wirtschaftlich entsprechenden Rechtshandlungen nachrangig zu berichten. Ob für die Abgrenzung des Kreises der „wirtschaftlich entsprechenden Rechtshandlungen auf die zu § 32a Abs. 3 S. 1 GmbHG entwickelten Grundsätze zurückgegriffen werden kann[412] oder ob hierfür spezifisch anfechtungsrechtliche Kriterien maßgeblich sind,[413] ist noch nicht hinreichend geklärt.[414] Ansprüche auf Zinsen für Gesellschafterdarlehen werden von § 39 Abs. 1 Nr. 5 InsO, geleistete Zinszahlungen von § 135 Abs. 1 Nr. 2 InsO erfasst.[415] Eine Verallgemeinerung der für die Einmann-GmbH bejahten Einordnung eines Gewinnvortrags als einem Gesellschafterdarlehen entsprechende Rechtshandlung[416] wäre für die AG bereits deswegen bedenklich, weil es hier an einer der Darlehensgewährung entsprechenden Finanzierungsentscheidung überstimmter Aktionäre fehlt.[417]

c) Darlehensgeber. aa) Aktionäre. Darlehensgeber muss ein mit mehr als 10 % am Kapital der **122** Gesellschaft beteiligter Aktionär sein, § 39 Abs. 5 InsO. Ausreichend ist auch eine mittelbare Beteiligung in dieser Höhe, die über beherrschte Zwischengesellschaften gehalten wird.[418] Maßgeblich ist die Höhe der Kapitalbeteiligung unabhängig davon, welche Verwaltungs- und Vermögensrechte mit den Aktien verbunden sind.[419] Dafür ist es unerheblich, ob der Aktionär seine Beteiligung vor oder nach der Darlehensgewährung erworben hat.[420] Wandlungsrechte und Optionen auf Aktien sind bei der Bestimmung des Kapitalanteils nicht zu berücksichtigen. Stammt nur ein Teil eines einheitlichen Darlehens von einem mit mehr als 10 % beteiligten Aktionär oder gesellschaftergleichen Dritten, unterfällt auch nur dieser Teil den Regeln über Gesellschafterdarlehen.[421] Nach § 39 Abs. 5 InsO sind Ansprüche auf Rückgewähr von Gesellschafterdarlehen unabhängig von der Höhe der Beteiligung des Darlehensgebers nachrangig zu berichten, wenn es sich bei ihm um einen geschäftsführenden Gesellschafter handelt. Anders als nach früherem Recht, unter dessen Geltung nach der Rechtsprechung des Bundesgerichtshofs die Stellung des Darlehensgebers als Vorstandsmitglied für sich genommen nicht ausreichen sollte, um seine Darlehensrückgewähransprüche dem Eigenkapitalersatzrecht zu unterwerfen (→ Rn. 107), führt nunmehr jeder auch noch so geringfügige Aktienbesitz eines Vorstandsmitglieds zur Geltung der Regeln über Aktionärsdarlehen. Diese Folge der Vereinheit-

---

[410] Vgl. *T. Bezzenberger* FS G Bezzenberger, 2000, 23 (43); *Cahn* AG 2005, 217 (223 f.); *Cahn* EBOR 2006, 287 (294 ff.); *Eidenmüller* FS Canaris, 2007, 49 (60); *Mülbert* EBOR 2006, 357 (397 ff.), der aaO Fn. 98 Verf. zu Unrecht für die Gegenauffassung zitiert; *Thole* ZHR 176 (2012), 513 (518 ff.), krit. gegenüber der pauschalen Rückstufung der Gesellschafteransprüche auch *Marotzke* JZ 2010, 592 (598 ff.); *Marotzke* ZInsO 2013, 641 (655 ff.).
[411] BGHZ 198, 77 = NJW 2013, 3031 (3033) Rn. 30 = NZG 2013, 1033 (1035); BGH ZIP 2013, 734 (735) Rn. 14; für eine teleologische Reduktion von § 39 Abs. 1 Nr. 5 InsO, § 135 Abs. 1 Nr. 2 InsO in bestimmten Fällen kurzfristiger Waren- oder Geldkredite *Bitter/Laspeyres* ZInsO 2012, 2289 (2291 ff.).
[412] So BegrRegE BT-Drs. 16/6140, 56; *Habersack* ZIP 2007, 2145 (2150).
[413] So OLG Schleswig NZI 2013, 936 f. m. krit. Anm. *Kokenge* = ZIP 2013, 1485 (1486), wonach für die Qualifizierung einer Gesellschafterforderung aus einem Verkehrsgeschäft als darlehensgleich die Rechtsprechung zu § 142 InsO heranzuziehen ist.
[414] Nach LG Krefeld ZInsO 2014, 360 (361) steht die Kaufpreisforderung eines Gesellschafters jedenfalls bei mehrjährigem Stehenlassen einem Gesellschafterdarlehen gleich, so dass für die Anfechtung der Rückzahlung der Gerichtsstand der Mitgliedschaft nach § 22 ZPO begründet ist.
[415] OLG München ZIP 2015, 187 (188) mN.
[416] OLG Koblenz NZG 2014, 998 (999) m. zust. Anm. *Freudenberg* ZInsO 2014, 1544 (1546 ff.); abl. OLG Schleswig ZIP 2017, 623 (624 f.); *Eidenmüller/Engert* FS K. Schmidt, 2009, 305 (326 f.); *Menkel* NZG 2014, 982 (983 f.); *Heckscher/Kreußlein* RNotZ 2016, 351 (361 f.); *Seibold/Waßmuth* GmbHR 2016, 962 (963); *Wünschmann* NZG 2017, 51 (52 ff.); grundsätzlich für die Einbeziehung von Gewinnvorträgen und freien Rücklagen in den Anwendungsbereich des § 39 Abs. 1 Nr. 5 InsO *Mylich* ZGR 2009, 474 (489 ff.); *Mylich* ZIP 2017, 1255, (1226 ff.).
[417] Vgl. LG Hamburg ZIP 2015, 1795 (1796).
[418] OLG Hamm ZInsO 2018, 50 (51).
[419] Kölner Komm AktG/*Drygala* Rn. 170; *Habersack* ZIP 2007, 2145 (2149 f.).
[420] BGHZ 200, 210 Rn. 15 = NJW 2014, 1737 (1738) mN.
[421] LG Waldshut-Tiengen ZInsO 2016, 1869 (1870 f.) m. Bespr. *Lenenbach* ZInsO 2016, 1847.

lichung des Rechts der Gesellschafterdarlehen hat der Gesetzgeber bei der Vereinheitlichung offenbar bewusst in Kauf genommen. Dementsprechend sind etwa Ansprüche auf rückständige Vergütung eines an der Gesellschaft beteiligten Vorstandsmitglieds in der Insolvenz der AG nur nachrangig zu berichtigen;[422] nicht anfechtbar sind dagegen Lohnzahlungen, die bargeschäftlich abgewickelt werden.[423] Nach § 24 UBGG findet § 39 Abs. 1 Nr. 5 InsO keine Anwendung auf Darlehen, die eine Unternehmensbeteiligungsgesellschaft oder ein an ihr beteiligter Gesellschafter einem Unternehmen, an dem die Unternehmensbeteiligungsgesellschaft beteiligt ist, gewährt. Vergleichbare Ausnahmen werden für Kredite einer Bank an Aktiengesellschaften befürwortet, deren Aktien sich in Sondervermögen einer Kapitalanlagegesellschaft befinden, an der die kreditgebende Bank mehrheitlich beteiligt ist.[424]

123   **bb) Dritte.** Im Rahmen der Neuregelung sollen nach der Gesetzesbegründung kraft des Merkmals der einem Gesellschafterdarlehen wirtschaftlich entsprechenden Rechtshandlungen die zum früheren Recht entwickelten Grundsätze über die **Einbeziehung Dritter** in den Anwendungsbereich der Regeln über Gesellschafterdarlehen (→ Rn. 109 ff.) gelten,[425] insbesondere also mit der insolventen AG verbundene Unternehmen diesen Regeln unterliegen, obwohl in § 39 Abs. 1 Nr. 5 InsO – anders als im früheren § 32a Abs. 3 S. 1 GmbHG – Dritte gerade nicht mehr erwähnt sind. Im Schrifttum wird dagegen zu Recht eine Beschränkung auf Gestaltungen gefordert, in denen der Dritte sich dadurch von einem typischen, auf Festbetragsansprüche beschränkten Fremdkapitalgeber unterscheidet, dass er wie ein Gesellschafter an den unternehmerischen Chancen und Risiken beteiligt ist,[426] während andere für bestimmte Fallgruppen die Bestimmungen des § 138 InsO über die nahestehende Personen für maßgeblich halten.[427]

124   **cc) Nachträgliche Änderung der für die Anwendung der Regeln über Gesellschafterdarlehen maßgeblichen Umstände.** Nach dem Wortlaut von § 39 Abs. 1 Nr. 5 InsO kommt es allein darauf an, dass die Forderung einmal einem Gesellschafter zustand. Nach §§ 404, 412 BGB behält sie ihren Nachrang auch nach einer **Abtretung** oder einem anderweitigen Übergang auf einen Dritten,[428] und zwar ohne dass das Gesetz die Möglichkeit einer „Entstrickung" vorsehen würde. Die Forderung wäre für alle Zukunft nachrangig, Rechtshandlungen zu ihrer Befriedigung selbst viele Jahre nach der Übertragung auf den Dritten anfechtbar, sofern sie nur binnen Jahresfrist vor der Insolvenz der Gesellschaft erfolgten. Damit wäre das neue Recht der Gesellschafterdarlehen insoweit erheblich strenger als das frühere Kapitalersatzrecht, denn danach unterlag die Forderung eines Gesellschafters nach ihrer Abtretung an einen Dritten nur dann den Grundsätzen über Gesellschafterdarlehen, wenn sie bereits bei Abtretung Kapitalersatzcharakter hatte und die Krise bis zur Geltendmachung des Anspruchs nicht überwunden war. Wirtschaftlich betrachtet stellt sich die Veräußerung und Abtretung des Rückzahlungsanspruchs durch den Gesellschafter an einen Dritten ebenso dar, als hätte die Gesellschaft den Anspruch des Gesellschafters befriedigt und der Dritte ihr anschließend ein Darlehen in gleicher Höhe gewährt. Der Umstand, dass die Parteien nicht diesen Umweg, sondern den abgekürzten Weg über die Veräußerung und Abtretung des Rückzahlungsanspruchs gehen, darf für die rechtliche Behandlung keinen entscheidenden Unterschied machen. Sofern also die Gesellschaft später als ein Jahr nach der Abtretung insolvent wird, steht dem Dritten

---

[422] Vgl. BGH NJW 2014, 2579 (2584 f. Rn. 50).
[423] BGH NJW 2014, 2579 (2585 Rn. 51).
[424] *Obermüller* ZInsO 2017, 134 (135).
[425] BegrRegE BT-Drs. 16/6140, 56; BGHZ 204, 83 Rn. 45 ff. = NZG 2015, 440 (444); BGHZ 198, 64 = NJW 2013, 3025 Rn. 23; BGHZ 196, 220 (224 ff. Rn. 12, 15 ff.) = NJW 2013, 2282 f. = NZG 2013, 469 (470 f.); Kölner Komm AktG/*Drygala* Rn. 165 ff.; *Reiner/Buck* in Ekkenga/Schröer AG-Finanzierung-HdB Kap. 14 Rn. 270; *Bork* ZGR 2007, 250 (254); *Gehrlein* BB 2008, 846 (850); *Haas* NZG 2013, 1241 (1242); *Kaysers* Finanz Betrieb 2009, 181 (183); *K. Schmidt* Gedächtnis-Symposion Winter, 2010, 15 (21 ff.); für die Ausklammerung von Gläubigern mit vertraglichen Einflussrechten dagegen *Habersack* ZIP 2007, 2145 (2148 f.); skeptisch demgegenüber *Gehrlein* BB 2008, 846 (850).
[426] Ausf. dazu *Engert* ZGR 2012, 835 (858 ff.); *Krolop* GmbHR 2009, 397 (401 ff.); gegen eine Anwendung des Kapitalersatzrechts auf Dritte aufgrund besonderer Einflussmöglichkeiten bereits *Cahn* AG 2005, 217 (226 f.); aA *Eidenmüller* FS Canaris, 2007, 49 (63 f.); *Servatius*, Gläubigereinfluss durch Covenants, 2008, 481 ff.; Wachter/*Servatius* Anh. § 57 Rn. 16.
[427] So für Nutzungsüberlassungen Kölner Komm AktG/*Drygala* Rn. 203; Grigoleit/*Grigoleit/Rachlitz* Rn. 52; krit. *K. Schmidt* Gedächtnis-Symposion Winter, 2010, 15 (21).
[428] BGHZ 196, 220 (228 Rn. 24) = NJW 2013, 2282 (2284) = NZG 2013, 469 (471); BGH WM 2015, 1119 (1120 Rn. 3); für das frühere Kapitalersatzrecht BGHZ 104, 33 (43) = NJW 1988, 1841 (1843); BGHZ 166, 125 (130) Rn. 12 = NZG 2006, 385 (386); für eine Schuldübernahme durch einen Dritten und Anerkenntnis einer entsprechenden Forderung des Dritten gegenüber der Gesellschaft BGH NZG 2011, 273 (275 Rn. 24) mAnm *Haas/Vogel* NZG 2011, 455.

eine gewöhnliche Insolvenzforderung zu.⁴²⁹ Hat die Gesellschaft das Darlehen innerhalb der Jahresfrist vor Insolvenzeröffnung an den Zessionar zurückgezahlt, so ist diese Rechthandlung nach § 135 Abs. 1 Nr. 2 InsO gegenüber dem Aktionär anfechtbar, denn die Veräußerung und Abtretung der Forderung an den Dritten ist nicht anders zu behandeln als eine Rückzahlung an den Aktionär und die anschließende Darlehensgewährung durch den Dritten.⁴³⁰ Der Aktionär büßt damit im Ergebnis den Kaufpreis für die Forderung ein, während der Dritte – entgegen der Rechtsprechung, die die Gläubiger besser stellt als sie ohne Abtretung stehen würden⁴³¹ – die Erfüllungsleistung der Gesellschaft behalten darf. Die Gesellschaft trägt damit im Hinblick auf die Rückzahlung eines Gesellschafterdarlehens auch nach der Abtretung das Insolvenzrisiko ihres Aktionärs; sie steht damit nicht anders als sie bei einer Rückzahlung des Darlehens stünde.

Nach früherem Recht änderte eine **Rückführung des Aktienbesitzes** unter den für eine unternehmerische Beteiligung erforderlichen Umfang ebenso wenig etwas an dem kapitalersetzenden Charakter des Darlehens wie ein völliges **Ausscheiden** aus der Gesellschaft (→ Rn. 108). Im Schrifttum wird für solche Fälle unter Geltung des neuen Rechts die analoge Anwendung von § 135 Abs. 1 Nr. 2 InsO befürwortet, wenn ein Aktionär seine Gesellschafterstellung überträgt, aber Kreditgeber bleibt.⁴³² Nach der hier vertretenen Auffassung ist dieser Fall ebenso zu behandeln, als habe der Aktionär das Darlehen zurückerhalten und anschließend nach Aufgabe der Gesellschafterstellung das Darlehen erneut gewährt. Dass Gleiche muss gelten, wenn die Beteiligung des Aktionärs unter die 10 %-Grenze des § 39 Abs. 1 Nr. 5 InsO absinkt oder er als Vorstand ausscheidet. Der Rückgewähranspruch ist daher nur dann nachrangig bzw. die Rückgewähr nur dann anfechtbar, wenn die Gesellschaft binnen eines Jahres nach dem Unterschreiten der 10 %-Grenze des § 39 Abs. 5 InsO insolvent wird.⁴³³ Sehr umstritten ist die Anwendung von § 135 Abs. 1 Nr. 2 InsO, wenn der Aktionär sowohl die Gesellschafterstellung als auch seine Ansprüche aus dem Darlehensvertrag überträgt.⁴³⁴

d) Sanierungsprivileg. Das Sanierungsprivileg des früheren § 32a Abs. 3 S. 3 GmbHG ist inhaltlich unverändert in den neuen § 39 Abs. 4 S. 2 InsO übernommen worden. Die Vorschrift betrifft nach ihrem Wortlaut, der Gesetzesbegründung⁴³⁵ und Teilen des Schrifttums⁴³⁶ Aktionäre, die ohne die Regelung erst durch einen Aktienerwerb zu Sanierungszwecken in den Anwendungsbereich der Regeln für Gesellschafterdarlehen geraten würden, weil sie vorher nicht mit mehr als 10 % an der Gesellschaft beteiligt waren. Demgegenüber plädieren andere für die Anwendung auf Sanierungskredite von Altgesellschaftern.⁴³⁷

e) Anfechtbarkeit der Rückgewähr. aa) Grundsatz. Nach § 135 Abs. 1 Nr. 2 InsO ist eine Rechtshandlung anfechtbar, die für die Forderung eines Aktionärs auf Rückgewähr eines Darlehens im Sinne das § 39 Abs. 1 Nr. 5 InsO Befriedigung gewährt hat,⁴³⁸ wenn die Handlung im letzten Jahr

---

⁴²⁹ So im Erg. auch BGH NJW 2012, 682 (683) Rn. 13 ff. = NZG 2012, 194 (196); BGHZ 196, 220 (228 f.) Rn. 25 f. = NJW 2013, 2282 (2284) = NZG 2013, 469 (471 f.); BGH WM 2015, 1119 (1120) Rn. 3; Kölner Komm AktG/*Drygala* Rn. 161; *Grigoleit/Grigoleit/Rachlitz* Rn. 51; *Wachter/Servatius* Anh. § 57 Rn. 10; *Gehrlein* BB 2008, 846 (850); *Habersack* ZIP 2007, 2145 (2149); *Führ/Wahl* NZG 2010, 889 (891 ff.); die sich dafür alle auf eine Analogie zu § 135 Abs. 1 Nr. 2 InsO stützen; *Haas/Vogel* NZG 2011, 455 (458); aA *Huber* Gedächtnis-Symposion Winter, ZIP 2010, Beil. 2 zu Heft 39, S. 9 (9) Fn. 18; krit. auch *Reiner/Buck* in Ekkenga/Schröer AG-Finanzierung-HdB Kap. 14 Rn. 271.

⁴³⁰ BGHZ 196, 220 (230 Rn. 28) = NJW 2013, 2282 (2284) = NZG 2013, 469 (472); *Haas/Vogel* NZG 2011, 455 (458); aA *Pentz* GmbHR 2013, 393 (402 f.); *Thole* ZHR 176 (2012), 513 (533 ff.); *von Woedtke* GmbHR 2014, 1018 (1020) m Hinw. für die M & A-Vertragspraxis.

⁴³¹ Vgl. BGHZ 196, 220 (229 ff. Rn. 27, 29 ff.) = NJW 2013, 2282 (2284 f.) = NZG 2013, 469 (472) mN, wonach die Befriedigung auch gegenüber dem Zessionar anfechtbar und dieser mit dem Zedent als Gesamtschuldner haften; für Haftung allein des Zessionars bei isolierter Forderungsabtretung, allein des Zedenten bei Übertragung von Forderung und Gesellschaftsanteil, *Reinhard/Schützler* ZIP 2013, 1898 (1899 ff.); *Bauer/Farian* GmbHR 2015, 230 (231 ff.); *Preuß* ZIP 2013, 1145 (1148 ff.), die den Zessionar zum Ausgleich auf einen von der Gesellschaft an ihn abzutretenden Freistellungsanspruch gegen den Zedenten verweisen will; im Erg. wie hier *Haas* NZG 2013, 1241 (1245 f.); *Heckschen/Kreußlein* RNotZ 2016, 351 (353 f.); *Jungclaus* NZI 2013, 311 (312).

⁴³² *Gehrlein* BB 2008, 846 (850); *Thole* ZHR 176 (2012) 513 (532).

⁴³³ So im Erg. auch BGH NJW 2012, 682 (683 Rn. 13 ff.) = NZG 2012, 194 (196); Kölner Komm AktG/*Drygala* Rn. 174; Lutter/Hommelhoff/*Kleindiek* GmbHG Anh. § 64 Rn. 129; *Seibold/Waßmuth* GmbHR 2016, 962 (964).

⁴³⁴ Vgl. dazu *Primozic* NZG 2016, 679 (680 f.) mN.

⁴³⁵ BT-Drs. 16/6140, 57.

⁴³⁶ *Wachter/Servatius* Anh. § 57 Rn. 19; *Habersack* ZIP 2007, 2145 (2149); *Hirte* ZInsO 2008, 689 (695); *Krolop* GmbHR 2009, 397 (399).

⁴³⁷ Kölner Komm AktG/*Drygala* Rn. 161; *Altmeppen* NJW 2008, 3601 (3605); *Haas* ZInsO 2007, 617 (624 f.).

⁴³⁸ Nach OLG München ZInsO 2014, 897 (901) erstreckt sich die Anfechtbarkeit auch auf die geleisteten vertraglichen Zinsen.

vor dem Eröffnungsantrag oder nach diesem Antrag vorgenommen worden ist. Mit der Verweisung auf das § 39 Abs. 1 Nr. 5 InsO nimmt das Gesetz zugleich die diesen Tatbestand präzisierenden Bestimmungen des § 39 Abs. 4 und 5 in Bezug. Das gilt auch für die Verweisung in § 6 Abs. 1 AnfG. Für die Berechnung der Jahresfrist gilt § 187 Abs. 1 BGB entsprechend; der Tag, an dem der Insolvenzantrag gestellt wird, wird dementsprechend nicht mitgerechnet.[439] Zahlt der Aktionär Beträge, die er als Darlehensrückzahlung erhalten hat, an die Gesellschaft zurück, entfällt insoweit die Anfechtbarkeit. Zahlt der Aktionär die Beträge aber auf ein im Soll geführtes Konto der Gesellschaft zurück, für das er eine Sicherheit bestellt hat oder als Bürge haftet, kann die Rückführung des Sollsaldos nach der Rechtsprechung nach § 135 Abs. 2 InsO anfechtbar sein,[440] wobei die Summe aus dem Anspruch gem. §§ 135 Abs. 2, 143 Abs. 3 InsO und der fortbestehenden Verpflichtung des Aktionärs aus der Sicherheit seine ohne Rückführung des Darlehens bestehende Verpflichtung nicht überschreiten darf.[441] Die Rückführung eines Darlehens aus Mitteln der Gesellschaft durch einen vorläufigen Insolvenzverwalter kann nach § 135 Abs. 2 InsO – mit der Rechtsfolge des § 143 Abs. 3 InsO – anfechtbar sein, wenn der Aktionär sich für die Rückzahlung dieses Darlehens verbürgt oder anderweitige Sicherheit gestellt hat.[442] Haben sowohl die Gesellschaft als auch ein mit mehr als 10 % am Kapital der Gesellschaft beteiligter Aktionär Sicherheiten für die Forderung eines Dritten gegen die AG bestellt (sog. Doppelsicherheit) und wird diese Forderung vor Eröffnung des Insolvenzverfahrens durch Verwertung der Gesellschaftssicherheit befriedigt, so ist der Aktionär entsprechend nach § 135 Abs. 2, § 143 Abs. 3 InsO zur Erstattung des an den Gläubiger ausgekehrten Betrags verpflichtet.[443] Erfolgt eine solche Gläubigerbefriedigung nach Verfahrenseröffnung, wendet die Rechtsprechung § 143 Abs. 3 InsO entsprechend an.[444] Das soll auch dann gelten, wenn er Gläubiger innerhalb der Jahresfrist des § 135 Abs. 1 Nr. 2 InsO auf die von dem Gesellschafter gestellteSicherheit verzichtet hat.[445]

128 bb) **Anwendung auf Darlehensgewährungen im Cash Pool.** Die Neuregelung wirft Probleme bei der **wiederholten Gewährung und Rückzahlung von Darlehen** insbesondere im Cash Pool auf.[446] Wenn hier jede einzelne Gutschrift vom Zielkonto auf das Konto einer Tochtergesellschaft als separates Darlehen und die Rückzahlung im Wege der Überweisung von diesem Konto auf das Zielkonto als Rückzahlung eines solche Darlehens beurteilt würde, würde die Muttergesellschaft bei Insolvenz der Tochter für die Summe aller Rückzahlungen haften, die im Jahr vor der Insolvenzeröffnung vom Tochterkonto auf das Zielkonto erfolgt sind. Selbst wenn der Tochter damit – wie üblich – im Rahmen des Cash Pooling nur ein Kreditrahmen in bestimmter Höhe eingeräumt worden wäre, der je nach Bedarf ausgeschöpft und wieder zurückgeführt worden wäre, würde die Muttergesellschaft auf ein Vielfaches dieses Betrages haften. Dieses Problem hat sich zwar schon unter Geltung des früheren Kapitalersatzrechts stellen können; eine erhebliche Verschärfung gegenüber dem früheren Rechtszustand wäre aber mit den Neuregelungen des MoMiG insofern verbunden, als die Anfechtbarkeit nach § 135 Abs. 1 Nr. 2 InsO allein an die die Rückzahlung eines Gesellschafterdarlehens binnen Jahresfrist vor Insolvenzeröffnung anknüpft, nicht aber voraussetzt, dass sich die Empfängergesellschaft zur Zeit der Darlehensgewährung in einer Krise befand, die der Gesellschafter hätte erkennen können (zu dieser Voraussetzung des sog. Stehenlassens von Darlehen → Rn. 106). Zudem ließ sich unter Geltung des früheren Rechts selbst in der Krise der Tochtergesellschaft die erneute Gewährung eines Darlehens nach Rückführung eines Saldos zugunsten der Muttergesellschaft als Erfüllung des Erstattungsanspruchs der Tochter entsprechend § 31 GmbHG, § 62 AktG verstehen.[447] Nach dem Wegfall eines solchen Erstattungsanspruchs außerhalb der Insolvenz ist das nicht mehr möglich.

129 Im Ergebnis überzeugend hat der BGH im Fall fortlaufend zur Vorfinanzierung monatlich anfallender Verbindlichkeiten gewährter einzelner Darlehen, die jeweils bald nach Gewährung zurückgeführt wurden, die Anfechtung nicht auf die Summe der einzelnen Kreditrückführungen im Jahr vor

---

[439] Vgl. MüKoBGB/*Grothe* § 187 Rn. 4.
[440] BGH NJW 2013, 3031 f. Rn. 15 ff. = NZG 2013, 1033 f.; dazu etwa *Thole* ZIP 2015, 1609 (1614).
[441] BGH NJW 2013, 3031 (3032 Rn. 22) = NZG 2013, 1033 (1034).
[442] BGHZ 200, 210 Rn. 17 ff. = NJW 2014, 1737 (1739) m. krit. Anm. *de Bra* LMK 2014, 358411.
[443] BGH ZIP 2017, 1632 (1633 Rn. 15 ff.) = ZInsO 2017, 1844 (1846).
[444] BGHZ 192, 9 (14 ff. Rn. 12 ff.) = NZG 2012, 35 (37 f.).
[445] OLG Stuttgart ZIP 2012, 834 (837 f.); *Altmeppen* ZIP 2016, 2089 (20194)aA LG Kleve ZIP 2015, 988 (989 f.); *Thole* ZIP 2015, 1609 (1615 f.).
[446] Überblick über die Diskussion betreffend die Anwendbarkeit des § 142 InsO bei *Schubmann* GmbHR 2014, 519 ff.
[447] So für die Verwendung auf Gesellschafterdarlehen zurückgezahlter Mittel für die Tilgung einer Einlageschuld bei der Darlehensnehmerin BGH NZG 2009, 427 Rn. 9; vgl. auch BGH NJW 1995, 457 f., wonach ständiges Stunden fälliger Forderungen als Kapitalersatz in Höhe des durchschnittlichen Forderungssaldos zu qualifizieren war.

Insolvenzantragstellung erstreckt, sondern auf die Verringerung des Schuldsaldos im Anfechtungszeitraum, maximal also auf die Kreditobergrenze beschränkt.[448] Die dafür angeführte Begründung wirft allerdings Fragen auf.[449] Der BGH stellt maßgeblich darauf ab, dass die Handhabung des Kreditverhältnisses in der Art eines Kontokorrents durch wechselseitige **Aus- und Rückzahlungen innerhalb einer Kreditobergrenze** verlaufen sei und der Zweck der Vorfinanzierung der monatlich anfallenden Verbindlichkeiten sich nur im Wege der monatlich gewährten Kredite habe verwirklicht werden können. Der Vorbehalt, jeden Anschlusskredit neu zu bewilligen und keine dauernde Kreditlinie zu eröffnen, habe das Kredit- und Insolvenzrisiko der darlehensgebenden Gesellschafterin begrenzt, die daher auch anfechtungsrechtlich nicht schlechter stehen dürfe als bei einer jederzeit kündbaren unbefristeten Kreditlinie.[450] § 39 Abs. 1 Nr. 5 InsO, § 135 Abs. 1 Nr. 2 InsO differenzieren nicht nach Zweck und Dauer der Darlehensgewährung. Dementsprechend bleibt unklar, warum es hierauf entscheidend ankommen sollte. Zweifelhaft ist auch das Abstellen auf eine Kreditobergrenze. Selbst wenn eine solche Grenze nicht vereinbart ist und mehrere aufeinanderfolgende Darlehen nicht kontokorrentartig verbunden sind, wird ein Gesellschafter doch weitere Kredite jedenfalls nicht ohne weiteres gewähren, wenn die Gesellschaft frühere, zur Rückzahlung fällige Darlehen nicht zurückerstattet. Auch hier wird also regelmäßig die Gewährung eines neuen Kredits von der Rückführung eines früher gewährten Darlehens abhängen[451] und auch hier war im Schuldnervermögen zu keiner Zeit mehr vorhanden als der höchste Einzeldarlehensbetrag.[452] Im Übrigen wird vorausgesetzt, was zu beweisen wäre. Wenn nämlich die einzelnen Darlehen im Hinblick auf die Anwendung von § 135 Abs. 1 Nr. 2 InsO separat zu beurteilen wären, hätte sich spätestens mit der Ausreichung und Rückführung jedes einzelnen Kredits das von der Darlehensgeberin zu tragende Insolvenzrisiko vergrößert. Die Aussage setzt also die erst zu begründende Einheitsbetrachtung bereits voraus, denn nur dann kommt es nicht zu einer Aufsummierung von Rückzahlungsansprüchen für die einzelnen Darlehen, die im Jahr vor der Insolvenzantragstellung zurückgewährt wurden. Möglicherweise beruht das Argument auch auf einer zu engen Verwendung des Begriffs „Insolvenzrisiko". Die Insolvenz der Darlehensnehmerin hat nicht nur zur Folge, dass Ansprüche auf Rückgewähr von Darlehen nur noch nachrangig durchsetzbar sind, sondern führt auch zur Anfechtbarkeit von Rechtshandlungen, mit denen im Jahr vor Insolvenzantragstellung Ansprüche auf Rückzahlung von Gesellschafterdarlehen befriedigt wurden. Ebenso wie das Risiko der Undurchsetzbarkeit von Rückzahlungsansprüchen in der Insolvenz des Darlehensnehmers ist auch das Anfechtungsrisiko Teil des Insolvenzrisikos, das der Gesellschafter-Darlehensgeber zu tragen hat. In der Sache läuft die Begründung, mit der der BGH Kontokorrentkredite und in ähnlicher Weise miteinander verbundene Darlehen für die rechtliche Beurteilung zusammenfasst, auf die Anwendung des Bargeschäftsprivilegs des § 142 Abs. 1 InsO hinaus,[453] das allerdings im AnfG keine Entsprechung hat und daher nicht ohne Weiteres zum Tragen kommen kann, wenn ein Insolvenzverfahren mangels Masse nicht eröffnet wird.[454] Als gleichwertige Gegenleistung, die unmittelbar durch die Tilgungsleistungen der Gesellschaft in deren Vermögen gelangt, kommt dabei nur das Recht in Betracht, Kredit in gleicher Höhe wie das zurückgeführte Darlehen erneut in Anspruch zu nehmen.[455] Indessen weist das Recht zu erneuter Kreditinanspruchnahme einen entscheidenden Unterschied zu Gegenleistungen iSv § 142 Abs. 1 InsO auf. Während solche Gegenleistungen dem Schuldner in der Insolvenz verbleiben, verliert er seinen Darlehensgewährungsanspruch. Wegen der Insolvenz des Darlehensnehmers hat nämlich der Darlehensgeber das

---

[448] BGH ZIP 2013, 734 Leitsatz 1 und Rn. 16 ff.; BGHZ 198, 77 = NJW 2013, 3031 (3033 Rn. 33) = NZG 2013, 1033 (1035); BGH WM 2014, 329 Rn. 2 = ZInsO 2014, 339; vgl. auch OLG München ZInsO 2014, 897; weniger weit gehend zum früheren Kapitalersatzrecht BGH NJW 1995, 457 f., wonach nur der durchschnittliche Forderungssaldo als kapitalersetzendes Darlehen zu qualifizieren war.
[449] Krit. auch *Piekenbrock* LMK 2013, 346571; *Spliedt* EWiR 2014, 289 (290).
[450] BGH ZIP 2013, 734 (736 Rn. 18).
[451] Darauf heben BGH ZIP 2013, 734 (736 Rn. 16) und BGHZ 198, 77 = NJW 2013, 3031 (3033 Rn. 33) = NZG 2013, 1033 (1035) für die Beurteilung von Kontokorrentkrediten ab.
[452] Darauf stellt BGH ZIP 2013, 734 (736) Rn. 16 für die Beurteilung von Kontokorrentkrediten ab.
[453] Deutlich idS BGH WM 2014, 329 Rn. 2 = ZInsO 2014, 339, wenn es dort heißt, Leistungen des Schuldners an den Gläubiger stünden in unmittelbarem rechtlichen Zusammenhang mit der Möglichkeit, neuen Kredit zu ziehen.
[454] *Klinck/Gärtner* NZI 2008, 457 (459, 461); entsprechende Anwendung von § 142 InsO außerhalb des Insolvenzverfahrens erwägt demgegenüber *Marotzke* ZInsO 2013, 641 (645).
[455] So, allerdings ohne Erwähnung von § 142 InsO, BGHZ 198, 77 = NJW 2013, 3031 (3033 Rn. 33) = NZG 2013, 1033 (1035); zust. *van Marwyk* ZInsO 2015, 335 (337); für die Anwendung von § 142 Abs. 1 InsO auf die Rückführung von Krediten durch später insolvente Tochtergesellschaften jedenfalls so lange, wie diese Gesellschaften ihrerseits Zugang zu Darlehen aus dem Cash Pool haben. *Klinck/Gärtner* NZI 2008, 457 (459, 461).

Recht zur fristlosen Kündigung.[456] Zwar sind nach der Rechtsprechung vertragliche Lösungsklauseln, die an die Insolvenzeröffnung oder Insolvenzantragstellung anknüpfen, grundsätzlich unwirksam;[457] das soll aber nicht für Lösungsklauseln gelten, die einer gesetzlich vorgesehenen Lösungsmöglichkeit – hier: § 490 BGB – entsprechen.[458] Der Gedanke des § 142 InsO trägt daher das Ergebnis nicht. Vorzugswürdig ist demgegenüber eine **teleologische Reduktion des § 135 InsO**. Erklärter Zweck der Neuregelungen des Kapitalerhaltungsrechts durch das MoMiG, namentlich der neuen § 57 Abs. 1 S. 3 AktG, § 30 Abs. 1 S. 2 GmbHG ist es ua, das durch die restriktive Rechtsprechung des BGH in Frage gestellte Cash Pooling zu erleichtern. Die Erreichung dieses Zwecks würde vereitelt, wenn die Einbeziehung von Tochtergesellschaften in ein Cash Pooling die Gefahr einer Haftung der Muttergesellschaft auf ein Vielfaches des eingeräumten Kreditrahmens hätte. Ein sachlicher Grund für eine derartige Folge kontokorrentartiger Kontobewegungen ist nicht ersichtlich. Wenn die Muttergesellschaft der Tochter während des Jahres vor Insolvenzeröffnung nur ein Darlehen gewährt und dieses Darlehen bis zur Insolvenz belassen hätte, wäre lediglich die Forderung auf Rückgewähr dieses Betrages nach § 39 Abs. 1 Nr. 5 InsO subordiniert. Der Umstand, dass die Tochtergesellschaft innerhalb des Jahres vor ihrer Insolvenz in der Lage war, das Darlehen zeitweise ganz oder zum Teil zurückzuführen, rechtfertigt es in der Sache nicht, die Muttergesellschaft einer weiter gehenden Haftung zu unterwerfen, als wenn die Tochtergesellschaft während des gesamten kritischen Zeitraums in schlechterer wirtschaftlicher Verfassung gewesen wäre und keine Rückzahlungen in den Pool hätte leisten können oder als wenn die Tochtergesellschaft dazu zwar in der Lage gewesen wäre, den dafür notwendigen Betrag aber stattdessen ohne Umweg über den Cash Pool auf einem eigenen Konto angelegt und darüber nach Bedarf verfügt hätte. Dem Zweck der § 39 Abs. 1 Nr. 5 InsO, § 135 Abs. 1 Nr. 2 InsO entspricht es vielmehr, die Muttergesellschaft nur auf Rückgewähr der Differenz zwischen dem höchsten Kreditsaldo im Jahr vor der Insolvenz und dem Betrag haften zu lassen, den das Tochterunternehmen noch bei Insolvenzeintritt als Darlehen in Anspruch genommen hat. Damit haftet das Mutterunternehmen im Ergebnis in Höhe des im Jahr vor der Insolvenzeröffnung eingeräumten und ausgeschöpften Kreditrahmens.[459] Die Übertragung von Guthaben vom Konto einer am Cash-Pooling teilnehmenden Gesellschaft aufs Zentralkonto bei der Muttergesellschaft und die Herstellung der Aufrechnungslage sind Leistungen der Tochter an die Mutter und unterliegen als solche nicht der Insolvenzanfechtung gegenüber der Bank, die als Leistungsmittlerin handelt.[460]

130 f) **Nutzungsüberlassung.** Eine Sonderregelung für die Nutzungsüberlassung enthält § 135 Abs. 3 InsO. Die auch nach früherem Recht bestehende Befugnis des Insolvenzverwalters, den überlassenen Gegenstand weiter zu nutzen, wird durch diese Bestimmung auf höchstens ein Jahr begrenzt, während dessen der Aktionär sein Aussonderungsrecht nicht geltend machen kann. Voraussetzung ist allerdings zum einen, dass der gemäß § 108 Abs. 1 InsO fortbestehende Überlassungsvertrag beendet wird. Ist das nicht der Fall, hat der Aktionär weiterhin Anspruch auf das vertraglich vereinbarte Nutzungsentgelt; und zwar gemäß § 55 Abs. 1 Nr. 2 Fall 2 InsO als Masseverbindlichkeit.[461] Eine Reduzierung des Nutzungsentgelts auf das im Jahr Verfahrenseröffnung tatsächlich geleistete Entgelt setzt mithin eine Beendigung des vertraglichen Besitzrechts der Gesellschaft voraus.[462] Neben der Beendigung des Überlassungsvertrags setzt § 135 Abs. 3 InsO weiterhin voraus, dass der überlassene Gegenstand für die Fortführung des Unternehmens der Aktiengesellschaft von erheblicher Bedeutung ist. Weder dem Gesetz noch dem Bericht des Rechtsausschusses, auf dessen Empfehlung die Bestimmung eingefügt wurde,[463] lassen sich Anhaltspunkte dafür entnehmen, was unter „erheblicher Bedeutung für die Fortführung des Unternehmens" zu verstehen ist. Im Schrifttum wird das Merkmal dahin verstanden, dass der Betriebsablauf ohne den Gegenstand unmöglich oder jedenfalls erheblich beeinträchtigt sein muss.[464] Für eine solche Bedeutung des Gegenstands ist im Streitfall der Insolvenzverwalter beweispflichtig. Anders als nach früherem Recht ist der Gesellschafter nicht mehr verpflichtet, der Gesellschaft den Gegenstand unentgeltlich zu belassen. Lehnt der Insolvenzverwalter die Herausgabe trotz Beendigung des Mietverhältnisses ab, steht dem Gesell-

---

[456] Vgl. § 490 BGB und Nr. 19 Abs. 3 AGB-Banken.
[457] BGHZ 195, 348 (353 f. Rn. 13 ff.) = NJW 2013, 1159.
[458] BGHZ 195, 348 (353 Rn. 13) = NJW 2013, 1159; einschränkend v. Wilmowsky WM 2008, 1189 (1190 f.).
[459] Grigoleit/Grigoleit/Rachlitz Rn. 65; Thiessen ZGR 2015, 396 (441); ebenso zum früheren Recht Vetter/Stadler, Haftungsrisiken beim konzernweiten Cash Pooling, 2003, Rn. 60.
[460] BGH NZG 2013, 1154 (1155 f. Rn. 17 ff.).
[461] BGHZ 204, 83 Rn. 60 ff. = NZG 2015, 440 (445 f.).
[462] BGHZ 204, 83 Rn. 63 = NZG 2015, 440 (446).
[463] BT-Drs. 16/9737, 106.
[464] Kölner Komm AktG/Drygala Rn. 204; Grigoleit/Grigoleit/Rachlitz Rn. 59; Burg/Blasche GmbHR 2008, 1250 (1252) mN.

schafter vielmehr gem. § 135 Abs. 3 S. 2 InsO ein Ausgleichsanspruch zu, der als Masseverbindlichkeit zu befriedigen ist.[465] Die Höhe dieses Anspruchs bemisst sich nach dem Durchschnitt der im Jahr vor Stellung des Antrags auf Verfahrenseröffnung[466] tatsächlich geleisteten Vergütung.[467] Anders als die Vergütung für die Nutzung während des Insolvenzverfahrens sind Mietzinsforderungen, die vor der Insolvenz fällig waren und gestundet oder aus anderen Gründen nicht beglichen wurden, als einem Gesellschafterdarlehen entsprechende Rechtshandlung gem. § 39 Abs. 1 Nr. 5 InsO nachrangig.[468] Nach der Rechtsprechung scheidet eine Qualifikation von Mietzinsansprüchen als einem Gesellschafterdarlehen wirtschaftliche entsprechende Rechtshandlung bei bargeschäftlicher Abwicklung aus, die in Anlehung an § 286 Abs. 3 BGB bei Begleichung innerhalb von 30 Tagen ab Fälligkeit angenommen wird.[469]

g) Bilanzierung. Nach § 19 Abs. 2 InsO in der Fassung des Regierungsentwurfs sollten Forderungen auf Rückgewähr eines Gesellschafterdarlehens im Überschuldungsstatus nicht berücksichtigt werden, weil die Interessen der Gläubiger bereits durch den kraft Gesetzes eingreifenden Rangrücktritt hinreichend gewahrt seien.[470] Auf Vorschlag des Rechtsausschusses wurde indessen am **Erfordernis eines** sog. **qualifizierten Rangrücktritts** (→ Rn. 118) festgehalten, weil damit eine Warnfunktion verbunden sei, die sich bewährt habe. Wie sich aus dem Wortlaut des § 19 Abs. 2 InsO ergibt, muss sich der Rangrücktritt auch auf Gesellschafterdarlehen beziehen, für die keine entsprechende Erklärung abgegeben wurde. Darlehen, für die ein solcher Rangrücktritt abgegeben wurde, sind in der Insolvenz gem. § 39 Abs. 2 InsO zwar vor der Zahlung von Ausschüttungen an die Aktionäre als solche, aber nach den Ansprüchen auf Rückgewähr von Gesellschafterdarlehen ohne Rangrücktritt berichtigt.[471] Zur steuerrechtlichen Behandlung von Gesellschafterdarlehen vgl. etwa *Hein/Suchan/Geeb* DStR 2008, 2289 (2290 ff.). Zur Behandlung von kapitalersetzenden Gesellschafterdarlehen nach früherem Recht als nachträgliche Anschaffungskosten der Beteiligung BFH ZIP 2017, 519 = AG 2017, 320. 131

VII. Ausnahmen vom Verbot der Einlagenrückgewähr

1. Erwerbspreis für eigene Aktien, Abs. 1 S. 2. Die Zahlung eines Entgelts für den Erwerb 132 eigener Aktien stellt **in der Sache** eine **Einlagenrückgewähr** iSv Abs. 1 S. 1 dar, weil die Gesellschaft in Gestalt der eigenen Aktien lediglich eine Beteiligung an dem ihr ohnehin bereits zustehenden Vermögen und damit keine für sie werthaltige Gegenleistung erhält (→ § 71 Rn. 1). Abs. 1 S. 2 nimmt indessen den Erwerb eigener Aktien ausdrücklich von der Anwendung des Verbots der Einlagenrückgewähr aus, sofern er in Übereinstimmung mit §§ 71 ff. erfolgt. Diese Vorschriften enthalten allerdings nur Bestimmungen über die Zulässigkeit des Erwerbs als solchen, nicht hingegen über die Höhe des Erwerbspreises, den die Gesellschaft zahlen darf. Insoweit bleibt es bei der Geltung von Abs. 1 S. 1; eine **unangemessen hohe Gegenleistung** stellt daher eine unzulässige Auszahlung an den veräußernden Aktionär dar[472] (auch → § 71 Rn. 45).

2. Gegenseitige Beteiligungen. Beim Aufbau gegenseitiger Beteiligungen wird ein Teil des 133 Erwerbspreises für mittelbare Selbstbeteiligungen der betroffenen Gesellschaften und damit für eine aus deren Sicht nicht werthaltige Gegenleistung entrichtet. Erwirbt beispielsweise eine Gesellschaft 50 Prozent der Anteile an einer Zielgesellschaft, die ihrerseits bereits 50 Prozent der Anteile an der Erwerberin hält, stammt wirtschaftlich betrachtet die Hälfte des Erwerbspreises aus dem Vermögen

---

[465] Beschlussempfehlung und Bericht des Rechtsausschusses BT-Drs. 16/9737, 107; BGHZ 204, 83 Rn. 60 = NZG 2015, 440 (446); Kölner Komm AktG/*Drygala* Rn. 207 ff.; *Burg/Blasche* GmbHR 2008, 1250 (1253 f.); aA, nachrangige Insolvenzforderung nach § 39 Abs. 1 Nr. 5 InsO, *Hölzle* ZIP 2009, 1939 (1946, 1948); *Marotzke* JZ 2010, 592 (597 f.). Krit. zu dieser Regelung für Fälle, in denen der Gesellschaft kraft Vertrages und damit unabhängig von § 135 Abs. 3 S. 1 InsO ein vertraglicher Besitz- und Nutzungsanspruch auch nach Eröffnung des Insolvenzverfahrens zusteht, *Marotzke* ZInsO 2008, 1281 (1283 ff.).
[466] Zu dieser Abweichung vom Wortlaut des § 135 Abs. 3 S. 2 InsO BGHZ 204, 83 Rn. 56 = NZG 2015, 440 (445).
[467] Vgl. Beschlussempfehlung und Bericht des Rechtsausschusses BT-Drs. 16/9737, 59.
[468] OLG Hamm ZInsO 2018, 50 (52); *Gehrlein* BB 2008, 846 (850); *Dahl/Schmitz* NZG 2009, 325 (329); krit. *Thole* ZHR 176 (2012), 513 (541 f.).
[469] BGHZ 204, 83 Rn. 65 (f., 71 = NZG 2015, 440 (446 f.) mN; zur Anwendung des sog. Bargeschäftsprivilegs nach § 142 InsO auf Nutzungsentgelte vgl. auch *Marotzke* ZInsO 2013, 641 (643 ff.); aus der Rechtsprechung etwa LG Freiburg ZIP 2014, 336.
[470] BegrRegE BT-Drs. 16/6140, 56.
[471] Vgl. Kölner Komm AktG/*Drygala* Rn. 214 ff.; *Grigoleit/Grigoleit/Rachlitz* Rn. 55; *Wachter/Servatius* Anh. § 57 Rn. 27.
[472] Kölner Komm AktG/*Drygala* Rn. 96; MüKoAktG/*Bayer* Rn. 128; Großkomm AktG/*Henze* Rn. 183; Hüffer/Koch/*Koch* Rn. 20; NK-AktR/*Drinhausen* Rn. 31.

der Zielgesellschaft. Aus ihrer Sicht werden reale Vermögenswerte der Erwerberin gegen Aktien der Zielgesellschaft eingetauscht, die für sie keinen Wert haben. Umgekehrt zahlt die Erwerberin einen Teil des Kaufpreises für ihre eigenen Aktien im Vermögen der Zielgesellschaft. § 71d S. 2 beschränkt die mit solchen Vorgängen verbundene Einlagenrückgewähr **aus der Perspektive einer Ziel-AG,** indem er den Erwerb ihrer Aktien durch ein von ihr abhängiges oder in ihrem Mehrheitsbesitz stehenden Unternehmen wie einen Erwerb eigener Aktien durch die AG selbst behandelt und nur unter den dafür geltenden Voraussetzungen zulässt. Dementsprechend ist die in solchen Fällen erfolgende mittelbare Einlagenrückgewähr zu Lasten der AG ebenso nach Abs. 1 S. 2 zulässig, wie es ein unmittelbarer Erwerb eigener Aktien wäre. Überhöhte Erwerbspreise werden wiederum nicht durch die Bestimmung gedeckt (→ Rn. 132). Ein Erwerb von Aktien der herrschenden oder mehrheitlich beteiligten AG stellt auch für eine **Erwerber-AG** wirtschaftlich betrachtet in dem Maße eine Einlagenrückgewähr dar, in dem der von ihr gezahlte Kaufpreis auf eigene Aktien im Vermögen der herrschenden oder mehrheitlich beteiligten AG entfällt. Das Gesetz enthält insoweit allerdings nur eine höchst unvollständige Regelung zum Schutz des Vermögens einer Erwerber-AG (→ § 71d Rn. 46).

134 **3. Kapitalherabsetzung.** Soweit bei einer ordentlichen Kapitalherabsetzung die §§ 222, 225, bei einer vereinfachten Kapitalherabsetzung die Bestimmungen des § 237 beachtet werden, stellt die Rückzahlung an die Aktionäre keinen Verstoß gegen Abs. 1 S. 1 dar.[473]

135 **4. Abschlagszahlung nach § 59.** Trotz Fehlens eines endgültigen Jahresabschlusses und eines Gewinnverwendungsbeschlusses stellt die Zahlung einer **Abschlagszahlung auf den Bilanzgewinn** nach § 59 keinen Verstoß gegen das Verbot der Einlagenrückgewähr dar.[474]

136 **5. Konzernrecht. a) Vertragskonzern, Abs. 1 S. 3.** Nach Abs. 1 S. 3 und § 291 Abs. 3 gelten Leistungen **bei Bestehen eines Beherrschungs- oder Gewinnabführungsvertrages** nicht als Verstoß gegen §§ 57, 58 und 60. Die beiden durch das MoMiG eingefügten bzw. geänderten Bestimmungen[475] erweitern das Konzernprivileg des früheren § 291 Abs. 3. Danach waren lediglich solche Zuwendungen von der Vermögensbindung ausgenommen, die die Aktiengesellschaft *aufgrund* eines Beherrschungs- oder Gewinnabführungsvertrages erbrachte, also im Fall eines Beherrschungsvertrags Zuwendungen aufgrund einer nach § 308 zulässigen Weisung,[476] beim Gewinnabführungsvertrag die vertraglich vereinbarte Gewinnabführung in den Grenzen des § 301. Alle anderen Zuwendungen an den anderen Vertragsteil oder auf dessen Veranlassung hin waren nach hM nicht von der Privilegierung des § 291 Abs. 3 erfasst.[477] Die neue Regelung beruht auf einem Vorschlag des Rechtsausschusses, der damit die Fassung des Regierungsentwurfs abänderte, nach der nur Leistungen zwischen den Vertragsteilen eines Beherrschungs- oder Gewinnabführungsvertrages privilegiert sein sollten. Zur Begründung führte der Rechtsausschuss aus; *Oft geht es um Leistungen an Dritte auf Veranlassung des herrschenden Unternehmens, beispielsweise an andere Konzernunternehmen oder an Unternehmen, die mit dem herrschenden Unternehmen oder anderen Konzernunternehmen in Geschäftsverbindung stehen. Die neue Formulierung („bei Bestehen") stellt sicher, dass auch solche Leistungen vom Verbot der Einlagenrückgewähr freigestellt sind.*"[478] § 57 Abs. 1 S. 3 AktG privilegiert zunächst finanzielle Unterstützungshandlungen einer Aktiengesellschaft zugunsten des anderen Vertragsteils eines Beherrschungs- oder Gewinnabführungsvertrages. Sie verstoßen auch dann nicht gegen das Verbot der Einlagenrückgewähr des § 57 Abs. 1 S. 1 AktG, wenn die Leistung der Gesellschaft nicht durch einen vollwertigen Gegenleistungs- oder Rückgewähranspruch gedeckt ist. Wie der Wortlaut von § 57 Abs. 1 S. 3 AktG nahe legt und die Entstehungsgeschichte der Vorschrift bestätigt, beschränkt sich die Privilegierung durch diese Vorschrift indessen nicht auf Zuwendungen der Aktiengesellschaft an den anderen Vertragsteil. Bei Bestehen eines Beherrschungs- oder Gewinnabführungsvertrages ist das Verbot der Einlagenrückgewähr vielmehr unter bestimmten, sogleich zu präzisierenden Voraussetzungen auch im Hinblick auf Zuwendungen der Aktiengesellschaft an solche Dritte außer Kraft gesetzt, die anderenfalls von § 57 Abs. 1 S. 1 AktG erfasst wären. Bei solchen Dritten kann es sich um Mitaktionäre des anderen Vertragsteils, aber auch um Personen handeln, die einem Aktionär gleichstehen, wie dies etwa bei

---

[473] Kölner Komm AktG/*Drygala* Rn. 117; MüKoAktG/*Bayer* Rn. 130 f.; Großkomm AktG/*Henze* Rn. 185.
[474] Großkomm AktG/*Henze* Rn. 186.
[475] Vgl. Art. 5 Nr. 5 und 16a MoMiG.
[476] Zu den umstrittenen Grenzen des Weisungsrechts vgl. etwa Kölner Komm AktG/*Koppensteiner* § 308 Rn. 37 ff.; MüKoAktG/*Altmeppen* § 308 Rn. 95 ff.; Emmerich/Habersack/*Emmerich* § 308 Rn. 55 ff.
[477] Kölner Komm AktG/*Koppensteiner* § 291 Rn. 107; Kölner Komm AktG/*Lutter*, 2. Aufl. 1988, Rn. 77; MüKoAktG/*Bayer* Rn. 139; Großkomm AktG/*Henze* Rn. 188; ebenso für das neue Recht *Altmeppen* NZG 2010, 361 (363).
[478] Beschlussempfehlung und Bericht des Rechtsausschusses, BT-Drs. 16/9737, 98; krit. dazu *Woodtli*, Vermögensbindung und Geschäftsleitung im Vertragskonzern, 2010, 73 ff., der meint, entgegen der Absicht des Gesetzgebers habe die Gesetzesänderung am bisherigen Rechtszustand nichts geändert.

künftigen Aktionären hinsichtlich solcher Leistungen der Fall ist, die ihnen im Hinblick auf ihre künftige Mitgliedschaft zugewendet werden (→ Rn. 54). Ebenso muss § 57 Abs. 1 S. 3 AktG auf Leistungen durch solche Dritte Anwendung finden, die nach allgemeinen Grundsätzen für Zwecke der Vermögensbindung wie Leistungen der Aktiengesellschaft selbst behandelt werden (zur Abgrenzung → Rn. 58 ff.). Ausweislich der Ausschussbegründung reicht jede Veranlassung durch den anderen Vertragsteil aus, ohne dass eine – beim Gewinnabführungsvertrag gar nicht zulässige – förmliche Weisung erforderlich wäre.[479] Man wird sogar noch weiter gehen und jede Leistung als von der Vermögensbindung ausgenommen ansehen müssen, die die Gesellschaft **mit dem Einverständnis des anderen Vertragsteils** an einen Aktionär oder aktionärsgleichen Dritten erbringt.[480] Ein Verstoß gegen das Verbot der Einlagenrückgewähr ist vielmehr allein bei solchen Leistungen der Aktiengesellschaft an solche Personen anzunehmen, die ohne das Wissen oder – insbesondere beim Gewinnabführungsvertrag denkbar – gegen den Willen des anderen Vertragsteils erbracht werden. Nur unter diesen Voraussetzungen muss der andere Vertragsteil davor geschützt werden, nach § 302 AktG für Verluste infolge von Zuwendungen der Aktiengesellschaft an Aktionäre oder aktionärsgleiche Dritte aufkommen zu müssen, weil der Gesellschaft kein Rückgewähranspruch zusteht. Abs. 1 S. 3 und § 291 Abs. 3 privilegieren nicht überhöhte Gewinnabführungen unter Verstoß gegen § 301 bei isolierten Gewinnabführungsverträgen.[481] Auf **andere Unternehmensverträge** erstreckt sich die Privilegierung des § 291 Abs. 3 nicht.[482] Zu der Frage, wie sich **Zweifel an der Solvenz des herrschenden Unternehmens** auf die Rechte der Parteien eines Unternehmensvertrages auswirken, findet sich im Gesetz keine ausdrückliche Regelung. Im Schrifttum wird sie im Zusammenhang mit den Grenzen des Weisungsrechts aus § 308 AktG erörtert. Insoweit wird die Unbeachtlichkeit von Weisungen für den Fall erwogen, dass durch ihre Befolgung die Lebensfähigkeit der abhängigen Gesellschaft gefährdet wäre, weil das herrschende Unternehmen voraussichtlich nicht in der Lage sein wird, den Verlustausgleich zu leisten;[483] unter diesen Umständen könnte die abhängige Gesellschaft den Unternehmensvertrag nach § 297 Abs. 1 kündigen. Eine weiter gehende Einschränkung der Freistellung des anderen Vertragsteils von den Beschränkungen der Vermögensbindung kommt nicht in Betracht; insbesondere reichen bloße Zweifel an der Leistungsfähigkeit des anderen Vertragsteils unterhalb der Schwelle eines Kündigungsgrundes nach § 297 Abs. 1 nicht aus.[484] Für eine Anwendung des verhältnismäßig strengen Maßstabs, der im Rahmen der Vollwertigkeitsprüfung nach § 57 Abs. 1 S. 3 AktG, § 30 Abs. 1 S. 2 GmbHG anzulegen ist, ist im Vertragskonzern kein Raum. Dies folgt zum einen daraus, dass § 291 Abs. 3 den gesamten § 57 einschließlich der Anforderungen nach Abs. 1 S. 3 der Vorschrift an die Vollwertigkeit von Rückgewähr- oder Gegenleistungsansprüchen für unanwendbar erklärt; für die GmbH gilt dies im Hinblick auf die schwächere Vermögensbindung nach § 30 GmbHG entsprechend. Vor allem aber würde die Durchführung von Unternehmensverträgen mit nicht hinnehmbarer Rechtsunsicherheit belastet, wenn die Geschäftsleitung der Gesellschaft bei jedem Geschäft mit dem anderen Vertragsteil dessen voraussichtliche Solvenz prüfen und bei Zweifeln den Geschäftsabschluss auch entgegen einer Weisung verweigern dürfte. Dass die Grenze für eine Außerkraftsetzung von § 291 Abs. 3 jedenfalls nicht unterhalb der Schranken des Weisungsrechts nach § 308 verlaufen kann, zeigt im Übrigen die Erwägung, dass anderenfalls im Beherrschungsvertrag Bedenken des Vorstands der abhängigen Gesellschaft durch eine bindende Weisung überspielt werden könnten. Bei Bestehen eines Beherrschungs- oder Gewinnabführungsvertrages kann die Geschäftsleitung daher allenfalls dann für verpflichtet gehalten werden, eine Darlehensgewährung an den anderen Vertragsteil zu verweigern, wenn die Insolvenz des anderen Vertragsteils bevorsteht und daher die Existenz der Gesellschaft durch die Darlehensgewährung bedroht wäre; im Übrigen muss sich die Geschäftsleitung bei Bedenken an der Leistungsfähigkeit des anderen Vertragsteils entscheiden, ob sie den Unternehmensvertrag aus wichtigem Grund kündigt.

---

[479] Krit. dazu etwa *Habersack* FS Schaumburg, 2009, 1291 (1296 ff.).
[480] *Gelhausen/Heinz* FS Hoffmann-Becking, 2013, 357 (369); enger, Veranlassung des anderen Vetragsteils erforderlich, *Hölters/Laubert* Rn. 15.
[481] *Gärtner* AG 2016, 793 (797) mN auch zur Gegenauffassung.
[482] Großkomm AktG/*Henze* Rn. 191; Kölner Komm AktG/*Drygala* Rn. 99; K. Schmidt/Lutter/*Fleischer* Rn. 36; *Gelhausen/Heinz* FS Hoffmann-Becking, 2013, 357 (370).
[483] K. Schmidt/Lutter/*Langenbucher* § 308 Rn. 33; Emmerich/Habersack/*Emmerich* § 308 Rn. 64; *Habersack/Schürnbrand* NZG 2004, 689 (690); grundsätzlich aA Kölner Komm AktG/*Koppensteiner* § 308 Rn. 50.
[484] So aber Bürgers/Körber/*Westermann* Rn. 39; *Fridrich*, Der Schutz des Kapitals der Aktiengesellschaft bei fremdfinanzierter Übernahme, 2010, 354 ff.; *Habersack/Schürnbrand* NZG 2004, 689 (690); *Bormann/Urlichs* GmbHR Sonderheft 2008, 37 (47); *Altmeppen* NZG 2010, 361 (364); Baumbach/Hueck/*Fastrich* GmbHG § 30 Rn. 45; wie hier dagegen K. Schmidt/Lutter/*Fleischer* Rn. 37; Grigoleit/*Grigoleit/Rachlitz* Rn. 4; *Stephan* Der Konzern 2014, 1 (22); *Gelhausen/Heinz* FS Hoffmann-Becking, 2013, 357 (371); MüKoGmbHG/*Ekkenga* GmbHG § 30 Rn. 270; Lutter/Hommelhoff/*Hommelhoff* GmbHG § 30 Rn. 48; wohl auch Kölner Komm AktG/*Drygala* Rn. 100; grundsätzlich gegen Werthaltigkeitsanforderungen *Winkler/Becker* ZIP 2009, 2361 (2365 f.).

137 **b) Faktischer Konzern. Nach hM verdrängt § 311 als spezielle Regelung** die Bestimmungen über **die Vermögensbindung.**[485] Lediglich dann, wenn der Ausgleich nicht bis zum Ende des Geschäftsjahres erbracht oder nach § 311 Abs. 2 verbindlich zugesagt ist, sollen Ansprüche aus § 62 wegen Verletzung der Vermögensbindung aufleben und dann neben Ansprüche aus §§ 317, 318 treten.[486] Stimmt die Hauptversammlung einem nachteiligen Rechtsgeschäft zu, hat nach hM § 311 allerdings nur dann Vorrang vor der die Vermögensbindung nach § 57, wenn bereits der Hauptversammlungsbeschluss einen Nachteilsausgleich vorsieht,[487] der bei Bezifferbarkeit des Nachteils seinerseits beziffert sein muss.[488] Für die hM vom (bedingten) Vorrang von § 311 vor der Vermögensbindung lässt sich zwar anführen, dass der Anwendungsbereich für den zeitlich gestreckten Nachteilsausgleich nach § 311 bei paralleler Geltung sofort fälliger Rückgewähransprüche nach § 62 wegen Verletzung der Vermögensbindung erheblich eingeschränkt wäre. Gegen die hL ist aber zunächst einzuwenden, dass es an einer § 291 Abs. 3 vergleichbaren Ausnahmeregelung für den faktischen Konzern fehlt. Das Argument, eine solche Regelung sei wegen der Spezialität von § 311 im Verhältnis zur Vermögensbindung überflüssig,[489] überzeugt bereits deswegen nicht, weil das Gesetz für Beherrschungs- und Gewinnabführungsverträge eine ausdrückliche Regelung enthält, obwohl hier viel näher liegt, dass die Zulässigkeit von Leistungen aufgrund des Unternehmensvertrages nicht an der Vermögensbindung scheitern kann. Darüber hinaus bleibt auch bei Geltung der Vermögensbindung im faktischen Konzern ein Anwendungsbereich für § 311, so dass die Vorschrift nicht lediglich einen Ausschnitt aus den von § 57 erfassten Fällen regelt und schon aus diesem Grunde nicht als lex specialis gelten kann. Darüber hinaus wäre es nicht folgerichtig, das herrschende Unternehmen für Zuwendungen, die es nicht veranlasst hat, strenger haften zu lassen als für von ihm veranlasste Leistungen der abhängigen Gesellschaft.[490] Schließlich führt die hL zu **Inkonsistenzen bei Zuwendungen in mehrstufigen Konzernverhältnissen.** Veranlasst beispielsweise ein Mutterunternehmen eine mittelbar von ihm abhängige Enkel-GmbH zu einer Zuwendung, wird dadurch zugleich das Vermögen einer zwischen diesen beiden Unternehmen stehenden Tochter-AG beeinträchtigt. Mangels einer Veranlassung gegenüber der Tochter-AG hat diese keinen Anspruch aus § 311 gegen das Mutterunternehmen. Steht dem leistenden Enkelunternehmen selbst kein Rückgewähranspruch zu, weil sein zur Stammkapitalerhaltung erforderliches Vermögen durch die Zuwendung an das Mutterunternehmen nicht beeinträchtigt wird, kann aber nach hL die Tochter-AG gem. Abs. 1 S. 1 Leistung an das Enkelunternehmen beanspruchen.[491] Die mittelbare Zuwendung der Enkelgesellschaft würde damit einen sofort fälligen Rückgewähranspruch der Tochter-AG auslösen; dagegen könnte das Mutterunternehmen den zeitlichen Rahmen des § 311 für die Ausgleichsleistung ausschöpfen, wenn die Zuwendung des Enkelunternehmens durch die zwischengeschaltete Tochter-AG veranlasst worden wäre.

138 **6. Vollwertiger Gegenleistungs- oder Rückgewähranspruch, Abs. 1 S. 3 Alt. 2. a) Entstehungsgeschichte und Normzweck.** Abs. 1 S. 3 ist durch das MoMiG[492] eingefügt worden.

---

[485] BGHZ 179, 71 (76 f. Rn. 11) = NZG 2009, 107 (108) mN.
[486] OLG Stuttgart AG 1994, 411 (412); OLG Frankfurt AG 1996, 324 (327); *Zimmerling* S. 95 ff.; *Fridrich*, Der Schutz des Kapitals der Aktiengesellschaft bei fremdfinanzierter Übernahme, 2010, 375 ff.; Kölner Komm AktG/*Koppensteiner* § 311 Rn. 161; MüKoAktG/*Altmeppen* § 311 Rn. 328 ff.; Kölner Komm AktG/*Drygala* Rn. 105 ff.; MüKoAktG/*Bayer* Rn. 139; Großkomm AktG/*Henze* Rn. 194 ff.; Grigoleit/*Grigoleit/Rachlitz* Rn. 5; NK-AktR/*Drinhausen* Rn. 33; Emmerich/Habersack/*Habersack* § 311 Rn. 82 f.; Hüffer/Koch/*Koch* § 311 Rn. 49, alle mwN.
[487] BGH NZG 2012, 1030 (1031 ff. Rn. 15, 17, 20); kritisch dazu *Altmeppen* ZIP 2016, 441 (442 ff.).
[488] BGH NZG 2012, 1030 (1032 Rn. 23).
[489] Kölner Komm AktG/*Koppensteiner* § 311 Rn. 162.
[490] Gegen eine auch nur zeitweilige Verdrängung der §§ 57, 62 durch § 311: daher etwa *Geßler* FS Fischer, 1979, 131 (138); *Schön* ZHR 159 (1995), 351 (372); *Altmeppen* ZIP 1996, 693 (697 f.); *Bommert*, Verdeckte Vermögensverlagerungen im Aktienrecht, 1989, 182 f.; *Cahn*, Kapitalerhaltung im Konzern, 1998, 65 f. mit weiterem konzernrechtlichem Beispiel; *Ehricke*, Das abhängige Konzernunternehmen in der Insolvenz, 1998, 320 ff.; *Rust*, Verdeckte Einlagenrückgewähr durch Leistung an Dritte in der Kapitalgesellschaft, 2000, 194 ff.; *Wackerbarth*, Grenzen der Leitungsmacht in der internationalen Unternehmensgruppe, 2001, 125 ff. (305 ff.). Differenzierend, Verdrängung der Vermögensbindung durch § 311, soweit nicht das Grundkapital und die gesetzliche Rücklage beeinträchtigt werden, *Bayer* FS Lutter, 2000, 1011 (1031); MüKoAktG/*Bayer* Rn. 146 ff. Wieder anders der Ansatz *Woodtli*, Vermögensbindung und Geschäftsleitung im Vertragskonzern, 2010, 48 ff., der die Ansicht vertritt, §§ 311 ff. normieren lediglich besondere Rahmenbedingungen für einen zeitlich gestreckten Leistungsaustausch zwischen abhängiger Gesellschaft und herrschendem Unternehmen, für den in materieller Hinsicht uneingeschränkt § 57 gelte.
[491] So etwa Kölner Komm AktG/*Lutter*, 2. Aufl. 1988, Rn. 72; ausf. dazu *Cahn*, Kapitalerhaltung im Konzern, 1998, 103 ff. (143 ff.).
[492] Gesetz zur Modernisierung des GmbH-Rechts und zur Bekämpfung von Missbräuchen (MoMiG), BGBl. 2008 I 2026.

Das Verbot der Einlagenrückgewähr gilt danach ua nicht bei Leistungen, die durch einen vollwertigen Gegenleistungs- oder Rückgewähranspruch[493] gegen den Aktionär gedeckt sind; eine identische Regelung für die GmbH enthält § 30 Abs. 1 S. 2 GmbHG. Anlass für diese Bestimmungen war das Urteil des BGH vom 24. November 2003,[494] in dem der II. Zivilsenat judiziert hatte, dass unbesicherte Kredite an einen Gesellschafter aus gebundenem Gesellschaftsvermögen auch bei angemessener Verzinsung und Vollwertigkeit des Rückgewähranspruchs in der Regel eine unzulässige Einlagenrückgewähr darstellten. Eine andere Beurteilung komme allenfalls dann in Betracht, wenn die Darlehensvergabe im Interesse der Gesellschaft liege, die Darlehensbedingungen einem Drittvergleich standhielten und die Kreditwürdigkeit des Gesellschafters auch nach strengsten Maßstäben außerhalb jedes vernünftigen Zweifels stehe. Die Entscheidung betraf zwar Darlehen einer GmbH; die tragenden Erwägungen des Urteils legten allerdings die Annahme nahe, dass die dort entwickelten Grundsätze auch für das Aktienrecht Geltung beanspruchen sollten. Erklärtes Anliegen der gesetzlichen Neuregelung ist die Rückkehr zu einer bilanziellen Betrachtungsweise, die vollwertige Gegenleistungs- und Rückgewähransprüche in die Beurteilung einbezieht. Dadurch soll es Gesellschaftern erleichtert werden, in Austauschbeziehungen mit ihren Gesellschaften zu treten. Namentlich soll das sog. Cash Pooling im Konzern von den Unsicherheiten befreit werden, die hinsichtlich seiner Zulässigkeit als Folge der BGH-Rechtsprechung entstanden waren (vgl. dazu Voraufl. Rn. 32 ff.).[495]

b) Die Tatbestandselemente und ihr Verhältnis zueinander. Nach Abs. 1 S. 3 gilt das Verbot der Einlagenrückgewähr ua nicht bei Leistungen der Gesellschaft, die durch einen vollwertigen Gegenleistungs- oder Rückgewähranspruch gegen den Aktionär bzw. Gesellschafter gedeckt sind. Ausweislich der Regierungsbegründung statuiert das Gesetz durch die Verwendung der Begriffe „vollwertig" und „decken" zwei Voraussetzungen, die **kumulativ** erfüllt sein müssen, damit Leistungen der Gesellschaft an ihre Gesellschafter zulässig sind: „... *Keineswegs soll diese klärende Regelung das Ausplündern von Gesellschaften ermöglichen oder erleichtern. Dies wird durch die ausdrückliche Einführung des Vollwertigkeits- und des Deckungsgebots gewährleistet. Die Vollwertigkeit der Rückzahlungsforderung ist eine nicht geringe Schutzschwelle. Ist der Gesellschafter zB eine mit geringen Mitteln ausgestattete Erwerbsgesellschaft oder ist die Durchsetzbarkeit der Forderung aus anderen Gründen absehbar in Frage gestellt, dürfte die Vollwertigkeit regelmäßig zu verneinen sein. Das Deckungsgebot bedeutet, dass bei einem Austauschvertrag der Zahlungsanspruch gegen den Gesellschafter nicht nur vollwertig sein muss, sondern auch wertmäßig nach Marktwerten und nicht nach Abschreibungswerten den geleisteten Gegenstand decken muss. ...*"[496] Das Tatbestandsmerkmal der Vollwertigkeit bringt danach das Erfordernis der Einbringlichkeit des Rückerstattungsanspruchs zum Ausdruck, während das Tatbestandsmerkmal der Deckung sicherstellen soll, dass die Gesellschaft eine ihrer Leistung gleichwertige Gegenleistung erhält.[497] Bei der Beurteilung der Gleichwertigkeit ist nicht etwa auf den Buchwert, sondern den wirklichen Wert der Leistung der Gesellschaft einschließlich etwaiger stiller Reserven abzustellen;[498] insoweit kommt es auch im Rahmen von Abs. 1 S. 3 nicht auf bilanzielle Maßstäbe an.

Nach dem Wortlaut von Abs. 1 S. 2 muss die Leistung der Gesellschaft durch einen **Gegenleistungs- oder Rückgewähranspruch** gedeckt sein; anders als im Hinblick auf die Merkmale „Vollwertigkeit" und „Deckung", die kumulativ erfüllt sein müssen, scheint sich das Gesetz hier mit dem alternativen Vorliegen entweder eines Gegenleistungs- oder eines Rückgewähranspruchs zu begnügen. In der Tat wird bei den meisten Vertragstypen nur einer der beiden Ansprüche in Betracht kommen. So stellt sich etwa bei Kauf-, Werk- oder Dienstverträgen die Frage nach einem Rückgewähranspruch der Gesellschaft von vornherein nicht. Bei einem Miet- oder Pachtvertrag hat die Gesellschaft als Vermieterin oder Verpächterin zwar neben ihrem Miet- bzw. Pachtzinsanspruch einen Anspruch auf Rückgabe der Mietsache bzw. des Pachtgegenstands nach Beendigung des Miet- oder Pachtverhältnisses (§ 546, 581 Abs. 2 BGB). Da sie aber Eigentümerin der Mietsache bzw. des verpachteten Gegenstands bleibt, spielt dieser Anspruch für die Beurteilung der wirtschaftlichen Auswirkungen des Vertrages für die Gesellschaft keine Rolle, insbesondere stellt sich nicht die Frage nach der Vollwertigkeit dieses Anspruchs. Anders liegen die Dinge indessen bei Darlehen der Gesellschaft an einen Aktionär. Da das Eigentum am Gegenstand des Darlehens auf den Darlehens-

---
[493] Die Terminologie der § 30 GmbHG, § 57 AktG unterscheidet sich insoweit von der des BGB, das im Darlehensrecht den Begriff „zurückerstatten" verwendet (vgl. §§ 488, 607 BGB), ohne dass damit Unterschiede in der Sache verbunden wären.
[494] BGHZ 157, 72 = NJW 2004, 1111 = NZG 2004, 233; näher zu dieser Entscheidung etwa *Bayer/Lieder* ZGR 2005, 133; *Cahn* Der Konzern 2004, 235; *Habersack/Schürnbrand* NZG 2004, 689; *Reidenbach* WM 2004, 1421; *Vetter* BB 2004, 227; *Wessels* ZIP 2004, 793.
[495] BegrRegE BT-Drs. 16/6140, 41 zu § 30 GmbHG.
[496] BegrRegE MoMiG, BT-Drs. 16/6140, 41.
[497] Vgl. etwa *Kiefner/Theusinger* NZG 2008, 801 (804); *Winter* DStR 2007, 1484 (1486).
[498] BegrRegE BT-Drs. 16/6140; BGH NZG 2017, 658 (660 Rn. 16); K. Schmidt/Lutter/*Fleischer* Rn. 43.

nehmer übergeht, hängen die wirtschaftlichen Auswirkungen des Vertrages für die Gesellschaft sowohl von der Höhe und der Einbringlichkeit des Zinsanspruchs als auch von der Einbringlichkeit (Vollwertigkeit) ihres Rückzahlungsanspruchs ab. Im Schrifttum wird vorgeschlagen, bei Darlehensverträgen allein auf den Rückzahlungsanspruch abzustellen und fehlende oder unzulängliche Verzinsung bei der Beurteilung der Vollwertigkeit zu berücksichtigen.[499] Bilanziell mag es zwar zutreffend sein, in solchen Fällen den Rückzahlungsanspruch abzuzinsen. Zivilrechtlich stellt aber beim Gelddarlehen der Zinsanspruch die Gegenleistung für die Kapitalüberlassung dar, die vom Anspruch auf Rückzahlung zu unterscheiden ist. Beim Sachdarlehen läge es noch ferner, bei Fehlen oder Unzulänglichkeit der Gegenleistung eine Minderung des Werts des Rückzahlungsanspruchs anzunehmen. Auch in der Sache entspricht es dem Zweck von Abs. 1 S. 3, bei unzulänglicher Verzinsung nicht die Darlehensgewährung insgesamt wegen fehlender Vollwertigkeit des Rückzahlungsanspruchs als Verstoß gegen das Verbot der Einlagenrückgewähr zu qualifizieren, sondern lediglich die Unzulänglichkeit oder das Fehlen des Zinsanspruchs.[500] Der Nachteil unzureichender Verzinsung ist ein anderer als derjenige eines Ausfallrisikos des Rückzahlungsanspruchs. Bei letzterem geht es um ein Problem mangelnder Vollwertigkeit des Rückzahlungsanspruchs, dem nur durch Besicherung oder sofortige Rückzahlung der Darlehenssumme, nicht hingegen durch Erhöhung des Zinses Rechnung tragen lässt,[501] während unzureichende Verzinsung bei zweifelsfreier Bonität des Gesellschafters ein Problem mangelnder Deckung durch die Gegenleistung darstellt, das sich durch eine Anhebung des Zinsanspruchs auf ein angemessenes Niveau beheben lässt.[502] Abs. 1 S. 3 erfordert daher **bei Darlehen** der Gesellschaft an ihre Aktionäre **zusätzlich zur Deckung durch** einen vollwertigen **Gegenleistungsanspruch** (Zins) einen **vollwertigen Rückgewähranspruch**. Der Wortlaut der Bestimmung schließt dieses ihrem Zweck entsprechende Normverständnis nicht aus. In Ermangelung eines Begriffs, der gleichzeitig als Konjunktion als auch als Disjunktion verstanden werden kann, hätte der Gesetzgeber entweder „und/oder" formulieren oder für Darlehen und ähnliche Verträge eine eigenständige Regelung vorsehen müssen. Ersteres hätte nicht den sprachlichen Anforderungen an ein Gesetz entsprochen, letzteres zu einer unnötigen Verlängerung des Normtextes geführt und hätte überdies die Gefahr einer unvollständigen Erfassung der betroffenen Leistungen der Gesellschaft mit sich gebracht.

141 c) **Vollwertigkeit.** Die Frage nach der Vollwertigkeit eines Gegenleistungs- oder Rückgewähranspruchs stellt sich nur dann, wenn ein Geschäft mit einem Aktionär nicht Zug- um Zug abgewickelt wird, sondern die Fälligkeit der Gegenleistung des Aktionärs hinausgeschoben ist, die Gesellschaft ihm mithin Kredit einräumt. Wegen der Ungewissheit zukünftiger Entwicklungen ist die künftige Solvenz eines Schuldners naturgemäß mit Unsicherheiten behaftet. Der Vorstand muss daher eine Prognose darüber anstellen, ob der Anspruch der Gesellschaft auf die Gegenleistung bei Fälligkeit einbringlich sein wird.[503] Dafür muss der Vorstand wissen, welchen Grad an Wahrscheinlichkeit der künftigen Leistungsfähigkeit des Schuldners Abs. 1 S. 3 verlangt, damit ein Anspruch als vollwertig gelten kann, und welches Risiko eines Ausfalls er dementsprechend noch in Kauf nehmen darf. Das Gesetz definiert indessen den Begriff der Vollwertigkeit nicht. Die Gesetzesbegründung verweist lapidar auf „*die allgemeinen Bilanzierungsgrundsätze*".[504] Gleichsinnig stellt der Bundesgerichtshof in seiner – auch für die Auslegung von Abs. 1 S. 3 maßgeblichen –[505] „MPS"-Entscheidung[506] auf „*eine vernünftige kaufmännische Beurteilung*" ab, „*wie sie auch bei der Bewertung von Forderungen aus Drittgeschäften im Rahmen der Bilanzierung (§ 253 HGB) maßgeblich ist*".[507] An der Vollwertigkeit des

---

[499] Vgl. etwa Kölner Komm AktG/*Drygala* Rn. 71 (73); Hölters/*Laubert* Rn. 21; *Drygala/Kremer* ZIP 2007, 1289 (1293); *Hirte* ZInsO 2008, 689 (692).

[500] So zu § 311 AktG BGHZ 179, 71 (80 Rn. 17) = NZG 2009, 107 (109); zust. *Cahn* Der Konzern 2009, 67 (71); Grigoleit/*Grigoleit/Rachlitz* Rn. 41; *Theusinger/Cernicky* CCZ 2009, 146 (148 f.); *M. Meyer*, Nachteil und Einlagenrückgewähr im faktischen Konzern, 2013, 106 ff.; unentschieden K. Schmidt/Lutter/*Fleischer* Rn. 53 f. mN zum Meinungsstand; aA etwa Hölters/*Laubert* Rn. 21, der meint, Folge unterlassener Verzinsung sei ein Anspruch aus § 62 auf Rückgewähr des Darlehens; wieder anders *Rothley/Weinberger* NZG 2010, 1001 (1004 ff.), die meinen, fehlende oder unzureichende Verzinsung von Darlehen stellten keine Verletzung der Vermögensbindung dar, sondern kämen lediglich als Grundlage von Ansprüchen gegen die Geschäftsleiter in Betracht.

[501] Grigoleit/*Grigoleit/Rachlitz* Rn. 40; *Mülbert/Leuschner* NZG 2009, 281 (282 f.); *Theusinger/Cernicky* CCZ 2009, 146 (148, 152); im Ansatz anders, im Erg. aber ähnl. *Kuntz* ZGR 2017, 917 (938 ff.).

[502] Zutr. BGHZ 179, 71 (80 Rn. 17) = NZG 2009, 107 (109) zu § 311.

[503] Vgl. BGHZ 179, 71 (78 Rn. 13) = NZG 2009, 107 (108); *Cahn* Der Konzern 2009, 67 (69 f.); K. Schmidt/Lutter/*Fleischer* Rn. 46; Grigoleit/*Grigoleit/Rachlitz* Rn. 40.

[504] BegrRegE MoMiG, BT-Drs. 16/6140, 41.

[505] Vgl. dazu *Cahn* Der Konzern 2009, 67 (69 ff.).

[506] Zu dieser Entscheidung etwa *Altmeppen* ZIP 2009, 49; *Cahn* Der Konzern 2009, 67; *Habersack* ZGR 2009, 347; *Kropff* NJW 2009, 814; *Mülbert/Leuschner* NZG 2009, 281; *Theusinger/Cernicky* CCZ 2009, 146.

[507] BGHZ 179, 71 (78 Rn. 13 f.) = NZG 2009, 107 (108); ebenso BGH NZG 2017, 344 (345 Rn. 14, 18 f.).

Rückzahlungsanspruchs der Gesellschaft soll es danach fehlen, wenn eine konkrete Gefährdung der Vermögens- und Ertragslage der Gesellschaft,[508] mithin ein den gesamten Anspruch ergreifendes, **konkretes Kredit- bzw. Ausfallrisiko** vorliegt.[509] Das Gesetz und ihm folgend der II. Zivilsenat stellen damit im Ausgangspunkt klar, dass entgegen der früheren Rechtsprechung des Bundesgerichtshofs das abstrakte Ausfallrisiko, das wegen der Ungewissheit über die Zukunft jeder Forderung innewohnt, nicht dazu führt, dass der Rückzahlungsanspruch bei der Beurteilung des Geschäfts außer Betracht zu lassen und Kredite an Gesellschafter daher als Einlagenrückgewähr zu behandeln sind. Entsprechend dem Normzweck des Abs. 1 S. 3 wird die Vollwertigkeit eines Rückzahlungsanspruchs nicht durch jedes noch so fernliegende und geringe Ausfallrisiko ausgeschlossen.

Allerdings bieten weder die Grundsätze der Bilanzierung, auf die die Gesetzesbegründung und der II. Zivilsenat verweisen, noch der Begriff „konkretes Kreditrisiko" handgreifliche und subsumtionsfähige Entscheidungshilfen. Zwar legen der wiederholte Hinweis in den Materialien zum MoMiG, mit der Ergänzung der § 57 AktG, § 30 GmbHG sei eine Rückkehr zur bilanziellen Betrachtungsweise bezweckt, und die Hinweise des BGH auf § 253 HGB und auf die Maßgeblichkeit der Vermögens- und Ertragslage für die Bonitätsbeurteilung[510] nahe, bei der Beurteilung von Ausfallrisiken von bilanziellen Kriterien für die Bewertung einzelner Forderungen auszugehen.[511] Legt man **bilanzielle Kriterien** zugrunde, setzt fehlende Vollwertigkeit vielmehr Umstände voraus, die eine Einzelwertberichtigung des Rückzahlungsanspruchs erforderlich machen.[512] Insoweit lässt sich eine Reihe von Anzeichen für ein konkretes Ausfallrisiko aufzählen, das die Vollwertigkeit des Rückerstattungsanspruchs ausschließt, wie etwa die ausbleibende oder verzögerte Erfüllung von Zinszahlungen oder anderer Verbindlichkeiten, Kontopfändungen, Nichteinhalten wesentlicher Vertragsverpflichtungen, Liquiditätsengpässe, Ausschöpfen von Kreditlinien, Verhandlungen des Schuldners um Zahlungsaufschub oder eine weitgehende Aufzehrung des Eigenkapitals.[513] Bedenken hinsichtlich der Einbringlichkeit des Rückzahlungsanspruchs können auch bestehen, wenn der Aktionär mit im Verhältnis zum Eigenkapital hohen Verbindlichkeiten belastet ist, bei denen abzusehende Zinsanpassungen oder Umschuldungen voraussichtlich zu Belastungen führen werden, die aus den Erträgen nicht gedeckt werden können. Soll die Vermögensbindung ihre Funktion erfüllen, die Einhaltung der Rangfolge von Eigen- und Fremdkapitalgebern sicherzustellen, wird man indessen die Grenze zum konkreten Ausfallrisiko nicht erst bei Vorliegen derartiger Warnsignale bejahen dürfen, die einen Ausfall des Rückzahlungsanspruchs mit erheblicher Wahrscheinlichkeit erwarten lassen. Weder dem Begriff des konkreten Ausfallrisikos noch dem Hinweis auf § 253 HGB lassen sich aber einigermaßen präzise Hinweise darauf entnehmen, wo die in dem weiten Bereich zwischen absehbarer Insolvenz und zweifelsfreier Bonität die Grenze zwischen abstraktem und konkretem Ausfallrisiko verläuft.

Im Interesse eines effektiven Gläubigerschutzes, einer möglichst gleichmäßigen Anwendung der Vermögensbindungsvorschriften und einer gewissen Absicherung der Geschäftsleiter vor unüberschaubaren Risiken persönlicher Haftung wegen unzulässiger Ausschüttungen ist daher eine weitergehende **Konkretisierung** des Begriffspaars „Vollwertigkeit" und „konkretes Ausfallrisiko" notwendig. Da es im vorliegenden Zusammenhang um die Ausfallwahrscheinlichkeit von künftig fälliger Ansprüche geht, liegt es nahe, auf Verfahren zurückzugreifen, die am Kreditmarkt zur Messung und Einschätzung von Ausfallrisiken Verwendung finden und damit gegenüber notwendigerweise subjektiven Beurteilungen im Einzelfall den Vorteil einer gewissen Standardisierung, Objektivierung und theoretischen Fundierung haben. Das wohl am weitesten verbreitete Verfahren zur Bewertung der Bonität von Schuldnern und des Ausfallrisikos ihrer Gläubiger ist das **Rating.** Dabei wird ua die Kreditwürdigkeit von Schuldnern anhand des Geschäftsrisikos und des Finanzierungsrisikos des Schuldners beurteilt. Auf der Grundlage einer Vielzahl von Faktoren wird einem Schuldner ein Rating zugeordnet. Schuldner mit einem sogenannten Investment-Grade-Rating erhalten üblicherweise unbesicherten Kredit, während bei einem Rating von „BB" und darunter Kredite meist nur gegen Stellung von Sicherheiten vergeben werden. Diese Marktpraxis findet eine Stütze in den unterschiedlichen statistischen Ausfallwahrscheinlichkeiten, die den verschiedenen Ratings korrespondieren.[514] Die Heranziehung von Ratings als Grundlage für die Vollwertigkeitsbeurteilung im Rahmen von Abs. 1 S. 3 ist nicht etwa deswegen untunlich, weil Ratings nur für große Unternehmen existierten. Vielmehr wird in Zukunft die ganz überwiegende Zahl der Kreditinstitute als Reaktion

---

[508] BGHZ 179, 71 (76 Rn. 10) = NZG 2009, 107 (108).
[509] BGHZ 179, 71 (80 Rn. 17) = NZG 2009, 107 (109).
[510] BGHZ 179, 71 (78 f. Rn. 13, 16) = NZG 2009, 107 (108 f.).
[511] K. Schmidt/Lutter/*Fleischer* Rn. 46 f.; Hölters/*Laubert* Rn. 18.
[512] Hölters/*Laubert* Rn. 18 mN.
[513] Vgl. etwa *M. Meyer,* Nachteil und Einlagenrückgewähr im faktischen Konzern, 2013, 91 f.
[514] Näher dazu *Cahn* Der Konzern 2009, 67 (74 ff.).

auf die Neufassung der Eigenkapitalvereinbarung des Baseler Ausschusses für Bankenaufsicht (Basel II)[515] ihre Verpflichtung zur Unterlegung von Forderungen mit Eigenkapital nach einem auf internen Ratings basierenden Ansatz (IRBA) gem. Artt. 142 ff. CRR[516] ermitteln. Ebenso wie bei den von Ratingagenturen durchgeführten Ratings geht es auch beim IRBA um die Prognose von Ausfallwahrscheinlichkeiten (Artt. 153 ff., 160, 163 CRR) und zu erwartenden Verlustquoten bei Ausfall (Artt. 153 ff., 158 f., 161, 164, 181 CRR) unter Einsatz von Ratingsystemen (Artt. 169 ff CRR), die eine Reihe quantitativer und qualitativer Faktoren berücksichtigen und mit deren Hilfe Schuldner *„auf Basis einer spezifizierten und abgegrenzten Menge von Risikoeinstufungsmerkmalen"* in mindestens acht Ratingstufen[517] eingeteilt werden, Art. 170 Abs. 1 lit. b CRR. Im Gegensatz zu Ratingagenturen erstreckt sich die Risikomessung im IRBA auch auf natürliche Personen.[518] Wer von einer AG, an der er beteiligt ist, Kredit in Anspruch nehmen will, kann sich das Rating seiner Bank offenlegen lassen und es seinerseits der Gesellschaft mitteilen. Ratings können daher regelmäßig auch ohne die zusätzlichen Kosten und den Aufwand einer eigens für die Kreditvergabe der Gesellschaft an ihren Gesellschafter durchgeführten externen Bonitätsbeurteilung für die gesetzlich gebotene Vollwertigkeitsprüfung genutzt werden. Da Ratings üblicherweise angepasst werden, wenn wesentliche Änderungen in den Verhältnisse des Kreditnehmers eintreten und daher aktueller sein können als die Informationen aus Jahresabschluss, Lagebericht und Prüfungsbericht, könnten durch ihren Einsatz im Gegenteil Aufwand und Kosten der Vollwertigkeitsprüfung reduziert werden.

144 Man wird auch **nicht** etwa annehmen können, dass bei Ratings **strengere Maßstäbe** angelegt werden als bei der Anwendung der Vermögensbindungsvorschriften und der §§ 311 ff. gelten sollten. Banken und andere externe Kreditgeber diversifizieren ihre Kreditrisiken[519] und sind daher vom Ausfall eines Kreditnehmers regelmäßig weniger stark betroffen als eine Gesellschaft, die bei der von einer vergleichbaren Risikodiversifikation nicht ohne weiteres auszugehen ist, durch den Ausfall ihres (herrschenden) Gesellschafters. Diesem Umstand muss eine „vernünftige kaufmännischen Forderungsbewertung" nach § 253 HGB bei Kreditgewährungen an (herrschende) Aktionäre Rechnung tragen.

145 Ein Argument gegen eine Nutzung von Ratings für die Vollwertigkeitsbeurteilung folgt auch nicht daraus, dass sich Studien über die historischen Ausfallquoten geratener Kredite nur statistische Ausfallwahrscheinlichkeiten entnehmen lassen, die sich als Mittelwert einer Vielzahl von Kreditverhältnissen ergeben, nicht aber präzise Aussagen über die prozentuale Ausfallwahrscheinlichkeit und den für den Fall ihrer Verwirklichung zu erwartenden Verlust für das einzelne Kreditverhältnis. Derartige Vorhersagen wären erst recht nicht möglich, wenn die Beurteilung des Ausfallrisikos allein der Einschätzung des jeweiligen Geschäftsleiters anhand der ihm im Einzelfall zur Verfügung stehenden Informationen überließe bliebe.[520] Im Vergleich zu einem solchen „über-den-Daumen-Peilen" verspricht der Rückgriff auf Ratings eine Reihe von Vorteilen, nämlich die Erstellung durch Institutionen, die über **Expertise** bei der Messung von Kreditrisiken verfügen, die Anwendung verhältnismäßig ausgefeilter und erprobter Methoden und eine damit verbundene **Gleichmäßigkeit** des Beurteilungsmaßstabs, die Akzeptanz durch den Markt sowie nicht zuletzt eine **Handhabe** für Geschäftsleiter abhängiger Gesellschaften, um sich **gegen** die **Ausübung von Druck** durch herrschende Gesellschafter zur Wehr setzen zu können.

146 Kein durchgreifender Einwand dagegen, die Beurteilung der Vollwertigkeit von Darlehensrückzahlungsansprüchen gegen (herrschende) Gesellschafter an der Grenzziehung zwischen Investment-Grade und Non Investment-Grade bzw. vergleichbaren Schwellen beim IRBA zu orientieren, folgt schließlich daraus, dass gegen entsprechend hohen Zins am Markt auch unbesicherte Finanzierungen erhältlich sind, die, wie etwa sog. Junk Bonds, mit höherem Risiko verbunden sind als Kredite an einen Schuldner mit Investment-Grade Rating. Der höhere Zins wird bei solchen Finanzierungen

---

[515] Zur Entstehungsgeschichte Boos/Fischer/Schulte-Mattler/*Schulte-Mattler,* 3. Aufl. 2008, SolvV § 1 Rn. 8 ff.; *Volkenner/Walter* DStR 2004, 1399 ff.

[516] Verordnung (EU) 575/2013 des Europäischen Parlaments und des Rates vom 26. Juni 2013 über Aufsichtsanforderungen an Kreditinstitute und Wertpapierfirmen und zur Änderung der Verordnung (EU) Nr. 646/2012, ABl. EU 2013 Nr. L 176, 1.

[517] Beim internen Ratingansatz der Sparkassen sind es 15, bei dem der Volks- und Raiffeisenbanken 20 Stufen, *Müller* DStR 2008, 787 (793).

[518] Vgl. etwa Art. 157 Abs. 1 CRR.

[519] Das bankaufsichtsrechtliche Kreditrisikomodell beruht auf der Annahme, dass große Bankenkreditportfolios unendlich diversifiziert und damit nur noch dem systematischen Risiko des Gesamtportfolios ausgesetzt sind, so dass als relevantes Risiko des Kreditgeschäfts nur die über den durchschnittlich erwarteten Verlust hinausgehenden unerwarteten Verluste angesehen werden; allein sie sind daher mit Eigenmitteln zu unterlegen, vgl. dazu *Hofmann* in Cramme/Gendrisch/Gruber/Hahn, Solvabilitätsverordnung-HdB, 2007, 97 (101).

[520] Zu Recht skeptisch insoweit *Altmeppen* ZIP 2017, 1977 (1980).

gerade deswegen gezahlt, weil an der Einbringlichkeit des Rückzahlungsanspruchs ernstliche Zweifel bestehen. Es handelt sich also um **Kreditverträge mit spekulativen Elementen**. Im Anwendungsbereich der Vermögensbindungsvorschriften und der §§ 311 ff. AktG verbietet das Erfordernis der Vollwertigkeit derartige Spekulationen im Hinblick auf die Einbringlichkeit von Ansprüchen gegen (herrschende) Gesellschafter. Hier können daher von Rechts wegen grundsätzlich nur solche Ausfallrisiken durch entsprechende Zinsen kompensiert werden, durch die die Einbringlichkeit des Anspruchs nicht ernstlich in Frage gestellt wird.

Auch wenn Ratings durch Ratingagenturen oder Kreditinstitute keine Richtigkeitsgarantie bieten, sind sie doch sowohl hinsichtlich der Risikomessung als auch im Hinblick auf Grenzziehung zwischen Vollwertigkeit und konkretem Ausfallrisiko grundsätzlich besser geeignet als eine freihändige Beurteilung der Kreditwürdigkeit von Gesellschaftern durch Geschäftsleiter einer nicht im Kreditgewerbe tätigen Gesellschaft. Der in Form von Ratings vorhandenen professionellen Risikobeurteilung muss sinnvollerweise auch bei gesellschaftsrechtlich vorgeschriebenen Bonitätsbeurteilungen ein erheblicher Stellenwert zukommen.[521]

Allerdings können Ratings **keine ohne weiteres bindende Vorgabe** für die Beurteilung der Vollwertigkeit eines Gegenleistungs- oder Rückgewähranspruchs darstellen. Ein Rating unterhalb von Investment-Grade ist vielmehr als Vermutung für die fehlende Vollwertigkeit des Rückgewähranspruchs bzw. für eine konkrete Ausfallwahrscheinlichkeit zu verstehen, die widerlegt werden kann, wenn im Einzelfall **besondere Gründe für eine bessere Beurteilung** des Ausfallrisikos sprechen. Dafür ist eine ganze Reihe von Gründen denkbar. Zum einen basieren Ratings zu einem nicht unerheblichen Teil auf der Beurteilung sog. weicher Faktoren, wie Qualität und Struktur des Managements, Strategie, Marktumfeld und Produktprogramm, Risikomanagement, Höhe und Gestaltung der Managervergütung, Gesellschafterstruktur, Zugehörigkeit zu einem Konzernverbund, etc.[522] Die Bewertung derartiger Umstände und ihrer Bedeutung für die Kreditwürdigkeit des Schuldners lassen sich nicht quantitativ erfassen, sondern erfordern eine Einschätzung, die bei einem Geschäftsleiter anders ausfallen kann als bei einem externen Analysten. Häufig wird der Geschäftsleiter mit dem Gesellschafter, seinem Unternehmen und dessen Aussichten besser vertraut sein als eine Bank oder Ratingagentur. Eine insoweit vom externen Rating abweichende Beurteilung kann daher durchaus auf guten Gründen beruhen. Zum anderen kann ein Schuldnerrating unterhalb von Investment-Grade durch risikomindernde Vereinbarungen ausgeglichen werden. Wie die oben wiedergegebene Ausfallstatistik zeigt, steigt die Ausfallwahrscheinlichkeit mit zunehmender Kreditlaufzeit überproportional an. Bei sehr kurzfristigen Krediten kann ein Verzicht auf Sicherheiten daher selbst bei einem Rating unterhalb von Investment-Grade vertretbar sein. Dasselbe kann bei jederzeit kündbaren Krediten gelten, wenn gewährleistet ist, dass der Gläubiger so zeitnah über die Entwicklung des Schuldners informiert wird, dass er bei einer sich abzeichnenden Bonitätsverschlechterung sein Kündigungsrecht unverzüglich ausüben kann. Denkbar ist auch, dass positive Entwicklungen beim Schuldner in dessen Rating noch nicht reflektiert sind. Auch der Umstand, dass der Aktionär sich am Kapitalmarkt durch unbesicherte Anleihen zu marktüblichen Zinssätzen finanzieren kann oder von institutionellen Kreditgebern unbesicherte Darlehen erhält, das Ausfallrisiko von Investoren mithin als unkritisch eingeschätzt wird, ist ein starkes Indiz für die Vollwertigkeit von Rückgewähransprüchen gegen ihn. Ein Rating des (herrschenden) Aktionärs unterhalb von Investment-Grade schließt danach eine Kreditvergabe zwar nicht zwingend aus, macht es aber erforderlich, dass der Vorstand eine positivere Bonitätseinschätzung auf einleuchtende Gründe stützen kann. Umgekehrt spricht bei einem Investment-Grade-Rating eine Vermutung für die Vollwertigkeit unbesicherter Ansprüche gegen den Gesellschafter. Allerdings entheht ein Investment Grade-Rating des Aktionärs den Vorstand nicht der Pflicht, diese Bewertung auf ihre Plausibilität hin zu prüfen und erkennbare Umstände zu berücksichtigen, die für eine schlechtere Bonitätseinschätzung sprechen. Eine solche Bedeutung von Marktbewertungen als Grundlage für eine widerlegliche Vermutung ist im Übrigen auch dem Bilanzrecht nicht neu. So begründet etwa nach Ansicht des Versicherungsfachausschuss des IdW eine längerfristige Unterschreitung des Zeitwerts von Wertpapieren des Finanzanlagevermögens, die mindestens eines von zwei Aufgreifkriterien erfüllt,[523] die widerlegliche Vermutung für eine dauernde Wertminderung, die eine Abwertungspflicht nach § 253 Abs. 2 S. 3 HGB zur Folge hat.[524] Eine Orientierung der Vollwertigkeitseinschätzung an Ratings

---

[521] So auch *Nordholtz/Hupka* DStR 2017, 1999 (2003).
[522] Vgl. etwa Standard & Poor's, A Guide to the Loan Market 2008 S. 23 (115 ff.); *Munsch* in Büschgen/Everling, Rating-HdB, 2. Aufl. 2007, 223 (239); *Eckes* DStR 2004, 518 (519); *Müller* DStR 2008, 787 (788).
[523] Sie lauten: 1. Der Zeitwert lag in den dem Bilanzstichtag vorangegangenen 6 Monaten permanent um mehr als 20 % unter dem Buchwert; 2. Der Zeitwert lag über einen längeren Zeitraum als ein Geschäftsjahr unter dem Buchwert und der Durchschnittswert der täglichen Börsenkurse des Wertpapiers lag in den letzten zwölf Monaten um mehr als 10 % unter dem Buchwert.
[524] Vgl. *Fey/Mujkanovic* WPg 2003, 212 (213 f.).

ist daher geeignet, die Rationalität und Sorgfalt der Entscheidungsfindung zu steigern, ohne eine gewisse Flexibilität völlig auszuschließen.[525]

§ 58 Verwendung des Jahresüberschusses

(1) [1]Die Satzung kann nur für den Fall, daß die Hauptversammlung den Jahresabschluß feststellt, bestimmen, daß Beträge aus dem Jahresüberschuß in andere Gewinnrücklagen einzustellen sind. [2]Auf Grund einer solchen Satzungsbestimmung kann höchstens die Hälfte des Jahresüberschusses in andere Gewinnrücklagen eingestellt werden. [3]Dabei sind Beträge, die in die gesetzliche Rücklage einzustellen sind, und ein Verlustvortrag vorab vom Jahresüberschuß abzuziehen.

(2) [1]Stellen Vorstand und Aufsichtsrat den Jahresabschluß fest, so können sie einen Teil des Jahresüberschusses, höchstens jedoch die Hälfte, in andere Gewinnrücklagen einstellen. [2]Die Satzung kann Vorstand und Aufsichtsrat zur Einstellung eines größeren oder kleineren Teils des Jahresüberschusses ermächtigen. [3]Auf Grund einer solchen Satzungsbestimmung dürfen Vorstand und Aufsichtsrat keine Beträge in andere Gewinnrücklagen einstellen, wenn die anderen Gewinnrücklagen die Hälfte des Grundkapitals übersteigen oder soweit sie nach der Einstellung die Hälfte übersteigen würden. [4]Absatz 1 Satz 3 gilt sinngemäß.

(2a) [1]Unbeschadet der Absätze 1 und 2 können Vorstand und Aufsichtsrat den Eigenkapitalanteil von Wertaufholungen bei Vermögensgegenständen des Anlage- und Umlaufvermögens in andere Gewinnrücklagen einstellen. [2]Der Betrag dieser Rücklagen ist in der Bilanz gesondert auszuweisen; er kann auch im Anhang angegeben werden.

(3) [1]Die Hauptversammlung kann im Beschluß über die Verwendung des Bilanzgewinns weitere Beträge in Gewinnrücklagen einstellen oder als Gewinn vortragen. [2]Sie kann ferner, wenn die Satzung sie hierzu ermächtigt, auch eine andere Verwendung als nach Satz 1 oder als die Verteilung unter die Aktionäre beschließen.

(4) Die Aktionäre haben Anspruch auf den Bilanzgewinn, soweit er nicht nach Gesetz oder Satzung, durch Hauptversammlungsbeschluß nach Absatz 3 oder als zusätzlicher Aufwand auf Grund des Gewinnverwendungsbeschlusses von der Verteilung unter die Aktionäre ausgeschlossen ist. Der Anspruch ist am dritten auf den Hauptversammlungsbeschluss folgenden Geschäftstag fällig. In dem Hauptversammlungsbeschluss oder in der Satzung kann eine spätere Fälligkeit festgelegt werden.

(5) Sofern die Satzung dies vorsieht, kann die Hauptversammlung auch eine Sachausschüttung beschließen.

Schrifttum: *Baums*, Rücklagenbildung und Gewinnausschüttung im Aktienrecht, FS K. Schmidt, 2009, 57; *Bayer/Hoffmann*, Sachdividenden im Aktienrecht, AG 2011, R215-R217; *Beusch*, Rücklagenbildung im Konzern, FS Goerdeler, 1987, 25; *Bieg*, Bankbilanzen und Bankenaufsicht, 1983; *Busse von Colbe*, Der Konzernabschluß als Bemessungsgrundlage für die Gewinnermittlung, FS Goerdeler, 1987, 61; *Döllerer*, Der Gewinnbegriff des neuen Aktiengesetzes, FS Geßler, 1971, 93; *Ebenroth*, Konzernbildungs- und Konzernleitungskontrolle, 1987; *Eckardt*, Satzungsänderungen aufgrund des neuen Aktiengesetzes, NJW 1967, 369; *Ekkenga*, Einzelabschlüsse nach IFRS – Ende der aktien- und GmbH-rechtlichen Kapitalerhaltung?, AG 2006, 389; *Gail*, Auswirkungen des Aktiengesetzes 1965 auf die Kommanditgesellschaft auf Aktien, WPg 1966, 425; *Gelhausen/Althoff*, Die Bilanzierung ausschüttungs- und abführungsgesperrter Beträge im handelsrechtlichen Jahresabschluss nach dem BilMoG (Teil 1), WPg 2009, 584; *Geßler*, Aktuelle gesellschaftsrechtliche Probleme, DB 1966, 215; *Geßler*, Rücklagenbildung im Konzern, AG 1985, 257; *Geßler*, Rücklagenbildung bei Gewinnabführungsverträgen, FS Meilicke, 1985, 18; *v. Gleichenstein*, Satzungsmäßige Ermächtigung der Verwaltung einer AG zur Bildung freier Rücklagen, BB 1966, 1047; *Goerdeler*, Geschäftsbericht, Konzerngeschäftsbericht und „Abhängigkeit" aus der Sicht des Wirtschaftsprüfers, WPg 1966, 113; *Goerdeler*, Rücklagenbildung nach § 58 Abs. 2 AktG 1965 im Konzern, WPg 1986, 229; *Gollnick*, Gewinnverwendung im Konzern, 1991; *Gössel/Hehl*, Die Rechtsprechung zum Aktiengesetz 1965, ZHR 142 (1978), 19; *Götz*, Die Sicherung der Rechte der Aktionäre der Konzernobergesellschaft bei Konzernbildung und Konzernleitung, AG 1984, 85; *Götz*, Rücklagenbildung in der Unternehmensgruppe, FS Moxter, 1994, 573; *Haller*, Probleme der Bilanzierung der Rücklagen und des Bilanzergebnisses einer AG nach neuem Bilanzrecht, DB 1987, 645; *Hasselbach/Wicke*, Sachausschüttungen im Aktienrecht, NZG 2001, 599; *Holzborn/Bunnemann*, Gestaltung der Sachausschüttung und Gewährleistung im Rahmen der Sachdividende, AG 2003, 671; *Hoffmann-Becking*, Gesetz zur „kleinen AG" – unwesentliche Randkorrekturen oder grundlegende Reform?, ZIP 1995, 1; *Klühs*, Präsenzbonus für die Teilnahme an der Hauptversammlung, ZIP 2006, 107; *Knop*, Die Bilanzaufstellung nach teilweiser oder vollständiger Ergebnisverwendung, DB 1986, 549; *Kohl*, Die Kompetenz zur Bildung von Gewinnrücklagen im Aktienkonzern, 1991; *Koppensteiner*, „Holzmüller" auf dem Prüfstand des BGH, Der Konzern 2004, 381; *Krekeler/Lichtenberg*, Satzungsänderungen nach § 58 Abs. 2 AktG – eine Rechtstatsachenuntersu-

---

[525] Zu den Folgen dieses Ansatzes für die Dogmatik der §§ 311 ff. vgl. *Cahn* Der Konzern 2009, 67 (77 ff.).

chung, ZHR 135 (1971), 362; *Kronstein/Claussen,* Publizität und Gewinnverwendung im neuen Aktienrecht, 1960; *Kropff,* Gesellschaftsrechtliche Auswirkungen der Ausschüttungssperre in § 268 Abs. 8 HGB, FS Hüffer, 2010, 539; *Kühnberger,* Eigenkapitalausweis und Kompetenzregeln für die AG bei der Kapitalaufbringung und -erhaltung nach BilMoG, BB 2011, 1387; *Küting/Lorson/Eichenlaub/Toebe,* Die Ausschüttungssperre im neuen deutschen Bilanzrecht nach § 268 Abs. 8 HGB, GmbHR 2011, 1; *von der Laage,* Die Ausschüttungssperre des § 268 Abs. 8 HGB nach dem Bilanzrechtsmodernisierungsgesetz – Systematik der Sperre, ihre Anwendung auf Personenhandelsgesellschaften i. S. d. § 264a HGB sowie Rechtsfolgen eines Verstoßes, WM 2012, 1322; *Leinekugel,* Die Sachdividende im deutschen und europäischen Aktienrecht, 2001; *Linnhoff/Pellens,* Ausschüttungspolitik deutscher Konzerne, Zfbf 39 (1987), 987; *Lutter,* Zur Binnenstruktur des Konzerns, FS Westermann, 1974, 347; *Lutter,* Rücklagenbildung im Konzern, FS Goerdeler, 1987, 327; *Lutter,* Das neue „Gesetz für kleine Aktiengesellschaften und zur Deregulierung des Aktienrechts", AG 1994, 429; *Lutter/Leinekugel/Rödder,* Die Sachdividende – Gesellschaftsrecht und Steuerrecht, ZGR 2002, 204; *Marsch,* Die rechtliche Problematik der Verwendung von Jahresüberschüssen deutscher Aktiengesellschaften unter besonderer Berücksichtigung der Kleinaktionärsinteressen, 1974; *Mertens,* Zulässigkeit einer Ermächtigung des Vorstands, Aktien mit einem Gewinnbezugsrecht für das abgelaufene Geschäftsjahr auszugeben?, FS Wiedemann, 2002, 1113; *W. Müller,* Die Änderungen im HGB und die Neuregelung der Sachdividende durch das Transparenz- und Publizitätsgesetz, NZG 2002, 752; *Mutze,* Prüfung und Feststellung des Jahresabschlusses der AG sowie Beschlussfassung über die Gewinnverwendung, AG 1966, 173; *Nickol,* Die Maßgeblichkeiten der Handels- und Steuerbilanz füreinander nach neuem Recht, BB 1987, 1772; *Pellens/Amshoff/Schmidt,* Konzernsichtweisen in der Rechnungslegung und im Gesellschaftsrecht: Zur Übertragbarkeit des betriebswirtschaftlichen Konzernverständnisses auf Ausschüttungsregulierungen, ZGR 2009, 231; *Pellens/Bonse,* Die Innenfinanzierung und die Gewinnverwendungspolitik, in Lutter/Scheffler/Schneider, Handbuch der Konzernfinanzierung, 1998; *Piper,* Zur Dividendenpolitik von Aktiengesellschaften, DB 1968, 2185; *Priester,* Gewinnthesaurierung im Konzern, ZHR 176 (2012), 286; *Rosencrantz,* Anm zu LG Hamburg v. 16.10.1968, NJW 1969, 664; *Schäfer,* Aktuelle Probleme des neuen Aktienrechts, BB 1966, 229; *Schilling,* Shareholdervalue und Aktiengesetz, BB 1997, 373; *Schmidt-Versteyl/Probst,* Die nachträgliche Änderung von Gewinnverwendungsbeschlüssen in der Aktiengesellschaft, BB 2011, 1416; *Schnorbus/Plassman,* Die Sonderdividende, ZGR 2015, 446; *Schreib,* Freie Rücklagen (§ 58 AktG), WPg 1967, 136; *Schüppen,* Dividende ohne Hauptversammlungsbeschluss? – Zur Durchsetzung des mitgliedschaftlichen Gewinnanspruchs in Pattsituationen, FS Röhricht, 2005, 571; *Sethe,* Aktien ohne Vermögensbeteiligung?, ZHR 162 (1998), 474; *Siegel/Bareis/Rückle/Schneider/Sigloch/Streim/Wagner,* Stille Reserven und aktienrechtliche Informationspflichten, ZIP 1999, 2077; *Strobl-Haarmann,* Zur Notwendigkeit eines einheitlichen europäischen Bilanzrechts, FS Rädler, 1999, 607; *Strothotte,* Die Gewinnverwendung in Aktiengesellschaften, 2014; *Theissen,* Rücklagenbildung im Aktienkonzern, ZHR 156 (1992), 174; *Thomas,* Rücklagenbildung im Konzern, ZGR 1985, 365; *Waclawik,* Die neue Sachdividende: Was ist sie wert?, WM 2003, 2266; *Waschbusch,* Die handelsrechtliche Jahresabschlußpolitik der Universalbanken, 1992; *Werner,* Der erste Kommentar zum neuen AktG, AG 1967, 102; *Werner,* Gewinnverwendung im Konzern, FS Stimpel, 1985, 935; *Werther,* Zur freien Rücklage im Jahresabschluss, insbesondere bei der Kommanditgesellschaft auf Aktien, AG 1966, 305; *Westermann,* Grundfragen der Rechtsfortbildung im Aktienkonzernrecht, FS Pleyer, 1986, 421; *Wündisch,* Können junge Aktien mit Dividendenberechtigung für ein bereits abgelaufenes Geschäftsjahr ausgestattet werden?, AG 1960, 320.

Übersicht

	Rn.
A. Allgemeines	1–19
I. Regelungsgegenstand und Normzweck	1–8
1. Regelungsgegenstand	1
2. Normzweck	2–8
a) Interessenausgleich	2, 3
b) Stellungnahme	4–8
II. Entstehungsgeschichte	9–12
III. Systematische Einordnung der Norm/Terminologie	13–19
1. Gewinn- und Verlustrechnung/Jahresergebnis	13
2. Jahresabschluss	14, 15
a) Gegenstand und Aufstellung	14
b) Feststellung	15
3. Zusammenhang zwischen Jahresüberschuss und Bilanzgewinn	16–18
4. Gewinnverwendungsbeschluss	19
B. Einzelerläuterungen	20–112
	Rn.
I. Rücklagenbildung im Rahmen der Feststellung des Jahresabschlusses (Abs. 1–2a)	20–58
1. Feststellung des Jahresabschlusses durch die Hauptversammlung (Abs. 1)	20–33
a) Allgemeines	20
b) Rücklagendotierung	21–31a
c) Rechtsfolgen bei Verstößen	32, 33
2. Feststellung des Jahresabschlusses durch die Verwaltung (Abs. 2)	34–47
a) Gesetzliche Ermächtigung	34–39
b) Satzungsmäßige Ermächtigung	40–45
c) Rechtsfolgen bei Verstößen	46, 47
3. Rücklagendotierung nach Abs. 2a	48–58
a) Zweck der Regelung	48
b) Eigenkapitalanteil von Wertaufholungen	49, 50
c) Eigenkapitalanteil von Passivposten (Abs. 2a S. 1 Alt. 2 aF)	51–52a
d) Verhältnis zu Abs. 1 und 2	53, 54
e) Rücklagendotierung bei fehlendem Jahresüberschuss	55
f) Zuständigkeit für die Rücklagendotierung	56, 57

	Rn.
g) Ausweis	58
II. Besonderheiten bei der Rücklagenbildung im Konzern	59–79
1. Rücklagenbildung bei Tochtergesellschaften	59–68
a) Faktischer Konzern	59–63
b) Vertragskonzern	64–68
2. Modifizierung der Anwendung von § 58 Abs. 2 bei der Muttergesellschaft	69–79
a) Problemstellung	69–71
b) Meinungsstand	72–74
c) Stellungnahme	75–79
III. Gewinnverwendung nach Feststellung des Jahresabschlusses – Gewinnverwendungsbeschluss der HV (Abs. 3)	80–90
1. Gewinnverwendungsmöglichkeiten	80–86
a) Überblick	80
b) Ausschüttung	81, 82
c) Gewinnrücklagen	83, 84
d) Gewinnvortrag	85
e) Andere Verwendung	86
2. Satzungsregelungen	87–89
3. Ausschüttung und Einlagenrückgewähr	90

	Rn.
IV. Der Anspruch der Aktionäre auf Bilanzgewinn (Abs. 4)	91–102
1. Mitgliedschaftlicher Gewinnbeteiligungsanspruch	91–93
2. Anspruch auf Zahlung von Dividende	94–98
a) Entstehung	94, 95
b) Fälligkeit	95a–95c
c) Ausschüttungsbetrag und zusätzlicher Aufwand	96
d) Kein Gläubigerrecht	97
e) Keine Durchsetzungssperre	98
3. Verbriefung	99–102
a) Dividendenschein (Coupon)	99–101
b) Erneuerungsschein	102
V. Sachausschüttungen (Abs. 5)	103–110
1. Satzungsbestimmung und Sachausschüttungsbeschluss	103–106
2. Kompetenz zur Konkretisierung des Ausschüttungsgegenstandes	107, 108
3. Bewertung der ausgeschütteten Sache	109, 110
VI. Rechtsfolgen bei Verstößen	111, 112
1. Feststellung des Jahresabschlusses	111
2. Gewinnverwendungsbeschluss und Gewinnverteilung	112

A. Allgemeines

I. Regelungsgegenstand und Normzweck

1. Regelungsgegenstand. Die Vorschrift regelt die Verwendung des Jahresüberschusses. Sie bestimmt in den Absätzen 1–2a, welches Gesellschaftsorgan bei der Feststellung des Jahresabschlusses die **Kompetenz zur Dotierung von Gewinnrücklagen** aus dem Jahresüberschuss hat und in welchem **Umfang** das zuständige Organ Gewinnrücklagen höchstens dotieren darf. Abs. 3 betrifft den Zeitraum nach Feststellung des Jahresabschlusses und befasst sich mit der Verwendung des Bilanzgewinns durch die HV. Abs. 4 und 5 regeln den mitgliedschaftlichen Gewinnanspruch der Aktionäre.

2. Normzweck. a) Interessenausgleich. Die Regelungen des § 58 dienen der Lösung des Konflikts zwischen den Interessen der AG, vertreten durch Vorstand und AR, und der Aktionäre hinsichtlich der Verwendung des Jahresergebnisses.[1] Sie stellen einen **Kompromiss** dar.[2] Aktionäre haben aufgrund der Bereitstellung von Eigenkapital ein legitimes Interesse daran, über die Rendite ihres Kapitals beliebig verfügen zu können. Das Gesetz geht dabei davon aus, dass die Anteilseigner an einer möglichst hohen **Gewinnausschüttung** interessiert sind.[3] Der AG wird demgegenüber ein Interesse an der Ausweitung ihrer Eigenkapitalbasis durch eine möglichst hohe **Selbstfinanzierung** unterstellt.[4] Eine breite Eigenkapitalbasis trägt zur Erhaltung des Unternehmens bei, da sie dessen Widerstandskraft gegenüber der Realisierung unternehmensspezifischer und konjunktureller Risiken erhöht.

Das **Selbstfinanzierungsinteresse der Gesellschaft und das Dividendeninteresse der Aktionäre** werden vom Gesetzgeber offenbar als qualitativ gleichwertig eingestuft.[5] Denn § 58 weist die Kompetenz zur Gewinnverwendung im Regelfall, in dem der Jahresabschluss durch Vorstand und AR festgestellt wird (§ 172), für die eine Hälfte des Jahresergebnisses der Verwaltung

---

[1] RegBegr Kropff S. 75; OLG Stuttgart ZIP 2006, 27 (29); ADS Rn. 6; MüKoAktG/Bayer Rn. 2; Großkomm AktG/Henze Rn. 11; Hüffer/Koch/Koch Rn. 1.
[2] Vgl. Kölner Komm AktG/Drygala Rn. 27; MüKoAktG/Bayer Rn. 20; Priester ZHR 176 (2012), 268 (275); Strothotte Die Gewinnverwendung in Aktiengesellschaften, 2014, 326; Hölters/Waclawik Rn. 1; Bürgers/Körber/Westermann Rn. 1.
[3] Vgl. LG Frankfurt AG 2008, 300 f.; MüKoAktG/Bayer Rn. 2; Großkomm AktG/Henze Rn. 14.
[4] Vgl. MüKoAktG/Bayer Rn. 2; Großkomm AktG/Henze Rn. 12 f.
[5] Vgl. Hüffer/Koch/Koch Rn. 1 f.; v. Godin/Wilhelmi Anm. 1; Kühnberger BB 2011, 1387 (1390).

(Abs. 2) und für die andere Hälfte der HV zu (Abs. 3). Trotz der Halbe-Halbe-Regelung überwiegt im Ergebnis die Gewinnverwendungskompetenz der Verwaltung (→ Rn. 4 ff.).[6] Diese kann insbesondere aufgrund der Regelung des Abs. 2 S. 2 durch die Satzung zur Dotierung weiterer Gewinnrücklagen ermächtigt werden.[7] Von derartigen Ermächtigungen ist in der Rechtspraxis vielfach Gebrauch gemacht worden. Von den Gesellschaften, die im DAX und MDAX vertreten sind, haben etwa die Hälfte in der Satzung eine Ermächtigung nach Abs. 2 S. 2 aufgenommen[8] Die damit verbundene Kompetenzverschiebung wird im Schrifttum als bedenklich angesehen.[9] Das tatsächliche Ausschüttungsverhalten der Gesellschaften dürfte allerdings vorwiegend durch den Markt und weniger durch die rechtlichen Befugnisse der Verwaltung bestimmt sein.[10]

b) Stellungnahme. § 58 verleiht der Gewinnverwendungskompetenz der Verwaltung in der Tat 4 ein zu starkes Gewicht. Bevor Vorstand und AR gem. Abs. 2 S. 1 darüber entscheiden, ob sie bis zu 50 % des Jahresüberschusses in Gewinnrücklagen einstellen, hat der Vorstand bereits im Zuge der Aufstellung der Bilanz (§ 264 Abs. 1 HGB) aufgrund von handelsrechtlichen Ermessensspielräumen bei der Bilanzierung und Bewertung von Vermögensgegenständen und Schulden die Möglichkeit, **stille Reserven** zu legen. Stille Reserven sind in der Bilanz nicht ersichtliche Teile des Eigenkapitals,[11] die wie offene Rücklagen zur Selbstfinanzierung beitragen. Sie entstehen auf der Aktivseite durch unterlassene Aktivierungen und Unterbewertungen von Vermögensgegenständen und auf der Passivseite durch Passivierungen und Überbewertungen ungewisser Verbindlichkeiten. Die zugehörigen Aufwandsbuchungen senken im Vorfeld der Gewinnverwendung den nach Abs. 2 zur Disposition stehenden Jahresüberschuss. Der Ermessensspielraum bei der Bildung stiller Reserven ist aufgrund der Regelungen des § 340f HGB vor allem bei Kredit- und Finanzdienstleistungsinstituten besonders groß.[12] Zwar sind spätere Auflösungen stiller Reserven erfolgswirksam, wodurch die mit ihnen verbundene Selbstfinanzierung endet. Der Vorstand kann aber mit Hilfe des bilanzpolitischen Instruments der Bildung und Auflösung stiller Reserven die Höhe des für die Gewinnverwendung maßgeblichen Jahresüberschusses in gewissem Umfang unabhängig von der tatsächlichen Ertragslage des Unternehmens steuern und damit den Aktionären zumindest vorübergehend tatsächlich erwirtschaftete Kapitalerträge vorenthalten. Die Bildung stiller Reserven ist daher rechtspolitisch fragwürdig.[13]

Auch die Bildung **gesetzlicher Rücklagen** gem. § 150 trägt zur Selbstfinanzierung der AG bei. 5 Gesetzliche Rücklagen werden wie andere Gewinnrücklagen aus dem Jahresüberschuss gespeist (§ 150 Abs. 2, § 158 Abs. 1 S. 1 Nr. 4 lit. a). Sie senken damit ebenfalls im Vorfeld der Gewinnverwendung den zur Disposition der HV stehenden Jahreserfolg. Berücksichtigt man folglich die Befugnis der Verwaltung nach Abs. 2 S. 1, die Hälfte des Jahresüberschusses in andere Gewinnrücklagen einzustellen, die Möglichkeit der Verwaltung stille Reserven zu bilden (→ Rn. 4) und die Verpflichtung zur Bildung gesetzlicher Rücklagen, so ergibt sich in der Summe ein Übergewicht der Gewinnverwendungskompetenz zugunsten der Verwaltung. Dieses wird in der Praxis weiterhin dadurch erhöht, dass die Verwaltung häufig aufgrund einer **Satzungsermächtigung gem. Abs. 2 S. 2** weitere Gewinnrücklagen dotieren kann (→ Rn. 3), wenngleich die durch eine solche Ermächtigung gewonnene Kompetenz auf einer Entscheidung der Aktionäre beruht.

Dieses Kompetenzübergewicht von Vorstand und AR scheint auf den ersten Blick deswegen 6 unbedenklich zu sein, weil das vom Gesetzgeber unterstellte Selbstfinanzierungsinteresse der Gesellschaft und das Dividendeninteresse der Aktionäre einander tatsächlich nicht ausschließen, sondern durchaus miteinander vereinbar sind. Das Augenmerk der Aktionäre ist nicht allein auf die Höhe der Dividendenzahlungen gerichtet.[14] Der weitaus **größte Teil der Kapitalrendite** rührt bei börsennotierten Gesellschaften aus **Kurssteigerungen**. Dividendenzahlungen sind an der Börse aber stets mit **Kursabschlägen** verbunden, da der *innere* Wert des Unternehmens durch den Vermögensabfluss in Form der Ausschüttung sinkt. Die mit der Ausschüttung verbundene Rendite wird damit durch Kursabschläge kompensiert. Aus diesem Grund ist die Annahme, Aktionäre seien nur an einer möglichst hohen Ausschüttung interessiert, jedenfalls bei börsennotierten Gesellschaften besonders fragwürdig. Aber auch bei nicht börsennotierten Gesellschaften sinkt der

---

[6] Vgl. hierzu auch *Kühnberger* BB 2011, 1387 (1390).
[7] MüKoAktG/*Bayer* Rn. 20; *Gössel/Hehl* ZHR 142 (1978), 19 (21); Großkomm AktG/*Henze* Rn. 13.
[8] So Kölner Komm AktG/*Drygala* Rn. 23 (Erhebung mit dem Stand Juni 2010).
[9] Vgl. *Gössel/Hehl* ZHR 142 (1978), 19 (21); Großkomm AktG/*Henze* Rn. 13; Hüffer/Koch/*Koch* Rn. 2; *Krekeler/Lichtenberg* ZHR 135 (1971), 362.
[10] Kölner Komm AktG/*Drygala* Rn. 24.
[11] Großkomm AktG/*Henze* Rn. 20.
[12] Vgl. *Bieg*, Bankbilanzen und Bankenaufsicht, 1983, 253 f.; Heymann/*Kröll/Balzer* HGB § 340 f. Rn. 6; *Waschbusch*, Die handelsrechtliche Jahresabschlußpolitik der Universalbanken, 1992, 363 ff. (379).
[13] Dazu *Siegel/Bareis/Rückle/Schneider/Sigloch/Streim/Wagner* ZIP 1999, 2077 ff.
[14] Zum Spektrum von Aktionärsinteressen *Schilling* BB 1997, 373 (379).

Anteilswert aus dem gleichen Grund, wenn die AG Gewinne unter den Aktionären verteilt. Das Fehlen eines Sekundärmarktes ändert an diesem Befund nichts. Demzufolge haben nicht nur Vorstand und AR ein Interesse an der Selbstfinanzierung des Unternehmens, sondern regelmäßig auch die Anteilseigner. Denn ein hohes Maß an Selbstfinanzierung eröffnet der Unternehmensleitung die Möglichkeit, ertragreiche Investitionen durchzuführen, wodurch der Ertragswert des Unternehmens und damit auch der Wert der Aktien erhöht werden. Dieser Zusammenhang wird insbesondere bei börsennotierten Gesellschaften deutlich. Denn hier reflektieren sich Ertragswertsteigerungen regelmäßig in Kurszuwächsen.

7 Im Mittelpunkt der Regelungen des § 58 steht demzufolge nicht der Ausgleich zwischen dem „Selbstfinanzierungsinteresse der AG" und dem „Dividendeninteresse der Aktionäre". Anliegen der Norm ist es vielmehr, die Frage zu beantworten, welches Gesellschaftsorgan befugt ist, über den erwirtschafteten Periodengewinn zu verfügen. Damit geht es § 58 allein um die Lösung eines **Kompetenzproblems**.[15] Die Konfliktlösung sollte in erster Linie auf **ökonomischen Erwägungen** beruhen (→ Rn. 8), da Gegenstand des Konflikts die Verwendung *erwirtschafteter Kapitalerträge* ist.

8 Die von der Verwaltung in eigener Machtvollkommenheit im Wege der Bildung stiller und offener Rücklagen vorgenommene Selbstfinanzierung kommt Aktionären zwar in jedem Fall insoweit zugute, als Börsenkurs und Anteilswert in Ermangelung einer Ausschüttung nicht sinken. Wenn Aktionäre aber auch über den von der Verwaltung zur Selbstfinanzierung verwandten Teil des Periodengewinns disponieren könnten, würde ihre Investitionsentscheidung möglicherweise nicht zugunsten *ihres* Unternehmens ausfallen. Würden nämlich andere Unternehmen eine höhere Rendite bei vergleichbarem Risiko oder eine vergleichbare Rendite bei geringerem Risiko erwarten lassen, wäre die Investition der Mittel in diese Unternehmen rational. Die Ressource Kapital würde unter diesen Umständen ungehindert in ihre effizienteste Verwendung fließen. Da aber die Verwaltung einer AG über einen Großteil des Jahresergebnisses disponiert und diesen zur Erhaltung des Unternehmens, möglicherweise sogar aus zweckfremden Motiven heraus, wie etwa zur Erhaltung der eigenen Managementtätigkeit, in Gewinnrücklagen einstellt, wird die Kapitallenkungsfunktion des Markts erheblich beeinträchtigt. Die Regelung des Abs. 2 S. 1 **behindert** im Ergebnis **die Allokationseffizienz des Kapitalmarkts**.[16] Die hälftige Aufteilung der Gewinnverwendungskompetenz und erst recht die Kompetenzverschiebung zugunsten der Verwaltung (→ Rn. 4 f.) stellt aus ökonomischer Sicht daher keine angemessene Lösung des Kompetenzproblems dar. De lege ferenda sollte die Dispositionsbefugnis der HV erheblich gestärkt werden. Der Vorstand sollte in der HV deutlich intensiver um die Reinvestition erwirtschafteter Kapitalerträge in das von ihm geleitete Unternehmen werben müssen.

II. Entstehungsgeschichte

9 Abs. 1 und 2 sind durch die Aktienrechtsreform 1965, Abs. 2a durch das BiRiLiG 1985[17] neu eingefügt worden. Abs. 2 S. 2 ist seit 1965 mehrfach geändert worden: 1994 durch das Gesetz für kleine Aktiengesellschaften und zur Deregulierung des Aktienrechts,[18] 1998 durch das KonTraG[19] und 2002 durch das TransPuG.[20] Abs. 2a ist 2015 durch das BilRUG[21] an Änderungen des HGB angepasst worden.[22] Abs. 3 beruht in materiell erheblich geänderter Form auf § 126 Abs. 3 S. 2 AktG 1937. Abs. 4 entspricht im Wesentlichen § 52 S. 1 Hs. 2 AktG 1937. Er wurde durch die Aktienrechtsnovelle 2016[23] um die Sätze 2 und 3 ergänzt. Der heutige Abs. 5 ist 2002 durch das TransPuG[24] angefügt worden. Der ursprüngliche Abs. 5 des § 58 AktG 1965 ging auf § 54 Abs. 1 Hs. 1 AktG 1937 zurück. Er wurde 1994 durch das Gesetz für kleine Aktiengesellschaften und zur Deregulierung des Aktienrechts[25] zum neuen § 57 Abs. 3.

---

[15] Vgl. K. Schmidt/Lutter/*Fleischer* Rn. 2; Hüffer/Koch/*Koch* Rn. 2; Wachter/*Servatius* Rn. 5.
[16] Großkomm AktG/*Henze* Rn. 13.
[17] Gesetz zur Durchführung der Vierten, Siebenten und Achten Richtlinie des Rates der Europäischen Gemeinschaft zur Koordinierung des Gesellschaftsrechts (Bilanzrichtliniengesetz – BiRiLiG) v. 19.12.1985 (BGBl. 1985 I 2355).
[18] V. 2.8.1994 (BGBl. 1994 I 1961).
[19] Gesetz zur Kontrolle und Transparenz im Unternehmensbereich v. 27.4.1998 (BGBl. 1998 I 786).
[20] Gesetz zur weiteren Reform des Aktien- und Bilanzrechts, zu Transparenz und Publizität (Transparenz- und Publizitätsgesetz) v. 19.7.2002 (BGBl. 2002 I 2681).
[21] Bilanzrichtlinie-Umsetzungsgesetz – BilRUG v. 17.7.2015 (BGBl. 2015 I 1245).
[22] BegrRegE BT-Drs 18/4050, 89.
[23] Gesetz zur Änderung des Aktiengesetzes (Aktienrechtsnovelle 2016) v. 22.12.2015 (BGBl. 2015 I 2565).
[24] Gesetz zur weiteren Reform des Aktien- und Bilanzrechts, zu Transparenz und Publizität (Transparenz- und Publizitätsgesetz) v. 19.7.2002 (BGBl. 2002 I 2681).
[25] V. 2.8.1994 (BGBl. 1994 I 1961).

Die Organzuständigkeit für die Verwendung des Jahreserfolgs wurde seit ihrer erstmaligen Rege- 10
lung im **HGB 1897**[26] durch die Aktienrechtsreformen 1937 und 1965 jeweils grundlegend geändert.
Die „Generalversammlung" einer AG stellte nach § 260 Abs. 1 HGB 1897 nicht nur den Jahresabschluss fest, wodurch sie auf die Höhe des ausgewiesenen Periodengewinns erheblichen Einfluss nehmen konnte, sondern beschloss auch über die Verwendung des Gewinns.

Das **AktG 1937** wies demgegenüber die Aufgabe der Feststellung des Jahresabschlusses grundsätz- 11
lich der Verwaltung zu; Aktionäre waren an den vorgelegten Jahresabschluss regelmäßig gebunden.[27]
Angesichts der Möglichkeit, nahezu in beliebigem Umfang stille Reserven (→ Rn. 4) zu legen,[28]
konnte die Verwaltung auf die Höhe des ausgewiesenen Gewinns erheblichen Einfluss nehmen. Sie konnte nach allgM außerdem unbeschränkt freie Rücklagen dotieren,[29] so dass die Verwaltung im Ergebnis nur denjenigen Gewinn unter den Aktionären verteilen musste, der nach ihrer Auffassung ausschüttungsfähig war.[30] Die Taschen der AG waren damit nach dem AktG 1937 „verschlossen und undurchsichtig".[31]

Durch das **AktG 1965** ist die Stellung der Aktionäre gegenüber der Verwaltung gestärkt worden. 12
§ 58 hat die Dispositionsmöglichkeit über den Jahresüberschuss zwischen Verwaltung und HV hälftig aufgeteilt. Die Änderung des § 58 durch das **TransPuG 2002**,[32] die Streichung des Abs. 2 S. 2 Hs. 2, hat ebenfalls die Gewinnverwendungskompetenz der Aktionäre gestärkt.[33] Nach dieser Vorschrift konnte die Satzung bei börsennotierten Gesellschaften die Verwaltung nur dazu ermächtigen, einen *größeren Teil* als die Hälfte des Jahresüberschusses in die anderen Gewinnrücklagen einzustellen. Nunmehr ist die Begrenzung der Gewinnverwendungskompetenz der Verwaltung auf einen kleineren Teil zulässig. Mit Inkrafttreten des **BiRiLiG 1985**[34] sind außerdem die Ermessensspielräume der Verwaltung bei der Bildung stiller Reserven erheblich eingeschränkt worden.[35]

III. Systematische Einordnung der Norm/Terminologie

1. Gewinn- und Verlustrechnung/Jahresergebnis. § 58 knüpft an die Vorschriften über die 13
Ermittlung des Jahresergebnisses und die Feststellung des Jahresabschlusses (→ Rn. 14 f.) an. Das Jahresergebnis ist der Saldo aller in der **Gewinn- und Verlustrechnung (GuV)** ausgewiesenen Erträge einerseits und Aufwendungen und Steuern andererseits. Bei einem positiven Saldo liegt ein **Jahresüberschuss**, bei einem negativen ein **Jahresfehlbetrag** vor. Der Jahresüberschuss oder Jahresfehlbetrag ist in der GuV bei Anwendung des Gesamtkostenverfahrens gem. § 275 Abs. 2 Nr. 17 HGB und bei Anwendung des Umsatzkostenverfahrens gem. § 275 Abs. 3 Nr. 16 HGB auszuweisen. Ausgangspunkt der Gewinnverwendung nach § 58 ist der in der GuV ausgewiesene Jahresüberschuss.

2. Jahresabschluss. a) Gegenstand und Aufstellung. Gegenstand des Jahresabschlusses 14
(JA) einer AG sind gem. § 242 Abs. 3 HGB, § 264 Abs. 1 S. 1 HGB die GuV (§ 275 HGB), die Bilanz (§ 266 HGB) und der Anhang (§§ 284 ff. HGB). Der Vorstand ist gem. § 264 Abs. 1 S. 1 HGB, §§ 78, 170 zur **Aufstellung** des Jahresabschlusses binnen der ersten drei Monate (§ 264 Abs. 1 S. 3 HGB), bei kleinen AGen (§ 264 Abs. 1 S. 4 HGB, § 267 Abs. 1 HGB) binnen der ersten sechs Monate des Geschäftsjahrs für das vergangene Geschäftsjahr verpflichtet. Er hat den Jahresabschluss gem. § 170 Abs. 2 zusammen mit einem Vorschlag über die Verwendung des Bilanzgewinns (→ Rn. 16) dem AR vorzulegen. Dieser überprüft den Jahresabschluss und erstellt über das Ergebnis seiner Prüfung einen schriftlichen Bericht (§ 171 Abs. 1 und 2). Wenn der Jahresabschluss durch einen Abschlussprüfer zu prüfen ist (§ 316 Abs. 1 S. 1 HGB), hat dieser dem AR einen Prüfungsbericht vorzulegen (§ 321 Abs. 5 S. 2 Hs. 1 HGB, § 318 Abs. 1 S. 4 HGB, § 111 Abs. 2 S. 3). Sobald

---

[26] Vgl. hierzu näher *Strothotte*, Die Gewinnverwendung in Aktiengesellschaften, 2014, 294 ff.
[27] Kölner Komm AktG/*Lutter*, 2. Aufl. 1988, Rn. 14.
[28] Dazu RGZ 116, 119 (128); Großkomm AktG/*Mellerowicz*, 2. Aufl. 1961, § 129 Anm. 12 ff.; *Schlegelberger/Quassowski* AktG 1937 § 129 Anm. 15 ff.
[29] Großkomm AktG/*Fischer*, 2. Aufl. 1961, § 52 Anm. 21; *Schlegelberger/Quassowski* AktG 1937 § 52 Anm. 12; Kölner Komm AktG/*Lutter*, 2. Aufl. 1988, Rn. 15 mwN.
[30] MüKoAktG/*Bayer* Rn. 15; Großkomm AktG/*Henze* Rn. 4; Kölner Komm AktG/*Lutter*, 2. Aufl. 1988, Rn. 15; *v. Godin/Wilhelmi* Anm. 1.
[31] *Kronstein/Claussen*, Publizität und Gewinnverwendung im neuen Aktienrecht, 1960, 136.
[32] Gesetz zur weiteren Reform des Aktien- und Bilanzrechts, zu Transparenz und Publizität (Transparenz- und Publizitätsgesetz) v. 19.7.2002 (BGBl. 2002 I 2681).
[33] MüKoAktG/*Bayer*, 3. Aufl. 2008, Rn. 21.
[34] Gesetz zur Durchführung der Vierten, Siebenten und Achten Richtlinie des Rates der Europäischen Gemeinschaft zur Koordinierung des Gesellschaftsrechts (Bilanzrichtliniengesetz – BiRiLiG) v. 19.12.1985 (BGBl. 1985 I 2355).
[35] MüKoAktG/*Bayer* Rn. 17; Großkomm AktG/*Henze* Rn. 6; Kölner Komm AktG/*Lutter*, 2. Aufl. 1988, Rn. 22.

§ 58 15–18 Erstes Buch. Aktiengesellschaft

der AR seinen Bericht dem Vorstand gem. § 171 Abs. 3 vorgelegt hat, muss dieser die HV entweder zur Entgegennahme des festgestellten Jahresabschlusses (§ 175 Abs. 1, § 58 Abs. 2) oder zur Feststellung des Jahresabschlusses (§ 175 Abs. 3 iVm. Abs. 1, § 58 Abs. 1) und zur Beschlussfassung über die Verwendung des Bilanzgewinns (§ 58 Abs. 3) einberufen.

15 b) **Feststellung.** Der AR hat in der HV über das Ergebnis seiner Prüfung zu berichten und zu dem Ergebnis der Jahresabschlussprüfung des Abschlussprüfers Stellung zu nehmen (§ 171 Abs. 2 S. 1–3). Am Schluss des Berichts hat er zu erklären, ob er den Jahresabschluss billigt oder ob nach dem Ergebnis seiner Prüfung Einwendungen zu erheben sind (§ 171 Abs. 2 S. 4). Billigt er den Jahresabschluss, so ist dieser gem. § 172 S. 1 **durch Vorstand und AR festgestellt,** wenn nicht beide Organe beschließen, die Feststellung der HV zu überlassen. Billigt der AR den Jahresabschluss nicht oder beschließen Vorstand und AR gem. § 172 S. 1 die **Feststellung der HV** zu überlassen, stellt diese den Jahresabschluss fest (§ 173 Abs. 1). Wenn die HV einen vom Abschlussprüfer geprüften Jahresabschluss durch Beschluss ändert, werden die Beschlüsse über die Änderungen und die Gewinnverwendung erst und nur dann wirksam, wenn der Abschlussprüfer hinsichtlich der Änderungen binnen zwei Wochen seit der Beschlussfassung einen uneingeschränkten Bestätigungsvermerk erteilt (§ 173 Abs. 3).

16 3. **Zusammenhang zwischen Jahresüberschuss und Bilanzgewinn.** Nach Feststellung des Jahresabschlusses, sei es durch Vorstand und AR (§ 172 S. 1) oder durch Beschluss der HV (§ 173 Abs. 1), beschließt die HV über die Verwendung des Bilanzgewinns (§ 174 Abs. 1 S. 1, § 119 Abs. 1 Nr. 2, § 58 Abs. 3). Sie ist dabei an den festgestellten Jahresabschluss und damit auch an die Höhe des dort ausgewiesenen Bilanzgewinns gebunden (§ 174 Abs. 1 S. 2). Der Jahresabschluss einer AG ist wegen des zwingend vorgeschriebenen Ablaufs der Ergebnisverwendung grundsätzlich unter Berücksichtigung der **teilweisen Verwendung des Jahresergebnisses** aufzustellen.[36] Das Wahlrecht, das § 268 Abs. 1 S. 1 HGB Kapitalgesellschaften in dieser Hinsicht einräumt, ist bei der AG jedenfalls dann ausgeschlossen, wenn nach § 150 Abs. 1 und 2 eine gesetzliche Rücklage aus dem Jahresüberschuss dotiert werden muss.[37] Die Bildung dieser Rücklage ist nach dem Wortlaut des § 150 Abs. 1 bereits im Rahmen der Aufstellung der Bilanz vorzunehmen.[38] Auch satzungsmäßig vorgeschriebene Rücklagen sind bereits bei Bilanzaufstellung zu bilden.[39]

17 § 158 Abs. 1 legt das Gliederungsschema für die Abbildung der bei Bilanzaufstellung vorzunehmenden Maßnahmen der Gewinnverwendung fest. Danach ist der **Bilanzgewinn bzw. -verlust** ausgehend von dem in der GuV ausgewiesenen Jahresergebnis zu ermitteln. Er ergibt sich aus dem Jahresergebnis zuzüglich eines Gewinn- oder abzüglich eines Verlustvortrags aus dem Vorjahr, zuzüglich der Entnahmen aus den Kapital- und Gewinnrücklagen und abzüglich der Einstellungen in die Gewinnrücklagen. Zu den **Gewinnrücklagen** zählen die gesetzliche Rücklage (§ 150), die Rücklage für Anteile an einem herrschenden oder mehrheitlich beteiligten Unternehmen (§ 272 Abs. 4 HGB) und die satzungsmäßigen Rücklagen und die anderen Gewinnrücklagen (§ 158 Abs. 1 S. 1 Nr. 3 und 4). Rücklagen für Anteile an einem herrschenden oder mehrheitlich beteiligten Unternehmen sind stets im Rahmen der Bilanzaufstellung zu bilden (§ 272 Abs. 4 S. 3 HGB). **Kapitalrücklagen** sind solche iSd § 272 Abs. 2 HGB; Einstellungen sind während des Geschäftsjahrs vorzunehmen (§ 152 Abs. 2 Nr. 1). Entnahmen sind nur unter den Voraussetzungen der § 150 Abs. 3 und 4, § 229 Abs. 2 zulässig. Der **Verlustvortrag** aus dem Vorjahr iSd § 158 Abs. 1 S. 1 Nr. 1 ist der Bilanzverlust des Vorjahres. Der **Gewinnvortrag** aus dem Vorjahr ist der Restbetrag, der vom Bilanzgewinn des Vorjahres nach dem Gewinnverwendungsbeschluss der Aktionäre gem. § 174 Abs. 2 Nr. 4 übrig geblieben ist. Ein solcher Restbetrag entsteht regelmäßig deswegen, weil er nicht mehr gleichmäßig unter Beachtung des maßgeblichen Gewinnverteilungsschlüssels an die Aktionäre ausgeschüttet werden kann und diese ihn nicht in die Gewinnrücklagen einstellen möchten.

18 Über die **Höhe** der gem. § 158 Abs. 1 S. 1 Nr. 3 und 4 auszuweisenden **Entnahmen aus und Einstellungen in Gewinnrücklagen** entscheidet dasjenige Gesellschaftsorgan, das den Jahresabschluss feststellt (→ Rn. 15), soweit Entnahmen oder Einstellungen nicht durch Gesetz (§ 150 Abs. 2, § 272 Abs. 4 S. 1 HGB) oder Satzung vorgeschrieben sind. Wenn die HV den Jahresabschluss feststellt, darf sie bei Aufstellung des Jahresabschlusses (§ 173 Abs. 2 S. 1) nur solche Beträge in Gewinnrücklagen einstellen, die nach Gesetz oder Satzung einzustellen sind (§ 173 Abs. 2 S. 2, § 58 Abs. 1 S. 1). Dabei ist die Höchstgrenze des § 58 Abs. 1 S. 2 zu beachten. Stellen Vorstand

---

[36] *ADS* HGB § 268 Rn. 18; Kölner Komm AktG/*Korth* HGB § 268 Rn. 7.
[37] *ADS* HGB § 268 Rn. 21; BeBiKo/*Ellrott*/*Krämer* HGB § 268 Rn. 6.
[38] Vgl. *ADS* AktG § 150 Rn. 42; Kölner Komm AktG/*Ekkenga* § 150 Rn. 7, 23.
[39] *ADS* HGB § 268 Rn. 21, § 270 Rn. 10.

und AR den Jahresabschluss fest, können diese über die von Gesetzes und von Satzungs wegen zu bildenden Rücklagen hinaus andere Gewinnrücklagen nach Maßgabe des § 58 Abs. 2 und 2a dotieren. Der sich bei Bilanzaufstellung nach Vornahme der Gewinnverwendungsmaßnahmen gem. § 158 Abs. 1 S. 1 Nr. 5 ergebende Bilanzgewinn oder -verlust ist in der Bilanz auf der Passivseite anstelle des Jahresüberschusses bzw. -fehlbetrages (§ 268 Abs. 1 S. 2 Hs. 1 HGB, § 266 Abs. 3 A. V. HGB) auszuweisen.

4. Gewinnverwendungsbeschluss. Die HV entscheidet gem. § 174 Abs. 1 S. 1, § 58 Abs. 3 **19** durch Beschluss über die Verwendung des Bilanzgewinns. Sie ist dabei zwar an den festgestellten Jahresabschluss (§ 174 Abs. 1 S. 2), nicht aber an den vom Vorstand gem. § 170 Abs. 2 vorgelegten Vorschlag über die Gewinnverwendung gebunden.[40] Die einzige Schranke ist der HV durch § 254 gezogen. Die HV entscheidet insbesondere darüber, inwieweit der Bilanzgewinn unter den Aktionären verteilt, inwieweit er in andere Gewinnrücklagen eingestellt und inwieweit er auf neue Rechnung vorgetragen wird (§ 174 Abs. 2). Sie kann im Fall einer Satzungsermächtigung gem. § 58 Abs. 3 S. 2 auch eine andere Verwendung beschließen. Der festgestellte Jahresabschluss wird durch den Gewinnverwendungsbeschluss der HV nicht geändert (§ 174 Abs. 3). Aus diesem Grund können die durch Gewinnverwendungsbeschluss in Gewinnrücklagen eingestellten Beträge erst in der Bilanz oder im Anhang des Folgejahres ausgewiesen werden (§ 152 Abs. 3 Nr. 1). Aktionäre haben nach dem Beschluss über die Gewinnverwendung Anspruch auf Bilanzgewinn (§ 58 Abs. 4).

B. Einzelerläuterungen

I. Rücklagenbildung im Rahmen der Feststellung des Jahresabschlusses (Abs. 1–2a)

1. Feststellung des Jahresabschlusses durch die Hauptversammlung (Abs. 1). a) Allge- 20 meines. Abs. 1 regelt, unter welchen Voraussetzungen Teile des Jahresüberschusses bei Feststellung des Jahresabschlusses durch die HV (§ 173) in die anderen Gewinnrücklagen eingestellt werden dürfen. Die **Feststellung des Jahresabschlusses durch die HV** ist die **Ausnahme.** Regelmäßig stellen Vorstand und AR den Jahresabschluss gem. § 172 fest.[41] Die HV ist für die Feststellung des Jahresabschlusses außer nach § 173 in folgenden Fällen zuständig: bei einer Kapitalherabsetzung mit Rückwirkung (§ 234 Abs. 2 S. 1), zu Beginn der Abwicklung (§ 270 Abs. 2 S. 1) und bei der KGaA (§ 286 Abs. 1 S. 1). Die HV ist bei der Feststellung des Jahresabschlusses **nicht** an den vom Vorstand vorgelegten Entwurf **gebunden.**[42] Sie kann insbesondere unter Beachtung des materiellen Bilanzrechts Bilanzierungs- und Bewertungswahlrechte nach ihrem Belieben ausüben.[43]

b) Rücklagendotierung. aa) Kein Ermessen der HV. Bei der **Dotierung von Rücklagen** 21 hat die HV demgegenüber **keinen Ermessensspielraum.**[44] Sie muss in dem von ihr festgestellten Jahresabschluss diejenigen Beträge in Rücklagen einstellen, die nach Gesetz oder Satzung einzustellen sind. Der Vorstand hat die zwingend vorgeschriebenen Rücklagen in seinem Entwurf über den Jahresabschluss aufzunehmen.[45] Diese Rücklagen sind vor allem die gesetzliche Rücklage (§§ 150, 300), die Rücklage für Anteile an einem herrschenden oder mehrheitlich beteiligten Unternehmen (§ 272 Abs. 4 HGB), die satzungsmäßige Rücklage sowie die Rücklagen nach § 218 und § 232. **Einstellungen in die anderen Gewinnrücklagen** (§ 158 Abs. 1 S. 1 Nr. 4 lit. d, § 272 Abs. 3 **22** S. 2 aE HGB) durch die HV sind nur dann zulässig, wenn die Satzung gem. § 58 Abs. 3 S. 1 S. 1 eine entsprechende Bestimmung enthält. Die **Satzungsbestimmung** muss *vor* dem Beschluss über die Feststellung des Jahresabschlusses im HR eingetragen sein (§ 181 Abs. 3); eine Eintragung bereits in dem Geschäftsjahr, über dessen Gewinn beschlossen wird, muss nicht vorliegen.[46] **Entnahmen** aus anderen Gewinnrücklagen durch die HV sind demgegenüber ohne weiteres zulässig.

---

[40] ADS § 174 Rn. 17; Hüffer/Koch/*Koch* § 174 Rn. 5.
[41] *ADS* Rn. 32; MüKoAktG/*Bayer* Rn. 22; K. Schmidt/Lutter/*Fleischer* Rn. 11; Großkomm AktG/*Henze* Rn. 24; Kölner Komm AktG/*Drygala* Rn. 42; Bürgers/Körber/*Westermann* Rn. 2.
[42] *ADS* Rn. 33; MüKoAktG/*Bayer* Rn. 23; Großkomm AktG/*Henze* Rn. 28.
[43] MüKoAktG/*Bayer* Rn. 23; K. Schmidt/Lutter/*Fleischer* Rn. 12; Großkomm AktG/*Henze* Rn. 28; Hüffer/Koch/*Koch* § 173 Rn. 4.
[44] *ADS* Rn. 37; MüKoAktG/*Bayer* Rn. 25; NK-AktR/*Drinhausen* Rn. 15; Großkomm AktG/*Henze* Rn. 26; Kölner Komm AktG/*Drygala* Rn. 31.
[45] MüKoAktG/*Bayer* Rn. 23.
[46] *ADS* Rn. 42; MüKoAktG/*Bayer* Rn. 26; Großkomm AktG/*Henze* Rn. 27; Kölner Komm AktG/*Drygala* Rn. 33.

23 Ermächtigungen ohne nähere Angaben zur Rücklagenhöhe genügen den Anforderungen des Abs. 1 S. 1 nicht.[47] Sie müssen den Betrag, der von der HV in die anderen Gewinnrücklagen einzustellen ist, so festlegen, dass er der Höhe nach **eindeutig bestimmt** ist.[48] Erforderlich ist daher eine **statutarische Zwangsklausel**.[49] In Betracht kommt insbesondere die satzungsmäßige Fixierung einer bestimmten Summe oder eines bestimmten Prozentsatzes bezogen auf den Jahresüberschuss. Die Ermächtigung darf der HV bei der Rücklagendotierung keinerlei Beurteilungs- oder Ermessensspielraum einräumen.[50] Dieses Bestimmtheitsgebot folgt aus § 173 Abs. 2 S. 2,[51] denn nach dieser Vorschrift darf die HV Beträge in Rücklagen nur insoweit einstellen, wie sie nach Gesetz oder Satzung einzustellen *sind*.

24 **Zweck** der Regelung des Abs. 1 S. 1 ist es, **willkürliche Gewinnthesaurierungen** durch die Mehrheit der HV **auszuschließen**.[52] Wenn eine Ermächtigung nach Abs. 1 S. 1 die Höhe der Dotierung von anderen Gewinnrücklagen in das Ermessen der HV stellen könnte, könnten entgegen dem Willen der Aktionärsminderheit auf Dauer erhebliche Gewinnrücklagen gebildet werden, die zur Sicherung der Lebens- und Widerstandsfähigkeit der Gesellschaft nicht erforderlich wären. Abs. 1 sieht anders als Abs. 2 S. 3 keine an das Grundkapital anknüpfende Obergrenze für die Einstellung von Beträgen in die anderen Gewinnrücklagen vor. Ein Anfechtungsrecht der Aktionäre wegen überzogener Rücklagenbildung nach Abs. 1 besteht ebenfalls nicht. § 254 berechtigt nur zur Anfechtung des Beschlusses über die Gewinnverwendung, nicht aber zur Anfechtung des Beschlusses über die Feststellung des Jahresabschlusses.[53] In Ermangelung bestehender Rechtsschutzmöglichkeiten könnte eine Minderheit daher durch die Mehrheit der HV „ausgehungert" werden,[54] wenn Abs. 1 S. 1 die Dotierung von Ermessensrücklagen nach dem Ermessen der HV zulassen würde. Die Unzulässigkeit von Ermessensrücklagen im Rahmen der Feststellung des Jahresabschlusses hat keine unzumutbare Begrenzung des Entscheidungsspielraums der HV zur Folge. Hält diese außer den nach Gesetz und Satzung zu bildenden Rücklagen weitere Gewinnrücklagen für geboten, kann sie nach Feststellung des Jahresabschlusses **im Rahmen des Gewinnverwendungsbeschlusses** derartige Rücklagen in beliebiger Höhe dotieren. Zu beachten ist dann lediglich die Grenze des § 254.

25 **bb) Ermittlung der Obergrenze.** Abs. 1 S. 2 bestimmt, dass aufgrund einer Satzungsbestimmung iSd S. 1 höchstens die Hälfte des Jahresüberschusses in andere Gewinnrücklagen eingestellt werden darf. Diese Regelung legt nicht nur die **Obergrenze** der nach Abs. 1 S. 1 dotierbaren Rücklagen fest, sondern bestimmt außerdem, dass die von der HV nach Abs. 1 S. 1 gebildeten Rücklagen als **andere Gewinnrücklagen** und nicht als satzungsmäßige Rücklagen auszuweisen sind.[55] Die Zuordnung ist insbesondere für die Berechnung der Obergrenze nach Abs. 2 S. 3 sowie für die Auflösung der Rücklagen von Bedeutung. Satzungsmäßige Rücklagen sind anders als andere Gewinnrücklagen regelmäßig zweckgebunden und können daher weder von der Verwaltung noch von der HV beliebig aufgelöst werden. Die Auflösungsgründe ergeben sich allein aus der Satzung.

26 Bei der **Berechnung** der Obergrenze nach Abs. 1 S. 2 ist der Jahresüberschuss abzüglich der Posten nach Satz 3 zugrunde zu legen. Konsequenz der Abzüge nach Satz 3 ist, dass der höchstens in die anderen Gewinnrücklagen einstellbare Betrag geringer ist als die Hälfte des Jahresüberschusses. Durch die Abzüge wird gewährleistet, dass höchstens die Hälfte des **disponiblen Teils des Jahresüberschusses** bei Feststellung des Jahresabschlusses in die anderen Gewinnrücklagen eingestellt wird.[56] Dementsprechend sind solche Beträge in Abzug zu bringen, die der Gewinnverwendung der HV nach Abs. 3 auf Dauer entzogen sind.

27 Abzuziehen ist der Betrag, der gem. § 150 Abs. 2 in die **gesetzliche Rücklage** einzustellen ist. Das sind 5 % des um einen Verlustvortrag aus dem Vorjahr geminderten Jahresüberschusses. Einstel-

---

[47] *ADS* Rn. 39; MüKoAktG/*Bayer* Rn. 25; NK-AktR/*Drinhausen* Rn. 16; Großkomm AktG/*Henze* Rn. 26; Hüffer/Koch/*Koch* Rn. 6; Kölner Komm AktG/*Drygala* Rn. 31; *Mutze* AG 1966, 173 (177 f.); *Werner* AG 1967, 102 (104); Grigoleit/*Grigoleit/Zellner* Rn. 6; aA *v. Godin/Wilhelmi* Anm. 4.
[48] *ADS* Rn. 38; MüKoAktG/*Bayer* Rn. 25; Großkomm AktG/*Henze* Rn. 25; Hüffer/Koch/*Koch* Rn. 6; Kölner Komm AktG/*Drygala* Rn. 31; aA *Gail* WPg 1966, 425 (428); *Werther* AG 1966, 305 (307).
[49] MüKoAktG/*Bayer* Rn. 25; Kölner Komm AktG/*Drygala* Rn. 29.
[50] MüKoAktG/*Bayer* Rn. 25; Kölner Komm AktG/*Drygala* Rn. 31; aA Großkomm AktG/*Barz*, 3. Aufl. 1973, § 58 Anm. 12.
[51] *ADS* Rn. 37; Großkomm AktG/*Henze* Rn. 26.
[52] MüKoAktG/*Bayer* Rn. 24; K. Schmidt/Lutter/*Fleischer* Rn. 14; Großkomm AktG/*Henze* Rn. 25.
[53] MüKoAktG/*Bayer* Rn. 24; K. Schmidt/Lutter/*Fleischer* Rn. 14; Hüffer/Koch/*Koch* § 254 Rn. 1; *Mutze* AG 1966, 173 (177).
[54] *ADS* Rn. 35; MüKoAktG/*Bayer* Rn. 24; Großkomm AktG/*Henze* Rn. 25; Hüffer/Koch/*Koch* Rn. 6.
[55] *ADS* Rn. 46; Kölner Komm AktG/*Mock* § 272 Rn. 209; BeBiKo/*Förschle/Hoffmann* HGB § 272 Rn. 255; *Strothotte*, Die Gewinnverwendung in Aktiengesellschaften, 2014,349; aA *Haller* DB 1987, 645 (649).
[56] Vgl. *ADS* Rn. 14; MüKoAktG/*Bayer* Rn. 28; *Habersack* NZG 2014, 1041 (1044).

lungen sind nur vorzunehmen, bis die gesetzliche Rücklage und die Kapitalrücklage nach § 272 Abs. 2 Nr. 1–3 HGB zusammen 10 % oder den in der Satzung bestimmten höheren Prozentsatz des Grundkapitals erreichen. Im Vertragskonzern bestimmt sich die Höhe der gesetzlichen Rücklage nach § 300. Gesetzliche Rücklagen können grundsätzlich nur zur Deckung von Verlusten aufgelöst werden (§ 150 Abs. 3, Abs. 4 S. 1 Nr. 1 und 2, § 229 Abs. 2).[57] Eine **Ausschüttung** der in sie eingestellten Beträge an die Aktionäre ist daher grundsätzlich **endgültig ausgeschlossen**. Im Fall der Verwendung der gesetzlichen Rücklage zur Erhöhung des Grundkapitals (§ 150 Abs. 4 S. 1 Nr. 3) erfolgt zunächst ebenfalls keine Ausschüttung an die Aktionäre. Eine Auszahlung wird lediglich im Rahmen einer sich anschließenden ordentlichen Kapitalherabsetzung möglich. Sie kommt allerdings von vornherein gem. § 150 Abs. 4 S. 1 Nr. 3 nur insoweit in Betracht, als die gesetzliche Rücklage und die Kapitalrücklage zusammen den zehnten oder den in der Satzung bestimmten höheren Teil des Grundkapitals übersteigen. Der darunter liegende Teil ist an die Gesellschaft gebunden. **Freiwillige Einstellungen** der HV **in die gesetzliche Rücklage** sind im Rahmen der Aufstellung des Jahresabschlusses unzulässig.[58] Die Frage nach einer Abzugspflicht nach Abs. 1 S. 3 stellt sich daher nicht.[59] Freiwillige Einstellungen in die gesetzlichen Rücklagen durch Gewinnverwendungsbeschluss der HV nach Abs. 3 (→ Rn. 80 ff.) sind für die Berechnung der Obergrenze ohne Bedeutung.

Abzugspflichtig ist gem. Abs. 1 S. 3 weiterhin ein aus dem Vorjahr stammender **Verlustvortrag** 28 (→ Rn. 17). Dieser reduziert nach § 158 Abs. 1 S. 1 Nr. 1 den ausschüttungsfähigen Bilanzgewinn, ohne dass in den Folgejahren eine entsprechende Erhöhung erfolgen würde. Ein **Gewinnvortrag** aus dem Vorjahr ist demgegenüber **nicht hinzuzurechnen**.[60] Er ist Teil des Bilanzgewinns des Vorjahres. Über dessen Verwendung darf auch in der Folgeperiode allein die HV im Rahmen des Gewinnverwendungsbeschlusses nach Abs. 3 entscheiden.

Nach einer im Schrifttum vertretenen Auffassung ist der für die Berechnung nach Abs. 1 S. 2 29 maßgebliche Jahresüberschuss in **entsprechender Anwendung** von Abs. 1 S. 3 um die **Sonderrücklage** zu kürzen, die gem. **§ 218 S. 2** bei einer Kapitalerhöhung aus Gesellschaftsmitteln für ein bedingtes Kapital zu bilden ist, das der Gewährung von Umtausch- oder Bezugsrechten für Wandelanleihen, Optionsanleihen, Genussscheine oder Aktienoptionen dient.[61] Dieser Auffassung ist nur insoweit zuzustimmen, als die Sonderrücklage aus satzungsmäßigen oder anderen Gewinnrücklagen gespeist wird. Denn in diesem Fall werden solche Mittel in der Sonderrücklage gebunden, die zuvor bei Rücklagenauflösung den unter die Aktionäre nach Abs. 3 verteilbaren Bilanzgewinn erhöht hätten. Werden demgegenüber im Rahmen der Kapitalerhöhung aus Gesellschaftsmitteln in die nach § 218 S. 2 zu bildende Sonderrücklage gem. § 150 Abs. 4 S. 1 Nr. 3 Beträge aus den Kapitalrücklagen oder den gesetzlichen Rücklagen eingestellt, mindert sich das zur Disposition der HV stehende Rücklagenpotenzial nicht (→ Rn. 27). Daher darf insoweit auch kein Abzug nach Abs. 1 S. 3 vorgenommen werden.[62]

Kapitalrücklagen (→ Rn. 17) werden bei der Aufstellung des Jahresabschlusses weder aus dispo- 30 niblen Gewinnrücklagen noch aus dem Jahresüberschuss gespeist. Ihre Dotierung ist grundsätzlich erfolgsneutral und beeinflusst die Höhe des Jahresüberschusses nicht.[63] Einstellungen in Kapitalrücklagen sind dementsprechend nicht nur dem Wortlaut des Abs. 1 S. 3, sondern auch dessen Zweck nach (→ Rn. 26) nicht vom Jahresüberschuss abzuziehen.[64] Das gilt sowohl für Einstellungen in Kapitalrücklagen nach § 272 Abs. 2 HGB als auch für Einstellungen aufgrund von Kapitalherabsetzungen gem. § 229 Abs. 1 S. 1 oder § 237 Abs. 5. Die in den Fällen der Kapitalherabsetzung nach § 240 S. 1 und 2 im Gliederungsschema des § 158 Abs. 1 S. 1 auszuweisenden Posten kompensieren sich betragsmäßig.[65] Lediglich **Einstellungen in die Kapitalrücklagen nach § 232** sind erfolgswirksam.[66] Beträge, die auf dieser Grundlage eingestellt werden müssen, sind analog Abs. 1 S. 3 abzuziehen.[67] Denn sie mindern den verteilbaren Bilanzgewinn und können wegen der Regelungen

---

[57] *ADS* § 158 Rn. 9, 12; Kölner Komm AktG/*Mock* HGB § 272 Rn. 191.
[58] MüKoAktG/*Bayer* Rn. 29.
[59] AA offenbar *ADS* Rn. 16.
[60] *ADS* Rn. 18; MüKoAktG/*Bayer* Rn. 30; *Döllerer* FS Geßler, 1971, 93 (100 f.).
[61] *ADS* Rn. 20; MüKoAktG/*Bayer* Rn. 31; K. Schmidt/Lutter/*Fleischer* Rn. 17; Großkomm AktG/*Henze* Rn. 31; Hüffer/Koch/*Koch* Rn. 8; Kölner Komm AktG/*Drygala* Rn. 35; Bürgers/Körber/*Westermann* Rn. 7.
[62] Zust. Grigoleit/*Grigoleit/Zellner* Rn. 7 Fn. 12.
[63] *ADS* Rn. 14; § 158 Rn. 25; Kölner Komm AktG/*Ekkenga* § 158 Rn. 4; Hüffer/Koch/*Koch* § 240 Rn. 4; *Strothotte*, Die Gewinnverwendung in Aktiengesellschaften, 2014, 331.
[64] Kölner Komm AktG/*Drygala* Rn. 39; Bürgers/Körber/*Westermann* Rn. 7.
[65] *ADS* § 158 Rn. 26 f. mwN.
[66] BeBiKo/*Förschle* HGB § 275 Rn. 311.
[67] MüKoAktG/*Bayer* Rn. 31; Großkomm AktG/*Henze* Rn. 31; Hüffer/Koch/*Koch* Rn. 8; Kölner Komm AktG/*Drygala* Rn. 35.

des § 150 Abs. 3 und 4 nur zur Deckung von Verlusten verwendet werden. Damit sind sie der Disposition der HV auf Dauer entzogen.

31 Nicht abzuziehen sind diejenigen Beträge, die in die vor Geltung des BilMoG[68] zu bildende **Rücklage für eigene Anteile**[69] eingestellt sind, sowie Beträge, die in die **Rücklage für Anteile an einem herrschenden oder mehrheitlich beteiligten Unternehmen** und in die **satzungsmäßigen Rücklagen**[70] einzustellen sind. In diesen Fällen wird zwar durch die Einstellung der verteilungsfähige Bilanzgewinn gemindert. Da die Mittel bei Auflösung der Rücklagen aber den Bilanzgewinn erhöhen, ist ein Abzug nach Abs. 1 S. 3 nicht geboten.[71] Nach Auflösung stehen die eingestellten Beträge der HV zur Gewinnverwendung nach Abs. 3 zur Verfügung. Auch Erträge aus der **höheren Bewertung aufgrund einer Sonderprüfung nach §§ 258 ff.** sind nicht nach Abs. 1 S. 3 abzuziehen.[72] Derartige Erträge sind nach dem Gesetz für die Zwecke des § 58 nicht zum Jahresüberschuss zu rechnen; auch wenn ihre Verwendung entscheidet die HV (§ 261 Abs. 3).

31a Schließlich sind auch jene Beträge bei der Berechnung der Obergrenze nach Abs. 1 S. 2 nicht abzuziehen, deren Ausschüttung gem. § 268 Abs. 8 HGB gesperrt ist.[73] Soweit bereits vor der Gewinnverwendung frei verfügbare Rücklagen[74] zur Deckung der ausschüttungsgesperrten Ergebnisbeiträge vorhanden sind, ist eine Reduktion des zur Disposition stehenden Teils des Jahresüberschusses von vornherein nicht geboten. Aber auch dann, wenn die nach § 268 Abs. 8 HGB ausschüttungsgesperrten Beträge im Rahmen der laufenden Gewinnverwendung durch neu zu bildende Rücklagen gedeckt werden müssen, sind sie nicht vorab vom Jahresüberschuss abzuziehen, da die Beträge der Gewinnverwendung der HV nicht dauerhaft, sondern nur solange entzogen sind, wie der in § 268 Abs. 8 HGB genannte Grund für die Ausschüttungssperre (fort)besteht. Darüber hinaus wäre bei Annahme eines Vorababzugs in entsprechender Anwendung des Abs. 1 S. 3 unklar, welche Art von Rücklagen zu dotieren wäre. Aus diesen Gründen ist es Sache der Gesellschaftsorgane, bei der Rücklagendotierung im Rahmen der Feststellung des Jahresabschlusses (Abs. 1 oder 2) und im Rahmen des Gewinnverwendungsbeschlusses nach Abs. 3 zu gewährleisten, dass die nach § 268 Abs. 8 HGB vorgeschriebene Bindung der ausschüttungsgesperrten Beträge durch die Bildung entsprechender Rücklagen bewerkstelligt wird.[75]

32 **c) Rechtsfolgen bei Verstößen.** Eine **Satzungsermächtigung,** die der HV bei der Dotierung von Rücklagen nach Abs. 1 S. 1 einen **Ermessens- oder Beurteilungsspielraum** belässt (→ Rn. 23 f.), ist gem. § 134 BGB **nichtig.**[76] Die Nichtigkeit einer entsprechenden Satzungsänderung folgt aus § 241 Nr. 3. Werden aufgrund einer solchen Ermächtigung Beträge in andere Rücklagen eingestellt, ist der Beschluss über die Feststellung des JA gem. § 256 Abs. 1 Nr. 4 nichtig.[77] Wenn die Ermächtigung demgegenüber dem Bestimmtheitsgebot zwar genügt, die HV die vorgeschriebenen Beträge aber nicht als Rücklagen dotiert, ist der Beschluss über die Feststellung des Jahresabschlusses ebenfalls gem. § 256 Abs. 1 Nr. 4 nichtig. Der Beschlussmangel wird allerdings unter den Voraussetzungen des § 256 Abs. 6 geheilt.

33 Eine **Satzungsbestimmung,** nach der ein **höherer Betrag** als der durch Abs. 1 S. 2 und 3 festgelegte Höchstbetrag in die anderen Gewinnrücklagen einzustellen ist, ist **nicht unwirksam.**[78] Sie wird allerdings auf das gesetzlich zulässige Maß reduziert. Damit sind 50 % des nach Abs. 1 S. 3 bereinigten Jahresüberschusses in andere Gewinnrücklagen einzustellen.[79] Das gilt nicht nur, wenn

---

[68] Gesetz zur Modernisierung des Bilanzrechts (Bilanzrechtsmodernisierungsgesetz – BilMoG) v. 25.5.2009 (BGBl. 2009 I 1102).
[69] *ADS* Rn. 19; MüKoAktG/*Bayer* Rn. 32; *Haller* DB 1987, 645 (647); Hüffer/Koch/*Koch* Rn. 8; Bürgers/Körber/*Westermann* Rn. 7.
[70] Kölner Komm AktG/*Drygala* Rn. 37; K. Schmidt/Lutter/*Fleischer* Rn. 17; *Haller* DB 1987, 645 (649).
[71] Grigoleit/*Grigoleit/Zellner* Rn. 7.
[72] MüKoAktG/*Bayer* Rn. 32; Hüffer/Koch/*Koch* Rn. 7; Bürgers/Körber/*Westermann* Rn. 7.
[73] *Gelhausen/Althoff* WPg 2009, 584 (589); Grigoleit/*Grigoleit/Zellner* Rn. 7; *Kropff* FS Hüffer, 2010, 539 (541); *Küting/Lorson/Eichenlaub/Toebe* GmbHR 2011, 1 (8); für einen solchen Abzug de lege ferenda *Strothotte*, Die Gewinnverwendung in Aktiengesellschaften, 2014, 426.
[74] Das sind nicht nur die anderen und ggf. die satzungsmäßigen Gewinnrücklagen, sondern auch die frei verfügbaren Kapitalrücklagen, BegrRegE BT-Drs. 16/10 067, 64.
[75] Vgl. dazu näher *Gelhausen/Althoff* WPg 2009, 584 (589 ff.); *Küting/Lorson/Eichenlaub/Toebe* GmbHR 2011, 1 (8).
[76] *ADS* Rn. 41; Kölner Komm AktG/*Drygala* Rn. 31 aE.
[77] MüKoAktG/*Bayer* Rn. 134; Hüffer/Koch/*Koch* Rn. 34.
[78] *ADS* Rn. 44; NK-AktR/*Drinhausen* Rn. 20; K. Schmidt/Lutter/*Fleischer* Rn. 16; Kölner Komm AktG/*Drygala* Rn. 32; *Marsch*, Die rechtliche Problematik der Verwendung von Jahresüberschüssen deutscher Aktiengesellschaften unter besonderer Berücksichtigung der Kleinaktionärsinteressen, 1974, 41; Bürgers/Körber/*Westermann* Rn. 10; aA *Mutze* AG 1966, 173 (178).
[79] K. Schmidt/Lutter/*Fleischer* Rn. 16.

die Satzung die Einstellung eines fixen Betrags vorschreibt und dieser im Einzelfall die Hälfte des bereinigten Jahresüberschusses übersteigt, sondern auch dann, wenn die Satzungsklausel die gesetzliche Obergrenze stets überschreitet.[80]

2. Feststellung des Jahresabschlusses durch die Verwaltung (Abs. 2). a) Gesetzliche Ermächtigung. aa) Verwaltungsermessen und dessen Beschränkungen. Regelmäßig stellen Vorstand und AR den Jahresabschluss fest (§ 172). Vorstand und AR können bei der Aufstellung des Jahresabschlusses gem. Abs. 2 S. 1 die Hälfte des Jahresüberschusses in andere Gewinnrücklagen einstellen. Sie haben dabei, anders als die HV nach Abs. 1 S. 1, hinsichtlich der Höhe der Einstellungen in die Rücklagen ein **unternehmerisches Ermessen.**[81] Die Verwaltung ist insbesondere **nicht verpflichtet**[82] und kann auch durch die Satzung nicht verpflichtet werden,[83] Beträge in andere Gewinnrücklagen einzustellen.[84] Umgekehrt kann die Satzung die Befugnis der Verwaltung, auf der Grundlage der **gesetzlichen Ermächtigung** des Abs. 2 S. 1 Beträge in andere Gewinnrücklagen einzustellen, nicht an bestimmte Voraussetzungen knüpfen.[85] Abs. 2 S. 1 ist zwingendes Recht;[86] Abweichungen sind gem. § 23 Abs. 5 S. 1 unzulässig. 34

Vorstand und AR sind insbesondere nicht verpflichtet, gem. Abs. 2 S. 1 diejenigen Teile des Jahresüberschusses in die anderen Rücklagen einzustellen, die gem. § 268 Abs. 8 HGB nicht zur Ausschüttung kommen dürfen. Sie haben vielmehr im Rahmen der Feststellung des Jahresabschlusses zunächst zu überprüfen, ob der nach § 268 Abs. 8 HGB zur Ausschüttung gesperrte Betrag durch frei verfügbare Rücklagen in vollem Umfang gedeckt ist. Soweit dies nicht der Fall ist, müssen sie, soweit sie nicht selbst für eine entsprechende Rücklagenbildung nach Abs. 2 S. 1 sorgen (können), der HV eine entsprechende Gewinnthesaurierung nach Abs. 3 vorschlagen.[87] 34a

Das Verwaltungsermessen wird betragsmäßig in erster Linie durch die 50 %-Grenze des Abs. 2 S. 1 **beschränkt.** Darüber hinaus kann das Ermessen hinsichtlich des dotierbaren Betrags gem. Abs. 2 S. 2 durch **Satzungsbestimmungen** eingeschränkt sein (→ Rn. 40 ff.). Eine Reduzierung des Verwaltungsermessens kann weiterhin dann vorliegen, wenn der Vorstand gem. § 59 **Abschlagszahlungen auf den Bilanzgewinn** an die Aktionäre geleistet hat. Vorstand und AR haben in einem solchen Fall sicherzustellen, dass der nach der Rücklagenbildung verbleibende Bilanzgewinn mindestens dem Betrag der Abschlagszahlungen entspricht.[88] Die Möglichkeit der Verwaltung, andere Gewinnrücklagen nach Abs. 2 S. 1 zu dotieren, wird schließlich in demjenigen Umfang beschränkt, in dem der Vorstand bei der Ausnutzung eines genehmigten Kapitals den Jahresüberschuss gem. § 204 Abs. 3 S. 1 iVm. § 58 Abs. 2 dazu verwendet, die Einlageverpflichtung von **Belegschaftsaktionären** zu erfüllen.[89] Derartige Mittel sind auf den Betrag anzurechnen, über den der Vorstand und AR nach Abs. 2 S. 1 disponieren können. 35

Die Begrenzung des Abs. 2 S. 3, nach der die Verwaltung keine Beträge in andere Gewinnrücklagen einstellen darf, wenn diese die **Hälfte des Grundkapitals übersteigen,** beansprucht nur dann Geltung, wenn die Rücklagendotierung auf einer Satzungsermächtigung iSd Abs. 2 S. 2 beruht. Einstellungen auf der Grundlage der gesetzlichen Ermächtigung nach Abs. 2 S. 1 darf die Verwaltung demgegenüber selbst dann vornehmen, wenn die anderen Gewinnrücklagen das Grundkapital um ein Vielfaches übersteigen.[90] 36

Soweit die Verwaltung im Rahmen der Rücklagendotierung nach Abs. 2 S. 1 die vom Gesetz gezogenen Grenzen (→ Rn. 35) beachtet, ist ein **pflichtwidriges Überschreiten des unternehmerischen Ermessens** schwerlich denkbar.[91] Eine Ersatzpflicht der Verwaltung nach § 93 Abs. 2, 37

---

[80] AA offenbar für den letzten Fall (Nichtigkeit) *ADS* Rn. 44.
[81] *ADS* Rn. 61; *Baums* FS K. Schmidt, 2009, 57 (67); MüKoAktG/*Bayer* Rn. 37; NK-AktR/*Drinhausen* Rn. 21; K. Schmidt/Lutter/*Fleischer* Rn. 18; Großkomm AktG/*Henze* Rn. 43; Hüffer/Koch/*Koch* Rn. 9.
[82] MüKoAktG/*Bayer* Rn. 38.
[83] *ADS* Rn. 51; Großkomm AktG/*Henze* Rn. 36.
[84] Kölner Komm AktG/*Drygala* Rn. 49; Hölters/*Waclawik* Rn. 11.
[85] MüKoAktG/*Bayer* Rn. 38.
[86] *ADS* Rn. 50; K. Schmidt/Lutter/*Fleischer* Rn. 18; Großkomm AktG/*Henze* Rn. 36; Hüffer/Koch/*Koch* Rn. 9.
[87] Vgl. *Kropff* FS Hüffer, 2010, 539 (543 f.) und im Einzelnen *Gelhausen/Althoff* WPg 2009, 584 (589 ff.).
[88] *ADS* Rn. 59; MüKoAktG/*Bayer* Rn. 50; Großkomm AktG/*Henze* Rn. 44; Hüffer/Koch/*Koch* Rn. 10; Kölner Komm AktG/*Drygala* Rn. 52; Bürgers/Körber/*Westermann* Rn. 9.
[89] *ADS* Rn. 60; MüKoAktG/*Bayer* Rn. 50; Großkomm AktG/*Henze* Rn. 44.
[90] *ADS* Rn. 58; MüKoAktG/*Bayer* Rn. 42, 47; Großkomm AktG/*Henze* Rn. 42; MHdB AG/*Hoffmann-Becking* § 46 Rn. 4; Kölner Komm AktG/*Drygala* Rn. 50.
[91] AA *ADS* Rn. 61; *Baums* FS K. Schmidt, 2009, 57 (68); MüKoAktG/*Bayer* Rn. 38; Kölner Komm AktG/*Drygala* Rn. 55; K. Schmidt/Lutter/*Fleischer* Rn. 20; Großkomm AktG/*Henze* Rn. 45; *Schnorbus/Plassmann* ZGR 2015, 446, 458; Wachter/*Servatius* Rn. 5; Hölters/*Waclawik* Rn. 12.

§ 116 kommt grundsätzlich nicht in Betracht.[92] Bei überzogener Rücklagenbildung fehlt es schon an einem Schaden der AG.[93] Dieser lässt sich in einem solchen Fall aufgrund der geänderten Steuerrechtslage[94] insbesondere nicht mehr damit begründen, dass das „Schütt-Aus-Hol-Zurück"-Verfahren für die AG finanziell günstiger sein kann als die direkte Gewinnthesaurierung.[95] Denkbar wäre ein Schaden der AG allein dann, wenn die Verwaltung keine oder kaum Rücklagen nach Abs. 2 S. 1 bilden würde, obwohl die wirtschaftliche Lage der AG eine umfassende Gewinnthesaurierung erfordern würde.[96] Ist die wirtschaftliche Lage der AG etwa derart prekär, dass ihr Bestand und/oder dass die Ausschüttung von Bilanzgewinn zur Zahlungsfähigkeit führen würde, kann der Vorstand, soweit andere unternehmerische Maßnahmen zur Abwendung der bestehenden Lage nicht in Betracht kommen, ausnahmsweise verpflichtet sein, in dem gebotenen Umfang Gewinne gem. Abs. 2 S. 1 zu thesaurieren[97] und gegenüber der HV für die Erforderlichkeit weiterer Gewinnthesaurierungen im Rahmen des Gewinnverwendungsbeschlusses nach § 58 Abs. 3, § 174 zu plädieren. Auch in einem solchen Fall scheidet eine Haftung der Verwaltung, die die HV ausreichend über die Lage der AG unterrichtet, nach § 93 Abs. 2, § 116 allerdings aus.[98] Die HV kann nach der Bilanzaufstellung durch die Verwaltung im Rahmen des Gewinnverwendungsbeschlusses (§ 58 Abs. 3, § 174) ohne weiteres (auf informativer Grundlage) die nach ihrer Auffassung gebotenen Beträge aus dem Bilanzgewinn in andere Gewinnrücklagen einstellen. Der AG wegen zu geringer Rücklagenbildung nach Abs. 2 S. 1 und damit wegen eines vermeintlichen Ermessensfehlgebrauchs der Verwaltung einen Ersatzanspruch zuzubilligen, wäre nicht mit dem Bestreben des Gesetzgebers vereinbar, der HV mehr Mitspracherechte bei der Rücklagen- und Ausschüttungspolitik einzuräumen.[99] Die Regelungen des § 58 Abs. 2 S. 1 und Abs. 3 treffen eine unmissverständliche Aufteilung der Gewinnverwendungskompetenz zwischen Verwaltung und HV. Diese Kompetenzverteilung ist hinzunehmen (→ Rn. 4 ff.).[100]

38 Eine Überschreitung des unternehmerischen Ermessens durch die Verwaltung kommt nur dann in Betracht, wenn die Rücklagendotierung nicht auf der gesetzlichen Ermächtigung nach Abs. 2 S. 1, sondern auf der **satzungsmäßigen Ermächtigung** nach Abs. 2 S. 2 beruht. Die Verwaltung hat im Rahmen der Ermessensausübung das Interesse der Aktionäre an einer dem Risiko der Kapitalüberlassung angemessenen Rendite und das Interesse des Unternehmens an einer an den wirtschaftlichen Erfordernissen orientierten Eigenkapitalbasis gegeneinander abzuwägen.[101] Unterläge die Ausübung des Ermessens in den Fällen einer Ermächtigung nach Abs. 2 S. 2 keiner Kontrolle, könnte die Verwaltung gestützt auf die Satzungsklausel nachhaltig über die Hälfte (bis zu 100 %, → Rn. 41) des Jahresüberschusses thesaurieren, ohne dass sich Aktionäre gerichtlich dagegen zur Wehr setzen könnten. § 254 ist hier nicht anwendbar (→ Rn. 24). Da die AG durch überzogene Gewinnthesaurierungen allerdings keinen Schaden erleidet (→ Rn. 37), stehen ihr trotz pflichtwidrigen Handelns keine Schadensersatzansprüche gegen die Verwaltung nach § 93 Abs. 2, § 116 zu. Soweit die Verwaltung ihr Ermessen bei der Bildung anderer Gewinnrücklagen nach Abs. 2 S. 2 überschreitet, ist der Jahresabschluss zwar nicht gem. § 256 Abs. 1 Nr. 4 nichtig. Die HV kann der Verwaltung aber die Entlastung nach § 120 versagen; der Beschluss über eine erteilte Entlastung kann von jedem Aktionär gem. § 243 angefochten werden.[102]

39 **bb) Ermittlung der Obergrenze.** Vorstand und AR dürfen gem. Abs. 2 S. 1 höchstens die Hälfte des Jahresüberschusses in andere Gewinnrücklagen einstellen. Für die Ermittlung dieses Betrags

---

[92] AA MüKoAktG/*Bayer* Rn. 38; Kölner Komm AktG/*Drygala* Rn. 53–55; K. Schmidt/Lutter/*Fleischer* Rn. 20, *Baums* FS K. Schmidt, 2009, 57 (68), *Strothotte*, Die Gewinnverwendung in Aktiengesellschaften, 2014, 342 ff.; die jeweils allerdings darauf hinweisen, dass es sich bei der Rücklagenbildung um eine unternehmerische Entscheidung iSd § 93 Abs. 1 S. 2 handelt; Großkomm AktG/*Henze* Rn. 45 plädiert für eine Vermutung für die Richtigkeit des Beschlusses der Verwaltung.
[93] Zust. Kölner Komm AktG/*Drygala* Rn. 57; vgl. hierzu *Strothotte,* Die Gewinnverwendung in Aktiengesellschaften, 2014, 363 ff.
[94] Vgl. hierzu *Strothotte,* Die Gewinnverwendung in Aktiengesellschaften, 2014, 124 ff.
[95] Zur alten Rechtslage LG Frankfurt/M AG 2008, 300 f.; Kölner Komm AktG/*Lutter,* 2. Aufl. 1988, Rn. 34; *Piper* DB 1968, 2185 f.
[96] Grigoleit/*Grigoleit/Zellner* Rn. 13 aE.
[97] Vgl. etwa *Baums* FS K. Schmidt, 2009, 57 (68) („Thesaurierungspflicht"); *Schnorbus/Plassmann* ZGR 2015, 446, 461 f.
[98] AA Kölner Komm AktG/*Drygala* Rn. 55; Bürgers/Körber/*Westermann* Rn. 9 aE.
[99] Vgl. RegBegr BT-Drs. 12/6721, 1 ff.; RegBegr BR-Drs. 109/02, 25; abl. in dem Zusammenhang *Strothotte,* Die Gewinnverwendung in Aktiengesellschaften, 2014, 343.
[100] *Baums* FS K. Schmidt, 2009, 57 (69); aA Grigoleit/*Grigoleit/Zellner* Rn. 13; zu Besonderheiten im Konzern → Rn. 77 f.
[101] Dazu näher Großkomm AktG/*Henze* Rn. 45.
[102] *ADS* Rn. 64; vgl. auch *Strothotte,* Die Gewinnverwendung in Aktiengesellschaften, 2014, 370 f.

gilt gem. Abs. 2 S. 4 die Regelung des Abs. 1 S. 3 sinngemäß. Dementsprechend ist der in der GuV ausgewiesene Jahresüberschuss um die Einstellungen in die gesetzliche Rücklage und um einen Verlustvortrag zu bereinigen. Abzugspflichtig sind weiterhin Einstellungen in die Sonderrücklage nach § 218 S. 2, soweit diese aus anderen oder satzungsmäßigen Gewinnrücklagen gespeist wird (→ Rn. 29), und Einstellungen in die Kapitalrücklagen nach § 232 (→ Rn. 30). Nicht abzuziehen sind demgegenüber die Beträge, deren Ausschüttung gemäß § 268 Abs. 8 HGB gesperrt sind (→ Rn. 31a).

b) Satzungsmäßige Ermächtigung. aa) Reichweite. Nach Abs. 2 S. 2 kann die Satzung Vorstand und AR ermächtigen, einen größeren oder kleineren Teil des Jahresüberschusses in andere Gewinnrücklagen einzustellen. § 58 Abs. 2 S. 2 AktG 1965 ließ demgegenüber nur eine Satzungsklausel zu, die die Verwaltung zur Einstellung eines größeren Teils des Jahresüberschusses ermächtigte.[103] 1994 hat der Gesetzgeber die Satzungsautonomie für nichtbörsennotierte Gesellschaften[104] und 2002 auch für börsennotierte Gesellschaften[105] erweitert. Seitdem kann die Gewinnverwendungskompetenz der Verwaltung gem. Abs. 2 S. 2 bei allen Aktiengesellschaften durch die Satzung beschränkt werden. Der Gesetzgeber hat damit der **HV ein größeres Mitspracherecht** bei der Verwendung des Jahreserfolgs ermöglicht. Die Gesetzesänderungen ermöglichen daher eine Verbesserung der Allokationseffizienz des deutschen Kapitalmarkts (→ Rn. 8). 40

Die Satzung kann Vorstand und AR auf der einen Seite dazu ermächtigen, den **gesamten Jahresüberschuss** in andere Gewinnrücklagen einzustellen.[106] Dem steht nicht entgegen, dass Abs. 2 S. 2 nur von einem größeren *Teil* des Jahresüberschusses spricht.[107] Der Gesetzgeber hätte in Abs. 2 S. 2 wie in Abs. 1 S. 1 und Abs. 2 S. 1 und 3 eine ausdrückliche Grenze festgelegt, wenn er die Reichweite zulässiger Ermächtigungen hätte beschränkt wissen wollen. Nähme man das Gesetz beim Wort, wäre eine Satzungsregel zulässig, die die Verwaltung zur Rücklagendotierung iHv 99,99 % des Jahresüberschusses ermächtigen würde.[108] Eine Ermächtigung zur Einstellung von 100 % des Jahresüberschusses wäre demgegenüber unzulässig. Das ergäbe keinen Sinn. Andererseits kann die Befugnis der Verwaltung, gem. Abs. 2 S. 1 andere Gewinnrücklagen zu dotieren, durch die Satzung **ganz** und nicht nur zum *Teil* **ausgeschlossen** werden.[109] Alleinige Gewinnverwendungskompetenz hat in solchen Fällen gem. Abs. 3 die HV. 41

Die satzungsmäßige Ermächtigung muss die Grenze, bis zu der die Verwaltung Einstellungen in die anderen Gewinnrücklagen vornehmen darf, nicht ausdrücklich nennen. Ausreichend ist im Fall der Erweiterung der Kompetenz die bloße Wiederholung des Gesetzeswortlauts.[110] Vorstand und AR sind dann befugt, Gewinnrücklagen bis zur vollen Höhe des Jahresüberschusses zu dotieren. Zulässig ist insbesondere eine Satzungsbestimmung, die die Verwaltung insoweit zur Dotierung von Gewinnrücklagen ermächtigt, als ein „für die Ausschüttung einer Dividende von 4 % erforderlicher Betrag" verbleibt.[111] Wenn die Gewinnverwendungskompetenz der Verwaltung demgegenüber durch Satzungsregel eingeschränkt werden soll, ist eine ausdrückliche Angabe (etwa: „höchstens 30 % des Jahresüberschusses") unverzichtbar. 42

bb) Begrenzung durch Abs. 2 S. 3. Ermächtigt die Satzung die Verwaltung nach Abs. 2 S. 2, mehr als die Hälfte des Jahresüberschusses in andere Gewinnrücklagen einzustellen, ist die betragsmäßige Begrenzung nach Abs. 2 S. 3 einzuhalten. Danach dürfen Vorstand und AR keine Beträge in andere Gewinnrücklagen einstellen, solange die anderen Gewinnrücklagen die **Hälfte des Grundkapitals übersteigen** oder nach der Einstellung übersteigen würden. Diese Begrenzung gilt nicht 43

---

[103] Dazu Kölner Komm AktG/*Lutter*, 2. Aufl. 1988, Rn. 29 ff.; *Lutter* AG 1994, 429 (436).
[104] Gesetz für kleine Aktiengesellschaften und zur Deregulierung des Aktienrechts v. 2.8.1994 (BGBl. 1994 I 1961).
[105] Gesetz zur weiteren Reform des Aktien- und Bilanzrechts, zu Transparenz und Publizität (Transparenz- und Publizitätsgesetz) v. 19.7.2002 (BGBl. 2002 I 2681).
[106] HM BGHZ 55, 359 (360 ff.) = NJW 1971, 802; *ADS* Rn. 52; MüKoAktG/*Bayer* Rn. 44; NK-AktR/*Drinhausen* Rn. 23; K. Schmidt/Lutter/*Fleischer* Rn. 23; Großkomm AktG/*Henze* Rn. 38; Hüffer/Koch/*Koch* Rn. 12; Kölner Komm AktG/*Drygala* Rn. 47; Bürgers/Körber/*Westermann* Rn. 8; Wachter/*Servatius* Rn. 6; aA *Eckardt* NJW 1967, 369; *Geßler* DB 1966, 215 (216); *Goerdeler* WPg 1966, 113 (118); *Rosencrantz* NJW 1969, 664 (665); *Schäfer* BB 1966, 229 (233); *Schreib* WPg 1967, 136; *v. Gleichenstein* BB 1966, 1047.
[107] So etwa *Geßler* DB 1966, 215 (216); *Rosencrantz* NJW 1969, 664 (665); *Schäfer* BB 1966, 229 (233).
[108] Vgl. Großkomm AktG/*Henze* Rn. 38; Kölner Komm AktG/*Drygala* Rn. 47.
[109] *ADS* Rn. 56; MüKoAktG/*Bayer* Rn. 44; K. Schmidt/Lutter/*Fleischer* Rn. 23; Großkomm AktG/*Henze* Rn. 40; *Hoffmann-Becking* ZIP 1995, 1 (5); Hüffer/Koch/*Koch* Rn. 12 aE.
[110] *ADS* Rn. 53; Großkomm AktG/*Henze* Rn. 39; Kölner Komm AktG/*Drygala* Rn. 48; aA MüKoAktG/*Bayer* Rn. 46; NK-AktR/*Drinhausen* Rn. 24; Hüffer/Koch/*Koch* Rn. 11; offenlassend Bürgers/Körber/*Westermann* Rn. 8.
[111] LG Hamburg NJW 1969, 664 (666).

für die aufgrund der gesetzlichen Ermächtigung nach Abs. 2 S. 1 eingestellten Beträge (→ Rn. 36). Sie erfasst daher nur Beträge jenseits von 50 % des bereinigten Jahresüberschusses. Dementsprechend ist die Regelung des Abs. 2 S. 3 dann bedeutungslos, wenn die Satzung die Gewinnverwendungskompetenz der Verwaltung nach Abs. 2 S. 2 einschränkt.

44   Maßgeblich für die durch Abs. 2 S. 3 gezogene Grenze sind die Höhe der anderen Gewinnrücklagen und des Grundkapitals **im Zeitpunkt der Feststellung des Jahresabschlusses**.[112] Wenn durch die Dotierung anderer Gewinnrücklagen im Rahmen der Aufstellung des Jahresabschlusses die 50 %-Grenze des Abs. 2 S. 3 erreicht wird, dürfen auf der Grundlage der Satzungsermächtigung keine weiteren Rücklagen dotiert werden.

45   **cc) Eintragung.** Die **satzungsmäßige Ermächtigung** nach Abs. 2 S. 2 muss *vor* der Feststellung des Jahresabschlusses **wirksam** sein.[113] Sie muss daher im HR eingetragen sein (§ 181 Abs. 3); eine Eintragung in dem Geschäftsjahr des betreffenden Jahresabschlusses ist nicht erforderlich.[114]

46   **c) Rechtsfolgen bei Verstößen.** Verstößt die Verwaltung gegen Abs. 2 S. 1 oder S. 3, indem sie aufgrund der gesetzlichen Ermächtigung mehr als die Hälfte des bereinigten Jahresüberschusses oder aufgrund einer satzungsmäßigen Ermächtigung mehr als die Hälfte des Grundkapitals in andere Gewinnrücklagen einstellt, ist der von ihr **festgestellte** Jahresabschluss gem. § 256 Abs. 1 Nr. 4 **nichtig**.[115] Gleiches gilt dann, wenn Vorstand und AR bei der Dotierung anderer Gewinnrücklagen auf der Grundlage einer satzungsmäßigen Ermächtigung nach Abs. 2 S. 2 ihr unternehmerisches Ermessen überschreiten (→ Rn. 38 aE). Der Mangel wird unter den Voraussetzungen des § 256 Abs. 6 geheilt.

47   Die Satzung darf die Ausübung einer Ermächtigung nach Abs. 2 S. 2 nicht vom Vorliegen bestimmter Voraussetzungen abhängig machen. Abs. 2 S. 2 ermächtigt nur zu betragsmäßigen Erweiterungen oder Einschränkungen.[116] Das überrascht auf den ersten Blick, weil die Anknüpfung der Rücklagendotierung an bestimmte Voraussetzungen zumindest im Fall einer betragsmäßigen Erweiterung lediglich ein Minus zu dieser darstellt. Abs. 2 S. 2 ermächtigt allerdings nicht zur Einfügung einer satzungsmäßigen Ermessensbindung, was nach § 23 Abs. 5 für jede satzungsmäßige Abweichung von der Grundregel des Abs. 2 S. 1 aber erforderlich ist. Dementsprechend ist die Verwaltung nicht an **satzungsmäßig fixierte Ermessensreduzierungen** gebunden; sie kann von einer eingeräumten betragsmäßigen Kompetenzerweiterung ohne Weiteres Gebrauch machen. Für die Beantwortung der Frage, ob die Verwaltung bei der auf der Ermächtigung beruhenden Rücklagendotierung ihr unternehmerisches Ermessen fehlerfrei ausgeübt hat, spielt es keine Rolle, inwieweit etwaige in der Satzungsklausel festgelegte Voraussetzungen vorliegen.[117]

48   **3. Rücklagendotierung nach Abs. 2a. a) Zweck der Regelung.** Nach Abs. 2a S. 1 können Vorstand und AR Eigenkapitalanteile von Wertaufholungen (§ 253 Abs. 5 HGB früher § 280 HGB) in andere Gewinnrücklagen einstellen. Die Vorschrift entspricht § 29 Abs. 4 GmbHG. Zweck der Regelung ist es, der Verwaltung die Option einzuräumen, die genannten Eigenkapitalanteile in Form von Gewinnrücklagen an das Unternehmen zu binden.[118] Bestünde die Regelung in Abs. 2a nicht, würden die betreffenden Beträge den Regeln über die Gewinnverwendung nach Abs. 1, 2 und 3 unterliegen. Sie könnten damit ausgeschüttet werden, ohne dass die Verwaltung auf ihre Verwendung Einfluss nehmen könnte. Eine Ausschüttung wäre angesichts des bilanzrechtlichen Vorsichtsprinzips (§ 252 Abs. 1 Nr. 4 HGB) deswegen bedenklich, weil die Erhöhung des handelsrechtlichen Jahresergebnisses durch Wertaufholungserträge auf unrealisierten Buchgewinnen beruht.[119] Abs. 2a dient damit im Ergebnis der **Durchsetzung des Realisationsprinzips** (§ 252 Abs. 1 Nr. 4 Hs. 2 HGB). Die Vorschrift räumt der Verwaltung bei der Rücklagendotierung allerdings ein **Wahlrecht** ein; angesichts des zwingenden Charakters des Realisationsprinzips wäre de lege ferenda vielmehr eine Rechtspflicht zur Rücklagendotierung angemessen (→ Rn. 57).

49   **b) Eigenkapitalanteil von Wertaufholungen. aa) Anwendungsbereich.** Andere Gewinnrücklagen können nach Abs. 2a S. 1 gebildet werden, wenn die Voraussetzungen des **Wertaufho-**

---

[112] MüKoAktG/*Bayer* Rn. 47.
[113] *ADS* Rn. 57; MüKoAktG/*Bayer* Rn. 45; Hüffer/Koch/*Koch* Rn. 11; Kölner Komm AktG/*Drygala* Rn. 44.
[114] *ADS* Rn. 57; MüKoAktG/*Bayer* Rn. 45.
[115] MüKoAktG/*Bayer* Rn. 134; Hüffer/Koch/*Koch* Rn. 34; Kölner Komm AktG/*Drygala* Rn. 62; Bürgers/Körber/*Westermann* Rn. 10.
[116] *ADS* Rn. 67; Großkomm AktG/*Henze* Rn. 43.
[117] Großkomm AktG/*Henze* Rn. 43 aE.
[118] RAusschuss BT-Drs. 10/4268, 124; MüKoAktG/*Bayer* Rn. 72; K. Schmidt/Lutter/*Fleischer* Rn. 31; Großkomm AktG/*Henze* Rn. 66.
[119] RegBegr BT-Drs. 10/317, 90.

lungsgebots des § 253 Abs. 5 HGB (§ 280 Abs. 1 HGB aF) vorliegen. Nach dieser Vorschrift sind bei Vermögensgegenständen Zuschreibungen vorzunehmen, wenn die Gründe für vorausgegangene außerplanmäßige Abschreibungen nicht mehr bestehen. Bis zum Inkrafttreten des StEntlG 1999/ 2000/2002[120] konnte gem. § 280 Abs. 2 HGB aF von Wertaufholungen regelmäßig abgesehen werden, weil das Steuerrecht beim Wegfall der Gründe für einen niedrigeren Teilwertansatz (§ 6 Abs. 1 Nr. 1 S. 2, Nr. 2 S. 2 EStG) gem. § 6 Abs. 1 Nr. 1 S. 4, Nr. 2 S. 3 EStG aF ein Wertbeibehaltungswahlrecht vorsah. Dieses konnte gem. § 5 Abs. 1 S. 2 EStG nur in Übereinstimmung mit der Handelsbilanz ausgeübt werden (umgekehrte Maßgeblichkeit der Handelsbilanz für die Steuerbilanz), so dass die handelsrechtlich an sich nach § 280 Abs. 1 HGB aF vorzunehmenden Zuschreibungen gem. § 280 Abs. 2 HGB aF meist nicht erfolgt sind. Aus diesem Grund kam Abs. 2a kaum zur Anwendung.[121] Mit Änderung des § 6 Abs. 1 Nr. 1 S. 4 und Nr. 2 S. 3 EStG durch das StEntlG 1999/2000/ 2002 ist ein **steuerliches Wertaufholungsgebot** eingeführt worden, was für die Handelsbilanz zur Folge hat, dass der Buchwert eines Vermögensgegenstandes bei Wegfall der Gründe außerplanmäßiger Abschreibungen nicht mehr gem. § 280 Abs. 2 HGB aF beibehalten werden kann, sondern nach § 253 Abs. 5 HGB (§ 280 Abs. 1 HGB aF) eine Zuschreibung erfolgen muss. § 280 Abs. 2 HGB aF hatte seither keinen Anwendungsbereich mehr.[122] Damit hat sich die Bedeutung der Regelung des Abs. 2a S. 1 (Abs. 2a S. 1 1. Alt. aF) erheblich erhöht.[123]

bb) Eigenkapitalanteil. In andere Gewinnrücklagen darf gem. Abs. 2a S. 1 nur der **Eigenkapitalanteil** der für einen Vermögensgegenstand vorzunehmenden Wertaufholung eingestellt werden. Der Eigenkapitalanteil errechnet sich aus dem **Zuschreibungsbetrag abzüglich** der mit diesem Ertrag verbundenen **Steuerbelastung**. Abzuziehen sind die zusätzlich anfallende Gewerbeertrag- und Körperschaftsteuer.[124] Seit dem körperschaftsteuerlichen Systemwechsel vom Anrechnungs- zum Halbeinkünfteverfahren besteht unabhängig davon, ob Gewinne thesauriert oder ausgeschüttet werden, gem. § 23 Abs. 1 KStG ein einheitlicher Steuersatz. Dieser ist für die Ermittlung des Eigenkapitalanteils iSd Abs. 2a S. 1 maßgeblich. Wenn in Ermangelung eines steuerpflichtigen Gewinns[125] keine Ertragsteuern abzuführen sind, entspricht der in die Rücklagen einstellbare Eigenkapitalanteil dem Betrag der Wertaufholung.[126]

c) Eigenkapitalanteil von Passivposten (Abs. 2a S. 1 Alt. 2 aF). Die Rechtslage vor der Aufhebung der handelsbilanzrechtlichen Regelungen über den Sonderposten mit Rücklageanteil durch das BilMoG,[127] mithin für die Jahresabschlüsse, die sich auf vor dem 1.1.2010 beginnenden Geschäftsjahre beziehen (Art. 66 Abs. 5 EGHGB), stellte sich wie folgt dar: Soweit in der **Steuerbilanz Rücklagen passiviert** werden durften, ohne dass die steuerrechtliche Passivierung einen Sonderposten mit Rücklageanteil in der Handelsbilanz voraussetzte, bestand handelsrechtlich gem. § 273 S. 1 HGB aF ein Passivierungsverbot (Durchbrechung der umgekehrten Maßgeblichkeit). Folge der handelsrechtlich unterbliebenen Passivierung war eine Erhöhung des in der GuV ausgewiesenen Jahresergebnisses. Für die Ertragsteuern, die nach Auflösung der steuerrechtlich gebildeten Rücklage anfallen, war in der Handelsbilanz gem. § 274 Abs. 1 S. 1 HGB aF eine Steuerrückstellung zu bilden. Den **Eigenkapitalanteil** der Rücklage durften Vorstand und AR gem. Abs. 2a S. 1 Alt. 2 aF in andere Gewinnrücklagen einstellen. Er entsprach dem Wert der steuerrechtlichen Rücklage abzüglich der voraussichtlichen Ertragsteuerbelastung.

Die **praktische Bedeutung** von Abs. 2a S. 1 Alt. 2 aF war nach altem Handelsbilanzrecht (§ 273 S. 1 HGB aF) wegen der Regelung des § 5 Abs. 1 S. 2 EStG **sehr gering**. Die Anwendung dieser Vorschrift hatte zur Folge, dass steuerrechtliche Wahlrechte bei der Bildung von Rücklagen in Übereinstimmung mit der Handelsbilanz auszuüben waren. Damit hatte eine steuerrechtliche Rücklage nur dann keine Passivierung eines Sonderpostens mit Rücklageanteil in der Handelsbilanz nach sich gezogen, wenn das Steuerrecht die Rücklagenbildung *ausdrücklich* ohne handelsrechtlichen

---

[120] Steuerentlastungsgesetz 1999/2000/2002 v. 24.3.1999 (BGBl. 1999 I 402).
[121] Vgl. ADS Rn. 89, 99; Großkomm AktG/*Henze* Rn. 67.
[122] WP-HdB/*Gelhausen*, 12. Aufl. 2000, Bd. I F 82; BeBiKo/*Winkeljohann/Taetzner*, 6. Aufl. 2006, HGB § 280 Rn. 23.
[123] Großkomm AktG/*Henze* Rn. 67; Bürgers/Körber/*Westermann* Rn. 18; Grigoleit/*Grigoleit/Zellner* Rn. 20; Kölner Komm AktG/*Drygala* Rn. 81; Hölters/*Waclawik* Rn. 20; *Strothotte*, Die Gewinnverwendung in Aktiengesellschaften, 2014, 352; vgl. auch Schmidt/Lutter/*Fleischer* Rn. 32.
[124] Dazu ausf. ADS Rn. 92–94.
[125] Zur Frage der Rücklagendotierung bei fehlendem Jahresüberschuss → Rn. 55.
[126] ADS Rn. 91; Kölner Komm AktG/*Drygala* Rn. 82.
[127] Gesetz zur Modernisierung des Bilanzrechts (Bilanzrechtsmodernisierungsgesetz – BilMoG) v. 25.5.2009 (BGBl. 2009 I 1102).

Ansatz zugelassen hatte.[128] Das war nur bei der Rücklage nach § 3 des Gesetzes über steuerliche Maßnahmen bei der Stilllegung von Steinkohlenbergwerken[129] der Fall.[130]

52a Durch das BilMoG[131] sind die Regelungen über den Sonderposten mit Rücklagenanteil mit Wirkung für ab dem 1.1.2010 beginnende Geschäftsjahre (Art. 66 Abs. 5 EGBGB) aufgehoben worden, ohne dass zugleich die Regelung des Abs. 2a S. 1 Alt. 2 aF aufgehoben worden ist. Diese hat der Gesetzgeber erst mit dem BilRUG[132] mit Wirkung für Jahresabschlüsse abgeschafft, die sich auf nach dem 31.12.2015 beginnende Geschäftsjahre beziehen (§ 26g EGAktG). Damit hat das Wahlrecht von Vorstand und AR, nach Abs. 2a S. 1 Alt. 2 aF andere Gewinnrücklagen zu bilden, für Jahresabschlüsse, die sich auf nach dem 1.10.2010 und vor dem 31.12.2015 beginnenden Geschäftsjahre beziehen, erheblich an praktischer Bedeutung gewonnen.[133] Die **Abschaffung des Sonderpostens mit Rücklagenanteil** hat für die Jahresabschlüsse dieser Geschäftsjahre zur Folge, dass für Passivposten, die im Rahmen der steuerrechtlichen Gewinnermittlung gebildet werden, in der Handelsbilanz nur noch eine latente Steuerschuld gem. § 274 HGB zu passivieren ist.[134] Eine Ausschüttungssperre in Höhe der passiven latenten Steuern besteht nach Maßgabe des § 268 Abs. 8 HGB.[135] In Höhe des auf den steuerlichen Passivposten entfallenden Eigenkapitalanteils besteht demgegenüber mangels Sonderposten mit Rücklagenanteil keine Ausschüttungssperre mehr. Demzufolge können Vorstand und AR in den genannten Geschäftsjahren bei allen Passivposten, die im Rahmen der steuerrechtlichen, nicht aber im Rahmen der handelsbilanzrechtlichen Gewinnermittlung gebildet werden, in Höhe des jeweiligen Eigenkapitalanteils gem. Abs. 2a S. 1 Alt. 2 aF Einstellungen in die anderen Gewinnrücklagen vornehmen[136] und damit eine Ausschüttung des Eigenkapitalanteils verhindern.[137] Eine solche Rücklagenbildung ist angesichts der Aufhebung des Abs. 2a S. 1 Alt. 2 aF durch das BilRUG in Geschäftsjahren, die nach dem 31.12.2015 beginnen, nicht mehr zulässig. Unter der alten Rechtslage gebildete Rücklagen können allerdings in Ermangelung eines gesetzlichen Auflösungstatbestandes beibehalten werden.

53 d) **Verhältnis zu Abs. 1 und 2.** Vorstand und AR können Rücklagen nach Abs. 2a „unbeschadet der Absätze 1 und 2" dotieren. Das bedeutet, dass Beträge bei Vorliegen den Voraussetzungen des Abs. 2a selbst dann in andere Gewinnrücklagen eingestellt werden dürfen, wenn die HV oder die Verwaltung ihr Kontingent zur Bildung anderer Gewinnrücklagen nach Abs. 1 S. 2 oder nach Abs. 2 S. 1–3 bereits ausgeschöpft hat.

54 Die nach Abs. 2a S. 1 in die anderen Rücklagen eingestellten Beträge sind bei der Berechnung der 50 %-Grenzen iSd Abs. 1 S. 2 und Abs. 2 S. 1 nicht vorab **vom Jahresüberschuss abzuziehen**.[138] Hätte der Gesetzgeber einen Abzug gewollt, hätte er ihn in Abs. 1 S. 3 vorgeschrieben. Ein Abzug in entsprechender Anwendung dieser Vorschrift scheidet schon deswegen aus, weil die nach Abs. 2a dotierten Rücklagen der HV nicht dauerhaft entzogen sind (→ Rn. 26). Als andere Gewinnrücklagen können sie durch das zuständige Gesellschaftsorgan im Rahmen der allgemeinen Regeln jederzeit aufgelöst werden;[139] eine spezielle Regelung über die Auflösung besteht nicht.[140] Gegen einen Abzug vom Jahresüberschuss spricht aber vor allem, dass die Rücklagendotierung nach Abs. 2a von jener nach Abs. 1 und 2 **unabhängig** ist. Die Unabhängigkeit folgt aus den unterschiedlichen Funktionen, die jeweils mit den Rücklagen verbunden sind. Die Regelungen über die Rücklagenbildung nach Abs. 1 und 2 stellen einen Kompromiss dar, die Gewinnverwendungskompetenz zwischen Verwaltung und HV aufzuteilen (→ Rn. 2 ff.). Die Rücklagenbildung nach Abs. 2a verhilft demge-

---

[128] *ADS* § 273 Rn. 11; BeBiKo/*Hoyos/Gutike,* 6. Aufl. 2006, HGB § 273 Rn. 2.
[129] BStBl. I 1967 204.
[130] BeBiKo/*Hoyos/Gutike,* 6. Aufl. 2006, HGB § 273 Rn. 2.
[131] Gesetz zur Modernisierung des Bilanzrechts (Bilanzrechtsmodernisierungsgesetz – BilMoG) v. 25.5.2009 (BGBl. 2009 I 1102).
[132] Bilanzrichtlinie-Umsetzungsgesetz – BilRUG v. 17.7.2015 (BGBl. 2015 I 1245).
[133] Vgl. Henssler/Strohn/*Lange* Rn. 7.
[134] BegrRegE BT-Drs. 16/10 067, 49; MüKoAktG/*Bayer* Rn. 75.
[135] BegrRegE BT-Drs. 16/10 067, 67; zur Wirkungsweise der Ausschüttungssperre nach § 268 Abs. 8 HGB instruktiv *Gelhausen/Althoff* WPg 2009, 584 (586 ff.).
[136] *Herzig* DB 2010, 1 (7); K. Schmidt/Lutter/*Fleischer* Rn. 33; BeBiKo/*Förschle/Hoffmann* HGB § 272 Rn. 258; aA Kölner Komm AktG/*Drygala* Rn. 85 und Grigoleit/*Grigoleit/Zellner* Rn. 21, die bereits für die Geschäftsjahre ab dem 1.1.2010 eine Dotierung von Sonderrücklagen nach Abs. 2 S. 1 Alt. 2 für unzulässig halten; dagegen *Strothotte,* Die Gewinnverwendung in Aktiengesellschaften, 2014, 358.
[137] Vgl. Schmidt/Lutter/*Fleischer* Rn. 33.
[138] AA *ADS* Rn. 106 aE; MüKoAktG/*Bayer* Rn. 78; Bürgers/Körber/*Westermann* Rn. 20; wie hier Kölner Komm AktG/*Drygala* Rn. 39; *Nickol* BB 1987, 1772 (1776); NK-AktR/*Drinhausen* Rn. 28.
[139] *ADS* § 272 Rn. 158; BeBiKo/*Förschle/Hoffmann* HGB § 272 Rn. 276; *Haller* DB 1987, 645 (650); HdR/*Heymann* B 231 Rn. 124; Kölner Komm AktG/*Mock* § 272 Rn. 213.
[140] Das kritisiert zu Recht *Haller* DB 1987, 645 (650); → Rn. 57.

genüber allein dem bilanzrechtlichen Realisationsprinzip zur Durchsetzung (→ Rn. 48). Beide Funktionen stehen in keinem Zusammenhang zueinander. Die Unabhängigkeit der Rücklagenbildung nach Abs. 2a von der nach Abs. 1 und 2 wird schließlich durch das Erfordernis eines gesonderten Ausweises der Rücklage nach Abs. 2a S. 2 bestätigt.

e) Rücklagendotierung bei fehlendem Jahresüberschuss. Die Rücklage nach Abs. 2a darf 55 nur in dem Geschäftsjahr gebildet werden, in dem die Voraussetzungen des Abs. 2a S. 1 vorliegen; eine Nachdotierung in späteren Geschäftsjahren ist unzulässig.[141] Fraglich ist allerdings, ob die Bildung der Rücklage nach Abs. 2a nur dann zulässig ist, wenn in der **GuV ein Jahresüberschuss** ausgewiesen ist und wenn durch die Rücklagendotierung kein Bilanzverlust entsteht.[142] Im Schrifttum wird, wenn diese Voraussetzungen nicht erfüllt sind, lediglich eine **Nachdotierung** in dem nächsten Gewinnjahr für zulässig gehalten.[143] Dieser Auffassung ist nicht zuzustimmen.[144] Die Rücklage nach Abs. 2a darf vielmehr auch dann gebildet werden, wenn durch sie ein Bilanzverlust entsteht oder vertieft wird. Einer solchen Rücklagenbildung stehen insbesondere keine teleologischen Erwägungen entgegen.[145] Die Rücklagenbildung nach Abs. 2a dient allein der Durchsetzung des Realisationsprinzips (→ Rn. 48). Danach sollen Gewinne erst dann ausgeschüttet werden, wenn die AG diese tatsächlich am Markt realisiert hat. Das ist bei dem in Abs. 2a S. 1 genannten Eigenkapitalanteil nicht der Fall. Weist die AG keinen Jahresüberschuss aus oder entsteht durch Rücklagen nach Abs. 2a ein Bilanzverlust, können keine Gewinne ausgeschüttet werden. Die fraglichen Beträge werden dementsprechend, wie es Abs. 2a bezweckt, an die Gesellschaft gebunden. Auch die Auflösung der gesetzlichen Rücklage und der Kapitalrücklage nach § 150 Abs. 3 und 4 zum Zweck des Ausgleichs entstandener Verluste wird durch die Rücklagendotierung nach Abs. 2a nicht erleichtert.[146] Da der ausgewiesene Bilanzverlust in der Folgeperiode als Verlustvortrag zu bilanzieren ist und dieser gem. Abs. 1 S. 3, Abs. 2 S. 4 vor der Gewinnverwendung vom Jahresüberschuss abgezogen werden muss, bleiben die Mittel auch in Zukunft an die AG gebunden. Demzufolge bestehen aber auch keine sachlichen Gründe, die Rücklagendotierung nach Abs. 2a auf die nachfolgende Gewinnperiode zu verschieben, zumal eine Nachdotierung nach überwiegender Meinung auch sonst grundsätzlich unzulässig ist.[147] Lediglich der Wortlaut der amtlichen Überschrift „Verwendung des Jahresüberschusses" deutet darauf hin, dass die Rücklagenbildung nach § 58 einen Jahresüberschuss voraussetzt. Da Abs. 2a jedoch erst nachträglich durch das BiRiLiG 1985[148] in § 58 eingefügt worden ist und insbesondere nicht der Lösung des Kompetenzkonflikts über die Verwendung des Jahresüberschusses dient (→ Rn. 2–8), ist der Wortlaut der Überschrift für die Auslegung von Abs. 2a nicht von entscheidender Bedeutung.[149]

f) Zuständigkeit für die Rücklagendotierung. Für die Rücklagendotierung nach Abs. 2a sind 56 ausschließlich Vorstand und AR zuständig. Sie haben ein **Wahlrecht**.[150] Wenn sie dieses ausüben, ist der **gesamte Eigenkapitalanteil** in andere Gewinnrücklagen einzustellen. Im Fall der Feststellung des Jahresabschlusses durch die HV (§ 173) ist nicht etwa die HV zur Rücklagenbildung nach Abs. 2a befugt. Eine solche Kompetenz stünde angesichts des Wahlrechts, das Abs. 2a gewährt, nicht in Einklang mit der Regelung des § 173 Abs. 2 S. 2, nach der die HV bei der Feststellung des Jahresabschlusses nur solche Beträge in Rücklagen einstellen darf, die nach Gesetz oder Satzung einzustellen *sind*.[151]

---

[141] Kölner Komm AktG/*Drygala* Rn. 86; BeBiKo/*Winkeljohann/Taetzner*, 6. Aufl. 2006, HGB § 280 Rn. 46; HdR/*Siegel*, 1995, B 169 Anm. 83; Bürgers/Körber/*Westermann* Rn. 19; einschränkend ADS Rn. 104; aA *Knop* DB 1986, 549 (555).
[142] Bejahend *Knop* DB 1986, 549 (555); ADS Rn. 104; verneinend BeBiKo/*Winkeljohann/Taetzner*, 6. Aufl. 2006, HGB § 280 Rn. 47; MüKoAktG/*Bayer* Rn. 80 und Großkomm AktG/*Henze* Rn. 69.
[143] So ADS Rn. 98, 104; *Knop* DB 1986, 549 (555); Hölters/*Waclawik* Rn. 22.
[144] Ebenso Kölner Komm AktG/*Drygala* Rn. 86; Hüffer/Koch/*Koch* Rn. 18; K. Schmidt/Lutter/*Fleischer* Rn. 34; *Strothotte*, Die Gewinnverwendung in Aktiengesellschaften, 2014, 358; Bürgers/Körber/*Westermann* Rn. 20; Grigoleit/*Grigoleit/Zellner* Rn. 22.
[145] ADS Rn. 97; MüKoAktG/*Bayer* Rn. 80; Großkomm AktG/*Henze* Rn. 69.
[146] ADS Rn. 95; MüKoAktG/*Bayer* Rn. 80; Großkomm AktG/*Henze* Rn. 69; aA *Knop* DB 1986, 549 (555).
[147] Kölner Komm AktG/*Drygala* Rn. 86; BeBiKo/*Winkeljohann/Taetzner*, 6. Aufl. 2006, HGB § 280 Rn. 46; HdR/*Siegel*, 1995, B 169 Anm. 83; Bürgers/Körber/*Westermann* Rn. 19; einschränkend ADS Rn. 104; aA *Knop* DB 1986, 549 (555).
[148] Gesetz zur Durchführung der Vierten, Siebenten und Achten Richtlinie des Rates der Europäischen Gemeinschaft zur Koordinierung des Gesellschaftsrechts (Bilanzrichtliniengesetz – BiRiLiG) v. 19.12.1985 (BGBl. 1985 I 2355).
[149] Ebenso *Strothotte*, Die Gewinnverwendung in Aktiengesellschaften, 2014, 359.
[150] ADS Rn. 104; MüKoAktG/*Bayer* Rn. 77.
[151] ADS Rn. 103; MüKoAktG/*Bayer* Rn. 76.

Wenn die **HV den Jahresabschluss feststellt**, ist **Abs. 2a nicht anwendbar**.[152] Das unterliegt zwar deswegen Bedenken, weil der Zweck des Abs. 2a, unrealisierte Buchgewinne einer Ausschüttungssperre zu unterwerfen, auch dann Geltung beansprucht, wenn die HV den Jahresabschluss feststellt. Das Gesetz ist in dem Zusammenhang aber eindeutig.

57 De lege ferenda sollten Rücklagen nach Abs. 2a zwingend zu bilden sein (→ Rn. 48).[153] Sie sollten aufzulösen sein, wenn der werterholte Vermögensgegenstand veräußert oder erneut außerplanmäßig abgeschrieben wird[154] oder – im Fall des Abs. 2a S. 1 Alt. 2 aF – wenn die steuerrechtliche Rücklage aufgelöst wird.[155] De lege lata erhöht sich aufgrund des Wahlrechts des Abs. 2a S. 1 und aufgrund der fehlenden gesetzlichen Regelung über die Auflösung der Rücklagen im Ergebnis die Gewinnverwendungskompetenz der Verwaltung.[156] Das ist bedenklich (→ Rn. 4–8).

58 g) **Ausweis**. Der Rücklagebetrag ist gem. Abs. 2a S. 2 entweder in der Bilanz gesondert auszuweisen oder im Anhang des Jahresabschlusses (§§ 284 ff. HGB) anzugeben. Mit der redaktionellen Neufassung des Abs. 2a S. 2 durch das BiLRUG 2015[157] ist keine inhaltliche Änderung verbunden.[158] Einem gesonderten Ausweis genügt ein **„Davon-Vermerk"**.[159] Der gesonderte Ausweis oder die Angabe im Anhang ist **bis zur Auflösung der Rücklage** (→ Rn. 54) vorzunehmen.[160] In der GuV erfolgt ein Ausweis gem. § 158 Abs. 1 S. 1 Nr. 4 lit. d unter den anderen Gewinnrücklagen. Für Aktiengesellschaften, die als **Kleinstkapitalgesellschaften iSd § 267a HGB** einzustufen sind, besteht keine Pflicht zum Ausweis nach Abs. 2a S. 2.[161]

II. Besonderheiten bei der Rücklagenbildung im Konzern

59 **1. Rücklagenbildung bei Tochtergesellschaften. a) Faktischer Konzern.** Die Regelungen des § 58 gelten für die abhängige AG im **faktischen Konzern** ohne Einschränkung.[162] Auf die Höhe der Beteiligungsquote des herrschenden Unternehmens kommt es nicht an. § 58 und insbesondere dessen Abs. 2 ist auch auf 100 %-ige Tochter-AGen anzuwenden (→ Rn. 61).[163] Wenn auf Veranlassung der Verwaltung der Muttergesellschaft bei einer abhängigen AG Gewinne ausgeschüttet werden, die bei deren Unabhängigkeit zur Sicherung des Lebens- und Widerstandsfähigkeit thesauriert worden wären, besteht gem. § 311 eine Ausgleichspflicht der Mutter.[164]

60 Nicht unbedenklich ist indessen, dass die Geschäftsleitung des herrschenden Unternehmens, wenn dieses Inhaber einer qualifizierten Kapitalmehrheit iSd § 179 ist, die durch § 58 vorgegebene Verteilung der **Gewinnverwendungskompetenz erheblich zu Gunsten der Verwaltung** der abhängigen AG und damit tatsächlich zu ihren Gunsten **verschieben** kann. Die Geschäftsleitung der Obergesellschaft kann die Verwaltung der Tochter zunächst durch Satzungsregel gem. § 58 Abs. 2 S. 2 dazu ermächtigen, den gesamten Jahresüberschuss in andere Gewinnrücklagen einzustellen. Minderheitsaktionäre haben im Fall der Ausnutzung einer solchen Ermächtigung kein Anfechtungsrecht nach § 254 (→ Rn. 24 und 38). Eine Anfechtung des satzungsändernden Beschlusses kommt von vornherein nicht in Betracht, weil die bloße Ermächtigung zur späteren Rücklagendotierung nicht in die Mitgliedschaftsrechte der Aktionäre eingreift. Grenzen sind der Verwaltung allerdings bei der Rücklagendotierung durch Abs. 2 S. 3 und durch ihre Bindung an das allgemeine unternehmerische Ermessen gezogen (→ Rn. 38 und 46). Die Geschäftsleitung der Mutter kann eine umfassende Gewinnthesaurierung in der Tochter aber auch unabhängig von der Inhaberschaft einer qualifizierten Kapitalmehrheit erreichen. Sie hat nämlich weiterhin die Möglichkeit, in der HV der abhängigen AG gem. Abs. 3 im Rahmen des Gewinnverwendungsbeschlusses innerhalb der Grenzen des § 254 gegen die Ausschüttung des Bilanzgewinns zu votieren und dadurch den Minderheitsaktionären die erwirtschafteten Gewinne zum großen Teil vorzuenthalten. Die Handlungsfreiheit des Vorstands der Obergesellschaft kann allerdings in beiden Fällen (Abs. 2 S. 2 und Abs. 3) außer durch

---
[152] Ebenso MüKoAktG/*Bayer* Rn. 76; Kölner Komm AktG/*Drygala* Rn. 87.
[153] Zust. Grigoleit/*Grigoleit/Zellner* Rn. 23.
[154] Kölner Komm AktG/*Claussen/Korth*, 2. Aufl. 1991, HGB § 272 Rn. 57 (betriebswirtschaftlich zwingend).
[155] So sogar de lege lata Kölner Komm AktG/*Claussen/Korth*, 2. Aufl. 1991, HGB § 272 Rn. 60.
[156] Vgl. *Strothotte*, Die Gewinnverwendung in Aktiengesellschaften, 2014, 351.
[157] Bilanzrichtlinie-Umsetzungsgesetz – BiLRUG v. 17.7.2015 (BGBl. 2015 I 1245).
[158] MüKoAktG/*Bayer* Rn. 79; Hüffer/Koch/*Koch* Rn. 21.
[159] *ADS* Rn. 107; MüKoAktG/*Bayer* Rn. 79; Hüffer/Koch/*Koch* Rn. 21.
[160] Kölner Komm AktG/*Mock* § 272 Rn. 215 (Rücklagenspiegel); Hüffer/Koch/*Koch* Rn. 21; Grigoleit/*Grigoleit/Zellner* Rn. 24; aA WP-HdB/*Gelhausen*, 12. Aufl. 2000, Bd. I F 294.
[161] Hüffer/Koch/*Koch* Rn. 21 aE.
[162] AllgM MüKoAktG/*Bayer* Rn. 52; *Geßler* AG 1985, 257 (261); Hüffer/Koch/*Koch* Rn. 14.
[163] *Geßler* FS Meilicke, 1985, 18 (25).
[164] Großkomm AktG/*Henze* Rn. 59.

die allgemeine Ermessensbindung durch eine ungeschriebene Zuständigkeit der HV der Obergesellschaft beschränkt sein (→ Rn. 62 f.).

Bei **100 %-igen Tochtergesellschaften** besteht in Ermangelung von Minderheitsaktionären für die Einhaltung der Regelungen des Abs. 2 auf den ersten Blick kein Bedürfnis. Dem Interessenschutz der Gläubiger trägt die Ausgleichspflicht der Muttergesellschaft nach § 311 Rechnung; Einstellungen in die Rücklagen sind unter Gläubigerschutzgesichtspunkten unbedenklich. Dennoch sind die **Regeln der Gewinnverwendung** auch auf 100 %-ige Tochtergesellschaften **anzuwenden**. Wenn Vorstand und AR den von der Tochtergesellschaft erwirtschafteten Jahresüberschuss nämlich in beliebigem Umfang und insbesondere ohne rechtliche Beschränkungen in Rücklagen einstellen könnten, könnte der Vorstand der Obergesellschaft durch Einflussnahme auf die Verwaltung der Tochter erheblich in die mitgliedschaftlichen Entscheidungsbefugnisse der Aktionäre der Obergesellschaft eingreifen. 61

Eine Anwendung des Abs. 2 auf die Tochtergesellschaft schließt zwar – unbeschadet der in → Rn. 60 genannten Grenzen – nicht aus, dass deren Verwaltung den gesamten Gewinn in Rücklagen einstellt. Die für eine solche Rücklagendotierung nach Abs. 2 S. 2 erforderliche Satzungsermächtigung kann aber entsprechend den durch die **Gelatine-Entscheidung**[165] (→ Rn. 63) konkretisierten Grundsätzen der **Holzmüller-Entscheidung** des BGH[166] immerhin der Zustimmung der Hauptversammlung der Obergesellschaft (→ Rn. 76 ff.) bedürfen.[167] Das gilt auch für den Gewinnverwendungsbeschluss der HV der Tochter nach Abs. 3, wenn durch diesen weitere Beträge in andere Gewinnrücklagen eingestellt werden sollen.[168] Würde man Abs. 2 und 3 auf der Ebene der Untergesellschaft für nicht anwendbar erklären, würden die Aktionäre der Obergesellschaft den Schutz verlieren, der ihnen nach der Holzmüller-Entscheidung gebührt. Dort wird zur Frage der Gewinnverwendung ausgeführt, dass der Vorstand der Obergesellschaft bei hundertprozentiger Beteiligung alle Gesellschafterrechte im Tochterunternehmen ausübe und dass er „zum Beispiel auch bei der Verwendung des Jahresüberschusses praktisch keinen Beschränkungen unterliegt".[169] Die ungeschriebene Kompetenz der HV besteht auch bei Beteiligungsquoten von unter 100 % (→ Rn. 60);[170] Voraussetzung ist insoweit nur das Vorliegen eines Abhängigkeits- oder Konzernverhältnisses.[171] 62

Die **Gelatine-Entscheidung**[172] hat die ungeschriebenen Hauptversammlungszuständigkeiten gegenüber den Interpretationen, die das Holzmüller-Urteil im Schrifttum erfahren hat, erheblich eingeschränkt.[173] Ungeschriebene Zuständigkeiten kommen danach nur ausnahmsweise und in engen Grenzen in Betracht.[174] Eine solche Ausnahme liegt vor, wenn der Vorstand Maßnahmen ergreift, mit denen ein Mediatisierungeffekt[175] verbunden ist *und* durch die die Mitwirkungsbefugnisse der Aktionäre so wesentlich beeinflusst werden, dass die wirtschaftliche Bedeutung der Maßnahme in etwa die Ausmaße wie die Ausgliederung im Holzmüller-Fall erreicht.[176] Die erste Voraussetzung, die Mediatisierung des Einflusses der Aktionäre, ist im Zusammenhang mit der Einführung einer Satzungsermächtigung nach Abs. 2 S. 2 und mit den Gewinnverwendungsbeschlüssen nach Abs. 3 bei der Tochtergesellschaft erfüllt. Das zeigt sich besonders deutlich bei Holding-Strukturen mit 100 %-igen Töchtern, gilt aber entsprechend bei Mutter-Tochter-Verhältnissen mit geringeren Beteiligungsquoten. Im Fall einer 100 %-igen Tochter stammt nämlich das zur Erwirtschaftung des Bilanzgewinns der Tochter eingesetzte Eigenkapital ausschließlich von den Aktionären der Muttergesellschaft (Holding). Gleichwohl entscheiden nicht diese über die Frage der Gewinnverwendung, sondern im Ergebnis der Vorstand der Mutter (→ Rn. 60). Der Einfluss der Aktionäre auf die Gewinnverwendung nimmt dabei mit zunehmender Stufung des Konzerns ab (näher → Rn. 70 f.). Die zweite Voraussetzung, die der BGH in der Gelatine-Entscheidung für das Bestehen einer ungeschriebenen Hauptversammlungskompetenz aufstellt, ist im Hinblick auf die Gewinnverwendung in 63

---

[165] BGHZ 159, 30 = NJW 2004, 1860.
[166] BGHZ 83, 122 ff. = NJW 1982, 1703.
[167] Vgl. *Geßler* FS Meilicke, 1985, 18 (26); Großkomm AktG/*Henze* Rn. 61 (beide allerdings zeitlich vor der Gelatine-Entscheidung); aA *ADS* Rn. 87.
[168] *Geßler* AG 1985, 257 (258, 261); *Geßler* FS Meilicke, 1985, 18 (26, 28 f.); Großkomm AktG/*Henze* Rn. 61; aA *ADS* Rn. 87; *Kohl*, Die Kompetenz zur Bildung von Gewinnrücklagen im Aktienkonzern, 1991, 216 ff.
[169] BGHZ 83, 122 (136 f.) = NJW 1982, 1703.
[170] AA *Westermann* FS Pleyer, 1986, 421 (430).
[171] MHdB AG/*Krieger* § 69 Rn. 39; ähnlich Kölner Komm AktG/*Koppensteiner* Vor § 291 Rn. 88 aE (Beteiligung iHv mehr als 50 %).
[172] BGHZ 159, 30 = NJW 2004, 1860.
[173] *Koppensteiner* Der Konzern 2004, 381 (385); *Arnold* ZIP 2005, 1573 (1575); *Reichert* AG 2005, 150 (159).
[174] Vgl. BGHZ 159, 30 (44 f.) und erster Leitsatz = NJW 2004, 1860.
[175] Dazu BGHZ 153, 47 (54) = NJW 2003, 1032.
[176] BGHZ 159, 30 (zweiter Leitsatz).

Tochtergesellschaften nicht in jedem Fall gegeben. Sie liegt vielmehr nur vor, soweit die Bilanzgewinne der Töchter in ihrer Summe bezogen auf den Konzerngewinn ein Ausmaß erreichen, das vergleichbar ist mit der wirtschaftlichen Bedeutung der Maßnahme in der Holzmüller-Entscheidung. Das kann ab einer Quote von 75 % der Fall sein.[177] Nur unter dieser Voraussetzung bedürfen Ermächtigungsbeschlüsse nach Abs. 2 S. 2 und Gewinnverwendungsbeschlüsse nach Abs. 3 bei Tochtergesellschaften der Zustimmung der HV der Mutter.[178]

64 **b) Vertragskonzern. aa) Allgemeines.** Im Vertragskonzern gilt auf der Ebene der Tochtergesellschaft Folgendes: Der Abschluss eines **Gewinnabführungsvertrags** hat – obwohl dieser die abhängige AG zur Abführung ihres *ganzen Gewinns* verpflichtet (§ 291 Abs. 1 S. 1) – nicht unbedingt zur Folge, dass keine Beträge in andere Gewinnrücklagen eingestellt werden dürfen.[179] Das ergibt sich aus § 301 S. 2 und § 302 Abs. 1. Beide Vorschriften sprechen von anderen Gewinnrücklagen, die *während der Dauer des Vertrags* gebildet worden sind. Die Zulässigkeit der Rücklagenbildung muss allerdings im Gewinnabführungsvertrag fixiert sein.[180] Höchstbetrag der Gewinnabführung ist gem. § 301 S. 1 der fiktive Jahresüberschuss, der ohne Gewinnabführung entstanden wäre, abzüglich eines Verlustvortrags aus dem Vorjahr (→ Rn. 17) und abzüglich des in die gesetzliche Rücklage nach § 300 Nr. 1 einzustellenden Betrags.

65 **bb) Meinungsstand.** Nach einer Auffassung soll – anders als im faktischen Konzern (→ Rn. 59–62) – die **Anwendung von Abs. 2 in der Untergesellschaft** stets ausgeschlossen sein, wenn diese durch einen Gewinnabführungsvertrag gebunden ist.[181] Dementsprechend könne die Verwaltung der Tochter ohne Beachtung der Regelungen des Abs. 2 im Rahmen der vertraglichen Vorgaben andere Gewinnrücklagen dotieren.[182] Das gilt nach hM in Ermangelung schutzwürdiger Aktionärsinteressen nur bei 100 %-igen Tochtergesellschaften[183] sowie bei Tochtergesellschaften mit außenstehenden Aktionären, wenn diese von der Obergesellschaft **feste Ausgleichszahlungen** nach § 304 Abs. 2 S. 1 erhalten.[184] Derartige Ausgleichszahlungen machten einen Schutz der Vermögensinteressen außenstehender Aktionäre durch Abs. 2 entbehrlich.[185] Folgte man dieser Argumentation, dürfte Abs. 2 beim Bestehen **isolierter Beherrschungsverträge** ebenfalls keine Anwendung finden. Denn die den außenstehenden Aktionären bei Beherrschungsverträgen nach § 304 Abs. 1 S. 2 zu gewährende **Dividendengarantie** entspricht im Ergebnis einer festen Ausgleichszahlung.[186]

66 Demgegenüber hält die hM Abs. 2 bei Vorliegen eines Gewinnabführungsvertrags nur dann für anwendbar, wenn von der Mutter an die außenstehenden Aktionäre geleistete **Ausgleich** gem. § 304 Abs. 2 S. 2 **variabel** ausgestaltet ist. In diesem Fall sei die Höhe des Ausgleichs von dem auf die Aktien der Muttergesellschaft entfallenden Gewinnanteil abhängig, so dass die Bildung anderer Gewinnrücklagen in der Tochtergesellschaft den Jahreserfolg der Mutter und damit den zu leistenden Ausgleich senke. Die Vermögensinteressen der außenstehenden Aktionäre seien daher bei dieser Form der Ausgleichszahlung durch die Ausschüttungspolitik der Verwaltung der Tochter berührt. Folglich müsse diese bei der Bildung anderer Gewinnrücklagen die Regelungen des Abs. 2 beachten.[187]

67 **cc) Stellungnahme.** Die **Bindung der Verwaltung der Untergesellschaft an die Regelungen des Abs. 2 ist** im Hinblick auf den Schutz der Vermögensinteressen der außenstehenden Aktionäre sowohl im faktischen Konzern (→ Rn. 59–62) als auch im Vertragskonzern nur **wenig hilfreich.** Denn die Gewinnverwendungskompetenz verschiebt sich aufgrund der Einflussmöglichkeit der Geschäftsleitung des herrschenden Unternehmens in beiden Fällen im Ergebnis nahezu vollständig auf die von der Mutter abhängige Verwaltung der Tochtergesellschaft (→ Rn. 60). Ob diese im Rahmen der Verwendung des Jahresüberschusses die Vorgaben des Abs. 2 zu beachten hat oder nicht, ist für den Minderheitenschutz praktisch bedeutungslos.[188]

---

[177] Vgl. *Arnold* ZIP 2005, 1573 (1575); *Reichert* AG 2005, 150 (153); abl. Kölner Komm AktG/*Drygala* Rn. 74.
[178] Zur Anwendung der ungeschriebenen Hauptversammlungszuständigkeit im mehrstufigen Konzern → Rn. 76 ff.
[179] *ADS* Rn. 75; MüKoAktG/*Bayer* Rn. 54; Großkomm AktG/*Henze* Rn. 47; Hüffer/Koch/*Koch* Rn. 15.
[180] *ADS* Rn. 75; *Geßler* AG 1985, 257 (260); *Goerdeler* WPg 1986, 229 (234).
[181] So GHEK/*Hefermehl/Bungeroth* Rn. 63; GHEK/*Kropff* § 151 Rn. 119.
[182] MüKoAktG/*Bayer* Rn. 55.
[183] *ADS* Rn. 77; MüKoAktG/*Bayer* Rn. 56; Großkomm AktG/*Henze* Rn. 48; aA *Geßler* FS Meilicke, 1985, 18 (25); *Geßler* AG 1985, 257 (261).
[184] *ADS* Rn. 77; MüKoAktG/*Bayer* Rn. 56; *Geßler* FS Meilicke, 1985, 18 (22) (anders aber auf S. 25); Großkomm AktG/*Henze* Rn. 49; Hüffer/Koch/*Koch* Rn. 15.
[185] BayOLG ZIP 1998, 1872 (1876).
[186] Hüffer/Koch/*Koch* § 304 Rn. 6.
[187] *ADS* Rn. 78; MüKoAktG/*Bayer* Rn. 57; *Geßler* FS Meilicke, 1985, 18 (22 f.); Großkomm AktG/*Henze* Rn. 49; Hüffer/Koch/*Koch* Rn. 15; *Priester* ZHR 176 (2012), 268 (278).
[188] Ebenso MüKoAktG/*Bayer* Rn. 57.

Dass die Anwendung von Abs. 2 im Vertragskonzern geboten ist, ergibt sich vielmehr aus derselben Erwägung, die auch im faktischen Konzern Geltung beansprucht und für die weder die Höhe der Beteiligungsquote noch die Art der Bemessung des Ausgleichs der außenstehenden Aktionäre von Bedeutung ist. Die Anwendung der Regeln des Abs. 2 und 3 ist erforderlich, um den **Schutz der Vermögensinteressen der Aktionäre der Obergesellschaft** sicherzustellen. Wenn Abs. 2 und 3 bei der Untergesellschaft nicht anwendbar wären, liefe die ungeschriebene Hauptversammlungskompetenz der Obergesellschaft leer (→ Rn. 62 f.). Denn Beschlüsse, die die Verwendung des Jahresüberschusses betreffen, namentlich die Erteilung einer Ermächtigung nach Abs. 2 S. 2 und der Gewinnverwendungsbeschluss nach Abs. 3, würden in der HV der Untergesellschaft nicht gefasst werden. Damit würde auch die Zustimmung der HV der Mutter entfallen, die unter den in → Rn. 63 genannten Voraussetzungen aber eingeholt werden muss.

2. Modifizierung der Anwendung von § 58 Abs. 2 bei der Muttergesellschaft. a) Problemstellung. Auf der Ebene der Muttergesellschaft stellt sich bei Anwendung des § 58 Abs. 2 folgendes Problem: Die Bildung von Gewinnrücklagen bei konzernierten Gesellschaften vermindert den bei der Muttergesellschaft nach den Regeln des § 58 verteilbaren Jahresüberschuss. Mit zunehmender Gewinnthesaurierung sinkt der von der Tochter an die Mutter ausgeschüttete Betrag (§ 174 Abs. 2 Nr. 2) und damit deren Beteiligungsertrag iSd § 275 Abs. 2 Nr. 9 oder Abs. 3 Nr. 8 HGB. Die Höhe des bei der Tochtergesellschaft in andere Gewinnrücklagen eingestellten Betrags wird im Ergebnis vom Vorstand der Mutter bestimmt (→ Rn. 60). Dieser kann, gestützt auf faktische Einflussmöglichkeiten oder auf sein Weisungsrecht nach § 308 Abs. 1, die Verwaltung der Tochter dazu veranlassen, die Hälfte des bereinigten Jahresüberschusses gem. § 58 Abs. 2 S. 1 in andere Gewinnrücklagen einzustellen. Er repräsentiert darüber hinaus als Vertreter der Mutter (§ 78) regelmäßig den Hauptaktionär der Tochter und hat damit die Möglichkeit, im Rahmen des Gewinnverwendungsbeschlusses gem. § 58 Abs. 3, § 174 Abs. 2 Nr. 3 weitere Beträge in andere Gewinnrücklagen der Tochter einzustellen. Den Aktionären der Mutter können auf diese Weise die im Konzern erwirtschafteten Gewinne in erheblichem Umfang vorenthalten werden. Der Vorstand der Konzernmutter kann daher in die durch § 58 vorgegebene **Ordnung der Gewinnverwendungskompetenz eingreifen,** die ein gleichgewichtiges Mitspracherecht von Verwaltung und Aktionären bei der Verwendung des Unternehmensgewinns vorsieht.

Folgendes **Beispiel** veranschaulicht die Problematik: Die M-Holding-AG hat drei Tochtergesellschaften (T1, T2 und T3), die in der Rechtsform der AG betrieben werden. Es bestehen keine Gewinnabführungsverträge. T1 und T2 sind unmittelbare Töchter der M; T3 ist Tochtergesellschaft von T1 und damit mittelbare Tochter der M. Konzernweit werden ausschließlich von T2 und T3 Gewinne erwirtschaftet. Beide weisen einen Jahresüberschuss von jeweils 100 aus. Zwischengewinne aufgrund konzerninterner Umsatzgeschäfte liegen nicht vor, so dass der Konzerngewinn insgesamt 200 beträgt. Wenn man weiterhin davon ausgeht, dass T1, T2 und T3 100 %-ige Tochterunternehmen von M sind, müssten die Aktionäre der M an sich nach der durch § 58 vorgegebenen Kompetenzordnung über die Verwendung der Hälfte des Gewinns (= 100) entscheiden können. Das ist bei formaler Anwendung der Regelungen des § 58 indessen nicht der Fall:

Die Verwaltung der T2 stellt die Hälfte des Gewinns gem. § 58 Abs. 2 in andere Gewinnrücklagen ein; die andere Hälfte wird durch Gewinnverwendungsbeschluss nach § 58 Abs. 3 ausgeschüttet. Demzufolge beträgt der bei M ausgewiesene Ertrag der Beteiligung an T2 50. Wenn bei T3 von deren Verwaltung andere Gewinnrücklagen in derselben Höhe dotiert werden, wird an T1 ebenfalls ein Gewinn iHv 50 ausgeschüttet. Wird die Hälfte dieses Gewinns bei T1 wiederum gem. § 58 Abs. 2 in die anderen Gewinnrücklagen eingestellt und die andere Hälfte an M ausgeschüttet, beträgt der bei M ausgewiesene Ertrag der Beteiligung an T2 lediglich 25. Damit hat M insgesamt einen Jahresüberschuss iHv 75. Davon kann deren Verwaltung gem. § 58 Abs. 2 erneut 50 % in die anderen Gewinnrücklagen einstellen. Zur Disposition der Aktionäre der M verbleiben dementsprechend anstelle von 100 nur 37,5. Das sind bezogen auf den konzernweiten Gewinn lediglich 18,75 %. Diese Quote kann der Vorstand der M weiter senken, indem er bei den Tochtergesellschaften T1 und T2 gem. § 58 Abs. 3 in seiner Funktion als Vertreter der Alleingesellschafterin M weitere Beträge in andere Gewinnrücklagen einstellt. Das Beispiel zeigt, dass der Vorstand bei formaler Anwendung des § 58 die Höhe des verteilungsfähigen Gewinns der Mutter beliebig steuern kann. Die **Gewinnverwendungsbefugnisse der Aktionäre der Obergesellschaft** werden daher durch die Konzernbildung **verkürzt.** Die Verkürzung fällt dabei mit zunehmender Stufung des Konzerns stärker aus.

b) Meinungsstand. Rechtsprechung zu der in → Rn. 68 ff. dargestellten Problematik ist für den Aktienkonzern nicht vorhanden.[189] Im **Schrifttum** besteht Streit über die Lösung. Nach einer

---

[189] Für den Personengesellschaftskonzern: BGH NJW 2007, 1685 (1689 f.) – Otto, → Rn. 78a.

Auffassung soll die Kompetenzverschiebung zugunsten der Verwaltung der Mutter (→ Rn. 69–71) durch eine **konzernweite Anwendung von § 58 Abs. 2** kompensiert werden.[190] Die Regelungen des § 58 seien nur auf selbständige AGen zugeschnitten. Für Aktienkonzerne bestehe eine planwidrige Regelungslücke, die durch eine analoge Anwendung von § 58 Abs. 2 auf den Unternehmensverbund zu schließen sei. Die vorliegende Konfliktlage habe Ähnlichkeit mit jener, die Gegenstand der Holzmüller-Entscheidung gewesen sei.[191] Dort habe der BGH eine ausfüllungsbedürftige Regelungslücke ausdrücklich festgestellt.[192] Eine konzerndimensionale Anwendung von § 58 Abs. 2 habe zur Folge, dass die Verwaltung der Konzernmutter im Rahmen der Rücklagendotierung nach dieser Vorschrift die in Tochtergesellschaften gebildeten anderen Gewinnrücklagen als Rücklagen der Mutter behandeln müsse. Als Bemessungsgrundlage für die Gewinnrücklagen der Mutter sei insbesondere der handelsrechtliche Konzernabschluss heranzuziehen.[193] Dementsprechend dürfe die Verwaltung der Mutter bei dieser keine Beträge in andere Gewinnrücklagen einstellen, wenn bei Tochtergesellschaften in dem betreffenden Geschäftsjahr bereits insgesamt **50 % des Konzern-Jahresüberschusses** als andere Gewinnrücklagen dotiert worden sind.

73 Uneinig sind sich die Verfechter dieser Auffassung im Hinblick auf die Rechtsfolgen, die bei Missachtung der für den Unternehmensverbund geltenden Gewinnverwendungsvorgaben eingreifen sollen. Während manche für die Nichtigkeit des Jahresabschlusses gem. § 256 Abs. 1 Nr. 4 plädieren,[194] gehen andere von der Wirksamkeit des Jahresabschlusses aus.[195] Eine Pflichtverletzung begründe aber in entsprechender Anwendung der §§ 258 ff. das Recht der Aktionäre, eine Sonderprüfung zu beantragen oder der Entlastung der Verwaltung nach § 120 zu verweigern bzw. einen Entlastungsbeschluss nach § 243 anzufechten. Darüber hinaus stehe den Aktionären sowohl ein Anspruch auf Unterlassung[196] als auch auf Auflösung der zu Unrecht gebildeten Rücklagen bei Feststellung des nächsten Jahresabschlusses zu.[197]

74 Die Vertreter der **Gegenauffassung** lehnen eine konzerndimensionale Anwendung von § 58 Abs. 2 bei der Muttergesellschaft de lege lata ab und möchten die bei Tochtergesellschaften gebildeten anderen Gewinnrücklagen demzufolge bei der Mutter nicht berücksichtigt wissen.[198] **§ 58 sei wortgetreu anzuwenden.** Für eine Analogie fehle es nicht nur an einer Regelungslücke.[199] Vielmehr enthalte § 58 aufgrund seines Zuschnitts auf unabhängige Gesellschaften keine geeigneten Mechanismen zur Lösung der Konfliktlage im Konzern.[200] Außerdem sei die Behandlung des Konzerns als *ein* Unternehmen im Rechtssinne systemwidrig.[201] Hingewiesen wird auch auf Schwierigkeiten bei der Behandlung von Zwischengewinnen aus konzerninternen Umsatzgeschäften, wodurch eine erhebliche Rechtsunsicherheit entstehe.[202] Zudem sei die Konzernleitungsmacht in der Rechtspraxis im vorliegenden Zusammenhang bislang nicht missbraucht worden.[203] Schließlich habe der Gesetzgeber in Kenntnis der Problematik im Rahmen des BiRiLiG[204]) die in Rede stehende Vorschrift nicht geändert und

---

[190] So *Lutter* FS Westermann, 1974, 347 (363 f.); *Lutter* FS Goerdeler, 1987, 327 (337 f.); MüKoAktG/*Bayer* Rn. 69; *Gollnick*, Gewinnverwendung im Konzern, 1991, 171 ff.; *Götz* FS Moxter, 1994, 573 (587 ff.); *Götz* AG 1984, 85 (93); *Kohl*, Die Kompetenz zur Bildung von Gewinnrücklagen im Aktienkonzern, 1991, 195 ff.; *Theissen* ZHR 156 (1992), 174 ff.; für den Vertragskonzern auch *Geßler* FS Meilicke, 1985, 18 (22); *Geßler* AG 1985, 257 (261 f.).
[191] *Geßler* AG 1985, 257 (258); *Götz* FS Moxter, 1994, 573 (583 ff.); Kölner Komm AktG/*Drygala* Rn. 74, 77.
[192] Vgl. BGHZ 83, 122 (139) = NJW 1982, 1703.
[193] *Busse von Colbe* FS Goerdeler, 1987, 61 (69 f.); Kölner Komm AktG/*Lutter*, 2. Aufl. 1988, Rn. 55; *Pellens/Amshoff/Schmidt* ZGR 2009, 231 (270–275) sehen für „kapitalmarktorientierte Gesellschaften" den IFRS-Einzelabschluss der Muttergesellschaft, in den sämtliche Tochterunternehmen über die Equity-Bewertung einzubeziehen seien, als geeignete Grundlage.
[194] *Gollnick*, Gewinnverwendung im Konzern, 1991, 186; *Götz* FS Moxter, 1994, 573 (596 f.); *Götz* AG 1984, 85 (93 f.); *Geßler* FS Meilicke, 1985, 18 (27).
[195] Dazu insbes. *Kohl*, Die Kompetenz zur Bildung von Gewinnrücklagen im Aktienkonzern, 1991, 240 ff.
[196] Kölner Komm AktG/*Drygala* Rn. 77.
[197] *Lutter* FS Goerdeler, 1987, 327 (345 ff.).
[198] ADS Rn. 88; *Beusch* FS Goerdeler, 1987, 25 (32); *Ebenroth*, Konzernbildungs- und Konzernleitungskontrolle, 1987, 42 ff.; *Goerdeler* WPg 1986, 229 (235 ff.); Großkomm AktG/*Henze* Rn. 57; Hüffer/Koch/*Koch* Rn. 17; *Priester* ZHR 176 (2012), 268 (276); *Thomas* ZGR 1985, 365 (377 ff.); *Werner* FS Stimpel, 1985, 935 (952); *Westermann* FS Pleyer, 1986, 421 (437 ff.); Hölters/*Waclawik* Rn. 48; Bürgers/Körber/*Westermann* Rn. 13–16.
[199] *Beusch* FS Goerdeler, 1987, 25 (32); Großkomm AktG/*Henze* Rn. 59; *Goerdeler* WPg 1986, 229 (234); *Werner* FS Stimpel, 1985, 935 (941 ff.); Bürgers/Körber/*Westermann* Rn. 12.
[200] ADS Rn. 86; Großkomm AktG/*Henze* Rn. 60.
[201] Großkomm AktG/*Henze* Rn. 58; Hüffer/Koch/*Koch* Rn. 17.
[202] Großkomm AktG/*Henze* Rn. 60; *Thomas* ZGR 1985, 365 (383).
[203] *Goerdeler* WPg 1986, 229 (235); *Thomas* ZGR 1985, 365 (383); *Werner* FS Stimpel, 1985, 935 (946).
[204] Gesetz zur Durchführung der Vierten, Siebenten und Achten Richtlinie des Rates der Europäischen Gemeinschaft zur Koordinierung des Gesellschaftsrechts (Bilanzrichtliniengesetz – BiRiLiG) v. 19.12.1985 (BGBl. 1985 I 2355).

damit zu erkennen gegeben, dass er insoweit keinen Regelungsbedarf sehe. Das zeige insbesondere eine Passage in den Gesetzesmaterialien zum BiRiLiG,[205] nach der Entscheidungen über den Jahresüberschuss von Tochtergesellschaften beim Mutterunternehmen nicht zu berücksichtigen seien.[206]

c) Stellungnahme. aa) Keine Zurechnung anderer Gewinnrücklagen im Konzern. Eine 75 Regel über die Gewinnverwendung in der AG, die nicht allein an den in der einzelnen Gesellschaft erwirtschafteten Jahresüberschuss, sondern darüber hinaus an den Gewinn des rechtlich nicht verselbständigten Konzerns anknüpft, bedürfte einer **ausdrücklichen gesetzlichen Grundlage**. Die mit einer analogen Anwendung des § 58 Abs. 2 verbundene Zurechnung der in Tochtergesellschaften gebildeten Gewinnrücklagen passt nicht in die Systematik des Aktiengesetzes. Dieses behandelt die Unternehmen eines Konzerns an keiner Stelle als *rechtliche* Einheit. § 5 Abs. 1 MitbestG verdeutlicht vielmehr, dass der Gesetzgeber eine gesetzliche Regelung schafft, wenn er bei der Konzernmutter bestimmte Sachverhalte der Tochtergesellschaften berücksichtigt wissen möchte. Von einer Einheit rechtlich selbständiger Unternehmen gehen gem. § 297 Abs. 3 S. 1 HGB allein die für den Konzern geltenden Bilanzierungsregeln aus. Gegen die Zurechnung von Rücklagen bei der Konzernmutter spricht aber nicht nur das Fehlen einer aktienrechtlichen Zurechnungsnorm, sondern auch, dass der Gesetzgeber eine solche Norm in Kenntnis der Problematik und somit bewusst im Rahmen des BiRiLiG nicht in das Aktiengesetz aufgenommen hat.[207] Die Voraussetzungen für eine analoge Anwendung des § 58 Abs. 2 auf den Konzern liegen daher nicht vor.

bb) Holzmüller-Kompetenz und Treubindung des Vorstands der Konzernmutter. Das 76 bedeutet allerdings nicht, dass die Aktionäre einer Muttergesellschaft hinsichtlich ihrer Gewinnansprüche der Ausschüttungs- und Rücklagenpolitik der Tochtergesellschaften schutzlos ausgeliefert sind. Der Aktionärsschutz wird zunächst unter den in → Rn. 63 genannten Voraussetzungen durch eine ungeschriebene Zuständigkeit der HV der Mutter gewährleistet, die auf den Grundsätzen der **Holzmüller-Entscheidung**[208] beruht (→ Rn. 62 f.). Infolge des Bestehens dieser Kompetenz bedürfen sowohl der Beschluss nach Abs. 2 S. 2, durch den die Verwaltung der Tochter zur Dotierung weiterer Gewinnrücklagen ermächtigt wird, als auch der Gewinnverwendungsbeschluss nach Abs. 3, wenn auf dessen Grundlage weitere Beträge in andere Gewinnrücklagen eingestellt werden sollen, der Zustimmung der HV der Obergesellschaft.[209] Im mehrstufigen Konzern ist die Zustimmung der Aktionäre der Obergesellschaft für beide Beschlüsse auf jeder Konzernstufe erforderlich.

Das ungeschriebene **Zustimmungserfordernis** ist zum Schutz der Vermögensinteressen der 77 Aktionäre der Konzernmutter allerdings **allein nicht ausreichend.** Es verhindert lediglich, dass in Tochtergesellschaften gegen den Willen der Aktionäre der Obergesellschaft mehr als die Hälfte des bereinigten Jahresüberschusses in andere Gewinnrücklagen eingestellt wird. Vor allem in **tief gestaffelten Konzernen** trägt das Zustimmungserfordernis zum Aktionärsschutz wenig bei, da die vom Vorstand der abhängigen Verwaltungen des jeweils nachgeordneten Tochtergesellschaften gem. Abs. 2 S. 1 jeweils 50 % des bereinigten Jahresüberschusses thesaurieren können, ohne dass die Zustimmung der Aktionäre der Obergesellschaft eingeholt werden muss. Im Fall der vollen Ausschöpfung dieses Kontingents auf jeder Konzernstufe verbleiben den Aktionären der Obergesellschaft bereits im zweistufigen Konzern lediglich 12,5 % des auf der untersten Stufe erwirtschafteten Jahresüberschusses. Empirischen Untersuchungen zufolge sind die Ausschüttungsquoten in Aktienkonzernen signifikant niedriger als in unverbundenen Aktiengesellschaften.[210]

Die mit der Konzernierung verbundene Verschiebung der Gewinnverwendungskompetenz 78 zugunsten des Vorstands der Konzernmutter ist durch eine **Beschränkung des Verwaltungsermessens** bei der Rücklagendotierung zu kompensieren. Grundlage dieser Beschränkung ist die **Treubindung der Unternehmensleitung** gegenüber den Aktionären.[211] Die Verwaltung einer Konzernmutter darf – anders als die Verwaltung einer unverbundenen AG (→ Rn. 37) – nicht ohne Weiteres die Hälfte des bereinigten Jahresüberschusses nach Abs. 2 S. 1 in andere Gewinnrücklagen einstellen. Sie hat vielmehr die Interessen der Aktionäre an einer angemessenen Kapitalrendite besonders zu berücksichtigen.[212] Je höher die in Tochtergesellschaften in andere Gewinnrücklagen eingestellten

---
[205] RAusschuss BT-Drs. 10/4268, 124.
[206] ADS Rn. 85; Großkomm AktG/*Henze* Rn. 59 aE; Hüffer/Koch/*Koch* Rn. 17.
[207] RAusschuss BT-Drs. 10/4268, 124.
[208] BGHZ 83, 122 ff. = NJW 1982, 1703.
[209] Abl. Grigoleit/*Grigoleit/Zellner* Rn. 18; Hüffer/Koch/*Koch* Rn. 17 aE; Kölner Komm AktG/*Drygala* Rn. 75; *Priester* ZHR 176 (2012), 268 (277).
[210] *Pellens/Bonse* in Lutter/Scheffler/Schneider Konzernfinanzierung-HdB Rn. 13.39; *Linnhoff/Pellens* ZfbF 39 (1987) 987 (997); *Pellens/Amshoff/Schmidt* ZGR 2009, 231 (260 f.).
[211] Vgl. dazu etwa Großkomm AktG/*Henze* Rn. 45; abl. Kölner Komm AktG/*Drygala* Rn. 78.
[212] So auch K. Schmidt/Lutter/*Fleischer* Rn. 29 und Bürgers/Körber/*Westermann* Rn. 13.

Beträge sind, desto enger ist der Ermessensspielraum des Vorstands der Mutter bei der Rücklagendotierung nach Abs. 2 S. 1. Pflichtwidrig kann insbesondere eine jährliche Einstellung iHv 50 % des bereinigten Jahresüberschusses sein, wenn bei Tochtergesellschaften in denselben Geschäftsjahren das Potenzial zur Rücklagenbildung voll ausgenutzt worden ist. Der Vorstand der Mutter hat dementsprechend auch bei der Rücklagendotierung in den Töchtern die Belange der Aktionäre der Mutter angemessen zu berücksichtigen. Das gilt in besonderem Maße bei 100 %-igen und durch Unternehmensvertrag gebundenen Tochtergesellschaften, da in diesen Fällen entweder das im Konzern investierte Eigenkapital ausschließlich von den Aktionären der Mutter zur Verfügung gestellt worden ist, so dass ihnen auch die Kapitalrendite gebührt, oder den Vermögensinteressen der außenstehenden Aktionäre durch die Regelungen über den Ausgleich nach § 304 angeimessen Rechnung getragen wird. Im faktischen Konzern hat der Vorstand im Rahmen seiner Leitungsentscheidung über die Rücklagenbildung in den Töchtern zusätzlich das Verbot der Nachteilszufügung nach § 311 zu beachten. Überzogene Gewinnausschüttungen an die Mutter sind von dieser auszugleichen (→ Rn. 59). Deren Geschäftsleitung hat daher im faktischen Konzern bei der Festlegung der konzernweiten Ausschüttungs- und Rücklagenpolitik die zwischen der Tochtergesellschaft und den Aktionären der Mutter bestehenden widerstreitenden Interessen zum Ausgleich zu bringen.

78a Der Bundesgerichtshof hat sich im Zusammenhang mit der Frage einer „unzulässig überhöhten" Gewinnthesaurierung in Tochtergesellschaften eines Personengesellschaftskonzerns gegen einen konzerndimensionalen Ansatz ausgesprochen und festgestellt, dass zwischen Bilanzfeststellungs- und Gewinnverwendungsbeschlüssen auf der Ebene der Unter- und der Obergesellschaft mit der Folge zu unterscheiden ist, dass die Obergesellschaft einen Gewinnausschüttungsanspruch in ihrer Bilanz nur ausweisen kann, wenn eine entsprechende Gewinnausschüttung für die Untergesellschaft beschlossen worden ist.[213] Aus diesem Grund sei die Klage auf Feststellung der Nichtigkeit der Feststellung der Bilanz der Obergesellschaft kein geeigneter Weg, Ausschüttungsinteressen hinsichtlich des bei Tochtergesellschaften thesaurierten Gewinns durchzusetzen. Der Gesellschafter der Obergesellschaft müsse sein Ausschüttungsinteresse im Wege einer Feststellungsklage hinsichtlich der Gewinnverwendung bei den Untergesellschaften geltend machen.

79 **cc) Rechtsfolgen bei Verstößen.** Weder das pflichtwidrige Nichteinholen der Zustimmung der HV der Obergesellschaft bei Beschlüssen nach Abs. 2 S. 2 oder Abs. 3 (→ Rn. 76) noch eine Ermessensüberschreitung der Verwaltung der Konzernmutter bei der Rücklagendotierung nach Abs. 2 S. 1 (→ Rn. 78) hat die Nichtigkeit des Jahresabschlusses der betreffenden Tochtergesellschaft oder der Mutter zur Folge.[214] Schadensersatzansprüche nach § 93 Abs. 2, § 116 kommen in Ermangelung eines Schadens der AG nicht in Betracht (→ Rn. 37).[215] **Verstöße** der Verwaltung berechtigen zur **Verweigerung der Entlastung** nach § 120 oder gem. § 243 zur Anfechtung eines gefassten Entlastungsbeschlusses.[216] Jeder Aktionär hat darüber hinaus einen **Anspruch auf Wiederherstellung des gesetzmäßigen Zustands**.[217] Dementsprechend ist die Verwaltung bei Feststellung des nächstfolgenden Jahresabschlusses verpflichtet, die zu Unrecht gebildeten Rücklagen wieder aufzulösen.[218]

III. Gewinnverwendung nach Feststellung des Jahresabschlusses – Gewinnverwendungsbeschluss der HV (Abs. 3)

80 **1. Gewinnverwendungsmöglichkeiten. a) Überblick.** Die HV entscheidet gem. Abs. 3, § 174 Abs. 1 S. 1, § 119 Abs. 1 Nr. 2 durch Beschluss über die Verwendung des Bilanzgewinns (→ Rn. 17), der im festgestellten Jahresabschluss (→ Rn. 15) ausgewiesen ist. Sie ist bei der Beschlussfassung an den festgestellten Jahresabschluss (→ Rn. 14) und damit auch an die Höhe des dort ausgewiesenen Bilanzgewinns gebunden (§ 174 Abs. 1 S. 2), nicht aber an den Gewinnverwendungsvorschlag des Vorstands (§ 170 Abs. 2).[219] Der Beschluss über die Verwendung des Gewinns muss daher dem Betrag nach den **Bilanzgewinn exakt umfassen**.[220] Die HV hat dabei folgende Verwendungsmöglichkei-

---

[213] BGH NJW 2007, 1685 (1689) – Otto.
[214] Näher dazu *Kohl*, Die Kompetenz zur Bildung von Gewinnrücklagen im Aktienkonzern, 1991, 240 ff.; Kölner Komm AktG/*Drygala* Rn. 78.
[215] Kölner Komm AktG/*Drygala* Rn. 78; *Goerdeler* WPg 1986, 229 (237); *Lutter* FS Westermann, 1974, 347 (364); *Werner* FS Stimpel, 1985, 935 (938); aA offenbar Großkomm AktG/*Henze* Rn. 62; *Priester* ZHR 176 (2012), 268 (277); Bürgers/Körber/*Westermann* Rn. 14 „in Extremfällen".
[216] Kölner Komm AktG/*Drygala* Rn. 77; *Goerdeler* WPg 1986, 229 (236 f.); *Lutter* FS Westermann, 1974, 347 (364); *Lutter* FS Goerdeler, 1987, 327 (348); Bürgers/Körber/*Westermann* Rn. 13.
[217] BGHZ 83, 122 (134 ff.) = NJW 1982, 1703.
[218] Kölner Komm AktG/*Lutter*, 2. Aufl. 1988, Rn. 48.
[219] ADS § 174 Rn. 17; K. Schmidt/Lutter/*Fleischer* Rn. 37; Hüffer/Koch/*Koch* § 174 Rn. 5.
[220] BGHZ 124, 27 (32) = NJW 1994, 323; MüKoAktG/*Bayer* Rn. 81; Hüffer/Koch/*Koch* § 174 Rn. 3.

ten: Verteilung von Bilanzgewinn unter die Aktionäre (Ausschüttung), weitere Einstellungen in Gewinnrücklagen, Vortrag von Bilanzgewinn auf neue Rechnung (Gewinnvortrag) und andere Verwendung (Abs. 3 S. 2). Der Gewinnverwendungsbeschluss wird gem. § 133 Abs. 1 mit **einfacher Stimmenmehrheit** gefasst.[221] In der Satzung kann die Beschlussfassung an das Vorliegen einer qualifizierten Mehrheit geknüpft werden.[222] Wenn der Jahresabschluss keinen Bilanzgewinn, sondern einen Bilanzverlust ausweist, bedarf es keines Beschlusses der HV nach Abs. 3.[223] Der Verlust ist zwingend auf neue Rechnung vorzutragen und geht in die Überleitungsrechnung gem. § 158 Abs. 1 S. 1 Nr. 1 am Ende des neuen Geschäftsjahres ein.[224]

b) Ausschüttung. In der Regel beschließt die HV in Übereinstimmung mit dem Vorschlag der Verwaltung (§ 170 Abs. 2), den Bilanzgewinn an die Aktionäre **auszuschütten**.[225] Die HV beschließt dabei allein über den auszuschüttenden **Gesamtbetrag**. Die Aufteilung dieses Betrags auf die Aktionäre ergibt sich aus der Satzung (§ 60 Abs. 3) oder aus dem Gesetz (§ 60 Abs. 1 und 2). **Spitzenbeträge,** die nach dem Gewinnverteilungsschlüssel nicht gleichmäßig unter die Aktionäre verteilbar sind, werden in der Regel als Gewinnvortrag auf neue Rechnung vorgetragen (→ Rn. 85). 81

Die **Gewinnausschüttung** ist nur in Sonderfällen **begrenzt oder ausgeschlossen:** Nach der Durchführung einer **ordentlichen Kapitalherabsetzung** dürfen an die Aktionäre Zahlungen erst nach Ablauf der Sperrfrist (§ 225 Abs. 2) geleistet werden. Im Fall der **vereinfachten Kapitalherabsetzung** sind Zahlungen an die Aktionäre verboten, soweit die Beträge aus der Auflösung von Kapital- und Gewinnrücklagen oder aus der Kapitalherabsetzung gewonnen worden sind (§§ 230, 233 Abs. 3). Gewinne dürfen erst wieder nach Auffüllung der gesetzlichen Rücklage (§ 233 Abs. 1) und, soweit sie 4 % des Grundkapitals übersteigen, nur unter den Voraussetzungen des § 233 Abs. 2 ausgeschüttet werden. Weiterhin setzt die Anerkennung einer AG als **gemeinnützig** im Sinne des Steuerrechts (§ 51 ff. AO) voraus, dass an die Aktionäre keine Gewinnauszahlung erfolgt (§§ 55 Abs. 1 Nr. 1 S. 2 AO, §§ 59, 60 AO). 82

c) Gewinnrücklagen. Die HV kann über die bereits im Rahmen der Feststellung des Jahresabschlusses dotierten Gewinnrücklagen hinaus nach Abs. 3 S. 1 **weitere Beträge** in Gewinnrücklagen einstellen. Zulässig ist nur eine Einstellung **in die anderen Gewinnrücklagen.** Die Rücklagendotierung kann von der HV mit einer Zweckbindung versehen werden, durch die die Verwendungsmöglichkeit der Mittel begrenzt wird.[226] Einstellungen in die Rücklage für Anteile an einem herrschenden oder mehrheitlich beteiligten Unternehmen, in die gesetzliche Rücklage und in die satzungsmäßigen Rücklagen kommen nach Abs. 3 nicht in Betracht,[227] da diese Rücklagen gem. § 270 Abs. 2 HGB ausschließlich bei Aufstellung der Bilanz gebildet werden dürfen. Ein Wahlrecht nach § 268 Abs. 1 S. 1 HGB besteht insoweit nicht.[228] 83

Eine **gesetzliche Obergrenze** besteht für die Rücklagenbildung nach Abs. 3 nicht.[229] In der Höhe, in der der Vorstand Abschlagszahlungen an die Aktionäre nach § 59 geleistet hat, muss der Gewinnverwendungsbeschluss allerdings die Verteilung von Bilanzgewinn unter die Aktionäre vorsehen.[230] Im Übrigen wird die einzige Grenze der Rücklagenbildung nach Abs. 3 durch § 254 gezogen. 84

d) Gewinnvortrag. Die HV kann weiterhin beschließen, Bilanzgewinn auf neue Rechnung vorzutragen. Dieser Gewinnvortrag erhöht den Bilanzgewinn des Folgejahres (§ 158 Abs. 1 S. 1 Nr. 1). In der Praxis werden zwar meist nur Spitzenbeträge auf neue Rechnung vorgetragen, die für eine gleichmäßig höhere Verteilung des Bilanzgewinns unter die Aktionäre nicht ausreichen.[231] Die HV kann aber auch beschließen, einen größeren Teil oder sogar den gesamten Bilanzgewinn vorzutragen. Eine gesetzliche **Obergrenze** besteht für die Höhe des Gewinnvortrags ebenso wenig wie für die Höhe der nach Abs. 3 dotierten Rücklagen (→ Rn. 84).[232] Der Gewinnverwendungsbe- 85

---

[221] AllgM Hüffer/Koch/*Koch* Rn. 23.
[222] AllgM *ADS* Rn. 139; MüKoAktG/*Bayer* Rn. 83.
[223] Kölner Komm AktG/*Ekkenga* § 174 Rn. 3; Rousseau/*Wasse* NZG 2010, 535 (536).
[224] Kölner Komm AktG/*Ekkenga* § 174 Rn. 3; Rousseau/*Wasse* NZG 2010, 535 (536).
[225] MüKoAktG/*Bayer* Rn. 84; K. Schmidt/Lutter/*Fleischer* Rn. 38; Großkomm AktG/*Henze* Rn. 75.
[226] *ADS* Rn. 115; MüKoAktG/*Bayer* Rn. 88; K. Schmidt/Lutter/*Fleischer* Rn. 39.
[227] AA *ADS* Rn. 116; MüKoAktG/*Bayer* Rn. 88; Hüffer/Koch/*Koch* Rn. 23; Hölters/*Waclawik* Rn. 24; Bürgers/Körber/*Westermann* Rn. 25, die auch die Dotierung gesetzlicher Rücklagen nach Abs. 3 zulassen.
[228] *ADS* HGB § 268 Rn. 21 aE; Kölner Komm AktG/*Ekkenga* § 150 Rn. 7; → Rn. 16; aA Kölner Komm AktG/*Drygala* Rn. 105.
[229] *ADS* Rn. 118; MüKoAktG/*Bayer* Rn. 89; K. Schmidt/Lutter/*Fleischer* Rn. 39; Hüffer/Koch/*Koch* Rn. 23; Großkomm AktG/*Henze* Rn. 78.
[230] MüKoAktG/*Bayer* Rn. 89; Großkomm AktG/*Henze* Rn. 78.
[231] *ADS* Rn. 119; MüKoAktG/*Bayer* Rn. 90; Hüffer/Koch/*Koch* Rn. 24; Großkomm AktG/*Henze* Rn. 80.
[232] *ADS* Rn. 119; MüKoAktG/*Bayer* Rn. 90; K. Schmidt/Lutter/*Fleischer* Rn. 40; Hüffer/Koch/*Koch* Rn. 24; Großkomm AktG/*Henze* Rn. 80.

schluss kann allerdings auch wegen eines überhöhten Gewinnvortrags unter den Voraussetzungen des § 254 mit Erfolg angefochten werden. Der Unterschied zwischen der Einstellung des Bilanzgewinns in die Gewinnrücklagen und dessen Vortrag auf neue Rechnung besteht darin, dass über die Verwendung des Gewinnvortrags in der Folgeperiode allein die HV nach Abs. 3 entscheidet. Die auf neue Rechnung vorgetragenen Gewinne bleiben der Dispositionsbefugnis der Verwaltung damit entzogen.[233]

86 e) **Andere Verwendung.** Nach Abs. 3 S. 2 kann die HV eine **andere Verwendung** des Bilanzgewinns als die Ausschüttung, die Einstellung in Gewinnrücklagen oder einen Gewinnvortrag beschließen. Eine solche andere Verwendung setzt allerdings eine satzungsmäßige Ermächtigung der HV voraus. Über den Wortlaut des Abs. 3 S. 2 hinaus kann die Satzung die HV nicht nur zu einer anderen Verwendung ermächtigen, sondern sie auch hierzu **verpflichten**.[234] Keine andere Verwendung iSd Abs. 3 S. 2 ist die Dotierung von Kapitalrücklagen, da der für diese Rücklagen maßgebliche Katalog des § 272 Abs. 2 HGB abschließend ist.[235] Als andere Verwendung kommt allein die Auszahlung des Bilanzgewinns an Nichtaktionäre in Betracht.[236] Der Gesetzgeber hat dabei in erster Linie an die **Förderung gemeinnütziger Zwecke** gedacht.[237] Die praktische Bedeutung der Regelung ist allerdings sehr gering, weil meist der Vorstand über gemeinnützige Zuwendungen entscheidet, die dann im Rahmen der GuV als Aufwand verbucht werden.[238] Zum Zweck der Einführung sog. Präsenzboni für die Teilnahme an der Hauptversammlung[239] wird im Schrifttum de lege ferenda für eine Ergänzung des Abs. 3 um einen weiteren Satz plädiert.[240] Nach einer solchen Regelung soll die Zahlung derartiger Prämien eine andere Verwendung iSv. Abs. 3 S. 2 darstellen.

87 **2. Satzungsregelungen.** Die Freiheit der HV, nach Abs. 3 über die Verwendung des Bilanzgewinns zu entscheiden, kann **durch die Satzung eingeschränkt** werden.[241] Abs. 3 enthält anders als Abs. 1 und 2 keine abschließende Regelung iSd § 23 Abs. 5 S. 2.[242] Die Satzung kann dementsprechend die HV verpflichten, den Bilanzgewinn vollständig oder zum Teil auszuschütten.[243] Zulässig ist weiterhin ein satzungsmäßiges Verbot, Rücklagen zu bilden[244] oder Gewinne auf neue Rechnung vorzutragen.[245]

88 Die Satzung kann umgekehrt auch die **Verteilung von Bilanzgewinn** unter die Aktionäre ganz oder teilweise **ausschließen**.[246] Diese haben dann lediglich die Möglichkeit, den Bilanzgewinn in die anderen Gewinnrücklagen einzustellen, auf neue Rechnung vorzutragen oder an Nichtaktionäre auszuschütten. Ein satzungsmäßiges Ausschüttungsverbot dient vor allem zur Absicherung des steuerlichen Privilegs der Gemeinnützigkeit (→ Rn. 82 aE).[247] Es kann aber auch ohne steuerlichen Hintergrund von der HV beschlossen werden. Erforderlich für eine solche Satzungsregelung ist allerdings die **Zustimmung aller Aktionäre**.[248] Das folgt aus § 33 Abs. 1 S. 2 BGB, soweit die AG fortan gemeinnützige Zwecke fördert. Im Übrigen folgt das generelle Zustimmungserfordernis mittelbar aus § 254 Abs. 1: Würde nämlich das Mehrheitserfordernis des § 179 für die Einführung eines satzungsmäßigen Ausschüttungsverbots genügen, wäre der von § 254 bezweckte Schutz der Aktionärsminderheit vor einer Aushungerungspolitik der Mehrheit unvollständig. Denn nach Einführung einer Satzungsregel, die die Ausschüttung von Bilanzgewinn ausschließt, hat eine Aktionärsminderheit kein Anfechtungsrecht mehr aus § 254, weil Beträge, die von Satzungs wegen von der

---

[233] *ADS* Rn. 119; MüKoAktG/*Bayer* Rn. 90; Großkomm AktG/*Henze* Rn. 80.
[234] *ADS* Rn. 122; MüKoAktG/*Bayer* Rn. 91; NK-AktR/*Drinhausen* Rn. 37; K. Schmidt/Lutter/*Fleischer* Rn. 41; Hüffer/Koch/*Koch* Rn. 25; Großkomm AktG/*Henze* Rn. 81; Kölner Komm AktG/*Drygala* Rn. 110.
[235] *ADS* Rn. 121; MüKoAktG/*Bayer* Rn. 91.
[236] Hüffer/Koch/*Koch* Rn. 25; Großkomm AktG/*Henze* Rn. 81; *Klühs* ZIP 2006, 107 (112).
[237] Vgl. BegrRegE *Kropff* S. 78; BGHZ 84, 303 = NJW 1983, 282; *ADS* Rn. 122; MüKoAktG/*Bayer* Rn. 91; Hüffer/Koch/*Koch* Rn. 25; Großkomm AktG/*Henze* Rn. 81.
[238] MüKoAktG/*Bayer* Rn. 91; K. Schmidt/Lutter/*Fleischer* Rn. 41; Großkomm AktG/*Henze* Rn. 81.
[239] Vgl. hierzu näher *Klühs* ZIP 2006, 107 ff.
[240] So *Klühs* ZIP 2006, 107 (112, 118).
[241] AA *Strothotte*, Die Gewinnverwendung in Aktiengesellschaften, 2014, 380–390.
[242] Großkomm AktG/*Henze* Rn. 83; Kölner Komm AktG/*Drygala* Rn. 98.
[243] *ADS* Rn. 133; MüKoAktG/*Bayer* Rn. 92; Großkomm AktG/*Henze* Rn. 83; Kölner Komm AktG/*Drygala* Rn. 98; Wachter/*Servatius* Rn. 12.
[244] MüKoAktG/*Bayer* Rn. 93; Bürgers/Körber/*Westermann* Rn. 23.
[245] *ADS* Rn. 138; MüKoAktG/*Bayer* Rn. 93; Kölner Komm AktG/*Drygala* Rn. 98.
[246] MüKoAktG/*Bayer* Rn. 87, 92; NK-AktR/*Drinhausen* Rn. 38; Großkomm AktG/*Henze* Rn. 84; Bürgers/Körber/*Westermann* Rn. 22; in einem obiter dictum BGH WM 2013, 325 (327).
[247] *ADS* Rn. 135; MüKoAktG/*Bayer* Rn. 87; Großkomm AktG/*Henze* Rn. 84 aE.
[248] MüKoAktG/*Bayer* Rn. 121; Großkomm AktG/*Henze* Rn. 89; Kölner Komm AktG/*Drygala* Rn. 110; *Sethe* ZHR 162 (1998), 474 (479).

Verteilung unter die Aktionäre ausgeschlossen sind, vom Anwendungsbereich des § 254 ausdrücklich ausgenommen sind. Dementsprechend könnte eine Aktionärsmehrheit ohne das Bestehen eines generellen Zustimmungserfordernisses ein satzungsmäßiges Ausschüttungsverbot beschließen und auf diese Weise dem Schutzzweck des § 254 zuwider der Minderheit jegliche Gewinnausschüttungen vorenthalten.

Die Satzung kann die HV schließlich verpflichten, den **gesamten Bilanzgewinn in** die **Gewinn-** 89 **rücklagen einzustellen.**[249] Aus den in → Rn. 88 genannten Gründen ist auch für eine solche Satzungsregelung die Zustimmung aller Aktionäre erforderlich. Gegen die Zulässigkeit eines satzungsmäßigen Zwangs zur Rücklagenbildung spricht nicht, dass dadurch die Schranken, die Abs. 1 und 2 der Rücklagenbildung ziehen, umgangen würden.[250] Diese Absätze befassen sich ausschließlich mit der Dotierung von Rücklagen bei der Feststellung des Jahresabschlusses. Nur in diesem Rahmen können die Schranken von Abs. 1 und 2 demzufolge auch Geltung beanspruchen. Die Dotierung von Rücklagen aus dem Bilanzgewinn nach Abs. 3 erfolgt unabhängig von jener nach Abs. 1 und 2.[251] Aus der Regelung des § 270 Abs. 2 HGB, nach der Einstellungen in die satzungsmäßigen Gewinnrücklagen bereits bei der Aufstellung der Bilanz zu berücksichtigen sind, lässt sich ebenfalls nichts Gegenteiliges ableiten,[252] da es vorliegend um die Dotierung anderer und nicht um die Dotierung satzungsmäßiger Rücklagen geht. Im Übrigen gehen Abs. 4 und § 254 Abs. 1 davon aus, dass die Ausschüttung von Bilanzgewinn durch die Satzung ausgeschlossen werden kann.[253] Wenn die Ausschüttung des Bilanzgewinns aber per Satzung ausgeschlossen werden kann, bleiben für seine Verwendung nur die Zuführung zu den anderen Gewinnrücklagen und der Vortrag auf neue Rechnung übrig. Beides muss dann auch durch die Satzungsregelung bestimmt werden können.

3. Ausschüttung und Einlagenrückgewähr. Die Freiheit der Aktionäre, über die Verwendung 90 des Bilanzgewinns zu entscheiden, kann weiterhin aufgrund des Verbots der Einlagenrückgewähr (§ 57 Abs. 1 S. 1) eingeschränkt sein. Treten nämlich im Zeitraum zwischen der Feststellung des Jahresabschlusses, der einen Bilanzgewinn ausweist, und der Beschlussfassung über die Gewinnverwendung **Verluste** auf, die die Kapitalrücklage, die gesetzliche Rücklage oder sogar das gezeichnete Kapital aufzehren, darf der Bilanzgewinn insoweit nicht an die Aktionäre ausgeschüttet werden, als er zur Deckung der Grundkapitalziffer und der genannten Rücklagen erforderlich ist.[254] Die Kapitalbindung nach § 57 Abs. 1 und 3 steht einer Ausschüttung entgegen. Die HV ist in einer solchen Situation verpflichtet, den Bilanzgewinn in die anderen Gewinnrücklagen einzustellen.[255]

IV. Der Anspruch der Aktionäre auf Bilanzgewinn (Abs. 4)

1. Mitgliedschaftlicher Gewinnbeteiligungsanspruch. Abs. 4 regelt den mitgliedschaftlichen 91 Gewinnbeteiligungsanspruch der Aktionäre gegen die Gesellschaft. Er entsteht mit der Feststellung des Jahresabschlusses, wenn dieser einen Bilanzgewinn ausweist.[256] Der Anspruch ist grundsätzlich nicht auf Zahlung,[257] sondern auf **Herbeiführung eines Gewinnverwendungsbeschlusses** nach § 174 gerichtet.[258] Er ist untrennbar mit der Mitgliedschaft verbunden[259] und kann dementsprechend gem. § 399 Alt. 1 BGB nicht abgetreten werden.[260] Jeder Aktionär kann ihn gerichtlich geltend machen, wenn die HV nicht innerhalb der Frist des § 175 Abs. 1 S. 2 über die Gewinnverwendung beschließt. Im Rahmen einer solchen Klage kann allerdings ein bestimmter Beschlussinhalt grundsätzlich nicht

---

[249] ADS Rn. 134–137; MüKoAktG/*Bayer* Rn. 94; K. Schmidt/Lutter/*Fleischer* Rn. 42; Großkomm AktG/*Henze* Rn. 84; Kölner Komm AktG/*Drygala* Rn. 98.
[250] So Kölner Komm AktG/*Lutter*, 2. Aufl. 1988, Rn. 69.
[251] ADS Rn. 135; Großkomm AktG/*Henze* Rn. 84.
[252] ADS Rn. 136.
[253] Großkomm AktG/*Henze* Rn. 84.
[254] MüKoAktG/*Bayer* Rn. 109; Großkomm AktG/*Henze* Rn. 102; Kölner Komm AktG/*Drygala* Rn. 139; Strothotte, Die Gewinnverwendung in Aktiengesellschaften, 2014, 377 f.
[255] Großkomm AktG/*Henze* Rn. 102; Bürgers/Körber/*Westermann* Rn. 25 aE.
[256] BGHZ 7, 263 (264) = NJW 1952, 1370; BGHZ 23, 150 (154) = NJW 1957, 588; BGHZ 65, 230 (235) = NJW 1976, 241; BGHZ 124, 27 (31) = NJW 1994, 323; ADS Rn. 140; MüKoAktG/*Bayer* Rn. 98; K. Schmidt/Lutter/*Fleischer* Rn. 44; Hüffer/Koch/*Koch* Rn. 26; Großkomm AktG/*Henze* Rn. 87; Bürgers/Körber/*Westermann* Rn. 27.
[257] *Mertens* FS Wiedemann, 2002, 1113 (1117).
[258] AllgM ADS Rn. 140; MüKoAktG/*Bayer* Rn. 99; Hüffer/Koch/*Koch* Rn. 26; Großkomm AktG/*Henze* Rn. 87; Wachter/*Servatius* Rn. 15.
[259] ADS Rn. 140; MüKoAktG/*Bayer* Rn. 100; NK-AktR/*Drinhausen* Rn. 39; Großkomm AktG/*Henze* Rn. 86; Kölner Komm AktG/*Drygala* Rn. 130.
[260] ADS Rn. 140; MüKoAktG/*Bayer* Rn. 100; K. Schmidt/Lutter/*Fleischer* Rn. 44; Hüffer/Koch/*Koch* Rn. 26; Bürgers/Körber/*Westermann* Rn. 28.

eingefordert werden (zu den Ausnahmen → Rn. 92), da die HV über die Verwendung des Bilanzgewinns in der Regel frei entscheiden kann. Ein stattgebendes Urteil wird nach § 888 ZPO vollstreckt.[261]

92 Nach ganz hM kann eine auf den mitgliedschaftlichen Gewinnbeteiligungsanspruch gestützte Klage nicht auf einen Gewinnverwendungsbeschluss **bestimmten Inhalts** gerichtet werden.[262] Diese Auffassung ist im Schrifttum zu Recht auf Kritik gestoßen.[263] Zutreffend ist, dass kein einklagbarer Anspruch auf eine Beschlussfassung bestimmten Inhalts besteht, wenn im festgestellten Jahresabschluss zwar ein zur freien Verfügung der HV stehender Bilanzgewinn ausgewiesen ist, die HV aber gleichwohl nicht über dessen Verwendung beschließt. In einem solchen Fall ist der Anspruch auf Herbeiführung eines Gewinnverwendungsbeschlusses gerichtet (→ Rn. 91). Ist die Gewinnverwendung der HV demgegenüber zur Abstimmung gestellt worden und ist ein Beschluss nur deswegen nicht zustande gekommen, weil kein Gewinnverwendungsvorschlag die erforderliche Mehrheit findet, hilft dem an einer Gewinnauszahlung interessierten Aktionär eine auf die Herbeiführung des Gewinnverwendungsbeschlusses gerichtete Klage schwerlich weiter. In einer solchen „Pattsituation in der HV" ist die Klage wie im Recht der GmbH[264] auf Feststellung eines bestimmten Beschlussinhaltes zu richten.[265] Inhalt einer solchen gegen die AG zu richtenden **positiven Beschlussfeststellungsklage** ist die **Vollausschüttung des Bilanzgewinns**.[266] Aus Abs. 4 folgt nämlich, dass der Gesetzgeber davon ausgeht, dass der Bilanzgewinn grundsätzlich unter die Aktionäre verteilt wird. Das zeigt die Formulierung der Vorschrift, nach der Aktionäre Anspruch auf den Bilanzgewinn haben, *soweit* er nicht von der Verteilung ausgeschlossen ist.[267] Die positive Beschlussfeststellungsklage ist außerdem dann prozessuales Vehikel zur Durchsetzung des mitgliedschaftlichen Gewinnbeteiligungsanspruchs, wenn der HV die **Ausschüttung des Bilanzgewinns durch die Satzung bindend vorgegeben** ist (→ Rn. 87).[268] Denn unter diesen Umständen ist nicht nur das Bestehen einer Pattsituation in der HV nur ein bestimmter Beschlussinhalt satzungs- bzw. gesetzeskonform. Die HV hat in solchen Fällen nicht die Befugnis, über den Bilanzgewinn frei zu entscheiden. Dementsprechend besteht auch kein Grund, dem Aktionär eine Beschlussfeststellungsklage bestimmten Inhalts zu versagen.

93 Anspruch auf den Bilanzgewinn nach Abs. 4 haben ausschließlich die **Aktionäre.** Damit sind nur diejenigen Aktionäre gemeint, die Inhaber derjenigen Aktien sind, die im Zeitpunkt des Ablaufs des Geschäftsjahres bestanden.[269] Keinen Anspruch auf Bilanzgewinn haben demgegenüber solche Aktionäre, die Inhaber neuer Aktien sind, die nach Ablauf des betreffenden Geschäftsjahres begeben worden sind. Das gilt insbesondere in den Fällen, in denen die AG neue Aktien **zwischen Abschlussstichtag und Gewinnverwendungsbeschluss der HV** nach Abs. 3 ausgibt. Wenn man den Inhabern solcher Aktien nach Abs. 4 einen Anspruch auf den im bereits abgelaufenen Geschäftsjahr erwirtschafteten Bilanzgewinn zusprechen würde, würde verbotswidrig in das mitgliedschaftliche Gewinnteilhaberecht der Altaktionäre eingegriffen,[270] da das für die Erzielung des Bilanzgewinns erforderliche Kapital allein von den Altaktionären aufgebracht worden ist. Ihnen allein gebührt dementsprechend auch die insoweit erzielte Rendite. Ein rückwirkendes Gewinnbezugsrecht der neuen Aktionäre ist allerdings nicht gänzlich ausgeschlossen, da das Aktienrecht die Ausschüttung von Bilanzgewinn auch an Dritte zulässt. Ein solches Gewinnbezugsrecht Dritter erfordert eine Satzungsregelung nach Abs. 3 S. 2.[271] Als Dritte in diesem Zusammenhang sind die Inhaber der jungen Aktien anzusehen.

94 **2. Anspruch auf Zahlung von Dividende. a) Entstehung.** Der Anspruch der Aktionäre gegen die Gesellschaft auf Auszahlung von Dividende entsteht mit Vorliegen eines wirksamen Gewinnverwendungsbeschlusses gem. Abs. 3, § 174, der eine Ausschüttung vorsieht.[272] In den Fällen,

---

[261] MüKoAktG/*Bayer* Rn. 99; NK-AktR/*Drinhausen* Rn. 40; K. Schmidt/Lutter/*Fleischer* Rn. 44; Großkomm AktG/*Henze* Rn. 87; Hüffer/Koch/*Koch* Rn. 26; Kölner Komm AktG/*Drygala* Rn. 127; Bürgers/Körber/*Westermann* Rn. 27.
[262] *ADS* Rn. 140; MüKoAktG/*Bayer* Rn. 99; Großkomm AktG/*Henze* Rn. 87; Kölner Komm AktG/*Drygala* Rn. 127; Hölters/*Waclawik* Rn. 30.
[263] *Schüppen* FS Röhricht, 2005, 571 (575 ff.).
[264] Vgl. statt aller Lutter/Hommelhoff/*Bayer* GmbHG § 46 Rn. 6.
[265] *Schüppen* FS Röhricht, 2005, 571 (576 f.); Bürgers/Körber/*Westermann* Rn. 29; Kölner Komm AktG/*Drygala* Rn. 128.
[266] AA *Strothotte*, Die Gewinnverwendung in Aktiengesellschaften, 2014, 402 (406 f.) (Mindestdividende iHv 4 %).
[267] Dazu näher *Schüppen* FS Röhricht, 2005, 571 (575).
[268] Ebenso Kölner Komm AktG/*Drygala* Rn. 128.
[269] *Wündisch* AG 1969, 320; *Mertens* FS Wiedemann, 2002, 1113 (1117, 1121 f.).
[270] *Mertens* FS Wiedemann, 2002, 1113 (1118 f.); aA Kölner Komm AktG/*Lutter*, 2. Aufl. 1988, § 60 Rn. 16 f.
[271] *Mertens* FS Wiedemann, 2002, 1113 (1122).
[272] AllgM BGH WM 2013, 325 (326); *ADS* Rn. 140; MüKoAktG/*Bayer* Rn. 103; Hüffer/Koch/*Koch* Rn. 28; Großkomm AktG/*Henze* Rn. 94; Bürgers/Körber/*Westermann* Rn. 21.

in denen der mitgliedschaftliche Gewinnbeteiligungsanspruch (→ Rn. 91) ausnahmsweise im Wege der positiven Beschlussfeststellungsklage geltend gemacht wird (→ Rn. 92), ersetzt das rechtskräftige Urteil gem. § 894 ZPO den Gewinnverwendungsbeschluss.[273] Der Anspruch ist auf die **Zahlung von Geld** gerichtet, wenn der Gewinnverwendungsbeschluss keine Sachausschüttung (Abs. 5) zum Gegenstand hat (→ Rn. 103 ff.).[274] Er ist anders als der mitgliedschaftliche Gewinnbeteiligungsanspruch **verkehrsfähig** und kann dementsprechend abgetreten (§ 398 S. 1 BGB), gepfändet (§ 851 Abs. 1 ZPO, § 828 ZPO) und verpfändet (§§ 1273 f. BGB) werden.[275] Soweit offene Einlageverpflichtungen bestehen, hat die AG gem. § 273 BGB ein Zurückbehaltungsrecht.[276]

Der Anspruch auf Zahlung von Dividende setzt einen **wirksamen** Gewinnverwendungsbeschluss 95 voraus (→ Rn. 94). Er entsteht demzufolge nicht, wenn der Gewinnverwendungsbeschluss selbst oder der Jahresabschluss, auf dem er beruht, nichtig ist (§ 253 Abs. 1 S. 1, § 256).[277] Ist der die **Nichtigkeit** begründende Mangel heilbar (§§ 242, 253 Abs. 1 S. 2), entsteht der Anspruch mit der Heilung.[278] Wenn entweder der Gewinnverwendungsbeschluss oder die Feststellung des Jahresabschlusses mit Erfolg angefochten wird (§§ 243, 248, 254, 257), wird zugleich der Anspruch mit Wirkung ex tunc vernichtet.[279] Das gilt auch, wenn der Anspruch zuvor abgetreten worden ist.[280] Aktionäre, an die auf der Grundlage eines nichtigen Gewinnverwendungsbeschlusses Dividenden ausbezahlt worden sind, sind gem. § 62 Abs. 1 S. 1 zur Rückzahlung verpflichtet. Gutgläubige Aktionäre werden gem. § 62 Abs. 1 S. 2 geschützt.[281]

b) Fälligkeit. Nach der bis zum 31.12.2016 geltenden Rechtslage war der Anspruch auf den 95a durch Gewinnverwendungsbeschluss zur Verteilung gestellten Bilanzgewinn gem. § 271 BGB sofort fällig, wenn die Fälligkeit nicht im Gewinnverwendungsbeschluss oder durch Satzung hinausgeschoben wurde.[282] Die nunmehr in Abs. 4 S. 2 und 3 bestimmte Fälligkeitsregelung gilt gemäß Art. 10 Abs. 1 der Aktienrechtsnovelle 2016[283] seit dem 1.1.2017. Sie soll es den an der Abwicklung von Kapitalmaßnahmen beteiligten Marktteilnehmern (Emittenten, Kreditinstituten, Clearingstellen, Börsen) ermöglichen, die auf europäischer Ebene entwickelten einheitlichen Marktstandards (Market Standards for Corporate Action Processing) umzusetzen, und damit zu einer europaweiten Harmonisierung der Wertpapierabwicklung beitragen.[284] Die einheitlichen Marktstandards sehen vor, dass die Dividendenzahlung nicht sofort, sondern frühestens drei Geschäftstage nach dem Tag der HV, am sog. „Payment Date", fällig ist.[285] Mit einer solchen Regelung ist es möglich, die Dividenden auch an jene Aktionäre auszuschütten, die Aktien erst am Tag der HV erworben haben, weil der für die Ausschüttung maßgebende Depotbestand zum Handelsschluss des Tages der HV am zweiten Geschäftstag nach dem Tag der HV, dem sog. „Dividend Record Date", ermittelt werden kann.[286] Abs. 4 S. 2 und S. 3 bestimmen daher, dass der Anspruch entweder am dritten auf den Hauptver- 95b sammlungsbeschluss folgenden Geschäftstag fällig ist (S. 2) oder – wenn der Hauptversammlungsbeschluss oder die Satzung dies festlegen – später (S. 3). Wenngleich der Gesetzgeber vor dem genannten Hintergrund (→ Rn. 95a) eine gesetzliche Fälligkeitsregel nur für Barausschüttungen als notwendig angesehen hat, so beanspruchen die Abs. 4 S. 2 und S. 3 in Ermangelung einer entsprechenden Beschränkung im Gesetz auch für Sachausschüttungen im Sinne des Abs. 5 Geltung. Für den Begriff des Geschäftstags im Sinne des Abs. 4 S. 2 ist das Verständnis maßgebend, das den §§ 675n, 675s und 675t BGB zugrunde liegt.[287] Abzustellen ist daher auf die Bankarbeitstage, also grundsätzlich nur auf Werktage (keine Samstage, Sonntage und Feiertage). Da die Geschäftstage der in die Abwicklung der Dividendenzahlungen eingeschalteten Banken nicht einheitlich sind (zB wegen nur regional

---

[273] *Schüppen* FS Röhricht, 2005, 571 (582) (für Pattsituationen in der HV).
[274] AllgM *ADS* Rn. 140; MüKoAktG/*Bayer* Rn. 125; K. Schmidt/Lutter/*Fleischer* Rn. 45; Hüffer/Koch/*Koch* Rn. 28; Kölner Komm AktG/*Drygala* Rn. 132; Hölters/*Waclawik* Rn. 31.
[275] RGZ 98, 318 (320); MüKoAktG/*Bayer* Rn. 105; NK-AktR/*Drinhausen* Rn. 41; Großkomm AktG/*Henze* Rn. 94; Hüffer/Koch/*Koch* Rn. 28; Kölner Komm AktG/*Drygala* Rn. 135; Bürgers/Körber/*Westermann* Rn. 28.
[276] OLG Dresden AG 2004, 611 (613); Hüffer/Koch/*Koch* Rn. 28.
[277] MüKoAktG/*Bayer* Rn. 104; K. Schmidt/Lutter/*Fleischer* Rn. 46; Großkomm AktG/*Henze* Rn. 93; Kölner Komm AktG/*Drygala* Rn. 133.
[278] MüKoAktG/*Bayer* Rn. 104.
[279] MüKoAktG/*Bayer* Rn. 104; Großkomm AktG/*Henze* Rn. 93 MHdB AG/*Wiesner* § 46 Rn. 23a.
[280] MüKoAktG/*Bayer* Rn. 104; Kölner Komm AktG/*Drygala* Rn. 133.
[281] Bürgers/Körber/*Westermann* Rn. 32 aE.
[282] Vgl. Voraufl. Rn. 94 mwN.
[283] Gesetz zur Änderung des Aktiengesetzes (Aktienrechtsnovelle 2016) v. 22.12.2015 (BGBl. 2015 I 2565).
[284] BegrRegE BT-Drs. 18/4349, 19.
[285] BegrRegE BT-Drs. 18/4349, 19; vgl. hierzu iE *Müller-Eising* GWR 2015, 50 (51).
[286] Vgl. *Müller-Eising* GWR 2015, 50 (51); *Paschos/Goslar* NJW 2016, 359 (362).
[287] BegrRegE BT-Drs. 18/4349, 20.

bestehender Feiertage oder wegen abweichender ausländischer Feiertage bei Einschaltung einer ausländischen Bank) können die Dividendenansprüche der Aktionäre an unterschiedlichen Tagen fällig werden. Mit Ablauf des dritten auf den Hauptversammlungsbeschluss folgenden Geschäftstag tritt grundsätzlich Verzug der AG ein, wenn eine spätere Fälligkeit nicht wirksam nach Abs. 4 S. 3 bestimmt ist (→ Rn. 95c).

95c Eine frühere als die in Abs. 4 S. 2 genannte Fälligkeit kann nicht wirksam bestimmt werden.[288] Sofern im Gewinnverwendungsbeschluss oder in der Satzung gem. Abs. 4 S. 3 eine spätere Fälligkeit des Anspruchs vorgesehen ist, wird die Auffassung vertreten, der Fälligkeitszeitpunkt dürfe nicht ohne (gewichtigen) sachlichen Grund über das Geschäftsjahr, in dem der Gewinnverwendungsbeschluss gefasst worden ist, hinaus verschoben werden.[289] Die Anknüpfung einer solchen Beschlusskontrolle an das Ende des laufenden Geschäftsjahres erscheint willkürlich. Soweit alle Aktionäre über das Hinausschieben der Fälligkeit einstimmig entschieden haben, bedarf es in Ermangelung einer überstimmten Minderheit deren Schutz in Gestalt einer materiellen Beschlusskontrolle auch dann nicht, wenn der Dividendenanspruch nach dem gefassten Beschluss erst im nächsten Geschäftsjahr fällig sein soll. Ist der Beschluss demgegenüber nicht einstimmig gefasst worden, wird das Hinausschieben der Fälligkeit des Dividendenanspruchs unabhängig davon, ob die im Beschluss bestimmte Fälligkeit (einen Tag) vor oder (einen Tag) nach Ablauf des laufenden Geschäftsjahres liegt, entweder sachlich zu rechtfertigen sein oder nicht. Die besseren Gründe sprechen dafür, in solchen Fällen für eine von Abs. 4 S. 2 abweichende Fälligkeitsregelung iSd S. 3 stets einen sachlichen Grund zu verlangen. Denn aus den gesetzlichen Regelungen lässt sich in dem Zusammenhang allein entnehmen, dass der Anspruch nach Abs. 4 S. 2 am dritten auf den Hauptversammlungsbeschluss folgenden Geschäftstag fällig sein soll. Eine normative Abwägung zwischen den Belangen der durch eine hiervon abweichende Regelung nach Abs. 4 S. 3 in ihrem vermögensmäßigen Teilhaberecht betroffenen Aktionärsminderheit und dem etwaigen Gesellschaftsinteresse an einer hinausgeschobenen Fälligkeit lässt sich dem Gesetz nicht entnehmen. Insbesondere fehlt es an jeglichen gesetzlichen Voraussetzungen, unter denen eine von Abs. 4 S. 2 abweichende Fälligkeitsregelung zulässig ist.

96 c) **Ausschüttungsbetrag und zusätzlicher Aufwand.** Der an die Aktionäre **insgesamt auszuschüttende Betrag** ergibt sich aus dem Bilanzgewinn abzüglich des in die Gewinnrücklagen eingestellten Betrags, des Gewinnvortrags (→ Rn. 17) und des zusätzlichen Aufwands aufgrund des Gewinnverwendungsbeschlusses. Ein **zusätzlicher Aufwand** kann sich ergeben, wenn die HV von dem Gewinnverwendungsvorschlag der Verwaltung (§ 170 Abs. 2) abweicht.[290] Beispielsweise erhöht sich der Aufwand für Tantiemen und Arbeitnehmervergütungen, soweit diese der Höhe nach an die ausgeschüttete Dividende gekoppelt sind und die HV abweichend vom Vorschlag des Vorstands eine höhere Ausschüttung beschließt.[291] Ein insoweit zusätzlich entstehender Personalaufwand kann wegen § 174 Abs. 3 im festgestellten Jahresabschluss nicht mehr verbucht werden und muss daher im Rahmen des Gewinnverwendungsbeschlusses Berücksichtigung finden (§ 174 Abs. 2 Nr. 5). Ein **zusätzlicher Steueraufwand** entstand vor der Umstellung des körperschaftsteuerlichen Anrechnungsverfahrens auf das Halbeinkünfteverfahren aufgrund des gespaltenen Steuersatzes, nach dem die Steuerbelastung bei ausgeschütteten Gewinnen niedriger war als bei einbehaltenen, wenn die HV eine höhere Gewinnthesaurierung beschloss als die Verwaltung gem. § 170 Abs. 2 vorgeschlagen hatte.[292] Angesichts des nunmehr geltenden einheitlichen Körperschaftsteuersatzes für ausgeschüttete und thesaurierte Gewinne kann sich ein zusätzlicher Steueraufwand nur noch aufgrund der Anwendung körperschaftsteuerlicher Übergangsvorschriften (§§ 37, 38 KStG) ergeben.

97 d) **Kein Gläubigerrecht.** Die Dividendenansprüche der Aktionäre sind grundsätzlich **unentziehbar.**[293] Das bedeutet, dass die Zahlungsansprüche der Aktionäre nicht durch eine neue Beschlussfassung der HV über die Gewinnverwendung aufgehoben werden können,[294] sofern nicht alle Aktionäre einer Änderung des ursprünglichen Gewinnverwendungsbeschlusses zustimmen.[295] Der BGH und

---

[288] Vgl. *Ihrig/Wandt* BB 2016, 6 (14).
[289] *Hüffer/Koch/Koch* Rn. 28; *Strothotte*, Die Gewinnverwendung in Aktiengesellschaften, 2014, 399.
[290] Vgl. hierzu iE MüKoAktG/*Hennrichs/Pöschke* § 174 Rn. 33–36.
[291] *Hüffer/Koch/Koch* Rn. 27; MüKoAktG/*Hennrichs/Pöschke* § 174 Rn. 35.
[292] Vgl. MüKoAktG/*Hennrichs/Pöschke* § 174 Rn. 34.
[293] MüKoAktG/*Bayer* Rn. 107; NK-AktR/*Drinhausen* Rn. 44; K. Schmidt/Lutter/*Fleischer* Rn. 48; Großkomm AktG/*Henze* Rn. 95; Hüffer/Koch/*Koch* Rn. 28; Kölner Komm AktG/*Drygala* Rn. 135.
[294] BGHZ 23, 150 (157); MüKoAktG/*Bayer* Rn. 107; Kölner Komm AktG/*Drygala* Rn. 135; *Schmidt-Versteyl/Probst* BB 2011, 1416 (1418 f.).
[295] Vgl. *Schmidt-Versteyl/Probst* BB 2011, 1416 (1419 f.) (auch zu der Frage der Zulässigkeit einer nachträglichen Änderung eines Gewinnverwendungsbeschlusses im Hinblick auf thesaurierte und auf neue Rechnung vorgetragene Gewinne).

das überwiegende Schrifttum bezeichnen die Dividendenansprüche der Aktionäre daher als von der Mitgliedschaft unabhängige **Gläubigerrechte**.[296] Das ist missverständlich. Sie haben vielmehr genauso wie die mitgliedschaftsrechtlichen Gewinnbeteiligungsansprüche (→ Rn. 91) verbandsrechtlichen Charakter. Mit Herbeiführung eines wirksamen Gewinnverwendungsbeschlusses wird lediglich die Verkehrsfähigkeit und damit die Übertragbarkeit von Dividendenansprüchen auf Nichtaktionäre ermöglicht (→ Rn. 94).[297] An dem mitgliedschaftsrechtlichen Gehalt ändert sich durch die bloße Erlangung der Verkehrsfähigkeit nichts. Dementsprechend ist auch eine rechtskonstruktive Abspaltung der Dividendenansprüche von der Mitgliedschaft nicht geboten, zumal das Gesetz für eine solche Abspaltung keinen Anhaltspunkt enthält.[298]

e) Keine Durchsetzungssperre. Nach einer Auffassung im Schrifttum können Aktionäre ihre 98 durch den Gewinnverwendungsbeschluss entstandenen Dividendenansprüche ausnahmsweise dann nicht durchsetzen, wenn bei der AG in dem kurzen **Zeitraum zwischen Gewinnverwendungsbeschluss und Auszahlung der Dividende Verluste** entstehen, durch die die gesetzlichen Rücklagen (§ 150) oder sogar das gezeichnete Kapital aufgezehrt werden.[299] Das folge aus der den Aktionären gegenüber der AG obliegenden Treupflicht.[300] Dieser Auffassung ist nicht zuzustimmen.[301] Schon dem Wortlaut des § 57 Abs. 3 nach liegt im Fall eines wirksamen Gewinnverwendungsbeschlusses ein Bilanzgewinn vor, der an die Aktionäre verteilt werden darf. Daran kann ein nachträglich bei der AG eintretender Verlust nichts ändern. Andernfalls hinge die Durchsetzbarkeit des Dividendenzahlungsanspruchs (→ Rn. 94 f.) im Ergebnis davon ab, wie zügig die Gesellschaft die Auszahlungen vornimmt. Im Idealfall würde die Dividende sofort an die Aktionäre ausbezahlt werden. Diese wären unter solchen Umständen selbst bei nachträglich entstandenen Verlusten nicht zur Rückzahlung verpflichtet. Eine bloße Verzögerung der Auszahlung ändert daran nichts. Wenn die Auszahlung der Dividende die Zahlungsfähigkeit der AG gefährden würde, hat der Vorstand allerdings das Zahlungsverbot iSd § 92 Abs. 2 S. 3 zu beachten bis die Krise überwunden ist.[302]

3. Verbriefung. a) Dividendenschein (Coupon). Der Anspruch auf Zahlung von Dividende 99 (→ Rn. 94 f.) kann wie die Mitgliedschaft selbst wertpapiermäßig in Form eines **Dividendenscheins (Coupon)** verbrieft werden.[303] Aktionäre haben einen Anspruch auf Verbriefung, wenn dieser nicht, wie bei börsennotierten Gesellschaften die Regel, durch die Satzung ausgeschlossen ist.[304] Dividendenscheine lauten meist auf den **Inhaber**, selbst wenn die AG Namensaktien ausgegeben hat.[305] Sie werden als Zusammendruck von mehreren, durch Nummern gekennzeichneten Scheinen (Bogen) einschließlich dem Erneuerungsschein (Talon, → Rn. 102) und der Aktie (Mantel) ausgegeben. Die Bögen unterscheiden sich ausschließlich durch die aufgedruckte Nummer. Solange die HV noch nicht über die Gewinnverwendung beschlossen hat, steht den Inhabern der Dividendenscheine nur eine Anwartschaft auf eine künftige oder aufschiebend bedingte Forderung zu.[306] Mit dem Aufruf der AG zum Bezug der nach Abs. 3 beschlossenen Dividende kann diese unter Vorlage des Bogens mit der im Aufruf genannten Nummer bei der benannten Stelle in Empfang genommen werden. Die Bögen können darüber hinaus zum Bezug von Aktien im Rahmen von Kapitalerhöhungen verwandt werden.[307]

---

[296] BGHZ 23, 150 (157); MüKoAktG/*Bayer* Rn. 107; Großkomm AktG/*Henze* Rn. 95; Hüffer/Koch/*Koch* Rn. 28; Kölner Komm AktG/*Drygala* Rn. 135; *W. Müller* NZG 2002, 752 (757); Bürgers/Körber/*Westermann* Rn. 30; Grigoleit/*Grigoleit/Zellner* Rn. 33.
[297] MüKoAktG/*Bayer* Rn. 108.
[298] Vgl. zur Kritik an der im Schrifttum ebenfalls vorgenommenen Differenzierung zwischen „allgemeinem Bezugsrecht" und den „konkreten Bezugsansprüchen" ausf. *Cahn* ZHR 164 (2000), 113 (123–129).
[299] MüKoAktG/*Bayer* Rn. 108; Großkomm AktG/*Henze* Rn. 102; aA Kölner Komm AktG/*Lutter* 2. Aufl. 1988, Rn. 105; Kölner Komm AktG/*Drygala* Rn. 140; *Ekkenga* AG 2006, 389 (395); Hüffer/Koch/*Koch* Rn. 28; *Strobel-Haarmann* FS Rädler, 1999, 607 (625 f.); Grigoleit/*Grigoleit/Zellner* Rn. 34; Bürgers/Körber/*Westermann* Rn. 32; *Strothotte*, Die Gewinnverwendung in Aktiengesellschaften, 2014, 379.
[300] Großkomm AktG/*Henze* Rn. 102.
[301] Wie hier K. *Schmidt*/Lutter/*Fleischer* Rn. 48; Kölner Komm AktG/*Drygala* Rn. 140; *Ekkenga* AG 2006, 389 (395); Hüffer/Koch/*Koch* Rn. 28; *Strobel-Haarmann* FS Rädler, 1999, 607 (625 f.).
[302] Vgl. hierzu näher *Cahn* Der Konzern 2009, 7 (10); Kölner Komm AktG/*Drygala* Rn. 141.
[303] MüKoAktG/*Bayer* Rn. 117; NK-AktR/*Drinhausen* Rn. 45; Großkomm AktG/*Henze* Rn. 105; Hüffer/Koch/*Koch* Rn. 29; Kölner Komm AktG/*Drygala* Rn. 144; näher hierzu MHdB AG/*Wiesner* § 12 Rn. 27 ff.
[304] MüKoAktG/*Bayer* Rn. 125; NK-AktR/*Drinhausen* Rn. 45; K. Schmidt/Lutter/*Fleischer* Rn. 51; Großkomm AktG/*Henze* Rn. 105; Hüffer/Koch/*Koch* Rn. 29; aA Kölner Komm AktG/*Drygala* Rn. 149 (Ermessen der Verwaltung).
[305] MüKoAktG/*Bayer* Rn. 118; NK-AktR/*Drinhausen* Rn. 45; Großkomm AktG/*Henze* Rn. 106; Hüffer/Koch/*Koch* Rn. 29; Kölner Komm AktG/*Drygala* Rn. 146.
[306] MüKoAktG/*Bayer* Rn. 120; Großkomm AktG/*Henze* Rn. 109.
[307] Großkomm AktG/*Henze* Rn. 106.

100 Dividendenscheine sind **Inhaberpapiere** und damit echte Wertpapiere. Für sie gelten grundsätzlich die §§ 793 ff. BGB.[308] Dementsprechend ist zum Bezug von Dividende grundsätzlich die Vorlage des Dividendenscheines erforderlich; nur unter den engen Voraussetzungen des § 804 BGB besteht kein Präsentationszwang. Die AG wird durch Leistung an den Inhaber selbst dann frei, wenn der Inhaber Nichtberechtigter ist (§ 793 Abs. 1 S. 2 BGB), es sei denn, die Gesellschaft kennt die fehlende Berechtigung und kann sie ohne weiteres beweisen.[309] Auf Dividendenscheine nicht anwendbar sind die Regelungen über die gerichtliche Kraftloserklärung (§ 799 Abs. 1 S. 2 BGB) und § 803.[310] Gem. § 72 Abs. 2 er lischt allerdings mit der Kraftloserklärung der Aktie auch der Anspruch aus den noch nicht fälligen Dividendenscheinen, wenn diese auf den Inhaber lauten. Im Übrigen erlischt der Anspruch aus dem Dividendenschein mit Ablauf der Vorlegungsfrist nach § 801 Abs. 2 BGB,[311] wenn nicht aus dem Schein ein anderes ergibt (§ 801 Abs. 3 BGB).

101 Die **Übertragung** von Dividendenscheinen richtet sich nach **§§ 929 ff. BGB**.[312] Dementsprechend folgt der Dividendenanspruch dem Eigentum an dem Dividendenschein. Ein gutgläubiger Erwerb von Dividendenscheinen ist gem. §§ 932, 933, 936 BGB und §§ 366, 367 HGB möglich.[313] Ein Abhandenkommen des Dividendenscheins hindert den gutgläubigen Erwerb gem. § 935 Abs. 2 BGB nicht.[314] Aktie und Dividendenschein sind selbständig übertragbar. Dividendenscheine sind insbesondere kein Zubehör der Aktie.[315] Im Zweifel wird die Auslegung eines auf Übertragung von Aktien gerichtetes schuldrechtliches Geschäft ergeben, dass zugleich auch die Übertragung noch nicht fälliger Dividendenscheine gewollt ist.[316]

102 b) **Erneuerungsschein.** Der Bogen (→ Rn. 99) enthält idR neben den einzelnen Dividendenscheinen einen **Erneuerungsschein (Talon).** Dieser kann gegen einen neuen Bogen einschließlich Talon eingetauscht werden, wenn die Dividendenscheine des alten Bogens aufgebraucht sind.[317] Obwohl er wie Dividendenscheine regelmäßig auf den Inhaber lautet, ist er **kein echtes Wertpapier,**[318] sondern einfaches Legitimationspapier, da sich der Anspruch auf Ausgabe neuer Dividendenscheine nicht aus dem Erneuerungsschein, sondern aus der Aktienurkunde selbst ergibt.[319] Das folgt aus § 75, wonach neue Dividendenscheine an den Inhaber des Erneuerungsscheins nicht ausgegeben werden dürfen, wenn der Besitzer der Aktienurkunde widerspricht. Der Erneuerungsschein dient lediglich der einfacheren Legitimation des Aktionärs, dem es erspart bleibt, seine Aktienurkunden vorzulegen. Mit der **Übertragung** des Eigentums an Aktienurkunden wird gem. § 952 BGB automatisch auch das Eigentum an dem Erneuerungsschein übertragen.[320] Dieser ist nicht selbständig verkehrsfähig.[321] Mit der Kraftloserklärung der Aktien verliert auch der Erneuerungsschein seine Legitimationswirkung. Er selbst kann bei Verlust oder Vernichtung nicht für kraftlos erklärt werden.[322]

V. Sachausschüttungen (Abs. 5)

103 **1. Satzungsbestimmung und Sachausschüttungsbeschluss.** Abs. 5 bestimmt, dass an die Aktionäre anstelle einer Bardividende auch eine Sachdividende ausgeschüttet werden darf. Die Ausschüttung einer Sachdividende war schon vor Schaffung des Abs. 5 durch das TransPuG[323] 2002

---

[308] MüKoAktG/*Bayer* Rn. 119; K. Schmidt/Lutter/*Fleischer* Rn. 52; Großkomm AktG/*Henze* Rn. 107; Hüffer/Koch/*Koch* Rn. 29; Kölner Komm AktG/*Drygala* Rn. 147; Bürgers/Körber/*Westermann* Rn. 34.
[309] Großkomm AktG/*Henze* Rn. 107.
[310] MüKoAktG/*Bayer* Rn. 119; Großkomm AktG/*Henze* Rn. 109; Hüffer/Koch/*Koch* Rn. 29; Kölner Komm AktG/*Drygala* Rn. 147.
[311] Großkomm AktG/*Henze* Rn. 113; Kölner Komm AktG/*Drygala* Rn. 158.
[312] MüKoAktG/*Bayer* Rn. 120; K. Schmidt/Lutter/*Fleischer* Rn. 53; Großkomm AktG/*Henze* Rn. 110.
[313] MüKoAktG/*Bayer* Rn. 120; Großkomm AktG/*Henze* Rn. 110.
[314] Bürgers/Körber/*Westermann* Rn. 34; Kölner Komm AktG/*Drygala* Rn. 147.
[315] MüKoAktG/*Bayer* Rn. 121; Großkomm AktG/*Henze* Rn. 111.
[316] MüKoAktG/*Bayer* Rn. 121; K. Schmidt/Lutter/*Fleischer* Rn. 53; Großkomm AktG/*Henze* Rn. 111.
[317] MüKoAktG/*Bayer* Rn. 123; Großkomm AktG/*Henze* Rn. 114.
[318] MüKoAktG/*Bayer* Rn. 123; NK-AktR/*Drinhausen* Rn. 48; Großkomm AktG/*Henze* Rn. 114; Hüffer/Koch/*Koch* Rn. 30; Kölner Komm AktG/*Drygala* Rn. 159; Bürgers/Körber/*Westermann* Rn. 36; Grigoleit/*Grigoleit/Zellner* Rn. 37.
[319] MüKoAktG/*Bayer* Rn. 123; NK-AktR/*Drinhausen* Rn. 48; Großkomm AktG/*Henze* Rn. 114; Hüffer/Koch/*Koch* Rn. 30; Kölner Komm AktG/*Drygala* Rn. 159.
[320] MüKoAktG/*Bayer* Rn. 124; Großkomm AktG/*Henze* Rn. 114; Kölner Komm AktG/*Drygala* Rn. 161.
[321] MüKoAktG/*Bayer* Rn. 124; NK-AktR/*Drinhausen* Rn. 48; K. Schmidt/Lutter/*Fleischer* Rn. 54; Großkomm AktG/*Henze* Rn. 114; Hüffer/Koch/*Koch* Rn. 30; Kölner Komm AktG/*Drygala* Rn. 161.
[322] MüKoAktG/*Bayer* Rn. 124; Großkomm AktG/*Henze* Rn. 114; Kölner Komm AktG/*Drygala* Rn. 161.
[323] Gesetz zur Kontrolle und Transparenz im Unternehmensbereich v. 27.4.1998 (BGBl. 1998 I 786).

zulässig. Sie erforderte allerdings nach hM die Zustimmung jedes einzelnen Aktionärs.[324] Dementsprechend musste entweder ein einstimmiger Hauptversammlungsbeschluss vorliegen oder eine Vereinbarung zwischen der AG und den betreffenden Aktionären, nach der die AG eine Sache an Erfüllungs Statt oder erfüllungshalber leisten durfte. Nunmehr sind Voraussetzungen einer Sachausschüttung eine entsprechende Regelung in der Satzung und ein Gewinnverwendungsbeschluss der HV, der eine Sachausschüttung zum Gegenstand hat (Sachausschüttungsbeschluss). Für die **nachträgliche Einführung einer Satzungsbestimmung nach Abs. 5** genügt neben der einfachen Stimmenmehrheit (§ 133 Abs. 1) die einfache Kapitalmehrheit, wenn die Satzung diese für Satzungsänderungen gem. § 179 Abs. 2 S. 2 genügen lässt.[325]

Der Gesetzgeber erkennt ein schutzwürdiges Interesse von Minderheitsaktionären an einer Barausschüttung an und will dementsprechend satzungsändernde Beschlüsse über die Zulassung von Sachausschüttungen einer **gerichtlichen Inhaltskontrolle** unterwerfen.[326] Die Einführung einer Satzungsbestimmung, nach der lediglich Sachdividenden in Gestalt hoch fungibler Vermögensgegenstände, wie etwa Wertpapiere einer börsennotierten Gesellschaft, ausgeschüttet werden dürfen, berühre die Interessen von Minderheitsinteresse allerdings nicht.[327] Gegen die Anwendung des Instruments der gerichtlichen Inhaltskontrolle spricht im vorliegenden Zusammenhang, dass die Einführung einer die Sachausschüttung gestattende Satzungsbestimmung für sich genommen nicht in die Mitgliedschaftsrechte der Aktionäre eingreift.[328] Ein solcher Eingriff kann allenfalls mit dem Gewinnverwendungsbeschluss nach Abs. 3 verbunden sein, der eine Sachausschüttung zum Gegenstand hat. Da Gewinnverwendungsbeschlüsse angesichts der Anfechtungsmöglichkeiten nach § 243 und § 254 aber ihrerseits einer umfassenden gerichtlichen Kontrolle unterzogen werden können, bedarf es einer Inhaltskontrolle des ihnen vorgelagerten satzungsändernden Beschlüssen gerade nicht. **104**

Der **Sachausschüttungsbeschluss** kann gem. § 133 Abs. 1 mit **einfacher Stimmenmehrheit** gefasst werden.[329] Wenn die Sachausschüttung allerdings ein Volumen umfasst, aufgrund dessen die Mitwirkungsbefugnisse der Aktionäre derart beeinträchtigt werden, dass die wirtschaftliche Bedeutung der Sachausschüttung in etwa ein Ausmaß erreicht, angesichts dessen ungeschriebene Mitwirkungsbefugnisse der HV eingreifen (→ Rn. 62 f.), ist für den Sachausschüttungsbeschluss eine qualifizierte Kapitalmehrheit erforderlich.[330] Inhaltlich muss der Beschluss die **Art und Höhe der Sachausschüttung** festlegen.[331] Zulässig ist insbesondere die Ausschüttung fungibler Vermögensgegenstände, die ohne weiteres zu Geld gemacht werden können. Als fungibel sind insoweit alle Sachen anzusehen, die an einem liquiden Markt gehandelt werden.[332] Hierzu zählen insbesondere Wertpapiere börsennotierter Gesellschaften.[333] Zulässig ist allerdings auch die Ausschüttung nicht fungibler Sachen, wie etwa Wertpapiere nicht börsennotierter Gesellschaften, selbst hergestellter Produkte der AG oder sonstige Gebrauchsgegenstände.[334] Bei der Ausschüttung derartiger Gegenstände besteht indessen die Gefahr eines Verstoßes gegen das Gebot der **Gleichbehandlung der Aktionäre** (§ 53a).[335] Die ausgeschütteten Sachen können für verschiedene Aktionäre schon deswegen unterschiedlichen Wert haben, weil die Aktionäre in Ermangelung eines organisierten Marktes nicht die gleichen Möglichkeiten haben, die Vermögensgegenstände zu liquidieren.[336] **105**

Aktien der AG selbst oder ihrer Tochtergesellschaften können ebenfalls ausgeschüttet werden. Die Ausschüttung eigener Aktien kommt nicht nur in Betracht, wenn die AG, etwa auf der **106**

---

[324] ADS Rn. 140; Großkomm AktG/*Henze* Rn. 94; Kölner Komm AktG/*Lutter*, 2. Aufl. 1988, Rn. 107 f.; W. *Müller* NZG 2002, 752 (757); zur alten Rechtslage s. auch MüKoAktG/*Bayer* Rn. 125–127; Großkomm AktG/ *Henze/Notz* Rn. 129–131.
[325] MüKoAktG/*Bayer* Rn. 128; K. Schmidt/Lutter/*Fleischer* Rn. 58; Großkomm AktG/*Henze/Notz* Rn. 152; Hüffer/Koch/*Koch* Rn. 31; *DAV-Handelsrechtsausschuss* NZG 2002, 115 f.
[326] BegrRegE BT-Drs. 14/8768, 13.
[327] BegrRegE BT-Drs. 14/8768, 13.
[328] *Bayer* AG 2011, R215 f.; K. Schmidt/Lutter/*Fleischer* Rn. 58; Großkomm AktG/*Henze/Notz* Rn. 188; Hüffer/Koch/*Koch* Rn. 31; *DAV-Handelsrechtsausschuss* NZG 2002, 115 (116); Bürgers/Körber/*Westermann* Rn. 30a; Grigoleit/*Grigoleit/Zellner* Rn. 38; krit. auch W. *Müller* NZG 2002, 752 (757) und Kölner Komm AktG/ *Drygala* Rn. 173; aA *Knigge* WM 2002, 1729 (1736); Hölters/*Waclawik* Rn. 35.
[329] BegrRegE BT-Drs. 14/8768, 12; NK-AktR/*Drinhausen* Rn. 55; Großkomm AktG/*Henze/Notz* Rn. 158; Hüffer/Koch/*Koch* Rn. 32.
[330] NK-AktR/*Drinhausen* Rn. 55 („qualifizierte Mehrheit"); aA Großkomm AktG/*Henze/Notz* Rn. 159; Kölner Komm AktG/*Drygala* Rn. 174; die Frage offenlassend W. *Müller* NZG 2002, 752 (758).
[331] Hüffer/Koch/*Koch* Rn. 32; Grigoleit/*Grigoleit/Zellner* Rn. 39.
[332] *Holzborn/Bunnemann* AG 2003, 671 (673).
[333] Vgl. *Lutter/Leinekugel/Rödder* ZGR 2002, 204 (211).
[334] *Holzborn/Bunnemann* AG 2003, 671 (673); Hüffer/Koch/*Koch* Rn. 32.
[335] MüKoAktG/*Bayer* Rn. 128; NK-AktR/*Drinhausen* Rn. 56; K. Schmidt/Lutter/*Fleischer* Rn. 59; Hüffer/ Koch/*Koch* Rn. 32; W. *Müller* NZG 2002, 752 (757).
[336] *Hasselbach/Wicke* NZG 2001, 599 (600); Großkomm AktG/*Henze/Notz* Rn. 180.

Grundlage des § 71 Abs. 1 Nr. 8, eigene Anteile im Bestand hält, sondern auch in Form von Aktien, die aus einer Kapitalerhöhung aus Gesellschaftsmitteln (§§ 207 ff.) gewonnen werden.[337] Denn Beträge, die im Rahmen des Gewinnverwendungsbeschlusses in die anderen Gewinnrücklagen eingestellt werden, können durch einen Kapitalerhöhungsbeschluss, der in derselben HV gefasst wird wie der Gewinnverwendungsbeschluss, in Grundkapital umgewandelt werden.[338] Werden Aktien einer Tochtergesellschaft als Sachdividende ausgegeben, ist es allerdings denkbar, dass ein Großaktionär den Aktien einen ungleich größeren vermögenswerten Vorteil beimisst als die übrigen Aktionäre, weil er beispielsweise aufgrund der zusätzlichen Aktien zum Inhaber einer Sperrminorität, einer Kapitalmehrheit oder einer qualifizierten Kapitalmehrheit wird. In solchen Fällen kann die Ausschüttung einer Sachdividende, obwohl sie allen Aktionären bezogen auf ihren Anteil am Grundkapital gleichmäßig zufließt, gegen § 243 Abs. 2 S. 1 verstoßen.[339] Um einen solchen Verstoß zu vermeiden, kommt im Rahmen des Gewinnverwendungsbeschlusses gem. § 243 Abs. 2 S. 2 die Leistung einer alternativen oder zusätzlichen Bardividende an die übrigen Aktionäre in Betracht.[340]

107 **2. Kompetenz zur Konkretisierung des Ausschüttungsgegenstandes.** Das Gesetz regelt nicht ausdrücklich, wer die Kompetenz zur gegenständlichen Konkretisierung der Sachdividende hat. Dementsprechend gelten die allgemeinen Regeln, nach denen die Verwaltung lediglich einen Vorschlag für die Verwendung des Bilanzgewinns macht (§ 170 Abs. 2, § 124 Abs. 3 S. 1).[341] Dieser Vorschlag kann auch eine Sachausschüttung vorsehen. Die HV ist an den Gewinnverwendungsvorschlag der Verwaltung nicht gebunden.[342] Aktionäre können in der Hauptversammlung insbesondere Gegenanträge zum Gegenstand der Sachausschüttung stellen (§ 124 Abs. 4 S. 2). Sie können durch einen Gegenantrag selbst dann die Ausschüttung einer konkreten Sache zur Abstimmung stellen, wenn der Verwaltungsvorschlag keine Sachausschüttung vorsieht. Die **Kompetenz zur Konkretisierung des Ausschüttungsgegenstandes** liegt folglich bei der **HV**.[343] Sie ist Bestandteil der Gewinnverwendungskompetenz der HV nach Abs. 3 und § 119 Abs. 1 Nr. 2.

108 Die **Kompetenz der HV** zur Konkretisierung des Ausschüttungsgegenstandes wird in zweifacher Hinsicht **begrenzt**. Zum einen muss der Ausschüttungsgegenstand von der Satzungsbestimmung iSd Abs. 5 gedeckt sein. Zum anderen kann die Kompetenz der HV mit der **Leitungskompetenz des Vorstands** nach § 76 kollidieren.[344] In diesem Fall beansprucht die Leitungskompetenz Vorrang.[345] Ein Kompetenzkonflikt ergibt sich beispielsweise, wenn die HV die Ausschüttung von Anteilen an einer Tochtergesellschaft der AG beschließt, die nach dem Leitungskonzept des Vorstands im Besitz der AG bleiben sollen. Für einen Vorrang der Leitungskompetenz des Vorstands spricht in dem Zusammenhang, dass sich die Sachdividende zweckwidrig für eine aktive Geschäftsführung durch die HV instrumentalisieren ließe, wenn die Kompetenz der HV Vorrang vor der Leitungskompetenz des Vorstands hätte. Die Ausschüttung einer Sachdividende dient allein der Erfüllung des mitgliedschaftlichen Gewinnbeteiligungsanspruchs der Aktionäre. Leitungskompetenzen sind mit ihr nicht verbunden. Die Leitungskompetenz nach § 76 Abs. 1 steht allein dem Vorstand zu. Die HV entscheidet über Fragen der Geschäftsführung demgegenüber nur auf Verlangen des Vorstands (§ 119 Abs. 2).[346] Dementsprechend kann der Vorstand einen Beschluss über die Ausschüttung einer Sachdividende gem. § 245 Nr. 4 anfechten, wenn die Sachausschüttung in seine Leitungskompetenz eingreift.[347]

109 **3. Bewertung der ausgeschütteten Sache.** Fraglich ist, ob die Bewertung der ausgeschütteten Sache zu **Verkehrswerten** oder zu **Buchwerten** zu erfolgen hat. Ein Buchwertansatz hat zur Folge, dass an die Aktionäre bei Vorliegen einer Unterbewertung in der Gesellschaft gebundene **stille Reserven ausgeschüttet** werden.[348] Wenn die HV beispielsweise die Ausschüttung von Aktien

---

[337] MüKoAktG/*Bayer* Rn. 132; Großkomm AktG/*Henze/Notz* Rn. 171; aA Kölner Komm AktG/*Drygala* Rn. 166.
[338] MüKoAktG/*Bayer* Rn. 132; Großkomm AktG/*Hirte* § 208 Rn. 12; MHdB AG/*Krieger* § 59 Rn. 25; Kölner Komm AktG/*Lutter* § 208 Rn. 4.
[339] NK-AktR/*Drinhausen* Rn. 56; *W. Müller* NZG 2002, 752 (757).
[340] Vgl. *W. Müller* NZG 2002, 752 (757).
[341] Vgl. NK-AktR/*Drinhausen* Rn. 53; *W. Müller* NZG 2002, 752 (758).
[342] *ADS* § 174 Rn. 17; Hüffer/Koch/*Koch* § 174 Rn. 5.
[343] Kölner Komm AktG/*Drygala* Rn. 178; K. Schmidt/Lutter/*Fleischer* Rn. 59; Großkomm AktG/*Henze/Notz* Rn. 174 („jedenfalls im Ausgangspunkt").
[344] Hierzu eingehend Großkomm AktG/*Henze/Notz* Rn. 174–177; NK-AktR/*Drinhausen* Rn. 54; *W. Müller* NZG 2002, 752 (758).
[345] AA NK-AktR/*Drinhausen* Rn. 54; Großkomm AktG/*Henze/Notz* Rn. 177 (Vorrang des Gewinnverwendungsinteresses der HV vor dem Leitungsinteresse des Vorstands).
[346] Diese Argumentation ausdrücklich abl. Großkomm AktG/*Henze/Notz* Rn. 176.
[347] Zust. Kölner Komm AktG/*Drygala* Rn. 179.
[348] MüKoAktG/*Bayer* Rn. 129; Holzborn/Bunnemann AG 2003, 671 (674); Hüffer/Koch/*Koch* Rn. 33; *W. Müller* NZG 2002, 752 (758); Grigoleit/*Grigoleit/Zellner* Rn. 40.

einer börsennotierten Gesellschaft beschließt, die die AG zu einem Kurs von 100 EUR erworben hat und die zwischenzeitlich bei 200 EUR notieren, verdoppelt sich der ausgeschüttete Gewinn bei wirtschaftlicher Betrachtungsweise, da die Aktien entsprechend dem handelsrechtlichen Anschaffungswertprinzip (§ 253 Abs. 1 S. 1 HGB) zwar lediglich zu 100 EUR je Stück verbucht sind, aber am Markt für 200 EUR veräußert werden könnten. Der Gesetzgeber hat die Beantwortung der Bewertungsfrage bewusst der wissenschaftlichen Literatur überlassen.[349] Dort wird die Auffassung vertreten, dass gegen Sachausschüttungen zu Buchwerten grundsätzlich nichts einzuwenden sei.[350] Gesichtspunkte des Gläubigerschutzes stünden nicht entgegen, soweit durch die Ausschüttung die gesetzliche Gewinnrücklage nach § 150 Abs. 2 bedient werden könne.[351] Außerdem sei die Sachausschüttung kein Umsatzgeschäft, das sich an der aktienrechtlichen Vermögensbindung nach § 57 zu messen habe; es handele sich vielmehr um eine „gesellschaftsinterne Angelegenheit".[352]

Das erste Argument verfängt schon deswegen nicht, weil die gesetzliche Rücklage nicht aus dem Bilanzgewinn, sondern aus dem Jahresüberschuss gespeist wird und demzufolge schon dotiert ist, bevor die HV überhaupt einen Gewinnverwendungsbeschluss fasst.[353] Dem zweiten Argument ist insoweit zuzustimmen, als die Gewinnverwendung und damit auch die Sachausschüttung gesellschaftsinternen Charakter haben. Aus diesem Umstand allein lässt sich allerdings nicht ableiten, dass die Vermögensbindung nach § 57 außer Kraft gesetzt wäre. Aus § 57 Abs. 3 folgt vielmehr, dass unter die Aktionäre nur der Bilanzgewinn verteilt werden darf. Der Bilanzgewinn ist aber eine bloße Rechengröße, die sich aus der GuV und deren Ergänzung nach § 158 Abs. 1 S. 1 ergibt. Er umfasst als rein nomineller Wert gerade keine stillen Reserven. Dementsprechend ist Bewertungsmaßstab bei Sachausschüttungen auch nicht der Buchwert, sondern der **Verkehrswert**.[354] Dieser kann bei der Ausschüttung von börsengehandelten Aktien aufgrund einer Bewertung nach der Ertragswertmethode auch unter dem Börsenkurs liegen.[355]

VI. Rechtsfolgen bei Verstößen

1. Feststellung des Jahresabschlusses. Verstöße gegen die Regelungen der Abs. 1 und 2 haben die **Nichtigkeit** des Jahresabschlusses nach § 256 Abs. 1 Nr. 4 zur Folge (→ Rn. 32 f., 46 f.). Nach dieser Vorschrift ist auch ein Jahresabschluss nichtig, bei dem unter Verstoß gegen Abs. 2a Rücklagen übermäßig dotiert worden sind.[356] Die Nichtigkeit wird allerdings mit Ablauf von 6 Monaten seit der Bekanntmachung des Jahresabschlusses im Bundesanzeiger gem. § 256 Abs. 6 **geheilt**. Die Nichtigkeit des Jahresabschlusses hat die Nichtigkeit des darauf aufbauenden Gewinnverwendungsbeschlusses nach Abs. 3 zur Folge.[357] Mit der Heilung des Mangels des Jahresabschlusses wird auch der Mangel des Gewinnverwendungsbeschlusses geheilt.[358]

2. Gewinnverwendungsbeschluss und Gewinnverteilung. Ein Gewinnverwendungsbeschluss, der die Bindung an den JAhresabschluss gem. § 174 Abs. 1 S. 2 missachtet, ist gem. § 241 Nr. 3 Alt. 3 nichtig.[359] Gleiches gilt für einen Gewinnverwendungsbeschluss, durch den die Ausschüttung von Beträgen unter Verstoß gegen § 268 Abs. 8 HGB beschlossen wird.[360] Verstöße gegen die Regelungen des Abs. 3 begründen demgegenüber nur die Anfechtbarkeit des Gewinnverwendungsbeschlusses nach § 243 Abs. 1.[361] Eine übermäßige Dotierung von Gewinnrücklagen oder Gewinnvorträgen hat unter den Voraussetzungen des § 254 Abs. 1 ebenfalls die Anfechtbarkeit des Beschlusses zur Folge. Beschlüsse

---

[349] BegrRegE BT-Drs. 14/8769, 13.
[350] MüKoAktG/*Bayer* Rn. 130; *Holzborn/Bunnemann* AG 2003, 671 (674 f.); *Leinekugel*, Die Sachdividende im deutschen und europäischen Aktienrecht, 2001, 147 ff.; *Lutter/Leinekugel/Rödder* ZGR 2002, 204 (215 ff.).
[351] MüKoAktG/*Bayer* Rn. 130.
[352] *Lutter/Leinekugel/Rödder* ZGR 2002, 204 (217).
[353] Ebenso Kölner Komm AktG/*Drygala* Rn. 183; Großkomm AktG/*Henze/Notz* Rn. 201.
[354] Ebenso NK-AktR/*Drinhausen* Rn. 58; Großkomm AktG/*Henze/Notz* Rn. 197; Kölner Komm AktG/ *Drygala* Rn. 184; K. Schmidt/Lutter/*Fleischer* Rn. 60; Hüffer/Koch/*Koch* Rn. 33; *W. Müller* NZG 2002, 752 (758); Grigoleit/Grigoleit/*Zellner* Rn. 40; gegen den Ansatz zu Buchwerten auch *Waclawik* WM 2003, 2266 (2272); Hölters/*Waclawik* Rn. 41.
[355] Großkomm AktG/*Henze/Notz* Rn. 204; Hüffer/Koch/*Koch* Rn. 33.
[356] ADS Rn. 148; MüKoAktG/*Bayer* Rn. 135; NK-AktR/*Drinhausen* Rn. 61; K. Schmidt/Lutter/*Fleischer* Rn. 63; Hüffer/Koch/*Koch* Rn. 35.
[357] MüKoAktG/*Bayer* Rn. 134; Hüffer/Koch/*Koch* Rn. 34.
[358] MüKoAktG/*Bayer* Rn. 135; NK-AktR/*Drinhausen* Rn. 60.
[359] MüKoAktG/*Bayer* Rn. 136; Hüffer/Koch/*Koch* Rn. 36; Großkomm AktG/*Henze* Rn. 117.
[360] *Kropff*, FS Hüffer, 2010, S. 539 (541); *Gelhausen/Althoff* WPg 2009, 584 (590) (Teilnichtigkeit hinsichtlich des von der Ausschüttungssperre erfassten Betrages); *v. d. Laage* WM 2012, 1322 (1326 f.) (Teilnichtigkeit).
[361] MüKoAktG/*Bayer* Rn. 137; NK-AktR/*Drinhausen* Rn. 62; K. Schmidt/Lutter/*Fleischer* Rn. 64; Hüffer/ Koch/*Koch* Rn. 36; Großkomm AktG/*Henze* Rn. 117; Grigoleit/Grigoleit/*Zellner* Rn. 42.

der HV über die Ausschüttung einer Sachdividende können vom Vorstand gem. § 243 Abs. 1, § 245 Nr. 4 angefochten werden, wenn die Sachausschüttung in seine Leitungskompetenz nach § 76 eingreift (→ Rn. 108). Beschließt die HV ohne Vorliegen einer satzungsmäßigen Ermächtigung die Ausschüttung einer Sachdividende, ist der Gewinnverwendungsbeschluss gem. § 243 Abs. 1 (Gesetzesverletzung) anfechtbar. Wenn die beschlossene Sachdividende ihrem Gegenstand nach nicht mehr von einer satzungsmäßigen Ermächtigung nach Abs. 5 gedeckt ist, ist der Beschluss ebenfalls nur gem. § 243 Abs. 1 (Satzungsverletzung) anfechtbar und nicht etwa nichtig.[362]

§ 59 Abschlagszahlung auf den Bilanzgewinn

(1) Die Satzung kann den Vorstand ermächtigen, nach Ablauf des Geschäftsjahrs auf den voraussichtlichen Bilanzgewinn einen Abschlag an die Aktionäre zu zahlen.

(2) ¹**Der Vorstand darf einen Abschlag nur zahlen, wenn ein vorläufiger Abschluß für das vergangene Geschäftsjahr einen Jahresüberschuß ergibt.** ²**Als Abschlag darf höchstens die Hälfte des Betrags gezahlt werden, der von dem Jahresüberschuß nach Abzug der Beträge verbleibt, die nach Gesetz oder Satzung in Gewinnrücklagen einzustellen sind.** ³**Außerdem darf der Abschlag nicht die Hälfte des vorjährigen Bilanzgewinns übersteigen.**

(3) Die Zahlung eines Abschlags bedarf der Zustimmung des Aufsichtsrats.

Schrifttum: *Eder,* Aktuelle Aspekte der Vorabausschüttung, BB 1994, 1260; *Siebel/Gebauer,* Interimsdividende, AG 1999, 385.

Übersicht

	Rn.		Rn.
I. Grundlagen	1–4	5. Beschränkung auf die Hälfte des Jahresüberschusses, Abs. 2 S. 2	11–13
1. Entstehungsgeschichte und Normzweck	1–3	6. Beschränkung auf die Hälfte des vorjährigen Bilanzgewinns, Abs. 2 S. 3	14
2. Praktische Bedeutung	4		
II. Voraussetzungen der Abschlagszahlung	5–14	**III. Rechtsfolgen**	15–18
1. Ermächtigung durch die Satzung, Abs. 1	5, 6	1. Auszahlungsanspruch	15
2. Vorstandsbeschluss	7	2. Keine Auswirkungen auf den Jahresabschluss und die Gewinnverwendung	16
3. Zustimmung des Aufsichtsrats, Abs. 3	8	3. Rückgewährpflicht gem. § 62 Abs. 1 S. 1	17
4. Jahresüberschuss für das vergangene Geschäftsjahr, Abs. 2 S. 1	9, 10	4. Haftung der Verwaltung gem. § 93 Abs. 3 Nr. 2, § 116	18
a) Ablauf des Geschäftsjahres	9		
b) Jahresüberschuss im vorläufigen Abschluss	10	**IV. Zwischendividende**	19

I. Grundlagen

1. Entstehungsgeschichte und Normzweck. Abschlagszahlungen auf den Bilanzgewinn sind seit der Aktienrechtsreform von 1965 möglich; nach dem AktG 1937 waren sie noch unzulässig.[1] § 59 ist seit seiner Einführung durch das AktG 1965 unverändert. Der deutsche Gesetzgeber hat von der in Art. 15 Abs. 2 Kapital-RL 1977[2] eröffneten Möglichkeit, echte Zwischendividenden zuzulassen, bislang keinen Gebrauch gemacht.[3] Für eine Zulassung solcher unterjährigen Dividenden hat sich die Regierungskommission Corporate Governance ausgesprochen (vgl. zur Reformdiskussion → Rn. 19).[4]

Abschlagszahlungen iSd § 59 stellen eine **Gewinnausschüttung vor der endgültigen Feststellung des Jahresüberschusses** dar und durchbrechen so das Verbot der Einlagenrückgewähr gem. § 57, wonach Zahlungen an die Aktionäre nur aus dem Bilanzgewinn erfolgen dürfen, der seinerseits die Feststellung eines Jahresüberschusses voraussetzt.[5] Die Verfahrens- und Zuständigkeitsbestimmun-

---

[362] Großkomm AktG/*Henze/Notz* Rn. 208; aA NK-AktR/*Drinhausen* Rn. 64.
[1] Kölner Komm AktG/*Drygala* Rn. 2 mwN; vgl. auch RGZ 107, 161 (168).
[2] Zweite Richtlinie 77/91/EWG des Rates der Europäischen Gemeinschaften zur Koordinierung des Gesellschaftsrechts v. 13.12.1976, ABl. EG 1977 Nr. L 26, 1 ff. (Kapitalrichtlinie), jetzt Richtlinie (EU) 2017/1132 des Europäischen Parlaments und des Europäischen Rates v. 14. Juni 2017 über bestimmte Aspekte des Gesellschaftsrechts, ABl. EU 2017 Nr. L 169, 46.
[3] Ausf. *Siebel/Gebauer* AG 1999, 385 (390 f.).
[4] *Baums,* Bericht der Regierungskommission „Corporate Governance", 2001, Rn. 201.
[5] Vgl. Großkomm AktG/*Henze* Rn. 3.

gen des § 58 werden durch die Zahlung von Abschlägen zumindest gelockert.[6] Abschlagszahlungen bergen daher die Gefahr, dass es zu letztlich überhöhten Vorwegausschüttungen kommt. Dem will § 59 durch strenge tatbestandliche Anforderungen entgegentreten.

Mit der Einführung von Abschlagszahlungen als einer Art Halbjahrescoupon wollte der Gesetzgeber die Aktie als Anlageform gegenüber festverzinslichen Wertpapieren attraktiver machen.[7] Wegen des mit der Zahlung von Abschlägen verbundenen zusätzlichen Arbeits- und Kostenaufwands wurde § 59 lediglich als optionale Regelung ausgestaltet, was bereits bei Einführung der neuen Vorschrift Zweifel hinsichtlich ihrer zukünftigen praktischen Bedeutsamkeit aufkommen ließ.[8]

2. Praktische Bedeutung. Die Hoffnungen des Gesetzgebers haben sich in der Folge tatsächlich nicht erfüllt: Die Vorschrift ist nahezu bedeutungslos geblieben.[9] Dies mag mit den relativ engen gesetzlichen Zeitvorgaben für die Zahlung von Zwischendividenden,[10] aber auch mit dem bereits genannten Kostenaufwand zusammenhängen,[11] der nicht zuletzt aufgrund der strengen tatbestandlichen Voraussetzungen des § 59 erheblich sein dürfte.

II. Voraussetzungen der Abschlagszahlung

1. Ermächtigung durch die Satzung, Abs. 1. Die Zahlung eines Abschlags auf den voraussichtlichen Bilanzgewinn an die Aktionäre setzt nach Abs. 1 S. 1 voraus, dass der Vorstand durch die Satzung zu einer solchen Zahlung **ermächtigt** wurde. Nicht ausreichend ist daher eine einfache Beschlussfassung der Hauptversammlung ohne Aufnahme der Ermächtigung in die Satzung.[12] Die Hauptversammlung ist aber befugt, eine entsprechende Ermächtigung durch satzungsändernden Beschluss gem. § 179 Abs. 1 S. 1 einzuführen.[13] Die Satzung kann die Zulässigkeit von Abschlagszahlungen von weiteren Voraussetzungen abhängig machen. Dagegen können die gesetzlichen Erfordernisse der Vorschrift durch die Satzung weder aufgehoben noch gelockert werden.[14]

Die Satzung kann den Vorstand nur zur Zahlung ermächtigen, **nicht** aber **verpflichten**:[15] Die Entscheidung, ob die Geschäftslage es erlaubt, vorzeitig auf Liquidität zu verzichten und entsprechende Beträge bereits zum jetzigen Zeitpunkt an die Aktionäre auszukehren, obliegt als Maßnahme der Geschäftsführung allein dem Vorstand.[16]

2. Vorstandsbeschluss. Der Vorstand entscheidet über die Zahlung von Abschlägen **nach eigenem Ermessen** durch Beschluss. Erforderlich ist eine Entscheidung des gesamten Vorstands, eine Delegation auf einzelne seiner Mitglieder ist unzulässig.[17] Jede Abschlagszahlung bedarf eines eigenen Beschlusses.[18] Die Entscheidung wird mit der Bekanntgabe des Beschlusses, etwa durch Mitteilung an den Aufsichtsrat, wirksam.

3. Zustimmung des Aufsichtsrats, Abs. 3. Neben dem Vorstand ist auch der Aufsichtsrat aufgerufen, über die Zahlung des Abschlags zu entscheiden: ohne seine Zustimmung darf keine Zahlung erfolgen. Abweichend vom bürgerlich-rechtlichen Sprachgebrauch ist hierfür eine **vor der Zahlung**[19] erteilte Zustimmung (Einwilligung iSd § 183 BGB) erforderlich, eine nachträgliche Zustimmung (Genehmigung iSd § 184 BGB) genügt dagegen nicht.[20] Der Aufsichtsrat entscheidet

---

[6] Vgl. MüKoAktG/*Bayer* Rn. 1.
[7] BegrRegE bei *Kropff* S. 79.
[8] BegrRegE bei *Kropff* S. 80.
[9] Nach *Bayer/Hoffmann* AG 2010, R 471, 472 hatten bis August 2010 11 der insgesamt 78 Gesellschaften des DAX und MDAX sowie einige weitere, nicht in diesen Indices vertretene Gesellschaften von der Möglichkeit einer Ermächtigung nach Abs. 1 Gebrauch gemacht; *Siebel/Gebauer* AG 1999, 385 (389) hatten von lediglich zwei Gesellschaften berichtet, nämlich der Nestlé Deutschland AG und der Kölnischen Rückversicherungs-Gesellschaft AG.
[10] Vgl. dazu etwa Kölner Komm AktG/*Drygala* Rn. 6; Hölters/*Waclawik* Rn. 2.
[11] So MüKoAktG/*Bayer* Rn. 3; K. Schmidt/Lutter/*Fleischer* Rn. 2.
[12] K. Schmidt/Lutter/*Fleischer* Rn. 5; Hölters/*Waclawik* Rn. 4.
[13] Großkomm AktG/*Henze* Rn. 6; NK-AktR/*Drinhausen* Rn. 2; Hüffer/Koch/*Koch* Rn. 2.
[14] MüKoAktG/*Bayer* Rn. 3; K. Schmidt/Lutter/*Fleischer* Rn. 5; NK-AktR/*Drinhausen* Rn. 6.
[15] Großkomm AktG/*Henze* AktG Rn. 7; Kölner Komm AktG/*Drygala* Rn. 9; Bürgers/Körber/*Westermann* Rn. 2.
[16] BegrRegE bei *Kropff* S. 79; vgl. auch MüKoAktG/*Bayer* Rn. 5.
[17] MüKoAktG/*Bayer* Rn. 9; Kölner Komm AktG/*Drygala* Rn. 10.
[18] Großkomm AktG/*Henze* Rn. 14; K. Schmidt/Lutter/*Fleischer* Rn. 8; Hüffer/Koch/*Koch* Rn. 2.
[19] Enger möglicherweise Bürgers/Körber/*Westermann* Rn. 5, der eine Zustimmung des Aufsichtsrats vor Beschlussfassung des Vorstands für notwendig zu halten scheint.
[20] Großkomm AktG/*Henze* Rn. 15; MüKoAktG/*Bayer* Rn. 10; K. Schmidt/Lutter/*Fleischer* Rn. 9; Grigoleit/ *Grigoleit/Rachlitz* Rn. 2 Fn. 5; Hüffer/Koch/*Koch* Rn. 2; Wachter/*Servatius* Rn. 5; aA Hölters/*Waclawik* Rn. 7.

wie zuvor der Vorstand **nach eigenem Ermessen** und ist nicht gehindert, seine Zustimmung auch aus Gründen der Zweckmäßigkeit zu verweigern.[21] Die Entscheidung ist vom gesamten Aufsichtsrat zu treffen, eine Delegation auf einen Ausschuss ist gem. § 107 Abs. 3 unzulässig.[22] Bei der Beschlussfassung ist zu beachten, dass im Zeitpunkt der Entscheidung des Aufsichtsrats die Bestätigung des Abschlussprüfers zum (endgültigen) Jahresabschluss in der Regel noch nicht vorliegen wird und der Aufsichtsrat daher gehalten ist, die gesetzlichen Anforderungen besonders sorgfältig zu prüfen.[23] Die Zustimmung wird mit der Bekanntgabe des Beschlusses wirksam.

9 **4. Jahresüberschuss für das vergangene Geschäftsjahr, Abs. 2 S. 1. a) Ablauf des Geschäftsjahres.** In materieller Hinsicht verlangen Abs. 1 und Abs. 2 S. 1 den **Ablauf des Geschäftsjahres,** für das eine Abschlagszahlung erfolgt. Zahlungen auf den vorläufigen Bilanzgewinn des laufenden Geschäftsjahres – also echte Zwischendividenden – sind deshalb unzulässig (→ Rn. 19).[24] Das Geschäftsjahr kann vom Kalenderjahr abweichen und auch kürzer als 12 Monate sein, es darf wegen § 240 Abs. 2 S. 2 HGB 12 Monate aber nicht überschreiten.[25]

10 **b) Jahresüberschuss im vorläufigen Abschluss.** Ein Abschlag auf den Bilanzgewinn darf gem. Abs. 2 S. 1 ferner nur gezahlt werden, wenn ein vorläufiger Abschluss für das vergangene Geschäftsjahr einen **Jahresüberschuss** ausweist. Darin kommt die **kapitalerhaltende Funktion** des Abs. 2 S. 1 zum Ausdruck: Es soll verhindert werden, dass Abschläge gezahlt werden, ohne dass zuvor ausreichend Gewinn erwirtschaftet wurde.[26] Die Begriffe „Abschluss" und „Jahresüberschuss" sind bilanzrechtlich zu verstehen:[27] „**Abschluss**" meint eine den gesetzlichen Ansatz-, Bewertungs- und Gliederungsvorschriften (§§ 252 ff., 266 ff., 275 ff. HGB) sowie den GoB entsprechende Bilanz und Gewinn- und Verlustrechnung iSd § 242 Abs. 3 HGB. „**Jahresüberschuss**" ist die in der Gewinn- und Verlustrechung unter § 275 Abs. 2 Nr. 20 bzw. Abs. 3 Nr. 19 HGB aufgeführte Rechnungsziffer. Ein Gewinnvortrag aus dem vorangegangenen Geschäftsjahr und Erträge aus der Auflösung von Rücklagen (vgl. § 158) sind als bilanzpolitische Entscheidungen dem endgültigen Jahresabschluss vorbehalten und bleiben daher bei der Ermittlung des Jahresüberschusses außer Betracht.[28] „**Vorläufig**" ist der Abschluss, aus dem sich der Jahresüberschuss ergibt, daher nur insofern, als Prüfung und Bestätigung des Jahresabschlusses durch Aufsichtsrat und Abschlussprüfer noch nicht erfolgt sein müssen, Anhang (§§ 264, 268 HGB) und Lagebericht (§§ 263, 289 HGB) entbehrlich sind und auch Änderungen in den Wertansätzen noch vorgenommen werden können.[29] Bloße Vermutungen oder Schätzungen des Jahresüberschusses stellen daher keinen vorläufigen Abschluss iSd Abs. 2 S. 1 dar.[30]

11 **5. Beschränkung auf die Hälfte des Jahresüberschusses, Abs. 2 S. 2.** Die Höhe der zulässigen Abschlagszahlung ist in doppelter Weise beschränkt: Zum einen darf als Abschlag höchstens die **Hälfte** des Betrages gezahlt werden, der **vom Jahresüberschuss** nach Abzug dessen verbleibt, was von Gesetzes wegen oder auf Grundlage der Satzung in Gewinnrücklagen einzustellen ist.

12 **Gewinnrücklagen** iSd § 272 Abs. 3 HGB sind die **gesetzlichen Rücklagen** gem. § 150 und § 300[31] sowie sog. **andere Gewinnrücklagen** gem. § 58 Abs. 1.[32] Nicht zu berücksichtigen sind dagegen alle Einstellungen in die **Kapitalrücklagen** iSd § 272 Abs. 2 HGB sowie **Rücklagen,** welche die Verwaltung **gem. § 58 Abs. 2** bilden kann. Vorstand und Aufsichtsrat entscheiden hier nach eigenem Ermessen, ob sie vorzeitig Abschläge zahlen oder später Einstellungen in andere Gewinnrücklagen vornehmen möchten.[33]

13 Umstritten ist die Behandlung von Fällen, in denen die Satzung in die Kompetenz der Hauptversammlung zur Verwendung des Bilanzgewinns nach **§ 58 Abs. 3** eingreift. Hier wird die Auffassung

---

[21] Kölner Komm AktG/*Drygala* Rn. 11; K. Schmidt/Lutter/*Fleischer* Rn. 9.
[22] Großkomm AktG/*Henze* Rn. 18; Kölner Komm AktG/*Drygala* Rn. 11; K. Schmidt/Lutter/*Fleischer* Rn. 9.
[23] Großkomm AktG/*Henze* Rn. 17.
[24] Dezidiert *Siebel/Gebauer* AG 1999, 385 (391 ff.); ebenso MüKoAktG/*Bayer* Rn. 7; NK-AktR/*Drinhausen* Rn. 3; Großkomm AktG/*Henze* Rn. 17; Hüffer/Koch/*Koch* Rn. 1; Kölner Komm AktG/*Drygala* Rn. 6 f., 9; K. Schmidt/Lutter/*Fleischer* Rn. 6; aA wohl Henn AktienR-HdB § 1 Rn. 47.
[25] MüKoAktG/*Bayer* Rn. 7; Großkomm AktG/*Henze* Rn. 4.
[26] Kölner Komm AktG/*Drygala* Rn. 12.
[27] Hölters/*Waclawik* Rn. 6.
[28] MüKoAktG/*Bayer* Rn. 8; Großkomm AktG/*Henze* Rn. 12; K. Schmidt/Lutter/*Fleischer* Rn. 7.
[29] Großkomm AktG/*Henze* Rn. 10; Kölner Komm AktG/*Drygala* Rn. 13; K. Schmidt/Lutter/*Fleischer* Rn. 7; Bürgers/Körber/*Westermann* Rn. 2; Grigoleit/*Grigoleit/Rachlitz* Rn. 2.
[30] AllgM, statt aller Hüffer/Koch/*Koch* Rn. 3.
[31] Großkomm AktG/*Henze* Rn. 21; Kölner Komm AktG/*Drygala* Rn. 14.
[32] AllgM, statt aller MüKoAktG/*Bayer* Rn. 15.
[33] AllgM, vgl. etwa Kölner Komm AktG/*Drygala* Rn. 15; MüKoAktG/*Bayer* Rn. 14 f.; K. Schmidt/Lutter/*Fleischer* Rn. 11.

vertreten, dass es nicht erforderlich sei, die zur Durchführung der Satzungsbestimmung erforderlichen Beträge von der Abschlagszahlung gem. Abs. 2 S. 2 abzuziehen, solange der verbleibende Jahresüberschuss zur Deckung der Abschläge genüge.[34] Dagegen verlangt die hL zu Recht einen Abzug in der Höhe, in der die Hauptversammlung von der Ermächtigung in § 58 Abs. 3 S. 2 voraussichtlich Gebrauch machen wird.[35] Nur so kann die Entscheidungsmacht der Hauptversammlung über die Gewinnverwendung gegen ein Vorgreifen seitens der Verwaltung durch allzu großzügige Abschlagszahlungen wirksam geschützt werden.

6. Beschränkung auf die Hälfte des vorjährigen Bilanzgewinns, Abs. 2 S. 3. Die Zahlung 14 von Abschlägen wird zum anderen dadurch eingeschränkt, dass sie auf die Hälfte des vorjährigen Bilanzgewinns (vgl. § 158 Abs. 1 S. 1 Nr. 5) begrenzt ist. Auch auf diese Weise soll verhindert werden, dass die Entscheidungsmacht der Hauptversammlung über die Gewinnverwendung von der Verwaltung durch übermäßige Vorabzahlungen präjudiziert wird.[36]

III. Rechtsfolgen

1. Auszahlungsanspruch. Mit dem Beschluss des Aufsichtsrats als zeitlich letztem Erfordernis 15 entsteht wie durch den Ausschüttungsbeschluss der Hauptversammlung nach § 174 Abs. 2 Nr. 2 ein Zahlungsanspruch des Aktionärs als selbständig verkehrsfähiges und sofort fälliges **Gläubigerrecht** (→ § 58 Rn. 94).[37]

2. Keine Auswirkungen auf den Jahresabschluss und die Gewinnverwendung. Die 16 Abschlagszahlung erfolgt erst nach dem Ablauf des Geschäftsjahres und hat daher keinen Einfluss auf den Jahresabschluss.[38] Ebenso wenig liegt in der Abschlagszahlung eine Gewinnverwendung iSd § 268 Abs. 1 HGB.[39] Da aber ein bereits als Abschlag ausgeschütteter Gewinn nicht mehr anderweitig verwendet werden kann und um ein für § 174 Abs. 2 vollständiges Bild zu vermitteln, ist die Zahlung im Beschluss der Hauptversammlung über die Gewinnverwendung zu Informationszwecken zu erwähnen.[40] Die **Rücklagenbildung** nach §§ 150, 300 bzw. § 58 Abs. 1 wird durch die Zahlung von Abschlägen nicht berührt, diejenige nach § 58 Abs. 2 nur insofern, als mindestens ein Bilanzgewinn in Höhe der Abschlagssumme verbleiben muss.[41]

3. Rückgewährpflicht gem. § 62 Abs. 1 S. 1. Die Rückgewährpflicht gem. § 62 Abs. 1 S. 1 17 greift ein, soweit Abschlagszahlungen geleistet wurden, ohne dass die Voraussetzungen des § 59 beachtet wurden. Derartige Zahlungen sind **unzulässig** und verstoßen ohne weiteres gegen das Verbot der Einlagenrückgewähr gem. § 57 Abs. 1 und 3.[42] Dasselbe gilt für **überhöhte Abschläge,** die zwar den Anforderungen des § 59 genügen, aber den im endgültigen Jahresabschluss festgestellten Bilanzgewinn übersteigen.[43] Allerdings ist in beiden Fällen zu beachten, dass der Bezug des Abschlags als Gewinnanteil erfolgt, weshalb eine Rückgewährpflicht nur für diejenigen Empfänger besteht, die beim Empfang nicht **gutgläubig** iSd § 62 Abs. 1 S. 2 waren.[44]

4. Haftung der Verwaltung gem. § 93 Abs. 3 Nr. 2, § 116. Die Zahlung unzulässiger oder 18 überhöhter Abschläge kann ferner zur Haftung von Vorstand und Aufsichtsrat gem. § 93 Abs. 3 Nr. 2, § 116 führen. Der durch die Auszahlung entstehende Schaden der Gesellschaft kann dabei erhebliche Ausmaße annehmen. Dies gilt insbesondere dann, wenn, was regelmäßig der Fall sein dürfte, von den Aktionären aufgrund ihrer Gutgläubigkeit nichts zu erlangen ist.[45]

---

[34] GHEK/*Hefermehl/Bungeroth* Rn. 18.
[35] MüKoAktG/*Bayer* Rn. 15; Großkomm AktG/*Henze* Rn. 22; K. Schmidt/Lutter/*Fleischer* Rn. 11; Grigoleit/*Grigoleit/Rachlitz* Rn. 3; v. Godin/Wilhelmi Anm. 5.
[36] BegrRegE bei *Kropff* S. 80; vgl. auch Kölner Komm AktG/*Drygala* Rn. 16; krit. zu dieser Begrenzung Hölters/*Waclawik* Rn. 10.
[37] Großkomm AktG/*Henze* Rn. 25; MüKoAktG/*Bayer* Rn. 17; Kölner Komm AktG/*Drygala* Rn. 17; K. Schmidt/Lutter/*Fleischer* Rn. 13; Hüffer/Koch/*Koch* Rn. 4; aA Hölters/*Waclawik* Rn. 12, Anspruchsentstehung erst mit Mitteilung des Vorstands an die Aktionäre.
[38] MüKoAktG/*Bayer* Rn. 18; K. Schmidt/Lutter/*Fleischer* Rn. 14; Bürgers/Körber/*Westermann* Rn. 6; Hüffer/Koch/*Koch* Rn. 4.
[39] NK-AktR/*Drinhausen* Rn. 7; K. Schmidt/Lutter/*Fleischer* Rn. 14; *Eder* BB 1994, 1260 (1261).
[40] Großkomm AktG/*Henze* Rn. 27; K. Schmidt/Lutter/*Fleischer* Rn. 14; NK-AktR/*Drinhausen* Rn. 7; Grigoleit/*Grigoleit/Rachlitz* Rn. 4; Hüffer/Koch/*Koch* Rn. 4.
[41] MüKoAktG/*Bayer* Rn. 18; Hüffer/Koch/*Koch* Rn. 4.
[42] Großkomm AktG/*Henze* Rn. 31; Kölner Komm AktG/*Drygala* Rn. 20; K. Schmidt/Lutter/*Fleischer* Rn. 16.
[43] Großkomm AktG/*Henze* Rn. 29; Kölner Komm AktG/*Drygala* Rn. 19; K. Schmidt/Lutter/*Fleischer* Rn. 15.
[44] AllgM, statt aller Bürgers/Körber/*Westermann* Rn. 7; Hüffer/Koch/*Koch* Rn. 4.
[45] Großkomm AktG/*Henze* Rn. 32.

IV. Zwischendividende

19 Anders als in vielen anderen Rechtsordnungen (etwa den Vereinigten Staaten, England, den Niederlanden und Japan)[46] und im Recht der GmbH[47] sind echte Zwischendividenden, also Zahlungen auf den vorläufigen Bilanzgewinn des **laufenden** Geschäftsjahres (etwa Quartals- oder Halbjahresdividenden), nach deutschem Aktienrecht bislang nicht zulässig.[48] Es besteht allerdings kein überzeugender Grund dafür, dass der deutsche Gesetzgeber von der in Art. 15 Abs. 2 Kapital-RL 1977 (jetzt: Art. 56 Abs. 5 RL (EU) 2017/1132/)[49] enthaltenen Ermächtigung nicht Gebrauch gemacht und dem Vorbild anderer Länder folgend[50] die satzungsmäßige Einführung von Zwischendividenden auch hierzulande ermöglicht hat.[51]

§ 60 Gewinnverteilung

(1) Die Anteile der Aktionäre am Gewinn bestimmen sich nach ihren Anteilen am Grundkapital.

(2) ¹Sind die Einlagen auf das Grundkapital nicht auf alle Aktien in demselben Verhältnis geleistet, so erhalten die Aktionäre aus dem verteilbaren Gewinn vorweg einen Betrag von vier vom Hundert der geleisteten Einlagen. ²Reicht der Gewinn dazu nicht aus, so bestimmt sich der Betrag nach einem entsprechend niedrigeren Satz. ³Einlagen, die im Laufe des Geschäftsjahrs geleistet wurden, werden nach dem Verhältnis der Zeit berücksichtigt, die seit der Leistung verstrichen ist.

(3) Die Satzung kann eine andere Art der Gewinnverteilung bestimmen.

Schrifttum: *Barz*, Die durch die Aktienrechtsreform von 1965 veranlassten Satzungsänderungen, AG 1966, 40; *Buchetmann*, Die teileingezahlte Aktie – insbesondere die Rechtsstellung der Inhaber teileingezahlter Aktien, 1972; *Erhart/Riedel*, Disquotale Gewinnausschüttungen bei Kapitalgesellschaften – gesellschafts- und steuerrechtliche Gestaltungsmöglichkeiten, BB 2008, 2266; *Gross*, Zulässigkeit der Ausgabe neuer Aktien mit Gewinnanteilsberechtigung für ein bereits abgelaufenes Geschäftsjahr auch bei Bezugsrechtsausschluss, FS Hoffmann-Becking, 2013, 395; *Harbarth/Zeyher/Brechtel*, Gestaltung einer von der Satzung und dem gesetzlichen Regelfall abweichenden Gewinnauszahlungsabrede in der Aktiengesellschaft, AG 2016, 801; *Henn*, Die Gleichbehandlung der Aktionäre in Theorie und Praxis, AG 1985, 240; *Henssler/Glindemann*, Die Beteiligung junger Aktien am Gewinn eines abgelaufenen Geschäftsjahres bei einer Kapitalerhöhung aus genehmigtem Kapital, ZIP 2012, 949; *Horbach*, Der Gewinnverzicht des Großaktionärs, AG 2001, 78; *Hueck*, Der Grundsatz der gleichmäßigen Behandlung im Privatrecht, 1958; *Klühs*, Präsenzbonus für die Teilnahme an der Hauptversammlung, ZIP 2006, 107; *Koch*, Höherrangiges Satzungsrecht vs. schuldrechtliche Satzungsüberlagerung am Beispiel eines vertraglichen Gewinnauszahlungsschlüssels, AG 2015, 213; *König*, Der Dividendenverzicht des Mehrheitsaktionärs – Dogmatische Einordnung und praktische Durchführung, AG 2001, 399; *Mertens*, Zulässigkeit einer Ermächtigung des Vorstands, Aktien für das abgelaufene Geschäftsjahr auszugeben?, FS Wiedemann, 2002, 1113; *Müller*, Endgültiger Dividendenverlust bei unterlassener Mitteilung gem. § 20 Abs. 7 AktG?, AG 1996, 396; *Polte*, Aktiengattungen, 2005; *Schmidt*, Zur aktienrechtlichen Mitteilungspflicht für Beteiligungen, ZfgesK 1966, 1046; *Priester*, Schuldrechtliche Vereinbarungen zur Gewinnverteilung bei der AG, ZIP 2015, 2156; *Selchert*, Möglichkeiten und Grenzen einer Beteiligung der Mitglieder am „inneren Wert" im Falle einer Genossenschaft in der rechtlichen Form der Aktiengesellschaft, ZfgG 1968, 169; *Simon*, Rückwirkende Dividendengewährung bei genehmigten Kapital?, AG 1960, 148; *Westermann*, Zweck der Gesellschaft und Gegenstand des Unternehmens im Aktien- und Genossenschaftsrecht, FS Schnorr v. Carolsfeld, 1972, 517; *Wündisch*, Können junge Aktien mit Dividendenberechtigung für ein bereits abgelaufenes Geschäftsjahr ausgestattet werden?, AG 1960, 320.

Übersicht

	Rn.		Rn.
I. Normzweck	1, 2	1. Berechnungsmaßstab	4
II. Entstehungsgeschichte	3	2. Gewinn	5
III. Gewinnverteilung nach vollständiger Einlageleistung, Abs. 1	4–8	3. Gleichmäßige Einlageleistung	6, 7
		4. Zuständigkeit	8

---

[46] Überblick bei *Siebel/Gebauer* AG 1999, 385 (391 ff.).
[47] Vgl. nur MüKoGmbHG/*Ekkenga* § 29 Rn. 95 f. mwN; auch *Eder* BB 1994, 1260.
[48] Dezidiert *Siebel/Gebauer* AG 1999, 385 (391 ff.); ebenso MüKoAktG/*Bayer* Rn. 7; NK-AktR/*Drinhausen* Rn. 3; Großkomm AktG/*Henze* Rn. 17; K. Schmidt/Lutter/*Fleischer* Rn. 6, 18; Hüffer/Koch/*Koch* Rn. 1; Kölner Komm AktG/*Drygala* Rn. 6 f., 9; Grigoleit/*Grigoleit/Rachlit* Rn. 1.
[49] ABl. EU 2017 Nr. L 169, 46.
[50] Unlängst auch Dänemark, vgl. *Jensen* RIW 2006, 280 (281).
[51] So die Forderung von *Siebel/Gebauer* AG 1999, 385 (391); ebenso *Baums*, Bericht der Regierungskommission „Corporate Governance", 2001, Rn. 201; Kölner Komm AktG/*Drygala* Rn. 6 f.; Hüffer/Koch/*Koch* Rn. 5.

Gewinnverteilung 1–4 § 60

	Rn.		Rn.
IV. Gewinnverteilung bei Einlageleistung in unterschiedlichem Verhältnis, Abs. 2	9–16	1. Anwendungsbereich	17, 18
		2. Festsetzung in der Satzung	19–25
1. Anwendungsbereich	9	a) Ursprungssatzung	19
2. Begriff der Einlage	10–13	b) Satzungsänderung, insbesondere Kapitalerhöhung	20–25
a) Bareinlage	11		
b) Agio	12	3. Abweichende Regelungen	26–28
c) Sacheinlage	13	VI. Sonderfragen	29, 30
3. Kapitalerhöhung	14		
4. Rechtsfolge	15, 16	1. Verzicht auf den Gewinnanteil	29
V. Abweichende Satzungsbestimmungen, Abs. 3	17–28	2. Ausschluss und Ruhen von Mitgliedschaftsrechten	30

I. Normzweck

Die Vorschrift bestimmt, wie der Gewinn der Gesellschaft verteilt wird. Die Regelungen der 1 Abs. 1 und 2 konkretisieren den allgemeinen **Gleichbehandlungsgrundsatz** des § 53a.[1] Sie sollen sicherstellen, dass Aktionäre, die durch eine höhere Einlage ein größeres Anlagerisiko übernommen und der AG die entsprechenden Mittel bereits zur Verfügung gestellt haben, als **Kompensation für** dieses **Risiko** eine entsprechend höhere Dividende erhalten.[2] Abs. 2 soll zugleich einen **Anreiz zur rechtzeitigen Erfüllung der Einlageverpflichtung** bieten, ist dafür aber in Anbetracht der Unsicherheiten über das Entstehen eines verteilungsfähigen Gewinns und der häufig bestehenden Möglichkeiten einer profitableren Anlage der betreffenden Mittel nur begrenzt geeignet.[3]

Abweichend von der gesetzlich vorgesehenen Gewinnverteilung nach Abs. 1 und 2 kann die 2 Satzung auch eine andere Gewinnverteilung vorsehen (vgl. Abs. 3). Als Grund für eine abweichende Regelung kommt bspw. in Betracht, dass hierdurch die Besonderheiten einer **Nebenleistungs-AG** (vgl. §§ 55, 61) berücksichtigt werden sollen. Auch die Ausgabe von **Vorzugsaktien** nach §§ 11, 139 ff. ist als Motiv für die Festlegung einer abweichenden Gewinnverteilung denkbar.[4] Nicht zuletzt kann durch Satzungsgestaltung die **Vereinfachung** der komplizierten gesetzlichen Verteilungsregel des Abs. 2 erreicht werden.[5] Der durch Abs. 3 eröffnete Gestaltungsspielraum ermöglicht es, die Gewinnverteilung an **Besonderheiten der Gesellschaft** anzupassen. Die Möglichkeit, in der Satzung eine andere Art der Gewinnverteilung vorzusehen, entspricht dem Vorrang der privatautonomen Gestaltung in der Satzung vor den aus dem gesetzlichen Gleichbehandlungsgebot resultierenden Konsequenzen.[6]

II. Entstehungsgeschichte

Die Bestimmung geht auf § 214 HGB zurück. Die Auslegungsprobleme, die bei § 214 Abs. 2 3 HGB dadurch entstanden sind, dass die Norm teilweise auf die Leistung, teilweise dagegen auf die Fälligstellung durch Einfordern abstellte, bestehen seit der Neufassung nicht mehr. Bereits nach § 53 AktG 1937 war allein der **Leistungszeitpunkt maßgeblich**. Den Inhalt dieser Vorschrift hat § 60 AktG 1965 mit geringen sprachlichen Abweichungen, jedoch ohne sachliche Änderungen, übernommen.[7] Auch durch das Stückaktiengesetz (vgl. Art. 1 Nr. 11 StückAG v. 25.3.1998, BGBl. 1998 I 590) sind keine sachlichen Änderungen der Vorschrift erfolgt. Abs. 1 wurde lediglich an die Regelung des § 8 AktG angepasst, wonach sowohl die Ausgabe von Nennbetrags- als auch von Stückaktien zulässig ist. Hieraus folgte die Notwendigkeit, die Verteilung des Gewinns nicht mehr von dem Verhältnis der Aktiennennbeträge, sondern von den Anteilen am Grundkapital abhängig zu machen.

III. Gewinnverteilung nach vollständiger Einlageleistung, Abs. 1

1. Berechnungsmaßstab. Nach Abs. 1 bemisst sich der Gewinnanteil nach dem **Anteil am** 4 **Grundkapital,** den der Aktionär hält. Dabei ist es unerheblich, ob es sich um Stückaktien oder

---

[1] *Hueck,* Der Grundsatz der gleichmäßigen Behandlung im Privatrecht, 1958, 48; Großkomm AktG/*Henze* Rn. 4; Grigoleit/*Grigoleit/Rachlitz* Rn. 1; Hüffer/Koch/*Koch* Rn. 1.
[2] Großkomm AktG/*Henze* Rn. 6.
[3] Vgl. dazu *Baums* FS Horn, 2006, 245 (255 ff.).
[4] Großkomm AktG/*Henze* Rn. 7.
[5] MüKoAktG/*Bayer* Rn. 4.
[6] *Hueck,* Der Grundsatz der gleichmäßigen Behandlung im Privatrecht, 1958, 48 und 252 ff.; K. Schmidt/Lutter/*Fleischer* Rn. 12; Hölters/*Laubert* Rn. 1.
[7] Großkomm AktG/*Henze* Rn. 1; MüKoAktG/*Bayer* Rn. 5; Kölner Komm AktG/*Drygala* Rn. 1.

Nennbetragsaktien handelt.[8] Der Wortlaut des Abs. 1 knüpft an § 8 Abs. 4 an. Bei Nennbetragsaktien (§ 8 Abs. 2) ist folglich das Verhältnis des Nennbetrags zum Grundkapital maßgeblich, bei Stückaktien (§ 8 Abs. 3) entspricht der Gewinnanteil dem Quotienten aus der Anzahl der vom Aktionär gehaltenen Aktien und der insgesamt ausgegebenen Aktien. In beiden Fällen sind die Aktionäre nach der berechneten Quote am Grundkapital zu bedienen.

5 **2. Gewinn.** Gewinn iSd Abs. 1 ist der Teil des Bilanzgewinns (vgl. § 57 Abs. 3), der sich aufgrund des Gewinnverwendungsbeschlusses der Hauptversammlung (§ 174) als Ausschüttungsbetrag (§ 174 Abs. 2 Nr. 2) ergibt.

6 **3. Gleichmäßige Einlageleistung.** Wie sich im Umkehrschluss zu Abs. 2 ergibt, setzt Abs. 1 voraus, dass die Einlagen gleichmäßig geleistet sind. Dafür ist nicht notwendigerweise erforderlich, dass alle Aktionäre ihre Einlage in voller Höhe geleistet haben. Die Einlagen sind vielmehr auch dann gleichmäßig geleistet, wenn alle Aktionäre den **gleichen prozentualen Anteil** ihrer Einlage entweder bereits zu Beginn des Geschäftsjahres erbracht oder **zum selben Zeitpunkt** während des Geschäftsjahres **geleistet** haben. Die Vorschrift ist danach bspw. anwendbar, wenn alle Aktionäre zum maßgeblichen Zeitpunkt 25 % der geschuldeten Einlage erbracht haben.[9] Die Voraussetzung der gleichmäßigen Einlageleistung gilt auch dann, wenn teils Bareinlagen, teils Sacheinlagen geschuldet sind.[10]

7 Für die Abgrenzung von Abs. 1 und Abs. 2 ist allein entscheidend, ob die **Einlagen auf das Grundkapital** gleichmäßig geleistet sind. Ein **Aufgeld** (Agio) bleibt dabei außer Betracht.[11] Es unterliegt zwar den Kapitalaufbringungsregeln der § 36a Abs. 1, §§ 54, 188 Abs. 2 S. 1, stellt aber keine Leistung auf das Grundkapital iSv § 152 Abs. 1 S. 1 iVm §§ 272 Abs. 1, 266 Abs. 3 A I HGB dar, sondern ist in der Kapitalrücklage nach § 272 Abs. 2 Nr. 1 HGB, § 266 Abs. 3 A II HGB auszuweisen. Ebenso wenig wird ein Agio bei der Berechnung des Anteils des Aktionärs am Grundkapital berücksichtigt. Daraus folgt, dass sich der Gewinnanteil des Aktionärs weder durch ein trotz Fälligkeit nicht geleistetes Aufgeld verringert noch durch ein geleistetes Aufgeld erhöht.[12]

8 **4. Zuständigkeit.** Die Kompetenz für die Verteilung des Gewinns liegt allein beim Vorstand.[13] Insoweit besteht keine Kompetenz der Hauptversammlung.[14]

IV. Gewinnverteilung bei Einlageleistung in unterschiedlichem Verhältnis, Abs. 2

9 **1. Anwendungsbereich.** Abs. 2 S. 1 und 2 modifizieren den Verteilungsschlüssel des Abs. 1 für den Fall, dass die Einlagen nicht auf alle Aktien in demselben Verhältnis geleistet wurden. Die Vorschrift findet bereits Anwendung, wenn nur ein einziger Aktionär im Verhältnis zu den anderen Aktionären **mehr oder weniger** geleistet hat.[15] Ebenso fehlt es an der für die Anwendung von Abs. 1 erforderlichen Gleichmäßigkeit, wenn Einlagen innerhalb des Geschäftsjahres zu **unterschiedlichen Zeitpunkten** geleistet wurden.[16] Zu berücksichtigen sind allerdings **nur fällige Leistungen.** Leistet ein Aktionär bereits vor der Aufforderung durch den Vorstand (§ 63 Abs. 1), führt dies nicht zu einer Anwendung des Abs. 2.[17]

10 **2. Begriff der Einlage.** Einlagen iSd Abs. 2 sind nur Leistungen auf das Grundkapital. Ein Agio bleibt daher für die Beurteilung, ob Einlagen auf das Grundkapital nicht in demselben Verhältnis geleistet wurden, außer Betracht (→ Rn. 7 und 12).[18] Von Abs. 2 erfasst sind sowohl Bareinlagen (→ Rn. 11) als auch Sacheinlagen (→ Rn. 13).

---

[8] Großkomm AktG/*Henze* Rn. 8; Hölters/*Laubert* Rn. 2; Hüffer/Koch/*Koch* Rn. 2.
[9] Großkomm AktG/*Henze* Rn. 8; MüKoAktG/*Bayer* Rn. 7; Kölner Komm AktG/*Drygala* Rn. 16; K. Schmidt/Lutter/*Fleischer* Rn. 6; Hüffer/Koch/*Koch* Rn. 2.
[10] MüKoAktG/*Bayer* Rn. 8; K. Schmidt/Lutter/*Fleischer* Rn. 6; Bürgers/Körber/*Westermann* Rn. 2.
[11] Großkomm AktG/*Henze* Rn. 9; MüKoAktG/*Bayer* Rn. 8; K. Schmidt/Lutter/*Fleischer* Rn. 5; Hölters/Laubert Rn. 2; Grigoleit/*Grigoleit/Rachlitz* Rn. 5; Hüffer/Koch/*Koch* Rn. 2; NK-AktR/*Drinhausen* Rn. 3.
[12] Für Abs. 1 allgM, Kölner Komm AktG/*Drygala* Rn. 10; MüKoAktG/*Bayer* Rn. 8 Hölters/*Laubert* Rn. 2; Bürgers/Körber/*Westermann* Rn. 2.
[13] Grigoleit/*Grigoleit/Rachlitz* Rn. 2.
[14] Vgl. BGHZ 84, 303 (311) = NJW 1983, 282.
[15] Kölner Komm AktG/*Drygala* Rn. 16; Großkomm AktG/*Henze* Rn. 10; MüKoAktG/*Bayer* Rn. 11; K. Schmidt/Lutter/*Fleischer* Rn. 7; Bürgers/Körber/*Westermann* Rn. 3; Hüffer/Koch/*Koch* Rn. 3.
[16] Kölner Komm AktG/*Lutter* Rn. 16; Großkomm AktG/*Henze* Rn. 11; MüKoAktG/*Bayer* Rn. 9, 12; K. Schmidt/Lutter/*Fleischer* Rn. 10.
[17] Kölner Komm AktG/*Drygala* Rn. 15; Großkomm AktG/*Henze* Rn. 12; MüKoAktG/*Bayer* Rn. 10; K. Schmidt/Lutter/*Fleischer* Rn. 7; Hüffer/Koch/*Koch* Rn. 3.
[18] MüKoAktG/*Bayer* Rn. 10; Kölner Komm AktG/*Drygala* Rn. 14; Hüffer/Koch/*Koch* Rn. 3; K. Schmidt/Lutter/*Fleischer* Rn. 8; Hölters/*Laubert* Rn. 3; Grigoleit/*Grigoleit/Rachlitz* Rn. 6; NK-AktR/*Drinhausen* Rn. 5.

a) **Bareinlage.** Voraussetzung für die Einbeziehung einer Bareinlage in den Anwendungsbereich 11
des Abs. 2 ist, dass es sich um eine **Leistung** handelt, die der Aktionär **nach Fälligstellung** der
Einlagepflicht erbringt (§ 36a Abs. 1, § 63 Abs. 1 S. 1). Erfolgt die Leistung vor dem Fälligkeitszeitpunkt, etwa weil der Aktionär einen höheren als den eingeforderten Betrag einzahlt, so bleibt
der überschießende Anteil unberücksichtigt.[19] Davon zu unterscheiden ist die Frage, ob freiwillige
Mehrleistungen Tilgungswirkung entfalten (→ § 54 Rn. 48 ff.). Der dafür entscheidende Gesichtspunkt des Gläubigerschutzes hat mit der für Abs. 2 maßgeblichen Frage, ob auch vor Fälligkeit
geleistete Beträge bei der Gewinnverteilung berücksichtigt werden können, nichts zu tun, da es hier
allein um das Verhältnis der Aktionäre zueinander geht. Die Nichtberücksichtigung von Leistungen
vor Fälligkeit verhindert, dass sich einzelne Aktionäre eigenmächtig zu Lasten der Mitaktionäre einen
Gewinnvorteil verschaffen könnten.[20]

b) **Agio.** Ein Aufgeld findet nach zutreffender Ansicht auch im Rahmen von Abs. 2 (zu Abs. 1 12
→ Rn. 7) **keine Berücksichtigung.**[21] Soweit die Gegenansicht[22] unterschiedliche Rechtsfolgen daraus herleiten will, dass Abs. 2 S. 1 aE auf den Begriff „Einlagen" abstellt, während am
Anfang des Satzes von „Einlagen auf das Grundkapital" die Rede ist, kann dem nicht gefolgt
werden, denn Satz 1 aE nimmt auf den Anfang der Bestimmung Bezug. Zudem sieht sich die
abweichende Ansicht für den Fall, dass unterschiedliche Aufgelder gezahlt werden, praktischen
Problemen ausgesetzt, für die Abs. 2 keine befriedigende Lösung bereithält.[23] Unterschiedlich
hohe Aufgelder bei verschiedenen aufeinander folgenden Emissionen tragen überdies lediglich
der Wertentwicklung der Aktie Rechnung; in solchen Fällen besteht auch in der Sache kein
Grund dafür, Aktionären, die ein höheres Agio gezahlt haben, eine höhere Dividende zukommen
zu lassen. Zwar kann die Anknüpfung des Gesetzes an die Leistungen auf das Grundkapital dann
zu wenig zweckgerechten Ergebnissen führen, wenn ein Teil der Aktionäre entgegen § 36 Abs. 2,
§ 36a nicht das volle Agio eingezahlt hat. Dabei geht es aber wegen der Prüfung nach § 38
um seltene Ausnahmefälle, denen überdies durch eine Satzungsregelung nach Abs. 3 Rechnung
getragen werden kann.

c) **Sacheinlage.** Abs. 2 gilt auch, wenn Sacheinlagen geschuldet sind. § 36a Abs. 2 S. 1, wonach 13
Sacheinlagen grundsätzlich sofort einzubringen sind, **schließt eine ungleichmäßige Einlageleistung nicht aus.** Offensichtlich ist dies, wenn nur ein Teil der Aktionäre Sacheinlagen, der andere
Teil Bareinlagen zu leisten hat. Zu Unterschieden hinsichtlich des Leistungszeitpunkts oder der
Höhe der erbrachten Einlage kann es aber auch dadurch kommen, dass bei einer unwirksamen
Sacheinbringung oder einem mangelhaften Einlagegegenstand die subsidiäre Bareinlagepflicht des
Inferenten wieder auflebt.[24]

3. Kapitalerhöhung. Findet **während des laufenden Geschäftsjahrs** eine Kapitalerhöhung 14
statt, entsteht für diejenigen Aktionäre, die junge Aktien gezeichnet haben, eine Einlageverpflichtung
auf das erhöhte Grundkapital. Diese tritt neben ausnahmsweise (§ 182 Abs. 4, § 203 Abs. 3) noch
nicht erfüllte Einlagepflichten auf die alten Aktien. Da die Altaktionäre bereits einen Teil ihrer
Einlagen erbracht haben (§ 36 Abs. 2, § 36a), findet Abs. 2 auch dann Anwendung, wenn nunmehr
Alt- und Neuaktionäre zum selben Zeitpunkt ihre ausstehenden Einlagen auf das Grundkapital
gleichmäßig erfüllen, so dass auf alle Aktien der gleiche Betrag eingezahlt ist. Das ergibt sich ohne
weiteres daraus, dass der bereits zuvor geleistete Teil der Einlagen der Altaktionäre der Gesellschaft
länger zur Verfügung gestanden hat als die Einlagen der Zeichner der jungen Aktien. Vorbehaltlich
einer anderweitigen Festsetzung im Kapitalerhöhungsbeschluss erhalten diese daher gem. Abs. 2 S. 3
nur eine anteilige Vorabdividende, die sich nach dem Zeitpunkt der Einbringung der Einlage
bemisst.[25] Für die Dividende der Altaktionäre gilt bei ursprünglich unterschiedlicher Einlageleistung
Abs. 2, bei gleichmäßiger Einlageleistung Abs. 1.[26]

---

[19] Großkomm AktG/*Henze* Rn. 12; Hüffer/Koch/*Koch* Rn. 3; MüKoAktG/*Bayer* Rn. 10; Kölner Komm
AktG/*Drygala* Rn. 17; K. Schmidt/Lutter/*Fleischer* Rn. 7; Grigoleit/*Grigoleit/Rachlitz* Rn. 7.
[20] Großkomm AktG/*Henze* Rn. 12; MüKoAktG/*Bayer* Rn. 10.
[21] Großkomm AktG/*Henze* Rn. 14; Kölner Komm AktG/*Drygala* Rn. 14; MüKoAktG/*Bayer* Rn. 10;
K. Schmidt/Lutter/*Fleischer* Rn. 8; Grigoleit/*Grigoleit/Rachlitz* Rn. 6; Hölters/*Laubert* Rn. 3; Wachter/*Servatius*
Rn. 6.
[22] GHEK/*Hefermehl/Bungeroth* Rn. 7 ff.
[23] Großkomm AktG/*Henze* Rn. 14; Kölner Komm AktG/*Drygala* Rn. 14; MüKoAktG/*Bayer* Rn. 10.
[24] Großkomm AktG/*Henze* Rn. 13; Kölner Komm AktG/*Drygala* Rn. 13.
[25] Kölner Komm AktG/*Drygala* Rn. 21; MüKoAktG/*Bayer* Rn. 13; Großkomm AktG/*Henze* Rn. 15;
K. Schmidt/Lutter/*Fleischer* Rn. 11; Grigoleit/*Grigoleit/Rachlitz* Rn. 8; Bürgers/Körber/*Westermann* Rn. 4; Hüffer/Koch/*Koch* Rn. 5; NK-AktR/*Drinhausen* Rn. 6.
[26] MüKoAktG/*Bayer* Rn. 13.

15 **4. Rechtsfolge.** Sind Einlagen **in unterschiedlichem Verhältnis** geleistet worden, steht den Aktionären zunächst eine **Vorabdividende iHv 4 %** zu. Bemessungsgrundlage hierfür sind die geleisteten fälligen Einlagen auf das Grundkapital, nicht die Aktiennennbeträge (Abs. 2 S. 1). Ein Agio ist nicht Teil der Bemessungsgrundlage (→ Rn. 12). Sofern der Ausschüttungsbetrag damit nicht aufgebraucht ist, wird der verbleibende Rest nach dem Schlüssel des Abs. 1 verteilt. Reicht der Ausschüttungsbetrag für eine Vorabdividende von 4 % nicht aus, ist nach Abs. 2 S. 2 derjenige Prozentsatz zu wählen, mit dem die geleisteten fälligen Einlagen bedient werden können.

16 Neben dem Fall, dass Einlagen in unterschiedlicher Höhe geleistet werden, ist auch denkbar, dass sie während des Geschäftsjahrs **zu unterschiedlichen Zeitpunkten** geleistet werden. Diesen Fall regelt Abs. 2 S. 3. Danach sind die geleisteten Einlagen zeitanteilig zu berücksichtigen. Der Berechnung ist dabei nicht der Zeitpunkt der Fälligkeit, sondern der tatsächlichen Leistung der Einlage zugrunde zu legen.[27] Der Betrag, der nach der zeitanteiligen Vorabdividende verbleibt, wird wiederum gem. Abs. 1 ausgeschüttet. Für junge Aktien aus einer im Laufe des Geschäftsjahrs durchgeführten Kapitalerhöhung gilt, vorbehaltlich anderweitiger Bestimmung im Erhöhungsbeschluss, dass die Vorabdividende von 4 % auch bei Volleinzahlung nur für den Rest des Geschäftsjahrs gewährt wird. Alte Aktien sind bei unterschiedlicher Leistung der Einlagen nach Abs. 2 S. 1, bei gleichmäßiger Leistung nach Abs. 1 zu bedienen (→ Rn. 14).[28]

V. Abweichende Satzungsbestimmungen, Abs. 3

17 **1. Anwendungsbereich.** Abs. 3 eröffnet der Gesellschaft die Möglichkeit, durch Regelungen in der Satzung einen **anderen** als den in Abs. 1 und 2 vorgesehenen **Verteilungsschlüssel** zu bestimmen.[29] Bei Abs. 1 und 2 handelt es sich daher um dispositive Regelungen iSv § 23 Abs. 5 S. 1. Unter dem Gesichtspunkt des Gläubigerschutzes bestehen gegen diese Öffnungsklausel keine Bedenken, da durch eine vom gesetzlichen Konzept der Abs. 1 und 2 abweichende Gewinnverteilung allein die interne Verteilung des Gewinns der Gesellschaft unter den Aktionären betroffen ist.[30]

18 Sofern die Satzung von der durch Abs. 3 eröffneten Möglichkeit Gebrauch macht, bestimmt sich die Verteilung des Gewinns ausschließlich nach der Satzungsbestimmung, sofern diese eine **vollständige und abschließende Regelung** enthält. Wenn die Regelung nicht vollständig ist, etwa weil sie nur für den Fall des Abs. 2 eine abweichende Gewinnverteilung vorsieht, finden für den ungeregelten Bereich die gesetzlichen Regelungen ergänzend Anwendung.[31] Gleiches gilt, wenn eine Regelung in der Satzung, bspw. durch eine Gesetzesänderung, nachträglich unanwendbar wird.[32]

19 **2. Festsetzung in der Satzung. a) Ursprungssatzung.** Nach dem insoweit eindeutigen Wortlaut der Vorschrift muss der von Abs. 1 oder 2 abweichende Verteilungsschlüssel **in der Satzung** enthalten sein.[33] Nicht von Abs. 3 gedeckt sind Satzungsbestimmungen, die die HV, ein anderes Gesellschaftsorgan oder gar einen Dritten zur Festsetzung des Gewinnverteilungsschlüssels ermächtigen.[34] Ein Beschluss, durch den die HV auf der Grundlage einer solchen Bestimmung eine vom Gesetz abweichende Gewinnverteilung beschließt, ist anfechtbar.[35] Zulässig sind schuldrechtliche Abreden zwischen Aktionären, nach denen der nach Gesetz oder Satzung auf die an der Abrede Beteiligten entfallende Gewinn anders verteilt werden soll als dies nach dem gesetzlichen oder satzungsmäßigen Verteilungsschlüssel der Fall wäre. Eine Beteiligung der Gesellschaft an einer derartigen Abrede, durch die sie verpflichtet würde, Gewinnanteile in Abweichung von dem für sie geltenden gesetzlichen oder satzungsmäßigen Verteilungsschlüssel auszuzahlen,[36] wäre demgegenüber bedenklich.[37] Die Möglichkeit einer (teilweisen) Abtretung von Dividendenzahlungsan-

---

[27] Großkomm AktG/*Henze* 11; Bürgers/Körber/*Westermann* Rn. 3; Hüffer/Koch/*Koch* Rn. 5.
[28] MüKoAktG/*Bayer* Rn. 13; Kölner Komm AktG/*Drygala* Rn. 21.
[29] Zu denkbaren Motiven für derartige Regelungen *Erhart/Riedel* BB 2008, 2266.
[30] Großkomm AktG/*Henze* Rn. 17.
[31] Kölner Komm AktG/*Drygala* Rn. 22; Großkomm AktG/*Henze* Rn. 16; K. Schmidt/Lutter/*Fleischer* Rn. 13; Hüffer/Koch/*Koch* Rn. 6.
[32] RGZ 104, 349 (350 f.); Kölner Komm AktG/*Drygala* Rn. 22; MüKoAktG/*Bayer* Rn. 14; Großkomm AktG/*Henze* Rn. 16; K. Schmidt/Lutter/*Fleischer* Rn. 13.
[33] BGHZ 84, 303 (311) = NJW 1983, 282; Großkomm AktG/*Henze* Rn. 18.
[34] BGH WM 2014, 1542 (1543) Rn. 10); Kölner Komm AktG/*Drygala* Rn. 24; MüKoAktG/*Bayer* Rn. 16; Hüffer/Koch/*Koch* Rn. 6; Großkomm AktG/*Henze* Rn. 18; K. Schmidt/Lutter/*Fleischer* Rn. 14; NK-AktR/ *Drinhausen* Rn. 9; Erhart/Riedel BB 2008, 2266 (2269).
[35] AA, Nichtigkeit nach § 241 Nr. 3 Var. 3, Kölner Komm Akt/*Drygala* Rn. 24; Hüffer/Koch/*Koch* Rn. 6.
[36] Für die Zulässigkeit einer solchen Gestaltung aber *Koch* AG 2015, 213 (221 f.); *Priester* ZIP 2015, 2156 (2158 f.); Harbarth/Zeyher/Brechtel AG 2016, 801 (803 ff.).
[37] LG Frankfurt a.M. NZG 2015, 482 (484 f.); MüKoAktG/*Bayer* Rn. 16; *Wachter* EWiR 2015, 345 (346).

sprüchen[38] ändert daran nichts, zumal der Gesellschaft hier der Schutz durch §§ 407, 409 BGB zugute kommt.

b) Satzungsänderung, insbesondere Kapitalerhöhung. aa) Meinungsstand. Eine von 20 Abs. 1 und 2 abweichende Gewinnverteilung kann auch im Wege der **Satzungsänderung** eingeführt werden. Nach hM reicht dafür allerdings nicht die satzungsändernde Mehrheit nach § 179 Abs. 2. Da in das Dividendenstammrecht derjenigen Aktionäre eingegriffen werde, zu deren Nachteil sich die Änderung auswirke, sei vielmehr darüber hinaus die Zustimmung aller Betroffenen erforderlich.[39] Etwas anderes soll allerdings für eine abweichende Gewinnverteilung gelten, die in einem **Kapitalerhöhungsbeschluss** festgesetzt wird. Wenn hier die alten Aktien zugunsten der jungen Aktien benachteiligt werden, soll die Zustimmung aller betroffenen Altaktionäre wegen des Schutzes ihrer Vermögensinteressen durch das Bezugsrecht entbehrlich sein.[40] Bei einem Bezugsrechtsausschluss sei die Benachteiligung des Dividendenrechts der Altaktionäre bei der Prüfung der sachlichen Rechtfertigung der Kapitalmaßnahme zu berücksichtigen und gegen das Interesse der AG an der Platzierung der Aktien abzuwägen.[41] Beim genehmigten Kapital unter Ausschluss des Bezugsrechts schließlich wird es trotz der Stärkung der Befugnisse des Vorstands gegenüber denen der Hauptversammlung durch die Siemens/Nold Entscheidung des BGH[42] von Teilen des Schrifttums für unbedenklich gehalten, dass der Vorstand zur Festsetzung einer vom Gesetz abweichenden Gewinnverteilungsregelung für die jungen Aktien berechtigt sei. Die HV habe es in der Hand, die Festsetzung der Ausgabebedingungen durch Vorstand und Aufsichtsrat in der Ermächtigung an Vorgaben zu binden (§ 204 Abs. 1).[43] Überdies müsse der Vorstand sorgfältig prüfen, ob die Kapitalmaßnahme im wohlverstandenen Interesse der Gesellschaft liege und habe bei einer Verletzung dieser Prüfungspflicht strenge Sanktionen zu gewärtigen.[44] Demgegenüber hält die mittlerweile hL die Pflichtbindungen des Vorstands und die Rechtschutzmöglichkeiten der Aktionäre beim genehmigten Kapital nicht für ausreichend und verlangt daher jedenfalls für den Fall eines Bezugsrechtsausschlusses die Zustimmung aller Aktionäre, wenn die Gewinnverteilung zum Nachteil der Altaktien ausgestaltet werden soll.[45]

bb) Stellungnahme. Entgegen der hL bedarf es für eine Satzungsänderung, durch die eine von 21 Abs. 1 und 2 oder von einem in der Satzung vorgesehenen Gewinnerteilungsschlüssel abweichende Regelung eingeführt wird, nicht der Zustimmung aller davon betroffenen Aktionäre. Die der hL zugrunde liegende **Vorstellung eines** satzungsänderungsfesten **Dividendenstammrechts** ist schon **im Ansatz verfehlt.**[46] Abs. 3 stellt den Dividendenanspruch der Aktionäre unter den Vorbehalt einer abweichenden Satzungsregelung, ohne dabei zwischen der ursprünglichen und einer durch Satzungsänderung modifizierten Satzung zu differenzieren. Die vom Gesetz oder der Satzung vorgesehene Gewinnverteilungsregel vermittelt den Aktionären **keine Position, die einem Sonderrecht entspricht,** das dem Inhaber nach § 35 BGB nur mit seiner Zustimmung entzogen werden kann.[47] Eine Veränderung des Gewinnverteilungsschlüssels ist auch nicht einer der in § 180 aufgeführten Belastungen vergleichbar. Zwar ist im Schrifttum die Auffassung verbreitet, auch für Abweichungen vom **Gleichbehandlungsgebot** sei die Zustimmung aller betroffenen Aktionäre erforderlich.[48] Eine Änderung des Gewinnverteilungsschlüssels muss indessen keine Ungleichbehandlung mit sich bringen; häufig wird vielmehr nur ein anderer Gleichbehandlungsmaßstab eingeführt, so etwa, wenn in Abweichung von Abs. 2 bei der Gewinnverteilung auch die Leistungen auf das Agio berücksichtigt werden sollen. Vor allem aber lässt der Gleichbehandlungsgrundsatz Raum für Differenzierungen aus sachlichem Grund, ohne dass es dafür der Zustimmung der Betroffenen bedürfte. Nähme man

---

[38] Darauf hebt insbesondere *Koch* AG 2015, 213 (221 f.) ab.
[39] Kölner Komm AktG/*Drygala* Rn. 28; Großkomm AktG/*Henze* Rn. 21; MüKoAktG/*Bayer* Rn. 19; Hüffer/Koch/*Koch* Rn. 8; Hölters/*Laubert* Rn. 6; Grigoleit/*Grigoleit/Rachlitz* Rn. 9; Bürgers/Körber/*Westermann* Rn. 6; NK-AktR/*Drinhausen* Rn. 10; Wachter/*Servatius* Rn. 8; *Klühs* ZIP 2006, 107 (111).
[40] Kölner Komm AktG/*Drygala* Rn. 33; Großkomm AktG/*Henze* Rn. 22; MüKoAktG/*Bayer* Rn. 23; Hüffer/Koch/*Koch* Rn. 9; Hölters/*Laubert* Rn. 7; Grigoleit/*Grigoleit/Rachlitz* Rn. 12; Bürgers/Körber/*Westermann* Rn. 6; NK-AktR/*Drinhausen* Rn. 11.
[41] Kölner Komm AktG/*Drygala* Rn. 35; Großkomm AktG/*Henze* Rn. 23; MüKoAktG/*Bayer* Rn. 24.
[42] BGHZ 133, 136 (139 ff.) = NJW 1997, 2815; eingehend dazu *Bayer* ZHR 162 (1999), 505; *Kindler* ZGR 1998, 35; *Cahn* ZHR 163 (1999), 554 und ZHR 164 (2000), 113.
[43] Großkomm AktG/*Henze* Rn. 27.
[44] Großkomm AktG/*Henze* Rn. 26 f.; skeptisch insoweit *Cahn* ZHR 164 (2000), 113 (118 ff.).
[45] MüKoAktG/*Bayer* Rn. 25 ff.; Kölner Komm AktG/*Drygala* Rn. 39; Grigoleit/*Grigoleit/Rachlitz* Rn. 13; Wachter/*Servatius* Rn. 10.
[46] Ausf. Kritik an der vergleichbaren Figur des „allgemeinen Bezugsrechts" bei *Cahn* ZHR 164 (2000), 113 (122 ff.).
[47] Vgl. dazu etwa Hüffer/Koch/*Koch* § 179 Rn. 39.
[48] So etwa Hüffer/Koch/*Koch* § 180 Rn. 1.

die hL von der Zustimmungsbedürftigkeit beim Wort, müsste im Übrigen Folge des Fehlens der Zustimmung auch nur eines betroffenen Aktionärs die Unwirksamkeit eines dennoch gefassten Beschlusses sein. Tatsächlich halten aber auch die Vertreter der hL einen solchen Beschluss lediglich für anfechtbar.[49]

22 **§ 141 Abs. 3, § 179 Abs. 3, § 182 Abs. 1 S. 2** bestätigen, dass das von der hL postulierte Vetorecht der betroffenen Aktionäre mit dem Gesetz nicht vereinbar ist. Nach den beiden zuerst genannten Bestimmungen bedarf die Aufhebung oder Beschränkung eines Vorzugs ebenso wenig der Zustimmung aller betroffenen Aktionäre wie eine sonstige Veränderung des Verhältnisses mehrerer Gattungen zum Nachteil einer Gattung. Ausreichend ist vielmehr ein mit qualifizierter Mehrheit gefasster Sonderbeschluss der Aktionäre der betroffenen Gattung. Dem Gesetz lässt sich kein Anhaltspunkt dafür entnehmen, dass für den in Abs. 3 ausdrücklich unter Satzungsvorbehalt gestellten Gewinnverteilungsschlüssel strengere Anforderungen gelten sollten. Der Umstand, dass in den von § 141 Abs. 3, § 179 Abs. 3 geregelten Fällen bereits mehrere Aktiengattungen existieren, während sie durch eine Änderung des Gewinnverteilungsschlüssels (möglicherweise) erst geschaffen werden, stellt in der Sache keinen entscheidenden Unterschied dar.[50] Diese Einschätzung wird durch § 182 Abs. 1 S. 2, § 204 Abs. 2 bestätigt. Nach § 182 Abs. 1 S. 2 genügt für die erstmalige Ausgabe stimmrechtsloser Vorzugsaktien ein mit qualifizierter Kapitalmehrheit gefasster Beschluss, sofern die Satzung keine höhere Mehrheit verlangt oder andere Erfordernisse aufstellt. Kennzeichen von Vorzugsaktien ist aber gerade eine Benachteiligung der Stammaktionäre, soweit es um den Dividendenvorzug geht.[51] Beim genehmigten Kapital können Vorstand und Aufsichtsrat nach § 204 Abs. 2 das Gewinnbezugsrecht der Altaktionäre durch Ausgabe von Vorzugsaktien beeinträchtigen, ohne dass dies überhaupt einer über die allgemeine Ermächtigung zur Kapitalerhöhung hinausgehenden gesonderten Zustimmung der Aktionäre bedürfte. Ein Einstimmigkeitserfordernis für eine Satzungsänderung betreffend den Gewinnverteilungsschlüssel wäre mit diesen Bestimmungen nicht vereinbar.[52]

23 Die hL hält das von ihr selbst aufgestellte Postulat des Erfordernisses einer Zustimmung aller Betroffenen auch nicht konsequent durch.[53] Die Prüfung eines Bezugsrechtsausschlusses auf seine **sachliche Rechtfertigung** hin ist **kein Ausgleich für** ein dem einzelnen Aktionär zustehendes **Vetorecht.** Das gilt erst recht für die Pflichtbindungen des Vorstands beim genehmigten Kapital.[54] Da das genehmigte Kapital praktisch den Regelfall der Kapitalerhöhung darstellt, ist das Zustimmungserfordernis von vornherein weitgehend gegenstandslos. Die restriktive Position der hL passt schließlich nicht recht zur großzügigen Haltung ihrer Vertreter im Hinblick auf die Beteiligung junger Aktien aus genehmigten Kapital mit Bezugsrechtsausschluss am Gewinn eines abgelaufenen Geschäftsjahres (→ Rn. 28), die sogar ohne Zustimmung der betroffenen Aktionäre durch Beschluss der Verwaltung zulässig sein soll.[55]

24 Aus den in → Rn. 21 ff. genannten Gründen ist eine **Änderung des** (gesetzlichen oder in der Satzung vorgesehenen) **Gewinnverteilungschlüssels durch satzungsändernden Beschluss nach § 179 möglich,** ohne dass dafür die Zustimmung aller betroffenen Aktionäre erforderlich wäre. Die von einer solchen Änderung betroffenen Aktionäre sind dadurch nicht schutzlos. Sie können den satzungsändernden **Beschluss anfechten,** wenn die Änderung der Gewinnverteilung gegen den Gleichbehandlungsgrundsatz verstößt, eine Verfolgung von Sondervorteilen durch die begünstigten Aktionäre oder eine Treupflichtverletzung darstellt, nicht aber eine sachlich gerechtfertigte Änderung der Gewinnverteilung durch ihr Veto blockieren. In Anlehnung an § 141 Abs. 3, § 179 Abs. 3 erfordert die Änderung der Gewinnverteilung im Wege der Satzungsänderung einen mit qualifizierter Mehrheit zu fassenden Sonderbeschluss der dadurch benachteiligten Aktionäre.[56]

25 Sonderregeln für **Kapitalerhöhungen** sind von diesem Ausgangspunkt her entbehrlich. Als satzungsändernder Beschluss stellt der Kapitalerhöhungsbeschluss regelmäßig eine ausreichende Grundlage für eine abweichende Gewinnverteilung dar. Sofern das Bezugsrecht nicht ausgeschlossen ist, sind die Vermögensinteressen der Aktionäre ohnehin ausreichend geschützt. Bei einem Bezugsrechtsausschluss bei Ausgabe bevorrechtigter Aktien ist ein Sonderbeschluss regelmäßig deswegen entbehrlich, weil alle Altaktionäre zur benachteiligten Gruppe gehören. Ein Sonderbeschluss (→ Rn. 24) ist hier nur dann notwendig, wenn die bevorrechtigten Aktien, etwa gegen Sacheinlagen, an einen

---

[49] Vgl. etwa MüKoAktG/*Hüffer/Schäfer* § 243 Rn. 44 f.
[50] AA offenbar *Polte*, Aktiengattungen, 2005, 89 mN; Kölner Komm Akt/*Drygala* Rn. 30.
[51] Ausf. zu den verschiedenen Ausgestaltungsmöglichkeiten in jüngerer Zeit *Polte*, Aktiengattungen, 2005, 59 ff.
[52] Zutr. *Polte*, Aktiengattungen, 2005, 99 f.
[53] Ebenso *Polte*, Aktiengattungen, 2005, 89.
[54] Vgl. *Mertens* FS Wiedemann, 2002, 1113 (1123 ff.).
[55] Großkomm AktG/*Henze* Rn. 30, 32; Kölner Komm AktG/*Drygala* Rn. 55.
[56] Vgl. auch *Verse*, Der Gleichbehandlungsgrundsatz im Recht der Kapitalgesellschaften, 2006, 323 ff.

oder mehrere der bisherigen Aktionäre ausgegeben werden sollen. Die hier vertretene Lösung läuft damit nicht etwa leer, denn es geht dabei nicht um eine Verallgemeinerung des Erfordernisses von Sonderbeschlüssen,[57] sondern darum, die allgemeine Regel der Entscheidung mit (qualifizierter) Mehrheit gegenüber der Ausnahme des Einstimmigkeitsprinzips zur Geltung zu bringen. Die vorstehenden Erwägungen gelten auch für die Ermächtigung beim genehmigten Kapital, wenn man mit der hM §§ 202 ff. als gegenüber Abs. 3 spezielle Regelungen ansieht, so dass es einer Satzungsgrundlage für die Gewinnverteilung nicht bedarf.[58]

3. Abweichende Regelungen. Der Satzung steht ein **weiter Spielraum** für eine vom Gesetz 26 abweichende Regelung der Gewinnverteilung zu. Insbesondere besteht **keine Begrenzung** der Satzungsautonomie **auf Sonderfälle** wie etwa Vorzugsaktien nach §§ 139 ff. oder Nebenleistungsgesellschaften (vgl. §§ 55, 61). Diese Spezialfälle mögen zwar Anlass für die Zulassung flexibler Gewinnverteilungsregelungen gewesen sein; eine Beschränkung auf diese Fälle lässt sich jedoch weder dem Wortlaut des Abs. 3 entnehmen noch bestehen sonstige Gründe für eine einschränkende Auslegung.[59]

Die Satzung kann **Vorzugsaktien** gem. § 11 vorsehen. Sie kann also bestimmen, dass ein Teil der 27 Aktionäre, der bereits bei der Gewinnausschüttung Priorität genießt, daneben auch noch anderweitig begünstigt wird, wie etwa durch Gewährung eines Mehrbetrags auf die Stammdividende (→ § 139 Rn. 12).[60] Möglich ist es ferner etwa, die Gewinnbeteiligung von Aktien auszuschließen, die nicht voll eingezahlt sind oder eine bestimmte Quote des Grundkapitals übersteigen[61] oder umgekehrt eine gleichmäßige Gewinnbeteiligung auch bei unterschiedlicher Einlageleistung vorzusehen.[62] Das BayObLG hält eine Öffnungsklausel für zulässig, nach der im Einzelfall eine vom Gesetz abweichende Gewinnverteilung mit Einverständnis aller Betroffenen erfolgen kann.[63]

Im Falle einer **Kapitalerhöhung** kann der satzungsändernde Beschluss für die jungen Aktien 28 eine Gewinnverteilung festlegen, die von dem Gewinnverteilungsschlüssel der alten Aktien abweicht.[64] Dabei ist der mit qualifizierter Mehrheit gefasste Hauptversammlungsbeschluss ausreichend; die Zustimmung aller Aktionäre ist nicht erforderlich (→ Rn. 25).[65] Die jungen Aktien können auch rückwirkend am Gewinn des Geschäftsjahrs oder einer Teilperiode beteiligt werden, in der die Kapitalerhöhung wirksam wird.[66] **Nicht zulässig** ist hingegen die **Beteiligung am Gewinn eines schon abgelaufenen Geschäftsjahrs.**[67] Die Gegenauffassung, die eine solche Ausgestaltung der jungen Aktien durch den Kapitalerhöhungsbeschluss oder durch die Verwaltung (§ 204 Abs. 1) zulassen will, sofern die Hauptversammlung noch nicht über die Verteilung des Gewinns beschlossen hat und die Eintragung der Kapitalerhöhung im Handelsregister noch vor dem Gewinnverteilungsbeschluss gem. § 174 wirksam wird,[68] übersieht, dass § 217 eine rückwirkende Gewinnbeteiligung nur in einem nicht verallgemeinerungsfähigen Ausnahmefall zulässt[69] und dass die Satzungsfreiheit nach Abs. 3 nicht so weit geht, dass ein Eingriff in den bereits mit Ablauf des Geschäftsjahres entstandenen Anspruch der Inhaber von zu diesem Zeitpunkt bereits vorhandenen Aktien auf den Bilanzgewinn zulässig wäre.[70]

VI. Sonderfragen

1. Verzicht auf den Gewinnanteil. Soweit ein Aktionär auf den ihm zustehenden Gewinnanteil 29 verzichtet, werden die hiervon betroffenen Aktien bei der Gewinnverteilung nicht berücksichtigt.

---

[57] So der Einwand von Kölner Komm AktG/*Drygala* Rn. 31.
[58] Großkomm AktG/*Henze* Rn. 19; MüKoAktG/*Bayer* Rn. 22, 29 und § 204 Rn. 10; Kölner Komm AktG/ *Lutter* § 204 Rn. 7; Hüffer/Koch/*Koch* § 204 Rn. 4; differenzierend Kölner Komm AktG/*Drygala* Rn. 37 ff.
[59] Ebenso Kölner Komm AktG/*Drygala* Rn. 27; Großkomm AktG/*Henze* Rn. 20.
[60] RGZ 104, 349 (350 f.); ausf. *Polte*, Aktiengattungen, 2005, 59 ff.
[61] MüKoAktG/*Bayer* Rn. 21; Kölner Komm AktG/*Drygala* Rn. 43; K. Schmidt/Lutter/*Fleischer* Rn. 18.
[62] MüKoAktG/*Bayer* Rn. 21; Großkomm AktG/*Henze* Rn. 29.
[63] BayObLG BB 2001, 1916 (1917).
[64] Großkomm AktG/*Henze* Rn. 22.
[65] MüKoAktG/*Bayer* Rn. 23; Kölner Komm AktG/*Drygala* Rn. 33 ff.; Großkomm AktG/*Henze* Rn. 22.
[66] Kölner Komm AktG/*Drygala* Rn. 45; Großkomm AktG/*Henze* Rn. 30; K. Schmidt/Lutter/*Fleischer* Rn. 19; Hölters/*Laubert* Rn. 9; Hüffer/Koch/*Koch* Rn. 10; nur für den Fall der Kapitalerhöhung mit Bezugsrecht auch Bürgers/Körber/*Westermann* Rn. 7; Muster bei *Pühler* in Happ AktienR 1.01 zu Rn. 97.
[67] Zutr. *Mertens* FS Wiedemann, 2002, 1113 (1114 ff.); MüKoAktG/*Bayer* Rn. 30; Bürgers/Körber/*Westermann* Rn. 7; GHEK/*Hefermehl/Bungeroth* Rn. 32 iVm Rn. 27; Großkomm AktG/*Barz*, 3. Aufl. 1973, Anm. 5.
[68] Großkomm AktG/*Henze* Rn. 30, 32; Kölner Komm AktG/*Drygala* Rn. 46 ff., 53 ff.; K. Schmidt/Lutter/ *Fleischer* Rn. 19; Grigoleit/*Grigoleit/Rachlitz* Rn. 12; MHdB AG/*Hoffmann-Becking* § 47 Rn. 25; Henssler/Glindemann ZIP 2012, 949 (951 ff.); *Gross* FS Hoffmann-Becking, 2013, 395 (399 ff.); *Seibt* CFL 2011, 74 (78 f.); *Simon* AG 1960, 148; *Wündisch* AG 1960, 320.
[69] *Mertens* FS Wiedemann, 2002, 1113 (1114 f.).
[70] Ausf. dazu *Mertens* FS Wiedemann, 2002, 1113 (1116 ff.).

§ 61   1   Erstes Buch. Aktiengesellschaft

Der gem. § 174 Abs. 2 zu verteilende Gewinn entfällt dann entsprechend dem jeweils maßgeblichen Verteilungsschlüssel auf die übrigen Aktien.[71] Der Verzicht gewährt dem Aktionär daher nicht das Recht zu bestimmen, wie mit dem an sich auf ihn entfallenen Gewinnanteil verfahren werden soll. Die Verzichtserklärung verändert weder den Gewinnverwendungsbeschluss der Hauptversammlung nach § 174 Abs. 2 noch den gesetzlichen oder satzungsmäßigen Gewinnverteilungsschlüssel.[72] Sofern die betroffenen Aktien dennoch bei der Gewinnverteilung berücksichtigt werden, verstößt dies gegen § 57 Abs. 1 S. 1, so dass die zu Unrecht empfangene Dividende nach § 62 Abs. 1 an die Gesellschaft zurückerstattet werden muss.

30 **2. Ausschluss und Ruhen von Mitgliedschaftsrechten.** Das Gesetz sieht an verschiedenen Stellen (§ 56 Abs. 3, §§ 71b, 71d, § 44 Abs. 1 S. 1 WpHG, § 59 S. 1 WpÜG) vor, dass einem Aktionär aus seinen Anteilen keine Rechte zustehen. Da für die Abgrenzung des Kreises der Aktien, die nach § 58 Abs. 4 an der Verteilung des Bilanzgewinns für das abgelaufene Geschäftsjahr teilnehmen, der Schluss des Geschäftsjahres entscheidend ist,[73] sind Aktien, die zu diesem Zeitpunkt der Gesellschaft oder einem für ihre Rechnung handelnden Dritten gehört haben (zur abw. Behandlung von Aktien im Besitz abhängiger oder im Mehrheitsbesitz der AG stehender Unternehmen → § 71d Rn. 54), auch dann nicht dividendenberechtigt, wenn sie anschließend veräußert werden und sich zur Zeit des Gewinnverwendungsbeschlusses wieder in dritter Hand befinden (→ § 71b Rn. 7). Etwas anderes gilt nach § 20 Abs. 7 S. 2, § 21 Abs. 4 S. 2 sowie § 44 Abs. 1 S. 2 WpHG, § 59 S. 2 WpÜG, wenn ein Aktionär die nicht vorsätzlich unterlassene Mitteilung nachholt. Mit dem Gewinnverwendungsbeschluss entsteht ein Dividendenanspruch des Aktionärs, der lediglich während des Ruhens seiner Mitgliedschaftsrechte nicht geltend gemacht werden kann.[74] Sobald der Aktionär die nicht vorsätzlich unterlassene Mitteilung gem. § 20 Abs. 7 S. 2 nachholt, lebt diese Befugnis rückwirkend wieder auf.[75] Bis zu diesem Zeitpunkt ist der nicht ausgeschüttete Betrag in neuer Rechnung als sonstige Verbindlichkeit der Gesellschaft auszuweisen.[76] Die (möglicherweise) verlorene Dividende kann daher nicht im Zeitpunkt des Gewinnverwendungsbeschlusses auf die übrigen Aktionäre verteilt werden.[77] Gibt der Gewinnverwendungsbeschluss außer dem insgesamt auszuschüttenden Betrag (§ 174 Abs. 2 Nr. 2) auch die auf die einzelne Aktien entfallende Dividende an, ist er in solchen Fällen nicht anfechtbar, weil die zusätzliche Angabe allein informatorischen Charakter hat.[78]

§ 61 Vergütung von Nebenleistungen

Für wiederkehrende Leistungen, zu denen Aktionäre nach der Satzung neben den Einlagen auf das Grundkapital verpflichtet sind, darf eine den Wert der Leistungen nicht übersteigende Vergütung ohne Rücksicht darauf gezahlt werden, ob ein Bilanzgewinn ausgewiesen wird.

Übersicht

	Rn.		Rn.
I. Regelungsgegenstand und Normzweck	1, 2	3. Höhe der Vergütung	7–11
		a) Obergrenze	7, 8
II. Entstehungsgeschichte	3	b) Bestimmung der Höhe	9, 10
III. Der Vergütungsanspruch	4–11	c) Änderung des gesetzlichen Gewinnverteilungsschlüssels	11
1. Verhältnis zur Mitgliedschaft	4, 5		
2. Voraussetzungen	6	IV. Rechtsfolgen bei Verstößen	12

I. Regelungsgegenstand und Normzweck

1 Die Vorschrift knüpft an § 55 Abs. 1 S. 2 an. Regelungsgegenstand ist die **Vergütung,** die eine AG **für korporative Nebenverpflichtungen** bezahlt. § 61 enthält zwei Regelungen: Die Vergütung

---

[71] Kölner Komm AktG/*Drygala* Rn. 65 f.; Großkomm AktG/*Henze* Rn. 38; K. Schmidt/Lutter/*Fleischer* Rn. 20; Hölters/*Laubert* Rn. 10.
[72] GHEK/*Hefermehl/Bungeroth* Rn. 36; Großkomm AktG/*Henze* Rn. 38; K. Schmidt/Lutter/*Fleischer* Rn. 20.
[73] Mertens FS Wiedemann, 2002, 1113 (1117).
[74] Hüffer/Koch/*Koch* § 20 Rn. 15.
[75] BGH WM 2014, 1542 (1543 Rn. 11); Hüffer/Koch/*Koch* § 20 Rn. 13 ff.; MüKoAktG/*Bayer* § 20 Rn. 74, 79 ff.; K. Schmidt/Lutter/*Fleischer* Rn. 23.
[76] K. Schmidt/Lutter/*Fleischer* Rn. 23; Grigoleit/*Grigoleit/Rachlitz* Rn. 3; Hüffer/Koch/*Koch* § 20 Rn. 15a; *Müller* AG 1996, 393 (397).
[77] BGH WM 2014, 1542 (1543 Rn. 11).
[78] BGH WM 2014, 1542 (1544 Rn. 14).

Vergütung von Nebenleistungen 2–7 § 61

darf zum einen den Wert der Nebenleistungen nicht übersteigen. Sie darf zum anderen unabhängig davon bezahlt werden, ob die AG einen Bilanzgewinn ausweist.

Die Vorschrift soll nach einer Meinung im Schrifttum deswegen eine Ausnahme vom Verbot der 2 Einlagenrückgewähr nach § 57 darstellen, weil sie entgegen den Vorgaben des § 57 Abs. 3 die Auszahlung einer nicht aus Bilanzgewinn gespeisten Vergütung an Aktionäre erlaubt.[1] Tatsächlich aber ist § 61 keine Ausnahmeregelung. Die Vorschrift wiederholt nur das, was ohnehin gilt. Sie hat daher allein **klarstellende Funktion**.[2] Nebenleistungspflichten iSd § 55 sind zwar mitgliedschaftliche Verpflichtungen. Die von Aktionären infolge dieser Verpflichtungen erbrachten Leistungen dienen aber nicht der Aufbringung des Grundkapitals. Dementsprechend stellt eine Vergütung solcher Leistungen keine Ausschüttung auf die Aktie dar, die nach § 57 Abs. 3 nur aus dem Bilanzgewinn erfolgen dürfte. Es gilt vielmehr der allgemeine Grundsatz, dass die Gesellschaft ihren Aktionären nicht causa societatis Vermögensvorteile zuwenden darf (→ § 57 Rn. 24 ff.). Diese ohnehin geltende Beschränkung wird hier dadurch bestätigt, dass die Vergütung den Wert der Leistung des Aktionärs nicht übersteigen darf.

II. Entstehungsgeschichte

§ 61 ist seit 1965 unverändert. Die Vorschrift stimmt abgesehen von geringfügigen sprachlichen 3 Änderungen mit § 55 AktG 1937 inhaltlich überein. Dessen Vorgänger war § 216 HGB.

III. Der Vergütungsanspruch

1. Verhältnis zur Mitgliedschaft. Nach hL ist der Vergütungsanspruch **untrennbar mit der** 4 **Mitgliedschaft verbunden**. Verfügungen über den Vergütungsanspruch, insbesondere Abtretungen, Pfändungen und Verpfändungen, sollen danach angesichts der Bindung an die Mitgliedschaft ausgeschlossen sein.[3] Für eine solche Beschränkung der Übertragbarkeit des Vergütungsanspruchs besteht indessen kein Grund. Anders als der mitgliedschaftliche Gewinnanspruch nach § 58 Abs. 4, der zunächst auf Herbeiführung eines Gewinnverwendungsbeschlusses gerichtet ist (→ § 58 Rn. 92) und daher nur von einem Aktionär geltend gemacht werden kann, geht es hier um einen Vergütungsanspruch, dessen Durchsetzung nicht die Ausübung von Mitgliedschaftsrechten erfordert. Dementsprechend ist der Vergütungsanspruch trotz seiner Verbindung mit der Aktionärsstellung wie jeder andere Anspruch selbständig übertragbar.

Entstandene Vergütungsansprüche können im Wege der Leistungsklage geltend gemacht werden. 5 Die Satzung kann gem. § 1066 ZPO alternativ die Durchführung eines Schiedsverfahrens vorschreiben.[4] Im Fall der Insolvenz der AG können Aktionäre entstandene Vergütungsansprüche wie reguläre Gläubigeransprüche gem. §§ 174 f. InsO zur Tabelle anmelden,[5] da Nebenleistungen anders als Einlagen nicht auf das Haftungskapital der AG erbracht werden. Vergütungsansprüche und Nebenleistungen stehen trotz mitgliedschaftsrechtlicher Verknüpfung in einem dem Synallagma ähnlichen Verhältnis zueinander. Die Regeln des allgemeinen und besonderen Schuldrechts gelten entsprechend.[6]

2. Voraussetzungen. Die AG darf eine Vergütung für korporative Nebenleistungen nur dann 6 bezahlen, wenn diese gem. § 55 Abs. 1 S. 2 in der **Satzung** festgesetzt ist (→ § 55 Rn. 10 ff.) und die Nebenverpflichtung den Anforderungen des § 55 Abs. 1 S. 1 genügt (→ § 55 Rn. 5 ff.). Die Satzung darf zur Frage der Vergütung nur bei solchen Gesellschaften schweigen, die bereits vor dem 1.1.1966 in ihren Satzungen Nebenverpflichtungen der Aktionäre vorgesehen haben und die ihre Unternehmensgegenstände und Satzungsbestimmungen über die Nebenverpflichtungen seither nicht geändert haben (§ 10 EGAktG). Die AG darf in diesen Fällen auch ohne Satzungsbestimmung Vergütungen an Aktionäre bezahlen.

3. Höhe der Vergütung. a) Obergrenze. § 61 legt als **Obergrenze** der Vergütung den Wert 7 der erbrachten Nebenleistungen fest. Als Wert gilt grundsätzlich der **Marktpreis im Zeitpunkt der Leistung**.[7] In Ermangelung eines Marktpreises ist auf denjenigen Preis abzustellen, den die Gesellschaft zu bezahlen hätte, wenn sie sich die Leistung bei einem Dritten verschaffen müsste.

---

[1] Großkomm AktG/*Henze* Rn. 4; Hüffer/Koch/*Koch* Rn. 1.
[2] So auch Wachter/*Servatius* Rn. 1.
[3] Vgl. MüKoAktG/*Bayer* Rn. 10; Großkomm AktG/*Henze* Rn. 8; Kölner Komm AktG/*Drygala* Rn. 16; K. Schmidt/Lutter/*Fleischer* Rn. 8; Bürgers/Körber/*Westermann* Rn. 4; Hölters/*Laubert* Rn. 3.
[4] MüKoAktG/*Bayer* Rn. 12; Großkomm AktG/*Henze* Rn. 9; K. Schmidt/Lutter/*Fleischer* Rn. 9.
[5] MüKoAktG/*Bayer* Rn. 13; Kölner Komm AktG/*Drygala* Rn. 17; K. Schmidt/Lutter/*Fleischer* Rn. 9.
[6] → § 55 Rn. 37; Großkomm AktG/*Henze* Rn. 7.
[7] MüKoAktG/*Bayer* Rn. 5; Großkomm AktG/*Henze* Rn. 12; Hüffer/Koch/*Koch* Rn. 2; Kölner Komm AktG/ *Drygala* Rn. 6.

Sind mehrere Dritte vorhanden, die qualitativ gleichwertige Leistungen anbieten, ist der günstigste Preis maßgeblich.[8]

8 **Soweit die Vergütung** aus einer Sachleistung besteht, gelten für die Bestimmung des Sachwerts die in → Rn. 7 genannten Grundsätze. Eine kombinierte Vergütung, die sich aus Bar- oder Buchgeld und einer Sachleistung, wie beispielsweise der unentgeltlichen Übereignung von Rübensamen, zusammensetzt,[9] darf in ihrer Summe nicht den Wert der Nebenleistung übersteigen.[10]

9 **b) Bestimmung der Höhe.** Die Höhe der **Vergütung bestimmt** in erster Linie die **Satzung**. Wirksam ist auch die statutarische Festlegung einer **Mindestvergütung**.[11] Eine solche Satzungsregelung wird nach reichsgerichtlicher Rspr[12] und verbreiteter Auffassung im Schrifttum[13] deswegen für unwirksam gehalten, weil die zulässige Obergrenze der Vergütung durch den Marktpreis gezogen wird (→ Rn. 7) und dieser infolge veränderter Marktbedingungen unter die satzungsmäßig festgelegte Mindestvergütung sinken kann. Damit, so die Begründung, könne in Zukunft die durch § 61 vorgegebene Obergrenze überschritten werden. Das Bestehen einer solchen Gefahr kann zwar nicht geleugnet werden. Wenn sie sich tatsächlich realisiert, folgt aber aus objektiver Satzungsauslegung, dass nunmehr die gesetzliche Obergrenze des § 61 und nicht mehr die satzungsmäßig festgelegte Mindestvergütung maßgeblich ist.[14] Entsprechendes gilt, wenn in der Satzung eine **bestimmte Vergütung** festgelegt worden ist. Nichtig ist die satzungsmäßige Fixierung einer bestimmten oder mindestens zu zahlenden Vergütung nur dann, wenn diese im Zeitpunkt des *Inkrafttretens* der Satzungsregel die Grenze des § 61 überschreitet.[15]

10 **Die Bestimmung** der Vergütungshöhe kann durch Satzungsregel auch einem **Gesellschaftsorgan oder einem Dritten übertragen** werden.[16] Sie ist nach Maßgabe der §§ 315 ff. BGB vorzunehmen und muss daher billigem Ermessen entsprechen (→ § 55 Rn. 13 f.). Falls die Satzung keine Person zur Bestimmung ermächtigt und sich auch mit Hilfe objektiver Satzungsauslegung keine ermächtigte Person ermitteln lässt, ist nicht der VSt,[17] sondern die HV zuständig (näher → § 55 Rn. 14).

11 **c) Änderung des gesetzlichen Gewinnverteilungsschlüssels.** Die AG kann Aktionären ein Entgelt für erbrachte Nebenleistungen nicht nur in Gestalt einer Vergütung iSd § 55 Abs. 1 S. 2, § 61 bezahlen. Zulässig ist es gem. § 60 Abs. 3 auch, als **Gewinnverteilungsschlüssel** das **Verhältnis der erbrachten Nebenleistungen** festzusetzen.[18] Auf diese Weise kann die durch § 61 gezogene Vergütungsobergrenze überschritten werden. Denn Dividendenzahlungen aus dem Bilanzgewinn sind unbeschränkt zulässig, soweit sie auf einem ordnungsgemäßen Gewinnverwendungsbeschluss beruhen.

IV. Rechtsfolgen bei Verstößen

12 Wenn die Satzung gem. § 55 Abs. 1 S. 2 keine Regelung über die Vergütung enthält, ist die Vereinbarung über die Nebenverpflichtung gem. § 134 BGB insgesamt unwirksam (Ausnahme § 10 EGAktG, → § 55 Rn. 51 mwN). Vergütungen der AG, die auf eine unwirksame Nebenpflichtabrede erbracht werden, **verstoßen gegen § 57** und sind nach § 62 Abs. 1 S. 1 zurückzugewähren. Sind demgegenüber Nebenverpflichtung und Vergütung wirksam vereinbart, übersteigt aber die von der AG bezahlte Vergütung den durch § 61 vorgegebenen Höchstbetrag, so ist **nur der überschießende Teilbetrag** nach § 62 Abs. 1 S. 1 zurückzugewähren.[19] Auf § 62 Abs. 1 S. 2 kann sich der empfan-

---

[8] Hölters/*Laubert* Rn. 4.
[9] Vgl. RGZ 48, 102 (105).
[10] MüKoAktG/*Bayer* Rn. 5; Großkomm AktG/*Henze* Rn. 13.
[11] MüKoAktG/*Bayer* Rn. 6; Großkomm AktG/*Henze* Rn. 17.
[12] RGZ 48, 102 (104 f.).
[13] Hölters/*Laubert* Rn. 5; Bürgers/Körber/*Westermann* Rn. 3; Wachter/*Servatius* Rn. 3; Kölner Komm AktG/*Lutter*, 2. Aufl. 1988, Rn. 6.
[14] MüKoAktG/*Bayer* Rn. 6; Großkomm AktG/*Henze* Rn. 17; Kölner Komm AktG/*Drygala* Rn. 9; Grigoleit/ *Grigoleit/Rachlitz* Rn. 2.
[15] Vgl. Großkomm AktG/*Henze* Rn. 17; Kölner Komm AktG/*Drygala* Rn. 9.
[16] MüKoAktG/*Bayer* Rn. 7; Großkomm AktG/*Henze* Rn. 10; Kölner Komm AktG/*Drygala* Rn. 7; Bürgers/ Körber/*Westermann* Rn. 2; Hölters/*Laubert* Rn. 5.
[17] So aber MüKoAktG/*Bayer* Rn. 7; Hüffer/Koch/*Koch* Rn. 2; Kölner Komm AktG/*Drygala* Rn. 7; Hölters/ *Laubert* Rn. 5; Grigoleit/*Grigoleit/Rachlitz* Rn. 2; Bürgers/Körber/*Westermann* Rn. 2; MHdB AG/*Rieckers* § 16 Rn. 53.
[18] RGZ 104, 349 (350 f.); MüKoAktG/*Bayer* Rn. 8; Großkomm AktG/*Henze* Rn. 16; Kölner Komm AktG/ *Drygala* Rn. 7.
[19] Großkomm AktG/*Henze* Rn. 15; Kölner Komm AktG/*Drygala* Rn. 14; Wachter/*Servatius* Rn. 4; Hölters/ *Laubert* Rn. 8.

gende Aktionär nicht berufen, da er die Beträge als Vergütung iSd § 55 Abs. 1 S. 2, § 61 und nicht als Gewinnanteil bezogen hat.[20] § 62 Abs. 1 S. 2 beansprucht jedoch dann Geltung, wenn die AG die Vergütung aufgrund eines entsprechenden Gewinnverteilungsschlüssels in Form von Dividendenzahlungen leistet (→ Rn. 11).[21]

§ 62 Haftung der Aktionäre beim Empfang verbotener Leistungen

(1) [1]Die Aktionäre haben der Gesellschaft Leistungen, die sie entgegen den Vorschriften dieses Gesetzes von ihr empfangen haben, zurückzugewähren. [2]Haben sie Beträge als Gewinnanteile bezogen, so besteht die Verpflichtung nur, wenn sie wußten oder infolge von Fahrlässigkeit nicht wußten, daß sie zum Bezuge nicht berechtigt waren.

(2) [1]Der Anspruch der Gesellschaft kann auch von den Gläubigern der Gesellschaft geltend gemacht werden, soweit sie von dieser keine Befriedigung erlangen können. [2]Ist über das Vermögen der Gesellschaft das Insolvenzverfahren eröffnet, so übt während dessen Dauer der Insolvenzverwalter oder der Sachwalter das Recht der Gesellschaftsgläubiger gegen die Aktionäre aus.

(3) [1]Die Ansprüche nach diesen Vorschriften verjähren in zehn Jahren seit dem Empfang der Leistung. [2]§ 54 Abs. 4 Satz 2 findet entsprechende Anwendung.

Schrifttum: *Altmeppen,* „Dritte" als Adressaten der Kapitalerhaltungs- und Kapitalersatzregeln in der GmbH, FS Kropff, 1997, 641; *Bange,* Die Rückforderung von Gewinnausschüttungen durch den Insolvenzverwalter bei nichtigen Jahresabschlüssen, ZInsO 2006, 519; *T. Bezzenberger,* Das Kapital der Aktiengesellschaft, 2005; *Bommert,* Verdeckte Vermögensverlagerungen im Aktienrecht, 1989; *Cahn,* Vergleichsverbote im Gesellschaftsrecht, 1996; *Cahn,*Kapitalerhaltung im Konzern, 1998; *Canaris,* Die Rückgewähr von Gesellschaftereinlagen und Zuwendungen an Dritte, FS Fischer, 1979, 31; *Einsele,* Verdeckte Sacheinlage, Grundsatz der Kapitalaufbringung und Kapitalerhaltung, NJW 1996, 2681; *Fiedler,* Verdeckte Vermögensverlagerungen bei Kapitalgesellschaften, 1994; *Flume,* Der Gesellschafter und das Vermögen der Kapitalgesellschaft, ZHR 144 (1980), 18; *Gärtner,* Rückabwicklung überhöhter Gewinnabführung, AG 2014, 793; *Geßler,* Zur handelsrechtlichen verdeckten Gewinnausschüttung, FS Fischer, 1979, 131; *Geuting,* Die verdeckte Haftungsfondsvergütung über Angehörige des GmbH-Gesellschafters, 1993; *Habscheid,* Prozessuale Probleme hinsichtlich der „Geltendmachung von Gläubigerrechten" durch den Konkursverwalter beim Konkurs einer Aktiengesellschaft (§ 93 Abs. 5 AktG), FS Weber, 1974, 197; *Hager,* Die verdeckte Gewinnausschüttung in der GmbH, ZGR 1989, 71; *Joost,* Grundlagen und Rechtsfolgen der Kapitalerhaltungsregeln im Aktienrecht, ZHR 149 (1985), 419; *Kahlert,* Verdeckte Gewinnausschüttungen an Nichtgesellschafter im Kapitalgesellschaftsrecht, 1994; *Kleffner,* Erhaltung des Stammkapitals und Haftung nach §§ 30, 31 GmbHG, 1994; *Lutter,* Verdeckte Leistungen und Kapitalschutz, FS Stiefel, 1987, 505; *Mylich,* Rückgewähransprüche einer AG nach Ausschüttung oder Abführung von Scheingewinnen, AG 2011, 765; *Riedel,* Unzulässige Vermögenszuwendungen und ihre Rechtsfolgen im Recht der Aktiengesellschaft, 2004; *Röhrkasten,* Die verdeckte Gewinnausschüttung im Gesellschafts- und Steuerrecht, 1976; *Rust,* Verdeckte Einlagenrückgewähr durch Leistung an Dritte in der Kapitalgesellschaft, 2000; *Simon,* Die Rechte der Gläubiger einer Aktiengesellschaft gegenüber Aktionären, Organen und herrschenden Unternehmen in dogmatischer und zivilprozessualer Sicht, 1970; *Sonnenhol/Stützle,* Auswirkungen des Verbots der Einlagenrückgewähr auf Nichtgesellschafter, WM 1983, 2; *Thiessen,* Zur Neuregelung der Verjährung im Handels- und Gesellschaftsrecht, ZHR 168 (2004), 503; *Tries,* Verdeckte Gewinnausschüttungen im GmbH-Recht, 1991; *Wiesner,* Übergang des Rückgewähranspruchs nach § 62 Abs. 1 AktG auf den Aktienerwerber, FS Raiser, 2005, 471; *Witt,* Rechtsfolgen eines Verstoßes gegen § 57 AktG, ZGR 2013, 668.

Übersicht

	Rn.		Rn.
I. Entstehungsgeschichte und Normzweck	1–3	b) Gesetzwidrigkeit der Leistung	6
		3. AG als Gläubiger	7
1. Entstehungsgeschichte	1, 2	4. Schuldner	8–21
2. Normzweck	3	a) Der Aktionär als Schuldner	8
II. Rückgewähranspruch der Gesellschaft, Abs. 1 S. 1	4–24	b) Rückgewährpflicht des Aktionärs bei Zuwendungen an Dritte	9–13
1. Rechtliche Einordnung	4	c) Dritte als Schuldner des Rückgewähranspruchs	14–20
2. Anspruchsvoraussetzungen	5, 6	d) Schuldnermehrheit	21
a) Leistung der AG	5	5. Inhalt des Rückgewähranspruchs	22, 23

---

[20] Kölner Komm AktG/*Drygala* Rn. 14; K. Schmidt/Lutter/*Fleischer* Rn. 10; Bürgers/Körber/*Westermann* Rn. 5; Grigoleit/*Grigoleit/Rachlitz* Rn. 3.
[21] MüKoAktG/*Bayer* Rn. 14; Großkomm AktG/*Henze* Rn. 16; Kölner Komm AktG/*Drygala* Rn. 14; K. Schmidt/Lutter/*Fleischer* Rn. 10; Bürgers/Körber/*Westermann* Rn. 5; Grigoleit/*Grigoleit/Rachlitz* Rn. 3.

	Rn.		Rn.
6. Erfüllbarkeit	24	2. Voraussetzungen der Gläubigerbefugnis	36, 37
III. Gutgläubiger Bezug von Gewinnanteilen, Abs. 1 S. 2	25–29	a) Gläubigerstellung	36
1. Normzweck	25	b) Keine Befriedigung durch die AG	37
2. Gewinnanteile	26	3. Einwendungen	38–40
3. Subjektive Tatbestandsvoraussetzung	27	a) Des Aktionärs gegenüber der AG	38
4. Beweislast	28	b) Des Aktionärs gegenüber dem Gläubiger	39
5. Anwendung von Abs. 1 S. 2 bei Abtretung des Gewinnanspruchs	29	c) Die AG gegenüber dem Gläubiger	40
IV. Das Verfolgungsrecht der Gläubiger, Abs. 2 S. 1	30–40	**V. Das Verfolgungsrecht der Gläubiger in der Insolvenz der AG, Abs. 2 S. 2**	41–43
1. Inhalt der Gläubigerbefugnis	30–35	1. Bedeutung der Vorschrift	41
		2. Prozessuale Wirkungen	42, 43
		VI. Verjährung, Abs. 3	44, 45

I. Entstehungsgeschichte und Normzweck

1 **1. Entstehungsgeschichte.** Die Pflicht der Aktionäre zur Erstattung unzulässiger Leistungen der Gesellschaft geht zurück auf die zunächst in Art. 197 Abs. 3 ADHGB[1] und dann in Art. 198 ADHGB idF der Novelle v. 18.7.1884[2] vorgesehene Haftung der Kommanditaktionäre für Verbindlichkeiten der Gesellschaft, soweit sie entgegen den gesetzlichen Bestimmungen Zahlungen der Gesellschaft empfangen hatten. Eine vergleichbare Vorschrift fehlte für die AG zunächst. Art. 218 ADHGB sah lediglich vor, dass die Aktionäre in gutem Glauben empfangene Zinsen nicht zurückzahlen mussten. Erst § 217 Abs. 1 HGB 1897 bestimmte, dass die Aktionäre für Verbindlichkeiten der Gesellschaft hafteten, soweit sie entgegen dem Gesetz Zahlungen von der Gesellschaft empfangen hatten; zugleich wurde in Abs. 2 das Recht des Konkursverwalters zur Geltendmachung dieses Gläubigerrechts eingeführt. Das Gesetz statuierte also jeweils eine **Außenhaftung der Aktionäre,** ähnlich der Haftung der Kommanditisten nach dem heutigen § 172 Abs. 4 HGB. Ob auch der Gesellschaft selbst ein Anspruch auf Rückgewähr zustand, war lange umstritten.[3] Erst § 56 AktG 1937 regelte in Abs. 3, wann der Gesellschaft selbst kein Rückforderungsanspruch zustand und setzte damit das Bestehen eines solchen Anspruchs voraus.

2 Im Regierungsentwurf des AktG 1965 war zunächst vorgesehen, diese Bestimmung mit kleineren sprachlichen Änderungen fortzuführen.[4] Erst auf Betreiben des Rechts- und des Wirtschaftsausschusses wurde die Vorschrift völlig neu gefasst, indem der **Anspruch der Gesellschaft** an die Spitze der Vorschrift gestellt und nach dem Vorbild des § 346 BGB formuliert wurde.[5] Außerdem wurde der bisher verwendete Begriff der „Zahlungen" durch „Leistungen" ersetzt, um klarzustellen, dass auch unzulässige Sachleistungen der Gesellschaft der Rückgewährpflicht unterliegen.[6] Das **Recht der Gläubiger zur Geltendmachung des Anspruchs** wurde nach dem Vorbild des aus der Organhaftung bekannten Verfolgungsrechts in Abs. 2 geregelt.[7] Im Zuge der Umsetzung Kapital-RL 1977 (durch das Gesetz v. 13.12.1978, BGBl. 1978 I 1959) wurde die bisherige Regelung der Beweislastverteilung zu Lasten der Aktionäre in Abs. 1 S. 3 gestrichen, dafür aber die Gutgläubigkeit des Empfängers entsprechend Art. 16 Kapital-RL 1977 bereits bei einfacher Fahrlässigkeit ausgeschlossen. Durch das 3. EG-Koordinierungsgesetz (DurchfG zur 3. EG-Richtlinie v. 25.10.1982, BGBl. 1982 I 1425) wurde Abs. 1 S. 2 auf Gewinnanteile beschränkt, um dem Wegfall der Bauzinsen (→ § 57 Rn. 2) Rechnung zu tragen. Schließlich ist die Verjährungsfrist des Abs. 3 durch Art. 11 Nr. 3 Gesetz zur Anpassung von Verjährungsvorschriften an das Gesetz zur Modernisierung des Schuldrechts (v. 9.12.2004, BGBl. 2004 I 3214) von bisher fünf auf nunmehr zehn Jahre verlängert worden.

3 **2. Normzweck.** Die Bestimmung **ergänzt das Verbot der Einlagenrückgewähr** nach § 57. Sie setzt eine Leistung der Gesellschaft voraus, der keine oder nur eine unangemessen niedrige Gegenleistung des Empfängers gegenübersteht. Da ein Verstoß gegen § 57 nicht die Unwirksamkeit von Verpflichtungs- und Erfüllungsgeschäft zur Folge hat (→ § 57 Rn. 86 ff.), tritt der Rückgewähranspruch nach § 62 an die Stelle von Bereicherungs- und Vindikationsansprüchen nach §§ 812, 985

---

[1] Abgedruckt bei *Schubert/Hommelhoff,* Hundert Jahre modernes Aktienrecht, 1985, 112.
[2] Abgedruckt bei *Schubert/Hommelhoff,* Hundert Jahre modernes Aktienrecht, 1985, 578.
[3] Näher dazu *Cahn,* Vergleichsverbote im Gesellschaftsrecht, 1996, 39 f.
[4] BegrRegE bei *Kropff* S. 82.
[5] Ausschussbericht bei *Kropff* S. 83.
[6] BegrRegE bei *Kropff* S. 82.
[7] Ausschussbericht bei *Kropff* S. 83; vgl. dazu *Cahn,* Vergleichsverbote im Gesellschaftsrecht, 1996, 42.

BGB.[8] § 62 findet **keine Anwendung auf** mangelhafte Verträge oder Rechtshandlungen im Zusammenhang mit **Einlageleistungen;** insbesondere gilt sie nicht für die Rückabwicklung verdeckter Sacheinlagen, die nach §§ 812 ff. BGB rückgängig zu machen sind.[9] Die Vorschrift soll gewährleisten, dass unzulässige Zuwendungen der Gesellschaft erstattet werden. Anders als ihre Vorläuferregelungen, die in erster Linie die unmittelbare Haftung des Empfängers gegenüber den Gläubigern vorsahen (→ Rn. 1), sorgt die Vorschrift dafür, dass die Leistung **ins Gesellschaftsvermögen** zurückfließt und damit allen Gläubigern unabhängig von ihrer Kenntnis vom Verstoß gegen das Verbot der Einlagenrückgewähr und der Person des Empfängers zugute kommt. Nur subsidiär, wenn nämlich von der Gesellschaft keine Befriedigung zu erlangen ist, kann der Anspruch nach Abs. 2 durch den einzelnen Gläubiger geltend gemacht werden. Dabei ist allerdings umstritten, ob der Gläubiger nur Leistung an die Gesellschaft oder, ebenso wie im Fall des § 93 Abs. 5 S. 1, dem die Bestimmung nachgebildet ist (→ Rn. 2), Leistung an sich selbst verlangen kann (→ Rn. 31). Die im Einklang mit Art. 16 Kapital-RL 1977 (jetzt: Art. 57 RL (EU) 2017/1132)[10] vorgesehene Privilegierung des gutgläubigen Dividendenbezugs nach Abs. 1 S. 2 trägt dem Umstand Rechnung, dass die Aktionäre regelmäßig nicht beurteilen können, ob die Voraussetzungen für die Auszahlung vorliegen und daher ihr Vertrauen auf die Endgültigkeit der Dividendenausschüttung Schutz verdient, zumal sie sich gegenüber einem Anspruch aus Abs. 1 S. 1 nicht auf zwischenzeitliche Entreicherung berufen können (→ Rn. 4).

II. Rückgewähranspruch der Gesellschaft, Abs. 1 S. 1

1. Rechtliche Einordnung. Abs. 1 S. 1 gewährt der Gesellschaft einen eigenständigen aktienrechtlichen Rückgewähranspruch nach dem Vorbild der Bestimmungen über den Rücktritt, der nicht mit den Schwächen des Bereicherungsrechts (vgl. §§ 814, 817 S. 2 BGB, § 818 Abs. 3 BGB) behaftet ist und, bis auf die Ausnahme des Abs. 1 S. 2, unabhängig von einem Verschulden des Empfängers besteht.[11] Seine effektive Durchsetzbarkeit wird durch § 66 Abs. 2 noch verstärkt. Die im Schrifttum anzutreffende Beschreibung als „Wiedereinlage-Anspruch"[12] darf allerdings nicht dazu verleiten, in begriffsjuristischer Weise Folgerungen über Inhalt, Umfang oder Adressaten der Rückgewährpflicht abzuleiten.[13] Das Gesetz erstreckt zwar in § 66 Abs. 2 gewisse Sicherungen, die für Einlageansprüche gelten, auch auf den Rückgewähranspruch nach Abs. 1. Anders als der Einlageanspruch ist aber der Rückgewähranspruch nicht durch den Ausgabebetrag der Aktien beschränkt. Anders als der Einlageanspruch ist er dementsprechend auch nicht bestimmten, im Einzelfall unter Umständen gar nicht identifizierbaren, Aktien zugeordnet, sondern an die Person des Empfängers gebunden. Überdies kann der Anspruchsumfang, anders als der des Einlageanspruchs, insbesondere bei der Rückgewähr durch Leistung der AG an Dritte durchaus von den Umständen abhängen, unter denen die Zuwendung durch die Gesellschaft erfolgt (→ Rn. 9 ff.). Schließlich zeigt die Erstreckung des Rückgewähranspruchs auf Dritte (→ Rn. 14 ff.), dass der Anspruch aus Abs. 1 nicht dem Einlageanspruch gleichgestellt werden kann.

2. Anspruchsvoraussetzungen. a) Leistung der AG. Der Rückgewähranspruch nach Abs. 1 setzt eine Leistung der Gesellschaft voraus, der keine oder nur eine unzureichende Gegenleistung des Empfängers gegenübersteht. Als Leistung der AG kommt jede vermögenswerte Zuwendung in Betracht, die Gegenstand einer Einlagenrückgewähr nach § 57 sein kann, neben Geldzahlungen also auch Sach- und Dienstleistungen aller Art, die Zuwendung immaterieller Güter, sowie die Gestattung des Gebrauchs von Gegenständen oder Einrichtungen der Gesellschaft.[14] Dagegen findet die Vorschrift keine Anwendung auf Leistungen der Gesellschaft im Zusammenhang mit der Kapitalaufbringung, namentlich auf verdeckte Sacheinlagen (→ Rn. 3).

b) Gesetzwidrigkeit der Leistung. Entgegen den Vorschriften des Gesetzes erfolgt der Empfang der Leistung, wenn die Zuwendung gegen eine aktienrechtliche Bestimmung verstößt. Erfasst werden also **alle Arten der unzulässigen Einlagenrückgewähr** einschließlich der Zahlung

---

[8] Hüffer/Koch/*Koch* Rn. 2; von Verdrängung möglicher Amsprüche aus §§ 812 ff. BGB spricht BGH NZG 2016, 1182 (1183 Rn. 11) = AG 2016, 786 (787).
[9] BGH NZG 2007, 754 (756 f. Rn. 18); BGHZ 175, 265 (275 Rn. 19) = NZG 2008, 425 (428).
[10] ABl. EU 2017 Nr. L 169, 46.
[11] Kölner Komm AktG/*Drygala* Rn. 16 f.; Großkomm AktG/*Henze* Rn. 11; MüKoAktG/*Bayer* Rn. 8; K. Schmidt/Lutter/*Fleischer* Rn. 5; Hüffer/Koch/*Koch* Rn. 2; Bürgers/Körber/*Westermann* Rn. 2; für eine Einordnung als bereicherungsrechtlichen Anspruch zum früheren Recht noch RGZ 77, 88 (89).
[12] Kölner Komm AktG/*Drygala* Rn. 17.
[13] Im Ansatz verfehlt daher *Wiesner* FS Raiser, 2005, 471 ff.; → Rn. 8.
[14] Kölner Komm AktG/*Drygala* Rn. 44; Großkomm AktG/*Henze* Rn. 13; MüKoAktG/*Bayer* Rn. 33; K. Schmidt/Lutter/*Fleischer* Rn. 6; Grigoleit/*Grigoleit/Rachlitz* Rn. 2; Hüffer/Koch/*Koch* Rn. 6.

des Kaufpreises bei einem § 71 widersprechenden Erwerb eigener Aktien.[15] Gegen das Gesetz verstoßen auch die Zahlung von Dividenden unter Missachtung des Verteilungsschlüssels nach § 60 (→ § 57 Rn. 31) oder bei Fehlen eines wirksamen Gewinnverwendungsbeschlusses,[16] die Zahlung von Dividenden auf Aktien, aus denen ihrem Inhaber, etwa nach § 20 Abs. 7 S. 1, § 56 Abs. 3 S. 3 AktG, § 44 Abs. 1 S. 1 WpHG, § 59 S. 1 WpÜG, keine Rechte zustehen,[17] sowie Leistungen der Gesellschaft unter Missachtung der (zeitweiligen) Zahlungsverbote bei Kapitalherabsetzung (§ 225 Abs. 2, §§ 230, 232, 233, 237 Abs. 2) und Liquidation (§ 272 Abs. 1).[18]

7 **3. AG als Gläubiger. Gläubiger des Anspruchs** ist die Gesellschaft,[19] zuständig für die Geltendmachung ist der Vorstand.[20] Sie kann auch bei **Leistung durch Dritte** (→ § 57 Rn. 54) Erstattung an sich verlangen, wenn die Zuwendung an den Aktionär durch einen für Rechnung der AG handelnden Dritten erbracht wurde, den die Gesellschaft dafür entschädigt hat.[21] Besonderheiten können bei **Ausschüttungen in mehrstufigen Unternehmensverbindungen** gelten (→ § 57 Rn. 59). Zuwendungen einer Enkelgesellschaft an das Mutterunternehmen beeinträchtigen zugleich das Vermögen der zwischen beiden Unternehmen stehenden Tochtergesellschaft. Handelt es sich bei ihr um eine AG und steht dem leistenden Enkelunternehmen selbst kein Rückgewähranspruch zu, weil es sich beispielsweise um eine GmbH handelt, deren zur Stammkapitalerhaltung erforderliches Vermögen durch die Zuwendung an das Mutterunternehmen nicht beeinträchtigt wird, kann die Tochter-AG nach Abs. 1 S. 1 Leistung an das Enkelunternehmen beanspruchen[22] (→ § 57 Rn. 82). Entgegen der hL[23] kann ein **Gläubiger** der Gesellschaft unter den Voraussetzungen des Abs. 2 Leistung an sich selbst und nicht etwa nur an die Gesellschaft verlangen[24] (→ Rn. 31).

8 **4. Schuldner. a) Der Aktionär als Schuldner.** Rückgewährpflichtig ist grundsätzlich der Aktionär, der die unzulässige Leistung erhalten hat. Maßgeblich ist die Aktionärsstellung zur Zeit der Leistungszusage.[25] Dabei ist es unerheblich, ob der Aktionär die Mitgliedschaft im eigenen Interesse oder treuhänderisch für einen Dritten hält.[26] Der nachträgliche Verlust der Mitgliedschaft ändert nichts an der Rückgewährpflicht.[27] Die Rückgewährpflicht trifft den Empfänger der Leistung, nicht aber den jeweiligen Aktionär.[28] Daher tritt zwar ein Gesamtrechtsnachfolger des Aktionärs, insbesondere sein Erbe, in die Rückgewährpflicht ein, nicht aber ein Erwerber von Aktien des Empfängers[29] (→ Rn. 4). Abs. 1 S. 1 greift auch bei Zuwendungen an ehemalige und künftige Aktionäre ein, wenn die Leistung im Hinblick auf die frühere oder zukünftige Mitgliedschaft erfolgt[30] (→ § 57 Rn. 54 f.).

---

[15] BGH NZG 2016, 1182 (1183 Rn. 11) = AG 2016, 786 (787); Grigoleit/*Grigoleit/Rachlitz* Rn. 2; Hölters/ *Laubert* Rn. 10.
[16] Kölner Komm AktG/*Drygala* Rn. 47; K. Schmidt/Lutter/*Fleischer* Rn. 7; Hüffer/Koch/*Koch* Rn. 7; Bürgers/Körber/*Westermann* Rn. 2; NK-AktR/*Drinhausen* Rn. 6; *Mylich* AG 2011, 765 (766).
[17] BGH NZG 2016, 1182 (1183 Rn. 11) = AG 2016, 786 (787); LG München AG 2009, 171 (172); Großkomm AktG/*Henze* Rn. 17; MüKoAktG/*Bayer* Rn. 42; K. Schmidt/Lutter/*Fleischer* Rn. 7; Hölters/*Laubert* Rn. 10.
[18] Kölner Komm AktG/*Drygala* Rn. 46; K. Schmidt/Lutter/*Fleischer* Rn. 7.
[19] K. Schmidt/Lutter/*Fleischer* Rn. 8; Hölters/*Laubert* Rn. 4.
[20] LG Heidelberg Der Konzern 2017, 369 (373) = AG 2017, 497 (499).
[21] Kölner Komm AktG/*Drygala* § 57 Rn. 120; MüKoAktG/*Bayer* Rn. 10.
[22] Kölner Komm AktG/*Drygala* § 57 Rn. 121; MüKoAktG/*Bayer* Rn. 11; ausf. dazu *Cahn*, Kapitalerhaltung im Konzern, 1998, 103 ff., 143 ff.
[23] Kölner Komm AktG/*Drygala* Rn. 109; Großkomm AktG/*Henze* Rn. 19, 108; MüKoAktG/*Bayer* Rn. 9, 83 ff.; K. Schmidt/Lutter/*Fleischer* Rn. 28; Hüffer/Koch/*Koch* Rn. 3, 15 f.; Hölters/*Laubert* Rn. 4, 17; MHdB AG/*Rieckers* § 16 Rn. 101; *Bommert*, Verdeckte Vermögensverlagerungen im Aktienrecht, 1989, 118.
[24] Grigoleit/*Grigoleit/Rachlitz* Rn. 11; Wachter/*Servatius* Rn. 11; Baumbach/Hueck Rn. 10 f.; *v. Godin/Wilhelmi* Anm. 3; Großkomm AktG/*Barz*, 3. Aufl. 1973, Anm. 8; *Simon*, Die Rechte der Gläubiger einer Aktiengesellschaft gegenüber Aktionären, Organen und herrschendem Unternehmen in dogmatischer und zivilprozessualer Sicht, 1970, 68 f.; *Frey*, Einlagen in Kapitalgesellschaften, 1990, 70 f.; *Beise* GmbHR 1978, 101 (102); ausf. *Cahn*, Vergleichsverbote im Gesellschaftsrecht, 1996, 43 ff.
[25] OLG Hamburg AG 1980, 275 (278); OLG Frankfurt WiB 1996, 163 (164); aA, Zeitpunkt der Empfangnahme der Leistung maßgeblich, MüKoAktG/*Bayer* Rn. 13; Kölner Komm AktG/*Drygala* Rn. 21; Großkomm AktG/*Henze* Rn. 21; Bürgers/Körber/*Westermann* Rn. 5; K. Schmidt/Lutter/*Fleischer* Rn. 9.
[26] Großkomm AktG/*Henze* Rn. 23; K. Schmidt/Lutter/*Fleischer* Rn. 9.
[27] Kölner Komm AktG/*Drygala* Rn. 21; Großkomm AktG/*Henze* Rn. 19 f.; MüKoAktG/*Bayer* Rn. 12 f.; *Wiesner* FS Raiser, 2005, 471 (474).
[28] Kölner Komm AktG/*Drygala* Rn. 39; Großkomm AktG/*Henze* Rn. 38; MüKoAktG/*Bayer* Rn. 28; Bürgers/Körber/*Westermann* Rn. 5.
[29] Kölner Komm AktG/*Drygala* Rn. 39 f.; MüKoAktG/*Bayer* Rn. 14, 29 f.; K. Schmidt/Lutter/*Fleischer* Rn. 12, 16; MHdB AG/*Rieckers* § 16 Rn. 100; aA für den bösgläubigen Erwerber *Wiesner* FS Raiser, 2005, 471 (474 ff.).
[30] Kölner Komm AktG/*Lutter* Rn. 34; MüKoAktG/*Bayer* Rn. 14; K. Schmidt/Lutter/*Fleischer* Rn. 11; MHdB AG/*Rieckers* § 16 Rn. 71, 100.

b) Rückgewährpflicht des Aktionärs bei Zuwendungen an Dritte. aa) Grundsatz. 9
Zuwendungen der Gesellschaft an Dritte lösen dann die Rückgewährpflicht des Aktionärs nach Abs. 1 S. 1 aus, wenn der Empfang durch den Dritten dem Gesellschafter zuzurechnen ist.[31] Die Beantwortung der Frage, wann dies der Fall ist, muss sich an **Zurechnungskriterien** orientieren.[32] Für ihre Herleitung ist zu entscheiden, welche Merkmale für den Normalfall der Einlagenrückgewähr an einen Aktionär charakteristisch sind, welches dieser Merkmale bei der Zuwendung an Dritte nicht erfüllt ist und welche Umstände das Fehlen dieses Merkmals zu kompensieren vermag.[33] Die typischen Fälle unzulässiger Zuwendungen der Gesellschaft an einen Aktionär, auf die §§ 57, 62 zugeschnitten sind, zeichnen sich durch eine Vermögensmehrung beim Aktionär aus, die regelmäßig, wenn auch nicht notwendigerweise, auf einer korrespondierenden Vermögensminderung bei der Gesellschaft beruht. Bei Zuwendungen der Gesellschaft an Dritte fehlt es regelmäßig an einem unmittelbaren Vermögenszufluss beim Aktionär. Als maßgebliche Zurechnungskriterien, die das Fehlen dieses Merkmals kompensieren und damit die Haftung des Aktionärs rechtfertigen können, werden zum einen **der wirtschaftliche Vorteil** des Gesellschafters,[34] zum anderen die **Veranlassung** der Zuwendung an den Dritten durch den Gesellschafter[35] genannt. Beide Kriterien qualifizieren den Leistungsvorgang indessen aus völlig unterschiedlicher Perspektive. Ob dem Aktionär ein wirtschaftlicher Vorteil zufließt, hängt von seiner Beziehung zum Dritten ab. Demgegenüber rückt das Veranlassungskriterium das Verhältnis des Gesellschafters zur Gesellschaft in den Mittelpunkt. Fallen Vermögensminderung bei der Gesellschaft und Vermögenszufluss beim Gesellschafter der Höhe nach auseinander, müsste eine am Veranlassungsprinzip orientierte Konzeption den Umfang der Gesellschafterhaftung an der Minderung des Gesellschaftsvermögens ausrichten, während nach dem Kriterium des wirtschaftlichen Vorteils der Zufluss beim Gesellschafter maßgeblich wäre.[36] Bei genauerer Betrachtung zeigt sich indessen, dass es sich bei den Merkmalen des wirtschaftlichen Vorteils einerseits und der Veranlassung andererseits nicht um disparate Ansätze zur Haftungsbegründung handelt. Eine kapitalerhaltungsrechtliche Haftung wegen der Veranlassung einer Leistung der Gesellschaft an einen Dritten kommt nur dann in Betracht, wenn die Einflussnahme des Gesellschafters nicht durch betriebliche Gründe im Interesse der Gesellschaft, sondern privat motiviert ist.[37] Unter dieser Voraussetzung stellt sich aber die Leistung der Gesellschaft bei normativer Betrachtung als wirtschaftlicher Vorteil des Gesellschafters dar, denn er verfügt de facto wie ein Eigentümer über den Gegenstand der Zuwendung und realisiert damit dessen wirtschaftlichen Wert im eigenen Interesse. Der Fall ist nicht anders zu beurteilen als eine Zuwendung an den Aktionär, die dieser anschließend an einen Dritten weiterleitet. Konsequenterweise haftet der Aktionär in diesem Fall unabhängig von einer tatsächlichen Mehrung seines Vermögens auf Erstattung des bei der Gesellschaft abgeflossenen Wertes. Die kapitalerhaltungsrechtliche Haftung des Gesellschafters für Leistungen, die die Gesellschaft auf seine **Veranlassung** hin einem Dritten erbringt, stellt danach lediglich einen **besonderen Fall der Haftung wegen des Empfangs wirtschaftlicher Vorteile** dar (vgl. auch → § 57 Rn. 69).[38]

bb) Fallgruppen. (1) Zuwendungen der Gesellschaft auf Veranlassung des Aktionärs. 10
Erbringt die Gesellschaft auf Veranlassung des Aktionärs eine Leistung an einen Dritten, haftet der

---

[31] Kölner Komm AktG/*Drygala* Rn. 23; K. Schmidt/Lutter/*Fleischer* Rn. 10; Bürgers/Körber/*Westermann* Rn. 6.
[32] Für eine „Ordnung von Umgehungssachverhalten nach Fallgruppen" aber Hüffer/Koch/*Koch* § 57 Rn. 19.
[33] Näher dazu *Cahn*, Kapitalerhaltung im Konzern, 1998, 16 ff.
[34] OLG Hamburg AG 1981, 344 (345); OLG Hamburg WM 1987, 1163 (1167); Großkomm AktG/*Henze* Rn. 22 iVm § 57 Rn. 86 f.; Kölner Komm AktG/*Lutter*, 2. Aufl. 1988, § 57 Rn. 39, 41, 43 f.; MüKoAktG/*Bayer* § 57 Rn. 118 f.; Bürgers/Körber/*Westermann* Rn. 6; *Diekgräf*, Sonderzahlungen an opponierende Kleinaktionäre, 1990, 108 ff.; *Kahlert*, Verdeckte Gewinnausschüttungen an Nichtgesellschafter im Kapitalgesellschaftsrecht, 1994, 71 f.; *Kleffner*, Erhaltung des Stammkapitals und Haftung nach §§ 30, 31 GmbHG, 1994, 80 ff.; *Röhrkasten*, Die verdeckte Gewinnausschüttung im Gesellschafts- und Steuerrecht, 1976, 27; *Canaris* FS Fischer, 1979, 31 (39); *Michalski* AG 1980, 261 (265 ff.); *Fleck* FS 100 Jahre GmbH-Gesetz, 1992, 391 (404); *Oetker* KTS 1991, 521 (524); *Peltzer/Bell* ZIP 1993, 1757 (1761); *Sonnenhol/Stützle* WM 1983, 2 (3); *H. P. Westermann* FS Odersky, 1996, 897 (903); *Winter* ZHR 148 (1984), 579 (591).
[35] OLG Frankfurt WiB 1996, 163 (165); Kölner Komm AktG/*Drygala* Rn. 24 und § 57 Rn. 127; MüKoAktG/*Bayer* Rn. 14 iVm § 57 Rn. 122; Großkomm AktG/*Henze* Rn. 22 iVm § 57 Rn. 88 f.; Bürgers/Körber/*Westermann* Rn. 6; Lutter/Hommelhoff/*Hommelhoff* GmbHG § 30 Rn. 20; *Kahlert*, Verdeckte Gewinnausschüttungen an Nichtgesellschaftern im Kapitalgesellschaftsrecht, 1994, 72 ff.; *Tries*, Verdeckte Gewinnausschüttungen im GmbH-Recht, 1991, 80 f.; *Röhrkasten*, Die verdeckte Gewinnausschüttung im Gesellschafts- und Steuerrecht, 1976, 27 f.; *Canaris* FS Fischer, 1979, 31 (40); *Geßler* FS Fischer, 1979, 131 (145); *Hager* ZGR 1989, 71 (105); für Auszahlungen an Mitgesellschafter auch BGHZ 93, 146 (149) = NJW 1985, 1030 (1031).
[36] Näher dazu *Cahn*, Kapitalerhaltung im Konzern, 1998, 17 ff.
[37] Zur Begründung *Cahn*, Kapitalerhaltung im Konzern, 1998, 21 f.
[38] *Cahn*, Kapitalerhaltung im Konzern, 1998, 23 ff.

Aktionär ihr nach Abs. 1 S. 1 auf Rückgewähr.[39] Die **Rechtsbeziehung des Empfängers zum Aktionär** ist dabei **ohne Bedeutung.** Die Rückgewährpflicht trifft ihn daher unabhängig davon, ob es sich bei dem Dritten um eine für Rechnung des Aktionärs eingeschaltete Person, einen Angehörigen, ein mit ihm verbundenes Unternehmen oder um einen Gläubiger handelt, dessen Forderung gegen den Aktionär von der Gesellschaft erfüllt wird. Die Rückgewährpflicht wird dabei nicht durch die Höhe des tatsächlichen wirtschaftlichen Vorteils begrenzt, der dem Aktionär zugeflossen ist. Wendet die AG beispielsweise auf Veranlassung des Aktionärs einer Gesellschaft, an der er zu fünfzig Prozent beteiligt ist, im Rahmen eines Austauschgeschäfts einen Vermögensvorteil zu, schuldet der Aktionär nach Abs. 1 S. 1 Rückgewähr der gesamten Leistung, obwohl sie ihm wirtschaftlich betrachtet nur zur Hälfte zugutekommt. Ebenso sind im Konzern **Zuwendungen zwischen Schwestergesellschaften** rechtlich dann als Leistung an die Konzernspitze mit anschließender Weiterleitung durch dieses Unternehmen an die Empfängergesellschaft zu beurteilen, wenn die Konzernspitze die Vermögensverlagerung veranlasst hat,[40] wofür eine widerlegliche Vermutung spricht.[41] Es entlastet den Aktionär in Veranlassungsfällen nicht, wenn eine für seine Rechnung handelnde Person die Zuwendung abredewidrig nicht an ihn weiterleitet.

11 (2) **Vom Aktionär nicht veranlasste Zuwendungen.** Hat der Aktionär die Zuwendung an den Dritten **nicht veranlasst,** trifft ihn eine Pflicht zur Rückgewähr nur insoweit als er aus der Leistung einen wirtschaftlichen Vorteil zieht. Mangels einer Einflussnahme des Aktionärs auf die AG beschränkt sich die Funktion des Rückgewähranspruchs gegenüber dem Aktionär – unbeschadet einer möglichen weitergehenden Rückgewährpflicht des Empfängers – auf die **Abschöpfung des wirtschaftlichen Vorteils,** den der Aktionär auf Kosten des Gesellschaftsvermögens erlangt hat; der Rückgewähranspruch aus Abs. 1 S. 1 trägt in solchen Fällen also durchaus die Züge eines Bereicherungsanspruchs. Tilgt etwa **die AG** aus eigenem Antrieb eine verjährte oder einredebehaftete **Verbindlichkeit des Aktionärs** gegenüber einem Dritten, so kann sie vom Aktionär Rückgewähr nur in Höhe des Betrages verlangen, um den die Schuldtilgung ihn unter Berücksichtigung der Einrede bereichert hat[42] (vgl. → § 57 Rn. 74). Wendet sie von sich aus einem **mittelbaren Vertreter des Aktionärs** einen Vorteil zu, so trägt die Gesellschaft und nicht der Aktionär das Risiko der unterlassenen Weiterleitung an den Aktionär[43] (vgl. auch → § 57 Rn. 75). Umgekehrt haftet ein Aktionär, der die Aktien nur treuhänderisch hält, entgegen der hL[44] für von ihm nicht veranlasste **Zuwendungen der Gesellschaft an** seinen **Treugeber** nur bis zur Höhe eines etwaigen eigenen wirtschaftlichen Vorteils. Anders als eine Veranlassung durch den Treuhänder (oder mit seinem Einverständnis durch den Treugeber) oder eine Empfangnahme der Zuwendung, die der Treuhänder anschließend an den Hintermann weiterleitet, ist die Treuhandabrede zwischen dem Treuhänder-Aktionär und seinem Hintermann für sich genommen kein ausreichender Zurechnungsgrund, der es rechtfertigen würde, die Zuwendung der Gesellschaft an den Hintermann als abgekürzte Leistung auf Anweisung des Aktionärs zu behandeln.[45]

12 **Zuwendungen** der Gesellschaft **an nahe Angehörige eines Gesellschafters** sind nach hL in Analogie zu §§ 89 Abs. 3 S. 1, 115 Abs. 2 ohne weiteres als Auszahlungen an den Gesellschafter mit der Folge seiner Haftung zu behandeln.[46] Die erwähnten Vorschriften tragen die Analogie indessen nicht. Sie setzen zwar voraus, dass Leistungen an die dort genannten Personen den Organmitgliedern oder sonstigen Angestellten der Gesellschaft zugutekommen, deren Selbstbegünstigung verhindert

---

[39] Kölner Komm AktG/*Drygala* Rn. 21; Großkomm AktG/*Henze* Rn. 19 f.; MüKoAktG/*Bayer* Rn. 12 f.; *Wiesner* FS Raiser, 2005, 471 (474).
[40] *Altmeppen* FS Kropff, 1997, 641 (650); Großkomm AktG/*Henze* § 57 Rn. 95; Bürgers/Körber/*Westermann* Rn. 6; *Cahn,* Kapitalerhaltung im Konzern, 1998, 64 ff.
[41] *Cahn,* Kapitalerhaltung im Konzern, 1998, 67 ff. mN auch zu anderen Auffassungen.
[42] *Cahn,* Kapitalerhaltung im Konzern, 1998, 18 f.
[43] Zutr. idS *Ulmer* ZHR 156 (1992), 377 (385); zu weitgehend demgegenüber *Altmeppen* FS Kropff, 1997, 641 (645); *Riedel,* Unzulässige Vermögenszuwendungen und ihre Rechtsfolgen im Recht der Aktiengesellschaft, 2004, 225 ff.; MüKoAktG/*Bayer* Rn. 17 und § 57 Rn. 119.
[44] Vgl. etwa *Canaris* FS Fischer, 1979, 31 (41); *Altmeppen* FS Kropff, 1997, 641 (645); Großkomm AktG/ *Henze* Rn. 24; MüKoAktG/*Bayer* Rn. 17.
[45] Ebenso im Erg. GHEK/*Hefermehl/Bungeroth* Rn. 20.
[46] Kölner Komm AktG/*Lutter,* 2. Aufl. 1988, § 57 Rn. 44; Großkomm AktG/*Henze* Rn. 22 iVm § 57 Rn. 90; MüKoAktG/*Bayer* § 57 Rn. 123; Hüffer/Koch/*Koch* § 57 Rn. 19; Bürgers/Körber/*Westermann* Rn. 6; Hölters/ Laubert Rn. 6; MHdB AG/*Rieckers* § 16 Rn. 68; *Diekgräf,* Sonderrechte an opponierende Kleinaktionäre, 110; *Geßler* FS Fischer, 1979, 131 (145); ebenso im Erg., aber gegen die Herleitung aus den genannten Vorschriften *Canaris* FS Fischer, 1979, 31 (38); demgegenüber zu Recht differenzierend etwa Kölner Komm AktG/*Drygala* § 57 Rn. 126; *Altmeppen* FS Kropff, 1997, 641 (647 f.); *Geuting,* Die verdeckte Haftungsfondsverlagerung über Angehörige des GmbH-Gesellschafters, 1993, 16 ff.; *Tries,* Verdeckte Gewinnausschüttungen im GmbH-Recht, 1991, 80.

werden soll. In der Tat entspricht es der Lebenserfahrung, dass sie in den dort geregelten Fällen in erheblichem Maße an dem Vorteil partizipieren, so dass eine Beteiligung an der Umgehung des Verbots, sich selbst auf Kosten der Gesellschaft Vorteile zu verschaffen, auf diesem Wege nahe liegt.[47] Dementsprechend stellen §§ 89 Abs. 1, 2 und 4, 115 Abs. 1 Ehegatten und minderjährige Kindern der dort genannten Organmitglieder oder Angestellten der Gesellschaft solche Personen gleich, die für deren Rechnung handeln. Enthalten die §§ 89 Abs. 3, 115 Abs. 2 eine verallgemeinerungsfähige Basis für eine Umgehungsvermutung, so stehen doch die unterschiedlichen Regelungsinhalte einer pauschalen Übertragung auf die Kapitalerhaltungsvorschriften, wie die hL sie vorschlägt, entgegen.[48] Zum einen verbieten §§ 89, 115 nicht die Darlehensgewährung an Personen mit Einfluss auf die Gesellschaft, sondern machen lediglich die Zulässigkeit einer solchen Leistung von der Zustimmung des Aufsichtsrates abhängig, um die Angemessenheit der Konditionen zu gewährleisten.[49] Vor allem aber ist Rechtsfolge eines Verstoßes gegen die §§ 89 Abs. 3, 115 Abs. 2 nicht die Haftung des Organmitgliedes oder leitenden Angestellten;[50] §§ 89 Abs. 5, 115 Abs. 4 ordnen vielmehr die Rückgewährpflicht des Leistungsempfängers an.[51] Diese Merkmale der §§ 89, 115 AktG rechtfertigen es im Verhältnis zum Bediensteten der Gesellschaft, den Tatbestand der Kreditgewährung an die dort genannten nahen Verwandten mit Hilfe einer unwiderleglichen Vermutung zu regeln. Steht dagegen als Rechtsfolge nicht die Haftung des Leistungsempfängers selbst, sondern die des ihm nahe stehenden Aktionärs in Frage, fehlt es an einer Grundlage für eine solche unwiderlegliche Vermutung zu seinen Lasten.[52] Schon mit Rücksicht darauf, dass Leistungen der Gesellschaft an den (uU getrennt lebenden) Ehegatten eines Aktionärs diesem nicht notwendigerweise zugutekommen müssen,[53] ist für die Haftung des Gesellschafters zusätzlich zu der Verwandtschaftsbeziehung zum Leistungsempfänger erforderlich, dass entweder **Einverständnis** zwischen den Ehegatten darüber besteht, dass der Empfänger (auch) für Rechnung des Aktionärs handelt, oder dass der Aktionär seinen Ehegatten zur Transaktion mit der Gesellschaft **oder** die Gesellschaft zur Leistung an den Ehegatten **veranlasst** hat.[54] Es ist danach zwar nicht ausgeschlossen, die Veranlassung der Zuwendung durch den Gesellschafter zu vermuten;[55] zur Abwendung einer Haftung, die über den ihm tatsächlich zugeflossenen Vorteil hinausgeht, muss ihm aber der Nachweis möglich bleiben, dass die Leistung der Gesellschaft an seinen Ehegatten ohne sein Zutun erfolgt ist[56] (vgl. auch → § 57 Rn. 76).

Zuwendungen zwischen Schwestergesellschaften im Konzern sind nur dann als Zuwendung der leistenden Gesellschaft an die Konzernspitze zu behandeln, die deren Rückgewährpflicht auslöst, wenn die Vermutung, dass die Vermögensverschiebung von der Konzernspitze veranlasst wurde, nicht widerlegt wird (vgl. dazu → Rn. 10). Fehlt es dagegen nachweislich an einer solchen Veranlassung, kommt eine Rückgewährpflicht der Konzernspitze gegenüber der leistenden Tochter-AG nach Abs. 1 S. 1 nur insoweit in Betracht, als die Konzernspitze unter Berücksichtigung der Minderung des Wertes ihrer Beteiligung an der leistenden AG durch die konzerninterne Vermögensumschichtung einen wirtschaftlichen Vorteil erlangt hat[57] (vgl. auch → § 57 Rn. 78 f.).

---

[47] Zu diesem Grundgedanken der Vorschriften etwa Kölner Komm AktG/*Mertens/Cahn* § 89 Rn. 9.
[48] So auch *Kleffner,* Erhaltung des Stammkapitals und Haftung nach §§ 30, 31 GmbHG, 1994, 83 ff.; *Rust,* Verdeckte Einlagenrückgewähr durch Leistung an Dritte in der Kapitalgesellschaft, 2000, 101 f.; *Hager* ZGR 1989, 71 (102).
[49] So auch *Geuting,* Die verdeckte Haftungsfondsverlagerung über Angehörige des GmbH-Gesellschafters, 1993, 22 f.
[50] Vgl. zu diesem Gesichtspunkt *Canaris* FS Fischer, 1979, 31 (38).
[51] MüKoAktG/*Spindler* § 89 Rn. 52; Kölner Komm AktG/*Mertens/Cahn* § 89 Rn. 23; Hüffer/Koch/*Koch* Rn. 8; dementsprechend sind die Bestimmungen in den Entscheidungen BGHZ 81, 365 (368 f.) = NJW 1982, 386 und BGH WM 1987, 348 (349) nur herangezogen worden, um die Haftung des Empfängers zu begründen. Nicht eindeutig insoweit BGH WM 1986, 237 (239) und BGH WM 1991, 678.
[52] So im Erg. auch *Geuting,* Die verdeckte Haftungsfondsverlagerung über Angehörige des GmbH-Gesellschafters, 1993, 21 ff. für minderjährige Kinder des Gesellschafters; anders aber *ders.* S. 89 ff. für dessen Ehegatten; *Tries,* Verdeckte Gewinnausschüttungen im GmbH-Recht, 1991, 85; *Fleck* FS 100 Jahre GmbH-Gesetz, 1992, 391 (413); zurückhaltend auch BGH WM 1991.
[53] Wie der BGH mehrfach entschieden hat, ist kein Erfahrungssatz des Inhalts anzuerkennen, dass Familienangehörige stets gleichgerichtete Interessen verfolgen; vgl. BGHZ 77, 94 (106) = NJW 1980, 2254 (2256); BGHZ 80, 69 (73) = NJW 1981, 1512 (1513); BGH NJW 1992, 1167.
[54] Ähnlich *Canaris* FS Fischer, 1979, 31 (38 f.), der allerdings die bloße Billigung durch den Gesellschafter ausreichen lassen will; *Hager* ZGR 1989, 71 (102); *Fleck* FS 100 Jahre GmbH-Gesetz, 1992, 391 (403) im Hinblick auf verfassungsrechtliche Bedenken gegen eine unwiderlegliche Vermutung allein aufgrund enger familiärer Beziehungen.
[55] Dafür etwa *Kahlert,* Verdeckte Gewinnausschüttungen an Nichtgesellschafter im Kapitalgesellschaftsrecht, 1994, 151 ff.
[56] *Cahn,* Kapitalerhaltung im Konzern, 1998, 26 f.
[57] Ebenso Kölner Komm AktG/*Drygala* § 57 Rn. 128; Großkomm AktG/*Henze* § 57 Rn. 95; *Geßler* FS Fischer, 1979, 131 (147 f.); ausf. *Cahn,* Kapitalerhaltung im Konzern, 1998, 31 ff.

14 **c) Dritte als Schuldner des Rückgewähranspruchs. aa) Grundsatz.** Das Verbot der Einlagenrückgewähr des § 57 betrifft prinzipiell Zuwendungen der AG an Aktionäre, nicht aber an Dritte ohne mitgliedschaftliche Beziehung zur Gesellschaft. Dementsprechend sind Dritte grundsätzlich auch nicht Adressaten der Rückgewährpflicht nach Abs. 1 S. 1.[58] Etwas anderes kann ausnahmsweise dann gelten, wenn der Dritte wie ein Aktionär zu behandeln ist. Die Gleichstellung des Dritten mit einem Aktionär kann sich aus gesetzlichen Wertungen, aber auch aus allgemeinen Umgehungsgesichtspunkten ergeben.

15 **bb) Fallgruppen. (1) Treuhandfälle.** Auf **Treugeber des Aktionärs** lässt sich die Wertung des § 46 Abs. 5 übertragen.[59] Empfängt der Hintermann Zuwendungen der AG, ist er daher – ungeachtet einer möglichen Haftung des Aktionärs bei Veranlassung der Zuwendung durch ihn oder mit seinem Einverständnis (vgl. → Rn. 11 und → § 57 Rn. 68) – selbst nach Abs. 1 S. 1 zur Rückgewähr verpflichtet.[60] Dagegen haftet der Treugeber nicht ohne weiteres neben dem Empfänger für Zuwendungen an den Treuhänder-Aktionär, wenn dieser die Leistung vereinbarungswidrig nicht weiterleitet.[61]

16 **(2) Mittelbare Gesellschafter.** Entgegen der hM[62] lösen Zuwendungen an den **Allein- oder Mehrheitsgesellschafter einer an der AG beteiligten Gesellschaft** nicht ohne weiteres, sondern nur dann die Haftung des Empfängers nach Abs. 1 S. 1 aus, wenn die Vermutung, dass die Leistung gerade wegen der Aktionärsstellung der AG und damit causa societatis erfolgt ist, nicht widerlegt wird (vgl. → § 57 Rn. 68). Allein der Umstand, dass der Empfänger wesentlich an einer Gesellschaft beteiligt ist, die ihrerseits einige Aktien der leistenden AG besitzt, rechtfertigt für sich genommen die Haftung nach Abs. 1 S. 1 nicht. Für Zuwendungen an einen (beherrschenden) Aktionär haftet ein diesen beherrschender Gesellschafter nur dann nach § 62, wenn er die Zuwendung der Enkelgesellschaft an den Aktionär veranlasst hat.[63]

17 **(3) Verwandte. Ehegatten, Lebenspartner und minderjährige Kinder** des Aktionärs sind entsprechend §§ 89 Abs. 3 S. 1, 115 Abs. 2 nach Abs. 1 S. 1 zur Rückgewähr von Zuwendungen der AG an sie verpflichtet.[64]

18 **(4) Verbundene Unternehmen.** Die Rückgewährpflicht nach Abs. 1 S. 1 knüpft an Verstöße gegen das Verbot der Einlagenrückgewähr an, das seinerseits grundsätzlich die Aktionärseigenschaft des Empfängers voraussetzt. An der Aktionärsstellung fehlt es bei Unternehmen, die lediglich mittelbar iSv §§ 15 ff. miteinander verbunden sind. Als Grundlage für die Erstreckung des Verbots der Einlagenrückgewähr und die Sanktion der Rückgewährpflicht nach Abs. 1 S. 1 auf solche Empfängerunternehmen kommt daher nicht die Mitgliedschaft in der ausschüttenden AG in Betracht. Daran ändern auch Schlagworte wie das der **„wirtschaftlichen Einheit"** nichts, die lediglich einen ökonomischen Sachverhalt beschreiben, aber keinen juristischen Argumentationswert haben.[65] Entscheidend ist vielmehr, dass auch bei einer nur mittelbaren gesellschaftsrechtlichen Verbundenheit die **besondere Anreizstruktur** vorliegen kann, die das Verhältnis zwischen Aktionär und Gesellschaftsorganen kennzeichnet und der das Verbot der Einlagenrückgewähr entgegenwirken soll

---

[58] Großkomm AktG/*Henze* Rn. 20, 25; MüKoAktG/*Bayer* Rn. 12; Kölner Komm AktG/*Drygala* Rn. 20, 29; K. Schmidt/Lutter/*Fleischer* Rn. 13; für die GmbH BGHZ 138, 291 (298) = NJW 1998, 2592 (2594); abw. NK-AktR/*Drinhausen* Rn. 13.

[59] Grundlegend *Canaris* FS Fischer, 1979, 31 (40 f.); vgl. auch K. Schmidt/Lutter/*Fleischer* Rn. 14.

[60] OLG Hamburg AG 1980, 275 (278); Großkomm AktG/*Henze* Rn. 28 und § 57 Rn. 81; MüKoAktG/*Bayer* § 57 Rn. 114; Kölner Komm AktG/*Drygala* Rn. 36; Hüffer/Koch/*Koch* Rn. 15; Bürgers/Körber/*Westermann* Rn. 6; Hölters/*Laubert* Rn. 8; MHdB AG/*Rieckers* § 16 Rn. 68; *Rust*, Verdeckte Einlagenrückgewähr durch Leistung an Dritte in der Kapitalgesellschaft, 2000, 147 f.; *Riedel*, Unzulässige Vermögenszuwendungen und ihre Rechtsfolgen im Recht der Aktiengesellschaft, 2004, 228 f.; *Zimmerling*, Kapitalerhaltung und Konzernfinanzierung, 1997, 129 ff., 145 ff.; ebenso für die GmbH BGHZ 31, 258 (266 f.) = NJW 1960, 285 (286); BGHZ 75, 334 (335 f.) = NJW 1980, 592 f.; *Altmeppen* FS Kropff, 1997, 641 (644); Scholz/*Verse* § 30 Rn. 39; Baumbach/Hueck/*Fastrich* GmbHG § 30 Rn. 27; einschr. *Fleck* FS 100 Jahre GmbH-Gesetz, 1992, 391 (410 f.).

[61] Zutr. *Ulmer* ZHR 156 (1992), 377 (385); *Fleck* FS 100 Jahre GmbH-Gesetz, 1992, 391 (409); zu weitgehend demgegenüber *Canaris* FS Fischer, 1979, 31 (41); *Altmeppen* FS Kropff, 1997, 641 (644); MüKoAktG/*Bayer* Rn. 19; *Riedel*, Unzulässige Vermögenszuwendungen und ihre Rechtsfolgen im Recht der Aktiengesellschaft, 2004, 232 f.; gegen eine Haftung des Treugeber auch bei Weiterleitung des Vorteils an ihn *Rust*, Verdeckte Einlagenrückgewähr durch Leistung an Dritte in der Kapitalgesellschaft, 2000, 168 ff.

[62] Vgl. etwa Großkomm AktG/*Henze* Rn. 28 und § 57 Rn. 81; MüKoAktG/*Bayer* Rn. 19 und § 57 Rn. 114.

[63] Vgl. dazu *Fridrich*, Der Schutz des Kapitals der Aktiengesellschaft bei fremdfinanzierter Übernahme, 2010, 124 ff.

[64] MüKoAktG/*Bayer* Rn. 21; wohl auch Hüffer/Koch/*Koch* Rn. 5; zu § 31 GmbHG BGHZ 81, 365 (368) = NJW 1982, 386; für eine Beschränkung der AG auf bürgerlich-rechtliche Ansprüche aus §§ 812 ff., 985 ff. BGB *Canaris* FS Fischer, 1979, 31 (38) iVm 36 f., Großkomm AktG/*Henze* Rn. 30.

[65] Vgl. dazu *Cahn*, Kapitalerhaltung im Konzern S. 95 ff.

(→ § 57 Rn. 26). Entscheidend für die Rückgewährpflicht eines nur mittelbar mit der ausschüttenden AG verbundenen Empfängerunternehmens ist daher stets, dass die Zuwendung gerade wegen der gesellschaftsrechtlichen Verbundenheit mit dem Empfängerunternehmen erfolgt. Dafür, dass dies der Fall ist, spricht eine vom Empfänger zu widerlegende Vermutung.[66]

Entgegen der hL haftet ein nicht unmittelbar an der ausschüttenden AG beteiligtes herrschendes Unternehmen für Zuwendungen, die es von der mittelbar abhängigen Gesellschaft erhalten hat, nicht ohne weiteres,[67] sondern nur dann nach Abs. 1 S. 1, wenn es die Vermutung nicht widerlegen kann, dass die Vorteilszuwendung auf seiner Stellung als **mittelbar herrschendes Unternehmen** beruht.[68] Das Gleiche gilt für die Rückgewährpflicht eines **Schwesterunternehmens,**[69] wobei das Empfängerunternehmen nur dann eine Vermutung für die Ursächlichkeit der gemeinsamen Konzernzugehörigkeit für die Vorteilszuwendung zu widerlegen hat, wenn nicht die leistende AG selbst, sondern ein Dritter den Rückgewähranspruch geltend macht.[70]

(5) Sonstige Dritte. Fehlt es an einem Grund, der die ausnahmsweise Gleichstellung von Dritten mit einem Aktionär rechtfertigt, sind Nichtaktionäre, die Leistungen der AG empfangen, nicht Adressaten des Rückgewährpflicht nach Abs. 1 S. 1. Rückgewähransprüche der Gesellschaft können sich hier nur aufgrund anderer Vorschriften und Regeln, etwa aus §§ 138, 826 BGB, den Anfechtungsvorschriften der InsO und des AnfG, den Grundsätzen über die Unwirksamkeit kollusiver Vereinbarungen oder über den Missbrauch der Vertretungsmacht ergeben. Die bloße **Entgegennahme** einer Leistung der AG **in Kenntnis** des Umstandes, dass einem Aktionär damit ein Vorteil zugewandt wird, reicht nicht ohne weiteres aus, um einen Rückgewähranspruch der Gesellschaft zu begründen.[71]

d) Schuldnermehrheit. Sind mehrere Personen nach Abs. 1 S. 1 zur Rückgewähr derselben Ausschüttung verpflichtet, wie dies etwa bei Auszahlungen an den Hintermann eines Aktionärs auf dessen Weisung der Fall sein kann, haften sie als **Gesamtschuldner,**[72] soweit der Inhalt ihrer Rückgewährverbindlichkeit identisch ist. Ist einer der Schuldner zur **Rückgewähr** des empfangenen Gegenstandes, der andere dagegen zum **Wertersatz** verpflichtet, kann die Gesellschaft zwar nach ihrer Wahl jeden der Schuldner auf die ihm obliegende Leistung in Anspruch nehmen. Die von § 421 S. 1 BGB ebenfalls vorgesehene Möglichkeit, von jedem Schuldner die Leistung nur zum Teil zu fordern, kommt hier aber regelmäßig nicht in Betracht.

5. Inhalt des Rückgewähranspruchs. Nach früher hM sind bei einem Verstoß gegen das Verbot der Einlagenrückgewähr sowohl das Verpflichtungs- als auch das Erfüllungsgeschäft nichtig. Bereits erbrachte Leistungen sind daher zurückzugewähren. Bereicherungsrechtliche Ansprüche der Gesellschaft werden dabei allerdings durch den Anspruch aus Abs. 1 S. 1 überlagert,[73] der auf Rückgewähr durch Rückübertragung des geleisteten Gegenstands gerichtet ist (→ § 57 Rn. 86 mN).[74] Demgegenüber haben namentlich Verstöße gegen § 57 nach heute hM weder die Nichtigkeit des Verpflichtungs- noch des Erfüllungsgeschäfts zur Folge. Der Rückgewähranspruch der Gesellschaft ist danach auf Leistung eines Wertausgleichs in Höhe der Differenz zwischen dem vereinbarten und dem wirklichen Wert der von der Gesellschaft erbrachten Leistung gerichtet (→ § 57 Rn. 86 mN). Dem Zweck von Abs. 1 S. 1, das Gesellschaftsvermögen seinem Wert nach wieder herzustellen, entspricht es, den **Inhalt des Rückgewähranspruchs nach den Umständen des Einzelfalls zu bestimmen.** Ob Rückgewähr in corpore oder Wertausgleich geschuldet ist, hängt danach vor allem von der Art und dem zwischenzeitlichen Schicksal der Leistung ab, die die Gesellschaft erbracht hat (→ § 57 Rn. 87 ff., → 97 f.). Sofern zwischen der Gesellschaft und dem Schuldner keine Einigung über die Modalitäten

---

[66] *Cahn* Kapitalerhaltung im Konzern S. 99.
[67] So aber BGHZ 81, 311 (315) = NJW 1982, 383 (384); BGHZ 81, 365 (368 f.) = NJW 1982, 386; BGHZ 118, 107 (115 f.) = NJW 1992, 2023 (2025); BGH NJW 1991, 1057 (1058); BGH NJW 1992, 1167 (1168); BGH NJW 1996, 589 (590); MüKoAktG/*Bayer* Rn. 22.
[68] *Cahn*, Kapitalerhaltung im Konzern, 1998, 31 ff. (67 f.); *Rust*, Verdeckte Einlagenrückgewähr durch Leistung an Dritte in der Kapitalgesellschaft, 2000, 210 f.
[69] *Cahn*, Kapitalerhaltung im Konzern, 1998, 39 ff. (61 f.); *Rust*, Verdeckte Einlagenrückgewähr durch Leistung an Dritte in der Kapitalgesellschaft, 2000, 141 ff.; differenzierend auch *Altmeppen* FS Kropff, 1997, 641 (652 f.); weitergehend, Rückgewährpflicht der Empfängergesellschaft wegen wirtschaftlicher Einheit des Unternehmensverbundes MüKoAktG/*Bayer* Rn. 23 und die Nachw. aus der Rechtsprechung in Fn. 67.
[70] Zur Begründung *Cahn*, Kapitalerhaltung im Konzern, 1998, 63.
[71] So zur Sicherheitenbestellung zugunsten der Muttergesellschaft im Konzern BGHZ 138, 291 (297 ff.) = NJW 1998, 2592 (2594): allgemein *Rust*, Verdeckte Einlagenrückgewähr durch Leistung an Dritte in der Kapitalgesellschaft, 2000, 160 ff.
[72] Großkomm AktG/*Henze* Rn. 33; MüKoAktG/*Bayer* Rn. 31; K. Schmidt/Lutter/*Fleischer* Rn. 17.
[73] So noch OLG Stuttgart AG 2015, 283 (284).
[74] Vgl. etwa Hölters/*Laubert* Rn. 11; Wachter/*Servatius* Rn. 4.

der Rückgewähr zustande kommt, steht der Gesellschaft das Recht zu, den Inhalt des Anspruchs entsprechend §§ 316, 315 Abs. 3 BGB nach billigem Ermessen zu bestimmen (→ § 57 Rn. 98).

23 Aus dem Zweck des Anspruchs, den Wert des Gesellschaftsvermögens wieder herzustellen, folgt, dass ein auf Zahlung einer Geldsumme wegen des Untergangs oder der Verschlechterung einer von der Gesellschaft erbrachten Sachleistung in Händen des Empfängers gerichteter **Rückforderungsanspruch** der Gesellschaft **unabhängig von** einem etwaigen **Verzug des Schuldners zu verzinsen** ist.[75] Der Zahlungsanspruch ist Teil des Gesellschaftsvermögens, der sich als Surrogat der untergegangenen oder verschlechterten Sachleistung darstellt. Ebenso wenig, wie ein Aktionär ohne Rücksicht auf die Voraussetzungen des Verzuges zur unentgeltlichen Nutzung der Sache selbst befugt ist, steht es ihm frei, die Erfüllung der Zahlungsforderung der AG hinauszuzögern, ohne der Gesellschaft für die Vorenthaltung der Geldsumme und ihrer Nutzung für eigene Zwecke ein angemessenes Entgelt zu entrichten. Dieses Ergebnis wird durch einen Vergleich mit dem Fall der Gewährung eines nicht oder nicht angemessen verzinsten Darlehens an den Aktionär oder der Einräumung einer anderweitigen Nutzungsmöglichkeit bestätigt. Hier besteht Einigkeit darüber, dass der Aktionär aufgrund der Kapitalerhaltungsvorschriften zur Entrichtung eines angemessenen Entgelts für die Nutzung der Valuta oder des Gegenstandes verpflichtet ist.[76] Der Umstand, dass der Zahlungsanspruch der Gesellschaft aus dem Untergang oder der Verschlechterung einer Sachleistung der Gesellschaft in den Händen des Aktionärs oder eines ihm zuzurechnenden Empfängers herrührt, rechtfertigt keine andere rechtliche Beurteilung.

24 **6. Erfüllbarkeit.** Nach § 66 Abs. 2 Alt. 1 unterliegt der Rückgewähranspruch denselben Einschränkungen im Hinblick auf seine Erfüllbarkeit wie Einlageansprüche. Der Schuldner kann also weder von seiner Verpflichtung befreit werden noch kann er gegen den Anspruch der Gesellschaft aufrechnen.[77] Darüber hinaus sind auch andere, einer Befreiung oder Aufrechnung wirtschaftlich gleichwertige Rechtsgeschäfte nach dieser Bestimmung unwirksam (→ § 66 Rn. 7 ff. und 21 ff.).

III. Gutgläubiger Bezug von Gewinnanteilen, Abs. 1 S. 2

25 **1. Normzweck.** Der **Grund für die Privilegierung** besteht im mangelnden Einblick der Aktionäre in die Zulässigkeit einer Gewinnausschüttung. Anders als die Zuwendung von Vorteilen an einzelne Aktionäre erfolgt die Auszahlung von Dividenden nach einem gesetzlich geregelten Verfahren, innerhalb dessen Vorstand, Aufsichtsrat, Hauptversammlung und Abschlussprüfer mitwirken. Vor allem Mängel, die nach § 256 zur Nichtigkeit des Jahresabschlusses und damit nach § 253 Abs. 1 auch des Gewinnverwendungsbeschlusses führen, kann ein Aktionär regelmäßig nicht erkennen. Da der Schuldner des Rückgewähranspruchs aus Abs. 1 S. 1 sich nicht auf Entreicherung berufen kann (→ Rn. 4), wäre die Verwendung von Dividenden bis zum Ablauf der Frist nach §§ 256 Abs. 6, 253 Abs. 1 mit nicht unerheblichen Risiken verbunden. Damit würden nicht nur die Aktionäre über Gebühr belastet; vielmehr würde auch die Aktie als Anlageform erheblich an Attraktivität verlieren.[78]

26 **2. Gewinnanteile.** Abs. 1 S. 2 privilegiert nur den **Bezug von Gewinnanteilen.** Damit sind lediglich Dividenden, die aufgrund eines Gewinnverwendungsbeschlusses nach § 174 ausgeschüttet werden, sowie Abschlagszahlungen nach § 59 erfasst.[79] Für alle anderen Zuwendungen der Gesellschaft an Aktionäre, namentlich für offene oder verdeckte Vorteilszuwendungen außerhalb des Verfahrens der Gewinnverteilung,[80] zu Unrecht ausgezahlte Vergütungen für Nebenleistungen (§ 55 Abs. 1 S. 2, § 61),[81] einen überhöhten oder entgegen § 71 ausgezahlten Erwerbspreis für eigene Aktien,[82] Rückzahlungen im Rahmen einer Kapitalherabsetzung oder der Liquidation unter Verstoß gegen die dabei zu beachtenden Vorschriften[83] oder überhöhte Gewinnabführungen aufgrund eines Gewinnabführungs-

---

[75] *Cahn*, Kapitalerhaltung im Konzern, 1998, 125 f.; aA Kölner Komm AktG/*Drygala* Rn. 70; Großkomm AktG/*Henze* Rn. 40; Bürgers/Körber/*Westermann* Rn. 7.
[76] *Kleffner*, Erhaltung des Stammkapitals und Haftung nach §§ 30, 31 GmbHG, 1994, 136; Kölner Komm AktG/*Drygala* Rn. 70; Großkomm AktG/*Henze* Rn. 41; vgl. auch BGHZ 81, 311 (321) = NJW 1982, 383 (385).
[77] Wachter/*Servatius* Rn. 10; Hölters/*Laubert* Rn. 12.
[78] Großkomm AktG/*Henze* Rn. 64; MüKoAktG/*Bayer* Rn. 62 ff.; K. Schmidt/Lutter/*Fleischer* Rn. 21.
[79] Kölner Komm AktG/*Drygala* Rn. 79; Großkomm AktG/*Henze* Rn. 65; MüKoAktG/*Bayer* Rn. 66; Hüffer/Koch/*Koch* Rn. 13; Bürgers/Körber/*Westermann* Rn. 8; Grigoleit/*Grigoleit/Rachlitz* Rn. 4; NK-AktR/*Drinhausen* Rn. 18.
[80] Kölner Komm AktG/*Drygala* Rn. 80; Großkomm AktG/*Henze* Rn. 68; MüKoAktG/*Bayer* Rn. 65; Bürgers/Körber/*Westermann* Rn. 8; K. Schmidt/Lutter/*Fleischer* Rn. 23.
[81] Kölner Komm AktG/*Drygala* Rn. 81; Großkomm AktG/*Henze* Rn. 69; MüKoAktG/*Bayer* Rn. 68; K. Schmidt/Lutter/*Fleischer* Rn. 23.
[82] Großkomm AktG/*Henze* Rn. 68; MüKoAktG/*Bayer* Rn. 65; K. Schmidt/Lutter/*Fleischer* Rn. 23.
[83] Großkomm AktG/*Henze* Rn. 68; MüKoAktG/*Bayer* Rn. 65; K. Schmidt/Lutter/*Fleischer* Rn. 23.

vertrags⁸⁴ gilt die Vorschrift nicht. Der **praktische Anwendungsbereich** der Regelung beschränkt sich daher im Wesentlichen auf die Ausschüttung von Dividenden aufgrund eines nichtigen oder für nichtig erklärten Gewinnverwendungsbeschlusses, auf den sich nach § 253 Abs. 1 insbesondere die Nichtigkeit des zugrunde liegenden Jahresabschlusses auswirken kann. Das Gesetz enthält keine ausdrückliche Bestimmung über das Verhältnis der aktienrechtlichen Rückgewähransprüche zur insolvenzrechtlichen Anfechtbarkeit von Dividendenzahlungen und daraus folgenden Rückgewähransprüchen nach § 143 InsO. Im Mittelpunkt der Diskussion steht dabei die Frage nach der Anfechtbarkeit nach § 134 InsO wegen Unentgeltlichkeit der Leistung.[85] Ausgangspunkt für ihre Beantwortung ist § 57 Abs. 3. Danach können Aktionäre während des Bestehens der AG von der Gesellschaft lediglich Dividenden erwarten. Wirtschaftlich betrachtet stellen sie daher eine Gegenleistung für die Einlage auf die Aktie dar. Auch wenn Einlageleistung und Dividendenzahlung nicht synallagmatisch miteinander verknüpft sein mögen und der Aktionär keinen unbedingten Anspruch auf Dividendenausschüttungen hat, handelt es doch, wie nicht zuletzt § 60 zeigt, bei Dividenden nicht um unentgeltliche Leistungen.[86] Dagegen sollen Gewinnausschüttungen, die nicht auf Grundlage eines wirksamen Beschlusses erfolgen, nach überwiegender Ansicht unentgeltliche Leistungen darstellen und auch gegenüber dem iSv § 62 Abs. 1 S. 2 gutgläubigen Empfänger anfechtbar sein.[87] Indessen enthält § 62 Abs. 1 S. 2 im Gegensatz zu § 31 Abs. 2 GmbHG keinen Vorbehalt der Rückforderung vom gutgläubigen Empfänger für den Fall, dass die Leistung zur Gläubigerbefriedigung erforderlich ist, obwohl, wie Abs. 2 S. 2 zeigt, der Insolvenzfall bei der Abfassung der Bestimmung sehr wohl bedacht worden ist. Die aktienrechtliche Mitgliedschaft rechtfertigt daher auch das Behaltendürfen gutgläubig bezogener Scheingewinne, deren Ausschüttung folglich nicht nach § 134 InsO anfechtbar ist.

3. Subjektive Tatbestandsvoraussetzung. Gutgläubigkeit des Empfängers liegt nur vor, 27 wenn er **ohne jedes Verschulden** davon ausgegangen ist, zum Bezug des Gewinnanteils berechtigt zu sein.[88] Der gute Glaube muss sich also darauf beziehen, zum Bezug der empfangenen Leistung dem Grund und der Höhe nach berechtigt zu sein.[89] Konkrete Vorstellungen über die Ordnungsmäßigkeit der Gewinnverwendung und des ihr zugrunde liegenden Verfahrens, über das sich Aktionäre regelmäßig keine Gedanken machen, sind dafür nicht erforderlich.[90] An der Gutgläubigkeit fehlt es, wenn der Aktionär Anlass hat, an der Ordnungsmäßigkeit des Jahresabschlusses, des Gewinnverwendungsbeschlusses oder des der Ausschüttung zugrunde gelegten Gewinnverteilungsschlüssels zu zweifeln. Ob dies der Fall ist, kann von der Person des Aktionärs und dem bei ihm vorauszusetzenden Kenntnisstand abhängen. Insoweit werden für Großaktionäre oder Unternehmens-Aktionäre regelmäßig strengere Sorgfaltsanforderungen gelten als für Kleinaktionäre.[91] Ist der Gewinnverwendungsbeschluss angefochten, fehlt es entsprechend § 122 BGB dann an der Gutgläubigkeit, wenn der Aktionär unter Berücksichtigung der bei ihm vorauszusetzenden Kenntnismöglichkeiten von der Anfechtung und von der Berechtigung der Gründe, auf die sie gestützt ist, hätte wissen müssen.[92] Dabei sind ihm die Kenntnisse und Kenntnismöglichkeiten eines von ihm beauftragten Vermögensverwalters, nicht aber die der depotführenden Bank zuzurechnen.[93] **Maßgeblicher Zeitpunkt** für das Vorliegen der Gutgläubigkeit ist der des Empfangs der Leistung.[94]

4. Beweislast. Nach der Streichung von Abs. 1 S. 3 aF, der die Beweislast für die Gutgläubigkeit 28 den Aktionären aufbürdete, muss der Aktionär nunmehr nach allgemeinen Beweislastregeln nur noch

---

[84] Näher dazu *Gärtner* AG 2014, 793 (798 f.) mN auch zur Gegenansicht.
[85] Vgl. dazu *Mylich* AG 2011, 765 (767 ff.) mN.
[86] So im Erg. auch *Mylich* AG 2011, 765 (767); für das GmbH-Recht *Grigoleit*, Gesellschafterhaftung für interne Einflussnahme im Recht der GmbH, 2006, 165; *Haas* ZIP 2006, 1373 (1378).
[87] So etwa Uhlenbruck/*Hirte* InsO § 134 Rn. 2; MüKoInsO/*Kayser* InsO § 134 Rn. 39; für die GmbH Großkomm GmbHG/*Habersack* GmbHG § 31 Rn. 10; *Haas* ZIP 2006, 1373 (1378); differenzierend, Anfechtbarkeit nur, soweit die ausgezahlten Beträge auch bei korrekter Erstellung des Jahresabschlusses nicht hätten ausgeschüttet werden dürfen, *Mylich* AG 2011, 765 (769).
[88] AllgM, vgl. etwa Großkomm AktG/*Henze* Rn. 72; MüKoAktG/*Bayer* Rn. 69; K. Schmidt/Lutter/*Fleischer* Rn. 24; Hüffer/Koch/*Koch* Rn. 13; NK-AktR/*Drinhausen* Rn. 22.
[89] Großkomm AktG/*Henze* Rn. 73; MüKoAktG/*Bayer* Rn. 70.
[90] Bürgers/Körber/*Westermann* Rn. 9; missverständlich insoweit MüKoAktG/*Bayer* Rn. 70 + Kölner Komm AktG/*Drygala* Rn. 84.
[91] BGH NZG 2016, 1182 (1184 f. Rn. 30) = AG 2016, 786 (788); OLG Stuttgart AG 2015, 283 (285); Kölner Komm AktG/*Drygala* Rn. 83; Großkomm AktG/*Henze* Rn. 79; MüKoAktG/*Bayer* Rn. 69; *Bange* ZInsO 2006, 519 (521).
[92] Nach Großkomm AktG/*Henze* Rn. 79 und MüKoAktG/*Bayer* Rn. 74 ist Gutgläubigkeit bei Kenntnis von der Anfechtung stets zu verneinen.
[93] IdS Großkomm AktG/*Henze* Rn. 79; MüKoAktG/*Bayer* Rn. 74.
[94] Kölner Komm AktG/*Drygala* Rn. 85; Großkomm AktG/*Henze* Rn. 80 f.; MüKoAktG/*Bayer* Rn. 75; K. Schmidt/Lutter/*Fleischer* Rn. 24; Hüffer/Koch/*Koch* Rn. 13; NK-AktR/*Drinhausen* Rn. 23.

beweisen, dass er an ihn ausgezahlte Leistungen als Gewinnausschüttung empfangen hat, während die Gesellschaft den Beweis für Kenntnis oder fahrlässige Unkenntnis des Aktionärs von seiner Empfangsberechtigung zu erbringen hat.[95]

29 **5. Anwendung von Abs. 1 S. 2 bei Abtretung des Gewinnanspruchs.** Hat der Aktionär seinen (vermeintlichen) Anspruch auf Bezug von Dividenden abgetreten, gilt für die Anwendung von Abs. 1 S. 2 Folgendes: Sind **sowohl Zedent als auch Zessionar gutgläubig,** greift Abs. 1 S. 2 zugunsten des Zessionars ein, der die empfangene Leistung daher nicht zurückgewähren muss.[96] Abs. 1 S. 2 kommt dem **Zessionar** auch dann zugute, wenn er bei Empfang der Dividendenzahlung **bösgläubig,** der **Zedent** aber **gutgläubig** ist. Anderenfalls könnte der Zessionar nach §§ 453, 437 BGB beim Aktionär Rückgriff nehmen, so dass dieser entgegen der Wertung von Abs. 1 S. 2 trotz Gutgläubigkeit im Ergebnis zur Rückgewähr der Dividende verpflichtet wäre.[97] Da Abs. 1 S. 2 dem Zedenten hier nur um den Schutz des Zessionars willen zugutekommt, greift die Vorschrift nicht ein, wenn der Zessionar bereits bei Abschluss des Forderungskaufs bösgläubig war, so dass ihm nach § 442 S. 1 BGB keine Gewährleistungsansprüche gegen den Zedenten zustehen. Ist bei Empfang der Leistung der **Zessionar gutgläubig,** der **Zedent** dagegen **bösgläubig,** kann die Gesellschaft ihre Leistung nach Abs. 1 S. 1 vom Zedenten herausverlangen, der wegen der Veranlassung der Leistung an den Zessionar so behandelt wird, als habe er die Dividende selbst empfangen (→ Rn. 10 sowie → § 57 Rn. 72 f.). Dagegen greift Abs. 1 S. 2 zugunsten des gutgläubigen Zessionars ein. Die Gesellschaft steht damit so, als hätte sie die Dividende an den Zedenten geleistet und dieser den Betrag anschließend an den Zessionar weitergeleitet.[98]

IV. Das Verfolgungsrecht der Gläubiger, Abs. 2 S. 1

30 **1. Inhalt der Gläubigerbefugnis.** Noch § 56 AktG 1937 stellte die Haftung des Empfängers gegenüber den Gläubigern an die Spitze der Vorschrift und regelte in Abs. 3 lediglich, wann die Gesellschaft selbst die Leistung nicht zurückfordern konnte. Dementsprechend war unter Geltung dieser Vorschrift allgemein anerkannt, dass die Gesellschaftsgläubiger den Empfänger auf Leistung an sich selbst in Anspruch nehmen konnten.[99] Die Begründung zum Regierungsentwurf von § 62 AktG 1965 und die Stellungnahmen von Bundesrat und Bundesregierung sprachen sich für eine Fortführung dieser Regelungskonzeption aus.[100] Erst auf Betreiben des Rechts- und Wirtschaftsausschusses erhielt die Vorschrift ihre heutige Fassung (→ Rn. 2). Als Konsequenz dieser Neuerung steht den Gläubigern nicht mehr eine eigene, in ihrem Bestand vom Anspruch der Gesellschaft völlig unabhängige Forderung gegen den Empfänger zu. Die Befugnis der Gläubiger zur Geltendmachung des Anspruchs der Gesellschaft wird vielmehr als Fall gesetzlich angeordneter **Prozessstandschaft** verstanden.[101] Nach hL verleiht Abs. 2 S. 1 den Gläubigern lediglich das Recht, **Leistung an die Gesellschaft,**[102] nicht aber Leistung an sich selbst zu verlangen.[103] Das soll vor allem aus dem Zweck der Kapitalerhaltung folgen, der es ausschließe, dass ein Gläubiger durch den unmittelbaren Zugriff auf den rückgewährpflichtigen Aktionär Befriedigung für seine nicht mehr vollwertige Forde-

---

[95] BGH NZG 2016, 1182 (1185 Rn. 30) = AG 2016, 786 (788 f.); Kölner Komm AktG/*Drygala* Rn. 86; Großkomm AktG/*Henze* Rn. 96 ff.; MüKoAktG/*Bayer* Rn. 76; K. Schmidt/Lutter/*Fleischer* Rn. 25; Bürgers/Körber/*Westermann* Rn. 9; Hüffer/Koch/*Koch* Rn. 14.

[96] Großkomm AktG/*Henze* Rn. 84 f.; MüKoAktG/*Bayer* Rn. 77; K. Schmidt/Lutter/*Fleischer* Rn. 26; Hölters/*Laubert* Rn. 16.

[97] Großkomm AktG/*Henze* Rn. 86 ff.; MüKoAktG/*Bayer* Rn. 78; K. Schmidt/Lutter/*Fleischer* Rn. 26; Hölters/*Laubert* Rn. 16; NK-AktR/*Drinhausen* Rn. 24.

[98] Großkomm AktG/*Henze* Rn. 89 f.; MüKoAktG/*Bayer* Rn. 79; K. Schmidt/Lutter/*Fleischer* Rn. 26; Hölters/*Laubert* Rn. 16.

[99] Vgl. etwa Großkomm AktG/*Fischer*, 2. Aufl. 1961, § 56 Anm. 2.

[100] Jeweils abgedr. bei *Kropff* S. 82 f.

[101] Kölner Komm AktG/*Drygala* Rn. 101; Großkomm AktG/*Henze* Rn. 105; MüKoAktG/*Bayer* Rn. 83; Hüffer/Koch/*Koch* Rn. 15.

[102] Kölner Komm AktG/*Drygala* Rn. 109; Großkomm AktG/*Henze* Rn. 19, 102 ff., 108; MüKoAktG/*Bayer* Rn. 9, 83 ff.; Hüffer/Koch/*Koch* Rn. 3, 15 f.; K. Schmidt/Lutter/*Fleischer* Rn. 28; Bürgers/Körber/*Westermann* Rn. 2; NK-AktR/*Drinhausen* Rn. 30; MHdB AG/*Rieckers* § 16 Rn. 101; *Bommert*, Verdeckte Vermögensverlagerungen im Aktienrecht, 1989, 118.

[103] So aber BGHZ 69, 274 (284) = NJW 1978, 160 (163) und die früher hL, vgl. etwa *Beise* GmbHR 1978, 101 (102); *Frey*, Einlagen in Kapitalgesellschaften, 1990, 70 f.; *Simon*, Die Rechte der Gläubiger einer Aktiengesellschaft gegenüber Aktionären, Organen und herrschendem Unternehmen in dogmatischer und zivilprozessualer Sicht, 1970, 68 f.; *Baumbach*/*Hueck* Rn. 10 f.; Großkomm AktG/*Barz*, 3. Aufl. 1973, Anm. 8; *v. Godin*/*Wilhelmi* Anm. 3; MHdB AG/*Wiesner*, 1. Aufl. 1988, § 16 Rn. 51; ausf. *Cahn*, Vergleichsverbote im Gesellschaftsrecht, 1996, 42 ff.; neuerdings auch Grigoleit/*Grigoleit*/*Rachlitz* Rn. 7; Wachter/*Servatius* Rn. 11.

rung gegen die AG erhalte. Der Gesellschaft fließe in Gestalt der Befreiung von dieser nicht vollwertigen Verbindlichkeit kein realer Gegenwert für den Verlust ihres Rückgewähranspruchs gegen den Empfänger zu.[104] Das Recht, Leistung an die Gesellschaft zu verlangen, sei für den Schutz der Gläubigerinteressen ausreichend, denn bei Rückgewähr an die AG stehe der Gläubiger so, wie er ohne den Verstoß gegen das Verbot der Einlagenrückgewähr gestanden hätte.[105] Ohne das Recht aus Abs. 2 S. 1 hätte der Gläubiger keine Möglichkeit, etwa im Wege der Abtretung oder Pfändung auf den Rückgewähranspruch zuzugreifen, um seine nicht mehr vollwertige Forderung gegen die AG zu befriedigen; Abs. 2 S. 1 sei daher auch auf der Grundlage der hL für die Gläubiger sinnvoll.[106] Die Vorschrift sei schließlich auch deswegen nicht als Recht der Gläubiger zu verstehen, Leistung an sich selbst zu verlangen, weil der Rückgewährschuldner sonst der Gefahr mehrerer paralleler Verurteilungen zur Leistung an verschiedene Gläubiger ausgesetzt sei.[107]

Die vorstehend referierten Argumente der hL sind allesamt nicht überzeugend. Richtigerweise 31 ist Abs. 2 S. 1 als **Recht der Gläubiger** zu verstehen, den Rückgewährschuldner **auf Leistung an sich selbst in Anspruch zu nehmen,**[108] soweit sein Anspruch gegen die AG und deren Anspruch gegen den Rückgewährschuldner sich dem Inhalt und der Höhe nach decken. Das zeigt bereits der **Wortlaut** der Vorschrift. Danach können die Gläubiger den Rückgewähranspruch geltend machen, *soweit* sie von der AG keine Befriedigung erlangen können. Könnte der Gläubiger nur Leistung an die zahlungsunfähige (→ Rn. 37) Gesellschaft verlangen, um deren Vermögen er mit ihren anderen Gläubigern konkurriert, bestünde für eine solche Beschränkung des Verfolgungsrechts auf die Höhe des eigenen Anspruchs kein Anlass. Die hL, die dem Gläubiger das Recht zugestehen will, den Rückgewähranspruch auch insoweit geltend zu machen, als er der Höhe nach über seinen eigenen Anspruch hinausgeht, liest demgegenüber das „soweit" in Abs. 2 S. 1 als „wenn".

Weitere Hinweise auf eine eigene Empfangsbefugnis der Gläubiger ergeben sich aus der **Entste-** 32 **hungsgeschichte** der Vorschrift, die § 93 Abs. 5 S. 1 nachgebildet wurde. Diese Bestimmung wird bei gleichem Wortlaut und trotz der Einordnung als Fall der Prozessstandschaft als Recht der Gläubiger verstanden, Leistung an sich selbst zu verlangen.[109] Der Einwand, Abs. 2 S. 1 sei damit nicht vergleichbar, weil es im Fall des § 93 Abs. 5 um einen eigenen Anspruch des Gläubigers gehe,[110] ist verfehlt. Auch bei Abs. 2 S. 1 geht der Gläubiger wegen eines eigenen Anspruchs gegen den Rückgewährschuldner vor; ob ihm gegen den Empfänger der unzulässigen Einlagenrückgewähr ein eigener Anspruch zusteht, ist gerade die Frage. Ebenso wenig überzeugend ist das Argument, anders als bei Abs. 2 S. 1 gehe es bei § 93 Abs. 5 nicht um eine Forderung aus dem Bereich der Kapitalerhaltung, die den besonderen Sicherungen des § 66 unterliege.[111] Aus dem **Vollwertigkeitsdogma,** auf das sich dieser Einwand stützt (→ Rn. 30), lassen sich keine Schranken für die Durchsetzung von Forderungen der Gesellschaftsgläubiger gegenüber der AG ableiten.[112] Außerhalb des Insolvenzverfahrens darf die Gesellschaft die Befriedigung eines Gläubigers nicht mit dem Hinweis verweigern, ihr Vermögen reiche voraussichtlich nicht für die Befriedigung aller Gläubiger aus; ebenso wenig ist dem Gläubiger die Vollstreckung in das Gesellschaftsvermögen verwehrt. Rechtshandlungen, die einem Gläubiger im Vorfeld der Insolvenzeröffnung Befriedigung gewähren, können zwar nach Maßgabe der Anfechtungsbestimmungen, insbesondere § 130 Abs. 1 Nr. 1 InsO anfechtbar sein. Das hat aber nichts damit zu tun, dass die Befreiung von ihrer Verbindlichkeit für die Gesellschaft keine vollwertige Gegenleistung für den Vermögenswert wäre, mit dem die Erfüllung bewirkt worden ist. Entscheidend ist vielmehr die Verletzung des Gebotes der Gläubigergleichbehandlung. Das Anliegen der gleichmäßigen Befriedigung der Gläubiger in der Insolvenz und in ihrem unmittelbaren Vorfeld ist aber keineswegs auf die Verwendung von Einlageforderungen oder Rückgewähransprüche wegen unzulässiger Einlagenrückgewähr beschränkt, sondern gilt für alle Vermögenswerte der Gesellschaft. Dementsprechend müsste eine auf die **Gleichbehandlung der Gläubiger** gestützte Auslegung der Gläubigerbefugnis zur Geltendma-

---

[104] Kölner Komm AktG/*Drygala* Rn. 109, 100; Großkomm AktG/*Henze* Rn. 109; MüKoAktG/*Bayer* Rn. 84, 90; Hüffer/Koch/*Koch* Rn. 16.
[105] Großkomm AktG/*Henze* Rn. 110; MüKoAktG/*Bayer* Rn. 90.
[106] Großkomm AktG/*Henze* Rn. 103 f., 111; MüKoAktG/*Bayer* Rn. 90.
[107] Großkomm AktG/*Henze* Rn. 112; MüKoAktG/*Bayer* Rn. 90.
[108] Vgl. Großkomm AktG/*Henze* Rn. 86 ff.; MüKoAktG/*Bayer* Rn. 78; K. Schmidt/Lutter/*Fleischer* Rn. 26; Hölters/*Laubert* Rn. 16; NK-AktR/*Drinhausen* Rn. 24.
[109] Kölner Komm AktG/*Mertens/Cahn* § 93 Rn. 180; MüKoAktG/*Spindler* § 93 Rn. 272; Hüffer/Koch/*Koch* § 93 Rn. 81; MHdB AG/*Wiesner* § 26 Rn. 58; *Habscheid* FS Weber, 1975, 197 (203); aA Großkomm AktG/*Hopt* § 93 Rn. 396 ff.
[110] Hüffer/Koch/*Koch* Rn. 15 aE; ähnl. MüKoAktG/*Bayer* Rn. 91.
[111] Großkomm AktG/*Henze* Rn. 113; MüKoAktG/*Bayer* Rn. 91; Bürgers/Körber/*Westermann* Rn. 11; K. Schmidt/Lutter/*Fleischer* Rn. 28.
[112] Näher dazu *Cahn,* Vergleichsverbote im Gesellschaftsrecht, 1996, 50 ff.

chung von Ansprüchen der Gesellschaft auch im Rahmen des § 93 Abs. 5 S. 1 und der dieser Regelung entsprechenden Bestimmungen (§§ 116, 117 Abs. 5 S. 1, § 309 Abs. 4 S. 3, § 310 Abs. 4, § 317 Abs. 4, § 318 Abs. 4, § 323 Abs. 1 S. 2) lediglich einen Anspruch auf Leistung an die Gesellschaft bejahen. Hier wird aber durchweg ein Recht der Gläubiger angenommen, Leistung an sich selbst zu verlangen. Da die Gläubigerbefugnis nach Abs. 2 S. 1 erst bei Zahlungsunfähigkeit der Gesellschaft eingreift, die den Vorstand verpflichtet, Eröffnung des Insolvenzverfahrens zu beantragen (§ 92 Abs. 2), in dessen Rahmen nach Abs. 2 S. 2 das Verfolgungsrecht auf den Insolvenzverwalter übergeht, kann das Verfolgungsrecht des einzelnen Gläubigers vor allem dann Bedeutung erlangen, wenn mangels einer die Kosten des Verfahrens deckenden Masse die Verfahrenseröffnung abgelehnt wird (§ 26 Abs. 1 InsO).[113] Außerhalb des Insolvenzverfahrens gilt aber der Grundsatz der Gläubigergleichbehandlung nicht; es besteht daher auch kein Grund, ihn hier mittelbar einzuführen, indem man Abs. 2 S. 1 auf das Recht beschränkt, Leistung an die Gesellschaft zu verlangen.

33 Für ein Recht der Gläubiger, Leistung an sich selbst zu verlangen, spricht auch ein **Umkehrschluss zu § 309 Abs. 4 S. 2.** Nach Satz 1 dieser Vorschrift kann der Ersatzanspruch der abhängigen Gesellschaft gegen die gesetzlichen Vertreter des herrschenden Unternehmens wegen Verletzung ihrer Pflichten auch von den Aktionären der abhängigen Gesellschaft geltend gemacht werden. Obwohl eine eigene Empfangszuständigkeit der Aktionäre hier ohnehin nicht nahe gelegen hätte, bestimmt Satz 2 ausdrücklich, dass die Aktionäre dabei nur Leistung an die Gesellschaft verlangen können. Eine entsprechende Einschränkung fehlt für das Recht der Gläubiger nach § 309 Abs. 4 S. 3. Der Gesetzgeber wollte sie dazu ermächtigen, Leistung an sich zu verlangen.[114] Die Vorschrift zeigt, dass der Gesetzgeber die Frage nach dem Inhalt des Verfolgungsrechts gesehen und ausdrücklich klargestellt hat, wo dem Anspruchsteller lediglich das Recht zustehen soll, Leistung an die Gesellschaft zu fordern.

34 Unbegründet ist das Bedenken, wenn die Gläubiger jeweils Leistung an sich selbst verlangen könnten, laufe der Rückgewährschuldner **Gefahr, mehrfach auf dieselbe Schuld leisten zu müssen** (→ Rn. 30). Ebenso wie im Rahmen von § 93 Abs. 5 wird auch hier durch Leistung an die Gesellschaft oder an einen Gläubiger von seiner Haftung gegenüber allen anderen frei, so dass in (anderen) anhängigen Verfahren Erledigung eintritt. Gegen bereits rechtskräftige Urteile muss er gegebenenfalls mit der Vollstreckungsabwehrklage nach § 767 ZPO vorgehen.[115]

35 Schließlich zeigt die **Ermächtigung des Insolvenzverwalters** oder Sachwalters nach Abs. 2 S. 2, während der Dauer des Insolvenzverfahrens das Recht der Gesellschaftsgläubiger nach Abs. 2 S. 1 geltend zu machen, dass diese Bestimmung sinnvollerweise nur als Ermächtigung verstanden werden kann, Leistung an sich selbst zu verlangen.[116] Indem Abs. 2 S. 2 das Recht zur Durchsetzung des Rückgewähranspruchs ausschließlich dem Insolvenzverwalter oder Sachwalter zuweist, entfaltet die Vorschrift Sperrwirkung für die Geltendmachung des Anspruchs durch einzelne Gläubiger. Für eine solche Sperrwirkung bestünde aber gar kein Anlass, wenn die Gesellschaftsgläubiger nach Abs. 2 S. 1 lediglich Leistung an die Gesellschaft verlangen dürften. Im Rahmen von § 93 ist anerkannt, dass ein von mehreren Seiten in Anspruch genommenes Organmitglied einzelnen Gläubigern weder Rechtshängigkeit noch Rechtskraft entgegensetzen kann.[117] Übertragen auf das Verfolgungsrecht nach Abs. 2 S. 1 bedeutet dies, dass der Insolvenzverwalter an eine (teilweise) klagabweisende Entscheidung im Verfahren zwischen einem Gesellschaftsgläubiger und dem rückgewährpflichtigen Aktionär nicht gebunden wäre, während andererseits ein Prozessgewinn des Gläubigers der Masse zugutekäme, ohne dass sie mit dem Prozessrisiko belastet gewesen wäre. Die Durchsetzungssperre nach Abs. 2 S. 2 ergibt also nur unter der Voraussetzung Sinn, dass Abs. 2 S. 1 den Gläubigern das Recht gewährt, Leistung an sich selbst zu verlangen. Von diesem Ausgangspunkt her sorgt Abs. 2 S. 2 für die Einhaltung der Gleichbehandlung der Gläubiger, indem deren individuelle Befriedigungsrechte beim Insolvenzverwalter gebündelt und in Richtung auf die Gesellschaft kanalisiert werden.

36 **2. Voraussetzungen der Gläubigerbefugnis. a) Gläubigerstellung.** Nur ein Gläubiger, dem ein **durchsetzbarer Anspruch** gegen die Gesellschaft zusteht, ist berechtigt, den Rückgewähranspruch nach Abs. 2 S. 1 geltend zu machen. Entscheidend ist die Gläubigerstellung zum Zeitpunkt der letzten mündlichen Verhandlung.[118] Verlangt der Gläubiger nach Abs. 2 S. 1 Leistung an sich selbst, kann er den Anspruch der Gesellschaft dabei nur insoweit geltend machen, als er sich dem

---

[113] Vgl. MüKoAktG/*Bayer* Rn. 96.
[114] BegrRegE zu § 309 bei *Kropff* S. 405.
[115] Kölner Komm AktG/*Mertens/Cahn* § 93 Rn. 184; MüKoAktG/*Spindler* § 93 Rn. 278; Großkomm AktG/ *Hopt* § 93 Rn. 420.
[116] Vgl. *Cahn*, Vergleichsverbote im Gesellschaftsrecht, 1996, 44 ff.
[117] Kölner Komm AktG/*Mertens/Cahn* § 93 Rn. 184; MüKoAktG/*Spindler* § 93 Rn. 277.
[118] Kölner Komm AktG/*Drygala* Rn. 104; Großkomm AktG/*Henze* Rn. 119 ff.; MüKoAktG/*Bayer* Rn. 92 ff.; K. Schmidt/Lutter/*Fleischer* Rn. 30; NK-AktR/*Drinhausen* Rn. 28.

Inhalt und der Höhe nach mit dem Rückgewähranspruch der AG deckt.[119] Im Übrigen kann er mit der insoweit zutr. hL unabhängig von Inhalt und Höhe seines eigenen Anspruchs den Rückgewähranspruch in voller Höhe geltend machen, wenn er Leistung an die Gesellschaft verlangt.[120]

b) Keine Befriedigung durch die AG. Das Verfolgungsrecht nach Abs. 2 S. 1 besteht nur, soweit ein Gläubiger von der Gesellschaft **keine Befriedigung** erlangen kann. Auch diese Formulierung ist wörtlich zu nehmen (zur Verwendung des Begriffs „soweit" → Rn. 31). Es reicht daher nicht aus, dass die Gesellschaft leistungsunwillig ist; das Verfolgungsrecht kommt vielmehr nur dann zum Zug, wenn die Durchsetzung des Anspruchs an der Zahlungsunfähigkeit der Gesellschaft gescheitert ist oder scheitern würde. Den dafür erforderlichen Nachweis kann der Gläubiger auch anders als durch vergebliche Vollstreckungsversuche, etwa durch entsprechende Versicherung des Vorstands oder unter Hinweis auf vergebliche Beitreibungsbemühungen anderer Gläubiger führen.[121]   37

3. Einwendungen. a) Des Aktionärs gegenüber der AG. Der auf Rückgewähr in Anspruch genommene Aktionär kann Einwände, die ihm gegenüber der Gesellschaft zustehen, auch gegenüber einem Gläubiger geltend machen, der nach Abs. 2 S. 1 vorgeht.[122] Allerdings zieht § 66 Abs. 2 Alt. 1 iVm Abs. 1 den Einwänden des Rückgewährschuldners enge Grenzen. Ein Vergleich zwischen der AG und dem Aktionär über Bestand oder Umfang der Rückgewährpflicht entfaltet gegenüber den Gläubigern keine Wirkung.[123]   38

b) Des Aktionärs gegenüber dem Gläubiger. Persönliche Einwände des Schuldners gegenüber dem Gläubiger sind im Rahmen von Abs. 2 S. 1 auch dann unbeachtlich, wenn der Gläubiger Leistung an sich selbst verlangt. Das folgt daraus, dass der Gläubiger einen Anspruch der AG mit dem Ziel der Befriedigung seines eigenen Anspruchs gegenüber der Gesellschaft geltend macht, nicht aber eine Forderung, die ihm persönlich gegen den Aktionär zusteht.[124] Der Aktionär kann sich allerdings auf eine Vereinbarung mit dem Gläubiger berufen, in der dieser sich verpflichtet, den Rückgewähranspruch der Gesellschaft nicht geltend zu machen.[125]   39

c) Die AG gegenüber dem Gläubiger. Einwände der AG gegenüber dem Anspruch des Gläubigers kommen dem Rückgewährschuldner zugute, wenn sie die Durchsetzbarkeit des Anspruchs gegenüber der AG beseitigen, zu dessen Befriedigung der Gläubiger von der Möglichkeit des Abs. 2 S. 1 Gebrauch machen will. Das gilt entsprechend § 129 Abs. 1 HGB, § 770 BGB auch für Einreden der Gesellschaft einschließlich der Verjährung.[126]   40

V. Das Verfolgungsrecht der Gläubiger in der Insolvenz der AG, Abs. 2 S. 2

1. Bedeutung der Vorschrift. Rückgewähransprüche nach Abs. 1 S. 1 sind Bestandteil des Gesellschaftsvermögens. Mit der Insolvenzeröffnung (§ 27 InsO) geht die Befugnis, dieses Vermögen zu verwalten, vom Vorstand auf den Insolvenzverwalter über, § 80 InsO. Abs. 2 S. 2 sorgt dafür, dass in der Insolvenz der Gesellschaft auch die Gläubiger nicht mehr das Recht haben, den Rückgewährschuldner in Anspruch zu nehmen. Vom Standpunkt der hL, die in Abs. 2 S. 1 ohnehin nur eine Ermächtigung der Gläubiger sieht, Leistung an die Gesellschaft zu verlangen, ist Abs. 2 S. 2 eine überflüssige Bestimmung, die auf einem abweichenden dogmatischen Verständnis der Vorgängerregelung des § 56 Abs. 2 AktG 1937 beruht und keine zusätzlichen Rechte des Insolvenzverwalters begründet.[127] Tatsächlich beruht aber die hL ihrerseits auf einem vom Gesetz abweichenden dogmati-   41

---

[119] AA insoweit die hL, → Rn. 30.
[120] Kölner Komm AktG/*Drygala* Rn. 104; Großkomm AktG/*Henze* Rn. 120; MüKoAktG/*Bayer* Rn. 92; Bürgers/Körber/*Westermann* Rn. 13; Hüffer/Koch/*Koch* Rn. 16.
[121] Kölner Komm *Drygala* Rn. 106; Großkomm AktG/*Henze* Rn. 125 ff.; MüKoAktG/*Bayer* Rn. 95 f.; Hüffer/Koch/*Koch* Rn. 16; K. Schmidt/Lutter/*Fleischer* Rn. 31; Hölters/*Laubert* Rn. 19; Bürgers/Körber/*Westermann* Rn. 13; NK-AktR/*Drinhausen* Rn. 29.
[122] Kölner Komm AktG/*Drygala* Rn. 112; Großkomm AktG/*Henze* Rn. 129; MüKoAktG/*Bayer* Rn. 99; K. Schmidt/Lutter/*Fleischer* Rn. 32; Grigoleit/*Grigoleit/Rachlitz* Rn. 6; Hölters/*Laubert* Rn. 21; Bürgers/Körber/*Westermann* Rn. 14; Hüffer/Koch/*Koch* Rn. 17.
[123] Ausf. dazu *Cahn*, Vergleichsverbote im Gesellschaftsrecht, 1996, 39 ff. (55).
[124] Im Erg. ebenso, wenn auch bezogen auf das Leistungsverlangen zugunsten der Gesellschaft Kölner Komm AktG/*Drygala* Rn. 113; Großkomm AktG/*Henze* Rn. 133; MüKoAktG/*Bayer* Rn. 103; K. Schmidt/Lutter/*Fleischer* Rn. 32; Hüffer/Koch/*Koch* Rn. 17.
[125] Kölner Komm AktG/*Drygala* Rn. 114; Großkomm AktG/*Henze* Rn. 134; MüKoAktG/*Bayer* Rn. 104; Bürgers/Körber/*Westermann* Rn. 14; Hüffer/Koch/*Koch* Rn. 17.
[126] Kölner Komm AktG/*Drygala* Rn. 116 f; Großkomm AktG/*Henze* Rn. 130 ff.; MüKoAktG/*Bayer* Rn. 101 f.; K. Schmidt/Lutter/*Fleischer* Rn. 32; Grigoleit/*Grigoleit/Rachlitz* Rn. 6; Hölters/*Laubert* Rn. 21; Bürgers/Körber/*Westermann* Rn. 14.
[127] Kölner Komm AktG/*Drygala* Rn. 118; MüKoAktG/*Bayer* Rn. 107; Hüffer/Koch/*Koch* Rn. 18.

schen Verständnis. Die **Sperrwirkung** von Abs. 2 S. 2 hat deswegen einen über § 80 InsO hinausgehenden Gehalt, weil Abs. 2 S. 1 den Gläubigern eine eigene Empfangsbefugnis verleiht, deren Ausübung in der Insolvenz im Interesse der Gleichbehandlung auf den Insolvenzverwalter übergeht. Dieser kann dadurch auch insoweit eine **stärkere Rechtsposition** erhalten als sie ihm aus dem Recht der Gesellschaft zustünde, weil ein vor der Insolvenz geschlossener Vergleich zwischen der Gesellschaft und dem Rückgewährschuldner über Bestand oder Umfang der Rückgewährpflicht gegenüber den Gläubigern keine Wirkung entfaltet (→ Rn. 38).

42 **2. Prozessuale Wirkungen.** Bereits anhängige Verfahren zwischen Gläubigern und dem Rückgewährschuldner, werden nach § 240 ZPO mit der Insolvenzeröffnung unterbrochen. Nimmt der Insolvenzverwalter den Rechtsstreit auf, tritt er nach § 325 ZPO als Rechtsnachfolger in den Streit ein. Die gerichtliche Entscheidung bindet die Gesellschaftsgläubiger ebenso wie die Gesellschaft selbst.[128] Das Verfolgungsrecht nach Abs. 2 S. 1 steht den Gläubigern während der Dauer des Insolvenzverfahrens auch dann nicht zu, wenn der Insolvenzverwalter bereits anhängige Verfahren ruhen lässt oder den (vermeintlichen) Anspruch gegen den Empfänger nicht geltend macht.[129] Die Gläubigerbefugnis lebt erst wieder auf, wenn die Zuständigkeit des Insolvenzverwalters durch Aufhebung oder Einstellung des Insolvenzverfahrens endet. Nunmehr können Gläubiger auch einen vom Insolvenzverwalter nicht aufgenommenen Rechtsstreit fortführen.[130]

43 Die Ausführungen zum Insolvenzverwalter gelten auch für einen **Sachwalter** nach § 270 InsO. Abs. 2 S. 2 erweitert dessen ausschließliche Zuständigkeiten nach § 280 InsO.[131]

VI. Verjährung, Abs. 3

44 Nach Abs. 3 S. 1 beträgt die **Verjährungsfrist** für Rückgewähransprüche nach Abs. 1 und 2 **zehn Jahre.** Die bislang geltende fünfjährige Verjährungsfrist ist durch Art. 11 Nr. 3 AnpassungsG[132] verlängert worden. Anlass dafür war die Änderung der bürgerlich-rechtlichen Regelverjährung durch das Gesetz zur Modernisierung des Schuldrechts.[133] Die neue Regelverjährung von drei Jahren, deren Beginn an die Kenntnis oder grob fahrlässige Unkenntnis des Gläubigers von den anspruchsbegründenden Umständen und der Person des Schuldners anknüpft, wäre nach Einschätzung des Gesetzgebers für die Rückgewähransprüche nicht angemessen gewesen, weil es danach nicht auf die Kenntnismöglichkeit der zu schützenden Gesellschaftsgläubiger angekommen wäre und §§ 195, 199 Abs. 1 BGB weder hinsichtlich der Länge noch des Beginns der Frist auf die Kapitalaufbringung und Kapitalerhaltung passen.[134] Stattdessen hält das Gesetz an einer einheitlichen Frist fest, deren Lauf unabhängig von subjektiven Voraussetzungen ist, verlängert sie aber auf zehn Jahre, um auch insoweit den Gleichlauf von Kapitalaufbringung (§ 54 Abs. 4) und Kapitalerhaltung zu gewährleisten.[135] Für Rückgewähransprüche, die vor dem Inkrafttreten der Neuregelung entstanden, aber bei Inkrafttreten noch nicht verjährt waren, gilt die Übergangsregelung des Art. 229 § 12 EGBGB.

45 Der Lauf der Verjährungsfrist beginnt mit dem **Empfang der Leistung.**[136] Bei Zuwendungen der Gesellschaft an Dritte, die dem Aktionär zugerechnet werden (→ Rn. 9 ff.), ist der Empfang durch den Dritten maßgeblich. Besteht die unzulässige Leistung in der Bestellung einer Sicherheit für eine Verbindlichkeit des Aktionärs (→ § 57 Rn. 38 f.), beginnt die Verjährung mit der Bestellung der Sicherheit.[137] Für die Berechnung von Beginn und Ende der Frist gelten § 187 Abs. 1 BGB, § 188 BGB. Auf den Fristlauf finden §§ 203 ff. BGB über Hemmung, Ablaufhemmung und Neubeginn der Verjährung Anwendung.[138] Die Rechtsverfolgung durch die AG wirkt insoweit auch zugunsten der Gläubiger, die Rechtsverfolgung durch einen Gläubiger nach Abs. 2 S. 1 auch zugunsten der übrigen Gläubiger und der AG.[139] Zur **Ablaufhemmung** nach Abs. 3 S. 2 vgl. → § 54 Rn. 89.

---

[128] Großkomm AktG/*Henze* Rn. 138; MüKoAktG/*Bayer* Rn. 109.
[129] Großkomm AktG/*Henze* Rn. 138; MüKoAktG/*Bayer* Rn. 110; Grigoleit/*Grigoleit/Rachlitz* Rn. 8; Hölters/*Laubert* Rn. 23; Hüffer/Koch/*Koch* Rn. 18; aA Bürgers/Körber/*Westermann* Rn. 15.
[130] Großkomm AktG/*Henze* Rn. 138; MüKoAktG/*Bayer* Rn. 111.
[131] Großkomm AktG/*Henze* Rn. 137.
[132] Gesetz zur Anpassung von Verjährungsvorschriften an das Gesetz zur Modernisierung des Schuldrechts v. 9.12.2004, BGBl. 2004 I 3214.
[133] Gesetz zur Modernisierung des Schuldrechts v. 26.11.2001, BGBl. 2001 I 3138.
[134] BegrRegE BT-Drs. 15/3653, 22; *Thiessen* ZHR 168 (2004), 503 (505, 516).
[135] BegrRegE BT-Drs. 15/3653, 22.
[136] Kölner Komm AktG/*Drygala* Rn. 124; Bürgers/Körber/*Westermann* Rn. 16; K. Schmidt/Lutter/*Fleischer* Rn. 36.
[137] BGH NZG 2017, 658 (659 Rn. 13) zu § 31 Abs. 5 S. 2 GmbHG.
[138] Kölner Komm AktG/*Drygala* Rn. 124.
[139] Kölner Komm AktG/*Drygala* Rn. 124; MüKoAktG/*Bayer* Rn. 115; Bürgers/Körber/*Westermann* Rn. 17.

§ 63 Folgen nicht rechtzeitiger Einzahlung

(1) ¹Die Aktionäre haben die Einlagen nach Aufforderung durch den Vorstand einzuzahlen. ²Die Aufforderung ist, wenn die Satzung nichts anderes bestimmt, in den Gesellschaftsblättern bekanntzumachen.

(2) ¹Aktionäre, die den eingeforderten Betrag nicht rechtzeitig einzahlen, haben ihn vom Eintritt der Fälligkeit an mit fünf vom Hundert für das Jahr zu verzinsen. ²Die Geltendmachung eines weiteren Schadens ist nicht ausgeschlossen.

(3) Für den Fall nicht rechtzeitiger Einzahlung kann die Satzung Vertragsstrafen festsetzen.

Schrifttum: *Buchetmann*, Die teileingezahlte Aktie – insbesondere die Rechtsstellung der Inhaber teileingezahlter Aktien, 1972; *Gehrlein*, Ausschluss und Abfindung von GmbH-Gesellschaftern, 1997; *von Halem*, Die Kaduzierung von Aktien und Geschäftsanteilen, 1961; *Hohner*, Subjektlose Rechte, 1969; *Mann*, Die Sachgründung im Aktienrecht, 1932; *K. Müller*, Zur Pfändung der Einlageforderung der AG, AG 1971, 1; *Rosner*, Ausstehende Einlagen nach Verschmelzung von Aktiengesellschaften, AG 2011, 5; *Steinberg*, Die Erfüllung der Bareinlagepflicht nach Eintragung der Gesellschaft und der Kapitalerhöhung, 1973.

Übersicht

	Rn.		Rn.
I. Entstehungsgeschichte und Normzweck	1, 2	4. Rechtsfolgen der wirksamen Zahlungsaufforderung	17, 18
1. Entstehungsgeschichte	1	a) Erfüllbarkeit	17
2. Normzweck	2	b) Fälligkeit	18
II. Anwendungsbereich	3–6	**V. Rechtsfolgen bei nicht rechtzeitiger Leistung, Abs. 2**	19–21
1. Zeitlich	3	1. Verzinsung, Abs. 2 Satz 1	19, 20
2. Sachlich	4–6	2. Schadensersatz, Abs. 2 S. 2	21
III. Normadressat	7–9	**VI. Vertragsstrafen, Abs. 3**	22–26
1. Ausgabe von Namensaktien	7, 8	1. Anwendungsbereich	22
2. Verbotswidrige Ausgabe von Inhaberaktien	9	2. Voraussetzungen	23
IV. Aufforderung	10–18	3. Rechtsfolgen	24–26
1. Zuständigkeit	10–12	**VII. Einforderung in der Insolvenz**	27–31
2. Inhalt	13, 14	1. Insolvenz der AG	27–29
3. Bekanntmachung	15, 16	2. Insolvenz des Einlageschuldners	30, 31

I. Entstehungsgeschichte und Normzweck

1. Entstehungsgeschichte. Die Norm beruht auf § 57 AktG 1937, der seinerseits auf § 218 HGB 1897 zurückging. Im Vergleich zu § 57 AktG 1937 wurde die Norm sprachlich neu gefasst und enthält zwei inhaltliche Änderungen: Neu aufgenommen wurde die Regelung des Abs. 1 S. 2 wonach die Aufforderung zur Leistungserbringung in den Gesellschaftsblättern bekannt zu machen ist, sofern die Satzung nichts anderes bestimmt. Darüber hinaus stellt Abs. 1 nunmehr klar, dass die Aufforderung zur Einzahlung der Einlage **ausschließlich Angelegenheit des Vorstands** ist und nicht durch die Hauptversammlung erfolgen kann.¹ **1**

2. Normzweck. Die Vorschrift regelt die Fälligkeit der Pflicht zur Einlageleistung und die Rechtsfolgen bei nicht rechtzeitiger Einzahlung. Zusammen mit § 64 (Ausschluss säumiger Aktionäre), § 65 (Zahlungspflicht der Vormänner) und § 66 (Keine Befreiung der Aktionäre von ihren Leistungspflichten) soll sie **Kapitalaufbringung** auch für den Fall sicherstellen, dass Einlageleistungen trotz Fälligkeit nicht so wie versprochen erbracht werden. **2**

II. Anwendungsbereich

1. Zeitlich. Da sich Abs. 1 an den Aktionär wendet, gilt die Vorschrift unmittelbar erst ab dem Zeitpunkt, in dem die Gesellschaft durch Eintragung in das Handelsregister gem. § 41 Abs. 1 als juristische Person entstanden oder die Kapitalerhöhung wirksam geworden ist.² Abs. 1 S. 1 findet **3**

---
[1] Vgl. RegBegr *Kropff* S. 84.
[2] Großkomm AktG/*Gehrlein* Rn. 8; MüKoAktG/*Bayer* Rn. 6; Hölters/*Laubert* Rn. 2.

allerdings bereits für das Einfordern des Teils der Einlagen entsprechende Anwendung, der nach § 36 Abs. 2, § 36a Abs. 1, § 188 Abs. 2 vor der Anmeldung der Gesellschaft oder einer Kapitalerhöhung zur Eintragung ins Handelsregister eingezahlt werden muss.³

4 **2. Sachlich.** Da in Abs. 1 von der Verpflichtung des Aktionärs zur **Einzahlung** und nicht von der Verpflichtung zur Leistung der Einlage die Rede ist, gilt die Bestimmung nur für **Geldeinlagen** einschließlich eines Agios;⁴ **auf Sacheinlagen** ist sie dagegen **nicht anwendbar.**⁵ Neben dem Wortlaut der Vorschrift spricht dafür der Umstand, dass Sacheinlagen gem. § 36a Abs. 2 S. 1 sofort fällig sind, so dass für eine Anwendung des § 63 mit seinen Sanktionsmöglichkeiten kein Bedürfnis besteht. Etwas anderes gilt auch nicht für die Fälle des § 36a Abs. 2 S. 2, denn richtiger Ansicht nach ist das Sacheinlageversprechen hier bereits mit der Begründung des schuldrechtlichen Anspruchs gegen den Inferenten erfüllt.⁶ Allerdings kann die Satzung den Abs. 1 und 2 entsprechende Bestimmungen sowie Vertragsstrafen für den Fall nicht rechtzeitiger Leistung auch für Sacheinlagen vorsehen.⁷ Soweit sich wegen Leistungsstörungen bei der Erbringung von Sacheinlagen die subsidiäre Bareinlagepflicht aktualisiert, gelten Abs. 1 und 2 ohne weiteres.⁸ Das Gleiche gilt bei Unwirksamkeit eines Sacheinlageversprechens oder bei verdeckten Sacheinlagen für den Teil der Einlageleistung, der nicht nach (bei verdeckter Sacheinlage) oder entsprechend (bei unwirksamer Vereinbarung einer offenen Sacheinlage)⁹ § 27 Abs. 3 S. 3 durch Anrechnung des Werts des Vermögensgegenstands erbracht ist.¹⁰

5 Für den **vor der Anmeldung** der AG oder einer Kapitalerhöhung **zu zahlenden Teil** von mindestens einem Viertel des geringsten Ausgabebetrags zuzüglich des vollen Agios gelten zwar grundsätzlich die speziellen Bestimmungen von § 36 Abs. 2, § 36a Abs. 1, § 188 Abs. 2 (→ Rn. 3). Erfolgt die Eintragung aber, obwohl die Mindestbeträge nach diesen Vorschriften nicht gezahlt worden sind, findet § 63 Anwendung; die fehlerhafte Eintragung ändert dabei nichts an der Fälligkeit der Einlage.¹¹

6 Auf **Nebenleistungspflichten** des Aktionärs nach § 55, die Verpflichtung zur Rückgewähr verbotener Leistungen nach § 62 sowie auf Zins-, Schadensersatz- oder Vertragsstrafenansprüche der Gesellschaft nach Abs. 2 und 3 findet Abs. 1 keine Anwendung.¹²

III. Normadressat

7 **1. Ausgabe von Namensaktien.** Die Bestimmung richtet sich an **die Aktionäre.** Gemeint ist der jeweilige Inhaber der Mitgliedschaft.¹³ Da vor der vollen Leistung des Ausgabebetrags nach § 10 Abs. 2 nur Namensaktien ausgegeben werden dürfen, ist richtiger Adressat derjenige, der als Aktionär im **Aktienregister** eingetragen ist (§ 67 Abs. 2). Veräußert er seine Aktie, nachdem die Voraussetzun-

---

³ BGHZ 122, 180 (201) = NJW 1993, 1983; OLG Hamburg AG 2007, 500 (502); Hölters/*Laubert* Rn. 2; Bürgers/Körber/*Westermann* Rn. 1; MüKoAktG/*Pentz* § 36 Rn. 42; Großkomm AktG/*Röhricht* § 36 Rn. 44; Kölner Komm AktG/*Arnold* § 36 Rn. 23; aA Wachter/*Servatius* Rn. 2.
⁴ Großkomm AktG/*Gehrlein* Rn. 3; Kölner Komm AktG/*Drygala* Rn. 4; MüKoAktG/*Bayer* Rn. 5; K. Schmidt/Lutter/*Fleischer* Rn. 5; Hölters/*Laubert* Rn. 3; Bürgers/Körber/*Westermann* Rn. 2; Hüffer/Koch/*Koch* Rn. 2.
⁵ Kölner Komm AktG/*Drygala* Rn. 6; Hüffer/Koch/*Koch* Rn. 2; Großkomm AktG/*Gehrlein* Rn. 5; MüKoAktG/*Bayer* Rn. 7; K. Schmidt/Lutter/*Fleischer* Rn. 6; Hölters/*Laubert* Rn. 3; Bürgers/Körber/*Westermann* Rn. 3; Grigoleit/*Grigoleit/Rachlitz* Rn. 4; NK-AktR/*Bergheim* Rn. 3.
⁶ Näher dazu *Cahn* ZHR 166 (2002), 278 (293 ff.) und *Richter* ZGR 2009, 721 (726 ff.); ebenso im Erg. Kölner Komm AktG/*Drygala* Rn. 6; MüKoAktG/*Bayer* Rn. 7; Großkomm AktG/*Gehrlein* Rn. 5.
⁷ Kölner Komm AktG/*Drygala* Rn. 7; Großkomm AktG/*Gehrlein* Rn. 6; MüKoAktG/*Bayer* Rn. 8; Hüffer/Koch/*Koch* Rn. 2; Bürgers/Körber/*Westermann* Rn. 3; NK-AktR/*Bergheim* Rn. 3; aA noch Großkomm AktG/*Barz*, 3. Aufl. 1973, Anm. 2.
⁸ Kölner Komm AktG/*Drygala* Rn. 8; Großkomm AktG/*Gehrlein* Rn. 7; MüKoAktG/*Bayer* Rn. 9; Hölters/*Laubert* Rn. 3; Bürgers/Körber/*Westermann* Rn. 3; Grigoleit/*Grigoleit/Rachlitz* Rn. 5; aA für die GmbH RGZ 68, 271 (273).
⁹ Zur entsprechenden Anwendung des § 27 Abs. 3 S. 3 bei mangelhafter Festsetzung offener Sacheinlagen vgl. etwa KölnKomm AktG/*Arnold* § 27 Rn. 41; Hüffer/Koch/*Koch* § 27 Rn. 12a; *Hoffmann-Becking* GS Winter, 2011, 239 (251 ff.).
¹⁰ Grigoleit/*Grigoleit/Rachlitz* Rn. 5.
¹¹ RGZ 144, 138 (147 f.); Kölner Komm AktG/*Drygala* Rn. 4; Großkomm AktG/*Gehrlein* Rn. 4; MüKoAktG/*Bayer* Rn. 6; Bürgers/Körber/*Westermann* Rn. 2; Hüffer/Koch/*Koch* Rn. 2.
¹² Kölner Komm AktG/*Drygala* Rn. 5; Großkomm AktG/*Gehrlein* Rn. 3; MüKoAktG/*Bayer* Rn. 4; K. Schmidt/Lutter/*Fleischer* Rn. 4; Grigoleit/*Grigoleit/Rachlitz* Rn. 2; Bürgers/Körber/*Westermann* Rn. 2; NK-AktR/*Bergheim* Rn. 1.
¹³ Kölner Komm AktG/*Drygala* Rn. 9; MüKoAktG/*Bayer* Rn. 10, 15; Großkomm AktG/*Gehrlein* Rn. 11; K. Schmidt/Lutter/*Fleischer* Rn. 7; Hüffer/Koch/*Koch* Rn. 3.

gen des Abs. 1 erfüllt sind, geht die gem. Abs. 1 entstandene Verpflichtung, die Einlage einzuzahlen, ohne weiteres vom ursprünglichen Aktionär auf den **Rechtsnachfolger** über,[14] sofern dieser im Aktienregister eingetragen wird (vgl. → § 72 Rn. 26). Die Fälligkeit der Einlageforderung gegenüber dem Erwerber erfordert daher keine erneute Zahlungsaufforderung. Unterbleibt die Eintragung des Rechtsnachfolgers, kann die Gesellschaft nur nach §§ 64, 65 vorgehen (→ § 67 Rn. 63, 82).[15] Ist unter Verstoß gegen § 10 Abs. 2 S. 2 eine höhere als die tatsächlich erbrachte Teilleistung angegeben, haftet ein **gutgläubiger Erwerber** (→ § 54 Rn. 16 f.) lediglich für die vermeintlich geringere Resteinlage, während der Veräußerer entsprechend § 65 auf Leistung der vollen Resteinlage in Anspruch genommen werden kann (→ § 54 Rn. 17).[16]

Wegen nach Abs. 2 und 3 zur Zeit der Übertragung bereits entstandener **Zins-, Schadensersatz- oder Vertragsstrafenansprüche** kann die Gesellschaft nur den Veräußerer der Aktie in Anspruch nehmen. Diese Ansprüche gehen nicht auf den neuen Anteilseigner über, so dass im Falle einer Veräußerung des Anteils nach Fälligstellung der Einlageschuld die Schuldner der jeweiligen Verpflichtungen unterschiedliche Personen sein können: Der Veräußerer haftet für während seiner Mitgliedschaft entstandene Ansprüche der Gesellschaft aus Abs. 2 und 3, der Erwerber ist zur Erbringung der Einlage verpflichtet.[17] Ebenso haftet er für Zins- und Vertragsstrafenansprüche, die nach seiner Eintragung ins Aktienregister entstehen.[18]

2. Verbotswidrige Ausgabe von Inhaberaktien. Werden unter Verstoß gegen § 10 Abs. 2 S. 1 vor der vollständigen Einlageleistung Inhaberaktien ausgegeben, schuldet der Aktionär dennoch die Resteinlage.[19] Das Gleiche gilt grundsätzlich für einen Erwerber der Aktie.[20] Bei **Gutgläubigkeit** (→ § 54 Rn. 15 f.) haftet allerdings nicht der Erwerber, sondern analog § 65 der Veräußerer[21] (→ Rn. 7; → § 54 Rn. 17, jeweils mN), der dafür regelmäßig einen entsprechend höheren Kaufpreis erhalten haben wird. In Anbetracht der allgemein befürworteten Haftung des Veräußerers auf die rückständige Einlage bei gutgläubigem „lastenfreien" Erwerb bestehen keine Bedenken dagegen, in solchen Fällen auch die Haftung nach Abs. 2 und 3 im Wege der Analogie auf den früheren Aktionär als Schuldner der Einlage zu erstrecken.[22]

IV. Aufforderung

1. Zuständigkeit. Ausschließlich zuständig für die Aufforderung ist, abweichend von der Vorgängervorschrift des §§ 57 AktG 1937 (→ Rn. 1), **der Vorstand.** Diese gesetzliche Kompetenzzuweisung ist zwingend und kann nicht durch eine abweichende Bestimmung in der Satzung oder durch einen Beschluss der Hauptversammlung auf andere Organe übertragen werden.[23] Der Vorstand muss durch eine vertretungsberechtigte Zahl seiner Mitglieder handeln.[24] Im Falle der Insolvenz der Gesellschaft geht die Befugnis zur Aufforderung auf den Insolvenzverwalter über (zum Insolvenzfall auch → Rn. 36 ff.).[25]

---

[14] MüKoAktG/*Bayer* Rn. 18; Großkomm AktG/*Gehrlein* Rn. 12; K. Schmidt/Lutter/*Fleischer* Rn. 8; Hölters/*Laubert* Rn. 4; Hüffer/Koch/*Koch* Rn. 3.

[15] Hölters/*Laubert* Rn. 4.

[16] RGZ 144, 138 (145); OLG Düsseldorf 1991, 161 (168); MüKoAktG/*Bayer* Rn. 13; Kölner Komm AktG/*Drygala* Rn. 11; MüKoAktG/*Bungeroth* § 54 Rn. 18; Großkomm AktG/*Henze* § 54 Rn. 24; Hölters/*Laubert* Rn. 4; MHdB AG/*Rieckers* § 16 Rn. 4.

[17] BGHZ 122, 180 (202 f.); = NJW 1993, 1983; Großkomm AktG/*Gehrlein* Rn. 12 ff.; MüKoAktG/*Bayer* Rn. 19 f.; K. Schmidt/Lutter/*Fleischer* Rn. 8; Hüffer/Koch/*Koch* Rn. 3; Grigoleit/*Grigoleit/Rachlitz* Rn. 7; Bürgers/Körber/*Westermann* Rn. 6; aA hinsichtlich der Zinspflicht noch *v. Godin/Wilhelmi* Anm. 10.

[18] BGHZ 122, 180 (203) = NJW 1993, 1983; Kölner Komm AktG/*Lutter* Rn. 9; Großkomm AktG/*Gehrlein* Rn. 15; MüKoAktG/*Bayer* Rn. 21; K. Schmidt/Lutter/*Fleischer* Rn. 8.

[19] Kölner Komm AktG/*Drygala* Rn. 11; Hölters/*Laubert* Rn. 4.

[20] Kölner Komm AktG/*Drygala* Rn. 16; Großkomm AktG/*Gehrlein* Rn. 16; MüKoAktG/*Bayer* Rn. 11; Hölters/*Laubert* Rn. 4.

[21] Kölner Komm AktG/*Drygala* Rn. 11; Großkomm AktG/*Gehrlein* Rn. 17; MüKoAktG/*Bayer* Rn. 12; Hölters/*Laubert* Rn. 4; Hüffer/Koch/*Koch* Rn. 4.

[22] MüKoAktG/*Bayer* Rn. 24; Kölner Komm AktG/*Drygala* Rn. 11; K. Schmidt/Lutter/*Fleischer* Rn. 9; Bürgers/Körber/*Westermann* Rn. 7; aA, Haftung nur nach §§ 280 ff. BGB, Kölner Komm AktG/*Lutter*, 2. Aufl. 1988, Rn. 10; Großkomm AktG/*Gehrlein* Rn. 17; Hüffer/Koch/*Koch* Rn. 4.

[23] MüKoAktG/*Bayer* Rn. 25; Hüffer/Koch/*Koch* Rn. 5; Kölner Komm AktG/*Drygala* Rn. 15; K. Schmidt/Lutter/*Fleischer* Rn. 11; Hölters/*Laubert* Rn. 5; Grigoleit/*Grigoleit/Rachlitz* Rn. 1; Bürgers/Körber/*Westermann* Rn. 4; NK-AktR/*Bergheim* Rn. 7.

[24] Großkomm AktG/*Gehrlein* Rn. 21; K. Schmidt/Lutter/*Fleischer* Rn. 11; Hölters/*Laubert* Rn. 5; Hüffer/Koch/*Koch* Rn. 5.

[25] Großkomm AktG/*Gehrlein* Rn. 53; MüKoAktG/*Bayer* Rn. 27; Hölters/*Laubert* Rn. 5; K. Schmidt/Lutter/*Fleischer* Rn. 11.

11 Die Satzung kann bestimmen, dass die Aufforderung des Vorstandes der **Zustimmung des Aufsichtsrates** nach § 111 Abs. 4 S. 2 bedarf.[26] Eine Aufforderung ist hier aber auch ohne Zustimmung des Aufsichtsrats wirksam und verpflichtet die Aktionäre zur Leistung.[27] Die Gegenauffassung, nach der Aktionäre sich zwar auf die unbeschränkte Vertretungsmacht des Vorstands berufen und mit befreiender Wirkung leisten können, andererseits aber berechtigt sein sollen, unter Hinweis auf die fehlende Zustimmung die Leistung zu verweigern,[28] misst dem Zustimmungsvorbehalt eine Außenwirkung zu, die ihm auch bei korporationsrechtlichen Akten gegenüber Aktionären nicht zukommt.

12 Wann und in welchem Umfang er ausstehende Einlagen einfordert, liegt im **Ermessen des Vorstands,** das weder durch Beschluss der Hauptversammlung noch durch die Satzung eingeschränkt werden kann. Die Satzung kann daher weder materielle Voraussetzungen für die Zulässigkeit der Zahlungsaufforderung bestimmen noch einen bestimmten Termin hierfür festlegen.[29] Zulässig ist lediglich eine Bindung an die Zustimmung des Aufsichtsrats nach § 111 Abs. 4 S. 2 (→ Rn. 11). Ein Aktionär ist nicht berechtigt, die Leistung der eingeforderten Einlage mit der Begründung zu verweigern, der Vorstand habe sein Ermessen überschritten, weil kein wirtschaftliches Bedürfnis für die Einforderung vorliege.[30] Allerdings kann benachteiligten Aktionären ein Leistungsverweigerungsrecht nach § 242 BGB hinsichtlich der Mehrbelastung zustehen, wenn der Vorstand Aktionäre bei der Einforderung der ausstehenden Einlagen ungleich behandelt, ohne dass dafür ein sachlicher Grund vorliegt.[31] Soweit sich der Aktionär auf dieses Leistungsverweigerungsrecht berufen kann, scheiden auch Ansprüche der Gesellschaft aus Abs. 2 und Abs. 3 aus, so dass der Aktionär weder zur Leistung von Zinszahlungen, Schadensersatz oder einer in der Satzung vorgesehenen Vertragsstrafe verpflichtet ist.[32]

13 **2. Inhalt.** Die Aufforderung muss eindeutig und bestimmt erfolgen.[33] Ihr muss insbesondere zu entnehmen sein, ob die gesamte noch offene Resteinlage oder nur ein Teil fällig gestellt werden soll.[34] Im letzteren Fall muss der eingeforderte Teil der Einlage genau bezeichnet werden. Die Aufforderung muss den Sitz und die Firma der Kapitalgesellschaft enthalten und den Vorstand als Urheber der Aufforderung erkennen lassen.[35]

14 Der **Schuldner** der Einlageverpflichtung muss ferner die **Zahlungsmodalitäten** enthalten. Hierfür ist es notwendig, dass dem Empfänger der Aufforderung mitgeteilt wird, welcher Betrag je Aktie einzuzahlen ist und wo die Einzahlung erfolgen muss.[36] Letztlich muss die Aufforderung auch einen genau bestimmten Zahlungstermin enthalten. Hierbei ist darauf zu achten, dass die Frist so bemessen wird, dass dem Aktionär genügend Zeit eingeräumt wird, die Einlagen rechtzeitig einzuzahlen.[37] Zur Wahrung der Voraussetzungen des § 286 Abs. 3 S. 1 BGB (→ Rn. 21) sollte in der Aufforderung auf die möglichen Verzugsfolgen einer Zahlungsverzögerung hingewiesen werden.

15 **3. Bekanntmachung.** Die Aufforderung ist nach Abs. 1 S. 2 **in den Gesellschaftsblättern** bekannt zu machen. Zu den Gesellschaftsblättern zählt gem. § 25 nur noch der Bundesanzeiger. Die Zahlungsaufforderung muss dem Aktionär nicht nach §§ 130 ff. BGB persönlich zugehen.[38]

---

[26] Kölner Komm AktG/*Drygala* Rn. 15; Großkomm AktG/*Gehrlein* Rn. 22; MüKoAktG/*Bayer* Rn. 26; K. Schmidt/Lutter/*Fleischer* Rn. 12; Hölters/*Laubert* Rn. 6; Hüffer/Koch/*Koch* Rn. 5.

[27] Ebenso Kölner Komm AktG/*Drygala* Rn. 15; Grigoleit/*Grigoleit*/*Rachlitz* Rn. 1 Fn. 2.

[28] Großkomm AktG/*Gehrlein* Rn. 22; MüKoAktG/*Bayer* Rn. 26; Bürgers/Körber/*Westermann* Rn. 4.

[29] Kölner Komm AktG/*Drygala* Rn. 15; Großkomm AktG/*Gehrlein* Rn. 23; K. Schmidt/Lutter/*Fleischer* Rn. 13; Hölters/*Laubert* Rn. 6; Bürgers/Körber/*Westermann* Rn. 4; Hüffer/Koch/*Koch* Rn. 5.

[30] Großkomm AktG/*Gehrlein* Rn. 23; K. Schmidt/Lutter/*Fleischer* Rn. 13; Wachter/*Servatius* Rn. 4.

[31] Kölner Komm AktG/*Drygala* Rn. 18; Großkomm AktG/*Gehrlein* Rn. 28; MüKoAktG/*Bayer* Rn. 31; K. Schmidt/Lutter/*Fleischer* Rn. 15; Hölters/*Laubert* Rn. 6; Bürgers/Körber/*Westermann* Rn. 5; Wachter/*Servatius* Rn. 5; Hüffer/Koch/*Koch* Rn. 6.

[32] MüKoAktG/*Bayer* Rn. 31; K. Schmidt/Lutter/*Fleischer* Rn. 15; Hölters/*Laubert* Rn. 6.

[33] Kölner Komm AktG/*Drygala* Rn. 19; Großkomm AktG/*Gehrlein* Rn. 18; MüKoAktG/*Bayer* Rn. 32; K. Schmidt/Lutter/*Fleischer* Rn. 16.

[34] Kölner Komm AktG/*Drygala* Rn. 13, 19; Großkomm AktG/*Gehrlein* Rn. 18; MüKoAktG/*Bayer* Rn. 32; Hölters/*Laubert* Rn. 7; K. Schmidt/Lutter/*Fleischer* Rn. 16.

[35] Kölner Komm AktG/*Drygala* Rn. 19; Großkomm AktG/*Gehrlein* Rn. 18; MüKoAktG/*Bayer* Rn. 33; Hölters/*Laubert* Rn. 7; Hüffer/Koch/*Koch* Rn. 6.

[36] Großkomm AktG/*Gehrlein* Rn. 20; NK-AktR/*Bergheim* Rn. 7 Hüffer/Koch/*Koch* Rn. 6.

[37] Kölner Komm AktG/*Drygala* Rn. 19; Großkomm AktG/*Gehrlein* Rn. 20; MüKoAktG/*Bayer* Rn. 32; K. Schmidt/Lutter/*Fleischer* Rn. 17; Hüffer/Koch/*Koch* Rn. 6; MHdB AG/*Rieckers* § 16 Rn. 11.

[38] Kölner Komm AktG/*Drygala* Rn. 20; MüKoAktG/*Bayer* Rn. 34; Großkomm AktG/*Gehrlein* Rn. 24; K. Schmidt/Lutter/*Fleischer* Rn. 18; Bürgers/Körber/*Westermann* Rn. 4; Hüffer/Koch/*Koch* Rn. 6.

Neben oder anstelle der Veröffentlichung im Bundesanzeiger kann die **Satzung** nach Abs. 1 S. 2   16
auch eine **Bekanntmachung in anderer Weise** vorsehen. Ist in der Satzung bestimmt, dass die
Bekanntgabe der Aufforderung postalisch erfolgen kann, muss der Brief dem Aktionär tatsächlich
zugehen, damit die Aufforderung wirksam wird.[39] Eine Satzungsbestimmung, die vorsieht, dass die
Aufforderung überhaupt nicht bekannt gegeben werden muss, oder die den Aktionär auf ein im
Vergleich zum Bundesanzeiger schwerer zugängliches Bekanntmachungsmedium verweist, ist unzulässig.[40]

4. Rechtsfolgen der wirksamen Zahlungsaufforderung. a) Erfüllbarkeit. Die Zahlungsauf-   17
forderung durch den Vorstand führt zur Fälligkeit und damit zur Erfüllbarkeit der Einlageansprüche[41]
und zum Beginn ihrer Verjährung.[42] Anders als nach § 271 Abs. 1 BGB darf der Aktionär seine
Einlagepflicht erst erfüllen, wenn eine Zahlungsaufforderung an ihn gerichtet wurde. Da das Gewinnbezugsrecht (§ 60 Abs. 2) und das Stimmrecht des Aktionärs (§ 134 Abs. 2) an die Einlageleistung
anknüpfen, soll sich kein Aktionär insoweit eigenmächtig einen Vorteil gegenüber den anderen
verschaffen dürfen. Überdies sollen der Gesellschaft nicht Leistungen aufgedrängt werden, die sie
noch nicht angefordert hat.[43]

b) Fälligkeit. Die Zahlungsaufforderung durch den Vorstand führt die Fälligkeit der Einlageforde-   18
rung herbei. Während die Einlagepflicht bereits zum ersten in der Aufforderung genannten Leistungszeitpunkt erfüllbar wird, tritt die Fälligkeit erst mit Ablauf des letzten Tages der in der Aufforderung eingeräumten Zahlungsfrist (→ Rn. 14) ein.[44] **Bereits** vor der Eintragung der Gesellschaft oder
einer Kapitalerhöhung **fällige Einlageforderungen** (→ Rn. 3) bleiben auch nach der erfolgten
Eintragung fällig, ohne dass es einer weiteren Aufforderung bedürfte. Sofern versäumt wurde, die
bis zur Anmeldung der Eintragung in das Handelsregister zu zahlenden Beträge fällig zu stellen,
müssen diese Beträge nach der Eintragung gemäß Abs. 1 S. 1 angefordert werden.[45]

V. Rechtsfolgen bei nicht rechtzeitiger Leistung, Abs. 2

1. Verzinsung, Abs. 2 Satz. 1. Erfüllt der Aktionär die ihm obliegende Einlageverpflichtung   19
bis zum Ablauf des letzten Tages der ihm gesetzten Frist nicht, ist die ausstehende Einlageforderung
der Gesellschaft ab diesem Zeitpunkt mit einem gesetzlichen **Zinssatz von 5 %** zu verzinsen. Der
Zinsanspruch ist weder an eine vorherige Mahnung der Gesellschaft geknüpft noch setzt er ein
Verschulden des Aktionärs voraus.[46] Abs. 2 S. 1 gewährt der Gesellschaft daher einen gesetzlichen
Anspruch auf **Fälligkeitszinsen,**[47] der allerdings während eines Annahmeverzugs der Gesellschaft
ausgeschlossen ist.[48]

Abs. 2 S. 1 enthält eine **abschließende Regelung** iSv § 23 Abs. 5 S. 2 und kann daher nicht durch   20
abweichende Bestimmungen in der Satzung abbedungen oder modifiziert werden.[49] Eine Erhöhung
des Zinssatzes steht daher nicht zur Disposition der Gesellschaft. Hierdurch würde das für einen
Schadensersatzanspruch (→ Rn. 21) der Gesellschaft oder einen Anspruch auf Zahlung einer Vertragsstrafe (→ Rn. 22 ff.) erforderliche Tatbestandsmerkmal des Verschuldens des Aktionärs ausgehöhlt.[50]

2. Schadensersatz, Abs. 2 S. 2. Abs. 2 S. 2 stellt klar, dass der Anspruch auf Fälligkeitszins   21
nach Abs. 2 S. 1 die Geltendmachung eines darüber hinausgehenden Schadens nicht ausschließt.

---

[39] BGHZ 110, 47 (76 f.) = NJW 1990, 982; MüKoAktG/*Bayer* Rn. 36; K. Schmidt/Lutter/*Fleischer* Rn. 19; Hüffer/Koch/*Koch* Rn. 6; Großkomm AktG/*Gehrlein* Rn. 25.
[40] Kölner Komm AktG/*Drygala* Rn. 20; Großkomm AktG/*Gehrlein* Rn. 24; MüKoAktG/*Bayer* Rn. 36; K. Schmidt/Lutter/*Fleischer* Rn. 19.
[41] BGHZ 118, 83 (104); OLG Hamburg AG 2007, 500 (502); Großkomm AktG/*Gehrlein* Rn. 29; MüKoAktG/*Bayer* Rn. 37; K. Schmidt/Lutter/*Fleischer* Rn. 20; aA, Eintritt der Erfüllungswirkung wenn AG Leistung vor Einforderung nicht zurückweist, Grigoleit/*Grigoleit/Rachlitz* Rn. 14.
[42] OLG Hamburg AG 2007, 500 (502); Wachter/*Servatius* Rn. 1.
[43] Kölner Komm AktG/*Drygala* Rn. 21; Großkomm AktG/*Gehrlein* Rn. 29; MüKoAktG/*Bayer* Rn. 37; Hölters/*Laubert* Rn. 9; K. Schmidt/Lutter/*Fleischer* Rn. 20; Rosner AG 2011, 5 (9).
[44] Großkomm AktG/*Gehrlein* Rn. 30; Kölner Komm/*Drygala* Rn. 22; MüKoAktG/*Bayer* Rn. 40.
[45] BGHZ 110, 47 (76) = NJW 1990, 982; Großkomm AktG/*Gehrlein* Rn. 30; MüKoAktG/*Bayer* Rn. 30.
[46] Kölner Komm AktG/*Drygala* Rn. 27; MüKoAktG/*Bayer* Rn. 48; Hölters/*Laubert* Rn. 10; K. Schmidt/Lutter/*Fleischer* Rn. 23.
[47] BGHZ 122, 180 (201) = NJW 1993, 1983; MüKoAktG/*Bayer* Rn. 48; Hölters/*Laubert* Rn. 10; Hüffer/Koch/*Koch* Rn. 8.
[48] K. Schmidt/Lutter/*Fleischer* Rn. 23.
[49] Kölner Komm AktG/*Drygala* Rn. 27; MüKoAktG/*Bayer* Rn. 49; Großkomm AktG/*Gehrlein* Rn. 39; K. Schmidt/Lutter/*Fleischer* Rn. 23; Hölters/*Laubert* Rn. 10; NK-AktR/*Bergheim* Rn. 10; Hüffer/Koch/*Koch* Rn. 8.
[50] Kölner Komm AktG/*Drygala* Rn. 29; Großkomm AktG/*Gehrlein* Rn. 39; Hüffer/Koch/*Koch* Rn. 8.

Die Bestimmung ist allerdings nicht selbst Grundlage für einen Schadensersatzanspruch. Dessen Voraussetzungen ergeben sich vielmehr aus den Vorschriften des allgemeinen Schuldrechts.[51] Schadensersatz wegen verzögerter Leistung kann die Gesellschaft daher unter den Voraussetzungen des § 286 BGB verlangen. Dabei ist unabhängig davon, ob man die Zahlungsaufforderung bei entsprechender Bestimmung des Zahlungstermins als kalendermäßige Bestimmung der Leistungszeit iSv § 286 Abs. 2 Nr. 1 oder 2 BGB ansieht[52] oder trotz der fehlenden synallagmatischen Verknüpfung der beiderseitigen Leistungen[53] § 286 Abs. 3 S. 1 BGB anwendet,[54] der Zugang der Aufforderung an den Aktionär erforderlich, der nach hM durch die Bekanntmachung nicht ersetzt wird.[55] Ab dem Zeitpunkt des Verzugseintritts ist die offene Forderung der Gesellschaft gem. § 288 BGB mit einem Zinssatz in Höhe von 5 % über dem jeweiligen Basiszinssatz gem. § 1 des Diskontsatz-Überleitungsgesetzes[56] zu verzinsen. Ein darüber hinausgehender Verzögerungsschaden (§ 288 Abs. 4 BGB) kann vor allem in zusätzlichen Fremdfinanzierungskosten der Gesellschaft bestehen.[57]

VI. Vertragsstrafen, Abs. 3

22 **1. Anwendungsbereich.** Nach Abs. 3 kann die Satzung bestimmen, dass die nicht rechtzeitige Zahlung der Einlage zusätzlich zu den Ansprüchen der Gesellschaft auf Verzugszinsen oder Schadensersatz nach Abs. 2 eine Vertragsstrafe nach sich zieht. Die Satzung kann eine Vertragsstrafe auch für den Fall nicht rechtzeitiger Leistung von Sacheinlagen vorsehen (→ Rn. 4).[58] Für eine Vertragsstrafe nach Abs. 3 gelten §§ 339 ff. BGB, § 348 HGB.[59] Nach dem eindeutigen Wortlaut der Vorschrift kann mit der Vertragsstrafe nur die **verzögerte Einzahlung** der Einlage geahndet werden. Der Anspruch der Gesellschaft auf Erfüllung der Einlageverpflichtung und der Anspruch auf Zahlung der Vertragsstrafe gem. § 341 Abs. 1 BGB stehen daher nebeneinander.[60]

23 **2. Voraussetzungen.** Eine Vertragsstrafe kann nur verwirkt werden, wenn dies **in der Satzung** für den Fall der nicht rechtzeitigen Leistung der Einlage **ausdrücklich vorgesehen** ist. Anders als die Verpflichtung, Zinsen zu entrichten, die lediglich Nichtleistung trotz Fälligkeit voraussetzt (→ Rn. 19), erfordert die Verwirkung einer Vertragsstrafe gem. § 339 S. 1 BGB, dass der Aktionär mit der Zahlung seiner Einlage im **Verzug** ist.[61] Sofern die Leistungsaufforderung nicht den Anforderungen des § 284 Abs. 2 Nr. 1 oder 2 oder Abs. 3 S. 1 BGB genügt, ist eine Mahnung gegenüber dem Aktionär erforderlich. Der Anspruch der Gesellschaft auf Zahlung der Vertragsstrafe entfällt nach § 341 Abs. 3 BGB, wenn sie sich bei Entgegennahme der verspäteten Leistung nicht die Geltendmachung des Anspruchs auf die Vertragsstrafe ausdrücklich vorbehalten hat.[62]

24 **3. Rechtsfolgen.** Die Vertragsstrafenregelung kann zum einen vorsehen, dass der Aktionär zur **Zahlung eines** bestimmten **Geldbetrages** verpflichtet ist. Daneben kommt entsprechend § 342 BGB auch jede **andere Leistung** in Betracht.[63] Nicht möglich ist es dagegen, als Rechtsfolge einer verwirkten Vertragsstrafe den Verfall oder den Entzug der Mitgliedschaft vorzusehen, da § 64 insoweit eine abschließende Regelung enthält.[64] Grundsätzlich ist es auch nicht möglich, einzelne Mitglieds-

---

[51] Kölner Komm AktG/*Drygala* Rn. 26; Großkomm AktG/*Gehrlein* Rn. 40; MüKoAktG/*Bayer* Rn. 50; K. Schmidt/Lutter/*Fleischer* Rn. 24; Hölters/*Laubert* Rn. 11; Hüffer/Koch/*Koch* Rn. 8.
[52] MüKoAktG/*Bayer* Rn. 42; Hüffer/Koch/*Koch* Rn. 8.
[53] Zu dieser Voraussetzung einer Entgeltforderung iSv § 286 Abs. 3 S. 1 etwa MüKoBGB/*Ernst* BGB § 286 Rn. 75; Palandt/*Grüneberg* BGB § 286 Rn. 27.
[54] Großkomm AktG/*Gehrlein* Rn. 40; MüKoAktG/*Bayer* Rn. 42.
[55] BGHZ 110, 47 (77) = NJW 1990, 982; Kölner Komm AktG/*Drygala* Rn. 30; MüKoAktG/*Bayer* Rn. 42; Grigoleit/*Grigoleit/Rachlitz* Rn. 15; aA, Bekanntmachung ausreichend, Hüffer/Koch/*Koch* Rn. 8.
[56] Diskontsatz-Überleitungsgesetz v. 9.6.1998, BGBl. 1998 I 1242.
[57] Kölner Komm AktG/*Drygala* Rn. 30; Großkomm AktG/*Gehrlein* Rn. 42; MüKoAktG/*Bayer* Rn. 50.
[58] Kölner Komm AktG/*Drygala* Rn. 33.
[59] Kölner Komm AktG/*Drygala* Rn. 32; Hüffer/Koch/*Koch* Rn. 9; Großkomm AktG/*Gehrlein* Rn. 43; MüKoAktG/*Bayer* Rn. 52; K. Schmidt/Lutter/*Fleischer* Rn. 25; Hölters/*Laubert* Rn. 12; MHdB AG/*Rieckers* § 16 Rn. 12.
[60] Großkomm AktG/*Gehrlein* Rn. 43; MüKoAktG/*Bayer* Rn. 53; Hölters/*Laubert* Rn. 12; K. Schmidt/Lutter/*Fleischer* Rn. 25.
[61] Hüffer/Koch/*Koch* Rn. 9; Kölner Komm AktG/*Drygala* Rn. 35; Großkomm AktG/*Gehrlein* Rn. 45; MüKoAktG/*Bayer* Rn. 55.
[62] Kölner Komm AktG/*Drygala* Rn. 35; Großkomm AktG/*Gehrlein* Rn. 45; Hölters/*Laubert* Rn. 13.
[63] Kölner Komm AktG/*Drygala* Rn. 34; Großkomm AktG/*Gehrlein* Rn. 46; MüKoAktG/*Bayer* Rn. 56; Hölters/*Laubert* Rn. 14.
[64] Kölner Komm AktG/*Drygala* Rn. 34; MüKoAktG/*Bayer* Rn. 56; Großkomm AktG/*Gehrlein* Rn. 46; Hölters/*Laubert* Rn. 14; K. Schmidt/Lutter/*Fleischer* Rn. 25.

rechte, wie etwa das Stimmrecht gem. § 12 Abs. 1 zu suspendieren.[65] Allerdings kann das Dividendenrecht aufgrund des Satzungsvorbehalts in § 60 Abs. 3 ausgeschlossen werden.[66]

Sofern die Vertragsstrafe **unverhältnismäßig hoch** ist, kann sie nach § 343 Abs. 1 BGB herabgesetzt werden,[67] wenn der Aktionär die Aktie nicht als Kaufmann im Rahmen seines Handelsgewerbes gezeichnet oder erworben hat, so dass eine Herabsetzung nach § 348 HGB ausscheidet. Dabei kommt es auf den Zeitpunkt der Zeichnung bzw. des Erwerbs der Aktien und nicht auf den Zeitpunkt an, in dem die Vertragsstrafe verwirkt wird.[68]

Eine verwirkte Vertragsstrafe kann **neben** den **Zinsen nach Abs. 2** verlangt werden.[69] Mit einem **Schadensersatzanspruch** der Gesellschaft wegen Verzugs ist sie nach §§ 341, 340 Abs. 2 BGB **zu verrechnen**. Der Schadensersatzanspruch ist daher um eine verwirkte Vertragsstrafe zu reduzieren, so dass die Gesellschaft Ersatz nur für einen die Höhe der Vertragsstrafe übersteigenden Schaden beanspruchen kann.[70] Sofern als Inhalt der Vertragsstrafe eine andere Leistung als die Zahlung einer Geldsumme vereinbart wurde, schließt nach § 342 BGB die Annahme dieser Leistung jeden weiteren Schadensersatzanspruch aus.[71]

VII. Einforderung in der Insolvenz

1. Insolvenz der AG. Die ausstehenden Einlageforderungen sind Teil der verteilungsfähigen Insolvenzmasse. In der Insolvenz der AG ist daher nach § 80 Abs. 1 InsO der **Insolvenzverwalter** für ihre Geltendmachung zuständig. Eine Mitwirkung des Aufsichtsrats nach § 111 Abs. 4 S. 2 ist dafür nicht erforderlich.[72] Sofern ausnahmsweise die **Eigenverwaltung** gem. § 270 InsO angeordnet wurde, bleibt der Vorstand zuständig.[73]

Bei der Geltendmachung der Forderungen hat der Insolvenzverwalter das **Gleichbehandlungsgebot** zu beachten.[74] Nach dem Rechtsgedanken des § 271 Abs. 3 ist der Insolvenzverwalter nur zur Geltendmachung derjenigen Einlageforderungen berechtigt, die zur Befriedigung der Gläubiger erforderlich sind.[75] In diesem Rahmen hat er auch Ansprüche der Gesellschaft aus Abs. 2 und 3 zu verfolgen und ggf. das Kaduzierungsverfahren nach §§ 64, 65 einzuleiten und durchzuführen (dazu → § 64 Rn. 19 ff., 58).

Hat der Aktionär seine Einlageschuld erfüllt, steht ihm, sofern die Einzelverbriefung nicht ausgeschlossen wurde, ein **Anspruch** auf **Herausgabe** der bereits **hergestellten Aktien** zu.[76] Die **Herstellung neuer Aktienurkunden** kann der Aktionär im Insolvenzverfahren dagegen nicht verlangen.[77] Praktische Bedeutung hat die Frage ohnehin nur dann, wenn die Satzung nicht, wie heute üblich, die Erstellung einer Globalurkunde vorsieht.

2. Insolvenz des Einlageschuldners. Sofern über das Vermögen des Einlageschuldners das Insolvenzverfahren eröffnet wird, berührt dies die Rechtsfolgen der nicht rechtzeitigen Erfüllung der Einlageschuld nicht. Die Gesellschaft kann daher die **Einlageforderung** weiterhin **fällig stellen**. Da der Gleichbehandlungsgrundsatz auch in diesem Fall gilt, ist es aber ausgeschlossen, die Einlage nur von dem insolventen Aktionär einzufordern.[78] Bei nicht rechtzeitiger Zahlung

---

[65] Kölner Komm AktG/*Drygala* Rn. 34; Hüffer/Koch/*Koch* Rn. 9; Großkomm AktG/*Gehrlein* Rn. 46; MüKoAktG/*Bayer* Rn. 56; Hölters/*Laubert* Rn. 14; K. Schmidt/Lutter/*Fleischer* Rn. 25.
[66] Kölner Komm AktG/*Drygala* Rn. 34; MüKoAktG/*Bayer* Rn. 56; K. Schmidt/Lutter/*Fleischer* Rn. 25.
[67] MüKoAktG/*Bayer* Rn. 57.
[68] Kölner Komm AktG/*Drygala* Rn. 36; Großkomm AktG/*Gehrlein* Rn. 47; MüKoAktG/*Bayer* Rn. 57; Hölters/*Laubert* Rn. 14.
[69] BGH NJW 1963, 1197; Kölner Komm AktG/*Drygala* Rn. 37; MüKoAktG/*Bayer* Rn. 58; Großkomm AktG/*Gehrlein* Rn. 48; Grigoleit/*Grigoleit*/*Rachlitz* Rn. 16; Bürgers/Körber/*Westermann* Rn. 12; Hüffer/Koch/*Koch* Rn. 9.
[70] Kölner Komm/*Drygala* Rn. 37; Großkomm AktG/*Gehrlein* Rn. 49; MüKoAktG/*Bayer* Rn. 59; Grigoleit/*Grigoleit*/*Rachlitz* Rn. 16; Bürgers/Körber/*Westermann* Rn. 11; Hüffer/Koch/*Koch* Rn. 9.
[71] Vgl. MüKoAktG/*Bayer* Rn. 59; Großkomm AktG/*Gehrlein* Rn. 49.
[72] Großkomm AktG/*Gehrlein* Rn. 54; MüKoAktG/*Bayer* Rn. 63; K. Schmidt/Lutter/*Fleischer* Rn. 29; Wachter/*Servatius* Rn. 11.
[73] Großkomm AktG/*Gehrlein* Rn. 54.
[74] Kölner Komm AktG/*Drygala* Rn. 44; MüKoAktG/*Bayer* Rn. 63; K. Schmidt/Lutter/*Fleischer* Rn. 29; Wachter/*Servatius* Rn. 11.
[75] Kölner Komm AktG/*Drygala* Rn. 45; MüKoAktG/*Bayer* Rn. 37; Bürgers/Körber/*Westermann* Rn. 9.
[76] Kölner Komm AktG/*Drygala* Rn. 46; Großkomm AktG/*Gehrlein* Rn. 55; MüKoAktG/*Bayer* Rn. 64; K. Schmidt/Lutter/*Fleischer* Rn. 30.
[77] RGZ 94, 61 (64); Kölner Komm AktG/*Drygala* Rn. 46; Großkomm AktG/*Gehrlein* Rn. 55; MüKoAktG/*Bayer* Rn. 64.
[78] Kölner Komm AktG/*Drygala* Rn. 42; Großkomm AktG/*Gehrlein* Rn. 51; MüKoAktG/*Bayer* Rn. 60.

§ 64   Erstes Buch. Aktiengesellschaft

kann die Gesellschaft den Anspruch auf Fälligkeitszinsen (→ Rn. 19), auf Ersatz eines darüber hinausgehenden Verzugsschadens (→ Rn. 21) und eine etwaige Vertragsstrafe (→ Rn. 22 ff.) geltend machen.[79]

31   Die Gesellschaft kann zum einen ihre Ansprüche als Insolvenzforderungen nach § 174 Abs. 1 InsO beim Insolvenzverwalter anmelden. Die vom Einlageschuldner nach Abs. 2 S. 1 geschuldeten Zinsen sind dabei gem. § 39 Abs. 1 Nr. 1 InsO nur nachrangige Forderungen. Zum anderen hat sie die Möglichkeit, das Kaduzierungsverfahren nach §§ 64, 65 durchzuführen. In diesem Fall werden nur ein etwaiger Ausfall gem. § 64 Abs. 4 S. 2 (→ § 64 Rn. 49 ff.) sowie die Nebenforderungen, auf die §§ 64, 65 keine Anwendung finden (→ § 64 Rn. 9), zur Insolvenztabelle angemeldet.[80] Welches der Verfahren die Gesellschaft wählt, bleibt ihr überlassen. Es besteht **kein Vorrang des Verfahrens nach §§ 64, 65**,[81] so dass die Gesellschaft auch noch nach Erhalt der auf sie entfallenden Insolvenzquote hinsichtlich der Restforderung auf das Kaduzierungsverfahren überwechseln kann.[82] Bei einer Insolvenz des Einlageschuldners steht dem Insolvenzverwalter das Wahlrecht des § 103 InsO nicht zu.[83] Die Gesellschaft kann an einem Insolvenzplan des Schuldners gem. §§ 217 ff. InsO mit der Möglichkeit einer anschließenden Restschuldbefreiung des Schuldners nach §§ 227, 286 InsO jedenfalls dann teilnehmen, wenn es sich beim Einlageschuldner nicht um den ersten Aktionär handelt (→ § 66 Rn. 17).[84] Ein unzulässiger (teilweiser) Verzicht auf die Einlage, der die Kapitalaufbringung beeinträchtigen würde, ist damit nicht verbunden, denn wegen eines Ausfalls auf die Einlageforderung kann sie das Kaduzierungsverfahren betreiben und dabei nach § 65 die Rechtsvorgänger des ausgeschlossenen Aktionärs in Anspruch nehmen.[85]

§ 64 Ausschluß säumiger Aktionäre

(1) Aktionären, die den eingeforderten Betrag nicht rechtzeitig einzahlen, kann eine Nachfrist mit der Androhung gesetzt werden, daß sie nach Fristablauf ihrer Aktien und der geleisteten Einzahlungen für verlustig erklärt werden.

(2) [1]Die Nachfrist muß dreimal in den Gesellschaftsblättern bekanntgemacht werden. [2]Die erste Bekanntmachung muß mindestens drei Monate, die letzte mindestens einen Monat vor Fristablauf ergehen. [3]Zwischen den einzelnen Bekanntmachungen muß ein Zeitraum von mindestens drei Wochen liegen. [4]Ist die Übertragung der Aktien an die Zustimmung der Gesellschaft gebunden, so genügt an Stelle der öffentlichen Bekanntmachungen die einmalige Einzelaufforderung an die säumigen Aktionäre; dabei muß eine Nachfrist gewährt werden, die mindestens einen Monat seit dem Empfang der Aufforderung beträgt.

(3) [1]Aktionäre, die den eingeforderten Betrag trotzdem nicht zahlen, werden durch Bekanntmachung in den Gesellschaftsblättern ihrer Aktien und der geleisteten Einzahlungen zugunsten der Gesellschaft für verlustig erklärt. [2]In der Bekanntmachung sind die für verlustig erklärten Aktien mit ihren Unterscheidungsmerkmalen anzugeben.

(4) [1]An Stelle der alten Urkunden werden neue ausgegeben; diese haben außer den geleisteten Teilzahlungen den rückständigen Betrag anzugeben. [2]Für den Ausfall der Gesellschaft an diesem Betrag oder an den später eingeforderten Beträgen haftet ihr der ausgeschlossene Aktionär.

Schrifttum: *Bayer/Pielka*, Anm zu BGH WM 2002, 555, WuB II A. § 65 1.02, 565; *von Halem*, Die Kaduzierung von Aktien und Geschäftsanteilen, 1961; *Hohner*, Subjektlose Rechte, 1969; *Melber*, Die Kaduzierung in der GmbH, 1993; *K. Müller*, Zur Pfändung der Einlageforderung der AG, AG 1971, 1.

---

[79] Kölner Komm AktG/*Drygala* Rn. 39; Großkomm AktG/*Gehrlein* Rn. 51; MüKoAktG/*Bayer* Rn. 60; K. Schmidt/Lutter/*Fleischer* Rn. 26.
[80] Großkomm AktG/*Gehrlein* Rn. 51; MüKoAktG/*Bayer* Rn. 61.
[81] RGZ 79, 174 (178); Kölner Komm AktG/*Drygala* Rn. 40; Großkomm AktG/*Gehrlein* Rn. 51; K. Schmidt/Lutter/*Fleischer* Rn. 27; aA *Steinberg* S. 47.
[82] Kölner Komm AktG/*Drygala* Rn. 41; Großkomm AktG/*Gehrlein* Rn. 51; MüKoAktG/*Bayer* Rn. 61; K. Schmidt/Lutter/*Fleischer* Rn. 27.
[83] Kölner Komm AktG/*Drygala* Rn. 40; Großkomm AktG/*Gehrlein* Rn. 52.
[84] Ebenso im Erg. Großkomm AktG/*Gehrlein* Rn. 50; aA Kölner Komm AktG/*Drygala* Rn. 43; MüKoAktG/*Bayer* Rn. 63 mwN.
[85] So zu §§ 173 ff. KO, §§ 66 ff. VerglO GHEK/*Hefermehl/Bungeroth* § 63 Rn. 54 f.; *Cahn*, Vergleichsverbote im Gesellschaftsrecht, 1996, 115 ff. mit Darstellung des Meinungsstandes zum früheren Recht.

Übersicht

	Rn.		Rn.
I. Grundlagen	1–6	d) Form	33
1. Entstehungsgeschichte	1	**IV. Rechtsfolgen wirksamer Ausschließung, Abs. 3 und 4**	34–52
2. Normzweck	2	1. Stellung des ausgeschlossenen Aktionärs	34–39
3. Systematik	3, 4	a) Überblick	34, 35
4. Zwingendes Recht	5	b) Rechte des ausgeschlossenen Aktionärs	36, 37
5. Keine Zwangseinziehung iSd §§ 237 ff.	6	c) Pflichten des ausgeschlossenen Aktionärs	38
II. Materielle Voraussetzungen der Kaduzierung, Abs. 1	7–17	d) Unumkehrbarkeit der Rechtsfolgen	39
1. Verspätete Zahlung der Einlage	7–13	2. Rechte Dritter an der Aktie	40, 41
a) Geldeinlage	7–9	3. Zuordnung der Mitgliedschaft	42
b) Fälligkeit der Einlageverpflichtung	10	4. Behandlung kaduzierter Aktien bei der Gesellschaft	43
c) Nichtzahlung trotz Fälligkeit	11	5. Kein gutgläubiger Erwerb	44
d) Abwendung des Ausschlusses; Teilzahlungen	12, 13	6. Schicksal der Aktienurkunden	45–48
2. Aktionärsstellung des Auszuschließenden	14, 15	a) Nichtigkeit der alten Aktienurkunde	45
a) Eintragung der Gesellschaft im Handelsregister	14	b) Ausgabe neuer Aktienurkunden, Abs. 4 S. 1	46–48
b) Nicht voll eingezahlte Inhaberaktien	15	7. Ausfallhaftung des ausgeschlossenen Aktionärs, Abs. 4 S. 2	49–52
3. Sonderfälle	16, 17	a) Subsidiarität der Haftung	49
a) Abtretung	16	b) Haftungsumfang	50
b) Verpfändung und Pfändung	17	c) Wegfall der Haftung	51
III. Kaduzierungsverfahren, Abs. 1–3	18–33	d) Rechtsfolgen bei Zahlung des Ausfallbetrages	52
1. Zuständigkeit	18	**V. Rechtsfolgen bei fehlerhafter Ausschließung**	53–56
2. Einleitung des Verfahrens	19–21	1. Ungültigkeit des Ausschlusses	53, 54
3. Nachfristsetzung und Ausschlussandrohung	22–28	2. Rechte des Aktionärs	55, 56
a) Zeitpunkt	22	**VI. Besonderheiten in der Insolvenz**	57, 58
b) Inhalt	23–25	1. Insolvenz des Aktionärs	57
c) Form und Frist, Abs. 2	26–28	2. Insolvenz der Gesellschaft	58
4. Ausschlusserklärung, Abs. 3	29–33		
a) Entscheidung über die Abgabe	29		
b) Zeitpunkt	30, 31		
c) Inhalt	32		

I. Grundlagen

1. Entstehungsgeschichte. § 64 geht im Wesentlichen auf § 58 AktG 1937 zurück, der wiederum aus § 219 HGB 1897 hervorgegangen ist. Die Regelung des § 58 AktG 1937 wurde in § 64 durch Abs. 2 S. 3 (Zeitraum zwischen den Bekanntmachungen) und Abs. 3 S. 2 (Angabe der Unterscheidungszeichen der kaduzierten Aktien in der Bekanntmachung der Kaduzierung) ergänzt.[1] Seit 1965 gilt § 64 in unveränderter Fassung. 1

2. Normzweck. § 64 regelt den Ausschluss von Aktionären, die ihrer Pflicht zur Einzahlung der Einlage gem. § 54 trotz entsprechender Aufforderung durch den Vorstand nach § 63 nicht rechtzeitig nachkommen (sog. Kaduzierung). Der Zweck der Norm ergibt sich aus dem Zusammenspiel mit den §§ 63 und 65: Wie diese Bestimmungen dient auch § 64 der **Sicherstellung der Kapitalaufbringung**, die durch den von Zinspflicht (§ 63 Abs. 2), Vertragsstrafe (§ 63 Abs. 3) und drohender Kaduzierung (§ 64 Abs. 1) auf den zahlungsunwilligen Aktionär ausgehenden wirtschaftlichen Druck, die Zahlungspflicht der Vormänner (§ 65 Abs. 1) und schließlich die fortdauernde Ausfallhaftung des Aktionärs gem. § 64 Abs. 4 S. 2 erreicht werden soll.[2] Da der säumige Aktionär für etwaige Teilleistungen keine Entschädigung erhält und auch an einem möglichen Überschuss bei der Verwertung nicht beteiligt wird (→ § 65 Rn. 62), droht ihm durch die Kaduzierung im Ergebnis eine entschädigungslose Enteignung.[3] 2

---

[1] BegrRegE bei *Kropff* S. 84.
[2] LG München I ZIP 2012, 2152 (2153); MüKoAktG/*Bayer* Rn. 3; K. Schmidt/Lutter/*Fleischer* Rn. 1; Hölters/*Laubert* Rn. 1; Hüffer/Koch/*Koch* Rn. 1.
[3] Kölner Komm AktG/*Drygala* Rn. 2; Großkomm AktG/*Gehrlein* Rn. 2; K. Schmidt/Lutter/*Fleischer* Rn. 1.

3 **3. Systematik.** Indem § 64 der Gesellschaft die Möglichkeit eröffnet, nach Fälligkeit der Einlageschuld unmittelbar auf das Mitgliedschaftsrecht des zahlungsunwilligen oder zahlungsunfähigen Aktionärs zuzugreifen, **ergänzt** er im Interesse der Kapitalaufbringung zunächst die Rechtsfolgen des **§ 63 Abs. 2 und 3** (Zinspflicht, Schadensersatz, Vertragsstrafe).[4] Mit **§ 65** steht die Vorschrift in noch engerer Beziehung, ergibt sich der vollständige Verfahrensablauf im Falle der Säumnis eines Aktionärs doch erst aus einem Wechselspiel der beiden Regelungen (→ § 65 Rn. 3; → § 67 Rn. 63 und 82):[5] Zunächst ist gem. Abs. 1 und 3 der zahlungssäumige Aktionär auszuschließen. Erst im Anschluss eröffnet § 65 der Gesellschaft die Möglichkeit, ausstehende Einlageforderungen entweder durch Inanspruchnahme der Vormänner oder durch Veräußerung der Aktie zu befriedigen. Kommt es hierdurch nicht zu einer vollständigen Befriedigung der Gesellschaft, haftet der zuvor ausgeschlossene Aktionär nach Abs. 4 S. 2 für den Ausfall.

4 Unter Einbeziehung von § 63 ergibt sich damit folgender zusammenfassender Überblick über den **Ablauf des Kaduzierungsverfahrens:**
1. Aufforderung zur Einlagenerbringung (§ 63 Abs. 1),
2. fruchtloser Ablauf der gesetzten Zahlungsfrist (§ 63 Abs. 1),
3. Nachfristsetzung und Androhung der Kaduzierung (§ 64 Abs. 1, 2),
4. Ausschlusserklärung durch die Gesellschaft (§ 64 Abs. 3),
5. Ausstellung und Ausgabe von Ersatzurkunden (§ 64 Abs. 4 S. 1),
6. Verwertung der Aktie entweder durch
   a) Inanspruchnahme der Vormänner (§ 65 Abs. 1) oder
   b) durch Verkauf der kaduzierten Aktien (§ 65 Abs. 3),
7. ggf. Ausfallhaftung des kaduzierten Aktionärs (§ 64 Abs. 4 S. 2).

5 **4. Zwingendes Recht.** § 64 ist zwingend im Sinne des § 23 Abs. 5, so dass **weder Erleichterungen** zugunsten **noch Verschärfungen** zulasten der Aktionäre **zulässig** sind.[6] Das Verfahren des § 64 kann daher nicht durch die Satzung auf Sacheinlagen, Nebenleistungspflichten des Aktionärs nach § 55 oder Ansprüche der Gesellschaft aus § 63 Abs. 2 und 3 erstreckt werden.[7]

6 **5. Keine Zwangseinziehung iSd §§ 237 ff.** Von der Kaduzierung ist die Zwangseinziehung gem. §§ 237 ff. zu unterscheiden: Während das Mitgliedschaftsrecht dort vernichtet wird, kommt es im Rahmen der Kaduzierung zu einer **Verwertung der Aktie** zugunsten der Gesellschaft. Allerdings erhält der Aktionär nach Abschluss des Kaduzierungsverfahrens keine Entschädigung, während die Zwangseinziehung nur bei Zahlung einer Abfindung möglich ist.[8]

II. Materielle Voraussetzungen der Kaduzierung, Abs. 1

7 **1. Verspätete Zahlung der Einlage. a) Geldeinlage.** Von der Ausschließung bedroht sind gem. Abs. 1 alle Aktionäre, die den eingeforderten Betrag nicht rechtzeitig einzahlen. Aus dem Wortlaut („Einzahlung") ergibt sich, dass wie in § 63 (→ § 63 Rn. 4) **nur Geldeinlagen** gemeint sind. Auf Sacheinlagen findet § 64 grundsätzlich keine Anwendung.[9] Etwas anderes gilt, soweit sich wegen Leistungsstörungen bei der Erbringung von Sacheinlagen die subsidiäre Bareinlagepflicht aktualisiert. Hier kann wegen der nunmehr bestehenden Geldleistungspflicht das Kaduzierungsverfahren betrieben werden.[10]

8 Schuldet der Aktionär eine **gemischte Geld- und Sachleistung**, findet die Vorschrift nur auf die bei Fälligkeit nicht eingezahlte Geldleistung Anwendung.[11] Sofern in diesem Fall der Ausschluss aufgrund der fälligen Bareinlage wirksam wird, verliert der Aktionär wegen Abs. 3 auch eine bereits erbrachte Sacheinlage.[12]

---

[4] Kölner Komm AktG/*Drygala* Rn. 2; Großkomm AktG/*Gehrlein* Rn. 2.
[5] MüKoAktG/*Bayer* Rn. 4; Kölner Komm AktG/*Drygala* Rn. 3; Großkomm AktG/*Gehrlein* Rn. 3; K. Schmidt/Lutter/*Fleischer* Rn. 4.
[6] Heute allgM, vgl. nur BGH WM 2002, 555 = NZG 2002, 333, m. zust. Anm. *Bayer/Pielka* WuB II A. § 65 1.02, 565; aus dem Schrifttum statt aller Hüffer/Koch/*Koch* Rn. 1.
[7] Kölner Komm AktG/*Drygala* Rn. 56; Großkomm AktG/*Gehrlein* Rn. 5; MüKoAktG/*Bayer* Rn. 6; K. Schmidt/Lutter/*Fleischer* Rn. 2; Hölters/*Laubert* Rn. 20; Bürgers/Körber/*Westermann* Rn. 3.
[8] MüKoAktG/*Bayer* Rn. 2; Großkomm AktG/*Gehrlein* Rn. 7; Bürgers/Körber/*Westermann* Rn. 1.
[9] Kölner Komm AktG/*Drygala* Rn. 14; Großkomm AktG/*Gehrlein* Rn. 11; MüKoAktG/*Bayer* Rn. 12; K. Schmidt/Lutter/*Fleischer* Rn. 9.
[10] Kölner Komm AktG/*Drygala* Rn. 15; Großkomm AktG/*Gehrlein* Rn. 12; K. Schmidt/Lutter/*Fleischer* Rn. 9; Wachter/*Servatius* Rn. 2; Bürgers/Körber/*Westermann* Rn. 3.
[11] Kölner Komm AktG/*Drygala* Rn. 15; Großkomm AktG/*Gehrlein* Rn. 11; MüKoAktG/*Bayer* Rn. 12; K. Schmidt/Lutter/*Fleischer* Rn. 10; Bürgers/Körber/*Westermann* Rn. 3.
[12] Großkomm AktG/*Gehrlein* Rn. 11; MüKoAktG/*Bayer* Rn. 13; K. Schmidt/Lutter/*Fleischer* Rn. 10.

Auf **Nebenleistungspflichten** des Aktionärs nach § 55, **Rückgewähransprüche** der AG gem. 9
§ 62 sowie **Nebenforderungen** (Zins-, Schadensersatz- oder Vertragsstrafenansprüche) nach § 63
Abs. 2 und 3 findet das Kaduzierungsverfahren **keine Anwendung**.[13]

b) **Fälligkeit der Einlageverpflichtung.** Die Kaduzierung setzt voraus, dass die Bareinlagever- 10
pflichtung fällig ist.[14] Die Fälligstellung erfolgt durch **Einforderung** des Vorstands nach § 63 Abs. 1
(→ § 63 Rn. 3, 10 ff.).

c) **Nichtzahlung trotz Fälligkeit.** Aktionäre zahlen nicht rechtzeitig iSv Abs. 1, wenn sie den 11
in der Aufforderung angegebenen Termin verstreichen lassen. Auf die Verzugsvoraussetzungen nach
§ 286 BGB, insbesondere ein Verschulden des Aktionärs, kommt es dabei nicht an.[15]

d) **Abwendung des Ausschlusses; Teilzahlungen.** Die Ausschlussvoraussetzungen müssen 12
nicht nur im Zeitpunkt der Einleitung des Kaduzierungsverfahrens erfüllt sein, sondern bis zu dessen
Abschluss, also **noch bei Bekanntmachung der Ausschließung** (→ Rn. 34 ff.) vorliegen.[16] Der
Aktionär kann die Ausschließung dadurch abwenden, dass er (oder ein Dritter gem. § 267 BGB)[17]
die offene Einlage vor der Bekanntmachung nach Abs. 3 vollständig erbringt. Daraus folgt, dass eine
Zahlung nach Ablauf der Nachfrist gem. Abs. 1 den Ausschluss noch verhindert, eine Zahlung
nach Bekanntmachung der Ausschließung dagegen verspätet ist. Um die Kaduzierung zu vermeiden,
muss der säumige Aktionär lediglich die fällige Einlageforderung erfüllen. Die Erfüllung fälliger
Nebenforderungen der Gesellschaft, etwa nach § 63 Abs. 2 und 3, ist nicht erforderlich.[18]

Besteht ein **Zinsanspruch** der Gesellschaft gem. § 63 Abs. 2, ist jedoch zu beachten, dass gem. 13
§ 367 Abs. 1 BGB Leistungen des Schuldners zunächst mit aufgelaufenen Zinsen zu verrechnen sind
und die Gesellschaft eine andere Tilgungsbestimmung nach § 367 Abs. 2 BGB ablehnen kann.[19] Der
Aktionär läuft daher Gefahr, kaduziert zu werden, wenn er (nur) einen Betrag in Höhe der offen
stehenden Einlage leistet, die aufgelaufenen Zinsen aber nicht bezahlt.[20] Im Übrigen kann der
Aktionär bei **Teilleistungen** durch **Tilgungsbestimmung** nach § 366 Abs. 1 BGB anordnen, dass
eine Zahlung, die nicht zur Tilgung aller fälligen Einlageverbindlichkeiten ausreicht, so verrechnet
wird, dass ein Teil der Aktien voll eingezahlt ist, während auf die übrigen Aktien keine Zahlung
erfolgt;[21] die Art der Verbriefung ist dafür ohne Bedeutung. Damit kann der Aktionär vermeiden,
dass er nach im Übrigen erfolglosem Ablauf der Nachfrist aller Aktien für verlustig erklärt wird.
Gibt der Aktionär eine solche Tilgungsbestimmung nicht ab, werden Teilzahlungen nach § 366
Abs. 2 letzte Alt. BGB alle fälligen Einlageverbindlichkeiten anteilig getilgt.

2. Aktionärsstellung des Auszuschließenden. a) Eintragung der Gesellschaft im Han- 14
delsregister. Von der Ausschließung bedroht sind lediglich zahlungssäumige **Aktionäre**. Auf Zeichner oder Übernehmer von Aktien findet das Kaduzierungsverfahren keine Anwendung; das Kaduzierungsverfahren kann daher erst nach Eintragung der Gesellschaft bzw. der Kapitalerhöhung in das
Handelsregister betrieben werden.[22]

b) **Nicht voll eingezahlte Inhaberaktien.** Wegen § 10 Abs. 2 S. 1 betrifft die Kaduzierung in 15
der Regel nur Namensaktien. Sofern jedoch unter Verstoß gegen diese Vorschrift nicht voll eingezahlte Inhaberaktien ausgegeben werden, steht das Kaduzierungsverfahren zur Verfügung.[23] Auch
wenn entgegen § 10 Abs. 2 S. 2 Namensaktien mit überhöht quittierter Einlageleistung ausgegeben
werden, kann die Ausschließung der Aktieninhaber wegen des vollen noch ausstehenden Betrags
betrieben werden, sofern kein gutgläubiger Erwerb stattgefunden hat (→ § 63 Rn. 9).[24]

---

[13] MüKoAktG/*Bayer* Rn. 11; NK-AktR/*Bergheim* Rn. 3; K. Schmidt/Lutter/*Fleischer* Rn. 7; Hölters/*Laubert* Rn. 20; MHdB AG/*Rieckers* § 16 Rn. 13.
[14] Kölner Komm AktG/*Drygala* Rn. 14; Großkomm AktG/*Gehrlein* Rn. 9; Hölters/*Laubert* Rn. 4.
[15] Hüffer/Koch/*Koch* Rn. 3; MüKoAktG/*Bayer* Rn. 17; Hölters/*Laubert* Rn. 4.
[16] Hölters/*Laubert* Rn. 5.
[17] MüKoAktG/*Bayer* Rn. 20; Großkomm AktG/*Gehrlein* Rn. 18; K. Schmidt/Lutter/*Fleischer* Rn. 27; für die GmbH BGH NJW 1992, 2698.
[18] Kölner Komm AktG/*Drygala* Rn. 14; Großkomm AktG/*Gehrlein* Rn. 19; MüKoAktG/*Bayer* Rn. 20; Hölters/*Laubert* Rn. 5.
[19] Palandt/*Grüneberg* BGB § 367 Rn. 2; K. Schmidt/Lutter/*Fleischer* Rn. 28.
[20] MüKoAktG/*Bayer* Rn. 20; Hölters/*Laubert* Rn. 5; Bürgers/Körber/*Westermann* Rn. 3.
[21] Grigoleit/*Grigoleit/Rachlitz* Rn. 2.
[22] Kölner Komm AktG/*Drygala* Rn. 16; MüKoAktG/*Bayer* Rn. 14; Großkomm AktG/*Gehrlein* Rn. 15; K. Schmidt/Lutter/*Fleischer* Rn. 13; Hölters/*Laubert* Rn. 3; ebenso für die GmbH bereits RGZ 58, 55 (57).
[23] Heute ganz hM, vgl. MüKoAktG/*Bayer* Rn. 15; Großkomm AktG/*Gehrlein* Rn. 16; Hüffer/Koch/*Koch* Rn. 3; Kölner Komm AktG/*Drygala* Rn. 1317 K. Schmidt/Lutter/*Fleischer* Rn. 11; Hölters/*Laubert* Rn. 3; aA noch Großkomm AktG/*Barz*, 3. Aufl. 1973, Anm. 4.
[24] Kölner Komm AktG/*Drygala* Rn. 17; MüKoAktG/*Bayer* Rn. 15; Hölters/*Laubert* Rn. 3; Bürgers/Körber/*Westermann* Rn. 4.

16 3. Sonderfälle. a) Abtretung. Die Durchführung des Kaduzierungsverfahrens durch die AG kommt nicht in Betracht, wenn die Gesellschaft nicht mehr Gläubigerin der Einlageforderung ist, weil sie ihren Anspruch an einen Dritten abgetreten hat.[25] Da das Recht zur Kaduzierung als unselbständiges Nebenrecht weder pfändbar (§ 851 ZPO) noch übertragbar (§§ 398, 413 BGB) ist,[26] kann die Kaduzierung auch nicht vom Erwerber der Einlageforderung betrieben werden.[27] Dies ist sachgerecht, da das Sicherungsziel der Kapitalaufbringung hier dadurch erreicht wird, dass die AG für die Einlageforderung ein vollwertiges Entgelt erhält (ansonsten wäre die Abtretung wegen Verstoßes gegen § 66 Abs. 1 regelmäßig unwirksam, → § 66 Rn. 43).

17 b) Verpfändung und Pfändung. Verpfändet die Gesellschaft ihre Einlageforderung, bleibt sie Inhaberin der Forderung und damit berechtigt, die Ausschließung des säumigen Aktionärs zu betreiben.[28] Dasselbe gilt im Falle der Pfändung, zumindest bei der üblichen Form der Überweisung der Forderung zur Einziehung gem. § 835 Abs. 1 Alt. 1 ZPO, weil diese nicht zu einem Gläubigerwechsel führt.[29]

III. Kaduzierungsverfahren, Abs. 1–3

18 1. Zuständigkeit. Die Zuständigkeit für die Durchführung des Kaduzierungsverfahrens liegt beim Vorstand, dessen Entscheidung über die Verfahrenseinleitung nach § 111 Abs. 4 S. 2 an die Zustimmung des Aufsichtsrats gebunden werden kann.[30] Entgegen einer im Schrifttum vertretenen Auffassung[31] kann die Satzung **keine abweichende Zuständigkeitsverteilung,** etwa eine Beteiligung der Hauptversammlung, vorsehen.[32] Ebenso wie bei der in § 63 Abs. 1 S. 1 ausdrücklich dem Vorstand zugewiesenen Zahlungsaufforderung handelt es sich auch bei der Kaduzierung um eine innerkorporative Maßnahme der Geschäftsleitung. Auch in der Sache wäre eine Zuständigkeitsaufspaltung hinsichtlich der einzelnen Schritte des Kaduzierungsverfahrens (→ Rn. 4) bedenklich.

19 2. Einleitung des Verfahrens. Die Einleitung des Kaduzierungsverfahrens liegt im **pflichtgemäßen Ermessen** des Vorstands.[33] Hierzu gehört auch die Freiheit, ein bereits eingeleitetes Verfahren wieder einzustellen.[34] Eine Pflicht zur Durchführung des Kaduzierungsverfahrens folgt auch nicht aus dem zwingenden Charakter des § 64 (→ Rn. 5).[35] Alternativ kommt eine gerichtliche Geltendmachung der Einlageforderung in Betracht. Das kann vor allem dann angebracht sein, wenn nur eine geringe Restforderung aussteht, so dass es unverhältnismäßig wäre, das Kaduzierungsverfahrens zu betreiben.[36]

20 Die Entscheidung darüber, wie eine offene Einlage beigetrieben werden soll, ist vornehmlich eine **Frage der Zweckmäßigkeit.** Es gilt aber zu beachten, dass nur das Kaduzierungsverfahren die Möglichkeit eröffnet, **Zugriff auf die Rechtsvorgänger** des Einlageschuldners zu nehmen. Aus diesem Grund wird die Einleitung des Kaduzierungsverfahrens in aller Regel zweckmäßiger sein als eine gerichtliche Durchsetzung des Einlageanspruchs. Eine Inanspruchnahme der Vormänner kommt allerdings von vornherein nicht in Betracht, wenn es sich beim Aktionär um den ersten Aktieninhaber handelt.

---

[25] AllgM statt aller MüKoAktG/*Bayer* Rn. 22.
[26] Ausf. für die GmbH *Melber,* Die Kaduzierung in der GmbH, 1993, 70 (163 ff.).
[27] MüKoAktG/*Bayer* Rn. 22.
[28] Hüffer/Koch/*Koch* Rn. 3; Großkomm AktG/*Gehrlein* Rn. 14; Kölner Komm AktG/*Drygala* Rn. 19; K. Schmidt/Lutter/*Fleischer* Rn. 12; zweifelnd an der bloßen Differenzierung nach der formalen Gläubigerstellung MüKoAktG/*Bayer* Rn. 24.
[29] MüKoAktG/*Bayer* Rn. 26; Großkomm AktG/*Gehrlein* Rn. 14; K. Schmidt/Lutter/*Fleischer* Rn. 12; Hüffer/Koch/*Koch* Rn. 3; *K. Müller* AG 1971, 1 (4 f.); Kölner Komm AktG/*Drygala* Rn. 19; aA noch GHEK/*Hefermehl/Bungeroth* Rn. 19.
[30] MüKoAktG/*Bayer* Rn. 27; Großkomm AktG/*Gehrlein* Rn. 20; Kölner Komm AktG/*Drygala* Rn. 10; K. Schmidt/Lutter/*Fleischer* Rn. 14; MHdB AG/*Rieckers* § 16 Rn. 14.
[31] MüKoAktG/*Bayer* Rn. 28 f.; Bürgers/Körber/*Westermann* Rn. 5; Großkomm AktG/*Barz,* 3. Aufl. 1973, Anm. 5.
[32] Kölner Komm AktG/*Drygala* Rn. 11; Großkomm AktG/*Gehrlein* Rn. 20; K. Schmidt/Lutter/*Fleischer* Rn. 14; Hölters/*Laubert* Rn. 6.
[33] MüKoAktG/*Bayer* Rn. 5; Großkomm AktG/*Gehrlein* Rn. 21; MüKoAktG/*Bayer* Rn. 31; K. Schmidt/Lutter/*Fleischer* Rn. 15; Bürgers/Körber/*Westermann* Rn. 5; Hüffer/Koch/*Koch* Rn. 2; MHdB AG/*Rieckers* § 16 Rn. 14; nur terminologisch anders Wachter/*Servatius* Rn. 4.
[34] MüKoAktG/*Bayer* Rn. 32; Großkomm AktG/*Gehrlein* Rn. 22; K. Schmidt/Lutter/*Fleischer* Rn. 15; Bürgers/Körber/*Westermann* Rn. 5.
[35] Kölner Komm AktG/*Drygala* Rn. 31; Großkomm AktG/*Gehrlein* Rn. 21; Hüffer/Koch/*Koch* Rn. 2.
[36] MüKoAktG/*Bayer* Rn. 31; für die GmbH (Verstoß gegen § 242 BGB) *Melber,* Die Kaduzierung in der GmbH, 1993, 223 ff.

Das Ermessen hinsichtlich der Einleitung und Durchführung des Kaduzierungsverfahrens wird 21 durch das **Gleichbehandlungsgebot** des § 53a begrenzt. Der Vorstand darf das Verfahren daher nicht etwa gegen einzelne säumige Aktionäre einleiten, gegen andere dagegen davon absehen, wenn dafür kein sachlicher Grund besteht.[37] Ein die Ungleichbehandlung rechtfertigender Umstand kann darin liegen, dass bei einem Teil der Aktionäre die Aussicht besteht, die offen stehende Einlageforderung erfolgreich beitreiben zu können (dann: Zwangsvollstreckung), bei einem anderen aber bereits abzusehen ist, dass eine Vollstreckung fruchtlos verlaufen wird (dann: Kaduzierung).[38] Auch bei einem Streit über Bestehen und Umfang der Zahlungspflicht kann es zweckmäßig sein, die Frage gerichtlich klären zu lassen und vom Kaduzierungsverfahren Abstand zu nehmen.[39] Das Gleichbehandlungsgebot ist auch bei der Entscheidung darüber zu beachten, wie nach fruchtlosem Ablauf der Nachfrist mit Ausschlussandrohung weiter verfahren werden soll. Die Gesellschaft darf hier nicht das Verfahren gegen einzelne Aktionäre weiter betreiben, gegenüber anderen davon Abstand nehmen, sofern kein sachlicher Grund für diese Differenzierung vorliegt.[40]

3. Nachfristsetzung und Ausschlussandrohung. a) Zeitpunkt. Aktionären, die den einge- 22 forderten Betrag nicht rechtzeitig einzahlen, kann gem. Abs. 1 eine Nachfrist mit der Androhung gesetzt werden, dass sie nach Fristablauf ihrer Aktien und der geleisteten Einzahlungen für verlustig erklärt werden. Die Nachfristsetzung setzt also den **Ablauf** des in der Zahlungsaufforderung **gem. § 63 Abs. 1 festzulegenden Zeitraums** voraus. Die Nachfrist darf daher nicht mit der Zahlungsaufforderung nach § 63 Abs. 1 verbunden werden, sondern muss gesondert danach erfolgen.[41] Anderenfalls ist sie wirkungslos.[42]

b) Inhalt. Die Erklärung muss die von der Ausschlussandrohung **betroffenen Aktionäre** hinrei- 23 chend individualisieren.[43] Da es sich bei den betroffenen Aktien in aller Regel um Namensaktien handelt (→ Rn. 15), lassen sich die betroffenen Personen dem Aktienregister (§ 67 Abs. 2) entnehmen. In diesem Fall bietet es sich an, die Serie und die Nummer der Aktien mit dem jeweiligen Zahlungsrückstand aufzuführen.[44] Dagegen reicht es nicht aus, die Erklärung an „alle Aktionäre, die sich mit der eingeforderten Zahlung in Rückstand befinden" zu richten.[45]

Die dem Aktionär eingeräumte **Nachfrist** kann auf einen bestimmten Tag lauten; ausreichend 24 ist jedoch auch die Einräumung einer bestimmten Frist, etwa durch die Angabe „innerhalb von drei Monaten seit dem Tag der Bekanntmachung".[46] Wie sich aus Abs. 2 S. 1 ergibt, muss die Nachfrist mindestens 3 Monate betragen.[47] Die Angabe einer zu kurz bemessenen Frist setzt das Verfahren nicht in Gang.[48]

Nach Abs. 1 muss die Erklärung neben der Nachfristsetzung auch die **Androhung** enthalten, 25 dass die betroffenen Aktionäre nach fruchtlosem Ablauf der Frist ausgeschlossen und ihrer Aktien und bereits geleisteten Einlagen für verlustig erklärt werden. In Anbetracht dieser gravierenden Folgen muss die Androhung **klar und unmissverständlich** gefasst sein.[49] Eine Androhung der „gesetzlich vorgesehenen Nachteile" oder andere allgemeine Formulierungen genügen diesen Anforderungen nicht.[50] Um etwaige Streitigkeiten darüber zu vermeiden, ob die Androhung diesen Erfordernissen genügt hat, bietet es sich an, den Wortlaut des Abs. 1 Hs. 2 zu übernehmen und den

---

[37] RGZ 85, 366 (368); MüKoAktG/*Bayer* Rn. 34; Kölner Komm AktG/*Drygala* Rn. 6; Großkomm AktG/*Gehrlein* Rn. 23; K. Schmidt/Lutter/*Fleischer* Rn. 16; Hölters/*Laubert* Rn. 7; Hüffer/Koch/*Koch* Rn. 2.
[38] Großkomm AktG/*Gehrlein* Rn. 23; Hüffer/Koch/*Koch* Rn. 2; Kölner Komm AktG/*Drygala* Rn. 6; K. Schmidt/Lutter/*Fleischer* Rn. 16.
[39] Großkomm AktG/*Gehrlein* Rn. 24.
[40] Großkomm AktG/*Gehrlein* Rn. 24; Kölner Komm AktG/*Drygala* Rn. 7.
[41] MüKoAktG/*Bayer* Rn. 39; Kölner Komm AktG/*Drygala* Rn. 22; K. Schmidt/Lutter/*Fleischer* Rn. 18; Hüffer/Koch/*Koch* Rn. 4; Hölters/*Laubert* Rn. 8; Bürgers/Körber/*Westermann* Rn. 6; Großkomm AktG/*Gehrlein* Rn. 26.
[42] MüKoAktG/*Bayer* Rn. 29; Hölters/*Laubert* Rn. 8.
[43] Großkomm AktG/*Gehrlein* Rn. 29; K. Schmidt/Lutter/*Fleischer* Rn. 20; Hölters/*Laubert* Rn. 9.
[44] Kölner Komm AktG/*Drygala* Rn. 27; Hüffer/Koch/*Koch* Rn. 5; Bürgers/Körber/*Westermann* Rn. 6; Großkomm AktG/*Gehrlein* Rn. 29.
[45] KG OLGE 1, 435; MüKoAktG/*Bayer* Rn. 42; Kölner Komm AktG/*Drygala* Rn. 27; K. Schmidt/Lutter/*Fleischer* Rn. 20.
[46] MüKoAktG/*Bayer* Rn. 40; Kölner Komm AktG/*Drygala* Rn. 24.
[47] Wachter/*Servatius* Rn. 6.
[48] MüKoAktG/*Bayer* Rn. 40; K. Schmidt/Lutter/*Fleischer* Rn. 19; Grigoleit/*Grigoleit/Rachlitz* Rn. 4; aA Bürgers/Körber/*Westermann* Rn. 6, der offenbar annimmt, die gesetzliche Mindestfrist werde in Gang gesetzt.
[49] MüKoAktG/*Bayer* Rn. 41; Großkomm AktG/*Gehrlein* Rn. 28; K. Schmidt/Lutter/*Fleischer* Rn. 21.
[50] Großkomm AktG/*Gehrlein* Rn. 28; Kölner Komm AktG/*Drygala* Rn. 25; K. Schmidt/Lutter/*Fleischer* Rn. 21.

Aktionären anzudrohen, „dass sie nach Fristablauf ihrer Aktien und der geleisteten Einlage für verlustig erklärt werden".[51]

26 **c) Form und Frist, Abs. 2.** Nach Abs. 2 S. 1 ist die Bekanntgabe der Nachfrist erforderlich. Die **Bekanntgabe** hat **in den Gesellschaftsblättern**, gem. § 25 also zumindest im Bundesanzeiger, zu erfolgen.[52] Sofern die Satzung noch weitere Gesellschaftsblätter vorsieht, erfordert eine ordnungsgemäße Bekanntgabe, dass die Erklärung in sämtlichen Publikationsorganen erfolgt.[53]

27 **aa) Dreimalige Bekanntgabe, Abs. 2 S. 1–3.** Nach Abs. 2 S. 1 muss die Bekanntgabe dreimal erfolgen. Bei der Bekanntmachung sind die **Mindestzeiträume** des Abs. 2 S. 2 und 3 zu beachten, so dass die erste Bekanntmachung wenigstens drei Monate und die letzte Bekanntmachung zumindest einen Monat vor Fristablauf zu veröffentlichen ist. Da zwischen den einzelnen Bekanntmachungen zudem ein Zeitraum von mindestens drei Wochen liegen muss (Abs. 2 S. 2), kann die zweite Bekanntmachung frühestens drei Wochen nach der ersten Bekanntmachung und spätestens drei Wochen vor der dritten Bekanntmachung erfolgen. Die Fristen sind gem. §§ 187 f. BGB zu berechnen.[54] Bekannt gemacht ist die Nachfrist mit der Publikation im Gesellschaftsblatt, bei Veröffentlichung in mehreren Gesellschaftsblättern mit dem Erscheinen des letzten Blattes.

28 **bb) Einmalige Aufforderung, Abs. 2 S. 4.** Eine Ausnahme vom Erfordernis der dreimaligen Bekanntgabe besteht für **vinkulierte Namensaktien** iSd § 68 Abs. 2. Für diese Aktien genügt gem. Abs. 2 S. 4 die einmalige Aufforderung. In diesem Fall muss dem Aktionär eine Nachfrist von mindestens einem Monat ab Zugang der Aufforderung gesetzt werden.[55] Da die Gesellschaft den Zugang der Erklärung ggf. zu beweisen hat, sollte die Erklärung per Einschreiben zugestellt werden.[56]

29 **4. Ausschlusserklärung, Abs. 3. a) Entscheidung über die Abgabe.** Nach fruchtlosem Ablauf der Nachfrist kann der Vorstand nach Abs. 3 S. 1 die säumigen Aktionäre ihrer Aktien und geleisteten Einzahlungen für verlustig erklären. Trotz des insoweit missverständlichen Wortlauts von Abs. 3 S. 1 („werden ... für verlustig erklärt") entscheidet der Vorstand über die Ausschließung, ebenso wie über die Einleitung des Verfahrens (→ Rn. 19 ff.), **nach pflichtgemäßem Ermessen** unter Berücksichtigung des Gleichbehandlungsgrundsatzes.[57] Er kann etwa dann von der Ausschließung absehen, wenn der Aktionär während der Nachfrist erhebliche Teilleistungen erbracht hat, unter deren Berücksichtigung nur noch ein geringer Teil der fälligen Einlage aussteht.

30 **b) Zeitpunkt.** Aktionäre, die den eingeforderten Betrag nach Ablauf der Nachfrist nicht bezahlt haben, können gem. Abs. 3 S. 1 durch Bekanntmachung in den Gesellschaftsblättern ihrer Aktien und der geleisteten Einzahlungen zugunsten der Gesellschaft für verlustig erklärt werden. Die Ausschlusserklärung kann also erst **nach fruchtlosem Ablauf der** dem Aktionär gesetzten **Nachfrist** erfolgen.[58] Fruchtlos ist der Fristablauf dabei auch dann, wenn der Aktionär lediglich Teilleistungen erbracht hat. Auch solche während der Nachfrist erbrachten Leistungen werden von der Kaduzierungserklärung erfasst und sind für den Aktionär nach seinem Ausschluss verloren.[59] Sofern der Aktionär nach der Bekanntgabe der Ausschlusserklärung noch Zahlungen erbringt, kann er diese, sofern nicht § 814 BGB entgegensteht, zurückverlangen, da sie wegen des wirksamen Ausschlusses auf eine zu diesem Zeitpunkt nicht mehr bestehende Verpflichtung und damit ohne Rechtsgrund geleistet wurden.[60] Fordert der Vorstand einen höheren als den tatsächlich noch ausstehenden Betrag ein, kann der Aktionär die Kaduzierung durch Zahlung der noch geschuldeten Resteinlage abwenden.[61]

31 Die Ausschlusserklärung muss zwar nicht unverzüglich nach Fristablauf,[62] aber **innerhalb einer angemessenen Frist** erfolgen.[63] Gibt die Gesellschaft die Ausschlusserklärung nicht innerhalb einer

---

[51] Ebenso Großkomm AktG/*Gehrlein* Rn. 28; Kölner Komm AktG/*Lutter* Rn. 17; K. Schmidt/Lutter/*Fleischer* Rn. 21.
[52] NK-AktR/*Bergheim* Rn. 7; Hüffer/Koch/*Koch* Rn. 5.
[53] Kölner Komm AktG/*Drygala* Rn. 29; Großkomm AktG/*Gehrlein* Rn. 30.
[54] MüKoAktG/*Bayer* Rn. 40; Großkomm AktG/*Gehrlein* Rn. 31; MüKoAktG/*Bayer* Rn. 7.
[55] Kölner Komm AktG/*Drygala* Rn. 30; Großkomm AktG/*Gehrlein* Rn. 32.
[56] Großkomm AktG/*Gehrlein* Rn. 32; K. Schmidt/Lutter/*Fleischer* Rn. 23.
[57] Großkomm AktG/*Gehrlein* Rn. 34; MüKoAktG/*Bayer* Rn. 49; K. Schmidt/Lutter/*Fleischer* Rn. 24; Hölters/*Laubert* Rn. 11; Hüffer/Koch/*Koch* Rn. 6.
[58] Zur umstrittenen Frage, ob es ausreicht, dass der Schuldner die ausstehende Leistung vor Fristablauf auf den Weg gebracht hat, vgl. etwa MüKoAktG/*Bayer* Rn. 48; MüKoBGB/*Krüger* BGB § 270 Rn. 16 f. mN.
[59] MüKoAktG/*Bayer* Rn. 48; Großkomm AktG/*Gehrlein* Rn. 33; K. Schmidt/Lutter/*Fleischer* Rn. 27.
[60] Ebenso Großkomm AktG/*Gehrlein* Rn. 33.
[61] MüKoAktG/*Bayer* Rn. 44; Bürgers/Körber/*Westermann* Rn. 7.
[62] So noch *v. Godin/Wilhelmi* Anm. 8.
[63] MüKoAktG/*Bayer* Rn. 48; K. Schmidt/Lutter/*Fleischer* Rn. 24; Bürgers/Körber/*Westermann* Rn. 9; NK-AktR/*Bergheim* Rn. 11; Großkomm AktG/*Gehrlein* Rn. 34; MHdB AG/*Rieckers* § 16 Rn. 16; vgl. auch KG OLGE 1, 435 f. (jedenfalls nicht drei Jahre später).

angemessenen Frist bekannt, ist die Kaduzierungsmöglichkeit verwirkt.[64] In diesem Fall hat die Gesellschaft nur die Möglichkeit, das Kaduzierungsverfahren erneut einzuleiten und eine neue Nachfrist mit Ausschlussandrohung zu setzen.[65]

c) **Inhalt.** Nach Abs. 3 S. 2 sind die **betroffenen Aktien** in der Ausschlusserklärung **mit ihren** 32 **Unterscheidungsmerkmalen** anzugeben, so dass die entsprechende Serie, die Aktiennummer und die Stückelung zu publizieren sind.[66] Da Abs. 3 keine dem Abs. 2 S. 3 entsprechende Ausnahme enthält, gilt dies auch für vinkulierte Namensaktien. Zur Vermeidung von Unklarheiten empfiehlt es sich, die Ausschlusserklärung in enger Anlehnung an den Gesetzeswortlaut zu formulieren.[67]

d) **Form.** Die Erklärung erfolgt durch **einmalige Bekanntgabe in den Gesellschaftsblättern** 33 und wird mit Erscheinen des letzten Gesellschaftsblatts wirksam.[68] Dieses Formerfordernis steht nicht zur Disposition der Gesellschaft, so dass eine andere Form der Veröffentlichung keine Ausschließungswirkung entfaltet.[69] Da die Erklärung auch dem Schutz des Rechtsverkehrs dient, ist insbesondere die bloße Erklärung gegenüber säumigen Aktionären nicht ausreichend.[70]

IV. Rechtsfolgen wirksamer Ausschließung, Abs. 3 und 4

1. Stellung des ausgeschlossenen Aktionärs. a) Überblick. Die Kaduzierung bewirkt für den 34 betroffenen Aktionär den **Verlust seiner Mitgliedschaft** sowie der geleisteten Einzahlungen. Der Gesetzeswortlaut, nach dem der ausgeschlossene Aktionär seiner Aktien und der geleisteten Einlagen zugunsten der Gesellschaft „verlustig" geht, darf nicht zu dem Fehlschluss verleiten, dass das Mitgliedschaftsrecht durch den wirksamen Ausschluss insgesamt vernichtet würde.[71] Vielmehr zeigt der Zusatz, dass der Aktionär seiner Aktien „zugunsten der Gesellschaft" für verlustig erklärt wird, dass das **Mitgliedschaftsrecht** im Unterschied zur Zwangseinziehung gem. §§ 237 ff. (→ Rn. 6) gerade **nicht untergeht,** sondern der AG zugeordnet wird (→ Rn. 42).[72]

Der **Verlust der geleisteten Einlagen** bringt zunächst nur die Selbstverständlichkeit zum Aus- 35 druck, dass die während der Mitgliedschaft geleisteten Einlagen mit Rechtsgrund erbracht wurden und daher nicht zurückgefordert werden können.[73] Darüber hinaus macht die Formulierung aber deutlich, dass auch ein Anspruch des Aktionärs wegen nachträglichen Wegfalls des Rechtsgrundes nicht besteht.[74]

b) **Rechte des ausgeschlossenen Aktionärs.** Der wirksame Ausschluss des Aktionärs bewirkt, 36 dass **sämtliche mitgliedschaftlichen Rechte enden.**[75] Hierzu gehören sowohl die Verwaltungsrechte wie etwa das Recht auf Teilnahme an der Hauptversammlung, das Stimmrecht oder die Anfechtungsbefugnis als auch die vermögensbezogenen Rechte wie bspw. das Gewinnbezugsrecht, das Bezugsrecht bei einer Kapitalerhöhung und der Anteil am Liquidationserlös.[76]

Wenn vor dem Ausschluss des Aktionärs bereits ein Gewinnverteilungsbeschluss gefasst wurde, 37 bleibt ein bereits vor dem Ausschluss fälliger **Dividendenanspruch** durch die Kaduzierung **unberührt.**[77] Sofern die Gesellschaft nach Abschluss des Verwertungsverfahrens nach § 65 AktG noch

---

[64] Kölner Komm AktG/*Drygala* Rn. 31; Großkomm AktG/*Gehrlein* Rn. 34; K. Schmidt/Lutter/*Fleischer* Rn. 24.
[65] Kölner Komm AktG/*Drygala* Rn. 23; Großkomm AktG/*Gehrlein* Rn. 34; K. Schmidt/Lutter/*Fleischer* Rn. 24; Bürgers/Körber/*Westermann* Rn. 9.
[66] Kölner Komm AktG/*Drygala* Rn. 34; Großkomm AktG/*Gehrlein* Rn. 35; K. Schmidt/Lutter/*Fleischer* Rn. 25; Hüffer/Koch/*Koch* Rn. 6.
[67] Ebenso Großkomm AktG/*Gehrlein* Rn. 35; Kölner Komm AktG/*Drygala* Rn. 34; K. Schmidt/Lutter/*Fleischer* Rn. 25.
[68] Heute AllgM, statt aller MüKoAktG/*Bayer* Rn. 53.
[69] BGH NZG 2002, 333 = WM 2002, 555 m. zust. Anm. *Bayer*/*Pielka* WuB II A. § 65 1.02, 565.
[70] BGH NZG 2002, 333 = WM 2002, 555 m. zust. Anm. *Bayer*/*Pielka* WuB II A. § 65 1.02, 565; K. Schmidt/Lutter/*Fleischer* Rn. 26.
[71] K. Schmidt/Lutter/*Fleischer* Rn. 29; Kölner Komm AktG/*Drygala* Rn. 35.
[72] Kölner Komm AktG/*Drygala* Rn. 35; Großkomm AktG/*Gehrlein* Rn. 40.
[73] Kölner Komm AktG/*Drygala* Rn. 36; Großkomm AktG/*Gehrlein* Rn. 41; K. Schmidt/Lutter/*Fleischer* Rn. 32; Bürgers/Körber/*Westermann* Rn. 14.
[74] MüKoAktG/*Bayer* Rn. 59; Großkomm AktG/*Gehrlein* Rn. 41; K. Schmidt/Lutter/*Fleischer* Rn. 32.
[75] Hüffer/Koch/*Koch* Rn. 7; Kölner Komm AktG/*Drygala* Rn. 37; Großkomm AktG/*Gehrlein* Rn. 42; Hölters/*Laubert* Rn. 12.
[76] Hüffer/Koch/*Koch* Rn. 7; Kölner Komm AktG/*Drygala* Rn. 37; K. Schmidt/Lutter/*Fleischer* Rn. 30; Großkomm AktG/*Gehrlein* Rn. 42.
[77] K. Schmidt/Lutter/*Fleischer* Rn. 30; Grigoleit/*Grigoleit*/*Rachlitz* Rn. 7.

einen Anspruch aus der Ausfallhaftung ihres Altaktionärs nach Abs. 4 S. 2 hat, kann sie damit gegenüber dem Dividendenanspruch des Aktionärs aufrechnen.[78] Vor Abschluss dieses Verfahrens steht der Gesellschaft allerdings kein Zurückbehaltungsrecht gem. § 273 BGB hinsichtlich der Dividende zu, da der Anspruch aus der Ausfallhaftung noch nicht fällig ist.[79]

38   **c) Pflichten des ausgeschlossenen Aktionärs.** Durch die Kaduzierung erlöschen die **mitgliedschaftlichen Pflichten** des Aktionärs.[80] Das gilt in erster Linie für die Einlagepflicht, an deren Stelle jedoch die subsidiäre Ausfallhaftung nach Abs. 4 S. 2 (→ Rn. 49) tritt.[81] Daneben entfallen auch etwaige Nebenleistungsverpflichtungen des Aktionärs nach § 55.[82] Hinsichtlich möglicher Ansprüche der Gesellschaft nach § 63 Abs. 2 und 3 ist zu differenzieren: Die Kaduzierung bewirkt, dass keine neuen Schadensersatz- oder Zinsansprüche der Gesellschaft mehr entstehen, lässt die bis zum Ausschluss entstandenen Ansprüche aber unberührt.[83]

39   **d) Unumkehrbarkeit der Rechtsfolgen.** Die Rechtsfolgen einer wirksamen Kaduzierung können nicht mehr rückgängig gemacht werden. Die Kaduzierungswirkungen können nicht durch **nachträgliche Leistung** der Einlage oder Vertrag zwischen der Gesellschaft und dem Aktionär beseitigt werden.[84] Das gilt auch dann, wenn der Aktionär den Anspruch der Gesellschaft aus Abs. 4 S. 2 erfüllt.[85] Dem Aktionär steht lediglich die Möglichkeit offen, sein ehemaliges Mitgliedschaftsrecht im Verwertungsverfahren nach § 65 Abs. 3 zu erwerben.[86]

40   **2. Rechte Dritter an der Aktie.** Neben den Rechten des Aktionärs erlöschen auch alle Rechte seiner Gläubiger an der Aktie. Der wirksame Ausschluss bewirkt, dass alle **dinglichen Ansprüche** an der Aktie wie etwa ein Pfandrecht oder ein Nießbrauch ersatzlos wegfallen.[87] Dies ergibt sich zum einen daraus, dass Abs. 4 S. 1 die Gesellschaft verpflichtet, neue und unbelastete Aktien auszugeben (→ Rn. 51). Für den Untergang dinglicher Rechte an der Aktie spricht zum anderen der Grundsatz der Priorität der Rechte, da die Einlageforderung der Gesellschaft einer etwaigen dinglichen Belastung der Aktie durch einen Dritten zeitlich vorausgeht.[88]

41   Auf die Aktie bezogene **schuldrechtliche Verpflichtungen** müssen zwar nicht mehr erfüllt werden;[89] der ausgeschlossene Aktionär macht sich jedoch schadensersatzpflichtig.[90] Der außen stehende Dritte kann den Untergang seiner Rechte allerdings dadurch verhindern, dass er die Einlageforderung für den Aktionär bezahlt und somit die Kaduzierung verhindert (→ Rn. 12 und 44).

42   **3. Zuordnung der Mitgliedschaft.** Die Kaduzierung bewirkt nicht den Untergang der Mitgliedschaft als solcher (→ Rn. 34).[91] Nach zutr. Auffassung wird die Gesellschaft selbst (vorübergehend) Inhaberin der kaduzierten Mitgliedschaft.[92] Die früher hM, nach der sich das Mitgliedschaftsrecht durch die Kaduzierung in ein subjektloses Recht umwandeln und ohne einen Inhaber weiter bestehen soll,[93] ist dogmatisch nicht haltbar und lässt sich, wie § 71 zeigt, nicht mit dem anderenfalls drohenden Untergang der Mitgliedschaft durch Konfusion begründen.

---

[78] Kölner Komm AktG/*Drygala* Rn. 38; Großkomm AktG/*Gehrlein* Rn. 43.
[79] Kölner Komm AktG/*Drygala* Rn. 38; Großkomm AktG/*Gehrlein* Rn. 43.
[80] K. Schmidt/Lutter/*Fleischer* Rn. 31.
[81] Hüffer/Koch/*Koch* Rn. 7; Großkomm AktG/*Gehrlein* Rn. 43; Kölner Komm AktG/*Drygala* Rn. 40.
[82] MüKoAktG/*Bayer* Rn. 63; Großkomm AktG/*Gehrlein* Rn. 43; K. Schmidt/Lutter/*Fleischer* Rn. 31.
[83] Kölner Komm AktG/*Drygala* Rn. 40; Großkomm AktG/*Gehrlein* Rn. 43; K. Schmidt/Lutter/*Fleischer* Rn. 31; Hölters/*Laubert* Rn. 13.
[84] Kölner Komm AktG/*Drygala* Rn. 44; Großkomm AktG/*Gehrlein* Rn. 48; K. Schmidt/Lutter/*Fleischer* Rn. 34; Hölters/*Laubert* Rn. 14; Bürgers/Körber/*Westermann* Rn. 13.
[85] Kölner Komm AktG/*Drygala* Rn. 44; Bürgers/Körber/*Westermann* Rn. 16; Großkomm AktG/*Gehrlein* Rn. 48.
[86] Kölner Komm AktG/*Drygala* Rn. 44; Großkomm AktG/*Gehrlein* Rn. 48; K. Schmidt/Lutter/*Fleischer* Rn. 34; Bürgers/Körber/*Westermann* Rn. 13.
[87] Kölner Komm AktG/*Drygala* Rn. 39; Großkomm AktG/*Gehrlein* Rn. 44; K. Schmidt/Lutter/*Fleischer* Rn. 33; Wachter/*Servatius* Rn. 11.
[88] MüKoAktG/*Bayer* Rn. 64.
[89] Kölner Komm AktG/*Drygala* Rn. 39; Großkomm AktG/*Gehrlein* Rn. 44.
[90] K. Schmidt/Lutter/*Fleischer* Rn. 33.
[91] Heute allgM, statt aller MüKoAktG/*Bayer* Rn. 68.
[92] Hüffer/Koch/*Koch* Rn. 8; MüKoAktG/*Bayer* Rn. 70; K. Schmidt/Lutter/*Fleischer* Rn. 36; Großkomm AktG/*Gehrlein* Rn. 46; Kölner Komm AktG/*Drygala* Rn. 43; Grigoleit/*Grigoleit/Rachlitz* Rn. 8; Bürgers/Körber/*Westermann* Rn. 11; Wachter/*Servatius* Rn. 11; MHdB AG/*Rieckers* § 16 Rn. 17.
[93] RGZ 98, 276 (278); BGHZ 42, 89 (92) = NJW 1964, 1954; GHEK/*Hefermehl/Bungeroth* Rn. 49; v. Godin/*Wilhelmi* Anm. 8; *von Halem*, Die Kaduzierung von Aktien und Geschäftsanteilen, 1961, 41 ff.; *Hohner*, Subjektlose Rechte, 1969, 113 ff.

4. Behandlung kaduzierter Aktien bei der Gesellschaft. Die Gesellschaft ist verpflichtet, die 43 Aktien nach § 65 zu verwerten.[94] Im Rahmen des § 71 Abs. 2 S. 1 und § 71c Abs. 2 (Höchstgrenzen für die Menge eigener Aktien) sind die Aktien nicht mitzurechnen (→ § 71 Rn. 218; → § 71c Rn. 4).[95] Eine Aktivierung der kaduzierten Aktien in der Bilanz scheidet aus, weil sie keinen Wert darstellen, der über die ohnehin schon aktivierte Einlageforderung hinausgeht.[96] Die kaduzierten Aktien sind nach § 160 Abs. 1 Nr. 2 im Anhang der Bilanz zu erläutern.[97]

5. Kein gutgläubiger Erwerb. Der Verlust der Mitgliedschaft durch Ausschließung hat zur 44 Folge, dass der Aktionär seine **Verfügungsbefugnis** verliert. Ebenso wie bei einer Kraftloserklärung nach §§ 72, 73 kommt ein gutgläubiger Erwerb der Aktie durch Dritte nicht in Betracht.[98] Dies gilt auch dann, wenn entgegen § 10 Abs. 2 nicht voll eingezahlte Inhaberaktien ausgegeben wurden.[99]

6. Schicksal der Aktienurkunden. a) Nichtigkeit der alten Aktienurkunde. Durch die Aus- 45 schlusserklärung verliert die alte Urkunde ihre Wertpapiereigenschaft, da das scheinbar in ihr verbriefte Recht nicht mehr existiert.[100] Einer besonderen **Kraftloserklärung** bedarf es hierfür nicht, da die Bekanntgabe des Ausschlusses nach Abs. 3 die gleiche Wirkung hat wie diejenige nach 73 Abs. 2 S. 3.[101] Wegen der Missbrauchsgefahr, die bei Einzelverbriefung mit der Urkunde verbunden ist, wird man die Gesellschaft entgegen der hL[102] für verpflichtet halten müssen, kaduzierte Aktien mit Hilfe ihres Herausgabeanspruchs analog §§ 952, 985 BGB aus dem Verkehr zu ziehen.[103]

b) Ausgabe neuer Aktienurkunden, Abs. 4 S. 1. aa) Ausgabepflicht, Abs. 4 S. 1 Hs. 1. 46 Nach Abs. 4 S. 1 Hs. 1 sind anstelle der alten Urkunden neue Urkunden auszugeben. Diese Verpflichtung setzt voraus, dass die Mitgliedschaft schon bisher verbrieft war; anderenfalls kann die Urkundenausgabe unterbleiben.[104] Die Herstellung neuer Urkunden ist für die Gesellschaft deshalb aus Verwertungsgründen unverzichtbar, weil die Vormänner nach § 65 Abs. 1 S. 4 nur gegen Aushändigung dieser neuen Aktien zur Zahlung verpflichtet sind und nach § 65 Abs. 3 auch im Falle eines Verkaufs oder einer Versteigerung dem Erwerber die Urkunde zu übergeben ist (→ § 65 Rn. 33).[105]

bb) Ausgestaltung der Urkunde, Abs. 4 S. 1 Hs. 2. Die neue Urkunde muss nach Abs. 4 S. 1 47 außer den bereits geleisteten **Teilzahlungen** (§ 10 Abs. 2 S. 2) auch den **offen stehenden Betrag** angeben. Daraus folgt, dass zum einen die Summe der tatsächlich geleisteten Teilzahlungen, zum anderen aber auch der Betrag aufgeführt werden muss, der nach § 63 Abs. 1 fällig gestellt, aber trotz Zahlungsaufforderung und Ausschlussandrohung nicht geleistet wurde.[106] Dagegen müssen nach § 55 vorgesehene Nebenpflichten oder nach § 63 Abs. 2 und 3 geschuldete Zins-, Schadensersatz- oder Vertragsstrafenansprüche nicht aufgenommen werden.[107]

Die **äußere Gestaltung** der neuen Urkunde kann sich zwar an der alten Urkunde orientieren; 48 es muss aus ihr aber eindeutig erkennbar sein, dass sie anstelle einer kaduzierten Aktienurkunde

---

[94] MüKoAktG/*Bayer* Rn. 70; K. Schmidt/Lutter/*Fleischer* Rn. 37; Hölters/*Laubert* Rn. 16; MHdB AG/*Rieckers* § 16 Rn. 17.
[95] MüKoAktG/*Bayer* Rn. 70; K. Schmidt/Lutter/*Fleischer* Rn. 37; Grigoleit/*Grigoleit/Rachlitz* Rn. 8; Hüffer/Koch/*Koch* Rn. 8.
[96] Kölner Komm AktG/*Drygala* Rn. 35; K. Schmidt/Lutter/*Fleischer* Rn. 37; Bürgers/Körber/*Westermann* Rn. 12.
[97] Hüffer/Koch/*Koch* Rn. 8; Kölner Komm AktG/*Lutter* Rn. 43; Großkomm AktG/*Gehrlein* Rn. 46; K. Schmidt/Lutter/*Fleischer* Rn. 37.
[98] Kölner Komm AktG/*Drygala* Rn. 41; MüKoAktG/*Bayer* Rn. 73; K. Schmidt/Lutter/*Fleischer* Rn. 35; Hölters/*Laubert* Rn. 17; Bürgers/Körber/*Westermann* Rn. 13; NK-AktR/*Bergheim* Rn. 13; Großkomm AktG/*Gehrlein* Rn. 47; Hüffer/Koch/*Koch* Rn. 7; MHdB AG/*Rieckers* § 16 Rn. 17.
[99] Kölner Komm AktG/*Drygala* Rn. 41; Großkomm AktG/*Gehrlein* Rn. 47; K. Schmidt/Lutter/*Fleischer* Rn. 35; Hölters/*Laubert* Rn. 17; Hüffer/Koch/*Koch* Rn. 7.
[100] Kölner Komm AktG/*Drygala* Rn. 45; MüKoAktG/*Bayer* Rn. 72; K. Schmidt/Lutter/*Fleischer* Rn. 38; Hüffer/Koch/*Koch* Rn. 7; Großkomm AktG/*Gehrlein* Rn. 49; MHdB AG/*Rieckers* § 16 Rn. 17.
[101] Kölner Komm AktG/*Drygala* Rn. 45; Großkomm AktG/*Gehrlein* Rn. 49; Bürgers/Körber/*Westermann* Rn. 15.
[102] Großkomm AktG/*Gehrlein* Rn. 49; GHEK/*Hefermehl/Bungeroth* Rn. 52; Kölner Komm AktG/*Drygala* Rn. 46; Grigoleit/*Grigoleit/Rachlitz* Rn. 9.
[103] MüKoAktG/*Bayer* Rn. 74; K. Schmidt/Lutter/*Fleischer* Rn. 38; Hölters/*Laubert* Rn. 17.
[104] NK-AktR/*Bergheim* Rn. 15; K. Schmidt/Lutter/*Fleischer* Rn. 39; Hüffer/Koch/*Koch* Rn. 9; Großkomm AktG/*Gehrlein* Rn. 51; Kölner Komm AktG/*Drygala* Rn. 47.
[105] Großkomm AktG/*Gehrlein* Rn. 51; Kölner Komm AktG/*Drygala* Rn. 47; Bürgers/Körber/*Westermann* Rn. 15.
[106] MüKoAktG/*Bayer* Rn. 74; Großkomm AktG/*Gehrlein* Rn. 52; Grigoleit/*Grigoleit/Rachlitz* Rn. 9.
[107] MüKoAktG/*Bayer* Rn. 74; Großkomm AktG/*Gehrlein* Rn. 52; K. Schmidt/Lutter/*Fleischer* Rn. 40.

ausgegeben wurde. Nach Abs. 4 S. 1 ist ausgeschlossen, dass die Gesellschaft an sie zurückgegebene alte Urkunden als neue ausgibt.[108]

49 **7. Ausfallhaftung des ausgeschlossenen Aktionärs, Abs. 4 S. 2. a) Subsidiarität der Haftung.** Der ausgeschlossene Aktionär ist nicht mehr Mitglied der Gesellschaft und damit nicht mehr Schuldner der Einlage. Er wird nach Abs. 4 S. 2 jedoch zum **Ausfallschuldner**. Die Haftung des kaduzierten Aktionärs kommt allerdings erst nach erfolgloser Inanspruchnahme der Vormänner (§ 65 Abs. 1) bzw. erfolgloser Verwertung durch Verkauf (§ 65 Abs. 3) in Betracht. Der ausgeschlossene Aktionär haftet folglich nur hilfsweise.[109]

50 b) **Haftungsumfang.** Die Haftung erstreckt sich auf den **gesamten rückständigen Betrag**: Hierzu zählt zum einen der offen stehende Betrag, der zur Kaduzierung des Aktionärs geführt hat.[110] Daneben haftet der Aktionär auf die **Beträge**, die der Vorstand gem. § 63 Abs. 1 erst **nach** der **Kaduzierung** einfordert.[111] Die vollumfängliche Haftung des kaduzierten Aktionärs auf die Einlageschuld reduziert sich aufgrund der Subsidiarität der Ausfallhaftung (→ Rn. 54) um die Beträge, die durch eine Inanspruchnahme der Vormänner nach § 65 Abs. 1 oder durch eine Verwertung der kaduzierten Aktie nach § 65 Abs. 3 erzielt wurden.[112] Die subsidiäre Haftung des Abs. 4 S. 2 erfasst dagegen **nicht** die **Nebenforderungen** der Gesellschaft nach § 63 Abs. 2 und 3 (Zinsen, Schadensersatz, Vertragsstrafe).[113] Die Zahlung dieser Beträge schuldet der kaduzierte Aktionär, soweit sie vor seiner Kaduzierung begründet wurden, unmittelbar und nicht nur hilfsweise.[114]

51 c) **Wegfall der Haftung.** Die Haftung entfällt, wenn die Gesellschaft durch die Verwertung der Aktie **vollständig befriedigt** wird (→ Rn. 52). Eine Inanspruchnahme des Aktionärs scheidet ferner aus, wenn die Gesellschaft die zwingenden Voraussetzungen des § 65 nicht beachtet und es aus diesem Grund nicht zu einer vollständigen Befriedigung der Gesellschaft kommt (→ § 65 Rn. 68 ff.).[115] Ist zwischen der Gesellschaft und dem kaduzierten Aktionär streitig, ob die Bestimmungen des § 65 beachtet wurden, obliegt der Gesellschaft die Darlegungs- und Beweislast.[116] Dabei gilt die **widerlegliche Vermutung** des § 65 Abs. 1 S. 3, dass die Zahlung nicht zu erlangen sein wird, wenn sie nicht innerhalb eines Monats seit der Zahlungsaufforderung und der Benachrichtigung des Vormannes eingegangen ist, auch im Verhältnis der Gesellschaft zum ausgeschlossenen Aktionär (→ § 65 Rn. 60).[117]

52 d) **Rechtsfolgen bei Zahlung des Ausfallbetrages.** Erfüllt der ausgeschlossene Aktionär seine Verpflichtung aus Abs. 4 S. 2, so erlischt der Anspruch der AG auf Ausfallhaftung. Der Ausgeschlossene erwirbt durch die Zahlung weder gegen die Gesellschaft noch gegen die Vormänner Ausgleichsansprüche. Auch sein ehemaliges Mitgliedschaftsrecht lebt durch die Zahlung nicht wieder auf (→ Rn. 39). Sofern der kaduzierte Aktionär seine Mitgliedschaft zurück erwerben will, muss er sich am Verwertungsverfahren nach § 65 Abs. 3 beteiligen (→ Rn. 39 und § 65 Rn. 27).[118]

V. Rechtsfolgen bei fehlerhafter Ausschließung

53 1. **Ungültigkeit des Ausschlusses.** Eine wirksame Kaduzierung setzt voraus, dass sämtliche formellen und materiellen Voraussetzungen des § 64 erfüllt sind. Fehlt es an einer dieser Voraussetzungen, ist die Kaduzierung fehlerhaft und damit unwirksam: Der vermeintliche Ausschluss des bisherigen Aktionärs hat keine rechtlichen Wirkungen. Seine Gesellschafterstellung bleibt unberührt, auch wenn sein Ausschluss öffentlich bekannt gegeben wurde.[119] Eine **Heilung** etwaiger Fehler ist **nicht**

---

[108] Großkomm AktG/*Gehrlein* Rn. 53.
[109] MüKoAktG/*Bayer* Rn. 81; Großkomm AktG/*Gehrlein* Rn. 54; K. Schmidt/Lutter/*Fleischer* Rn. 41; Hölters/*Laubert* Rn. 18.
[110] Großkomm AktG/*Gehrlein* Rn. 54; Kölner Komm AktG/*Drygala* Rn. 50.
[111] Kölner Komm AktG/*Drygala* Rn. 50; Großkomm AktG/*Gehrlein* Rn. 54; K. Schmidt/Lutter/*Fleischer* Rn. 41; Hölters/*Laubert* Rn. 18; Hüffer/Koch/*Koch* Rn. 9.
[112] Großkomm AktG/*Gehrlein* Rn. 54; Kölner Komm AktG/*Drygala* Rn. 52.
[113] K. Schmidt/Lutter/*Fleischer* Rn. 41; Bürgers/Körber/*Westermann* Rn. 16.
[114] Großkomm AktG/*Gehrlein* Rn. 55; Kölner Komm AktG/*Drygala* Rn. 51; Hölters/*Laubert* Rn. 18.
[115] Großkomm AktG/*Gehrlein* Rn. 56; MüKoAktG/*Bayer* Rn. 88.
[116] MüKoAktG/*Bayer* Rn. 88.
[117] MüKoAktG/*Bayer* Rn. 88.
[118] MüKoAktG/*Bayer* Rn. 89; Großkomm AktG/*Gehrlein* Rn. 60; Kölner Komm AktG/*Drygala* Rn. 44, 55; MHdB AG/*Rieckers* § 16 Rn. 19.
[119] So bereits RGZ 9, 36 (41 f.); KG OLGE 1, 435; OLGE 19, 370; im Schrifttum etwa MüKoAktG/*Bayer* Rn. 90; Großkomm AktG/*Gehrlein* Rn. 61; Kölner Komm AktG/*Drygala* Rn. 58; Grigoleit/*Grigoleit/Rachlitz* Rn. 6; Bürgers/Körber/*Westermann* Rn. 17.

möglich, vielmehr ist grundsätzlich eine Neuvornahme aller Verfahrensschritte erforderlich (→ § 65 Rn. 68).[120] Eine Ausnahme gilt lediglich, soweit der Fehler in der Ausschließungserklärung liegt; sie kann nachgeholt werden, wenn nicht der dafür zur Verfügung stehende Zeitraum mittlerweile verstrichen ist.[121]

Trotz des unwirksamen Ausschlusses vorgenommene **Verfügungen der AG** über die Aktie sind ohne rechtliche Wirkung.[122] Ein **gutgläubiger Erwerb** durch einen Dritten ist **nicht möglich.**[123] Anderenfalls käme zu dem fortbestehenden Mitgliedschaftsrecht des Altaktionärs ein weiteres Mitgliedschaftsrecht hinzu, was im Ergebnis auf eine unzulässige Kapitalerhöhung hinausliefe. Der (gutgläubige) Erwerber einer nach § 65 Abs. 3 erworbenen Aktie ist jedoch nicht rechtlos gestellt. Ihm stehen **Regressansprüche** gem. § 311a Abs. 2 BGB gegen die Gesellschaft zu (→ § 65 Rn. 68). Ein zu Unrecht nach § 65 Abs. 1 in Anspruch genommener Vormann hat einen bereicherungsrechtlichen Anspruch gegen die Gesellschaft nach §§ 812 Abs. 1 S. 1 Alt. 1 BGB.[124] Daneben kommen auch (verschuldensabhängige) Ansprüche des Erwerbers der Aktie gem. § 8 Abs. 2 S. 3, § 10 Abs. 4 S. 2, § 41 Abs. 4 S. 3 und § 191 S. 3 gegen die Vorstandsmitglieder der Gesellschaft wegen der unrichtigen Ausgabe der neuen Aktien in Betracht. Die Vorstandsmitglieder haften in diesem Fall persönlich und gesamtschuldnerisch.[125] Sofern ein Anspruch des Aktienerwerbers besteht, haften die Vorstandsmitglieder und ggf. auch die Aufsichtsratsmitglieder ihrerseits gegenüber der Gesellschaft nach §§ 93, 116.[126] 54

2. Rechte des Aktionärs. Da die Rechte des Aktionärs trotz (vermeintlicher) Ausschließung fortbestehen, kann der Aktionär weiterhin wirksam über sein Mitgliedschaftsrecht **verfügen.**[127] Während die kaduzierten Aktien also weiterhin die Mitgliedschaft verkörpern, sind die neuen Aktien ein rechtliches Nullum („wertloses Stück Papier").[128] 55

Der Aktionär kann gegen die AG **auf Feststellung** des Fortbestehens seiner Mitgliedschaft **klagen** (§ 256 ZPO).[129] Sofern das Ausschließungsverfahren noch nicht abgeschlossen ist, die Kaduzierung aber droht, steht dem Aktionär die Klage auf Unterlassung der Kaduzierung zur Verfügung.[130] Daneben kann der Aktionär verlangen, dass die Unwirksamkeit des (angeblichen) Ausschlusses durch die Gesellschaft in gleicher Weise wie der Ausschluss selbst bekannt gemacht wird.[131] 56

VI. Besonderheiten in der Insolvenz

1. Insolvenz des Aktionärs. Wird gegen den säumigen Aktionär ein Insolvenzverfahren eingeleitet, hat dies **keine Auswirkungen auf das Verfahren nach § 64.** Die Gesellschaft kann weiterhin beim Vorliegen der gesetzlichen Voraussetzungen die Kaduzierung des betroffenen Aktionärs betreiben. Alternativ hat die Gesellschaft die Möglichkeit, ihre offen stehende Einlageforderung zur Insolvenztabelle anzumelden und damit im Insolvenzverfahren geltend zu machen. Der Gesellschaft steht in diesem Fall jedoch kein Absonderungsrecht zu,[132] so dass sie dieses Verfahren zweckmäßigerweise nur dann wählen wird, wenn die voraussichtliche Befriedigungsquote aus der Insolvenzmasse höher ist als der Erlös bei einer Verwertung der Aktie nach §§ 64, 65. Entschließt sich die Gesellschaft dazu, die Forderung zur Insolvenztabelle anzumelden, stehen dem Insolvenzverwalter zwei Möglichkeiten offen: Er kann zum einen die fällige Einlageforderung vollständig erfüllen und nachfolgend die Aktie selbstständig verwerten, wobei der Erlös der Insolvenzmasse zufließt. Der Insolvenzverwalter kann aber auch die Zahlung verweigern. In diesem Fall ist die Gesellschaft wiederum auf das Verfahren nach §§ 64, 65 verwiesen. Auch dann haftet der ausgeschlossene Aktionär für den etwaigen Ausfall 57

---

[120] Grigoleit/*Grigoleit/Rachlitz* Rn. 6; Bürgers/Körber/*Westermann* Rn. 18.
[121] Zutr. Kölner Komm AktG/*Drygala* Rn. 58; strenger MüKoAktG/*Bayer* Rn. 90 und § 65 Rn. 101; großzügiger, Wiederholung nur des beanstandeten und der nachfolgenden Verfahrensschritte, Großkomm AktG/*Gehrlein* Rn. 61.
[122] MüKoAktG/*Bayer* Rn. 92; K. Schmidt/Lutter/*Fleischer* Rn. 42.
[123] MüKoAktG/*Bayer* Rn. 92; Großkomm AktG/*Gehrlein* Rn. 65; Kölner Komm AktG/*Drygala* Rn. 60; K. Schmidt/Lutter/*Fleischer* Rn. 42; Grigoleit/*Grigoleit/Rachlitz* Rn. 6; Bürgers/Körber/*Westermann* Rn. 17.
[124] Großkomm AktG/*Gehrlein* Rn. 65; MüKoAktG/*Bayer* Rn. 92.
[125] Großkomm AktG/*Gehrlein* Rn. 92; MüKoAktG/*Bayer* Rn. 92.
[126] Großkomm AktG/*Gehrlein* Rn. 65; Kölner Komm AktG/*Drygala* Rn. 61; MüKoAktG/*Bayer* Rn. 92.
[127] MüKoAktG/*Bayer* Rn. 90; Kölner Komm AktG/*Drygala* Rn. 59; Großkomm AktG/*Gehrlein* Rn. 62.
[128] KG OLGE 21, 435 (436); Kölner Komm AktG/*Drygala* Rn. 60; ebenso MüKoAktG/*Bayer* Rn. 90; K. Schmidt/Lutter/*Fleischer* Rn. 42.
[129] K. Schmidt/Lutter/*Fleischer* Rn. 42; Hölters/*Laubert* Rn. 19.
[130] MüKoAktG/*Bayer* Rn. 110.
[131] MüKoAktG/*Bayer* Rn. 91; Großkomm AktG/*Gehrlein* Rn. 64; Kölner Komm AktG/*Drygala* Rn. 59; Hölters/*Laubert* Rn. 19.
[132] MüKoAktG/*Bayer* Rn. 94; Großkomm AktG/*Gehrlein* Rn. 67; K. Schmidt/Lutter/*Fleischer* Rn. 43.

§ 65 der Gesellschaft nach Abs. 4 S. 2.[133] Die Teilnahme an einem Insolvenzplan des Einlageschuldners ist jedenfalls dann nicht ausgeschlossen, wenn es sich bei ihm nicht um den ersten Aktionär handelt.[134] Da die Befreiung des Schuldners nicht das Recht der Gesellschaft ausschließt, wegen eines Ausfalls auf die Einlageforderung das Kaduzierungsverfahren zu betreiben und dabei nach § 65 die Rechtsvorgänger des ausgeschlossenen Aktionärs in Anspruch zu nehmen,[135] liegt darin keine unzulässige Gefährdung der Kapitalaufbringung (→ § 66 Rn. 17).

58 **2. Insolvenz der Gesellschaft.** Durch die Eröffnung eines Insolvenzverfahrens über das Vermögen der Gesellschaft wird die Durchführung eines Kaduzierungsverfahrens grundsätzlich nicht ausgeschlossen.[136] Da durch eine erfolgreiche Kaduzierung die verteilungsfähige Masse vermehrt wird, ist die Durchführung eines Kaduzierungsverfahrens sogar in besonderem Maße geboten. Zuständig für die Einleitung und Durchführung des Kaduzierungsverfahrens ist nach § 80 Abs. 1 InsO regelmäßig der Insolvenzverwalter.[137] Sofern er sich zur Einleitung eines Kaduzierungsverfahrens entschließt, unterliegt er in gleichen Umfang wie die Gesellschaft dem Gleichbehandlungsgebot des § 53a (hierzu → Rn. 21).[138]

§ 65 Zahlungspflicht der Vormänner

(1) ¹Jeder im Aktienregister verzeichnete Vormann des ausgeschlossenen Aktionärs ist der Gesellschaft zur Zahlung des rückständigen Betrags verpflichtet, soweit dieser von seinen Nachmännern nicht zu erlangen ist. ²Von der Zahlungsaufforderung an einen früheren Aktionär hat die Gesellschaft seinen unmittelbaren Vormann zu benachrichtigen. ³Daß die Zahlung nicht zu erlangen ist, wird vermutet, wenn sie nicht innerhalb eines Monats seit der Zahlungsaufforderung und der Benachrichtigung des Vormanns eingegangen ist. ⁴Gegen Zahlung des rückständigen Betrags wird die neue Urkunde ausgehändigt.

(2) ¹Jeder Vormann ist nur zur Zahlung der Beträge verpflichtet, die binnen zwei Jahren eingefordert werden. ²Die Frist beginnt mit dem Tage, an dem die Übertragung der Aktie zum Aktienregister der Gesellschaft angemeldet wird.

(3) ¹Ist die Zahlung des rückständigen Betrags von Vormännern nicht zu erlangen, so hat die Gesellschaft die Aktie unverzüglich zum Börsenpreis und beim Fehlen eines Börsenpreises durch öffentliche Versteigerung zu verkaufen. ²Ist von der Versteigerung am Sitz der Gesellschaft kein angemessener Erfolg zu erwarten, so ist die Aktie an einem geeigneten Ort zu verkaufen. ³Zeit, Ort und Gegenstand der Versteigerung sind öffentlich bekanntzumachen. ⁴Der ausgeschlossene Aktionär und seine Vormänner sind besonders zu benachrichtigen; die Benachrichtigung kann unterbleiben, wenn sie untunlich ist. ⁵Bekanntmachung und Benachrichtigung müssen mindestens zwei Wochen vor der Versteigerung ergehen.

Schrifttum: *Bayer/Pielka*, Anm zu BGH WM 2002, 555, WuB II A. § 65 1.02, 565; *Buchetmann*, Die teileingezahlte Aktie – insbesondere die Rechtsstellung der Inhaber teileingezahlter Aktien, 1972; *Hachenburg*, Verkauf eigener Aktien durch die Aktiengesellschaft und eigener Geschäftsanteile durch die Gesellschaft mbH, Das Recht 1907, 225; *von Halem*, Die Kaduzierung von Aktien und von Geschäftsanteilen einer GmbH, 1961; *Homburger*, Anm zu KG JW 1927, 2434; *Melber*, Die Kaduzierung in der GmbH, 1993; *K. Müller*, Zur Pfändung der Einlageforderung der AG, AG 1971, 1.

Übersicht

	Rn.		Rn.
I. Grundlagen	1–4	II. Pflicht der Vormänner zur Zahlung rückständiger Beiträge, Abs. 1	5–42
1. Entstehungsgeschichte	1		
2. Normzweck und Systematik	2, 3	1. Allgemeine Voraussetzungen für die Zahlungspflicht der Vormänner, Abs. 1 S. 1	
3. Zwingendes Recht	4	Hs. 1	5–17

---

[133] MüKoAktG/*Bayer* Rn. 94; Kölner Komm AktG/*Drygala* Rn. 63; Großkomm AktG/*Gehrlein* Rn. 67.
[134] Großkomm AktG/*Gehrlein* § 66 Rn. 23; aA MüKoAktG/*Bayer* Rn. 94 und § 66 Rn. 26.
[135] So zu §§ 173 ff. KO, §§ 66 ff. VerglO GHEK/*Hefermehl/Bungeroth* § 63 Rn. 54 f.; *Cahn*, Vergleichsverbote im Gesellschaftsrecht, 1996, 115 ff. mit Darstellung des Meinungsstandes zum früheren Recht.
[136] LG München I ZIP 2012, 2152 (2154).
[137] LG München I ZIP 2012, 2152 (2154).
[138] MüKoAktG/*Bayer* Rn. 93; Kölner Komm AktG/*Drygala* Rn. 62; Großkomm AktG/*Gehrlein* Rn. 66; K. Schmidt/Lutter/*Fleischer* Rn. 44.

	Rn.		Rn.
a) Wirksamkeit der Kaduzierung	5, 6	4. Verjährung	48
b) Verwertungspflicht der AG	7	**IV. Verkauf der Aktie, Abs. 3**	49–66
c) Regressschuldner	8–14	1. Pflicht der AG zum Verkauf, Abs. 3 S. 1	49, 50
d) Regressschuld	15–17	2. Durchführung des Verkaufs	51, 52
2. Besondere Voraussetzungen beim Staffelregress, Abs. 1 S. 1 Hs. 2, S. 2 und S. 3	18–25	3. Verkauf über die Börse, Abs. 3 S. 1 Alt. 1	53
a) Staffelregress, Abs. 1 S. 1 Hs. 2	18, 19	4. Verkauf durch öffentliche Versteigerung, Abs. 3 S. 1 Alt. 2	54–58
b) Haftung des unmittelbaren Vormanns	20	a) Gang der Versteigerung	54
c) Haftung des mittelbaren Vormanns	21–24	b) Ort der Versteigerung, Abs. 3 S. 2	55
d) Mehrere Schuldner	25	c) Bekanntmachung und Benachrichtigung, Abs. 3 S. 3 bis S. 5	56
3. Rechtsstellung des zahlenden Vormanns, Abs. 1 S. 4	26–42	d) Sorgfaltspflichten	57, 58
a) Erwerbsrecht	26, 27	5. Rechtsfolgen des Verkaufs	59–66
b) Zahlung des Vormanns	28–31	a) Verlust der Regressansprüche gegen die Vormänner	59
c) Erwerb der Mitgliedschaft	32	b) Ausfallhaftung des ausgeschlossenen Aktionärs	60–62
d) Aushändigung der neuen Aktienurkunde Zug-um-Zug gegen Zahlung	33, 34	c) Rechtsstellung des Aktienerwerbers	63, 64
e) Kein Erwerb nach wirksamer Zwischenverfügung durch AG	35	d) Unverkäuflichkeit der Aktie	65, 66
f) Erstattungsansprüche des zahlenden Vormanns	36–42	**V. Verfahrensmängel**	67–71
III. Dauer der Haftung, Abs. 2	43–48	1. Unwirksamkeit der Kaduzierung	67, 68
1. Anwendungsbereich, Abs. 2 S. 1	43	2. Fehlerhafter Regress	69, 70
2. Fristbeginn, Abs. 2 S. 2	44–46	3. Fehlerhafter Verkauf	71
3. Fristablauf	47		

I. Grundlagen

1. Entstehungsgeschichte. Die Vorschrift entspricht im Wesentlichen der Vorgängerregelung 1 des § 59 AktG 1937, die ihrerseits ohne sachliche Änderung auf § 220 HGB 1897 zurückgeht. Die Änderungen in Abs. 1 S. 1 und Abs. 2 S. 2 durch Art. 1 Nr. 4 NaStraG v. 18.1.2001 (BGBl. 2001 I 123) haben das frühere Aktienbuch durch das heutige Aktienregister ersetzt, die Änderung des Abs. 3 S. 1 durch Art. 7 Nr. 1 des Vierten Finanzmarktförderungsgesetzes vom 21.6.2002 (BGBl. 2002 I 2058) hat das frühere Erfordernis eines amtlichen Börsenpreises liberalisiert. Im Übrigen ist § 65 in der Fassung des AktG 1965 bis heute unverändert geblieben.

2. Normzweck und Systematik. Die Bestimmung ist Teil des Regelungsgefüges über die 2 Folgen nicht rechtzeitiger Einzahlung der Einlage (§§ 63 ff.). Ihr fällt im Verbund mit § 64 die Aufgabe zu, im Falle der Nichtleistung der Einlage die **Aufbringung des Grundkapitals** zu gewährleisten.[1] Soweit ein Aktionär die von der AG eingeforderte (restliche) Einlage (§ 10 Abs. 2, § 36 Abs. 2, § 36a Abs. 1) nicht rechtzeitig einzahlt, wird zunächst gem. § 64 Abs. 3 S. 1 der Aktionär seiner Aktien und seiner bereits geleisteten Einzahlungen für verlustig erklärt (sog. **Kaduzierung**). In der Folge sind etwaige Vormänner des ausgeschlossenen Aktionärs zur Zahlung des rückständigen Betrags verpflichtet (Abs. 1) und in letzter Hinsicht die Aktien durch Verkauf zu verwerten (Abs. 3).

Die §§ 64, 65 sind als **Regelungseinheit** zu begreifen. Die einzelnen Bestimmungen sind jeweils 3 aufeinander bezogen und bedingen sich gegenseitig. Voraussetzung für ein Eingreifen des § 65 ist zunächst ein wirksamer Ausschluss des nicht zahlenden Aktionärs gem. § 64 Abs. 1–3 (→ Rn. 5).[2] Im Anschluss an die Kaduzierung kann (und muss) die AG gem. § 65 Abs. 1 etwaige Vormänner des Ausgeschlossenen auf Zahlung der rückständigen Beträge in Anspruch nehmen (→ Rn. 7 ff.). Verspricht diese Art der Verwertung der Aktie keine Aussicht auf Erfolg, ist hilfsweise der Verkauf der Aktie gem. § 65 Abs. 3 zu betreiben (→ Rn. 49 ff.). Soweit die Einlageschuld durch den Verwertungserlös nicht gedeckt wird, bleibt schließlich nur der Rückgriff auf den ausgeschlossenen Aktionär gem. § 64 Abs. 4 S. 2. Vergleichbare Regelungen, die ihrerseits auf aktienrechtliche Vorbilder zurückgehen, finden sich in den §§ 21 ff. GmbHG.[3]

---

[1] LG München I ZIP 2012, 2152 (2154); MüKoAktG/*Bayer* Rn. 2f.; Großkomm AktG/*Gehrlein* Rn. 1f; K. Schmidt/Lutter/*Fleischer* Rn. 1; Hölters/*Laubert* Rn. 2; Hüffer/Koch/*Koch* Rn. 1; vgl. auch BegrRegE bei *Kropff* S. 85.

[2] AllgM, BGH WM 2002, 555 = NZG 2002, 333, m. zust. Anm. *Bayer/Pielka* WuB II A. § 65 1.02, 565; für die GmbH bereits RGZ 86, 419 f.; im Schrifttum statt aller Hüffer/Koch/*Koch* Rn. 3.

[3] Vgl. dazu *Melber*, Die Kaduzierung in der GmbH, 1993, 133 ff.

4 **3. Zwingendes Recht.** Die Bestimmungen des § 65 sind zwingend und erschöpfend.[4] Sie sind einer abweichenden Regelung durch die Satzung daher nicht zugänglich (§ 23 Abs. 5). Dies gilt vor dem Hintergrund des § 66 Abs. 1 insbesondere für die Leistungspflicht der Vormänner gem. Abs. 1 S. 1.[5]

II. Pflicht der Vormänner zur Zahlung rückständiger Beiträge, Abs. 1

5 **1. Allgemeine Voraussetzungen für die Zahlungspflicht der Vormänner, Abs. 1 S. 1 Hs. 1. a) Wirksamkeit der Kaduzierung.** Abs. 1 S. 1 ordnet die Haftung der Vormänner an und regelt die Voraussetzungen für ihre Inanspruchnahme. Die Einstandspflicht der Vormänner setzt zunächst den rechtmäßigen Ausschluss des säumigen Anteilsinhabers nach Maßgabe von § 64 Abs. 1–3 voraus.[6] Das folgt bereits aus dem Wortlaut des Abs. 1 S. 1, ergibt sich aber auch aus der systematischen Zusammenschau der §§ 64 und 65 (→ Rn. 3). Anderenfalls wäre die AG zudem nicht in der Lage, dem zahlenden Vormann gem. Abs. 1 S. 4 die Mitgliedschaft zuzuwenden (→ Rn. 32), denn bei fehlerhafter Kaduzierung sind die neuen Aktien unwirksam (→ § 64 Rn. 54).[7]

6 Die Anforderungen des § 64 sind dementsprechend nicht nur für die Wirksamkeit der Kaduzierung, sondern auch für die Haftung der Vormänner gem. Abs. 1 S. 1 von Bedeutung.[8] Insbesondere kommt ein Regress gem. Abs. 1 S. 1 **nur** für offene **Bareinlagen,** nicht aber für rückständige Sacheinlagen (→ § 64 Rn. 7) in Betracht.

7 **b) Verwertungspflicht der AG.** Während die AG gem. § 64 nicht verpflichtet ist, die Ausschließung eines säumigen Aktionärs zu betreiben (→ § 64 Rn. 19 f.), hat sie nach erfolgter Kaduzierung gem. § 65 für die Verwertung der Aktie Sorge zu tragen; ein Ermessensspielraum steht ihr insoweit nicht zu.[9] Die AG hat sich daher trotz der Vermutungsregelung in Abs. 1 S. 3 der Liquidität eines jeden Vormannes zu vergewissern und ist verpflichtet, gegebenenfalls Zahlungsklage zu erheben.[10]

8 **c) Regressschuldner. aa) Vormann.** Zahlungspflichtig ist gem. Abs. 1 S. 1 jeder im Aktienregister verzeichnete Vormann des ausgeschlossenen Aktionärs. Vormann ist jede Person, die vor dem ausgeschlossenen Aktionär Inhaber der Mitgliedschaft war, also jeder seiner Rechtsvorgänger.[11] Die Regresspflicht des Abs. 1 S. 1 läuft daher leer, wenn der Ausgeschlossene der **erste Aktieninhaber** war (etwa im Rahmen der Gründung oder einer Kapitalerhöhung).[12] Dann kommt es sofort zum Verkauf der Aktien gem. Abs. 3.

9 **bb) Eintragung im Aktienregister, § 67 Abs. 2.** Die Zahlungspflicht der Vormänner ist grundsätzlich an ihre Eintragung in das Aktienregister geknüpft. Maßgeblich ist nach § 67 Abs. 2 allein die Eintragung; auf die materielle Rechtslage kommt es regelmäßig nicht an.[13] Der nicht eingetragene frühere Aktionär haftet nach Abs. 1 S. 1 also grundsätzlich nicht. Umgekehrt haften solche Vormänner, deren Eintragung aufgrund eines unwirksamen Erwerbs erfolgt ist.[14] Wer zu Unrecht eingetragen ist, kann der Haftung in der Regel nur durch Löschung aus dem Register gem. § 67 Abs. 5 entgehen.[15] Etwas anderes gilt nur in den Fällen, in denen es an einer **zurechenbaren Veranlassung** der Eintragung durch den Betroffenen **fehlt.** In diesem Fall haftet er nicht, selbst wenn er materiellrechtlich Inhaber der Mitgliedschaft war.[16]

10 Auf die Eintragung kommt es auch dann nicht an, wenn die AG **unverkörperte Mitgliedschaftsrechte** ausgegeben hat. Im Aktienregister werden gem. § 67 Abs. 1 nur die Inhaber von Namensaktien und Zwischenscheinen eingetragen (→ § 67 Rn. 12). Die der Sicherung der Kapitalaufbringung und damit dem Schutz der Gläubiger dienende zwingende Haftung nach Abs. 1 kann jedoch nicht dadurch umgangen werden, dass die AG – was rechtlich zulässig ist – unverkör-

---

[4] Bürgers/Körber/*Westermann* Rn. 1; NK-AktR/*Bergheim* Rn. 1; Großkomm AktG/*Gehrlein* Rn. 4; Hüffer/Koch/*Koch* Rn. 1; Kölner Komm AktG/*Drygala* Rn. 4, 64; K. Schmidt/Lutter/*Fleischer* Rn. 2.
[5] Bürgers/Körber/*Westermann* Rn. 1.
[6] AllgM, BGH WM 2002, 555 = NZG 2002, 333, m. zust. Anm. Bayer/Pielka WuB II A. § 65 1.02, 565; für die GmbH bereits RGZ 86, 419 f.; im Schrifttum statt aller K. Schmidt/Lutter/*Fleischer* Rn. 5.
[7] Vgl. MüKoAktG/*Bayer* Rn. 12 aE.
[8] Vgl. MüKoAktG/*Bayer* Rn. 13.
[9] AllgM, vgl. Grigoleit/*Grigoleit/Rachlitz* Rn. 2; Hölters/*Laubert* Rn. 3; Hüffer/Koch/*Koch* Rn. 2.
[10] Großkomm AktG/*Gehrlein* Rn. 5; Kölner Komm AktG/*Drygala* Rn. 5.
[11] MüKoAktG/*Bayer* Rn. 16; K. Schmidt/Lutter/*Fleischer* Rn. 6.
[12] Großkomm AktG/*Gehrlein* Rn. 14; K. Schmidt/Lutter/*Fleischer* Rn. 6; Bürgers/Körber/*Westermann* Rn. 3.
[13] MüKoAktG/*Bayer* Rn. 22; K. Schmidt/Lutter/*Fleischer* Rn. 8.
[14] Vgl. Kölner Komm AktG/*Drygala* Rn. 13; K. Schmidt/Lutter/*Fleischer* Rn. 8.
[15] Vgl. Großkomm AktG/*Gehrlein* Rn. 15.
[16] Ebenso MüKoAktG/*Bayer* Rn. 22.

perte Aktien in Verkehr bringt: frühere Inhaber solcher Aktien haften daher auch ohne Eintragung.[17] Gleichfalls unerheblich ist, ob der Aktienerwerb der AG angezeigt wurde.[18]

Die Vormännerhaftung kann ferner nicht dadurch ausgeschlossen werden, dass überhaupt **kein** **11** **Aktienregister angelegt** wurde oder dass entgegen § 10 Abs. 2 **nicht voll eingezahlte Inhaberaktien** ausgegeben werden. Auch in solchen Fällen haften die nicht eingetragenen Vormänner auf die restliche Einlage.[19] Die Haftung entfällt bei Inhaberaktien nur, wenn diese gutgläubig erworben werden.[20]

cc) **Mehrfache Kaduzierung.** Ein Ausschluss gem. § 64 Abs. 1–3 ist auch dann noch möglich, **12** wenn wegen der Säumnis hinsichtlich eines Teils der Einlage bereits einmal eine Kaduzierung vorgenommen worden ist.[21] Die abermalige Kaduzierung kann aber **nur wegen eines nach Abschluss des ersten Ausschlussverfahrens eingeforderten Teils** der Einlage erfolgen; der im Rahmen der Erstkaduzierung eingeforderte Betrag kann nach wirksamer Verwertung nicht mehr geltend gemacht werden (→ Rn. 59).[22] Für den nunmehr eingeforderten Teil der Einlage haften der **Erstkaduzierte** und seine Rechtsvorgänger dagegen als Vormänner des Zweitkaduzierten iSd Abs. 1 S. 1.[23] Anders als im Recht der GmbH[24] sind der Erstkaduzierte und seine Vormänner als Rechtsvorgänger des Zweitkaduzierten anzusehen. Ein weites Verständnis des Begriffs des Vormanns ist nicht zuletzt im Interesse der Kapitalaufbringung geboten. Auf die Art des Erwerbs (Abs. 1 oder Abs. 3) kommt es dabei nicht an.[25]

dd) **Erwerb der AG.** Im Rahmen einer mehrfachen Kaduzierung kann es auch dazu kommen, **13** dass die AG selbst einmal Inhaberin der später erneut kaduzierten Mitgliedschaft wird. Dies ist der Fall, wenn die AG im Rahmen einer früheren Kaduzierung nach dem Scheitern einer Verwertung gem. § 65 eigene Aktien erwirbt (→ Rn. 65 f.). Veräußert die AG diese Aktien später wieder und stellt sie einen weiteren Teilbetrag der Einlage fällig, steht der vorübergehende Erwerb der AG zwischen Erst- und Zweitkaduzierung. Eine Haftung der AG für die Einlage scheidet dabei von vornherein aus.[26]

Es ist umstritten, ob der Zwischenerwerb der AG den **Rückgriff** auf den Erstkaduzierten sowie **14** dessen Vormänner **sperrt.** Dies wird überwiegend unter Hinweis auf die Stellung der AG als Vormann bejaht. Mit dem Aktienerwerb durch die AG erlösche die gesamte Einlagenforderung durch Vereinigung von Schuldner- und Gläubigerstellung in der Person der AG **(Konfusion).**[27] Diese Auffassung hat in jüngerer Zeit Widerspruch erfahren.[28] Zur Begründung wird angeführt, dass es nicht zu Lasten der im Gläubigerinteresse zwingenden Kapitalaufbringung gehen könne, wenn die AG nach dem Scheitern einer Verwertung gem. § 65 notgedrungen den Anteil erworben habe. Schließlich sei es dazu nur gekommen, weil der Erstkaduzierte und dessen Vormänner seinerzeit ihrer Zahlungspflicht nicht nachgekommen waren. Aus dieser Pflichtverletzung dürften sie bei einer Zweitkaduzierung keinen Vorteil ziehen. Der Erwerb nicht voll eingezahlter Anteile verstoße zudem gegen § 71 Abs. 2 S. 3. Werde die AG auf diese Weise zu einem Gesetzesverstoß gezwungen, so dürfe sich dies nicht noch zusätzlich zu ihrem Nachteil auswirken. In der Tat ist aus den genannten Gründen eine Sperre des Rückgriffs auf den Erstkaduzierten und dessen Vormänner nicht angebracht.

d) **Regressschuld. aa) Rechtsnatur der Regressschuld.** Die Haftung der Vormänner ent- **15** spricht nicht der vertraglich übernommenen Einlagepflicht gem. § 54; diese geht mit der Übertragung der Mitgliedschaft auf den Nachmann über (→ § 54 Rn. 13).[29] Die Zahlungspflicht nach

---

[17] AllgM, bereits KG JW 1927, 2434 (2436) m. zust. Anm. *Homburger;* im Schrifttum statt aller Hüffer/Koch/ *Koch* Rn. 2.
[18] So bereits *Homburger* JW 1927, 2434 (2437); heute ganz hM, vgl. nur MüKoAktG/*Bayer* Rn. 23; Großkomm AktG/*Gehrlein* Rn. 16; Kölner Komm AktG/*Drygala* Rn. 15; aA noch KG JW 1927, 2434 (2436).
[19] Inzwischen allgM, vgl. nur Großkomm AktG/*Gehrlein* Rn. 17.
[20] MüKoAktG/*Bayer* Rn. 24; Großkomm AktG/*Gehrlein* Rn. 17.
[21] AllgM, statt aller MüKoAktG/*Bayer* Rn. 38; für die GmbH BGHZ 42, 89 (92) = NJW 1964, 1954 (1955).
[22] MüKoAktG/*Bayer* Rn. 90.
[23] MüKoAktG/*Bayer* Rn. 39 f.; Großkomm AktG/*Gehrlein* Rn. 18; Kölner Komm AktG/*Drygala* Rn. 12; K. Schmidt/Lutter/*Fleischer* Rn. 7; Grigoleit/*Grigoleit/Rachlitz* Rn. 6; Hölters/*Laubert* Rn. 5; Bürgers/Körber/ *Westermann* Rn. 3; aA noch BayObLG OLGE 14, 355.
[24] Vgl. dazu BGHZ 42, 89 (92) = NJW 1964, 1954; Baumbach/Hueck/*Fastrich* GmbHG § 22 Rn. 12.
[25] Dafür aber Großkomm AktG/*Gehrlein* Rn. 18 f.; ausf. zum Ganzen MüKoAktG/*Bayer* Rn. 40.
[26] Vgl. nur MüKoAktG/*Bayer* Rn. 20; Grigoleit/*Grigoleit/Rachlitz* Rn. 6.
[27] Vgl. Hüffer/Koch/*Koch* Rn. 4; Kölner Komm AktG/*Lutter,* 2. Aufl. 1988, Rn. 12; Grigoleit/*Grigoleit/ Rachlitz* Rn. 3; Bürgers/Körber/*Westermann* Rn. 15; für die GmbH bereits RGZ 98, 276 (278).
[28] MüKoAktG/*Bayer* Rn. 20; zust. Kölner Komm AktG/*Drygala* Rn. 17; K. Schmidt/Lutter/*Fleischer* Rn. 7; Hölters/*Laubert* Rn. 3.
[29] Großkomm AktG/*Gehrlein* Rn. 8; Kölner Komm AktG/*Drygala* Rn. 9.

Abs. 1 S. 1 beruht vielmehr auf einem **gesetzlichen Schuldverhältnis** aufgrund früherer Mitgliedschaft.[30] Die Regressschuld ist subsidiär gegenüber der Haftung der Nachmänner (→ Rn. 18 ff.) und unterliegt wie die Einlagepflicht dem Befreiungs- und Aufrechnungsverbot des § 66 Abs. 1. Wegen des nachwirkenden korporativen Charakters der Regressforderung ist die AG gem. § 22 ZPO befugt, sie an ihrem Sitz einzuklagen.[31]

16 bb) **Umfang der Regressschuld.** Die Vormänner haften gem. Abs. 1 S. 1 **höchstens** auf den **rückständigen Einlagebetrag.**[32] Teilzahlungen des ausgeschlossenen Aktionärs **vor** dessen Ausschluss mindern die Regressschuld ebenso wie spätere Zahlungen vorrangiger Regressschuldner.[33] Dagegen schulden die Vormänner der AG **weder** die **Nebenforderungen** gem. § 63 Abs. 2 und Abs. 3 (Zins, Schadensersatz und Vertragsstrafe) **noch** die **Kosten des Kaduzierungsverfahrens.**[34] Dies folgt aus dem Zusammenspiel von Abs. 1 mit § 64 Abs. 3 S. 1, wonach der Ausschluss eines Aktionärs weder aufgrund von Nebenforderungen noch wegen der entstandenen Kosten betrieben werden darf (→ § 64 Rn. 9).

17 Hatte der ausgeschlossene Aktionär wegen ernstlicher Zweifel am Bestehen der Einlageschuld mit der AG einen **Vergleich** geschlossen, so ist die Haftung seiner Rechtsvorgänger nicht auf die Vergleichssumme beschränkt, wenn die Unklarheiten zwischenzeitlich beseitigt sind und die Voraussetzungen für einen Vergleichsabschluss daher nicht mehr vorliegen.[35]

18 2. **Besondere Voraussetzungen beim Staffelregress, Abs. 1 S. 1 Hs. 2, S. 2 und S. 3.** a) **Staffelregress, Abs. 1 S. 1 Hs. 2.** Die Vormänner haften für die rückständige Einlage gem. Abs. 1 S. 1 Hs. 2 nur, soweit diese von ihren Nachmännern nicht zu erlangen ist. Gemeint ist damit ein **Haftungsvorrang** des jeweils späteren im Verhältnis zum früheren Aktienerwerber, der erst bei Zahlungsunfähigkeit des späteren Aktienerwerbers (seines Nachmannes) zur Zahlung verpflichtet ist (sog. Staffel- oder Stufenregress).[36] Der Staffelregress läuft vom unmittelbaren Vormann des ausgeschlossenen Aktionärs über sämtliche mittelbaren Vormänner zum ersten Inhaber der Aktie. Jeder mittelbare Vormann kann daher in Anspruch genommen werden, soweit die ihm zeitlich nachfolgenden Nachmänner zahlungsunfähig sind. Im Wege des Staffelregresses beigetriebene Teilzahlungen auf die Regressschuld kommen den entfernteren Vormännern zugute (→ Rn. 16).[37]

19 Dagegen ist der aus dem Wechsel- und Scheckrecht bekannte sog. **Sprungregress** (vgl. Art. 44 WG bzw. Art. 47 ScheckG), bei dem der Berechtigte nach seinem Belieben die Vorleute unabhängig von der zeitlichen Reihenfolge oder auch gleichzeitig als Gesamtschuldner in Anspruch nehmen kann, **nicht zulässig.**[38]

20 b) **Haftung des unmittelbaren Vormanns.** Der unmittelbare Vormann des ausgeschlossenen Aktionärs bleibt von der Einschränkung in Abs. 1 S. 1 Hs. 2 naturgemäß unberührt, denn sein einziger Nachmann ist der Ausgeschlossene. Es fehlt also von vornherein an weiteren Nachmännern, die als nähere Schuldner in Betracht kämen. Der unmittelbare Vormann des ausgeschlossenen Aktionärs hat den rückständigen Betrag deshalb allein aufgrund der Kaduzierung zu entrichten.[39] Die Zahlungsfähigkeit des ausgeschlossenen Aktionärs steht der Haftung des Vormannes nicht entgegen.[40]

21 c) **Haftung des mittelbaren Vormanns. aa) Erwiesene Zahlungsunfähigkeit des Nachmanns.** Der für die Haftung des mittelbaren Vormanns grundsätzlich erforderliche Nachweis der Zahlungsunfähigkeit seines Nachmannes obliegt der **AG**, die insoweit **darlegungs- und beweis-**

---

[30] Großkomm AktG/*Gehrlein* Rn. 8; K. Schmidt/Lutter/*Fleischer* Rn. 16; Hölters/*Laubert* Rn. 4; Hüffer/*Koch*/*Koch* Rn. 5.
[31] Kölner Komm AktG/*Lutter* Rn. 6; K. Schmidt/Lutter/*Fleischer* Rn. 16; Hölters/*Laubert* Rn. 4; Hüffer/*Koch*/*Koch* Rn. 5.
[32] MüKoAktG/*Bayer* Rn. 41; NK-AktR/*Bergheim* Rn. 5; K. Schmidt/Lutter/*Fleischer* Rn. 17; Hölters/*Laubert* Rn. 5; Bürgers/Körber/*Westermann* Rn. 3; Hüffer/Koch/*Koch* Rn. 6.
[33] Großkomm AktG/*Gehrlein* Rn. 10; Kölner Komm AktG/*Drygala* Rn. 11; K. Schmidt/Lutter/*Fleischer* Rn. 17.
[34] MüKoAktG/*Bayer* Rn. 42; K. Schmidt/Lutter/*Fleischer* Rn. 17; Hölters/*Laubert* Rn. 5; Bürgers/Körber/*Westermann* Rn. 3; Hüffer/Koch/*Koch* Rn. 6.
[35] *Cahn*, Vergleichsverbote im Gesellschaftsrecht, 1996, 86.
[36] MüKoAktG/*Bayer* Rn. 25; Großkomm AktG/*Gehrlein* Rn. 21; K. Schmidt/Lutter/*Fleischer* Rn. 10; Hüffer/Koch/*Koch* Rn. 4; Kölner Komm AktG/*Drygala* Rn. 16; Hölters/*Laubert* Rn. 3; Bürgers/Körber/*Westermann* Rn. 5.
[37] MüKoAktG/*Bayer* Rn. 26; Großkomm AktG/*Gehrlein* Rn. 23 aE; K. Schmidt/Lutter/*Fleischer* Rn. 10.
[38] AllgM, statt aller Großkomm AktG/*Gehrlein* Rn. 23.
[39] AllgM, statt aller Hüffer/Koch/*Koch* Rn. 4; vgl. auch RGZ 85, 237 (241) für die GmbH.
[40] MüKoAktG/*Bayer* Rn. 27; Großkomm AktG/*Gehrlein* Rn. 21; K. Schmidt/Lutter/*Fleischer* Rn. 11; Wachter/*Servatius* Rn. 4; Hüffer/Koch/*Koch* Rn. 4.

pflichtig ist.⁴¹ Der Nachweis ist mit der Eröffnung des Insolvenzverfahrens, der Ablehnung der Eröffnung mangels Masse oder einem erfolglosen Pfändungsversuch geführt. Das Insolvenzverfahren und die Zwangsvollstreckung müssen nicht von der AG betrieben werden.⁴²

bb) Vermutete Zahlungsunfähigkeit des Nachmanns, Abs. 1 S. 3. Im Interesse der Kapitalaufbringung erleichtert Abs. 1 S. 3 der AG den Rückgriff gegen die Vormänner, indem er eine **widerlegliche Vermutung für** die **Zahlungsunfähigkeit** der Nachmänner aufstellt, sofern die nachfolgenden Voraussetzungen erfüllt sind: Zunächst muss die AG den unmittelbaren Nachmann des von ihr in Anspruch genommenen Vormanns zur Zahlung der fälligen Einlageschuld auffordern. Von dieser Aufforderung ist der später in Anspruch genommene Vormann zu benachrichtigen (Abs. 1 S. 2). Schließlich darf die Regressschuld von dem zur Zahlung aufgeforderten Nachmann nicht innerhalb eines Monats seit dem Zugang von Zahlungsaufforderung und Benachrichtigung reguliert werden.⁴³ Für das Vorliegen dieser Voraussetzungen ist wiederum die **AG darlegungs- und beweispflichtig.**⁴⁴ Die Monatsfrist bestimmt sich nach §§ 187 f. BGB. Sie beginnt, wenn die Zahlungsaufforderung beim Nachmann und (kumulativ) die Benachrichtigung beim Vormann zugegangen sind.⁴⁵ Um den Zugang nachweisen zu können, ist der AG anzuraten, Zahlungsaufforderung und Benachrichtigung durch öffentliche Zustellung gem. § 132 BGB oder zumindest per Einschreiben mitzuteilen.⁴⁶

Die prozessuale Beweisregel des Abs. 1 S. 3 ändert zunächst nichts an der **materiellen Rechtslage:** Dem in Anspruch genommenen Vormann bleibt es unbenommen, die Vermutung des Abs. 1 S. 3 mit dem Nachweis der Zahlungsfähigkeit eines seiner Nachmänner zu **widerlegen.**⁴⁷ Allerdings wirkt die Vermutung insofern auf die materielle Rechtslage ein, als ein Vormann, dessen Nachmänner gem. Abs. 3 S. 1 als zahlungsunfähig gelten, mit seiner Zahlung die Regressschuld auch dann zum Erlöschen bringt und damit die Mitgliedschaft erwirbt, wenn sich im nachhinein herausstellt, dass einer der Nachmänner doch zahlungsfähig war.⁴⁸

cc) Benachrichtigung des Vormanns, Abs. 1 S. 2. Die Benachrichtigung des Vormanns von der Zahlungsaufforderung der AG an seinen Nachmann gem. Abs. 1 S. 2 ist **keine eigenständige Voraussetzung für eine Haftung gem. Abs. 1 S. 1.**⁴⁹ Zwar ist die Benachrichtigung eine unentbehrliche Voraussetzung für die Vermutung der Zahlungsunfähigkeit gem. Abs. 1 S. 3 (→ Rn. 22), jedoch ist die Gesellschaft nicht gezwungen, sich der Vermutungsregel zu bedienen: Soweit sich die AG in einer günstigen Beweislage befindet und den Nachweis der Zahlungsunfähigkeit aller Nachmänner führen kann, muss sie weder den nachgewiesenermaßen zahlungsunfähigen Nachmann zur Zahlung auffordern noch dessen Vormann (den Regressschuldner) davon in Kenntnis setzen.⁵⁰ Die AG kann den **ersten zahlungsfähigen Vormann** vielmehr auch ohne Benachrichtigung in Anspruch nehmen.⁵¹ Die Nichtbeachtung der Benachrichtigungspflicht des Abs. 1 S. 2 löst in diesem Fall auch keinen Schadensersatzanspruch aus.⁵²

d) Mehrere Schuldner. Die Haftung der Nachmänner erlischt trotz ihrer Zahlungsunfähigkeit nicht. Die AG erhält dadurch lediglich die Möglichkeit des Rückgriffs auf die Vormänner als weitere Schuldner. Wegen der Subsidiarität beim Staffelregress (→ Rn. 18) haften die Schuldner jedoch **nicht** als **Gesamtschuldner** iSd §§ 421 ff. BGB.⁵³ Die AG ist bei vermuteter Zahlungsunfähigkeit gem. Abs. 1 S. 3 gleichwohl **berechtigt,** nach Belieben gegen den subsidiären Regressschuldner (Vormann) vorzugehen, solange dessen Haftung nicht entfällt, weil ein Nachmann wieder zahlungsfähig geworden ist.⁵⁴ Die Regressschuld der Nachmänner gegenüber der Gesellschaft endet erst mit

---

⁴¹ K. Schmidt/Lutter/*Fleischer* Rn. 12.
⁴² MüKoAktG/*Bayer* Rn. 28.
⁴³ Vgl. zu den Voraussetzungen im Einzelnen MüKoAktG/*Bayer* Rn. 29; Großkomm AktG/*Gehrlein* Rn. 25.
⁴⁴ MüKoAktG/*Bayer* Rn. 30; Großkomm AktG/*Gehrlein* Rn. 26; K. Schmidt/Lutter/*Fleischer* Rn. 13; Bürgers/Körber/*Westermann* Rn. 6.
⁴⁵ MüKoAktG/*Bayer* Rn. 30; NK-AktR/*Bergheim* Rn. 8.
⁴⁶ Großkomm AktG/*Gehrlein* Rn. 26; Kölner Komm AktG/*Drygala* Rn. 19.
⁴⁷ NK-AktR/*Bergheim* Rn. 7; K. Schmidt/Lutter/*Fleischer* Rn. 13; MHdB AG/*Rieckers* § 16 Rn. 21.
⁴⁸ MüKoAktG/*Bayer* Rn. 32; Großkomm AktG/*Gehrlein* Rn. 28.
⁴⁹ Inzwischen allgM, statt aller MüKoAktG/*Bayer* Rn. 33.
⁵⁰ MüKoAktG/*Bayer* Rn. 34; Großkomm AktG/*Gehrlein* Rn. 30; Kölner Komm AktG/*Drygala* Rn. 22.
⁵¹ MüKoAktG/*Bayer* Rn. 34; Großkomm AktG/*Gehrlein* Rn. 30; Kölner Komm AktG/*Drygala* Rn. 22; Grigoleit/*Grigoleit/Rachlitz* Rn. 4; Bürgers/Körber/*Westermann* Rn. 5.
⁵² MüKoAktG/*Bayer* Rn. 33; Großkomm AktG/*Gehrlein* Rn. 31; aA GHEK/*Hefermehl/Bungeroth* Rn. 36.
⁵³ MüKoAktG/*Bayer* Rn. 35; Großkomm AktG/*Gehrlein* Rn. 29; Kölner Komm AktG/*Drygala* Rn. 21; K. Schmidt/Lutter/*Fleischer* Rn. 15.
⁵⁴ MüKoAktG/*Bayer* Rn. 35; Großkomm AktG/*Gehrlein* Rn. 29; Kölner Komm AktG/*Drygala* Rn. 21.

der vollständigen Erfüllung der Einlageschuld durch einen Vormann, mit der die Mitgliedschaft auf den Zahlenden übergeht (→ Rn. 32).

26 **3. Rechtsstellung des zahlenden Vormanns, Abs. 1 S. 4. a) Erwerbsrecht.** Das Gesetz räumt dem zur Zahlung der rückständigen Einlage **verpflichteten Vormann** das Recht ein, die Mitgliedschaft gegen Zahlung der Einlage zu erwerben.[55] Der Verwertungspflicht der AG (→ Rn. 7) entspricht also ein **Verwertungsanspruch** des zahlungspflichtigen Vormanns. Das Erwerbsrecht steht zunächst dem ersten Vormann des ausgeschlossenen Aktionärs zu; entferntere Vormänner kommen nur dann zum Zuge, wenn ihre Nachmänner zahlungsunfähig sind, die Zahlungsunfähigkeit gem. Abs. 1 S. 3 vermutet wird oder die näheren Vormänner eine entsprechende vertragliche Abrede getroffen haben.[56]

27 Im Gegensatz zu seinen Vormännern ist der **ausgeschlossene Aktionär nicht berechtigt,** die kaduzierten Aktien zu erwerben. Er hat sein Mitgliedschaftsrecht infolge nicht rechtzeitiger Zahlung der fälligen Einlageschuld erst einmal verloren. Etwas anderes gilt dann, wenn die kaduzierten Anteile im Verfahren nach Abs. 3 verwertet werden – in diesem Stadium des Verfahrens kann der ausgeschlossene Aktionär wieder wie jeder andere Dritte erwerben (→ Rn. 52) – oder wenn ihm die Mitgliedschaft durch einen **dreiseitigen Vertrag** mit der AG und dem haftenden Vormann eingeräumt wird.[57]

28 **b) Zahlung des Vormanns. aa) Eigene Leistungen.** Zentrale Voraussetzung für den Erwerb der Mitgliedschaft durch den Vormann ist die Zahlung des rückständigen Betrags. Erwerben kann aber nicht jeder Vormann, sondern nur der aktuelle Regressschuldner, also derjenige, dessen Nachmänner zahlungsunfähig sind oder gem. Abs. 1 S. 3 als zahlungsunfähig gelten.[58] Entferntere Vormänner können daher nur mit **Zustimmung** ihrer zahlungsfähigen Nachmänner erwerben (→ Rn. 26).[59]

29 Der Erwerber muss den rückständigen Einlagebetrag nicht vollständig selbst aufgebracht haben: ihm kommen bereits erbrachte Teilleistungen auf die Einlage ebenso zugute wie bereits erbrachte Regressleistungen (→ Rn. 16), was einen Erwerb wirtschaftlich interessant erscheinen lassen kann.[60] Unerheblich ist auch, ob der Erwerber die Regressschuld freiwillig tilgt oder ob die AG im Wege der Zwangsvollstreckung gegen ihn vorgeht.[61]

30 **bb) Drittleistungen.** Ein zahlungspflichtiger Vormann erwirbt die Mitgliedschaft auch dann, wenn ein Dritter den rückständigen Betrag für ihn leistet.[62] Mit dem Zweck des Staffelregresses ist es jedoch nicht vereinbar, wenn ein Vormann für einen **zahlungsunfähigen** Nachmann leistet, weil dieser dann unzulässigerweise aus der Regresskette ausscheidet.[63] In der Leistung eines Vormannes für einen vorrangig haftenden **zahlungsfähigen** Nachmann ist dagegen kein unzulässiger Eingriff in die Regresskette zu sehen; mögliche Schwierigkeiten bei der Feststellung der Zahlungsfähigkeit des Nachmannes schließen den Erwerb nicht von vornherein aus.[64]

31 Dagegen ist es einem Außenstehenden nicht möglich, die Mitgliedschaft durch Zahlung der Resteinlage für sich selbst an sich zu ziehen: **Drittleistungen im eigenen Interesse** sind **unbeachtlich.**[65] Daher lösen verspätete Zahlungen des ausgeschlossenen Aktionärs ebenso wenig eine Erfüllungswirkung aus wie verfrühte, im Wege des Sprungregresses geleistete Zahlungen von Vormännern, deren Haftung sich noch nicht aktualisiert hat.[66] Etwas anderes gilt nur bei Zustimmung aller zahlungsfähigen Nachmänner (→ Rn. 28).

32 **c) Erwerb der Mitgliedschaft.** Mit der Zahlung des rückständigen Betrags erwirbt der zahlende Vormann die Mitgliedschaft **kraft Gesetzes:** Zwar spricht Abs. 1 S. 4 nur von der Aushändigung der

---

[55] Inzwischen allgM, statt aller MüKoAktG/*Bayer* Rn. 8.
[56] MüKoAktG/*Bayer* Rn. 8, 10; Großkomm AktG/*Gehrlein* Rn. 6; Kölner Komm AktG/*Drygala* Rn. 8.
[57] MüKoAktG/*Bayer* Rn. 11; Großkomm AktG/*Gehrlein* Rn. 7; Kölner Komm AktG/*Drygala* Rn. 7.
[58] MüKoAktG/*Bayer* Rn. 55; Großkomm AktG/*Gehrlein* Rn. 42; Kölner Komm AktG/*Drygala* Rn. 26; aA *Buchetmann*, Die teileingezahlte Aktie – insbesondere die Rechtsstellung der Inhaber teileingezahlter Aktien, 1972, 49.
[59] Großkomm AktG/*Gehrlein* Rn. 42; Kölner Komm AktG/*Drygala* Rn. 26.
[60] Großkomm AktG/*Gehrlein* Rn. 6; Kölner Komm AktG/*Drygala* Rn. 8; K. Schmidt/Lutter/*Fleischer* Rn. 19; Bürgers/Körber/*Westermann* Rn. 10.
[61] Kölner Komm AktG/*Drygala* Rn. 26; MHdB AG/*Rieckers* § 16 Rn. 22.
[62] AllgM statt aller MüKoAktG/*Bayer* Rn. 57.
[63] MüKoAktG/*Bayer* Rn. 57; Großkomm AktG/*Gehrlein* Rn. 44.
[64] MüKoAktG/*Bayer* Rn. 57; aA Großkomm AktG/*Gehrlein* Rn. 44 aE.
[65] AllgM statt aller MüKoAktG/*Bayer* Rn. 58.
[66] MüKoAktG/*Bayer* Rn. 58; Großkomm AktG/*Gehrlein* Rn. 45; Kölner Komm AktG/*Drygala* Rn. 32; aA *Buchetmann*, Die teileingezahlte Aktie – insbesondere die Rechtsstellung der Inhaber teileingezahlter Aktien, 1972, 49.

neuen Aktienurkunden; eine der Aushändigung vorausgehende wie auch immer geartete Übertragung der Mitgliedschaft ist jedoch entbehrlich.[67] Eine etwaige **Vinkulierung** gem. § 68 Abs. 2 entfaltet daher **keine Wirkung**.[68] Der zahlende Vormann erwirbt die Mitgliedschaft **ex nunc**; im Zeitraum zwischen der Kaduzierung und dem Rechtserwerb begründete Rechte aus der Mitgliedschaft (wie etwa Dividendenansprüche oder Bezugsrechte) stehen ihm daher nicht zu.[69] An zwischenzeitlich vereinbarte Satzungsänderungen – auch nachteilige (§ 179 Abs. 3) – ist er hingegen gebunden.[70]

d) Aushändigung der neuen Aktienurkunde Zug-um-Zug gegen Zahlung. Dem zahlenden Regressschuldner sind gem. Abs. 1 S. 4 schließlich die nach § 64 Abs. 4 S. 1 neu auszugebenden Aktienurkunden (→ § 64 Rn. 46) auszuhändigen. Die neue Urkunde muss inhaltlich der für die kaduzierte Mitgliedschaft geschaffenen Urkunde entsprechen (also Namens- oder Inhaberaktie oder Zwischenschein sein).[71] War die Mitgliedschaft bislang unverkörpert, besteht dagegen kein Anspruch auf eine Ersatzurkunde.[72] 33

Der Regressschuldner ist nur **Zug-um-Zug** gegen Aushändigung der neuen Aktienurkunden zur Zahlung des rückständigen Betrages verpflichtet. Er kann sich gegenüber der AG also auf ein **Zurückbehaltungsrecht** gem. § 273 Abs. 1 BGB berufen, was in diesem Fall mit § 66 Abs. 1 vereinbar ist.[73] 34

e) Kein Erwerb nach wirksamer Zwischenverfügung durch AG. Ein Erwerb des Vormannes kommt nicht mehr in Betracht, wenn die AG zwischenzeitlich durch Übertragung auf einen Dritten wirksam anderweitig über die Mitgliedschaft verfügt hat. Wegen der Abhängigkeit der Regressschuld von der kaduzierten Mitgliedschaft wird der Vormann bei wirksamer Zwischenverfügung durch die AG von seiner Haftung frei.[74] 35

f) Erstattungsansprüche des zahlenden Vormanns. aa) Rechtswirkungen der Zahlung im Hinblick auf Dritte. Die Zahlung des rückständigen Betrags führt zum Erlöschen der Einlageschuld des ausgeschlossenen Aktionärs sowie zum Erlöschen der Regressschuld aller Nachmänner des zahlenden Vormanns.[75] Etwaige Erstattungsansprüche des zahlenden Vormanns gegen seine Nachmänner richten sich nach Bürgerlichem Recht. 36

bb) Vertragliche Ansprüche. In der Regel wird der zahlende Vormann einen vertraglichen Schadensersatzanspruch gegen seinen **unmittelbaren Nachmann** haben: Es ist allgemein anerkannt, dass ein Kaufvertrag über eine noch nicht voll eingezahlte Aktie bei Fehlen einer ausdrücklichen anderweitigen Vereinbarung der stillschweigenden Abrede enthält, dass der Käufer den Verkäufer von jeder künftig eingeforderten Einlageschuld freistellt.[76] Die Schadensersatzpflicht trifft auch den **nicht** im Aktienregister **eingetragenen** unmittelbaren **Nachmann**; die fehlende Eintragung kommt ihm insoweit nicht zugute (dazu bereits → Rn. 10 f.).[77] Ebenso ist der **ausgeschlossene Aktionär** zum Schadensersatz verpflichtet, wenn er unmittelbarer Nachmann des zahlenden Vormanns ist: Die das Innenverhältnis zur AG bestimmende Ausfallhaftung des § 64 Abs. 4 S. 2 lässt die Ansprüche aus dem vorangegangenen Kaufvertrag unberührt.[78] Schadensersatzpflichtige Nachmänner können ihre Haftung auf ihren jeweils seinerseits vertraglich verpflichteten Nachmann abwälzen, weshalb der Schadensersatzanspruch von vornherein auf Abtretung der entsprechenden Ansprüche gegen den weiteren Nachmann gerichtet sein kann.[79] 37

---

[67] Inzwischen allgM, statt aller Hüffer/Koch/*Koch* Rn. 6; deutlicher: § 22 Abs. 4 GmbHG, dazu Baumbach/Hueck/*Fastrich* GmbHG § 22 Rn. 11.
[68] MüKoAktG/*Bayer* Rn. 52; Großkomm AktG/*Gehrlein* Rn. 41; K. Schmidt/Lutter/*Fleischer* Rn. 18; Bürgers/Körber/*Westermann* Rn. 9.
[69] K. Schmidt/Lutter/*Fleischer* Rn. 18.
[70] MüKoAktG/*Bayer* Rn. 53; Großkomm AktG/*Gehrlein* Rn. 46; K. Schmidt/Lutter/*Fleischer* Rn. 18.; MHdB AG/*Rieckers* § 16 Rn. 22.
[71] MüKoAktG/*Bayer* Rn. 60; Großkomm AktG/*Gehrlein* Rn. 47.
[72] NK-AktR/*Bergheim* Rn. 10; Hüffer/Koch/*Koch* Rn. 6; Kölner Komm AktG/*Drygala* Rn. 30; unter der (zutreffenden) Voraussetzung der Gleichbehandlung aller Aktionäre auch Bürgers/Körber/*Westermann* Rn. 7.
[73] So bereits RGZ 94, 61 (64); im Schrifttum MüKoAktG/*Bayer* Rn. 61; Großkomm AktG/*Gehrlein* Rn. 48; Kölner Komm AktG/*Drygala* Rn. 30; K. Schmidt/Lutter/*Fleischer* Rn. 20; Hölters/*Laubert* Rn. 6; Bürgers/Körber/*Westermann* Rn. 7; aA Buchetmann, Die teileingezahlte Aktie – insbesondere die Rechtsstellung der Inhaber teileingezahlter Aktien, 1972, 36 f.
[74] So bereits RGZ 85, 237 (241 f.) für die GmbH; im Schrifttum Hüffer/Koch/*Koch* Rn. 6; Kölner Komm AktG/*Drygala* Rn. 33.
[75] NK-AktR/*Bergheim* Rn. 11; Großkomm AktG/*Gehrlein* Rn. 49; Kölner Komm AktG/*Drygala* Rn. 40.
[76] So bereits ROHGE 22, 231 (233 f.); im Schrifttum statt aller Kölner Komm AktG/*Drygala* Rn. 40.
[77] MüKoAktG/*Bayer* Rn. 64; Großkomm AktG/*Gehrlein* Rn. 50.
[78] MüKoAktG/*Bayer* Rn. 64; Großkomm AktG/*Gehrlein* Rn. 50.
[79] Großkomm AktG/*Gehrlein* Rn. 50; Kölner Komm AktG/*Lutter* Rn. 31.

38 **cc) Weitere Anspruchsgrundlagen.** Neben dem allgemein anerkannten vertraglichen Schadensersatzanspruch werden im Schrifttum verschiedene weitere Haftungsgrundlagen diskutiert: Nach herkömmlicher Auffassung sollen dem zahlenden Vormann gegen seine Nachmänner auch **Bereicherungsansprüche** gem. §§ 812 ff. BGB zustehen.[80] Teilweise wird (zusätzlich) von einer Haftung nach den Grundsätzen der berechtigten **Geschäftsführung ohne Auftrag** gem. §§ 670, 683 BGB ausgegangen.[81] Schließlich wird vertreten, es habe, in entsprechender Anwendung von § 426 Abs. 1 S. 1 BGB, ein **Gesamtschuldnerausgleich** zu erfolgen.[82]

39 Die einzelnen Anspruchsgrundlagen sind verschiedenen **Einwänden ausgesetzt**.[83] Ansprüchen aus **Bereicherungsrecht** steht entgegen, dass die Zahlung des Vormannes auf eine bestehende eigene Schuld und daher nicht ohne Rechtsgrund erfolgte. Das Bedenken, der Vormann tilge lediglich eine eigene Verbindlichkeit und habe daher keinen **Fremdgeschäftsführungswillen**, wird sich bei der Geschäftsführung ohne Auftrag auch bei Annahme eines sog. auch-fremden Geschäfts nicht ausräumen lassen. Die Befreiung der Nachmänner durch die Zahlung ist bloßer Reflex, einen entsprechenden Willen wird insbesondere ein die Zahlung verweigernder Vormann regelmäßig nicht haben. Ein Gesamtschuldnerausgleich scheitert zunächst daran, dass zwischen den Beteiligten an einem Staffelregress wegen ihrer subsidiären Haftung kein **Gesamtschuldverhältnis** besteht (→ Rn. 25). Allerdings würde die Verneinung eines Direktanspruchs zu einem Kettenregress unter Abtretung der jeweiligen Freistellungsansprüche (→ Rn. 37) führen.[84] Dies wäre einerseits praktisch unbefriedigend. Andererseits entspricht es der Interessenlage, die Nachmänner gegenüber dem zahlenden Vormann unmittelbar haften zu lassen, denn das Verhältnis der Nachmänner zum Zahlenden ist, anders als ihr Verhältnis zur AG, nicht durch Subsidiarität, sondern, wie bei der Gesamtschuld, durch Gleichstufigkeit geprägt.[85]

40 Die Haftung erfasst **auch** den **ausgeschlossenen Aktionär.** Sie kann nicht mit Hinweis auf die Ausfallhaftung gem. § 64 Abs. 4 S. 2 abgelehnt werden,[86] denn diese Ausfallhaftung im Verhältnis zur AG ist durch die Zahlung des Vormannes mit der Einlageschuld erloschen (→ Rn. 36), kann also für das Regressverhältnis zum Vormann keine Bedeutung mehr haben.[87]

41 **dd) Leistung nur Zug-um-Zug.** Soweit der zahlende Vormann den vollen Einlagerückstand ausgeglichen und dadurch gem. Abs. 1 S. 4 die Mitgliedschaft erlangt hat, braucht der Nachmann nur Zug-um-Zug gegen Übertragung der Aktie Schadensersatz zu leisten.[88]

42 **ee) Kein Regress gegen Vormann.** Teilzahlungen auf die offene Einlageschuld kommen zwar dem später in Anspruch genommenen Vormann zugute (→ Rn. 29), ermöglichen dem zahlenden Nachmann aber nicht den Rückgriff gegen den Vormann, denn dessen Haftung ist auf den jeweils noch offenen Einlagebetrag beschränkt.[89] Dagegen kommen auch hier Ersatzansprüche gegen die Nachmänner in Betracht.[90]

III. Dauer der Haftung, Abs. 2

43 **1. Anwendungsbereich, Abs. 2 S. 1.** Jeder Vormann ist gem. Abs. 2 S. 1 nur zur Zahlung der Beiträge verpflichtet, die binnen zwei Jahren eingefordert werden. Ein früherer Aktionär haftet daher für alle **nach seinem Ausscheiden fällig werdenden** Einlagebeträge zwei Jahre weiter. Für die **im Zeitpunkt seines Ausscheidens bereits fälligen** Einlagebeträge (etwa nicht geleistete Ersteinlagen oder fällige spätere Einlageschulden) haftet jeder Aktionär dagegen ohne die zeitliche Begrenzung des Abs. 2.[91]

44 **2. Fristbeginn, Abs. 2 S. 2.** Die Zweijahresfrist des Abs. 2 S. 1 ist nach §§ 187 f. BGB zu berechnen. Sie beginnt gem. Abs. 2 S. 2 mit dem Tage, an dem die Übertragung der Aktie zum Aktienregister der AG angemeldet wird. Gemeint ist damit der **Tag der Mitteilung** der Übertragung. Abs. 2 S. 2 hat

---

[80] Großkomm AktG/*Gehrlein* Rn. 51; GHEK/*Hefermehl/Bungeroth* Rn. 54 f. mwN.
[81] Großkomm AktG/*Gehrlein* Rn. 51; Kölner Komm AktG/*Drygala* Rn. 43.
[82] So mit unterschiedlicher Begründung MüKoAktG/*Bayer* Rn. 69; Kölner Komm AktG/*Lutter* Rn. 31.
[83] Gegen eine über die vertragliche Haftung hinausgehende Erstattungspflicht eingehend *von Halem*, Die Kaduzierung von Aktien und Geschäftsanteilen, 1961, 105 ff.
[84] So konsequent *von Halem*, Die Kaduzierung von Aktien und Geschäftsanteilen, 1961, 107 f.
[85] Ebenso im Erg. MüKoAktG/*Bayer* Rn. 69; Kölner Komm AktG/*Drygala* Rn. 43.
[86] So aber Großkomm AktG/*Gehrlein* Rn. 52.
[87] Ebenso MüKoAktG/*Bayer* Rn. 70.
[88] MüKoAktG/*Bayer* Rn. 71; Großkomm AktG/*Gehrlein* Rn. 50.
[89] AllgM statt aller Großkomm AktG/*Gehrlein* Rn. 53.
[90] MüKoAktG/*Bayer* Rn. 72.
[91] Hüffer/Koch/*Koch* Rn. 7; Kölner Komm AktG/*Drygala* Rn. 35; K. Schmidt/Lutter/*Fleischer* Rn. 22; Hölters/*Laubert* Rn. 7; MHdB AG/*Rieckers* § 16 Rn. 23.

zwar den Übergang vom Aktienbuch zum Aktienregister sprachlich vollzogen (→ Rn. 1), der Schritt von der früheren Anmeldung zur heutigen Mitteilung gem. § 67 Abs. 3 wird dagegen dem Rechtsanwender überlassen.[92] Eine ordnungsgemäße, mit allen Nachweisen versehene Mitteilung vorausgesetzt (→ § 67 Rn. 59 ff.), kommt es auf den Zeitpunkt der Eintragung der Rechtsänderung im Aktienregister nicht mehr an. Verzögerungen aus der Risikosphäre der AG sollen nicht zu Lasten des Aktionärs gehen.[93] Der Tag der Mitteilung wird bei der Frist gem. § 187 Abs. 2 BGB mitgerechnet.[94]

Soweit die AG **unverkörperte Mitgliedschaftsrechte** oder unter Verstoß gegen § 10 Abs. 2 **45** **Inhaberaktien** ausgegeben oder überhaupt **kein Aktienregister** angelegt hatte (→ Rn. 10 f.), ist der Tag der Mitteilung zum Aktienregister kein tauglicher Anknüpfungspunkt. Mit welchem Zeitpunkt der Fristlauf in derartigen Fällen beginnt, wird unterschiedlich beurteilt: Nach herkömmlicher Auffassung sollte in Anlehnung an den Wortlaut des Abs. 2 S. 2 der Zeitpunkt der Mitteilung der Übertragung der Aktie maßgeblich sein.[95] Dagegen spricht sich eine andere Auffassung für den Zeitpunkt der Kenntniserlangung durch die AG aus.[96] Vorzugswürdig ist indes eine dritte Ansicht, wonach es auf den **Zeitpunkt der Veräußerung** ankommen soll.[97] Entscheidend dafür spricht, dass die AG es selbst in der Hand hat, ob sie sich des durch die Mitteilungspflicht nach Abs. 2 S. 2 vermittelten Schutzes begibt und die Übertragung nicht voll eingezahlter Aktienrechte auch außerhalb des Aktienregisters ermöglicht. Dem für das Verstreichen der Frist beweispflichtigen Vormann[98] ist jedoch in jedem Fall anzuraten, den Rechtsübergang von sich aus der AG anzuzeigen.[99]

Da es für den Beginn der Frist auf den Zeitpunkt der Veräußerung einer Aktie ankommt, kann **46** es vorkommen, dass ein Vormann, der **Aktien zu unterschiedlichen Zeitpunkten veräußert**, nur hinsichtlich eines Teils seiner Aktien in Anspruch genommen werden kann.[100]

3. Fristablauf. Das Fristende bestimmt sich nach § 188 Abs. 2 BGB.[101] Die AG kann die Vormän- **47** ner des ausgeschlossenen Aktionärs für die rückständigen Beträge in Anspruch nehmen, die sie innerhalb des Zweijahreszeitraums gem. § 63 Abs. 1 in fälligkeitsbegründender Weise eingefordert hat. Eine Zahlungsaufforderung an die Nachmänner gem. Abs. 1 S. 2 genügt hierfür nicht.[102] Da sie mittels Einforderung den Fälligkeitszeitpunkt selbst bestimmen kann, hat die AG bei der Steuerung ihrer Regressmöglichkeiten einen gewissen Gestaltungsspielraum.[103] Dabei ist allerdings zu beachten, dass nicht nur die Einforderung selbst, sondern auch der mit ihr zu verbindende **Zahlungszeitraum innerhalb der Zahlungsfrist** liegen muss, so dass eine allzu großzügige Bemessung der Zahlungsfristen von vornherein ausgeschlossen ist.[104]

4. Verjährung. Vom Haftungszeitraum des Abs. 2 zu unterscheiden ist die Verjährung der Regress- **48** forderung: Als Anspruch aus einem gesetzlichen Schuldverhältnis verjährt die Forderung gem. §§ 195, 199 Abs. 1 BGB nF innerhalb von drei Jahren seit ihrer Entstehung und Kenntniserlangung durch die AG.[105] Die relativ kurze Dauer der Verjährung nach neuem Recht steht in starkem Gegensatz zu der vormals maßgeblichen 30-jährigen Verjährungsfrist gem. § 195 BGB aF. Dies wurde teilweise als unpassend empfunden und eine Reform der Reform gefordert.[106] Das auf die Reformdiskussion hin ergangene Verjährungsanpassungsgesetz v. 9.12.2004 (BGBl. 2004 I 3214) beschränkte sich auf die Neuregelung der Verjährung der Einlageforderung. Die Regressforderung gem. Abs. 1 S. 1 tritt zwar an die Stelle der Einlageforderung (→ Rn. 64), ist mit ihr jedoch nicht identisch (→ Rn. 15). Die in § 54 Abs. 4 S. 1 neu eingeführte Verjährung der Einlageforderung innerhalb von zehn Jahren gilt für sie deshalb nicht. Es bleibt damit bei der Regelverjährung von drei Jahren.[107]

---

[92] Ausf. MüKoAktG/*Bayer* Rn. 44.
[93] MüKoAktG/*Bayer* Rn. 45; Kölner Komm AktG/*Drygala* Rn. 36; ebenso zur früheren Anmeldung: Großkomm AktG/*Gehrlein* Rn. 35.
[94] K. Schmidt/Lutter/*Fleischer* Rn. 23.
[95] KG JW 1927, 2434 (2436) sowie das ältere Schrifttum, vgl. nur *v. Godin/Wilhelmi* Anm. 8.
[96] GHEK/*Hefermehl/Bungeroth* Rn. 20.
[97] So bereits *Homburger* JW 1927, 2434 (2437); ebenso MüKoAktG/*Bayer* Rn. 46; Großkomm AktG/*Gehrlein* Rn. 36; Kölner Komm AktG/*Drygala* Rn. 37; Grigoleit/*Grigoleit/Rachlitz* Rn. 4; Hüffer/Koch/*Koch* Rn. 7.
[98] MüKoAktG/*Bayer* Rn. 46; Großkomm AktG/*Gehrlein* Rn. 36; Kölner Komm AktG/*Drygala* Rn. 37.
[99] Vgl. Großkomm AktG/*Gehrlein* Rn. 36.
[100] Großkomm AktG/*Gehrlein* Rn. 34; Kölner Komm AktG/*Drygala* Rn. 35.
[101] K. Schmidt/Lutter/*Fleischer* Rn. 24; Bürgers/Körber/*Westermann* Rn. 8.
[102] MüKoAktG/*Bayer* Rn. 48; Großkomm AktG/*Gehrlein* Rn. 37.
[103] Kölner Komm AktG/*Drygala* Rn. 38.
[104] MüKoAktG/*Bayer* Rn. 48; Großkomm AktG/*Gehrlein* Rn. 37.
[105] Kölner Komm AktG/*Drygala* Rn. 34; K. Schmidt/Lutter/*Fleischer* Rn. 25; Grigoleit/*Grigoleit/Rachlitz* Rn. 5; Hölters/*Laubert* Rn. 7; Hüffer/Koch/*Koch* Rn. 7.
[106] Ausf. MüKoAktG/*Bayer* Rn. 49; ihm zust. Bürgers/Körber/*Westermann* Rn. 8.
[107] Ebenso *Thiessen* ZHR 168 (2004), 503 (522 f.); Kölner Komm AktG/*Drygala* Rn. 34; K. Schmidt/Lutter/*Fleischer* Rn. 25.

IV. Verkauf der Aktie, Abs. 3

49 **1. Pflicht der AG zum Verkauf, Abs. 3 S. 1.** Nach Abs. 3 S. 1 hat die AG die kaduzierte Aktie zu verkaufen, wenn die Zahlung des rückständigen Betrags von den Vormännern nicht zu erlangen ist. Voraussetzung für das Eingreifen der Verkaufspflicht ist also eine **wirksame Kaduzierung**, weil die Vormänner ansonsten nicht für die rückständige Einlage einstehen müssten (→ Rn. 5).[108] Darüber hinaus muss ein **ordnungsgemäßes Regressverfahren** gem. Abs. 1 **erfolglos** verlaufen sein, so dass der Einlagenrückstand fortbesteht.[109] Die Zahlungsunfähigkeit der Vormänner wird dabei gem. Abs. 1 S. 3 vermutet.[110] Der Verkauf kann allein aufgrund wirksamer Kaduzierung erfolgen, wenn von vornherein keine regresspflichtigen Vormänner vorhanden bzw. im Aktienregister eingetragen waren.[111] Jeder Einlagenschuldner kann die Veräußerung der Aktie durch Zahlung der Resteinlage abwenden.[112]

50 Die **Verkaufspflicht** der AG ist angesichts des eindeutigen Wortlauts von Abs. 3 S. 1 heute nicht mehr zweifelhaft.[113] Der Verkauf ist unverzüglich, also **ohne schuldhaftes Zögern** iSd § 121 Abs. 1 S. 1 BGB durchzuführen.[114] Eine schuldhafte Verzögerung durch die AG liegt allerdings nicht darin, dass sie bei Vorliegen der Vermutung des Abs. 1 S. 3 nicht sofort zum Verkauf schreitet; sie darf zuvor die Zahlungsunfähigkeit der Nachmänner prüfen und die rückständige Einlageschuld ggf. zwangsweise beitreiben.[115] Darüber hinaus ist das Interesse der AG an einem möglichst hohen Erlös zu berücksichtigen, weshalb der Vorstand im Rahmen seines **unternehmerischen Ermessens** bei ausgesprochen niedrigen Aktienkursen auch zuwarten darf, soweit die AG nicht auf sofortige Kapitalzufuhr angewiesen ist.[116]

51 **2. Durchführung des Verkaufs.** Die AG verkauft die Aktie aus eigenem Recht, im eigenen Namen und für eigene Rechnung.[117] Neben der AG sind auch Pfändungsgläubiger und Pfändungspfandgläubiger zum Verkauf berechtigt.[118] Der Erwerber erwirbt die Aktien, anders als nach Abs. 1, nicht kraft Gesetzes, sondern aufgrund eines **rechtsgeschäftlichen Übertragungsakts**: bei Inhaberaktien gem. §§ 929 ff. BGB, bei Namensaktien nach den Regeln des § 68 und bei unverkörperten Mitgliedschaftsrechten gem. §§ 398, 413 BGB.[119]

52 Als **Erwerber** kommt **grundsätzlich jedermann** in Betracht, also neben außen stehenden Dritten auch der ausgeschlossene Aktionär und seine Vormänner.[120] Wegen der Beschränkung des Erwerbs eigener Aktien gem. § 71 Abs. 2 S. 3, § 71d auf voll eingezahlte Aktien scheiden die AG und von ihr abhängige Unternehmen und für Rechnung der AG oder eines von ihr abhängigen Unternehmens handelnde Dritte regelmäßig als Erwerber aus;[121] soweit ausnahmsweise ein Erwerb zu Abfindungszwecken (Nr. 3) bzw. zum Zwecke der Einziehung (Nr. 6) zulässig ist, ist das Verwertungsverfahren des Abs. 3 einzuhalten.[122]

53 **3. Verkauf über die Börse, Abs. 3 S. 1 Alt. 1.** Aktien, die zum amtlichen oder geregelten Markt zugelassen sind oder im Freiverkehr gehandelt werden, sind von der AG über die Börse zu verkaufen. Der **Börsenpreis** wird heute gem. § 24 BörsG ermittelt; das frühere Erfordernis einer amtlichen Feststellung wurde durch das Vierte Finanzmarktförderungsgesetz abgeschafft (→ Rn. 1). Bei Vorliegen eines Börsenpreises ist eine anderweitige Verwertung unzulässig.[123]

54 **4. Verkauf durch öffentliche Versteigerung, Abs. 3 S. 1 Alt. 2. a) Gang der Versteigerung.** Neben der Verwertung über die Börse kennt Abs. 3 S. 1 nur den Verkauf im Wege öffentlicher

---

[108] AllgM statt aller Hüffer/Koch/*Koch* Rn. 8 aE.
[109] MüKoAktG/*Bayer* Rn. 74; Großkomm AktG/*Gehrlein* Rn. 54.
[110] Kölner Komm AktG/*Drygala* Rn. 45.
[111] MüKoAktG/*Bayer* Rn. 74; Großkomm AktG/*Gehrlein* Rn. 54; Hölters/*Laubert* Rn. 8.
[112] Kölner Komm AktG/*Drygala* Rn. 45; Bürgers/Körber/*Westermann* Rn. 12.
[113] Vgl. dazu sowie zum früheren Streitstand Großkomm AktG/*Gehrlein* Rn. 55.
[114] Hüffer/Koch/*Koch* Rn. 8; Kölner Komm AktG/*Drygala* Rn. 44; K. Schmidt/Lutter/*Fleischer* Rn. 26; Hölters/*Laubert* Rn. 8; Bürgers/Körber/*Westermann* Rn. 12.
[115] MüKoAktG/*Bayer* Rn. 79; Großkomm AktG/*Gehrlein* Rn. 56.
[116] MüKoAktG/*Bayer* Rn. 79; Großkomm AktG/*Gehrlein* Rn. 56; K. Schmidt/Lutter/*Fleischer* Rn. 26; Grigoleit/Grigoleit/*Rachlitz* Rn. 8; Hölters/*Laubert* Rn. 8; aA NK-AktR/*Bergheim* Rn. 17 f.
[117] NK-AktR/*Bergheim* Rn. 16; K. Schmidt/Lutter/*Fleischer* Rn. 27; Kölner Komm AktG/*Drygala* Rn. 46; Bürgers/Körber/*Westermann* Rn. 12; MHdB AG/*Rieckers* § 16 Rn. 24.
[118] So bereits *K. Müller* AG 1971, 1 (4 f.); ebenso MüKoAktG/*Bayer* Rn. 76; Großkomm AktG/*Gehrlein* Rn. 57; K. Schmidt/Lutter/*Fleischer* Rn. 27.
[119] AllgM statt aller Kölner Komm AktG/*Drygala* Rn. 46 aE.
[120] AllgM statt aller MüKoAktG/*Bayer* Rn. 81.
[121] K. Schmidt/Lutter/*Fleischer* Rn. 28.
[122] MüKoAktG/*Bayer* Rn. 81; Großkomm AktG/*Gehrlein* Rn. 59.
[123] AllgM statt aller MüKoAktG/*Bayer* Rn. 83.

Versteigerung. Eine dritte Art der Verwertung ist nicht zulässig.[124] Der Verkauf im Wege öffentlicher Versteigerung ist dem Pfandverkauf gem. §§ 1235 ff. BGB nachgebildet.[125] Die öffentliche Versteigerung erfolgt nach Maßgabe des § 383 Abs. 3 S. 1 BGB: gemeint ist eine Versteigerung, die durch einen für den Versteigerungsort bestellten Gerichtsvollzieher oder zu Versteigerungen befugten anderen Beamten oder öffentlich angestellten Versteigerer öffentlich erfolgt. Der Kaufvertrag kommt nach § 156 BGB durch Zuschlag zustande.[126]

b) Ort der Versteigerung, Abs. 3 S. 2. Die Versteigerung hat grundsätzlich am **Sitz der AG** stattzufinden. Nur wenn dort kein angemessener Erfolg zu erwarten ist, kann die AG die Aktie gem. Abs. 3 S. 2 an einem anderen, geeigneteren Ort (etwa einem Börsenplatz) verkaufen.[127]

c) Bekanntmachung und Benachrichtigung, Abs. 3 S. 3 bis S. 5. Zeit, Ort und Gegenstand der Versteigerung sind gem. Abs. 3 S. 3 und S. 5 mindestens zwei Wochen im Vorhinein öffentlich bekannt zu machen. Ebenfalls mindestens zwei Wochen vorher müssen gem. Abs. 3 S. 4 und S. 5 der ausgeschlossene Aktionär und seine Vormänner besonders benachrichtigt werden. Es empfiehlt sich eine Benachrichtigung durch Einschreiben bzw. durch öffentliche Zustellung.[128] Die Benachrichtigung darf gem. Abs. 3 S. 4 Hs. 2 unterbleiben, wenn sie **untunlich** ist. Gegenüber dem ausgeschlossenen Aktionär wird dies indes kaum je der Fall sein, da er gem. § 64 Abs. 4 S. 2 für jeden Ausfall der AG einzustehen hat (→ Rn. 60) und daher regelmäßig ein besonderes Interesse am Ausgang des Verwertungsverfahrens haben wird.[129]

d) Sorgfaltspflichten. Der Vorstand hat im Rahmen der Versteigerung die **verkehrsübliche Sorgfalt** zu beachten, anderenfalls droht die Haftung aus § 93. Der Kaufpreis muss daher grundsätzlich in bar verlangt werden, eine Stundung kommt nur ausnahmsweise gegenüber erkennbar solventen Erwerbern in Betracht.[130] Im Interesse der AG an einem möglichst hohen Erlös darf der Vorstand einen Mindestpreis festsetzen und bei unzulänglich niedrigen Geboten die Versteigerung abbrechen.[131]

Bei **vinkulierten Namensaktien** iSd § 68 Abs. 2 ist, anders als im Falle des gesetzlichen Erwerbs gem. Abs. 1 (→ Rn. 32), die Zustimmung der AG zur Rechtsübertragung erforderlich.[132] Die Zustimmung gilt mit dem Zuschlag als erteilt. Der Vorstand kann den Zuschlag aber aus wichtigem Grund verweigern (so etwa bei einem Erwerb der Aktien durch einen Wettbewerber).[133]

5. Rechtsfolgen des Verkaufs. a) Verlust der Regressansprüche gegen die Vormänner. Mit Erteilung des Zuschlags gem. § 156 BGB erlischt die aktuelle Regressschuld der Vormänner des ausgeschlossenen Aktionärs; die AG kann insoweit nur noch die Zahlung des Kaufpreises verlangen.[134] Dies gilt auch dann, wenn der Kaufpreis hinter dem Einlagenrückstand zurückbleibt.[135] Eine etwaige Haftung der Vormänner im Rahmen einer **weiteren Kaduzierung** wegen später fällig gestellter Einlageschulden bleibt aber unberührt.[136]

b) Ausfallhaftung des ausgeschlossenen Aktionärs. Der Ausgeschlossene haftet dagegen für jeden Ausfall, also jede Differenz zwischen der Einlageforderung und dem um die Verwertungskosten geminderten Kaufpreis (Nettoerlös) gem. § 64 Abs. 4 S. 2.[137] Die Regelung des Abs. 3 soll den ausgeschlossenen Aktionär vor der Verschleuderung der Aktie bewahren.[138] Voraussetzung für seine Haftung ist daher die ordnungsgemäße Durchführung des Verwertungsverfahrens, wofür die AG

---
[124] Vgl. nur MüKoAktG/*Bayer* Rn. 80; Hölters/*Laubert* Rn. 9; Bürgers/Körber/*Westermann* Rn. 13.
[125] Vgl. Kölner Komm AktG/*Drygala* Rn. 46.
[126] K. Schmidt/Lutter/*Fleischer* Rn. 30.
[127] NK-AktR/*Bergheim* Rn. 20; K. Schmidt/Lutter/*Fleischer* Rn. 31; Großkomm AktG/*Gehrlein* Rn. 64.
[128] MüKoAktG/*Bayer* Rn. 86; Großkomm AktG/*Gehrlein* Rn. 63; K. Schmidt/Lutter/*Fleischer* Rn. 32.
[129] Vgl. Kölner Komm AktG/*Drygala* Rn. 52; K. Schmidt/Lutter/*Fleischer* Rn. 32; Hölters/*Laubert* Rn. 9.
[130] MüKoAktG/*Bayer* Rn. 88; Großkomm AktG/*Gehrlein* Rn. 65; K. Schmidt/Lutter/*Fleischer* Rn. 33.
[131] MüKoAktG/*Bayer* Rn. 88; Großkomm AktG/*Gehrlein* Rn. 65; K. Schmidt/Lutter/*Fleischer* Rn. 33.
[132] MüKoAktG/*Bayer* Rn. 89; Großkomm AktG/*Gehrlein* Rn. 65.
[133] MüKoAktG/*Bayer* Rn. 89; Großkomm AktG/*Gehrlein* Rn. 65.
[134] Hüffer/Koch/*Koch* Rn. 10; MüKoAktG/*Bayer* Rn. 90; Kölner Komm AktG/*Drygala* Rn. 57; Wachter/*Servatius* Rn. 11; aA Grigoleit/*Grigoleit/Rachlitz* Rn. 9.
[135] MüKoAktG/*Bayer* Rn. 90; Großkomm AktG/*Gehrlein* Rn. 70; K. Schmidt/Lutter/*Fleischer* Rn. 36; Hölters/*Laubert* Rn. 10; Bürgers/Körber/*Westermann* Rn. 15.
[136] Kölner Komm AktG/*Drygala* Rn. 57; Großkomm AktG/*Gehrlein* Rn. 67; K. Schmidt/Lutter/*Fleischer* Rn. 36; Hölters/*Laubert* Rn. 10.
[137] Hüffer/Koch/*Koch* Rn. 10; K. Schmidt/Lutter/*Fleischer* Rn. 37; Kölner Komm AktG/*Drygala* Rn. 57; Wachter/*Servatius* Rn. 11.
[138] So BegrRegE bei *Kropff* S. 85; vgl. auch NK-AktR/*Bergheim* Rn. 18; Hüffer/Koch/*Koch* Rn. 1.

darlegungs- und beweispflichtig ist.[139] Hinsichtlich der Zahlungsunfähigkeit der Vormänner kommt ihr auch insoweit die Vermutung des Abs. 1 S. 3 zugute.[140]

61 Soweit die AG im Rahmen der Versteigerung einen Kaufpreis erzielt, der die Einlageschuld einschließlich der Verwertungskosten übersteigt, steht ihr auch der **Mehrerlös** zu; der ausgeschlossene Aktionär kann keine Rückerstattung verlangen.[141]

62 Umstritten ist, ob der überschüssige Betrag **mit noch nicht fälligen offenen Einlageschulden zu verrechnen** ist. Während im Recht der GmbH die Möglichkeit der Verrechnung zunehmend positiv beurteilt wird,[142] lehnt die hM im Aktienrecht dies nach wie vor ab.[143] Im Anschluss an die im Recht der GmbH im Vordringen befindliche Meinung[144] halten auch für das Aktienrecht einige Autoren[145] eine Anrechnung des Überschusses auf die Ausfallforderung gegenüber dem ausgeschlossenen Aktionär für erwägenswert. Die AG könne auch bei störungsfreiem Regress keine höhere Zahlung als den Einlagebetrag erwarten. Der Aussicht der AG auf einen Mehrerlös steht jedoch das wesentlich höhere Risiko eines Ausfalls beim Ausgeschlossenen gegenüber.[146] Der hM ist daher beizupflichten, eine Verrechnung des von der AG erzielten Mehrerlöses kommt auch im Hinblick auf die Ausfallhaftung des ausgeschlossenen Aktionärs nicht in Betracht.

63 c) **Rechtsstellung des Aktienerwerbers.** Der Käufer wird Aktionär und erwirbt die kaduzierte Aktie mit allen Rechten und Pflichten.[147] Insbesondere haftet der Erwerber für noch nicht fällige offene Einlageschulden.[148] Die rückständige Einlageschuld muss er dagegen nicht mehr aufbringen, denn sie ging mit dem Zuschlag unter (→ Rn. 59).[149] Der Aktienerwerb vollzieht sich **ex nunc**, so dass dem Erwerber zwischenzeitlich gewährte Dividenden- und Bezugsrechte nicht zustehen (→ Rn. 32). Der Käufer erwirbt frei von Rechten Dritter, die infolge der Kaduzierung untergegangen sind (→ § 64 Rn. 40).[150]

64 Die **Zahlungsforderung der AG** gegen den Erwerber ist nach herkömmlicher Ansicht Kaufpreisanspruch und nicht Einlageforderung, weshalb weder § 66 Abs. 1 Anwendung finden noch im Falle des Zahlungsrückstands die erneute Kaduzierung der Aktie zulässig sein soll.[151] Diese Auffassung wird heute zu Recht überwiegend abgelehnt. Der Kaufpreisanspruch tritt an die Stelle der ursprünglichen Einlageschuld und dient wie diese der Kapitalaufbringung. Ein effektiver Kapitalschutz ist aber nur bei Geltung des Befreiungs- und Aufrechnungsverbots des § 66 Abs. 1 sowie bei erneuter Möglichkeit der Kaduzierung gewährleistet.[152]

65 d) **Unverkäuflichkeit der Aktie.** Ist die Aktie unverkäuflich, so verfestigt sich das vorläufige Eigentum und die kaduzierte Aktie gelangt endgültig ins **Eigentum der AG**.[153] Unverkäuflichkeit ist anzunehmen, wenn ein Verkauf von vornherein aussichtslos erscheint oder mehrere Verkaufsversuche erfolglos geblieben sind.[154] Dies ist bei Anteilen an einer wirtschaftlich angeschlagenen AG, insbesondere wenn weitere, noch nicht fällige Einlageschulden übernommen werden müssen, nicht unwahr-

---

[139] K. Schmidt/Lutter/*Fleischer* Rn. 37.
[140] Vgl. MüKoAktG/*Bayer* Rn. 91.
[141] MüKoAktG/*Bayer* Rn. 92; Großkomm AktG/*Gehrlein* Rn. 69; Kölner Komm AktG/*Drygala* Rn. 58; K. Schmidt/Lutter/*Fleischer* Rn. 38; Hölters/*Laubert* Rn. 14.
[142] *Melber*, Die Kaduzierung in der GmbH, 1993, 184 f. (224 f.); Roth/*Altmeppen* GmbHG § 23 Rn. 16; Scholz/*Emmerich* GmbHG § 23 Rn. 26; Ulmer/*W. Müller* GmbHG § 23 Rn. 39; gegen jede Verrechnung dagegen Baumbach/Hueck/*Fastrich* GmbHG § 23 Rn. 8; Lutter/Hommelhoff/*Bayer* GmbHG § 23 Rn. 8; Gehrlein/Ekkenga/Simon/*Kuntz* GmbHG § 23 Rn. 8.
[143] MüKoAktG/*Bayer* Rn. 93; GHEK/*Hefermehl/Bungeroth* Rn. 85; Kölner Komm AktG/*Drygala* Rn. 58; K. Schmidt/Lutter/*Fleischer* Rn. 38; Hölters/*Laubert* Rn. 11.
[144] Roth/*Altmeppen* GmbHG § 23 Rn. 16; Ulmer/*W.Müller* GmbHG § 23 Rn. 39.
[145] Großkomm AktG/*Gehrlein* Rn. 69; Grigoleit/*Grigoleit/Rachlitz* Rn. 10.
[146] Ebenso MüKoAktG/*Bayer* Rn. 93.
[147] MüKoAktG/*Bayer* Rn. 94; Großkomm AktG/*Gehrlein* Rn. 70; Kölner Komm AktG/*Drygala* Rn. 46; K. Schmidt/Lutter/*Fleischer* Rn. 34.
[148] MüKoAktG/*Bayer* Rn. 94; Großkomm AktG/*Gehrlein* Rn. 70; Kölner Komm AktG/*Drygala* Rn. 46; K. Schmidt/Lutter/*Fleischer* Rn. 34.
[149] K. Schmidt/Lutter/*Fleischer* Rn. 34; Hölters/*Laubert* Rn. 12.
[150] Vgl. MüKoAktG/*Bayer* Rn. 94.
[151] Vgl. nur GHEK/*Hefermehl/Bungeroth* Rn. 80 mwN.
[152] So bereits *Hachenburg*, Das Recht 1907, 225 (232); heute ganz hM, vgl. nur MüKoAktG/*Bayer* Rn. 96; Großkomm AktG/*Gehrlein* Rn. 66; Hüffer/Koch/*Koch* Rn. 10; Kölner Komm AktG/*Drygala* Rn. 56; K. Schmidt/Lutter/*Fleischer* Rn. 35; Hölters/*Laubert* Rn. 12; Bürgers/Körber/*Westermann* Rn. 14; MHdB AG/*Rieckers* § 16 Rn. 24; ebenso die hM im Recht der GmbH, vgl. nur BGHZ 42, 89 (93) = NJW 1964, 1954 (1955); UHL/*W. Müller* GmbHG § 23 Rn. 35 mwN.
[153] AllgM, statt aller Hüffer/Koch/*Koch* Rn. 10.
[154] Vgl. Großkomm AktG/*Gehrlein* Rn. 72; K. Schmidt/Lutter/*Fleischer* Rn. 39.

scheinlich.[155] § 71 Abs. 2 S. 3 steht dem Erwerb durch die AG nicht entgegen (→ § 71 Rn. 40).[156] Die eigenen Aktien sind gem. § 272 Abs. 1a HGB zu bilanzieren.[157]

Die Vereinigung von Schuldner- und Gläubigerstellung in der Person der AG führt entgegen **66** verbreiteter Ansicht **nicht** zum **Erlöschen der rückständigen Einlageschuld** (ausführlich → Rn. 14).[158] Die Regresshaftung der Vormänner gem. Abs. 1 wie die Ausfallhaftung des ausgeschlossenen Aktionärs gem. § 64 Abs. 4 S. 2 bleiben daher vom Erwerb durch die AG unberührt.[159] Dasselbe gilt für noch nicht fällige offene Einlageschulden.[160]

V. Verfahrensmängel

1. Unwirksamkeit der Kaduzierung. Ist die Kaduzierung nicht wirksam, etwa weil es an einer **67** ordnungsgemäßen Aufforderung gem. § 63 fehlt oder weil die Anforderungen des § 64 nicht erfüllt wurden, so ist der vermeintlich Ausgeschlossene noch Aktionär und die kaduzierte Aktie verkörpert weiterhin die Mitgliedschaft (→ § 64 Rn. 55).[161] Eine neu ausgestellte Urkunde ist hingegen ungültig.[162] Weder Vormann (Abs. 1) noch Käufer (Abs. 3) können die Mitgliedschaft erwerben, und zwar auch nicht gutgläubig.[163]

Ein zahlender Vormann kann seine Leistung lediglich gem. § 812 Abs. 1 S. 1 BGB kondizieren. **68** Ein Käufer kann die AG gem. § 311a Abs. 2 BGB wahlweise auf Schadensersatz statt der Leistung oder auf Aufwendungsersatz gem. § 284 BGB in Anspruch nehmen.[164] Die fehlerhafte Kaduzierung kann **nicht durch** einfache **Nachholung geheilt** werden; vielmehr ist eine Neuvornahme aller Verfahrensschritte erforderlich.[165]

2. Fehlerhafter Regress. Die AG hat das Regressverfahren gem. Abs. 1 streng zu beachten: **69** Insbesondere darf sie die Regressreihenfolge nicht durchbrechen und zahlungsfähige Vormänner übergehen.[166] Tut sie es dennoch, so führt eine Zahlung nicht zum Erwerb der kaduzierten Mitgliedschaft (→ Rn. 31).[167] Der zahlende Vormann kann auch in diesem Fall seine Leistung lediglich gem. § 812 Abs. 1 S. 1 kondizieren.[168] Der Ausgeschlossene haftet gem. § 64 Abs. 4 S. 2 vollumfänglich weiter.

Verkauft die AG nach versäumter Inanspruchnahme eines zahlungsfähigen Vormanns die kadu- **70** zierte Aktie dagegen im Verfahren nach Abs. 3, wurde der Erwerb nach früherem Verständnis überwiegend als wirksam angesehen.[169] Heute wird in entsprechender Anwendung der §§ 932, 1244 BGB, § 366 HGB, Art. 16 WG zu Recht lediglich der **gutgläubige Erwerb** für wirksam erachtet.[170] Dies ist sachgerecht, da bei bösgläubigem Erwerb Verkehrsschutz nicht veranlasst ist, während die Kapitalaufbringung gebietet, zahlungsfähige Vormänner in Anspruch zu nehmen.[171] Der bösgläubige Erwerber hat die Aktienurkunde Zug-um-Zug gegen Rückzahlung des Kaufpreises herauszugeben.[172] Der ausgeschlossene Aktionär haftet dann gem. § 64 Abs. 4 S. 2 auf den vollen Betrag.

3. Fehlerhafter Verkauf. Bei fehlerhaftem Verkauf gem. Abs. 3 ist zwischen **Verfahrensfehlern** **71** (etwa bei Versteigerung am falschen Ort oder bei Verletzung der Benachrichtigungspflicht gem. Abs. 3 S. 4) und **Veräußerungsmängeln** (etwa bei freihändigem Verkauf außerhalb der Börse oder bei nicht-öffentlicher Versteigerung) zu differenzieren: Aus einer entsprechenden Anwendung der

---

[155] Vgl. MüKoAktG/*Bayer* Rn. 97.
[156] Bürgers/Körber/*Westermann* Rn. 15.
[157] K. Schmidt/Lutter/*Fleischer* Rn. 39; Grigoleit/*Grigoleit/Rachlitz* Rn. 3; Bürgers/Körber/*Westermann* Rn. 15.
[158] Vgl. MüKoAktG/*Bayer* Rn. 20, 98 mwN; K. Schmidt/Lutter/*Fleischer* Rn. 39.
[159] K. Schmidt/Lutter/*Fleischer* Rn. 39.
[160] Ausf. MüKoAktG/*Bayer* Rn. 98.
[161] Vgl. Kölner Komm AktG/*Drygala* Rn. 60; Hölters/*Laubert* Rn. 14.
[162] Vgl. Großkomm AktG/*Gehrlein* Rn. 75; K. Schmidt/Lutter/*Fleischer* Rn. 40.
[163] So bereits KG OLGE 1, 435 (436); ebenso MüKoAktG/*Bayer* Rn. 99; Großkomm AktG/*Gehrlein* Rn. 75; Kölner Komm AktG/*Drygala* Rn. 60; Hölters/*Laubert* Rn. 14; Bürgers/Körber/*Westermann* Rn. 16.
[164] Ausf. MüKoAktG/*Bayer* Rn. 100.
[165] Ausf. MüKoAktG/*Bayer* Rn. 101; aA für die GmbH Baumbach/Hueck/*Fastrich* GmbHG § 23 Rn. 10.
[166] Vgl. MüKoAktG/*Bayer* Rn. 104.
[167] K. Schmidt/Lutter/*Fleischer* Rn. 41; Grigoleit/*Grigoleit/Rachlitz* Rn. 11; Hölters/*Laubert* Rn. 15.
[168] K. Schmidt/Lutter/*Fleischer* Rn. 41; Grigoleit/*Grigoleit/Rachlitz* Rn. 11; Hölters/*Laubert* Rn. 15.
[169] Vgl. nur *v. Godin/Wilhelmi* Anm. 11; aA dagegen die hM im Recht der GmbH OLG Hamm DB 1988, 1311; im Schrifttum statt aller Baumbach/Hueck/*Fastrich* GmbHG § 23 Rn. 10 mwN.
[170] MüKoAktG/*Bayer* Rn. 105; Großkomm AktG/*Gehrlein* Rn. 76; Kölner Komm AktG/*Drygala* Rn. 61; K. Schmidt/Lutter/*Fleischer* Rn. 41; Hölters/*Laubert* Rn. 15.
[171] Vgl. Großkomm AktG/*Gehrlein* Rn. 76; K. Schmidt/Lutter/*Fleischer* Rn. 41.
[172] Vgl. MüKoAktG/*Bayer* Rn. 105; Hölters/*Laubert* Rn. 15.

§ 66

Regeln über den Pfandverkauf (→ Rn. 54), hier §§ 1243, 1244 BGB, ergibt sich, dass lediglich formelle Fehler die Gültigkeit der Versteigerung unberührt lassen (§ 1243 Abs. 2 BGB), während Veräußerungsmängel grundsätzlich zur Unwirksamkeit des Erwerbs führen und nur gutgläubige Erwerber wirksam erwerben können (§ 1244 BGB).[173] Dem ausgeschlossenen Aktionär kommt im Hinblick auf seine Haftung gem. § 64 Abs. 4 S. 2 bei gutgläubigem Erwerb die Zahlung des Erwerbspreises zugute.[174]

§ 66 Keine Befreiung der Aktionäre von ihren Leistungspflichten

(1) ¹Die Aktionäre und ihre Vormänner können von ihren Leistungspflichten nach den §§ 54 und 65 nicht befreit werden. ²Gegen eine Forderung der Gesellschaft nach den §§ 54 und 65 ist die Aufrechnung nicht zulässig.

(2) Absatz 1 gilt entsprechend für die Verpflichtung zur Rückgewähr von Leistungen, die entgegen den Vorschriften dieses Gesetzes empfangen sind, für die Ausfallhaftung des ausgeschlossenen Aktionärs sowie für die Schadenersatzpflicht des Aktionärs wegen nicht gehöriger Leistung einer Sacheinlage.

(3) Durch eine ordentliche Kapitalherabsetzung oder durch eine Kapitalherabsetzung durch Einziehung von Aktien können die Aktionäre von der Verpflichtung zur Leistung von Einlagen befreit werden, durch eine ordentliche Kapitalherabsetzung jedoch höchstens in Höhe des Betrags, um den das Grundkapital herabgesetzt worden ist.

Schrifttum: *Bayer*, Abtretung und Pfändung der GmbH-Stammeinlageforderungen, ZIP 1989, 8; *Bayer*, Neue und neueste Entwicklungen zur verdeckten GmbH-Sacheinlage, ZIP 1998, 1985; *Berger*, Das „Vollwertigkeitsprinzip" als Voraussetzung der Pfändung von Einlageforderungen bei Kapitalgesellschaften, ZZP 107 (1994), 29; *Berger*, GmbH-rechtliche Beschlussmängelstreitigkeiten vor Schiedsgerichten – Gestaltungsmöglichkeiten im Anschluss an BGHZ 132, 278, ZHR 164 (2000), 295; *Bergmann*, Die verschleierte Sacheinlage bei AG und GmbH, AG 1987, 57; *Bork*, Zur Schiedsfähigkeit von Beschlussmängelstreitigkeiten, ZHR 160 (1996), 374; *Brandner*, Verdeckte Sacheinlage; Eine Aufgabe für den Gesetzgeber?, FS Boujong, 1996, 37; *Buchetmann*, Die teileingezahlte Aktie – insbesondere die Rechtsstellung der Inhaber teileingezahlter Aktien, 1972; *v. Burchard*, Aufrechnung mit Masseforderungen gegen eine Stammeinlageforderung im Konkurs der GmbH, GmbHR 1955, 136; *Cahn*, Vergleichsverbote im Gesellschaftsrecht, 1996; *Cahn*, Kapitalerhöhung im Cash Pool, ZHR 166 (2002), 278; *Crisolli*, Die Rechtsnatur der Sacheinlageverpflichtung eines Aktionärs. Gibt es bei ihr einen Schadensersatzanspruch, eine Wandlung oder Minderung?, ZHR 93 (1929), 226; *Drude*, Die Sicherung der Kapitalaufbringung im englischen und deutschen Aktienrecht, 1971; *Fleischer*, Vergleiche über Organhaftungs-, Einlage- und Drittansprüche der Aktiengesellschaft, AG 2015, 133; *Flume*, Die Kapitalerhöhung unter Verwendung der Dividende nach Handelsrecht und Kapitalverkehrsteuerrecht, DB 1964, 21; *Frey*, Einlagen in Kapitalgesellschaften: Gläubigerschutz und Gestaltungsfreiheit, 1990; *Geßler*, Die Umwandlung von Krediten in haftendes Kapital, FS Möhring, 1975, 173; *Goerdeler*, Probleme der Sachgründung bei einer Reform des GmbH-Rechtes, FS Walter Schmidt, 1959, 138; *Habersack/Weber*, Die Einlageforderung als Gegenstand von Aufrechnung, Abtretung Verpfändung und Pfändung, ZGR 2014, 509; *Heinsius*, Kapitalerhöhung bei der Aktiengesellschaft gegen Geldeinlagen und Gutschrift der Einlagen auf Konto der Gesellschaft bei der Emissionsbank, FS Fleck, 1988, 89; *Hentzen*, Zulässigkeit der Verrechnung des Verlustausgleichsanspruchs aus § 302 Abs. 1 AktG im Cash Pool, AG 2006, 133; *Hommelhoff/Kleindiek*, Schuldrechtliche Verwendungspflichten und „freie Verfügung" bei der Barkapitalerhöhung, ZIP 1987, 477; *Hüffer*, Wertmäßige statt gegenständlicher Unversehrtheit von Bareinlagen im Aktienrecht, ZGR 1993, 474; *Ihrig*, Die endgültige freie Verfügung über die Einlagen von Kapitalgesellschaften, 1991; *Knobbe-Keuk*, „Umwandlung" eines Personenunternehmens in eine GmbH und verschleierte Sachgründung, ZIP 1986, 885; *Kuntz*, Die Kapitalerhöhung in der Insolvenz, DStR 2006, 519; *Loges/Zimmermann*, Aktienrechtliche Ansprüche beim Erwerb von Unternehmen gegen Gewährung von Aktien, WM 2005, 349; *Lutter*, Verdeckte Leistungen und Kapitalschutz, FS Stiefel, 1987, 505; *Lutter/Zöllner*, Zur Anwendung der Regeln über die Sachkapitalerhöhung auf das Ausschüttungs-Rückhol-Verfahren, ZGR 1996, 164; *Lutter/Hommelhoff/Timm*, Finanzierungsmaßnahmen zur Krisenabwehr in der Aktiengesellschaft, BB 1980, 737; *Mann*, Die Sachgründung im Aktienrecht, 1932; *Möhring*, Erbringung von Stammeinlagen bei einer GmbH durch Aufrechnung, FS R. Schmidt, 1976, 85; *K. Müller*, Zur Pfändung der Einlageforderung der GmbH, GmbHR 1970, 57; *K. Müller*, Zur Pfändung der Einlageforderung der AG, AG 1971, 1; *Müller*, Die Verjährung von Einlageansprüchen im Kapitalgesellschaftsrecht, ZGS 2002, 280; *Müller*, Zum Geltungsbereich des Aufrechnungsverbots gemäß GmbHG § 19 Abs. 2 S. 2, WuB II C § 19 GmbHG 3.01; *Priester*, Die Verwendung von Gesellschafterforderungen zur Kapitalerhöhung bei der GmbH, DB 1976, 1801; *Priester*, Gläubigerbefriedigung – Bar- oder Sacheinlage?, BB 1987, 208; *Priester*, Stammeinlagezahlung auf debitorisches Bankkonto der GmbH, DB 1987, 1473; *Priester*, Voreinzahlung auf Stammeinlagen bei sanierender Kapitalerhöhung, FS Fleck, 1988, 231; *Priester*, GmbH-Kapitalerhöhung im Wege des Ausschüttungs-Rückhol-Verfahrens – Besprechung der Entscheidung BGHZ 135, 831, ZGR 1998, 856; *Priester*, Verlustausgleich nach § 302 AktG –

---

[173] MüKoAktG/*Bayer* Rn. 106 ff.; Kölner Komm AktG/*Drygala* Rn. 62; Großkomm AktG/*Gehrlein* Rn. 77 f.; K. Schmidt/Lutter/*Fleischer* Rn. 42; Hölters/*Laubert* Rn. 16; Bürgers/Körber/*Westermann* Rn. 17.

[174] Vgl. Großkomm AktG/*Gehrlein* Rn. 79.

zwingend in Geld?, BB 2005, 2483; *Priester,* Vergleich über Einlageforderungen – Zustimmungserfordernis der Hauptversammlung, AG 2012, 525; *Rospatt,* Abtretung, Verpfändung, Pfändung und konkursrechtliche Behandlung rückständiger Einlagen der Aktiengesellschaft und der GmbH, ZBH 1932, 30; *K. Schmidt,* Barkapitalaufbringung und „freie Verfügung" bei der Aktiengesellschaft und der GmbH, AG 1986, 106; *K. Schmidt,* Die Übertragung, Pfändung und Verwertung von Einlageforderungen, ZHR 157 (1993), 291; *B. Schneider,* Zur Schiedsfähigkeit von Ansprüchen zwischen einer Kapitalgesellschaft und ihren Gesellschaftern, WuB II C § 19 GmbHG 3.04; *Schneider/Verhoeven,* Vorfinanzierung einer Barkapitalerhöhung?, ZIP 1982, 644; *Schockenhoff/Fiege,* Neue Verjährungsfragen im Kapitalgesellschaftsrecht, ZIP 2002, 917; *Schumacher,* Die Abtretung und Pfändung der Stammeinlageforderung der GmbH, JW 1936, 3153; *Steinberg,* Die Erfüllung der Bareinlagepflicht nach Eintragung der Gesellschaft und der Kapitalerhöhung, 1973; *Stobbe,* Die Durchsetzung gesellschaftsrechtlicher Ansprüche der insolventen GmbH im Gläubigerinteresse, 2000; *Teichmann,* Die Gesetzesumgehung, 1962; *Tillmann,* Zum Hin- und Herzahlen eines Bareinlagebetrages, EWiR 2006, 33; *Tominski/Kuthe,* Ermittlung der Mindesthöhe der Gegenleistung bei Übernahmeangeboten im Zusammenhang mit Vorerwerben, BKR 2004, 10; *Ulmer,* Gesellschafterhaftung gegenüber der GmbH bei Vorteilsgewährung unter Verstoß gegen § 30 Abs. 1 GmbHG, FS 100 GmbHG, 1992, 363; *Verse,* Aufrechnung gegen Verlustausgleichsansprüche im Vertragskonzern, ZIP 2005, 1627; *Verse,* (Gemischte) Sacheinlagen, Differenzhaftung und Vergleich über Einlageforderungen, ZGR 2012, 875; *Volmer,* Die Pfändbarkeit der Stammeinlageforderung eines GmbH-Gesellschafters, GmbHR 1998, 579; *Werner,* Zur Frage der Erfüllung der Bareinlageverpflichtung durch Zahlung auf eine vermeintliche Darlehensschuld, GmbHR 2006, 45; *H. P. Westermann,* Gesellschaftsrechtliche Schiedsgerichte, FS R. Fischer, 1979, 853; *Wieneke,* Die Differenzhaftung des Inferenten und die Zulässigkeit eines Vergleichs über ihre Höhe, NZG 2012, 136; *Wilhelm,* Kapitalaufbringung und Handlungsfreiheit der Gesellschaft nach Aktien- und GmbH-Recht, ZHR 152 (1988), 333.

Übersicht

	Rn.		Rn.
I. Entstehungsgeschichte und Normzweck	1, 2	l) Schiedsvereinbarung	19
		m) Verjährung und Verwirkung	20
1. Entstehungsgeschichte	1	**IV. Aufrechnungsverbot, Abs. 1 S. 2**	21–36
2. Normzweck	2	1. Grundlagen	21, 22
II. Von Abs. 1 und 2 erfasste Leistungspflichten	3–6	2. Aufrechnung durch den Aktionär	23
		3. Aufrechnung durch die Gesellschaft	24–32
1. Einlagen, Abs. 1	3	a) Meinungsstand	24–29
2. Andere Pflichten, Abs. 2	4–6	b) Stellungnahme	30–32
a) Rückgewährpflicht nach § 62	4	4. Aufrechnungsvertrag	33, 34
b) Ausfallhaftung des ausgeschlossenen Aktionärs	5	5. Kontokorrentvereinbarung	35
		6. Zurückbehaltungsrecht	36
c) Schadensersatzansprüche wegen nicht gehöriger Leistung von Sacheinlagen	6	**V. Die Wirkungen des Befreiungs- und Aufrechnungsverbots bei Beteiligung Dritter**	37–45
III. Befreiungsverbot, Abs. 1 S. 1	7–20	1. Abtretung	37–43
1. Befreiung	7	a) Abtretung als Befreiung	37
2. Erlass und vergleichbare Rechtsgeschäfte	8–20	b) Meinungsstand	38, 39
a) Grundsatz	8	c) Stellungnahme	40–43
b) Stundungsabreden	9	2. Leistung an Dritte	44
c) Novation	10	3. Pfändung von Einlageansprüchen	45
d) Leistung an Erfüllungs statt und Leistung erfüllungshalber	11	**VI. Befreiung durch Kapitalherabsetzung, Abs. 3**	46–48
e) Einlagefinanzierung durch die Gesellschaft	12	1. Überblick	46
		2. Ordentliche Kapitalherabsetzung	47
f) Annahme einer mangelhaften Sacheinlage als Erfüllung	13	3. Kapitalherabsetzung durch Einziehung von Aktien	48
g) Erwerb nicht voll eingezahlter Aktien	14	**VII. Insolvenz und Liquidation**	49
h) Hinterlegung	15	**VIII. Rechtsfolgen von Verstößen**	50
i) Vergleich	16		
j) Insolvenzplan	17		
k) Vergleich zur Anwendung der Insolvenz	18		

I. Entstehungsgeschichte und Normzweck

1. Entstehungsgeschichte. Abs. 1 geht auf Art. 184a Abs. 3 ADHGB, Art. 184b Abs. 3 **1** ADHGB, Art. 184c ADHGB, 219 Abs. 2 ADHGB jeweils idF der Fassung der Novelle v. 18.7.1884 zurück. Diese seinerzeit in erster Linie für die Kommanditisten der KGaA eingeführten Bestimmungen wurden in § 221 HGB 1897 und dann in § 60 AktG 1937 übernommen. Abs. 2 und 3 wurden

§ 66 2–4

erst 1965 ins Gesetz aufgenommen. Die Bestimmungen entsprechen aber dem Stand, der im Schrifttum bereits zu § 60 AktG 1937 vertreten worden war.[1]

2. Normzweck. Das Gebot der effektiven Aufbringung der versprochenen Einlagen und das Verbot der Einlagenrückgewähr könnten leicht **umgangen** werden, wenn die Aktionäre von den sich daraus gegenüber der Gesellschaft ergebenden Verpflichtungen befreit werden könnten. Die Vorschrift soll verhindern, dass Kapitalaufbringung und Vermögensbindung durch Rechtsgeschäfte zwischen der AG und den Aktionären zum Nachteil der Gesellschaftsgläubiger ausgehöhlt werden. Problematisch ist allerdings die Bestimmung der **Reichweite des Umgehungsschutzes.** Eine auf lückenlose Systembildung bedachte Rechtsprechung und Rechtslehre tendieren dazu, den Spielraum zulässiger Gestaltungen stetig einzuengen, indem sie sich von Grenzfall zu Grenzfall vortasten und jeden in den Anwendungsbereich der Norm einbezogenen Fall als Vergleichsbasis für weitere Gestaltungen zugrunde legen.[2] Mehr als die – wirklichen oder vermeintlichen – grundsätzlichen Schwächen des Gläubigerschutzes durch ein festes Kapital[3] dürfte der Rechtspraxis die Hypertrophie des Regelbestandes zu schaffen machen, der nur schwer zu überblicken ist und nicht selten Gestaltungen erschwert oder verhindert, die nach dem ebenfalls durch die Kapitalrichtlinie geprägten Recht anderer Mitgliedstaaten ohne weiteres zulässig sind.

II. Von Abs. 1 und 2 erfasste Leistungspflichten

1. Einlagen, Abs. 1. Abs. 1 gilt für alle **Einlagepflichten** der Aktionäre nach § 54, also für Bareinlagen ebenso wie für Sacheinlagen, und zwar unabhängig davon, ob die Einlagepflicht bei der Gründung oder im Rahmen einer Kapitalerhöhung übernommen wurde.[4] Die Bestimmung erfasst den Nominalbetrag bzw. der auf die einzelne Stückaktie entfallende anteilige Betrag des Grundkapitals (§ 9 Abs. 1) und ein Aufgeld (§ 9 Abs. 2), bei Sacheinlagen also auch den Differenzhaftungsanspruch auf Ausgleich des Minderwerts einer Sacheinlage gegenüber dem vollen Ausgabebetrag der Aktien.[5] Darüber hinaus erstreckt Abs. 1 das Befreiungs- und Aufrechnungsverbot ausdrücklich auf die **Zahlungspflicht der Vormänner** eines ausgeschlossenen Aktionärs nach § 65. Schließt die Gesellschaft über einen von Abs. 1 oder 2 erfassten Anspruch einen Vergleich (→ Rn. 16), gelten die Verbote nach Abs. 1 und 2 auch für die in dem Vergleich vereinbarte Forderung.[6] Schließlich finden sie nach hM entsprechende Anwendung auf Ansprüche aus § 37 Abs. 1 S. 4[7] und nach zutr. Ansicht auch auf Ansprüche der Gesellschaft aus Unterbilanz- und Verlustdeckungshaftung im Gründungsstadium.[8] Dagegen fallen Nebenleistungspflichten nach § 55 und Nebenpflichten nach § 63 Abs. 2 und 3 (Zinsen, Schadensersatz und Vertragsstrafen) nicht unter die Vorschrift,[9] ebenso wenig der Anspruch auf Verlustausgleich nach § 302 AktG.[10]

2. Andere Pflichten, Abs. 2. a) Rückgewährpflicht nach § 62. Das Befreiungs- und Aufrechnungsverbot des Abs. 1 gilt entsprechend für die **Rückgewährpflicht nach § 62** wegen des Empfangs von Leistungen der Gesellschaft unter Verstoß gegen §§ 57, 58, 60, 61. Soweit Dritte einem Aktionär gleichstehen und nach § 62 auf Rückgewähr von Zuwendungen der Gesellschaft haften, werden sie auch von Abs. 2 Alt. 1 erfasst.[11] Dagegen sind sie von dem Befreiungs- und

---

[1] BegrRegE bei *Kropff* S. 86.
[2] Krit. zu einer solchen Methode der „Umgehung der Umgehung" etwa G.H. Roth NJW 1991, 1913; *Maier-Reimer* FS Rowedder, 1994, 245 (266 f.).
[3] Vgl. etwa *Enriques/Macey* 86 Cornell L J (2001), 1165; *Kahan* in Hopt/Wymeersch, Capital Markets Law and Company Law, 2003, 145 ff.; *Kübler* in Hopt/Wymeersch, Capital Markets Law and Company Law, 2003, 95 ff.; *Mülbert/Birke* EBOR 3 (2002), 695; *Mülbert* Der Konzern 2004, 151; *Merkt* ZGR 2004, 305; *Armour* EBOR 7 (2006), 5.
[4] OLG Hamburg AG 2007, 500 (501); Kölner Komm AktG/*Drygala* Rn. 4; MüKoAktG/*Bayer* Rn. 7 f.; Großkomm AktG/*Gehrlein* Rn. 3; K. Schmidt/Lutter/*Fleischer* Rn. 3; Bürgers/Körber/*Westermann* Rn. 2; Hüffer/Koch/*Koch* Rn. 2; NK-AktG/*Bergheim* Rn. 3; MHdB AG/*Rieckers* § 16 Rn. 25.
[5] Eingehend dazu BGHZ 191, 364 (370 ff. Rn. 16 ff.) = NZG 2012, 69 (71 f.); aus dem Schrifttum etwa Kölner Komm AktG/*Drygala* Rn. 4; MüKoAktG/*Bayer* Rn. 7; Großkomm AktG/*Gehrlein* Rn. 3; Grigoleit/*Grigoleit/Rachlitz* Rn. 1; Hüffer/Koch/*Koch* Rn. 2; *Priester* AG 2012, 525 f.; *Verse* ZGR 2012, 875 (878 ff., 885).
[6] BGHZ 191, 364 (379 Rn. 34) = NZG 2012, 69 (74).
[7] BGH NZG 2006, 24; OLG Hamburg AG 2007, 500 (503 f.); Grigoleit/*Grigoleit/Rachlitz* Rn. 1.
[8] *Wachter/Servatius* Rn. 4.
[9] Kölner Komm AktG/*Drygala* Rn. 4; MüKoAktG/*Bayer* Rn. 9; Großkomm AktG/*Gehrlein* Rn. 6; K. Schmidt/Lutter/*Fleischer* Rn. 3; Hölters/*Laubert* Rn. 3; Bürgers/Körber/*Westermann* Rn. 2; Hüffer/Koch/*Koch* Rn. 2; MHdB AG/*Rieckers* § 16 Rn. 25.
[10] BGH NZG 2006, 664 (665).
[11] K. Schmidt/Lutter/*Fleischer* Rn. 18.

Aufrechnungsverbot der Bestimmung nicht betroffen, soweit sie der AG nach anderen Vorschriften, insbesondere nach Bereicherungsrecht, zur Rückgewähr von Leistungen verpflichtet sind.[12]

b) Ausfallhaftung des ausgeschlossenen Aktionärs. Nach Abs. 2 Alt. 2 unterliegt auch die Ausfallhaftung des ausgeschlossenen Aktionärs aus § 64 Abs. 4 S. 2 dem Befreiungs- und Aufrechnungsverbot des Abs. 1,[13] während die Zahlungspflicht der Vormänner aus § 65 bereits durch Abs. 1 erfasst ist.

c) Schadensersatzansprüche wegen nicht gehöriger Leistung von Sacheinlagen. Abs. 2 Alt. 3 unterwirft Schadensersatzansprüche wegen nicht gehöriger Leistung von Sacheinlagen dem Befreiungs- und Aufrechnungsverbot des Abs. 1. Nicht gehörige Leistung iSd Vorschrift ist jede Leistungsstörung, also neben Unmöglichkeit auch Verzug oder das Vorliegen eines Sachmangels.[14] Nach zutr. hL ist die **Bestimmung** insoweit **überflüssig**, weil beim Entfallen eines Sacheinlageversprechens aufgrund von Leistungsstörungen die dahinter stehende Bareinlagepflicht eingreift,[15] für die Abs. 1 unmittelbar gilt.[16] Ein über den Einlagebetrag hinausgehender Schadensersatzanspruch fällt aber nicht unter die Dispositionsbeschränkungen des Abs. 1; das gilt für einen Anspruch auf Ersatz des über den Einlageanspruch hinausgehenden Wertes der Sacheinlage ebenso wie für Ansprüche auf Ersatz von Verzögerungsschäden.[17]

III. Befreiungsverbot, Abs. 1 S. 1

1. Befreiung. Der **Begriff der Befreiung** ist weit auszulegen. Er erfasst jedes Rechtsgeschäft, durch das die von Abs. 1 und 2 erfassten Leistungspflichten zum Nachteil der Gesellschaft verändert werden.[18] Das ist allerdings nur der Fall, wenn die AG weniger erhält, als ihr zusteht. Sind Bestehen oder Umfang der Leistungspflicht aus tatsächlichen oder rechtlichen Gründen zweifelhaft und ist daher unklar, ob und in welcher Höhe der Gesellschaft ein Anspruch gegen den vermeintlichen Schuldner zusteht, schließt das Befreiungsverbot streitbereinigende Vereinbarungen nicht durchweg aus (→ Rn. 16). Da das Befreiungsverbot nur Rechtsgeschäfte betrifft, kann es von vornherein nicht gegenüber tatsächlichem Verhalten wirken, durch das die Position der Gesellschaft sich verschlechtert, namentlich dem ungenutzten Verstreichenlassen der Verjährungsfrist (→ Rn. 20).[19]

2. Erlass und vergleichbare Rechtsgeschäfte. a) Grundsatz. Abs. 1 S. 1 verbietet den vollständigen oder teilweisen **Erlass** (§ 397 Abs. 1 BGB) der in Abs. 1 und 2 aufgeführten Verbindlichkeiten ebenso wie andere Rechtsgeschäfte, mit denen ein wirtschaftlich vergleichbares Ergebnis erzielt wird.[20] Untersagt sind daher etwa ein **negatives Schuldanerkenntnis** (§ 397 Abs. 2 BGB),[21] die Zustimmung zu einer **befreienden Schuldübernahme** durch einen Dritten (§§ 414, 415 BGB),[22] oder eine Vereinbarung, in der die Gesellschaft sich verpflichtet, ihren Anspruch auf Dauer nicht geltend zu machen **(pactum de non petendo).**[23]

b) Stundungsabreden. durch die der Vorstand sein Ermessen einschränkt, ausstehende Einlagen einzufordern oder durch die die Erfüllung einer bereits fälligen Einlageverpflichtung einvernehmlich

---

[12] MüKoAktG/*Bayer* Rn. 72; Großkomm AktG/*Gehrlein* Rn. 9; K. Schmidt/Lutter/*Fleischer* Rn. 18; Hölters/*Lauber* Rn. 12.
[13] MüKoAktG/*Bayer* Rn. 73; K. Schmidt/Lutter/*Fleischer* Rn. 19; Hüffer/Koch/*Koch* Rn. 2; MHdB AG/*Rieckers* § 16 Rn. 25.
[14] MüKoAktG/*Bayer* Rn. 74; Großkomm AktG/*Gehrlein* Rn. 4; K. Schmidt/Lutter/*Fleischer* Rn. 20; Hüffer/Koch/*Koch* Rn. 10.
[15] → § 27 Rn. 82ff. Großkomm AktG/*Röhricht* § 27 Rn. 169ff.; differenzierend MüKoAktG/*Pentz* § 27 Rn. 50ff.
[16] Vgl. etwa Kölner Komm AktG/*Drygala* Rn. 5; K. Schmidt/Lutter/*Fleischer* Rn. 20.
[17] Kölner Komm AktG/*Drygala* Rn. 4; Großkomm AktG/*Gehrlein* Rn. 5; Bürgers/Körber/*Westermann* Rn. 2; Hüffer/Koch/*Koch* Rn. 10; aA MüKoAktG/*Bayer* Rn. 75.
[18] Hüffer/Koch/*Koch* Rn. 3; MüKoAktG/*Bayer* Rn. 12; Großkomm AktG/*Gehrlein* Rn. 10; K. Schmidt/Lutter/*Fleischer* Rn. 4; Hölters/*Laubert* Rn. 4; Grigoleit/*Grigoleit/Rachlitz* Rn. 2.
[19] Kölner Komm AktG/*Drygala* Rn. 19; Großkomm AktG/*Gehrlein* Rn. 26; K. Schmidt/Lutter/*Fleischer* Rn. 4.
[20] Kölner Komm AktG/*Drygala* Rn. 8; MüKoAktG/*Bayer* Rn. 13; Großkomm AktG/*Gehrlein* Rn. 11; K. Schmidt/Lutter/*Fleischer* Rn. 5; Hölters/*Laubert* Rn. 5; Hüffer/Koch/*Koch* Rn. 4.
[21] MüKoAktG/*Bayer* Rn. 13; Großkomm AktG/*Gehrlein* Rn. 11; Hüffer/Koch/*Koch* Rn. 4; K. Schmidt/Lutter/*Fleischer* Rn. 5; Hölters/*Laubert* Rn. 5; Grigoleit/*Grigoleit/Rachlitz* Rn. 3; MHdB AG/*Rieckers* § 16 Rn. 26.
[22] Großkomm AktG/*Gehrlein* Rn. 11; K. Schmidt/Lutter/*Fleischer* Rn. 5; Hölters/*Laubert* Rn. 5; MHdB AG/*Rieckers* § 16 Rn. 26; krit. insoweit Bürgers/Körber/*Westermann* Rn. 3; für Zulässigkeit im Hinblick auf § 27 Abs. 4 Wachter/*Servatius* Rn. 7; MüKoAktG/*Bayer* Rn. 13.
[23] MüKoAktG/*Bayer* Rn. 13; K. Schmidt/Lutter/*Fleischer* Rn. 5; Wachter/*Servatius* Rn. 7.

hinausgeschoben wird, verstoßen als Befreiung auf Zeit gegen Abs. 1 S. 1.[24] Liegen sachliche Gründe vor, die eine (entgeltliche) Stundung gegenüber bestimmten Aktionären im Interesse der Gesellschaft rechtfertigen, ist der Vorstand aber durch Abs. 1 S. 1 nicht gehindert, sein Einforderungsermessen entsprechend auszuüben.

10 c) **Novation.** Abs. 1 S. 1 verbietet auch die Mitwirkung der Gesellschaft an einer **Novation.** Das folgt nach hL daraus, dass durch die Schuldersetzung an die Stelle des nach Abs. 1 gesicherten Einlagenspruchs eine der Parteidisposition unterliegende Forderung treten würde.[25] Diese Begründung trägt indessen das Ergebnis nicht. Die Befreiung des Aktionärs von der an Stelle der Einlageschuld begründeten neuen Verbindlichkeit würde eine unzulässige Einlagenrückgewähr darstellen. Der daraus resultierende Rückgewähranspruch aus § 62 Abs. 1 wäre seinerseits nach Abs. 2 Alt. 1 durch die Dispositionsbeschränkungen des Abs. 1 gesichert.[26] Entscheidend ist vielmehr, dass die Novation zum Untergang des Bareinlageanspruchs führen würde, an dessen Stelle der Gesellschaft der neu begründete Anspruch gegen den Aktionär zustünde. Damit wäre der Gesellschaft keine Bareinlage, sondern ein Anspruch gegen den Inferenten zugeflossen. Dabei handelt es sich aber um eine **Sacheinlage**,[27] die nur unter Beachtung der dafür vorgeschriebenen Publizitäts- und Prüfungsbestimmungen eingebracht werden kann.[28]

11 d) **Leistung an Erfüllungs statt und Leistung erfüllungshalber.** Gegen Abs. 1 S. 1 verstößt die Annahme einer anderen als der geschuldeten **Leistung an Erfüllungs statt,** weil dadurch der Aktionär von der Pflicht zur Leistung der geschuldeten Einlage frei würde.[29] Bei Annahme einer Sachleistung an Stelle einer Bareinlage oder der an sich geschuldeten Sacheinlage würden überdies die bei Sacheinlagen zu beachtenden Sicherungsbestimmungen umgangen.[30] Dagegen bestehen gegen die Annahme einer **Leistung erfüllungshalber** (§ 364 Abs. 2 BGB), die nur bei Bareinlagen in Betracht kommt, grundsätzlich keine Bedenken, denn hier bleibt die Einlagepflicht bestehen, bis sie durch den Erlös aus dem erfüllungshalber hingegebenen Gegenstand getilgt wird.[31]

12 e) **Einlagefinanzierung durch die Gesellschaft.** Ein Verstoß gegen das Befreiungsverbot liegt auch vor, wenn die Gesellschaft die Einlageleistung des Aktionärs finanziert, indem sie ihm ein **Darlehen** gewährt oder eine **Sicherheit** für einen Kredit stellt, den der Aktionär bei einem Dritten aufnimmt, um damit seine Einlageschuld zu tilgen.[32] Zwar beruht § 27 Abs. 4 auf der Annahme, Darlehen der Gesellschaft an einen Zeichner seien jedenfalls dann zulässig und wirksam, wenn der Rückerstattungsanspruch vollwertig sei und jederzeit fällig gestellt werden könne. § 27 Abs. 4 verstößt indessen gegen das auch für die Aktienzeichnung geltende europarechtliche Verbot der finanziellen Unterstützung des Aktienerwerbs nach Art. 23 Abs. 1 KapitalRL (näher → § 56 Rn. 13). Entgegen einer im neueren Schrifttum vertretenen Auffassung[33] folgt daher aus § 27 Abs. 4 keine Einschränkung des Befreiungsverbots nach § 66. Auch im Hinblick auf Finanzierung von Einlagen durch die Gesellschaft ist allerdings aus den in → Rn. 10 genannten Gründen nicht

---

[24] Kölner Komm AktG/*Drygala* Rn. 12; MüKoAktG/*Bayer* Rn. 27; Großkomm AktG/*Gehrlein* Rn. 20; K. Schmidt/Lutter/*Fleischer* Rn. 5; Hüffer/Koch/*Koch* Rn. 4; Hölters/*Laubert* Rn. 5; Bürgers/Körber/*Westermann* Rn. 5; NK-AktR/*Bergheim* Rn. 6; MHdB AG/*Rieckers* § 16 Rn. 27; aA im Hinblick auf § 27 Abs. 4 Wachter/*Servatius* Rn. 7.
[25] Kölner Komm AktG/*Lutter*, 2. Aufl. 1988, Rn. 5; MüKoAktG/*Bayer* Rn. 18, 23; Großkomm AktG/*Gehrlein* Rn. 15; Hüffer/Koch/*Koch* Rn. 4; MHdB AG/*Rieckers* § 16 Rn. 27; aA im Hinblick auf § 27 Abs. 4 Wachter/*Servatius* Rn. 7, 11.
[26] Vgl. dazu *Cahn* ZHR 166 (2002), 278 (291 f.).
[27] Entgegen der hL kommen als Sacheinlage auch schuldrechtliche Ansprüche gegen den Einleger selbst in Betracht; ausf. dazu *Cahn* ZHR 166 (2002), 278 (289 ff.) mit zahlr. Nachw. zur herrschenden Gegenauffassung.
[28] Ähnlich wohl auch Kölner Komm AktG/*Drygala* Rn. 9.
[29] Kölner Komm AktG/*Drygala* Rn. 10; Großkomm AktG/*Gehrlein* Rn. 17; K. Schmidt/Lutter/*Fleischer* Rn. 5; Hölters/*Laubert* Rn. 5; Wachter/*Servatius* Rn. 7; Hüffer/Koch/*Koch* Rn. 4; NK-AktR/*Bergheim* Rn. 6; MHdB AG/*Rieckers* § 16 Rn. 27; für die GmbH etwa OLG Köln ZIP 1989, 174 (176); aA MüKoAktG/*Bayer* Rn. 19, der § 27 Abs. 3 analog anwenden will.
[30] Bürgers/Körber/*Westermann* Rn. 3.
[31] Kölner Komm AktG/*Drygala* Rn. 11; MüKoAktG/*Bayer* Rn. 26; Großkomm AktG/*Gehrlein* Rn. 19; Hölters/*Laubert* Rn. 5; Wachter/*Servatius* Rn. 7; Hüffer/Koch/*Koch* Rn. 4; MHdB AG/*Rieckers* § 16 Rn. 27; einschränkend Bürgers/Körber/*Westermann* Rn. 3.
[32] BGH NZG 2006, 24; Kölner Komm AktG/*Lutter*, 2. Aufl. 1988, Rn. 5; MüKoAktG/*Bayer* Rn. 14; Großkomm/*Gehrlein* Rn. 13; K. Schmidt/Lutter/*Fleischer* Rn. 5; Hölters/*Laubert* Rn. 5; Bürgers/Körber/*Westermann* Rn. 4; Wachter/*Servatius* Rn. 7; MHdB AG/*Rieckers* § 16 Rn. 26; zu § 19 Abs. 2 GmbHG BGHZ 28, 77 (78).
[33] Kölner Komm AktG/*Drygala* Rn. 8, der allerdings § 27 Abs. 4 ebenfalls für europarechtswidrig hält, vgl. Kölner Komm AktG/*Drygala* § 56 Rn. 8; Grigoleit/*Grigoleit/Rachlitz* Rn. 7.

der von den Vertretern der hL befürchtete Wegfall der Dispositionsbeschränkungen des Abs. 1, sondern bei der Einlageleistung aus einem von der Gesellschaft gewährten Darlehen der Umstand entscheidend, dass die Gesellschaft damit an Stelle der versprochenen Bareinlage im Ergebnis nur eine Sacheinlage, nämlich den Darlehensrückzahlungsanspruch erhalten würde.[34] Zwar kann ein solcher Anspruch des Einlageschuldners gegen die Gesellschaft richtiger Ansicht nach stets zum Nennwert eingebracht werden.[35] Vergleichbares gilt im Fall der Einlagezahlung aus einem von der Gesellschaft besicherten Darlehen; ebenso wie im Rahmen von § 57 (→ § 57 Rn. 38) gilt auch hier bereits die Bestellung von Sicherheiten für Verbindlichkeiten eines Aktionärs als Auszahlung an ihn, so dass sich der Vorgang als Ersetzung des Bareinlageanspruchs durch einen allenfalls als Sacheinlage einbringungsfähigen Erstattungs- oder Freistellungsanspruch darstellt. Für die rechtliche Behandlung ist es dabei im Ergebnis ohne Bedeutung, ob man in derartigen Fällen einen Verstoß gegen Abs. 1 S. 1 bejaht[36] oder solche Fälle verdeckter Sacheinlagen als Umgehung des Aufrechnungsverbots systematisch Abs. 1 S. 2 zuordnet.[37]

f) Annahme einer mangelhaften Sacheinlage als Erfüllung. Gegen das Befreiungsverbot 13 verstößt nach hL auch die **Annahme einer mangelhaften Sacheinlage als Erfüllung**.[38] Das ist zumindest missverständlich, denn nach hL ist Abs. 2 Alt. 3 ja gerade deswegen überflüssig, weil bei Mängeln der Sacheinlage regelmäßig kraft Gesetzes die hinter der Sacheinlageverpflichtung stehende Bardeckungspflicht eingreift (→ Rn. 6), sofern es sich beim Gegenstand der Einlage nicht um eine vertretbare Sache handelt und der Inferent daher weiterhin zur Lieferung verpflichtet bleibt.[39] Die Entgegennahme einer Sacheinlageleistung in Unkenntnis des Mangels hat daher mit Abs. 1 S. 1 nichts zu tun. Die Vorschrift betrifft vielmehr nur solche Fälle, in denen der Vorstand den Mangel des Einlagegegenstandes kennt und ihn dennoch als Erfüllung der Einlageverpflichtung entgegennimmt.[40] Hier folgt aus Abs. 1 S. 1, dass ein Verzicht auf die im Gläubigerinteresse bestehenden Ansprüche der Gesellschaft wegen des Mangels ohne Wirkung bleibt. Dementsprechend tritt erst recht keine Verwirkung wegen der Entgegennahme in Kenntnis des Mangels ein.

g) Erwerb nicht voll eingezahlter Aktien. Nach verbreiteter Auffassung verstößt auch der 14 **Erwerb nicht voll eingezahlter Aktien** unabhängig davon, ob er entgeltlich oder unentgeltlich erfolgt, gegen das Befreiungsverbot, weil anderenfalls die Einlageforderung durch Konfusion erlöschen würde.[41] Diese Ansicht verkennt zunächst, dass § 71 Abs. 2 S. 3, Abs. 4 S. 1, der den Erwerb nicht voll eingezahlter Aktien ua zu Abfindungszwecken (§ 71 Abs. 1 Nr. 3) und im Wege der Gesamtrechtsnachfolge (§ 71 Abs. 1 Nr. 5) zulässt und die Unwirksamkeit des dinglichen Erwerbs wegen eines Verstoßes gegen § 71 Abs. 2 S. 3 gerade ausschließt, lex specialis gegenüber dem Befreiungsverbot des Abs. 1 S. 1 ist. Darüber hinaus trifft aber auch die Prämisse nicht zu, dass ein Erwerb eigener nicht voll eingezahlter Aktien den endgültigen Untergang des Einlageanspruchs nach sich zieht[42] (näher → § 65 Rn. 14 und → § 71b Rn. 11).

h) Hinterlegung. Kein Verstoß gegen Abs. 1 S. 1 liegt vor, wenn der Aktionär die geschuldete 15 Leistung nach §§ 372 ff. BGB **hinterlegt**. Bei Ausschluss der Rücknahme tritt gem. § 378 BGB Erfüllung ein.[43]

---

[34] So auch Bürgers/Körber/*Westermann* Rn. 4.
[35] So im Zusammenhang mit den Voraussetzungen für einen sog. Debt-Equity Swap aus jüngerer Zeit *Cahn/Simon Theiselmann* CFL 2010, 238 (242 ff.); *Cahn/Simon Theiselmann* DB 2010, 1629 ff.; *Cahn/Simon Theiselmann* DB 2012, 501 ff.; *Eidenmüller* Schriftenreihe der Bankrechtlichen Vereinigung, 33 (2012), 129 (149); *W. Müller* FS Hoffmann-Becking, 2013, 835 (843 ff.); *Wansleben* WM 2012, 2083 (2086 ff.); vgl. auch *Maier-Reimer* VGR 17 (2012), 107 (122 ff.); aA *Arnold* FS Hoffmann-Becking, 2013, 29 (35 ff.); *Ekkenga* DB 2012, 331 ff.; *Kleindiek* FS Hommelhoff, 2012, 543 (550 ff.); *Priester* DB 2010, 1445 ff.; *Wiedemann* FS Hoffmann-Becking, 2013, 1387 (1391 ff.).
[36] So für verdeckte Sacheinlagen etwa MüKoAktG/*Bayer* Rn. 24 (50 ff.).
[37] Großkomm AktG/*Gehrlein* Rn. 53 ff.; für das GmbH-Recht BGHZ 113, 335 (343) = NJW 1991, 1754; BGHZ 125, 141 (143) = NJW 1994, 1477.
[38] Kölner Komm AktG/*Drygala* Rn. 8; Großkomm AktG/*Gehrlein* Rn. 12; K. Schmidt/Lutter/*Fleischer* Rn. 5; Hölters/*Laubert* Rn. 5; MüKoAktG/*Bayer* Rn. 21, der allerdings § 27 Abs. 3 entsprechend anwenden will.
[39] → § 27 Rn. 95 sowie MüKoAktG/*Pentz* § 27 Rn. 51 (57).
[40] Vgl. Grigoleit/*Grigoleit/Rachlitz* Rn. 3.
[41] Kölner Komm AktG/*Drygala* Rn. 9; Großkomm AktG/*Gehrlein* Rn. 14; für die GmbH RGZ 98, 276 (278).
[42] Ähnl. insoweit MüKoAktG/*Bayer* Rn. 17; K. Schmidt/Lutter/*Fleischer* Rn. 6; Grigoleit/*Grigoleit/Rachlitz* Rn. 4 und § 71 Rn. 35; Wachter/*Servatius* Rn. 7.
[43] Kölner Komm AktG/*Drygala* Rn. 13; MüKoAktG/*Bayer* Rn. 28; Großkomm AktG/*Gehrlein* Rn. 21; K. Schmidt/Lutter/*Fleischer* Rn. 6; Hölters/*Laubert* Rn. 5; Grigoleit/*Grigoleit/Rachlitz* Rn. 4.

16 i) Vergleich. Abs. 1 S. 1 steht einem Vergleich über die Einlageforderung oder andere in Abs. 1 und 2 aufgeführte Ansprüche[44] nicht entgegen, wenn erhebliche Zweifel an Bestand oder Umfang des Anspruchs bestehen.[45] Das folgt zwar nicht aus einem Umkehrschluss zu den ausdrücklichen Vergleichsbeschränkungen der §§ 50, 93 Abs. 4 S. 3, §§ 116, 117 Abs. 4, § 302 Abs. 3 S. 1, § 309 Abs. 3 S. 1, § 310 Abs. 4, § 317 Abs. 4, § 318 Abs. 4, § 323 Abs. 1 S. 2.[46] Wenn Bestand oder Umfang des Anspruchs ernstlich zweifelhaft sind, steht aber gerade nicht fest, ob der Gesellschaft der von ihr geltend gemachte Anspruch in voller Höhe zusteht. Ein absolutes Vergleichsverbot könnte einen Chancen und Risiken pflichtgemäß abwägenden Vorstand dazu veranlassen, bei ernstlichen Zweifeln an Bestand oder Umfang des Anspruchs von einer Geltendmachung gänzlich abzusehen oder einen von vornherein als wenig aussichtsreich eingeschätzten Prozess zu führen.[47] Damit wäre der Gesellschaft und den Gläubigern aber weniger gedient als mit einem Vergleich über den Anspruch.[48] Überdies könnte ein absolutes Vergleichsverbot auch im Übrigen weder die rechtzeitige Geltendmachung des Anspruchs garantieren noch das bei einem Vergleich nicht ganz fern liegende Risiko eines Zusammenwirkens von Aktionär und Gesellschaft zum Nachteil der Gläubiger effektiv ausschließen, denn auch ein Vergleichsverbot ändert nichts daran, dass die Prozessführung über den Anspruch in der Hand des Vorstands liegt.[49] Abs. 1 S. 1 schließt aus diesen Gründen einen Vergleich über die in Abs. 1 und 2 genannten Ansprüche nicht aus, wenn ernstliche Zweifel an ihrem Bestand oder Umfang bestehen. Das ist dann der Fall, wenn es dem Vorstand angesichts der Unsicherheit der Forderung und der mit einem Rechtsstreit verbundenen Risiken für die Gesellschaft bei pflichtgemäßer Ermessensausübung gestattet wäre, von der Geltendmachung des Anspruchs abzusehen.[50] Betrifft die Unsicherheit den Wert einer Sacheinlage, ist der Vorstand nicht grundsätzlich verpflichtet, vor Vergleichsabschluss ein Wertgutachten einzuholen,[51] wenngleich sich bei komplexen Bewertungsfragen die Beiziehung sachverständigen Rats empfehlen kann.[52] Entgegen der hM[53] bedarf ein solcher Vergleich indessen entsprechend § 50 S. 1, § 93 Abs. 4 S. 3, §§ 116, 117 Abs. 4 der **Zustimmung der HV**.[54] Auf diese Weise lässt sich der Gefahr eines Zusammenwirkens von Schuldner und Vorstand zum Nachteil der Gesellschaft und ihrer Gläubiger effektiv vorbeugen, zumal dem betroffenen Aktionär nach § 136 Abs. 1 kein Stimmrecht zusteht und eine Minderheit von 10 Prozent des Grundkapitals den Vergleich durch ihren Widerspruch verhindern kann.[55] Zudem wäre es ungereimt, wenn bei Ansprüchen wegen unzulässiger Einlagenrückgewähr ein Vergleich mit den verantwortlichen Vorstandsmitgliedern über ihre Ersatzpflicht aus § 93 Abs. 3 Nr. 1, 2 oder 5 von der Zustimmung der HV abhängig wäre, nicht aber ein Vergleich über die Erstattungspflicht des Empfängers der Zuwendung. Im Hinblick auf Einlagepflichten, die von den Gründern oder im Rahmen eines Kapitalerhöhungsbeschlusses von der Hauptversammlung festgesetzt wurden, ist schließlich zu bedenken, dass ein Vergleich (möglicherweise) die Entscheidung der Gründer oder der Hauptversammlung abändert und auch aus diesem Grunde nicht allein dem Vorstand überlassen sein kann. Entgegen der Ansicht des Bundesgerichtshofs[56] besteht die Gefahr der Verschonung des Schuldners durch die Gesellschaft nicht nur bei Haftungsansprüchen gegen Organmitglieder nach §§ 93 und 116, sondern auch bei im Hinblick auf Einlageforderungen oder Rückgewähransprüche nicht unerheblich beteiligten Aktionären;[57] dass diese Befürchtung dem Gesetz nicht fremd ist, zeigt

---

[44] Zur sachlichen Reichweite von Vergleichsbeschränkungen vgl. *Cahn*, Vergleichsverbote im Gesellschaftsrecht, 1996, 6 ff.

[45] BGHZ 191, 364 (374) Rn. 22 f. = NZG 2012, 69 (72); *Cahn*, Vergleichsverbote im Gesellschaftsrecht, 1996, 17 ff.; MüKoAktG/*Bayer* Rn. 29; Großkomm AktG/*Gehrlein* Rn. 22; Kölner Komm AktG/*Drygala* Rn. 14; K. Schmidt/Lutter/*Fleischer* Rn. 5a; Hölters/*Laubert* Rn. 5; Grigoleit/*Grigoleit/Rachlitz* Rn. 5; Wachter/*Servatius* Rn. 7; MHdB AG/*Rieckers* § 16 Rn. 27.

[46] So aber noch Großkomm AktG/*Barz*, 3. Aufl. 1973, Anm. 8; dagegen *Cahn*, Vergleichsverbote im Gesellschaftsrecht, 1996, 18 f.

[47] BGHZ 191, 364 (375 Rn. 24) = NZG 2012, 69 (72); *Verse* ZGR 2012, 875 (886); *Wieneke* NZG 2012, 136 (138); *Priester* AG 2012, 525 (526), jeweils für Einlageansprüche.

[48] *Cahn*, Vergleichsverbote im Gesellschaftsrecht, 1996, 20 ff.

[49] *Cahn*, Vergleichsverbote im Gesellschaftsrecht, 1996, 24 ff.

[50] *Cahn*, Vergleichsverbote im Gesellschaftsrecht, 1996, 36.

[51] BGHZ 191, 364 (378) Rn. 31 = NZG 2012, 69 (73); einschränkend *Priester* AG 2012, 525 (526).

[52] *Priester* AG 2012, 525 (526).

[53] BGHZ 191, 364 (375 f. Rn. 25 f.) = NZG 2012, 69 (72 f.) = BB 2012, 405 (408) m. zust. Anm. *Krause*; Grigoleit/*Grigoleit/Rachlitz* Rn. 5; *Verse* ZGR 2012, 875 (888 f.); *Wieneke* NZG 2012, 136 (138); im Erg. auch *Fleischer* AG 2015, 133 (142).

[54] *Priester* AG 2012, 525 (527 ff.).

[55] *Cahn*, Vergleichsverbote im Gesellschaftsrecht, 1996, 29 ff.

[56] BGHZ 191, 364 (375 Rn. 25) = NZG 2012, 69 (72).

[57] *Priester* AG 2012, 525 (528); *Cahn*, Vergleichsverbote im Gesellschaftsrecht, 1996, 29 f.; aA BGHZ 191, 364 (375 Rn. 25) = NZG 2012, 69 (72).

etwa § 52. Ebenso wenig rechtfertigt der Umstand, dass (Rück-)Einlageansprüche nach §§ 54, 62 im Gegensatz zu den von § 50 erfassten Ansprüchen nach §§ 46–48 aus der Gründung und der Haftung der Verwaltungsmitglieder nach §§ 93, 116 kein Verschulden voraussetzen, eine unterschiedliche Behandlung im Hinblick auf das Erfordernis einer Hauptversammlungszustimmung.[58] Auch wenn man davon absieht, dass der für Mitglieder des Vorstands und Aufsichtsrats geltende objektiv-normative Verschuldensmaßstab der § 93 Abs. 1 S. 1, § 116 S. 1 im Ergebnis die Haftung nicht weiter einschränkt als das Erfordernis einer objektiven Pflichtverletzung[59] und selbst wenn man außer Betracht lässt, dass § 302 Abs. 3 S. 3 für einen Vergleich über den verschuldensunabhängigen Verlustübernahmeanspruch die Zustimmung der außenstehenden Aktionäre voraussetzt,[60] ist nicht einsichtig, warum das Erfordernis der Hauptversammlungszustimmung von der Verschuldensabhängigkeit der in einen Vergleich einbezogenen Ansprüche der Gesellschaft abhängen sollte, denn es geht stets um die Sicherung der Kapitalgrundlagen der Gesellschaft und nicht um die Ahndung vorwerfbaren Verhaltens.[61] Das Argument, einer Zustimmung der Hauptversammlung bedürfe es deswegen nicht, weil der Vorstand bei pflichtwidrigem Vergleichsschluss seinerseits nach § 93 hafte, überzeugt bereits deswegen nicht, weil eine solche Haftung der verantwortlichen Organmitglieder auch bei pflichtwidrigen Vereinbarungen über Ansprüche droht, bei denen das Gesetz für einen Vergleich ausdrücklich die Zustimmung der Hauptversammlung verlangt.[62] Nicht ausschlaggebend ist schließlich die Erwägung, ein Vergleich über von § 66 erfasste Ansprüche bedürfe deswegen keiner Hauptversammlungszustimmung, weil die Gesellschaft und damit auch mittelbar ihre Aktionäre und Gläubiger bereits dadurch geschützt seien, dass ein solcher Vergleich von vornherein nur bei Ungewissheit über Bestehen oder Umfang der Schuld wirksam sei, während in den Fällen der § 50 S. 1, § 93 Abs. 4 S. 3, §§ 116, 117 Abs. 4 ein Vergleich auch dann wirksam abgeschlossen werden könne, wenn Bestand und Umfang des Anspruchs außer Zweifel stünden.[63] Einerseits beziehen sich das Erfordernis des Hauptversammlungszustimmung und das Widerspruchsrecht der Minderheit nicht nur auf das „ob" eines Vergleichsschlusses, sondern auch auf den Inhalt eines Vergleichs, hinsichtlich dessen auch bei ernstlichen Zweifeln an Bestand oder Umfang des betroffenen Anspruchs eine große Bandbreite denkbar ist. Andererseits wird auch in den Fällen der § 50 S. 1, § 93 Abs. 4 S. 3, §§ 116, 117 Abs. 4 ein Vergleich bei unstreitigen Ansprüchen regelmäßig nur dann in Betracht kommen, wenn der Schuldner zahlungsunfähig ist oder der Vergleich der Abwendung des Insolvenzverfahrens über sein Vermögen dient oder die Ersatzpflicht in einem Insolvenzplan geregelt ist, also in Fällen, in denen die Gefahr einer ungerechtfertigten Verschonung kaum besteht. Eine entsprechende Anwendung der verfehlten **Sperrfrist** der §§ 50, 93 Abs. 4 S. 3, §§ 116, 117 Abs. 4 ist hingegen nicht angebracht.[64] Ein danach zulässiger Vergleich entfaltet allerdings keine Wirkung gegenüber Gesellschaftsgläubigern, die von ihrem Verfolgungsrecht nach § 62 Abs. 2 Gebrauch machen[65] oder auf den Einlageanspruch der Gesellschaft zugreifen.[66]

j) Insolvenzplan. Abs. 1 S. 1 schließt die Beteiligung der Gesellschaft an einem Insolvenzplan nach §§ 217 ff. InsO jedenfalls dann nicht aus, wenn es sich beim Einlageschuldner nicht um den ersten Aktionär handelt.[67] Die Befreiung des Schuldners schließt nicht das Recht der Gesellschaft aus, wegen eines Ausfalls auf die Einlageforderung das Kaduzierungsverfahren zu betreiben und dabei nach § 65 die Rechtsvorgänger des ausgeschlossenen Aktionärs in Anspruch zu nehmen.[68] Der Zweck ihrer Haftung besteht gerade darin, die Gesellschaft gegen das Risiko der Zahlungsunfähigkeit des Aktionärs zu sichern. Die Möglichkeit, sie trotz der Beschränkung der Haftung des Aktionärs auf die dort vorgesehene Quote (§§ 227, 254 InsO) in Anspruch zu nehmen, folgt daher aus der entsprechenden Anwendung von § 254 Abs. 2 InsO. Die Teilnahme am Insolvenzplan wirkt sich folglich entsprechend § 254 Abs. 2 InsO vor allem auf die Rückgriffsansprüche der Rechtsvorgänger

---

[58] So aber BGHZ 191, 364 (375 f. Rn. 25 f.) = NZG 2012, 69 (72 f.).
[59] → § 93 Rn. 205; MüKoAktG/*Spindler* § 93 Rn. 176; Großkomm AktG/*Hopt* § 93 Rn. 252; *Cahn* WM 2012, 1292 (1302).
[60] Vgl. *Verse* ZGR 2012, 875 (888); *Cahn*, Vergleichsverbote im Gesellschaftsrecht, 1996, 29.
[61] In diesem Sinne auch *Priester* AG 2012, 525 (528).
[62] Zutr. *Priester* AG 2012, 525 (528); *Verse* ZGR 2012, 875 (888).
[63] So *Verse* ZGR 2012, 875 (888 f.); vgl. auch BGHZ 191, 364 (377 Rn. 28) = NZG 2012, 69 (73).
[64] *Cahn*, Vergleichsverbote im Gesellschaftsrecht, 1996, 34 ff.
[65] Ausf. dazu *Cahn*, Vergleichsverbote im Gesellschaftsrecht, 1996, 38 ff.
[66] *Cahn*, Vergleichsverbote im Gesellschaftsrecht, 1996, 55 ff.; aA BGHZ 191, 364 (377 Rn. 28) = NZG 2012, 69 (73); *Fleischer* AG 2015, 133 (142 f.).
[67] Großkomm AktG/*Gehrlein* Rn. 23; aA MüKoAktG/*Bayer* Rn. 34; Kölner Komm AktG/*Drygala* Rn. 16; Hölters/*Laubert* Rn. 5; Wachter/*Servatius* Rn. 7; Hüffer/Koch/*Koch* Rn. 4.
[68] Großkomm AktG/*Gehrlein* Rn. 23; zu §§ 173 ff. KO, §§ 66 ff. VerglO GHEK/*Hefermehl/Bungeroth* § 63 Rn. 54 f.; *Cahn*, Vergleichsverbote im Gesellschaftsrecht, 1996, 115 ff. mit Darstellung des Meinungsstandes zum früheren Recht; aA Kölner Komm AktG/*Drygala* Rn. 16.

des Schuldners aus, die entsprechend § 254 Abs. 2 S. 2 InsO für ihre Leistungen an die Gesellschaft nur bis zur Höhe der auf die Gesellschaftsforderung entfallende Quote Rückgriff nehmen können.[69]

18 **k) Vergleich zur Anwendung der Insolvenz.** Nicht zulässig ist die Teilnahme der Gesellschaft an einem Vergleich zur Abwendung der Insolvenz des Schuldners. Derartige Vergleiche werden zwar im Rahmen der ausdrücklichen Vergleichsbeschränkungen dadurch privilegiert, dass die dort vorgesehene Sperrfrist nicht eingehalten werden muss.[70] Indessen schließen die Teilnahme der Gesellschaft an einem solchen Abwendungsvergleich und die Beschränkung ihrer Forderung gegen den Schuldner nicht die Möglichkeit der Kaduzierung und die Inanspruchnahme der Rechtsvorgänger des ausgeschlossenen Aktionärs wegen der noch rückständigen Einlage aus (→ Rn. 17). Andererseits fehlt es für Vergleiche außerhalb der Insolvenz an einer Beschränkung der Rückgriffsansprüche der Sicherungsgeber nach dem Vorbild von § 254 Abs. 2 S. 2 InsO. Die Rechtsvorgänger des Schuldners könnten daher für die von ihnen geleisteten Zahlungen an die Gesellschaft in vollem Umfang Rückgriff beim Schuldner nehmen und so dessen Schuldbefreiung zum Nachteil der anderen an einem solchen Abwendungsvergleich beteiligten Gläubiger vereiteln.[71]

19 **l) Schiedsvereinbarung.** Unter Geltung von § 1025 ZPO aF, der Schiedsvereinbarungen nur hinsichtlich einem Vergleich zugänglichen Forderungen zuließ, war umstritten, ob von Abs. 1 oder 2 erfasste Forderungen schiedsfähig waren.[72] Die Streitfrage ist durch § 1030 ZPO bereinigt, der die Zulässigkeit einer Schiedsvereinbarung nicht mehr auf Forderungen beschränkt, die einem Vergleich zugänglich sind, so dass auch die Entscheidung über Bestehen und Umfang einer von Abs. 1 oder 2 erfassten Forderung einem Schiedsgericht übertragen werden kann.[73]

20 **m) Verjährung und Verwirkung.** Abs. 1 S. 1 schließt nicht aus, dass die Ansprüche der Gesellschaft infolge schlichter Untätigkeit verjähren.[74] Entgegen der hL[75] ist hingegen die Verwirkung eines durch § 66 geschützten Anspruchs ausgeschlossen. Einer Verwirkung steht bereits der Umstand entgegen, dass Kapitalaufbringung und Kapitalerhaltung dem Schutz der Gesellschaftsgläubiger dienen. Da Abs. 1 S. 1 den rechtsgeschäftlichen Verzicht auf die von der Bestimmung erfassten Forderungen ausschließt, kann ihre Durchsetzbarkeit erst recht nicht aufgrund schwächerer Vertrauenstatbestände nach § 242 BGB scheitern. Dementsprechend nennen auch die Vertreter der hL keinen Fall, in dem Verwirkung in Betracht käme.

IV. Aufrechnungsverbot, Abs. 1 S. 2

21 **1. Grundlagen.** Ihrem Wortlaut nach untersagt die Bestimmung den Aktionären die Aufrechnung gegen die von Abs. 1 und 2 erfassten Ansprüche der Gesellschaft. Die Bestimmung geht auf Art. 184c S. 1 ADHGB idF der Novelle v. 18.7.1884[76] zurück. Das Aufrechnungsverbot sollte sicherstellen, dass die Gesellschaft *„das Grundkapital unverkürzt erlangt, und die Gewähr, welche dasselbe dem Gläubiger bieten soll, nicht zum Schein herabgedrückt wird ... Der Entwurf schließt in Ansehung der auf die Aktie zu leistenden ersten Einzahlung von mindestens 25 Prozent eine Aufrechnung aus ... Aber auch betreffs der weiteren Einzahlungen auf die Aktie darf dem Aktionär, welcher leicht aus irgendeinem Rechtsgeschäft Gläubiger der Gesellschaft werden kann, die Aufrechnung wider deren Willen nicht gestattet sein ... Allerdings braucht, abgesehen von der ersten Einzahlung auf die Aktie, die Aufrechnung nicht weiter ausgeschlossen zu werden, als dies zur Sicherung des Grundkapitals erforderlich ist. Der Entwurf läßt dieselbe daher zu, soweit die Gesellschaft in der Lage ist, sich die Aufrechnung gefallen zu lassen, stellt sonach die Gestattung derselben in die Verantwortung des Vorstandes.“*[77] Der ursprüngliche Zweck des Aufrechnungsverbots bestand also seinem Wortlaut entsprechend darin, im Interesse des Gläubigerschutzes sicherzustellen, dass die Einlagen der Gesellschaft so wie versprochen zuflossen und sie sich nicht statt dessen gegen den Willen des Vorstands mit der Befreiung von einer Verbindlichkeit gegenüber dem Aktionär begnügen

---

[69] *Cahn,* Vergleichsverbote im Gesellschaftsrecht, 1996, 117.
[70] Vgl. § 50 S. 2, § 93 Abs. 4 S. 4, §§ 116, 117 Abs. 4, § 302 Abs. 3 S. 2, § 309 Abs. 3 S. 2, § 310 Abs. 4, § 317 Abs. 4, § 318 Abs. 4, § 323 Abs. 1 S. 2.
[71] Näher dazu *Cahn,* Vergleichsverbote im Gesellschaftsrecht, 1996, 118 ff.
[72] Verneinend etwa Kölner Komm AktG/*Lutter* Vor § 53a Rn. 21; bejahend BGHZ 160, 127 (132 ff.) = NJW 2004, 2898 (2899) für die GmbH.
[73] Großkomm AktG/*Gehrlein* Rn. 24; MüKoAktG/*Bayer* Rn. 35; Bürgers/Körber/*Westermann* Rn. 4.
[74] AllgM, vgl. etwa Kölner Komm AktG/*Lutter,* 2. Aufl. 1988, Rn. 13; Großkomm AktG/*Gehrlein* Rn. 27; MüKoAktG/*Bayer* Rn. 36.
[75] Kölner Komm AktG/*Drygala* Rn. 18; Großkomm AktG/*Gehrlein* Rn. 25; MüKoAktG/*Bayer* Rn. 36.
[76] Abgedruckt bei *Schubert/Hommelhoff,* Hundert Jahre modernes Aktienrecht, 1985, 572.
[77] § 5, 3. der Begründung zur Aktienrechtsnovelle v. 18.7.1884, Aktenstück Nr. 21 v. 21.3.1884, abgedruckt bei *Schubert/Hommelhoff,* Hundert Jahre modernes Aktienrecht, 1985, 387 (430).

musste. Das Aufrechnungsverbot sicherte damit in der Sache die **freie Verfügung** des Vorstands über die Einlage. Darüber hinausgehend wird der Zweck der Bestimmung heute darin gesehen, die **Vollwertigkeit** der von Abs. 1 und 2 erfassten Leistungen an die Gesellschaft sicherzustellen, an der es nach hM insbesondere dann fehlt, wenn sich die Gesellschaft in finanziellen Schwierigkeiten befindet; der Aktionär soll sich nicht dadurch von seiner Verbindlichkeit befreien und sein Kreditrisiko verringern können, dass er einen nicht gleichwertigen Gegenanspruch opfert, der ihm gegen die Gesellschaft zusteht.[78] Schließlich soll das Aufrechnungsverbot nach heutigem Verständnis verhindern, dass die Vorschriften über Sacheinlagen umgangen werden, indem die Gesellschaft den Gegenstand vom Aktionär kauft und sein Kaufpreisanspruch gegen den Bareinlageanspruch der Gesellschaft aufgerechnet wird. Nach diesem Verständnis ist Abs. 1 S. 1 auch **Ausdruck des Verbots verdeckter Sacheinlagen**.[79]

Der ursprüngliche Sinn des Aufrechnungsverbots, der Gesellschaft nicht gegen ihren Willen eine andere als die geschuldete Leistung aufzudrängen, erfordert lediglich eine Beschränkung der Aufrechnungsmöglichkeiten des Aktionärs. Demgegenüber geht es bei den darüber hinaus in die Bestimmung hineingelesenen Zwecken, die Vollwertigkeit von Einlageleistungen sicherzustellen und eine Umgehung der Sacheinlagevorschriften zu verhindern, nicht in erster Linie darum, dem Vorstand die freie Verfügung über die zugesagte Leistung zu ermöglichen. Nach heutigem Verständnis **beschränkt** das Aufrechnungsverbot vielmehr auch die **Aufrechnungsmöglichkeiten der Gesellschaft** und ihre Mitwirkung an Gestaltungen, die als verdeckte Sacheinlage zu qualifizieren sind.

2. Aufrechnung durch den Aktionär. Die Aufrechnung durch den Aktionär gegen einen von Abs. 1 oder 2 erfassten Anspruch der Gesellschaft verstößt gegen Abs. 1 S. 2. Das gilt unabhängig vom Rechtsgrund, auf dem die Gegenforderung des Aktionärs beruht.[80]

3. Aufrechnung durch die Gesellschaft. a) Meinungsstand. Obwohl Abs. 1 S. 2 seinem Wortlaut nach nur die Aufrechnung durch den Einlage- oder Rückgewährschuldner ausschließt, zieht die Bestimmung nach hM auch einer Aufrechnung durch die Gesellschaft nicht gegen eine von Abs. 1 oder 2 erfasste Forderung enge Grenzen. Sie soll nur dann zulässig sein, wenn die Gesellschaft den vollen Wert der ihr geschuldeten Leistung tatsächlich erhält.[81] Bei einer Aufrechnung ist das nach hM nur dann der Fall, wenn der Anspruch des Schuldners gegen die AG **vollwertig, fällig und liquide** ist,[82] denn nur unter dieser Voraussetzung erspare die Aufrechnung lediglich ein sinnloses Hin- und Herschieben desselben Betrages.[83]

Vollwertigkeit der Gegenforderung des Aktionärs ist nicht nach den subjektiven Vorstellungen der Parteien, sondern objektiv zu bestimmen.[84] Sie setzt nach hM voraus, dass entweder die Forderung in voller Höhe durch Sicherheiten gedeckt[85] oder die Gesellschaft in der Lage ist, alle fälligen Verbindlichkeiten einschließlich derjenigen gegenüber dem Aktionär vollständig zu tilgen.[86] Das ist nach hM nicht nur bei Zahlungsunfähigkeit, sondern auch dann zu verneinen, wenn die AG unter Berücksichtigung stiller Reserven überschuldet ist,[87] obwohl die bilanzielle Überschuldung durchaus auf dem Ansatz erst künftig fälliger Verbindlichkeiten beruht und daher über die Fähigkeit zur Begleichung der fälligen Verbindlichkeiten nicht notwendigerweise etwas aussagt. Kurzfristige Liqui-

---

[78] Kölner Komm AktG/*Drygala* Rn. 20; Großkomm AktG/*Gehrlein* Rn. 33; MüKoAktG/*Bayer* Rn. 41; K. Schmidt/Lutter/*Fleischer* Rn. 7.
[79] Kölner Komm AktG/*Drygala* Rn. 20; Großkomm AktG/*Gehrlein* Rn. 33; MüKoAktG/*Bayer* Rn. 49; Bürgers/Körber/*Westermann* Rn. 6.
[80] Kölner Komm AktG/*Drygala* Rn. 21; Großkomm AktG/*Gehrlein* Rn. 34; MüKoAktG/*Bayer* Rn. 44.
[81] Kölner Komm AktG/*Lutter* Rn. 16; Großkomm AktG/*Gehrlein* Rn. 35; MüKoAktG/*Bayer* Rn. 47; Hüffer/Koch/*Koch* Rn. 6; MHdB AG/*Rieckers* § 16 Rn. 29; ebenso zum GmbH-Recht BGHZ 125, 141 (143) = NJW 1994, 1477 mwN.
[82] BGHZ 191, 364 (380 Rn. 36) = NZG 2012, 69 (74); ebenso für das GmbH-Recht BGHZ 15, 52 (57) = NJW 1954, 1842; BGH NJW 1992, 2229 (2231); BGHZ 125, 141 (143) = NJW 1994, 1477.
[83] Kölner Komm AktG/*Drygala* Rn. 26 ff.; Großkomm AktG/*Gehrlein* Rn. 35; MüKoAktG/*Bayer* Rn. 48; K. Schmidt/Lutter/*Fleischer* Rn. 9; Hölters/*Laubert* Rn. 8; Bürgers/Körber/*Westermann* Rn. 7; Wachter/*Servatius* Rn. 10; Hüffer/Koch/*Koch* Rn. 6; MHdB AG/*Rieckers* § 16 Rn. 29.
[84] BGHZ 191, 364 (380 Rn. 36) = NZG 2012, 69 (74); Großkomm AktG/*Gehrlein* Rn. 38.
[85] BGHZ 191, 364 (380 Rn. 37) = NZG 2012, 69 (74) (Zurückbehaltungsrecht nicht ausreichend); Großkomm AktG/*Gehrlein* Rn. 37; MüKoAktG/*Bayer* Rn. 55; K. Schmidt/Lutter/*Fleischer* Rn. 10; *Verse* ZGR 2012, 875 (891).
[86] Vgl. etwa Hölters/*Laubert* Rn. 8.
[87] RGZ 54, 389 (392); RGZ 134, 262 (268); BGHZ 90, 370 (373 f.) = NJW 1984, 1891; BGHZ 110, 47 (61 f.) = NJW 1990, 982; BGHZ 125, 141 (145 f.) = NJW 1994, 1477; Kölner Komm AktG/*Drygala* Rn. 29; Großkomm AktG/*Gehrlein* Rn. 36; MüKoAktG/*Bayer* Rn. 52; Bürgers/Körber/*Westermann* Rn. 7; Hüffer/Koch/*Koch* Rn. 7.

ditätsengpässe schließen die Vollwertigkeit nach hM nicht aus,[88] wohl aber nachhaltige Zahlungsschwierigkeiten.[89] Folge fehlender Vollwertigkeit der Gegenforderung des Aktionärs ist nach hM die Unwirksamkeit der Aufrechnung durch die Gesellschaft,[90] während sie nach aA entsprechend § 27 Abs. 3 zur Tilgung der Einlageforderung in Höhe des tatsächlichen Werts der Gegenforderung des Aktionärs führen soll.[91]

26 Das Erfordernis der **Fälligkeit** der Gegenforderung des Aktionärs soll verhindern, dass die Gesellschaft dem Aktionär durch Aufrechnung ihres fälligen Anspruchs gegen eine noch nicht durchsetzbare Gegenforderung im Ergebnis den Vorteil einer Stundung verschafft.[92]

27 **Liquidität** der Gegenforderung des Aktionärs liegt vor, wenn sie dem Grund und der Höhe nach außer Zweifel steht und ihr keine Einwendungen oder Einreden der Gesellschaft entgegenstehen.[93] Teilweise wird dieses Erfordernis bereits als Teil des Vollwertigkeitserfordernisses angesehen, ohne dass damit sachliche Unterschiede verbunden wären.[94]

28 Eine **Ausnahme** von den strengen Voraussetzungen für eine Aufrechnung durch die Gesellschaft lässt die hM dann zu, wenn der von Abs. 1 oder 2 erfasste Anspruch der AG wegen der schlechten wirtschaftlichen Lage des Schuldners gefährdet oder uneinbringlich ist und der Gesellschaft bei einer Hin- und Herzahlung auch unter Berücksichtigung der Kaduzierungsmöglichkeit und der beim ersten Aktionär nicht gegebenen Haftung der Rechtsvorgänger nach § 65 im Ergebnis voraussichtlich weniger zufließen würde als bei Aufrechnung mit ihrem Einlage- oder Rückgewähranspruch.[95]

29 Nach hM obliegen **Darlegungs- und Beweislast** für die Vollwertigkeit seines Anspruchs gegen die Gesellschaft bei einer Aufrechnungsvereinbarung oder einer von der Gesellschaft einseitig erklärten Aufrechnung dem Aktionär, der sich auf die Wirksamkeit der Vereinbarung beruft.[96] Dem ist zu widersprechen. Richtigerweise trägt vielmehr die Gesellschaft, die die Unwirksamkeit einer von ihr erklärten Aufrechnung wegen fehlender Vollwertigkeit der gegen sie gerichteten Gegenforderung des Aktionärs geltend macht, die **Beweislast** für die Umstände, aus denen sich der Verstoß gegen die Aufrechnungsbeschränkung ergibt. Sie muss also darlegen und beweisen, dass zum Zeitpunkt der Aufrechnungserklärung der Anspruch des Aktionärs wegen der finanziellen Lage der AG gefährdet war,[97] denn gegen ihren Willen kann die Aufrechnung nicht erfolgen und allein sie hat zuverlässigen Einblick in ihre finanziellen Verhältnisse.

30 b) **Stellungnahme.** Die Beschränkungen für eine Aufrechnung durch die Gesellschaft, die die hM in Abs. 1 S. 2 hineinliest, sind durch die Bestimmung nur zum Teil gedeckt.[98] Im Einzelnen sind folgende Gesichtspunkte zu unterscheiden. Wenn der Forderung des Aktionärs **Einwände** entgegenstehen, die ihren Bestand oder ihre Durchsetzbarkeit beeinträchtigen, würde die AG in der Tat durch Aufrechnung eines vollwertigen Einlageanspruchs einen wirtschaftlichen Nachteil erleiden. Das soll Abs. 1 S. 2 unabhängig davon verhindern, von wem die Aufrechnung ausgeht. Dieser Aufrechnungsausschluss wegen fehlender Durchsetzbarkeit der Forderung des Aktionärs gilt ua für Ansprüche auf Rückzahlung von Aktionärsdarlehen in der Insolvenz der Gesellschaft (→ § 57 Rn. 102 ff.).[99]

---

[88] BGHZ 90, 370 (373 f.) = NJW 1984, 1891; Großkomm AktG/*Gehrlein* Rn. 37; MüKoAktG/*Bayer* Rn. 53; K. Schmidt/Lutter/*Fleischer* Rn. 10.
[89] Kölner Komm AktG/*Drygala* Rn. 30; MüKoAktG/*Bayer* Rn. 53; K. Schmidt/Lutter/*Fleischer* Rn. 10; Hüffer/Koch/*Koch* Rn. 7.
[90] So auch vor Erlass des ARUG Großkomm AktG/*Gehrlein* Rn. 38; MüKoAktG/*Bayer*, 3. Aufl. 2008, Rn. 46; aus jüngerer Zeit K. Schmidt/Lutter/*Fleischer* Rn. 10; wohl auch BGHZ 191, 364 (383 Rn. 45 f.) = NZG 2012, 69 (75); Bürgers/Körber/*Westermann* Rn. 7; Hölters/*Laubert* Rn. 8; Grigoleit/*Grigoleit/Rachlitz* Rn. 9.
[91] Kölner Komm AktG/*Drygala* Rn. 23 f.; *Verse* ZGR 2012, 875 (892 f.); *Habersack/Weber* ZGR 2014, 509 (517 ff.); für den Fall einer Aufrechnungsvereinbarung auch MüKoAktG/*Bayer* Rn. 60, 66.
[92] Kölner Komm AktG/*Lutter* Rn. 18; MüKoAktG/*Bayer* Rn. 57; Großkomm AktG/*Gehrlein* Rn. 39; K. Schmidt/Lutter*Fleischer* Rn. 11; Hölters/*Laubert* Rn. 8; Hüffer/Koch/*Koch* Rn. 7.
[93] MüKoAktG/*Bayer* Rn. 58; K. Schmidt/Lutter/*Fleischer* Rn. 12; Hüffer/Koch/*Koch* Rn. 7.
[94] Großkomm AktG/*Gehrlein* Rn. 40.
[95] BGHZ 191, 364 (381 Rn. 39) = NZG 2012, 69 (74); Kölner Komm AktG/*Drygala* Rn. 33; MüKoAktG/*Bayer* Rn. 65; Großkomm AktG *Gehrlein* Rn. 41; K. Schmidt/Lutter/*Fleischer* Rn. 13; Hölters/*Laubert* Rn. 8; Grigoleit/*Grigoleit/Rachlitz* Rn. 9; Bürgers/Körber/*Westermann* Rn. 8; Hüffer/Koch/*Koch* Rn. 6; für die GmbH BGHZ 15, 52 (57) = NJW 1954, 1842; Nachw. aus dem GmbH-rechtlichen Schrifttum bei *Habersack/Weber* ZGR 2014, 509 (516); aA, Gefahr einer Umgehung des Kaduzierungsverfahrens, Wachter/*Servatius* Rn. 12.
[96] BGHZ 191, 364 (383 Rn. 44) = NZG 2012, 69 (75); RG JW 1928, 1400; MüKoAktG/*Bayer* Rn. 63 f.; Hölters/*Laubert* Rn. 8; Wachter/*Servatius* Rn. 10.
[97] Kölner Komm AktG/*Drygala* Rn. 22; Großkomm AktG/*Gehrlein* Rn. 42; Bürgers/Körber/*Westermann* Rn. 7.
[98] Ausführliche Kritik etwa bei *Frey*, Einlagen in Kapitalgesellschaften: Gläubigerschutz und Gestaltungsfreiheit, 1990, 51 ff., 71 f.; *Cahn*, Vergleichsverbote im Gesellschaftsrecht, 1996, 48 ff.
[99] MüKoAktG/*Bayer* Rn. 52.

Wenn der **Anspruch des Aktionärs** gegen die AG **wegen der finanziellen Situation der** 31 **Gesellschaft gefährdet** erscheint, erleidet diese entgegen der hM durch die Aufrechnung ihrer Einlageforderung keinen wirtschaftlichen Nachteil, der die Anwendung von Abs. 1 S. 2 rechtfertigen würde. Sie wird von einer Verbindlichkeit in Höhe des Nominalwerts des gegen sie gerichteten Anspruchs des Aktionärs befreit; dementsprechend könnte dieser Anspruch des Einlageschuldners gegen die Gesellschaft richtiger Ansicht nach zum Nennwert als Einlage eingebracht werden, ohne dass es einer Bewertung bedürfte.[100] Außerhalb der Insolvenz darf die Gesellschaft die Befriedigung dieses Anspruchs nicht verweigern.[101] Der Aktionär ist seinerseits nicht gehindert, zur Befriedigung seiner Forderung in das Gesellschaftsvermögen zu vollstrecken und könnte dabei auch auf die von ihm erbrachte Einlage zugreifen. Aus der Perspektive der Gesellschaft ist es unerheblich, ob sie mit der Einlageleistung den Anspruch des Einlageschuldners oder den eines anderen Gläubigers erfüllt. In beiden Fällen wird sie gleichermaßen von einer Verbindlichkeit frei, während andere Verbindlichkeiten bestehen bleiben. Daran ändert auch die Erwägung nichts, die Aufrechnungssperre schütze die Gesellschaft selbst, indem sie es ihr ermögliche, mit der Einlageleistung des Aktionärs Forderungen anderer Gläubiger zu erfüllen und dadurch der Insolvenz zu entgehen,[102] denn mangels Aufrechnung mit dem Einlageanspruch bleibt in diesem Fall die fällige und durchsetzbare Gegenforderung des Aktionärs in gleicher Höhe bestehen, die dann ihrerseits die Insolvenz der Gesellschaft verursachen kann. Ein wirtschaftlicher Nachteil droht also bei eigener finanzieller Schwäche nicht der Gesellschaft, sondern allenfalls den Gläubigern, denen infolge der Aufrechnung von vornherein die Möglichkeit genommen wird, auf die Einlageleistung zuzugreifen. In der Sache geht es also um **die Gleichbehandlung der Gläubiger** und um die Gefahr einer bevorzugten Befriedigung von Aktionären. Ein Aufrechnungsverbot für die Gesellschaft wegen eigener wirtschaftlicher Schwäche würde aber sogar über den ohnehin nur im Insolvenzverfahren geltenden Grundsatz der Gleichbehandlung der Gesellschaftsgläubiger (zu denen auch der Aktionär mit seiner Gegenforderung gegen die Gesellschaft gehört) hinausgehen. Der Aktionär würde vielmehr in seiner Eigenschaft als Gläubiger schlechter gestellt als außenstehende Gläubiger der Gesellschaft, die ihrerseits ungeachtet der wirtschaftlichen Lage der Gesellschaft ihr gegenüber aufrechnen dürften. Eine solche Rückstufung seiner Ansprüche musste er aber selbst nach früherem Recht nur hinnehmen, soweit sie kapitalersetzend waren, was wiederum eine unternehmerische Beteiligung voraussetzte.[103] Nachdem das frühere Kapitalersatzrecht durch eine ausschließlich insolvenz- bzw. anfechtungsrechtliche Sicherung nach § 39 Abs. 1 Nr. 5, Abs. 4 und 5, § 135 InsO, § 6 AnfG ersetzt worden ist,[104] sind Rechtshandlungen, durch die seit dem 1. November 2008[105] einem Aktionär für sein Gesellschafterdarlehen im letzten Jahr vor der Eröffnung des Insolvenzverfahrens über das Vermögen der AG Befriedigung gewährt worden ist, lediglich nach § 135 Abs. 1 Nr. 2 InsO anfechtbar. Selbst diese besondere Anfechtungsmöglichkeit besteht nach § 39 Abs. 5 InsO nicht, wenn der Aktionär weder Mitglied des Vorstands der Gesellschaft noch mit 10 Prozent oder weniger an ihrem Kapital beteiligt ist. Rechtshandlungen zu Befriedigung eines Anspruchs aus einem Aktionärsdarlehen, zu denen auch die Aufrechnung durch die Gesellschaft gehört, sind daher grundsätzlich wirksam und lediglich bei zeitnaher Insolvenz der Gesellschaft gegenüber wesentlich beteiligten oder an der Geschäftsleitung beteiligten Aktionären im Wege der Anfechtung vernichtbar. Nach dieser gesetzlichen Regelung ist es also Sache der Anfechtungsvorschriften der InsO und des AnfG, Benachteiligungen außenstehender Gläubiger im Vorfeld der Insolvenz zu begegnen. Soweit es um die Umwandlung von Forderungen eines Gläubigers in Eigenkapital geht, also einen typischen Fall der verdeckten Sacheinlage, droht den anderen Gläubigern ohnehin kein Schaden.[106] Das Ausscheiden eines Konkurrenten um die Befriedigung aus dem Gesellschaftsvermögen ist für sie im Gegenteil nur von Vorteil. Die Verrechnung einer gefährdeten Forderung zum Nennwert wirkt sich allenfalls zum Nachteil der übrigen Aktionäre aus.

---

[100] So im Zusammenhang mit den Voraussetzungen für einen sog. Debt-Equity Swap aus jüngerer Zeit *Cahn/Simon Theiselmann* CFL 2010, 238 (242 ff.); *Cahn/Simon Theiselmann* DB 2010, 1629 ff.; *Cahn/Simon Theiselmann* DB 2012, 501 ff.; *Eidenmüller* Schriftenreihe der Bankrechtlichen Vereinigung, 33 (2012), 129 (149); *W. Müller* FS Hoffmann-Becking, 2013, 835 (843 ff.); *Wansleben* WM 2012, 2083 (2086 ff.); vgl. auch *Maier-Reimer* VGR 17 (2012), 107 (122 ff.); aA *Arnold* FS Hoffmann-Becking, 2013, 29 (35 ff.); *Ekkenga* DB 2012, 331 ff.; *Kleindiek* FS Hommelhoff, 2012, 543 (550 ff.); *Priester* DB 2010, 1445 ff.; *Wiedemann* FS Hoffmann-Becking, 2013, 1387 (1391 ff.).
[101] Vgl. *Verse* ZGR 2012, 875 (892), der aus diesem Grund erst bei Insolvenzreife die Vollwertigkeit verneint.
[102] So das Argument von Kölner Komm AktG/*Drygala* Rn. 32.
[103] Näher → § 57 Rn. 104; *Frey*, Einlagen in Kapitalgesellschaften: Gläubigerschutz und Gestaltungsfreiheit, 1990, 51 ff.
[104] Vgl. Art. 9 Nrn. 5 und 8, Art. 11 Nr. 1 MoMiG, BGBl. 2008 I 2026 (2038 f.).
[105] Vgl. Art. 103d EGInsO, § 20 Abs. 3 AnfG.
[106] Das erkennt auch BGHZ 110, 47 (62) = NJW 1990, 982 an.

32 Ein dritter Aspekt betrifft die **Publizität von Sacheinlagen.** Aktuelle und potentielle Fremd- und Eigenkapitalgeber sollen über die Lage der Gesellschaft nicht getäuscht werden. Diese Gefahr bestünde aber, wenn eine Sacheinlage als Bareinlage dargestellt und damit der Eindruck vermittelt würde, ein Dritter hätte sich bereit gefunden, frisches Geld in die Gesellschaft zu investieren, während er im Ergebnis nur einen gefährdeten und möglicherweise nicht werthaltigen Anspruch geopfert hat.[107] Dieser Gefahr wirkt aber die **Lehre von der verdeckten Sacheinlage** entgegen, die Umgehungen der Sacheinlagevorschriften auch dann sanktioniert, wenn die Einlageleistung des Aktionärs den versprochenen Wert erreicht oder sogar überschritten hat. Daran zeigt sich, dass es hier um ein Problem geht, dass mit der Vollwertigkeit der Leistung allenfalls mittelbar zu tun hat und daher beim Aufrechnungsverbot falsch angesiedelt wäre.

33 **4. Aufrechnungsvertrag.** Sofern die AG einseitig die Aufrechnung erklären dürfte (→ Rn. 24 ff.), ist auch eine vertragliche Verrechnung ihres Anspruchs mit einer Forderung des Aktionärs zulässig.[108] Nach hM trifft dabei den Aktionär die **Beweislast** für das Vorliegen der Zulässigkeitsvoraussetzungen einer solchen Vereinbarung, also nicht nur für die Einredefreiheit der eigenen Gegenforderung, sondern auch dafür, dass die AG in Anbetracht ihrer finanziellen Lage berechtigt gewesen wäre, ihrerseits einseitig aufzurechnen.[109] Dem ist nicht zuzustimmen.[110] Ein entscheidender Unterschied zur Interessenlage bei der einseitigen Aufrechnung durch die AG (→ Rn. 29) ist nicht ersichtlich. Zwar kann der Aktionär den Abschluss des Aufrechnungsvertrages ablehnen, während er auf die einseitige Aufrechnungserklärung durch die AG keinen Einfluss hat. Immerhin kann er aber auch die Wirksamkeit einer Aufrechnungserklärung durch die Gesellschaft bestreiten. Vor allem aber gilt auch bei der vertraglich vereinbarten Aufrechnung, dass der Aktionär regelmäßig keinen verlässlichen Einblick in die finanziellen Verhältnisse der Gesellschaft hat, so dass er sich insoweit auf deren Angaben verlassen muss. Da es an einem § 51a GmbHG vergleichbaren Einsichtsrecht des Aktionärs fehlt, lässt sich die Entscheidung des BGH zur Beweislast im GmbH-Recht[111] nicht auf das Aktienrecht übertragen.

34 Nach hM ist eine Vereinbarung, in der sich die **AG verpflichtet,** mit einer von Abs. 1 oder 2 erfassten Forderung gegen einen Anspruch des Aktionärs **aufzurechnen,** wegen Verstoßes gegen Abs. 1 S. 2 unwirksam.[112] Sofern eine solche Vereinbarung unter die Bedingung der Vollwertigkeit, Fälligkeit und Liquidität des Gegenanspruchs des Aktionärs gestellt wird, folgt die Unwirksamkeit indessen nicht aus einem Verstoß gegen das Aufrechnungsverbot, sondern aus der fehlenden Einhaltung der Bestimmungen über Sacheinlagen.

35 **5. Kontokorrentvereinbarung.** Mit dem Aufrechnungsverbot des Abs. 1 S. 2 nicht vereinbar wäre es, von Abs. 1 oder 2 erfasste Forderungen der Gesellschaft in eine **Kontokorrentvereinbarung** einzubeziehen.[113] Teilweise wird allerdings die Verrechnung einer dennoch ins Kontokorrent eingestellten Einlageforderung und der daraus resultierende Rechnungsabschluss für wirksam gehalten, wenn die in das Kontokorrent eingestellten Forderungen des Aktionärs vollwertig, fällig und liquide sind und sich ein Überschuss zugunsten des Aktionärs ergibt, so dass die Einlageforderung getilgt wird und nicht aufgrund der Saldofeststellung in einem Anspruch mit anderem Rechtsgrund aufgeht.[114] Indessen würde der Aktionär auch unter diesen Umständen nicht die versprochene Zahlung erbringen, sondern der Gesellschaft eine Forderung zuwenden, die richtiger Ansicht nach zwar nicht bewertet werden müsste,[115] deren Einbringung aber nur unter Beachtung

---

[107] Zu diesem Gesichtspunkt insbes. BGHZ 110, 47 (62) = NJW 1990, 982.
[108] Kölner Komm AktG/*Lutter* Rn. 23; MüKoAktG/*Bayer* Rn. 66; Großkomm AktG/*Gehrlein* Rn. 43; K. Schmidt/Lutter/*Fleischer* Rn. 14; Grigoleit/*Grigoleit/Rachlitz* Rn. 7.
[109] Großkomm AktG/*Gehrlein* Rn. 43; MüKoAktG/*Bayer* Rn. 67; Hölters/*Laubert* Rn. 9.
[110] So auch Grigoleit/*Grigoleit/Rachlitz* Rn. 10.
[111] BGH NJW 1992, 2229 (2231).
[112] Kölner Komm AktG/*Drygala* Rn. 37; MüKoAktG/*Bayer* Rn. 68; Großkomm AktG/*Gehrlein* Rn. 44; K. Schmidt/Lutter/*Fleischer* Rn. 14; Bürgers/Körber/*Westermann* Rn. 8.
[113] Kölner Komm AktG/*Drygala* Rn. 38; Großkomm AktG/*Gehrlein* Rn. 46 f.; K. Schmidt/Lutter/*Fleischer* Rn. 15; Hölters/*Laubert* Rn. 10; Wachter/*Servatius* Rn. 11; differenzierend MüKoAktG/*Bayer* Rn. 69.
[114] Kölner Komm AktG/*Drygala* Rn. 38; Großkomm AktG/*Gehrlein* Rn. 48; Grigoleit/*Grigoleit/Rachlitz* Rn. 8; Bürgers/Körber/*Westermann* Rn. 8.
[115] So im Zusammenhang mit den Voraussetzungen für einen sog. Debt-Equity Swap aus jüngerer Zeit *Cahn/Simon/Theiselmann* CFL 2010, 238 (242 ff.); *Cahn/Simon/Theiselmann* DB 2010, 1629 ff.; *Cahn/Simon/Theiselmann* DB 2012, 501 ff.; *Eidenmüller* Schriftenreihe der Bankrechtlichen Vereinigung 33 (2012), 129 (149); *W. Müller* FS Hoffmann-Becking, 2013, 835 (843 ff.); *Wansleben* WM 2012, 2083 (2086 ff.); vgl. auch *Maier-Reimer* VGR 17 (2012), 107 (122 ff.); aA *Arnold* FS Hoffmann-Becking, 2013, 29 (35 ff.); *Ekkenga* DB 2012, 331 ff.; *Kleindiek* FS Hommelhoff, 2012, 543 (550 ff.); *Koppensteiner* FS Torggler, 2013, 627 (635 ff.); *Priester* DB 2010, 1445 ff.; *Wiedemann* FS Hoffmann-Becking, 2013, 1387 (1391 ff.).

der Bestimmungen über die Vereinbarung und Offenlegung von Sacheinlagen eingebracht werden könnte.[116]

6. Zurückbehaltungsrecht. Art. 184c S. 2 ADHGB idF der Novelle v. 18.7.1884[117] schloss 36 die Geltendmachung eines Zurückbehaltungsrechts gegenüber Einlage- und Rückgewähransprüchen der Gesellschaft ausdrücklich aus. Diese Bestimmung wurde schon nicht mehr in § 221 HGB übernommen, weil bereits seinerzeit Einigkeit darüber bestand, dass sich, wie § 273 Abs. 1 BGB formuliert, aus dem Schuldverhältnis ein anderes ergibt. Auch heute entspricht es allgM, dass dem Einlage- oder Rückgewährschuldner die Geltendmachung eines Zurückbehaltungsrechts versagt ist, weil damit die Wirkung einer Aufrechnung erzielt würde.[118] Eine Ausnahme gilt für die Haftung der Rechtsvorgänger eines ausgeschlossenen Aktionärs, die nach § 65 Abs. 1 S. 4 die Zahlung des rückständigen Betrags von der Aushändigung einer neuen Aktienurkunde abhängig machen können (→ § 65 Rn. 33 f.). Nach hL soll der Aktionär entsprechend § 19 Abs. 2 S. 3 GmbHG ein Zurückbehaltungsrecht am Gegenstand einer Sacheinlage auch wegen solcher Ansprüche geltend machen können, die ihm wegen des Gegenstands einer Sacheinlage gegen die Gesellschaft zustehen, insbesondere auf Verwendungsersatz oder Kostenerstattung.[119]

V. Die Wirkungen des Befreiungs- und Aufrechnungsverbots bei Beteiligung Dritter

1. Abtretung. a) Abtretung als Befreiung. Auf den ersten Blick hat die Abtretung von Ansprü- 37 chen der Gesellschaft an Dritte nichts mit der durch Abs. 1 und 2 verbotenen Befreiung des Schuldners von seiner Leistungspflicht gegenüber der AG zu tun, denn die Übertragung berührt nicht den Bestand der Verbindlichkeit. Die funktionale Verwandtschaft von Abtretung und Befreiung zeigt sich indessen, wenn die Gesellschaft einen von Abs. 1 oder 2 erfassten Anspruch für ein unter dem Nominalwert liegendes Entgelt veräußert und abtritt und der an die Beschränkungen des § 66 gebundene Erwerber den Preisnachlass (vereinbarungsgemäß) an den Schuldner weitergibt. Aber auch unabhängig von derartigen bewussten Umgehungen kann das Befreiungsverbot bei der Veräußerung und Übertragung von Einlage- oder Rückgewähransprüchen an Dritte betroffen sein, weil die Bestimmung nicht ein Vermögensopfer des Schuldners, sondern den Zufluss bei der Gesellschaft sicherstellen soll.[120] Dementsprechend ist für die Zulässigkeit der Übertragung solcher Ansprüche entscheidend, ob der Gesellschaft in voller Höhe die Leistung zufließt, die sie im Interesse des Gläubigerschutzes zu beanspruchen hat, nicht hingegen, ob der Schuldner seinen „Risikobeitrag" in vollem Umfang an den Zessionar erbringt.[121]

b) Meinungsstand. Abs. 1 steht der Abtretung von Einlage- oder Rückgewährforderungen nicht 38 grundsätzlich entgegen.[122] Die **Stellung des Schuldners** wird dadurch **nicht beeinträchtigt.** Ihm stehen auch gegenüber dem Zessionar alle Einwendungen und Einreden zu wie gegenüber der Gesellschaft (§ 404 BGB); insbesondere löst die Abtretung einer Einlageforderung nicht deren Fälligkeit aus, die nach wie vor von einer unter Beachtung des Gleichbehandlungsgrundsatzes erfolgten Einforderung durch den Vorstand abhängt.[123] Allerdings verliert die Gesellschaft mit der Einlageforderung auch die Möglichkeit der Kaduzierung und der Inanspruchnahme der Rechtsvorgänger des Einlageschuldners.[124]

Nach hM setzt die Abtretung allerdings grundsätzlich voraus, dass die Gesellschaft eine **vollwertige** 39 **Gegenleistung** erhält. Der Vollwertigkeitsgrundsatz, der im Kapitalaufbringungsrecht als Beschrän-

---

[116] Vgl. *Cahn/Simon/Theiselmann* CFL 2010, 238 (247); *Wansleben* WM 2012, 2083 (2087 f.); zur Rechtslage vor Inkrafttreten des MoMiG und des ARUG vgl. 2. Aufl. 2010, Rn. 35; MüKoAktG/*Bayer*, 3. Aufl. 2008, Rn. 57.
[117] Abgedruckt bei *Schubert/Hommelhoff*, Hundert Jahre modernes Aktienrecht, 1985, 572.
[118] Kölner Komm AktG/*Drygala* Rn. 39; MüKoAktG/*Bayer* Rn. 70; Großkomm AktG/*Gehrlein* Rn. 49 f.; K. Schmidt/Lutter/*Fleischer* Rn. 17; Hölters/*Laubert* Rn. 11; Grigoleit/*Grigoleit/Rachlitz* Rn. 6; Bürgers/Körber/*Westermann* Rn. 9; Wachter/*Servatius* Rn. 7; MHdB AG/*Rieckers* § 16 Rn. 30.
[119] Kölner Komm AktG/*Drygala* Rn. 39; MüKoAktG/*Bayer* Rn. 71; Großkomm AktG/*Gehrlein* Rn. 51; K. Schmidt/Lutter/*Fleischer* Rn. 17; Hölters/*Laubert* Rn. 11; Grigoleit/*Grigoleit/Rachlitz* Rn. 6; Bürgers/Körber/*Westermann* Rn. 9; MHdB AG/*Rieckers* § 16 Rn. 30.
[120] Vgl. *Cahn*, Vergleichsverbote im Gesellschaftsrecht, 1996, 123 f.
[121] So aber Kölner Komm AktG/*Drygala* Rn. 53.
[122] Kölner Komm AktG/*Drygala* Rn. 46; MüKoAktG/*Bayer* Rn. 80; Großkomm AktG/*Gehrlein* Rn. 62; Grigoleit/*Grigoleit/Rachlitz* Rn. 12.
[123] Kölner Komm AktG/*Drygala* Rn. 46; MüKoAktG/*Bayer* Rn. 85; Großkomm AktG/*Gehrlein* Rn. 62.
[124] Kölner Komm AktG/*Drygala* Rn. 47; MüKoAktG/*Bayer* Rn. 86; Großkomm AktG/*Gehrlein* Rn. 65.

kung der Aufrechnungsmöglichkeit des Einlageschuldners entwickelt wurde (→ Rn. 24 ff.),[125] gilt danach auch für die Abtretung von Einlage- und Rückgewähransprüchen an Dritte, einschließlich außenstehender Gläubiger der AG.[126] Dabei trifft nach hM den Zessionar die Beweislast für die Vollwertigkeit der von ihm erbrachten Gegenleistung.[127] Ähnlich wie hinsichtlich der Aufrechnung durch die AG (→ Rn. 28) gilt eine Ausnahme vom Vollwertigkeitserfordernis danach nur dann, wenn der Einlage- oder Rückgewähranspruch seinerseits nicht vollwertig ist und beim Einlageanspruch auch die Kaduzierung und die Haftung der Rechtsvorgänger keinen Erfolg verspricht.[128]

40 c) **Stellungnahme.** Die **Abtretung** von Einlage- oder Rückgewähransprüchen **zum Nominalwert** ist im Hinblick auf das Befreiungs- und Aufrechnungsverbot nach Abs. 1 unproblematisch, dürfte aber **kaum praktische Bedeutung** haben. Wenn der Anspruch gegen den Schuldner vollwertig und ohne weiteres durchsetzbar ist, besteht für die Gesellschaft regelmäßig kein Anlass für eine Abtretung. Umgekehrt dürften Dritte kein Interesse daran haben, eine Forderung für ein Entgelt in Höhe des Nominalwerts zu erwerben, obwohl sie damit die Kosten der Anspruchsdurchsetzung und das Risiko eines Ausfalls übernehmen. Etwas anderes könnte allenfalls für Gläubiger der Gesellschaft gelten, die den Einlage- oder Rückgewähranspruch als Leistung auf ihre Forderung akzeptieren mögen. In Anbetracht der Kosten und Risiken der Forderungseinziehung werden auch sie allerdings dazu nur bereit sein, wenn die Bonität des Schuldners höher ist als die der Gesellschaft. Gerade in diesem Fall ist aber ihre **Forderung gegen die Gesellschaft nicht vollwertig**, so dass nach der Vollwertigkeitslehre die Abtretung eines werthaltigen Anspruchs der Gesellschaft zur Tilgung der nicht vollwertigen Forderung des Gläubigers nicht zulässig wäre.[129] Auf Grundlage der hL könnte eine Abtretung von Einlage- oder Rückgewähransprüchen daher allenfalls dann praktisch werden, wenn der Anspruch gegen Schuldner im Wert gemindert ist und daher eine Ausnahme vom Vollwertigkeitserfordernis zugelassen wird. Gerade in diesen Fällen ist aber zweifelhaft, ob die Abtretung ein geeignetes Mittel ist, um größeren Schaden für die Gesellschaft zu verhindern, denn unter diesen Umständen wird ein Erwerber der Forderung sich die Übernahme des Insolvenzrisikos des Schuldners durch einen erheblichen **Sicherheitsabschlag vom Nominalwert** der Forderung vergüten lassen, so dass der Erlös für die Gesellschaft häufig geringer sein dürfte als wenn sie die Durchsetzung ihres Anspruchs selbst übernähme.[130]

41 Richtigerweise gilt hinsichtlich der Abtretung von Einlage- und Rückgewähransprüchen **wie folgt zu unterscheiden**: Die **Veräußerung und Abtretung von Rückgewähransprüchen für ein unter dem Nominalwert liegendes Entgelt verstößt grundsätzlich gegen Abs. 1.** Entscheidend dafür sind die Folgen, die eine solche Verwertung des Anspruchs auf weitere Ansprüche hätte, die der Gesellschaft wegen der Einlagenrückgewähr zustehen.[131] Neben dem Empfänger haften der Gesellschaft nach § 93 Abs. 3 die verantwortlichen Vorstandsmitglieder auf Schadensersatz. Die Gesellschaft könnte daher nach Veräußerung und Abtretung des Rückgewähranspruchs die Differenz zwischen dem Nennbetrag ihres Anspruchs und dem vom Zessionar gezahlten Kaufpreis verlangen. Das in Anspruch genommene Organmitglied könnte seinerseits vom Empfänger der Einlagenrück-gewähr Erstattung der Ersatzleistung verlangen.[132] Leistete der Schuldner einen höheren Betrag auf die abgetretene Forderung an den Zessionar als dieser an die Gesellschaft gezahlt hätte, würde der Schuldner in Höhe seiner Leistung von seiner Rückgewährpflicht frei. Insoweit wäre der Rückgewährschuldner auch dem Organmitglied nicht mehr zum Ausgleich verpflichtet. Folge der Veräußerung und Abtretung des Anspruchs wäre also entweder eine Verkürzung des Regresses der schadensersatzpflichtigen Organmitglieder oder die Gefahr einer mehrfachen Inanspruchnahme des Rückgewährschuldners oder eine Verkürzung der Schadensersatzansprüche der Gesellschaft gegenüber den verantwortlichen Vorstandsmitgliedern ohne Beachtung der zwingenden Voraussetzungen des § 93 Abs. 4 S. 3. Die Veräußerung und Abtretung von Rückgewähransprüchen aus § 62 für ein Entgelt unterhalb des Nennwerts der

---

[125] RGZ 54, 389 (392); RGZ 68, 121 (122); RGZ 94, 61 (63).
[126] OLG Hamburg AG 2007, 500 (501); Kölner Komm AktG/*Lutter*, 2. Aufl. 1988, Rn. 47; MüKoAktG/ *Bayer* Rn. 81; Großkomm AktG/*Gehrlein* Rn. 63; K. Schmidt/Lutter/*Fleischer* Rn. 24; Grigoleit/*Grigoleit/Rachlitz* Rn. 12; Bürgers/Körber/*Westermann* Rn. 11; für die GmbH BGHZ 53, 71 (72 ff.) = NJW 1970, 469; BGH NJW 1992, 2229; grundsätzlich gegen die Geltung des Vollwertigkeitserfordernisses Kölner Komm AktG/*Drygala* Rn. 53; nicht eindeutig BGH NZG 2011, 829 (835 Rn. 54), wonach die Abtretung von Rückgewähransprüchen aus § 62 „*jedenfalls gegen eine vollwertige Gegenleistung*" zulässig ist.
[127] OLG Hamburg AG 2007, 500 (503).
[128] MüKoAktG/*Bayer* Rn. 84; Großkomm AktG/*Gehrlein* Rn. 63; Grigoleit/*Grigoleit/Rachlitz* Rn. 13; Bürgers/Körber/*Westermann* Rn. 12.
[129] Großkomm AktG/*Gehrlein* Rn. 63; MüKoAktG/*Bayer* Rn. 83.
[130] Vgl. dazu *Cahn*, Vergleichsverbote im Gesellschaftsrecht, 1996, 136.
[131] Näher dazu *Cahn*, Vergleichsverbote im Gesellschaftsrecht, 1996, 136 ff.
[132] *Cahn*, Vergleichsverbote im Gesellschaftsrecht, 1996, 77 f.

Forderung ist daher nur dann zulässig, wenn die ersatzpflichtigen Organmitglieder der Veräußerung zustimmen und zugleich auf ihre Rückgriffsansprüche gegen den Rückgewährschuldner verzichten, soweit sie zu dessen Inanspruchnahme über den Betrag der Einlagenrückgewähr hinaus führen würden.

Die **Abtretung von Rückgewähransprüchen nach § 62 an Gläubiger** der Gesellschaft **zur** 42 **Tilgung von Gesellschaftsschulden** ist entgegen der hM stets, dh ohne Rücksicht auf die finanzielle Lage der Gesellschaft und eine daraus möglicherweise folgende Gefährdung der Forderung des Gläubigers, zulässig,[133] sofern die Leistung des Rückgewährschuldners in vollem Umfang auf die Verbindlichkeit der AG angerechnet wird und ein etwaiger Überschuss an sie herauszugeben ist. Das Vollwertigkeitserfordernis hat hier noch weniger Berechtigung als bei der Aufrechnung gegenüber einem Aktionär (→ Rn. 30 ff.). Es ist nicht Aufgabe der Kapitalaufbringungs- und Kapitalerhaltungsvorschriften, deren Sicherung § 66 dient, dem insolvenzrechtlichen Gleichbehandlungsgrundsatz außerhalb der Insolvenz Geltung zu verschaffen.[134] Reichweite und Grenzen des Gebots der Gläubigergleichbehandlung im Vorfeld der Insolvenz ergeben sich vielmehr aus den Anfechtungsvorschriften der InsO und des AnfG. Der Vollwertigkeitsgrundsatz ist darüber hinaus auch kein geeignetes Instrument zur Verwirklichung dieses Anliegens. Die Gesellschaft dürfte die Befriedigung eines Gläubigers außerhalb der Insolvenz nicht unter Hinweis auf ihre schlechte wirtschaftliche Situation verweigern. Zur Tilgung ihrer Verbindlichkeiten dürfte sie auch die Einlageleistung des Aktionärs verwenden. Es besteht kein Grund dafür, sie in der Verfügung über den Anspruch auf diese Leistung zu beschränken, soweit es um die Befriedigung ihrer Gläubiger geht. Bei vollständiger Anrechnung der Leistung des Rückgewährschuldners besteht schließlich auch nicht die Gefahr der Verkürzung von Ersatzansprüchen der Gesellschaft gegenüber den für die Einlagenrückgewähr verantwortlichen Vorstandmitgliedern oder der Regressansprüche dieser Schuldner gegenüber dem Empfänger der Einlagenrückgewähr, die einer Veräußerung des Anspruchs aus § 62 für weniger als seinen Nominalwert entgegensteht (→ Rn. 41).

Die **Abtretung von Einlageforderungen** ist jedenfalls insoweit unzulässig, als es um den nach 43 § 36 Abs. 2, § 36a Abs. 1 vor der Anmeldung eingeforderten Betrag geht. Er kann nach § 54 Abs. 3 nur auf ein Konto der Gesellschaft zur freien Verfügung des Vorstands eingezahlt werden, so dass die Leistung an einen Zessionar keine schuldbefreiende Wirkung hätte.[135] Etwas anderes gilt nur dann, wenn die Zahlung des vom Zessionar geschuldeten Entgelts den Anforderungen des § 54 Abs. 3 genügt.[136] Für die darüber hinausgehende Einlageverpflichtung gelten die Beschränkungen des § 54 Abs. 3 zwar nicht; eine Abtretung von Einlageansprüchen für ein unter ihrem Nominalwert liegendes Entgelt ist aber wegen des mit der Zession verbundenen Verlustes der Kaduzierungsmöglichkeit und der Inanspruchnahme der Rechtsvorgänger des Aktionärs nur zulässig, wenn eine erfolgreiche Inanspruchnahme der Rechtsvorgänger ausgeschlossen erscheint, insbesondere also, wenn es sich beim Schuldner um den ersten Aktionär handelt.[137] Gewisse Lockerungen der Kapitalaufbringung durch das ARUG ändern weder etwas an der Grundsatzentscheidung für einen Gläubigerschutz durch ein bilanzielles Kapital noch an der daraus folgenden Notwendigkeit, für dessen vollständige Aufbringung zu sorgen und Umgehungen der dafür maßgeblichen Bestimmungen zu verhindern.[138]

2. Leistung an Dritte. Die Ausführungen in → Rn. 41 ff. zur Abtretung von Rückgewähr- 44 und Einlageansprüchen gelten entsprechend für Leistungen, die der Schuldner **auf Weisung der Gesellschaft an Dritte** erbringt, ohne dass diesen die Forderung gegen den Aktionär abgetreten worden wäre.[139] Die **Zahlung auf** ein **debitorisches Konto** der Gesellschaft ist nicht im Hinblick auf das Abtretungs- und Befreiungsverbot, sondern im Hinblick auf die freie Verfügung des Vorstandes nach § 36 Abs. 2 problematisch. Die Frage ist daher auch nicht für alle von Abs. 1 und 2 erfassten Ansprüche der Gesellschaft, sondern nur für Einlageforderungen von Bedeutung.[140]

3. Pfändung von Einlageansprüchen. Nach hM ist eine Pfändung von Einlageansprüchen nur 45 dann mit Abs. 1 und 2 vereinbar, wenn die Gesellschaft eine vollwertige Gegenleistung erhält.[141] Dem

---

[133] So im Erg. auch Kölner Komm AktG/*Drygala* Rn. 54; für die Abtretung des Rückgewähranspruchs aus § 31 GmbHG BGHZ 69, 274 (283 f.).
[134] Tendenziell aA BGH NJW 1992, 2229 (2230).
[135] → § 54 Rn. 40 ff.; Grigoleit/*Grigoleit*/*Rachlitz* Rn. 13; BGH NJW 1986, 989; BGHZ 119, 177 (184 f.) = NJW 1992, 3300.
[136] Vgl. Kölner Komm AktG/*Drygala* Rn. 46.
[137] *Cahn*, Vergleichsverbote im Gesellschaftsrecht, 1996, 140; MüKoAktG/*Bayer* Rn. 84; Großkomm AktG/ *Gehrlein* Rn. 63; aA Kölner Komm AktG/*Drygala* Rn. 53.
[138] Vgl. *Priester* AG 2012, 525; aA offenbar Kölner Komm AktG/*Drygala* Rn. 53; Wachter/*Servatius* Rn. 2.
[139] → § 54 Rn. 52; dazu auch MüKoAktG/*Bayer* Rn. 87; Großkomm AktG/*Gehrlein* Rn. 66; K. Schmidt/ Lutter/*Fleischer* Rn. 25; Bürgers/Körber/*Westermann* Rn. 13; teilweise aA Kölner Komm AktG/*Drygala* Rn. 50.
[140] Kölner Komm AktG/*Drygala* Rn. 51 f.; MüKoAktG/*Bayer* Rn. 91 ff.; Großkomm AktG/*Gehrlein* Rn. 67 f.
[141] Kölner Komm AktG/*Lutter*, 2. Aufl. 1988, Rn. 50; MüKoAktG/*Bayer* Rn. 94; Großkomm AktG/*Gehrlein* Rn. 69; K. Schmidt/Lutter/*Fleischer* Rn. 27; Bürgers/Körber/*Westermann* Rn. 11; für die GmbH BGH NJW

ist aus den für die Abtretung an einen Gläubiger dargelegten Gründen (→ Rn. 43) grundsätzlich zuzustimmen. Die für Einlageansprüche maßgeblichen Gründe treffen dagegen für **Rückgewähransprüche** aus § 62 nicht zu (→ Rn. 42).[142] Die Pfändung solcher Ansprüche durch einen Gläubiger außerhalb des Insolvenzverfahrens ist ohne Rücksicht auf die finanzielle Situation der Gesellschaft und eine daraus möglicherweise resultierende Gefährdung seiner Forderung gegen die AG zulässig. Es besteht kein Grund dafür, Rückgewähransprüche der Gesellschaft anders zu behandeln als jeden anderen Bestandteil des Gesellschaftsvermögens. Nach Pfändung (§ 829 ZPO) und Überweisung (§ 835 ZPO) des Anspruchs darf der Rückgewährschuldner nur an den nunmehr zur Einziehung berechtigten Gläubiger leisten.

VI. Befreiung durch Kapitalherabsetzung, Abs. 3

46   **1. Überblick.** Als Ausnahme von Abs. 1 S. 1 lässt Abs. 3 die Befreiung der Aktionäre von ihrer Pflicht zur Einlageleistung durch eine **ordentliche Kapitalherabsetzung** (§§ 222–228) oder eine **Kapitalherabsetzung durch Einziehung** von Aktien (§§ 237–239) zu. Dagegen ist eine Befreiung durch eine **vereinfachte Kapitalherabsetzung** in Abs. 3 nicht vorgesehen und überdies auch durch § 230 S. 1 ausgeschlossen.[143] Für eine vereinfachte Kapitalherabsetzung durch Einziehung von Aktien nach § 237 Abs. 3, die nur im Hinblick auf voll eingezahlte Aktien möglich ist, gilt Abs. 3 von vornherein nicht.[144] Über den auf Einlagepflichten beschränkten Wortlaut hinausgehend werden von der Befreiung nach Abs. 3 auch die Ausfallhaftung des ausgeschlossenen Aktionärs nach § 64 Abs. 4 S. 2 und die Zahlungspflicht seiner Rechtsvorgänger nach § 65[145] sowie uU auch die Rückgewährpflicht nach § 62 erfasst.[146] Eine Befreiung von der Pflicht zur Leistung unteilbarer Sacheinlagen kommt allerdings nur in Betracht, wenn bei einer Kapitalherabsetzung durch Einziehung von Aktien alle Mitgliedschaften des betreffenden Aktionärs untergehen, für die diese Verpflichtung übernommen wurde.

47   **2. Ordentliche Kapitalherabsetzung.** Die ordentliche Kapitalherabsetzung muss zum Zweck der Befreiung der Aktionäre von ihrer Einlagepflicht beschlossen werden (§ 222 Abs. 3). Sie wird erst nach Ablauf der Sechsmonatsfrist des § 225 Abs. 2 wirksam und kann nach Abs. 3 Hs. 2 nur bis zur Höhe des Betrages, um den das Grundkapital herabgesetzt wird, zur Befreiung von der Einlagepflicht führen. Über die Kapitalherabsetzung hinaus ist der Abschluss eines Erlassvertrages zwischen den zu befreienden Aktionären und der Gesellschaft erforderlich.[147]

48   **3. Kapitalherabsetzung durch Einziehung von Aktien.** Für die Kapitalherabsetzung durch Einziehung von Aktien gilt die Beschränkung des Abs. 3 Hs. 2 nicht. Da die betroffenen Mitgliedschaften restlos untergehen, erlöschen alle offenen Einlagepflichten aus den eingezogenen Aktien.[148] Der Gläubigerschutz wird hier durch § 225 Abs. 2, § 237 Abs. 2 S. 3 gewährleistet. Eine Befreiung von Rückgewährpflichten aus § 62 und von der Pflicht zur Einbringung unteilbarer Sacheinlagen tritt allerdings nur ein, wenn alle Aktien des betreffenden Aktionärs bzw. alle Aktien, für die die Sacheinlageverpflichtung übernommen wurde, eingezogen werden.

VII. Insolvenz und Liquidation

49   § 66 findet grundsätzlich auch in der Insolvenz über das Vermögen der Gesellschaft und in deren Liquidation Anwendung.[149] **Ausnahmen** gelten nach hM dann, wenn alle Gläubiger befriedigt sind und der Geschäftsbetrieb eingestellt ist[150] und im Hinblick auf die Pfändung durch einen Gläubiger, wenn die Eröffnung des Insolvenzverfahrens mangels einer die Verfahrenskosten deckenden Masse

---

1992, 2229; aA Kölner Komm AktG/*Drygala* Rn. 55 f.; für Rückgewähransprüche aus § 31 GmbHG BGHZ 69, 274 (283 f.) = NJW 1978, 160.
[142] Ebenso Kölner Komm AktG/*Drygala* Rn. 54.
[143] MüKoAktG/*Bayer* Rn. 37; Hüffer/Koch/*Koch* Rn. 11.
[144] Kölner Komm AktG/*Drygala* Rn. 68; MüKoAktG/*Bayer* Rn. 37.
[145] Großkomm AktG/*Gehrlein* Rn. 29; MüKoAktG/*Bayer* Rn. 37; K. Schmidt/Lutter/*Fleischer* Rn. 21; Hölters/*Laubert* Rn. 15.
[146] Dazu Kölner Komm AktG/*Drygala* Rn. 67; MüKoAktG/*Bayer* Rn. 40.
[147] Kölner Komm AktG/*Drygala* Rn. 66; MüKoAktG/*Bayer* Rn. 38; Großkomm AktG/*Gehrlein* Rn. 30; K. Schmidt/Lutter/*Fleischer* Rn. 22; Hüffer/Koch/*Koch* Rn. 11.
[148] Kölner Komm AktG/*Drygala* Rn. 67; MüKoAktG/*Bayer* Rn. 40; Großkomm AktG/*Gehrlein* Rn. 32; K. Schmidt/Lutter/*Fleischer* Rn. 23; Bürgers/Körber/*Westermann* Rn. 16; Hüffer/Koch/*Koch* Rn. 11.
[149] Kölner Komm AktG/*Drygala* Rn. 58; MüKoAktG/*Bayer* Rn. 97; Großkomm AktG/*Gehrlein* Rn. 73 f.; K. Schmidt/Lutter/*Fleischer* Rn. 28 jeweils mwN.
[150] Kölner Komm AktG/*Drygala* Rn. 59; MüKoAktG/*Bayer* Rn. 98; Großkomm AktG/*Gehrlein* Rn. 75.

VIII. Rechtsfolgen von Verstößen

Eine **Satzungsänderung** oder ein Beschluss der Hauptversammlung, der die Verbote des Abs. 1 oder 2 verletzt, ist nach § 241 Nr. 3 **nichtig**.[152] Die gleiche Rechtsfolge trifft nach § 134 BGB **Rechtsgeschäfte,** die gegen das Befreiungs- oder Aufrechnungsverbot verstoßen. Das gilt gleichermaßen für Verpflichtungs- wie für Verfügungsgeschäfte, die die Gesellschaft unter Verstoß gegen Abs. 1 oder 2 zugunsten des Schuldners vornimmt.[153] Ein Erlassvertrag oder ein vergleichbares Rechtsgeschäft (→ Rn. 8), eine einseitige oder vertraglich vereinbarte Aufrechnung (→ Rn. 23 ff.), eine Stundung (→ Rn. 9), eine Novation (→ Rn. 10), ein unzulässiger Vergleich (→ Rn. 16) sowie eine Darlehensgewährung an den Aktionär zur Finanzierung seiner Einlage (→ Rn. 12) sind unwirksam; die wechselseitigen Ansprüche von Gesellschaft und Aktionär bestehen daher fort. Eine Leistung an Erfüllungs Statt (→ Rn. 11) entfaltet keine Erfüllungswirkung. Die Übertragung des Gegenstands auf die Gesellschaft verletzt für sich genommen allerdings nicht eines der Verbote des Abs. 1, so dass der Aktionär seine Leistung nicht nach § 985 BGB herausverlangen, sondern lediglich kondizieren kann.[154] Die Nichtigkeitsfolge erfasst auch **Rechtsgeschäfte zwischen der Gesellschaft und Dritten,** die gegen Abs. 1 oder 2 verstoßen, wie dies etwa bei der Stellung von Sicherheiten durch die Gesellschaft für einen Kredit, den der Aktionär zur Tilgung seiner Einlageschuld aufgenommen hat (→ Rn. 12), oder bei der Abtretung von Einlageforderungen für weniger als ihren Nominalwert (→ Rn. 43) der Fall sein kann. Leistet der Aktionär bei unwirksamer Abtretung der gegen ihn gerichteten Forderung an den Zessionar, kommen ihm §§ 409, 410 BGB nicht zugute;[155] er muss daher seine Leistung beim Zessionar kondizieren.

§ 67 Eintragung im Aktienregister

(1) ¹Namensaktien sind unabhängig von einer Verbriefung unter Angabe des Namens, Geburtsdatums und der Adresse des Aktionärs sowie der Stückzahl oder der Aktiennummer und bei Nennbetragsaktien des Betrags in das Aktienregister der Gesellschaft einzutragen. ²Der Aktionär ist verpflichtet, der Gesellschaft die Angaben nach Satz 1 mitzuteilen. ³Die Satzung kann Näheres dazu bestimmen, unter welchen Voraussetzungen Eintragungen im eigenen Namen für Aktien, die einem anderen gehören, zulässig sind. ⁴Aktien, die zu einem inländischen, EU- oder ausländischen Investmentvermögen nach dem Kapitalanlagegesetzbuch gehören, dessen Anteile oder Aktien nicht ausschließlich von professionellen und semiprofessionellen Anlegern gehalten werden, gelten als Aktien des inländischen, EU- oder ausländischen Investmentvermögens, auch wenn sie im Miteigentum der Anleger stehen; verfügt das Investmentvermögen über keine eigene Rechtspersönlichkeit, gelten sie als Aktien der Verwaltungsgesellschaft des Investmentvermögens.

(2) ¹Im Verhältnis zur Gesellschaft gilt als Aktionär nur, wer als solcher im Aktienregister eingetragen ist. ²Jedoch bestehen Stimmrechte aus Eintragungen nicht, die eine nach Absatz 1 Satz 3 bestimmte satzungsmäßige Höchstgrenze überschreiten oder hinsichtlich derer eine satzungsmäßige Pflicht zur Offenlegung, dass die Aktien einem anderen gehören, nicht erfüllt wird. ³Ferner bestehen Stimmrechte aus Aktien nicht, solange ein Auskunftsverlangen gemäß Absatz 4 Satz 2 oder Satz 3 nach Fristablauf nicht erfüllt ist.

(3) Geht die Namensaktie auf einen anderen über, so erfolgen Löschung und Neueintragung im Aktienregister auf Mitteilung und Nachweis.

(4) ¹Die bei Übertragung oder Verwahrung von Namensaktien mitwirkenden Kreditinstitute sind verpflichtet, der Gesellschaft die für die Führung des Aktienregisters erforderlichen Angaben gegen Erstattung der notwendigen Kosten zu übermitteln. ²Der Eingetragene hat der Gesellschaft auf ihr Verlangen innerhalb einer angemessenen Frist mitzuteilen, inwieweit ihm die Aktien, als deren Inhaber er im Aktienregister eingetragen

---

[151] MüKoAktG/*Bayer* Rn. 99; Großkomm AktG/*Gehrlein* Rn. 76 ff.; K. Schmidt/Lutter/*Fleischer* Rn. 28; Grigoleit/*Grigoleit/Rachlitz* Rn. 14.
[152] Kölner Komm AktG/*Drygala* Rn. 62; MüKoAktG/*Bayer* Rn. 102; Großkomm AktG/*Gehrlein* Rn. 81; K. Schmidt/Lutter/*Fleischer* Rn. 29; Grigoleit/*Grigoleit/Rachlitz* Rn. 15.
[153] Kölner Komm AktG/*Drygala* Rn. 62; MüKoAktG/*Bayer* Rn. 102; Großkomm AktG/*Gehrlein* Rn. 81; K. Schmidt/Lutter/*Fleischer* Rn. 29; Hölters/*Laubert* Rn. 18; Hüffer/Koch/*Koch* Rn. 14.
[154] MüKoAktG/*Bayer* Rn. 103.
[155] Großkomm AktG/*Gehrlein* Rn. 83.

§ 67

ist, auch gehören; soweit dies nicht der Fall ist, hat er die in Absatz 1 Satz 1 genannten Angaben zu demjenigen zu übermitteln, für den er die Aktien hält. ³Dies gilt entsprechend für denjenigen, dessen Daten nach Satz 2 oder diesem Satz übermittelt werden. ⁴Absatz 1 Satz 4 gilt entsprechend; für die Kostentragung gilt Satz 1. ⁵Wird der Inhaber von Namensaktien nicht in das Aktienregister eingetragen, so ist das depotführende Institut auf Verlangen der Gesellschaft verpflichtet, sich gegen Erstattung der notwendigen Kosten durch die Gesellschaft an dessen Stelle gesondert in das Aktienregister eintragen zu lassen. ⁶§ 125 Abs. 5 gilt entsprechend. ⁷Wird ein Kreditinstitut im Rahmen eines Übertragungsvorgangs von Namensaktien nur vorübergehend gesondert in das Aktienregister eingetragen, so löst diese Eintragung keine Pflichten infolge des Absatzes 2 und nach § 128 aus und führt nicht zur Anwendung von satzungsmäßigen Beschränkungen nach Absatz 1 Satz 3.

(5) ¹Ist jemand nach Ansicht der Gesellschaft zu Unrecht als Aktionär in das Aktienregister eingetragen worden, so kann die Gesellschaft die Eintragung nur löschen, wenn sie vorher die Beteiligten von der beabsichtigten Löschung benachrichtigt und ihnen eine angemessene Frist zur Geltendmachung eines Widerspruchs gesetzt hat. ²Widerspricht ein Beteiligter innerhalb der Frist, so hat die Löschung zu unterbleiben.

(6) ¹Der Aktionär kann von der Gesellschaft Auskunft über die zu seiner Person in das Aktienregister eingetragenen Daten verlangen. ²Bei nichtbörsennotierten Gesellschaften kann die Satzung Weiteres bestimmen. ³Die Gesellschaft darf die Registerdaten sowie die nach Absatz 4 Satz 2 und 3 mitgeteilten Daten für ihre Aufgaben im Verhältnis zu den Aktionären verwenden. ⁴Zur Werbung für das Unternehmen darf sie die Daten nur verwenden, soweit der Aktionär nicht widerspricht. ⁵Die Aktionäre sind in angemessener Weise über ihr Widerspruchsrecht zu informieren.

(7) Diese Vorschriften gelten sinngemäß für Zwischenscheine.

Schrifttum: *Altmeppen,* Abschied von der „unwiderlegbar vermuteten" Mitgliedschaft des Scheingesellschafters in der Kapitalgesellschaft, ZIP 2009, 345; *Baums,* Der Eintragungsstopp bei Namensaktien, FS Hüffer, 2009, 15; *Bayer,* Gesellschafterliste und Aktienregister, Liber Amicorum Winter, 2011, 9; *Bayer/Lieder,* Umschreibungsstopp bei Namensaktien vor Durchführung der Hauptversammlung, NZG 2009, 1361; *Bayer/Scholz,* Der Legitimationsaktionär – Aktuelle Fragen aus der gerichtlichen Praxis, NZG 2013, 721; *Blasche,* Zulässigkeit und Rechtswirkungen der Eintragung eines gemeinschaftlichen Vertreters im Aktienregister, AG 2015, 342; *Cahn,* Die Mitteilungspflicht des Legitimationsaktionärs, AG 2013, 459; *Çekin,* Offenlegungs- und Mitteilungspflichten nach § 67 AktG, 2012; *DAV-Handelsrechtsausschuß,* Stellungnahme zum RefE eines Gesetzes zur Namensaktie und zur Erleichterung der Stimmrechtsausübung – Namensaktiengesetz (NaStraG), NZG 2000, 443; *Dammann/Kummer,* Namensaktie und Datenschutz, in v. Rosen/Seifert, Die Namensaktie, 2000, 45; *Diekmann,* Namensaktien bei Publikumsgesellschaften, BB 1999, 1985; *Drygala,* Namensaktien in freiem Meldebestand, NZG 2004, 893; *Gätsch,* Die Neuregelungen des Rechts der Namensaktie durch das Risikobegrenzungsgesetz, FS Beuthien, 2009, 133; *García Mateos,* Das neue Recht der Namensaktie, 2005; *Goedecke/Heuser,* NaStraG: Erster Schritt zur Öffnung des Aktienrechts für moderne Kommunikationstechniken, BB 2001, 369; *Götze,* Der Entwurf eines Emittentenleitfadens 2013 – Änderungen der Verwaltungspraxis zur kapitalmarktrechtlichen Beteiligungstransparenz, BKR 2013, 265; *Grigoleit/Rachlitz,* Beteiligungstransparenz aufgrund des Aktienregisters, ZHR 174 (2010), 12; *Grunewald,* Die Rechtsstellung des Legitimationsaktionärs, ZGR 2015, 347; *Happ,* Vom Aktienbuch zum elektronischen Aktionärsregister, FS Bezzenberger, 2000, 111; *Huep,* Die Renaissance der Namensaktie – Möglichkeiten und Probleme im geänderten aktienrechtlichen Umfeld, WM 2000, 1623; *Ihrig,* Zum Auskunftsanspruch bei Namensaktien nach § 67 Abs. 4 S. 2 und 3 AktG, FS U. H. Schneider, 2011, 573; *Iversen,* Die außerbörsliche Übertragung von Aktien unter Beachtung des sachenrechtlichen Bestimmtheitsgrundsatzes, AG 2008, 736; *Kort,* Die Errichtung eines Aktienregisters nach § 67 AktG – Leitungsaufgabe, einfache Geschäftsführungsaufgabe oder Vertretungsmaßnahme, NZG 2005, 963; *Leuering,* Das Aktienbuch, ZIP 1999, 1745; *Lieder,* Der Namensaktionär im gesellschaftsrechtlichen Spruchverfahren, NZG 2005, 159; *Marsch-Barner,* Zur neueren Entwicklung im Recht der Namensaktie, FS Hüffer, 2010, 627; *Maurice,* Namensaktien, 2011; *Meyer-Sparenberg,* Deutsche Aktien auf dem US-amerikanischen Kapitalmarkt, WM 1996, 1117; *Mirow,* Die Übertragung von Aktien im Aktienkaufvertrag – Formulierungshilfen für die Praxis, NZG 2008, 52; *Müller-von Pilchau,* Zur Offenlegungspflicht des Namensaktionärs nach § 67 Abs. 4 AktG – Auskunftsverlangen ohne Sanktionsfolgen?, AG 2011, 775; *Nartowska,* Stimmrechtsmeldepflichten und Stimmrechtsverlust des Legitimationsaktionärs nach §§ 33 ff. WpHG, NZG 2013, 124; *Noack,* Die Namensaktie – Dornröschen erwacht, DB 1999, 1306; *Noack,* Neues Recht für die Namensaktie – Zum Referentenentwurf eines Namensaktiengesetz (NaStraG), ZIP 1999, 1993; *Noack,* Stimmrechtsvertretung in der Hauptversammlung nach NaStraG, ZIP 2001, 57; *Noack,* Globalurkunde und unverkörperte Mitgliedschaften bei der kleinen Aktiengesellschaft, FS Wiedemann, 2002, 1141; *Noack,* Neues Recht für Namensaktionäre, NZG 2008, 721; *v. Nussbaum,* Zu Nachweisstichtag (record date) und Eintragungssperre bei Namensaktien, NZG 2009, 456; *Piroth,* Die Klarstellung zur Mitteilungspflicht des Legitimationsaktionärs im Rahmen des geplanten Kleinanlegerschutzgesetzes, AG 2015, 10; *Quass,* Nichtigkeit von Hauptversammlungsbeschlüssen wegen eines Umschreibestopps im Aktienregister?, AG 2009, 432; *Reul,* Aktuelle Änderungen des Aktienrechts aus notarieller Sicht – Teil 1, ZNotP 2010, 12; *Richter,* Unterliegt der im Aktienregister eingetragene Legitimationsaktionär den Mitteilungspflichten aus den

§§ 33 ff. WpHG?, WM 2013, 2296 und 2337; *Schinzler,* Die teileingezahlte Namensaktie als Finanzierungsinstrument der Versicherungswirtschaft, 1999; U. H. *Schneider,* Die reformierte Namensaktie, FS Hopt, 2010, 1329; U. H. *Schneider/Müller-von Pilchau,* Der nicht registrierte Namensaktionär – zum Problem der freien Meldebestände, AG 2007, 181; U. H. *Schneider/Müller-von Pilchau,* Vollrechtstreuhänder als Namensaktionäre – die Pflicht zur Offenlegung und deren Auslandswirkung, WM 2011, 721; *Seibert,* Aus dem Gesetzgebungsverfahren zur Änderung des § 67 AktG – Entwurf eines Gesetzes zur Namensaktie und zur Erleichterung der Stimmrechtsausübung (Namensaktiengesetz – NaStraG), FS Peltzer, 2001, 469; *Seibert/Böttcher,* Der Regierungsentwurf der Aktienrechtsnovelle 2012, ZIP 2012, 12; *Spindler,* Internet und Corporate Governance – ein neuer virtueller (T)Raum?, ZGR 2000, 420; *Than/Hannöver,* Depotrechtliche Fragen bei Namensaktien, in v. Rosen/Seifert, Die Namensaktie, 2000, 279; *Widder/Kocher,* Stimmrechtsmitteilungspflicht des weisungsgebundenen Legitimationsaktionärs nach §§ 33 ff. WpHG?, ZIP 2012, 2091; *Wiedemann,* Die Übertragung und Vererbung von Mitgliedschaftsrechten bei Handelsgesellschaften, 1965; *Wieneke,* Namensaktien bei Neugründung, in v. Rosen/Seifert, Die Namensaktie, 2000, 229; *Wiersch,* Relative Gesellschafterstellung im Kapitalgesellschaftsrecht und Gesamtrechtsnachfolge, NZG 2015, 1336; *Wiersch,* Die Vermutungswirkung von Gesellschafterliste und Aktienregister, ZGR 2015, 591; *Wilsing/Goslar,* Der Regierungsentwurf des Risikobegrenzungsgesetzes – ein Überblick, DB 2007, 2467; *Zätzsch,* Die Voraussetzungen der Umstellung von Inhaber- auf Namensaktien, in v. Rosen/Seifert, Die Namensaktie, 2000, 257; *Zutt,* Rechtsfragen der Anmeldung gem. § 16 GmbHG, FS Oppenhoff, 1985, 555.

Übersicht

	Rn.
I. Normzweck	1–3
II. Entstehungsgeschichte	4–8
III. Das Aktienregister	9–11
1. Rechtsnatur und Form des Aktienregisters	9
2. Pflicht zur Führung des Aktienregisters	10
3. Zuständigkeit	11
IV. Eintragungen im Aktienregister, Abs. 1	12–29
1. Eintragungspflichtige Angaben	12–20
a) Angaben über den Inhaber	14–19
b) Angaben über die Mitgliedschaft	20
2. Eintragungsfähige Angaben	21–23
a) Meinungsstand	21, 22
b) Stellungnahme	23
3. Mitteilungspflicht des Aktieninhabers	24
4. Einschränkung der Eintragung von Nichtaktionären durch die Satzung, Abs. 1 S. 3	25–28
5. Sonderregelung für Investmentvermögen	29
V. Wirkungen der Eintragungen im Aktienregister und Stimmrechtsausschluss, Abs. 2	30–58
1. Inhalt und Reichweite der Rechtswirkungen des Abs. 2 S. 1	30–39
a) Mitgliedschaftliche Rechte und Pflichten	30–33
b) Rechte und Pflichten, die an die Anteilsinhaberschaft anknüpfen	34–39
2. Ordnungsmäßige Eintragung als Voraussetzung des Abs. 2 S. 1	40, 41
3. Einzelfragen	42–54
a) Dividenden	42
b) Bezugsrecht	43
c) Ausübung von Minderheitsrechten	44
d) Schuldrechtliche Rechte und Pflichten	45
e) Erbrechtlicher Erwerb	46, 47
f) Hauptversammlung	48–52
g) Mitteilungspflichten	53
h) Mitteilung nach Abs. 3	54
4. Stimmrechtsausschluss, Abs. 2 S. 2 und 3	55–58
VI. Löschung und Neueintragung bei Übertragung der Namensaktie, Abs. 3	59–81
1. Entstehungsgeschichte	59, 60
2. Mitteilung und Nachweis der Rechtsänderung	61–81
a) Löschung und Neueintragung nur auf Mitteilung und Nachweis	61
b) Mitteilung	62–76
c) Nachweis	77
d) Rechtsfolgen von Mitteilung und Nachweis	78–81
VII. Pflichten der Kreditinstitute, Abs. 4	82–87
1. Mitteilungspflicht	82
2. Widerspruch	83
3. Eintragung des depotführenden Instituts	84
4. Auskunftspflicht	85, 86
5. Kosten	87
VIII. Löschung zu Unrecht erfolgter Eintragungen, Abs. 5	88–107
1. Verhältnis zum früheren Recht	88
2. Voraussetzungen der Löschung	89–91
3. Abgrenzung zur Berichtigung	92, 93
4. Verfahren	94–100
a) Beteiligte	94
b) Benachrichtigung und Fristsetzung	95–97
c) Fortgang des Verfahrens bei Ausbleiben von Widerspruch	98
d) Fortgang des Verfahrens bei Widerspruch	99
e) Modalitäten des Verfahrens	100
5. Löschungswirkungen	101
6. Fehlerhafte Löschung	102–106
a) Einer korrekten Eintragung	103
b) Einer verfahrensfehlerhaften Eintragung	104
c) Einer ordnungsmäßig eingetragenen Nichtberechtigten	105

	Rn.		Rn.
d) Eines verfahrensfehlerhaft eingetragenen materiell Nichtberechtigten	106	1. Entstehungsgeschichte	108
7. Erzwingbarkeit des Löschungsverfahrens	107	2. Auskunftsrecht des Aktionärs	109, 110
		3. Verwendung der Daten durch die Gesellschaft	111–114
IX. Auskunftsrecht des Aktionärs und Verwendung der Registerdaten durch die Aktiengesellschaft, Abs. 6	108–114	X. Anwendung auf Zwischenscheine, Abs. 7	115

I. Normzweck

1 Sobald eine Aktiengesellschaft Namensaktien oder Zwischenscheine emittiert, ist sie zur Führung eines Aktienregisters verpflichtet, in das die Inhaber der Namensaktien (Abs. 1) und der Zwischenscheine (Abs. 7) einzutragen sind. Die Eintragung begründet im Verhältnis zur AG die **unwiderlegliche Vermutung,** dass der Eingetragene Aktionär mit allen daraus folgenden mitgliedschaftlichen Rechten und Pflichten ist.[1] Damit soll **Rechtsklarheit** darüber geschaffen werden, welche Personen der Aktiengesellschaft gegenüber als Mitglied berechtigt und verpflichtet sind.[2] Diese Funktion kommt auch in den Bestimmungen des Abs. 5 über das Verfahren der Änderung unrichtiger Eintragungen zum Ausdruck.

2 Die Vorschrift ist darüber hinaus für die Durchsetzung der **Kapitalaufbringung** von Bedeutung, da sich aus dem Aktienregister ergibt, von wem die Gesellschaft ausstehende Einlageleistungen verlangen kann.[3] Wer ordnungsgemäß im Aktienregister eingetragen oder als Vormann eines ausgeschlossenen Aktionärs nach § 65 in Anspruch genommen werden.

3 Dagegen hat das Aktienregister nach der Neufassung des früheren Abs. 5 durch den neuen Abs. 6 nicht mehr von Gesetzes wegen die Funktion, als **Informationsquelle** über die Mitaktionäre zu dienen. Das Aktienregister ist dementsprechend auch kein öffentliches Register iSv § 20 Abs. 2 S. 1 GwG.[4]

II. Entstehungsgeschichte

4 Die Vorschrift wurde **durch Art. 1 Abs. 5 des NaStraG,**[5] **durch Art. 1 Nr. 1 UMAG,**[6] **durch Art. 3 Nr. 1 Risikobegrenzungsgesetz**[7] **und zuletzt durch Art. 12 AIFM-Umsetzungsgesetz**[8] **erheblich geändert.** In Abs. 1 wurden das Erfordernis der Berufsangabe durch das der Angabe des Geburtsdatums des Aktionärs ersetzt und die Bestimmungen über Aktien in Investmentvermögen an die neue Terminologie des KAGB angepasst. Darüber hinaus wurde, ebenso wie in Abs. 2, die Bezeichnung „Aktienbuch" durch „Aktienregister" ersetzt. Abs. 3 entspricht mit einigen Modifikationen dem früheren § 68 Abs. 3. Abs. 4 enthält neue Regelungen zu den Mitwirkungs- und Eintragungspflichten der Kreditinstitute. Die Bestimmungen des früheren Abs. 3 finden sich nunmehr in Abs. 5. Abs. 6 hat das Informationsrecht des Aktionärs im Verhältnis zum früheren Abs. 5 aus datenschutzrechtlichen Erwägungen erheblich reduziert. Abs. 7 entspricht dem früheren Abs. 4 und steht jetzt, systematisch richtig, am Ende der Vorschrift. Die Aktienrechtsnovelle 2016 hat durch Ergänzung des Abs. 1 klargestellt, dass die Pflicht zur Führung des Aktienregisters entgegen der bislang hM (→ Rn. 10) unabhängig von einer Verbriefung der Namensaktien besteht.[9] Zudem ist in Abs. 1 Satz 1 und 2 der Begriff „Inhaber" jeweils durch „Aktionär" ersetzt worden, um eine Verwechslung mit Inhaberaktien auszuschließen.[10]

5 **Anlass für die Reform** durch das NaStraG war der Umstand, dass zahlreiche große Aktiengesellschaften ihre Inhaberaktien in Namensaktien umgewandelt hatten.[11] Lange Zeit waren Namensaktien

---

[1] MüKoAktG/*Bayer* Rn. 1, 48; Hüffer/Koch/*Koch* Rn. 12; NK-AktR/*Heinrich* Rn. 17.
[2] Großkomm AktG/*Merkt* Rn. 1; K. Schmidt/Lutter/*T. Bezzenberger* Rn. 1; *Blasche* AG 2015, 342 (344).
[3] Hüffer/Koch/*Koch* Rn. 1; NK-AktR/*Heinrich* Rn. 1.
[4] *Longrée/Pesch* NZG 2017, 1081 (1083); *Rieg* BB 2017, 2310 (2314).
[5] Gesetz zur Namensaktie und zur Erleichterung der Stimmrechtsausübung – Namensaktiengesetz (NaStraG) v. 18.1.2001, BGBl. 2001 I 123.
[6] Gesetz zur Unternehmensintegrität und Modernisierung des Anfechtungsrechts (UMAG) v. 22.9.2005, BGBl. 2005 I 2802.
[7] Gesetz zur Begrenzung der mit Finanzinvestitionen verbundenen Risiken (Risikobegrenzungsgesetz) v.12.8.2008, BGBl. 2008 I 1666.
[8] Gesetz zur Umsetzung der Richtlinie 2011/61/EU über die Verwalter alternativer Investmentfonds (AIFM-Umsetzungsgesetz-AIFM-UmsG) v. 4.7.2013, BGBl. 2013 I 1981.
[9] Art. 1 Nr. 6a Aktienrechtsnovelle 2016, BGBl. 2015 I 2565.
[10] BegrRegE, BT-Drs. 18/4349, 20 f.; *Söhner* ZIP 2016, 151 (152).
[11] BegrRegE BT-Drs. 14/4051, 9.

entweder dann ausgegeben worden, wenn dies gesetzlich vorgeschrieben war, so insbesondere bei den vor allem im Versicherungsbereich anzutreffenden teileingezahlten Aktien[12] oder bei Kapitalanlage-, Wirtschaftsprüfungs- und Steuerberatungsgesellschaften und der Deutsche Lufthansa AG (näher → § 68 Rn. 30), oder wenn Gesellschaften die Zusammensetzung ihres Aktionärskreises durch die nur bei Namensaktien mögliche (§ 68 Abs. 2) Vinkulierung kontrollieren wollten. Die Ausgabe von Namensaktien kann indessen auch durch andere Gründe motiviert sein. Selbst wenn keine Vinkulierung erfolgt, haben Namensaktien den Vorteil, dass die Aktionäre der Gesellschaft namentlich bekannt sind. Davon verspricht man sich die bessere Überschaubarkeit des Aktionärskreises, der gezielt und ohne den Umweg über Intermediäre angesprochen werden kann. Sämtliche Maßnahmen der Pflege der Beziehungen der Gesellschaft zu ihren Aktionären, die unter dem Stichwort **„Investor Relations"** zusammengefasst werden, sind mit Namensaktien leichter durchführbar.[13] Jedenfalls für börsennotierte Gesellschaften[14] wird dieser Unterschied zwischen Namensaktien und Inhaberaktien allerdings durch die Änderungen, deren Einführung Art. 3a der reformierten Aktionärsrechtrichtlinie[15] bis zum 10. Juni 2019 fordert,[16] mehr oder weniger nivelliert werden, je nachdem, ob und gegebenenfalls an welchen Schwellenwert die Mitteilungspflichten nach dieser Bestimmung geknüpft werden.[17] Namensaktien spielen international eine große Rolle. Insbesondere die New York Stock Exchange akzeptiert nur „registered shares",[18] dh Namensaktien, so dass Unternehmen, die ihre Aktien dort platzieren, dabei aber nicht den Umweg über American Depositary Receipts gehen wollen, Namensaktien emittieren. Überdies können Namensaktien als international akzeptiertes und anerkanntes Beteiligungsinstrument leichter als Tauschwährung im Rahmen von Akquisitionen eingesetzt werden als Inhaberaktien.[19]

Die Grundlage für die Nutzung dieser Vorteile von Namensaktien wurde durch das KonTraG[20] gelegt. Vor der Änderung von § 10 Abs. 5 durch dieses Gesetz waren Aktien auf Verlangen des Aktionärs zu verbriefen. Der Börsenhandel solcher streifbandverwahrten Namensaktien erforderte die Einhaltung eines aufwendigen Verfahrens. Seit dem 1.6.1998 wurde dies durch § 10 Abs. 5 KonTraG geändert, so dass (auch vinkulierte) Namensaktien in einer einzigen **blankoindossierten Globalurkunde** verkörpert werden können.[21] Damit ist sichergestellt, dass sich Bestandsveränderungen elektronisch abwickeln und registrieren lassen.[22]

Darüber hinaus sollte das Gesetz **an den technischen Fortschritt angepasst** werden. Das frühere Aktienbuch ist heute ein elektronisches Register und trägt daher konsequenterweise die Bezeichnung „Aktienregister". Die Einsicht in das Register kann auch EDV-gestützt und online erfolgen. Im Gegenzug wurde aus Gründen des Datenschutzes[23] das bislang unbegrenzte Einsichtsrecht der Aktionäre eingeschränkt, so dass die Aktionäre nur noch ihre eigenen Daten einsehen können. Somit hat sich die Zielrichtung des Aktienregisters verschoben: Der Aktionär kann sich nun nicht mehr über seine Mitaktionäre informieren, sondern lediglich die ihn betreffenden Eintragungen im Aktienregister kontrollieren.[24]

Die Ergänzungen in Abs. 1 S. 2–4, Abs. 2 S. 2 und 3 und Abs. 4 S. 2, 3 und 7 letzter Halbs sowie die Einfügung des neuen § 405 Abs. 2a durch das Risikobegrenzungsgesetz verfolgen vor allem den Zweck, die **Vollständigkeit des Aktienregisters** zu verstärken, der Gesellschaft Informationen

---

[12] Ausf. dazu *Schinzler*, Die teileingezahlte Namensaktie als Finanzierungsinstrument der Versicherungswirtschaft, 1999.
[13] Näher dazu Großkomm AktG/*Merkt* Rn. 17 f.
[14] Für Einbeziehung auch börsenferner Gesellschaften *Noack* NZG 2017, 561 (562).
[15] Richtlinie (EU) 2017/828 des Europäischen Parlaments und des Rates vom 17. Mai 2017 zur Änderung der Richtlinie 2007/36/EG im Hinblick auf die Förderung der langfristigen Mitwirkung der Aktionäre, ABl. EU 2017 Nr. L 132, 1.
[16] Art. 2 Abs. 1 RL (EU) 2017/828.
[17] Art. 3a Abs. 1 S. 2 Aktionärsrechte-RL 2017; näher zu den Problemen solcher Schwellenwerte etwa *Noack* NZG 2017, 561 (563); *Eggers/de Raet* AG 2017, 464, 467 f.
[18] Vgl. etwa §§ 601 und 901 des NYSE Listed Company Manual, wo jeweils von „record holders" und damit von Namensaktien die Rede ist.
[19] *Zätzsch* in v. Rosen/Seifert, Die Namensaktie, 2000, 257 (258 f.); Großkomm AktG/*Merkt* Rn. 14.
[20] Gesetz zur Kontrolle und Transparenz im Unternehmensbereich (KonTraG) v. 27.4.1998, BGBl. 1998 I 786.
[21] Vgl. *Than/Hannöver* in v. Rosen/Seifert, Die Namensaktie, 2000, 279 (288 f.); MüKoAktG/*Heider* § 10 Rn. 13 (57 ff.) Beispiele für solche Urkunden bei *Schinzler*, Die teileingezahlte Namensaktie als Finanzierungsinstrument der Versicherungswirtschaft, 1999, 172 Fn. 495; *Wieneke* in v. Rosen/Seifert, Die Namensaktie, 2000, 229 (255).
[22] Vgl. *Than/Hannöver* in v. Rosen/Seifert, Die Namensaktie, 2000, 279 (284 ff.); MüKoAktG/*Bayer* Rn. 3.
[23] Ausf. dazu *Dammann/Kummer* in v. Rosen/Seifert, Die Namensaktie, 2000, 45 (48 ff.), insbes. 57 ff.
[24] MüKoAktG/*Bayer* Rn. 467.

darüber zu verschaffen, wer der wirtschaftliche Inhaber der Beteiligung ist und ihr die Möglichkeit zu geben, sog. Legitimationsübertragungen einzuschränken.[25]

III. Das Aktienregister

9 1. Rechtsnatur und Form des Aktienregisters. Das Aktienregister ist kein Handelsbuch iSv § 238 HGB[26] und von § 91 AktG,[27] wohl aber „eine **sonst erforderliche Aufzeichnung**" nach § 239 HGB.[28] Es kann daher nach § 239 Abs. 4 HGB auch in elektronischer Form geführt werden, soweit dabei die Grundsätze ordnungsmäßiger Buchführung eingehalten sind, die Aufzeichnungen also vollständig, richtig, zeitgerecht und geordnet vorgenommen werden.[29] Darüber hinaus muss sichergestellt sein, dass die Daten jederzeit innerhalb angemessener Frist lesbar gemacht werden können, § 239 Abs. 4 S. 2 HGB. Innerhalb dieser durch § 239 HGB gezogenen Grenzen besteht Gestaltungsfreiheit.[30]

10 2. Pflicht zur Führung des Aktienregisters. Es ist Pflicht jeder Aktiengesellschaft, die Namensaktien oder Zwischenscheine ausgibt, ein Aktienregister zu führen. Die Gesellschaft muss im Handelsregister eingetragen sein, da nach § 41 Abs. 4 S. 2 AktG vorher ausgegebene Aktien oder Zwischenscheine nichtig sind. Nach bislang hM setzte die Pflicht zur Führung eines Aktienregisters darüber hinaus die Ausgabe der Namensaktien oder Zwischenscheinen bzw. die **Verbriefung** der Anteile in einer Globalurkunde voraus.[31] Damit wurde allerdings die Bedeutung der Verkörperung der mit dem Begriff „Aktie" bezeichneten Mitgliedschaft[32] in einer Urkunde überbetont. Jedenfalls nach Abschaffung der Pflicht zur Vorlage der Aktie bei Übertragung nach § 68 Abs. 3 S. 2 aF spielte die von der hM für maßgeblich gehaltene Prüfung durch den Vorstand anhand der Urkunde[33] praktisch keine Rolle.[34] Die Aktienrechtsnovelle 2016 hat durch entsprechende Ergänzung von Abs. 1 Satz 1 klargestellt, dass die Pflicht zur Führung des Aktienregisters unabhängig von einer Verbriefung besteht und die mit dem Aktienregister bezweckte Beteiligungstransparenz daher nicht durch Verzicht auf Verbriefung unterlaufen werden kann.[35] Entgegen verbreiteter Auffassung[36] sind nur diejenigen Aktionäre befugt, Erfüllung der Pflicht zur Führung eines Aktienregisters gerichtlich durchzusetzen, die von einem pflichtwidrigen Unterlassen in eigenen Rechten betroffen sind, im Hinblick auf die Folgen Abs. 2 also regelmäßig nur die Namensaktionäre oder Inhaber von Zwischenscheinen.

11 3. Zuständigkeit. Die Einrichtung des Aktienregisters ist eine Aufgabe der AG, für deren Erfüllung der **Vorstand** zuständig ist.[37] Er kann die Führung Angestellten der Gesellschaft oder externen Hilfspersonen überlassen.[38] Allerdings muss stets sichergestellt sein, dass dem Vorstand die Letztentscheidungsbefugnis und die jederzeitige Zugriffsmöglichkeit verbleiben.[39] In der Praxis ist die Über-

---

[25] BegrRegE BT-Drs. 16/7438, 9 (13 f.).
[26] Baumbach/Hopt/*Merkt* HGB § 238 Rn. 1; MHdB AG/Sailer-Coceani § 14 Rn. 37.
[27] Kölner Komm AktG/*Lutter/Drygala* Rn. 11; MHdB AG/Sailer-Coceani § 14 Rn. 37.
[28] Großkomm AktG/*Merkt* Rn. 35; K. Schmidt/Lutter/*T. Bezzenberger* Rn. 9; Hölters/*Laubert* Rn. 3; Bürgers/Körber/*Wieneke* Rn. 3.
[29] Großkomm AktG/*Merkt* Rn. 37; K. Schmidt/Lutter/*T. Bezzenberger* Rn. 9.
[30] Großkomm HGB/*Hüffer* HGB § 238 Rn. 33; MHdB AG/Sailer-Coceani § 14 Rn. 37; *Zätzsch* in v. Rosen/Seifert, Die Namensaktie, 2000, 257 (272 f.); *Happ* FS Bezzenberger, 2000, 111 (116 f.).
[31] OLG München NZG 2005, 756; MüKoAktG/*Bayer* Rn. 18; Kölner Komm AktG/*Lutter/Drygala* Rn. 12; Großkomm AktG/*Merkt*, 4. Aufl., 2008, Rn. 41; Hölters/*Laubert* Rn. 4; Hüffer/Koch/*Koch* Rn. 10; MHdB AG/*Wiesner* § 14 Rn. 34; *Königshausen* WM 2013, 909 (910).
[32] → § 1 Rn. 94; MüKoAktG/*Heider* § 1 Rn. 91 und § 10 Rn. 59; Hüffer/Koch/*Koch* § 1 Rn. 13.
[33] Kölner Komm AktG/*Lutter/Drygala* Rn. 40; Hüffer/Koch/*Koch* Rn. 10.
[34] Ausf. zur Übertragung girosammelverwahrter Globalurkunden im Abwicklungssystem CASCADE-RS *Than/Hannöver* in v. Rosen/Seifert, Die Namensaktie, 2000, 279 (284 ff.).
[35] Art. 1 Nr. 6a Aktienrechtsnovelle 2016, BGBl. 2015 I 2565 und BegrRegE, BT-Drs. 18/4349, 20; zuvor bereits *Noack* FS Wiedemann, 2002, 1141 (1153 ff.); *Wieneke* in v. Rosen/Seifert, Die Namensaktie, 2000, 229 (252 ff.); Großkomm AktG/*Merkt* Rn. 57; Bürgers/Körber/*Wieneke* Rn. 4; *Happ* FS Bezzenberger, 2000, 111 (119) mN aus dem älteren Schrifttum; Grigoleit/*Grigoleit/Rachlitz* Rn. 3; K. Schmidt/Lutter/*T. Bezzenberger* Rn. 7; Wachter/*Servatius* Rn. 3; ebenso bereits RGZ 86, 154.
[36] Kölner Komm AktG/*Lutter/Drygala* Rn. 7; MüKoAktG/*Bayer* Rn. 16; Bürgers/Körber/*Wieneke* Rn. 6.
[37] OLG München NZG 2005, 756 (757) mAnm *Kort* NZG 2005, 963; Hüffer/Koch/*Koch* Rn. 5; MHdB AG/Sailer-Coceani § 14 Rn. 37; Kölner KommAktG/*Lutter/Drygala* Rn. 9; K. Schmidt/Lutter/*T. Bezzenberger* Rn. 10; Bürgers/Körber/*Wieneke* Rn. 6; NK-AktR/*Heinrich* Rn. 6.
[38] *Happ* FS Bezzenberger, 2000, 111 (117); K. Schmidt/Lutter/*T. Bezzenberger* Rn. 10; Großkomm AktG/*Merkt* Rn. 36; Bürgers/Körber/*Wieneke* Rn. 6.
[39] *Noack* DB 1999, 1306 (1307); MüKoAktG/*Bayer* Rn. 15; Grigoleit/*Grigoleit/Rachlitz* Rn. 2; Hölters/*Laubert* Rn. 5; Hüffer/Koch/*Koch* Rn. 5; NK-AktR/*Heinrich* Rn. 6.

tragung auf spezialisierte Dienstleistungsunternehmen üblich.[40] Ebenso wie die überwiegende Zahl der Gesellschaften erhalten auch diese Dienstleistungsunternehmen ihre Informationen von der Clearstream Banking AG, der deutschen zentralen Wertpapiersammelbank gem. §§ 1 Abs. 3 S. 1, 9a DepotG, die über 90 % der in Deutschland gehandelten Wertpapiere in ihren Tresoren verwahrt.

IV. Eintragungen im Aktienregister, Abs. 1

1. Eintragungspflichtige Angaben.
Nur **Namensaktien und Zwischenscheine** sind im Aktienregister einzutragen.[41] Dies gilt auch dann, wenn durch die Satzung das Recht der Aktionäre auf Verbriefung ihrer Mitgliedschaft ausgeschlossen ist (§ 10 Abs. 5), und die Verbriefung sich somit auf die Verkörperung in einer Globalurkunde beschränkt. Freiwillige Aufzeichnungen der Gesellschaft über Inhaberaktien und (noch) unverkörperte Mitgliedschaften stellen kein Aktienregister iSv § 67 dar, so dass insbesondere die Rechtsfolgen des Abs. 2 auf sie keine Anwendung finden.[42] Dagegen handelt es sich bei Aufzeichnungen über die Beteiligung von Namensaktionären oder Inhabern von Zwischenscheinen, die **vor der Verbriefung** ihrer Anteile erfolgen, entgegen der hM nicht lediglich um eine freiwillige Dokumentation, der allenfalls lediglich eine Indizfunktion betreffend die Mitgliedschaft zukäme,[43] sondern um ein Aktienregister im Sinne von § 67,[44] → Rn. 10. 12

Bei der **Umstellung von Inhaber- auf Namensaktien** müssen die neuen Aktien im (dann notwendigen) Aktienregister eingetragen werden, sobald die Satzungsänderung durch Eintragung im Handelsregister wirksam geworden ist,[45] selbst wenn zu diesem Zeitpunkt noch keine neuen Urkunden geschaffen sind.[46] 13

a) Angaben über den Inhaber. Der erste Inhaber des Mitgliedschaftsrechts ist stets einzutragen, ohne dass hierfür ein Eintragungsantrag oder eine Mitteilung durch den Aktionär nötig wäre.[47] Der Vorstand wird vielmehr von sich aus tätig. Da nach Abs. 2 nur derjenige zur Erfüllung der mitgliedschaftlichen Pflichten, insbesondere auf Leistung der Einlage in Anspruch genommen werden kann, der im Aktienregister eingetragen ist, erfolgt die Eintragung auch bei Widerspruch des Aktionärs.[48] Spätere Eintragungen setzen dagegen nach Abs. 3 grundsätzlich Mitteilung und Nachweis voraus (näher → Rn. 61). Zur **Person des Aktionärs** sind sein Name einschließlich des Vornamens,[49] das Geburtsdatum[50] und die Adresse einzutragen. Als Adresse können die postalische Anschrift, die Büroadresse, ein Zustellungsbevollmächtigter, ergänzend auch die Email-Anschrift angegeben werden.[51] Weggefallen ist die Pflicht zur Angabe des Berufs. 14

Auch der **Sicherungseigentümer** und der **(Vollrechts-)Treuhänder** sind Inhaber der ihnen übertragenen Aktien und können daher als Aktionäre eingetragen werden.[52] Dies gilt auch dann, wenn der Treuhänder (meistens eine Depotbank) dem Treugeber Vollmacht zur eigenen Wahrnehmung aller Vermögens- und Verwaltungsrechte erteilt.[53] Eine derartige schuldrechtliche Nebenabrede ändert nichts an der für die Eintragung maßgeblichen Aktionärsstellung des Treuhänders oder 15

---

[40] Zu nennen sind hier die die Registrar Services GmbH und die ADEUS Aktienregister-Service-GmbH.
[41] MüKoAktG/*Bayer* Rn. 18; Kölner Komm AktG/*Lutter/Drygala* Rn. 12; Hüffer/Koch/*Koch* Rn. 6.
[42] MüKoAktG/*Bayer* Rn. 18; Kölner Komm AktG/*Lutter/Drygala* Rn. 39; Hüffer/Koch/*Koch* Rn. 10; MHdB AG/*Sailer-Coceani* § 14 Rn. 40; NK-AktR/*Heinrich* Rn. 7.
[43] RGZ 34, 110 (117); MüKoAktG/*Bayer* Rn. 18; Kölner Komm AktG/*Lutter/Drygala* Rn. 40; Hüffer/Koch/*Hüffer* Rn. 10; MHdB AG/*Sailer-Coceani* § 14 Rn. 40.
[44] *Happ* FS Bezzenberger, 2000, 111 (119); *Wieneke* in v. Rosen/Seifert, Die Namensaktie, 2000, 229 (253 f.).
[45] NK-AktR/*Heinrich* Rn. 8.
[46] → Rn. 9; *Diekmann* BB 1999, 1985 (1986); *Königshausen* WM 2013, 909 (910); *Zätzsch* in v. Rosen/Seifert, Die Namensaktie, 2000, 257 (274).
[47] OLG Jena AG 2004, 268 (270).
[48] MüKoAktG/*Bayer* Rn. 20; Hölters/*Laubert* Rn. 7; Bürgers/Körber/*Wieneke* Rn. 7; Hüffer/Koch/*Koch* Rn. 6.
[49] *Happ* FS Bezzenberger, 2000, 111, 120; K. Schmidt/Lutter/*T. Bezzenberger* Rn. 12.
[50] Nach Auffassung des Gesetzgebers ist das Geburtsdatum eher als der Beruf zur Vermeidung von Verwechslungen geeignet, vgl. BegrRegE, BT-Drs. 14/4051 mit Verweisung auf § 106 HGB, dessen Abs. 2 Nr. 1 die Angabe des Geburtsdatums ebenfalls aus Gründen des Verwechslungsschutzes vorschreibt, vgl. BT-Drs. 13/8444, 85. Soweit Einlagen noch nicht vollständig geleistet sind, kann das Geburtsdatum des Aktionärs auch im Hinblick auf § 1589 BGB von Bedeutung sein.
[51] Kölner Komm/*Lutter/Drygala* Rn. 30; Bürgers/Körber/*Wieneke* Rn. 9; Grigoleit/*Grigoleit/Rachlitz* Rn. 7; weiter gehend, Email-Anschrift ausreichend, BegrRegE zu § 67 Abs. 1 nF, BT-Drs. 14/4051, 11 f.; MüKoAktG/*Bayer* Rn. 26; Großkomm AktG/*Merkt* Rn. 42; Hölters/*Laubert* Rn. 7; Hüffer/Koch/*Koch* Rn. 7.
[52] *Happ* FS Bezzenberger, 2000, 111 (119 f.); *Gätsch* FS Beuthien, 2009, 133 (138); MüKoAktG/*Bayer* Rn. 21; Grigoleit/*Grigoleit/Rachlitz* Rn. 11; Bürgers/Körber/*Wieneke* Rn. 8 f.
[53] Vgl. zu der US-amerikanischen Praxis: *Meyer-Sparenberg* WM 1996, 1117 (1118).

Sicherungseigentümers.[54] Da das Rechtsverhältnis, auf dem die Aktionärsstellung beruht, nicht eingetragen werden muss,[55] können durch derartige Übertragungen die tatsächlichen Beteiligungsinteressen auch bei Ausgabe von Namensaktien verschleiert werden. Der Umstand, dass der Sicherungsgeber und der Treugeber nach Abs. 2 gegenüber der Gesellschaft nicht als Aktionäre gelten, ändert indessen nichts daran, dass ihnen für Zwecke der Mitteilungspflicht nach § 33 WpHG und der Berechnung des Stimmrechtsanteils nach §§ 29, 35 WpÜG die Stimmrechte aus den übertragenen Namensaktien nach § 34 Abs. 1 Nr. 2 und 3 WpHG, § 30 Abs. 1 Nr. 2 und 3 WpÜG zugerechnet werden.

16 Abs. 1 S. 3 sowie § 128 Abs. 1 S. 1, Abs. 2 S. 2, § 129 Abs. 3 S. 2, § 135 Abs. 7 S. 1 setzen die Zulässigkeit der Eintragung eines **Legitimationsaktionärs** voraus.[56] Seine Stellung zeichnet sich dadurch aus, dass er nach außen die Stellung als Aktionär einnimmt, obwohl ihm nicht die Beteiligung übertragen, sondern er lediglich dazu ermächtigt wird, bestimmte Aktionärsrechte auszuüben.[57] Inhaber der Aktien bleibt Treugeber. Nach Abs. 2 gilt indessen im Verhältnis zur Gesellschaft nur der eingetragene Legitimationszessionar als Aktionär.[58] Das wirft nicht zuletzt im Hinblick auf die Mitteilungspflichten nach § 20 AktG, § 33 WpHG (näher → Rn. 36 f.), die Berechnung des Stimmrechtsanteils nach §§ 29, 35 WpÜG (näher → Rn. 38) und die Befugnis zum Ausschluss einer Minderheit im Wege des Squeeze-out Fragen auf (näher → Rn. 39).

17 Besteht eine **Rechtsgemeinschaft** an einer Aktie, etwa eine Bruchteils- oder Gesamthandsgemeinschaft, so werden alle Mitglieder dieser Gemeinschaft als Berechtigte im Aktienregister eingetragen.[59] Nicht einzutragen ist, auf welcher Grundlage die Mitberechtigung beruht und wie hoch der Anteil der einzelnen Mitglieder ist. Nach § 69 können die Mitberechtigten ihre Aktionärsrechte nur durch einen gemeinsamen Vertreter ausüben, dessen Eintragung allerdings entgegen einer neueren Auffassung im Schrifttum nicht zulässig ist, vgl. → Rn. 21, 23 sowie → § 69 Rn. 11.

18 **Juristische Personen** und **Personenhandelsgesellschaften** sind unter ihrer Firma und unter Angabe ihres Sitzes einzutragen.[60] Trotz Anerkennung ihrer Rechts- und Parteifähigkeit[61] sind bei **Außengesellschaften bürgerlichen Rechts** in Ermangelung einer den Personenhandelsgesellschaften vergleichbaren Registerpublizität ebenso wie beim Erwerb der Kommanditistenstellung durch eine solche Gesellschaft[62] auch die Gesellschafter einzutragen.[63] Eintragungspflichtig sind auch Adresse und, schon im Hinblick auf § 1629a BGB, das Geburtsdatum der Gesellschafter.[64]

19 Auf Verlangen der Aktiengesellschaft muss sich das **depotführende Kreditinstitut** im Aktienregister eintragen lassen, Abs. 4 S. 2. Nach dem Wortlaut der Vorschrift ist das Kreditinstitut in diesem Fall als Platzhalter gesondert einzutragen. Die Eintragung muss daher so gekennzeichnet sein, dass die Platzhalterstellung der Bank ersichtlich wird. Die Gesellschaft hat einen weiten Spielraum hinsichtlich des Eintragungsverlangens und kann die Eintragung auf bestimmte Fälle, wie etwa das Erreichen einer bestimmten Beteiligungshöhe begrenzen oder die Eintragung nur von bestimmten Kreditinstituten verlangen.[65] Als depotführendes Kreditinstitut ist die **Depotbank des Kunden** anzusehen, in einer Kette von mehreren Instituten also die kundennächste Bank.

20 b) **Angaben über die Mitgliedschaft.** Als Angabe über die Mitgliedschaft ist der Aktienbesitz unter Angabe der Aktiennummern, bei Nennbetragsaktien des Betrags und bei Stückaktien der Zahl der Aktien im Aktienregister zu dokumentieren.[66] Bei **Änderungen,** die sich auf den Inhalt **der Mitgliedschaft** beziehen, muss der Vorstand stets von sich aus tätig werden, um die Richtigkeit des

---

[54] MüKoAktG/*Bayer* Rn. 21; Kölner Komm/*Lutter*/*Drygala* Rn. 15, 30.
[55] Zur Frage, ob Angaben dazu eingetragen werden können, → Rn. 24 f.
[56] *Happ* FS Bezzenberger, 2000, 111 (120); MüKoAktG/*Bayer* Rn. 22; Kölner Komm AktG/*Lutter*/*Drygala* Rn. 17; Bürgers/Körber/*Wieneke* Rn. 8; *Grigoleit*/*Rachlitz* ZHR 174 (2010) 12 (31 ff.).
[57] K. Schmidt/Lutter/*T. Bezzenberger* Rn. 17; *Richter* WM 2013, 2296 (2298); *U. H. Schneider*/*Müller-von Pilchau* WM 2011, 721 (722); eingehend zur Rechtsstellung des Legitimationsaktionärs *Happ* FS Rowedder, 1994, 119 (121 ff.).
[58] K. Schmidt/Lutter/*T. Bezzenberger* Rn. 17.
[59] K. Schmidt/Lutter/*T. Bezzenberger* Rn. 17; *Grigoleit*/*Grigoleit*/*Rachlitz* Rn. 5.
[60] *Happ* FS Bezzenberger, 2000, 111 (121); MüKoAktG/*Bayer* Rn. 28; Hölters/*Laubert* Rn. 7; NK-AktR/*Heinrich* Rn. 9.
[61] BGHZ 146, 341 ff. = NJW 2001, 1056 ff.
[62] BGHZ 148, 291 (293 ff.). = NJW 2001, 3121 ff.
[63] MüKoAktG/*Bayer* Rn. 28; Kölner Komm AktG/*Lutter*/*Drygala* Rn. 92; *Grigoleit*/*Grigoleit*/*Rachlitz* Rn. 5; NK-AktR/*Heinrich* Rn. 9; Hölters/*Laubert* Rn. 7; Bürgers/Körber/*Wieneke* Rn. 9; aA Großkomm AktG/*Merkt* Rn. 40; K. Schmidt/Lutter/*T. Bezzenberger* Rn. 14.
[64] *Grigoleit*/*Grigoleit*/*Rachlitz* Rn. 5; für bloße Eintragungsfähigkeit dieser Angaben MüKoAktG/*Bayer* Rn. 28; Hölters/*Laubert* Rn. 7.
[65] Hüffer/Koch/*Koch* Rn. 21.
[66] Großkomm AktG/*Merkt* Rn. 43; K. Schmidt/Lutter/*T. Bezzenberger* Rn. 13; Hölters/*Laubert* Rn. 8.

Aktienregisters zu gewährleisten. Somit sind bei Nennbetragsaktien Änderungen des Nennbetrags, die Umstellung von Stückaktien auf Nennbetragsaktien oder umgekehrt, eine Änderung von Stammaktien in Vorzugsaktien oder umgekehrt, die Umwandlung der Namensaktien in Inhaberaktien (§ 24), eine Kaduzierung (§ 64), Kraftloserklärung (§§ 72 ff.), Zusammenlegung (§ 222 Abs. 4 S. 1 Nr. 2) und Einziehung (§ 237) einzutragen.[67] Im Gegensatz dazu darf der Vorstand bei einer Übertragung der Aktie nur auf Mitteilung eines Beteiligten tätig werden.

2. Eintragungsfähige Angaben. a) Meinungsstand. Es ist umstritten, ob und inwieweit über 21 die gesetzlich vorgeschriebenen Angaben hinaus im Aktienregister **ergänzende Informationen über den Inhaber der Namensaktie** eingetragen werden dürfen. Die herkömmliche Lehre verneint dies etwa für Angaben über die rechtliche Qualität des Aktionärs als Erbe oder Vorerbe, über die Bevollmächtigung eines Dritten oder die Benennung eines gemeinschaftlichen Vertreters.[68] Eine im Vordringen befindliche Ansicht sieht derartige zusätzliche Angaben hingegen als zulässig an;[69] allerdings soll ihrer Eintragung regelmäßig nicht die Wirkung des Abs. 2 zukommen. Als Beispiele werden die Staatsangehörigkeit, das Geschlecht oder der Beruf des Aktionärs, die Haltefrist der Aktien sowie die Kennzeichnung als Eigen- oder Fremdbesitzer genannt.[70] Darüber hinausgehend soll dies nach vereinzelter Ansicht auch für die Eintragung als Testamentsvollstrecker[71] oder als gemeinschaftlicher Vertreter gemäß § 69 Abs. 2[72] gelten.

Dingliche Belastungen der Aktie, namentlich Nießbrauch und Pfandrecht, sind nach heute hM 22 zwar nicht eintragungspflichtig, aber eintragungsfähig.[73] Anders als die in → Rn. 21 aufgeführten Tatsachen soll die Eintragung dinglicher Belastungen die Wirkungen des Abs. 2 auslösen. Dadurch gewinnt die Aktiengesellschaft insbesondere bei Dividendenzahlungen den Schutz dieser Vorschrift. Das Risiko einer unwirksamen Auszahlung an den Nießbraucher oder Pfandgläubiger soll auf diese Weise vermieden werden.[74] Zugleich soll dem Nießbraucher oder Pfandgläubiger auf diese Weise die Möglichkeit zur Legitimation gegenüber der Gesellschaft eingeräumt werden.

b) Stellungnahme. Zusätzliche, über den nach Abs. 1 vorgeschriebenen Inhalt hinausgehende 23 Angaben mögen zwar im Einzelfall durchaus von Interesse sein. Wie vor allem Abs. 6 zeigt, hat das Aktienregister aber nicht die Funktion einer Informationsquelle für die Mitaktionäre. Auch im Verhältnis zur Gesellschaft steht nicht die Informationsfunktion im Vordergrund. Entscheidend ist vielmehr der durch Abs. 2 und 5 zum Ausdruck gebrachte, nicht zur Disposition der Beteiligten stehende Zweck, **Rechtsklarheit** für die Beziehungen zwischen der Gesellschaft und den Inhabern von Namensaktien zu schaffen. Entsprechend diesem Normzweck kommen nur solche ergänzenden Angaben in Betracht, die an der Wirkung des Abs. 2 teilhaben. Folglich können nicht die in → Rn. 22 genannten dinglichen Belastungen, nicht hingegen weitere Angaben der in → Rn. 21 erörterten Art in das Aktienregister eingetragen werden. Als Pfandgläubiger oder Nießbraucher gilt danach im Verhältnis zur Gesellschaft nur, wer als solcher ins Aktienregister eingetragen ist. Die Bezeichnung als eintragungsfähige Tatsachen ist allerdings irreführend, denn auch die Eintragung der in Abs. 1 aufgeführten „eintragungspflichtigen" Tatsachen steht zur Disposition der Beteiligten. Ein Unterschied zu Nießbrauch und Pfandrecht besteht daher nicht.

3. Mitteilungspflicht des Aktieninhabers. Abs. 1 S. 2 AktG begründet eine **Eintragungs-** 24 **pflicht** des Namensaktionärs.[75] Nach ihrem Wortlaut ließe sich die Bestimmung zwar auch dahin verstehen, dass der Inhaber lediglich dazu verpflichtet ist, der Gesellschaft die Informationen nach

---

[67] Vgl. MüKoAktG/*Bayer* Rn. 91; Hüffer/Koch/*Koch* Rn. 9; K. Schmidt/Lutter/*T. Bezzenberger* Rn. 13; NK-AktR/*Heinrich* Rn. 10.
[68] GHEK/*Hefermehl/Bungeroth* Rn. 12; unentschieden Hüffer/Koch/*Koch* Rn. 9.
[69] Kölner Komm AktG/*Lutter/Drygala* Rn. 31; *Blasche* AG 2015, 342 (346 f.).
[70] *Noack* DB 1999, 1306 (1307); *Happ* FS Bezzenberger, 2000, 111 (123); MüKoAktG/*Bayer* Rn. 33 ff.; Bürgers/Körber/*Wieneke* Rn. 10 f.
[71] MüKoAktG/*Bayer* Rn. 35; Hüffer/Koch/*Koch* Rn. 9.
[72] MüKoAktG/*Bayer* Rn. 24, 35; *Blasche* AG 2015, 342 (347 f.), der insoweit auch § 67 Abs. 2 entsprechend anwenden will.
[73] MüKoAktG/*Bayer* Rn. 31; Hüffer/Koch/*Koch* Rn. 9; Kölner Komm AktG/*Lutter/Drygala* Rn. 34; K. Schmidt/Lutter/*T. Bezzenberger* Rn. 14; Grigoleit/*Grigoleit/Rachlitz* Rn. 10; Hölters/*Laubert* Rn. 8; Bürgers/Körber/*Wieneke* Rn. 10; *Happ* FS Bezzenberger, 2000, 111 (120); *Wiedemann*, Die Übertragung und Vererbung von Mitgliedschaftsrechten bei Handelsgesellschaften, 1965, 424; NK-AktR/*Heinrich* Rn. 10; ebenso zu § 8 Abs. 1 Nr. 3 GmbHG LG Aachen NZG 2009, 1157 (1158) m. abl. Anm. *Fritsch* = RNotZ 2009, 409 m. zust. Anm. *Reymann* = MittBayNot 2010, 72 m. zust. Anm. *Wälzholz*; aA Großkomm AktG/*Barz*, 3. Aufl. 1973, Anm. 8.
[74] So etwa MüKoAktG/*Bayer* Rn. 31; Hüffer/Koch/*Koch* Rn. 9; Kölner Komm AktG/*Lutter/Drygala* Rn. 34 f.; vgl. auch *Wiedemann*, Die Übertragung und Vererbung von Mitgliedschaftsrechten bei Handelsgesellschaften, 1965, 424 f.; aA Großkomm AktG/*Barz*, 3. Aufl. 1973, Anm. 8.
[75] *Noack* NZG 2008, 721; Kölner Komm AktG/*Lutter/Drygala* Rn. 13; Hüffer/Koch/*Koch* Rn. 8.

S. 1 mitzuteilen, ohne zugleich auf seine Eintragung hinzuwirken. Aus dem systematischen Zusammenhang mit S. 1 und aus der Entstehungsgeschichte der Vorschrift[76] folgt indessen, dass der Zweck der Bestimmung sich nicht in der bloßen Information der Gesellschaft erschöpft, sondern darüber hinausgehend in der Gewährleistung der Vollständigkeit des Aktienregisters besteht. Da die Eintragung über die Mitteilung der notwendigen Daten hinaus auch ihres Nachweises bedarf, ist die Neuregelung dahin zu ergänzen, dass der Namensaktionär auch den nach Abs. 3 erforderlichen Nachweis in geeigneter Form zu erbringen hat.[77] Trotz dieser Pflicht, die Eintragung herbeizuführen, ist indessen eine Eintragung in das Aktienregister ohne Antrag (= Mitteilung) nach wie vor unzulässig.[78] Ein Widerspruch des Depotkunden gegenüber einem am Übertragungsvorgang beteiligten Kreditinstitut, der Gesellschaft nach § 67 Abs. 4 S. 1 die erforderlichen Angaben zu machen, ist nach wie vor beachtlich (näher → Rn. 83).[79] Ob die Gesellschaft die Mitteilung im Wege der Leistungsklage erzwingen kann[80] oder ob als Sanktion lediglich der Ausschluss des Stimmrechts in den Fällen des § 67 Abs. 2 zur Verfügung steht,[81] ist umstritten.

25 **4. Einschränkung der Eintragung von Nichtaktionären durch die Satzung, Abs. 1 S. 3.**
Das Recht, in der Satzung zu bestimmen, unter welchen Voraussetzungen Legitimationsaktionäre[82] ins Aktienregister eingetragen werden können, soll der Gesellschaft die Möglichkeit geben, solche Eintragungen einzuschränken.[83] Im Schrifttum wird die Bestimmung für überflüssig gehalten, weil das Gesetz lediglich von der Eintragungsfähigkeit von Legitimationsaktionären ausgehe, nicht aber davon, dass ein Anspruch auf ihre Eintragung im Aktienregister bestehe;[84] der Vorstand könne die Eintragung Dritter daher auch ohne entsprechende Satzungsregelung verweigern.[85] Ein solches Eintragungsermessen steht dem Vorstand indessen nicht zu; sofern keine einschränkende Satzungsregelung besteht, ist er vielmehr zur Eintragung von Legitimationsaktionären verpflichtet.[86] Ist nach der Satzung die Eintragung von Legitimationsaktionären nur unter bestimmten Voraussetzungen zulässig, folgt daraus, dass der Vorstand sie nicht anordnen darf, wenn diese Voraussetzungen nicht vorliegen.[87] Eintragungsvoraussetzungen nach Abs. 1 S. 3 müssen in der Satzung selbst festgelegt sein; eine Delegation auf den Vorstand ist nicht möglich.[88]

26 Abs. 1 S. 3 ermächtigt zu Satzungsregelungen betreffend die Eintragung für Aktien, die einem anderen „**gehören**". Dieser Begriff ist mehrdeutig und wird vom Gesetz sogar **innerhalb des § 67 in unterschiedlicher Bedeutung** verwendet. Ausweislich der Gesetzesbegründung meint **Abs. 1 S. 3** mit Aktien, die einem anderen als dem Eingetragenen gehören, solche, für die der Rechtsinhaber einen Dritten zur Eintragung und Rechtsausübung ermächtigt hat, nicht dagegen solche, hinsichtlich derer ein Treuhandverhältnis, eine Poolvereinbarung oder eine andere nur schuldrechtliche Bindung des eingetragenen Aktionärs gegenüber dem Hintermann besteht.[89] Die Satzung kann daher keine Beschränkungen für die Eintragung von Treuhändern, sondern nur von Legitimationsaktionären vorsehen, die an Stelle des Rechtsinhabers die Aufnahme ins Aktienregister beantragen. Dieselbe Bedeutung wie in Abs. 1 S. 3 hat der Begriff „gehören" in **Abs. 2 S. 2 Alt. 2**. Im Rahmen des **Abs. 4 S. 2 und 3** verwendet das Gesetz den Begriff „gehören" dagegen

---

[76] Vgl. BegrRegE BT-Drs. 16/7438, 13.
[77] Noack NZG 2008, 721; Kölner Komm AktG/*Lutter/Drygala* Rn. 14; K. Schmidt/Lutter/*T. Bezzenberger* Rn. 15; Bürgers/Körber/*Wieneke* Rn. 9a.
[78] Kölner Komm AktG/*Lutter/Drygala* Rn. 14; Grigoleit/*Grigoleit/Rachlitz* Rn. 14.
[79] AA *Noack* NZG 2008, 721.
[80] So Kölner Komm AktG/*Lutter/Drygala* Rn. 14.
[81] Noack NZG 2008, 721; *Grigoleit/Rachlitz* ZHR 174 (2010) 12 (37 ff.); *Çekin*, Offenlegungs- und Mitteilungspflichten nach § 67 AktG, 2012, 84 ff. (95).
[82] Die Möglichkeit der Eintragung anderer Nichtaktionäre bejahen *Noack* NZG 2008, 721 (722); *Marsch-Barner* FS Hüffer, 2010, 627 (631); dagegen zu Recht *Gätsch* FS Beuthien, 2009, 133 (142); *Reul* ZNotP 2010, 12 (14).
[83] BegrRegE BT-Drs. 16/7438, 13.
[84] Noack NZG 2008, 721 (722); *U. H. Schneider/Müller-von Pilchau* AG 2007, 181 (185); Hüffer/Koch/*Koch* Rn. 8a.
[85] Noack NZG 2008, 721 (722); vgl. auch *Gätsch* FS Beuthien, 2009, 133 (143); *Reul* ZNotP 2010, 12 (14).
[86] Grigoleit/*Grigoleit/Rachlitz* Rn. 14; *Grigoleit/Rachlitz* ZHR 174 (2010) 12 (33 ff.).
[87] Noack NZG 2008, 721 (722); Hüffer/Koch/*Koch* Rn. 8a; *Çekin*, Offenlegungs- und Mitteilungspflichten nach § 67 AktG, 2012, 99.
[88] *Marsch-Barner* FS Hüffer, 2010, 627 (634).
[89] BegrRegE BT-Drs. 16/7438, 14; vgl. auch *Noack* NZG 2008, 721 (722); *Schüppen/Tretter* ZIP 2009, 493 (494); *Gätsch* FS Beuthien, 2009, 133 (138); Grigoleit/*Grigoleit/Rachlitz* Rn. 15; *Grigoleit/Rachlitz* ZHR 174 (2010), 12 (25); K. Schmidt/Lutter/*T. Bezzenberger* Rn. 23; *Marsch-Barner* FS Hüffer, 2010, 627 (630); *Çekin*, Offenlegungs- und Mitteilungspflichten nach § 67 AktG, 2012, 98; krit.*U. H. Schneider* FS Hopt, 2010, 1329 (1337 f.).

in einem anderen Sinn. Diese Bestimmungen tragen dem Umstand Rechnung, dass Erwerb und Verwahrung von Namensaktien sich in aller Regel nicht zwischen dem Aktionär und seiner Bank abspielen, sondern zwischen dem Zentralverwahrer und dem Aktionär häufig eine ganze Reihe von Kreditinstituten eingeschaltet ist.[90] Der Auskunftsanspruch nach Abs. 4 S. 2 und 3 soll es der Gesellschaft ermöglichen, die Verwahrkette von der ersten eingetragenen Bank bis hin zum wirtschaftlichen Aktionär zu verfolgen:[91] Die registrierte Bank hat der Gesellschaft die Angaben nach Abs. 1 S. 1 betreffend die nächste Bank zu übermitteln. Ist diese ihrerseits nicht der „eigentliche" Aktieninhaber, hat sie nach Abs. 4 S. 3 die entsprechenden Daten über das nächste Glied in der Verwahrkette zu übermitteln, bis hin zum ersten Glied in der Kette, das keine Bank ist.[92] Diesen Zweck kann der Auskunftsanspruch indessen nur erfüllen, wenn er unabhängig davon eingreift, ob eine Bank als Legitimationsaktionär oder als Treuhänder eingetragen ist.[93] Würde der Begriff „gehören" im Rahmen des Abs. 4 S. 2 und 3 nicht in diesem engen Sinne des Zusammentreffens von rechtlichem und wirtschaftlichem Eigentum verstanden, liefen diese Bestimmungen weitgehend leer, denn regelmäßig erwerben und halten die in die Erwerbs- und Verwahrkette eingeschalteten Banken Aktien für ihre Kunden als Kommissionär in eigenem Namen für fremde Rechnung, nicht aber als bloße Legitimationsaktionäre.[94] Der Begriff „gehören" hat also verschiedene Bedeutung, je nachdem, ob er sich auf einen Finanzintermediär innerhalb der Verwahrkette bezieht – ihm „gehören" die Aktien iSd Abs. 4 S. 2 auch dann nicht, wenn er als Treuhänder eingetragen ist – oder auf Personen jenseits der Intermediärkette – ihnen „gehören" die Aktien iSv Abs. 1 S. 2, wenn sie Treuhänder sind, so dass sie keine Angaben über den Treugeber machen müssen, nicht aber dann, wenn sie lediglich Legitimationsaktionäre sind.[95]

Satzungsmäßige Grenzwerte nach Abs. 1 S. 3 beziehen sich nur auf Ermächtigungseintragungen, **nicht** dagegen auf **Platzhaltereintragungen nach Abs. 4 S. 5;** solche Eintragungen kann die Gesellschaft daher ohne Rücksicht auf satzungsmäßige Grenzen für die Eintragung von Legitimationsaktionären durchsetzen.[96]

Das Gesetz äußert sich nicht ausdrücklich zu der Frage, von welchen **Voraussetzungen** die Satzung die Eintragung Dritter ins Aktienregister abhängig machen kann. Dem systematischen Zusammenhang mit der Sanktionsbestimmung des Abs. 2 S. 2 Alt. 1, in der von satzungsmäßigen Höchstgrenzen die Rede ist, und der Gesetzesbegründung[97] lässt sich indessen entnehmen, dass der Gesetzgeber an **zahlenmäßige oder prozentuale Beschränkungen** im Hinblick auf den Aktienbesitz des einzelnen Aktionärs gedacht hat, also etwa Klauseln der Art, dass eine Eintragung Dritter für Aktien, die ihnen nicht gehören, nur bis zu einer bestimmten Anzahl von Aktien oder bis zu einem bestimmten Anteil des Grundkapitals in Betracht kommt;[98] möglich ist dabei auch die Berücksichtigung des Aktienbesitzes nahestehender Personen, insbesondere mit dem Legitimationsaktionär verbundener Unternehmen.[99] In Anbetracht der kapitalmarktrechtlichen Mitteilungspflichten nach §§ 33f. WpHG, insbesondere nach § 34 Abs. 1 Nr. 2 WpHG iVm § 17 Abs. 2 Nr. 1 WpAIV dürfte für börsennotierte Gesellschaften nur eine Grenzziehung unterhalb der 3 %-Schwelle oder zwischen den Mitteilungsschwellen des § 33 WpHG sinnvoll sein. Sofern nicht ausdrücklich etwas anderes bestimmt ist, ist in derartigen Fällen die Fremdeintragung nur insoweit ausgeschlossen, als die Beteiligung des Aktionärs die Höchstgrenze überschreitet. Nach der Gesetzesbegründung soll es grundsätzlich zulässig sein, die Fremdeintragung durch die Satzung vollständig auszuschließen.[100] Jedenfalls bei börsennotierten Gesellschaften dürfte sich

---

[90] Vgl. etwa das Beispiel bei *Noack* NZG 2008, 721 (723).
[91] BegrRegE BT-Drs. 16/7438, 14.
[92] *Noack* NZG 2008, 721 (723); *Gätsch* FS Beuthien, 2009, 133 (141); zweifelnd Hüffer/Koch/*Koch* Rn. 21a; aA *Çekin,* Offenlegungs- und Mitteilungspflichten nach § 67 AktG, 2012, 82 ff.
[93] So in der Sache auch *U. H. Schneider/Müller-von Pilchau* WM 2011, 721 (724).
[94] Vgl. *Wilsing/Goslar* DB 2007, 2467 (2471).
[95] Vgl. auch *Wilsing/Goslar* DB 2007, 2467 (2471); aA Kölner Komm AktG/*Lutter/Drygala* Rn. 15, 120, 122; Bürgers/Körber/*Wieneke* Rn. 30a; Marsch-Barner FS Hüffer, 2010, 627 (642); *Ihrig* FS U. H. Schneider, 2011, 573 (575), die den Begriff „gehören" einheitlich iSv Inhaberschaft des sachenrechtlichen Eigentums verstehen.
[96] Vgl. *Noack* NZG 2008, 721 (722); *Marsch-Barner* FS Hüffer, 2010, 627 (633); K. Schmidt/Lutter/*T. Bezzenberger* Rn. 26.
[97] BegrRegE BT-Drs. 16/7438, 13.
[98] K. Schmidt/Lutter/*T. Bezzenberger* Rn. 19; *U. H. Schneider* FS Hopt, 2010, 1329 (1334 ff.); *Çekin,* Offenlegungs- und Mitteilungspflichten nach § 67 AktG, 2012, 100 ff.; zu weiteren Möglichkeiten der Ausgestaltung von Grenzwerten *Marsch-Barner* FS Hüffer, 2010, 627 (632 f.).
[99] *Marsch-Barner* FS Hüffer, 2010, 627 (633); *Grigoleit/Rachlitz* ZHR 174, (2010) 12 (45); *Çekin,* Offenlegungs- und Mitteilungspflichten nach § 67 AktG, 2012, 107 ff.
[100] BegrRegE BT-Drs. 16/7438, 13; so auch *Gätsch* FS Beuthien, 2009, 133 (150); *U. H. Schneider,* FS Hopt, 2010, 1329 (1336); *Reul* ZNotP 2010, 12 (14); *Çekin,* Offenlegungs- und Mitteilungspflichten nach § 67 AktG, 2012, 103 ff.; wohl auch Bürgers/Körber/*Wieneke* Rn. 8b.

dies indessen bereits aus praktischen Gründen verbieten.[101] Selbst wenn die Gesellschaft von dieser Möglichkeit Gebrauch macht, bleibt die Eintragung von Treuhändern oder anderweitig schuldrechtlich gebundenen und für fremde Rechnung handelnden Aktionären unbeschränkt zulässig. Mit dem Wortlaut des Abs. 1 S. 3, der nur allgemein von „Voraussetzungen" spricht, wären zwar auch **andere als quantitative Anforderungen** an die Zulässigkeit einer Dritteintragung vereinbar, also etwa die Aktionärseigenschaft oder Familienzugehörigkeit des Dritten; denkbar wäre auch ein Ausschluss bestimmter Personen- oder Berufsgruppen.[102] Derartige Regelungen würden indessen zum einen die Grenze zur Vinkulierung verwischen, die auch Legitimationsübertragungen erfasst (→ § 68 Rn. 34); zum anderen spricht die Ausgestaltung der Sanktionsregelung des Abs. 2 S. 2 Alt. 1 dafür, dass Abs. 1 S. 3 der Satzung **in materieller Hinsicht** nur einen Spielraum für quantitative Eintragungsvoraussetzungen eröffnet. Solche Voraussetzungen, namentlich Beteiligungsschwellen, können sich entweder auf den wirklichen Inhaber oder auf den eingetragenen Dritten beziehen.[103] Im ersten Fall geht es um die Offenlegung des Aufbaus größerer Positionen, so dass gegebenenfalls mehrere Legitimationseintragungen zusammenzurechnen sind.[104] Aus Abs. 2 S. 2 Alt. 2 lässt sich entnehmen, dass die Satzung auch **formelle Eintragungsvoraussetzungen** in Gestalt einer Pflicht zur Offenlegung festsetzen kann, dass die Aktien einem anderen als dem Einzutragenden gehören.[105] Zwar erwähnt Abs. 2 S. 2 lediglich in Alt. 1 eine satzungsmäßige Höchstgrenze als Eintragungsvoraussetzung iSv Abs. 1 S. 3, während Abs. 2 S. 2 Alt. 2 nicht ausdrücklich auf Abs. 1 und damit auf den Begriff der Eintragungsvoraussetzung verweist. Wenngleich nach Abs. 2 S. 2 sowohl das Überschreiten einer satzungsmäßigen Höchstgrenze als auch ein Verstoß gegen eine satzungsmäßige Offenlegungspflicht gleichermaßen zum Stimmrechtsausschluss führen, könnte es daher auf den ersten Blick so scheinen, als dürfe der Vorstand die Eintragung von Legitimationsaktionären lediglich bei Überschreiten einer satzungsmäßigen Höchstgrenze ablehnen, nicht dagegen aufgrund eines ihm bekannt gewordenen Verstoßes gegen eine satzungsmäßige Offenlegungspflicht. Bei näherem Hinsehen wird indessen deutlich, dass eine Pflicht zur Offenlegung von Fremdbesitz lediglich ein Minus gegenüber der Einführung einer satzungsmäßigen Höchstgrenze für Fremdeintragungen ist, denn ohne Offenlegung der Eigentumsverhältnisse wüsste der Vorstand nicht mit Sicherheit, ob durch eine Eintragung eine satzungsmäßige Höchstgrenze für Fremdeintragungen überschritten würde. Eine solche satzungsmäßige Offenlegungspflicht ist zwar unabhängig von einem Auskunftsverlangen nach Abs. 4 S. 2 Hs. 1 und ohne Anspruch auf Kostenerstattung zu erfüllen,[106] gewährt aber anders als der Auskunftsanspruch nach Abs. 4 S. 2 Hs. 1 keinen Anspruch auf Offenlegung über die Identität des Aktieninhabers, für die Abs. 1 S. 3 keine Grundlage bietet.[107]

29   **5. Sonderregelung für Investmentvermögen.** Besonderheiten gelten nach Abs. 1 S. 4 für Namensaktien im Portfolio von inländischen, EU- oder ausländischen Investmentvermögen iSv § 1 Abs. 1 KAGB. Werden die Investmentanteile nicht ausschließlich von Anlegern gehalten, die professionelle oder semiprofessionelle Anleger iSv § 1 Abs. 19 Nr. 32 und 33 KAGB sind, gelten die Aktien als Aktien des Investmentvermögens bzw. – sofern das Investmentvermögen über keine eigene Rechtspersönlichkeit verfügt – als Aktien der Verwaltungsgesellschaft des Investmentvermögens. Abs. 1 S. 4 ist vor allem bei Spezial-AIF iSv § 1 Abs. 6 KAGB von Bedeutung, deren Vermögensgegenstände nach Maßgabe der Vertragsbedingungen im Miteigentum der Anleger stehen (sog. Miteigentumslösung, § 92 Abs. 1 S. 1 Alt. 2 KAGB).[108] Wurden die Anteile des Sondervermögens in Form von Inhaberanteilen an das breite Publikum ausgegeben, ist eine Zurechnung der Aktien auf die einzelnen Anleger faktisch nicht möglich.[109] Da eine Eintragung des Sondervermögens mangels

---

[101] So auch BegrRegE BT-Drs. 16/7438, 13; gegen die Zulässigkeit eines vollständigen Ausschlusses der Fremdeintragung jedenfalls bei börsennotierten Gesellschaften Kölner Komm AktG/*Lutter/Drygala* Rn. 27; K. Schmidt/Lutter/*T. Bezzenberger* Rn. 19; *Grigoleit/Rachlitz* ZHR 174 (2010) 12, 32 (44).

[102] Für die Zulässigkeit solcher Anforderungen, aber gegen Anwendung des § 67 Abs. 2 S. 2 auf sie Grigoleit/ *Grigoleit/Rachlitz* Rn. 15.

[103] Vgl. dazu ie *Grigoleit/Rachlitz* ZHR 174 (2010) 12 (44f.); Çekin, Offenlegungs- und Mitteilungspflichten nach § 67 AktG, 2012, 106.

[104] *Grigoleit/Rachlitz* ZHR 174 (2010), 12 (45); Çekin, Offenlegungs- und Mitteilungspflichten nach § 67 AktG, 2012, 106 ff.

[105] Kölner Komm AktG/*Lutter/Drygala* Rn. 20, 22 ff.; *Grigoleit/Rachlitz* ZHR 174 (2010) 12 (43); *Marsch-Barner* FS Hüffer, 2010, 627 (638); *U. H. Schneider/Müller- von Pilchau* WM 2011, 721 (723).

[106] Vgl. *Grigoleit/Rachlitz* ZHR 174 (2010) 12 (43).

[107] So auch *Grigoleit/Rachlitz* ZHR 174 (2010) 12 (46;) aA Kölner Komm AktG/*Lutter/Drygala* Rn. 23 f.; *Marsch-Barner* FS Hüffer, 2010, 627 (639); Çekin, Offenlegungs- und Mitteilungspflichten nach § 67 AktG, 2012, 119 ff.

[108] In der Praxis ist die Miteigentumslösung der Regelfall, vgl. *Baur* in Assmann/Schütze KapitalanlageRHdB, 3. Aufl. 2007, § 20 Rn. 317.

[109] So unter Geltung des InvG Bericht des Finanzausschusses zum RegE des RisikobegrG BT-Drs. 16/9821, 13 re. Sp.

eigener Rechtspersönlichkeit nicht in Betracht kommt, wird nach § 67 Abs. 1 S. 4 die das Sondervermögen verwaltende Kapitalanlagegesellschaft, die auch die Stimmrechte aus den Aktien ausübt (vgl. § 94 KAGB), in das Register eingetragen. Befinden sich die Anteile dagegen ausschließlich in den Händen professioneller oder semiprofessioneller Anleger, wie dies bei Spezial-AIF iSv § 1 Abs. 6 KAGB der Fall ist, bleibt es bei der Eintragung aller Anleger der Bruchteilsgemeinschaft[110] nach § 67 Abs. 1 S. 1, → Rn. 19. Sehen die Vertragsbedingungen des Sondervermögens vor, dass die Gegenstände des Sondervermögens Eigentum der Kapitalanlagegesellschaft sind (sog. Treuhandlösung, § 92 Abs. 1 S. 1 Alt. 1 KAGB), ist die Kapitalanlagegesellschaft nach § 67 Abs. 1 S. 4 bzw. S. 1 einzutragen. Bei Investmentvermögen in der Form der Investmentaktiengesellschaft oder Investmentkommanditgesellschaft iSv § 1 Abs. 11 KAGB wird ebenfalls die Gesellschaft eingetragen, die aufgrund der Identität von Investment- und Gesellschaftsvermögen Aktieninhaberin ist. Bei EU und ausländischen Investmentvermögen iSv § 1 Abs. 8 und 9 InvG sind wiederum der Aktionärskreis und die Rechtsform des Investmentvermögens entscheidend.

V. Wirkungen der Eintragungen im Aktienregister und Stimmrechtsausschluss, Abs. 2

1. Inhalt und Reichweite der Rechtswirkungen des Abs. 2 S. 1. a) Mitgliedschaftliche 30
Rechte und Pflichten. Die Eintragung in das Aktienregister ist nicht Voraussetzung für den Erwerb der Aktie.[111] Sowohl der originäre Erwerb als auch die (rechtsgeschäftliche oder kraft Gesetzes erfolgende) Übertragung bestehender Mitgliedschaften erfolgen außerhalb des Aktienregisters. Weder können Mängel der Übertragung durch die Eintragung in das Aktienregister geheilt werden[112] noch ist ein gutgläubiger Erwerb im Vertrauen auf eine solche Eintragung möglich.[113] Gem. Abs. 2 gilt allerdings im Verhältnis zur AG (nur) der im Aktienregister Eingetragene als Aktionär. Die ordnungsgemäße (näher dazu → Rn. 40) Eintragung im Aktienregister begründet die, bisweilen als „Legitimationswirkung" bezeichnete,[114] **unwiderlegliche Vermutung** der Aktionärsstellung des Eingetragenen,[115] deren Grundlage und Wirkung nur im Verfahren nach Abs. 5 beseitigt werden kann. Entsprechendes gilt für die Eintragung von Nießbrauch und Pfandrecht an Namensaktien (→ Rn. 24 f.).

Die Eintragung im Aktienregister wirkt **sowohl zugunsten als auch zu Lasten des Eingetrage-** 31
nen. Grundsätzlich[116] ist nur er gegenüber der Gesellschaft als Aktionär berechtigt und verpflichtet.[117] Ob die Registerlage der materiellen Rechtslage entspricht, ist dafür ohne Bedeutung. Die Gesellschaft kann den Eingetragenen auf Erfüllung der mitgliedschaftlichen Pflichten in Anspruch nehmen, insbesondere auf Leistung noch offener Einlagen und dazugehöriger Nebenforderungen (§ 63 Abs. 2) und auf Erfüllung satzungsgemäßer Nebenverpflichtungen (§ 55).[118] Diese Wirkung tritt sogar dann ein, wenn die Gesellschaft positive Kenntnis von der materiellen Nichtberechtigung des Eingetragenen hat.[119] Ansprüche gegen den zu Unrecht nicht eingetragenen wirklichen Aktionär

---

[110] Zur Einordnung der Gemeinschaft der Anleger als Bruchteilsgemeinschaft iSv §§ 741 ff.; 1008 ff. BGB in Beckmann/Scholtz/Vollmer/*Beckmann* Investmentgesetze Kz 410, § 30 Rn. 21 f. mwN.
[111] Großkomm AktG/*Merkt* Rn. 70; Bürgers/Körber/*Wieneke* Rn. 12.
[112] RGZ 79, 162 (163); RGZ 86, 154 (157); MüKoAktG/*Bayer* Rn. 43; Kölner Komm AktG/*Lutter/Drygala* Rn. 16; K. Schmidt/Lutter/*T. Bezzenberger* Rn. 1; NK-AktR/*Heinrich* Rn. 17.
[113] MüKoAktG/*Bayer* Rn. 43; Kölner Komm AktG/*Lutter/Drygala* Rn. 16; Großkomm AktG/*Merkt* Rn. 73; K. Schmidt/Lutter/*T. Bezzenberger* Rn. 1.
[114] RGZ 79, 162 (164); RGZ 86, 154 (157); RGZ 86, 160 (161); Kölner Komm AktG/*Lutter/Drygala* Rn. 43; Großkomm AktG/*Barz*, 3. Aufl. 1973, Anm. 11.
[115] Heute nahezu unstreitig, s. nur: OLG Zweibrücken AG 1997, 140; OLG Hamburg NZG 2004, 45; OLG Jena AG 2004, 268 (269); OLG Frankfurt ZIP 2006, 1137 (1139); MüKoAktG/*Bayer* Rn. 48; Großkomm AktG/*Merkt* Rn. 68; Kölner Komm AktG/*Lutter/Drygala* Rn. 46; K. Schmidt/Lutter/*T. Bezzenberger* Rn. 27; Grigoleit/*Grigoleit/Rachlitz* Rn. 18; Hüffer/Koch/*Koch* Rn. 13; Bürgers/Körber/*Wieneke* Rn. 12; NK-AktR/*Heinrich* Rn. 17; MHdB AG/*Sailer-Coceani* § 14 Rn. 50; *Grunewald* ZGR 2015, 347 (356); *U. H. Schneider/Müller-von Pilchau* AG 2007, 181 (185); *Wiersch* ZGR 2015, 591 (599 ff.); ebenso BegrRegE zu § 123 Abs. 3 S. 4 idF durch Art. 1 Nr. 5 des Gesetzes zur Unternehmensintegrität und Modernisierung des Anfechtungsrechts (UMAG), BT-Drs. 15/5092, 14; aA *Altmeppen* ZIP 2009, 345 (346 ff.).
[116] Zu Ausnahmen → Rn. 29, 33 ff.
[117] OLG Celle WM 1984, 494 (496); MüKoAktG/*Bayer* Rn. 49 ff.; Kölner Komm AktG/*Lutter/Drygala* Rn. 63; Hüffer/Koch/*Koch* Rn. 14; Großkomm AktG/*Barz*, 3. Aufl. 1973, Anm. 15; MHdB AG/*Sailer-Coceani* § 14 Rn. 50; *Huep* WM 2000, 1623 (1625); *Wiedemann*, Die Übertragung und Vererbung von Mitgliedschaftsrechten bei Handelsgesellschaften, 1965, 133.
[118] Großkomm AktG/*Merkt* Rn. 80; Hölters/*Laubert* Rn. 12; *Bayer* Liber Amicorum Winter, 2011, 9 (22).
[119] OLG Jena AG 2004, 268 (269); MüKoAktG/*Bayer* Rn. 51; Großkomm AktG/*Merkt* Rn. 69; K. Schmidt/Lutter/*T. Bezzenberger* Rn. 27; Hölters/*Laubert* Rn. 12; vgl. auch *Noack* DB 1999, 1306 (1307); *Diekmann* BB 1999, 1985 (1986); *Huep* WM 2000, 1623 (1625) zur Unschädlichkeit des – nach der hier vertretenen Auffassung unzulässigen – Vermerks von Fremdbesitz, des Vorliegens einer Treuhand oder einer Legitimationsübertragung.

sind der Gesellschaft damit nicht abgeschnitten.[120] Ist die Eintragung zu Unrecht erfolgt, weil tatsächlich gar keine Aktienübertragung stattgefunden hat oder die Übertragung an einem Wirksamkeitsmangel leidet, haftet der wirkliche Aktionär nach § 65 als Vormann des Eingetragenen, wenn von diesem Zahlung nicht zu erlangen ist.[121] Ist bereits als erster Aktionär fälschlicherweise eine Person eingetragen worden, die nicht Rechtsinhaber ist, kann die Gesellschaft die Eintragung des wirklichen Aktionärs auch ohne dessen Zustimmung herbeiführen (→ Rn. 14). Ist schließlich – was bei nicht voll eingezahlten Aktien kaum vorkommen dürfte – an Stelle des wirklichen Aktionärs ein Legitimationsaktionär eingetragen, kann die Gesellschaft auf dessen Ansprüche gegen den wirklichen Aktionär zugreifen. Entgegen einer früheren, insbesondere vom Reichsgericht vertretenen Ansicht,[122] kann der Eingetragene seinerseits sämtliche Mitgliedschaftsrechte geltend machen,[123] und zwar selbst dann, wenn der Aktiengesellschaft der Mangel seiner materiellen Berechtigung bekannt ist.[124]

32 Nach dem Wortlaut des Abs. 2 betrifft die Vorschrift nur das **Verhältnis zwischen dem Eingetragenen und der Gesellschaft.** Das Verhältnis zwischen einem fälschlicherweise Eingetragenen und dem materiell berechtigten Aktionär richtet sich daher nach den Vereinbarungen, die zwischen ihnen bestehen,[125] in Ermangelung einer Vereinbarung nach den allgemeinen gesetzlichen Bestimmungen, insbesondere den Vorschriften über die Geschäftsführung ohne Auftrag (§§ 677 ff. BGB) und die ungerechtfertigte Bereicherung (§§ 812 ff. BGB). Das Risiko nachteiliger Folgen einer zurechenbar veranlassten fehlerhaften Eintragung trifft dementsprechend die dafür Verantwortlichen, nicht aber die Gesellschaft.

33 Allerdings zeitigt die Eintragung auch vielfältige **Rechtswirkungen gegenüber Dritten.** Das betrifft zunächst die Ausübung des Stimmrechts durch den Eingetragenen. Beschlüsse, die mit den von ihm abgegebenen Stimmen gefasst worden sind, können nicht mit der Begründung angefochten werden, der Eingetragene sei nicht Aktionär,[126] während umgekehrt die Stimmabgabe durch den nicht eingetragenen Berechtigten einen Anfechtungsgrund darstellt.[127] Der Eingetragene kann Beschlüsse der HV auch dann anfechten, wenn er in Wahrheit nicht die Aktionärsstellung erworben hat, während dem materiell berechtigten, aber nicht eingetragenen Aktionär kein Recht zur Beschlussanfechtung zusteht.[128] Der Eingetragene kann unter den Voraussetzungen des § 122 die Einberufung der HV und die Bekanntmachung von Gegenständen zur Beschlussfassung verlangen.[129] Schließlich kann er ein etwaiges Recht zur Entsendung von Aufsichtsratsmitgliedern nach § 101 Abs. 2 ausüben und nach § 309 Abs. 4, § 310 Abs. 4, § 317 Abs. 4, § 318 Abs. 4 Ersatzansprüche der Gesellschaft geltend machen. Die herkömmliche Auffassung, nach der Abs. 2 seinem Wortlaut entsprechend nur das Verhältnis zwischen der Gesellschaft und dem Aktionär, nicht aber das Verhältnis gegenüber Dritten betrifft,[130] gibt daher die Wirkungen der Vorschrift nur unzureichend wieder.[131] Die Eintragung und nicht die wirkliche Rechtsinhaberschaft ist vielmehr im Verhältnis zu Dritten immer dann maßgeblich, wenn es um die **Ausübung von Mitgliedschaftsrechten mit Drittbezug** geht.

34 **b) Rechte und Pflichten, die an die Anteilsinhaberschaft anknüpfen. aa) Ansprüche auf Abfindung, Zuzahlung und Ausgleich.** Eine neuere Auffassung versteht Abs. 2 allerdings **in einem weitergehenden Sinne**. Abs. 2 soll danach **auch Dritten gegenüber für sämtliche**

---

[120] So der Einwand von *Altmeppen* ZIP 2009, 345 (349); für eine von der Eintragung unabhängige Haftung des Aktionärs gegenüber der Gesellschaft auch Grigoleit/*Grigoleit/Rachlitz* Rn. 19; *Grigoleit/Rachlitz* ZHR 174 (2010) 12 (39); im Erg. wie hier dagegen *Bayer* Liber Amicorum Winter, 2011, 9 (25); Kölner Komm AktG/ *Lutter/Drygala* Rn. 57; *Wiersch* ZGR 2015, 591 (604 ff.).
[121] *Wiersch* ZGR 2015, 591 (605).
[122] RGZ 86, 154 (160); RGZ 123, 279 (285).
[123] Vgl. OLG Celle WM 1984, 494 (496); MüKoAktG/*Bayer* Rn. 49; Kölner Komm AktG/*Lutter/Drygala* Rn. 63 ff.; K. Schmidt/Lutter/*T. Bezzenberger* Rn. 27; MHdB AG/*Sailer-Coceani* § 14 Rn. 50; einschränkend *Grunewald* ZGR 2015, 347 (357 f.), die die Möglichkeit der Erhebung einer Anfechtungsklage und die Einleitung eines Spruchverfahrens durch den Legitimationsaktionär verneint.
[124] MüKoAktG/*Bayer* Rn. 52; Kölner Komm AktG/*Lutter/Drygala* Rn. 45 f.; K. Schmidt/Lutter/*T. Bezzenberger* Rn. 13; Hüffer/Koch/*Koch* Rn. 14; *Bayer* Liber Amicorum Winter, 2011, 9 (23 f.); *Leuering* ZIP 1999, 1745 (1748); Nachweise zum früheren Streitstand bei GHEK/*Hefermehl/Bungeroth* Rn. 27.
[125] Großkomm AktG/*Merkt* Rn. 103; MHdB AG/*Sailer-Coceani* § 14 Rn. 5144.
[126] *Leuering* ZIP 1999, 1745 (1749).
[127] Kölner Komm AktG/*Lutter/Drygala* Rn. 67 f.
[128] LG Bonn v. 8.1.2008 – 11 O 132/06 Rn. 84; MüKoAktG/*Bayer* Rn. 49; Kölner Komm AktG/*Lutter/Drygala* Rn. 70; *Bayer/Scholz* NZG 2013, 721 (722); aA LG München I Der Konzern 2009, 488 (491 f.).
[129] OLG Zweibrücken AG 1997, 140; K. Schmidt/Lutter/*T. Bezzenberger* Rn. 29.
[130] Kölner Komm AktG/*Lutter/Drygala* Rn. 42, 44; MüKoAktG/*Bayer* Rn. 44; *Noack* ZIP 1999, 1993 (1995); *Spindler* ZGR 2000, 420 (423).
[131] Krit. daher *Lieder* NZG 2005, 159 (160 ff.).

Rechte und Pflichten gelten, die aus dem Anteil des Namensaktionärs folgen und einen **spezifischen Bezug zum mitgliedschaftlichen Verhältnis** des Eingetragenen zur Gesellschaft aufweisen. Die Worte „im Verhältnis zur Gesellschaft" seien so zu verstehen, dass „sämtliche Rechte und Pflichten der Normwirkung ... unterfallen, deren Grundlage das mitgliedschaftliche Verhältnis des Aktionärs zur Gesellschaft" bilde.[132] Lediglich dann, wenn ein Dritter an dem Rechtsverhältnis zwischen der AG und dem Eingetragenen in keiner Weise beteiligt sei, namentlich wie ein außenstehender Erwerber auftrete, sei die wirkliche Rechtsinhaberschaft entscheidend.[133] Abs. 2 gilt danach etwa für die Befugnis, nach § 15 UmwG iVm § 1 Nr. 4 SpruchG, § 3 S. 1 Nr. 3 SpruchG die Bestimmung einer angemessenen **Zuzahlung** bei der Verschmelzung nach dem UmwG[134] oder nach dem LwAnpG,[135] nach §§ 327 f. iVm § 1 Nr. 3 SpruchG, § 3 S. 1 Nr. 2 SpruchG die Festsetzung einer angemessenen **Barabfindung** beim Squeeze out[136] und nach § 304 Abs. 3 S. 3, § 305 Abs. 5 S. 2 iVm § 1 Nr. 1 SpruchG, § 3 S. 1 Nr. 1 SpruchG die gerichtliche Bestimmung von **Abfindung und Ausgleich** bei Unternehmensverträgen[137] zu beantragen.[138] Dabei wird vorausgesetzt, dass die Ansprüche, um deren Höhe es geht, allein von dem im Aktienregister Eingetragenen, nicht aber vom tatsächlichen Anteilsinhaber geltend gemacht und nur ihm gegenüber erfüllt werden können.

Eine so weitgehende Drittwirkung von Abs. 2 folgt jedenfalls nicht daraus, dass die Bestimmung für alle Rechte und Pflichten aus der Aktie gilt,[139] denn es geht nicht um die gegenständliche, sondern um die persönliche Reichweite der Vorschrift.[140] Sie entspricht auch nicht dem Wortlaut der Bestimmung, der gerade nicht einschränkungslos gefasst ist, sondern nur die Legitimation gegenüber der Gesellschaft betrifft.[141] Dementsprechend könnte es von vornherein allenfalls um eine analoge Anwendung von Abs. 2 gehen. Indessen **gebietet** der **Zweck der Vorschrift,** Rechtsklarheit für die Gesellschaft und den Eingetragenen zu schaffen (→ Rn. 1), **nicht die Bejahung einer Drittwirkung für alle Rechte und Pflichten mit Bezug zum Mitgliedschaftsverhältnis.** Anders als bei der Ausübung von Mitverwaltungsrechten geht es in den von der neueren Rechtsprechung entschiedenen Fällen nicht darum, die Wirksamkeit von Maßnahmen der Gesellschaft zu gewährleisten, sondern um die Belange Dritter. Wie nicht zuletzt Abs. 4 und Abs. 6 zeigen, besteht aber die Obliegenheit, bei einem Übergang der Namensaktie für Eintragung der Rechtsänderung zu sorgen, nicht in deren Interesse. Der Umstand, dass Zahlungen im Hinblick auf die vom SpruchG erfassten Umstrukturierungen gesetzlich angeordnet sind und Bezug zum betroffenen Mitgliedschaftsrecht aufweisen, rechtfertigt es nicht per se, die Partei einer solchen Maßnahme anders zu behandeln als rechtsgeschäftliche Erwerber einer Beteiligung, denen Abs. 2 auch dann keinen Gutglaubensschutz gewährt, wenn sie, wie im Falle eines öffentlichen Übernahmeangebots, mit einer Vielzahl von Aktionären konfrontiert sind. Die Maßgeblichkeit der wirklichen Rechtsinhaberschaft für die Geltendmachung von Ansprüchen und Rechtsbehelfen, die dem Aktionär bei Umstrukturierungen gegen Dritte zustehen, kann zwar dazu führen, dass die Zuständigkeit für die Geltendmachung des betroffenen Mitgliedschaftsrechts gegenüber der AG und von Ansprüchen und Rechtsbehelfen gegenüber Dritten verschiedenen Personen zustehen. Das ist aber keineswegs unsinnig,[142] wie gerade das Beispiel des Antrags auf Erhöhung von Zuzahlungen oder anderen Kompensationsleistungen zeigt: Regelmäßig stehen sie im Ergebnis nicht dem Eingetragenen, sondern dem wirklichen Rechtsinhaber zu, der daher allein ein Interesse an einer angemessenen Höhe dieser Leistungen hat. Zu unhaltbaren Ergebnissen käme man schließlich in Fällen, in den zwar der Veräußerer der Aktie aus dem Register gelöscht, der Erwerber aber nicht eingetragen ist. Aktien in einem solchen freien Meldebestand wären rechtlos gestellt, wenn gegenüber Dritten allein die Eintragung im Register maßgeblich wäre. Unüberwindliche praktische Schwierigkeiten sind bei einem wortlaut- und normzweckgetreuen Verständnis von Abs. 2 schon deswegen nicht zu gewärtigen, weil ein nicht eingetragener Prätendent seine Berechtigung nachweisen muss, um mit der Aktie verbundene Rechte geltend zu machen; in den Fällen des § 3 S. 1 Nr. 1, 3 und 4 SpruchG kann dieser Nachweis

---

[132] *Lieder* NZG 2005, 159 (160).
[133] *Lieder* NZG 2005, 159 (162).
[134] KG AG 2000, 364.
[135] OLG Jena AG 2004, 268 (269 f.).
[136] OLG Frankfurt ZIP 2008, 1037 (1038); OLG Hamburg NZG 2004, 45 = Der Konzern 2004, 135; krit. dazu *Dißlars* BB 2004, 1293; LG München I Der Konzern 2010, 196 f.; aA zu § 327a aber OLG Stuttgart AG 2009, 204 (206).
[137] OLG Frankfurt ZIP 2006, 1137 (1139); LG Frankfurt aM ZIP 2005, 859 (860).
[138] K. Schmidt/Lutter/*T. Bezzenberger* Rn. 29 f.; Bürgers/Körber/*Wieneke* Rn. 19; *Drescher* → SpruchG § 3 Rn. 5; Kölner Komm AktG/*Wasmann* SpruchG § 3 Rn. 27 m. zahlr. wN aus dem Schrifttum zum SpruchG.
[139] So aber OLG Hamburg NZG 2004, 45.
[140] Zutr. *Lieder* NZG 2005, 159 (160).
[141] Insoweit zutr. daher LG München I Der Konzern 2010, 196 = NZG 2010, 559 (Ls) = BeckRS 2010, 01769.
[142] So aber OLG Hamburg NZG 2004, 45.

gem. Satz 3 der Vorschrift nur durch Urkunden geführt werden. Verbleiben Zweifel über die Gläubigerstellung eines nicht eingetragenen Prätendenten, kann der Schuldner sich durch Hinterlegung von seiner Verbindlichkeit befreien.

36 bb) Mitteilungspflichten. Entgegen einer früher verbreiteten Ansicht[143] folgt aus Abs. 2 S. 1 nicht, dass die Mitteilungspflichten nach **§ 33 Abs. 1 WpHG** den Legitimationsaktionär treffen.[144] Die Gegenauffassung war bereits früher mit Entstehungsgeschichte, Systematik und Zweck der §§ 33 f. WpHG nicht vereinbar. Das folgt zunächst aus § 34 Abs. 1 Nr. 6 WpHG, demzufolge ein Legitimationsaktionär nur dann mitteilungspflichtig ist, wenn er das Stimmrecht aus den ihm anvertrauten Aktien nach eigenem Ermessen ausüben kann.[145] Im Umkehrschluss ergibt sich daraus, dass er dann nicht mitteilungspflichtig ist, wenn er hinsichtlich der Stimmrechtsausübung Weisungen des Aktionärs unterworfen ist. Wenn aber das Gesetz eine Zurechnung nur bei Vorliegen eines einschränkenden Tatbestandsmerkmals – im Fall des § 34 Abs. 1 Nr. 6 WpHG der Ermächtigung zur Stimmrechtsausübung nach eigenem Ermessen – anordnet, bei Fehlen dieses Tatbestandsmerkmals dagegen eine die Mitteilungspflicht begründende Zurechnung ausschließt, lässt sich eine solche Pflicht nicht kurzerhand auf den nicht erfüllten Grundtatbestand der eigenen Aktieninhaberschaft stützen.[146] Eine Mitteilungspflicht des Legitimationsaktionärs ließ sich auch deswegen nicht aus § 67 Abs. 2 S. 1 herleiten, weil §§ 33 f. WpHG keine mitgliedschaftlichen, sondern kapitalmarktrechtliche Pflichten statuieren.[147] Vor allem aber wäre eine Mitteilungspflicht des Legitimationsaktionärs jenseits der Fälle des § 34 Abs. 1 Nr. 6 WpHG eher dazu geeignet, die Machtverhältnisse in der Gesellschaft zu verschleiern als offen zu legen. Der Legitimationsaktionär wäre nämlich nicht etwa aufgrund einer Stimmrechtszurechnung, sondern gem. § 33 WpHG als Aktionär mitteilungspflichtig. Eine solche Mitteilung des Legitimationsaktionärs würde indessen die Mitteilungspflicht der Paketinhaber, an deren Stelle er im Aktienregister eingetragen wäre, nicht entfallen lassen.[148] Soweit sich der mitteilungspflichtige Stimmrechtsanteil des Legitimationsaktionärs nicht lediglich aus nicht mitzuteilenden Kleinbeteiligungen zusammensetzte, sondern Aktienpakete einzelner Aktionäre enthielte, die ihrerseits nach § 33 WpHG mitteilungspflichtig blieben, wären für dieselben Beteiligungen zwei Meldungen nach § 33 WpHG abzugeben. Anders als bei den Doppelmitteilungen des Aktionärs nach § 33 WpHG und etwaiger Zurechnungsadressaten nach § 34 WpHG, die sich immerhin anhand der Angaben nach § 17 Abs. 2 WpAIV demselben Stimmrechtsanteil zuordnen lassen, könnte man hier den beiden parallelen Mitteilungen nach § 33 WpHG nicht entnehmen, dass sie sich auf dieselben Stimmrechtsanteile bezögen. Die Gegenauffassung hätte daher zu einer für die Gesellschaft und die Kapitalmarktteilnehmer nicht nachvollziehbaren Vermehrung von Stimmrechten führen können, für die im Hinblick auf den Zweck der Offenlegung von Stimmrechtsmacht umso weniger Anlass bestand, als bei Weisungsunterworfenheit des Legitimationsaktionärs allein der dinglich berechtigte Akteninhaber über die Ausübung der Stimmrechte aus den Aktien entscheidet. Keinen durchschlagenden Grund für eine Erstreckung der Mitteilungspflicht nach § 33 WpHG auf Legitimationsaktionäre stellt schließlich die Erwägung dar, für Außenstehende sei nicht erkennbar, ob ein Legitimationsaktionär Stimmrechte aus den Aktien, für die er im Aktienregister eingetragen sei, nach eigenem Ermessen ausüben dürfe, so dass der Zurechnungstatbestand des § 34 Abs. 1 Nr. 6 WpHG erfüllt sei.[149] Auch in anderen Fällen kann die Stimmrechtszurechnung von

---

[143] OLG Köln NZG 2012, 946 (948 f.); zust. *Bayer/Scholz* NZG 2013, 721 (726 f.); ebenso MüKoAktG/*Bayer* Rn. 70 f.; Grigoleit/*Grigoleit/Rachlitz* Rn. 19, 23; *Diekmann* BB 1999, 1985,1(987).

[144] Ebenso bereits vor der gesetzlichen Klarstellung durch Art. 3 Nr. 5 Kleinanlegerschutzgesetz BaFin Konsultation 04-13 v. 22.4.2013 zur Überarbeitung der Kapitel VIII und IX des Emittentenleitfadens, VIII.2.3.7 Abs. 2, S. 30, insbes. Fn. 23; VIII.2.5.6., S. 42, Fn. 29 und VIII.2.5.6.1, S. 42/43; Fuchs/*Zimmermann* WpHG § 21 Rn. 32; Bürgers/Körber/*Becker* Anh. § 22/§ 21 WpHG Rn. 10; *Götz/Kocher* ZIP 2012, 2092 ff.; *Götz* NZG 2012, 124 ff.; *Götz* GWR 2012, 346; *Götz* EWiR 2012, 773; *Cahn* AG 2013, 459 (460 ff.); *Götze* BKR 2013, 265 (266); *Richter* WM 2013, 2296 (2301 ff., 2337 ff.); *Piroth* AG 2015, 10 (12 f.).

[145] Nach § 135 Abs. 6, 10 AktG iVm § 125 Abs. 5 AktG dürfen sich Kredit- und Finanzdienstleistungsinstitute, die als Legitimationsaktionäre im Aktienregister eingetragen sind, das Stimmrecht aus den ihnen anvertrauten Aktien nur aufgrund einer Ermächtigung des Eigentümers nach Maßgabe des § 135 Abs. 1 S. 4, Abs. 3 und 4 AktG ausüben. Dabei geht das Gesetz davon aus, dass es sich auch bei einer Abstimmung nach den eigenen, gem. § 135 Abs. 2 S. 2 AktG an den Interessen des Aktionärs auszurichtenden, Vorschlägen des Kredit- oder Finanzdienstleistungsinstituts nicht um eine Stimmrechtsausübung nach dessen eigenem Ermessen, sondern nach Weisung des Aktionärs handelt, der sich durch sein Schweigen die Vorschläge des Instituts zu eigen gemacht hat; vgl. dazu Begr RegE NaStraG, BT-Drs. 14/4051, 16 v. 8.9.2000; *Rieckers* → § 135 Rn. 99; Kölner Komm WpHG/*v. Bülow* WpHG § 22 Rn. 139; Assmann/Schneider/*Schneider* WpHG § 22 Rn. 134.

[146] Ebenso *Richter* WM 2013, 2296 (2304).

[147] *Richter* WM 2013, 2337 (2342); *Cahn* AG 2013, 459 (461).

[148] Zum „Grundsatz der doppelten Meldepflicht" etwa Assmann/Schneider/*Schneider* WpHG § 22 Rn. 15; Kölner Komm WpHG/*v. Bülow* WpHG § 22 Rn. 30.

[149] So aber OLG Köln NZG 2012, 946 (949).

Vereinbarungen abhängen, die Außenstehenden nicht bekannt sind. Das gilt nicht nur für Fälle der Stimmrechtsvollmacht oder des Anvertrauens von Aktien, sondern etwa auch für Erwerbsoptionen iSv § 34 Abs. 1 Nr. 5 WpHG, den Nießbrauch an Aktien nach § 34 Abs. 1 Nr. 4 WpHG oder das Halten für Rechnung des Meldepflichtigen nach § 34 Abs. 1 Nr. 2 WpHG. Dem Gesetz liegt daher offensichtlich nicht die Vorstellung zugrunde, dass diese Zurechnungstatbestände untauglich seien, weil sie eine Mitteilungspflicht an das Vorliegen von Vereinbarungen knüpfen, die Dritten nicht zugänglich sind. Im Gegenteil: Gerade weil solche Vereinbarungen nach außen nicht erkennbar sind, ordnet das Gesetz eine Mitteilungspflicht an und belegt deren Nichterfüllung mit Sanktionen.[150] Aus diesen Gründen und in Anbetracht der Verunsicherung und des Rückgangs der Hauptversammlungspräsenzen, die das Urteil des OLG Köln in der Praxis hervorgerufen hatte, hat der Gesetzgeber durch Einfügung der Worte „aus ihm gehörenden Aktien" in § 33 Abs. 1 WpHG[151] klargestellt, dass für die Mitteilungspflicht nach dieser Bestimmung die Eigentümerstellung maßgeblich ist und den Legitimationsaktionär daher keine eigene Mitteilungspflicht nach § 33 Abs. 1 WpHG trifft.[152]

Entscheidend für die **Mitteilungspflichten nach § 20 Abs. 1 und 4** ist, welcher Teil der Aktien 37 einer AG mit Sitz im Inland einem anderen Unternehmen „gehört". Ebenso wie § 16,[153] auf den die Bestimmung mehrfach verweist, stellt § 20 damit nicht auf die Legitimation gegenüber der Gesellschaft, sondern allein auf die dingliche Rechtsinhaberschaft ab. Die Legitimationsübertragung führt aber gerade nicht dazu, dass der Legitimationsaktionär Inhaber der Aktien wird.[154] Entsprechend dem Zweck der Vorschrift, die wirklichen Beteiligungsverhältnisse offen zu legen, ist daher allein der Legitimationszedent als materiell Berechtigter mitteilungspflichtig nach § 20.[155]

cc) **Kontrolle.** Nach zutr. hM kommt es für das „Halten" von Stimmrechten iSv **§ 29 Abs. 2** 38 **WpÜG, § 35 WpÜG** allein auf die Eigentümerstellung und nicht auf die Eintragung im Aktienregister an.[156] Dementsprechend hat eine Legitimationsübertragung nicht zur Folge, dass der Legitimationsaktionär die Stimmrechte, zu deren Ausübung er ermächtigt ist, iSv § 29 WpÜG „hält".[157] Ebenso wenig sind dem Legitimationsaktionär die Stimmrechte nach § 30 Abs. 1 Nr. 6 WpÜG zuzurechnen, da er regelmäßig nicht befugt ist, das Stimmrecht nach eigenem Ermessen auszuüben.[158] Andererseits gilt der Legitimationszedent mangels Eintragung im Aktienregister gegenüber der Gesellschaft nach Abs. 2 nicht als Aktionär und ist daher nicht berechtigt, das Stimmrecht aus den ihm gehörenden Aktien auszuüben. Entscheidend ist die Erfassung desjenigen, der die Entscheidung über die Ausübung des mit den Stimmrechten verbundenen Einflusses trifft, bei der Legitimationsübertragung also des materiell berechtigten Aktionärs (Legitimationszedenten).

dd) **Squeeze-out und Andienungsrecht.** Für die Möglichkeit eines Squeeze-out nach § 327a, 39 § 39a WpÜG oder § 62 Abs. 5 UmwG und für das Andienungsrecht nach § 39c WpÜG kommt es darauf an, dass dem Hauptaktionär der jeweils erforderliche Mindestprozentsatz an Aktien „gehört". Ebenso wie bei § 16 (→ Rn. 37) ist hierfür auch bei Namensaktien allein die dingliche Rechtsinhaberschaft maßgeblich,[159] nicht hingegen die Legitimation gegenüber der Gesellschaft kraft Eintragung im Aktienregister.

2. Ordnungsmäßige Eintragung als Voraussetzung des Abs. 2 S. 1. Die unwiderlegliche 40 Vermutung nach Abs. 2 soll die Gesellschaft der Prüfung entheben, ob der als Aktionär Eingetragene auch der materiell Berechtigte ist. Dagegen dient die Vorschrift nicht dem Zweck, die Gesellschaft vor den Folgen von **Fehlern bei der Eintragung** zu schützen, die sie selbst zu verantworten hat und zu

---

[150] Widder/Kocher ZIP 2012, 2092 (2095); Cahn AG 2013, 459 (463).
[151] Vgl. Art. 3 Nr. 5 Kleinanlegerschutzgesetz, BGBl. 2015 I 1114.
[152] Siehe BegrRegE, BT-Drs. 18/3994, 53; Großkomm AktG/Merkt Rn. 106.
[153] Vgl. dazu OLG Stuttgart AG 2009, 204 (206); Großkomm AktG/Windbichler § 16 Rn. 21; K. Schmidt/Lutter/T. Bezzenberger Rn. 31; Emmerich/Habersack/Emmerich § 16 Rn. 13a; K. Schmidt/Lutter/J. Vetter § 16 Rn. 5; Bürgers/Körber/Fett § 16 Rn. 12; Grigoleit/Grigoleit § 16 Rn. 10 Fn. 16; Kölner Komm AktG/Koppensteiner § 16 Rn. 27.
[154] Vgl. § 128 Abs. 1 S. 1, Abs. 2 S. 2, § 129 Abs. 3 S. 2, § 135 Abs. 7 S. 1; Happ FS Rowedder, 1994, 119 (122).
[155] AA MüKoAktG/Bayer Rn. 70.
[156] Kölner Komm WpÜG/v. Bülow WpÜG § 29 Rn. 97; Ehricke/Ekkenga/Oechsler/Oechsler WpÜG § 29 Rn. 15; Schwark/Zimmer/Noack WpÜG § 29 Rn. 36.
[157] Kölner Komm WpÜG/v. Bülow WpÜG § 29 Rn. 117; Frankfurter Komm WpÜG/Haarmann WpÜG § 29 Rn. 22.
[158] Zum Vollmachtsstimmrecht der Kreditinstitute nach § 135 Abs. 7 vgl. Kölner Komm WpÜG/v. Bülow WpÜG § 30 Rn. 105; Assmann/Schneider/Schneider WpHG § 22 Rn. 128 ff., 134; Schwark/Zimmer/Schwark WpHG § 22 Rn. 15.
[159] OLG Stuttgart AG 2009, 204 (206); K. Schmidt/Lutter/T. Bezzenberger Rn. 31; Kölner Komm WpÜG/Hasselbach AktG § 327a Rn. 49; WpÜG § 39a Rn. 37, 39; Hüffer/Koch/Koch § 327a Rn. 15.

deren Aufklärung sie regelmäßig am besten in der Lage ist. Dementsprechend greift Abs. 2 nicht ein, wenn fälschlich eine andere als die in der Mitteilung genannte Person eingetragen wurde oder wenn eine inhaltlich unrichtige Eintragung[160] auf Seiten der Gesellschaft nicht durch den Vorstand oder einen von ihm mit dieser Aufgabe betrauten Dritten veranlasst wurde. Darüber hinaus setzt das Eingreifen der weitgehenden Rechtswirkungen des Abs. 2 voraus, dass die der Eintragung zugrunde liegende Mitteilung nach Abs. 3 einer dazu berechtigten Person zurechenbar ist.[161] Ohne eine solche **zurechenbare Veranlassung** fehlt eine Grundlage dafür, dem materiell berechtigten, aber nicht eingetragenen Aktionär seine Mitgliedschaftsrechte nach Abs. 2 zu versagen oder einen unbeteiligten Dritten mit mitgliedschaftlichen Pflichten zu belasten. Die Zurechenbarkeit der Mitteilung fehlt namentlich bei Abgabe durch einen Geschäftsunfähigen oder beschränkt Geschäftsfähigen[162] und bei Auftreten eines zur Mitteilung nicht befugten Dritten, insbesondere Fälschung;[163] zur Möglichkeit der Heilung derartiger Mängel → Rn. 70. **Inhaltliche Unrichtigkeiten,** insbesondere Willensmängel, bei der Anteilsübertragung, beim Abschluss des ihr zugrunde liegenden Rechtsgeschäfts, bei der Mitteilung oder bei der Bevollmächtigung eines Dritten berühren dagegen nicht die Ordnungsmäßigkeit der Eintragung. Eine Anfechtung beseitigt nicht rückwirkend die Zurechenbarkeit der Mitteilung, sondern kann, wenn die Eintragung erfolgt ist, lediglich im Verfahren nach Abs. 5 geltend gemacht werden.[164] Auch Sorgfaltspflichtverletzungen der AG im Rahmen der Prüfung nach Abs. 3 und 4 schließen die Ordnungsmäßigkeit der Eintragung nicht aus,[165] sofern nur eine dem betroffenen Aktionär zurechenbare Mitteilung vorliegt. Die Ordnungsmäßigkeit der Eintragung wird schließlich auch nicht dadurch berührt, dass der Aktienerwerb gegen ein gesetzliches Verbot iSv § 134 BGB, etwa gegen § 1 GWB, verstößt.[166]

41 Ist die **Eintragung nicht ordnungsgemäß,** greift die Vermutung des Abs. 2 nicht ein. Auch im Verhältnis zur Gesellschaft gilt in diesem Fall der zuvor Eingetragene, bei der Ersteintragung der materiell Berechtigte, als Aktionär.[167]

42 **3. Einzelfragen. a) Dividenden.** Dividendenberechtigt ist gegenüber der Gesellschaft allein der im Aktienregister Eingetragene.[168] Etwas anderes gilt allerdings dann, wenn der Anspruch auf Zahlung der Dividende in einem gesonderten, auf den Inhaber lautenden Gewinnanteilsschein (Dividendenschein, Coupon) verkörpert ist. In diesem Fall kann nur der Inhaber des Gewinnanteilsscheins die Dividende beanspruchen, selbst wenn er nicht als Aktionär im Aktienregister eingetragen ist.[169] Die Ausgabe neuer Dividendenscheine kann dagegen nur verlangen, wer als im Aktienregister eingetragen ist.[170]

43 **b) Bezugsrecht.** Das Recht, nach § 186 Abs. 1 bei einer Kapitalerhöhung entsprechend dem bisherigen Anteil am Grundkapital Aktien zu beziehen, steht nach Abs. 2 allein demjenigen Namensaktionär zu, der im Aktienregister eingetragen ist.[171] Das Gleiche gilt im Ergebnis für das in der Praxis dominierende mittelbare Bezugsrecht nach § 186 Abs. 5.[172] Der Anspruch der Aktionäre

---

[160] Dagegen ist es für die Ordnungsmäßigkeit der Eintragung ohne Bedeutung, wenn eine inhaltlich richtige und vom Berechtigten veranlasste Eintragung durch eine unzuständige Person vollzogen wird.
[161] OLG Zweibrücken AG 1997, 140; MüKoAktG/*Bayer* Rn. 82f.; Kölner Komm AktG/*Lutter/Drygala* Rn. 50f.; Großkomm AktG/*Merkt* Rn. 89; K. Schmidt/Lutter/*T. Bezzenberger* Rn. 11; Grigoleit/*Grigoleit/Rachlitz* Rn. 20; Hölters/*Laubert* Rn. 13; Bürgers/Körber/*Wieneke* Rn. 14; Bayer Liber Amicorum Winter, 2011, 9 (27); dazu auch → Rn. 56.
[162] RGZ 92, 315 (318); RGZ 123, 279 (285); Kölner Komm AktG/*Lutter/Drygala* Rn. 58ff.; MüKoAktG/ *Bayer* Rn. 93; MHdB AG/*Sailer-Coceani* § 14 Rn. 52; zweifelnd Hüffer/Koch/*Koch* Rn. 15.
[163] Kölner Komm AktG/*Lutter/Drygala* Rn. 59; MüKoAktG/*Bayer* Rn. 93; MHdB AG/*Sailer-Coceani* § 14 Rn. 52; zweifelnd Hüffer/Koch/*Koch* Rn. 15.
[164] Kölner Komm AktG/*Lutter/Drygala* Rn. 61; MüKoAktG/*Bayer* Rn. 94, 96; Großkomm AktG/*Merkt* Rn. 91; MHdB AG/*Sailer-Coceani* § 14 Rn. 52.
[165] OLG Celle WM 1984, 494 (496); MHdB AG/*Sailer-Coceani* § 14 Rn. 52; Kölner Komm AktG/*Lutter/ Drygala* Rn. 62.
[166] So zur Parallelbestimmung des § 16 Abs. 1 GmbHG BGH NZG 2015, 478 (479f. Rn. 19ff.) = AG 2015, 393 (394f.) mN zum GmbH-rechtl. Meinungsstand in Rn. 18.
[167] Grigoleit/*Grigoleit/Rachlitz* Rn. 28.
[168] S. dazu *Diekmann* BB 1999, 1985 (1987); *Drygala* NZG 2004, 893 (895); Großkomm AktG/*Merkt* Rn. 76, 79.
[169] *Than/Hannöver,* Der Schutz des Kapitals der Aktiengesellschaft bei fremdfinanzierter Übernahme, 2010, 279 (289); MüKoAktG/*Bayer* Rn. 58; Kölner Komm AktG/*Lutter/Drygala* Rn. 68; Bürgers/Körber/*Wieneke* Rn. 20; MHdB AG/*Sailer-Coceani* § 14 Rn. 50; *Diekmann* BB 1999, 1985 (1987).
[170] MüKoAktG/*Bayer* Rn. 58; Kölner Komm AktG/*Lutter/Drygala* Rn. 68; *U. H. Schneider/Müller-von Pilchau* AG 2007, 181 (186); aA MüKoAktG/*Oechsler* § 75 Rn. 10; Bürgers/Körber/*Wieneke* Rn. 20.
[171] *Diekmann* BB 1999, 1985 (1987); MüKoAktG/*Bayer* Rn. 58.
[172] Kölner Komm AktG/*Lutter/Drygala* Rn. 49; MüKoAktG/*Bayer* Rn. 60; Großkomm AktG/*Merkt* Rn. 81; Bürgers/Körber/*Wieneke* Rn. 21.

gegen das die Aktien übernehmende Kreditinstitut beruht hier zwar auf einem berechtigenden Vertrag zugunsten Dritter, den die Gesellschaft und das Kreditinstitut zugunsten der Aktionäre abgeschlossen haben[173] und damit auf schuldrechtlicher Grundlage; das mittelbare Bezugsrecht dient aber als Substitut für das unmittelbare mitgliedschaftliche Bezugsrecht. Abweichend von dem Grundsatz, dass die Eintragung in das Aktienregister keine Bedeutung für schuldrechtliche Beziehungen hat (dazu → Rn. 43), ist daher das mittelbare Bezugsrecht für die Anwendung von Abs. 2 nicht anders als das unmittelbare Bezugsrecht zu behandeln.

c) Ausübung von Minderheitsrechten. Die Minderheitsrechte nach § 122 (Einberufung der Hauptversammlung auf Verlangen einer Minderheit),[174] § 142 Abs. 2 S. 2 (Bestellung von Sonderprüfern), § 147 Abs. 1 S. 2 (Geltendmachung von Ersatzansprüchen), § 258 Abs. 2 S. 4 (Bestellung von Sonderprüfern wegen unzulässiger Unterbewertung), § 265 Abs. 3 S. 2 (Bestellung der Abwickler nach Auflösung der Gesellschaft) und nach § 318 Abs. 3 S. 3 HGB (Bestellung und Abberufung des Abschlussprüfers) können ausschließlich von dem im Aktienregister eingetragenen Aktionär ausgeübt werden.[175] Entsprechend dem Zweck der in einigen dieser Bestimmungen vorgeschriebenen Mindesthaltefrist von drei Monaten, einen kurzfristigen Aktienerwerb mit dem Ziel der Ausübung der Minderheitenrechte zu verhindern (→ § 70 Rn. 1), kommt es für die Erfüllung dieses Erfordernisses allein auf die Dauer der materiellen Berechtigung, nicht hingegen darauf an, dass der Aktionär während der Karenzzeit im Aktienregister eingetragen war.[176] In der Rechtsprechung ist umstritten, ob der Nachweis des Aktienmindestbesitzes gemäß § 246a Abs. 2 Nr. 2 im Rahmen des Freigabeverfahrens jedenfalls auch durch Vorlage eines Auszugs aus dem Aktienregister geführt werden kann[177] oder ob es allein auf die rechtliche Aktieninhaberschaft ankommt, so dass die Eintragung im Aktienregister für den Nachweis ohne Bedeutung ist.[178]

d) Schuldrechtliche Rechte und Pflichten. Von der Wirkung des Abs. 2 nicht erfasst werden rein schuldrechtliche Rechte und Pflichten zwischen Gesellschaft und Aktionär oder Aktionär und Dritten.[179] Etwas anderes gilt nur für das mittelbare Bezugsrecht gem. § 186 Abs. 5 (→ Rn. 43).

e) Erbrechtlicher Erwerb. aa) Meinungsstand. Umstritten ist die Behandlung des **Erben eines eingetragenen Aktionärs.** Der Umstand, dass er nach §§ 1922, 1967 BGB in die Rechtsstellung des Erblassers einrückt, führt dazu, dass die Eintragung des Erblassers im Aktienregister die Wirkungen des Abs. 2 zugunsten und zu Lasten des Erben entfaltet, auch wenn dieser nicht selbst im Aktienregister eingetragen ist.[180] Damit soll eine Vakanz der Aktionärsstellung vermieden werden. Zugleich soll diese „vorgezogene Legitimation" verhindern, dass der anderenfalls selbst nicht verpflichtete Erbe sich durch Unterlassen der für die Eintragung erforderlichen Mitteilung den noch in der Person des Erblassers begründeten Pflichten entziehen kann.[181] Nach aA kann der Erbe zwar für die für die Erfüllung der Aktionärspflichten haften, die Aktionärsrechte dagegen erst ausüben, wenn er selbst im Aktienregister eingetragen ist.[182] Allerdings soll die Eintragung ausnahmsweise eine Rückwirkung dergestalt entfalten, dass bereits vor der Eintragung begründete Ansprüche, insbesondere auf Dividendenzahlung, noch nachträglich geltend gemacht werden können.[183] Umstritten ist darüber hinaus, ob der Erbe mit der Eintragung im Aktienregister die Möglichkeit der **erbrechtlichen Haftungsbeschränkung** nach §§ 1975 ff. verliert oder nicht.[184] Während ein Teil des Schrifttums die Auffassung vertritt, die Bestimmungen über die erbrechtliche Haftungsbeschränkung gälten

---

[173] BGHZ 114, 203 (208) = NJW 1991, 2765 (2766); BGHZ 118, 83 (96) = NJW 1992, 2222 (2225); BGHZ 122, 180 (186) = NJW 1993, 1983 (1985).
[174] Vgl. dazu OLG Zweibrücken AG 1997, 140.
[175] MüKoAktG/*Bayer* Rn. 59; K. Schmidt/Lutter/*T. Bezzenberger* Rn. 29; Hüffer/Koch/*Koch* Rn. 14.
[176] Im Erg. ebenso *Leuering* ZIP 1999, 1745 (1749); MüKoAktG/*Bayer* Rn. 59; Bürgers/Körber/*Wieneke* Rn. 17.
[177] So OLG Nürnberg AG 2012, 758 (761).
[178] So OLG München NZG 2013, 622 (623); kritisch etwa Großkomm AktG/*Merkt* Rn. 78.
[179] Großkomm AktG/*Merkt* Rn. 75; Bürgers/Körber/*Wieneke* Rn. 21.
[180] OLG Jena AG 2004, 268 (270 f.); OLG Brandenburg NZG 2002, 476 (478); Großkomm AktG/*Merkt* Rn. 94; Kölner Komm AktG/*Lutter/Drygala* Rn. 71; K. Schmidt/Lutter/*T. Bezzenberger* Rn. 28; Grigoleit/*Grigoleit/Rachlitz* Rn. 27; Bürgers/Körber/*Wieneke* Rn. 22; Großkomm AktG/*Barz*, 3. Aufl. 1973, Anm. 16; *Wiedemann*, Die Übertragung und Vererbung von Mitgliedschaftsrechten bei Handelsgesellschaften, 1965, 236 f.
[181] GHEK/*Hefermehl/Bungeroth* Rn. 55.
[182] *Wiersch* NZG 2015, 1336 (1338 ff.).
[183] MüKoAktG/*Bayer* Rn. 76 ff.; *Wiersch* NZG 2015, 1336 (1338 f.).
[184] Vor Eintragung ist die Möglichkeit der Haftungsbeschränkung nahezu unstrittig, MüKoAktG/*Bayer* Rn. 70; Kölner Komm AktG/*Lutter/Drygala* Rn. 26; Hüffer/Koch/*Koch* Rn. 15; mwN zum älteren Schrifttum GHEK/ *Hefermehl/Bungeroth* Rn. 57.

nicht mehr, da die Eintragung im Aktienregister ein selbständiger Verpflichtungsgrund sei,[185] lehnen andere diese Einschränkung der §§ 1975 ff. BGB ab.[186] Der Gesellschaft entstehe durch die beschränkte Erbenhaftung auch nach erfolgter Eintragung kein Nachteil, da für die Erfüllung der in der Person des Erblassers begründeten Verbindlichkeiten nach wie vor dessen Vermögen in Gestalt des Nachlasses zur Verfügung stehe. Zudem bestehe die Möglichkeit, die Aktien zu kaduzieren oder im Weg der Zwangsvollstreckung zu verwerten.[187] Der Wegfall der Erbenstellung nach Eintragung ändert nach dieser Auffassung nichts an den Rechtswirkungen des Abs. 2; das gilt auch für den im Aktienregister eingetragenen Vorerben nach Eintritt des Nacherbfalls gem. §§ 2206, 2139 BGB.[188]

47   bb) **Stellungnahme.** Abs. 2 soll im Verhältnis zwischen Gesellschaft und Aktionär Rechtsklarheit darüber schaffen, wer Adressat der mitgliedschaftlichen Rechte und Pflichten ist. Bei der Übertragung von Aktien durch Rechtsgeschäft beugt Abs. 2 Zweifeln darüber vor, ob der eingetragene Veräußerer oder der (vermeintliche) Erwerber Aktionär ist. Beim Erwerb von Todes wegen steht zwar außer Zweifel, dass der Erblasser nicht mehr Aktionär ist; dagegen können Unklarheiten darüber bestehen, welcher von mehreren möglichen Erben in die Stellung des Erblassers eingerückt ist. Die Gesellschaft hat nur bei Vorlage eines Erbscheins nach §§ 2365 f. BGB hinreichende Gewissheit über die Nachfolge in die Aktionärsstellung; in diesem Fall ist daher ausnahmsweise die Eintragung ins Aktienregister nicht Voraussetzung dafür, dass der Erbe im Verhältnis zur Gesellschaft als Aktionär gelten kann. Im Übrigen ist jedoch im Interesse der von Abs. 2 bezweckten Rechtsklarheit die Eintragung erforderlich, um die **Rechte aus der Aktie** auszuüben. Sofern der Erbe nicht durch einen Erbschein ausgewiesen ist, ist er zwar mangels Eintragung in das Aktienregister nach Abs. 2 nicht Adressat eigener aktienrechtlicher **Pflichten.** Dagegen kann die Gesellschaft ihn auch ohne Eintragung auf erbrechtlicher Grundlage auf Erfüllung der mitgliedschaftlichen Pflichten des Erblassers in Anspruch nehmen. Insoweit unterscheidet sich die Stellung des Erben von derjenigen eines rechtsgeschäftlichen Erwerbers, der allein für die Erfüllung eigener, mit der Aktie verbundener, Verpflichtungen einstehen muss. Mit der Eintragung ist der Erbe im Verhältnis zur Gesellschaft Adressat eigener mitgliedschaftlicher Rechte und Pflichten. Die (erbrechtliche) Grundlage für den Erwerb der Aktionärsstellung ist für Inhalt und Grenzen der damit verbundenen Rechte und Pflichten ohne Bedeutung. Der Erbe kann sich daher nach seiner Eintragung gegenüber der Gesellschaft auf die Möglichkeit der erbrechtlichen Haftungsbeschränkung ebenso wenig berufen wie andere eingetragene Aktionäre auf Mängel des dinglichen Erwerbs oder des zugrunde liegenden Verpflichtungsgeschäfts.

48   f) **Hauptversammlung. aa) Hinterlegung als Teilnahmevoraussetzung.** Unter Geltung der bis zum 1. November 2005 geltenden Fassung von § 123 Abs. 2 war umstritten, ob die Satzung die Teilnahme an der Hauptversammlung oder die Ausübung des Stimmrechts von der fristgerechten Hinterlegung der Aktien abhängig machen konnte und wie das Verhältnis einer solchen Satzungsregelung zu Abs. 2 war. Das Spektrum der Ansichten reichte vom Vorrang eines satzungsmäßigen Hinterlegungserfordernisses gegenüber Abs. 2[189] über die Zulässigkeit einer Satzungsregelung für blanko indossierte Namensaktien[190] bis hin zum Vorrang von Abs. 2 vor einer Satzungsregelung nach § 123 Abs. 2 S. 1.[191] Die Neufassung des § 123 Abs. 2 hat, vor allem mit Rücksicht auf häufige Missverständnisse bei ausländischen Investoren, das Hinterlegungserfordernis als Grundform der Hauptversammlungslegitimation abgeschafft und lässt nunmehr lediglich ein satzungsmäßiges Anmeldeerfordernis zu, das nur für Inhaberaktien durch das Erfordernis eines Berechtigungsnachweises ergänzt werden darf.[192]

49   bb) **Anmeldung.** Eine Satzungsbestimmung, nach der die Teilnahme an der HV oder die Ausübung des Stimmrechts von einer Anmeldung abhängig ist, ist auch nach der Neufassung des § 123 mit Abs. 2 vereinbar.[193]

---

[185] Kölner Komm AktG/*Lutter/Drygala* Rn. 55; Großkomm AktG/*Merkt* Rn. 95; Grigoleit/*Grigoleit/Rachlitz* Rn. 27; Bürgers/Körber/*Wieneke* Rn. 22; im Erg. auch MHdB AG/*Sailer-Coceani* § 14 Rn. 53; Hüffer/Koch/*Koch* Rn. 15.
[186] MüKoAktG/*Bayer* Rn. 79; Grigoleit/*Grigoleit/Rachlitz* Rn. 27; GHEK/*Hefermehl/Bungeroth* Rn. 57; Großkomm AktG/*Barz*, 3. Aufl. 1973, Anm. 16.
[187] MüKoAktG/*Bayer* Rn. 79; GHEK/*Hefermehl/Bungeroth* Rn. 57.
[188] MüKoAktG/*Bayer* Rn. 80; GHEK/*Hefermehl/Bungeroth* Rn. 59.
[189] Großkomm AktG/*Werner* § 123 Rn. 34; Kölner Komm AktG/*Zöllner*, 1. Aufl. 1973, § 123 Rn. 17.
[190] Hüffer/Koch/*Koch* § 123 Rn. 6.
[191] *Leuering* ZIP 1999, 1745 (1748 f.); *Noack* DB 1999, 1306 (1309); *Diekmann* BB 1999, 1985 (1989); Kölner Komm AktG/*Lutter*, 2. Aufl. 1988, Rn. 32; MüKoAktG/*Bayer*, 2. Aufl. 2003, Rn. 49.
[192] Vgl. BegrRegE zu § 123 idF durch Art. 1 Nr. 5 des Gesetzes zur Unternehmensintegrität und Modernisierung des Anfechtungsrechts (UMAG), BT-Drs. 15/5092, 13; Großkomm AktG/*Merkt* Rn. 82.
[193] Vgl. BegrRegE zu § 123 idF durch Art. 1 Nr. 5 des Gesetzes zur Unternehmensintegrität und Modernisierung des Anfechtungsrechts (UMAG), BT-Drs. 15/5092, 13; zum früheren Recht etwa MüKoAktG/*Bayer*, 2. Aufl. 2003, Rn. 50; *Noack* DB 1999, 1306 (1309).

cc) Mitteilung an die Aktionäre. Nach § 125 Abs. 2 Alt. 2 hat die Aktiengesellschaft denjenigen, die spätestens zwei Wochen vor dem Tag der HV als Aktionär im Aktienregister eingetragen sind, die Mitteilung gem. Abs. 1 dieser Vorschrift zu machen. Sofern nicht der wahre Inhaber der Aktie eingetragen ist, sondern ein als Treuhänder handelndes Kreditinstitut, muss dieses die Informationen unverzüglich an den Aktionär weitergeben.[194]

dd) Stimmrechtsvollmacht. Ebenso wie für Inhaberaktien ist für Namensaktien sowohl eine offene (§ 134 Abs. 3; § 135 Abs. 1 S. 1) als auch eine verdeckte Stellvertretung durch ein Kreditinstitut zulässig (§ 135 Abs. 4 S. 2).[195] § 135 Abs. 4 S. 3, wonach in beiden Fällen zum Nachweis der Stimmberechtigung gegenüber der Gesellschaft die Erfüllung der in der Satzung für die Ausübung des Stimmrechts vorgesehenen Erfordernisse, bei Fehlen einer Satzungsregelung die Vorlegung eines Berechtigungsnachweises nach § 123 Abs. 3 genügt, hat für Namensaktien keine Bedeutung. Derartige Nachweise können nach § 123 Abs. 3 nur für Inhaberaktien verlangt werden, während sich bei Namensaktien die Berechtigung des Aktionärs ohne weiteres aus dem Aktienregister ergibt.[196]

Um bei der verdeckten Stellvertretung eine **doppelte Stimmrechtsausübung** durch das bevollmächtigte Kreditinstitut einerseits und den Aktionär selbst oder einen weiteren Bevollmächtigten andererseits zu vermeiden, muss sichergestellt werden, dass nicht neben dem bevollmächtigten Kreditinstitut auch der Aktionär selbst oder ein neben dem Kreditinstitut eingeschalteter Vertreter an der HV teilnehmen. Der dafür erforderliche Abgleich der von dem Kreditinstitut vertretenen Aktionäre mit denjenigen eingetragenen Aktionären, die ihrerseits die Ausstellung einer Eintrittskarte für sich oder für einen anderen Bevollmächtigten als das Kreditinstitut beantragt haben, lässt sich unter Wahrung der Anonymität des Aktionärs gegenüber der Gesellschaft durchführen, indem die Person des vertretenen Aktionärs gegenüber einem von der Gesellschaft mit der Führung des Aktienregisters oder der Organisation der HV beauftragten Dienstleister offen gelegt wird, der seinerseits verpflichtet ist, diese Informationen der Gesellschaft nicht zugänglich zu machen. Ist ein solches Drittunternehmen nicht eingeschaltet, lässt sich eine doppelte Stimmrechtsausübung nur ausschließen, wenn die Person des vertretenen Aktionärs gegenüber der Gesellschaft (nicht jedoch gegenüber den Aktionären) aufgedeckt wird.[197]

g) Mitteilungspflichten. Zu den Mitteilungspflichten nach § 20 AktG, § 33 WpHG bei Sicherungsübertragung und Treuhand → Rn. 15; bei Legitimationsübertragung → Rn. 36 f.; bei fehlender Mitteilung des Erwerbers → Rn. 64 f.

h) Mitteilung nach Abs. 3. Zur Mitteilungsbefugnis nach Abs. 3 → Rn. 63 ff.

4. Stimmrechtsausschluss, Abs. 2 S. 2 und 3. Die Vorschrift führt für drei durch das Risikobegrenzungsgesetz neu geregelte Konstellationen einen zeitweiligen Ausschluss des Stimmrechts ein. Erfasst sind nach Abs. 2 S. 2 Alt. 1 zunächst Stimmrechte aus Eintragungen, die eine satzungsmäßige Höchstgrenze iSv Abs. 1 S. 3 überschreiten. Damit soll das Stimmrecht aus Aktien ausgeschlossen werden, für die eine Eintragung durch den Fremdbesitzer erschwindelt wurde.[198] Weiterhin sind nach Abs. 2 S. 2 Alt. 2 Stimmrechte aus Eintragungen ausgeschlossen, hinsichtlich derer eine satzungsmäßige Pflicht zur Offenlegung, dass die Aktien einem anderen gehören, nicht erfüllt wurde.[199] Auf ein Verschulden kommt es nicht an.[200] Legitimationseintragungen, die bereits bei Inkrafttreten einer Satzungsbestimmung nach Abs. 1 S. 2 bestanden, werden durch den Stimmrechtsverlust nach Abs. 2 S. 2 Alt. 1 nicht erfasst.[201] Schließlich besteht nach Abs. 2 S. 3 das Stimmrecht aus Aktien nicht, solange ein Auskunftsverlangen nach Abs. 4 S. 2 oder 3 nicht erfüllt ist.

Zweifelsfrei erfasst Abs. 2 S. 3 Fälle der Totalverweigerung einer Auskunft. Nicht ausdrücklich geregelt ist, ob auch die **teilweise Nichterfüllung oder** eine **Schlechterfüllung** der Auskunftspflicht, also die Erteilung einer unrichtigen Auskunft, einen Stimmrechtsausschluss zur Folge hat.

---

[194] BegrRegE zu § 125 Abs. 2 Nr. 3 aF, BT-Drs. 14/4051, 12.
[195] BegrRegE zu § 125 Abs. 2 Nr. 3 aF, BT-Drs. 14/4051, 13; zur Legitimationszession nach § 135 Abs. 7 vgl. → Rn. 16.
[196] BegrRegE zu § 123 idF durch Art. 1 Nr. 5 des Gesetzes zur Unternehmensintegrität und Modernisierung des Anfechtungsrechts (UMAG), BT-Drs. 15/5092, 13.
[197] *Than/Hannöver* in v. Rosen/Seifert, Die Namensaktie, 2000, 279 (304); *Noack* ZIP 2001, 57 (61); MüKoAktG/*Bayer* Rn. 66; Grigoleit/*Grigoleit/Rachlitz* Rn. 26.
[198] *Noack* NZG 2008, 721 (722).
[199] Vgl. dazu *Marsch-Barner* FS Hüffer, 2010, 627 (638 f.); *U. H. Schneider* FS Hopt, 2010, 1329 (1338 f.).
[200] *Marsch-Barner* FS Hüffer, 2010, 627 (635 f.); aA Kölner Komm AktG/*Lutter/Drygala* Rn. 75; *Çekin*, Offenlegungs- und Mitteilungspflichten nach § 67 AktG, 2012, 156 ff.
[201] *Noack* NZG 2008, 721 (724); *Wilsing/Goslar* DB 2007, 2467 (2471); Grigoleit/*Grigoleit/Rachlitz* Rn. 16; Hüffer/Koch/*Koch* Rn. 15b; aA Kölner Komm AktG/*Lutter/Drygala* Rn. 25; *Marsch-Barner* FS Hüffer, 2010, 627 (635).

Nach einer Ansicht im Schrifttum soll es nicht nur auf die Bedeutung der unzureichenden Angabe, sondern auch auf die Vorwerfbarkeit des Auskunftsmangels ankommen.[202] Der Stimmverlust soll danach immer dann eintreten, wenn die Anfrage falsch oder in wesentlichen Punkten unvollständig beantwortet wird,[203] sofern dem Auskunftspflichtigen ein Verschulden zur Last fällt.[204] Ein solches ungeschriebenes Verschuldenserfordernis wäre indessen schon deswegen problematisch, weil die Anwendung des Abs. 2 S. 3 dadurch mit zusätzlichen, regelmäßig nicht zeitnah aufzuklärenden Unwägbarkeiten belastet würde.[205] Vor allem aber ist ein Verschulden des Auskunftspflichtigen nach der Zielrichtung der Auskunftspflicht und ihrer Sanktionierung unerheblich, denn das Stimmverbot belastet in Fällen, in denen der Auskunftspflichtige Fremdbesitzer ist – und nur hier kann es zu Problemen bei der Auskunftserteilung kommen – letztlich nicht den Auskunftspflichtigen, sondern den wirtschaftlichen Eigentümer der Aktien, der dafür Sorge zu tragen hat, dass die gesetzlichen Auskunftspflichten erfüllt werden können. Gegen eine Differenzierung nach der Bedeutung der falschen oder unvollständigen Information spricht neben der dadurch bedingten Rechtsunsicherheit die Regelung des § 405 Abs. 2a. Danach handelt ordnungswidrig, wer entgegen § 67 Abs. 4 S. 2 eine Mitteilung nicht oder nicht richtig macht: Das Gesetz behandelt hier also Nichterfüllung und Schlechterfüllung der Mitteilungspflicht gleich, und zwar ohne dabei nach der Schwere der Schlechterfüllung zu unterscheiden. Die Gesetzesbegründung führt dazu aus, der neue § 405 Abs. 2a stelle sicher, dass falsche Auskünfte nach dem neuen § 67 Abs. 4 S. 2 und 3 nicht sanktionslos blieben. Insbesondere zwischen zwei Hauptversammlungen sei mangels Relevanz des Stimmrechtsverlusts letztlich nur die Verhängung eines Bußgelds eine geeignete Sanktionsmöglichkeit. Es ist nicht anzunehmen, dass Falschauskünfte zwar eine Bußgeldsanktion nach § 405 Abs. 2a, nicht aber einen Stimmrechtverlust nach § 67 Abs. 2 S. 3 nach sich ziehen sollen.[206] Die Nichterwähnung unrichtiger Auskünfte in § 67 Abs. 2 S. 3 stellt vielmehr ein im Wege der Auslegung zu berichtigendes Redaktionsversehen dar.[207] Betrifft das Auskunftsverlangen der Gesellschaft Aktien, die mehreren Aktionären gehören, und erteilt der Eingetragene die Informationen im Hinblick auf einzelne zutreffend und vollständig, im Hinblick auf andere hingegen unzutreffend oder unvollständig, sind allerdings nur die Stimmrechte aus diesen zuletzt genannten Aktien ausgeschlossen.[208]

57   Entgegen einer Ansicht im Schrifttum stellt die **verspätete Auskunftserteilung,** also die Mitteilung nach Abs. 4 S. 2 oder 3 erst nach Ablauf der angemessenen Frist, keinen Sonderfall eines Verstoßes gegen die Pflicht zur Auskunftserteilung dar, der von den gesetzlich geregelten Fällen der Verletzung der Auskunftspflicht des Abs. 4 S. 2 zu unterscheiden wäre.[209] Lässt der Auskunftspflichtige die angemessene Frist verstreichen, ohne die Auskunft nach Abs. 4 S. 2 zu erteilen, liegt vielmehr eine schlichte Nichterfüllung der Pflicht nach Abs. 4 S. 2, also der von Abs. 2 S. 3 ausdrücklich geregelte Fall vor. Wird die **Auskunftserteilung nachgeholt,** endet der Stimmrechtsausschluss.[210] Das ergibt sich ohne weiteres aus Abs. 2 S. 3, denn danach bestehen Stimmrechte aus den betroffenen Aktien nur solange nicht, wie die Auskunftspflicht nach Fristablauf nicht erfüllt ist; der Stimmrechtsausschluss endet also, wenn die Auskunftserteilung nachgeholt wird. Obwohl Abs. 2 S. 2 keine „solange"-Klausel enthält, entspricht es dem Zweck der Vorschrift, die Information der Gesellschaft zu gewährleisten, dass der Stimmrechtsausschluss mit Nachholung der Offenlegung endet;[211] es ist kein Grund ersichtlich, der es rechtfertigen könnte, die Fälle des Abs. 2 S. 2 Alt. 2 insoweit anders zu behandeln als die des Abs. 2 S. 3.

58   **Rechtsfolge** nach Abs. 2 S. 2 und 3 ist der **Verlust des Stimmrechts.** Die übrigen Rechte aus den Aktien sind entgegen dem Vorschlag des Referentenentwurfs nicht ausgeschlossen.[212] Fraglich ist allerdings, ob derjenige, der eine satzungsmäßige Pflicht zur Offenlegung, dass die Aktien einem anderen gehören, oder eine Auskunftspflicht nach Abs. 4 S. 2 oder 3 schuldhaft nicht, nicht rechtzeitig oder

---

[202] Noack NZG 2008, 721 (724); Çekin, Offenlegungs- und Mitteilungspflichten nach § 67 AktG, 2012, 154 f.
[203] Kölner Komm AktG/Lutter/Drygala Rn. 76.
[204] Kölner Komm AktG/Lutter/Drygala Rn. 75, 79.
[205] Bürgers/Körber/Wieneke Rn. 22b; gegen ein Verschuldenserfordernis auch Grigoleit/Grigoleit/Rachlitz Rn. 24; Grigoleit/Rachlitz ZHR 174 (2010) 12 (55); Marsch-Barner FS Hüffer, 2010, 627 (635 f., 640).
[206] Bürgers/Körber/Wieneke Rn. 22a.
[207] Ebenso zur vergleichbaren Problematik bei § 28 WpHG aF (jetzt § 44 WpHG) Fuchs/Zimmermann WpHG § 28 Rn. 12.
[208] Marsch-Barner FS Hüffer, 2010, 627 (644).
[209] Bürgers/Körber/Wieneke Rn. 22a; aA offenbar Kölner Komm AktG/Lutter/Drygala Rn. 77, 75.
[210] K. Schmidt/Lutter/T. Bezzenberger Rn. 32; Bürgers/Körber/Wieneke Rn. 22c; teilweise aA, entsprechende Anwendung von § 28 S. 3 WpHG aF (jetzt § 44 WpHG) Grigoleit/Grigoleit/Rachlitz Rn. 25; Grigoleit/Rachlitz ZHR 174 (2010) 12 (53 f.).
[211] Vgl. BegrRegE BT-Drs. 16/7438, 14: „Der vorübergehende Entfall des Stimmrechts …"; Noack NZG 2008, 721 (724); Kölner Komm AktG/Lutter/Drygala Rn. 80.
[212] K. Schmidt/Lutter/T. Bezzenberger Rn. 32; Noack NZG 2008, 721 (725).

schlecht erfüllt, der Gesellschaft darüber hinaus nach § 280 Abs. 1 und 2 BGB, § 286 BGB auf Ersatz der aus einer solchen Pflichtverletzung entstehenden Schäden haftet. Eine vergleichbare Fragestellung wird im Hinblick auf Verletzungen der kapitalmarktrechtlichen Mitteilungspflichten nach §§ 33 ff. WpHG diskutiert; die mittlerweile wohl hM bejaht dort grundsätzlich die Möglichkeit der Gesellschaft, bei schuldhafter Verletzung diese Schadensersatzansprüche geltend zu machen, weil es sich bei §§ 33 ff. WpHG um Schutzgesetze iSv § 823 Abs. 2 BGB auch zugunsten der Gesellschaft handele.[213] Die Bejahung von Ersatzansprüchen der Gesellschaft bei schuldhaften Verletzungen satzungsmäßiger Offenlegungspflichten oder eine Auskunftspflicht nach Abs. 4 S. 2 oder 3 liegt noch näher, denn während die kapitalmarktrechtlichen Mitteilungspflichten in erster Linie zur Funktionsfähigkeit der Wertpapiermärkte beitragen sollen, dienen die besonderen Offenlegungs- und Auskunftspflichten für Namensaktion gerade den Interessen der Gesellschaft selbst. Das Gesetz knüpft den Stimmrechtsausschluss sowie etwaige weitere Rechtsfolgen einer Verletzung der Auskunftspflicht nach Abs. 4 S. 2 oder 3 an ein auf diese Bestimmungen gestütztes Auskunftsbegehren der Gesellschaft. Der Gesellschaft steht es aber frei, stattdessen ein ausdrücklich informelles, nicht auf den gesetzlichen Auskunftsanspruch gestütztes Auskunftsersuchen an den Eingetragenen zu richten, dessen Nicht- oder Schlechterfüllung einerseits nicht die Rechtsfolgen einer Verletzung der Auskunftspflicht auslöst,[214] das aber andererseits keine Kostenerstattungspflicht nach Abs. 4 S. 4 Hs. 2 iVm Abs. 4 S. 1, sondern allenfalls nach Vertrags- oder Auftragsrecht zur Folge hat.

VI. Löschung und Neueintragung bei Übertragung der Namensaktie, Abs. 3

1. Entstehungsgeschichte. Bei der Neufassung des § 67 durch Art. 1 Nr. 5 NaStraG sind die **59** Bestimmungen des früheren § 68 Abs. 3 mit sprachlichen Änderungen und Anpassungen an technische Neuerungen in den jetzigen Abs. 3 übernommen worden.[215] Das Gesetz stellt nunmehr klar, dass nicht der Übergang als solcher zu vermerken, sondern der alte Inhaber im Aktienregister zu löschen und der Erwerber als Aktionär einzutragen ist. Die Entkoppelung der Löschung von der Neueintragung gibt der Gesellschaft die Möglichkeit, den Veräußerer unabhängig von einer Neueintragung des Erwerbers zu löschen.[216] Statt von „Anmeldung" des Übergangs ist jetzt von „Mitteilung" die Rede. Schließlich begnügt sich das Gesetz mit dem Nachweis des Rechtsübergangs und verzichtet auf die Vorlegung der Aktie.

Nach **früherer Rechtslage** musste für den Vermerk der Übertragung der Aktie im Aktienbuch der **60** Rechtsübergang bei der Gesellschaft angemeldet und durch Vorlage der Aktie nachgewiesen werden.[217] Entgegen dem insoweit missverständlichen Wortlaut des § 68 Abs. 3 aF, nach dem der Übergang anzumelden und unter Vorlage der Aktie nachzuweisen war, waren die Beteiligten allerdings auch nach früherem Recht nicht zur Anmeldung des Rechtsübergangs verpflichtet.[218] Der Vorstand war seinerseits nicht befugt, eine Änderung der Eintragung ohne Anmeldung vorzunehmen. Die Dokumentation einer Aktienübertragung im Aktienbuch stand daher nach früherem Recht im Belieben der Beteiligten.[219]

2. Mitteilung und Nachweis der Rechtsänderung. a) Löschung und Neueintragung nur **61** **auf Mitteilung und Nachweis.** Anders als für die Eintragung des ersten Aktionärs (→ Rn. 14) sind für die **Eintragung späterer Rechtsübertragungen** Mitteilung und Nachweis erforderlich. Ohne Mitteilung ist die Eintragung eines Rechtsübergangs grundsätzlich nicht zulässig;[220] dabei ist es ohne Bedeutung, ob die Rechtsübertragung rechtsgeschäftlich oder kraft Gesetzes (insbes. durch Gesamtrechtsnachfolge) erfolgt.[221] Eine Ausnahme vom Mitteilungs- und Nachweiserfordernis gilt lediglich in den Fällen des § 65 Abs. 1, Abs. 3,[222] → Rn. 19 f., 65 aE.

b) Mitteilung. aa) Mitteilungsempfänger. Die Mitteilung des Rechtsübergangs erfolgt gem. **62** Abs. 3 S. 1 an die Gesellschaft, und zwar an den Vorstand oder eine von ihm mit der Führung des Aktienregisters betraute Hilfsperson. Hat der Vorstand die Führung des Aktienregisters auf ein externes Unternehmen ausgelagert (→ Rn. 11), ist auch die Meldung an dieses Unternehmen ausreichend.[223]

---

[213] Vgl. etwa Fuchs/Zimmermann WpHG § 28 Rn. 52; Kölner Komm WpHG/Kremer/Oesterhaus § 28 Rn. 86; Assmann/Schneider/U. H. Schneider WpHG § 21 Rn. 79, alle mwN.
[214] Müller- von Pilchau AG 2011, 775,(777 f.).
[215] BegrRegE BT-Drs. 14/4051, 10 ff.
[216] Butzke Die Hauptversammlung der Aktiengesellschaft Rn. E 95.
[217] Zur Praxis der Vorlegung nach früherem Recht vgl. Than/Hannöver in v. Rosen/Seifert, Die Namensaktie, 2000, 279 (289 f.).
[218] Kölner Komm AktG/Lutter, 2. Aufl. 1988, § 68 Rn. 55 mN.
[219] Kölner Komm AktG/Lutter, 2. Aufl. 1988, § 68 Rn. 53.
[220] MüKoAktG/Bayer Rn. 91; K. Schmidt/Lutter/T. Bezzenberger Rn. 11; Noack ZIP 1999, 1993 (1996).
[221] MHdB AG/Sailer-Coeani § 14 Rn. 42, 47.
[222] OLG Zweibrücken AG 1997, 140; MüKoAktG/Bayer Rn. 91; Kölner Komm AktG/Lutter/Drygala Rn. 32.
[223] Königshausen WM 2013, 909 (910).

63 **bb) Mitteilender.** Da gegenüber der Gesellschaft **nur der im Aktienregister Eingetragene** als Aktionär gilt, kann auf Veräußererseite allein er oder ein von ihm damit beauftragter Dritter, namentlich die bei der Übertragung und Verwahrung der Aktien mitwirkenden Kreditinstitute, sofern kein Widerspruch des Aktionärs vorliegt,[224] die nach Abs. 3 für Löschung und Neueintragung erforderliche Mitteilung einer Aktienübertragung machen, nicht hingegen ein materiell berechtigter Veräußerer, der nicht im Register eingetragen ist.[225] Dementsprechend kann auch auf Erwerberseite die Mitteilung nach Abs. 3 nur durch denjenigen erfolgen, der sein Recht von einer im Register als Aktionär eingetragenen Person ableitet.

64 Nach § 68 Abs. 3 aF waren sowohl der Veräußerer als auch der Erwerber zur Anmeldung des Rechtsübergangs berechtigt.[226] Demgegenüber differenziert Abs. 3 nunmehr zwischen Löschung und Neueintragung. Die **Löschung** des früheren Inhabers kann auch erfolgen, ohne dass zugleich der Erwerber eingetragen werden müsste;[227] daran hat die Einführung der Mitteilungspflicht in Abs. 1 S. 2 nichts geändert. Dementsprechend kann der Veräußerer in seiner Mitteilung um seine Löschung ersuchen, nicht jedoch um die **Neueintragung** des Erwerbers. Dieser muss vielmehr seiner Eintragung zustimmen.[228] Dagegen ist die Neueintragung nicht unabhängig von der Löschung des Rechtsvorgängers; die Löschung ist vielmehr zwingend notwendig, um eine neue Eintragung vornehmen zu können. In der Veräußerung der Aktie ist allerdings die Zustimmung zur Löschung des früheren Aktionärs zu sehen, so dass die Mitteilung des Erwerbers auch zur Löschung des Veräußerers berechtigt.[229] Für den Fall, dass der (vermeintliche) Erwerber wahrheitswidrig Mitteilung macht, wird regelmäßig der Nachweis des Rechtsübergangs fehlen. Wird der vermeintliche Veräußerer dennoch gelöscht, fehlt es regelmäßig an einer ihm zurechenbaren Mitteilung, so dass Abs. 2 nicht eingreift.[230] Eintragungsfähige **dingliche Belastungen** der Aktie (→ Rn. 22 f.) sind auch auf Mitteilung des Gläubigers einzutragen.

65 Wird der Veräußerer gelöscht, ohne dass es gleichzeitig zu einer Eintragung des Erwerbers kommt (→ Rn. 53) und ohne dass die Gesellschaft die Eintragung des depotführenden Kreditinstituts nach Abs. 4 S. 2 verlangt (→ Rn. 19), wird ein **Leerposten** (freier Meldebestand) in entsprechender Höhe vermerkt.[231] Das mag zwar nicht dem Ideal des aktuellen und vollständigen Aktienregisters entsprechen, dürfte aber praktisch nicht zu Unzuträglichkeiten führen, die eine Abweichung vom Prinzip der Freiwilligkeit der Eintragung gebieten könnten. Für den Erwerber hat das Unterbleiben der Neueintragung, aber auch die Eintragung des depotführenden Instituts, zur Folge, dass er seine Mitgliedschaftsrechte nicht ausüben kann.[232] Ebenso wie ein Legitimationszedent (→ Rn. 36 f.) unterliegt er in beiden Fällen dennoch den Mitteilungspflichten nach § 20 AktG, §§ 33, 34 Abs. 1 Nr. 5 WpHG und der Anteilszurechnung nach § 30 Abs. 1 Nr. 5 WpÜG, denn auch hier steht die Ausübbarkeit der mit den Aktien verbundenen Stimmrechte im Belieben des materiell Berechtigten. Wegen **ausstehender Einlageleistungen** kann die Gesellschaft nach §§ 64, 65 vorgehen:[233] Sie kann zu diesem Zweck die Eintragung des depotführenden Instituts verlangen, gegen dieses das Verfahren nach § 64 betreiben und anschließend gemäß § 65 den rückständigen Betrag von den eingetragenen Rechtsvorgängern verlangen (→ Rn. 84).

66 Sofern die Veräußerer- oder Erwerberseite aus **mehreren Personen** besteht, muss die Mitteilung von allen Mitberechtigten vorgenommen werden, sofern nicht ein gemeinsamer Vertreter nach § 69 bestellt oder eine Vollmacht erteilt wurde.[234]

67 Veräußerer und Erwerber können sich für die Mitteilung Dritter als **Vertreter oder Boten** bedienen. In der Regel erfolgt die Mitteilung durch die beauftragten **Depotbanken.** Sie sind regelmäßig als Kommissionär tätig und übernehmen daher neben ihrer Hauptverpflichtung (der

---

[224] → Rn. 83 sowie Kölner Komm AktG/*Lutter/Drygala* Rn. 91; *U. H. Schneider/Müller-von Pilchau* AG 2007, 181 (187).
[225] Kölner Komm AktG/*Lutter/Drygala* Rn. 89.
[226] Kölner Komm AktG/*Lutter,* 2. Aufl. 1988, § 68 Rn. 54.
[227] *Drygala* NZG 2004, 893; *Noack* ZIP 1999, 1993 (1996); Hüffer/Koch/*Koch* Rn. 19 f.; NK-AktR/*Heinrich* Rn. 26.
[228] MüKoAktG/*Bayer* Rn. 99.
[229] MüKoAktG/*Bayer* Rn. 100; *Bayer* Liber Amicorum Winter, 2011, 9 (19); MHdB AG/*Sailer-Coceani* § 14 Rn. 43; *U. H. Schneider/Müller-von Pilchau* AG 2007, 181 (187).
[230] MüKoAktG/*Bayer* Rn. 100; Kölner Komm AktG/*Lutter/Drygala* Rn. 28.
[231] Zur Zulässigkeit einer solchen Eintragung Beschlussempfehlung und Bericht des Rechtsausschusses BT-Drs. 14/4618, 13 liSp; *Noack* ZIP 1999, 1993 (1996); MüKoAktG/*Bayer* Rn. 106; K. Schmidt/Lutter/*T. Bezzenberger* Rn. 26; Grigoleit/*Grigoleit/Rachlitz* Rn. 31; Bürgers/Körber/*Wieneke* Rn. 26; NK-AktR/*Heinrich* Rn. 26; Bedenken bei *Müller-von Pilchau* in v. Rosen/Seifert, Die Namensaktie, 2000, 97 (125 f.).
[232] Eingehend dazu *Drygala* NZG 2004, 893 (894 ff.).
[233] Gegen die Zulässigkeit freier Meldebestände bei teileingezahlten Aktien aber *Drygala* NZG 2004, 893 (896); K. Schmidt/Lutter/*T. Bezzenberger* Rn. 39.
[234] MüKoAktG/*Bayer* Rn. 101.

Durchführung von Aktienerwerb bzw. Veräußerung) auch die Nebenpflicht, die Veränderungen im Aktienregister zu veranlassen.

Bei Aktien, die sich in der **Girosammelverwahrung** der Clearstream Banking AG befinden, **68** übernimmt diese neben der technischen Durchführung der Übertragung auch die Mitteilung nach Abs. 3 an die AG.[235] Die Löschung des Veräußerers und die Neueintragung des Erwerbers erfolgen dann durch einen Datenabgleich mit dem elektronischen Aktienregister.

Vereinbaren Erwerber und Depotbank, dass die Bank als **Treuhänderin** im Aktienregister einge- **69** tragen werden soll, erfolgt lediglich eine Mitteilung des Erwerbs durch die Depotbank. In diesem Fall ist allein sie als Aktionärin einzutragen, ohne dass das Treuhandverhältnis offen gelegt werden müsste[236] oder auch nur im Register vermerkt werden dürfte (→ Rn. 23).

cc) Inhalt und Form. Die Mitteilung muss eindeutig zum Ausdruck bringen, dass die Aktie auf **70** einen anderen übergegangen ist.[237] Sie ist **nicht formbedürftig**. Sie kann daher etwa mündlich, schriftlich oder im Wege elektronischer Übertragung erfolgen.[238] Ebenso wenig muss die Mitteilung ausdrücklich erfolgen; auch eine konkludente Mitteilung, etwa durch Bitte um Zustimmung zur Anteilsübertragung bei vinkulierten Aktien, ist möglich, wenngleich bei der Bejahung einer solchen konkludenten Mitteilung wegen der weit gehenden Rechtsfolgen des Abs. 2 Vorsicht geboten ist.[239] Eine auf anderem Weg als durch Mitteilung einer dazu befugten Person (→ Rn. 63 f.) erlangte Kenntnis reicht nicht aus.[240] Das Schweigen des Gesetzes zur Form der Mitteilung ist nicht als abschließende Regelung iSv § 23 Abs. 5 S. 2 zu verstehen. Entgegen der hL[241] kann die Satzung daher, ebenso wie im GmbH-Recht,[242] eine Form für die Mitteilung vorschreiben. In Anbetracht der weit reichenden Rechtsfolgen, die das Gesetz an die von der Mitteilung abhängige Eintragung ins Aktienregister knüpft, empfiehlt sich eine Bestimmung, die eine hinreichende Beweiskraft der Mitteilung gewährleistet.

dd) Rechtsnatur der Mitteilung. Es ist umstritten, ob die Mitteilung nach Abs. 3 als Willenser- **71** klärung,[243] oder als geschäftsähnliche Handlung[244] zu qualifizieren ist. Da die Mitteilung darauf abzielt, die Eintragung ins Aktienregister und die daran anknüpfenden Rechtsfolgen herbeizuführen, sind die Vorschriften über Willenserklärungen jedenfalls entsprechend auf sie anzuwenden.[245]

ee) Mängel der Mitteilung. Hinsichtlich der Bedeutung von Mängeln der Mitteilung gilt Fol- **72** gendes: Wirkungslos ist die mit Kenntnis aller Beteiligten nur zum Schein abgegebene Mitteilung.[246] Die Mitteilung ist auch wirkungslos, wenn sie nicht einer mitteilungsbefugten Person (→ Rn. 63 ff.) zugerechnet werden kann (→ Rn. 40). Eine Zurechnung scheidet aus, wenn die Mitteilung durch einen unbefugten Dritten (insbes. bei Fälschung),[247] durch einen Geschäftsunfähigen oder durch einen nur beschränkt Geschäftsfähigen[248] abgegeben wurde. Im Falle der Bevollmächtigung eines Dritten fehlt die Zurechenbarkeit bei Fälschung der Vollmacht, bei Geschäftsunfähigkeit des Vertrete-

---

[235] *Leuering* ZIP 1999, 1745 (1747); *Noack* ZIP 1999, 1993 (1996); Bürgers/Körber/*Wieneke* Rn. 24.
[236] MüKoAktG/*Bayer* Rn. 104.
[237] *U. H. Schneider/Müller-von Pilchau* AG 2007, 181 (186).
[238] Kölner Komm AktG/*Lutter/Drygala* Rn. 95; MüKoAktG/*Bayer* Rn. 97; Grigoleit/*Grigoleit/Rachlitz* Rn. 30; Bürgers/Körber/*Wieneke* Rn. 24; Hüffer/Koch/*Koch* Rn. 17.
[239] Ebenso für das GmbH-Recht aF Rowedder/Schmidt-Leithoff/*Pentz* GmbHG, 4. Aufl. 2002, § 16 Rn. 7; Hachenburg/*Zutt* GmbHG § 16 Rn. 8; der durch das MoMiG neu gefasste § 16 GmbHG stellt nicht mehr auf die Anmeldung der Veräußerung, sondern auf die Gesellschafterliste nach § 40 GmbHG ab, vgl. etwa Rowedder/Schmidt-Leithoff/*Pentz* GmbHG, 5. Aufl. 2013, § 16 Rn. 1.
[240] MüKoAktG/*Bayer* Rn. 97.
[241] Kölner Komm AktG/*Lutter/Drygala* Rn. 97; MüKoAktG/*Bayer* Rn. 97.
[242] Vgl. dazu etwa MüKoGmbHG/*Heidinger* § 16 Rn. 99; Baumbach/Hueck/*Hueck/Fastrich* GmbHG § 16 Rn. 6; Scholz/*Seibt* GmbHG § 16 Rn. 13.
[243] So zur § 16 GmbHG aF: *Zutt* FS Oppenhoff, 1985, 555 (559).
[244] Hüffer/Koch/*Koch* Rn. 17; Kölner Komm AktG/*Lutter/Drygala* Rn. 98; K. Schmidt/Lutter/*T. Bezzenberger* Rn. 35; MHdB AG/*Sailer-Coceani* § 14 Rn. 46; Großkomm AktG/*Merkt* Rn. 118; zu § 16 Abs. 1 GmbHG aF: Baumbach/Hueck/*Hueck/Fastrich* GmbHG, 18. Aufl. 2006, § 16 Rn. 3.
[245] Ebenso MüKoAktG/*Bayer* Rn. 92; Großkomm AktG/*Merkt* Rn. 119; K. Schmidt/Lutter/*T. Bezzenberger* Rn. 35; Bürgers/Körber/*Wieneke* Rn. 23; MHdB AG/*Sailer-Coceani* § 14 Rn. 46; *U. H. Schneider/Müller-von Pilchau* AG 2007, 181 (187).
[246] RG JW 1934, 363 (365); MüKoAktG/*Bayer* Rn. 93.
[247] Kölner Komm AktG/*Lutter/Drygala* Rn. 59; Grigoleit/*Grigoleit/Rachlitz* Rn. 32; *Bayer* Liber Amicorum Winter, 2011, 9 (31); zu § 16 GmbHG: Baumbach/Hueck/*Hueck/Fastrich* GmbHG § 16 Rn. 12; Scholz/*Seibt* GmbHG § 16 Rn. 24.
[248] Vgl. RGZ 92, 315 (318); RGZ 123, 279 (285); MüKoAktG/*Bayer* Rn. 93; Kölner Komm AktG/*Lutter/Drygala* Rn. 59; Grigoleit/*Grigoleit/Rachlitz* Rn. 32; zum GmbHG MüKoGmbHG/*Heidinger* GmbHG § 40 Rn. 82.

nen oder des Vertreters und bei beschränkter Geschäftsfähigkeit des Vertretenen.[249] Ist der materiell Berechtigte aufgrund der ihm nicht zurechenbaren Mitteilung eines Dritten als Aktionär eingetragen worden, kann er sich allerdings auf den Mangel der Mitteilung nicht mehr berufen, wenn er Rechte aus den Aktien ausgeübt hat. In diesem Fall findet Abs. 2 auf das Verhältnis zwischen der Gesellschaft und dem Eingetragenen Anwendung (auch → Rn. 91).

73 Lediglich Wirkung für die Zukunft hat eine **Anfechtung** der Mitteilung selbst oder der Bevollmächtigung eines Dritten.[250] Sofern die Eintragung im Aktienregister bereits erfolgt ist, kommt nur eine Löschung nach Abs. 5 in Betracht.[251]

74 **ff) Rücknahme der Mitteilung.** Da die Mitteilung im Belieben der Beteiligten steht, kann sie bis zur Eintragung zurückgenommen werden.[252]

75 **gg) Übertragungsmängel.** Mängel der Rechtsübertragung oder des ihr zugrunde liegenden Geschäfts berühren nicht die Wirksamkeit der Mitteilung.[253] Mängel der Geschäftsfähigkeit werden sich allerdings regelmäßig auch auf die Zurechenbarkeit der Mitteilung auswirken.[254]

76 **hh) Fehlen einer Mitteilung.** Ohne die einer befugten Person (→ Rn. 63 ff.) zurechenbare Mitteilung (→ Rn. 28 und 54) dürfen Eintragungen nicht erfolgen, selbst wenn die Gesellschaft auf andere Weise von einer Aktienübertragung Kenntnis hat.[255] Trotz der Mitteilungspflichten nach Abs. 1 S. 2, Abs. 4 S. 1 steht das Herbeiführen der Eintragung daher nach wie vor zur Disposition der am Rechtsübergang Beteiligten (und des Gläubigers einer eintragungsfähigen dinglichen Belastung der Aktie). Auch ohne Mitteilung dürfen allerdings Änderungen des Inhalts der Mitgliedschaft eingetragen werden (→ Rn. 20).

77 **c) Nachweis.** Neben der Mitteilung ist der Nachweis des Rechtsübergangs erforderlich. Wer die Eintragung beantragt muss daher entweder nachweisen, dass er selbst die Aktie erworben hat oder dass er vom Erwerber (unmittelbar oder mittelbar) ermächtigt wurde, sich an dessen Stelle eintragen zu lassen. Damit das Erfordernis des Nachweises eigenständige Bedeutung neben der Mitteilung hat, müsste an sich aus dem Nachweis ersichtlich sein, auf wen der Rechtsübergang erfolgt ist. Gerade im Fall der Legitimationseintragung kann der Vorstand ohne diese Information kaum zuverlässig nachvollziehen, ob der Legitimationsaktionär durch den wirklichen Rechtsinhaber ermächtigt worden ist, sich eintragen zu lassen. Indessen stellt das Gesetz offensichtlich nicht so weit gehende Anforderungen an den Nachweis, denn wenn bereits aus dem Nachweis ersichtlich sein müsste, auf wen der Rechtsübergang erfolgt ist, bedürfte es nicht der Auskunftsverpflichtungen nach Abs. 4. Dem Gesetz liegt offenbar die Vorstellung zugrunde, dass die Gesellschaft sich darauf beschränken kann, den Nachweis zu verlangen, dass der Antragsteller, der selbst eingetragen werden will, mittelbaren Besitz erster Stufe an den Aktien erlangt hat, oder – wenn ein Kreditinstitut seine Kunden eintragen lässt – dass diese mittelbare Besitzer zweiter Stufe sind, denen der Clearstream-Kontoinhaber den Besitz vermittelt, ohne ergründen zu müssen, ob es noch mittelbare Besitzer dritter und vierter Stufe bis hin zum etwaigen „wahren Berechtigten" gibt. Grundsätzlich kann der Nachweis mit allen vorhandenen Beweismitteln geführt werden,[256] wobei insbesondere die Liefer- bzw. Umbuchungsbestätigung durch die Clearstream Banking AG[257] oder eine schriftliche Abtretungserklärung[258] in Betracht kommt. Die Anforderungen an den Nachweis sind von den Modalitäten der Anteilsübertragung und der Art der Mitteilung abhängig.[259] Während nach der Gesetzesbegrün-

---

[249] MüKoAktG/*Bayer* Rn. 93; *Bayer* Liber Amicorum Winter, 2011, 9 (31 f.); Kölner Komm AktG/*Lutter/Drygala* Rn. 59; zum GmbHG etwa Scholz/*Seibt* GmbHG § 16 Rn. 24.
[250] MüKoAktG/*Bayer* Rn. 94; Kölner Komm AktG/*Lutter/Drygala* Rn. 60; Grigoleit/*Grigoleit/Rachlitz* Rn. 32, 34; für das GmbH-Recht etwa MüKoGmbHG/*Heidinger* GmbHG § 16 Rn. 37; Scholz/*Seibt* GmbHG § 16 Rn. 29.
[251] MüKoAktG/*Bayer* Rn. 94.
[252] Kölner Komm AktG/*Lutter/Drygala* Rn. 99; MHdB AG/*Sailer-Coceani* § 14 Rn. 46; MüKoAktG/*Bayer* Rn. 95.
[253] MüKoAktG/*Bayer* Rn. 96; *Bayer* Liber Amicorum Winter, 2011, 9 (19).
[254] RGZ 92, 315 (318); RGZ 123, 279 (285); Kölner Komm AktG/*Lutter/Drygala* Rn. 59; Hüffer/*Koch*/*Koch* Rn. 15; MüKoAktG/*Bayer* Rn. 96; *Bayer* Liber Amicorum Winter, 2011, 9 (33 f.).
[255] MüKoAktG/*Bayer* Rn. 105; Kölner Komm AktG/*Lutter/Drygala* Rn. 89.
[256] Großkomm AktG/*Merkt* Rn. 120; MüKoAktG/*Bayer* Rn. 108; Kölner Komm AktG/*Lutter/Drygala* Rn. 100.
[257] *Noack* ZIP 1999, 1993 (1996); *Diekmann* BB 1999, 1985 (1987); Bürgers/Körber/*Wieneke* Rn. 23.
[258] Vgl. BGHZ 160, 253 (257) = NZG 2004, 1109 (1110), wonach die Gesellschaft trotz § 68 Abs. 3 bei Vorliegen von Verdachtsmomenten zur Prüfung der Wirksamkeit des Rechtsübergangs verpflichtet sein kann; vgl. dazu auch Grigoleit/*Grigoleit/Rachlitz* Rn. 33.
[259] Vgl. ie *U. H. Schneider/Müller-von Pilchau* AG 2007, 181 (187 f.).

dung – in Übereinstimmung mit der Legitimation für die Teilnahme an der HV und die Ausübung des Stimmrechts nach § 123 Abs. 3 S. 2[260] – bei elektronischen Mitteilungen der Depotbank eine automatisierte **Plausibilitätskontrolle** ausreichen soll,[261] der Nachweis mithin in der Mitteilung durch die Depotbank besteht, ist bei einer Übertragung ohne Beteiligung der Depotbank, etwa durch Erbgang oder Abtretung, die Vorlage von Unterlagen oder die Abgabe von Erklärungen erforderlich, die es ermöglichen, die Übertragung nachzuvollziehen.[262] Anders als nach § 68 Abs. 3 aF ist die Vorlage der Aktienurkunde nicht mehr erforderlich.

d) Rechtsfolgen von Mitteilung und Nachweis. Der Vorstand bzw. der mit der Registerführung betraute Dritte sind nach Zugang von Mitteilung und Nachweis des Rechtsübergangs verpflichtet, die Löschung des bisherigen Aktionärs und die Neueintragung des Erwerbers zu veranlassen. Durch die Differenzierung zwischen **Löschung und Neueintragung** wird klargestellt, dass die Löschung des Veräußerers auch dann erfolgen muss, wenn der Erwerber seine Eintragung nicht wünscht;[263] → Rn. 63 f. Im Regelfall des Personenregisters wird der bisher gehaltene Aktienbestand gelöscht.[264] Ist das Register nach Aktien aufgebaut, so wird der Veräußerer durch Streichung oder Rötung gelöscht.[265]

Veräußerer und Erwerber haben bei Mitteilung und Nachweis einen **einklagbaren**[266] **Anspruch auf Löschung und Neueintragung** im Aktienregister.[267] Eine unberechtigte Weigerung, die entsprechenden Änderungen vorzunehmen, verpflichtet die Gesellschaft zum Schadensersatz.[268]

Die Umschreibung ist **unverzüglich** vorzunehmen.[269] Die Gesellschaft muss dafür Sorge tragen, dass sie selbst oder ein von ihr beauftragter Dritter technisch und personell in der Lage ist, auch eine Vielzahl von mitgeteilten Rechtsänderungen zu überprüfen und einzutragen.[270] Bei schuldhafter Verzögerung von Löschung oder Neueintragung ist die Gesellschaft den Parteien zum Ersatz etwaiger Schäden verpflichtet.[271]

Eine Ausnahme hinsichtlich der unverzüglichen Eintragung ist vor Durchführung der Hauptversammlung zulässig. Da das Teilnehmerverzeichnis gem. § 129 Abs. 1 S. 2 mit dem Aktienregister übereinstimmen muss und dies bei fortdauerndem Aktienhandel nur durch Umschreibungsstopp erreicht werden kann,[272] kann die Eintragung zeitweise ausgesetzt werden.[273] Ein solcher Umschreibungsstopp, der nicht die Veräußerung der Aktien hindert,[274] muss nicht in der Satzung vorgesehen sein,[275] sondern kann vom Vorstand festgelegt werden.[276] Er ist nicht zu verwechseln mit einem sog.

---

[260] IdF durch Art. 1 Nr. 5 des Gesetzes zur Unternehmensintegrität und Modernisierung des Anfechtungsrechts (UMAG) v. 22.9.2005, BGBl. 2005 I 2802; vgl. die BegrRegE, BT-Drs. 15/5092, 13.
[261] BegrRegE BT-Drs. 14/4051, 11; BGHZ 160, 253 (258) = NZG 2004, 1109 (1111); *Noack* DB 1999, 1306 (1308); Großkomm AktG/*Merkt* Rn. 121; Grigoleit/*Grigoleit*/*Rachlitz* Rn. 33; Hüffer/Koch/*Koch* Rn. 18; gegen eine Pflicht zur Plausibilitätskontrolle *Goedecke/Heuser* BB 2001, 369 (370); MüKoAktG/*Bayer* Rn. 109; Bürgers/Körber/*Wieneke* Rn. 24.
[262] Hüffer/Koch/*Koch* Rn. 18.
[263] Beschlussempfehlung und Bericht des Rechtsausschusses, BT-Drs. 14/4618, 13; sa DAV-Handelsrechtsausschuss NZG 2000, 443 (445) „freier Meldebestand"; Bürgers/Körber/*Wieneke* Rn. 26.
[264] Hüffer/Koch/*Koch* Rn. 19.
[265] Hüffer/Koch/*Koch* Rn. 19.
[266] Zum Streitwert einer solchen Klage (10 % bis 25 % des Wertes des Aktienpakets) OLG Hamm NZG 2009, 437 (Ls) = BeckRS 2008, 11 651 = AG 2009, 671 f.
[267] MüKoAktG/*Bayer* Rn. 110; Kölner Komm AktG/*Lutter/Drygala* Rn. 103; Großkomm AktG/*Merkt* Rn. 123; K. Schmidt/Lutter/*T. Bezzenberger* Rn. 41; Bürgers/Körber/*Wieneke* Rn. 27; Hüffer/Koch/*Koch* Rn. 20.
[268] *Noack* ZIP 1999, 1993 (1997); MüKoAktG/*Bayer* Rn. 110; K. Schmidt/Lutter/*T. Bezzenberger* Rn. 41.
[269] *Baums* FS Hüffer, 2009, 15 (19); *Bayer/Lieder* NZG 2009, 1361; K. Schmidt/Lutter/*T. Bezzenberger* Rn. 41; Grigoleit/*Grigoleit*/*Rachlitz* Rn. 2534 Bürgers/Körber/*Wieneke* Rn. 27.
[270] MüKoAktG/*Bayer* Rn. 110; Großkomm AktG/*Merkt* Rn. 124; *Noack* ZIP 1999, 1993 (1997).
[271] MüKoAktG/*Bayer* Rn. 110; Großkomm AktG/*Merkt* Rn. 123; Grigoleit/*Grigoleit*/*Rachlitz* Rn. 34; Hölters/*Laubert* Rn. 21; *Noack* ZIP 1999, 1993 (1997).
[272] Eingehend dazu *Baums* FS Hüffer, 2009, 15 (16 ff.); *Quass* AG 2009, 432 (434).
[273] BGHZ 182, 272 (276 f. Rn. 9) = NZG 2009, 1270; LG Köln NZG 2009, 467 (468); vgl. auch OLG Köln AG 2009, 448 f.; ausf. *Baums* FS Hüffer, 2009, 15 (19 ff.); *Bayer/Lieder* NZG 2009, 1361 (1362 f.); *Butzke* Die Hauptversammlung der Aktiengesellschaft Rn. E 101; MüKoAktG/*Bayer* Rn. 112 mN zum zum US-amerikanischen Recht; Hüffer/Koch/*Koch* Rn. 20; Bürgers/Körber/*Wieneke* Rn. 27; NK-AktR/*Heinrich* Rn. 21; strenger Großkomm AktG/*Merkt* Rn. 127 ff.
[274] *Baums* FS Hüffer, 2009, 15 (26).
[275] So aber *Schäfer* in Happ AktienR 4.08 Rn. 7 Fn. 55.
[276] BGHZ 182, 272 (276 f. Rn. 9) = NZG 2009, 1270; *Baums* FS Hüffer, 2009, 15 (28); *Butzke* Die Hauptversammlung der Aktiengesellschaft Rn. E 101.

record date iSv Art. 7 Abs. 2 der Aktionärsrechterichtlinie,[277] wonach sich die Rechte eines Aktionärs auf Teilnahme an der Hauptversammlung und auf Ausübung des Stimmrechts aus seinen Aktien sich nach den Aktien bestimmen, die er zu einem bestimmten Zeitpunkt vor der Hauptversammlung hält.[278] Eine solche Regelung findet sich in § 123 Abs. 4 für Inhaberaktien. Übertragen auf Namensaktien würde sie bedeuten, dass es für die Teilnahme- und Stimmberechtigung auf den Stand der Eintragungen im Aktienregister am Stichtag ankäme. Eine Umschreibung zwischen diesem Zeitpunkt und der Hauptversammlung würde an der Teilnahme- und Stimmberechtigung des am Stichtag eingetragenen Aktionärs nichts ändern. Die Gesellschaft müsste daher lediglich prüfen, ob die angemeldeten Aktionäre zum Stichtag im Aktienregister eingetragen waren. Der Entwurf eines § 123 Abs. 6,[279] durch den für Inhaber- und Namensaktien gleichermaßen der 21. Tag vor der Hauptversammlung als Stichtag festgelegt worden wäre, ist nicht Gesetz geworden, weil bei Namensaktien ein so langer zeitlicher Vorlauf für nicht erforderlich gehalten wurde, die Gefahr, dass Aktieninhaberschaft und Teilnahmeberechtigung auseinanderfallen, sich erheblich erhöht hätte und schließlich eine einheitliche europäische Stichtagsregelung, die im Interesse des Kapitalmarkts für wünschenswert gehalten wird, ohnehin nicht erreicht worden wäre.[280] De lege lata ist ein Umschreibungsstopp daher weiterhin deswegen notwendig, weil für Namensaktien nach wie vor kein record date im vorstehend beschriebenen Sinne existiert und die Gesellschaft daher prüfen muss, ob die angemeldeten Aktionäre am Tag der Hauptversammlung im Aktienregister eingetragen sind. Die dafür notwendige Zeit verschafft ihr der Umschreibungsstopp, der sicherstellt, dass zwischen dem Zeitpunkt seines Eingreifens und der Hauptversammlung keine Umschreibungen im Aktienregister mehr erfolgen, so dass der Eintragungsstand am Tag der Hauptversammlung mit dem bei Eingreifen des Umschreibungsstopps identisch ist.[281] Der maßgebliche Zeitpunkt ist bei börsennotierten Gesellschaften gemäß § 121 Abs. 3 S. 2 bekannt zu machen.[282] Umstritten ist die zulässige Dauer des Zeitraums, während dessen keine Umschreibungen vorgenommen werden müssen; nach dem Schrifttum soll er höchstens zwischen zwei[283] oder drei[284] und sieben Tagen[285] betragen. Letzteres entspricht der Regelung des § 123 Abs. 2 S. 2. Die Satzung kann Einzelheiten festlegen, jedoch sollte der Umschreibungsstopp keinesfalls vor dem Ende der Anmeldefrist einsetzen, da erst nach ihrem Ablauf der endgültige Abgleich zwischen den Anmeldungen und den Eintragungen im Aktienregister erfolgen kann.[286] Dementsprechend darf der Umschreibungsstopp jedenfalls nicht vor Ablauf der gesetzlichen Höchstfrist nach § 123 Abs. 2 S. 2 einsetzen.[287]

VII. Pflichten der Kreditinstitute, Abs. 4

82 **1. Mitteilungspflicht.** Die Kreditinstitute und gem. Abs. 4 S. 6 auch die ihnen nach § 125 Abs. 5 gleichgestellten Finanzdienstleistungsinstitute gem. § 1 Abs. 1a KWG sowie Unternehmen nach § 53 Abs. 1 S. 1 KWG, § 53b Abs. 1 S. 1 oder Abs. 7 KWG, die bei der Übertragung und Verwahrung von Namensaktien mitwirken, sind verpflichtet, der Gesellschaft die für die Führung des Aktienregisters erforderlichen Angaben zu übermitteln. Die in Abs. 1 aufgeführten Angaben sind nicht nur anlässlich einer Aktienübertragung weiterzugeben; vielmehr ist die Gesellschaft über Namens-, Adressen- und Bestandsänderungen auch bei unveränderter Inhaberschaft zu informieren.[288] Durch die Verpflich-

---

[277] Richtlinie 2007/36/EG des Europäischen Parlaments und des Rates v. 11. Juli 2007 über die Ausübung bestimmter Rechte von Aktionären in börsennotierten Gesellschaften, ABl. EU 2007 L 184, 17.
[278] Zutr. *Butzke* Die Hauptversammlung der Aktiengesellschaft Rn. E 101; nur terminologisch and Grigoleit/*Grigoleit/Rachlitz* Rn. 36; *Grigoleit/Rachlitz* ZHR 174 (2010) 12 (28 f.); ob Art. 7 Abs. 2 der Aktionärsrechterichtlinie im Hinblick auf Namensaktien noch der Umsetzung bedarf, ist umstr., dafür etwa *Ziemons* NZG 2012, 212 (213 f.), dagegen Kölner Komm AktG/*Noack/Zetzsche* § 123 Rn. 14 ff.
[279] Vgl. Art. 1 Nr. 10b RegE Aktienrechtsnovelle 2014, BT-Drs. 18/4349, 8.
[280] Näher dazu etwa *Harbarth/v. Plettenberg* AG 2016, 145 (151).
[281] *Grigoleit/Rachlitz* ZHR 174 (2010) 12 (28 f.).
[282] LG Köln NZG 2009, 467 (468); *Bayer/Lieder* NZG 2009, 1361 (1363); K. Schmidt/Lutter/*T. Bezzenberger* Rn. 43; Hüffer/Koch/*Koch* Rn. 20; aA *Baums* FS Hüffer, 2009, 15 (28 ff.); *Quass* AG 2009, 432 (435); *Butzke* Die Hauptversammlung der Aktiengesellschaft Rn. E 101, der die Bekanntmachung aber für empfehlenswert hält.
[283] Großkomm AktG/*Merkt* Rn. 129.
[284] *Noack* ZIP 1999, 1993 (1997).
[285] BegrRegE, BT-Drs. 14/4051, 11: keinesfalls länger als sieben Tage; BGH NZG 2009, 1270 (1271) Rn. 9; LG Köln NZG 2009, 467 (468): zwischen drei und sieben Tage; *Baums* FS Hüffer, 2009, 15 (26 f.); *v. Nussbaum* NZG 2009, 456 (457); sechs Tage: MüKoAktG/*Bayer* Rn. 112; *Bayer/Lieder* NZG 2009, 1361 (1363); Hüffer/Koch/*Koch* Rn. 20.
[286] *Butzke* Die Hauptversammlung der Aktiengesellschaft Rn. E 101 Fn. 246; *Leuering* ZIP 1999, 1745 (1747); *Quass* AG 2009, 432 (435).
[287] BegrRegE, BT-Drs. 14/4051, 11; *Bayer/Lieder* NZG 2009, 1361 (1363); aA noch *Diekmann* BB 1999, 1985 (1989).
[288] *Seibert*, Namensaktie, 2000, 11 (21); MüKoAktG/*Bayer* Rn. 114.

tung der Kreditinstitute zur Mitteilung soll das **Leitbild des aktuellen und vollständigen Aktienregisters** verwirklicht werden.[289] Bei börsennotierten Gesellschaften erfolgt die Mitteilung der Depotbanken an die Clearstream Banking AG, die den Auftrag zur Umschreibung an die Emittentin oder das von ihr mit der Führung des Aktienregisters beauftragte Unternehmen weiterleitet.[290]

2. Widerspruch. Bis zur Einführung der Mitteilungspflicht nach Abs. 1 S. 2 war unbestritten, 83 dass die Informationsweitergabe durch das Kreditinstitut zu unterbleiben hatte, wenn der Kunde ihr widersprach.[291] Demgegenüber wird nach Einführung der Mitteilungspflicht des Aktionärs nach Abs. 1 S. 2 im Schrifttum zunehmend die Ansicht vertreten, ein Widerspruch des Kunden gegen die Informationsweitergabe durch ein Kreditinstitut sei mangels Gesetzeskonformität unbeachtlich.[292] Indessen waren bei der Übertragung von Namensaktien mitwirkende Kreditinstitute bereits vor der Einführung der Mitteilungspflicht des Aktionärs nach Abs. 1 S. 2 gem. Abs. 4 S. 1 gegenüber der Gesellschaft zur Informationsübermittlung verpflichtet; dennoch war ein Widerspruch des Aktionärs deswegen nicht unbeachtlich. Die Mitteilungspflicht des Aktionärs nach Abs. 1 S. 2 hat an Inhalt und Bindungswirkung der Pflicht der Kreditinstitute nach Abs. 4 S. 1 nichts geändert. Der Umstand, dass der Aktionär durch einen Widerspruch gegen die Informationsweitergabe seine Pflichten gegenüber der Aktiengesellschaft verletzen mag, führt nicht zur Unbeachtlichkeit einer entsprechenden Weisung.[293] Ebenso wenig wie in anderen Fällen, in denen ein Kunde durch eine Weisung vertragliche oder gesetzliche Pflichten gegenüber Dritten verletzt, ist es auch hier Aufgabe des Kreditinstituts, für die Rechtstreue seiner Kunden Sorge zu tragen. Widerspricht der Aktionär der Weitergabe der Angaben nicht, so ist das Kreditinstitut der Gesellschaft zur **unverzüglichen Mitteilung** verpflichtet.[294]

3. Eintragung des depotführenden Instituts. Durch Art. 1 Nr. 1 UMAG[295] wurde die Rege- 84 lung des Satz 5 (ursprünglich Satz 2) eingefügt, wonach die Gesellschaft das Recht hat, die Eintragung des depotführenden Instituts als Platzhalter in das Aktienregister zu fordern, sofern der Aktionär nicht selbst eingetragen ist. Die Regelung wurde eingeführt, um die Vollständigkeit des Aktienregisters auch dann so weit wie möglich zu gewährleisten, wenn der Aktionär sich nicht selbst eintragen lassen will.[296] Satz 5 stellt klar, dass es für die Eintragung des depotführenden Kreditinstituts[297] einer Ermächtigung des Aktionärs nicht bedarf und er der Eintragung des Kreditinstituts auch nicht widersprechen kann.[298] Maßgebend ist allein der Wille der Aktiengesellschaft. Die notwendigen Kosten für die Eintragung und die Erfüllung der daraus erwachsenden Informations- und Weitergabepflichten gegenüber den Aktionären müssen von der Aktiengesellschaft übernommen werden. Weder aus dem Wortlaut des Gesetzes noch aus den Materialien[299] geht eindeutig hervor, wer mit dem Begriff „depotführendes Institut" iSv § 67 Abs. 4 S. 5 gemeint ist. Denkbar wäre zunächst, auf das Depot der vom Aktionär aus gesehen in der Verwahrkette letzten und deren Depot beim Zentralverwahrer abzustellen und dementsprechend die Clearstream Banking als depotführendes Institut zu qualifizieren. Das würde indessen der Systematik des Gesetzes, das durch seine Verweisung auf § 125 Abs. 5 zum Ausdruck bringt, dass Einrichtungen mit unterschiedlichen Unternehmensgegenständen als depotführende Institute in Frage komme, ebenso widersprechen wie der Gesetzesbegründung, in der im Plural von Kreditinstituten die Rede ist. Denkbar wäre andererseits, dass die Bestimmung

---

[289] BegrRegE, BT-Drs. 14/4051, 11; Hüffer/Koch/*Koch* Rn. 21; MüKoAktG/*Bayer* Rn. 114; *Seibert*, Namensaktie, 2000, 11 (21); NK-AktR/*Heinrich* Rn. 29.
[290] Nr. XXIII S. 3 AGB der Clearstream Banking AG Stand 1.1.2012; zur Vorgängerregelung in Nr. 46 Abs. 3 der AGB vgl. *Baums* FS Hüffer, 2009, 15 (23).
[291] BegrRegE BT-Drs. 14/4051, 11; *Goedecke/Heuser* BB 2001, 369 (370); MüKoAktG/*Bayer* Rn. 115 f.; ebenso nach Einführung des Abs. 1 S. 2 Kölner Komm AktG/*Lutter/Drygala* Rn. 108 f.
[292] Bürgers/Körber/*Wieneke* Rn. 28; Hüffer/Koch/*Koch* Rn. 8, 21; K. Schmidt/Lutter/*T. Bezzenberger* Rn. 46; *Gätsch* FS Beuthien, 2009, 133 (145); *Noack* NZG 2008, 721; *Reul* ZNotP 2010, 12 (13).
[293] So im Erg. auch Kölner Komm AktG/*Lutter/Drygala* Rn. 109; aA K. Schmidt/Lutter/*T. Bezzenberger* Rn. 46; Grigoleit/*Grigoleit/Rachlitz* Rn. 39.
[294] MüKoAktG/*Bayer* Rn. 117; Grigoleit/*Grigoleit/Rachlitz* Rn. 38.
[295] Gesetz zur Unternehmensintegrität und Modernisierung des Anfechtungsrechts (UMAG), v. 22.9.2005, BGBl. 2005 I 2802.
[296] Vgl. K. Schmidt/Lutter/*T. Bezzenberger* Rn. 47 f.; Hüffer/Koch/*Koch* Rn. 21.
[297] Nach § 67 Abs. 4 S. 6 iVm § 125 Abs. 5 sind Finanzdienstleistungsinstitute und die nach § 53 Abs. 1 S. 1 KWG oder § 53b Abs. 1 S. 1 oder Abs. 7 KWG tätige Unternehmen Kreditinstituten gleichgestellt.
[298] Beschlussempfehlung und Bericht des Rechtsausschusses (6. Ausschuss) zum Gesetzesentwurf der Bundesregierung – Drs. 15/5092 – Entwurf eines Gesetzes zur Unternehmensintegrität und Modernisierung des Anfechtungsrechts (UMAG), BT-Drs. 15/5693, 16 reSp; K. Schmidt/Lutter/*T. Bezzenberger* Rn. 47 f.; Hölters/*Laubert* Rn. 22; Bürgers/Körber/*Wieneke* Rn. 31.
[299] Beschlussempfehlung und Bericht des Rechtsausschusses (6. Ausschuss) zu dem Gesetzesentwurf der Bundesregierung – Drs. 15/5092 – Entwurf eines Gesetzes zur Unternehmensintegrität und Modernisierung des Anfechtungsrechts (UMAG), BT-Drs. 15/5693, 16.

sich auf das Kreditinstitut bezieht, bei dem der Aktionär sein Depot unterhält.[300] Problematisch ist dabei allerdings, dass sich dieses Institut insbesondere bei längeren Verwahrketten, wie sie vor allem bei ausländischen Aktionären nicht unüblich sind, nicht stets mit Sicherheit ermitteln lassen wird. Die Gesellschaft kann zwar nach Abs. 4 S. 2 und 3 entlang der Verwahrkette Auskunftsverlangen stellen. Als Sanktion für die Nichterfüllung eines Auskunftsverlangens sieht das Gesetz indessen lediglich den Stimmrechtsverlust nach Abs. 2 S. 3 vor. Nimmt ein Glied innerhalb der Verwahrkette dies in Kauf, erfährt die Gesellschaft nicht, bei welchem Institut der Aktionär sein Depot unterhält; sie kann dementsprechend die Eintragung dieses Instituts nicht bewirken. Dem Zweck von Abs. 2 S. 5, Eintragungslücken kurzfristig zu schließen, entspricht es daher am ehesten, entweder dasjenige Institut als depotführendes Institut iSv Abs. 4 S. 5 zu qualifizieren, das ein Auskunftsverlangen der Gesellschaft nach Abs. 4 S. 2 oder 3 nicht binnen angemessener Frist erfüllt hat, oder, sofern die Gesellschaft kein (kostenpflichtiges) Auskunftsverlangen nach Abs. 4 S. 2 oder 3 stellt, das letzte Institut vor dem Zentralverwahrer. Da die Eintragung nach Abs. 4 S. 5 dem Aktionär nicht zurechenbar ist, findet Abs. 2 auf das als Platzhalter eingetragene Institut keine Anwendung.[301] Aus den Gesetzesmaterialien ergibt sich, dass für das nach Abs. 4 S. 5 eingetragene Kreditinstitut keine **Mitteilungspflichten** nach dem WpHG entstehen.[302] Gleiches ergibt sich, auch ohne dass die Gesetzesmaterialien darauf eingehen, für die Mitteilungspflichten nach dem AktG (insbes. nach §§ 20, 21), da die Aktien dem Kreditinstitut nicht gehören. Das **Stimmrecht** aus den Aktien kann das depotführende Institut nach § 135 Abs. 6 S. 1 nur aufgrund einer Ermächtigung durch den Kunden ausüben.[303] Sofern keine gesonderten Gewinnanteilsscheine ausgegeben sind (→ Rn. 42), kann und muss die Gesellschaft die auf die Aktien entfallende Dividende mit befreiender Wirkung an das depotführende Institut leisten, das aufgrund seiner vertraglichen Beziehungen zum Kunden verpflichtet ist, das Empfangene an ihn weiterzuleiten.[304] Auf Betreiben des Rechtsausschusses[305] ist durch Art. 9 Nr. 4a EHUG[306] der neue Abs. 4 S. 7 (früher: S. 4) eingefügt worden, der bestimmt, dass die vorübergehende Eintragung eines Kreditinstituts im Rahmen eines Übertragungsvorgangs weder Pflichten nach Abs. 2 noch nach § 128 auslöst. Ausweislich der Begründung zu dieser Vorschrift[307] soll damit vor allem klargestellt werden, dass das Kreditinstitut durch die regelmäßig sehr kurzfristige Eintragung bei der Übertragung nicht zum Adressaten von Meldepflichten nach dem WpHG wird. Die Materialien äußern sich nicht zu der Frage, ob das depotführende Institut für **rückständige Einlagen** haftet. Das ist auch dann zu verneinen, wenn das Institut länger als die in den Materialien[308] erwähnten 2 Tage eingetragen bleibt. Da das depotführende Institut auf seine Eintragung keinen Einfluss hat (→ Rn. 19), könnte die Gesellschaft ihm anderenfalls das Risiko und die Kosten der Kapitalaufbringung aufbürden.[309] Der Zweck der Eintragung ist insoweit vielmehr darin zu sehen, dass mit der Eintragung des depotführenden Instituts ein Adressat für die Nachfrist nach § 64 zur Verfügung steht, die ihrerseits Voraussetzung für die Inanspruchnahme der Rechtsvorgänger des Erwerbers nach § 65 ist (→ Rn. 65). Das depotführende Institut wird also nicht selbst Einlageschuldner, sondern fungiert lediglich als Partei für das Kaduzierungsverfahren.[310] Auf diese Weise begegnet das Gesetz der Gefahr, dass sich Aktionäre durch (unentgeltliche) Übertragung der Aktie auf einen Rechtsnachfolger, der sich seinerseits nicht eintragen lässt, im Ergebnis ihren Einlagepflichten entziehen können. Damit ist den zum früheren Recht geäußerten Bedenken gegen die Zulässigkeit freier Meldebestände bei nicht voll eingezahlten Aktien[311] Rechnung getragen.

85 **4. Auskunftspflicht.** Die durch das Risikobegrenzungsgesetz (→ Rn. 4) eingeführte Auskunftspflicht nach Abs. 4 S. 2 und 3 betrifft die in der Verwahrkette zwischen dem Zentralverwahrer und

---

[300] So *Maurice*, Namensaktien, 2011, 125 f.
[301] *Bayer/Scholz* NZG 2013, 721 (724 f.); MüKoAktG/*Bayer* Rn. 125; Hölters/*Laubert* Rn. 23; aA Grigoleit/ *Grigoleit/Rachlitz* Rn. 43; Kölner Komm AktG/*Lutter/Drygala* Rn. 99.
[302] Beschlussempfehlung und Bericht des Rechtsausschusses (6. Ausschuss) zu dem Gesetzesentwurf der Bundesregierung – Drs. 15/5092 – Entwurf eines Gesetzes zur Unternehmensintegrität und Modernisierung des Anfechtungsrechts (UMAG), BT-Drs. 15/5693, 16 reSp; Bürgers/Körber/*Wieneke* Rn. 31; NK-AktR/*Heinrich* Rn. 40; U. H. Schneider/Müller-von Pilchau AG 2007, 181 (186).
[303] Grigoleit/*Grigoleit/Rachlitz* Rn. 43; Marsch-Barner FS Hüffer, 2010, 627 (633).
[304] *U. H. Schneider/Müller-von Pilchau* AG 2007, 181 (184 f.); *Grigoleit/Rachlitz* ZHR 174 (2010) 12 (40).
[305] Beschlussempfehlung und Bericht des Rechtsausschusses, BT-Drs. 16/2781, 60.
[306] Gesetz über das elektronische Handelsregister und Genossenschaftsregister sowie das Unternehmensregister (EHUG) v. 10.11.2006, BGBl. 2006 I 2553.
[307] Beschlussempfehlung und Bericht des Rechtsausschusses, BT-Drs. 16/2781, 88.
[308] Beschlussempfehlung und Bericht des Rechtsausschusses, BT-Drs. 16/2781, 88.
[309] So im Erg. auch MüKoAktG/*Bayer* Rn. 125; aA; Haftung des Kreditinstituts für rückständige Einlagen, Grigoleit/*Grigoleit/Rachlitz* Rn. 43.
[310] *Bayer* Liber Amicorum Winter, 2011, 9 (25 f.); *Maurice*, Namensaktien, 2011, 131.
[311] *Drygala* NZG 2004, 893 (896).

dem wirtschaftlichen Aktieninhaber stehenden Kreditinstitute und soll es der Gesellschaft ermöglichen, sich über den „eigentlichen" Aktionär zu vergewissern. Die Auskunftspflicht nach Satz 2 betrifft Aktien, als deren Inhaber ein Kreditinstitut eingetragen ist, die es aber **für fremde Rechnung** hält. Anders als im Rahmen des Abs. 1 S. 3 ist es hier unerheblich, ob das Kreditinstitut lediglich als Legitimationsaktionär oder als Vollrechtstreuhänder und damit als dinglicher Rechtsinhaber eingetragen ist; entscheidend ist allein, dass es die Aktien für fremde Rechnung hält (näher → Rn. 26).[312] Nach Satz 3 erstreckt sich die Auskunftspflicht auf Kreditinstitute, die zwar nicht selbst im Aktienregister eingetragen sind, für deren Rechnung aber das eingetragene Kreditinstitut die Aktien hält, sowie auf alle weiteren Kreditinstitute in der Verwahrkette bis hin zum ersten Glied in der Verwahrkette, das kein Kreditinstitut ist.[313] Bei dieser Person endet die Auskunftspflicht selbst dann, wenn sie ihrerseits nur als Treuhänder für einen Dritten fungiert, denn wie aus Abs. 1 S. 3 folgt, trifft jenseits der Kreditinstitute in der Verwahrkette den rechtlichen Anteilsinhaber auch dann keine Auskunftspflicht gegenüber der Gesellschaft, wenn es sich bei ihm nicht um den wirtschaftlichen Aktionär handelt.[314] Das Gesetz äußert sich nicht zur Frage, wie lange die angemessene Frist für die Auskunftserteilung bemessen sein muss; im Anschluss an eine Bemerkung in den Gesetzesmaterialien[315] wird aber eine Mindestfrist von 14 Tagen für erforderlich und im Allgemeinen auch für ausreichend gehalten.[316]

Eine Auskunft nach Abs. 4 S. 2 oder 3 muss nur auf entsprechendes Verlangen der Gesellschaft **86** hin erteilt werden. Derartige Auskunftsverlangen dürfen **nicht schikanös** gestellt werden; es müssen vielmehr Anhaltspunkte vorliegen, die die Annahme rechtfertigen, der Eingetragene sei nicht der rechtliche oder wirtschaftliche Eigentümer der Aktien, wie dies insbesondere bei Eintragung eines Kreditinstituts naheliegen kann.[317] Der Vorstand ist darüber hinaus an den **Gleichbehandlungsgrundsatz** gebunden,[318] denn er darf nicht einzelnen Aktionären willkürlich die Stimmrechtsausübung erschweren. Eine unvertretbare Beeinträchtigung des Informationsbedürfnisses der Gesellschaft ist damit nicht verbunden, denn Anhaltspunkte, die Anlass zu Nachfragen geben, reichen als Differenzierungsgrund aus. Aus dem Umstand dass die Satzung eine Grenze nach Abs. 1 S. 3 für die Eintragung als Legitimationsaktionär vorsieht, folgt nicht, dass ein Auskunftsbegehren nach Abs. 4 S. 2 oder 3 stets besonders begründungsbedürftig wäre.[319]

5. Kosten. Gem. Abs. 4 S. 1 sind die notwendigen Kosten der Datenübermittlung von der Aktien- **87** gesellschaft zu tragen. Die Betonung dieser Verpflichtung ist das Ergebnis von Verhandlungen zwischen der Kreditwirtschaft und der Emittentenseite.[320] Notwendig iSv Abs. 4 S. 1 sind die Pauschsätze gem. § 3 der auf § 128 Abs. 4 Nr. 6 idF des Art. 1 Nr. 10d NaStraG beruhenden VO über den Ersatz von Aufwendungen der Kreditinstitute v. 17.6.2003 (BGBl. 2003 I 885).[321] Eine Verbändevereinbarung, an die der Gesetzgeber zunächst gedacht hatte,[322] ist nicht zustande gekommen. Gem. Abs. 4 S. 4 Hs. 2 gilt die Kostenerstattungsregelung nach S. 1 entsprechend für die Erteilung von Auskünften nach Abs. 4 S. 2 und 3.

VIII. Löschung zu Unrecht erfolgter Eintragungen, Abs. 5

1. Verhältnis zum früheren Recht. Abs. 5 regelt die Löschung von zu Unrecht erfolgten Ein- **88** tragungen. Die Vorschrift entspricht inhaltlich unverändert dem früheren Abs. 3.

2. Voraussetzungen der Löschung. Ist der Vorstand der Aktiengesellschaft der Auffassung, dass **89** jemand zu Unrecht als Aktionär im Aktienregister eingetragen ist, so hat er das Löschungsverfahren

---

[312] AA Kölner Komm AktG/*Lutter*/*Drygala* Rn. 120; *Bürgers*/*Körber*/*Wieneke* Rn. 30a; *Marsch-Barner* FS Hüffer, 2010, 627 (642); *Ihrig* FS U. H. Schneider, 2011, 573 (575); *Çekin*, Offenlegungs- und Mitteilungspflichten nach § 67 AktG, 2012, 134 f.
[313] Vgl. dazu *U. H. Schneider* FS Hopt, 2010, 1329 (1339 f.).
[314] Im Erg. ebenso *Noack* NZG 2008, 721 (723); aA Grigoleit/*Grigoleit*/*Rachlitz* Rn. 40 Fn. 111; *Grigoleit*/*Rachlitz* ZHR 174 (2010) 12 (50 f.); *Ihrig* FS U. H. Schneider, 2011, 573 (575).
[315] BegrRegE BT-Drs. 16/7438, 14.
[316] Kölner Komm AktG/*Lutter*/*Drygala* Rn. 121; K. Schmidt/Lutter/*T. Bezzenberger* Rn. 51 f.; *Bürgers*/*Körber*/*Wieneke* Rn. 30c; *Ihrig* FS U. H. Schneider, 2011, 573 (582).
[317] *Noack* NZG 2008, 721 (724); Kölner Komm AktG/*Lutter*/*Drygala* Rn. 124.
[318] Grigoleit/*Grigoleit*/*Rachlitz* Rn. 41; Hölters/*Laubert* Rn. 25; *Wilsing*/*Goslar* DB 2007, 2467 (2471); *Noack* NZG 2008, 721 (724); *Diekmann*/*Merkner* NZG 2007, 921 (926); aA Kölner Komm AktG/*Lutter*/*Drygala* Rn. 123; *Bürgers*/*Körber*/*Wieneke* Rn. 30b; vermittelnd *Ihrig* FS U. H. Schneider, 2011, 573 (580 f.).
[319] *Ihrig* FS U. H. Schneider, 2011, 573 (577 f.); *Çekin*, Offenlegungs- und Mitteilungspflichten nach § 67 AktG, 2012, 128; aA Kölner Komm AktG/*Lutter*/*Drygala* Rn. 124.
[320] *Seibert* ZIP 2001, 53 (55).
[321] Grigoleit/*Grigoleit*/*Rachlitz* Rn. 45.
[322] Beschlussempfehlung und Bericht des Rechtsausschusses, BT-Drs. 14/4618, 13.

nach Abs. 5 einzuleiten. Voraussetzung für die Einleitung des Verfahrens ist, dass die **Eintragung zu Unrecht** erfolgt ist. Das ist nicht nur dann der Fall, wenn die Eintragung entgegen der materiellen Rechtslage bewirkt wurde, sondern auch dann, wenn das Eintragungsverfahren an schwerwiegenden Mängeln leidet,[323] insbesondere wenn die Eintragung nicht durch den Vorstand oder einen von ihm mit dieser Aufgabe betrauten Dritten veranlasst oder wenn fälschlich eine andere als die in der Mitteilung genannte Person eingetragen wurde oder wenn es an einer Mitteilung nach Abs. 3 fehlt, die einer dazu berechtigten Person zurechenbar wäre, → Rn. 40 und 72.

90 Anders als bei der Löschung nach Abs. 3 geht es beim Verfahren nach Abs. 5 nicht um die Löschung einer Eintragung anlässlich eines Rechtsübergangs auf Mitteilung und Nachweis, sondern um ein vom Vorstand von Amts wegen einzuleitendes Verfahren zur Beseitigung zu Unrecht erfolgter Eintragungen. Für die Abgrenzung kommt es auf die materielle Rechtslage zum Zeitpunkt der Eintragung an. Wurde die Aktie nach der Eintragung weiter übertragen, kann die Anpassung des Aktienregisters nur nach Abs. 3 erfolgen.[324]

91 Abs. 3 betrifft zwar seinem Wortlaut nach nur die Löschung der zu Unrecht erfolgten Eintragung eines Aktionärs; über diesen Wortlaut hinaus beansprucht die Bestimmung aber auch für das **Rückgängigmachen zu Unrecht erfolgter Löschungen** Geltung.[325] Sie gilt schließlich auch für eintragungsfähige Belastungen (→ Rn. 22 f.), die zu Unrecht eingetragen oder gelöscht worden sind.

92 **3. Abgrenzung zur Berichtigung.** Das Löschungsverfahren kommt nur bei einer zu Unrecht erfolgten Eintragung in Betracht. Die Berichtigung von bloßen Schreibfehlern oder anderen **offenbaren Unrichtigkeiten,** etwa der fälschlichen Eintragung einer anderen als der in der Mitteilung genannten Person, ist keine Löschung iSv Abs. 5. Sie ist daher vom Vorstand ohne Einhaltung des dort geregelten Verfahrens vorzunehmen.[326] Dagegen ist die Löschung von **nicht eintragungspflichtigen** oder nach Ansicht des Vorstandes **nicht eintragungsfähigen Angaben** (nach dennoch erfolgter Eintragung) in Anbetracht der insoweit bestehenden Abgrenzungszweifel (näher → Rn. 21 ff.) entgegen verbreiteter Auffassung[327] nicht ohne Mitwirkung der Betroffenen und daher nur im Verfahren nach Abs. 5 zulässig.[328]

93 Bei **schwerwiegenden Mängeln des Eintragungsverfahrens** findet zwar Abs. 2 grundsätzlich keine Anwendung (→ Rn. 40 f.). Dennoch scheidet eine Beseitigung durch die Gesellschaft außerhalb des Verfahrens nach Abs. 5 und damit ohne Mitwirkung der Betroffenen jenseits der Berichtigung offenbarer Unrichtigkeiten aus. Zweifel an der Geschäftsfähigkeit des Eingetragenen oder einer für ihn handelnden Person müssen unter Beteiligung der Betroffenen aufgeklärt werden. Das Gleiche gilt für die Frage, ob die Eintragung inhaltlich unrichtig ist, wenn für die Gesellschaft eine unzuständige Person gehandelt hat. Auf fehlende Veranlassung seiner Eintragung schließlich kann sich der Eingetragene nicht mehr berufen, wenn er Rechte aus den Aktien ausgeübt hat.[329] Da das Erfordernis der zurechenbaren Veranlassung den Rechtsinhaber schützen soll, kann unter diesen Umständen auch die Gesellschaft nicht den Mangel der Mitteilung geltend machen, so dass trotz des Verfahrensmangels Abs. 2 auf das Verhältnis zwischen dem Eingetragenen und der Gesellschaft Anwendung findet (→ Rn. 72).

94 **4. Verfahren. a) Beteiligte.** Beteiligte iSv Abs. 5 sind der eingetragene Aktionär sowie seine unmittelbaren und mittelbaren Vormänner, soweit die Frist des § 65 Abs. 2 für ihre Inanspruchnahme noch nicht abgelaufen ist.[330] Pfandgläubiger und Nießbraucher sind dann zu beteiligen, wenn ihre Rechtsstellung durch die Löschung betroffen wäre, insbesondere also, wenn ihre eingetragenen Rechte gelöscht werden sollen.[331] Soll eine zu Unrecht erfolgte Löschung rückgängig gemacht werden (→ Rn. 89), ist Beteiligter der Inhaber der gelöschten Rechtsposition.

---

[323] MüKoAktG/*Bayer* Rn. 131 f.; Kölner Komm AktG/*Lutter/Drygala* Rn. 127; Großkomm AktG/*Merkt* Rn. 152; K. Schmidt/Lutter/*T. Bezzenberger* Rn. 58; Grigoleit/*Grigoleit/Rachlitz* Rn. 48; Bürgers/Körber/*Wieneke* Rn. 33; Hüffer/Koch/*Koch* Rn. 23.
[324] MüKoAktG/*Bayer* Rn. 131.
[325] Vgl. dazu MüKoAktG/*Bayer* Rn. 153; *Bayer* Liber Amicorum Winter, 2011, 9 (36).
[326] MüKoAktG/*Bayer* Rn. 129; Kölner Komm AktG/*Lutter/Drygala* Rn. 131; Großkomm AktG/*Merkt* Rn. 156; Bürgers/Körber/*Wieneke* Rn. 33; Grigoleit/*Grigoleit/Rachlitz* Rn. 46; Hüffer/Koch/*Koch* Rn. 23.
[327] Großkomm AktG/*Merkt* Rn. 157; Bürgers/Körber/*Wieneke* Rn. 33; Hüffer/Koch/*Koch* Rn. 23.
[328] Vgl. nur MüKoAktG/*Bayer* Rn. 130; Großkomm AktG/*Barz*, 3. Aufl. 1973, Anm. 6; ähnl. Kölner Komm AktG/*Lutter/Drygala* Rn. 132 (jedenfalls wenn der Aktionär dies verlangt).
[329] *Bayer* Liber Amicorum Winter, 2011, 9 (27).
[330] *Hüffer* Rn. 24; Kölner Komm AktG/*Lutter/Drygala* Rn. 135; MüKoAktG/*Bayer* Rn. 135; Großkomm AktG/*Merkt* Rn. 159; Hölters/*Laubert* Rn. 28; Grigoleit/*Grigoleit/Rachlitz* Rn. 49; aA im Hinblick auf die mittelbaren Vormänner noch Großkomm AktG/*Barz*, 3. Aufl. 1973, Anm. 8, 10.
[331] MüKoAktG/*Bayer* Rn. 136; Großkomm AktG/*Merkt* Rn. 160; K. Schmidt/Lutter/*T. Bezzenberger* Rn. 59; Hüffer/Koch/*Koch* Rn. 24; Kölner Komm AktG/*Lutter/Drygala* Rn. 137; Hölters/*Laubert* Rn. 28; Grigoleit/*Grigoleit/Rachlitz* Rn. 49; aA NK-AktR/*Heinrich* Rn. 45.

b) Benachrichtigung und Fristsetzung. Nach Abs. 5 ist die Gesellschaft nicht ohne weiteres 95
zur Löschung zu Unrecht erfolgter Eintragungen befugt.[332] Sie muss vielmehr zunächst die Beteiligten von der beabsichtigten Löschung benachrichtigen und ihnen zugleich eine angemessene Frist zur Geltendmachung eines Widerspruchs setzen. Auf eine Löschung, die ohne Beachtung dieser Bestimmungen erfolgt, kann die Gesellschaft sich nicht berufen.[333]

Für die Benachrichtigung ist **keine Form** vorgeschrieben.[334] Aus Beweisgründen und zur Dokumentation des Fristablaufs ist es allerdings ratsam, die Beteiligten durch Einschreiben gegen Rückschein oder auf vergleichbar beweiskräftigem Wege zu benachrichtigen. Die Benachrichtigung muss die Löschungsabsicht zweifelsfrei erkennen lassen. 96

Die **Frist** für die Geltendmachung eines Widerspruchs muss so bemessen sein, dass den Beteiligten 97
ausreichend Zeit zur Überlegung und Äußerung zur Verfügung steht. Bei Aktionären mit ausländischem Wohnort muss die längere Postlaufzeit berücksichtigt werden.[335] Eine Frist von einem Monat ist stets ausreichend (arg. § 246 Abs. 1),[336] stellt aber entgegen einer im Schrifttum[337] vertretenen Auffassung schon deswegen kein im Regelfall einzuhaltendes Minimum dar, weil der Widerspruch nicht begründungsbedürftig ist[338] und keine Kostenfolgen für den Widerspruchsführer mit sich bringt. Ist die von der Gesellschaft gesetzte Frist unangemessen kurz, ist ein binnen eines Monats nach Zugang der Benachrichtigung eingegangener Widerspruch auch dann beachtlich, wenn die von der Gesellschaft gesetzte Frist abgelaufen ist.

c) Fortgang des Verfahrens bei Ausbleiben von Widerspruch. Erhebt kein Beteiligter frist- 98
gerecht (→ Rn. 95) Widerspruch oder erklären alle Beteiligten ihre Zustimmung, kann die beabsichtigte Löschung vorgenommen werden, sofern die Eintragung tatsächlich zu Unrecht erfolgt war.[339] Ein verspäteter Widerspruch ist unbeachtlich und hindert daher die Löschung nicht.[340]

d) Fortgang des Verfahrens bei Widerspruch. Legt auch nur ein Beteiligter fristgerecht 99
Widerspruch ein, muss die Löschung nach Abs. 5 S. 2 unterbleiben.[341] Das gilt auch dann, wenn der Widerspruch offensichtlich nicht begründet ist.[342] Gegen den Widerspruch kann Klage auf Rücknahme des Widerspruchs erhoben werden.[343] Ein stattgebendes Urteil ist nach § 894 Abs. 1 S. 1 ZPO zu vollstrecken.[344] **Klagebefugt** sind neben der Aktiengesellschaft im Hinblick auf die Erwerbsmöglichkeit nach § 65 Abs. 1 S. 4 auch die unmittelbaren und mittelbaren Vormänner des Aktionärs, dessen Löschung beabsichtigt ist.[345]

e) Modalitäten des Verfahrens. Einzelheiten zur Durchführung der Löschung sind gesetz- 100
lich nicht geregelt. Maßgeblich sind § 239 Abs. 2 und 3 HGB. Es ist daher ein datierter Löschungsvermerk einzutragen, bei konventioneller Führung des Aktienregisters mit Unterschrift.[346]

5. Löschungswirkungen. Durch die Löschung wird die Vermutungswirkung des Abs. 2 mit 101
Wirkung ex nunc beseitigt.[347] Damit rückt der unmittelbare Vormann des Gelöschten im Verhältnis zur Aktiengesellschaft in die mitgliedschaftliche Stellung ein.[348] Er wird wieder Inhaber sämtlicher Mitgliedsrechte, kann aber auch im Hinblick auf alle Aktionärspflichten in Anspruch genommen

---

[332] OLG Zweibrücken AG 1997, 140 f.
[333] OLG Zweibrücken AG 1997, 140 f.; NK-AktR/*Heinrich* Rn. 44.
[334] Kölner Komm AktG/*Lutter*/*Drygala* Rn. 138; MüKoAktG/*Bayer* Rn. 137.
[335] MüKoAktG/*Bayer* Rn. 138; Hüffer/Koch/*Koch* Rn. 24.
[336] Für in der Regel ausreichend halten eine Monatsfrist K. Schmidt/Lutter/*T. Bezzenberger* Rn. 60; Grigoleit/*Grigoleit*/*Rachlitz* Rn. 51; Wachter/*Servatius* Rn. 14.
[337] Hüffer/Koch/*Koch* Rn. 24; ähnlich Großkomm AktG/*Merkt* Rn. 162.
[338] MüKoAktG/*Bayer* Rn. 140; K. Schmidt/Lutter/*T. Bezzenberger* Rn. 60.
[339] MüKoAktG/*Bayer* Rn. 139; Bayer Liber Amicorum Winter, 2011, 9 (36 f.); Kölner Komm AktG/*Lutter*/*Drygala* Rn. 141.
[340] Kölner Komm AktG/*Lutter*/*Drygala* Rn. 139.
[341] Kölner Komm AktG/*Lutter*/*Drygala* Rn. 139; K. Schmidt/Lutter/*T. Bezzenberger* Rn. 60.
[342] MüKoAktG/*Bayer* Rn. 140; Bayer Liber Amicorum Winter, 2011, 9 (37); Hölters/*Laubert* Rn. 28; Bürgers/Körber/*Wieneke* Rn. 36.
[343] Hüffer/Koch/*Koch* Rn. 25; MüKoAktG/*Bayer* Rn. 141; K. Schmidt/Lutter/*T. Bezzenberger* Rn. 63; MHdB AG/*Sailer-Coceani* § 14 Rn. 55; NK-AktR/*Heinrich* Rn. 47.
[344] K. Schmidt/Lutter/*T. Bezzenberger* Rn. 63.
[345] Kölner Komm AktG/*Lutter*/*Drygala* Rn. 140; Großkomm AktG/*Merkt* Rn. 167; Hüffer/Koch/*Koch* Rn. 25; MüKoAktG/*Bayer* Rn. 143.
[346] Hüffer/Koch/*Koch* Rn. 25.
[347] OLG Jena AG 2004, 268 (271); MüKoAktG/*Bayer* Rn. 146; Kölner Komm AktG/*Lutter*/*Drygala* Rn. 143; K. Schmidt/Lutter/*T. Bezzenberger* Rn. 61; Grigoleit/*Grigoleit*/*Rachlitz* Rn. 54; Bürgers/Körber/*Wieneke* Rn. 37; Hüffer/Koch/*Koch* Rn. 26.
[348] Grigoleit/*Grigoleit*/*Rachlitz* Rn. 54.

werden. Da die Vermutungswirkung für den unmittelbaren Vormann ab dem Zeitpunkt der Löschung nur für die Zukunft gilt, bleibt es für die Vergangenheit bei den Rechten und Pflichten des Gelöschten als Rechtsinhaber.[349] Da der Gelöschte bis zum Zeitpunkt der Löschung im Verhältnis zur Gesellschaft als Aktionär gilt, sind Beschlüsse der Hauptversammlung, die bis zu diesem Zeitpunkt mit seinen Stimmen gefasst sind, nicht wegen seiner Mitwirkung anfechtbar (auch → Rn. 33). Ebenso bleibt es bei der befreienden Wirkung von Dividendenzahlungen und sonstigen mitgliedschaftsbezogenen Leistungen, die die AG an den Gelöschten erbracht hat.[350] Zwischen ihm und seinem Vormann hat insoweit ein schuldrechtlicher Ausgleich zu erfolgen.[351]

102 **6. Fehlerhafte Löschung.** Das Gesetz enthält keine Bestimmungen über die Wirkungen einer Löschung, die ohne Beachtung der Voraussetzungen des Abs. 5 erfolgt. Im Ergebnis ist eine Löschung, die ohne Einhaltung des Verfahrens nach Abs. 5 erfolgt, stets wirkungslos.[352] Ohne Beachtung dieser Bestimmungen können daher nur offenbare Unrichtigkeiten berichtigt werden (→ Rn. 92). Im Einzelnen gilt Folgendes:

103 **a) Einer korrekten Eintragung.** Die **fehlerhafte Löschung der zu Recht erfolgten Eintragung des wirklichen Rechtsinhabers** ist unbeachtlich und ihrerseits ohne weiteres zu beseitigen.[353] Im Verhältnis zu dem Aktionär, dessen Eintragung gelöscht wurde, bleibt es bei der Geltung des Abs. 2.[354] Dagegen ist die Löschung des wirklich Berechtigten wirksam, wenn sie in einem ordnungsgemäßen Verfahren, also ohne fristgerechten Widerspruch eines Beteiligten, erfolgt.[355] Sie kann ihrerseits durch Löschung nach Abs. 5[356] oder durch (erneute) Mitteilung und Eintragung beseitigt werden.

104 **b) Einer verfahrensfehlerhaften Eintragung.** Die **fehlerhafte Löschung eines verfahrensfehlerhaft eingetragenen materiell Berechtigten** ist wirkungslos und ohne weiteres zu beseitigen, da aus den in → Rn. 93 genannten Gründen auch verfahrensfehlerhaft zustande gekommene Eintragungen nur in dem Verfahren nach Abs. 5 unter Mitwirkung der Beteiligten gelöscht werden dürfen.[357]

105 **c) Einer ordnungsmäßig eingetragenen Nichtberechtigten.** Die **Löschung eines ordnungsmäßig eingetragenen Nichtberechtigten** ist wirkungslos, wenn sie ohne Beachtung der Voraussetzungen des Abs. 5 erfolgt.[358] Die Frage der materiellen Berechtigung kann streitig sein; wie die Widerspruchsmöglichkeit des Abs. 5 zeigt, soll die Wirkung der Eintragung daher nicht ohne die Mitwirkung der Beteiligten beseitigt werden können.

106 **d) Eines verfahrensfehlerhaft eingetragenen materiell Nichtberechtigten.** War der Eingetragene materiell nicht berechtigt und fehlt es darüber hinaus an einer ordnungsmäßigen Eintragung, weil entweder der AG ein Fehler unterlaufen ist oder es an einer dem Eingetragenen zurechenbaren Mitteilung fehlt (→ Rn. 40), so ist die Löschung unwirksam, sofern es sich nicht um die ohne weiteres zulässige Berichtigung einer offenbaren Unrichtigkeit handelt (→ Rn. 92). Die gegenteilige Auffassung[359] berücksichtigt nicht hinreichend, dass eine Mangelhaftigkeit von Eintragung und materieller Berechtigung auf ein und demselben Umstand beruhen kann (etwa Geschäftsunfähigkeit), dessen Vorliegen gerade zweifelhaft sein kann. Die Beseitigung der Eintragung soll hier nicht ohne die Mitwirkungsmöglichkeit der Betroffenen erfolgen.

107 **7. Erzwingbarkeit des Löschungsverfahrens.** Die Einleitung des Löschungsverfahrens steht nicht im Belieben der AG; sie ist vielmehr verpflichtet, bei einer unrechtmäßigen Eintragung im

---

[349] Hüffer/Koch/*Koch* Rn. 26; MüKoAktG/*Bayer* Rn. 146; K. Schmidt/Lutter/*T. Bezzenberger* Rn. 61; aA *Altmeppen* ZIP 2009, 345 (350 f.).

[350] OLG Jena AG 2004, 268 (271); K. Schmidt/Lutter/*T. Bezzenberger* Rn. 61; Grigoleit/*Grigoleit/Rachlitz* Rn. 54.

[351] Kölner Komm AktG/*Lutter/Drygala* Rn. 144; Hüffer/Koch/*Koch* Rn. 26.

[352] Für Anwendung des § 242 BGB, Berufung der Gesellschaft auf die Löschung rechtsmissbräuchlich, OLG Zweibrücken AG 1997, 140 (141).

[353] AA, entsprechende Anwendung von Abs. 5, Großkomm AktG/*Merkt* Rn. 146; Grigoleit/*Grigoleit/Rachlitz* Rn. 53.

[354] Kölner Komm AktG/*Lutter/Drygala* Rn. 148; MüKoAktG/*Bayer* Rn. 152.

[355] MüKoAktG/*Bayer* Rn. 153.

[356] MüKoAktG/*Bayer* Rn. 153; Großkomm AktG/*Merkt* Rn. 176.

[357] Ebenso im Erg. MüKoAktG/*Bayer* Rn. 122; Kölner Komm AktG/*Lutter/Drygala* Rn. 148; Bürgers/Körber/*Wieneke* Rn. 38.

[358] So auch Kölner Komm AktG/*Lutter/Drygala* Rn. 151; MüKoAktG/*Bayer* Rn. 150.

[359] MüKoAktG/*Bayer* Rn. 149; Kölner Komm AktG/*Lutter/Drygala* Rn. 150; Grigoleit/*Grigoleit/Rachlitz* Rn. 53; Bürgers/Körber/*Wieneke* Rn. 38.

Aktienregister ein Löschungsverfahren einzuleiten.³⁶⁰ Jeder, der durch die zu Unrecht erfolgte Eintragung betroffen ist, regelmäßig der Eingetragene, alle haftbaren Vormänner sowie der materiell Berechtigte, hat einen klagbaren Anspruch gegen die Gesellschaft auf Einleitung des Löschungsverfahrens.³⁶¹ Stimmen alle Beteiligten der Löschung zu, kann die Klage auf die Löschung gerichtet sein. Üblicherweise ist die Klage jedoch auf Benachrichtigung der Beteiligten mit der Aufforderung zur Geltendmachung eines Widerspruchs zu richten. Erst nach Ausbleiben eines Widerspruchs kann die Löschung verlangt werden.³⁶² Wird dagegen Widerspruch eingelegt, kann die AG auf dessen Rücknahme klagen. Sie ist hierzu aber nicht verpflichtet, sondern kann die Beteiligten darauf verweisen, den Rechtsstreit mit dem Eingetragenen auf eigene Rechnung und eigenes Risiko zu führen.³⁶³ Ein Anspruch auf Löschung besteht in diesem Fall erst dann, wenn der Interessent ein obsiegendes rechtskräftiges Urteil vorlegt.

IX. Auskunftsrecht des Aktionärs und Verwendung der Registerdaten durch die Aktiengesellschaft, Abs. 6

1. Entstehungsgeschichte. Nach früherer Gesetzeslage hatte jeder Aktionär einen Anspruch auf 108 Einsicht in das Aktienbuch. Durch die Neufassung der Vorschrift durch Art. 1 Nr. 5 NaStraG ist datenschutzrechtlichen Anforderungen Rechnung getragen³⁶⁴ und die umfassende Befugnis zur Einsichtnahme abgeschafft worden. Stattdessen hat nunmehr jeder Aktionär nach Abs. 6 S. 1 und 2 ein Recht auf Auskunft über die zu seiner Person eingetragenen Daten.³⁶⁵ Ausreichende Transparenz ist bei börsennotierten Gesellschaften durch die Vorschriften des WpHG, bei nicht börsennotierten Gesellschaften durch die Bestimmungen des § 20 und die Möglichkeit einer Satzungsregelung nach Abs. 6 S. 2 gewährleistet.³⁶⁶ Zudem kann Aktionären, aber auch Nießbrauchern und Pfandgläubigern³⁶⁷ im Einzelfall ein Einsichtsrecht nach § 810 BGB zustehen.³⁶⁸ Neu eingefügt wurden schließlich die Bestimmungen der Sätze 3–5 über die Verwendung der Registerdaten und die nach Abs. 4 S. 2 und 3 mitgeteilten Daten durch die Gesellschaft.

2. Auskunftsrecht des Aktionärs. Jeder Aktionär kann gem. Abs. 6 S. 1 von der Aktiengesell- 109 schaft Auskunft über sämtliche zu seiner Person im Aktienregister eingetragenen Angaben verlangen, auch wenn es sich um unzulässigerweise aufgenommene Daten handelt.³⁶⁹ Das Auskunftsrecht entsteht mit der Eintragung im Aktienregister.³⁷⁰ Ein darüber hinausgehendes allgemeines Auskunftsrecht über die Eintragungen ins Aktienregister steht dem Aktionär auch nicht nach § 131 in der HV zu.³⁷¹

Die Einzelheiten der Auskunftserteilung sind gesetzlich nicht geregelt. Aus den Gesetzesmateria- 110 lien lässt sich jedoch entnehmen, dass die Einsichtnahme als **Modalität der Auskunftserteilung** jedenfalls dann in Betracht kommt, wenn das Register nach Aktionären aufgebaut ist.³⁷² Zulässig ist auch eine elektronische (online) Einsichtnahme, wenn die sichere Identifikation der Berechtigten gelingt. Möglich ist schließlich auch die telefonische Auskunft.³⁷³ Bei nichtbörsennotierten Gesellschaften kann die Satzung das Auskunftsrecht auch auf die Daten der anderen Aktionäre erstrecken.³⁷⁴

3. Verwendung der Daten durch die Gesellschaft. Abs. 6 S. 3–5 hat kein Vorbild im früheren 111 Recht. Die Einfügung dieser Bestimmungen trägt dem Umstand Rechnung, dass Namen, Alter und

---

³⁶⁰ Kölner Komm AktG/*Lutter/Drygala* Rn. 145; MüKoAktG/*Bayer* Rn. 113; Großkomm AktG/*Merkt* Rn. 182; Bürgers/Körber/*Wieneke* Rn. 34; Hüffer/Koch/*Koch* Rn. 27.
³⁶¹ Kölner Komm AktG/*Lutter/Drygala* Rn. 145; MüKoAktG/*Bayer* Rn. 143; K. Schmidt/Lutter/*T. Bezzenberger* Rn. 65; Bürgers/Körber/*Wieneke* Rn. 34 f.; Grigoleit/*Grigoleit/Rachlitz* Rn. 50; Hüffer/Koch/*Koch* Rn. 27; Wachter/*Servatius* Rn. 13; NK-AktR/*Heinrich* Rn. 50.
³⁶² Hüffer/Koch/*Koch* Rn. 27.
³⁶³ Hüffer/Koch/*Koch* Rn. 27; MüKoAktG/*Bayer* Rn. 142.
³⁶⁴ BegrRegE, BT-Drs. 11/4051, 11 f.; *Damman/Kummer* in v. Rosen/Seifert, Die Namensaktie, 2000, 45 (57 ff.).
³⁶⁵ Kölner Komm AktG/*Lutter/Drygala* Rn. 154; Bürgers/Körber/*Wieneke* Rn. 40.
³⁶⁶ BegrRegE, BT-Drs. 11/4051, 11 f.; Hüffer/Koch/*Koch* Rn. 28.
³⁶⁷ BegrRegE, BT-Drs. 11/4051, 11 f.
³⁶⁸ Kölner Komm AktG/*Lutter/Drygala* Rn. 154; Großkomm AktG/*Merkt* Rn. 189.
³⁶⁹ Ausf. Großkomm AktG/*Merkt* Rn. 191 ff.
³⁷⁰ MüKoAktG/*Bayer* Rn. 158.
³⁷¹ Grigoleit/*Grigoleit/Rachlitz* Rn. 57; *Ihrig* FS U. H. Schneider, 2011, 573 (589 f.); *Mutter* AG Report 2011 R. 30 f.
³⁷² BegrRegE, BT-Drs. 14/4051, 11 reSp.
³⁷³ BegrRegE, BT-Drs. 14/4051, 11 re Sp; Hüffer/Koch/*Koch* Rn. 29; Bürgers/Körber/*Wieneke* Rn. 40; *Huep* WM 2000, 1623 (1629).
³⁷⁴ Hüffer/Koch/*Koch* Rn. 30.

Adressen der Aktionäre sowie der Umfang ihres Aktienbesitzes für Werbemaßnahmen von hohem Interesse sein können, seitdem es technisch möglich ist, einen breiten Personenkreis zu erfassen und gezielt anzusprechen.

112   Abs. 6 S. 3 stellt klar, dass die Gesellschaft die Registerdaten für die Erfüllung spezifisch gesellschaftsrechtlicher Aufgaben verwenden darf (zB § 125 Abs. 2 Nr. 3).[375] Zulässig ist es danach auch, Angaben aus dem Aktienregister für **Investor Relations-Maßnahmen** zu verwenden.[376] Auch die interne Nutzung, etwa für Analysen, ist nach Abs. 6 S. 3 zulässig, sofern solche Maßnahmen Bezug zu den Aufgaben der Gesellschaft im Verhältnis zu den Aktionären haben.[377]

113   Nach S. 4 darf die Gesellschaft die Daten des Aktienregisters auch zur **Werbung für das Unternehmen** nutzen, soweit der Aktionär nicht widerspricht. Die in Satz 5 vorgeschriebene angemessene Information der Aktionäre über ihr Widerspruchsrecht hat so zu erfolgen, dass sie nicht in der Werbung untergeht.[378] Nicht von Satz 4 gedeckt ist die Weitergabe von Daten für Werbemaßnahmen Dritter, einschließlich konzernzugehöriger Gesellschaften.[379]

114   Die Zulässigkeit der Weitergabe von Registerdaten an Dritte im Zusammenhang mit einem **Übernahmeangebot** hängt davon ab, ob sie für die Aufgaben der Gesellschaft im Verhältnis zu den Aktionären erforderlich ist. Im Hinblick auf Abwehrmaßnahmen wird das nur dann zu bejahen sein, wenn sie im Unternehmensinteresse oder im Interesse der Aktionäre notwendig sind.[380]

X. Anwendung auf Zwischenscheine, Abs. 7

115   Die Abs. 1–6 sind gem. Abs. 7 entsprechend auf Zwischenscheine anzuwenden. Da Zwischenscheine notwendigerweise auf den Namen lauten, sind sie mit Namensaktien vergleichbar, unterscheiden sich von diesen aber durch ihren nur vorläufigen Charakter. Durch die systematische Stellung der Regelung am Ende der Vorschrift wird deutlich, dass den Inhabern von Zwischenscheinen insbesondere auch das Auskunftsrecht des Abs. 6 S. 1 und der Gesellschaft die Verwendungsbefugnis nach Abs. 6 S. 3–5 zustehen.[381]

§ 68 Übertragung von Namensaktien. Vinkulierung

(1) ¹Namensaktien können auch durch Indossament übertragen werden. ²Für die Form des Indossaments, den Rechtsausweis des Inhabers und seine Verpflichtung zur Herausgabe gelten sinngemäß Artikel 12, 13 und 16 des Wechselgesetzes.

(2) ¹Die Satzung kann die Übertragung an die Zustimmung der Gesellschaft binden. ²Die Zustimmung erteilt der Vorstand. ³Die Satzung kann jedoch bestimmen, daß der Aufsichtsrat oder die Hauptversammlung über die Erteilung der Zustimmung beschließt. ⁴Die Satzung kann die Gründe bestimmen, aus denen die Zustimmung verweigert werden darf.

(3) Bei Übertragung durch Indossament ist die Gesellschaft verpflichtet, die Ordnungsmäßigkeit der Reihe der Indossamente, nicht aber die Unterschriften zu prüfen.

(4) Diese Vorschriften gelten sinngemäß für Zwischenscheine.

Schrifttum: S. auch Schrifttum in § 67; *Asmus*, Die vinkulierte Mitgliedschaft, 2001; *Barthelmeß/Braun*, Zulässigkeit schuldrechtlicher Verfügungsbeschränkungen über Aktien zugunsten der Aktiengesellschaft, AG 2000, 172; *Baumann/Reiß*, Satzungsändernde Vereinbarungen – Nebenverträge im Gesellschaftsrecht, ZGR 1989, 157; *Bayer*, Gesetzliche Zuständigkeit der Hauptversammlung zur Übertragung vinkulierter Namensaktien auf einen mehrheitlichen Mehrheitsaktionär, FS Hüffer, 2009, 35; *Beckmann*, Die AG & Co KG – eine attraktive Unternehmensform?, DStR 1995; *Berger*, Die Klage auf Zustimmung zur Übertragung vinkulierter Namensaktien, ZHR 157 (1993), 31; *Binz/Sorg*, Anteilsvinkulierung bei Familienunternehmen, NZG 2012, 201; *Bork*, Vinkulierte Namensaktien in Zwangsvollstreckung und Insolvenz des Aktionärs, FS Henckel, 1995, 23; *Boesebeck*, Nochmals: Übertragung vinkulierter Namensaktien durch den Alleinaktionär, NJW 1952, 1116; *Butzke*, Hinterlegung, Record Date und

---

[375] Ausf. dazu Großkomm AktG/*Merkt* Rn. 205 ff.
[376] BegrRegE, BT-Drs. 14/4051, 12 liSp; *Noack* DB 2001, 27 (28); K. Schmidt/Lutter/*T. Bezzenberger* Rn. 68.
[377] MüKoAktG/*Bayer* Rn. 162; K. Schmidt/Lutter/*T. Bezzenberger* Rn. 68; Hüffer/Koch/*Koch* Rn. 31.
[378] BegrRegE, BT-Drs. 14/4051, 12; *Noack* DB 2001, 27 (30).
[379] Kölner Komm AktG/*Lutter/Drygala* Rn. 159; insoweit aA Großkomm AktG/*Merkt* Rn. 215; Grigoleit/*Grigoleit/Rachlitz* Rn. 59.
[380] Näher zu dieser Voraussetzung für die Zulässigkeit von Abwehrmaßnahmen Kölner Komm AktG/*Mertens/Cahn* § 76 Rn. 25; im Erg. ähnl. wie hier *Grigoleit/Rachlitz* ZHR 174 (2010) 12 (24); grundsätzlich gegen die Zulässigkeit einer Datenweitergabe Kölner Komm AktG/*Lutter/Drygala* Rn. 154; für weitgehende Zulässigkeit demgegenüber *Noack* DB 2001, 27 (28 f.); Kölner Komm WpÜG/*Hirte* WpÜG § 33 Rn. 171.
[381] BegrRegE, BT-Drs. 14/4051, 12.

Einberufungsfrist – Überlegungen und praktische Hinweise für die ersten Hauptversammlungen nach Inkrafttreten des UMAG, WM 2005, 1981; *Flechtheim,* Das genehmigte Kapital nach dem Aktienrechtsentwurf, JW 1930, 3681; *Forstmoser,* Die Schweizerische Aktienrechtsreform, ZGR 1992, 232; *Franz,* Überregionale Effektentransaktionen und anwendbares Recht, 2005; *Gebke,* Die Treuhand im Gesellschaftsrecht – ein Überblick vertieft anhand von Einzelfällen, GmbHR 2014, 1128; *Grunewald,* Das Recht zum Austritt aus der Aktiengesellschaft, FS Claussen, 1997, 103; *Heinßel/Kienle,* Rechtliche und praktische Aspekte zur Einbeziehung vinkulierter Namensaktien in die Sammelverwahrung, WM 1993, 1909; *Heller/Timm,* Übertragung vinkulierter Namensaktien in der Aktiengesellschaft, NZG 2006, 257; *Hüffer,* Der korporationsrechtliche Charakter von Rechtsgeschäften – Eine hilfreiche Kategorie bei der Begrenzung von Stimmverboten im Recht der GmbH?, FS Heinsius, 1991, 337; *Huber,* Einwendungen des Bezogenen gegen den Wechsel, FS Flume Bd. II, 1978, 83; *Immenga,* Vertragliche Vinkulierung von Aktien?, AG 1992, 79; *Iversen,* Außerbörsliche Übertragung von Aktien und sachenrechtlicher Bestimmtheitsgrundsatz, AG 2008, 736; *Kerber,* Dürfen vinkulierte Namensaktien zum Börsenhandel zugelassen werden?, WM 1990, 789; *Knur,* Die Eignung der Kommanditgesellschaft auf Aktien für Familienunternehmen, FS Flume Bd. II, 1978, 173; *Kossmann,* Der Anspruch auf Genehmigung zur Übertragung vinkulierter Namensaktien, BB 1985, 1364; *Kümpel,* Zur Girosammelverwahrung und Registerumschreibung vinkulierter Namensaktien, WM 1983 Sonderbeilage Nr. 3 zu Heft 36; *Lieder/Scholz,* Vinkulierte Forderungen und Gesellschaftsanteile in der umwandlungsrechtlichen Universalsukzession, ZIP 2015, 1705; *Loritz,* Die Reichweite von Vinkulierungsklauseln in GmbH-Gesellschaftsverträgen, NZG 2007, 361; *Lutter,* Die Rechte und Pflichten des Vorstands bei der Übertragung vinkulierter Namensaktien, AG 1992, 369; *Lutter/Grunewald,* Zur Umgehung von Vinkulierungsklauseln in Satzungen von Aktiengesellschaften und Gesellschaften mbH, AG 1989, 109; *Lutter/Grunewald,* Gesellschaften als Inhaber vinkulierter Aktien und Geschäftsanteile, AG 1989, 409; *Lutter/Schneider,* Die Beteiligung von Ausländern an inländischen Aktiengesellschaften, ZGR 1975, 182; *García Mateos,* Das neue Recht der Namensaktie, 2005; *Mentz/Fröhling,* Die Formen der rechtsgeschäftlichen Übertragung von Aktien, NZG 2002, 201; *Mirow,* Die Übertragung von Aktien im Aktienkaufvertrag – Formulierungshilfen für die Praxis, NZG 2008, 52; *Nodoushani,* Die Pauschalzustimmung zur Übertragung vinkulierter Anteile, ZGR 2014, 809; *Schinzler,* Die teileingezahlte Namensaktie als Finanzierungsinstrument der Versicherungswirtschaft, 1999; *K. Schmidt,* Beseitigung der schwebenden Unwirksamkeit durch Verweigerung einer Genehmigung, AcP 189 (1989), 1; *K. Schmidt,* Aktionärs- und Gesellschafterzuständigkeiten bei der Freigabe vinkulierter Aktien und Geschäftsanteile, FS Beusch, 1993, 759; *K. Schmidt,* Anteilssteuerung durch Vinkulierungsklauseln, GmbHR 2011, 1289; *Schroeter,* Vinkulierte Namensaktien in der europäischen Aktiengesellschaft, AG 2007, 854; *Schrötter,* Vinkulierte Namensaktien als Bremse der Unternehmenskonzentration, DB 1977, 2265; *Serick,* Die Anwendung von Regeln zu vinkulierten Geschäftsanteilen (RGZ 159, 272) auf vinkulierte Namensaktien, FS Hefermehl, 1976, 427; *Sieveking/Technau,* Das Problem sogenannter „disponibler Stimmrechte" zur Umgehung der Vinkulierung von Namensaktien, AG 1989, 17; *Stupp,* Anforderungen an die Vinkulierungsklausel bei Namensaktien, NZG 2005, 205; *Teichmann,* Vinkulierte Geschäftsanteile im Vermögen zu spaltender Rechtsträger, GmbHR 2014, 393; *Than/Hannöver,* Depotrechtliche Fragen bei Namensaktien in v. Rosen/Seifert, Die Namensaktie, 2000, 279; *D. Uhlenbruck,* Der Schutz von Familien-Aktiengesellschaften gegen das Eindringen unerwünschter Aktionäre, DB 1967, 1927; *E. Ulmer,* Die vinkulierte Namensaktie, FS Schmidt-Rimpler, 1957, 261; *Wiedemann,* Die Übertragung und Vererbung von Mitgliedschaftsrechten bei Handelsgesellschaften, 1965; *Wirth,* Vinkulierte Namensaktien: Ermessen des Vorstandes bei der Zustimmung zur Übertragung, DB 1992, 617.

Übersicht

	Rn.
I. Regelungsgegenstand und Entstehungsgeschichte	1, 2
1. Regelungsgegenstand	1
2. Entstehungsgeschichte	2
II. Übertragung durch Indossament, Abs. 1	3–27
1. Namensaktien als Orderpapiere	3
2. Indossament und Übertragung der Urkunde	4, 5
3. Besonderheiten bei (Giro)Sammelverwahrung	6
4. Sinngemäße Geltung von Wechselrecht	7, 8
5. Form und Inhalt des Indossaments	9, 10
a) Besondere Form der Rechtsübertragung	9
b) Indossamentsarten	10
6. Funktionen des Indossaments	11, 12
a) Transportfunktion	11
b) Legitimationsfunktion	12
7. Wertpapierrechtliche Besonderheiten des gutgläubigen Erwerbs	13–21
a) Anwendungsbereich	13–18
b) Voraussetzungen des gutgläubigen Erwerbs	19–21
8. Prüfungspflicht der AG, Abs. 3	22, 23
9. Sonstige Möglichkeiten der Rechtsübertragung	24–26
10. Geltungsbereich für vinkulierte Namensaktien	27
III. Vinkulierte Namensaktien, Abs. 2	28–81
1. Allgemeines	28
2. Zwecke der Vinkulierung	29, 30
3. Wirkung und Reichweite der Vinkulierung	31–39
a) Beschränkung der Verfügungsmacht	31
b) Betroffene Übertragungen	32–37
c) Rechtsnatur vinkulierter Namensaktien	38
d) Abgrenzung von schuldrechtlichen Veräußerungsbeschränkungen	39
4. Einführung und Aufhebung der Vinkulierung	40–45

	Rn.		Rn.
a) Bestimmung durch die Satzung	40, 41	f) Geltung der Vinkulierung für den Alleinaktionär	69
b) Kapitalerhöhung	42–44	6. Rechtsfolgen	70–73
c) Aufhebung	45	7. Rechtsschutz bei Zustimmungsverweigerung	74, 75
5. Erteilung oder Verweigerung der Zustimmung zur Aktienübertragung	46–69	a) Klage auf Zustimmung	74
a) Gesellschaftsinterne Entscheidungsfindung	46–58	b) Klagemöglichkeiten des Erwerbers	75
b) Erklärung von Zustimmung oder Verweigerung	59–65	8. Die Umgehung der Vinkulierung	76–81
c) Reichweite der Zustimmung	66	a) Voraussetzungen der Umgehung	76–79
d) Widerruf, Anfechtung	67	b) Rechtsfolgen	80, 81
e) Fehlerhafte, insbesondere pflichtwidrige Erklärung	68	**IV. Entsprechende Geltung für Zwischenscheine, Abs. 4**	82

I. Regelungsgegenstand und Entstehungsgeschichte

1 1. Regelungsgegenstand. § 68 regelt die Übertragung von Namensaktien und Zwischenscheinen durch Indossament sowie die Vinkulierung. Abs. 1 stellt klar, dass Namensaktien geborene Orderpapiere sind, indem ihre Übertragung durch Indossament zugelassen wird. Abs. 2 erlaubt die sog. Vinkulierung und regelt Einzelfragen der Zustimmung zur Übertragung. Abs. 3 enthält Bestimmungen zur Prüfung bei der Übertragung von Aktien durch Indossament.

2 2. Entstehungsgeschichte. § 68 übernahm in seiner ursprünglichen Fassung die Bestimmungen der §§ 61 und 62 AktG 1937 betreffend Verfügungen über Namensaktien. Die Vorschrift wurde durch Art. 1 Nr. 6 NaStraG[1] geändert. Statt „Umschreibung im Aktienbuch" heißt es im zweiten Teil der Überschrift jetzt: „Vinkulierung". In Abs. 1 S. 1 ist durch Aufnahme des Wortes „auch" klargestellt, dass Namensaktien auch auf andere Weise als durch Indossament übertragen werden können. Die Regelung des früheren Abs. 3 findet sich nunmehr mit einigen Modifikationen in § 67 Abs. 3. Abs. 3 hat die Bestimmungen des früheren Abs. 4 übernommen, beschränkt sich aber nunmehr auf die Übertragung durch Indossament; die Pflicht zur Prüfung von Abtretungserklärungen ist daher entfallen.

II. Übertragung durch Indossament, Abs. 1

3 1. Namensaktien als Orderpapiere. Nach Abs. 1 S. 1 können Namensaktien auch durch Indossament übertragen werden. Da die Übertragung durch Indossament auch ohne eine besondere Orderklausel möglich ist, handelt es sich bei Namensaktien um **geborene Orderpapiere**.[2] Das gilt auch im Fall der Vinkulierung.[3] Da Abs. 1, der die Übertragbarkeit durch Indossament anordnet, keinen Hinweis auf die Möglichkeit einer anderweitigen Ausgestaltung enthält, insbesondere in S. 2 nicht auf Art. 11 Abs. 2 WG verweist, können Namensaktien nicht durch Aufnahme einer negativen Orderklausel als Rektapapiere ausgestaltet werden, § 23 Abs. 5.[4]

4 2. Indossament und Übertragung der Urkunde. Das Indossament bewirkt für sich alleine noch keine Übertragung des Eigentums an der Namensaktie; der Wortlaut von Abs. 1 S. 1 ist insofern missverständlich. Vielmehr ist für die Übertragung neben dem **Indossament,** also der schriftlichen Übertragungserklärung auf der Urkunde oder einem fest mit ihr verbundenen Anhang, auch die **Übereignung** der Urkunde notwendig.[5] Für die Übereignung sind eine formlose (auch konkludente) Einigung und die Übergabe nach § 929 BGB bzw. ein Übergabesurrogat (§ 929 S. 2 BGB, §§ 930, 931 BGB) erforderlich.[6]

---

[1] Gesetz zur Namensaktie und zur Erleichterung der Stimmrechtsausübung (NaStraG) v. 18.1.2001, BGBl. 2001 I S. 123.
[2] Vgl. etwa *Hueck/Canaris* WPR § 2 III 2b S. 23; *Than/Hannöver* in v. Rosen/Seifert, Die Namensaktie, 2000, 279 (281); Großkomm AktG/*Merkt* Rn. 14; NK-AktR/*Heinrich* Rn. 3.
[3] MüKoAktG/*Bayer* Rn. 2; Kölner Komm AktG/*Lutter/Drygala* Rn. 8, 27.
[4] Kölner Komm AktG/*Lutter/Drygala* Rn. 8; MüKoAktG/*Bayer* Rn. 2; Großkomm AktG/*Merkt* Rn. 15; Hölters/*Laubert* Rn. 2; Grigoleit/*Rachlitz* Rn. 5; Hüffer/Koch/*Koch* Rn. 2; aA *Hueck/Canaris* WPR § 25 I 2c S. 216; offenbar auch Baumbach/Hefermehl/*Casper* WPR Rn. 58.
[5] Kölner Komm AktG/*Lutter/Drygala* Rn. 13; MüKoAktG/*Bayer* Rn. 3; Großkomm AktG/*Merkt* Rn. 17; Baumbach/Hefermehl/*Casper* WG Art. 14 Rn. 2.
[6] Vgl. BGH NJW 1958, 302 f.; *Hueck/Canaris* WPR § 8 IV 2 a, S. 88; *Than/Hannöver* in v. Rosen/Seifert, Die Namensaktie, 2000, 279 (281 f.; 287); MüKoAktG/*Bayer* Rn. 3; Kölner Komm AktG/*Lutter/Drygala* Rn. 7; Großkomm AktG/*Merkt* Rn. 44 ff.; *Mentz/Fröhling* NZG 2002, 201 (202); NK-AktR/*Heinrich* Rn. 3; aA *Huber* FS Flume, Bd. II, 1978, 83 (89) (Fn. 22).

Die Übertragung der Mitgliedschaft muss nicht im **Aktienregister** eingetragen werden, da mate- 5
riellrechtliche Veränderungen der Rechtslage unabhängig vom Eintragungsstand des Aktienregisters sind.[7] Jedoch gilt gem. § 67 Abs. 2 nur der im Aktienregister Eingetragene gegenüber der AG als Aktionär (näher → § 67 Rn. 30 f.).

3. Besonderheiten bei (Giro)Sammelverwahrung. Sowohl bei einzelverbrieften vertretbaren 6
Wertpapieren als auch dann, wenn durch die Satzung der Anspruch des Aktionärs auf Einzelverbriefung ausgeschlossen ist (→ § 10 Abs. 5) und lediglich eine Globalurkunde als Sammelurkunde iSv § 9a DepotG existiert, hat die (Giro)Sammelverwahrung die früher übliche Streifbandverwahrung weitgehend ersetzt.[8] Bei der Sammelverwahrung stehen allen Aktionären das Miteigentum und der mittelbare Mitbesitz nach Bruchteilen an den zum Sammelbestand der Wertpapierbank gehörenden Wertpapieren derselben Art zu.[9] Voraussetzung für die Sammelverwahrung ist, dass die Wertpapiere „vertretbar" (§ 5 Abs. 1 DepotG), dh innerhalb derselben Wertpapiergattung „nach Stückzahl oder Nennbetrag" austauschbar sind (§ 91 BGB).[10] Dies gilt nach § 36 Abs. 2 BörsG iVm § 5 Abs. 1 BörsZulV auch im Hinblick auf die Fungibilität iSd börsenmäßiger Handelbarkeit. Inhaberaktien sind stets vertretbar und börsenfähig, Namensaktien dagegen nur dann, wenn sie **blankoindossiert** sind.[11] Die Globalurkunde lautet durchweg auf den Namen der Clearstream Banking AG,[12] die als einzige deutsche Wertpapiersammelbank die Globalurkunden treuhänderisch für alle Aktionäre verwaltet.[13] Durch das Blankoindossament weist die Legitimationskette zu dem im Aktienregister eingetragenen Aktionär (das kann auch ein Treuhänder, insbesondere die Depotbank des materiell Berechtigten sein), der über die Verwahrkette Eigenbesitz in Form des mittelbaren Mitbesitzes an der Urkunde hat.[14] Eine Übertragung des unmittelbaren Besitzes an der Globalurkunde kommt nicht in Betracht. Die Übergabe wird hier durch die Umstellung der Besitzmittlungsverhältnisse vom Veräußerer auf den Erwerber ersetzt, die ihrerseits durch Buchungsvorgänge dokumentiert wird.[15]

4. Sinngemäße Geltung von Wechselrecht. Gem. Abs. 1 S. 2 gelten sinngemäß „für die Form 7
des Indossaments, den Rechtsausweis des Inhabers und seine Verpflichtung zur Herausgabe ... die Artikel 12, 13 und 16 des Wechselgesetzes." Die Aufzählung ist nicht abschließend zu verstehen. Es gelten zudem sinngemäß die Art. 14, 18 und 19 WG.[16] Die übrigen wechselrechtlichen Vorschriften über das Indossament sind dagegen nicht anwendbar.[17]

Wortlaut der ausdrücklich für anwendbar erklärten **wechselrechtlichen Vorschriften:** 8

Art. 12

(1) ¹Das Indossament muß unbedingt sein. ²Bedingungen, von denen es abhängig gemacht wird, gelten als nicht geschrieben.

(2) Ein Teilindossament ist nichtig.

(3) Ein Indossament an den Inhaber gilt als Blankoindossament.

Art. 13

(1) ¹Das Indossament muß auf den Wechsel oder auf ein mit dem Wechsel verbundenes Blatt (Anhang) gesetzt werden. ²Es muß von dem Indossanten unterschrieben werden.

---

[7] MüKoAktG/*Bayer* Rn. 4; Großkomm AktG/*Merkt* Rn. 20; Grigoleit/*Grigoleit/Rachlitz* Rn. 2; Hüffer/Koch/*Koch* Rn. 3.
[8] MüKoHGB/*Einsele* Depotgeschäft Rn. 42 ff.; BankR-HdB/*Klanten* § 72 Rn. 71 ff.; MüKoAktG/*Bayer* Rn. 5.
[9] Ausf. hierzu *García Mateos*, Das neue Recht der Namensaktie, 2005, 96 f.; *Franz*, Überregionale Effektentransaktionen und anwendbares Recht, 2005, 50.
[10] Vgl. Baumbach/Hopt/*Kumpan* DepotG § 5 Rn. 1; *Will* in Kümpel/Wittig Bank- und Kapitalmarktrecht Rn. 18.97.
[11] Nr. IX Abs. 1 S. 4 AGB Clearstream Banking AG Frankfurt Stand 1.1.2012; s. dazu *Than/Hannöver* in v. Rosen/Seifert, Die Namensaktie, 2000, 279 (286 ff.); MüKoAktG/*Bayer* Rn. 6; *Franz*, Überregionale Effektentransaktionen und anwendbares Recht, 2005, 51; *García Mateos*, Das neue Recht der Namensaktie, 2005, 94 f.
[12] *Than/Hannöver* in v. Rosen/Seifert, Die Namensaktie, 2000, 279 (289); MüKoAktG/*Bayer* Rn. 7.
[13] *Will* in Kümpel/Wittig Bank- und Kapitalmarktrecht Rn. 18.95 ff.; MüKoHGB/*Einsele* Depotgeschäft Rn. 50 f.
[14] *Than/Hannöver* in v. Rosen/Seifert, Die Namensaktie, 2000, 279 (289).
[15] *Gätsch* FS Beuthien, 2009, 133 (140); K. Schmidt/Lutter/*T. Bezzenberger* Rn. 13; Großkomm AktG/*Merkt* Rn. 56.
[16] MüKoAktG/*Bayer* Rn. 9; Kölner Komm AktG/*Lutter/Drygala* Rn. 9; Hüffer/Koch/*Koch* Rn. 6.
[17] MüKoAktG/*Bayer* Rn. 9.

(2) ¹Das Indossament braucht den Indossatar nicht zu bezeichnen und kann selbst in der bloßen Unterschrift des Indossanten bestehen (Blankoindossament). ²In diesem letzteren Fall muß das Indossament, um gültig zu sein, auf die Rückseite des Wechsels oder auf den Anhang gesetzt werden.

Art. 16

(1) ¹Wer den Wechsel in Händen hat, gilt als rechtmäßiger Inhaber, sofern er sein Recht durch eine ununterbrochene Reihe von Indossamenten nachweist, und zwar auch dann, wenn das letzte ein Blankoindossament ist. ²Ausgestrichene Indossamente gelten hierbei als nicht geschrieben. ³Folgt auf ein Blankoindossament ein weiteres Indossament, so wird angenommen, daß der Aussteller dieses Indossaments den Wechsel durch das Blankoindossament erworben hat.

(2) Ist der Wechsel einem früheren Inhaber irgendwie abhanden gekommen, so ist der neue Inhaber, der sein Recht nach den Vorschriften des vorstehenden Absatzes nachweist, zur Herausgabe des Wechsels nur verpflichtet, wenn er ihn in bösem Glauben erworben hat oder ihm beim Erwerb eine grobe Fahrlässigkeit zur Last fällt.

9   5. **Form und Inhalt des Indossaments. a) Besondere Form der Rechtsübertragung.** Beim Indossament handelt es sich um eine speziell **wertpapierrechtliche Form der Rechtsübertragung.**[18] Entsprechend Art. 13 Abs. 1 WG besteht das Indossament aus einem schriftlichen und unterschriebenen Übertragungsvermerk auf dem Wertpapier selbst oder einem fest damit verbundenen Anhang.[19]

10   **b) Indossamentsarten.** Es ist zwischen **Voll- und Blankoindossament** zu unterscheiden.[20] Während das **Vollindossament** zum Ausdruck bringt, dass das Mitgliedschaftsrecht künftig dem namentlich bezeichneten Erwerber (Indossatar) zustehen soll,[21] wird der Indossatar beim **Blankoindossament** nicht namentlich bezeichnet.[22] Ausreichend ist sogar die bloße Unterschrift des Veräußerers (Indossanten) auf der Rückseite der Namensaktie oder des Anhangs (Art. 13 Abs. 2 S. 2 WG iVm § 68 Abs. 1 S. 2 AktG).[23] Nur blankoindossierte Namensaktien sind börsenfähig und können in die Girosammelverwahrung aufgenommen werden.[24]

11   6. **Funktionen des Indossaments. a) Transportfunktion.** Durch die Übereignung der indossierten Urkunde, bei Globalurkunden durch Übergang des Miteigentumsanteils an der indossierten Urkunde, wird die Mitgliedschaft auf den Indossatar übertragen, Abs. 1 S. 2 iVm Art. 14 Abs. 1 WG. Für den Inhaber einer blankoindossierten Namensaktie bestehen nach Abs. 1 S. 2 iVm Art. 14 Abs. 2 WG folgende Möglichkeiten der Weiterübertragung:[25] Er kann das Indossament mit seinem Namen oder dem Namen eines anderen ausfüllen (Nr. 1). Es besteht auch die Möglichkeit, die Namensaktie mittels Blanko- oder Vollindossament auf einen Dritten weiter zu übertragen (Nr. 2) oder die Namensaktie ganz ohne Ausfüllen bzw. Hinzufügen eines neuen Indossaments zu übertragen (Nr. 3). Die Mitgliedschaft wird hier ohne jeden weiteren Skripturakt allein durch die (formlose) Übereignung der Urkunde übertragen.[26] Die blankoindossierte Namensaktie ist damit der Inhaberaktie angenähert.

12   **b) Legitimationsfunktion.** Nach Abs. 1 S. 2 iVm Art. 16 Abs. 1 WG gilt der unmittelbare oder – im Fall der Girosammelverwahrung – mittelbare Besitzer der Namensaktie, der sein Recht durch eine ununterbrochene Kette von Indossamenten nachweist, als „rechtmäßiger Inhaber" der Urkunde und Aktionär. Im Verhältnis zur AG muss allerdings gem. § 67 Abs. 2 noch die Eintragung in das Aktienregister hinzukommen, bevor die Rechte aus der Aktie ausgeübt werden können. Entgegen dem insoweit missverständlichen Wortlaut begründet die Indossamentenkette lediglich eine **widerlegliche Vermutung** der Rechtsinhaberschaft.[27] Eine ununterbrochene Reihe von

---

[18] *Hueck/Canaris* WPR § 2 III 2a S. 23; § 8 II S. 84 ff.; MüKoAktG/*Bayer* Rn. 2.
[19] Baumbach/Hefermehl/*Casper* WG Art. 13 Rn. 1; Kölner Komm AktG/*Lutter/Drygala* Rn. 12; MüKoAktG/*Bayer* Rn. 10.
[20] Hüffer/Koch/*Koch* Rn. 5; MüKoAktG/*Bayer* Rn. 10 f.; Großkomm AktG/*Merkt* Rn. 27; Kölner Komm AktG/*Lutter/Drygala* Rn. 12, 15; NK-AktR/*Heinrich* Rn. 4.
[21] MüKoAktG/*Bayer* Rn. 10 f.
[22] *Hueck/Canaris* WPR § 8 VI S. 97 f.
[23] MüKoAktG/*Bayer* Rn. 11.
[24] Nr. IX Abs. 1 S. 4 AGB Clearstream Banking AG Frankfurt Stand 1.1.2012; MüKoAktG/*Bayer* Rn. 6, 12; Hüffer/Koch/*Koch* Rn. 3, 5; NK-AktR/*Heinrich* Rn. 4.
[25] Vgl. Baumbach/Hefermehl/*Casper* WG Art. 14 Rn. 7.
[26] MüKoAktG/*Bayer* Rn. 12; Kölner Komm AktG/*Lutter/Drygala* Rn. 15; MHdB AG/*Sailer-Coceani* § 14 Rn. 8.
[27] Baumbach/Hefermehl/*Casper* WG Art. 16 Rn. 2; MüKoAktG/*Bayer* Rn. 14; Hüffer/Koch/*Koch* Rn. 8; NK-AktR/*Heinrich* Rn. 7.

Indossamenten liegt vor, wenn der in der Urkunde genannte Aktionär der erste Indossant und jedes weitere Indossament jeweils mit dem Namen dessen unterzeichnet ist, auf den das vorhergehende Indossament lautet.[28] Bei Blankoindossamenten in der Kette wird nach Abs. 1 S. 2 iVm Art. 16 Abs. 1 S. 3 WG vermutet, dass der Aussteller des darauf folgenden Indossaments die Urkunde durch das Blankoindossament erworben hat.[29] Auch am Ende der Kette reicht ein Blankoindossament aus.[30] Lücken in der Indossamentenkette können durch vollen Beweis des Rechtserwerbs (zB Gesamtrechtsnachfolge) geschlossen werden.[31] Die Beweislastumkehr gilt auch dann uneingeschränkt: der unmittelbare Besitzer der Namensaktie braucht die durch Indossament dokumentierten Rechtsübertragungen nicht zusätzlich nachzuweisen.[32]

7. Wertpapierrechtliche Besonderheiten des gutgläubigen Erwerbs. a) Anwendungsbereich. Die wertpapierrechtliche Besonderheit der Übertragung durch Indossament liegt in der Erweiterung des Gutglaubensschutzes durch Abs. 1 S. 2 iVm Art. 16 Abs. 2 WG. Danach ist der durch eine ununterbrochene Indossamentenkette ausgewiesene Erwerber einer Namensaktie, die einem früheren Inhaber „irgendwie abhanden gekommen" ist, nur dann zur Herausgabe verpflichtet, wenn er sie in bösem Glauben oder grob fahrlässig erworben hat. Im Falle eines gutgläubigen Erwerbs ist nicht nur der Anspruch auf Herausgabe der Urkunde ausgeschlossen; vielmehr wird der gutgläubige Erwerber auch Inhaber des verbrieften Rechts.[33]

Der Begriff **„Abhandenkommen"** ist hier in umfassenderem Sinne zu verstehen als im Rahmen der Vorschriften des Bürgerlichen Rechts, insbes. in § 935 BGB. „Irgendwie abhanden gekommen" iSv § 68 Abs. 1 S. 2 Art. 16 Abs. 2 WG ist eine Aktie nicht nur bei unfreiwilligem Besitzverlust, sondern auch dann, wenn die Urkunde ohne rechtwirksame Übereignung in fremde Hände gelangt ist,[34] wie etwa bei unwirksamer Übereignung durch den Berechtigten[35] sowie bei unwirksamer Übereignung durch einen nicht verfügungsbefugten Dritten[36] oder einen Dritten ohne Vertretungsmacht.[37] Art. 16 Abs. 2 schützt nicht nur den guten Glauben an das Eigentum des Veräußerers, sondern auch den guten Glauben an die Verfügungsbefugnis, an die Vertretungsmacht, an die Identität des Indossanten mit dem vorangehenden Indossatar und die Echtheit der Indossamente.[38]

Umstritten ist, ob auch **Mängel der Geschäftsfähigkeit des Veräußerers** durch gutgläubigen Erwerb überspielt werden können. Ein Teil des Schrifttums spricht sich gegen eine Ausweitung des Gutglaubensschutzes auf Mängel der Geschäftsfähigkeit aus.[39] Eingewandt wird vor allem, dass nach allgemeinen zivilrechtlichen Grundsätzen der Schutz des nicht voll Geschäftsfähigen Vorrang vor dem Verkehrsinteresse beanspruche, guter Glaube auch den Erwerber einer Inhaberaktie nicht vor Mängeln der Geschäftsfähigkeit schütze und schließlich selbst eine lückenlose Indossamentenkette nichts über die Geschäftsfähigkeit des Veräußerers aussage.[40] Demgegenüber ist die Möglichkeit eines gutgläubigen Erwerbs vom nicht (voll) Geschäftsfähigen mit einem Teil des aktienrechtlichen Schrifttums[41] in Anlehnung an die Rechtsprechung[42] und die hL[43] zum Wechselrecht zu bejahen. Die größere Reichweite

---

[28] Baumbach/Hefermehl/*Casper* WG Art. 16 Rn. 3.
[29] Großkomm AktG/*Merkt* Rn. 70.
[30] Baumbach/Hefermehl/*Casper* WG Art. 16 Rn. 6; Bürgers/Körber/*Wieneke* Rn. 9; MHdB AG/*Sailer-Coceani* § 14 Rn. 10.
[31] Baumbach/Hefermehl/*Casper* WG Art. 16 Rn. 19; *Hueck/Canaris* WPR § 8 V 2a S. 94; MüKoAktG/*Bayer* Rn. 14; Kölner Komm AktG/*Lutter/Drygala* Rn. 17; Bürgers/Körber/*Wieneke* Rn. 9; Hüffer/Koch/*Koch* Rn. 8; NK-AktR/*Heinrich* Rn. 7.
[32] MüKoAktG/*Bayer* Rn. 14.
[33] Zum Wechselrecht *Hueck/Canaris* WPR § 8 IV 2 b aa S. 89; Baumbach/Hefermehl/*Casper* WG Art. 16 Rn. 13; NK-AktR/*Heinrich* Rn. 8.
[34] MHdB AG/*Sailer-Coceani* § 14 Rn. 12.
[35] MüKoAktG/*Bayer* Rn. 16; Kölner Komm AktG/*Lutter/Drygala* Rn. 22; Hüffer/Koch/*Koch* Rn. 9.
[36] MüKoAktG/*Bayer* Rn. 16; Kölner Komm AktG/*Lutter/Drygala* Rn. 22; Großkomm AktG/*Merkt* Rn. 81; NK-AktR/*Heinrich* Rn. 8.
[37] MüKoAktG/*Bayer* Rn. 16; Kölner Komm AktG/*Lutter/Drygala* Rn. 22; NK-AktR/*Heinrich* Rn. 8.
[38] BGH NJW 1958, 462 (463); BGH WM 1968, 4; MüKoAktG/*Bayer* Rn. 16; Kölner Komm AktG/*Lutter/Drygala* Rn. 22; Großkomm AktG/*Merkt* Rn. 81; MHdB AG/*Sailer-Coceani* § 14 Rn. 11; GHEK/*Hefermehl/Bungeroth* Rn. 21; Baumbach/Hefermehl/*Casper* WG Art. 16 Rn. 16; *Hueck/Canaris* WPR § 8 IV 2b cc S. 89 f.
[39] Zu 68 AktG MüKoAktG/*Bayer* Rn. 18; Kölner Komm AktG/*Lutter/Drygala* Rn. 23; Großkomm AktG/*Merkt* Rn. 82; Grigoleit/*Grigoleit/Rachlitz* Rn. 8; zum Wechselrecht etwa *Hueck/Canaris* WPR § 8 IV 2 b cc S. 90; *Zöllner* WPR § 14 VI 1 c bb (5) S. 96.
[40] MüKoAktG/*Bayer* Rn. 18; Kölner Komm AktG/*Lutter/Drygala* Rn. 23.
[41] NK-AktR/*Heinrich* Rn. 8; Hölters/*Laubert* Rn. 7; Bürgers/Körber/*Wieneke* Rn. 10; GHEK/*Hefermehl/Bungeroth* Rn. 22 f.; Großkomm AktG/*Barz*, 3. Aufl. 1973, Anm. 4.
[42] BGH WM 1968, 4 obiter.
[43] Baumbach/Hefermehl/*Casper* WG Art. 16 Rn. 16; *Meyer-Cording/Drygala* WPR, 3. Aufl. 1995, B. XII 4d S. 55; *Müller-Christmann/Schnauder* WPR, 1992, Rn. 142.

des Gutglaubensschutzes bei Orderpapieren als bei Inhaberpapieren ist gerechtfertigt, weil als Vertrauensgrundlage über den Besitz hinaus eine lückenlose Indossamentenkette erforderlich ist.[44] Diese besagt zwar nicht per se etwas über die Geschäftsfähigkeit des Veräußerers; das gilt aber ebenso hinsichtlich der Identität des Veräußerers mit dem Indossanten, der Echtheit der Indossamente oder betreffend die Mangelfreiheit des Begebungsvertrages. Insoweit beansprucht der wertpapierrechtliche Gutglaubensschutz aber auch nach Ansicht der Vertreter der Gegenauffassung Geltung (→ Rn. 14).

16 Abs. 1 S. 2 iVm Art. 16 Abs. 2 WG schützt nicht den guten Glauben daran, dass die in der Namensaktie verkörperte **Mitgliedschaft** überhaupt oder in dem verbrieften Umfang **besteht**.[45] Die Bestimmungen über den gutgläubigen Erwerb helfen also nicht bei einer Fälschung der Aktie, denn hier würde kein Erwerb einer bestehenden Mitgliedschaft zum Nachteil des Berechtigten stattfinden, sondern die Zahl der Mitgliedschaften vermehrt werden. Ebenso wenig findet Art. 16 Abs. 2 WG bei vinkulierten Aktien im Hinblick auf das Nichtbestehen der Vinkulierung oder auf das Fehlen der Zustimmung der Gesellschaft Anwendung.[46] Zur Möglichkeit eines gutgläubigen Wegerwerbs bestehender Einlagepflichten, wenn der nach § 10 Abs. 2 S. 2 vorgeschriebene Teilleistungsvermerk fehlt, → § 54 Rn. 15.

17 Gutgläubiger Erwerb kommt nicht in Betracht bei beschränkter Verfügungsbefugnis des Gemeinschuldners in der **Insolvenz** (§ 81 InsO), da diese Beschränkung nicht durch Art. 16 Abs. 2 WG iVm § 68 Abs. 1 S. 2 AktG verdrängt wird.[47] Dies gilt gleichermaßen beim Erwerb vom Erben im Fall der **Nachlassverwaltung** (§ 1984 Abs. 1 S. 2 BGB iVm § 81 InsO).[48]

18 Abs. 1 S. 2 iVm Art. 16 Abs. 2 WG hilft nicht über **Willensmängel oder fehlende Geschäftsfähigkeit des Erwerbers** hinweg.[49]

19 **b) Voraussetzungen des gutgläubigen Erwerbs. aa) Objektive Legitimation.** Der gutgläubige Erwerb eines Wechsels nach Art. 16 Abs. 2 iVm Abs. 1 WG setzt nach verbreiteter Ansicht in **objektiver Hinsicht** voraus, dass der Indossatar unmittelbarer Besitzer der Urkunde ist.[50] Diese Voraussetzung wäre bei girosammelverwahrten Namensaktien nie erfüllt, so dass ein gutgläubiger Erwerb solcher Aktien nach Abs. 1 S. 2 iVm Art. 16 Abs. 2 WG in der Praxis von vornherein ausscheiden würde.[51] Die von Abs. 1 S. 2 angeordnete **sinngemäße Anwendung** von Art. 16 Abs. 2 WG muss indessen den Unterschieden zwischen Wechsel und Namensaktie Rechnung tragen. In Anbetracht der nahezu durchweg üblichen Sammelverwahrung von Namensaktien ist daher die **Umbuchung** der Sammelbestandanteile vom Depot der Verkäuferbank auf das der Erwerberbank, durch die der Erwerber mittelbaren Mitbesitz an der Urkunde erhält, als Besitzgrundlage für den gutgläubigen Erwerb ausreichend.[52]

20 Zusätzlich zu der besitzrechtlichen Grundlage erfordert der gutgläubige Erwerb gem. Art. 16 Abs. 2 iVm Abs. 1 WG den Nachweis der Berechtigung durch eine **ununterbrochene Indossamentenkette**. Entgegen verbreiteter Auffassung[53] schließen allerdings Lücken in der Indossamentenkette, die etwa durch Zession oder Gesamtrechtsnachfolge entstehen, einen gutgläubigen Erwerb ebenso wenig aus wie sie das Eingreifen der Legitimationsfunktion nach Art. 16 Abs. 1 WG hindern (→ Rn. 12), sofern sie nur durch den Nachweis des Rechtserwerbs geschlossen werden.[54] Es besteht kein Grund für eine unterschiedliche Beurteilung bei Anwendung von Art. 16 Abs. 1 WG einerseits und Abs. 2 dieser Vorschrift andererseits. Inhaltliche Mängel der Indossamente sind unschädlich, entscheidend ist allein das Vorliegen einer lückenlosen Indossamentenkette.[55]

---

[44] GHEK/*Hefermehl/Bungeroth* Rn. 23.
[45] Kölner Komm AktG/*Lutter/Drygala* Rn. 25; MüKoAktG/*Bayer* Rn. 19; Großkomm AktG/*Merkt* Rn. 89; Bürgers/Körber/*Wieneke* Rn. 10; MHdB AG/*Sailer-Coceani* § 14 Rn. 12.
[46] Hölters/*Laubert* Rn. 8.
[47] Baumbach/Hefermehl/*Casper* WG Art. 16 Rn. 17; MüKoAktG/*Bayer* Rn. 20; Großkomm AktG/*Merkt* Rn. 91; Bürgers/Körber/*Wieneke* Rn. 10; Kölner Komm AktG/*Lutter/Drygala* Rn. 24.
[48] Baumbach/Hefermehl/*Casper* WG Art. 16 Rn. 16; MüKoAktG/*Bayer* Rn. 20; Großkomm AktG/*Merkt* Rn. 92; ebenso zur KO: GHEK/*Hefermehl/Bungeroth* Rn. 25.
[49] *Baumbach/Hefermehl/Casper* WG Art. 16 Rn. 17; MüKoAktG/*Bayer* Rn. 21; Großkomm AktG/*Merkt* Rn. 93; Hölters/*Laubert* Rn. 7.
[50] Baumbach/Hefermehl/*Casper* WG Art. 16 Rn. 1.
[51] Vgl. MüKoAktG/*Bayer* Rn. 23.
[52] *Than/Hannöver* in v. Rosen/Seifert, Die Namensaktie, 2000, 279 (287); *Heißel/Kienle* WM 1993, 1909 (1911 ff.); MüKoAktG/*Bayer* Rn. 23; Bürgers/Körber/*Wieneke* Rn. 10; Großkomm AktG/*Merkt* Rn. 97; Grigoleit/*Grigoleit/Rachlitz* Rn. 13.
[53] MüKoAktG/*Bayer* Rn. 24; Kölner Komm AktG/*Lutter/Drygala* Rn. 21; offenbar auch Großkomm AktG/*Merkt* Rn. 98; ebenso für den Wechsel RGZ 43, 40 (44); RGZ 114, 365 (368); *Meyer-Cording/Drygala* WPR, 3. Aufl. 1995, B. XII 4 f. S. 56.
[54] Zutr. *Hueck/Canaris* WPR § 8 V 2c S. 95 f.; *Müller-Christmann/Schnauder* WPR, 1992, Rn. 145; Baumbach/Hefermehl/*Casper* WG Art. 16 Rn. 13.
[55] MüKoAktG/*Bayer* Rn. 24; Großkomm AktG/*Merkt* Rn. 99.

bb) Subjektive Voraussetzungen. Böser Glaube, dh positive Kenntnis vom Mangel des 21
Erwerbs,[56] oder grobe Fahrlässigkeit zur Zeit des Erwerbs schließen nach Art. 16 Abs. 2 WG den
gutgläubigen Erwerb aus.[57] Bei blankoindossierten Namensaktien ist die **Verschärfung des Gut-
glaubenserwerbs nach § 367 Abs. 1 S. 2 iVm S. 1 HGB** zu beachten: Ist das Abhandenkommen
im Bundesanzeiger bekannt gemacht worden, so gilt ein Erwerber, der Kaufmann ist[58] und Bankier-
oder Geldwechslergeschäfte betreibt, als bösgläubig, wenn seit dem Ende des Jahres der Veröffentlichung weniger als ein weiteres Jahr verstrichen ist. Das gilt auch dann, wenn der Kaufmann die
Aktien als Kommissionär für Rechnung eines Kunden erwirbt, der selbst nicht in den Anwendungsbereich der Vorschrift fällt. Eine Ausnahme besteht nur, wenn der Erwerber nachweisen kann, dass
er die Veröffentlichung infolge besonderer Umstände nicht kannte und diese Unkenntnis nicht auf
grober Fahrlässigkeit beruhte (§ 367 Abs. 2 HGB).[59]

8. Prüfungspflicht der AG, Abs. 3. Bei einer – heute kaum noch üblichen – Übertragung 22
durch Indossament ist der Vorstand (bzw. ein von ihm beauftragter Dritter) gem. Abs. 3 verpflichtet,
vor der Eintragung des Indossatars die **Ordnungsmäßigkeit der Indossamentenkette** zu prüfen.
Die Prüfung muss sich grundsätzlich nur auf den äußerlichen Nachweis der Übertragungsvorgänge,
nämlich das Vorhandensein einer lückenlosen Indossamentenkette beziehen. Da der Vorstand nicht
verpflichtet ist, die Unterschriften zu prüfen, handelt er grundsätzlich nicht pflichtwidrig, wenn er
den Erwerber trotz Fälschung eines Indossaments einträgt.[60] Eine weitergehende Überprüfung der
Ordnungsmäßigkeit der Übertragung ist zulässig;[61] bei konkreten Anhaltspunkten für das Vorliegen
von Übertragungsmängeln ist der Vorstand hierzu auch verpflichtet.[62] Da der Erwerber bei Mitteilung und Nachweis des Rechtsübergangs einen Anspruch auf Eintragung hat, wird man den Vorstand
allerdings nur dann für verpflichtet halten können, die Eintragung zu verweigern, wenn er ohne
weiteres in der Lage ist, den Mangel der Rechtübertragung zu beweisen.

Bei der in der Praxis üblichen Übertragung von Miteigentumsanteilen an blankoindossierten 23
Globalurkunden durch **Buchung im Effektengiroverkehr**[63] erfolgen Löschung und Neueintragung aufgrund einer elektronischen Mitteilung im automatisierten Verfahren.[64] Hier existiert regelmäßig keine Indossamentenkette, die (durch die Wertpapiersammelbank als Beauftragte der Gesellschaft) auf ihre formale Ordnungsmäßigkeit hin geprüft werden könnte. Abs. 3 hat dementsprechend
heute kaum noch einen Anwendungsbereich.

9. Sonstige Möglichkeiten der Rechtsübertragung. Neben der wertpapierrechtlichen Über- 24
tragung durch Indossament ist auch eine Übertragung durch **Abtretung** gem. §§ 398, 413 BGB
möglich.[65] Das Eigentum an der Aktienurkunde folgt dann entsprechend § 952 BGB dem Mitgliedschaftsrecht.[66] Eine **Übergabe** der Aktienurkunde ist hier, entgegen einer älteren höchstrichterlichen
Rechtsprechung[67] und einer neueren Entscheidung des KG[68] **nicht erforderlich,**[69] bei Einzelverbriefung aber zur Erleichterung des Erwerbsnachweises ratsam.[70] Gutgläubiger Erwerb ist bei Abtretung nicht möglich.[71]

---

[56] Baumbach/Hefermehl/*Casper* WG Art. 16 Rn. 15.
[57] Bürgers/Körber/*Wieneke* Rn. 10.
[58] Vgl. dazu etwa MüKoHGB/*Welter* § 367 Rn. 12.
[59] MüKoAktG/*Bayer* Rn. 26.
[60] MüKoAktG/*Bayer* Rn. 28.
[61] MüKoAktG/*Bayer* Rn. 28; Kölner Komm AktG/*Lutter/Drygala* Rn. 121; Großkomm AktG/*Merkt* Rn. 186; Hüffer/Koch/*Koch* Rn. 17.
[62] Vgl. BGHZ 160, 253 (257) = NZG 2004, 1109 (1110); MüKoAktG/*Bayer* Rn. 28; Kölner Komm AktG/ *Lutter/Drygala* Rn. 121; Großkomm AktG/*Merkt* Rn. 187; Bürgers/Körber/*Wieneke* Rn. 25; Hüffer/Koch/*Koch* Rn. 17; Wachter/*Servatius* Rn. 7; ähnlich Großkomm AktG/*Barz*, 3. Aufl. 1973, Anm. 22.
[63] Vgl. dazu *Than/Hannöver* in v. Rosen/Seifert, Die Namensaktie, 2000, 279 (286 ff.).
[64] Näher dazu *Than/Hannöver* in v. Rosen/Seifert, Die Namensaktie, 2000, 279 (289 ff.); → § 67 Rn. 55.
[65] MüKoAktG/*Bayer* Rn. 30; Großkomm AktG/*Merkt* Rn. 126; Hölters/*Laubert* Rn. 2; Bürgers/Körber/*Wie-neke* Rn. 5; Grigoleit/*Grigoleit/Rachlitz* Rn. 3; Hüffer/Koch/*Koch* Rn. 3; *Mentz/Fröhling* NZG 2002, 201 (202 f.) mwN; NK-AktR/*Heinrich* Rn. 9.
[66] MüKoAktG/*Bayer* Rn. 30; Bürgers/Körber/*Wieneke* Rn. 5; Hüffer/Koch/*Koch* Rn. 3; *Mentz/Fröhling* NZG 2002, 201 (203); für direkte Anwendung von § 952 BGB Kölner Komm AktG/*Lutter/Drygala* Rn. 35; GHEK/*Hefermehl/Bungeroth* Rn. 35.
[67] S. nur BGH NJW 1958, 302 (303) (obiter); RGZ 88, 290 (292); RGZ 160, 338 (341).
[68] KG NZG 2003, 226 (227 f.).
[69] MüKoAktG/*Bayer* Rn. 30; Kölner Komm AktG/*Lutter/Drygala* Rn. 35; Bürgers/Körber/*Wieneke* Rn. 5; *Schaper* AG 2016, 889 (890); jedenfalls für Namensaktien zustimmend: Hüffer/Koch/*Koch* Rn. 3; GHEK/*Hefer-mehl/Bungeroth* Rn. 33; MHdB AG/*Sailer-Coceani* § 14 Rn. 14.
[70] MüKoAktG/*Bayer* Rn. 31; GHEK/*Hefermehl/Bungeroth* Rn. 36.
[71] MüKoAktG/*Bayer* Rn. 31; Kölner Komm AktG/*Lutter/Drygala* Rn. 34; Grigoleit/*Grigoleit/Rachlitz* Rn. 3.

25 Die Abtretung ist **formlos wirksam**.[72] Diese Übertragungsmöglichkeit kann nicht durch satzungsmäßige Formerfordernisse erschwert werden.[73] Der Erwerber kann aber gem. §§ 413, 403 BGB auf eigene Kosten eine öffentlich beglaubigte Urkunde verlangen.[74] Die Übertragung durch Abtretung kann durch die Satzung nicht ausgeschlossen werden.[75]

26 Möglich ist auch eine Übertragung der Aktien nach dem **DepotG** auf zweierlei Weise: Einerseits kann gem. § 18 Abs. 3 DepotG die Übertragung von Namensaktien durch den Einkaufskommissionär auf den Kommittenten durch Absendung eines Stückeverzeichnisses[76] erfolgen. Andererseits können im Rahmen der Girosammelverwahrung Miteigentumsanteile am Girosammelbestand gem. § 24 Abs. 2 DepotG durch Eintragung des Übertragungsvermerks im Verwahrbuch des Kommissionärs (Depotbank) übertragen werden.[77] In beiden Fällen ist ein gutgläubiger Erwerb ausgeschlossen.[78]

27 **10. Geltungsbereich für vinkulierte Namensaktien.** Die in den → Rn. 3–26 dargestellten Grundsätze gelten gleichermaßen für vinkulierte Namensaktien.[79] Insbesondere können auch derartige Aktien durch Blankoindossament übertragen werden.[80] Die Vinkulierung schränkt die Verkehrsfähigkeit der Aktien nur insoweit ein, als zusätzlich zu der Übertragung durch den Veräußerer die Zustimmung der Gesellschaft erforderlich ist. Blankoindossierte vinkulierte Namensaktien können daher girosammelverwahrt[81] und börsennotiert[82] werden.

III. Vinkulierte Namensaktien, Abs. 2

28 **1. Allgemeines.** Grundsätzlich ist ein Austritt aus einer Aktiengesellschaft nur durch Übertragung der Aktie möglich.[83] Daher gilt der **Grundsatz der freien Übertragbarkeit** der Mitgliedschaft.[84] Eine **Ausnahme** von diesem Grundsatz stellen **vinkulierte Namensaktien** nach Abs. 2 S. 1 AktG dar.[85] Durch die Vinkulierung wird die Übertragbarkeit von Namensaktien an die Zustimmung der AG gebunden. Die Vinkulierung gilt dabei unabhängig davon, ob die betroffenen Mitgliedschaftsrechte verbrieft sind.[86] Eine derartige Einschränkung der Verkehrsfähigkeit ist bei Inhaberaktien nicht möglich.[87]

29 **2. Zwecke der Vinkulierung.** Die Vinkulierung von Namensaktien kann für eine ganze Reihe von Zwecken eingesetzt werden,[88] so etwa, vor allem in der Versicherungswirtschaft, zur Gewährleistung der Zahlungsfähigkeit von Aktionären beim Erwerb nicht voll eingezahlter Aktien,[89] zum Schutz vor Überfremdung der AG, insbesondere bei Familiengesellschaften,[90] zur Aufrechterhaltung der bisherigen Beteiligungsverhältnisse oder der Selbständigkeit der Gesellschaft, namentlich zur Sicherung vor der Begründung beherrschenden Einflusses durch Erwerb der Aktienmehrheit,[91] zur

---

[72] BGHZ 160, 253 (256) = NZG 2004, 1109 (1110); MüKoAktG/*Bayer* Rn. 32; Kölner Komm AktG/*Lutter/Drygala* Rn. 35; Großkomm AktG/*Barz*, 3. Aufl. 1973, Anm. 3.
[73] BGHZ 160, 253 (256 f.) = NZG 2004, 1109 (1110); Kölner Komm AktG/*Lutter/Drygala* Rn. 36; *Noack* EWiR § 67 AktG 1/05, 50; *Stupp* NZG 2005, 205 (207).
[74] MüKoAktG/*Bayer* Rn. 32.
[75] MüKoAktG/*Bayer* Rn. 32; Kölner Komm AktG/*Lutter/Drygala* Rn. 36; Großkomm AktG/*Barz*, 3. Aufl. 1973, Anm. 5.
[76] Baumbach/Hopt/*Kumpan* DepotG § 18 Rn. 1; MüKoAktG/*Bayer* Rn. 33; Kölner Komm AktG/*Lutter/Drygala* Rn. 32; GHEK/*Hefermehl/Bungeroth* Rn. 40; Bürgers/Körber/*Wieneke* Rn. 6; Hüffer/Koch/*Koch* Rn. 3; NK-AktR/*Heinrich* Rn. 9.
[77] Baumbach/Hopt/*Kumpan* DepotG § 18 Rn. 1; MüKoAktG/*Bayer* Rn. 33; Kölner Komm AktG/*Lutter/Drygala* Rn. 33; Bürgers/Körber/*Wieneke* Rn. 6; GHEK/*Hefermehl/Bungeroth* Rn. 40; Hüffer/Koch/*Koch* Rn. 3.
[78] Baumbach/Hopt/*Kumpan* DepotG § 18 Rn. 1; MüKoAktG/*Bayer* Rn. 33.
[79] Vgl. etwa MüKoAktG/*Bayer* Rn. 27; Kölner Komm AktG/*Lutter/Drygala* Rn. 27.
[80] MüKoAktG/*Bayer* Rn. 6; vgl. *Kümpel* WM 1983, Sonderbeilage 3 (4 ff.).
[81] Großkomm AktG/*Merkt* Rn. 223.
[82] Vgl. § 17 der Bedingungen für Geschäfte an der Frankfurter Wertpapierbörse; Großkomm AktG/*Merkt* Rn. 226 ff.
[83] Für außerordentliche Austrittsrechte *Grunewald* FS Claussen, 1997, 103 ff. (110).
[84] BGHZ 160, 253 (256) = NZG 2004, 1109 (1110); MHdB AG/*Sailer-Coceani* § 14 Rn. 14 mwN.
[85] MüKoAktG/*Bayer* Rn. 34 mwN.
[86] OLG Celle NZG 2005, 279; Großkomm AktG/*Merkt* Rn. 197.
[87] Großkomm AktG/*Merkt* Rn. 196.
[88] S. die Beispiele bei MüKoAktG/*Bayer* Rn. 35; Kölner Komm AktG/*Lutter/Drygala* Rn. 58; Bürgers/Körber/*Wieneke* Rn. 11; Hüffer/Koch/*Koch* Rn. 10; MHdB AG/*Sailer-Coceani* § 14 Rn. 15 jeweils mwN.
[89] Eingehend dazu *Schinzler*, Die teileingezahlte Namensaktie als Finanzierungsinstrument der Versicherungswirtschaft, 1999, 29 ff.; *Kerber* WM 1990, 789 (790).
[90] RGZ 132, 149 (154 f.); BGH NJW 1987, 1019 f.; Bürgers/Körber/*Wieneke* Rn. 11; *Lutter/Schneider* ZGR 1975, 182 (185 f.); *Schrötter* DB 1977, 2265; *Binz/Mayer* NZG 2012, 201.
[91] *Lutter/Grunewald* AG 1989, 109.

Gewährleistung der Identität des Gesellschafterkreises von AG und KG bei der AG & Co KG,[92] zur Verhinderung des Auseinanderfallens von Arbeitnehmer- und Aktionärsstellung bei Mitarbeiterbeteiligungen, zur Sicherstellung der Leistungsfähigkeit von Aktionären, denen Nebenleistungspflichten nach § 55 obliegen, sowie zum Schutz vor dem Einfluss unerwünschter Aktionäre durch Entsendung von Aufsichtsratsmitgliedern (§ 101 Abs. 2 S. 2).

In einer Reihe von Fällen ist die **Vinkulierung gesetzlich vorgeschrieben.** Das gilt für die 30 Auferlegung statutarischer Nebenleistungspflichten des Aktionärs (§ 55 Abs. 1) sowie für die Einräumung des Rechts zur Entsendung von Aufsichtsratsmitgliedern zugunsten der Inhaber bestimmter Aktien (§ 101 Abs. 2 S. 2). Darüber hinaus bestehen gesetzliche Vinkulierungserfordernisse für eine Reihe von Freiberuflergesellschaften und Gesellschaften mit besonderer Zwecksetzung. Hierzu gehören: Wirtschafts- und Buchprüfungsgesellschaften (§ 28 Abs. 5 S. 2 WPO, § 130 Abs. 2 WPO) sowie Steuerberatungsgesellschaften (§ 50 Abs. 5 S. 2 StBerG), börsennotierte Luftverkehrsgesellschaften (§ 2 Abs. 1 LuftNaSiG) und private Rundfunkveranstalter (§ 21 Abs. 2 Ziff. 1, Abs. 6 und 7 Rundfunkstaatsvertrag, § 29 Rundfunkstaatsvertrag v. 31.8.1991, idF v. 1.1.2001).

3. Wirkung und Reichweite der Vinkulierung. a) Beschränkung der Verfügungsmacht. 31
Die Vinkulierung beschränkt die Verfügungsmacht des Aktionärs. Sie betrifft nur das dingliche Verfügungsgeschäft, nicht jedoch die Befugnis des Aktionärs, sich zur Verfügung über die vinkulierten Namensaktien zu verpflichten.[93] Eine Satzungsregelung, die schon den Abschluss des Verpflichtungsgeschäfts an die Zustimmung der Gesellschaft binden würde, wäre daher nach § 23 Abs. 5 unwirksam.[94] Die Vinkulierung ist Teil des Inhalts der Mitgliedschaft; sie gilt daher für jeden Inhaber der Aktie. Ein gutgläubiger „lastenfreier" Erwerb ist nicht möglich (auch → Rn. 16).[95]

b) Betroffene Übertragungen. aa) Rechtsgeschäftliche und gesetzliche Übertragungen. 32
Die Vinkulierung hindert nur die **rechtsgeschäftliche Übertragung** der betroffenen Aktien ohne Zustimmung der Gesellschaft.[96] Insoweit betrifft sie nicht nur die vollständige Übertragung der Mitgliedschaft, sondern auch die Begründung der Mitberechtigung Dritter, wie etwa die rechtsgeschäftliche Einbringung der Aktie in eine Gemeinschaft. Dagegen beansprucht sie keine Geltung für **Übertragungen,** die nicht durch rechtsgeschäftliche Verfügung, sondern **kraft Gesetzes** erfolgen. Das gilt namentlich für alle Fälle gesetzlicher Gesamt- oder Einzelrechtsnachfolge.[97] Die Zustimmung der Gesellschaft ist danach nicht erforderlich für einen Erwerb nach § 1416 Abs. 2 BGB, § 1922 BGB, §§ 20, 131 Abs. 1 Nr. 1 UmwG, §§ 176 ff. UmwG, § 140 HGB, § 320a AktG.[98]

Diese Beschränkung der Reichweite von Vinkulierungsklauseln auf rechtsgeschäftliche Verfügungen 33 folgt zwar nicht zwingend aus dem Wortlaut von Abs. 2, der nicht zwischen verschiedenen Modalitäten des Rechtsübergangs differenziert, sondern den allgemeinen Begriff „Übertragung" verwendet. Für die hM spricht indessen der Zweck der Gesamtrechtsnachfolge, Übertragungshindernisse unabhängig von ihrer rechtlichen Grundlage zu durchbrechen. In Fällen der Gesamtrechtsnachfolge, die mit dem Wegfall des bisherigen Rechtsträgers verbunden sind, bliebe bei Anwendung des Abs. 2 überdies die Frage zu beantworten, wer bei Verweigerung der Zustimmung Inhaber der Aktien sein sollte.[99] Allerdings ist nicht zu übersehen, dass insbesondere bei **Abspaltungen** und **Ausgliederungen** nach § 123 Abs. 2 Nr. 2 und 3 UmwG und auf **Teilübertragungen** nach § 174 Abs. 2 Nr. 2 und 3 UmwG die Gefahr eines missbräuchlichen Einsatzes zum Zweck der Umgehung von Übertragungshindernissen besteht. Dieser Gefahr ist indessen nicht durch Verneinung des Übergangs vinkulierter Anteile, sondern durch ein – bei entsprechenden Anzeichen auch von Amts

---

[92] Vgl. zur AG & Co KG: *Beckmann* DStR 1995, 296 (299 ff.).
[93] RGZ 123, 279 (283); RGZ 132, 149 (157); MüKoAktG/*Bayer* Rn. 38; Kölner Komm AktG/*Lutter/Drygala* Rn. 57; Großkomm AktG/*Merkt* Rn. 269, 271; K. Schmidt/Lutter/*T. Bezzenberger* Rn. 19; Bürgers/Körber/*Wieneke* Rn. 13; Wachter/*Servatius* Rn. 10; MHdB AG/*Sailer-Coceani* § 14 Rn. 19.
[94] MüKoAktG/*Bayer* Rn. 38; Hölters/*Laubert* Rn. 17; Bürgers/Körber/*Wieneke* Rn. 13.
[95] MHdB AG/*Sailer-Coceani* § 14 Rn. 34.
[96] MüKoAktG/*Bayer* Rn. 11, 52; Großkomm AktG/*Merkt* Rn. 268; Kölner Komm AktG/*Lutter/Drygala* Rn. 107; Bürgers/Körber/*Wieneke* Rn. 13; MHdB AG/*Sailer-Coceani* § 14 Rn. 19; NK-AktR/*Heinrich* Rn. 14.
[97] MüKoAktG/*Bayer* Rn. 52; Kölner Komm AktG/*Lutter/Drygala* Rn. 6, 107 ff.; Großkomm AktG/*Merkt* Rn. 280; K. Schmidt/Lutter/*T. Bezzenberger* Rn. 22; Bürgers/Körber/*Wieneke* Rn. 13; Grigoleit/*Grigoleit/Rachlitz* Rn. 19; Hüffer/Koch/*Koch* Rn. 11; MHdB AG/*Sailer-Coceani* § 14 Rn. 21; *E. Ulmer* FS Schmidt-Rimpler, 1957, 261 (264) mN zur älteren Rspr.
[98] MüKoAktG/*Bayer* Rn. 52; Kölner Komm AktG/*Lutter/Drygala* Rn. 6; Großkomm AktG/*Merkt* Rn. 281; Hüffer/Koch/*Koch* Rn. 11; MHdB AG/*Sailer-Coceani* § 14 Rn. 21; *Lieder/Scholz* ZIP 2015, 1705 (1707 f.).
[99] *Lieder/Scholz* ZIP 2015, 1705 (1707); vgl. aber die US-amerikanische Entscheidung *PPG Indus, Inc. v. Guardian Indus Corp.* 597 F.2d 1090 (6th Cir. 1979), derzufolge rechtsgeschäftliche Übertragungsverbote betreffend Vermögensgegenstände der übertragenden Gesellschaft sich auch gegenüber der gesetzlich angeordneten Gesamtrechtsnachfolge bei Verschmelzung durchsetzen.

wegen zu beachtendes – Eintragungshindernis für missbräuchliche Umwandlungsmaßnahmen zu begegnen.[100] Kommt es in solchen Fällen dennoch zur Eintragung, ist die Gesellschaft auf Schadensersatzansprüche verwiesen, die zunächst auf Naturalrestitution im Wege der Rückübertragung der betroffenen Aktien gerichtet sind.

34   Bei der **Erfüllung eines Vermächtnisses** (§ 2174 BGB) oder der Verbindlichkeiten aus **Erbauseinandersetzung** (§§ 2042 ff. BGB) handelt es sich um rechtsgeschäftliche Verfügungen, so dass die dabei stattfindende Übertragung von Namensaktien von der Vinkulierung erfasst wird.[101] Gleiches gilt wegen der Eintragung in das Aktienregister auch für die **Legitimationsübertragung.** Der Ermächtigte gilt nach § 67 Abs. 2 im Verhältnis zur Gesellschaft als Aktionär, obwohl er materiell Nichtberechtigter ist.[102] Da der Rechtsgrund der Übertragung unerheblich ist, fällt auch die **Treuhandübertragung** in den Bereich der Vinkulierung.[103] Hingegen muss die Gesellschaft der Eintragung des **depotführenden Kreditinstituts** nach § 67 Abs. 4 S. 2 nicht gesondert zustimmen, da das Eintragungsverlangen ohnehin von ihr stammt und darin die Zustimmung zu sehen ist (→ § 67 Rn. 84). Nach hM stehen der Übertragung die dingliche Belastung der Aktie durch **Verpfändung**[104] **und Nießbrauch**[105] gleich. Weder die (rangwahrende) Bestellung eines Pfandrechts noch die eines Nießbrauchs[106] verschaffen indessen dem Gläubiger die für die Vinkulierung entscheidende Befugnis, die mit der Aktie verbundenen Verwaltungsrechte auszuüben. Erst die Pfandverwertung bedarf daher nach Abs. 2 S. 2 der Zustimmung der Gesellschaft,[107] wie die Vertreter der hM für das Pfändungspfandrecht selbst anerkennen.[108] Zu den von einer Vinkulierung betroffenen Rechtsgeschäften gehören nach hM die Übertragung des Miteigentumsanteils an einem **Girosammelbestand** gem. § 24 Abs. 2 DepotG und der Eigentumserwerb nach § 18 Abs. 3 DepotG durch Übersendung eines Stückeverzeichnisses jedenfalls dann, wenn die Namensaktie blankoindossiert ist.[109] Zustimmungsbedürftig ist schließlich auch die Benennung eines **gemeinschaftlichen Vertreters** mehrerer Berechtigter nach § 69. Für den **Erwerb eigener Aktien** durch die AG beansprucht die Vinkulierung ihrem nach Zweck regelmäßig keine Geltung;[110] etwas anderes gilt indessen in Fällen des § 71 Abs. 1 Nr. 2, denn da die Ausgabe an Arbeitnehmer ihrerseits der Zustimmung nach § 68 Abs. 2 bedarf, muss bereits beim Erwerb sichergestellt sein, dass die geplante Ausgabe sich durchführen lässt. Liegt die Zuständigkeit für die Zustimmung beim Vorstand, ist allerdings in der Entscheidung über den Erwerb die Zustimmung enthalten. Die **Veräußerung eigener Aktien** liegt nicht von vornherein außerhalb des Anwendungsbereichs der Vinkulierungsklausel; sofern für die Zustimmung nicht der Vorstand zuständig ist, muss daher die Entscheidung des zuständigen Organs eingeholt werden.[111]

35   bb) **Zwangsvollstreckung.** Abs. 2 beansprucht bei der **Verwertung gepfändeter vinkulierter Namensaktien** Geltung. Entgegen der überwiegenden Meinung, die die Namensaktie als Sache behandelt und damit dem Element der Verkörperung der Mitgliedschaft eine nicht zuletzt im Hin-

---

[100] Vgl. Kölner Komm AktG/*Simon* UmwG § 131 Rn. 19 mN; aA für Abspaltung und Ausgliederung *Teichmann* GmbHR 2014, 393 (398 ff.).
[101] MüKoAktG/*Bayer* Rn. 53; Kölner Komm AktG/*Lutter/Drygala* Rn. 107; Großkomm AktG/*Merkt* Rn. 275; K. Schmidt/Lutter/*T. Bezzenberger* Rn. 19; Bürgers/Körber/*Wieneke* Rn. 13; NK-AktR/*Heinrich* Rn. 14.
[102] MüKoAktG/*Bayer* Rn. 54; Großkomm AktG/*Merkt* Rn. 287; Bürgers/Körber/*Wieneke* Rn. 14; K. Schmidt/Lutter/*T. Bezzenberger* Rn. 21; MHdB AG/*Sailer-Coceani* § 14 Rn. 19; *Serick* FS Hefermehl, 1976, 427 (433 ff.); sa NK-AktR/*Heinrich* Rn. 14.
[103] Grigoleit/*Grigoleit/Rachlitz* Rn. 19; MHdB AG/*Sailer-Coceani* § 14 Rn. 19; *Serick* FS Hefermehl, 1976, 427 (440 ff.); Hüffer/Koch/*Koch* Rn. 11; NK-AktR/*Heinrich* Rn. 14; ausf., auch zur Vereinbarungstreuhand und zum Treugeberwechsel, *Gebke* GmbHR 2014, 1128 (1131 ff.).
[104] BGHZ 180, 9 (30 Rn. 40) = NZG 2009, 342 (348); Kölner Komm AktG/*Lutter/Drygala* Rn. 54; MüKoAktG/*Bayer* Rn. 56; Großkomm AktG/*Merkt* Rn. 277; K. Schmidt/Lutter/*T. Bezzenberger* Rn. 20; Hölters/*Laubert* Rn. 12; Bürgers/Körber/*Wieneke* Rn. 14; Hüffer/Koch/*Koch* Rn. 11.
[105] Kölner Komm AktG/*Lutter/Drygala* Rn. 54; MüKoAktG/*Bayer* Rn. 56; Großkomm AktG/*Merkt* Rn. 277; K. Schmidt/Lutter/*T. Bezzenberger* Rn. 20; Hölters/*Laubert* Rn. 12; Bürgers/Körber/*Wieneke* Rn. 14; Hüffer/Koch/*Koch* Rn. 11; NK-AktR/*Heinrich* Rn. 14.
[106] Vgl. dazu MHdB AG/*Sailer-Coceani* § 14 Rn. 70 ff.
[107] Zutr. *Bork* FS Henckel, 1995, 23 (30 f.); Grigoleit/*Grigoleit/Rachlitz* Rn. 17.
[108] Kölner Komm AktG/*Lutter/Drygala* Rn. 55; MüKoAktG/*Bayer* Rn. 112 f.; Hölters/*Laubert* Rn. 12; Bürgers/Körber/*Wieneke* Rn. 14; Hüffer/Koch/*Koch* Rn. 11; MHdB AG/*Sailer-Coceani* § 14 Rn. 20; vgl. auch *Bork* FS Henckel, 1995, 23 (33 ff.); aA *Knur* FS Flume II, 1978, 173 (183); *Kossmann* BB 1985, 1364; gegen die Geltung einer satzungsmäßigen Vinkulierung für die Zwangsvollstreckung in GmbH-Anteile Rowedder/Schmidt-Leithoff/*Görner* GmbHG § 15 Rn. 195; Scholz/*Winter/Seibt* GmbHG § 15 Rn. 112, 202.
[109] MüKoAktG/*Bayer* Rn. 55; Großkomm AktG/*Merkt* Rn. 290.
[110] Großkomm AktG/*Merkt* Rn. 330; MHdB AG/*Sailer-Coceani* § 14 Rn. 20.
[111] MHdB AG/*Sailer-Coceani* § 14 Rn. 20.

blick auf den heute üblichen Ausschluss der Einzelverbriefung völlig unangemessene Bedeutung beimisst, beruht die Pfändung von Namensaktien nicht auf § 808 ZPO.[112] Noch stärker als bei Forderungen, die in indossablen Papieren verkörpert sind, steht bei der Namensaktie das in dem Papier verkörperte Recht im Vordergrund. Grundlage für die Pfändung sind dementsprechend §§ 857, 831 ZPO.[113] Gem. § 851 ZPO sind vinkulierte Namensaktien der Pfändung folglich nur insoweit unterworfen, als sie übertragbar sind. Die Pfändung führt für sich genommen nicht zu einer Übertragung der Mitgliedschaft, sondern lediglich zur Verstrickung und zur (rangwahrenden) Entstehung eines Pfändungspfandrechts.[114] Sie ist dementsprechend ohne Zustimmung der Gesellschaft möglich.[115] Erst durch die Verwertung tritt ein Dritter an Stelle des bisherigen Aktionärs. Hierfür ist daher die Zustimmung der Gesellschaft erforderlich.[116] Für deren Erteilung gelten dieselben Grundsätze wie im Verhältnis zum Aktionär.[117] Es besteht kein Grund dafür, die Verweigerung der Zustimmung hier nur aus „wichtigem Grund" zuzulassen.[118] Die Vinkulierung bestimmt vielmehr den Inhalt der Rechtsposition des Aktionärs, auf die dessen Gläubiger nur so zugreifen können, wie sie sich im Vermögen ihres Schuldners befindet.[119] Die Befürchtung, bei unmodifizierter Geltung des Zustimmungserfordernisses des Abs. 2 S. 2 in der Zwangsvollstreckung könne der Aktionär die Aktien durch private Abrede der hoheitlichen Vollstreckung entziehen,[120] ist unbegründet, denn die Vinkulierung schränkt vor allem den Aktionär selbst und nur in zweiter Linie dessen Gläubiger ein[121] und überdies steht die Verweigerung der Zustimmung nicht etwa im freien Belieben des Vorstandes (näher → Rn. 52 f.).

cc) Insolvenz. Als Teil des Schuldnervermögens fallen vinkulierte Namensaktien in die Insolvenzmasse, §§ 35, 36 InsO.[122] Die Beschlagnahme tritt mit der Eröffnung des Verfahrens ein. Der Aktionär bleibt zwar nach wie vor Inhaber der Aktien; da aber das Recht, über die Aktien zu verfügen und sie zu verwalten, mithin auch die Aktionärsrechte wahrzunehmen, auf den Insolvenzverwalter übergeht (§ 80 Abs. 1 InsO), führt die Verfahrenseröffnung zu einem der „Übertragung" ähnlichen Ergebnis. Dennoch ist nach einhelliger Ansicht die Zustimmung der Gesellschaft nach Abs. 2 S. 2 hierfür nicht notwendig, da es sich um eine Rechtsänderung kraft Gesetzes handelt, die vom Anwendungsbereich der Vinkulierung nicht erfasst wird.[123] Ebenso wie in der Zwangsvollstreckung bedarf die Verwertung der Zustimmung der Gesellschaft nach Abs. 2 S. 2, die allerdings nach hM nur aus wichtigem Grund versagt werden kann.[124] Gegen diese Einschränkung ist indessen hier ebenso wie bei der Zwangsvollstreckung (→ Rn. 35) einzuwenden, dass die Gläubiger die

---

[112] So aber *Bork* FS Henckel, 1995, 23 (28); Hüffer/Koch/*Koch* Rn. 11; MüKoAktG/*Bayer* Rn. 56, 111; Hölters/*Laubert* Rn. 12.
[113] Zutr. Grigoleit/*Grigoleit/Rachlitz* Rn. 16; BLAH/*Hartmann* ZPO Anh. § 859 Rn. 2; GHEK/*Hefermehl/Bungeroth* Rn. 152.
[114] Vgl. insbes. *Bork* FS Henckel, 1995, 23 (31).
[115] So im Erg. auch Großkomm AktG/*Merkt* Rn. 292.
[116] Kölner Komm AktG/*Lutter/Drygala* Rn. 55; MüKoAktG/*Bayer* Rn. 112 f.; K. Schmidt/Lutter/*T. Bezzenberger* Rn. 20; Bürgers/Körber/*Wieneke* Rn. 14; Hüffer/Koch/*Koch* Rn. 11; MHdB AG/*Sailer-Coceani* § 14 Rn. 20; *Bork* FS Henckel, 1995, 23 (33 ff.); aA *Knur* Flume II, 1978, 173 (183); *Kossmann* BB 1985, 1364; gegen die Geltung einer satzungsmäßigen Vinkulierung für die Zwangsvollstreckung in GmbH-Anteile Roweder/Schmidt-Leithoff/*Görner* GmbHG § 15 Rn. 189; Scholz/Winter/*Seibt* GmbHG § 15 Rn. 112, 202.
[117] Zutr. *Bork* FS Henckel, 1995, 23 (36).
[118] So aber K. Schmidt/Lutter/*T. Bezzenberger* Rn. 20; Kölner Komm AktG/*Lutter/Drygala* Rn. 55; Großkomm AktG/*Merkt* Rn. 297; MHdB AG/*Sailer-Coceani* § 14 Rn. 20; MüKoAktG/*Bayer* Rn. 113; Bürgers/Körber/*Wieneke* Rn. 14.
[119] *Bork* FS Henckel, 1995, 23 (33 ff.).
[120] So im Hinblick auf die Pfändung Kölner Komm AktG/*Lutter*, 2. Aufl. 1988, Rn. 22; das Argument beansprucht aber auch für die Verwertung Geltung.
[121] Die Vinkulierung ist daher nicht mit einer gezielt gläubigerbenachteiligenden Satzungsbestimmung vergleichbar, wie sie Gegenstand der Entscheidung BGHZ 32, 151 = BGH NJW 1960, 1053 war, die so häufig als Beleg für die vermeintliche Unbeachtlichkeit des Zustimmungserfordernisses in der Zwangsvollstreckung herangezogen wird.
[122] *Bork* FS Henckel, 1995, 23 (37 f.); MüKoAktG/*Bayer* Rn. 114.
[123] *Bork* FS Henckel, 1995, 23 (39); MüKoAktG/*Bayer* Rn. 114; Kölner Komm AktG/*Lutter/Drygala* Rn. 56; MHdB AG/*Sailer-Coceani* § 14 Rn. 20; Kübler/Prütting/*Holzer* InsO § 35 Rn. 68; MüKoInsO/*Peters* InsO § 35 Rn. 251; *Jaeger/Henckel* KO, 9. Aufl. 1977, § 1 Rn. 105.
[124] MüKoAktG/*Bayer* Rn. 114; Kölner Komm AktG/*Lutter/Drygala* Rn. 56; K. Schmidt/Lutter/*T. Bezzenberger* Rn. 20; *Bork* FS Henckel, 1995, 23 (32 ff.); Liebscher/Lübke ZIP 2004, 241 (251); in der Sache ähnlich das insolvenzrechtliche Schrifttum, das ein Widerspruchsrecht der Gesellschaft bejaht, wenn die vom Insolvenzverwalter geplante Verwertung der Aktien für die AG unzumutbar wäre, vgl. etwa Kübler/Prütting/*Holzer* InsO § 35 Rn. 68; *Jaeger/Henckel* KO, 9. Aufl. 1977, KO § 1 Rn. 105; noch weitergehend, keine Zustimmung nach § 68 Abs. 2 erforderlich, MüKoInsO/*Peters* InsO § 35 Rn. 251.

Rechtsposition des Aktionärs so hinzunehmen haben, wie sie für ihn begründet worden ist. Für die Zustimmungserteilung gelten daher auch in der Insolvenz des Aktionärs die allgemeinen Grundsätze (näher → Rn. 64).[125]

37 **dd) Regelungsspielraum der Satzung.** Die Satzung kann die Reichweite der Vinkulierung nicht über den vom Gesetz gezogenen Rahmen, etwa auf von der Vinkulierung nicht erfasste Fälle des gesetzlichen Rechtsübergangs (→ Rn. 32 ff.) erweitern.[126] Dagegen kann sie den **Anwendungsbereich der Vinkulierung** auf bestimmte Übertragungen (etwa auf familienfremde Erwerber oder an Erwerber, die eine bestimmte Beteiligungsquote überschreiten würden) beschränken oder umgekehrt bestimmte Übertragungen (zB unentgeltliche Übertragungen; die Übertragung an andere Aktionäre oder auf bestimmte namentlich benannte Personen) von der Vinkulierung ausnehmen.[127] Übertragungen, die von solchen satzungsmäßigen Ausnahmen erfasst sind, bedürfen nicht der Zustimmung nach Abs. 2, sondern sind ohne weiteres wirksam.[128] Wird ein danach wirksamer Erwerb von der AG nicht anerkannt, können Veräußerer und Erwerber auf dem Klageweg die Löschung des Veräußerers und die Eintragung des Erwerbers ins Aktienregister durchsetzen.[129] Für eine auf Wirksamkeit des Erwerbs gerichtete Feststellungsklage[130] fehlt regelmäßig das Feststellungsinteresse, denn Streit mit der AG über die Wirksamkeit des Erwerbs wird praktisch nur wegen Verweigerung der Löschung des Veräußerers oder der Eintragung des Erwerbers entstehen, die im Verfahren nach § 67 Abs. 3 durchzusetzen sind (dazu → § 67 Rn. 79).

38 **c) Rechtsnatur vinkulierter Namensaktien.** Da die Übertragung von Orderpapieren von der Zustimmung Dritter abhängig sein kann,[131] ändert die Vinkulierung nichts daran, dass es sich bei den betroffenen Namensaktien um **Orderpapiere** handelt. Die Vinkulierung begründet **keine besondere Aktiengattung** iSd § 11 Abs. 2.[132] Die Übertragbarkeit der Aktie, die durch die Vinkulierung eingeschränkt wird, ist selbst kein Mitgliedschaftsrecht, das die Aktie gewährt. Nur Unterschiede hinsichtlich der Mitgliedschaftsrechte sind aber nach § 11 S. 1 geeignet, Gattungsunterschiede zu begründen. Schließlich führt die erschwerte Übertragungsmöglichkeit auch nicht per se zu Interessenunterschieden zwischen den Inhabern vinkulierter Aktien und den übrigen Aktionären, die es rechtfertigen würden, ersteren bei einer Reihe satzungsändernder Entscheidungen eine Blockademöglichkeit kraft des bei Gattungsverschiedenheit bestehenden Sonderbeschlusserfordernisses[133] einzuräumen.[134]

39 **d) Abgrenzung von schuldrechtlichen Veräußerungsbeschränkungen.** Die Vinkulierung von Namenaktien ist von schuldrechtlichen Veräußerungsbeschränkungen zu unterscheiden. Jedem Aktionär steht es grundsätzlich frei, sich durch schuldrechtliche Vereinbarung zu verpflichten, seine Aktien nicht oder nur mit Zustimmung des Vertragspartners oder eines Dritten zu veräußern. Derartige Vereinbarungen sind sowohl gegenüber Aktionären[135] oder Dritten als auch gegenüber der AG selbst[136] zulässig. Im Unterschied zur Vinkulierung binden solche schuldrechtlichen Veräußerungsbeschränkungen ausschließlich den betroffenen Aktionär, nicht aber ohne weiteres dessen Rechtsnach-

---

[125] *Maurice*, Namensaktien, 2011, 74.
[126] Großkomm AktG/*Merkt* Rn. 298 f.
[127] Kölner Komm AktG/*Lutter/Drygala* Rn. 69; MüKoAktG/*Bayer* Rn. 57 f.; Großkomm AktG/*Merkt* Rn. 302 ff.; K. Schmidt/Lutter/*T. Bezzenberger* Rn. 19; Hölters/*Laubert* Rn. 17; Bürgers/Körber/*Wieneke* Rn. 17; Hüffer/Koch/*Koch* Rn. 14.
[128] MüKoAktG/*Bayer* Rn. 58; Großkomm AktG/*Merkt* Rn. 310.
[129] MüKoAktG/*Bayer* Rn. 58.
[130] Für die Zulässigkeit einer solchen Klage MüKoAktG/*Bayer* Rn. 58.
[131] Heute ganz hM: MüKoAktG/*Bayer* Rn. 43; Kölner Komm AktG/*Lutter/Drygala* Rn. 27; Großkomm AktG/*Barz*, 3. Aufl. 1973, Anm. 4.
[132] MüKoAktG/*Bayer* Rn. 44; Hüffer/Koch/*Koch* Rn. 10 und § 11 Rn. 7; Kölner Komm AktG/*Dauner-Lieb* § 11 Rn. 20; MHdB AG/*Sailer-Coceani* § 14 Rn. 14; aA Großkomm AktG/*Brändel* § 11 Rn. 17; Kölner Komm AktG/*Zöllner* § 180 Rn. 15.
[133] Mit Ausnahme von § 179 Abs. 3 setzen die Sonderbeschlussvorschriften keine besondere Beeinträchtigung der betreffenden Gattung voraus, vgl. etwa § 182 Abs. 2 iVm §§ 186 Abs. 3 S. 2, 193 Abs. 1 S. 3, 202 Abs. 2 S. 4, 221 Abs. 1 S. 4 und Abs. 3, §§ 222 Abs. 2 iVm 229 Abs. 3 und 237 Abs. 2 S. 1, §§ 65 Abs. 2, 73 sowie 125 S. 1, (176–179, 233), Abs. S. 1, 240 Abs. S. 1 UmwG jeweils iVm § 65 Abs. 2 UmwG.
[134] *Polte*, Aktiengattungen nach deutschem, US-amerikanischem und englischem Recht, 2005, 43 f.
[135] MüKoAktG/*Bayer* Rn. 41; *Baumann/Reiss* ZGR 1989, 157 ff.
[136] MüKoAktG/*Bayer* Rn. 41; MüKoAktG/*Bungeroth* § 54 Rn. 33; MüKoAktG/*Schlitt* WpÜG § 33 Rn. 113; Assmann/Pötzsch/Schneider/*Krause/Pötzsch/Stephan* WpÜG § 33 Rn. 115; *Baumann/Reiss* ZGR 1989, 157 ff.; *Barthelmeß/Braun* AG 2000, 172 ff.; obiter auch BayObLG WM 1989, 138; aA *Immenga* AG 1992, 79 ff.; *Otto* AG 1991, 369 ff. Zu den Grenzen schuldrechtlicher Nebenabreden zwischen AG und Aktionären BGH ZIP 2013, 263 (264 Rn. 12 ff.).

folger. Ein Verstoß gegen eine schuldrechtliche Beschränkung hindert nach § 137 S. 1 BGB nicht die Wirksamkeit der Übertragung, sondern kann lediglich Schadensersatzpflichten der vertragsbrüchigen Partei nach sich ziehen (§ 137 S. 2 BGB).[137] Aufgrund der schuldrechtlichen Verpflichtungen besteht ein Unterlassungsanspruch, der im Wege des vorläufigen Rechtsschutzes durchgesetzt werden kann.[138]

4. Einführung und Aufhebung der Vinkulierung. a) Bestimmung durch die Satzung. 40
Die Vinkulierung muss durch die Satzung erfolgen.[139] Die Aktienurkunde muss keinen Hinweis auf die Vinkulierung enthalten.[140] Die Vinkulierungsklausel kann in der **ursprünglichen Satzung** enthalten sein; sie kann aber auch nachträglich aufgenommen oder verschärft werden.[141] In den beiden zuletzt genannten Fällen ist eine **Satzungsänderung** erforderlich,[142] die gem. § 180 Abs. 2 der Zustimmung aller betroffenen Aktionäre bedarf.[143] Das gilt auch dann, wenn eine Satzungsänderung neben Erleichterungen auch Verschärfungen der Verfügungsbeschränkung enthält.[144] Dagegen findet § 180 Abs. 2 keine Anwendung auf eine Satzungsänderung, durch die lediglich eine bestehende Vinkulierung aufgehoben oder erleichtert wird.[145]

Die Entscheidung über die Einführung oder Verschärfung der Vinkulierung kann nicht durch 41 eine Satzungsermächtigung auf Vorstand oder Aufsichtsrat übertragen werden.[146] Ebenso wenig kann die Satzung die Hauptversammlung ermächtigen, mit (einfacher oder qualifizierter) Mehrheit über die Einführung oder Verschärfung der Vinkulierung zu beschließen.[147] Die Vinkulierung muss vielmehr **eindeutig** entweder **in der** ursprünglichen **Satzung festgelegt** oder nachträglich durch einen Beschluss nach Maßgabe von § 180 Abs. 2 eingeführt worden sein, der selbst die Beschränkung konkret bestimmt.[148]

b) Kapitalerhöhung. Sollen bei einer Kapitalerhöhung vinkulierte Namensaktien ausgegeben 42 werden, **gilt nach verbreiteter Auffassung Folgendes:** Sind nach der Satzung alle Aktien vinkuliert, so sind auch die jungen Aktien aus einer Kapitalerhöhung vinkuliert, ohne dass dies im Kapitalerhöhungsbeschluss erwähnt werden müsste und ohne dass eine Zustimmung der Aktionäre gem. § 180 Abs. 2 erforderlich wäre.[149] Das Gleiche soll gelten, wenn lediglich ein Teil der Aktien vinkuliert ist und nur den Inhabern dieser Aktien vinkulierte Aktien zum Bezug angeboten werden sollen.[150] Ein Beschluss nach § 180 Abs. 2 soll schließlich dann entbehrlich sein, wenn das Bezugsrecht der Altaktionäre ausgeschlossen ist oder, wie bei der bedingten Kapitalerhöhung, von vornherein nicht besteht.[151] Sollen dagegen vinkulierte Aktien aus einer Kapitalerhöhung den Inhabern nicht vinkulierter Aktien zum Bezug angeboten werden, soll die Zustimmung aller dieser Aktionäre nach § 180 Abs. 2 erforderlich sein.[152]

---

[137] MüKoAktG/*Bayer* Rn. 42; GHEK/*Hefermehl/Bungeroth* Rn. 71; *Lutter/Schneider* ZGR 1975, 187.
[138] Zum gerichtlichen Veräußerungsverbot: BGHZ 134, 182 (186 f.) = BGH NJW 1997, 861 (862); Palandt/*Ellenberger* BGB § 137 Rn. 6 mwN.
[139] Großkomm AktG/*Merkt* Rn. 249.
[140] OLG Hamburg AG 1970, 230; Hüffer/Koch/*Koch* Rn. 13; MüKoAktG/*Bayer* Rn. 45 mwN.
[141] MüKoAktG/*Bayer* Rn. 46; MüKoAktG/*Stein* § 180 Rn. 17 f.; Bürgers/Körber/*Wieneke* Rn. 16; Hüffer/Koch/*Koch* § 180 Rn. 6; Großkomm AktG/*Wiedemann* § 180 Rn. 12.
[142] MüKoAktG/*Bayer* Rn. 46; K. Schmidt/Lutter/*T. Bezzenberger* Rn. 18; Hüffer/Koch/*Koch* Rn. 13; MHdB AG/*Sailer-Coceani* § 14 Rn. 17.
[143] Vgl. Kölner Komm AktG/*Lutter/Drygala* Rn. 61; Großkomm AktG/*Merkt* Rn. 255; MüKoAktG/*Stein* § 180 Rn. 17, 29 ff.; Kölner Komm AktG/*Zöllner* § 180 Rn. 11; Hüffer/Koch/*Koch* § 180 Rn. 5.
[144] Großkomm AktG/*Merkt* Rn. 257; Großkomm AktG/*Wiedemann* § 180 Rn. 12; MüKoAktG/*Stein* § 180 Rn. 22.
[145] MHdB AG/*Sailer-Coceani* § 14 Rn. 17; MüKoAktG/*Bayer* Rn. 51; Großkomm AktG/*Merkt* Rn. 265; Kölner Komm AktG/*Lutter/Drygala* Rn. 64; MüKoAktG/*Stein* § 180 Rn. 22; Kölner Komm AktG/*Zöllner* § 180 Rn. 15; Großkomm AktG/*Wiedemann* § 180 Rn. 12.
[146] Großkomm AktG/*Wiedemann* § 180 Rn. 13; MüKoAktG/*Stein* § 180 Rn. 20.
[147] AA Kölner Komm AktG/*Zöllner* § 180 Rn. 12 iVm 7.
[148] Großkomm AktG/*Wiedemann* § 180 Rn. 13; MüKoAktG/*Stein* § 180 Rn. 21.
[149] LG Bonn AG 1970, 18 f.; MüKoAktG/*Bayer* Rn. 47; Großkomm AktG/*Merkt* Rn. 261; K. Schmidt/Lutter/*T. Bezzenberger* Rn. 18; Bürgers/Körber/*Wieneke* Rn. 16; Wachter/*Servatius* Rn. 12; MüKoAktG/*Stein* § 180 Rn. 23; Kölner Komm AktG/*Zöllner* § 180 Rn. 13; Großkomm AktG/*Wiedemann* § 180 Rn. 14; Hüffer/Koch/*Koch* § 180 Rn. 7; MHdB AG/*Sailer-Coceani* § 14 Rn. 20; aA Großkomm AktG/*Barz*, 3. Aufl. 1973, Rn. 6.
[150] MüKoAktG/*Bayer* Rn. 49; Großkomm AktG/*Wiedemann* § 180 Rn. 15; Kölner Komm AktG/*Zöllner* § 180 Rn. 13; MHdB AG/*Sailer-Coceani* § 14 Rn. 18.
[151] MüKoAktG/*Bayer* Rn. 48; Großkomm AktG/*Merkt* Rn. 263; Großkomm AktG/*Wiedemann* § 180 Rn. 15; Kölner Komm AktG/*Zöllner* § 180 Rn. 13; Hüffer/Koch/*Koch* § 180 Rn. 7; Bürgers/Körber/*Wieneke* Rn. 16.
[152] MüKoAktG/*Bayer* Rn. 49; Großkomm AktG/*Merkt* Rn. 262; Bürgers/Körber/*Wieneke* Rn. 16; Hüffer/Koch/Großkomm AktG/*Wiedemann* § 180 Rn. 16; MHdB AG/*Sailer-Coceani* § 14 Rn. 20; *Lutter/Schneider* ZGR 1975, 182 (185 f.).

43 Die vorstehend dargestellte Differenzierung beruht auf der **unzutreffenden Prämisse**, dass den Inhabern nicht vinkulierter Aktien bei einer Kapitalerhöhung ein Bezugsrecht auf eben solche Aktien zusteht.[153] Das Bezugsrecht vermittelt den Aktionären indessen lediglich die Berechtigung, sich entsprechend ihrem bisherigen Anteil am Grundkapital an einer Kapitalerhöhung zu beteiligen.[154] Sie haben dagegen keinen Anspruch darauf, Aktien der gleichen Art oder Gattung zu erhalten, die sie bereits innehaben. Es stellt daher keine Einschränkung des Bezugsrechts dar, wenn das Kapital einer Gesellschaft, die bislang nur Inhaberstammaktien ausgegeben hat, durch Ausgabe von stimmrechtslosen Vorzugsaktien oder von Namensaktien erhöht wird.[155] Für die Ausgabe vinkulierter Namensaktien gilt nichts anderes. Die Ausgabe solcher Aktien an die bezugsberechtigten Inhaber nicht vinkulierter Aktien stellt keinen Eingriff in deren Besitzstand dar, vor dem das Zustimmungserfordernis des § 180 Abs. 2 sie schützen soll. Ebenso wenig wird im Übrigen die Funktion des Bezugsrechts beeinträchtigt, denn der anteilige Erwerb vinkulierter Namensaktien führt weder zu einer Verwässerung der Mitverwaltungsrechte noch der Vermögensposition der bisherigen Aktionäre. Schließlich wäre es wenig folgerichtig, wenn eine Kapitalerhöhung durch Ausgabe vinkulierter Namensaktien unter Wahrung des Bezugsrechts der Zustimmung aller Inhaber nicht vinkulierter Aktien bedürfte, während ein Ausschluss des Bezugsrechts, der zur Unanwendbarkeit des Zustimmungserfordernisses nach § 180 Abs. 2 führen soll, mit qualifizierter Kapitalmehrheit beschlossen werden kann. Ausreichenden Schutz vor Ungleichbehandlung bei der Ausgabe vinkulierter Namensaktien an die bezugsberechtigten Aktionäre bietet § 53a. Entgegen der hL ist daher für eine Kapitalerhöhung unter Ausgabe vinkulierter Namensaktien **nie eine Zustimmung nach § 180 Abs. 2 erforderlich.**[156]

44 Die neue Vinkulierung kann auch auf das **Bezugsrecht** erstreckt werden;[157] anderenfalls ließen sich die mit der Übertragungsbeschränkung verbundenen Ziele bei einer Kapitalerhöhung nicht erreichen. Dabei ist umstritten, ob sich die Vinkulierung bei Ausgabe vinkulierter Aktien ohne weiteres auch auf das Bezugsrecht bezieht[158] oder ob in jedem Fall eine ausdrückliche Regelung dieser Frage im Kapitalerhöhungsbeschluss erforderlich ist.[159] Entgegen der früher hL[160] ist aus den in → Rn. 43 genannten Gründen auch hier keine Zustimmung nach § 180 Abs. 2 notwendig.[161]

45 **c) Aufhebung.** Die Aufhebung oder Erleichterung der Vinkulierung bedarf eines satzungsändernden Beschlusses, auf den § 180 Abs. 2 keine Anwendung findet.[162]

46 **5. Erteilung oder Verweigerung der Zustimmung zur Aktienübertragung. a) Gesellschaftsinterne Entscheidungsfindung. aa) Zuständigkeit und Verfahren.** Nach Abs. 2 S. 2 liegt die Zuständigkeit für die Entscheidung über die Zustimmung zur Aktienübertragung grundsätzlich beim **Vorstand**. Nach Abs. 2 S. 3 kann die Satzung die Entscheidungszuständigkeit aber auch dem **Aufsichtsrat** oder der **Hauptversammlung** übertragen. Obwohl die Übertragung der Entscheidungszuständigkeit auf die HV wegen der in diesem Fall zu gewärtigenden Dauer des Verfahrens bei börsennotierten Aktien selten einer faktischen Übertragungssperre gleichkommen dürfte, sieht das Gesetz insoweit keine Beschränkung der Satzungsautonomie auf Gesellschaften vor, deren Aktien nicht börsennotiert sind.

47 Die Satzung kann schließlich für unterschiedliche Verfügungen alternativ die **Zuständigkeit verschiedener Organe** vorsehen.[163] Dagegen ist es nicht zulässig, mehrere Organe zur **gemein-**

---

[153] Besonders deutlich idS MüKoAktG/*Bayer* Rn. 48 f.
[154] Vgl. nur Kölner Komm AktG/*Lutter* § 186 Rn. 2; Hüffer/Koch/*Koch* § 186 Rn. 1; *Cahn* ZHR 164 (2000), 113 (123).
[155] Vgl. Kölner Komm AktG/*Lutter* § 186 Rn. 2; Großkomm AktG/*Wiedemann* § 186 Rn. 57; Hüffer/Koch/*Koch* § 186 Rn. 4; MHdB AG/*Scholz* § 57 Rn. 103.
[156] Ebenso Kölner KommAktG/*Lutter/Drygala* Rn. 62; K. Schmidt/Lutter/*T. Bezzenberger* Rn. 18; Grigoleit/*Grigoleit/Rachlitz* Rn. 21; MüKoAktG/*Stein* § 180 Rn. 24 ff; Hüffer/Koch/*Koch* § 180 Rn. 7.
[157] MüKoAktG/*Bayer* Rn. 50; Kölner Komm AktG/*Lutter* § 186 Rn. 10; Großkomm AktG/*Wiedemann* § 180 Rn. 16; MHdB AG/*Sailer-Coceani* § 14 Rn. 18.
[158] So etwa Kölner Komm AktG/*Lutter/Drygala* Rn. 63; MüKoAktG/*Stein* § 180 Rn. 27; MHdB AG/*Sailer-Coceani* § 14 Rn. 18; Kölner Komm AktG/*Zöllner* § 180 Rn. 14.
[159] So MüKoAktG/*Bayer* Rn. 50.
[160] Vgl. Kölner Komm AktG/*Zöllner* § 180 Rn. 14; Großkomm AktG/*Wiedemann* § 180 Rn. 16; MüKoAktG/*Bayer* Rn. 50.
[161] MüKoAktG/*Stein* § 180 Rn. 27.
[162] MHdB AG/*Sailer-Coceani* § 14 Rn. 19; MüKoAktG/*Bayer* Rn. 51; Kölner Komm AktG/*Lutter/Drygala* Rn. 64; Kölner Komm AktG/*Zöllner* § 180 Rn. 15; Großkomm AktG/*Wiedemann* § 180 Rn. 12; MüKoAktG/*Stein* § 180 Rn. 22.
[163] MüKoAktG/*Bayer* Rn. 65; Kölner Komm AktG/*Lutter/Drygala* Rn. 67; Hölters/*Laubert* Rn. 18; MHdB AG/*Sailer-Coceani* § 14 Rn. 25.

schaftlichen Entscheidung zu berufen[164] oder einem Organ ein **Vetorecht** gegenüber der Entscheidung eines anderen Organs einzuräumen, denn dadurch würde die Übertragung der Aktie über die nach Abs. 2 zulässige Bindung an die Zustimmung eines Organs hinaus erschwert. Dementsprechend kann bei Zuständigkeit des Vorstands der Aufsichtsrat keinen Zustimmungsvorbehalt nach § 111 Abs. 4 S. 2 anordnen.[165] Demgegenüber kann die Satzung bestimmen, dass bei Versagung der Zustimmung durch ein Organ ein anderes Organ angerufen werden kann, denn dadurch wird die Übertragung erleichtert.[166] Eine Übertragung der Letztentscheidung auf einzelne Personen, einen Aktionärsausschuss oder ein ähnliches **im Gesetz nicht vorgesehenes Gremium** würde hingegen die der Satzungsautonomie durch Abs. 2 S. 2 und 3 gezogenen Grenzen überschreiten.[167] Die gesetzliche oder von der Satzung vorgesehene Zuständigkeit gilt auch in der Insolvenz der Gesellschaft. Der **Insolvenzverwalter** ist nur dann gem. § 80 InsO zur Entscheidung berufen, wenn die Aktien nicht voll eingezahlt sind, so dass die Verwaltung des Gesellschaftsvermögens betroffen ist.[168] In der Liquidation der AG tritt gem. § 268 Abs. 2 S. 1 der **Liquidator** an die Stelle des Vorstands und ist damit auch für die Entscheidung über die Übertragung zuständig.[169] Die satzungsmäßige Entscheidungszuständigkeit von HV oder AR wird allerdings durch die Liquidation nicht berührt.[170]

Nach § 77 Abs. 1 S. 1 entscheidet der **Vorstand** zwar prinzipiell als Gesamtorgan. Entgegen einer im Schrifttum vertretenen Ansicht[171] kann die Entscheidung aber in den Grenzen zulässiger Geschäftsverteilung,[172] insbesondere hinsichtlich verhältnismäßig geringfügiger Übertragungen, dem Ressort eines Vorstandsmitglieds zugewiesen werden. Liegt die Zuständigkeit nach der Satzung beim **Aufsichtsrat**, so kann dieser die Entscheidung einem Ausschuss übertragen (§ 107 Abs. 3 S. 2).[173] 48

Ist nach der Satzung die **Hauptversammlung** zuständig, reicht zur Beschlussfassung die einfache Stimmenmehrheit.[174] Die Satzung kann zwar auch eine größere Mehrheit oder weitere Erfordernisse bestimmen, § 133 Abs. 1 S. 2; derartige Beschränkungen dürfen jedoch nicht so weit gehen, dass sie, wie etwa bei Statuierung eines Einstimmigkeitserfordernisses, die Übertragung von Namensaktien praktisch ausschließen.[175] 49

Im Schrifttum wird die Ansicht vertreten, die Hauptversammlung sei nach den Grundsätzen des „**Holzmüller**-Urteils" auch ohne entsprechende Kompetenzzuweisung durch die Satzung zur Entscheidung über die Zustimmung nach Abs. 2 berufen, wenn der Aktienbesitz des Erwerbers durch die Übertragung die Schwelle zur Sperrminorität, zur einfachen Mehrheit oder zur qualifizierten Mehrheit überschreiten würde.[176] Diese Auffassung wird indessen nicht dem Umstand gerecht, dass Abs. 2 S. 3 den Aktionären die im Hinblick auf andere Geschäftsführungsmaßnahmen nicht bestehende Möglichkeit bietet, die Entscheidung über die Zustimmung kraft entsprechender Satzungsregelung – auch beschränkt auf die beschriebenen Fälle – an sich zu ziehen. Für eine ungeschriebene Mitwirkungsbefugnis der HV bleibt unter diesen Umständen kein Raum.[177] Im Übrigen dürfte die geschilderte Auffassung durch die Klarstellung des BGH in den „**Gelatine**-Entscheidungen" überholt sein, wonach die ungeschriebene Mitwirkungsbefugnis der HV nur bei Geschäftsführungsmaßnahmen in Betracht kommen, die „an die Kernkompetenz der Hauptversammlung, über die Verfassung der Gesellschaft zu bestimmen, rühren und in ihren Auswirkungen einem 50

---

[164] LG München I AG 2017, 591 (592) = ZIP 2017, 1326 (1328); Kölner Komm AktG/*Lutter/Drygala* Rn. 67; MüKoAktG/*Bayer* Rn. 65; Großkomm AktG/*Merkt* Rn. 358; MHdB AG/*Sailer-Coceani* § 14 Rn. 25; Happ/*Schäfer* Aktienrecht 4.06 Rn. 4; Bürgers/Körber/*Wieneke* Rn. 20; NK-AktR/*Heinrich* Rn. 16.
[165] MüKoAktG/*Bayer* Rn. 65; K. Schmidt/Lutter/*T. Bezzenberger* Rn. 27; Bürgers/Körber/*Wieneke* Rn. 20.
[166] MHdB AG/*Sailer-Coceani* § 14 Rn. 25; MüKoAktG/*Bayer* Rn. 66.
[167] MüKoAktG/*Bayer* Rn. 66; MHdB AG/*Sailer-Coceani* § 14 Rn. 25; aA Kölner Komm AktG/*Lutter/Drygala* Rn. 67; *Wiedemann*, Die Übertragung und Vererbung von Mitgliedschaftsrechten bei Handelsgesellschaften, 1965, 107.
[168] RGZ 72, 290 (293); Kölner Komm AktG/*Lutter/Drygala* Rn. 76; Großkomm AktG/*Merkt* Rn. 376 f.; MüKoAktG/*Bayer* Rn. 70; Wachter/*Servatius* Rn. 14.
[169] MüKoAktG/*Bayer* Rn. 71; Großkomm AktG/*Merkt* Rn. 379; Kölner Komm AktG/*Lutter/Drygala* Rn. 76; Großkomm AktG/*Barz*, 3. Aufl. 1973, Anm. 8.
[170] MüKoAktG/*Bayer* Rn. 71.
[171] Lutter AG 1992, 369 (370); MüKoAktG/*Bayer* Rn. 63; Hölters/*Laubert* Rn. 18.
[172] Vgl. dazu Kölner Komm AktG/*Mertens/Cahn* § 77 Rn. 22 ff.
[173] MüKoAktG/*Bayer* Rn. 66.
[174] Großkomm AktG/*Merkt* Rn. 354.
[175] MüKoAktG/*Bayer* Rn. 69; Hölters/*Laubert* Rn. 18.
[176] *K. Schmidt* FS Beusch, 1993, 759 (768 ff.); zust. MüKoAktG/*Bayer* Rn. 64; Kölner Komm AktG/*Lutter/Drygala* Rn. 68; Großkomm AktG/*Merkt* Rn. 366.
[177] K. Schmidt/Lutter/*T. Bezzenberger* Rn. 28; Grigoleit/*Grigoleit/Rachlitz* Rn. 24; Hüffer/Koch/*Koch* Rn. 15; MHdB AG/*Sailer-Coceani* § 14 Rn. 25.

Zustand nahezu entsprechen, der allein durch eine Satzungsänderung herbeigeführt werden könnte".[178] Um einen solchen Ausnahmefall geht es bei der hier in Rede stehenden Aktienübertragung nicht, denn selbst der Erwerb einer Mehrheitsbeteiligung und die dadurch bedingte Begründung der Abhängigkeit von einem herrschenden Unternehmen bedürfen keiner Satzungsänderung.[179]

51 Wird die Entscheidung die Zustimmungserteilung in der HV gefasst, sind sowohl der Veräußerer als auch der Erwerber, soweit er bereits Aktien der Gesellschaft hält, stimmberechtigt.[180] Für die Beschlussfassung im Vorstand oder im Aufsichtsrat gilt das **Stimmverbot** des § 34 BGB entsprechend.[181]

52 **bb) Kriterien für die Entscheidung. (1) Satzungsregelung.** Nach Abs. 2 S. 4 kann die Satzung die Gründe bestimmen, aus denen die Zustimmung verweigert werden darf. Eine solche Regelung unterscheidet sich dadurch von einer satzungsmäßigen Beschränkung der Vinkulierung auf bestimmte Übertragungstatbestände (dazu → Rn. 37), dass die Übertragung grundsätzlich der Zustimmung der Gesellschaft bedarf und daher ohne deren Erteilung nicht wirksam ist. Enthält die Satzung Gründe für die Verweigerung der Zustimmung, muss durch Auslegung ermittelt werden, ob diese Aufzählung abschließend ist, so dass bei Fehlen eines derartigen Grundes die Zustimmung erteilt werden muss, oder ob die Zustimmung auch aus weiteren, nicht namentlich benannten Gründen verweigert werden darf.[182] Bei der Festlegung statutarischer Verweigerungsgründe ist der Satzungsgeber **nicht auf wichtige Gründe beschränkt**.[183] Im Rahmen der durch die Gesetze, allgemeine Rechtsgrundsätze und die guten Sitten gezogenen Grenzen besteht vielmehr Gestaltungsfreiheit.

53 Die Satzung kann nicht festlegen, dass die Zustimmung in bestimmten Fällen verweigert werden muss.[184] Gegen die Zulässigkeit derartiger statutarischer **Zustimmungsverbote** sprechen der Wortlaut von Abs. 2 S. 4 sowie der Umstand, dass das in Abs. 2 S. 3 auch bei Bestehen einer Satzungsregelung vorausgesetzte Beschlusserfordernis leer liefe, wenn die Zustimmungsverweigerung bereits durch die Satzung determiniert wäre. Aus diesem Grund kann die Satzung auch nicht bestimmen, dass die Zustimmung in bestimmten Fällen erteilt werden muss.[185] Eine der **Zustimmungspflicht** vergleichbare Wirkung kann allerdings dadurch erzielt werden, dass bestimmte Übertragungen von vornherein aus dem Anwendungsbereich der Vinkulierung ausgenommen werden (→ Rn. 37).

54 **(2) Fehlen einer Satzungsregelung.** Sofern die Satzung keine Verweigerungsgründe bestimmt, muss das zuständige Organ die Entscheidung über die Zustimmung oder Verweigerung nach **pflichtgemäßem Ermessen** treffen.[186] Maßgebend ist dabei in erster Linie das Interesse der Gesellschaft.[187]

---

[178] BGH NZG 2004, 575 (579); näher zu dieser Entscheidung *Koppensteiner* Der Konzern 2004, 381 ff.; aA *Bayer* FS Hüffer, 2009, 35 (43), der dabei aber das erst zu begründende Ergebnis voraussetzt, dass die Zustimmungsentscheidung bei drohender Abhängigkeit auch dann in die Zuständigkeit der Hauptversammlung fällt, wenn die Satzung nicht von der Regel des § 68 Abs. 2 S. 2 abweicht.

[179] Ebenso K. Schmidt/Lutter/*T. Bezzenberger* Rn. 28.

[180] *K. Schmidt* FS Beusch, 1993, 759; *Friedewald*, Die personalistische Aktiengesellschaft 1991 S. 49; Kölner Komm AktG/*Lutter/Drygala* Rn. ; Großkomm AktG/*Merkt* Rn. 356; Bürgers/Körber/*Wieneke* Rn. 20; MüKoAktG/*Bayer* Rn. 68; Hölters/*Laubert* Rn. 18; für die GmbH BGHZ 48, 163 (167); aA Kölner Komm AktG/*Zöllner*, 1. Aufl. 1973, § 136 Rn. 29.

[181] AA MüKoAktG/*Bayer* Rn. 68.

[182] *Lutter* AG 1992, 369 (371); MüKoAktG/*Bayer* Rn. 61; Großkomm AktG/*Merkt* Rn. 392; zu eng MHdB AG/*Sailer-Coceani* § 14 Rn. 22, wonach die Verweigerung aus anderen Gründen stets ausgeschlossen sein soll; so offenbar auch K. Schmidt/Lutter/*T. Bezzenberger* Rn. 29.

[183] BegrRegE bei *Kropff* S. 88; Großkomm AktG/*Merkt* Rn. 386; MüKoAktG/*Bayer* Rn. 60; Hölters/*Laubert* Rn. 19.

[184] Hüffer/Koch/*Koch* Rn. 14; MüKoAktG/*Bayer* Rn. 62; Großkomm AktG/*Merkt* Rn. 397; K. Schmidt/Lutter/*T. Bezzenberger* Rn. 29; Hölters/*Laubert* Rn. 19; Bürgers/Körber/*Wieneke* Rn. 18; Grigoleit/*Grigoleit/Rachlitz* Rn. 22; Wachter/*Servatius* Rn. 16; MHdB AG/*Sailer-Coceani* § 14 Rn. 21a; aA Kölner Komm AktG/*Lutter/Drygala* Rn. 70; *Reichert* AG 2016, 677 (679); *Schrötter* DB 1977, 2265 (2269).

[185] AA Kölner Komm AktG/*Lutter/Drygala* Rn. 69; MüKoAktG/*Bayer* Rn. 59; Hölters/*Laubert* Rn. 19; Bürgers/Körber/*Wieneke* Rn. 17; Grigoleit/*Grigoleit/Rachlitz* Rn. 22.

[186] LG Aachen AG 1992, 410 (411); MüKoAktG/*Bayer* Rn. 72; Kölner Komm AktG/*Lutter/Drygala* Rn. 78; Großkomm AktG/*Merkt* Rn. 402; Bürgers/Körber/*Wieneke* Rn. 21; *Lutter* AG 1992, 369 (370 f.); Hüffer/Koch/*Koch* Rn. 15; MHdB AG/*Sailer-Coceani* § 14 Rn. 28; *Bork* FS Henckel, 1995, 23 (26); NK-AktR/*Heinrich* Rn. 17; aA, freies Ermessen, noch RGZ 132, 149 (156).

[187] *Lutter* AG 1992, 369 (373); Kölner Komm AktG/*Lutter/Drygala* Rn. 79; MüKoAktG/*Bayer* Rn. 72; Großkomm AktG/*Merkt* Rn. 407; K. Schmidt/Lutter/*T. Bezzenberger* Rn. 32; Hölters/*Laubert* Rn. 20; Bürgers/Körber/*Wieneke* Rn. 21; Grigoleit/*Grigoleit/Rachlitz* Rn. 24; MHdB AG/*Sailer-Coceani* § 14 Rn. 26; Happ/*Schäfer* AktienR 4.06 Rn. 3; aA Wachter/*Servatius* Rn. 15.

In zweiter Linie ist bei der Ermessensausübung aber auch das Veräußerungsinteresse des Inhabers der vinkulierten Aktien zu berücksichtigen,[188] grundsätzlich nicht aber die des Erwerbers, sofern er nicht bereits Aktionär ist und es insoweit um seine mitgliedschaftsbezogenen Belange geht.[189] Ein wichtiger Grund für die Zustimmungsverweigerung ist nicht erforderlich.[190] Die Zustimmungsverweigerung darf aber unter Berücksichtigung der widerstreitenden Interessen nicht unverhältnismäßig sein.[191]

Unter besonderen Umständen kann der **Ermessensspielraum** der Gesellschaft **eingeschränkt** sein. So kann die Gesellschaft aufgrund des Gleichbehandlungsgrundsatzes zur Zustimmungserteilung verpflichtet sein, wenn die Zustimmung anderen Aktionären in vergleichbarer Lage erteilt wurde,[192] sofern im gegebenen Fall keine Umstände vorliegen, die eine abweichende Entscheidung rechtfertigen.[193] Das Zustimmungsermessen kann zum anderen etwa dann reduziert sein, wenn dem Aktionär trotz des Nachweises verschiedener Erwerbsinteressenten wiederholt die Zustimmung zur Veräußerung seiner Aktien versagt wurde.[194]

(3) Börsennotierte Aktien. Die in → Rn. 52 ff. dargestellten Grundsätze gelten grundsätzlich auch für **börsennotierte Aktien.** Soll die Börsennotierung ihren Zweck erfüllen, wird die Zustimmung zur Übertragung allerdings nur ausnahmsweise verweigert werden. Unter Berücksichtigung des Gleichbehandlungsgrundsatzes wird daher eine Zustimmungsverweigerung nur unter außergewöhnlichen Umständen ermessensfehlerfrei sein.[195]

cc) Zeitpunkt der Entscheidung. Die Entscheidung über die Zustimmung zur Übertragung kann vor, aber auch erst nach der Durchführung der Übertragung getroffen werden. Jedoch entfaltet sie bis zum Zeitpunkt der Erklärung noch keine Außenwirkung und kann daher noch aufgehoben oder abgeändert werden,[196] und zwar auch durch das Hinzufügen einer Bedingung oder Befristung.[197]

dd) Anspruch auf Zustimmung. Sind in der Satzung die Gründe für die Zustimmungsverweigerung abschließend aufgezählt, hat der Veräußerer einen **klagbaren Anspruch** auf Erteilung der Zustimmung, wenn kein Verweigerungsgrund vorliegt.[198] Das Gleiche gilt, wenn allein die Erteilung der Zustimmung dem pflichtgemäßen Ermessen entspricht. Wird die konkrete Übertragung von der eingeschränkten Vinkulierungsklausel nicht erfasst, ist eine Zustimmung nicht notwendig; ein Anspruch auf ihre Erteilung besteht daher nicht.

b) Erklärung von Zustimmung oder Verweigerung. aa) Erklärungsmodalitäten. Zustimmung und Verweigerung der Zustimmung sind **empfangsbedürftige Willenserklärungen,** die erst mit Zugang wirksam werden.[199] Sie können nach § 182 Abs. 1 BGB entweder dem Veräußerer oder dem Erwerber gegenüber abgegeben werden.[200] Die Zustimmung kann vor (§ 183 BGB) oder nach (§ 184 BGB) der Vornahme der zustimmungspflichtigen Verfügung erklärt werden; das Gleiche gilt für die Verweigerung der Zustimmung.[201] Die Satzung kann nicht eine dieser Möglichkeiten

---

[188] BGH NJW 1987, 1019 (1020); LG Aachen AG 1992, 410 (412 ff.); MüKoAktG/*Bayer* Rn. 72; Kölner Komm AktG/*Lutter/Drygala* Rn. 79; Hölters/*Laubert* Rn. 20; Bürgers/Körber/*Wieneke* Rn. 21; MHdB AG/*Sailer-Coceani* § 14 Rn. 26; *Wirth* DB 1992, 617 (618 f.); aA *Kossmann* BB 1985, 1364 (1366 f.) (nur Unternehmensinteresse).
[189] Bürgers/Körber/*Wieneke* Rn. 21; MHdB AG/*Sailer-Coceani* § 14 Rn. 26.
[190] MüKoAktG/*Bayer* Rn. 76; aA wohl *Immenga* AG 1992, 79 (82 f.).
[191] MüKoAktG/*Bayer* Rn. 72 mwN; MHdB AG/*Sailer-Coceani* § 14 Rn. 28.
[192] LG Aachen AG 1992, 410 (412); *Lutter* AG 1992, 369 (372); Kölner Komm AktG/*Lutter/Drygala* Rn. 80; Großkomm AktG/*Merkt* Rn. 415; Grigoleit/*Grigoleit/Rachlitz* Rn. 24; MHdB AG/*Sailer-Coceani* § 14 Rn. 27.
[193] Zu diesem Vorbehalt MüKoAktG/*Bayer* Rn. 73; *Wirth* DB 1992, 617 (619).
[194] BGH NJW 1987, 1019 (1020) mwN; MüKoAktG/*Bayer* Rn. 81; MHdB AG/*Sailer-Coceani* § 14 Rn. 27; Kölner Komm AktG/*Lutter/Drygala* Rn. 82; Bürgers/Körber/*Wieneke* Rn. 21; Großkomm AktG/*Barz*, 3. Aufl. 1973, Anm. 9.
[195] Ebenso im Erg. MüKoAktG/*Bayer* Rn. 78; K. Schmidt/Lutter/*T. Bezzenberger* Rn. 33; Hölters/*Laubert* Rn. 21; *Lutter* AG 1992, 369 (372); aA Großkomm AktG/*Merkt* Rn. 421.
[196] MüKoAktG/*Bayer* Rn. 82 mwN zur GmbH.
[197] MüKoAktG/*Bayer* Rn. 82; Kölner Komm AktG/*Lutter/Drygala* Rn. 87.
[198] MüKoAktG/*Bayer* Rn. 83; Bürgers/Körber/*Wieneke* Rn. 24; Großkomm AktG/*Barz*, 3. Aufl. 1973, Anm. 10; GHEK/*Hefermehl/Bungeroth* Rn. 126 mwN zum älteren Schrifttum.
[199] AllgM: MüKoAktG/*Bayer* Rn. 84; Kölner Komm AktG/*Lutter/Drygala* Rn. 83; MHdB AG/*Sailer-Coceani* § 14 Rn. 24.
[200] LG Düsseldorf AG 1989, 332; Kölner Komm AktG/*Lutter/Drygala* Rn. 84; MHdB AG/*Sailer-Coceani* § 14 Rn. 24.
[201] BGH AG 1987, 55; RGZ 72, 291 (293); MüKoAktG/*Bayer* Rn. 85; Kölner Komm AktG/*Lutter/Drygala* Rn. 83 f.; Großkomm AktG/*Barz*, 3. Aufl. 1973, Anm. 7.

der Zustimmungserteilung ausschließen, denn darin läge eine über Abs. 2 hinausgehende Beschränkung der Übertragbarkeit.[202]

60 Die Erklärung kann **formlos** erfolgen, also auch mündlich oder konkludent, etwa durch Eintragung des Erwerbers im Aktienregister.[203] Durch eine abweichende Regelung in der Satzung ist der Vorstand lediglich im Innenverhältnis gebunden. Dagegen entfaltet eine die Formanforderungen verschärfende Satzungsbestimmung keine Außenwirkung, denn darin würde eine über Abs. 2 S. 2 hinausgehende Verschärfung der Vinkulierung liegen.[204]

61 Die Satzung kann eine **Frist** für die Erklärung der Zustimmung und ihrer Verweigerung bestimmen,[205] die allerdings unter Berücksichtigung der Zuständigkeit für die Entscheidung (→ Rn. 46 ff.) nicht unangemessen sein darf. In diesem Fall muss sich die Gesellschaft innerhalb der Frist äußern; tut sie dies nicht, gilt die Zustimmung als verweigert.[206] Legt die Satzung keine Frist für die Erteilung der Zustimmung oder ihre Verweigerung fest, muss die Erklärung binnen angemessener Frist erfolgen.[207] Die Länge der angemessenen Frist hängt vor allem davon ab, welches Organ zur Entscheidung berufen ist. Eine Entscheidung durch den Vorstand kann regelmäßig binnen kürzerer Frist erfolgen als eine Entscheidung durch den Aufsichtsrat oder die HV.

62 Die Einwilligung und Genehmigung sowie deren Verweigerung können **bedingt oder befristet** werden. Entgegen verbreiteter Auffassung[208] können auch die Genehmigung und deren Verweigerung unter eine auflösende Bedingung gestellt werden. Im Ergebnis stellt die unter auflösender Bedingung erteilte Genehmigung einer Aktienübertragung nichts anderes dar als eine aufschiebend bedingte Einwilligung in die (Rück-)Übertragung an den Veräußerer. Nicht hinnehmbare Rechtsunsicherheit hinsichtlich der Person des Aktionärs[209] ist schon wegen der Bestimmungen des § 67 Abs. 2 und 3 nicht zu befürchten, wonach im Verhältnis zur Gesellschaft nur die im Aktienregister eingetragene Person als Aktionär gilt und Löschung und Neueintragung nur auf Mitteilung und Nachweis hin erfolgen.

63 **bb) Zuständigkeit.** Die Erklärung der Zustimmung oder ihrer Verweigerung stellt eine Maßnahme der Vertretung dar, für die **ausschließlich der Vorstand** zuständig ist.[210] Es reicht aus, wenn der Vorstand in vertretungsberechtigter Zahl handelt (§ 78 Abs. 2 und 3).[211] Aufsichtsrat oder Hauptversammlung sind selbst dann nicht zur Abgabe der Erklärung nach Abs. 2 S. 2 befugt, wenn die interne Entscheidungsfindung einem dieser Organe übertragen ist.[212] Dagegen ist die Vertretung durch einen vom Vorstand Bevollmächtigten zulässig.[213]

64 Der Vorstand bleibt grundsätzlich auch in der Insolvenz der Gesellschaft allein für die Abgabe der Zustimmung oder die Erklärung der Verweigerung zuständig. Ebenso wie die Entscheidungskompetenz (vgl. dazu → Rn. 46 f.) geht allerdings auch die Erklärungszuständigkeit auf den **Insolvenzverwalter** über, wenn die Aktien noch nicht voll einbezahlt sind.[214] In der Liquidation der AG tritt gem. § 268 Abs. 2 S. 1 der **Liquidator** an die Stelle des Vorstands.

---

[202] RGZ 132, 149 (155); RGZ 160, 225 (232); Kölner Komm AktG/*Lutter/Drygala* Rn. 84; MüKoAktG/*Bayer* Rn. 85.

[203] Kölner Komm AktG/*Lutter/Drygala* Rn. 85; K. Schmidt/Lutter/*T. Bezzenberger* Rn. 34; Hölters/*Laubert* Rn. 23; Bürgers/Körber/*Wieneke* Rn. 22; MHdB AG/*Sailer-Coceani* § 14 Rn. 24.

[204] Kölner Komm AktG/*Lutter/Drygala* Rn. 85; MüKoAktG/*Bayer* Rn. 90; Großkomm AktG/*Merkt* Rn. 462 f.; K. Schmidt/Lutter/*T. Bezzenberger* Rn. 34; MHdB AG/*Sailer-Coceani* § 14 Rn. 24; aA *Wiedemann*, Die Übertragung und Verebung von Mitgliedschaftsrechten bei Handelsgesellschaften, 1965, 105.

[205] MüKoAktG/*Bayer* Rn. 57.

[206] MüKoAktG/*Bayer* Rn. 89; K. Schmidt/Lutter/*T. Bezzenberger* Rn. 34; für die GmbH KG GmbHR 1998, 641; Baumbach/Hueck/*Hueck/Fastrich* GmbHG § 15 Rn. 46.

[207] Kölner Komm AktG/*Lutter/Drygala* Rn. 88; MüKoAktG/*Bayer* Rn. 89.

[208] MüKoAktG/*Bayer* Rn. 86; Kölner Komm AktG/*Lutter/Drygala* Rn. 87; Großkomm AktG/*Merkt* Rn. 471; GHEK/*Hefermehl/Bungeroth* Rn. 108; MHdB AG/*Sailer-Coceani* § 14 Rn. 24; wie hier dagegen *v. Godin/Wilhelmi* Anm. 11.

[209] So die Befürchtung von GHEK/*Hefermehl/Bungeroth* Rn. 108.

[210] Kölner Komm AktG/*Lutter/Drygala* Rn. 83; Großkomm AktG/*Merkt* Rn. 446; K. Schmidt/Lutter/*T. Bezzenberger* Rn. 34; Bürgers/Körber/*Wieneke* Rn. 22; MüKoAktG/*Bayer* Rn. 87; Hölters/*Laubert* Rn. 23; Grigoleit/*Grigoleit/Rachlitz* Rn. 23; Hüffer/Koch/*Koch* Rn. 15 aE; NK-AktR/*Heinrich* Rn. 16; ebenso für die GmbH Rowedder/Schmidt-Leithoff/*Rowedder/Bergmann* GmbHG § 15 Rn. 178; aA, Erklärungszuständigkeit des für die interne Entscheidungsfindung zuständigen Organs, Scholz/*Winter/Seibt* GmbHG § 15 Rn. 121 mwN.

[211] Hüffer/Koch/*Koch* Rn. 15; Kölner Komm AktG/*Lutter/Drygala* Rn. 83; Großkomm AktG/*Merkt* Rn. 447; K. Schmidt/Lutter/*T. Bezzenberger* Rn. 34; Bürgers/Körber/*Wieneke* Rn. 22; GHEK/*Hefermehl/Bungeroth* Rn. 114; *v. Godin/Wilhelmi* Anm. 11; aA OLG München ZIP 2005, 1070 (1071 f.).

[212] MüKoAktG/*Bayer* Rn. 87; Bürgers/Körber/*Wieneke* Rn. 22.

[213] Kölner Komm AktG/*Lutter/Drygala* Rn. 83; GEHK/*Hefermehl/Bungeroth* Rn. 114; MHdB AG/*Sailer-Coceani* § 14 Rn. 24.

[214] Kölner Komm AktG/*Lutter/Drygala* Rn. 83 iVm Rn. 76; MüKoAktG/*Bayer* Rn. 88; Wachter/*Servatius* Rn. 14; ebenso zum früheren Recht der KO: RGZ 72, 290 (292 f.); Kölner Komm, AktG/*Lutter*, 2. Aufl. 1988,

cc) Anspruch auf Erklärung von Zustimmung oder Verweigerung; Begründungspflicht. 65
Der Veräußerer hat Anspruch darauf, dass die Gesellschaft die Zustimmung oder deren Verweigerung innerhalb der in der Satzung festgelegten oder, bei Fehlen einer Fristbestimmung, binnen angemessener Frist erklärt.[215] Nach hM bedarf die Verweigerung der Zustimmung keiner Begründung, wenn das zuständige Organ nach pflichtgemäßem Ermessen entscheidet[216] oder wenn die Satzung bestimmt, dass die Gründe für die Verweigerung nicht mitgeteilt werden müssen.[217] Dagegen soll eine Begründungspflicht bestehen, wenn die Satzung die Gründe für die Verweigerung festlegt, damit dem Veräußerer eine Überprüfung der Entscheidung möglich ist.[218] Eine Begründung soll stets erforderlich sein, wenn eine verweigerte Zustimmung eingeklagt wird.[219] Richtiger Ansicht nach ist die Verweigerung der Zustimmung immer zu begründen.[220] Gerade wenn die Entscheidung nach pflichtgemäßem Ermessen zu treffen ist, hätte der veräußernde Aktionär anderenfalls keine Möglichkeit, die Aussichten einer Zustimmungsklage einzuschätzen. Im Übrigen bleibt unklar, warum nach hM im Prozess etwas anderes als außerhalb eines Rechtsstreits gelten soll. Dagegen bedarf die Erteilung der Zustimmung selbst dann keiner Begründung, wenn die AG durch Übertragung vom Erwerber abhängig wird.[221]

c) Reichweite der Zustimmung. Die Zustimmung kann entweder zu einer konkreten Verfügung oder einem individuell bestimmten Kreis von Rechtsgeschäften erteilt werden.[222] Wie weit die Zustimmung im Einzelfall reicht, ist Auslegungsfrage. Die Zustimmung zu einer Sicherungsabtretung erfasst im Zweifel auch die Zustimmung zur Rückübertragung nach Wegfall des Sicherungszwecks.[223] Eine Globalzustimmung ist nicht zulässig.[224] Ebenso unwirksam wäre eine generelle Verpflichtung, künftigen Übertragungen zuzustimmen,[225] vgl. → Rn. 53. 66

d) Widerruf, Anfechtung. Die Einwilligung und deren Verweigerung sind bis zur Vornahme des dinglichen Rechtsgeschäfts widerruflich, § 183 BGB.[226] Dagegen können die Genehmigung der Übertragung und ihre Verweigerung nicht widerrufen werden;[227] ein Widerrufsvorbehalt ist hier unzulässig.[228] Sowohl die Einwilligung als auch die Genehmigung bzw. deren Verweigerung können nach §§ 119 ff. BGB angefochten werden.[229] 67

e) Fehlerhafte, insbesondere pflichtwidrige Erklärung. Außer bei evidentem Missbrauch der Vertretungsmacht ist die Erklärung der Zustimmung oder ihrer Verweigerung durch den Vorstand 68

Rn. 32 iVm Rn. 29; Großkomm AktG/*Barz*, 3. Aufl. 1973, Anm. 8; aA die hM zu § 15 GmbHG s. nur *Scholz/Seibt* GmbHG § 15 Rn. 258; MüKoGmbHG/*Reichert/Weller* § 15 Rn. 563.

[215] Kölner Komm AktG/*Lutter/Drygala* Rn. 88; aA MüKoAktG/*Bayer* Rn. 89.
[216] Kölner Komm AktG/*Lutter/Drygala* Rn. 88; MüKoAktG/*Bayer* Rn. 92; Hölters/*Laubert* Rn. 24; MHdB AG/*Sailer-Coceani* § 14 Rn. 27.
[217] LG Aachen AG 1992, 410 (411); MüKoAktG/*Bayer* Rn. 92; Hölters/*Laubert* Rn. 24; MHdB AG/*Sailer-Coceani* § 14 Rn. 27.
[218] LG Aachen AG 1992, 410 (411); Kölner Komm AktG/*Lutter/Drygala* Rn. 88; MHdB AG/*Sailer-Coceani* § 14 Rn. 27; Großkomm AktG/*Barz*, 3. Aufl. 1973, Anm. 10; GHEK/*Hefermehl/Bungeroth* Rn. 130.
[219] MüKoAktG/*Bayer* Rn. 92; Kölner Komm AktG/*Lutter/Drygala* Rn. 82, 88; Großkomm AktG/*Merkt* Rn. 480.
[220] Zutr. *Wiedemann*, Die Übertragung und Vererbung von Mitgliedschaftsrechten bei Handelsgesellschaften, 1965, 107; Bürgers/Körber/*Wieneke* Rn. 24; *Friedewald*, die personalistische Aktiengesellschaft, 1991 S. 53 f.; ähnl. Pflicht zur Begründung auf Nachfrage, K. Schmidt/Lutter/*T. Bezzenberger* Rn. 35; Grigoleit/*Grigoleit/Rachlitz* Rn. 26.
[221] Hüffer/Koch/*Koch* Rn. 15.
[222] RGZ 132, 149 (154); Großkomm AktG/*Barz*, 3. Aufl. 1973, Anm. 7; Kölner Komm AktG/*Lutter/Drygala* Rn. 86; Hölters/*Laubert* Rn. 25; GHEK/*Hefermehl/Bungeroth* Rn. 111.
[223] Großkomm AktG/*Barz*, 3. Aufl. 1973, Anm. 7; MüKoAktG/*Bayer* Rn. 91; Kölner Komm AktG/*Lutter/Drygala* Rn. 86; GHEK/*Hefermehl/Bungeroth* Rn. 112.
[224] RGZ 132, 149 (154 f.); MüKoAktG/*Bayer* Rn. 91; Kölner Komm AktG/*Lutter/Drygala* Rn. 86; Großkomm AktG/*Barz*, 3. Aufl. 1973, Anm. 7; MHdB AG/*Sailer-Coceani* § 14 Rn. 24; ausf. zu dieser Frage Nodoushani ZGR 2014, 809 (816 ff.)..
[225] MüKoAktG/*Bayer* Rn. 91; aA *Wiedemann*, Die Übertragung und Vererbung von Mitgliedschaftsrechten bei Handelsgesellschaften, 1965, 112 f.
[226] BGH WM 1967, 925; MüKoAktG/*Bayer* Rn. 93; Kölner Komm AktG/*Lutter/Drygala* Rn. 87; Großkomm AktG/*Merkt* Rn. 488; Grigoleit/*Grigoleit/Rachlitz* Rn. 26; ebenso für das GmbH-Recht MüKoGmbHG/*Reichert/Weller* § 15 Rn. 399; aA, Unwiderruflichkeit der Einwilligung für die GmbH *Scholz/Seibt* GmbHG § 15 Rn. 132; Baumbach/Hueck/*Fastrich* GmbHG § 15 Rn. 47.
[227] BGHZ 13, 179 (187); BGHZ 40, 156 (164); Kölner Komm AktG/*Lutter/Drygala* Rn. 87; Großkomm AktG/*Barz*, 3. Aufl. 1973, Anm. 7, 9; MüKoAktG/*Bayer* Rn. 93.
[228] MüKoAktG/*Bayer* Rn. 93; Kölner Komm AktG/*Lutter/Drygala* Rn. 87.
[229] MüKoAktG/*Bayer* Rn. 93; Großkomm AktG/*Merkt* Rn. 490; Kölner Komm AktG/*Lutter/Drygala* Rn. 87.

auch dann wirksam, wenn nicht er, sondern ein anderes Organ zur Entscheidung berufen ist.[230] Wird die Erklärung nicht vom Vorstand bzw. von einem vom Vorstand bevollmächtigten Dritten abgegeben und auch nicht durch diesen genehmigt, ist sie nichtig.[231] Eine unberechtigte Verweigerung der Zustimmung kann zur Schadensersatzpflicht gegenüber dem Veräußerer führen.[232]

69 **f) Geltung der Vinkulierung für den Alleinaktionär.** Entgegen der hM[233] gilt die Vinkulierung auch für Verfügungen des Alleinaktionärs, sofern nicht die Entscheidung über die Zustimmung bei der Hauptversammlung liegt.[234] Das Gleiche gilt, wenn alle bisherigen Aktionäre ihre Aktien auf einen künftigen Alleinaktionär übertragen[235] und wenn sämtliche gegenwärtigen Aktionäre anteilig vom Veräußerer erwerben.[236] Nimmt die Satzung derartige Gestaltungen nicht von der Vinkulierung aus, lässt sich in diesen Fällen einerseits nicht von vornherein ausschließen, dass das zur Entscheidung berufene Organ die Zustimmung im Interesse der Gesellschaft verweigert, während die Vinkulierung für den von der hM unterstellten Fall selbstverständlicher Zustimmung keine Belastung bedeutet.

70 **6. Rechtsfolgen.** Das Zustimmungserfordernis betrifft nur das **Verfügungsgeschäft**. Insoweit entfalten die Zustimmung und ihre Verweigerung Wirkung für und gegen jedermann.[237] Die Wirksamkeit des **Verpflichtungsgeschäfts** zwischen Aktionär und Erwerber ist dagegen von der Zustimmung oder ihrer Verweigerung grundsätzlich unabhängig (→ Rn. 31). Etwas anderes gilt dann, wenn das Kausalgeschäft unter der Bedingung der Zustimmungserteilung abgeschlossen wurde.[238]

71 Verfügungen, die der Aktionär ohne Einwilligung der Gesellschaft vorgenommen hat, sind **schwebend unwirksam**. Das Gleiche gilt für weitere Verfügungen, die der Veräußerer während der schwebenden Unwirksamkeit trifft;[239] entscheidend ist in diesem Fall, ob und welche der mehreren Verfügungen die Gesellschaft genehmigt. Wird die Einwilligung oder die Genehmigung verweigert, ist die Verfügung endgültig unwirksam.[240] Das Gleiche gilt, wenn die Frist für die Erteilung der Zustimmung ergebnislos verstreicht (→ Rn. 61). Mit Erteilung der Genehmigung wird die schwebend unwirksame Verfügung ex tunc wirksam, § 184 Abs. 1 BGB.[241] Nach verbreiteter Auffassung werden damit auch zwischenzeitliche Verfügungen des Erwerbers gem. § 185 Abs. 2 BGB wirksam.[242] In der Genehmigung der Veräußerung an den Erwerber ist indessen die Genehmigung von dessen Zwischenverfügungen nicht ohne weiteres enthalten. Es kommt daher darauf an, ob die Gesellschaft auch diese Verfügungen genehmigt. Erteilt sie ihre Zustimmung zur Übertragung an den letzten Erwerber in einer Kette von Verfügungen, liegt darin nach § 185 Abs. 2 BGB auch die Genehmigung der vorausgehenden Verfügungen.[243]

72 Wurde die Zustimmung einmal versagt und die Zustimmungsverweigerung auch nicht bis zur Vornahme der Anteilsübertragung widerrufen (→ Rn. 67), kann die erstrebte Übertragung nur durch Neuvornahme der Verfügung und eine neue Zustimmung der Gesellschaft erreicht werden.[244] Das gilt nach hM auch dann, wenn die **Zustimmungsverweigerung rechtswidrig** ist. Hier soll

---

[230] MüKoAktG/*Bayer* Rn. 94; Kölner Komm AktG/*Lutter/Drygala* Rn. 89; Bürgers/Körber/*Wieneke* Rn. 22; Großkomm AktG/*Barz*, 3. Aufl. 1973, Anm. 8; NK-AktR/*Heinrich* Rn. 16.
[231] MüKoAktG/*Bayer* Rn. 94.
[232] MüKoAktG/*Bayer* Rn. 94; Kölner Komm AktG/*Lutter/Drygala* Rn. 91.
[233] OLG München ZIP 2004, 1070 (1072); *Boesebeck* NJW 1952, 1116 f.; MüKoAktG/*Bayer* Rn. 115; Kölner Komm AktG/*Lutter/Drygala* Rn. 106; Großkomm AktG/*Merkt* Rn. 327; Grigoleit/*Grigoleit/Rachlitz* Rn. 19.
[234] Ähnl. *Heller/Timm* NZG 2006, 257 (258).
[235] AA OLG München ZIP 2005, 1070 (1072); MüKoAktG/*Bayer* Rn. 115; Großkomm AktG/*Merkt* Rn. 327 f.; Grigoleit/*Grigoleit/Rachlitz* Rn. 19.
[236] MüKoAktG/*Bayer* Rn. 115.
[237] BGH NJW 1954, 1155; MüKoAktG/*Bayer* Rn. 100; Kölner Komm AktG/*Lutter/Drygala* Rn. 94; Großkomm AktG/*Barz*, 3. Aufl. 1973, Anm. 11; *Wiedemann*, Die Übertragung und Vererbung von Mitgliedschaftsrechten bei Handelsgesellschaften, 1965, 118; aA, Unwirksamkeit bei Zustimmungsverweigerung nur im Verhältnis zur AG, *E. Ulmer* FS Schmidt-Rimpler, 1957, 261 (270 ff.); *Bruns* AG 1962, 329 (332).
[238] MüKoAktG/*Bayer* Rn. 101; Kölner Komm AktG/*Lutter/Drygala* Rn. 96; K. Schmidt/Lutter/*T. Bezzenberger* Rn. 25; Großkomm AktG/*Barz*, 3. Aufl. 1973, Anm. 12; MHdB AG/*Sailer-Coceani* § 14 Rn. 33.
[239] Missverständlich insoweit MüKoAktG/*Bayer* Rn. 97 mN zum GmbH-Recht.
[240] BGH NJW 1954, 1155; MüKoAktG/*Bayer* Rn. 98 ff.; Kölner Komm AktG/*Lutter/Drygala* Rn. 93; Hüffer/Koch/*Koch* Rn. 16; NK-AktR/*Heinrich* Rn. 18.
[241] MüKoAktG/*Bayer* Rn. 96; Kölner Komm AktG/*Lutter/Drygala* Rn. 93; Großkomm AktG/*Merkt* Rn. 493; Bürgers/Körber/*Wieneke* Rn. 23; MHdB AG/*Sailer-Coceani* § 14 Rn. 28; *K. Schmidt* FS Beusch, 1993, 759 (777); NK-AktR/*Heinrich* Rn. 18.
[242] MüKoAktG/*Bayer* Rn. 97; Großkomm AktG/*Merkt* Rn. 494; ebenso zu § 15 Abs. 5 GmbHG MüKoGmbHG/*Reichert/Weller* § 15 Rn. 404; Scholz/*Seibt* GmbHG § 15 Rn. 133.
[243] Kölner Komm AktG/*Lutter/Drygala* Rn. 104.
[244] MüKoAktG/*Bayer* Rn. 98; Hölters/*Laubert* Rn. 26; NK-AktR/*Heinrich* Rn. 18.

es selbst dann bei der endgültigen Unwirksamkeit der Verfügung und dem Erfordernis einer erneuten Vornahme der Übertragung bleiben, wenn die zunächst verweigerte Genehmigung doch noch erteilt oder durch rechtskräftiges Urteil gem. § 894 ZPO ersetzt wird.[245] Nach aA führt hingegen nur die rechtmäßige Zustimmungsverweigerung zur endgültigen Unwirksamkeit der Übertragung, während die rechtswidrige Zustimmungsverweigerung ihrerseits unwirksam sein soll, so dass die betroffene Verfügung nach wie vor schwebend unwirksam bleibe und durch die nachträglich doch noch erteilte oder durch Urteil ersetzte Genehmigung wirksam werde.[246] Diese auf den ersten Blick praxisfreundliche Auffassung berücksichtigt indessen nicht ausreichend die Interessen des Erwerbers, der für unabsehbare Zeit an ein Geschäft mit ungewissem Ausgang gebunden bliebe. Das ist ihm grundsätzlich nur dann zuzumuten, wenn dies vertraglich vereinbart wurde. Im Übrigen können Erwerber und Veräußerer bei klar rechtsmissbräuchlicher Zustimmungsverweigerung nach § 242 BGB verpflichtet sein, an dem Neuabschluss mitzuwirken.

Sofern der **Kaufvertrag** unter der aufschiebenden Bedingung der Erteilung der Zustimmung **73** oder der auflösenden Bedingung ihrer Verweigerung geschlossen ist, ist der Vertrag mit Ausfall der aufschiebenden bzw. Eintritt der auflösenden Bedingung unwirksam; bereits erbrachte Leistungen sind zurückzugewähren. Soweit die Gründe für eine Zustimmungsverweigerung nicht abschließend in der Satzung aufgeführt sind, hat der Veräußerer zwar regelmäßig keinen Einfluss auf die Erteilung der Zustimmung, so dass die Aufnahme einer Bedingung in den Kaufvertrag nahe liegt; im Regelfall der Veräußerung über die Börse kommt indessen wegen der Bedingungsfeindlichkeit von Börsengeschäften eine bedingte Veräußerung nicht in Betracht.[247] Wird die Zustimmung zu einer unbedingten Veräußerung verweigert, ist die Leistung des Verkäufers unmöglich.[248] Er wird damit von seiner Leistungspflicht frei (§ 275 Abs. 1 BGB). Dementsprechend steht dem Erwerber in diesem Fall entgegen einer früher vertretenen Ansicht[249] kein Erfüllungsanspruch zu, den er abtreten könnte.[250] In diesem Fall hat der Veräußerer **keinen Anspruch auf den Kaufpreis** (§ 326 Abs. 1 BGB); bereits erbrachte Kaufpreiszahlungen kann der Erwerber zurückverlangen, §§ 326 Abs. 4, 346 BGB.[251] Ein Recht zum Rücktritt nach §§ 453, 437 Nr. 2, 326 Abs. 5 BGB ist entsprechend § 442 Abs. 1 BGB ausgeschlossen, wenn der Erwerber um die Vinkulierung weiß.[252] Ein Anspruch auf **Schadensersatz** gem. §§ 453, 437 Nr. 3, 280 Abs. 1, 3, 283 S. 1 BGB steht dem Erwerber regelmäßig nur dann zu, wenn der Veräußerer eine Garantie für die Erteilung der Zustimmung übernommen oder sich nicht im Rahmen des Zumutbaren um ihre Erteilung bemüht hat.[253] Anderenfalls hat der Veräußerer entgegen einer im Schrifttum vertretenen Auffassung[254] die Unmöglichkeit der Leistung nicht zu vertreten,[255] so dass es auf eine entsprechende Anwendung von § 442 Abs. 1 BGB bei Kenntnis des Käufers von der Vinkulierung insoweit nicht ankommt.

7. Rechtsschutz bei Zustimmungsverweigerung. a) Klage auf Zustimmung. Wird die **74** Zustimmung verweigert, so kann der veräußerungswillige Aktionär gegen die Gesellschaft auf Erteilung der Zustimmung oder Schadensersatz klagen.[256] Die missbräuchlich versagte Zustimmung kann gem. § 894 ZPO durch rechtskräftiges Urteil ersetzt werden.[257] Hat die Entscheidung über die Zustimmungserteilung nach pflichtgemäßem Ermessen zu erfolgen, besteht ein Anspruch auf Zustimmung allerdings nur dann, wenn allein die Erteilung der Zustimmung fehlerfreier Ermessensausübung entspricht[258] (→ Rn. 58).

b) Klagemöglichkeiten des Erwerbers. Der Erwerber hat aus eigenem Recht keinen **75 Anspruch auf Zustimmung** gegen die Gesellschaft, den er einklagen könnte. Ein Vorgehen aus

---

[245] GHEK/*Hefermehl/Bungeroth* Rn. 139; Bürgers/Körber/*Wieneke* Rn. 23; Hüffer/Koch/*Koch* Rn. 16; MHdB AG/*Sailer-Coceani* § 14 Rn. 28.
[246] *K. Schmidt* FS Beusch, 1993, 759 (779 f.); sympathisierend MüKoAktG/*Bayer* Rn. 99; für die rechtsmissbräuchlich verweigerte Zustimmung auch Kölner Komm AktG/*Lutter/Drygala* Rn. 93, 91.
[247] MüKoAktG/*Bayer* Rn. 101; *Wiedemann*, Die Übertragung und Vererbung von Mitgliedschaftsrechten bei Handelsgesellschaften, 1965, 113.
[248] MüKoAktG/*Bayer* Rn. 102; Kölner Komm AktG/*Lutter/Drygala* Rn. 97; MHdB AG/*Sailer-Coceani* § 14 Rn. 34; differenzierend Großkomm AktG/*Merkt* Rn. 508 ff.
[249] Kölner Komm AktG/*Lutter/Drygala* Rn. 42; GHEK/*Hefermehl/Bungeroth* Rn. 143.
[250] Ebenso MüKoAktG/*Bayer* Rn. 105.
[251] Vgl. etwa MüKoAktG/*Bayer* Rn. 102; Hüffer/Koch/*Koch* Rn. 16.
[252] MüKoAktG/*Bayer* Rn. 103; aA Kölner Komm AktG/*Lutter/Drygala* Rn. 100.
[253] Zu dieser Pflicht des Veräußerers gegenüber dem Erwerber Kölner Komm AktG/*Lutter/Drygala* Rn. 95; MHdB AG/*Sailer-Coceani* § 14 Rn. 30 mwN.
[254] MüKoAktG/*Bayer* Rn. 103; Hüffer/Koch/*Koch* Rn. 16; MHdB AG/*Sailer-Coceani* § 14 Rn. 30.
[255] Kölner Komm AktG/*Lutter/Drygala* Rn. 100.
[256] Großkomm AktG/*Merkt* Rn. 510 f.
[257] LG Düsseldorf AG 1989, 332.
[258] Ähnl MüKoAktG/*Bayer* Rn. 107.

abgetretenem Recht des Veräußerers[259] scheitert an der fehlenden Abtrennbarkeit des Zustimmungsanspruchs von der Mitgliedschaft.[260] Zulässig ist hingegen ein Vorgehen des Erwerbers in **gewillkürter Prozessstandschaft,**[261] denn hierfür ist nicht erforderlich, dass der geltend gemachte Anspruch abgetreten werden kann.[262] Die dafür notwendige Ermächtigung kann vom Veräußerer auch konkludent erteilt werden; dies ist insbesondere im Fall der Veräußerung börsennotierter Namensaktien anzunehmen.[263]

76   **8. Die Umgehung der Vinkulierung. a) Voraussetzungen der Umgehung.** Da die Vinkulierung lediglich Verfügungen über die betroffenen Aktien erfasst, besteht die Gefahr einer Umgehung des Zustimmungserfordernisses des Abs. 2 durch Rechtsgeschäfte, die zwar keinen verfügenden Charakter haben, aber im Ergebnis einer Übertragung ähnlich sind und ohne die Zustimmung der AG zustande kommen:[264] Voraussetzung für die Bejahung einer Umgehung ist dabei stets, dass bei Anerkennung der Wirksamkeit des Geschäfts der Zweck der Vinkulierung vereitelt würde.[265]

77   Denkbar sind etwa folgende Gestaltungen: Der veräußerungswillige Aktionär übt die Aktionärsrechte **treuhänderisch** für einen von der Gesellschaft nicht als Aktionär akzeptierten Dritten aus.[266] Die Aktien werden mit Zustimmung der Gesellschaft auf eine Person übertragen, die ihrerseits als Treuhänder für einen Dritten auftritt.[267] Der Aktionär erteilt einem Dritten **Stimmrechtsvollmacht** gem. § 134 Abs. 3.[268] Der Aktionär schließt einen **Stimmbindungsvertrag,** mit dessen Hilfe ein Dritter Einfluss auf die Ausübung des Stimmrechts nehmen kann.[269]

78   Derartige Vereinbarungen stellen Umgehungen der Vinkulierung dar, wenn sie dem **Zweck der Vinkulierung** widersprechen. Es kommt folglich darauf an, was mit der Vinkulierung beabsichtigt wurde. Soll sie nur die Solvenz der Aktionäre sichern, liegt jedenfalls dann keine Umgehung vor, wenn dem Dritten nur Einfluss auf die Ausübung des Stimmrechts verschafft wird.[270] Dient sie dagegen (auch) dazu, unerwünschte Aktionäre fernzuhalten, so wird die betreffende Vereinbarung von der Vinkulierung erfasst.[271]

79   Der Erwerb von Anteilen an einer Gesellschaft, die ihrerseits vinkulierte Aktien der AG hält, stellt keine Umgehung der Vinkulierung dar.[272] Das gilt auch dann, wenn es sich um eine **Holdinggesellschaft** handelt,[273] denn das Zustimmungserfordernis des Abs. 2 kann keine Geltung für die Übertragung von Anteilen an anderen Gesellschaften beanspruchen.

80   **b) Rechtsfolgen.** Die Rechtsfolgen einer Umgehung der Vinkulierung sind umstritten. Richtiger Ansicht nach sind die betreffenden Vereinbarungen (Treuhandabrede, Stimmrechtsvollmacht, Stimmbindungsvertrag) grundsätzlich nicht nichtig,[274] sondern **schwebend unwirksam,** denn es geht lediglich darum, dem Zustimmungserfordernis des Abs. 2 Geltung zu verschaffen.[275] Etwas

---

[259] Für diese Möglichkeit *Immenga* AG 1992, 105 (109).
[260] *Berger* ZHR 157 (1993), 31 (40); *Wirth* DB 1992, 617 (621); GHEK/*Hefermehl/Bungeroth* Rn. 147.
[261] LG Aachen AG 1992, 410 (411); *Immenga* AG 1992, 105 (108); *Berger* ZHR 157 (1993), 31 (41 ff.); MüKoAktG/*Bayer* Rn. 110; Großkomm AktG/*Merkt* Rn. 515; MHdB AG/*Sailer-Coceani* § 14 Rn. 33.
[262] BGH NJW 1987, 2018.
[263] LG Aachen AG 1992, 410; *Immenga* AG 1992, 105 (108); *Berger* ZHR 157 (1993), 31 (41 ff.); MüKoAktG/*Bayer* Rn. 110.
[264] Hüffer/Koch/*Koch* Rn. 12; *Gebke* GmbHR 2014, 1128 (1131 ff.).
[265] Grigoleit/*Grigoleit/Rachlitz* Rn. 20; NK-AktR/*Heinrich* Rn. 15.
[266] OLG Köln NZG 2008, 839; Großkomm AktG/*Merkt* Rn. 530; *Binz/Mayer* NZG 2012, 201 (207).
[267] Vgl. zur GmbH: BGH NJW 1965, 1376.
[268] Vgl. BGH NJW 1987, 780; *Lutter/Grunewald* AG 1989, 109 (113 ff.); Großkomm AktG/*Merkt* Rn. 527.
[269] Dazu RGZ 69, 134 (zur GmbH); *Liebscher* ZIP 2003, 825 (826 ff.); Hüffer/Koch/*Koch* Rn. 12; *Lutter/Grunewald* AG 1989, 109 (111 ff.); *Sieveking/Technau* AG 1989, 17 (19); *Asmus,* Die vinkulierte Mitgliedschaft, 2001, 161 ff.; zum GmbH-Recht Scholz/*Seibt* GmbHG § 15 Rn. 111.
[270] *Sieveking/Technau* AG 1989, 17 (18); MüKoAktG/*Bayer* Rn. 118; Kölner Komm AktG/*Lutter/Drygala* Rn. 114.
[271] Ähnlich: OLG Köln NZG 2008, 839 f.; *Lutter/Grunewald* AG 1989, 109 (111 ff.); *Sieveking/Technau* AG 1989, 17 (18 f.); *K. Schmidt* GmbHR 2011, 1289 (1291); MüKoAktG/*Bayer* Rn. 118.
[272] Ebenso *Maurice,* Namensaktien, 2011, 97; zum GmbH-Recht Scholz/*Seibt* GmbHG § 15 Rn. 111a; aA Großkomm AktG/*Merkt* Rn. 284 f., 527, der hier „unter Umständen" eine Umgehung für möglich hält; ausf. und differenzierend *Binz/Mayer* NZG 2012, 201 (208 f.).
[273] AA insoweit MüKoAktG/*Bayer* Rn. 122; *Lutter/Grunewald* AG 1989, 409 (410); unentschieden OLG Naumburg NZG 2004, 775 (779).
[274] So aber BGH NJW 1987, 780; GHEK/*Hefermehl/Bungeroth* Rn. 157 ff.; *Sieveking/Technau* AG 1989, 17 (18 ff.).
[275] Kölner Komm AktG/*Lutter/Drygala* Rn. 118; MüKoAktG/*Bayer* Rn. 119; *Gebke* GmbHR 2014, 1128 (1133).

anderes gilt allerdings dann, wenn derartige Vereinbarungen mit einem Dritten geschlossen werden, den die Gesellschaft bereits als Erwerber zurückgewiesen hat.

Nimmt der Dritte an der Hauptversammlung teil und gibt dort seine Stimme ab, so ist seine Stimmabgabe mangels wirksamer Bevollmächtigung rechtswidrig und seine Stimmen dürfen nicht mitgezählt werden. Geschieht dies dennoch, ist der Beschluss **anfechtbar,** wenn die Stimmen für das Ergebnis ursächlich sind. Bei Teilnahme des durch einen schwebend unwirksamen Stimmbindungs- oder Treuhandvertrag rechtlich (noch) ungebundenen Aktionärs im Interesse des Dritten an der Hauptversammlung ist der Teilnehmende grundsätzlich stimmberechtigt. Seine Stimmabgabe ist aber wegen Verletzung der Treupflicht unzulässig und nicht mitzuzählen. Der Beschluss ist anfechtbar, wenn die Stimme für das Ergebnis ursächlich war.[276]

IV. Entsprechende Geltung für Zwischenscheine, Abs. 4

Für Zwischenscheine gilt Abs. 1–3 entsprechend. Sie sind daher durch Indossament übertragbar (Abs. 1), es besteht die Möglichkeit der Vinkulierung (Abs. 2) sowie die Prüfung der Übertragungsvermerke (§ 68 Abs. 3).

§ 69 Rechtsgemeinschaft an einer Aktie

(1) **Steht eine Aktie mehreren Berechtigten zu, so können sie die Rechte aus der Aktie nur durch einen gemeinschaftlichen Vertreter ausüben.**
(2) **Für die Leistungen auf die Aktie haften sie als Gesamtschuldner.**
(3) [1]**Hat die Gesellschaft eine Willenserklärung dem Aktionär gegenüber abzugeben, so genügt, wenn die Berechtigten der Gesellschaft keinen gemeinschaftlichen Vertreter benannt haben, die Abgabe der Erklärung gegenüber einem Berechtigten.** [2]**Bei mehreren Erben eines Aktionärs gilt dies nur für Willenserklärungen, die nach Ablauf eines Monats seit dem Anfall der Erbschaft abgegeben werden.**

Schrifttum: *Blasche*, Zulässigkeit und Rechtswirkungen der Eintragung eines gemeinschaftlichen Vertreters im Aktienregister, AG 2015, 342; *Großfeld/Spennemann*, Die Teilnahmeberechtigung mehrerer gesetzlicher Vertreter von Gesellschaften in Mitgliederversammlungen von Kapitalgesellschaften und Genossenschaften, AG 1979, 128; *Grunewald*, Die Rechtsfähigkeit der Erbengemeinschaft, AcP 197 (1997), 305; *Mentz/Fröhling*, Die Formen der rechtsgeschäftlichen Übertragung von Aktien, NZG 2002, 201; *Schwichtenberg*, Gemeinschaftliche Berechtigung bei Geschäftsanteilen bzw. Aktien, die zum Gesellschaftsvermögen einer OHG oder KG gehören, DB 1976, 375; *Ulmer*, Die Gesamthandsgesellschaft – ein noch unbekanntes Wesen?, AcP 198 (1998), 113.

Übersicht

	Rn.		Rn.
I. Normzweck	1, 2	IV. Gesamtschuldnerische Haftung, Abs. 2	19–21
II. Mitberechtigung mehrerer an der Aktie	3–9	1. Leistungen auf die Aktie	19
1. Aktien	3	2. Zeitlicher Anwendungsbereich	20
2. Mitberechtigung	4–9	3. Verhältnis zu besonderen Haftungsbeschränkungen	21
a) Grundsatz	4, 5		
b) Einzelfälle	6–9		
III. Gemeinschaftlicher Vertreter, Abs. 1	10–18	V. Willenserklärungen der Aktiengesellschaft, Abs. 3	22–24
1. Der gemeinschaftliche Vertreter	10–15	1. Anwendungsbereich	22
2. Ausübung der Mitgliedschaftsrechte durch den Vertreter	16, 17	2. Erklärungsempfänger	23
3. Rechtsausübung durch die Mitberechtigten	18	3. Besonderheiten bei der Erbengemeinschaft	24

I. Normzweck

Die Vorschrift stellt zunächst klar, dass die Unteilbarkeit der Aktie nach § 8 Abs. 5 eine gemeinschaftliche Mitberechtigung an der ungeteilten Aktie nicht ausschließt.[1] Darüber hinaus **schützt die**

---
[276] Kölner Komm AktG/*Lutter/Drygala* Rn. 120; Großkomm AktG/*Barz*, 3. Aufl. 1973, § 134 Anm. 39; *Sieveking/Technau* AG 1989, 17, 22 ff.; *Lutter/Grunewald* AG 1989, 109 (114).
[1] Kölner Komm AktG/*Lutter/Drygala* Rn. 2 und Großkomm AktG/*Merkt* Rn. 2 jeweils mN zur abw. älteren Auffassung.

Norm die **Gesellschaft** vor den Nachteilen, die sich ergeben können, wenn die Aktie einer aus mehreren Personen bestehenden Gemeinschaft zusteht.[2] Sie regelt allein das Verhältnis der Rechtsgemeinschaft zur Aktiengesellschaft, nicht jedoch das der Berechtigten untereinander.[3]

2 Abs. 1 regelt die **Zuständigkeit** für die Ausübung der Rechte aus der Aktie. Abs. 2 sichert die Erfüllung der mit der Aktie verbundenen **Pflichten**. Abs. 3 erleichtert der Gesellschaft den rechtsgeschäftlichen Verkehr mit der Rechtsgemeinschaft. Keine dieser Bestimmungen ist durch die Satzung abdingbar (§ 23 Abs. 5).[4]

II. Mitberechtigung mehrerer an der Aktie

3 **1. Aktien.** Die Vorschrift erfasst **Inhaber- und Namensaktien** gleichermaßen.[5] Praktische Bedeutung hat sie allerdings, wie sich schon in der systematischen Stellung der Bestimmung andeutet, vor allem für Namensaktien.[6] Nur hier hat Abs. 2 einen Anwendungsbereich, denn solange der Ausgabebetrag noch nicht voll geleistet oder wenn Nebenleistungen geschuldet sind, müssen die Aktien nach §§ 10 Abs. 2, 55 Abs. 1 auf den Namen lauten. Da für die Legitimation gegenüber der AG bei Inhaberaktien der Besitz entscheidend ist (§ 793 Abs. 1 BGB), spielt auch Abs. 1 hier praktisch keine Rolle.

4 **2. Mitberechtigung. a) Grundsatz.** Die Vorschrift betrifft die **gemeinschaftliche Berechtigung** an einer Aktie. Bei Inhaberaktien ist die dingliche Zuordnung der Mitgliedschaft maßgeblich.[7] Demgegenüber kommt es bei Namensaktien nicht auf die materielle Rechtslage, sondern auf die Eintragung im Aktienregister an, denn nach § 67 Abs. 2 gilt im Verhältnis zur Gesellschaft nur der dort Eingetragene als Aktionär.[8] Abs. 1–3 findet daher grundsätzlich keine Anwendung, wenn nur ein Rechtsträger als Aktionär im Aktienregister eingetragen ist; in diesem Fall ist die Gesellschaft nicht mit den Schwierigkeiten aufgrund der gemeinschaftlichen Mitberechtigung mehrerer Anteilsinhaber konfrontiert, deren Bewältigung die Vorschrift dient.

5 Die Bestimmung erfasst **Bruchteils- und Gesamthandsgemeinschaften** ohne Rücksicht auf ihren Entstehungsgrund.[9] Ebenso ist es unerheblich, ob die Mitberechtigung originär mit der Aktie oder erst später entstanden ist.[10] Dagegen betrifft die Regelung nicht die Aufteilung der Rechtszuständigkeit zwischen dem Aktionär und dem Inhaber eines dinglichen Rechts an der Aktie.[11] Sie findet auch keine Anwendung auf schuldrechtliche Beteiligungen wie etwa stille Gesellschaften, Unterbeteiligungen, Stimmbindungsverträge und ähnliche Abreden.[12]

6 **b) Einzelfälle.** Die Bestimmung ist anwendbar auf die Bruchteilsgemeinschaft (§§ 741 ff. BGB),[13] auf die eheliche Gütergemeinschaft (§§ 1415 ff. BGB),[14] und auf Aktien von Investmentfonds der Miteigentumslösung (§ 30 Abs. 1 InvG).[15] Wie Abs. 3 S. 2 zeigt, gilt sie auch für die Erbengemeinschaft, und zwar unabhängig davon, ob man diese mit einer neueren Auffassung[16] für rechtsfähig hält.[17]

---

[2] Kölner Komm AktG/*Lutter*/*Drygala* Rn. 3; Hüffer/Koch/*Koch* Rn. 1; NK-AktR/*Heinrich* Rn. 1; *Blasche* AG 2015, 342 (344).

[3] Großkomm AktG/*Merkt* Rn. 1; *Blasche* AG 2015, 342 (343).

[4] MüKoAktG/*Bayer* Rn. 3; Hüffer/Koch/*Koch* Rn. 1; *Blasche* AG 2015, 342 (343).

[5] MüKoAktG/*Bayer* Rn. 4; Kölner Komm AktG/*Lutter*/*Drygala* Rn. 4; Großkomm AktG/*Merkt* Rn. 3, 7; Hüffer/Koch/*Koch* Rn. 1; K. Schmidt/Lutter/*T. Bezzenberger* Rn. 2; NK-AktR/*Heinrich* Rn. 2.

[6] Vgl. etwa Großkomm AktG/*Merkt* Rn. 3, 7.

[7] AllgM, s. nur MüKoAktG/*Bayer* Rn. 5; Kölner Komm AktG/*Lutter*/*Drygala* Rn. 5; Großkomm AktG/*Merkt* Rn. 5; Bürgers/Körber/*Wieneke* Rn. 2; Hüffer/Koch/*Koch* Rn. 2; NK-AktR/*Heinrich* Rn. 3.

[8] Kölner Komm AktG/*Lutter*/*Drygala* Rn. 7; MüKoAktG/*Bayer* Rn. 4; Großkomm AktG/*Merkt* Rn. 20; Hölters/*Laubert* Rn. 2; Bürgers/Körber/*Wieneke* Rn. 2; Hüffer/Koch/*Koch* Rn. 2.

[9] Kölner Komm AktG/*Lutter*/*Drygala* Rn. 5; Großkomm AktG/*Merkt* Rn. 8; MüKoAktG/*Bayer* Rn. 5; Hölters/*Laubert* Rn. 2; *Blasche* AG 2015, 342 (343).

[10] Großkomm AktG/*Merkt* Rn. 10.

[11] Kölner Komm AktG/*Lutter*/*Drygala* Rn. 5; Großkomm AktG/*Merkt* Rn. 9; K. Schmidt/Lutter/*T. Bezzenberger* Rn. 4; *Blasche* AG 2015, 342 (343).

[12] Kölner Komm AktG/*Lutter*/*Drygala* Rn. 5; Großkomm AktG/*Merkt* Rn. 9; K. Schmidt/Lutter/*T. Bezzenberger* Rn. 4.

[13] Großkomm AktG/*Merkt* Rn. 15; Hüffer/Koch/*Koch* Rn. 2; K. Schmidt/Lutter/*T. Bezzenberger* Rn. 3; Hölters/*Laubert* Rn. 2; NK-AktR/*Heinrich* Rn. 5.

[14] Kölner Komm AktG/*Lutter*/*Drygala* Rn. 15; K. Schmidt/Lutter/*T. Bezzenberger* Rn. 3; Hölters/*Laubert* Rn. 2.

[15] Kölner Komm AktG/*Lutter*/*Drygala* Rn. 15; aA K. Schmidt/Lutter/*T. Bezzenberger* Rn. 4.

[16] So etwa *Grunewald* AcP 197 (1997), 305 ff.; aA etwa *Ulmer* AcP 198 (1998), 113 (124 ff.).

[17] MüKoAktG/*Bayer* Rn. 5; K. Schmidt/Lutter/*T. Bezzenberger* Rn. 3; Hölters/*Laubert* Rn. 2; ebenso für die Parallelvorschrift des § 18 GmbHG Baumbach/Hueck/*Fastrich* GmbHG § 18 Rn. 2.

Die Norm findet keine Anwendung auf Aktien, die einer **juristischen Person** (AG, KGaA, GmbH, Genossenschaft, rechtsfähiger Verein) gehören.[18] Ebenso wenig gilt sie, wenn (eingetragener) Inhaber der Aktie eine **Personenhandelsgesellschaft** ist.[19] OHG und KG können nach § 124, 161 Abs. 2 HGB selbst Aktionäre sein und haften dann mit ihrem eigenen Vermögen für offen stehende Leistungen auf die Aktie. Der Anwendung des Abs. 1 bedarf es wegen der Registerpublizität der Vertretungsverhältnisse (§ 106 Abs. 2 Nr. 4 HGB, § 161 Abs. 2 HGB), der des Abs. 3 wegen der inhaltsgleichen Regelung über die Passivvertretung in § 125 Abs. 2 S. 3 HGB nicht.

Die Parteifähigkeit und die weitgehende Rechtsfähigkeit von Außengesellschaften bürgerlichen Rechts sind mittlerweile anerkannt.[20] Die **GbR** kann dementsprechend auch selbst Aktionärin sein. Daraus ergibt sich zunächst, dass die Bestimmungen über die Rechtsgemeinschaft an einer Aktie auf die GbR keine unmittelbare Anwendung finden.[21] Da es an einer § 106 Abs. 2 Nr. 1 und 4 HGB entsprechenden Publizität des Gesellschafterbestandes und der Vertretungsverhältnisse und einem darauf gestützten Vertrauensschutz nach Art des § 15 HGB fehlt, sind allerdings Abs. 1 und 3[22] auf die GbR entsprechend anzuwenden.[23] Der Zweck dieser Bestimmungen beansprucht insoweit Vorrang vor dogmatischen Erwägungen über die Qualität der Gesamthand als eigenständiges Zuordnungssubjekt. Dagegen besteht kein Bedürfnis für eine entsprechende Anwendung von Abs. 2, denn für die mitgliedschaftlichen Verpflichtungen der GbR haftet neben dem Gesellschaftsvermögen ohnehin das Privatvermögen sämtlicher Gesellschafter.[24] Wegen der fehlenden Registerpublizität sind Abs. 1 und 3 auch auf den **nicht rechtsfähigen Verein** entsprechend anzuwenden.[25]

Zu Recht abgelehnt wird die Anwendung der Vorschrift für die **Girosammelverwahrung** gem. § 5 DepotG.[26] Die Girosammelverwahrung ist zwar eine Bruchteilsgemeinschaft, da die Sammelurkunde (§ 9a DepotG) oder die im Sammelbestand des Verwahrers hinterlegten Aktien gem. § 6 Abs. 1 DepotG im Miteigentum aller Hinterleger stehen.[27] Damit soll indessen nur die erleichterte Verwahrung und Übertragbarkeit erreicht werden, ohne dass die Zuordnung der Anteile am Grundkapital zu einzelnen, insoweit jeweils als Alleinaktionäre zu qualifizierenden Rechtsträgern ausgeschlossen wäre.

III. Gemeinschaftlicher Vertreter, Abs. 1

1. Der gemeinschaftliche Vertreter. Nach Abs. 1 können die Berechtigten die Rechte aus der Aktie nur durch einen gemeinschaftlichen Vertreter ausüben. Damit soll die **einheitliche Ausübung der Mitgliedschaftsrechte sichergestellt** werden. Die Gesellschaft kann allerdings die Bestellung eines solchen Vertreters nicht verlangen.[28] Bleiben die Berechtigten insoweit untätig, können sie ihre Rechte aus der Aktie idR (zu Ausnahmen → Rn. 18) nicht ausüben,[29] während die Gesellschaft ihnen gegenüber nach Abs. 3 S. 1 durch Erklärung gegenüber einem Berechtigten tätig werden kann.

---

[18] Vgl. nur Kölner Komm AktG/*Lutter/Drygala* Rn. 7; Großkomm AktG/*Merkt* Rn. 11; MüKoAktG/*Bayer* Rn. 7; Hüffer/Koch/*Koch* Rn. 3; NK-AktR/*Heinrich* Rn. 3.
[19] MüKoAktG/*Bayer* Rn. 7; Kölner Komm AktG/*Lutter/Drygala* Rn. 8; Großkomm AktG/*Merkt* Rn. 11; K. Schmidt/Lutter/*T. Bezzenberger* Rn. 5; Hüffer/Koch/*Koch* Rn. 3; aA *Schwichtenberg* DB 1976, 375 f.
[20] BGHZ 146, 341 (343 ff.) = BGH NJW 2001, 1056 f.; BGHZ 148, 291 (294) = BGH NJW 2001, 3121 (3122); BGH NZG 2004. 612 f.; aus dem Schrifttum etwa *K. Schmidt* NJW 2001, 993 ff.; *Ulmer* ZIP 2001, 585 ff.; *Wagner* ZIP 2005, 637 ff.
[21] Großkomm AktG/*Merkt* Rn. 12; K. Schmidt/Lutter/*T. Bezzenberger* Rn. 5.
[22] Da die AG keine Möglichkeit hat, sich ohne weiteres verlässlich über die Zusammensetzung des Gesellschafterkreises und die Vertretungsverhältnisse einer GbR zu informieren, hilft es ihr auch nicht weiter, dass bei der GbR ohnehin jeder Vertreter zur Entgegennahme empfangsbedürftiger Willenserklärungen ermächtigt ist; so aber für das GmbH-Recht Rowedder/Schmidt-Leithoff/*Pentz* GmbHG § 18 Rn. 4.
[23] Ebenso MüKoAktG/*Bayer* Rn. 8; Kölner Komm AktG/*Lutter/Drygala* Rn. 9; Hölters/*Laubert* Rn. 2; Grigoleit/*Grigoleit/Rachlitz* Rn. 4; aA Großkomm AktG/*Merkt* Rn. 12 f.; Hüffer/Koch/*Koch* Rn. 3; K. Schmidt/Lutter/*T. Bezzenberger* Rn. 5; Bürgers/Körber/*Wieneke* Rn. 3; NK-AktR/*Heinrich* Rn. 4; ebenso für die Parallelvorschrift des § 18 GmbHG die hM zum GmbH-Recht, vgl. Baumbach/Hueck/*Fastrich* GmbHG § 18 Rn. 2 mwN.
[24] BGHZ 142, 315 (318 f.) = NJW 1999, 3483; ausf. dazu *Ulmer* ZGR 2000, 339 ff.; *Reiff* NZG 2000, 281 (382 f.); *Huep* NZG 2000, 285 ff.; *Kindl* WM 2000, 697 ff.; *Wolf* WM 2000, 704 ff.
[25] MüKoAktG/*Bayer* Rn. 9; Kölner Komm AktG/*Lutter/Drygala* Rn. 9; aA Großkomm AktG/*Merkt* Rn. 14; K. Schmidt/Lutter/*T. Bezzenberger* Rn. 5.
[26] MüKoAktG/*Bayer* Rn. 11; Kölner Komm AktG/*Lutter/Drygala* Rn. 16; Großkomm AktG/*Merkt* Rn. 16; K. Schmidt/Lutter/*T. Bezzenberger* Rn. 4; Bürgers/Körber/*Wieneke* Rn. 4; Grigoleit/*Grigoleit/Rachlitz* Rn. 3; Hüffer/Koch/*Koch* Rn. 2; NK-AktR/*Heinrich* Rn. 5.
[27] Vgl. dazu *Mentz/Fröhling* NZG 2002, 201 (204 f.).
[28] MüKoAktG/*Bayer* Rn. 19; Kölner Komm AktG/*Lutter/Drygala* Rn. 26; Großkomm AktG/*Merkt* Rn. 24, 33; K. Schmidt/Lutter/*T. Bezzenberger* Rn. 7; NK-AktR/*Heinrich* Rn. 6.
[29] Kölner Komm AktG/*Lutter/Drygala* Rn. 26; K. Schmidt/Lutter/*T. Bezzenberger* Rn. 7.

11 Die Berechtigten sind in der Wahl ihres gemeinschaftlichen Vertreters frei, sofern nicht ein gesetzlicher Vertreter der Gemeinschaft bestellt ist.[30] Die Bestellung des gemeinschaftlichen Vertreters erfolgt nach Maßgabe der für das jeweilige Gemeinschaftsverhältnis geltenden Bestimmungen, ggf. also auf Grund eines Mehrheitsbeschlusses.[31] Gemeinschaftlicher Vertreter kann **jede natürliche oder juristische Person** sein.[32] Es können auch Mitglieder der Rechtsgemeinschaft oder Organmitglieder der AG zu Vertretern bestellt werden; im zuletzt genannten Fall ist allerdings der Stimmrechtsausschluss nach § 136 Abs. 1 zu beachten.[33] Anders als bei der GmbH[34] kann die Satzung den Kreis der möglichen Vertreter nicht beschränken. Bei vinkulierten Namensaktien bedarf die Bestellung des Vertreters aber der Zustimmung der Gesellschaft nach § 68 Abs. 2 (auch → § 68 Rn. 34 aE). Entgegen einer im neueren Schrifttum vertretenen Auffassung[35] kann der gemeinschaftliche Vertreter nicht ins Aktienregister eingetragen werden (näher → § 67 Rn. 21 ff.).

12 Die **Bestellung mehrerer Personen** ist nach hM nur unter Anordnung von **Gesamtvertretung** möglich, weil nur auf diese Weise der Zweck des Abs. 1 erreicht werden könne, eine einheitliche Ausübung der Aktionärsrechte sicherzustellen.[36] Es besteht indessen kein Anlass dafür, eine Mehrheit von Berechtigten hinsichtlich der Bestellung von Vertretern weitergehenden Beschränkungen zu unterwerfen als den Alleininhaber einer Aktie.[37] Für ihn ist aber die Möglichkeit anerkannt, mehrere Einzelvertreter zu bestellen.[38] Die Gefahr gegensätzlicher Rechtsausübung, die in diesem Fall vor allem hinsichtlich der Ausübung des Stimmrechts besteht, wird dadurch ausgeschlossen, dass die Gesellschaft jeweils nur einen von ihnen zur HV zulassen muss.[39]

13 Der gemeinschaftliche Vertreter wird durch Erteilung einer **Vollmacht** durch die Berechtigten bestellt.[40] Maßgeblich ist insoweit das für die betreffende Gemeinschaft geltende Innenrecht. So kann etwa bei der Bruchteilsgemeinschaft und der Erbengemeinschaft der gemeinschaftliche Vertreter aufgrund eines Mehrheitsbeschlusses bestellt werden (§ 745 Abs. 1 S. 1 BGB, § 2038 Abs. 2 S. 1 BGB).[41] Bei der ehelichen Gütergemeinschaft ist gem. § 1421 S. 1 BGB eine Einigung im Ehevertrag darüber erforderlich, welcher der beiden Ehegatten gemeinschaftlicher Vertreter sein soll. Entscheiden sie sich für gemeinschaftliche Verwaltung (§ 1421 S. 1 Alt. 3 BGB) oder enthält der Ehevertrag insoweit keine Regelung (§ 1421 S. 2 BGB), obliegt die Rechtsausübung beiden Ehegatten als Gesamtvertreter.

14 Für die Vollmachterteilung bestehen **keine** besonderen **Formerfordernisse** (§ 167 Abs. 2 BGB).[42] Zu beachten ist jedoch, dass § 69 nicht von etwaigen Formerfordernissen aufgrund anderer Vorschriften entbindet.[43] Entgegen einer im Schrifttum vertretenen Auffassung kann zwar die AG nicht über § 174 S. 1 BGB hinaus die Vorlage einer **Vollmachtsurkunde** verlangen;[44] es besteht kein Anlass dafür, die Gesellschaft anders zu behandeln als jeden anderen, der mit der Gemeinschaft in rechtsgeschäftlichen Kontakt tritt. Für die Ausübung des Stimmrechts ist aber gem. § 134 Abs. 3 eine in Textform (§ 126b BGB) erteilte Vollmacht erforderlich, so dass die Bevollmächtigung ohnehin stets in Textform erfolgen sollte.[45] Die Vollmacht ist jederzeit frei widerruflich.[46] Zum Schutz der AG gelten §§ 170–173 BGB.[47]

---

[30] Hüffer/Koch/*Koch* Rn. 4; Großkomm AktG/*Merkt* Rn. 24 f., 29; MüKoAktG/*Bayer* Rn. 16 mwN.
[31] Vgl. OLG Nürnberg GmbHR 2014, 1147 (1149) zu § 18 GmbHG.
[32] Hölters/*Laubert* Rn. 3.
[33] Kölner Komm AktG/*Lutter/Drygala* Rn. 21; Großkomm AktG/*Merkt* Rn. 24; MüKoAktG/*Bayer* Rn. 15; Bürgers/Körber/*Wieneke* Rn. 5.
[34] Zu den im GmbH-Recht zulässigen Satzungsgestaltungen vgl. Michalski//*Ebbing* GmbHG § 18 Rn. 57; UHL/*Winter/Löbbe* GmbHG § 18 Rn. 23.
[35] Vgl. etwa MüKoAktG/*Bayer* Rn. 18; Großkomm AktG/*Merkt* Rn. 28; K. Schmidt/Lutter/*T. Bezzenberger* Rn. 7; Grigoleit/*Grigoleit/Rachlitz* Rn. 2.
[36] MüKoAktG/*Bayer* Rn. 17; Kölner Komm AktG/*Lutter/Drygala* Rn. 23; Hölters/*Laubert* Rn. 3; Bürgers/Körber/*Wieneke* Rn. 5; Hüffer/Koch/*Koch* Rn. 4; Großkomm AktG/*Merkt* Rn. 26 f.; aA *v. Godin/Wilhelmi* Anm. 3.
[37] So auch Grigoleit/*Grigoleit/Rachlitz* Rn. 4 f.
[38] Hüffer/Koch/*Koch* § 134 Rn. 27; Bürgers/Körber/*Holzborn* § 134 Rn. 17a.
[39] Grigoleit/*Grigoleit/Rachlitz* Rn. 4; Hüffer/Koch/*Koch* § 134 Rn. 27; aA *Großfeld/Spennemann* AG 1979, 128 (130 ff.).
[40] K. Schmidt/Lutter/*T. Bezzenberger* Rn. 7; *Blasche* AG 2015, 342 (344).
[41] MüKoAktG/*Bayer* Rn. 20.
[42] Großkomm AktG/*Merkt* Rn. 35; Hölters/*Laubert* Rn. 4.
[43] Kölner Komm AktG/*Lutter/Drygala* Rn. 18; Großkomm AktG/*Merkt* Rn. 36; MüKoAktG/*Bayer* Rn. 20.
[44] So aber MüKoAktG/*Bayer* Rn. 20; Kölner Komm AktG/*Lutter/Drygala* Rn. 18.
[45] MüKoAktG/*Bayer* Rn. 20; Kölner Komm AktG/*Lutter/Drygala* Rn. 19; Grigoleit/*Grigoleit/Rachlitz* Rn. 6; Hüffer/Koch/*Koch* Rn. 4.
[46] MüKoAktG/*Bayer* Rn. 20; Kölner Komm AktG/*Lutter/Drygala* Rn. 20; Hölters/*Solveen* Rn. 4.
[47] Hölters/*Laubert* Rn. 4.

Die Vollmacht kann **zeitlich beschränkt** werden.[48] Eine **Beschränkung auf einzelne Gegen-** 15
stände ist dagegen nach verbreiteter Auffassung nicht zulässig.[49] Das wird aus dem Wortlaut des Abs. 1 gefolgert, wonach „die" Rechte aus der Aktie, mithin die Gesamtheit der Mitgliedschaftsrechte, von dem Vertreter ausgeübt werden. Die Gesellschaft könne daher eine inhaltlich oder sachlich beschränkte Vollmacht zurückweisen. Eine Beschränkung auf einzelne Maßnahmen könne im Ergebnis nur durch entsprechende Befristung der Vollmacht erreicht werden.[50] Richtiger Ansicht nach bedarf es eines solchen Umweges indessen nicht. Sofern nur die Vollmacht eindeutig gefasst ist, stehen weder der Wortlaut noch die Interessen der Gesellschaft einer gegenständlichen Beschränkung entgegen.[51] Auf der anderen Seite können die Berechtigten namentlich dann ein legitimes Interesse an einer gegenständlichen Beschränkung der Vollmacht haben, wenn sie sich über die Ausübung einzelner Rechte nicht einigen können. Insbesondere dann, wenn es dabei um die Ausübung des Stimmrechts zu einzelnen Beschlussgegenständen geht, ließe sich die Rechtsausübung im Übrigen durch die Befristung der Vollmacht kaum erreichen. Entgegen der hM[52] sind auch **inhaltliche Beschränkungen** der Vollmacht dergestalt, dass der Vertreter die Rechte aus der Aktie nur in bestimmter Weise ausüben darf, nicht prinzipiell ausgeschlossen.[53] Es besteht kein Grund dafür, die Berechtigten insoweit strengeren Einschränkungen zu unterwerfen als Alleininhaber von Aktien. Unklarheiten lassen sich durch Aufnahme solcher Beschränkungen in eine schriftliche Vollmacht vermeiden. Für den wichtigsten Fall, die Ausübung des Stimmrechts, ist nach § 134 Abs. 3 ohnehin die Vorlage einer Vollmachtsurkunde erforderlich. Es ist anerkannt, dass eine solche Urkunde auch Weisungen betreffend die Stimmrechtsausübung enthalten kann.[54] Soweit sich Beschränkungen der Vertretungsmacht nicht aus der Urkunde selbst ergeben, muss die Gesellschaft sie nicht gegen sich gelten lassen;[55] ergänzend gelten die Grundsätze über die Anscheins- und Duldungsvollmacht. Aus denselben Gründen ist Abs. 1 nicht entsprechend anzuwenden, wenn für einen Aktionär mehrere Einzelvertreter bestellt sind.[56]

2. Ausübung der Mitgliedschaftsrechte durch den Vertreter. Nach dem Wortlaut von Abs. 1 16
kann nur der gemeinschaftliche Vertreter die **Rechte aus der Aktie** ausüben. Er nimmt daher an der HV teil und übt dort das Rede-, Frage- und Antragsrecht und das Stimmrecht für die Mitberechtigten aus. Ebenso macht er Dividendenansprüche, das Anfechtungsrecht und das Bezugsrecht aus den Aktien geltend und stellt Anträge nach §§ 122, 142, 304 und 305. Abs. 1 fordert allerdings kein höchstpersönliches Tätigwerden des gemeinschaftlichen Vertreters. Sofern die Bevollmächtigung die Erteilung einer Untervollmacht deckt, kann der Vertreter daher auch einen Dritten zur Ausübung der Rechte aus der Aktie bevollmächtigen. Bei miteinander unvereinbaren Äußerungen mehrerer Gesamtvertreter (→ Rn. 12) ist deren nur als Einheit zulässige Erklärung wegen Perplexität nichtig.[57]

Abs. 1 findet keine Anwendung auf **Verfügungen über die Mitgliedschaft,** wie Übertragung, 17
Verpfändung oder Bestellung eines Nießbrauchs, Abtretung von Dividendenansprüchen oder Bezugsrechten, denn hierbei handelt es sich nicht um die Ausübung von Mitgliedschaftsrechten.[58]

3. Rechtsausübung durch die Mitberechtigten. Die Berechtigten als solche können die 18
Rechte aus der Aktie nach hM auch dann nicht selbst ausüben, wenn dabei alle zusammenwirken.[59] Abs. 1 unterscheidet sich durch das Erfordernis des Vertreters von § 18 Abs. 1 GmbHG, der ausdrücklich die gemeinschaftliche Rechtsausübung durch alle Mitberechtigten zulässt. Erst recht ist die Rechtsausübung durch einzelne Mitberechtigte als solche ausgeschlossen, die im GmbH-Recht dort für zulässig gehalten wird, wo der betreffende Mitberechtigte nach dem Innenrecht der Gemeinschaft

---

[48] Höters/*Laubert* Rn. 4.
[49] MüKoAktG/*Bayer* Rn. 21; Großkomm AktG/*Merkt* Rn. 39; Hüffer/Koch/*Koch* Rn. 4; aA Kölner Komm AktG/*Lutter/Drygala* Rn. 22; NK-AktR/*Heinrich* Rn. 10, 12.
[50] MüKoAktG/*Bayer* Rn. 22.
[51] So im Erg. auch Kölner Komm AktG/*Lutter/Drygala* Rn. 22; K. Schmidt/Lutter/*T. Bezzenberger* Rn. 8; Bürgers/Körber/*Wieneke* Rn. 6.
[52] MüKoAktG/*Bayer* Rn. 21; Hüffer/Koch/*Koch* Rn. 4; Hölters/*Laubert* Rn. 4; Kölner Komm AktG/*Lutter/Drygala* Rn. 24.
[53] Ebenso Grigoleit/*Grigoleit/Rachlitz* Rn. 6; Bürgers/Körber/*Wieneke* Rn. 6; Wachter/*Servatius* Rn. 3.
[54] MüKoAktG/*Schröer* § 135 Rn. 55; Hüffer/Koch/*Koch* § 135 Rn. 11; ebenso zu § 135 Abs. 2 S. 3 aF Kölner Komm AktG/*Zöllner*, 1. Aufl. 1973, § 135 Rn. 39; zweifelnd *Ludwig* in Happ/Groß AktienR Form 10.05 Rn. 9.
[55] Vgl. etwa MüKoBGB/*Schubert* § 172 Rn. 19.
[56] So aber *Großfeld/Spennemann* AG 1979, 128 (130 ff.); Kölner Komm AktG/*Lutter/Drygala* Rn. 12; MüKoAktG/*Bayer* Rn. 12.
[57] Hüffer/Koch/*Koch* § 134 Rn. 27.
[58] MüKoAktG/*Bayer* Rn. 23; Kölner Komm AktG/*Lutter/Drygala* Rn. 25; Großkomm AktG/*Merkt* Rn. 41 f.; Hüffer/Koch/*Koch* Rn. 5; Hölters/*Laubert* Rn. 5; NK-AktR/*Heinrich* Rn. 13.
[59] Großkomm AktG/*Merkt* Rn. 44; MüKoAktG/*Bayer* Rn. 25; Wachter/*Servatius* Rn. 3; *Blasche* AG 2015, 342 (344).

zur Rechtsausübung für alle Mitberechtigten befugt ist.[60] Allerdings muss beim Auftreten einzelner oder gar aller Mitberechtigter geprüft werden, ob nicht von einer Benennung als gemeinschaftliche(r) Vertreter auszugehen ist. Nur wenn das im Einzelfall auszuschließen ist, weil etwa bereits eine andere Person als gemeinschaftlicher Vertreter bestellt ist oder weil es an der nach § 134 Abs. 3 erforderlichen Vollmachtsurkunde fehlt, scheidet die Ausübung der Rechte aus der Aktie durch einzelne Rechtsinhaber von vornherein aus. Darüber hinaus steht es der AG frei, auf die Erleichterungen des Abs. 1 im Einzelfall zu verzichten und die Ausübung der Rechte durch einzelne oder alle Mitberechtigte zuzulassen.[61] Das gilt selbst dann, wenn ein gemeinschaftlicher Vertreter benannt ist, sofern er nicht kraft Gesetzes ausschließlich für die Rechtsausübung zuständig ist.[62] Beschlüsse, an denen die Rechtsgemeinschaft durch einheitliche Stimmabgabe mitgewirkt hat, sind nicht wegen eines Verstoßes gegen § 69 Abs. 1 anfechtbar.[63]

IV. Gesamtschuldnerische Haftung, Abs. 2

19 **1. Leistungen auf die Aktie.** Abs. 2 schafft **keinen selbständigen Schuldgrund**.[64] Die Bestimmung setzt vielmehr eine bestehende Leistungspflicht auf die Aktie voraus. Die gesamtschuldnerische Haftung wird allerdings nicht für jede Schuld von Mitberechtigten gegenüber der AG angeordnet, sondern nur für „Leistungen auf die Aktie". Darunter sind nur solche Pflichten zu verstehen, die **mit der Aktie selbst verbunden** sind und daher den Aktionär als solchen treffen. Abs. 2 erfasst folglich Verbindlichkeiten nach § 54 (Einlagepflicht) und § 55 (Nebenleistungspflicht), aber auch aus § 65. Dagegen betrifft die Vorschrift nicht persönliche Verbindlichkeiten von Mitberechtigten gegenüber der Gesellschaft, selbst wenn sie einen Zusammenhang mit der Mitgliedschaft aufweisen, wie etwa eine Schadensersatzhaftung wegen Treupflichtverletzung. Auch die Rückgewähr unzulässiger Auszahlungen nach § 62 ist keine „Leistung auf die Aktie".[65] Anders als die ursprüngliche Einlagepflicht trifft sie nur den Empfänger der Leistungen, nicht aber den jeweiligen Aktionär oder dessen Rechtsvorgänger.[66] Für Ansprüche der Gesellschaft aus § 63 Abs. 2 und 3 haften die Mitberechtigten dann nach Abs. 2 als Gesamtschuldner, wenn alle einzeln oder nach Abs. 3 durch Abgabe der Erklärung gegenüber einem gemeinschaftlichen Vertreter zur Leistung aufgefordert wurden.[67] Hat die Gesellschaft die Leistung der Einlage hingegen nur von einzelnen Mitberechtigten eingefordert, haften die Übrigen nicht nach § 63 Abs. 2 und 3; die Aufforderung zur Leistung hat in diesem Fall gem. § 425 Abs. 2 BGB nur Einzelwirkung gegenüber den betroffenen Mitberechtigten, die als Gesamtschuldner für die Einlage haften.

20 **2. Zeitlicher Anwendungsbereich.** Die Haftung beginnt mit dem Zeitpunkt der dinglichen Mitberechtigung und endet mit Beendigung der gemeinschaftlichen Inhaberschaft.[68] Bei Namensaktien sind für Beginn und Ende der Haftung gem. § 67 Abs. 2 Eintragung und Löschung im Aktienregister maßgeblich.[69] Die gesamtschuldnerische Haftung für Verbindlichkeiten nach § 64 Abs. 4 S. 2, § 65 besteht allerdings auch nach dem Ende der gemeinschaftlichen Inhaberschaft fort.[70]

21 **3. Verhältnis zu besonderen Haftungsbeschränkungen.** Es ist umstritten, ob sich die Mitglieder einer **Erbengemeinschaft**, auf die § 69 grundsätzlich Anwendung findet (→ Rn. 6), auf die Beschränkung der Erbenhaftung gem. §§ 1975 ff., 2059 Abs. 1 S. 1 BGB berufen können. Abs. 2 enthält zwar keinen selbständigen Verpflichtungsgrund und verdrängt daher nicht die erbrechtlichen Haftungsregeln einschließlich der damit einhergehenden Beschränkungsmöglichkeiten. Sind entge-

---

[60] Vgl. BGHZ 108, 21 (31); Baumbach/Hueck/*Fastrich* GmbHG § 18 Rn. 4; Roth/Altmeppen/*Altmeppen* GmbHG § 18 Rn. 11 mwN.
[61] Kölner Komm AktG/*Lutter/Drygala* Rn. 29; MüKoAktG/*Bayer* Rn. 26; Großkomm AktG/*Merkt* Rn. 48 ff.; Hüffer/Koch/*Koch* Rn. 6; K. Schmidt/Lutter/*T. Bezzenberger* Rn. 9; Hölters/*Laubert* Rn. 6; Grigoleit/*Grigoleit/Rachlitz* Rn. 7; Bürgers/Körber/*Wieneke* Rn. 7; Wachter/*Servatius* Rn. 4; weitergehend Großkomm AktG/*Barz*, 3. Aufl. 1973, Anm. 6, wonach das Erfordernis der Vertreterbestellung durch die Satzung abbedungen werden kann.
[62] MüKoAktG/*Bayer* Rn. 18, 26.
[63] MüKoAktG/*Bayer* Rn. 26; Kölner Komm AktG/*Lutter/Drygala* Rn. 29.
[64] MüKoAktG/*Bayer* Rn. 28; Großkomm AktG/*Merkt* Rn. 58; Kölner Komm AktG/*Lutter/Drygala* Rn. 32.
[65] So auch Wachter/*Servatius* Rn. 6; aA Kölner Komm AktG/*Lutter/Drygala* Rn. 35; K. Schmidt/Lutter/*T. Bezzenberger* Rn. 10; Hölters/*Laubert* Rn. 7; Grigoleit/*Grigoleit/Rachlitz* Rn. 8; für eine Beschränkung der Haftung auf den Empfänger Großkomm AktG/*Merkt* Rn. 58; ebenso im Erg. MüKoAktG/*Bayer* Rn. 30, der allerdings Zahlungen nach § 62 als Fall des Abs. 2 ansieht.
[66] → § 62 Rn. 8 ff.; MüKoAktG/*Bayer* § 62 Rn. 25, 27.
[67] Die hM bejaht dagegen stets die Haftung aller Mitberechtigten für Verpflichtungen nach § 63, vgl. etwa Kölner Komm AktG/*Lutter/Drygala* Rn. 35; MüKoAktG/*Bayer* Rn. 30; Hüffer/Koch/*Koch* Rn. 7.
[68] Großkomm AktG/*Merkt* Rn. 59; Hölters/*Laubert* Rn. 8.
[69] Großkomm AktG/*Merkt* Rn. 59.
[70] Kölner Komm AktG/*Lutter/Drygala* Rn. 36; Großkomm AktG/*Merkt* Rn. 60; MüKoAktG/*Bayer* Rn. 31.

gen § 10 Abs. 2, § 55 Inhaberaktien ausgegeben worden, obwohl noch Einlage- oder Nebenleistungspflichten offen stehen, können die Erben folglich ihre Haftung nach erbrechtlichen Grundsätzen beschränken. Im praktisch wichtigeren Fall der Ausgabe von Namensaktien werden aber die Mitglieder der Erbengemeinschaft mit der Eintragung im Aktienregister nach § 67 Abs. 2 Adressaten eigener aktienrechtlicher Pflichten, auf die die erbrechtliche Haftungsbeschränkung keine Anwendung finden.[71] § 67 Abs. 2 ist auch maßgeblich für die Möglichkeit mehrerer im Aktienregister eingetragener **Vorerben**, ihre Haftung nach Maßgabe von § 2145 BGB zu beschränken. Nicht der Nacherbfall als solcher, sondern erst die Eintragung des Nacherben im Aktienregister führt zur Anwendbarkeit der Vorschrift. Auch danach haften die Vorerben aber ohne erbrechtliche Haftungsbeschränkungsmöglichkeit nach § 65 Abs. 1[72] (auch → § 67 Rn. 46 f.).

V. Willenserklärungen der Aktiengesellschaft, Abs. 3

1. Anwendungsbereich. Abs. 3 ist ausschließlich auf Willenserklärungen und, in entsprechender Anwendung, auf Mitteilungen anwendbar, die von der Aktiengesellschaft im rechtsgeschäftlichen Verkehr **gegenüber einzelnen Aktionären** abgegeben werden. Hauptanwendungsfälle der Vorschrift sind Zahlungsaufforderungen und Benachrichtigungen nach §§ 65, 64 Abs. 2 S. 4, § 64 Abs. 1 S. 2, §§ 55, 237. Nicht erfasst werden öffentlich abzugebende Erklärungen und Bekanntmachungen (zB nach § 63 Abs. 1 S. 1, § 64 Abs. 2 S. 1–3, Abs. 3, § 121 Abs. 3) sowie Erklärungen, die nur einzelne Mitinhaber der Aktie betreffen.[73] 22

2. Erklärungsempfänger. Haben die Mitberechtigten einen **gemeinschaftlichen Vertreter** benannt, so genügt es, wenn die Erklärung ihm gegenüber abgegeben wird. Da Abs. 3 S. 1 den Schutz der Gesellschaft bezweckt, ist sie jedoch nicht auf diese Möglichkeit beschränkt, sondern kann stattdessen die Erklärung auch gegenüber allen Berechtigten gemeinsam abgeben.[74] Dies ist nur dann nicht möglich, wenn nach den für die Rechtsgemeinschaft geltenden Vorschriften ausschließlich der gemeinsame Vertreter für die Entgegennahme von Erklärungen zuständig ist.[75] Haben die Berechtigten **keinen gemeinschaftlichen Vertreter** benannt, eröffnet Abs. 3 S. 1 die Möglichkeit, Erklärungen mit Wirkung für alle Mitberechtigten gegenüber einem einzelnen Berechtigten abzugeben. 23

3. Besonderheiten bei der Erbengemeinschaft. Bei einer Mehrheit von Erben kommt der Gesellschaft die Erleichterung des Abs. 3 S. 1, bei Fehlen eines gemeinschaftlichen Vertreters Erklärungen mit Wirkung für alle Mitberechtigten gegenüber einem Mitglied der Gemeinschaft abgeben zu können, gem. S. 2 der Vorschrift erst nach Ablauf eines Monats seit dem Anfall der Erbschaft zugute. Vor Ablauf dieser Frist müssen Erklärungen gegenüber allen Miterben abgegeben werden, sofern nicht die Erbengemeinschaft bereits einen gemeinschaftlichen Vertreter bestellt hat.[76] Für den Lauf der Monatsfrist kommt es auf die Kenntnis der Beteiligten nicht an.[77] Insofern genießt der Schutz der Aktiengesellschaft Vorrang vor den Bedürfnissen der Erben. Dies kann bei **Ausschlagung** des Erbes für die Nächstberufenen wegen der Rückwirkung des § 1953 Abs. 2 BGB nachteilig sein,[78] denn auch in diesem Fall beginnt die Frist nach dem eindeutigen Wortlaut der Vorschrift nicht neu zu laufen.[79] Im Gegensatz dazu wird bei einem **Nacherbfall** die Frist des Abs. 3 S. 2 wieder in Gang gesetzt[80] und zwar auch dann, wenn nur ein Mitglied der Erbengemeinschaft durch den Nacherbfall ausgewechselt wird.[81] 24

---

[71] Näher dazu → § 67 Rn. 46 f.; ebenso im Erg. Kölner Komm AktG/*Lutter/Drygala* Rn. 37; Hölters/*Laubert* Rn. 9; Bürgers/Körber/*Wieneke* Rn. 8; Hüffer/Koch/*Koch* Rn. 7; NK-AktR/*Heinrich* Rn. 15; aA Großkomm AktG/*Merkt* Rn. 62 f.; MüKoAktG/*Bayer* Rn. 32 mN zur Beurteilung der Frage im Rahmen des § 18 GmbHG; Grigoleit/*Grigoleit/Rachlitz* Rn. 8.
[72] Kölner Komm AktG/*Lutter/Drygala* Rn. 37; für die Möglichkeit einer erbrechtlichen Beschränkung der Haftung nach § 65 Abs. 1 dagegen Großkomm AktG/*Merkt* Rn. 64; MüKoAktG/*Bayer* Rn. 32.
[73] Kölner Komm AktG/*Lutter/Drygala* Rn. 38; Großkomm AktG/*Merkt* Rn. 67; MüKoAktG/*Bayer* Rn. 34; Hölters/*Laubert* Rn. 10; Bürgers/Körber/*Wieneke* Rn. 9.
[74] MüKoAktG/*Bayer* Rn. 35; Kölner Komm AktG/*Lutter/Drygala* Rn. 40; Großkomm AktG/*Merkt* Rn. 66, 69; Hüffer/Koch/*Koch* Rn. 8; aA Großkomm AktG/*Barz*, 3. Aufl. 1973, Anm. 9.
[75] Kölner Komm AktG/*Lutter/Drygala* Rn. 40; MüKoAktG/*Bayer* Rn. 35; Hüffer/Koch/*Koch* Rn. 8.
[76] MüKoAktG/*Bayer* Rn. 38.
[77] Kölner Komm AktG/*Lutter/Drygala* Rn. 39; Großkomm AktG/*Merkt* Rn. 73; Hölters/*Laubert* Rn. 11; NK-AktR/*Heinrich* Rn. 18.
[78] MüKoAktG/*Bayer* Rn. 38; Kölner Komm AktG/*Lutter/Drygala* Rn. 39.
[79] MüKoAktG/*Bayer* Rn. 38; Kölner Komm AktG/*Lutter/Drygala* Rn. 39; Großkomm AktG/*Merkt* Rn. 73; ebenso zu § 18 Abs. 3 S. 2 GmbHG Rowedder/Schmidt-Leithoff/*Pentz* GmbHG § 18 Rn. 31; Baumbach/Hueck/*Fastrich* GmbHG § 18 Rn. 11; Roth/Altmeppen/*Altmeppen* GmbHG § 18 Rn. 19.
[80] Kölner Komm AktG/*Lutter/Drygala* Rn. 39; Großkomm AktG/*Merkt* Rn. 73; Hölters/*Laubert* Rn. 11; Grigoleit/*Grigoleit/Rachlitz* Rn. 9.
[81] MüKoAktG/*Bayer* Rn. 39; Großkomm AktG/*Merkt* Rn. 73; Hölters/*Laubert* Rn. 11.

§ 70 Berechnung der Aktienbesitzzeit

¹Ist die Ausübung von Rechten aus der Aktie davon abhängig, daß der Aktionär während eines bestimmten Zeitraums Inhaber der Aktie gewesen ist, so steht dem Eigentum ein Anspruch auf Übereignung gegen ein Kreditinstitut, Finanzdienstleistungsinstitut oder ein nach § 53 Abs. 1 Satz 1 oder § 53b Abs. 1 Satz 1 oder Abs. 7 des Gesetzes über das Kreditwesen tätiges Unternehmen gleich. ²Die Eigentumszeit eines Rechtsvorgängers wird dem Aktionär zugerechnet, wenn er die Aktie unentgeltlich, von seinem Treuhänder, als Gesamtrechtsnachfolger, bei Auseinandersetzung einer Gemeinschaft oder bei einer Bestandsübertragung nach § 13 des Versicherungsaufsichtsgesetzes oder § 14 des Gesetzes über Bausparkassen erworben hat.

Schrifttum: *Bayer*, 1000 Tage neues Umwandlungsrecht – eine Zwischenbilanz, ZIP 1997, 1613.

Übersicht

	Rn.		Rn.
I. Normzweck und Anwendungsbereich	1–3	1. Überblick	9
		2. Unentgeltlicher Erwerb	10
II. Übereignungsanspruch, Satz 1	4–8	3. Treuhand	11
1. Anspruchsgegner	4	4. Gesamtrechtsnachfolge	12
2. Anspruchsinhalt	5	5. Auseinandersetzung	13
3. Anwendungsfälle	6–8	6. Bestandsübertragung	14
III. Zurechnung nach Satz 2	9–14	IV. Verbindung von verschiedenen Anrechnungsfällen	15

I. Normzweck und Anwendungsbereich

1 Eine Reihe wichtiger Minderheitsrechte kann nur dann ausgeübt werden, wenn der Aktionär während eines bestimmten Zeitraums Inhaber der Aktie gewesen ist. Trotz der auf Inhaberaktien gemünzten Terminologie (Inhaber, Eigentum, Übereignung) gilt die Vorschrift auch für Namensaktien und unverkörperte Mitgliedschaften.[1] Das Erfordernis der Mindestbesitzzeit soll verhindern, dass Aktien kurzfristig allein zu dem Zweck erworben werden, derartige Minderheitsrechte geltend zu machen.[2] Die Karenzfristbestimmungen würden indessen über dieses Ziel hinausschießen und die Aktionäre über Gebühr in der Ausübung der betreffenden Minderheitsrechte beschränken, wenn sich trotz des Erwerbs der Rechtsinhaberschaft während der Karenzfrist ausschließen lässt, dass der Erwerbsentschluss erst während dieses Zeitraums gefasst wurde. Daher stellen Satz 1 den Anspruch auf Übertragung gegenüber bestimmten Intermediären und Satz 2 den Vorbesitz bestimmter Rechtsvorgänger der (eigenen) Rechtsinhaberschaft des Aktionärs gleich, soweit es um die die Mindestbesitzzeit geht. Diese Bestimmungen sind zwingend und gelten auch, soweit die Satzung über die gesetzlich geregelten Fälle hinaus Mindestbesitzzeiten vorsieht.[3]

2 Nach den Änderungen des AktG durch das UMAG[4] **betrifft** die Vorschrift nunmehr **folgende Regelungen:** Antrag auf Bestellung von Sonderprüfern durch das Gericht (§ 142 Abs. 2 S. 3, § 258 Abs. 2 S. 4), Antrag auf Bestellung oder Abberufung von Abwicklern (§ 265 Abs. 3 S. 2); Antrag auf Bestellung von Sonderprüfern durch das Gericht für die abhängige Aktiengesellschaft im Unternehmensverbund (§ 315 S. 2); Antrag auf Ersetzung des von der Hauptversammlung gewählten Abschlussprüfers (§ 318 Abs. 3 und 4 HGB). Weggefallen ist das Minderheitsrecht, nach § 147 Abs. 1 S. 2, Abs. 3 S. 2 aF die Geltendmachung von Ersatzansprüchen der Gesellschaft aus der Gründung oder aus der Geschäftsführung oder aus nachteiliger Einflussnahme zu verlangen (§ 147 Abs. 1 S. 2, Abs. 3 S. 2); statt auf die Mindestbesitzzeit kommt es nach § 148 Abs. 1 Nr. 1 nunmehr darauf an, dass die Aktionäre ihre Aktien nachweislich vor dem Zeitpunkt erworben haben, in dem sie von den beanstandeten Pflichtverstößen Kenntnis haben mussten; vergleichbares gilt nach § 245 Nr. 1 für die Befugnis zur Erhebung einer Anfechtungsklage. Das zuletzt genannte Regelungsmodell verwirklicht das Regelungsanliegen zwar zielgenauer als das Erfordernis der Mindestbesitzzeit, deren

---

[1] Großkomm AktG/*Merkt* Rn. 7; K. Schmidt/Lutter/*T. Bezzenberger* Rn. 1; Grigoleit/*Grigoleit/Rachlitz* Rn. 1; Bürgers/Körber/*Wieneke* Rn. 1.
[2] Krit. dazu Großkomm AktG/*Merkt* Rn. 2.
[3] MüKoAktG/*Bayer* Rn. 4; Kölner Komm AktG/*Lutter/Drygala* Rn. 3, 5; Großkomm AktG/*Merkt* Rn. 8; aA Großkomm AktG/*Barz*, 3. Aufl. 1973, Anm. 2.
[4] Gesetz zur Unternehmensintegrität und Modernisierung des Anfechtungsrechts v. 22.9.2005 (UMAG), BGBl. 2005 I 2802.

Einhaltung nicht notwendigerweise ausschließt, dass ein Erwerb gerade im Hinblick auf die Ausübung der betreffenden Minderheitsrechte erfolgt. Andererseits stellt sich aber auch bei dieser Bestimmung die Frage, ob nach Satz 1 Übereignungsansprüche dem Erwerb durch den Aktionär gleichstehen (näher → Rn. 5).

Adressat der Zurechnung ist nicht der Besitzer oder wirtschaftliche Eigentümer der Aktie, sondern nur der Aktionär, für dessen Bestimmung bei Namensaktien gem. § 67 Abs. 2 die Eintragung im Aktienregister maßgeblich ist.[5]

II. Übereignungsanspruch, Satz 1

1. Anspruchsgegner. Die Anwendung von Satz 1 setzt voraus, dass sich der Anspruch auf Verschaffung der Rechtsinhaberschaft gegen eines der in dieser Vorschrift abschließend aufgeführten Unternehmen richtet. Der Kreis der von der Vorschrift erfassten Schuldner ist durch Art. 4 Abs. 2 des Begleitgesetzes zum Gesetz zur Umsetzung von EG-Richtlinien zur Harmonisierung bank- und wertpapieraufsichtsrechtlicher Vorschriften[6] auf folgende Unternehmen erweitert worden: **Kreditinstitute** (§ 1 Abs. 1 S. 1 KWG, § 2 Abs. 1 KWG), **Finanzdienstleistungsinstitute** (§ 1 Abs. 1a KWG; § 2 Abs. 6 KWG) sowie **Unternehmen iSd § 53 Abs. 1 S. 1 KWG, § 53b Abs. 1 S. 1, Abs. 7 KWG.** Zu diesen zuletzt genannten Unternehmen gehören ausländische Unternehmen, die Bankgeschäfte betreiben oder Finanzdienstleistungen erbringen und über eine Zweigstelle im Inland verfügen, soweit nicht § 53b KWG gilt (§ 53 Abs. 1 S. 1 KWG). Weiterhin ausländische Einlagenkreditinstitute iSv § 1 Abs. 3d S. 1 KWG oder Wertpapierhandelsunternehmen iSv § 1 Abs. 3d S. 2 KWG mit Sitz in einem anderen Staat des EWR (§ 1 Abs. 5a KWG) und Geschäftstätigkeit oder Zweigstelle im Inland (§ 53b Abs. 1 S. 1 KWG).[7] Schließlich ausländische Einlagenkreditinstituts – Tochterunternehmen eines im selben Mitgliedstaat als Einlagenkreditinstitut zugelassenen Mutterunternehmens (§ 53b Abs. 7 KWG). „Kreditinstitute" sind neben den Privatbanken insbesondere die Genossenschaftsbanken und die öffentlich-rechtlichen Banken und Sparkassen.[8] Obwohl es sich bei ihnen auch um „Kreditinstitute" handelt, werden die nach § 2 Abs. 4 KWG von der Bankenaufsicht ausgenommenen Unternehmen nicht vom Anwendungsbereich des § 70 erfasst.[9]

2. Anspruchsinhalt. Satz 1 betrifft den Fall, dass der Berechtigte zwar noch nicht Aktionär ist, aber gegen einen der in der Vorschrift aufgeführten Intermediäre einen **schuldrechtlichen Anspruch auf Verschaffung einer dem Intermediär zustehenden Rechtsinhaberschaft** hat. Dabei ist unerheblich, ob das Mitgliedschaftsrecht verkörpert ist oder nicht, ob die Übertragung der Aktie durch Übereignung einer indossierten Urkunde oder durch Abtretung des Mitgliedschaftsrechts erfolgt und ob der Anspruch auf Übertragung bestimmter oder nur der Gattung nach bestimmter Aktien gerichtet ist.[10] Nicht ausreichend ist allerdings der Anspruch auf Ausführung eines auf Erwerb von Aktien gerichteten Auftrags, denn der „Anspruch auf Übereignung" entsteht erst mit dessen Ausführung.[11] Aus diesem Grund, und nicht etwa nur wegen fehlender Fälligkeit des Anspruchs,[12] die im Hinblick auf den Missbrauch von Minderheitenrechten ohne Bedeutung ist, beginnt die anrechenbare Vorbesitzzeit bei der Einkaufskommission erst mit der Ausführung und nicht bereits mit Annahme des Auftrags.[13] Bei Wertpapierdarlehen und Wertpapierpensionsgeschäften endet die Besitzzeit des Aktionärs mit der Übereignung an den Darlehens- oder Pensionsnehmer. Handelt es sich bei diesem um ein Institut iSv Satz 1, findet eine Zurechnung der Besitzzeit des Darlehens- oder Pensionsnehmers erst ab Fälligkeit des Anspruchs auf (Rück-)Übereignung der Aktien statt.[14]

---

[5] Kölner Komm AktG/*Lutter/Drygala* Rn. 5; MüKoAktG/*Bayer* Rn. 2; Hölters/*Laubert* Rn. 1.
[6] V. 22.10.1997, BGBl. 1997 I 2567; vgl. dazu BegrRegE, BT-Drs. 13/7143, 32.
[7] Wachter/*Servatius* Rn. 3.
[8] Hölters/*Laubert* Rn. 2.
[9] Kölner Komm AktG/*Lutter/Drygala* Rn. 10; ebenso bereits zu Satz 1 aF GHEK/*Hefermehl/Bungeroth* Rn. 10; aA Großkomm AktG/*Merkt* Rn. 11; zweifelnd auch MüKoAktG/*Bayer* Rn. 6; Wachter/*Servatius* Rn. 3.
[10] MüKoAktG/*Bayer* Rn. 7; Großkomm AktG/*Merkt* Rn. 7; 12; Kölner Komm AktG/*Lutter/Drygala* Rn. 12; Hüffer/Koch/*Koch* Rn. 2.
[11] Für die Einkaufskommission vgl. § 384 Abs. 2 Hs. 2 HGB; näher zu der Erfüllung der Herausgabepflicht durch Übereignung des Kommissionsgutes und den damit verbundenen Problemen etwa Staub/*Koller* HGB, 5. Aufl. 2013, § 384 Rn. 74ff.
[12] So aber MüKoAktG/*Bayer* Rn. 11; Großkomm AktG/*Merkt* Rn. 17; Kölner Komm AktG/*Lutter/Drygala* Rn. 15; Hüffer/Koch/*Koch* Rn. 3.
[13] Für die Auftragsannahme als maßgeblichen Zeitpunkt aber K. Schmidt/Lutter/*T. Bezzenberger* Rn. 4.
[14] Vgl. Bürgers/Körber/*Wieneke* Rn. 4.

6 **3. Anwendungsfälle.** Praktische Anwendungsfälle der Vorschrift sind insbesondere Ansprüche gem. §§ 383 ff. HGB, §§ 18 ff. DepotG.[15] Dagegen fällt die Beteiligung an einem Girosammelbestand entgegen einer im Schrifttum vertretenen Auffassung[16] nicht unter Satz 1. Das Miteigentum am Sammelbestand verschafft dem Berechtigten bereits die Aktionärsstellung (→ § 69 Rn. 9; → § 68 Rn. 12, 19), so dass für eine Zurechnung nach Satz 1 weder Raum noch Bedürfnis besteht.[17] Besonders deutlich ist das bei der heute üblichen Verbriefung der Mitgliedschaft in einer Globalurkunde (§ 9a DepotG) unter Ausschluss des Anspruchs auf Einzelverbriefung, § 10 Abs. 5 AktG, § 9a Abs. 3 S. 2 DepotG.

7 Satz 1 findet entsprechende Anwendung auf den Zeitraum, der beim Erwerb von **Namensaktien** zwischen der Eintragung des Miteigentumsanteils im Bestandsverzeichnis des Verwahrers und der nach § 67 Abs. 2 für den Erwerb der Aktionärsstellung maßgeblichen Eintragung im Aktienregister (§ 67 Abs. 2) vergehen kann.[18]

8 Bei der Ausübung des Bezugsrechts beginnt der Zurechnungszeitraum im Fall des **mittelbaren Bezugsrechts,** wenn der Aktionär selbst oder einer der in Satz 1 genannten Intermediäre das Bezugsrecht gegenüber dem nach § 186 Abs. 5 eingeschalteten Emissionsunternehmen ausübt. Beim **unmittelbaren Bezugsrecht,** bei dem die Aktien von der Aktiengesellschaft selbst ausgegeben werden, kann Satz 1 nach hL nur zur Anwendung kommen, wenn der Altaktionär ein Kreditinstitut einschaltet (§ 26 DepotG) und dadurch einen Anspruch iSv Satz 1 erlangt, nicht dagegen, wenn er sein Bezugsrecht selbst gegenüber der AG geltend macht.[19] Die hL will diese sachlich nicht zu rechtfertigende Ungleichbehandlung vermeiden, indem die Dauer der Inhaberschaft der alten Aktien auch auf die neuen Aktien angerechnet wird.[20] Vorzugswürdig ist demgegenüber die entsprechende Anwendung von Satz 1 ab Erwerb des Bezugsrechts; es besteht kein Grund dafür, Ansprüche auf Aktienübertragung gegenüber der Gesellschaft anders zu behandeln als inhaltsgleiche Ansprüche gegen die in der Vorschrift aufgeführten Intermediäre.[21]

III. Zurechnung nach Satz 2

9 **1. Überblick.** Satz 2 zählt abschließend[22] fünf Fälle auf, in denen die Gefahr eines kurzfristigen Aktienerwerbs zum Zweck der Ausübung von Minderheitsrechten nicht besteht und bei deren Vorliegen daher die Inhaberschaft eines Rechtsvorgängers dem Aktionär zugerechnet wird, soweit es um die Berechnung der Mindestbesitzdauer geht. „Rechtsvorgänger" iSd Vorschrift ist dabei nur derjenige, von dem der in Satz 2 bezeichnete Erwerb erfolgt ist, nicht hingegen auch ein in der Übertragungskette weiter entfernter mittelbarer Vorbesitzer.[23]

10 **2. Unentgeltlicher Erwerb.** Er liegt vor, wenn der Erwerber keine Gegenleistung erbringen muss.[24] Diese Voraussetzung ist erfüllt bei Schenkung unter Lebenden (§§ 516 ff. BGB) oder von Todes wegen (§ 2301 BGB), bei Zuwendungen aufgrund eines Vermächtnisses (§§ 2147 ff. BGB), aber auch sog. unbenannten Zuwendung unter einem Ehegatten oder einem zinslosen Wertpapierdarlehen.[25] Bei der gebotenen wirtschaftlichen Betrachtungsweise ist auch der Erwerb von Aktien unter Verzicht des auf Geldleistung gerichteten Pflichtteilsanspruchs als Fall des unentgeltlichen Erwerbs anzusehen.[26] Dagegen steht der rechtsgrundlose Erwerb, anders als im Rahmen von § 988 BGB, dem unentgeltlichen Erwerb nicht gleich.[27]

---

[15] MüKoAktG/*Bayer* Rn. 8; Kölner Komm AktG/*Lutter/Drygala* Rn. 12; Großkomm AktG/*Merkt* Rn. 13.
[16] Großkomm AktG/*Merkt* Rn. 14 f.
[17] MüKoAktG/*Bayer* Rn. 9; Kölner Komm AktG/*Lutter/Drygala* Rn. 14; K. Schmidt/Lutter/*T. Bezzenberger* Rn. 4; Grigoleit/*Grigoleit/Rachlitz* Rn. 3; Bürgers/Körber/*Wieneke* Rn. 2; Hüffer/Koch/*Koch* Rn. 3.
[18] MüKoAktG/*Bayer* Rn. 10; Hölters/*Laubert* Rn. 3.
[19] Kölner Komm AktG/*Lutter/Drygala* Rn. 10; Großkomm AktG/*Merkt* Rn. 18.
[20] MüKoAktG/*Bayer* Rn. 12; Grigoleit/*Grigoleit/Rachlitz* Rn. 4; mit Einschränkungen auch Kölner Komm AktG/*Lutter/Drygala* Rn. 17 aE; Bürgers/Körber/*Wieneke* Rn. 5.
[21] Insoweit ebenso K. Schmidt/Lutter/*T. Bezzenberger* Rn. 4; Grigoleit/*Grigoleit/Rachlitz* Rn. 4; Bürgers/Körber/*Wieneke* Rn. 5.
[22] Großkomm AktG/*Merkt* Rn. 20; Kölner Komm AktG/*Lutter/Drygala* Rn. 18.
[23] Kölner Komm AktG/*Lutter/Drygala* Rn. 18; Großkomm AktG/*Merkt* Rn. 22; MüKoAktG/*Bayer* Rn. 13.
[24] Kölner Komm AktG/*Lutter/Drygala* Rn. 19; Großkomm AktG/*Merkt* Rn. 23; MüKoAktG/*Bayer* Rn. 14.
[25] Kölner Komm AktG/*Lutter/Drygala* Rn. 19; Großkomm AktG/*Merkt* Rn. 23; MüKoAktG/*Bayer* Rn. 14; Hüffer/Koch/*Koch* Rn. 4; aA insoweit K. Schmidt/Lutter/*T. Bezzenberger* Rn. 6.
[26] Kölner Komm AktG/*Lutter/Drygala* Rn. 19; Großkomm AktG/*Merkt* Rn. 23; MüKoAktG/*Bayer* Rn. 15; Grigoleit/*Grigoleit/Rachlitz* Rn. 7; aA Bürgers/Körber/*Wieneke* Rn. 7; Hüffer/Koch/*Koch* Rn. 4; GHEK/*Hefermehl/Bungeroth* Rn. 22.
[27] Kölner Komm AktG/*Lutter/Drygala* Rn. 19; Großkomm AktG/*Merkt* Rn. 23; MüKoAktG/*Bayer* Rn. 14; Hölters/*Laubert* Rn. 6; Bürgers/Körber/*Wieneke* Rn. 7; Hüffer/Koch/*Koch* Rn. 4.

3. Treuhand. Zeiten, in denen ein Treuhänder die Aktie für den Treugeber hält, werden nach 11 Satz 2 dem Treugeber zugerechnet, soweit es um Mindesthaltefristen für die Ausübung von Rechten aus diesen Aktien geht. Das gilt für **alle Arten von Treuhandverhältnissen,** denn die Gefahr eines vom Gesetz missbilligten kurzfristigen Erwerbs zum Zweck der Ausübung von Minderheitsrechten besteht hier nicht. Satz 2 gilt daher gleichermaßen für echte Treuhandverhältnisse, bei denen der Treugeber die Aktien auf den Treuhänder überträgt, für die sog. unechte Treuhand, bei der der Treuhänder die Aktie für Rechnung des Treugebers erwirbt, für die eigennützige (Sicherungs-)Treuhand und die uneigennützige (Verwaltungs-Treuhand).[28] Entgegen der hL[29] fällt bei Namensaktien auch die sog. **Legitimationsübertragung** unter Satz 2.[30] Obwohl die materielle Rechtsinhaberschaft beim Zedenten verbleibt, gilt gegenüber der Gesellschaft nach § 67 Abs. 2 allein der Legitimationszessionar als Aktionär. Wird der Zedent ins Aktienregister eingetragen, ist ihm nach Satz 2 auch die Zeit zuzurechnen, in der der Legitimationszessionar im Aktienregister eingetragen war.

4. Gesamtrechtsnachfolge. Zu den Fällen der Gesamtrechtsnachfolge zählen Erbfall (§§ 1922 ff. 12 BGB), Verschmelzung (§ 20 Abs. 1 Nr. 1 UmwG, § 73 UmwG), Spaltung (§ 131 UmwG), Vermögensübertragung nach §§ 174 ff. UmwG, Begründung der ehelichen Gütergemeinschaft (§ 1416 BGB), Anfall des Vereinsvermögens an den Fiskus (§ 46 BGB) und Ausschließung des vorletzten Gesellschafters nach § 140 Abs. 1 S. 2 HGB.[31] Dagegen verändert sich im Fall eines Formwechsels nach § 202 Abs. 1 Nr. 1 UmwG die Identität des Rechtsträgers materiell nicht,[32] so dass für die Anwendung von Satz 2 kein Raum ist.[33] Einzelrechtsnachfolge in die Aktionärsstellung wird auch dann nicht von Satz 2 erfasst, wenn sie kraft Gesetzes erfolgt wie bei der Eingliederung nach § 320a.[34] Satz 2 gilt schließlich nicht in den Fällen des § 47 BGB oder des § 22 HGB.[35]

5. Auseinandersetzung. In Anlehnung an Satz 1 wird dem Aktionär, der seine Aktie „bei der 13 Auseinandersetzung einer Gemeinschaft" erwirbt, die Dauer seiner Zugehörigkeit zu dieser Gemeinschaft angerechnet, da er bereits während dieser Zeit das wirtschaftliche Risiko der Aktie (mit-)getragen hat. „Gemeinschaft" iSv Satz 2 sind sämtliche Bruchteils- und Gesamthandsgemeinschaften, insbesondere die Erbengemeinschaft (§§ 2032 ff. BGB), die eheliche Gütergemeinschaft und Personen(handels)gesellschaften.[36] Die Zurechnung der Besitzzeit der Gemeinschaft gilt dabei jedoch nur für Aktien, die dem Anteil des Aktionärs an der Gemeinschaft entsprechen, während ein darüber hinausgehender Erwerb nicht anders zu behandeln ist als jeder andere rechtsgeschäftliche Erwerb.[37]

6. Bestandsübertragung. Unter Bestandsübertragung ist die rechtsgeschäftliche, behördlich 14 geprüfte und genehmigte Übertragung einer Sondervermögensmasse nach § 14 VAG, § 14 BausparkG zu verstehen.[38]

IV. Verbindung von verschiedenen Anrechnungsfällen

Einem Aktionär können mehrere Zurechnungen nach Satz 1 und Satz 2 zugute kommen. Das 15 gilt vor allem dann, wenn bei Gesamtrechtsnachfolge dem Rechtsvorgänger seinerseits die Besitzzeit seines Vormannes nach Satz 2 zuzurechnen war oder er einen Übereignungsanspruch nach Satz 1 hatte.[39]

---

[28] Kölner Komm AktG/*Lutter/Drygala* Rn. 20; Großkomm AktG/*Merkt* Rn. 26; MüKoAktG/*Bayer* Rn. 16; K. Schmidt/Lutter/*T. Bezzenberger* Rn. 6; Hüffer/Koch/*Koch* Rn. 4.
[29] MüKoAktG/*Bayer* Rn. 17; Kölner Komm AktG/*Lutter/Drygala* Rn. 20; Großkomm AktG/*Merkt* Rn. 26; K. Schmidt/Lutter/*T. Bezzenberger* Rn. 6; Bürgers/Körber/*Wieneke* Rn. 8; Hölters/*Laubert* Rn. 7; Hüffer/Koch/*Koch* Rn. 4; NK-AktR/*Heinrich* Rn. 5.
[30] Grigoleit/*Grigoleit/Rachlitz* Rn. 8.
[31] Kölner Komm AktG/*Lutter/Drygala* Rn. 21; Großkomm AktG/*Merkt* Rn. 28; MüKoAktG/*Bayer* Rn. 18; Hüffer/Koch/*Koch* Rn. 4.
[32] *Bayer* ZIP 1997, 1613 (1617) mwN.
[33] MüKoAktG/*Bayer* Rn. 18; Kölner Komm AktG/*Lutter/Drygala* Rn. 21; Grigoleit/*Grigoleit/Rachlitz* Rn. 9; Bürgers/Körber/*Wieneke* Rn. 9; Hüffer/Koch/*Koch* Rn. 4.
[34] MüKoAktG/*Bayer* Rn. 19; Kölner Komm AktG/*Lutter/Drygala* Rn. 22; Großkomm AktG/*Merkt* Rn. 29; Grigoleit/*Grigoleit/Rachlitz* Rn. 9; Hüffer/Koch/*Koch* Rn. 4.
[35] Kölner Komm AktG/*Lutter/Drygala* Rn. 22; MüKoAktG/*Bayer* Rn. 17.
[36] Kölner Komm AktG/*Lutter/Drygala* Rn. 23; MüKoAktG/*Bayer* Rn. 20 f.; Großkomm AktG/*Merkt* Rn. 31; K. Schmidt/Lutter/*T. Bezzenberger* Rn. 6; Hüffer/Koch/*Koch* Rn. 4.
[37] Kölner Komm AktG/*Lutter/Drygala* Rn. 23; Großkomm AktG/*Merkt* Rn. 32; MüKoAktG/*Bayer* Rn. 20.
[38] MüKoAktG/*Bayer* Rn. 22; Kölner Komm AktG/*Lutter/Drygala* Rn. 24; Großkomm AktG/*Merkt* Rn. 33; Hölters/*Laubert* Rn. 10; Hüffer/Koch/*Koch* Rn. 4.
[39] Näher dazu MüKoAktG/*Bayer* Rn. 23; Großkomm AktG/*Merkt* Rn. 34; Kölner Komm AktG/*Lutter/Drygala* Rn. 4; Bürgers/Körber/*Wieneke* Rn. 6; Großkomm AktG/*Barz*, 3. Aufl. 1973, Anm. 7.

§ 71 Erwerb eigener Aktien

(1) Die Gesellschaft darf eigene Aktien nur erwerben,
1. wenn der Erwerb notwendig ist, um einen schweren, unmittelbar bevorstehenden Schaden von der Gesellschaft abzuwenden,
2. wenn die Aktien Personen, die im Arbeitsverhältnis zu der Gesellschaft oder einem mit ihr verbundenen Unternehmen stehen oder standen, zum Erwerb angeboten werden sollen,
3. wenn der Erwerb geschieht, um Aktionäre nach § 305 Abs. 2, § 320b oder nach § 29 Abs. 1, § 125 Satz 1 in Verbindung mit § 29 Abs. 1, § 207 Abs. 1 Satz 1 des Umwandlungsgesetzes abzufinden,
4. wenn der Erwerb unentgeltlich geschieht oder ein Kreditinstitut mit dem Erwerb eine Einkaufskommission ausführt,
5. durch Gesamtrechtsnachfolge,
6. auf Grund eines Beschlusses der Hauptversammlung zur Einziehung nach den Vorschriften über die Herabsetzung des Grundkapitals,
7. wenn sie ein Kreditinstitut, Finanzdienstleistungsinstitut oder Finanzunternehmen ist, aufgrund eines Beschlusses der Hauptversammlung zum Zwecke des Wertpapierhandels. Der Beschluß muß bestimmen, daß der Handelsbestand der zu diesem Zweck zu erwerbenden Aktien fünf vom Hundert des Grundkapitals am Ende jeden Tages nicht übersteigen darf; er muß den niedrigsten und höchsten Gegenwert festlegen. Die Ermächtigung darf höchstens fünf Jahre gelten; oder
8. aufgrund einer höchstens fünf Jahre geltenden Ermächtigung der Hauptversammlung, die den niedrigsten und höchsten Gegenwert sowie den Anteil am Grundkapital, der zehn vom Hundert nicht übersteigen darf, festlegt. Als Zweck ist der Handel in eigenen Aktien ausgeschlossen. § 53a ist auf Erwerb und Veräußerung anzuwenden. Erwerb und Veräußerung über die Börse genügen dem. Eine andere Veräußerung kann die Hauptversammlung beschließen; § 186 Abs. 3, 4 und § 193 Abs. 2 Nr. 4 sind in diesem Fall entsprechend anzuwenden. Die Hauptversammlung kann den Vorstand ermächtigen, die eigenen Aktien ohne weiteren Hauptversammlungsbeschluß einzuziehen.

(2) ¹Auf die zu den Zwecken nach Absatz 1 Nr. 1–3, 7 und 8 erworbenen Aktien dürfen zusammen mit anderen Aktien der Gesellschaft, welche die Gesellschaft bereits erworben hat und noch besitzt, nicht mehr als zehn vom Hundert des Grundkapitals entfallen. ²Dieser Erwerb ist ferner nur zulässig, wenn die Gesellschaft im Zeitpunkt des Erwerbs eine Rücklage in Höhe der Aufwendungen für den Erwerb bilden könnte, ohne das Grundkapital oder eine nach Gesetz oder Satzung zu bildende Rücklage zu mindern, die nicht zur Zahlung an die Aktionäre verwandt werden darf. ³In den Fällen des Absatzes 1 Nr. 1, 2, 4, 7 und 8 ist der Erwerb nur zulässig, wenn auf die Aktien der Ausgabebetrag voll geleistet ist.

(3) ¹In den Fällen des Absatzes 1 Nr. 1 und 8 hat der Vorstand die nächste Hauptversammlung über die Gründe und den Zweck des Erwerbs, über die Zahl der erworbenen Aktien und den auf sie entfallenden Betrag des Grundkapitals, über deren Anteil am Grundkapital sowie über den Gegenwert der Aktien zu unterrichten. ²Im Falle des Absatzes 1 Nr. 2 sind die Aktien innerhalb eines Jahres nach ihrem Erwerb an die Arbeitnehmer auszugeben.

(4) ¹Ein Verstoß gegen die Absätze 1 oder 2 macht den Erwerb eigener Aktien nicht unwirksam. ²Ein schuldrechtliches Geschäft über den Erwerb eigener Aktien ist jedoch nichtig, soweit der Erwerb gegen die Absätze 1 oder 2 verstößt.

Schrifttum: *Adams,* Die Usurpation von Aktionärsbefugnissen mittels Ringverflechtung in der „Deutschland AG", AG 1994, 148; *v. Aerssen,* Erwerb eigener Aktien und Wertpapierhandelsgesetz: Neues von der Schnittstelle Gesellschaftsrecht/Kapitalmarktrecht, WM 2000, 391; *Aha,* Verbot des Erwerbs eigener Aktien nach den §§ 71 ff. AktG und eigener Genussscheine nach § 10 V S. 5 KWG, AG 1992, 218; *Arbeitskreis „Externe Unternehmensrechnung",* Behandlung „eigener Aktien" nach deutschem Recht und US-GAAP unter besonderer Berücksichtigung der Änderung des KonTraG, DB 1998, 1673; *Assmann,* Eigene Aktien, AG 1996, 433; *Bandte,* Der Erwerb eigener Aktien – eine Waffe der Aktiengesellschaft gegen Übernahmeattacken?, Jura 1987, 465; *Baum,* Rückerwerbsangebote für eigene Aktien: übernahmerechtlicher Handlungsbedarf, ZHR 167 (2003), 580; *Baums/Stöcker,* Rückerwerb eigener Aktien und WpÜG, FS Wiedemann, 2002, 703; *Bayer/Hoffmann/Weinmann,* Kapitalmarktreaktionen bei Ankündigung des Rückerwerbs eigener Aktien über die Börse, ZGR 2007, 457; *Bednarz,* Der Ermächtigungsbeschluß der Hauptversammlung zum Erwerb eigener Aktien, 2006; *Benckendorff,* Erwerb eigener Aktien im deutschen und US-amerikanischen Recht, 1998; *Berrar/Schnorbus,* Rückerwerb eigener Aktien und Übernahmerecht, ZGR 2003, 59; *T. Bezzenberger,* Der Erwerb eigener Aktien durch die AG, 2002; *T. Bezzenberger,* Eigene Aktien und ihr Preis – auch beim Erwerb mit Hilfe von Kaufoptionen, ZHR 180 (2016), 8; *Binder,* Mittelbare Einbringung eigener Aktien als Sacheinlage und Informationsgrundlagen von Finanzierungsentscheidungen in Vorstand und Aufsichtsrat, ZGR 2012, 757; *Blumenberg/Roßner,* Steuerliche Auswirkungen der durch das BilMoG geplanten Änderungen der Bilanzierung von eigenen Anteilen, GmbHR 2008, 1079; *Blumenberg/Lechner,* Steuerrechtliche Behandlung des Erwerbs und der Veräußerung eigener Anteile nach dem BMF-Schreiben vom 27.11.2013, DB 2014, 141; *Böhm,* Der Rückkauf eigener Aktien und Übernahmetransaktionen, in v. Rosen/Seifert, Die Übernahme börsennotierter Unternehmen, 1999, 327; *Bosse,* Handel in eigenen Aktien durch die Aktiengesellschaft, WM 2000, 806; *Bosse,* Melde- und Informationspflichten nach dem Aktiengesetz und Wertpapierhandelsgesetz im Zusammenhang mit dem Rückkauf eigener Aktien, ZIP 1999, 2047; *Bosse,* Mitarbeiterbeteiligung und Erwerb eigener Aktien, NZG 2001, 504; *Bosse,* Probleme des Rückkaufs eigener Aktien, NZG 2000, 923; *Bosse,* Zulässigkeit des individuell ausgehandelten Rückkaufs eigener Aktien („Negotiated repurchase") in Deutschland, NZG 2000, 16; *Brass/Tiedemannn,* Die zentrale Gegenpartei beim unzulässigen Erwerb eigener Aktien, ZBB 2007, 257; *Breuninger/Müller,* Erwerb und Veräußerung eigener Anteile nach dem BilMoG, GmbHR 2011, 10; *Broichhausen,* Mitwirkungskompetenz der Hauptversammlung bei der Ausgabe von Wandelschuldverschreibungen auf eigene Aktien, NZG 2012, 86; *Budde,* Aktienrückkaufprogramme im Spannungsfeld von Aktien-Bilanz- und Steuerrecht, FS Offerhaus, 1999, 659; *Bradley/Desai/Kim,* The rationale behind interfirm tender offers. Information or Synergy?, Journal of Financial Economics 11 (1983), 183; *Brodmann,* Eigene Aktie; genehmigtes Kapital; Verschachtelung, BankA 1932, 46; *Büdenbender,* Eigene Aktien und Aktien an der Muttergesellschaft (I), DZWir 1998, 1 und (II) 55; *Büscher,* Das neue Recht des Aktienrückkaufs, 2013; *Bungert/Hentzen,* Kapitalerhöhung zur Durchführung von Verschmelzung oder Abspaltung bei parallelem Rückkauf eigener Aktien durch die übertragende Aktiengesellschaft, DB 1999, 2501; *Busch,* Eigene Aktien bei der Stimmrechtsmitteilung – Zähler, Nenner, Missstand, AG 2009, 425; *Busch,* Eigene Aktien in der Kapitalerhöhung, AG 2005, 429; *Busch,* Aktuelle Rechtsfragen des Bezugsrechts und Bezugsrechtsausschlusses beim Greenshoe im Rahmen von Aktienemissionen, AG 2002, 230; *Butzke,* Gesetzliche Neuregelungen beim Erwerb eigener Aktien, WM 1995, 1389; *Cahn,* Kapitalerhaltung im Konzern, 1998; *Cahn,* Die Auswirkungen der Richtlinie zur Änderung der Kapitalrichtlinie auf den Erwerb eigener Aktien, Der Konzern 2007, 385; *Cahn,* Eigene Aktien und gegenseitige Beteiligungen in Bayer/Habersack, Aktienrecht im Wandel, Band II, 2007, 762; *Cahn/Ostler,* Eigene Aktien und Wertpapierleihe, AG 2008, 221; *Chamorro Dominguez,* Rückerwerbbare Aktien: Ein Plädoyer für ihre Zulassung in Deutschland aus rechtsvergleichender Perspektive, AG 2004, 487; *Claussen,* Aktienrechtsreform 1997, AG 1996, 481; *Christoffel,* Die Bewertung von eigenen Anteilen an Kapitalgesellschaften, DB 1984, 836; ders., Wie ändert das KonTraG das Aktiengesetz?, DB 1998, 177; *Diekmann/Merkner,* Die praktische Anwendung des WpÜG auf öffentliche Angebote zum Erwerb eigener Aktien, ZIP 2004, 836; *Eberstadt,* Rückkauf eigener Aktien – Ein wichtiges Element zur Stärkung des Finanzplatzes Deutschland, WM 1986, 1809; *Eschbach,* Eigene Aktien und Shareholder Value, DB 2003, 161; *Eckert,* Der Erwerb eigener Aktien auf dem Prüfstand dee Rechtstatsachenforschung, 2013; *Escher-Weingart/Kübler,* Erwerb eigener Aktien, ZHR 162 (1998), 537; *Flechtheim,* Zur Aktienrechtsnovelle, Bank-Archiv 1931/32, 10 und 65; *Fleischer/Körber,* Der Rückerwerb eigener Aktien und das Wertpapiererwerbs- und Übernahmegesetz, BB 2001, 2589; *Fried,* Insider Signaling and Insider Trading with Repurchase Tender Offers, 67 University of Chicago Law Review (2000), 421; *Geber/zur Megede,* Aktienrückkauf – Theorie und Kapitalmarktpraxis unter Beachtung der „Safe-harbour-Verordnung" (EG Nr. 2273/2003), BB 2005, 1861; *Gerber,* Der Erwerb eigener Aktien durch die Aktiengesellschaft, 1932; *Giloy,* Zur Privilegierung der (Belegschafts-)Aktie. Ein aktueller Beitrag zur Vermögensbildung, BB 1976, 264; *Grobecker/Michel,* Rückkauf eigener Aktien: Die Grenzen des § 71 I Nr. 8 AktG, DStR 2001, 1757; *Günther/Muche/White,* Zulässigkeit des Rückkaufs eigener Aktien in den USA und Deutschland vor und nach KonTraG, RIW 1998, 337; *Ihrig,* Optionen auf eigene Aktien, FS Ulmer, 2003, 829; *Habersack,* Das Andienungs- und Erwerbsrecht bei Erwerb und Veräußerung eigener Anteile, ZIP 2004, 1121; *Habersack,* Rückerwerbbare Aktien auch für deutsche Gesellschaften, FS Lutter, 2000, 1329; *Hampel,* Erwerb eigener Aktien und Unternehmenskontrolle, 1994; *Heckschen/Weitbrecht,* Formwechsel und eigene Anteile, ZIP 2017, 1297; *Heinsius,* Die Ausführung einer Verkaufskommission in eigenen Aktien durch ein Kreditinstitut und das Verbot des Erwerbs eigener Aktien nach § 71 AktG, AG 1988, 253; *Hillebrandt/Schremper,* Analyse des Gleichbehandlungsgrundsatzes beim Rückkauf von Vorzugsaktien, BB 2001, 533; *Hirsch,* Der Erwerb eigener Aktien nach dem KonTraG, 2004; *Hitzer/Simon/Düchting,* Behandlung eigener Aktien der Zielgesellschaft bei öffentlichen Übernahmeangeboten, AG 2012, 237; *Hoff,* Aktienoptionen für Aufsichtsräte über § 71 Abs. 1 Nr. 8 AktG?, WM 2003, 910; *Huber,* Rückkauf eigener Aktien, FS Kropff, 1997, 101; *Huber,* Zum Aktienerwerb durch ausländische Tochtergesellschaft, FS Duden, 1977, 137; *Hüffer,* Harmonisierung des aktienrechtlichen Kapitalschutzes. Die Durchführung der Zweiten EG-Richtlinie zur Koordinierung des Gesellschaftsrechts, NJW 1979, 1065; *Jakobs,* Steuerliche Auswirkungen des Aktivierungsverbots für eigene Aktien nach § 272 I S. 4 HGB, FR 1998, 872; *Janberg,* Einige Betrachtungen zur Belegschaftsaktie, AG 1960, 175; *Johannemann/Herr,* Rückkauf eigener Aktien beim Eigenhandel von Kreditinstituten, BB 2015, 2158; *Johannsen-Roth,* Der Erwerb eigener Aktien, 2001; *Johannsen-Roth,* Der Einsatz von Eigenkapitalderivaten beim Erwerb eigener Aktien nach § 71 Abs. 1 Nr. 8 AktG, ZIP 2011, 407; *Joost,* Grundlagen und Rechtsfolgen der Kapitalerhaltungsregeln im Aktienrecht, ZHR 149 (1985), 419; *Kallweit/Simons,* Aktienrückkauf zum Zweck der Einziehung und Kapitalherabsetzung, AG 2014, 352; *Kellerhals/Rausch,* Die Liberalisierung von Aktienrückkäufen: Bundesdeutsche Erfahrungen, AG 2000, 222; *Kessler/Suchan,* Erwerb eigener Aktien und dessen handelsbilanzielle Behandlung, BB 2000, 2529; *Kessler/Suchan,* Kapitalschutz bei Erwerb eigener Anteile nach dem BilMoG, FS Hommelhoff, 2011, 509; *Keyssner,* Die Aktiengesellschaften und die Kommanditgesellschaften auf Aktien unter dem Reichs-Gesetz vom 11. Juni 1870, 1873; *Kiem,* Der Erwerb eigener Aktien bei der kleinen AG, ZIP 2000, 209; *Kindl,* Der Erwerb eigener Aktien nach Europäischem Gemeinschaftsrecht, ZEuP 1994, 77; *Kitanoff,* Der Erwerb eigener Aktien, 2009;

Klingenberg, Der Aktienrückkauf nach dem KonTraG aus bilanzieller und steuerlicher Sicht, BB 1998, 1575; *Knepper,* Die Belegschaftsaktie in Theorie und Praxis, ZGR 1985, 419; *Kniehase,* Derivate auf eigene Aktien, 2005; *Koch,* Der Erwerb eigener Aktien – kein Fall des WpÜG, NZG 2003, 61; *R. Koch,* Die Auswirkungen des Wertpapiererwerbs- und Übernahmegesetzes (WpÜG) auf den Erwerb eigener Aktien, 2006; *Kocher,* Sind Ermächtigungen der Hauptversammlung zur Verwendung eigener Aktien analog § 202 I AktG auf fünf Jahre befristet?, NZG 2010, 172; *Kopp,* Erwerb eigener Aktien. Ökonomische Analyse vor dem Hintergrund von Unternehmensverfassung und Informationseffizienz des Kapitalmarktes, 1996; *Koppensteiner,* Internationale Unternehmen im deutschen Gesellschaftsrecht, 1971; *Kraft/Altvater,* Die zivilrechtliche, bilanzielle und steuerliche Behandlung des Rückkaufs eigener Aktien, NZG 1998, 448; *Krause,* Eigene Aktien bei Stimmrechtsmitteilung und Pflichtangebot, AG 2015, 553; *Krebs,* Ausländerbeteiligungen an deutschen Unternehmen – ein neues Kapitel zu einem alten Problem, DB 1982, 1390; *Kröner/Hadzic,* Der Erwerb eigener Anteile nach § 71 I Nr. 8 AktG unter Berücksichtigung von § 50c EStG, DB 1998, 2133; *Kropff,* Nettoausweis des Gezeichneten Kapitals und Kapitalschutz, ZIP 2009, 1137; *Kruchen,* Risikoabsicherung aktienbasierter Vergütungen mit eigenen Aktien, AG 2014, 655; *Krüger,* Erwerb eigener Aktien durch die Gesellschaft, IStR 2002, 552; *Kübler,* Aktie, Unternehmensfinanzierung und Kapitalmarkt, 1989; *Küting/Busch,* Die Bilanzierung eigener Anteile nach HGB-, US-GAAP- und IFRS-Normen, PiR 2006, 213; *Kuhn,* Arbitragegeschäfte der Aktienbanken in eigenen Aktien, NJW 1973, 833; *Leithaus,* Die Regelungen des Erwerbs eigener Aktien in Deutschland und den Niederlanden, 2000; *Lenz/Linke,* Rückkauf eigener Aktien nach dem Wertpapiererwerbs- und Übernahmegesetz, AG 2002, 420; *Leppert/Stürwald,* Aktienrückkauf und Kursstabilisierung – Die Safe-Harbour-Regelungen der Verordnung (EG) Nr. 2273/2003 und der KuMaKV, ZBB 2004, 302; *Lüken,* Der Erwerb eigener Aktien nach §§ 71 ff. AktG, 2004; *Lutter,* Kapital, Sicherung der Kapitalaufbringung und Kapitalerhaltung in den Aktien- und GmbH-Rechten der EWG, 1964; *Lutter,* Stellungnahme zur Aktienrechtsreform 1997, Sonderheft AG 1997, 52; *Lutter/Wahlers,* Der Buyout: Amerikanische Fälle und Regelungen des deutschen Rechts, AG 1989, 1; *Maltschew,* Der Rückerwerb eigener Aktien in der Weltwirtschaftskrise 1929–1931, 2004; *Martens,* Eigene Aktien und Stock-Options in der Reform, Sonderheft AG 1997, 83; *Martens,* Die Vergleichs- und Abfindungsbefugnis des Vorstandes gegenüber opponierenden Aktionären, AG 1988, 118; *Martens,* Stimmrechtsbeschränkung und Stimmbindungsvertrag im Aktienrecht, AG 1993, 495; *Martens,* Der Erwerb eigener Aktien zum Umtausch im Verschmelzungsverfahren, FS Boujong, 1996, 335; *Martens,* Erwerb und Veräußerung eigener Aktien im Börsenhandel, AG 1996, 337; *Mayer,* Steuerliche Behandlung eigener Aktien nach dem BilMoG, Ubg 2008, 779; *Merkt/Mylich,* Einlage eigener Aktien und Rechtsrat durch den Aufsichtsrat, NZG 2012, 525; *Mestmäcker,* Verwaltung, Konzerngewalt und Rechte der Aktionäre, 1958; *Mick,* Aktien- und bilanzsteuerrechtliche Implikationen beim Einsatz von Eigenkapitalderivaten beim Aktienrückkauf, DB 1999, 1201; *Mick/Wiese,* Anwendung des § 50c EStG – Steuerliche Gestaltungsüberlegung aus Anlaß des Inkrafttretens des § 71 I Nr. 8 AktG idF des Gesetzes zur Kontrolle und Transparenz im Unternehmensbereich („KonTraG"), DStR 1998, 1201; *M. Möller,* Rückerwerb eigener Aktien, 2005; *F. Müller,* Die eigene Aktie – Eine betriebswirtschaftliche Untersuchung auf der Grundlage der rechtlichen Bestimmungen in den EWG-Staaten, München 1996; *W. Müller,* Zum Entwurf eines Gesetzes zur Durchführung der Zweiten Richtlinie des Rates der Europäischen Gemeinschaften zur Koordinierung des Gesellschaftsrechts (Kapitalschutzrichtlinie), WPg, 1978, 565; *Oechsler,* Die Änderung der Kapitalrichtlinie und den Rückerwerb eigener Aktien, ZHR 170 (2006), 72; *Oechsler,* Der Rückerwerb eigener Aktien kraft Ermächtigungsbeschlusses der Hauptversammlung zur Abwehr von Unternehmensübernahmen in Lange/Wall, Risikomanagement nach dem KonTraG, 2001, 95; *Oser,* Pflicht zur (Neu-)Bildung der Rücklage für eigene Aktien im Konzernabschluss, DB 1999, 1125; *Oser/Kropp,* Eigene Anteile in Gesellschafts-, Bilanz- und Steuerrecht, Der Konzern 20120, 185; *Paefgen,* Eigenkapitalderivate bei Aktienrückkäufen und Managementbeteiligungsmodellen, AG 1999, 67; *Paefgen,* Die Gleichbehandlung beim Aktienrückerwerb im Schnittfeld von Gesellschafts- und Übernahmerecht, ZIP 2002, 1509; *Peltzer,* Die Neuregelung des Erwerbs eigener Aktien im Lichte der historischen Erfahrungen, WM 1998, 322; *Pellens/Schremper,* Aktienrückkauf in Deutschland, 1999; *Piepenburg,* Sind die Vorschriften zum Rückkauf eigener Aktien noch zeitgemäß?, BB 1996, 2582; *Posner,* Der Erwerb eigener Aktien in der US-amerikanischen Unternehmenspraxis, AG 1994, 312; *Reichert/Harbarth,* Veräußerung und Einbeziehung eigener Aktien, ZIP 2001, 1441; *S. Richter,* Aktienoptionen für den Aufsichtsrat, BB 2004, 949; *W. Richter/Gittermann,* Die Verknüpfung von Kapitalerhöhung und Rückerwerb eigener Aktien bei Mitarbeiteraktienprogrammen, AG 2004, 277; *Rieckers,* Ermächtigung des Vorstands zu Erwerb und Einziehung eigener Aktien, ZIP 2009, 700; *v. Rosen/Helm,* Der Erwerb eigener Aktien durch die Gesellschaft, AG 1996, 434; *Ruth,* Eigene Aktien und Verwaltungsaktien, 1928; *Saria,* Schranken beim Erwerbe eigener Aktien § 71 I Nr. 8 AktG, NZG 2000, 458; *Schander,* Der Rückkauf eigener Aktien nach KonTraG und Einsatzpotenziale bei Übernahmetransaktionen, ZIP 1998, 2087; *Schanze,* Eigene Aktien – Recht und Ökonomik, FS Nobel, 2005, 999; *Schmid,* Eigene Aktien nach der Neuregelung durch das KonTraG, DB 1998, 1785; *Schmid/Mühlhäuser,* Die Gegenleistung beim Erwerb eigener Aktien mittels Optionen, AG 2004, 342; *dies.,* Rechtsfragen des Einsatzes von Aktienderivaten beim Aktienrückkauf, AG 2001, 493; *Schmid/Wiese,* Bilanzielle und steuerliche Behandlung eigener Aktien. Zur Anwendung des § 71 Abs. 1 Nr. 8 AktG in der Fassung des KonTraG, DStR 1998, 993; *Schmidbauer,* Die Bilanzierung eigener Anteile im internationalen Vergleich, DStR 2002, 187; *Schmidtmann,* Steuerliche Behandlung eigener Anteile nach dem BMF-Schreiben vom 27.11.2013, Ubg 2013, 755; *Schockenhoff/Wagner,* Ad-hoc-Publizität beim Aktienrückkauf, AG 1999, 548; *Schön,* Geschichte und Wesen der eigenen Aktien, 1937; *Schulz,* Strategien zum Umgang mit eigenen Anteilen bei der Vorbereitung eines Börsengangs, ZIP 2015, 510; *Seibt/Bremkamp,* Erwerb eigener Aktien und Ad-hoc-Publizitätspflicht, AG 2008, 469; *Singhof,* Zur finanziellen Unterstützung des Erwerbs eigener Aktien durch Kreditinstitute, NZG 2002, 745; *Singhof/Weber,* Neue kapitalmarktrechtliche Rahmenbedingungen für den Erwerb eigener Aktien, AG 2005, 549; *Skog,* Der Erwerb eigener Aktien: Reformbestrebungen in den EU-Mitgliedsstaaten, ZGR 1997, 306; *Spickhoff,* Der verbotswidrige Rückerwerb eigener Aktien: Internationales

Privatrecht und europäische Rechtsangleichung, BB 1997, 2593; *Spindler,* Deregulierung des Aktienrechts, AG 1998, 53; *Stallknecht/Schulze-Uebbing,* Der Rückerwerb eigener Aktien durch nicht börsennotierte Aktiengesellschaften, AG 2010, 657; *Süßmann,* Anwendung des WpÜG auf öffentliche Angebote zum Erwerb eigener Aktien?, AG 2002, 424; *Thiel,* Bilanzielle und steuerliche Behandlung eigener Aktien nach den Neuregelungen des Aktienerwerbs durch das KonTraG, DB 1998, 1786; *Thiel,* Wirtschaftsgüter ohne Wert: Die eigenen Anteile der Kapitalgesellschaft, FS L. Schmidt, 1993, 569; *Thömmes,* Steht dem Tochterunternehmen aus dem Besitz von Aktien der Muttergesellschaft eine Dividende zu?, AG 1987, 34; *Tollkühn,* Die Schaffung von Mitarbeiteraktien durch kombinierte Nutzung von genehmigtem Kapital und Erwerb eigener Aktien unter Einschaltung eines Kreditinstituts, NZG 2004, 594; *Tountopoulos,* Rückkaufprogramme und Safe-Harbor-Regelungen im Europäischen Kapitalmarktrecht, EWS 2012, 449; *Umnuß/Ehle,* Aktienoptionsprogramme für Arbeitnehmer auf Basis von § 71 I Nr. 2 AktG, BB 2002, 1042; *Veller,* Öffentliche Angebote zum Erwerb eigener Aktien, 2009; *Verse,* Auswirkungen der Bilanzrechtsmodernisierung auf den Kapitalschutz, VGR Bd 15 (2009), 67; *Vetter,* Die Gegenleistung für den Erwerb eigener Aktien bei Ausübung einer Call Option, AG 2003, 478; *Vetter,* Die Gegenleistung für den Erwerb eigener Aktien mittels Call Option, AG 2004, 344; *Wagner,* Zur aktienrechtlichen Zulässigkeit von Share Matching-Plänen, BB 2010, 1739; *Wahl,* Primärmarkthaftung und Vermögensbindung der Aktiengesellschaft, 2013; *Wassermayer,* Der Erwerb eigener Anteile durch eine Kapitalgesellschaft – Überlegung zur Rechtsprechung des I. Senats des BFH, FS L. Schmidt, 1993, 621; *Wastl,* Stellungnahme zu dem Referentenentwurf zur Änderung des AktG und des HGB, DB 1997, 461; *Wastl/Wagner/Lau,* Der Erwerb eigener Aktien aus juristischer Sicht, 1997; *Weiss,* Put Option auf eigene Aktien kraft Gesamtrechtsnachfolge?, AG 2004, 127; *Westermann,* Kapitalschutz als Gestaltungsmöglichkeit, ZHR 172 (2008), 144; *Widder/Kocher,* Die Behandlung eigener Aktien im Rahmen der Mitteilungspflichten nach §§ 21 ff. WpHG, AG 2007, 13; *Wiederholt,* Rückkauf eigener Aktien (§ 71 AktG) unter Einsatz von Derivaten, 2006; *Wieneke,* Der Einsatz von Aktien als Akquisitionswährung, NZG 2004, 61; *Wieneke/Förl,* Die Einziehung neuer Aktien nach § 237 III Nr. 3 AktG – eine Lockerung des Grundsatzes der Vermögensbindung? AG 2005, 189; *Wiese,* Die steuerliche Behandlung des Aktienrückkaufs im Lichte des BMF-Schreibens vom 2.12.1998, DStR 1999, 187; *Wiese,* KonTraG: Erwerb eigener Aktien und Handel in eigenen Aktien, DB 1998, 609; *Wilsing/Siebmann,* Die Wiederveräußerung eigener Aktien außerhalb der Börse gem. § 71 Abs. 1 Nr. 8 S. 5 AktG, DB 2006, 881; *Ziebe,* Die Regelung des Erwerbs eigener Aktien in den Mitgliedstaaten der Europäischen Gemeinschaft, AG 1982, 175; *Zilias/Lanfermann,* Die Neuregelung des Erwerbs und Haltens eigener Aktien (Teil I), WPg 1980, 61; (Teil II), WPg 1980, 89; *Zöllner,* Die Schranken mitgliedschaftlicher Stimmrechtsmacht bei den privatrechtlichen Personenverbänden, 1963.

Übersicht

	Rn.
I. Ökonomische Grundlagen des Erwerbs eigener Aktien und Zweck der Beschränkungen der §§ 71 ff.	1–20
1. Der Wert eigener Aktien für die Gesellschaft	1, 2
2. Vorteile des Erwerbs und der Verwendung eigener Aktien	3–13
a) Auswirkungen des Erwerbs eigener Aktien auf die Unternehmensfinanzierung und den Kapitalmarkt	3–6
b) Auswirkungen auf die Aktionäre und Optionsinhaber	7–10
c) Erwerb eigener Aktien als Mittel zur Einflussnahme auf die Zusammensetzung des Aktionärskreises	11–13
3. Nachteile und Gefahren des Erwerbs und der Verwendung eigener Aktien	14–20
a) Gefahren für die Gesellschaftsgläubiger	14
b) Gefahren für die aktienrechtliche Kompetenzordnung	15
c) Gefahren für die Aktionäre	16
d) Gefahren für die Gesellschaft	17
e) Gefahren für die Funktionsfähigkeit des Kapitalmarkts und des Marktes für Unternehmenskontrolle	18–20
II. Entstehungsgeschichte und Reformbestrebungen	21–34
1. Die Regelungen über eigene Aktien bis zur Aktienrechtsnovelle 1884	21
2. Die liberale Praxis seit der Aktienrechtsnovelle 1884	22, 23
3. Die Verschärfung der Bestimmungen über eigene Aktien seit der Notverordnung vom 19. September 1931	24–26
4. Neuerungen durch die Kapitalrichtlinie	27, 28
5. Die Liberalisierung des Erwerbs eigener Aktien seit den 90er Jahren des 20. Jahrhunderts	29–31
6. Die Ausdifferenzierung aktienrechtlicher und kapitalmarktrechtlicher Regeln für eigene Aktien	32, 33
7. Reformen	34
III. Erwerb eigener Aktien	35–46
1. Erfasste Erwerbsgeschäfte	35–41
a) Grundsatz	35
b) Ausnahmen	36, 37
c) Dingliche Erwerbsgeschäfte	38–40
d) Schuldrechtliche Erwerbsgeschäfte	41
2. Eigene Aktien als Gegenstand des Erwerbs	42–44
3. Verhältnis zu § 57	45, 46
IV. Erwerbstatbestände	47–156
1. Schadensabwehr, Abs. 1 Nr. 1	47–57
a) Entstehungsgeschichte und Normzweck	47, 48
b) Schaden der Gesellschaft	49
c) Schwere des Schadens	50
d) Unmittelbares Bevorstehen des Schadenseintritts	51
e) Notwendigkeit des Erwerbs	52

	Rn.
f) Volleinzahlung	53
g) Einzelfälle	54–57
2. Belegschaftsaktien, Abs. 1 Nr. 2	58–65
a) Entstehungsgeschichte und Normzweck	58, 59
b) Begünstigter Personenkreis	60
c) Absicht zur Weitergabe an die Arbeitnehmer	61, 62
d) Ausgabebedingungen	63, 64
e) Kombination von Kapitalerhöhung und Erwerb eigener Aktien	65
3. Abfindung von Aktionären, Abs. 1 Nr. 3	66–74
a) Entstehungsgeschichte und Normzweck	66
b) Konzernrechtliche Erwerbsfälle	67–69
c) Umwandlungsrechtliche Erwerbsfälle	70, 71
d) Entsprechende Anwendung auf andere Fälle	72, 73
e) Verwendungsabsicht	74
4. Unentgeltlicher Erwerb und Einkaufskommission, Abs. 1 Nr. 4	75–78
a) Unentgeltlicher Erwerb	75, 76
b) Einkaufskommission	77, 78
5. Gesamtrechtsnachfolge, Abs. 1 Nr. 5	79, 80
a) Entstehungsgeschichte und Normzweck	79
b) Anwendungsfälle	80
6. Erwerb zur Einziehung, Abs. 1 Nr. 6	81–83
a) Entstehungsgeschichte und Normzweck	81
b) Anwendungsfälle	82
c) Voraussetzungen des Erwerbs	83
7. Erwerb für den Wertpapierhandel, Abs. 1 Nr. 7	84–91
a) Entstehungsgeschichte und Normzweck	84
b) Betroffene Gesellschaften	85
c) Zum Zweck des Wertpapierhandels	86
d) Hauptversammlungsbeschluss	87–91
8. Ermächtigungsbeschluss ohne positive gesetzliche Zweckvorgabe, Abs. 1 Nr. 8	92–149
a) Entstehungsgeschichte und Normzweck	92
b) Ermächtigung durch die HV, Satz 1	93–110
c) Verbot des Handels in eigenen Aktien, Satz 2	111–115
d) Gleichbehandlung bei Erwerb und Veräußerung, Satz 3–5	116–143
e) Einziehungsermächtigung, Satz 6	144–149
9. Erwerbstatbestände außerhalb von Abs. 1 und Sonderfälle	150–156
a) Investmentaktiengesellschaften	150
b) Schadensersatz für getäuschte Anleger	151
c) Delisting	152–156
V. Erwerb eigener Aktien und Übernahmerecht	157–159
VI. Erwerb eigener Aktien und Kapitalmarktrecht	160–184
1. Insiderrecht	160, 161

	Rn.
2. Ad-hoc-Publizität	162–164
3. Mitteilungspflichten	165
4. Rückkaufprogramme, Stabilisierungsmaßnahmen und Marktmanipulation	166–184
a) Anwendbare Bestimmungen	166
b) Safe Harbour für Rückkaufprogramme	167–180
c) Erwerb eigener Aktien und Marktmanipulation	181–184
VII. Eigene Aktien und Derivate	185–215
1. Grundlagen	185, 186
2. Erwerb von Kaufoptionen	187–193
a) Kaufoptionen auf Lieferung von Aktien	187–191
b) Wahlrecht der Gesellschaft zwischen Aktienlieferung und Barausgleich	192
c) Auf Barausgleich gerichtete Kaufoptionen	193
3. Veräußerung von Verkaufsoptionen	194–204
a) Verkaufsoptionen auf Lieferung von Aktien	194–197
b) Wahlrecht des Optionsinhabers zwischen Aktienlieferung und Barausgleich	198
c) Auf Barausgleich gerichtete Verkaufsoptionen	199–204
4. Begebung von Kaufoptionen	205–208
a) Kaufoptionen auf Lieferung von Aktien	205–207
b) Auf Barausgleich gerichtete Kaufoptionen	208
5. Erwerb von Verkaufsoptionen	209–211
a) Verkaufsoptionen auf Lieferung von Aktien	209, 210
b) Auf Barausgleich gerichtete Verkaufsoptionen	211
6. Verkaufsoptionen und Verschmelzung	212
7. Equity Swaps	213–215
a) Grundlagen	213
b) Die Gesellschaft als Swap-Berechtigte	214
c) Die Gesellschaft als Stillhalter	215
VIII. Die Erwerbsbeschränkungen nach Abs. 2	216–226
1. Die Zehnprozentgrenze, Abs. 2 S. 1	216–221
a) Entstehungsgeschichte und Normzweck	216, 217
b) Inhalt der Beschränkung	218–221
2. Die Kapitalgrenze, Abs. 2 S. 2	222–225
a) Entstehungsgeschichte und Normzweck	222
b) Tatbestandsvoraussetzungen	223, 224
c) Folgen der Neuregelung des Abs. 2 S. 2 für den Kapitalschutz	225
3. Leistung des vollen Ausgabebetrags, Abs. 2 S. 3	226
IX. Pflichten nach dem Erwerb, Abs. 3	227–230
1. Unterrichtung der Hauptversammlung, Abs. 3 S. 1	227, 228
a) Entstehungsgeschichte und Normzweck	227

Rn.	Rn.
b) Inhalt der Unterrichtung 228	2. Sanktionen gegenüber dem Vorstand ... 236
2. Ausgabe von Belegschaftsaktien, Abs. 3 S. 2 229	XI. Rechnungslegung und Steuern ... 237–242
3. Unterrichtung der BaFin, Abs. 3 S. 3 .. 230	1. Bilanzrechtliche Behandlung eigener Aktien 237–241
X. Rechtsfolgen eines Verstoßes gegen Abs. 1 oder 2, Abs. 4 231–236	a) Rechtslage bis zum Geschäftsjahr 2009 .... 237, 238
1. Auswirkungen auf die Verträge 231–235	b) Rechtslage ab dem Geschäftsjahr 2010 239–241
a) Übergang des Mitgliedschaftsrechts .. 231	
b) Schuldrechtliches Geschäft 232–235	2. Steuerrecht 242

I. Ökonomische Grundlagen des Erwerbs eigener Aktien und Zweck der Beschränkungen der §§ 71 ff.

1. Der Wert eigener Aktien für die Gesellschaft. Eigene Aktien stellen für die Gesellschaft **1** keinen Vermögenswert dar.[1] Sie vermitteln der Gesellschaft lediglich eine Beteiligung an einem Vermögen, das ihr ohnehin bereits gehört und sind daher für die Gesellschaft **„wertlose Rechtshülsen"**.[2] Aus diesem Grund sind eigene Aktien kein tauglicher Gegenstand einer Sacheinlage.[3] Die Möglichkeit, eigene Aktien wieder zu veräußern, ändert daran nichts.[4] Die Gesellschaft muss keine eigenen Aktien erwerben, um am Kapitalmarkt Eigenkapital aufnehmen zu können.[5] Der Preis, den sie bei einer Veräußerung eigener Aktien erzielen kann, hängt allein von ihrem übrigen Vermögen und den daraus resultierenden Ertragsaussichten ab, während die eigenen Aktien selbst keinen darüber hinausgehenden Wert repräsentieren. Eigene Aktien erhöhen daher weder die Befriedigungsaussichten der Gesellschaftsgläubiger[6] noch den Wert des Unternehmens für einen potentiellen Erwerber.[7] Da die Gesellschaft für den von ihr entrichteten Erwerbspreis keine für sie werthaltige Gegenleistung erhält, mindert ein entgeltlicher Erwerb eigener Aktien das Gesellschaftsvermögen ebenso wie eine Dividendenzahlung.

Dennoch lassen sich mit einem Erwerb eigener Aktien weitergehende Wirkungen erzielen als **2** mit anderen Ausschüttungen.[8] Inhalt und Umfang einer Regulierung des Erwerbs eigener Aktien hängen davon ab, ob diese Wirkungen erkannt und wie sie rechtspolitisch bewertet werden. Die zutreffende Einschätzung der Wirkungen, die mit einem Erwerb eigener Aktien verbunden sind, ist daher entscheidend für die **Bestimmung des Normzwecks** und die **Auslegung der Erwerbsbeschränkungen**.

2. Vorteile des Erwerbs und der Verwendung eigener Aktien. a) Auswirkungen des **3** **Erwerbs eigener Aktien auf die Unternehmensfinanzierung und den Kapitalmarkt.** Durch die mit einem Erwerb eigener Aktien verbundene Reduzierung des Eigenkapitalanteils können finanzwirtschaftliche Kennzahlen wie die Aktienrendite und der Ertrag je Aktie gesteigert werden.[9]

---

[1] BGH NZG 2011, 1271 (1272 Rn. 14); *Brodmann* Bank-Archiv 1932/33, 46 (47 f.); *Quassowski* JW 1931, 2914 (2919); *T. Bezzenberger,* Erwerb eigener Aktien durch die AG, 2002, Rn. 54 ff.; *Cahn,* Vergleichsverbote in der Gesellschaftsrecht, 1996, 151 mN; *Hirsch,* Der Erwerb eigener Aktien nach dem KonTraG, 2004, 226 ff. (234 f.); Grigoleit/*Grigoleit/Rachlitz* Rn. 6; *Huber* FS Duden, 1977, 137 (138 f.); *Thiel* FS L. Schmidt, 1993, 569 (570 ff.).
[2] *Brodmann* Bank-Archiv 1932/33, 46 (47 f.); → Rn. 219.
[3] BGH NZG 2011, 1271 (1272 Rn. 14 f.); *Binder* ZGR 2012, 757 (762 f.). In dem vom BGH entschiedenen Fall bestand das Problem bei der gebotenen wirtschaftsweise allerdings nicht in der Einbringung eigener Aktien durch Erlass der Feststellung des Gesellschafters auf Rückführung eines der AG gewährten Wertpapierdarlehens, sondern in der Umgehung der Sacheinlageprüfung derjenigen Beteiligungen, die die Gesellschaft und ihre Tochtergesellschaften gegen Übertragung der entliehenen Aktien an die Verkäufer statt durch die im wirtschaftlichen Ergebnis geplante Einbringung der Beteiligungen als Einlage erwarb.
[4] So aber *Benckendorff,* Erwerb eigener Aktien im deutschen und US-amerikanischen Recht, 1998, 84 f.; *Lehmann,* Das Recht der Aktiengesellschaften, 1904, 78; *Lüken,* Der Erwerb eigener Aktien nach §§ 71 ff. AktG, 2004, 88 f.; *Bednarz,* Der Ermächtigungsbeschluß der Hauptversammlung zum Erwerb eigener Aktien, 2006, 62 f.; Nachw. aus dem Steuerrecht bei *Hirsch,* Der Erwerb eigener Aktien nach dem KonTraG, 2004, 229 Fn. 991 und S. 232 f.
[5] *Huber* FS Duden, 1977, 137 (139).
[6] *T. Bezzenberger,* Der Erwerb eigener Aktien durch die AG, 2002, Rn. 56.
[7] *T. Bezzenberger,* Der Erwerb eigener Aktien durch die AG, 2002, Rn. 58.
[8] Umfangreiches Datenmaterial zu Erwerbsgründen und zur Nutzung eigener Aktien durch deutsche Gesellschaften bei *Eckert,* Der Erwerb eigener Aktien auf dem Prüfstand der Rechtstatsachenforschung, 2013, 257 ff. und 414 ff.
[9] BegrRegE KonTraG, BT-Drs. 13/9712, 13; *Wastl/Wagner/Lau,* Der Erwerb eigener Aktien aus juristischer Sicht, 1997, 35 ff.; *Lüken,* Der Erwerb eigener Aktien nach §§ 71 ff. AktG, 2004, 69 ff.; *Benckendorff,* Erwerb

Die mit einer solchen Änderung der Kapitalstruktur verbundene Hebelwirkung (leverage) wird zusätzlich erhöht, wenn der Aktienrückkauf durch Kredite finanziert wird.[10] Insbesondere in Niedrigzinsphasen kann so die Eigenkapitalrendite gesteigert werden, indem teures Eigenkapital durch billiges Fremdkapital ersetzt wird.[11] Dieser Effekt wird noch dadurch verstärkt, dass Fremdkapitalzinsen, im Gegensatz zu Dividendenzahlungen, steuerlich abzugsfähig sind.[12] Der Gewinn je Aktie steigt dabei so lange an, wie der für die Finanzierung des Rückerwerbs aufgewendete Zinssatz (nach Steuern) unter der Nachsteuerrendite des Gesamtvermögens liegt.[13]

4   Ein Erwerb eigener Aktien wirkt wie eine (zeitweilige) Kapitalherabsetzung.[14] Soweit die Aktien nicht zur Einziehung erworben werden, kann die Gesellschaft sie jederzeit wieder ausgeben, ohne dass es einer Kapitalerhöhung bedürfte. Die Gesellschaft verfügt damit über ein **bewegliches Kapital**,[15] das sie etwa für kurzfristig durchzuführende Akquisitionen einsetzen kann.[16] Auch im Übrigen können eigene Aktien als Alternative zu oder als Ergänzung von Kapitalerhöhungen eingesetzt werden, etwa zur Bedienung von Mitarbeiterbeteiligungsprogrammen,[17] zur Abwicklung von Verschmelzungen[18] oder zur Einführung an einer ausländischen Börse.[19]

5   Ein Erwerb eigener Aktien wird namentlich dann als vorzugswürdige **Alternative zur Dividendenzahlung** angesehen, wenn die Gesellschaft, etwa als Folge einer Umstrukturierung, über erhebliche Barreserven verfügt, die sie ihren Aktionären im Wege einer über die übliche Dividende hinausgehenden Sonderausschüttung zukommen lassen will. Auf eine Herabsetzung des Dividendenniveaus in Folgejahren reagiert der Markt nicht selten mit Kursabschlägen. Demgegenüber erzeugt eine Ausschüttung im Wege des Erwerbs eigener Aktien keine erhöhte Dividendenerwartung und ermöglicht Dividendenkontinuität.[20] Anders als Dividendenausschüttungen können Aktienrückkäufe überdies grundsätzlich jederzeit während des Geschäftsjahres erfolgen.[21]

6   Nicht zuletzt kann der Erwerb eigener Aktien zur **Stabilisierung des Kursniveaus** eingesetzt werden[22] und damit die künftige Eigenkapitalaufnahme erleichtern. Bei Marktenge können Aktienrückkäufe durch die Gesellschaft oder einen für ihre Rechnung handelnden Dritten dazu beitragen, die für einen Handel notwendige Liquidität herzustellen. Bei einem allgemeinen Kursverfall können Rückkäufe durch die Gesellschaft das Absinken des Aktienkurses eindämmen;[23] so war etwa nach dem Börsensturz vom 19.10.1987 der Kursverlust bei denjenigen US-Gesellschaften, die 5%–7%

---

eigener Aktien im deutschen und US-amerikanischen Recht, 1998, 51 f.; *v. Rosen/Helm* AG 1996, 434 (437); *Böhm* in v. Rosen/Seifert, Die Übernahme börsennotierter Unternehmen, 1999, 327 (328, 331 f.); krit. zu dieser Erklärung in Bezug auf Auktionsverfahren *Fried* 67 University of Chicago Law Review (2000) 421 (440): Dividendenausschüttung wäre ein einfacherer Weg. Einschränkend *Skog* ZGR 1997, 306 (309): Rendite je Aktie steigt nur, wenn Zahl der Anteile proportional stärker fällt als das Vermögen der Gesellschaft.

[10] *Hirsch*, Der Erwerb eigener Aktien nach dem KonTraG, 2004, 42; *Böhm* in v. Rosen/Seifert, Die Übernahme börsennotierter Unternehmen, 1999, 327 (328).

[11] *Huber* FS Kropff, 1997, 101 (106); *Posner* AG 1994, 312 (314).

[12] *Posner* AG 1994, 312 (314); *Kopp*, Erwerb eigener Aktien. Ökonomische Analyse vor dem Hintergrund von Unternehmensverfassung und Informationseffizienz des Kapitalmarktes, 1996, 117.

[13] *Böhm* in v. Rosen/Seifert, Die Übernahme börsennotierter Unternehmen, 1999, 327 (335).

[14] *Benckendorff*, Erwerb eigener Aktien im deutschen und US-amerikanischen Recht, 1998, 53 f.

[15] *Hirsch*, Der Erwerb eigener Aktien nach dem KonTraG, 2004, 43; *Lüken*, Der Erwerb eigener Aktien nach §§ 71 ff. AktG, 2004, 72: Kapitalherabsetzung auf Zeit; *Huber* FS Kropff, 1997, 101 (106, 111 f.): Möglichkeit der Kapitalherabsetzung auf Zeit; *Lutter* AG 1997, August-Sonderheft, 52 (56): „Pulsierendes" Eigenkapital.

[16] Nach *Bosse* NZG 2001, 594 dominierendes Motiv für Rückkäufe; *Kiem* ZIP 2000, 209 (210).

[17] *Lüken*, Der Erwerb eigener Aktien nach §§ 71 ff. AktG, 2004, 77 f.; *Benckendorff*, Erwerb eigener Aktien im deutschen und US-amerikanischen Recht, 1998, 63 f.; *Escher-Weingart/Kübler* ZHR 162 (1998), 537 (552 f.).

[18] *Benckendorff*, Erwerb eigener Aktien im deutschen und US-amerikanischen Recht, 1998, 66 f.

[19] *Lüken*, Der Erwerb eigener Aktien nach §§ 71 ff. AktG, 2004, 75.

[20] *Wastl/Wagner/Lau*, Der Erwerb eigener Aktien aus juristischer Sicht, 1997, 34 f.; *T. Bezzenberger*, Der Erwerb eigener Aktien durch die AG, 2002, 75; *Lüken*, Der Erwerb eigener Aktien nach §§ 71 ff. AktG, 2004, 70 f. (307 f.); *Benckendorff*, Erwerb eigener Aktien im deutschen und US-amerikanischen Recht, 1998, 55 f.; *Huber* FS Kropff, 1997, 101 (106); *v. Rosen/Helm* AG 1996, 434 (437); *Kellerhals/Rausch* AG 2000, 222 (223); Großkomm AktG/*Merkt* Rn. 19; krit. zu diesem Erklärungsansatz *Leithaus*, Die Regelungen des Erwerbs eigener Aktien in Deutschland und den Niederlanden, 2000, 33 f.; *Skog* ZGR 1997, 306 (309).

[21] *Skog* ZGR 1997, 306 (309); *Johannsen-Roth*, Der Erwerb eigener Aktien, 2001, 35.

[22] *Kopp*, Erwerb eigener Aktien. Ökonomische Analyse vor dem Hintergrund von Unternehmensverfassung und Informationseffizienz des Kapitalmarktes, 1996, 46 ff.; *Lüken*, Der Erwerb eigener Aktien nach §§ 71 ff. AktG, 2004, 74 f.; *Benckendorff*, Erwerb eigener Aktien im deutschen und US-amerikanischen Recht, 1998, 58; *Johannsen-Roth*, Der Erwerb eigener Aktien, 2001, 30 f.; *Escher-Weingart/Kübler* ZHR 162 (1998) 537 (554); *v. Rosen/Helm* AG 1996, 434 (437).

[23] *Wastl/Wagner/Lau*, Der Erwerb eigener Aktien aus juristischer Sicht, 1997, 32 ff.; *Johannsen-Roth*, Der Erwerb eigener Aktien, 2001, 30 f.; *Lüken*, Der Erwerb eigener Aktien nach §§ 71 ff. AktG, 2004, 75; *Escher-Weingart/Kübler* ZHR 162 (1998) 537 (554).

eigene Aktien erwarben, signifikant geringer als bei Gesellschaften, die keine Rückkäufe durchführten.[24] Die Herabsetzung der Volatilität und die Verstetigung des Börsenkurses senkt die von den Aktionären in Form von Dividenden geforderte Risikoprämie.[25] Volkswirtschaftlich trägt der Aktienrückerwerb auf diese Weise zur Erhöhung der Attraktivität der Aktie für das breite Anlagepublikum bei.[26] Sofern die Gesellschaft die Aktien nicht ohne Bekanntgabe ihrer Erwerbspläne über die Börse erwirbt, sondern offen als Interessentin für eigene Aktien in Erscheinung tritt, werden die Auswirkungen, die ihre Nachfrage auf den Börsenkurs hat, nach verbreiteter Einschätzung durch marktpsychologische Momente verstärkt. Das hierfür überwiegend herangezogene Erklärungsmodell versteht den Aktienrückkauf als **Signal an den Kapitalmarkt,** dass die Verwaltung die Aktie für unterbewertet hält und die zukünftige Gewinnentwicklung positiver einschätzt, als der Markt annimmt (sog. signaling).[27] Der Einsatz von verfügbaren Mitteln für den Erwerb eigener Aktien wird dabei als stärkeres Argument angesehen als die bloße Bekanntgabe der Einschätzung des Managements.[28]

b) Auswirkungen auf die Aktionäre und Optionsinhaber. Die verbleibenden Aktionäre profitieren mittelbar von den Vorteilen, die ein Aktienrückkauf für die Unternehmensfinanzierung mit sich bringt, namentlich von einer **höheren Aktienrendite** und einer Steigerung des Aktienkurses.[29] Dabei kommt ihnen zugute, dass Aktienrückkäufe dem Vorstand die Möglichkeit bieten, überschüssige Liquidität, für die er keine hinreichend ertragversprechende Verwendungsmöglichkeit sieht, an die Aktionäre auszuschütten, statt sie für Prestigeinvestitionen zu verwenden.[30] Sie können aber auch dadurch zur Erhöhung des ausschüttungsfähigen Gewinns für die verbleibenden Aktionäre eingesetzt werden, dass die Gesellschaft mit besonders hoher Vorzugsdividende ausgestattete Aktien erwirbt.[31] Aktienrückkäufe können den Aktionären schließlich darüber hinaus eine ganze Reihe weiterer Vorteile bieten. 7

Sie geben zunächst jedem einzelnen Aktionär die Freiheit zu entscheiden, ob er einen Rückerwerb 8 und damit eine Ausschüttung oder den Verbleib in der Gesellschaft vorzieht, je nachdem, ob er den Kaufpreis oder eine durch das Rückkaufprogramm verursachte Kurssteigerung höher einschätzt.[32] Auch **steuerliche Erwägungen,** die bei verschiedenen Aktionären unterschiedlich gelagert sein können, spielen hierbei eine Rolle.[33] Bei Überschreitung der Spekulationsfrist können die an einer Ausschüttung interessierten Aktionäre einen Kursgewinn steuerfrei vereinnahmen, während sie Dividendenzahlungen versteuern müssten.[34] Für die verbleibenden Aktionäre bleibt ein etwaiger Wertzuwachs ihrer Beteiligung infolge des Rückkaufs und der damit verbundenen Erhöhung ihrer Beteiligungsquote ohnehin steuerfrei.[35] In nicht börsennotierten Gesellschaften gibt es möglicherweise gar

---

[24] MüKoAktG/*Oechsler* Rn. 1; *T. Bezzenberger,* Der Erwerb eigener Aktien durch die AG, 2002, 76; *Hirsch,* Der Erwerb eigener Aktien nach dem KonTraG, 2004, 48 f.

[25] *Kellerhals/Rausch* AG 2000, 222 (223).

[26] *Lüken,* Der Erwerb eigener Aktien nach §§ 71 ff. AktG, 2004, 74 f.; *Benckendorff,* Erwerb eigener Aktien im deutschen und US-amerikanischen Recht, 1998, 58; *Escher-Weingart/Kübler* ZHR 162 (1998) 537 (554); *v. Rosen/ Helm* AG 1996, 434 (437).

[27] *Kopp,* Erwerb eigener Aktien. Ökonomische Analyse vor dem Hintergrund von Unternehmensverfassung und Informationseffizienz des Kapitalmarktes, 1996, 110 ff.; *Johannsen-Roth,* Der Erwerb eigener Aktien, 2001, 31 f.; *Escher-Weingart/Kübler* ZHR 162 (1998) 537 (554); *Kellerhals/Rausch* AG 2000, 222 (224); *Posner* AG 1994, 312 (314); *Schanze* FS Nobel, 2005, 999 (1022 f.).

[28] *Kopp,* Erwerb eigener Aktien. Ökonomische Analyse vor dem Hintergrund von Unternehmensverfassung und Informationseffizienz des Kapitalmarktes, 1996, 112 ff. (118 ff.); *Lüken,* Der Erwerb eigener Aktien nach §§ 71 ff. AktG, 2004, 72 ff. (310 f.); *Posner* AG 1994, 312 (314); *Böhm* in v. Rosen/Seifert, Die Übernahme börsennotierter Unternehmen, 1999, 327 (334 f.); Kritik der signaling theory bei *Fried* 67 University of Chicago Law Review (2000) 421 (441 ff.).

[29] *Büscher,* Das neue Recht des Aktienrückkaufs, 2013, 48 ff., 54 f.; *Hirsch,* Der Erwerb eigener Aktien nach dem KonTraG, 2004, 51 f.; *Kellerhals/Rausch* AG 2000, 222 (223).

[30] *Benckendorff,* Erwerb eigener Aktien im deutschen und US-amerikanischen Recht, 1998, 51; *Wastl/Wagner/ Lau,* Der Erwerb eigener Aktien aus juristischer Sicht, 1997, 31 f.; vgl. bereits *Keyssner,* Die Aktiengesellschaften und die Kommanditgesellschaften auf Aktien unter dem Reichs-Gesetz vom 11. Juni 1870, 1873, 224 f.

[31] *Escher-Weingart/Kübler* ZHR 162 (1998) 537 (554).

[32] *Huber* FS Kropff, 1997, 101 (108); *Skog* ZGR 1997, 306 (309): Anleger mit hoher kurzfristiger Gewinnerwartung können verkaufen, solche mit niedriger kurzfristiger Gewinnerwartung ihre Aktien behalten; *v. Rosen/ Helm* AG 1996, 434 (437).

[33] *Posner* AG 1994, 312 (315).

[34] *Benckendorff,* Erwerb eigener Aktien im deutschen und US-amerikanischen Recht, 1998, 54; *R. Koch,* Die Auswirkungen des Wertpapiererwerbs- und Übernahmegesetzes (WpÜG) auf den Erwerb eigener Aktien, 2006, 33 f.; *Johannsen-Roth,* Der Erwerb eigener Aktien, 2001, 38; *Kellerhals/Rausch* AG 2000, 222 (223).

[35] Näher dazu *Lüken,* Der Erwerb eigener Aktien nach §§ 71 ff. AktG, 2004, 155 f.; für die USA *Fried* 67 University of Chicago Law Review (2000) 421 (427), Fn. 26.

keinen anderen Weg für Aktionäre, aus der Gesellschaft auszuscheiden, als die Aktien an die Gesellschaft selbst zu veräußern.[36]

9 Der Erwerb eigener Aktien wird bisweilen auch als **Instrument zur Verbesserung der Unternehmenskontrolle** angesehen, weil durch die Erhöhung der Beteiligungsquote der verbleibenden Aktionäre der Anreiz erhöht werde, Einfluss auf die Geschicke der Gesellschaft zu nehmen und Kontrolle über die Verwaltung auszuüben.[37]

10 Schließlich besteht aus Sicht der **Inhaber von Aktienoptionen,** insbesondere also des Managements, der Vorteil eines Aktienrückkaufs gegenüber Dividendenzahlungen als Ausschüttungsmechanismus darin, dass der Aktienrückkauf nicht oder jedenfalls nicht zu so hohen Kursrückgängen führt wie eine Dividende. Während die Dividendenzahlung den anteiligen Unternehmenswert je Aktie und damit auch den Wert der Aktienoptionen mindert, sofern nicht nach den Optionsbedingungen der Ausübungspreis entsprechend herabgesetzt wird, führt der Aktienrückerwerb zugleich zu einer Reduzierung der stimm- und dividendenberechtigten Aktien, so dass der Unternehmenswert je außenstehender Aktie und damit auch der Börsenkurs und der Wert der Optionen nicht sinkt.[38]

11 **c) Erwerb eigener Aktien als Mittel zur Einflussnahme auf die Zusammensetzung des Aktionärskreises.** Durch einen unregulierten Rückerwerb eigener Aktien kann die Gesellschaft in vielfältiger Weise auf die Zusammensetzung des Aktionärskreises Einfluss nehmen. Aus der Perspektive der Verwaltung besonders attraktiv ist naheliegenderweise die Möglichkeit, eine **Übernahme** der Gesellschaft zu **erschweren.**[39] Da zunächst die Aktionäre ihre Aktien veräußern werden, die ihren Anteilen den geringsten Wert beimessen, verbleiben diejenigen Aktionäre in der Gesellschaft, die nur zu einem höheren Preis oder überhaupt nicht zu veräußern bereit sind.[40] Aktienrückkäufe sind daher geeignet, den Preis für einen Kontrollerwerb zu erhöhen. Dieser Effekt wird häufig noch dadurch verstärkt, dass Rückkäufe trotz des damit verbundenen Liquiditätsabflusses den Kurs der Aktie und damit den Börsenwert der Gesellschaft steigern können.[41] Zugleich erhöht sich das Stimmengewicht der verbleibenden Insider, insbesondere des Managements, die an einem Kontrollwechsel nicht interessiert sind. Darüber hinaus verringert der Rückerwerb das liquide Gesellschaftsvermögen und damit auch die Möglichkeit, eine Akquisition aus Mitteln der Gesellschaft zu finanzieren.[42] Die Erfolgsaussichten eines Übernahmeversuchs sinken daher, obwohl nach dem Aktienrückkauf die Zahl der stimmberechtigten Aktien verringert und ein Übernahmeinteressent folglich auch nur eine geringere Zahl von Aktien erwerben muss, um die Kontrolle zu erlangen.[43] Eine Dividendenausschüttung in gleicher Höhe würde demgegenüber nur insoweit als Abwehrmittel wirken, als sie die liquiden Mittel und den Unternehmenswert reduziert und damit die Gesellschaft als Ziel weniger attraktiv macht. Eigene Aktien können aber auch dadurch zur Abwehr von Übernahmeversuchen eingesetzt werden, dass vorsorglich eine **Kapitalerhöhungsreserve** aufgebaut wird, die bei drohender Übernahme zur Verwässerung der Quote des Bieters auf dem Markt verkauft oder, wenn eine entsprechende Ermächtigung der Hauptversammlung vorliegt, an einen befreundeten Investor abgegeben werden kann.[44] Zusätzlich kann die Gesellschaft von der Möglichkeit der

---

[36] *Lüken,* Der Erwerb eigener Aktien nach §§ 71 ff. AktG, 2004, 79 f.

[37] *Lüken,* Der Erwerb eigener Aktien nach §§ 71 ff. AktG, 2004, 312 f.; *Hirsch,* Der Erwerb eigener Aktien nach dem KonTraG, 2004, 56 ff.

[38] *Fried* 67 University of Chicago Law Review (2000) 421 (427) Fn. 27.

[39] *T. Bezzenberger,* Der Erwerb eigener Aktien durch die AG, 2002, 77; *Kopp,* Erwerb eigener Aktien. Ökonomische Analyse vor dem Hintergrund von Unternehmensverfassung und Informationseffizienz des Kapitalmarktes, 1996, 41 ff.; *Huber* FS Kropff, 1997, 101 (106); *Hirsch,* Der Erwerb eigener Aktien nach dem KonTraG, 2004, 58; *Lüken,* Der Erwerb eigener Aktien nach §§ 71 ff. AktG, 2004, 76 f., 286 f.; *Benckendorff,* Erwerb eigener Aktien im deutschen und US-amerikanischen Recht, 1998, 60 ff.; *Berrar/Schnorbus* ZGR 2003, 59 (100 ff.); *Fried* 67 University of Chicago Law Review (2000) 421 (422): Nur etwa 15 % bis 20 % aller Rückkaufprogramme dienen als Abwehrinstrument gegen feindliche Übernahmen.

[40] *Böhm* in v. Rosen/Seifert, Die Übernahme börsennotierter Unternehmen, 1999, 327 (336); *Kopp,* Erwerb eigener Aktien. Ökonomische Analyse vor dem Hintergrund von Unternehmensverfassung und Informationseffizienz des Kapitalmarktes, 1996, 42 f.; *Kellerhals/Rausch* AG 2000, 222 (224); *Hirsch,* Der Erwerb eigener Aktien nach dem KonTraG, 2004, 58 f.; *Benckendorff,* Erwerb eigener Aktien im deutschen und US-amerikanischen Recht, 1998, 62.

[41] *Hirsch,* Der Erwerb eigener Aktien nach dem KonTraG, 2004, 57.

[42] *Hirsch,* Der Erwerb eigener Aktien nach dem KonTraG, 2004, 57; *Kellerhals/Rausch* AG 2000, 222 (224).

[43] *Benckendorff,* Erwerb eigener Aktien im deutschen und US-amerikanischen Recht, 1998, 62; *Hirsch,* Der Erwerb eigener Aktien nach dem KonTraG, 2004, 58 f.; skeptischer *T. Bezzenberger,* Der Erwerb eigener Aktien durch die AG, 2002, 51 Fn. 92; *Lüken,* Der Erwerb eigener Aktien nach §§ 71 ff. AktG, 2004, 97; *Berrar/Schnorbus* ZGR 2003, 59 (103) Fn. 190.

[44] *Kopp,* Erwerb eigener Aktien. Ökonomische Analyse vor dem Hintergrund von Unternehmensverfassung und Informationseffizienz des Kapitalmarktes, 1996, 44.

Kapitalerhöhung mit vereinfachtem Ausschluss des Bezugsrechts Gebrauch machen. Durch eine Kombination beider Maßnahmen wäre eine Quotenverwässerung von bis zu 20 % des Kapitals möglich.[45] Schließlich kann die Verwaltung einen potentiellen Bieter durch den Erwerb seiner Aktien zu einem attraktiven Preis von seiner Übernahmeabsicht abbringen.[46]

Insbesondere in **nicht börsennotierten Gesellschaften** kann ein Erwerb eigener Aktien auch unabhängig von Übernahmesituationen der Kontrolle der Zusammensetzung des Aktionärskreises dienen.[47] Sofern Dritte nicht in die Gesellschaft aufgenommen werden sollen und die anderen Aktionäre nicht dazu bereit oder in der Lage sind, die Anteile eines veräußerungswilligen Aktionärs entsprechend ihren bisherigen Beteiligungsquoten zu übernehmen, kann ein Erwerb durch die AG das Ausscheiden ermöglichen, ohne dass die Machtverhältnisse innerhalb der Gesellschaft sich verschieben. Ein Erwerb eigener Aktien kann in solchen Gesellschaften aber auch zur Auflösung von Patt-Situationen im Anteilseignerkreis eingesetzt werden.[48] Selbst ein Erwerb eigener Aktien, um eine opponierende Minderheit auszukaufen, ist unter derartigen Umständen nicht den Bedenken ausgesetzt, die gegen den Auskauf lästiger Anfechtungsklagen im Hinblick auf die Kontrolle des Verhaltens der Gesellschaftsorgane auf seine Rechtmäßigkeit hin geltend gemacht werden.[49] In personalistischen Gesellschaften kann vielmehr ein Erwerb durch die Gesellschaft unter Umständen der einzige gangbare Weg sein, um dauerhafte Konflikte zwischen Mehrheit und Minderheit zu bereinigen, indem der Minderheit das Ausscheiden aus der Gesellschaft ermöglicht wird.[50]

Aktienrückkäufe zum Auskauf von Kleinaktionären können schließlich schlicht dazu dienen, durch Streubesitz verursachte unverhältnismäßige **Verwaltungskosten** zu **reduzieren**[51] oder einen Rückzug von der Börse vorzubereiten.[52]

3. Nachteile und Gefahren des Erwerbs und der Verwendung eigener Aktien. a) Gefahren für die Gesellschaftsgläubiger. Den Vorteilen, die ein Erwerb eigener Aktien mit sich bringen kann, steht allerdings eine Reihe von Nachteilen und **Gefahren** gegenüber, **denen die Beschränkungen der §§ 71 ff. entgegenwirken sollen.** Die Gesellschaft erwirbt in Gestalt eigener Aktien nur eine Beteiligung an einem Vermögen, das ihr ohnehin bereits gehört. Ihr Vermögen wird also durch die eigenen Aktien nicht vermehrt.[53] Die Zahlung des Erwerbspreises für eigene Aktien stellt in der Sache eine **Kapitalrückzahlung** dar, die den Verschuldungsgrad, die Risikoneigung der Eigenkapitalgeber und damit auch die Insolvenzanfälligkeit der Gesellschaft erhöht.[54] Da der Wert der Aktien vollständig vom Wert der sonstigen Gesellschaftsvermögens abhängt, bietet sie als Vollstreckungsgegenstand keine zusätzliche Sicherheit. Der Einwand, diese Sichtweise berücksichtige nicht hinreichend die Doppelnatur der Aktie als Mitgliedschaftsrecht und als verkehrsfähiges Wertpapier, dessen Wert nicht davon abhängen könne, in wessen Hand es sich befinde,[55] trifft nicht zu, wie der Extremfall des Erwerbs aller Aktien im Austausch gegen das gesamte Vermögen der AG besonders deutlich zeigt. Bereits nach früherem Recht besagte der Umstand, dass eigene Aktien in der Regel[56] mit dem Anschaffungswert nach § 266 Abs. 2 B III 2 HGB iVm § 253 Abs. 1 S. 1 HGB zu bilanzieren waren,[57] demgegenüber schon deswegen nichts, weil diese Bilanzposition nach § 272 Abs. 4 HGB

---

[45] *Böhm* in v. Rosen/Seifert, Die Übernahme börsennotierter Unternehmen, 1999, 327 (337).
[46] *Kopp*, Erwerb eigener Aktien. Ökonomische Analyse vor dem Hintergrund von Unternehmensverfassung und Informationseffizienz des Kapitalmarktes, 1996, 45.
[47] *Wastl/Wagner/Lau*, Der Erwerb eigener Aktien aus juristischer Sicht, 1997, 40 f.; *Benckendorff*, Erwerb eigener Aktien im deutschen und US-amerikanischen Recht, 1998, 64 f.; *Hirsch*, Der Erwerb eigener Aktien nach dem KonTraG, 2004, 65 ff.; *Leithaus*, Die Regelungen des Erwerbs eigener Aktien in Deutschland und den Niederlanden, 2000, 27 (32 f.).
[48] BegrRegE KonTraG, BT-Drs. 13/9712, 14.
[49] Grundlegend zu den Bedenken gegen den Abkauf von Anfechtungsklagen *Lutter* ZGR 1978, 347 (356 ff.); krit. dazu wiederum etwa *Martens* AG 1988, 118 (119 ff.).
[50] *Lüken*, Der Erwerb eigener Aktien nach §§ 71 ff. AktG, 2004, 76; *Escher-Weingart/Kübler* ZHR 162 (1998) 537 (553).
[51] *Escher-Weingart/Kübler* ZHR 162 (1998) 537 (553); *Kellerhals/Rausch* AG 2000, 222 (224).
[52] *Kopp*, Erwerb eigener Aktien. Ökonomische Analyse vor dem Hintergrund von Unternehmensverfassung und Informationseffizienz des Kapitalmarktes, 1996, 40 f.; *Hirsch*, Der Erwerb eigener Aktien nach dem KonTraG, 2004, 67 f.; *Lüken*, Der Erwerb eigener Aktien nach §§ 71 ff. AktG, 2004, 79; *Escher-Weingart/Kübler* ZHR 162 (1998) 537 (553, 557).
[53] Ausf. dazu *T. Bezzenberger*, Der Erwerb eigener Aktien durch die AG, 2002, 54–59.
[54] *Kopp*, Erwerb eigener Aktien. Ökonomische Analyse vor dem Hintergrund von Unternehmensverfassung und Informationseffizienz des Kapitalmarktes, 1996, 56 f.; *T. Bezzenberger* ZHR 180 (2016), 8 (11); *Peltzer* WM 1998, 322 (327).
[55] *Wastl/Wagner/Lau*, Der Erwerb eigener Aktien aus juristischer Sicht, 1997, 55.
[56] Eine Ausnahme sieht § 272 Abs. 1 S. 4–6 HGB vor.
[57] *Wastl/Wagner/Lau*, Der Erwerb eigener Aktien aus juristischer Sicht, 1997, 55 f.

iVm § 71 Abs. 2 S. 2 durch eine aus freien Mitteln zu bildende Rücklage neutralisiert werden musste. Im Übrigen ändern auch gesetzliche Rechnungslegungsregeln nichts am wirtschaftlichen Gehalt eines Gegenstandes. Die früher gebotene Aktivierung eigener Aktien verschärfte vielmehr tendenziell die Gefahren, die aus Gläubigersicht mit dem Erwerb verbunden sind. Verschlechterte sich die wirtschaftliche Lage der Gesellschaft, mussten zugleich die eigenen Aktien auf den Teilwert abgeschrieben werden. Die Gläubiger waren daher mit der Gefahr konfrontiert, dass es in der Krise der Gesellschaft zu einem **Doppelschaden** durch Verluste aus dem laufenden Geschäft und Verluste aus einer daraus resultierenden Neubewertung der Aktien kommen konnte.[58] Diese Gefahr wurde auch durch eine bilanzielle Neutralisierung durch eine Rücklage für eigene Aktien nicht vollständig beseitigt.[59] Nunmehr sind nach § 272 Abs. 1a HGB der Nennbetrag eigener Aktien offen als Kapitalrückzahlung vom Grundkapital abzusetzen und darüber hinausgehende Anschaffungskosten mit den frei verfügbaren Rücklagen zu verrechnen. Der Ausschüttungscharakter eines entgeltlichen Aktienrückerwerbs kommt damit jetzt auch im Gesetz klar zum Ausdruck.

15 **b) Gefahren für die aktienrechtliche Kompetenzordnung.** Ohne Regulierung des Erwerbs und der Rechte, die der Gesellschaft aus eigenen Aktien zustehen, bestünde die Gefahr einer Aushöhlung der aktienrechtlichen Kompetenzordnung, denn wenn der Vorstand das Stimmrecht aus eigenen Aktien ausüben dürfte, könnte er, ohne eigenen Aktienbesitz zu halten, auf die Entscheidungen der Hauptversammlung Einfluss nehmen. Selbst bei einem Ruhen des Stimmrechts aus eigenen Aktien könnte die Verwaltung **unliebsame Aktionäre auskaufen**.[60] Opposition gegen die Geschäftsleitung muss aber nicht durch das Streben nach Sondervorteilen motiviert sein, sondern kann durchaus im Interesse der Gesellschaft liegen. Die Einflussnahme auf die Zusammensetzung des Aktionärskreises, die ein unregulierter Erwerb eigener Aktien ermöglichen würde, ist also keineswegs per se als positiv zu bewerten. Vielmehr besteht hier ein ernstzunehmendes Risiko der Emanzipation der Verwaltung von den Eigenkapitalgebern.[61]

16 **c) Gefahren für die Aktionäre.** Die Aktionäre müssen vor einer **Ungleichbehandlung** bei Erwerb und Veräußerung eigener Aktien geschützt werden. Bei **ungleichmäßigem Erwerb** erhalten einzelne Aktionäre eine Kapitalrückzahlung, während die anderen weiterhin das mit der Eigenkapitalgeberstellung verbundene Verlustrisiko tragen,[62] das sich infolge des Entzugs von Eigenkapital durch die Zahlung des Erwerbspreises erhöhen kann. Ein ungleichmäßiger Erwerb eigener Aktien wirkt sich insbesondere dann zum Nachteil der verbleibenden Aktionäre aus, wenn die Aktien zu einem höheren Preis als dem aktuellen Kurs erworben werden, wie das in der Weltwirtschaftskrise im Verhältnis zu Großaktionären nicht selten der Fall war.[63] Selbst bei angemessener Gegenleistung liegt aber eine Benachteiligung der übergangenen Aktionäre vor, wenn diese keine Möglichkeit haben, ihre Aktien zu denselben Bedingungen an Dritte zu veräußern. In jedem Fall übernimmt die Gesellschaft mit den eigenen Aktien das Risiko, dass eine erneute Ausgabe nur mit Verlust möglich ist, der wiederum die Gewinnanteile der verbleibenden Aktionäre schmälert.[64] Eine **Ungleichbehandlung bei der Veräußerung** eigener Aktien wirkt wie Bezugsrechtsausschluss.[65] Ebenso wie bei einer Kapitalerhöhung droht den Aktionären bei zu billiger Ausgabe der Aktien an Dritte eine Verwässerung des Wertes ihrer Beteiligung. Bezogen auf die Verhältnisse nach dem Erwerb der eigenen Aktien führt die Ausgabe an Dritte oder an einzelne Aktionäre auch zu einer Verwässerung der Beteiligungsquote.

17 **d) Gefahren für die Gesellschaft.** Für die Gesellschaft kann die Investition in eigene Aktien eine unproduktive Bindung von Mitteln bedeuten, wenn eine Weiterveräußerung nicht oder nicht ohne Verlust möglich ist. In jedem Fall **mindert** die Zahlung des Erwerbspreises das für die Finanzierung der Geschäftstätigkeit verfügbare **Eigenkapital**.[66] Wird der Aktienerwerb mit dem Fehlen

---

[58] *Huber* FS Duden, 1977, 137 (139); *Oechsler* ZHR 170 (2006) 72 (75) mN; *Habersack* ZIP 2004, 1121 (1122); Großkomm AktG/*Merkt* Rn. 8.
[59] Zutr. *Huber* FS Kropff, 1997, 101 (122); aA offenbar *Oechsler* ZHR 170 (2006) 72 (75 f.).
[60] *Hirsch*, Der Erwerb eigener Aktien nach dem KonTraG, 2004, 99; *Lüken*, Der Erwerb eigener Aktien nach §§ 71 ff. AktG, 2004, 93 f.; *Huber* FS Duden, 1977, 137 (141); *v. Rosen/Helm* AG 1996, 434 (438).
[61] *Huber* FS Duden, 1977, 137 (141); *Büscher*, Das neue Recht des Aktienrückkaufs, 2013, 63.
[62] *v. Rosen/Helm* AG 1996, 434 (437); *Peltzer* WM 1998, 322 (327).
[63] Vgl. dazu *Maltschew*, Der Rückerwerb eigener Aktien in der Weltwirtschaftskrise 1929–1931, 2004, 122 f.; *Peltzer* WM 1998, 322 (327).
[64] *Lüken*, Der Erwerb eigener Aktien nach §§ 71 ff. AktG, 2004, 96.
[65] *Hirsch*, Der Erwerb eigener Aktien nach dem KonTraG, 2004, 99; *Lüken*, Der Erwerb eigener Aktien nach §§ 71 ff. AktG, 2004, 95; *Huber* FS Duden, 1977, 137 (139 f.).
[66] *Lüken*, Der Erwerb eigener Aktien nach §§ 71 ff. AktG, 2004, 82 f., 93; empirische Daten dazu bei *Eckert*, Der Erwerb eigener Aktien auf dem Prüfstand der Rechtstatsachenforschung, 2013, 73 f.

alternativer Anlagemöglichkeiten mit hinreichenden Ertragsaussichten begründet, kann dies schließlich zum Verlust des Vertrauens in die unternehmerischen Qualitäten des Managements beitragen.[67]

e) Gefahren für die Funktionsfähigkeit des Kapitalmarkts und des Marktes für Unternehmenskontrolle. Beim Erwerb eigener Aktien trifft die Verwaltung die Erwerbsentscheidung für die Gesellschaft. Damit besteht die **Gefahr von Insidergeschäften**.[68] Bereits der Plan, eigene Aktien zu erwerben, kann, je nach dem Erwerbsvolumen, ein Umstand mit erheblichem Einfluss auf den Aktienkurs sein. Solange sich die Gesellschaft aber darauf beschränkt, ihren Erwerbsentschluss auszuführen, verwendet sie dieses Insiderwissen nicht, sondern setzt lediglich ihren eigenen Plan um. Dagegen nutzt die Gesellschaft in unzulässiger Weise einen Informationsvorsprung zum Nachteil der veräußernden Aktionäre aus, wenn sie im Wissen um nicht öffentlich bekannte Umstände, aufgrund derer die Aktie unterbewertet erscheint, eigene Aktien erwirbt oder in Kenntnis von Umständen, deren Bekanntwerden zu einem nicht unerheblichen Kursrückgang führen würde, eigene Aktien wieder veräußert. Die für einen Erwerb eigener Aktien maßgebliche Einschätzung des Vorstandes, die Aktie sei unterbewertet, darf daher nicht auf konkreten, nicht öffentlich bekannten Umständen beruhen, sondern allenfalls auf einer positiveren Einschätzung der Aussichten der Gesellschaft, wie sie sich aus den allgemein zugänglichen Informationen darstellen.

Neben der Gefahr von Insidergeschäften birgt der Erwerb eigener Aktien das Risiko einer **Verfälschung des Aktienkurses**.[69] Da die Gesellschaft in Gestalt eigener Aktien keinen zusätzlichen Wert erwirbt, unterscheiden sich ihre Erwerbsmotive grundsätzlich von denen anderer Marktteilnehmer. Dabei ist nicht zuletzt der Umstand von Bedeutung, dass ein hoher Aktienkurs der effektivste Schutz gegen feindliche Übernahmen und damit ein Mittel zur Sicherung der Stellung des Vorstands ist.[70] Tritt die Gesellschaft in nennenswertem Umfang als anonyme Käuferin eigener Aktien auf, kann der Eindruck einer in Wahrheit nicht bestehenden Nachfrage entstehen.[71] Aber auch wenn die Gesellschaft offen als Erwerberin in Erscheinung tritt, um dem Markt ihre Einschätzung zu signalisieren, die Aktie sei unterbewertet,[72] lässt sich die Gefahr einer Kursverfälschung nicht von der Hand weisen.[73] Ob dieses Risiko in Kauf genommen werden sollte, weil der Verwaltung kein anderes vergleichbar effektives Mittel zur Verfügung steht, um dem Markt ihre Einschätzung über Fehlbewertungen der Aktie zu vermitteln,[74] wird zunehmend in Zweifel gezogen.[75] Sofern sich das Management nicht verpflichtet, ein Erwerbsangebot der Gesellschaft nicht für eigene Rechnung wahrzunehmen, besteht die Gefahr, dass Aktienrückkäufe durch das Streben motiviert sind, den Kurs der Aktien oder Optionen der Insider zu steigern.[76] Selbst wenn aber das Management von dem Erwerbsangebot der Gesellschaft keinen Gebrauch macht, kann es von einer durch den Rückerwerb ausgelösten Kurssteigerung profitieren, indem es seine Aktien am Markt veräußert, bevor die Unrichtigkeit des Signals, die Gesellschaft sei unterbewertet, erkennbar wird und der Preis sinkt. Gerade das tun Insider aber nach einer jüngeren US-amerikanischen Studie in etwa 40 % der Festpreisangebote und beinahe der Hälfte der Preisspannenangebote. Überdies verpflichtet sich nach dieser Studie das Management lediglich in 24 % der

---

[67] *Lüken*, Der Erwerb eigener Aktien nach §§ 71 ff. AktG, 2004, 83 f.
[68] *Hirsch*, Der Erwerb eigener Aktien nach dem KonTraG, 2004, 122 ff.; *Lüken*, Der Erwerb eigener Aktien nach §§ 71 ff. AktG, 2004, 101 f.; *R. Koch*, Die Auswirkungen des Wertpapiererwerbs- und Übernahmegesetzes (WpÜG) auf den Erwerb eigener Aktien, 2006, 49 f.; Großkomm AktG/*Merkt* Rn. 15.
[69] Vgl. dazu etwa *Kitanoff*, Der Erwerb eigener Aktien, 2009, 230 ff.
[70] *Kopp*, Erwerb eigener Aktien. Ökonomische Analyse vor dem Hintergrund von Unternehmensverfassung und Informationseffizienz des Kapitalmarktes, 1996, 123.
[71] Vgl. bereits *Lehmann*, Das Recht der Aktiengesellschaften, 1904, 79; *R. Koch*, Die Auswirkungen des Wertpapiererwerbs- und Übernahmegesetzes (WpÜG) auf den Erwerb eigener Aktien, 2006, 49; *Lüken*, Der Erwerb eigener Aktien nach §§ 71 ff. AktG, 2004, 100; *Schäfer* WM 1999, 1345 (1352); *v. Rosen/Helm* AG 1996, 434 (437); krit. gegenüber jeder Kurspflege *Lutter* AG 1997, August-Sonderheft, 52 (56).
[72] *Lüken*, Der Erwerb eigener Aktien nach §§ 71 ff. AktG, 2004, 72 ff. (310 f.); *Posner* AG 1994, 312 (314); *Böhm* in v. Rosen/Seifert, Die Übernahme börsennotierter Unternehmen, 1999, 327 (334 f.); Darstellung und Kritik der signaling theory bei *Fried* 67 University of Chicago Law Review (2000) 421 (441 ff.).
[73] Vgl. bereits *Lehmann*, Das Recht der Aktiengesellschaften, 1904, 79; Täuschung des Publikums über kursrelevante Tatsachen, *Lüken*, Der Erwerb eigener Aktien nach §§ 71 ff. AktG, 2004, 100; *Schäfer* WM 1999, 1345 (1352); *v. Rosen/Helm* AG 1996, 434 (437); krit.gegenüber jeder Kurspflege *Lutter* AG 1997, Sonderheft, 52 (56).
[74] *Lüken*, Der Erwerb eigener Aktien nach §§ 71 ff. AktG, 2004, 72 ff. (310 f.); *Posner* AG 1994, 312 (314); *Böhm* in v. Rosen/Seifert, Die Übernahme börsennotierter Unternehmen, 1999, 327 (334 f.); Darstellung und Kritik der „signaling theory" bei *Fried* 67 University of Chicago Law Review (2000) 421 (441 ff.).
[75] Ausf. dazu *Fried* 67 University of Chicago Law Review (2000) 421 (441 ff.).
[76] Wenn der Ausübungspreis dem Aktienkurs zu einem bestimmten Zeitpunkt oder dem Durchschnittskurs innerhalb eines bestimmten Zeitraums entspricht, kann umgekehrt der Anreiz bestehen, durch Veräußerung eigener Aktien den Kurs zu senken um damit die Gewinnchancen für die Optionsinhaber zu erhöhen, vgl. Wall Street Journal v. 18.3.2006, S. A 1.

Festpreisangebote und in 9 % der Preisspannenangebote, diese Angebote nicht selbst anzunehmen.[77] Selbst wenn aber der Rückkaufspreis im Verhältnis zum inneren Wert zu niedrig angesetzt wird, können Insider davon profitieren. Wenn sie ihre Aktien nicht veräußern, kommen sie in den Genuss einer höheren Beteiligung, ohne dafür eigene Mittel aufwenden zu müssen; dabei steigt der Wert ihrer Anteile um die Differenz zwischen dem Rückerwerbspreis und dem „wirklichen" höheren Wert der zurückgekauften Anteile.[78] Ein alternativer Erklärungsansatz für den Erwerb eigener Aktien lautet daher, dass Rückkaufsangebote statt der vergleichsweise kostengünstigeren Alternativen der Dividendenausschüttung oder des anonymen Erwerbs über die Börse eingesetzt werden, weil sie größeres Potential für eine Beeinflussung des Kurses im Interesse von Insidern bieten.[79]

20   Schließlich ist der Einsatz von Aktienrückkäufen als Mittel zur **Abwehr von Übernahmeversuchen** problematisch, weil die Gefahr von Unternehmensübernahmen die Verwaltung disziplinieren und die vor allem in Publikumsgesellschaften zu verzeichnende Ineffizienz der Aktionärskontrolle ausgleichen soll. Der Einsatz von Gesellschaftsvermögen durch das Management, um durch Aktienrückkäufe die eigene Position zu stärken, läuft dem Anliegen einer Marktkontrolle der Unternehmensleitung zuwider.[80]

II. Entstehungsgeschichte und Reformbestrebungen

21   **1. Die Regelungen über eigene Aktien bis zur Aktienrechtsnovelle 1884.** Ebenso wie das preußische Gesetz vom 8.11.1843 enthielt das ADHGB von 1861 keinerlei Regelung über den Erwerb eigener Aktien. Dieser Zustand änderte sich mit der Aktienrechtsnovelle vom 11.6.1870, nachdem es in erheblichem Umfang zu Missbräuchen gekommen war, als Gesellschaften nahezu ihr gesamtes Vermögen für Aktienrückkäufe verwendet hatten.[81] Der neue Art. 215 Abs. 3 ADHGB statuierte ein **umfassendes Verbot des Erwerbs eigener Aktien**.[82] Weder das französische Recht, das weitgehend als Vorbild für den preußischen Entwurf gedient hatte,[83] noch das englische Recht enthielten zu dieser Zeit Beschränkungen des Erwerbs eigener Aktien. Derartige Bestimmungen waren zwar diskutiert, aber wegen der möglichen positiven Wirkungen eines Erwerbs eigener Aktien abgelehnt worden.[84] Das Erwerbsverbot war damit eine spezifisch deutsche Entwicklung.[85] Entscheidend waren neben dem dogmatischen Bedenken, dass die Gesellschaft nicht zugleich ihr eigenes Mitglied sein könne,[86] auch wirtschaftliche Erwägungen. Nach Wegfall des Konzessionserfordernisses und der damit einhergehenden staatlichen Überwachung sollte der Gläubigerschutz durch eine „nach allen Seiten zu scharfer Geltung kommende" Sicherung von Aufbringung und Erhaltung des Grundkapitals erreicht werden.[87] Daher sollte der Ankauf von eigenen Aktien sowohl zu Lasten des Kapitals als auch aus dem Reservefonds oder den Reinerträgen verhindert werden.[88] Hinsichtlich der Vermögensbindung ging das Verbot des Erwerbs eigener Aktien damit weit über die Kapitalerhaltungsbestimmungen der Art. 215, 216 ADHGB 1861 und 1870 hinaus, die noch keine Bindung des Agios und der Rücklagen vorsahen, sondern in ihrer Reichweite der Regelung des § 30 GmbHG entsprachen.[89] Dieses umfassende Erwerbsverbot wurde wegen Fehlens von Ausnahmeregelungen als zu weit gehend kritisiert.[90] Bis das ROHG in zwei Entscheidungen klarstellte, dass ein Ankauf eigener Aktien regelmäßig nichtig sei,[91] wurde es daher im Schrifttum teilweise als bloße Sollvorschrift interpretiert.[92]

---

[77] *Fried* 67 University of Chicago Law Review (2000) 421 (449 f.).
[78] *Fried* 67 University of Chicago Law Review (2000) 421 (453 ff.).
[79] *Fried* 67 University of Chicago Law Review (2000) 421 (441 ff.); *Bosse* NZG 2001, 594 (598) und NZG 2000, 923 (924).
[80] Vgl. MüKoAktG/*Oechsler* Rn. 24.
[81] *Maltschew*, Der Rückerwerb eigener Aktien in der Weltwirtschaftskrise 1929–1931, 2004, 44 f.
[82] Die Vorschrift lautete: *Die Aktiengesellschaft darf eigene Aktien nicht erwerben. Sie darf eigene Aktien nicht amortisieren, sofern dies nicht durch den ursprünglichen Gesellschaftsvertrag oder durch einen den letzteren abändernden, vor der Ausgabe der Aktien gefassten Beschluss zugelassen ist.*
[83] *Hirsch*, Der Erwerb eigener Aktien nach dem KonTraG, 2004, 8; *Schubert* ZGR 1981, 285 (313); Verhandlungen des Bundesrathes, Drs. Nr. 62/1870 S. 8.
[84] *Mittermair* Beilageheft ZHR 12 (1868), 124.
[85] *Hirsch*, Der Erwerb eigener Aktien nach dem KonTraG, 2004, 8.
[86] Verhandlungen des Bundesrathes, Drs. Nr. 62/1870, 10.
[87] Verhandlungen des Bundesrathes, Drs. Nr. 62/1870, 23.
[88] Verhandlungen des Bundesrathes, Drs. Nr. 62/1870, 28.
[89] *Hirsch*, Der Erwerb eigener Aktien nach dem KonTraG, 2004, 14.
[90] Nachw. aus dem Schrifttum bei *Maltschew*, Der Rückerwerb eigener Aktien in der Weltwirtschaftskrise 1929–1931, 2004, 49 und *Peltzer* WM 1998, 322 (324) Fn. 41.
[91] ROHGE 17, 381; 22, 191 (193); vgl. dazu *Leithaus*, Die Regelungen des Erwerbs eigener Aktien in Deutschland und in den Niederlanden, 2000, 63.
[92] Vgl. etwa *Keyssner*, Die Aktiengesellschaften und die Kommanditgesellschaften auf Aktien unter dem Reichs-Gesetz vom 11. Juni 1870, 1873, 228 f.; *Bekker* ZHR 17 (1872) 379 (459).

2. Die liberale Praxis seit der Aktienrechtsnovelle 1884. Im Rahmen der **Aktienrechtsno-** 22
velle vom 18.7.1884 wurde das **Verbot** des Erwerbs eigener Aktien durch den neuen Art. 215d
ADHGB[93] **gelockert.** Der Erwerb eigener Aktien sollte zwar, außer in Fällen der Kommission,
nach den Vorstellungen der Gesetzesverfasser eng beschränkt sein, etwa auf Fälle des schenkweisen
Erwerbs oder des Erwerbs im Wege der Zwangsvollstreckung;[94] die Bestimmung wurde aber in der
Folge weit interpretiert. Dabei wurde nicht danach unterschieden, zu Lasten welcher Mittel der
Erwerb erfolgte. Hinsichtlich der Rechtsfolgen wurde durch die bloße Soll-Vorschrift des Abs. 1
klargestellt, dass ein Erwerb eigener Aktien nicht nichtig sei, sondern lediglich die Haftung von
Vorstand und Aufsichtsrat nach Art. 241 Abs. 3 und 4 ADHGB, Art. 226 Abs. 2 Nr. 3 ADHGB zur
Folge haben sollte.[95]

Im Zuge der Einführung des **HGB vom 10.5.1897** wurde der bisherige Art. 215d ADHGB mit 23
einer redaktionellen Änderung in § 226 übernommen. Statt „im geschäftlichen Betriebe" war der
Ge-sellschaft nunmehr der Erwerb eigener Aktien „im regelmäßigen Geschäftsbetrieb" untersagt,
ohne dass damit eine sachliche Änderung bezweckt gewesen wäre.[96] Unter Geltung von Art. 215d
ADHGB 1884 und § 226 HGB kam es in erheblichem Maße zu Aktienrückkäufen. Beide Vorschriften enthielten kein striktes Verbot, sondern **nur Sollvorschriften.** Namentlich § 226 HGB schränkte nur den Erwerb im regelmäßigen Geschäftsbetrieb ein. Einen Erwerb außerhalb dieses eng interpretierten Bereichs, etwa für Zwecke der Kurspflege, hielt man für schrankenlos zulässig. Im Vorfeld
und während der Weltwirtschaftskrise konnten daher Gesellschaften, insbesondere Banken,[97] in
großem Umfang eigene Aktien erwerben. Ausschlaggebend dafür waren unterschiedliche Motive,[98]
namentlich das Bestreben, den Kurs zu stützen,[99] eine zu positive Einschätzung des Wertes der
Aktien und die darauf gegründete Erwartung, bei einer künftigen Veräußerung Gewinne zu erzielen.[100] Hinzu kam die Bilanzierungspraxis, eigene Aktien nicht auf der Aktivseite anzusetzen, sondern unmittelbar vom Grundkapital abzusetzen. Bei einem Erwerb der Aktien zu einem Preis unterhalb
des Nennwertes führte dies zum Ausweis von Buchgewinnen, denn während die Aktiva nur um
den unterhalb des Nennwertes liegenden Erwerbspreis reduziert wurden, sanken die Passiva um den
vom Grundkapital abgesetzten Nennwert der Aktien.[101] Vor allem bei Industrieunternehmen, die
keine sinnvolle Einsatzmöglichkeit für ihre liquiden Mittel sahen, diente der Erwerb eigener Aktien
als vereinfachter Weg für eine Kapitalherabsetzung.[102] Ein weiterer Beweggrund für den Rückerwerb
eigener Aktien bestand schließlich in dem Bestreben, die Dividende zu steigern, die auf die nach
dem Rückkauf außenstehenden Aktien entfiel.[103] Nach der Einschätzung von Zeitgenossen standen
die Erwerbsbeschränkungen zwar nicht gerade nur auf dem Papier, hatten aber nicht erst seit der
Nachkriegszeit einen nur „sehr beschränkten Wirklichkeitswert",[104] weil das grundsätzliche Verbot
des Erwerbs eigener Aktien von den betroffenen Wirtschaftskreisen nie wirklich akzeptiert worden
war.[105] Als im Verlauf der Weltwirtschaftskrise die Kurse weiter zurückgingen, erwarben zahlreiche
Gesellschaften in immer weiter gehendem Umfang eigene Aktien, um den Kursverfall und damit
auch den Wertverfall der bereits erworbenen eigenen Aktien aufzuhalten.[106]

---

[93] Die Vorschrift lautete: (1) *Die AG soll eigene Aktien im geschäftlichen Betriebe, sofern nicht eine Kommission zum Einkauf ausgeführt wird, weder erwerben noch zum Pfande nehmen.*
(2) *Eigene Interimsscheine kann sie im regelmäßigen Geschäftsbetriebe auch in Ausführung einer Einkaufskommission weder erwerben noch zum Pfande nehmen. Das gleiche gilt von Aktien, auf welche der Nennbetrag, falls der Ausgabebetrag höher ist, dieser noch nicht voll geleistet ist.*
[94] Stenographische Protokolle der Verhandlungen des Reichstages, Bd. 3, Drs. 21/1884 des Reichstages S. 233 (330); *Flechtheim* Bank-Archiv 1931/32, 10 (11).
[95] *Hirsch,* Der Erwerb eigener Aktien nach dem KonTraG, 2004, 12; *Maltschew,* Der Rückerwerb eigener Aktien in der Weltwirtschaftskrise 1929–1931, 2004, 53; MüKoAktG/*Oechsler* Rn. 28; *Peltzer* WM 1998, 322 (325); aA aber *Lehmann,* Das Recht der Aktiengesellschaften, 1904, 85: Nichtigkeit wegen Verstoßes gegen ein Verbotsgesetz, soweit nicht das Gesetz eine andere Folge aufgestellt hat.
[96] *Maltschew,* Der Rückerwerb eigener Aktien in der Weltwirtschaftskrise 1929–1931, 2004, 53 f.
[97] Näher dazu *Maltschew,* Der Rückerwerb eigener Aktien in der Weltwirtschaftskrise 1929–1931, 2004, 28 f.
[98] Ausführlicher Überblick bei *Hirsch,* Der Erwerb eigener Aktien nach dem KonTraG, 2004, 16 ff.; *Flechtheim* Bank-Archiv 1931/32, 10 (11); *Maltschew,* Der Rückerwerb eigener Aktien in der Weltwirtschaftskrise 1929–1931, 2004, 30 ff.
[99] Das war vor allem bei Banken der Hauptgrund für den umfangreichen Erwerb eigener Aktien.
[100] *Flechtheim* Bank-Archiv 1931/32, 10 (11).
[101] *Maltschew,* Der Rückerwerb eigener Aktien in der Weltwirtschaftskrise 1929–1931, 2004, 32.
[102] *Maltschew,* Der Rückerwerb eigener Aktien in der Weltwirtschaftskrise 1929–1931, 2004, 31 f.
[103] *Maltschew,* Der Rückerwerb eigener Aktien in der Weltwirtschaftskrise 1929–1931, 2004, 33 f.
[104] *Flechtheim* Bank-Archiv 1931/32, 10 (11).
[105] *Flechtheim* Bank-Archiv 1931/32, 10 (11); Zahlen zum Bestand eigener Aktien bei den insoweit besonders aktiven Banken im Jahr 1931 bei *Huber* FS Duden, 1977, 137 (140) Fn. 19.
[106] *Peltzer* WM 1998, 322 (325).

24   3. Die Verschärfung der Bestimmungen über eigene Aktien seit der Notverordnung vom 19. September 1931. Als Reaktion auf diese Entwicklung und ausgelöst durch den Konkurs der Nordwolle AG, die in erheblichem Umfang eigene Aktien erworben und dadurch die Krise der Darmstädter und Nationalbank im Sommer 1931 verursacht hatte,[107] wurden die Bestimmungen über den Erwerb eigener Aktien durch die Notverordnung vom 19.9.1931 neu gefasst und deutlich erweitert.[108] In den Beratungen zu der Verordnung wurde insbesondere kritisiert, dass durch Stützungskäufe beim Anlagepublikum unzutreffende Vorstellungen über den Wert der Aktien hervorgerufen und zudem der Verwaltung nahe stehende Aktionäre begünstigt worden seien.[109] Damit rückten der **Anlegerschutz und die Gleichbehandlung der Aktionäre** stärker ins Blickfeld, als das bis dahin der Fall gewesen war. Erstmals wurden **die 10 %-Grenze**[110] **und als Erwerbsgrund die Schadensabwehr eingeführt.** Als Beispiele für Schadensabwehr wurden etwa Stützungskäufe jenseits der „normalen" Kurspflege[111] und die Abwehr einer Überfremdung genannt.[112] Durch Abs. 3 wurde der Anwendungsbereich auf Dritte, die Aktien für Rechnung der Gesellschaft erwarben,[113] und auf die Übernahme einer Kursgarantie durch die Gesellschaft[114] ausgedehnt. Bislang war dieser Fall nach hM nicht unter das Erwerbsverbot des § 226 HGB gefallen.[115] Neu war auch die Erstreckung der Erwerbsbeschränkungen auf abhängige Unternehmen durch Abs. 4.[116] Kritisiert wurde die Neufassung ua dafür, dass sie, zumindest ihrem Wortlaut nach, auch unproblematische Erwerbsfälle ausschloss wie etwa den schenkweisen Erwerb voll eingezahlter Aktien.[117] Ebenfalls kritisiert wurde, dass in Abweichung vom Entwurf eines neuen § 215 HGB durch das RMJ der Erwerb zur Vorbereitung einer Verschmelzung nach der Neufassung nicht zulässig war.[118] Als besonders problematisch

---

[107] Näher dazu *Maltschew*, Der Rückerwerb eigener Aktien in der Weltwirtschaftskrise 1929–1931, 2004, 77 ff.

[108] Die Vorschrift lautete: § 226 (1) Die Aktiengesellschaft darf eigene Aktien oder Interimsscheine erwerben, wenn es zur Abwendung eines schweren Schadens von der Gesellschaft notwendig ist; der Gesamtnennbetrag der zu erwerbenden Aktien darf zehn vom hundert oder einen etwa von der Reichsregierung festgesetzten niedrigeren Hundertsatz des Grundkapitals nicht übersteigen.
Im übrigen darf die Aktiengesellschaft eigene Interimsscheine nicht, eigene Aktien nur erwerben, wenn auf sie der Nennbetrag oder, falls der Ausgabebetrag höher ist, dieser voll geleistet ist und
1. die Gesellschaft damit eine Einkaufskommission ausführt oder
2. der Gesamtnennbetrag der zu erwerbenden Aktien zusammen mit anderen eigenen Aktien, die der Gesellschaft bereits gehören, zehn vom hundert oder einen etwa von der Reichsregierung festgesetzten niedrigeren Hundertsatz des Grundkapitals nicht übersteigen und die Aktien zur Einziehung erworben werden; als hierzu erworbene Aktien gelten die Aktien nur, wenn sie binnen 6 Monaten nach Erwerb eingezogen werden.
(2) Die Wirksamkeit des Erwerbs eigener Aktien wird durch einen Verstoß gegen die Vorschriften des Absatz 1 nicht berührt, es sei denn, dass auf sie der Nennbetrag oder, falls der Ausgabebetrag höher ist, dieser noch nicht voll geleistet ist.
(3) Dem Erwerb eigener Aktien oder Interimsscheine steht es gleich, wenn eigene Aktien oder eigene Interimsscheine zum Pfand genommen werden oder wenn Aktien der Gesellschaft von einem anderen für Rechnung der Gesellschaft oder unter Übernahme einer Kursgarantie durch die Gesellschaft übernommen werden.
(4) Steht eine Handelsgesellschaft oder bergrechtliche Gewerkschaft aufgrund von Beteiligungen oder in sonstiger Weise unmittelbar oder mittelbar unter dem beherrschenden Einfluß einer Aktiengesellschaft oder Kommanditgesellschaft auf Aktien (abhängige Gesellschaft), so darf sie Aktien oder Interimsscheine der herrschenden Gesellschaft nur nach Maßgabe der für den Erwerb eigener Aktien vorgesehenen Bestimmungen der Abs. 1–3 erwerben oder als Pfand nehmen. Sie darf ferner Aktien der herrschenden Gesellschaft nicht zeichnen; die Wirksamkeit einer solchen Zeichnung wird durch einen Verstoß gegen diese Vorschrift nicht berührt.
(5) Das Stimmrecht und der Anspruch auf den Reingewinn aus eigenen Aktien, die der Gesellschaft oder einem anderen für ihre Rechnung gehören, ruhen.
Ausf. zur Entstehungsgeschichte der Vorschrift *Maltschew*, Der Rückerwerb eigener Aktien in der Weltwirtschaftskrise 1929–1931, 2004, 61 ff.; *Benckendorff*, Erwerb eigener Aktien im deutschen und US-amerikanischen Recht, 1998, 39 ff.

[109] *Maltschew*, Der Rückerwerb eigener Aktien in der Weltwirtschaftskrise 1929–1931, 2004, 89.

[110] Zu den Gründen und zur Entstehungsgeschichte *Maltschew*, Der Rückerwerb eigener Aktien in der Weltwirtschaftskrise 1929–1931, 2004, 95 f.; *Quassowski* JW 1931, 2914 (2920).

[111] Nach der Begründung sollte ein Erwerb zur Abwehr schwerer Baisseangriffe und damit zur Hintanhaltung gefährlicher Kursstürze zulässig bleiben. Vgl. dazu *Flechtheim* Bank-Archiv 1931/32, 10 (12).

[112] *Quassowski* in Protokolle der Verhandlungen des Reichswirtschaftsrats in *Schubert/Hommelhoff* S. 154 f.; *Flechtheim* Bank-Archiv 1931/32, 10 (12).

[113] Ausschlaggebend war der Fall der Nordwolle AG, vgl. *Maltschew*, Der Rückerwerb eigener Aktien in der Weltwirtschaftskrise 1929–1931, 2004, 102 f.

[114] Anlass hierfür war der Fall der Karstadt AG, vgl. *Maltschew*, Der Rückerwerb eigener Aktien in der Weltwirtschaftskrise 1929–1931, 2004, 103 ff.

[115] Vgl. *Flechtheim* Bank-Archiv 1931/32, 10 (12).

[116] *Flechtheim* Bank-Archiv 1931/32, 10 (13); *Quassowski* JW 1931, 2914 (2921).

[117] *Flechtheim* Bank-Archiv 1931/32, 10 (13).

[118] *Flechtheim* Bank-Archiv 1931/32, 10 (13).

sah man es an, dass die Verordnung keine Bestimmungen über die Auswirkungen eines Verstoßes gegen die Erwerbsbeschränkungen auf das zugrunde liegende Kausalgeschäft enthielt. Wegen der bisherigen Fassung des § 226 als bloße Sollvorschrift hielt man auch das Kausalgeschäft für wirksam.[119] Nach der Änderung von einer Sollvorschrift in ein Verbot („... darf nicht ..."), war die Frage aber schon unmittelbar nach der Änderung umstritten.[120]

Bis in die 20er Jahre war ungeklärt, ob die Gesellschaft **Rechte aus eigenen Aktien** ausüben konnte.[121] Einige Gesellschaften taten dies,[122] obwohl das RG dies durch eine Entscheidung zum GmbH-Recht untersagte.[123] Die Notverordnung übernahm diesen Ausschluss der Rechtsausübung.[124] Sie enthielt schließlich neue Regeln für die Bilanzierung eigener Aktien. Hervorzuheben ist vor allem die Pflicht zur Aktivierung eigener Aktien im Umlaufvermögen. Damit wurde der von einzelnen Unternehmen gepflegten Praxis eine Absage erteilt, eigene Aktien in einer Vorspalte vom Eigenkapital abzusetzen und in der Hauptspalte nur noch ein um diesen Betrag reduziertes Grundkapital auszuweisen.[125]   25

Die Bestimmungen der Notverordnung wurden mit einigen, teils nur redaktionellen,[126] Modifikationen in **§§ 65, 114 Abs. 6 AktG 1937** übernommen, deren Regelungen unter Erweiterung der Erwerbstatbestände[127] und Ausdehnung des Anwendungsbereichs der Vorschrift auf in Mehrheitsbesitz stehende Unternehmen **in §§ 71, 136 Abs. 2 AktG 1965** aufgingen.[128]   26

4. Neuerungen durch die Kapitalrichtlinie. Eine Zäsur stellt die – 2012 konsolidierte und neu gefasste[129] – Kapitalrichtlinie[130] dar, durch die erstmals ein **einheitlicher europäischer Rahmen** für Erwerb und Verwendung eigener Aktien geschaffen wurde. Sie hat einerseits im Hinblick auf den Kapitalschutz insoweit zu einer Verschärfung gegenüber dem bis dahin in der Bundesrepublik geltenden Recht geführt, als der Erwerb eigener Aktien nicht zu Lasten des Kapitals oder gebundener Rücklagen, sondern nur aus freiem Vermögen finanziert werden darf (Art. 19 Abs. 1 lit. c Kapital-RL 1977; jetzt Art. 60 Abs. lit. b RL (EU) 2017/1132). Überdies muss ein bilanzieller Aktivposten für eigene Aktien durch eine gleich **hohe,** nicht verfügbare Rücklage neutralisiert werden. Damit wird sichergestellt, dass sich der Erwerb eigener Aktien nicht lediglich als Aktivtausch darstellt und der für die Anschaffung aufgewandte Betrag nicht für Ausschüttungen an die Aktionäre zur Verfügung steht. Hinzu gekommen ist das aus dem englischen Recht stammende und bis dahin in Deutschland nicht geltende Verbot der finanziellen Unterstützung des Aktienerwerbs. Andererseits lässt die Kapitalrichtlinie weitergehenden Spielraum als das seinerzeit geltende deutsche Recht. Anders als nach § 71 erlaubt die Richtlinie nämlich den Erwerb eigener Aktien unabhängig vom Vorliegen eines besonderen Erwerbsgrundes aufgrund einer Ermächtigung der Hauptversammlung (vgl. Art. 19 Abs. 1 lit. a Kapital-RL 1977; jetzt Art. 60 Abs. 1 lit. a RL (EU) 2017/1132). Darüber hinaus ist nach der Richtlinie der Erwerb eigener Aktien in einer Reihe von Fällen, die weitgehend den Erwerbsgründen des deutschen Rechts entsprechen, ohne Rücksicht darauf zulässig, ob die Aktien voll eingezahlt sind, ob der Erwerbspreis aus freiem Vermögen entrichtet werden kann und ob der Bestand an eigenen Aktien infolge des Erwerbs mehr als 10 % des Kapitals beträgt (Art. 19 Abs. 2 Kapital-RL 1977, Art. 20 Abs. 1 Kapital-RL 1977; jetzt Art. 60 Abs. 2, Art. 61 Abs. 1 RL (EU)   27

---

[119] *Flechtheim* Bank-Archiv 1931/32, 65.
[120] *Flechtheim* Bank-Archiv 1931/32, 65 f. mN *Flechtheim* selbst meinte, aus dem Zweck des Gesetzes ergebe sich, dass im Interesse des Schutzes des Verkäufers keine Nichtigkeit des Kausalgeschäfts gewollt sei, sondern nur der Eintritt anderer Rechtsfolgen, insbesondere einer Ersatzpflicht der Verwaltung, aaO, S. 66 f.
[121] Nachw. bei *Maltschew,* Der Rückerwerb eigener Aktien in der Weltwirtschaftskrise 1929–1931, 2004, 96 f.
[122] Vgl. dazu *Hirsch,* Der Erwerb eigener Aktien nach dem KonTraG, 2004, 98; *Schön,* Geschichte und Wesen der eigenen Aktien, 1937, 26 ff.
[123] RGZ 103, 64 (66).
[124] *Quassowski* JW 1931, 2914 (2922).
[125] Vgl. *Maltschew,* Der Rückerwerb eigener Aktien in der Weltwirtschaftskrise 1929–1931, 2004, 62 ff. (128 f.).
[126] So wurde auf das Verbot der Kursgarantie verzichtet, weil die Gesetzesverfasser die Auffassung vertraten, die Übernahme einer Kursgarantie sei unter den Begriff des Erwerbs für Rechnung der Gesellschaft zu fassen; vgl. *Schlegelberger/Quassowski* Aktiengesetz 1939 § 65 Rn. 29.
[127] Abs. 1 S. 1 Nr. 3 (Erwerb zum Zweck der Abfindung nach § 305 Abs. 2 oder § 320 Abs. 5) und Nr. 5 (Erwerb durch Gesamtrechtsnachfolge).
[128] Vgl. BegrRegE bei *Kropff* S. 90 ff.
[129] Durch die Richtlinie 2012/30/EU des Europäischen Parlaments und der Europäischen Rates vom 25. Oktober 2012 zur Koordinierung der Schutzbestimmungen, die in den Mitgliedstaaten den Gesellschaften im Sinne des Art. 54 Abs. 2 des Vertrages über die Arbeitsweise der Europäischen Union im Interesse der Gesellschafter sowie Dritter für die Gründung der Aktiengesellschaft sowie für die Erhaltung und Änderung ihres Kapitals vorgeschrieben sind, um diese Bestimmungen gleichwertig zu gestalten, ABl. EU 2012 Nr. L 315, 74.
[130] Zweite Richtlinie des Rates der Europäischen Gemeinschaften zur Koordinierung des Gesellschaftsrechts v. 13.12.1976 (Kapitalrichtlinie) (77/91/EWG) ABl. EG 1977 Nr. L 26, 1 ff.

2017/1132). Schließlich mussten wegen der Pflicht zur Veräußerung unzulässigerweise erworbener eigener Aktien nach Art. 21 Kapital-RL 1977 (jetzt Art. 62 RL (EU) 2017/1132) die Rechtsfolgen von Verstößen gegen die Erwerbsbeschränkungen angepasst werden.[131] Während ein Erwerb nicht voll eingezahlter Aktien nach § 71 Abs. 2 S. 1 aF nichtig war, ist er nunmehr dinglich wirksam, damit die Gesellschaft ihre Veräußerungspflicht nach § 71c erfüllen kann.

28   Der deutsche Gesetzgeber implementierte mit den neuen §§ 71–71e, 150a die durch die Richtlinie vorgegebenen Beschränkungen für Erwerb und Besitz eigener Aktien und verschärfte sie teilweise noch.[132] Dagegen **schöpfte** der deutsche Gesetzgeber den von Kapital-RL 1977 gebotenen **Spielraum für Liberalisierungen nicht aus.** Namentlich machte er keinen Gebrauch von der Möglichkeit, den Erwerb eigener Aktien unabhängig vom Vorliegen eines besonderen Erwerbsgrundes aufgrund einer Ermächtigung der Hauptversammlung zuzulassen (vgl. Art. 19 Abs. 1 lit. a Kapital-RL 1977; jetzt Art. 60 Abs. 1 lit. a RL (EU) 2017/1132). Kleinere Anpassungen sind schließlich durch das Bilanzrichtlinien-Gesetz vom 19.12.1985 erfolgt. Es ersetzte § 150a durch § 272 Abs. 4 HGB und stellte zugleich klar, dass die Rücklage für eigene Aktien zu Lasten frei verfügbarer Gewinnrücklagen gebildet werden darf.

29   **5. Die Liberalisierung des Erwerbs eigener Aktien seit den 90er Jahren des 20. Jahrhunderts.** Mit dem Aufkommen des shareholder value Gedankens als Leitlinie der Unternehmensführung,[133] der zunehmenden Hinwendung von Aktiengesellschaften hin zur Eigenkapitalaufnahme am Kapitalmarkt[134] und der immer größeren Bedeutung des Investment Banking seit Beginn der 90er Jahre des 20. Jahrhunderts richtete sich das Augenmerk verstärkt auf die möglichen positiven Wirkungen des Erwerbs und der Verwendung eigener Aktien. Der Erwerb eigener Aktien wird nicht mehr vor allem als Gläubigergefährdung angesehen, der durch ein grundsätzliches Verbot entgegenzuwirken ist. Die positivere und differenziertere rechtspolitische Bewertung des Phänomens „eigene Aktien" findet ihren Niederschlag auch in der jüngeren Regelungsgeschichte. Die Reformen der letzten Jahre sind durch eine **Tendenz zur Liberalisierung** und das Streben nach einer zielgenaueren Regulierung gekennzeichnet, die die Öffnung des rechtlichen Regelungsrahmens für die Bedürfnisse der Unternehmensfinanzierung mit dem Schutz der verschiedenen Interessen zu verbinden sucht, die durch eigene Aktien betroffen sein können. Neben das von jeher im Mittelpunkt stehende Anliegen der Gläubigersicherung sind dabei in jüngerer Zeit die Funktionsfähigkeit des Kapitalmarktes und die Belange der Aktionäre getreten. Da der Kapitalmarkt und die Aktionäre nicht nur durch den Erwerb, sondern auch durch die Veräußerung eigener Aktien beeinträchtigt werden können, hat sich zugleich der **Gegenstand der Normsetzung erweitert.** An die Stelle eines Verbots mit wenigen eng begrenzten Ausnahmen treten Verhaltensstandards und Offenlegungspflichten, die den Gefahren von Transaktionen in eigenen Aktien entgegenwirken sollen. Die Antwort auf die Frage, ob darin eine Deregulierung zu sehen ist, fällt zwiespältig aus. Einerseits ist das Erwerbsverbot in der Sache gelockert worden. Andererseits haben die Dichte und die Komplexität der Regulierung so weit zugenommen, dass der Aufwand für die zutreffende Erfassung und Beachtung der rechtlichen Vorgaben erheblich gewachsen ist.

30   Die in jüngerer Zeit zu verzeichnende Liberalisierung des Erwerbs eigener Aktien nimmt ihren Anfang auf nationaler Ebene mit dem **Zweiten Finanzmarktförderungsgesetz,**[135] durch das in § 71 Abs. 1 Nr. 7 eine Ausnahme vom Erwerbsverbot für Kreditinstitute, Finanzdienstleistungsinstitute und Finanzunternehmen eingeführt worden ist. Dabei handelt es sich allerdings noch um eine zwar praktisch bedeutsame, aber doch sektoriell begrenzte Ergänzung der Ausnahmen von dem grundsätzlichen Erwerbsverbot.

31   Eine grundsätzliche Änderung der bis dahin verfolgten Verbotsstrategie und insoweit ein Umbruch des Regulierungsansatzes erfolgte 1998 mit dem **KonTraG.**[136] Indem mit § 71 Abs. 1 Nr. 8 AktG ein Erwerb aufgrund eines Hauptversammlungsbeschlusses unabhängig vom Vorliegen eines besonderen Erwerbsgrundes zugelassen und das grundsätzliche Erwerbsverbot damit durch eine Kompetenzzuweisung an die Aktionäre ersetzt worden ist, hat der Gesetzgeber die Spielräume der Kapitalrichtlinie nunmehr weitgehend ausgeschöpft. Zugleich ist allerdings eine eingehendere Regelung der Erwerbs- und Verwendungsmodalitäten zu verzeichnen. So enthält § 71 Abs. 1 Nr. 8 AktG zum Schutz des

---

[131] BegrRegE, BT-Drs. 8/1678, 15 f.
[132] So etwa das Erfordernis der Volleinzahlung und der Finanzierung aus freiem Vermögen beim Erwerb zur Schadensabwehr sowie durch Beibehaltung der 10 %-Grenze für Fälle, in denen die Richtlinie dies nicht gebietet.
[133] Vgl. dazu etwa *Mülbert* ZGR 1997, 129 ff.; *Busse v. Colbe* ZGR 1997, 271 ff.; *Schmidt/Spindler*, Freundesgabe Kübler, 1997, 515 ff.
[134] Zu dieser Entwicklung etwa *Rudolf* in Habersack/Mülbert/Schlitt, Unternehmensfinanzierung am Kapitalmarkt, 2005, § 1 Rn. 30 ff. mit statistischem Material.
[135] Gesetz über den Wertpapierhandel und zur Änderung börsenrechtlicher und wertpapierrechtlicher Vorschriften (Zweites Finanzmarktförderungsgesetz) v. 26.7.1994, BGBl. 1994 I 1749.
[136] Gesetz zur Kontrolle und Transparenz im Unternehmensbereich v. 27.4.1998, BGBl. 1998 I 786.

Interesses der Aktionäre an Gleichbehandlung und Erhalt von Wert und Quote ihrer Beteiligung erstmals ausdrückliche gesellschaftsrechtliche Vorgaben über die Formen des Erwerbs und der Veräußerung eigener Aktien.

6. Die Ausdifferenzierung aktienrechtlicher und kapitalmarktrechtlicher Regeln für eigene Aktien. Darüber hinaus sind die Risiken, die Erwerb und Veräußerung eigener Aktien für den Kapitalmarkt darstellen, in jüngerer Zeit zunehmend **Gegenstand spezifisch kapitalmarktrechtlicher Regulierung** geworden. Der Erwerb eigener Aktien bietet besondere Anreize und Möglichkeiten zur Beeinflussung des Kurses der Papiere (→ Rn. 6). Lange Zeit sollten vor allem die gesellschaftsrechtlichen Beschränkungen des Erwerbs eigener Aktien der daraus resultierenden Gefahr einer Täuschung der Investoren und der Erschütterung des Vertrauens in die Funktionsfähigkeit des Kapitalmarktes entgegenwirken. Sie wurden zunächst flankiert durch das Verbot des Kursbetrugs nach § 88 BörsG aF, an dessen Stelle im Jahr 2002 das 4. Finanzmarktförderungsgesetz[137] das Verbot der Kurs- und Marktpreismanipulation nach § 20a WpHG setzte, das durch die auf Grundlage des Abs. 2 dieser Vorschrift erlassene KuMaKV[138] konkretisiert wurde. Die Marktmissbrauchsrichtlinie,[139] Art. 4 und 5 der zu ihrer Durchführung erlassenen Richtlinie zur Begriffsbestimmung der Marktmanipulation[140] sowie die auf der Grundlage von Art. 17 Marktmissbrauchsrichtlinie erlassene, unmittelbar geltende Verordnung 2273/2003 über Ausnahmeregelungen für Rückkaufprogramme und Kursstabilisierungsmaßnahmen[141] haben das Verbot neu geregelt. Die europarechtlichen Vorgaben sind mit der Neufassung des § 20a WpHG durch Art. 1 AnSVG[142] und durch die zur Konkretisierung der Vorschrift auf Grundlage von § 20a Abs. 5 S. 1 erlassene MaKonV[143] umgesetzt worden. Mit Wirkung vom 3. Juli 2016 sind an die Stelle dieser Bestimmungen die inhaltlich weitgehend ähnlichen Art. 12 f., 15 MMV[144] iVm Anhang I A der MMV sowie Anhang II Abschnitt I der Delegierten VO 2016/522[145] getreten.

Das Kapitalmarktrecht hat damit einen Teil der Sicherungsaufgabe übernommen, die bislang durch das gesellschaftsrechtliche Verbot des Erwerbs eigener Aktien mit seinen eng begrenzten Ausnahmen wahrgenommen wurde. Das **wirkt sich auch auf** den Normzweck und damit auf **die Auslegung der aktienrechtlichen Bestimmungen aus.** Soweit sie ursprünglich auch die Integrität des Kapitalmarktes gewährleisten sollten, ist diese Funktion nunmehr von den differenzierteren kapitalmarktrechtlichen Bestimmungen übernommen worden. Kapitalmarktrechtliche Schutzanliegen scheiden damit als leitender Auslegungsgesichtspunkt für die aktienrechtlichen Erwerbsbeschränkungen weitgehend aus. Das wirkt sich etwa auf das Verständnis des Verbotes nach Abs. 1 Nr. 8 S. 2 aus, als Zweck einer Erwerbsermächtigung „Handel" in eigenen Aktien zu bestimmen (→ Rn. 115).

7. Reformen. Nach Vorarbeiten der SLIM[146]-Arbeitsgruppe[147] und der sog. Winter-Gruppe[148] legte die **Europäische Kommission** am 21.9.2004 einen Vorschlag für eine Änderung der Kapitalrichtlinie vor.[149] Dieser Richtlinienvorschlag und die dazu vom Parlament in erster Lesung vom

---

[137] V. 21.6.2002, BGBl. 2002 I 2010.
[138] Verordnung zur Konkretisierung des Verbotes der Kurs- und Marktpreismanipulation v. 18.11.2003, BGBl. 2003 I 2300.
[139] Richtlinie 2003/6/EG des Europäischen Parlaments und des Rates v. 28. Januar 2003 über InsiderGeschäfte und Marktmanipulation (Marktmissbrauch), ABl. EU 2003 Nr. L 96, 16 ff.
[140] Richtlinie 2003/124/EG der Kommission v. 22. Dezember 2003 zur Durchführung der Richtlinie 2003/6/EG des Europäischen Parlaments und des Rates betreffend die Begriffsbestimmung und die Veröffentlichung von Insider-Informationen und die Begriffsbestimmung der Marktmanipulation, ABl. EU 2003 Nr. L 339, 70 ff.
[141] Verordnung (EG) Nr. 2273/2003 der Kommission v. 22. Dezember 2003 zur Durchführung der Richtlinie 2003/6/EG des Europäischen Parlaments und des Rates – Ausnahmeregelungen für Rückkaufprogramme und Kursstabilisierungsmaßnahmen, ABl. EU 2003 Nr. L 336.
[142] Gesetz zur Verbesserung des Anlegerschutzes (Anlegerschutzverbesserungsgesetz – AnSVG, BGBl. 2004 I 2630.
[143] Verordnung zur Konkretisierung des Verbotes der Marktmanipulation (Marktmanipulations-Konkretisierungsverordnung – MaKonV) v. 1.3.2005, BGBl. 2005 I S. 515.
[144] Verordnung (EU) Nr. 596/2014 des Europäischen Parlaments und des Rates vom 16. April 2014 über Marktmissbrauch (Marktmissbrauchsverordnung) und zur Aufhebung der Richtlinie 2003/6/EG des Europäischen Parlaments und des Rates und der Richtlinien 2003/124/EG, 2003/125/EG und 2004/72/EG der Kommission, ABl. EU 2014 Nr. L 173, 1.
[145] ABl. EU 2016 Nr. L 88, 1.
[146] Simpler Legislation for the Internal Market.
[147] Vorschlag 4 des Berichts der Arbeitsgruppe v. Oktober 1999.
[148] Hochrangige Gruppe von Experten auf dem Gebiet des Gesellschaftsrechts, Bericht v. 4. November 1999, Punkt IV 7 S. 15 und Kapital IV. Vorschlag 3 f., S. 84, abrufbar unter http://europa.eu.int/comm/internal_market/en/company/modern/index.htm.
[149] Abrufbar unter http://www.europarl.europa.eu/sides/getDoc.do?pubRef=-//EP//TEXT+TA+P6-TA-2006-0073+0+DOC+XML+V0//DE&language=DE; zu diesem Vorschlag vgl. *Oechsler* ZHR 170 (2006), 72 (73 ff.).

14.3.2006 formulierten Änderungsvorschläge haben schließlich Eingang in Art. 1 Nr. 4 der Richtlinie zur Änderung der Kapitalrichtlinie v. 6.9.2006[150] gefunden. Diese Bestimmung sieht folgende Änderungen gegenüber dem bisherigen Rechtszustand vor: Die Mitgliedstaaten können die **Höchstdauer einer Hauptversammlungsermächtigung** für einen Aktienrückerwerb auf bis zu 5 Jahre (statt bislang auf maximal 18 Monate) festlegen. Diese Möglichkeit hat der deutsche Gesetzgeber durch Art. 1 Nr. 6a) **ARUG**[151] in vollem Umfang ausgeschöpft. Die früher in Art. 19 Abs. 1 lit. b KapitalRL 1977 vorgesehene 10 %-Grenze als Bestandsgrenze für den Erwerb eigener Aktien ist durch die Richtlinie zur Änderung der Kapitalrichtlinie als gemeinschaftsrechtliche Vorgabe aufgegeben worden. Die Mitgliedstaaten können zwar eine Bestandsgrenze vorsehen; diese darf aber nicht auf weniger als 10 % des gezeichneten Kapitals festgesetzt sein.[152] Die Mitgliedstaaten dürfen vorsehen, dass die Ermächtigung zum Erwerb eigener Aktien, die Dauer der Ermächtigung und der Preisrahmen, innerhalb dessen sich die Gegenleistung der Gesellschaft bewegen darf, in der Satzung bestimmt sein müssen, dass die Gesellschaft bestimmte Mitteilungspflichten zu erfüllen hat, dass bestimmte Gesellschaften zurückerworbene eigene Aktien für kraftlos erklären müssen und dass die Befriedigung von Gläubigerforderungen durch den Erwerb nicht beeinträchtigt werden darf. Vor allem aber enthält Art. 19 Abs. 1 Unterabs. 2 KapitalRL (jetzt Art. 60 Abs. 1 Unterabs. 2 RL (EU) 2017/1132) nunmehr einen abschließenden Katalog von Bedingungen, denen der nationale Gesetzgeber eine Ermächtigung der Hauptversammlung zum Erwerb eigener Aktien unterwerfen kann. **Prozentuale Erwerbsgrenzen,** wie sie in § 71 Abs. 1 Nr. 7 und 8 (5 % bzw. 10 %) enthalten sind, sind dabei nicht vorgesehen. Anders als die frühere Fassung der Vorschrift enthält Art. 19 Abs. 1 KapitalRL in der seit 2006 geltenden Fassung (jetzt Art. 60 Abs. 1 Unterabs. 2 RL (EU) 2017/1132) nicht mehr nur eine Mindestregelung, die durch den nationalen Gesetzgeber nach Belieben verschärft werden dürfte.[153] Nach der Neufassung der Kapitalrichtlinie darf daher zwar die Hauptversammlung in ihrer Ermächtigung mengenmäßige Erwerbsgrenzen für Verwaltung festlegen, nicht aber der nationale Gesetzgeber mengenmäßige Grenzen für den Ermächtigungsbeschluss der Hauptversammlung. Die Gegenansicht, derzufolge die Richtlinie durchweg lediglich Optionen für die nationalen Gesetzgeber enthält,[154] ist weder mit dem Wortlaut des Art. 19 Kapital-RL 1977 (jetzt Art. 61 RL (EU) 2017/1132) noch damit vereinbar, dass Art. 2 Abs. 1 der Richtlinie zur Änderung der Kapitalrichtlinie die Umsetzung der Richtlinie bis zum 15.4.2008 gebot. Einer solchen fristgebundenen Umsetzungsanordnung hätte es aber nicht bedurft, wenn die Richtlinie durchweg nur optionale Deregulierungsbestimmungen enthielte. Die prozentualen Erwerbsbeschränkungen des § 71 Abs. 1 Nr. 7 und 8 hätten daher bis zum Ablauf der Umsetzungsfrist für die Richtlinie (15.4.2008) ersatzlos gestrichen werden müssen.[155] **§ 71 Abs. 1 Nr. 7 und 8** sind seit diesem Zeitpunkt insoweit europarechtswidrig und – mangels Regelungsalternative – **unwirksam.** Die Beibehaltung der verhältnismäßig geringen Ermächtigungsvolumina nach Abs. 1 Nr. 7 und 8 verträge sich im Übrigen auch schlecht mit der Verlängerung der Höchstfristen für Ermächtigungen nach diesen Bestimmungen von 18 Monaten auf fünf Jahre. Durch Art. 1 Nr. 6 ARUG ist die bisher in **§ 71 Abs. 3 S. 3** normierte Pflicht, die BaFin unverzüglich von einer Ermächtigung nach § 71 Abs. 1 Nr. 8 zu unterrichten, **ersatzlos gestrichen** worden, weil einerseits von der Möglichkeit, Erwerbsermächtigungen zu erteilen, routinemäßig Gebrauch gemacht wird, und weil andererseits die Erteilung einer solchen Ermächtigung regelmäßig nicht insiderrechtlich bedeutsam ist.[156] Schließlich ist durch das **BilMoG**[157] die **bilanzielle Abbildung des Erwerbs und der Veräußerung eigener Aktien grundlegend reformiert** worden. An die Stelle der bisher vorgeschriebenen Aktivierung eigener Aktien mit ihren Anschaffungskosten und ihre Neutralisierung durch eine Rücklage gleicher Höhe nach § 272 Abs. 4 HGB aF ist die Pflicht zur offenen Absetzung des Nennbetrags oder rechnerischen Wertes vom Grundkapital und der Verrechnung eines etwaigen Unterschiedsbetrags mit den frei verfügbaren Rücklagen nach § 272 Abs. 1a HGB getreten (Nettomethode). Mit der Erstreckung dieses

---

[150] Richtlinie 2006/68/EG des Europäischen Parlaments und des Rates v. 6. September 2006 zur Änderung der Richtlinie 77/91/EWG des Rates in Bezug auf die Gründung von Aktiengesellschaften und die Erhaltung und Änderung ihres Kapitals, ABl. EU 2006 Nr. L 264, 32 ff.
[151] Gesetz zur Umsetzung zur Aktionärsrechterichtlinie v. 30.7.2009, BGBl. 2009 I 2479.
[152] Art. 19 Abs. 1 Unterabs. 2i KapitalRL 1977 idF der RL 2006/68/EG, jetzt Art. 61 Abs. 1 Unterabs. 2 lit. a RL(EU) 2017/1132; eingehend dazu *Cahn* Der Konzern 2007, 385 (387 ff.).
[153] Ausf. *Cahn* Der Konzern 2007, 385 (392 f.).
[154] Großkomm AktG/*Merkt* Rn. 130; Kölner Komm AktG/*Lutter/Drygala* Rn. 14.
[155] *Cahn* Der Konzern 2007, 385 (393); Wachter/*Servatius* Rn. 21; Habersack/*Verse* EuropGesR § 6 Rn. 62; *Büscher,* Das neue Recht des Aktienrückkaufs, 2013, 100 f.; *Eckert,* Der Erwerb eigener Aktien auf dem Prüfstand der Rechtstatsachenforschung, 2013, 135 ff., 228 ff.
[156] BegrRegE v. 5.11.2008, S. 37, abrufbar unter www.bmj.de.
[157] Gesetz zur Modernisierung des Bilanzrechts (Bilanzrechtsmodernisierungsgesetz – BilMoG) v. 25.5.2009, BGBl. 2009 I 1102.

bisher nur für den Erwerb eigener Aktien zur Einziehung vorgesehenen Modells (vgl. § 272 Abs. 1 S. 4 HGB aF) auf alle Erwerbsgründe ist die Notwendigkeit für die Bildung einer Rücklage für eigene Aktien entfallen. Dementsprechend führt eine Veräußerung eigener Aktien nicht mehr zur Auflösung einer für sie gebildeten Rücklage; vielmehr wird der Veräußerungserlös – spiegelbildlich zur Abbildung des Erwerbspreises – gem. § 272 Abs. 1b HGB dem Grundkapital und den frei verfügbaren Rücklagen zugeschrieben. Als Folge des Wechsels zur Nettomethode wurden § 265 Abs. 3 S. 2 HGB aF über den Ausweis eigener Anteile im Umlaufvermögen ersatzlos gestrichen[158] und in § 266 HGB der Posten Abs. 3 A. III. 2. von der Rücklage für eigene Anteile auf den Ausweis einer Rücklage für Anteile an einem herrschenden oder mehrheitlich beteiligten Unternehmen (vgl. auch § 272 Abs. 4 HGB, vormals: § 272 Abs. 4 S. 4 HGB aF) beschränkt.

III. Erwerb eigener Aktien

1. Erfasste Erwerbsgeschäfte. a) Grundsatz. Unter Erwerb ist jedes Rechtsgeschäft zu verstehen, das darauf gerichtet ist, die Gesellschaft zumindest vorübergehend zur (Mit)Inhaberin eigener Aktien zu machen. Dabei ist allerdings umstritten, ob nur die dingliche Übertragung (enger Erwerbsbegriff)[159] oder auch das zugrunde liegende schuldrechtliche Geschäft (**weiter Erwerbsbegriff**)[160] erfasst ist. Für ein auf die dingliche Übertragung beschränktes Verständnis des Begriffs „Erwerb" spricht auf den ersten Blick, dass Abs. 4 ausdrücklich zwischen dem Erwerb eigener Aktien und einem schuldrechtlichen Geschäft über den Erwerb differenziert.[161] Weiterhin wird geltend gemacht, es liege noch keine Rückgewähr von Einlagen an die Aktionäre vor, solange die Parteien ihre Verpflichtungen noch nicht erfüllt hätten, insbesondere der Kaufpreis noch nicht gezahlt sei;[162] allein durch das schuldrechtliche Geschäft entstehe noch keine wirtschaftliche Belastung der AG.[163] Bei dieser Begründung wird indessen der für die Auslegung des Erwerbsbegriffs maßgebliche Zweck der Vorschrift nicht hinreichend berücksichtigt. Wenn Abs. 1 die Zulässigkeit des Erwerbs eigener Aktien an das Vorliegen eines der in dieser Vorschrift aufgeführten Erwerbsgründe knüpft, ist dies dahin zu verstehen, dass die Gesellschaft sich ohne das Vorliegen eines solchen Grundes nicht zur Übernahme eigener Aktien verpflichten darf. Auch die durch Abs. 1 Nr. 8 S. 3 ausdrücklich bekräftigte Geltung des Gleichbehandlungsgrundsatzes bezieht sich bereits auf die Erwerbsverpflichtung. Die Differenzierung zwischen Erwerb und schuldrechtlichem Geschäft über den Erwerb in Abs. 4 ist für das Verständnis des Erwerbsbegriffs wenig ergiebig. Das Gesetz zieht damit lediglich im Bereich der Rechtsfolgen die Konsequenz aus dem Umstand, dass der Übergang der Aktionärsstellung als solcher keine Nachteile für die AG mit sich bringt und darüber hinaus ohne wirksamen Rechtsübergang eine Veräußerung nach § 71c problematisch wäre. 35

b) Ausnahmen. § 71 gilt nicht für den **originären Erwerb** eigener Aktien durch die Gesellschaft.[164] Insoweit enthalten §§ 56, 215 spezielle Regelungen. Allerdings finden §§ 71b und 71c (→ § 56 Rn. 6) und richtiger Ansicht nach auch § 71a (→ § 56 Rn. 12 f.) auf originäre Erwerbsvorgänge entsprechende Anwendung. 36

Die Übertragung eigener Aktien von Dritten, deren Aktienbesitz der Gesellschaft bereits nach § 71d S. 1 oder 2 zugerechnet wird, auf die Gesellschaft fällt nicht unter § 71. Gegenstand der Kontrolle ist vielmehr bereits der Erwerb durch den Dritten, während die **Übertragung** der Aktie auf die AG **innerhalb des Zurechnungskreises** nach § 71d S. 5 von den Beschränkungen nach Abs. 1 und Abs. 2 freigestellt ist, um der Gesellschaft die Erfüllung ihrer Verpflichtungen aus § 71c zu ermöglichen.[165] 37

c) Dingliche Erwerbsgeschäfte. Jede Übertragung der Mitgliedschaft auf die AG stellt einen Erwerb dar, dessen Zulässigkeit an § 71 zu messen ist. Dabei ist es unerheblich, ob diese Übertragung 38

---

[158] Durch Art. 1 Nr. 17 BilMoG.
[159] So *Eckert*, Der Erwerb eigener Aktien auf dem Prüfstand der Rechtstatsachenforschung, 2013, 305 ff.; *Kniehase*, Derivate beim Erwerb eigener Aktien, 2005, 222 ff.; *Lüken*, Der Erwerb eigener Aktien nach § 71 ff. AktG, 2004, 165; *Wiederholt*, Rückkauf eigener Aktien (§ 71 AktG) unter Einsatz von Derivaten, 2006, 31 ff.; *Mick* DB 1999, 1201 (1203); Grobecker/*Michel* DB 2001, 1757 (1763); *Schmid/Mühlhäuser* AG 2001, 493 (494); Großkomm AktG/*Merkt* Rn. 143; NK-AktR/*Block* Rn. 5.
[160] So Kölner Komm AktG/*Lutter/Drygala* Rn. 32; MüKoAktG/*Oechsler* Rn. 73; K. Schmidt/Lutter/*T. Bezzenberger* Rn. 7; Bürgers/Körber/*Wieneke* Rn. 2; Hölters/*Laubert* Rn. 2; Grigoleit/*Grigoleit/Rachlitz* Rn. 31; Wachter/*Servatius* Rn. 6; Hüffer/Koch/*Koch* Rn. 4.
[161] *Mick* DB 1999, 1201 (1203); Grobecker/*Michel* DB 2001, 1757 (1763).
[162] *Schmid/Mühlhäuser* AG 2001, 493 (494).
[163] *Schmid/Mühlhäuser* AG 2001, 493 (494).
[164] Großkomm AktG/*Merkt* Rn. 145.
[165] MüKoAktG/*Oechsler* Rn. 89; Kölner Komm AktG/*Lutter/Drygala* § 71d Rn. 20.

rechtsgeschäftlich im Wege der Übereignung oder Abtretung **oder kraft Gesetzes,** etwa durch Gesamtrechtsnachfolge, Anwachsung oder im Wege der Zwangsvollstreckung erfolgt.[166] Die Dauer der Übertragung ist dabei grundsätzlich ohne Bedeutung. Auch eine **aufschiebend bedingte Übertragung** wird von der Vorschrift erfasst, sofern es nicht im Belieben der Gesellschaft steht, den Bedingungseintritt herbeizuführen.[167] Ebenso stellt eine **auflösend bedingte Übertragung auf die AG** einen Erwerb iSd Vorschrift dar. Kein Erwerb liegt dagegen bei der sog. Legitimationsübertragung nach § 129 Abs. 3 vor[168] (→ § 71b Rn. 5).

39   Bei einer **auflösend bedingten Übertragung** eigener Aktien durch die AG **auf einen Dritten** stehen die Aktien vor Bedingungseintritt nicht mehr der AG, sondern nur dem Erwerber zu, so dass mit Bedingungseintritt eine Rückübertragung auf die AG stattfindet. Aus ihrer Sicht ist der Fall insoweit mit einem aufschiebend bedingten Erwerb vergleichbar. Andererseits führt der Rückfall der Aktien an die AG lediglich den Zustand herbei, der vor der auflösend bedingten Übertragung bestand. Die AG steht also nicht anders, als wenn sie die Aktien von vornherein behalten hätte. Aus diesem Grund bedarf es, anders als bei einer aufschiebend bedingten Übertragung auf die AG, nicht der Beachtung des Gleichbehandlungsgrundsatzes. Auch für die Einhaltung der 10 %-Grenze des Abs. 2 S. 1 und Kapitalgrenze des Abs. 2 S. 2 besteht hier kein Bedürfnis. Der Rückerwerb bei Eintritt einer auflösenden Bedingung ist daher nicht als Erwerb eigener Aktien durch die Gesellschaft zu qualifizieren.[169] Dem bedingten Rückerwerb ist allerdings bei weiteren Erwerbsvorgängen vor Bedingungseintritt insoweit Rechnung zu tragen, als die bedingt übertragenen Aktien bei Berechnung der 10 %-Grenze und der Kapitalgrenze bei der AG als eigene Aktien in Ansatz zu bringen sind. Überdies ist einer Zahlungsverpflichtung jedenfalls bei hinreichender Wahrscheinlichkeit des Bedingungseintritts durch eine Rückstellung für ungewisse Verbindlichkeiten Rechnung zu tragen,[170] die einen zunächst vereinnahmten Erwerbspreis bilanziell zumindest teilweise neutralisiert. Nach § 71e steht die Inpfandnahme eigener Aktien einem Erwerb gleich; zur Pfändung → § 71e Rn. 3 ff.

40   Für die **Kaduzierung** enthält § 64 eine die Bestimmungen des § 71 verdrängende Regelung. Dagegen gilt § 71 für einen Erwerb durch die AG im Wege der Versteigerung nach § 65 Abs. 3.[171] Auch findet § 71b Anwendung, solange die Aktien als Folge der Ausschließung der Gesellschaft zugeordnet sind[172] (→ § 64 Rn. 42).

41   **d) Schuldrechtliche Erwerbsgeschäfte.** Ein von § 71 erfasstes schuldrechtliches Erwerbsgeschäft liegt stets vor, wenn die Gesellschaft sich **zur Übernahme der Rechtsinhaberschaft verpflichtet.** Neben Kauf, Tausch und Schenkung fallen daher etwa auch Vereinbarungen über die Auseinandersetzung einer Gesellschaft oder Gemeinschaft, die auf die Übertragung eigener Aktien auf die Gesellschaft gerichtet sind, die unregelmäßige Verwahrung nach § 700 BGB, § 15 DepotG einschließlich der Wertpapierleihe[173] sowie Treuhandverhältnisse und Kommissionsgeschäfte, die eine Übernahme eigener Aktien durch die AG mit sich bringen, unter die Vorschrift.[174] Bei der Tauschverwahrung iSv §§ 10, 11 DepotG liegt ein Erwerb durch die AG ausnahmsweise dann vor, wenn Aktien eines Dritten, über die die Gesellschaft Verfügungsmacht besitzt, so getauscht werden, dass nicht der Dritte, sondern die Gesellschaft Rechtsinhaberin wird. Nur unter diesen Umständen erhöht sich der Bestand an eigenen Aktien, während beim Einsatz der Gesellschaft selbst gehörender eigener Aktien lediglich die betreffenden Stücke ausgetauscht werden.[175] Die Einhaltung der Beschränkungen für den Erwerb eigener Aktien können nicht durch die Vereinbarung einer aufschiebend bedingten Erwerbsverpflichtung der AG oder eines Vorvertrages umgangen werden.[176] Sofern der Eintritt der Erwerbsverpflichtung nicht mehr im Belieben der Gesellschaft steht, sind daher auch solche Vereinbarungen als Erwerb zu qualifizieren. Das gilt auch für eine auflösend bedingte Erwerbsverpflichtung.

---

[166] Kölner Komm AktG/*Lutter/Drygala* Rn. 35; Großkomm AktG/*Merkt* Rn. 144, 151; MüKoAktG/*Oechsler* Rn. 90.
[167] Über diese Ausnahme besteht Einigkeit, vgl. etwa MüKoAktG/*Oechsler* Rn. 82; *Vetter* AG 2003, 478 (479); *Kniehase*, Derivate auf eigene Aktien, 2005, 216 mwN.
[168] S. etwa Hüffer/Koch/*Koch* § 71b Rn. 5, § 129 Rn. 12; Kölner Komm AktG/*Lutter/Drygala* § 71b Rn. 12; Hölters/*Laubert* Rn. 3; Bürgers/Körber/*Wieneke* Rn. 4; Grigoleit/*Grigoleit/Rachlitz* Rn. 35.
[169] Kölner Komm AktG/*Lutter/Drygala* Rn. 33; zweifelnd MüKoAktG/*Oechsler* Rn. 76.
[170] So etwa BeBiKo/*Schubert* § 247 Rn. 224; weitergehend *ADS* § 246 Rn. 121.
[171] Kölner Komm AktG/*Lutter/Drygala* Rn. 40; MüKoAktG/*Oechsler* Rn. 91; Grigoleit/*Grigoleit/Rachlitz* Rn. 35.
[172] MüKoAktG/*Bayer* § 64 Rn. 70.
[173] Ausf. dazu *Cahn/Ostler* AG 2008, 221 (226 ff.); *Oechsler* AG 2010, 526 ff.
[174] Vgl. Kölner Komm AktG/*Lutter/Drygala* Rn. 35; MüKoAktG/*Oechsler* Rn. 76 ff.; Grigoleit/*Grigoleit/Rachlitz* Rn. 35; Hüffer/Koch/*Koch* Rn. 4.
[175] Vgl. etwa *Kümpel*, Bankrecht und Bankpraxis, Rn. 8/201.
[176] MüKoAktG/*Oechsler* Rn. 76.

2. Eigene Aktien als Gegenstand des Erwerbs. Die Vorschrift betrifft den **Erwerb des Mit-** 42 **gliedschaftsrechts.** Dabei ist es unerheblich, ob es in einer Aktie, gleich welcher Art und Gattung, oder einem Zwischenschein verbrieft ist oder nicht.[177] Ausreichend ist auch der Erwerb von Miteigentumsanteilen, namentlich im Rahmen der Sammelverwahrung nach §§ 5 ff., 9a DepotG.[178] Keine eigenen Aktien iSd Vorschrift sind dagegen Bezugsrechte auf Aktien, Wandelschuldverschreibungen und Optionsanleihen, die ein Recht auf Umtausch in oder Bezug von Aktien der Gesellschaft gewähren, sowie Genussscheine.[179] Auch der Erwerb der Verfügungsbefugnis wird nicht erfasst.[180]

Der wirtschaftliche Erfolg des Erwerbs oder der Veräußerung von Aktien lässt sich in sehr weitge- 43 hendem Umfang durch den **Einsatz von Eigenkapitalderivaten** wie Optionen oder Equity Swaps erreichen, ohne dass es dabei sogleich oder überhaupt jemals zur Übertragung der Aktien kommen müsste, auf die das Derivat sich bezieht. Da die Bestimmungen über eigene Aktien auf Erwerb und Veräußerung des Mitgliedschaftsrechts selbst zugeschnitten sind, werfen derartige Transaktionen eine Fülle von Fragen im Hinblick auf die Anwendbarkeit der Erwerbs- und Veräußerungsbeschränkungen auf, die in → Rn. 185 ff. erörtert werden.

Erwirbt eine Gesellschaft Anteile an einer Zielgesellschaft, die ihrerseits Aktien der Erwerberin 44 hält, entrichtet sie einen Teil des Entgelts für eine mittelbare Selbstbeteiligung. § 71d S. 2 ordnet in solchen Fällen die Anwendbarkeit der Bestimmungen über eigene Aktien nur für den Fall an, dass es sich bei der Zielgesellschaft um eine AG und bei der Erwerberin um ein von ihr abhängiges oder in ihrem Mehrheitsbesitz stehendes Unternehmen handelt. Solche **gegenseitigen Beteiligungen** gefährden indessen auch das Vermögen der Erwerbergesellschaft in dem Maße, in dem sie den Erwerbspreis als Gegenleistung für eigene Aktien im Vermögen der Zielgesellschaft erbringt. Nach hM liegt ein Erwerb eigener Aktien durch eine Erwerber-AG indessen nur dann vor, wenn das Vermögen der Zielgesellschaft ausschließlich oder so gut wie ausschließlich aus Aktien der Erwerberin besteht. Im Übrigen soll dieser Gesellschaft nur reflexartig der Schutz durch § 71d S. 2 zugute kommen, wenn es sich bei der Zielgesellschaft ebenfalls um eine AG handelt.[181]

3. Verhältnis zu § 57. Nach § 57 Abs. 1 S. 2 stellt der zulässige Erwerb eigener Aktien keine 45 Einlagenrückgewähr dar. Die Bestimmung betrifft nur die Einhaltung der Voraussetzungen in Abs. 1 und Abs. 2. Sie trifft dagegen keine Aussage über den Preis, den die Gesellschaft für eigene Aktien zahlen darf. Nach hM gelten insoweit die gleichen Grundsätze, die für andere Austauschgeschäfte der AG mit Aktionären maßgeblich sind. In der **Zahlung eines überhöhten Erwerbspreises** liegt danach eine unzulässige Einlagenrückgewähr;[182] das gilt wegen des Gläubigerschutzzwecks des Verbots der Einlagenrückgewähr (→ § 57 Rn. 6) auch dann, wenn die Ermächtigung durch die HV nach Abs. 1 Nr. 8 die Zahlung eines solchen überhöhten Erwerbspreises deckt. Dagegen wird eingewandt, dass die Gesellschaft in Gestalt der eigenen Aktien ohnehin keine aus ihrer Sicht werthaltige Gegenleistung erhalte. Wenn die Zahlung des Erwerbspreises aber in der Sache eine Ausschüttung darstelle, sei der Marktpreis der Aktien unerheblich.[183] Unter Gesichtspunkten des Vermögensschut-

---

[177] Kölner Komm AktG/*Lutter/Drygala* Rn. 24; MüKoAktG/*Oechsler* Rn. 92; Hüffer/Koch/*Koch* Rn. 4; Bürgers/Körber/*Wieneke* Rn. 3; Hölters/*Laubert* Rn. 2.
[178] Kölner Komm AktG/*Lutter/Drygala* Rn. 24; MüKoAktG/*Oechsler* Rn. 92; NK-AktR/*Block* Rn. 4.
[179] Kölner Komm AktG/*Lutter/Drygala* Rn. 25; MüKoAktG/*Oechsler* Rn. 94; Großkomm AktG/*Merkt* Rn. 155 f.; Grigoleit/*Grigoleit/Rachlitz* Rn. 32; Hüffer/Koch/*Koch* Rn. 5; Bürgers/Körber/*Wieneke* Rn. 3, der sich allerdings für entsprechende Anwendung von Abs. 1 Nr. 8 S. 2 und 3 auf die Veräußerung solcher Instrumente ausspricht; *Johannsen-Roth,* Der Erwerb eigener Aktien, 2001, 9.
[180] Hüffer/Koch/*Koch* Rn. 6; Großkomm AktG/*Merkt* Rn. 147; *Johannsen-Roth,* Der Erwerb eigener Aktien, 2001, 12.
[181] Großkomm AktG/*Merkt* Rn. 157 f.; Kölner Komm AktG/*Lutter/Drygala* Rn. 44 f.; MüKoAktG/*Oechsler* Rn. 95; K. Schmidt/Lutter/*T. Bezzenberger* Rn. 8; Hölters/*Laubert* Rn. 3; Bürgers/Körber/*Wieneke* Rn. 6; NK-AktR/*Block* Rn. 8; ähnl. Hüffer/Koch/*Koch* Rn. 5.
[182] OLG Jena ZIP 2014, 2501 (2503) = AG 2015, 160 (161); *Bednarz,* Der Ermächtigungsbeschluß der Hauptversammlung zum Erwerb eigener Aktien, 2006, 72 ff.; *Benckendorff,* Erwerb eigener Aktien im deutschen und US-amerikanischen Recht, 1998, 86 f.; *Hirsch,* Der Erwerb eigener Aktien nach dem KonTraG, 2004, 113; *Lüken,* Der Erwerb eigener Aktien nach §§ 71 ff. AktG, 2004, 92 f. und 171; *Johannsen-Roth,* Der Erwerb eigener Aktien, 2001, 75 f.; MüKoAktG/*Oechsler* Rn. 69; Großkomm AktG/*Merkt* Rn. 55; Grigoleit/*Grigoleit/Rachlitz* Rn. 72; Wachter/*Servatius* Rn. 52; K. Schmidt/Lutter/*Fleischer* § 57 Rn. 32; *Schäfer/Gätsch* in Marsch-Barner/Schäfer Börsennotierte AG-HdB Rn. 50.28; *Baum* ZHR 167 (2003) 580 (593); *Böhm* in v. Rosen/Seifert, Die Übernahme börsennotierter Unternehmen, 1999, 327 (337); *Bosse* NZG 2000, 16 (18); *Kiem* ZIP 2000, 209 (211); *Peltzer* WM 1998, 322 (329); *Saria* NZG 2000, 458 ff., 462; ebenso aus steuerrechtlicher Sicht BMF Schreiben v. 27.11.2013, IV C 2-S 2742/07/10009, 2013/1047768 BStBl. I 2013, 1615 Rn. 12, 22.
[183] *T. Bezzenberger,* Der Erwerb eigener Aktien durch die AG, 2002, 67; *T. Bezzenberger* ZHR 180 (2016), 8 (13); K. Schmidt/Lutter/*T. Bezzenberger* Rn. 5; *Büscher,* Das neue Recht des Aktienrückkaufs, 2013, 128; *Hillebrandt/Schremper* BB 2001, 533 (536).

zes ist das zwar im Ansatz plausibel. Allerdings ist nicht zu verkennen, dass die Zehnprozentgrenzen des Abs. 1 Nr. 8 S. 1 und des Abs. 2 S. 1 nicht zuletzt dazu dienen, übermäßig große Investitionen in eigene Aktien zu unterbinden. Dieser Zweck würde vereitelt, wenn die Gesellschaft theoretisch alle ausschüttungsfähigen Reserven für einen verhältnismäßig geringfügigen Prozentsatz eigener Aktien auszahlen könnte. Zum anderen werden der Erwerbspreis und damit die Höhe der Auszahlung an Aktionäre beim entgeltlichen Erwerb eigener Aktien in einer Reihe von Fällen nicht von der HV, sondern vom Vorstand festgesetzt. Schließlich findet vorab keine Prüfung statt, ob tatsächlich in ausreichendem Umfang freie Reserven iSv Abs. 2 S. 2 für die Zahlung des Erwerbspreises vorhanden sind. Der Erwerb eigener Aktien unterscheidet sich daher nicht unerheblich von Dividendenausschüttungen. Aus diesen Gründen ist daran festzuhalten, dass überhöhte Erwerbspreiszahlungen grunds. gegen § 57 verstoßen. Auch eine **Veräußerung** eigener Aktien für eine unter dem Marktpreis liegende Gegenleistung kann gegen § 57 verstoßen; das gilt jedenfalls dann, wenn die Aktien an Aktionäre abgegeben werden.[184]

46 Für die Beurteilung, ob die Gegenleistung der Gesellschaft überhöht ist, ist allerdings nicht durchweg der Marktpreis maßgeblich. Entscheidend ist vielmehr die **Einschätzung eines ordentlichen und gewissenhaften Geschäftsleiters,** die wiederum von Grund und Umfang des Erwerbs abhängig sind; pauschale Grenzwerte, wie sie im Schrifttum vorgeschlagen werden,[185] verbieten sich daher. Die Zahlung eines Aufschlags auf den Börsenkurs beim Erwerb im Wege eines Festpreisangebots oder Auktionsverfahrens (→ Rn. 123 f.) oder eines Paketzuschlags verstoßen daher nicht per se gegen § 57 Abs. 1 S. 1.[186] Die Zahlung eines Erwerbspreises jenseits des aktuellen Kurses an einen potentiellen Übernehmer (sog. greenmailing)[187] ist, abgesehen von Ausnahmefällen des Erwerbs zur Schadensabwehr nach Nr. 1, nur zulässig, soweit die HV den Vorstand dazu nach Abs. 1 Nr. 8 iVm § 33 Abs. 2 WpÜG ermächtigt hat.[188] Zum Auskauf opponierender Aktionäre → Rn. 56.

IV. Erwerbstatbestände

47 **1. Schadensabwehr, Abs. 1 Nr. 1. a) Entstehungsgeschichte und Normzweck.** Die Bestimmung geht auf § 226 Abs. 1 HGB idF der Notverordnung v. 19. September 1931 (→ Rn. 24) zurück. Eine vergleichbare Ausnahme von den Erwerbsbeschränkungen für eigene Aktien findet sich in Art. 19 Abs. 2 Kapital-RL 1977 (jetzt Art. 60 Abs. 2 RL (EU) 2017/1132). Im Zuge der Umsetzung der Richtlinie wurde die Erwerbsmöglichkeit nach Nr. 1 auf voll eingezahlte Aktien und Fälle eines unmittelbar bevorstehenden Schadens beschränkt; überdies ist der Erwerb seither nur noch zulässig, wenn der Erwerbspreis aus freien Mitteln beglichen werden kann.[189]

48 Der Ausnahmetatbestand sollte den Erwerb eigener Aktien ermöglichen, wenn keine andere zumutbare Möglichkeit bestand, erhebliche Schädigungen der Gesellschaft zu vermeiden. Bis zur Einführung von Abs. 1 Nr. 7 im Jahr 1994 und Abs. 1 Nr. 8 durch das KonTraG im Jahr 1998 war, abgesehen von dieser Regelung, ein diskretionärer Erwerb eigener Aktien nicht zulässig. Daraus erklärt sich die Tendenz, den Erwerbsgrund der Schadensabwehr weit auszulegen, indem etwa für die Beurteilung der Schwere des Schadens dessen Verhältnis zu den möglichen Nachteilen durch den Erwerb eigener Aktien maßgeblich sein sollte (→ Rn. 50). Da nunmehr nach Abs. 1 Nr. 8 kaum Beschränkungen im Hinblick auf die zulässigen Erwerbszwecke bestehen, ist der maßgebliche Grund für eine **erweiternde Auslegung** des Merkmals der **Schadensabwehr** entfallen.[190]

49 **b) Schaden der Gesellschaft.** Der Begriff des Schadens ist iSv §§ 249 ff. BGB zu verstehen. Er umfasst daher jede **Vermögenseinbuße** einschließlich entgangenen Gewinns, die ohne den Erwerb eigener Aktien eintreten würde.[191] Der Schaden muss dabei der Gesellschaft drohen; ein Schaden

---

[184] Weitergehend *Saria* NZG 2000, 458 (461): Zuwendungen wegen künftiger Aktionärseigenschaft fallen unter § 57.
[185] Vgl. etwa MüKoAktG/*Oechsler* Rn. 200 (10 % über Börsenkurs); Grigoleit/*Grigoleit/Rachlitz* Rn. 72 (3 % bis 5 % uU sogar 10 %).
[186] Ebenso etwa *Benckendorff,* Erwerb eigener Aktien im deutschen und US-amerikanischen Recht, 1998, 87; *Bosse* NZG 2000, 16 (18); *Saria* NZG 2000, 458 ff. (462); *Huber* FS Kropff, 1997, 101 (114); steuerrechtlich BMF Schreiben v. 2.12.1998 – IV C 6 – S. 2741 – 12/98, BStBl. I 1998, 1509 = DStR 1998, 2011, Rn. 17; aA *Martens* AG 1996, 337 (340).
[187] Dazu etwa *Lüken,* Der Erwerb eigener Aktien nach §§ 71 ff. AktG, 2004, 295 f.; *Huber* FS Kropff, 1997, 101 (107); *Bosse* NZG 2000, 16 (18).
[188] Restriktiver, generelle Unzulässigkeit, etwa MüKoAktG/*Schlitt/Ries* WpÜG § 33 Rn. 93; Assmann/Pötzsch/Schneider/*Krause/Pötzsch/Stephan* WpÜG § 33 Rn. 97, jeweils mN; *Bosse* NZG 2000, 16 (18).
[189] BegrRegE, BT-Drs. 8/1678, 14 f.
[190] Zutr. MüKoAktG/*Oechsler* Rn. 102 f.
[191] Kölner Komm AktG/*Lutter/Drygala* Rn. 47; MüKoAktG/*Oechsler* Rn. 104; Großkomm AktG/*Merkt* Rn. 162; Hüffer/Koch/*Koch* Rn. 7; NK-AktR/*Block* Rn. 14.

Erwerb eigener Aktien　　　　　　　　　　　　　　　　　　　　　　50–54　§ 71

der Aktionäre ist für sich genommen nicht ausreichend.[192] Allerdings kann ein Schaden der Aktionäre ausnahmsweise dort als Schaden der Gesellschaft zu qualifizieren sein, wo die AG von Gesetzes wegen Sachwalterin der Aktionäre ist, wie etwa im Rahmen von Verschmelzungsverfahren (→ Rn. 55).

c) Schwere des Schadens. Nach heute hM sind für die Beurteilung der Schwere des Schadens 50 die Größe und die Finanzkraft der Gesellschaft maßgeblich.[193] Der Schaden muss unter Berücksichtigung dieser Umstände erheblich, nicht aber existenzbedrohend sein. Die früher vertretene sog. Relationstheorie, nach der das Verhältnis des erwarteten Schadens zu dem mit dem Aktienerwerb verbundenen Risiko für die Gesellschaft ausschlaggebend sein sollte,[194] um auf diese Weise einen Erwerb eigener Aktien zu Zwecken der Kurspflege zu ermöglichen, wird nach der Erleichterung der Erwerbsmöglichkeiten durch Abs. 1 Nr. 7 und 8 zu Recht nicht mehr vertreten.

d) Unmittelbares Bevorstehen des Schadenseintritts. Diese im Zuge der Umsetzung von 51 Art. 19 Abs. 2 Kapital-RL 1977 (jetzt Art. 60 Abs. 2 RL (EU) 2017/1132)[195] in das Gesetz eingefügte Voraussetzung schränkt den Prognosehorizont des Vorstandes betreffend den Schadenseintritt ein. Schäden, die erst in ferner Zukunft einzutreten drohen, können danach den Erwerb eigener Aktien nicht rechtfertigen. Da die Prognosesicherheit typischerweise mit der zeitlichen Entfernung des Schadenseintritts abnimmt, scheiden damit unsichere oder gar fern liegende Schadensereignisse als Erwerbsgrund aus.[196] Andererseits ist nicht erforderlich, dass der Schadenseintritt sofort oder mit Sicherheit zu erwarten ist; ausreichend ist vielmehr, dass der Schaden in näherer Zukunft mit hoher Wahrscheinlichkeit einzutreten droht.[197] Einem unmittelbar bevorstehenden Schaden steht ein bereits eingetretener Schaden gleich, sofern er sich durch den Erwerb eigener Aktien beseitigen lässt.[198]

e) Notwendigkeit des Erwerbs. Das Merkmal der Notwendigkeit bringt zum Ausdruck, dass 52 der Erwerb eigener Aktien nicht lediglich eines von mehreren gleichermaßen geeigneten und vertretbaren Mitteln zur Abwehr des drohenden Schadens sein darf. Vielmehr darf der Gesellschaft **keine sinnvolle Alternative** zur Verfügung stehen.[199] Das setzt nicht notwendigerweise voraus, dass der Erwerb eigener Aktien das tauglichste Abwehrinstrument ist;[200] an einer vernünftigen Alternative fehlt es vielmehr auch dann, wenn der Einsatz eines anderen zur Schadensabwehr geeigneten Mittels unverhältnismäßig höheren Aufwand erfordern würde oder mit sonstigen erheblichen Nachteilen für die Gesellschaft verbunden wäre. Maßgeblich für diese Beurteilung ist nicht die subjektive Einschätzung der Verwaltung, sondern ein **objektiver Maßstab**.[201]

f) Volleinzahlung. In Umsetzung von Art. 19 Abs. 1 lit. c, Abs. 2 Kapital-RL 1977 (jetzt Art. 60 53 Abs. 1 Unterabs. 1 lit. c, Abs. 2 RL (EU) 2017/1132) beschränkt das Gesetz den Erwerb nach Nr. 1 auf voll eingezahlte Aktien. Damit wird der Kapitalaufbringung Vorrang vor der Schadensabwehr eingeräumt.[202]

g) Einzelfälle. aa) Sicherung oder Befriedigung von Ansprüchen. Die Inpfandnahme 54 (§ 71e) oder der Erwerb eigener Aktien im Wege der Zwangsvollstreckung können zur Schadensabwehr zulässig sein, wenn ein Schuldner der AG nicht über andere Vermögenswerte verfügt und die Gesellschaft daher anderenfalls mit ihrer Forderung auszufallen droht.[203] Ein Erwerb nach Nr. 1

---

[192] BFHE 122, 52 (54) = WM 1977, 1264 (1265); Kölner Komm AktG/*Lutter/Drygala* Rn. 47; MüKoAktG/ *Oechsler* Rn. 105; Großkomm AktG/*Merkt* Rn. 163; K. Schmidt/Lutter/*T. Bezzenberger* Rn. 31; Grigoleit/*Grigoleit/Rachlitz* Rn. 36; Hüffer/Koch/*Koch* Rn. 7.
[193] Kölner Komm AktG/*Lutter/Drygala* Rn. 61; MüKoAktG/*Oechsler* Rn. 109; Großkomm AktG/*Merkt* Rn. 165; Hüffer/Koch/*Koch* Rn. 7; Hölters/*Laubert* Rn. 5; Bürgers/Körber/*Wieneke* Rn. 9.
[194] *Werner* AG 1990, 1 (14); *Aha* AG 1992, 218 (222); *Kuhn* NJW 1973, 833 (834 f.); Großkomm AktG/*Barz*, 3. Aufl. 1973, Anm. 7.
[195] ABl. EU 2017 Nr. L 169, 46.
[196] MüKoAktG/*Oechsler* Rn. 110.
[197] IdS auch Kölner Komm AktG/*Lutter/Drygala* Rn. 62; MüKoAktG/*Oechsler* Rn. 110; Großkomm AktG/ *Merkt* Rn. 168 ff.
[198] Kölner Komm AktG/*Lutter/Drygala* Rn. 62; MüKoAktG/*Oechsler* Rn. 111; Großkomm AktG/*Merkt* Rn. 170; differenzierend NK-AktR/*Block* Rn. 17.
[199] IdS MüKoAktG/*Oechsler* Rn. 111; Großkomm AktG/*Merkt* Rn. 171; K. Schmidt/Lutter/*T. Bezzenberger* Rn. 31; Bürgers/Körber/*Wieneke* Rn. 9; Hüffer/Koch/*Koch* Rn. 8.
[200] So aber Kölner Komm AktG/*Lutter/Drygala* Rn. 63; *Benckendorff*, Erwerb eigener Aktien im deutschen und US-amerikanischen Recht, 1998, 213.
[201] Kölner Komm AktG/*Lutter/Drygala* Rn. 63; MüKoAktG/*Oechsler* Rn. 112; Großkomm AktG/*Merkt* Rn. 171; Hölters/*Laubert* Rn. 5; Hüffer/Koch/*Koch* Rn. 8.
[202] Kölner Komm AktG/*Lutter/Drygala* Rn. 64.
[203] *Kuhn* NJW 1973, 833 (834); Kölner Komm AktG/*Lutter/Drygala* Rn. 48; Großkomm AktG/*Merkt* Rn. 173; Hölters/*Laubert* Rn. 6; Hüffer/Koch/*Koch* Rn. 9; NK-AktR/*Block* Rn. 20.

scheidet allerdings aus, soweit es um Einlageansprüche geht, weil es am Erfordernis der Volleinzahlung (Abs. 2 S. 3) fehlt; hier kommt daher nur die Kaduzierung nach § 64 in Betracht.

55 **bb) Kursstabilisierung.** Nach hL stellt ein Rückgang des Aktienkurses keinen Schaden für die Gesellschaft, sondern lediglich für die Aktionäre dar. Daran soll auch ein damit verbundener Wertverlust bereits gehaltener eigener Aktien oder ein entgangener Spekulationsgewinn nichts ändern.[204] Ein Erwerb eigener Aktien soll daher nicht bei allgemeinen Kursrückgängen oder zu Zwecken der Kurspflege, sondern allenfalls unter außergewöhnlichen Umständen, etwa bei gezielten Baisseangriffen und auch hier nur insoweit auf Nr. 1 gestützt werden können, als der Kursrückgang gerade für die Gesellschaft schädlich ist.[205] Indessen wirkt sich der als Beispiel herangezogene zielgerichtete Angriff auf den Kurs einer aufnehmenden AG während eines laufenden Verschmelzungsverfahrens[206] an sich nicht zum Nachteil der Gesellschaft selbst, sondern lediglich zum Nachteil ihrer Aktionäre aus, deren Beteiligung dadurch verwässert wird.[207] Nur bei normativer Betrachtung (→ Rn. 49) lässt sich hier ein Schaden der Gesellschaft bejahen. Umgekehrt kann ein sinkender Börsenkurs auch jenseits solcher Fälle die Kapitalkosten der Gesellschaft erhöhen oder die Kreditwürdigkeit der Gesellschaft beeinträchtigen und damit für sie und nicht lediglich für die Aktionäre schadensträchtig sein.[208] Ebenso ist es denkbar, dass der Erfolg einer Kapitalerhöhung durch einen unerwarteten Kursrückgang gefährdet wird, der daher Anlass für Kursstützungskäufe nach Nr. 1 geben kann.[209] Voraussetzung für eine Kompetenz des Vorstands nach Nr. 1 ist dabei allerdings stets, dass sich nicht rechtzeitig eine Entscheidung der HV über eine Erwerbsermächtigung nach Nr. 8 herbeiführen lässt.[210]

56 **cc) Auskauf opponierender Aktionäre.** Grundsätzlich stellen die Anfechtung eines Hauptversammlungsbeschlusses und die damit verbundene Möglichkeit der Nichtigerklärung keinen schweren Schaden dar, der es dem Vorstand erlauben würde, den Kläger durch Abkauf seiner Aktien zur Klagerücknahme oder einem Vergleich zu bewegen. Etwas anderes gilt nach wohl überwiegender und zutr. Auffassung dann, wenn Aktionäre ihr Anfechtungsrecht missbrauchen, indem sie durch Anfechtungsklagen die Eintragung eilbedürftiger Maßnahmen ins Handelsregister blockieren, um die Gesellschaft zu überhöhten Zahlungen im Gegenzug für eine Klagerücknahme oder einen Vergleich zu bewegen. Unter solchen Umständen soll ein Erwerb der Aktien solcher Kläger nach Nr. 1 zulässig sein, wenn kein anderes Mittel zur Verfügung steht, um den durch die Klage drohenden Schaden von der Gesellschaft abzuwenden.[211] Das durch das UMAG eingeführte Freigabeverfahren[212] nach § 246a hat nicht durchweg Abhilfe geschaffen. Zwar darf nach § 246a Abs. 2 S. 1 ein Freigabebeschluss auch bei einer begründeten Anfechtungsklage ergehen, wenn nach der Überzeugung des Gerichts das Eintragungsinteresse bei einem der in Abs. 1 der Vorschrift aufgeführten Beschlüsse Vorrang vor dem Klägerinteresse an einem Eintragungsaufschub hat.[213] Obwohl das Gesetz damit in Gestalt des Freigabeverfahrens ein Instrument zur Verfügung stellt, um Schaden der Gesellschaft durch Eintragungsblockaden zu vermeiden und der Vorstand daher gehalten ist, in erster Linie von diesem Verfahren Gebrauch zu machen und nicht auf einen Auskauf des Klägers auszuweichen, kann in Anbetracht der Verfahrensdauer[214] von einer Anfechtungsklage immer noch die Gefahr eines den Aktienerwerb nach Nr. 1 rechtfertigenden schweren Schadens ausgehen.[215]

57 **dd) Einflussnahme auf die Zusammensetzung des Aktionärskreises.** Beim Einsatz des Erwerbs eigener Aktien zur Abwehr eines Erwerbs durch bestimmte Dritte ist im Hinblick auf Nr. 1

---

[204] Kölner Komm AktG/*Lutter*/*Drygala* Rn. 47, 49; MüKoAktG/*Oechsler* Rn. 104.
[205] BegrRegE bei *Kropff* S. 91; *Benckendorff*, Erwerb eigener Aktien im deutschen und US-amerikanischen Recht, 1998, 214; Kölner Komm AktG/*Lutter*/*Drygala* Rn. 50; Hüffer/Koch/*Koch* Rn. 9 f.; MüKoAktG/*Oechsler* Rn. 126 f.; K. Schmidt/Lutter/*T. Bezzenberger* Rn. 31; *Aha* AG 1992, 218 (219); NK-AktR/*Block* Rn. 21.
[206] Kölner Komm AktG/*Lutter*/*Drygala* Rn. 50; Hüffer/Koch/*Koch* Rn. 9; MüKoAktG/*Oechsler* Rn. 127.
[207] MHdB AG/*Rieckers* § 15 Rn. 11.
[208] *Günther*/*Muche*/*White* RIW 1998, 337 (340); *Kuhn* NJW 1973, 833 (834).
[209] *Benckendorff*, Erwerb eigener Aktien im deutschen und US-amerikanischen Recht, 1998, 217; MüKoAktG/*Oechsler* Rn. 127.
[210] MüKoAktG/*Oechsler* Rn. 127; *Büscher*, Das neue Recht des Aktienrückkaufs, 2013, 80.
[211] MüKoAktG/*Oechsler* Rn. 130 ff.; *Schlaus* AG 1988, 113 (116); *Martens* AG 1988, 118 (120 f.); *Johannsen-Roth*, Der Erwerb eigener Aktien, 2001, 145 ff.; restriktiver Kölner Komm AktG/*Lutter*/*Drygala* Rn. 59; *Lutter* ZGR 1978, 347 (361); Hüffer/Koch/*Koch* Rn. 10; zur Beurteilung überhöhter Zahlungen nach § 57 → § 57 Rn. 39.
[212] Gesetz zur Unternehmensintegrität und Modernisierung des Anfechtungsrechts v. 22.9.2005, BGBl. 2005 I 2802.
[213] Vgl. dazu BegrRegE, BT-Drs. 15/5092, 29.
[214] Vgl. dazu *Baums*/*Keinath*/*Gajek* ZIP 2007, 1629 ff.; *Poelzig* WM 2008, 1009 (1015 f.) mN.
[215] Kölner Komm AktG/*Lutter*/*Drygala* Rn. 59; Bürgers/Körber/*Wieneke* Rn. 13; Grigoleit/*Grigoleit*/*Rachlitz* Rn. 36; Hölters/*Laubert* Rn. 6; Großkomm AktG/*Merkt* Rn. 176.

wie folgt zu differenzieren. Der bloße Umstand, dass ein Dritter, der im Hinblick auf die Gesellschaft andere Ziele verfolgt als die Verwaltung, eine erhebliche oder sogar beherrschende Beteiligung erwerben will, stellt regelmäßig keinen schweren Schaden dar, der zu einem Rückerwerb nach Abs. 1 berechtigen würde.[216] Die schon früher vertretene Auffassung, dass der Vorstand im Hinblick auf Übernahmen grundsätzlich einer Neutralitätspflicht unterliegt und es ihm überdies untersagt ist, Gesellschaftsvermögen zur Sicherung der eigenen Position einzusetzen,[217] ist durch § 33 WpÜG im Wesentlichen bestätigt worden.[218] Etwas anderes gilt allerdings dann, wenn konkreter Anlass zu der Befürchtung besteht, dass ein – gegenwärtiger oder zukünftiger – Aktionär die Gesellschaft durch Maßnahmen schädigen wird, deren Vornahme nicht in die Zuständigkeit der Aktionäre fällt.[219] Ebenso ist ein Erwerb nach Abs. 1 zulässig, wenn bereits die Person des Aktionärs als solche geeignet ist, der Gesellschaft Schaden zuzufügen, wie dies etwa bei ausländischen Staaten der Fall sein kann, wenn deren Beteiligung ein Hindernis für die Tätigkeit der Gesellschaft darstellen oder ihre Marktchancen beeinträchtigen würde.[220]

2. Belegschaftsaktien, Abs. 1 Nr. 2. a) Entstehungsgeschichte und Normzweck. Die Regelung geht ursprünglich auf § 19 Nr. 1 KapErhG[221] zurück. Bei der Umsetzung der Kapital-RL 1977 wurden die Beschränkung auf voll eingezahlte Aktien (Art. 19 Abs. 1 lit. d Kapital-RL 1977; jetzt Art. 60 Abs. 2 Unterabs. 1 lit. c RL (EU) 2017/1132) und die Kapitalgrenze (Art. 19 Abs. 1 lit. b Kapital-RL 1977; jetzt Art. 60 Abs. 2 Unterabs. 2 lit. a RL (EU) 2017/1132) durch Abs. 2 S. 1 und 3 auf diesen Erwerbstatbestand erstreckt und der persönliche Anwendungsbereich auf Arbeitnehmer verbundener Unternehmen erweitert.[222] Schließlich wurde der persönliche Anwendungsbereich der Vorschrift mit der auf Art. 41 lit. a Kapital-RL 1977 (jetzt Art. 84 Abs. 1 RL (EU) 2017/1132)[223] gestützten Neufassung der Bestimmung durch das Zweite Finanzmarktförderungsgesetz[224] auf ausgeschiedene Arbeitnehmer erweitert.[225] 58

Neben anderen Vorschriften (§ 192 Abs. 2 Nr. 3, § 193 Abs. 2 Nr. 4, § 202 Abs. 4, § 203 Abs. 4, § 205 Abs. 5) soll auch Nr. 2 die Arbeitnehmerbeteiligung erleichtern. Damit wird zunächst der sozialpolitische Zweck verfolgt, die **Integration** von Arbeitnehmern **in das Unternehmen** zu fördern.[226] Darüber hinaus spielt aber auch der Gedanke eine Rolle, den Arbeitnehmern einen **Anreiz zur Steigerung des Unternehmenswertes** zu geben.[227] 59

b) Begünstigter Personenkreis. Für die Abgrenzung des Kreises der Begünstigten ist der **arbeitsrechtliche Arbeitnehmerbegriff** maßgeblich.[228] Dementsprechend ist zwar auch ein Erwerb eigener Aktien zur Weitergabe an leitende Angestellte zulässig, nicht aber zu Gunsten von Organmitgliedern.[229] Anders als bis zur Änderung der Vorschrift durch das Zweite Finanzmarktförderungsgesetz[230] (→ Rn. 58) reicht nunmehr auch ein früheres Arbeitsverhältnis aus. Damit ist ein Erwerb eigener Aktien zur Weitergabe an Betriebsrentner, Ruheständler und Mitarbeiter im Vorruhestand möglich.[231] Zulässig ist schließlich auch ein Erwerb zur Weitergabe an (ehemalige) Mitarbeiter von Unternehmen, die iSv § 15 mit der Gesellschaft verbunden sind.[232] 60

---

[216] K. Schmidt/Lutter/*T. Bezzenberger* Rn. 32; Bürgers/Körber/*Wieneke* Rn. 15; Wachter/*Servatius* Rn. 11; Hölters/*Laubert* Rn. 6.
[217] Kölner Komm AktG/*Mertens/Cahn* § 76 Rn. 23; MüKoAktG/*Schlitt* WpÜG § 33 Rn. 43 ff.; *Hopt* ZGR 1993, 534 (563) jeweils mN.
[218] MüKoAktG/*Oechsler* Rn. 123; MüKoAktG/*Schlitt* WpÜG § 33 Rn. 52 f., 93.
[219] Kölner Komm AktG/*Mertens/Cahn* § 76 Rn. 25; *Hopt* ZGR 1993, 534 (563) iVm 554 f.; Kölner Komm AktG/*Lutter/Drygala* Rn. 56; Großkomm AktG/*Merkt* Rn. 185; K. Schmidt/Lutter/*T. Bezzenberger* Rn. 32; Hölters/*Laubert* Rn. 6; Hüffer/Koch/*Koch* Rn. 9; skeptisch *Hitzer/Simon/Düchting* AG 2012, 237 (238).
[220] Kölner Komm AktG/*Mertens/Cahn* § 76 Rn. 25; *Hopt* ZGR 1993, 534 (563) iVm 554 f.
[221] Gesetz über die Kapitalerhöhung aus Gesellschaftsmitteln und über die Gewinn- und Verlustrechnung v. 23.12.1959, BGBl. 1959 I 789 (792).
[222] Vgl. BegrRegE, BT-Drs. 8/1678, 15.
[223] ABl. EU 2017 Nr. L 169, 46.
[224] V. 26.7.1994, BGBl. 1994 I 1749.
[225] Vgl. BegrRegE, BT-Drs. 12/6679, 83.
[226] BegrRegE, BT-Drs. 10/337, 10.
[227] MüKoAktG/*Oechsler* Rn. 134 f.
[228] *Eckert,* Der Erwerb eigener Aktien auf dem Prüfstand der Rechtstatsachenforschung, 2013, 316 mN.
[229] OLG Jena ZIP 2014, 2501 (2502) = AG 2015, 160 (161); *Bosse* NZG 2001, 594 (595); *Umnuß/Ehle* BB 2002, 1042 (1043); MüKoAktG/*Oechsler* Rn. 144; Kölner Komm AktG/*Lutter/Drygala* Rn. 76; Großkomm AktG/*Merkt* Rn. 198; K. Schmidt/Lutter/*T. Bezzenberger* Rn. 33; Hölters/*Laubert* Rn. 7.
[230] Zur bis dahin geltenden Abgrenzung des Kreises der Begünstigten s. Kölner Komm AktG/*Lutter,* 2. Aufl. 1988, Rn. 41.
[231] BegrRegE, BT-Drs. 12/6679, 83; *Bosse* NZG 2001, 594 (595); *Butzke* WM 1995, 1389; K. Schmidt/Lutter/*T. Bezzenberger* Rn. 33; Hüffer/Koch/*Koch* Rn. 12.
[232] MüKoAktG/*Oechsler* Rn. 141; Hüffer/Koch/*Koch* Rn. 12.

61   c) **Absicht zur Weitergabe an die Arbeitnehmer.** Die Bestimmung setzt voraus, dass der Vorstand seine Absicht, die Aktien innerhalb der **Jahresfrist des Abs. 3 S. 2** den Arbeitnehmern zum Erwerb anzubieten, durch einen entsprechenden Beschluss zum Ausdruck gebracht hat.[233] Entgegen einer im Schrifttum vertretenen Ansicht[234] müssen aber die Ausgabekonditionen zum Zeitpunkt des Erwerbs noch nicht feststehen.[235] Liegt beim Erwerb der Aktien die Absicht zur Ausgabe an die Arbeitnehmer vor, wird der Erwerb nicht nachträglich deswegen unzulässig, weil das Angebot oder die Ausgabe an die Arbeitnehmer nicht innerhalb dieses Zeitraums erfolgt ist.[236] Die bei der Gesellschaft verbliebenen Aktien sind allerdings nach erfolglosem Ablauf der Frist entsprechend § 71c Abs. 1 zu veräußern.[237] Möglich ist aber auch eine Umwidmung durch Beschluss der HV entsprechend Nr. 8.

62   Nr. 2 enthält **keine abschließende Regelung** über Erwerb und Ausgabe eigener Aktien zum Zweck der Mitarbeiterbeteiligung. Zulässig ist vielmehr auch ein Erwerb zu diesem Zweck nach Nr. 8 oder die Ausgabe von Belegschaftsaktien, die zunächst aufgrund eines anderen Erwerbstatbestandes, etwa nach Nr. 1, 4 oder 5 erworben, aber nicht entsprechend dieser ursprünglichen Zwecksetzung verwendet worden sind.[238]

63   d) **Ausgabebedingungen.** Die Entscheidung über das Angebot und die Festsetzung der **Ausgabebedingungen** einschließlich des Ausgabepreises und des Kreises der Erwerbsberechtigten ist Sache des Vorstands, der gegebenenfalls der Zustimmung des Aufsichtsrats nach § 111 Abs. 4 bedarf.[239] Eine (ungeschriebene) Mitwirkungskompetenz der HV besteht nicht.[240] Allerdings ist die Mitwirkung des Betriebsrats erforderlich, da die Ausgabe von Belegschaftsaktien zu den nach § 87 Abs. 1 BetrVG mitbestimmungspflichtigen Maßnahmen gehört.[241] Nr. 2 deckt auch die Ausgabe von Aktien unter Marktpreis oder ohne Entgelt.[242] Ein Verstoß gegen § 57 liegt darin auch dann nicht, wenn die Empfänger bereits Aktien der Gesellschaft halten, denn die Zuwendung erfolgt nicht im Hinblick auf die Aktionärsstellung, sondern wegen der Arbeitnehmereigenschaft.

64   Nr. 2 setzt nicht voraus, dass den Arbeitnehmern das Angebot gemacht wird, Aktien durch ein Verkehrsgeschäft zu erwerben.[243] Von Wortlaut und Zweck der Vorschrift ist vielmehr auch die Einräumung des Rechts, die Aktien durch **Ausübung einer** entsprechenden **Option** zu übernehmen.[244] Ein Beschluss der HV nach § 193 Abs. 2 Nr. 4 ist in diesem Fall nicht erforderlich.[245]

65   e) **Kombination von Kapitalerhöhung und Erwerb eigener Aktien.** Aus steuerlichen Gründen bietet es sich an, Mitarbeiterbeteiligungsprogramme im Wege einer Kombination von Kapitalerhö-

---

[233] Zutr. MHdB AG/*Rieckers* § 15 Rn. 13; Hölters/*Laubert* Rn. 7; Grigoleit/*Grigoleit*/*Rachlitz* Rn. 38; Hüffer/Koch/*Koch* Rn. 13; großzügiger, Vorstandsbeschluss nur eines unter mehreren möglichen Indizien, Kölner Komm AktG/*Lutter*/*Drygala* Rn. 68 f.; MüKoAktG/*Oechsler* Rn. 142; Großkomm AktG/*Merkt* Rn. 193; K. Schmidt/Lutter/*T. Bezzenberger* Rn. 33; *Eckert*, Der Erwerb eigener Aktien auf dem Prüfstand der Rechtstatsachenforschung, 2013, 328 f.
[234] MHdB AG/*Rieckers* § 15 Rn. 13; Hölters/*Laubert* Rn. 7; Grigoleit/*Grigoleit*/*Rachlitz* Rn. 38; Hüffer/Koch/*Koch* Rn. 13.
[235] *Eckert*, Der Erwerb eigener Aktien auf dem Prüfstand der Rechtstatsachenforschung, 2013, 329.
[236] Kölner Komm AktG/*Lutter*/*Drygala* Rn. 71; MüKoAktG/*Oechsler* Rn. 143; Großkomm AktG/*Merkt* Rn. 196; K. Schmidt/Lutter/*T. Bezzenberger* Rn. 34; Grigoleit/*Grigoleit*/*Rachlitz* Rn. 39; Hüffer/Koch/*Koch* Rn. 13; Bürgers/Körber/*Wieneke* Rn. 18; *Johannsen-Roth*, Der Erwerb eigener Aktien, 2001, 155.
[237] Kölner Komm AktG/*Lutter*/*Drygala* Rn. 85; MüKoAktG/*Oechsler* Rn. 143; Großkomm AktG/*Merkt* Rn. 196; Grigoleit/*Grigoleit*/*Rachlitz* Rn. 39.
[238] Kölner Komm AktG/*Lutter*/*Drygala* Rn. 86; MüKoAktG/*Oechsler* Rn. 143; *Eckert*, Der Erwerb eigener Aktien auf dem Prüfstand der Rechtstatsachenforschung, 2013, 316.
[239] Kölner Komm AktG/*Lutter*/*Drygala* Rn. 73; MüKoAktG/*Oechsler* Rn. 145; Großkomm AktG/*Merkt* Rn. 200.
[240] *Knepper* ZGR 1985, 419 (432).
[241] *Wachter*/*Servatius* Rn. 14; *Richardi* BetrVG § 88 Rn. 31 unter Verweisung auf BAGE 63, 267 (272) = AP BetrVG 1972 § 88 Nr. 6; *Wlotzke*/*Preis* BetrVG § 87 Rn. 200; *Fitting* BetrVG § 87 Rn. 413, 415; aA Kölner Komm AktG/*Lutter*/*Drygala* Rn. 70; MüKoAktG/*Oechsler* Rn. 142; Bürgers/Körber/*Wieneke* Rn. 17.
[242] Großkomm AktG/*Merkt* Rn. 200; Kölner Komm AktG/*Lutter*/*Drygala* Rn. 78; Bürgers/Körber/*Wieneke* Rn. 17; *Eckert*, Der Erwerb eigener Aktien auf dem Prüfstand der Rechtstatsachenforschung, 2013, 334 f. eingehend *Wagner* BB 2010, 1739 (1740 f.).
[243] So aber Hüffer/Koch/*Koch* Rn. 12; *Koch* ZHR 161 (1997) 214 (220 f.); K. Schmidt/Lutter/*T. Bezzenberger* Rn. 35; *Weiß*, Aktienoptionspläne für Führungskräfte, 1999 S. 243.
[244] MüKoAktG/*Oechsler* Rn. 144; Kölner KommAktG/*Lutter*/*Drygala* Rn. 82; Bürgers/Körber/*Wieneke* Rn. 19; *Eckert*, Der Erwerb eigener Aktien auf dem Prüfstand der Rechtstatsachenforschung, 2013, 324 ff.; *Umnuß*/*Ehle* BB 2002, 1042 (1043 ff.); *Wagner* BB 2010, 1739 (1741); aA K. Schmidt/Lutter/*T. Bezzenberger* Rn. 35; Grigoleit/*Grigoleit*/*Rachlitz* Rn. 38.
[245] MüKoAktG/*Oechsler* Rn. 144.

hung und Erwerb eigener Aktien durchzuführen. Die Gesellschaft macht dabei zunächst von einem genehmigten Kapital unter Ausschluss des Bezugsrechts Gebrauch, bei dem die Aktien zum aktuellen Börsenkurs von einer Bank gezeichnet werden, die sie anschließend zum selben Preis an die AG (zurück)veräußert. Die Gesellschaft bietet die eigenen Aktien dann zu einem vergünstigten Preis ihren Mitarbeitern an und macht die Differenz zwischen dem von ihr entrichteten Erwerbspreis und dem vergünstigten Veräußerungspreis steuerlich als Betriebsausgabe geltend.[246] Unter Berücksichtigung der Hin- und Herzahlung zwischen Gesellschaft und Kreditinstitut erhält die AG dabei im Ergebnis den vergünstigten Ausgabepreis von den Arbeitnehmern, also ebensoviel, als wenn sie die Aktien unmittelbar zu diesem Preis an die Arbeitnehmer emittiert hätte. Der **Vorteil gegenüber der Direktemission** bestünde dabei in dem zusätzlichen Steuervorteil aus der Geltendmachung der Differenz zwischen dem von der Gesellschaft an das Kreditinstitut entrichteten Rückkaufspreis und dem vergünstigten Preis, zu dem die Aktien an die Arbeitnehmer abgegeben werden. Bei einer Verpflichtung der Gesellschaft gegenüber dem zeichnenden Kreditinstitut zum Rückerwerb der Aktien würde es indessen an der freien Verfügbarkeit der Einlage iSv § 36 Abs. 2 S. 1 iVm § 188 Abs. 2, § 203 Abs. 3 fehlen.[247] Sowohl die Erklärung des Vorstands, die Einlage stehe zu seiner freien Verfügung, als auch die Bankbestätigung wären daher unrichtig.[248] Darüber hinaus läge ein Fall der Zeichnung für Rechnung der Gesellschaft iSv § 56 Abs. 3 vor, weil aufgrund der Rückkaufsvereinbarung das wirtschaftliche Risiko des Erwerbs, namentlich von Kursschwankungen, bei der Gesellschaft verbliebe.[249] Da das zeichnende Kreditinstitut seine Einlagepflicht nicht erfüllt hätte, wäre schließlich auch der Erwerb der Aktien durch die Gesellschaft mangels Leistung des vollen Ausgabebetrages nach § 71 Abs. 2 S. 3 iVm Abs. 1 Nr. 2 unzulässig.[250] Das geschilderte Verfahren lässt sich daher nur dann durchführen, wenn die Gesellschaft sich nicht zum Erwerb der Aktien von dem Kreditinstitut verpflichtet.

3. Abfindung von Aktionären, Abs. 1 Nr. 3. a) Entstehungsgeschichte und Normzweck. Die 1965 ins Gesetz aufgenommene Regelung hat kein Vorbild im früheren Recht. Sie war zunächst auf die Abfindung bei Unternehmensverträgen und Eingliederung beschränkt. Der Erwerb eigener Aktien stellt hier eine Alternative zur Kapitalerhöhung dar, um der Gesellschaft die Erfüllung ihrer Abfindungspflicht zu erleichtern.[251] Durch das Umwandlungsbereinigungsgesetz[252] wurde sie auf eine Reihe umwandlungsrechtlicher Abfindungsfälle erweitert. Anders als in den aktienrechtlichen Fällen gebietet hier allerdings das Gesetz den Erwerb eigener Aktien.[253] Die Vereinbarkeit der Bestimmung mit europarechtlichen Vorgaben folgte ursprünglich aus Art. 20 Abs. 1 lit. d Kapital-RL 1977, jetzt aus Art. 61 Abs. 1 lit. d RL (EU) 2017/1132. Ebenso wie bei Belegschaftsaktien nach Nr. 2 geht es auch hier jeweils nur um einen Durchgangserwerb der Gesellschaft.[254]

b) Konzernrechtliche Erwerbsfälle. Nach § 305 Abs. 2 Nr. 1 muss eine nicht abhängige oder in Mehrheitsbesitz stehende AG oder KGaA als anderer Vertragsteil eines **Beherrschungs- oder Gewinnabführungsvertrages** mit einer anderen AG deren Aktionären als Abfindung eigene Aktien anbieten. Nr. 3 gibt ihr die Möglichkeit, die dafür erforderlichen Aktien im Wege des Rückerwerbs zu beschaffen.

Handelt es sich beim anderen Vertragsteil um eine von einer inländischen AG oder KGaA **abhängige AG oder KGaA**, muss der Beherrschungs- oder Gewinnabführungsvertrag als Abfindung Aktien der herrschenden Gesellschaft anbieten. Ein Erwerb dieser Aktien durch den seinerseits abhängigen oder in Mehrheitsbesitz stehenden anderen Vertragsteil stellt für diesen keinen Erwerb eigener Aktien, sondern einen Erwerb von Aktien des herrschenden oder mehrheitlich beteiligten Unternehmens dar, der gem. § 71d S. 2 nur insoweit zulässig ist, als die Obergesellschaft selbst diese Aktien erwerben dürfte. Diese Möglichkeit gibt ihr Nr. 3.[255] Im systematischen Zusammenhang mit § 71d S. 2 gelesen besagt die Vorschrift also, dass die den anderen Vertragsteil beherrschende oder mehrheitlich an ihm beteiligte Gesellschaft eigene Aktien für Abfindungszwecke erwerben darf;[256] erst daraus ergibt sich eine entsprechende Erwerbserlaubnis für den anderen Vertragsteil nach § 71d S. 2.

---

[246] *Richter/Gittermann* AG 2004, 277 f.
[247] *Tollkühn* NZG 2004, 594 (595 f.).
[248] *Tollkühn* NZG 2004, 594 (596).
[249] *Tollkühn* NZG 2004, 594 (596 f.).
[250] *Tollkühn* NZG 2004, 594 (597 ff.) mit Erörterung der Rechtsfolgen.
[251] BegrRegE bei *Kropff* S. 91.
[252] Gesetz zur Bereinigung des Umwandlungsrechts v. 28.10.1994, BGBl. 1994 I 3210.
[253] MüKoAktG/*Oechsler* Rn. 149; Großkomm AktG/*Merkt* Rn. 205.
[254] BegrRegE bei *Kropff* S. 91.
[255] Kölner Komm AktG/*Lutter/Drygala* Rn. 89; MüKoAktG/*Oechsler* Rn. 152; Großkomm AktG/*Merkt* Rn. 207; Hölters/*Laubert* Rn. 9.
[256] Großkomm AktG/*Merkt* Rn. 207.

69 Nach § 320b Abs. 1 S. 1–3 können bei einer **Mehrheitseingliederung** die ausscheidenden Aktionäre der eingegliederten AG[257] als Abfindung Aktien der Hauptgesellschaft beanspruchen. Nr. 3 ermöglicht es dieser Gesellschaft, die Aktien im Wege des Rückerwerbs zu beschaffen.

70 c) **Umwandlungsrechtliche Erwerbsfälle.** Nach § 29 Abs. 1 S. 1 UmwG muss bei der **Verschmelzung** eines Rechtsträgers im Wege der Aufnahme durch einen Rechtsträger anderer Rechtsform der übernehmende Rechtsträger anbieten, die Anteile der widersprechenden Gesellschafter des übertragenden Rechtsträgers gegen angemessene Barabfindung zu erwerben. Das Gleiche gilt nach S. 2 der Vorschrift bei der Verschmelzung von Rechtsträgern gleicher Rechtsform, wenn die Anteile des übernehmenden Rechtsträgers Verfügungsbeschränkungen unterworfen sind. Handelt es sich bei dem übernehmenden Rechtsträger um eine AG oder KGaA, kommt es zum Erwerb eigener Aktien, denn mit der Eintragung der Verschmelzung ins Handelsregister werden die Anteilsinhaber des übertragenden Rechtsträgers gem. § 20 Abs. 1 Nr. 3 UmwG Aktionäre der übernehmenden Gesellschaft. Nr. 3 gestattet ihr den Erwerb der Aktien der widersprechenden Anteilsinhaber allerdings nur in beschränktem Umfang, denn der deutsche Gesetzgeber hat die durch Art. 20 Abs. 1 lit. d Kapital-RL 1977 (jetzt Art. 61 Abs. 1 lit. d RL (EU) 2017/1132)[258] eröffnete Möglichkeit, die Erwerbsbeschränkungen nach Art. 19 Kapital-RL 1977 (jetzt Art. 60 RL (EU) 2017/1132) insgesamt nicht anzuwenden, nicht ausgeschöpft. Vielmehr gelten für den Erwerb nach Nr. 3 die Zehnprozentgrenze des Abs. 2 S. 1 und die Kapitalgrenze des Abs. 2 S. 2. Das ist deswegen problematisch, weil das Rückerwerbsvolumen, auf das die Gesellschaft keinen Einfluss hat, diese Grenzen ohne weiteres überschreiten kann, ohne dass dies im Vorhinein mit Sicherheit vorhersehbar wäre.[259] Nach § 29 Abs. 1 S. 1 Hs. 2 UmwG lässt allerdings ein Verstoß gegen § 71 Abs. 2 S. 1 und 2 nicht nur den nach Abs. 4 S. 1 ohnehin wirksamen Aktienerwerb durch die Gesellschaft, sondern auch die Wirksamkeit des zugrunde liegenden schuldrechtlichen Geschäfts unberührt.[260] Das gilt auch dann, wenn die Überschreitung der Beschränkungen nach Abs. 2 S. 1 und 2 vor der Beschlussfassung über die Verschmelzung wahrscheinlich erscheint. Die im Schrifttum vertretene Auffassung, bei Absehbarkeit eines Verstoßes gegen diese Bestimmungen müsse der Verschmelzungsbeschluss unterbleiben, ein dennoch gefasster Beschluss sei nach § 241 Nr. 3 nichtig,[261] verkennt, dass eine Überschreitung der Erwerbsgrenzen erst mit der nach Beschlussfassung möglichen[262] Widerspruchserklärung und der anschließenden Annahme des Erwerbsangebots durch eine entsprechende Anzahl von Aktionären feststeht und der Verdacht eines künftigen Gesetzesverstoßes schon aus Gründen der Rechtssicherheit dem von § 241 Nr. 3 vorausgesetzten Inhaltsmangel nicht gleichsteht.[263]

71 Das in → Rn. 70 Ausgeführte gilt auch bei der **Auf- oder Abspaltung** (§ 125 S. 1 iVm § 29 Abs. 1 UmwG) und beim **Formwechsel** (§ 207 Abs. 1 S. 1 UmwG).

72 d) **Entsprechende Anwendung auf andere Fälle. aa) Verschmelzungen nach § 62 UmwG.** Nr. 3 ist entsprechend anzuwenden auf Verschmelzungen unter Beteiligung von Aktiengesellschaften in Fällen des § 62 UmwG, in denen kein Verschmelzungsbeschluss der übernehmenden AG erforderlich ist. Besitzt die übernehmende Gesellschaft nicht schon eine ausreichende Menge eigener Aktien, die sie den außenstehenden Aktionären der übertragenden Gesellschaft im Tausch gegen ihre Aktien dieser Gesellschaft anbieten kann, müsste sie eine Kapitalerhöhung durchführen, bei der zwar nach § 69 UmwG die Vorschriften über das Bezugsrecht keine Anwendung fänden,[264] über die aber ihre HV nach § 182 Abs. 1 mit derselben Mehrheit beschließen müsste, die gem. § 65 Abs. 1 UmwG für einen Verschmelzungsbeschluss erforderlich wäre. Die Verfahrenserleichterung des § 62 Abs. 1 UmwG würde damit weitgehend hinfällig. Dieses dem Normzweck der Vorschrift widersprechende Ergebnis, der Umstand, dass es hier ebenso wie bei den konzernrechtlichen Erwerbstatbeständen der Nr. 3 um einen Durchgangserwerb geht, sowie die Tatsache, dass wegen des maximalen Erwerbsvolumens von 10 % die Gefahr eines Verstoßes gegen die Beschränkungen des Abs. 2 S. 1 und 2 wesentlich unwahrscheinlicher als in den sonstigen umwandlungsrechtlichen Erwerbsfällen ist, wiegt schwerer als der nahe liegende Umkehrschluss zu § 68 Abs. 1 S. 2 UmwG.[265]

---

[257] Zur entsprechenden Anwendung des Eingliederungsrechts auf die KGaA vgl. *Pfeiffer* Der Konzern 2006, 122 ff.
[258] ABl. EU 2017 Nr. L 169, 46.
[259] Vgl. K. Schmidt/Lutter/*T. Bezzenberger* Rn. 40.
[260] Vgl. dazu Großkomm AktG/*Merkt* Rn. 220; K. Schmidt/Lutter/*T. Bezzenberger* Rn. 71, 41.
[261] *Grunewald* FS Boujong, 1996, 175 (191 f.); zust. MüKoAktG/*Oechsler* Rn. 154; vgl. auch K. Schmidt/ Lutter/*T. Bezzenberger* Rn. 41, der Anfechtbarkeit annimmt.
[262] Vgl. dazu etwa Semler/Stengel/*Kalss* UmwG § 29 Rn. 22.
[263] Vgl. Kölner Komm AktG/*Lutter/Drygala* Rn. 105; Grigoleit/*Grigoleit/Rachlitz* Rn. 41; *Büscher*, Das neue Recht des Aktienrückkaufs, 2013, 83 f.
[264] Insoweit sind die Bedenken von *Martens* FS Boujong, 1996, 335 (337) daher nicht begründet.
[265] Ebenso im Ergebnis *Martens* FS Boujong, 1996, 335 (342 f.); MüKoAktG/*Oechsler* Rn. 157; Hölters/*Laubert* Rn. 10; Grigoleit/*Grigoleit/Rachlitz* Rn. 41; Wachter/*Servatius* Rn. 15; *Büscher*, Das neue Recht des Aktienrück-

bb) Delisting. Zur entsprechenden Anwendbarkeit von Nr. 3 auf das Delisting → Rn. 152 ff. 73

e) Verwendungsabsicht. Der Erwerb muss zum Zweck der Weitergabe an abfindungsberechtigte 74
Aktionäre erfolgen. Diese Absicht muss durch einen entsprechenden Vorstandsbeschluss dokumentiert sein.[266] Umstritten ist, ob darüber hinaus die Abfindungspflicht bereits dadurch konkretisiert sein muss, dass die notwendigen Hauptversammlungsbeschlüsse gefasst sind, damit von ernstlicher Weitergabeabsicht iSv Nr. 3 die Rede sein kann, sofern nicht aufgrund der Mehrheitsverhältnisse in beiden Gesellschaften das Beschlussergebnis von vornherein feststeht.[267] Dagegen wird geltend gemacht, die Gesellschaft stehe dann bereits unter Erwerbszwang und müsse daher höhere Kurse gewärtigen.[268] Dies mag zwar zutreffen; allerdings wird aus insiderrechtlichen Gründen ein Erwerb regelmäßig ohnehin nur dann zulässig sein, wenn die Absicht zur Vornahme einer Maßnahme nach Nr. 3 bereits öffentlich bekannt ist. Da eine solche Absicht regelmäßig per se geeignet ist, den Kurs der Aktien der beteiligten Gesellschaften erheblich zu beeinflussen und der Erwerb zu Weitergabezwecken über die Umsetzung des Plans hinausgeht, einen Unternehmensvertrag zu schließen oder eine umwandlungsrechtliche Maßnahme durchzuführen, würde ein Erwerb vor Bekanntgabe dieser Absicht gegen Art. 8 Abs. 1 MMV, Art. 14 lit. a MMV verstoßen. Erforderlich, aber auch ausreichend ist daher, dass der Plan, eine Maßnahme nach Nr. 3 durchzuführen, öffentlich bekannt ist, auch wenn die für seine Durchführung notwendigen Hauptversammlungsbeschlüsse noch nicht gefasst sind.

4. Unentgeltlicher Erwerb und Einkaufskommission, Abs. 1 Nr. 4. a) Unentgeltlicher 75
Erwerb. aa) Entstehungsgeschichte und Normzweck. Der unentgeltliche Erwerb eigener Aktien wurde erstmals durch § 65 Abs. 1 S. 3 Nr. 1 AktG 1937 ausdrücklich zugelassen. Heute findet sich die gemeinschaftsrechtliche Grundlage für den Erwerbstatbestand in Art. 20 Abs. 1 lit. c Kapital-RL 1977 (jetzt Art. 61 Abs. 1 lit. c RL (EU) 2017/1132).[269] Der unentgeltliche Erwerb voll eingezahlter (Abs. 1 S. 3, Art. 20 Abs. 1 lit. c Kapital-RL 1977 bzw. Art. 61 Abs. 1 lit. c RL (EU) 2017/1132) eigener Aktien ist dem Umfang nach unbeschränkt zulässig (Abs. 2 S. 1 und 2), weil damit keine die Gläubiger finanzielle Belastung der AG verbunden ist, eine Ungleichbehandlung der Aktionäre mangels einer Gegenleistung durch die Gesellschaft ebenso wenig in Betracht kommt wie ein Eingriff in den Kapitalmarkt und schließlich auch eine Einflussnahme der Verwaltung auf die Zusammensetzung des Aktionärskreises ausgeschlossen ist.

bb) Unentgeltlichkeit. Der Begriff der Unentgeltlichkeit ist iSv § 516 BGB zu verstehen. Die 76
Gesellschaft darf daher nicht verpflichtet sein, eine Gegenleistung zu erbringen. Daher fallen gemischte Schenkungen oder Vermächtnisse unter Auflage nicht unter die Vorschrift. Dagegen stellt die Verpflichtung, Schenkungs- oder Erbschaftsteuer zu zahlen, keine Gegenleistung dar; sie schließt daher die Unentgeltlichkeit nicht aus.[270]

b) Einkaufskommission. aa) Entstehungsgeschichte und Normzweck. Die Bestimmung 77
geht auf die Aktienrechtsnovelle 1884 (→ Rn. 22 Fn. 91) zurück. Heute ist der Erwerbstatbestand durch Art. 20 Abs. 1 lit. c Kapital-RL 1977 (jetzt Art. 61 Abs. 1 lit. c RL (EU) 2017/1132)[271] gemeinschaftsrechtlich zugelassen, aber, anders als noch idF von 1965, auf Kreditinstitute beschränkt. Der kommissionsweise Erwerb wird als weniger gefährlich angesehen als ein Erwerb für eigene Rechnung, weil die Gesellschaft die Mitgliedschaft nur vorübergehend bis zur Weitergabe an den Kommittenten halten soll.[272]

bb) Kommissionserwerb durch Kreditinstitute. Das Gesetz verweist mit dem Begriff der 78
Einkaufskommission auf § 383 Abs. 1 Alt. 1 HGB, mit dem des Kreditinstituts auf § 1 Abs. 1 KWG, § 2 Abs. 1 KWG.[273] Das Kreditinstitut darf seine Pflicht gegenüber dem Kommittenten auch durch Selbsteintritt nach § 400 HGB erfüllen und sich anschließend wieder mit einer entsprechenden Zahl

---

kaufs, 2013, 88 f.; sympathisierend Hüffer/Koch/*Koch* Rn. 15; aA NK-AktR/*Block* Rn. 40; Großkomm AktG/*Merkt* Rn. 213; Bürgers/Körber/*Wieneke* Rn. 22.
[266] Hölters/*Laubert* Rn. 11.
[267] So etwa Kölner KommAktG/*Lutter/Drygala* Rn. 105; Hölters/*Laubert* Rn. 11; Hüffer/Koch/*Koch* Rn. 14; MHdB AG/*Rieckers* § 15 Rn. 15; großzügiger MüKoAktG/*Oechsler* Rn. 163; Großkomm AktG/*Merkt* Rn. 217.
[268] MüKoAktG/*Oechsler* Rn. 163; Großkomm AktG/*Merkt* Rn. 217.
[269] ABl. EU 2017 Nr. L 169, 46.
[270] Kölner Komm AktG/*Lutter/Drygala* Rn. 220; MüKoAktG/*Oechsler* Rn. 166; Großkomm AktG/*Merkt* Rn. 224; K. Schmidt/Lutter/*T. Bezzenberger* Rn. 44; Hölters/*Laubert* Rn. 13; Hüffer/Koch/*Koch* Rn. 16.
[271] ABl. EU 2017 Nr. L 169, 46.
[272] MüKoAktG/*Oechsler* Rn. 167; Großkomm AktG/*Merkt* Rn. 226.
[273] Großkomm AktG/*Merkt* Rn. 227 f.

eigener Aktien eindecken.[274] Verweigert der Kommittent nachträglich die Abnahme, wird der Erwerb nicht nachträglich unzulässig.[275] Setzt das Kreditinstitut den Vertrag nicht durch, muss es die Aktien nur unter den Voraussetzungen des § 71c Abs. 2 wieder veräußern;[276] die im Schrifttum befürwortete Analogie zu § 71c Abs. 1[277] scheitert mangels Unzulässigkeit des Erwerbs an der fehlenden Vergleichbarkeit der Interessenlage. Die Bestimmung findet keine Anwendung auf die Verkaufskommission (§ 383 Abs. 1 Alt. 2 HGB), da die Gesellschaft hier regelmäßig nur die Verfügungsbefugnis über die zu veräußernden Aktien erlangt.[278] Ein Selbsteintritt nach § 400 HGB ist hier nach Wortlaut und Entstehungsgeschichte[279] der Vorschrift nicht zulässig.[280]

79 **5. Gesamtrechtsnachfolge, Abs. 1 Nr. 5. a) Entstehungsgeschichte und Normzweck.** Die Bestimmung ist 1965 in das Gesetz aufgenommen worden. Sie soll klarstellen, dass eine Gesamtrechtsnachfolge nicht deswegen unzulässig ist, weil sie den Erwerb eigener Aktien mit sich bringt.[281] Über Nr. 4 hinausgehend gilt dies nach Abs. 2 S. 3 auch, soweit es sich um nicht voll eingezahlte Aktien handelt. Gemeinschaftsrechtliche Rechtsgrundlage ist nunmehr Art. 20 Abs. 1 lit. b Kapital-RL 1977 (jetzt Art. 61 Abs. 1 lit. b RL (EU) 2017/1132).[282]

80 **b) Anwendungsfälle.** Die Bestimmung erfasst den Erwerb im Wege der **Erbschaft**, der **Verschmelzung** nach § 20 Abs. 1 Nr. 1 UmwG und der **Anwachsung** des Vermögens einer Personengesellschaft auf den letzten verbleibenden Gesellschafter nach § 738 Abs. 1 S. 1 BGB iVm § 105 Abs. 3 HGB, § 140 Abs. 1 S. 2 HGB.[283] **Problematisch** und durch den Zweck der Vorschrift nicht ohne weiteres gedeckt ist dagegen die Gesamtrechtsnachfolge in eigene Aktien durch **Aufspaltung** (§ 123 Abs. 1 Nr. 1 UmwG, § 131 Abs. 1 Nr. 1 UmwG), durch **Abspaltung** (§ 123 Abs. 2 Nr. 1 UmwG, § 131 Abs. 1 Nr. 1 UmwG) oder durch **Ausgliederung** (§ 123 Abs. 3 Nr. 1 UmwG, § 131 Abs. 1 Nr. 1 UmwG), soweit die Gesamtrechtsnachfolge nicht von einem abhängigen oder in Mehrheitsbesitz der AG stehenden Unternehmen auf die herrschende oder mehrheitlich beteiligte AG erfolgt, der die eigenen Aktien im Besitz des von ihr abhängigen oder in ihrem Mehrheitsbesitz stehenden Unternehmens nach § 71d S. 2 ohnehin zugerechnet werden.[284] In allen anderen Fällen ist zu bedenken, dass nach Nr. 5 zwar eine im Übrigen unbedenkliche Gesamtrechtsnachfolge nicht an der damit verbundenen Übertragung eigener Aktien scheitern soll, der Zweck der Bestimmung aber nicht darin besteht, die Umgehung der anderenfalls geltenden Erwerbsbeschränkungen durch Gesamtrechtsnachfolge zu ermöglichen.[285]

81 **6. Erwerb zur Einziehung, Abs. 1 Nr. 6. a) Entstehungsgeschichte und Normzweck.** Bereits in Art. 215 Abs. 3 ADHGB (→ Rn. 21) war die Amortisation von Aktien in systematischem Zusammenhang mit dem Erwerbsverbot geregelt. Die heutige Fassung der Vorschrift findet ihre gemeinschaftsrechtliche Grundlage in Art. 20 Abs. 1 lit. a Kapital-RL 1977 (jetzt Art. 61 Abs. 1 lit. a RL (EU) 2017/1132). Da § 237 besondere Regeln für den Kapitalschutz bei der Einziehung vorsieht, brauchen die Bestimmungen des § 71 Abs. 2 beim Erwerb nicht beachtet zu werden.[286]

82 **b) Anwendungsfälle.** Nr. 6 bezieht sich nur auf die Einziehung von Aktien nach Erwerb durch die Gesellschaft gem. § 237 Abs. 1 Alt. 2, nicht dagegen auf die Zwangseinziehung nach Alt. 1 dieser Vorschrift. Bei einer ordentlichen Einziehung sind gem. § 237 Abs. 2 S. 3 die Gläubigerschutzbestimmungen des § 225 Abs. 2 einzuhalten. Das Entgelt für die Aktien darf daher an die veräußernden Aktionäre erst gezahlt werden, wenn seit der Bekanntmachung der Eintragung der Kapitalherabsetzung sechs Monate verstrichen sind und den Gläubigern, die sich innerhalb der Sechsmonatsfrist des § 225 Abs. 1 gemeldet haben, Sicherheit geleistet oder Befriedigung gewährt worden ist. Bei einer vereinfachten Kapitalherabsetzung nach § 237 Abs. 3–5 dürfen nur voll eingezahlte Aktien

---

[274] MüKoAktG/*Oechsler* Rn. 169; Großkomm AktG/*Merkt* Rn. 227; Kölner Komm AktG/*Lutter/Drygala* Rn. 223; Hölters/*Laubert* Rn. 14; Grigoleit/*Grigoleit/Rachlitz* Rn. 43; Bürgers/Körber/*Wieneke* Rn. 25; *Büscher*, Das neue Recht des Aktienrückkaufs, 2013, 90; aA K. Schmidt/Lutter/*T. Bezzenberger* Rn. 45.
[275] K. Schmidt/Lutter/*T. Bezzenberger* Rn. 45.
[276] Kölner Komm AktG/*Lutter/Drygala* Rn. 222; Bürgers/Körber/*Wieneke* Rn. 25; NK-AktR/*Block* Rn. 48.
[277] MüKoAktG/*Oechsler* Rn. 169; K. Schmidt/Lutter/*T. Bezzenberger* Rn. 45.
[278] Vgl. nur Wachter/*Servatius* Rn. 18.
[279] BegrRegE bei *Kropff* S. 91.
[280] MüKoAktG/*Oechsler* Rn. 170; Großkomm AktG/*Merkt* Rn. 227; Hüffer/Koch/*Koch* Rn. 17; Kölner Komm AktG/*Lutter/Drygala* Rn. 226; Bürgers/Körber/*Wieneke* Rn. 25.
[281] BegrRegE bei *Kropff* S. 91.
[282] ABl. EU 2017 Nr. L 169, 46.
[283] Hölters/*Laubert* Rn. 15.
[284] Zu dieser Ausnahme s. MüKoAktG/*Oechsler* Rn. 174.
[285] Anders offenbar Großkomm AktG/*Merkt* Rn. 233.
[286] Grigoleit/*Grigoleit/Rachlitz* Rn. 41.

erworben werden, die der Gesellschaft entweder unentgeltlich zur Verfügung gestellt worden sind, so dass kein die Gläubiger beeinträchtigender Vermögensabfluss stattfindet, oder die zu Lasten freier Mittel eingezogen werden, die nach § 71 Abs. 2 S. 2 auch in den durch diese Vorschrift erfassten Fällen für die Zahlung des Erwerbspreises verwendet werden dürfen, so dass ein gleichwertiger Vermögensschutz gewährleistet ist. Außerdem ist nach § 237 Abs. 5 durch Einstellung eines dem Betrag der Kapitalherabsetzung entsprechenden Betrages in die Kapitalrücklage dafür zu sorgen, dass sich die ausschüttungsfähigen Mittel durch die Reduzierung der Kapitalziffer nicht erhöhen. Beide Voraussetzungen müssen allerdings bei der Einziehung von Stückaktien ohne Herabsetzung des Kapitals nach § 237 Abs. 3 Nr. 3 nicht eingehalten werden. Das ist hinsichtlich der fehlenden Beschränkung der für die Einziehung zur Verfügung stehenden Mittel insofern problematisch, als die Einziehung hier zu einem Buchverlust führen könnte, der durch Auflösung der gesetzlichen Rücklage ausgeglichen werden müsste. Nach hL ist daher ein Erwerb zur Einziehung nach § 237 Abs. 3 Nr. 3 nur entsprechend § 237 Abs. 3 Nr. 1 oder 2, also unentgeltlich oder zu Lasten ausschüttungsfähiger Mittel zulässig.[287]

c) Voraussetzungen des Erwerbs. Ein Erwerb nach Nr. 6 setzt voraus, dass der Beschluss über 83 die Kapitalherabsetzung bereits gefasst ist.[288] Dadurch unterscheidet sich die Bestimmung von einer Ermächtigung durch die HV nach Nr. 8 S. 6, eigene Aktien zur Einziehung ohne weiteren Hauptversammlungsbeschluss zu erwerben. Obwohl Nr. 6 das nicht ausdrücklich erwähnt, ist der Vorstand beim Erwerb zur Einziehung an den Gleichbehandlungsgrundsatz gebunden,[289] so dass ein Erwerb von einzelnen Gesellschaftern nur bei einem hinreichenden sachlichen Grund zulässig ist.[290] Zur bilanziellen Behandlung von zur Einziehung erworbenen eigenen Aktien → Rn. 238.

7. Erwerb für den Wertpapierhandel, Abs. 1 Nr. 7. a) Entstehungsgeschichte und 84 **Normzweck.** Die Vorschrift ist durch das Zweite Finanzmarktförderungsgesetz[291] eingefügt worden. Die auf Art. 19 Abs. 1 Kapital-RL 1977 (jetzt Art. 60 Abs. 1 RL (EU) 2017/1132)[292] gestützte Bestimmung soll den Normadressaten den notwendigen Spielraum verschaffen, um im außerbörslichen Handel als Market-Maker in eigenen Aktien zu agieren.[293]

b) Betroffene Gesellschaften. Normadressaten sind Kreditinstitute (§§ 1 Abs. 1, 2 Abs. 1 85 KWG), Finanzdienstleistungsinstitute (§ 1 Abs. 1a KWG, § 2 Abs. 6 und Abs. 10 KWG) und Finanzunternehmen (§ 1 Abs. 3 KWG). Privilegiert ist der Erwerb eigener Aktien durch solche Aktiengesellschaften oder von ihnen abhängige oder in ihrem Mehrheitsbesitz stehende Unternehmen, nicht dagegen der Erwerb von Aktien einer Muttergesellschaft mit anderem Unternehmensgegenstand durch ein Tochterunternehmen, das zu den in der Vorschrift genannten Unternehmen gehört (also etwa der Erwerb von Aktien der Industriemutter durch die Banktochter).[294]

c) Zum Zweck des Wertpapierhandels. Ausweislich der Gesetzesbegründung soll der Begriff 86 des Wertpapierhandels in weitem Sinne zu verstehen sein und die Wertpapierleihe und das Hedging in eigenen Aktien umfassen.[295]

d) Hauptversammlungsbeschluss. Für den Ermächtigungsbeschluss gilt das einfache Mehr- 87 heitserfordernis des § 133 Abs. 1. Aus dem Wortlaut des Beschlusses muss sich ergeben, dass der Vorstand zum Handel in eigenen Aktien ermächtigt wird. Das Ermächtigungsvolumen darf nach dem Wortlaut der Vorschrift 5 % des Grundkapitals **am Ende jeden Tages** nicht übersteigen. Mit dem „Ende jeden Tages" ist, auch bei einem Erwerb im Ausland, 24 Uhr deutscher Zeit gemeint.[296]

---

[287] *Wieneke/Förl* AG 2005, 189 (195); *K. Schmidt/Lutter/T. Bezzenberger* Rn. 48; MHdB AG/*Scholz* § 63 Rn. 52.
[288] *Bürgers/Körber/Wieneke* Rn. 27; *Wieneke/Förl* AG 2005, 189 (190).
[289] Großkomm AktG/*Merkt* Rn. 236.
[290] Näher dazu *Martens* AG 1996, 337 (344); ebenso MüKoAktG/*Oechsler* Rn. 179; Hölters/*Laubert* Rn. 16.
[291] Gesetz über den Wertpapierhandel und zur Änderung börsenrechtlicher und wertpapierrechtlicher Vorschriften (Zweites Finanzmarktförderungsgesetz) v. 26.7.1994, BGBl. 1994 I 1749.
[292] ABl. EU 2017 Nr. L 169, 46.
[293] BegrRegE, BT-Drs. 12/6679, 83 f.; *Benckendorff,* Erwerb eigener Aktien im deutschen und US-amerikanischen Recht, 1998, 69 f.; *Butzke* WM 1995, 1389 (1391); MüKoAktG/*Oechsler* Rn. 180; für Aufgabe des Tatbestandes nach Einführung der Nr. 8 *Schanze* FS Nobel, 2005, 999 (1011).
[294] *Butzke* WM 1995, 1389 (1391); Großkomm AktG/*Merkt* Rn. 243.
[295] BegrRegE, BT-Drs. 12/6679, 83 f.; vgl. auch K. Schmidt/Lutter/*T. Bezzenberger* Rn. 49; Hölters/*Laubert* Rn. 17; Bürgers/Körber/*Wieneke* Rn. 28.
[296] *Butzke* WM 1995, 1389 (1391); MüKoAktG/*Oechsler* Rn. 186; *Schäfer/Gätsch* in Marsch-Barner/Schäfer Börsennotierte AG-HdB Rn. 50.33; *Johannsen-Roth,* Der Erwerb eigener Aktien, 2001, 160; *Kruchen* AG 2014, 655 (660).

Im Laufe des Tages darf der Prozentsatz über 5 % liegen, sofern damit nicht die Zehnprozentgrenze des Abs. 2 S. 1 überschritten wird.[297] Die prozentuale Erwerbsbeschränkung ist allerdings mit der Neufassung des Art. 19 Abs. 1 Kapital-RL 1977 im Jahr 2006 (jetzt Art. 61 Abs. 1 RL (EU) 2017/1132) nicht mehr vereinbar und daher mit Ablauf der Umsetzungsfrist am 15. April 2008 europarechtswidrig und nichtig (→ Rn. 34 und 100).[298]

88 Nach Satz 2 muss der Beschluss das **maximale Erwerbsvolumen** ausdrücklich nennen. Das kann entweder in Form eines Prozentsatzes oder, im Hinblick auf Kapitalmaßnahmen während der Laufzeit der Ermächtigung nicht empfehlenswert, einer Zahl von Aktien geschehen.[299] Fehlt es an einer ausdrücklichen Volumenbeschränkung ist der Beschluss regelmäßig wegen Verstoßes gegen eine gläubigerschützende Bestimmung nach § 241 Nr. 3 nichtig;[300] das Gleiche galt früher (→ Rn. 87 und 34), wenn die Volumenbeschränkung jenseits der Fünfprozentgrenze des Satzes 2 lag.

89 **Bezugsgröße** für die Bemessung der Fünfprozentgrenze ist das **Grundkapital** am Ende des jeweiligen Tages, so dass sich Kapitalmaßnahmen nach Beschlussfassung auf das Erwerbsvolumen auswirken.[301] Ist das Erwerbsvolumen in Form einer Zahl von Aktien bestimmt, kann eine nachträgliche Kapitalherabsetzung zur Überschreitung des nunmehr zulässigen Maximalvolumens führen; in diesem Fall muss die Ermächtigung zusammen mit dem Kapitalherabsetzungsbeschluss entsprechend reduziert werden.[302]

90 **Der Beschluss muss weiterhin einen Preisrahmen** nennen, innerhalb dessen sich die Gegenleistung der Gesellschaft bewegen muss; vgl. hierzu die Ausführungen zu Nr. 8 in → Rn. 109.

91 **Die Höchstdauer** der Ermächtigung beträgt fünf Jahre. Für aufeinander folgende Ermächtigungen gelten die Ausführungen zu Nr. 8, → Rn. 101.

92 **8. Ermächtigungsbeschluss ohne positive gesetzliche Zweckvorgabe, Abs. 1 Nr. 8. a) Entstehungsgeschichte und Normzweck.** Die Vorschrift ist 1998 durch das KonTraG[303] in das Gesetz eingefügt worden.[304] Der Gesetzesänderung war zunehmende Kritik im Schrifttum an der engen Begrenzung der Rückerwerbsmöglichkeiten für deutsche Gesellschaften vorausgegangen.[305] Nr. 8 stellt eine grundsätzliche Abkehr von der bis dahin verfolgten Verbotsstrategie mit sachlich eng begrenzten Ausnahmen dar. Indem die Bestimmung einen Erwerb aufgrund eines Hauptversammlungsbeschlusses unabhängig vom Vorliegen eines besonderen Erwerbsgrundes zulässt und das grundsätzliche Erwerbsverbot damit durch eine Kompetenzzuweisung an die Aktionäre ersetzt, schöpft das Gesetz nunmehr den durch Art. 19 Abs. 1 Kapital-RL 1977 (jetzt Art. 60 Abs. 1 RL (EU) 2017/1132)[306] eröffneten Spielraum aus. Zugleich ist allerdings eine eingehendere Regelung der Erwerbs- und Verwendungsmodalitäten zu verzeichnen. So enthält Nr. 8 zum Schutz des Interesses der Aktionäre an Gleichbehandlung und Erhalt von Wert und Quote ihrer Beteiligung erstmals ausdrückliche gesellschaftsrechtliche Vorgaben über die Formen des Erwerbs und der Veräußerung eigener Aktien.

93 **b) Ermächtigung durch die HV, Satz 1. aa) Inhalt der Ermächtigung und Zuständigkeitsfragen.** Der Beschluss der HV muss den Vorstand zum Erwerb eigener Aktien ermächtigen. **Konkrete Erwerbszwecke** können (näher → Rn. 97), müssen aber nicht angegeben werden.[307] Zulässig ist vielmehr auch die Erteilung einer „Blankoermächtigung", die die Entscheidung über den Erwerbszweck dem Vorstand überlässt.[308] Das folgt zwar nicht aus der Pflicht des Vorstands,

---

[297] *Butzke* WM 1995, 1389 (1391).
[298] Ausf. *Cahn* Der Konzern 2007, 385 (392 f.); *Wachter/Servatius* Rn. 21.
[299] Hölters/*Laubert* Rn. 17.
[300] MüKoAktG/*Oechsler* Rn. 187; Großkomm AktG/*Merkt* Rn. 253.
[301] MüKoAktG/*Oechsler* Rn. 186; Hölters/*Laubert* Rn. 17; Hüffer/Koch/*Koch* Rn. 19b; *Eckert*, Der Erwerb eigener Aktien auf dem Prüfstand der Rechtstatsachenforschung, 2013, 356.
[302] AA, für Anpassung kraft Gesetzes entsprechend § 224, MüKoAktG/*Oechsler* Rn. 186.
[303] Gesetz zur Kontrolle und Transparenz im Unternehmensbereich v. 27.4.1998, BGBl. 1998 I 786.
[304] Ausführliches Tatsachenmaterial über die Nutzung dieser Möglichkeit im Zeitraum zwischen 2004 und 2011 bei *Eckert*, Der Erwerb eigener Aktien auf dem Prüfstand der Rechtstatsachenforschung, 2013, 145 ff.
[305] Vgl. etwa *Kübler*, Aktie, Unternehmensfinanzierung und Kapitalmarkt, 1989, 41 ff.; *Hampel, Kopp* und *Wastl/Wagner/Lau*, jeweils passim; *Kübler/Mendelssohn/Mundheim* AG 1990, 461 ff.; *Posner* AG 1994, 312 ff.; *Martens* AG 1996, 337 ff.; *Claussen* AG 1996, 481 (489 ff.); *v. Rosen/Helm* AG 1996, 434 ff.
[306] ABl. EU 2017 Nr. L 169, 46.
[307] AA *Zimmer* NJW 1998, 3521 (3529).
[308] LG Berlin NZG 2000, 944 f. = AG 2000, 328; MüKoAktG/*Oechsler* Rn. 193; Großkomm AktG/*Merkt* Rn. 268; K. Schmidt/Lutter/*T. Bezzenberger* Rn. 18; Hölters/*Laubert* Rn. 20; Hüffer/Koch/*Koch* Rn. 19f; NK-AktR/*Block* Rn. 62; *Möller*, Rückerwerb eigener Aktien, 2005, Rn. 79 ff.; *Bednarz*, Der Ermächtigungsbeschluß der Hauptversammlung zum Erwerb eigener Aktien, 2006, 133 f.; *Bosse* NZG 2000, 923 (924); *Schmid/Mühlhäuser* AG 2001, 493 (501). Offengelassen von OLG München NZG 2002, 678 (679); *Möller*, Rückerwerb eigener Aktien, 2005, Rn. 184.

nach Abs. 3 S. 1 die Hauptversammlung über den Zweck eines bereits durchgeführten Erwerbs zu informieren,[309] denn auch auf Grundlage der Gegenauffassung wäre eine Festlegung mehrerer alternativer Erwerbszwecke denkbar und die Informationspflicht daher sinnvoll. Der Gesetzgeber hat aber von diesem noch im RefE KonTraG vorgesehenen Erfordernis bewusst Abstand genommen und die Festsetzung des Zwecks dem Vorstand überlassen[310] und auch die Kapitalrichtlinie verlangt keine derartige Einengung des Vorstandsermessens im Wege der richtlinienkonformen Auslegung.[311] Schließlich gebietet auch Art. 12 Abs. 1 lit. a i) MMV nicht, dass die Ermächtigung in Ermangelung anderer Zweckvorgaben zum Zweck der Einziehung und Kapitalherabsetzung erteilt werden müsste.[312]

Der Umstand, dass im Zeitpunkt der Beschlussfassung **noch kein** konkreter zulässiger **Zweck absehbar** ist oder es ausgeschlossen scheinen mag, dass die Gesellschaft die Rücklage nach Abs. 4 S. 2 aus freien Mitteln wird bilden können, macht den Beschluss weder nichtig[313] noch anfechtbar.[314] Der Vorstand muss aber bei jedem einzelnen Erwerbsvorgang prüfen, ob die Voraussetzungen des Abs. 2 vorliegen.[315] **94**

Der Begriff der **Ermächtigung** ist wörtlich zu verstehen. Die HV kann den Vorstand daher zum Erwerb nur berechtigen, aber ihn nicht verpflichten, nach § 83 Abs. 2 bei Eintritt bestimmter, im Beschluss aufgeführter Voraussetzungen von der Ermächtigung Gebrauch zu machen.[316] **95**

Der Beschluss kann die Reichweite der **Erwerbsermächtigung einschränken,** indem der Erwerb **nur zu bestimmten,** im Beschluss festgelegten **Zwecken** zugelassen[317] oder auf einzelne Aktiengattungen beschränkt wird. Die HV kann eine zunächst unbeschränkte Erwerbsermächtigung nachträglich einschränken, soweit von ihr noch kein Gebrauch gemacht wurde. Zulässig sind schließlich auch Vorgaben über das **Erwerbsverfahren.** **96**

Als **Zwecke eines Aktienerwerbs nach Nr. 8** kommen insbesondere in Betracht:[318] Die Ausschüttung freier Rücklagen an die Aktionäre, die Abschaffung oder Rückführung einer Aktiengattung (dazu → Rn. 7, 128), die Vorbereitung der Einziehung nach § 237 Abs. 1 S. 1 Alt. 1, und zwar auch ohne gleichzeitige Einziehungsermächtigung nach S. 6, der Aufbau einer Akquisitionsreserve, die Bedienung von Aktienoptionen, und zwar auch für die von Nr. 2 nicht erfassten Mitglieder der Geschäftsführung (näher zu den in diesem Fall einzuhaltenden Voraussetzungen → Rn. 139), nicht aber für Mitglieder des Aufsichtsrats.[319] **97**

Die Ermächtigung kann den Erwerb **nicht** an die **Zustimmung des Aufsichtsrats**[320] oder gar eines Aktionärs[321] knüpfen. Gegen die Notwendigkeit der Beachtung der Voraussetzungen des § 111 Abs. 4 S. 2, namentlich des Erfordernisses einer Satzungsgrundlage, wird zwar eingewandt, anders als bei den sonstigen Fällen des Zustimmungsvorbehalts nach dieser Vorschrift würden hier nicht originäre Kompetenzen des Vorstands eingeschränkt, sondern durch die Ermächtigung überhaupt erst begründet. Entscheidend ist indessen, dass der HV nicht die Befugnis zusteht, außerhalb der **98**

---

[309] So aber *Möller,* Rückerwerb eigener Aktien, 2005, Rn. 80.
[310] BegrRegE, BT-Drs. 13/9712, 13; LG Berlin NZG 2000, 944 (945) = AG 2000, 328; ausf. *Möller,* Rückerwerb eigener Aktien, 2005, Rn. 79 ff.
[311] *Möller,* Rückerwerb eigener Aktien, 2005, Rn. 79.
[312] So aber offenbar *Singhof/Weber* AG 2005, 549 (564) zur Vorgängerbestimmung § 20a Abs. 1 Nr. 2 WpHG.
[313] So auch MüKoAktG/*Oechsler* Rn. 193; offenbar auch Großkomm AktG/*Merkt* Rn. 268.
[314] So aber OLG München NZG 2002, 678 (679); dagegen zu Recht Hüffer/Koch/*Koch* Rn. 19f; *Möller,* Rückerwerb eigener Aktien, 2005, Rn. 84.
[315] OLG Stuttgart NZG 2010, 141 (143 f.).
[316] Zutr. *Kiem* ZIP 2000, 209 (211, 212); *Möller,* Rückerwerb eigener Aktien, 2005, Rn. 46; *Johannsen-Roth,* Der Erwerb eigener Aktien, 2001, 167; *Bednarz,* Der Ermächtigungsbeschluß der Hauptversammlung zum Erwerb eigener Aktien, 2006, 144 ff.; K. Schmidt/Lutter/*T. Bezzenberger* Rn. 17; aA *Hirte* RWS-Forum Nr. 15, Gesellschaftsrecht 1999 S. 238 f.
[317] BegrRegE KonTraG, BT-Drs. 13/9712, 13; MüKoAktG/*Oechsler* Rn. 207; Großkomm AktG/*Merkt* Rn. 270; K. Schmidt/Lutter/*T. Bezzenberger* Rn. 23; Hüffer/Koch/*Koch* Rn. 19f; *Möller,* Rückerwerb eigener Aktien, 2005, Rn. 85; *Kessler/Suchan* BB 2000, 2529 (2533); *Kiem* ZIP 2000, 209 (212); *Singhof/Weber* AG 2005, 549 (564).
[318] Hüffer/Koch/*Koch* Rn. 19g.
[319] BGHZ 158, 122 (126 ff.) = NJW 2004, 1109 f.; MüKoAktG/*Oechsler* Rn. 264; krit. dazu *Richter* BB 2004, 949 (953 ff.); Hüffer/Koch/*Koch* Rn. 19h.
[320] *Kiem* ZIP 2000, 209 (211 f.); *v. Aerssen* WM 2000, 391 (394); aA LG München I NZG 2012, 1152 (1153); MüKoAktG/*Oechsler* Rn. 207; K. Schmidt/Lutter/*T. Bezzenberger* Rn. 23; Bürgers/Körber/*Wieneke* Rn. 7, 34; Hüffer/Koch/*Koch* Rn. 19f; *Happ/Groß* AktienR 13.01 Rn. 3; die sich jeweils für nur interne Bindungswirkung aussprechen; *Möller,* Rückerwerb eigener Aktien, 2005, Rn. 90 f., der die Zustimmung konsequenterweise als Wirksamkeitsvoraussetzung für den Erwerb ansieht; *Bednarz,* Der Ermächtigungsbeschluß der Hauptversammlung zum Erwerb eigener Aktien, 2006, 200 ff.
[321] LG München I NZG 2012, 1152 (1153).

gesetzlich vorgesehenen Grenzen anderen Organen Aufgaben zuzuweisen. Ein andere Frage, deren Beantwortung von den Umständen des Einzelfalls, insbesondere von Umfang und Bedeutung des möglichen Rückerwerbs und der Dauer der eingegangenen Bindung abhängt, ist, ob der Vorstand selbst sich gegenüber Aktionären oder Dritten dazu verpflichten kann, eigene Aktien nicht zu erwerben oder zu veräußern. Richtigerweise sind derartige Verpflichtungen nur dann unwirksam, wenn der Vorstand sich damit der Fähigkeit zur eigenverantwortlichen Leitung des Gesellschaft begeben würde.[322]

99   Die Ermächtigung kann den Vorstand durch **Vorgaben hinsichtlich der Verwendung** der Aktien binden, soweit sich dies noch nicht aus im Beschluss vorgesehenen Erwerbszwecken ergibt.[323] So kann sich der Beschluss etwa darauf beschränken, das Verfahren der Veräußerung näher zu bestimmen. Allerdings setzen derartige Vorgaben nicht die Schranken des § 71c außer Kraft.

100   **bb) Erwerbsgrenze von zehn vom Hundert des Grundkapitals.** Anders als die Zehnprozentgrenze des Abs. 2 S. 1 beschränkt die Erwerbsgrenze von zehn vom Hundert des Grundkapitals nach Nr. 8 S. 1 nicht den Bestand an eigenen Aktien,[324] sondern das Erwerbsvolumen.[325] Die Vorschrift eröffnet also nicht die Möglichkeit, die Ermächtigung während der Laufzeit wiederholt auszunutzen und dabei insgesamt mehr als 10 % eigene Aktien zu erwerben sofern nur zu keinem Zeitpunkt der Aktienbestand über 10 % hinausgeht. Satz 1 ist insoweit strenger als Art. 19 Abs. 1 Unterabs. 1 lit. b, Unterabs. 2 Kapital-RL 1977[326] (jetzt Art. 60 Abs. 1 Unterabs. 1 lit. b, Unterabs. 2 RL (EU) 2017/1132).[327] Die **Bestandsgrenze** des Abs. 2 S. 1 **findet zusätzlich Anwendung,** so dass ein Erwerb aufgrund der Ermächtigung auch dann unzulässig ist, wenn das danach zulässige Erwerbsvolumen zwar noch nicht ausgeschöpft wurde, ein Erwerb aber dazu führen würde, dass der Bestand an eigenen Aktien die Grenze nach Abs. 2 S. 1 überschritte. Diese ursprünglich zulässige gesetzliche Erwerbsbeschränkung ist **mit Art. 19 Abs. 1 Kapital-RL** 1977 (jetzt Art. 60 Abs. 1 RL 2017/1132/EU) in der seit 2006 geltenden Fassung (→ Rn. 34) **nicht mehr vereinbar und** mangels einer Regelungsalternative seit dem Ablauf der Umsetzungsfrist am 15. April 2008 **nichtig.**[328] Während die Bestimmung in ihrer früheren Fassung lediglich eine Mindestregelung enthielt, über die der nationale Gesetzgeber zum Schutz der Gläubiger auch hinausgehen durfte, ist dies nach der Neufassung der Vorschrift hinsichtlich der Erwerbshöchstgrenze nicht mehr der Fall. Nach dem Eingangssatz von Art. 19 Abs. 1 Unterabs. 2 Kapital-RL 1977[329] (jetzt Art. 60 Abs. 1 Unterabs. 2 RL (EU) 2017/1132)[330] können die Mitgliedstaaten den Erwerb aufgrund einer Hauptversammlungsermächtigung zwar den in der Vorschrift aufgeführten Bedingungen unterwerfen. Aus dieser Beschränkung auf einen Katalog zulässiger Bedingungen ist aber im Umkehrschluss zu folgern, dass der nationale Gesetzgeber die Zulässigkeit des Erwerbs nicht von darüber hinausgehenden Voraussetzungen abhängig machen darf.[331] Anders als die frühere Fassung der Vorschrift legt Art. 19 Abs. 1 nF Kapital-RL 1977 (jetzt Art. 60 Abs. 1 RL (EU) 2017/1132) nicht lediglich einen Mindeststandard fest, den der nationale Gesetzgeber nach Belieben verschärfen dürfte. Es ist daher nicht mehr zulässig, das Erfordernis der Festlegung einer Höchstzahl der zu erwerbenden Aktien durch die Hauptversammlung nach Art. 19 Abs. 1 Unterabs. 1 lit. a) Kapital-RL 1977 (jetzt Art. 60 Abs. 1 Unterabs. 1 lit. a RL (EU) 2017/1132) bei der Umsetzung um zusätzliche inhaltliche Anforderungen anzureichern. Der Umstand, dass die Hauptversammlung die Höchstzahl der zu erwerbenden Aktien in der Ermächtigung festlegen muss und die Möglichkeit, eine entsprechende Festlegung durch die

---

[322] Vgl. Kölner KommAktG/*Mertens/Cahn* § 76 Rn. 45, 48; der Tendenz nach ähnl. mit Unterschieden ie etwa *Bungert/Wansleben* ZIP 2013, 1841 (1843); *Decher* FS Hüffer, 2010, 145 (152); *Kiem* AG 2009, 301 (307); *Krause* CFL 2013, 192 (195 ff.); *Paschos* NZG 2012, 1142 (1143 f.); *Reichert/Ott* FS Goette, 2011, 397 ff.; *Seibt* in Kämmerer/Veil, Übernahme- und Kapitalmarktrecht in der Reformdiskussion, 2013, 105 (130); strenger LG München I NZG 2012, 1152 (1153); OLG München WM 2013, 703 (706).
[323] BegrRegE KonTraG, BT-Drs. 13/9712, 13.
[324] So wohl *Bosse* WM 2000, 806 (807).
[325] BegrRegE KonTraG, BT-Drs. 13/9712, 13; MüKoAktG/*Oechsler* Rn. 205; Hüffer/Koch/*Koch* Rn. 19e; *Möller*, Rückerwerb eigener Aktien, 2005, Rn. 57, 77; *Johannsen-Roth*, Der Erwerb eigener Aktien, 2001, 170; *Kindl* DStR 1999, 1276 (1278); *Kraft/Altvater* NZG 1998, 448 (450); *Grobecker/Michel* DStR 2001, 1757.
[326] IdF der RL 2006/68/G, ABl. EG 2006 Nr. L 264, 32.
[327] ABl. EU 2017 Nr. L 169, 46.
[328] Vgl. *Cahn* Der Konzern 2007, 385 (392 f.); K. Schmidt/Lutter/*T. Bezzenberger*, 2. Aufl. 2010, Rn. 21; Wachter/*Servatius* Rn. 21; Habersack/*Verse* EuropGesR § 6 Rn. 62; *Büscher*, Das neue Recht des Aktienrückkaufs, 2013, 100 f.; *Eckert*, Der Erwerb eigener Aktien auf dem Prüfstand der Rechtstatsachenforschung, 2013, 135 ff.; aA Kölner Komm AktG/*Lutter/Drygala* Rn. 14; Großkomm AktG/*Merkt* Rn. 130.
[329] IdF der RL 2006/68/G, ABl. EG 2006 Nr. L 264, 32.
[330] ABl. EU 2017 Nr. L 169, 46.
[331] So auch das Verständnis der Kommission, Arbeitsunterlage der Kommission, Erläuterung zu Art. 1 Abs. 3 des Vorschlags v. 21.9.2004, KOM (2004) 730.

Satzung vorzuschreiben (Art. 19 Abs. 1 Unterabs. 2 ii Kapital-RL 1977, jetzt Art. 60 Abs. 1 Unterabs. 2 lit b RL (EU) 2017/1132), stehen diesem Verständnis der Neuregelung nicht entgegen. Die Richtlinie will die Einschränkungsmöglichkeiten des nationalen Gesetzgebers im Verhältnis zu den Aktionären, nicht aber deren Kontrollmöglichkeiten gegenüber der Verwaltung einschränken. Die Vereinbarkeit der Erwerbsschranken des § 71 Abs. 1 Nr. 8 S. 1 mit Art. 19 nF Kapital-RL 1977 (jetzt Art. 60 RL (EU) 2017/1132) folgt schließlich nicht daraus, dass der nationale Gesetzgeber auch nach der Neufassung des Art. 19 Kapital-RL 1977 (jetzt Art. 60 RL (EU) 2017/1132) die Bestandsgrenze für eigene Aktien in Höhe von 10 % nach § 71 Abs. 2 S. 1 beibehalten durfte. Die Wirkungsweise von Bestandsgrenze und Erwerbsgrenze sind völlig unterschiedlich.[332] Die Bestandsgrenze von 10 % steht für sich genommen dem Erwerb eines Vielfachen dieses Prozentsatzes an eigenen Aktien nicht entgegen, sofern nur die Gesellschaft durch Einziehung oder Veräußerung zurückerworbener eigener Aktien dafür sorgt, dass der Bestand eigener Aktien zu keinem Zeitpunkt die Grenze von 10 % übersteigt. Die Möglichkeit, durch solche Verwertungsmaßnahmen Spielraum für den Erwerb eigener Aktien aufgrund einer über 10 % hinausgehenden Ermächtigung der Hauptversammlung zu schaffen, steigt mit der Dauer der Ermächtigung. Je länger sie gilt, desto eher kann die Gesellschaft zurückerworbene eigene Aktien verwerten und desto größere Bedeutung hat ein über die Bestandsgrenze hinausgehendes Ermächtigungsvolumen. Die Verlängerung der Höchstdauer der Ermächtigung von 18 Monate auf fünf Jahre macht die Bedeutung des Wegfalls der gesetzlichen Erwerbsgrenze besonders offensichtlich. Aber selbst, wenn die Ermächtigungshöchstdauer von 18 Monaten beibehalten worden wäre, wäre es keineswegs ausgeschlossen gewesen, dass die Gesellschaft während der Laufzeit der Ermächtigung mehr 10 % eigene Aktien erwerben könnte, ohne dadurch gegen die Bestandsgrenze des § 71 Abs. 2 S. 1 zu verstoßen. Art. 19 Abs. 1 Unterabs. 2i) Kapital-RL 1977 (jetzt Art. 60 Abs. 1 Unterabs. 2 lit. a RL (EU) 2017/1132) zeigt vielmehr, dass der Richtliniengeber das mögliche Bedürfnis nach mengenmäßigen Beschränkungen für den Erwerb eigener Aktien gesehen und ihm dort Rechnung getragen hat, wo er es für berechtigt hielt. Daraus ergibt sich im Umkehrschluss, dass durch die Richtlinie nicht ausdrücklich gestattete quantitative Erwerbsbeschränkungen unzulässig sind. Aus dem Umstand, dass eine Art. 19 Abs. 1 Unterabs. 2i) Kapital-RL 1977 (jetzt Art. 60 Abs. 1 Unterabs. 2 lit. a RL (EU) 2017/1132) vergleichbare Gestattung in Art. 19 Abs. 1 Unterabs. 2 ii) Kapital-RL 1977 (jetzt Art. 60 Abs. 1 Unterabs. 2 lit. b RL (EU) 2017/1132) fehlt, ist zu folgern, dass es dem nationalen Gesetzgeber verwehrt ist, eine mengenmäßige Beschränkung für die von der Hauptversammlung zu bestimmende Höchstzahl der zu erwerbenden Aktien einzuführen oder aufrechtzuerhalten. Soweit die Richtlinie einen Katalog zulässiger Bedingungen für den Erwerb eigener Aktien definiert, über die die Mitgliedstaaten nicht hinausgehen dürfen, enthält sie nicht lediglich eine Ermächtigung, deren Umsetzung im Belieben des nationalen Gesetzgebers steht – dagegen spricht im Übrigen auch die den Mitgliedstaaten in Art. 2 der Richtlinie zur Änderung der Kapitalrichtlinie gesetzte Umsetzungsfrist –, sondern eine zwingende Grenze für dessen Regelungskompetenz. § 71 Abs. 1 Nr. 8 S. 1 AktG ist daher insoweit mit Art. 19 Abs. 1 nF Kapital-RL 1977 (jetzt Art. 60 Abs. 1 RL (EU) 2017/1132) unvereinbar, als die deutsche Regelung den Spielraum für Hauptversammlungsermächtigungen zum Erwerb eigener Aktien auf 10 % des Grundkapitals beschränkt. Die Erwerbsgrenze war folglich – ebenso wie diejenige nach Nr. 7 S. 2 – gem. Art. 2 Kapitaländerungs-RL bis zum 15. April 2008 ersatzlos zu streichen. Da indessen die Frage nach der Fortgeltung der 10 %-Erwerbsgrenze bislang nicht verbindlich geklärt ist, geht die Kommentierung im Folgenden von der Fortgeltung dieser Erwerbsbeschränkung aus.

Obwohl das im Gesetz nicht ausdrücklich klargestellt ist, können nicht gleichzeitig mehrere **parallele Ermächtigungen** erteilt werden, bei denen das insgesamt autorisierte Erwerbsvolumen über 10 % des Grundkapitals hinausgeht.[333] Die HV kann allerdings von der Möglichkeit der Ermächtigung nach Nr. 8 wiederholt Gebrauch machen. Bei solchen **aufeinander folgenden Ermächtigungen** gilt für jede Ermächtigung eine eigene Erwerbsgrenze nach S. 1, so dass die Gesellschaft insgesamt ein Vielfaches von 10 % des Grundkapitals erwerben kann, soweit der Bestand an eigenen Aktien jeweils so verwertet wird, dass die Bestandsgrenze des Abs. 2 S. 1 zu keinem Zeitpunkt überschritten wird.[334] Da Satz 1 keine Mindestdauer für die Ermächtigung vorsieht, die Höchstfrist von 18 Monaten also auch unterschritten werden kann, können mehrere Ermächtigungen auch **in kürzeren Zeitabständen** aufeinander folgen und etwa im Jahresrhythmus auf der jeweiligen HV erteilt werden. Auch in solchen Fällen gilt für aufeinander folgende Ermächtigungen jeweils eine eigene Erwerbsgrenze von 10 % des Grundkapitals, und zwar unab-

---

[332] Vgl. etwa K. Schmidt/Lutter/ *T. Bezzenberger* Rn. 21.
[333] MüKoAktG/ *Oechsler* Rn. 205; Hölters/ *Laubert* Rn. 20; *Möller,* Rückerwerb eigener Aktien, 2005, Rn. 73; *Grobecker/Michel* DStR 2001, 1757 (1760 f.).
[334] *Möller,* Rückerwerb eigener Aktien, 2005, Rn. 35.

hängig davon, ob die alte Ermächtigung bei Wirksamwerden der neuen durch Ablauf ihrer Geltungsdauer oder durch Beschluss der HV aufgehoben worden oder durch Ausschöpfen der Erwerbsgrenze verbraucht worden ist.[335] Die Erwerbsgrenze des Satzes 1 ist also nicht dahin zu verstehen, dass innerhalb der maximalen Ermächtigungslaufzeit von 18 Monaten höchstens 10 % eigene Aktien erworben werden dürften.[336] Sofern eine neue Ermächtigung während der Geltungsdauer einer bereits zuvor erteilten und ganz oder teilweise noch nicht ausgeschöpften Ermächtigung wirksam werden soll, also bei **einander teilweise überschneidenden Ermächtigungen,** muss gewährleistet sein, dass der Vorstand zu keinem Zeitpunkt ermächtigt sein soll, mehr als 10 % eigene Aktien zu erwerben. Das noch nicht ausgeschöpfte Erwerbsvolumen der ersten Ermächtigung ist also bei der Bestimmung der Erwerbsgrenze für die zweite Ermächtigung von der Höchstgrenze von 10 % abzuziehen.[337]

102 Zweckmäßigerweise wird die Ermächtigung die Erwerbsgrenze als **Prozentsatz** des Grundkapitals ausdrücken. Zulässig ist aber auch eine Bruchteilsangabe, oder die Angabe einer bestimmten Anzahl von Aktien.[338] **Enthält die Ermächtigung keine** oder keine eindeutig bestimmbare **Erwerbsgrenze** oder ist sie höher als die zulässige Höchstgrenze von 10 % des Grundkapitals, ist der Beschluss nach § 241 Nr. 3 nichtig.[339]

103 Bezugsgröße für die Zehnprozentgrenze des Satzes 1 ist die **Grundkapitalziffer zur Zeit der Beschlussfassung,** nicht des Erwerbs. Kapitalerhöhungen sind daher nur insoweit zu berücksichtigen, als sie bereits bei Beschlussfassung wirksam, also bereits durchgeführt sind. Bei einer bedingten Kapitalerhöhung kommt es dementsprechend gem. § 200 darauf an, wie viele Bezugsaktien zum Zeitpunkt der Ermächtigung ausgegeben sind. Eine **nachträgliche Kapitalerhöhung** führt nicht automatisch zu einer entsprechenden Ausweitung der Ermächtigung.[340] Die Hauptversammlung kann allerdings das Erwerbsvolumen an künftige Kapitalmaßnahmen anpassen, indem eine entsprechende Bedingung in den Ermächtigungsbeschluss aufgenommen wird.[341]

104 Auch eine **nachträgliche Kapitalherabsetzung** lässt den Umfang des von der Ermächtigung gedeckten Erwerbs unberührt. Teilweise wird zwar angenommen, das zulässige Erwerbsvolumen reduziere sich in diesem Fall nach Abs. 2.[342] Diese Vorschrift beschränkt indessen nicht das Erwerbsvolumen, sondern nur den zulässigen Bestand eigener Aktien. Wird er durch Veräußerung oder Einziehung reduziert, kann anschließend die auf das höhere Grundkapital zur Zeit der Beschlussfassung bezogene Ermächtigung vollständig ausgenutzt werden.[343]

105 Bezieht sich die Ermächtigung nur auf **Aktien einer Gattung,** beträgt das maximal zulässige Rückerwerbsvolumen dennoch 10 % des gesamten Grundkapitals und nicht lediglich 10 % des auf die betreffende Gattung entfallenden Teils des Grundkapitals.[344]

106 **Zusammentreffen mit anderen Erwerbstatbeständen.** Sofern die Gesellschaft eigene Aktien auch aufgrund eines anderen Ausnahmetatbestandes nach Abs. 1 erworben hat, sind die betreffenden Aktien nicht auf die Erwerbsschranke nach S. 1 anzurechnen. Allerdings ist die Ausnutzung der Ermächtigung nur innerhalb der Bestandsgrenze des Abs. 2 S. 1 zulässig.

107 cc) **Geltungsdauer von höchstens fünf Jahren.** In Übereinstimmung mit dem liberalisierten (→ Rn. 34) Art. 19 Abs. 1 lit. a Kapital-RL 1977 (jetzt Art. 61 Abs. 1 lit. a RL (EU) 2017/1132)[345] darf die Laufzeit der Ermächtigung höchstens fünf Jahre betragen. Eine **Mindestdauer** sieht das Gesetz nicht vor. Die Frist kann entweder durch Festlegung eines Endtermins oder eines Geltungszeitraums konkretisiert werden.[346] Weder die Kapitalrichtlinie noch Nr. 8 S. 1 schreiben vor, dass die Frist mit der Beschlussfassung beginnen müsste; zulässig ist daher eine aufschiebende Befristung, wobei allerdings bereits der Zeitpunkt der Beschlussfassung für den Beginn des maximalen Ermächti-

---

[335] Möller, Rückerwerb eigener Aktien, 2005, Rn. 73; Grobecker/Michel DStR 2001, 1757 (1758 ff., 1762).
[336] Ausf.dazu Möller, Rückerwerb eigener Aktien, 2005, Rn. 64 ff., 73; Grobecker/Michel DStR 2001, 1757 (1760 f.); aA Bednarz, Der Ermächtigungsbeschluß der Hauptversammlung zum Erwerb eigener Aktien, 2006, 162 ff.
[337] Möller, Rückerwerb eigener Aktien, 2005, Rn. 36 ff.
[338] Möller, Rückerwerb eigener Aktien, 2005, Rn. 55.
[339] Bednarz, Der Ermächtigungsbeschluß der Hauptversammlung zum Erwerb eigener Aktien, 2006, 140 ff.
[340] MüKoAktG/Oechsler Rn. 204; Möller, Rückerwerb eigener Aktien, 2005, Rn. 61; Kiem ZIP 2000, 209 (211); aA Großkomm AktG/Merkt Rn. 267.
[341] MüKoAktG/Oechsler Rn. 204; Möller, Rückerwerb eigener Aktien, 2005, Rn. 61.
[342] MüKoAktG/Oechsler Rn. 204; Großkomm AktG/Merkt Rn. 267; Kiem ZIP 2000, 209 (211).
[343] Möller, Rückerwerb eigener Aktien, 2005, Rn. 62.
[344] Hüffer/Koch/Koch Rn. 19e; Möller, Rückerwerb eigener Aktien, 2005, Rn. 63.
[345] ABl. EU 2012 Nr. L 315,. 74.
[346] Vgl. dazu iE Möller, Rückerwerb eigener Aktien, 2005, Rn. 27 ff.; K. Schmidt/Lutter/T. Bezzenberger Rn. 20.

gungszeitraums von 18 Monaten maßgeblich ist.[347] Fehlt eine eindeutig bestimmbare Fristangabe oder sieht die Ermächtigung eine längere als die nach dem Gesetz zulässige Frist vor, ist der Beschluss nach § 241 Nr. 3 nichtig.[348]

Die **Frist** nach Satz 1 **bezieht sich nur auf die Erwerbsermächtigung.** Sofern die Bestandsgrenze des Abs. 2 S. 1 nicht überschritten ist, darf die Gesellschaft die Aktien auch nach Ablauf der Geltungsdauer der Ermächtigung halten und verwerten.[349] **108**

dd) Preisrahmen. Die Ermächtigung muss den **niedrigsten und höchsten Gegenwert** festlegen, den die Gesellschaft für den Erwerb aufwenden darf. Satz 1 setzt damit Art. 19 Abs. 1 lit. a Kapital-RL 1977 (jetzt Art. 61 Abs. 1 lit. a RL (EU) 2017/1132)[350] um. Die danach erforderliche Bestimmung eines Preisrahmens kann durch Angabe von ziffernmäßig festgesetzten Beträgen oder in Form einer prozentualen oder betragsmäßigen Abweichung von einem Referenzwert, etwa dem Börsenkurs zur Zeit des Erwerbs, erfolgen.[351] Zulässig ist auch eine Kombination beider Methoden, etwa eine Betragsangabe für den niedrigsten, eine prozentuale Abweichung vom Börsenkurs für den höchsten Gegenwert.[352] Letzteres kann dann von Bedeutung sein, wenn der Erwerb tatsächlich nicht über die Börse erfolgt.[353] Zulässig und üblich ist es schließlich auch, als höchsten Gegenwert den (gewichteten) Durchschnittskurs in einem bestimmten Zeitraum vor dem Erwerb mit oder ohne eine Marge nach oben oder unten festzulegen, wodurch Aktienrückkäufe in Zeiten sehr stark schwankender Kurse begrenzt werden.[354] Wird, wie regelmäßig, auf den Börsenkurs zur Zeit des Erwerbs der Aktien Bezug genommen, kann die HV zwar die finanzielle Belastung, die durch den Rückerwerb eintreten kann, nicht einmal näherungsweise einschätzen. Entscheidend ist aber die damit verbundene Einschränkung des Ermessens des Vorstands. Insbesondere bei nicht börsennotierten Gesellschaften können die Preisober- und -untergrenze durch Bezugnahme auf das Ergebnis einer Unternehmensbewertung festgelegt werden.[355] Das Erfordernis der **Festlegung des niedrigsten zulässigen Rückerwerbspreises** wird im Schrifttum häufig kritisiert, weil es dazu führen könne, dass der Gesellschaft besonders günstige Erwerbsgelegenheiten entgingen[356] und die Gesellschaft die für Aktienrückkäufe zu Verfügung stehenden Mittel auch zur Zahlung von Dividenden verwenden könnte.[357] Die Festlegung einer Preisuntergrenze soll indessen der Gefahr vorbeugen, dass der Vorstand selbst dann noch in eigene Aktien investiert, wenn die Bewertung durch den Markt zeigt, dass diese Anlage besonders riskant ist. Diese Gefahr kann gerade bei erheblichen Kursverlusten bestehen. Beruhen diese Verluste auf der negativen wirtschaftlichen Entwicklung der Gesellschaft, stellt auch ein Erwerb eigener Aktien zu einem auf den ersten Blick niedrigen Kurs keinen besonders günstigen Kauf dar.[358] Dividendenzahlungen, über die nicht der Vorstand, sondern die Hauptversammlung entscheidet, beruhen auf anderen Erwägungen als Aktienrückkäufe, die unter solchen Umständen auch kapitalmarktrechtlich bedenklich sein können. Die Preisuntergrenze kann ihre Schutzfunktion allerdings nur erfüllen, wenn sie in Form eines absoluten Betrages oder einer Abweichung vom Börsenkurs zur Zeit der Ermächtigung, nicht aber als Abweichung vom Börsenkurs zur Zeit des **109**

---

[347] Möller, Rückerwerb eigener Aktien, 2005, Rn. 40.
[348] BGH NZG 2015, 867 (871) Rn. 36 = AG 2015, 633 (637) = ZIP 2015, 1429 (1433); BGH AG 2015, 669 (671 f.) Rn. 22; Möller, Rückerwerb eigener Aktien, 2005, Rn. 26, 31; MüKoAktG/Oechsler Rn. 197; K. Schmidt/Lutter/T. Bezzenberger Rn. 20; Wachter/Servatius Rn. 27; Hüffer/Koch/Koch Rn. 19e; wohl auch Bednarz, Der Ermächtigungsbeschluß der Hauptversammlung zum Erwerb eigener Aktien, 2006, 127 ff.
[349] MüKoAktG/Oechsler Rn. 198; Hölters/Laubert Rn. 21.
[350] ABl. EU 2017 Nr. L 169, 46.
[351] BegrRegE KonTraG, BT-Drs. 13/9712, 13; OLG Jena ZIP 2014, 2501 (2503) = AG 2015, 160 (161); LG Berlin NZG 2000, 944 (945) = AG 2000, 328; MüKoAktG/Oechsler Rn. 199; Großkomm AktG/Merkt Rn. 251; K. Schmidt/Lutter/T. Bezzenberger Rn. 22; Grigoleit/Grigoleit/Rachlitz Rn. 60; Hüffer/Koch/Koch Rn. 19e; NK-AktR/Block Rn. 61; Kiem ZIP 2000, 209 (211); Möller, Rückerwerb eigener Aktien, 2005, Rn. 49; Bednarz, Der Ermächtigungsbeschluß der Hauptversammlung zum Erwerb eigener Aktien, 2006, 178 ff.
[352] Möller, Rückerwerb eigener Aktien, 2005, Rn. 53.
[353] Vgl. T. Bezzenberger ZHR 180 (2016), 8 (19).
[354] T. Bezzenberger ZHR 180 (2016), 8 (19 f.) mN.
[355] T. Bezzenberger ZHR 180 (2016), 8 (23 f.); ausf. Stallknecht/Schulze-Uebbing AG 2010, 657 (658 ff.).
[356] Vgl. etwa T. Bezzenberger, Erwerb eigener Aktien durch die AG, 2002, Rn. 43; K. Schmidt/Lutter/T. Bezzenberger Rn. 22; Bürgers/Körber/Wieneke Rn. 32; Büscher, Das neue Recht des Aktienrückkaufs, 2013, 94; Johannsen-Roth, Der Erwerb eigener Aktien, 2001, 168; Möller, Rückerwerb eigener Aktien, 2005, Rn. 50; Bednarz, Der Ermächtigungsbeschluß der Hauptversammlung zum Erwerb eigener Aktien, 2006, 175; Schmid/Mühlhäuser AG 2001, 493 (498).
[357] K. Schmidt/Lutter/T. Bezzenberger Rn. 22 Fn. 68.
[358] Butzke WM 1995, 1389 (1392) Fn. 20; T. Bezzenberger ZHR 180 (2016), 8 (28 f.); Eckert, Der Erwerb eigener Aktien auf dem Prüfstand der Rechtstatsachenforschung, 2013, 124 Fn. 98.

Erwerbs festgesetzt wird.³⁵⁹ Ist ein Kurswert der Aktien zum Zeitpunkt der Ermächtigungserteilung nicht feststellbar, soll sich der **Wert der Beurkundung** des Beschlusses nach dem größtmöglichen noch offenen Erwerbsvolumen und dem höchsten Gegenwert bemessen, zu dem der Vorstand die Aktien nach dem Beschluss erwerben darf.³⁶⁰ Das mag zutreffen, wenn als höchster Gegenwert ein fester Betrag bestimmt ist, erscheint aber problematisch, wenn der höchste Gegenwert in Anknüpfung an den Börsenkurs zZ des Erwerbs festgesetzt wird.

110 **ee) Mehrheitserfordernis.** Der Ermächtigungsbeschluss bedarf der einfachen Stimmenmehrheit.³⁶¹ Die Satzung kann gem. § 133 Abs. 1 eine höhere Mehrheit vorschreiben.³⁶²

111 **c) Verbot des Handels in eigenen Aktien, Satz 2. aa) Meinungsstand.** Bedeutung und Reichweite des Verbots, den Handel in eigenen Aktien als Zweck einer Ermächtigung zu bestimmen oder ohne entsprechende Ermächtigung eigene Aktien zu Handelszwecken zu erwerben, sind umstritten. Nach hL liegt „Handel" iSv Satz 2 dann vor, wenn die Gesellschaft eigene Aktien ausschließlich³⁶³ oder zumindest überwiegend³⁶⁴ in der Absicht erwirbt, durch Ausnutzen von Preisunterschieden Gewinne zu erzielen.³⁶⁵ Auch wiederholter Erwerb zum Zweck der Kurspflege ist danach durch die Bestimmung grundsätzlich nicht untersagt, sofern er nicht dazu führt, dass sich der Aktienkurs über längere Zeit als Ergebnis manipulativer Eingriffe des Vorstands darstellt³⁶⁶ oder in spekulativer Absicht erfolgt.³⁶⁷ Demgegenüber halten andere jegliche³⁶⁸ oder jedenfalls jede mehr als nur kurzfristige Kurspflege³⁶⁹ mit Hilfe des Erwerbs eigener Aktien für verboten. Selbst im Falle eines Verstoßes gegen das Verbot des Handels stellt die Veräußerung eigener Aktien weder ein erlaubnispflichtiges Einlagengeschäft iSv § 1 Abs. 1 Nr. 1 KWG (keine unbedingte Rückzahlbarkeit) noch ein Finanzkommissionsgeschäft iSv § 1 Abs. 1 Nr. 4 KWG (kein Handeln für fremde Rechnung) dar.³⁷⁰

112 **bb) Wortlaut.** Der Wortlaut der Vorschrift ist für ihr Verständnis wenig ergiebig.³⁷¹ Im allgemeinen Sprachgebrauch bezeichnet der Begriff „Handel" die Übertragung von Wirtschaftsgütern gegen Entgelt. Außer in seltenen Fällen des unentgeltlichen Erwerbs wird die AG immer eine Gegenleistung für den Erwerb eigener Aktien erbringen und außer im Fall des Erwerbs zur Einziehung wird sie die Aktien wieder für eine Gegenleistung ausgeben; das Gesetz selbst geht in Nr. 8 S. 3 und 4 davon aus, dass eigene Aktien in zulässiger Weise wieder veräußert, dh für eine Gegenleistung an Dritte übertragen werden dürfen. Nicht jeder entgeltliche Erwerb mit anschließender Veräußerung eigener Aktien unter Erzielung eines Gewinns stellt daher unzulässigen Handel dar.³⁷²

---

³⁵⁹ *Vetter* AG 2004, 344 Fn. 4.
³⁶⁰ LG Frankfurt a.M. NZG 2013, 618 f.
³⁶¹ *Hüffer/Koch/Koch* Rn. 19d; Großkomm AktG/*Merkt* Rn. 261; K. Schmidt/Lutter/*T. Bezzenberger* Rn. 17; *Hölters/Laubert* Rn. 19; *Bürgers/Körber/Wieneke* Rn. 31; *Berrar/Schnorbus* ZGR 2003, 59 (64); *Möller*, Rückerwerb eigener Aktien, 2005, Rn. 15; *Johannsen-Roth*, Der Erwerb eigener Aktien, 2001, 167.
³⁶² *Berrar/Schnorbus* ZGR 2003, 59 (64); *Kiem* ZIP 2000, 209 (210); *Möller*, Rückerwerb eigener Aktien, 2005, Rn. 15.
³⁶³ Ausf. dazu *Möller*, Rückerwerb eigener Aktien, 2005, Rn. 97 ff., 140 bis 142.
³⁶⁴ Großkomm AktG/*Merkt* Rn. 277; *Bürgers/Körber/Wieneke* Rn. 35.
³⁶⁵ *Hüffer/Koch/Koch* Rn. 19i; MüKoAktG/*Oechsler* Rn. 216; *Hölters/Laubert* Rn. 22; *Grigoleit/Grigoleit/Rachlitz* Rn. 58; *Bednarz*, Der Ermächtigungsbeschluß der Hauptversammlung zum Erwerb eigener Aktien, 2006, 243 ff. (255 ff.); *Kessler/Suchan* BB 2000, 2529 (2531); *Saria* NZG 2000, 458 (462); enger, nur fortlaufende Geschäfte in Gewinnerzielungsabsicht untersagt, *T. Bezzenberger*, Erwerb eigener Aktien durch die AG, 2002, Rn. 161; *Eckert*, Der Erwerb eigener Aktien auf dem Prüfstand der Rechtstatsachenforschung, 2013, 348 f. *Bosse* WM 2000, 806 (807); *Martens* AG 1997, August-Sonderheft, 83 (85); *Schmid/Mühlhäuser* AG 2001, 493 (499).
³⁶⁶ MüKoAktG/*Oechsler* Rn. 218; *Hölters/Laubert* Rn. 22; *T. Bezzenberger*, Erwerb eigener Aktien durch die AG, 2002, Rn. 16.
³⁶⁷ Großkomm AktG/*Merkt* Rn. 279; *Hirsch*, Der Erwerb eigener Aktien nach dem KonTraG, 2004, 153 ff. (157); *Eckert*, Der Erwerb eigener Aktien auf dem Prüfstand der Rechtstatsachenforschung, 2013, 352 f. *Lüken*, Der Erwerb eigener Aktien nach §§ 71 ff. AktG, 2004, 148 f., der den Begriff der Spekulation in Anlehnung an § 23 Abs. 2 Nr. 1 WpHG aF (jetzt § 36 Abs. 3 Nr. 1 WpHG) konkretisiert: Der Hauptzweck des Erwerbs und der Veräußerung muss danach in der Realisierung kurzfristiger (1 Jahr) Kursgewinne bestehen; *Johannsen-Roth*, Der Erwerb eigener Aktien, 2001, 176 f.
³⁶⁸ *Kraft/Altvater* NZG 1998, 448 (450).
³⁶⁹ *Claussen* DB 1998, 177 (179); *Hirsch*, Der Erwerb eigener Aktien nach dem KonTraG, 2004, 157 ff.
³⁷⁰ Vgl. BGH NZG 2010, 587 (588) m. Anm. *Bernau* EWiR 2010, 515.
³⁷¹ Besonders krit. aus diesem Grund *Martens* AG 1997, August-Sonderheft, 83 (85 f.).
³⁷² *Hirsch*, Der Erwerb eigener Aktien nach dem KonTraG, 2004, 152 f.; *Lüken*, Der Erwerb eigener Aktien nach §§ 71 ff. AktG, 2004, 147; *Eckert*, Der Erwerb eigener Aktien auf dem Prüfstand der Rechtstatsachenforschung, 2013, 348 ff.

cc) Entstehungsgeschichte. Das Verbot des Handels in eigenen Aktien beruht auf der Kritik, 113
die am ursprünglichen Entwurf von Abs. 1 Nr. 8 geäußert wurde: Außer für Zwecke der Einziehung
sei der Rückerwerb eigener Aktien ökonomisch nur sinnvoll, wenn sie später zu einem höheren
Preis wieder ausgegeben werden sollten, mithin ein Veräußerungsgewinn angestrebt sei. Ein solcher
Gewinn lasse sich aber nur erzielen, wenn die Aktien beim Erwerb unterbewertet seien. Die historische Erfahrung, vor allem der Jahre 1929 bis 1931, habe indessen gezeigt, welche erheblichen Risiken
für die Gesellschaft und ihre Gläubiger ein Erwerb eigener Aktien aus solchen Motiven mit sich
bringe. Die Gefahr, dass der Vorstand den Wert eigener Aktien zu optimistisch einschätze, bestehe
aber nicht nur in Krisenzeiten. Stelle sich entgegen seinen Erwartungen ein auf geschäftlichen
Verlusten beruhender Kursrückgang ein, werde die Gesellschaft gleich doppelt getroffen, nämlich
zum einen durch die Einbußen aus der Geschäftstätigkeit und zum anderen durch den Wertberichtigungsbedarf bei den eigenen Aktien. Hinzu komme die Gefahr des Insiderhandels und der Kursmanipulation, insbesondere dann, wenn Vorstandsmitglieder selbst Aktien der Gesellschaft oder Optionen
hielten.[373]

Diese Erwägungen wurden in der Gesetzesbegründung aufgegriffen und um kapitalmarktbezo- 114
gene Überlegungen ergänzt. Danach darf „... *[d]er Eigenerwerb ... nicht der kontinuierlichen Kurspflege
und dem Handel in eigenen Aktien dienen. Auf einem funktionierenden Kapitalmarkt liefert der Markt die
richtige Unternehmensbewertung. Der Eigenerwerb kann es aber Unternehmen ermöglichen, Aktienmaterial
aus dem Markt zu nehmen und das umlaufende Aktienmaterial zu verknappen. Dies kann sinnvoll sein,
wenn das Eigenkapital des Unternehmens dauerhaft oder mittelfristig zu hoch ist. Die Eigenkapitalrendite
auf die verbleibenden Aktien kann erhöht werden, wenn mit den zum Rückkauf verwendeten Rücklagen
anderweitig keine angemessene Rendite erzielt werden kann. ... Der Entwurf legt keinen Katalog zulässiger
Zwecke fest, sondern erklärt lediglich den Zweck Handel in eigenen Aktien für unzulässig. Damit scheidet
ein fortlaufender Kauf und Verkauf eigener Aktien und der Versuch, Trading-Gewinne zu machen, als Zweck
aus ...* "[374]

dd) Folgerungen. Das Verbot des Handels in eigenen Aktien sollte danach mehrere Funktionen 115
erfüllen. Es soll zum einen die Gesellschaft, ihre Gläubiger und die Aktionäre vor den Gefahren von
Spekulationen des Vorstands in eigenen Aktien bewahren. Darüber hinaus soll die Bestimmung vor
allem den Kapitalmarkt vor manipulativen Eingriffen schützen.[375] Dieser **kapitalmarktorientierte
Schutz** ist allerdings nach Einführung von Nr. 8 S. 2 **durch spezifisch kapitalmarktrechtliche
Bestimmungen übernommen** worden. Art. 12 Nr. 1a) MMV definiert als Marktmanipulation unter
anderem den Abschluss eines Geschäfts oder die Erteilung eines Handelsauftrags sowie jede andere
Handlung, die falsche oder irreführende Signale hinsichtlich des Angebots, der Nachfrage oder des
Preises eines Finanzinstruments[376] gibt oder bei der dies wahrscheinlich ist, oder eine anormales oder
künstliches Kursniveau eines oder mehrerer Finanzinstrumente sichert oder bei der dies wahrscheinlich
ist; Art. 12 Abs. 2 und 3 iVm Anhang I MMV und Art. 4 iVm Anhang II der Delegierten VO 2016/
522[377] konkretisieren diese Vorgabe. Bereits vor dem 3. Juli 2016 galten mit Art. 1 Nr. 2a Marktmissbrauchsrichtlinie,[378] Art. 4 und 5 der Richtlinie zur Begriffsbestimmung der Marktmanipulation,[379]
§ 20a Abs. 1 WpHG und § 3 MaKonV[380] inhaltlich weitgehend ähnliche Regeln. Zum Schutz des
Marktes war und ist damit keine extensive Auslegung des Begriffs des „Handels in eigenen Aktien"
mehr erforderlich; unlautere und manipulative Praktiken werden vielmehr durch das erheblich differenziertere Verbot der Marktmanipulation erfasst. Die Abgrenzung zulässiger Markt- oder Kurspflege von

---

[373] *Huber* FS Kropff, 1997, 101 (122f.); *Lutter* AG 1997, August-Sonderheft, 52 (56); krit. dazu etwa *Schanze* FS Nobel, 2005, 999 (1009f.).

[374] BegrRegE, BT-Drs. 13/9712, 13.

[375] S. dazu etwa MüKoAktG/*Oechsler* Rn. 217 aE; zuvor bereits *Huber* FS Kropff, 1997, 101 (122f.).

[376] Gem. Art. 3 Abs. 1 Nr. 1 MMV iVm Art. 4 Abs. 1 Nr. 15 iVm Anhang I Abschnitt C (1) der Richtlinie 2014/65/EU (MiFiD II), ABl. EU 2014 Nr. L 173, 349 auch Aktien gehören.

[377] Delegierte Verordnung (EU) 2016/522 der Kommission vom 17. Dezember 2015 zur Ergänzung der Verordnung (EU) Nr. 596/2014 des Europäischen Parlaments und des Rates im Hinblick auf eine Ausnahme für bestimmte öffentliche Stellen und Zentralbanken von Drittstaaten, die Indikatoren für Marktmanipulation, die Schwellenwerte für die Offenlegung, die zuständige Behörde, der ein Aufschub zu melden ist, die Erlaubnis zum Handel während eines geschlossenen Zeitraums und die Arten meldepflichtiger Eigengeschäfte von Führungskräften, ABl. EU 2016 Nr. L 88, 1.

[378] Richtlinie 2003/6/EG des Europäischen Parlaments und des Rates v. 28. Januar 2003 über Insider-Geschäfte und Marktmanipulation, ABl. EU 2003 Nr. L 96, 16 ff.

[379] Richtlinie 2003/124/EG der Kommission v. 22. Dezember 2003 zur Durchführung der Richtlinie 2003/6/EG des Europäischen Parlaments und des Rates betreffend die Begriffsbestimmung und die Veröffentlichung von Insider-Informationen und die Begriffsbestimmung der Marktmanipulation, ABl. EU 2003 Nr. L 339, 70ff.

[380] Verordnung zur Konkretisierung des Verbots der Marktmanipulation (Marktmanipulations-Konkretisierungsverordnung – MaKonV) v. 1.3.2005, BGBl. 2005 I 515.

verbotener Manipulation erfolgt daher nicht mehr, wie es die Gesetzesbegründung zu Nr. 8 S. 2 nahe legte, nach der Häufigkeit der Transaktionen, sondern unter Berücksichtigung aller Begleitumstände. Selbst der einmalige Erwerb eigener Aktien kann einen manipulativen Eingriff in die Preisbildung darstellen, so etwa dann, wenn binnen kurzer Zeit ein erhebliches Volumen erworben und so der Preis stark nach oben getrieben wird. Demgegenüber können hinreichend offen gelegte kontinuierliche Kurspflegemaßnahmen in jeweils kleinerem Umfang den Markt beleben, ohne dass Anleger getäuscht würden. Entscheidend ist nunmehr, ob von Erwerb und Veräußerung durch einen für Rechnung der Gesellschaft handelnden Finanzdienstleister falsche oder irreführende Signale ausgehen (Art. 12 Abs. 1 a) (i) MMV; früher § 20a Abs. 1 Nr. 2 Alt. 1 WpHG), ob durch derartige Transaktionen ein künstliches Preisniveau herbeigeführt wird (Art. 12 Abs. 1a) (ii) MMV; früher § 20a Abs. 1 Nr. 2 Alt. 2 WpHG) oder ob sich eine derartige Praxis als kursrelevante Täuschungshandlung darstellt (Art. 12 Abs. 1 b) MMV; früher § 20a Abs. 1 Nr. 3 WpHG). Innerhalb der dadurch gezogenen Grenzen werden Erwerb und Veräußerung eigener Aktien zu Zwecken der Kursstabilisierung durch das Verbot des Handels in eigenen Aktien nicht ausgeschlossen. Unzulässig sind hingegen spekulative Transaktionen, die darauf abzielen, Kursgewinne für die Gesellschaft zu erzielen.

116   **d) Gleichbehandlung bei Erwerb und Veräußerung, Satz 3–5. aa) Entstehungsgeschichte und Normzweck.** Satz 3 bestätigt die, ohnehin selbstverständliche,[381] Geltung des Gleichbehandlungsgrundsatzes für das Verhalten der Organe der Gesellschaft gegenüber den Aktionären. Der Erwerb eigener Aktien darf nicht dazu missbraucht werden, willkürlich einzelnen Aktionären die Liquidation ihrer Beteiligung zu ermöglichen. Umgekehrt sollen nicht bestimmte Aktionäre gezielt ausgekauft und damit von der Beteiligung an der weiteren Wertentwicklung der Gesellschaft ausgeschlossen werden können. Schließlich soll der Vorstand nicht nach eigenem Gutdünken auf die **Zusammensetzung des Aktionärskreises** einwirken dürfen.[382]

117   Der Gleichbehandlungsgrundsatz verbietet die willkürliche Ungleichbehandlung von Aktionären beim Erwerb eigener Aktien. Er schließt indessen nicht **Differenzierungen** bei Erwerb und Veräußerung **aus sachlichen Gründen** im Interesse der Gesellschaft aus. Er ist auch dann nicht verletzt, wenn eine Veräußerung eigener Aktien an Dritte unter Ausschluss aller Aktionäre erfolgt.

118   Ausweislich der Gesetzesbegründung soll die Bestimmung klarstellen, dass die Verwaltung sich bei Erwerb und Veräußerung strikt neutral zu verhalten und **Chancengleichheit** zu gewährleisten hat. Die Geltung des Gleichbehandlungsgrundsatzes mache detailliertere gesetzliche Verfahrensvorschriften entbehrlich. Rückkauf- oder Wiederverkaufsangebote müssten sich an alle Aktionäre richten. Bei börsennotierten Gesellschaften seien Erwerb und Veräußerung über die Börse die Methode der Wahl zur Wahrung des Gleichbehandlungsgrundsatzes.[383] Entgegen Mahnungen in der Literatur[384] sind Erwerb und Veräußerung eigener Aktien nicht auf den Börsenhandel beschränkt worden; Nr. 8 gilt vielmehr auch für nicht börsennotierte Gesellschaften. Nach der Gesetzesbegründung kommen dementsprechend auch öffentliche Offerten in Gestalt von Festpreis- oder Preisspannenangeboten in Betracht.[385] In diesem Zusammenhang wird auch die Möglichkeit des Einsatzes von Aktienrückkäufen zur Erleichterung des Generationenwechsels oder zur Auflösung von Patt-Situationen in geschlossenen Gesellschaften hervorgehoben.[386]

119   **bb) Gleichbehandlung beim Erwerb. (1) Grundsatz des Erwerbs über die Börse.** Im Regelfall soll der Erwerb eigener Aktien nach Nr. 8 über die Börse erfolgen. Damit ist nach dem Gesetz dem Gleichbehandlungsgrundsatz Genüge getan.[387] Ausreichend ist der Erwerb in einem **beliebigen Marktsegment im In- und Ausland,** in dem ein Börsenpreis zustande kommt.[388] Unter den Voraussetzungen des § 24 Abs. 2 BörsG reicht daher auch ein Erwerb im Freiverkehr (§ 48 BörsG).[389] Ein bloßes Platzgeschäft genügt demgegenüber nicht.[390]

120   **(2) Andienungsrecht der Aktionäre?** Bei nicht börsennotierten Gesellschaften soll nach der Gesetzesbegründung die Gleichbehandlung der Aktionäre sichergestellt werden, indem die Ver-

---

[381] Krit. zur ausdrücklichen Hervorhebung durch S. 3 daher *Martens* AG 1997, August-Sonderheft, 83 (85); MüKoAktG/*Oechsler* Rn. 221; Hüffer/Koch/*Koch* Rn. 19j.
[382] MüKoAktG/*Oechsler* Rn. 221; Großkomm AktG/*Merkt* Rn. 66.
[383] BegrRegE, BT-Drs. 13/9712, 13.
[384] *Martens* AG 1996, 337 (339 f.).
[385] BegrRegE, BT-Drs. 13/9712, 13.
[386] BegrRegE, BT-Drs. 13/9712, 14.
[387] Näher dazu *T. Bezzenberger* ZHR 180 (2016), 8 (14 ff.).
[388] BegrRegE, BT-Drs. 13/9712, 13; *Reichert/Harbarth* ZIP 2001, 1441; MüKoAktG/*Oechsler* Rn. 253; Grigoleit/*Grigoleit/Rachlitz* Rn. 20.
[389] MüKoAktG/*Oechsler* Rn. 253; Hölters/*Laubert* Rn. 24.
[390] BegrRegE, BT-Drs. 13/9712, 13.

waltung allen Aktionären den Rückerwerb anbietet und bei einer über das geplante Erwerbsvolumen hinausgehenden Nachfrage eine Zuteilung nach Quoten vornimmt.[391] Diese Ausführungen sind im Schrifttum dahingehend verallgemeinert worden, dass auch den Aktionären börsennotierter Gesellschaften **ein dem Bezugsrecht entsprechendes Andienungsrecht** zustehe, aufgrund dessen sie eine ihrer Beteiligungsquote entsprechende Abnahme von Aktien durch die erwerbende AG beanspruchen könnten[392] und für dessen Handelbarkeit an der Börse die Gesellschaft zu sorgen habe.[393] Auf diese Weise soll sichergestellt werden, dass im Ergebnis alle Aktionäre zumindest an den finanziellen Vorteilen eines Erwerbs eigener Aktien gleichmäßig teilhaben, insbesondere in den Genuss einer etwaigen Prämie kommen. Dabei wird ganz überwiegend angenommen, dass solche Andienungsrechte ipso iure entstehen.[394] Zwischen den Vertretern dieser Auffassung ist umstritten, ob für den Ausschluss des Andienungsrechts in Ermangelung einer besonderen gesetzlichen Regelung ein mit einfacher Stimmenmehrheit gefasster Hauptversammlungsbeschluss ausreichen soll, der einer Inhaltskontrolle im Hinblick auf die sachliche Berechtigung des Ausschlusses unterliegt,[395] oder ob ein solcher Ausschluss in entsprechender Anwendung von §§ 186 Abs. 3 S. 1 und 2, 221, bzw. bei entsprechender Ermächtigung des Vorstandes analog § 203 Abs. 2, einen Beschluss mit Dreiviertel-Kapitalmehrheit und eine sachliche Rechtfertigung erfordert[396] und der Ausschluss überdies einer Wertkontrolle entsprechend § 255 Abs. 2 S. 1 unterworfen ist.[397]

Richtiger Ansicht nach steht den Aktionären bei einem Erwerb eigener Aktien durch die Gesellschaft **kein Andienungsrecht** zu. Das Gesetz gewährleistet keine Gleichheit im Ergebnis, sondern begnügt sich mit der durch den Gleichbehandlungsgrundsatz gesicherten **Möglichkeit, an einem Aktienrückkauf teilzunehmen.**[398] Nach Satz 2 genügt der Erwerb über die Börse, der gerade keine quotale Andienung von Aktien voraussetzt, dem Gleichbehandlungsgrundsatz. Die Gegenauffassung nötigt zu der Annahme, in der Entscheidung des Vorstandes, eigene Aktien über die Börse zu erwerben, liege ein Ausschluss des Andienungsrechts nach Satz 4.[399] Das steht indessen weder mit Wortlaut und Systematik des Gesetzes noch mit der These der Befürworter eines Andienungsrechts in Einklang, ein Ausschluss dieses Rechts erfordere einen Beschluss der Hauptversammlung. Die Existenz eines Andienungsrechts folgt schließlich auch nicht aus der Bezugnahme von Satz 5 auf die Vorschriften über das Bezugsrecht (näher → Rn. 131 ff.).

(3) Erwerbsverfahren. Ein **Erwerb über die Börse** setzt entsprechende Liquidität des Marktes voraus. Selbst wenn sie vorhanden ist, muss der Rückerwerb über einen längeren Zeitraum erfolgen, um nicht marktverzerrend zu wirken. In diesem Fall sind die Signalwirkung des Rückkaufs und der durch ihn bewirkte Kursanstieg allerdings auch nur verhältnismäßig gering.[400] Auf der anderen Seite verursacht ein Erwerb über die Börse geringere Transaktionskosten und ist flexibler als andere Erwerbsverfahren, weil die Gesellschaft keinem Erwerbszwang unterliegt.[401]

---

[391] BegrRegE, BT-Drs. 13/9712, 14.
[392] *Paefgen* AG 1999, 67 (68 f.); *Paefgen* ZIP 2002, 1509 (1510 f.); MüKoAktG/*Oechsler* Rn. 97 f., 223 (252); *Oechsler* ZHR 170 (2006), 72 (86); Großkomm AktG/*Merkt* Rn. 68; Hölters/*Laubert* Rn. 25; *Habersack* ZIP 2004, 1121 (1125); Hüffer/Koch/*Koch* Rn. 19k; *Seibert/Kiem*, HdB der kleinen AG, 4. Aufl. 2000, Rn. 905; Großkomm AktG/*Henze/Notz* § 53a Rn. 34; sympathisierend *Huber* FS Kropff, 1997, 101 (115 ff.).
[393] So *Habersack* ZIP 2004, 1121 (1127).
[394] So *Paefgen* AG 1999, 67 (68 f.); *Paefgen* ZIP 2002, 1509 (1511); *Oechsler* ZHR 170 (2006), 72 (86); MüKoAktG/*Oechsler* Rn. 97 f. (223 ff.); Hüffer/Koch/*Koch* Rn. 19k; *Habersack* ZIP 2004, 1121 (1125); für Entstehung mit Ausgabe durch die Gesellschaft *Huber* FS Kropff, 1997, 101 (115 ff.).
[395] *Habersack* ZIP 2004, 1121 (1126) MüKoAktG/*Oechsler* Rn. 224.
[396] So *Huber* FS Kropff, 1997, 101 (118); *Paefgen* AG 1999, 67 (70); *Paefgen* ZIP 2002, 1509 (1511); Großkomm AktG/*Merkt* Rn. 75 f.
[397] Dafür *Paefgen* ZIP 2002, 1509 (1512 f.) (auch bei Entscheidung der Verwaltung über Ausschluss des Andienungsrechts); Ausgangspunkt: Innerer Wert der Aktie einschließlich stiller Reserven und Geschäftswert, nicht dagegen Börsenpreis, da Aktionäre Mitglieder bleiben; MüKoAktG/*Oechsler* Rn. 225.
[398] *Benckendorff*, Erwerb eigener Aktien im deutschen und US-amerikanischen Recht, 1998, 242 ff.; *T. Bezzenberger*, Erwerb eigener Aktien durch die AG, 2002, Rn. 136; K. Schmidt/Lutter/*T. Bezzenberger* Rn. 68 f.; Wachter/*Servatius* Rn. 37; *Johannsen-Roth*, Der Erwerb eigener Aktien, 2001, 183 f.; *Johannsen-Roth* ZIP 2011, 407 (412); *Lüken*, Der Erwerb eigener Aktien nach §§ 71 ff. AktG, 2004, 154; *Möller*, Rückerwerb eigener Aktien, 2005, Rn. 240; *Wastl/Wagner/Lau*, Der Erwerb eigener Aktien aus juristischer Sicht, 1997, 134 ff.; Bürgers/Körber/*Wieneke* Rn. 38; *Baum* ZHR 167 (2003) 580 (595); *Wastl* DB 1997, 461 (464); *v. Rosen/Helm* AG 1996, 434 (439 f.); *Budde* FS Offerhaus, 1999, 659 (666 f.).
[399] *Habersack* ZIP 2004, 1121 (1126).
[400] *Posner* AG 1994, 312 (316).
[401] *Böhm* in v. Rosen/Seifert, Die Übernahme börsennotierter Unternehmen, 1999, 327 (329 f.); Großkomm AktG/*Merkt* Rn. 29.

123 Ohne weiteres mit dem Gleichbehandlungsgrundsatz vereinbar sind (öffentliche) **Festpreisangebote** (sog. fixed price tender offer) der Gesellschaft an alle Aktionäre, einen bestimmten Prozentsatz oder eine bestimmte Anzahl eigener Aktien zu erwerben.[402] Rechtlich handelt es sich dabei um eine invitatio ad offerendum. Um die Chancengleichheit der Aktionäre zu gewährleisten, ist ein solches Angebot in geeigneter Weise öffentlich bekannt zu machen[403] und mit einer hinreichenden Frist für die Abgabe von Angeboten zu verbinden.[404] Die Annahme der Angebote darf nicht nach dem Prioritätsprinzip erfolgen, denn dadurch würden die Aktionäre in unzulässiger Weise zur Abgabe von Angeboten gedrängt.[405] Werden mehr Angebote abgegeben als die Gesellschaft Aktien erwerben will, sind die Annahmen nicht entsprechend der Zahl der von den Aktionären angebotenen Aktien,[406] sondern entsprechend den Beteiligungsquoten zu repartieren,[407] es sei denn, diese lassen sich nicht zuverlässig ermitteln.[408] Im Vergleich zu anderen Erwerbsverfahren erfordert diese Art des Erwerbs den höchsten Aufschlag auf den Börsenkurs und ist damit für die Gesellschaft am kostspieligsten, führt aber auch zum höchsten Kursanstieg.[409] Es ist daher vor allem dann geeignet, wenn Ziel des Erwerbs die Ausschüttung überschüssiger Liquidität an die Aktionäre ist.

124 Ebenfalls mit dem Gleichbehandlungsgrundsatz vereinbar sind **Preisspannenangebote** (sog. Dutch Auctions). Bei diesem erstmals 1981 in den USA durchgeführten Verfahren[410] legt die Gesellschaft neben der Zahl der zu erwerbenden Aktien und der Angebotsdauer eine Preisspanne fest, innerhalb derer sich die Angebote der Aktionäre bewegen müssen. Nach Ablauf der Angebotsfrist wird anhand der abgegebenen Angebote der niedrigste Preis bestimmt, zu dem die Gesellschaft das angestrebte Volumen erwerben kann. Diesen Grenzpreis erhalten auch diejenigen Aktionäre, die ein niedrigeres Gebot abgegeben haben, während Aktionäre, deren Angebot über dem Grenzpreis liegt, an dem Erwerb nicht teilnehmen.[411] Da der Preis so bestimmt wird, dass die Gesellschaft gerade die gewünschte Zahl an Aktien erwerben kann, ist eine Repartierung hier regelmäßig[412] nicht erforderlich. Auch dieses Verfahren genügt dem Gleichbehandlungsgrundsatz, da alle Aktionäre gleichermaßen die Möglichkeit erhalten, ihre Aktien anzubieten und bei einem Gebot bis zur Höhe des Grenzpreises für eine Gegenleistung in dieser Höhe zu veräußern.[413] Preisspannenangebote erfordern erheblich geringere Aufschläge auf den Börsenkurs und stellen daher für die Gesellschaft eine preisgünstigere Möglichkeit für den Rückerwerb dar als Festpreisangebote. Die Durchführung eines solchen Verfahrens erfordert nicht den Ausschluss eines Andienungsrechts der Aktionäre durch Beschluss der HV (→ Rn. 120 f.). Auch **übernahmerechtlich** sind sie, sofern man die Anwendbarkeit des WpÜG auf den Erwerb eigener

---

[402] BegrRegE, BT-Drs. 13/9712, 13 f.; *Benckendorff,* Erwerb eigener Aktien im deutschen und US-amerikanischen Recht, 1998, 74 f.; *R. Koch,* Die Auswirkungen des Wertpapiererwerbs- und Übernahmegesetzes (WpÜG) auf den Erwerb eigener Aktien, 2006, 86 f.; *Lüken,* Der Erwerb eigener Aktien nach §§ 71 ff. AktG, 2004, 160 f.; *Johannsen-Roth,* Der Erwerb eigener Aktien, 2001, 185; *Berrar/Schnorbus* ZGR 2003, 59 (66 ff.); mit Erörterung der Gründe für die Wahl dieser Erwerbsmodalität; MüKoAktG/*Oechsler* Rn. 15, 228; Großkomm AktG/*Merkt* Rn. 31 f.; Grigoleit/*Grigoleit/Rachlitz* Rn. 21; Hüffer/Koch/*Koch* Rn. 19k; NK-AktR/*Block* Rn. 66.
[403] *Baum* ZHR 167 (2003) 580 (597 f.).
[404] Für Analogie zu § 3 Abs. 2 WpÜG *Baums/Stöcker* FS Wiedemann, 2002, 703 (717); aA *Baum* ZHR 167 (2003) 580 (598).
[405] MüKoAktG/*Oechsler* Rn. 228.
[406] So *T. Bezzenberger,* Erwerb eigener Aktien durch die AG, 2002, Rn. 139; *Büscher,* Das neue Recht des Aktienrückkaufs, 2013, 109; für das Übernahmerecht § 19 WpÜG.
[407] So wohl BegrRegE, BT-Drs. 13/9712, 14; ausf. Begründung bei *Möller,* Rückerwerb eigener Aktien, 2005, Rn. 228 ff.; ebenso *Lüken,* Der Erwerb eigener Aktien nach §§ 71 ff. AktG, 2004, 161; *Baum* ZHR 167 (2003) 580 (599 f., 607 f.); *Berrar/Schnorbus* ZGR 2003, 59 (67); Großkomm AktG/*Merkt* Rn. 71 f.; K. Schmidt/Lutter/*T. Bezzenberger* Rn. 65; Hölters/*Laubert* Rn. 25; Hüffer/Koch/*Koch* Rn. 19k.
[408] *Kiem* ZIP 2000, 209 (213).
[409] *Posner* AG 1994, 312 (316 f.); *Benckendorff,* Erwerb eigener Aktien im deutschen und US-amerikanischen Recht, 1998, 74 f. (Kursaufschlag im Durchschnitt 23 % des Börsenpreises); für die USA *Fried* 67 University of Chicago Law Review (2000) 421 (428): Erwerbsvolumen durchschnittlich 15 % bis 20 %, Preisaufschlag 15 % bis 20 %.
[410] 1981 durchgeführt für Todd Shipyards auf Vorschlag von Bear Sterns, vgl. *Fried* 67 University of Chicago Law Review (2000) 421 (432).
[411] Großkomm AktG/*Merkt* Rn. 33.
[412] Sie kann ausnahmsweise dann notwendig werden, wenn so viele Aktien zum Grenzpreis angeboten werden, dass das angestrebte Volumen überschritten wird.
[413] BegrRegE, BT-Drs. 13/9712, 13; K. Schmidt/Lutter/*T. Bezzenberger* Rn. 66; Grigoleit/*Grigoleit/Rachlitz* Rn. 21; *Benckendorff,* Erwerb eigener Aktien im deutschen und US-amerikanischen Recht, 1998, 76 f.; *Büscher,* Das neue Recht des Aktienrückkaufs, 2013, 60 ff.; *Kopp,* Erwerb eigener Aktien. Ökonomische Analyse vor dem Hintergrund von Unternehmensverfassung und Informationseffizienz des Kapitalmarktes, 1996, 37 f.; *Lüken,* Der Erwerb eigener Aktien nach §§ 71 ff. AktG, 2004, 161 ff.; (durchschnittlicher Kursaufschlag: 13,4 %); *Johannsen-Roth,* Der Erwerb eigener Aktien, 2001, 186 f.; *Baum* ZHR 167 (2003) 580 (590); *Budde* FS Offerhaus, 1999, 659 (667 f.); *Huber* FS Kropff, 1997, 101 (115).

Erwerb eigener Aktien 125–127 § 71

Aktien überhaupt bejaht (näher → Rn. 157 f.), im Hinblick auf das Verbot der invitatio ad offerendum des § 17 WpÜG unbedenklich.[414] Preisspannenangebote können nämlich ohne weiteres als bedingtes Erwerbsangebot ausgestaltet werden. Die Gesellschaft bietet dabei an, x % eigene Aktien zu erwerben unter der Bedingung, dass der Preis, zu dem der anbietende Aktionär seine Verkaufsbereitschaft erklärt, unter dem Preis liegt oder dem Preis (Grenzpreis) entspricht, zu dem die Gesellschaft den gewünschten Prozentsatz eigene Aktien erwerben kann.

Mit dem Gleichbehandlungsgebot vereinbar ist auch ein Erwerb eigener Aktien aufgrund der Ausübung **übertragbarer Verkaufsoptionen** (sog. transferable put rights), die die Gesellschaft an die Aktionäre entsprechend der Höhe ihrer jeweiligen Beteiligung und der Zahl der zurückzuerwerbenden Aktien ausgibt, bei einem geplanten Rückerwerb von 10 % also eine Option für jeweils 10 Aktien.[415] Diese Form des Erwerbs entspricht der in der Sache dem Anliegen der Befürworter übertragbarer Andienungsrechte (→ Rn. 120). Allerdings stehen den Aktionären derartige Verkaufsoptionen nicht von Gesetzes wegen zu; ebenso wenig ist die Gesellschaft verpflichtet, dieses Verfahren zu wählen und solche Optionen auszugeben. Da die Gesellschaft nach der Ausgabe der Optionen keinen Einfluss mehr auf den Erwerb der Mitgliedschaft hat, liegt bereits in der Begebung der Optionen ein Erwerb eigener Aktien iSv Nr. 8, so dass die Voraussetzungen dieser Bestimmung sowie des Abs. 2 bereits zu diesem Zeitpunkt erfüllt sein müssen (→ Rn. 35 und 93 ff.). 125

Nach § 53a zulässig ist ein **beschleunigter Aktienerwerb** (sog. accelerated buy back) unter Einschaltung eines Finanzdienstleisters, regelmäßig einer Bank.[416] Diese beschafft sich Aktien im Wege der Wertpapierleihe und veräußert sie an die AG. Zur Erfüllung ihrer Rückgabeverpflichtung muss sie sich ihrerseits wieder am Markt eindecken. Die Gesellschaft erwirbt hier zwar nur von einem Aktionär (der Bank) unter Ausschluss der übrigen Aktionäre. Sofern die Bank sich aber bei ihrem Erwerb zur Erfüllung der Rückgewährverpflichtung aus der Wertpapierleihe einer Erwerbsform bedient, die dem Gleichbehandlungsgrundsatz gerecht wird (Erwerb über die Börse; öffentliches Rückkaufangebot), ist dies ausreichend, denn das Gesetz verlangt nicht, dass die AG selbst den Aktienrückkauf durchführt. Die Interessenlage gleicht insoweit derjenigen beim mittelbaren Bezugsrecht nach § 186 Abs. 5. Die Gesellschaft muss eine die Gleichbehandlung der Aktionäre sicherstellende Vereinbarung mit der Bank bereits vor dem Erwerb der Aktien abschließen. 126

Unter Gleichbehandlungsgesichtspunkten in zweifacher Hinsicht problematisch ist der **außerbörsliche Erwerb eigener Aktien**, meist eines Pakets, **von einzelnen Aktionären** (sog. negotiated repurchase), nämlich zum einen im Hinblick auf die Möglichkeit der Veräußerung ihrer Aktien und zum anderen im Hinblick auf den Preis, wenn die Gesellschaft eine über dem sonst erzielbaren Preis liegende Gegenleistung erbringt, etwa einen Paketzuschlag zahlt.[417] Dennoch ist ein individuell ausgehandelter Erwerb eigener Aktien von einzelnen Aktionären nicht notwendigerweise unzulässig.[418] § 53a untersagt eine Ungleichbehandlung nur bei Fehlen eines im Interesse der Gesellschaft liegenden sachlichen Grundes. Ein solcher Grund ist allerdings bei nicht börsennotierten Gesellschaften eher denkbar als bei börsennotierten Gesellschaften.[419] Hier kann ein Erwerb von einzelnen Aktionären etwa zur Regelung der Nachfolge oder zur Auflösung einer Patt-Situation in Betracht kommen.[420] Fehlt es an einem die Ungleichbehandlung rechtfertigenden Grund, hat die Gesellschaft 127

---

[414] Ebenso Baums/Thoma/*Baums*/*Hecker* WpÜG § 1 Rn. 166–169; *Paefgen* ZIP 2002, 1509 (1519); aA Assmann/Pötzsch/Schneider/*Pötzsch* 1. Aufl. 2005, WpÜG, § 2 Rn. 61 (unzulässig wegen fehlender Bindungswirkung gegenüber allen Adressaten); *Baum* ZHR 167 (2003) 580 (605 f.) (übernahmerechtlich unzulässig, da nur unverbindliche Verkaufsaufforderung).
[415] *Posner* AG 1994, 312 (317 f.); *Kopp,* Erwerb eigener Aktien. Ökonomische Analyse vor dem Hintergrund von Unternehmensverfassung und Informationseffizienz des Kapitalmarktes, 1996, 37; *Johannsen-Roth,* Der Erwerb eigener Aktien, 2001, 20 f.; *Huber* FS Kropff, 1997, 101 (115 f.); *Möller,* Rückerwerb eigener Aktien, 2005, Rn. 239; *Budde* FS Offerhaus, 1999, 659 (668 f.); Großkomm AktG/*Merkt* Rn. 36; K. Schmidt/Lutter/*T. Bezzenberger* Rn. 68; Grigoleit/*Grigoleit/Rachlitz* Rn. 22; Hölters/*Laubert* Rn. 25; NK-AktR/*Block* Rn. 66.
[416] *Budde* FS Offerhaus, 1999, 659 (670); *Möller,* Rückerwerb eigener Aktien, 2005, Rn. 273 ff.
[417] *Escher-Weingart/Kübler* ZHR 162 (1998) 537 (561).
[418] So aber Hüffer/Koch/*Koch* Rn. 19k; *Möller,* Rückerwerb eigener Aktien, 2005, Rn. 267 f. (vorbehaltlich der Zustimmung aller Aktionäre); *Peltzer* WM 1998, 322 (329); zu Recht differenzierend demgegenüber *Berrar/Schnorbus* ZGR 2003, 59 (65); *Bosse* NZG 2000, 16 (17 ff.); *Escher-Weingart/Kübler* ZHR 162 (1998) 537 (558); *Johannsen-Roth,* Der Erwerb eigener Aktien, 2001, 191 ff.; *R. Koch,* Die Auswirkungen des Wertpapiererwerbs- und Übernahmegesetzes (WpÜG) auf den Erwerb eigener Aktien, 2006, 89 f.; *Budde* FS Offerhaus, 1999, 659 (669 f.); *Kiem* ZIP 2000, 209 (214); *Wastl* DB 1997, 461 (463 f.); *Hitzer/Simon/Düchting* AG 2012, 237 (239); Großkomm AktG/*Merkt* Rn. 77 f.; K. Schmidt/Lutter/*T. Bezzenberger* Rn. 70; NK-AktR/*Block* Rn. 66 f.
[419] *Huber* FS Kropff, 1997, 101 (116); *Bosse* NZG 2000, 16 (18).
[420] BegrRegE BT-Drs. 13/9712, 13 f.; *Johannsen-Roth,* Der Erwerb eigener Aktien, 2001, 191 ff.; restriktiver offenbar *T. Bezzenberger* ZHR 180 (2016), 8 (27), der einen Zuschlag nur unter den Voraussetzungen des § 71 Abs. 1 Nr. 1 für zulässig hält.

entweder den übrigen Aktionären einen Rückkauf zu den gleichen Konditionen anzubieten oder der Erwerb muss unterbleiben.[421]

128 **(4) Gleichbehandlung bei Existenz mehrerer Aktiengattungen.** Der Erwerb muss nicht (gleichmäßig) auf Aktien aller Gattungen erstreckt werden, wenn ein sachlicher Grund für eine Ungleichbehandlung besteht, etwa eine Gattung durch Rückerwerb beseitigt werden soll[422] oder die Ermächtigung der Hauptversammlung nach Nr. 8 sich nur auf eine Gattung bezieht.[423] In diesem Fall genügt allerdings der Ermächtigungsbeschluss seinerseits nur dann dem Gleichbehandlungsgrundsatz, wenn ein sachlicher Grund für die Beschränkung auf eine Gattung besteht.[424] Sofern sich die Ermächtigung auf mehrere Gattungen bezieht, darf der Vorstand den Erwerb grundsätzlich nicht auf eine Gattung beschränken.

129 **cc) Gleichbehandlung bei der Veräußerung und „andere" Veräußerung. (1) Grundsatz.** Satz 3 stellt klar, dass der Gleichbehandlungsgrundsatz auch bei der Veräußerung eigener Aktien Geltung beansprucht. Sofern die Gesellschaft sie wieder veräußert, ist es ihr danach untersagt, einzelne Aktionäre gegenüber anderen zu bevorzugen. Damit wird nicht nur die Verwässerung des Beteiligungswertes der übrigen Aktionäre durch eine selektive Abgabe von Aktien unter Wert an einzelne Mitglieder, sondern auch eine gezielte Verschiebung der Beteiligungsquoten und damit eine Einflussnahme des Vorstands auf die Machtverhältnisse in der HV verhindert.

130 **(2) Vorerwerbsrecht der Aktionäre?** Veräußert die Gesellschaft eigene Aktien ausschließlich an Dritte oder ist durch das Veräußerungsverfahren sichergestellt, dass die Aktionäreigenschaft für die Zuteilung von Aktien keine Rolle spielt, ist der Gleichbehandlungsgrundsatz nicht verletzt. Die Regelung der Sätze 3–5 hat indessen zu der Frage Anlass gegeben, ob das Gesetz den Aktionären über das Recht auf Gleichbehandlung hinausgehend ein dem Bezugsrecht vergleichbares **Vorerwerbsrecht** auf eigene Aktien vermittelt, kraft dessen ihnen bei einer Veräußerung ein auch gegenüber Dritten vorrangiges Zugriffsrecht zusteht.[425]

131 Der **Wortlaut** ist insoweit **nicht eindeutig.** Einerseits verweist Satz 3 für die Veräußerung von Aktien lediglich auf den Gleichbehandlungsgrundsatz, der zwar bei einer ungleichmäßigen Behandlung der bisherigen Aktionäre, nicht aber bei einer Ausgabe eigener Aktien an Dritte verletzt wäre. Satz 4 stellt überdies klar, dass eine Veräußerung über die Börse dem Gleichbehandlungsgrundsatz genügt, obwohl eine derartige Aktienausgabe bei einer Kapitalerhöhung einen Ausschluss des Bezugsrechts darstellt.[426] Andererseits ordnet Satz 5 für „eine andere Veräußerung" die entsprechende Anwendung von § 186 Abs. 3 und 4 über den Ausschluss des Bezugsrechts an, womit offenbar das Bestehen eines derartigen Rechts der Aktionäre vorausgesetzt wird.

132 Dieses auf den ersten Blick wenig stimmige Zusammenspiel von Gleichbehandlungsgrundsatz und Regelungen über den Bezugsrechtsausschluss erklärt sich daraus, dass die **Interessenlage** bei der Veräußerung eigener Aktien derjenigen bei einer Kapitalerhöhung nur zum Teil entspricht. Dort soll das Bezugsrecht die Aktionäre vor einer Verwässerung sowohl ihrer Beteiligungsquote als auch des Wertes ihrer Aktien schützen. Die Gefahr einer **Quotenverwässerung** besteht indessen bei einer Veräußerung eigener Aktien an Dritte allenfalls für diejenigen Aktionäre, die ihre Anteile nach dem Erwerb der eigenen Aktien erworben haben.[427] Im Übrigen wird durch die Veräußerung dieser Aktien im Hinblick auf die Verwaltungsrechte, insbesondere das Stimmrecht, lediglich der status quo

---

[421] *Berrar/Schnorbus* ZGR 2003, 59 (65).
[422] Beispielsweise wegen der im Verhältnis zur Größe der Gattung unverhältnismäßigen Verwaltungskosten.
[423] *Hüffer/Koch/Koch* Rn. 19k; *Hölters/Laubert* Rn. 25; *Hillebrandt/Schremper* BB 2001, 533 (535).
[424] *K. Schmidt/Lutter/T. Bezzenberger* Rn. 29.
[425] Grundsätzlich für ein Vorerwerbsrecht etwa *T. Bezzenberger*, Erwerb eigener Aktien durch die AG, 2002, Rn. 145 ff.; *Hirsch*, Der Erwerb eigener Aktien nach dem KonTraG, 2004, 166 ff., 175 f.; *Leithaus*, Die Regelungen des Erwerbs eigener Aktien in Deutschland und den Niederlanden, 2000, 22 f.; *Möller*, Rückerwerb eigener Aktien, 2005, Rn. 276 ff.; *Huber* FS Kropff, 1997, 101 (118 f.); *Kiem* ZIP 2000, 209 (214); *Martens* AG 1996, 337 (342 f.); MüKoAktG/*Oechsler* Rn. 247; *Oechsler* ZHR 170 (2006) 72 (80); Kölner Komm AktG/*Lutter/Drygala* Rn. 177; Großkomm AktG/*Merkt* Rn. 80; *Bürgers/Körber/Wieneke* Rn. 41; *Wachter/Servatius* Rn. 39, 44; *Reichert/Harbarth* ZIP 2001, 1441 (1442). Ähnlich bereits vor Einführung von § 71 Nr. 8 OLG Oldenburg AG 1994, 415 (416): Verpflichtung zu strengster Neutralität bei der Veräußerung. Bei Börsenzulassung muss sie über die Börse erfolgen, nicht aber an vom Vorstand ausgesuchte Dritte. Gegen ein Erwerbsrecht *Benckendorff*, Erwerb eigener Aktien im deutschen und US-amerikanischen Recht, 1998, 196 f. 281 f., (285); *Lüken*, Der Erwerb eigener Aktien nach §§ 71 ff. AktG, 2004, 205; *Piepenburg* BB 1996, 2582 (2584).
[426] S. zu Letzterem etwa Großkomm AktG/*Wiedemann*, 4. Aufl. 1995, § 186 Rn. 159 f.; Hüffer/Koch/*Koch* § 186 Rn. 31; *T. Bezzenberger*, Erwerb eigener Aktien durch die AG, 2002, Rn. 150.
[427] *Habersack* ZIP 2004, 1121 (1124); *Broichhausen* NZG 2012, 86 (88).

Erwerb eigener Aktien 133, 134 § 71

vor dem Erwerb der eigenen Aktien wieder hergestellt.[428] Das Interesse am Quotenerhalt, zu dessen Schutz das Gesetz bei einer Kapitalerhöhung auch eine Ausgabe über die Börse als Bezugsrechtsausschluss qualifiziert und damit von der Zustimmung einer qualifizierten Hauptversammlungsmehrheit abhängig macht, ist daher bei der Veräußerung eigener Aktien an Dritte jedenfalls nicht in demselben Maße berührt wie bei einer Kapitalerhöhung.[429] Dagegen besteht die Gefahr einer **Wertverwässerung** durch zu billige Veräußerung in ganz ähnlicher Weise wie bei einer Kapitalerhöhung.[430] Aus diesem Grund ist nach dem Gesetz eine Veräußerung eigener Aktien in erster Linie über die Börse vorzunehmen. Da hierbei stets der Marktpreis erzielt wird, müssen die Aktionäre dabei nach Einschätzung des Gesetzgebers keine Vermögenseinbuße gewärtigen. Dem Gleichbehandlungsgrundsatz ist dadurch Genüge getan, dass kein Aktionär bevorzugt wird und alle gleichermaßen die Chance haben, an der Börse Aktien hinzuzuerwerben.[431]

Zweifel an der Zulässigkeit der Abgabe eigener Aktien an Dritte ergeben sich aus der Fassung 133 der Vorschrift jedoch für **Veräußerungen außerhalb der Börse.** Nach Satz 5 setzt „eine andere Veräußerung" eigener Aktien einen Beschluss der Hauptversammlung nach Maßgabe der Bestimmungen des § 186 Abs. 3 und 4 über den Bezugsrechtsausschluss voraus. Die Vorschrift ist missverständlich gefasst. Sprachlich bezieht sie sich auf die unmittelbar zuvor geregelte Veräußerung über die Börse. Danach wäre für jede Veräußerung eigener Aktien, die nicht über die Börse erfolgt, ein Beschluss der Hauptversammlung entsprechend § 186 Abs. 3 und 4 erforderlich.[432] So kann die Bestimmung jedoch sinnvollerweise nicht zu verstehen sein, denn danach müsste die Hauptversammlung auch einem gleichmäßigen Angebot an alle Aktionäre nach Maßgabe der Vorschriften über den Bezugsrechtsausschluss mit qualifizierter Mehrheit zustimmen, obwohl bei einem solchen Verfahren den Aktionären in dem Bezugsrecht vergleichbares Erwerbsrecht zustünde und auch dem Gleichbehandlungsgrundsatz Genüge getan wäre. Man wird daher Satz 5 so verstehen müssen, dass mit „anderer" Veräußerung nur eine solche gemeint ist, die dem Grundsatz der gleichmäßigen Behandlung der Aktionäre widerspricht;[433] ein gleichmäßiges Angebot der Gesellschaft an alle Aktionäre ist folglich auch ohne Beschluss der Hauptversammlung nach Nr. 8 S. 5 zulässig.

Von diesem Ausgangspunkt her ist allerdings die **Verweisung auf § 186 Abs. 3 und 4** nicht ohne 134 weiteres verständlich. Man kann sie zum einen dahin interpretieren, dass **nur eine ungleichmäßige Behandlung von Aktionären** erfasst sein soll. Danach muss eine beabsichtigte Abweichung vom Gleichbehandlungsgrundsatz durch den Vorstand entsprechend § 186 Abs. 4 begründet und entsprechend § 186 Abs. 3 von der Hauptversammlung mit qualifizierter Mehrheit beschlossen werden und darüber hinaus sachlich gerechtfertigt sein. Eine solche Rechtfertigung ist entsprechend § 186 Abs. 3 S. 4 ausnahmsweise dann entbehrlich, wenn eigene Aktien im Umfang von bis zu 10 % des Grundkapitals für eine Gegenleistung in Geld veräußert werden sollen und diese Gegenleistung den Börsenpreis nicht wesentlich unterschreitet. An einem Verstoß gegen den Gleichbehandlungsgrundsatz, der Voraussetzung für eine „andere" Veräußerung ist, fehlt es jedoch nach diesem Verständnis bei einer Veräußerung an Dritte unter gleichmäßigem Ausschluss aller Aktionäre vom Aktienbezug. Die Folge wäre, dass die Auswahl der Erwerber und die Preisfindung allein dem Vorstand überlassen blieben.[434] Damit wäre zwar ein erhebliches Maß an Flexibilität für den Einsatz eigener Aktien gewährleistet. Mit der Regelung der Nr. 8 erscheint dieses Verständnis indessen kaum vereinbar. Zum einen ist das Risiko der Wertverwässerung bei einer Veräußerung an Dritte nicht durchweg geringer als bei einer selektiven Veräußerung an einzelne Aktionäre, bei der unbestrittenermaßen die Bestimmungen

---

[428] Zutr. DAV Stellungnahme zum Referentenentwurf 1996 des KonTraG, ZIP 1997, 163 (172); *Benckendorff,* Erwerb eigener Aktien im deutschen und US-amerikanischen Recht, 1998, 281; *Hirsch,* Der Erwerb eigener Aktien nach dem KonTraG, 2004, 169; *Johannsen-Roth,* Der Erwerb eigener Aktien, 2001, 200; *Reichert/Harbarth* ZIP 2001, 1441 (1446); *Broichhausen* NZG 2012, 86 (88); zu Unrecht aA etwa *Wilsing/Siebmann* DB 2006, 881 (883).

[429] Nicht zutr. daher die Analyse der Regierungsbegründung, BT-Drs. 13/9712, 14, wonach eine Abweichung vom Grundsatz gleichmäßiger Zuteilung bei der Veräußerung eigener Aktien wirtschaftlich dem Bezugsrechtsausschluss bei neuen Aktien entspricht.

[430] *T. Bezzenberger,* Erwerb eigener Aktien durch die AG, 2002, Rn. 152.

[431] So im Erg. auch K. Schmidt/Lutter/ *T. Bezzenberger* Rn. 80; Hüffer/Koch/ *Koch* Rn. 19m; *Broichhausen* NZG 2012, 86 (88).

[432] So in der Tat das Verständnis der Vorschrift bei *Huber* FS Kropff, 1997, 101 (118) Fn. 94; K. Schmidt/ Lutter/ *T. Bezzenberger* Rn. 82; DAV Stellungnahme zum Referentenentwurf 1996 des KonTraG, ZIP 1997, 163 (172).

[433] Vgl. BegrRegE, BT-Drs. 13/9712, 14; MüKoAktG/ *Oechsler* Rn. 210, 255; Grigoleit/ *Grigoleit/Rachlitz* Rn. 28; *Benckendorff,* Erwerb eigener Aktien im deutschen und US-amerikanischen Recht, 1998, 285; *T. Bezzenberger,* Erwerb eigener Aktien durch die AG, 2002, Rn. 151; K. Schmidt/Lutter/ *T. Bezzenberger* Rn. 80; Hölters/ Laubert Rn. 28.

[434] So etwa *Benckendorff,* Erwerb eigener Aktien im deutschen und US-amerikanischen Recht, 1998, 285 f.

über den Bezugsrechtsausschluss entsprechend anwendbar sind. Zum anderen fehlt es bei individuell ausgehandelten Veräußerungsbedingungen an einer objektivierten Preiskontrolle, wie sie bei einer Veräußerung über die Börse in Gestalt des Börsenkurses vorhanden ist. Die Verweisung auf § 186 Abs. 3 und 4 lässt sich zudem als **implizite Anerkennung eines Erwerbsrechts** der Aktionäre deuten, das, ebenso wie das Bezugsrecht, nicht nur die Gleichbehandlung der Aktionäre gewährleisten, sondern, insoweit **über den Gleichbehandlungsgrundsatz hinausgehend,** ihnen den vorrangigen Zugriff auf wieder ausgegebene eigene Aktien sichern soll. Bei Anerkennung eines dem Bezugsrecht vergleichbaren Erwerbsrechts ginge der Schutz der Aktionäre allerdings erheblich weiter als bei der Veräußerung über die Börse. Das zeigt sich besonders deutlich bei der entsprechenden Anwendung von § 186 Abs. 3 S. 4 auf die Veräußerung an Dritte. Danach wäre für die Veräußerung an Dritte auch dann ein Beschluss der Hauptversammlung mit qualifizierter Mehrheit erforderlich, wenn die Aktien zum Börsenkurs abgegeben werden sollten, obwohl das Interesse der Aktionäre an der Erhaltung des Wertes ihrer Beteiligung nicht anders betroffen wäre als bei der ohne weiteres zulässigen Veräußerung über die Börse. Wie die Zulässigkeit der Veräußerung über die Börse nach Satz 4 zeigt, ist es aber gerade **kein Anliegen** der Vorschrift, über den Schutz vor Wertverwässerung hinausgehend auch **die Möglichkeit des Quotenerhalts nach dem Vorbild des Bezugsrechts zu garantieren.** Ein Unterschied zwischen einer Veräußerung über die Börse und einer direkten Veräußerung an Dritte zum Börsenkurs besteht aber immerhin darin, dass die Aktionäre im zweiten Fall nicht ohne weiteres die Gelegenheit erhalten, die eigenen Aktien sofort über die Börse hinzuzuerwerben.[435]

135 Nr. 8 S. 3–5 vermittelt danach den Aktionären bei der Veräußerung eigener Aktien **ein im Verhältnis zum Bezugsrecht eingeschränktes Erwerbsrecht,** dessen Merkmale sich aus der vom Gesetz ausdrücklich für zulässig erklärten Veräußerung über die Börse erschließen lassen. Ohne Beschluss der Hauptversammlung ist eine Veräußerung außerhalb der Börse dann zulässig, wenn die Aktionäre nicht ungleich behandelt werden, der Wert ihrer Beteiligung vor Verwässerung geschützt ist und darüber hinaus die Aktionäre die gleiche Möglichkeit wie Dritte haben, die eigenen Aktien zu erwerben. Dagegen steht ihnen wegen der im Vergleich zur Kapitalerhöhung geringeren Schutzwürdigkeit des Interesses an der Aufrechterhaltung ihrer Beteiligungsquoten kein gegenüber Dritten vorrangiges Erwerbsrecht nach dem Vorbild des Bezugsrechts zu.

136 Die Modalitäten eines Beschlusses über den **Ausschluss des Erwerbsrechts** entsprechen denen des Bezugsrechtsausschlusses. Dort ist neben der qualifizierten Hauptversammlungsmehrheit in der Regel eine hinreichende sachliche Rechtfertigung für den Eingriff in das Bezugsrecht erforderlich. Etwas anderes gilt allerdings in den Fällen des § 186 Abs. 3 S. 4. Dieser Ausnahmefall beim Bezugsrecht stellt hinsichtlich des Ausgabevolumens bei der Veräußerung eigener Aktien wegen der 10 % Erwerbsgrenze nach Nr. 8 S. 1 und der 10 % Bestandsgrenze nach Abs. 2 S. 1 die Regel dar. Bei einer Veräußerung eigener Aktien für eine Geldleistung nahe am Börsenkurs bedarf ein Ausschluss des Erwerbsrechts daher regelmäßig nur der Zustimmung durch eine qualifizierte Hauptversammlungsmehrheit, nicht hingegen darüber hinaus einer sachlichen Rechtfertigung;[436] dabei genügt der Beschluss den gesetzlichen Bestimmtheitsanforderungen, wenn er in Anlehnung an § 186 Abs. 3 S. 4 festlegt, dass der Verkaufspreis der eigenen Aktien den Börsenkurs nicht wesentlich unterschreiten darf.[437] Eine sachliche Rechtfertigung ist hingegen bei einer Veräußerung gegen Sachleistung, sei nicht an der Börse gehandelten Aktien auch bei einer Veräußerung gegen Geldleistung erforderlich.[438] Diese Grundsätze gelten auch für die Ausgabe von **Wandelschuldverschreibungen,** die mit eigenen Aktien bedient werden sollen; ein darüber hinausgehender Schutz durch entsprechende Anwendung von § 221 ist nicht angezeigt.[439]

137 Für die Berechnung der 10 %-Grenze des Satz 5 iVm § 186 Abs. 3 S. 4 ist das Grundkapital zur Zeit der Veräußerung maßgeblich, so dass nach der Erteilung der Erwerbsermächtigung vorgenommene **Änderungen der Grundkapitalziffer** zu berücksichtigen sind.[440]

---

[435] Das spielt aber zum einen keine Rolle, wenn ein ausreichendes Angebot an Aktien am Markt vorhanden ist. Sofern der Dritte die Aktien nicht sogleich an der Börse veräußert, wird zum anderen infolge der Veräußerung an ihn der Börsenkurs erheblich weniger sinken als bei einer Erhöhung des Angebots an der Börse um bis zu 10 %.

[436] Grigoleit/*Grigoleit/Rachlitz* Rn. 29; Hölters/*Laubert* Rn. 29; im Ergebnis auch Bürgers/Körber/*Wieneke* Rn. 41.

[437] LG München I NZG 2009, 388 (390); LG München I Der Konzern 2009, 173 (178).

[438] Zur Weitergabe gegen Sachleistungen *Reichert/Harbarth* ZIP 2001, 1441 (1447), die sich aaO für diese Fälle zu Recht gegen eine entsprechende Anwendung von § 205 Abs. 1 aussprechen; zust. *Lüken,* Der Erwerb eigener Aktien nach §§ 71 ff. AktG, 2004, 200.

[439] Ähnlich *Broichhausen* NZG 2012, 86 (88 ff.); aA MüKoAktG/*Habersack* § 221 Rn. 24 f., 36, 52.

[440] *Reichert/Harbarth* ZIP 2001, 1441 (1443); *Lüken,* Der Erwerb eigener Aktien nach §§ 71 ff. AktG, 2004, 198 f.

(3) Zuständigkeit. Die **Durchführung der Veräußerung** obliegt dem Vorstand. Er bedarf **138** dafür auch bei einem Ausschluss des Erwerbsrechts nicht entsprechend § 202 Abs. 3 S. 2, § 204 Abs. 1 S. 2 Hs. 2 der **Zustimmung des Aufsichtsrats**.[441] Ebenso wenig ist entsprechend § 204 Abs. 1 S. 2 Hs. 1 die Zustimmung des Aufsichtsrats zu den Bedingungen der Wiederausgabe eigener Aktien erforderlich.[442] Schließlich ist auch bei einer Ausgabe eigener Aktien gegen Sachleistungen nicht die Mitwirkung des Aufsichtsrats entsprechend § 205 Abs. 2 S. 2 erforderlich. Möglich ist allerdings für all diese Fälle die Einführung eines Zustimmungsvorbehalts nach § 111 Abs. 4 S. 2,[443] nicht hingegen die Bindung an die Zustimmung eines Aktionärs.[444]

Der Vorstand ist **an Vorgaben der Erwerbsermächtigung** zum Veräußerungsverfahren und zu **139** den Verwendungszwecken **gebunden**. Sollen die eigenen Aktien zur Bedienung von Aktienoptionsprogrammen für Führungskräfte und Arbeitnehmer verwendet werden, ist neben § 193 Abs. 2 Nr. 4[445] auch § 186 Abs. 3 und 4 zu beachten.[446] Die Angabe des Bezugspreises im Ermächtigungsbeschluss ist nicht erforderlich, weil Nr. 8 S. 5 Hs. 2 nur auf § 193 Abs. 2 Nr. 4, nicht aber auf Nr. 3 verweist.[447] Auch im Übrigen verlangt das Gesetz – anders als im Hinblick auf den Erwerb – nicht, dass der Ermächtigungsbeschluss für die **Veräußerung** einen Mindestpreis bestimmt, unterhalb dessen der Vorstand die Aktien nicht veräußern dürfte.[448] Unzulässig ist die Verwendung zur Bedienung von Optionen für Mitglieder des Aufsichtsrats.[449]

Da eigene Aktien nicht ohne weiteres als eingezogen gelten, stellt ihre Veräußerung **keine Kapi- 140 talerhöhung** dar, bei der ein originärer Erwerb stattfinden würde. Das Verbot der Unterpariemission (§ 9 Abs. 1) und die Regeln über die Kapitalaufbringung finden daher auf die Veräußerung keine Anwendung.[450]

(4) Rechtsschutz. Enthält die Ermächtigung keine Vorgaben hinsichtlich des Veräußerungsprei- **141** ses, gilt **§ 255 Abs. 2 nicht entsprechend,** wenn eigene Aktien unter Wert an Dritte weitergegeben werden.[451] Die Sanktion besteht hier vielmehr in der Schadensersatzpflicht der Mitglieder der Verwaltung nach §§ 93 Abs. 2, 116.[452] Dagegen ist § 255 Abs. 2 dann entsprechend anwendbar, wenn der Ermächtigungsbeschluss der Hauptversammlung für eine „andere Veräußerung" einen unangemessen niedrigen Preis festsetzt.[453]

---

[441] *Reichert/Harbarth* ZIP 2001, 1441 (1446); *Lüken,* Der Erwerb eigener Aktien nach §§ 71 ff. AktG, 2004, 196; aA *Huber* FS Kropff, 1997, 101 (119, 124).
[442] Dagegen *Reichert/Harbarth* ZIP 2002, 1441 (1445 f.).
[443] LG München I NZG 2012, 1152 (1153); *Reichert/Harbarth* ZIP 2001, 1441 (1447).
[444] LG München I NZG 2012, 1152 (1153).
[445] Zur Frage der Anwendbarkeit dieser Bestimmung auf sog. Share Matching-Pläne vgl. *Wagner* BB 2010, 1739 (1741 ff.).
[446] OLG Schleswig AG 2003, 102 (104); MüKoAktG/*Oechsler* Rn. 259 f.; Großkomm AktG/*Merkt* Rn. 289; K. Schmidt/Lutter/*T. Bezzenberger* Rn. 86; Hölters/*Laubert* Rn. 30; Grigoleit/*Grigoleit/Rachlitz* Rn. 54; *Schäfer/Gätsch* in Marsch-Barner/Schäfer Börsennotierte AG-HdB Rn. 50.56; *Eckert,* Der Erwerb eigener Aktien auf dem Prüfstand der Rechtstatsachenforschung, 2013, 336 ff.; *Möller,* Rückerwerb eigener Aktien, 2005, Rn. 88; *Wulff,* Aktienoptionsprogramme für das Management, 2000, 46 f.; *Friedrichsen,* Aktienoptionsprogramme für Führungskräfte, 2000, 221 ff.; *Kessler/Suchan* BB 2000, 2529 (2532); aA Geltung nur von § 193 Abs. 2 Nr. 4; *Weiß* WM 1999, 353 (361 f.); Bürgers/Körber/*Wieneke* Rn. 42; Hüffer/Koch/*Koch* Rn. 19j; *Semmer,* Repricing – Die nachträgliche Modifikation von Aktienoptionsplänen zugunsten des Managements, 2005, 123 ff.; *v. Schlabrendorff,* Repricing von Stock Options, 2008, 61 ff.
[447] *Friedrichsen,* Aktienoptionsprogramme für Führungskräfte, 2000, 223; *Eckert,* Der Erwerb eigener Aktien auf dem Prüfstand der Rechtstatsachenforschung, 2013, 341 f. *Casper* DStR 2004, 1391 (1394); *Weiß* WM 1999, 353 (361); *Kessler/Suchan* BB 2000, 2529 (2532); für analoge Anwendung von § 193 Abs. 2 Nr. 3 demgegenüber Großkomm AktG/*Merkt* Rn. 294; K. Schmidt/Lutter/*T. Bezzenberger* Rn. 85; Grigoleit/*Grigoleit/Rachlitz* Rn. 54; *Semmer,* Repricing – Die nachträgliche Modifikation von Aktienoptionsplänen zugunsten des Managements, 2005, 127 ff., 133; *v. Schlabrendorff,* Repricing von Stock Options, 2008, 58 ff.
[448] LG München I NZG 2009, 388 (390); LG München I Der Konzern 2009, 173 (178).
[449] BGHZ 158, 122 (126 ff.) = NJW 2004, 1109 f.; MüKoAktG/*Oechsler* Rn. 264; K. Schmidt/Lutter/*T. Bezzenberger* Rn. 86; Bürgers/Körber/*Wieneke* Rn. 43; krit. *Richter* BB 2004, 949 (953 ff.); Hüffer/Koch/*Koch* Rn. 19h.
[450] Wachter/*Servatius* Rn. 53; *Leithaus,* Die Regelungen des Erwerbs eigener Aktien in Deutschland und den Niederlanden, 2000, 20; *Benckendorff,* Erwerb eigener Aktien im deutschen und US-amerikanischen Recht, 1998, 145.
[451] Ebenso für die vergleichbare Frage beim genehmigten Kapital bei fehlender Festsetzung des Ausgabebetrages im Ermächtigungsbeschluss OLG Karlsruhe AG 2003, 444 (447); Hüffer/Koch/*Koch* § 255 Rn. 8; MüKoAktG/*Koch* § 255 Rn. 11 mN; aA KG AG 2002, 243 (244); mit abl. Besprechung *Busch* AG 2002, 230 (232 ff.).
[452] Für das genehmigte Kapital MüKoAktG/*Hüffer* § 255 Rn. 14.
[453] MüKoAktG/*Oechsler* Rn. 247; Grigoleit/*Grigoleit/Rachlitz* Rn. 29.

142 Ebenso wie die Ausnutzung eines genehmigten Kapitals mit Bezugsrechtsausschluss[454] kann eine Veräußerung an Dritte durch den einzelnen Aktionär mittels der **allgemeinen Feststellungsklage** überprüft werden.[455]

143 **(5) Zusammentreffen mit anderen Kapitalmaßnahmen.** Treffen andere Kapitalmaßnahmen unter Ausschluss des Bezugsrechts der Aktionäre (etwa genehmigtes Kapital oder die Ausgabe von Wandelschuldverschreibungen) mit einer Veräußerung eigener Aktien unter Ausschluss des Erwerbsrechts zusammen, ist die **10 %-Grenze des § 186 Abs. 3 S. 4** unter Berücksichtigung aller dieser Maßnahmen zu berechnen und darf insgesamt nur einmal ausgeschöpft werden.[456] Es muss daher insoweit eine Anrechnung der auf Grundlage anderer Kapitalmaßnahmen ausgegebenen Aktien im Rahmen des Satzes 5 Hs. 2 erfolgen, als die Veräußerung eigener Aktien unter Anwendung dieser Vorschriften noch nicht abgeschlossen ist.[457] Dagegen ist die Veräußerung eigener Aktien nicht auf die **50 %-Grenze des § 202 Abs. 3 S. 1** anzurechnen.[458]

144 **e) Einziehungsermächtigung, Satz 6. aa) Entstehungsgeschichte und Normzweck.** Die Bestimmung geht auf eine Anregung aus dem Schrifttum zurück, mit der größere zeitliche Flexibilität des Vorstands bei der Durchführung von Kapitalherabsetzungen angemahnt wurde.[459] Anders als bei einem Kapitalherabsetzungsbeschluss nach § 237 ist der Vorstand bei einer Ermächtigung nach Satz 6 nicht nach § 83 Abs. 2 zur sofortigen Durchführung verpflichtet.[460] Da die Ermächtigung zur Einziehung durch die HV erteilt wird, ist den Erfordernissen des Art. 37 Kapital-RL 1977 (jetzt Art. 80 Abs. 1 RL (EU) 2017/1132)[461] genügt.[462]

145 **bb) Tatbestandsvoraussetzungen.** Die Einziehungsermächtigung muss nicht notwendigerweise zusammen mit der Erwerbsermächtigung erteilt werden,[463] sondern kann auch nachträglich erfolgen.[464] Anders als bei Nr. 6 ist kein vorgängiger Kapitalherabsetzungs- und Einziehungsbeschluss erforderlich.[465] Die Ermächtigung kann die **Einziehung alternativ zu anderen Verwendungszwecken** vorsehen.[466] Wegen der Berichtspflichten nach Abs. 3 S. 1 und § 160 Abs. 1 Nr. 2 S. 1 muss der Vorstand aber spätestens bei Aufstellung des auf den Erwerb folgenden Jahresabschlusses seine Ermessensausübung offen legen.

146 Da Satz 6 keine besondere **Beschlussmehrheit** vorsieht, gilt das Erfordernis der einfachen Stimmenmehrheit nach § 133 Abs. 1.[467] Die Zehnprozent-Erwerbsgrenze des Satzes 1 gilt auch für den Erwerb zur Einziehung nach Satz 6.[468] Die **Frist** nach Satz 1 betrifft nur den Erwerb der Aktien, nicht die Durchführung der Einziehung. Als zeitliche Grenze der Ermächtigung wird im Schrifttum insoweit unter Rückgriff auf § 202 für eine Frist von fünf Jahren plädiert.[469] Gegen eine solche Analogie spricht indessen nicht nur, dass der Gesetzgeber trotz entsprechender Vorschläge eine Frist

---

[454] Vgl. BGHZ 164, 241 ff. = NJW 2006, 371 ff. – Mangusta/Commerzbank I; näher dazu etwa *Reichert/Senger* Der Konzern 2006, 338; *Busch* NZG 2006, 81.
[455] *Grigoleit/Grigoleit/Rachlitz* Rn. 30; *Wilsing/Siebmann* DB 2006, 881 (884 f.).
[456] *Reichert/Harbarth* ZIP 2001, 1441 (1443 f.); Großkomm AktG/*Merkt* Rn. 287; *Lüken,* Der Erwerb eigener Aktien nach §§ 71. AktG, 2004, 199; aA offenbar *Groß* DB 1994, 2431 (2432).
[457] Vgl. dazu iE *Reichert/Harbarth* ZIP 2001, 1441 (1444).
[458] Vgl. *Reichert/Harbarth* ZIP 2002, 1441 (1444 f.); zust. *Lüken,* Der Erwerb eigener Aktien nach §§ 71 ff. AktG, 2004, 199 f.
[459] *Martens* AG 1996, 337 (343 f.).
[460] Vgl. BegrRegE, BT-Drs. 13/9712, 13; K. Schmidt/Lutter/*T. Bezzenberger* Rn. 28; Grigoleit/*Grigoleit/Rachlitz* Rn. 63.
[461] ABl. EU 2017 Nr. L 169, 46.
[462] MüKoAktG/*Oechsler* Rn. 277; Kölner Komm AktG/*Lutter/Drygala* Rn. 196; *Eckert,* Der Erwerb eigener Aktien auf dem Prüfstand der Rechtstatsachenforschung, 2013, 138 f.; aA *T. Bezzenberger,* Erwerb eigener Aktien durch die AG, 2002, Rn. 46 f.; *Habersack* FS Lutter, 2000, 1329 (1345 f.).
[463] So aber MüKoAktG/*Oechsler* Rn. 281; Kölner Komm AktG/*Lutter/Drygala* Rn. 197; Hölters/*Laubert* Rn. 31.
[464] Vgl. iE *Reichert/Harbarth* ZIP 2001, 1441 (1450); ebenso K. Schmidt/Lutter/*T. Bezzenberger* Rn. 27; Grigoleit/*Grigoleit/Rachlitz* Rn. 63; Bürgers/Körber/*Wieneke* Rn. 44; *Rieckers* ZIP 2009, 700 (701).
[465] BegrRegE, BT-Drs. 13/9712, 13; *Möller,* Rückerwerb eigener Aktien, 2005, Rn. 87.
[466] Hölters/*Laubert* Rn. 31.
[467] MüKoAktG/*Oechsler* Rn. 280; *Möller,* Rückerwerb eigener Aktien, 2005, Rn. 285; *Rieckers* ZIP 2009, 700 (701); aA, qualifizierte Mehrheit analog § 222 Abs. 1 S. 1 Großkomm AktG/*Merkt* Rn. 299; K. Schmidt/Lutter/*T. Bezzenberger* Rn. 27; Grigoleit/*Grigoleit/Rachlitz* Rn. 64.
[468] MüKoAktG/*Oechsler* Rn. 282; Grigoleit/*Grigoleit/Rachlitz* Rn. 64.
[469] *Martens* AG 1996, 337 (344); MüKoAktG/*Oechsler* Rn. 283; Kölner Komm AktG/*Lutter/Drygala* Rn. 198; Grigoleit/*Grigoleit/Rachlitz* Rn. 64.

nur für den Aktienerwerb vorgesehen hat,[470] sondern auch, dass bereits die Anrechnung der zur Einziehung erworbenen Aktien auf die Bestandsgrenze des Abs. 2 S. 1 den Spielraum des Vorstands hinreichend begrenzt.

Zusätzlich sind die **Anforderungen des Abs. 2 S. 1 und 3** zu beachten. Die nach Satz 6 zur **147** Einziehung erworbenen Aktien sind also auf die Zehnprozent-Bestandsgrenze nach Abs. 2 S. 1 anzurechnen und müssen voll eingezahlt sein, Abs. 2 S. 3. Die **Kapitalgrenze** des Abs. 2 S. 2 **fand bereits nach früherem Recht keine Anwendung,**[471] denn nach § 272 Abs. 1 S. 4 HGB aF war schon seinerzeit der Nennbetrag oder der rechnerische Wert zur Einziehung erworbener Aktien offen vom Grundkapital abzusetzen, eine Rücklage nach § 272 Abs. 4 HGB aF für solche Aktien also gar nicht zu bilden. Der Gläubigerschutz wurde bereits nach früherem Recht dadurch gewährleistet, dass, entsprechend der nunmehr geltenden Regel des § 272 Abs. 1a) HGB, eine Differenz zwischen dem Nennbetrag oder rechnerischen Wert der Aktien und einem höheren Kaufpreis mit den anderen Gewinnrücklagen zu verrechnen war. Ein Erwerb nach Satz 6 war und ist daher nur insoweit zulässig, als die Gesellschaft über ausreichende andere Gewinnrücklagen für eine solche Verrechnung verfügt. Abs. 1 Nr. 8 S. 6, Abs. 2 und 3 sind vorrangig gegenüber § 237 Abs. 3, so dass Erwerb und Einziehung auch zu Lasten der Kapitalrücklage nach § 272 Abs. 2 Nr. 4 HGB erfolgen können, die nicht zu den „anderen Gewinnrücklagen" iSv § 237 Abs. 3 Nr. 2 gehört.[472]

cc) **Verwendung.** Die nach Satz 6 erworbenen Aktien sind nach § 237 einzuziehen. Der Vorstand **148** bedarf dazu keiner weiteren Ermächtigung durch die HV. Abgesehen von den Fällen des § 71c ist eine **anderweitige Verwendung** nur zulässig, wenn die HV den Vorstand dazu ermächtigt hat (→ Rn. 145) oder nachträglich ermächtigt. Anderenfalls sind die Aktien den Aktionären wieder anzubieten, wenn sich der Vorstand nachträglich gegen die Einziehung entscheidet.[473]

Im Schrifttum wird Satz 6 teilweise dahingehend eingeschränkt, dass ein Erwerb nur für Zwecke **149** der **vereinfachten Kapitalherabsetzung** nach § 237 Abs. 3 zulässig sein soll.[474] Für ein solches restriktives Normverständnis besteht indessen kein Anlass.[475] Zwar kann eine **ordentliche Kapitalherabsetzung** auch zu Lasten des Grundkapitals erfolgen und damit Mittel freisetzen, die nach Abs. 2 S. 2 und § 272 Abs. 1 S. 6 HGB nicht für den Erwerb eigener Aktien verwendet werden dürfen. Das Verfahren der ordentlichen Kapitalherabsetzung enthält aber seinerseits hinreichende Vorkehrungen zum Schutz der Gläubiger. Eine **Lücke im Gläubigerschutz** besteht allerdings **in den Fällen des § 237 Abs. 3 Nr. 3,** der weder die Einhaltung der Gläubigerschutzvorschriften der ordentlichen Kapitalherabsetzung noch die Möglichkeit der Einziehung zu Lasten freier Mittel voraussetzt. Hier wird man daher die Einziehung nur unter der Voraussetzung zulassen können, dass die Mittelherkunft derjenigen nach § 237 Abs. 3 Nr. 1 oder 2 entspricht.[476]

9. **Erwerbstatbestände außerhalb von Abs. 1 und Sonderfälle. a) Investmentaktiengesell- 150 schaften.** Nach § 116 Abs. 2 S. 1 KAGB können Aktionäre einer **Investment-AG mit veränderlichem Kapital** verlangen, dass ihnen gegen Rückgabe von Aktien ihr Anteil am Gesellschaftskapital ausgezahlt wird. Die Bestimmung übernimmt in der Sache den früheren § 105 Abs. 2 InvG.[477] Ursprünglich ordnete § 105 Abs. 5 InvG idF des InvModG[478] ausdrücklich die Unanwendbarkeit der §§ 71 und 71a, 71c und 71e auf die Investment-AG mit veränderlichem Kapital an. Statt der aktienrechtlichen Erwerbsbeschränkungen galten lediglich spezifisch investmentrechtliche Rücknahmebeschränkungen (vgl. § 105 Abs. 3 S. 2 InvG aF, § 105 Abs. 2 S. 2 InvG aF iVm § 37 Abs. 2 S. 1 InvG aF oder § 116 InvG aF).[479] Das InvÄndG[480] gestaltete die Aktienrücknahme als abschließenden investmentrechtlichen Sondertatbestand aus, auf den die §§ 71 ff. keine Anwendung mehr

---

[470] Großkomm AktG/*Merkt* Rn. 299; ebenso im Ergebnis K. Schmidt/Lutter/*T. Bezzenberger* Rn. 28; ausf. und mit weiteren Gegenargumenten *Kocher* NZG 2010, 172 (173 f.).
[471] AA offenbar MüKoAktG/*Oechsler* Rn. 284.
[472] OLG München NZG 2012, 876; Grigoleit/*Grigoleit/Rachlitz* Rn. 64. Ausführlich zum Aktienrückkauf zwecks Einziehung *Kallweit/Simon* AG 2014, 352 ff.
[473] Hüffer/Koch/*Koch* Rn. 19n; MüKoAktG/*Oechsler* Rn. 285; Hölters/*Laubert* Rn. 31; aA Großkomm AktG/*Merkt* Rn. 301.
[474] So etwa MüKoAktG/*Oechsler* Rn. 284 im Anschluss an *Martens* AG 1996, 337 (344).
[475] Ebenso Großkomm AktG/*Merkt* Rn. 300.
[476] Ausf. dazu *Wieneke/Förl* AG 2005, 189 (192 ff.).
[477] BegrRegE, BT-Drs. 17/12294, 239.
[478] Gesetz zur Modernisierung des Investmentwesens und zur Besteuerung von Investmentvermögen (Investmentmodernisierungsgesetz) v. 15.12.2003, BGBl. 2003 I 2676.
[479] Näher dazu *Steck/Schmitz* AG 2004, 658 (661 f.); *Müchler*, Die Investmentaktiengesellschaft mit veränderlichem Kapital, 2014, 220.
[480] Gesetz zur Änderung des Investmentgesetzes und zur Anpassung anderer Vorschriften (Investmentänderungsgesetz) v. 21.12 2007, BGBl. 2007 I 3089.

fanden.⁴⁸¹ Diese Sonderbehandlung unter Ausschluss der allgemeinen aktienrechtlichen Bestimmungen der §§ 71 ff. gilt auch im Rahmen des neuen § 116 KAGB. Die gemeinschaftsrechtliche Grundlage für diese Freistellung von den gesellschaftsrechtlichen Erwerbsbeschränkungen findet sich in Art. 1 Abs. 2 Kapital-RL 1977 (jetzt Art. 2 Abs. 2, Art. 44 Abs. 2 RL (EU) 2017/1132).⁴⁸² Für die **Investment-AG mit fixem Kapital** ließ § 107 Abs. 1 und 2 InvG idF des InvModG auf der Grundlage von Art. 20 Abs. 1 lit. h Kapital-RL 1977 (jetzt Art. 61 Abs. 1 lit. h RL (EU) 2017/1132) einen Erwerb zur Einziehung über die Fälle von § 71 Abs. 1 Nr. 6 und Nr. 8 S. 6 hinaus zu.⁴⁸³ Durch Art. 1 Nr. 90 InvÄndG wurden die Bestimmungen über die Investment-AG mit fixem Kapital mangels Annahme dieser Rechtsform durch die Praxis gestrichen.⁴⁸⁴ §§ 140 ff. KAGB haben die Investment-AG mit fixem Kapital wieder eingeführt. Nach § 140 Abs. 2 KAGB gilt zwar ua der Grundsatz der Satzungsstrenge nach § 23 Abs. 5 für die Investment-AG mit fixem Kapital nicht, weil die Geltung der aktienrechtlichen Satzungsstrenge nach Einschätzung des Gesetzgebers eine zu starke Einschränkung ihrer investmentspezifischen Aktivitäten und ihrer Organisation bedeutet hätte.⁴⁸⁵ Daraus folgt indessen nicht, dass die Satzung für eigene Aktien über § 71 hinausgehende Rückerwerbsmöglichkeiten vorsehen könnte, denn gläubigerschützende Bestimmungen stehen auch bei Verbänden mit weit gehender Satzungsgestaltungsfreiheit nicht zur Disposition der Gesellschafter.

151 **b) Schadensersatz für getäuschte Anleger.** § 71 schließt nach neuerer Rechtsprechung des BGH nicht aus, dass die Gesellschaft Anlegern, die ihre Aktien **auf dem Sekundärmarkt** aufgrund einer durch den Vorstand begangenen vorsätzlichen Täuschung erworben haben, nach § 826 BGB oder bei vorsätzlichem Verstoß gegen § 400 nach § 823 Abs. 2 BGB Schadensersatz leistet und dabei im Wege der Naturalrestitution die Aktien gegen Erstattung des von den Anlegern gezahlten Kaufpreises erwirbt⁴⁸⁶ (auch → § 57 Rn. 47 ff.). Die für den Erwerb eigener Aktien geltenden Beschränkungen stehen nach Auffassung des BGH der Übernahme der Aktien gegen Rückzahlung des Kaufpreises nicht entgegen, weil das Integritätsinteresse der getäuschten Anleger Vorrang vor dem der Kapitalerhaltung dienenden Verbot des Erwerbs eigener Aktien beansprucht, die eigentliche Belastung der Gesellschaft in der Rückzahlung des Kaufpreises für die Aktien besteht, deren Übernahme im Rahmen der Ersatzleistung nur Ausfluss des schadensersatzrechtlichen Bereicherungsverbotes ist und schließlich kein Grund dafür besteht, Anleger, die ihre Aktien noch besitzen, schlechter zu stellen als solche, die ihre Aktien bei Geltendmachung ihrer Ersatzansprüche bereits veräußert haben und daher lediglich Erstattung des Kaufpreises unter Anrechnung des Veräußerungserlöses, nicht aber einen Erwerb ihrer Aktien verlangen.⁴⁸⁷ Wie der EuGH jüngst entschieden hat, stehen die Gläubigerschutzregelungen der Kapitalrichtlinie dieser Rechtsprechung nicht entgegen.⁴⁸⁸

152 **c) Delisting.** Nach früherer Rechtsprechung konnte sich eine Verpflichtung zum Erwerb eigener Aktien beim Rückzug der Gesellschaft aus dem amtlichen Markt und dem geregelten Markt an allen Börsen, dem sog. **Delisting,** ergeben.⁴⁸⁹ Danach stellte das Delisting eine Beeinträchtigung der Verkehrsfähigkeit der Aktie dar, die, jedenfalls für den Kleinaktionär, mit gravierenden wirtschaftlichen Nachteilen verbunden war, die sich auch nicht durch Einbeziehung in den Freiverkehr ausgleichen ließ.⁴⁹⁰ Diese Beurteilung stützte sich auf die Rechtsprechung des BVerfG,⁴⁹¹ derzufolge der Verkehrswert und die jederzeitige Möglichkeit seiner Realisierung Eigenschaften des Aktieneigentums sind, das nach Art. 14 Abs. 1 GG auch im Verhältnis zur Gesellschaft Schutz gegen die Verkehrsfähigkeit beeinträchtigende Maßnahmen genießt.⁴⁹² Das Kapitalmarktrecht,

---

⁴⁸¹ *Müchler*, Die Investmentaktiengesellschaft mit veränderlichem Kapital, 2014, 221; *Eckhold* ZGR 2007, 654 (683).
⁴⁸² ABl. EU 2017 Nr. L 169, 46.
⁴⁸³ Vgl. dazu *Hermanns* ZIP 2004, 1297 (1302).
⁴⁸⁴ BegrRegE, BT-Drs. 16/5576, 89.
⁴⁸⁵ BegrRegE, BT-Drs. 12/12294, 89.
⁴⁸⁶ BGH NJW 2005, 2450 (2452) -EM-TV.
⁴⁸⁷ BGH NJW 2005, 2450 (2452 f.); grundsätzl. zust. etwa *Fleischer* ZIP 2005, 1805 (1810 f.); *Möllers* BB 2005, 1637 (1639 ff.), jeweils mit Ausführungen zur Vereinbarkeit dieser Rechtsprechung mit der Kapitalrichtlinie; *Hutter Stürwald* NJW 2005, 2428 (2431); *Kort* NZG 2005, 708 (709); krit. zum uneingeschränkten Vorrang des Anlegerschutzes vor der Vermögensbindung dagegen MüKoAktG/*Oechsler* Rn. 309; Kölner Komm AktG/*Lutter/Drygala* Rn. 99 ff.; *Schäfer* NZG 2005, 985 (989 f.).
⁴⁸⁸ EuGH NZG 2014, 215 (216 ff.).
⁴⁸⁹ Ausf. Darstellung und Nachw. bei *Schoppe*, Aktieneigentum, 2011, 371 ff.; *Eckhold* in Marsch-Barner/Schäfer Börsennotierte AG-HdB Rn. 61.20 ff.
⁴⁹⁰ BGHZ 153, 47 (54) = NJW 2003, 1032 (1034).
⁴⁹¹ BVerfGE 100, 289 (305 f.) – DAT/Altana.
⁴⁹² BGHZ 153, 47 (55) = NJW 2003, 1032 (1034).

namentlich das BörsG und die Börsenordnungen, gewährleistete nach Auffassung des BGH keinen hinreichenden Schutz der Aktionäre vor derartigen Beeinträchtigungen.[493] Ihren Interessen sollte daher gesellschaftsrechtlich zunächst dadurch Rechnung getragen werden, dass die Zuständigkeit für die Entscheidung über den Rückzug von der Börse bei der HV lag, die darüber mit einfacher Mehrheit zu beschließen hatte.[494] Darüber hinaus war den Aktionären zusammen mit dem Beschlussantrag betreffend das Delisting ein **Pflichtangebot der Gesellschaft oder des Großaktionärs** über den Erwerb ihrer Aktien vorzulegen. Da den Minderheitsaktionären nach dieser Rechtsprechung eine volle Entschädigung zustand, musste der Kaufpreis zumindest dem Anteilswert entsprechen.[495]

Anspruch auf Veräußerung ihrer Aktien hatten grundsätzlich diejenigen Aktionäre, die in der Zeit zwischen der Entstehung des Anspruchs auf Abgabe des Abfindungsangebots und dem Ablauf der Angebotsfrist Aktien des Emittenten hielten.[496] Dabei war allerdings umstritten, ob die Anspruchsberechtigung vom Stimmverhalten des Aktionärs beim Delisting-Beschluss[497] oder von der Erklärung eines Widerspruchs zur Niederschrift abhängig war.[498]

Nach Ansicht des BGH musste den Minderheitsaktionären „ein Pflichtangebot über den Kauf ihrer Aktien durch die Gesellschaft (in den nach §§ 71 f. bestehenden Grenzen) oder durch den Großaktionär vorgelegt werden". Es war zwar umstritten, ob danach die Gesellschaft und der Großaktionär gesamtschuldnerisch zur Abgabe eines Erwerbsangebots verpflichtet waren[499] oder ob die Verpflichtung in erster Linie die Gesellschaft traf und der Großaktionär lediglich zur Abgabe eines Angebots berechtigt war[500] und wie zu verfahren war, wenn kein einzelner Großaktionär vorhanden war, der das Delisting betrieb.[501] Es bestand aber Einvernehmen darüber, dass **jedenfalls auch die AG zur Angebotsabgabe verpflichtet** war. Während ein Teil des Schrifttums die Vorlage eines entsprechenden Angebots als Bedingung für einen fehlerfreien Delisting-Beschluss verstand, so dass dieser Beschluss bei Fehlen eines Angebots anfechtbar[502] oder nichtig[503] gewesen wäre, ging die überwiegende Lehre davon aus, dass die Minderheit bei Fehlen eines Abfindungsangebots einen Direktanspruch jedenfalls gegen die Gesellschaft hatte.[504] Im Ergebnis war damit durch die Rechtsprechung ein im Gesetz nicht ausdrücklich vorgesehener weiterer Erwerbstatbestand für eigene Aktien eingeführt worden, der neben der Frage nach der Vereinbarkeit mit den Vorgaben der Kapitalrichtlinie eine Reihe von Folgefragen im Hinblick auf die Anwendbarkeit der Voraussetzungen des § 71 Abs. 1 und 2 aufwarf (vgl. dazu 2. Aufl. Rn. 155 f.).

Indessen stellte das BVerfG klar, dass weder ein sog. Downlisting vom regulierten Markt in ein Freiverkehrssegment noch ein vollständiger Rückzug von der Börse (Delisting) den Schutzbereich des Eigentumsgrundrechts der Aktionäre berührt.[505] Zum Bestand des durch Art. 14 GG geschützten Aktieneigentums zähle nur die rechtliche Verkehrsfähigkeit der Aktie,[506] nicht hingegen ihr bloßer Vermögenswert und der Bestand einzelner wertbildender Faktoren,[507] zu denen auch die Handelbarkeit der Aktie in tatsächlicher Hinsicht gehöre.[508] Der Umstand, dass der Gesetzgeber ein dichtes Regelwerk für börsennotierte Aktiengesellschaften geschaffen habe, komme dem Aktionär lediglich als Reflex zugute, erhebe das besondere Regelungsregime für börsennotierte Gesellschaften nicht

---

[493] BGHZ 153, 47 (56 f.) = NJW 2003, 1032 (1034 f.).
[494] BGHZ 153, 47 (53) = NJW 2003, 1032 (1034).
[495] BGHZ 153, 47 (57) = NJW 2003, 1032 (1035).
[496] *Eckhold* in Marsch-Barner/Schäfer Börsennotierte AG-HdB Rn. 61.33.
[497] So etwa *Kruse* WM 2003, 1843 (1846 f.); aA *Eckhold* in Marsch-Barner/Schäfer Börsennotierte AG-HdB Rn. 61.33.
[498] So etwa *Kleindiek* FS Bezzenberger, 2000, 653 (666); ebenso wohl *v. Schenck* in Semler/Volhard ArbeitsHdB Unternehmensübernahmen, Bd. I, § 24 Rn. 33; aA *Eckhold* in Marsch-Barner/Schäfer Börsennotierte AG-HdB Rn. 61.33.
[499] So *Henze* NZG 2003, 649 (651 f.) Rechtsgedanke der §§ 304, 305, 320a und b, 327a, ohne dass der Aktionär Unternehmen sein müsste; *Schlitt* ZIP 2004, 533 (537).
[500] So *Adolff/Tieves* BB 2003, 797 (803) für den Fall, dass mehrere unverbundene Großaktionäre vorhanden sind. Ein Zwangszusammenschluss dieser Aktionäre zu einer GbR, die dann ihrerseits das Pflichtangebot abgeben muss, wie *Henze* NZG 2003, 649 (652) erwägt, kommt nicht in Betracht.
[501] Vgl. dazu *Eckhold* in Marsch-Barner/Schäfer Börsennotierte AG-HdB Rn. 62.53 mN zum Meinungsstand.
[502] So *Schwark/Zimmer/Heidelbach* BörsG § 38 Rn. 35.
[503] So *Heidel* DB 2003, 548 (549).
[504] *Adolff/Tieves* BB 2003, 797 (802 f.); *Eckhold* in Marsch-Barner/Schäfer Börsennotierte AG-HdB Rn. 62.64.
[505] BVerfG AG 2012, 557 = NZG 2012, 826 = NJW 2012, 3081 = ZIP 2012, 1402.
[506] BVerfG NJW 2012, 3081 (3083 Rn. 57) = NZG 2012, 826 (828) = AG 2012, 557 (559).
[507] BVerfG NJW 2012, 3081 (3082 f. Rn. 53) = NZG 2012, 826 (828) = AG 2012, 557 (559).
[508] BVerfG NJW 2012, 3081 (3083 Rn. 60) = NZG 2012, 826 (829) = AG 2012, 557 (560); zust. *Heldt/Royé* AG 2023, 660 (662 ff.); *Klöhn* NZG 2012, 1041 (1044); krit. *Thomale* ZGR 2013, 687 (692 ff.).

zu einem Schutzgegenstand des Aktieneigentums.[509] Obwohl danach ein besonderer, über die Anforderungen des § 39 BörsG aF und der Bestimmungen der Börsenordnungen hinausgehender gesellschaftsrechtlicher Schutz der Aktionäre gegenüber einem Delisting von Verfassungs wegen nicht geboten sei, überschreite die Gesamtanalogie zu gesellschaftsrechtlichen Strukturmaßnahmen, auf die die mit der Verfassungsbeschwerde angegriffenen Urteile und Teile des Schrifttums[510] das Erfordernis eines Pflichtangebots an die einem Delisting widersprechenden Aktionäre gestützt haben, nicht die Grenzen richterlicher Rechtsfortbildung.[511] Dennoch veranlasste diese Klarstellung des BVerfG den BGH dazu, seine Rechtsprechung zum Erfordernis eines Pflichtangebots beim Delisting in der sog. Frosta-Entscheidung aufzugeben, weil ihr nach Auffassung des BGH die Grundlage entzogen war.[512]

156 Die steigende Zahl von Delistings[513] und die intensive Debatte über Lücken im Aktionärsschutz, die nach Aufgabe der Delisting-Rechtsprechung einsetzte,[514] haben zu einer gesetzlichen Regelung des Delisting im neu gefassten[515] § 39 BörsG geführt, die gem. § 52 Abs. 9 BörsG rückwirkend für nach dem 7. September 2015 gestellte und am 26. November 2015 noch nicht abschließend entschiedene Anträge auf Widerruf der Zulassung zum Handel im regulierten Markt gilt. Sofern nicht die Voraussetzungen des § 39 Abs. 2 Satz 3 Nr. 2 BörsG vorliegen,[516] ist ein Widerruf gemäß § 39 Abs. 2 Satz 3 Nr. 1 BörsG nur zulässig, wenn bei Antragstellung unter Hinweis auf den Antrag eine Unterlage über ein Angebot zum Erwerb aller Wertpapiere, die Gegenstand des Antrags sind, nach den Vorschriften des WpÜG veröffentlicht wurde. § 39 BörsG unterscheidet zwar terminologisch zwischen dem Emittenten und dem zur Unterbreitung eines solchen Angebots verpflichteten Bieter. Theoretisch kann der Emittent aber auch die Rolle des Bieters einnehmen.[517] Voraussetzung dafür ist allerdings, dass der Rückerwerb eigener Aktien den Anforderungen des § 71 genügt, der Emittent also entweder über eine Ermächtigung nach Abs. 1 Nr. 8 verfügt oder die Aktien nach Nr. 6 zur Einziehung erworben werden und die Voraussetzungen des Abs. 2 erfüllt sind.[518]

V. Erwerb eigener Aktien und Übernahmerecht

157 Die **Anwendbarkeit des 1. bis 3. Abschnitts des WpÜG** auf den Erwerb eigener Aktien ist **umstritten**. Während ein Teil des Schrifttums die Geltung des WpÜG für Aktienrückkäufe zwar grundsätzlich verneint, aber eine Analogie zu einzelnen Vorschriften des 1. bis 3. Abschnitts des Gesetzes in Betracht zieht,[519] spricht sich die mittlerweile hM auch gegen eine solche eingeschränkte Anwendung des WpÜG aus.[520] Nach einer dritten Ansicht sind lediglich solche Vorschriften des

---

[509] BVerfG NJW 2012, 3081 (3083 Rn. 61) = NZG 2012, 826 (829) = AG 2012, 557 (561); zust. *Heldt/Royé* AG 2023, 660 (666 f.).
[510] Nachw. und Kritik bei *Kiefner/Gillessen* AG 2012, 645 (650 f.); vgl. auch *Wackerbarth* WM 2012, 2077 (2078).
[511] BVerfG NJW 2012, 3081 (3084 ff. Rn. 72 ff.) = NZG 2012, 826 (830 ff.) = AG 2012, 557 (561 ff.); krit. dazu *Thomale* ZGR 2013, 687 (694 ff.).
[512] BGH NZG 2013, 1342 Rn. 3 = NJW 2014, 146 (147); zust. *Paschos/Klaaßen* AG 2014, 33 ff.; *Wieneke* NZG 2014, 22 ff.; ebenso bereits vor der Entscheidung des BGH *Thomale* ZGR 2013, 687 (701 ff.) krit. *Bayer/Hoffmann* AG Report 2013 R 371 ff.; *Bayer/Hoffmann* AG Report 2013 R 3 ff.; *Königshausen* BB 2013, 3025; zu den Folgen für bereits anhängige Spruchverfahren etwa OLG Düsseldorf AG 2015, 270; OLG München AG 2015, 277; LG Frankfurt a.M. ZIP 2014, 320; LG München I ZIP 2014, 1429; *Glienke/Röder* BB 2014, 899; *Lochner/Schmitz* AG 2014, 489; *Müller/Schorn* AG 2015, 420.
[513] Vgl. *Bayer/Hoffmann* AG 2015, R 55.
[514] Vgl. etwa die Nachw. bei *Koch/Harnos* NZG 2015, 729 f.
[515] Durch Art. 2 Nr. 1 Gesetz zur Umsetzung der Transparenzrichtlinie-Änderungsrichtlinie v. 20.11.2015, BGBl. 2015 I 20209. zur Begründung vgl. Beschlussempfehlung und Bericht des Finanzausschusses, BT-Drs. 18/6220, 91 ff.
[516] Näher dazu *Groß* AG 2015, 812 (815 ff.).
[517] So auch *Bayer* NZG 2015, 1169 (1176); *Bungert/Leyendecker-Langner* ZIP 2016, 49 (50); *Hasselbach/Pröhl* NZG 2015, 209 (213); *Kocher/Seiz* DB 2016, 153 (154); *Wieneke/Schulz* AG 2016, 809 Fn. 2; aA offenbar *Rubner/Pospiech* NJW-Spezial 2016, 207.
[518] *Bungert/Leyendecker-Langner* ZIP 2016, 49 (50); *Hasselbach/Pröhl* NZG 2015, 209 (214); *Kocher/Seiz* DB 2016, 153 (154).
[519] *Baums/Stöcker* FS Wiedemann, 2002, 703 ff.; Baums/Thoma/*Baums/Hecker* WpÜG § 1 Rn. 93–169; *Hirsch*, Der Erwerb eigener Aktien nach dem KonTraG, 2004, 132 ff.
[520] K. Schmidt/Lutter/ *T. Bezzenberger* Rn. 67; Hölters/*Laubert* Rn. 26; Bürgers/Körber/*Wieneke* Rn. 39; Grigoleit/*Grigoleit/Rachlitz* Rn. 23; Hüffer/Koch/*Koch* Rn. 19k und l; R. *Koch*, Die Auswirkungen des Wertpapiererwerbs- und Übernahmegesetzes (WpÜG) auf den Erwerb eigener Aktien, 2006, 167–209 (keine unmittelbare Anwendung), 209–212 (keine analoge Anwendung einzelner Vorschriften); Assmann/Pötzsch/Schneider/*Pötzsch/Favoccia* WpÜG § 2 Rn. 42; *Möller*, Rückerwerb eigener Aktien, 2005, Rn. 262, 264; *Koch* NZG 2003, 61 ff. (66 ff.); *Süßmann* AG 2002, 424 ff.; *Berrar/Schnorbus* ZGR 2003, 59 (77 ff., 83 ff.); *Baum* ZHR 167 (2003) 580 (608 f.); Kölner Komm WpÜG/*Versteegen* WpÜG § 1 Rn. 22.

WpÜG, die eine Personenverschiedenheit von Bieter und Zielgesellschaft voraussetzen, im Wege teleologischer Reduktion von der Anwendung auf Aktienrückkäufe auszunehmen.[521] Die zuletzt genannte Auffassung hat zunächst auch die BaFin vertreten,[522] die aber mittlerweile verlautbart hat, dass sie daran nach der Umsetzung der Übernahmerichtlinie[523] durch das Übernahmerichtlinie-Umsetzungsgesetz (BGBl. 2006 I 1426 ff. v. 13.7.2006) nicht mehr festhält und nunmehr von der Unanwendbarkeit des WpÜG auf Aktienrückkäufe ausgeht.[524] Davon unberührt ist die Anwendbarkeit des WpÜG im Hinblick auf die Zulässigkeit des Erwerbs oder der Veräußerung eigener Aktien als Abwehrmaßnahme gegen Übernahmeangebote.[525]

Die **wesentlichen praktischen Unterschiede** zwischen den aktienrechtlichen Beschränkungen **158** des Erwerbs eigener Aktien und einer zusätzlichen Anwendung des WpÜG auf einen Rückerwerb aufgrund eines öffentlichen Angebots der Gesellschaft, bestehen vor allem in Folgendem: Die **Veröffentlichungspflicht** nach § 10 Abs. 1 und Abs. 3 WpÜG geht gem. § 10 Abs. 6 WpÜG als lex specialis der Veröffentlichungspflicht nach Art. 17 Abs. 1 MMV vor. Als die wohl größte Erschwernis wird die **Pflicht zur Erstellung einer Angebotsunterlage** nach § 11 WpÜG eingeschätzt, an deren Inhalt die Gesellschaft während der 4 bis 10 wöchigen **Annahmefrist** gebunden wäre.[526] Wegen der Pflicht zur Festsetzung einer bestimmten Gegenleistung in der Angebotsunterlage (§ 11 Abs. 2 S. 2 Nr. 4 WpÜG) wäre die **Zulässigkeit von Auktionsverfahren** (etwa Preisspannenangebote, → Rn. 124) trotz ihrer Vereinbarkeit mit dem Verbot der invitatio ad offerendum des § 17 WpÜG (vgl. → Rn. 124) zweifelhaft.[527] Entscheidend wäre insoweit, ob § 11 Abs. 2 S. 2 Nr. 4 WpÜG auch bei bloßen Erwerbsangeboten, die nicht § 31 WpÜG und der WpÜG-AngebVO unterliegen, eine ziffernmäßige Festlegung von Barangeboten fordert. Im Schrifttum werden hier allerdings auch variable Gegenleistungen für zulässig gehalten, etwa solche, die nach einer bestimmten Formel bestimmt werden können,[528] sofern nur das Angebot unverändert bleibt, weil der Anpassungsmechanismus bereits Teil des Angebots ist,[529] und das Angebot nicht gegen den Grundsatz der Verständlichkeit der Angebotsunterlage verstößt.[530] Die für Übernahme- und Pflichtangebote maßgebliche Erwägung, der nach §§ 4–6 WpÜG-AngebotsVO vorgeschriebene Mindestwert dürfe nicht unterschritten werden,[531] spielt dagegen für die beim Erwerb eigener Aktien allein möglichen schlichten Erwerbsangebote von vornherein keine Rolle. Für den Fall einer Überzeichnung enthalten § 19 WpÜG einerseits (Repartierung nach Annahmerklärungen) und § 53a andererseits (Beteiligungshöhe) unterschiedliche **Repartierungsmaßstäbe.** Bei Anwendung des WpÜG würde die Gesellschaft für die **Richtigkeit und Vollständigkeit der Angebotsunterlage** nach § 12 WpÜG und ein vom Bieter unabhängiges Wertpapierdienstleistungsunternehmen für die Bestätigung nach § 13 Abs. 1 S. 2 WpÜG haften.[532] Schließlich bestünde bei Anwendung des WpÜG die Pflicht, nach § 23 WpÜG Meldungen über die Annahmen des Angebots zu veröffentlichen.

Richtigerweise sind weder die Abschnitte 1 bis 3 des WpÜG insgesamt noch einzelne Vorschriften **159** auf den Erwerb eigener Aktien anzuwenden. Über ersteres besteht Einigkeit, denn eine ganze Reihe von Bestimmungen des WpÜG setzt Personenverschiedenheit von Bieter und Zielgesellschaft

---

[521] Assmann/Pötzsch/Schneider/*Pötzsch* WpÜG, 1. Aufl. 2005, § 2 Rn. 37 ff. mN; *Lüken*, Der Erwerb eigener Aktien nach §§ 71 ff. AktG, 2004, 259; *Veller*, Öffentliche Angebote zum Erwerb eigener Aktien, 2009, 98 ff. (121 ff.); *Paefgen* ZIP 2002, 1509 (1514 ff.); *Oechsler* NZG 2001, 817 (818).
[522] Merkblatt zum Rückerwerb eigener Aktien nach dem Wertpapiererwerbs- und Übernahmegesetz (WpÜG) und der WpÜG-Angebotsverordnung v. 5.7.2005.
[523] Richtlinie 2004/25/EG des Europäischen Parlaments und des Rates v. 21. April 2004 betreffend Übernahmeangebote, ABl. EU 2004 Nr. L 142, 12.
[524] Schreiben der BaFin v. 9.8.2006, geändert am 2.11.2017, abrufbar unter https://www.bafin.de/SharedDocs/Veroeffentlichungen/DE/Auslegungsentscheidung/WA/ae_060809_rueckerwerb.html; vgl. dazu *Pluskat* NZG 2005, 719.
[525] Vgl. nur Assmann/Pötzsch/Schneider/*Krause/Pötzsch/Stephan* WpÜG § 33 Rn. 156 ff.; *Hitzer/Simon/Düchting* AG 2012, 237 (240 ff.).
[526] *Möller*, Rückerwerb eigener Aktien, 2005, Rn. 244; *Koch* NZG 2003, 61 (63).
[527] *Möller*, Rückerwerb eigener Aktien, 2005, Rn. 245; *Koch* NZG 2003, 61 (63).
[528] So etwa Kölner Komm WpÜG/*Seydel* WpÜG § 11 Rn. 54; Kölner Komm WpÜG/*Kremer/Oesterhaus* WpÜG § 31 Rn. 18; Baums/Thoma/*Thoma* WpÜG § 11 Rn. 47; aA etwa MüKoAktG/*Wackerbarth* WpÜG § 11 Rn. 32: Angabe eines Bruttobetrages in Euro je Wertpapier; differenzierend, Zulässigkeit bei Festsetzung einer Preisuntergrenze, Ehricke/Ekkenga/Oechsler*Oechsler* WpÜG § 11 Rn. 11.
[529] Kölner Komm WpÜG/*Seydel* WpÜG § 11 Rn. 54; Kölner Komm WpÜG/*Kremer/Oesterhaus* WpÜG § 31 Rn. 22.
[530] Kölner Komm WpÜG/*Kremer/Oesterhaus* WpÜG § 31 Rn. 22; Baums/Thoma/*Thoma* WpÜG § 11 Rn. 47.
[531] Kölner Komm WpÜG/*Kremer/Oesterhaus* WpÜG § 31 Rn. 22.
[532] *Möller*, Rückerwerb eigener Aktien, 2005, Rn. 248.

voraus.⁵³³ Aber auch die – unmittelbare oder analoge – **Anwendung einzelner Normen** ist **nicht angezeigt**. Das WpÜG gilt nur für börsennotierte Gesellschaften und betrifft auch insoweit nur öffentliche Erwerbsangebote. Der Schutzbedarf der Aktionäre beim Erwerb eigener Aktien ist indessen weder von der Börsennotierung der Gesellschaft noch von den Kundgabemodalitäten oder der Größe des Adressatenkreises abhängig.⁵³⁴ Der Schutz der veräußernden Aktionäre ist durch den Gleichbehandlungsgrundsatz und die Treubindungen der Gesellschaft gegenüber den Aktionären hinreichend und für alle Arten von Gesellschaften und Angebotsarten einheitlich gewährleistet.⁵³⁵ Ein Ausgleich der fehlenden verbandsrechtlichen Einbeziehung des Bieters, den das WpÜG durch seine komplexen Verfahrensregelungen anstrebt, ist für den Erwerb eigener Aktien nicht erforderlich. Ebenso wenig sind beim Erwerb eigener Aktien Vorschriften notwendig, die für den vom WpÜG angestrebten Interessenausgleich zwischen Bieter und Zielgesellschaft sorgen. Anders als einem Dritten, der eine erhebliche Beteiligung erwerben will, geht es einer AG beim Aktienrückkauf regelmäßig gerade nicht darum, eigene Aktien so billig wie möglich zu erwerben.⁵³⁶ Nicht zuletzt würde es zu unvertretbarer Rechtsunsicherheit führen, wenn die Betroffenen jeweils im Wege teleologischer Reduktion oder durch Analogie bestimmen müssten, welche Vorschriften auf einen Erwerb eigener Aktien Anwendung finden.⁵³⁷ Der europäische Richtliniengeber hat daher aus gutem Grund Erwerbsangebote der Gesellschaft selbst in Art. 2 Abs. 1 lit. a Übernahme-RL⁵³⁸ ausdrücklich aus dem Anwendungsbereich der Richtlinie ausgenommen. Für eine durch sachliche Gründe nicht gerechtfertigte interpretatorische Ausweitung des Anwendungsbereichs des WpÜG besteht daher auch im Hinblick auf die angestrebte Rechtsangleichung und die Gewährleistung gleicher Wettbewerbsbedingungen kein Anlass.

VI. Erwerb eigener Aktien und Kapitalmarktrecht

160 **1. Insiderrecht.** In Anbetracht des Routinecharakters von Ermächtigungen zum Erwerb eigener Aktien, die zum ganz überwiegenden Teil nicht ausgenutzt werden,⁵³⁹ sind die **Erteilung der Ermächtigung** durch die HV und die Vorstufen zu diesem Beschluss, namentlich ein entsprechender Beschlussvorschlag der Verwaltung und seine Bekanntmachung in den Gesellschaftsblättern (§ 124 Abs. 1, Abs. 3 S. 1) und im Wege der Datenfernübertragung (§ 49 WpHG) regelmäßig nicht geeignet, erhebliche Kursausschläge zu verursachen.⁵⁴⁰ Etwas anderes kann ausnahmsweise dann gelten, wenn die Ermächtigung nicht routinemäßig, sondern zu einem bestimmten Zweck, wie etwa der Ausschüttung von Liquidität an die Aktionäre, erteilt wird und die Umsetzung bereits geplant ist.⁵⁴¹ Dagegen handelt es sich bei dem Plan der Verwaltung, **eine** solche **Ermächtigung auszunutzen**, regelmäßig um eine Insiderinformation, solange dieser Plan nicht öffentlich bekannt ist. Dritte, insbesondere die Mitglieder der Verwaltung, dürfen daher nicht unter Verwendung dieser Information Aktien erwerben.⁵⁴² Für die Gesellschaft selbst geht es dagegen lediglich um die Umsetzung eines eigenen Entschlusses und nicht um die Verwendung des Wissens um den Plan ihrer Verwaltung, eigene Aktien zu erwerben. Die Gesellschaft verwendet daher keine Insiderinformation, wenn sie ihren eigenen Erwerbsentschluss umsetzt.⁵⁴³ Problematisch ist folglich allein der Erwerb oder die Veräußerung eigener Aktien in Kenntnis von (anderen) Insiderinformationen.⁵⁴⁴

161 Im Zusammenhang mit dem Ausnutzen einer Erwerbsermächtigung liegt ein Verstoß gegen Art. 8 Abs. 1 MMV, Art. 14 lit. a MMV vor allem dann nahe, wenn der Vorstand in Kenntnis einer

---

⁵³³ Übersicht bei Baums/Thoma/*Baums*/*Hecker* WpÜG § 1 Rn. 93–169; *Möller*, Rückerwerb eigener Aktien, 2005, Rn. 252 ff.; MüKoAktG/*Oechsler* Rn. 231 ff.; *Koch* NZG 2003, 61 (64).
⁵³⁴ *Baum* ZHR 167 (2003), 580 (609).
⁵³⁵ *Baum* ZHR 167 (2003), 580 (609); in der Gesamteinschätzung auch *R. Koch*, Die Auswirkungen des Wertpapiererwerbs- und Übernahmegesetzes (WpÜG) auf den Erwerb eigener Aktien, 2006, 177 ff.
⁵³⁶ *Berrar*/*Schnorbus* ZGR 2003, 59 (81) zu § 17; *Möller*, Rückerwerb eigener Aktien, 2005, Rn. 259; *Koch* NZG 2003, 61 (66 f.); Hüffer/*Koch* Rn. 19l.
⁵³⁷ *Berrar*/*Schnorbus* ZGR 2003, 59 (82).
⁵³⁸ Richtlinie 2004/25/EG des Europäischen Parlaments und des Rates v. 21. April 2004 betreffend Übernahmeangebote, ABl. EU 2004 Nr. L 142, 12.
⁵³⁹ Vgl. dazu *van Aerssen* WM 2000, 391 (401) mN.
⁵⁴⁰ Schäfer/Hamann/*Schäfer* WpHG § 14 Rn. 106 mN; MüKoAktG/*Oechsler* Rn. 363; *Büscher*, Das neue Recht des Aktienrückkaufs, 2013, 325.
⁵⁴¹ *Schockenhoff*/*Wagner* AG 1999, 548 (554).
⁵⁴² *v. Rosen*/*Helm* AG 1996, 434 (439 f.); Assmann/Schneider/*Assmann* WpHG § 14 Rn. 38; Schäfer/Hamann/*Schäfer* WpHG § 14 Rn. 106.
⁵⁴³ Erwägungsgrund 30 zur Richtlinie 2003/6/EG des Europäischen Parlaments und des Rates v. 28. Januar 2003 über Insider-Geschäfte und Marktmanipulation (Marktmissbrauch), ABl. EG 2003 Nr. L 96, 16 (17); BAFin, Emittentenleitfaden, 4. Aufl. Stand 15. Juli 2005, S. 40; *Cahn* Der Konzern 2005, 5 (9).
⁵⁴⁴ So auch *Lüken*, Der Erwerb eigener Aktien nach §§ 71 ff. AktG, 2004, 232.

Insiderinformation beschließt, eigene Aktien zu erwerben. Legt man die gängige Bestimmung des Begriffs der „Verwendung" einer Insiderinformation zugrunde, wonach die Kenntnis von dieser Information für den Erwerb (mit) ursächlich geworden sein muss[545] oder sogar der Erwerb in Kenntnis der Information genügt, ohne dass sie ursächlich für den Erwerb geworden sein müsste, würde es nicht einmal darauf ankommen, ob die betreffende Information **kurssteigernde Wirkung** hat. Der Erwerb würde nämlich auch dann auf der Kenntnis einer nicht öffentlich bekannten Information beruhen, wenn der betreffende Umstand sich negativ auf den Kurs auswirkt. Denkbar ist das vor allem bei einem Erwerb zur Abwehr eines drohenden schweren Schadens nach Abs. 1 Nr. 1. Die dafür maßgeblichen Umstände, etwa das Risiko, dass die Beteiligung eines bestimmten Aktionärs die Geschäftstätigkeit der Gesellschaft empfindlich zu beeinträchtigen droht, sind nicht immer öffentlich bekannt, können aber für den Fall ihres Bekanntwerdens durchaus erhebliches (negatives) Kursbeeinflussungspotential aufweisen. Obwohl der Erwerb der Aktien zu einem potentiell überhöhten Preis daher durchaus „nach wirtschaftlichen Grundsätzen ... mit der Insiderinformation erklärbar ist",[546] liegt hier kein Verstoß gegen Art. 8 Abs. 1 MMV, Art. 14 lit. a MMV vor, denn die Kenntnis von der Insiderinformation führt hier gerade nicht zu einem Vorteil der Gesellschaft zu Lasten des Veräußerers, so dass der **Schutzzweck des Insiderhandelsverbotes nicht berührt** ist. Ein Verstoß gegen das Verbot des Erwerbs unter Nutzung einer Insiderinformation kann aber richtiger Ansicht nach im Einzelfall selbst dann zu verneinen sein, wenn der Vorstand in Kenntnis positiver Insiderinformationen Aktien erwirbt, sofern der Erwerb ohnehin erfolgt wäre, so dass die Kenntnis von der Insiderinformation nicht ursächlich für die Transaktion ist.[547] Das gilt selbstverständlich auch dann, wenn der Vorstandsbeschluss, eigene Aktien zu erwerben, bereits gefasst ist und die Gesellschaft Kenntnis von einer Insiderinformation erst nach diesem Zeitpunkt, aber vor der Orderaufgabe erlangt.[548]

2. Ad-hoc-Publizität. Nach Art. 7 Abs. 3 MMV kann jede einzelne Stufe des Entscheidungsprozesses, der in einen Aktienrückkauf mündet, eine Insiderinformation iSv Art. 17 Abs. 1 MMV darstellen. Der Beschluss der Verwaltung, der HV die Erteilung einer Ermächtigung zum Aktienrückkauf vorzuschlagen, löst keine Publizitätspflicht nach Art. 17 Abs. 1 MMV aus, wenn es sich um eine reine Routineermächtigung handelt.[549] Auch die Bekanntmachung des Beschlussvorschlags der Verwaltung in den Gesellschaftsblättern nach § 124 Abs. 1 führt nicht zu einer zusätzlichen Publizitätspflicht nach Art. 17 Abs. 1 MMV.[550] Bei einer **routinemäßig erteilten Ermächtigung** fehlt es regelmäßig bereits deswegen an der Eignung zur erheblichen Kursbeeinflussung, weil zu diesem Zeitpunkt völlig offen ist, ob die Verwaltung von der Ermächtigung Gebrauch machen wird.[551] Allerdings ist der Beschlussvorschlag nach § 49 WpHG zu veröffentlichen. Die Erteilung der Ermächtigung durch die HV ist jedenfalls dann nach Art. 17 Abs. 1 MMV zu veröffentlichen, wenn es sich nicht lediglich um eine Routineermächtigung handelt,[552] wenn der Beschluss der HV vom Vorschlag der Verwaltung abweicht[553] oder wenn Vorstand und Aufsichtsrat der HV unter-

---

[545] So etwa Handelsrechtsausschuss des DAV Stellungnahme zum Regierungsentwurf eines Gesetzes zur Verbesserung des Anlegerschutzes (Anlegerschutzverbesserungsgesetz – AnSVG), NZG 2004, 703 (704); ebenso *Schlitt/Schäfer* AG 2004, 346 (354); *Fromm-Russenschuck/Banerjea* BB 2004, 2425 (2426 f.); *Baur* Die Bank 2004, Nr. 10, S. 14; *Cahn* Der Konzern 2005, 5 (8 f.); zu Unrecht weitergehend, jeder Erwerb in Kenntnis Insiderinformation erfolgt unter Verwendung, *Ziemons* NZG 2004, 537 (539); dagegen *Cahn* Der Konzern 2005, 5 (9).
[546] So das Kriterium, anhand dessen *Koch* DB 2005, 267 (269) eine „Verwendung" beim Erwerb in Kenntnis negativer Insiderinformationen ausschließen will.
[547] Weiter gehend offenbar BaFin, Emittentenleitfaden, 4. Aufl. Stand 15. Juli 2005, S. 40, der zu Unrecht Handeln in Kenntnis einer Insiderinformation mit deren Verwendung gleichsetzt; dagegen *Cahn* Der Konzern 2005, 5 (9); Assmann/Schneider/*Assmann* WpHG § 14 Rn. 25 ff. mN.
[548] Insoweit aA BaFin, Emittentenleitfaden, 4. Aufl. Stand 15. Juli 2005, S. 40.
[549] So zu § 15 WpHG aF (jetzt § 26 WpHG) *Schockenhoff/Wagner* AG 1999, 548 (554); *van Aerssen* WM 2000, 391 (401): Keine Kursbeeinflussungspotential, weil nur ein geringer Teil der Gesellschaften erteilte Ermächtigungen ausnutzt; krit. zu diesem Argument *Wiederholt,* Rückkauf eigener Aktien (§ 71 AktG) unter Einsatz von Derivaten, 2006, 158.
[550] So zu § 15 WpHG aF (jetzt § 26 WpHG) *Schockenhoff/Wagner* AG 1999, 548 (554).
[551] BaFin, Emittentenleitfaden, 4. Aufl. Stand 15. Juli 2005, S. 40; *Möller,* Rückerwerb eigener Aktien, 2005, Rn. 348; *Wiederholt,* Rückkauf eigener Aktien (§ 71 AktG) unter Einsatz von Derivaten, 2006, 158; Seibt/Bremkamp AG 2008, 469 (472); *Schockenhoff/Wagner* AG 1999, 548 (554); *van Aerssen* WM 2000, 391 (401); Großkomm AktG/*Merkt* Rn. 47; Bürgers/Körber/*Wieneke* Rn. 51; im Erg. auch Assmann/Schneider/*Assmann* WpHG § 14 Rn. 38, der das Vorliegen einer konkreten Information iSv § 13 Abs. 1 S. 1 WpHG aF verneint.
[552] Unter Geltung von § 15 WpHG aF (jetzt § 26 WpHG) generell gegen eine Veröffentlichungspflicht nach § 15 WpHG aF BaFin, Emittentenleitfaden, 4. Aufl. Stand 15. Juli 2005, S. 40; Assmann/Schneider/*Assmann* WpHG § 15 Rn. 86; *Schockenhoff/Wagner* AG 1999, 548 (555).
[553] Zu § 15 WpHG aF (jetzt § 26 WpHG) *Schockenhoff/Wagner* AG 1999, 548 (555).

schiedliche Vorschläge unterbreitet haben. In Anbetracht des Umstandes, dass die Beschlussfassung über die Erteilung der Ermächtigung in die Tagesordnung aufzunehmen und diese in den Gesellschaftsblättern bekanntzumachen ist, ist in diesen Fällen mit der Pflicht zur Veröffentlichung des – ohnehin einem breiten Personenkreis bekannten – Beschlussergebnisses auch keine unzumutbare Offenlegung geheimhaltungsbedürftiger Informationen verbunden.

163 Im Übrigen ist umstritten, ob der Vorstandsbeschluss, mit dem Erwerb zu beginnen, eine etwa erforderliche Zustimmung des Aufsichtsrats oder erst der Beginn des Rückerwerbs eine Ad-hoc-Mitteilung nach Art. 17 Abs. 1 MMV erfordert. Nach Art. 7 Abs. 2 und 3 MMV stellt der **Vorstandsbeschluss** über die Ausnutzung der Ermächtigung eine veröffentlichungspflichtige Insiderinformation dar.[554] Sofern keine Zustimmung des Aufsichtsrats notwendig ist, gilt dies schon deswegen, weil die verbandsinterne Entscheidungsfindung damit abgeschlossen ist. Die Veröffentlichungspflicht setzt aber regelmäßig auch dann bereits mit dem Vorstandsbeschluss ein, wenn noch die Zustimmung des Aufsichtsrats erforderlich ist;[555] etwas anderes kommt allenfalls in Betracht, wenn ausnahmsweise davon auszugehen ist, dass diese Zustimmung nicht erteilt werden wird. Um die Entscheidung des Aufsichtsrats nicht durch eine Ad-hoc Mitteilung zu präjudizieren, kann die Gesellschaft in derartigen Fällen von der Möglichkeit des Aufschubs der Veröffentlichung nach Art. 17 Abs. 4 MMV iVm § 6 S. 2 Nr. 2 WpAIV Gebrauch machen.[556] Sofern für den Erwerb die Zustimmung des Aufsichtsrats erforderlich ist, muss ihre Erteilung oder Verweigerung nach Art. 17 Abs. 1 MMV veröffentlicht werden. Das gilt für die Erteilung der Zustimmung auch dann, wenn bereits der Vorstandsbeschluss veröffentlicht wurde,[557] denn erst mit der Zustimmung durch den Aufsichtsrat ist sichergestellt, dass dem Erwerb keine kompetenzrechtlichen Hindernisse mehr im Wege stehen. Es verhält sich insoweit nicht anders als mit Geschäftschancen, die bereits per se veröffentlichungspflichtig sein können, ohne dass aus diesem Grund die spätere Realisierung von der Veröffentlichungspflicht ausgenommen wäre.

164 Die **Ankündigung des Rückerwerbs** kann zwar zu einem Kursanstieg führen und damit den Erwerb für die Gesellschaft verteuern;[558] das reicht aber regelmäßig nicht für einen Aufschub der ad hoc Mitteilung aus,[559] denn ohne eine Offenlegung des bevorstehenden Erwerbs bestünde die Gefahr einer Irreführung der Öffentlichkeit, Art. 17 Abs. 4 Unterabs. 1 lit. b MMV. Das Gesetz bewertet das Interesse an der Publizität des Umstandes, dass die Gesellschaft selbst als Nachfragerin ihrer eigenen Aktien auftritt, höher als das Interesse der Gesellschaft an einem möglichst günstigen Erwerb. Die **Durchführung des Erwerbs** selbst löst hingegen nicht noch einmal eine Veröffentlichungspflicht nach Art. 17 Abs. 1 MMV aus.[560]

165 3. **Mitteilungspflichten.** Nach § 71b steht der Gesellschaft aus eigenen Aktien kein Stimmrecht zu. Das gilt nach § 71d S. 4 auch für Aktien, die ein Dritter für Rechnung der AG, ein im Mehrheitsbesitz der AG stehendes oder von ihr abhängige Unternehmen oder ein Dritter für Rechnung eines solchen Unternehmens besitzt. Die Gesellschaft selbst kann daher durch Erwerb oder Veräußerung eigener Aktien Stimmrechtsschwellen, an die §§ 33 f. WpHG Mitteilungspflichten knüpfen, nicht erreichen, überschreiten oder unterschreiten.[561] Gleichwertige Veröffentlichungs- und Mitteilungspflichten der Gesellschaft im Hinblick auf von ihr selbst gehaltene oder ihr nach § 71d S. 1 (nicht dagegen nach § 71d S. 2)[562] zuzurechnende eigene Aktien ergeben sich aus § 40 Abs. 1 S. 2, Abs. 2

---

[554] Großkomm AktG/*Merkt* Rn. 43; ebenso bereits zu §§ 13, 15 WpHG aF BaFin, Emittentenleitfaden, 4. Aufl. Stand 28. April 2009, S. 53; *Seibt/Bremkamp* AG 2008, 469 (472); Assmann/Schneider/*Assmann* WpHG § 15 Rn. 87; *Schäfer/Gätsch* in Marsch-Barner/Schäfer Börsennotierte AG-HdB Rn. 50.64; *Büscher*, Das neue Recht des Aktienrückkaufs, 2013, 327 f.; *Schockenhoff/Wagner* AG 1999, 548 (555 f.); *Kessler/Suchan* BB 2000, 2529 (2534); *van Aerssen* WM 2000, 391 (401 f.); *v. Rosen/Helm* AG 1996, 434 (440); MüKoAktG/*Oechsler* Rn. 364; aA wohl noch *Martens* AG 1996, 337 (340 f.).
[555] Insoweit aA Assmann/Schneider/*Assmann* WpHG § 15 Rn. 87.
[556] So zu § 15 WpHG aF (jetzt § 26 WpHG) auch BaFin, Emittentenleitfaden, 4. Aufl. Stand 28. April 2009, S. 54 f.); *Simon* Der Konzern 2005, 13 (15 f.); *Seibt/Bremkamp* AG 2008, 469 (474).
[557] AA *Schockenhoff/Wagner* AG 1999, 548 (556).
[558] Vgl. dazu Bayer/Hoffmann/Weinmann ZGR 2007, 457 (465 ff.) mN.
[559] So aber *Peltzer* WM 1998, 322 (330).
[560] *Schockenhoff/Wagner* AG 1999, 548 (556) zu § 15 WpHG aF.
[561] BaFin, Emittentenleitfaden, 4. Aufl. Stand 22. Juli 2013, S. 105; Schäfer/Hamann/*Opitz* Kapitalmarktgesetze WpHG § 21 Rn. 3; Assmann/Schneider/*Schneider* WpHG § 21 Rn. 58; *Möller*, Rückerwerb eigener Aktien, 2005, Rn. 354; Bosse ZIP 1999, 2047 (2050); *Widder/Kocher* AG 2007, 13 (14 ff.); aA *Benckendorff*, Erwerb eigener Aktien im deutschen und US-amerikanischen Recht, 1998, 291; zur Frage, wie eigene Aktien bei der Berechnung der Gesamtzahl der Stimmrechte zu berücksichtigen sind und sich damit auf die Mitteilungspflichten der anderen Aktionäre auswirken vgl. BaFin, Emittentenleitfaden, 4. Aufl. Stand 22. Juli 2013, S. 105; sowie *Widder/Kocher* AG 2007, 13 f. und Assmann/Schneider/*Schneider* WpHG § 21 Rn. 59 mN zum Meinungsstand.
[562] Vgl. BaFin, Emittentenleitfaden, 4. Aufl. Stand 22. Juli 2013, S. 155.

WpHG.[563] Lebhaft umstritten ist, wie von der Gesellschaft selbst oder von einem Tochterunternehmen gehaltene eigene Aktien für die Berechnung von Mitteilungspflichten ihres mehrheitlich beteiligten oder herrschenden Aktionärs nach §§ 33, 34 Abs. 1 S. 1 Nr. 1 WpHG, § 20 Abs. 1 Satz 1 Nr. 1 WpÜG zu behandeln sind.[564] Nach der neuen Verwaltungspraxis der BaFin sind sie dem Aktionär nicht zuzurechnen und bleiben daher bei der Berechnung seines Stimmrechtsanteils außer Betracht.[565]

4. Rückkaufprogramme, Stabilisierungsmaßnahmen und Marktmanipulation. a) Anwendbare Bestimmungen. Der Erwerb eigener Aktien bietet besondere Anreize und Möglichkeiten zur Beeinflussung des Kurses der Papiere (→ Rn. 6). Lange Zeit sollten vor allem gesellschaftsrechtliche Pflichtbindungen der Verwaltung der daraus resultierenden Gefahr einer Täuschung der Investoren und der Erschütterung des Vertrauens in die Funktionsfähigkeit des Kapitalmarktes entgegenwirken. Sie wurden zunächst flankiert durch das Verbot des Kursbetrugs nach § 88 BörsG aF, an dessen Stelle das 4. Finanzmarktförderungsgesetz[566] das Verbot der Kurs- und Marktpreismanipulation des § 20a WpHG setzte, das durch die auf Grundlage des Abs. 2 dieser Vorschrift erlassene KuMaKV[567] konkretisiert wurde. Die Marktmissbrauchsrichtlinie,[568] Art. 4 und 5 der zu ihrer Durchführung erlassenen Richtlinie zur Begriffsbestimmung der Marktmanipulation[569] sowie die auf der Grundlage von Art. 17 Marktmissbrauchsrichtlinie erlassene, unmittelbar geltende Verordnung 2273/2003 über Ausnahmeregelungen für Rückkaufprogramme und Kursstabilisierungsmaßnahmen[570] regelten das Verbot neu. Die **europarechtlichen Vorgaben** wurden mit der Neufassung des § 20a WpHG durch Art. 1 AnSVG[571] und durch die zur Konkretisierung der Vorschrift auf Grundlage von § 20a Abs. 5 S. 1 WpHG erlassenen MaKonV[572] **umgesetzt**. Nach § 20a Abs. 3 WpHG und § 5 MaKonV stellte der Handel mit eigenen Aktien, der im Rahmen von Rückkaufprogrammen nach Maßgabe der VO 2273/2003 erfolgte, in keinem Fall einen Verstoß gegen das Verbot der Marktmanipulation nach § 20a Abs. 1 S. 1 WpHG dar. Eine ausdrückliche Klarstellung, dass derartige Erwerbsvorgänge auch nicht gegen das **Verbot von Insidergeschäften** nach § 14 WpHG verstießen, fehlte zwar, war indessen wegen der entsprechenden Klarstellung in Art. 8 Marktmissbrauchs-RL und in Erwägungsgrund 1 VO 2273/2003 entbehrlich. **Daneben** galt für den Erwerb eigener Aktien die Pflicht zur Veröffentlichung und Mitteilung von Insiderinformationen nach § 15 WpHG, der mit Wirkung vom 3. Juli 2016 durch **Art. 17 MMV**[573] abgelöst worden ist. § 20a WpHG ist mit Wirkung vom 2. Juli 2016,[574] die VO 2273/2003 ist mit Wirkung vom 3. Juli 2016 aufgehoben worden.[575] An ihre Stelle sind Art. 5, 12 und 15 MMV und die auf Grundlage der MMV, insbesondere ihres Art. 5 Abs. 6 Unterabs. 3, erlassene Delegierte Verordnung 2016/1052[576]

---

[563] BaFin, Emittentenleitfaden, 4. Aufl. Stand 22. Juli 2013 S. 155; Assmann/Schneider/*Schneider* WpHG § 26 Rn. 17 ff.; Fuchs/*Zimmermann* WpHG § 26 Rn. 20 ff.

[564] Ausf. dazu *Krause*, AG 2015, 553 (554); *Singhof* in Habersack/Mülbert/Schlitt Kapitalmarktinformations-HdB § 21 Rn. 33, jeweils mN zum Meinungsstand.

[565] Vgl. BaFin Journal 12/2014, S. 5 f.; ausführlich dazu *Krause* AG 2015, 553 (554 ff.).

[566] Vom 21.6.2002, BGBl. 2002 I 2010.

[567] Verordnung zur Konkretisierung des Verbotes der Kurs- und Marktpreismanipulation v. 18.11.2003, BGBl. I S. 2300, insbes. Art. 1 Abs. 2 und Art. 5.

[568] Richtlinie 2003/6/EG des Europäischen Parlaments und des Rates vom 28. Januar 2003 über Insider-Geschäfte und Marktmanipulation (Marktmissbrauch), ABl. EU 2003 Nr. L 96 S. 16 ff.

[569] Richtlinie 2003/124/EG der Kommission v. 22. Dezember 2003 zur Durchführung der Richtlinie 2003/6/EG des Europäischen Parlaments und des Rates betreffend die Begriffsbestimmung und die Veröffentlichung von Insider-Informationen und die Begriffsbestimmung der Marktmanipulation, ABl. EU L 339 S. 70 ff.

[570] Verordnung (EG) Nr. 2273/2003 der Kommission v. 22. Dezember 2003 zur Durchführung der Richtlinie 2003/6/EG des Europäischen Parlaments und des Rates – Ausnahmeregelungen für Rückkaufprogramme und Kursstabilisierungsmaßnahmen, ABl. EU 2003 Nr. L 336.

[571] Gesetz zur Verbesserung des Anlegerschutzes (Anlegerschutzverbesserungsgesetz – AnSVG), BGBl. 2004 I 2630.

[572] Verordnung zur Konkretisierung des Verbotes der Marktmanipulation (Marktmanipulations-Konkretisierungsverordnung – MaKonV) v. 1.3.2005, BGBl. 2005 I 515.

[573] Verordnung (EU) Nr. 596/2014 des Europäischen Parlaments und des Rates vom 16. April 2014 über Marktmissbrauch (Marktmissbrauchsverordnung) und zur Aufhebung der Richtlinie 2003/6/EG des Europäischen Parlaments und des Rates und der Richtlinien 2003/124/EG, 2003/125/EG und 2004/72/EG der Kommission, ABl. EU 2014 Nr. L 173, 1.

[574] Siehe Art. 1. 1 Nr. 1 lit. g, Art. 17 Abs. 1 des Ersten Gesetzes zur Novellierung von Finanzmarktvorschriften auf Grund europäischer Rechtsakte (Erstes Finanzmarktnovellierungsgesetz – 1. FiMaNoG) vom 30. Juni 2016, BGBl. 2016 I 1514.

[575] Durch Art. 37 MMV.

[576] Delegierte Verordnung (EU) 2016/1052 der Kommission vom 8. März 2016 zur Ergänzung der Verordnung (EU) Nr. 596/2014 des Europäischen Parlaments und des Rates durch technische Regulierungsstandards für die

getreten. Art. 5 Abs. 1 MMV stellt nunmehr ausdrücklich klar, dass der safe harbour sowohl das Verbot der Marktmanipulation als auch das Verbot von Insidergeschäften betrifft.

167 **b) Safe Harbour für Rückkaufprogramme.** Gem. Art. 5 Abs. 1 MMV gelten die in dieser Verordnung festgeschriebenen Verbote von Insidergeschäften und der Marktmanipulation nicht für den **Handel mit eigenen Aktien im Rahmen von Rückkaufprogrammen,** wenn die in lit. a bis lit. d dieser Bestimmung aufgeführten Voraussetzungen erfüllt sind, zu denen nach lit. d ua die Durchführung eines solchen Rückkaufs im Einklang mit der Delegierten VO 2016/1052 gehört.[577] Wie der Eingangssatz von Art. 5 Abs. 1 MMV zeigt, gilt dagegen das Gebot des Art. 17 Abs. 1 MMV, unverzüglich Insiderinformationen zu veröffentlichen, die den Emittenten unmittelbar betreffen, uneingeschränkt auch im Rahmen privilegierter Rückkaufprogramme.

168 Wie bereits unter Geltung der VO 2273/2003[578] stellen auch nach neuem Recht Rückkäufe, die Art. 5 MMV und der Delegierten VO 2016/1052 nicht entsprechen, nicht per se einen Marktmissbrauch dar.[579] Die VO steckt vielmehr einen Rahmen ab, innerhalb dessen Aktienrückkäufe ohne das Risiko eines Verstoßes gegen die Verbote der MMV durchgeführt werden können, während die **kapitalmarktrechtliche Zulässigkeit anderer Erwerbsvorgänge** jeweils **im Einzelfall zu beurteilen** ist.[580]

169 aa) **Rückkaufprogramme.** Während Art. 2 Nr. 3 VO 2273/2003 den Begriff „Rückkaufprogramm" als Handel mit eigenen Aktien gemäß den Art. 19–24 RL 77/91/EWG (jetzt Art. 60–66 RL (EU) 2017/1132[581]) definierte, findet sich eine derartige Begriffsbestimmung weder in der MMV noch in der Delegierten VO 2016/1052. Art. 2 Abs. 1 Delegierte VO 2016/1052 setzt lediglich voraus, dass ein privilegiertes Rückkaufprogramm die Voraussetzungen des Art. 60 RL (EU) 2017/1132 für den Erwerb eigener Aktien erfüllt. Art. 4 Abs. 2 lit. a Delegierte VO 2016/1052 sieht für sog. **programmierte Rückkaufprogramme** Ausnahmen von den Einschränkungen des Art. 4 Abs. 1 Delegierte VO 2016/1052 vor. Programmierte Rückkaufprogramme sind nach Art. 1 lit. a Delegierte VO 2016/1052 solche, bei deren Bekanntgabe Termine und Menge der Wertpapiere, die während der Laufzeit des Programms gehandelt werden sollen, festgelegt werden.

170 Nach Art. 2 Abs. 1 Delegierte VO 2016/1052 setzt eine Privilegierung nach Art. 5 Abs. 1 MMV ua voraus, dass ein Rückkaufprogramm nach Art. 60 Abs. 1 RL (EU) 2017/1132 zulässig ist, also ua den Anforderungen des Gleichbehandlungsgrundsatzes genügt sowie auf einer **Genehmigung durch die HV** beruht. Nach dem Wortlaut der Delegierten VO ist damit auch ein Erwerb zur Bedienung von Belegschaftsbeteiligungsprogrammen nur privilegiert, wenn er auf einer Ermächtigung durch die HV beruht, obwohl Art. 60 Abs. 3 RL (EU) 2017/1132 ausdrücklich die in § 71 Abs. 1 Nr. 2 umgesetzte Möglichkeit vorsieht, für Mitarbeiterbeteiligungen auf eine solche Ermächtigung zu verzichten.[582]

171 Art. 5 MMV und die Delegierte VO 2016/1052 sprechen im Zusammenhang mit privilegierten Rückkaufprogrammen vom **„Handel"** mit eigenen Aktien.[583] Nach § 71 Abs. 1 Nr. 8 S. 2 ist zwar der Handel in eigenen Aktien als Zweck eines Erwerbs eigener Aktien ausgeschlossen. Ein Widerspruch zwischen beiden Regelungen, der durch einen Vorrang der europarechtlichen Regelung aufzulösen wäre, besteht aber dennoch nicht, denn der Begriff des „Handels in eigenen Aktien" wird in der VO einerseits und in Nr. 8 S. 2 andererseits in unterschiedlichem Sinn verwendet. Eine Gesellschaft betreibt „Handel" iSv Nr. 8 S. 2, wenn sie eigene Aktien in der Absicht erwirbt und veräußert, durch Ausnutzen von Preisunterschieden Gewinne zu erzielen (vgl. die Nachweise in → Rn. 111). Dieses Ziel ist indessen bei den von Art. 5 Abs. 2 MMV und der Delegierten VO privilegierten Zwecken ausgeschlossen,[584] zumal nach Art. 4 Abs. 1 lit. a Delegierte VO eine Veräußerung eigener Aktien während der Laufzeit des Programms grundsätzlich[585] dazu führt, dass der

---

auf Rückkaufprogramme und Stabilisierungsmaßnahmen anwendbaren Bedingungen, ABl. EU 2016 Nr. L 173, 34.
[577] Zur Begründung → Rn. 115, → 166.
[578] Vgl. Erwägungsgrund 2 VO 2273/2003; *Geber/zur Megede* BB 2005, 1861.
[579] *Park/Sorgenfrei/Saliger*, Kapitalmarktstrafrecht, 4. Aufl. 2017, § 38 Abs. 1, Abs. 4, 39 Abs. 2 Nr. 3 Abs. 3c, 3d Nr. 2 WpHG iVm Art. 15, 12 MAR Rn. 262.
[580] Vgl. zur VO 2273/2003 *Leppert/Stürwald* ZBB 2004, 302 (306); *Geber/zur Megede* BB 2005, 1861; *Singhof/Weber* AG 2005, 549 (555); *Seibt/Bremkamp* AG 2008, 469 (476).
[581] ABl. EU 2017 Nr. L 169, 46.
[582] Zu Recht krit. zur entsprechenden Regelung in Art. 4 Abs. 1 VO 2273/2003 daher *Singhof/Weber* AG 2005, 549 (555).
[583] Vgl. etwa Art. 5 Abs. 1 Halbs. 1, Abs. 4 Halbs. 1 und lit. d MMV, Erwägungsgründe 1 bis 5, Art. 4 Abs. 1 lit. b und c, Abs. 3 und Abs. 4, Delegierte VO 2016/1052.
[584] Vgl. zur entsprechenden Frage unter Geltung der VO 2273/2003 *Geber/zur Megede* BB 2005, 1861 (1862).
[585] Ausnahmen finden sich in Art. 4 Abs. 2 und Abs. 3 Delegierte VO 2016/1052.

Emittent nicht in den Genuss der Freistellung von den Verboten der Marktmissbrauchsrichtlinie kommt. Unter „Handel" iSd Art. 5 MMV und der Delegierten VO ist vielmehr der Erwerb eigener Aktien auf einem geregelten Markt zu verstehen.[586] Während Art. 5 Abs. 4 MMV und die Delegierte VO 2016/1052 im Zusammenhang mit Stabilisierungsmaßnahmen sowohl Aktien als auch Aktien entsprechende Wertpapiere erwähnen,[587] ist in Kapitel II der Delegierten VO 2016/1052 im Hinblick auf Rückkaufprogramme lediglich von Aktien die Rede. Aktienrückkäufe unter Einsatz von Derivaten fallen daher nicht unter die Privilegierung von Art. 5 MMV.[588]

bb) Privilegierte Erwerbszwecke. Der Safe Harbour gilt nach Art. 5 Abs. 2 MMV nur für 172 Rückkaufprogramme, die ausschließlich dazu dienen, entweder das Kapital des Emittenten herabzusetzen oder Verpflichtungen aus der Begebung von Schuldtiteln zu erfüllen, die in Beteiligungskapital umgewandelt werden können, oder um Verpflichtungen zu erfüllen, die aus einem Belegschaftsprogramm oder anderen Formen der Zuteilung von Aktien an Mitarbeiter oder Angehörige der Verwaltungs-, Leitungs- oder Aufsichtsorgane des Emittenten oder einem verbundenen Unternehmen[589] entstehen. Insbesondere im Hinblick auf solche Beteiligungsprogramme ist Art. 5 Abs. 2 MMV in mehrfacher Hinsicht weiter gefasst als die entsprechenden Bestimmungen der VO 2273/2003. In der Definition des Rückkaufprogramms nach Art. 2 Nr. 3 VO 2273/2003 war Art. 24a Kapital-RL 1977 (jetzt Art. 67 RL (EU) 2017/1132) nicht erwähnt. Während Art. 19 Abs. 3 Kapital-RL 1977 (jetzt Art. 60 Abs. 3 RL (EU) 2017/1132) den Erwerb eigener Aktien zum Zweck der Ausgabe an die Arbeitnehmer eines verbundenen Unternehmens (§ 71 Abs. 1 Nr. 2) zuließ, war nach dem Wortlaut der VO 2273/2003 der Erwerb von Aktien der Muttergesellschaft durch das Tochterunternehmen zur Ausgabe an dessen Arbeitnehmer (§ 71d S. 2 iVm S. 1 und § 71 Abs. 1 Nr. 2) durch die VO 2273/2003 ebenso wenig privilegiert wie ein Erwerb von Aktien der Muttergesellschaft durch das Tochterunternehmen zur Erfüllung seiner Verpflichtung, von ihm ausgegebene Schuldtitel in Aktien der Muttergesellschaft umzuwandeln. Demgegenüber sind diese beiden Erwerbszwecke nunmehr durch den Wortlaut des Art. 5 Abs. 2 MMV abgedeckt. Über Art. 3 lit. b VO 2273/2003, der als Begünstigte nur Mitarbeiter nannte,[590] hinausgehend ist nunmehr auch der Erwerb eigener Aktien oder von Aktien eines verbundenen Unternehmens zum Zweck der Zuteilung an Organmitglieder privilegierungsfähig. Auf Erwerbsvorgänge, mit denen (auch) andere als die in Art. 5 Abs. 2 MMV genannten Zwecke verfolgt werden, findet die Ausnahme nach dieser Bestimmung hingegen von vornherein keine Anwendung.

cc) Transparenz und Publizitätspflichten. (1) Angemessene Bekanntgabe vor Pro- 173 **grammbeginn.** Nach Art. 2 Abs. 1 Delegierte VO 2016/1052 muss der Emittent vor Beginn des Handels im Rahmen eines nach Art. 21 Abs. 1 RL 2012/30/EU (jetzt: Art. 60 RL (EU) 2017/1132) zulässigen Rückkaufprogramms für eine angemessene Bekanntgabe der in lit. a–lit. d der Bestimmung aufgeführten Informationen sorgen. Dazu gehören nach Art. 2 Abs. 2 Unterabs. 1 lit. a bis d Delegierte VO 2016/1052 der Zweck des Programms nach Art. 5 Abs. 2 MMV, der größtmögliche Geldbetrag, der für das Programm zugewiesen wird, die Höchstzahl der zu erwerbenden Aktien und der Zeitraum, für den das Programm genehmigt wurde (Dauer des Programms) sowie nach Unterabs. 2 nachfolgende Änderungen des Programms und der bereits nach Unterabs. 1 veröffentlichten Informationen. Art. 4 Abs. 2 Unterabs. 2 VO 2273/2003 verlangte die Bekanntgabe des maximalen Kaufpreises für die zu erwerbenden Aktien. Diese Bestimmung wurde überwiegend dahin verstanden, dass, ebenso wie nach § 71 Abs. 1 Nr. 8 (→ Rn. 109), auch im Rahmen des Safe Harbour die Festlegung einer Obergrenze im Verhältnis zum Börsenkurs ausreichte, da man annahm, die Veröffentlichungspflicht nach Art. 4 Abs. 2 VO 2273/2003 statuiere keine über Art. 21 Abs. 1 RL 2012/30/EU (jetzt Art. 60 RL (EU) 2017/1132) hinausgehenden inhaltlichen Anforderungen an die Ermächtigung durch die HV.[591] Diese Ansicht dürfte sich auf das neue Recht nicht übertragen lassen, denn Art. 2 Abs. 1 Unterabs. 1 lit. b Delegierte VO 2016/1052 verlangt die Angabe des „größtmöglichen Geldbetrags", also einer ziffernmäßigen Höchstgrenze. Soll ein Rückkaufprogramm in den Genuss der Privilegierung nach Art. 5 MMV kommen, muss eine für Zwecke des Art. 5 Abs. 2 MMV erteilte Rückkaufsermächtigung nach § 71 Abs. 1 Nr. 8 AktG neben einem am

---
[586] Zutr. *Geber/zur Megede* BB 2005, 1861 (1862); in der Sache auch *Leppert/Stürwald* ZBB 2004, 302 (305 f.).
[587] Vgl. etwa Art. 5 Abs. 1, 7 Abs. 1 und Abs. 2 Delegierte VO 2016/1052.
[588] So ausdrücklich ESMA Final Report, Draft Technical Standards on the Market Abuse Regulation, 28 September 2015, ESMA/2015/1455, S. 13 Rn. 15 und 16.
[589] Gemeint ist wohl: eines verbundenen Unternehmens.
[590] Für die entsprechende Anwendung von Art. 3 VO 2273/2003 auf Organmitglieder als Begünstigte *Singhof/Weber* AG 2005, 549 (555).
[591] So für die insoweit inhaltsgleiche Vorläuferbestimmung des Art. 4 Abs. 2 VO 2273/2003 Voraufl. Rn. 173; *Singhof/Weber* AG 2005, 549 (556); *Geber/zur Megede* BB 2005, 1861 (1863).

jeweiligen Börsenkurs orientierten höchsten Gegenwert auch einen absoluten Höchstbetrag für das Rückkaufsprogramm angeben.

174 Art. 1 lit. b Delegierte VO 2016/1052 definiert **„angemessene Bekanntgabe"** als Veröffentlichung in einer Art und Weise, die der Öffentlichkeit einen schnellen Zugriff auf Informationen und deren vollständige, korrekte und rechtzeitige Bewertung nach Maßgabe der DurchführungsVO (EU) 2016/1055 ermöglicht, in der ua die Art und Weise der Bekanntgabe von Insiderinformationen geregelt sind, gegebenenfalls unter Verwendung eines amtlich bestellten Systems gemäß Art. 21 RL 2004/109/EG (Transparenzrichtlinie), in Deutschland also des Unternehmensregisters nach § 8b HGB.[592] Die Bekanntgabe von Insiderinformationern nach Art. 2 Abs. 1 DurchführungsVO 2016/1055 erfolgt mithilfe technischer Mittel, die zweierlei gewährleisten müssen: Zum einen die unentgeltliche und zeitgleiche Verbreitung in der gesamten Union in nichtdiskriminierender Weise an eine möglichst breite Öffentlichkeit. Zum anderen die Übermittlung an die Medien, bei denen die Öffentlichkeit vernünftigerweise davon ausgeht, dass sie die Informationen tatsächlich verbreiten. Diese Übermittlung muss mit elektronischen Hilfsmitteln[593] erfolgen, die die Vollständigkeit, Integrität und Vertraulichkeit der Informationen bei der Übertragung gewährleisten. Darüber hinaus konkretisiert Art. 3 DurchführungsVO 2016/1055 die Anforderungen an die Veröffentlichung auf der Webseite des Emittenten. Die BaFin vertritt die Ansicht, dass die DurchführungsVO 2016/1055 am früheren Rechtszustand wenig geändert habe und verweist insbesondere hinsichtlich der Sprache, in der die Insiderinformationen (und Informationen über Aktienrückkaufprogramme) zu veröffentlichen sind, auf Kapitel VI.6, des Emittenteleitfadens,[594] der sich seinerseits an § 3b WpAIV orientiert.[595] Danach reicht es jedenfalls aus, wenn die Veröffentlichung außer auf Deutsch auch auf Englisch erfolgt. Da hierdurch englische Muttersprachler gegenüber anderen Unionsbürgern im Vorteil sind, steht nicht außer Zweifel, ob dies dem Erfordernis der „Nichtdiskriminierung" gerecht wird, zumal die zeitgleiche Verbreitung in der gesamten Union ein eigenständiges Erfordernis darstellt und daher die Gewährleistung des gleichzeitigen Informationszugangs nicht Gegenstand des Diskriminierungsverbots ist. In Anbetracht der die meisten Emittenten überfordernden Alternative, eine gleichzeitige Bekanntgabe in allen Amtssprachen zu verlangen, dürfte es indessen gerechtfertigt sein, die Bekanntgabe in der im Kapitalmarkt dominierenden englischen Sprache ausreichen zu lassen.

175 **(2) Sicherstellung der Information während der Laufzeit des Programms.** Nach Art. 2 Abs. 2 Delegierte VO 2016/1052 muss der Emittent über Mechanismen verfügen, die ihm die Erfüllung seiner Meldepflichten gegenüber der zuständigen Behörde und die Erfassung aller mit einem Rückkaufprogramm zusammenhängenden Geschäfte ermöglichen. Der **Inhalt dieser Meldepflichten,** die nach Art. 5 Abs. 3 MMV gegenüber der für den Handelsplatz, auf dem die Aktien des Emittenten zum Handel zugelassen sind, zuständigen Behörde zu erfüllen sind, ergibt sich seit dem 3. Januar 2018[596] aus Art. 26 MiFiR,[597] auf den auch § 22 WpHG Bezug nimmt,[598] und der zu ihrer Konkretisierung erlassenen Delegierten VO (EU) 2017/590. Die WpHMV, deren §§ 3–9 bislang Bestimmungen zum Inhalt der Meldungen nach § 9 WpHG aF enthielten, ist mit Wirkung zum 3. Januar 2018 aufgehoben worden,[599] weil sich die Einzelheiten zum Inhalt der Meldungen ab diesem Zeitpunkt aus Art. 26 MiFiR und der Delegierten VO (EU) 2017/590 ergeben.[600] Daneben besteht weiterhin die Pflicht zur Meldung der damit weitgehend identischen Informationen

---

[592] Vgl. dazu BegrRegE zu Art. 1 Nr. 2 EHUG, BT-Drs. 16/960, 39 re. Sp.

[593] Nach Art. 1 DurchführungsVO 2016/1055 sind dies „elektronische Geräte für die Verarbeitung (einschließlich der digitalen Komprimierung), Speicherung und Übertragung von Daten über Kabel, Funk, optische Technologien oder andere elektromagnetische Verfahren".

[594] Art. 17 MAR – Veröffentlichung von Insiderinformationen (FAQs) – Stand 20.6.2017, IV. 1., S. 8.

[595] Vgl. BaFin, Emittentenleitfaden, 4. Aufl. Stand 28. April 2009, IV.6.2., S. 69 f..

[596] Art. 55 Abs. 2 VO (EU) 600/2014, der das Inkrafttreten dieser VO am 3. Januar 2017 vorsah, wurde durch Art. 1 Nr. 14 lit. a der VO (EU) 2016/1033 v. 23. Juni 2016, ABl. EU 2016 Nr. L 175, 1 entsprechend geändert.

[597] Verordnung 600/2014 des Europäischen Parlaments und des Rates vom 15. Mai 2014 über Märkte für Finanzinstrumente und zur Änderung der Verordnung (EU) 648/2012, ABl. EU 2014 Nr. L 173, 84.

[598] Die Meldepflichten folgen ursprünglich aus Art. 20 Abs. 1 der Richtlinie 93/22/EWG des Rates v. 10.5.1993 über Wertpapierdienstleistungen, ABl. EG 1993 Nr. L 141, 27, der durch § 9 WpHG aF umgesetzt worden war; vgl. dazu *Singhof/Weber* AG 2005, 549 (557); *Geber/zur Megede* BB 2005, 1861 (1863). Seit dem 30.4.2006 war die Wertpapierdienstleistungsrichtlinie ersetzt durch die Richtlinie 2004/39/EG des Europäischen Parlaments und des Rates v. 21.4.2004 über Märkte für Finanzinstrumente zur Änderung der Richtlinien 85/611/EWG und 93/6/EWG des Rates und der Richtlinie 2000/12/EG des Europäischen Parlaments und des Rates und zur Aufhebung der Richtlinie 93/22/EWG des Rates (MiFiD I), ABl. EG 2004 Nr. L 145. Die Art. 20 Abs. 1 Wertpapierdienstleistungsrichtlinie entsprechenden Regelungen fanden sich dort in Art. 25 Abs. 2 ff.

[599] Durch Art. 25 Abs. 1 iVm Art. 26 Abs. 5 Zweites Finanzmarktnovellierungsgesetz v. 23.6.2017, BGBl. I 2017, 1693.

[600] BegrRegE zu Art. 25 Abs. 1 Zweites Finanzmarktnovellierungsgesetz, BT-Drs. 18/10936, 285.

nach Art. 13 Abs. 1 iVm Anhang I Tabelle I DurchführungsVO (EG) 1287/2006. Danach muss die Meldung insbesondere die Bezeichnung und die Zahl der erworbenen bzw. veräußerten Instrumente, Datum und Zeitpunkt des Abschlusses, den Kurs, zu dem das Geschäft abgeschlossen wurde sowie Angaben zur Identifizierung des Kunden enthalten.[601] Alle diese Angaben müssen gemäß § 83 Abs. 8 WpHG[602] mindestens 5 Jahre für die zuständigen Behörden zur Verfügung gehalten werden.

(3) Bekanntgabe während der Laufzeit des Programms. Nach Art. 2 Abs. 3 Satz 1 Delegierte VO 2016/1052 gewährleistet der Emittent, dass die in Abs. 2 der Bestimmung genannten Informationen zu den mit dem Rückkaufprogramm zusammenhängenden Geschäften spätestens am Ende des 7. Handelstages nach deren Ausführung angemessen (→ Rn. 174) bekannt gegeben werden. Die im Hinblick auf Art. 4 Abs. 4 VO 2273/2003 umstrittene Frage nach den Modalitäten der Bekanntgabe (vgl. Voraufl. Rn. 176) stellt sich damit nach neuem Recht nicht mehr. Darüber hinaus muss der Emittent nach Art. 2 Abs. 3 Satz 2 Delegierte VO 2016/1052 die bekanntgegebenen Geschäfte auf seiner Website veröffentlichen und dafür sorgen, dass die Informationen mindestens fünf Jahre öffentlich zugänglich bleiben. **176**

dd) Handelsbedingungen. Art. 3 Delegierte VO 2016/1052 enthält detaillierte **Vorgaben über** **177** den **Preis** (Abs. 2) **und** die **Menge der Aktien** (Abs. 3), die an einem Tag erworben werden dürfen, damit nach Art. 5 MMV die in der MMV ausgesprochenen Verbote des Marktmissbrauchs und des Insiderhandels für das Rückkaufprogramm nicht gelten. **Maßstab für den Preis**, der im Rahmen der Safe Harbour Regelung vom Emittenten gezahlt werden darf, ist der letzte unabhängige Abschluss oder das letzte unabhängige Erwerbsangebot unmittelbar vor Orderaufgabe durch den Emittenten oder einen von ihm eingeschalteten Dritten[603] auf demjenigen Handelsplatz, auf dem der Erwerb erfolgt.[604] Bei verschiedenen Aktiengattungen ist auf die Gattung abzustellen, auf die sich der Erwerb bezieht.[605] Das maximale **Erwerbsvolumen** beläuft sich auf 25 % eines durchschnittlichen Tagesumsatzes auf dem Handelsplatz, auf dem der Kauf erfolgt,[606] der entweder auf der Basis des durchschnittlichen täglichen Handelsvolumens im Monat vor Veröffentlichung des Programms oder, flexibler, auf Basis des durchschnittlichen Handelsvolumens der letzten 20 Börsentage vor dem Kauftermin zu berechnen ist. Die Ausnahme nach Art. 5 Abs. 3 VO 2273/2203, der bei außerordentlich niedriger Liquidität einen Erwerb von bis zu 50 % des durchschnittlichen Tagesumsatzes zuließ, ist in der Delegierte VO 2016/1052 nicht übernommen worden, weil sie zum einen in der Praxis kaum eine Rolle spielte und zum anderen schwierige Fragen im Hinblick auf die Definition außerordentlich niedriger Liquidität aufwarf.[607]

Nach Art. 4 Abs. 1 Delegierte VO 2016/1052 darf der Emittent, der in den Genuss des Safe **178** Harbour kommen will, während seiner Teilnahme an einem Rückkaufprogramm weder eigene Aktien verkaufen noch während sog. geschlossener Zeiträume iSv Art. 19 Abs. 11 MMV oder nachdem der Emittent beschlossen hat, eine Ad-hoc-Mitteilung gem. Art. 17 Abs. 4 oder 5 MMV aufzuschieben, eigene Aktien erwerben. Nach Art. 12 Abs. 2 lit. b liegt zwar Marktmissbrauch ua vor, wenn Finanzinstrumente bei Handelsbeginn oder Handelsschluss gekauft oder verkauft und dadurch Anleger irregeführt werden, die aufgrund des Eröffnungs- oder Schlusskurses tätig werden. Anders als etwa im US-amerikanischen Recht, dessen Safe Harbour Regelung in Rule 10 b–18 (b) (2) Securities Exchange Act 1934 den Erwerb innerhalb bestimmter Zeiträume unmittelbar nach Beginn und vor Ende des Handels untersagt, handelt es sich aber nicht um geschlossene Zeiträume nach Art. 4 Abs. 1 Delegierte VO 2016/1052 iVm Art. 19 Abs. 11 MMV, sondern um eine Konkretisierung des Marktmanipulationsverbots der MMV, von dessen Geltung die Beachtung der Delegierten VO 2016/1052 den Emittenten gerade freistellt.

Die Einschränkung des Art. 4 Abs. 1 lit. c Delegierte VO 2016/1052, wonach der Emittent **179** vom Handel in eigenen Aktien absehen muss, soweit[608] er beschlossen hat, die Bekanntgabe von

---

[601] Vgl. Art. 26 Abs. 3 VO (EU) 600/2014 und Art. 13 Abs. 1 iVm Anhang I Tabelle I DurchführungsVO (EG) 1287/2006.
[602] Die Bestimmung setzt Art. 16 Abs. 7 Unterabs. 9 RL 2014/65/EU (MiFiD II) um, vgl. BegrRegE zu Art. 83 Abs. 8 WpHG, BT-Drs. 18/10936, 245.
[603] Vgl. zum gleichlautenden Art. 5 Abs. 1 VO 2273/2203 *Geber/zur Megede* BB 2005, 1861 (1864); *Leppert/Stürwald* ZBB 2004, 302 (307).
[604] Vgl. ESMA Final Report, Draft Technical Standards on the Market Abuse Regulation, 28 September 2015, ESMA/2015/1455, S. 15 Rn. 29.
[605] So zu Art. 5 Abs. 1 VO 2273/2203 *Singhof/Weber* AG 2005, 549 (558).
[606] Vgl. dazu ESMA Final Report, Draft Technical Standards on the Market Abuse Regulation, 28 September 2015, ESMA/2015/1455, S. 16 Rn. 32.
[607] ESMA Final Report, Draft Technical Standards on the Market Abuse Regulation, 28 September 2015, ESMA/2015/1455, S. 16 Rn. 31.
[608] Sachlich richtig müsste es heißen: „wenn"; vgl. etwa den insoweit klaren Wortlaut der englischen Fassung: „trading where the issuer has decided to delay the public disclosure …".

Insiderinformationen gem. Art. 17 Abs. 4 oder 5 MMV aufzuschieben, wenn er in den Genuss der Freistellung nach Art. 5 MMV kommen will, ist die sachliche Grundlage für die Freistellung des Erwerbs eigener Aktien vom Verbot von Insidergeschäften. Erst diese Einschränkung verhindert, dass ein Emittent im Rahmen eines Rückkaufprogramms eigene Aktien unter Verwendung von Insiderinformationen erwirbt und sich dennoch auf die Freistellung nach Art. 5 MMV berufen kann. Entsprechend diesem Zweck findet die Einschränkung des Art. 4 Abs. 1 lit. c Delegierte VO 2016/1052 erst recht Anwendung, wenn die Veröffentlichung der Insiderinformation nicht nach einer Art. 17 Abs. 4 oder 5 MMV entsprechenden Abwägung, sondern unter Verstoß gegen die Ad-hoc-Publizitätspflicht unterblieben ist.

180 Vollständige oder partielle **Ausnahmen** von den Erwerbsbeschränkungen des Art. 4 Abs. 1 Delegierte VO 2016/1052 sehen Abs. 2 bis 4 der Vorschrift für Wertpapierhäuser[609] und Kreditinstitute (Abs. 3 und 4), für programmierte Rückkaufprogramme iSv Art. 1 lit a (Abs. 2 lit. a) sowie für Rückkaufprogramme vor, die von einem Wertpapierhaus oder Kreditinstitut unbeeinflusst vom Emittenten durchgeführt werden (Abs. 2 lit. b).

181 **c) Erwerb eigener Aktien und Marktmanipulation. aa) Das Verbot der Marktmanipulation nach Art. 12, 15 MMV.** Mit Wirkung vom 3. Juli 2016[610] sind Art. 12 f. MMV an die Stelle von § 20a WpHG getreten. Im Zusammenhang mit dem Erwerb eigener Aktien ist vor allem Art. 12 Abs. 1 lit. a MMV von Bedeutung. Danach umfasst der Begriff der Marktmanipulation den „Abschluss eines Geschäfts, Erteilung eines Handelsauftrags sowie jede andere Handlung, die i) falsche oder irreführende Signale hinsichtlich des Angebots, der Nachfrage oder des Preises eines Finanzinstruments…gibt oder bei der dies wahrscheinlich ist, oder ii) ein anormales oder künstliches Kursniveau eines oder mehrerer Finanzinstrumente…sichert oder bei der dies wahrscheinlich ist, es sei denn, die Person, die ein Geschäft abschließt, einen Handelsauftrag erteilt oder eine andere Handlung vornimmt, [weist][611] nach, dass das Geschäft, der Auftrag oder die Handlung legitime Gründe hat oder im Einklang mit der zulässigen Marktpraxis gemäß Artikel 13 steht." Anders als nach der früheren Bestimmung des Begriffs der Marktmanipulation kommt es weder auf das Vorliegen einer Täuschungshandlung noch auf das Motiv des Handelnden an, auf den Börsen- oder Marktpreis einzuwirken. Art. 12 Abs. 1 lit. a MMV enthält damit ein sehr weitgehendes Verbot der Marktmanipulation. Nach dem Wortlaut der Vorschrift erfüllen bereits solche Handlungen den Tatbestand der Marktmanipulation, die dazu geeignet sind, ein künstliches Preisniveau herbeizuführen. Da der Erwerb eigener Aktien gerade nicht auf dem für andere Marktteilnehmer entscheidenden Streben nach Kursgewinnen oder Dividendenausschüttungen beruht, ließe sich nahezu jeder Aktienrückkauf nicht ganz geringen Umfangs unter die Vorschrift subsumieren. In Anbetracht des weiten Gesetzeswortlauts sind die Konkretisierung der Bestimmung durch die Indikatoren in Anhang I A der MMV und deren weitere Konkretisierung durch Anhang II Abschnitt I Delegierte VO 2016/522 in diesem Zusammenhang von entscheidender Bedeutung.

182 **bb) Die Konkretisierung des Verbots der Marktmanipulation durch § 3 MaKonV.** Anhang I A MMV führt eine Reihe von Indikatoren auf, die zwar für sich genommen nicht unbedingt als Marktmanipulation anzusehen, aber bei der Anwendung von Art. 12 Abs. 1 lit. a MMV zu berücksichtigen sind. Im Zusammenhang mit dem Erwerb eigener Aktien sind vor allem folgende Tatbestandsalternativen von Bedeutung:
– der Umfang, in dem erteilte Handelsaufträge oder abgewickelte Geschäfte einen bedeutenden Teil des Tagesvolumens der Transaktionen mit dem entsprechenden Finanzinstrument… ausmachen, vor allem dann, wenn diese Tätigkeiten zu einer erheblichen Veränderung des Kurses führen Anhang I A lit. a MMV).[612] Bei Aktienrückkäufen ist daher darauf zu achten, dass das Erwerbsvolumen keinen erheblichen Anteil des Handels an den betreffenden Tagen ausmacht. Das Gleiche gilt bei der Veräußerung eigener Aktien über die Börse.

---

[609] Während Art. 2 Nr. 1 VO 2273/2003 diesen Begriff unter Rückgriff auf Art. 1 Nr. 2 RL 93/22/EWG (Wertpapierdienstleistungsrichtlinie) definierte, vgl. dazu *Leppert/Stürwald* ZBB 2004, 302 (308), findet sich weder in der MMV noch in der Delegierten VO 2016/1052 eine Begriffsbestimmung. Art. 1 Nr. 2 RL 93/22/EWG verwandte allerdings nicht den Begriff „Wertpapierhaus", sondern „Wertpapierfirma". Dieser Begriff ist nunmehr nahezu gleichlautend in Art. 4 Abs. 1 Nr. 1 RL 2014/65/EU (MiFiD II) definiert. Da die Handelsbeschränkungen und die Ausnahmen davon nach Art. 6 VO 2273/2003 unverändert in die Delegierte VO 2016/1052 übernommen werden sollten (vgl. ESMA Final Report, Draft Technical Standards on the Market Abuse Regulation, 28 September 2015, ESMA/2015/1455, S. 17 Rn. 36), dürfte der Begriff „Wertpapierhaus" iS der Begriffsbestimmung des Art. 3 Abs. 1 Nr. 2 MMV iVm Art. 4 Abs. 1 Nr. 1 MiFiD II zu verstehen sein.
[610] Siehe Art. 39 Abs. 2 MMV.
[611] Das Wort fehlt in der im Amtsblatt veröffentlichten deutschen Fassung der Bestimmung.
[612] Näher dazu Anhang II Abschnitt I Nr. 1 Delegierte VO 2016/522.

– der Umfang, in dem erteilte Handelsaufträge oder abgewickelte Geschäfte durch ihre Häufung innerhalb eines kurzen Abschnitts des Handelstages eine Kursveränderung bewirken, auf die einen gegenläufige Preisänderung folgt (Anhang I A lit. e MMV).[613] Bei Erwerb und Veräußerung eigener Aktien ist daher eine Konzentration von Geschäften oder Aufträgen innerhalb einer kurzen Zeitspanne zu vermeiden.
– der Umfang, in dem Geschäfte genau oder ungefähr zu einem Zeitpunkt in Auftrag gegeben oder abgewickelt werden, zu dem die Referenzkurse, die Abrechnungskurse und die Bewertungen berechnet werden, und dies zu Kursveränderungen führt, die sich auf diese Kurse und Bewertungen auswirken (Anhang I A lit. g MMV).[614] Aktienrückkäufe sollten danach nicht innerhalb der Zeitspannen durchgeführt werden, die für die Schlussnotierung der Aktien ausschlaggebend sind.
– der Umstand, ob getätigte Geschäfte nicht zu einer Änderung des wirtschaftlichen Eigentums eines Finanzinstruments… führen (Anhang I A lit. c MMV). Damit sollen ua sog Karussellgeschäfte und andere Transaktionen erfasst werden, die keinem legitimen wirtschaftlichen Zweck dienen.[615] Ein Erwerb eigener Aktien, der einem der in § 71 Abs. 1 aufgeführten und damit vom Gesetz als legitim anerkannten Zwecke dient, erfüllt dieses Merkmal grundsätzlich nicht.

cc) Zulässige Marktpraxis, Art. 13 MMV. Nach Art. 12 Abs. 1 lit. a letzter Halbs. MMV liegt **183** keine Marktmanipulation vor, wenn der Handelnde für sein Verhalten **legitime Gründe** hat und die Handlung im Einklang mit der zulässigen Marktpraxis nach Art. 13 MMV steht. Gemäß Art. 13 Abs. 2 MMV kann eine zuständige Behörde eine zulässige Marktpraxis unter Berücksichtigung der in dieser Bestimmung aufgeführten Kriterien festlegen, die durch die Delegierte VO 2016/908 weiter konkretisiert werden. Eine Liste der zulässigen Handlungen mit der Angabe, für welche Mitgliedstaaten sie gilt, veröffentlicht nach Art. 13 Abs. 9 MMV die ESMA auf ihrer Webseite.

dd) Safe Harbour für Stabilisierungsmaßnahmen. Art. 5 Abs. 4 und 5 MMV und Art. 5– **184** 8 Delegierte VO 2016/1052 enthalten Safe Harbour Regelungen für Kursstabilisierungsmaßnahmen und ergänzende Kursstabilisierungsmaßnahmen. Während Art. 2 Abs. 7 VO 2273/2003 den Begriff der Kurstabilisierung definierte, findet sich weder in der MMV noch in der Delegierten VO 2016/1052 eine Begriffsbestimmung. Nach Art. 5 Abs. 4 lit. a MMV gilt der Safe Harbour nur für zeitlich begrenzte Stablisierungsmaßnahmen. Ebenso wie die Vorgängerregelung des Art. 8 Abs. 2 und 3 VO 2273/2003 begrenzt Art. 5 Abs. 1 lit. a und b Delegierte VO 2016/1052 diesen Zeitraum auf 30 Kalendertage nach einer Erst- oder Zweitplatzierung von Aktien. Außerdem müssen wesentliche Informationen über die Stabilisierungsmaßnahme vor Beginn der Zeichnungsfrist und innerhalb einer Woche nach Ablauf des Stabilisierungszeitraums in angemessener Weise bekannt gegeben und der zuständigen Aufsichtsbehörde in allen Einzelheiten mitgeteilt werden (Art. 5 Abs. 4 lit. und Abs. 3 MMV, Art. 6 Abs. 1–3 Delegierte VO 2016/1052). Schließlich darf die Kursstabilisierung nicht zu einem höheren Kurs als dem Emissionskurs erfolgen (Art. 7 Abs. 1 Delegierte VO 2016/1052).[616] Ohne Vorbild im früheren Recht sind die Bestimmungen der Art. 1 lit. e bis g Delegierte VO 2016/1052 und Art. 8 Delegierte VO 2016/1052 über ergänzende Kursstabilisierungsmaßnahmen unter Nutzung einer Überzeichnungsreserve.

VII. Eigene Aktien und Derivate

1. Grundlagen. Die Bestimmungen über eigene Aktien sind auf Transaktionen zugeschnitten, **185** deren Gegenstand das verbriefte Mitgliedschaftsrecht ist. Der wirtschaftliche Erfolg des Erwerbs oder der Veräußerung von Aktien lässt sich aber in sehr weitgehendem Umfang auch durch den **Einsatz von Eigenkapitalderivaten** wie Optionen oder Equity Swaps erreichen, ohne dass es dabei sogleich oder überhaupt jemals zur Übertragung der Aktien kommen müsste, auf die das Derivat sich bezieht.[617] Derartige Instrumente werfen daher im Hinblick auf die Regelungen über eigene Aktien eine Reihe noch nicht hinreichend geklärter Fragen auf.

Gegenstand eines Aktienoptionsgeschäfts in seiner Grundform ist der Erwerb oder die Veräu- **186** ßerung des Rechts, zu einem bestimmten Termin oder jederzeit während der Vertragslaufzeit eine bestimmte Anzahl von Aktien zu einem im voraus festgelegten Basispreis entweder vom Kontrahenten (Stillhalter) zu kaufen (Kaufoption oder Call Option) oder an ihn zu verkaufen (Verkaufsoption

---

[613] Anhang II Abschnitt I Nr. 5 Delegierte VO 2016/522.
[614] Näher dazu Anhang II Abschnitt I Nr. 7 lit. a iVm Nr. 5 lit d Delegierte VO 2016/522.
[615] Vgl. Anhang II Abschnitt I Nr. 3 Delegierte VO 2016/522.
[616] Ausf. zu den inhaltsgleichen Regelungen der VO 2273/2003 *Feuring/Berrar* in Habersack/Mülbert/Schlitt, Unternehmensfinanzierung am Kapitalmarkt, 2013, § 39 Rn. 15 ff.; MüKoAktG/*Oechsler* Rn. 353 ff.
[617] Eingehend zu den Einsatzmöglichkeiten von Derivaten im Zusammenhang mit dem Erwerb eigener Aktien *Wiederholt*, Rückkauf eigener Aktien (§ 71 AktG) unter Einsatz von Derivaten, 2006, 20 ff.

oder Put Option). Für dieses Recht entrichtet der Erwerber den Optionspreis, die sog. Optionsprämie. Der Käufer einer Kaufoption erwirbt das Recht, von seinem Kontrahenten, dem Stillhalter in Aktien, eine bestimmte Anzahl von Aktien zum Basispreis zu kaufen. Der Verkäufer einer Kaufoption (Stillhalter in Aktien) muss die Aktien bei Ausübung der Option liefern. Der Käufer einer Verkaufsoption erwirbt das Recht, von seinem Vertragspartner, dem Stillhalter in Geld, die Abnahme der Aktien gegen Zahlung des Basispreises zu verlangen. Der Verkäufer einer Verkaufsoption (Stillhalter in Geld) muss die Aktien gegen Zahlung des Basispreises abnehmen.[618] Dieses Grundmodell kann in verschiedenen Hinsichten variiert werden. So kann etwa vereinbart werden, dass bei Ausübung der Option statt der Lieferung von Aktien (sog. physical settlement) die Differenz zwischen Basispreis und aktuellem Kurs in Geld ausgeglichen wird (sog. Barausgleich oder cash settlement). Statt eines festen Termins oder Zeitfensters für die Ausübung der Option (europäische Option) kann dem Inhaber die jederzeitige Ausübungsmöglichkeit eingeräumt werden (amerikanische Option).[619] Schließlich steht es im Belieben der Parteien, ob die Ausübung der Option ohne weiteres zur dinglichen Übertragung der Aktie führt (dingliche Option) oder dem Inhaber lediglich einen darauf gerichteten schuldrechtlichen Anspruch verschafft (schuldrechtliche Option).[620]

187 2. **Erwerb von Kaufoptionen. a) Kaufoptionen auf Lieferung von Aktien. aa) Zeitpunkt des Aktienerwerbs.** Der Erwerb einer Kaufoption vermittelt der Gesellschaft das Recht, eigene Aktien zu einem im Vorhinein festgelegten Preis zu erwerben, ohne dass sie dazu verpflichtet wäre. Sie ermöglicht es daher der AG, sich gegen das Kursänderungsrisiko von Verpflichtungen abzusichern, die auf die Ausgabe von Aktien gerichtet sind oder sich der Höhe nach am Aktienkurs orientieren.[621] Nicht der Erwerb der Option selbst, sondern **erst die Ausübung der Option** ist daher als **Erwerb eigener Aktien** zu qualifizieren.[622] Das gilt selbst dann, wenn man als „Erwerb" iSv § 71 nicht nur die dingliche Übertragung,[623] sondern auch das ihr zugrunde liegende schuldrechtliche Geschäft ansieht[624] (→ Rn. 35). Entscheidend ist nach der zuletzt genannten Auffassung die Erwerbsverpflichtung, an der es bei einer Kaufoption der Gesellschaft gerade fehlt.[625] Dementsprechend setzt der Erwerb einer Kaufoption auf eigene Aktien nicht voraus, dass einer der Tatbestände des Abs. 1 erfüllt wäre.[626] Ebenso wenig muss beim Optionserwerb die 10 %-Grenze des Abs. 2 S. 1 eingehalten werden und die Rücklage für eigene Aktien nach Abs. 2 S. 2 gebildet werden können. Sofern physische Lieferung vereinbart ist, führt allerdings die Ausübung der Option zum Erwerb eigener Aktien. Das gilt unabhängig davon, ob es sich um eine dingliche oder um eine schuldrechtliche Option handelt. Die **Ausübung** der Option ist daher **nur zulässig,** wenn einer der in Abs. 1 aufgeführten Erwerbsgründe vorliegt und die Voraussetzungen des Abs. 2 erfüllt sind.[627] Als Erwerbsgrund wird regelmäßig allein eine Ermächtigung der Hauptversammlung nach Abs. 1 Nr. 8 in Betracht kommen.[628]

188 **bb) Gleichbehandlung der Aktionäre.** Im Schrifttum wird teilweise danach differenziert, ob es sich beim Stillhalter (Veräußerer der Option) um einen Aktionär handelt oder nicht. Nur im ersten Fall soll der Gleichbehandlungsgrundsatz beim Erwerb von Kaufoptionen zu beachten sein,

---

[618] BGHZ 92, 317 (319) = NJW 1985, 634 (635), BFH BStBl. II 1991, 300 = WM 1991, 627; ausf. *Kniehase*, Derivate auf eigene Aktien, 2005, 28 f.
[619] Dazu *Wiederholt*, Rückkauf eigener Aktien (§ 71 AktG) unter Einsatz von Derivaten, 2006, 75 f.
[620] Eingehend zu den handelsüblichen Optionsarten *Wiederholt*, Rückkauf eigener Aktien (§ 71 AktG) unter Einsatz von Derivaten, 2006, 30 ff.
[621] Vgl. etwa *Ihrig* FS Ulmer, 2003, 829; *Johannsen-Roth* ZIP 2011, 407.
[622] MüKoAktG/*Oechsler* Rn. 82; Großkomm AktG/*Merkt* Rn. 379; K. Schmidt/Lutter/*T. Bezzenberger* Rn. 9; Bürgers/Körber/*Wieneke* Rn. 5a; Grigoleit/*Rachlitz* Rn. 33; NK-AktR/*Block* Rn. 6; *Wiederholt*, Rückkauf eigener Aktien (§ 71 AktG) unter Einsatz von Derivaten, 2006, 65; *Mick* DB 1999, 1201 (1203); *Schmid/Mühlhäuser* AG 2001, 493 (494 f.); *Vetter* AG 2003, 478 (479); *Johannsen-Roth* ZIP 2011, 407 (408); aA *Eckert*, Der Erwerb eigener Aktien auf dem Prüfstand der Rechtstatsachenforschung, 2013, 309 f. der auch hier erst den Zeitpunkt der Aktienübertragung für maßgeblich hält; etwas anderes kann ausnahmsweise dann gelten, wenn die Optionsbedingungen und der Optionspreis so festgesetzt sind, dass von vornherein nur die Ausübung der Option in Betracht kommt.
[623] So *Lüken*, Der Erwerb eigener Aktien nach §§ 71 ff. AktG, 2004, 165; *Wiederholt*, Rückkauf eigener Aktien (§ 71 AktG) unter Einsatz von Derivaten, 2006, 31 ff.; *Mick* DB 1999, 1201 (1203); *Grobecker/Michel* DB 2001, 1757 (1763); *Schmid/Mühlhäuser* AG 2001, 493 (494).
[624] So Kölner Komm AktG/*Lutter/Drygala* Rn. 32; MüKoAktG/*Oechsler* Rn. 73; wohl auch Hüffer/Koch/*Koch* Rn. 4.
[625] Zutr. *Vetter* AG 2003, 478 (479).
[626] Anders sec. 694 (2), (3), Companies Act 2006, wonach der Erwerb einer Call Option nur aufgrund einer mit der ¾-Mehrheit (sec. 283 Companies Act 2006) erteilten Ermächtigung der Gesellschafterversammlung zulässig ist.
[627] MüKoAktG/*Oechsler* Rn. 82.
[628] Vgl. *Wiederholt*, Rückkauf eigener Aktien (§ 71 AktG) unter Einsatz von Derivaten, 2006, 115.

während im zweiten Fall auch ein zwischenzeitlicher Aktienerwerb durch den Stillhalter nichts an der Unanwendbarkeit des § 53a ändere.[629] Demgegenüber nehmen andere an, der **Erwerb** einer **Kaufoption von einem Finanzdienstleister** sei selbst dann nicht dem mitgliedschaftlichen Bereich zuzurechnen, wenn die Bank Aktionärin der Gesellschaft sei, denn sie sei an dem Geschäft nicht in ihrer Eigenschaft als Verbandsmitglied beteiligt.[630] Sofern physische Lieferung von Aktien vereinbart ist, setzt die Erfüllung des Anspruchs der Gesellschaft indessen voraus, dass der Stillhalter sich jedenfalls die Verfügungsmöglichkeit über die notwendige Zahl von Aktien verschafft. Die Transaktion ist daher nicht anders zu behandeln als andere Geschäfte, die mit einem Dritten im Hinblick auf seine zukünftige Aktionärseigenschaft geschlossen werden und die aus diesem Grund den für Aktionäre geltenden Bestimmungen und Grundsätzen unterworfen sind.[631] Die Gesellschaft müsste also allen Aktionären anbieten, von ihnen Kaufoptionen zu erwerben, es sei denn, es läge ein sachlicher Grund für eine unterschiedliche Behandlung vor. Dabei ist zunächst zu beachten, dass nach Abs. 1 Nr. 8 S. 4 ein Erwerb über die Börse dem Gleichbehandlungsgrundsatz genügt.[632] Rechtspolitische Kritik an dieser Regelung rechtfertigt es nicht, ihre Anwendung auf Optionsgeschäfte zu verneinen.[633] Dagegen ist der Umstand, dass es sich bei Optionsbedingungen um verhältnismäßig komplexe und nicht vollständig standardisierte Verträge handelt, kein hinreichender Grund dafür, den Erwerb von Kaufoptionen auf solche Veräußerer zu beschränken, die derartige Rechte anbieten, weil man von der Gesellschaft nicht verlangen könne, selbst Optionsbedingungen zu entwerfen.[634] Es bereitet der Gesellschaft keinen unzumutbaren Aufwand, die Bedingungen, zu denen Optionen auf ihre Aktien angeboten werden, zu übernehmen. Das praktische Bedürfnis, Kaufoptionen auf eigene Aktien von einem an der Gesellschaft nicht beteiligten Finanzdienstleister erwerben zu können, lässt sich indessen dadurch mit dem Gleichbehandlungsgrundsatz vereinbaren, dass der **Finanzdienstleister sich** in dem Vertrag mit der Gesellschaft **verpflichtet**, die zur Erfüllung seiner Verpflichtung aus der Option erforderlichen **Aktien** seinerseits **unter Wahrung des Gleichbehandlungsgrundsatzes,** insbesondere über die Börse, **zu erwerben.**[635] Wie § 186 Abs. 5 zeigt, ist dem Aktionärsschutz bei Kapitalmaßnahmen Genüge getan, wenn ein von der Gesellschaft eingeschalteter Finanzdienstleister ihre Verpflichtungen gegenüber den Aktionären übernimmt. Auf diese Weise ist dem Anliegen, den Aktionären eine gleichmäßige Liquidation ihrer Beteiligung zu ermöglichen, Rechnung getragen, ohne dass der Optionserwerb durch die Gesellschaft übermäßig erschwert würde.

Für den Erwerb eigener Aktien ist umstritten, ob dem Gleichbehandlungsgrundsatz Genüge getan ist, wenn alle Aktionäre die Möglichkeit haben, einen ihrer jeweiligen Beteiligungsquote entsprechenden Teil ihrer Aktien im Rahmen eines Aktienrückkaufs an die Gesellschaft zu veräußern,[636] oder ob Abs. 1 Nr. 8 S. 3 iVm § 53a darüber hinaus eine **ergebnisorientierte Gleichbehandlung** dergestalt fordert, dass den Aktionären, gleichsam in Umkehrung des Bezugsrechts, ein (handelbares) Andienungsrecht zusteht, aufgrund dessen sie von der Gesellschaft die Übernahme von Aktien entsprechend ihrer Beteiligungsquote verlangen können[637] und das nur durch einen Beschluss der Hauptversammlung nach Maßgabe der für das Bezugsrecht geltenden Grundsätze ausgeschlossen werden kann.[638] Wie

---

[629] *Mick* DB 1999, 1201 (1205); *Vetter* AG 2003, 478 (479).
[630] *Grobecker/Michel* DStR 2001, 1757 (1763); *Möller,* Rückerwerb eigener Aktien, 2005, Rn. 273.
[631] Ebenso im Erg. *Wiederholt,* Rückkauf eigener Aktien (§ 71 AktG) unter Einsatz von Derivaten, 2006, 88 f.; *Johannsen-Roth* ZIP 2011, 407 (411). Allgemein zur Erstreckung der Vermögensbindung auf künftige Aktionäre vgl. etwa Hüffer/Koch/*Koch* § 57 Rn. 18 mN.
[632] Dazu im vorliegenden Zusammenhang *Wiederholt,* Rückkauf eigener Aktien (§ 71 AktG) unter Einsatz von Derivaten, 2006, 73 f.
[633] AA *Paefgen* AG 1999, 67 (71).
[634] So aber *Vetter* AG 2003, 478 (479); *Johannsen-Roth* ZIP 2011, 407 (412); *Kniehase,* Derivate auf eigene Aktien, 2005, 238.
[635] Ebenso im Erg. Bürgers/Körber/*Wieneke* Rn. 5a; *Grobecker/Michel* DStR 2001, 1757 (1762); *Kruchen* AG 2014, 655 (656); *Möller,* Rückerwerb eigener Aktien, 2005, Rn. 274; *Kniehase,* Derivate auf eigene Aktien, 2005, 240.
[636] So *Benckendorf,* Erwerb eigener Aktien im deutschen und US-amerikanischen Recht, 1998, 242 ff.; *T. Bezzenberger,* Der Erwerb eigener Aktien durch die AG, 2002, Rn. 136; *Lüken,* Der Erwerb eigener Aktien nach §§ 71 ff. AktG, 2004, 154; *Möller,* Rückerwerb eigener Aktien, 2005, Rn. 240; *Wastl/Wagner/Lau,* Der Erwerb eigener Aktien aus juristischer Sicht, 1997, 134 ff.; *Baum* ZHR 167 (2003) 580 (595); *Budde* FS Offerhaus, 1999, 659 (666 f.); *v. Rosen/Helm* AG 1996, 434 (439 f.); *Wastl* DB 1997, 461 (464).
[637] Großkomm AktG/*Henze/Notz* § 53a Rn. 34; *Seibert/Kiem,* HdB der kleinen AG, 4. Aufl. 2000, Rn. 905; *Habersack* ZIP 2004, 1121 (1125); MüKoAktG/*Oechsler* Rn. 97, 223 ff.; *Oechsler* ZHR 170 (2006) 72 (86); *Paefgen* AG 1999, 67 (68 f.); *Paefgen* ZIP 2002, 1509 (1510 f.); *Kniehase,* Derivate auf eigene Aktien, 2005, 246; sympathisierend *Huber* FS Kropff, 1997, 101 (115 ff.).
[638] Dabei ist zwischen den Vertretern dieser Lehre umstritten, ob ein solcher Beschluss entsprechend § 186 Abs. 3 S. 2 AktG eine Dreiviertelmehrheit voraussetzt (so etwa *Paefgen* AG 1999, 67 (71)) oder ob eine einfache Mehrheit ausreicht (so etwa MüKoAktG/*Oechsler* Rn. 224).

indessen schon Abs. 1 Nr. 8 S. 4 zeigt, **bestehen** solche **Andienungsrechte** von Gesetzes wegen beim Aktienrückkauf **nicht** (näher → Rn. 120 f.). Beim Erwerb von Kaufoptionen auf eigene Aktien, die nicht einmal notwendigerweise zu einem Erwerb eigener Aktien führen, stehen sie den Aktionären erst recht nicht zu.[639]

190 cc) **Gegenwert.** Eine Erwerbsermächtigung durch die Hauptversammlung nach Abs. 1 Nr. 8 muss gem. S. 1 der Vorschrift ua den niedrigsten und den höchsten Gegenwert festlegen, zu dem die Gesellschaft eigene Aktien erwerben darf. Bei einem Erwerb durch Ausübung einer Kaufoption ist umstritten, ob der Gegenwert aus dem **Basispreis**[640] **zuzüglich** der von der Gesellschaft gezahlten **Optionsprämie**[641] **oder** aus der **Summe von Basispreis und dem aktuellen Wert des Optionsrechts**[642] besteht. Ein Aktienerwerb durch Ausübung einer Kaufoption kommt nur in Betracht, wenn der aktuelle Aktienkurs über dem Ausübungspreis liegt. Aus diesem Grund ist beim Erwerb von Kaufoptionen allein die Frage nach der maßgeblichen Preisuntergrenze von Interesse. Bei starkem Ansteigen des Aktienkurses besteht die Gefahr, dass die Summe aus Optionsprämie und Ausübungspreis geringer als der niedrigste Gegenwert ist. Nach der ersten Auffassung dürfte die Gesellschaft in diesem Fall die Option nicht ausüben und müsste daher auf eine besonders günstige Erwerbsmöglichkeit verzichten.[643] Nach der zweitgenannten Ansicht wäre ein Erwerb hingegen stets zulässig. Da der Wert einer Kaufoption annähernd der Differenz zwischen Marktwert der Aktie und Ausübungspreis entspricht, läge der von der Gesellschaft für den Aktienerwerb aufgewandte Gegenwert immer nahe am Börsenkurs.[644]

191 Für die zuerst genannte Ansicht spricht auf den ersten Blick, dass die Gesellschaft die Optionsprämie tatsächlich aufgewendet und sie daher einen Teil des Gesamtbetrages darzustellen scheint, den die Gesellschaft für den Erwerb entrichtet.[645] Auch bilanzrechtlich[646] und steuerrechtlich[647] stellt die Optionsprämie einen Teil der Anschaffungskosten für die Aktien dar. Das Problem, dass bei steigenden Aktienkursen der Ansatz des gezahlten Optionspreises statt des aktuellen Optionswertes zu einer Unterschreitung der Preisuntergrenze führen kann, lässt sich durch Festlegung eines sehr niedrigen geringsten Gegenwerts vermeiden.[648] Die **besseren Gründe sprechen** indessen **für den Ansatz des aktuellen Optionswertes** als Teil der von der AG für den Aktienerwerb erbrachten Gegenleistung. Wenn der aktuelle Börsenkurs der Aktie höher ist als der Ausübungspreis, die Option also einen positiven Wert hat, könnte der Vorstand die Option veräußern statt sie auszuüben und den Erlös für den Erwerb der Aktie verwenden. Da der Wert der Option annähernd der Differenz zwischen aktuellem Marktpreis und Ausübungspreis entspricht, würde die Gesellschaft in diesem Fall die Summe aus aktuellem Wert der Option und Ausübungspreis für den Aktienerwerb aufwenden.[649] Der Umstand, dass die Gesellschaft sich den Umweg über die Veräußerung der Option erspart, ändert nichts am wirtschaftlichen Gehalt des Erwerbsvorgangs. Die bilanzrechtliche Behandlung des Aktienerwerbs kraft Optionsausübung beruht auf spezifisch bilanzrechtlichen Erwägungen, die einen Ansatz der Option mit einem über den Anschaffungskosten liegenden Wert nicht zulassen. Für die gesellschaftsrechtliche Beurteilung der Gegenleistung sind sie nicht entscheidend. **Maßgeblich** ist insoweit vor allem der **Zweck des Beschlusserfordernisses nach Abs. 1 Nr. 8 S. 1.** Die Festlegung einer Preisuntergrenze soll der Gefahr vorbeugen, dass der Vorstand selbst dann noch in eigene Aktien investiert, wenn die Bewertung durch den Markt zeigt, dass diese Anlage besonders

---

[639] *Johannsen-Roth* ZIP 2011, 407 (412).
[640] Dazu, dass er allein nicht den Gegenwert ausmacht *Wiederholt,* Rückkauf eigener Aktien (§ 71 AktG) unter Einsatz von Derivaten, 2006, 118 f.
[641] *Schmid/Mühlhäuser* AG 2004, 343; *Kruchen* AG 2014, 655 (657); *T. Bezzenberger* ZHR 180 (2016), 8 (33 ff.; 35, 44).
[642] *Butzke* WM 1995, 1389 (1392) (zu Nr. 7); *Möller,* Rückerwerb eigener Aktien, 2005, Rn. 53; *Vetter* AG 2003, 478 (480 f.); *Vetter* AG 2004, 344 f.); *Bürgers/Körber/Wieneke* Rn. 32; *Wiederholt,* Rückkauf eigener Aktien (§ 71 AktG) unter Einsatz von Derivaten, 2006, 124 f.; unklar MüKoAktG/*Oechsler* Rn. 202, der zusätzlich zum Basispreis und aktuellen Wert des Optionsrechts auch die Optionsprämie in Ansatz bringen will und damit den Wert der Option doppelt berücksichtigt.
[643] *Vetter* AG 2003, 478 (480); *Möller,* Rückerwerb eigener Aktien, 2005, Rn. 52.
[644] *Vetter* AG 2003, 478 (480 f.); grundsätzl. zust. *Kniehase,* Derivate auf eigene Aktien, 2005, 269 ff.; *Johannsen-Roth* ZIP 2011, 407 (413).
[645] *Schmid/Mühlhäuser* AG 2004, 343 (344) mit Beispielen für die unterschiedlichen Auswirkungen beider Ansätze.
[646] *Schmid/Mühlhäuser* AG 2004, 343 (344).
[647] Vgl. BMF-Schreiben v. 25.10.2004, IV C 3 – S. 2256 – 238/04, BStBl. I 2004, 1034 Tz 8.
[648] So allgemein die Empfehlung von *T. Bezzenberger,* Der Erwerb eigener Aktien durch die AG, 2002, Rn. 43; *Möller,* Rückerwerb eigener Aktien, 2005, Rn. 50.
[649] *Vetter* AG 2003, 478 (481); *Büscher,* Das neue Recht des Aktienrückkaufs, 2013, 95 f.

riskant ist (→ Rn. 109).⁶⁵⁰ Diese Gefahr kann gerade bei erheblichen Kursverlusten bestehen. Beruhen diese Verluste auf der negativen wirtschaftlichen Entwicklung der Gesellschaft, stellt uU auch ein Erwerb eigener Aktien zu einem auf den ersten Blick niedrigen Kurs keinen besonders günstigen Kauf dar. Dagegen wird die Summe von Ausübungspreis und Optionsprämie den im Beschluss festgesetzten niedrigsten Gegenwert nur dann unterschreiten, wenn der Kurs der Aktie erheblich gestiegen ist. Die Gefahr, dass der Vorstand zur Stützung der eigenen Position in wertlose eigene Aktien investiert, besteht hier folglich nicht. Diese teleologische Erwägung bestätigt, dass beim Einsatz von Kaufoptionen „Gegenwert" iSv Abs. 1 Nr. 8 S. 1 die Summe von Basispreis und dem aktuellen Wert des Optionsrechts ist.

b) Wahlrecht der Gesellschaft zwischen Aktienlieferung und Barausgleich. Die Erwägungen zur Gleichbehandlung der Aktionäre (→ Rn. 188 f.) und zum Gegenwert (→ Rn. 190 f.) gelten auch dann, wenn die Gesellschaft das Recht hat, statt Lieferung von Aktien Barausgleich zu verlangen. Trotz dieses Wahlrechts ist bei Erwerb der Option nicht auszuschließen, dass es zu einem Erwerb eigener Aktien kommen wird. Ebenso bestimmt sich der Gegenwert, den die Gesellschaft zu erbringen hat, wenn sie Lieferung von Aktien wählt, nach der Summe von Ausübungspreis und aktuellem Wert der Option. **192**

c) Auf Barausgleich gerichtete Kaufoptionen. Die Bedeutung des Gleichbehandlungsgrundsatzes ist erheblich eingeschränkt, wenn die Option von vornherein ausschließlich auf Barausgleich gerichtet ist. Die Lieferung von Aktien kann nur durch einen Aktionär erfolgen. Dementsprechend gebietet der Gleichbehandlungsgrundsatz beim Erwerb eigener Aktien oder darauf gerichteter Optionen, dass unter gleichen Voraussetzungen alle Aktionäre gleichmäßig die Möglichkeit erhalten, ihre Anteile der Gesellschaft anzudienen. Demgegenüber ist eine aktienkursabhängige Geldzahlung unabhängig von der Aktionärsstellung möglich. Die Gesellschaft ist daher beim Erwerb von auf Barausgleich gerichteten Kaufoptionen nur dann zu gleichmäßiger Behandlung ihrer Aktionäre verpflichtet, wenn sie einen Veräußerer gerade wegen dessen Mitgliedschaft auswählen will.⁶⁵¹ **193**

3. Veräußerung von Verkaufsoptionen. a) Verkaufsoptionen auf Lieferung von Aktien. aa) Zeitpunkt des Aktienerwerbs. Mit der Veräußerung einer Verkaufsoption, die auf Lieferung (bzw. aus Sicht des Stillhalters auf Abnahme) von Aktien gerichtet ist, vermittelt die Gesellschaft dem Optionsinhaber das Recht, ihr eigene Aktien zu übertragen und dafür die Zahlung des Ausübungspreises zu verlangen. Zur Übertragung von Aktien kommt es zwar auch hier erst bei Ausübung der Option, die selbst dann nicht notwendigerweise erfolgen muss, wenn die Option zur Zeit der Begebung „im Geld" ist.⁶⁵² Anders als beim Erwerb einer Kaufoption durch die AG liegt aber die Erwerbsentscheidung nicht mehr bei der Gesellschaft. Fällt der Aktienkurs unter den Ausübungspreis, wird der Optionsinhaber die Option ausüben, so dass die Gesellschaft eigene Aktien entgeltlich erwerben muss. Das wirft die Frage auf, ob nicht bereits die Begebung der Verkaufsoption als Erwerb eigener Aktien zu qualifizieren ist, auf den §§ 71 ff. Anwendung finden.⁶⁵³ Die Antwort hängt davon ab, ob unter „Erwerb" iSv § 71 nur die dingliche Übertragung (enger Erwerbsbegriff)⁶⁵⁴ oder auch das zugrunde liegende schuldrechtliche Geschäft (weiter Erwerbsbegriff)⁶⁵⁵ zu verstehen ist (dazu iE → Rn. 35). Die Überlegenheit der Einbeziehung auch des schuldrechtlichen Geschäfts in den Erwerbsbegriff zeigt sich nicht zuletzt bei der Behandlung von Optionen. Bezogen auf die Begebung **194**

---

⁶⁵⁰ Für verfehlt halten das Erfordernis der Festlegung einer Preisuntergrenze etwa *T. Bezzenberger,* Der Erwerb eigener Aktien durch die AG, 2002, Rn. 43; *Johannsen-Roth,* Der Erwerb eigener Aktien, 2001, 168; *Möller,* Rückerwerb eigener Aktien, 2005, Rn. 50; *Schmid/Mühlhäuser* AG 2001, 493 (498).

⁶⁵¹ So im Erg. auch Grigoleit/*Grigoleit/Rachlitz* Rn. 33; *Ihrig* FS Ulmer, 2003, 829 (843 f.), der zu Unrecht *Paefgen* AG 1999, 67 (71, 74) für die Gegenauffassung in Anspruch nimmt. *Paefgen* behandelt aaO nicht den Erwerb, sondern die Ausgabe von auf Barausgleich gerichteten Kaufoptionen durch die Gesellschaft. Die dafür maßgebliche Erwägung, den Aktionären drohe bei zu hohem Barausgleich eine Verwässerung des Wertes ihrer Beteiligung, gilt nicht für den Fall des Erwerbs von Kaufoptionen. Strenger *Wiederholt,* Rückkauf eigener Aktien (§ 71 AktG) unter Einsatz von Derivaten, 2006, 89: Es sei davon auszugehen, dass der Geschäftspartner auch Optionen mit Barausgleich wegen der Aktionärseigenschaft ausgewählt werde.

⁶⁵² *Mick* DB 1999, 1201 (1203).

⁶⁵³ Bejahend MüKoAktG/*Oechsler* Rn. 81; Grigoleit/*Grigoleit/Rachlitz* Rn. 33; verneinend *Wiederholt,* Rückkauf eigener Aktien (§ 71 AktG) unter Einsatz von Derivaten, 2006, 75.

⁶⁵⁴ So *Wiederholt,* Rückkauf eigener Aktien (§ 71 AktG) unter Einsatz von Derivaten, 2006, 31 ff.; *Eckert,* Der Erwerb eigener Aktien auf dem Prüfstand der Rechtstatsachenforschung, 2013, 312 f.; *Lüken,* Der Erwerb eigener Aktien nach §§ 71 ff. AktG, 2004, 165; *Kniehase,* Derivate auf eigene Aktien, 2005, 222 ff.; *Mick* DB 1999, 1201 (1203); *Grobecker/Michel* DB 2001, 1757 (1763); *Schmid/Mühlhäuser* AG 2001, 493 (494); *Johannsen-Roth* ZIP 2011, 407 (409).

⁶⁵⁵ So Kölner Komm AktG/*Lutter/Drygala* Rn. 32; MüKoAktG/*Oechsler* Rn. 73; K. Schmidt/Lutter/*T. Bezzenberger* Rn. 7, 9; Hüffer/Koch/*Koch* Rn. 4; Bürgers/Körber/*Wieneke* Rn. 2.

von Verkaufsoptionen auf eigene Aktien folgern die Vertreter des engen Erwerbsbegriffs, dass die Voraussetzungen von Abs. 1 und 2 erst bei Übertragung der Aktien nach Ausübung der Option erfüllt sein müssten. Sei das nicht der Fall, habe dies die Nichtigkeit des schuldrechtlichen Geschäfts zur Folge.[656] Dabei ist wiederum umstritten, ob unter dem „schuldrechtlichen Geschäft" der Optionsvertrag[657] oder ein durch Ausübung der Option zustande gekommener Kaufvertrag[658] zu verstehen ist. Nach beiden Varianten hinge indessen die Durchsetzbarkeit einer von der Gesellschaft begebenen Verkaufsoption auf eigene Aktien von künftigen Umständen, namentlich der finanziellen Lage der Gesellschaft bei Optionsausübung und dem zu diesem Zeitpunkt vorhandenen Bestand an eigenen Aktien, ab. Damit wären von einer Gesellschaft als Stillhalterin begebene Verkaufsoptionen auf eigene Aktien mit erheblichen Unsicherheiten behaftet.[659] Für Optionsinhaber, denen es auf die Möglichkeit ankommt, sich ihrer Aktien zu einem bestimmten Preis zu entledigen und nicht lediglich einen Barausgleich zu vereinnahmen, wären sie als Mittel zur Absicherung wenig geeignet. Ein Ermächtigungsbeschluss zum Erwerb eigener Aktien wäre erst im Zeitpunkt der Optionsausübung erforderlich, über den aber – jedenfalls bei Optionen, die während eines Zeitraums ausgeübt werden können – nicht die Gesellschaft, sondern der Optionsinhaber entscheidet.[660] Demgegenüber ist nach dem **weiten Erwerbsbegriff** die Zulässigkeit einer solchen Transaktion nach den **Verhältnissen bei Abschluss des Optionsvertrages** zu beurteilen. Die Gesellschaft darf danach eine Verkaufsoption nur dann begeben, wenn bereits zu diesem Zeitpunkt ein Erwerbsgrund nach Abs. 1 vorliegt.[661] Weiterhin darf die **Zehnprozentgrenze** des Abs. 2 S. 1 zur Zeit der Optionsbegebung unter Berücksichtigung der von der Option erfassten Aktien nicht überschritten werden.[662] Bereits bei Begebung der Option ist damit sichergestellt, dass die Gesellschaft nicht gezwungen sein wird, eigene Aktien unter Verstoß gegen die Erwerbsbeschränkungen von Abs. 1, Abs. 2 S. 1 zu übernehmen.

195 Unter Geltung von § 71 Abs. 2 S. 2 AktG, § 272 Abs. 4 HGB in der bis zum Inkrafttreten des BilMoG geltenden Fassung musste die Gesellschaft, sofern die Aktien bei Erwerb nicht eingezogen werden sollten, **bereits bei Optionsbegebung** zu Lasten freier Mittel eine **Rücklage** für eigene Aktien nach § 272 Abs. 4 HGB bilden, obwohl zu dieser Zeit noch nicht fest stand, ob die Option ausgeübt werden würde und sie die Aktien übernehmen müsste. Die Optionsprämie ist nach hL bilanziell durch sonstige Verbindlichkeiten oder durch eine Rückstellung zu neutralisieren.[663] Der Rücklage für eigene Aktien, in der die Aktien mit dem Ausübungspreis abzüglich der vereinnahmten Optionsprämie[664] anzusetzen waren, stand daher kein entsprechendes Aktivum gegenüber. Sie führte folglich zu einer Reduzierung des Bilanzgewinns. Eine spätere Übernahme der Aktien gegen Zahlung des Ausübungspreises wirkte sich dagegen nicht auf die Höhe des Bilanzgewinns aus; das Gleiche galt für eine anschließende Teilwertabschreibung der Aktien, die zu einer entsprechenden Reduzierung der Rücklage für eigene Aktien führte. Kam es nicht zur Ausübung der Option, war die Rücklage für eigene Aktien gewinnerhöhend (vgl. § 158 Abs. 1 Nr. 3b) aufzulösen. Auf diese Weise wurde das mit der Option verbundene Risiko bereits bei ihrer Begebung vollständig erfasst. Damit war sichergestellt, dass es nicht bei Optionsausübung zu einer Erhöhung des Bilanzgewinns infolge eines Erwerbs eigener Aktien kam; zugleich wurde die für den Optionserwerber notwendige Rechtssicherheit gewährleistet. Nach der Änderung des Abs. 2 S. 2 durch das BilMoG muss die Gesellschaft zwar eine Rücklage für eigene Aktien nicht mehr bilden; sie müsste aber bei Optionsbegebung dazu in der Lage sein, ohne das Grundkapital oder gebundene Rücklagen zu mindern. Dadurch ist indessen nicht sicher gestellt, dass die Gesellschaft nicht bis zur Fälligkeit der Option die Rücklagen für Ausschüttungen an ihre Aktionäre verwendet und daher bei Optionsausübung den Erwerbspreis ganz oder teilweise aus Mitteln entrichten muss, die sie für Zuwendungen an Aktionäre nicht verwenden dürfte. Die Absetzung eines noch nicht gezahlten Erwerbspreises vom Grundkapital oder seine Verrechnung mit den frei verfügbaren Rücklagen kommt nicht in Betracht. Der gebotene Gläubigerschutz ist folglich zu gewährleisten, indem zu Lasten der frei verfügbaren Rücklagen eine Rückstellung für die Verbindlichkeit gegenüber dem Optionsinhaber in Höhe des Ausübungspreises abzüglich der Optionsprämie gebildet wird, denn aus Sicht der Gesellschaft stellen

---

[656] Schmid/Mühlhäuser AG 2001, 493 (495).
[657] So *Paefgen* AG 1999, 67 (73 f.); MüKoAktG/*Oechsler* Rn. 81, 246.
[658] *Mick* DB 1999, 1201 (1203).
[659] Vgl. dazu *Kniehase*, Derivate auf eigene Aktien, 2005, 257 ff.
[660] *Johannsen-Roth* ZIP 2011, 407 (409).
[661] Kölner Komm AktG/*Lutter/Drygala* Rn. 37; MüKoAktG/*Oechsler* Rn. 81.
[662] AA auf der Grundlage des engen Erwerbsbegriffs *Wiederholt*, Rückkauf eigener Aktien (§ 71 AktG) unter Einsatz von Derivaten, 2006, 128.
[663] Vgl. BFH BStBl. II 2004, 126 = NZG 2003, 739; *Schmid/Mühlhäuser* AG 2001, 493 (503); *ADS* HGB § 246 Rn. 373; BeBiKo/*Förschle* HGB § 246 Rn. 151.
[664] Sie mindert bei Ausübung der Option die Anschaffungskosten für Aktien, dazu → Rn. 197.

die eigenen Aktien, die sie bei Optionsausübung erwerben muss, keine werthaltige Gegenleistung für den von ihr zu zahlenden Ausübungspreis dar. Bei Optionsausübung ist die Rückstellung dergestalt aufzulösen, dass der Nennbetrag oder anteilige Betrag des Grundkapitals der Aktien nach § 272 Abs. 1a S. 1 HGB in der Vorspalte offen vom Grundkapital abgesetzt und der Differenzbetrag den frei verfügbaren Rücklagen zugeschlagen wird, zu deren Lasten die Rückstellung gebildet worden war. Damit steht die Gesellschaft bilanziell so, als ob sie die Aktien ohne vorgängiges Optionsgeschäft erworben hätte: Auch in diesem Fall wäre der Nennbetrag der eigenen Aktien offen vom Grundkapital abzusetzen und ein darüber hinausgehender Betrag mit den frei verfügbaren Rücklagen zu verrechnen. Die ausschüttungsfähigen Mittel werden in beiden Fällen lediglich um denjenigen Teil des Erwerbspreises gemindert, den die Gesellschaft über den Nennbetrag der eigenen Aktien hinaus zahlt.

bb) Gleichbehandlung der Aktionäre. Ebenso wenig wie den Aktionären beim Erwerb von Kaufoptionen auf eigene Aktien durch die Gesellschaft ein Andienungsrecht zusteht, besteht bei der Ausgabe von Verkaufsoptionen ein Bezugsrecht auf solche Finanztitel. Der Schutz der Aktionäre beschränkt sich vielmehr auf den Gleichbehandlungsgrundsatz. Da die Lieferung der Aktien bei Ausübung der Verkaufsoption voraussetzt, dass der Stillhalter sich jedenfalls die Verfügungsmöglichkeit über die notwendige Zahl von Aktien verschafft, gebietet er auch dann die gleichmäßige Behandlung aller Aktionäre, wenn ein von der Gesellschaft in Aussicht genommener Optionserwerber noch nicht an ihr beteiligt ist. Allerdings lässt der Gleichbehandlungsgrundsatz Raum für **Differenzierungen aus sachlichem Grund,** ohne dass dafür ein Beschluss der Hauptversammlung erforderlich wäre, wie er für den Ausschluss des Bezugsrechts erforderlich ist. Schließlich genügt gem. Abs. 1 Nr. 8 S. 4 auch eine Veräußerung von Verkaufsoptionen über die Börse dem Gleichbehandlungsgrundsatz.

cc) Gegenwert. Beruht die Begebung der Verkaufsoption auf einer Ermächtigung nach Abs. 1 Nr. 8, muss der von der Gesellschaft aufzubringende Gegenwert sich innerhalb der im Beschluss festgelegten Grenzen bewegen. Bei Ausübung der Option übernimmt die Gesellschaft die Aktien gegen Zahlung des Ausübungspreises. Da die Verpflichtung der Gesellschaft, bei Optionsausübung eigene Aktien zum Ausübungspreis zu übernehmen, als Erwerb iSv § 71 zu qualifizieren ist,[665] ist die dafür vereinnahmte **Optionsprämie vom Ausübungspreis abzuziehen.** Immerhin muss aber die Hauptversammlung die möglicherweise dennoch erhebliche Abweichung des Ausübungspreises vom niedrigeren Börsenkurs bei Ausübung der Option in ihrem Beschluss zulassen.

b) Wahlrecht des Optionsinhabers zwischen Aktienlieferung und Barausgleich. Die Erwägungen zum Erwerbszeitpunkt (→ Rn. 194 f.), zur Gleichbehandlung der Aktionäre (→ Rn. 196) und zum Gegenwert (→ Rn. 197), die für auf Lieferung von Aktien gerichtete Optionen maßgeblich sind, gelten auch dann, wenn der Optionsinhaber das Recht hat, statt Abnahme von Aktien Barausgleich zu verlangen. Steht das Wahlrecht dem Optionsinhaber zu, hat die Gesellschaft ebenso wenig wie bei einer allein auf Aktienlieferung gerichteten Verkaufsoption Einfluss auf die Übernahme eigener Aktien.

c) Auf Barausgleich gerichtete Verkaufsoptionen. Sofern für den Fall der Optionsausübung Barausgleich vereinbart ist oder die Gesellschaft zwischen Abnahme der Aktien und Barausgleich wählen kann, schuldet sie als Stillhalterin nicht die Übernahme eigener Aktien, sondern lediglich **Zahlung der Differenz zwischen dem Ausübungspreis und dem Marktpreis** zum Stichtag.[666] Die hL verneint hier das Vorliegen eines Erwerbs iSv § 71, weil es nicht zum Erwerb der Mitgliedschaft kommt.[667] Die typischen Gefahren des Erwerbs eigener Aktien lägen bei Optionen mit Barausgleich nicht vor. Weder könne der Vorstand Einfluss auf die Zusammensetzung des Aktionärskreises nehmen noch bestehe die Gefahr einer Ungleichbehandlung der Aktionäre.[668] Es wird zwar eingeräumt, dass die Gesellschaft im Ergebnis das Risiko der negativen Wertentwicklung der Aktie trägt. Das sei aber nicht anders zu beurteilen als bei jedem anderen Termingeschäft. Daran ändere auch der Umstand nichts, dass es bei einer Wette auf die positive Kursentwicklung der eigenen Aktie bei schlechter Geschäftsentwicklung zu dem für den Erwerb eigener Aktien charakteristischen Doppelschaden aus allgemeinen Wertverlusten und Kursverlusten kommen könne; § 71 beschränke

---

[665] Anders die steuerrechtliche Zweivertragstheorie, vgl. BFH BStBl. II 1991, 300 = WM 1991, 627.
[666] MüKoAktG/*Oechsler* Rn. 83.
[667] *Mick* DB 1999, 1201 (1202, 1204); MüKoAktG/*Oechsler* Rn. 84; Bürgers/Körber/*Wieneke* Rn. 5b; *Eckert*, Der Erwerb eigener Aktien auf dem Prüfstand der Rechtstatsachenforschung, 2013, 313; *Schmid/Mühlhäuser* AG 2001, 493 (495); *Ihrig* FS Ulmer, 2003, 829 (834 ff.); aA K. Schmidt/Lutter/*T. Bezzenberger* Rn. 9; *Paefgen* AG 1999, 67 (71).
[668] MüKoAktG/*Oechsler* Rn. 84.

diese Art der Risikoübernahme nicht.[669] Dem Vorstand sei es schließlich auch erlaubt, Optionen auf eigene Aktien zu kaufen und zu verkaufen, obwohl bei falscher Wette ähnliche Verluste drohten.[670]

200 Der Umstand, dass der Erwerb von Kaufoptionen auf eigene Aktien nicht von § 71 erfasst ist, lässt indessen keinen Schluss auf die Zulässigkeit der Ausgabe von Verkaufsoptionen zu. Zwar hängt der Wert der Kaufoption auch vom Aktienkurs ab. Schlimmstenfalls droht hier aber der Verlust der Optionsprämie. Dagegen trägt die Gesellschaft bei Veräußerung einer Verkaufsoption das **Risiko von Kursverlusten in vollem Umfang.** Insoweit unterscheidet sich das Vermögensrisiko für die Gesellschaft, ihre Gläubiger und Aktionäre nicht nennenswert von demjenigen beim Erwerb eigener Aktien. Jedenfalls für börsennotierte Gesellschaften bedeutet es wirtschaftlich keinen erheblichen Unterschied, ob die Gesellschaft bei Ausübung der Option den Barausgleich leistet oder die Aktien gegen Zahlung des Ausübungspreises übernimmt und sogleich mit geringerem Marktpreis weiterveräußert. Zwar erhält die Gesellschaft für das Eingehen der Stillhalterposition in Form der Optionsprämie eine Gegenleistung, die ihr auch dann verbleibt, wenn die Option nicht ausgeübt wird. Erkennt man aber an, dass bereits im Abschluss eines Optionsgeschäfts ein Erwerbstatbestand iSv § 71 zu sehen sein kann, der unter aktienrechtlichen Gesichtspunkten mit einer späteren Aktienübernahme eine Einheit bildet, stellt sich für den Fall der Optionsausübung die Prämie lediglich als eine Reduzierung des von der Gesellschaft geschuldeten Gegenwerts dar. Der **Vergleich mit anderen Spekulationsgeschäften,** die einzugehen dem Vorstand nicht verwehrt sein mag, ist bestenfalls **begrenzt tragfähig.** Das Risiko einer Verwässerung des Wertes der Beteiligung der Aktionäre durch die Vereinbarung einer zu geringen Optionsprämie oder aus Sicht der Gesellschaft ungünstiger Optionsbedingungen unterscheidet sich zwar nicht grundsätzlich von den Gefahren anderer Finanztransaktionen.[671] Den Beschränkungen des Erwerbs eigener Aktien liegt aber nicht zuletzt die Erwägung zugrunde, dass der Vorstand nicht dazu berufen ist, auf die Wertentwicklung des eigenen Unternehmens zu wetten.[672] Schließlich ist der Erwerb von Verkaufsoptionen mit Barausgleich im Hinblick auf die **Gleichbehandlung der Aktionäre** nicht von vornherein unproblematisch. Sofern derartige Optionen an Aktionäre veräußert werden, nimmt ihnen die Gesellschaft gegen Zahlung der Optionsprämie das Risiko eines Kursverfalls ab. Bei einer selektiven Begebung solcher Optionen an einzelne Aktionäre kann sich die Ungleichbehandlung sogar noch weitergehend auswirken als beim Erwerb eigener Aktien. Während sich die veräußernden Aktionäre dort zugleich mit ihren Aktien der Chance entäußern, an Wertsteigerungen zu partizipieren, erhalten sie hier von der Gesellschaft eine Sicherung gegen Wertverluste, ohne ihre Gewinnchance aufzugeben. Anders als bei auf Lieferung von Aktien gerichteten Optionen setzen Optionen mit Barausgleich zwar nicht voraus, dass der Optionsinhaber bei Ausübung der Option zumindest der Verfügungsmöglichkeit über Aktien der Gesellschaft verschafft. Die Begebung von Verkaufsoptionen mit Barausgleich an Dritte ist daher unter Gleichbehandlungsgesichtspunkten unbedenklich. Wählt die Gesellschaft aber Optionserwerber gerade im Hinblick auf ihre Aktionärsstellung aus, muss sie diese Möglichkeit der Kurssicherung auch den übrigen Aktionären anbieten.

201 Zutreffend ist allerdings, dass die mit dem Erwerb eigener Aktien verbundenen **Gefahren für die aktienrechtliche Kompetenzordnung** bei Begebung von Verkaufsoptionen mit Barausgleich nicht drohen. Weder können unliebsame Aktionäre ausgekauft werden noch bedarf es der Anwendung von § 71b, um eine Einflussnahme des Vorstands auf die eigene Hauptversammlung zu unterbinden. Die Kapitalverhältnisse und die Zahl der ausgegebenen Aktien bleiben unverändert.[673] Ebenso wenig lassen sich die Bestandshöchstgrenze des Abs. 2 S. 1, das Erfordernis der Volleinzahlung nach Abs. 2 S. 3 und die Veräußerungspflichten nach § 71c ohne weiteres auf Optionen mit Barausgleich anwenden.

202 Als **Fazit** ergibt sich damit, dass die Begebung von Verkaufsoptionen, bei denen ausschließlich Barausgleich vorgesehen ist, im Hinblick auf die Risiken für das Gesellschaftsvermögen einem Erwerb eigener Aktien durchaus vergleichbar ist, während die Gefahr einer Ungleichbehandlung der Aktionäre nur sehr beschränkt besteht und ein Störung der aktienrechtlichen Kompetenzordnung nicht zu befürchten ist. Aus diesem differenzierten Ergebnis kann nicht gefolgert werden, §§ 71 ff. beanspruchten für Verkaufsoptionen mit Barausgleich von vornherein keine Geltung. In Anbetracht der **im Hinblick auf** das zentrale **Anliegen des Vermögensschutzes vergleichbaren Risiken** solcher Optionen und des Erwerbs eigener Aktien bedarf vielmehr die Optionsbegebung eines Erwerbsgrundes nach Abs. 1. Regelmäßig kommt dafür nur eine Ermächtigung nach Nr. 8 dieser Bestimmung in Betracht. Dabei ist auch die 10 %-Erwerbsgrenze des Satzes 1 zu beachten.

---

[669] MüKoAktG/*Oechsler* Rn. 84; *Schmid/Mühlhäuser* AG 2001, 493 (495).
[670] So MüKoAktG/*Oechsler* Rn. 84, 94.
[671] Insoweit nicht überzeugend auch *Paefgen* AG 1999, 67 (71).
[672] *Lutter* AG 1997, August-Sonderheft, 52.
[673] *Ihrig* FS Ulmer, 2003, 829 (834).

Als Stillhalterin trägt die Gesellschaft das Risiko, dass die Option zu einem für sie unvorteilhaften 203
Kurs ausgeübt wird. Sie hat daher eine **Drohverlustrückstellung** zu bilden, soweit sich die Option
am Bilanzstichtag „im Geld" befindet, dh die erhaltene und passivierte Optionsprämie den Verlust
nicht deckt.[674] Umstritten ist dabei die Bemessung der Rückstellung. Nach der sog. Ausübungsmethode ist sie zu bilden, soweit am Bilanzstichtag die Differenz zwischen Ausübungspreis und gegenwärtigem Marktpreis größer ist als die passivierte Optionsprämie. Dagegen ist nach der überwiegend
vertretenen sog. Glattstellungsmethode eine Drohverlustrückstellung zu bilden, soweit die für ein
fiktives glattstellendes Gegengeschäft zu zahlende Prämie (Marktwert der Option) den Buchwert der
passivierten Prämie übersteigt.[675]

Die Gesellschaft kann allerdings die vorstehend erörterten **Beschränkungen** der Veräußerung 204
von Verkaufsoptionen nach § 71 Abs. 1 Nr. 8 weitgehend **vermeiden, wenn sie sich** spätestens bei
Veräußerung solcher Optionen gegen das Risiko des Kursverfalls **absichert**, etwa indem sie ihrerseits
auf Barausgleich gerichtete Verkaufsoptionen erwirbt. Da unter diesen Umständen das von der
Gesellschaft übernommene Kursrisiko jedenfalls bei Zahlungsfähigkeit des Stillhalters neutralisiert
ist, besteht kein Anlass für die partielle Anwendung von § 71.

4. Begebung von Kaufoptionen. a) Kaufoptionen auf Lieferung von Aktien. aa) Die AG 205
besitzt eigene Aktien. Verfügt die Gesellschaft über eigene Aktien, die sie am Markt platzieren
will, stellt die Ausgabe von Kaufoptionen eine Alternative zur unmittelbaren Veräußerung eigener
Aktien dar. Ebenso wenig, wie die Gesellschaft bei Begebung einer Verkaufsoption Einfluss auf deren
Ausübung und damit auf den Eintritt des Erwerbsfalls hat, kann sie hier als Stillhalterin das Entstehen
ihrer Pflicht zur Übertragung eigener Aktien beeinflussen. Das rechtfertigt es, bereits die Begebung
der Kaufoption als Veräußerung eigener Aktien zu qualifizieren.[676] Ebenso wie bei der unmittelbaren
Veräußerung eigener Aktien ohne Umweg über von der Gesellschaft ausgegebene Kaufoptionen
steht den Aktionären hier ein im Verhältnis zum Bezugsrecht eingeschränktes **Erwerbsrecht** zu (vgl.
dazu iE → Rn. 130 ff.). Der Vorstand darf solche Optionen folglich auch ohne Zustimmung der
Hauptversammlung über die Börse veräußern.[677] Bei der Veräußerung eigener Aktien ist damit
sowohl die Chancengleichheit für die Aktionäre untereinander und im Verhältnis zu Dritten gewährleistet als auch einer Wertverwässerung vorgebeugt. Letzteres könnte zwar auf den ersten Blick
bei der Veräußerung von Kaufoptionen zweifelhaft erscheinen, weil hier zwar der Optionspreis
marktgerecht ist, der Kurs der Aktie bei Ausübung der Option aber ohne weiteres erheblich höher
sein kann als die Summe aus Optionsprämie und Ausübungspreis, so dass die Gesellschaft möglicherweise erheblich weniger erhalten wird als den Marktpreis der Aktien zum Zeitpunkt ihrer Übertragung. Ebenso ist es aber möglich, dass es nicht zur Optionsausübung kommt und die Optionsprämie
der Gesellschaft zusätzlich zu den eigenen Aktien verbleibt. Die Höhe dieser Prämie wird maßgeblich
durch den Ausübungspreis beeinflusst, der seinerseits für die Wahrscheinlichkeit der Optionsausübung
von Bedeutung ist. Bei einem funktionierenden Markt bringt die Optionsprämie folglich das Risiko
der Vermögensverwässerung und die Chance des Gewinns zu einem angemessenen Ausgleich. Bei
einer Veräußerung von Kaufoptionen zum Börsenkurs besteht daher zwar ein Risiko der Wertverwässerung; dieses Risiko wird aber den Aktionären nicht einseitig aufgebürdet, sondern mit der Optionsprämie angemessen vergütet.[678] Aktionäre, die das Verhältnis von Chancen und Risiken für die
Gesellschaft ungünstiger einschätzen, haben überdies die Möglichkeit, ihrerseits solche Optionen zu
erwerben.

Im Übrigen ist ein Hauptversammlungsbeschluss auch dann entbehrlich, wenn die Aktionäre 206
gleichmäßig behandelt werden, dieselbe Möglichkeit wie Dritte haben, die Optionen zu erwerben
und schließlich eine Verwässerung des Wertes ihrer Beteiligung unter Berücksichtigung der Optionsbedingungen und der Optionsprämie ausgeschlossen ist. Bei **Abweichungen vom Gleichbehandlungsgrundsatz** oder bei der Begebung der Optionen an Dritte, ist ein Beschluss der Hauptversammlung mit qualifizierter Mehrheit erforderlich. Darüber hinaus bedarf die Ungleichbehandlung
oder der Ausschluss aller Aktionäre vom Optionserwerb einer sachlichen Rechtfertigung, wenn die
Optionsprämie nicht dem Börsenkurs entspricht.

bb) Die AG besitzt keine eigenen Aktien. Verfügt die Gesellschaft bei Begebung der Kaufop- 207
tion nicht über eigene Aktien, die sie bei Optionsausübung übertragen will, sondern muss sie die
im Fall der Optionsausübung zu liefernden Stücke erst beschaffen, ist die Optionsbegebung nur
zulässig, wenn der Gesellschaft für diesen Zweck ein **genehmigtes oder bedingtes Kapital** zur

---
[674] Vgl. etwa BeBiKo/*Hoyos*/M. *Ring* HGB § 249 Rn. 100 Stichwort „Optionsgeschäfte".
[675] *Windmöller/Breker* WPg 1995, 389 (396).
[676] Bürgers/Körber/*Wieneke* Rn. 5a.
[677] AA *Paefgen* AG 1999, 67 (71).
[678] Im Erg. ähnl. *Busch* AG 1999, 57 (64 f.).

Verfügung steht **oder** wenn sie sich durch ein **entsprechendes Gegengeschäft** mit einem Dritten absichert, etwa indem sie sich ihrerseits eine entsprechende Kaufoption einräumen lässt. Der Erwerb einer Kaufoption auf eigene Aktien stellt per se keinen Erwerb dieser Aktien dar, da die Gesellschaft ihr Erwerbsrecht nicht ausüben muss. Auch die Ausübung dieser Option und die Weitergabe der Aktien an die Berechtigten der von der Gesellschaft ausgegebenen Kaufoptionen muss nicht zu einem Erwerb oder einer Veräußerung eigener Aktien durch die Gesellschaft führen, die den Anforderungen des § 71 genügen müssten. Die Gesellschaft kann vielmehr die Rechte aus der von ihr erworbenen Kaufoption auf einen Treuhänder der Optionsberechtigten übertragen, der bei Ausübung der Option durch die Optionsberechtigten diese Gegenoption für Rechnung der Optionsberechtigten ausübt.[679] Im Ergebnis setzt die Gesellschaft in einem solchen Fall lediglich die Differenz der von ihr vereinnahmten und der von ihr gezahlten Optionsprämie aufs Spiel. Voraussetzung dafür, dass die vorstehenden Grundsätze über die Veräußerung von Kaufoptionen auf eigene Aktien keine Geltung beanspruchen ist allerdings, dass die Gesellschaft spätestens bei Begebung der Verkaufsoption ihrerseits über Kaufoptionen oder andere gleichwertige Sicherungsinstrumente verfügt, die das von ihr eingegangene Stillhalterrisiko abdecken. Ohne vorherige Absicherung der Lieferverpflichtung würde in unzulässiger Weise Druck auf die Aktionäre ausgeübt, einer Kapitalerhöhung zuzustimmen, um Schaden von der Gesellschaft abzuwenden.[680]

208 **b) Auf Barausgleich gerichtete Kaufoptionen.** Da die Gesellschaft hier auch im Fall der Optionsausübung keine eigenen Aktien übertragen muss, sondern lediglich Zahlung der Differenz zwischen dem aktuellen Aktienkurs und dem Ausübungspreis schuldet, finden nach überwiegender Auffassung §§ 71 ff. auf derartige Optionen keine Anwendung.[681] Auf den ersten Blick scheint die Interessenlage derjenigen bei einer Veräußerung von Verkaufsoptionen mit Barausgleich (→ Rn. 200) zu gleichen, denn auch hier übernimmt die Gesellschaft als Stillhalterin das Risiko der Entwicklung des Kurses der eigenen Aktie. Da die Ausübung der Option aber nur dann sinnvoll ist, wenn der Aktienkurs über den Ausübungspreis steigt, während die Gesellschaft im Hinblick auf das Optionsgeschäft von einem Kursrückgang der Aktie unter den Ausübungspreis profitiert, setzt der Vorstand hier auf **sinkende Kurse**. Die Tendenz zu übermäßigem Optimismus und das Bestreben, den Kurs der eigenen Aktien zu stützen, denen die Spekulationen der dreißiger Jahre des 20. Jahrhunderts und die Wiedereinführung strikter Erwerbsbeschränkungen geschuldet sind (→ Rn. 23 f.), liegen also gerade nicht vor. Das Risiko einer unzulässigen Verwendung von Informationsvorsprüngen durch den Vorstand lässt sich zwar nicht von vornherein ausschließen; derartigen Praktiken entgegenzuwirken ist indessen nicht mehr in erster Linie Sache der gesellschaftsrechtlichen Erwerbsbeschränkungen, sondern des Kapitalmarktrechts. Das Risiko, dass die Vermögensposition der Aktionäre auch bei der Vereinbarung von Barausgleich durch eine Fehlspekulation des Vorstands beeinträchtigt werden kann,[682] unterscheidet sich nicht grundsätzlich von anderen Finanztransaktionen.

209 **5. Erwerb von Verkaufsoptionen. a) Verkaufsoptionen auf Lieferung von Aktien.** Der Erwerb von Verkaufsoptionen, die auf die Übertragung von Aktien gerichtet sind, ermöglicht es der Gesellschaft, eigene Aktien zu einem bereits im Vorhinein festgelegten Preis zu veräußern und sich damit gegen sinkende Kurse abzusichern. Anders als bei der Veräußerung von Kaufoptionen liegt die Entscheidung über die Ausübung der Option hier bei der AG. Auf den ersten Blick ist bereits aus diesem Grund der Erwerb einer Verkaufsoption im Hinblick auf § 71 nicht als Veräußerung eigener Aktien zu qualifizieren. Die Ausübung der Verkaufsoption führt allerdings zum Aktienerwerb durch den Stillhalter. Das wirft die Frage auf, ob nicht der Erwerb solcher Optionen von Dritten unter Ausschluss der Aktionäre der Wertung des Abs. 1 Nr. 8 S. 4 und 5 widerspricht, weil damit das Erwerbsrecht der Aktionäre auf eigene Aktien umgangen würde. Maßgeblich für das, im Vergleich zum Bezugsrecht eingeschränkte, Erwerbsrecht der Aktionäre nach Abs. 1 Nr. 8 S. 4 und 5 ist indessen vornehmlich die Gefahr der Vermögensverwässerung bei Abgabe eigener Aktien unter Wert. Dieses Risiko besteht aber beim Erwerb von Verkaufsoptionen durch die AG gerade nicht. Die Gesellschaft wird die Option vielmehr nur ausüben, wenn der, nach der Wertung des Abs. 1 Nr. 8 S. 4 angemessene, Marktpreis der Aktien unter den Ausübungspreis gefallen ist. Eine **Vermögensverwässerung** ist daher jedenfalls im Hinblick auf den vom Stillhalter für die Aktien zu zahlenden

---

[679] *Busch* AG 1999, 57 (65 f.).
[680] Gegen eine Absicherungspflicht aber *Seiler* → § 221 Rn. 84.
[681] *Mick* DB 1999, 1201 (1204); *Ihrig* FS Ulmer, 2003, 829 (843 f.); *Eckert*, Der Erwerb eigener Aktien auf dem Prüfstand der Rechtstatsachenforschung, 2013, 311; Bürgers/Körber/*Wieneke* Rn. 5a; aA *Paefgen* AG 1999, 67 (71).
[682] Daraus will *Paefgen* AG 1999, 67 (71) ein Bezugsrecht der Aktionäre auf von der Gesellschaft ausgegebene Kaufoptionen auf eigene Aktien herleiten.

Preis von vornherein **ausgeschlossen**. Die Gefahr einer Beeinträchtigung ihrer Vermögensposition besteht zwar im Hinblick auf die Optionsprämie. Wenn sie zu hoch angesetzt ist, wendet die Gesellschaft dem Erwerber einen Vermögensvorteil zu. Dieses Risiko besteht aber auch bei anderen Optionsgeschäften, bei denen der Basiswert nicht aus eigenen Aktien besteht, ohne dass aus diesem Grund den Aktionären ein Andienungs- oder Erwerbsrecht auf solche Finanztitel zustünde.

Der **Gefahr selektiver Zuwendungen** an einzelne Aktionäre kann mit Hilfe des Gleichbehandlungsgrundsatzes begegnet werden. Allein das Interesse am Quotenerhalt, das bei der Veräußerung eigener Aktien ohnehin nur in geringerem Umfang als bei der Ausgabe junger Aktien im Rahmen einer Kapitalerhöhung geschützt wird (→ Rn. 132), ist für sich genommen keine hinreichende Grundlage für die entsprechende Anwendung von Abs. 1 Nr. 8 S. 4 und 5. Sofern die Gesellschaft den oder die Stillhalter nicht gerade wegen ihrer Aktionärsstellung auswählt, folgt daher aus dem Gleichbehandlungsgrundsatz nicht, dass sie ihren Aktionären anbieten müsste, ihnen solche Optionen entsprechend den Beteiligungsquoten anzudienen. 210

b) Auf Barausgleich gerichtete Verkaufsoptionen. Hier besteht für die Aktionäre weder das Risiko der Wertverwässerung noch das einer Reduzierung ihrer Beteiligungsquote. Ein **Andienungsrecht** steht ihnen daher **nicht zu**. Der Gefahr, dass die Gesellschaft einzelnen Aktionären durch Zahlung einer überhöhten Optionsprämie einen Vermögensvorteil zuwendet, kann mit Hilfe des Gleichbehandlungsgrundsatzes ausreichend begegnet werden.[683] 211

6. Verkaufsoptionen und Verschmelzung. Von einer Gesellschaft A an den Optionsberechtigten B ausgegebene Verkaufsoptionen auf Aktien einer anderen Gesellschaft C können sich aufgrund einer **verschmelzungsbedingten Gesamtrechtsnachfolge** in Verkaufsoptionen auf eigene Aktien verwandeln.[684] Dazu kann es insbesondere in drei Fällen kommen: A wird auf C verschmolzen, so dass die Stillhalterstellung der A auf C übergeht (Fall 1). C wird auf A verschmolzen (Fall 2). Hier stellt sich die Frage, ob sich die Option auf die A-Aktien bezieht, die B im Rahmen der Verschmelzung erhält oder ob die Erfüllung der Optionsausübung unmöglich wird, weil C-Aktien, die Gegenstand der Optionsvereinbarung waren, nicht mehr existieren. Werden schließlich sowohl A als auch C auf eine vierte Gesellschaft D verschmolzen (Fall 3), stellt sich die Frage, ob die Verpflichtung der A aus dem Optionsvertrag dergestalt auf D übergeht, dass D bei Optionsausübung anstelle der C-Aktien eigene D-Aktien erwerben muss. In Fall 1 liegt bei Begebung der Option kein Erwerb eigener Aktien vor, denn zu dem maßgeblichen Zeitpunkt der Optionsbegebung ist die Option nicht auf den Erwerb eigener Aktien durch A oder C gerichtet. Das ändert sich mit der Verschmelzung von A auf C. Der Übergang der Stillhalterposition auf C stellt sich als Erwerb eigener Aktien durch diese Gesellschaft dar. Da dieser Erwerb indessen im Wege der Gesamtrechtnachfolge gem. § 20 Abs. 1 Nr. 1 UmwG erfolgt, liegt ein Fall des zulässigen Erwerbs eigener Aktien nach Abs. 1 Nr. 5 vor.[685] Die aufnehmende Gesellschaft steht damit nicht anders als bei Ausübung der Option vor der Verschmelzung.[686] Im Fall 2 erhält B gem. § 20 Abs. 1 Nr. 3 S. 1 Hs. 1 UmwG für seine C-Aktien eine dem Umtauschverhältnis entsprechende Anzahl A-Aktien. Dem Willen der Parteien dürfte es regelmäßig entsprechen, dass die Put Option für C-Aktien nach der Verschmelzung als eine Verkaufsoption für eine dem Umtauschverhältnis entsprechende Anzahl von A-Aktien fortbesteht.[687] Der damit verbundene Erwerb eigener Aktien kraft einer Verkaufsoption ist das Ergebnis der Gesamtrechtsnachfolge von A in Vermögen und Verbindlichkeiten der C und ist daher nach Abs. 1 Nr. 5 zulässig.[688] Schließlich liegt auch im Fall 3 im Übergang der Stillhalterposition auf D ein Erwerb eigener Aktien kraft Gesamtrechtsnachfolge iSv Abs. 1 Nr. 5. Dabei ist es unerheblich, ob erst C auf D verschmolzen wird, so dass als Optionsgegenstand D-Aktien an die Stelle von C-Aktien treten, und anschließend die Verschmelzung der A auf D erfolgt oder ob erst D kraft Verschmelzung mit A deren Stillhalterposition erwirbt und anschließend C auf D verschmolzen wird, so dass nunmehr kraft Gesamtrechtsnachfolge eine Verkaufsoption auf D-Aktien entsteht oder ob beide Verschmelzungen zeitgleich wirksam werden.[689] 212

7. Equity Swaps. a) Grundlagen. Mit diesem Ausdruck werden Verträge bezeichnet, mit denen eine Seite, der Berechtigte (Equity-Seite), das Recht erwirbt, für einen bestimmten Zeitraum im 213

---

[683] Gegen die Anwendbarkeit von § 71 auch Bürgers/Körber/*Wieneke* Rn. 5b.
[684] Eingehend dazu *Weiss* AG 2004, 127 ff.
[685] Ebenso im Erg. *Weiss* AG 2004, 127 (129); Großkomm AktG/*Merkt* Rn. 235; MüKoAktG/*Oechsler* Rn. 173.
[686] *Weiss* AG 2004, 127 (129).
[687] *Weiss* AG 2004, 127 (132).
[688] Ebenso im Erg. *Weiss* AG 2004, 127 (133).
[689] *Weiss* AG 2004, 127 (133 f.).

Hinblick auf alle oder einzelne mit der Aktie verbundenen Vermögensrechte so gestellt zu werden, als sei er Aktieninhaber. Für die Übernahme der korrespondierenden Verpflichtung erhält die andere Seite, hier in Anlehnung an die Optionsterminologie als Stillhalter bezeichnet, eine Prämie und uU darüber hinausgehende, von der Entwicklung der Aktien abhängige Leistungen.[690] Es ist eine Vielzahl von Verträgen dieser Art mit jeweils unterschiedlichen Inhalten denkbar; eine standardisierte Marktpraxis hat sich insoweit bisher nicht herausgebildet. Als besonders weit reichende Variante wird im Folgenden der sog. **Total Return Swap** erörtert. Durch einen solchen Vertrag soll der Berechtigte für einen bestimmten Zeitraum im Ergebnis wirtschaftlich so gestellt werden, als sei er Inhaber der Aktie. Der Stillhalter muss ihm daher die während der Laufzeit auf die Aktien ausgeschütteten Leistungen der Gesellschaft sowie etwaige Kurssteigerungen vergüten. Umgekehrt muss der Berechtigte den Stillhalter für etwaige Kursverluste entschädigen, die bis zum Stichtag eingetreten sind. Von einer Kaufoption mit Barausgleich unterscheidet sich diese Vereinbarung dadurch, dass der Berechtigte nicht nur die von ihm gezahlte Prämie aufs Spiel setzt, sondern Kursverluste in vollem Umfang vergüten muss. Von einem Aktienerwerb durch den Stillhalter für Rechnung des Berechtigten unterscheidet sie sich dadurch, dass der Stillhalter nicht Inhaber der Aktie sein muss; der vereinbarte finanzielle Ausgleich lässt sich vielmehr unabhängig vom Besitz der Aktie leisten. Selbst wenn aber der Stillhalter Aktionär ist, soll er, anders als beim Erwerb für Rechnung, regelmäßig hinsichtlich der Ausübung von Verwaltungsrechten nicht zur Wahrung der Interessen des Berechtigten verpflichtet oder gar dessen Weisungen unterworfen sein.

214 **b) Die Gesellschaft als Swap-Berechtigte.** Als Swap-Berechtigte trägt die Gesellschaft die Chancen einer Kurssteigerung der Aktie, muss aber andererseits den Stillhalter für Kursverluste entschädigen. Zusätzlich soll sie einen der von ihr gezahlten Dividende entsprechenden Betrag erhalten. Letzteres verstößt zwar nicht gegen § 71d S. 2, § 71b, weil es an dem einen Erwerb für Rechnung kennzeichnenden Weisungsrecht der Gesellschaft fehlt und überdies der Stillhalter nicht Aktionär sein muss, so dass die Summe nicht den für die übrigen Aktionäre zur Verfügung stehenden Ausschüttungsbetrag schmälert. Die finanziellen Chancen und Risiken entsprechen aber insgesamt sehr weitgehend denjenigen beim Erwerb eigener Aktien. Dementsprechend ist **§ 71** auf Vereinbarungen mit dem hier erörterten Inhalt **entsprechend anzuwenden.** Erforderlich ist daher zunächst ein Erwerbsgrund nach Abs. 1; insoweit dürfte allein eine Ermächtigung nach Nr. 8 in Betracht kommen. Danach darf die Gesellschaft die mit der Position des Swap-Berechtigten verbundenen Risiken für höchstens 10 % der eigenen Aktien eingehen; darüber hinaus ist die Risikoposition auf die Bestandsgrenze nach Abs. 2 S. 1 anzurechnen. Da die Gesellschaft nicht Inhaberin eigener Aktien werden soll, sondern lediglich das damit verbundene Kursrisiko übernimmt, kommt zwar nicht die Bildung einer Rücklage für eigene Aktien in Betracht. Abs. 2 S. 2 liegt aber der Gedanke zugrunde, dass die Gesellschaft das Risiko eines vollständigen Wertverlustes eigener Aktien aus ausschüttungsfähigen Mitteln decken können muss. Übertragen auf die Position als Swap-Berechtigte beim Total Return Swap bedeutet dies, dass die Gesellschaft für die potentielle Verbindlichkeit gegenüber dem Stillhalter eine Rückstellung in Höhe des Wertes der Aktien aus freien Mitteln bilden muss.

215 **c) Die Gesellschaft als Stillhalter.** Als Stillhalterin eines Total Return Swaps mit dem in → Rn. 213 geschilderten Inhalt trägt die Gesellschaft das Risiko einer Steigerung des Aktienkurses. Zudem muss sie an den Berechtigten einen Betrag leisten, der den Ausschüttungen entspricht, die die Gesellschaft während der Vertragslaufzeit auf die vertraglich vereinbarte Zahl von Aktien zahlt. Als Gegenleistung erhält die Gesellschaft neben der Stillhalterprämie eine Erstattung von Kursverlusten zum Stichtag auf die vereinbarte Anzahl von Aktien. Ebenso wie der Übernahme der Stillhalterposition bei Ausgabe einer auf Barausgleich gerichteten Kaufoption (→ Rn. 204) setzt die Gesellschaft hier auf sinkende Kurse. Darüber hinaus sichert sich die Gesellschaft gegen das Risiko sinkender Kurse ab. In beiden Hinsichten unterscheidet sich die Übernahme der Stillhalterposition beim Swap von der Veräußerung eigener Aktien. Die Verpflichtung zur Zahlung eines der Dividende entsprechenden Betrages kann ohne weiteres auch gegenüber Dritten übernommen werden,[691] und verleiht der Vereinbarung nicht den Charakter einer Veräußerung eigener Aktien. § 71 ist daher auf diesen Fall nicht anzuwenden.[692]

VIII. Die Erwerbsbeschränkungen nach Abs. 2

216 **1. Die Zehnprozentgrenze, Abs. 2 S. 1. a) Entstehungsgeschichte und Normzweck.** Die Bestimmung geht auf die **Notverordnung** v. 19. September 1931 zurück (→ Rn. 24). Von dort

---

[690] Instruktiv zu den wirtschaftlichen Hintergründen für derartige Verträge *Hu/Black* 79 Southern California Law Review 811 (2006).
[691] Vgl. für Genussrechte etwa *Seiler* → § 221 Rn. 33; MüKoAktG/*Habersack* § 221 Rn. 95, 99 f.
[692] So auch *Eckert*, Der Erwerb eigener Aktien auf dem Prüfstand der Rechtstatsachenforschung, 2013, 313 f.

wurde sie in § 65 Abs. 1 AktG 1937 und die ursprüngliche Fassung von § 71 Abs. 1 AktG 1965 übernommen. Entgegen dem Vorschlag der v. 24. April 1970 (ABl. EG 1970 Nr. C 48, 13), der eine Grenze von 25 Prozent enthielt, wurde sie schließlich in Art. 19 Abs. 1 lit. b Kapital-RL 1977, der ursprünglichen Fassung der **Kapitalrichtlinie,** übernommen.[693] Bei der Umsetzung dieser Vorschrift wurde Satz 1 insoweit verschärft, als nicht nur die nach Nr. 1–3, 7 und 8 erworbenen, sondern alle eigenen Aktien auf die Zehnprozentgrenze anzurechnen sind.

Die Bestimmung schränkt den Erwerb eigener Aktien ein und soll damit das mit eigenen Aktien **217** verbundene **Risiko** eines Doppelschadens durch Verluste aus dem laufenden Geschäft und Verluste aus einer daraus resultierenden Neubewertung der Aktien (→ Rn. 14) **begrenzen.** Die Regelung stammt indessen aus einer Zeit, in der der mittlerweile eingeführte Vermögensschutz durch die bilanzielle Neutralisierung eigener Aktien mittels einer zu Lasten ausschüttungsfähiger Mittel gebildeten Rücklage noch nicht galt. Mit der Einführung dieses zielgenaueren Schutzmechanismus hat die Regelung ihren ursprünglichen Sinn weitgehend eingebüßt. Dementsprechend schreibt die Kapitalrichtlinie seit ihrer Reformierung im Jahr 2006 (→ Rn. 34) die Zehnprozentgrenze nicht mehr vor (vgl. Art. 19 Abs. 1 Unterabs. 2i) Kapital-RL 1977 bzw. jetzt Art. 60 Abs. 1 Unterabs. 2 lit. a RL (EU) 2017/1132).[694] Trotz des insoweit nicht ganz eindeutigen Wortlauts der Richtlinie ist es europarechtlich unbedenklich, dass nach § 71 Abs. 2 S. 1 auch solche eigenen Aktien auf die Bestandsgrenze anzurechnen sind, deren Erwerb auf § 71 Abs. 1 Nr. 1 oder 2 gestützt wurde.[695]

b) Inhalt der Beschränkung. In Abgrenzung von Abs. 1 Nr. 8 S. 1 wird Abs. 2 S. 1 gemeinhin **218** dahin verstanden, dass nicht der Erwerb, sondern der **Besitz eigener Aktien** beschränkt wird, die nach Abs. 1 Nr. 1–3, 7 und 8 erworben wurden.[696] In der Tat untersagt Abs. 2 S. 1 nicht den wiederholten Erwerb eigener Aktien aufgrund dieser Tatbestände, sofern nur zu keinem Zeitpunkt der Gesamtbestand an eigenen Aktien, einschließlich der nach Abs. 1 Nr. 4–6 oder aufgrund eines der durch die Rechtsprechung eingeführten zusätzlichen Tatbestände (→ Rn. 151, 152 ff.) oder rechtswidrig erworbener Mitgliedschaften, in Pfand genommener eigener Aktien sowie des Aktienbesitzes der in § 71d S. 1 und 2 aufgeführten Personen, zehn Prozent des Grundkapitals übersteigt (zur Berücksichtigung von Optionen vgl. → Rn. 199).[697] Eine zwischenzeitliche Veräußerung eigener Aktien kann also die Möglichkeit eines erneuten Erwerbs eigener Aktien nach Abs. 1 Nr. 1–3, 7 und 8 eröffnen.[698] Insofern hat Abs. 2 S. 1 eine **Erlaubnisfunktion.** Aktien, die die Gesellschaft nach § 64 durch **Kaduzierung** erworben hat, sind nicht auf die Zehnprozentgrenze anzurechnen (→ § 64 Rn. 42 f.).[699] Beschränkungen des Besitzes sind in § 71c geregelt.

Die eigentliche Funktion der Vorschrift besteht in einer **Erwerbsbeschränkung.** Abs. 2 S. 1 **219** untersagt den Erwerb von Aktien nach Abs. 1 Nr. 1–3, 7 und 8, *soweit* dieser Erwerb dazu führen würde, dass der – eigene und zugerechnete (→ Rn. 218) – Gesamtbestand an eigenen Aktien zehn Prozent des Grundkapitals übersteigen würde. Unter diesen Umständen darf ein Erwerb, der an sich durch einen der genannten Tatbestände des Abs. 1 gedeckt wäre, ganz oder teilweise nicht erfolgen. Abs. 2 S. 1 kann also beispielsweise dazu führen, dass die Gesellschaft eine Erwerbsermächtigung nach Abs. 1 Nr. 8 ganz oder teilweise nicht ausschöpfen darf, weil sie bereits eigene Aktien besitzt. Erwirbt die Gesellschaft die Aktien dennoch, liegt in Höhe des die Grenze überschreitenden Teils ein Verstoß gegen Abs. 2 S. 1 vor, der insoweit nach Abs. 4 S. 2 zur Nichtigkeit des schuldrechtlichen Geschäfts führt, was nach § 139 BGB die Nichtigkeit des schuldrechtlichen Erwerbsgeschäfts insgesamt zur Folge haben kann,[700] und die Veräußerungspflicht nach § 71c Abs. 1 nach sich zieht. Ein Erwerb, der zur Überschreitung der Zehnprozentgrenze führt oder eine solche Überschreitung vertieft, ist nur nach Abs. 1 Nr. 4–6 und aufgrund der von der Rechtsprechung entwickelten Aus-

---

[693] Der durch die Richtlinie 2006/68/EG, ABl. EU 2006 Nr. L 264, 32 ff., neu gefasste Art. 19 KapitalRL 1977 sah die Einführung einer Bestandsgrenze von mindestens 10 % in Art. 19 Abs. 1 Unterabs. 2i) KapitalRL 1977 nur noch als Option für die Mitgliedstaaten vor. Das ist in Art. 59 Abs. 1 Unterabs. 2 lit. a RL 2017/1132/ EU, ABl. EU 2012 Nr. L 315, 74, so beibehalten worden.
[694] Zur rechtspolitischen Kritik etwa *Büscher,* Das neue Recht des Aktienrückkaufs, 2013, 118 ff.
[695] *Cahn* Der Konzern 2007, 385 (388 ff.); Großkomm AktG/*Merkt* Rn. 128 f.; *Eckert,* Der Erwerb eigener Aktien auf dem Prüfstand der Rechtstatsachenforschung, 2013, 368 ff.; aA *Lutter/Bayer/Schmidt,* Europäisches Unternehmens- und Kapitalmarktrecht, 5. Aufl. 2012, 519 f.
[696] Vgl. etwa Kölner Komm AktG/*Lutter/Drygala* Rn. 205; MüKoAktG/*Oechsler* Rn. 308.
[697] MüKoAktG/*Oechsler* Rn. 311; Grigoleit/*Grigoleit/Rachlitz* Rn. 66; Hölters/*Laubert* Rn. 33; umfangreiches Tatsachenmaterial zum Bestand eigener Aktien bei *Eckert,* Der Erwerb eigener Aktien auf dem Prüfstand der Rechtstatsachenforschung, 2013, 373 ff.
[698] Kölner Komm AktG/*Lutter/Drygala* Rn. 205; Großkomm AktG/*Merkt* Rn. 326; K. Schmidt/Lutter/ T. Bezzenberger Rn. 51.
[699] MüKoAktG/*Bayer* § 64 Rn. 70; Hüffer/Koch/*Koch* § 64 Rn. 8.
[700] Kölner Komm AktG/*Lutter/Drygala* Rn. 205; Grigoleit/*Grigoleit/Rachlitz* Rn. 66.

nahme der Schadensersatzleistung an getäuschte Anleger (→ Rn. 151) zulässig.[701] Soweit ein solcher Erwerb zur Überschreitung der Zehnprozentgrenze führt, liegt kein Verstoß gegen Abs. 2 vor, der zur Nichtigkeit des schuldrechtlichen Geschäfts nach Abs. 4 S. 2 führen würde. Für die Veräußerung des die Zehnprozentgrenze übersteigenden Teils ihres Besitzes an eigenen Aktien steht der Gesellschaft in diesem Fall die Dreijahresfrist des § 71c Abs. 2 zur Verfügung.[702]

220 **Bezugsgröße** für die Berechnung der Zehnprozentgrenze ist das **Grundkapital** iSv § 266 Abs. 3 A I HGB, § 272 Abs. 1 S. 1 HGB,[703] und zwar auch insoweit, als die Einlagen darauf noch nicht geleistet sind.[704] Genehmigtes oder bedingtes Kapital wird vor dem Wirksamwerden der Kapitalerhöhung der Grundkapitalziffer nicht hinzugerechnet, Kapitalherabsetzungen mindern sie vor ihrem Wirksamwerden nicht.[705] Nach § 272 Abs. 1a S. 1 HGB ist der Nennbetrag oder rechnerische Wert (§ 9 Abs. 2 S. 3 und 4, Abs. 3) eigener Aktien in der Vorspalte offen von dem Posten „Gezeichnetes Kapital" als Kapitalrückzahlung abzusetzen (sog. Nettomethode). Besitzt die Gesellschaft bereits eigene Aktien, stellt sich daher bei weiteren Aktienrückkäufen die Frage, ob Bezugsgröße für die Berechnung der Zehnprozentgrenze das um die bereits erworbenen eigenen Aktien geminderte Grundkapital ist oder ob diese eigenen Aktien für Zwecke der Zehnprozentgrenze nicht von der Grundkapitalziffer abzusetzen sind. Zutreffend ist letzteres, denn anderenfalls hinge der Umfang zulässiger Aktienrückkäufe davon ab, ob die Gesellschaft das zulässige Erwerbsvolumen auf einmal oder in mehreren Schritten ausschöpfen würde, obwohl unter Gläubigerschutzgesichtspunkten für eine solche Differenzierung kein Grund ersichtlich ist. Zudem würde die Abwicklung kontinuierlicher Aktienrückkäufe, etwa im Rahmen von Aktienrückkaufsprogrammen, durch ständige Änderung der Bezugsgröße unnötig erschwert.[706]

221 **Maßgeblicher Zeitpunkt** für die Beurteilung ist der Abschluss des schuldrechtlichen Erwerbsgeschäfts.[707] Eine Überschreitung der Zehnprozentgrenze aufgrund von Erwerbsvorgängen zwischen dem Abschluss des schuldrechtlichen Geschäfts und seiner Erfüllung führt grundsätzlich nicht zu einem Verstoß des zuerst abgeschlossenen Geschäfts gegen Abs. 2 S. 1 und zu seiner Nichtigkeit nach Abs. 4 S. 2.[708] Umgekehrt ändert eine Unterschreitung der Zehnprozentgrenze, die nach Abschluss des gegen Abs. 2 S. 1 verstoßenden schuldrechtlichen Geschäfts eintritt, regelmäßig nichts an dem Verbotsverstoß;[709] etwas anderes kann ausnahmsweise dann gelten, wenn bei Abschluss des schuldrechtlichen Erwerbsgeschäfts absehbar ist, dass bis zu seiner Erfüllung der Bestand an eigenen Aktien herabgesetzt werden wird.

222 **2. Die Kapitalgrenze, Abs. 2 S. 2. a) Entstehungsgeschichte und Normzweck.** Bis zum Jahr 1978 war der Erwerb eigener Aktien zwar auf wenige Ausnahmetatbestände beschränkt; es war indessen nicht sichergestellt, dass ein entgeltlicher Erwerb aus Mitteln finanziert wurde, die für Ausschüttungen an die Aktionäre zur Verfügung standen. Diese Schwäche im Vermögensschutz schloss seitdem der auf Art. 19 Abs. 1 lit. c Kapital-RL 1977, Art. 22 Abs. 1 lit. b Kapital-RL 1977 (jetzt Art. 60 Abs. 1 Unterabs. 1 lit. b RL (EU) 2017/1132, Art. 63 Abs. 1 lit. b RL (EU) 2017/1132)[710] beruhende § 71 Abs. 2 S. 2 in der bis zum 25. Mai 2009 geltenden Fassung. Die Wirkungsweise dieser Vorschrift erschließt sich aus der Zusammenschau mit den bis zum Inkrafttreten des BilMoG (→ Rn. 34). geltenden Bestimmungen über die bilanzielle Behandlung eigener Aktien. Mit Ausnahme von Aktien, die zur Einziehung erworben wurden (§ 272 Abs. 1 S. 4–6 HGB aF), mussten eigene Aktien nach § 265 Abs. 3 S. 2 HGB aF unter dem dafür vorgesehenen Posten im Umlaufvermögen (§ 266 Abs. 2 B III 2 HGB aF) aktiviert werden.[711] Ohne die Pflicht zur Rücklagenbildung hätte der Erwerb lediglich zu einem Aktivtausch geführt, der die ausschüttungsfähigen Mittel unberührt gelassen hätte. Die Bildung einer gebundenen Rücklage für eigene Aktien nach § 272 Abs. 4 HGB aF sorgte dafür, dass diese Mittel um den Betrag des Erwerbspreises reduziert

---

[701] Vgl. K. Schmidt/Lutter/*T. Bezzenberger* Rn. 51 f.; Bürgers/Körber/*Wieneke* Rn. 45; *Eckert*, Der Erwerb eigener Aktien auf dem Prüfstand der Rechtstatsachenforschung, 2013, 365.
[702] Grigoleit/*Grigoleit/Rachlitz* Rn. 66.
[703] Hüffer/Koch/*Koch* Rn. 21.
[704] Kölner Komm AktG/*Lutter/Drygala* Rn. 206; MüKoAktG/*Oechsler* Rn. 310; Großkomm AktG/*Merkt* Rn. 277.
[705] Kölner Komm AktG/*Lutter/Drygala* Rn. 206; Hölters/*Laubert* Rn. 33.
[706] NK-AktR/*Block* Rn. 77; *Eckert*, Der Erwerb eigener Aktien auf dem Prüfstand der Rechtstatsachenforschung, 2013, 364.
[707] Hölters/*Laubert* Rn. 33.
[708] MüKoAktG/*Oechsler* Rn. 314; aA Kölner Komm AktG/*Lutter/Drygala* Rn. 246.
[709] Kölner Komm AktG/*Lutter/Drygala* Rn. 246; MüKoAktG/*Oechsler* Rn. 314.
[710] ABl. EU 2017 Nr. L 169, 46.
[711] BMF Schreiben v. 2.12.1998 – IV C 6 – S. 2741 – 12/98 BStBl. I 1998, 1509 = DStR 1998, 2011 Tz. 4; eingehend *T. Bezzenberger*, Der Erwerb eigener Aktien durch die AG, 2002, Rn. 93 f.

wurden. Indem das Gesetz verlangte, dass die Gesellschaft in der Lage sein musste, diese Rücklage aus Mitteln zu dotieren, die sie auch für Ausschüttungen an die Aktionäre hätte verwenden können, stellte es sicher, dass die Zahlung des Erwerbspreises nicht zu Lasten des gebundenen Vermögens erfolgte. Die Bestimmung in ihrer seit dem 26. Mai 2009 geltenden Fassung (Art. 15 BilMoG) beruht auf Art. 5 Nr. 1 BilMoG. Sie ist im Zusammenhang mit den Neuregelungen in § 272 Abs. 1a und 1b HGB zu lesen. Ziel der Neukonzeption der bilanziellen Abbildung des Erwerbs und der Veräußerung eigener Aktien ist es, die bislang in § 272 Abs. 1 S. 4–6, Abs. 4 HGB angelegte Differenzierung des Bilanzausweises je nach Erwerbstatbestand zu beseitigen und durchweg zum Nettoausweis überzugehen, um dem wirtschaftlichen Charakter des Erwerbs eigener Aktien als Auskehr frei verfügbarer Rücklagen an die Aktionäre Rechnung zu tragen.[712]

b) Tatbestandsvoraussetzungen. Da eigene Aktien nach § 272 Abs. 1a HGB unabhängig vom Erwerbsgrund nicht mehr zu aktivieren, sondern in Höhe des Nennbetrags oder rechnerischen Werts in der Vorspalte offen vom Grundkapital abzusetzen und darüber hinaus gehende Anschaffungskosten mit den frei verfügbaren Rücklagen zu verrechnen sind, besteht für die Bildung einer Rücklage kein Grund mehr. Nach Abs. 2 S. 2 hängt die Zulässigkeit eines entgeltlichen Aktienrückerwerbs allerdings davon ab, dass die Gesellschaft den gesamten Erwerbspreis – einschließlich des vom Grundkapital abzusetzenden Nennbetrags oder rechnerischen Werts der Aktien – zu Lasten frei verfügbarer Rücklagen finanzieren könnte, denn sie müsste im Zeitpunkt des Erwerbs in der Lage sein, ein Rücklage in Höhe der Anschaffungskosten zu bilden, ohne das Grundkapital oder eine Rücklage zu mindern, die nach Gesetz oder Satzung nicht zur Zahlung an die Aktionäre verwandt werden darf. Das erfordert eine Beurteilung des Vorstands nach pflichtgemäßem Ermessen; die Aufstellung eines echten Zwischenabschlusses ist dafür, wie bereits bisher,[713] nicht erforderlich.[714] Maßstab für die Beurteilung der Vermögenslage sind die Grundsätze und Regeln, die für die Aufstellung des Jahresabschlusses gelten. Stille Reserven sind daher grundsätzlich außer Betracht zu lassen. Unter Geltung der Vorgängerregelung des neuen Abs. 2 S. 2 bestand keine Einigkeit darüber, ob Stichtag für die Beurteilung der Vermögenslage der Gesellschaft derjenige des Erwerbs der eigenen Aktien war[715] oder ob der Vorstand eine Prognose darüber anzustellen hatte, ob die Gesellschaft beim nächsten Abschlussstichtag voraussichtlich hinreichend freie Mittel zur Deckung des Erwerbspreises haben würde.[716] Nach dem Wegfall der Pflicht zur Rücklagenbildung kann kein Zweifel daran bestehen, dass es für die Beurteilung allein auf den Zeitpunkt des Erwerbs ankommt.[717]

Die Gesellschaft müsste eine Rücklage für eigene Aktien bilden können, ohne das Grundkapital (§ 266 Abs. 3 A I HGB, § 272 Abs. 1 S. 1 HGB) oder eine nach Gesetz oder Satzung zu bildende Rücklage zu mindern, die nicht zu Zahlungen an die Aktionäre verwandt werden darf. Zu den nach dem Gesetz zu bildenden gebundenen Rücklagen gehören die gesetzliche Rücklage nach § 150 Abs. 1 und gem. § 150 Abs. 3 und 4 die Kapitalrücklagen nach § 272 Abs. 2 Nr. 1–3 HGB. Neben dem **Jahresüberschuss** (vgl. § 158) und einem Gewinnvortrag stünden für die Dotierung einer Rücklage für eigene Aktien **frei verfügbare Rücklagen** (§ 272 Abs. 3, Abs. 4 S. 3 HGB) zur Verfügung, zu denen auch die **Kapitalrücklage nach § 272 Abs. 2 Nr. 4 HGB** gehört, soweit sie nicht kraft Satzung einer Ausschüttung an die Aktionäre entzogen ist.[718]

c) Folgen der Neuregelung des Abs. 2 S. 2 für den Kapitalschutz. Ziel der Neuregelung des Abs. 2 S. 2 und des Übergangs zum Nettoausweis war es, dem Charakter eines entgeltlichen Aktienrückerwerbs als Auskehr frei verfügbarer Rücklagen unabhängig vom Erwerbsgrund Rechnung zu tragen.[719] In der Tat stellt der Aktienrückkauf eine Alternative zur Dividendenausschüttung dar, so dass es – nicht zuletzt im Hinblick auf Art. 19 Abs. 1 lit. c Kapital-RL 1977 (jetzt Art. 60 Abs. 1 Unterabs. 1 lit. b) RL (EU) 2017/1132) – nahe gelegen hätte, im Hinblick auf den Schutz der Gesellschaftsgläubiger beide Ausschüttungsmodi denselben Beschränkungen zu unterwerfen. Das ist indessen nicht geschehen. Die **Neuregelung** ist vielmehr insoweit **problematisch,** als sie durch

---
[712] BegrRegE BT-Drs. 16/10 067, 65 f.
[713] MüKoAktG/*Oechsler* Rn. 319.
[714] Großkomm AktG/*Merkt* Rn. 333.
[715] So MüKoAktG/*Oechsler* Rn. 319; Großkomm AktG/*Merkt* Rn. 333.
[716] So Kölner Komm AktG/*Lutter/Drygala* Rn. 216; Bürgers/Körber/*Wieneke* 1. Aufl. 2008 Rn. 46.
[717] So jetzt auch Bürgers/Körber/*Wieneke* Rn. 46.
[718] Vgl. BegrRegE BilMoG BT-Drs. 16/10 067, 66 zu § 272 Abs. 1a HGB; BT-Drs. 16/10 067, 64 zu § 268 Abs. 8 HGB; Wachter/*Servatius* Rn. 49; BeBiKo/*Förschle/Hoffmann* HGB § 272 Rn. 133; Staub/*Hüttemann/Meyer* HGB § 272 Rn. 26; Kölner Komm AktG/*Mock* RechnungslegungsR HGB § 272 Rn. 87; *Gelhausen/Althoff* WPg 2009, 584 (586, 589); ebenso die hM zum früheren Recht, vgl. etwa *Möller*, Rückerwerb eigener Aktien, 2005, Rn. 309 mN.
[719] BegrRegE BT-Drs. 16/10 067, 65 f.

die Absetzung des Nennwerts eigener Aktien vom gezeichneten Kapital eine Kapitalherabsetzung auf Zeit zulässt, ohne dass die Gläubigerschutzvorschriften für Kapitalherabsetzungen (vgl. insbes. § 225) eingehalten werden müssten. Das führt im Ergebnis dazu, dass durch den gezielten Einsatz von Aktienrückkaufen **höhere Ausschüttungen** an Aktionäre geleistet werden können als allein durch Dividenden, wie folgendes Beispiel verdeutlicht: Eine AG verfügt über freie Rücklagen in Höhe von 20. Sie erwirbt eigene Aktien im Nennwert von 10 für einen Kaufpreis iHv 20. Damit schöpft sie die Grenzen nach Abs. 2 S. 2. aus. Danach darf die AG eigene Aktien nur erwerben, wenn sie im Zeitpunkt des Erwerbs eine Rücklage in Höhe der Aufwendungen des Erwerbs bilden könnte, ohne das Grundkapital oder gesetzlich oder satzungsmäßig gebundene Rücklagen zu mindern. Die AG *müsste* in der Lage sein, den gesamten Erwerbspreis zu Lasten freier Rücklagen zu zahlen; sie darf also nur solche Mittel als Kaufpreis für eigene Aktien an ihre Aktionäre auskehren, die sie auch als Dividende ausschütten könnte. *Tatsächlich* wird aber ein Teil des Kaufpreises, nämlich der dem Nennwert der Aktien entsprechende Teilbetrag, nicht mit den freien Rücklagen verrechnet, sondern vom Grundkapital abgesetzt. Nur der darüber hinausgehende Teil des Kaufpreises wird nach § 272 Abs. 1a HGB mit den freien Rücklagen verrechnet. Im Beispiel werden von den 20 Kaufpreis 10 in der Vorspalte vom Grundkapital abgesetzt und nur die restlichen 10 mit den freien Rücklagen verrechnet. Diese Rücklagen werden daher durch den Aktienrückkauf nicht etwa vollständig, sondern nur zur Hälfte aufgebraucht. In Höhe von 10 stehen sie nach dem Rückkauf für Dividendenausschüttungen zur Verfügung. Macht die Gesellschaft von dieser Möglichkeit Gebrauch, kann sie insgesamt 30 an ihre Aktionäre ausschütten, nämlich 20 als Kaufpreis für eigene Aktien und dann noch einmal 10 als Dividende. Hätte sie alle frei verfügbaren Mittel im Wege der Dividendenzahlung auszahlen wollen, hätte sie ihren Aktionären nur einen Betrag in Höhe der freien Rücklagen, also 20, zuwenden können. Der Nettoausweis des Grundkapitals führt also offenbar zu einer nicht unerheblichen Schwächung des Gläubigerschutzes.[720] Ist die Gegenleistung für den Erwerb eigener Aktien geringer als deren Nennbetrag/anteiliger Betrag des Grundkapitals, ist dieser Effekt noch ausgeprägter, denn der Abzug des negativen Unterschiedsbetrages zwischen den Anschaffungskosten und dem (höheren) Nennbetrag/anteiligen Betrag des Grundkapitals hat hier sogar eine Erhöhung der freien Rücklagen zur Folge.[721] Im Schrifttum wird vorgeschlagen, dieser Vermehrung des Ausschüttungspotentials durch entsprechende Anwendung von § 237 Abs. 5 entgegenzuwirken, so dass der vom gezeichneten Kapital abzuziehende Nennbetrag/anteilige Betrag des Grundkapitals der zurückerworbenen eigenen Aktien in die Kapitalrücklage einzustellen wäre,[722] oder das in Gestalt der freien Rücklagen bestehende Ausschüttungspotential über den Abzug § 272 Abs. 1a HGB hinaus in Anlehnung an den Rechtsgedanken des § 268 Abs. 8 HGB außerbilanziell um den Nennbetrag/ anteiligen Betrag des Grundkapitals der eigenen Aktien zu reduzieren.[723] Demgegenüber weisen andere zu Recht darauf hin, dass sich die Höhe des Grundkapitals durch die offene Absetzung des Nennbetrags/anteiligen Betrags des Grundkapitals eigener Aktien in einer Vorspalte nicht ändert, so dass die Ausschüttung eines Betrages, der dem in der Vorspalte abgesetzten Nennbetrag der eigenen Aktien entspricht, ohne weiteres deswegen verboten ist, weil das zur Erhaltung des Grundkapitals – man wird ergänzen müssen: und der gebundenen Rücklagen – erforderliche Vermögen nicht ausgeschüttet werden darf.[724] Zur bilanziellen Abbildung eines Aktienrückkaufs für einen unter dem Nennbetrag der Aktien liegenden Erwerbspreis → Rn. 239.

226 **3. Leistung des vollen Ausgabebetrags, Abs. 2 S. 3.** Gemeinschaftsrechtliche Grundlage der Beschränkung des Erwerbs auf voll eingezahlte Aktien in den Fällen des Abs. 1 Nr. 1, 2, 4, 7, und 8 sind Art. 19 Abs. 1 lit. c Kapital-RL 1977, Art. 41 Kapital-RL 1977 (jetzt Art. 60 Abs. 1 Unterabs. 1 lit. b RL (EU) 2017/1132, Art. 84 RL (EU) 2017/1132).[725] Nach hL sichert Abs. 2 S. 3 die Kapitalaufbringung, indem die Vorschrift verhindert, dass offene Einlageforderungen beim Erwerb eigener Aktien durch Konfusion untergehen.[726] Richtiger Ansicht nach geht es darum, das auch nur vorübergehende Zusammenfallen von Gläubiger- und Schuldnerstellung zu verhindern, auch wenn damit kein endgültiges Erlöschen der Einlageforderung verbunden ist (→ § 71b Rn. 11). Bei Erwerb nach Abs. 1 Nr. 2 sollen darüber hinaus die Interessen der begünstigten Arbeitnehmer

---

[720] Vgl. dazu *Kropff* ZIP 2009, 1137 (1140 f.); Kölner Komm AktG/*Mock* RechnungslegungsR HGB § 272 Rn. 72; MüKoHGB/*Reiner* HGB § 272 Rn. 30; *Kessler/Suchan* FS Hommelhoff, 2011, 509 (512).
[721] Vgl. etwa *Kropff* ZIP 2009, 1137 (1141); *Kessler/Suchan* FS Hommelhoff, 2011, 509 (519).
[722] K. Schmidt/Lutter/*T. Bezzenberger* Rn. 60; Grigoleit/*Grigoleit/Rachlitz* Rn. 15; BeBiKo/*Förschle/Hoffmann* HGB § 272 Rn. 134.
[723] Dafür etwa MüKoHGB/*Reiner* HGB § 272 Rn. 34; *Kessler/Suchan* FS Hommelhoff, 2011, 509 (523 f.).
[724] *Oser/Kropp* Der Konzern 2012, 185 (186 f.); *Verse* VGR 15 (2009), 67, 84 ff.; Staub/*Hüttemann/Meyer* HGB § 272 Rn. 25.
[725] ABl. EU 2017 Nr. L 169, 46.
[726] MüKoAktG/*Oechsler* Rn. 326; Großkomm AktG/*Merkt* Rn. 339; Bürgers/Körber/*Wieneke* Rn. 47.

geschützt werden.⁷²⁷ Die Voraussetzungen der vollen Einzahlung ergeben sich aus § 54 (→ § 54 Rn. 70 ff.).

IX. Pflichten nach dem Erwerb, Abs. 3

1. Unterrichtung der Hauptversammlung, Abs. 3 S. 1. a) Entstehungsgeschichte und 227
Normzweck. Die Vorschrift wurde anlässlich der Umsetzung der Kapital-RL 1977 eingeführt. Ausweislich der Gesetzesbegründung⁷²⁸ stellt sie das Gegenstück zur Ermächtigung durch die HV dar. Das entspricht nicht dem Zweck, den die Richtlinie der Unterrichtungspflicht beimisst, denn Art. 60 Abs. 2 Satz 2 RL (EU) 2017/1132 (ursprünglich Art. 19 Abs. 2 S. 2 Kapital-RL 1977) betrifft nur den Erwerb zur Schadensabwehr, der gerade keine Ermächtigung durch die HV erfordert. Die Erstreckung der Unterrichtungspflicht auf die Fälle des Abs. 1 Nr. 8 geht daher über die Anforderungen der Richtlinie hinaus, die bei einem solchen Erwerb in Art. 63 Abs. 2 RL (EU) 2017/1132 (ursprünglich Art. 22 Abs. 2 Kapital-RL 1977) lediglich Angaben der Gesellschaft im Lagebericht fordert, die mit denen nach 60 Abs. 2 Satz 2 RL (EU) 2017/1132 weitgehend identisch sind. Dementsprechend besteht Einigkeit darüber, dass die Unterrichtungspflicht nach Abs. 3 S. 1 auch durch die Angaben im Lagebericht nach § 160 Abs. 1 Nr. 2 erfüllt werden können, wenn die nächste HV diejenige ist, die diesen Bericht entgegennimmt.⁷²⁹ Abs. 3 S. 1 hat daher für den Erwerb nach Abs. 1 Nr. 8 nur dann praktische Bedeutung, wenn die **nächste HV außerordentlich einberufen** wird oder der Erwerb zwischen dem Bilanzstichtag und der HV erfolgt.⁷³⁰

b) Inhalt der Unterrichtung. Für die Unterrichtung über die Gründe und den Zweck des 228 Erwerbs nach Abs. 3 S. 1 reicht der Hinweis auf die gesetzliche Bestimmung, auf die der Erwerb gestützt wurde, nicht aus. Die Aktionäre müssen vielmehr anhand der vom Vorstand im Einzelnen darzulegenden Gründe in die Lage versetzt werden, das Vorliegen der Voraussetzungen für einen Erwerb nachzuprüfen und selbständig zu beurteilen.⁷³¹ Die Unterrichtung über Daten und Erwerbsvolumina, bei denen auch der Gesellschaft nach § 71d S. 1 und 2 zuzurechnende Aktien zu beachten sind, kann auch durch das Angebot der Einsichtnahme in bereitgehaltene Listen während der HV erfolgen.⁷³²

2. Ausgabe von Belegschaftsaktien, Abs. 3 S. 2. Die Bestimmung beruht auf Art. 19 Abs. 3 229 S. 2 Kapital-RL 1977 (jetzt Art. 60 Abs. 3 S. 2 RL (EU) 2017/1132).⁷³³ Sie soll dafür Sorge tragen, dass der Vorstand nicht unter dem Vorwand eines Erwerbs zum Zweck der Ausgabe an Arbeitnehmer Kurspflege betreibt.⁷³⁴ Da die Ausgabe an die Begünstigten deren Mitwirkung erfordert, ist der Vorstand nur verpflichtet, sich **pflichtgemäß** um die Ausgabe an die Arbeitnehmer zu **bemühen**.⁷³⁵ Gelingt dies binnen der Jahresfrist nicht, wird der Erwerb deswegen nicht nachträglich unzulässig. Der Vorstand ist aber in diesem Fall verpflichtet, die verbliebenen Aktien unverzüglich zu veräußern, weil anderenfalls die Fristbestimmung des Abs. 3 S. 2 leer liefe.⁷³⁶ Sind die Aktien der Gesellschaft zur Weitergabe an Arbeitnehmer unentgeltlich übertragen worden, findet nicht Abs. 1 Nr. 2 und Abs. 3 S. 2, sondern Abs. 1 Nr. 4 Anwendung.⁷³⁷

3. Unterrichtung der BaFin, Abs. 3 S. 3. Die erst 1998 durch das KonTraG (→ Rn. 31) 230 eingeführte Bestimmung, nach der die BaFin über die Erteilung der Ermächtigung und deren Inhalt einschließlich etwaiger Verwendungsbeschränkungen und Vorgaben über Art und Weise des Erwerbs sowie über die Erteilung einer Veräußerungsermächtigung nach Abs. 1 Nr. 8 S. 5 zu unterrichten

---

⁷²⁷ BegrRegE, BT-Drs. 8/1678, 15.
⁷²⁸ BegrRegE, BT-Drs. 8/1678, 15.
⁷²⁹ BegrRegE, BT-Drs. 8/1678, 15; Kölner Komm AktG/*Lutter/Drygala* Rn. 65; Hüffer/Koch/*Koch* Rn. 22; MüKoAktG/*Oechsler* Rn. 328; Großkomm AktG/*Merkt* Rn. 351 (354); K. Schmidt/Lutter/*T. Bezzenberger* Rn. 89; Bürgers/Körber/*Wieneke* Rn. 48; aA, gesonderte Information erforderlich, Wachter/*Servatius* Rn. 55. Umfangreiches Datenmaterial über die Offenlegungspraxis bei *Eckert*, Der Erwerb eigener Aktien auf dem Prüfstand der Rechtstatsachenforschung, 2013, 487 ff.
⁷³⁰ MüKoAktG/*Oechsler* Rn. 328.
⁷³¹ BGHZ 101, 1 (17) = NJW 1987, 3186 (3190).
⁷³² BGHZ 101, 1 (15 f.) = NJW 1987, 3186 (3190).
⁷³³ ABl. EU 2017 Nr. L 169 S. 46.
⁷³⁴ BegrRegE, BT-Drs. 8/1678, 15.
⁷³⁵ Kölner Komm AktG/*Lutter/Drygala* Rn. 84; Hüffer/Koch/*Koch* Rn. 23; MüKoAktG/*Oechsler* Rn. 334; Hölters/*Laubert* Rn. 37.
⁷³⁶ So unter Rückgriff auf § 71c Abs. 1 Kölner Komm AktG/*Lutter/Drygala* Rn. 85; zust. Hüffer/Koch/*Koch* Rn. 23; MüKoAktG/*Oechsler* Rn. 335; Hölters/*Laubert* Rn. 37; *Eckert*, Der Erwerb eigener Aktien auf dem Prüfstand der Rechtstatsachenforschung, 2013, 333.
⁷³⁷ MüKoAktG/*Oechsler* Rn. 334.

war, ist durch Art. 1 Nr. 6b) ARUG mit Wirkung vom 1. September 2009[738] ersatzlos gestrichen worden (→ Rn. 34).

X. Rechtsfolgen eines Verstoßes gegen Abs. 1 oder 2, Abs. 4

231 **1. Auswirkungen auf die Verträge. a) Übergang des Mitgliedschaftsrechts.** Nach Abs. 4 S. 1 führt ein Verstoß gegen Abs. 1 oder 2 **nicht zur Unwirksamkeit des dinglichen Erwerbsgeschäfts.** Die Gesellschaft wird daher auch bei einem unzulässigen Erwerb Inhaberin eigener Aktien. Soweit es sich dabei um voll eingezahlte Aktien handelt, entsteht ihr aus dem Erwerb der Aktie als solchem auch kein Vermögensnachteil. Seit der Umsetzung der Kapitalrichtlinie (→ Rn. 27) ist aber auch der unzulässige Erwerb nicht voll eingezahlter Aktien wirksam, obwohl es dadurch zu einer Konfusion von Anspruch und Einlageverpflichtung kommt (dazu aber → § 71b Rn. 11).

232 **b) Schuldrechtliches Geschäft.** Nach Abs. 4 S. 2 ist das schuldrechtliche Geschäft **nichtig,** soweit es gegen Abs. 1 oder 2 verstößt. Auf Gut- oder Bösgläubigkeit des Veräußerers oder der Gesellschaft hinsichtlich des Verstoßes gegen Abs. 1 oder 2 kommt es nicht an.[739] Es muss daher eine bereicherungsrechtliche **Rückabwicklung** des Erwerbs erfolgen, die Vorrang vor der Veräußerungspflicht nach § 71c Abs. 1 hat (→ § 71c Rn. 9). Soweit die Gesellschaft nicht voll eingezahlte Aktien erworben hat, lebt der offene Einlageanspruch mit der Rückübertragung der Aktieninhaberschaft wieder auf. **Ausnahmen** von der Nichtigkeitsfolge sehen § 29 Abs. 1 S. 1 Hs. 2 UmwG (auch iVm § 125 S. 1 UmwG), § 207 Abs. 1 S. 1 Hs. 2 UmwG vor.

233 Nach § 57 Abs. 1 S. 2 gilt die Zahlung des Erwerbspreises beim zulässigen Erwerb eigener Aktien nicht als Einlagenrückgewähr. Daraus ist im Umkehrschluss zu folgern, dass die Zahlung des Erwerbspreises bei einem Erwerb gegen Abs. 1 oder 2 unzulässigen Erwerb gegen das Verbot der Einlagenrückgewähr verstößt.[740] Der Gesellschaft steht daher bei einem **Direkterwerb vom veräußernden Aktionär** hinsichtlich des von ihr gezahlten Erwerbspreises der durch das Befreiungsverbot des § 66 verstärkte **Rückgewähranspruch aus § 62** zu, während der **Veräußerer auf** einen **Bereicherungsanspruch** aus § 812 Abs. 1 **verwiesen** ist.[741] Die im Verhältnis zur AG schwache Position des Veräußerers bei der Rückabwicklung erscheint vor allem deswegen misslich, weil er im Gegensatz zur Gesellschaft regelmäßig nicht die Umstände kennt, die den Verstoß gegen Abs. 1 oder 2 begründen.[742] Immerhin hat die Kenntnis der Gesellschaft von der Verbotswidrigkeit des Erwerbs zur Folge, dass sie sich nicht nach § 819 Abs. 1 BGB, § 818 Abs. 4 BGB auf Entreicherung berufen kann. Erwirbt die Gesellschaft unmittelbar vom Aktionär, können ihm überdies schon bei fahrlässig unterlassener Aufklärung über die Verbotswidrigkeit des Erwerbs Schadensersatzansprüche aus § 122 zustehen.[743]

234 Regelmäßig wird indessen der Erwerb eigener Aktien **unter Einschaltung von Kreditinstituten** abgewickelt. Dabei beauftragt der Veräußerer ein Kreditinstitut, das für ihn als Verkaufskommissionär tätig wird, während die erwerbende Gesellschaft ihrerseits ein Kreditinstitut als Einkaufskommissionär einschaltet. Bei Abwicklung der Aufträge über die **Börse** schließen die Kommissionäre nicht miteinander einen Vertrag für Rechnung ihrer jeweiligen Auftraggeber; Vertragspartner für beide Seiten ist vielmehr regelmäßig die Eurex Clearing AG als sog. **Zentrale Gegenpartei,** die gegenüber dem Veräußerer als Käufer und gegenüber dem von der Gesellschaft beauftragten Einkaufskommissionär als Verkäufer auftritt.[744] Der von der Gesellschaft beauftragte Kommissionär erwirbt die Aktien dabei für Rechnung der Gesellschaft iSv § 71d S. 1. Auch wenn die Voraussetzungen von Abs. 1 und 2 für einen rechtmäßigen Erwerb nicht vorliegen, ist allerdings

---

[738] Vgl. Art. 16 ARUG.
[739] Großkomm AktG/*Henze* § 62 Rn. 68; *Benckendorff,* Erwerb eigener Aktien im deutschen und US-amerikanischen Recht, 1998, 256 f.; *Möller,* Rückerwerb eigener Aktien, 2005, Rn. 365; *Johannsen-Roth,* Der Erwerb eigener Aktien, 2001, 213 f.; aA, für Analogie zu § 62 Abs. 1 S. 2 *T. Bezzenberger,* Der Erwerb eigener Aktien durch die AG, 2002, Rn. 176 ff.
[740] Kölner Komm AktG/*Lutter/Drygala* Rn. 252; MüKoAktG/*Oechsler* Rn. 342; Hüffer/Koch/*Koch* Rn. 24; *Benckendorff,* Erwerb eigener Aktien im deutschen und US-amerikanischen Recht, 1998, 256; *Johannsen-Roth,* Der Erwerb eigener Aktien, 2001, 213.
[741] Hölters/*Laubert* Rn. 39.
[742] Krit. zu diesem Ungleichgewicht *T. Bezzenberger,* Der Erwerb eigener Aktien durch die AG, 2002, Rn. 176.
[743] *Cahn,* Vergleichsverbote im Gesellschaftsrecht, 1996, 183.
[744] Vgl. die Präambel sowie Kap. I Abschnitt 1 Ziff. 1.2.2 der Clearing-Bedingungen der Eurex Clearing AG Stand 10.2.2014, abrufbar unter http://www.eurexclearing.com/blob/clearing-de/57736-137078/115098/50/data/clearing_conditions_de.pdf_ab-2014_02_10.pdf _; dazu etwa *Seiffert* in Kümpel/Wittig Bank- und KapitalmarktR Rn. 4.365 f.; vgl. auch Ziff. 1 Abs. 1 der „Sonderbedingungen für Wertpapiergeschäfte", abgedruckt bei Baumbach/Hopt HGB; ausf. dazu und zu den damit verbundenen Konsequenzen beim Erwerb eigener Aktien *Brass/Tiedemann* ZBB 2007, 257 ff.

der Erwerb der Mitgliedschaft, der sich unmittelbar zwischen dem veräußernden Aktionär und der Gesellschaft vollzieht,[745] wirksam. Lediglich das Kommissions- oder Auftragsverhältnis zwischen der AG und dem für ihre Rechnung handelnden Dritten ist nach Abs. 4 S. 2 nichtig, so dass dem Kommissionär keine Vorschuss- oder Erstattungsansprüche gegen die AG zustehen (vgl. dazu iE → § 71d Rn. 20 ff.).[746] Der Kaufvertrag zwischen der Zentralen Gegenpartei und dem für Rechnung der Gesellschaft handelnden Kreditinstitut ist daher von der Nichtigkeitssanktion des Abs. 4 S. 2 ebenso wenig betroffen wie der Verkauf der Aktien durch den vom veräußernden Aktionär beauftragten Kommissionär an die Zentrale Gegenpartei. Das **Nichtigkeits- und Rückabwicklungsrisiko trägt** damit der von der Gesellschaft beauftragte **Einkaufskommissionär.** Er muss eine von der Gesellschaft empfangene Kaufpreiserstattung (§ 396 Abs. 2 HGB, §§ 669, 670 BGB) zurückgewähren. Grundlage für diesen Anspruch ist nur dann § 62, wenn ausnahmsweise ein Durchgangserwerb des Kommissionärs stattgefunden hat, so dass er Aktionär geworden ist, anderenfalls erfolgt die Rückabwicklung nach § 812 Abs. 1 S. 1 Alt. 1. Erwirbt ein **Clearing-Mitglied**[747] selbst eigene Aktien, ist der Kaufvertrag zwischen dem veräußernden Aktionär und der Zentralen Gegenpartei wirksam, der korrespondierende Kauvertrag zwischen dem erwerbenden Clearing-Mitglied und er Zentralen Gegenpartei dagegen nach Abs. 4 S. 2 unwirksam. Hier trägt uU die Zentrale Gegenpartei das Risiko der Rückabwicklung.[748] Die im Schrifttum befürchteten Schwierigkeiten bei der Identifizierung der Gegenpartei des nichtigen schuldrechtlichen Geschäfts, die zur praktischen Undurchsetzbarkeit der Ansprüche der Gesellschaft führen könnten,[749] bestehen in keinem dieser Fälle.

Der **internationale Anwendungsbereich** von Abs. 4 S. 2 richtet sich gem. Art. 37 Nr. 2 EGBGB nicht nach dem Vertragsstatut, sondern nach dem **Personalstatut der AG.**[750] Die Vorschrift ist Teil des spezifisch gesellschaftsrechtlichen, aus Abs. 4 und § 71c zusammengesetzten, Sanktionensystems zum Schutz der Vermögensbindung. Eine Anknüpfung an das Vertragsstatut ist nicht durch berechtigte Interessen des Veräußerers geboten,[751] würde aber Umgehungen der Regelungen Tür und Tor öffnen. 235

2. Sanktionen gegenüber dem Vorstand. Ein Verstoß gegen Abs. 1 Nr. 1–4 oder Abs. 2 stellt eine Ordnungswidrigkeit nach § 405 Abs. 1 Nr. 4a dar. Darüber hinaus macht der Vorstand sich nach § 93 Abs. 3 Nr. 3 schadensersatzpflichtig, wenn er nicht seine Pflicht sorgfältig erfüllt, vor jedem einzelnen Erwerbsvorgang zu prüfen, ob die gesetzlichen Voraussetzungen nach Abs. 1 und 2 vorliegen.[752] Im Haftungsprozess muss die Gesellschaft nach allgemeinen Grundsätzen lediglich darlegen, dass der Erwerb auf einem möglicherweise pflichtwidrigen Verhalten des Vorstands beruht.[753] Sind die Haftungsvoraussetzungen des § 93 Abs. 3 Nr. 3 erfüllt, wird vermutet, dass der Gesellschaft in Höhe der von ihr erbrachten Gegenleistung und etwaiger Erwerbsnebenkosten ein Schaden entstanden ist; etwaige Veräußerungserlöse sind schadensmindernd zu berücksichtigen.[754] Eigene Ersatzansprüche der Aktionäre gegenüber den verantwortlichen Vorstandsmitgliedern bestehen dagegen nicht.[755] 236

XI. Rechnungslegung und Steuern

1. Bilanzrechtliche Behandlung eigener Aktien. a) Rechtslage bis zum Geschäftsjahr 2009. Bis zum Inkrafttreten der Änderungen der §§ 265, 266, 272 HGB **durch das BilMoG** (→ Rn. 34) ab dem nach Ablauf des 31.12.2009 beginnenden Geschäftsjahr,[756] galt für die bilanzielle Abbildung eigener Aktien folgendes: Mit Ausnahme solcher Aktien, die zur Einziehung erworben wurden, waren **eigene Aktien** nach § 265 Abs. 3 S. 2 HGB mit ihren Anschaffungskosten einschließlich etwaiger Anschaffungsnebenkosten nach § 255 Abs. 1 HGB unter dem dafür vorgesehenen Posten im Umlaufvermögen (§ 266 Abs. 2 B III 2 HGB) **zu aktivieren** und durch eine Rücklage 237

---

[745] Vgl. *Brass/Tiedemann* ZBB 2007, 257 (260).
[746] Ebenso im Erg. *Brass/Tiedemann* ZBB 2007, 257 (261 f.).
[747] Vgl. dazu Kap. I Abschnitt 1 Ziff. 1.1.3 der Clearing-Bedingungen der Eurex Clearing AG.
[748] *Brass/Tiedemann* ZBB 2007, 257 (260 f.).
[749] Kölner Komm AktG/*Lutter/Drygala* Rn. 246.
[750] MüKoAktG/*Oechsler* Rn. 58; aA *Spickhoff* BB 1997, 2593 (2594 ff.); Großkomm AktG/*Merkt* Rn. 402, Vertragsstatut.
[751] MüKoAktG/*Oechsler* Rn. 58.
[752] Vgl. OLG Stuttgart NZG 2010, 141 (143 f.) zu den dafür maßgeblichen Anforderungen.
[753] OLG Stuttgart NZG 2010, 141 (142); Kölner Komm AktG/*Mertens/Cahn* § 93 Rn. 140.
[754] OLG Stuttgart NZG 2010, 141 (143, 145); Kölner Komm AktG/*Mertens/Cahn* § 93 Rn. 63, 134, 145.
[755] MüKoAktG/*Oechsler* Rn. 343.
[756] Vgl. Art. 66 Abs. 3 und 5 EGHGB, eingeführt durch Art. 2 BilMoG.

für eigene Aktien nach § 272 Abs. 4 HGB bilanziell zu neutralisieren.[757] Dabei trug die Höhe der Rücklage dem Umstand Rechnung, dass eigene Aktien für die Gesellschaft keinen Vermögenswert repräsentieren.[758] Bei Veräußerung eigener Aktien war die Rücklage aufzulösen.[759] Im Falle eines Wertverlustes waren die Aktien nach § 253 Abs. 3 HGB auf den Teilwert abzuschreiben. In Höhe dieser Abschreibung war die Rücklage für eigene Aktien aufzulösen.[760] Bei einer Wertaufholung nach § 280 HGB war die Rücklage entsprechend zu erhöhen.[761] Umstritten war, ob die Auflösung der Rücklage für eigene Aktien stets in der Verlängerungsrechnung zur GuV nach § 158 Abs. 1 Nr. 3b) ausgewiesen werden musste[762] oder ob sie zugunsten derjenigen Kapitalquelle zu erfolgen hatte, aus der sie dotiert worden war, so dass die Mittel wieder in den Kompetenzbereich fielen, aus dem sie stammten,[763] oder ob je nach ergebnisneutraler oder ergebniswirksamer Auflösung zu differenzieren war.[764] Zur Bilanzierung eigener Aktien nach US-GAAP und IAS vgl. etwa *Schmidbauer* DStR 2002, 187 (189 ff.); *Küting/Busch* PiR 2006, 213 (216 ff.).

238 Seit dem KonTraG (→ Rn. 31) war nach § 272 Abs. 1 S. 4 aF HGB der Nennbetrag, bei Stückaktien der rechnerische Wert, eigener Aktien, die nach Abs. 1 Nr. 6 oder 8 **zur Einziehung erworben** worden sind, in der Vorspalte offen von dem Posten „Gezeichnetes Kapital" als Kapitalrückzahlung abzusetzen; mangels Aktivierung als Vermögensgegenstand war hier keine Rücklage nach § 272 Abs. 4 HGB zu bilden. Die Regelung des § 272 Abs. 1 S. 4–6 HGB aF wurden als problematisch angesehen, weil sie zum indirekten Ausweis eines herabgesetzten Grundkapitals führten, ohne dass ein Kapitalherabsetzungsbeschluss vorliegen musste und das für Kapitalherabsetzungen vorgesehene Verfahren durchgeführt worden wäre.[765] In den Fällen des Abs. 1 Nr. 8 war nicht (allein) der Umfang der Ermächtigung, sondern der **Zweck** entscheidend, **zu dem der Vorstand die Aktien erworben hat**. § 272 Abs. 1 S. 4 HGB war daher auch dann anzuwenden, wenn der Ermächtigungsbeschluss keine Zweckvorgabe enthielt oder die Einziehung als einen von mehreren Erwerbszwecken vorsah und der Vorstand aufgrund eines entsprechenden Beschlusses die Aktien zum Zweck der Einziehung erwarb.[766] Umgekehrt griff die Vorschrift nicht ein, wenn der Vorstand zwar zum Erwerb zu Einziehungszwecken ermächtigt ist, der Erwerb aber tatsächlich zu anderen Zwecken erfolgte.[767] Die Pflicht zur offenen Absetzung vom Gezeichneten Kapital galt nach § 272 Abs. 1 S. 5 aF HGB auch für eigene Aktien, die nach Abs. 1 Nr. 8 zwar nicht zur Einziehung erworben wurden, deren spätere **Veräußerung** aber in der Ermächtigung **an einen** von der HV entsprechend § 182 Abs. 1 S. 1, also mit der dort vorgesehenen qualifizierten Mehrheit,[768] zu fassenden **Beschluss geknüpft** worden war. Soweit der von der Gesellschaft entrichtete Erwerbspreis über den Nennbetrag oder den rechnerischen Wert der eigenen Aktien hinausging, war er nach § 272 Abs. 1 S. 6 aF HGB **mit den anderen Gewinnrücklagen** (§ 266 Abs. 3 A III 4 HGB) **zu verrechnen**, die sich dementsprechend um den Differenzbetrag reduzierten.[769] Ebenso wie im Rahmen des Abs. 2 S. 2 iVm § 272 Abs. 4 HGB (→ Rn. 224) konnte auch hier über den Wortlaut des Gesetzes hinausgehend die **Kapitalrücklage nach § 272 Abs. 2 Nr. 4 HGB** zur Verrechnung mit dem Kaufpreis herangezogen werden, soweit sie nicht kraft Satzung einer Ausschüttung an die Aktionäre entzogen war.[770] Reichten die genannten Rücklagen für die Verrechnung mit der Kaufpreisdifferenz nicht aus, minderte der

---

[757] BMF Schreiben v. 2.12.1998 – IV C 6 – S. 2741 – 12/98 BStBl. I 1998, 1509 = DStR 1998, 2011 Rn. 4; *Küting/Busch* PiR 2006, 213 (215).
[758] Vgl. *Zilias/Lanfermann* WPg 1980, 89.
[759] BeBiKo/*Förschle/Hoffmann* HGB § 272 Rn. 125; *Schmidbauer* DStR 2002, 187 (188).
[760] BMF Schreiben v. 2.12.1998 – IV C 6 – S. 2741 – 12/98 BStBl. I 1998, 1509 = DStR 1998, 2011 Rn. 5; *Schmid/Wiese* DStR 1998, 993 (994); *Möller*, Rückerwerb eigener Aktien, 2005, Rn. 314.
[761] *Budde* FS Offerhaus, 1999, 659 (677); *Küting/Busch* PiR 2006, 213 (215); *Möller*, Rückerwerb eigener Aktien, 2005, Rn. 314 mN.
[762] So *ADS* HGB § 272 Rn. 203; *Kessler/Suchan* BB 2000, 2529 (2534).
[763] *Küting/Reuter* in Küting/Pfitzer/Weber/ Rechnungslegung-HdBEinzelabschluss 5. Aufl. 4. Lfg. 2009 HGB § 272 Rn. 157; BeBiKo/*Förschle/Hoffmann*, 6. Aufl. 2006, HGB § 272 Rn. 125; für die Zulässigkeit dieses Verfahrens auch *Zilias/Lanfermann* WPg 1980, 89 (94).
[764] So *Möller*, Rückerwerb eigener Aktien, 2005, Rn. 315.
[765] Krit. dazu *T. Bezzenberger*, Der Erwerb eigener Aktien durch die AG, 2002, Rn. 108; *Möller*, Rückerwerb eigener Aktien, 2005, Rn. 196 ff.; *Escher-Weingart/Kübler* ZHR 162 (1998) 537 (545).
[766] BeBiKo/*Förschle/Hoffmann*, 6. Aufl. 2006, HGB § 272 Rn. 9; *ADS* HGB § 272 nF Rn. 25; *Möller*, Rückerwerb eigener Aktien, 2005, Rn. 319; aA, für Pflicht zur Aktivierung und Rücklagenbildung bei alternativer Erwerbsermächtigung *Kessler/Suchan* BB 2000, 2529 (2536).
[767] BeBiKo/*Förschle/Hoffmann*, 6. Aufl. 2006, HGB § 272 Rn. 9; *ADS* HGB § 272 nF Rn. 25; *Möller*, Rückerwerb eigener Aktien, 2005, Rn. 319.
[768] *Möller*, Rückerwerb eigener Aktien, 2005, Rn. 320.
[769] *T. Bezzenberger*, Der Erwerb eigener Aktien durch die AG, 2002, Rn. 106.
[770] BeBiKo/*Förschle/Hoffmann*, 6. Aufl. 2006, HGB § 272 Rn. 9; *ADS* HGB § 272 nF Rn. 18; *Möller*, Rückerwerb eigener Aktien, 2005, Rn. 324.

verbleibende Betrag als Aufwand des Geschäftsjahres das Bilanzergebnis.[771] Sollte eine vereinfachte Kapitalherabsetzung durch Einziehung von Stückaktien nach § 237 Abs. 3 Nr. 3 erfolgen, bei der die Grundkapitalziffer unverändert bleibt, bestand für eine Absetzung vom Gezeichneten Kapital kein Anlass. In diesem Fall war vielmehr der Kaufpreis ausschließlich mit den dafür zur Verfügung stehenden Rücklagen zu verrechnen.[772] Für den Fall, dass der Kaufpreis unter dem Nennbetrag oder rechnerischen Wert der Aktien lag, war umstritten, ob die Differenz den anderen Gewinnrücklagen zuzuführen[773] oder in die Kapitalrücklage einzustellen war[774] oder ob ein besonderer Kapitalschutz durch eine zeitlich begrenzte Verwendungsbeschränkung gewährleistet werden musste.[775]

b) Rechtslage ab dem Geschäftsjahr 2010. Für die nach Ablauf des 31.12.2009 beginnenden 239 Geschäftsjahre gelten §§ 266, 272 HGB in der durch das BilMoG geänderten Fassung. Nach § 272 Abs. 1a HGB sind eigene Aktien unabhängig vom Erwerbsgrund nicht mehr zu aktivieren, sondern in Höhe des Nennbetrags oder rechnerischen Werts in der Vorspalte offen **vom Grundkapital abzusetzen** (Nettomethode). Soweit die Anschaffungskosten darüber hinausgehen, sind sie mit den **frei verfügbaren Rücklagen** zu verrechnen. Dazu gehören nicht nur die „anderen Gewinnrücklagen" iSv § 266 Abs. 3 A. III. 4. HGB, sondern auch frei verfügbare Kapitalrücklagen nach § 272 Abs. 2 Nr. 4 HGB (→ Rn. 224). Erwirbt die Gesellschaft eigene Aktien unter pari, also für einen geringeres Entgelt als deren Nennbetrag oder rechnerischen Wert, ergibt sich ein positiver Unterschiedsbetrag zwischen dem Nennbetrag und den Anschaffungskosten, dessen Verrechnung nach § 272 Abs. 1a S. 2 HGB zu einer Erhöhung der frei verfügbaren Rücklagen und damit offenbar auch des ausschüttungsfähigen Gewinns zu Lasten des Kapitals führen würde. Ein Teil des Schrifttums nimmt dieses Ergebnis hin,[776] während andere dieses Ergebnis durch Bildung einer gebundenen Rücklage, die bei einer Veräußerung der eigenen Aktien zu einem höheren Betrag als den Anschaffungskosten ganz oder teilweise aufzulösen ist,[777] oder durch eine außerbilanzielle Ausschüttungssperre nach dem Rechtsgedanken des § 268 Abs. 8 HGB[778] verhindern wollen (auch → Rn. 224). Richtigerweise sind derartige Korrekturen indessen entbehrlich, weil sich die Höhe des Grundkapitals durch die offene Absetzung des Nennbetrags/anteiligen Betrags des Grundkapitals eigener Aktien in einer Vorspalte nicht ändert, so dass die Ausschüttung eines Betrages, der dem in der Vorspalte abgesetzten Nennbetrag der eigenen Aktien entspricht, ohne weiteres deswegen verboten ist, weil das zur Erhaltung des Grundkapitals und der gebundenen Rücklagen erforderliche Vermögen nicht ausgeschüttet werden darf.[779] Dadurch werden übermäßige Ausschüttungen auch bei einem Erwerb eigener Aktien zu einem Kaufpreis unter pari verhindert.[780] Anschaffungsnebenkosten stellen nach § 272 Abs. 1a S. 3 HGB Aufwand des Geschäftsjahres dar.

Ein **Ausweis** eigener Aktien **im Umlaufvermögen** erfolgt nicht mehr, vgl. § 266 Abs. 3 A. III. 240 2. HGB; die entsprechende Anordnung in § 265 Abs. 3 S. 2 HGB wurde durch Art. 1 Nr. 18 BilMoG aufgehoben.

Werden eigene Aktien wieder **veräußert,** ist die bei ihrem Erwerb erfolgte Absetzung des Nenn- 241 betrags oder rechnerischen Wertes vom Grundkapital wieder rückgängig zu machen, § 272 Abs. 1b S. 1 HGB. Die Neufassung der Bilanzierungsregeln eröffnet damit die Möglichkeit eines variablen Kapitals. Bis zur Höhe der Anschaffungskosten ist ein über den Nennbetrag oder rechnerischen Wert der Aktien hinausgehender Veräußerungserlös gem. § 272 Abs. 1b S. 2 HGB den frei verfügbaren Rücklagen wieder zuzuschreiben. Da das Gesetz nicht anordnet, welche von mehreren frei verfügba-

---

[771] Dazu iE *Möller,* Rückerwerb eigener Aktien, 2005, Rn. 325.
[772] BeBiKo/*Förschle/Hoffmann,* 6. Aufl. 2006, HGB § 272 Rn. 10.
[773] So BeBiKo/*Förschle/Hoffmann,* 6. Aufl. 2006, HGB § 272 Rn. 9.
[774] WP-HdB/*Gelhausen,* 13. Aufl. 2006 Rn. F 251.
[775] *Möller,* Rückerwerb eigener Aktien, 2005, Rn. 328, 209.
[776] Kölner Komm AktG/*Mock* RechnungslegungsR HGB § 272 Rn. 85.
[777] Vgl. mit Unterschieden im Einzelnen *Kropff* ZIP 2009, 1137 (1141 f.); MüKoBilanzR/*Witt* HGB § 272 Rn. 78 ff.; BeBiKo/*Förschle/Hoffmann* HGB § 272 Rn. 135, 144 mit Zahlenbeispielen.
[778] MüKoHGB/*Reiner* HGB § 272 Rn. 34 ff.
[779] *Oser/Kropp* Der Konzern 2012, 185 (186 f.); *Verse* VGR 15 (2009), 67 (84 ff.); Staub/*Hüttemann/Meyer* HGB § 272 Rn. 25.
[780] Beispiel: Vor dem Erwerb betragen die bilanziellen Aktiva 1.000, das Grundkapital 200, die gebundenen Rücklagen und die freien Rücklagen je 50, die Verbindlichkeiten 700. Die Gesellschaft erwirbt eigene Aktien im Nennwert von 20 für einen Preis von 10. Der Nennbetrag der eigenen Aktien iHv 20 wird in der Vorspalte vom Grundkapital abgesetzt, die freien Rücklagen erhöhen sich um den Differenzbetrag zwischen Nennwert und Erwerbspreis (20-10) auf 60. Da das Grundkapital aber nach wie vor 200 beträgt, steht für Ausschüttungen lediglich ein Betrag von 40 zur Verfügung, nämlich 990 bilanzielle Aktiva (1.000. − 10 Erwerbspreis eigene Aktien) − 950 gebundene Passiva (200 Grundkapital + 50 gebundene Rücklagen + 700 Verbindlichkeiten), mithin also die um den Erwerbspreis geminderten freien Rücklagen.

§ 71a

ren Rücklagen aufzufüllen ist, liegt die Auswahl im Ermessen des Vorstands.[781] Soweit der Veräußerungserlös über die Anschaffungskosten für die eigenen Aktien hinausgeht, ist der Differenzbetrag nach § 272 Abs. 1b S. 3 HGB in die Kapitalrücklage nach § 272 Abs. 2 Nr. 1 HGB einzustellen und damit ebenso wie ein Agio bei der Erstausgabe von Aktien behandelt.

242 **2. Steuerrecht.** Das für die steuerrechtliche Behandlung unter Geltung des Anrechnungsverfahrens maßgebliche BMF-Schreiben vom 2.12.1998[782] ist durch Schreiben v. 10.8.2010[783] aufgehoben, für Zeiträume, in denen zwar bereits das Halb- bzw. Teileinkünfteverfahren, nicht aber das BilMoG galt, wieder in Kraft gesetzt und weiter konkretisiert worden.[784] Für die steuerrechtliche Behandlung des Erwerbs eigener Aktien unter Geltung des durch das BilMoG neu eingefügten § 272 Abs. 1a und 1b HGB ist nunmehr das BMF-Schreiben vom 27.11.2013[785] maßgeblich. Danach gilt nun[786] Folgendes: Auf **Ebene der Gesellschaft** sind Erwerb und Veräußerung eigener Aktien nicht als Anschaffungs- oder Veräußerungsvorgang, sondern wie eine Kapitalherabsetzung oder Kapitalerhöhung zu behandeln.[787] Auf den Erwerb eigener Aktien zu einem angemessenen Kaufpreis ist § 28 Abs. 2 KStG mit gewissen Modifikationen[788] entsprechend anzuwenden.[789] Ein über den Nennbetrag/anteiligen Betrag des Grundkapitals hinausgehender Kaufpreisanteil mindert nach den Grundsätzen des § 27 Abs. 1 S. 3 KStG das steuerliche Einlagenkonto, soweit er den ausschüttbaren Gewinn übersteigt.[790] Ein Erwerb für einen angemessenen Kaufpreis unterhalb des Nennbetrags/anteiligen Betrags des Grundkapitals ist in Höhe des Differenzbetrags als Kapitalherabsetzung ohne Auszahlung an die Aktionäre zu behandeln, auf die § 28 Abs. 2 S. 1 KStG entsprechend anzuwenden ist.[791] Da es sich für die veräußernden Aktionäre um einen Veräußerungsvorgang handelt, ist Kapitalertragsteuer in keinem der vorstehend erwähnten Fälle eines Erwerbs zu einem angemessenen Kaufpreis einzubehalten.[792] Bei Zahlung eines überhöhten Kaufpreises kann dagegen eine nach allgemeinen Grundsätzen zu behandelnde vGA vorliegen, auf die ggfalls Kapitalertragsteuer anfällt.[793] Eine Weiterveräußerung eigener Aktien ist nicht als Veräußerungsvorgang, sondern als Erhöhung des Nennkapitals zu behandeln und führt dementsprechend nicht zu einem steuerpflichtigen Veräußerungsgewinn oder -verlust. Ein den Nennbetrag/anteiligen Betrag des Grundkapitals übersteigender Betrag erhöht den Bestand des steuerlichen Einlagenkontos. Eine Veräußerung zu einem angemessenen Preis unterhalb des Nennbetrags/anteiligen Betrags des Grundkapitals ist in Höhe der Differenz zwischen diesem Betrag und dem Veräußerungserlös als Kapitalerhöhung aus Gesellschaftsmitteln zu behandeln, bei der dieser Differenzbetrag entsprechend § 28 Abs. 1 KStG den Bestand des steuerlichen Einlagenkontos vermindert und, soweit dieser Bestand nicht ausreicht, zur Bildung oder Erhöhung eines Sonderausweises führt.[794] Die Veräußerung für einen zu geringen Kaufpreis kann eine kapitalertragsteuerpflichtige vGA iSv § 20 Abs. 1 Nr. 1 S. 2 EStG darstellen.[795] Angemessene Aufwendungen im Zusammenhang mit Erwerb oder Veräußerung eigener Aktien sind als Betriebsausgaben abziehbar. Obwohl der Übergang zur Nettomethode dem Umstand Rechnung tragen soll, dass der Erwerb eigener Aktien wirtschaftlich eine Ausschüttung an den Aktionär darstellt, ist der **Veräußerungserlös des Aktionärs** nicht wie eine Dividendenausschüttung, sondern als Veräußerungserlös zu versteuern.

§ 71a Umgehungsgeschäfte

(1) ¹Ein Rechtsgeschäft, das die Gewährung eines Vorschusses oder eines Darlehens oder die Leistung einer Sicherheit durch die Gesellschaft an einen anderen zum Zweck des

---

[781] AA *Mayer* Ubg 2008, 779 (782): Verpflichtung zur Wiederherstellung des ursprünglichen Zustands.
[782] IV C 6 – S. 2741 – 12/98 BStBl. I 1998, 1509 = DStR 1998, 2011; ausf. dazu etwa *Geiger/Klingebiel/Wochinger* in Dötsch/Eversberg/Joost/Witt KStG, 45. Erg.-Lfg. 2002, KStG § 8 Abs. 1 nF Rn. 43–60 und 79.
[783] IV C 2-S 2742/07/10009, 2010/0573786.
[784] Durch BMF Schreiben v. 27.11.2013, IV C 2-S 2742/07/10009, 2013/1047768 BStBl. I 2013, 1615 Rn. 26 ff.; näher dazu *Blumenberg/Lechner* DB 2014, 141 (146).
[785] IV C 2-S 2742/07/10009, 2013/1047768 BStBl. I 2013, 1615.
[786] Zum Meinungsstand vor dem BMF-Schreiben vgl. etwa *Blumenberg/Lechner* DB 2014, 141 f.
[787] BMF Schreiben v. 27.11.2013 Rn. 8; aA für den Handel mit eigenen Aktien, insbesondere von Kreditinstituten gemäß § 71 Abs. 1 Nr. 7, *Johannemann/Herr* BB 2015, 2158 (2159 f.).
[788] Vgl. dazu etwa *Schmidtmann* Ubg 2013, 755 (757 f.).
[789] BMF Schreiben v. 27.11.2013 Rn. 9.
[790] BMF Schreiben v. 27.11.2013 Rn. 9; näher dazu *Blumenberg/Lechner* DB 2014, 141 (142 f.).
[791] BMF Schreiben v. 27.11.2013 Rn. 10.
[792] BMF Schreiben v. 27.11.2013 Rn. 11.
[793] BMF Schreiben v. 27.11.2013 Rn. 12.
[794] BMF Schreiben v. 27.11.2013 Rn. 14; näher dazu *Blumenberg/Lechner* DB 2014, 141 (143 f.).
[795] BMF Schreiben v. 27.11.2013 Rn. 15.

Erwerbs von Aktien dieser Gesellschaft zum Gegenstand hat, ist nichtig. ²Dies gilt nicht für Rechtsgeschäfte im Rahmen der laufenden Geschäfte von Kreditinstituten oder Finanzdienstleistungsinstituten sowie für die Gewährung eines Vorschusses oder eines Darlehens oder für die Leistung einer Sicherheit zum Zweck des Erwerbs von Aktien durch Arbeitnehmer der Gesellschaft oder eines mit ihr verbundenen Unternehmens; auch in diesen Fällen ist das Rechtsgeschäft jedoch nichtig, wenn die Gesellschaft im Zeitpunkt des Erwerbs eine Rücklage in Höhe der Aufwendungen für den Erwerb nicht bilden könnte, ohne das Grundkapital oder eine nach Gesetz oder Satzung zu bildende Rücklage zu mindern, die nicht zur Zahlung an die Aktionäre verwandt werden darf. ³Satz 1 gilt zudem nicht für Rechtsgeschäfte bei Bestehen eines Beherrschungs- oder Gewinnabführungsvertrags (§ 291).

(2) Nichtig ist ferner ein Rechtsgeschäft zwischen der Gesellschaft und einem anderen, nach dem dieser berechtigt oder verpflichtet sein soll, Aktien der Gesellschaft für Rechnung der Gesellschaft oder eines abhängigen oder eines in ihrem Mehrheitsbesitz stehenden Unternehmens zu erwerben, soweit der Erwerb durch die Gesellschaft gegen § 71 Abs. 1 oder 2 verstoßen würde.

Schrifttum: *Brosius,* Die finanzielle Unterstützung des Erwerbs eigener Aktien, 2011; *Büscher,* Das neue Recht des Aktienrückkaufs, 2013; *Drygala,* Finanzielle Unterstützung des Aktienerwerbs nach der Reform der Kapitalrichtlinie, Der Konzern 2007, 396; *Eidenmüller,* Private Equity, Leverage und die Effizienz des Gläubigerschutzes, ZHR 171 (2007), 644; *Ferran,* Corporate Transactions and Financial Assistance: Shifting Policy Perceptions but Static Law, 63 Cambridge Law Journal (2004) 225; *Ferran,* Simplification of European company law on financial assistance, EBOR 6 (2005) 93; *Fleischer,* Finanzielle Unterstützung des Aktienerwerbs und Leveraged Buyout, AG 1996, 494; *Fleischer,* Der Zusammenschluss von Unternehmen im Aktienrecht, ZHR 172 (2008), 538; *Fridrich,* Der Schutz des Kapitals der Aktiengesellschaft bei fremdfinanzierter Übernahme, 2010; *Habersack,* Die finanzielle Unterstützung des Aktienerwerbs – Überlegungen zu Zweck und Anwendungsbereich des § 71a Abs. 1 S. 1 AktG, FS Röhricht 2005, 155; *Habersack,* Verdeckte Sacheinlage und Hin- und Herzahlen nach dem ARUG, AG 2009, 557; *Habersack,* Finanzielle Unterstützung des Aktienerwerbs nach dem MoMiG, FS Hopt, 2010, 725; *Hartung,* Financial Assistance, 2010; *Hassner,* Finanzielle Unterstützung zum institutionellen Leveraged Buyout einer Aktiengesellschaft, 2014; *Kerber,* Die aktienrechtlichen Grenzen der finanziellen Unterstützung des Aktienerwerbs im Buy-out-Verfahren, DB 2004, 1027; *Kerber,* Unternehmenserwerb im Wege der Schuldübernahme und nachfolgender Verschmelzung, NZG 2006, 50; *Kerber,* Das Urteil des OLG Düsseldorf vom 28.9.2006 in Sachen „Babcock Borsig/HDW": Die Klärung der tatbestandlichen Reichweite von § 71a AktG wird bewusst vermieden, NZG 2007, 254; *Klass,* Der Buyout von Aktiengesellschaften: eine juristisch-ökonomische Untersuchung zu § 71a Abs. 1 AktG und zur Gesetzesumgehung im Gesellschaftsrecht, 2000; *Link,* Droht dem Verkäufer von GmbH-Anteilen bei Leveraged-Buyout-Transaktionen eine Haftung für Verbindlichkeiten der Zielgesellschaft?, ZIP 2007, 1398; *Ludwig,* Verbotene finanzielle Unterstützung im Sinne des § 71a Abs. 1 S. 1 AktG ohne rechtsgeschäftliche Beteiligung der Zielgesellschaft?, Liber Amicorum Happ, 2006, 131; *Lutter/Wahlers,* Der Buyout: Amerikanische Fälle und die Regeln des deutschen Rechts, AG 1989, 1; *Nodoushani,* Die Haftung des faktischen Aktionärs beim Empfang verbotener Leistungen, NZG 2008, 291; *Nodoushani,* Financial Assistance und Konzerninnenfinanzierung, Der Konzern 2008, 385; *Nuyken,* Finanzielle Unterstützung bei Private-Equity-Transaktionen, ZIP 2004, 1893; *Oechsler,* Die Änderung der Kapitalrichtlinie und Rückerwerb eigener Aktien, ZHR 170 (2006), 72; *Oechsler,* Das Finanzierungsverbot der § 71a Abs. 1 AktG bei Erwerb eigener Aktien – Schutzzweck und praktische Anwendung, ZIP 2006, 1661; *Oechsler,* Keine Rückverwandlung des Zahlungsanspruchs in einen Befreiungsanspruch, NZG 2007, 252; *Otto,* Buy-Out-Finanzierungen: Neue Akquisitionsstrukturen nach neuem Umwandlungsrecht, DB 1994, 2121; *Pühler,* Das Verbot der Anteilsfinanzierung in Belgien, Frankreich, Italien und den Niederlanden, 1996; *Riegger,* Kapitalgesellschaftsrechtliche Grenzen der Finanzierung von Unternehmensübernahmen durch Finanzinvestoren, ZGR 2008, 233; *Rudolph,* Funktionen und Regulierung der Finanzinvestoren, ZGR 2008, 161; *Schäffler,* Finanzierung von LBO-Transaktionen: Die Grenzen der Nutzung des Vermögens der Zielgesellschaft, BB 2006, Beilage 9 zu Heft 48, S. 1; *Schmolke,* Finanzielle Unterstützung des derivativen Aktienerwerbs – Gläubiger- und Aktionärsschutz nach der geplanten Änderung der Kapitalrichtlinie, WM 2005, 1828; *U. H. Schneider,* Missbräuchliches Verhalten durch Private Equity, NZG 2007, 888; *Schriever,* Sicherheiten für Akquisitionskredite – Das Untreuerisiko beim Leveraged Buyout einer GmbH, wistra 2006, 404; *Schroeder,* Finanzielle Unterstützung des Aktienerwerbs, 1995; *Seibt,* Gläubigerschutz bei Änderung der Kapitalstruktur durch Erhöhung des Fremdkapitalanteils (Leveraged Recapitalization/Leveraged Buy Out), ZHR 171 (2007), 282; *Sieger/Hasselbach,* Break Fee-Vereinbarungen bei Unternehmenskäufen, BB 2000, 625; *Silvestri,* The new Italian law on merger leveraged buy-outs: a law and economics perspective, EBOR 6 (2005) 101; *Singhof,* Zur finanziellen Unterstützung des Erwerbs eigener Aktien durch Kreditinstitute, NZG 2002, 745; *Strampelli,* Rendering (Once More) the Financial Assistance Regime More Flexible, ECFR 2012, 530; *Wagner,* Zur aktienrechtlichen Zulässigkeit von Share Matching-Plänen, BB 2010, 1739; *Westermann,* Kapitalschutz als Gestaltungsmöglichkeit, ZHR 172 (2008), 144; *Wymeersch,* Article 23 of the second company law directive: the prohibition on financial assistance to acquire shares of the company, FS Drobnig, 1998, 725; *Zeyher,* Einlagenrückgewähr und finanzielle Unterstützung im Fall erwerbsfinanzierender Fusion, 2011.

§ 71a

Übersicht

	Rn.		Rn.
I. Grundlagen	1–22	c) Finanzierungsgeschäfte mit Dritten	53–55
1. Entstehungsgeschichte und Ausblick	1–5	**III. Ausnahmen vom Verbot der finanziellen Unterstützung, Abs. 1 S. 2**	56–61
a) Englisches Recht	2–4		
b) Europäisches Recht	5	1. Rechtsgeschäfte von Kreditinstituten oder Finanzdienstleistungsinstituten	56, 57
2. Normzweck	6–10		
a) Meinungsstand	6, 7	2. Rechtsgeschäfte zum Zweck des Aktienerwerbs durch Arbeitnehmer	58
b) Stellungnahme	8–10		
3. Systematik	11–22	3. Kapitalgrenze des § 71a Abs. 1 S. 2 Hs. 2	59, 60
a) Verbot der Einlagenrückgewähr, §§ 57 ff.	11, 12	4. Ausnahmetatbestände des § 71 Abs. 1	61
b) Erwerb für Rechnung der Gesellschaft, Abs. 2	13	**IV. Verbot des Aktienerwerbs durch Dritte für Rechung der Gesellschaft, Abs. 2**	62–75
c) Abgrenzung zu § 71d	14, 15		
d) Originärer Erwerb, § 56	16	1. Normzweck	62, 63
e) Konzern	17–22	2. Inhalt und Bedeutung des Verbots	64–72
II. Verbot der finanziellen Unterstützung des Erwerbs eigener Aktien, Abs. 1 S. 1	23–55	a) Rechtsgeschäft, das zum Erwerb berechtigt oder verpflichtet	64
1. Inhalt und Bedeutung des Verbots	23–49	b) Rechtsgeschäft zwischen der AG und einem anderen	65
a) Benannte Finanzierungsgeschäfte	23–26	c) Erwerb für Rechnung der Gesellschaft	66
b) Sonstige unbenannte Finanzierungshilfen	27–30	d) Einzelfälle	67–70
c) Erwerb von Aktien der finanzierenden AG	31–33	e) Erwerb für Rechnung eines abhängigen oder in Mehrheitsbesitz stehenden Unternehmens	71
d) Geschäfte mit Dritten	34	f) Verstoß gegen § 71 Abs. 1 und 2 bei Erwerb durch die Gesellschaft	72
e) Zum Zweck des Erwerbs	35–37		
f) Einzelfälle	38–49	3. Rechtsfolgen eines Verstoßes gegen Abs. 2	73–75
2. Rechtsfolgen eines Verstoßes gegen das Verbot der finanziellen Unterstützung	50–55		
a) Nichtigkeit des Finanzierungsgeschäfts	50, 51	a) Nichtigkeit des obligatorischen Rechtsgeschäfts	73, 74
b) Verhältnis zur Vermögensbindung nach §§ 57 ff.	52	b) Folgen der Nichtigkeit	75

I. Grundlagen

1 **1. Entstehungsgeschichte und Ausblick.** Die beiden Absätze der Vorschrift sind verschiedenen Ursprungs: Während die Regelung des Abs. 2 auf § 71 Abs. 5 AktG 1965 zurückgeht, hatte Abs. 1 bis zu seiner Einführung durch das Gesetz zur Durchführung der Zweiten Richtlinie des Rates der Europäischen Gemeinschaften[1] keine Entsprechung im deutschen Recht. Er beruht vielmehr auf Art. 23 Kapital-RL 1977[2] (jetzt Art. 64 RL (EU) 2017/1132).[3] Seine Einordnung in das Recht der Kapitalerhaltung ist bis heute nicht widerspruchsfrei gelungen.[4] Bereits die Interpretation von Art. 23 Kapital-RL 1977 bereitet Schwierigkeiten.[5] Vorläufer dieser Bestimmung existierten zwar in verschiedenen europäischen Ländern, so insbesondere in Belgien und in Italien.[6] Die Vorschrift selbst war jedoch im Vorschlag der Kommission zur Schaffung einer Kapitalrichtlinie[7] nicht enthalten. Das in Art. 23 Kapital-RL 1977 (jetzt Art. 64 RL (EU) 2017/1132) geregelte Verbot der finanziellen Unterstützung wurde erst auf Initiative der britischen Delegation in die Richtlinie aufgenommen.[8]

---

[1] BGBl. 1978 I 1959.
[2] Zweite Richtlinie des Rates der Europäischen Gemeinschaften zur Koordinierung des Gesellschaftsrechts vom 13.12.1976 (Kapitalrichtlinie) (77/91/EWG) ABl. EG 1977 Nr. L 26, 1 ff.
[3] Richtlinie 2017/1132/EU des Europäischen Parlaments und der Europäischen Rates v. 14. Juni 2017 über bestimmte Aspekte des Gesellschaftsrechts, ABl. EU 2017 Nr. L 169, 46.
[4] Vgl. dazu nur die von *Habersack* FS Röhricht, 2005, 155 ff. vertretene These von der angeblichen Funktionslosigkeit des § 71a Abs. 1 AktG.
[5] *Wymeersch* FS Drobnig, 1998, 725 (732 ff.).
[6] *Fleischer* AG 1996, 494 (496); *Pühler*, Das Verbot der Anteilsfinanzierung in Belgien, Frankreich, Italien und den Niederlanden, 1996, 19.
[7] ABl. EG 1970 Nr. C 48, 8 ff.
[8] Zur Entstehungsgeschichte der Kapitalrichtlinie eingehend *Schroeder*, Finanzielle Unterstützung des Aktienerwerbs, 1995, 15 ff.; *Hassner*, Finanzielle Unterstützung zum institutionellen Leveraged Buyout einer Aktiengesellschaft, 2014, 146 ff.; *Büscher*, Das neue Recht des Aktienrückkaufs, 2013, 176 ff.

Abs. 1 S. 3 ist durch Art. 5 Nr. 6a MoMiG[9] eingefügt, Abs. 1 S. 2 Hs. 2 durch Art. 5 Nr. 2 BilMoG[10] an die neue bilanzielle Behandlung eigener Aktien angepasst worden.

a) Englisches Recht. Im englischen Recht kann das Verbot der ‚financial assistance' auf eine lange Tradition zurückblicken:[11] In der Folge einiger spektakulärer Unternehmenszusammenbrüche in den 20er Jahren des vorigen Jahrhunderts verfügte der englische Gesetzgeber bereits im Jahr 1929 ein an die Gesellschaft gerichtetes generelles Verbot, das Gesellschaftsvermögen zum Erwerb eigener Anteile zu verwenden.[12] Erklärter Zweck dieses Verbots war es, für missbräuchlich gehaltene Finanzierungstechniken zu unterbinden.[13]

Die fremdfinanzierte Übernahme von Unternehmen unter Verwendung des Vermögens der Zielgesellschaft hat mittlerweile unter dem Begriff **‚Leveraged Buy-Out' (LBO)** Eingang in die finanzwirtschaftliche Literatur gefunden.[14] Bei dieser Finanzierungsform wird der Anteilserwerb zu einem Großteil durch den Einsatz von Fremdkapital finanziert, wobei das Vermögen der Zielgesellschaft zur Tilgung oder zur Besicherung des Kaufpreises herangezogen wird. Die Finanzierung ist dabei so konzipiert, dass der Darlehensnehmer das aufgenommene Fremdkapital aus dem ‚cash flow' der Zielgesellschaft verzinst und tilgt. Die hohe Verschuldung erlaubt es ihm zum einen, überhaupt das erforderliche Finanzierungsvolumen für den in Auge gefassten Erwerb aufzubringen. Zum anderen ermöglicht ihm die Hebelwirkung (‚leverage') des aufgenommenen Fremdkapitals, seine Eigenkapitalrendite solange zu steigern, wie die Gesamtkapitalrendite den Fremdkapitalzins übersteigt.[15] Die Kehrseite dieser Leverage-Chance ist ein mit der hohen Verschuldung der Zielgesellschaft einhergehendes gesteigertes Kapitalstrukturrisiko, das zu einer erhöhten Insolvenzanfälligkeit der Zielgesellschaft führen kann.[16] Hinzu tritt die Gefahr der Ausplünderung (‚asset stripping') durch den Erwerber. Eine Spielart des LBO ist der **‚Management Buy-Out' (MBO).** Hier erwirbt die Geschäftsleitung der Zielgesellschaft selbst die Kontrollmehrheit, wobei sie zur Finanzierung auf deren Vermögen zurückgreift.[17] Die Finanzierungsformen des LBO und des MBO traten erstmals in den 1970er Jahren in den Vereinigten Staaten in Erscheinung,[18] sind inzwischen aber auch in Europa weit verbreitet.[19]

Die britische Regierung hält die Beschränkung dieser Finanzierungsformen durch ein pauschales Verbot der ‚financial assistance' heute nicht mehr für erforderlich.[20] Bei der jüngsten Reform des Companies Act hat sie deshalb das in Großbritannien bestehende **Verbot** für geschlossene Gesellschaften ganz abgeschafft und im Bereich der Kapitalrichtlinie in den Grenzen des Art. 23 Kapital-RL 1977 (jetzt Art. 64 RL (EU) 2017/1132) gelockert,[21] während sie auf europäischer Ebene für dessen gänzliche Abschaffung eingetreten ist.[22]

b) Europäisches Recht. Die jüngeren Entwicklungen im Mutterland des Verbots der ‚financial assistance' haben auch den **europäischen Richtliniengeber** beschäftigt. So empfahl die Arbeits-

---

[9] Gesetz zur Modernisierung des GmbH-Rechts und zur Bekämpfung von Missbräuchen v. 23.10.2008, BGBl. 2008 I 2026.
[10] Gesetz zur Modernisierung des Bilanzrechts v. 25.5.2009, BGBl. 2009 I 1102.
[11] Zur Entwicklung des Verbots der ‚financial assistance' im englischen Recht ausf. *Schroeder*, Finanzielle Unterstützung des Aktienerwerbs, 1995, 20 ff.
[12] *Ferran*, Principles of Corporate Finance Law, 2008, 267.
[13] Re VGM Holdings Ltd. [1942] Ch 235, CA, 239; Report of the Company Law Amendment Committee Cmnd 2657 (1926) para 30 – *Greene Committee;* Report of the Company Law Amendment Committee Cmnd 1749 (1962) para 173 – *Jenkins Committee,* zitiert nach *Ferran,* Principles of Corporate Finance Law, 2008, 369 f.
[14] Vgl. dazu die zahlreichen Nachweise bei *Fleischer* AG 1996, 494 (496 f.) und *Drygala* AG 2001, 291 (294) Fn. 33; empirische Daten zu den Buy-Out Aktivitäten der jüngsten Vergangenheit etwa bei Deutsche Bundesbank, Monatsbericht April 2007, S. 15 ff.; *Eidenmüller* ZHR 171 (2007), 644 (646, 651 ff.); *Rudolph* ZGR 2008, 161 (169 ff.).
[15] *Rudolph* ZGR 2008, 161 (170).
[16] Zu den möglichen Motiven für das Eingehen solcher Risiken *Rudolph* ZGR 2008, 161 (174 ff.).
[17] *Ebke* ZHR 155 (1991), 133 (134 ff.); vgl. auch *Otto* in Assmann/SchützeKapitalanlageR-HdB, 2. Aufl. 1999, § 26 Rn. 1 ff. und *Semler* in Hölters, Handbuch des Unternehmenskauf, 7. Aufl. 2010, Teil VII Rn. 268.
[18] *Lutter/Wahlers* AG 1989, 1 ff.
[19] *Otto* in Assmann/SchützeKapitalanlageR-HdB, 2. Aufl. 1999, § 26 Rn. 7 ff.
[20] Department of Trade and Industry (DTI), Company Law Reform: Financial Assistance by a Company for the Acquisition of its own Shares: Conclusions of Consultation, London, 21.4.1997. Vgl. zur Reformdiskussion in Großbritannien *Armour* 63 Modern Law Review (2000) 355 (376 f., 382 f.); *Davies*, Gower and Davies' Principles of Modern Company Law, 7. Aufl. 2003, 260 f.; *Ferran* 63 Cambridge Law Journal (2004) 225 ff. sowie *Just* BKR 2004, 3 (9).
[21] Vgl. sec. 682 Companies Act 2006.
[22] Stellungnahme Großbritanniens zu den Empfehlungen der SLIM-Arbeitsgruppe an die Europäische Kommission vom Oktober 1999, S. 8 zitiert nach *Baldamus*, Reform der Kapitalrichtlinie, 2002, 192 f.

gruppe zur Vereinfachung des Gesellschaftsrechts (SLIM) im Jahr 1999, das Verbot der Anteilsfinanzierung wahlweise auf den Betrag des ausschüttungsfähigen Nettovermögens oder auf die Zeichnung neuer Aktien zu beschränken.[23] Die Hochrangige Gruppe von Experten auf dem Gebiet des Gesellschaftsrechts (High Level Group) hat sich im Anschluss daran für eine Lösung ausgesprochen, „durch die eine finanzielle Unterstützung bis zur Höhe der ausschüttungsfähigen Rücklagen erlaubt wird", fordert jedoch zusätzlich einen Hauptversammlungsbeschluss.[24] Diese Überlegungen mündeten im Jahr 2004 in einen Vorschlag der Europäischen Kommission zur Änderung der Kapitalrichtlinie,[25] der eine Lockerung des generellen Verbots der finanziellen Unterstützung bis zum Betrag des ausschüttungsfähigen Nettovermögens vorsieht, sofern bestimmte Voraussetzungen erfüllt werden (Finanzierung zu Marktbedingungen, Solvenznachweis durch die Geschäftsleitung und Genehmigung durch die Hauptversammlung).[26] Der Vorschlag wurde im September 2006 von Parlament und Rat in leicht abgewandelter Form als Art. 1 Nr. 6 der Kapitaländerungsrichtlinie angenommen.[27] Nach Art. 64 RL (EU) 2017/1132 können die Mitgliedstaaten eine finanzielle Unterstützung nunmehr bis zum Betrag des ausschüttungsfähigen Nettovermögens zulassen, wenn die Finanzierung zu Marktbedingungen erfolgt, die Geschäftsleitung die Kreditwürdigkeit des Erwerbers geprüft hat und die Hauptversammlung die Finanzierung in Kenntnis eines von der Geschäftsleitung zu erstellenden und zu veröffentlichenden Berichts genehmigt hat, aus dem insbesondere die mit der Finanzierung verbundenen Risiken für Liquidität und Solvenz der Gesellschaft sowie der Erwerbspreis hervorgehen müssen. In Höhe des Betrags der insgesamt gewährten finanziellen Unterstützung ist dann auf der Passivseite der Bilanz eine nicht ausschüttungsfähige Rücklage zu bilden. Soweit ein Dritter mit finanzieller Unterstützung der Gesellschaft eigene Aktien der Gesellschaft erwirbt oder neue Aktien der Gesellschaft im Rahmen einer Kapitalerhöhung zeichnet, muss dieser Erwerb zu einem angemessenen Preis erfolgen. Angesichts der Diskussion über ein breiter angelegtes Revirement der Kapitalvorschriften[28] und nach wie vor bestehenden Unklarheiten über den Zweck des Verbots der financial assistance (→ Rn. 6 ff.) ist das letzte Wort in Bezug auf die finanzielle Unterstützung aber auch nach der jüngsten Reform wohl noch nicht gesprochen.

6 **2. Normzweck. a) Meinungsstand. aa) Europäisches Recht.** Im geltenden europäischen Recht ist der Zweck des Verbots der finanziellen Unterstützung nicht ohne weiteres auszumachen.[29] Wenn auch die Richtlinienbestimmung des Art. 64 RL (EU) 2017/1132 der britischen Regelung nachempfunden ist (→ Rn. 1), so ist doch die europäische Regelung gleichwohl autonom zu interpretieren;[30] Regelungszwecke des englischen Rechts können daher nur ergänzend herangezogen werden.[31] Nach der Systematik der Kapitalrichtlinie scheint Art. 64 RL (EU) 2017/1132 zunächst auf Umgehungsschutz abzuzielen: Die Gesellschaft soll weder unmittelbar eigene Aktien erwerben

---

[23] Empfehlungen der Arbeitsgruppe zur Vereinfachung des Gesellschaftsrechts bezüglich der Vereinfachung der ersten und zweiten Gesellschaftsrechts-Kapitalrichtlinie, II. Kapitalrichtlinie, Vorschlag Nr. 5. Vgl. dazu *Baldamus*, Reform der Kapitalrichtlinie, 2002, 192 ff.; *Drygala* AG 2001, 291 ff.
[24] Bericht der Hochrangigen Gruppe von Experten auf dem Gebiet des Gesellschaftsrechts über moderne gesellschaftsrechtliche Rahmenbedingungen in Europa v. 4.11.2002, S. 92.
[25] Vorschlag für eine Kapitalrichtlinie des Europäischen Parlaments und des Rates zur Änderung der Kapitalrichtlinie 77/91/EWG des Rates in Bezug auf die Gründung von Aktiengesellschaften und die Erhaltung und Änderung ihres Kapitals vom 21.9.2004 KOM (2004) 730 S. 12, ABl. EU 2005 Nr. C 24.
[26] Vgl. dazu im Einzelnen *Schmolke* WM 2005, 1828 (1832 ff.) sowie *Oechsler* ZHR 170 (2006) 72 (81 ff.); krit. *Ferran* 6 EBOR (2005), 93 ff.
[27] Richtlinie 2006/68/EG des Europäischen Parlaments und des Rates v. 6. September 2006 zur Änderung der Richtlinie 77/91/EWG des Rates in Bezug auf die Gründung von Aktiengesellschaften und die Erhaltung und Änderung ihres Kapitals (Kapitaländerungsrichtlinie), ABl. EU 2006 Nr. L 264, 32 ff.; eingehend dazu *Hassner*, Finanzielle Unterstützung zum institutionellen Leveraged Buyout einer Aktiengesellschaft, 2014, 206 ff.; *Drygala* Der Konzern 2007, 396 ff.; *Westermann* ZHR 172 (2008) 144 (162 ff.); vgl. auch *Wymeersch*, Reforming the Second Company Law Directive, Universiteit Gent Financial Law Institute, WP 2006 – 15. November 2006, http://ssrn.com/abstract=957981 (Stand 24.1.2007).
[28] Vgl. dazu Mitteilung der Kommission an den Rat und das Europäische Parlament – Modernisierung des Gesellschaftsrechts und Verbesserung der Corporate Governance in der Europäischen Union – Aktionsplan v. 21.5.2003, KOM (2003) 284 endg., S. 20, abgedruckt als Sonderbeilage zu NZG 2003, Heft 13; im Schrifttum grundlegend *Armour* Modern Law Review 2000, 355 ff.; *Macey/Enriques* 86 Cornell Law Review (2001) 1165 ff., dazu *Mülbert/Birke* 3 EBOR (2002), 695 ff.; sowie *Rickford* EBLR 2004, 919 ff., dazu *Merkt* EBLR 2004, 1045 ff.; vgl. auch *Kübler* in Hopt/Wymeersch, Capital Markets and Company Law, 2003, 96 ff., dazu *Mülbert* Der Konzern 2004, 151 ff. und *Schön* Der Konzern 2004, 163 ff.
[29] Vgl. *Wymeersch* FS Drobnig, 1998, 725 (746) („the rule's rationale is far from clear").
[30] Vgl. *Bleckmann* ZGR 1992, 364 (365 f.); *Everling* ZGR 1992, 376 (386 f.); ausf. *Hassner*, Finanzielle Unterstützung zum institutionellen Leveraged Buyout einer Aktiengesellschaft, 2014, 127 ff., 189 f.
[31] Selbst dagegen *Hassner*, Finanzielle Unterstützung zum institutionellen Leveraged Buyout einer Aktiengesellschaft, 2014, 177 ff.; methodisch zweifelhaft *Schroeder*, Finanzielle Unterstützung des Aktienerwerbs, 1995, 68 ff.

(Art. 19–22 Kapital-RL 1977 – jetzt Art. 60–63 RL (EU) 2017/1132) noch mittelbar ihr Vermögen zum Erwerb eigener Aktien einsetzen (Art. 64 RL (EU) 2017/1132). Dieser Aspekt wird in verschiedenen europäischen Rechtsordnungen betont.[32] Daneben finden sich Stimmen, die den Hauptzweck des Verbots in der Eindämmung von Marktmissbrauch seitens der Geschäftsleitung, insbesondere im Vorfeld von Unternehmensübernahmen sehen.[33] In diesem Zusammenhang wird auch der Schutz der Kompetenzverteilung zwischen den Gesellschaftsorganen genannt.[34] Überwiegend wird hingegen auf einen den Art. 15, 16 und 19 Kapital-RL 1977 (jetzt Art. 56, 57 und 60 RL (EU) 2017/1132) vorgelagerten, eigenständigen Kapitalschutz abgestellt: Die Beschränkung der financial assistance richte sich gegen die besondere Gefährdung des Gesellschaftsvermögens, die – nicht zuletzt wegen der übertriebenen Zuversicht der an einer Übernahme Beteiligten[35] – mit der finanziellen Unterstützung des Erwerbs eigener Aktien durch die Gesellschaft verbunden sei.[36] Da das Gesellschaftsvermögen typischerweise in der Übernahmesituation besonderen Gefahren ausgesetzt ist (→ Rn. 3), bleibt der ursprüngliche Regelungszweck des Verbots im englischen Recht – die Verhinderung von Unternehmensübernahmen unter Verwendung des Gesellschaftsvermögens (→ Rn. 2) – auch bei autonomer Interpretation des Gemeinschaftsrechts ein maßgeblicher Auslegungstopos.

bb) Deutsches Recht. Die Einschätzungen auf europäischer Ebene finden sich in Ansichten zum Regelungszweck des § 71a Abs. 1 im **deutschen Recht** wieder. Herkömmlich wird vor allem auf den Umgehungsschutzcharakter hingewiesen: Abs. 1 verwirkliche neben Abs. 2 der Vorschrift zusätzlichen Schutz vor Umgehung des Verbots des Erwerbs eigener Aktien gem. § 71.[37] Im neueren Schrifttum wird hingegen verstärkt auf den Zweck eines eigenständigen Kapitalschutzes abgestellt: Der Normzweck bestehe darin, das Gesellschaftsvermögen vor Heranziehung zur Erwerbsfinanzierung außerhalb der legalen Gewinnausschüttung zu schützen.[38] Als weitere Regelungsziele werden schließlich die Verhinderung von Marktmissbrauch und der unzulässigen Einmischung der Geschäftsleitung in die Zusammensetzung des eigenen Aktionärskreises unter Heranziehung des Gesellschaftsvermögens genannt.[39]

b) Stellungnahme. Auf den Umgehungsschutzcharakter des Verbots der finanziellen Unterstützung im deutschen Recht deutet zunächst die amtliche Überschrift („Umgehungsgeschäfte") hin. Im europäischen Recht findet sich hingegen kein derartiger Hinweis, und weder die Gesetzesmaterialien zum deutschen noch die zum europäischen Recht geben über entsprechende gesetzgeberische Intentionen Aufschluss.[40] In der Sache spricht für einen solchen Umgehungsschutz die auf den ersten Blick vergleichbare Gefährdungslage wie beim Erwerb eigener Aktien: In der Krise der Gesellschaft kann der an den Erwerber ausgereichte Kredit ausfallen, wenn dessen Aktien durch Kursverfall wertlos werden. Es liegt dann der gleiche „Doppelschaden" vor, wie wenn die Gesellschaft die eigenen Aktien selbst erworben hätte (→ § 71 Rn. 14).[41] Allerdings ist dies nicht ebenso zwangsläufig der Fall wie beim Erwerb eigener Aktien. Der Erwerber kann durchaus über weiteres Vermögen verfügen, so dass er bei einem Kursverfall der Aktien nicht notwendig selbst in finanzielle Schieflage

---

[32] Nachweise zum belgischen, niederländischen sowie italienischen Recht bei *Pühler*, Das Verbot der Anteilsfinanzierung in Belgien, Frankreich, Italien und den Niederlanden, 1996, 23; zum österreichischen Recht bei *Wymeersch* FS Drobnig, 1998, 725 (733); vgl. zur Kapitalrichtlinie *Edwards*, EC Company Law, 1999, 73.

[33] So insbes. im englischen Recht, vgl. *Ferran*, Principles of Corporate Finance Law, 2008, 269 ff.; auch *Davies*, Gower and Davies' Principles of Modern Company Law, 8. Aufl. 2008, 341 ff.; zum italienischen Recht *Pühler*, Das Verbot der Anteilsfinanzierung in Belgien, Frankreich, Italien und den Niederlanden, 1996, 26 f.

[34] So vor allem im italienischen Schrifttum, Nachw. bei *Pühler*, Das Verbot der Anteilsfinanzierung in Belgien, Frankreich, Italien und den Niederlanden, 1996, 25 f.

[35] Vgl. K. *Schmidt/Lutter/T. Bezzenberger* Rn. 9.

[36] *Fleischer* AG 1996, 494 (506); *Pühler*, Das Verbot der Anteilsfinanzierung in Belgien, Frankreich, Italien und den Niederlanden, 1996, 22 ff. mwN; *Schroeder*, Finanzielle Unterstützung des Aktienerwerbs, 1995, 113 f.; *Wymeersch* FS Drobnig, 1998, 725 (733).

[37] Kölner Komm AktG/*Lutter/Drygala* Rn. 6; *Lutter/Wahlers* AG 1989, 1 (9); MHdB AG/*Rieckers* § 15 Rn. 39; monographisch *Klass*, Der Buyout von Aktiengesellschaften: eine juristisch-ökonomische Untersuchung zu § 71a Abs. 1 AktG und zur Gesetzesumgehung im Gesellschaftsrecht, 2000, 22 ff. und 32 ff.; den Umgehungsaspekt betont auch *Kerber* DB 2004, 1027 (1029 ff.); *Kerber* NZG 2006, 50 (51).

[38] Ausf. *Schroeder*, Finanzielle Unterstützung des Aktienerwerbs, 1995, 113 f.; ebenso *Fleischer* AG 1996, 494 (506) („Wurzel ist der Grundsatz der Kapitalerhaltung"); *Hüffer/Koch/Koch* Rn. 1 („beinhaltet eigenständigen Kapital- oder Vermögensschutz"); MüKoAktG/*Oechsler* Rn. 3 („Doppelzweck"); *Singhof* NZG 2002, 745 (750) („über Umgehungsschutz hinausgehenden Kapitalschutz"); *Eidenmüller* ZHR 171 (2007), 644 (662) („spezifisch aktienrechtlicher Vermögensschutz"); zum österreichischen Recht *Doralt*, Management Buyout, 2001, 80 ff.

[39] Kölner Komm AktG/*Lutter/Drygala* Rn. 8 ff.; *Grigoleit/Grigoleit/Rachlitz* Rn. 5 ff.

[40] Vgl. *Schroeder*, Finanzielle Unterstützung des Aktienerwerbs, 1995, 10 ff. (zum deutschen Recht) und *Lutter* JZ 1992, 593 (594) (zum europäischen Recht).

[41] Kölner Komm AktG/*Lutter/Drygala* Rn. 7.

geraten muss. Zudem muss er im Zeitpunkt des Kursverfalls nicht mehr im Besitz der Aktien sein.[42] Die Gefährdung des Gesellschaftsvermögens besteht also nicht im Aktienbesitz des Begünstigten, sondern im Risiko seiner Insolvenz. **Zweifel an der Einordnung als Umgehungsschutznorm** ergeben sich auch aus der Tatsache, dass das Verbot der Anteilsfinanzierung selbst dann eingreift, wenn der Erwerb eigener Aktien durch die Gesellschaft oder einen für ihre Rechnung handelnden Dritten ausnahmsweise erlaubt ist (→ Rn. 61),[43] der Umgehungsschutz also umfassender wäre als die umgangene Norm.[44]

9 Die Beschränkung der finanziellen Unterstützung lässt sich daher nur als **eigenständige Kapitalschutzregelung** angemessen erfassen.[45] Dies ergibt sich bereits aus dem Zusammenspiel der Art. 56, 57 mit Art. 64 RL (EU) 2017/1132. Art. 64 Abs. 1 RL (EU) 2017/1132, gewährleistet auf europäischer Ebene einen gegenüber Art. 56, 57 RL (EU) 2017/1132 vorgelagerten und teilweise über die zuletzt genannten Bestimmungen hinausgehenden Schutz. Dies gilt etwa in qualitativer (Schutz nicht nur gegen Ausschüttungen, sondern auch gegen andere finanzielle Unterstützungshandlungen), aber auch in personeller Hinsicht (Schutz nicht nur gegen Leistungen an Aktionäre, sondern auch gegen Leistungen an Dritte).[46] Da die Regelung des § 71a Abs. 1 erst über Art. 23 Kapital-RL 1977 (jetzt Art. 64 RL (EU) 2017/1132) Eingang ins deutsche Recht gefunden hat (→ Rn. 1), ist auch bei der Normzweckbestimmung Gleichlauf geboten:[47] eigenständiger Kapitalschutz ist auch im deutschen Recht der primäre Regelungszweck des Verbots der finanziellen Unterstützung. Daneben bleibt der aus dem englischen Recht herrührende und im europäischen Recht fortwirkende Zweck der **Verhinderung von Unternehmensübernahmen unter Verwendung des Vermögens der Zielgesellschaft** für das Verständnis des Verbots der finanziellen Unterstützung sowie für die Bestimmung seines Inhalts und seiner Reichweite von zentraler Bedeutung.[48]

10 Der **Schutz der Kompetenzverteilung** und die **Verhinderung von Marktmissbrauch** haben gegenüber dem Kapitalschutzmotiv **keine eigenständige Bedeutung**: Der Schutz der Kompetenzverteilung erscheint eher als Reflex des Kapitalschutzes denn als selbständiger Regelungszweck: Insoweit hätte es genügt, nach dem Vorbild des § 71b die Stimmrechte aus finanzierten Aktien einzufrieren. Der Gefahr von Marktmissbrauch seitens der Geschäftsleitung, insbesondere im Vorfeld von Unternehmensübernahmen, wird heute hinreichend durch kapitalmarktrechtliche Regelungen begegnet.[49]

11 **3. Systematik. a) Verbot der Einlagenrückgewähr, §§ 57 ff.** Das Verbot der finanziellen Unterstützung gewährleistet auch im **Verhältnis zum Verbot der Einlagenrückgewähr** gem. § 57 Abs. 1 S. 1, S. 3 und § 58 Abs. 4 eigenständigen Kapitalschutz. Zwar kann es auf Grundlage der absoluten Vermögensbindung im deutschen Aktienrecht zu gewissen Überschneidungen in den Anwendungsbereichen des Verbots der finanziellen Unterstützung und des Verbots der Einlagenrück-

---

[42] *Schroeder*, Finanzielle Unterstützung des Aktienerwerbs, 1995, 107 f.; *Büscher*, Das neue Recht des Aktienrückkaufs, 2013, 188 ff.
[43] HM, vgl. Hüffer/Koch/*Koch* Rn. 3; MüKoAktG/*Oechsler* Rn. 39; Grigoleit/*Grigoleit/Rachlitz* Rn. 9; Wachter/*Servatius* Rn. 7; *Schroeder*, Finanzielle Unterstützung des Aktienerwerbs, 1995, 109 (226 ff.) unter Verweisung auf die deutsche Gesetzesbegründung BT-Drs. 8/1678, 16; aA *Werner* AG 1990, 1 (14); *Westermann* FS Peltzer, 2001, 613 (625 f.); differenzierend Kölner Komm AktG/*Lutter/Drygala* Rn. 42 f., die in Fällen des § 71 Abs. 1 Nr. 1 die finanzielle Unterstützung in gleichem Umfang wie einen eigenen Erwerb durch die AG für zulässig halten.
[44] K. Schmidt/Lutter/*T. Bezzenberger* Rn. 6; *Fridrich*, Der Schutz des Kapitals der Aktiengesellschaft bei fremdfinanzierter Übernahme, 2010, 199 ff. (202); *Habersack* FS Hopt, 2010, 725 (732 ff.).
[45] Ebenso etwa *Fridrich*, Der Schutz des Kapitals der Aktiengesellschaft bei fremdfinanzierter Übernahme, 2010, 203 ff.; *Hartung*, Financial Assistance, 2010, 88; *Nodoushani* NZG 2008, 291 (292); *Riegger* ZGR 2008, 233 (240); Wachter/*Servatius* Rn. 2; Hölters/*Laubert* Rn. 1; *Brosius*, Die finanzielle Unterstützung des Erwerbs eigener Aktien, 2011, 13 ff., 57 der annimmt, die Bestimmung diene daneben auch dem Umgehungsschutz; ähnl. *Zeyher*, Einlagenrückgewähr und finanzielle Unterstützung im Fall erwerbsfinanzierender Fusion, 2011, 206 ff., der Wahrung der Gleichbehandlung und Umgehungsschutz als Nebenzwecke ansieht.
[46] K. Schmidt/Lutter/*T. Bezzenberger* Rn. 8; *Büscher*, Das neue Recht des Aktienrückkaufs, 2013, 182 ff.
[47] Vgl. *Lutter* JZ 1992, 593 (594) (am Beispiel des § 71a Abs. 1 AktG) und 607.
[48] Vgl. MüKoAktG/*Oechsler* Rn. 2.
[49] Vgl. zum europäischen Recht Erwägungsgrund 9 des Vorschlags für eine Kapitalrichtlinie des Europäischen Parlaments und des Rates zur Änderung der Kapitalrichtlinie 77/91/EWG des Rates in Bezug auf die Gründung von Aktiengesellschaften und die Erhaltung und Änderung ihres Kapitals v. 21.9.2004, KOM (2004) 730, ABl. EU 2005 Nr. C 24, mit Verweisung auf die Marktmissbrauchsrichtlinie; dazu *Schmolke* WM 2005, 1828 (1832); *Habersack* FS Röhricht, 2005, 155 (160); *Habersack* FS Hopt, 2010, 725 (732 f.); *Büscher*, Das neue Recht des Aktienrückkaufs, 2013, 187 f.; *Hassner*, Finanzielle Unterstützung zum institutionellen Leveraged Buyout einer Aktiengesellschaft, 2014, 139; zum englischen Recht, *Davies und Worthington* Gower's Principles of Modern Company Law, 1. Aufl. 2016, 13–44 f.

gewähr kommen.[50] Allerdings erweitert § 71a Abs. 1 den Kreis der verbotenen Vermögensverlagerungen um von § 57 nicht erfasste bilanziell neutrale Finanzierungsgeschäfte.[51] Im Anschluss an eine Entscheidung des Bundesgerichtshofs vom 24. November 2003, derzufolge Kredite an Gesellschafter einer GmbH aus dem gebundenen Gesellschaftsvermögen auch bei Vollwertigkeit des Rückzahlungsanspruchs eine verbotene Auszahlung darstellten,[52] war im Schrifttum die Auffassung vertreten worden, § 71a Abs. 1 S. 1 sei funktionslos, weil Darlehen der Gesellschaft an einen gegenwärtigen oder künftigen Aktionär zum Zweck des Aktienerwerbs ohnehin bereits gegen das Verbot der Einlagenrückgewähr verstießen.[53] Mit der Rückkehr zum bilanziellen Denken durch das MoMiG[54] ist dieser Einwand hinfällig geworden. Während nunmehr wieder fest steht, dass Darlehen an Aktionäre bei Vollwertigkeit des Rückerstattungsanspruchs und angemessener Verzinsung keine unzulässige Einlagenrückgewähr darstellen (näher → § 57 Rn. 33 ff., 141 ff.), verbietet § 71 Abs. 1 S. 1 Darlehen zum Zweck des Aktienerwerbs auch dann, wenn die Bedingungen ausgewogen oder für die Aktiengesellschaft sogar besonders günstig sind. Darüber hinaus trifft § 71a Abs. 1 – anders als § 57 – keine Einschränkung bezüglich des Empfängers der Leistung: Das Verbot trifft Aktionäre und Dritte gleichermaßen (→ Rn. 34).[55] Selbst ein um ehemalige und künftige Aktionäre erweiterter Adressatenkreis des Verbots der Einlagenrückgewähr[56] schließt finanzierende Dritte nicht ein und bleibt damit hinter dem Adressatenkreis des § 71a Abs. 1 zurück.[57] Schließlich unterscheiden sich § 71a Abs. 1 und § 57 hinsichtlich der Rechtsfolgen von Normverletzungen. Während Rechtsgeschäfte, die gegen das Verbot der finanziellen Unterstützung verstoßen, nichtig sind, zieht ein Verstoß gegen § 57 weder die Nichtigkeit des Verpflichtungs- noch des Erfüllungsgeschäfts nach sich (→ § 57 Rn. 86 f.). Soweit sowohl Abs. 1 S. 1 als auch § 57 einschlägig sind, finden sie nebeneinander Anwendung (→ Rn. 52).[58]

Umgekehrt unterliegen gem. § 57 Abs. 1 S. 2 und Abs. 3 iVm § 58 Abs. 4 ausdrücklich **gesetzlich zugelassene Vermögensausschüttungen** wie Zahlungen beim zulässigen Erwerb eigener Aktien oder von **Dividenden** nach dem Normzweck des § 71a Abs. 1 nicht dem Verbot der Anteilsfinanzierung.[59] Das gilt auch dann, wenn der für eine Dividendenzahlung erforderliche Bilanzgewinn durch die Veräußerung erheblicher Teile des Vermögens der Gesellschaft erzielt wird. Veranlasst der Erwerber die Gesellschaft zu derartigen Maßnahmen, kann er zwar nach §§ 311, 317 zum Ausgleich oder zum Schadensersatz verpflichtet sein; dagegen verstoßen weder die **Teilliquidation** des Gesellschaftsvermögens noch die anschließende Ausschüttung gegen Abs. 1.[60] 12

b) Erwerb für Rechnung der Gesellschaft, Abs. 2. Während in den Fällen des Abs. 1 ein für eigene Rechnung handelnder Dritter Aktien der AG erwirbt, regelt **Abs. 2** den **Erwerb** der Aktien durch einen Dritten **für Rechnung der Gesellschaft**. Entscheidend für die Abgrenzung ist, wer im **Innenverhältnis** zwischen der AG und dem Erwerber das Sagen hat. Steht die rechtliche und tatsächliche Verfügungsgewalt dem Erwerber zu, so liegt ein Fall des Abs. 1 vor. Wird der Erwerber dagegen vornehmlich **im Interesse** der AG tätig, unterwirft er sich ihren **Weisungen** oder soll die 13

---

[50] Vgl. etwa BGH NZG 2008, 106.
[51] Vgl. dazu *Cahn*, Kapitalerhaltung im Konzern, 1998, 246 ff.; *K. Schmidt* GesR S. 891; Grigoleit/*Grigoleit/ Rachlitz* Rn. 2; *Hassner*, Finanzielle Unterstützung zum institutionellen Leveraged Buyout einer Aktiengesellschaft, 2014, 374 ff., aA OLG Hamm ZIP 1995, 1263 (1270); MüKoAktG/*Bayer* § 57 Rn. 148 ff.; Großkomm AktG/ *Henze* § 57 Rn. 49.
[52] BGHZ 157, 72 = NZG 2004, 233 (234) = NJW 2004, 1111; zur Kritik an dieser Entscheidung etwa *Cahn* Der Konzern 2004, 235 ff.; zust. dagegen *Bayer/Lieder* ZGR 2005, 133 ff.; *Engert* BB 2005, 1951 ff.
[53] *Habersack* FS Röhricht, 2005, 155 (166).
[54] Vgl. BegrRegE zu § 30 GmbHG BT-Drs. 16/6140, 41.
[55] Hüffer/Koch/*Koch* Rn. 2; Großkomm AktG/*Merkt* Rn. 14; Kölner Komm AktG/*Lutter/Drygala* Rn. 53; MüKoAktG/*Oechsler* Rn. 10; *Schroeder*, Finanzielle Unterstützung des Aktienerwerbs, 1995, 116.
[56] HM, statt aller MüKoAktG/*Bayer* § 57 Rn. 101 mwN.
[57] Kölner Komm AktG/*Lutter/Drygala* Rn. 53, 55; MüKoAktG/*Oechsler* Rn. 10; Grigoleit/*Grigoleit/Rachlitz* Rn. 18; *Hartung*, Financial Assistance, 2010, 111 ff., 128.
[58] BGH NZG 2008, 106; K. Schmidt/Lutter/*T. Bezzenberger* Rn. 8; Wachter/*Servatius* Rn. 5; *Brosius*, Die finanzielle Unterstützung des Erwerbs eigener Aktien, 2011, 205 ff.; *Hassner*, Finanzielle Unterstützung zum institutionellen Leveraged Buyout einer Aktiengesellschaft, 2014, 379 ff.; *Zeyher*, Einlagenrückgewähr und finanzielle Unterstützung im Fall erwerbsfinanzierender Fusion, 2011, 253 ff. aA, Vorrang von § 71a Abs. 1 *Hartung*, Financial Assistance, 2010, 160 ff.; *Pühler*, Das Verbot der Anteilsfinanzierung in Belgien, Frankreich, Italien und den Niederlanden, 1996, 31 f.; *Schroeder*, Finanzielle Unterstützung des Aktienerwerbs, 1995, 116; MüKoAktG/ *Oechsler* Rn. 10; Großkomm AktG/*Merkt* Rn. 14.
[59] OLG Dresden NZG 2017, 985 (986 f. Rn. 48) = ZIP 2017, 2355 (2356); Großkomm AktG/*Merkt* Rn. 37; *Seibt* ZHR 171 (2007) 282 (304); *Hassner*, Finanzielle Unterstützung zum institutionellen Leveraged Buyout einer Aktiengesellschaft, 2014, 388 ff.
[60] MüKoAktG/*Oechsler* Rn. 24; *Schroeder*, Finanzielle Unterstützung des Aktienerwerbs, 1995, 190 ff.

AG durch das Finanzierungsgeschäft zumindest teilweise[61] am wirtschaftlichen Ergebnis des Erwerbs beteiligt werden, so ist der Vorgang nach Abs. 2 zu beurteilen[62] (auch → Rn. 66). Zwar trägt die Gesellschaft regelmäßig auch bei der Finanzierung des Erwerbs durch einen für eigene Rechnung handelnden Dritten das Risiko des Vermögensverfalls des Dritten, das wiederum vom Zustandekommen des Erwerbs und der Werthaltigkeit der von ihm erworbenen Beteiligung abhängen kann. Dieses allgemeine Gläubigerrisiko ist aber nicht identisch mit dem Risiko aus der vertraglich vereinbarten Ergebnisübernahme oder Ergebnisbeteiligung.

14 c) **Abgrenzung zu § 71d.** Die Frage nach der **Abgrenzung der Finanzierung des Erwerbs eines Dritten vom mittelbaren Erwerb einer Selbstbeteiligung** kann sich insbesondere dann stellen, wenn eine Aktiengesellschaft oder ein mit ihr verbundenes Unternehmen ein Erwerberunternehmen, an dem die Aktiengesellschaft oder das mit ihr verbundene Unternehmen beteiligt ist, mit Mitteln für den Aktienerwerb ausstattet.[63] In solchen Fällen ist entscheidend, ob die Zulässigkeit dieses Mitteleinsatzes an den Bestimmungen über den Erwerb von Aktien an einer herrschenden oder mehrheitlich beteiligten Aktiengesellschaft (§ 71d S. 2) oder an den Bestimmungen über die finanzielle Unterstützung des Aktienerwerbs (§ 71a Abs. 1) zu messen ist, denn während der Erwerb eigener Aktien durch die Gesellschaft oder ein mit ihr verbundenes Unternehmen unter den Voraussetzungen und in den Grenzen des § 71 Abs. 1 und 2 erlaubt ist, ist die finanzielle Unterstützung des Aktienerwerbs eines Dritten sowohl der Gesellschaft selbst als auch einem von ihr abhängigen oder in ihrem Mehrheitsbesitz stehenden Unternehmen nach §§ 71d S. 2 und 4, 71a Abs. 1 ausnahmslos verboten. Eine parallele Anwendung der Bestimmungen über den mittelbaren Erwerb eigener Aktien und die finanzielle Förderung fremden Aktienerwerbs kommt daher nicht in Betracht. Dies wird durch § 71d S. 1 bestätigt. Die Vorschrift soll Fälle mittelbarer Stellvertretung erfassen, in denen die Aktiengesellschaft vereinbarungsgemäß selbst die Chancen und Risiken des Erwerbs ihrer Aktien tragen soll.[64] Das setzt typischerweise voraus, dass die Aktiengesellschaft dem Dritten den Erwerbspreis für die Aktien ganz oder teilweise vorschießt oder erstattet, also Leistungen erbringt, die sich als finanzielle Unterstützung des Aktienerwerbs qualifizieren lassen. Wollte man annehmen, dass aus diesem Grund § 71a Abs. 1 neben §§ 71d S. 1, 71a Abs. 2 Anwendung findet, bliebe für einen zulässigen Erwerb eigener Aktien im Wege mittelbarer Stellvertretung kein Raum; § 71d S. 1 hätte damit keinen Anwendungsbereich. Ein solches Normverständnis wäre mit dem Gesetz offensichtlich nicht zu vereinbaren. Der Beitrag der Aktiengesellschaft oder eines mit ihr verbundenen Unternehmens zum Erwerb von Aktien der Gesellschaft kann daher entweder als eigener (mittelbarer) Erwerb von Aktien durch die Aktiengesellschaft oder das verbundene Unternehmen oder als Unterstützung des Aktienerwerbs eines Dritten zu beurteilen sein, nicht aber als beides zugleich.

15 Entscheidende Anhaltspunkte für die Abgrenzung von financial assistance und mittelbarem Erwerb eigener Aktien lassen sich § 71d entnehmen. Gründet ein von einer Aktiengesellschaft abhängiges Unternehmen eine weitere Gesellschaft, die Aktien der herrschenden Aktiengesellschaft erwerben soll und stattet es diese Enkelgesellschaft mit den für den Erwerb notwendigen Mitteln aus, ist die Zulässigkeit des Aktienerwerbs durch die Enkelgesellschaft und der Vorstufen dieses Erwerbs nach § 71d S. 2 zu beurteilen. Die Beteiligung der Tochtergesellschaft an der Enkelgesellschaft ist nach § 16 Abs. 4 auch der Muttergesellschaft zuzurechnen. Gehört der Tochtergesellschaft eine Mehrheitsbeteiligung an der Enkelgesellschaft, so gilt auch die Muttergesellschaft nach § 16 Abs. 1 als (mittelbare) Mehrheitsgesellschafterin und, sofern die Abhängigkeitsvermutung des § 17 Abs. 2 nicht widerlegt wird, als die Enkelgesellschaft mittelbar beherrschendes Unternehmen. Die Enkelgesellschaft darf als mittelbar von der Aktiengesellschaft abhängiges Unternehmen deren Aktien unter denselben Voraussetzungen und im selben Umfang erwerben wie die Aktiengesellschaft selbst es dürfte. Das Gesetz beurteilt den Vorgang dabei allein im Hinblick auf das Verhältnis der erwerbenden Enkelgesellschaft zur Aktiengesellschaft. Die Auswirkungen auf die zwischen diesen beiden Unternehmen stehende Tochtergesellschaft und deren Beitrag zu dem Erwerb bleiben dabei außer Betracht. Insbesondere bewertet das Gesetz die **Ausstattung der Enkelgesellschaft mit den** für den Aktienerwerb **notwendigen Mitteln nicht** als – nach § 71d S. 4, § 71a Abs. 1 S. 1 unzulässige – **finanzielle**

---

[61] Die AG braucht das Risiko nicht gänzlich zu übernehmen, vgl. Kölner Komm AktG/*Lutter/Drygala* Rn. 73 mwN.
[62] Vgl. MüKoAktG/*Oechsler* Rn. 12; *Schroeder,* Finanzielle Unterstützung des Aktienerwerbs, 1995, 155.
[63] Beispiel: Eine oder mehrere Tochterunternehmen der Aktiengesellschaft beteiligen sich als Minderheitsgesellschafter an einem Unternehmen, das unmittelbar oder über eine weitere Beteiligungsgesellschaft Aktien der Aktiengesellschaft erwirbt und den Erwerbspreis ganz oder teilweise aus den Einlageleistungen seiner Gesellschafter finanziert.
[64] → Rn. 62 sowie Kölner Komm AktG/*Lutter/Drygala* § 71d Rn. 89 iVm § 71a Rn. 73 f.; Großkomm AktG/ *Merkt* § 71d Rn. 6 iVm § 71a Rn. 69 ff.; MüKoAktG/*Oechsler* § 71d Rn. 5 iVm § 71a Rn. 54; Hüffer/Koch/*Koch* § 71d Rn. 2 iVm § 71a Rn. 7.

Unterstützung des Erwerbs von Aktien der Muttergesellschaft durch einen anderen. Aus dem Blickwinkel der Tochtergesellschaft geht es vielmehr um den Erwerb einer mittelbaren Beteiligung an der eigenen Muttergesellschaft, der mit dem Aktienerwerb durch die Enkelgesellschaft notwendigerweise verbunden ist. An der Maßgeblichkeit dieser Perspektive ändert sich auch dann nichts, wenn die **Verbindung** zwischen zwei oder mehr Unternehmen in der Beteiligungskette **unterhalb der Schwelle von Abhängigkeit oder Mehrheitsbeteiligung** liegt, so dass § 71d S. 2 nicht eingreift. Ein solches Absenken der Beteiligungsquote auf einer der Stufen der Beteiligungskette zwischen Aktiengesellschaft und Erwerberunternehmen hat nicht etwa zur Folge, dass aus dem zulässigen Erwerb einer mittelbaren Beteiligung unter Einschaltung einer zu diesem Zweck gegründeten Gesellschaft eine unzulässige finanzielle Unterstützung des Aktienerwerbs durch einen anderen würde. Während den in § 71a Abs. 1 ausdrücklich aufgeführten sowie den weiteren unbenannten Finanzierungshilfen gemeinsam ist, dass das unterstützende Unternehmen als Gegenleistung für die Unterstützung auf schuldrechtliche Ansprüche beschränkt ist, erwirbt es hier eine mittelbare gesellschaftsrechtliche Beteiligung an seiner Muttergesellschaft. Der Umstand, dass diese mittelbare Beteiligung in den von § 71d S. 2 erfassten Fällen typischerweise höher sein mag als in Fällen, in denen die Beteiligungsquote auf einer Ebene der Beteiligungskaskade unterhalb der Schwelle zur Mehrheitsbeteiligung oder Abhängigkeit liegt, ändert nichts daran, dass es sich um im Grundsatz gleich gelagerte Tatbestände handelt, die auch rechtlich in gleicher Weise zu beurteilen sind. Das gilt jedenfalls dann, wenn der Beitrag der Gesellschaften, die Mittel für den Erwerb von Aktien der mit ihnen verbundenen Aktiengesellschaft zur Verfügung stellen, ausschließlich für den Erwerb eigener gesellschaftsrechtlicher Beteiligungen an der Erwerbergesellschaft oder einem ihr vorgeordneten Unternehmen dient und nicht ganz oder teilweise Dritten, etwa Mitgesellschaftern, zur Verfügung gestellt wird, um deren Erwerb einer – unmittelbaren oder mittelbaren – Beteiligung an der Aktiengesellschaft finanziell zu unterstützen.

d) Originärer Erwerb, § 56. Das Verbot der finanziellen Unterstützung gem. § 71a Abs. 1 findet auch auf **originäre Erwerbsvorgänge** Anwendung (dazu im Einzelnen → § 56 Rn. 12 f.).[65] Insbesondere steht einer solchen Anwendung der Normzweck des § 71a Abs. 1 nicht entgegen,[66] da er gerade nicht auf den Schutz vor Umgehungen des § 71 beschränkt ist (→ Rn. 8 f.).

e) Konzern. aa) Vertragskonzern. Bereits vor der Einfügung des neuen Abs. 1 S. 3 durch das MoMiG (→ Rn. 1) nahm die ganz überwiegenden Meinung im Schrifttum an, dass § 291 Abs. 3 die Anwendbarkeit des § 71a Abs. 1 im Vertragskonzern ausschließe, weil die Vermögensbindung nach §§ 57 ff. durch ein System konsolidierter Risikozuordnung ersetzt werde und für § 71a Abs. 1 nichts anderes gelten könne.[67] Nur wenn der Ausgleichsanspruch gem. § 302 nicht werthaltig sei, lebe § 71a Abs. 1 wieder auf.[68] Der neue Abs. 1 S. 3 hat etwaige Zweifel an der grundsätzlichen Unanwendbarkeit des Verbots der finanziellen Unterstützung im Vertragskonzern beseitigt[69] und die Reichweite dieser Privilegierung ausgeweitet.

§ 71a Abs. 1 S. 3 wurde auf Vorschlag des Rechtsausschusses durch Art. 5 Nr. 6a MoMiG eingefügt, um einen Widerspruch zu der durch Art. 5 Nr. 5 MoMiG vorgesehenen Änderung für § 57 Abs. 1 zu vermeiden.[70] Die Beschlussempfehlung bezieht sich damit auf den neu ins Gesetz eingefügten § 57 Abs. 1 S. 3. Danach gilt das Verbot der Einlagenrückgewähr des § 57 Abs. 1 S. 1 ua nicht für Leistungen, die bei Bestehen eines Beherrschungs- oder Gewinnabführungsvertrages erfolgen. In der Fassung des Regierungsentwurfs lautete die Vorschrift noch: „*Satz 1 gilt nicht bei Leistungen,*

---

[65] Ebenso im Erg. Kölner Komm AktG/*Lutter*/*Drygala* Rn. 22 aE; Grigoleit/*Grigoleit*/*Rachlitz* Rn. 2, 20; Wachter/*Servatius* Rn. 12; *Habersack* AG 2009, 557 (563); *Habersack* FS Hopt, 2010, 725 (738 f.); *Brosius,* Die finanzielle Unterstützung des Erwerbs eigener Aktien, 2011, 78 ff.; *Zeyher,* Einlagenrückgewähr und finanzielle Unterstützung im Fall erwerbsfinanzierender Fusion, 2011, 195 f.; aA Großkomm AktG/*Merkt* Rn. 44; Hölters/*Laubert* Rn. 2; Kölner Komm AktG/*Arnold* § 27 Rn. 136.
[66] Vgl. aber Kölner Komm AktG/*Lutter*/*Drygala* Rn. 2.
[67] *Fleischer* AG 1996, 494 (505 f.); *Riegger* ZGR 2008, 233 (245); *Seibt* ZHR 171 (2007) 282 (306); *Becker* DStR 1998, 1429 (1431); Vorauf. Rn. 18; MüKoAktG/*Oechsler* Rn. 12; Großkomm AktG/*Merkt* Rn. 20; ähnlich *Schroeder,* Finanzielle Unterstützung des Aktienerwerbs, 1995, 284 ff.; aA *Klass,* Der Buyout von Aktiengesellschaften: eine juristisch-ökonomische Untersuchung zu § 71a Abs. 1 AktG und zur Gesetzesumgehung im Gesellschaftsrecht, 2000, 139 ff.; *Lutter/Wahlers* AG 1989, 1 (9); K. Schmidt/Lutter/*T. Bezzenberger* Rn. 18.
[68] *Schroeder,* Finanzielle Unterstützung des Aktienerwerbs, 1995, 274 ff.; *Fleischer* AG 1996, 494 (505 f.).
[69] Vgl. aber *Hassner,* Finanzielle Unterstützung zum institutionellen Leveraged Buyout einer Aktiengesellschaft, 2014, 257 ff. und 466 ff., der mit eingehender Begründung die Auffassung vertritt, § 71 Abs. 1 S. 3 verstoße gegen die im Konzern kumulativ zu Art. 26 RL 2012/30/EU (Art. 23a Kapital-RL 1977, jetzt Art. 65 RL (EU) 2017/1132) geltenden Anforderungen des Art. 25 RL 2012/30/EU (Art. 23 Kapital-RL 1977, jetzt Art. 64 RL (EU) 2017/1132) und sei daher unwirksam.
[70] Beschlussempfehlung und Bericht des Rechtsausschusses, BT-Drs. 16/9737, 102.

die zwischen den Parteien eines Beherrschungs- oder Gewinnabführungsvertrages erfolgen ...".[71] Der Rechtsausschuss begründete seinen ins Gesetz übernommenen Änderungsvorschlag wie folgt: *„Auf Anregung aus der Praxis wird die Ausnahme von dem Kapitalerhaltungsgebot des § 30 Abs. 1 Satz 1 (bzw. parallel die Regelung des § 57 Abs. 1 AktG, vgl. Artikel 5 Nr. 5) bei Bestehen eines Beherrschungs- oder Gewinnabführungsvertrages zwischen Gesellschafter und Gesellschaft nicht aus Leistungen „zwischen den Vertragsteilen" beschränkt. Oft geht es um Leistungen an Dritte auf Veranlassung des herrschenden Unternehmens, beispielsweise an andere Konzernunternehmen oder an Unternehmen, die mit dem herrschenden Unternehmen oder anderen Konzernunternehmen in Geschäftsverbindung stehen. Die neue Formulierung („ bei Bestehen") stellt sicher, dass auch solche Leistungen vom Verbot der Einlagenrückgewähr freigestellt sind."*[72] Wie sich aus dieser Entstehungsgeschichte des neuen § 57 Abs. 1 S. 3 AktG ergibt, sind daher nicht nur Zuwendungen der Aktiengesellschaft an den anderen Teil des Unternehmensvertrages vom Verbot der Einlagenrückgewähr ausgenommen, sondern unter gewissen Voraussetzungen (näher → Rn. 19 und → § 57 Rn. 136) auch Leistungen an Dritte, die anderenfalls gegen § 57 Abs. 1 S. 1 verstoßen würden. Daraus ergeben sich entscheidende Hinweise für die Bestimmung der Reichweite des § 71a Abs. 1 S. 3. Der Ausschussbegründung, die Vorschrift solle einen Widerspruch des Verbots der finanziellen Unterstützung des Aktienerwerbs zu der – ebenfalls durch den Rechtsausschuss neu gefassten – Ausnahme von der Vermögensbindung bei Bestehen eines Unternehmensvertrages vermeiden, lässt sich entnehmen, dass ein **Gleichlauf der Befreiungstatbestände** beabsichtigt ist. Zuwendungen der Gesellschaft, die aufgrund von § 57 Abs. 1 S. 3 nicht gegen das Verbot der Einlagenrückgewähr verstoßen, verletzen auch nicht das Verbot der finanziellen Unterstützung des Aktienerwerbs. Die Reichweite des Ausnahmetatbestands des § 71a Abs. 1 S. 3 hängt daher nicht zuletzt davon ab, inwieweit § 57 Abs. 1 S. 3 Zuwendungen der Aktiengesellschaft von der Vermögensbindung ausnimmt.

19 § 57 Abs. 1 S. 3 privilegiert zunächst finanzielle Unterstützungshandlungen einer Aktiengesellschaft zugunsten des anderen Vertragsteils eines Beherrschungs- oder Gewinnabführungsvertrages.[73] Sie verstoßen auch dann nicht gegen das Verbot der Einlagenrückgewähr des § 57 Abs. 1 S. 1, wenn die Leistung der Gesellschaft nicht durch einen vollwertigen Gegenleistungs- oder Rückgewähranspruch gedeckt ist. Ebenso wenig werden sie vom Verbot des § 71a Abs. 1 S. 1 erfasst. Wie der Wortlaut von § 57 Abs. 1 S. 3 nahe legt und die Entstehungsgeschichte der Bestimmung bestätigt, beschränkt sich die Privilegierung durch diese Vorschrift indessen nicht auf Zuwendungen der Aktiengesellschaft an den anderen Vertragsteil. Bei Bestehen eines Beherrschungs- oder Gewinnabführungsvertrages ist das Verbot der Einlagenrückgewähr vielmehr unter bestimmten Voraussetzungen auch im Hinblick auf **Zuwendungen der Aktiengesellschaft an Dritte** außer Kraft gesetzt, die anderenfalls von § 57 Abs. 1 S. 1 erfasst wären. Ein Verstoß gegen das Verbot der Einlagenrückgewähr ist allein bei solchen Leistungen der Aktiengesellschaft an Dritte anzunehmen, die ohne das Wissen oder – insbesondere beim Gewinnabführungsvertrag – gegen den Willen des anderen Vertragsteils erbracht werden (→ § 57 Rn. 136). Bezogen auf Fälle der finanziellen Unterstützung des Aktienerwerbs ergibt sich danach Folgendes: Zuwendungen der Aktiengesellschaft, die einem Dritten den Erwerb von Aktien der Gesellschaft ermöglichen oder erleichtern sollen, können als Zuwendungen an einen künftigen Aktionär gegen § 57 Abs. 1 S. 1 verstoßen. Das gilt auch dann, wenn die Leistung nicht von der Gesellschaft selbst, sondern von einem von ihr abhängigen Unternehmen erbracht wird (§ 71d S. 2 und 4). Besteht allerdings ein Beherrschungs- oder Gewinnabführungsvertrag, sind derartige Leistungen der Aktiengesellschaft oder eines von ihr abhängigen Unternehmens nach § 57 Abs. 1 S. 3 von der Vermögensbindung ausgenommen, soweit sie im Einvernehmen mit dem anderen Vertragsteil erfolgen. § 71a Abs. 1 S. 3 soll bei Bestehen eines Unternehmensvertrages für einen Gleichlauf von Vermögensbindung und dem Verbot der finanziellen Unterstützung des Aktienerwerbs sorgen: Eine Leistung der Gesellschaft, die nach § 57 Abs. 1 S. 3 keinen Verstoß gegen das Verbot der Einlagenrückgewähr darstellt, soll nicht am Verbot der finanziellen Unterstützung des Aktienerwerbs scheitern. Dementsprechend verstoßen Finanzierungsleistungen, die die Gesellschaft im Einvernehmen mit dem anderen Vertragsteil eines Beherrschungs- oder Gewinnabführungsvertrages an einen Aktienerwerber erbringt, nicht gegen § 71a Abs. 1 S. 3. Das gilt auch dann, wenn es sich bei dem Aktienerwerber nicht um den anderen Vertragsteil selbst handelt, es also nicht um die Finanzierung eines Zukaufs weiter Aktien durch ihn geht.[74]

---

[71] BT-Drs. 16/6140, 13.
[72] Beschlussempfehlung und Bericht des Rechtsausschusses, BT-Drs. 16/9737, 98.
[73] Eingehend zur Unternehmenseigenschaft von Zweckgesellschaften, die bei Akquisitionen eingeschaltet werden, *Hassner*, Finanzielle Unterstützung zum institutionellen Leveraged Buyout einer Aktiengesellschaft, 2014, 429 ff.
[74] Bürgers/Körber/*Wieneke* Rn. 10a.

Umgehungsgeschäfte 20–22 § 71a

Nach § 71d S. 4 gilt § 71a sinngemäß für Unternehmen, die von der Aktiengesellschaft abhän- 20
gig sind oder in ihrem Mehrheitsbesitz stehen. Sinngemäße Geltung bedeutet zunächst, dass
entsprechend § 71a Abs. 1 ein **von der Aktiengesellschaft abhängiges oder in ihrem Mehrheitsbesitz stehendes Unternehmen** den Erwerb von Aktien der Aktiengesellschaft durch
einen Dritten ebenso wenig unterstützen darf wie die herrschende Aktiengesellschaft selbst
(→ § 71d Rn. 50). § 71d S. 4 verweist allerdings nicht nur auf § 71a Abs. 1 S. 1, sondern ordnet
die sinngemäße Geltung der gesamten Vorschrift an. Danach findet auch die Ausnahmeregelung
des § 71a Abs. 1 S. 3 AktG auf Finanzierungsleistungen, die eine abhängige Gesellschaft zum
Zweck des Erwerbs von Aktien der herrschenden Aktiengesellschaft erbringt, entsprechende
Anwendung. Die finanzielle Unterstützung des Erwerbers durch ein im Mehrheitsbesitz der
Aktiengesellschaft stehendes oder von ihr abhängiges Unternehmen ist daher zulässig, wenn die
Aktiengesellschaft einen Beherrschungs- oder Gewinnabführungsvertrag abgeschlossen hat und
die finanzielle Unterstützung im Einvernehmen mit dem anderen Vertragsteil erfolgt.[75] Während
§ 57 Abs. 1 S. 3 die Zuwendung des abhängigen Unternehmens an den Dritten unter diesen
Umständen der Geltung des § 57 Abs. 1 S. 1 entzieht, sorgt § 71a Abs. 1 S. 3 dafür, dass die
Zulässigkeit einer solchen Leistung nicht am Verbot der finanziellen Unterstützung des Aktienerwerbs nach § 71a Abs. 1 S. 1 AktG scheitert.

Es ist umstritten, ob das Weisungsrecht nach § 308 dann entfällt, wenn die Solvenz des herr- 21
schenden Unternehmens und damit die **Werthaltigkeit des Verlustausgleichsanspruchs zweifelhaft** erscheint.[76] Unter Geltung des früheren § 291 Abs. 3, der nur solche Leistungen von
der Vermögensbindung ausnahm, die *aufgrund* eines Beherrschungsvertrages erfolgten, war daher
streitig, ob die Privilegierung nach dieser Vorschrift auch dann eingriff, wenn Zweifel an der
Solvenz des anderen Vertragsteils und damit an der Werthaltigkeit des Verlustübernahmespruchs
nach § 302 AktG bestanden. Da Abs. 1 S. 1 auch Leistungen der AG an Dritte betrifft (→ Rn. 34),
waren indessen bereits nach früherem Recht schon aus Gründen der Rechtssicherheit bloße
Zweifel an der künftigen Solvenz des herrschenden Unternehmens nicht geeignet, die Privilegierung des § 291 Abs. 3 außer Kraft zu setzen.[77] Ebenso wenig führte eine nachträgliche Verschlechterung seiner Vermögenslage zur Unzulässigkeit einer bereits gewährten finanziellen Unterstützung. Abs. 1 S. 1 konnte vielmehr allenfalls dann die Unbeachtlichkeit einer Weisung an die AG
zur Gewährung einer Leistung im Zusammenhang mit dem Aktienerwerb durch das herrschende
Unternehmen oder einen Dritten zur Folge haben, wenn bereits bei Abschluss des Rechtsgeschäfts, das die Unterstützung zum Gegenstand hat, offensichtlich war, dass das herrschende
Unternehmen nicht in der Lage sein würde, etwaige Verluste auszugleichen. Nur unter dieser
Voraussetzung kam auch ein Verstoß gegen Abs. 1 S. 1 unter dem Gesichtspunkt der existenzgefährdenden und daher nach hM nicht durch den Beherrschungsvertrag gedeckten Weisung[78] in
Betracht. Dieses Normverständnis ist durch den durch das MoMiG eingefügten Abs. 1 S. 3 sowie
durch die Neufassung des § 291 Abs. 3 bestätigt worden. Nunmehr kommt es für die Freistellung
vom Verbot der Einlagenrückgewähr und der finanziellen Unterstützung des Aktienerwerbs allein
auf das Bestehen eines Beherrschungs- oder Gewinnabführungsvertrags an. die Frage, ob die
Leistung der Aktiengesellschaft auf einer – möglicherweise unverbindlichen – Weisung beruht,
ist unerheblich. Zudem bezieht sich § 291 Abs. 3 auf den gesamten § 57 einschließlich des Abs. 1
S. 3 dieser Bestimmung. Die Privilegierungswirkung des Unternehmensvertrages ist daher nicht
davon abhängig, dass die Leistung der Gesellschaft durch einen vollwertigen Gegenleistungs- oder
Rückgewähranspruch gedeckt ist. Für § 71a Abs. 1 S. 3 kann schon wegen des beabsichtigten
Gleichlaufs mit § 57 nichts anderes gelten.

bb) Faktischer Konzern. Nach verbreiteter Auffassung wird das Verbot der finanziellen Unter- 22
stützung im faktischen Konzern durch die spezielleren §§ 311, 317 verdrängt; namentlich dürfe die
Tochter den Erwerb ihrer Aktien durch die Mutter finanziell unterstützen.[79] Dies soll jedenfalls dann

---

[75] AA *Zeyher,* Einlagenrückgewähr und finanzielle Unterstützung im Fall erwerbsfinanzierender Fusion, 2011, 287 f.
[76] So etwa OLG Düsseldorf AG 1990, 490 (492); MüKoAktG/*Altmeppen* § 308 Rn. 126; § 302 Rn. 38; K. Schmidt/Lutter/*Langenbucher* § 308 Rn. 31 f.; *Becker* DStR 1998, 1429 (1431); Emmerich/Habersack/*Emmerich* § 308 Rn. 64; *Büscher,* Das neue Recht des Aktienrückkaufs, 2013, 209 f.; dagegen Kölner Komm AktG/*Koppensteiner* § 308 Rn. 49.
[77] Ebenso etwa *Riegger* ZGR 2008, 233 (244 f.); *Clemm* ZHR 141 (1977), 197 (206 f.).
[78] Vgl. etwa Hüffer/Koch/*Koch* § 308 Rn. 19 mwN; aA etwa Kölner Komm AktG/*Koppensteiner* § 308 Rn. 50 ff.
[79] *Fleischer* AG 1996, 494 (505 f.); *Riegger* ZGR 2008, 233 (240); *Seibt* ZHR 171 (2007), 282 (306); Großkomm AktG/*Merkt* Rn. 21; Emmerich/Habersack/*Habersack* § 311 Rn. 82.; *Habersack* FS Hopt, 2010, 725 (742 f.); *Brosius,* Die finanzielle Unterstützung des Erwerbs eigener Aktien, 2011, 222 ff.

gelten, wenn nachteilige Finanzierungsgeschäfte ausgeglichen werden.[80] Nach der Gegenauffassung enthalten §§ 311 ff. keine Regelungen, die einen den §§ 71 ff. vergleichbaren, strukturell bedingten Kapitalschutz bieten.[81] Zudem wird aus § 71d S. 2 iVm S. 4 gefolgert, dass § 71a Abs. 1 dem Erwerbsverbot eigener Aktien im Unternehmensverbund flankierenden Schutz geben solle.[82] In der Tat ist bereits zweifelhaft, ob §§ 311 ff. die Anwendung der Bestimmungen über die Vermögensbindung ausschließen.[83] Verneint man dies, wird auch Abs. 1 S. 1 nicht durch die Regelungen über den Nachteilsausgleich verdrängt. Selbst auf der Grundlage der hM, der zufolge §§ 311 ff. Vorrang vor der Vermögensbindung nach §§ 57 ff. beanspruchen, kann aber ein Ausschluss von Abs. 1 S. 1 nicht bejaht werden.[84] Jedenfalls in der Übernahmesituation muss der besondere Vermögensschutz des **Abs. 1** zumindest dann **erhalten** bleiben, wenn die finanzielle Unterstützung in einem engen zeitlichen und sachlichen Zusammenhang mit dem Aktienerwerb steht (→ Rn. 36). Da sich in dieser Situation faktische Abhängigkeit nahezu immer einstellt, hätte ein Vorrang der §§ 311 ff. eine weitgehende Verdrängung des Verbots der finanziellen Unterstützung des Aktienerwerbs zur Folge. Damit würde die Regelung aber in ihrem Kernbereich außer Kraft gesetzt. Überdies wäre es nicht plausibel, eine von der Gesellschaft vor dem Eintritt, aber in Erwartung der Abhängigkeit gewährte Unterstützung nach Abs. 1 S. 1 zu verbieten, die Erwerbsfinanzierung nach Eintritt der Abhängigkeit hingegen durch die Zulassung des gestreckten Nachteilsausgleichs nach § 311 zu privilegieren. Selbst wenn man der hier abgelehnten Ansicht folgen würde, nach der § 71a Abs. 1 S. 1 durch § 311 ff. verdrängt wird, wäre eine Darlehensgewährung an den (künftigen) Aktionär zum Zweck des Aktienerwerbs nur bei Vollwertigkeit des Darlehensrückzahlungspruchs[85] zulässig, denn anderenfalls würde die Darlehensgewährung einen nicht ausgleichsfähigen Nachteil darstellen, den der Vorstand der Gesellschaft nicht in Kauf nehmen dürfte.[86]

II. Verbot der finanziellen Unterstützung des Erwerbs eigener Aktien, Abs. 1 S. 1

23   **1. Inhalt und Bedeutung des Verbots. a) Benannte Finanzierungsgeschäfte.** Die Regelung des Abs. 1 S. 1 untersagt der Gesellschaft Finanzierungsgeschäfte zum Zweck des Erwerbs eigener Aktien. Ausdrücklich benannt werden die Gewährung eines Vorschusses und eines Darlehens sowie die Leistung einer Sicherheit durch die Gesellschaft an einen anderen. Derartige Finanzierungshilfen sind durch Abs. 1 S. 1 auch dann untersagt, wenn der Gesellschaft besonders günstige Bedingungen eingeräumt werden.[87]

24   **aa) Vorschuss.** Unter Vorschuss wird gemeinhin die Leistung auf eine noch nicht fällige Verbindlichkeit verstanden.[88] Ob dieser Variante eine eigenständige praktische Bedeutung zukommt, erscheint zweifelhaft.[89] Der Begriff geht auf Art. 23 Kapital-RL 1977 zurück, hatte aber keine Entsprechung im englischen Recht und wurde in anderen europäischen Rechtsordnungen entweder nicht übernommen oder aber als Unterfall der Darlehensgewährung angesehen.[90]

25   **bb) Darlehensgewährung.** Die Gewährung eines Darlehens ist zunächst jedes Verschaffen und Belassen von Geld oder vertretbaren Sachen auf Zeit gegen Entgelt gem. §§ 488, 607

---
[80] Emmerich/Habersack/*Habersack* § 311 Rn. 83; *Schroeder,* Finanzielle Unterstützung des Aktienerwerbs, 1995, 274 ff.; *Büscher,* Das neue Recht des Aktienrückkaufs, 2013, 225 ff. (228); *Fridrich,* Der Schutz des Kapitals der Aktiengesellschaft bei fremdfinanzierter Übernahme, 2010, 380 ff.; *Zeyher,* Einlagenrückgewähr und finanzielle Unterstützung im Fall erwerbsfinanzierender Fusion, 2011, 301 ff.; *Seibt* ZHR 171 (2007) 282 (306).
[81] *Klass,* Der Buyout von Aktiengesellschaften: eine juristisch-ökonomische Untersuchung zu § 71a Abs. 1 AktG und zur Gesetzesumgehung im Gesellschaftsrecht, 2000, 136 f.; Grigoleit/*Grigoleit/Rachlitz* Rn. 21.
[82] *Lutter/Wahlers* AG 1989, 1 (9); *Klass,* Der Buyout von Aktiengesellschaften: eine juristisch-ökonomische Untersuchung zu § 71a Abs. 1 AktG und zur Gesetzesumgehung im Gesellschaftsrecht, 2000, 138.
[83] Für einen Vorrang der §§ 311 ff. die hM, vgl. etwa Hüffer/Koch/*Koch* § 311 Rn. 49 mN; dagegen etwa *Cahn,* Kapitalerhaltung im Konzern, 1998, S. 64 ff. mwN.
[84] So im Erg. auch Kölner Komm AktG/*Lutter/Drygala* Rn. 48; Kölner Komm AktG/*Koppensteiner* § 311 Rn. 163; MüKoAktG/*Oechsler* Rn. 49d; K. Schmidt/Lutter/*T. Bezzenberger* Rn. 18; Wachter/*Servatius* Rn. 19; Hölters/*Laubert* Rn. 9; *Hartung,* Financial Assistance, 2010, 133 ff.; *Hassner,* Finanzielle Unterstützung zum institutionellen Leveraged Buyout einer Aktiengesellschaft, 2014, 464 ff.
[85] Dazu im Einzelnen → § 57 Rn. 141 ff. und *Cahn* Der Konzern 2009, 67 (72 ff.).
[86] Vgl. BGH NZG 2009, 107 (109 Rn. 17).
[87] Großkomm AktG/*Merkt* Rn. 25.
[88] Statt aller NK-AktR/*Block* Rn. 4; Hölters/*Laubert* Rn. 3; Bürgers/Körber/*Wieneke* Rn. 4.
[89] Dagegen auch *Fridrich,* Der Schutz des Kapitals der Aktiengesellschaft bei fremdfinanzierter Übernahme, 2010, 224 f.; anders aber *Hassner,* Finanzielle Unterstützung zum institutionellen Leveraged Buyout einer Aktiengesellschaft, 2014, 351.
[90] *Edwards,* EC Company Law, 1999, 73; *Pühler,* Das Verbot der Anteilsfinanzierung in Belgien, Frankreich, Italien und den Niederlanden, 1996, 39 f.

BGB.[91] Erfasst werden aber auch vergleichbare Formen der Kreditgewährung wie etwa die entgeltliche Stundung (zum unentgeltlichen Zahlungsaufschub → Rn. 38) oder die Einlage in eine stille Gesellschaft.[92]

cc) Sicherheitsleistung. Die Leistung einer Sicherheit erfasst jede Übernahme von Kreditrisiken 26 durch die AG gegenüber dem Aktienerwerber. Der Begriff der Sicherheit ist weit zu verstehen und umfasst alle gängigen Real- und Personalsicherheiten (Grundschuld, Hypothek, Pfandrecht, Sicherungseigentum, Bürgschaft, Garantie usw.).[93]

b) Sonstige unbenannte Finanzierungshilfen. Im Hinblick auf den Normzweck eines effekti- 27 ven Kapitalschutzes (→ Rn. 9) stellt sich die Frage nach der Einbeziehung von in Abs. 1 S. 1 nicht erwähnten **Rechtsgeschäften,** von denen eine den drei ausdrücklich benannten Geschäftstypen vergleichbare Gefahr für das Gesellschaftsvermögen ausgeht. Den benannten Finanzierungshilfen ist zunächst ein **Finanzierungselement** gemeinsam: Vermögen fließt von der AG an den Erwerber und ermöglicht ihm so den Erwerb von Aktien der AG. Das gilt auch für die Bestellung einer Sicherheit, die bei wirtschaftlicher Betrachtungsweise eine Leistung aus dem Vermögen der AG darstellt.[94] Die AG erhält im Gegenzug zwar Rückgewähr-, Freistellungs- oder Rückgriffsansprüche. Die Werthaltigkeit dieser Ansprüche ändert aber nichts an der Verbotswidrigkeit der Finanzierungshilfe.

Nicht durch Abs. 1 S. 1 untersagt sind damit zum einen **Unterstützungshandlungen ohne** 28 **Finanzierungscharakter,** die nicht unmittelbar zu einer Verlagerung von Gesellschaftsvermögen führen.[95] Das betrifft etwa die Verschaffung von (Finanz-)Informationen oder die Ermöglichung der Einsichtnahme in die Bücher der AG. Ausgenommen ist aber auch die Festsetzung einer zu geringen Gegenleistung bei der Ausgabe von Aktien durch die Gesellschaft selbst (näher → Rn. 39). Aus der Perspektive des Erwerbers ist der damit verbundene Vorteil den in Abs. 1 ausdrücklich genannten Finanzierungshilfen wirtschaftlich zwar durchaus vergleichbar. Aus der für die Auslegung der Vorschrift maßgeblichen Perspektive des Schutzes der Gesellschaftsgläubiger fehlt es hier aber an einer Gefährdung des ihrem Zugriff unterliegenden Gesellschaftsvermögens, die den in Abs. 1 genannten Fällen vergleichbar wäre. Die Erzielung eines angemessenen Ausgabepreises und die damit verbundene Aussicht auf eine (höhere) Vermögensmehrung sind nicht Anliegen des Vermögensschutzes im Interesse der Gesellschaftsgläubiger.

Aus den in Abs. 1 S. 1 ausdrücklich benannten Finanzierungshilfen folgt zum anderen, dass das 29 Verbot des Abs. 1 bereits dann eingreifen soll, wenn das **Vermögen** der AG aufgrund einer Leistung der Gesellschaft **abstrakt gefährdet** ist.[96] Das Verbot ist danach auf alle Vermögensverlagerungen zu erstrecken, die einen dem Vorschuss, dem Darlehen oder der Bestellung einer Sicherheit vergleichbaren Finanzierungseffekt haben.[97] Anders als im englischen Recht[98] ist das Erreichen einer gewissen

---

[91] Großkomm AktG/*Merkt* Rn. 30; *Fridrich,* Der Schutz des Kapitals der Aktiengesellschaft bei fremdfinanzierter Übernahme, 2010, 222 f.
[92] NK-AktR/*Block* Rn. 5; Großkomm AktG/*Merkt* Rn. 35; Hüffer/Koch/*Koch* Rn. 2; Kölner Komm AktG/*Lutter/Drygala* Rn. 29; *Brosius,* Die finanzielle Unterstützung des Erwerbs eigener Aktien, 2011, 62 ff.; *Hassner,* Finanzielle Unterstützung zum institutionellen Leveraged Buyout einer Aktiengesellschaft, 2014, 344.
[93] K. Schmidt/Lutter/*T. Bezzenberger* Rn. 11; NK-AktR/*Block* Rn. 6; Hüffer/Koch/*Koch* Rn. 2; Kölner Komm AktG/*Lutter/Drygala* Rn. 33; Hölters/*Laubert* Rn. 3; Bürgers/Körber/*Wieneke* Rn. 4; *Brosius,* Die finanzielle Unterstützung des Erwerbs eigener Aktien, 2011, 68 ff.; *Fridrich,* Der Schutz des Kapitals der Aktiengesellschaft bei fremdfinanzierter Übernahme, 2010, 223 f.
[94] HM, vgl. etwa MüKoAktG/*Bayer* § 57 Rn. 74 mwN; aA *Kerber* Anm. zu LG Düsseldorf ZIP 2006, 516 (522).
[95] Hölters/*Laubert* Rn. 3.
[96] MüKoAktG/*Oechsler* Rn. 19; K. Schmidt/Lutter/*T. Bezzenberger* Rn. 8; Wachter/*Servatius* Rn. 10; für Anwendung auf Geschäfte mit „kreditypischen Gefahren" *Hassner,* Finanzielle Unterstützung zum institutionellen Leveraged Buyout einer Aktiengesellschaft, 2014, 356 ff.; enger, konkrete Gefährdung vorausgesetzt, *Seibt* ZHR 171 (2007) 282 (303); weiter keinerlei Gefährdung erforderlich, sondern lediglich Zuwendung eines vermögenswerten, liquiden Vorteils zum Zweck der Erwerbsfinanzierung Grigoleit/*Grigoleit/Rachlitz* Rn. 11; gegen jegliche Erstreckung auf nicht ausdrücklich in Abs. 1 S. 1 benannte Unterstützungshandlungen *Habersack* FS Hopt, 2010, 725 (744 f.); im Grundsatz zurückhaltend auch *Fridrich,* Der Schutz des Kapitals der Aktiengesellschaft bei fremdfinanzierter Übernahme, 2010, 212 ff.
[97] MüKoAktG/*Oechsler* Rn. 19 f.; *Pühler,* Das Verbot der Anteilsfinanzierung in Belgien, Frankreich, Italien und den Niederlanden, 1996, 47 ff. mwN; *Schroeder,* Finanzielle Unterstützung des Aktienerwerbs, 1995, 174 ff.; *Büscher,* Das neue Recht des Aktienrückkaufs, 2013, 193 ff. *Singhof* NZG 2002, 745 (746); vgl. dazu auch LG Düsseldorf Der Konzern 2006, 138 (141) = ZIP 2006, 516 (518 f.) mit Anm. *Kerber* ZIP 2006, 522 ff.
[98] Vgl. sec. 677(1) (d) (i) Companies Act 2006; vgl. *Ferran,* Principles of Corporate Finance Law, 2008, 284 f. zur inhaltsgleichen Vorgängerregelung in sec. 152 (2) (a) (iv) Companies Act 1985.

Erheblichkeit nicht erforderlich. Auf der Grundlage der strikten Vermögensbindung in Art. 64 Abs. 1 RL (EU) 2017/1132 fallen auch Finanzierungshilfen geringen Umfangs unter das Verbot.[99]

30 Von vornherein ausgenommen sind hingegen neben **Unterstützungshandlungen ohne Finanzierungscharakter** (→ Rn. 28), gesetzlich autorisierte Zahlungen wie **Ausschüttungen** gem. §§ 57 ff. (→ Rn. 12), Leistungen bei Bestehen eines Unternehmensvertrages (→ Rn. 17 ff.) oder **Schadensersatzleistungen** aufgrund der Verletzung von Anlegerschutzvorschriften, wie etwa §§ 21 ff. WpPG, §§ 97, 98 WpHG,[100] sowie Vermögensverlagerungen im Rahmen von **Austauschgeschäften,** die einem **Drittvergleich** standhalten[101] und mit denen sich daher kein Finanzierungseffekt erzielen lässt, wie etwa die Entrichtung eines Kaufpreises oder eines Mietzinses oder die Zahlung auf eine fällige Schuld.

31 c) **Erwerb von Aktien der finanzierenden AG.** Das verbotene Rechtsgeschäft muss auf die Finanzierung des Erwerbs von Aktien der AG gerichtet sein. Es muss zwar im Ergebnis nicht notwendigerweise zu einem **Erwerb** kommen; entgegen verbreiteter Auffassung greift das Verbot allerdings nicht ein, wenn die AG sich in einer sog. Break Fee-Vereinbarung verpflichtet, den Erwerber für den Fall des Scheiterns seines Erwerbs von seinen Transaktionskosten freizustellen, denn hier geht es gerade nicht um die Finanzierung des Erwerbspreises (→ Rn. 43).

32 Wie beim Erwerb eigener Aktien gem. § 71 muss auch nach Abs. 1 S. 1 das von der Gesellschaft finanzierte Geschäft auf den **Erwerb der Mitgliedschaft** gerichtet sein: **Schuldverschreibungen** und **Dividendenscheine** werden vom Verbot der Anteilsfinanzierung nicht erfasst.[102] Das Gleiche gilt für **Genussrechte,** sofern es sich nicht um Wandelgenussrechte handelt, die ein Recht auf Umtausch in Aktien verbriefen. Bei derartigen Wandelgenussrechten ist ebenso wie bei **Wandelschuldverschreibungen** iSv § 221 Abs. 1 zu differenzieren: Während die Finanzierung des Erwerbs von **Optionsanleihen,** die lediglich ein Bezugsrecht auf Aktien der AG einräumen, als Vorstufe zum Erwerb der Aktien noch nicht vom Verbot des Abs. 1 S. 1 erfasst wird,[103] fällt die Finanzierung des Kaufpreises bei der späteren Ausübung der Option ohne weiteres unter das Verbot.[104] Die Zulässigkeit der Finanzierung von **Wandelanleihen,** die ein Umtauschrecht in Aktien verbriefen, richtet sich nach Umgehungsgesichtspunkten. Entscheidend ist, ob die Transaktion letztlich auf den Erwerb von Aktien gerichtet ist. Die finanzielle Unterstützung des Erwerbs solcher Anleihen ist der Gesellschaft daher jedenfalls dann untersagt, wenn die Ausübung des Umtauschrechts in engem zeitlichen Zusammenhang mit der Finanzierung entweder ohne weiteres möglich[105] und ökonomisch sinnvoll ist,[106] oder wenn die Voraussetzungen für die Ausübung des Umtauschrechts, etwa das Erreichen eines bestimmten Aktienkurses, bereits vorliegen oder ihr kurzfristiger Eintritt jedenfalls nicht unwahrscheinlich ist.[107] Vergleichbares gilt für **Anleihen mit Tilgungswahlrecht des Emittenten,** bei denen der Gesellschaft das Recht zusteht, statt Rückzahlung der Anleihe Aktien zu liefern.[108] Da hier nicht feststeht, ob es zu einem Aktienerwerb kommen wird, richtet sich auch ihre Einbeziehung in den Anwendungsbereich des Abs. 1 nach Umgehungsgesichtspunkten. Dagegen sind sog. **Pflichtwandelanleihen,** bei denen weder dem Emittenten noch dem Erwerber ein Recht auf bare Rückzahlung zusteht, als Erfüllung vielmehr ausschließlich die Lieferung von Aktien vorgesehen ist,[109] für Zwecke des Abs. 1 wie Aktien zu behandeln. Das Gleiche gilt für **American Depositary Receipts (ADRs),** die von einer US-amerikanischen Depotbank ausgegeben werden und (Bruchteile von) Aktien ausländischer Emittenten repräsentieren, die diese zuvor bei einer

---

[99] Vgl. BGH ZIP 2006, 2119: Kredit in Höhe von DM 61.500 zum Zweck des Aktienerwerbs verstößt gegen § 71a Abs. 1 S. 1; *Hassner,* Finanzielle Unterstützung zum institutionellen Leveraged Buyout einer Aktiengesellschaft, 2014, 304.

[100] Vgl. dazu BGH NJW 2005, 2450 – EM.TV; OLG Frankfurt AG 2005, 401 – Comroad; OLG München AG 2005, 586 – Comroad; OLG München AG 484 – Comroad II sowie *Henze* NZG 2005, 115 ff.

[101] Anders bei zum Nachteil der Gesellschaft unausgewogenen Geschäften, vgl. etwa *Fridrich,* Der Schutz des Kapitals der Aktiengesellschaft bei fremdfinanzierter Übernahme, 2010, 229.

[102] Kölner Komm AktG/*Lutter/Drygala* § 71 Rn. 25; Hölters/*Laubert* Rn. 4; *Schroeder,* Finanzielle Unterstützung des Aktienerwerbs, 1995, 154.

[103] AA *Hassner,* Finanzielle Unterstützung zum institutionellen Leveraged Buyout einer Aktiengesellschaft, 2014, 303.

[104] MüKoAktG/*Oechsler* Rn. 17.

[105] So für das englische Recht *Ferran,* Principles of Corporate Finance Law, 2008, 286 f.

[106] Insbes. weil die Option bereits „im Geld" ist.

[107] Ebenso Kölner Komm AktG/*Lutter/Drygala* Rn. 26.

[108] Vgl. dazu *Schlitt/Kammerlohr* in Habersack/Mülbert/Schlitt, Unternehmensfinanzierung am Kapitalmarkt, 3. Aufl. 2013, § 13 Rn. 24; MüKoAktG/*Habersack* § 221 Rn. 52.

[109] Näher zu diesen Anleihen *Seiler* → § 221 Rn. 152; *Schlitt/Hemeling* in Habersack/Mülbert/Schlitt, Unternehmensfinanzierung am Kapitalmarkt, 3. Aufl. 2013, § 12 Rn. 63 ff.; MüKoAktG/*Habersack* § 221 Rn. 52; aA *Brosius,* Die finanzielle Unterstützung des Erwerbs eigener Aktien, 2011, 84 f.

Hinterlegungsbank im Herkunftsland hinterlegt haben.[110] Da ihre Inhaber diese Papiere jederzeit gegen die zugrunde liegenden Aktien eintauschen, aber keine Ablösung in bar verlangen können, sind sie für Zwecke des Abs. 1 wie Aktien zu behandeln.

Die vorstehenden Regeln für die Beurteilung von Anleihen, die mit Wandel- oder Optionsrechten 33 verbunden sind, gelten auch dann, wenn solche Papiere nicht von der Gesellschaft selbst, sondern von einem mit ihr verbundenen Unternehmen, etwa einer **Tochtergesellschaft,** emittiert werden,[111] sofern sie nur ein Recht oder eine Verpflichtung zum Erwerb von Aktien der Gesellschaft verbriefen. Soweit der Gesellschaft die finanzielle Unterstützung des Erwerbs solcher Papiere bei einer Eigenemission nach Abs. 1 S. 1 untersagt wäre, ist ihr auch die Beteiligung am Erwerb aus einer solchen Drittemission verboten. Die finanzielle Unterstützung des Erwerbs solcher Papiere durch die emittierende Tochtergesellschaft oder ein anderes von der Gesellschaft abhängiges oder in ihrem Mehrheitsbesitz stehendes Unternehmen fällt nach § 71d S. 4 unter das Verbot des Abs. 1 S. 1.

d) Geschäfte mit Dritten. Das Verbot des Abs. 1 S. 1 ist nicht auf Finanzierungshilfen an gegen- 34 wärtige oder künftige Aktionäre beschränkt. Die Vorschrift erfasst vielmehr auch Rechtsgeschäfte mit Dritten, mit denen die **Finanzierung** eines Erwerbs von Aktien der Gesellschaft **bezweckt** wird, was bei engem zeitlichen und sachlichen Zusammenhang mit dem Aktienerwerb zu vermuten ist[112] (näher → Rn. 36).

e) Zum Zweck des Erwerbs. Nicht jede Zuwendung eines finanziellen Vorteils durch die 35 Gesellschaft an den Erwerber, die dazu geeignet ist, den Erwerb seiner Beteiligung zu erleichtern, stellt ohne weiteres eine verbotene finanzielle Unterstützung des Aktienerwerbs dar. Abs. 1 erfasst vielmehr nur solche Leistungen der Gesellschaft, die „zum Zweck des Erwerbs" oder, wie Art. 64 RL (EU) 2017/1132 etwas weiter formuliert, „im Hinblick auf den Erwerb" ihrer Aktien erfolgen. Das Gesetz und die Richtlinie verlangen mit diesen Formulierungen einen **besonderen,** auf die Finanzierung des Aktienerwerbs gerichteten, **Funktionsbezug** zwischen dem Finanzierungsgeschäft auf der einen und dem Erwerbsgeschäft auf der anderen Seite. Dafür reicht es nicht aus, dass eine Leistung der Gesellschaft an den Erwerber die Finanzierung des Erwerbs im Ergebnis erleichtert. Anderenfalls wären geschäftliche Beziehungen zwischen der Gesellschaft und dem Erwerber weitgehend eingeschränkt. Entscheidend ist vielmehr, dass der Zweck der Leistung der Gesellschaft darin besteht, die Finanzierung des Aktienerwerbs zu ermöglichen oder zu erleichtern.

Der **Zweck des Finanzierungsgeschäfts** muss in der **Unterstützung des Aktienerwerbs** 36 bestehen:[113] Das setzt voraus, dass sich die **Parteien** des Finanzierungsgeschäfts[114] bei dessen Abschluss ausdrücklich oder stillschweigend **darüber einig** sind, dass die Leistung der AG für die Zahlung des Erwerbspreises verwendet werden soll.[115] Das Einvernehmen der Parteien über den Finanzierungszweck ist dabei widerleglich **zu vermuten,** wenn das Finanzierungsgeschäft in engem zeitlichen und sachlichen Zusammenhang mit dem Aktienerwerb abgeschlossen wird.[116] Erfolgt der Abschluss des Finanzierungsgeschäfts dagegen aufgrund eines anderen, eigenständigen wirtschaftlichen Interesses der AG, das ein gewissenhafter Geschäftsleiter auch unabhängig vom Aktienerwerb des Geschäftspartners verfolgt hätte, wie dies etwa bei Gewährung von Darlehen oder Sicherheiten an wichtige Kunden oder Lieferanten der Fall sein kann,[117] so fehlt es an der nach Abs. 1 S. 1 erforderlichen Zwecksetzung, selbst wenn derartige Leistungen im Ergebnis die Finanzierung des Aktienerwerbs erleichtern. Dabei ist nicht zu verlangen, dass das anderweitige Interesse der Gesellschaft an dem Finanzierungsgeschäft das ausschließliche Motiv für dessen

---

[110] *Werlen/Sulzer* in Habersack/Mülbert/Schlitt, Unternehmensfinanzierung am Kapitalmarkt, 3. Aufl. 2013, § 45 Rn. 195.
[111] Zu derartigen Drittemissionen vgl. *Seiler* → § 221 Rn. 11 f.; MüKoAktG/*Habersack* § 221 Rn. 41 ff.
[112] *Pühler,* Das Verbot der Anteilsfinanzierung in Belgien, Frankreich, Italien und den Niederlanden, 1996, 93 f.; *Schroeder,* Finanzielle Unterstützung des Aktienerwerbs, 1995, 186 f.
[113] MüKoAktG/*Oechsler* Rn. 35.
[114] Auf Vorstellungen eines am Finanzierungsgeschäfts nicht beteiligten Erwerbs kommt es nicht an, vgl. *Hassner,* Finanzielle Unterstützung zum institutionellen Leveraged Buyout einer Aktiengesellschaft, 2014, 399.
[115] BGH NZG 2017, 344 (347 Rn. 28) = AG 2017, 233 (236); Kölner Komm AktG/*Lutter/Drygala* Rn. 39; MüKoAktG/*Oechsler* Rn. 35; Hüffer/Koch/*Koch* Rn. 3; *Hassner,* Finanzielle Unterstützung zum institutionellen Leveraged Buyout einer Aktiengesellschaft, 2014, 395 ff.; *Ludwig* Liber Amicorum Happ, 2006, 131 (138); im Erg. ähnl. *Schroeder,* Finanzielle Unterstützung des Aktienerwerbs, 1995, 202 f.
[116] Kölner Komm AktG/*Lutter/Drygala* Rn. 39; MüKoAktG/*Oechsler* Rn. 35; Grigoleit/*Grigoleit/Rachlitz* Rn. 17; *Brosius,* Die finanzielle Unterstützung des Erwerbs eigener Aktien, 2011, 88; *Schroeder,* Finanzielle Unterstützung des Aktienerwerbs, 1995, 202 f.; *Fleischer* AG 1996, 494 (501); zurückhaltender („mag zu vermuten sein") BGH NZG 2017, 344 (347 Rn. 28) = AG 2017, 233 (236).
[117] Vgl. dazu *Schroeder,* Finanzielle Unterstützung des Aktienerwerbs, 1995, 199 ff. mit weiteren Beispielen.

Abschluss darstellt, was sich nahezu niemals zweifelsfrei feststellen ließe. An dem für die Anwendung von Abs. 1 erforderlichen Funktionszusammenhang zwischen Finanzierung und Aktienerwerb fehlt es vielmehr auch dann, wenn das Finanzierungsgeschäft **in erster Linie anderen Zwecken** als der Unterstützung des Aktienerwerbs dient.[118] Daher schließt das Verbot der Anteilsfinanzierung nicht die Einbindung der Gesellschaft in ein konzernweites cash management aus, selbst wenn die Muttergesellschaft die Mittel zur Rückführung von Akquisitionskrediten verwendet oder aufgrund der in diesem Rahmen gewährten Darlehen zur Tilgung von Akquisitionskrediten Liquidität einsetzen kann, die sie anderenfalls verbundenen Unternehmen zur Verfügung stellen müsste.

37 Abs. 1 S. 1 setzt nicht voraus, dass die Finanzierung vor dem Aktienerwerb erfolgt. Dies ist zwar unter Berufung auf den Wortlaut „zum Zweck des Erwerbs" vertreten worden.[119] Die offenere Formulierung „im Hinblick auf den Erwerb" in RL (EU) 2017/1132 und eine rechtsvergleichende Umschau[120] zeigen hingegen, dass **auch** Finanzierungen **nach** dem **Aktienerwerb** erfasst sind.[121] Nur ein weites Verständnis wird dem Regelungszweck eines effektiven Kapitalschutzes in der Übernahmesituation (→ Rn. 9) gerecht. Das Verbot könnte ansonsten ohne weiteres durch eine Zwischenfinanzierung überspielt werden. Die Finanzierungsformen des LBO und des MBO (→ Rn. 3), die auf einer nachträglichen Inanspruchnahme des Gesellschaftsvermögens aufbauen, fallen daher unter das Verbot des Abs. 1 S. 1. Die von der Gegenansicht befürchteten Abgrenzungsschwierigkeiten zu zulässigen konzerninternen Vermögensverlagerungen (→ Rn. 17 ff.) sind wegen des Erfordernisses der Einigung über den Zweck der Erwerbsfinanzierung und der Widerleglichkeit der Vermutung für ein entsprechendes Einvernehmen bei engem zeitlichen und sachlichen Zusammenhang zwischen Aktienerwerb und Finanzierungsgeschäft (→ Rn. 36) nicht unüberwindlich.

38 **f) Einzelfälle. aa) Unentgeltliche Zuwendungen.** Unentgeltliche Zuwendungen ohne Rückzahlungsanspruch, wie etwa Schenkung, Zuschüsse, Schuldübernahme, Forderungsverzicht, Erlass oder unentgeltliche Stundung, fallen nach dem Sinn und Zweck des Verbots finanzieller Unterstützung in den Anwendungsbereich von Abs. 1 S. 1.[122] Wie gezeigt (→ Rn. 27), sind die in Abs. 1 S. 1 ausdrücklich benannten Finanzierungsgeschäfte deshalb verboten, weil mit ihnen Vermögenswerte gegen Rückzahlungs-, Freistellungs- oder Rückgriffsansprüche getauscht werden, die möglicherweise nicht werthaltig sind. Der Abschluss von Rechtsgeschäften, bei denen solche Ansprüche von vornherein nicht entstehen und mit denen daher nicht nur eine Vermögensgefährdung einhergeht, sondern die von Anfang an einen Vermögensverlust bedeuten, muss daher erst recht zur Anwendung des Abs. 1 S. 1 führen. Dies wird auch in anderen europäischen Rechtsordnungen so gesehen[123] und kann im deutschen Recht nicht unter Hinweis auf das Auszahlungsverbot der §§ 57 ff. abgelehnt werden.[124] Denn zum einen ergeben sich ansonsten Regelungslücken für Fälle, die in

---

[118] So die ‚principal' bzw. ‚larger purpose exemption' des englischen Rechts, vgl. sec. 678 (2) CA 2006 (früher sec. 153 (1) (a) und (2) (a) Companies Act 1985) und dazu *Ferran*, Principles of Corporate Finance Law, 2008, 296 f.; *Morse* in Palmer's Company Law, 2011, Rn. 6.933 ff.; aA fűs deusche Recht *Hassner*, Finanzielle Unterstützung zum institutionellen Leveraged Buyout einer Aktiengesellschaft, 2014, 402 f.

[119] *Otto* DB 1989, 1389 (1393 ff.); *Otto* in Assmann/SchützeKapitalanlagenR-HdB, 2. Aufl. 1999, § 26 Rn. 114; *Habersack* FS Hopt, 2010, 725 (740 f.); ebenso *Semler* in Hölters, Handbuch des Unternehmenskauf, 7. Aufl. 2010, VII Rn. 272.

[120] *Pühler*, Das Verbot der Anteilsfinanzierung in Belgien, Frankreich, Italien und den Niederlanden, 1996, 77 ff. mwN; zum englischen Recht *Ferran*, Company Law and Corporate Finance, 1999, 383.

[121] K. Schmidt/Lutter/T. *Bezzenberger* Rn. 14; NK-AktR/*Block* Rn. 9; Kölner Komm AktG/*Lutter/Drygala* Rn. 40 f.; Großkomm AktG/*Merkt* Rn. 37; MüKoAktG/*Oechsler* Rn. 46; Hölters/*Laubert* Rn. 5; Bürgers/Körber/*Wieneke* Rn. 6; *Brosius*, Die finanzielle Unterstützung des Erwerbs eigener Aktien, 2011, 89 ff.; *Büscher*, Das neue Recht des Aktienrückkaufs, 2013, 195 f.; *Hartung*, Financial Assistance, 2010, 94; *Hassner*, Finanzielle Unterstützung zum institutionellen Leveraged Buyout einer Aktiengesellschaft, 2014, 402 ff., 414; *Zeyher*, Einlagenrückgewähr und finanzielle Unterstützung im Fall erwerbsfinanzierender Fusion, 2011, 193 f.; *Ludwig* Liber Amicorum Happ, 2006, 131 (137 f.); *Riegger* ZGR 2008, 233 (237); aA *Fridrich*, Der Schutz des Kapitals der Aktiengesellschaft bei fremdfinanzierter Übernahme, 2010, 212 ff., 252 ff., der bis zum Aktienerwerb allein § 71a, nach dem Aktienerwerb allein § 57 für anwendbar hält; offen gelassen von BGH NZG 2017, 344 (346 Rn. 27) = AG 2017, 233 (236).

[122] MüKoAktG/*Oechsler* Rn. 21; Großkomm AktG/*Merkt* Rn. 31; Grigoleit/*Grigoleit/Rachlitz* Rn. 12; Wachter/*Servatius* Rn. 11; *Fridrich*, Der Schutz des Kapitals der Aktiengesellschaft bei fremdfinanzierter Übernahme, 2010, 225 ff.; *Schroeder*, Finanzielle Unterstützung des Aktienerwerbs, 1995, 175 ff.; aA *Brosius*, Die finanzielle Unterstützung des Erwerbs eigener Aktien, 2011, 141 f.; *Hassner*, Finanzielle Unterstützung zum institutionellen Leveraged Buyout einer Aktiengesellschaft, 2014, 233 ff., 244 f., 344.

[123] *Ferran*, Company Law and Corporate Finance, 1999, 373; *Pühler*, Das Verbot der Anteilsfinanzierung in Belgien, Frankreich, Italien und den Niederlanden, 1996, 49 ff. mwN.

[124] So aber Kölner Komm AktG/*Lutter*, 2. Aufl. 1988, Rn. 19; ähnlich *Lutter/Wahlers* AG 1989, 1 (9).

denen der Empfänger der Finanzierungsleistung mangels Aktionärseigenschaft nicht von den §§ 57 ff. erfasst wird (→ Rn. 11).[125] Zum anderen lässt eine etwaige parallele Anwendbarkeit der §§ 57 ff. das einem eigenständigen Vermögensschutz dienende Verbot der finanziellen Unterstützung (→ Rn. 9) grundsätzlich unberührt.

bb) Ausgabe eigener Aktien unter Wert. Eine verbotswidrige unentgeltliche Zuwendung der 39 AG an den Erwerber liegt nicht in der **Ausgabe eigener Aktien unter** ihrem inneren **Wert** oder dem Börsenkurs (→ Rn. 28). Das gilt zunächst für die Ausgabe junger Aktien im Rahmen einer Kapitalerhöhung unter Ausschluss des Bezugsrechts. Es fehlt hier zum einen an einer Zuwendung aus dem Vermögen der Gesellschaft, die den in Abs. 1 S. 1 aufgeführten Fällen vergleichbar wäre. Zum anderen zeigt § 255 Abs. 2, dass das Gesetz von der Wirksamkeit einer Aktienausgabe unter Wert ausgeht. Gibt die Gesellschaft **zurückerworbene eigene Aktien** unter Ausschluss des Erwerbsrechts der Aktionäre (dazu → § 71 Rn. 136) zwar innerhalb der von der Hauptversammlung gem. § 71 Abs. 1 Nr. 8 S. 1 festgesetzten Spanne, aber zu einem unvertretbar weit unterhalb ihres aktuellen Wertes liegenden Preises an den Dritten aus, kann in Anbetracht der wirtschaftlichen Vergleichbarkeit mit einer Kapitalerhöhung und in Anbetracht der Sicherung der Belange der Gesellschaftsgläubiger durch § 71 Abs. 2 und § 272 Abs. 4 HGB im Ergebnis nichts anderes gelten.[126] Von Fällen der Kollusion abgesehen verbleibt es daher bei Ansprüchen gegen die verantwortliche Organmitglieder nach § 93 Abs. 2, § 116 Abs. 1. Dagegen kann ein **Vergleich** im Streit über die Höhe des Kaufpreises eine nach Abs. 1 S. 1 unzulässige finanzielle Unterstützung darstellen, soweit die Gesellschaft dabei ohne hinreichenden Grund auf einen offensichtlich begründeten Anspruch verzichtet. An einer den Fällen des Abs. 1 vergleichbaren Finanzierungshilfe fehlt es schließlich bei der Übertragung von Aktien im Rahmen einer **Wertpapierleihe**.[127]

cc) Kursgarantie. Eine Kursgarantie der AG gegenüber einem Aktionär stellt keine verbotswid- 40 rige finanzielle Unterstützung des Aktienerwerbs dar, wenn sie vorrangig aus Spekulationsgründen und nicht zu dem Zweck abgegeben wird, die Anschaffung von Aktien der AG zu erleichtern:[128] Das Gleiche gilt für die Begebung einer Verkaufsoption durch die Gesellschaft.[129] Den mit einer Spekulation einhergehenden Gefahren wird nicht durch § 71a Abs. 1 S. 1 begegnet, sondern durch entsprechende Sorgfaltsanforderungen an die Geschäftsleiter. Anders ist dies dagegen, wenn die Garantiebedingungen von vornherein eines spekulativen Elements entbehren und allein der Anschaffung von Aktien der Gesellschaft dienen.[130] Eine Kursgarantie oder die Begebung einer Verkaufsoption kann namentlich dann eine nach Abs. 1 S. 1 verbotene finanzielle Unterstützung darstellen, wenn der Erwerber die Aktien als Sicherheit für einen Akquisitionskredit einsetzt oder Anleihen emittiert, die durch die von ihm erworbenen Aktien unterlegt sind. Die Kursgarantie oder Verkaufsoption erhöht hier den Wert dieser Sicherheit und entspricht damit in der Sache einer Sicherheitsleistung durch die Gesellschaft.[131]

dd) Kurspflegekosten. Die Übernahme von Kurspflegekosten im Vorfeld einer Börseneinfüh- 41 rung fällt unter gewissen Voraussetzungen nicht unter das Verbot der Anteilsfinanzierung. Zwar wird durch eine Vereinbarung, wonach die AG einem Dritten ein Entgelt dafür entrichtet, dass er zum Zweck der Kurspflege gegebenenfalls Aktien der AG erwirbt, ein Finanzierungseffekt erreicht. Jedoch handelt es sich bei einem derartigen Geschäft um ein zulässiges Austauschgeschäft, wenn das Geschäft einem Drittvergleich standhält und die Kurspflegemaßnahmen dem Erfolg der Börseneinführung dienen.[132] Das ist anzunehmen, wenn sie den Anforderungen der Delegierten Verordnung über Rückkaufprogramme und Kursstabilisierungsmaßnahmen[133] genügen und deshalb gemäß Art. 5 Abs. 1 MMV ausdrücklich vom Verbot der Marktmanipulation ausgenommen sind. Die finanzielle

---

[125] MüKoAktG/*Oechsler* Rn. 21.
[126] So auch Kölner Komm AktG/*Lutter*/*Drygala* Rn. 31; *Büscher,* Das neue Recht des Aktienrückkaufs, 2013, 213; *Wagner* BB 2010, 1739 (1744).
[127] Differenzierend *Brosius,* Die finanzielle Unterstützung des Erwerbs eigener Aktien, 2011, 180.
[128] MüKoAktG/*Oechsler* Rn. 25; Hölters/*Laubert* Rn. 3; aA offenbar Großkomm AktG/*Merkt* Rn. 39.
[129] Näher dazu *Ihrig* FS Ulmer, 2003, 829 (842).
[130] Vgl. dazu LG Göttingen AG 1993, 46 f.; aA MHdB AG/*Rieckers* § 15 Rn. 39.
[131] Ähnlich K. Schmidt/Lutter/*T. Bezzenberger* Rn. 13.
[132] OLG Frankfurt WM 1992, 572 (576); Hüffer/Koch/*Koch* Rn. 3; Bürgers/Körber/*Wieneke* Rn. 3; *Lutter*/ *Gehling* WuB II A § 71a AktG 1.92, 951 (955); *Westermann* FS Peltzer, 2001, 613 (625 f.); *Brosius,* Die finanzielle Unterstützung des Erwerbs eigener Aktien, 2011, 122 f.
[133] Delegierte Verordnung (EU) 2016/1052 der Kommission vom 8. März 2016 zur Ergänzung der Verordnung (EU) Nr. 596/2014 des Europäischen Parlaments und des Rates durch technische Regulierungsstandards für die auf Rückkaufprogramme und Stabilisierungsmaßnahmen anwendbaren Bedingungen, ABl. EU 2016 Nr. L 173, 34; vgl. → § 71 Rn. 166 ff.

§ 71a 42–44   Erstes Buch. Aktiengesellschaft

Unterstützung des Aktienerwerbs ist in diesen Fällen zulässig, da sie einer kapitalmarktrechtlich angezeigten Kurspflege dient.[134]

42   **ee) Finder's Fee.** Keine unzulässige finanzielle Unterstützung liegt vor, wenn die AG einer Investmentbank oder einer Unternehmensberatung ein Entgelt dafür entrichtet, dass diese einen Käufer für Aktien der AG findet. Die sog. **Finder's Fee** ist zwar eine Vermögensverlagerung zu Lasten des Gesellschaftsvermögens. Sie erfolgt jedoch im Vorfeld des Aktienerwerbs und ist für den Erwerber nicht mit einem positiven Finanzierungseffekt verbunden.[135]

43   **ff) Break Fee-Vereinbarungen.** Zwischen dem Bieter eines öffentlichen Übernahmeangebots und das Angebot unterstützenden Zielgesellschaft werden nicht selten sog. Break Fee-Vereinbarungen getroffen. Die Zielgesellschaft verpflichtet sich darin in der Regel dazu, für den Fall eines von ihr zu vertretenden Scheiterns des Übernahmeangebots die **Beratungs- und Prüfungskosten des Bieters** zu tragen.[136] Nach einer im Schrifttum vertretenen Auffassung verstoßen derartige Vereinbarungen jedenfalls dann gegen Abs. 1 S. 1, wenn der Übernahmeversuch ohne eine solche Absicherung durch die Zielgesellschaft wegen zu geringer Finanzkraft des potentiellen Aktienerwerbers ausgeschlossen oder wesentlich erschwert wäre.[137] Aber auch wenn der Erwerber über ausreichende Mittel verfügt, soll der Abschluss einer Break Fee-Vereinbarung eine gem. Abs. 1 S. 1 verbotene Sicherheitsleistung darstellen, sofern die Abrede dem Erwerber die Refinanzierung erleichtert.[138] An einem verbotswidrigen Finanzierungseffekt fehlt es danach nur, soweit sich die Abrede auf Kostenpauschalierung im Rahmen der gesetzlich vorgesehenen Schadensliquidation unter den Voraussetzungen einer culpa in contrahendo beschränkt.[139] Teilweise wird sogar verlangt, dass die Vereinbarung durch bilanziell messbare Interessen der Gesellschaft gerechtfertigt ist.[140] Demgegenüber ist festzuhalten, dass Break Fee Vereinbarungen unabhängig von der Höhe der für den Fall des Scheiterns der Akquisition zu ersetzenden Kosten[141] und der Finanzkraft des Erwerbers regelmäßig keine nach Abs. 1 S. 1 verbotene finanzielle Unterstützung darstellen.[142] Anders als die in Abs. 1 aufgeführten Unterstützungshandlungen dienen sie gerade nicht der Finanzierung des Erwerbspreises. Der Umstand, dass die Gesellschaft im Ergebnis die Befriedigungschancen der Kreditgeber des Erwerbsinteressenten für den Fall des Scheiterns der Übernahme erhöht,[143] ändert nichts daran, dass diese Ansprüche nicht im Zusammenhang mit der Finanzierung des Erwerbspreises für Aktien der Gesellschaft stehen. Nach Abs. 1 S. 1 unzulässig wäre demgegenüber eine Verpflichtung der Gesellschaft, die Kosten für die Prüfung durch den Erwerber auch für den Fall des Zustandekommens des Aktienerwerbs zu erstatten.[144]

44   **gg) Verschmelzung.** Eine in der Praxis weit verbreitete Gestaltungsform stellt die fremdfinanzierte Unternehmensübernahme mit anschließender Verschmelzung der Erwerbs- mit der Zielgesellschaft („merger buyout") dar.[145] Wie gezeigt (→ Rn. 37), fällt auch die nachträgliche Verwendung des Vermögens der Zielgesellschaft bei den Grundformen von LBO und MBO unter das Verbot der finanziellen Unterstützung. Bei der Variante mit anschließender Verschmelzung ist nach Gestaltungsformen zu differenzieren:

---

[134] MüKoAktG/*Oechsler* Rn. 22; K. Schmidt/Lutter/*T. Bezzenberger* Rn. 13; aA *Brosius,* Die finanzielle Unterstützung des Erwerbs eigener Aktien, 2011, 173; offenbar auch Großkomm AktG/*Merkt* Rn. 33.
[135] Ebenso *Brosius,* Die finanzielle Unterstützung des Erwerbs eigener Aktien, 2011, 178 f.
[136] *Sieger/Hasselbach* BB 2000, 625 ff.
[137] *Sieger/Hasselbach* BB 2000, 625 (629); Großkomm AktG/*Merkt* Rn. 40; ohne diese Einschränkung etwa *Hassner,* Finanzielle Unterstützung zum institutionellen Leveraged Buyout einer Aktiengesellschaft, 2014, 414 ff.; *Hilgard* BB 2008, 286 (293).
[138] MüKoAktG/*Oechsler* Rn. 29; Wachter/*Servatius* Rn. 11.
[139] MüKoAktG/*Oechsler* Rn. 29; ihm zust. *Zeidler* M & A Review 2008, 364 (367 f.).
[140] *Ziemons* GWR 2011, 404 (405).
[141] Eine andere Frage ist, ob übermäßig hohe Break Fees im Einzelfall deswegen rechtswidrig sind, weil sie die Entscheidungsfreiheit der Aktionäre in unzulässiger Weise beeinträchtigen.
[142] So auch Kölner Komm AktG/*Lutter/Drygala* Rn. 34; K. Schmidt/Lutter/*T. Bezzenberger* Rn. 13; Grigoleit/*Grigoleit/Rachlitz* Rn. 15; *Adolff/Meister/Randell/Stephan,* Public Company Takeovers for Germany, 2002, 183; *Brosius,* Die finanzielle Unterstützung des Erwerbs eigener Aktien, 2011, 177; *Fridrich,* Der Schutz des Kapitals der Aktiengesellschaft bei fremdfinanzierter Übernahme, 2010, 231 ff.; *Drygala* WM 2004, 1457 (1461); *Fleischer* ZHR 172 (2008), 538 (566).
[143] So das Argument von MüKoAktG/*Oechsler* Rn. 29.
[144] Grigoleit/*Grigoleit/Rachlitz* Rn. 15; aA *Brosius,* Die finanzielle Unterstützung des Erwerbs eigener Aktien, 2011, 178.
[145] Vgl. dazu *Fleischer* AG 1996, 494 (501 ff.); *Klass,* Der Buyout von Aktiengesellschaften: eine juristisch-ökonomische Untersuchung zu § 71a Abs. 1 AktG und zur Gesetzesumgehung im Gesellschaftsrecht, 2000, 169 ff.; *Lutter/Wahlers* AG 1989, 1 (12 f.); *Nuyken* ZIP 2004, 1893 (1897 f.) sowie *Pühler,* Das Verbot der Anteilsfinanzierung in Belgien, Frankreich, Italien und den Niederlanden, 1996, 252 ff.

Bei Verschmelzungen nach dem **Umwandlungsgesetz** kommt es sowohl bei einer Verschmel- 45
zung der Erwerbs- auf die Zielgesellschaft („down-stream merger") als auch bei einer Verschmelzung
der Ziel- auf die Erwerbsgesellschaft („up-stream merger") zu einer Vermischung der Vermögensmassen,
die es dem übernehmenden Rechtsträger ermöglicht, die Finanzierungsverbindlichkeiten der
ehemaligen Erwerbsgesellschaft mit dem Vermögen der ehemaligen Zielgesellschaft zurückzuführen.
Anders als dies verbreitet für § 71a[146] und im Hinblick auf das Verbot der Einlagenrückgewähr nach
§ 57 angenommen wird,[147] ist die Richtung der Verschmelzung für die Beurteilung ihrer Zulässigkeit
nach Abs. 1 unerheblich.[148] Vor dem Hintergrund eines effektiven Kapitalschutzes in der Übernahmesituation
(→ Rn. 9), könnten beide Varianten als unzulässige Umgehungen des Verbots der
finanziellen Unterstützung angesehen werden, was jeweils die Nichtigkeit des Verschmelzungsbeschlusses
der Zielgesellschaft zur Folge hätte.[149] Dabei würde jedoch die Bedeutung des umwandlungsrechtlichen
Kapitalschutzes verkannt, der an die Stelle der rechtsträgerspezifischen Vermögensbindung
tritt.[150] Die Unabhängigkeit des umwandlungsrechtlichen Regimes von den
aktienrechtlichen Kapitalschutzvorschriften zeigt sich bereits in der Regelung des § 71 Abs. 1 Nr. 5,
nach deren Sinn und Zweck das Verbot des Erwerbs eigener Aktien der umwandlungsbedingten
Gesamtrechtsnachfolge nicht entgegensteht.[151] Dies führt auch nicht zu einer unzulässigen Verkürzung
des besonderen Kapitalschutzes in der Übernahmesituation, denn das UmwG verfügt mit den
Ansprüchen der Minderheitsaktionäre gem. §§ 14, 15 und 29 UmwG und dem Anspruch der Gläubiger
auf Sicherheitsleistung gem. § 22 UmwG über hinreichende eigene Schutzvorkehrungen.[152]

Eine andere Gestaltungsform, die Aufsehen erregt hat, ist die Verschmelzung im Wege der **Anwach-** 46
sung nach erfolgtem Formwechsel der Zielgesellschaft in eine GmbH & Co KG:[153] Hier sorgt der
Erwerber nach einer fremdfinanzierten Übernahme der AG dafür, dass diese in eine GmbH & Co
KG umgewandelt wird, wodurch der Erwerber in die Position des alleinigen Kommanditisten einrückt.
Danach scheidet die GmbH ersatzlos aus der Gesellschaft aus, das Vermögen der KG geht im Wege
der Anwachsung auf den Erwerber als einzig verbliebenen Gesellschafter über. Das Anwachsungsmodell
lässt auf den ersten Blick jeden Minderheiten- und Gläubigerschutz vermissen.[154] Jedoch geht jeder
Gesamtrechtsnachfolge durch Anwachsung bei der AG zwingend ein Formwechsel gem. §§ 190 ff.
UmwG voraus. Die Gläubiger kommen dabei über § 204 UmwG in den Genuss des allgemeinen
Anspruchs auf Sicherheitsleistung gem. § 22 UmwG. Minderheitsgesellschafter sind bei der nachfolgenden
Anwachsung denknotwendig ausgeschlossen. Die Verschmelzung im Wege der Anwachsung nach
umwandlungsrechtlichem Formwechsel ist daher als zulässig anzusehen.[155]

---

[146] K. Schmidt/Lutter/ *T. Bezzenberger* Rn. 19; *Hassner,* Finanzielle Unterstützung zum institutionellen Leveraged Buyout einer Aktiengesellschaft, 2014, 558 ff. mN; *Zeyher,* Einlagenrückgewähr und finanzielle Unterstützung im Fall erwerbsfinanzierender Fusion, 2011, 251 (276).

[147] Vgl. dazu Widmann/Mayer/ *Mayer* UmwG § 5 Rn. 40.1; Kallmeyer/ *Müller* UmwG § 24 Rn. 39 f.; Lutter/ Winter/ *Priester* UmwG § 24 Rn. 61 f.

[148] Ebenso Grigoleit/ *Grigoleit/Rachlitz* Rn. 13; *Fridrich,* Der Schutz des Kapitals der Aktiengesellschaft bei fremdfinanzierter Übernahme, 2010, 291 ff., 302.

[149] *Klass,* Der Buyout von Aktiengesellschaften: eine juristisch-ökonomische Untersuchung zu § 71a Abs. 1 AktG und zur Gesetzesumgehung im Gesellschaftsrecht, 2000, 169 ff.; zum österreichischen Recht *Doralt,* Management Buyout, 2001, 288 ff.

[150] Vgl. dazu *Simon* Der Konzern 2004, 191 (192 ff.).

[151] MüKoAktG/ *Oechsler* Rn. 26; Großkomm AktG/ *Merkt* Rn. 24; *Eidenmüller* ZHR 171 (2007) 644 (662 f.).

[152] *Becker* DStR 1998, 1429 (1433 f.); *Fleischer* AG 1996, 494 (505); *Nuyken* ZIP 2004, 1893 (1897 ff.); *Eidenmüller* ZHR 171 (2007) 644 (662); *Riegger* ZGR 2008, 233 (248); *Schäffler* BB 2006, Beilage 9, S. 1 (7); *Brosius,* Die finanzielle Unterstützung des Erwerbs eigener Aktien, 2011, 150 ff.; *Fridrich,* Der Schutz des Kapitals der Aktiengesellschaft bei fremdfinanzierter Übernahme, 2010, 292 ff.; MüKoAktG/ *Oechsler* Rn. 26; Großkomm AktG/ *Merkt* Rn. 23; Grigoleit/ *Grigoleit/Rachlitz* Rn. 13; Hölters/ *Laubert* Rn. 5; Bürgers/Körber/ *Wieneke* Rn. 7; aA Semler/Stengel/ *Diekmann* UmwG § 68 Rn. 15; *Klass,* Der Buyout von Aktiengesellschaften: eine juristisch-ökonomische Untersuchung zu § 71a Abs. 1 AktG und zur Gesetzesumgehung im Gesellschaftsrecht, 2000, 169 ff.; *Zeyher,* Einlagenrückgewähr und finanzielle Unterstützung im Fall erwerbsfinanzierender Fusion, 2011, 144 ff. (zum Verhältnis zu § 57), 243 ff.; *Ludwig* Liber Amicorum Happ, 2006, 131 (132 ff.).

[153] Vgl. LG Düsseldorf Der Konzern 2006, 138 ff. = ZIP 2006, 516 ff. m. Anm. *Kerber* ZIP 2006, 522 ff., im Erg. bestätigt durch OLG Düsseldorf NZG 2007, 273 ff. m. abl. Besprechungen von *Kerber* NZG 2007, 254 und *Oechsler* NZG 2007, 252; die Entscheidung ist mit Abweisung der Nichtzulassungsbeschwerde durch Beschluss des BGH, XI ZR 342/06, rechtskräftig geworden; vgl. weiter *Habersack* FS Röhricht, 2005, 155 (169 ff.); *Kerber* DB 2004, 1027 ff.; *Kerber* NZG 2006, 50 ff.

[154] Vgl. *Kerber* DB 2004, 1027 (1029).

[155] Ebenso *Habersack* FS Röhricht, 2005, 155 (174 ff.); MüKoAktG/ *Oechsler* Rn. 27; *Brosius,* Die finanzielle Unterstützung des Erwerbs eigener Aktien, 2011, 162 ff.; *Fridrich,* Der Schutz des Kapitals der Aktiengesellschaft bei fremdfinanzierter Übernahme, 2010, 326 ff.; *Zeyher,* Einlagenrückgewähr und finanzielle Unterstützung im Fall erwerbsfinanzierender Fusion, 2011, 309 ff.; *Riegger* ZGR 2008, 233 (248 f.); *Seibt* ZHR 171 (2007) 282 (305); aA *Kerber* DB

47 **hh) Zustimmung zu einer befreienden Schuldübernahme.** Im Zusammenhang mit der in → Rn. 46 erörterten Gestaltungsvariante wird auch diskutiert, ob die **Zustimmung** der AG **zu einer befreienden Übernahme von Verbindlichkeiten** des Veräußerers gegenüber der AG durch den Erwerber dem Verbot der finanziellen Unterstützung unterliegt.[156] Es geht hier um eine Gestaltung, bei der der Erwerber den Kaufpreis für die Aktien der AG dadurch an den Veräußerer entrichtet, dass er ihn im Wege der befreienden Schuldübernahme von einer Verbindlichkeit gegenüber der AG befreit. Der Gesellschaft verbleibt damit eine Forderung gegenüber dem Erwerber. Im Ergebnis steht sie dabei ebenso, als ob sie dem Erwerber den Kaufpreis für die Aktien darlehensweise zur Verfügung gestellt hätte. Dies allein reicht allerdings nicht aus, um einen Verstoß gegen Abs. 1 S. 1 zu begründen, denn die Vorschrift untersagt nur die finanzielle Unterstützung zum Zweck des Aktienerwerbs.

48 Eine unzulässige finanzielle Unterstützung des Aktienerwerbs kann hier zunächst in der **Begründung** der später im Wege der Schuldübernahme zu übertragenden **Verbindlichkeit** des Veräußerers gegenüber der AG bestehen. Ein Verstoß gegen Abs. 1 S. 1 ist insoweit allerdings nur dann zu bejahen, wenn bereits zu diesem Zeitpunkt die spätere schuldbefreiende Übernahme durch den Erwerber geplant war, was indessen bei engem zeitlichen und sachlichen Zusammenhang zwischen der Begründung der Verbindlichkeit des Veräußerers gegenüber der AG und dem Aktienerwerb zu vermuten ist (→ Rn. 36). In diesem Fall ist der Sachverhalt in der Tat nicht anders zu beurteilen, als wenn die Gesellschaft den Kaufpreis durch ein Darlehen an den Erwerber finanziert hätte.[157] Entgegen verbreiteter Auffassung[158] stellt die nach § 415 Abs. 1 S. 1 BGB erforderliche **Zustimmung zur Schuldübernahme** jedenfalls dann eine verbotswidrige Vermögensverlagerung dar, wenn sich wegen der erheblich schlechteren Bonität des Erwerbers auch die Werthaltigkeit des Anspruchs der Gesellschaft verschlechtert.[159] Sie erleidet damit wirtschaftlich und bilanziell eine Vermögenseinbuße, die der mit einer Sicherheitenbestellung verbundenen Vermögensgefährdung durchaus vergleichbar ist und die über die von Abs. 1 S. 1 untersagte Gewährung eines Darlehens an einen solventen Erwerber sogar hinausgeht.[160] Da Abs. 1 S. 1 auch Zuwendungen der Gesellschaft an Dritte erfasst, sofern damit der Aktienerwerb finanziell unterstützt wird, ändert der Umstand, dass die befreiende Schuldübernahme in erster Linie dem Veräußerer und nur mittelbar dem Erwerber zugute kommt, nichts an dem Verstoß gegen die Vorschrift. Dagegen begründet der Umstand, dass der Rückzahlungsanspruch als Teil eines Gesamtkonzepts nach einem umwandlungsrechtlichen Formwechsel durch Anwachsung und Konfusion zum Erlöschen gebracht wird, für sich genommen ebenso wenig einen Verstoß gegen Abs. 1 S. 1 wie in anderen Verschmelzungsfällen[161] (→ Rn. 45 f.). Zwar werden die Altgläubiger der AG hier einem größeren Risiko ausgesetzt, als wenn die AG und die Erwerbsgesellschaft nach Aufnahme eines Drittdarlehens nach dem UmwG verschmolzen werden. Denn während die Gläubiger der AG in der Insolvenz des neuen Rechtsträgers in diesem Fall mit dem Drittdarlehensgeber nur die Quote teilen müssen, verlieren sie durch die anwachsende Verschmelzung und die damit einhergehende Konfusion die Forderung gegen den Erwerber in vollem Umfang.[162] Diesem Risiko wird allerdings durch die umwandlungsrechtlichen Schutzbestimmungen beim Formwechsel bereits hinreichend Rechnung getragen.

49 **ii) Emission von Schuldverschreibungen.** Im Rahmen einer Akquisitionsfinanzierung kommt es nicht selten vor, dass die Aufnahme von Fremdkapital durch die Erwerbsgesellschaft im Wege einer Schuldverschreibungsemission erfolgt.[163] Die einzige Sicherheit der Inhaber solcher Schuldver-

---

2004, 1027 (1029); *Kerber* NZG 2006, 50 (53); *Klass*, Der Buyout von Aktiengesellschaften: eine juristisch-ökonomische Untersuchung zu § 71a Abs. 1 AktG und zur Gesetzesumgehung im Gesellschaftsrecht, 2000, 174 ff.

[156] Vgl. LG Düsseldorf Der Konzern 2006, 138 (141 ff.); *Habersack* FS Röhricht, 2005, 155 (172 f.); *Kerber* NZG 2006, 50 (52 f.); *Nuyken* ZIP 2004, 1893 (1895 ff.); *Nuyken* ZIP 2006, 522 ff.; *Oechsler* ZIP 2006, 1661 ff.
[157] *Nuyken* ZIP 2004, 1893 (1896); verkannt von LG Düsseldorf Der Konzern 2006, 138 (141 f.).
[158] LG Düsseldorf Der Konzern 2006, 138 (141 f.); *Brosius*, Die finanzielle Unterstützung des Erwerbs eigener Aktien, 2011, 165 ff.; *Nuyken* ZIP 2004, 1893 (1897).
[159] *Kerber* NZG 2006, 50 (52 f.); *Habersack* FS Röhricht, 2005, 155 (172 f.); noch weitergehend, Verstoß gegen Abs. 1 S. 1 unabhängig von einer Verschlechterung der Befriedigungsaussichten, MüKoAktG/*Oechsler* Rn. 28; *Oechsler* ZIP 2006, 1661 (1665); K. Schmidt/Lutter/T. Bezzenberger Rn. 12.
[160] AA LG Düsseldorf Der Konzern 2006, 138 (141 f.); *Nuyken* ZIP 2004, 1893 (1897).
[161] LG Düsseldorf Der Konzern 2006, 138 (143); Grigoleit/*Grigoleit*/*Rachlitz* Rn. 14; *Habersack* FS Röhricht, 2005, 155 (175); aA *Kerber* NZG 2006, 50 (52 f.); *Hassner*, Finanzielle Unterstützung zum institutionellen Leveraged Buyout einer Aktiengesellschaft, 2014, 384 ff.
[162] Dies übersehen LG Düsseldorf Der Konzern 2006, 138 (143) und *Habersack* FS Röhricht, 2005, 155 (175).
[163] Vgl. MüKoAktG/*Oechsler* Rn. 31; Grigoleit/*Grigoleit*/*Rachlitz* Rn. 13; zu Emissionseigengeschäften der Banken, *Singhof* NZG 2002, 745 (748).

schreibungen (‚**Junk Bonds**') stellen die von der Erwerbsgesellschaft erworbenen Anteile an der Zielgesellschaft dar. Dies ist mit Blick auf das Verbot der Anteilsfinanzierung für sich genommen unproblematisch, sofern nicht die Gesellschaft die Werthaltigkeit der Anteile durch eine Kursgarantie erhöht, durch die die Inhaber der Schuldverschreibungen hinsichtlich des Zugriffs auf das Gesellschaftsvermögen denselben Rang wie die (anderen) Gesellschaftsgläubiger erhalten würden.[164] Im Übrigen verstößt erst die regelmäßig nachfolgende Rückführung der Kreditschulden des Erwerbers aus dem Vermögen der Zielgesellschaft gegen das Verbot des Abs. 1 S. 1 (→ Rn. 37). Dies ist aber wiederum kein Spezifikum der Fremdkapitalaufnahme durch Schuldverschreibungen.

2. Rechtsfolgen eines Verstoßes gegen das Verbot der finanziellen Unterstützung. 50
a) Nichtigkeit des Finanzierungsgeschäfts. Rechtsfolge eines Verstoßes gegen das Verbot der finanziellen Unterstützung ist die Nichtigkeit des Geschäfts, das die unzulässige Finanzierung zum Gegenstand hat. Entgegen der hM[165] ist von der Nichtigkeitsfolge **nicht nur das obligatorische Geschäft, sondern auch das Erfüllungsgeschäft** erfasst.[166] Eine Beschränkung der Nichtigkeitsfolge auf die Verpflichtung zur Gewährung finanzieller Unterstützung ergibt sich nicht aus dem Wortlaut der Vorschrift, denn die Gewährung und Leistung sind gleichermaßen Gegenstand des schuldrechtlichen und dinglichen Geschäfts.[167] Die Einbeziehung des dinglichen Geschäfts entspricht auch dem Zweck des Abs. 1, denn das Vermögen der AG, um dessen Schutz es geht, wird gerade durch die Übertragung von Vermögenswerten beeinträchtigt. Die Gesellschaft kann und muss daher die Erfüllung einer Vereinbarung über die finanzielle Unterstützung des Aktienerwerbs verweigern. Hat sie dennoch finanzielle Unterstützung gewährt, stehen ihr gegen den Empfänger neben Bereicherungsansprüchen auch dingliche Herausgabeansprüche zu. Erstere werden entgegen einem Urteil des LAG Berlin-Brandenburg[168] nicht durch § 817 S. 2 BGB ausgeschlossen,[169] denn die Rückforderungsansprüche dienen dem Schutz der Gesellschaftsgläubiger. Schutzwürdige Interessen des Erwerbers werden durch die Erstreckung der Nichtigkeitsfolge auf das dingliche Geschäft nicht berührt. Entscheidend für die Einbeziehung auch des dinglichen Geschäfts sprechen aber die unter Normzweckgesichtspunkten nicht hinnehmbaren Regelungslücken, die anderenfalls bei Finanzierungsgeschäften mit Dritten eintreten würden (→ Rn. 53 ff.).

Der **internationale Anwendungsbereich** von Abs. 1 bestimmt sich nach dem **Personalstatut** 51 **der AG**.[170] Die Vorschrift dient einem spezifisch gesellschaftsrechtlichen Regelungszweck iSv Art. 1 Abs. 2 lit. f Rom-I VO[171] (Kapitalschutz). Das Gesellschaftsstatut geht einer alternativ denkbaren Anknüpfung nach internationalem Vertrags- und Sachenrecht als speziellere Regelung vor.

b) Verhältnis zur Vermögensbindung nach §§ 57 ff. Soweit die finanzielle Unterstützungs- 52 handlung zugleich eine verbotene Einlagenrückgewähr darstellt, sind neben schuldrechtlichen und dinglichen Herausgabeansprüchen auch §§ 57, 62 anwendbar. Die **Rückabwicklung** von Zuwendungen an Aktionäre zum Zweck des Anteilserwerbs kann auch dann nach § 62 erfolgen, wenn lediglich ein Verstoß gegen Abs. 1 S. 1, nicht jedoch zugleich gegen das Verbot der Einlagenrückgewähr vorliegt.[172] Nachdem der BGH seine frühere Rechtsprechung, derzufolge Kredite an Gesell-

---

[164] Ebenso *Brosius*, Die finanzielle Unterstützung des Erwerbs eigener Aktien, 2011, 179, der allerdings im zuletzt genannten Fall lediglich § 57 für einschlägig hält.
[165] Kölner Komm AktG/*Lutter*/*Drygala* Rn. 50; Großkomm AktG/*Merkt* Rn. 49; MüKoAktG/*Oechsler* Rn. 40; Grigoleit/*Grigoleit*/*Rachlitz* Rn. 22; Hüffer/Koch/*Koch* Rn. 4; Wachter/*Servatius* Rn. 20; Hölters/*Laubert* Rn. 6; Bürgers/Körber/*Wieneke* Rn. 11; *Brosius*, Die finanzielle Unterstützung des Erwerbs eigener Aktien, 2011, 92 ff.; *Fridrich*, Der Schutz des Kapitals der Aktiengesellschaft bei fremdfinanzierter Übernahme, 2010, 263 f.; *Hartung*, Financial Assistance, 2010, 104 f.; *Schroeder*, Finanzielle Unterstützung des Aktienerwerbs, 1995, 254; *Seibt* ZHR 171 (2007) 282 (305).
[166] Zutr. *Joost* ZHR 149 (1985) 419 (430); K. Schmidt/Lutter/*T. Bezzenberger* Rn. 17; *Zeyher*, Einlagenrückgewähr und finanzielle Unterstützung im Fall erwerbsfinanzierender Fusion, 2011, 232 ff. ausf. *Hassner*, Finanzielle Unterstützung zum institutionellen Leveraged Buyout einer Aktiengesellschaft, 2014, 515 ff.
[167] Zutr. *Joost* ZHR 149 (1985) 419 (430); zu Unrecht aA GHEK/*Hefermehl*/*Bungeroth* Rn. 6; *Schroeder*, Finanzielle Unterstützung des Aktienerwerbs, 1995, 254.
[168] Az. 10 Sa 70/09 v. 30.3.2009 Rn. 25 ff.
[169] So im Erg. auch BGH ZIP 2006, 2119 (2120) Rn. 15.
[170] Ebenso MüKoAktG/*Oechsler* § 71 Rn. 60.
[171] VO (EG) Nr. 593/2008 des Europäischen Parlaments und des Rates vom 17. Juni 2008 über das auf vertragliche Schuldverhältnisse anzuwendende Recht (Rom I), ABl. EU 2008 Nr. L 177, 6.
[172] Dafür Kölner Komm AktG/*Lutter*/*Drygala* Rn. 53; MüKoAktG/*Oechsler* Rn. 41; K. Schmidt/Lutter/*T. Bezzenberger* Rn. 16; Grigoleit/*Grigoleit*/*Rachlitz* Rn. 23; Wachter/*Servatius* Rn. 20; Hüffer/Koch/*Koch* Rn. 4; *Schroeder*, Finanzielle Unterstützung des Aktienerwerbs, 1995, 256 ff.; *Ludwig* Liber Amicorum Happ, 2006, 131 (138 f.).

schafter aus dem gebundenen Gesellschaftsvermögen auch bei Vollwertigkeit des Rückzahlungsanspruchs eine verbotene Auszahlung darstellten,[173] so dass eine Kreditgewährung zum Zweck der Anteilsfinanzierung nahezu immer zugleich den Tatbestand der unerlaubten Einlagenrückgewähr erfüllte, aufgegeben hat,[174] ist dies immer dann von Bedeutung, wenn der Rückerstattungsanspruch gegen den Darlehensnehmer iSv § 57 Abs. 1 S. 3 vollwertig ist (näher dazu → § 57 Rn. 141 ff.). Das Anliegen der Befürworter einer extensiven Anwendung des § 62 besteht dabei in der Kompensation der Schwächen des Bereicherungsausgleichs. Dabei ist zunächst zu berücksichtigen, dass einerseits Leistungen, die die Gesellschaft an künftige Aktionäre im Hinblick auf ihre künftige Mitgliedschaft erbringt, bereits aufgrund der weiten Auslegung des Verbots der Einlagenrückgewähr nach § 62 zurückzugewähren sind,[175] während andererseits die Anwendung des § 62 auf Zuwendungen der Gesellschaft an außenstehende Kreditgeber des Erwerbers auch von den Vertretern einer extensiven Anwendung der Vorschrift nicht in Betracht gezogen wird. Ein Verstoß allein gegen Abs. 1 S. 1 ist daher nur dann zu bejahen, wenn die Finanzierungshilfe auf Veranlassung des herrschenden Unternehmens gewährt wird[176] und man mit der hM annimmt, dass §§ 311 ff. die Bestimmungen über die Vermögensbindung verdrängen.[177] Die besseren Gründe sprechen hier für eine (entsprechende) Anwendung des § 62.[178] Nimmt man mit der hier vertretenen Auffassung an, dass die Nichtigkeitssanktion des Abs. 1 S. 1 auch das dingliche Geschäft erfasst (→ Rn. 50), so dass der Gesellschaft neben Bereicherungsansprüchen auch dingliche Herausgabeansprüche zustehen, beschränkt sich die praktische Bedeutung indessen weitgehend auf das Verfolgungsrecht und die Verjährungsregelung des § 62 Abs. 2 und 3 sowie auf das Befreiungsverbot des § 66.

53   c) **Finanzierungsgeschäfte mit Dritten.** Soweit der Empfänger der Finanzierungsleistung weder ehemaliger noch künftiger Aktionär, sondern außen stehender Dritter ist, bleibt es nach hM bei der **ausschließlichen Anwendbarkeit der §§ 812 ff.** Insbesondere hier zeigen sich die Schwächen der hM, derzufolge sich die Nichtigkeitssanktion des Abs. 1 S. 1 auf das schuldrechtliche Geschäft beschränkt.

54   aa) **Kreditsicherheiten.** Liegt der **Bestellung einer Sicherheit** durch die AG für einen finanzierenden Dritten keine schuldrechtliche Vereinbarung zwischen der Gesellschaft und dem Dritten oder ein Vertrag zwischen der Gesellschaft und dem Erwerber zugunsten des Dritten zugrunde, besteht zwischen der AG und dem Dritten kein obligatorisches Rechtsgeschäft, das nichtig sein könnte. Um den europarechtlich gebotenen effektiven Kapitalschutz zu gewährleisten, wird daher vereinzelt vorgeschlagen, die Nichtigkeitsfolge des § 71a Abs. 1 S. 1 in diesen Fällen ausnahmsweise auf das dingliche Sicherungsgeschäft zwischen der AG und dem außen stehenden Dritten zu erstrecken.[179] Die hL lehnt indessen eine derartige Ausdehnung der Nichtigkeitsfolge unter Hinweis auf die Wertung des § 71 Abs. 4 S. 1 als zu weitgehend ab. Ein effektiver Kapitalschutz lasse sich bereits dadurch erreichen, dass der AG ausnahmsweise die Durchgriffskondiktion gegen den Dritten erlaubt sei.[180] Eine solche Durchgriffskondiktion würde indessen voraussetzen, dass entweder auch die Vereinbarung zwischen dem Erwerber und dem finanzierenden Dritten unwirksam wäre oder die Zuwendung der Gesellschaft an den Dritten dem Erwerber nicht zugerechnet werden könnte.[181] An beidem fehlt es indessen regelmäßig, wenn der Erwerber sich verpflichtet, Sicherheit für den Kredit des Dritten zu stellen und die Gesellschaft diese Verpflichtung des Erwerbers erfüllt, ohne dass die Leistung durch sie im Vertrag zwischen dem Erwerber und dem Dritten vorgesehen wäre. Ebenso wenig überzeugt es schließlich vom Ausgangspunkt der Lehre von der Nichtigkeit allein des obligatorischen Geschäfts, der Gesellschaft gegenüber dem an diesem Geschäft nicht beteiligten Dritten einen Einwand aus § 242

---

[173] BGHZ 157, 72 = NZG 2004, 233 (234) = NJW 2004, 1111; zur Kritik an dieser Entscheidung etwa *Cahn* Der Konzern 2004, 235 ff.; zust. dagegen *Bayer/Lieder* ZGR 2005, 133 ff.; *Engert* BB 2005, 1951 ff.
[174] BGHZ 179, 71 (77 f. Rn. 12) = NZG 2009, 107 (108).
[175] → § 57 Rn. 51 f. und → § 62 Rn. 8 sowie Kölner Komm AktG/*Drygala* § 57 Rn. 119; Hüffer/Koch/*Koch* § 62 Rn. 5 mwN. Nicht konsequent ist daher die restriktivere Ansicht der Vertreter der hM – Beschränkung der §§ 57, 62 auf gegenwärtige Aktionäre – im Rahmen der finanziellen Unterstützung; ebenso *Hassner,* Finanzielle Unterstützung zum institutionellen Leveraged Buyout einer Aktiengesellschaft, 2014, 529 f.
[176] Zur Anwendbarkeit der Bestimmung im faktischen Konzern → Rn. 21.
[177] So etwa BGHZ 179, 71 (77 Rn. 11) = NZG 2009, 107 (108); Hüffer/Koch/*Koch* § 311 Rn. 49 mN.
[178] So auch OLG München v. 24.1.2006 – 5 U 4383/05 Rn. 11, BeckRS 2008, 07509; *Hassner,* Finanzielle Unterstützung zum institutionellen Leveraged Buyout einer Aktiengesellschaft, 2014, 529 f.
[179] *Schroeder,* Finanzielle Unterstützung des Aktienerwerbs, 1995, 165 f.
[180] MüKoAktG/*Oechsler* Rn. 32, der aber aaO Rn. 33 in „Sonderkonstellationen" ausnahmsweise Nichtigkeit annehmen will; *Brosius,* Die finanzielle Unterstützung des Erwerbs eigener Aktien, 2011, 95 f.
[181] Zum Doppelmangel oder der fehlenden Veranlassung als Voraussetzungen für eine Durchgriffskondiktion vgl. etwa MüKoBGB/*Schwab* BGB § 812 Rn. 72 ff. (Doppelmangel) und 80 ff. (fehlende Anweisung).

Umgehungsgeschäfte 55–58 § 71a

BGB zuzubilligen.[182] Dagegen lassen sich Ansprüche der Gesellschaft gegen den Dritten zwanglos begründen, wenn man als das nach Abs. 1 S. 1 verbotene Rechtsgeschäft auch die dingliche Übertragung versteht. Überträgt dagegen die Gesellschaft das Sicherungsgut auf den Erwerber und stellt dieser anschließend damit die Sicherheit zugunsten des finanzierenden Dritten, so kommt dessen Herausgabepflicht nur in Betracht, wenn er von der Herkunft des Sicherungsgutes Kenntnis hat.

bb) Durchleitungsfälle. Bei einer **Durchleitung der Finanzierungsmittel durch den Drit-** 55 **ten an den Erwerber** handelt der Dritte entweder für Rechnung der AG oder für Rechnung des Erwerbers. Im ersten Fall wird sein Handeln der AG gem. §§ 71d S. 1 und S. 4 iVm § 71a Abs. 1 S. 1 zugerechnet. Dabei ist umstritten, ob die Nichtigkeitsfolge das Innenverhältnis zwischen der AG und dem Dritten (Auftrag, Geschäftsbesorgungsvertrag usw.)[183] oder das Finanzierungsgeschäft des Dritten mit dem Aktienerwerber trifft.[184] Die Antwort liegt in der von § 71d S. 4 geforderten sinngemäßen Anwendung der Nichtigkeitsfolge. Zwar mag die Gefahr für das Gesellschaftsvermögen bereits von der im Innenverhältnis getroffenen Abrede ausgehen, nichtig ist aber gem. § 71a Abs. 1 S. 1 auch das Rechtsgeschäft, das die unzulässige Finanzierung zum Gegenstand hat – bei sinngemäßer Anwendung also das Finanzierungsgeschäft mit dem Erwerber. Handelt der Dritte nicht für Rechnung der AG, sondern für Rechnung des Erwerbers, wird diesem das Verhalten des Dritten ebenso wie im Rahmen des Verbots der Einlagenrückgewähr zugerechnet (→ § 57 Rn. 72).

III. Ausnahmen vom Verbot der finanziellen Unterstützung, Abs. 1 S. 2

1. Rechtsgeschäfte von Kreditinstituten oder Finanzdienstleistungsinstituten. Ausge- 56 nommen vom Verbot der finanziellen Unterstützung sind Rechtsgeschäfte, die von einem Kredit- oder Finanzdienstleistungsinstitut im Rahmen seiner laufenden Geschäfte vorgenommen werden, es sei denn, die Kapitalgrenze des § 71a Abs. 1 S. 2 Hs. 2 (→ Rn. 59 f.) würde dabei unterschritten. Die Ausnahmeregelung soll sicherstellen, dass Aktienbanken gegenüber Wettbewerbern anderer Rechtsform nicht benachteiligt werden.[185] Der Begriff des **Kreditinstituts** entspricht dem der § 1 Abs. 1 KWG und § 2 Abs. 1 KWG, der des **Finanzdienstleistungsinstituts** dem der § 1 Abs. 1a KWG und § 2 Abs. 6 KWG.

Zum **laufenden Geschäft** gehört das reguläre, gewöhnliche Wertpapiergeschäft der betreffenden 57 AG.[186] Ein außergewöhnliches Geschäft ist vor dem Hintergrund des Kapitalschutzzwecks des § 71a Abs. 1 insbesondere dann anzunehmen, wenn die mit der Kreditierung einhergehende Kapitalbelastung den Rahmen des Üblichen und Verträglichen überschreitet.[187] Die Abgrenzung zwischen laufendem und außergewöhnlichem Geschäft hat deshalb in erster Linie anhand des Volumens der konkreten Wertpapierfinanzierung zu erfolgen.[188] Daneben können aber auch andere Kreditbedingungen (wie etwa eine ungewöhnliche Darlehensart, Verzinsung, Laufzeit, Tilgungsbestimmung, Verzicht auf sonst übliche Besicherung oder eine fehlende Prüfung der Kreditwürdigkeit usw) für die Beurteilung eine Rolle spielen.[189] Ein außergewöhnliches und damit verbotswidriges Geschäft ist auf der Grundlage des Regelungszwecks des Abs. 1, einen besonderen Kapitalschutz in der Übernahmesituation zu gewährleisten (→ Rn. 9), auch bei der **Finanzierung der eigenen Übernahme** durch die AG anzunehmen.[190]

2. Rechtsgeschäfte zum Zweck des Aktienerwerbs durch Arbeitnehmer. Ebenfalls privile- 58 giert sind Finanzierungsgeschäfte zum Zweck des Erwerbs von Aktien durch Arbeitnehmer der Gesellschaft oder eines verbundenen Unternehmens. Dabei ist die Kapitalgrenze des § 71a Abs. 1 S. 2 Hs. 2 (→ Rn. 59 f.) zu beachten. Die Regelung ergänzt § 71 Abs. 1 Nr. 2 und geht auf das sozialpolitische Ziel der Beteiligung der Arbeitnehmer am Produktivvermögen zurück.[191] Der **Arbeitnehmerbegriff** entspricht dem des § 71 Abs. 1 Nr. 2 (→ § 71 Rn. 60): Es handelt sich um einen autonomen Tatbestand des europäischen Gemeinschaftsrechts, der verlangt, dass ein Arbeitneh-

---

[182] Großkomm AktG/*Merkt* Rn. 56.
[183] Kölner Komm AktG/*Lutter/Drygala* § 71d Rn. 123; *Schroeder*, Finanzielle Unterstützung des Aktienerwerbs, 1995, 266 f.
[184] MüKoAktG/*Oechsler* Rn. 34.
[185] NK-AktR/*Block* Rn. 13 mwN.
[186] BGH ZIP 2006, 2119 (2120); Hüffer/Koch/*Koch* Rn. 5.
[187] *Singhof* NZG 2002, 745 (747).
[188] *Singhof* NZG 2002, 745 (747).
[189] BGH ZIP 2006, 2119 (2120); BGH NZG 2008, 106 (107 Rn. 20); *Schroeder*, Finanzielle Unterstützung des Aktienerwerbs, 1995, 218.
[190] Ebenso MüKoAktG/*Oechsler* Rn. 46; Bürgers/Körber/*Wieneke* Rn. 8; *Schroeder*, Finanzielle Unterstützung des Aktienerwerbs, 1995, 218; aA *Singhof* NZG 2002, 745 (747).
[191] Kölner Komm AktG/*Lutter/Drygala* Rn. 62.

mer für eine gewisse Dauer für einen anderen gegen eine Vergütung Leistungen nach dessen Weisung erbringt.[192] Damit sind auch leitende Angestellte erfasst. Organmitglieder hingegen sind nicht weisungsgebunden und fallen daher unter das Verbot des Satzes 1.[193] Die Ausnahmeregelung ermöglicht damit nicht den **Management Buyout (MBO)**. Dies wird in anderen europäischen Ländern zwar teilweise anders gesehen,[194] kann vor dem sozialpolitischen Hintergrund der Verbotsausnahme sowie angesichts des Regelungszwecks des Verbots, besonderen Kapitalschutz in der Übernahmesituation zu gewährleisten (→ Rn. 9), aber nicht ernsthaft bezweifelt werden.

59 3. **Kapitalgrenze des § 71a Abs. 1 S. 2 Hs. 2.** Die in → Rn. 55 ff. genannten Ausnahmen gelten nur, soweit die AG die Finanzierung **aus freiem Vermögen** leisten kann: Sie muss dazu im Zeitpunkt des Erwerbs[195] eine Rücklage in Höhe der Aufwendungen für den Erwerb (einschließlich etwaiger Anschaffungsnebenkosten) bilden können, ohne das Grundkapital oder eine nach Gesetz oder Satzung zu bildende Rücklage zu mindern, die nicht zur Zahlung an die Aktionäre verwandt werden darf. Die Regelung des § 71a Abs. 1 S. 2 Hs. 2 fordert damit eine **doppelt hypothetische Betrachtungsweise:** Erstens ist zu unterstellen, dass nicht der unterstützte Käufer, sondern die AG selbst die Aktien erwerben würde. Zweitens ist zu prüfen, ob die AG auf dieser Grundlage in rechtmäßiger Weise eine Rücklage für die Aufwendungen des Erwerbs bilden könnte. Die Rücklage braucht nicht tatsächlich gebildet zu werden, es genügt eine fiktive Bilanzierung zum Zeitpunkt des Abschlusses des Kreditgeschäfts.[196]

60 Nach herkömmlicher Auffassung bestimmt sich die **Höhe der Rücklage** nach § 71 Abs. 2 S. 2. Maßgeblich ist danach nicht nur der Finanzierungsbetrag, sondern der gesamte vom Käufer entrichtete Erwerbspreis.[197] Allerdings wird aus dem Erfordernis einer nur fiktiven Rücklagenbildung gefolgert, dass die entsprechenden Mittel nicht zur Abdeckung des eingegangenen Risikos gebunden seien und daher gleichzeitig für weitere Rechtsgeschäfte genutzt werden könnten.[198] Beide Annahmen werden im neueren Schrifttum zu Recht kritisiert: Die tatsächliche Finanzierungsleistung der AG kann unter Umständen weit geringer sein als der gesamte vom Erwerber entrichtete Kaufpreis. Zur Risikoabdeckung genügt es daher, die Höhe der Rücklage auf den **Finanzierungsbeitrag** der Gesellschaft zu beschränken.[199] Aus denselben Risikoerwägungen ist umgekehrt aber erforderlich, dass die von der AG **bereits vorgenommenen,** erlaubten **Finanzierungshilfen,** die ihr Vermögen im laufenden Geschäftsjahr noch beeinträchtigen, angemessen **berücksichtigt** werden.[200] Diese Sichtweise ist bereits europarechtlich veranlasst: Art. 64 Abs. 4 Unterabs. 2 RL (EU) 2017/1132 bezieht die Rücklagenbildung nicht auf den hypothetischen Erwerb eigener Aktien, sondern auf die erlaubten Finanzierungsgeschäfte.[201] Darüber hinaus wäre eine Nutzung der Gesellschaftsmittel für eine Vielzahl von Finanzierungsgeschäften iSd Satzes 2 mit dem Vermögensschutz nach Art. 64 Abs. 4 RL (EU) 2017/1132 nicht zu vereinbaren.[202] Die Ausrichtung am tatsächlich eingegangenen Risiko entspricht schließlich dem Verständnis des Verbots der finanziellen Unterstützung als Vermögensschutzregelung.

61 4. **Ausnahmetatbestände des § 71 Abs. 1.** Unter Berufung auf die Umgehungsschutzfunktion des Verbots der finanziellen Unterstützung wird im Schrifttum die Auffassung vertreten, die Ausnah-

---

[192] *Schroeder,* Finanzielle Unterstützung des Aktienerwerbs, 1995, 221.
[193] MüKoAktG/*Oechsler* Rn. 47; *Brosius,* Die finanzielle Unterstützung des Erwerbs eigener Aktien, 2011, 100.
[194] Vgl. dazu *Pühler,* Das Verbot der Anteilsfinanzierung in Belgien, Frankreich, Italien und den Niederlanden, 1996, 126 f. mN zum belgischen, französischen, italienischen und niederländischen Recht.
[195] Krit. dazu *Hassner,* Finanzielle Unterstützung zum institutionellen Leveraged Buyout einer Aktiengesellschaft, 2014, 481 ff., der darin einen Verstoß gegen Art. 23 Abs. 2 S. 2 Kapital-RL 1977 (jetzt: Art. 64 Abs. 6 Unterabs. 2 RL 2017/1132/EU) sieht.
[196] MüKoAktG/*Oechsler* Rn. 48.
[197] MüKoAktG/*Oechsler* Rn. 48; Großkomm AktG/*Merkt* Rn. 64; Hüffer/Koch/*Koch* Rn. 6; Kölner Komm AktG/*Lutter/Drygala* Rn. 64 Hölters/*Laubert* Rn. 8.
[198] Kölner Komm AktG/*Lutter,* 2. Aufl. 1988, Rn. 12.
[199] Kölner Komm AktG/*Lutter/Drygala* Rn. 64; NK-AktR/*Block* Rn. 16; K. Schmidt/Lutter/*T. Bezzenberger* Rn. 23; Grigoleit/*Grigoleit/Rachlitz* Rn. 29; GHEK/*Hefermehl/Bungeroth* Rn. 15; *Brosius,* Die finanzielle Unterstützung des Erwerbs eigener Aktien, 2011, 101; *Büscher,* Das neue Recht des Aktienrückkaufs, 2013, 205 f.; *Singhof* NZG 2002, 745 (750).
[200] Kölner Komm AktG/*Lutter/Drygala* Rn. 65; NK-AktR/*Block* Rn. 17; K. Schmidt/Lutter/*T. Bezzenberger* Rn. 23; MüKoAktG/*Oechsler* Rn. 49; Grigoleit/*Grigoleit/Rachlitz* Rn. 30; *Brosius,* Die finanzielle Unterstützung des Erwerbs eigener Aktien, 2011, 101 f.; *Schroeder,* Finanzielle Unterstützung des Aktienerwerbs, 1995, 225 f.; *Singhof* NZG 2002, 745 (751).
[201] Vgl. *Singhof* NZG 2002, 745 (750); *Hassner,* Finanzielle Unterstützung zum institutionellen Leveraged Buyout einer Aktiengesellschaft, 2014, 486.
[202] Vgl. *Schroeder,* Finanzielle Unterstützung des Aktienerwerbs, 1995, 225 f.

meregelungen des § 71 Abs. 1 müssten zusätzlich zu den in § 71a Abs. 1 S. 2 aufgeführten Ausnahmen Anwendung finden.[203] Dies mag mit Blick auf Umgehungsschutz konsequent erscheinen, ist vom Gesetz aber nicht veranlasst.[204] Das Gesetz hat in Umsetzung der Kapitalrichtlinie in Satz 2 Ausnahmen vom Verbot der finanziellen Unterstützung aufgenommen, die sich auf Bereiche beziehen, die auch in § 71 Abs. 1 Ausnahmeregelungen erfahren haben, namentlich den Eigenhandel von Aktienbanken und die Ausgabe von Belegschaftsaktien. Daneben hat es den Verbotsausnahmen des § 71 Abs. 1 im Anwendungsbereich des § 71a Abs. 2 durch eine ausdrückliche Verweisung Geltung verschafft. Es spricht daher nichts für die Annahme, der deutsche oder der europäische Gesetzgeber habe den Katalog der Ausnahmen in § 71a Abs. 1 S. 2 nicht abschließend gestaltet. Vielmehr zeigt sich hier die Eigenständigkeit des Verbots der finanziellen Unterstützung gegenüber dem Verbot des Erwerbs eigener Aktien und die konzeptionelle Schwäche der Einordnung des § 71a Abs. 1 als Umgehungsschutznorm.

IV. Verbot des Aktienerwerbs durch Dritte für Rechnung der Gesellschaft, Abs. 2

1. Normzweck. Die Regelung des Abs. 2 geht auf § 71 Abs. 5 AktG 1965 zurück. In der RL (EU) 2017/1132 ist die mittelbare Stellvertretung jeweils in den Tatbeständen zum Erwerb eigener Aktien (Art. 60, 63 RL (EU) 2017/1132) mitgeregelt. Im Gegensatz zu Abs. 1 liegt ein **echtes Umgehungsverbot** im Hinblick auf den Erwerb eigener Aktien gem. § 71 vor, denn die AG müsste den Erwerber nicht einschalten, wenn sie ihre Aktien selbst erwerben könnte. Umgekehrt ermöglicht die Bestimmung die **mittelbare Stellvertretung** in den Grenzen des § 71 Abs. 1 und 2. Zahlungen an den Erwerber, wie etwa Aufwendungsersatz, Kommission oder Vorschuss, sind in diesen Grenzen nach § 57 Abs. 1 S. 2 vom Verbot der Einlagenrückgewähr ausgenommen.[205]

Der Anwendungsbereich der Vorschrift überschneidet sich mit den Regelungen des **§ 71d S. 1 und S. 2.** Dabei bleibt unklar, weshalb Abs. 2 auf alle Erlaubnistatbestände des § 71 Abs. 1 verweist, während § 71d S. 1 den Erwerb zur Einziehung gem. Nr. 6 ausklammert. Richtigerweise gebührt dem engeren § 71d S. 1 der Vorrang vor Abs. 2 (→ § 71d Rn. 8). Aktien, die eingezogen werden sollen, dürfen daher nicht von einem mittelbaren Stellvertreter erworben werden.[206]

2. Inhalt und Bedeutung des Verbots. a) Rechtsgeschäft, das zum Erwerb berechtigt oder verpflichtet. Das Verbot bezieht sich allein auf das **obligatorische Geschäft** zwischen der AG und dem erwerbenden Dritten. Dies gilt sowohl für den Abschluss von Geschäften, die den Dritten zum Erwerb berechtigen (wie die Einräumung einer Option) als auch von Geschäften, die eine Verpflichtung des Dritten zum Erwerb zum Gegenstand haben (Auftrag, Geschäftsbesorgungsvertrag, Einkaufskommission usw). Dabei ist es unerheblich, ob ein Rechtsgeschäft dieser Art vor oder erst **nach dem Erwerb** abgeschlossen wird.[207]

b) Rechtsgeschäft zwischen der AG und einem anderen. Dritter im Sinne der Vorschrift ist jede natürliche oder juristische Person. Dazu gehören auch von der AG abhängige oder in ihrem Mehrheitsbesitz stehende Unternehmen, was zu einer Überschneidung der Anwendungsbereiche von Abs. 2 und § 71d S. 2 führt. Rechtsgeschäfte zwischen einem **Tochterunternehmen** der AG und einem Dritten, die den Dritten dazu berechtigen oder verpflichten, Aktien der herrschenden AG zu erwerben, werden über § 71d S. 2 und S. 4 in den Anwendungsbereich des Abs. 2 einbezogen (→ Rn. 71).[208]

c) Erwerb für Rechnung der Gesellschaft. Das Rechtsgeschäft zwischen der AG und dem Dritten muss darauf gerichtet sein, dass der Dritte selbst erwirbt und **nicht** die AG im Wege der **Stellvertretung** gem. §§ 164 ff. BGB. In dem zuletzt genannten Fall findet § 71 unmittelbare Anwendung. Als problematisch erweist sich die sachgerechte **Abgrenzung** von den Geschäften des Abs. 1 (näher → Rn. 13). Maßgeblich ist insoweit die Ausgestaltung des Innenverhältnisses zwischen der AG und dem Erwerber. Steht danach die **rechtliche und tatsächliche Verfügungsgewalt** an den Aktien dem Erwerber zu, liegt ein Fall des Abs. 1 vor. Ist das Innenverhältnis dagegen durch ein Element der **Interessenwahrung** des Erwerbers gegenüber der AG geprägt und kann die AG

---
[203] Werner AG 1990, 1 (14); *Westermann* FS Peltzer, 2001, 613 (625 f.); *Habersack* FS Röhricht, 2005, 155 (167 ff.).
[204] Ebenso MüKoAktG/*Oechsler* Rn. 39; *Schroeder*, Finanzielle Unterstützung des Aktienerwerbs, 1995, 226 ff.; *Brosius*, Die finanzielle Unterstützung des Erwerbs eigener Aktien, 2011, 71 f.; *Büscher*, Das neue Recht des Aktienrückkaufs, 2013, 202 ff.; *Hartung*, Financial Assistance, 2010, 98.
[205] NK-AktR/*Block* Rn. 19; Hüffer/Koch/*Koch* Rn. 8; MüKoAktG/*Oechsler* Rn. 51.
[206] So auch Hölters/*Laubert* Rn. 10.
[207] Kölner Komm AktG/*Lutter/Drygala* Rn. 73; Großkomm AktG/*Merkt* Rn. 70; Hölters/*Laubert* Rn. 11.
[208] Kölner Komm AktG/*Lutter/Drygala* Rn. 72.

ihm **Weisungen** erteilen oder übernimmt die AG durch das Finanzierungsgeschäft das unmittelbare **Risiko** aus dem Erwerb der Aktien, so liegt ein Fall des Abs. 2 vor.[209] Dabei ist weder die vollständige Übernahme des Risikos durch die AG erforderlich noch müssen die Aktien später auf die AG übertragen werden.[210] Ausreichend ist vielmehr, dass der Erwerber die Aktien zumindest vorübergehend für die AG besitzen soll. Dies gilt sogar bei geplantem Wiederverkauf oder bei nachfolgender tatsächlicher Weiterveräußerung der Aktien.[211]

67 **d) Einzelfälle. aa) Einkaufskommission.** Typischerweise erfasst das Verbot des Abs. 2 alle Formen der Einkaufskommission (Effektenkommission gem. §§ 383, 406 HGB, Einkaufskommission gem. §§ 18 ff. DepotG).[212] Weiterhin erstreckt sich das Verbot auf die Beschaffung von Aktien für die AG über einen Kommissionär zur Bedienung von Optionsanleihen.[213]

68 **bb) Kursstützungskonsortien.** Einen typischen Anwendungsfall des Abs. 2 bilden ferner Kursstützungskonsortien: Hier bildet die AG zusammen mit anderen Gesellschaftern eine Gesellschaft bürgerlichen Rechts, die im Namen der GbR, aber für Rechnung der AG, deren Aktien erwirbt, um den Börsenkurs zu stabilisieren. Gleichfalls erfasst ist die **Spekulation** der AG **in eigenen Aktien** durch Einschaltung eines Strohmanns.[214] Dagegen fallen bloße **Zuschüsse** zum Aktienerwerb (→ Rn. 38) und **Kursgarantiegeschäfte** (→ Rn. 40) ohne Weisungsrecht nicht unter Abs. 2.[215]

69 **cc) Equity Swap.** Das Verbot des Abs. 2 greift auch bei einem Equity Swap ein, bei dem sich der Swap-Partner schuldrechtlich verpflichtet, die AG wirtschaftlich so zu stellen, als habe sie eigene Aktien erworben.[216] Die AG erwirbt hier zwar tatsächlich keine eigenen Aktien, trägt aber wegen des Swap-Geschäfts im Ergebnis das wirtschaftliche Risiko aus dem Erwerb des Swap-Partners.[217] Dies gilt auch dann, wenn der Geschäftspartner selbst keine Aktien erwirbt, weil er sein Risiko im Wege eines Gegengeschäfts mit einem Dritten abgesichert hat und dieser die Aktien erwirbt. Auch wenn der Dritte sich wiederum bei einem Vierten absichert usw. gilt: So lange nur einer in der Kette Aktien der AG hält, tut er dies aufgrund der Risikostruktur des Swap-Geschäfts letztlich für Rechnung der AG, so dass das Verbot des Abs. 2 eingreift. Das Verbot lässt sich also durch **Untervertretung** nicht umgehen.[218]

70 **dd) GOA.** Der Erwerb im Rahmen einer **Geschäftsführung ohne Auftrag** gemäß §§ 677 ff. BGB fällt nicht in den Anwendungsbereich des Abs. 2. Hier fehlt es an der von dieser Bestimmung erforderlichen rechtsgeschäftlichen Vereinbarung. Nach herkömmlicher Auffassung soll zwar die GoA aus Gründen des Umgehungsschutzes gleichwohl unter das Verbot des Abs. 2 fallen.[219] Dem ist jedoch wegen der objektiven Auslegung des Interessenbegriffs in § 683 S. 1 BGB zu widersprechen. Die AG kann als Geschäftsherrin kein objektives Interesse daran haben, dass ein Dritter unter Verstoß gegen § 71d S. 1 Aktien für ihre Rechnung erwirbt, ohne von ihr dazu autorisiert worden zu sein. Dagegen ist eine Genehmigung des Erwerbs durch die AG nach § 684 S. 2 BGB nach Abs. 2 nichtig.[220]

71 **e) Erwerb für Rechnung eines abhängigen oder in Mehrheitsbesitz stehenden Unternehmens.** Die Regelung ist als **Redaktionsversehen** einzustufen. Die von ihr erfassten Rechtsgeschäfte zwischen der AG und einem Dritten für Rechnung eines Tochterunternehmens sind als Verträge zu Lasten Dritter von der Rechtsordnung nicht zugelassen. Gemeint ist wohl, dass das Tochterunternehmen selbst mit einem Dritten vereinbart, dass dieser berechtigt oder verpflichtet sein soll, Aktien der herrschenden AG für Rechnung des Tochterunternehmens zu erwerben.[221] Dies sah zumindest die Vorgängernorm des § 71 Abs. 5 AktG 1965 vor. Derartige Fälle sind heute über § 71d S. 4 einbezogen (→ Rn. 65).

---

[209] Kölner Komm AktG/*Lutter/Drygala* Rn. 73; MüKoAktG/*Oechsler* Rn. 54.
[210] Bürgers/Körber/*Wieneke* Rn. 13.
[211] Kölner Komm AktG/*Lutter/Drygala* Rn. 73; MüKoAktG/*Oechsler* Rn. 54.
[212] Bürgers/Körber/*Wieneke* Rn. 15; K. Schmidt/Lutter/*T. Bezzenberger* Rn. 25.
[213] MüKoAktG/*Oechsler* Rn. 58; Bürgers/Körber/*Wieneke* Rn. 15.
[214] Kölner Komm AktG/*Lutter/Drygala* Rn. 74 mwN.
[215] Kölner Komm AktG/*Lutter/Drygala* Rn. 19 mwN; MüKoAktG/*Oechsler* Rn. 58.
[216] *Mick* DB 1999, 1201 (1203); MüKoAktG/*Oechsler* Rn. 60; Grigoleit/*Grigoleit/Rachlitz* § 71d Rn. 4; aA Kölner Komm AktG/*Lutter/Drygala* Rn. 75.
[217] *Mick* DB 1999, 1201 (1203 f.); MüKoAktG/*Oechsler* Rn. 60.
[218] MüKoAktG/*Oechsler* Rn. 60.
[219] Hüffer/Koch/*Koch* Rn. 8; Kölner Komm AktG/*Lutter/Drygala* Rn. 71; Hölters/*Laubert* Rn. 11; Bürgers/Körber/*Wieneke* Rn. 15; *Büscher*, Das neue Recht des Aktienrückkaufs, 2013, 230.
[220] MüKoAktG/*Oechsler* Rn. 59.
[221] Ebenso MüKoAktG/*Oechsler* Rn. 62; Großkomm AktG/*Merkt* Rn. 71; K. Schmidt/Lutter/*T. Bezzenberger* Rn. 26; Bürgers/Körber/*Wieneke* Rn. 14.

f) Verstoß gegen § 71 Abs. 1 und 2 bei Erwerb durch die Gesellschaft. Das Verbot des 72
Abs. 2 greift nur dann ein, wenn bei hypothetischer Betrachtung die Voraussetzungen für einen
Eigenerwerb durch die AG gem. § 71 Abs. 1 und 2 nicht vorlagen. Da der bei Rechtsgeschäften
regelmäßig zugrunde gelegte **Zeitpunkt der Vereinbarung** Raum für Umgehungen eröffnet, wenn
der tatsächliche Erwerb der Aktien zeitlich nachfolgt,[222] kommt es insoweit auf den **Zeitpunkt des
Erwerbs** durch den Dritten an.[223]

3. Rechtsfolgen eines Verstoßes gegen Abs. 2. a) Nichtigkeit des obligatorischen 73
Rechtsgeschäfts. Ein Verstoß gegen das Verbot des Abs. 2 hat die **Nichtigkeit** des im **Innenverhältnis** zwischen der AG und dem Erwerber abgeschlossenen obligatorischen Rechtsgeschäfts (Auftrag,
Geschäftsbesorgung, Kommission, usw.) zur Folge. Das **Außenverhältnis,** sprich der Erwerb der
Aktien, wird dadurch nicht berührt und bleibt **wirksam:** Der Dritte wird Inhaber der Aktien.[224] Er
ist der AG gegenüber verpflichtet, eine noch ausstehende restliche Einlage zu leisten und kann gegenüber der AG aus dem Innenverhältnis keine Einwendungen herleiten.[225] Umgekehrt sind seine Rechte
aus der Mitgliedschaft gem. § 71d S. 4 iVm § 71b suspendiert, wenn und so lange dem Dritten auf
Kosten der Gesellschaft oder eines iSv Abs. 2 mit ihr verbundenen Unternehmens Mittel für den
Erwerb der Aktien zugeflossen und verblieben sind (vgl. auch → § 56 Rn. 53 ff. und → § 71d Rn. 30
zur parallelen Problematik beim originären und beim derivativen Erwerb eigener Aktien durch Dritte).

Der **internationale Anwendungsbereich** des Abs. 2 folgt wie derjenige von § 71 Abs. 4 S. 2 74
(dazu → § 71 Rn. 235) nicht dem Vertragsstatut, sondern dem **Personalstatut der AG.**[226] Dies
entspricht dem gesellschaftsrechtlichen Regelungsanliegen der Norm (vgl. Art. 1 Abs. 2 lit. f Rom-
I VO)[227] und verhindert eine sonst mögliche Umgehung des Verbots durch Einschaltung eines
ausländischen Kommissionärs.

b) Folgen der Nichtigkeit. Aus der Nichtigkeit des dem Erwerb zugrunde liegenden obligatori- 75
schen Rechtsgeschäfts folgt, dass dem Dritten **keine Aufwendungsersatz- oder Vergütungsansprüche** gem. §§ 670, 675 BGB, § 396 HGB zustehen.[228] Dennoch erfolgte **Leistungen** der AG
an den Erwerber sind sowohl gem. § 62 als auch nach Bereicherungsrecht **zurückzugewähren.**[229]
Dem Erwerber können seinerseits Kondiktions- oder Schadensersatzansprüche gegen die AG zustehen,[230] mit denen er allerdings im Interesse einer effektiven Durchsetzung der Rückgewähransprüche
der AG entsprechend § 66 nicht aufrechnen kann. Die AG hat ihrerseits **keinen** auftragsrechtlichen
Anspruch aus § 667 BGB **auf Herausgabe der Aktien.**[231] Werden die Aktien trotz der Nichtigkeit
des Innenverhältnisses auf die AG übertragen, gilt § 71.[232] Nur im umgekehrten Fall – bei wirksamem
Innenverhältnis – unterliegt eine spätere Übertragung der Aktien an die AG nicht mehr der erneuten
Kontrolle durch die §§ 71, 71d – es liegt dann ein privilegierter **Binnenerwerb** vor (→ § 71
Rn. 37).[233]

§ 71b Rechte aus eigenen Aktien

Aus eigenen Aktien stehen der Gesellschaft keine Rechte zu.

Schrifttum: *Büscher,* Das neue Recht des Aktienrückkaufs, 2013; *Busch,* Eigene Aktien in der Kapitalerhöhung,
AG 2005, 429; *Schultze-Petzold,* Die GmbH als Trägerin eigener Geschäftsanteile, 1991, 25; *Pleyer,* Wertpapierrechtliche Probleme beim Rückfluß von Schuldverschreibungen an den Emittenten, WM 1979, 850; *Zöllner,* Die
Ausübung des Stimmrechts für fremde Aktien durch die Aktiengesellschaft auf ihrer eigenen Hauptversammlung,
FS Westermann, 1974, 603.

---

[222] MüKoAktG/*Oechsler* Rn. 63.
[223] Ebenso Kölner Komm AktG/*Lutter/Drygala* Rn. 77.
[224] Kölner Komm AktG/*Lutter/Drygala* Rn. 68; MüKoAktG/*Oechsler* Rn. 65; Großkomm AktG/*Merkt*
Rn. 79; K. Schmidt/Lutter/*T. Bezzenberger* Rn. 26; Grigoleit/*Grigoleit/Rachlitz* Rn. 24; Hölters/*Laubert* Rn. 12;
Bürgers/Körber/*Wieneke* Rn. 16.
[225] Kölner Komm AktG/*Lutter/Drygala* Rn. 69 mwN.
[226] MüKoAktG/*Oechsler* § 71 Rn. 61.
[227] VO (EG) Nr. 593/2008 des Europäischen Parlaments und des Rates vom 17. Juni 2008 über das auf
vertragliche Schuldverhältnisse anzuwendende Recht (Rom I), ABl. EU 2008 Nr. L 177, 6.
[228] Hüffer/Koch/*Koch* Rn. 9.
[229] Kölner Komm AktG/*Lutter/Drygala* Rn. 78; Großkomm AktG/*Merkt* Rn. 80.
[230] Kölner Komm AktG/*Lutter/Drygala* Rn. 78; aA MüKoAktG/*Oechsler* Rn. 64.
[231] Kölner Komm AktG/*Lutter/Drygala* Rn. 78; aA MüKoAktG/*Oechsler* Rn. 64.
[232] Kölner Komm AktG/*Lutter/Drygala* Rn. 78; MüKoAktG/*Oechsler* Rn. 64.
[233] Kölner Komm AktG/*Lutter/Drygala* Rn. 80; MüKoAktG/*Oechsler* Rn. 66; Bürgers/Körber/*Wieneke*
Rn. 18.

Übersicht

	Rn.		Rn.
I. Entstehungsgeschichte und Normzweck	1, 2	2. Ruhen der Rechte	6–10
		a) Grundsatz	6, 7
II. Ruhen der Rechte aus eigenen Aktien	3–10	b) Betroffene Rechte	8–10
1. Eigene Aktien	3–5	III. Pflichten aus eigenen Aktien	11

I. Entstehungsgeschichte und Normzweck

1 Die Regelung geht auf § 226 Abs. 5 HGB idF durch die **Notverordnung** vom 19. September **1931** zurück (→ § 71 Rn. 24). Sie entschied die bis in die 20er Jahre des 20. Jahrhunderts umstrittene Frage, ob die Gesellschaft Rechte gegen sich selbst ausüben kann (→ § 71 Rn. 25). Gemeinschaftsrechtliche Grundlage der Bestimmung ist heute hinsichtlich des Ruhens des Stimmrechts aus eigenen Aktien Art. 63 Abs. 1 lit. a RL (EU) 2017/1132.[1]

2 Das **Ruhen der Verwaltungsrechte** verhindert, dass der Vorstand auf Beschlüsse der eigenen Hauptversammlung Einfluss nimmt.[2] Der **Ausschluss von Vermögensrechten** aus eigenen Aktien trägt zum einen dem Umstand Rechnung, dass die Rechtsordnung Ansprüche gegen sich selbst nicht zulässt. Wichtiger als dieser rechtskonstruktive Einwand, der einer Verwertung gegen sich selbst gerichteter Ansprüche im Wege der Veräußerung an Dritte nicht entgegenstünde,[3] ist das Bedenken, dass der entgeltliche Erwerb eigener Aktien zu einer Minderung des für Ausschüttungen an die verbleibenden Aktionäre zur Verfügung stehenden Vermögens führt. Diese Einbuße wird durch den quotalen Zuwachs ihrer Rechte kompensiert, der mit dem Ausschluss der Vermögensrechte aus eigenen Aktien einhergeht.

II. Ruhen der Rechte aus eigenen Aktien

3 **1. Eigene Aktien.** Gegenstand der Regelung sind eigene Aktien aller Gattungen und Arten, ohne Rücksicht darauf, ob die Mitgliedschaft verbrieft ist oder nicht. Es ist ohne Bedeutung, ob sie rechtmäßig oder unter Verstoß gegen eine gesetzliche Erwerbsbeschränkung erworben wurden.[4] Entgegen der systematischen Stellung, aber entsprechend Wortlaut und Zweck der Norm findet sie auch auf originär erworbene Aktien Anwendung.[5]

4 Die Vorschrift findet keine Anwendung auf Aktien, die die Gesellschaft als **Pfand** genommen hat. Aktionär ist hier nach wie vor der Verpfänder. Ihm stehen auch nach der Verpfändung die mitgliedschaftlichen Rechte aus der Aktie zu.[6]

5 Die **Legitimationsübertragung** eigener Aktien von einem Aktionär auf die AG zur Ausübung des Stimmrechts fällt nicht unter § 71b.[7] Die Gesellschaft erwirbt hier keine eigenen Aktien (→ § 71 Rn. 38), so dass kein Fall des § 71 Abs. 1 vorliegt.[8] Sofern der Legitimationszedent die Aktien nicht für Rechnung der AG hält, liegt auch kein Fall des § 71d S. 1 vor.[9] Die Schranken der Stimmrechtsausübung durch die Gesellschaft ergeben sich hier vielmehr aus § 136 Abs. 2.[10]

6 **2. Ruhen der Rechte. a) Grundsatz.** Der AG stehen aus eigenen Aktien keine Rechte zu. Die **Aktieninhaberschaft und** die **Verfügungsbefugnis** der AG über die Aktien bleiben dagegen

---

[1] Richtlinie 2017/1132/EU des Europäischen Parlaments und der Europäischen Rates v. 14. Juni 2017 über bestimmte Aspekte des Gesellschaftsrecht, ABl. EU 2017 Nr. L 169, 46.
[2] Kölner Komm AktG/*Lutter/Drygala* Rn. 3; Großkomm AktG/*Merkt* Rn. 1 f.; Hölters/*Laubert* Rn. 1.
[3] Insoweit zutr. *Busch* AG 2005, 429 (430 ff.); ihm zust. MHdB AG/*Rieckers* § 15 Rn. 33.
[4] Großkomm AktG/*Merkt* Rn. 10; Grigoleit/*Grigoleit/Rachlitz* Rn. 5; Hölters/*Laubert* Rn. 2.
[5] → § 56 Rn. 6; Kölner Komm AktG/*Lutter/Drygala* Rn. 5; MüKoAktG/*Oechsler* Rn. 5; Großkomm AktG *Merkt* Rn. 11; K. Schmidt/Lutter/ *T. Bezzenberger* Rn. 2; Grigoleit/*Grigoleit/Rachlitz* Rn. 4; Bürgers/Körber/*Wieneke* Rn. 2; Hüffer/Koch/*Koch* Rn. 2; NK-AktR/*Block* Rn. 2.
[6] Kölner Komm AktG/*Lutter/Drygala* Rn. 9; MüKoAktG/*Oechsler* Rn. 7; Großkomm AktG/*Merkt* Rn. 13; K. Schmidt/Lutter/ *T. Bezzenberger* Rn. 2; Grigoleit/*Grigoleit/Rachlitz* Rn. 4; Bürgers/Körber/*Wieneke* Rn. 2.
[7] Übereinstimmend im Erg., wenn auch mit unterschiedlichen Begründungen, *Zöllner* FS Westermann, 1974, 603 (608); Kölner Komm AktG/*Lutter/Drygala* Rn. 12; Großkomm AktG/*Merkt* Rn. 12; Grigoleit/*Grigoleit/ Rachlitz* Rn. 3 und § 71 Rn. 35; Hüffer/Koch/*Koch* Rn. 5; MüKoAktG/*Oechsler* Rn. 7; Hölters/*Laubert* Rn. 2.
[8] Kölner Komm AktG/*Lutter/Drygala* Rn. 12; Hüffer/Koch/*Koch* Rn. 5 und § 129 Rn. 12.
[9] MüKoAktG/*Oechsler* Rn. 6.
[10] *Zöllner* FS Westermann, 1974, 603 (608); Kölner Komm AktG/*Lutter/Drygala* Rn. 12; Hüffer/Koch/*Koch* Rn. 5; MüKoAktG/*Oechsler* Rn. 6; zweifelnd Bürgers/Körber/*Wieneke* Rn. 7.

durch die Bestimmung **unberührt**.[11] Ebenso bleiben die Aktien als solche bestehen. Sie sind daher nach wie vor **Teil des Grundkapitals** und dementsprechend bei der Anwendung von Bestimmungen, die auf einen bestimmten Anteil am Grundkapital abstellen (zB § 50 S. 1, § 71 Abs. 2 S. 1, § 93 Abs. 4 S. 4, § 103 Abs. 3 S. 3, § 120 Abs. 1 S. 2, §§ 122, 142 Abs. 2 und 4, § 147 Abs. 2 S. 2, § 148 Abs. 1, § 254 Abs. 2 S. 3, § 258 Abs. 2 S. 3, § 260 Abs. 1, Abs. 3 S. 4, § 265 Abs. 3; § 62 Abs. 2 UmwG) mitzuzählen,[12] nach § 16 Abs. 2 S. 2 aber bei der Anwendung konzernrechtlicher Bestimmungen, für die eine bestimmte **Beteiligungsquote** eines anderen Unternehmens an der AG maßgeblich ist (§§ 16 Abs. 1, 17 Abs. 2, 320 Abs. 1, 327a), vom Grundkapital abzusetzen. Soweit es für eine Maßnahme auf das **bei der Beschlussfassung vertretene Kapital** ankommt (zB § 126 Abs. 2 Nr. 5, § 179 Abs. 2, § 182 Abs. 1 S. 1, § 293 Abs. 1 S. 2; § 62 Abs. 1 UmwG), sind eigene Aktien wegen des Ruhens der Rechte nicht mitzuzählen.[13]

Das Ruhen der Rechte aus den Aktien ist auf den **Zeitraum** beschränkt, in dem die Gesellschaft 7 oder ein ihr nach § 71d S. 1 oder 2 gleichgestellter Dritter Inhaber der Aktien ist. Mit der Übertragung der Aktie auf einen Dritten **leben** alle darin verkörperten **Mitgliedschaftsrechte mit Wirkung ex nunc wieder auf**.[14] Das Wiederaufleben führt also nicht etwa dazu, dass der Erwerber die während der Besitzzeit der AG fällige Dividende auf die vormals eigenen Aktien beanspruchen könnte.

b) Betroffene Rechte. Der Gesellschaft steht aus eigenen Aktien weder das **Stimmrecht** noch 8 die **Anfechtungsbefugnis** zu.[15] Sie kann das Stimmrecht auch nicht durch einen Bevollmächtigten ausüben lassen oder einen Dritten zur Stimmrechtsausübung ermächtigen.[16]

Ebenso ruhen die **Vermögensrechte** aus der Aktie, so lange die AG deren Inhaberin ist. Die 9 Gesellschaft hat daher weder einen Anspruch auf **Dividende** noch auf einen Anteil am **Liquidationsüberschuss**.[17] Der auf die eigenen Aktien entfallende Anteil wächst den übrigen Aktionären zu.[18] Da der Gesellschaft keine Vermögensrechte aus eigenen Aktien, namentlich kein Recht auf Dividende zusteht, kann sie diese Rechte auch nicht unabhängig von der Aktie selbst an Dritte veräußern.[19]

Nach § 215 Abs. 1 nehmen eigene Aktien an einer **Kapitalerhöhung** aus Gesellschaftsmitteln 10 teil, denn anderenfalls käme es aus Anlass einer solchen Kapitalerhöhung zu einer Verschiebung der Beteiligungsverhältnisse auch über die Besitzzeit der Gesellschaft hinaus. Im Übrigen steht der Gesellschaft bei einer Kapitalerhöhung weder ein unmittelbares noch ein mittelbares Bezugsrecht zu.[20] Sie kann ein solches Recht daher auch nicht durch Veräußerung verwerten. Die rechnerisch auf die eigenen Aktien entfallenden Bezugsrechte wachsen vielmehr den übrigen Aktionären entsprechend ihrer Beteiligungsquoten zu.[21] Demgegenüber ist im jüngeren Schrifttum für eine Befugnis der Gesellschaft plädiert worden, ein auf die eigenen Aktien entfallendes Bezugsrecht durch Veräußerung zu verwerten. Anderenfalls könne es bei der Veräußerung[22] eigener Aktien im Zeitraum zwischen Kapitalerhöhungsbeschluss und Beginn der Bezugsfrist zur nachträglichen Unrichtigkeit

---

[11] MüKoAktG/*Oechsler* Rn. 8, 14; Großkomm AktG/*Merkt* Rn. 14; Kölner Komm AktG/*Lutter/Drygala* Rn. 4; Hölters/*Laubert* Rn. 3.
[12] Kölner Komm AktG/*Lutter/Drygala* Rn. 7; Großkomm AktG/*Merkt* Rn. 15 f.; Grigoleit/*Grigoleit/Rachlitz* Rn. 6; Bürgers/Körber/*Wieneke* Rn. 3; NK-AktR/*Block* Rn. 4.
[13] Kölner Komm AktG/*Lutter/Drygala* Rn. 8; Großkomm AktG/*Merkt* Rn. 15 f.; MüKoAktG/*Oechsler* Rn. 10; K. Schmidt/Lutter/*T. Bezzenberger* Rn. 3; Grigoleit/*Grigoleit/Rachlitz* Rn. 6; Bürgers/Körber/*Wieneke* Rn. 3; *Büscher,* Das neue Recht des Aktienrückkaufs, 2013, 39.
[14] Kölner Komm AktG/*Lutter/Drygala* Rn. 17; Grigoleit/*Grigoleit/Rachlitz* Rn. 2; Bürgers/Körber/*Wieneke* Rn. 3; Wachter/*Servatius* Rn. 2; Hüffer/Koch/*Koch* Rn. 3; Hölters/*Laubert* Rn. 3.
[15] Großkomm AktG/*Merkt* Rn. 18 f.; MHdB AG/*Rieckers* § 15 Rn. 33; NK-AktR/*Block* Rn. 6, 8; Hölters/*Laubert* Rn. 3.
[16] Kölner Komm AktG/*Lutter/Drygala* Rn. 11; MüKoAktG/*Oechsler* Rn. 10; Großkomm AktG/*Merkt* Rn. 18; K. Schmidt/Lutter/*T. Bezzenberger* Rn. 3; Hüffer/Koch/*Koch* Rn. 5; Hölters/*Laubert* Rn. 3.
[17] Kölner Komm AktG/*Lutter/Drygala* Rn. 13 f.; MüKoAktG/*Oechsler* Rn. 11, 13; Großkomm AktG/*Merkt* Rn. 20 f.; K. Schmidt/Lutter/*T. Bezzenberger* Rn. 3; Bürgers/Körber/*Wieneke* Rn. 4; Hüffer/Koch/*Koch* Rn. 4; NK-AktR/*Block* Rn. 10; MHdB AG/*Rieckers* § 15 Rn. 33; Hölters/*Laubert* Rn. 3.
[18] K. Schmidt/Lutter/*T. Bezzenberger* Rn. 4.
[19] Kölner Komm AktG/*Lutter/Drygala* Rn. 4, 13; MüKoAktG/*Oechsler* Rn. 11; Hüffer/Koch/*Koch* Rn. 5; Hölters/*Laubert* Rn. 3.
[20] Kölner Komm AktG/*Lutter/Drygala* Rn. 15 f.; Kölner Komm AktG/*Lutter* § 186 Rn. 18; Großkomm AktG/*Merkt* Rn. 22; MüKoAktG/*Oechsler* Rn. 12; Bürgers/Körber/*Wieneke* Rn. 5; Hüffer/Koch/*Koch* Rn. 4; Großkomm AktG/*Wiedemann* § 186 Rn. 65; K. Schmidt/Lutter/*T. Bezzenberger* Rn. 3; NK-AktR/*Block* Rn. 12; Hölters/*Laubert* Rn. 3.
[21] Kölner Komm AktG/*Lutter/Drygala* Rn. 16; MüKoAktG/*Oechsler* Rn. 12; Bürgers/Körber/*Wieneke* Rn. 5.
[22] Das Gleiche müsste wohl auch bei einem zwischenzeitlichen Erwerb eigener Aktien gelten.

§ 71c   Erstes Buch. Aktiengesellschaft

des Bezugsverhältnisses kommen, was zu komplizierten Hilfskonstruktionen nötige.[23] Die Verwertungsbefugnis der AG führe zwar zu einer de facto sinkenden Stimmrechtsquote der übrigen Aktionäre; dieser Nachteil werde aber durch den Vermögensvorteil der AG aufgewogen.[24] Die quotale Verteilung der auf die eigenen Aktien entfallenden Rechte an die übrigen Aktionäre ist indessen der gesetzliche Ausgleich für die Minderung des Gesellschaftsvermögens beim Erwerb eigener Aktien und daher einer Modifikation im Wege einer Uminterpretation des § 71b nicht zugänglich.

III. Pflichten aus eigenen Aktien

11   Die Gesellschaft treffen aus eigenen Aktien keine Pflichten.[25] Bei Erwerb oder während der Aktieninhaberschaft der AG **fällige Pflichten** erlöschen nach hM durch Konfusion oder gelangen nicht zur Entstehung; sie leben bei Veräußerung der Aktie an einen Dritten nicht wieder auf.[26] Da die Gesellschaft als Rechtsinhaberin selbst Zwischenglied in der Erwerberkette sei, könne sie nach einer Veräußerung auch ihre Vormänner nicht auf Erfüllung dieser durch Konfusion erloschenen Pflichten in Anspruch nehmen.[27] Dagegen sollen während der Besitzzeit der AG **noch nicht fällige Pflichten** nach Veräußerung der Aktie gegenüber dem Erwerber durchgesetzt werden können.[28] Letzteres trifft zu; dagegen ist **der Lehre vom endgültigen Untergang offener Mitgliedspflichten durch Konfusion zu widersprechen.** Das Erlöschen einer Forderung bei Vereinigung korrespondierender Rechte und Pflichten in einer Person[29] ist keine logisch zwingende Konsequenz, sondern eine Frage der Zweckmäßigkeit.[30] Dementsprechend kennt das geltende Recht eine Vielzahl von Ausnahmen von diesem Grundsatz, wo der Fortbestand des Anspruchs trotz des Zusammenfallens von Gläubiger- und Schuldnerstellung sinnvoll erscheint.[31] Das ist ua dann der Fall, wenn die Erlöschensfolge mit Rücksicht auf einen künftigen Erwerb durch Dritte nicht angezeigt ist.[32] Gerade im Hinblick auf eine spätere Veräußerung eigener Aktien an einen Dritten ist der Untergang fälliger Einlageansprüche oder deren Nichtentstehung keine zwingende Folge des Erwerbs eigener Aktien. Die Annahme des Erlöschens der Einlageforderung ist namentlich dann nicht angebracht, wenn der Erwerb der Aktien wegen fehlender Volleinzahlung gegen § 71 Abs. 2 S. 3 verstößt, so dass das schuldrechtliche Erwerbsgeschäft gerade wegen der fehlenden Zahlung des vollen Ausgabebetrages nach § 71 Abs. 4 S. 2 nichtig und daher rückabzuwickeln ist. Bei einer solchen Rückabwicklung gelangt die Aktie an den letzten Schuldner der offenen Einlage. Der unzulässige Erwerb durch die Gesellschaft ist kein hinreichender Grund dafür, ihn seiner Verbindlichkeit zu befreien. Das gilt in allen Fällen, in denen der Erwerb gegen § 71 Abs. 2 S. 3 verstößt. Während der Inhaberschaft der Gesellschaft lässt sich der Einlageanspruch vielmehr zwanglos als **ruhendes Forderungsrecht** verstehen.[33]

§ 71c Veräußerung und Einziehung eigener Aktien

(1) Hat die Gesellschaft eigene Aktien unter Verstoß gegen § 71 Abs. 1 oder 2 erworben, so müssen sie innerhalb eines Jahres nach ihrem Erwerb veräußert werden.

(2) Entfallen auf die Aktien, welche die Gesellschaft nach § 71 Abs. 1 in zulässiger Weise erworben hat und noch besitzt, mehr als zehn vom Hundert des Grundkapitals, so muß der Teil der Aktien, der diesen Satz übersteigt, innerhalb von drei Jahren nach dem Erwerb der Aktien veräußert werden.

(3) Sind eigene Aktien innerhalb der in den Absätzen 1 und 2 vorgesehenen Fristen nicht veräußert worden, so sind sie nach § 237 einzuziehen.

---

[23] *Busch* AG 2005, 429 (430 ff.).
[24] *Busch* AG 2005, 429 (435); ihm zust. MHdB AG/*Rieckers* § 15 Rn. 33.
[25] Kölner Komm AktG/*Lutter/Drygala* Rn. 26; Hüffer/Koch/*Koch* Rn. 6.
[26] Kölner Komm AktG/*Lutter/Drygala* Rn. 17, 26; Großkomm AktG/*Merkt* Rn. 23; MüKoAktG/*Oechsler* Rn. 17; Grigoleit/*Grigoleit/Rachlitz* Rn. 9; Hölters/*Laubert* Rn. 4.
[27] RGZ 98, 276 (278); Kölner Komm AktG/*Lutter/Drygala* Rn. 17; MüKoAktG/*Oechsler* Rn. 17.
[28] Kölner Komm AktG/*Lutter/Drygala* Rn. 17, 26; Hüffer/Koch/*Koch* Rn. 6; MüKoAktG/*Oechsler* Rn. 17; Hölters/*Laubert* Rn. 4.
[29] *Gernhuber*, Die Erfüllung und ihre Surrogate, 2. Aufl. 1994 § 19 3 a.
[30] Vgl. dazu *Gernhuber*, Die Erfüllung und ihre Surrogate, 2. Aufl. 1994, § 19 3 b; *Büscher*, Das neue Recht des Aktienrückkaufs, 2013, 38 ff.
[31] Vgl. dazu *Gernhuber*, Die Erfüllung und ihre Surrogate, 2. Aufl. 1994, § 19 4 bis 6.
[32] *Gernhuber*, Die Erfüllung und ihre Surrogate, 2. Aufl. 1994, § 19 6, S. 394; *Pleyer* WM 1979, 850 (852 f.).
[33] Bürgers/Körber/*Wieneke* Rn. 8; Wachter/*Servatius* Rn. 4 und § 71 Rn. 50; ausf. idS für GmbH-Anteile in den Händen der Gesellschaft *Schultze-Petzold*, Die GmbH als Trägerin eigener Geschäftsanteile, 1991, 25 ff.; BGH ZIP 1995, 374 (375 f.).

Schrifttum: *Lutter,* Mindestumfang der Kapitalerhöhung bei der Verschmelzung zur Aufnahme oder Neugründung in Aktiengesellschaften, FS Wiedemann, 2002, 1097; *Preusche,* „Altbestand" eigener Aktien und Veräußerungspflichten nach §§ 71 ff. AktG, BB 1982, 1638.

Übersicht

	Rn.		Rn.
I. Entstehungsgeschichte und Normzweck	1	III. Modalitäten der Veräußerung	6–13
		1. Verbotswidrig erworbene Aktien	6–9
II. Voraussetzungen der Veräußerungspflichten	2–5	2. Rechtmäßig erworbene Aktien	10–13
1. Verbotswidrig erworbene Aktien, Abs. 1	2, 3	IV. Einziehungspflicht, Abs. 3	14, 15
2. Rechtmäßig erworbene Aktien, Abs. 2	4, 5	V. Sanktionen	16

I. Entstehungsgeschichte und Normzweck

Die Vorschrift beruht auf Art. 20 Abs. 2 und 3 Kapital-RL 1977, Art. 21 Kapital-RL 1977 (jetzt Art. 61 Abs. 2 und 3 RL (EU) 2017/1132, Art. 62 RL (EU) 2017/1132).[1] Sie **ergänzt das Sanktionensystem** nach dem Vorbild der romanischen Länder[2] **um Veräußerungspflichten** für eigene Aktien, die entweder in rechtswidriger Weise erworben wurden (Abs. 1) oder deren Erwerb zwar mit § 71 in Einklang steht, die aber zur Folge haben, dass der Gesamtbestand an eigenen Aktien im Besitz der AG oder der ihr nach § 71d S. 1 oder 2 gleichgestellten Aktieninhaber (§ 71d S. 3) die Grenze von zehn Prozent des Grundkapitals übersteigt (Abs. 2). Die in letzter Linie eingreifende Einziehungspflicht nach Abs. 3 trägt Art. 21 S. 2 Art. 62 S. 2 RL (EU) 2017/1132 iVm Art. 61 Abs. 3 RL (EU) 2017/1132 Rechnung, die bei nicht fristgerechter Verwertung die Nichtigerklärung der eigenen Aktien verlangen.[3] Die Vorschrift soll die Risiken begrenzen, die mit eigenen Aktien für das Gesellschaftsvermögen verbunden sind, dabei aber durch die Veräußerungsfristen hinreichenden Spielraum gewähren, um die Kursrisiken beim Verkauf zu steuern.[4]

II. Voraussetzungen der Veräußerungspflichten

1. Verbotswidrig erworbene Aktien, Abs. 1. Die Veräußerungspflicht nach Abs. 1 betrifft Aktien, die unter **Verstoß gegen § 71 Abs. 1 oder 2** erworben worden sind. Nach dem Wortlaut der Vorschrift würde auch ein Verstoß gegen den in § 71 Abs. 1 Nr. 8 S. 3 ausdrücklich erwähnten **Gleichbehandlungsgrundsatz** die Veräußerungspflicht auslösen. Das europäische Recht fordert indessen eine so weitgehende Veräußerungspflicht nicht, denn die Geltung des Gleichbehandlungsgrundsatzes ist nicht in Art. 60, 61 RL (EU) 2017/1132 geregelt, deren Verletzung die Veräußerungspflichten nach der Richtlinie auslöst, sondern in Art. 85 RL (EU) 2017/1132. Da die ausdrückliche Hervorhebung von § 53a in § 71 Abs. 1 Nr. 8 S. 3 nur deklaratorische Bedeutung hat und das Gleichbehandlungsgebot auch im Rahmen der übrigen Erwerbstatbestände des § 71 Abs. 1 zu beachten ist, müsste konsequenterweise jede sachlich nicht gerechtfertigte Ungleichbehandlung beim Erwerb die kurze Veräußerungsfrist nach Abs. 1 auslösen, obwohl das Anliegen der Bestimmung im Vermögensschutz besteht und eine Verletzung des Gleichbehandlungsgrundsatzes durch die Veräußerung auch nicht ausgeglichen würde.[5] Man wird daher annehmen müssen, dass Verstöße gegen § 53a allein nicht ausreichen, um die Rechtswidrigkeit des Erwerbs iSv Abs. 1 zu begründen. Hier bleibt es vielmehr bei der Nichtigkeit des schuldrechtlichen Geschäfts (§ 71 Abs. 4 S. 2) und der Rückabwicklung nach Bereicherungsrecht.

Abs. 1 ist auch auf Aktien anwendbar, die die AG entgegen § 56 Abs. 1 **originär erworben** hat[6] (→ § 56 Rn. 18). Nach hL gilt die Vorschrift auch für nicht innerhalb der Frist des § 71 Abs. 3 S. 2 ausgegebene Belegschaftsaktien[7] (→ § 71 Rn. 218). Aus dem Zweck der Ausgabefrist nach § 71 Abs. 3 S. 2 folgt indessen, dass derartige Aktien nach erfolglosem Fristablauf unverzüglich zu veräu-

---

[1] Richtlinie 2017/1132/EU des Europäischen Parlaments und der Europäischen Rates v. 14. Juni 2017 über bestimmte Aspekte des Gesellschaftsrechts, ABl. EU 2017 Nr. L 169, 46.
[2] BegrRegE BT-Drs. 8/1678, 14.
[3] BegrRegE BT-Drs. 8/1678, 16.
[4] MüKoAktG/*Oechsler* Rn. 4.
[5] Grigoleit/*Grigoleit/Rachlitz* § 71 Rn. 26; Wachter/*Servatius* Rn. 2.
[6] Kölner Komm AktG/*Lutter/Drygala* Rn. 7; Großkomm AktG/*Merkt* Rn. 6; MüKoAktG/*Oechsler* Rn. 6; Hüffer/Koch/*Koch* Rn. 3; Grigoleit/*Grigoleit/Rachlitz* Rn. 3; Bürgers/Körber/*Wieneke* Rn. 2; Wachter/*Servatius* Rn. 2; NK-AktR/*Block* Rn. 2.
[7] MüKoAktG/*Oechsler* Rn. 7; Hüffer/Koch/*Koch* Rn. 3.

ßern sind und nicht etwa eine weitere Jahresfrist nach Abs. 1 läuft.[8] Nach hL gilt Abs. 1 schließlich auch für Aktien, die bei Inkrafttreten der Regelung unter Verstoß gegen das bis dahin geltende Recht erworben worden waren.[9]

4 **2. Rechtmäßig erworbene Aktien, Abs. 2.** Nach Abs. 2 (iVm § 71d S. 4) muss die Gesellschaft auch solche eigenen Aktien veräußern, die in zulässiger Weise erworben worden sind, sofern der Gesamtbestand eigener Aktien, die sie und ihr nach § 71d S. 1 und 2 gleichgestellte Erwerber besitzen, zehn Prozent des Grundkapitals übersteigt. Der **Wortlaut** der Vorschrift ist insofern **irreführend**, als er für die Zulässigkeit des Erwerbs allein auf § 71 Abs. 1 abstellt, Verstöße gegen § 71 Abs. 2 also die Zulässigkeit des Erwerbs anscheinend nicht beeinträchtigen. Es besteht Einigkeit darüber, dass es sich um ein Redaktionsversehen handelt, denn bei einem Verstoß gegen § 71 Abs. 2 greift die Veräußerungspflicht für verbotswidrig erworbene Aktien nach Abs. 1 ein. Abs. 2 bezieht sich daher nur auf solche eigenen Aktien, die in Übereinstimmung mit § 71 Abs. 1 und Abs. 2 erworben wurden.[10] Da mithin für den Erwerb nach § 71 Abs. 1 Nr. 1–3, 7 und 8 die Zehnprozentgrenze des § 71 Abs. 2 S. 1 gilt, kommt ein zulässiger Erwerb von Aktien, die den Gesamtbestand über diese Grenze hinaus erhöhen, nach dem Gesetzeswortlaut nur nach § 71 Abs. 1 Nr. 4–6 in Betracht.[11] Darüber hinaus gilt Abs. 2 entsprechend für Aktien, die aufgrund eines umwandlungsrechtlichen Pflichtangebots nach §§ 29 Abs. 1 (auch iVm § 125), 207 Abs. 1 UmwG erworben worden sind.[12] Die Bestimmung ist schließlich entsprechend anwendbar auf eigene Aktien, die die Gesellschaft vor einem Formwechsel rechtmäßigerweise als eigene Anteile erworben hatte.[13] Dagegen sind Aktien, die die Gesellschaft nach § 64 durch **Kaduzierung** erworben hat, nicht auf den Aktienbesitz nach Abs. 2 anzurechnen (→ § 64 Rn. 42 f.).[14]

5 Die Zehnprozentgrenze nach Abs. 2 bezieht sich nur auf solche eigenen Aktien, die in zulässiger Weise erworben wurden; **Aktien, deren Erwerb gegen § 71 Abs. 1 oder 2 verstößt** und die daher nach Abs. 1 innerhalb eines Jahres zu veräußern sind, **werden** auf die Zehnprozentgrenze **nicht angerechnet**.[15] Dagegen sind zulässigerweise erworbene Aktien im Besitz der in § 71d S. 1 und 2 genannten Personen dem Gesamtbestand an eigenen Aktien hinzuzurechnen. Das Gleiche gilt für Aktien, die die Gesellschaft oder ein ihr nach § 71d S. 1 oder 2 gleichgestellter Dritter **als Pfand genommen** hat. Zwar sind diese im Eigentum des Verpfänders stehenden Aktien nicht selbst Gegenstand der Veräußerungspflicht. Nach § 71e Abs. 1 S. 1 steht aber die Inpfandnahme dem Erwerb eigener Aktien gleich, so dass sie bei der Berechnung der Zehnprozentgrenze des Abs. 2 wie eigene Aktien zu berücksichtigen sind.[16]

III. Modalitäten der Veräußerung

6 **1. Verbotswidrig erworbene Aktien.** Die Frist für die Veräußerung verbotswidrig erworbener Aktien nach Abs. 1 beträgt ein Jahr. Maßgeblich für den **Beginn der Frist** ist der Erwerb der Aktien unter Verstoß gegen § 71 Abs. 1 oder 2. Dabei ist in diesem Zusammenhang mit „Erwerb" der Zeitpunkt gemeint, in dem die Inhaberschaft übertragen wird (zum Erwerbsbegriff des § 71 → § 71 Rn. 35 ff.).[17] Der Abschluss des schuldrechtlichen Vertrags ist bereits deswegen für den Fristbeginn nicht maßgebend,[18] weil anderenfalls von der Gesellschaft die Veräußerung von Aktien verlangt würde, deren Inhaberin sie nicht ist und die sie folglich nicht auf einen Erwerber übertragen könnte. Fristbeginn und Fristende sind nach § 187 Abs. 1 BGB, § 188 Abs. 2 BGB zu berechnen.[19]

---

[8] Zutr. Kölner Komm AktG/*Lutter/Drygala* Rn. 22.
[9] *Preusche* BB 1982, 1638 (1639); Kölner Komm AktG/*Lutter/Drygala* Rn. 19; Hüffer/Koch/*Koch* Rn. 3.
[10] Kölner Komm AktG/*Lutter/Drygala* Rn. 8; MüKoAktG/*Oechsler* Rn. 9; K. Schmidt/Lutter/*T. Bezzenberger* Rn. 6; Wachter/*Servatius* Rn. 7; Hüffer/Koch/*Koch* Rn. 4; Hölters/*Laubert* Rn. 3.
[11] Kölner Komm AktG/*Lutter/Drygala* Rn. 10; MüKoAktG/*Oechsler* Rn. 9; Großkomm AktG/*Merkt* Rn. 13; K. Schmidt/Lutter/*T. Bezzenberger* Rn. 6; Hüffer/Koch/*Koch* Rn. 4; Hölters/*Laubert* Rn. 3.
[12] Hüffer/Koch/*Koch* Rn. 4; K. Schmidt/Lutter/*T. Bezzenberger* Rn. 6; Grigoleit/*Grigoleit/Rachlitz* Rn. 6; Bürgers/Körber/*Wieneke* Rn. 6; Kallmeyer/*Marsch-Barner* UmwG § 29 Rn. 26; *Lutter* FS Wiedemann, 2002, 1097, 1108; Hölters/*Laubert* Rn. 3.
[13] *Schulz* ZIP 2015, 510 (511); Hüffer/Koch/*Koch* Rn. 4; differenzierend *Heckschen/Weitbrecht* ZIP 2017, 1297 (1304).
[14] MüKoAktG/*Bayer* § 64 Rn. 70; Hüffer/Koch/*Koch* § 64 Rn. 8; Hölters/*Laubert* Rn. 3.
[15] Kölner Komm AktG/*Lutter/Drygala* Rn. 13; Großkomm AktG/*Merkt* Rn. 15; Hölters/*Laubert* Rn. 3; Grigoleit/*Grigoleit/Rachlitz* Rn. 6.
[16] Kölner Komm AktG/*Lutter/Drygala* Rn. 14; MüKoAktG/*Oechsler* Rn. 10; Großkomm AktG/*Merkt* Rn. 16; Bürgers/Körber/*Wieneke* Rn. 5.
[17] K. Schmidt/Lutter/*T. Bezzenberger* Rn. 4; Hölters/*Laubert* Rn. 4.
[18] So aber MüKoAktG/*Oechsler* Rn. 11; Großkomm AktG/*Merkt* Rn. 21; Grigoleit/*Grigoleit/Rachlitz* Rn. 3, 5; Bürgers/Körber/*Wieneke* Rn. 7.
[19] K. Schmidt/Lutter/*T. Bezzenberger* Rn. 4; Bürgers/Körber/*Wieneke* Rn. 7.

Zu veräußern sind, soweit sie sich identifizieren lassen, jeweils **diejenigen Aktien,** die unter 7 Verstoß gegen § 71 Abs. 1 oder 2 erworben worden sind,[20] anderenfalls eine dem verbotswidrigen Erwerb entsprechende Menge.[21]

In den Fällen des Abs. 1 ist zwar der dingliche Erwerb der Aktien durch die Gesellschaft nach 8 § 71 Abs. 4 S. 1 wirksam, das schuldrechtliche Geschäft über den Erwerb aber nach § 71 Abs. 4 S. 2 nichtig. Zahlt die Gesellschaft dennoch den Erwerbspreis, liegt darin eine unzulässige Einlagenrückgewähr. Der Gesellschaft steht daher bei **Erwerb** der Aktien **unmittelbar vom Aktionär** gegen den Veräußerer ein Rückzahlungsanspruch aus § 62, dem Veräußerer gegen die Gesellschaft ein Bereicherungsanspruch auf Rückübertragung der Aktien zu, hinsichtlich dessen die Gesellschaft sich regelmäßig nach § 819 Abs. 1 BGB, § 818 Abs. 4 BGB nicht auf einen Wegfall der Bereicherung berufen kann (→ § 71 Rn. 233). Diesen Anspruch darf die Gesellschaft grundsätzlich nicht durch Veräußerung der verbotswidrig erworbenen Aktien an einen Dritten vereiteln. „Veräußerung" bedeutet daher in den Fällen des Abs. 1 **in erster Linie Rückübertragung an den Veräußerer.**[22] Das gilt grundsätzlich auch dann, wenn die Aktie zwischenzeitlich an Wert gewonnen hat, zumal einem dadurch zu erzielenden Kursgewinn ein ebenso hoher Schadensersatzanspruch des Veräußerers nach §§ 989, 990 BGB gegenüber stünde. Etwas anderes kann dann gelten, wenn der Veräußerer seine **Rückgewährpflicht bestreitet** oder ein Anspruch gegen ihn aus anderen Gründen, etwa wegen seines Sitzes im Ausland, nicht oder nur mit erheblichen Schwierigkeiten durchsetzbar erscheint. In Anbetracht der Frist des Abs. 1 darf der Vorstand unter solchen Umständen die Aktien auch an Dritte veräußern.[23] In diesem Ausnahmefall gelten für die Veräußerung dieselben Grundsätze wie bei einer Veräußerung rechtmäßig erworbener Aktien (→ Rn. 13). Sind die **Belegschaftsaktien** (§ 71 Abs. 1 Nr. 2) unter Verstoß gegen die § 71 Abs. 2 S. 1 oder 2 erworben worden, kommt alternativ auch eine Veräußerung in Form der Ausgabe an die Arbeitnehmer in Betracht.

Erfolgt der Erwerb, wie im Regelfall, durch einen von der Gesellschaft beauftragten **Kommissio-** 9 **när,** betrifft die Nichtigkeit nach § 71 Abs. 4 S. 2 nicht den Kaufvertrag zwischen dem Kommissionär und dem veräußernden Aktionär oder dem von ihm eingeschalteten Kommissionär, sondern den Kommissionsvertrag zwischen der AG und ihrem Kommissionär (→ § 71d Rn. 20 ff. und → § 71 Rn. 234). Dieser muss daher eine von der Gesellschaft empfangene Kaufpreiserstattung (§ 396 Abs. 2 HGB, §§ 669, 670 BGB) zurückgewähren. Grundlage für diesen Anspruch ist nur dann § 62, wenn ausnahmsweise Durchgangserwerb des Kommissionärs stattgefunden hat, so dass er Aktionär geworden ist, anderenfalls § 812 Abs. 1 S. 1 Alt. 1 BGB.

2. Rechtmäßig erworbene Aktien. Die **Veräußerungsfrist** von drei Jahren beginnt in dem 10 Zeitpunkt, in dem der Bestand an rechtmäßig erworbenen eigenen Aktien die Zehnprozentgrenze überschreitet. Maßgeblich dafür ist nicht der Abschluss des auf den Erwerb gerichteten schuldrechtlichen Geschäfts, sondern der dingliche Erwerb der Mitgliedschaft durch die Gesellschaft.[24] Beruht die Überschreitung der Zehnprozentgrenze auf einer **Kapitalherabsetzung,** beginnt die Frist mit deren Wirksamwerden.[25] Fristbeginn und Fristende sind nach § 187 Abs. 1 BGB, § 188 Abs. 2 BGB zu berechnen.[26]

Bevor der Vorstand rechtmäßig erworbene eigene Aktien veräußert, hat er zunächst **Verwen-** 11 **dungsbindungen** für diese Aktien nach Nr. 2, 3, 4, 6 oder 8 zu beachten. So hat die bestimmungsmäße Ausgabe von Aktien an Arbeitnehmer, die Abfindung von Aktionären, die Herausgabe an

---

[20] Kölner Komm AktG/*Lutter*/*Drygala* Rn. 25; MüKoAktG/*Oechsler* Rn. 13; Großkomm AktG/*Merkt* Rn. 26; K. Schmidt/Lutter/*T. Bezzenberger* Rn. 3; Grigoleit/*Grigoleit*/*Rachlitz* Rn. 8; Bürgers/Körber/*Wieneke* Rn. 8; Hüffer/Koch/*Koch* Rn. 6; Hölters/*Laubert* Rn. 5. Auch aus diesem Grund kommt eine Anknüpfung des Fristbeginns an den Abschluss des obligatorischen Geschäfts nicht in Betracht, denn zu diesem Zeitpunkt steht nicht durchweg fest, welche Aktien auf die Gesellschaft übertragen werden.
[21] Kölner Komm AktG/*Lutter*/*Drygala* Rn. 26; MüKoAktG/*Oechsler* Rn. 13; Großkomm AktG/*Merkt* Rn. 26; K. Schmidt/Lutter/*T. Bezzenberger* Rn. 3; Grigoleit/*Grigoleit*/*Rachlitz* Rn. 8; Bürgers/Körber/*Wieneke* Rn. 8; Hölters/*Laubert* Rn. 5.
[22] Kölner Komm AktG/*Lutter*/*Drygala* Rn. 31; MüKoAktG/*Oechsler* Rn. 16; Großkomm AktG/*Merkt* Rn. 30 f.; K. Schmidt/Lutter/*T. Bezzenberger* Rn. 4; Grigoleit/*Grigoleit*/*Rachlitz* Rn. 8; Bürgers/Körber/ *Wieneke* Rn. 10; Wachter/*Servatius* Rn. 5; Hüffer/Koch/*Koch* Rn. 7; NK-AktR/*Block* Rn. 8; Hölters/*Laubert* Rn. 5.
[23] MüKoAktG/*Oechsler* Rn. 17; Großkomm AktG/*Merkt* Rn. 33 f.; K. Schmidt/Lutter/*T. Bezzenberger* Rn. 4.
[24] MüKoAktG/*Oechsler* Rn. 12; Großkomm AktG/*Merkt* Rn. 22; K. Schmidt/Lutter/*T. Bezzenberger* Rn. 8; Bürgers/Körber/*Wieneke* Rn. 7; aA vorhergehendes schuldrechtliches Erwerbsgeschäft maßgebend, Grigoleit/ *Grigoleit*/*Rachlitz* Rn. 3, 7; Hölters/*Laubert* Rn. 4.
[25] MüKoAktG/*Oechsler* Rn. 12.
[26] Hölters/*Laubert* Rn. 4.

den Kommittenten, die Durchführung der Einziehung oder die Erfüllung einer Zweckvorgabe im Ermächtigungsbeschluss Vorrang vor der Veräußerung.[27] Soweit dadurch der Bestand an eigenen Aktien zurückgeführt wird, entfällt auch die Veräußerungspflicht.

12   Zu veräußern ist nur **derjenige Teil der Aktien, der die Zehnprozentgrenze übersteigt.**[28] In der Auswahl der Stücke ist die Gesellschaft hier frei. Nach § 71d S. 5 kann sie dabei im Rahmen von § 71d S. 3 und 4 auch auf Aktien im Besitz Dritter zugreifen. Die Veräußerungspflicht entfällt, soweit die Überschreitung der Zehnprozentgrenze innerhalb der Dreijahresfrist auf andere Weise, namentlich durch eine Erhöhung des Grundkapitals, beseitigt wird.[29]

13   § 71 Abs. 1 Nr. 8 S. 3–5 enthält für die Veräußerung eigener Aktien Regelungen, die dem Gleichbehandlungsgebot und dem Interesse der Aktionäre an der Erhaltung des Wertes ihrer Beteiligung Rechnung tragen (im Einzelnen → § 71 Rn. 129–136). Diese gesetzlichen Vorgaben sind auch bei der Veräußerung eigener Aktien nach Abs. 2 einzuhalten.[30] Dem Gleichbehandlungsgrundsatz genügt daher eine **Veräußerung über die Börse.**[31] Für eine andere Art der Veräußerung bedarf es eines Beschlusses der HV dann nicht, wenn die Aktionäre nicht ungleich behandelt werden, der Wert ihrer Beteiligung vor Verwässerung geschützt ist und darüber hinaus die Aktionäre die gleiche Möglichkeit wie Dritte haben, die eigenen Aktien zu erwerben. Eine öffentliche Versteigerung entsprechend § 65 Abs. 3, § 226 Abs. 3 ist daher ohne Beschluss der HV entsprechend § 71 Abs. 1 Nr. 8 S. 5 nur zulässig, wenn die Aktien nicht an der Börse gehandelt werden und daher kein Marktpreis existiert.[32] Im Übrigen ist für eine andere Art der Veräußerung ein Beschluss der HV entsprechend § 71 Abs. 1 Nr. 8 S. 5, § 186 Abs. 3, 4 erforderlich.

IV. Einziehungspflicht, Abs. 3

14   Nach erfolglosem Ablauf der Fristen nach Abs. 1 und Abs. 2 sind die zu veräußernden eigenen Aktien nach § 237 einzuziehen. Dafür stehen sowohl das Verfahren der ordentlichen Kapitalherabsetzung nach § 237 Abs. 2 iVm §§ 222 ff. als auch, sofern die Voraussetzungen des § 237 Abs. 3 vorliegen, die vereinfachte Kapitalherabsetzung zur Verfügung. Der Vorstand ist verpflichtet, unverzüglich einen **Vorschlag für einen Einziehungsbeschluss** vorzubereiten, den er spätestens der nächsten ordentlichen Hauptversammlung zur Entscheidung vorlegen muss.[33] Verzögerungen stellen nach § 405 Abs. 1 Nr. 4c eine Ordnungswidrigkeit dar. Bis die HV einen Einziehungsbeschluss gefasst hat, ist der Vorstand berechtigt, die Aktien noch zu veräußern.[34] Soweit dies gelingt, erübrigt sich die Einziehung.

15   Kommt **kein Einziehungsbeschluss** zustande, weil sich bspw. in der HV keine ausreichende Mehrheit für den Beschluss findet, muss der Vorstand die Aktien unverzüglich veräußern.[35]

V. Sanktionen

16   Ein Verstoß gegen die Pflicht, die zu veräußernden Aktien nach Abs. 1 oder Abs. 2 rechtzeitig anzubieten, stellt eine **Ordnungswidrigkeit** nach § 405 Abs. 1 Nr. 4b dar. Nach § 405 Abs. 1 Nr. 4c handelt der Vorstand auch ordnungswidrig, wenn er nicht rechtzeitig die Beschlussfassung über die Einziehung nach Abs. 3 vorbereitet. Im Übrigen haften Vorstand und Aufsichtsrat der Gesellschaft nach §§ 93, 116 für etwaige Schäden aus der Verletzung ihrer Pflichten bei der Veräußerung oder Einziehung.

---

[27] MüKoAktG/*Oechsler* Rn. 18; Großkomm AktG/*Merkt* Rn. 35; NK-AktR/*Block* Rn. 17.
[28] BegrRegE, BT-Drs. 8/1678, 16; Kölner Komm AktG/*Lutter/Drygala* Rn. 28; MüKoAktG/*Oechsler* Rn. 14; Hölters/*Laubert* Rn. 5.
[29] Kölner Komm AktG/*Lutter/Drygala* Rn. 29; MüKoAktG/*Oechsler* Rn. 14; Bürgers/Körber/*Wieneke* Rn. 8; NK-AktR/*Block* Rn. 16; Hölters/*Laubert* Rn. 5.
[30] MüKoAktG/*Oechsler* Rn. 20; Großkomm AktG/*Merkt* Rn. 36, 39; K. Schmidt/Lutter/*T. Bezzenberger* Rn. 9; Grigoleit/*Grigoleit/Rachlitz* Rn. 9.
[31] Hölters/*Laubert* Rn. 5.
[32] So bereits vor Einführung von § 71 Abs. 1 Nr. 8 OLG Oldenburg AG 1994, 417 (418); Kölner Komm AktG/*Lutter/Drygala* Rn. 38; gegen die Zulässigkeit einer Versteigerung auch für diesen Fall MüKoAktG/*Oechsler* Rn. 20.
[33] Kölner Komm AktG/*Lutter/Drygala* Rn. 45; MüKoAktG/*Oechsler* Rn. 22; K. Schmidt/Lutter/*T. Bezzenberger* Rn. 10; Bürgers/Körber/*Wieneke* Rn. 11; Hüffer/Koch/*Koch* Rn. 8; Hölters/*Laubert* Rn. 6.
[34] Kölner Komm AktG/*Lutter/Drygala* Rn. 51; Großkomm AktG/*Merkt* Rn. 48; K. Schmidt/Lutter/*T. Bezzenberger* Rn. 10; Hüffer/Koch/*Koch* Rn. 8.
[35] Kölner Komm AktG/*Lutter/Drygala* Rn. 47; MüKoAktG/*Oechsler* Rn. 24; K. Schmidt/Lutter/*T. Bezzenberger* Rn. 10; Bürgers/Körber/*Wieneke* Rn. 13; Hölters/*Laubert* Rn. 6.

§ 71d Erwerb eigener Aktien durch Dritte

¹Ein im eigenen Namen, jedoch für Rechnung der Gesellschaft handelnder Dritter darf Aktien der Gesellschaft nur erwerben oder besitzen, soweit dies der Gesellschaft nach § 71 Abs. 1 Nr. 1–5, 7 und 8 und Abs. 2 gestattet wäre. ²Gleiches gilt für den Erwerb oder den Besitz von Aktien der Gesellschaft durch ein abhängiges oder ein im Mehrheitsbesitz der Gesellschaft stehendes Unternehmen sowie für den Erwerb oder den Besitz durch einen Dritten, der im eigenen Namen, jedoch für Rechnung eines abhängigen oder eines im Mehrheitsbesitz der Gesellschaft stehenden Unternehmens handelt. ³Bei der Berechnung des Anteils am Grundkapital nach § 71 Abs. 2 Satz 1 und § 71c Abs. 2 gelten diese Aktien als Aktien der Gesellschaft. ⁴Im übrigen gelten § 71 Abs. 3 und 4, §§ 71a bis 71c sinngemäß. ⁵Der Dritte oder das Unternehmen hat der Gesellschaft auf ihr Verlangen das Eigentum an den Aktien zu verschaffen. ⁶Die Gesellschaft hat den Gegenwert der Aktien zu erstatten.

Schrifttum: *Benckendorff*, Erwerb eigener Aktien im deutschen und US-amerikanischen Recht, 1998; *Büdenbender*, Eigene Aktien und Aktien an der Muttergesellschaft, DZWiR 1998, 1 und 55; *Büscher*, Das neue Recht des Aktienrückkaufs, 2013; *Cahn*, Kapitalerhaltung im Konzern, 1998; *Cahn*, Aktien der herrschenden AG in Fondsvermögen abhängiger Investmentgesellschaften, WM 2001, 1929; *Cahn*, Eigene Aktien und gegenseitige Beteiligungen in Bayer/Habersack, Aktienrecht im Wandel der Zeit, 2007, 763; *Cahn/Farrenkopf*, Abschied von der qualifizierten wechselseitigen Beteiligung?, AG 1984, 178; *Hassner*, Finanzielle Unterstützung zum institutionellen Leveraged Buyout einer Aktiengesellschaft, 2014; *Huber*, Zum Aktienerwerb durch ausländische Tochtergesellschaften, FS Duden, 1977, 137; *Kindl*, Der Erwerb eigener Aktien nach Europäischem Gemeinschaftsrecht, ZEuP 1994, 77; *W. Müller*, Zum Entwurf eines Gesetzes zur Durchführung der Zweiten Richtlinie des Rates der Europäischen Gemeinschaften zur Koordinierung des Gesellschaftsrechts, WPg 1978, 565; *Kerstin Schmidt*, Wechselseitige Beteiligungen im Gesellschafts- und Kartellrecht, 1995; *Thömmes*, Steht dem Tochterunternehmen aus dem Besitz von Aktien der Muttergesellschaft eine Dividende zu?, AG 1987, 34; *H. Winter*, Die wechselseitige Beteiligung von Aktiengesellschaften, 1960; *Zilias/Lanfermann*, Die Neuregelung des Erwerbs und Haltens eigener Aktien (Teil I), WPg 1980, 61; (Teil II), WPg 1980, 89.

Übersicht

	Rn.
I. Normzweck, Entstehungsgeschichte und Korrekturbedürftigkeit der Vorschrift	1–5
1. Entstehungsgeschichte und Normzweck	1–3
a) Erwerb durch verbundene Unternehmen	1, 2
b) Mittelbare Stellvertretung	3
2. Mängel der gesetzlichen Verweisungstechnik	4
3. Unzulänglichkeit des gesetzlichen Regelungsansatzes für verbundene Unternehmen	5
II. Erwerb oder Besitz durch Dritte für Rechnung der AG, Satz 1	6–30
1. Tatbestand des Satzes 1	6–9
2. Vereinbarkeit des Erwerbs mit § 71 Abs. 1 und 2	10–15
a) Grundsatz	10
b) Zurechnung nach Satz 3 und kapitalmarktrechtliche Bestimmungen	11
c) Anwendbarkeit der übrigen Bestimmungen über eigene Aktien, Satz 4	12–15
3. Verstoß des Erwerbs gegen § 71 Abs. 1 oder 2	16–30
a) Unanwendbarkeit von § 71d Satz 3–6?	16–24
b) Rechtsfolgen nach Satz 3–6 bei nichtigem Auftrags- oder Geschäftsbesorgungsverhältnis	25–30
III. Erwerb oder Besitz durch abhängige oder im Mehrheitsbesitz der AG stehende Unternehmen, Satz 2	31–57
1. Internationaler Anwendungsbereich	31
2. Tatbestandsvoraussetzungen	32–40
a) Abhängiges oder im Mehrheitsbesitz der AG stehendes Unternehmen, Satz 2 Hs. 1	32–37
b) Mittelbarer Stellvertreter des abhängigen oder im Mehrheitsbesitz der AG stehenden Unternehmens, Satz 2 Hs. 2	38
c) Erwerb oder Besitz	39, 40
3. Vereinbarkeit des Erwerbs mit § 71 Abs. 1 und 2	41–47
a) Erwerbsgründe des § 71 Abs. 1	41
b) Erwerbsvoraussetzungen nach § 71 Abs. 2	42–47
4. Zurechnung nach Satz 3	48
5. Rechtsfolgen nach Satz 4	49–57
a) Unterrichtung der HV	49
b) Ausgabe von Belegschaftsaktien	50
c) Unterrichtung der BaFin	51
d) § 71 Abs. 4	52
e) Umgehungsgeschäfte, § 71a	53
f) Rechte aus Aktien der AG, § 71b	54
g) Pflicht zur Veräußerung rechtswidrig erworbener Aktien nach § 71c Abs. 1	55
h) Veräußerung rechtmäßig erworbener Aktien, § 71c Abs. 2	56
i) Einziehung eigener Aktien	57
IV. Der Anspruch auf Aktienübertragung, Satz 5 und 6	58–61
1. Inhalt und Durchsetzung des Rückübertragungsanspruchs	58–60
2. Der Erstattungsanspruch, Satz 6	61

I. Normzweck, Entstehungsgeschichte und Korrekturbedürftigkeit der Vorschrift

1. Entstehungsgeschichte und Normzweck. a) Erwerb durch verbundene Unternehmen. Die NotVO v. 19. September 1931 führte mit § 226 Abs. 4 HGB die erste Regelung über den Erwerb von Aktien der herrschenden AG durch abhängige Unternehmen ein. Sie wurde in § 65 Abs. 5 AktG 1937 übernommen und durch § 71 Abs. 4 AktG 1965 auf im Mehrheitsbesitz der AG stehende Unternehmen erweitert. Die Kapitalrichtlinie[1] enthielt zunächst keine vergleichbaren Erwerbsbeschränkungen, weil entsprechende Regelungen durch eine Konzernrechtsrichtlinie erfolgen sollten.[2] Als das endgültige Scheitern dieser Richtlinie absehbar wurde, wurde die **Kapitalrichtlinie** um einen neuen Art. 24a Kapital-RL 1977 (jetzt Art. 67 RL (EU) 2017/1132)[3] **ergänzt**,[4] der den Erwerb oder Besitz von Aktien durch eine abhängige Gesellschaft wie einen Erwerb durch die Gesellschaft selbst behandelt.

Die Erstreckung der Erwerbs- und Besitzbeschränkungen für eigene Aktien auf bestimmte verbundene Unternehmen soll „den Wirklichkeitswert"[5] der Regelungen über eigene Aktien sicherstellen. Besonders augenfällig ist die wirtschaftliche **Gleichwertigkeit des Erwerbs durch ein abhängiges Unternehmen** mit einem Erwerb eigener Aktien durch die Gesellschaft selbst, wenn alle Anteile an dem erwerbenden Unternehmen der Gesellschaft gehören.[6] Hier geht die Leistung wirtschaftlich gesehen ebenso zu Lasten des Vermögens der Gesellschaft wie bei einem eigenen Erwerb. Für den an die veräußernden Aktionäre gezahlten Erwerbspreis erhält das abhängige Unternehmen Anteile, die ohnehin bereits der Gesellschaft gehörendes Vermögen repräsentieren. Aus deren Sicht wird die wirtschaftliche Inhaberschaft an echten Vermögenswerten in Händen des abhängigen Unternehmens gegen eine mittelbare Beteiligung an sich selbst eingetauscht, die für sie keinen entsprechenden Gegenwert darstellt.[7] Darüber hinaus können hier auch die für den Erwerb eigener Aktien typischen Gefahren für die innere Ordnung der Gesellschaft und für die Integrität des Kapitalmarkts drohen, denn der Vorstand dieser Gesellschaft, der das Stimmrecht aus ihren Anteilen ausübt, könnte etwaige Beteiligungsrechte der Erwerberin kraft des beherrschenden Einflusses der AG ebenso in seinem Sinne einsetzen, den Auskauf unliebsamer Aktionäre veranlassen oder den Kurs der Aktie manipulieren, wie bei einem unmittelbaren Erwerb eigener Aktien.[8] Um derartigen Umgehungen vorzubeugen, unterwirft Satz 2 den Erwerb von Aktien einer herrschenden oder mehrheitlich beteiligten AG durch ein von ihr abhängiges oder in ihrem Mehrheitsbesitz stehendes Unternehmen den gleichen Beschränkungen, die für den Erwerb eigener Aktien durch die AG selbst gelten.

b) Mittelbare Stellvertretung. Der **Erwerb** eigener Aktien **durch mittelbare Stellvertreter** der Gesellschaft wurde erstmals in § 226 Abs. 3 HGB idF durch die NotVO v. 19. September 1931 dem Erwerb durch die Gesellschaft selbst gleichgestellt (→ § 71 Rn. 24). Nach § 65 Abs. 6 AktG 1937 war ein Rechtsgeschäft zwischen der Gesellschaft oder einem abhängigen Unternehmen und einem anderen, wonach dieser berechtigt oder verpflichtet sein soll, eigene Aktien der Gesellschaft oder eines abhängigen Unternehmens zu erwerben oder als Pfand zu nehmen, nichtig, soweit der Erwerb oder die Inpfandnahme der Aktien durch die Gesellschaft oder das abhängige Unternehmen gegen die Erwerbsbeschränkungen der Abs. 1, 2, 4 und 5 verstieß. Nach § 65 Abs. 6 AktG 1937 konnten Rechte aus eigenen Aktien, die ein anderer für Rechnung der Gesellschaft erworben hatte, nicht geltend gemacht werden. Diese Regelung wurde nahezu wörtlich in § 71 Abs. 5 und 6 AktG 1965 übernommen. Zweck der Bestimmungen war jeweils der

---

[1] Zweite Richtlinie des Rates der Europäischen Gemeinschaften zur Koordinierung des Gesellschaftsrechts v. 13.12.1976 (Kapitalrichtlinie) (77/91/EWG) ABl. EG 1977 Nr. L 26, 1.
[2] Vgl. *Benckendorff*, Erwerb eigener Aktien im deutschen und US-amerikanischen Recht, 1998, 200 ff.
[3] Richtlinie 2017/1132/EU des Europäischen Parlaments und der Europäischen Rates v. 14. Juni 2017 über bestimmte Aspekte des Gesellschaftsrechts, ABl. EU 2017 Nr. L 169, 46.
[4] Durch die Richtlinie 92/101/EWG des Rates v. 23. November 1992 zur Änderung der Richtlinie 77/91/EWG über die Gründung der Aktiengesellschaft sowie die Erhaltung und Änderung ihres Kapitals, ABl. EG 1992 Nr. L 347, 64.
[5] *Quassowski* JW 1931, 2914 (2919).
[6] Zu diesem Fall vgl. vor allem *Huber* FS Duden, 1977, 137 (147).
[7] *Huber* FS Duden, 1977, 137 (147); *Cahn*, Kapitalerhaltung im Konzern, 1998, 152 f.; anders *Hettlage*, Die Bilanzierung wechselseitiger Beteiligungen nach deutschem Aktienrecht, 1967, 170 ff.; *Hettlage* AG 1967, 249 (250); *Hettlage* AG 1981, 92 (97).
[8] Vgl. etwa *H. Winter*, Die wechselseitige Beteiligung von Aktiengesellschaften, 1960, 27 ff. (32 ff.); *Zöllner*, Die Schranken mitgliedschaftlicher Stimmrechtsmacht bei den privatrechtlichen Personenverbänden, 1963, 132; *Mestmäcker*, Verwaltung, Konzerngewalt und Rechte der Aktionäre, 1958, 114 ff.; *Bernwald*, Mehrstufige Unternehmensverbindungen aus der Sicht des AktG 1965, 1974, 68; *Huber* FS Duden, 1977, 137 (143); *Bork* ZGR 1994, 237 (247); *Kerstin Schmidt*, Wechselseitige Beteiligungen im Gesellschafts- und Kartellrecht, 1995, 57 ff.; *Cahn*, Kapitalerhaltung im Konzern, 1998, 152 f.

Schutz der Erwerbsbeschränkungen für eigene Aktien **vor Umgehungen** durch die Einschaltung mittelbarer Stellvertreter. Das gilt auch für die entsprechenden Regelungen in Art. 60 Abs. 1 RL (EU) 2017/1132, Art. 63 Abs. 1 RL (EU) 2017/1132 und Art. 66 Abs. 1 RL (EU) 2017/1132. Die Neufassung der Erwerbsbeschränkungen für eigene Aktien im Zuge der Umsetzung dieser Richtlinie sollte insoweit in der Sache nichts ändern. Die Beibehaltung des bisherigen Aufbaus – Regelung des mittelbaren Erwerbs eigener Aktien durch Dritte für Rechnung der Gesellschaft, durch abhängige Unternehmen oder durch Dritte für Rechnung abhängiger Unternehmen – hätte indessen nach Einschätzung der Gesetzesverfasser die Regelungen sehr schwer lesbar gemacht. Lediglich der besseren Übersichtlichkeit halber wurden daher die genannten Erwerbsvorgänge in dem neuen § 71d zusammenfassend geregelt und dem Erwerb durch die Gesellschaft allgemein gleichgestellt.[9]

2. Mängel der gesetzlichen Verweisungstechnik. Nach hL ist die Zusammenfassung des Erwerbs durch abhängige oder im Mehrheitsbesitz der Gesellschaft stehende Unternehmen einerseits und durch mittelbare Stellvertreter andererseits vor allem **wegen der mangelnden Abstimmung mit § 71a Abs. 2 missglückt.**[10] Diese Vorschrift regelt ebenfalls den Aktienerwerb durch mittelbare Stellvertreter, unterscheidet sich aber sowohl hinsichtlich ihrer Tatbestandsvoraussetzungen als auch ihrer Rechtsfolgen von § 71d. So darf ein für Rechnung der AG oder eines mit ihr iSv Satz 2 verbundenen Unternehmens handelnder Dritter nach § 71d Aktien der Gesellschaft nicht zum Zweck der Einziehung erwerben, während dies nach § 71a Abs. 2 nicht ausgeschlossen wäre. Vor allem aber nimmt die hL an, Satz 3–6 seien mit § 71a Abs. 2 unvereinbar. Satz 3–6 beruhten nämlich auf der Voraussetzung, dass die von dem mittelbaren Stellvertreter erworbenen Aktien der AG zuzurechnen seien, während § 71a Abs. 2 das Auftrags- oder Geschäftsbesorgungsverhältnis für nichtig erklärt und damit einer Zurechnung der Aktien die Grundlage entziehe.[11] In diesem Konflikt gebühre § 71a Abs. 2 der Vorrang. **Bei** nach dieser Vorschrift **nichtigem Innenverhältnis** seien daher **Satz 3–6 nicht anwendbar.**[12] Entgegen der hL ist eine **so weit gehende Gesetzeskorrektur** zwar **nicht angebracht** (im Einzelnen → Rn. 16 ff.); zutreffend ist aber, dass die Reichweite der Verweisungen in Satz 3–6 trotz der nach dem Gesetzeswortlaut einheitlichen Geltungsanordnung für Erwerb und Besitz eigener Aktien durch mittelbare Stellvertreter und verbundene Unternehmen für beide Gestaltungen jeweils eigenständig bestimmt werden muss (im Einzelnen → Rn. 25 ff. und 39 ff.).

3. Unzulänglichkeit des gesetzlichen Regelungsansatzes für verbundene Unternehmen. Der Erwerb von Aktien einer herrschenden oder mehrheitlich beteiligten Gesellschaft durch eine von ihr abhängige oder in ihrem Mehrheitsbesitz stehende AG wirft die Frage nach der Vereinbarkeit mit der gesetzlichen **Vermögensbindung** auch **aus der Perspektive der Erwerberin** auf.[13] Soweit das Vermögen der Gesellschaft aus der Beteiligung an der Erwerbergesellschaft besteht, erhält diese in Form der Aktien nur scheinbar eine vollwertige Gegenleistung. Tatsächlich entrichtet sie den Erwerbspreis (ganz oder zum Teil) für eine mittelbare Beteiligung an sich selbst.[14] Das wird besonders deutlich, wenn es sich bei der herrschenden AG um eine Holdinggesellschaft handelt, deren gesamtes Vermögen aus ihrer Beteiligung an der Erwerbergesellschaft besteht. Hier erwirbt diese der Sache nach nur eine Beteiligung an sich selbst.[15] Sie erhält keinen Vermögenswert, der ihr wirtschaftlich betrachtet nicht ohnehin bereits gehört hätte. Dennoch wird nach hM der Aufbau einer Beteiligung an einer Gesellschaft, die ihrerseits an der Erwerber-AG beteiligt ist, grundsätzlich nicht von den §§ 71 ff. erfasst. Etwas anderes soll lediglich dann gelten, wenn das Vermögen der Zielgesellschaft (nahezu) ausschließlich aus Aktien der Erwerberin besteht; nur in diesem Fall sei das Geschäft wie der Erwerb eigener Aktien durch die Erwerbergesellschaft zu beurteilen.[16] Der Aufbau gegenseitiger Beteiligungen wirkt sich indessen auf die Vermögen von Zielgesellschaft und Erwerbergesellschaft in gleicher Weise aus. Die für den Erwerb aufgewendeten Mittel werden gegen eine **wertlose**

---

[9] BegrRegE zu Art. 1 Nr. 15 des Gesetzes zur Durchführung der Zweiten Richtlinie des Rates der Europäischen Gemeinschaften zur Koordinierung des Gesellschaftsrechts, BT-Drs. 8/1678, 16.

[10] Kölner Komm AktG/*Lutter/Drygala* Rn. 101 ff.; MüKoAktG/*Oechsler* Rn. 3 f.; Großkomm AktG/*Merkt* Rn. 25; Grigoleit/*Grigoleit/Rachlitz* Rn. 2; Hüffer/Koch/*Koch* Rn. 8 f.; *Benckendorff,* Erwerb eigener Aktien im deutschen und US-amerikanischen Recht, 1998, 259 f.; Hölters/*Laubert* Rn. 2.

[11] Dazu iE MüKoAktG/*Oechsler* Rn. 3; Hölters/*Laubert* Rn. 2.

[12] Kölner Komm AktG/*Lutter/Drygala* Rn. 103, 121 f.; MüKoAktG/*Oechsler* Rn. 3 f.; K. Schmidt/Lutter/ *T. Bezzenberger* Rn. 3, 11; Hüffer/Koch/*Koch* Rn. 8 f.; *Benckendorff,* Erwerb eigener Aktien im deutschen und US-amerikanischen Recht, 1998, 260; Hölters/*Laubert* Rn. 2.

[13] Eingehend dazu *Cahn,* Kapitalerhaltung im Konzern, 1998, 151 ff.; *Büscher,* Das neue Recht des Aktienrückkaufs, 2013, 169 ff.; and. nunmehr Großkomm AktG/*Merkt* Rn. 14.

[14] *Verhoeven* GmbHR 1977, 97 f.

[15] Vgl. dazu *Huber* FS Duden, 1977, 137 (147).

[16] Großkomm AktG/*Barz,* 3. Aufl. 1973, § 71 Anm. 4; Kölner Komm AktG/*Lutter/Drygala* § 71 Rn. 44; MüKoAktG/*Oechsler* § 71 Rn. 89; ähnl. Hüffer/Koch/*Koch* § 71 Rn. 5.

mittelbare Selbstbeteiligung eingetauscht. Gegen die damit verbundenen Gefahren schützt Satz 2 eine AG, deren Aktien erworben werden sollen, bereits dann, wenn sie knapp über die Hälfte der Anteile an dem Erwerberunternehmen hält. Bei wirtschaftlicher Betrachtung stammt unter diesen Umständen nur ein der Höhe dieser Beteiligung entsprechender Anteil des Erwerbspreises aus dem Vermögen der Ziel-AG. In der Rolle der Erwerbergesellschaft soll eine AG dagegen nur dann durch eine analoge Anwendung der §§ 71 ff. geschützt sein, wenn sie (nahezu) den gesamten Preis für eine aus ihrer Sicht wertlose Gegenleistung zahlt. Im Übrigen sollen ihr nur reflexartig die Beschränkungen des § 71d S. 2 AktG zugutekommen, wenn es sich bei der Zielgesellschaft ebenfalls um eine AG oder KGaA handelt. In diesem Fall ist der Aufbau einer mittelbaren Selbstbeteiligung durch die Erwerbergesellschaft auf maximal 10 % beschränkt.[17] Erwirbt hingegen eine AG knapp die Hälfte der Aktien einer Gesellschaft, die an ihr zu knapp 50 % beteiligt ist, ohne dass ein Abhängigkeitsverhältnis vorläge, so beläuft sich die mittelbare Selbstbeteiligung der Erwerber-AG auf nahezu 25 %. Die Beschränkung des Schutzes des Vermögens der Erwerbergesellschaft auf klare Umgehungsfälle ist daher korrekturbedürftig.[18]

II. Erwerb oder Besitz durch Dritte für Rechnung der AG, Satz 1

6   **1. Tatbestand des Satzes 1.** Satz 1 setzt den Erwerb von Aktien der Gesellschaft durch einen im eigenen Namen, aber **für Rechnung der AG** handelnden Dritten voraus. Ebenso wie bei § 71a Abs. 2 kommt es darauf an, dass im Verhältnis zum Dritten die AG das wirtschaftliche Ergebnis des Erwerbs ganz oder zum Teil übernehmen soll und dementsprechend der Dritte die Interessen der AG zu wahren und ihre Weisungen zu beachten hat (im Einzelnen → § 71a Rn. 13, 65 ff.).

7   Der **Erwerbsbegriff** des § 71d stimmt mit dem weiten Erwerbsbegriff des § 71 überein (→ § 71 Rn. 35 ff.). Satz 1 erfasst daher sowohl den dinglichen Aktienerwerb als auch den Abschluss (nur) des schuldrechtlichen Vertrages über den Erwerb von Aktien der AG durch einen für Rechnung der Gesellschaft handelnden Dritten. Die Bestimmung gilt daher beispielsweise für den Abschluss eines Kaufvertrages durch einen von der Gesellschaft beauftragten **Kommissionär** auch dann, wenn er nicht Inhaber der Aktien wird, sondern deren Übertragung unmittelbar vom Veräußerer auf die AG erfolgt.[19]

8   Soweit das Handeln für die Gesellschaft reicht, darf der Dritte deren Aktien nur erwerben, wenn einer der **Erwerbsgründe des § 71 Abs. 1 Nr. 1–5, 7 und 8** vorliegt. Maßgeblich dafür ist stets die Situation der AG. Entscheidend ist also, ob der Gesellschaft ein schwerer Schaden droht (§ 71 Abs. 1 Nr. 1), Aktien ihren Arbeitnehmern oder Arbeitnehmern eines mit ihr verbundenen Unternehmens angeboten werden sollen (§ 71 Abs. 1 Nr. 2) etc.[20] Ein **Erwerb** von Aktien, um sie der Gesellschaft nach § 71 Nr. 6 **zur Einziehung** zur Verfügung zu stellen, ist nach Satz 1 **nicht zulässig**. Die Vorschrift enthält insoweit eine § 71a Abs. 2 verdrängende Spezialregelung (dazu auch → § 71a Rn. 63).[21]

9   Darüber hinaus müsste der Gesellschaft der Erwerb **nach § 71 Abs. 2** gestattet sein. Stützt sich der Erwerb durch den Dritten auf einen bei der Gesellschaft vorliegenden Grund nach § 71 Abs. 1 Nr. 1–3, 7 oder 8, darf nach § 71 Abs. 2 S. 1 der Gesamtbestand aller eigenen Aktien im Besitz der Gesellschaft, der mit ihr iSv Satz 2 verbundenen Unternehmen sowie Dritter, die bereits wirksam (→ Rn. 5) für Rechnung der Gesellschaft oder eines mit ihr iSv Satz 2 verbundenen Unternehmens Aktien erworben haben und noch besitzen, dadurch nicht über zehn Prozent des Grundkapitals anwachsen. Ist die **Zehnprozentgrenze** bereits überschritten, kommt ein Erwerb durch den Dritten aufgrund der aufgeführten Tatbestände von vornherein nicht in Betracht. Dagegen wäre ein Erwerb durch Gesamtrechtsnachfolge (§ 71 Abs. 1 Nr. 5) für Rechnung der Gesellschaft durch die Zehnprozentgrenze nicht ausgeschlossen. Der Erwerb durch den Dritten setzt weiterhin voraus, dass die Gesellschaft in der Lage wäre, eine Rücklage für eigene Aktien aus freien Mitteln zu bilden (§ 71 Abs. 2 S. 2).[22] Schließlich darf der mittelbare Stellvertreter nicht voll eingezahlte Aktien nur erwerben, soweit dies der Gesellschaft selbst gestattet wäre, also in den Fällen des § 71 Abs. 1 Nr. 3 und 5.

---

[17] Wenn die Ziel-AG Alleinaktionärin der Erwerber-AG ist, baut diese bei einem Erwerb von 10 % der Aktien der Ziel-AG zugleich eine mittelbare Selbstbeteiligung von 10 % auf.

[18] Vgl. dazu *Cahn*, Kapitalerhaltung im Konzern, 1998, 151 ff.

[19] Ausf. zu den Übertragungsmodalitäten beim Effektengeschäft, insbes. zur Frage, ob der Kommissionär Durchgangseigentum erwirbt, MüKoHGB/*Einsele*, 2. Aufl. 2009, Depotgeschäft Rn. 96 ff.

[20] Dazu iE Kölner Komm AktG/*Lutter/Drygala* Rn. 104 ff.; Großkomm AktG/*Merkt* Rn. 8; K. Schmidt/Lutter/*T. Bezzenberger* Rn. 5; Grigoleit/*Grigoleit/Rachlitz* Rn. 5; Bürgers/Körber/*Wieneke* Rn. 7; Wachter/*Servatius* Rn. 7; NK-AktG/*Block* Rn. 6 ff.; Hölters/*Laubert* Rn. 3.

[21] Kölner Komm AktG/*Lutter/Drygala* Rn. 90, 108; MüKoAktG/*Oechsler* Rn. 5; Großkomm AktG/*Merkt* Rn. 16; Grigoleit/*Grigoleit/Rachlitz* Rn. 3; Hölters/*Laubert* Rn. 2.

[22] *Grigoleit/Rachlitz* in Grigoleit Rn. 6; Hölters/*Laubert* Rn. 3.

2. Vereinbarkeit des Erwerbs mit § 71 Abs. 1 und 2. a) Grundsatz. Dürfte die Gesellschaft 10 die Aktien nach § 71 Abs. 1 und 2 selbst erwerben, ist das Rechtsverhältnis zum mittelbaren Stellvertreter nicht nach § 71a Abs. 2 nichtig. Es gelten daher die Bestimmungen der Sätze 3–6.

b) Zurechnung nach Satz 3 und kapitalmarktrechtliche Bestimmungen. Nach Satz 3 iVm 11 § 71 Abs. 2 S. 1 sind die Aktien im Besitz des mittelbaren Stellvertreters auf die **Zehnprozentgrenze** des § 71 Abs. 2 S. 1 anzurechnen. Da § 71d S. 1 auch den Besitz erfasst, gilt dies auch für Aktien, die der Dritte vor der Begründung des Rechtsverhältnisses mit der AG erworben hat, nach dieser Vereinbarung aber nunmehr für Rechnung der Gesellschaft halten soll.[23] Das Gleiche gilt im Hinblick auf die Berechnung des Gesamtbestandes an zulässig erworbenen eigenen Aktien im Rahmen der **Veräußerungspflicht** nach § 71c Abs. 2. Darüber hinaus sind die vom mittelbaren Stellvertreter erworbenen Aktien der AG nach **§ 34 Abs. 1 Nr. 2 WpHG** und **§ 20 Abs. 1 Nr. 2 WpÜG** zuzurechnen.

c) Anwendbarkeit der übrigen Bestimmungen über eigene Aktien, Satz 4. Nach Satz 4 12 iVm § 71 Abs. 3 S. 1 muss der Vorstand **der nächsten Hauptversammlung** über den Erwerb durch den mittelbaren Stellvertreter **berichten.** Beim Erwerb von Belegschaftsaktien trifft die Gesellschaft die Pflicht zur **Ausgabe an die Arbeitnehmer** nach § 71 Abs. 3 S. 2.[24] Zur Erfüllung dieser Pflicht kann sich die Gesellschaft des mittelbaren Stellvertreters bedienen. Bis zur Streichung des § 71 Abs. 3 S. 3 durch Art. 1 Nr. 6b) ARUG bezog sich die Verweisung des Satzes 4 dem Wortlaut nach auch auf die Pflicht zur Unterrichtung der BaFin über die Erteilung einer Ermächtigung nach § 71 Abs. 1 Nr. 8 an den Vorstand. Der Erwerb selbst war dagegen nicht nach dieser Bestimmung meldepflichtig, und zwar unabhängig davon, ob er durch die Gesellschaft selbst oder durch einen von ihr beauftragten Dritten erfolgte. Die Verweisung von Satz 3 auf den nachträglich eingefügten § 71 Abs. 3 S. 3 lief daher leer,[25] so dass sich durch den Wegfall von § 71 Abs. 3 S. 3 insoweit keine Änderung gegenüber dem früheren Rechtszustand ergeben hat.

§ 71a Abs. 1 S. 1 gilt sinngemäß, wenn nicht die AG selbst, sondern ihr mittelbarer Stellvertreter 13 den **Aktienerwerb** eines Dritten **finanziell unterstützt.** Zu den Rechtsfolgen vgl. → § 71a Rn. 53 ff. Liegen die Voraussetzungen von § 71 Abs. 1 und 2 bei der AG vor, fehlt es an den Voraussetzungen eines Verstoßes gegen § 71a Abs. 2. Die Anwendung der Vorschrift scheidet daher bei Wirksamkeit des Rechtsverhältnisses mit dem mittelbaren Stellvertreter von vornherein aus. Zu den Folgen eines Erwerbs durch den Dritten nach § 71 Abs. 1 Nr. 6 → Rn. 8.

Nach Satz 4 iVm § 71b stehen dem mittelbaren Stellvertreter **keine Mitgliedschaftsrechte** aus 14 den für Rechnung der AG gehaltenen Aktien zu.[26] Das Gesetz trägt damit dem Umstand Rechnung, dass der Dritte den Weisungen der Gesellschaft Folge zu leisten hätte.

Die **Veräußerungspflicht** nach § 71c Abs. 1 greift bei Vereinbarkeit des Erwerbs durch den 15 mittelbaren Stellvertreter mit § 71 Abs. 1 und 2 nicht ein. Dagegen sind die vom mittelbaren Stellvertreter für Rechnung der gehaltenen Aktien bei der Berechnung des Gesamtbestandes an eigenen Aktien nach § 71c Abs. 2 zu berücksichtigen (→ Rn. 11). Die Veräußerungspflicht nach dieser Vorschrift trifft die AG, die dafür unabhängig von Ansprüchen aus dem Vertragsverhältnis mit dem mittelbaren Stellvertreter (§ 667 BGB, § 384 Abs. 2 HGB) nach Satz 5 Übertragung der Aktien verlangen kann. Auch die Einziehung nach § 71c Abs. 3 obliegt der Gesellschaft.[27]

3. Verstoß des Erwerbs gegen § 71 Abs. 1 oder 2. a) Unanwendbarkeit von § 71d Satz 3– 16 6? Nach hL ist § 71d S. 1 für Fälle, in denen der Erwerb eigener Aktien durch die AG gegen § 71 Abs. 1 oder 2 verstoßen würde, nicht hinreichend auf § 71a Abs. 2 abgestimmt. In den Fällen des § 71d S. 1 (Erwerb durch einen mittelbaren Stellvertreter) beruhe § 71d S. 3–6 auf der Voraussetzung, dass die von dem mittelbaren Stellvertreter erworbenen Aktien der AG zuzurechnen seien, während § 71a Abs. 2 das Auftrags- oder Geschäftsbesorgungsverhältnis für nichtig erkläre und die Zurechnung der Aktien die Grundlage entziehe. Die **hL** folgert daraus, dass **§ 71d S. 3–6** auf einen Aktienerwerb durch mittelbare Stellvertreter der AG **nur anwendbar ist, wenn die Voraussetzungen des § 71 Abs. 1 und 2 vorliegen,** so dass das Geschäftsbesorgungs- oder Auftragsverhältnis zwischen der AG und dem mittelbaren Stellvertreter, aufgrund dessen er für Rechnung der Gesellschaft handelt, wirksam ist. Bei Unwirksamkeit dieses Verhältnisses soll § 71d S. 3–6 dagegen mit Ausnahme der Verweisung von Satz 4 auf § 71b keine Anwendung finden.[28] Der AG sind danach

---

[23] MüKoAktG/*Oechsler* Rn. 7.
[24] MüKoAktG/*Oechsler* Rn. 10; Hölters/*Laubert* Rn. 11.
[25] Ebenso MüKoAktG/*Oechsler*, 3. Aufl. 2008, Rn. 11; Großkomm AktG/*Merkt* 4. Aufl. 2008, Rn. 21.
[26] Großkomm AktG/*Merkt* Rn. 26; K. Schmidt/Lutter/*T. Bezzenberger* Rn. 11; Hölters/*Laubert* Rn. 14.
[27] MüKoAktG/*Oechsler* Rn. 18; Großkomm AktG/*Merkt* Rn. 30; Hölters/*Laubert* Rn. 6, 15.
[28] Kölner Komm AktG/*Lutter/Drygala* Rn. 103, 121 f.; MüKoAktG/*Oechsler* Rn. 3 f.; Grigoleit/*Grigoleit/Rachlitz* Rn. 7 ff., 11; Bürgers/Körber/*Wieneke* Rn. 9; Hüffer/Koch/*Koch* Rn. 8 f.; *Benckendorff*, Erwerb eigener Aktien im deutschen und US-amerikanischen Recht, 1998, 260; Hölters/*Laubert* Rn. 4, 19.

die von dem Dritten erworbenen Aktien nicht nach Satz 3 zuzurechnen. Ebenso wenig kann sie nach Satz 5 deren Herausgabe verlangen und damit die von § 71a Abs. 2 angeordnete Nichtigkeit des Verhältnisses zum Dritten und das daraus folgende Fehlen eines Herausgabeanspruchs nach § 667 BGB oder § 384 Abs. 2 HGB überspielen.[29] Mangels Zugriffsmöglichkeit der Gesellschaft auf die Aktien bestehen schließlich keine Informationspflichten nach Satz 4 iVm § 71 Abs. 3 S. 1 und 3.[30]

17 Fraglich ist, ob die der hL zugrunde liegende Annahme zutrifft, dass § 71d S. 3–6 die Wirksamkeit des Rechtsverhältnisses der Gesellschaft zum mittelbaren Stellvertreter und damit die Vereinbarkeit des Erwerbs mit § 71 Abs. 1 und 2 voraussetzt, weil die in diesen Bestimmungen angeordneten Verweisungen anderenfalls keinen Sinn ergeben würden. Anlass zu Zweifeln an dieser Interpretation des § 71d gibt die **Verweisung des § 71d S. 4 auf § 71 Abs. 4,** wonach bei Verstößen gegen die Erwerbsbeschränkungen des § 71 Abs. 1 oder 2 der dingliche Aktienerwerb zwar wirksam (§ 71 Abs. 4 S. 1), das schuldrechtliche Geschäft über den Erwerb eigener Aktien aber nichtig ist (§ 71 Abs. 4 S. 2). Möglicherweise ordnet § 71d damit selbst die Nichtigkeit des Geschäftsbesorgungs- oder Auftragsverhältnisses zwischen der AG und dem mittelbaren Stellvertreter an, sofern bei dessen Erwerb die Voraussetzungen des § 71 Abs. 1 und 2 auf Seiten der Gesellschaft nicht vorliegen. Wenn das der Fall wäre, würde § 71d für diese Fälle dieselbe Regelung treffen wie § 71a Abs. 2. Es läge dann kein Konflikt zwischen beiden Vorschriften, sondern lediglich eine zwar überflüssige, in der Sache aber unschädliche Regelung desselben Sachverhalts durch zwei (weitgehend) identische Normen vor.

18 Das Verständnis des Gesetzes wird dadurch erschwert, dass **nicht klar formuliert** ist, **für welches Rechtsverhältnis die Rechtsfolgen des § 71d gelten.** Im Schrifttum werden sie teilweise auf das Rechtsverhältnis der AG zum mittelbaren Stellvertreter, teilweise auf dessen Rechtsverhältnis zum Veräußerer der Aktien bezogen. Ersteres gilt etwa für die Anrechnung des Aktien auf die Zehnprozentgrenze gem. § 71d S. 3 iVm § 71 Abs. 2 S. 1, die Berichtspflicht des Vorstands nach § 71d S. 4 iVm § 71 Abs. 3 S. 3 sowie die Veräußerungspflicht nach § 71d S. 3 iVm § 71c Abs. 2. Dagegen wird die Nichtigkeitssanktion des § 71d S. 4 iVm § 71 Abs. 4 S. 2 teilweise auf den Erwerb durch den mittelbaren Stellvertreter von dem veräußernden Aktionär bezogen.[31] In welchem Sinne § 71d zu verstehen ist, lässt sich nur aufgrund einer genaueren Analyse der Vorschrift, insbesondere ihres Satzes 4 und dessen Verweisung auf § 71 Abs. 4, beurteilen.

19 Im Grundfall des Erwerbs eigener Aktien durch die AG beziehen sich beide Sätze des § 71 Abs. 4 auf das Verhältnis der AG zum veräußernden Aktionär. Fraglich ist, was die nach § 71d S. 4 gebotene **„sinngemäße" Anwendung von § 71 Abs. 4** auf den Erwerb eigener Aktien durch einen mittelbaren Stellvertreter der AG (§ 71d S. 1) bedeutet. Insoweit sind **zwei Auslegungsalternativen denkbar.**

20 Die „sinngemäße Geltung" von § 71 Abs. 4 könnte sich zum einen auf das **Verhältnis des mittelbaren Stellvertreters zum veräußernden Aktionär** beziehen. § 71d S. 4 würde bei diesem Normverständnis besagen, dass der dingliche Aktienerwerb des mittelbaren Stellvertreters vom Aktionär zwar wirksam, der zugrunde liegende Kaufvertrag zwischen diesen beiden Parteien aber nichtig wäre.[32] Die Nichtigkeit der schuldrechtlichen Beziehung zwischen dem mittelbaren Stellvertreter und der AG würde sich allein aus § 71a Abs. 2 ergeben. Die Wirksamkeit der dinglichen Übertragung der Aktien von dem mittelbaren Stellvertreter auf die AG auch für den Fall eines Verstoßes gegen § 71 Abs. 1 oder 2 würde unmittelbar aus § 71 Abs. 4 S. 1 folgen.

21 Für dieses Normverständnis scheint ein Vergleich mit der Behandlung des Aktienerwerbs durch ein nachgeordnetes Unternehmen zu sprechen. Dort beziehen sich § 71d S. 4 iVm § 71 Abs. 4 auf das (Außen)Verhältnis dieses Unternehmens zum veräußernden Aktionär.[33] In der Sache sind der **Erwerb durch einen mittelbaren Stellvertreter und der Erwerb durch eine Tochtergesellschaft** der AG jedoch **unterschiedlich** gelagert. Der Erwerb durch die Tochtergesellschaft führt unmittelbar zu einer Entwertung des Vermögens der AG. Der Wert ihrer Beteiligung wird ausgehöhlt, indem reale Vermögenswerte der Tochtergesellschaft durch für die AG wertlose eigene Aktien ersetzt werden. Die Gefährdung des Gesellschaftsvermögens tritt also unabhängig davon ein, ob die AG der Tochtergesellschaft den Erwerbspreis erstattet. Dementsprechend muss die Nichtigkeitssanktion bei dem Erwerbsgeschäft zwischen der Tochtergesellschaft und dem veräußernden Aktionär ansetzen. Demgegenüber belastet der Erwerb durch einen mittelbaren Stellvertreter die Gesellschaft nicht ohne weiteres. Ihr Vermögen wird erst beeinträchtigt, wenn sie die Aufwendungen des für

---

[29] Hüffer/Koch/*Koch* Rn. 9; MüKoAktG/*Oechsler* Rn. 4.
[30] MüKoAktG/*Oechsler* Rn. 4.
[31] *W. Müller* WPg 1978, 565 (572); *Zilias/Lanfermann* WPg 1980, 61 (66 f.).
[32] So *W. Müller* WPg 1978, 565 (572); *Zilias/Lanfermann* WPg 1980, 61 (66 f.).
[33] Vgl. LG Göttingen AG 1992, 1373 (1374); MüKoAktG/*Oechsler* Rn. 52; Hüffer/Koch/*Koch* Rn. 16.

ihre Rechnung handelnden Dritten ersetzt. Entscheidend für den Schutz des Gesellschaftsvermögens ist daher die **Verlagerung des Nichtigkeitsrisikos auf den mittelbaren Stellvertreter**. Auf dessen Verhältnis zum veräußernden Aktionär kommt es dafür nicht an. Vergleichbare Unterschiede zwischen einem Erwerb für Rechnung der AG und durch eine Tochtergesellschaft bestehen auch im Hinblick auf das Anliegen, die Kompetenzordnung vor Eingriffen durch die Verwaltung zu schützen. Die Einflussmöglichkeiten der AG auf eine Tochtergesellschaft bestehen unabhängig von der Nichtigkeit oder Wirksamkeit einer Vereinbarung zwischen beiden Unternehmen über den Erwerb eigener Aktien durch die Tochter. Die Gefahr eines Hineinregierens in die eigene HV ließe sich also durch Nichtigerklärung einer solchen Vereinbarung nicht ausschließen. Demgegenüber ergibt sich die Einflussmöglichkeit der Gesellschaft auf den mittelbaren Stellvertreter und dessen Aktienbesitz erst aus dem zwischen beiden bestehenden Auftrags- oder Geschäftsbesorgungsverhältnis. Der Zweck des § 71d S. 1 spricht also dafür, Satz 3–6 einschließlich der Nichtigkeitssanktion nach Satz 4 iVm § 71 Abs. 4 S. 2 bei einem Erwerb durch einen für Rechnung der AG handelnden Dritten einheitlich auf das Verhältnis zwischen der AG und dem mittelbaren Stellvertreter zu beziehen.

Das **europäische Recht** steht diesem Normverständnis nicht entgegen. Art. 60 Abs. 1 RL (EU) 2017/1132, Art. 63 Abs. 1 RL (EU) 2017/1132 und Art. 66 Abs. 1 RL (EU) 2017/1132 besagen lediglich, dass die Mitgliedstaaten einen Erwerb durch Dritte für Rechnung nur unter den Voraussetzungen zulassen dürfen, unter denen die Gesellschaft selbst eigene Aktien erwerben dürfte. Dagegen enthält die Richtlinie keine Vorgaben darüber, in welchem Verhältnis die Sanktionen eines unzulässigen Erwerbs eingreifen müssen. **22**

Aus den in → Rn. 21 genannten Gründen beziehen sich § 71d S. 4 iVm § 71 Abs. 4 auf das **Verhältnis des mittelbaren Stellvertreters zur AG**. Die Übertragung der Aktien vom mittelbaren Stellvertreter auf die AG ist daher zwar dinglich wirksam, das dem Aktienerwerb durch den Dritten und der Herausgabe an die AG zugrunde liegende Auftrags- oder Geschäftsbesorgungsverhältnis hingegen nichtig, so dass weder die AG die Übertragung der Aktien noch der mittelbare Stellvertreter Ersatz seiner Aufwendungen verlangen kann. § 71d S. 4 iVm § 71 Abs. 4 S. 2 enthält damit eine mit § 71a Abs. 2 weitgehend identische Regelung. Das Verhältnis des mittelbaren Stellvertreters zum veräußernden Aktionär ist hingegen durch § 71d S. 4 iVm § 71 Abs. 4 nicht erfasst. Der Erwerb durch den mittelbaren Stellvertreter ist in diesem Fall also aktienrechtlich unbedenklich. Das Nichtigkeitsrisiko beschränkt sich auf das Verhältnis der AG zum mittelbaren Stellvertreter. **23**

Auf der Grundlage dieses Normverständnisses **erfasst die Nichtigkeitssanktion** des § 71 Abs. 4 S. 2 mit der Anwendung auf das Verhältnis der Gesellschaft zum mittelbaren Stellvertreter **das Geschäft, aus dem der Gesellschaft Nachteile drohen.** Der auftrags- oder kommissionsrechtliche Erstattungsanspruch des Dritten gegenüber der AG entspricht dem Kaufpreisanspruch des veräußernden Aktionärs beim unmittelbaren Erwerb eigener Aktien. Dagegen entsteht der Gesellschaft aus der Kaufpreiszahlung des mittelbaren Vertreters an den Veräußerer der Aktien kein unmittelbarer Vermögensnachteil, den es durch die aktienrechtliche Nichtigkeitssanktion zu verhindern gilt. Ebenso wenig bedarf es im Verhältnis zwischen dem mittelbaren Stellvertreter und dem veräußernden Aktionär der ausdrücklichen Anordnung der Wirksamkeit der Aktienübertragung, denn der **Erwerb der Aktionärsstellung durch den mittelbaren Stellvertreter** ist **für sich genommen** im Hinblick auf die Schutzzwecke des § 71 **unbedenklich.** Problematisch wäre es insoweit lediglich, wenn die Gesellschaft dem Dritten aufgrund ihrer Rechtsbeziehungen zu ihm Weisungen hinsichtlich der Ausübung der Mitgliedschaftsrechte geben könnte. Die Verbindlichkeit solcher Weisungen und damit die Einflussnahme auf die eigene HV wird aber durch die Nichtigkeit des Kommissions- oder Auftragsverhältnisses nach § 71d S. 4 iVm § 71 Abs. 4 S. 2 und § 71a Abs. 2 verhindert. Gegenstand aktienrechtlicher Sanktionen ist also nicht der Erwerb durch den Dritten, sondern lediglich die Vereinbarung, dass er für Rechnung der AG handelt. Im Übrigen lässt sich auch nur so die Nichtigkeitsfolge des § 71 Abs. 4 S. 2 auf einen **Erwerb** durch den mittelbaren Stellvertreter zum Zweck der Weitergabe der Aktien an die Gesellschaft **zur Einziehung** begründen. Nach § 71a Abs. 2 ist ein solcher Erwerb durch einen mittelbaren Stellvertreter zulässig, soweit die Gesellschaft selbst die Aktien zur Einziehung erwerben dürfte. Auch wenn man mit der – in dieser Hinsicht zutreffenden – hL annimmt, dass § 71d S. 1, der einen Erwerb nach § 71 Abs. 1 Nr. 6 nicht zulässt, insoweit eine § 71a Abs. 2 verdrängende spezielle Regelung enthält,[34] folgt daraus nicht, dass ein Verstoß gegen diese Beschränkung nach § 71d S. 1 zur Nichtigkeit nach § 71a Abs. 2 führen würde. **24**

b) Rechtsfolgen nach Satz 3–6 bei nichtigem Auftrags- oder Geschäftsbesorgungsverhältnis. Entscheidende Argumente gegen das in → Rn. 21 ff. entwickelte Verständnis des § 71d S. 4 iVm § 71 Abs. 4 und die Geltung von § 71d S. 3–6 bei Nichtigkeit des Auftrags- oder Geschäfts- **25**

---

[34] Kölner Komm AktG/*Lutter/Drygala* Rn. 90, 108; MüKoAktG/*Oechsler* Rn. 5.

besorgungsverhältnisses zwischen der AG und dem mittelbaren Stellvertreter ergeben sich schließlich auch nicht daraus, dass die **Rechtsfolgen von § 71d S. 3–6** für diese Fälle durchweg sinnlos wären oder dem Zweck des § 71d widersprächen. Insoweit werden im Wesentlichen folgende Einwände vorgetragen, die aber, wie im Folgenden gezeigt werden soll, allesamt nicht überzeugen.

26 Es wird geltend gemacht, dass es **widersprüchlich** sei, die vom mittelbaren Stellvertreter erworbenen Aktien nach Satz 3 iVm § 71 Abs. 2 S. 1 **auf die Zehnprozentgrenze anzurechnen,** wenn der Erwerb gegen § 71 Abs. 1 oder 2 verstoße, das Verhältnis zum mittelbaren Stellvertreter nach § 71a Abs. 2 daher nichtig sei und die Gesellschaft folglich die Übertragung der Aktien nicht verlangen könne.[35] Eine Anrechnung der Aktien im Besitz des mittelbaren Stellvertreters[36] entspricht dem Zweck der Vorschrift aber jedenfalls dann, wenn die Gesellschaft einen Vorschuss für die Kosten des Erwerbs geleistet hat (§ 669 BGB, § 396 Abs. 2 HGB).[37] Da sie hier bereits in eigene Aktien investiert hat, ist es angemessen, diese Aktien auf die Höchstgrenze anzurechnen und dadurch weitere Investitionen in eigene Aktien zu beschränken. Selbst wenn sie aber noch nicht geleistet hat, lässt sich nicht ausschließen, dass die Aktien trotz Unwirksamkeit des Verhältnisses zum mittelbaren Stellvertreter auf die Gesellschaft übertragen werden und die Gesellschaft den Erwerbspreis erstattet. Das liegt insbesondere dann nahe, wenn der Vorstand sich über den Verstoß gegen § 71 Abs. 1 oder 2 nicht im Klaren ist. Hier ist es jedenfalls nicht widersprüchlich, die Aktien bereits vor der Übertragung anzurechnen und damit zumindest einem Verstoß gegen § 71 Abs. 2 S. 1 durch Erwerb weiterer Aktien vorzubeugen.

27 Eingewandt wird weiterhin, dass es sinnlos sei, die **Unterrichtungspflicht des Vorstands** nach § 71 Abs. 3 S. 1, § 160 Abs. 1 Nr. 2 auf Aktien zu erstrecken, die der Gesellschaft gar nicht zustehen.[38] Der Sinn besteht indessen darin, dass die HV auch über unzulässige und nicht durchsetzbare Vereinbarungen informiert werden soll, die der Vorstand mit Dritten über den Erwerb eigener Aktien getroffen hat.

28 Gegen die Geltung von § 71d S. 3–6 bei nichtigem Auftrags- oder Geschäftsbesorgungsverhältnis zwischen der AG und dem mittelbaren Vertreter wird schließlich vorgebracht, dass es widersinnig wäre, der Gesellschaft einerseits nach § 71a Abs. 2 den auftrags- oder kommissionsrechtlichen **Herausgabeanspruch** zu versagen, sie aber andererseits nach § 71d S. 4 iVm § 71c Abs. 1 zu verpflichten, die Aktien zu veräußern und der Gesellschaft dafür sogar einen Herausgabeanspruch nach Satz 5 zuzubilligen.[39] Auch dieser Einwand trägt indessen die von der hL befürwortete Gesetzeskorrektur nicht. Im Rahmen der unmittelbaren Anwendung von § 71c Abs. 1 ist anerkannt, dass die Veräußerung in erster Linie durch Rückabwicklung des verbotswidrigen Erwerbs erfolgen muss. Bezogen auf die mittelbare Stellvertretung bedeutet die sinngemäße Anwendung des so verstandenen § 71c Abs. 1, dass die Gesellschaft eine **Vorschussleistung** an den mittelbaren Stellvertreter **innerhalb eines Jahres zurückfordern muss.** In Ausnahmefällen kann es darüber hinaus auch sinnvoll sein, dass die Gesellschaft von dem mittelbaren Stellvertreter trotz Nichtigkeit des Auftrags- oder Geschäftsbesorgungsverhältnisses die Übertragung der Aktien verlangen kann. So kann es etwa dann liegen, wenn die AG den Erwerbspreis vorgeschossen oder bereits erstattet hat und der mittelbare Vertreter nicht in der Lage ist, den Betrag zurückzuzahlen. Denkbar ist aber auch, dass der mittelbare Vertreter die Rückzahlung verweigert und der Anspruch auf Rückzahlung des Vorschusses aus tatsächlichen (Auslandsbezug) oder rechtlichen Gründen nicht mit hinreichender Wahrscheinlichkeit durchgesetzt werden kann. Hat die Gesellschaft hingegen noch keine Leistungen an den mittelbaren Vertreter erbracht, geht die Veräußerungspflicht ins Leere. Es besteht unter diesen Umständen im Hinblick auf die Zwecke der §§ 71, 71d kein Grund für die Übernahme und Veräußerung der Aktien durch die AG. Insoweit muss die entsprechende Anwendung der Veräußerungspflicht nach § 71c Abs. 1 der Interessenlage beim Erwerb eigener Aktien durch einen mittelbaren Stellvertreter Rechnung tragen, die sich insoweit wiederum von derjenigen beim Erwerb durch eine Tochtergesellschaft (Satz 2 und 4 iVm § 71c Abs. 1) unterscheidet, durch den das Vermögen der AG ohne weiteres gemindert wird (→ Rn. 21).

29 Sinngemäße Anwendung der §§ 71 ff. bedeutet im Übrigen nicht, dass alle von § 71d S. 3 und 4 in Bezug genommenen Vorschriften auch bei nichtigem Innenverhältnis zwischen AG und mittelbarem Stellvertreter Anwendung finden müssten. So gilt **§ 71c Abs. 2** von vornherein nur für rechtmäßig erworbene Aktien. Auch die Pflicht zur Ausgabe von Belegschaftsaktien an die Arbeitnehmer nach Satz 4 iVm § 71 Abs. 3 S. 2 bezieht sich nur auf Aktien, die rechtmäßig erworben wurden.

---

[35] MüKoAktG/*Oechsler* Rn. 3.
[36] Hat er die Aktien – trotz der Nichtigkeit des Auftrags- oder Geschäftsbesorgungsverhältnisse wirksam (§ 71 Abs. 4 S. 1) – auf die AG übertragen, folgt die Anrechnung unmittelbar aus § 71 Abs. 2 S. 1.
[37] Zum Vorschussanspruch des Kommissionärs Baumbach/Hopt/*Hopt* HGB § 396 Rn. 6.
[38] MüKoAktG/*Oechsler* Rn. 3.
[39] MüKoAktG/*Oechsler* Rn. 3; Hüffer/Koch/*Koch* Rn. 8.

Nach hL gilt § 71b auch für Aktien, die der mittelbare Stellvertreter aufgrund eines unwirksamen 30
Auftrags- oder Geschäftsbesorgungsverhältnisses übernommen hat. Die Rechte aus den von ihm für
Rechnung der AG erworbenen Aktien ruhen nach dieser Auffassung, bis er die Aktien **für eigene
Rechnung übernommen** hat oder sie an einen Dritten veräußert und übertragen sind.[40] Ebenso
wie im Rahmen von § 56 Abs. 3 (→ § 56 Rn. 54 f.) ist dem auch für den derivativen Erwerb
zu widersprechen. Das Geschäftsbesorgungs- oder Auftragsverhältnis zwischen der AG und dem
mittelbaren Stellvertreter ist bei einem Verstoß gegen § 71 Abs. 1 oder 2 ohne weiteres nichtig. Der
mittelbare Stellvertreter kann daher von der Gesellschaft keine Leistungen aufgrund der nichtigen
Vereinbarung verlangen und ist andererseits nicht zur Befolgung von Weisungen hinsichtlich der
Ausübung von Rechten aus den Aktien verpflichtet. Er hält damit die Aktien von Gesetzes wegen
für eigene Rechnung. Solange die Gesellschaft keine Leistungen an den mittelbaren Stellvertreter
erbracht hat, ist daher eine Übernahme für eigene Rechnung weder möglich noch erforderlich.
Ebenso wie im Rahmen von § 56 (→ § 56 Rn. 54 f.) ist eine Übernahme der Aktien für eigene
Rechnung vielmehr nur dann erforderlich, wenn die Gesellschaft in Ausführung der unwirksamen
Vereinbarung Leistungen an den mittelbaren Stellvertreter erbracht und dadurch die Vermögensbindung beeinträchtigt hat. Hier kann der mittelbare Vertreter die Rechte aus den Aktien erst dann
ausüben, wenn er sie durch Rückgewähr der nicht geschuldeten Leistung an die Gesellschaft für
eigene Rechnung übernommen hat.

III. Erwerb oder Besitz durch abhängige oder im Mehrheitsbesitz der AG stehende Unternehmen, Satz 2

1. Internationaler Anwendungsbereich. Nach Art. 67 Abs. 1 Unterabs. 2 RL (EU) 2017/ 31
1132 findet Art. 67 Abs. 1 Unterabs. 1 RL (EU) 2017/1132 über die Einbeziehung abhängiger oder
im Mehrheitsbesitz der AG stehender Gesellschaften auch dann Anwendung, wenn es sich bei der
Erwerberin um eine Kapitalgesellschaft handelt, die dem Recht eines Drittlandes unterliegt. Satz 2
und die von der Bestimmung für anwendbar erklärten Vorschriften gelten also auch für den Erwerb
von Aktien einer deutschen AG durch eine **ausländische Tochtergesellschaft,**[41] und zwar auch
dann, wenn diese nicht dem Recht eines Drittstaates, sondern eines EU-Mitgliedstaates unterliegt.[42]
Da Satz 2 den Schutz der deutschen Mutter-AG bezweckt, findet die Vorschrift im umgekehrten
Fall des Erwerbs von Anteilen einer ausländischen Gesellschaft durch ein **deutsches Tochterunternehmen** grundsätzlich keine Anwendung.[43]

2. Tatbestandsvoraussetzungen. a) Abhängiges oder im Mehrheitsbesitz der AG stehen- 32
des Unternehmen, Satz 2 Hs. 1. Ob ein Unternehmen von der AG abhängig ist oder in ihrem
Mehrheitsbesitz steht, bestimmt sich nach §§ 16 und 17. Bei Mehrheitsbesitz ohne Abhängigkeit
trägt die Erstreckung der Erwerbsbeschränkungen der finanziellen Verflechtung der AG und des
Erwerberunternehmens Rechnung, aufgrund derer bei wirtschaftlicher Betrachtung ein der Beteiligungsquote der AG an diesem Unternehmen entsprechender Teil des Erwerbspreises aus Mitteln der
AG stammt. Bei mehrstufigen **Unternehmensverbindungen** kann allerdings die Zurechnungsvor-
schrift des § 16 Abs. 4 in Ausnahmefällen zu korrekturbedürftigen Ergebnissen führen.[44] Handelt es
sich beim Erwerber um ein von der AG abhängiges Unternehmen verhindert Satz 2 neben einer
Aushöhlung des Wertes der Beteiligung der AG an diesem Unternehmen eine Einflussnahme des
Vorstands auf die Zusammensetzung des Aktionärskreises und auf die Willensbildung in der eigenen
HV.[45] Da die Beschränkungen des Erwerbs eigener Aktien nicht allein zur Sicherung der bei Bestehen
eines Beherrschungsvertrages durch § 291 außer Kraft gesetzten Vermögensbindung, sondern dane-

---

[40] Kölner Komm AktG/*Lutter/Drygala* Rn. 102, 111; MüKoAktG/*Oechsler* Rn. 15; Großkomm AktG/*Merkt* Rn. 27; K. Schmidt/Lutter/*T. Bezzenberger* Rn. 11, 24; Grigoleit/*Grigoleit/Rachlitz* Rn. 11; Hüffer/Koch/*Koch* Rn. 10; aA GHEK/*Hefermehl/Bungeroth* § 71d Rn. 82; NK-AktR/*Block* Rn. 18.
[41] MüKoAktG/*Oechsler* § 71 Rn. 59; Großkomm AktG/*Merkt* § 71 Rn. 407; Grigoleit/*Grigoleit/Rachlitz* Rn. 13; NK-AktR/*Block* Rn. 69; *Spickhoff* BB 1997, 2593; *Benckendorff*, Erwerb eigener Aktien im deutschen und US-amerikanischen Recht, 1998, 278; *Hassner*, Finanzielle Unterstützung zum institutionellen Leveraged Buyout einer Aktiengesellschaft, 2014, 309 f.
[42] *Kindl* ZEuP 1994, 77 (97); *Benckendorff*, Erwerb eigener Aktien im deutschen und US-amerikanischen Recht, 1998, 278; Großkomm AktG/*Merkt* § 71 Rn. 407.
[43] *Kindl* ZEuP 1994, 77 (98); *Benckendorff*, Erwerb eigener Aktien im deutschen und US-amerikanischen Recht, 1998, 278; MüKoAktG/*Oechsler* § 71 Rn. 59; Großkomm AktG/*Merkt* § 71 Rn. 407; Grigoleit/*Grigoleit/Rachlitz* Rn. 13; aA Kölner Komm AktG/*Lutter/Drygala* Rn. 144 für den Fall, dass es sich beim Tochterunternehmen um eine deutsche AG handelt.
[44] Eingehend dazu *Cahn*, Kapitalerhaltung im Konzern, 1998, 210 ff.
[45] Kölner Komm AktG/*Lutter/Drygala* Rn. 11 f.; MüKoAktG/*Oechsler* Rn. 23; Großkomm AktG/*Merkt* Rn. 34; *Cahn*, Kapitalerhaltung im Konzern, 1998, 152 f. mwN.

ben auch dem Schutz der aktienrechtlichen Zuständigkeitsordnung und der Integrität des Kapitalmarktes dienen (→ § 71 Rn. 15 ff.), gilt Satz 2 daher auch dann, wenn die Abhängigkeit des Erwerbers nicht auf einer Mehrheitsbeteiligung, sondern auf einem **Unternehmensvertrag** beruht; in diesem Fall schlagen zudem Fehlspekulationen des abhängigen Unternehmens in eigenen Aktien über den Verlustausgleich nach § 302 auf die AG durch.[46]

33 Die Einbeziehung von in **Mehrheitsbesitz** stehenden Unternehmen in den Anwendungsbereich von Satz 2 ist **konzeptionell nicht unproblematisch.** Die Erstreckung der für die AG geltenden Erwerbsbeschränkungen auf sie hat nur insoweit Bedeutung, als aus der Mehrheitsbeteiligung kein beherrschender Einfluss der AG auf das Erwerberunternehmen folgt. Zwar birgt ein Erwerb von Aktien der mehrheitlich beteiligten AG allein aufgrund der finanziellen Verflechtung zwischen ihr und dem Erwerberunternehmen die für den Erwerb eigener Aktien typischen Gefahren für das gebundene Vermögen der AG. Andererseits kann aber die Zurechnung von Aktien, die von in Mehrheitsbesitz stehenden Unternehmen erworben werden, den Handlungsspielraum der AG selbst erheblich beschränken, ohne dass sie auch nur faktisch in der Lage sein müsste, das Erwerbsverhalten des Erwerberunternehmens zu beeinflussen. Stützt etwa dieses Unternehmen einen Erwerb von Aktien der mehrheitlich beteiligten AG auf eine Ermächtigung, die dem Vorstand der AG nach § 71 Abs. 1 Nr. 8 erteilt worden ist, kann dies dazu führen, dass der Vorstand seine eigenen Erwerbspläne nicht mehr ausführen kann, weil die Zehnprozentgrenze des § 71 Abs. 1 Nr. 8 S. 1 bereits durch den Erwerb von nachgeordneten Gesellschaften ganz oder teilweise ausgeschöpft wurde. Ebenso kann dadurch der Plan des Vorstands, nach § 71 Abs. 1 Nr. 2 Aktien zur Ausgabe an die Belegschaft zu erwerben, vereitelt oder in seiner Durchführung zumindest erschwert werden.

34 Die Vorschrift gilt nicht nur bei unmittelbarer Abhängigkeit oder Mehrheitsbeteiligung, sondern auch dann, wenn **Abhängigkeit oder Mehrheitsbesitz über mehrere Stufen vermittelt** sind.[47]

35 Die **Rechtsform des abhängigen Unternehmens** ist ohne Bedeutung. Dem Unternehmensbegriff des Satzes 2 genügt jeder Rechtsträger, der als Objekt von Beherrschung oder Mehrheitsbesitz geeignet ist.[48]

36 **Entfallen Abhängigkeit oder Mehrheitsbesitz** nach dem Erwerb, fällt damit auch die Grundlage für die Anwendung von Satz 2 auf die von dem betreffenden Unternehmen erworbenen Aktien weg. Sie sind daher weder der AG nach Satz 3 zuzurechnen noch greifen die Rechtsfolgen nach Satz 4 ab diesem Zeitpunkt ein.

37 § 71 d S. 2 gilt nicht für Aktien der herrschenden AG in **Fondsvermögen abhängiger Kapitalanlagegesellschaften.** Das gilt unabhängig davon, ob das Sondervermögen nach der Treuhand- oder der Miteigentumslösung gebildet wird (§ 30 Abs. 1 InvG).[49] Für die Stimmrechtsausübung aus Aktien der herrschenden AG, die in einem Spezial-Sondervermögen der abhängigen Gesellschaft (§ 91 InvG) gehalten werden, gilt § 135 Abs. 1 S. 2 entsprechend.[50]

38 **b) Mittelbarer Stellvertreter des abhängigen oder im Mehrheitsbesitz der AG stehenden Unternehmens, Satz 2 Hs. 2.** Ebenso wie die AG selbst kann auch ein nachgeordnetes Unternehmen einen mittelbaren Stellvertreter mit dem Erwerb der Aktien beauftragen. Die Voraussetzungen entsprechen denen des Satzes 1 (→ Rn. 6 sowie → § 71a Rn. 13, 65 ff.). Bei Wirksamkeit des Rechtsverhältnisses zwischen dem mittelbaren Stellvertreter und dem nachgeordneten Unternehmen konkurriert dessen vertraglicher Anspruch auf Übertragung der Aktien mit dem gesetzlichen Anspruch der AG aus Satz 5. Die AG muss in diesem Fall für die Übertragung der Aktien nicht den Umweg über die nachgeordnete Gesellschaft nehmen; ihr Anspruch aus Satz 5 hat vielmehr Vorrang gegenüber dem Anspruch des Tochterunternehmens.[51] Entgegen der hL ändert ein Verstoß des Erwerbs gegen § 71 Abs. 1 oder 2 auch im Rahmen von Satz 2 Hs. 2 nichts daran, dass Satz 3–6 sinngemäß anwendbar sind (im Einzelnen → Rn. 16 ff.).

39 **c) Erwerb oder Besitz.** Für die Anwendung von Satz 2 ist es unerheblich, ob der **Erwerb** von Aktien der herrschenden oder mehrheitlich beteiligten AG auf deren Veranlassung hin erfolgt. Die

---

[46] Kölner Komm AktG/*Lutter/Drygala* Rn. 16; MüKoAktG/*Oechsler* Rn. 23.
[47] Kölner Komm AktG/*Lutter/Drygala* Rn. 19; MüKoAktG/*Oechsler* Rn. 23; Großkomm AktG/*Merkt* Rn. 35.
[48] Kölner Komm AktG/*Lutter/Drygala* Rn. 18; MüKoAktG/*Oechsler* Rn. 24; allgemein zur Organisationsform des untergeordneten Unternehmens im Rahmen der §§ 15 ff. Kölner Komm AktG/*Koppensteiner* § 15 Rn. 86.
[49] Ausf. zur Rechtslage unter Geltung des KAGG *Cahn* WM 2001, 1929 ff.; zust. Hüffer/Koch/*Koch* Rn. 5 und → § 71 Rn. 6; Großkomm AktG/*Merkt* Rn. 40; K. Schmidt/Lutter/*T. Bezzenberger* Rn. 13; Grigoleit/*Grigoleit/Rachlitz* Rn. 16. Die Ersetzung der dieses Ergebnis tragenden Vorschriften des § 10 Abs. 1 und 1a KAGG durch die im Wesentlichen inhaltsgleichen §§ 9 Abs. 1 und 2, 32 Abs. 1 InvG hat in der Sache nichts geändert.
[50] *Cahn* WM 2001, 1929 (1934).
[51] Kölner Komm AktG/*Lutter/Drygala* Rn. 129; MüKoAktG/*Oechsler* Rn. 30; Hüffer/Koch/*Koch* Rn. 24; NK-AktR/*Block* Rn. 35.

Gefahren für das Vermögen der AG, aber auch die Möglichkeit der Einflussnahme auf die eigene HV bestehen unabhängig davon, ob der Erwerber auf Weisung des Vorstands der AG tätig wird.[52] Dagegen greift Satz 2 nicht ein, wenn die AG von dem abhängigen Unternehmen Aktien erwirbt, die ihr bereits nach dieser Vorschrift zugerechnet werden.[53]

Entgegen der hL[54] werden Aktien, die sich bereits vor Begründung der Abhängigkeit oder Mehr- **40** heitsbeteiligung im Vermögen des nachgeordneten Unternehmens befunden haben, von Satz 2 nicht erfasst.[55] Das Tatbestandsmerkmal „Besitz" bezieht sich im Rahmen des Satzes 2 nur auf **Aktien, die nach Begründung der Abhängigkeit** oder Mehrheitsbeteiligung **erworben werden**. Die **Gefahren für das Vermögen** der AG, denen durch die Erstreckung der Erwerbsbeschränkungen für eigene Aktien auf abhängige oder im Mehrheitsbesitz der AG stehende Unternehmen entgegengewirkt werden soll, bestehen nicht im Hinblick auf Aktien, die das Tochterunternehmen bereits vor Begründung der Unternehmensverbindung erworben hatte. Das Vermögen der AG wird hier allenfalls durch den Aufbau der mittelbaren Selbstbeteiligung beeinträchtigt, der mit dem Erwerb von Anteilen des Tochterunternehmens durch die AG einhergeht. Der Erwerb von Anteilen an Unternehmen, die ihrerseits an der erwerbenden AG beteiligt sind, wird aber nach hL gerade nicht von § 71 erfasst, sofern nicht das Vermögen des Zielunternehmens (nahezu) ausschließlich aus Aktien der Erwerber-AG besteht (→ Rn. 5). Es wäre wenig konsequent, die Zahlung des Erwerbspreises durch die AG für eine mittelbare Selbstbeteiligung nahezu unbegrenzt zuzulassen, den nicht mit einer zusätzlichen Vermögensgefährdung einhergehenden Besitz durch die Tochtergesellschaft aber zu beschränken. Auch die **Gefahren für die Zuständigkeitsordnung** bestehen im Hinblick auf eigene Aktien, die das nachgeordnete Unternehmen bereits vor Begründung der Abhängigkeit erworben hatte, nicht in vergleichbarer Weise wie bei einem Erwerb nach Eintritt der Abhängigkeit. Eine gezielte Einflussnahme der AG auf die Zusammensetzung ihres Aktionärskreises ist im Hinblick auf solche Altbestände ebenso ausgeschlossen wie eine Manipulation des Aktienkurses auf Betreiben der AG. Es muss daher lediglich sichergestellt werden, dass das nunmehr abhängige oder im Mehrheitsbesitz der AG stehende Unternehmen die Verwaltungsrechte, insbesondere das Stimmrecht, auch aus den vor Begründung der Unternehmensverbindung erworbenen Aktien nicht ausüben kann, denn insoweit ist der Zeitpunkt des Erwerbs im Hinblick auf die Gefahr der Einflussnahme durch die AG in der Tat unerheblich. Ausreichend dafür ist aber die entsprechende Anwendung von § 71b, mit der die voreilige Streichung des früheren § 136 Abs. 2 bei Umsetzung der Kapital-RL 1977 ausgeglichen wird.[56] In der fehlenden Einbeziehung von „Altbeständen" verbundener Unternehmen liegt schließlich auch **kein Widerspruch zur Einbeziehung solcher Aktien in Satz 1,** die ein mittelbarer Stellvertreter bereits vor Begründung des Auftrags- oder Geschäftsbesorgungsverhältnisses zur AG erworben hatte und nunmehr für Rechnung der AG halten soll, denn für diese Umwidmung muss die Gesellschaft regelmäßig den Wert der Aktien erstatten, so dass die Gefahren für das Gesellschaftsvermögen ebenso vorliegen wie bei einem Erwerb durch den mittelbaren Vertreter nach Begründung des Auftrags- oder Geschäftsbesorgungsverhältnisses.

3. Vereinbarkeit des Erwerbs mit § 71 Abs. 1 und 2. a) Erwerbsgründe des § 71 Abs. 1. **41** Im Rahmen von Satz 2 ist entscheidend, ob die herrschende oder mehrheitlich beteiligte AG die Aktien nach § 71 Abs. 1 erwerben dürfte.[57] Der unmittelbar bevorstehende **schwere Schaden** (§ 71 Abs. 1 Nr. 1) muss also der herrschenden AG drohen; ein Schaden der abhängigen Erwerberin ist weder erforderlich noch ausreichend, sofern er nicht, etwa wegen des Umfangs der Beteiligung oder der Verlustausgleichspflicht nach § 302, zugleich in einen Schaden der AG umzuschlagen droht.[58] Ein Erwerb nach § 71 Abs. 1 Nr. 2 kommt sowohl zur **Ausgabe an Arbeitnehmer** der AG als auch mit ihr verbundener Unternehmen einschließlich der Erwerbergesellschaft selbst in Betracht.[59] Für die Anwendung von § 71 Abs. 1 Nr. 3 ist es ausreichend, das entweder die AG oder ein von ihr abhängiges Unternehmen eine **Abfindungspflicht** in Aktien der herrschenden AG erfüllen muss.[60] Ein Erwerb

---

[52] Kölner Komm AktG/*Lutter/Drygala* Rn. 18; MüKoAktG/*Oechsler* Rn. 25; Hölters/*Laubert* Rn. 9.
[53] Kölner Komm AktG/*Lutter/Drygala* § 71 Rn. 236; MüKoAktG/*Oechsler* Rn. 26.
[54] *Büdenbender* DZWiR 1998, 1 (3 f.); Kölner Komm AktG/*Lutter/Drygala* Rn. 69 f.; Großkomm AktG/*Merkt* Rn. 38, 58, 60; K. Schmidt/Lutter/*T. Bezzenberger* Rn. 15; Bürgers/Körber/*Wieneke* Rn. 10, 19; MüKoAktG/ *Oechsler* Rn. 27, 31; Hölters/*Laubert* Rn. 9.
[55] Ausf. Cahn/*Farrenkopf* AG 1984, 178 ff.
[56] Dazu Cahn/*Farrenkopf* AG 1984, 178 (180 f.).
[57] K. Schmidt/Lutter/*T. Bezzenberger* Rn. 13; Hölters/*Laubert* Rn. 9.
[58] Kölner Komm AktG/*Lutter/Drygala* Rn. 24; MüKoAktG/*Oechsler* Rn. 35; Großkomm AktG/*Merkt* Rn. 45; K. Schmidt/Lutter/*T. Bezzenberger* Rn. 14.
[59] Kölner Komm AktG/*Lutter/Drygala* Rn. 26; MüKoAktG/*Oechsler* Rn. 36; Großkomm AktG/*Merkt* Rn. 46; NK-AktR/*Block* Rn. 25; *Cahn*, Kapitalerhaltung im Konzern, 1998, § 160 f.
[60] Kölner Komm AktG/*Lutter/Drygala* Rn. 29; MüKoAktG/*Oechsler* Rn. 37; Großkomm AktG/*Merkt* Rn. 47; NK-AktR/*Block* Rn. 26; *Cahn*, Kapitalerhaltung im Konzern, 1998, 161.

im Wege der **Gesamtrechtsnachfolge** (§ 71 Abs. 1 Nr. 5) und ein **unentgeltlicher Erwerb** voll eingezahlter (§ 71 Abs. 2 S. 3) Aktien (§ 71 Abs. 1 Nr. 4 Alt. 1) durch das Tochterunternehmen sind stets zulässig. Ein Erwerb in **Ausführung einer Einkaufskommission** nach § 71 Abs. 1 Nr. 4 Alt. 2 ist erlaubt, wenn es sich entweder bei der herrschenden AG, der die Aktien zugerechnet werden, oder bei der erwerbenden Tochtergesellschaft um ein Kreditinstitut handelt.[61] Für die Zulässigkeit eines Erwerbs zum **Zweck des Wertpapierhandels** nach § 71 Abs. 1 Nr. 7 kommt es darauf an, ob die herrschende AG zu den Unternehmen iSd Erwerbstatbestandes gehört und ihre HV die Ermächtigung erteilt hat; das Tochterunternehmen kann hier also nur als Erwerbsvehikel eingesetzt werden, wenn die AG selbst alle Voraussetzungen des Erwerbsgrundes erfüllt.[62] Ebenso muss im Rahmen von **§ 71 Abs. 1 Nr. 8** die Ermächtigung durch die HV der AG erteilt worden sein. Selbst in diesem Fall scheidet ein Erwerb durch das Tochterunternehmen aus, soweit sich Zweckvorgaben der Ermächtigung durch ihren Erwerb nicht erreichen lassen.[63] Da nach Satz 2 ein Erwerb durch ein Tochterunternehmen zum Zweck der **Einziehung** nach § 71 Abs. 1 Nr. 6 nicht zulässig ist, wird man dies auch für die Ausführung einer entsprechenden Erwerbsermächtigung nach § 71 Abs. 1 Nr. 8 annehmen müssen.[64]

42   **b) Erwerbsvoraussetzungen nach § 71 Abs. 2.** Für die Beurteilung, ob der Erwerb durch das Tochterunternehmen zur Überschreitung der **Zehnprozentgrenze** des § 71 Abs. 2 S. 1 führt, sind alle eigenen Aktien im Besitz der herrschenden AG, für ihre Rechnung handelnder Dritter und abhängiger oder im Mehrheitsbesitz der AG stehender Unternehmen zusammenzurechnen. Bezugsgröße ist das Grundkapital der herrschenden AG.[65]

43   Für die Einhaltung der **Kapitalgrenze** des § 71 Abs. 2 S. 2 ist entscheidend, ob die AG in der Lage wäre, eine Rücklage für eigene Aktien aus freiem Vermögen zu bilden, wenn sie selbst die Aktien erwerben würde. Tatsächlich muss allerdings nicht die AG, sondern das erwerbende Unternehmen nach § 272 Abs. 4 HGB die Rücklage bilden. Die neue Regelung entspricht insoweit der früheren Gesetzeslage (vgl. § 272 Abs. 4 S. 4 HGB aF). Nach früherem Recht (zur Rechtslage nach dem MoMiG → Rn. 45) hing die Zulässigkeit des Erwerbs allerdings nicht davon ab, ob das erwerbende Unternehmen in der Lage war, die Rücklage aus freien Mitteln zu dotieren.[66] Die Pflicht zur Rücklagenbildung nach § 272 Abs. 4 S. 4 HGB aF bezweckte daher nicht den Schutz des Vermögens des Erwerberunternehmens, sondern der herrschenden oder mehrheitlich beteiligten AG. Die Einbeziehung von Aktien eines herrschenden oder mehrheitlich beteiligten Unternehmens in die Pflicht zur Rücklagenbildung durch die Vorgängervorschrift des § 150a AktG aF sollte ausweislich der Gesetzesbegründung vielmehr eine Lücke in Fällen schließen, in denen sich Aktien der Konzernobergesellschaft im Portefeuille der Untergesellschaft befanden.[67] Auf welche Lücke die Begründung anspielt, lässt sich anhand des folgenden Beispiels verdeutlichen: Die AG hält eine 100%ige Beteiligung an dem Erwerberunternehmen E, das im Laufe des Geschäftsjahres einen Überschuss von € 10 Mio erwirtschaftet hat. Erwirbt E für diesen Betrag Aktien der Muttergesellschaft und bilanziert es diese Aktien zu Anschaffungskosten (§ 253 Abs. 1 S. 1 HGB), würde sich diese Transaktion ohne eine Pflicht zur bilanziellen Neutralisierung als reiner Aktivtausch darstellen, der den Jahresüberschuss nicht mindert. E könnte also die € 10 Mio nochmals an ihre Alleingesellschafterin ausschütten.[68] Diese wiederum könnte den erhaltenen Betrag als Bestandteil ihres Gewinns an ihre Aktionäre auskehren. Bei einer solchen Vorgehensweise würde das Vermögen der AG doppelt zugunsten ihrer Aktionäre gemindert. Diese erhielten zunächst den Kaufpreis für die Aktien von E zu Lasten des Wertes der Beteiligung der AG an diesem Unternehmen, denn aus Sicht der AG wäre E in Form der Aktien keine vollwertige Gegenleistung zugeflossen. Im zweiten Schritt würden den Aktionären im Wege der Gewinnausschüttung nochmals Mittel aus dem Vermögen der AG zugewandt. Diese zweifache Schmälerung des

---

[61] Kölner Komm AktG/*Lutter/Drygala* Rn. 31 f.; MüKoAktG/*Oechsler* Rn. 38; Großkomm AktG/*Merkt* Rn. 48; K. Schmidt/Lutter/*T. Bezzenberger* Rn. 14.

[62] *Benckendorff*, Erwerb eigener Aktien im deutschen und US-amerikanischen Recht, 1998, 271; MüKoAktG/*Oechsler* Rn. 41; Großkomm AktG/*Merkt* Rn. 50; NK-AktR/*Block* Rn. 29.

[63] *Benckendorff*, Erwerb eigener Aktien im deutschen und US-amerikanischen Recht, 1998, 271; MüKoAktG/*Oechsler* Rn. 42; Großkomm AktG/*Merkt* Rn. 52; NK-AktR/*Block* Rn. 30.

[64] AA MüKoAktG/*Oechsler* Rn. 42.

[65] Kölner Komm AktG/*Lutter/Drygala* Rn. 38; MüKoAktG/*Oechsler* Rn. 43; Großkomm AktG/*Merkt* Rn. 54; K. Schmidt/Lutter/*T. Bezzenberger* Rn. 15; *Benckendorff*, Erwerb eigener Aktien im deutschen und US-amerikanischen Recht, 1998, 272.

[66] Vgl. 1. Aufl. 2007, Rn. 43; Kölner Komm AktG/*Lutter/Drygala* Rn. 39 ff.; Großkomm AktG/*Merkt* Rn. 55 f.; NK-AktR/*Block* Rn. 31; *Zilias/Lanfermann* WPg 1980, 61 (66).

[67] BegrRegE zu Art. 1 Nr. 15 des Gesetzes zur Durchführung der Zweiten Richtlinie des Rates der Europäischen Gemeinschaften zur Koordinierung des Gesellschaftsrechts, BT-Drs. 8/1678, 17.

[68] Eine etwaige Verpflichtung zu einer ausschüttungsbedingten Abschreibung des Wertes der Beteiligung der AG am Erwerberunternehmen bleibt dabei außer Betracht.

Vermögens der AG wird durch die bilanzielle Neutralisierung des Aktienbesitzes des abhängigen oder im Mehrheitsbesitz der AG stehenden Unternehmens verhindert.[69]

Die gesetzliche Regelung ist allerdings im Hinblick auf Vermögensbindung **bei Erwerbsvorgängen in mehrstufigen Beteiligungsverhältnissen** lückenhaft, wie sich am Beispiel des Erwerbs von Aktien der Mutter-AG (M) durch eine Enkelgesellschaft (E) zeigen lässt. Ob E von M beherrscht wird oder in ihrem Mehrheitsbesitz steht, bestimmt sich nach den Vorschriften des § 16 Abs. 4 über die Zurechnung der Anteile an E, die sich im Besitz von T befinden. Die Zurechnung setzt voraus, dass T seinerseits von M abhängig ist. Ist das der Fall, gelten alle Anteile der T an E zugleich als der M gehörig. Gewährt ihre Mehrheitsbeteiligung an T der M dagegen ausnahmsweise keinen beherrschenden Einfluss, etwa weil Stimmrechtsbeschränkungen eingreifen oder zwischen M und T ein Entherrschungsvertrag besteht, ist E mangels Zurechnung der Beteiligung der T an E kein von M abhängiges oder in deren Mehrheitsbesitz stehendes Unternehmen. Unter dem für die Rücklagenbildung nach § 272 Abs. 4 HGB maßgeblichen Gesichtspunkt der Vermögensverflechtung kommt es allein darauf an, welcher Teil des für die Aktien der M gezahlten Erwerbspreises wirtschaftlich betrachtet aus dem Vermögen der M stammt. Ob E gem. § 16 Abs. 4, § 17 Abs. 1 von M beherrscht wird oder die Voraussetzungen einer mittelbaren Mehrheitsbeteiligung nach § 16 Abs. 4 erfüllt sind, ist dafür unerheblich. Dennoch greift trotz identischer Auswirkungen des Aktienerwerbs durch E die Pflicht zur Rücklagenbildung in einem Fall ein, im anderen dagegen nicht.[70]

Nach § 272 Abs. 4 S. 3 HGB in der Fassung durch Art. 1 Nr. 23c MoMiG hängt die Zulässigkeit des Erwerbs von Aktien der herrschenden oder mehrheitlich beteiligten AG durch ein von ihr abhängiges oder in ihrem Mehrheitsbesitz stehendes Unternehmen davon ab, dass das Erwerberunternehmen die **Rücklage** für die erwerbenden Aktien zu Lasten frei verfügbarer Rücklagen bilden kann; ebenso wie bei einem Erwerb eigener Aktien durch die AG selbst (→ § 71 Rn. 224) sind auch hier ein Jahresüberschuss oder ein Gewinnvortrag des Erwerberunternehmens den frei verfügbaren Rücklagen gleichzustellen. Das Erwerberunternehmen muss die Rücklage zum Zeitpunkt des Erwerbs aus freien Mitteln dotieren können.[71] Die Maßgeblichkeit eines späteren Zeitpunkts folgt nicht aus § 272 Abs. 4 Satz 3 HGB, der anordnet, dass die Rücklage (bereits) bei der Aufstellung der Bilanz zu bilden ist. Damit wird lediglich klargestellt, dass die Rücklagenbildung nicht erst bei der Gewinnverwendung erfolgen darf.[72]

Mit der Verschärfung der Erwerbsvoraussetzungen auf Ebene des Erwerberunternehmens trägt das Gesetz in erster Linie den Gefahren Rechnung, die ein Erwerb von Aktien durch ein abhängiges oder im Mehrheitsbesitz der AG stehendes Unternehmen für das Vermögen der AG mit sich bringt (dazu → Rn. 43). Indem § 272 Abs. 4 S. 3 HGB für die Zulässigkeit des Aktienerwerbs durch ein verbundenes Unternehmen verlangt, dass das Erwerberunternehmen in der Lage ist, den Erwerbspreis aus freien Mitteln zu finanzieren, wird nunmehr im **Interesse der Gläubiger des Erwerberunternehmens** auch dessen gebundenes Vermögen vor den Gefahren geschützt, die ein Erwerb von Anteilen an einer herrschenden oder mehrheitlich beteiligten Gesellschaft für das Vermögen des Erwerbunternehmens mit sich bringt.[73] Erwirbt das abhängige oder in Mehrheitsbesitz stehende Unternehmen Anteile an der herrschenden oder mehrheitlich beteiligten Gesellschaft, wendet es zumindest einen Teil des Erwerbspreises für eine mittelbare Selbstbeteiligung auf. Durch die Bildung der Rücklage wird sichergestellt, dass der Erwerb dieser – aus Sicht der erwerbenden Gesellschaft wertlosen – mittelbaren Selbstbeteiligung nicht als bloßer Aktivtausch abgebildet wird, der das ausschüttungsfähige Vermögen der Erwerberin nicht schmälert. Das Gesetz geht damit zwar über den in der Sache gebotenen Mindestschutz der Gläubiger des Erwerberunternehmens hinaus, denn sofern das Vermögen der herrschenden oder mehrheitlich beteiligten Gesellschaft nicht ausschließlich aus Anteilen an dem Erwerberunternehmen besteht, wendet dieses Unternehmen den Erwerbspreis nicht allein für die mittelbare Selbstbeteiligung auf. Dennoch muss es den gesamten Erwerbspreis aus freien Mitteln finanzieren können und die Anteile an dem herrschenden Unternehmen in vollem Umfang durch die Rücklage nach § 272 Abs. 4 HGB bilanziell neutralisieren. Da sich indessen regelmäßig nicht zuverlässig bestimmen lässt, welcher Teil des Erwerbspreises gerade auf die mit dem

---

[69] Vgl. *Zilias/Lanfermann* WPg 1980, 89 (94); *Cahn*, Kapitalerhaltung im Konzern, 1998, 164 f.
[70] Näher dazu und zu denkbaren Abhilfen → 1. Aufl. 2007, Rn. 59 ff. und *Cahn*, Vergleichsverbote im Gesellschaftsrecht, 1996, 210 ff.
[71] *Kropff* ZIP 2009, 1137 (1142); K. Schmidt/Lutter/*T. Bezzenberger* Rn. 18; aA Kölner Komm AktG/*Lutter/Drygala* Rn. 41; Grigoleit/*Grigoleit/Rachlitz* Rn. 15.
[72] *Kropff* ZIP 2009, 1137 (1142).
[73] → Rn. 59 ff.; *Cahn*, Vergleichsverbote im Gesellschaftsrecht, 1996, 155 ff.; *Cahn* in Bayer/Habersack, Aktienrecht im Wandel, 2007, 763 (819 ff.), jeweils mit Vorschlägen für die Fortentwicklung der §§ 71 ff. zum Schutz des Vermögens des Erwerberunternehmens durch Bildung einer Rücklage aus freien Mitteln; *Büscher*, Das neue Recht des Aktienrückkaufs, 2013, 139 ff.

Aktienerwerb verbundene mittelbare Selbstbeteiligung entfällt, ist die gesetzgeberische Vorsicht im Interesse des Gläubigerschutzes zu begrüßen. Andererseits bleibt die gesetzliche Regelung im Hinblick auf den Schutz des Vermögens der abhängigen Gesellschaft höchst unvollständig. Inwieweit das Vermögen einer Gesellschaft durch den Erwerb von Anteilen an einem Unternehmen gefährdet wird, das Anteile an der Erwerbergesellschaft hält, hängt allein davon ab, welcher Teil des Erwerbspreises für eine – aus Sicht der Erwerberin wertlose – mittelbare Selbstbeteiligung aufgewendet wird. Ob die Zielgesellschaft eine beherrschende oder mehrheitliche Beteiligung an der Erwerberin hält, ist dafür unerheblich. So kann im Hinblick auf den Schutz des Vermögens der Erwerberin der Kauf von Anteilen an ihrer Alleingesellschafterin unbedenklich sein, wenn deren Beteiligung an der Erwerberin nur einen geringen Bruchteil ihres Vermögens ausmacht, denn in diesem Fall entfällt auch nur ein entsprechend geringer Teil des Erwerbspreises auf die mittelbare Selbstbeteiligung. Umgekehrt kann etwa der Erwerb von Anteilen an einer nur zu 15 % an der Erwerberin beteiligten Gesellschaft deren gebundenes Vermögen ganz erheblich beeinträchtigen, wenn das Vermögen dieser Gesellschaft zu 90 %[74] aus Anteilen an der Erwerberin besteht.

47 Ebenso wie die AG selbst darf nach Satz 2 iVm Satz 1 und § 71 Abs. 2 S. 3 das beherrschte oder im Mehrheitsbesitz der AG stehende Unternehmen in den Fällen des § 71 Abs. 1 Nr. 1, 2, 4, 7 und 8 nur **voll eingezahlte Aktien** erwerben. Der Erwerb nicht voll eingezahlter Aktien durch ein verbundenes Unternehmen führt zwar nicht zum Untergang des Einlageanspruchs durch Konfusion. Zum einen droht aber die Gefahr eines Untergangs des Einlageanspruchs, wenn die AG ihren Übertragungsanspruch nach Satz 5 durchsetzt.[75] Zum anderen würde die Einlageleistung durch die nachgeordnete Gesellschaft wirtschaftlich betrachtet in Höhe ihrer Beteiligungsquote zu Lasten des Vermögens der AG erfolgen.

48 **4. Zurechnung nach Satz 3.** Nach Satz 3 gelten die **Aktien,** die das abhängige oder in Mehrheitsbesitz stehende Unternehmen **nach Satz 2 erworben** hat, im Rahmen der § 71 Abs. 2 S. 1 und § 71c Abs. 2 als solche der AG. Entgegen der hL betrifft Satz 3 nicht solche Aktien, die das Tochterunternehmen vor Begründung der Unternehmensverbindung mit der AG erworben hat (→ Rn. 40).

49 **5. Rechtsfolgen nach Satz 4. a) Unterrichtung der HV.** Die **Unterrichtungspflicht nach § 71 Abs. 3 S. 1** obliegt dem Vorstand der AG gegenüber seiner HV. Eine gesetzliche Pflicht von Tochterunternehmen iSv § 290 HGB, der AG die für die Erfüllung dieser Unterrichtungspflicht notwendigen Informationen über den Erwerb eigener Aktien zu geben, folgt aus § 294 Abs. 3 S. 2 HGB, § 314 Abs. 1 Nr. 7 HGB.

50 **b) Ausgabe von Belegschaftsaktien.** Es ist umstritten, ob die Pflicht zur Ausgabe von Belegschaftsaktien an die Arbeitnehmer nach § 71 Abs. 3 S. 2 die AG[76] oder das ihr nachgeordnete Erwerberunternehmen trifft, solange die AG von ihrem Übertragungsanspruch nach Satz 5 noch keinen Gebrauch gemacht hat.[77] Richtigerweise ist danach zu differenzieren, ob die nachgeordnete Gesellschaft die Aktien auf Veranlassung der AG oder aus eigenem Entschluss erworben hat.[78] Nur im ersten Fall trifft die Verpflichtung zur Ausgabe von Anfang an die AG, im zweiten Fall dagegen die nachgeordnete Gesellschaft und die AG erst dann, wenn ihr die Aktien nach Satz 5 übertragen worden sind.

51 **c) Unterrichtung der BaFin.** Die Pflicht zur Unterrichtung der BaFin nach § 71 Abs. 3 S. 3 aF betreffend die Erteilung der Erwerbsermächtigung nach § 71 Abs. 1 Nr. 8, die den Vorstand der AG unabhängig davon traf, welches Unternehmen im Verbund den Erwerb durchführte,[79] ist durch Art. 1 Nr. 26b ARUG mit Wirkung vom 1. August 2009[80] weggefallen.

52 **d) § 71 Abs. 4.** Liegen die Voraussetzungen von § 71 Abs. 1 oder 2 bei der AG nicht vor, ist der dingliche Erwerb der Aktien durch das nachgeordnete Unternehmen entsprechend § 71 Abs. 4 S. 1 dennoch wirksam, das schuldrechtliche Geschäft über den Erwerb zwischen diesem Unternehmen und dem Veräußerer dagegen nach § 71 Abs. 4 S. 2 nichtig.[81] Weder dem Veräußerer noch dem nachgeord-

---

[74] Da das Vermögen nicht vollständig aus Anteilen an der Erwerberin besteht, wären nach hL (die für die Erwerberin geltenden Bestimmungen eigener Anteile nicht entsprechend anzuwenden, → Rn. 5.
[75] Kölner Komm AktG/*Lutter/Drygala* Rn. 42; MüKoAktG/*Oechsler* Rn. 45.
[76] So *Zilias/Lanfermann* WPg 1980, 61 (66); MüKoAktG/*Oechsler* Rn. 50; Großkomm AktG/*Merkt* Rn. 63; K. Schmidt/Lutter/*T. Bezzenberger* Rn. 17; Grigoleit/*Grigoleit/Rachlitz* Rn. 19; Hölters/*Laubert* Rn. 11.
[77] So Kölner Komm AktG/*Lutter/Drygala* Rn. 28; wohl auch NK-AktR/*Block* Rn. 25.
[78] Hüffer/Koch/*Koch* Rn. 15.
[79] MüKoAktG/*Oechsler* Rn. 51.
[80] Vgl. Art. 16 ARUG.
[81] LG Göttingen AG 1993, 46 = WM 1992, 1373 (1374); MüKoAktG/*Oechsler* Rn. 52; Großkomm AktG/ *Merkt* Rn. 65; K. Schmidt/Lutter/*T. Bezzenberger* Rn. 20; Hüffer/Koch/*Koch* Rn. 16; Hölters/*Laubert* Rn. 12.

neten Unternehmen stehen daher Erfüllungsansprüche zu. Soweit bereits erfüllt worden ist, stehen dem Veräußerer Rückgewähransprüche aus Bereicherungsrecht zu. Eine Erwerber-AG kann ihre Gegenleistung nach § 62, ein nachgeordnetes Unternehmen anderer Rechtsform nach Bereicherungsrecht zurückfordern.[82] Da die AG selbst nichts geleistet hat, stehen ihr gegenüber dem Veräußerer keine Rückforderungsansprüche zu.[83] Soweit die AG die Aktien nach Satz 5 an sich gezogen hat, kann sie allerdings die Erfüllung des Rückübertragungsanspruchs des Veräußerers von der Erfüllung seiner Rückgewährverpflichtung gegenüber dem Erwerberunternehmen abhängig machen, denn die Nichtigkeitssanktion und der daraus folgende Rückforderungsanspruch dient dem Schutz des Vermögens der AG.

e) Umgehungsgeschäfte, § 71a. Nach Satz 4 iVm **§ 71a Abs. 1** darf das nachgeordnete Unternehmen einen Erwerb von Aktien der AG durch Dritte ebenso wenig finanziell unterstützen wie die AG selbst. Für die Ausnahme nach § 71a Abs. 1 S. 2 Hs. 1 Alt. 1 kommt es darauf an, ob das die Finanzierung gewährende nachgeordnete Unternehmen ein Kreditinstitut oder Finanzdienstleistungsinstitut ist.[84] Eine Finanzierung des Erwerbs von Belegschaftsaktien nach § 71a Abs. 1 S. 2 Hs. 1 Alt. 2 kommt sowohl für Arbeitnehmer der AG als auch für Arbeitnehmer eines mit der AG verbundenen Unternehmens einschließlich des die Unterstützung leistenden Unternehmens selbst in Betracht.[85] Die Ausnahme nach § 71a Abs. 1 S. 3 setzt das Bestehen eines Beherrschungs- und Gewinnabführungsvertrages zwischen der AG und dem Dritten voraus. Ein Beherrschungs- oder Gewinnabführungsvertrag zwischen dem Dritten und dem abhängigen Unternehmen reicht hingegen nicht aus.[86] Der Abschluss eines solchen Vertrages zwischen einem von der AG abhängigen oder in ihrem Mehrheitsbesitz stehenden Unternehmen und dem Dritten, der dafür die Stimmen der AG benötigt, ist insbesondere bei einer „freundlichen" Übernahme der AG durch den Dritten denkbar, durch die das die Unterstützung gewährende Unternehmen zu dessen Enkelgesellschaft wird. Der Unternehmensvertrag sanktioniert hier zwar Vermögenszuwendungen der Enkelgesellschaft an den Erwerber einschließlich einer damit verbundenen Unterstützung des Erwerbs der mittelbaren Beteiligung an dem Enkelunternehmen, nicht aber die Unterstützung des Erwerbs der Aktien der AG und einer etwaigen mittelbaren Minderung von deren Vermögen.[87] Da es insoweit um den Schutz des Vermögens der AG geht,[88] setzt die Anwendung von § 71a Abs. 3 S. 1 im Verhältnis zwischen ihr und dem Erwerber einen zwischen beiden Parteien abgeschlossenen Beherrschungs- oder Gewinnabführungsvertrag voraus. Die **Fähigkeit zur Rücklagenbildung** aus freiem Vermögen nach § 71a Abs. 1 S. 2 Hs. 2 muss bei der AG vorliegen.[89] Bei der sinngemäßen Anwendung von § 71a Abs. 2 geht es allein um Rechtsgeschäfte zwischen dem nachgeordneten Unternehmen und der AG, die den Dritten berechtigen oder verpflichten sollen, Aktien der AG für Rechnung des ihr nachgeordneten Unternehmens zu erwerben. Eine Vereinbarung zwischen dem nachgeordneten Unternehmen und dem Dritten, nach dem dieser berechtigt oder verpflichtet sein soll, Aktien der AG für deren Rechnung zu erwerben, kommt als Vertrag zu Lasten Dritter von vornherein nicht in Betracht[90] (→ § 71a Rn. 71).

f) Rechte aus Aktien der AG, § 71b. Bei der sinngemäßen Anwendung von § 71b ist **zwischen Verwaltungs- und Vermögensrechten** aus Aktien der herrschenden oder mehrheitlich beteiligten AG zu **unterscheiden. Verwaltungsrechte,** insbesondere das **Stimmrecht,** sind hier unabhängig davon ausgeschlossen, ob das nachgeordnete Unternehmen die Aktien vor oder nach Begründung der Unternehmensverbindung zur AG erworben hat (auch → Rn. 40). Bei abhängigen Unternehmen trägt der von Art. 67 iVm Art. 63 Abs. 1 lit. a RL (EU) 2017/1132 vorgeschriebene Stimmrechtsausschluss dem Umstand Rechnung, dass anderenfalls die Verwaltung der herrschenden AG in die eigene

---

[82] Kölner Komm AktG/*Lutter/Drygala* Rn. 46; MüKoAktG/*Oechsler* Rn. 52; K. Schmidt/Lutter/*T. Bezzenberger* Rn. 20; Hüffer/Koch/*Koch* Rn. 16; aA, Anspruch aus § 62 analog unabhängig von der Rechtsform der Erwerbergesellschaft Grigoleit/*Grigoleit/Rachlitz* Rn. 20; Hölters/*Laubert* Rn. 12.

[83] Kölner Komm AktG/*Lutter/Drygala* Rn. 46; MüKoAktG/*Oechsler* Rn. 52; Großkomm AktG/*Merkt* Rn. 67; K. Schmidt/Lutter/*T. Bezzenberger* Rn. 20; Hüffer/Koch/*Koch* Rn. 16; NK-AktR/*Block* Rn. 47; Hölters/*Laubert* Rn. 12.

[84] Kölner Komm AktG/*Lutter/Drygala* Rn. 50; NK-AktR/*Block* Rn. 49; Hölters/*Laubert* Rn. 10.

[85] Kölner Komm *Lutter/Drygala* Rn. 51.

[86] *Hassner,* Finanzielle Unterstützung zum institutionellen Leveraged Buyout einer Aktiengesellschaft, 2014, 307.

[87] Ebenso *Hassner,* Finanzielle Unterstützung zum institutionellen Leveraged Buyout einer Aktiengesellschaft, 2014, 306 f.

[88] Vgl. *Hassner,* Finanzielle Unterstützung zum institutionellen Leveraged Buyout einer Aktiengesellschaft, 2014, 306.

[89] Kölner Komm AktG/*Lutter/Drygala* Rn. 52; MüKoAktG/*Oechsler* Rn. 53; K. Schmidt/Lutter/*T. Bezzenberger* Rn. 21; *Hassner,* Finanzielle Unterstützung zum institutionellen Leveraged Buyout einer Aktiengesellschaft, 2014, 306 Fn. 1938.

[90] Kölner Komm AktG/*Lutter/Drygala* Rn. 53; MüKoAktG/*Oechsler* Rn. 54.

HV hineinregieren könnte. Bei Unternehmen im Mehrheitsbesitz der AG entfaltet der Ausschluss der Verwaltungsrechte eine überschießende Tendenz, die aber in Anbetracht der Definition der nachgeordneten Unternehmen in Art. 67 Abs. 1 Unterabs. 1 RL (EU) 2017/1132 hinzunehmen ist. Soweit es um die **Vermögensrechte, insbesondere** das **Recht auf Dividende,** geht, erfasst der Ausschluss der Rechte aus Aktien der AG im Vermögen von abhängigen oder im Mehrheitsbesitz der AG stehenden Unternehmen nach § 71b entgegen der hL[91] von vornherein nicht solche Aktien, die das betreffende Unternehmen bereits **vor Begründung der Unternehmensverbindung erworben** hatte (→ Rn. 40). Aber auch im Hinblick auf **später erworbene Aktien** sprechen die besseren Gründe für eine Reduktion des § 71b und damit für das Bestehen von Dividendenansprüchen der nachgeordneten Gesellschaft jedenfalls für solche Aktien, die sie rechtmäßigerweise erworben hat. Ausweislich der Gesetzesbegründung zum zweiten gesellschaftsrechtlichen Koordinierungsgesetz[92] sollte es bei der „im geltenden deutschen Recht vorgesehenen Gleichstellung von eigenen Aktien der Muttergesellschaft und Aktien der Muttergesellschaft in der Hand eines abhängigen Unternehmens" verbleiben.[93] Der bis zur Einführung von § 71d geltende § 71 Abs. 6 ordnete den Ausschluss aller Rechte nur für Aktien an, die einem Dritten für Rechnung der Gesellschaft gehörten, nicht dagegen für Rechte der Mutter-AG in der Hand eines Tochterunternehmens. Die Gleichstellung von Aktien der herrschenden AG mit solchen, die einem Dritten für Rechnung der Gesellschaft gehören, in der Annahme, damit sei keine materielle Rechtsänderung verbunden, beruht also auf einem Versehen der Gesetzesverfasser.[94] Art. 63 Abs. 1, Art. 67 RL (EU) 2017/1132 verlangen lediglich den Ausschluss des Stimmrechts aus eigenen Aktien in den Händen der Gesellschaft, eines von ihr abhängigen Unternehmens oder eines für Rechnung der Gesellschaft oder eines von ihr abhängigen Unternehmens handelnden Dritten, nicht dagegen den Ausschluss des Dividendenanspruchs. Ein solcher Rechtsausschluss ist daher auch nicht europarechtlich geboten. Jedenfalls dann, wenn an dem abhängigen Unternehmen Minderheitsgesellschafter beteiligt sind, unterscheidet sich die Interessenlage ganz erheblich von dem Fall des Erwerbs durch einen Dritten für Rechnung der AG. Während dort letztlich nur die Gesellschaft selbst vom Ausschluss des Dividendenanspruchs betroffen ist, wirkt er sich hier auch zu Lasten der für den Erwerb nicht verantwortlichen **Minderheitsgesellschafter** des abhängigen Unternehmens aus. Entgegen dem zu weit formulierten Wortlaut bezieht sich der umfassende Ausschluss der Rechte daher nur auf die Verwaltungsrechte, nicht dagegen auf die Dividendenansprüche des abhängigen Unternehmens.[95] Bei nachgeordneten Unternehmen ohne Minderheitsgesellschafter spricht der Schutz der **Gesellschaftsgläubiger** für das Bestehen von Dividendenansprüchen aus Aktien der herrschenden AG. Sofern, was zu vermuten ist, der Erwerb solcher Aktien nach Begründung der Abhängigkeit auf Veranlassung der herrschenden AG beruht, müsste diese anderenfalls ohnehin den Nachteil des Dividendenverlustes nach § 311 ausgleichen.

55 g) **Pflicht zur Veräußerung rechtswidrig erworbener Aktien nach § 71c Abs. 1.** Nach der Gesetzesbegründung[96] und der hL[97] trifft die Pflicht zur Veräußerung rechtswidrig erworbener Aktien nach § 71c Abs. 1 die AG, deren Vorstand den „unerwünschten Zustand" mit Hilfe des Anspruchs nach Satz 5 beseitigen soll. Da Satz 2 die Erwerbsbeschränkungen des § 71 auch auf das nachgeordnete Unternehmen erstreckt, verstößt dessen Leitungsorgan durch einen rechtswidrigen Erwerb von Aktien der herrschenden oder mehrheitlich beteiligten AG gegen ihm obliegende Pflichten. Weder der Wortlaut des § 71d noch der Zweck der Vorschrift sprechen daher dagegen, dass **auch das Leitungsorgan des Erwerberunternehmens** Adressat der Veräußerungspflicht nach § 71c Abs. 1 ist.[98] Die Veräußerungspflicht bezieht sich dabei auch auf Aktien, die unter Verstoß gegen § 56 Abs. 2 **originär erworben** wurden,[99] nicht hingegen auf vor Begründung der Abhängig-

---

[91] *Büdenbender* DZWiR 1998, 1 (3 f.); Kölner Komm AktG/*Lutter/Drygala* Rn. 69 f., 74; MüKoAktG/*Oechsler* Rn. 27, 31; Großkomm AktG/*Merkt* Rn. 38, 58, 60; K. Schmidt/Lutter/*T. Bezzenberger* Rn. 15.
[92] BegrRegE zu Art. 1 Nr. 15 des Gesetzes zur Durchführung der Zweiten Richtlinie des Rates der Europäischen Gemeinschaften zur Koordinierung des Gesellschaftsrechts, BT-Drs. 8/1678.
[93] BegrRegE zu Art. 1 Nr. 15 des Gesetzes zur Durchführung der Zweiten Richtlinie des Rates der Europäischen Gemeinschaften zur Koordinierung des Gesellschaftsrechts, BT-Drs. 8/1678, 16.
[94] *Thömmes* AG 1987, 34 ff.
[95] MüKoAktG/*Oechsler* Rn. 55; aA Kölner Komm AktG/*Lutter/Drygala* Rn. 36; Großkomm AktG/*Merkt* Rn. 73; *Thömmes* AG 1987, 34 (36 f.).
[96] BegrRegE zu Art. 1 Nr. 15 des Gesetzes zur Durchführung der Zweiten Richtlinie des Rates der Europäischen Gemeinschaften zur Koordinierung des Gesellschaftsrechts, BT-Drs. 8/1678, 17.
[97] Kölner Komm AktG/*Lutter/Drygala* Rn. 63; MüKoAktG/*Oechsler* Rn. 57; Großkomm AktG/*Merkt* Rn. 74; K. Schmidt/Lutter/*T. Bezzenberger* Rn. 20; Bürgers/Körber/*Wieneke* Rn. 22; Hüffer/Koch/*Koch* Rn. 19; NK-AktR/*Block* Rn. 56 f.; Hölters/*Laubert* Rn. 15.
[98] Wachter/*Servatius* Rn. 13.
[99] Kölner Komm AktG/*Lutter/Drygala* Rn. 66; MüKoAktG/*Oechsler* Rn. 57; Großkomm AktG/*Merkt* Rn. 42; NK-AktR/*Block* Rn. 57.

keit oder der Mehrheitsbeteiligung originär erworbene Aktien.[100] Ein Verstoß gegen die Veräußerungspflicht stellt nach § 405 Abs. 1 Nr. 4b) eine Ordnungswidrigkeit dar.

h) Veräußerung rechtmäßig erworbener Aktien, § 71c Abs. 2. Zur Veräußerung des über 56 die Zehnprozentgrenze des § 71c Abs. 2 hinausgehenden verbundweiten Bestandes an eigenen Aktien ist die AG verpflichtet.[101] Bei der Auswahl der zu veräußernden Stücke ist sie dagegen frei. Sie kann also mit Hilfe ihres Anspruchs aus Satz 5 vorrangig auf Aktien zugreifen, die im Eigentum verbundener Unternehmen stehen.[102] Schädigungen dieser Unternehmen lassen sich durch sachgerechte Bestimmung des nach Satz 6 zu erstattenden Gegenwerts (→ Rn. 61) ausschließen. Aktien der herrschenden oder mehrheitlich beteiligten AG, die nachgeordnete Unternehmen vor Begründung der Unternehmensverbindung erworben haben, sind nicht, wie § 71c Abs. 2 voraussetzt, nach § 71 Abs. 1 erworben. Entgegen der hL[103] sind sie daher weder bei der Berechnung des Bestandes nach § 71c Abs. 2 zu berücksichtigen noch steht der AG ein Anspruch nach Satz 5 auf ihre Übertragung zu (auch → Rn. 40, 54 f.). Die Nichteinhaltung der Veräußerungspflicht wird nach § 405 Abs. 1 Nr. 4b) als Ordnungswidrigkeit geahndet.

i) Einziehung eigener Aktien. Die **Einziehungspflicht nach § 71c Abs. 3** ist von der AG 57 zu erfüllen, die sich dafür ihres Übertragungsanspruchs nach Satz 5 bedienen kann. Ein Verstoß gegen die Einziehungspflicht stellt nach § 405 Abs. 1 Nr. 4c) eine Ordnungswidrigkeit dar.

IV. Der Anspruch auf Aktienübertragung, Satz 5 und 6

1. Inhalt und Durchsetzung des Rückübertragungsanspruchs. Der Anspruch auf Übertra- 58 gung der nach Satz 1 oder 2 erworbenen Aktien soll es der AG vor allem ermöglichen, ihre Verpflichtung zur Veräußerung und Einziehung nach § 71c zu erfüllen.[104] In Anbetracht der Auswirkungen, die ein der AG zuzurechnender Erwerb auf deren eigenen Spielraum für den Erwerb eigener Aktien hat (→ Rn. 33), besteht der Anspruch aber **unabhängig von den Voraussetzungen des § 71c.**[105] Der Anspruch ist auf Übertragung aller nach Satz 1 oder 2 erworbenen Mitgliedschaften gerichtet.[106] Er entsteht mit dem Zugang des Übertragungsverlangens der AG.[107] Ist der Erwerb durch einen mittelbaren Vertreter der AG nach § 71 Abs. 1 und 2 wirksam, tritt der Anspruch nach Satz 5 neben Herausgabeansprüche aus dem Auftrags- oder Geschäftsbesorgungsverhältnis (§ 667 BGB / § 384 Abs. 2 HGB). Bei einem wirksamen Erwerb durch den mittelbaren Vertreter eines Tochterunternehmens hat der Anspruch der AG nach Satz 5 Vorrang vor vertraglichen Übertragungsansprüchen des Tochterunternehmens.[108]

Erwirbt ein **nachgeordnetes Unternehmen** unter **Verstoß gegen § 71 Abs. 1 oder 2** Aktien 59 der herrschenden AG ohne Einschaltung eines Einkaufskommissionärs, **konkurriert der Rückübertragungsanspruch** des Aktionärs (oder eines von ihm beauftragten Kommissionärs) aus § 812 Abs. 1 S. 1 Alt. 1 BGB mit dem Übertragungsanspruch der AG aus Satz 5. Im Hinblick auf die Haftung des nachgeordneten Unternehmens gegenüber dem Veräußerer aus § 819 Abs. 1 BGB, § 818 Abs. 4 BGB, §§ 990, 989 BGB hat die Rückübertragung an den Veräußerer hier Vorrang.[109] Das Gleiche gilt in den Fällen des Satzes 2 Hs. 2 für Ansprüche eines mittelbaren Stellvertreters, etwa eines Kommissionärs, den ein nachgeordnetes Unternehmen mit dem Erwerb beauftragt hat, denn er kann die Rückzahlung einer von dem Unternehmen gezahlten Kaufpreiserstattung nach § 273 BGB von der Herausgabe des durch seine Geschäftsführung Erlangten, also der Aktien, abhängig

---

[100] Allein um sie geht es bei *Cahn/Farrenkopf* AG 1984, 178 (180).
[101] Kölner Komm AktG/*Lutter/Drygala* Rn. 67; MüKoAktG/*Oechsler* Rn. 58; Großkomm AktG/*Merkt* Rn. 76; K. Schmidt/Lutter/*T. Bezzenberger* Rn. 15; Hüffer/Koch/*Koch* Rn. 19.
[102] Kölner Komm AktG/*Lutter/Drygala* Rn. 67; MüKoAktG/*Oechsler* Rn. 58; Großkomm AktG/*Merkt* Rn. 76.
[103] Kölner Komm AktG/*Lutter/Drygala* Rn. 69 f.; MüKoAktG/*Oechsler* Rn. 58; Großkomm AktG/*Merkt* Rn. 38; K. Schmidt/Lutter/*T. Bezzenberger* Rn. 15.
[104] BegrRegE zu Art. 1 Nr. 15 des Gesetzes zur Durchführung der Zweiten Richtlinie des Rates der Europäischen Gemeinschaften zur Koordinierung des Gesellschaftsrechts, BT-Drs. 8/1678, 17.
[105] Hüffer/Koch/*Koch* Rn. 20; MüKoAktG/*Oechsler* Rn. 60; Großkomm AktG/*Merkt* Rn. 80; Hölters/*Laubert* Rn. 58.
[106] Kölner Komm AktG/*Lutter/Drygala* Rn. 81; Hüffer/Koch/*Koch* Rn. 20; Großkomm AktG/*Merkt* Rn. 82; MüKoAktG/*Oechsler* Rn. 62.
[107] Kölner Komm AktG/*Lutter/Drygala* Rn. 80; Hüffer/Koch/*Koch* Rn. 21; MüKoAktG/*Oechsler* Rn. 61; K. Schmidt/Lutter/*T. Bezzenberger* Rn. 19; NK-AktR/*Block* Rn. 61.
[108] Kölner Komm AktG/*Lutter/Drygala* Rn. 129; MüKoAktG/*Oechsler* Rn. 30; Grigoleit/*Grigoleit/Rachlitz* Rn. 25; Hüffer/Koch/*Koch* Rn. 24.
[109] Kölner KommAktG/*Lutter/Drygala* Rn. 84; Hüffer/Koch/*Koch* Rn. 21; MüKoAktG/*Oechsler* Rn. 63; Großkomm AktG/*Merkt* Rn. 84; K. Schmidt/Lutter/*T. Bezzenberger* Rn. 20; Bürgers/Körber/*Wieneke* Rn. 25; NK-AktR/*Block* Rn. 64.

§ 71e   Erstes Buch. Aktiengesellschaft

machen. Erwirbt ein **mittelbarer Stellvertreter der AG** unter Verstoß gegen § 71 Abs. 1 oder 2 Aktien, ist der schuldrechtliche Vertrag mit dem Aktionär oder dem von ihm beauftragten Verkaufskommissionär wirksam (→ Rn. 21 ff.). Die Nichtigkeitssanktion des § 71 Abs. 4 S. 2 erfasst lediglich das Verhältnis des mittelbaren Stellvertreters zur AG (→ Rn. 21 ff.). Dieser hat die Aktien damit für eigene Rechnung erworben, so dass für ein Herausgabeverlangen der AG nach Satz 5 regelmäßig kein Anlass besteht.

60   Da die Aktien der AG bereits mit dem Erwerb durch die nachgeordnete Gesellschaft oder den mittelbaren Stellvertreter zugerechnet werden, stellt ihre Übertragung auf die AG in Erfüllung des Anspruchs aus Satz 5 **keinen Erwerb eigener Aktien** iSv § 71 dar.[110]

61   **2. Der Erstattungsanspruch, Satz 6.** Nach Satz 6 hat die Gesellschaft den Gegenwert der ihr nach Satz 5 übertragenen Aktien zu erstatten. Das Gesetz bestimmt nicht näher, was unter dem „Gegenwert" zu verstehen ist. Insoweit ist wie folgt zu unterscheiden: Bei Erwerb und Weiterübertragung der Aktien durch ein **nachgeordnetes Unternehmen** (Satz 2 Hs. 1) hat die AG den Verkehrswert zur Zeit der Weiterübertragung auf sie zu entrichten.[111] Damit wird das Erwerberunternehmen für den Wertverlust voll entschädigt, ohne bei sinkenden Kursen zu Spekulationsgewinn zu Lasten der AG zu erzielen. Beim rechtmäßigen Erwerb durch einen **mittelbaren Stellvertreter** der AG oder eines nachgeordneten Unternehmens ergibt sich der maßgebliche Gegenwert aus der Vereinbarung mit dem Vertreter. Satz 6 tritt hier neben auftrags- oder kommissionsrechtliche Erstattungsansprüche des mittelbaren Vertreters, ohne deren Inhalt zu verändern. Sollte die AG trotz Rechtswidrigkeit des Erwerbs und daraus folgender Nichtigkeit des Verhältnisses zum mittelbaren Stellvertreter ausnahmsweise die Aktien nach Satz 5 herausverlangen (→ Rn. 28), hat sie den Verkehrswert zum Zeitpunkt der Weiterübertragung zu erstatten. Wegen der Nichtigkeit des Auftrags- oder Kommissionsverhältnisses liefert der Vertrag mit dem mittelbaren Vertreter keinen für die Parteien gültigen Wertmaßstab für die Aktien.[112]

§ 71e Inpfandnahme eigener Aktien

(1) ¹Dem Erwerb eigener Aktien nach § 71 Abs. 1 und 2, § 71d steht es gleich, wenn eigene Aktien als Pfand genommen werden. ²Jedoch darf ein Kreditinstitut oder Finanzdienstleistungsinstitut im Rahmen der laufenden Geschäfte eigene Aktien bis zu dem in § 71 Abs. 2 Satz 1 bestimmten Anteil am Grundkapital als Pfand nehmen. ³§ 71a gilt sinngemäß.

(2) ¹Ein Verstoß gegen Absatz 1 macht die Inpfandnahme eigener Aktien unwirksam, wenn auf sie der Ausgabebetrag noch nicht voll geleistet ist. ²Ein schuldrechtliches Geschäft über die Inpfandnahme eigener Aktien ist nichtig, soweit der Erwerb gegen Absatz 1 verstößt.

Schrifttum: *Beeser,* Inpfandnahme von Eigenaktien, AcP 159 (1960) 56; *T. Bezzenberger,* Erwerb eigener Aktien durch die AG, 2000; *Zilias/Lanfermann,* Die Neuregelung des Erwerbs und Haltens eigener Aktien (Teil I), WPg 1980, 61; (Teil II), WPg 1980, 89.

Übersicht

	Rn.		Rn.
I. Entstehungsgeschichte und Normzweck	1, 2	b) Sinngemäße Anwendung von § 71 Abs. 1 S. 1	6–10
		c) Die Erwerbsvoraussetzungen nach § 71 Abs. 2	11–13
II. Das Verbot der Inpfandnahme eigener Aktien	3–17	4. Fälle des § 71d	14
1. Pfandrecht	3	5. Rechtsfolgen der Inpfandnahme	15–17
2. An eigenen Aktien	4	a) Berichtspflichten	15
3. Ausnahmen vom Verbot der Inpfandnahme nach Abs. 1 S. 1	5–13	b) Rechte aus als Pfand genommenen eigenen Aktien	16
a) Grundsatz	5	c) Veräußerungspflicht nach § 71c Abs. 2	17

---

[110] *Zilias/Lanfermann* WPg 1980, 61 (67); MüKoAktG/*Oechsler* Rn. 65.
[111] Kölner Komm AktG/*Lutter/Drygala* Rn. 86; Hüffer/Koch/*Koch* Rn. 22; MüKoAktG/*Oechsler* Rn. 66; Großkomm AktG/*Merkt* Rn. 86; Grigoleit/*Grigoleit/Rachlitz* Rn. 28; Wachter/*Servatius* Rn. 14; aA, der von dem verbundenen Unternehmen oder dem Dritten gezahlte Erwerbspreis, *Zilias/Lanfermann* WPg 1980, 61 (67); K. Schmidt/Lutter/*T. Bezzenberger* Rn. 19.
[112] Vgl. dazu iE *Cahn,* Kapitalerhaltung im Konzern, 1998, 224 ff.

	Rn.		Rn.
III. Verbotsausnahme für Kreditinstitute und Finanzdienstleistungsinstitute, Abs. 1 S. 2	18–20	V. Rechtsfolgen unzulässiger Inpfandnahme, Abs. 2	22, 23
IV. Verbot von Umgehungsgeschäften, Abs. 1 S. 3	21	1. Dinglicher Erwerb, Satz 1	22
		2. Schuldrechtliches Geschäft, Satz 2	23

I. Entstehungsgeschichte und Normzweck

Die Beschränkung der Inpfandnahme eigener Aktien geht auf § 215d Abs. 1 HGB idF durch die Novelle vom 8. Juli 1884 zurück (→ § 71 Rn. 22). Sie wurde durch die Notverordnung vom 13. September 1931 (→ § 71 Rn. 24) in § 226 Abs. 3 HGB, anschließend in § 65 Abs. 4 AktG 1937 und schließlich in § 71 Abs. 3 AktG 1965 übernommen. Die in § 71 Abs. 4 und 5 geregelte Inpfandnahme durch abhängige Unternehmen und mittelbare Stellvertreter ist nunmehr in der Verweisung des Abs. 1 S. 1 auf § 71d aufgegangen. Unionsrechtlich ist die Inpfandnahme eigener Aktien durch Artt. 66, 67 Abs. 1 RL 2017/1132 EU[1] dem Erwerb gleichgestellt. 1

Maßgeblich für die Beschränkung der Inpfandnahme eigener Aktien war zum einen die Erwägung, dass gerade in Krisenzeiten der **Wert des Pfandgegenstandes sinken** kann und der Gesellschaft die Gefahr droht, sich aus dem Pfandgegenstand nicht voll befriedigen zu können, zum anderen die Befürchtung, dass die Inpfandnahme zur **Umgehung des Erwerbsverbotes** für eigene Aktien missbraucht werden könnte.[2] Die Plausibilität dieser Bedenken ist umstritten. Umgehungen der Erwerbsbeschränkungen hätte, so eine Ansicht im Schrifttum, für den Regelfall auch durch ein Erwerbsverbot im Rahmen der Pfandverwertung hinreichend begegnet werden können,[3] wenngleich dagegen wiederum eingewandt wird, dass sich hier bei mangelndem Interesse Dritter für die Gesellschaft ein Erwerbsrecht nach § 71 Abs. 1 Nr. 1 zur Vermeidung größerer Verluste ergeben könne.[4] Gegen die Befürchtung mangelnder Werthaltigkeit des Pfandes wird eingewandt, dass das Verbot der Inpfandnahme schon deswegen keinen wirksamen Schutz des Gesellschaftsvermögens gewährleisten könne, weil es der Gesellschaft unbenommen sei, Kredite auch ohne Sicherheiten zu vergeben.[5] Das wird ein pflichtgemäß handelnder Geschäftsleiter indessen regelmäßig nicht tun. Die Gleichstellung der Inpfandnahme eigener Aktien mit dem Erwerb soll daher der Gefahr vorbeugen, dass die Gesellschaft im Vertrauen auf das Sicherungsrecht an eigenen Aktien Kredite ausreicht, die sie ohne diese Sicherheit nicht gewährt hätte.[6] Wie die Pflicht zur bilanziellen Neutralisierung eigener Aktien durch eine aus ausschüttungsfähigen Mitteln zu dotierende Rücklage gem. § 71 Abs. 2 S. 2, § 272 Abs. 4 HGB zeigt, liegt dem Gesetz die Vorstellung zugrunde, dass eigene Aktien für die Gesellschaft keinen werthaltigen Vermögensgegenstand darstellen.[7] Von diesem Ausgangspunkt her ist es durchaus konsequent, wenn § 71e verhindert, dass die Gesellschaft im **Vertrauen auf eine nicht werthaltige Sicherheit** Kredite vergibt, die sie ohne diese Sicherheit nicht vergeben hätte. 2

II. Das Verbot der Inpfandnahme eigener Aktien

1. Pfandrecht. Mit dem Begriff der Inpfandnahme stellt Abs. 1 S. 1 den **rechtsgeschäftlichen Erwerb** von Pfandrechten dem Erwerb eigener Aktien gleich. Die Vorschrift erfasst die Bestellung eines Pfandrechts nach §§ 1206, 1274, 1292, 1293 BGB,[8] einschließlich AGB-Pfandrechte[9] (zu AGB-Pfandrechten von Kreditinstituten → Rn. 18) ebenso wie den gesetzlich angeordneten Übergang (§§ 401, 1250 Abs. 1 BGB) eines Pfandrechts an eigenen Aktien mit der rechtsgeschäftlichen Übertragung der Forderung, für die es bestellt ist.[10] Gesetzliche Pfandrechte werden hingegen durch die 3

---

[1] Richtlinie 2017/1132/EU des Europäischen Parlaments und der Europäischen Rates vom 14. Juni 2017 über bestimmte Aspekte des Gesellschaftsrechts, ABl. EU 2017 Nr. L 169, 46.
[2] BegrRegE bei *Kropff* S. 91 f.
[3] *Beeser* AcP 159 (1960), 56 (63).
[4] Kölner Komm AktG/*Lutter/Drygala* Rn. 6; K. Schmidt/Lutter/*T. Bezzenberger* Rn. 1.
[5] Kölner Komm AktG/*Lutter/Drygala* Rn. 6; Großkomm AktG/*Merkt* Rn. 3.
[6] Bürgers/Körber/*Wieneke* Rn. 1.
[7] Auch → § 71 Rn. 1 f. und *T. Bezzenberger*, Erwerb eigener Aktien durch die AG, 2000, S. 54 ff.
[8] Kölner Komm AktG/*Lutter/Drygala* Rn. 7; MüKoAktG/*Oechsler* Rn. 2; Großkomm AktG/*Merkt* Rn. 5; Hüffer/Koch/*Koch* Rn. 5; Hölters/*Laubert* Rn. 2.
[9] Kölner Komm AktG/*Lutter/Drygala* Rn. 7; Großkomm AktG/*Merkt* Rn. 5; K. Schmidt/Lutter/*T. Bezzenberger* Rn. 2; Grigoleit/*Grigoleit/Rachlitz* Rn. 1; Hüffer/Koch/*Koch* Rn. 2; Hölters/*Laubert* Rn. 2.
[10] *Beeser* AcP 159 (1960) 56 (65); Kölner Komm AktG/*Lutter/Drygala* Rn. 7; Großkomm AktG/*Merkt* Rn. 7; in K. Schmidt/Lutter/*T. Bezzenberger* Rn. 2; Wachter/*Servatius* Rn. 2; MüKoAktG/*Oechsler* Rn. 5 mN zur älteren Gegenauffassung; Hölters/*Laubert* Rn. 2.

Vorschrift nicht erfasst, denn hier drohen nicht die Gefahren, denen § 71e vorbeugen soll;[11] das Gleiche gilt für das Pfändungspfandrecht.[12] Die Bestimmung findet auch keine Anwendung auf das Zurückbehaltungsrecht nach § 273 BGB.[13] Auf das kaufmännische Zurückbehaltungsrecht ist sie dagegen wegen des pfandähnlichen Befriedigungsrechts nach § 371 HGB entsprechend anzuwenden, wenn das Zurückbehaltungsrecht zur Umgehung von § 71e eingesetzt wird.[14]

4 **2. An eigenen Aktien.** *Gegenstand des Pfandrechts* müssen **eigene Aktien** sein. Die Bestimmung gilt nicht für Pfandrechte an Wandelschuldverschreibungen oder anderen von der Gesellschaft ausgegebenen Schuldtiteln,[15] wohl aber für Erwerbsoptionen auf eigene Aktien, wenn für den Fall der Optionsausübung nicht Barausgleich, sondern physische Lieferung geschuldet ist.

5 **3. Ausnahmen vom Verbot der Inpfandnahme nach Abs. 1 S. 1. a) Grundsatz.** Abs. 1 S. 1 stellt die Inpfandnahme eigener Aktien auch im Hinblick auf die Erlaubnistatbestände des § 71 Abs. 1 und auf die Fälle des § 71d dem Erwerb gleich. Ebenso wie der Erwerb ist daher auch die Inpfandnahme eigener Aktien zulässig, wenn die Voraussetzungen von § 71 Abs. 1 und 2 erfüllt sind.[16]

6 **b) Sinngemäße Anwendung von § 71 Abs. 1 S. 1.** Die **Erlaubnistatbestände nach § 71 Abs. 1 S. 1** sind auf die Inpfandnahme nur sinngemäß anwendbar. So scheidet eine Inpfandnahme zum Zweck der Aktienausgabe an **Arbeitnehmer** (§ 71 Abs. 1 Nr. 2), zur **Abfindung** von Gesellschaftern (Abs. 1 Nr. 3), zur Vorbereitung der **Einziehung** (§ 71 Abs. 1 Nr. 6, Nr. 8 S. 6) oder zum Zweck des Wertpapierhandels durch ein Kreditinstitut (§ 71 Abs. 1 Nr. 7) von vornherein aus.[17] Der Erwerb eines Pfandrechts an eigenen Aktien kraft Gesamtrechtsnachfolge entsprechend § 71 Abs. 1 Nr. 5 ist zwar insbesondere im Rahmen von Verschmelzungen denkbar, vollzieht sich aber kraft Gesetzes und ist bereits deswegen nicht von § 71e erfasst.[18]

7 Denkbar ist eine Inpfandnahme eigener Aktien zum Zweck der **Schadensabwehr** entsprechend § 71 Abs. 1 Nr. 1. Dabei reicht es allerdings nicht aus, dass die Gesellschaft einen Kredit gewähren will, für den sie von dem Schuldner keine andere Sicherheit erhalten könnte.[19] § 71e schließt den Rückgriff auf eine für die Gesellschaft nur scheinbar werthaltige Sicherheit aus und stellt die Entscheidungsträger damit vor die Alternative, entweder ein ungesichertes Darlehen zu verantworten oder die Kreditvergabe zu unterlassen (zu diesem Zweck der Vorschrift → Rn. 2). Eine Inpfandnahme zur Schadensabwehr kommt daher nur in Betracht, wenn die Forderung der Gesellschaft nachträglich gefährdet erscheint und der Schuldner keine anderen Sicherheiten zu stellen vermag.[20] Auch unter diesen Umständen ist die Inpfandnahme eigener Aktien allerdings zur Schadensabwehr regelmäßig nur geeignet, wenn die nachträgliche Sicherheitenbestellung nicht nach §§ 130 ff. InsO, § 3 AnfG anfechtbar ist.[21]

8 Eine **unentgeltliche Inpfandnahme** eigener Aktien entsprechend § 71 Abs. 1 Nr. 4 Alt. 1 liegt dann vor, wenn die Gesellschaft dem Schuldner im Gegenzug für die Pfandrechtsbestellung keinerlei Vorteil bei den Darlehenskonditionen, insbesondere keinen niedrigeren Zinssatz einräumt, als er ohne die Sicherheit erhalten hätte.[22] Zwar wird die Unentgeltlichkeit nicht bereits dadurch ausgeschlossen, dass die Gesellschaft ohne die Verpfändung den Kredit nicht gewährt hätte, denn die Sicherheit stellt ebenso wenig wie der gesicherte Rückzahlungsanspruch selbst eine Gegenleistung

---

[11] Kölner Komm AktG/*Lutter/Drygala* Rn. 8; MüKoAktG/*Oechsler* Rn. 6; Großkomm AktG/*Merkt* Rn. 6; K. Schmidt/Lutter/*T. Bezzenberger* Rn. 2; Grigoleit/*Grigoleit/Rachlitz* Rn. 2; Bürgers/Körber/*Wieneke* Rn. 3; Hüffer/Koch/*Koch* Rn. 2; NK-AktR/*Block* Rn. 3.
[12] Kölner Komm AktG/*Lutter/Drygala* Rn. 8; MüKoAktG/*Oechsler* Rn. 6; Großkomm AktG/*Merkt* Rn. 6; in K. Schmidt/Lutter/*T. Bezzenberger* Rn. 2; Grigoleit/*Grigoleit/Rachlitz* Rn. 2; Hüffer/Koch/*Koch* Rn. 2; Wachter/*Servatius* Rn. 2; NK-AktR/*Block* Rn. 3; Hölters/*Laubert* Rn. 2.
[13] Kölner Komm AktG/*Lutter/Drygala* Rn. 9; MüKoAktG/*Oechsler* Rn. 8; Großkomm AktG/*Merkt* Rn. 8; in Bürgers/Körber/*Wieneke* Rn. 3; Hüffer/Koch/*Koch* Rn. 2; Hölters/*Laubert* Rn. 2.
[14] *Beeser* AcP 159 (1960) 56 (71); Großkomm AktG/*Merkt* Rn. 8; Grigoleit/*Grigoleit/Rachlitz* Rn. 2; weitergehend wohl Kölner Komm AktG/*Lutter/Drygala* Rn. 9; MüKoAktG/*Oechsler* Rn. 8; Hölters/*Laubert* Rn. 2.
[15] MüKoAktG/*Oechsler* Rn. 12; Großkomm AktG/*Merkt* Rn. 11; Hölters/*Laubert* Rn. 3.
[16] Kölner Komm AktG/*Lutter/Drygala* Rn. 11; Großkomm AktG/*Merkt* Rn. 12; K. Schmidt/Lutter/*T. Bezzenberger* Rn. 3; Hölters/*Laubert* Rn. 4.
[17] Vgl. Kölner Komm AktG/*Lutter/Drygala* Rn. 12; MüKoAktG/*Oechsler* Rn. 13; NK-AktR/*Block* Rn. 8.
[18] Kölner Komm AktG/*Lutter/Drygala* Rn. 12; aA MüKoAktG/*Oechsler* Rn. 16; Großkomm AktG/*Merkt* Rn. 16.
[19] MüKoAktG/*Oechsler* Rn. 13; Hüffer/Koch/*Koch* Rn. 3.
[20] Kölner Komm AktG/*Lutter/Drygala* Rn. 13; MüKoAktG/*Oechsler* Rn. 13; Großkomm AktG/*Merkt* Rn. 13; K. Schmidt/Lutter/*T. Bezzenberger* Rn. 3; Bürgers/Körber/*Wieneke* Rn. 4; Hüffer/Koch/*Koch* Rn. 3.
[21] MüKoAktG/*Oechsler* Rn. 13.
[22] *Beeser* AcP 159 (1960) 56 (67); MüKoAktG/*Oechsler* Rn. 14; Großkomm AktG/*Merkt* Rn. 14; Grigoleit/*Grigoleit/Rachlitz* Rn. 3; Bürgers/Körber/*Wieneke* Rn. 5; Hüffer/Koch/*Koch* Rn. 3; NK-AktR/*Block* Rn. 9.

für den Kredit dar.²³ Allerdings liegt ein Entgelt der Gesellschaft für die Verpfändung schon im Verzicht auf höhere Zinsen.²⁴ Unentgeltlichkeit wird sich daher praktisch nur dann nachweisen lassen, wenn der Schuldner nachträglich das Pfandrecht bestellt, ohne dass der Gesellschaft anderenfalls ein Recht zur Kündigung oder Zinserhöhung zugestanden hätte.²⁵

Die Inpfandnahme eigener Aktien durch ein Kreditinstitut im Rahmen einer **Effektenkommission** entsprechend § 71 Abs. 1 Nr. 4 Alt. 2 wird regelmäßig auch durch Abs. 1 S. 2 gedeckt sein.²⁶ **9**

Soweit dies nicht den Vorgaben im Ermächtigungsbeschluss widerspricht, kommt eine Inpfandnahme eigener Aktien auch nach **§ 71 Abs. 1 Nr. 8** in Betracht.²⁷ **10**

c) Die Erwerbsvoraussetzungen nach § 71 Abs. 2. Von der Gesellschaft in Pfand genommene Aktien sind, soweit das Pfandrecht nicht ausnahmsweise nach § 71 Abs. 1 Nr. 4 unentgeltlich erworben wurde, auf die **Zehnprozentgrenze des § 71 Abs. 2 S. 1** anzurechnen. In den Fällen des § 1256 Abs. 1 S. 2, Abs. 2 BGB sind die Aktien allerdings nur einmal in den Bestand einzurechnen.²⁸ **11**

Nach **§ 71 Abs. 2 S. 2** ist ein Erwerb eigener Aktien nur zulässig, wenn die Gesellschaft die **Rücklage für eigene Aktien** nach § 272 Abs. 4 HGB aus ausschüttungsfähigen Mitteln dotieren könnte. Diese Rücklage ist nach § 272 Abs. 4 S. 1 HGB in Höhe des Betrages zu bilden, mit dem die eigenen Aktien auf der Aktivseite der Bilanz anzusetzen sind. Die Übertragung auf den Fall der Inpfandnahme eigener Aktien bereitet deswegen Schwierigkeiten, weil in der Bilanz nicht das Pfandrecht, sondern die gesicherte Forderung aktiviert wird. Umstritten ist zum einen, ob die Gesellschaft lediglich in der Lage sein muss, die Rücklage zu bilden²⁹ oder ob sie im nächsten Jahresabschluss tatsächlich zu bilden hat.³⁰ Zum anderen besteht keine Einigkeit darüber, ob die Gesellschaft in der Lage sein muss, die – hypothetische oder tatsächlich zu bildende – Rücklage in Höhe des auf der Aktivseite für die Aktien anzusetzenden Betrages,³¹ in Höhe des Marktpreises der Aktien, höchstens aber in Höhe des Betrages mit dem die gesicherte Forderung aktiviert ist,³² oder in Höhe der fiktiven kapitalisierten Zinsdifferenz zwischen dem durch die eigenen Aktien gesicherten und einem hypothetischen ungesicherten Kredit³³ aus freien Mitteln zu bilden. Die Gleichstellung der Inpfandnahme mit dem Erwerb eigener Aktien soll verhindern, dass die Gesellschaft Kredite im Vertrauen auf eine für sie nicht werthaltige Sicherheit, die eigenen Aktien, ausreicht (→ Rn. 2). Dementsprechend muss die Gesellschaft in der Lage sein, die Differenz zwischen dem für die gesicherte Forderung anzusetzenden Betrag und dem Wert, der dieser Forderung ohne Berücksichtigung des Pfandrechts an eigenen Aktien beizulegen ist, aus freien Mitteln zu decken; damit wird entsprechend § 272 Abs. 4 HGB der Gefahr eines vollständigen Wertverfalls der eigenen Aktien Rechnung getragen. In Höhe dieser Differenz ist die Rücklage tatsächlich im Jahresabschluss zu bilden.³⁴ Im schlimmsten Fall, der Wertlosigkeit der ungesicherten Forderung, entspricht die Höhe der Rücklage dem auf der Aktivseite für die gesicherte Forderung angesetzten Betrag. **12**

Obwohl bei einer Inpfandnahme eigener Aktien offene Einlageforderungen nicht durch Konfusion erlöschen, darf die Gesellschaft nach Abs. 1 S. 1 iVm **§ 71 Abs. 2 S. 3** mit Ausnahme des Pfandrechtserwerbs durch Gesamtrechtsnachfolge entsprechend § 71 Abs. 1 Nr. 5 **nur voll eingezahlte Aktien** als Pfand nehmen.³⁵ **13**

4. Fälle des § 71d. Für die Inpfandnahme durch mittelbare Stellvertreter und Tochterunternehmen verweist Abs. 1 auf § 71d. Sie dürfen Aktien der AG daher nur in Pfand nehmen, soweit die AG dies der Gesellschaft selbst nach Abs. 1 S. 1 iVm § 71 Abs. 1 und 2 gestattet wäre. Ebenso wie im unmittelbaren Anwendungsbereich des § 71d (→ § 71d Rn. 41) kommt es dabei bei **14**

---

²³ MüKoAktG/*Oechsler* Rn. 14; aA offenbar Kölner Komm AktG/*Lutter/Drygala* R 14.
²⁴ MüKoAktG/*Oechsler* Rn. 14.
²⁵ MüKoAktG/*Oechsler* Rn. 14.
²⁶ AA Großkomm AktG/*Merkt* Rn. 15.
²⁷ MüKoAktG/*Oechsler* Rn. 17; Wachter/*Servatius* Rn. 3; Hölters/*Laubert* Rn. 5.
²⁸ MüKoAktG/*Oechsler* Rn. 18.
²⁹ MüKoAktG/*Oechsler* Rn. 19; Hüffer/Koch/*Koch* Rn. 4; Kölner Komm AktG/*Claussen/Korth* HGB § 272 Rn. 63; K. Schmidt/Lutter/*T. Bezzenberger* Rn. 5; Großkomm AktG/*Merkt* Rn. 20; NK-AktR/*Block* Rn. 14;; Bürgers/Körber/*Wieneke* Rn. 6; GHEK/*Hefermehl/Bungeroth* § 71d Rn. 19; wohl auch Wachter/*Servatius* Rn. 4; Hölters/*Laubert* § 71 Rn. 34.
³⁰ Kölner Komm AktG/*Lutter/Drygala* Rn. 24; MüKoAktG/*Oechsler* Rn. 19.
³¹ So wohl GHEK/*Hefermehl/Bungeroth* § 71d Rn. 19.
³² Kölner Komm AktG/*Lutter/Drygala* Rn. 23; Hüffer/Koch/*Koch* Rn. 4; NK-AktR/*Block* Rn. 14.
³³ MüKoAktG/*Oechsler* Rn. 19.
³⁴ K. Schmidt/Lutter/*T. Bezzenberger* Rn. 5; Grigoleit/*Grigoleit/Rachlitz* Rn. 4;.
³⁵ Kölner Komm AktG/*Lutter/Drygala* Rn. 19; MüKoAktG/*Oechsler* Rn. 20; Großkomm AktG/*Merkt* Rn. 21; Hüffer/Koch/*Koch* Rn. 4; Hölters/*Laubert* Rn. 6.

den Erlaubnistatbeständen des § 71 Abs. 1 Nr. 1 und Nr. 8 darauf an, dass deren Voraussetzungen bei der AG vorliegen.[36]

15 **5. Rechtsfolgen der Inpfandnahme. a) Berichtspflichten.** Nach § 160 Abs. 1 Nr. 2 ist im Anhang auch über in Pfand genommene eigene Aktien zu berichten. Auf die Pflicht zur Unterrichtung der nächsten HV nach **§ 71 Abs. 3 S. 1** (zur praktischen Bedeutung neben § 160 Abs. 1 Nr. 2 vgl. → § 71 Rn. 227 aE) ist zwar in § 71e Abs. 1 S. 1 nicht ausdrücklich verwiesen; für die Inpfandnahme zur Schadensabwehr entsprechend § 71 Abs. 1 Nr. 1 oder unter Ausnutzung einer Ermächtigung nach § 71 Abs. 1 Nr. 8 folgt die entsprechende Anwendbarkeit der Bestimmung aber bereits aus der Gleichstellung von Inpfandnahme und Erwerb eigener Aktien durch § 71e Abs. 1 S. 1.[37]

16 **b) Rechte aus als Pfand genommenen eigenen Aktien.** § 71b ist auf in Pfand genommene Aktien nicht anzuwenden, weil die Mitgliedschaftsrechte aus diesen Anteilen nicht dem Pfandgläubiger, sondern trotz der Verpfändung dem Aktionär zustehen.[38] Nach hL gilt die Vorschrift allerdings entsprechend bei einer Verpfändung von Dividendenansprüchen.[39]

17 **c) Veräußerungspflicht nach § 71c Abs. 2.** Da Abs. 1 Satz 1 die Inpfandnahme eigener Aktien dem Erwerb gleichstellt, sind die von der Gesellschaft, einem Tochterunternehmen oder einem mittelbaren Vertreter in Pfand genommenen Aktien auf den Gesamtbestand zulässig erworbener Aktien nach § 71c Abs. 2 anzurechnen.[40] Bei einer Überschreitung der Zehnprozentgrenze der Vorschrift sind allerdings nicht die Pfandaktien, sondern solche überzähligen Aktien zu veräußern, deren Inhaber die AG, ein Tochterunternehmen oder ein mittelbarer Vertreter ist.[41]

III. Verbotsausnahme für Kreditinstitute und Finanzdienstleistungsinstitute, Abs. 1 S. 2

18 Bereits § 71 Abs. 3 S. 2 AktG 1965 sah eine weitgehende Ausnahme von den Beschränkungen der Inpfandnahme für Kreditinstitute vor, um die übliche Praxis der **Verpfändung der Wertpapierdepots** ihrer Kunden zur Absicherung von Krediten nicht auszuschließen.[42] Die Übernahme dieser Regelung in Abs. 1 S. 2 ist unionsrechtlich durch Art. 66 Abs. 2 RL (EU) 2017/1132 sanktioniert. Die Einbeziehung eigener Aktien in das Pfandrecht nach Nr. 14 AGB-Banken wäre danach zulässig; indessen sieht Nr. 14 Abs. 3 S. 2 AGB-Banken für eigene Aktien der Bank eine Ausnahme vom Pfandrecht vor.

19 Die Tatbestandsmerkmale des Kreditinstituts und des Finanzdienstleistungsinstituts sind ebenso zu verstehen wie im Rahmen von § 71a Abs. 1 S. 2. Der Begriff des **Kreditinstituts** entspricht daher auch hier dem der § 1 Abs. 1 KWG und § 2 Abs. 1 KWG, der des **Finanzdienstleistungsinstituts** dem der § 1 Abs. 1a KWG und § 2 Abs. 6 KWG. Auch der Begriff der **laufenden Geschäfte** ist so zu verstehen ie im Rahmen von § 71a Abs. 1 S. 2 (→ § 71a Rn. 57).

20 Die von einem Kreditinstitut oder Finanzdienstleistungsinstitut im Rahmen seiner laufenden Geschäfte in Pfand genommenen eigenen Aktien sind zwar **auf die Zehnprozentgrenze** des § 71 Abs. 2 S. 1 **anzurechnen** und dementsprechend auch beim Gesamtbestand eigener Aktien nach § 71c Abs. 2 zu berücksichtigen. Dagegen müssen beim Erwerb die Voraussetzungen des § 71 Abs. 1, Abs. 2 S. 2 und 3 nicht eingehalten werden.[43]

IV. Verbot von Umgehungsgeschäften, Abs. 1 S. 3

21 Abs. 1 S. 3 verweist auf § 71a. In seinem unmittelbaren Anwendungsbereich verbietet § 71a Abs. 1 S. 1 der AG, einen Dritten beim Erwerb von Aktien der Gesellschaft finanziell zu unterstützen. Da

---

[36] Kölner Komm AktG/*Lutter/Drygala* Rn. 45; Großkomm AktG/*Merkt* Rn. 37 f.; K. Schmidt/Lutter/*T. Bezzenberger* Rn. 10; NK-AktR/*Block* Rn. 23 ff.; Hölters/*Laubert* Rn. 7.

[37] Kölner Komm AktG/*Lutter/Drygala* Rn. 52; MüKoAktG/*Oechsler* Rn. 21; Großkomm AktG/*Merkt* Rn. 42.

[38] BegrRegE zu Art. 1 Nr. 15 des Gesetzes zur Durchführung der Zweiten Richtlinie des Rates der Europäischen Gemeinschaften zur Koordinierung des Gesellschaftsrechts, BT-Drs. 8/1678, 17; Kölner Komm AktG/ *Lutter/Drygala* Rn. 40; MüKoAktG/*Oechsler* Rn. 23; Großkomm AktG/*Merkt* Rn. 33; Hüffer/Koch/*Koch* Rn. 8; Hölters/*Laubert* Rn. 12.

[39] Kölner Komm AktG/*Lutter/Drygala* Rn. 40; MüKoAktG/*Oechsler* Rn. 23; Großkomm AktG/*Merkt* Rn. 33; NK-AktR/*Block* Rn. 20; aA Bürgers/Körber/*Wieneke* Rn. 12.

[40] Kölner Komm AktG/*Lutter/Drygala* Rn. 40; Großkomm AktG/*Merkt* Rn. 34, 40; K. Schmidt/Lutter/ *T. Bezzenberger* Rn. 9; Hüffer/Koch/*Koch* Rn. 8; aA MüKoAktG/*Oechsler* Rn. 23.

[41] Großkomm AktG/*Merkt* Rn. 35; Bürgers/Körber/*Wieneke* Rn. 11; Wachter/*Servatius* Rn. 6; Hölters/*Laubert* Rn. 12.

[42] BegrRegE bei *Kropff* S. 92.

[43] Kölner Komm AktG/*Lutter/Drygala* Rn. 28; Grigoleit/*Grigoleit/Rachlitz* Rn. 5; aA für § 71 Abs. 2 S. 2 K. Schmidt/Lutter/*T. Bezzenberger* Rn. 6; Hölters/*Laubert* Rn. 8.

ein isolierter Erwerb von Pfandrechten an eigenen Aktien wegen der Akzessorietät des Pfandrechts (§ 1250 Abs. 1 S. 2, Abs. 2 BGB, § 1252 BGB) nicht möglich ist, bedeutet dies übertragen auf die Inpfandnahme eigener Aktien, dass es der AG untersagt ist, einen Dritten beim **Erwerb von Ansprüchen** finanziell zu unterstützen, **die durch ein Pfandrecht an eigenen Aktien gesichert sind.**[44] Ebenso wenig darf die AG einem anderen eine geldwerte Leistung dafür gewähren, dass er Ansprüche des Dritten durch Bestellung eines Pfandrechts an von ihm gehaltenen Aktien der AG sichert. Dabei gilt jeweils die Ausnahme des § 71a Abs. 1 S. 2 für die laufenden Geschäfte von Kredit- und Finanzdienstleistungsinstituten. Entsprechend § 71a Abs. 2 ist ein Rechtsgeschäft nichtig, kraft dessen ein Dritter berechtigt oder verpflichtet sein soll, ein Pfandrecht an Aktien der AG für deren Rechnung zu erwerben, soweit die Inpfandnahme eigener Aktien durch die AG selbst gegen § 71 Abs. 1 oder 2 verstoßen würde.[45]

V. Rechtsfolgen unzulässiger Inpfandnahme, Abs. 2

1. Dinglicher Erwerb, Satz 1. Die Rechtsfolgen einer verbotswidrigen Inpfandnahme gehen insofern über diejenigen des § 71 Abs. 4 beim unzulässigen Erwerb eigener Aktien hinaus, als nach Abs. 2 S. 1 bei einem Verstoß gegen Abs. 1 die **Inpfandnahme nicht voll eingezahlter Aktien** auch **dinglich unwirksam** ist. Das ist insofern überraschend, als die Gefahr des Untergangs von Einlageansprüchen durch Konfusion und damit der tragende Grund für das Verbot des Erwerbs nicht voll eingezahlter Aktien bei der Inpfandnahme eigener Aktien gerade nicht besteht, so dass es der Unwirksamkeit des Pfandrechtserwerbs zum Schutz der Kapitalaufbringung hier nicht bedarf.[46] Auf den ersten Blick erscheint die gesetzliche Regelung insofern folgerichtig, als die Veräußerungspflicht nach § 71c Abs. 1 sich nicht auf in Pfand genommene Aktien erstreckt,[47] so dass die Wirksamkeit des dinglichen Geschäfts, anders als beim Erwerb eigener Aktien, nicht notwendig ist, um eine Veräußerung durch die Gesellschaft zu ermöglichen. Diese Erwägung gilt aber ebenso bei der Inpfandnahme voll eingezahlter eigener Aktien, die gegen § 71 Abs. 1, Abs. 2 S. 1 oder 2 verstößt.[48] Aus Abs. 3 S. 1 ist aber im Umkehrschluss zu folgern, dass eine solche **verbotswidrige Inpfandnahme voll eingezahlter Aktien dinglich wirksam** ist.[49]

2. Schuldrechtliches Geschäft, Satz 2. Bei dem schuldrechtlichen Geschäft, dessen Nichtigkeit Abs. 2 S. 2 für den Fall eines Verstoßes gegen Abs. 1 anordnet, handelt es sich nicht um den Vertrag über die Begründung der gesicherten Forderung, sondern um die **Sicherungsabrede,** aus der die Verpflichtung zur Pfandrechtsbestellung folgt.[50] Beim Erwerb des Pfandrechts durch Übertragung einer gesicherten Forderung ist die Verpflichtung zur Übertragung dieser Forderung von der Nichtigkeitssanktion betroffen.

§ 72 Kraftloserklärung von Aktien im Aufgebotsverfahren

(1) ¹Ist eine Aktie oder ein Zwischenschein abhanden gekommen oder vernichtet, so kann die Urkunde im Aufgebotsverfahren nach dem Gesetz über das Verfahren in Familiensachen und in den Angelegenheiten der freiwilligen Gerichtsbarkeit für kraftlos erklärt werden. ²§ 799 Abs. 2 und § 800 des Bürgerlichen Gesetzbuchs gelten sinngemäß.

(2) Sind Gewinnanteilscheine auf den Inhaber ausgegeben, so erlischt mit der Kraftloserklärung der Aktie oder des Zwischenscheins auch der Anspruch aus den noch nicht fälligen Gewinnanteilscheinen.

(3) Die Kraftloserklärung einer Aktie nach §§ 73 oder 226 steht der Kraftloserklärung der Urkunde nach Absatz 1 nicht entgegen.

---

[44] Kölner Komm AktG/*Lutter/Drygala* Rn. 38; Großkomm AktG/*Merkt* Rn. 26; Hüffer/Koch/*Koch* Rn. 6; K. Schmidt/Lutter/*T. Bezzenberger* Rn. 12; Bürgers/Körber/*Wieneke* Rn. 8; NK-AktR/*Block* Rn. 31; Grigoleit/ *Grigoleit/Rachlitz* § 71a Rn. 25; Hölters/*Laubert* Rn. 9.

[45] Vgl. Kölner Komm AktG/*Lutter/Drygala* Rn. 39; Hüffer/Koch/*Koch* Rn. 6; NK-AktR/*Block* Rn. 33.

[46] MüKoAktG/*Oechsler* Rn. 29.

[47] BegrRegE zu Art. 1 Nr. 15 des Gesetzes zur Durchführung der Zweiten Richtlinie des Rates der Europäischen Gemeinschaften zur Koordinierung des Gesellschaftsrechts, BT-Drs. 8/1678, 17 v. 31.3.1978; *Zilias/Lanfermann* WPg 1980, 61 (68).

[48] Kölner Komm AktG/*Lutter/Drygala* Rn. 31.

[49] Kölner Komm AktG/*Lutter/Drygala* Rn. 32; Großkomm AktG/*Merkt* Rn. 28; K. Schmidt/Lutter/*T. Bezzenberger* Rn. 7; Bürgers/Körber/*Wieneke* Rn. 10; NK-AktR/*Block* Rn. 35; Hölters/*Laubert* Rn. 10.

[50] Kölner Komm AktG/*Lutter/Drygala* Rn. 33; Großkomm AktG/*Merkt* Rn. 29; Grigoleit/*Grigoleit/Rachlitz* Rn. 7; Wachter/*Servatius* Rn. 6; Hüffer/Koch/*Koch* Rn. 7; MüKoAktG/*Oechsler* Rn. 30; Hölters/*Laubert* Rn. 11.

Schrifttum: *Ruge,* Kann derjenige, zu dessen Gunsten eine Aktienurkunde für kraftlos erklärt worden ist, neben der neuen Aktie auch neue Gewinnanteilscheine (Kupons) und Erneuerungsscheine (Talons) verlangen?, JW 1931, 3058; *Rottenburg,* Inhaberaktien und Namensaktien im deutschen und amerikanischen Recht, 1967; *Schaper,* Aktienurkunden in der Praxis – Verbriefung, Übertragung, Umtausch und Kraftloserklärung, AG 2016, 889.

Übersicht

	Rn.		Rn.
I. Entstehungsgeschichte und Normzweck	1	c) Antragsberechtigung	8, 9
		d) Begründung	10
II. Kraftloserklärung von Aktien und Zwischenscheinen, Abs. 1	2–13	e) Ausschließungsbeschluss	11, 12
		f) Zahlungssperre	13
1. Tatbestandsvoraussetzungen	2–5	III. Gewinnanteilsscheine und Erneuerungsscheine, Abs. 2	14
a) Aktien und Zwischenscheine	2, 3		
b) Abhandenkommen und Vernichtung	4, 5	IV. Kraftloserklärung durch die Gesellschaft, Abs. 3	15
2. Verfahren	6–13		
a) Zuständigkeit	6	V. Abweichende Satzungsbestimmungen	16
b) Antrag und Aufgebot	7		

I. Entstehungsgeschichte und Normzweck

1 Abs. 1 und 2 entsprechen § 66 AktG 1937, Abs. 3 ist erst durch das AktG 1965 Gesetz geworden. Durch Art. 74 Nr. 3 FGG-Reformgesetz v. 17.12.2008 (BGBl. 2008 I 2586) ist in Abs. 1 mit Wirkung vom 1. September 2009 an die Stelle der Verweisung auf die ZPO die Bezugnahme auf das FamFG getreten. Die Vorschrift bezweckt den Schutz des Aktionärs vor Nachteilen, die ihm infolge des Verlustes oder der Vernichtung der Urkunde entstehen können, insbesondere vor der Gefahr eines gutgläubigen Erwerbs Dritter (§§ 932, 935 Abs. 2 BGB) und Schwierigkeiten bei der Rechtsausübung, soweit dafür die Vorlage der Urkunde erforderlich ist.[1] Die Vorschrift stellt einen Fall der §§ 433, 466 ff. FamFG (früher: §§ 946 ff. ZPO). Der gerichtliche Ausschließungsbeschluss nach § 478 FamFG (früher: das Ausschlussurteil nach § 1017 ZPO) gibt dem Aktionär die Möglichkeit, die Rechte aus der Aktie geltend zu machen (§ 479 FamFG; früher: § 1018 Abs. 1 ZPO) und die Erteilung einer neuen Urkunde zu verlangen (Abs. 1 S. 2 iVm § 800 BGB).[2] Anders als die Kaduzierung gem. § 64 oder die Kraftloserklärung nach § 226 betrifft die Vorschrift nicht das Mitgliedschaftsrecht als solches, sondern lediglich dessen Verbriefung in der Aktienurkunde.[3] Nach § 799 Abs. 2 BGB besteht die Möglichkeit eines Aufgebotsverfahrens nicht für bestimmte Nebenpapiere. Abs. 2 erstreckt daher die Wirkung der Kraftloserklärung der Aktie auch auf Zwischenscheine und noch nicht fällige Gewinnanteilscheine. Nach dem erst durch das AktG 1965 eingeführten Abs. 3 schließt eine Kraftloserklärung durch die Gesellschaft nach §§ 73 oder 226 die Durchführung eines Aufgebotsverfahrens nach Abs. 1 nicht aus, denn erst das Ausschlussurteil gibt dem Aktionär die Möglichkeit, sich als „Berechtigter" iSv § 73 Abs. 3 zu legitimieren und die Aushändigung der neuen Aktie zu verlangen.[4] Anders als § 66 Abs. 1 S. 1 AktG 1937, der die Möglichkeit vorsah, das Aufgebotsverfahren in der Urkunde selbst auszuschließen, enthält § 72 zwingendes Recht.[5] Die praktische Bedeutung der Regelung hat allerdings mit der Zunahme von Girosammelverwahrung und der Ersetzung von Einzelurkunden durch Globalurkunden unter Ausschluss des Anspruchs auf Einzelverbriefung[6] stark abgenommen.[7]

II. Kraftloserklärung von Aktien und Zwischenscheinen, Abs. 1

2 **1. Tatbestandsvoraussetzungen. a) Aktien und Zwischenscheine.** Abs. 1 findet Anwendung auf **Aktien** jeder Art und Gattung sowie auf **Zwischenscheine** (§ 8 Abs. 6). Für Gewinnanteilscheine (Coupons) gilt weder § 72 noch § 799 BGB (vgl. § 799 Abs. 1 S. 2 BGB).[8] Der Gläubiger

---

[1] Hüffer/Koch/*Koch* Rn. 1; Großkomm AktG/*Merkt* Rn. 1; Kölner Komm AktG/*Lutter/Drygala* Rn. 3; Hölters/*Laubert* Rn. 1.
[2] Großkomm AktG/*Merkt* Rn. 26.
[3] MüKoAktG/*Oechsler* Rn. 1; MHdB AG/*Sailer-Coceani* § 12 Rn. 32; Hölters/*Laubert* Rn. 1.
[4] BegrRegE bei *Kropff* S. 93.
[5] BegrRegE bei *Kropff* S. 93; MüKoAktG/*Oechsler* Rn. 2.
[6] Überblick über die Entwicklung und den Bedeutungsverlust von Einzelurkunden etwa bei MüKoHGB/*Einsele* 2. Aufl. 2009, Depotgeschäft Rn. 39 ff.
[7] Näher dazu Großkomm AktG/*Merkt* Rn. 7 ff.
[8] Großkomm AktG/*Merkt* Rn. 10; Hölters/*Laubert* Rn. 2.

kann sich sein Recht vielmehr durch eine Verlustanzeige nach § 804 BGB erhalten; darüber hinaus erstreckt Abs. 2 die Wirkungen einer Kraftloserklärung der Aktie auf die zugehörigen Gewinnanteilsscheine. Ebenso wenig findet Abs. 1 auf Erneuerungsscheine (Talons) Anwendung (→ Rn. 14).

Abs. 1 gilt nach hL nur für Aktien, die eine **tatsächlich entstandene Mitgliedschaft** verkörpern. Fehlt es daran, weil kein wirksamer Begebungsvertrag zustande gekommen ist, soll der Anspruch des tatsächlichen Rechtsinhabers auf Verbriefung fortbestehen, ein gutgläubiger Erwerb dagegen ausgeschlossen sein, so dass für eine Kraftloserklärung im Aufgebotsverfahren kein Bedürfnis bestehe.[9] Da indessen, nicht zuletzt wegen des weiten Begriffs des Abhandenkommens nach Abs. 1 (→ Rn. 4), durchaus Fälle denkbar sind, in denen der Rechtsinhaber für den entstandenen Rechtsschein mit verantwortlich ist,[10] kann entgegen der hL auch dann ein Bedürfnis für die Anwendung der Bestimmung bestehen, wenn es an einer wirksamen Begebung der Aktie fehlt.

b) Abhandenkommen und Vernichtung. Maßgeblich für die Auslegung des Begriffs ist der Zweck der Vorschrift, dem wirklichen Rechtsinhaber die Ausübung seiner mitgliedschaftlichen Befugnisse zu ermöglichen und ihn vor der Gefahr eines gutgläubigen Erwerbs durch Dritte zu schützen.[11] Ebenso wie in § 799 Abs. 1 S. 1 BGB, § 808 Abs. 2 S. 2 BGB, § 1162 BGB sowie den Art. 90 Abs. 1 S. 1 WG und Art. 59 Abs. 1 S. 1 ScheckG ist das Merkmal hier daher in einem weiter gehenden Sinne zu verstehen als im Rahmen der §§ 858, 935 BGB. Die Urkunde ist immer dann abhanden gekommen, wenn der Aktionär aus tatsächlichen Gründen länger als nur vorübergehend keinen Zugriff mehr auf sie hat und sie auch nicht im Weg der Zwangsvollstreckung erlangen kann, ohne dass dies durch das bessere Recht eines Dritten gerechtfertigt wäre.[12] Auf die Unfreiwilligkeit des Besitzverlustes kommt es nicht an, denn es geht nicht um die Abwägung der Interessen des Rechtsinhabers gegenüber denen eines gutgläubigen Erwerbers, sondern um den präventiven Schutz des Aktionärs vor einer Beeinträchtigung seiner Rechte.[13] Befindet sich die Aktie oder der Zwischenschein in einem anderen Staat,[14] hängt die Bejahung eines Abhandenkommens von den tatsächlichen Aussichten der Rechtsdurchsetzung ab.[15]

Eine **Vernichtung** der Aktie oder des Zwischenscheins liegt vor, wenn die Urkunde völlig zerstört oder so beschädigt ist, dass sich ihr wesentlicher Inhalt oder die wesentlichen Unterscheidungsmerkmale nicht mehr zuverlässig erkennen lassen und daher das Verfahren nach § 74 (→ § 74 Rn. 1 ff.) ausgeschlossen ist.[16]

2. Verfahren. a) Zuständigkeit. Zuständig für die Durchführung des Aufgebotsverfahrens ist nach § 23a Abs. 1 Nr. 7 GVG (früher § 23 Nr. 2 lit. h GVG) das Amtsgericht des Gesellschaftssitzes (§ 466 Abs. 1 S. 2 FamFG iVm § 17 ZPO; früher § 1005 Abs. 1 ZPO iVm § 17 ZPO). Wegen des zwingenden Charakters der Vorschrift kann die Satzung keine abweichende Zuständigkeit bestimmen.[17] Gem. § 26 FamFG gilt für das Verfahren der Amtsermittlungsgrundsatz.[18]

b) Antrag und Aufgebot. Auf den Antrag nach § 434 Abs. 1 FamFG (früher § 947 Abs. 1 ZPO), der schriftlich oder zur Protokoll der Geschäftsstelle erklärt werden kann (§ 25 Abs. 1 FamFG; früher § 947 Abs. 1 S. 1 ZPO), erlässt das Gericht ein Aufgebot nach § 434 Abs. 2 FamFG, § 469 FamFG (früher § 947 Abs. 2 ZPO). Dieses enthält neben der Bezeichnung des Antragstellers und der Aufforderung, die Ansprüche und Rechte bis zu einem bestimmten Zeitpunkt (Anmeldezeitpunkt) bei dem Gericht anzumelden (§ 434 Abs. 2 Nr. 2 FamFG; früher § 947 Abs. 2 Nr. 2 ZPO) die Bezeichnung der Rechtsnachteile, die bei Unterbleiben der Anmeldung eintreten können, § 434 Abs. 2 Nr. 3, FamFG (früher § 947 Abs. 2 Nr. 3 ZPO). Diese Aufforderung wird nach § 469 S. 2 FamFG

---

[9] Kölner Komm AktG/*Lutter/Drygala* Rn. 8 und Anh. § 68 Rn. 11; Großkomm AktG/*Merkt* Rn. 11; MüKoAktG/*Oechsler* Rn. 3; MHdB AG/*Sailer-Coceani* § 12 Rn. 33; aA *Baumbach/Hueck* Rn. 4; *Hueck/Canaris* WPR § 25 III 2 b.
[10] Vgl. nur die Fallbeispiele bei Kölner Komm AktG/*Lutter/Drygala* Rn. 8.
[11] Kölner Komm AktG/*Lutter/Drygala* Rn. 8; MüKoAktG/*Oechsler* Rn. 4.
[12] IdS etwa OLG Stuttgart NJW 1955, 1154; OLG München NZG 2012, 181 (182 f.); Großkomm AktG/*Merkt* Rn. 12; Kölner Komm AktG/*Lutter/Drygala* Rn. 8; MüKoAktG/*Oechsler* Rn. 4; MHdB AG/*Sailer-Coceani* § 12 Rn. 33; Hüffer/Koch/*Koch* Rn. 3; MüKoBGB/*Koch* BGB § 799 Rn. 5 mwN; aA *Baumbach/Hueck* Rn. 4; v. Godin/Wilhelmi Rn. 3; Hölters/*Laubert* Rn. 2; *Schaper* AG 2016, 889 (892).
[13] Kölner Komm AktG/*Lutter/Drygala* Rn. 8; MüKoAktG/*Oechsler* Rn. 4; Grigoleit/*Grigoleit/Rachlitz* Rn. 3; NK-AktR/*van Ooy* Rn. 9; *Schaper* AG 2016, 889 (893).
[14] Vgl. zu dieser Konstellation OLG Stuttgart NJW 1955, 1154 (1155 f.).
[15] Näher dazu MüKoAktG/*Oechsler* Rn. 4.
[16] MüKoAktG/*Oechsler* Rn. 5; Großkomm AktG/*Merkt* Rn. 13; Grigoleit/*Grigoleit/Rachlitz* Rn. 3; Bürgers/Körber/*Wieneke* Rn. 4; NK-AktR/*van Ooy* Rn. 10; Hölters/*Laubert* Rn. 2.
[17] MüKoAktG/*Oechsler* Rn. 6.
[18] Näher zu den daraus folgenden Anforderungen an die gerichtliche Sachverhaltsaufklärung OLG München NZG 2012, 181 (182).

verbunden mit der Androhung der Kraftloserklärung der Urkunde (früher § 947 Abs. 2 Nr. 3 ZPO). Die Aufgebotsfrist beträgt gem. §§ 437, 476 FamFG mindestens sechs Wochen und höchstens ein Jahr (früher § 1015 ZPO, mindestens sechs Monate, höchstens ein Jahr); wegen § 471 Abs. 1 FamFG verlängert sich die Mindestfrist für Aktien und Zwischenscheine allerdings regelmäßig auf sechs Monate, sofern nicht ein Fall des § 473 FamFG gegeben ist.[19]

8   c) **Antragsberechtigung.** Antragsberechtigt ist nach § 467 Abs. 1 FamFG (früher § 1004 Abs. 1 ZPO) **bei Inhaberaktien und blanko indossierten Namensaktien und Zwischenscheinen** derjenige, der zum Zeitpunkt des Verlustes oder der Vernichtung Inhaber des Papiers war. Anders als Abs. 2 stellt die Bestimmung nicht auf die Rechtsinhaberschaft ab. Antragsberechtigt ist vielmehr der letzte unmittelbare Besitzer der Urkunde vor dem Abhandenkommen oder der Zerstörung, selbst wenn es sich bei ihm nicht um den wirklichen Inhaber des verbrieften Rechts handelt. Sofern sich die Urkunde zum maßgeblichen Zeitpunkt in der Verwahrung eines Dritten befunden hat, ist dieser und nicht der Aktionär antragsberechtigt.[20] Die Regelung beruht auf der Erwägung, dass sowohl bei Inhaberaktien als auch bei blankoindossierten Namensaktien der Inhaber des verbrieften Rechts aus der Urkunde allein nicht mehr ersichtlich ist, so dass an den Besitz angeknüpft werden muss. Da § 467 Abs. 1 FamFG auf den Besitz an der Urkunde und nicht auf die Rechte aus der Aktie abstellt, hilft § 67 Abs. 2 bei Namensaktien nicht weiter.[21] Im Ergebnis hat dies im Regelfall der Girosammelverwahrung zur Folge, dass allein die Clearstream Banking AG als letzte unmittelbare Besitzerin der Urkunde (→ § 68 Rn. 6 mN) berechtigt ist, das Aufgebotsverfahren zu beantragen; hierzu ist sie kraft des Verwahrungsverhältnisses auch verpflichtet.

9   Bei **Namensaktien oder Zwischenscheinen ohne Blankoindossament** steht das Antragsrecht nach § 467 Abs. 2 FamFG (früher § 1004 Abs. 2 ZPO) demjenigen zu, der das Recht aus der Urkunde geltend machen kann. Die dafür erforderliche Legitimation kann sich aus der Bezeichnung als Berechtigter in der Urkunde oder aus der Stellung als letztes Glied einer ununterbrochenen Indossamentenkette oder aufgrund von Abtretungen ergeben.[22] Nach hL ist auch hier die Eintragung im Aktienregister nicht maßgeblich, weil es nicht um das Verhältnis des Aktionärs zur Gesellschaft gehe und überdies die Kraftloserklärung gerade erforderlich sein könne, um mittels einer neuen Urkunde die Eintragung gem. § 67 Abs. 3 zu betreiben.[23] Diese Auffassung entspricht indessen nicht dem Gesetz. Rechte aus der Aktie können nahezu ausnahmslos nur gegenüber der Gesellschaft ausgeübt werden. Nach § 67 Abs. 2 ist dafür die Eintragung im Aktienregister maßgeblich. Entscheidend für die Antragsbefugnis nach § 467 Abs. 2 FamFG ist daher die Eintragung im Aktienregister. Will ein Prätendent geltend machen, dass der eingetragene Aktionär in Wahrheit nicht Rechtsinhaber sei, ist er auf das Löschungsverfahren nach § 67 Abs. 5 verwiesen (→ § 67 Rn. 87 ff., 103).

10 d) **Begründung.** Der Antrag ist gem. § 468 FamFG (früher § 1007 ZPO) zu begründen, wobei die nach § 468 Nr. 1 FamFG erforderliche vollständige Erkennbarkeit die Angabe der Aktiennummern erfordert.[24] Der **Verlust und die Antragsberechtigung** sind gem. § 468 Nr. 2 FamFG **glaubhaft zu machen** und der Antragsteller hat sich zur Versicherung seiner Angaben an Eides Statt zu erbieten, § 468 Nr. 3 FamFG. Nach Abs. 1 S. 2 iVm § 799 Abs. 2 BGB ist die Gesellschaft als Ausstellerin verpflichtet, dem bisherigen Inhaber der Urkunde die zur Erwirkung des Aufgebots erforderlichen Auskünfte und Zeugnisse zu erteilen (vgl. etwa § 471 Abs. 2 FamFG, § 472 Abs. 2 FamFG, § 473 S. 2 FamFG; früher § 1010 Abs. 2 ZPO, § 1011 Abs. 2 ZPO, § 1012 S. 2 ZPO).

11 e) **Ausschließungsbeschluss.** Wenn die Urkunde nicht innerhalb der regelmäßig zwischen 6 Monaten und einem Jahr langen **Aufgebotsfrist** (→ Rn. 7) vorgelegt wird (§ 469 FamFG; früher § 1008 ZPO), ist sie nach § 478 Abs. 1 FamFG durch Ausschließungsbeschluss (früher: nach § 1017 Abs. 1 ZPO durch Ausschlussurteil) für kraftlos zu erklären. Der Ausschließungsbeschluss ist gem. § 478 Abs. 1 FamFG seinem wesentlichen Inhalt nach im elektronischen Bundesanzeiger bekannt

---

[19] Vgl. *Bumiller/Harders*, Freiwillige Gerichtsbarkeit/FamFG, 2009, FamFG § 437 Rn. 2.
[20] Kölner Komm AktG/*Lutter/Drygala* Rn. 9; Großkomm AktG/*Merkt* Rn. 18; Grigoleit/*Grigoleit/Rachlitz* Rn. 4; Hüffer/Koch/*Koch* Rn. 4; MüKoAktG/*Oechsler* Rn. 7.
[21] Im Erg. ebenso Großkomm AktG/*Merkt* Rn. 19; MüKoAktG/*Oechsler* Rn. 8; NK-AktR/*van Ooy* Rn. 12.
[22] Kölner Komm AktG/*Lutter/Drygala* Rn. 9; MüKoAktG/*Oechsler* Rn. 8; Großkomm AktG/*Merkt* Rn. 19; Hüffer/Koch/*Koch* Rn. 4.
[23] Kölner Komm AktG/*Lutter/Drygala* Rn. 10; Bürgers/Körber/*Wieneke* Rn. 5; Großkomm AktG/*Barz* Anm. 2; *Baumbach/Hueck* Rn. 4; MüKoAktG/*Oechsler* Rn. 8; Hölters/*Laubert* Rn. 3.
[24] BGH AG 1990, 78 (80); OLG München NZG 2012, 181 (182); Grigoleit/*Grigoleit/Rachlitz* Rn. 4; Hölters/*Laubert* Rn. 3.

zu machen. **Rechtsmittel** gegen das Urteil ist die Beschwerde (§ 58 FamFG),[25] die abweichend von § 61 FamFG ohne Rücksicht auf den Wert des Beschwerdegegenstandes zulässig ist, § 439 Abs. 3 FamFG (früher: Rechtsmittelausschluss gem. § 957 Abs. 1 ZPO und Möglichkeit der Anfechtungsklage nach § 957 Abs. 2 ZPO).

Der Ausschließungsbeschluss hat (lediglich) zur Folge, dass die **Urkunde ihre Legitimationswirkung verliert** und der Aufgebotskläger die vormals in der Urkunde verbrieften Rechte geltend machen kann, ohne Inhaber des Papiers zu sein, § 479 Abs. 1 FamFG (früher:§ 1018 Abs. 1 ZPO).[26] Die Vorlegung der Urkunde wird durch die Vorlage des Beschlusses ersetzt.[27] Darüber hinaus steht dem obsiegenden Kläger gegen die Gesellschaft nach Abs. 1 S. 2 iVm § 800 BGB ein Anspruch auf Erteilung einer neuen Urkunde zu.[28] Der Beschluss hat keine über die Beseitigung der Legitimationswirkung der alten Urkunde hinausgehende Wirkung.[29] Er stellt weder einen eigenständigen Erwerbstatbestand dar noch ersetzt er bei Namensaktien die Eintragung ins Aktienregister.[30] Wurde der Ausschließungsbeschluss durch einen Nichtberechtigten erwirkt, bleibt daher der wirklich Berechtigte gleichwohl Aktionär.[31] Der Nichtberechtigte muss gem. § 812 Abs. 1 S. 1 Alt. 2 BGB den Anspruch auf neuerliche Verbriefung des Mitgliedschaftsrechts oder eine bereits ausgestellte neue Urkunde an den wirklichen Rechtsinhaber herausgeben.[32]

f) Zahlungssperre. Zusammen mit dem Antrag, die Urkunde für kraftlos zu erklären, kann der Antragsteller gem. § 480 FamFG (früher: § 1019 ZPO) eine Zahlungssperre beantragen. Dies ist jedoch nur **für Inhaberaktien** möglich, da § 480 FamFG ausschließlich für Inhaberpapiere gilt.[33] Die bislang bestehende Möglichkeit, unter den Voraussetzungen des früheren § 1020 ZPO die Zahlungssperre auch schon vor der Einleitung des Ausschlussverfahrens zu beantragen,[34] ist weggefallen, weil der Gesetzgeber aufgrund der Neufassung der Vorschriften über die Anmeldefrist durch § 476 FamFG hierfür kein Bedürfnis mehr gesehen hat.[35] Ergeht eine Zahlungssperre, wird dem Schuldner untersagt, an den Inhaber der Urkunde Leistungen zu erbringen. Die Zahlungssperre erfasst allerdings gem. § 490 Abs. 4 FamFG nur die Gewinnanteilsscheine, die nach ihrem Erlass ausgegeben werden. Andere Rechte als das Gewinnbezugsrecht, insbesondere das Stimmrecht und das Bezugsrecht, werden von der Zahlungssperre nicht erfasst.[36] Auch der Rechtserwerb wird durch eine erlassene Zahlungssperre nicht verhindert, so dass die Urkunde trotz bestehender Zahlungssperre weiterhin wirksam veräußert werden kann, da die Zahlungssperre kein gerichtliches Veräußerungs- oder Erwerbsverbot begründet.[37]

III. Gewinnanteilsscheine und Erneuerungsscheine, Abs. 2

Die Bestimmung regelt, wie sich das für Aktie oder Zwischenschein ergangene Ausschlussurteil auf Inhabercoupons auswirkt. Abs. 2 zieht die Konsequenz daraus, dass gem. § 799 Abs. 1 S. 2 BGB Gewinnanteilsscheine nicht selbstständig aufgeboten und nachfolgend für kraftlos erklärt werden können.[38] Das Gesetz unterscheidet dabei zwischen fälligen und nicht fälligen Coupons. Für bereits **fällige Coupons ist** die Kraftloserklärung bedeutungslos.[39] Da Abs. 2 zwingendes Recht enthält, ändert auch ein gegenteiliger Aufdruck nach dem Vorbild des § 803 Abs. 1 BGB hieran nichts.[40] **Nicht fällige Inhabercoupons** verlieren dagegen mit der Kraftloserklärung der Aktie oder des Zwischenscheins ihre Funktion als Legitimationsgrundlage für die in ihnen verbrieften Ansprüche. Ebenso wie das Mitgliedschaftsrecht in den Fällen des Abs. 1 bleiben die Ansprüche

---

[25] Vgl. OLG München NZG 2012, 181 (182).
[26] Großkomm AktG/*Merkt* Rn. 24 f.; Hölters/*Laubert* Rn. 4.
[27] Großkomm AktG/*Merkt* Rn. 23; Grigoleit/*Grigoleit/Rachlitz* Rn. 7; Hölters/*Laubert* Rn. 4.
[28] Bürgers/Körber/*Wieneke* Rn. 7; Wachter/*Servatius* Rn. 2; Hölters/*Laubert* Rn. 4.
[29] Hüffer/Koch/*Koch* Rn. 5; MüKoAktG/*Oechsler* Rn. 14; Kölner Komm AktG/*Lutter/Drygala* Rn. 14 ff.
[30] Kölner Komm AktG/*Lutter/Drygala* Rn. 15; Großkomm AktG/*Merkt* Rn. 25; MüKoAktG/*Oechsler* Rn. 14; Bürgers/Körber/*Wieneke* Rn. 7; Hölters/*Laubert* Rn. 4.
[31] Großkomm AktG/*Merkt* Rn. 27; Bürgers/Körber/*Wieneke* Rn. 8.
[32] MüKoAktG/*Oechsler* Rn. 14; Großkomm AktG/*Merkt* Rn. 27; Kölner Komm AktG/*Lutter/Drygala* Rn. 18; Großkomm AktG/*Barz* Anm. 3.
[33] MüKoAktG/*Oechsler* Rn. 10; Großkomm AktG/*Merkt* Rn. 21; Kölner Komm AktG/*Lutter/Drygala* Rn. 19; Großkomm AktG/*Barz* Anm. 5.
[34] Vgl. Großkomm AktG/*Merkt* 4. Aufl. 2008, Rn. 20.
[35] BegrRegE BT-Drs. 16/6308, 298.
[36] Kölner Komm AktG/*Lutter/Drygala* Rn. 19; Großkomm AktG/*Merkt* Rn. 20; MüKoAktG/*Oechsler* Rn. 10.
[37] Großkomm AktG/*Merkt* Rn. 20; MüKoAktG/*Oechsler* Rn. 11.
[38] Großkomm AktG/*Merkt* Rn. 30.
[39] Grigoleit/*Grigoleit/Rachlitz* Rn. 8; Wachter/*Servatius* Rn. 3; Hölters/*Laubert* Rn. 5.
[40] Großkomm AktG/*Merkt* Rn. 34.

selbst dagegen in der Hand des materiell berechtigten Inhabers bestehen, der sich durch das Ausschlussurteil legitimieren kann.[41] Darüber hinaus kann der erfolgreiche Aufgebotskläger nach Abs. 1 S. 2 iVm § 800 BGB nicht nur die Ausstellung einer neuen Haupturkunde, sondern auch neue Dividendenscheine verlangen, selbst wenn er sie nicht verloren hat.[42] Die vorstehenden Grundsätze gelten auch für Erneuerungsscheine.[43] Auf Namens-Gewinnanteilscheine findet Abs. 2 keine Anwendung.[44]

IV. Kraftloserklärung durch die Gesellschaft, Abs. 3

15 Nach § 73 kann die Gesellschaft mit gerichtlicher Zustimmung Aktien auch selbst für kraftlos erklären. Ähnliches gilt nach § 226 bei Durchführung einer Kapitalherabsetzung durch Zusammenlegung von Aktien. Abs. 3 stellt klar, dass das gerichtliche Aufgebotsverfahren auch nach Kraftloserklärung durch die Aktiengesellschaft möglich bleibt. Maßgeblich hierfür sind Gründe des Aktionärsschutzes:[45] Der Aktionär hat ein Interesse daran, sich gegenüber der Gesellschaft als berechtigt zum Empfang der neuen Urkunden nach § 73 Abs. 3 S. 1 auszuweisen oder sich zur Empfangnahme eines Versteigerungserlöses nach § 226 Abs. 3 S. 6 notfalls durch Ausschließungsbeschluss nach § 479 Abs. 1 FamFG zu legitimieren.

V. Abweichende Satzungsbestimmungen

16 Während § 66 Abs. 1 S. 1 AktG 1937 noch die Möglichkeit vorsah, die Kraftloserklärung in der Urkunde selbst auszuschließen, enthält § 72, insoweit auch anders als § 799 BGB, eine abschließende Regelung. Eine abweichende Regelung in der Satzung ist daher nach § 23 Abs. 5 S. 1 nicht möglich.[46]

§ 73 Kraftloserklärung von Aktien durch die Gesellschaft

(1) ¹Ist der Inhalt von Aktienurkunden durch eine Veränderung der rechtlichen Verhältnisse unrichtig geworden, so kann die Gesellschaft die Aktien, die trotz Aufforderung nicht zur Berichtigung oder zum Umtausch bei ihr eingereicht sind, mit Genehmigung des Gerichts für kraftlos erklären. ²Beruht die Unrichtigkeit auf einer Änderung des Nennbetrags der Aktien, so können sie nur dann für kraftlos erklärt werden, wenn der Nennbetrag zur Herabsetzung des Grundkapitals herabgesetzt ist. ³Namensaktien können nicht deshalb für kraftlos erklärt werden, weil die Bezeichnung des Aktionärs unrichtig geworden ist. ⁴Gegen die Entscheidung des Gerichts ist die Beschwerde zulässig; eine Anfechtung der Entscheidung, durch die die Genehmigung erteilt wird, ist ausgeschlossen.

(2) ¹Die Aufforderung, die Aktien einzureichen, hat die Kraftloserklärung anzudrohen und auf die Genehmigung des Gerichts hinzuweisen. ²Die Kraftloserklärung kann nur erfolgen, wenn die Aufforderung in der in § 64 Abs. 2 für die Nachfrist vorgeschriebenen Weise bekanntgemacht worden ist. ³Die Kraftloserklärung geschieht durch Bekanntmachung in den Gesellschaftsblättern. ⁴In der Bekanntmachung sind die für kraftlos erklärten Aktien so zu bezeichnen, daß sich aus der Bekanntmachung ohne weiteres ergibt, ob eine Aktie für kraftlos erklärt ist.

(3) ¹An Stelle der für kraftlos erklärten Aktien sind, vorbehaltlich einer Satzungsregelung nach § 10 Abs. 5, neue Aktien auszugeben und dem Berechtigten auszuhändigen oder, wenn ein Recht zur Hinterlegung besteht, zu hinterlegen. ²Die Aushändigung oder Hinterlegung ist dem Gericht anzuzeigen.

(4) Soweit zur Herabsetzung des Grundkapitals Aktien zusammengelegt werden, gilt § 226.

---

[41] MüKoAktG/*Oechsler* Rn. 17; Großkomm AktG/*Merkt* Rn. 32 f.; Grigoleit/*Grigoleit/Rachlitz* Rn. 8; Hüffer/Koch/*Koch* Rn. 6; K. Schmidt/Lutter/*T. Bezzenberger* §§ 72–75 Rn. 10; NK-AktR/*van Ooy* Rn. 19; Hölters/*Laubert* Rn. 5; aA Kölner Komm AktG/*Lutter/Drygala* Rn. 22.
[42] Kölner Komm AktG/*Lutter/Drygala* Rn. 22; MüKoAktG/*Oechsler* Rn. 17; *Ruge* JW 1931, 3058 f.
[43] Großkomm AktG/*Merkt* Rn. 36; Grigoleit/*Grigoleit/Rachlitz* Rn. 8.
[44] Kölner Komm AktG/*Lutter/Drygala* Rn. 23; Großkomm AktG/*Merkt* Rn. 35; Grigoleit/*Grigoleit/Rachlitz* Rn. 8.
[45] BegrRegE bei *Kropff* S. 93.
[46] Großkomm AktG/*Merkt* Rn. 14; Kölner Komm AktG/*Lutter/Drygala* Rn. 5; Hölters/*Laubert* Rn. 8.

Übersicht

	Rn.		Rn.
I. Normzweck	1	2. Entscheidung über die Durchführung des Verfahrens	12, 13
II. Entstehungsgeschichte	2	3. Durchführung des Verfahrens	14–18
III. Voraussetzungen der Kraftloserklärung	3–10	a) Gerichtliche Genehmigung	14–16
1. Anwendungsbereich	3–5	b) Vergebliche Aufforderung	17, 18
2. Unrichtigkeit der Urkunde durch Veränderung der rechtlichen Verhältnisse, Abs. 1 S. 1	6, 7	4. Kraftloserklärung, Abs. 2 S. 3 und 4	19–21
a) Unrichtigkeit des Urkundeninhalts	6	a) Ermessensentscheidung des Vorstands	19, 20
b) Veränderung der rechtlichen Verhältnisse	7	b) Bekanntgabe	21
		5. Rechtsfolgen der Kraftloserklärung, Abs. 3	22, 23
3. Änderung des Nennbetrags, Abs. 1 S. 2	8	a) Verlust der Wertpapiereigenschaft	22
4. Zusammenlegung von Aktien, Abs. 4	9	b) Dividenden- und Erneuerungsscheine	23
5. Namensaktien, Abs. 1 S. 3	10	6. Ausgabe und Aushändigung neuer Urkunden, Abs. 3 S. 1	24–26
IV. Verfahren der Kraftloserklärung	11–29	7. Hinterlegung, Abs. 3 S. 1, letzter Satzteil	27, 28
1. Zuständigkeit	11	8. Kosten	29
		V. Abweichende Regelungen	30

I. Normzweck

Die Vorschrift gibt der Gesellschaft die Möglichkeit, mit gerichtlicher Genehmigung Aktien für kraftlos zu erklären, deren Inhalt unrichtig geworden ist. Die Kraftloserklärung kann allerdings erst durchgeführt werden, wenn die Aufforderung an die betroffenen Aktionäre, die unrichtigen Aktien zur Berichtigung oder zum Umtausch einzureichen, erfolglos geblieben ist. Vorrangiger Zweck der Bestimmung ist es daher, die **Aktionäre** durch die Androhung der Kraftloserklärung **zum Einreichen ihrer Aktien zu veranlassen;** erst in zweiter Linie soll die **Richtigstellung** im Wege der Kraftloserklärung erfolgen.[1] Ebenso wie die Kraftloserklärung auf Betreiben eines Aktionärs nach § 72 betrifft die Kraftloserklärung durch die Gesellschaft nicht das Mitgliedschaftsrecht, sondern lediglich dessen Verbriefung.[2] 1

II. Entstehungsgeschichte

Die Norm geht auf das Gesetz über die Kraftloserklärung vom 20.12.1934[3] zurück, an das zunächst § 67 AktG 1937 und nunmehr § 73 inhaltlich weitgehend unverändert anknüpft.[4] Abs. 1 S. 4 übernimmt jedoch hinsichtlich der Rechtsschutzmöglichkeiten des Aktionärs eine zuvor in den § 146 Abs. 2 und 3 FGG enthaltene Regelung und sieht in Abs. 2 S. 4 eine Pflicht zur Veröffentlichung des Inhalts einer durchgeführten Kraftloserklärung vor. Durch Art. 1 Nr. 7 KonTraG v. 27.4.1998 (BGBl. I S. 786) wurde in Abs. 3 S. 1 die Bezugnahme auf § 10 Abs. 5 eingefügt. Durch Art. 74 Nr. 4 des FGG-Reformgesetzes v. 17.12.2008 (BGBl. I S. 2586) ist in Abs. 1 S. 4 mit Wirkung v.1. September 2009 als Rechtsmittel die Beschwerde an die Stelle der bisher vorgesehenen sofortigen Beschwerde getreten. 2

III. Voraussetzungen der Kraftloserklärung

1. Anwendungsbereich. Das Verfahren der Kraftloserklärung gilt für **sämtliche Arten von Aktienurkunden** unabhängig davon, ob sie auf den Inhaber oder auf Namen lauten, ob es sich um Nennbetrags- oder Stückaktien handelt und welchen Inhalt das verbriefte Mitgliedschaftsrecht hat (Stammaktien, Vorzugsaktien). Die Vorschrift findet schließlich auch auf **Zwischenscheine** Anwendung, die lediglich aus historischen Gründen nicht ausdrücklich genannt sind.[5] Dagegen gilt die Regelung **nicht für Gewinnanteilsscheine** und **Erneuerungsscheine**.[6] 3

---

[1] MüKoAktG/*Oechsler* Rn. 1; Bürgers/Körber/*Wieneke* Rn. 1; Hölters/*Laubert* Rn. 2.
[2] Kölner Komm AktG/*Lutter/Drygala* Rn. 2; Großkomm AktG/*Merkt* Rn. 2; MüKoAktG/*Oechsler* Rn. 1; Hüffer/Koch/*Koch* Rn. 1; Grigoleit/*Grigoleit/Rachlitz* Rn. 1; Hölters/*Laubert* Rn. 2.
[3] RGBl. 1934 I 1254; dazu Herbig DJ 1935, 112.
[4] Zu den redaktionellen Änderungen vgl. BegrRegE bei *Kropff* S. 94.
[5] Kölner Komm AktG/*Lutter/Drygala* Rn. 6; Großkomm AktG/*Merkt* Rn. 14; MüKoAktG/*Oechsler* Rn. 3; Hüffer/Koch/*Koch* Rn. 2; *v. Godin/Wilhelmi* Rn. 2.
[6] MüKoAktG/*Oechsler* Rn. 3; Großkomm AktG/*Merkt* Rn. 14; Hüffer/Koch/*Koch* Rn. 2; NK-AktR/*van Ooy* Rn. 3; Hölters/*Laubert* Rn. 3.

4 Obwohl die Bestimmung auf die zur Zeit ihrer Einführung üblichen Einzelurkunden[7] zugeschnitten ist, gilt sie auch für **Globalurkunden**. Zu einer Kraftloserklärung wegen fruchtloser Aufforderung, unrichtige Globalurkunden einzureichen, kommt es indessen praktisch nicht, da in aller Regel Clearstream Banking als verwahrende Wertpapiersammelbank einer Aufforderung der Gesellschaft Folge leisten wird. Die notwendige Legitimation hierfür folgt aus Ziff. X Abs. 2 AGB der Clearstream Banking AG und Nr. 18 Abs. 1 der Sonderbedingungen für Wertpapiergeschäfte. Nach der zuerst genannten Bestimmung ist Clearstream Banking berechtigt, ohne vorherige Benachrichtigung ihres Kunden (der Depotbank) einer Aufforderung zur Einreichung von Wertpapierurkunden, ua bei inhaltlicher Unrichtigkeit der Urkunden, Folge zu leisten. Das gleiche Recht steht nach Nr. 18 Abs. 1 der Sonderbedingungen für Wertpapiergeschäfte der Depotbanken im Verhältnis zu ihren Kunden, den Aktionären, zu, wenn die Einreichung offensichtlich im Kundeninteresse liegt und damit auch keine Anlageentscheidung verbunden ist.

5 Nach verbreiteter Auffassung soll eine Kraftloserklärung durch die Gesellschaft ebenso wie im Rahmen des Aufgebotsverfahrens nach § 72 (→ § 72 Rn. 3) nur dann in Betracht kommen, wenn die erfassten **Papiere wirksam ausgegeben** wurden. Das wird zum einen damit begründet, dass ohne wirksamen Begebungsvertrag kein Mitgliedschaftsrecht entstehe, dessen Verbriefung im Aufgebotsverfahren aufgehoben werden könnte.[8] Zum anderen fehle es an der nach Abs. 1 S. 1 erforderlichen Veränderung der rechtlichen Verhältnisse nach Ausgabe der Urkunde.[9] Der erste Einwand geht bereits deswegen fehl, weil Ziel des Aufgebotsverfahrens gerade die Beseitigung eines durch die Urkunde hervorgerufenen unrichtigen Rechtsscheines und nicht etwa die Beseitigung des Mitgliedschaftsrechts ist, die in der Tat dessen wirksame Entstehung voraussetzen würde. Der zweite Einwand trägt zwar dem Wortlaut von Abs. 1 S. 1 Rechnung, steht aber einer entsprechenden Anwendung der Bestimmung auf ein anfängliches Auseinanderfallen von urkundlichem Rechtsschein und wirklicher Rechtslage nicht entgegen (auch → Rn. 7).

6 **2. Unrichtigkeit der Urkunde durch Veränderung der rechtlichen Verhältnisse, Abs. 1 S. 1. a) Unrichtigkeit des Urkundeninhalts.** Die Aktienurkunde ist dann inhaltlich unrichtig, wenn ihr Text die wirkliche Rechtslage unzutreffend wiedergibt. Dabei ist es gleichgültig, ob die Unrichtigkeit die Verhältnisse der Gesellschaft oder die Angaben über das Mitgliedschaftsrecht betrifft. Unrichtigkeit liegt daher etwa vor, wenn Name oder Sitz der Gesellschaft unzutreffend angegeben sind, wenn Stammaktien in Vorzugsaktien umgewandelt wurden oder umgekehrt, wenn Nebenpflichten oder eine Vinkulierung eingeführt oder aufgehoben wurden oder wenn ein in der Urkunde verbrieftes Sonderrecht des Aktionärs verändert wurde.[10]

7 **b) Veränderung der rechtlichen Verhältnisse.** Nach dem Wortlaut von Abs. 1 S. 1 setzt eine Kraftloserklärung durch die Gesellschaft voraus, dass der Inhalt der betroffenen Aktienurkunden aufgrund von Umständen unrichtig geworden ist, die **nach der Ausgabe** der Aktien eingetreten sind. Ist der Inhalt der Aktie bereits zum Zeitpunkt der Ausgabe unrichtig, ist die Bestimmung nach hL daher nicht anwendbar.[11] Sofern durch den unrichtigen Inhalt die Gefahr einer Irreführung der Öffentlichkeit entstehe, sei die Gesellschaft zwar verpflichtet, hiergegen vorzugehen und den falschen Rechtsschein zu beseitigen, widrigenfalls sie gutgläubigen Dritterwerbern nach § 830 Abs. 2 BGB iVm § 826 BGB oder § 823 Abs. 2 BGB iVm § 263 StGB schadensersatzpflichtig sein könne;[12] die Möglichkeit, die Aktionäre durch Androhung der Kraftloserklärung zum Einreichen der Urkunden zu bewegen, stehe ihr allerdings nicht zur Verfügung. Die hL argumentiere indessen zu formal und berücksichtige nicht, dass die Interessenlage bei anfänglicher inhaltlicher Unrichtigkeit derjenigen bei nachträglicher Änderung der rechtlichen Verhältnisse gleicht. In beiden Fällen geht es darum, den unzutreffenden Rechtsschein einer unrichtigen Urkunde zu zerstören, ohne dass dadurch die verbriefte Mitgliedschaft als solche betroffen wäre. § 73 ist daher **entsprechend anzuwenden**, wenn die Aktienurkunde bereits zur Zeit ihrer Ausgabe inhaltlich unrichtig war (auch → Rn. 5).[13]

---

[7] Sammelurkunden sind erst durch die Einführung von § 9a DepotG durch das Gesetz v. 24.5.1972, BGBl. 1972 I 801, zugelassen worden.

[8] MüKoAktG/*Oechsler* Rn. 4; Großkomm AktG/*Merkt* Rn. 15; in Erg. auch Bürgers/Körber/*Wieneke* Rn. 2.

[9] Kölner Komm AktG/*Lutter/Drygala* Rn. 10.

[10] Vgl. Kölner Komm AktG/*Lutter/Drygala* Rn. 10; Großkomm AktG/*Merkt* Rn. 16; MüKoAktG/*Oechsler* Rn. 7; Bürgers/Körber/*Wieneke* Rn. 2; NK-AktR/*van Ooy* Rn. 4; Hölters/*Laubert* Rn. 4.

[11] Kölner Komm AktG/*Lutter/Drygala* Rn. 10; MüKoAktG/*Oechsler* Rn. 6; Großkomm AktG/*Merkt* Rn. 18; Hüffer/Koch/*Koch* Rn. 2; NK-AktR/*van Ooy* Rn. 7; Baumbach/Hueck Rn. 3; Hölters/*Laubert* Rn. 4; Schaper AG 2016, 889 (894).

[12] Kölner Komm AktG/*Lutter/Drygala* Rn. 10; Großkomm AktG/*Merkt* Rn. 18; MüKoAktG/*Oechsler* Rn. 6; Hölters/*Laubert* Rn. 4.

[13] Grigoleit/*Grigoleit/Rachlitz* Rn. 2; Bürgers/Körber/*Wieneke* Rn. 3; Wachter/*Servatius* Rn. 2; Schaper AG 2016, 889 (894).

3. Änderung des Nennbetrags, Abs. 1 S. 2. Obwohl auch bei einer Änderung des Nennbetra- 8
ges der Aktie der Inhalt der Aktienurkunde von der wirklichen Rechtslage abweicht, kann gem.
Abs. 1 S. 2 eine Kraftloserklärung in diesem Fall nur erfolgen, wenn der Nennbetrag zum Zwecke
der **Herabsetzung des Grundkapitals** geändert wurde. Anderenfalls könnte der unzutreffende
Eindruck einer Kapitalherabsetzung entstehen, ohne dass die Voraussetzungen der §§ 222 ff. eingehalten worden wären.[14] Nach dem Wortlaut der Vorschrift wäre eine Kraftloserklärung auch bei einer
Währungsumstellung unzulässig. Gem. § 4 Abs. 6 S. 1 EGAktG nF[15] findet Abs. 1 S. 2 jedoch bei
der Umstellung auf den Euro keine Anwendung, so dass auf DM lautende Urkunden nach Umstellung des Nennbetrags für kraftlos erklärt werden können.[16] Für **Stückaktien** hat Abs. 1 S. 2 keine
Bedeutung, vgl. § 8 Abs. 3 S. 1.[17]

4. Zusammenlegung von Aktien, Abs. 4. Obwohl eine Zusammenlegung von Aktien zum 9
Zweck der Herabsetzung des Grundkapitals (vgl. § 222 Abs. 4 S. 2; → § 222 Rn. 41) zur Unrichtigkeit der zuvor ausgegebenen Aktienurkunden führt, kann in diesem Fall keine Kraftloserklärung
nach Abs. 1–3 stattfinden. Nach Abs. 4 hat hier vielmehr das Verfahren nach § 226 Vorrang.

5. Namensaktien, Abs. 1 S. 3. Namensaktien können gem. Abs. 1 S. 3 nicht allein deshalb für 10
kraftlos erklärt werden, weil die **Bezeichnung des Aktionärs unrichtig** geworden ist. Das Gesetz
trägt damit zum einen dem Umstand Rechnung, dass insbesondere die Möglichkeit der Übertragung
von Namensaktien im Wege der Zession (näher → § 68 Rn. 25) de facto ausgeschlossen wäre, wenn
der Erwerber mit der anschließenden Kraftloserklärung rechnen müsste. Zum anderen ist die AG
dadurch vor Nachteilen geschützt, die sich aus einer unrichtigen Bezeichnung des Aktionärs in der
Aktie ergeben könnten, dass nach § 67 Abs. 2 im Verhältnis zu ihr allein die Eintragung im Aktienregister maßgeblich ist.

IV. Verfahren der Kraftloserklärung

1. Zuständigkeit. Das Recht zur Einleitung des Verfahrens steht allein der Gesellschaft zu. Die 11
Entscheidung über die Einleitung eines Verfahrens stellt eine Maßnahme der Geschäftsführung dar,
für die grundsätzlich der **Vorstand** zuständig ist.[18] Gegebenenfalls kann gem. § 111 Abs. 4 S. 2 die
Zustimmung des Aufsichtsrats erforderlich sein. Da es sich bei der Kraftloserklärung nicht um eine
Maßnahme der Verwaltung des Gesellschaftsvermögens handelt, verbleibt die Zuständigkeit in der
Insolvenz beim Vorstand und geht nicht auf den Insolvenzverwalter über.[19] Soll die Kraftloserklärung
im Rahmen der Liquidation der Gesellschaft erfolgen, liegt die Zuständigkeit gem. § 268 Abs. 2 bei
den Abwicklern.[20]

2. Entscheidung über die Durchführung des Verfahrens. Ob die Gesellschaft beim Vorliegen 12
der gesetzlichen Voraussetzungen von dem Verfahren der Kraftloserklärung Gebrauch macht, entscheidet der Vorstand nach pflichtgemäßem Ermessen.[21] Hieraus folgt einerseits, dass selbst dann
keine Verpflichtung der Gesellschaft besteht, das Verfahren einzuleiten, wenn die Voraussetzungen der Vorschrift erfüllt sind. Andererseits hat die Gesellschaft auch die Möglichkeit, ein bereits
eingeleitetes Verfahren jederzeit wieder zu beenden.[22] Das Ermessen des Vorstands findet seine
Grenze im Gleichbehandlungsgebot des § 53a. Die Gesellschaft darf daher bei Einleitung und Durchführung des Verfahrens Aktionäre in vergleichbarer Lage nicht ohne sachlichen Grund unterschiedlich behandeln.[23]

Aktionäre, deren Aktienurkunden anfänglich oder nachträglich unrichtig (geworden) sind, haben 13
zwar gegenüber der Gesellschaft einen **Anspruch** auf Beseitigung der Unrichtigkeit,[24] nicht aber
darauf, dass dies gerade im Wege der Kraftloserklärung erfolgt. Die Durchführung dieses Verfahrens

---

[14] Vgl. MüKoAktG/*Oechsler* Rn. 8; Grigoleit/*Grigoleit/Rachlitz* Rn. 2; Hölters/*Laubert* Rn. 5.
[15] Eingefügt durch Art. 3 § 2 Nr. 4 EuroEG v.9.6.1998, BGBl. 1998 I 1242 Schlußanh. I.
[16] Großkomm AktG/*Merkt* Rn. 21; Hölters/*Laubert* Rn. 5.
[17] Großkomm AktG/*Merkt* Rn. 19.
[18] MüKoAktG/*Oechsler* Rn. 11; Großkomm AktG/*Merkt* Rn. 6; Bürgers/Körber/*Wieneke* Rn. 5; Hölters/
Laubert Rn. 6.
[19] Hüffer/Koch/*Koch* Rn. 4; MüKoAktG/*Oechsler* Rn. 11; Großkomm AktG/*Merkt* Rn. 6.
[20] MüKoAktG/*Oechsler* Rn. 11; Großkomm AktG/*Merkt* Rn. 6.
[21] Kölner Komm AktG/*Lutter/Drygala* Rn. 22; MüKoAktG/*Oechsler* Rn. 12; Großkomm AktG/*Merkt* Rn. 7;
Grigoleit/*Grigoleit/Rachlitz* Rn. 3; Bürgers/Körber/*Wieneke* Rn. 5; Baumbach/*Hueck* Rn. 3; Hölters/*Laubert*
Rn. 6.
[22] Großkomm AktG/*Merkt* Rn. 7; Kölner Komm AktG/*Lutter/Drygala* Rn. 22; MüKoAktG/*Oechsler* Rn. 12.
[23] Kölner Komm AktG/*Lutter/Drygala* Rn. 23; MüKoAktG/*Oechsler* Rn. 12; Großkomm AktG/*Merkt* Rn. 8;
Baumbach/*Hueck* Rn. 4.
[24] *Söhner* ZIP 2016, 151 (152).

ist vielmehr entbehrlich, soweit die betroffenen Aktionäre selbst auf Berichtigung dringen und daher die unrichtigen Urkunden von sich aus einzureichen bereit sind.[25]

14 **3. Durchführung des Verfahrens. a) Gerichtliche Genehmigung.** Für die Kraftloserklärung der Aktien ist die gerichtliche Genehmigung erforderlich. Wie aus Abs. 2 S. 1 folgt, muss diese Genehmigung vorliegen, **bevor** die Aktionäre zum Einreichen der Aktienurkunden **aufgefordert** werden. Der erforderliche Genehmigungsantrag ist von den Vorstandsmitgliedern in vertretungsberechtigter Zahl bei dem für den Gesellschaftssitz zuständigen Amtsgericht[26] (vgl. § 14 AktG, § 375 Nr. 3 FamFG, §§ 376, 377 FamFG, § 23a Abs. 2 Nr. 4 GVG (früher: § 145 FGG) zu stellen. Die früher in § 146 Abs. 1 FGG vorgesehene Anhörung der Aktionäre vor der gerichtlichen Entscheidung hatte in der Praxis keine große Bedeutung, da aufgrund der Vielzahl der betroffenen Aktionäre in aller Regel die Anhörung nicht „tunlich" iS dieser Bestimmung gewesen wäre;[27] § 34 Abs. 2 FamFG sieht keine vergleichbare Ausnahme von der Pflicht zur Anhörung der Beteiligten (vgl. § 7 Abs. 2 Nr. 1 FamFG) vor, so dass es darauf ankommt, ob nach Einschätzung des Gerichts eine persönliche Anhörung der Aktionäre zur Gewährleistung des rechtlichen Gehörs erforderlich ist.

15 Die **Entscheidung** über den Antrag ergeht **durch Beschluss.** Gegen eine ablehnende Entscheidung kann die Gesellschaft nach Abs. 1 S. 4 Hs. 1 Beschwerde einlegen (auch → § 402 Abs. 3 FamFG). Lehnt auch das Beschwerdegericht den Antrag ab, ist jedenfalls nach § 70 FamFG die zulassungsabhängige Rechtsbeschwerde zum Bundesgerichtshof (§ 133 GVG) eröffnet (früher: die sofortige weitere Beschwerde nach §§ 27, 29 FGG).[28] Dagegen ist die Erteilung der Genehmigung durch das Gericht gem. Abs. 1 S. 4 Hs. 2 für die betroffenen Aktionäre unanfechtbar. Nach früherem Recht konnte das Gericht seine Entscheidung nach § 18 FGG bis zur Kraftloserklärung zurücknehmen; dies konnte auch durch einen Aktionär formlos angeregt werden. Diese Möglichkeit ist nunmehr durch § 48 FamFG eingeschränkt worden.[29]

16 Da § 73 keine besonderen **Kriterien für die Entscheidung** des Gerichts vorsieht, ist das Vorhaben der Kraftloserklärung als Maßnahme der Geschäftsführung lediglich auf seine Rechtmäßigkeit, nicht aber auf seine Zweckmäßigkeit hin zu prüfen.[30] Das Gericht darf die Genehmigung folglich nur verweigern, wenn die Tatbestandsvoraussetzungen der Vorschrift nicht erfüllt sind oder der Vorstand die Grenzen seines Ermessens überschritten hat,[31] namentlich wenn das geplante Vorgehen gegen den Gleichbehandlungsgrundsatz verstößt.[32] Die gerichtliche Genehmigung heilt nicht Mängel der Kraftloserklärung, insbesondere ein Fehlen der gesetzlichen Voraussetzungen für die Durchführung des Verfahrens.[33]

17 **b) Vergebliche Aufforderung.** Voraussetzung für Kraftloserklärung von Aktien durch die Gesellschaft ist die vergebliche Aufforderung, Aktien zur Berichtigung oder zum Umtausch einzureichen. Die Aufforderung muss die Kraftloserklärung androhen und auf die gerichtliche Genehmigung hinweisen. Sind von dem Verfahren nur bestimmte Urkunden betroffen, so sind diese so genau zu bezeichnen, dass sie eindeutig identifizierbar sind und jeder Aktionär erkennen kann, ob er von der Aufforderung betroffen ist.[34]

18 Nach Abs. 2 S. 2 iVm § 64 Abs. 2 muss die Aufforderung durch **dreimalige Bekanntgabe** in allen Gesellschaftsblättern, gem. § 25 also im Bundesanzeiger, erfolgen.[35] Bei der Aufforderung sind die Fristen des § 64 Abs. 2 S. 2 und 3 einzuhalten. Dementsprechend muss die erste Aufforderung mindestens drei Monate und die letzte mindestens einen Monat vor Fristablauf bekannt gemacht werden. Zwischen den einzelnen Aufforderungen muss dabei ein Zeitraum von jeweils mindestens drei Wochen liegen. Bei vinkulierten Namensaktien genügt gem. Abs. 2 S. 2 iVm § 64 Abs. 2 S. 4 wahlweise auch die **einmalige Einzelaufforderung** mit Monatsfrist.[36]

---

[25] Ebenso MüKoAktG/*Oechsler* Rn. 13; Grigoleit/*Grigoleit/Rachlitz* Rn. 3.
[26] Zur SE, die ihren Satzungssitz in EU-Ausland verlegt hat, vgl. OLG Frankfurt NZG 2016, 1340 (1341) = AG 2017, 156 f.
[27] MüKoAktG/*Oechsler* Rn. 16.
[28] Kölner Komm AktG/*Lutter/Drygala* Rn. 13; Großkomm AktG/*Barz* Anm. 3; MüKoAktG/*Oechsler* Rn. 18.
[29] Vgl. dazu BegrRegE BT Drs. 16/6308, 198.
[30] Kölner Komm AktG/*Lutter/Drygala* Rn. 12; Grigoleit/*Grigoleit/Rachlitz* Rn. 4; Bürgers/Körber/*Wieneke* Rn. 6; *Baumbach/Hueck* Rn. 5; MüKoAktG/*Oechsler* Rn. 17; aA Großkomm AktG/*Merkt* Rn. 24; v. Godin/Wilhelmi Rn. 6; Hölters/*Laubert* Rn. 6.
[31] Kölner Komm AktG/*Lutter/Drygala* Rn. 10; *Baumbach/Hueck* Rn. 5; MüKoAktG/*Oechsler* Rn. 17.
[32] Kölner Komm AktG/*Lutter/Drygala* Rn. 12; Großkomm AktG/*Merkt* Rn. 25.
[33] Kölner Komm AktG/*Lutter/Drygala* Rn. 14; MüKoAktG/*Oechsler* Rn. 28; Großkomm AktG/*Barz* Anm. 3.
[34] MüKoAktG/*Oechsler* Rn. 19; Großkomm AktG/*Merkt* Rn. 29.
[35] Großkomm AktG/*Merkt* Rn. 33; Hölters/*Laubert* Rn. 8.
[36] MüKoAktG/*Oechsler* Rn. 22; Kölner Komm AktG/*Lutter/Drygala* Rn. 17; Großkomm AktG/*Merkt* Rn. 32; Hüffer/Koch/*Koch* Rn. 5; Hölters/*Laubert* Rn. 8.

4. Kraftloserklärung, Abs. 2 S. 3 und 4. a) Ermessensentscheidung des Vorstandes. Werden die Aktien trotz wirksamer Aufforderung und gerichtlicher Genehmigung nicht rechtzeitig bei der Gesellschaft eingereicht, **kann** die Gesellschaft die **Urkunden für kraftlos erklären**. Ob sie von dieser Möglichkeit Gebrauch macht, liegt in ihrem Ermessen.[37] Bei der Entscheidung ist die Gesellschaft gem. § 53a jedoch verpflichtet, alle Aktionäre gleich zu behandeln. Obwohl das Gesetz keinen Zeitraum bestimmt, innerhalb dessen über die Kraftloserklärung entschieden werden muss, darf die Gesellschaft die betroffenen Aktionäre nicht unbegrenzt über ihr weiteres Vorgehen im Ungewissen lassen. Diesen ist es nicht zuzumuten, über unbestimmte Zeit die Gesellschaftsblätter daraufhin zu prüfen, ob die Kraftloserklärung tatsächlich erfolgt. Zudem wird der Vorstand das Verfahren der Kraftloserklärung ohnehin nur dann einleiten, wenn er beabsichtigt, von der damit eröffneten Möglichkeit Gebrauch zu machen. Schließlich wird regelmäßig der Gleichbehandlungsgrundsatz gebieten, die Aktionäre, die der Aufforderung nicht nachgekommen sind, hinsichtlich der Verbriefung ihrer Mitgliedschaftsrechte nicht anders zu stellen als diejenigen, die der Aufforderung, ihre Aktien einzureichen nachgekommen sind. Die **Kraftloserklärung** muss daher **innerhalb einer angemessenen Frist** erfolgen, die aus den vorstehend genannten Gründen nicht länger als 6 Monate nach Ablauf der für das Einreichen der Aktien gesetzten Frist sein darf.[38] Nach Ablauf dieser Frist sind die Rechte aus dem bereits durchgeführten Verfahren verwirkt, so dass die Gesellschaft das Verfahren ggf. erneut betreiben muss.

Die Frist für das Einreichen der Urkunden ist **keine Ausschlussfrist.** Werden Urkunden nach Fristablauf, aber noch vor Kraftloserklärung eingereicht, sind sie daher ohne weiteres zu berichtigen oder umzutauschen. Eine Kraftloserklärung solcher Aktien darf nicht erfolgen, da mit der Einreichung bereits das mit der Aufforderung verfolgte Ziel erreicht (hierzu → Rn. 1) wurde.[39]

b) Bekanntgabe. Die Kraftloserklärung hat nach Abs. 2 S. 3 durch Bekanntgabe in den Gesellschaftsblättern zu erfolgen. Die betroffenen Aktien sind gem. Abs. 2 S. 4 **eindeutig zu bezeichnen.** Dies kann namentlich durch Auflisten der betroffenen Stücknummern erfolgen. Im Falle einer Veröffentlichung in mehreren Gesellschaftsblättern tritt die Wirksamkeit der Kraftloserklärung erst mit der letzten Publikation ein.[40] Die öffentliche Mitteilung ist auch bei vinkulierten Namensaktien und Zwischenscheinen erforderlich und kann nicht durch eine Einzelmitteilung an die betroffenen Aktionäre ersetzt werden.[41]

5. Rechtsfolgen der Kraftloserklärung, Abs. 3. a) Verlust der Wertpapiereigenschaft. Sind alle materiellen und prozessualen Voraussetzungen für eine Kraftloserklärung erfüllt, endet die Verkörperung der Mitgliedschaft durch die Urkunde; diese verliert mit der Kraftloserklärung ihre Eigenschaft als Wertpapier.[42] Das Mitgliedschaftsrecht selbst wird hierdurch jedoch nicht betroffen, sondern bleibt als unverkörpertes Recht bestehen.[43] Die Urkunde dient ab dem Moment der Kraftloserklärung nur noch zur Legitimation des Inhabers für die Ausgabe einer neuen Urkunde gem. Abs. 3 S. 1 (hierzu → Rn. 24). Fehlt dagegen eine der Voraussetzungen für die Durchführung des Verfahrens, ist die Kraftloserklärung nichtig und entfaltet keinerlei Rechtsfolgen.[44]

b) Dividenden- und Erneuerungsscheine. Anders als § 72 Abs. 2 enthält § 73 keine Bestimmungen über die Wirkung der Kraftloserklärung für Dividendenscheine (zur Geltung der Vorschrift für Zwischenscheine → Rn. 3). Es ist daher umstritten, ob sich die Rechtsfolgen einer wirksamen Kraftloserklärung ohne weiteres auch auf noch nicht fällige Dividenden- und Erneuerungsscheine

---

[37] Kölner Komm AktG/*Lutter/Drygala* Rn. 22; Großkomm AktG/*Merkt* Rn. 37; Hüffer/Koch/*Koch* Rn. 5; MüKoAktG/*Oechsler* Rn. 22; Bürgers/Körber/*Wieneke* Rn. 8; Hölters/*Laubert* Rn. 9.
[38] Ähnl. (idR höchstens 6 Monate) Grigoleit/*Grigoleit/Rachlitz* Rn. 5; großzügiger hinsichtlich der Fristbemessung (6–12 Monate) Kölner Komm AktG/*Lutter/Drygala* Rn. 22; MüKoAktG/*Oechsler* Rn. 22; Großkomm AktG/*Merkt* Rn. 40; Bürgers/Körber/*Wieneke* Rn. 8; Hölters/*Laubert* Rn. 9; *Schaper* AG 2016, 889 (895).
[39] Kölner Komm AktG/*Lutter/Drygala* Rn. 20, MüKoAktG/*Oechsler* Rn. 32; Großkomm AktG/*Merkt* Rn. 38; Bürgers/Körber/*Wieneke* Rn. 8.
[40] Kölner Komm AktG/*Lutter/Drygala* Rn. 24, MüKoAktG/*Oechsler* Rn. 27; Bürgers/Körber/*Wieneke* Rn. 10; Großkomm AktG/*Barz*, 3. Aufl. 1973, Anm. 4.
[41] Kölner Komm AktG/*Lutter/Drygala* Rn. 24, MüKoAktG/*Oechsler* Rn. 27.
[42] Kölner Komm AktG/*Lutter/Drygala* Rn. 26, MüKoAktG/*Oechsler* Rn. 31; K. Schmidt/Lutter/*T. Bezzenberger* §§ 72–75 Rn. 7; Hüffer/Koch/*Koch* Rn. 6; Bürgers/Körber/*Wieneke* Rn. 11; *Baumbach/Hueck* Rn. 5; Hölters/*Laubert* Rn. 10.
[43] BGH AG 1990, 78 (80); Kölner Komm AktG/*Lutter/Drygala* Rn. 26, Grigoleit/*Grigoleit/Rachlitz* Rn. 6; Bürgers/Körber/*Wieneke* Rn. 11; Hölters/*Laubert* Rn. 10.
[44] Kölner Komm AktG/*Lutter/Drygala* Rn. 25; MüKoAktG/*Oechsler* Rn. 28; Grigoleit/*Grigoleit/Rachlitz* Rn. 8.

erstrecken,[45] oder ob diese nur dann ungültig werden, wenn sie ebenfalls inhaltlich unrichtig sind und sowohl in die Aufforderung nach Abs. 2 S. 1 als auch in die Kraftloserklärung ausdrücklich einbezogen wurden.[46] Für die zweite Ansicht spricht neben dem unterschiedlichen Wortlaut der Vorschriften, dass § 72 und § 73 verschiedene Anliegen verfolgen: Zweck des Aufgebotsverfahrens nach § 72 ist es, inhaltlich richtige, aber vernichtete oder dem Berechtigten abhanden gekommene Urkunden für kraftlos zu erklären, um dem Rechtsinhaber die Ausübung seiner Rechte zu ermöglichen und Schäden infolge der Verwendung der Urkunde durch Unbefugte zu vermeiden. Konsequenterweise erstreckt sich die Kraftloserklärung auf die zu der Haupturkunde gehörigen Nebenpapiere, denn anderenfalls würden sich die Nebenpapiere auf eine andere Stückenummer als die der neuen Haupturkunde beziehen. Bei der Kraftloserklärung wegen inhaltlicher Unrichtigkeit ist dagegen die Vergabe neuer Stückenummern für die neuen Aktien, die nach Abs. 3 an Stelle der für kraftlos erklärten Urkunden ausgegeben werden, nicht erforderlich. Sofern sich der Umstand, der zur Unrichtigkeit der Aktie führt, nicht zugleich auf zugehörige Dividenden- und Erneuerungsscheine erstreckt, würde deren Kraftloserklärung und die Ausgabe von Ersatzurkunden überflüssigen Aufwand erfordern. Sind neben der Aktienurkunde selbst auch zugehörige Nebenpapiere unrichtig geworden, **erfordert** eine **Kraftloserklärung** dieser Urkunden ihre **ausdrückliche Einbeziehung** in das Verfahren nach § 73.

24 **6. Ausgabe und Aushändigung neuer Urkunden, Abs. 3 S. 1.** Sofern nicht der Anspruch auf Verbriefung des Anteils durch die Satzung ausgeschlossen ist (§ 10 Abs. 5), haben die Inhaber der für kraftlos erklärten Aktien einen Anspruch auf Ausgabe und Aushändigung neuer Aktienurkunden. Durch den durch Art. 1 Nr. 7 KonTraG eingefügten Vorbehalt ist klargestellt, dass der Anspruch auf Ausgabe und Aushändigung neuer Urkunden hinter eine abweichende Satzungsregelung zurücktritt.[47] Sofern die Mitgliedschaftsrechte in einer zum Umtausch eingereichten oder für kraftlos erklärten **Globalurkunde** verbrieft waren (→ Rn. 4), hat die Gesellschaft eine neue Globalurkunde auszugeben und bei Clearstream Banking als Wertpapiersammelbank zu hinterlegen. Ein Anspruch der Aktionäre auf Aushändigung der Urkunde an sie besteht in diesem Fall nicht. Wie aus dem Wortlaut von Abs. 3 S. 1 („sind auszugeben") folgt, hat die Gesellschaft die Ausgabe der neuen Urkunden von sich aus zu veranlassen.

25 Die Vorschrift gilt auch für **Zwischenscheine**. Sofern neben der Haupturkunde auch **Nebenurkunden** für kraftlos erklärt wurden (→ Rn. 23), erstreckt sich der Anspruch auf Ausgabe und Aushändigung von Ersatzurkunden auch auf diese Nebenpapiere.

26 Die Urkunden müssen **dem Berechtigten ausgehändigt** werden. Berechtigt ist der Aktionär oder ein von ihm zum Empfang ermächtigter Dritter,[48] der sich gegenüber der Gesellschaft legitimieren muss. Dies kann bei Inhaberaktien durch die Vorlage der alten Papiere,[49] aber auch auf andere Weise, etwa durch einen an die Stelle der Urkunde getretenen Ausschließungsbeschluss gem. § 72 iVm § 478 Abs. 1 FamFG (früher: § 1018 ZPO) geschehen.[50] Bei Namensaktien gilt gem. § 67 Abs. 2 gegenüber der Gesellschaft nur derjenige als Aktionär, der im Aktienregister eingetragen ist.[51]

27 **7. Hinterlegung, Abs. 3 S. 1, letzter Satzteil.** Sofern der Berechtigte mit der Annahme der neuen Urkunde gem. §§ 293 ff. BGB im Verzug oder der Gesellschaft nicht bekannt ist, muss die Gesellschaft die Urkunde hinterlegen. Die Hinterlegung richtet sich nach den Vorschriften der §§ 372 ff. BGB und der Hinterlegungsordnung. Die Hinterlegung muss zwar nicht unter Verzicht auf Rücknahme nach § 376 Abs. 2 Nr. 1 BGB erfolgen;[52] ein solcher Verzicht ist jedoch zweckmäßig, da die Gesellschaft nur unter dieser Voraussetzung nach § 378 BGB durch die Hinterlegung von ihrer Verbindlichkeit gegenüber dem Aktionär befreit wird.

---

[45] *Baumbach/Hueck* Rn. 6; Kölner Komm AktG/*Lutter/Drygala* Rn. 27; Großkomm AktG/*Merkt* Rn. 45; *Herbig* DJ 1935, 112 (115).
[46] MüKoAktG/*Oechsler* Rn. 32; Grigoleit/*Grigoleit/Rachlitz* Rn. 6; Bürgers/Körber/*Wieneke* Rn. 11; Großkomm AktG/*Barz*, 3. Aufl. 1973, Anm. 4; Hölters/*Laubert* Rn. 10.
[47] Beschlussempfehlung und Bericht des Rechtsausschusses v. 4.3.1998, BT-Drs. 13/10 038, 25.
[48] Kölner Komm AktG/*Lutter/Drygala* Rn. 28; MüKoAktG/*Oechsler* Rn. 32.
[49] Kölner Komm AktG/*Lutter/Drygala* Rn. 28; MüKoAktG/*Oechsler* Rn. 36; Großkomm AktG/*Merkt* Rn. 48; Grigoleit/*Grigoleit/Rachlitz* Rn. 7.
[50] Kölner KommAktG/*Lutter/Drygala* Rn. 28; MüKoAktG/*Oechsler* Rn. 36; Großkomm AktG/*Merkt* Rn. 48; Grigoleit/*Grigoleit/Rachlitz* Rn. 7.
[51] Kölner Komm AktG/*Lutter/Drygala* Rn. 28; MüKoAktG/*Oechsler* Rn. 35; Großkomm AktG/*Merkt* Rn. 49; Grigoleit/*Grigoleit/Rachlitz* Rn. 7.
[52] MüKoAktG/*Oechsler* Rn. 39; Großkomm AktG/*Merkt* Rn. 52; Grigoleit/*Grigoleit/Rachlitz* Rn. 7; Bürgers/Körber/*Wieneke* Rn. 14; Schlegelberger/*Quassowski* AktG 1937 § 67 Rn. 5; *Herbig* DJ 1935, 112 (115); aA: Kölner Komm AktG/*Lutter/Drygala* Rn. 30.

Die Aushändigung der neuen Aktie oder die Hinterlegung ist nach Abs. 3 S. 2 **dem Gericht** 28
anzuzeigen. Kommt der Vorstand dieser Verpflichtung nicht nach, kann das Registergericht gem.
§ 407 HGB gegen die Vorstandsmitglieder ein Zwangsgeld festsetzen. Mittelbar soll damit die Aushändigung oder Hinterlegung als Voraussetzung für die Meldung erzwungen werden.[53]

8. Kosten. Die Kosten für die Herstellung der neuen Aktien und für die Durchführung des 29
Verfahrens nach § 73 trägt, anders als nach § 72 Abs. 1 S. 2 iVm § 800 S. 2 BGB oder nach § 74 S. 2,
die **Gesellschaft**,[54] denn anders als in den von diesen Vorschriften erfassten Fällen liegen hier die
Umstände, die eine Kraftloserklärung erforderlich machen, in ihrer Sphäre.

V. Abweichende Regelungen

§ 73 enthält **zwingendes Recht.** Abweichende Bestimmungen können daher weder in der Sat- 30
zung der Gesellschaft noch in der Urkunde selbst wirksam getroffen werden. Dies gilt insbesondere
für das Erfordernis einer gerichtlichen Genehmigung oder die Erstreckung der Kraftloserklärung
über den Anwendungsbereich des § 73 hinaus.[55]

§ 74 Neue Urkunden an Stelle beschädigter oder verunstalteter Aktien oder Zwischenscheine

¹Ist eine Aktie oder ein Zwischenschein so beschädigt oder verunstaltet, daß die Urkunde zum Umlauf nicht mehr geeignet ist, so kann der Berechtigte, wenn der wesentliche Inhalt und die Unterscheidungsmerkmale der Urkunde noch sicher zu erkennen sind, von der Gesellschaft die Erteilung einer neuen Urkunde gegen Aushändigung der alten verlangen. ²Die Kosten hat er zu tragen und vorzuschießen.

Übersicht

	Rn.		Rn.
I. Normzweck	1, 2	III. Anspruchsinhaber	8, 9
II. Anspruchsvoraussetzungen	3–7		
1. Erfasste Urkunden	3	IV. Anspruchsziel und Rechtsfolge	10, 11
2. Beschädigung oder Verunstaltung	4–6	1. Erteilung einer neuen Urkunde	10
3. Kostentragung und Vorschussleistung, Satz 2	7	2. Rechtsfolge	11

I. Normzweck

Die Vorschrift regelt in Anlehnung an § 798 BGB den Austausch beschädigter oder verunstalteter 1
Aktien oder Zwischenscheine. Zweck der Norm ist es, den Aktionären einen Anspruch auf Wiederherstellung der durch Beschädigung oder Verunstaltung beeinträchtigten Handelbarkeit der Urkunde
zu gewähren. Die Satzung kann den Anspruch der Aktionäre nicht ausschließen oder an über das
Gesetz hinausgehende Voraussetzungen knüpfen. Dagegen steht es der Gesellschaft frei, Aktien auch
dann umzutauschen, wenn die Beschädigung oder Verunstaltung nicht das vom Gesetz vorausgesetzte
Maß erreicht.[1] Eine dahin gehende Regelung kann in die Satzung aufgenommen werden.[2]

§ 74 entspricht weitgehend § 68 AktG 1937, der seinerseits auf § 229 HGB beruhte. 2

II. Anspruchsvoraussetzungen

1. Erfasste Urkunden. Die Vorschrift gilt für alle Arten von Aktien und Zwischenscheinen, 3
nicht hingegen für Erneuerungsscheine (Talons) und Dividendenscheine (Coupons). Auf diese
Nebenpapiere findet allerdings im Falle der Beschädigung oder Verunstaltung § 798 BGB Anwendung, wenn sie, was in der Praxis der Regelfall ist, auf den Inhaber lauten.[3]

---

[53] Kölner Komm AktG/*Lutter/Drygala* Rn. 31; MüKoAktG/*Oechsler* Rn. 41; Großkomm AktG/*Merkt* Rn. 53.
[54] MüKoAktG/*Oechsler* Rn. 42; Kölner Komm AktG/*Lutter/Drygala* Rn. 31; Großkomm AktG/*Merkt* Rn. 54; Hölters/*Laubert* Rn. 13.
[55] MüKoAktG/*Oechsler* Rn. 39; Hölters/*Laubert* Rn. 15.
[1] MüKoAktG/*Oechsler* Rn. 1; Großkomm AktG/*Merkt* Rn. 7; Bürgers/Körber/*Wieneke* Rn. 3.
[2] Großkomm AktG/*Merkt* Rn. 3; Kölner Komm AktG/*Lutter/Drygala* Rn. 7; aA MüKoAktG/*Oechsler* Rn. 1.
[3] Kölner Komm AktG/*Lutter/Drygala* Rn. 2; MüKoAktG/*Oechsler* Rn. 3; Großkomm AktG/*Merkt* Rn. 5; Grigoleit/*Grigoleit/Rachlitz* Rn. 1; Bürgers/Körber/*Wieneke* Rn. 1; NK-AktR/*van Ooy* Rn. 2; Hölters/*Laubert* Rn. 2.

4 **2. Beschädigung oder Verunstaltung.** Voraussetzung für einen Anspruch auf Erteilung einer neuen Urkunde ist eine **Beeinträchtigung der äußeren Beschaffenheit** der Aktie oder des Zwischenscheins. Der Begriff der Beschädigung bezeichnet Substanzschäden der Urkunde, insbesondere Risse, Einschnitte, Löcher, Wasser- oder Brandeinwirkungen. Mit dem Merkmal der Verunstaltung werden Schönheitsfehler erfasst, wie etwa Verfärbungen, Flecken oder Verknitterungen, aber auch Aufdrucke, Beschriftungen oder Vermerke, die das Erscheinungsbild der Urkunde beeinträchtigen.[4] Eine genaue Abgrenzung zwischen „Beschädigungen" und „Verunstaltungen" ist nicht erforderlich, da beide Merkmale gleichermaßen die Voraussetzungen eines Anspruchs nach Satz 1 erfüllen.[5]

5 Satz 1 setzt voraus, dass die Beschaffenheit der Urkunde **nicht nur unerheblich beeinträchtigt** ist. Die Beschädigung oder Verunstaltung muss sich vielmehr auf die Verkehrsfähigkeit der Aktie oder des Zwischenscheins auswirken. Das ist immer dann der Fall, wenn die Urkunde nicht mehr den Anforderungen der Wertpapierbörsen und Depotbanken betreffend die Unversehrtheit von Aktienurkunden (sog. Lieferbarkeit) genügt.[6] Geringfügige ästhetische Beeinträchtigungen, wie bspw. kleine Flecken, genügen dafür nicht.[7] Eine Beschädigung oder Verunstaltung iSv Satz 1 liegt aber jedenfalls dann vor, wenn die Schnelligkeit oder Klarheit der Identifizierung erschwert wird.[8] Die Beschädigung oder Verunstaltung darf andererseits nicht so gravierend sein, dass eine Vernichtung im Sinne des § 72 vorliegt.[9] Inhalt und Unterscheidungsmerkmale der Urkunde müssen daher noch sicher zu erkennen sein.[10]

6 § 74 gibt nur die **Untergrenze** vor, jenseits derer der Aktionär einen Anspruch auf die Erteilung einer neuen Urkunde hat. Die Gesellschaft ist nicht gehindert, Aktien bereits dann umzutauschen, wenn die Beschädigung oder Verunstaltung diese Grenze nicht erreicht (→ Rn. 1).

7 **3. Kostentragung und Vorschussleistung, Satz 2.** Die Kosten der neuen Urkunde, namentlich die Aufwendungen für den Druck der Aktie oder des Zwischenscheins, trägt nach Satz 2 der Aktionär. Er ist insoweit vorschusspflichtig. Auf die Zahlung dieser Kosten darf die Gesellschaft nicht verzichten, da dies einen Verstoß gegen § 57 Abs. 1 S. 1 darstellen würde.[11] Stellt sich im Nachhinein heraus, dass der von der Gesellschaft angeforderte Vorschuss zu hoch war, kann der Aktionär den zuviel gezahlten Betrag nach § 812 BGB zurück verlangen.[12]

III. Anspruchsinhaber

8 **Anspruchsinhaber** ist nach dem Wortlaut des Satzes 1 der „Berechtigte". Dies ist bei **Inhaberaktien** der Besitzer der Urkunde.[13] Kann der Aktionär die Urkunde nicht aushändigen oder ist diese derart beschädigt oder verunstaltet, dass der Inhalt oder der Inhaber der Urkunde nicht mehr erkennbar ist (→ Rn. 5), scheidet ein Anspruch nach § 74 aus. In diesem Fall besteht nur die Möglichkeit der Kraftloserklärung der Aktie im Wege des Aufgebotsverfahrens nach § 72.

9 Bei **Namensaktien** ist ausschlaggebend, wer bei Geltendmachung des Austauschanspruchs im Aktienregister eingetragen ist (vgl. § 67 Abs. 2). Neben der Eintragung im Aktienregister ist auch hier die Aushändigung der alten Urkunde erforderlich, damit nicht die Gefahr der Irreführung durch den Umlauf mehrerer Urkunden entstehen kann.[14]

IV. Anspruchsziel und Rechtsfolge

10 **1. Erteilung einer neuen Urkunde.** Liegen die Voraussetzungen des Satzes 1 vor, kann der Aktionär, Zug um Zug gegen Aushändigung der alten Urkunde und Leistung des Kostenvorschusses nach Satz 2, von der Gesellschaft die Erteilung einer neuen Urkunde verlangen.[15] Die **AG muss**

---

[4] Großkomm AktG/*Merkt* Rn. 6; Bürgers/Körber/*Wieneke* Rn. 2.
[5] MüKoAktG/*Oechsler* Rn. 4.
[6] Vgl. §§ 14, 15 der Bedingungen für Geschäfte an der Frankfurter Wertpapierbörse (Stand: 3.1.2018) sowie die Richtlinien für die Lieferbarkeit beschädigter, amtlich notierter Wertpapiere (Stand: 04.05.1981), beide abrufbar unter www.deutsche-boerse.de.
[7] Großkomm AktG/*Merkt* Rn. 7 f.
[8] MüKoAktG/*Oechsler* Rn. 5; Kölner Komm AktG/*Lutter/Drygala* Rn. 3; NK-AktR/*van Ooy* Rn. 3; Hölters/*Laubert* Rn. 3.
[9] Hüffer/Koch/*Koch* Rn. 1; MüKoAktG/*Oechsler* Rn. 7; Großkomm AktG/*Merkt* Rn. 6.
[10] *Schaper* AG 2016, 889 (891).
[11] MüKoAktG/*Oechsler* Rn. 9; Bürgers/Körber/*Wieneke* Rn. 5; Hölters/*Laubert* Rn. 5.
[12] MüKoAktG/*Oechsler* Rn. 9.
[13] Großkomm AktG/*Merkt* Rn. 12; Hölters/*Laubert* Rn. 4.
[14] MüKoAktG/*Oechsler* Rn. 10; Großkomm AktG/*Merkt* Rn. 12; Kölner Komm AktG/*Lutter/Drygala* Rn. 5 f.; Grigoleit/*Grigoleit/Rachlitz* Rn. 2.
[15] Großkomm AktG/*Merkt* Rn. 10.

dabei **die beschädigte oder verunstaltete Urkunde einfordern,** damit eine Täuschung des Verkehrs infolge des Umlaufs zweier Urkunden über dasselbe Mitgliedschaftsrecht ausgeschlossen ist.[16] Die alte Urkunde ist nach der Aushändigung von der Gesellschaft zu vernichten.[17] Die neue Urkunde sollte ausdrücklich als Ersatzurkunde bezeichnet werden.[18]

2. Rechtsfolge. Mit Erteilung der neuen Aktie oder des neuen Zwischenscheins wird das **Mitgliedschaftsrecht ausschließlich durch** diese **neue Urkunde verkörpert.**[19] Mit dem Austausch der alten gegen die neue Urkunde verliert jene ihre Eigenschaft als Wertpapier.[20] Sie kann nicht mehr Grundlage eines gutgläubigen Rechtserwerbs sein,[21] denn die Zahl der Mitgliedschaftsrechte kann nicht durch Übertragungsakte vermehrt werden.

§ 75 Neue Gewinnanteilscheine

Neue Gewinnanteilscheine dürfen an den Inhaber des Erneuerungsscheins nicht ausgegeben werden, wenn der Besitzer der Aktie oder des Zwischenscheins der Ausgabe widerspricht; sie sind dem Besitzer der Aktie oder des Zwischenscheins auszuhändigen, wenn er die Haupturkunde vorlegt.

I. Normzweck und Anwendungsbereich

Bis auf eine in der Sache unerhebliche sprachliche Änderung entspricht die Bestimmung § 69 AktG 1937. Die Norm beantwortet die Frage, wem die Gesellschaft zur Ausgabe von Dividendenscheinen verpflichtet ist, wenn der Inhaber des Erneuerungsscheins[1] und der Inhaber der Haupturkunde nicht identisch sind. Damit trifft sie zugleich eine Regelung über die Rechtsnatur des Erneuerungsscheins. Die Vorschrift **begrenzt die Legitimationswirkung des Erneuerungsscheins** und stellt zugleich den Vorrang des Besitzers der Haupturkunde gegenüber dem Inhaber des Erneuerungsscheins (Talons) klar.[2] Damit wird zunächst deutlich, dass der Anspruch auf Ausgabe neuer Gewinnanteilscheine nicht im Erneuerungsschein, sondern in der Aktie oder dem Zwischenschein verkörpert ist.[3] Die Vorlage des Erneuerungsscheins ist daher keine notwendige Voraussetzung für die Geltendmachung des Anspruchs auf Ausgabe neuer Gewinnanteilscheine. Der Erneuerungsschein ist folglich kein Wertpapier, sondern ein einfaches Legitimationspapier.[4] Solange der Inhaber der Haupturkunde nicht widerspricht, kann die Gesellschaft mit befreiender Wirkung gegenüber dem Inhaber der Haupturkunde neue Gewinnanteilscheine an den Inhaber des Erneuerungsscheins ausgeben; sie ist hierzu jedoch nicht verpflichtet.[5]

Die Vorschrift gilt für **sämtliche** aktienrechtlichen **Erneuerungsscheine,** unabhängig davon, ob sie zu Aktien oder zu Zwischenscheinen ausgegeben wurden.[6] Die Vorschrift ist allerdings auf Erneuerungsscheine zu Inhaberaktien zugeschnitten. Bei Erneuerungsscheinen, die zu **Namensaktien** ausgegeben sind, tritt als Legitimationsgrundlage für Widerspruch und Aushändigungsverlangen an die Stelle des Besitzes der Aktie die Eintragung im Aktienregister.[7] Der Anspruch auf Ausgabe des Erneuerungsscheins steht dem Aktionär gegenüber der Gesellschaft zu (→ Rn. 1). Es besteht kein sachlicher Grund dafür, die Ausübung dieses Rechts aus der Namensaktie oder dem Zwischen-

---

[16] MüKoAktG/*Oechsler* Rn. 8; Großkomm AktG/*Merkt* Rn. 10; Hüffer/Koch/*Koch* Rn. 2.
[17] Kölner Komm AktG/*Lutter/Drygala* Rn. 5; MüKoAktG/*Oechsler* Rn. 8; Hölters/*Laubert* Rn. 5.
[18] MüKoAktG/*Oechsler* Rn. 8.
[19] Kölner Komm AktG/*Lutter/Drygala* Rn. 5; Großkomm AktG/*Merkt* Rn. 11; MüKoAktG/*Oechsler* Rn. 11.
[20] *Schaper* AG 2016, 889 (891).
[21] MüKoAktG/*Oechsler* Rn. 11; wohl auch Bürgers/Körber/*Wieneke* Rn. 6; aA MüKoBGB/*Habersack* BGB § 798 Rn. 2.
[1] Muster bei *Schäfer* in Happ AktienR Form 4.02.
[2] RGZ 77, 333 (336); Kölner Komm AktG/*Lutter/Drygala* Rn. 4; Großkomm AktG/*Merkt* Rn. 1; MüKoAktG/*Oechsler* Rn. 2; Grigoleit/*Grigoleit/Rachlitz* Rn. 4; Hölters/*Laubert* Rn. 1.
[3] Hüffer/Koch/*Koch* § 58 Rn. 30; Großkomm AktG/*Merkt* Rn. 4; MHdB AG/*Sailer-Coceani* § 12 Rn. 30; *Schäfer* in Happ AktienR Form 4.02 Rn. 2; Hölters/*Laubert* Rn. 1.
[4] Kölner Komm AktG/*Lutter/Drygala* Rn. 3; Hüffer/Koch/*Koch* § 58 Rn. 30; MüKoAktG/*Bayer* § 58 Rn. 123; Großkomm AktG/*Merkt* Rn. 4; MüKoAktG/*Oechsler* Rn. 2; Grigoleit/*Grigoleit/Rachlitz* Rn. 4; MHdB AG/*Sailer-Coceani* § 12 Rn. 30; *Schäfer* in Happ AktienR Form 4.02 Rn. 2; Hölters/*Laubert* Rn. 1.
[5] Kölner Komm AktG/*Lutter* § 58 Rn. 134; Hüffer/Koch/*Koch* § 58 Rn. 30; MüKoAktG/*Bayer* § 58 Rn. 123; MüKoAktG/*Oechsler* Rn. 2; Großkomm AktG/*Merkt* Rn. 5; MHdB AG/*Sailer-Coceani* § 12 Rn. 30.
[6] MüKoAktG/*Oechsler* Rn. 3.
[7] Grigoleit/*Grigoleit/Rachlitz* Rn. 6; MüKoAktG/*Bayer* § 67 Rn. 58; AA Kölner Komm AktG/*Lutter/Drygala* Rn. 5; NK-AktR/*van Ooy* Rn. 2.

schein in Abweichung von der allgemeinen Regel des § 67 Abs. 2 an den Besitz zu knüpfen.[8] Das Fehlen einer entsprechenden Klarstellung dürfte zum einen auf das Streben nach einer knappen und einfachen Regelung und zum anderen darauf zurückzuführen sein, dass bei Namensaktien durchweg die Eintragung im Aktienregister und nicht der Besitz zum Ausweis der Berechtigung dient.

II. Verbot der Aushändigung an den Inhaber des Erneuerungsscheins, Hs. 1

3   **1. Widerspruch des Besitzers der Haupturkunde. a) Widerspruchsberechtigung.** Hs. 1 setzt voraus, dass es sich beim Inhaber des Talons und dem Besitzer der Aktie oder des Zwischenscheins um verschiedene Personen handelt. Der Besitzer der Haupturkunde kann in diesem Fall der Aushändigung neuer Gewinnanteilscheine an den Inhaber des Erneuerungsscheins widersprechen. Entscheidend für die Widerspruchsmöglichkeit ist der **unmittelbare oder mittelbare Besitz** an der Aktie oder dem Zwischenschein.[9] Als Nachweis für den mittelbaren Besitz ist eine Bestätigung des verwahrenden Instituts ausreichend. Auf die materielle Verfügungsbefugnis des Besitzers der Haupturkunde oder auf das Innenverhältnis zwischen ihm und dem Inhaber des Erneuerungsscheins kommt es nicht an.[10]

4   Entgegen der hL[11] ist bei Namensaktien für die Widerspruchsmöglichkeit die **Eintragung im Aktienregister** maßgeblich (→ Rn. 2).[12] Der Widerspruch ist darauf gerichtet, die Liberationswirkung des Erneuerungsscheins zu zerstören und der Gesellschaft damit die Möglichkeit der Leistung an den Inhaber des Nebenpapiers zu nehmen. Daher betrifft bereits der Widerspruch in erster Linie das Verhältnis des Aktionärs zur Gesellschaft und nicht etwa das in § 75 nicht angesprochene Innenverhältnis (→ Rn. 9) zum Inhaber des Erneuerungsscheins.[13]

5   **b) Widerspruchserklärung.** Der Widerspruch ist eine einseitige empfangsbedürftige Willenserklärung, die an die Gesellschaft zu richten ist.[14] Eine bestimmte Form oder Frist für den Widerspruch sieht die Vorschrift nicht vor. Der Widerspruch muss sich nicht auf eine genau bezeichnete Ausgabe neuer Gewinnanteilscheine an den Inhaber des Erneuerungsscheins beziehen. Der Besitzer der Haupturkunde kann vielmehr auch vorsorglich einer künftigen Ausgabe von Gewinnanteilscheinen an den Inhaber des Erneuerungsscheins widersprechen und hierdurch sicherstellen, dass zum Zeitpunkt der Ausgabe die Sperrwirkung des Widerspruchs besteht. Der Widerspruch kann von dem Widerspruchsberechtigten jederzeit mit der Folge zurückgenommen werden, dass die Rechtsfolgen des Widerspruchs (hierzu → Rn. 6) für die Zukunft entfallen.[15]

6   **2. Rechtsfolgen des Widerspruchs.** Der Widerspruch des Inhabers der Haupturkunde nimmt dem Erneuerungsschein seine Legitimationswirkung.[16] Die Gesellschaft darf neue Gewinnanteilscheine nicht mehr an den Inhaber des Gewinnanteilscheins ausgeben, wenn es sich bei ihm nicht zugleich um den Inhaber der Haupturkunde handelt. Gibt die Gesellschaft trotz eines Widerspruchs Gewinnanteilscheine an den Inhaber des Erneuerungsscheins aus, bleibt sie dem Besitzer der Haupturkunde weiterhin zur Aushändigung der neuen Gewinnanteilscheine verpflichtet. Da Gewinnanteilscheine nicht selbständig für kraftlos erklärt werden können (§ 799 Abs. 1 S. 2 BGB), die Gesellschaft aber wegen § 57 Abs. 3 nicht mehrfach Gewinnanteile für dieselbe Aktie ausschütten darf, hat der Aktionär zwar keinen Anspruch auf Aushändigung von Gewinnanteilscheinen; die Gesellschaft ist ihm aber, Zug um Zug gegen Abtretung seiner Ansprüche gegenüber dem Empfänger der zu Unrecht ausgegebenen Coupons, zum Schadensersatz verpflichtet.

---

[8] Ebenso, allerdings nur für den Anspruch auf Aushändigung der neuen Gewinnanteilscheine nach Hs. 2, Kölner Komm AktG/*Lutter/Drygala* Rn. 12; Hüffer/Koch/*Koch* Rn. 4; aA, für durchgängige Maßgeblichkeit des Besitzes, MüKoAktG/*Oechsler* Rn. 5; Großkomm AktG/*Barz* Rn. 3.

[9] MüKoAktG/*Oechsler* Rn. 5; Kölner Komm AktG/*Lutter/Drygala* Rn. 5; Großkomm AktG/*Barz* Rn. 3; Grigoleit/*Grigoleit/Rachlitz* Rn. 5; Hölters/*Laubert* Rn. 2.

[10] Kölner Komm AktG/*Lutter/Drygala* Rn. 4; MüKoAktG/*Oechsler* Rn. 5; Schlegelberger/*Quassowski* AktG 1937 § 69 Rn. 1; Hölters/*Laubert* Rn. 1.

[11] Hüffer/Koch/*Koch* Rn. 3; Kölner Komm AktG/*Lutter/Drygala* Rn. 5; Großkomm AktG/*Merkt* Rn. 7; MüKoAktG/*Oechsler* Rn. 5; Bürgers/Körber/*Wieneke* Rn. 2; *Schäfer* in Happ AktienR Form 4.02 Rn. 2; Hölters/*Laubert* Rn. 2.

[12] Grigoleit/*Grigoleit/Rachlitz* Rn. 6; MüKoAktG/*Bayer* § 67 Rn. 58.

[13] AA MüKoAktG/*Oechsler* Rn. 5.

[14] Großkomm AktG/*Merkt* Rn. 8; Kölner Komm AktG/*Lutter/Drygala* Rn. 6; MüKoAktG/*Oechsler* Rn. 6; Hölters/*Laubert* Rn. 2.

[15] MüKoAktG/*Oechsler* Rn. 8; Großkomm AktG/*Merkt* Rn. 9; Hölters/*Laubert* Rn. 2.

[16] MüKoAktG/*Oechsler* Rn. 7; Großkomm AktG/*Merkt* Rn. 9; Grigoleit/*Grigoleit/Rachlitz* Rn. 7; Hölters/*Laubert* Rn. 3.

III. Pflicht zur Aushändigung an den Inhaber der Aktie oder des Zwischenscheins, Hs. 2

Nach Hs. 2 sind die neuen Gewinnanteilscheine dem Besitzer der Aktie oder des Zwischenscheins 7 auszuhändigen, wenn er die **Haupturkunde vorlegt**. Eine Vorlage bei der Gesellschaft durch den Aktionär selbst kommt nur ausnahmsweise in Betracht, wenn nämlich der Aktionär unmittelbarer Besitzer der Haupturkunde ist. Die Vorlage muss allerdings nicht notwendigerweise bei der Gesellschaft selbst erfolgen; ausreichend ist vielmehr auch die Vorlage **bei einem** von ihr dazu **ermächtigten Dritten**. Im Regelfall der Girosammelverwahrung reicht es daher aus, wenn die Urkunde sich bei der verwahrenden Wertpapiersammelbank befindet. Das Gleiche gilt wenn die Mitgliedschaft in einer Globalurkunde verbrieft ist. Hier ist eine körperliche Vorlage der Urkunde bei der Gesellschaft von vornherein nicht möglich, wenn der Anspruch auf Einzelverbriefung in der Satzung ausgeschlossen ist, §§ 9a Abs. 3 S. 2 DepotG, § 10 Abs. 5. Eine körperliche Vorlage durch den Aktionär ist schließlich auch dann entbehrlich, wenn die Gesellschaft selbst die Aktien verwahrt.

Auf Vorlage der Haupturkunde oder einer entsprechenden Bestätigung der verwahrenden Bank 8 über den mittelbaren Besitz des Aktionärs (→ Rn. 7), hat die Gesellschaft ihm die neuen **Gewinnanteilscheine auszuhändigen**. Es ist nicht erforderlich, dass der Berechtigte zuvor Widerspruch iSd HSatz 1 eingelegt hat, da der Anspruch auf die neuen Gewinnanteilscheine von vornherein in der Haupturkunde und nicht im Erneuerungsschein verkörpert ist und in der Vorlage der Urkunde der Wille zum Ausdruck kommt, dass die Gewinnanteilscheine nicht an den Inhaber des Erneuerungsscheins ausgegeben werden sollen.[17] Bei **Namensaktien** und Zwischenscheinen tritt an die Stelle der Urkunde die Eintragung im Aktienregister (→ Rn. 2, 4).[18]

IV. Verhältnis zwischen Besitzer der Urkunde und Inhaber des Scheins

§ 75 enthält keine Regelung über das Verhältnis zwischen dem Besitzer der Haupturkunde und 9 dem Inhaber des Erneuerungsscheins. Hieraus folgt zum einen, dass die Gesellschaft nicht nachforschen muss, wem der Anspruch auf Aushändigung der Gewinnanteilscheine nach den vertraglichen Beziehungen zwischen den Beteiligten zusteht. Sofern der Inhaber des Erneuerungsscheins zur Geltendmachung des Anspruchs berechtigt ist und der Besitzer der Haupturkunde gleichwohl Widerspruch gegen den Anspruch einlegt, ist der Inhaber des Erneuerungsscheins darauf verwiesen, eine **Rücknahme des Widerspruchs** durchzusetzen oder gegenüber dem Inhaber der Haupturkunde Ansprüche auf **Herausgabe** zu Unrecht vereinnahmter Dividenden oder auf **Schadensersatz** wegen Vertragsverletzung geltend zu machen.[19]

V. Abweichende Regelungen

Die Vorschrift enthält **zwingendes Recht**. Es ist daher nicht möglich, den Erneuerungsschein 10 kraft Satzungsbestimmung als echtes Inhaberpapier auszugestalten; ebenso wenig kann die Verwaltung von sich aus Erneuerungsscheine als Inhaberpapiere ausgeben.[20]

---

[17] Ebenso etwa MüKoAktG/*Oechsler* Rn. 9; Großkomm AktG/*Merkt* Rn. 14; Bürgers/Körber/*Wieneke* Rn. 4; aA Kölner Komm AktG/*Lutter/Drygala* Rn. 10, 13; Großkomm AktG/*Barz*, 3. Aufl. 1973, Anm. 2; Hölters/*Laubert* Rn. 4.
[18] AA Großkomm AktG/*Merkt* Rn. 13; Kölner Komm AktG/*Lutter/Drygala* Rn. 11f; Hüffer/Koch/*Koch* Rn. 4; NK-AktR/*van Ooy* Rn. 6; Vorlage der Urkunde und Eintragung im Aktienregister erforderlich; wieder aA MüKoAktG/*Oechsler* Rn. 10; Großkomm AktG/*Barz*, 3. Aufl. 1973, Anm. 3: Vorlage der Urkunde entscheidend.
[19] MüKoAktG/*Oechsler* Rn. 11; Grigoleit/*Grigoleit/Rachlitz* Rn. 7; Bürgers/Körber/*Wieneke* Rn. 5.
[20] MüKoAktG/*Oechsler* Rn. 2; Kölner Komm AktG/*Lutter/Drygala* Rn. 14; Hölters/*Laubert* Rn. 5.

Vierter Teil. Verfassung der Aktiengesellschaft

Erster Abschnitt. Vorstand

§ 76 Leitung der Aktiengesellschaft

(1) Der Vorstand hat unter eigener Verantwortung die Gesellschaft zu leiten.

(2) ¹Der Vorstand kann aus einer oder mehreren Personen bestehen. ²Bei Gesellschaften mit einem Grundkapital von mehr als drei Millionen Euro hat er aus mindestens zwei Personen zu bestehen, es sei denn, die Satzung bestimmt, daß er aus einer Person besteht. ³Die Vorschriften über die Bestellung eines Arbeitsdirektors bleiben unberührt.

(3) ¹Mitglied des Vorstands kann nur eine natürliche, unbeschränkt geschäftsfähige Person sein. ²Mitglied des Vorstands kann nicht sein, wer
1. als Betreuter bei der Besorgung seiner Vermögensangelegenheiten ganz oder teilweise einem Einwilligungsvorbehalt (§ 1903 des Bürgerlichen Gesetzbuchs) unterliegt,
2. aufgrund eines gerichtlichen Urteils oder einer vollziehbaren Entscheidung einer Verwaltungsbehörde einen Beruf, einen Berufszweig, ein Gewerbe oder einen Gewerbezweig nicht ausüben darf, sofern der Unternehmensgegenstand ganz oder teilweise mit dem Gegenstand des Verbots übereinstimmt,
3. wegen einer oder mehrerer vorsätzlich begangener Straftaten
   a) des Unterlassens der Stellung des Antrags auf Eröffnung des Insolvenzverfahrens (Insolvenzverschleppung),
   b) nach den §§ 283 bis 283d des Strafgesetzbuchs (Insolvenzstraftaten),
   c) der falschen Angaben nach § 399 dieses Gesetzes oder § 82 des Gesetzes betreffend die Gesellschaften mit beschränkter Haftung,
   d) der unrichtigen Darstellung nach § 400 dieses Gesetzes, § 331 des Handelsgesetzbuchs, § 313 des Umwandlungsgesetzes oder § 17 des Publizitätsgesetzes,
   e) nach den §§ 263 bis 264a oder den §§ 265b bis 266a des Strafgesetzbuchs zu einer Freiheitsstrafe von mindestens einem Jahr

verurteilt worden ist; dieser Ausschluss gilt für die Dauer von fünf Jahren seit der Rechtskraft des Urteils, wobei die Zeit nicht eingerechnet wird, in welcher der Täter auf behördliche Anordnung in einer Anstalt verwahrt worden ist. ³Satz 2 Nr. 3 gilt entsprechend bei einer Verurteilung im Ausland wegen einer Tat, die mit den in Satz 2 Nr. 3 genannten Taten vergleichbar ist.

(4) ¹Der Vorstand von Gesellschaften, die börsennotiert sind oder der Mitbestimmung unterliegen, legt für den Frauenanteil in den beiden Führungsebenen unterhalb des Vorstands Zielgrößen fest. ²Liegt der Frauenanteil bei Festlegung der Zielgrößen unter 30 Prozent, so dürfen die Zielgrößen den jeweils erreichten Anteil nicht mehr unterschreiten. ³Gleichzeitig sind Fristen zur Erreichung der Zielgrößen festzulegen. ⁴Die Fristen dürfen jeweils nicht länger als fünf Jahre sein.

Schrifttum: 1. Allgemeines. *Abeltshauser,* Leitungshaftung im Kapitalgesellschaftsrecht, 1998; *Arnold,* Die Steuerung des Vorstandshandelns, 2007; *Beckert,* Personalisierte Leitung von Aktiengesellschaften, 2009; *Boesebeck,* Unklarheiten in der Geschäftsführung und Verantwortung bei der Aktiengesellschaft, JW 1938, 2525; *Böttcher/Blasche,* Die Grenzen der Leitungsmacht des Vorstands, NZG 2006, 569; *Doralt,* Die Unabhängigkeit des Vorstands nach österreichischem und deutschem Aktienrecht – Schein und Wirklichkeit, FS Grün, 2003, 31; *Dose,* Die Rechtsstellung der Vorstandsmitglieder einer Aktiengesellschaft, 3. Aufl. 1975; *Druey,* Verantwortlichkeit aus der Leitung, FS Zöllner, 1998, 129; *Fleischer,* Zur Leitungsaufgabe des Vorstands im Aktienrecht, ZIP 2003, 1; *Fleischer,* Aktienrechtliche Legalitätspflicht und „nützliche" Pflichtverletzungen von Vorstandsmitgliedern, ZIP 2005, 141; *Fleischer,* Gestaltungsgrenzen für Zustimmungsvorbehalte des Aufsichtsrats nach § 111 Abs. 4 S. 2 AktG, BB 2013, 835; *Fleischer,* Gesetzliche Unternehmenszielbestimmungen im Aktienrecht, ZGR 2017, 411; *Frels,* Die Geschäftsverteilung im Vorstand der Aktiengesellschaft, ZHR 122 (1959), 8; *Geßler,* Vorstand und Aufsichtsrat im neuen Aktiengesetz, JW 1937, 497; *Goette,* Leitung, Aufsicht, Haftung – zur Rolle der Rechtsprechung bei der Sicherung einer modernen Unternehmensführung, FS 50 Jahre Bundesgerichtshof, 2000, 123; *Henze,* Leitungsverantwortung des Vorstands – Überwachungspflicht des Aufsichtsrats, BB 2000, 209; *Henze,* Sachsenmilch: Ordnungsgemäße Besetzung eines nach zwingender gesetzlicher Vorgabe zweigliedrigen Vorstands nach Wegfall eines Mitglieds, BB 2002, 847; *Hüffer,* Das Leitungsermessen des Vorstands in der Aktiengesellschaft, FS Raiser, 2005, 163; *Keßler,* Die Leitungsmacht des Vorstandes einer Aktiengesellschaft, AG 1995, 61 (Teil I), 120 (Teil II); *J. Koch,* Der Vorstand im Kompetenzgefüge der AG, in Fleischer/Koch/Kropff/Lutter, 50 Jahre Aktiengesetz, 2015, 65; *Leo,* Die Rechtsstellung des Vorstandes

§ 76

der Aktiengesellschaft nach dem Regierungsentwurf eines neuen Aktiengesetzes, AG 1960, 261 (Teil I), 292 (Teil II); *Mielke,* Die Leitung der unverbundenen Aktiengesellschaft, 1990; *Möslein,* Digitalisierung im Gesellschaftsrecht: Unternehmensleitung durch Algorithmen und künstliche Intelligenz?, ZIP 2018, 204; *Paefgen,* Unternehmerische Entscheidungen und Rechtsbindung der Organe in der AG, 2002; *Priester,* Aufstellung und Feststellung des Jahresabschlusses bei unterbesetztem Vorstand, FS Kropff, 1997, 591; *Priester,* Satzungsvorgaben zum Vorstandshandeln – Satzungsautonomie contra Leitungsautonomie, FS Hüffer, 2010, 777; *Rittner,* Zur Verantwortung des Vorstands nach § 76 Abs. 1 AktG, FS Geßler, 1971, 139; *Rottnauer,* Konstituierung der Hauptversammlung durch einen unterbesetzten Vorstand, NZG 2000, 414; *Säcker/Rehm,* Grenzen der Mitwirkung des Aufsichtsrats an unternehmerischen Entscheidungen in der Aktiengesellschaft, DB 2008, 2814; *Schäfer,* Beschlußanfechtung bei Beschlußvorschlägen durch einen unterbesetzten Vorstand, ZGR 2003, 147; *Schmidt-Leithoff,* Die Verantwortung der Unternehmensleitung, 1989; *Schürnbrand,* Organschaft im Recht der privaten Verbände, 2007; *Semler,* Leitung und Überwachung der Aktiengesellschaft. Die Leitungsaufgabe des Vorstands und die Überwachungsaufgabe des Aufsichtsrats, 2. Aufl. 1996; *Servatius,* Strukturmaßnahmen als Unternehmensleitung, 2004; *Thamm,* Die rechtliche Verfassung des Vorstands der AG, 2008; *Wettich,* Vorstandsorganisation in der Aktiengesellschaft, 2008; *H. Westermann,* Die unternehmerische Leitungsmacht des Vorstands der Genossenschaft nach geltendem und zukünftigem Genossenschaftsrecht im Vergleich zur Leitungsmacht des Vorstands der AG, FS Reinhardt, 1972, 359; *H. Westermann,* Die Verantwortung des Vorstandes der Aktiengesellschaft, Freundesgabe Vits, 1963, 251; *Wiedemann,* Unternehmerische Verantwortlichkeit und formale Unternehmensziele in einer zukünftigen Unternehmensverfassung, FS Barz, 1974, 561; *Zöllner,* Unternehmensinnenrecht: Gibt es das?, AG 2003, 2.

2. Unternehmensinteresse, Shareholder Value, Corporate Social Responsibility, Unternehmensspenden. *Adenauer/Merk,* Grenzen korporativer Freigiebigkeit bei Gesellschaften des Privatrechts in kommunaler Hand, NZG 2013, 1251; *Baas,* Leitungsmacht und Gemeinwohlbindung der AG, 1976; *Bachmann,* CSR-bezogene Vorstands- und Aufsichtsratspflichten und ihre Sanktionierung, ZGR 2018, 231; *Birke,* Das Formalziel der Aktiengesellschaft, 2005; *v. Bonin,* Die Leitung der Aktiengesellschaft zwischen Shareholder Value und Stakeholder-Interessen, 2004; *Brinkmann,* Unternehmensinteresse und Unternehmensrechtsstruktur, 1983; *Bühner/Tuschke,* Zur Kritik am Shareholder Value – eine ökonomische Analyse –, BFuP 1997, 499; *Busse v. Colbe,* Was ist und was bedeutet Shareholder Value aus betriebswirtschaftlicher Sicht?, ZGR 1997, 271; *Empt,* Corporate Social Responsibility – Das Ermessen des Managements zur Berücksichtigung von Nichtaktionärsinteressen im US-amerikanischen und deutschen Aktienrecht, 2004; *Engert,* Eine juristische Theorie des Unternehmens, FS Heldrich, 2005, 87; *Enzinger,* Shareholder Value – Modisches Schlagwort oder gesellschaftsrechtlich relevanter Begriff?, GesRZ 1997, 218; *Fleischer,* Corporate Social Responsibility – Vermessung eines Forschungsfeldes aus rechtlicher Sicht, AG 2017, 509; *Fleischer,* Ehrbarer Kaufmann – Grundsätze der Geschäftsmoral – Reputationsmanagement: Zur „Moralisierung" des Vorstandsrechts und ihren Grenzen, DB 2017, 2015; *Fleischer,* Shareholders vs Stakeholders: Aktien- und übernahmerechtliche Fragen, in Hommelhoff/Hopt/v. Werder, Handbuch Corporate Governance, 2. Aufl. 2009, 185; *Fleischer,* Unternehmensspenden und Leitungsermessen des Vorstands im Aktienrecht, AG 2001, 171; *Fleischer,* Die „geschenkte" Festschrift und die „gesponserte" Forschungseinrichtung: Vorstandsverantwortlichkeit bei korporativer Freigebigkeit, FS Meincke, 2015, 101; *Fleischer,* Wiedergelesen. Walther Rathenau: Vom Aktienwesen – Eine geschäftliche Betrachtung (1917), JZ 2017, 991; *Fleischer,* Unternehmensinteresse und intérêt social: Schlüsselfiguren aktienrechtlichen Denkens in Deutschland und Frankreich, ZGR 2018, Heft 5; *Fleischer/Bauer,* Von Vorstandsbezügen, Flugreisen, Festschriften, Firmensponsoring: Vorstandshaftung für übermäßige Vergütung und „fringe befits", ZIP 2015, 1901; *Fleischer/Kalss/Vogt,* Corporate Social Responsibility, 2018; *Forstmoser,* Gewinnmaximierung oder soziale Verantwortung?, FS Simon, 2005, 207; *Franke/Hax,* Finanzwirtschaft des Unternehmens und Kapitalmarkt, 6. Aufl. 2009; *Freeman,* Strategic Management: A Stakeholder Approach, 1984; *Gehrlein,* Strafbarkeit von Vorständen wegen leichtfertiger Vergabe von Unternehmensspenden, NZG 2000, 463; *Groh,* Shareholder Value und Bilanzrecht, DB 2000, 2153; *Großmann,* Unternehmensziele im Aktienrecht, 1980; *Haussmann,* Die Aktiengesellschaft als „Unternehmen an sich", JW 1927, 2953; *Hahn,* Die Parteispende der Aktiengesellschaft, AG 2018, 472; *Hecker/Bröcker,* Die CSR-Berichtspflicht in der Hauptversammlungssaison 2018, AG 2017, 761; *Hommelhoff,* Nichtfinanzielle Ziele im Unionsrecht, FS v. Hoyingen-Huene, 2014, 137; *Hommelhoff,* Nichtfinanzielle Ziele in Unternehmen von öffentlichem Interesse – Die Revolution übers Bilanzrecht, FS Kübler, 2015, 291; *Hommelhoff,* CSR-Vorstands- und Aufsichtsratspflichten, NZG 2017, 1361; *Hüttemann,* Bilanz- und steuerrechtliche Aspekte der sozialen Verantwortung von Unternehmen, AG 2009, 774; *Junge,* Das Unternehmensinteresse, FS v. Caemmerer, 1978, 547; *Jürgenmeyer,* Das Unternehmensinteresse, 1983; *Kapoor,* Corporate Social Responsibility. Das Leitbild der nachhaltigen Entwicklung im deutschen Aktienrecht, 2016; *Kind,* Darf der Vorstand einer AG Spenden an politische Parteien vergeben?, NZG 2000, 567; *Klöhn,* Interessenkonflikte zwischen Aktionären und Gläubigern der Aktiengesellschaft im Spiegel der Vorstandspflichten, ZGR 2008, 110; *Kort,* Gemeinwohlbelange bei Vorstandshandeln, NZG 2012, 926; *Kort,* Vorstandshandeln im Spannungsfeld zwischen Unternehmens- und Aktionärsinteressen, AG 2012, 605; *Kübler,* Shareholder Value: Eine Herausforderung für das deutsche Recht, FS Zöllner, 1998, 321; *Kürsten,* „Shareholder Value" – Grundelemente und Schieflagen einer politökonomischen Diskussion aus finanzierungstheoretischer Sicht, ZfB 2000, 359; *Kuhner,* Unternehmensinteresse vs Shareholder Value als Leitmaxime kapitalmarktorientierter Aktiengesellschaften, ZGR 2004, 244; *Kulitz,* Unternehmensspenden an politische Parteien, 1983; *Laub,* Grenzen der Spendenkompetenz des Vorstands, AG 2002, 308; *Laux,* Die Lehre vom Unternehmen an sich: Walther Rathenau und die aktienrechtliche Diskussion in der Weimarer Republik, 1998; *Meilicke,* Zuwendungen an politische Parteien aus Mitteln wirtschaftlicher Unternehmen, NJW 1959, 409; *Mertens,* Der Vorstand darf zahlen – Zur Beteiligung von Aktiengesellschaften an der Stiftungsinitiative der Deutschen Wirtschaft „Erinnerung, Verantwortung und Zukunft", AG 2000, 157; *Mertens,* Zur Auslegung und zum Verhältnis von § 76 Abs. 1 und § 58 AktG im Hinblick auf uneigennützige soziale Aktivitäten der Aktiengesellschaft, FS Goerdeler, 1987, 347; *Mülbert,* Marktwertmaximierung als Unternehmensziel der Aktiengesellschaft, FS Röhricht, 2005, 421; *Mülbert,* Shareholder Value aus rechtlicher

Sicht, ZGR 1997, 129; *Mülbert,* Soziale Verantwortung von Unternehmen im Gesellschaftsrecht, AG 2009, 766; *Müller-Michaels/Ringel,* Muss sich Ethik lohnen?, AG 2011, 101; *Philipp,* Darf der Vorstand zahlen? Die Zwangsarbeiter und das Aktienrecht, AG 2000, 62; *Raisch,* Zum Begriff und zur Bedeutung des Unternehmensinteresses als Verhaltensmaxime von Vorstands- und Aufsichtsratsmitgliedern, FS Hefermehl, 1976, 347; *Raisch,* Das Unternehmensinteresse, FS Reimer Schmidt, 1976, 101; *Ransiek,* Soziale Verantwortung von Unternehmen im Wirtschaftsstrafrecht, AG 2009, 782; *Rappaport,* Creating Shareholder Value. The New Standard for Business Performance, 1986; *Rathenau,* Vom Aktienwesen. Eine geschäftliche Betrachtung, 1917; *Rehbinder,* Unternehmenspublizität im Zeichen sozialer Verantwortung der Unternehmen, FS Baums, 2017, 959; *Reiner,* Shareholder Value und Nachhaltigkeit: Zur obersten Leitungsmaxime des Vorstands, ZVglRWiss 110 (2011), 443; *Riechers,* Das „Unternehmen an sich": Die Entwicklung eines Begriffes in der Aktienrechtsdiskussion des 20. Jahrhunderts, 1996; *Rittner,* Unternehmensspenden an politische Parteien, FS Knur, 1972, 205; *Roth-Mingram,* Corporate Social Responsibility in der sozialen Marktwirtschaft, 2017; *Säcker,* Gesetzliche und satzungsmäßige Grenzen für Spenden und Sponsoringmaßnahmen in der Kapitalgesellschaft, BB 2009, 282; *Schilling,* Shareholder Value und Aktiengesetz, BB 1997, 373; *K. Schmidt,* Unternehmen als Stifter und Spender – Überlegungen aus der Perspektive des Gesellschaftsrechts, Non Profit Law Yearbook 2001, 107; *R. H. Schmidt/Spindler,* Shareholder-Value zwischen Ökonomie und Recht, Freundesgabe Kübler, 1998, 515; *Schön,* Der Zweck der Aktiengesellschaft – geprägt durch europäisches Gesellschaftsrecht, ZHR 180 (2016), 279; *Schreyögg,* Ökonomische Fragen der sozialen Verantwortung von Unternehmen, AG 2009, 758; *Schulte-Wintrop,* Die Leitungsmacht des Vorstands (AG) im Spannungsverhältnis von Shareholder Value und Corporate (Social) Responsibility, 2015; *Simons,* Corporate Social Responsibility und globales Wirtschaftsrecht, ZGR 2018, 316; *Spießhöfer,* Unternehmerische Verantwortung, 2017; *Spindler,* Corporate Social Responsibility in der AG – Mythos oder Realität?, FS Hommelhoff, 2012, 1133; *J. Vetter,* Geschäftsleiterpflichten zwischen Legalität und Legitimität – Muss sich Ethik lohnen?, ZGR 2018, 338; *Wagner,* Shareholder Value: Eine neue Runde im Konflikt zwischen Kapitalmarkt und Unternehmensinteresse, BFuP 1997, 473; *v. Werder,* Shareholder Value-Ansatz als (einzige) Richtschnur des Vorstandshandelns?, ZGR 1998, 69; *v. Werder,* Zur Stakeholderbalance des Rechts der Corporate Governance, FS Schwark, 2009, 285; *H. P. Westermann,* Gesellschaftliche Verantwortung des Unternehmens als Gesellschaftsrechtsproblem, ZIP 1990, 771; *Wolfmeyer,* Steuerung von Corporate Social Responsibility durch Recht, 2016; *Zachert,* Grenzen unternehmerischen Ermessens bei der Vergabe von Unternehmensspenden im US-amerikanischen Gesellschafts- und im deutschen Kapitalgesellschaftsrecht, 2005.

3. Organisation, Delegation, Fremdeinfluss. *Arens,* Vertragliche Einflussrechte auf die Geschäftsführung des Vorstandes durch ein Business Combination Agreement, 2014; *Bergmann,* Funktionsauslagerung bei Kreditinstituten: rechtliche Fragen des Outsourcing, 2010; *Bernhardt/Witt,* Unternehmensleitung im Spannungsfeld zwischen Ressortverteilung und Gesamtverantwortung, ZfB 69 (1999), 825; *Bochmann,* Covenants und die Verfassung der Aktiengesellschaft, 2012; *Bungert/Wansleben,* Vertragliche Verpflichtung einer Aktiengesellschaft zur Nichtdurchführung von Kapitalerhöhungen, ZIP 2013, 1841; *Damm,* Die aktienrechtliche Zulässigkeit von Betriebsführungsverträgen, BB 1976, 294; *Dreher,* Nicht delegierbare Geschäftsleiterpflichten, FS Hopt, 2010, 517; *Emde,* Gesamtverantwortung und Ressortverantwortung im Vorstand der AG, FS Uwe H. Schneider, 2011, 295; *Endres,* Organisation der Unternehmensleitung aus der Sicht der Praxis, ZHR 163 (1999), 441; *Eyles,* Funktionsauslagerung (Outsourcing) bei Kredit- und Finanzdienstleistungsinstituten, WM 2000, 1217; *Fleischer,* Vorstandsverantwortlichkeit in Spartenorganisation und virtueller Holding – Führungsmodelle zwischen Organisationsfreiheit und Organisationsfolgenverantwortung, BB 2017, 2499; *Fleischer,* Vorstandsverantwortlichkeit und Fehlverhalten von Unternehmensangehörigen – Von der Einzelüberwachung zur Errichtung einer Compliance-Organisation, AG 2003, 291; *Fleischer,* Zum Grundsatz der Gesamtverantwortung im Aktienrecht, NZG 2003, 449; *Fleischer,* Zur Unveräußerlichkeit der Leitungsmacht im deutschen, englischen und US-amerikanischen Aktienrecht, FS Schwark, 2009, 137; *Froesch,* Managerhaftung – Risikominimierung durch Delegation?, DB 2009, 722; *Geßler,* Der Betriebsführungsvertrag im Lichte der aktienrechtlichen Zuständigkeitsordnung, FS Hefermehl, 1976, 263; *Götz,* Gesamtverantwortung des Vorstandes bei vorschriftswidriger Unterbesetzung, ZIP 2002, 1745; *Heller,* Unternehmensführung und Unternehmenskontrolle unter besonderer Berücksichtigung der Gesamtverantwortung des Vorstands, 1998; *Henze/Lübke,* „Virtuelle Reorganisation" im mehrstufigen GmbH-Vertragskonzern, Der Konzern 2009, 159; *Heptner,* Einschränkungen der Leitungsmacht des Vorstands der Aktiengesellschaft durch Vertrag, 2013; *Herwig,* Leitungsautonomie und Fremdeinfluss, 2014; *Heß,* Investorenvereinbarungen, 2014; *Hippeli/Diesing,* Business Combination Agreements bei M&A-Transaktionen, AG 2015, 185; *Hirte,* Gesellschaftsrechtliche Fragen des Outsourcing – Grenzen und Folgen der Auslagerung der Datenverarbeitung, CR 1992, 193; *Hoffmann-Becking,* Zur rechtlichen Organisation der Zusammenarbeit im Vorstand der AG, ZGR 1998, 497; *Huber,* Betriebsführungsverträge zwischen konzernverbundenen Unternehmen, ZHR 152 (1988), 123; *Huber,* Betriebsführungsverträge zwischen selbstständigen Unternehmen, ZHR 152 (1988), 1; *Kiefner,* Investorenvereinbarung zwischen Aktien- und Vertragsrecht, ZHR 178 (2014), 547; *Kiem,* Investorenvereinbarungen im Lichte des Aktien- und Übernahmerechts, AG 2009, 301; *Konopatzki,* Funktionsauslagerung bei Kreditinstituten, 2008; *Krause,* Business Combination Agreements im Spiegel der Rechtsprechung, Corporate Finance Law, 2013, 192; *Kuntz,* Grundlagen und Grenzen aktienrechtlicher Leitungsautonomie. Zugleich ein Beitrag zur Möglichkeit schuldrechtlicher Bindung des Vorstands, AG 2016, 101; *Kuntz,* Leitungsautonomie des Board of Directors in den USA, RIW 2016, 97; *Lawall,* Die virtuelle Holding nach deutschem Aktienrecht, 2006; *Martens,* Der Grundsatz gemeinsamer Vorstandsverantwortung, FS Fleck, 1988, 191; *Möslein,* Grenzen unternehmerischer Leitungsmacht im marktoffenen Verband, 2007; *Mülbert,* Funktionsauslagerung bei Kreditinstituten aus gesellschafts- und konzernrechtlicher Sicht, in Hadding/Hopt/Schimansky, Funktionsauslagerung (Outsourcing) bei Kreditinstituten, 2001, 3; *Otto,* Obligatorische Bindungsverträge zwischen Aktionär und AG-Vorstand über die Ausübung von Mitgliedschaftsrechten und Organkompetenzen, NZG 2013, 930; *Paschos,* Die Zulässigkeit von Vereinbarungen über künftige Leitungsmaßnahmen des Vorstands, NZG 2012, 1142; *Preußner,* Risikomanagement im Schnittpunkt

§ 76 Erstes Buch. Aktiengesellschaft

von Bankaufsichtsrecht und Gesellschaftsrecht – Zur Schrittmacherrolle des Aufsichtsrechts am Beispiel der Organisation des Risikomanagements in Kreditinstituten, NZG 2004, 57; *Raiser,* Das Unternehmen als Organisation, 1969; *Reichert,* Business Combination Agreements, ZGR 2015, 1; *Reichert/Ott,* Investorenvereinbarungen mit der Zielgesellschaft – Möglichkeiten und Grenzen der Einflussnahme auf Gesellschaftsorgane, FS Goette, 2011, 397; *Schall,* Investoren- und Zusammenschlussvereinbarungen im Zusammenhang mit öffentlichen Kaufangeboten, in Kämmerer/Veil, Übernahme- und Kapitalmarktrecht in der Reformdiskussion, 2013, 105; *Schaloske,* Aufsichtsrecht verschärft Vorstandsrecht, VW 2008, 1521; *Schiessl,* Gesellschafts- und mitbestimmungsrechtliche Probleme der Spartenorganisation (Divisionalisierung), ZGR 1992, 64; *Schilling,* Das Aktienunternehmen, ZHR 144 (1980), 136; *K. Schmidt,* Abhängigkeit, faktischer Konzern, Nichtaktienkonzern und Divisionalisierung im Bericht der Unternehmensrechtskommission, ZGR 1981, 455; *Schönbrod,* Die Organstellung von Vorstand und Aufsichtsrat in der Spartenorganisation, 1987; *Schwark,* Spartenorganisation in Großunternehmen und Unternehmensrecht, ZHR 142 (1978), 203; *Schwark,* Virtuelle Holding und Bereichsvorstände – eine aktien- und konzernrechtliche Betrachtung, FS Ulmer, 2003, 605; *Seibt,* Business Combination Agreements und Investorenvereinbarungen, in Kämmerer/Veil, Übernahme- und Kapitalmarktrecht in der Reformdiskussion, 2013, 75; *Seibt,* Dekonstruktion des Delegationsverbots bei der Unternehmensleitung, FS K. Schmidt, 2009, 1463; *Seibt,* 20 Thesen zur Corporate Governance und Unternehmensorganisation in VUCA-Zeiten, DB 2018, 237; *Seibt/Wollenschläger,* Trennungs-Matrixstrukturen im Konzern, AG 2013, 229; *Seibt/Wunsch,* Investorenvereinbarungen bei öffentlichen Übernahmen, Der Konzern 2009, 195; *Semler,* Rechtsfragen der divisionalen Organisationsstruktur in der unabhängigen Aktiengesellschaft, FS Döllerer, 1988, 571; *Spindler,* Unternehmensorganisationspflichten, 2001; *Stein,* Konzernherrschaft durch EDV? – Gesellschaftsrechtliche und konzernrechtliche Probleme der EDV-Auslagerung auf ein konzernverbundenes Unternehmen –, ZGR 1988, 163; *Steinert,* Sicherung der Interessen der Zielgesellschaft mittels einer Investorenvereinbarung, 2013; *Turiaux/Knigge,* Vorstandshaftung ohne Grenzen? – Rechtssichere Vorstands- und Unternehmensorganisation als Instrument der Risikominimierung, DB 2004, 2199; *Veelken,* Der Betriebsführungsvertrag im deutschen und im amerikanischen Aktien- und Konzernrecht, 1975; *Wansleben,* Negative schuldrechtliche Verpflichtungen einer Aktiengesellschaft durch ihren Vorstand über Kapitalmaßnahmen, Der Konzern 2014, 29; *Wicke,* Der CEO im Spannungsverhältnis zum Kollegialprinzip, NJW 2007, 3755; *Wiegand,* Investorenvereinbarungen und Business Combination Agreements bei Aktiengesellschaften, 2017; *Wieneke,* Leitungsstrukturen bei Integration deutscher Gesellschaften in internationale Konzerne, in VGR, Gesellschaftsrecht in der Diskussion 2010, S. 91; *Zerwas/Haufen,* Outsourcing bei Kredit- und Finanzdienstleistungsinstituten – Zum neuen § 25a Abs. 2 KWG –, WM 1998, 1110.

4. Corporate Governance, Rechtsökonomie, Betriebswirtschaftslehre. *Bea/Schweitzer,* Allgemeine Betriebswirtschaftslehre, Bd. 2: Führung, 10. Aufl. 2011; *Bea/Haas,* Strategisches Management, 6. Aufl. 2013; *Götz,* Corporate Governance multinationaler Konzerne und deutsches Unternehmensrecht, ZGR 2003, 1; *Hommelhoff,* Die OECD-Principles on Corporate Governance – ihre Chancen und Risiken aus dem Blickwinkel der deutschen corporate governance-Bewegung, ZGR 2001, 238; *Hommelhoff/Hopt/v. Werder,* Handbuch Corporate Governance, 2. Aufl. 2009; *Hopt,* Gemeinsame Grundsätze der Corporate Governance in Europa?, ZGR 2000, 779; *Ruffner,* Die ökonomischen Grundlagen eines Rechts der Publikumsgesellschaft, 2000; *Schierenbeck/Wöhle,* Grundzüge der Betriebswirtschaftslehre, 19. Aufl. 2016; *Seibert,* OECD Principles of Corporate Governance – Grundsätze der Unternehmensführung und -kontrolle für die Welt, AG 1999, 337; *Steinmann/Schreyögg,* Management: Grundlagen der Unternehmensführung, 5. Aufl. 2000; *Tirole,* The Theory of Corporate Finance, 2006; *v. Werder,* Führungsorganisation, 3. Aufl. 2015; *Wöhe/Döring/Brösel,* Einführung in die Allgemeine Betriebswirtschaftslehre, 26. Aufl. 2016.

5. Schmiergelder und Vergleichszahlungen. *Ahrens,* OECD Convention on Combating Bribery of Foreign Public Officials in International Business Transactions – Will it level the playing field and clean up the game?, Freundesgabe Döser, 1999, 269; *Berg,* Wirtschaftskorruption. Phänomen und zivilrechtliche Rechtsfolgen, 2004; *ders.,* Korruption in Unternehmen und Risikomanagement nach § 91 Abs. 2 AktG, AG 2007, 271; *Brooks,* Die Bedeutung der OECD-Konvention gegen internationale Korruption für den Aufsichtsrat, Vorstand und Abschlußprüfer einer deutschen Aktiengesellschaft, FS Peltzer, 2001, 27; *Diekgräf,* Sonderzahlungen an opponierende Kleinaktionäre im Rahmen von Anfechtungs- und Spruchstellenverfahren, 1990; *Poelzig,* Die Verantwortlichkeit des Vorstands für den Abkauf missbräuchlicher Anfechtungsklagen, WM 2008, 1009.

6. Eignungsvoraussetzungen für Vorstandsmitglieder. *Bauer/Arnold,* AGG und Organmitglieder – Klares und Unklares vom BGH, NZG 2012, 921; *Bauer/Arnold,* AGG-Probleme bei vertretungsberechtigten Organmitgliedern, ZIP 2008, 993; *Bauer/Großerichter,* Zur Durchsetzung deutscher Bestellungshindernisse von Geschäftsleitern gegenüber ausländischen Gesellschaften, NZG 2008, 253; *Brandes,* Juristische Personen als Geschäftsführer der Europäischen Privatgesellschaft, 2003; *Brandes,* Europäische Aktiengesellschaft: Juristische Person als Organ?, NZG 2004, 642; *Drygala,* Zur Neuregelung der Tätigkeitsverbote für Geschäftsleiter von Kapitalgesellschaften, ZIP 2005, 423; *Erdmann,* Ausländische Staatsangehörige in Geschäftsführungen und Vorständen deutscher GmbHs und AGs, NZG 2002, 503; *Fleischer,* Bestellungshindernisse und Tätigkeitsverbote von Geschäftsleitern im Aktien-, Bank- und Kapitalmarktrecht, WM 2004, 157; *Fleischer,* Erweiterte Außenhaftung der Organmitglieder im Europäischen Gesellschafts- und Kapitalmarktrecht – Insolvenzverschleppung, fehlerhafte Kapitalmarktinformation, Tätigkeitsverbote, ZGR 2004, 437; *Fleischer,* Juristische Personen als Organmitglieder im Europäischen Gesellschaftsrecht, RIW 2004, 16; *Gehrlein,* Leitung einer juristischen Person durch juristische Person?, NZG 2016, 566; *Geist,* Bestellungshindernisse und Tätigkeitsverbote von Geschäftsleitern im Kapitalgesellschafts-, Kapitalmarkt- und Bankaufsichtsrecht, 2006; *Hirte/Lanzius/Mock,* Tätigkeitsverbote für Organmitglieder als Gläubigerschutzinstrument, in Lutter, Das Kapital der Aktiengesellschaft in Europa, 2006, 301; *Hohenstatt/Naber,* Diskriminierungsschutz für Organmitglieder: Konsequenzen für die Vertragsgestaltung, ZIP 2012, 1989; *Hommelhoff,*

Satzungsmäßige Eignungsvoraussetzungen für Vorstandsmitglieder einer Aktiengesellschaft, BB 1977, 322; *Jaeger,* Zur Problematik von Altersgrenzen für Vorstandsmitglieder im Hinblick auf das AGG, FS Bauer, 2010, 495; *Komp,* Die juristische Person als Geschäftsführungsorgan einer Kapitalgesellschaft, 2000; *Kort,* Ungleichbehandlung von Geschäftsleitungsmitgliedern bei AG und GmbH wegen ihres Alters, WM 2013, 1049; *Krieger,* Personalentscheidungen des Aufsichtsrats, 1981; *Lutter,* Anwendbarkeit der Altersbestimmungen des AGG auf Organpersonen, BB 2007, 725; *May,* Die Sicherung des Familieneinflusses auf die Führung der börsengehandelten Aktiengesellschaft, 1992; *Mohr,* Die Auswirkungen des arbeitsrechtlichen Verbots von Altersdiskriminierungen auf Gesellschaftsorgane, ZHR 178 (2014), 326; *Möser,* Berufsverbote für Geschäftsleiter – Überlegungen zu einer Weiterentwicklung des § 6 Abs. 2 S. 2 Nr. 2, 3 GmbHG und des § 76 Abs. 3 S. 2 Nr. 2, 3 AktG vor dem Hintergrund des englischen Companies Directors Disqualification Act, ZVglRWiss 110 (2011), 324; *Overlack,* Der Einfluß der Gesellschafter auf die Geschäftsführung in der mitbestimmten GmbH, ZGR 141 (1977), 125; *Ries,* Der ausländische Geschäftsführer, NZG 2010, 298; *Schubert,* Der Diskriminierungsschutz der Organvertreter und die Kapitalverkehrsfreiheit der Investoren im Konflikt, ZIP 2013, 289; *Stein,* § 6 Abs. 2 S. 2 GmbHG, § 76 Abs. 3 S. 2 AktG: Verfassungswidrige Berufsverbote?, AG 1987, 165; *Teichmann,* Die Bestellung eines Ausländers zum Geschäftsführer einer deutschen GmbH, IPRax 2000, 110; *Thüsing/Stiebert,* Altersgrenzen bei Organmitgliedern, NZG 2011, 641; *Wachter,* Ausländer als GmbH-Gesellschafter und -Geschäftsführer, ZIP 1999, 1577; *Weiß,* Ausschluss vom Geschäftsführeramt bei strafrechtlichen Verurteilungen nach § 6 Abs. 2 GmbHG n. F., wistra 2009, 209; *Weyand,* Strafrechtliche Aspekte des MoMiG im Zusammenhang mit juristischen Personen, ZInsO 2008, 702; *Ziemons,* Der Vorstand als Arbeitnehmer, KSzW 2013, 9.

7. Leitung im Unternehmensverbund. *Bous,* Die Konzernleitungsmacht im Insolvenzverfahren konzernverbundener Kapitalgesellschaften, 2001; *Fischbach,* Die Haftung des Vorstands im Aktienkonzern, 2009; *Fleischer,* Konzernleitung und Leitungssorgfalt der Vorstandsmitglieder im Unternehmensverbund, DB 2005, 759; *Götz,* Leitungssorgfalt und Leitungskontrolle der Aktiengesellschaft hinsichtlich von ihr abhängiger Unternehmen, ZGR 1998, 524; *Hommelhoff,* Die Konzernleitungspflicht, 1982; *Hommelhoff/Mattheus,* Risikomanagement im Konzern – ein Problemaufriß, BFuP 2000, 217; *Hüffer,* Die Leitungsverantwortung des Vorstands in der Managementholding, Liber Amicorum Happ, 2006, S. 93; *Jungkurth,* Konzernleitung bei der GmbH, 2000; *Kleindiek,* Konzernstrukturen und Corporate Governance: Leitung und Überwachung im dezentral organisierten Unternehmensverbund, in Hommelhoff/Hopt/v. Werder, Handbuch Corporate Governance, 2. Aufl. 2009, 787; *Krauel/Knie,* Lenkungsmöglichkeiten im Konzern, WM 2010, 1735; *Kropff,* Zur Konzernleitungspflicht, ZGR 1984, 112; *Martens,* Die Organisation des Konzernvorstands, FS Heinsius, 1991, 523; *Mülbert,* Aktiengesellschaft, Unternehmensgruppe und Kapitalmarkt, 1995; *A. Reuter,* Die Konzerndimension des KonTraG und ihre Umsetzung in Konzernobergesellschaften, DB 1999, 2250; *S. Schneider/U. H. Schneider,* Vorstandshaftung im Konzern, AG 2005, 57; *U. H. Schneider,* Konzernleitung als Rechtsproblem, BB 1981, 249; *Semler,* Die Rechte und Pflichten des Vorstands einer Holdinggesellschaft im Lichte der Corporate Governance-Diskussion, ZGR 2004, 631; *Theisen,* Der Konzern, 2. Aufl. 2000; *Timm,* Die Aktiengesellschaft als Konzernspitze, 1980; *Vetter,* Interessenkonflikte im Konzern – vergleichende Betrachtungen zum faktischen Konzern und zum Vertragskonzern –, ZHR 171 (2007), 342; *Wilsing/Ogorek,* Kündigung des Geschäftsführer-Anstellungsvertrages wegen unterlassener Konzernkontrolle, NZG 2010, 216; *Windbichler,* Prozeßspezifika unter besonderer Berücksichtigung des faktischen Konzerns, in Hommelhoff/Hopt/v. Werder, Handbuch Corporate Governance, 2. Aufl. 2009, 825.

8. Vorstandsdoppelmandate. *Altmeppen;* Zum Vorstandsdoppelmandat in einer beherrschenden AG & Co KG, ZIP 2008, 473; *Anders,* Vorstandsdoppelmandate – Zuständigkeit und Pflichtenkollision, 2006; *Aschenbeck,* Personenidentität bei Vorständen in Konzerngesellschaften (Doppelmandat im Vorstand), NZG 2000, 1015; *Bank,* Die Verschwiegenheitspflicht von Organmitgliedern in Fällen multipler Organmitgliedschaften, NZG 2013, 801; *Böttcher/Kautzsch,* Vorstandsdoppelmandate im Personengesellschaftskonzern, NZG 2009, 819; *Decher,* Personelle Verflechtungen im Aktienkonzern, 1990; *Happ/Bednarz,* Stimmverbot und Doppelmandat, FS Hoffmann-Becking, 2013, 433; *Hoffmann-Becking,* Vorstands-Doppelmandate im Konzern, ZHR 150 (1986), 570; *Holtmann,* Personelle Verflechtungen auf Konzernführungsebene, 1989; *Kleba,* Interessen- bzw. Pflichtenkollisionen und Haftung bei Vorstandsdoppelmandaten im Aktienkonzern, 2014; *Noack,* Haftungsfragen bei Vorstandsdoppelmandaten im Konzern, FS Hoffmann-Becking, 2013, 846; *Passarge,* Vorstands-Doppelmandate – ein nach wie vor aktuelles Thema!, NZG 2007, 441; *Poelzig/Thole,* Kollidierende Geschäftsleiterpflichten, ZGR 2010, 836; *Semler,* Doppelmandatsverbund im Konzern – sachgerechte Organisationsform oder rechtlich unzulässige Verflechtung?, FS Stiefel, 1987, 719; *Streyl,* Zur konzernrechtlichen Problematik von Vorstands-Doppelmandaten, 1992; *Wirth,* Vorstands-Doppelmandate im faktischen Konzern, FS Bauer, 2010, 1125.

9. Zielgrößen für den Frauenanteil. *DAV,* Stellungnahme zum Referentenentwurf eines Gesetzes für die gleichberechtigte Teilhabe von Frauen und Männern an Führungspositionen in der Privatwirtschaft und im öffentlichen Dienst, NZG 2014, 1214; *Drygala,* Harte Quote, weiche Quote und die Organpflichten von Vorstand und Aufsichtsrat, NZG 2015, 1129; *Fromholzer/Simons,* Die Feststellung von Zielgrößen für den Frauenanteil in Aufsichtsrat, Geschäftsführung und Führungspositionen, AG 2015, 457; *Göpfert/Rottmeier,* Frauenquote aus arbeitsrechtlicher Sicht, ZIP 2015, 670; *Grobe,* Die Geschlechterquote für Aufsichtsrat und Vorstand, AG 2015, 289; *Habersack/Kersten,* Chancengleiche Teilhabe an Führungspositionen in der Privatwirtschaft – Gesellschaftsrechtliche Dimensionen und verfassungsrechtliche Anforderungen, BB 2014, 2819; *Herb,* Gesetz für die gleichberechtigte Teilhabe an Führungspositionen, DB 2015, 964; *Hohenstatt/Seibt,* Geschlechter- und Frauenquoten in der Privatwirtschaft, 2015; *Hohenstatt/Willemsen/Naber,* Zum geplanten Gesetz für die gleichberechtigte Teilhabe an Führungspositionen. Gut gemeint, aber auch gut gemacht?, ZIP 2014, 2220; *Jung,* Herausforderung Frauenquote, DStR 2014, 960; *Junker/Schmidt-Pfitzner,* Quoten und Zielgrößen für Frauen (und Männer) in Führungspositionen, NZG 2015, 929; *Löwisch,* Zielgrößen für den Frauenanteil auf Führungsebenen: Beteiligung von

Betriebsrat und Sprecherausschuss, BB 2015, 1909; *Mense/Klie,* Die Quote kommt – aber wie? Konturen der geplanten Neuregelungen zur Frauenquote, GWR 2015, 1; *Olbrich/Krois,* Das Verhältnis von „Frauenquote" und AGG, NZA 2015, 1288; *Röder/Arnold,* Geschlechterquoten und Mitbestimmungsrecht, NZA 2015, 1281; *Rotsch/ Weninger,* Geschlechterquoten – Umsetzungsfragen für die Praxis, Der Konzern 2015, 298; *Schulz/Ruf,* Zweifelsfragen der neuen Regelungen über die Geschlechterquote im Aufsichtsrat und die Zielgrößen für die Frauenbeteiligung, BB 2015, 1155; *Seibert,* Die Dialektik der Frauenquote, FS Baums, 2017, 1133; *Seibert,* Frauenförderung durch Gesellschaftsrecht – Die Entstehung des Frauenfördergesetzes, NZG 2016, 16; *Seibt,* Geschlechterquote im Aufsichtsrat und Zielgrößen für die Frauenbeteiligung in Organen und Führungsebenen in der Privatwirtschaft, ZIP 2015, 1193; *Seidler,* Fehlende, unvollständige oder falsche Angaben eines Unternehmens zur Frauenquote: Pflichten des Abschlussprüfers?, BB 2016, 939; *Stüber,* Der Referentenentwurf zum Gesetz für die gleichberechtigte Teilhabe von Frauen und Männern an Führungspositionen in der Privatwirtschaft und im öffentlichen Dienst im Überblick, CCZ 2014, 261; *Stüber,* Regierungsentwurf zur sog. „Frauenquote" – Eine Übersicht der Neuerungen, CCZ 2015, 38; *Stüber,* Die Frauenquote ist da, DStR 2015, 947; *Stüber,* Frauenquote: der Praxisleitfaden und weitere aktuelle Entwicklungen, BB 2015, 947; *Teichmann/Rüb,* Der Regierungsentwurf zur Geschlechterquote im Aufsichtsrat und Vorstand, BB 2015, 259; *Teichmann/Rüb,* Die gesetzliche Geschlechterquote in der Privatwirtschaft, BB 2015, 898; *Thüsing/Fütterer,* Führungsebene im Sinne des § 76 IV AktG, NZG 2015, 778; *Wasmann/ Rothenburg,* Praktische Tipps zum Umgang mit der Frauenquote, DB 2015, 291; *Weber/Fischer/Roeschen,* Zielgrößen für den Frauenanteil im Vorstand und in den beiden Führungsebenen unterhalb des Vorstands im DAX 30, MDAX, SDAX und TecDAX, DB 2018, 1167; *Weller/Benz,* Frauenförderung als Leitungsaufgabe, AG 2015, 467; *Weller/Harms/Rentsch/Thomale,* Der internationale Anwendungsbereich der Geschlechterquote für Großunternehmen, ZGR 2015, 361; *Winter/Marx/De Decker,* Zielgrößen für den Frauenanteil in Führungspositionen bei mitbestimmten Unternehmen, DB 2015, 1331.

Übersicht

	Rn.		Rn.
I. Überblick	1–3	b) Aufgabenzuweisung an nachgeordnete Unternehmensebenen	65
1. Regelungszweck	1	c) Aufgabenübertragung an unternehmensfremde Dritte	66, 67
2. Vorgängervorschriften	2	3. Leitung und Fremdeinfluss	68–82
3. Rechtsvergleichung	3	a) Allgemeines	68, 69
II. Leitung der Gesellschaft	4–55	b) Einzelne Anwendungsfälle	70–82
1. Leitung durch den Vorstand	4–11	**IV. Leitung im Unternehmensverbund**	83–110a
a) Vorstand als Leitungsorgan	4		
b) Bezugspunkt des Leitungsauftrags	5	1. Allgemeines	83
c) Funktionen des Leitungsbegriffs	6–11	2. Reichweite und Grenzen einer Konzernleitungspflicht	84–90
2. Leitung und Geschäftsführung	12–14	a) Leitungspflichten des Konzernvorstands gegenüber der herrschenden Aktiengesellschaft	84–89
a) Entwicklungslinien des Leitungsbegriffs	13		
b) Sonderung von Leitung und Geschäftsführung	14	b) Leitungspflichten des Konzernvorstands gegenüber den Tochtergesellschaften?	90
3. Leitung und Leitungsaufgaben	15–20		
a) Betriebswirtschaftliche Erkenntnisse	16	3. Leitungspflichten der Vorstandsmitglieder einer herrschenden Aktiengesellschaft	91–101
b) Aktienrechtliche Ausformung	17–20		
4. Leitung und aktienrechtliche Zielvorgaben	21–55	a) Konzernweite Planungs- und Steuerungsverantwortung	92–98a
a) Interessenmonismus versus Interessenpluralität	22–28	b) Konzernweite Organisationsverantwortung	99
b) Shareholder Value versus Stakeholder Value	29–42f	c) Konzernweite Finanzverantwortung	100
c) Rechtspraktische Schlussfolgerungen	43–44a	d) Konzernweite Informationsverantwortung	101
d) Einzelfälle	45–55	4. Leitungspflichten der Vorstandsmitglieder einer abhängigen Aktiengesellschaft	102–104
III. Eigenverantwortlichkeit der Leitungsausübung	56–82		
1. Elemente der Eigenverantwortlichkeit	56–60	a) Faktischer Konzern	102
a) Weisungsunabhängigkeit	57, 58	b) Vertragskonzern	103
b) Leitungsermessen	59	c) Eingliederung	104
c) Grenzen der Leitungsautonomie	60	5. Vorstandsdoppelmandate	105–110a
2. Leitung und arbeitsteiliges Zusammenwirken	61–67	a) Bedeutung und Entstehung	105
a) Aufgabenverteilung innerhalb des Vorstands	62–64	b) Zulässigkeit	106
		c) Interessenkonflikte	107–110

	Rn.		Rn.
d) Haftung	110a	b) Mitbestimmungsrechtliche Beurteilung	129
V. Zusammensetzung des Leitungsorgans	111–118	c) Rechtsfolgen beim Fehlen oder Wegfall einer satzungsmäßigen Eignungsvoraussetzung	130
1. Zahl der Vorstandsmitglieder	111–113	3. Gesetzliche Bestellungshindernisse	131–140
a) Grundregel	111	a) Allgemeines	131
b) Gesellschaften mit einem Grundkapital von mehr als drei Millionen Euro	112	b) Einzeltatbestände	132–139
c) Rechtspolitische Würdigung	113	c) Rechtsfolgen	140
2. Rechtsfolgen einer vorschriftswidrigen Besetzung	114–117	**VII. Festlegung von Zielgrößen für den Frauenanteil**	141–150
a) Überbesetzung	114	1. Regelungszweck	141
b) Unterbesetzung	115–117	2. Erfasste Gesellschaften	142, 143
3. Arbeitsdirektor	118	a) Börsennotierung oder Mitbestimmung	142
VI. Eignungsvoraussetzungen und Bestellungshindernisse für Vorstandsmitglieder	119–140	b) Rechtsformen	143
1. Gesetzliche Voraussetzungen	119–124	3. Betroffene Führungsebenen	144, 145
a) Natürliche, unbeschränkt geschäftsfähige Person	119–121	4. Festlegung von Zielgrößen und Fristen	146, 147
b) Inländerstatus?	122	a) Zielgrößen	146
c) Aktionärseigenschaft?	123	b) Fristen	147
d) Altersgrenze?	124	5. Erstmalige Anwendung	148
2. Satzungsmäßige Eignungsvoraussetzungen	125–130	6. Berichts- und Veröffentlichungspflichten	149
a) Aktienrechtliche Beurteilung	126–128	7. Rechtsfolgen bei Verstößen	150

I. Überblick

1. Regelungszweck. § 76 trifft zentrale Aussagen zur aktienrechtlichen Spitzenverfassung. Abs. 1 **1** weist dem Vorstand die Leitung der Gesellschaft zu und hebt hervor, dass er dabei unter eigener Verantwortung handelt.[1] Sowohl die Zuweisung der Leitungsaufgabe (→ Rn. 4ff.) als auch die Eigenverantwortlichkeit der Leitungsausübung (→ Rn. 56ff.) haben weitreichende Folgerungen für das aktienrechtliche Kompetenzgefüge: Sie legen die Unternehmensführung in die exklusive Zuständigkeit des Vorstands und schließen Aufsichtsrat und Hauptversammlung von ihr aus.[2] Abs. 2 enthält nähere Vorgaben hinsichtlich der Zusammensetzung des Vorstands. Abs. 3 stellt Eignungsvoraussetzungen und Bestellungshindernisse für Vorstandsmitglieder auf; das MoMiG (BGBl. 2008 I S. 2026) hat den Katalog der gesetzlichen Bestellungshindernisse deutlich erweitert. Abs. 4 enthält neuerdings die Pflicht des Vorstands börsennotierter oder mitbestimmter Gesellschaften, Zielgrößen für den Frauenanteil in den beiden Führungsebenen unterhalb des Vorstands festzulegen.

2. Vorgängervorschriften. § 76 knüpft an § 70 AktG 1937 an, verzichtet aber auf dessen ideologisch aufgeladene Gemeinwohlklausel.[3] Äußerungen in den Gesetzesmaterialien haben allerdings zu **2** der Deutung geführt, dass die Zielbestimmung der Vorgängervorschrift stillschweigend fortgelte, und damit eine lebhafte Debatte über die aktienrechtlichen Leitungsziele ausgelöst, die bis heute anhält (→ Rn. 21ff.). Ausdrücklich übernommen wurde der durch das Aktiengesetz von 1937 neu eingeführte Leitungsbegriff, der die aktienrechtliche Organisationsverfassung tiefgreifend verändert hat: Die vormals dominante Stellung der Hauptversammlung im ADHGB von 1861 und im HGB von 1897 wurde abgeschwächt, die Rechtsstellung des Vorstands aufgewertet.[4]

3. Rechtsvergleichung. International gehört das deutsche Aktienrecht mit seiner zwingenden **3** Zweiteilung in ein Leitungs- und ein Überwachungsorgan zu den Ländern mit einer dualistischen

---

[1] Vgl. BegrRegE *Kropff* S. 97.
[2] Vgl. Henssler/Strohn/*Dauner-Lieb* Rn. 1; Wachter/*Eckert* Rn. 1; Hüffer/Koch/*Koch* Rn. 1; Großkomm AktG/*Kort* Rn. 1; MüKoAktG/*Spindler* Rn. 1; NK-AktR/*Oltmann* Rn. 1; K. Schmidt/Lutter/*Seibt* Rn. 2; Grigoleit/*Vedder* Rn. 1; MHdB AG/*Wiesner* § 19 Rn. 12.
[3] Näher zu den Wandlungen der Unternehmenszielbestimmungen in Deutschland und Österreich *Fleischer* ZGR 2017, 411 (412ff.).
[4] Vgl. Großkomm AktG/*Assmann* Einl. Rn. 14; ausf. *Fleischer* FS Heldrich, 2005, 597 (604ff.); aus der Rechtsprechung BGHZ 159, 30 (43f.).

Spitzenverfassung.⁵ Das monistische Gegenmodell mit einem einheitlichen *board of directors* findet sich etwa in England und den Vereinigten Staaten. Frankreich hat seiner traditionell einstufigen Spitzenverfassung seit 1966 wahlweise ein zweistufiges Organisationsmodell an die Seite gestellt und Italien hält seit 2003 sogar ein dreifaches Wahlrecht bereit. Mit der Verordnung über die Europäische Aktiengesellschaft⁶ und ihrer Umsetzung in nationales Recht steht dem SE-Satzungsgeber nunmehr auch hierzulande ein Wahlrecht zwischen beiden Verwaltungssystemen zu.⁷ Gute Gründe sprechen dafür, dieses Wahlrecht in Zukunft auf die nationale Aktiengesellschaft auszudehnen.⁸

II. Leitung der Gesellschaft

4 **1. Leitung durch den Vorstand. a) Vorstand als Leitungsorgan.** Nach § 76 Abs. 1 bildet der Vorstand das Leitungsorgan der Aktiengesellschaft:⁹ Er nimmt die Leitungsaufgabe wahr und trägt die Leitungsverantwortung.¹⁰ Das unterscheidet ihn markant vom Aufsichtsrat, der trotz seiner Überwachungsaufgabe keine Leitungsmacht ausübt und daher nicht als Leitungsorgan anzusehen ist.¹¹ Ganz in diesem Sinne betont Ziff. 4.1.1 DCGK, dass der Vorstand das unternehmerische Führungszentrum der Gesellschaft darstellt.¹² Daran vermögen Reformansätze aus jüngerer Zeit¹³ nichts zu ändern, die auf eine verbesserte Zusammenarbeit zwischen Vorstand und Aufsichtsrat zielen.¹⁴ Auch bei aktiver Begleitung des Vorstands durch den Aufsichtsrat bleibt es bei der strukturprägenden Aufgabentrennung zwischen beiden Organen, die nicht zuletzt in der Inkompatibilitätsregel des § 105 Abs. 1 zum Ausdruck kommt.¹⁵ An diesem Aufgabendualismus und den dahinter stehenden Wertentscheidungen (und nicht an Begriffen¹⁶) muss sich auch die Lösung allfälliger Kompetenzprobleme zwischen Vorstand und Aufsichtsrat ausrichten.

5 **b) Bezugspunkt des Leitungsauftrags.** Entgegen der wenig glücklichen Wortwahl des Gesetzgebers erstreckt sich die Leitung des Vorstands nicht auf „die Gesellschaft" als personalen Zusammenschluss ihrer Gesellschafter.¹⁷ Bezugspunkt des Leitungsauftrags ist vielmehr das Unternehmen, als dessen Rechtsträger die Aktiengesellschaft nach außen in Erscheinung tritt.¹⁸ Der Unternehmensbezug der Leitung darf allerdings nicht mit einer organisationssoziologischen oder systemtheoretischen Auffassung verwechselt werden, die das Unternehmen vorrangig als soziale Organisations- und Wirkungseinheit versteht.¹⁹ Er hat weiterhin nichts mit der überkommenen Vorstellung des „Unterneh-

---

⁵ Näher zu den verschiedenen Strukturtypen der Leitung und Überwachung *Böckli* in Hommelhoff/Hopt/v. Werder Corporate Governance-HdB 255 ff.; *Davies* ZGR 2001, 268; *Davies/Hopt/Nowak/van Solinge* in Davies/Hopt/Nowak/van Solinge, Corporate Boards in Law and Practice, 2013, 3 ff.; *Hopt/Leyens* ECFR 2004, 135; zu gegenseitigen Annäherungstendenzen *Börsig/Löbbe* FS Hoffmann-Becking, 2013, 125 (131 ff.); *Cromme* FS Hoffmann-Becking, 2013, 283 (284 ff.).

⁶ Verordnung (EG) Nr. 2157/2001 v. 8.10.2001, ABl. EG 2001 Nr. L 294, 1.

⁷ Vgl. §§ 15 ff. und 20 ff. SEAG in Umsetzung von Art. 38 lit. b SE-VO.

⁸ Ausf. *Fleischer* AcP 204 (2004), 502 (521 ff.); ebenso *Baums* GS Gruson, 2009, 1 (4 ff.); *Habersack*, Gutachten E zum 69. DJT 2012, E 71; Hüffer/Koch/*Koch* Rn. 4.

⁹ Vgl. Bürgers/Körber/*Bürgers* Rn. 2; Hüffer/Koch/*Koch* vor Rn. 6; Kölner Komm AktG/*Mertens/Cahn* Rn. 42; NK-AktR/*Oltmanns* Überschrift zu Rn. 2; MHdB AG/*Wiesner* § 19 vor Rn. 1.

¹⁰ Vgl. *Fleischer* ZIP 2003, 1.

¹¹ Ebenso Großkomm AktG/*Kort* Rn. 2; MüKoAktG/*Spindler* Rn. 1; ferner BegrRegE *Kropff* S. 97: „Absatz 1 überträgt die Leitung der Gesellschaft dem Vorstand und hebt hervor, dass er dabei unter eigener Verantwortung handelt. Der Aufsichtsrat kann ihm diese Verantwortung nicht abnehmen."; vgl. auch Art. 38 lit. b SE-VO, der von einem „Leitungsorgan" und einem „Aufsichtsorgan" spricht; kritisch aber Hüffer/Koch/*Koch* Rn. 2.

¹² Vgl. Wilsing/*Goslar* DCGK Ziff. 4.1.1 Rn. 4; KBLW/*v. Werder* DCGK Rn. 800.

¹³ Namentlich das TransPuG v. 19.7.2002, BGBl. 2002 I 2681.

¹⁴ Wie hier *Hoffmann-Becking* ZGR 1998, 497 (510 f.); Großkomm AktG/*Kort* Rn. 22; MüKoAktG/*Spindler* Rn. 1; abw. Lutter/Krieger/*Verse* Rechte und Pflichten des Aufsichtsrats Rn. 58, die den Aufsichtsrat als „mitunternehmerisches Organ" einordnen.

¹⁵ Wie hier *Seyfarth* VorstandsR § 1 Rn. 2 und 138.

¹⁶ Zutr. insoweit der Hinweis von *Koch* in Fleischer/Koch/Kropff/Lutter, 50 Jahre Aktiengesetz, 2015, 65 (77 ff.).

¹⁷ Dagegen zutr. *Henze* BB 2000, 209 unter Hinweis darauf, dass dergleichen schon mit Rücksicht auf die Gesellschaftsverfassung nicht möglich sei; weitere Argumente bei *Abelshauser*, Leitungshaftung im Kapitalgesellschaftsrecht, 1998, 31 f.; *Hommelhoff*, Die Konzernleitungspflicht, 1982, 43 f.

¹⁸ Ganz hM, vgl. Hüffer/Koch/*Koch* Rn. 10; Ihrig/Schäfer Rechte und Pflichten des Vorstands Rn. 5; Großkomm AktG/*Kort* Rn. 39; Kölner Komm AktG/*Mertens/Cahn* Rn. 6; MüKoAktG/*Spindler* Rn. 14; NK-AktR/*Oltmanns* Rn. 6.

¹⁹ Zu einer juristischen Theorie der Unternehmen *Engert* FS Heldrich, 2005, 87.

mens an sich"²⁰ oder des „Unternehmens als Veranstaltung"²¹ zu tun. Gemeint ist allein die Leitung des Unternehmens, das von der Aktiengesellschaft als rechtlich verfasster Korporation gemäß ihrem Satzungszweck betrieben wird.²² Auf Verbindungslinien von Unternehmen und Unternehmensinteresse ist gesondert einzugehen (→ Rn. 24 ff.).

c) **Funktionen des Leitungsbegriffs.** Der Begriff der Leitung iSd § 76 Abs. 1 ist ein juristischer Zweckbegriff. Mit ihm verfolgt der Gesetzgeber bestimmte Absichten, die teils ausdrücklich angesprochen werden, teils erst aus dem aktienrechtlichen Gesamtzusammenhang zu erschließen sind. Bei einer solchen funktionalen Annäherung²³ wird man seinen Bedeutungsgehalt in fünf Richtungen entfalten können:²⁴

aa) **Kompetenzzuweisung.** Im Verhältnis der Gesellschaftsorgane zueinander nimmt § 76 Abs. 1 zuvörderst eine Kompetenzzuweisung vor: Er legt die Unternehmensleitung in die Verantwortlichkeit des Vorstands und schließt Aufsichtsrat und Hauptversammlung von ihr aus.²⁵ Dieses Leitungsmonopol des Vorstands spiegelt sich auch in anderen Vorschriften wider: Gem. § 111 Abs. 4 S. 1 können dem Aufsichtsrat Maßnahmen der Geschäftsführung nicht übertragen werden,²⁶ und nach § 119 Abs. 2 kann die Hauptversammlung über Fragen der Geschäftsführung nur entscheiden, wenn der Vorstand es verlangt.²⁷ Gleiches gilt für Leitungsentscheidungen, die einen herausgehobenen Teil der Geschäftsführung bilden (→ Rn. 14). Der aktienrechtlichen Satzungsstrenge entsprechend stellt diese grundrissartige Kompetenzverteilung zwingendes Recht dar;²⁸ für statutarische Veränderungen bleibt kein Raum. Eine vereinzelte gesetzliche Modifizierung enthält die Verpflichtungserklärung des Vorstands nach § 2 Abs. 1 S. 1 des Finanzmarktstabilisierungs-Beschleunigungsgesetzes von 2008 (BGBl. 2008 I S. 1982).²⁹

bb) **Kollegialverantwortung.** Im Verhältnis der Vorstandsmitglieder untereinander schreibt § 76 Abs. 1 den Grundsatz gemeinsamer Verantwortung fest: Leitung ist stets „Gesamtleitung".³⁰ Wo immer der Gesetzgeber dem Vorstand Leitungsaufgaben zuweist, sind diese vom Gesamtorgan und nicht von einzelnen Organmitgliedern wahrzunehmen.³¹ Diese Grenze ist auch im Rahmen einer Ressortverteilung sorgfältig einzuhalten (→ Rn. 63 f.).

cc) **Unveräußerlicher Kernbereich.** Im Innen- und Außenverhältnis dient der Leitungsbegriff als Kurzbezeichnung für jene Aktionsfelder, die zum Kernbereich der Vorstandstätigkeit gehören

---

²⁰ Begriffsprägend *Haussmann* JW 1927, 2953, der damit (zu Unrecht) *Walther Rathenaus* Schrift „Vom Aktienwesen" charakterisierte; rückblickend dazu *Fleischer* JZ 2017, 991 (992 f.); dogmengeschichtliche Aufarbeitung bei *Riechers*, Das „Unternehmen an sich": Die Entwicklung eines Begriffes in der aktienrechtlichen Diskussion des 20. Jahrhunderts, 1996, 7 ff. und passim; monographisch auch *Laux*, Die Lehre vom Unternehmen an sich: Walther Rathenau und die aktienrechtliche Diskussion in der Weimarer Republik, 1998, 59 ff.
²¹ Vgl. *Raiser* FS R. Fischer, 1979, 561 (563 ff.); *Schilling* FS R. Fischer, 1979, 679 (682 f.).
²² Ähnlich *Henze* BB 2000, 209; Großkomm AktG/*Kort* Rn. 39 f.; *Paefgen*, Unternehmerische Entscheidungen und Rechtsbindung der Organe in der AG, 2002, 9.
²³ Ebenso *Paefgen*, Unternehmerische Entscheidungen und Rechtsbindung der Organe in der AG, 2002, 9; *Richter* in Semler/Peltzer/Kubis ArbHdB Vorstand § 4 Rn. 4; ferner *Kuntz* AG 2016, 101 (102), wonach § 76 Abs. 1 der Gestaltungsvereinfachung und dem Funktionenschutz dient.
²⁴ Zum Folgenden bereits *Fleischer* ZIP 2003, 1 ff.
²⁵ Vgl. OLG Stuttgart AG 2006, 727 (728); Hüffer/Koch/*Koch* Rn. 1; Großkomm AktG/*Kort* Rn. 1; MüKoAktG/*Spindler* Rn. 1; NK-AktR/*Oltmanns* Rn. 1; Hölters/*Weber* Rn. 1; *Seyfarth* VorstandsR § 1 Rn. 6; MHdB AG/*Wiesner* § 19 Rn. 12.
²⁶ Zur Mitwirkung des Aufsichtsrats an unternehmerischen Entscheidungen *Säcker/Rehm* DB 2008, 2814; zu den Mitwirkungsgrenzen *Fleischer* BB 2013, 835 (836).
²⁷ Zu diesem systematischen Zusammenwirken unter der Geltung des AktG 1937 bereits *Geßler* JW 1937, 497 (498); *Schlegelberger/Quassowski* AktG 1937 § 70 Anm. 2; aus jüngerer Zeit BGHZ 159, 30 (43 f.).
²⁸ Vgl. Hüffer/Koch/*Koch* Rn. 5; MüKoAktG/*Spindler* Rn. 14; K. Schmidt/Lutter/*Seibt* Rn. 11.
²⁹ Dazu *Becker/Mock*, FMStG, 2009, § 2 FMS-BeschleunigungsG Rn. 2 ff.; *Spindler* DStR 2008, 2268 (2273); *Wienecke/Fett* NZG 2009, 8 (9).
³⁰ *Schlegelberger/Quassowski* AktG 1937 § 70 Anm. 1; diesen Begriff aufnehmend *Fleischer* ZIP 2003, 1 (2); Hüffer/Koch/*Koch* § 77 Rn. 18.
³¹ Vgl. bereits Großkomm AktG/*W. Schmidt*, 1. Aufl. 1939, § 70 Anm. 10: „Die Leitung der AG ist, wenn der Vorstand aus mehreren Personen besteht, dem Gesamtkörper, dem Vorstand als solchem übertragen"; zuletzt Hüffer/Koch/*Koch* Rn. 1; Großkomm AktG/*Kort* Rn. 2, 33; NK-AktR/*Oltmanns* Rn. 1 (4). Ausf. im Rahmen monographischer Abhandlungen *Dose*, Die Rechtsstellung der Vorstandsmitglieder einer Aktiengesellschaft, 3. Aufl. 1975, 32 ff. unter Rückgriff auf den von *Jellinek* und *Wolff* entwickelten Organbegriff des öffentlichen Rechts; sowie *Heller*, Unternehmensführung und Unternehmenskontrolle unter besonderer Berücksichtigung der Gesamtverantwortung des Vorstands, 1998, 1 ff. (24 ff.).

und vom Vorstand somit nicht aus der Hand gegeben werden dürfen.[32] Von Bedeutung ist dies vor allem in zweierlei Richtung: Einmal lässt sich aus dem Leitungsbegriff ableiten, welche Aufgaben nicht im Wege arbeitsteiligen Zusammenwirkens auf einzelne Vorstandsmitglieder, nachgeordnete Unternehmensebenen oder außenstehende Dritte übertragen werden dürfen (→ Rn. 56 ff.). Zum anderen sichert er die Unternehmensleitung gegen einen übermäßigen Außeneinfluss ab und verteidigt mit dem Leitungsmonopol des Vorstands zugleich die Selbstbestimmung der Gesellschaft (→ Rn. 68 ff.).

10 **dd) Pflichtrecht.** Im Verhältnis des Vorstands zur Gesellschaft begründet § 76 Abs. 1 eine organschaftliche Pflicht zur Unternehmensleitung.[33] Der Vorstand „hat" die Gesellschaft zu leiten und dabei, wie die Gesetzesmaterialien zur Vorgängervorschrift des § 70 Abs. 1 AktG 1937 erläutern, „für das Wohl der Gesellschaft, zu dem auch die Belange der Aktionäre gehören, zu sorgen und sich für dieses Ziel tatkräftig einzusetzen".[34] Rechtstheoretisch wird man den gesetzlichen Leitungsauftrag daher nicht nur als eine Rechtspflicht, sondern auch als ein Pflichtrecht einordnen können[35] – eine Rechtsposition also, die von vornherein mit einer Pflichtbindung versehen und vornehmlich im Fremdinteresse auszuüben ist.

11 **ee) Unternehmerfunktion.** Zwischen juristischer und ökonomischer Beschreibung oszilliert ein personalisierter Leitungsbegriff, der die Unternehmerfunktion des Vorstands in den Vordergrund rückt.[36] Dogmatischen Erklärungswert hat er für die Rechtsstellung der Vorstandsmitglieder: Sie üben als gesetzliche Vertreter der Aktiengesellschaft die Funktionen des Arbeitgebers[37] und Unternehmers aus und haben die Stellung eines konkreten Prinzipals,[38] wiewohl ihnen selbst die Kaufmannseigenschaft fehlt.[39] Infolgedessen können sie bei den Arbeits- und Sozialgerichten zu ehrenamtlichen Richtern aus Kreisen der Arbeitgeber berufen werden; umgekehrt wird ihnen der Mindestschutz der meisten arbeitsrechtlichen Gesetze ausdrücklich vorenthalten (→ § 84 Rn. 27).

12 **2. Leitung und Geschäftsführung.** Das Vorstandsrecht baut auf den Schlüsselbegriffen Leitung und Geschäftsführung auf, ohne deren Verhältnis zueinander zu klären. Dies hat Anlass zu einer langwierigen Debatte in der Literatur gegeben, die noch immer nicht beendet ist.

13 **a) Entwicklungslinien des Leitungsbegriffs.** Der Leitungsbegriff ist erstmals durch § 70 AktG 1937 in das Aktienrecht eingeführt worden.[40] Er unterstreicht in schlagwortartiger Verdichtung eine weitreichende Kompetenzverschiebung von der Hauptversammlung auf den Vorstand.[41] Nähere Ausführungen zum Leitungsbegriff fehlen in den Gesetzesmaterialien. Auch die zeitgenössischen Kommentierungen verzeichnen nur den Kompetenzzuwachs des Vorstands[42] und fügen lediglich hinzu, dass Leitung sowohl die Vertretung wie die Geschäftsführung umfasse.[43] Das Aktiengesetz von 1965 hat den solchermaßen vorgefundenen Leitungsbegriff in § 76 Abs. 1 übernommen, ohne zu ihm selbst Stellung zu beziehen.[44]

---

[32] Vgl. *Dreher* FS Hopt, 2010, 517 (519); *Emde* FS U. H. Schneider, 2011, 295 (301); Großkomm AktG/*Kort* Rn. 34; Kölner Komm AktG/*Mertens/Cahn* Rn. 45; *Seyfarth* VorstandsR § 8 Rn. 3 ff.; eingehend *Semler*, Leitung und Überwachung der Aktiengesellschaft, 2. Aufl. 1996, Rn. 2 ff. (21 ff.).

[33] Vgl. Bürgers/Körber/*Bürgers* Rn. 6; MüKoAktG/*Spindler* Rn. 14; *Raiser/Veil* KapGesR § 14 Rn. 12; in allgemeinerem Zusammenhang auch *Druey* FS Zöllner, 1998, 129 (136).

[34] Amtl. Begr. zu §§ 70, 71 AktG 1937 bei *Klausing* S. 58.

[35] Vgl. *Fleischer* ZIP 2003, 1 (2); *Paefgen*, Unternehmerische Entscheidungen und Rechtsbindung der Organe in der AG, 2002, 9.

[36] Aus der älteren Literatur *v. Godin/Wilhelmi* AktG Rn. 2; *Leo* AG 1960, 261; aus neuerer Zeit *Ihrig/Schäfer* Rechte und Pflichten des Vorstands Rn. 5; Kölner Komm AktG/*Mertens/Cahn* Rn. 4; Hölters/*Weber* Rn. 8; MHdB AG/*Wiesner* § 19 Rn. 33; zum Leitbild des Unternehmers in der wirtschaftswissenschaftlichen Literatur die Hinweise bei *Fleischer* ZIP 2003, 1 ff.; zuletzt *Gerbaulet*, Der Unternehmer als Reputator, 2016, 27 ff.

[37] Vgl. Großkomm AktG/*Kort* Rn. 193.

[38] Vgl. MHdB AG/*Wiesner* § 19 Rn. 33.

[39] Vgl. BGHZ 104, 98; 133, 78; Baumbach/*Hopt* HGB § 1 Rn. 31; Großkomm AktG/*Kort* Rn. 19a; *Ihrig/Schäfer* Rechte und Pflichten des Vorstands Rn. 5; MüKoAktG/*Spindler* Rn. 10.

[40] Dazu und zu den anders abgefassten Vorgängervorschriften *Dose*, Die Rechtsstellung der Vorstandsmitglieder einer Aktiengesellschaft, 3. Aufl. 1975, 5 ff.; *Mielke*, Die Leitung der unverbundenen Aktiengesellschaft, 1990, 24.

[41] Vgl. Amtl. Begr. zu den Vorbemerkungen zu §§ 70–124 AktG 1937 bei *Klausing* S. 56: „Der Entwurf schränkt den beherrschenden Einfluss der Hauptversammlung ein. Die Leitung der Gesellschaft und damit die Geschäftsführung liegt nunmehr beim Vorstand"; näher *Fleischer* FS Heldrich, 2005, 597 (605 f.).

[42] Vgl. *Ritter*, 2. Aufl. 1939, AktG § 70 Anm. 4.

[43] Vgl. Großkomm AktG/*W. Schmidt*, 1. Aufl. 1939, § 70 Anm. 3; *Schlegelberger/Quassowski* AktG 1937 § 70 Anm. 2; *Teichmann/Koehler*, 3. Aufl. 1950, AktG § 70 Rn. 2.

[44] Vgl. BegrRegE *Kropff* S. 97 f.

b) Sonderung von Leitung und Geschäftsführung. Im heutigen Schrifttum sind die Meinungen geteilt. Eine ältere, aber weiterhin vertretene Lehrmeinung setzt Leitung und Geschäftsführung weitgehend gleich.[45] Demgegenüber versteht die inzwischen herrschende Auffassung Leitung als einen Ausschnitt der weiter ausfächernden Geschäftsführungsaugaben;[46] manche sprechen anschaulich von einem herausgehobenen Teilbereich der Geschäftsführung.[47] Dem ist beizutreten: Eine Sonderung von Leitung und Geschäftsführung entspricht der begrifflichen Ausdifferenzierung des Gesetzes, das nacheinander von Leitung (§ 76), Geschäftsführung (§ 77) und Vertretung (§ 78) der Gesellschaft spricht. Vor allem aber lässt sie das Kernproblem deutlicher hervortreten, das mit dem Leitungsbegriff in erster Linie bewältigt werden soll, nämlich die genaue Umgrenzung der dem Gesamtvorstand vorbehaltenen Führungsaufgaben. Gänzlich widerspruchsfrei ist die aktienrechtliche Begriffsbildung freilich nicht,[48] was trotz der vielbeschworenen Relativität der Rechtsbegriffe innerhalb ein und desselben Gesetzes ein Makel bleibt.

3. Leitung und Leitungsaufgaben. Welche Aufgaben zu den unverzichtbaren Leitungsaufgaben iSd § 76 Abs. 1 gehören, ist im Gesetz nicht ausdrücklich geregelt. Das aktienrechtliche Schrifttum hat häufig bei der benachbarten Betriebswirtschaftslehre nach hilfreicher Wegleitung gesucht.[49]

a) Betriebswirtschaftliche Erkenntnisse. Einer frühen betriebswirtschaftlichen Einteilung zufolge zeichnen sich echte Führungsentscheidungen durch drei Merkmale aus: Sie sind für den Bestand und die Zukunft des Unternehmens von unmittelbarer Bedeutung, können nur aus dem Unternehmensganzen heraus getroffen werden und dürfen, obwohl tatsächlich übertragbar, im Interesse des Unternehmens und seiner Führung nicht delegiert werden.[50] Aus dieser Basisdefinition hat man den folgenden Katalog von Führungsentscheidungen abgeleitet: Festlegung der Unternehmenspolitik auf weite Sicht, Koordinierung der großen betrieblichen Teilbereiche, Beseitigung von Störungen im laufenden Betriebsprozess, geschäftliche Maßnahmen von außergewöhnlicher betrieblicher Bedeutsamkeit, Besetzung von Führungsstellen.[51] Moderne Stellungnahmen greifen unverändert auf die frühen Ausgangsformeln zurück.[52] Zugleich suchen sie dem Begriff der Unternehmensführung Tiefenschärfe zu verleihen, indem sie die verschiedenen Führungsfunktionen und Führungsinstrumente herausarbeiten. Als Fachfunktionen der Unternehmensspitze werden Planung, Organisation und Kontrolle genannt, zu denen sich als Personalfunktion die Führung gesellt.[53] Andere zählen zu den Führungsinstrumenten Planung und Steuerung, Organisation, Controlling sowie Information.[54]

b) Aktienrechtliche Ausformung. Unter Berücksichtigung der betriebswirtschaftlichen Einsichten lassen sich für den aktienrechtlichen Leitungsbegriff drei Leitplanken errichten.[55]

aa) Leitungsaufgaben kraft typologischer Zuordnung. Einvernehmen herrscht zunächst darüber, dass sich der Leitungsbegriff nicht genau definieren, sondern nur typologisch umschreiben lässt.[56] Verbreitet versucht man, taugliche Abgrenzungskriterien aus den unternehmerischen Führungsfunktionen der Betriebswirtschaftslehre zu gewinnen. Zu den so ermittelten Leitungsaufgaben

---

[45] Vgl. *Mielke*, Die Leitung der unverbundenen Aktiengesellschaft, 1990, 33 ff.; *Semler* Leitung und Überwachung der Aktiengesellschaft, 2. Aufl. 1996, Rn. 3 ff.
[46] Vgl. *Henze* BB 2002, 209; Kölner Komm AktG/*Mertens/Cahn* Rn. 4; NK-AktR/*Oltmanns* Rn. 5; K. Schmidt/Lutter/*Seibt* Rn. 9; MHdB AG/*Wiesner* § 19 Rn. 12.
[47] Vgl. Hüffer/Koch/*Koch* Rn. 8; *Ihrig/Schäfer* Rechte und Pflichten des Vorstands Rn. 6; Großkomm AktG/*Kort* Rn. 29; MüKoAktG/*Spindler* Rn. 17.
[48] Vgl. zum unterschiedlichen Verständnis des Geschäftsführungsbegriffs in § 77 Abs. 1 einerseits und in § 111 Abs. 1 andererseits *Henze* BB 2000, 209; Hüffer/Koch/*Koch* § 77 Rn. 3.
[49] Richtungsweisend *Dose*, Die Rechtsstellung der Vorstandsmitglieder einer Aktiengesellschaft, 3. Aufl. 1975, 38 ff.; *Semler* Leitung und Überwachung der Aktiengesellschaft, 2. Aufl. 1996, Rn. 13 ff.; knapper Hüffer/Koch/*Koch* Rn. 9; Kölner Komm AktG/*Mertens/Cahn* Rn. 5; MüKoAktG/*Spindler* Rn. 15; ausf. *Fleischer* ZIP 2003, 1 (5 ff.).
[50] Vgl. *Gutenberg*, Unternehmensführung, Organisation und Entscheidung, 1962, 60 f.
[51] Vgl. *Gutenberg*, Unternehmensführung, Organisation und Entscheidung, 1962, 61.
[52] Vgl. *Schierenbeck/Wöhle*, Grundzüge der Betriebswirtschaftslehre, 19. Aufl. 2016, 120 f.
[53] Vgl. *Schierenbeck/Wöhle*, Grundzüge der Betriebswirtschaftslehre, 19. Aufl. 2016, 126; ganz ähnlich *Steinmann/Schreyögg*, Management: Grundlagen der Unternehmensführung, 5. Aufl. 2000, 9 f.; ferner *Wöhe/Döring/Brösel*, Einführung in die Allgemeine Betriebswirtschaftslehre, 26. Aufl. 2016, 47 ff.
[54] Vgl. *Bea* in Bea/Schweitzer, Allgemeine Betriebswirtschaftslehre, Bd. 2: Führung, 10. Aufl. 2011, 35 f.; variierend *v. Werder*, Führungsorganisation, 3. Aufl. 2015, 36 ff., der Richtungsentscheidungen, Infrastrukturentscheidungen und Einzelentscheidungen des Topmanagements unterscheidet.
[55] Ausf. zu Folgendem *Fleischer* ZIP 2003, 1 (5) mwN.
[56] Vgl. *Dreher* FS Hopt, 2010, 517 (521); *Henze* BB 2000, 209 (210); Hüffer/Koch/*Koch* Rn. 9; *Ihrig/Schäfer* Rechte und Pflichten des Vorstands Rn. 6; MüKoAktG/*Spindler* Rn. 15.

gehören nach hM die Zielsetzung und mittel- und langfristige Festlegung der Unternehmenspolitik (Unternehmensplanung), die Organisation und die Koordination der mit Führungsaufgaben ausgestatteten Teilbereiche des Unternehmens (Unternehmenskoordinierung), die laufende und nachträgliche Kontrolle von Durchführung und Erfolg delegierter Geschäftsführungsaufgaben (Unternehmenskontrolle) und die Besetzung von Führungsstellen im Unternehmen (Führungspostenbesetzung).[57] Das mag bei sachgerechter Handhabung zu billigenswerten Ergebnissen führen.[58] Der modernen Unternehmensführung angemessener ist allerdings eine andere Vorstrukturierung, die dem Vorstand vier Verantwortungsbereiche als unentziehbare und unübertragbare Leitungsaufgaben zuweist: Planungs- und Steuerungsverantwortung, Organisationsverantwortung, Finanzverantwortung und Informationsverantwortung.[59] Zu dieser funktionsbezogenen Eingrenzung tritt eine stärker fallbezogene, die auf die Besonderheiten des einzelnen Unternehmens Bedacht nimmt. Sie fragt – teils in Anlehnung an den Begriff des außergewöhnlichen Geschäfts iSd § 116 HGB,[60] teils in Orientierung an der Berichtspflicht des § 90 Abs. 1 Nr. 4 AktG[61] – nach Maßnahmen und Geschäften, die für die Gesellschaft von besonderer Bedeutung sind oder mit denen ein außergewöhnliches Risiko verbunden ist.[62] Beides verdient Zustimmung, zeichnen sich Leitungsentscheidungen doch sowohl durch die Beziehung zum Unternehmensganzen als auch durch ihre hohe Bindungswirkung aus.

19   bb) Leitungsaufgaben kraft gesetzlicher Anordnung. Flankiert werden die ungeschriebenen Mindestzuständigkeiten des Gesamtvorstands durch eine Gruppe geschriebener Leitungsaufgaben, die sich unmittelbar aus dem Aktiengesetz erschließen.[63] Dahinter steht die Einsicht, dass der Gesetzgeber dem Leitungsbegriff über dessen betriebswirtschaftliche Vorprägung hinaus eine spezifisch aktienrechtliche Färbung mitgegeben hat.[64] Dieser normativen Sichtweise hat sich der BGH angeschlossen: In einer vielbeachteten Entscheidung hat er die Aufgabe des Vorstands, in der Bekanntmachung der Tagesordnung gem. § 124 Abs. 3 S. 1 zu jedem Tagesordnungspunkt Vorschläge zu machen, als Leitungsaufgabe iSd § 76 Abs. 1 eingeordnet.[65] Gleiches gilt ganz allgemein für Fälle, in denen das Aktienrecht den (Gesamt-)Vorstand ausdrücklich als Träger bestimmter Pflichten anspricht.[66] Dazu gehören insbesondere: Vorbereitung und Ausführung von Hauptversammlungsbeschlüssen (§ 83), Berichterstattung an den Aufsichtsrat (§ 90), Buchführung und Bestandssicherung (§ 91), Verlustanzeige (§ 92 Abs. 1) und Insolvenzantrag (§ 15a Abs. 1 InsO), Einberufung der Hauptversammlung (§ 121 Abs. 2) sowie Vorlage von Geschäftsführungsfragen an sie (§ 119 Abs. 2), Aufstellung von Jahresabschluss und Lagebericht sowie ihre Vorlage an den Aufsichtsrat (§ 170) und Anfechtung von Hauptversammlungsbeschlüssen (§ 245 Nr. 4).[67] Im systematischen Zugriff wird man hinter dieser Aufzählung drei übergreifende Wertungsgesichtspunkte ausmachen können: Zu den unverzichtbaren Mindestzuständigkeiten zählen danach Vorstandspflichten, die der verbandsinternen Funktionsfähigkeit dienen, dem Vorstand im öffentlichen Interesse aufgegeben sind oder vornehmlich Gläubigerinteressen sichern sollen.[68]

---

[57] So oder ähnlich im Anschluss an *Semler* Leitung und Überwachung der Aktiengesellschaft, 2. Aufl. 1996, Rn. 11 etwa Bürgers/Körber/*Bürgers* Rn. 9; Wachter/*Eckert* Rn. 6; *Emde* FS U. H. Schneider, 2011, 295 (299 f.); *Henze* BB 2000, 209 (210); Hüffer/Koch/*Koch* Rn. 9; Großkomm AktG/*Kort* Rn. 36; Kölner Komm AktG/ *Mertens/Cahn* Rn. 5; MüKoAktG/*Spindler* Rn. 15; NK-AktR/*Oltmanns* Rn. 5; K. Schmidt/Lutter/*Seibt* Rn. 9.
[58] Eingehend und weiterführend *Semler* Leitung und Überwachung der Aktiengesellschaft, 2. Aufl. 1996, Rn. 16 ff.
[59] Ausf. *Fleischer* ZIP 2003, 1 (5 f.); zust. Bürgers/Körber/*Bürgers* Rn. 10; *Turiaux/Knigge* DB 2004, 2199 (2201); *Seyfarth* VorstandsR § 8 Rn. 6, der zusätzlich noch die Kommunikations- und die Reputationsverantwortung nennt; für die SE auch MüKoAktG/*Reichert/Brandes* SE-VO Art. 43 Rn. 75 ff.; wieder anders *Seibt* DB 2018, 237 (238 f.).
[60] Vgl. *Dose*, Die Rechtsstellung der Vorstandsmitglieder einer Aktiengesellschaft, 3. Aufl. 1975, 41.
[61] Vgl. *Martens* FS Fleck, 1988, 191 (197).
[62] Vgl. *Henze* BB 2000, 209 (210); Kölner Komm AktG/*Mertens/Cahn* Rn. 5; krit. *Heller*, Unternehmensführung und Unternehmenskontrolle unter besonderer Berücksichtigung der Gesamtverantwortung des Vorstands, 1998, 26 ff.; zur Errichtung eines Aktienregisters als Leitungsaufgabe OLG München NZG 2005, 756 (757); zust. *Kort* NZG 2005, 983 f.
[63] Vgl. Hüffer/Koch/*Koch* Rn. 9; Großkomm AktG/*Kort* Rn. 35; MüKoAktG/*Spindler* Rn. 16; NK-AktR/ *Oltmanns* Rn. 5; Hölters/*Weber* Rn. 8.
[64] Ähnlich *Henze* BB 2000, 209 (210); *Hoffmann-Becking* ZGR 1998, 497 (508); Hüffer/Koch/*Koch* Rn. 9.
[65] Vgl. BGHZ 149, 158.
[66] Vgl. *Fleischer* ZIP 2003, 1 (6); *Henze* BB 2000, 209 (210).
[67] Zu diesem Katalog *Hoffmann-Becking* ZGR 1998, 497 (508); Hüffer/Koch/*Koch* Rn. 9; Großkomm AktG/ *Kort* Rn. 35; *Schiessl* ZGR 1992, 64 (67 f.).
[68] Vgl. mit Unterschieden im Einzelnen *Fleischer* ZIP 2003, 1 (6); *Henze* BB 2000, 209 (210); *Hoffmann-Becking* ZGR 1998, 497 (508); *Schiessl* ZGR 1992, 64 (67 f.); ausf. *Dose*, Die Rechtsstellung der Vorstandsmitglieder einer Aktiengesellschaft, 3. Aufl. 1975, 58 ff.; zu Teilaspekten aus der älteren Literatur bereits *Boesebeck* JW 1938, 2525 (2527); *Frels* ZHR 126 (1959) 8 (24 ff.); *Schlegelberger/Quassowski* AktG 1937 § 70 Anm. 11; sowie RGSt 13, 235 (238 f.).

cc) Leitungsaufgaben versus Vorbereitungs- und Ausführungsmaßnahmen. Das stattliche 20
Pflichtenprogramm des Vorstands lässt sich ohne unterstützende Hilfe durch Stabsabteilungen und
sonstige Mitarbeiter kaum bewältigen. § 76 Abs. 1 steht einer derartigen „Marscherleichterung" nicht
entgegen: Er zielt nur auf die Wahrnehmung der Leitungsverantwortung, verlangt aber nicht, dass
der Vorstand die Vorbereitung und Ausführung aller Leitungsentscheidungen eigenhändig übernimmt.[69] Das führt in doppelter Hinsicht zu einer sinnvollen Pflichtenabgrenzung: Einmal kommt
es bei den zahlreichen gesetzlichen Pflichtenzuweisungen in erster Linie auf die Entscheidungsverantwortung an. Die Vorbereitung der Entscheidungsvarianten und Beschlussvorlagen kann durchaus
einzelnen Vorstandsmitgliedern oder nachgeordneten Unternehmensebenen überantwortet werden,
sofern nur der Vorstand wohlerwogen und in eigener Verantwortung entscheidet.[70] Zum anderen
enthalten die in typologischer Betrachtung gewonnenen Leitungsaufgaben (→ Rn. 18) in aller Regel
eine immanente Pflichtenreduzierung: Die Planungsverantwortung erstreckt sich lediglich auf die
Richtlinien der Unternehmenspolitik und mit der Organisationsverantwortung ist stets nur die
Organisation in ihren wesentlichen Grundzügen gemeint. Einzelheiten sind delegierbar und müssen
in großem Umfang auch delegiert werden.[71] Ähnlich verhält es sich mit der Finanz- und der
Informationsverantwortung, die vor allem institutionelle Züge tragen: Der Vorstand hat zu veranlassen, dass ein wirkungsvolles Kontroll- und Berichtssystem eingerichtet und personell angemessen
ausgestattet wird; seine nähere Ausformung darf er anderen überlassen.[72] Dass diese zurückgenommene Pflichtenintensität dem gesetzlichen Vorstellungsbild entspricht, belegt beispielhaft § 91 Abs. 1:
Der Vorstand „hat dafür zu sorgen", dass die erforderlichen Handelsbücher geführt werden, die
technische Durchführung darf er delegieren (näher → § 91 Rn. 16).[73]

4. Leitung und aktienrechtliche Zielvorgaben. Zu den aktienrechtlichen Grundproblemen 21
gehört die Frage, an welchen Zielen der Vorstand seine Leitungstätigkeit auszurichten hat. An ihr
haben sich zu allen Zeiten und an ganz verschiedenen Orten geistige Auseinandersetzungen entzündet.[74] Mit dem Aufkommen des *shareholder-value*-Konzepts in der zweiten Hälfte der achtziger Jahre
und seinem Gegenmodell, dem *stakeholder-value*-Konzept, hat die Debatte an Lebendigkeit und
rechtsökonomischer Rationalität gewonnen. Die Entwicklung ist weiter im Fluss[75] und lässt sich am
besten chronologisch darstellen.

a) Interessenmonismus versus Interessenpluralität. aa) Entwicklungslinien der aktien- 22
rechtlichen Zielkonzeption. Eine erste Richtschnur für die Leitung des Unternehmens enthielt
§ 70 Abs. 1 AktG 1937, der den Vorstand anwies, die Gesellschaft so zu leiten, wie das Wohl des
Betriebes und seiner Gefolgschaft und der gemeine Nutzen von Volk und Reich es fordern.[76] Diese
Vorschrift ging auf einen Formulierungsvorschlag des Aktienrechtsausschusses der Akademie für
Deutsches Recht zurück.[77] Ursprünglich hatte man sogar daran gedacht, die zitierte Unternehmenszielbestimmung dem Aktiengesetz von 1937 als Präambel voranzustellen.[78] Die Aktionäre wurden
als Interessenträger in § 70 Abs. 1 AktG 1937 nicht ausdrücklich angesprochen; die Amtliche Begründung widmete ihnen nur, aber immerhin einen Nebensatz.[79] Zeitgenössische Kommentierungen
betonten ganz unverhohlen, dass diese Vorschrift den nationalsozialistischen Grundsatz „Gemeinnutz

---

[69] Vgl. *Dreher* FS Hopt, 2010, 517 (527); *Fleischer* ZIP 2003, 1 (6); *Hoffmann-Becking* ZGR 1998, 497 (508);
Ihrig/Schäfer Rechte und Pflichten des Vorstands Rn. 20; MHdB AG/*Wiesner* § 19 Rn. 16.
[70] Vgl. *Fleischer* ZIP 2003, 1 (6) („decision shaping" versus „decision taking") in Anlehnung an *Böckli*, Schweizer
Aktienrecht, 2. Aufl. 1996, Rn. 1527; iE auch *Dreher* FS Hopt, 2010, 517 (527); Hüffer/Koch/*Koch* Rn. 8.
[71] Vgl. *Geßler* FS Hefermehl, 1976, 263 (273); *Schwark* ZHR 142 (1978) 203 (217 f.).
[72] Treffend BGH DB 1981, 1661 (1662): „Es kann nicht die Aufgabe eines Bankvorstands sein, selbst die
Angaben in den Kreditakten zu überprüfen, wenn die Bank eine eigene Revisions- und Kontrollabteilung hat."
[73] Zum paradigmatischen Charakter dieser Vorschrift auch *Hommelhoff*, Die Konzernleitungspflicht, 1982,
165 f.; *Hüffer* Liber Amicorum Happ, 2006, 93 (105); ferner RGSt 13, 235 (238); ausf. *Fleischer* WM 2006, 2021 ff.
[74] Näher zu den großen Kontroversen zwischen *Rathenau* und *Haussmann* in der Weimarer Republik, *Berle*
und *Dodd* während der Großen Depression in den Vereinigten Staaten, *Schluep* und *Bär* in der Schweiz der
fünfziger Jahre *Fleischer* in Hommelhoff/Hopt/v. Werder Corporate Governance-HdB 185 (207 f.).
[75] Zuletzt *Fleischer* ZGR 2017, 411 (412 ff.) mwN; aus jüngerer Zeit auch *Ulmer* AcP 202 (2002) 143 (158 ff.);
Zöllner AG 2003, 2 (7 ff.); *Kuhner* ZGR 2004, 244 (246 ff.); *Mülbert* FS Röhricht, 2005, 421; *Klöhn* ZGR 2008,
110 (136 ff.); aus der internationalen Diskussion *Hansmann/Kraakman* 89 Georgetown L J 439 (2001).
[76] Dazu Amtl. Begr. zu §§ 70, 71 AktG 1937 bei *Klausing* S. 58 f., wonach die Wahrung dieser Richtlinien zu
den Grundsätzen einer verantwortungsbewussten Wirtschaftsführung gehört; ferner *Geßler* JW 1937, 497 (498),
der von einer *sozialpolitischen* und einer *wirtschaftspolitischen* Forderung spricht.
[77] Vgl. den Bericht des Ausschussvorsitzenden *Kißkalt* ZAkDR 1934, 20 (30).
[78] Dazu *Fleischer* ZGR 2017, 411 (413) mwN.
[79] Vgl. Amtl. Begr. zu §§ 70, 71 AktG 1937 bei *Klausing* S. 58 f: „Aus dem Recht des Vorstands zur Leitung
der Gesellschaft folgt seine Pflicht, für das Wohl der Gesellschaft, zu dem auch die Belange der Aktionäre gehören,
zu sorgen und sich für dieses Ziel tatkräftig einzusetzen."

vor Eigennutz" – Punkt 24 des Parteiprogramms der NSDAP vom Februar 1920[80] – gesetzlich niedergelegt habe.[81] In der Nachkriegszeit wurde die ideologisch aufgeladene Gemeinwohlformel beibehalten und als Ausdruck einer gewandelten Wirtschaftsgesinnung verstanden, die erst recht in einer sozialen Marktwirtschaft gelten müsse.[82] Schwierigkeiten, das Gemeinwohl begrifflich zu erfassen, blieben zwar nicht unbemerkt,[83] doch wies man dem Vorstand gleichwohl die Aufgabe zu, Unternehmens- und Gemeinschaftsinteresse fortlaufend zum Ausgleich zu bringen.[84] Nachdenklichere Stimmen sahen hierin freilich mehr ein rechtspolitisches Prinzip als eine echte Pflicht im rechtlichen Sinne.[85]

23   § 76 Abs. 1 AktG 1965 hat die Richtlinienvorgaben seiner Vorgängervorschrift nicht übernommen.[86] Der Regierungsentwurf hielt sie, anders als der Referentenentwurf von 1958,[87] für entbehrlich: Dass der Vorstand bei seinen Maßnahmen die Belange der Aktionäre, der Arbeitnehmer und der Allgemeinheit zu berücksichtigen habe, verstehe sich von selbst und brauche deshalb nicht ausdrücklich im Gesetz bestimmt zu werden.[88] Nicht wenige Autoren schlossen und schließen hieraus auf eine stillschweigende Fortgeltung des § 70 Abs. 1 AktG 1937.[89] Demgegenüber betonen andere, dass in den Ausschussberatungen ein Änderungsantrag, die überkommene Richtlinienbestimmung in abgewandelter Form beizubehalten, abgelehnt worden sei, weil eine solche Regelung angesichts der zahlreichen arbeitsrechtlichen Schutznormen keine selbstständige Bedeutung habe.[90] Infolgedessen sei ein Rückgriff auf das Aktiengesetz 1937 ausgeschlossen.[91] Richtigerweise ist aus diesem aufwändig geführten Meinungsstreit heute kein Gewinn mehr zu erwarten.[92] Der Wille des historischen Gesetzgebers ist im Zeitablauf verblasst, nachfolgende Reformen haben neue Wertungen in das Aktienrecht hineingetragen (→ Rn. 36).

24   **bb) Unternehmensinteresse als dogmatischer Bezugspunkt.** Die rechtsdogmatische Diskussion der vergangenen Jahrzehnte kreiste um den Zentralbegriff des Unternehmensinteresses.[93] Sie wird überlagert – und teilweise verdunkelt – durch eine kaum mehr zu entwirrende Meinungsvielfalt,[94] die von einer Verabsolutierung des Unternehmensinteresses über systemtheoretische Überlegungen bis hin zu interessenpluralistischen Begründungsansätzen reicht. Im Zeitablauf lassen sich drei Entwicklungsphasen ausmachen.

25   – In den ersten Jahren nach Inkrafttreten des AktG 1965 dominierte ein weites, alle unternehmerischen Bezugsgruppen einschließendes Begriffsverständnis. Dogmengeschichtlich wirkte hier der

---

[80] Eingehend dazu *Stolleis*, Gemeinwohlformeln im nationalsozialistischen Recht, 1974, 76 ff.
[81] Vgl. etwa *Danielcik*, AktG 1937, § 70 Rn. 6; ähnlich *Schlegelberger/Quassowski*, AktG 1937, 3. Aufl. 1939, § 70 Rn. 8. Eingehend zu den NS-Neuerungen *B. Mertens* ZNR 29 (2007) 88 (91 ff.); zur Herkunft des aktienrechtlichen Führerprinzips *Thiessen* in Görtemaker/Safferling, Die Rosenburg. Das Bundesministerium der Justiz und die NS-Vergangenheit – eine Bestandsaufnahme, 2. Aufl. 2013, 204 (236 ff.).
[82] Ausdrücklich idS *Teichmann/Koehler*, 3. Aufl. 1950, AktG § 70 Anm. 3: „Dieser Grundsatz ist auch heute anwendbar, ja er ist es erst recht, da wirtschaftlicher Egoismus allein nie zu einem gesunden Wiederaufbau führen kann."; ähnlich Großkomm AktG/*W. Schmidt/Meyer-Landrut*, 2. Aufl. 1961, § 70 Anm. 11.
[83] Dazu DJT, Untersuchung zur Reform des Unternehmensrechts, Bericht der Studienkommission, 1955, 22; Großkomm AktG/*W. Schmidt/Meyer-Landrut*, 2. Aufl. 1961, § 70 Anm. 11.
[84] Vgl. DJT Untersuchung zur Reform des Unternehmensrechts, Bericht der Studienkommission, 1955, 23.
[85] Vgl. *Würdinger* AktienR, 1. Aufl. 1959, § 20 IV 2 b, S. 132.
[86] Rückblickend *Fleischer* ZGR 2017, 411 (414 f.); *Thiessen* in Görtemaker/Safferling, Die Rosenburg. Das Bundesministerium der Justiz und die NS-Vergangenheit – eine Bestandsaufnahme, 2. Aufl. 2013, 204 f. (236 ff.).
[87] Vgl. § 71 Abs. 1 RefE 1958: „Der Vorstand hat unter eigener Verantwortung die Gesellschaft so zu leiten, wie das Wohl des Unternehmens, seiner Arbeitnehmer und Aktionäre, sowie das Wohl der Allgemeinheit es erfordern".
[88] Vgl. BegrRegE *Kropff* S. 97.
[89] Vgl. Kölner Komm AktG/*Mertens*, 2. Aufl. 1996, Rn. 32; *Raisch* FS Hefermehl, 1976, 347 (352 f.); *Schilling* FS Geßler, 1971, 159 (168 f.); zuletzt *Kübler/Assmann* GesR § 14 III 2 e, S. 182.
[90] Ausschussbericht bei *Kropff* S. 97 f. Sorgfältig geschichtete Darstellungen des Gesetzgebungsverfahrens bei *Kort* NZG 2012, 926 (928); *Rittner* FS Geßler, 1971, 139 (142 ff.); *Schmidt-Leithoff*, Die Verantwortung der Unternehmensleitung, 1989, 31 ff.; eingehend *Paefgen*, Unternehmerische Entscheidungen und Rechtsbindung der Organe in der AG, 2002, 46 ff.
[91] IdS *Mülbert* ZGR 1997, 129 (147 f.); *Mülbert* AG 2009, 766 (770); *Rittner* FS Geßler, 1971, 139 (142 ff.); *Schmidt-Leithoff*, Die Verantwortung der Unternehmensleitung, 1989, 33 f.; *H. Westermann* FS Reinhardt, 1972, 359 (365); *Wiedemann* ZGR 1975, 385 (425).
[92] So bereits *Fleischer* AG 2001, 171 (175); ebenso *Ulmer* AcP 202 (2002) 149 (158); *Zöllner* AG 2003, 2 (7).
[93] Dazu Hüffer/Koch/*Koch* Rn. 36; MüKoAktG/*Spindler* Rn. 63 ff.; eingehende dogmengeschichtliche Analyse bei *Fleischer* ZGR 2018, Heft 5.
[94] Guter Überblick bei *Mülbert* ZGR 1997, 129 (142); ausf. Diskussion der verschiedenen Ansätze bei *Birke*, Das Formalziel der Aktiengesellschaft, 2005, 155 ff.; *v. Bonin*, Die Leitung der Aktiengesellschaft zwischen Shareholder Value und Stakeholder-Interessen, 2004, 92 ff.; und *Jürgenmeyer*, Das Unternehmensinteresse, 1983, 88 ff.

schon erwähnte Theorienstreit der Weimarer Zeit über das „Unternehmen an sich" nach.[95] Dessen gemeinwirtschaftliche Prägung wurde dabei zunehmend mit der Sozialbindung des Eigentums in Art. 14 Abs. 2 GG verknüpft,[96] die für das Aktienrecht schon in der frühen Feldmühle-Entscheidung des BVerfG angeklungen war.[97]

– Die Debatte der späten siebziger und frühen achtziger Jahre stand ganz im Zeichen des MitbestG 1976 und seiner Auswirkungen auf das Aktienrecht. Verschiedene Autoren werteten die paritätische Mitbestimmung als gesetzliche Verankerung einer interessenpluralistischen Zielkonzeption[98] und sahen sich hierin durch das Bayer-Urteil des BGH zur Verschwiegenheitspflicht der Aufsichtsratsmitglieder bestätigt, das maßgeblich auf das „Interesse des Unternehmens"[99] abstellte. Andere betonten demgegenüber die Letztverbindlichkeit der erwerbswirtschaftlichen Zielsetzung einer Aktiengesellschaft[100] sowie die Ausrichtung der Verwaltung auf das Gesellschaftsinteresse.[101] Die Mitbestimmung auf Unternehmensebene habe daran nichts geändert, sondern den Grundsatz der langfristigen Gewinnoptimierung wegen des Zweitstimmrechts des Aufsichtsratsvorsitzenden sogar bekräftigt.[102] **26**

– In den neunziger Jahren zeigte die Auseinandersetzung um das Unternehmensinteresse zunehmend Ermüdungserscheinungen. Die neuere Kommentar- und Lehrbuchliteratur zählt die Aktionäre (Kapital), die Arbeitnehmer (Arbeit) und die Öffentlichkeit (Gemeinwohl) zu den maßgeblichen Interessenträgern.[103] Zwischen ihnen soll der Vorstand im Konfliktfall vermitteln, ohne an eine bestimmte Rangfolge der Interessen gebunden zu sein.[104] Dabei steht ihm nach herrschender Lesart ein weiter, gerichtlich nur beschränkt überprüfbarer Ermessensspielraum zu.[105] Als verbindliches Mindestziel erkennt man allein die Vorstandspflicht an, für den Bestand und die dauerhafte Rentabilität des Unternehmens zu sorgen.[106] Weiterreichende Forderungen nach kurz- oder langfristiger Gewinnmaximierung werden dagegen ausdrücklich abgelehnt.[107] Der II. Zivilsenat des BGH verwendet in neueren Entscheidungen wahlweise die Begriffe Unternehmens- oder Gesellschaftsinteresse,[108] ohne sie allerdings näher zu umschreiben. Nach der authentischen Interpretation eines – früheren – Senatsmitglieds hat er dabei sowohl Interessen der Aktionäre und Gesellschaftsgläubiger, aber auch der Arbeitnehmer und der Öffentlichkeit im Auge.[109] Im Ergebnis scheint der BGH damit ebenfalls von einer Vielzahl gleichberechtigter Interessenträger auszugehen. **27**

cc) Kritik an der interessenpluralistischen Zielkonzeption. In jüngster Zeit mehren sich indes die Stimmen, die sich gegen die interessenpluralistische Zielkonzeption der hM wenden. Rechtsdogmatisch entzündet sich ihre Kritik vornehmlich an dem unscharfen Begriff des Unternehmensinteresses, der sich weder dem Träger noch dem Inhalt nach sinnvoll konkretisieren lasse[110] – **28**

---

[95] Zu dieser Verbindungslinie bereits *Zöllner*, Die Schranken mitgliedschaftlicher Stimmrechtsmacht bei den privatrechtlichen Personenverbänden, 1963, 67 ff.; zuletzt *Fleischer* JZ 2017, 991 (992 ff.).

[96] Vgl. *Rittner* FS Geßler, 1971, 139 (145 ff.); *H. Westermann* FS Vits, 1963, 251 ff.

[97] Vgl. BVerfGE 14, 263 (282): „in Art. 14 Abs. 2 GG, für die einzelne Aktiengesellschaft in § 70 Abs. 1 AktG statuierte Verantwortlichkeit gegenüber dem Allgemeinwohl".

[98] Vgl. *Raiser* FS R. Schmidt, 1976, 114 ff.; *Reuter* AcP 179 (1979) 509 (510 ff.); *Schilling* ZHR 144 (1980), 136 (143); aus jüngerer Zeit auch *Hopt* ZGR 1993, 534 (536).

[99] BGHZ 64, 325 (330).

[100] Vgl. *Wiedemann* GesR, Bd. I, § 6 III 2 b aa, S. 338 f.

[101] Vgl. *Jürgenmeyer*, Das Unternehmensinteresse, 1983, 172 ff.

[102] Vgl. *Wiedemann*, Organverantwortung und Gesellschafterklagen in der Aktiengesellschaft, 1989, 36 f.; mit ausführlicher Begründung *Empt*, Corporate Social Responsibility – Das Ermessen des Managements zur Berücksichtigung von Nichtaktionärsinteressen im US-amerikanischen und deutschen Aktienrecht, 2004, 131 ff.; abw. *Engert* FS Heldrich, 2005, 87 (105).

[103] Vgl. Hüffer/Koch/*Koch* Rn. 28; Kölner Komm AktG/*Mertens*/*Cahn* Rn. 15; *K. Schmidt* GesR § 26 II 3 c, S. 768 und § 28 II 1 a, S. 804 ff.; *Semler* Leitung und Überwachung der Aktiengesellschaft, 2. Aufl. 1996, Rn. 50 ff.

[104] Vgl. *Grunewald* GesR 2. C. Rn. 48; *Kübler*/*Assmann* GesR § 15 III 4 a, S. 205; *Mülbert* AG 2009, 766 (770); *Raiser*/*Veil* KapGesR § 14 Rn. 13; krit. aus entscheidungstheoretischer Sicht *Kuhner* ZGR 2004, 244 (255 ff.) unter Hinweis auf das sog. *Arrow*-Paradoxon.

[105] Vgl. Hüffer/Koch/*Koch* Rn. 28, 33.

[106] Vgl. Hüffer/Koch/*Koch* Rn. 34; Kölner Komm AktG/*Mertens*/*Cahn* Rn. 21; MüKoAktG/*Spindler* Rn. 69; *Semler* Leitung und Überwachung der Aktiengesellschaft, 2. Aufl. 1996, Rn. 34 ff.

[107] Vgl. *Raiser*/*Veil* KapGesR § 14 Rn. 13.

[108] Unternehmensinteresse: BGHZ 64, 325 (331); Interesse der Gesellschaft aus unternehmerischer Sicht: BGHZ 136, 133 (139); sachliches unternehmerisches Interesse: BGHZ 125, 239 (243); Gesellschaftsinteresse: BGHZ 71, 40 (44); 83, 319 (321); 125, 239 (241, 242); 136, 133 (139, 140); aus strafrechtlicher Sicht BGH NJW 2006, 522 (524): Unternehmensinteresse (Mannesmann).

[109] Vgl. *Henze* BB 2000, 209 (212).

[110] Vgl. *Zöllner* AG 2000, 145 (146 f.); ähnlich schon *Rittner* JZ 1980, 113 (117) mit Fn. 56; scharf ablehnend *Adams* AG 1990, 243 (246 f.); krit. auch *Birke*, Das Formalziel der Aktiengesellschaft, 2005, 168 f.; *Fleischer* AG 2001, 171 (177); *R. H. Schmidt*/*Spindler* Freundesgabe Kübler, 1997, 515 (545).

ein Einwand, dem sich auch die Vertreter der hM nicht länger verschließen, indem sie das Unternehmensinteresse allein als sprachliche Abkürzung verstanden wissen wollen.[111] Darüber hinaus verwenden die Kritiker große Sorgfalt darauf nachzuweisen, dass das geltende Aktienrecht ein interessenpluralistisches Verständnis der unternehmerischen Leitungsaufgabe nicht zwingend vorgebe.[112] Die entscheidenden Sachgründe für einen Vorrang der Aktionärsinteressen liefert ihnen schließlich die Rechtsökonomie (näher → Rn. 31 ff.).

29 **b) Shareholder Value versus Stakeholder Value. aa) Allgemeines.** Der Begriff *shareholder value* entstammt nicht juristischen, sondern ökonomischen Denkkategorien. Zur gängigen Münze geworden ist er durch eine gleichnamige Schrift aus dem Jahre 1986, derzufolge die Unternehmensleitung im Sinne der Anteilseigner handeln solle.[113] Ziel einer *shareholder-value*-orientierten Unternehmenspolitik sei die Maximierung des Unternehmenswertes, verstanden als Wert des Eigenkapitals. Der Gegenbegriff *stakeholder value* bezeichnet eine in der Management-Theorie entwickelte Führungstechnik, nach der eine Unternehmung durch verschiedene Anspruchsgruppen konstituiert wird: Eigenkapitalgeber, Fremdkapitalgeber, Arbeitnehmer, Management, Kunden, Lieferanten und die allgemeine Öffentlichkeit.[114] Jede dieser Gruppen leiste einen spezifischen Beitrag zur betrieblichen Leistungserstellung und müsse daher an der Unternehmensführung teilhaben.

30 **bb) Rechtsökonomische Würdigung.** Zahlreiche Beiträge aus juristischer und ökonomischer Feder befragen die konkurrierenden Konzepte auf ihre rechtsökonomische Vernunft.[115]

31 **(1) Vorbehalte gegen eine Shareholder-Value-Orientierung.** Die Verfechter eines interessenpluralistischen Ansatzes formulieren im Wesentlichen drei Einwände gegen eine *shareholder-value*-Orientierung, die einer rechtsökonomischen Überprüfung aber nur bedingt Stand halten. Der erste Vorwurf, der *shareholder-value*-Gedanke führe zur Ausbeutung anderer Bezugsgruppen, berücksichtigt nicht hinreichend, dass ihre Entlohnung unter dem Marktwert Abwanderungsbewegungen hervorrufen wird.[116] Deshalb müssen Arbeitsleistungen, Kredite oder Vorprodukte mindestens in einem Umfang vergütet werden, der bei den Vertragspartnern die Bereitschaft zur Teilnahme an der „Unternehmung" sichert.[117] Darüber hinaus werden Arbeitnehmer und andere *stakeholder* durch Reputationseffekte geschützt: Unternehmen, die dafür bekannt sind, ihre Arbeitnehmer auszubeuten, werden neue Mitarbeiter kaum mehr zu den gleichen Bedingungen gewinnen können.[118]

32 Der zweite Einwand, eine wertorientierte Unternehmensführung fördere kurzfristiges Denken und sei langfristigen Investitionen in Forschung und Entwicklung oder in Humankapital abträglich,[119] verdient ernstgenommen zu werden. Er hat aber schon systemimmanente Berücksichtigung erfahren: Richtig verstanden, berücksichtigt der *shareholder value* sämtliche Zahlungsströme über alle

---

[111] Vgl. Hüffer/Koch/*Koch* Rn. 36; ähnlich *Goette* FS 50 Jahre BGH, 2000, 123 (137) („nur als Abbreviatur brauchbar").
[112] Vgl. *Zöllner* AG 2003, 3 (7 ff.); s. auch *Ulmer* AcP 202 (2002) 143 (159); ausf. *v. Bonin*, Die Leitung der Aktiengesellschaft zwischen Shareholder Value und Stakeholder-Interessen, 2004, 88 ff. und *Empt*, Corporate Social Responsibility – Das Ermessen des Managements zur Berücksichtigung von Nichtaktionärsinteressen im US-amerikanischen und deutschen Aktienrecht, 2004, 119 ff. (138 ff.).
[113] Grundlegend *Rappaport*, Creating Shareholder Value. The New Standard for Business Performance, 1986, 1 und passim; aus der Lehrbuchliteratur *Bea/Haas*, Strategisches Management, 6. Aufl. 2013, 82 ff.; *Steinmann/Schreyögg*, Management: Grundlagen der Unternehmensführung, 5. Aufl. 2000, 73 ff.; *Wöhe/Döring/Brösel*, Einführung in die Allgemeine Betriebswirtschaftslehre, 26. Aufl. 2016, 65 ff.
[114] Grundlegend *Freeman*, Strategic Management: A Stakeholder Approach, 1984, 1 und passim; aus der Lehrbuchliteratur *Wöhe/Döring/Brösel*, Einführung in die Allgemeine Betriebswirtschaftslehre, 26. Aufl. 2016, 65 ff.
[115] Vgl. aus dem deutschsprachigen Schrifttum *Birke*, Das Formalziel der Aktiengesellschaft, 2005, 51 ff.; *Bühner/Tuschke* BFuP 1997, 499; *Kuhner* ZGR 2004, 244; *Mülbert* ZGR 1997, 129; *Mülbert* FS Röhricht, 2005, 421; *Ruffner*, Die ökonomischen Grundlagen eines Rechts der Publikumsgesellschaft, 2000, 165 ff.; *R. H. Schmidt/Spindler* FS Kübler, 1997, 515; *Wagner* BFuP 1997, 473; aus der englischsprachigen Literatur *Bainbridge*, Corporation Law and Economics, 2002, 410 ff. (418 ff., 738 ff.); *Easterbrook/Fischel*, The Economic Structure of Corporate Law, 1991, 35 ff.; *Hansmann/Kraakman* 89 Geo. L. J. 439 (2001); *Macey* 21 Stetson L. Rev. 23 (1991); *Tirole*, The Theory of Corporate Finance, 2006, 56 ff.; zuletzt *Hart/Zingales* Journal of Law, Finance, and Accounting 2017, 247 mwN.
[116] Vgl. *Fleischer* in Hommelhoff/Hopt/v. Werder Corporate Governance-HdB 185 (191); *Wagner* BFuP 1997, 473 (477).
[117] Vgl. *Neus*, Einführung in die Betriebswirtschaftslehre, 4. Aufl. 2005, 179.
[118] Vgl. *Williamson*, The Economic Institutions of Capitalism, 1987, 261; ähnlich *Hart* 43 U. Toronto L. J. 299, 312 f. (1993); dies einräumend trotz gegensätzlicher Grundposition auch *Wentges* DBW 69 (2000) 199, (204).
[119] Vgl. etwa *Blair*, Ownership and Control: Rethinking Corporate Governance for the Twenty-First Century, 1995, 122 ff.

Perioden einschließlich des Restwertes, ist also langfristig ausgerichtet.[120] Darüber hinaus ist die antithetische Gegenüberstellung von kurz- und langfristiger Perspektive anfechtbar: Auf effizienten Kapitalmärkten wird sich eine Strategie, die kurzfristig Verluste, aber langfristig hohe Gewinne verspricht, bereits im heutigen Aktienkurs niederschlagen.[121] Anders wäre es nur dann, wenn die Kapitalmärkte unter Kurzsichtigkeit leiden, also langfristige Erträge im Verhältnis zu kurzfristigen unterbewerten.[122] Selbst wenn der Vorwurf des *short termism* mitunter berechtigt ist,[123] bleibt zu bedenken, dass er manchen Managern als willkommene Schutzbehauptung dient.[124]

Auch das dritte Argument, alle unternehmerischen Bezugsgruppen steuerten einen spezifischen Beitrag zur betrieblichen Leistungserstellung bei, überzeugt nicht vollends, weil es die unterschiedlichen Risikopositionen der Beteiligten verkennt: Während Fremdkapitalgeber, Arbeitnehmer und Lieferanten Festbetragsbeteiligte sind, übernehmen die Eigenkapitalgeber als Restbetragsbeteiligte ein größeres Risiko, das zugleich ihre Vorrangstellung rechtfertigt.[125] Ihre vorrangige Berücksichtigung – die Angelsachsen sprechen von einer *shareholder primacy*-Norm[126] – bedeutet freilich nicht, dass *stakeholder* keinen rechtlichen Schutz genießen. Vielmehr werden ihre Belange auf andere Weise berücksichtigt: durch arbeits- und sozialrechtliche Bestimmungen, Kapitalaufbringungs- und erhaltungsregeln, Verbraucherschutzgesetze oder Umweltschutzvorschriften.[127]

(2) Vorzüge einer Shareholder-Value-Orientierung. Der zentrale Vorzug einer *shareholder-value*-Orientierung ergibt sich aus einer Prinzipal-Agenten-Perspektive. Danach bietet ein interessenmonistisches Modell beträchtliche Kontrollkostenvorteile,[128] weil es die Messbarkeit des Erfolges erleichtert[129] und dadurch die diskretionären Handlungsspielräume des Managements verringert.[130] Demgegenüber weist das *stakeholder-value*-Management keine klare Zielfunktion auf[131] und wird damit zur Rechtfertigungsformel für ein nahezu beliebiges Vorstandshandeln:[132] Ein Diener vieler Herren ist am Ende aller ledig und niemandem mehr verantwortlich.[133] Außerdem steigen bei einem *stakeholder*-Ansatz die Finanzierungskosten für die Unternehmen, weil er Vermögensumverteilungen zu Lasten der Anteilseigner erlaubt.[134] Die Anteilseigner werden dies antizipieren und eine höhere Risikoprämie verlangen. Schließlich lässt sich gegen ein *stakeholder*-Modell einwenden, dass Manager zur Förderung von Gemein-

---

[120] Vgl. *Rappaport,* Creating Shareholder Value. The New Standard for Business Performance, 1986, 54; darauf hinweisend auch *Forstmoser* FS Simon, 2005, 207 (213); s. auch *Rappaport,* Saving Capitalism from Short-Termism: How to Build Long-Term Value and to Take Back Our Future, 2011.

[121] Vgl. *Fleischer* ZGR 2008, 185 (214); *Kahan/Rock* 155 U. Pa. L. Rev. 1021 (1084) (2007); Sachverständigenrat zur Begutachtung der gesamtwirtschaftlichen Entwicklung, Jahresbericht 2005/2006, Rn. 700; grds. auch *Forstmoser* FS Simon, 2005, 207 (214) mit Fn. 15.

[122] Zu dieser Möglichkeit *Fleischer* ZGR 2008, 185 (214 f.); *Forstmoser* FS Simon, 2005, 207 (214) mit Fn. 15; *Kahan/Rock* 155 U. Pa. L. Rev. 1021 (1084) (2007); ferner *Anabtawi* 53 UCLA L. Rev. 561 (579) (2006) unter der Zwischenüberschrift „Short-term Versus Long-term Shareholders".

[123] Dazu *Fleischer* in Hommelhoff/Hopt/v. Werder Corporate Governance-HdB 185 (192); *Forstmoser* FS Simon, 2005, 207 (213) mit Fn. 15; zum US-amerikanischen Recht *Roe* 68 Bus. Law. 977 (2013) mwN; monographisch zuletzt *Bueren,* Short-termism im Aktien- und Kapitalmarktrecht, Habil.schrift Bucerius Law School 2018.

[124] Vgl. *Fleischer* ZGR 2008, 185 (215); in diese Richtung auch *Roe,* Strong Managers, Weak Owners – The Political Roots of American Corporate Finance, 1994, 242 f.; ferner *Tirole,* The Theory of Corporate Finance, 2006, 59 f.

[125] Vgl. *Bühner/Tuschke* BFuP 1997, 499 (501); *Fleischer* in Hommelhoff/Hopt/v. Werder Corporate Governance-HdB 185 (192); *Macey* 21 Stetson L. Rev. 23 (26 ff.) (1991); *Williamson,* The Economic Institutions of Capitalism, 1987, 304 ff.

[126] Vgl. *Hansmann/Kraakman* 89 Geo. L.J. 439 (441) (2001).

[127] Vgl. *Fleischer* in Hommelhoff/Hopt/v. Werder Corporate Governance-HdB 185 (192); *Tirole,* The Theory of Corporate Finance, 2006, 60 f.; *Wöhe/Döring/Brösel,* Einführung in die Allgemeine Betriebswirtschaftslehre, 26. Aufl. 2016, 67.

[128] Vgl. *Easterbrook/Fischel,* The Economic Structure of Corporate Law, 1991, 38 f.; *Fleischer* in Hommelhoff/Hopt/v. Werder Corporate Governance-HdB 185 (193).

[129] Vgl. *Birke,* Das Formalziel der Aktiengesellschaft, 2005, 130; *Forstmoser* FS Simon, 2005, 207 (213).

[130] Vgl. *Fleischer* in Hommelhoff/Hopt/v. Werder Corporate Governance-HdB 185 (193); *Kuhner* ZGR 2004, 244 (254 f.).

[131] Vgl. *Bühner/Tuschke* BFuP 1997, 499 (502); plastisch *Forstmoser* FS Simon, 2005, 207 (218): „Das Kriterium ist ‚fuzzy'."

[132] Vgl. *Bainbridge,* Corporation Law and Economics, 2002, 421 f.; *Tirole,* The Theory of Corporate Finance, 2006, 59.

[133] Vgl. *Fleischer* AG 2001, 171 (177); *Ruffner,* Die ökonomischen Grundlagen eines Rechts der Publikumsgesellschaft, 2000, 166 f.; zum „too many masters-argument" auch *Bainbridge,* Corporation Law and Economics, 2002, 421; *Macey* 21 Stetson L. Rev. 23 (31 ff.) (1991).

[134] Vgl. *Bainbridge,* Corporation Law and Economics, 2002, 422: „At best, stakeholder models give directors a license to reallocate wealth from shareholders to nonshareholder constituencies."; ferner *Tirole,* The Theory of Corporate Finance, 2006, 59.

wohlbelangen weder besonders legitimiert noch qualifiziert sind.[135] (Quasi-)politische Abwägungs- und Umverteilungsentscheidungen sollten nicht auf Unternehmensebene, sondern auf politischer Ebene entschieden werden.[136] Manager frönen demgegenüber unter dem Deckmantel der Corporate Social Responsibility mitunter ihren eigenen Interessen,[137] wie das Beispiel der *pet charities* (→ Rn. 48) belegt. Rechtsökonomisch sprechen nach alledem gewichtige Gründe für eine *shareholder-value-* und gegen eine *stakeholder*-orientierte Zielausrichtung. Dass es sich dabei angesichts mancher Schwächen des *shareholder-value*-Konzepts um eine zweitbeste Lösung handelt, soll freilich nicht verschwiegen werden.[138] Eine *first-best*-Lösung ist aber vorerst nicht in Sicht.[139] Unabhängig davon bleibt die Frage, inwieweit *stakeholder*-Belange aus normativen Erwägungen in der Unternehmensverfassung zu berücksichtigen sind, der souveränen Entscheidung des Gesetzgebers vorbehalten.[140]

35 Die Finanzmarktkrise scheint freilich das *shareholder-value*-Konzept nachhaltig diskreditiert zu haben: Dass asymmetrische Entlohnungssysteme mit hohen Vergütungen in guten Jahren und sozialisierten Verlusten in schlechten nicht anreizkompatibel waren, lässt sich nicht bestreiten. Ebenso hat die Einführung von Finanzprodukten, die von der Realwirtschaft abgekoppelt sind, durch geschäftstüchtige Banken und Berater und ihre Unterstützung durch interessengeleitete Ratingagenturen wesentlich zur Finanzmarktkrise beigetragen. Indessen zeigen diese Fehlentwicklungen nur, wie sehr Anspruch, Wahrnehmung und Umsetzung von *shareholder value* auseinanderklaffen.[141] Gravierende Mängel in der Corporate Governance können nicht schlicht dem *shareholder-value*-Konzept angekreidet werden, sondern bedürfen ihrerseits gesetzlicher oder aufsichtsbehördlicher Korrekturen, ohne dass man darüber die berechtigte Forderung der Aktionäre nach einer risikoadäquaten Rendite für das von ihnen eingesetzte Kapital aus den Augen verlieren sollte.[142]

36 **cc) Aktienrechtliche Annäherung.** Nach geltendem Aktienrecht darf der Vorstand bei seinen Entscheidungen dem *shareholder-value*-Gedanken Rechnung tragen.[143] Das wird heute auch von den Anhängern der Lehre eines weit verstandenen Unternehmensinteresses nicht mehr in Zweifel gezogen[144] und ist vom Gesetzgeber in jüngerer Zeit verschiedentlich bekräftigt worden: Er hat die erleichterte Möglichkeit des Rückerwerbs eigener Aktien (§ 71 Abs. 1 Nr. 8) ebenso mit dem Konzept wertorientierter Unternehmensführung in Verbindung gebracht[145] wie die Einräumung von Aktienoptionen für Führungskräfte (§ 192 Abs. 2 Nr. 3).[146] In die gleiche Richtung weist aus bilanzrechtlicher Sicht § 315a HGB, der mit der Anerkennung internationaler Rechnungslegungsgrundsätze für eine verbesserte Kapitalmarktpublizität sorgt.[147]

37 Ungeklärt ist dagegen, ob den Aktionärsinteressen der Vorrang vor den Belangen anderer Bezugsgruppen gebührt. Die hM lehnt einen generellen Gewichtungsvorsprung ab[148] und betont die

---

[135] Vgl. *Birke*, Das Formalziel der Aktiengesellschaft, 2005, 93 f.; *Tirole*, The Theory of Corporate Finance, 2006, 60.
[136] Vgl. *Birke*, Das Formalziel der Aktiengesellschaft, 2005, 128; *Rogers* Pepperdine L. Rev. 777 (805 ff.) (1994).
[137] Näher *Tirole*, The Theory of Corporate Finance, 2006, 59 f.
[138] Vgl. *Fleischer* in Hommelhoff/Hopt/v. Werder Corporate Governance-HdB 185 (193 f.); ferner *Tirole*, The Theory of Corporate Finance, 2006, 61: „While incentive and control considerations plead in favour of shareholder value and against social responsibility, shareholder-value maximization is, of course, very much a second-best mandate."
[139] Vgl. *Ballwieser* FS Moxter, 1994, 1378 (1390); *Birke*, Das Formalziel der Aktiengesellschaft, 2005, 96; *Tirole*, The Theory of Corporate Finance, 2006, 61.
[140] Vgl. *Fleischer* in Hommelhoff/Hopt/v. Werder Corporate Governance-HdB 185 (194); zum Vorrang gesetzlicher Wertungen bereits *Fleischer* ZGR 2001, 1 (32); *Grundmann* RabelsZ 61 (1997) 423 (437).
[141] Vgl. *Fleischer* in Hommelhoff/Hopt/v. Werder Corporate Governance-HdB 185 (194) im Anschluss an *Ballwieser* WPg 2009, Editorial zu Heft 11, der erläuternd hinzufügt: „Während *Rappaport* als Protagonist dieses Konzepts versuchte, die langfristige strategische Planung um die Abbildung ihrer finanziellen Konsequenzen zu ergänzen und sich dazu eines vernünftigen ökonomischen Konzepts der Vermögensermittlung bediente, wurden von Managern wie der Öffentlichkeit der Aktienkurs und dessen kurzfristige Entwicklung thematisiert."
[142] Vgl. *Fleischer* in Hommelhoff/Hopt/v. Werder Corporate Governance-HdB 185 (194); gleichsinnig *Ballwieser* WPg 2009, Editorial zu Heft 11; ferner *Rudolph* ZGR 2010, 1 (46).
[143] Vgl. OLG Frankfurt ZIP 2011, 2009 (2010); *Birke*, Das Formalziel der Aktiengesellschaft, 2005, 199 ff.; *v. Bonin*, Die Leitung der Aktiengesellschaft zwischen Shareholder Value und Stakeholder-Interessen, 2004, 118 ff. (133 ff.); *Fleischer* in Hommelhoff/Hopt/v. Werder Corporate Governance-HdB 185 (195); *Groh* DB 2000, 2153 (2158); Hüffer/Koch/*Koch* Rn. 33; MüKoAktG/*Spindler* Rn. 72; *Paefgen*, Unternehmerische Entscheidungen und Rechtsbindung der Organe in der AG, 2002, 65; *K. Schmidt* GesR § 26 II 3 c, S. 768, § 28 II 1, S. 806; *R. H. Schmidt/Spindler* Freundesgabe Kübler, 1997, 515,(534 ff.); *Ulmer* AcP 202 (2002) 143 (159).
[144] Vgl. stellvertretend *Raiser/Veil* KapGesR § 14 Rn. 13.
[145] Vgl. BegrRegE BT-Drs. 13/9712, 13.
[146] Vgl. BegrRegE BT-Drs. 13/9712, 23.
[147] Zur Vorgängernorm des § 292a HGB *Groh* DB 2000, 2153 (2157).
[148] Vgl. Hüffer/Koch/*Koch* Rn. 31; *K. Schmidt* GesR § 28 II 1 a, S. 805 f.

Aufgabe des Vorstands, widerstreitende Interessen gegeneinander abzuwägen und zu einem Ausgleich zu bringen: Das Unternehmensinteresse sei keine konstante Größe, sondern müsse im Einzelfall stets neu ermittelt werden.[149] Demgegenüber befürworten andere eine Überordnung der Anteilseignerinteressen.[150] Dem wird man aus drei Gründen beitreten: Klassischen Zuschnitts ist das Argument, dass die Aktiengesellschaft zuvörderst eine Veranstaltung der Aktionäre darstellt[151] und dem Vorstand durch seine Bindung an den Gesellschaftszweck (§ 82 Abs. 2) ein renditeorientiertes Verwaltungshandeln abverlangt wird, soweit die Satzung nichts anderes vorsieht.[152] Eine moderne Handschrift trägt der Hinweis auf die Einsprengsel wertorientierter Unternehmensführung durch das Gesetz über die Kontrolle und Transparenz im Unternehmen (KonTraG) von 1998[153] und ihr betriebswirtschaftliches Fundament: die Prinzipal-Agenten-Theorie.[154] Zeitlose Gültigkeit beanspruchen schließlich die erörterten rechtsökonomischen Gesichtspunkte (→ Rn. 34), die angesichts fehlender legislatorischer Vorprägungen zur Gesetzesauslegung mit herangezogen werden dürfen.

Richtigerweise führt die hier befürwortete Rückkehr zur Gesellschafterorientierung nicht dazu, **38** dass andere Belange gänzlich unberücksichtigt bleiben. Zum einen tragen zahlreiche Vorschriften außerhalb des Aktienrechts zur Wahrung von Arbeitnehmer-, Gläubiger-, Verbraucher- und Allgemeininteressen bei;[155] ihre Einhaltung ist dem Vorstand *heteronom* vorgegeben.[156] Zum zweiten wird er auf die Partizipationsbedingungen der jeweiligen Anspruchsgruppen eingehen (müssen), um sich deren zukünftiges Mitwirken zu sichern.[157] Zum dritten darf der Vorstand *Stakeholder*-Interessen über den (markt-)gesetzlichen Mindestrahmen hinaus berücksichtigen, soweit er dadurch einer gesellschaftlichen Erwartung entspricht und den Ruf der Aktiengesellschaft als *good corporate citizen* pflegt. Hierzulande hat man einen solchen gemäßigten Vorrang der Aktionärsinteressen als moderates *shareholder-value*-Konzept bezeichnet;[158] die englische Reformbewegung spricht von einem *enlightened-shareholder-value*-Modell.[159]

Unterschiedliche Auffassungen bestehen schließlich in der Frage, ob der *shareholder-value*-Ansatz **39** in die Satzung aufgenommen werden kann. Einzelne Stimmen im Schrifttum sprechen sich gegen eine solche Steuerungsmöglichkeit aus, weil Fragen der Management-Philosophie zur satzungsfesten Entscheidungsprärogative des Vorstands gehörten.[160] Dies wird der Stellung der Aktionäre als „Herren der Gesellschaft"[161] freilich kaum gerecht, ihnen steht es vielmehr frei, Grundprinzipien der Unternehmensführung statutarisch festzulegen.[162] Mit der Gegenansicht ist daher durchaus Raum für

---

[149] Vgl. *Semler* Leitung und Überwachung der Aktiengesellschaft, 2. Aufl. 1996, Rn. 51; iE auch *Ulmer* AcP 202 (2002) 143 (159).

[150] Vgl. Bürgers/Körber/*Bürgers* Rn. 13; *Empt*, Corporate Social Responsibility – Das Ermessen des Managements zur Berücksichtigung von Nichtaktionärsinteressen im US-amerikanischen und deutschen Aktienrecht, 2004, 199 f.; Wilsing/*Goslar* DCGK Rn. 4.1.1 Rn. 18; *Groh* DB 2000, 2153 (2158); K. Schmidt/Lutter/*Seibt* Rn. 12; Hölters/*Weber* Rn. 22; *Wiedemann* GesR, Bd. I 1980, § 6 III 2 b aa, S. 338 f.; *Zöllner* AG 2003, 2 (7 f.); zur zunehmenden „Anlehnung an die angelsächsische Shareholder Primacy Norm" auch OLG Frankfurt ZIP 2011, 2009 (2010).

[151] Vgl. *Wiedemann*, Organverantwortung und Gesellschafterklagen in der Aktiengesellschaft, 1989, 33: „Die Aktionäre sind Herren der Gründung, Änderung und der Auflösung der Gesellschaft."

[152] Dazu Großkomm AktG/*Röhricht* § 23 Rn. 92.

[153] Dazu *Birke*, Das Formalziel der Aktiengesellschaft, 2005, 209 f.; *Groh* DB 2000, 2153 (2157); *Mülbert* FS Röhricht, 2005, 421 (433 ff.); verhaltener gegenüber der Tragweite dieses Arguments *Ulmer* AcP 202 (2002) 143 (158 f.).

[154] Grundlegend *Jensen/Meckling* 3 J. Fin. Econ. 305 (1976); ausf. *Richter/Furubotn*, Neue Institutionenökonomik, 4. Aufl. 2010, 173 ff. (225 ff.).

[155] Vgl. *Empt*, Corporate Social Responsibility – Das Ermessen des Managements zur Berücksichtigung von Nichtaktionärsinteressen im US-amerikanischen und deutschen Aktienrecht, 2004, 156 ff.; *Fleischer* in Hommelhoff/Hopt/v. Werder Corporate Governance-HdB 185 (199 f.); *Franke/Hax*, Finanzwirtschaft des Unternehmens und Kapitalmarkt, 6. Aufl. 2009, 3 f.

[156] Zutreffend *Ulmer* AcP 202 (2002) 143 (158).

[157] Vgl. *Fleischer* in Hommelhoff/Hopt/v. Werder Corporate Governance-HdB 185 (196); *Franke/Hax*, Finanzwirtschaft des Unternehmens und Kapitalmarkt, 6. Aufl. 2009, 1 ff.

[158] So insbes. *R. H. Schmidt/Spindler* Freundesgabe Kübler, 1997, 515 (516).

[159] Vgl. *Gower/Davies/Worthington*, Principles of Modern Company Law, 10. Aufl. 2016, Rn. 16–38; rechtsvergleichend *Bedkowski* RIW 2003, 105 (109 f.); *Empt*, Corporate Social Responsibility – Das Ermessen des Managements zur Berücksichtigung von Nichtaktionärsinteressen im US-amerikanischen und deutschen Aktienrecht, 2004, 200; *Fleischer* ZGR 2017, 411 (419 ff.).

[160] Vgl. Kölner Komm AktG/*Mertens/Cahn* Rn. 18; *Mülbert* ZGR 1997, 129 (164 ff.); *Paefgen*, Unternehmerische Entscheidungen und Rechtsbindung der Organe in der AG, 2002, 65.

[161] Großkomm AktG/*Wiedemann* § 179 Rn. 67.

[162] Vgl. *Fleischer* in Hommelhoff/Hopt/v. Werder Corporate Governance-HdB 185 (197); nunmehr auch *Mülbert* FS Röhricht, 2005, 421 (440).

eine satzungsmäßige Regelung des *shareholder-value*-Konzepts,[163] und zwar auch bei mitbestimmten Aktiengesellschaften.[164] Dies ermöglicht dem Satzungsgeber, allen Marktteilnehmern vorab zu signalisieren, welcher Richtschnur das Management im Zweifel folgen wird.[165]

40 dd) Shareholder Value und Corporate Governance. Die intensive *shareholder-value*-Debatte weist enge Verbindungslinien zur nicht minder lebhaften Corporate Governance-Diskussion auf. Auch wenn beide Begriffe nicht deckungsgleich sind,[166] finden sich in nahezu allen Corporate-Governance-Regelwerken Ausführungen zu den aktienrechtlichen Bezugsgruppen.[167] Die im Jahre 1999 vom OECD-Ministerrat verabschiedeten, 2004 neu gefassten[168] und 2015 abermals überarbeiteten G20/OECD-Grundsätze der Corporate Governance treten für eine Balance zwischen den Belangen der Anteilseigner und denen anderer Unternehmensbeteiligter ein: Sie weisen zum einen darauf hin, dass allen guten Corporate Governance-Systemen die hohe Priorität gemeinsam sei, die den Aktionärsinteressen eingeräumt werde. Zum anderen enthalten sie eine allgemeine Aufforderung an die Adressaten der OECD-Grundsätze, die aktive Zusammenarbeit zwischen Unternehmen und Stakeholdern zu fördern: Der Board solle den Interessen anderer Unternehmensbeteiligter, wie Beschäftigten, Gläubigern, Kunden und Zulieferern sowie örtlichen Gebietskörperschaften gebührend Rechnung tragen und sie bei seinen Entscheidungen angemessen berücksichtigen; auch die Einhaltung von Umwelt- und Sozialstandards sei diesbezüglich von Bedeutung.[169] Einzelne Stimmen in der deutschen Literatur sehen hierin ein begrüßenswertes Gegengewicht zu gelegentlichen Überspitzungen des *shareholder-value*-Gedankens und erwägen sogar eine Renovellierung des § 76 Abs. 1 in Richtung auf den früheren § 70 AktG 1937.[170]

41 Die Regierungskommission Corporate Governance hatte Fragen der Unternehmenszielbestimmung in ihrem Abschlussbericht gänzlich ausgespart.[171] Dagegen enthielt der Deutsche Corporate Governance Kodex in Ziff. 4.1.1 immerhin einen knappen Hinweis auf die Verpflichtung des Vorstands, seine Entscheidungen am Unternehmensinteresse auszurichten.[172] Als Reaktion auf die öffentliche Kapitalismus-Kritik im Gefolge der Finanzmarktkrise hat die Regierungskommission Deutscher Corporate Governance Kodex im Juni 2009 durch zwei Kodexänderungen hervorgehoben, dass Vorstände und Aufsichtsräte nicht einem reinen *shareholder-value*-Konzept verpflichtet sind.[173] In der Präambel heißt es hierzu: „Der Kodex verdeutlicht die Verpflichtung von Vorstand und Aufsichtsrat, im Einklang mit den Prinzipien der sozialen Marktwirtschaft für den Bestand des Unternehmens und seine nachhaltige Wertschöpfung zu sorgen (Unternehmensinteresse)."[174] Die neugefasste Ziff. 4.1.1 DCGK ergänzt: „Der Vorstand leitet das Unternehmen in eigener Verantwortung im Unternehmensinteresse, also unter Berücksichtigung der Belange der Aktionäre, seiner Arbeitnehmer und der sonstigen dem Unternehmen verbundenen Gruppen (Stakeholder) mit dem Ziel nachhaltiger Wertschöpfung."[175]

42 ee) Corporate Social Responsibility. Neuerdings drängt auf verschiedenen Feldern der Gedanke der Corporate Social Responsibility (CSR) nach vorn.[176] Er wird in den nächsten Jahren eine immer

---

[163] Vgl. *Birke*, Das Formalziel der Aktiengesellschaft, 2005, 219 f.; *Groh* DB 2000, 2153 (2158); MüKoAktG/*Spindler* Rn. 76; *R. H. Schmidt/Spindler* Freundesgabe Kübler, 1997, 515 (540 ff.); *Ulmer* AcP 202 (2002) 143 (159); grundsätzlich auch *v. Bonin*, Die Leitung der Aktiengesellschaft zwischen Shareholder Value und Stakeholder-Interessen, 2004, 157 ff.

[164] Insoweit abw. *Ulmer* AcP 202 (2002) 143 (149).

[165] Zu diesem erwünschten Nebeneffekt *R. H. Schmidt/Spindler* Freundesgabe Kübler, 1997, 515 (541).

[166] Dazu *Böckli* SZW 1996, 149 (150).

[167] Ausf. dazu *Fleischer* in Hommelhoff/Hopt/v. Werder Corporate Governance-HdB 185 (202 ff.).

[168] Abdruck in einer von der OECD autorisierten deutschen Fassung in AG 1999, 340–350; dazu *Seibert* AG 1999, 337 (338 ff.); ferner *Empt*, Corporate Social Responsibility – Das Ermessen des Managements zur Berücksichtigung von Nichtaktionärsinteressen im US-amerikanischen und deutschen Aktienrecht, 2004, 198 f.

[169] So G20/OECD-Grundsätze der Corporate Governance, 2015, 58.

[170] Vgl. *Hommelhoff* ZGR 2001, 238 (248 ff.); krit. *Empt*, Corporate Social Responsibility – Das Ermessen des Managements zur Berücksichtigung von Nichtaktionärsinteressen im US-amerikanischen und deutschen Aktienrecht, 2004, 199.

[171] Vgl. Spindler/Stilz/*Fleischer*, 1. Aufl. 2007, Rn. 36.

[172] Näher Spindler/Stilz/*Fleischer*, 1. Aufl. 2007, Rn. 36.

[173] Dazu *Fleischer* in Hommelhoff/Hopt/v. Werder Corporate Governance-HdB 185 (204 f.); *Hecker* BB 2009, 1654 f.

[174] Dazu KBLW/*v. Werder* DCGK Rn. 111.

[175] Dazu Wilsing/*Goslar* DCGK Ziff. 4.1.1 Rn. 20; KBLW/*v. Werder* DCGK Rn. 800; ferner MüKoAktG/*Spindler* Rn. 67, wonach die Regierungskommission Corporate Governance zu einer solchen normativen Aussage nicht berechtigt sei.

[176] Eingehende Bestandsaufnahme bei *Fleischer* AG 2017, 509 ff. mwN; monographisch *Kapoor*, Corporate Social Responsibility, 2016; *Roth-Mingram*, Corporate Social Responsibility in der sozialen Marktwirtschaft, 2017; *Schulte-Wintrop*, Die Leitungsmacht des Vorstands im Spannungsverhältnis von Shareholder Value und Corporate (Social) Responsibility, 2016; *Spießhöfer*, Unternehmerische Verantwortung, 2017; *Wolfmeyer*, Steuerung von Corporate Social Responsibility durch Recht, 2016.

wichtigere Rolle für Unternehmen und deren Leitungsorgane spielen.[177] Viele der gesetzgeberischen Aktivitäten sind indes rechtspolitisch fragwürdig;[178] insbesondere nimmt die Indienstnahme des Aktienrechts für gesellschaftspolitische Anliegen allmählich besorgniserregende Formen an.[179]

(1) Unionsrechtliche Verankerung. Auf Unionsebene hat der Gedanke der sozialen Verantwortung von Unternehmen durch ein Grünbuch der Europäischen Kommission vom Juli 2001 Einzug gehalten (→ Vorauf. Rn. 42).[180] In einer Mitteilung vom Oktober 2011 definiert die Kommission CSR als „die Verantwortung von Unternehmen für ihre Auswirkungen auf die Gesellschaft"[181]. Mehr als diese deutungsoffene Basisdefinition – noch bündiger: gesellschaftliche Verantwortung von Unternehmen – hat die Rechtsordnung einstweilen nicht zu bieten. Die stärkste normative Verfestigung hat das CSR-Konzept kürzlich durch die CSR-Richtlinie vom Oktober 2014[182] erfahren, die für bestimmte große Unternehmen eine Mindestharmonisierung der verpflichtenden Berichterstattung über nichtfinanzielle Informationen eingeführt hat. Begründet wird dies nicht etwa mit einem „Business Case" für CSR,[183] sondern ganz unverhohlen mit dem gesellschaftspolitischen Ziel, den Übergang zu einer nachhaltig globalen Wirtschaft zu ermöglichen, die langfristige Rentabilität mit sozialer Gerechtigkeit und Umweltschutz verbindet[184] – die vielzitierte Triple-Bottom-Line.[185] In diesem Zusammenhang soll die Angabe nichtfinanzieller Informationen dabei helfen, das Geschäftsergebnis von Unternehmen und deren Auswirkungen auf die Gesellschaft zu messen, zu überwachen und zu handhaben.[186] **42a**

Der deutsche Gesetzgeber hat die unionsrechtlichen Vorgaben durch das CSR-Richtlinie-Umsetzungsgesetz vom Mai 2017[187] in nationales Recht überführt und sich dabei in den §§ 289b–289e, 315b–315d HGB auf eine 1:1-Umsetzung beschränkt.[188] Die Pflicht zur Aufstellung des Lageberichts mitsamt der nichtfinanziellen Erklärung liegt nach § 264 Abs. 1 S. 1 und 3 HGB iVm § 78 Abs 1 S. 1 AktG beim Vorstand.[189] Er muss sich im Wege einer CSR-Inventur vergewissern, inwieweit die in § 289c Abs. 2 Nr. 1–5 HGB aufgezählten Aspekte (Umweltbelange, Arbeitnehmerbelange, Sozialbelange, Achtung der Menschenrechte sowie Bekämpfung von Korruption und Bestechung) in seinem Unternehmen eine Rolle spielen, und hierauf aufbauend für eine schlüssige CSR-Strategie sorgen.[190] Dabei handelt es sich um eine Leitungsaufgabe iSd § 76 Abs. 1,[191] unbeschadet der Möglichkeit, Vorbereitungs- und Ausführungsmaßnahmen nach allgemeinen Grundsätzen zu delegieren (vgl. → Rn. 20). **42b**

Entgegen einer prominenten Literaturstimme[192] strahlt die neue CSR-Berichtspflicht aber nicht über das Bilanzrecht hinaus auf die aktienrechtliche Zielkonzeption des deutschen Rechts aus.[193] **42c**

---

[177] Vgl. *Fleischer* AG 2017, 509: „Daher ist es nicht übertrieben, Corporate Social Responsibility zu den großen Gegenwarts- und Zukunftsthemen (auch) des Aktien-, Bilanz- und Kapitalmarktrechts zu zählen. Als solches steht Corporate Social Responsibility neben Corporate Governance und Corporate Compliance, mit denen es manche Überschneidungen gibt."; ferner Großkomm AktG/*Kort* Rn. 88 ff.; Hüffer/Koch/*Koch* Rn. 35; MüKoAktG/*Spindler* Rn. 77 ff.
[178] Wie hier *Kort* NZG 2012, 926 (927 f.).
[179] Krit. auch *Habersack*, Gutachten E zum 69. DJT 2012, E 15 ff., E 33 ff. mwN.
[180] Vgl. Kommission, Grünbuch: Europäische Rahmenbedingungen für die soziale Verantwortung der Unternehmen, Juli 2001, KOM(2001) 366 endg.; dazu etwa *Habisch/Jonker/Wegner/Schmidpeter*, Corporate Social Responsibility Across Europe, 2005; *Fleischer* in Hommelhoff/Hopt/v. Werder Corporate Governance-HdB 185 (205 f.); *Hüttemann* AG 2009, 774; *Mülbert* AG 2009, 766; MüKoAktG/*Spindler* Rn. 80; *Ransiek* AG 2009, 782; *Schreyögg* AG 2009, 758.
[181] Europäische Kommission, eine neue EU-Strategie (2011–14) für die soziale Verantwortung der Unternehmen (CSR), KOM(2011) 681 endg., S. 7 unter der Überschrift „Eine neue Definition".
[182] Richtlinie 2014/95/EU v. 22.10.2014 zur Änderung der Richtlinie 2013/34/EU im Hinblick auf die Angabe nichtfinanzieller und die Diversität betreffender Informationen durch bestimmte große Unternehmen und Gruppen, ABl. EU 2014 Nr. L 390, 1 v. 15.11.2014; dazu *Lutter/Bayer/Schmidt* EuropGesR § 23 Rn. 37 ff.
[183] Darauf hinweisend auch *Szabó/Sörensen* ECFR 2015, 307 (315).
[184] So Richtlinie 2014/95 EU, Erwägungsgrund 3.
[185] Vgl. *Elkington*, Cannibals with Forks – The Triple-Bottom-Line of 21st Century Business, 1997, 2; *Schenker* SZW 2017, 635 (639).
[186] So Richtlinie 2014/95/EU, Erwägungsgrund 3.
[187] BGBl. 2017 I 802.
[188] Näher *Fleischer* AG 2017, 509 (521).
[189] Vgl. *Fleischer* AG 2017, 509 (522); *Hennrichs/Pörschke* NZG 2017, 121 (123); *Roth-Mingram* NZG 2015, 1341 (1343); *Seibt* DB 2016, 2707 (2708).
[190] Vgl. *Fleischer* AG 2017, 509 (522).
[191] Vgl. *Fleischer* Der Aufsichtsrat 2017, 65; *Fleischer* AG 2017, 509 (522); *Hecker/Bröcker* AG 2017, 761 (765); *Hommelhoff* NZG 2017, 1361 (1362).
[192] *Hommelhoff* FS v. Hoyningen-Huene, 2014, 137 (140 ff.); *Hommelhoff* FS Kübler, 2015, 291 f.; *Hommelhoff* NZG 2015, 1329 (1330).
[193] Vgl. *Fleischer* AG 2017, 509 (522); *Schön* ZHR 180 (2016), 279 (285 ff.); *Mock* ZIP 2017, 1195 (1196); *Rehbinder* FS Baums, 2017, 959 (960).

Vielmehr hat es die CSR-Richtlinie – ungeachtet aller Doppeldeutigkeiten und *nudging*-Tendenzen – bei einer bloßen Berichtspflicht der betroffenen Unternehmen belassen.[194] Davon ist auch der deutsche Umsetzungsgesetzgeber in § 289c Abs. 4 HGB ausgegangen, indem er – anders als von Teilen der Literatur gefordert[195] – die materielle Kernvorschrift des § 76 Abs. 1 gerade nicht angetastet hat.[196]

42d **(2) Aktienrechtliche Grundlagen.** Hierzulande reichen die aktienrechtlichen Wurzeln des CSR-Gedankens bis zum Octroi-System des Preußischen Allgemeinen Landrechts von 1794 zurück, das für die Verleihung von Korporationsrechten die Verfolgung eines fortdauernden gemeinnützigen Zwecks verlangt hatte.[197] In der Weimarer Republik erlebte die Vorstellung, dass Aktiengesellschaften im Dienste der Volkswirtschaft stünden und damit an den Interessen von Staat und Gesellschaft auszurichten seien, eine neue Blüte.[198] Ob sich Teilelemente dieser Lehre vom „Unternehmen an sich" in der Gemeinwohlformel des Aktiengesetzes von 1937 (→ Rn. 22) wiederfanden, wird unterschiedlich beurteilt.[199] Unter der Geltung des Grundgesetzes gibt es gewichtige Literaturstimmen, die eine Gemeinwohlbindung der AG aus der verfassungsrechtlichen Eigentumsgarantie ableiten. Ihnen zufolge gebietet die Sozialpflichtigkeit des Eigentums nach Art. 14 Abs. 2 GG, dass der Vorstand auch Allgemeininteressen wahrt und aktiv fördert.[200] Diese Sichtweise ist allerdings nicht unwidersprochen geblieben; sie verkennt, dass die Sozialpflichtigkeitsklausel nur einen Regelungsauftrag an den Gesetzgeber vorsieht und keinerlei Maßstäbe für gesetzesübersteigende Gemeinwohlförderung bereithält.[201]

42e **(3) CSR-Satzungsklauseln.** Den Gesellschaftsgründern steht es nach ganz hM frei, eine CSR-Klausel in ihre Ursprungssatzung aufzunehmen.[202] Als Allzweckmöbel darf eine AG nach allgemeiner Ansicht gemeinnützig tätig werden;[203] *a maiore ad minus* müssen dann auch weniger weitreichende Gemeinwohlbindungen und Misch- oder Mehrfachzwecke möglich sein.[204] Eine äußere Grenze zieht der Grundsatz der aktienrechtlichen Satzungsstrenge nur, aber immerhin dort, wo eine allzu engmaschige CSR-Klausel die Leitungsautonomie des Vorstands auszuhöhlen droht (allgemein dazu → Rn. 60).[205] Für die nachträgliche Einführung einer CSR-Klausel bedarf es entgegen mancher Literaturstimmen keiner Zustimmung aller Aktionäre;[206] vielmehr genügt eine satzungsändernde Mehrheit von drei Viertel des bei der Beschlussfassung vertretenen Grundkapitals.[207]

42f **(4) Kodex-Leitbild des Ehrbaren Kaufmanns.** Einsprengsel des CSR-Gedankens finden sich seit einiger Zeit auch im Deutschen Corporate Governance Kodex (→ Rn. 41). Im Frühjahr 2017 hat die Regierungskommission die Präambel noch um folgenden Zusatz ergänzt: „Diese Prinzipien verlangen nicht nur Legalität, sondern auch ethisch fundiertes, eigenverantwortliches Verhalten (Leitbild des Ehrbaren Kaufmanns)."[208] Diese Neuregelung ist im juristischen Schrifttum mit Recht überwiegend auf Skepsis gestoßen.[209] Ethische Verhaltensstandards eignen sich wegen ihrer großen Unbestimmtheit und Diversität nicht als Richtmaß für die organschaftliche Leitungssorgfalt.[210] Ebenso wenig ist die Figur des ordentlichen und gewissenhaften Geschäftsleiters in § 93 Abs. 1 S. 1

---

[194] Vgl. *Fleischer* AG 2017, 509 (522).
[195] Vgl. etwa *Hommelhoff* FS v. Hoyningen-Huene, 2014, 137 (144).
[196] Vgl. *Fleischer* AG 2017, 509 (522).
[197] Näher *Fleischer* AG 2017, 509 (510 f.) mwN; ferner Großkomm AktG/*Kort* Rn. 93 f.
[198] Grundlegend *Rathenau*, Vom Aktienwesen, 1917, 62 und passim; rückblickend *Fleischer* JZ 2017, 991 (994).
[199] Verneinend *Bergmann* ZHR 105 (1938), 1 (6); bejahend *Grossmann*, Unternehmensziele im Aktierecht, 1980, 148 f.
[200] In diesem Sinne *Baas*, Leitungsmacht und Gemeinwohlbindung der AG, 1976, 79 ff.; *Rittner* FS Geßler, 1971, 139 (146 ff.); *Schmidt-Leithoff*, Die Verantwortung der Unternehmensleitung, 1989, 155 ff.
[201] Vgl. *Empt*, Corporate Social Responsibility – Das Ermessen des Managements zur Berücksichtigung von Nichtaktionärsinteressen im US-amerikanischen und deutschen Aktienrecht, 2004, 134 ff.; *Fleischer* AG 2001, 171 (175); *Mülbert* AG 2009, 766 (769 f.).
[202] Vgl. *Fleischer* AG 2017, 509 (514); *Mülbert* AG 2009, 766 (772); *Müller-Michaels/Ringel* AG 2011, 101 (111); *Spindler* FS Hommelhoff, 2012, 1133 (1140); abw. *Säcker* BB 2009, 282 (283 mit Fn. 98).
[203] Monographisch *Weber*, Die gemeinnützige Aktiengesellschaft, 2014.
[204] Vgl. *Fleischer* AG 2017, 509 (514); *Kort* NZG 2011, 929, (931); *Kort* NZG 2012, 926 (930).
[205] Vgl. *Fleischer* AG 2017, 509 (514).
[206] So aber *Mülbert* AG 2009, 766 (772); *Spindler* FS Hommelhoff, 2012, 1133 (1141 f.).
[207] Näher *Fleischer* AG 2017, 509 (514); *Müller-Michaels/Ringel* AG 2011, 101 (111 f.).
[208] Eingehend dazu und zu den Hintergründen *Fleischer* DB 2017, 2015 (2016).
[209] Vgl. etwa *DAV-Handelsrechtsausschuss* NZG 2017, 57; *Fleischer* AG 2017, 509 (515); *Gesellschaftsrechtliche Vereinigung* AG 2017, 1, 2; *Haarmann* Der Aufsichtsrat 2017, 17; *Hauschka* CCZ 2017, 97.
[210] Vgl. *Fleischer* DB 2017, 2014 (2017 f.).

fortan durch die des ehrbaren Kaufmanns zu ersetzen.²¹¹ Wohl aber obliegt dem Vorstand im Rahmen der § 76 Abs. 1, § 93 Abs. 1 eine Leitungspflicht zum Reputationsmanagement (→ § 93 Rn. 25a).²¹²

c) Rechtspraktische Schlussfolgerungen. Es bleibt die Frage nach den rechtspraktischen Erträ- **43** gen der theoretisch anspruchsvollen, aber auch sehr abstrakten Auseinandersetzung um die aktienrechtlichen Zielvorgaben. Nicht wenige Stimmen spielen die Bedeutung dieser Gegensatzbildung herunter: Unternehmenspolitische Entscheidungen seien kein Konstantsummenspiel, bei dem der Vorteil des einen entsprechende Nachteile anderer nach sich ziehe; es handele sich vielmehr um ein Spiel mit variabler Summe, in dem es Entscheidungsalternativen gebe, die für alle nützlich seien, aber auch andere, die allen schadeten.²¹³ Noch weiter zugespitzt: Was den Aktionären nutze, trage auch den Ansprüchen anderer gesellschaftlicher Gruppen Rechnung. Daran ist sicher richtig, dass auf Dauer nur profitable Unternehmen auf den Märkten bestehen können und sich auf diese Weise auch die Ansprüche anderer Bezugsgruppen besser erfüllen lassen.²¹⁴

Aber auch in jenen Fällen, in denen die unterschiedlichen Interessen mit unverminderter Heftig- **44** keit aufeinanderprallen, liegen die konkurrierenden Lehrmeinungen in ihren rechtlichen Ergebnissen enger beisammen als es auf den ersten Blick scheinen mag: Die Vertreter eines interessenpluralistischen Zielsystems betonen das weite Handlungsermessen des Vorstands beim Ausgleich widerstreitender Belange.²¹⁵ Zu ganz ähnlichen Abgrenzungen gelangt die hier vertretene Gegenauffassung, die für einen Gewichtungsvorsprung der Aktionärsinteressen eintritt: Auch sie erkennt an, dass ein moderater *shareholder-value*-Ansatz nicht ohne Abschätzungen und Prognosen auskommt und die Figur des Vorstandsermessens keinesfalls entbehrlich macht.²¹⁶ Weiter lässt sie Raum für unternehmerische Entscheidungen, mit denen Nichtaktionärsinteressen gefördert werden, sofern sie im wohlverstandenen Aktionärsinteresse liegen. Das gilt sowohl für die jüngst vielerörterten Unternehmensspenden (→ Rn. 45 ff.) als auch für die Unterstützung der Arbeitnehmer (übertarifliche Zulagen, Altersversorgung, Belegschaftsaktien, Schaffung von Sozialeinrichtungen)²¹⁷ und die Förderung von Allgemeinwohl- oder Verbraucherschutzbelangen (freiwillige Einhaltung höherer Umweltschutz- oder Produktsicherheitsstandards).²¹⁸ Nichts anderes gilt schließlich für die Beteiligung der Aktiengesellschaft an einem Stiftungsfonds zur Entschädigung ehemaliger Zwangsarbeiter.²¹⁹ Nach alledem sollte der Einfluss der theoretischen Grundsatzpositionen auf die Lösung praktischer Einzelfragen nicht überschätzt werden.²²⁰

International bietet sich ein ähnliches Bild.²²¹ Die Einführung gesetzlicher Unternehmenszielbe- **44a** stimmungen hat ungeachtet ihrer *Shareholder*- oder *Stakeholder*-Präferenz kaum zu großen Veränderungen geführt und insgesamt nur wenige Gerichtsentscheidungen hervorgebracht.²²² Dafür gibt es zwei Gründe: Zum einen steht den Geschäftsleitern allerorten ein breiter Ermessensspielraum bei der Abwägung von Aktionärs- und Nichtaktionärsinteressen zu.²²³ Zum anderen – und vielleicht noch wichtiger – verfügen Nichtaktionäre über kein eigenes Klagerecht zur Durchsetzung von *Stakeholder*-Interessen gegenüber der Gesellschaft.²²⁴

d) Einzelfälle. aa) Zuwendungen zur Förderung von Kunst, Wissenschaft, Sozialwesen 45 oder Sport. (1) Statthaftigkeit. Nach einhelliger Auffassung in der Rechtslehre ist der Vorstand grundsätzlich befugt, aus dem Vermögen der Aktiengesellschaft Zuwendungen zur Förderung von

---

²¹¹ Vgl. *Fleischer* DB 2017, 2014 (2021).
²¹² Näher *Fleischer* DB 2017, 2014 (2019 ff.).
²¹³ Vgl. *Franke/Hax*, Finanzwirtschaft des Unternehmens und Kapitalmarkt, 6. Aufl. 2009, 2.
²¹⁴ Vgl. *Bea/Haas*, Strategisches Management, 6. Aufl. 2013, 88; *Rappaport*, Creating Shareholder Value. The New Standard for Business Performance, 1986, 13.
²¹⁵ Charakteristisch *G. Hueck* GesR § 23 VII 1, S. 212; mit anderer Akzentsetzung bereits *Hueck/Windbichler* GesR § 23 Rn. 15; vgl. nunmehr *Windbichler* GesR § 27 Rn. 23.
²¹⁶ Sehr klar *R. H. Schmidt/Spindler* Freundesgabe Kübler, 1997, 515 (551): „Wie bei der langfristigen Gewinnmaximierung oder dem Unternehmensinteresse bleibt somit beim shareholder value-Ansatz die Frage nach der materiellen Richtigkeit einer Entscheidung eine Frage nach ihrer Vertretbarkeit."
²¹⁷ Vgl. Großkomm AktG/*Kort* Rn. 59; MüKoAktG/*Spindler* Rn. 84; K. Schmidt/Lutter/*Seibt* Rn. 12.
²¹⁸ Vgl. MüKoAktG/*Spindler* Rn. 92; K. Schmidt/Lutter/*Seibt* Rn. 12.
²¹⁹ Vgl. *Mertens* AG 2000, 157 gegen *Philipp* AG 2000, 62.
²²⁰ Ähnlich *Hopt* ZGR 2000, 779 (799); *Ihrig/Schäfer* Rechte und Pflichten des Vorstands Rn. 11; Großkomm AktG/*Kort* Rn. 52.
²²¹ Vgl. *Fleischer* ZGR 2017, 411 (423 ff.); *Ventoruzzo/Conac/Goto/Mock/Notari/Reisberg*, Comparative Company Law, 2015, 279: „This discussion is both interesting and relevant, but sometimes it might be quite theoretical, and it does not always have a significant practical impact on the life of the corporation."
²²² Eingehend *Fleischer* ZGR 2017, 411 (412 ff.) mwN.
²²³ Vgl. *Fleischer* AG 2017, 509 (513).
²²⁴ Näher *Fleischer* AG 2017, 509 (513) mwN.

Kunst, Wissenschaft, Sozialwesen oder Sport zu vergeben.[225] Das versteht sich für die Anhänger eines interessenpluralistischen Zielsystems von selbst,[226] gilt aber auch für die Vertreter eines gemäßigten *shareholder value*-Ansatzes: Unternehmensspenden rechtfertigen sich ihnen unter dem Gesichtspunkt, die soziale Akzeptanz der Aktiengesellschaft und damit ihr wirtschaftliches Fortkommen zu verbessern.[227] So versprechen Zuwendungen an soziale Organisationen die Möglichkeit, bestimmte Kundengruppen anzusprechen oder neue Märkte für die Produkte der Gesellschaft zu erschließen.[228] Ähnlich verhält es sich beim Sponsoring, bei dem ein Unternehmen ein kulturelles oder sportliches Ereignis unterstützt und im Gegenzug als Sponsor genannt wird.[229] Endlich werden soziales Engagement und kulturelles Mäzenatentum auch über die Vermarktung bestimmter Erzeugnisse hinaus häufig im wohlverstandenen Gesellschaftsinteresse liegen, weil sie den unternehmerischen *Goodwill* verfestigen helfen, ohne den ein erfolgreiches Wirtschaften auf Dauer nicht möglich ist.[230] Abzulehnen sind indes jüngere Vorschläge, die Spendentätigkeit von jeglicher ökonomischer Rechtfertigung zu dispensieren;[231] sie unterschätzen das Missbrauchspotential und verkennen, dass Vorstandsmitglieder bei Unternehmensspenden „Other People's Money" ausgeben.[232]

46 Der BGH, der die aktienrechtliche Zulässigkeit unentgeltlicher Zuwendungen an einen Sportverein unter dem Gesichtspunkt des strafrechtlichen Untreuetatbestandes (§ 266 StGB) gewürdigt hat, ist dieser Sichtweise beigetreten.[233] Er erkennt dem Vorstand einen breiten Ermessensspielraum in der Frage zu, welchen Aufwand er für soziale Zwecke treibt, auf welche Gewinne er aus ethischen Gründen verzichtet und für welche sozialen, politischen und kulturellen Zwecke er Mittel der Gesellschaft einsetzt.[234] Zur Begründung führt er einmal an, dass Gewinnstreben und Freigebigkeit nicht notwendig einander widersprechende, sondern durchaus komplementäre Ziele seien.[235] Zum anderen macht er sich das Argument zu Eigen, dass die Aktiengesellschaft für ein erfolgreiches Wirtschaften auf den Rückhalt aller Bezugsgruppen angewiesen sei und ein Auftreten als *good corporate citizen* ihre soziale Akzeptanz verbessere.[236]

47 **(2) Ermessensgrenzen.** Die gegenwärtige Diskussion kreist hauptsächlich um die Grenzen korporativer Freigebigkeit. Keine Gefolgschaft verdienen dabei Vorschläge, die Spendentätigkeit des Vorstands summenmäßig zu begrenzen.[237] Soweit zu ihrer Begründung auf steuerrechtliche Vorschriften zur Abzugsfähigkeit unentgeltlicher Zuwendungen abgestellt wird,[238] ist dem entgegenzuhalten, dass dem Steuerrecht insoweit andere Wertungen zugrunde liegen.[239] Aber auch genuin gesellschaftsrechtliche Höchstgrenzen[240] vermögen nicht zu überzeugen, weil sie den vielfältigen

---

[225] Vgl. Wachter/*Eckert* Rn. 14; *Fleischer* AG 2001, 171 (175); *Fleischer* FS Meincke, 2015, 101 (104 ff.); Großkomm AktG/*Hopt* § 93 Rn. 120; Hüffer/Koch/*Koch* Rn. 35; Großkomm AktG/*Kort* Rn. 65; Kölner Komm AktG/*Mertens/Cahn* Rn. 33 f.; MüKoAktG/*Spindler* Rn. 88; NK-AktR/*Oltmanns* Rn. 8; K. Schmidt/Lutter/*Seibt* Rn. 13; Grigoleit/*Vedder* Rn. 17; *Zachert*, Grenzen des unternehmerischen Ermessens bei der Vergabe von Unternehmensspenden im US-amerikanischen Gesellschafts- und im deutschen Kapitalgesellschaftsrecht, 2005, 106 ff.
[226] So ausdrücklich G. *Hueck* GesR § 23 VII 1, S. 213; iE auch, aber mit anderer Akzentuierung Hueck/Windbichler GesR § 23 Rn. 15; vgl. nunmehr auch *Windbichler* GesR § 23 Rn. 15.
[227] Vgl. *Fleischer* AG 2001, 171 (175); MüKoAktG/*Spindler* Rn. 88; *Zöllner* AG 2003, 2 (8).
[228] Einzelbeispiele bei *Empt*, Corporate Social Responsibility – Das Ermessen des Managements zur Berücksichtigung von Nichtaktionärsinteressen im US-amerikanischen und deutschen Aktienrecht, 2004, 30 ff.
[229] Vgl. *Fleischer* FS Meincke, 2015, 101 (105); Großkomm AktG/*Kort* Rn. 66.
[230] Vgl. *Fleischer* AG 2001, 171 (175); *Mertens* FS Goerdeler, 1987, 343 (353); *U. H. Schneider* AG 1983, 205 (213); *Semler* Leitung und Überwachung Rn. 56; *H.P. Westermann* ZIP 1990, 771 (774); zust. Bürgers/Körber/*Bürgers* Rn. 16.
[231] In diesem Sinne aber *J. Vetter* ZGR 2018, 338 (344 ff.); *Müller-Michaels/Ringel* AG 2011, 101 ff.; *Simons* ZGR 2018, 316 (329 ff.).
[232] Wie hier *Empt*, Corporate Social Responsibility – Das Ermessen des Managements zur Berücksichtigung von Nichtaktionärsinteressen im US-amerikanischen und deutschen Aktienrecht, 2004, 171; *Kuhner* ZGR 2004, 244 (254 f.); *Mülbert* AG 2009, 766 (771).
[233] Vgl. BGHSt 47, 187; BGH NJW 2008, 3580; dazu *Säcker* BB 2009, 282; zuletzt LG Essen BeckRS 2014, 22313; dazu *Fleischer* FS Meincke, 2015, 101 (102 ff.: geschenkte Festschrift), (109 ff.: gesponserte Forschungseinrichtung).
[234] Vgl. BGHSt 47, 187 (195).
[235] Vgl. BGHSt 47, 187 (194).
[236] Vgl. BGHSt 47, 187 (194 f.).
[237] So aber *Baas*, Leitungsmacht und Gemeinwohlbindung der AG, 1976, 211 f.; *Kind* NZG 2000, 567 (570); in abgeschwächter Form auch Scholz/*U. H. Schneider* GmbHG § 43 Rn. 72.
[238] Vgl. *Baas*, Leitungsmacht und Gemeinwohlbindung der AG, 1976, 211 ff.
[239] Vgl. *Fleischer* AG 2001, 171 (178); *Windmöller* FS Budde, 1985, 675.
[240] Vgl. *Kind* NZG 2000, 567 (570): 1 % des Bilanzgewinns; Scholz/*U. H. Schneider* GmbHG § 43 Rn. 72: 2 % des Bilanzgewinns.

Spendenaktivitäten in der Lebenswirklichkeit nicht hinreichend Rechnung tragen.[241] Sie sind daher vom BGH mit Recht verworfen worden.[242] Stattdessen gilt nach ganz überwiegender Meinung hinsichtlich des Spendenvolumens das geschmeidigere Gebot der Angemessenheit.[243] Danach darf die Höhe der unentgeltlichen Zuwendungen nicht den Rahmen dessen überschreiten, was nach Größenordnung und finanzieller Situation der Aktiengesellschaft als angemessen angesehen werden kann.[244] Einen wesentlichen Anhaltspunkt für die Beurteilung der Angemessenheit einer Spende bietet die Ertragslage des Unternehmens.[245] Daraus folgt indes keine Verpflichtung, in Krisenzeiten vollständig auf Unternehmensspenden zu verzichten.[246] Als weitere Angemessenheitskriterien kommen die Verkehrsüblichkeit der Spende und die Nähe des unterstützten Zwecks zum Unternehmensgegenstand in Betracht.[247] Von vornherein unzulässig sind Spenden ohne jeglichen Werbewert für das Unternehmen.[248]

Sonderprobleme werfen Fallgestaltungen auf, in denen der Vorstand bei der Spendenvergabe auch **48** seine persönlichen Vorstellungen verfolgt. Für solche Zuwendungen, die man als *pet charities* zu bezeichnen pflegt,[249] empfiehlt sich eine mittelstrenge Beurteilungslinie. Nicht zu beanstanden ist es, wenn sich ein Vorstandsmitglied bei der notwendigen Auswahl zwischen gleichermaßen geeigneten Zuwendungsempfängern (Beispiele: Krebs- oder AIDS-Hilfe, Misereor oder Brot für die Welt, Fußball oder Radsport) für das Anliegen entscheidet, das ihm persönlich besonders am Herzen liegt.[250] Jedoch darf er bei seiner Vergabeentscheidung nicht sachwidrig privaten Präferenzen unangemessenen Raum geben[251] oder gar willkürlich mit Gesellschaftsmitteln eigennützige Ziele durchsetzen. Besonders nahe liegt das in den sog. *personal aggrandizement*-Fällen, in denen Spenden zuvörderst dem persönlichen Prestigegewinn des Managers dienen.[252] In allen derartigen Fällen kann das betreffende Vorstandsmitglied über die Spendenvergabe nicht allein entscheiden, auch wenn es dafür nach der internen Geschäftsverteilung an sich zuständig wäre.[253] Vielmehr ist – wie in allen sonstigen Fällen eines Interessenkonflikts – der Gesamtvorstand mit der Angelegenheit zu befassen. Darüber hinaus ist der Vorstand dem Aufsichtsrat gegenüber zur Offenheit verpflichtet, um ihm Kontroll- und Rügemöglichkeiten zu eröffnen.[254] Ferner sind allfällige Gremienvorbehalte zu beachten.[255]

(3) Handelsrechtliche Transparenz. *De lege ferenda* ist es dringend angezeigt, die handelsrechtli- **49** che Transparenz von Unternehmensspenden zu verbessern.[256] Nach geltendem Recht müssen Spen-

---

[241] Vgl. *Fleischer* AG 2001, 171 (178).
[242] Vgl. BGHSt 47, 187 (197); Großkomm AktG/*Kort* Rn. 67; *Laub* AG 2002, 308 (313).
[243] Vgl. BGHSt 47, 187 (197); *Fleischer* AG 2001, 171 (177 ff.); Hüffer/Koch/*Koch* Rn. 35; Kölner Komm AktG/*Mertens/Cahn* Rn. 35; K. Schmidt/Lutter/*Seibt* Rn. 13; Hölters/*Weber* Rn. 32; *Zachert,* Grenzen des unternehmerischen Ermessens bei der Vergabe von Unternehmensspenden im US-amerikanischen Gesellschafts- und im deutschen Kapitalgesellschaftsrecht, 2005, 186 ff.
[244] Vgl. Wachter/*Eckert* Rn. 14; Großkomm AktG/*Kort* Rn. 67; Kölner Komm AktG/*Mertens/Cahn* Rn. 35.
[245] Vgl. BGHSt 47, 187 (197); *Fleischer* AG 2001, 171 (178).
[246] Vgl. BGHSt 47, 187 (197); *Fleischer* AG 2001, 171 (178); MüKoAktG/*Spindler* Rn. 89, für einen Grenzfall LG Essen BeckRS 2014, 22313; dazu *Fleischer* FS Meincke, 2015, 101 (114).
[247] Vgl. *Fleischer* AG 2001, 171 (178); Großkomm AktG/*Kort* Rn. 67; *Rittner* FS Geßler, 1971, 139 (154).
[248] Vgl. LG Essen BeckRS 2014, 22313; dazu *Fleischer* FS Meincke, 2015, 101 (107 f.); *Fleischer/Bauer* ZIP 2015, 1901 (1909).
[249] Begriffsprägend *A. P. Smith Manufacturing Co v. Barlow* 98 A. 2d 581, 590 (1953); deutsche Adaption durch *Fleischer* AG 2001, 171 (179); übernommen von BGHSt 47, 187 (195).
[250] Wie hier *Empt, Corporate Social Responsibility* – Das Ermessen des Managements zur Berücksichtigung von Nichtaktionärsinteressen im US-amerikanischen und deutschen Aktienrecht, 2004, 210 f.; für grundsätzliche Zulässigkeit wohl auch BGHSt 47, 187 (196); abw. *Rittner* FS Geßler, 1971, 139 (156).
[251] So mit Nuancierungen im Einzelnen *Fleischer* AG 2001, 171 (178); Großkomm AktG/*Kort* Rn. 74; *Kort* NZG 2012, 926 (930); Kölner Komm AktG/*Mertens/Cahn* Rn. 34; MüKoAktG/*Spindler* Rn. 89; H.P. Westermann ZIP 1990, 771 (775); *Zachert,* Grenzen des unternehmerischen Ermessens bei der Vergabe von Unternehmensspenden im US-amerikanischen Gesellschafts- und im deutschen Kapitalgesellschaftsrecht, 2005, 150 ff.
[252] Besonders anschaulich *Kahn v. Hammer* 594 A. 2d 48 (Del Supr 1991): Spenden in Höhe von 90 Mio. $ zur Gründung eines Kunstmuseums, das den Namen des Vorstandsvorsitzenden tragen sollte; zuletzt LG Essen BeckRS 2014, 22313; dazu *Fleischer* FS Meincke, 2015, 101 (109).
[253] Vgl. BGHSt 47, 187 (196); Großkomm AktG/*Hopt* § 93 Rn. 112; MüKoAktG/*Spindler* Rn. 89.
[254] Vgl. BGHSt 47, 187 (196); *Mertens* FS Goerdeler, 1987, 349 (358); H.P. Westermann ZIP 1990, 771 (776); *Zachert,* Grenzen des unternehmerischen Ermessens bei der Vergabe von Unternehmensspenden im US-amerikanischen Gesellschafts- und im deutschen Kapitalgesellschaftsrecht, 2005, 169 ff.
[255] Vgl. LG Essen BeckRS 2014, 22313; dazu *Fleischer* FS Meincke, 2015, 101 (108 f.).
[256] Dazu bereits *Fleischer* AG 2001, 171 (178 f.); dem folgend *Empt, Corporate Social Responsibility* – Das Ermessen des Managements zur Berücksichtigung von Nichtaktionärsinteressen im US-amerikanischen und deutschen Aktienrecht, 2004, 212 ff.; K. Schmidt Non Profit Law Yearbook 2001, 107 (123 ff.); vermittelnd *Hüttemann* AG 2009, 774 (777).

den in der Gewinn- und Verlustrechnung nicht gesondert ausgewiesen werden, sondern gehen in dem Sammelposten „sonstige betriebliche Aufwendungen" (§ 275 Abs. 2 Nr. 8 HGB) auf. Die Empfehlung der Regierungskommission Corporate Governance, eine Regelung in den Corporate Governance-Kodex aufzunehmen, wonach der Vorstand dem Aufsichtsrat einmal jährlich über die Spendenvergabe zu berichten hat,[257] weist insoweit in die richtige Richtung, ist aber als Maßnahme der Binnenpublizität für sich noch nicht ausreichend.[258]

50 **bb) Parteispenden.** Die grundsätzliche Statthaftigkeit von Unternehmensspenden erstreckt sich nach heute ganz hM auch auf unentgeltliche Zuwendungen an politische Parteien.[259] Entgegen einer vereinzelt gebliebenen Auffassung ist der Vorstand einer Aktiengesellschaft nicht zu parteipolitischer Neutralität verpflichtet.[260] Ihm steht es vielmehr frei, eine bestimmte politische Richtung im Rahmen seines unternehmerischen Ermessens finanziell und ideell zu unterstützen, sofern dies im wohlverstandenen Gesellschaftsinteresse liegt. Für eine Entscheidungszuständigkeit der Hauptversammlung gibt es weder im geltenden Aktienrecht einen Anhalt[261] noch empfiehlt sich ihre Einführung *de lege ferenda*.[262] Gegenteilig hat freilich der englische Reformgesetzgeber durch den *Political Parties, Elections and Referendums Act 2000* entschieden, der eine Zustimmung der Hauptversammlung zu einer korporativen Spendenpolitik vorsieht und einer Aktionärsminderheit von 5 % ein Klagerecht bei *unauthorised political expenditure* einräumt.[263] In den Vereinigten Staaten hat der *Supreme Court* im Jahre 2010 geurteilt, dass eine Spendenobergrenze für die *business corporation* gegen die verfassungsrechtliche Meinungsfreiheit verstößt.[264]

51 Ermessensgrenzen ergeben sich zum einen aus der besonderen Konfliktträchtigkeit von Parteispenden, die zu Imageschäden in der Öffentlichkeit[265] und Unmut bei politisch anders denkenden Aktionären führen können. Zum anderen gelten die oben erörterten Einschränkungen, wonach es dem Vorstand versagt ist, seine persönlichen Vorstellungen unter Missachtung des Unternehmensinteresses zu verfolgen (→ Rn. 48), für politische Aktivitäten in besonderer Weise.[266] Weitere Einschränkungen können sich ggf. für staatseigene Aktiengesellschaften aus haushalts- oder verfassungsrechtlichen Gründen ergeben.[267] Von solchen Sonderfällen abgesehen sind Parteispenden durch juristische Personen verfassungsrechtlich grundsätzlich zulässig und als geläufige Form politischer Interessenwahrnehmung hinzunehmen.[268] Ein früher Gesetzesvorschlag Hessens, sie ganz zu verbieten, hat keinen Widerhall gefunden und wäre wohl auch kaum mit Art. 5 Abs. 1 iVm Art. 19 Abs. 3 GG vereinbar.[269]

52 **cc) Schmiergeldzahlungen.** Auf einer anderen Ebene als die im Grundsatz zulässigen Unternehmensspenden liegen Bestechungs- und Schmiergeldzahlungen. Sie zeichnen sich dadurch aus, dass von dem Zuwendungsempfänger eine konkrete Gegenleistung erwartet wird. Häufig werden sie als Beratungsentgelte, Provisionen, Sachleistungen oder Sondervergütungen verschleiert. Im Inland gilt für solche Schmiergeldzahlungen ein strafrechtlicher Rundumschutz: Zuwendungen an

---

[257] Vgl. *Baums*, Bericht der Regierungskommission Corporate Governance, 2001, Rn. 263.
[258] Ähnlich die Einschätzung bei Großkomm AktG/*Kort* Rn. 73.
[259] Vgl. BGHSt 47, 187 (193, 195) (implizit); *Fleischer* AG 2001, 171 (179); *Hahn* AG 2018, 472; *Kind* NZG 2000, 567; Großkomm AktG/*Kort* Rn. 69; *Mertens* FS Goerdeler, 1987, 349 (354); MüKoAktG/*Spindler* Rn. 88; *Rittner* FS Knur, 1972, 205 (211, 216); Hölters/*Weber* Rn. 31; *Zachert*, Grenzen des unternehmerischen Ermessens bei der Vergabe von Unternehmensspenden im US-amerikanischen Gesellschafts- und im deutschen Kapitalgesellschaftsrecht, 2005, 196 ff.
[260] Vgl. *Fleischer* AG 2001, 171 (179); Großkomm AktG/*Kort* Rn. 69; Kölner Komm AktG/*Mertens*/*Cahn* Rn. 40; MüKoAktG/*Spindler* Rn. 88; abw. *Meilicke* NJW 1959, 409 (411); s. auch *Kulitz*, Unternehmensspenden an politische Parteien, 1983, 167 ff.
[261] HM, vgl. Großkomm AktG/*Kort* Rn. 70; Kölner Komm AktG/*Mertens*/*Cahn* Rn. 39 f.; abw. *Kulitz*, Unternehmensspenden an politische Parteien, 1983, 166; *Meilicke* NJW 1959, 409 (410 f.), beide unter Berufung auf § 58 Abs. 3 S. 2.
[262] Eingehend – auch rechtsvergleichend – *Fleischer* AG 2001, 171 (179 ff.).
[263] Dazu *Gower/Davies/Worthington*, Principles of Modern Company Law, 10. Aufl. 2016, Rn. 16–85 und 17–29.
[264] Vgl. *Citizens United v. Federal Election Commission*, 558 U.S. 310 (2010).
[265] Auf einen möglichen Einfluss einseitiger Spendenvergabe für das Sozialprestige der Gesellschaft verweisend *Hahn* AG 2018, 472 (478 f.); *Kind* NZG 2000, 567 (570); Kölner Komm AktG/*Mertens*/*Cahn* Rn. 41; s. auch den rechtstatsächlichen Befund bei *Schmidt-Leithoff*, Die Verantwortung der Unternehmensleitung, 1989, 435.
[266] Ebenso Großkomm AktG/*Kort* Rn. 74; ähnlich *Zachert*, Grenzen des unternehmerischen Ermessens bei der Vergabe von Unternehmensspenden im US-amerikanischen Gesellschafts- und im deutschen Kapitalgesellschaftsrecht, 2005, 197, der von einer „erhöhten Darlegungslast" im Vergleich zu den anderen Spenden spricht.
[267] Vgl. *Gehrlein* NZG 2002, 463 (464); Großkomm AktG/*Kort* Rn. 72.
[268] Vgl. BVerfGE 73, 40 (49 f.).
[269] Näher dazu mwN *Fleischer* AG 2001, 171 (179); Kölner Komm AktG/*Mertens*/*Cahn* Rn. 12 f. und 40.

Amtsträger unterliegen den §§ 331 ff. StGB; Zuwendungen an Angestellte im privaten Geschäftsverkehr werden von § 299 StGB, dem vormaligen § 12 UWG, erfasst.[270] Eine Verwirklichung dieser Straftatbestände durch Vorstandsmitglieder stellt im Innenverhältnis zur Gesellschaft stets eine Pflichtverletzung dar (auch → § 93 Rn. 36).[271] Außerdem sind die Vorstandsmitglieder verpflichtet, Schmiergeldzahlungen von nachgeordneten Mitarbeitern durch geeignete Compliance-Vorkehrungen zu verhindern (näher → § 91 Rn. 50 ff.).[272]

Schmiergeldzahlungen an ausländische Amtsträger sind seit einiger Zeit auch in Deutschland **53** strafbewehrt. Die entscheidenden Impulse gingen von dem OECD-Übereinkommen über die Bekämpfung der Bestechung ausländischer Amtsträger im internationalen Geschäftsverkehr vom 17.12.1997 aus,[273] das durch Art. 2 § 1 EUBestG (BGBl. 1998 II 2340) und Art. 2 § 2 IntBestG (BGBl. 1998 II 2327) in deutsches Recht überführt worden ist. Für grenzüberschreitende Schmiergeldzahlungen an ausländische Privatpersonen gilt § 299 Abs. 3 StGB, der korruptive Handlungen auf ausländischen Märkten erfasst.[274] Dass wirtschaftliche Erfolge auf korruptiven Auslandsmärkten nur mit Hilfe von Schmiergeldzahlungen möglich sind, stellt strafrechtlich nach verbreiteter Auffassung keinen Rechtfertigungsgrund dar.[275] Gesellschaftsrechtlich liegen grenzüberschreitende Schmiergeldzahlungen daher grundsätzlich nicht im Gesellschaftsinteresse.[276] Auch die gelegentlich erwogene Ausnahme für Fälle, in denen Zuwendungen an ausländische Politiker, Amtsträger oder Privatpersonen den Usancen des betreffenden Landes entsprechen,[277] lässt sich im Lichte der jüngsten Antikorruptionsbestrebungen kaum mehr aufrecht erhalten. Dahin deuten auch die im Jahre 1997 von der Internationalen Handelskammer in Paris (ICC) verabschiedeten Verhaltensrichtlinien zur Bekämpfung der Korruption im Geschäftsverkehr, die als „best practice" das Vorstandshandeln beeinflussen.[278]

dd) Vergleichszahlungen an klagende Aktionäre und Konkurrenten. Zahlungen an opponierende Aktionäre, die sich in rechtsmissbräuchlicher Weise ihr Anfechtungsrecht abkaufen lassen, verstoßen unabhängig von ihrer Einkleidung (Übernahme der Verfahrenskosten, Beraterhonorare) gegen §§ 57, 58[279] und liegen daher in aller Regel nicht im Gesellschaftsinteresse.[280] Eine eng begrenzte Ausnahme ist nur zur Abwehr eines schweren unmittelbar bevorstehenden Schadens für die Gesellschaft anzuerkennen.[281] Zu ihrer dogmatischen Begründung kann man auf den Rechtfertigungsgrund des Notstands gem. § 34 StGB verweisen, der in § 71 Abs. 1 Nr. 1 eine authentische Interpretation erfahren hat.[282] Diese Rechtfertigung steht allerdings unter dem Vorbehalt, dass dem Vorstand keine Handlungsalternative zur Verfügung steht.[283] Helfen könnte ihm namentlich das Freigabeverfahren gem. § 246a.[284] Unterschiedlich beurteilt wird, ob bei nicht eindeutiger Rechtslage ein Vergleich möglich bleibt, wenn er unter Mitwirkung und auf Vorschlag des Prozessgerichts abgeschlossen wird.[285] **54**

---

[270] Vgl. BGHSt 52, 323 (339 ff.).
[271] Dazu *Fleischer* ZIP 2005, 141 (148 ff.); MüKoAktG/*Spindler* Rn. 90.
[272] Vgl. *Fleischer* AG 2003, 291 (300); s. auch *Berg* AG 2007, 271; *Buchmann/Prüfer* ZRP 2005, 109; *Brooks* FS Peltzer, 2001, 27 (35); Großkomm AktG/*Kort* Rn. 77.
[273] Vgl. BT-Drs. 13/10428; dazu *Ahrens*, Freundesgabe Döser, 1999, 269; *Brooks* FS Peltzer, 2001, 27; *Zieschang* NJW 1999, 105 (106); zuletzt LG München I NZG 2014, 345 (346).
[274] Vgl. *Kiesel* DStR 2000, 949; *Randt* BB 2000, 1006.
[275] Vgl. LG München I NZG 2014, 345 (346); *Bicker* AG 2012, 542 (543); *Fischer* StGB § 299 Rn. 23a; *Fleischer* NZG 2014, 321 (322); eingehend *Späth*, Rechtfertigungsgründe im Wirtschaftsstrafrecht, 2016, 164 ff.; zurückhaltend LK-StGB/*Tiedemann*, 12. Aufl. 2008, StGB § 299 Rn. 58 und 63 ff.
[276] Vgl. LG München I NZG 2014, 345 (346); *Fleischer* ZIP 2005, 141 (145); *Fleischer* NZG 2014, 321 (322); *Ihrig/Schäfer* Rechte und Pflichten des Vorstands Rn. 11; Großkomm AktG/*Kort* Rn. 77; MüKoAktG/*Spindler* Rn. 90; Hölters/*Weber* Rn. 26.
[277] IdS *Kessler* AG 1995, 121 (129).
[278] Dazu auch Großkomm AktG/*Kort* Rn. 77; MüKoAktG/*Spindler* Rn. 90.
[279] Vgl. K. Schmidt/Lutter/*Fleischer* § 57 Rn. 23; Großkomm AktG/*Henze* § 57 Rn. 70; *Poelzig* WM 2008, 1007.
[280] Vgl. *Ihrig/Schäfer* Rechte und Pflichten des Vorstands Rn. 11; Großkomm AktG/*Kort* Rn. 79; MüKoAktG/*Spindler* Rn. 91; Hölters/*Weber* Rn. 33.
[281] Vgl. *Diekgräf*, Sonderzahlungen an opponierende Kleinaktionäre im Rahmen von Anfechtungs- und Spruchstellenverfahren, 1990, 150 ff.; *Fleischer* ZIP 2005, 141 (150); Großkomm AktG/*Kort* Rn. 79; iE auch *Poelzig/Thole* ZGR 2010, 836 (865 f.).
[282] Näher *Fleischer* ZIP 2005, 141 (150 f.).
[283] Vgl. *Diekgräf*, Sonderzahlungen an opponierende Kleinaktionäre im Rahmen von Anfechtungs- und Spruchstellenverfahren, 1990, 180 ff.; K. Schmidt/Lutter/*Fleischer* § 57 Rn. 23.
[284] Dazu K. Schmidt/Lutter/*Fleischer* § 57 Rn. 23.
[285] Vgl. K. Schmidt/Lutter/*Fleischer* § 57 Rn. 23 mwN.

55 Für Sonderzahlungen an klagende Konkurrenten, wie sie etwa im Rahmen der kartellrechtlichen Fusionskontrolle vorkommen (EON-Ruhrgas), gilt das aktienrechtliche Rückgewährverbot nicht. Sie sind daher im Rahmen des Geschäftsleiterermessens weithin statthaft. Einem offensichtlich rechtsmissbräuchlichen Zahlungsbegehren peripher betroffener Wettbewerber wird der Vorstand allerdings auch hier nur ganz ausnahmsweise nachgeben dürfen. Sachgrenzen zieht das Verbot der Verschwendung von Gesellschaftsvermögen (→ § 93 Rn. 82 f.).

III. Eigenverantwortlichkeit der Leitungsausübung

56 **1. Elemente der Eigenverantwortlichkeit.** Gem. § 76 Abs. 1 leitet der Vorstand die Gesellschaft unter *eigener* Verantwortung, dh selbstständig und aus eigenem Recht.[286] Die ihm verliehene Leitungsautonomie zeigt sich in verschiedenen Einzelausprägungen:

57 **a) Weisungsunabhängigkeit.** Bei der Ausübung seiner Leitungsmacht unterliegt der Vorstand keinen Weisungen. Weder der Mehrheitsaktionär noch eine sonstige Aktionärsgruppe ist befugt, ihm Anweisungen zu erteilen.[287] Ebenso wenig besteht ein Auftrags- oder auftragsähnliches Verhältnis zwischen einzelnen Aktionären und dem Vorstand;[288] die organschaftlichen Bindungen der Vorstandsmitglieder sind allein auf die Gesellschaft hingeordnet. Folglich obliegt dem Vorstand auch keine auf § 666 BGB gestützte Rechenschaftspflicht gegenüber den Aktionären.[289] Für öffentlich-rechtliche Körperschaften als Aktionäre gilt nichts anderes.[290] Ausnahmen vom Prinzip der Weisungsfreiheit bestehen nur beim Beherrschungsvertrag (§ 308) sowie bei der Eingliederung (§ 323). Darauf ist gesondert einzugehen (→ Rn. 103 f.).

58 Auch dem Aufsichtsrat ist es nach der gesetzlichen Regelung verwehrt, durch Weisungen in die Leitungsbefugnis des Vorstands einzugreifen.[291] Der durch das TransPuG (BGBl. 2002 I 2681) geänderte § 111 Abs. 4 S. 2 weist ihm lediglich das Recht und die Pflicht zu, bestimmte Arten von Geschäften an seine Zustimmung zu binden. Darin liegt nur ein Vetorecht, das die Leitungsautonomie des Vorstands unberührt lässt.[292] Unabhängig davon sind dem Recht des Aufsichtsrats, Zustimmungsvorbehalte anzuordnen, durch § 76 Abs. 1 Grenzen gezogen:[293] Nicht statthaft ist es etwa, alle wichtigen Geschäfte generell für zustimmungsbedürftig zu erklären oder den Zustimmungskatalog auf den Großteil der Vorstandsentscheidungen zu erstrecken.[294] Wo genau die rechtlichen Grenzen der Mitwirkung des Aufsichtsrats an unternehmerischen Entscheidungen verlaufen, ist bis heute wenig gesichert.[295] Richtigerweise darf die Zustimmungspflicht grundsätzlich nur für solche Geschäfte eingeführt werden, die für die Gesellschaft von besonderer Bedeutung sind und einen inneren Bezug zur Risikoexposition bzw. zur Vermögens-, Finanz- oder Ertragslage der Gesellschaft aufweisen.[296] Gegen Aufsichtsratsbeschlüsse, die entgegen §§ 76 Abs. 1, 111 Abs. 4 S. 1 AktG zu weitgehende oder ermessensfehlerhafte Zustimmungsvorbehalte enthalten, kann sich der Vorstand mit der allgemeinen Feststellungsklage nach § 256 ZPO zur Wehr setzen.[297] Ebenso wenig vermögen Hauptversammlungsbeschlüsse eine Folgepflicht des Vorstands zu begründen,[298] es sei denn, der Vorstand hat die Entscheidung der Hauptversammlung nach § 119 Abs. 2 selbst eingeholt.[299] Dazu ist er indes auch vor riskanten Geschäftsführungsmaßnahmen keineswegs verpflichtet,[300] vielmehr

---

[286] Vgl. MüKoAktG/*Spindler* Rn. 22; NK-AktR/*Oltmanns* Rn. 7; MHdB AG/*Wiesner* § 19 Rn. 18.
[287] Vgl. OLG Frankfurt ZIP 2011, 2009 (2010 f.); Hüffer/Koch/*Koch* Rn. 25; Großkomm AktG/*Kort* Rn. 42; Kölner Komm AktG/*Mertens*/*Cahn* Rn. 44; *Seyfarth* VorstandsR § 1 Rn. 13. Dazu, dass der Vorstand in der Realität dem Druck des Allein- oder Großaktionärs auf Dauer nicht standhalten kann, *Doralt* FS Grün, 2003, 31 (45 ff.); ferner der Hinweis von Hüffer/Koch/*Koch* Rn. 2, wonach es von der Realstruktur der einzelnen AG abhängt, welches Organ in der Unternehmenswirklichkeit das stärkere ist.
[288] Vgl. BGH NZG 2008, 507 Rn. 13; BGH NJW 1967, 1462 (1463); *Hüffer* ZIP 1996, 401 (404); MüKoAktG/*Spindler* Rn. 23; ferner OLG Frankfurt ZIP 2011, 2009, wonach der unternehmerische Ermessensspielraum des Vorstands ein Handeln auch gegen die Interessen des Hauptaktionärs erlaubt.
[289] Vgl. BGH NJW 1967, 1462, für die Sache auch schon RGZ 82, 182 (186).
[290] Vgl. Kölner Komm AktG/*Mertens*, 2. Aufl. 1996, Rn. 42.
[291] Vgl. LG München I NZG 2012, 1152 (1153); Hüffer/Koch/*Koch* Rn. 27; Kölner Komm AktG/*Mertens*/*Cahn* Rn. 44; MüKoAktG/*Spindler* Rn. 22.
[292] Ebenso Hüffer/Koch/*Koch* Rn. 27; Großkomm AktG/*Kort* Rn. 43; MüKoAktG/*Spindler* Rn. 22; eingehend zur rechtsgeschichtlichen Entwicklung *Fleischer* BB 2013, 835 (836 f.).
[293] Dazu *Fleischer* BB 2013, 835 mwN.
[294] Eingehend Lutter/Krieger/*Verse* Rechte und Pflichten des Aufsichtsrats Rn. 118 und 121 mwN.
[295] Genauere Leitplanken bei *Fleischer* BB 2013, 835 (839 ff.).
[296] Näher *Fleischer* BB 2013, 835 (840 ff.).
[297] Vgl. *Fleischer* BB 2013, 835 (843).
[298] Vgl. Kölner Komm AktG/*Mertens*/*Cahn* Rn. 44; MüKoAktG/*Spindler* Rn. 22.
[299] Vgl. LG München I NZG 2012, 1152 (1153); Großkomm AktG/*Kort* Rn. 44; NK-AktR/*Oltmanns* Rn. 7.
[300] Vgl. MüKoAktG/*Spindler* Rn. 22.

entscheidet er über eine Vorlage – vorbehaltlich der Holzmüller-Doktrin[301] – in eigener Verantwortung.

b) Leitungsermessen. Die eigenverantwortliche Leitungsausübung umfasst auch das Recht des Vorstands, Leitungsentscheidungen nach eigenem Ermessen zu treffen.[302] Ihm steht nach inzwischen gefestigter Rechtsprechung ein breiter unternehmerischer Ermessensspielraum zu, der nicht nur das bewusste Eingehen geschäftlicher Risiken, sondern auch die Gefahr von Fehlbeurteilungen und Fehleinschätzungen einschließt.[303] Das hat der Gesetzgeber mit der Einführung einer „Business Judgment Rule" im aktienrechtlichen Verantwortlichkeitsrecht nochmals bestätigt (näher → § 93 Rn. 58 ff.). Aus dem Recht zur Ausübung eines weiten Geschäftsleiterermessens folgt zugleich die Pflicht des Vorstands, sich dieses Ermessensspielraums nicht vorzeitig zu begeben. Es gilt ein Verbot der Vorwegbindung, das allerdings gegen eine statthafte Festlegung der langfristigen Geschäftsstrategie abzugrenzen ist (→ Rn. 75).

c) Grenzen der Leitungsautonomie. An Grenzen stößt die Handlungsfreiheit des Vorstands vor allem hinsichtlich des Unternehmensgegenstands. Die satzungsmäßige Kompetenz der Hauptversammlung, den Unternehmensgegenstand zu bestimmen, ist der Leitungsbefugnis des Vorstands grundsätzlich vorgeordnet.[304] Einzelne Ausnahmen werden für Fälle erwogen, in denen ein sehr enger satzungsmäßiger Unternehmensgegenstand die Leitungsautonomie des Vorstands auszuhöhlen droht.[305] Dem ist nur dann beizupflichten, wenn der Vorstand auf diese Weise zum bloßen Befehlsempfänger ohne eigenen Handlungsspielraum herabsinkt.[306] Ansonsten bleiben die Aktionäre in Bezug auf die Festlegung des Unternehmensgegenstandes „Herren ihres Unternehmens"[307] (näher → § 82 Rn. 33). Ebensowenig steht es dem Vorstand frei, die Leitungsziele der Gesellschaft neu zu bestimmen.[308] Er ist und bleibt dem heteronom vorgegebenen Gesellschaftszweck verpflichtet, bei dessen Verfolgung ihm allerdings ein breiter Ermessensspielraum zusteht.

2. Leitung und arbeitsteiliges Zusammenwirken. Die ständig zunehmende Arbeitsteilung im modernen Wirtschaftsleben wirkt sich auch auf die Vorstandstätigkeit aus. Das Aktienrecht steht hier vor einer schwierigen Grenzziehung: Einerseits erweist sich eine Aufgabenverteilung schon aus Gründen der Leitungskapazität als unerlässlich; andererseits verbietet § 76 Abs. 1 eine „Flucht" des Vorstands aus seiner Gesamtverantwortung. Für eine ordnende Bestandsaufnahme dieses zentral wichtigen Fragenkreises empfiehlt es sich, zwischen drei Delegationsebenen zu unterscheiden, weil sich mit ihnen je eigene Sachprobleme verbinden:

a) Aufgabenverteilung innerhalb des Vorstands. aa) Gesamtleitung als zwingendes Organisationsprinzip. Einer Aufgabenübertragung an einzelne Vorstandsmitglieder oder Gruppen von Vorstandsmitgliedern sind durch den Grundsatz der Gesamtverantwortung von vornherein äußere Grenzen gezogen.[309] Danach hat der Vorstand die ihm zugewiesenen Leitungsaufgaben zwingend als Gesamtorgan wahrzunehmen (→ Rn. 8). Einzelnen Vorstandsmitgliedern einschließlich des Vorstandsvorsitzenden[310] ist es mithin verwehrt, Gesamtvorstandsaufgaben eigenmächtig an sich zu ziehen; ebenso wenig darf der Gesamtvorstand Leitungsaufgaben freiwillig an Ausschüsse von Vorstandsmitgliedern (Präsidium, *Steering Committee*) delegieren (näher → § 77 Rn. 41).[311] Alles dies gilt nach der Rechtsprechung des BGH auch dann, wenn der Vorstand wegen vorschriftswidriger Unterbesetzung handlungsunfähig zu werden droht (→ Rn. 115).

bb) Gesamtverantwortung und Ressortverteilung. Anlass zu Zweifeln gibt die zwingende Gesamtzuständigkeit des Vorstands bei der organinternen Geschäftsverteilung: Gem. § 77 Abs. 1

---

[301] Vgl. BGHZ 83, 122; BGHZ 159, 30; BGH NZG 2007, 234; OLG Hamm NZG 2008, 155; *Hofmeister* NZG 2008, 47.
[302] Zu diesem Zusammenhang BGHZ 125, 239 (244); Hüffer/Koch/*Koch* Rn. 28; Großkomm AktG/*Kort* Rn. 41; MüKoAktG/*Spindler* Rn. 32; MHdB AG/*Wiesner* § 19 Rn. 18.
[303] Vgl. BGHZ 135, 244 (253); BGH NJW 2006, 522 (523); ausf. *Fleischer* FS Wiedemann, 2002, 827.
[304] Vgl. *Fleischer* ZIP 2003, 1 (2); Großkomm AktG/*Kort* Rn. 45; Großkomm AktG/*Wiedemann* § 179 Rn. 58, 67; s. auch BGHZ 159, 30 (36 f.).
[305] Vgl. OLG Stuttgart AG 2006, 727 (728); dazu *Freitag* EWIR 2007, 257 (258); *Martens* FS Kellermann, 1991, 271 (277 ff.); *Raiser*/*Veil* KapGesR § 14 Rn. 9.
[306] Ähnlich Großkomm AktG/*Röhricht* § 23 Rn. 85.
[307] Großkomm AktG/*Wiedemann* § 179 Rn. 67.
[308] Vgl. Großkomm AktG/*Kort* Rn. 45.
[309] Vgl. *Fleischer* NZG 2003, 449 (451); Großkomm AktG/*Kort* § 77 Rn. 31; Kölner Komm AktG/*Mertens*/*Cahn* § 77 Rn. 22; MüKoAktG/*Spindler* § 77 Rn. 33 und 63.
[310] Vgl. *Wicke* NJW 2007, 3755 (3756).
[311] Vgl. Großkomm AktG/*Kort* § 77 Rn. 31; MüKoAktG/*Spindler* Rn. 30.

S. 2, § 78 Abs. 3 können den Vorstandsmitgliedern im Innen- und Außenverhältnis umfängliche Einzelzuständigkeiten eingeräumt werden. Das lässt den Grundsatz der Gesamtleitung nach allgemeiner Ansicht zwar unberührt,[312] wirft aber die Anschlussfrage nach dem Grenzverlauf zwischen Gesamtleitung und Ressortverteilung auf. Sie stellt sich bei den Grundmodellen der Aufbauorganisation in unterschiedlicher Schärfe:

64 Bei einer funktionalen Organisation folgt der Zuschnitt der unternehmerischen Teilbereiche und Vorstandsressorts dem Verrichtungsprinzip: Beschaffung, Produktion, Vertrieb, Personal, Finanzen (→ § 77 Rn. 37).[313] Mit einer Anmaßung von Leitungsmacht durch einzelne Vorstandsmitglieder ist hier selten zu rechnen, weil die wechselseitigen Abhängigkeiten zwischen den Funktionen eine regelmäßige Willensbildung im Gesamtvorstand erfordern.[314] Anders liegen die Dinge bei einer divisionalen Organisation, bei der die einzelnen Geschäftsbereiche oder Sparten als Quasi-Unternehmen häufig über eine hohe Selbstständigkeit und Marktnähe verfügen (→ § 77 Rn. 38).[315] Im aktienrechtlichen Schrifttum ließ diese Tendenz zur Entscheidungsdezentralisation Ende der 1970er Jahre Zweifel an ihrer Vereinbarkeit mit der Leitungsverantwortung des Gesamtvorstands laut werden lassen,[316] die aber längst verstummt sind.[317] Nach heute ganz hM genügt die Spartenorganisation den Vorgaben des § 76 Abs. 1, sofern die Gesamtleitung durch den Vorstand unangetastet bleibt und echte Führungsentscheidungen nicht von einzelnen Geschäftsbereichsleitern getroffen werden.[318] Mahnend hebt man allerdings hervor, dass die Informationsverantwortlichkeit des Vorstands bei der stark dezentralen Spartenorganisation strenger ausfällt als bei leichter überschaubaren Organisationsstrukturen.[319] Ähnlich verhält es sich bei der sog. virtuellen Holding als einer Weiterentwicklung der Spartenorganisation (→ § 77 Rn. 40). Auch sie ist aktienrechtlich zulässig, sofern die Leitungsaufgaben weiterhin dem Vorstand in seiner Gesamtheit vorbehalten bleiben und die vorstandsinterne Selbstkontrolle einschließlich des organinternen Informationsflusses gesichert ist.[320] Dessen ungeachtet ist anerkannt, dass mit zunehmender Komplexität der Führungsstruktur durch eine virtuelle Holding auch die Organisations- und Überwachungsverantwortung der Vorstandsmitglieder steigt.[321] Sie fällt nochmals um einige Pegelstriche strenger aus als bei der hergebrachten Spartenorganisation.[322]

65 **b) Aufgabenzuweisung an nachgeordnete Unternehmensebenen.** Wie bereits vermerkt, wird die Leitungsmacht des Vorstands nicht berührt, wenn dieser die Vorbereitung oder Ausführung von Leitungsentscheidungen an Personen delegiert, die seiner arbeitsrechtlichen Direktionsbefugnis unterliegen (→ Rn. 20). Eine solche Delegation trägt nicht nur dem Gebot praktischer Vernunft Rechnung,[323] sondern ist von der Rechtsprechung im Zusammenhang mit der Erteilung widerruflicher Generalvollmachten im Kapitalgesellschaftsrecht auch stillschweigend gebilligt worden.[324] Inhalt und Ausmaß der Aufgabenübertragung sind Bestandteile des Geschäftsleiterermessens[325] und haben an dessen Haftungsfreiräumen teil. Delegiert werden dürfen allerdings nur Aufgaben, nicht (Leitungs-)Entscheidungen:[326] Das von der Betriebswirtschaftslehre formulierte Kongruenzprinzip, wonach sich Aufgaben, Kompetenzen und Verantwortung stets decken müssen,[327] gilt nicht im

---

[312] Vgl. Hüffer/Koch/*Koch* § 77 Rn. 14.
[313] Vgl. *Fleischer* NZG 2003, 449, 451.
[314] Vgl. *Fleischer* NZG 2003, 449 (451 f.).
[315] Dazu *Krüger* in Bea/Schweitzer, Allgemeine Betriebswirtschaftslehre, Bd. 2: Führung, 10. Aufl. 2011, 178 (235).
[316] Der maßgebliche „Problemimpuls" stammte von *Schwark* ZHR 142 (1978) 203 (214 ff.).
[317] Rückblickend *Fleischer* BB 2017, 2499 (2500 ff.) mwN.
[318] Vgl. Großkomm AktG/*Kort* Rn. 155; *Hoffmann-Becking* ZGR 1998, 497 (498); Kölner Komm AktG/*Mertens/Cahn* Rn. 60; MüKoAktG/*Spindler* § 77 Rn. 67; *Schiessl* ZGR 1992, 64 (67); zweifelnd aber *Raiser/Veil* KapGesR § 14 Rn. 28; ferner *Endres* ZHR 163 (1999) 441 (446).
[319] Vgl. *Fleischer* ZIP 2003, 1 (8); *Fleischer* BB 2017, 2499 (2502).
[320] Vgl. *Fleischer* BB 2017, 2499 (2504); Kölner Komm AktG/*Mertens/Cahn* Rn. 15; Großkomm AktG/*Kort* Rn. 24b; K. Schmidt/Lutter/*Seibt* Rn. 20; *Schwark* FS Ulmer, 2003, 605 (613 ff.); ferner *Götz* ZGR 2003, 1 (11 ff.).
[321] Vgl. *Fleischer* BB 2017, 2499 (2505); *Lawall*, Die virtuelle Holding nach deutschem Aktienrecht, 2006, 373 f.; *Wettich*, Vorstandsorganisation in der Aktiengesellschaft, 2008, 217 f.
[322] Vgl. *Fleischer* BB 2017, 2499 (2506).
[323] Vgl. bereits unter der Geltung des AktG 1937 Schlegelberger/Quassowski AktG 1937 § 70 Anm. 10; aus heutiger Sicht *Dreher* FS Hopt, 2010, 517 (526); *Ihrig/Schäfer* Rechte und Pflichten des Vorstands Rn. 20; MüKoAktG/*Spindler* § 77 Rn. 63.
[324] Dazu *Baumbach/Hopt* HGB Vor § 48 Rn. 2.
[325] Vgl. *Fleischer* ZIP 2003, 1 (8).
[326] Vgl. *Fleischer* ZIP 2003, 1 (8).
[327] Dazu *Schierenbeck/Wöhle*, Grundzüge der Betriebswirtschaftslehre, 19. Aufl. 2016, 143.

Rahmen des § 76 Abs. 1. Von Belang ist das etwa, wenn die Spartenleitung unterhalb der Vorstandsebene angesiedelt wird.[328] Unabhängig davon haben die Vorstandsmitglieder bei der Auswahl, Einweisung und Überwachung der Delegationsempfänger die erforderliche Sorgfalt walten zu lassen.[329] Andernfalls haften sie persönlich für deren Fehlverhalten (näher → § 93 Rn. 98 ff.).

c) Aufgabenübertragung an unternehmensfremde Dritte. aa) Aktienrechtliche Beurteilung. Einen weiteren Brennpunkt der wissenschaftlichen Diskussion bildet die Auslagerung von Hilfsfunktionen auf unternehmensfremde Dritte, für die sich die angelsächsische Bezeichnung *Outsourcing* eingebürgert hat.[330] Anlass dazu gab eine instanzgerichtliche Entscheidung, in der über die Auslagerung der EDV an ein konzernangehöriges Unternehmen zu befinden war.[331] Aktienrechtlich sind solche Funktionsauslagerungen daran zu messen, ob sie die unübertragbare Führungsverantwortung des Vorstands (→ Rn. 9) beeinträchtigen.[332] Das scheidet von vornherein hinsichtlich solcher Hilfsfunktionen aus, die nur in sehr lockerer Verbindung zum Kernbereich des Unternehmens stehen. Schulbeispiele bilden Gebäudereinigung oder Sicherungsdienste. Schwieriger liegen die Dinge bei der Auslagerung unternehmenswesentlicher Teilbereiche oder Hilfsfunktionen. Auch bei ihnen wird man die Auslagerungsfähigkeit aber grundsätzlich bejahen können, sofern der Vorstand in zweierlei Hinsicht Vorsorge trifft: Er hat zum einen bei der Auswahl und Einweisung des Dienstleistungsunternehmens dafür zu sorgen, dass eine sachgerechte Aufgabenwahrnehmung in gleicher Weise gewährleistet ist wie bei unternehmensinterner Delegation.[333] Zum anderen muss er das fehlende arbeitsrechtliche Weisungsrecht durch schuldrechtliche Vereinbarungen ersetzen, die ihm auch weiterhin die Wahrnehmung seiner Steuerungs- und Informationsverantwortung ermöglichen.[334] Darüber hinausgehende Delegationsgrenzen unter dem Gesichtspunkt technologischer oder systembedingter Abhängigkeit sind nicht gerechtfertigt.[335]

bb) Sondernormen im Wirtschaftsaufsichtsrecht. Organisationsrechtlichen Rückhalt erfährt die hier vertretene Sichtweise durch wirtschaftsaufsichtsrechtliche Spezialnormen zur Funktionsauslagerung.[336] Im Mittelpunkt der noch recht jungen Diskussion steht § 25a Abs. 2 KWG,[337] der ein Organisationssonderrecht für Finanzdienstleister schafft: S. 1 verlangt, dass die Auslagerung wesentlicher Teilbereiche auf ein anderes Unternehmen weder die Ordnungsmäßigkeit der Geschäfte noch die Steuerungs- und Kontrollmöglichkeiten der Geschäftsleitung noch die Prüfungsrechte der Aufsichtsbehörden beeinträchtigen darf; S. 2 schreibt vor, dass sich das Finanzdienstleistungsinstitut die erforderlichen Leitungsbefugnisse vertraglich sichern und die ausgelagerten Bereiche in seine internen Kontrollverfahren einbeziehen muss. Zwar sind diese Vorgaben, die in ähnlicher Weise für Versicherungsunternehmen (§§ 5 Abs. 3 Nr. 4, 64a VAG) und Börsenträger (§ 5 Abs. 3 BörsG) gelten, zuvörderst aus ihrer eigenen, aufsichtsrechtlichen Zwecksetzung heraus zu verstehen. Sie belegen aber zugleich, dass Regelungen des Wirtschaftsaufsichtsrechts das Gesellschaftsrecht in ausgewählten Bereichen überholt haben und ihrerseits auf die aktienrechtliche Legalverfassung zurückwirken.[338] Wie weit diese „Ausstrahlungswirkung" aufsichtsrechtlicher Vorgaben reicht und wie sie sich methodisch einordnen lässt, ist Gegenstand anhaltender Debatten (näher → § 93 Rn. 50a).[339]

---

[328] Dazu OLG Frankfurt NZG 2008, 429 (431 f.); ferner *Schwark* ZHR 142 (1978) 203 (217); zustimmend Kölner Komm AktG/*Mertens/Cahn* § 77 Rn. 27.
[329] Vgl. *Dreher* FS Hopt, 2010, 517 (529 f.); *Fleischer* ZIP 2003, 1 (9); *Fleischer* AG 2003, 291 (292 ff.); *Froesch* DB 2009, 722 (725); zu Grundlagen und Umsetzung von Compliance-Strukturen *Bergmoser/Theusinger/Gushurst* BB-Special 2008, Nr. 5, 1.
[330] Dazu *Fleischer* ZIP 2003, 1 (10); *Hirte* CR 1992, 193; *Ihrig/Schäfer* Rechte und Pflichten des Vorstands Rn. 22; Großkomm AktG/*Kort* Rn. 50; MüKoAktG/*Spindler* Rn. 18.
[331] Vgl. LG Darmstadt ZIP 1986, 1389.
[332] Ebenso MüKoAktG/*Spindler* Rn. 18.
[333] Ebenso *Henze* BB 2000, 209 (210); MüKoAktG/*Spindler* Rn. 18; *Stein* ZGR 1988, 163 (171).
[334] Ähnlich *Dreher* FS Hopt, 2010, 517 (530); *Hüffer* Liber Amicorum Happ, 2006, 93 (106); MüKoAktG/*Spindler* Rn. 18; *Semler* Leitung und Überwachung der Aktiengesellschaft, 2. Aufl. 1996, Rn. 24; *Stein* ZGR 1988, 163 (171).
[335] Wie hier *Mülbert* in Hadding/Hopt/Schimansky, Funktionsauslagerung (Outsourcing) bei Kreditinstituten, 2001, 3 (13 ff., 19 ff.); abw. *Stein* ZGR 1988, 163 (173 f.).
[336] Grundlegend *Spindler*, Unternehmensorganisationspflichten, 2001, 207 ff. (230 ff., 242 ff.); ferner MüKoAktG/*Spindler* Rn. 19.
[337] Eingehend der Sammelband von *Hadding/Hopt/Schimansky*, Funktionsauslagerung (Outsourcing) bei Kreditinstituten, 2001; monographisch *Konopatzki*, Funktionsauslagerung bei Kreditinstituten, 2008, und zuletzt *Bergmann*, Funktionsauslagerung bei Kreditinstituten: rechtliche Fragen des Outsourcing, 2010.
[338] Vgl. *Fleischer* ZIP 2003, 1 (10); ähnlich *Dreher* FS Hopt, 2010, 517 (530); *Ihrig/Schäfer* Rechte und Pflichten des Vorstands Rn. 22; MüKoAktG/*Spindler* Rn. 18 f.; ausdrücklich zustimmend *Preußner* NZG 2004, 57; nunmehr auch *Schaloske* VW 2008, 1521.
[339] Dazu *Dreher* ZGR 2010, 496; *Weber-Rey* ZGR 2010, 543; umfassend *Thaten*, Die Ausstrahlung des Aufsichts- auf das Aktienrecht am Beispiel von Banken und Versicherungen, 2015.

68   **3. Leitung und Fremdeinfluss. a) Allgemeines.** Gesonderte Erörterung verdienen Fallgestaltungen, bei denen die Leitungsautonomie des Vorstands durch einen hohen Grad an Fremdbestimmung gefährdet ist. Eine verallgemeinerungsfähige Formel, wann der Grundsatz der Unveräußerlichkeit der Leitungsmacht in derartigen Fällen verletzt ist, hat sich mangels einschlägiger Spruchpraxis bis heute nicht herausgebildet.[340] Der BGH ließ die Frage zuletzt dahinstehen.[341] Im Schrifttum ist verschiedentlich von einem Verbot der Vorwegbindung die Rede, das dem Vorstand untersagt, sich hinsichtlich seines zukünftigen Leitungsverhaltens vorab festzulegen.[342] Ganz ähnlich spricht man in England von einem Gebot der *unfettered discretion*,[343] in den Vereinigten Staaten von der *abdication-of-directorial-authority-doctrine*.[344]

69   An der prinzipiellen Berechtigung des Verbots der Vorwegbindung ist entgegen kritischer Stimmen[345] festzuhalten. Allerdings sind seine Konturen in zweierlei Hinsicht zu präzisieren. Zum einen bedarf es im tatbestandlichen Zugriff einer sachgerechten Eingrenzung: Vereinbarungen, mit denen der Vorstand seinen zukünftigen Handlungsspielraum einengt, können sich im Einzelfall nicht als unzulässige Ermessenseinschränkung, sondern als zulässige Ermessensausübung darstellen.[346] Zum anderen ist in rechtsdogmatischer Hinsicht sorgfältiger als bisher zwischen kompetenz- und haftungsrechtlichen Kontrollmechanismen zu unterscheiden: Selbstbindungen des Vorstands können sehr wohl mit § 76 Abs. 1 vereinbar sein, aber unter Umständen gegen die organschaftliche Sorgfalts- und Treuepflicht der Vorstandsmitglieder nach § 93 Abs. 1 verstoßen.[347] Zum Teil fordert man neuerdings noch weitergehende Auflockerungen,[348] vor allem im Bereich der Investorenvereinbarungen (→ Rn. 82).[349]

70   **b) Einzelne Anwendungsfälle.** Für die weitere Darstellung empfiehlt es sich, einzelne Fallgruppen darauf abzutasten, ob sie die Leitungsmacht des Vorstands berühren.[350]

71   **aa) Betriebsführungsverträge.** Den wohl prominentesten Prüfstein für die aktienrechtliche Leitungsautonomie bilden Betriebsführungsverträge, bei denen ein Betriebsführer das Unternehmen für Rechnung der Eigentümergesellschaft leitet. Tritt er dabei im Namen der Eigentümergesellschaft auf, spricht man von einem echten Betriebsführungsvertrag; handelt er im eigenen Namen, liegt ein unechter Betriebsführungsvertrag vor.[351] Der Hauptanwendungsbereich dieser auch als Managementverträge bezeichneten Vereinbarungen lag früher bei den Eisenbahngesellschaften;[352] heute begegnen sie vornehmlich im Hotelgewerbe.[353]

72   **(1) Konzernexterne Betriebsführungsverträge.** Der BGH hat konzernexterne Betriebsführungsverträge bislang allein bei Personengesellschaften unter dem Gesichtspunkt der Selbstorganschaft gewürdigt. In einer viel beachteten Entscheidung erblickte er in ihrem Abschluss keine unzulässige Übertragung von Leitungsaufgaben auf außenstehende Dritte, sofern der Vertrag Richtlinien für die

---

[340] Vgl. *Fleischer* FS Schwark, 2009, 137 (149); gleicher Befund bei Hüffer/Koch/*Koch* Rn. 27, 41 ff.; Kölner Komm AktG/*Mertens/Cahn* Rn. 48; ferner *Seyfarth* VorstandsR § 1 Rn. 14, § 8 Rn. 3 ff.; s. auch *Kuntz* AG 2016, 101 ff.

[341] Vgl. BGH NZG 2017, 1219 Rn. 39.

[342] Vgl. Spindler/Stilz/*Fleischer*, 1. Aufl. 2007, Rn. 63; Hüffer/Koch/*Koch* Rn. 27; *Lutter* FS Fleck, 1988, 169 (184); Kölner Komm AktG/*Mertens*, 2. Aufl. 1996, Rn. 45; NK-AktR/*Oltmanns* Rn. 7; *Otto* NZG 2013, 930 (934 f.).

[343] Vgl. *Gower/Davies/Worthington*, Principles of Modern Company Law, 10. Aufl. 2016, Rn. 16–35; rechtsvergleichend *Fleischer* FS Schwark, 2009, 137 (138 ff.).

[344] Vgl. *Grimes v. Donald* 673 A.2d 1205 (1207, 1214) (Del. 1996); rechtsvergleichend *Fleischer* FS Schwark, 2009, 137 (143 ff.); *Kuntz* RIW 2016, 97 (99 f.).

[345] Fundamentalkritik bei Kölner Komm AktG/*Mertens/Cahn* Rn. 49 ff.; wie hier dagegen Hüffer/Koch/*Koch* Rn. 27.

[346] Vgl. *Fleischer* FS Schwark, 2009, 137 (154 f.); *Paschos* NZG 2012, 1142 (1143).

[347] Vgl. *Fleischer* FS Schwark, 2009, 137 (155); dem folgend *Bungert/Wansleben* ZIP 2013, 1841 (1845); *Paschos* NZG 2012, 1142 (1144); *Wansleben* Der Konzern 2014, 29 (35); s. auch *Kuntz* AG 2016, 101 (107); zum Teil krit. MüKoAktG/*Spindler* Rn. 27a.

[348] Näher *Koch* in Fleischer/Koch/Kropff/Lutter, 50 Jahre Aktiengesetz, 2015, 65 (95 ff.); Hüffer/Koch/*Koch* Rn. 41a.

[349] Vgl. etwa *Herwig*, Leitungsautonomie und Fremdeinfluss, 2014, 65 ff.; *Heß*, Investorenvereinbarungen, 2014, 178 ff.; *Kiefner* ZHR 178 (2014), 547 (576 ff.).

[350] Näher *Fleischer* FS Schwark, 2009, 137 (150 ff.).

[351] Vgl. *Raiser/Veil* KapGesR § 57 Rn. 17; monographisch *Veelken*, Der Betriebsführungsvertrag im deutschen und im amerikanischen Aktien- und Konzernrecht, 1975, 15 ff., 27 ff. und passim.

[352] Vgl. RGZ 3, 123 – rumänischer Eisenbahnfall.

[353] Vgl. BGH NJW 1982, 1817 – Holiday Inn; OLG München ZIP 1987, 849 – Holiday Inn; näher *Joachim* DZWiR 1992, 397 (455); monographisch *Fenzl*, Betriebspacht-, Betriebsüberlassungs- und Betriebsführungsverträge in der Konzernpraxis, 2007.

Geschäftsführung des Dritten festlegt, sich Inhalt und Umfang der Geschäftsführungsmaßnahmen am Interesse des Auftraggebers ausrichten und ihm umfassende Informations-, Einsichts- und Kontrollrechte zustehen, mit denen er die Einhaltung seiner Vorgaben erreichen oder das Vertragsverhältnis beenden kann.[354] Das Schrifttum trägt diese Abgrenzungskriterien häufig an das Aktienrecht heran.[355] Nach ganz überwiegender Auffassung sind Betriebsführungsverträge mit § 76 Abs. 1 vereinbar, wenn dem Betriebsführer nur die laufende Geschäftsführung übertragen wird und die grundsätzlichen Entscheidungen der Unternehmenspolitik beim Vorstand der Eigentümergesellschaft verbleiben.[356] Eine strengere Literaturansicht hält die Delegation der laufenden Geschäfte vermittels Betriebsführungsvertrag dagegen für unzulässig;[357] großzügigere Stimmen befürworten demgegenüber unter Berufung auf § 308 AktG eine sehr viel weiterreichende Entäußerbarkeit von Vorstandsaufgaben.[358]

Mit der hM ist die Übertragung der laufenden Geschäfte an den Betriebsführer als statthaft anzusehen. Dafür spricht *teleologisch,* dass Planungs- und Entscheidungsverantwortung unverändert in den Händen des Vorstands der Eigentümergesellschaft liegen; *systematisch,* dass § 292 Abs. 1 Nr. 3 mit dem Betriebspachtvertrag eine Pflichtenreduzierung auf die „Oberleitung"[359] anerkennt;[360] *historisch,* dass Betriebsführungsverträge unter dem Aktiengesetz von 1937 gang und gäbe waren und Bedenken nur gegen frühere Auswüchse laut geworden sind.[361] Allerdings reicht es entgegen einer häufig geäußerten Ansicht zur Wahrnehmung der Leitungsverantwortung nicht aus, dass der Vorstand einmal im Jahr über die Budgetierung befindet.[362] Vielmehr muss er auch über die Steuerungsverantwortung verfügen, wenn unterjährig schwerwiegende Störungen auftreten, und hierzu bedarf er wiederum eines beständigen Informationsflusses seitens des Betriebsführers.[363] Schließlich müssen ihm bei einem Vertrauensverlust hinreichende Kündigungsmöglichkeiten zu Gebote stehen. Dies entspricht auch den maßgeblichen Abgrenzungskriterien im US-amerikanischen Recht, das über eine reichhaltige Spruchpraxis zu sog. *management contracts* verfügt.[364] **73**

(2) Konzerninterne Betriebsführungsverträge. Betriebsführungsverträge zwischen verbundenen Unternehmen geraten dann mit § 76 Abs. 1 in Konflikt, wenn dem herrschenden Unternehmen mehr als nur die laufende Geschäftsführung übertragen wird. Auch eine abhängige Aktiengesellschaft kann die Leitungsbefugnis ihres Vorstands nämlich nur durch den Abschluss eines Beherrschungsvertrages aus der Hand geben.[365] Im umgekehrten Fall der Verlagerung von Betriebsführungspflichten durch die herrschende Aktiengesellschaft auf ein abhängiges Unternehmen ist dagegen eine großzügigere Beurteilung am Platze.[366] Die konzernrechtlich begründete Abhängigkeit der Tochter wirkt hier einem Verlust an Leitungssouveränität bei der Mutter entgegen. **74**

bb) Schuldrechtliche Dauerbindungen. Der Abschluss langfristiger Bezugs- oder Liefervereinbarungen berührt entgegen gelegentlich geäußerter Zweifel[367] nicht die Leitungsautonomie des Vorstands, selbst wenn er dessen zukünftigen Bewegungsspielraum tatsächlich einschränkt.[368] Dies ergibt sich für viele schuldrechtliche Verträge bereits daraus, dass sie nicht die Leitungs-, sondern nur die Geschäftsführungsebene berühren. Farbe bekennen muss man freilich, wenn eine schuldrechtliche Dauerbindung, zB ein langfristiger Darlehensvertrag oder ein Großprojekt, für die AG ein außerge- **75**

---

[354] Vgl. BGH NJW 1982, 1817 (1818).
[355] Vgl. *Henze* BB 2000, 209 (210); Kölner Komm AktG/*Mertens/Cahn* Rn. 57; *Paefgen,* Unternehmerische Entscheidungen und Rechtsbindung der Organe in der AG, 2002, 12 mit Fn. 11; Hölters/*Weber* Rn. 15.
[356] Vgl. *Emmerich/Habersack* KonzernR § 15 IV 2, S. 201; *Fenzl,* Betriebspacht-, Betriebsüberlassungs- und Betriebsführungsverträge in der Konzernpraxis, 2007, 36 ff.; *Hommelhoff,* Die Konzernleitungspflicht, 1982, 284; MHdB AG/*Krieger* § 72 Rn. 76; MüKoAktG/*Spindler* Rn. 25; *Raiser/Veil* KapGesR § 57 Rn. 17.
[357] Vgl. *Veelken,* Der Betriebsführungsvertrag im deutschen und im amerikanischen Aktien- und Konzernrecht, 1975, 99 ff. (119 ff., 210 ff.); zu ihm auch *Damm* BB 1976, 294; kritisch *Geßler* FS Hefermehl, 1976, 263 (267 ff.).
[358] Kölner Komm AktG/*Koppensteiner* § 291 Rn. 38 ff.
[359] *Geßler* FS Hefermehl, 1976, 263 (265).
[360] Vgl. *Huber* ZHR 152 (1988), 1 (33 f.).
[361] Vgl. *Geßler* FS Hefermehl, 1976, 263 (275).
[362] So aber *Geßler* FS Hefermehl, 1976, 263 (276 f.); MHdB AG/*Krieger* § 76 Rn. 46.
[363] Vgl. *Fleischer* ZIP 2003, 1 (9); in eine ähnliche Richtung *Hommelhoff,* Die Konzernleitungspflicht, 1982, 285 mit Fn. 63.
[364] Vgl. zuletzt *In re Bally's Grand Derivative Litigation* 23 Del. J. Corp. L. 677, 686 (Del. Ch. 1997); weitere Nachweise bei *Fleischer* ZIP 2003, 1 (10).
[365] Vgl. Großkomm AktG/*Kort* Rn. 161; Kölner Komm AktG/*Mertens/Cahn* Rn. 45 und 58.
[366] Vgl. Großkomm AktG/*Kort* Rn. 161.
[367] Krit. etwa MüKoAktG/*Spindler* Rn. 27.
[368] Wie hier LG München I NZG 2012, 1152 (1153 f.); Großkomm AktG/*Kort* Rn. 158; Kölner Komm AktG/*Mertens/Cahn* Rn. 53.

wöhnliches Geschäft darstellt und deshalb zum Kreis der Leitungsmaßnahmen zählt. Zu weit greift hier der abstrakte Rechtssatz, eine unzulässige Vorwegbindung liege bereits dann vor, wenn die aktuellen Vorstandsmitglieder ihren Amtsnachfolgern weitreichende Zukunftsbindungen aufbürdeten.[369] Vielmehr bilden glaubwürdige Selbstverpflichtungen in vielen Fällen eine Grundvoraussetzung für nutzenmehrende Austauschgeschäfte.[370] Außerdem führt jede Ressourcenbindung an einer Stelle zwangsläufig zu Ressourcenmangel an anderer Stelle.

76 Rechtsdogmatisch wird die Vereinbarkeit mit § 76 Abs. 1 unterschiedlich begründet: Schuldrechtliche Dauerbindungen führen zu keiner förmlichen, sondern nur zu einer faktischen Entäußerung von Führungsbefugnissen;[371] bilden keine direkte, sondern nur eine indirekte Einflussnahme auf die langfristige Unternehmenspolitik;[372] fallen nicht in die korporative, sondern in die außerkorporative Sphäre; stellen keine *Einschränkung*, sondern eine *Ausübung* des Leitungsermessens dar, das gerade in strategischen Zielsetzungen sinnfällig zum Ausdruck kommt.[373]

77 Die geringere Kontrolldichte im Rahmen des § 76 Abs. 1 muss keine unzureichende Managementkontrolle zur Folge haben, weil § 93 Abs. 1 für solche Fälle ein zweites, engmaschigeres Kontrollnetz aufspannt: Die mit der Eingehung schuldrechtlicher Dauerbindungen einhergehende Beschränkung des unternehmerischen Handlungsspielraums ist danach nur pflichtgemäß, wenn die Vorstandsmitglieder bereits im Zeitpunkt des Vertragsschlusses eine wohlinformierte (Ermessens-)Entscheidung getroffen haben und die Nachteile der Dauerbindung durch entsprechende Vorteile für die Gesellschaft aufgewogen werden.[374]

78 **cc) Verzicht auf Kapitalerhöhungen in Übernahmeverträgen.** Die in Übernahmeverträgen häufig enthaltene Verpflichtung des Emittenten, für eine gewisse Zeit aus genehmigtem Kapital keine neuen Aktien zu begeben und der Hauptversammlung keine Ausgabe von Aktien vorzuschlagen,[375] wird im aktienrechtlichen Schrifttum gelegentlich als unzulässig angesehen, weil sich eine Aktiengesellschaft nicht ihrer Entscheidungsfreiheit begeben könne, Kapitalmaßnahmen durchzuführen.[376] Dem haben sich einzelne instanz- und obergerichtliche Entscheidungen kürzlich für den Fall angeschlossen, dass sich der Vorstand in einem Business Combination Agreement dazu verpflichtet, ohne die Zustimmung der herrschenden Gesellschaft weder genehmigtes Kapital iSd § 202 auszunutzen noch die Ausgabe von Aktienoptionen oder ähnlichen Instrumenten zu unterstützen.[377] Eine solche Vereinbarung sei mit der Aufgabenverteilung zwischen dem Vorstand und einem Aktionär unvereinbar und führe gem. § 134 BGB zur Nichtigkeit des Business Combination Agreement.[378] Die kapitalmarktrechtliche Spezialliteratur hält derartige Klauseln dagegen überwiegend für wirksam[379] und bekräftigt diesen Rechtsstandpunkt auch nach den anderslautenden instanz- und obergerichtlichen Urteilen.[380] Dem ist beizutreten.[381] Eine rechtsdogmatische Begründung dafür fällt allerdings schwerer als bei den schuldrechtlichen Dauerbindungen (→ Rn. 76), weil der Vorstand hier formell auf eine korporative Maßnahme in seinem Zuständigkeitsbereich verzichtet. Im ersten Zugriff wurde empfohlen, die Entscheidung des Vorstands (ggf. mit Zustimmung des Aufsichtsrats), für eine überschaubare Zeit auf eine Ausübung des genehmigten Kapitals zu verzichten, als eine folgerichtige Fortführung der Entscheidung für den Börsengang oder das Übernahmeangebot anzusehen.[382] Eine Pflichtverletzung liegt erst dann vor, wenn die Selbstbindung weder

---

[369] Zu diesem Begründungsmuster *Lutter* FS Fleck, 1988, 169 (184).
[370] Vgl. *Fleischer* FS Schwark, 2009, 137 (151); ähnlich *Gower/Davies/Worthington*, Principles of Modern Company Law, 10. Aufl. 2016, Rn. 16–35: „The application of the ‚no fettering' rule would make companies unreliable contracting parties and perhaps deprive them of the opportunity to enter into long-term contracts which would be to their commercial benefit."; grundlegend zu den *credible (pre)commitments* in der Spieltheorie und den Sozialwissenschaften *Schelling*, The Strategy of Conflict, 1960, 24 ff. (121 ff.); *Elster*, Ulysses and the Sirens, 1979.
[371] So das „distinguishing" in *Grimes v. Donald* 20 Del. J. Corp. L. 757 (774 f.) (Del 1995).
[372] So Großkomm AktG/*Kort* Rn. 156.
[373] Vgl. *Fleischer* FS Schwark, 2009, 137 (151).
[374] Näher *Fleischer* FS Schwark, 2009, 137 (151 f.).
[375] Dazu *Schanz*, Börseneinführung, 4. Aufl. 2012, 294 mit Fn. 113.
[376] So für den Kapitalmaßnahmen *Picot/Land* DB 1999, 570 (573); *Schanz*, Börseneinführung, 4. Aufl. 2012, 294 mit Fn. 113; *Technau* AG 1998, 445 (457); eingehend zuletzt *Kuntz* AG 2016, 101 (111 ff.).
[377] Vgl. LG München I NZG 2012, 1152; OLG München NZG 2013, 459 (462); iE auch MüKoAktG/*Spindler* Rn. 27a; offen *Ihrig/Schäfer* Rechte und Pflichten des Vorstands Rn. 23.
[378] Vgl. LG München I NZG 2012, 1152; OLG München NZG 2013, 459 (462).
[379] Vgl. *Bosch/Groß*, Emissionsgeschäft, BuB 2006, Rn. 10/292 b; *Fredebeil*, Aktienemissionen, 2002, 235 f.; *Singhof/Weber* in Habersack/Mülbert/Schlitt, Unternehmensfinanzierung am Kapitalmarkt, 3. Aufl. 2013, § 4 Rn. 38.
[380] Vgl. *Bungert/Wansleben* ZIP 2013, 1841 (1843 f.); *Paschos* NZG 2012, 1142 (1143 f.); *Wansleben* Der Konzern 2014, 29 (30 ff.).
[381] Vgl. bereits *Fleischer* WM 2002, 2305 (2314).
[382] Vgl. *Fleischer* FS Schwark, 2009, 137 (152); kritisch dazu *Herwig*, Leitungsautonomie und Fremdeinfluss, 2014, 106; *Heß*, Investorenvereinbarungen, 2014, 179 f.

durch Zeit- noch Sachbedingungen genau umrissen wird.[383] Eine Alternativbegründung dieses weithin konsentierten Ergebnisses stellt darauf ab, dass Selbstbindungen für einen kürzeren Zeitraum noch der Geschäftsführung zuzuordnen seien und die Leitungsverantwortung daher nicht berührten.[384] Wieder andere treten dafür ein, das auch von ihnen gebilligte Ergebnis dogmatisch durch eine Auflockerung des Unveräußerlichkeitsdogmas zu erreichen.[385]

dd) Kontrollrechte für Fremdkapitalgeber. Fremdkapitalgeber bedingen sich in Kreditverträ- 79 gen nicht selten Einblick in und Einfluss auf die Geschäftsleitung des Schuldnerunternehmens aus. Gesellschaftsrechtliche Aufmerksamkeit haben solche *financial covenants* vor allem unter den Gesichtspunkten des Kapitalersatzes[386] und der faktischen Organschaft[387] auf sich gezogen. Unter dem Blickwinkel des § 76 Abs. 1 sind sie unzulässig, wenn sich der Vorstand dem Weisungsrecht eines Kreditgebers unterwirft.[388] Unbedenklich sind dagegen bloße Informations- und Inspektionsrechte. Wo genau auf diesem Kontinuum der Kontrollrechte die kritische Grenze verläuft, die ein zur Leitungsautonomie verpflichteter Vorstand in Kreditverträgen nicht überschreiten darf, ist noch wenig ausgelotet. Kein Verstoß gegen § 76 Abs. 1 dürfte vorliegen, wenn der Kreditgeber die Darlehensbelassung an die Einhaltung bestimmter betriebswirtschaftlicher Schlüsselgrößen knüpft. Die Gefahrenzone beginnt erst dort, wo er in die gesetzliche Organisationsstruktur der Gesellschaft eindringt. Dazu genügt weder eine bloße Konsultation vor wichtigen Unternehmensentscheidungen, noch eine vereinzelte Teilnahme an Vorstandssitzungen, wohl aber die alleinige Übernahme der Finanzangelegenheiten in Krisenzeiten einschließlich der exklusiven Verhandlungsführung mit allen Gesellschaftsgläubigern.[389] Des Weiteren muss sorgfältig abgewogen werden, ob die inhaltlichen Maßgaben der *financial covenants* die Leitungsautonomie des Vorstands nicht in Widerspruch zu den aktienrechtlichen Vorschriften beschränken.[390]

ee) Exklusivvereinbarungen bei M&A-Transaktionen. Exklusivvereinbarungen im Rahmen 80 von M&A-Transaktionen erfreuen sich in Deutschland zunehmender Beliebtheit.[391] Sog. *board-recommendation*-Klauseln, mit denen sich der Vorstand verpflichtet, seinen Aktionären ein bestimmtes Übernahmeangebot zu empfehlen, zielen auf die Stellungnahmepflicht des Vorstands nach § 27 Abs. 1 S. 1 WpÜG. Sie verstoßen nach hL jedenfalls dann gegen das Verbot der Vorwegbindung, wenn sie keine auflösende Bedingung für den Fall eines besseren Angebots enthalten.[392] Diese (Negativ-)Beurteilung trifft im Ergebnis das Richtige.[393] Zweifelhaft ist allein ihre dogmatische Ableitung aus § 76 Abs. 1: Der Vorstand hat die Kompetenz und nach § 27 Abs. 1 S. 1 WpÜG sogar die kapitalmarktrechtliche Pflicht, zu einem Übernahmeangebot Stellung zu nehmen. Eine drohende „Schlechterfüllung" infolge einer vorherigen Selbstbindung gegenüber Dritten verstößt daher weniger gegen seinen aktienrechtlichen Leitungsauftrag, als vielmehr gegen seine Pflicht zur Fremdinteressenwahrnehmung als Treuhänder der Aktionäre. Eine solche Vorstandspflicht zur vollständigen und zeitnahen Information der Aktionäre hatte die hL schon vor Inkrafttreten des WpÜG bejaht,[394] wobei manche konstruktiv auf die der Gesellschaft geschuldete Pflicht zur ordnungsgemäßen Leitung und Geschäftsführung,[395] andere hingegen auf eine unmittelbare Unterrichtungspflicht gegenüber den Aktionären zurückgriffen.[396]

---

[383] Vgl. *Bungert/Wansleben* ZIP 2013, 1841 (1844); *Paschos* NZG 2012, 1142 (1143).
[384] Vgl. *Bungert/Wansleben* ZIP 2013, 1841 (1844); *Hippeli/Diesing* AG 2015, 185 (192); *König* NZG 2013, 452 (453 f.); *Reichert* ZGR 2015, 1 (23).
[385] Vgl. *Koch* in Fleischer/Koch/Kropff/Lutter, 50 Jahre Aktiengesetz, 2015, 65 (98 ff.); Hüffer/Koch/*Koch* Rn. 41b.
[386] Eingehend *Fleischer* ZIP 1998, 313 ff.
[387] Näher *Fleischer* AG 2004, 517 (527).
[388] Ebenso MüKoAktG/*Spindler* Rn. 29; *Bochmann*, Covenants und die Verfassung der Aktiengesellschaft, 2012, 133.
[389] Vgl. *Fleischer* FS Schwark, 2009, 137 (153).
[390] Ausf. dazu mit pointiertem Ansatz *Bochmann*, Covenants und die Verfassung der Aktiengesellschaft, 2012, 133 ff.
[391] Eingehend *Fleischer* ZHR 172 (2008) 538 (555 ff.).
[392] Vgl. *Banerjea* DB 2003, 1489 (1494); *Kuhn*, Exklusivvereinbarungen bei Unternehmenszusammenschlüssen, 2007, 230; *Möslein*, Grenzen unternehmerischer Leitungsmacht im marktoffenen Verband, 2007, 605; *Steinert*, Sicherung der Interessen der Zielgesellschaft mittels einer Investorenvereinbarung, 2013, 175 ff.; abw. *Schall* in Kämmerer/Veil, Übernahme- und Kapitalmarktrecht in der Reformdiskussion, 2013, 75 (103 f.).
[393] Näher *Fleischer* ZHR 172 (2008), 538 (558).
[394] Vgl. *Hopt* ZGR 1993, 534 (556); Kölner Komm AktG/*Mertens*, 2. Aufl. 1996, Rn. 26.
[395] Vgl. *Assmann/Bozenhardt* in Assmann/Basaldua/Bozenhardt/Peltzer, Übernahmeangebote, 1990, 1, 103 f.; *Kort* FS Lutter, 2000, 1421 (1438 f.).
[396] Vgl. *van Aubel*, Vorstandspflichten bei Übernahmeangeboten, 1996, 128 ff. (173); auch *Mülbert* IStR 1999, 83 (88).

81 *No-talk*-Klauseln, mit denen sich der Vorstand der Zielgesellschaft verpflichtet, weder mit Dritten zu verhandeln noch Dritte mit Informationen zu versorgen, sind nach zutreffender hM mit den aktienrechtlichen Vorgaben unvereinbar.[397] Sie verstoßen jedenfalls gegen die Vorstandspflicht, unternehmerische Entscheidungen auf informierter Grundlage zu treffen,[398] und beschränken zudem die Wahlmöglichkeiten der Aktionäre. Dagegen unterliegen *no-shop*-Klauseln, die den Vorstand anhalten, nicht aktiv nach Drittanbietern zu suchen, unter dem Gesichtspunkt der Vorwegbindung aufgrund ihrer geringeren Verpflichtungsintensität keinen durchgreifenden Bedenken.[399]

82 **ff) Sonstige Investorenvereinbarungen.** Auch bei der Ausgestaltung sonstiger Investorenvereinbarungen sind die allgemeinen Grenzen des § 76 Abs. 1 zu beachten. Eine eingehende wissenschaftliche Diskussion hierüber hat gerade erst begonnen.[400] Zum Teil plädiert man für eine weiterreichende Zulässigkeit praktisch sinnvoller Gestaltungen, indem man die Grenze zwischen Leitungs- und Geschäftsführungsmaßnahmen neu zieht: Danach soll der Charakter einer Maßnahme nicht mehr abstrakt, sondern nach seiner Intensität bestimmt werden.[401] Zum Teil plädiert man für eine grundsätzliche Neuordnung auf der Rechtsfolgenseite.[402]

IV. Leitung im Unternehmensverbund

83 **1. Allgemeines.** § 76 Abs. 1 differenziert nicht zwischen den Leitungsorganen unverbundener und verbundener Aktiengesellschaften. Er überdeckt damit ein Regelungsvakuum, das der Aufmerksamkeit des Gesetzgebers mindestens teilweise entgangen ist.[403] Ungeregelt geblieben ist namentlich der Leitungsauftrag des Konzernvorstands gegenüber der herrschenden Aktiengesellschaft (→ Rn. 84 ff.). Auch die Besonderheiten der Leitungssorgfalt im Unternehmensverbund sind bisher erst ansatzweise herausgearbeitet worden (→ Rn. 91 ff.). Aus dem Blickwinkel einer abhängigen Aktiengesellschaft stellt sich zudem die Frage, inwieweit der Leitungsauftrag ihres Vorstands durch konzernrechtliche Spezialregelungen überlagert oder verdrängt wird (→ Rn. 102 ff.). Sonderprobleme werfen schließlich Vorstandsdoppelmandate auf (→ Rn. 105 ff.).

84 **2. Reichweite und Grenzen einer Konzernleitungspflicht. a) Leitungspflichten des Konzernvorstands gegenüber der herrschenden Aktiengesellschaft. aa) Allgemeines.** Unter dem Stichwort „Konzernleitungspflicht"[404] hat sich eine lebhafte Diskussion dazu entwickelt, ob § 76 Abs. 1 einer „verbundorientierten Auslegung"[405] zugänglich ist. Nach heute ganz hM erstreckt sich die Leitungspflicht des Konzernvorstands – zumal in einer Holdinggesellschaft[406] – auch auf Konzernunternehmen.[407] Davon geht auch Ziff. 4.1.1 DCGK aus.[408] Zur Begründung eines konzerndimensionalen Leitungsauftrags pflegt man anzuführen, dass der Beteiligungsbesitz zum Gesell-

---

[397] Vgl. *Möslein*, Grenzen unternehmerischer Leitungsmacht im marktoffenen Verband, 2007, 605; *Seibt/Wunsch* Der Konzern 2009, 195 (203).

[398] Vgl. *Fleischer* FS Schwark, 2009, 137 (154); ebenso *Kuhn*, Exklusivvereinbarungen bei Unternehmenszusammenschlüssen, 2007, 235 ff.; *Steinert*, Sicherung der Interessen der Zielgesellschaft mittels einer Investorenvereinbarung, 2013, 179 f.

[399] Vgl. *Banerjea* DB 2003, 1489 (1493); *Fleischer* ZHR 172 (2008) 538 (560); *Seibt/Wunsch* Der Konzern 2009, 195 (203); *Steinert*, Sicherung der Interessen der Zielgesellschaft mittels einer Investorenvereinbarung, 2013, 178 ff.; *Seibt* in Kämmerer/Veil, Übernahme- und Kapitalmarktrecht in der Reformdiskussion, 2013, 105 (125).

[400] Näher *Herwig*, Leitungsautonomie und Fremdeinfluss, 2014; *Heß*, Investorenvereinbarungen, 2014; *Kiefner* ZHR 178 (2014), 547; *Kiem* AG 2009, 301; *Kuntz* AG 2016, 101; *Otto* NZG 2013, 930; *Reichert* ZGR 2015, 1; *Reichert/Ott* FS Goette, 2011, 397 ff.; *Schall* in Kämmerer/Veil, Übernahme- und Kapitalmarktrecht in der Reformdiskussion, 2013, 105; *Seibt* in Kämmerer/Veil, Übernahme- und Kapitalmarktrecht in der Reformdiskussion, 2013, 755; *Seibt/Wunsch* Der Konzern 2009, 195; *Wiegand*, Investorenvereinbarungen und Business Combination Agreements bei Aktiengesellschaften, 2017; knapper Hüffer/Koch/*Koch* Rn. 41; Kölner Komm AktG/*Mertens/Cahn* Rn. 48; MüKoAktG/*Spindler* Rn. 28.

[401] Vgl. *Bungert/Wansleben* ZIP 2013, 1841 (1844); *Hippeli/Diesing* AG 2015, 185 (192); *Krause* CFL 2013, 192 (194 f.); *König* NZG 2013, 452 (453 f.); *Reichert* ZGR 2015, 1 (23).

[402] Vgl. *Koch* in Fleischer/Koch/Kropff/Lutter, 50 Jahre Aktiengesetz, 2015, 65 (95 ff.); Hüffer/Koch/*Koch* Rn. 41a.

[403] Eingehend dazu *Fleischer* DB 2005, 759; *Schneider/Schneider* AG 2005, 57.

[404] Begriffsprägend *Hommelhoff*, Die Konzernleitungspflicht, 1982, 41 ff. und passim.

[405] *Götz* ZGR 1998, 524 (526).

[406] Dazu *Hüffer* Liber Amicorum Happ, 2006, 93; *Semler* ZGR 2004, 631.

[407] Vgl. *Abeltshauser*, Leitungshaftung im Kapitalgesellschaftsrecht, 1998, 45; *Altmeppen* ZHR 164 (2000) 556 (558); *Ihrig/Schäfer* Rechte und Pflichten des Vorstands Rn. 1265; *Kleindiek* in Hommelhoff/Hopt/v. Werder Corporate Governance-HdB 787 (796); MHdB AG/*Krieger* § 69 Rn. 21; *Martens* FS Heinsius, 1991, 523 (531); Kölner Komm AktG/*Mertens/Cahn* Rn. 65; MüKoAktG/*Spindler* Rn. 42; *Semler* Leitung und Überwachung der Aktiengesellschaft, 2. Aufl. 1996, Rn. 278; Hölters/*Weber* Rn. 56 ff.

[408] Vgl. *Wilsing/Goslar* DCGK Ziff. 4.1.1 Rn. 8.

schaftsvermögen gehöre und der Vorstand einflussermöglichende Beteiligungen nicht als bloße Finanzanlagen halten dürfe.[409] Er sei vielmehr verpflichtet, deren unternehmerisches Potential zu nutzen und in einem weit verstandenen Sinne Konzernleitungsaufgaben zu übernehmen.[410]

bb) Leitungsintensität im Unternehmensverbund. (1) Meinungsstand. Inhalt und Umfang 85 der Konzernleitungspflicht sind Gegenstand einer anhaltenden Auseinandersetzung. Im Einzelnen lassen sich vier Sichtweisen unterscheiden, denen jeweils eine andere Akzentsetzung zugrunde liegt. Besonders weit geht eine prominente Ansicht, die den Vorstand eines herrschenden Unternehmens für verpflichtet hält, die Tochtergesellschaften unter seiner einheitlichen Leitung zu einem Konzern zusammenzuführen und das Konzerngeschehen bis in alle Einzelheiten der Tochteraktivitäten hinein zu lenken.[411] Die überwiegende Gegenansicht lehnt eine derart weitreichende Konzernleitungspflicht ab,[412] zeigt sich aber hinsichtlich der gebotenen Leitungsintensität uneins. Zahlreiche Literaturstimmen legen die Entscheidung über Umfang und Intensität der auszuübenden Leitungsmacht in die Hände des Konzernvorstands.[413] Letzterer verfüge über einen weiten Ermessensspielraum, mit welchen Mitteln er seine Konzernleitung ausübe.[414] Dieses Leitungsermessen lasse auch eine betont dezentrale Konzernführung zu und erlaube es, abhängige Unternehmen in weitgehender Selbstständigkeit arbeiten zu lassen.[415] Andere Autoren differenzieren zwischen den verschiedenen Konzernierungsformen: Während sie im faktischen Konzern einen umfassenden Leitungsauftrag ablehnen, sprechen sie sich im Vertrags- und Eingliederungskonzern für eine intensivere Leitungspflicht aus.[416] Dort müsse der Konzernvorstand die Einwirkungsmöglichkeiten wahrnehmen, die ihm Beherrschungsvertrag oder Eingliederung böten. Eine letzte Ansicht steht dem Gedanken der Konzernleitungspflicht äußerst zurückhaltend gegenüber und erkennt nur situationsbezogene Sorgfaltspflichten hinsichtlich der Beteiligungsgesellschaften an, die sich nicht aus einem allgemeinen Leitungsstandard ergäben.[417]

(2) Stellungnahme. Mit der hM ist eine Pflicht des Konzernvorstands zur zentralen Konzernlei- 86 tung abzulehnen. Sie verträgt sich nicht mit den Grundannahmen des Aktienkonzernrechts, das in den §§ 15 ff. auch bloße Abhängigkeitsverhältnisse als zulässige Unternehmensverbindungen anerkennt.[418] Eine Pflicht zur möglichst intensiven Konzernierung lässt sich der gesetzlichen Stufenfolge von Mehrheitsbeteiligung, Abhängigkeit und Konzern nicht entnehmen.[419] Sie wäre auch kaum mit den Vorgaben der §§ 311 ff. vereinbar, die den Einflussmöglichkeiten des herrschenden Unternehmens im faktischen Konzern enge Grenzen ziehen und die Eigenverantwortlichkeit des Tochtervorstands grundsätzlich unberührt lassen.[420] Darüber hinaus bestehen gegen den groß angelegten

---

[409] Vgl. *Emmerich/Habersack/Habersack* § 311 Rn. 11; Kölner Komm AktG/*Koppensteiner* Vor § 291 Rn. 71; MüKoAktG/*Altmeppen* § 311 Rn. 390 f.

[410] Vgl. *Hommelhoff,* Die Konzernleitungspflicht, 1982, 43 ff.; *Kropff* ZGR 1984, 112 (115 f.); MüKoAktG/ *Spindler* Rn. 42 und 65; *Rehbinder* ZHR 147 (1983) 464 (467).

[411] Vgl. *Hommelhoff,* Die Konzernleitungspflicht, 1982, 43 ff. (165 ff.); in der Tendenz auch *Kropff* ZGR 1984, 112 (116); *Schneider* BB 1981, 249 (253); *Timm,* Die Aktiengesellschaft als Konzernspitze, 1980, 95 f.; ferner *K. Schmidt* GesR § 31 II 4 c, S. 947, nach dem das herrschende Unternehmen zur Konzernleitung nicht nur berechtigt, sondern geradezu verpflichtet ist.

[412] Vgl. Hüffer/Koch/*Koch* Rn. 47; *Kleindiek* in Hommelhoff/Hopt/v. Werder Corporate Governance-HdB 787 (795 f.); Kölner Komm AktG/*Koppensteiner* Vor § 291 Rn. 71; Großkomm AktG/*Kort* Rn. 177; Kölner Komm AktG/*Mertens/Cahn* Rn. 65; *Mülbert,* Aktiengesellschaft, Unternehmensgruppe und Kapitalmarkt, 1995, 29; MüKoAktG/*Bayer* § 18 Rn. 21; MüKoAktG/*Spindler* Rn. 44; *Seyfarth* VorstandsR § 8 Rn. 24; *Windbichler* in Hommelhoff/Hopt/v. Werder Corporate Governance-HdB 825 (829 f.).

[413] Vgl. Hüffer/Koch/*Koch* Rn. 47; Kölner Komm AktG/*Koppensteiner* Vor § 291 Rn. 72; Kölner Komm AktG/*Mertens/Cahn* Rn. 66; K. Schmidt/Lutter/*Seibt* Rn. 16; *Wiedemann,* Die Unternehmensgruppe im Privatrecht, 1988, 76; *Windbichler* in Hommelhoff/Hopt/v. Werder Corporate Governance-HdB 825 (829).

[414] Vgl. *Abeltshauser,* Leitungshaftung im Kapitalgesellschaftsrecht, 1998, 42 f.; *Heller,* Unternehmensführung und Unternehmenskontrolle unter besonderer Berücksichtigung der Gesamtverantwortung des Vorstands, 1998, 106; *Ihrig/Schäfer* Rechte und Pflichten des Vorstands Rn. 1267; MHdB AG/*Krieger* § 69 Rn. 21; *Martens* FS Heinsius, 1991, 523 (531 f.); Kölner Komm AktG/*Mertens/Cahn* Rn. 65; MüKoAktG/*Spindler* Rn. 45; *Semler* Leitung und Überwachung Rn. 275 mit Fn. 410.

[415] Vgl. *Heller,* Unternehmensführung und Unternehmenskontrolle unter besonderer Berücksichtigung der Gesamtverantwortung des Vorstands, 1998, 106; Kölner Komm AktG/*Mertens/Cahn* Rn. 65; K. Schmidt/Lutter/ *Seibt* Rn. 16.

[416] Vgl. *Götz* ZGR 1998, 524 (526); MHdB AG/*Krieger* § 70 Rn. 139; *Löbbe,* Unternehmenskontrolle im Konzern, 2003, 83; MüKoAktG/*Bayer* § 18 Rn. 18 ff.; *Rieger* FS Peltzer, 2001, 339 (346).

[417] Vgl. Hüffer/Koch/*Koch* Rn. 50; s. auch *Reuter* DB 1999, 2250 (2251).

[418] Ebenso Kölner Komm AktG/*Koppensteiner* Vor § 291 Rn. 71; Kölner Komm AktG/*Mertens,* 2. Aufl. 1996, Rn. 55; *Mülbert,* Aktiengesellschaft, Unternehmensgruppe und Kapitalmarkt, 1995, 13 und 30.

[419] Vgl. Kölner Komm AktG/*Koppensteiner* Vor § 291 Rn. 71; Hölters/*Weber* Rn. 58.

[420] Vgl. *Abeltshauser,* Leitungshaftung im Kapitalgesellschaftsrecht, 1998, 44 f.; Hüffer/Koch/*Koch* Rn. 47.

Entwurf einer umfassenden Konzernleitungspflicht auch rechtsökonomische Bedenken: Er berücksichtigt nicht hinreichend, dass die Suche nach effizienten Leitungsstrukturen ein fortdauerndes Entdeckungsverfahren darstellt, dessen Ergebnissen ein gut beratener Gesetzgeber nicht vorgreifen wird. Das gilt erst recht, wenn man hinzunimmt, dass organisationsrechtliche Einheitslösungen kaum für alle Konzernverbindungen passen.[421] Schließlich würde eine umfassende Konzernleitungspflicht auch konzentrationsfördernd wirken und wäre damit ordnungspolitisch höchst fragwürdig.[422]

87 Eher zu erwägen ist der vermittelnde Vorschlag, eine intensive Konzernleitungspflicht nur beim Vertrags- und Eingliederungskonzern anzuerkennen. Für ihn spricht, dass dort bereits eine Vorentscheidung zugunsten zentraler Führungsstrukturen getroffen wurde und der Vorstand des herrschenden Unternehmens vermittels seiner Weisungsbefugnis über rechtlich abgesicherte Einwirkungsmöglichkeiten verfügt.[423] Dennoch überwiegen die Zweifel, zumal § 308 Abs. 1 S. 1 nur von einem Weisungsrecht, nicht von einer Weisungspflicht spricht.[424] Auch unter der Geltung eines Beherrschungsvertrages mag es gute Gründe geben, von laufenden Einzelweisungen abzusehen.[425] Dass der Vorstand der Obergesellschaft zum obersten Organ der Untergesellschaft aufrückt,[426] steht dem nicht entgegen, weil auch im Einzelunternehmen Raum für dezentrale Leitungsstrukturen bleibt. Immerhin wird man wegen der erhöhten Haftungsgefahren für das herrschende Unternehmen im Vertrags- und Eingliederungskonzern (vgl. § 302 Abs. 1, § 322 Abs. 1) eher geneigt sein, eine situationsbezogene Weisungspflicht im Einzelfall anzunehmen.[427]

88 Nach alledem verfügt der Konzernvorstand bei sämtlichen Unternehmensverbindungen über einen weiten Ermessensspielraum hinsichtlich der konzerninternen Leitungsstrukturen. Insbesondere steht es ihm frei, eine zentrale oder dezentrale Konzernorganisation zu wählen und im Zeitablauf von der einen zur anderen Organisationsform zu wechseln. Man kann insofern von einer konzernorganisationsrechtlichen „Business Judgment Rule" sprechen.[428] Auch bei einer dezentralen Organisation obliegen dem Vorstand des herrschenden Unternehmens aber konzernbezogene Leitungspflichten, die über die Leitungssorgfalt im Einheitsunternehmen hinausgehen und daher nach einer eigenständigen dogmatischen Erfassung verlangen.

89 **cc) Konkretisierung durch Satzungsbestimmung.** Im Schrifttum wird verschiedentlich angenommen, dass die Satzung der herrschenden Aktiengesellschaft dem Konzernvorstand eine Konzernleitungspflicht auferlegen könne.[429] Die Gegenansicht verneint dies, weil darin ein unzulässiger Eingriff in das satzungsfeste Leitungsermessen liege.[430] Die Meinungsunterschiede spiegeln unterschiedliche Grundvorstellungen über die Kompetenzverteilung zwischen Satzungsgeber und Vorstand in Fragen der Unternehmensführung wider. Richtigerweise steht es der Hauptversammlung frei, Grundprinzipien der Unternehmensführung statutarisch festzulegen,[431] so dass Raum für eine satzungsmäßige Regelung der Konzernleitungspflicht besteht.[432]

90 **b) Leitungspflichten des Konzernvorstands gegenüber den Tochtergesellschaften?** Von der Konzernleitungspflicht gegenüber dem herrschenden Unternehmen scharf zu unterscheiden ist die Frage, ob der Konzernvorstand gegenüber den abhängigen Tochterunternehmen zur Konzernleitung verpflichtet ist. Sie wird im Schrifttum vereinzelt bejaht.[433] Die hM hält eine Konzernleitungs-

---

[421] In eine ähnliche Richtung Kölner Komm AktG/*Mertens/Cahn* Rn. 65.
[422] Vgl. Kölner Komm AktG/*Mertens*, 2. Aufl. 1996, Rn. 55; *Rittner* AcP 183 (1983), 295 (305).
[423] Vgl. *Löbbe*, Unternehmenskontrolle im Konzern, 2003, 83; MüKoAktG/*Bayer* § 18 Rn. 19.
[424] Vgl. auch Diskussionsbericht ZGR 1998, 547 (550); sowie *Kleindiek* in Hommelhoff/Hopt/v. Werder Corporate Governance-HdB 787 (795); zustimmend *Wachter/Eckert* Rn. 15.
[425] Ebenso *Windbichler* in Hommelhoff/Hopt/v. Werder Corporate Governance-HdB 825 (829).
[426] So das Argument bei MüKoAktG/*Bayer* § 18 Rn. 19.
[427] In diese Richtung auch Kölner Komm AktG/*Koppensteiner* § 308 Rn. 60.
[428] Treffend bereits *Wiedemann*, Die Unternehmensgruppe im Privatrecht, 1988, 76; gleichsinnig *Fleischer* DB 2005, 759 (761); Hüffer/Koch/*Koch* Rn. 49; *Schneider/Schneider* AG 2005, 57 (58).
[429] Vgl. *Götz* ZGR 1998, 524 (526); zust. Bürgers/Körber/*Bürgers* Rn. 25; *Rieger* FS Peltzer, 2001, 339 (346); *Seyfarth* VorstandsR § 8 Rn. 25; s. auch *Reuter* DB 1999, 2250 (2252); sowie *Semler* Leitung und Überwachung der Aktiengesellschaft, 2. Aufl. 1996, Rn. 275 ff.; offen *Löbbe*, Unternehmenskontrolle im Konzern, 2003, 83 mit Fn. 34.
[430] Vgl. Hüffer/Koch/*Koch* Rn. 50; MüKoAktG/*Spindler* Rn. 43; Hölters/*Weber* Rn. 93.
[431] Vgl. *Fleischer* in Hommelhoff/Hopt/v. Werder Corporate Governance-HdB 185 (197).
[432] Vgl. *Götz* ZGR 1998, 524, 526; Grigoleit/*Vedder* Rn. 5; *Rieger* FS Peltzer, 2001, 339 (346).
[433] Vgl. *Schneider* ZHR 143 (1979) 485 (506 ff.); *Schneider* ZGR 1980, 511 (532 ff.); *Schneider* BB 1981, 249 (256 ff.); ihm folgend *Jungkurth,* Konzernleitung bei der GmbH, 2000, 169 ff.; im Erg. ähnlich auch *Wilhelm,* Rechtsform und Haftung bei der juristischen Person, 1981, 221 (233, 242 f.), der den faktischen Konzern als Innengesellschaft bürgerlichen Rechts begreift; zuletzt *Schneider/Schneider* AG 2005, 57 (61).

pflicht gegenüber den abhängigen Unternehmen dagegen für nicht begründbar.[434] Sie vermisst eine tragfähige Rechtsgrundlage für eine solche Pflicht[435] und verweist auf die begrenzten Einwirkungsmöglichkeiten des herrschenden Unternehmens.[436] Der hM ist beizutreten: Im faktischen Konzern fehlt es bereits an rechtlichen Einflussmöglichkeiten des herrschenden Unternehmens;[437] im Vertragskonzern billigt ihm § 308 Abs. 1 zwar ein Weisungsrecht zu, doch begründet die Vorschrift gerade keine Weisungspflicht.[438] Auch § 309 Abs. 1 hilft insoweit nicht weiter, weil die dort festgeschriebene Sorgfaltspflicht die Erteilung einer Weisung voraussetzt und die Unterlassung von Weisungen gerade nicht pflichtwidrig ist.[439] Etwaige Schutzlücken zu Lasten der abhängigen Gesellschaft lassen sich im Vertragskonzern durch Randkorrekturen des § 309 schließen.[440]

3. Leitungspflichten der Vorstandsmitglieder einer herrschenden Aktiengesellschaft. 91
Wiewohl der Konzernvorstand keineswegs zur *zentralen* Konzernleitung verpflichtet ist, so obliegt ihm doch eine konzernbezogene Führungsverantwortung, die sich nicht in der Pflicht zur gewissenhaften Ausübung der Beteiligungsrechte erschöpft. Vielmehr trifft ihn nach hM eine Pflicht zur „Oberleitung der Konzernunternehmen",[441] die im Schrifttum mit unterschiedlichen Formulierungen umschrieben wird.[442] In Anlehnung an die Führungsfunktionen des Vorstands in einer unverbundenen Aktiengesellschaft (→ Rn. 18) wird man vier konzernweite Verantwortungsbereiche auseinanderhalten können: Planungs- und Steuerungsverantwortung, Organisationsverantwortung, Finanzverantwortung und Informationsverantwortung.[443] Auf allen Feldern kann die Verantwortlichkeit der Vorstandsmitglieder freilich nicht weiter reichen als ihre gesetzlichen Einflussmöglichkeiten.[444]

a) Konzernweite Planungs- und Steuerungsverantwortung. aa) Festlegung eines strate- 92
gischen Rahmens. Die Planungs- und Steuerungsverantwortung verlangt von dem Vorstand des herrschenden Unternehmens zunächst die Festlegung eines strategischen Rahmens: Er hat die generelle Pflicht, die Richtlinien der Konzernpolitik zu formulieren und die strategische Ausrichtung des Konzerns vorzugeben.[445] Über die sorgfältige Ausübung der Beteiligungsrechte hinaus muss er ein schlüssiges Gesamtkonzept entwickeln und die Zielvorgaben für die einzelnen Tochtergesellschaften aufeinander abstimmen und auf das Konzerninteresse hinordnen.[446] Dahin deutet auch Ziff. 4.1.2 DCGK, wonach der Vorstand die strategische Ausrichtung des „Unternehmens" entwickelt.[447] Bei der Festlegung der Konzernpolitik steht dem Vorstand des herrschenden Unternehmens allerdings ein weites Leitungsermessen zu Gebote, das Raum für unterschiedliche strategische Vorstellungen lässt. Eine Pflicht zur Vornahme konzernintegrativer Maßnahmen[448] oder zur Nutzung von Kon-

---

[434] Vgl. *Bous*, Die Konzernleitungsmacht im Insolvenzverfahren konzernverbundener Kapitalgesellschaften, 2001, 116 ff.; Bürgers/Körber/*Bürgers* Rn. 26; Emmerich/Habersack/*Habersack* § 311 Rn. 10; Kölner Komm AktG/*Koppensteiner* § 311 Rn. 52; MHdB AG/*Krieger* § 69 Rn. 22; *Löbbe*, Unternehmenskontrolle im Konzern, 2003, 96 ff.; MüKoAktG/*Altmeppen* § 309 Rn. 51 f. und § 311 Rn. 400; MüKoAktG/*Spindler* Rn. 44.
[435] Vgl. Kölner Komm AktG/*Koppensteiner* § 311 Rn. 152; aufgeschlossen gegenüber der Einführung einer solchen Pflicht *de lege ferenda Kropff* ZGR 1984, 112 (133).
[436] Vgl. *Löbbe*, Unternehmenskontrolle im Konzern, 2003, 96.
[437] Vgl. Emmerich/Habersack/*Habersack* § 311 Rn. 10.
[438] Dazu *Bous*, Die Konzernleitungsmacht im Insolvenzverfahren konzernverbundener Kapitalgesellschaften, 2001, 116 ff.; Emmerich/Habersack/*Emmerich* § 308 Rn. 34; *Kleindiek* in Hommelhoff/Hopt/v. Werder Corporate Governance-HdB 787 (795); Kölner Komm AktG/*Koppensteiner* § 308 Rn. 60.
[439] Vgl. Hüffer/Koch/*Koch* § 309 Rn. 10.
[440] Näher zur – ausnahmsweisen – Pflicht zur Weisungserteilung Hüffer/Koch/*Koch* § 309 Rn. 10; Kölner Komm AktG/*Koppensteiner* § 309 Rn. 6.
[441] Kölner Komm AktG/*Mertens/Cahn* Rn. 65.
[442] Vgl. *Abeltshauser*, Leitungshaftung im Kapitalgesellschaftsrecht, 1998, 45; *Götz* ZGR 1998, 524 (526 ff.); *Jungkurth*, Konzernleitung bei der GmbH, 2000, 52 ff.; *Kleindiek* in Hommelhoff/Hopt/v. Werder Corporate Governance-HdB 787 (796); *Martens* FS Heinsius, 1991, 523 (531); MüKoAktG/*Spindler* Rn. 46; *Schneider* BB 1981, 249 (250); *Semler* Leitung und Überwachung Rn. 270–273.
[443] Vgl. *Fleischer* DB 2005, 759 (762 ff.); zust. *Ihrig/Schäfer* Rechte und Pflichten des Vorstands Rn. 1269; *Seyfarth* VorstandsR § 8 Rn. 25; variierend *Semler*, Leitung und Überwachung der Aktiengesellschaft, 2. Aufl. 1996, Rn. 273, der mit der Konzernplanung, Konzernkoordinierung, Konzernkontrolle sowie der Führungsstellenbesetzung im Konzern ebenfalls vier Führungsaufgaben im Konzern identifiziert; ähnlich auch *Götz* ZGR 1998, 523 (531).
[444] Ebenso MüKoAktG/*Spindler* Rn. 45.
[445] Vgl. *Götz* ZGR 1998, 523 (532 f.); *Jungkurth*, Konzernleitung bei der GmbH, 2000, 53; *Kleindiek* in Hommelhoff/Hopt/v. Werder Corporate Governance-HdB 787 (796); *Martens* FS Heinsius, 1991, 523 (531); Kölner Komm AktG/*Mertens/Cahn* Rn. 65; *Seyfarth* VorstandsR § 8 Rn. 26; MüKoAktG/*Spindler* Rn. 46.
[446] Vgl. MüKoAktG/*Altmeppen* § 442 Rn. 313; s. auch *Jungkurth*, Konzernleitung bei der GmbH, 2000, 53.
[447] Dazu Wilsing/*Goslar* DCGK Ziff. 4.1.1 Rn. 8; KBLW/*v. Werder* DCGK Rn. 809 jeweils unter Hinweis auf die Präambel, wonach der Begriff „Unternehmen" auch die Konzernunternehmen einschließt.
[448] In diesem Sinne *Jungkurth*, Konzernleitung bei der GmbH, 2000, 52 ff.

zernsynergien[449] kann es daher nur in einem sehr weiten und allgemeinen Sinne geben.[450] Auch die im betriebswirtschaftlichen Schrifttum entwickelten Grundsätze ordnungsgemäßer Konzerngeschäftsführung[451] lassen sich nicht maßstabsgetreu auf das Aktienkonzernrecht übertragen: Zwischen dem betriebswirtschaftlich erstrebenswerten und dem juristisch erforderlichen Maß an strategischer Konzernführung besteht nur teilweise Übereinstimmung.[452] Immerhin vermitteln die von Vertretern der Betriebswirtschaftslehre herausgearbeiteten Führungsfunktionen im Konzern[453] wertvolle Anregungen für die Vorstrukturierung des aktienkonzernrechtlichen Pflichtenrahmens.

93 bb) **Steuerungs- und Überwachungsaufgaben.** Neben der Festlegung eines strategischen Rahmens obliegen dem Vorstand des herrschenden Unternehmens konzernweite Steuerungs- und Überwachungsaufgaben. Einhelliger Ansicht zufolge hat er die Geschäfts- und Ergebnisentwicklung in den Tochtergesellschaften kritisch zu begleiten[454] und eine allgemeine Konzernkontrolle auszuüben.[455] In sachlicher Hinsicht ist der Gegenstand der Steuerungs- und Überwachungsaufgabe ein zweifacher: Zum einen muss der Konzernvorstand die Entwicklung im Unternehmensverbund unter Wirtschaftlichkeits- und Zweckmäßigkeitsgesichtspunkten beobachten[456] und auf die Umsetzung der von ihm vorgegebenen Richtlinien der Konzernpolitik achten, wie dies Ziff. 4.1.2 DCGK vorschreibt.[457] Zum anderen ist er gehalten, für ein rechtmäßiges Verhalten auf allen Konzernebenen zu sorgen.[458] In diesem Sinne bestimmt Ziff. 4.1.3 DCGK, dass der Vorstand die Einhaltung der gesetzlichen Bestimmungen durch die Konzernunternehmen hinwirkt.[459] Man kann insofern von einer konzernweiten Legalitätskontrolle sprechen (vgl. zur Compliance im Konzern → § 91 Rn. 59 ff.).[460] Unter Zeitaspekten lassen sich eine antizipierende, eine begleitende und eine rückblickende Führungskontrolle unterscheiden. Aus juristischer Warte liegt der Hauptakzent traditionell auf der rückblickenden Kontrolle; in den letzten Jahren werden aber zunehmend auch zukunftsgerichtete Elemente der Konzernsteuerung und -überwachung thematisiert.[461]

94 cc) **Steuerungs- und Überwachungsinstrumente.** Die Wahrnehmung der konzernweiten Steuerungs- und Überwachungsaufgaben erfordert geeignete Lenkungs- und Kontrollinstrumente. Im Mittelpunkt steht die Einrichtung eines verbundweiten Kontrollsystems, das zeitnah über alle wichtigen Entwicklungen im Konzernverbund unterrichtet.[462] Bei seiner Ausgestaltung steht dem Konzernvorstand ein weiter Ermessensspielraum zu: Er kann auf die individuellen Besonderheiten des Konzernverbunds Rücksicht nehmen,[463] sich aber entgegen einzelner Literaturstimmen nicht auf eine grobmaschige Fehlerkontrolle beschränken.[464] Ebensowenig kommt eine nach dem Grad der jeweiligen Leitungsintensität abgestufte Vorstandskontrolle in Betracht.[465] Wohl aber kann die Kontrollintensität nach der jeweili-

---

[449] So *Götz* ZGR 1998, 524 (533).
[450] Zurückhaltend auch *Löbbe*, Unternehmenskontrolle im Konzern, 2003, 84 f.
[451] Dazu *Theisen,* Der Konzern, 2. Aufl. 2000, 220 ff.; ferner *Scheffler* FS Goerdeler, 1987, 469; *Scheffler* DB 1985, 2005.
[452] Allgemein dazu und zur juristischen Rezeption betriebswirtschaftlicher Erkenntnisse *Hommelhoff/Schwab* Zfbf 1996, Sonderheft 36, S. 149 (171 ff.).
[453] Vgl. *Scheffler* Konzernmanagement, 1992, 38 f.; *Theisen,* Der Konzern, 2. Aufl. 2000, 202 f.
[454] Vgl. *Ihrig/Schäfer* Rechte und Pflichten des Vorstands Rn. 1273; *Kleindiek* in Hommelhoff/Hopt/v. Werder Corporate Governance-HdB 787 (797 ff.); *Seyfarth* VorstandsR § 8 Rn. 26; MüKoAktG/*Spindler* Rn. 42 und 45.
[455] Vgl. OLG Jena NZG 2010, 226 (228) (GmbH); Emmerich/Habersack/*Habersack* § 311 Rn. 11; *Götz* ZGR 1998, 524 (534 ff.); *Heller,* Unternehmensführung und Unternehmenskontrolle unter besonderer Berücksichtigung der Gesamtverantwortung des Vorstands, 1998, 104; *Löbbe,* Unternehmenskontrolle im Konzern, 2003, 75 f.; *Martens* FS Heinsius, 1991, 523 (531 f.); *Wilsing/Ogorek* NZG 2010, 216 (217).
[456] Vgl. *Götz* ZGR 1998, 524 (528 ff.); *Löbbe,* Unternehmenskontrolle im Konzern, 2003, 150 f.; *Semler* ZGR 2004, 631 (646 ff.).
[457] Vgl. Wilsing/*Goslar* DCGK Ziff. 4.1.2 Rn. 6; KBLW/*Bachmann* DCGK Rn. 807.
[458] Vgl. *Löbbe,* Unternehmenskontrolle im Konzern, 2003, 181 ff.; *Schneider* FS 100 Jahre GmbHG, 1992, 473 (491 ff.); *Semler* ZGR 2004, 631 (646).
[459] Dazu Wilsing/*Goslar* DCGK Ziff. 4.1.3 Rn. 14; KBLW/*Bachmann* DCGK Rn. 848.
[460] Vgl. *Abeltshauser,* Leitungshaftung im Kapitalgesellschaftsrecht, 1998, 45.
[461] Vgl. *Hommelhoff/Mattheus* BFuP 2000, 217 (224 ff.); *Löbbe,* Unternehmenskontrolle im Konzern, 2003, 197 ff.; zurückhaltend aber *Reuter* DB 1999, 2250 (2251).
[462] Ausf. *Götz* ZGR 1998, 524 (537 ff.); *Hommelhoff,* Die Konzernleitungspflicht, 1982, 184 ff.; *Kleindiek* in Hommelhoff/Hopt/v. Werder Corporate Governance-HdB 787 (798 ff.); *Löbbe,* Unternehmenskontrolle im Konzern, 2003, 183 ff.; *Seyfarth* VorstandsR § 8 Rn. 26; Hölters/*Weber* Rn. 60; abw. Kölner Komm AktG/*Mertens/Cahn* Rn. 65, die ein solches Kontrollsystem nur auf unternehmensvertraglicher Grundlage als zulässig ansehen.
[463] Dazu auch *Löbbe,* Unternehmenskontrolle im Konzern, 2003, 93 f.
[464] Wie hier *Götz* ZGR 1998, 524 (535); *Löbbe,* Unternehmenskontrolle im Konzern, 2003, 88 ff.
[465] Vgl. *Götz* ZGR 1998, 524 (535); *Löbbe,* Unternehmenskontrolle im Konzern, 2003, 89; *Martens* ZHR 159 (1995) 567 (569 f.); abw. *Reuter* DB 1999, 2250 (2251).

gen Bedeutung der Angelegenheit für den Konzernverbund variieren.[466] Im konkretisierenden Zugriff verdienen vier Kontrollinstrumente Hervorhebung: Konzern-Controlling, interne Konzernrevision, Konzernrisikomanagement und konzerndimensionale Zustimmungsvorbehalte.[467]

(1) Konzern-Controlling. Eine verbreitete Lehrmeinung betont schon in der unverbundenen Aktiengesellschaft die Notwendigkeit eines Controlling als Bestandteil ordnungsgemäßer Unternehmensleitung.[468] Im Anschluss daran mehren sich die Stimmen, die den Vorstand des herrschenden Unternehmens für verpflichtet halten, ein konzernweites Controllingsystem einzuführen.[469] Zu den Kernaufgaben des Konzern-Controlling zählen die sachgerechte Aufbereitung der führungsrelevanten Konzerndaten und die Durchführung eines Soll/Ist-Vergleichs, der Fehlentwicklungen und Planungsabweichungen frühzeitig aufzeigt.[470] Eine solche Abweichungsanalyse liegt auch im Interesse einer abhängigen Aktiengesellschaft. Ihre Vorstandsmitglieder sind daher jedenfalls berechtigt, an einem Konzern-Controlling mitzuwirken.[471] Eine allgemeine Mitwirkungspflicht lässt sich dagegen im faktischen Aktienkonzern nicht begründen.[472] Im Vertrags- und Eingliederungskonzern kann der Vorstand des herrschenden Unternehmens die Einrichtung eines Konzern-Controlling mittels seines Weisungsrechts verbindlich anordnen.[473]

(2) Interne Konzernrevision. Darüber hinaus halten gewichtige Stimmen den Vorstand im Einheitsunternehmen für verpflichtet, im Rahmen seiner Steuerungsfunktion für eine angemessene interne Revision zu sorgen (s. auch § 107 Abs. 3 S. 2: „internes Revisionssystem").[474] Angesichts der weitaus komplexeren Kontrollaufgaben im Konzernverbund wird man dort erst recht die Notwendigkeit einer internen Konzernrevision bejahen müssen.[475] Zu deren Tätigkeitsfeldern gehören konzerninterne Untersuchungs- und Prüfungsaufgaben, die sich auf nahezu alle Unternehmensbereiche erstrecken und sowohl ergebnisorientiert (zB Ordnungsmäßigkeit des Finanz- und Rechnungswesens) als auch verfahrensorientiert (zB Organisations- und Systemprüfung, Ablaufprüfung in der Materialwirtschaft) ausgestaltet sein können.[476] Im Vertrags- und Eingliederungskonzern kann der Vorstand des herrschenden Unternehmens bindende Prüfungsaufträge im Weisungswege erteilen.[477] Dagegen besteht im faktischen Aktienkonzern keine Pflicht der abhängigen Gesellschaft, Prüfungshandlungen der internen Konzernrevision zu dulden.[478]

(3) Konzernrisikomanagement. Seit dem Jahre 1998 hat der Vorstand gem. § 91 Abs. 2 geeignete Maßnahmen zu treffen, insbesondere ein Überwachungssystem einzurichten, damit den Fortbestand der Gesellschaft gefährdende Entwicklungen früh erkannt werden. Im Schrifttum hat man daraus verschiedentlich die Forderung nach einer konzernweiten Ausrichtung des Risikofrüherkennungssystems abgeleitet.[479] Anhaltspunkte für eine Pflicht zur konzerndimensionalen Risikovorsorge finden sich in der Regierungsbegründung zum KonTraG.[480] In die gleiche Richtung weist Ziff. 4.1.4 DCGK, der den Vorstand zu einem angemessenen Risikomanagement „im Unternehmen" (einschließlich der Konzernunternehmen) anhält.[481] Vor diesem Hintergrund wird man den Konzernvorstand jedenfalls für ver-

---

[466] Vgl. *Löbbe*, Unternehmenskontrolle im Konzern, 2003, 93.
[467] Näher *Fleischer* DB 2005, 759 (763 ff.).
[468] Vgl. etwa *Hüffer* Liber Amicorum Happ, 2006, 93 (103 f.); s. auch BegrRegE zum KonTraG BT-Drs. 13/9712, 15.
[469] Vgl. *Götz* ZGR 1998, 524 (532, 534, 537); Emmerich/Habersack/*Habersack* § 311 Rn. 11; *Kleindiek* in Hommelhoff/Hopt/v. Werder Corporate Governance-HdB 787 (803 f.); MHdB AG/*Krieger* § 69 Rn. 21; MüKoAktG/*Altmeppen* § 311 Rn. 438; *Seyfarth* VorstandsR § 8 Rn. 26.
[470] Näher *Theisen*, Der Konzern, 2. Aufl. 2000, 246 ff.
[471] Vgl. *Löbbe*, Unternehmenskontrolle im Konzern, 2003, 205 f.; MüKoAktG/*Altmeppen* § 311 Rn. 439.
[472] Ebenso MüKoAktG/*Altmeppen* § 311 Rn. 440.
[473] Vgl. *Löbbe*, Unternehmenskontrolle im Konzern, 2003, 206.
[474] Vgl. *Dreher* FS Hüffer, 2010, 161 (167 ff.); *Götz* AG 1995, 337 (338); s. auch BegrRegE zum KonTraG BT-Drs. 13/9712, 15 sowie BegrRegE BilMoG BT-Drs. 16/10067, 102; differenzierend *Hüffer* Liber Amicorum Happ, 2006, 93 (104).
[475] Vgl. *Götz* ZGR 1998, 523 (537); *Kleindiek* in Hommelhoff/Hopt/v. Werder Corporate Governance-HdB 787 (804 f.); *Löbbe*, Unternehmenskontrolle im Konzern, 2003, 211.
[476] Ausf. *Theisen*, Der Konzern, 2. Aufl. 2000, 242 ff.
[477] Vgl. *Löbbe*, Unternehmenskontrolle im Konzern, 2003, 213.
[478] Vgl. *Götz* ZGR 1998, 523 (538); *Löbbe*, Unternehmenskontrolle im Konzern, 2003, 212 f.; MüKoAktG/*Altmeppen* § 311 Rn. 440.
[479] Vgl. *Brebeck/Herrmann* WPg 1997, 381 (386); *Hommelhoff/Mattheus* BFuP 2000, 217 (218); *Jungkurth*, Konzernleitung bei der GmbH, 2000, 55 f.; *Kleindiek* in Hommelhoff/Hopt/v. Werder Corporate Governance-HdB 787 (799 f.).
[480] BegrRegE BT-Drs. 13/9712, 15.
[481] Vgl. *Wilsing/Goslar* DCGK Ziff. 4.1.4 Rn. 6; KBLW/*Bachmann* DCGK Rn. 877.

pflichtet halten, ein System zur konzerndimensionalen Risikoerfassung und -auswertung einzurichten,[482] das er im Vertragskonzern vermittels seines Weisungsrechts auch durchzusetzen vermag. Im faktischen Aktienkonzern sind seinen gesellschaftsrechtlichen Einflussmöglichkeiten freilich Grenzen gezogen. Möglich bleiben aber eigene Maßnahmen der Muttergesellschaft zur Identifizierung der aus den Tochtergesellschaften entstehenden Risiken.[483] Dazu gehören auch rechtliche Risiken, etwa Kartellrechtsverstöße,[484] aus denen sich die Notwendigkeit zur Einrichtung einer konzernweiten Compliance-Organisation ergeben kann (näher → § 91 Rn. 59 ff.).[485] Bereichsspezifische Ansätze für eine Konzern-Compliance-Organisation finden sich schon heute im Kapitalmarktrecht.[486]

98 **(4) Konzerndimensionale Zustimmungsvorbehalte.** Ein weiteres Mittel der vorbeugenden Unternehmenskontrolle bilden Zustimmungsvorbehalte zugunsten des Vorstands des herrschenden Unternehmens.[487] Sie sind im Vertrags- und Eingliederungskonzern ohne weiteres zulässig[488] und werden in der Rechtspraxis häufig schon im Beherrschungsvertrag geregelt.[489] Ihre Vereinbarung liegt im pflichtgemäßen Ermessen des Konzernvorstands. Im faktischen Aktienkonzern sind Zustimmungsvorbehalte zugunsten des herrschenden Unternehmens dagegen mit der Leitungssouveränität des Tochtervorstands unvereinbar.[490] Als zulässig angesehen wird es aber, dem Katalog zustimmungsbedürftiger Rechtsgeschäfte iSd § 111 Abs. 4 S. 2 in der Aktiengesellschaft eine Konzerndimension zu geben.[491]

98a **(5) Matrixstrukturen.** In der Praxis hat sich zudem das sog. Matrizenmodell herausgebildet, das Synergien heben und Effizienzgewinne im Wege der Vereinheitlichung von Konzernleitungsstrukturen erzielen soll. Nach ersten arbeitsrechtlichen Problemvermessungen[492] finden inzwischen auch die damit einhergehenden gesellschaftsrechtlichen Fragestellungen Beachtung.[493] Innerhalb von Matrixstrukturen werden einzelne Tätigkeiten des Konzerns an einer zentralen Stelle angesiedelt, die hierfür entsprechende Informations- und Weisungsrechte erhält.[494] Dabei ergeben sich zwangsläufig Überschneidungen (Matrixbildungen) zwischen den gesellschaftsrechtlichen und den virtuell reorganisierten[495] Leitungsbefugnissen. Wird die Leitung auf diese Weise in verschiedenen Bereichen (zB Servicefunktionen, Produkte, Regionen) vereinheitlicht, entstehen mehrdimensionale Netzwerke mit sich überschneidenden Weisungslinien.[496] Solche Matrixstrukturen können aktienrechtlich lediglich im Vertragskonzern eingerichtet werden (§ 291 Abs. 1 S. 1, § 308 Abs. 1 S. 1).[497] Im faktischen Aktienkonzern sind sie mit den Vorgaben des § 76 Abs. 1 unvereinbar.[498]

99 **b) Konzernweite Organisationsverantwortung.** Die konzerndimensionale Organisationsverantwortung verlangt von den Vorstandsmitgliedern des herrschenden Unternehmens, für eine effizi-

---

[482] Vgl. *Löbbe*, Unternehmenskontrolle im Konzern, 2003, 218.
[483] Vgl. *Wirtz* WuW 2001, 342 (356).
[484] Vgl. *Wirtz* WuW 2001, 342 (350).
[485] Dazu *Schneider/Schneider* AG 2005, 57 (59); zuvor bereits *Schneider* ZGR 1996, 225; allgemein zur aktienrechtlichen Compliance *Fleischer* AG 2003, 291; *Bergmoser/Theusinger/Gushurst* BB-Special 2008, Nr. 5, 1.
[486] Näher *Löser*, Compliance im Wertpapierdienstleistungskonzern, 2003, 247 ff.; *Löser* NZG 2005, 104 (105 ff.).
[487] Dazu *Kleindiek* in Hommelhoff/Hopt/v. Werder Corporate Governance-HdB 787 (811 ff.); *Löbbe*, Unternehmenskontrolle im Konzern, 2003, 221 ff.; *Seyfarth* VorstandsR § 1 Rn. 200 ff.
[488] Vgl. *Löbbe*, Unternehmenskontrolle im Konzern, 2003, 223; MüKoAktG/*Altmeppen* § 308 Rn. 10 ff.
[489] Zu derartigen Zustimmungsvorbehalten Emmerich/Habersack/*Emmerich* § 308 Rn. 25; sowie Kölner Komm AktG/*Koppensteiner* § 308 Rn. 25.
[490] Vgl. *Götz* ZGR 1998, 524 (538); Emmerich/Habersack/*Habersack* § 311 Rn. 77 mit Fn. 277; MüKoAktG/*Altmeppen* § 311 Rn. 407.
[491] Näher MüKoAktG/*Altmeppen* § 311 Rn. 416 ff.; *Reuter* DB 1999, 2250 (2252); zu den Besonderheiten bei einer Holdinggesellschaft *Semler* ZGR 2004, 631 (651 f.).
[492] Vgl. *Bauer/Herzberg* NZA 2011, 713; *Bissels/Dannhorn/Wisskirchen* DB 2008, 1139; *Bissels/Wisskirchen* DB 2007, 340; *Dörfler/Michels* KSzW 2012, 49; *Heidemann/Dörfler* AiB 2012, 196; *Neufeld* AuA 2012, 219; monographisch *Maywald*, Einsatz von Arbeitnehmern in Matrixstrukturen multinationaler Konzerne, 2010.
[493] Ausf. *Seibt/Wollenschläger* AG 2013, 229; *Seibt* DB 2018, 237 (244); *Wieneke* in GesR in der Diskussion 2010, 2011, 91; zum GmbH-Konzern *Henze/Lübke* Der Konzern 2009, 159.
[494] Vgl. *Bauer/Herzberg* NZA 2011, 713; *Seibt/Wollenschläger* AG 2013, 229.
[495] Vgl. *Henze/Lübke* Der Konzern 2009, 159: „Oftmals erfolgen entsprechende Reorganisationen nur ‚virtuell', d.h., ohne dass die neu geschaffenen zentralen Einheiten in einer Holding oder in eigenständigen Gesellschaften zusammengefasst werden."
[496] Vgl. *Bauer/Herzberg* NZA 2011, 713; in der Betriebswirtschaftslehre spricht man ab der dritten Weisungslinie von Tensororganisationen, vgl. *Krüger* in Bea/Schweitzer, Allgemeine Betriebswirtschaftslehre, Bd. 2: Führung, 10. Aufl. 2011, 178 (237).
[497] Vgl. *Seibt/Wollenschläger* AG 2013, 229 (232); ähnlich *Wieneke* in GesR in der Diskussion 2010, 2011, 91 (109).
[498] Vgl. *Seibt/Wollenschläger* AG 2013, 229 (232); *Wieneke* in GesR in der Diskussion 2010, 2011, 91 (109). Zu den Grenzen des § 77 AktG → § 77 Rn. 38.

ente Konzernstruktur und -organisation zu sorgen.[499] Eingeschliffener Begrifflichkeit zufolge lassen sich Aufbau- und Ablauforganisation unterscheiden: Jene betrifft den grundlegenden rechtlichen und betriebswirtschaftlichen Konzernaufbau; diese umfasst die zielgerichtete Gestaltung der Entscheidungsprozesse innerhalb des betreffenden Konzernaufbaus und damit die Prozessorganisation sämtlicher Konzernaktivitäten.[500] Bei ihrer jeweiligen Einzelausgestaltung steht den Vorstandsmitgliedern des herrschenden Unternehmens ein weites Organisationsermessen zu.[501] Namentlich können sie zwischen einer zentralen oder dezentralen Führungsstruktur wählen,[502] soweit dem nicht zwingende Rechtsvorschriften auf den einzelnen Konzernebenen entgegenstehen.

c) Konzernweite Finanzverantwortung. Vorrangiger Inhalt der konzerndimensionalen Finanzverantwortung ist die Sicherstellung der Liquidität im Konzernverbund, die eine konzernweite Finanzplanung und eine fortwährende Beobachtung der Liquiditätslage in allen Konzernunternehmen voraussetzt. Darüber hinaus erstreckt sich die finanzielle Führung auf die Teilbereiche Cash-Management, Kapitalstrukturmanagement, Ergebnisermittlung und -verteilung (zB durch Festlegung von Konzernverrechnungspreisen) sowie Ergebnisverwendung (Rücklagen- und Ausschüttungspolitik).[503] Sie kann allerdings in ihrer Intensität unterschiedlich gehandhabt werden und lässt dem Konzernvorstand die Wahl zwischen einer zentralen oder dezentralen Finanzführung.[504] 100

d) Konzernweite Informationsverantwortung. Schließlich obliegt dem Konzernvorstand die Gewährleistung und Sicherung des konzernweiten Informationsflusses. Sie hat im Zusammenhang mit der Konzernrechnungslegung ihren gesetzlichen Niederschlag in § 294 Abs. 3 S. 1 HGB gefunden. Ein ähnlicher Informationsaustausch wird in Sondervorschriften des Bank- und Kapitalmarktrechts vorausgesetzt, etwa bei den Beteiligungsmeldungen nach §§ 21 ff. WpHG oder im Rahmen der Ad-hoc-Publizität gem. Art. 17 MMVO.[505] Über diese Einzelbereiche hinaus besteht ein umfassender Informationsbedarf des herrschenden Unternehmens, weil Konzernplanung, Konzernsteuerung und Konzernkontrolle ohne präzise und zeitnahe Informationen über die Konzernunternehmen schlechterdings nicht vorstellbar sind. Einer vollständigen Informationsversorgung im Konzernverbund sind allerdings aktienrechtliche Grenzen gezogen, deren genauer Verlauf wenig gesichert ist.[506] 101

4. Leitungspflichten der Vorstandsmitglieder einer abhängigen Aktiengesellschaft. a) Faktischer Konzern. Im faktischen Konzern bleibt der Vorstand der abhängigen Aktiengesellschaft weiterhin zur eigenverantwortlichen Unternehmensleitung berechtigt und verpflichtet.[507] Er ist nach ganz hM nicht gehalten, sein Verhalten an Veranlassungen des herrschenden Unternehmens auszurichten.[508] Sein Leitungsauftrag aus § 76 Abs. 1 wird durch § 311 weder durchbrochen noch eingeschränkt.[509] Das ergibt sich ohne weiteres aus einem Vergleich mit § 308 Abs. 1, der eine rechtlich abgesicherte Konzernleitungsmacht des herrschenden Unternehmens nur im Vertragskonzern anerkennt. 102

b) Vertragskonzern. Im Vertragskonzern ist der Vorstand der abhängigen Aktiengesellschaft gem. § 308 Abs. 2 S. 1 verpflichtet, die Weisungen des herrschenden Unternehmens zu befolgen. Diese Folgepflicht bildet das Gegenstück zu dem Weisungsrecht des herrschenden Unternehmens aus § 308 Abs. 1.[510] Beide Vorschriften veranschaulichen den beherrschungsvertraglich legitimierten Wechsel in der unternehmerischen Leitungsfunktion der abhängigen Aktiengesellschaft: An die Stelle der *eigenverantwortlichen* Leitung durch ihren eigenen Vorstand tritt die *fremdbestimmte* Führung durch 103

---

[499] Vgl. *Götz* ZGR 1998, 524 (531); *Ihrig/Schäfer* Rechte und Pflichten des Vorstands Rn. 1270 ff.; *Jungkurth*, Konzernleitung bei der GmbH, 2000, 53; MHdB AG/*Krieger* § 69 Rn. 21; Kölner Komm AktG/*Mertens/Cahn* Rn. 65; *Scheffler* DB 1994, 793 (796).
[500] Ausf. *Theisen*, Der Konzern, 2. Aufl. 2000, 153 ff. (187 ff.).
[501] Vgl. *Götz* ZGR 1998, 524 (531); *Jungkurth*, Konzernleitung bei der GmbH, 2000, 56 f.
[502] Vgl. *Martens* FS Heinsius, 1991, 523 (531).
[503] Näher *Theisen*, Der Konzern, 2. Aufl. 2000, 211; s. auch *Jungkurth*, Konzernleitung bei der GmbH, 2000, 54.
[504] Vgl. *Fleischer* DB 2005, 759 (764).
[505] Vgl. *Schneider/Schneider* AG 2005, 57 (65), nach denen das Gesetz in diesen Fällen stillschweigend davon ausgeht, dass eine Pflicht des Tochterunternehmens zur Unterstützung der Obergesellschaft besteht.
[506] Ebenso *Windbichler* in Hommelhoff/Hopt/v. Werder Corporate Governance-HdB 825.
[507] Vgl. KG ZIP 2003, 1042 (1049); Wachter/*Eckert* Rn. 16; Emmerich/Habersack/*Habersack* § 311 Rn. 78; Hüffer/Koch/*Koch* Rn. 19; MHdB AG/*Krieger* § 69 Rn. 24; MüKoAktG/*Spindler* Rn. 40.
[508] Vgl. KG ZIP 2003, 1042 (1049); Kölner Komm AktG/*Koppensteiner* § 311 Rn. 139; MHdB AG/*Krieger* § 69 Rn. 24; MüKoAktG/*Altmeppen* § 311 Rn. 401; Hölters/*Weber* Rn. 61; ausf. *Vetter* ZHR 171 (2007) 342 (347, 352 ff.).
[509] Vgl. Hüffer/Koch/*Koch* § 311 Rn. 48; *Ihrig/Schäfer* Rechte und Pflichten des Vorstands Rn. 1361; MüKoAktG/*Altmeppen* § 311 Rn. 441.
[510] Vgl. BegrRegE *Kropff* S. 403; Hüffer/Koch/*Koch* § 308 Rn. 20.

das herrschende Unternehmen.[511] Soweit keine Weisungen vorliegen, bleibt der Vorstand der abhängigen Gesellschaft freilich berechtigt und verpflichtet, die Gesellschaft unter eigener Verantwortung zu leiten.[512] Seine aus § 76 Abs. 1 herrührende Leitungsbefugnis wird mithin durch den Beherrschungsvertrag nur überlagert, aber nicht vollständig verdrängt.[513] Allerdings hat er sich bei seinen Entscheidungen richtigerweise nicht am Gesellschafts-, sondern am Konzerninteresse zu orientieren.[514] Insofern kann man von einer Pflicht zum „konzernfreundlichen Verhalten" sprechen, die durch den Beherrschungsvertrag begründet wird.[515]

104 **c) Eingliederung.** In Fällen der Eingliederung ist der Vorstand der eingegliederten Gesellschaft gem. § 323 Abs. 1 S. 2 iVm § 308 Abs. 2 S. 1 verpflichtet, den Weisungen der Hauptgesellschaft zu folgen. Das entspricht im Kern der Regelung im Vertragskonzern (→ Rn. 103), doch besteht die Folgepflicht im Gegensatz zu § 308 Abs. 2 S. 2 auch dann, wenn die nachteilige Weisung nicht den Belangen der Hauptgesellschaft oder eines mit ihr verbundenen Unternehmens dient.[516] Gesetzwidrige Weisungen darf der Vorstand der eingegliederten Gesellschaft aber nicht ausführen, so dass ihm ein Rest an Prüfungskompetenz verbleibt.[517] Werden keine Weisungen erteilt, so hat der Vorstand der eingegliederten Gesellschaft diese gem. § 76 Abs. 1 in eigener Verantwortung zu leiten.[518]

105 **5. Vorstandsdoppelmandate. a) Bedeutung und Entstehung.** Vorstandsdoppelmandate sind vor allem bei konzernverbundenen Aktiengesellschaften anzutreffen, bei denen Vorstandsmitglieder der Obergesellschaft zugleich im Vorstand der Untergesellschaft vertreten sind.[519] Sie bilden ein verbreitetes Mittel der Konzernsteuerung[520] und begegnen typischerweise in zwei Ausprägungen: der Doppelmandatschaft „von unten nach oben" und „von oben nach unten".[521] Erstere entsteht in divisional gegliederten Unternehmensgruppen bei Holdingkonzernen,[522] bei denen die Vorstandsvorsitzenden der wichtigsten Tochtergesellschaften zugleich im Konzernvorstand vertreten sind.[523] Letztere wird häufig beim Neuerwerb von Tochtergesellschaften und in Sanierungsfällen eingesetzt, um eine rasche Konzernintegration, eine straffe Konzernführung und einen verbesserten Informationsfluss im Konzernverbund zu gewährleisten.[524]

106 **b) Zulässigkeit.** Vorstandsdoppelmandate sind nach allgemeiner Auffassung nicht verboten.[525] Das gilt auch und gerade für personelle Verflechtungen im Aktienkonzern.[526] Voraussetzung ist

---

[511] Vgl. *Emmerich/Habersack* KonzernR § 23 VI 1, S. 352; *Veil* Unternehmensverträge 2003 S. 110 f.; *Vetter* ZHR 171 (2007) 342 (347 f.).
[512] Vgl. BegrRegE *Kropff* S. 413; dies übersieht Hüffer/Koch/*Koch* Rn. 18.
[513] Vgl. Hüffer/Koch/*Koch* § 308 Rn. 7.
[514] Vgl. Kölner Komm AktG/*Koppensteiner* § 308 Rn. 71; abw. Emmerich/Habersack/*Emmerich* § 308 Rn. 54; MüKoAktG/*Altmeppen* § 308 Rn. 154.
[515] Vgl. Hüffer/Koch/*Koch* § 308 Rn. 20.
[516] Vgl. Hüffer/Koch/*Koch* § 323 Rn. 4.
[517] Vgl. Hüffer/Koch/*Koch* § 323 Rn. 4; NK-AktR/*Jaursch* § 323 Rn. 2; MHdB AG/*Krieger* § 73 Rn. 50.
[518] Vgl. Emmerich/Habersack/*Habersack* § 323 Rn. 7; NK-AktR/*Jaursch* § 323 Rn. 2; MHdB AG/*Krieger* § 73 Rn. 50; MüKoAktG/*Spindler* Rn. 39.
[519] Vgl. Großkomm AktG/*Kort* Rn. 178; MüKoAktG/*Spindler* Rn. 48; *Streyl*, Zur konzernrechtlichen Problematik von Vorstands-Doppelmandaten, 1992, 17; statistisches Material bei *Holtmann*, Personelle Verflechtungen auf Konzernführungsebene, 1989, 128.
[520] Vgl. *Bühner* DBW 47 (1987) 40 (43); *Holtmann*, Personelle Verflechtungen auf Konzernführungsebene, 1989, 27 ff., 40 ff.; *v. Werder* DBW 49 (1989) (37, 41 ff.); zustimmend auch *Wirth* FS Bauer, 2010, 1147 (1149); *Petersen/Schulze De la Cruz* NZG 2012, 453.
[521] Vgl. *Anders*, Vorstandsdoppelmandate – Zuständigkeit und Pflichtenkollision, 2006, 24 f. (25 f.); *Decher*, Personelle Verflechtungen im Aktienkonzern, 1990, 67 ff. (80 ff.); MüKoAktG/*Altmeppen* § 311 Rn. 96; *Streyl*, Zur konzernrechtlichen Problematik von Vorstands-Doppelmandaten, 1992, 118 ff. (129 ff.).
[522] Vgl. Großkomm AktG/*Kort* Rn. 179; MüKoAktG/*Spindler* Rn. 48; K. Schmidt/Lutter/*Seibt* Rn. 18.
[523] Vgl. *Decher*, Personelle Verflechtungen im Aktienkonzern, 1990, 75; Großkomm AktG/*Kort* Rn. 178; MüKoAktG/*Altmeppen* § 311 Rn. 96; *Streyl*, Zur konzernrechtlichen Problematik von Vorstands-Doppelmandaten, 1992, 24 und 119.
[524] Vgl. MüKoAktG/*Altmeppen* § 311 Rn. 97; *Streyl*, Zur konzernrechtlichen Problematik von Vorstands-Doppelmandaten, 1992, 129 ff.; zur organisatorischen Bewertung *v. Werder*, Führungsorganisation, 3. Aufl. 2015, 352 ff.
[525] Vgl. BGHZ 180, 105; OLG Köln AG 1993, 86 (89); LG Köln AG 1992, 238 (240); *Anders*, Vorstandsdoppelmandate – Zuständigkeit und Pflichtenkollision, 2006, 82 ff. (110 f.); *Aschenbeck* NZG 2000, 1015 (1018); Bürgers/Körber/*Bürgers* Rn. 28; *Hoffmann-Becking* ZHR 150 (1986) 570 (574); Hüffer/Koch/*Koch* Rn. 54; Großkomm AktG/*Kort* Rn. 178; Kölner Komm AktG/*Mertens/Cahn* Rn. 70; *Seyfarth* VorstandsR § 7 Rn. 3; MüKoAktG/*Spindler* Rn. 49; K. Schmidt/Lutter/*Seibt* Rn. 18; Hölters/*Weber* Rn. 63.
[526] Vgl. BGHZ 180, 105; *Decher*, Personelle Verflechtungen im Aktienkonzern, 1990, 131 f.; *Hoffmann-Becking* ZHR 150 (1986) 570 (574); Großkomm AktG/*Kort* Rn. 180; MüKoAktG/*Altmeppen* § 311 Rn. 102; *Streyl*, Zur konzernrechtlichen Problematik von Vorstands-Doppelmandaten, 1992, 159 ff.

freilich, dass die Aufsichtsräte beider Gesellschaften der Doppeltätigkeit gem. § 88 Abs. 1 S. 2 zustimmen (→ § 88 Rn. 25).[527] Vorschläge *de lege ferenda*, Doppelmandate im faktischen Konzern gesetzlich zu unterbinden[528] oder jedenfalls zu beschränken,[529] sind überwiegend auf Ablehnung gestoßen.[530]

c) Interessenkonflikte. Allerdings bergen Vorstandsdoppelmandate ein beträchtliches Konflikt- **107** potential, weil der Doppelmandatsträger den Interessen zweier Gesellschaften verpflichtet ist.[531] Dieser Loyalitätskonflikt erfährt im Konzernverbund eine besondere Zuspitzung.[532] Zur Konfliktlösung pflegt die hM jene Grundsätze heranzuziehen, welche die Rechtsprechung für Aufsichtsratsdoppelmandate in unverbundenen Unternehmen entwickelt hat.[533] Danach hat der Doppelmandatsträger bei seinen Entscheidungen stets die Interessen des jeweiligen Pflichtenkreises wahrzunehmen: im Vorstand der Obergesellschaft allein deren Interessen und im Vorstand der Untergesellschaft ausschließlich deren Belange.[534] Wegen dieser Pflichtenisolierung kann er sich auch nicht darauf berufen, dass eine Verletzung der Organpflichten in einem Bereich gerechtfertigt sei, um den Organpflichten des anderen Bereichs zu genügen.[535]

Nicht durchgesetzt hat sich bislang der weitergehende Vorschlag, allfälligen Interessenkollisio- **108** nen durch ein umfassendes Stimmverbot analog § 34 BGB im Vorstand der Obergesellschaft Rechnung zu tragen.[536] Gegen ihn spricht zunächst, dass das deutsche Gesellschaftsrecht kein allgemeines Stimmverbot für Organmitglieder bei Interessenkollisionen kennt.[537] Darüber hinaus wäre ein Rückgriff auf § 34 BGB wegen dessen begrenzter Reichweite ohnehin fragwürdig,[538] zumal sich die Einflussnahme des „Doppelbändermanns" nicht in der Stimmrechtsausübung erschöpft.[539] Außerdem bestehen gegen ein umfassendes Stimmverbot auch unter dem Gesichtspunkt der Gesamtverantwortung aller Vorstandsmitglieder Bedenken.[540] Schließlich liefe ein Stimmrechtsausschluss dem legitimen Zweck von Doppelmandaten zuwider, die Interessen von Ober- und Untergesellschaft in den Gremien der jeweils anderen Gesellschaft zur Geltung zu bringen.[541]

---

[527] Vgl. BGHZ 180, 105; Hüffer/Koch/*Koch* Rn. 21; MüKoAktG/*Spindler* Rn. 49; MHdB AG/*Wiesner* § 20 Rn. 10; Grigoleit/*Vedder* Rn. 17.
[528] Vgl. *Hommelhoff* in Druey, Das St. Galler Konzernrechtsgespräch 1988, 107 (125); *Koppensteiner* FS Steindorff, 1990, 79 (106f.); *Stein* ZGR 1988, 163 (190).
[529] Vgl. *Hommelhoff*, Gutachten G für den 59. DJT 1992, Bd. I, G 62.
[530] Vgl. *Anders*, Vorstandsdoppelmandate – Zuständigkeit und Pflichtenkollision, 2006, 109 f.; *Hoffmann-Becking* ZHR 150 (1986) 570 (574); MüKoAktG/*Altmeppen* § 311 Rn. 101; *Semler* FS Stiefel, 1987, 719 (732 ff.); Ulmer ZHR 152 (1988) 196 (202).
[531] Ausf. zuletzt *Anders*, Vorstandsdoppelmandate – Zuständigkeit und Pflichtenkollision, 2006, 112 ff.
[532] So nunmehr auch BGHZ 180, 105 Rn. 16; zustimmend ebenfalls *Wirth* FS Bauer, 2010, 1147 (1156). Plastisch bereits *Wiedemann*, Organverantwortung und Gesellschafterklagen in der Aktiengesellschaft, 1989, 27: „aussichtslose Konfliktfälle"; ähnlich *Decher*, Personelle Verflechtungen im Aktienkonzern, 1990, 128: „personifizierter Konzernkonflikt"; ferner *Seyfarth* VorstandsR § 7 Rn. 15: „Angesichts dieses Befunds bleiben Vorstandsdoppelmandate äußerst problematisch und tragen den Keim eines konzernrechtlichen Infekts in sich."
[533] Vgl. BGHZ 36, 296 (306 f.) – HEW; BGH NJW 1980, 1629 (1630) – Schaffgotsch; BGHZ 180, 105 = BGH NZG 2009, 744 (745) – Gruner und Jahr.
[534] Vgl. *Aschenbeck* NZG 2000, 1015 (1021); *Hoffmann-Becking* ZHR 150 (1986) 570 (577); Großkomm AktG/*Kort* Rn. 182; MüKoAktG/*Altmeppen* § 311 Rn. 100; *Seyfarth* VorstandsR § 7 Rn. 5 ff.; MüKoAktG/*Spindler* Rn. 50; *Streyl*, Zur konzernrechtlichen Problematik von Vorstands-Doppelmandaten, 1992, 172 ff.; abw. *Decher*, Personelle Verflechtungen im Aktienkonzern, 1990, 135 ff. (147 ff.), der den „Doppelbändermann" als Vermittler zwischen herrschendem und abhängigem Unternehmen ansieht und ihm unterhalb der absoluten Schädigungsgrenze ein pflichtgemäßes Ermessen zubilligt, welchem Interesse er den Vorrang einräumt.
[535] Vgl. *Hoffmann-Becking* ZHR 150 (1986) 570 (576f.); Großkomm AktG/*Kort* Rn. 182; MüKoAktG/*Altmeppen* § 311 Rn. 100; *Streyl*, Zur konzernrechtlichen Problematik von Vorstands-Doppelmandaten, 1992, 173.
[536] Dafür *Semler* FS Stiefel, 1987, 719 (757f.); erwägend auch *Hoffmann-Becking* ZHR 150 (1986) 570 (583); abl. *Anders*, Vorstandsdoppelmandate – Zuständigkeit und Pflichtenkollision, 2006, 120 ff.; Kölner Komm AktG/*Mertens/Cahn* § 77 Rn. 39; MüKoAktG/*Spindler* Rn. 51; *Seyfarth* VorstandsR § 7 Rn. 18; *Streyl*, Zur konzernrechtlichen Problematik von Vorstands-Doppelmandaten, 1992, 197 ff.; MHdB AG/*Wiesner* § 19 Rn. 23.
[537] Vgl. Großkomm AktG/*Kort* Rn. 184; Kölner Komm AktG/*Mertens/Cahn* § 77 Rn. 38.
[538] Vgl. *Seyfarth* VorstandsR § 7 Rn. 18; MHdB AG/*Wiesner* § 19 Rn. 23; zust. *Diekmann/Fleischmann* AG 2013, 141 (149).
[539] Vgl. MüKoAktG/*Spindler* Rn. 51.
[540] Vgl. Großkomm AktG/*Kort* Rn. 186; *Seyfarth* VorstandsR § 7 Rn. 18; MüKoAktG/*Spindler* Rn. 51; MHdB AG/*Wiesner* § 19 Rn. 23.
[541] Vgl. *Decher*, Personelle Verflechtungen im Aktienkonzern, 1990, 134; *Löbbe*, Unternehmenskontrolle im Konzern, 2003, 360.

109 Erwägenswert ist jedoch ein tatbestandlich enger zugeschnittenes Stimmverbot entsprechend § 136 zur Vermeidung des Richtens in eigener Sache.[542] Einer verbreiteten Ansicht zufolge greift es namentlich dann ein, wenn der Vorstand der Muttergesellschaft über die Stimmabgabe zur Entlastung des Doppelmandatsträgers in der Hauptversammlung der abhängigen Gesellschaft beschließt.[543] Eine Rückausnahme soll allerdings gelten, wenn das Stimmverbot zur Handlungsunfähigkeit des Vorstands führen würde,[544] was beim einköpfigen Vorstand in der Mutter- oder Tochtergesellschaft vorstellbar sei.[545]

110 Vom zwingend vorgegebenen Stimmverbot zu trennen ist das Recht zur Stimmenthaltung. Nach hM bleibt es dem Doppelmandatsträger bei einer Interessenkollision grundsätzlich unbenommen, sich der Stimme zu enthalten,[546] sofern dadurch die Funktionsfähigkeit des Vorstands nicht beeinträchtigt wird.[547] In Fällen andauernder und intensiver Interessenkonflikte ist das betreffende Vorstandsmitglied allerdings gehalten, sein Doppelmandat aufzugeben.[548]

110a d) Haftung. Wenig geklärt ist bisher die Haftung von Doppelmandatsträgern im Konzern.[549] Sie führt tief in konzernrechtliche Fragen.[550]

V. Zusammensetzung des Leitungsorgans

111 **1. Zahl der Vorstandsmitglieder. a) Grundregel.** Nach § 76 Abs. 2 S. 1 kann der Vorstand aus einer oder mehreren Personen bestehen. Einzelheiten hat die Satzung zu bestimmen. Gem. § 23 Abs. 3 Nr. 6 muss sie entweder die Zahl der Vorstandsmitglieder oder die Regeln, nach denen diese Zahl festgelegt wird, angeben. Statthaft ist auch die Vorgabe einer Mindest- oder Höchstzahl.[551] Ferner kann die Satzung vorsehen, dass die konkrete Anzahl der Vorstandsmitglieder vom Aufsichtsrat[552] oder durch Hauptversammlungsbeschluss[553] bestimmt wird. Gem. § 94 sind dabei jeweils auch die stellvertretenden Vorstandsmitglieder einzubeziehen. Gibt die Satzung nur den Gesetzeswortlaut wieder oder enthält sie gar keine Bestimmung über die Zahl der Vorstandsmitglieder, so obliegt deren Festlegung dem Aufsichtsrat.[554] Er entscheidet – auch beim mitbestimmten Aufsichtsrat – mit einfacher Mehrheit.[555]

112 **b) Gesellschaften mit einem Grundkapital von mehr als drei Millionen Euro.** Bei Gesellschaften mit einem Grundkapital von mehr als drei Millionen Euro[556] hat der Vorstand gem. § 76 Abs. 2 S. 2 aus mindestens zwei Personen zu bestehen. Die Vorschrift dient dem Schutz der Aktionäre.[557] Diese können auf den Schutz allerdings verzichten, indem sie in der Satzung einen einköpfigen Vorstand vorsehen. Dafür reicht die gängige Bestimmung, dass der Vorstand aus einer oder mehreren Personen besteht.[558] Ebenso genügt eine Satzungsklausel, wonach die Zahl der Vorstandsmitglieder vom Aufsichtsrat bestimmt wird und der Aufsichtsrat die Zahl auf ein Mitglied

---

[542] Vgl. Großkomm AktG/*Kort* Rn. 187; eingehend zu § 136 AktG und Doppelmandatschaft *Petersen/Schulze De la Cruz* NZG 2012, 453 ff.; ausf. und krit. zur entsprechenden Anwendung *Streyl*, Zur konzernrechtlichen Problematik von Vorstands-Doppelmandaten, 1992, 206 f. und 215.

[543] Vgl. Großkomm AktG/*Kort* Rn. 187; Kölner Komm AktG/*Mertens/Cahn* § 77 Rn. 41; Hölters/*Weber* Rn. 65; MHdB AG/*Wiesner* § 20 Rn. 11.

[544] Vgl. Großkomm AktG/*Kort* Rn. 187.

[545] Vgl. Kölner Komm AktG/*Mertens/Cahn* § 77 Rn. 42.

[546] Vgl. Wachter/*Eckert* Rn. 18; Großkomm AktG/*Kort* Rn. 188; Kölner Komm AktG/*Mertens/Cahn* § 77 Rn. 43; krit. *Seyfarth* VorstandsR § 7 Rn. 12.

[547] Vgl. Großkomm AktG/*Kort* Rn. 188.

[548] Vgl. *Hoffmann-Becking* ZHR 150 (1986) 570 (577); Großkomm AktG/*Kort* Rn. 189; MüKoAktG/*Spindler* Rn. 53; *Streyl*, Zur konzernrechtlichen Problematik von Vorstands-Doppelmandaten, 1992, 183.

[549] Näher zuletzt *Kleba*, Interessen- bzw. Pflichtenkollisionen und Haftung bei Vorstandsdoppelmandaten im Aktienkonzern, 2014, 97 ff.; Noack FS Hoffmann-Becking, 2013, 847; *Seyfarth* VorstandsR § 7 Rn. 27 ff.

[550] Umfassend *Fleischer* in Fleischer VorstandsR-HdB § 18 Rn. 1 ff.; *Seyfarth* VorstandsR § 24 Rn. 1 ff.; für den faktischen Konzern zuletzt Großkomm AktG/*Fleischer* § 317 Rn. 38 ff., § 318 Rn. 5 ff.

[551] Vgl. Hüffer/Koch/*Koch* Rn. 22; Großkomm AktG/*Kort* Rn. 195; MüKoAktG/*Spindler* Rn. 97.

[552] Vgl. BGH NZG 2002, 817 (818); LG Köln AG 1999, 137 (138); Kölner Komm AktG/*Mertens/Cahn* Rn. 105.

[553] Vgl. Großkomm AktG/*Kort* Rn. 195; Kölner Komm AktG/*Mertens/Cahn* Rn. 105; NK-AktR/*Oltmanns* Rn. 19.

[554] Vgl. KGJ 24, A 194 (197); MüKoAktG/*Spindler* Rn. 97; Grigoleit/*Vedder* Rn. 17.

[555] Vgl. Wachter/*Eckert* Rn. 19; Großkomm AktG/*Kort* Rn. 196.

[556] Vgl. zur Anhebung des Schwellenwertes von 3 Mio. DM auf 3 Mio. Euro Art. 3 § 1 Nr. 4 Euro-Einführungsgesetz v. 9.6.1998, BGBl. 1998 I 1242.

[557] Vgl. BegrRegE *Kropff* S. 97.

[558] Vgl. LG Köln AG 1999, 137 (138); Hüffer/Koch/*Koch* Rn. 55; Kölner Komm AktG/*Mertens/Cahn* Rn. 107; NK-AktR/*Oltmanns* Rn. 19.

beschränkt.⁵⁵⁹ Das folgt aus einer Auslegung des § 76 Abs. 2 S. 2 im Lichte des § 23 Abs. 3 Nr. 6, der seinerseits auf europäischem Richtlinienrecht beruht.⁵⁶⁰ Den gesetzlichen Anforderungen entspricht schließlich auch die Bestellung eines ordentlichen und eines stellvertretenden Vorstandsmitglieds.⁵⁶¹

c) Rechtspolitische Würdigung. Die für Großunternehmen in § 76 Abs. 2 S. 2 als Grundregel **113** vorgesehene Kollegialstruktur des Vorstands trifft rechtspolitisch das Richtige. Ein mindestens zwei-, zumeist aber mehrköpfiges Gremium verbürgt eine ausgewogenere Entscheidungsfindung: Wichtige Entscheidungen werden eingehender beraten und aus verschiedenen Blickwinkeln beurteilt.⁵⁶² Außerdem erhöht der Abstimmungsbedarf im Gesamtvorstand den Rechtfertigungsdruck, Beschlussvorlagen besser vorzubereiten und gründlicher zu begründen.⁵⁶³ Gleichzeitig sinkt die Gefahr vorgefasst-einseitiger Beschlüsse,⁵⁶⁴ die man in der empirischen Verhaltensforschung als *bias* bezeichnet.⁵⁶⁵ Schließlich bietet eine mehrköpfige Führungsstruktur Vorteile unter dem Gesichtspunkt der Überwachungseffizienz: Sie ergänzt die vertikale (Fremd-)Kontrolle des Aufsichtsrats um eine horizontale (Selbst-)Kontrolle des Vorstands.⁵⁶⁶ Wegen dieser langen Liste von Vorteilen hat man im Schrifttum gelegentlich erwogen, für große Unternehmen ein mehrköpfiges Geschäftsführungsorgan zwingend vorzuschreiben.⁵⁶⁷ In England muss eine *public company* nach sec 154(2) CA 2006 mindestens zwei Direktoren haben. Nach Ziff. 4.2.1 DCGK soll der Vorstand börsennotierter Gesellschaften aus mehreren Personen bestehen.⁵⁶⁸ Für kleine Unternehmen ist die volle Satzungsautonomie des § 76 Abs. 2 S. 1 dagegen unverzichtbar: Gerade Familienaktiengesellschaften kann an der Unternehmensleitung durch einen Einzelvorstand gelegen sein.

2. Rechtsfolgen einer vorschriftswidrigen Besetzung. a) Überbesetzung. Eine Überschreitung **114** der in der Satzung vorgesehenen (Höchst-)Zahl an Vorstandsmitgliedern wird nur selten praktisch werden.⁵⁶⁹ Aus Gründen des Verkehrsschutzes kann sie weder die Rechtshandlungen der Aktiengesellschaft gegenüber Dritten in Frage stellen⁵⁷⁰ noch zur Unwirksamkeit der Bestellung führen.⁵⁷¹ Allerdings ist der Aufsichtsrat in der Regel gehalten, die vorschriftswidrige Besetzung durch eine Abberufung des überzähligen Vorstandsmitglieds zu beseitigen.⁵⁷² Im Einzelfall kann es freilich im Gesamtinteresse geboten sein, auf eine Abberufung zu verzichten, etwa weil eine gleichzeitige Kündigung des Anstellungsvertrages aus wichtigem Grund nicht möglich ist.⁵⁷³

b) Unterbesetzung. Die Rechtsfolgen einer vorschriftswidrigen Unterbesetzung sind vom BGH **115** in einer grundlegenden Entscheidung erörtert worden.⁵⁷⁴ Danach soll ein unterbesetzter Vorstand Aufgaben, die kraft Gesetzes dem Gesamtvorstand vorbehalten sind (→ Rn. 19), grundsätzlich nicht ausführen dürfen.⁵⁷⁵ Vielmehr obliege es dem Aufsichtsrat in einer solchen Situation, nach § 84 Abs. 1 baldmöglichst ein neues Vorstandsmitglied zu bestellen, um die Handlungsfähigkeit des Vorstands wieder herzustellen. Sei er dazu nicht sofort in der Lage, eröffne § 85 jedem, der daran ein schutzwürdiges Interesse habe, die Bestellung eines Notvorstands durch das Amtsgericht zu beantragen, um Schaden von der Gesellschaft abzuwenden.⁵⁷⁶

---

⁵⁵⁹ Vgl. BGH ZIP 2002, 216 (217); *Henze* BB 2002, 847 (848); Großkomm AktG/*Kort* Rn. 201; mit „gewissen Bedenken" auch *Schäfer* ZGR 2003, 147 (155 ff.).
⁵⁶⁰ Vgl. BGH ZIP 2002, 216 (217); *Henze* BB 2002, 847 (848).
⁵⁶¹ Vgl. Großkomm AktG/*Kort* Rn. 201; Kölner Komm AktG/*Mertens/Cahn* Rn. 107.
⁵⁶² Vgl. *Fleischer* NZG 2003, 449 (458).
⁵⁶³ Vgl. *v. Werder* in Sadowski/Czap/Wächter, Regulierung und Unternehmenspolitik, 1996, 257 (271).
⁵⁶⁴ Dazu BegrRegE *Kropff* S. 97.
⁵⁶⁵ Vgl. *Fleischer* NZG 2003, 449 (458 f.).
⁵⁶⁶ Vgl. BegrRegE *Kropff* S. 97; *Fleischer* NZG 2003, 449 (458 f.).
⁵⁶⁷ Vgl. aus juristischer Sicht DJT, Untersuchung zur Reform des Unternehmensrechts, Bericht der Studienkommission, 1955, 32 und 75 f.; aus ökonomischer Sicht *v. Werder* in Sadowski/Czap/Wächter, Regulierung und Unternehmenspolitik, 1996, 257 (274 f.).
⁵⁶⁸ Dazu Wilsing/*Goslar* DCGK Ziff. 4.2.1 Rn. 7; KBLW/*Bachmann* DCGK Rn. 894 ff.
⁵⁶⁹ Für ein Beispiel Großkomm AktG/*Kort* Rn. 198.
⁵⁷⁰ Vgl. Hüffer/Koch/*Koch* Rn. 56; Großkomm AktG/*Kort* Rn. 198; NK-AktR/*Oltmanns* Rn. 20.
⁵⁷¹ Vgl. Kölner Komm AktG/*Mertens/Cahn* Rn. 109.
⁵⁷² Vgl. Großkomm AktG/*Kort* Rn. 198; NK-AktR/*Oltmanns* Rn. 20.
⁵⁷³ Vgl. Großkomm AktG/*Kort* Rn. 198; Kölner Komm AktG/*Mertens/Cahn* Rn. 109; abw. NK-AktR/*Oltmanns* Rn. 20.
⁵⁷⁴ Vgl. BGHZ 149, 158. Vorinstanzen: LG Dresden AG 1999, 46; OLG Dresden AG 1999, 517.
⁵⁷⁵ Verallgemeinernd idS BGHZ 149, 158: Leitsatz b).
⁵⁷⁶ Vgl. BGHZ 149, 158 (161 f.).

116 Dieser Standpunkt entspricht der hergebrachten Auffassung im Schrifttum,[577] er sieht sich aber – auch nach der Entscheidung des BGH – wachsendem Widerstand ausgesetzt.[578] Unter Hinweis auf den offenen Gesetzeswortlaut und das Fehlen einer ausdrücklichen Rechtsfolgenanordnung halten manche die Handlungsunfähigkeit des Rumpfvorstands für eine überzogene Reaktion, die der Gesellschaft eher zum Schaden gereiche als ihr nütze.[579] Eine objektiv-teleologische Auslegung gebiete stattdessen, unter dem Begriff Vorstand durchweg die Gesamtheit der tatsächlich amtierenden Mitglieder zu verstehen.[580] Andere treten für eine differenzierenden Lösungsansatz ein: Sofern es um bloße Realakte, innergesellschaftliche Verfahrenshandlungen ohne rechtsgeschäftlichen Charakter oder im öffentlichen Interesse liegende Anträge gehe, bestehe die Handlungsfähigkeit des unterbesetzten Vorstands fort,[581] nicht aber bei Maßnahmen mit rechtsgeschäftlichem Charakter, zu denen auch die Beschlussvorschläge des Vorstands gem. § 124 Abs. 3 gehörten.[582]

117 Für eine abgestufte, an den Regelungszweck der einzelnen Vorschrift anknüpfende Auslegung sprechen in der Tat die besseren Argumente. Soweit es etwa um die Buchführungs- oder Insolvenzantragspflicht geht, ist es schon aus Gläubigerschutzerwägungen nicht angängig, die Handlungsfähigkeit eines Rumpfvorstands zu verneinen.[583] Beide Pflichten bleiben selbstverständlich bestehen und sind vom unterbesetzten Vorstand vorzunehmen. Das hat der BGH in anderem Zusammenhang auch ausdrücklich anerkannt: Stellt ein Vorstandsmitglied fest, dass ein kraft Ressortverteilung primär verantwortlicher Kollege seinen Aufgaben nicht nachkommt, so muss er selbst für die erforderlichen Maßnahmen sorgen.[584] Dagegen ist es bei dem vom BGH behandelten § 124 Abs. 3 S. 1 geboten, der Grundwertung des § 76 Abs. 2 S. 2 Geltung zu verschaffen und eine Kollegialentscheidung zu verlangen, sofern die Satzung keinen einköpfigen Vorstand vorsieht.[585] Die Rechtspraxis wird sich freilich einstweilen auf die grundsätzliche Handlungsunfähigkeit eines unterbesetzten Vorstands einstellen müssen.[586] Für den Vorstand ergibt sich daraus die Pflicht, den Aufsichtsrat umgehend über den Ausfall eines Vorstandsmitglieds zu unterrichten, damit dieser gem. § 84 Abs. 1 für die Ausfüllung der Vakanz sorgen kann. Weiterhin wird empfohlen, möglichen Schwierigkeiten durch eine Regelung in der Satzung vorzubeugen, wie sie § 76 Abs. 2 S. 2 letzter Hs. zulässt.[587]

118 **3. Arbeitsdirektor.** Gem. § 76 Abs. 2 S. 3 werden die Vorschriften über die Bestellung eines Arbeitsdirektors durch § 76 Abs. 2 S. 1 und 2 nicht berührt. Daraus folgt für die personelle Zusammensetzung des Vorstands, dass alle unter die Mitbestimmungsgesetze fallenden Aktiengesellschaften wenigstens zwei Vorstandsmitglieder haben müssen.[588] Das gilt sowohl für die Montanmitbestimmung (§ 13 MontanMitbestG, § 13 MitbestErgG)[589] als auch für das MitbestG 1976,[590] dessen § 33 einen Arbeitsdirektor als gleichberechtigtes Vorstandsmitglied vorsieht.

VI. Eignungsvoraussetzungen und Bestellungshindernisse für Vorstandsmitglieder

119 **1. Gesetzliche Voraussetzungen. a) Natürliche, unbeschränkt geschäftsfähige Person. aa) Allgemeines.** Gem. § 76 Abs. 3 S. 1 kann Mitglied des Vorstands nur eine natürliche, unbeschränkt geschäftsfähige Person sein. Handelt es sich um einen Ausländer, so bemisst sich die unbe-

---

[577] Vgl. GHEK/*Hefermehl*, 1974, Rn. 30; Großkomm AktG/*Meyer-Landrut*, 3. Aufl. 1973, Rn. 5; aus jüngerer Zeit auch Bürgers/Körber/*Bürgers* Rn. 32; MüKoAktG/*Spindler* Rn. 99 f.
[578] Vgl. bisher schon Kölner Komm AktG/*Mertens*, 2. Aufl. 1996, Rn. 97; aus jüngerer Zeit *J. Götz* ZIP 2002, 1745 (1748 ff.); Kölner Komm AktG/*Mertens*/*Cahn* Rn. 111; *Priester* FS Kropff, 1997, 592 (596 ff., 602 ff.); *Rottnauer* NZG 2000, 414 (416 ff.); Hölters/*Weber* Rn. 73; MHdB AG/*Wiesner* § 19 Rn. 31.
[579] Vgl. Großkomm AktG/*Kort* Rn. 199; Kölner Komm AktG/*Mertens*/*Cahn* Rn. 111; ausf. *J. Götz* ZIP 2002, 1745 (1748 f.).
[580] Dezidiert idS *J. Götz* ZIP 2002, 1745 (1749 ff.).
[581] Vgl. Hüffer/Koch/*Koch* Rn. 23; mit etwas anderer Akzentsetzung auch *Schäfer* ZGR 2003, 147 (150 ff.).
[582] Vgl. Hüffer/Koch/*Koch* § 124 Rn. 12; *Schäfer* ZGR 2003, 147 (150 ff.); aus der Spruchpraxis OLG Dresden AG 1999, 517 (518); LG Dresden AG 1999, 46 (47); LG Heilbronn AG 2000, 373 (374).
[583] Ebenso *Priester* FS Kropff, 1997, 591 (597); *Seyfarth* VorstandsR § 3 Rn. 21 mit Fn. 57.
[584] Ausdrücklich idS für die Buchführungspflicht nach § 41 GmbHG BGH NJW 1986, 54 (55).
[585] Wie hier *Schäfer* ZGR 2003, 147 (151 f.).
[586] Ausdrücklich *Henze* BB 2002, 847 (848), der freilich einräumt, dass es bei dieser Frage kein richtig oder falsch gebe und beide Meinungen gute Gründe für sich ins Feld führen könnten.
[587] Vgl. *Henze* BB 2002, 547 (548); dazu auch BGH ZIP 2002, 216.
[588] Vgl. Hüffer/Koch/*Koch* Rn. 57; MüKoAktG/*Spindler* Rn. 102; NK-AktR/*Oltmanns* Rn. 22.
[589] AllgM, vgl. Hüffer/Koch/*Koch* Rn. 57; Großkomm AktG/*Kort* Rn. 203; Kölner Komm AktG/*Mertens*/*Cahn* Rn. 108.
[590] Ganz hM, vgl. Hüffer/Koch/*Koch* Rn. 57; Großkomm AktG/*Kort* Rn. 204; MüKoAktG/*Spindler* Rn. 102; Raiser/Veil KapGesR § 14 Rn. 15; Grigoleit/*Vedder* Rn. 21; Hölters/*Weber* Rn. 74; MHdB AG/*Wiesner* § 24 Rn. 7; abw. *Overlack* ZHR 141 (1977), 125 (128 f.).

schränkte Geschäftsfähigkeit gem. Art. 7 Abs. 1 EGBGB nach dessen Heimatrecht.[591] Die beschränkte Geschäftsfähigkeit genügt nicht;[592] sie wird ausweislich der Gesetzesmaterialien als mit den Rechten und Pflichten des Vorstands unvereinbar angesehen.[593] Daran vermag auch die Erteilung einer vormundschaftsgerichtlichen Genehmigung nach §§ 112, 113 BGB nichts zu ändern.[594]

bb) Juristische Person als Organmitglied? Das zwingende Erfordernis einer natürlichen Person schließt juristische Personen (und erst recht Algorithmen[595]) *de lege lata* als Organmitglieder aus.[596] Gleiches gilt für Personenhandelsgesellschaften (OHG, KG) und andere Gesamthandsgemeinschaften (GbR, Erbengemeinschaft).[597] Dies soll ausweislich der Gesetzesmaterialien aus dem Wesen des Vorstandsamts folgen, das ein persönliches Tätigwerden voraussetze.[598] Die Begründung befriedigt nicht ganz. Zwar entspricht es deutscher Rechtstradition seit dem AktG 1937, juristische Personen vom Vorstandsamt fernzuhalten.[599] Zuvor war die Rechtslage in Ermangelung einer ausdrücklichen Gesetzesregelung allerdings umstritten; einzelne Stimmen hielten eine Organstellung juristischer Personen sehr wohl für begründbar.[600] Heute lässt § 265 Abs. 2 S. 3 juristische Personen in offener Abweichung von § 76 Abs. 3 S. 1 immerhin als Abwickler zu. International präsentiert sich das Meinungsbild breit gefächert: In den Vereinigten Staaten hält § 141 (b) *Delaware General Corporation Law* an dem Erfordernis einer natürlichen Person fest; in England verlangt sec. 155(1) CA 2006, dass jede Gesellschaft wenigstens einen Direktor haben muss, der eine natürliche Person ist; in Frankreich lässt Art. L 225–20 CCom juristische Personen als Verwaltungsmitglieder ausdrücklich zu.[601] Neu entfacht wurde die rechtspolitische Grundsatzdebatte durch Art. 47 Abs. 1 SE-VO, der juristischen Personen den Zugang zur Organwalterschaft in der Europäischen Aktiengesellschaft eröffnet, sofern das nationale Recht dies gestattet.[602] Zugunsten einer solchen Option wird vorgebracht, dass namentlich in Konzernverbindungen ein praktisches Bedürfnis bestehe, die Muttergesellschaft selbst zum Organ der Tochtergesellschaft zu bestellen.[603] Dagegen sprechen allerdings die schwierigen Folgeprobleme, die eine Geschäftsführung durch juristische Personen aufwirft.[604] *Erstens* schwindet der Einfluss von Gesellschaftern und Kontrollorganen auf die Auswahl der tatsächlichen Unternehmenslenker, weil die juristische Person ihre Geschäftsleiter selbst ernennt und abberuft und damit über eine Art Entsenderecht verfügt. *Zweitens* muss man eine beliebige Auswechslung der tatsächlichen Geschäftsleiter gewärtigen, der durch die Figur eines ständigen Vertreters iSv Art. 47 Abs. 1 S. 2 SE-VO nur mühsam beizukommen ist. *Drittens* geht die Transparenz der Organisationsverfassung verloren, wenn die juristische Organperson ihrerseits eine juristische Person zum Geschäftsführungsorgan bestellt. *Viertens* drohen haftungsrechtliche Steuerungsverluste, da die Organwalter der juristischen Person unmittelbar nur ihrer eigenen Gesellschaft und nicht der „geführten" Gesellschaft verantwortlich sind. Nach alledem ist es zu begrüßen, dass der deutsche Gesetzgeber das Rechtsangebot des Art. 47 Abs. 1 SE-VO im nationalen SE-Ausführungsgesetz nicht angenommen hat.

cc) Rechtsfolgen bei Fehlen oder Wegfall einer gesetzlichen Voraussetzung. Fehlt von Anfang an eine Mindestvoraussetzung des § 76 Abs. 3 S. 1, so ist die Bestellung gem. § 134 BGB nichtig.[605] Eine Heilung durch Eintragung als Vorstandsmitglied im Handelsregister erfolgt nicht. Fällt eine Voraussetzung später weg, kommt es *ipso iure* zum sofortigen Amtsverlust, ohne dass es

---

[591] Vgl. Wachter/*Eckert* Rn. 25; *Erdmann* NZG 2002, 503 (504); Großkomm AktG/*Kort* Rn. 208; Kölner Komm AktG/*Mertens*/*Cahn* Rn. 114.
[592] Vgl. MüKoAktG/*Spindler* Rn. 106.
[593] Vgl. BegrRegE *Kropff* S. 97.
[594] Vgl. OLG Hamm GmbHR 1992, 671 (GmbH); MüKoAktG/*Spindler* Rn. 106.
[595] Eingehend zur fehlenden Organfähigkeit von Algorithmen *Möslein* ZIP 2018, 204 (207 ff.).
[596] Vgl. *Fleischer* RIW 2004, 16 (17); Hüffer/Koch/*Koch* Rn. 25; MüKoAktG/*Spindler* Rn. 105; NK-AktR/ *Oltmanns* Rn. 24; ebenso § 56 Abs. 1 S. 1 InsO für die Tätigkeit eines Insolvenzverwalters; zur Verfassungsmäßigkeit dieser Vorschrift BGHZ 198, 225 Rn. 26 ff.; BVerfG NJW 2016, 930 Rn. 55 ff.
[597] Vgl. Großkomm AktG/*Kort* Rn. 207; MüKoAktG/*Spindler* Rn. 105.
[598] Vgl. BegrRegE *Kropff* S. 97; dem zust. Großkomm AktG/*Kort* Rn. 207; MüKoAktG/*Spindler* Rn. 105.
[599] Vgl. Amtl. Begr. zu § 75 AktG 1937 bei *Klausing* S. 61.
[600] Eingehend *Molitor* FS Ehrenberg, 1927, 41 ff.; zu den rechtshistorischen Entwicklungslinien *Fleischer* RIW 2004, 16 (17); *Komp*, Die juristische Person als Geschäftsführungsorgan einer Kapitalgesellschaft, 2000, 74 ff.
[601] Umfassender rechtsvergleichender Überblick bei *Brandes*, Juristische Personen als Geschäftsführer der Europäischen Privatgesellschaft, 2003, 18 ff. und *Fleischer* RIW 2004, 16 (17 f.); beide mwN.
[602] Dazu *Brandes* NZG 2004, 642; *Hommelhoff* AG 2001, 279 (283); *Teichmann* ZGR 2002, 383 (455).
[603] Vgl. *Brandes* NZG 2004, 642 (643 ff.); *Teichmann* ZGR 2002, 383 (455).
[604] Eingehend dazu *Fleischer* AcP 204 (2004) 502 (532 f.); dem folgend *Gehrlein* NZG 2016, 566 (567 f.).
[605] Vgl. NK-AktR/*Oltmanns* Rn. 23; Grigoleit/*Vedder* Rn. 45.

einer Abberufung bedarf.[606] Die Eintragung als Vorstandsmitglied im Handelsregister ist von Amts wegen zu löschen.[607] Der Geschäftsverkehr wird grundsätzlich durch § 15 HGB und die allgemeine handelsrechtliche Rechtsscheinhaftung geschützt.[608] Das gilt nach Auffassung des BGH auch bei nachträglich eintretender Geschäftsunfähigkeit eines Vorstandsmitglieds, weil diese sich nur zum Nachteil der Gesellschaft auswirke.[609] Fällt das Bestellungshindernis fehlender Geschäftsfähigkeit später weg, lebt die frühere Bestellung nicht wieder auf. Vielmehr ist eine Neubestellung erforderlich,[610] die freilich auch konkludent erfolgen kann.

122   **b) Inländerstatus?** Ohne Belang für eine Bestellung zum Vorstandsamt ist die Staatsangehörigkeit.[611] Auch Ausländer oder Staatenlose können nach allgemeiner Auffassung Vorstandsmitglied werden. Ebensowenig kommt es im Grundsatz darauf an, ob jemand seinen Wohnsitz im In- oder Ausland hat.[612] Nach bisher hM musste das betreffende Vorstandsmitglied aber jederzeit in die Bundesrepublik Deutschland einreisen dürfen, um seinen Vorstandspflichten vor Ort nachzukommen.[613] Daran fehlte es nach Auffassung verschiedener Registergerichte, wenn ein Einreisevisum nur erschwert oder mit zeitlicher Verzögerung zu erlangen war.[614] Die Gegenauffassung lehnt ein solches Erfordernis ab, weil ein Vorstandsmitglied das Bundesgebiet nicht zwingend betreten müsse, um sein Amt unter Ausschöpfung moderner Kommunikationsmittel und der Möglichkeit der Aufgabendelegation ordnungsgemäß auszuüben.[615] Ihr ist mit der jüngsten Rechtsprechung jedenfalls nach Inkrafttreten des MoMiG beizupflichten: Da der Verwaltungssitz einer AG nunmehr auch im Ausland liegen kann, kann eine jederzeitige Einreisemöglichkeit nicht mehr Voraussetzung der Tätigkeit als Vorstandsmitglied sein.[616] Eine bestehende Aufenthaltsgenehmigung und arbeits- oder gewerberechtliche Erlaubnisse sind für die Bestellung zum Vorstandsamt nicht erforderlich.[617] Ferner begründet ein Verstoß gegen ausländerrechtliche Bestimmungen in aller Regel keine Nichtigkeit der Bestellung gem. § 138 BGB.[618]

123   **c) Aktionärseigenschaft?** Ein Vorstandsmitglied muss nicht notwendig Aktionär der Gesellschaft sein.[619] Vielmehr gilt – wie im GmbH-Recht (§ 6 Abs. 3 GmbHG) – der Grundsatz der Fremdorganschaft.[620] Um einen Gleichlauf von Vorstands- und Aktionärsinteressen herbeizuführen, fördern viele Gesellschaften den Anteilsbesitz ihrer Organmitglieder allerdings durch Aktienoptionsprogramme.

124   **d) Altersgrenze?** Ein gesetzliches Alterslimit für Organmitglieder gibt es nicht. Allerdings empfiehlt Ziff. 5.1.2 DCGK börsennotierten Gesellschaften, eine Altersgrenze festzulegen.[621] Damit soll den erheblichen Belastungen Rechnung getragen werden, die aus einer Vorstandstätigkeit regelmäßig erwachsen.[622] Allerdings finden auf solche Sachverhalte nach Auffassung des BGH[623] die Vorschriften

---

[606] Vgl. BGHZ 115, 78 (80) (GmbH).
[607] Vgl. OLG Naumburg GmbHR 2000, 378 (379); KG NJW-RR 1999, 1341 f.; BayObLG NJW-RR 1989, 934.
[608] Vgl. BGHZ 115, 78 (82).
[609] Vgl. BGHZ 115, 78 (82).
[610] Vgl. BayObLG NJW-RR 1993, 612 (613).
[611] Vgl. OLG Stuttgart NZG 2006, 789; Großkomm AktG/*Kort* Rn. 209; MüKoAktG/*Spindler* Rn. 106; NK-AktR/*Oltmanns* Rn. 23. Zur Europarechtswidrigkeit einer gegenteiligen Regelung EuGH Slg. I-1998, 2521 Rn. 26 ff.
[612] Vgl. Hüffer/Koch/*Koch* Rn. 59; Kölner Komm AktG/*Mertens*/*Cahn* Rn. 115; MüKoAktG/*Spindler* Rn. 106.
[613] Vgl. Hüffer/Koch/*Koch* Rn. 59; MüKoAktG/*Spindler* Rn. 106.
[614] Vgl. OLG Hamm NZG 1999, 1004; OLG Köln GmbHR 1999, 182 (183); OLG Zweibrücken NZG 2001, 857; OLG Celle NJW-RR 2007, 1679; offen lassend OLG Frankfurt FGPrax 2001, 124; ausf. *Teichmann* IPRax 2000, 110 (113 f.).
[615] Vgl. OLG Dresden NZG 2003, 628; LG Magdeburg NJOZ 2004, 1361; LG Rostock NJW-RR 2004, 398; OLG Stuttgart DNotZ 2007, 146; *Erdmann* NZG 2002, 505 (506); *Wachter* ZIP 1999, 1577 (1581) mwN.
[616] Vgl. unter ausdrücklicher Aufgabe vorheriger Rechtsauffassung OLG Zweibrücken BeckRS 2010, 24704; OLG München NZG 2010, 157 (158) (GmbH); OLG Düsseldorf NZG 2009, 678 (GmbH); Wachter/*Eckert* Rn. 26; Hüffer/Koch/*Koch* Rn. 59; Großkomm AktG/*Kort* Rn. 293; MüKoAktG/*Spindler* Rn. 106; *Ries* NZG 2010, 298 (299 f.); abw. Schmidt/Lutter/*Seibt* Rn. 36; *Seyfarth* VorstandsR § 3 Rn. 13.
[617] Vgl. Großkomm AktG/*Kort* Rn. 101; Kölner Komm AktG/*Mertens*/*Cahn* Rn. 115; NK-AktR/*Oltmanns* Rn. 24.
[618] Vgl. Großkomm AktG/*Kort* Rn. 210.
[619] Vgl. Hüffer/Koch/*Koch* Rn. 59; Großkomm AktG/*Kort* Rn. 209; MüKoAktG/*Spindler* Rn. 108.
[620] Vgl. Großkomm AktG/*Kort* Rn. 209.
[621] Dazu Wilsing/*Wilsing* DCGK Ziff. 5.1.2 Rn. 12.
[622] Vgl. KBLW/*Kremer* DCGK Rn. 1253; krit. Schmidt/Lutter/*Seibt* Rn. 38.
[623] Vgl. BGHZ 193, 110 (GmbH); ausf. dazu *Bauer*/*Arnold* NZG 2012, 921 ff.; Großkomm AktG/*Kort* Rn. 267 ff.; *Stenslik*/*Zahn* DStR 2012, 1865 ff.; *Wilsing*/*Meyer* NJW 2012, 3211 ff.; vgl. auch Vorinstanz OLG Köln NZG 2011, 187.

des AGG[624] Anwendung, soweit es den Zugang zur Erwerbstätigkeit sowie den beruflichen Aufstieg betrifft.[625] Altershöchstgrenzen, die zu einer Nichtberücksichtigung bei der Besetzung des Vorstands führen,[626] sind damit grundsätzlich unmittelbare Benachteiligungen iSd § 3 Abs. 1 AGG (s. auch → § 84 Rn. 11a) Gem. § 10 S. 3 Nr. 5 AGG lassen sie sich jedoch rechtfertigen, soweit sie einem legitimen Ziel dienen,[627] etwa aufgrund spezifischer Ausbildungsanforderungen oder einer angemessenen Beschäftigungszeit vor dem Ruhestand.[628] Nach verbreiteter Ansicht ist zumindest eine Altershöchstgrenze zulässig, die der Regelaltersgrenze entspricht.[629] Darüber hinaus wird man wohl bei Berücksichtigung der Höchstbestelldauer des § 84 Abs. 1 S. 1 und im Hinblick auf die Möglichkeit einer Wiederbestellung[630] eine noch niedrigere Altersgrenze als gerechtfertigt ansehen können.[631] Verstöße gegen das AGG haben weder die Nichtigkeit der Bestellung und des geschlossenen Dienstvertrags noch einen Anspruch auf Bestellung und Abschluss eines Dienstvertrags zur Folge, sondern führen nur zu Schadensersatzansprüchen des Benachteiligten.[632]

2. Satzungsmäßige Eignungsvoraussetzungen. Ob die Satzung über die gesetzlichen Eignungsvoraussetzungen hinaus weitere persönliche Qualifikationsmerkmale aufstellen darf, gehört zu den umstrittensten Fragen im Rahmen der Vorstandsbestellung. Sie ist sowohl unter allgemein aktienrechtlichen wie unter spezifisch mitbestimmungsrechtlichen Aspekten in den Blick zu nehmen:

a) Aktienrechtliche Beurteilung. Im Aktienrecht stehen sich zwei konträre Auffassungen gegenüber. Die hergebrachte und nach wie vor herrschende Lehrmeinung hält die statutarische Festlegung besonderer Eignungsvoraussetzungen für zulässig.[633] Allerdings müssen sie sachbezogen sein (→ Rn. 128) und dürfen das Auswahlermessen des Aufsichtsrats nach § 84 Abs. 1 S. 1 nicht unverhältnismäßig einengen.[634] Diese Grenze ist jedenfalls dann überschritten, wenn die Satzungsklausel den Kreis möglicher Kandidaten so stark verkleinert, dass dem Aufsichtsrat praktisch kein eigener Entscheidungsspielraum mehr verbleibt.[635] Einer jüngeren Gegenansicht zufolge sind satzungsmäßige Eignungsvoraussetzungen für Vorstandsmitglieder dagegen als vorweggenommene Fremdbindungen des Aufsichtsrats grundsätzlich unzulässig.[636] Bedeutung wird ihnen nur als Auswahlrichtlinie beigelegt, über die sich der Aufsichtsrat nach pflichtgemäßem Ermessen hinwegsetzen dürfe.[637]

---

[624] Allgemeines Gleichbehandlungsgesetz (BGBl. 2006 I 1897).
[625] § 6 Abs. 3 AGG. Dabei finden die Vorschriften des AGG sowohl auf den Abschluss des Dienstvertrages als auch auf die Organbestellung Anwendung, vgl. BGHZ 193, 110 Rn. 19 (GmbH); ebenso die Vorinstanz OLG Köln NZG 2011, 187 (188); krit. dazu *Bauer/Arnold* NZG 2012, 921 (922).
[626] Dies gilt sowohl für Erst- als auch Wiederbesetzung, vgl. BGHZ 193, 110 Rn. 20 ff. (GmbH); Hüffer/Koch/*Koch* Rn. 63; *Mohr* ZHR 178 (2014), 326 (346); abw. *Preis/Sagan* ZGR 2013, 26 (60 ff.).
[627] Als legitimes Ziel kommen nach Auffassung des BGH auch betriebs- und unternehmensbezogene Interessen in Betracht, BGHZ 193, 110 Rn. 54 (GmbH). Der EuGH fordert im Zusammenhang mit einer der dem AGG zugrunde liegenden Richtlinie 2000/78/EG v. 27.10.2000, ABl. EG 2000 Nr. L 303, 16 jedoch regelmäßig Ziele sozialpolitischer Natur, vgl. EuGH NZA 2011, 1039 (1044) Rn. 81; EuGH Slg. 2009, I-1569 Rn. 46; Slg. 2009, I-5325 Rn. 41.
[628] Zur „entsprechenden" Anwendung von § 10 AGG auf Organmitglieder *Bauer/Arnold* ZIP 2008, 993 (1000). Auch die Beweislastregelung des § 22 AGG findet auf Organmitglieder Anwendung, vgl. BGHZ 193, 110 Rn. 34 ff.; zustimmend und zum bisherigen Streitstand *Bauer/Arnold* NZG 2012, 921 (924); Hüffer/Koch/*Koch* Rn. 64; *Kort* WM 2013, 1049 (1051); abw. *Preis/Sagan* ZGR 2013, 26 (66 f.).
[629] Vgl. *Bauer/Arnold* ZIP 2008, 993 (1000); *Bauer/v Medem* NZA 2012, 945 (952); *Eßer/Baluch* NZG 2007, 321 (327); Hüffer/Koch/*Koch* Rn. 65; *Lutter* BB 2007, 725 (727); *Wilsing/Wilsing* DCGK 2012 Ziff. 5.1.3 Rn. 12; *Wilsing/Meyer* DB 2011, 341 (343 f.); wohl auch *Thüsing/Stiebert* NZG 2011, 641 (644); offen BGHZ 193, 110 Rn. 57.
[630] Diesem Kontinuitätsargument hat der BGH aber zumindest für die Wiederbestellung eine Absage erteilt, vgl. BGHZ 193, 110 Rn. 56; abw. *Thüsing/Stiebert* NZG 2011, 641 (644).
[631] Vgl. *Bauer/Arnold* NZG 2012, 921 (925); *Bauer/Arnold* ZIP 2008, 993 (1000); *Bauer/Arnold* ZIP 2008, 993 (1000): 50 Jahre bei Erstbestellung; KBLW/*Kremer* DCGK Rn. 1256: 60 Jahre; *Lutter* BB 2007, 725 (728): 58 Jahre; Schmidt/Lutter/*Seibt* Rn. 38: 58 Jahre; *Thüsing/Stiebert* NZG 2011, 641 (644).
[632] § 15 AGG; vgl. dazu *Bauer/Arnold* ZIP 2008, 993 (1001 f.).
[633] Vgl. *Geßler* FS Luther, 1976, 69 (82); Hüffer/Koch/*Koch* Rn. 26; Großkomm AktG/*Kort* Rn. 222 und 225; MüKoAktG/*Spindler* Rn. 110; NK-AktR/*Oltmanns* Rn. 24; K. Schmidt/Lutter/*Seibt* Rn. 37; Fleischer/Thüsing Vorstands-HdB § 4 Rn. 14; MHdB AG/*Wiesner* § 20 Rn. 5; eingehend *May*, Die Sicherung des Familieneinflusses auf die Führung der börsengehandelten Aktiengesellschaft, 1992, 94 ff.
[634] Vgl. Großkomm AktG/*Kort* Rn. 223; MüKoAktG/*Spindler* Rn. 110; MHdB AG/*Wiesner* § 20 Rn. 5.
[635] Vgl. *Geßler* FS Luther, 1976, 69 (82).
[636] Vgl. *Hommelhoff* BB 1977, 322 (324 ff.); *Lutter/Krieger/Verse* Rechte und Pflichten des Aufsichtsrats Rn. 341; Kölner Komm AktG/*Mertens/Cahn* Rn. 116; Grigoleit/*Vedder* Rn. 54; eingehend *Krieger*, Personalentscheidungen des Aufsichtsrats, 1981, 13 ff.
[637] Vgl. *Hommelhoff* BB 1977, 322 (326); *Lutter/Krieger/Verse* Rechte und Pflichten des Aufsichtsrats Rn. 341.

127 Die besseren Gründe sprechen für den Standpunkt der hM: *Historisch* stand die Kompetenz der Aktionäre, satzungsmäßige Eignungsvoraussetzungen aufzustellen, nie in Zweifel;[638] weder das Aktiengesetz von 1937 noch das von 1965 haben mit dieser Tradition gebrochen. *Systematisch* lässt sich aus dem Kompetenztitel des § 84 Abs. 1 S. 1 nicht entnehmen, dass der Ermessensspielraum des Aufsichtsrats nicht eingeengt werden darf. *Sachlich* liegt es angesichts der außerordentlichen, auch von der Gegenmeinung hervorgekehrten Bedeutung der Vorstandsbestellung nahe, satzungsmäßige Eignungsvoraussetzungen nicht anders zu behandeln als die satzungsmäßige Umgrenzung des Unternehmensgegenstandes, die sich die Aktionäre nach überwiegender Auffassung ebenfalls weithin vorbehalten können (→ Rn. 60).

128 Auch im Anschluss an die hM wird man indes nur solche Eignungsvoraussetzungen zulassen dürfen, die sachbezogen und durch das Gesellschaftsinteresse legitimiert sind. Das gilt für das Erfordernis eines inländischen Wohnsitzes oder eines Wohnsitzes am Ort der Geschäftsleitung,[639] ferner für bestimmte Berufsqualifikationen[640] oder eine Pflicht zum Aktienbesitz. Bei Familienaktiengesellschaften dürfte auch eine maßvolle Sicherung des Familieneinflusses auf Vorstandsebene zulässig sein, sofern sie nicht auf ein bloßes „Inthronisationsrecht" des Aufsichtsrats hinausläuft.[641] Die kritische Zone beginnt mit dem statutarischen Erfordernis der deutschen Staatsangehörigkeit.[642] Aktienrechtlich unzulässig sind Satzungsklauseln, die nach Geschlecht, Rasse, ethnischer Zugehörigkeit, Religion oder Weltanschauung unterscheiden.

129 **b) Mitbestimmungsrechtliche Beurteilung.** Mitbestimmungsrechtlich ist das Meinungsspektrum noch breiter gefächert. Manche lehnen eine bindende Festlegung von Eignungsvoraussetzungen gänzlich ab, weil die Wahl der Vorstandsmitglieder nach dem Mitbestimmungsgesetz eine gemeinsame Angelegenheit der Anteilseigner- und Arbeitnehmerseite sei;[643] andere wollen die Ermessensbindung allein auf die Anteilseignerseite beschränkt wissen.[644] Die hL hält statutarische Vorgaben zwar grundsätzlich für statthaft, unterwirft sie aber strengeren Kriterien als bei mitbestimmungsfreien Gesellschaften: Über die aktienrechtlichen Basisvoraussetzungen hinaus (→ Rn. 119 ff.) dürfen die Auswahlrichtlinien die Mitbestimmungsrechte der Arbeitnehmer nicht schmälern;[645] als unzulässig angesehen werden insbesondere Kriterien, die den Anteilseignern die Wahl bestimmter Personen in den Vorstand sichern sollen oder den Kreis der wählbaren Personen so einschränken, dass für den Aufsichtsrat keine Auswahlfreiheit mehr bleibt.[646] Ob bei mitbestimmten Familiengesellschaften die familiäre Herkunft bei gleicher Eignung den Ausschlag geben darf oder als Auswahlkriterium gänzlich ausscheidet, wird unterschiedlich beurteilt.[647]

130 **c) Rechtsfolgen beim Fehlen oder Wegfall einer satzungsmäßigen Eignungsvoraussetzung.** Weder das Fehlen noch der nachträgliche Wegfall einer satzungsmäßigen Eignungsvoraussetzung führen zur Nichtigkeit der Bestellung.[648] Die überwiegende Meinung bejaht in derartigen Fällen ein Recht und regelmäßig auch eine Pflicht des Aufsichtsrats, die Bestellung nach § 84 Abs. 3 S. 1 zu widerrufen.[649] Andere beschränken das Widerrufsrecht in Verfolgung einer abweichenden Grundkonzeption (→ Rn. 126) auf jene Fälle, in denen sich die Aufsichtsratsmitglieder offensichtlich ohne sachlichen Grund über eine satzungsmäßige Eignungsvoraussetzung hinweggesetzt haben.[650] Wieder andere erwägen ausnahmsweise eine Nichtigkeit bei anfänglichem Fehlen einer Eignungsvo-

---

[638] Vgl. zum Aktienrecht des HGB *Brodmann*, Aktienrecht, 1928, 221; *Lehmann/Ring*, 2. Aufl. 1930, HGB § 231 Rn. 3; Staub/*Pinner*, 14. Aufl. 1932/33, HGB § 231 Rn. 10.
[639] Vgl. Großkomm AktG/*Kort* Rn. 273; MüKoAktG/*Spindler* Rn. 110.
[640] Vgl. MüKoAktG/*Spindler* Rn. 110.
[641] Vgl. *May*, Die Sicherung des Familieneinflusses auf die Führung der börsengehandelten Aktiengesellschaft, 1992, 99 f.; zust. Großkomm AktG/*Kort* Rn. 273.
[642] Vgl. Großkomm AktG/*Kort* Rn. 273 unter Berufung auf die Europarechtswidrigkeit; dazu EuGH Slg. 1998, I-2521 Rn. 26 ff. Dogmatisch handelt es sich hier freilich um ein Problem der Drittwirkung von Grundfreiheiten.
[643] Vgl. *Säcker* DB 1977, 1791 (1792 f.); s. auch *Ballerstedt* ZGR 1977, 133 (155); ausf. Dokumentation des Meinungsstandes im älteren Schrifttum bei *Krieger*, Personalentscheidungen des Aufsichtsrats, 1981, 18 ff.
[644] Vgl. *Mertens* ZGR 1977, 270 (287 f.); Kölner Komm AktG/*Mertens/Cahn* Rn. 116.
[645] Vgl. mit Formulierungsunterschieden im Einzelnen Großkomm AktG/*Kort* Rn. 274; Großkomm AktG/*Oetker* MitbestG § 31 Rn. 4; MüKoAktG/*Spindler* Rn. 111; MHdB AG/*Wiesner* § 25 Rn. 6; großzügiger Hüffer/Koch/*Koch* Rn. 26.
[646] Vgl. Großkomm AktG/*Kort* Rn. 274; MüKoAktG/*Spindler* Rn. 111.
[647] Vgl. Kölner Komm AktG/*Mertens/Cahn* Rn. 116.
[648] Vgl. Großkomm AktG/*Kort* Rn. 277; MüKoAktG/*Spindler* § 84 Rn. 23; MHdB AG/*Wiesner* § 20 Rn. 9.
[649] Vgl. Großkomm AktG/*Kort* Rn. 277; MüKoAktG/*Spindler* § 84 Rn. 26; MHdB AG/*Wiesner* § 20 Rn. 9.
[650] Vgl. *Lutter/Krieger/Verse* Rechte und Pflichten des Aufsichtsrats Rn. 359; Kölner Komm AktG/*Mertens/Cahn* Rn. 116.

raussetzung, wenn die Satzung diese Rechtsfolge ausdrücklich anordnet und der Satzungsverstoß offensichtlich ist.[651]

3. Gesetzliche Bestellungshindernisse. a) Allgemeines. Der Katalog der gesetzlichen Bestellungshindernisse in § 76 Abs. 3 S. 2 hat durch das Gesetz zur Modernisierung des GmbH-Rechts und zur Bekämpfung von Missbräuchen (MoMiG) (BGBl. 2008 I 2026) eine neue Struktur erhalten: Während Nr. 1 und Nr. 2 lediglich Änderungen in der Form und nicht in der Sache mit sich bringen,[652] enthält Nr. 3 eine beträchtliche Erweiterung der Ausschlusstatbestände. Die Neuregelung nimmt in modifizierter Form Vorschläge des Bundesrates für ein Gesetz zur Sicherung von Werkunternehmeransprüchen und zur verbesserten Durchsetzung von Forderungen (FoSiG)[653] auf, kann sich aber auch auf Vorarbeiten in der Wissenschaft stützen.[654] Außerdem hat sich der Reformgesetzgeber mit § 13e Abs. 3 S. 2 HGB die Schließung bekannter Lücken zwischen den verschiedenen nationalen Gesellschaftsrechten angelegen sein lassen, um dem Schutzinteresse des Rechtsverkehrs Rechnung zu tragen: Er erstreckt die Inhabilitätsvorschriften nunmehr auch auf Zweigniederlassungen ausländischer Gesellschaften im Inland.[655]

b) Einzeltatbestände. aa) Einwilligungsvorbehalt. Gem. § 76 Abs. 3 S. 2 Nr. 1 kann Mitglied des Vorstands nicht sein, wer als Betreuter bei der Besorgung seiner Vermögensangelegenheiten ganz oder teilweise einem Einwilligungsvorbehalt (§ 1903 BGB) unterliegt.

bb) Berufs- oder Gewerbeverbot. Wem durch gerichtliches Urteil oder durch vollziehbare Entscheidung einer Verwaltungsbehörde ein Berufs- oder Gewerbeverbot erteilt worden ist, kann nach § 76 Abs. 3 S. 2 Nr. 2 für die Zeit des Verbots bei einer Gesellschaft, deren Unternehmensgegenstand ganz oder teilweise mit dem Gegenstand des Verbots übereinstimmt, nicht Mitglied des Vorstands sein. Die erste Variante zielt auf die dem Strafrichter nach § 70 StGB eingeräumte Befugnis, ein Berufsverbot oder ein Verbot der Gewerbeausübung auszusprechen. Dafür muss der Täter eine rechtswidrige Tat unter Missbrauch seines Berufs oder Gewerbes oder unter grober Verletzung der mit ihnen verbundenen Pflichten begangen haben.[656] Außerdem setzt die Anordnung die künftige Gefährlichkeit des Täters voraus: Bei einer Gesamtwürdigung von Tat und Täter müssen weitere erhebliche Rechtsverletzungen zu erwarten sein.[657] Die Anordnung des Verbots steht im richterlichen Ermessen; maßgebend für die pflichtgemäße Ermessensausübung ist der Schutz der Allgemeinheit.[658] Mit der zweiten Variante ist § 35 GewO angesprochen, der für den Fall der Unzuverlässigkeit des Gewerbetreibenden eine behördliche Gewerbeuntersagung vorsieht.[659] Von Belang ist dies nur in den seltenen Fällen, in denen das Vorstandsmitglied vor oder während seiner Vorstandstätigkeit selbst ein Gewerbe ausübt.

cc) Verurteilung wegen vorsätzlicher Straftat. § 76 Abs. 3 S. 2 Nr. 3 enthält einen Katalog von Straftaten, deren Begehung ein aktienrechtliches Bestellungshindernis begründet.[660] Voraussetzung ist jeweils die Verurteilung wegen vorsätzlicher Tatbegehung, im Fall von lit. e sogar die Verurteilung zu einer Freiheitsstrafe von mindestens einem Jahr.[661] Der Ausschluss vom Vorstandsamt gilt für die Dauer von fünf Jahren seit der Rechtskraft des Urteils, und zwar ohne Berücksichtigung der Zeit, in welcher der Täter auf behördliche Anordnung in einer Anstalt verwahrt worden ist. Nach § 76 Abs. 3 S. 3 begründet auch die Verurteilung im Ausland wegen einer den Katalogtatbeständen vergleichbaren Tat ein Bestellungshindernis.

Lit. a ist neu und nimmt die in § 15a Abs. 4 InsO getroffene Regelung in Bezug.[662] Die strafrechtliche Verurteilung wegen Insolvenzverschleppung führt also zur Inhabilität. Dies gilt entgegen dem missverständlichen Gesetzeswortlaut nicht nur für das vollständige Unterlassen, sondern auch für das

---

[651] Vgl. *Thüsing* in Fleischer VorstandsR-HdB § 4 Rn. 18.
[652] Vgl. BegrRegE BT-Drs. 16/6140, 32.
[653] Vgl. BT-Drs. 16/511, 25.
[654] Dazu Spindler/Stilz/*Fleischer*, 1. Aufl. 2007, bei Rn. 121; ferner *Fleischer* ZGR 2004, 437 (474); *Fleischer* WM 2004, 157 (165); *Hirte/Lanzius/Mock* in Lutter, Das Kapital der Aktiengesellschaft in Europa, 2006, 301 (330 f.); *Mülbert* JZ 2002, 826 (835).
[655] Vgl. BT-Drs. 16/6140, 49 f.; dazu *Hirte* NZG 2008, 761 (765); zur alten Rechtslage BGH NZG 2007, 592; krit. hierzu *Bauer/Großerichter* NZG 2008, 253 (256).
[656] Vgl. *Fischer* StGB § 70 Rn. 3, 4; Schönke/Schröder/*Stree/Kinzig* StGB § 70 Rn. 5 ff.
[657] Vgl. *Fischer* StGB § 70 Rn. 7; Schönke/Schröder/*Stree/Kinzig* StGB § 70 Rn. 9 ff.
[658] Vgl. Schönke/Schröder/*Stree/Kinzig* StGB § 70 Rn. 14.
[659] Vgl. Tettinger/Wank/Ennuschat/*Tettinger* GewO, 8. Aufl. 2011, § 35 Rn. 27 ff.
[660] Ausf. *Weiß* wistra 2009, 209.
[661] Kritisch *Weyand* ZInsO 2008, 702 (703 f.).
[662] Eingehend dazu *Gundlach/Müller* NZI 2011, 480.

verspätete Stellen eines Insolvenzantrags.⁶⁶³ Als Verurteilung ist nicht nur die Verhängung einer Geld- oder Freiheitsstrafe anzusehen, sondern auch eine Verwarnung mit Strafvorbehalt.⁶⁶⁴ Ausweislich der Gesetzesbegründung werden zudem Verurteilungen nach den vor Erlass des MoMiG geltenden, inhaltsgleichen Straftatbeständen in § 84 Abs. 1 Nr. 2 GmbHG, § 401 Abs. 1 Nr. 2 AktG oder § 130b HGB (iVm § 177a HGB) erfasst.⁶⁶⁵

136 Bekannt ist die in lit. b vorgenommene tatbestandliche Anknüpfung an die Insolvenzdelikte der §§ 283–283d StGB.⁶⁶⁶ Erfasst werden damit Bankrotthandlungen, Verletzungen der Buchführungspflicht, Gläubiger- und Schuldnerbegünstigungen, die als objektive Bedingung der Strafbarkeit allesamt die Zahlungseinstellung, Eröffnung des Insolvenzverfahrens oder Abweisung des Eröffnungsantrags mangels Masse voraussetzen.⁶⁶⁷

137 Neu eingeführt als Ausschlussgründe hat der Reformgesetzgeber mit lit. c und lit. d eine Verurteilung wegen falscher Angaben im Zusammenhang mit der Gründung einer Gesellschaft, der Erhöhung oder Herabsetzung des Grundkapitals oder in öffentlichen Mitteilungen (§ 82 GmbHG, § 399 AktG⁶⁶⁸) sowie eine Verurteilung wegen unrichtiger Darstellung nach § 400 AktG, § 331 HGB, § 313 UmwG oder § 17 PubG, sieht er doch in diesen Fällen die Eignung zum Vorstandsamt in Frage gestellt.⁶⁶⁹

138 Anders als nach bisheriger Rechtslage sieht lit e auch in Verurteilungen nach den §§ 263–264a oder den §§ 265b–266a StGB Ausschlusstatbestände, sofern die verhängte Freiheitsstrafe mindestens ein Jahr beträgt. Mit dieser Neuerung hat sich der Bundesrat gegenüber den weniger weitreichenden Plänen der Bundesregierung im Verlauf des Gesetzgebungsverfahrens durchgesetzt.⁶⁷⁰ Die Vorschrift wird von der Idee getragen, dass Personen, die wegen Vermögensdelikten zu hohen Strafen verurteilt worden sind, „per se" nicht geeignet seien, Aufgaben innerhalb des Vorstandes einer Aktiengesellschaft auszuüben.⁶⁷¹ Aufgrund ihrer „zweifelhaften Einstellung zu fremden Vermögensmassen" mangele es bei ihnen an der Gewähr für eine ordnungsgemäße und entsprechend den Regeln des Wirtschaftslebens ausgerichteten Geschäftsführung; immerhin verfüge die Aktiengesellschaft „als Kapitalgesellschaft über eigenes, dem Vorstand überantwortetes Vermögen".⁶⁷²

139 **dd) Weitere Bestellungshindernisse.** Innerhalb und außerhalb des Aktiengesetzes finden sich an verstreuter Stelle weitere Bestellungshindernisse: Gem. § 105 Abs. 1 sind Aufsichtsratsmitglieder grundsätzlich vom Vorstandsamt ausgeschlossen; sie können unter den besonderen Voraussetzungen des § 105 Abs. 2 lediglich für die Dauer eines Jahres zum Stellvertreter eines fehlenden oder sonst verhinderten Vorstandsmitglieds bestellt werden.⁶⁷³ Kraft Verfassungsrechts dürfen weder der Bundespräsident (Art. 55 Abs. 2 GG) noch Mitglieder der Bundesregierung (Art. 66 GG) Vorstandsmitglied einer Aktiengesellschaft sein.⁶⁷⁴ Entsprechendes gilt für die Mitglieder der meisten Landesregierungen.⁶⁷⁵ Der Landesgesetzgeber kann weitere Inkompatibilitäten festlegen, etwa die Unvereinbarkeit von Landtagsmandat und Vorstandsamt, sofern bei dem betreffenden Bewerber die Möglichkeit eines Interessen- oder Entscheidungskonflikts nahe liegt.⁶⁷⁶ Beamte bedürfen zur Übernahme eines Vorstandsamtes einer beamtenrechtlichen Genehmigung (§ 99 Abs. 1 BBG, § 100 BBG).⁶⁷⁷ Zu den aktien- und öffentlichrechtlichen Inkompatibilitäten treten schließlich noch berufsrechtliche Bestellungshindernisse: So ist nach § 57 StBerG die Tätigkeit als Steuerberater mit einer Vorstandsmitgliedschaft unvereinbar.⁶⁷⁸

---

⁶⁶³ Vgl. OLG Celle NZI 2013, 852; Hüffer/Koch/*Koch* Rn. 62; Großkomm AktG/*Kort* Rn. 256.
⁶⁶⁴ Vgl. OLG Naumburg NZG 2017, 1223.
⁶⁶⁵ Vgl. BT-Drs. 16/6140, 32. Zur Frage nach der Erfassung des neuen § 265c StGB OLG Oldenburg NZG 2018, 264; kritisch dazu *Knaier/Pfleger* Rpfleger 2018, 357.
⁶⁶⁶ Dazu OLG München BeckRS 2016, 08490 Rn. 10, wonach in diesen Fällen keine Vertrauensbasis für eine ordnungsgemäße und entsprechend den Regeln des Wirtschaftslebens ausgerichtete Geschäftsführung besteht.
⁶⁶⁷ *Fischer* StGB § 283 Rn. 39; Schönke/Schröder/*Heine* StGB § 283 Rn. 59.
⁶⁶⁸ Dazu zuletzt OLG München BeckRS 2016, 08490.
⁶⁶⁹ Vgl. BT-Drs. 16/6140, 32 und 52.
⁶⁷⁰ BT-Drs. 16/6140, 78.
⁶⁷¹ Vgl. BT-Drs. 16/6140, 70; krit. *Weiß* wistra 2009, 209 (211).
⁶⁷² Vgl. BT-Drs. 16/6140, 70; krit. *Weiß* wistra 2009, 209 (211).
⁶⁷³ Vgl. MHdB AG/*Wiesner* § 20 Rn. 3.
⁶⁷⁴ Vgl. Kölner Komm AktG/*Mertens/Cahn* Rn. 125; MüKoAktG/*Spindler* Rn. 122.
⁶⁷⁵ Vgl. MüKoAktG/*Spindler* Rn. 122 mit Einzelnachweisen.
⁶⁷⁶ Zur Verfassungsmäßigkeit BVerfG NJW 1999, 1095 (1098); ferner Großkomm AktG/*Kort* Rn. 262; MüKoAktG/*Spindler* § 84 Rn. 32.
⁶⁷⁷ Vgl. Kölner Komm AktG/*Mertens/Cahn* Rn. 125; MüKoAktG/*Spindler* Rn. 122.
⁶⁷⁸ Vgl. BGH AG 1996, 366; Hüffer/Koch/*Koch* Rn. 27; MüKoAktG/*Spindler* Rn. 114 und 122.

c) Rechtsfolgen. Liegt ein gesetzlicher Ausschlussgrund vor, so ist eine gleichwohl erfolgte Bestel- 140
lung nach § 134 BGB nichtig.[679] Tritt ein Bestellungshindernis später ein, endet die Bestellung *ex lege*,
ohne dass es einer Abberufung bedarf,[680] und ist nach § 395 FamFG von Amts wegen zu löschen.[681]
Für eine Ermessensentscheidung des Registergerichts ist insofern kein Raum.[682] Im Außenverhältnis
kommen § 15 HGB und die allgemeine handelsrechtliche Rechtsscheinhaftung zur Anwendung.[683] Fällt
das Bestellungshindernis später weg, lebt das Vorstandsamt nicht von allein wieder auf; vielmehr ist eine
erneute Bestellung erforderlich.[684] Aus Gründen des Vertrauensschutzes ordnet § 19 S. 1 EGAktG an,
dass für Personen, die vor dem Inkrafttreten des MoMiG am 1. November 2008 zum Vorstandsmitglied
bestellt worden sind, die Bestellungshindernisse nach § 76 Abs. 3 S. 2 Nr. 3 lit. a, c, d und e keine Anwendung finden, wenn auch die Verurteilung vor dem 1. November 2008 rechtskräftig geworden ist.[685]
Gem. § 19 S. 2 EGAktG gilt Entsprechendes für § 76 Abs. 3 S. 3.

VII. Festlegung von Zielgrößen für den Frauenanteil

1. Regelungszweck. Gemäß § 76 Abs. 4 S. 1 legt der Vorstand börsennotierter oder mitbestimm- 141
ter Gesellschaften für die Frauenanteile in den beiden Führungsebenen unterhalb des Vorstands
Zielgrößen fest. Diese Vorschrift ist durch Art. 3 des Gesetzes für die gleichberechtigte Teilhabe von
Frauen und Männern an Führungspositionen in der Privatwirtschaft und im öffentlichen Dienst
(GlTeilhG) im Jahre 2015 neu in das Gesetz aufgenommen worden.[686] Sie ist Teil einer größeren
Gesamtregelung, mit der mittelfristig eine signifikante Erhöhung des Frauenanteils an Führungspositionen der Privatwirtschaft erreicht werden soll, so dass letztlich Geschlechterparität besteht.[687] Dazu
gehört im Aktienrecht neben der Vorgabe einer Geschlechterquote von mindestens 30 Prozent
für Aufsichtsräte börsennotierter oder paritätisch mitbestimmter Gesellschaften (§ 96 Abs. 2) die
Verpflichtung zur Festlegung von Zielgrößen für Aufsichtsräte und Vorstände (§ 111 Abs. 5) sowie
für oberste Managementebenen (§ 76 Abs. 4) börsennotierter oder mitbestimmter Gesellschaften.[688]
Rechtspolitisch hat das Für und Wider der gesetzlichen Frauenförderung[689] damit einen vorläufigen
Abschluss gefunden. Verfassungsrechtlich ist das Modell der selbst gewählten Zielgrößen im Grundsatz nicht zu beanstanden, weil es den betroffenen Unternehmen die flexible, auf den Einzelfall
zugeschnittene Form der Gewährleistung von Chancengleichheit erlaubt.[690] Bedenken können sich
allenfalls aus der nicht geschlechtsneutralen Fassung des § 76 Abs. 4 S. 1 („Frauenanteil") ergeben,
die Literaturstimmen zufolge gegen Art. 3 Abs. 2 GG verstößt.[691] Die Bundesministerien für Familie,
Senioren, Frauen und Jugend sowie der Justiz und für Verbraucherschutz haben auf ihren Websites
einen unverbindlichen Praxisleitfaden zur Handhabung des neuen Gesetzes zur Verfügung gestellt.[692]

2. Erfasste Gesellschaften. a) Börsennotierung oder Mitbestimmung. § 76 Abs. 4 gilt nur 142
für Gesellschaften, die börsennotiert sind oder der Mitbestimmung unterliegen. Es genügt, wenn
eines dieser beiden Kriterien erfüllt ist.[693] Der Regierungsbegründung zufolge handelt es sich dabei
um etwa 3.500 Gesellschaften;[694] andere Quellen kommen nur auf rund 2.500 Gesellschaften.[695]

---

[679] Vgl. OLG Naumburg FGPrax 2000, 121; BayObLG BB 1982, 1508; Wachter/*Eckert* Rn. 29; Hüffer/
Koch/*Koch* Rn. 62; Kölner Komm AktG/*Mertens/Cahn* Rn. 126; MüKoAktG/*Spindler* Rn. 120; Grigoleit/*Vedder*
Rn. 55. Zur Prüfungsbefugnis des Registergerichts in solchen Fällen BGH NZG 2017, 1226 Rn. 11.
[680] Vgl. OLG München BeckRS 2016, 08490 Rn. 16; BayObLG BB 1982, 1508; Hüffer/Koch/*Koch* Rn. 62;
Kölner Komm AktG/*Mertens/Cahn* Rn. 126; MüKoAktG/*Spindler* Rn. 120.
[681] Vgl. OLG Celle NZI 2013, 852 (853); Hüffer/Koch/*Koch* Rn. 62.
[682] Vgl. OLG München BeckRS 2016, 08490 Rn. 16.
[683] Vgl. Großkomm AktG/*Kort* Rn. 265; Kölner Komm AktG/*Mertens/Cahn* Rn. 126; MüKoAktG/*Spindler*
Rn. 120.
[684] Vgl. Großkomm AktG/*Kort* Rn. 265; Kölner Komm AktG/*Mertens/Cahn* Rn. 126; MüKoAktG/*Spindler*
Rn. 120.
[685] Vgl. BT-Drs. 16/6140, 53 und 48; zur Parallelregelung im GmbHG *Wedemann* GmbHR 2008, 1131 (1132).
[686] Eingehend zum Entstehungsprozess *Seibert* NZG 2016, 16ff.
[687] So die Zielsetzung in Begr. RegE GlTeilhG, BT-Drs. 18/3784, 42.
[688] Vgl. Begr. RegE GlTeilhG, BT-Drs. 18/3784, 2 und 43.
[689] Eingehend *Seibert* FS Baums, 2017, 1133 (1134 ff.); *Teichmann/Rüb* BB 2015, 259; *Thiessen* Rechtsgeschichte
25 (2017), 46 (54 ff.).
[690] Vgl. *Habersack/Kersten* BB 2014, 2819 (2828).
[691] So *Habersack/Kersten* BB 2014, 2819 (2828) unter Berufung auf BAGE 114, 119 (133); ferner DAV NZG
2014, 1214 (1223 Rn. 104); kritisch auch *Fromholzer/Simons* AG 2015, 457 (461); Hüffer/Koch/*Koch* Rn. 66.
[692] Eingehend dazu *Stüber* BB 2015, 2243 ff.
[693] Vgl. Bürgers/Körber/*Bürgers* Rn. 40; Hüffer/Koch/*Koch* Rn. 66; *Mense/Klie* GWR 2015, 1 (3); *Stüber*
CCZ 2014, 261 (265); *Teichmann/Rüb* BB 2015, 259 (262); *Wasmann/Rothenburg* DB 2015, 291 (293).
[694] Vgl. Begr. RegE GlTeilhG, BT-Drs. 18/3784, 46.
[695] So *Bayer/Hoffmann* AG-Report 2014, R4 ff.

Was unter börsennotiert zu verstehen ist, ergibt sich aus der Legaldefinition in § 3 Abs. 2.[696] Gesellschaften, deren Aktien nur im Freiverkehr gehandelt werden, gehören nicht dazu.[697] Der „Mitbestimmung" unterliegen nicht nur Gesellschaften, für die das Mitbestimmungsgesetz, das Montan-Mitbestimmungsgesetz oder das Mitbestimmungsergänzungsgesetz gilt, sondern auch drittelparitätisch mitbestimmte Gesellschaften.[698] Dies ergibt sich aus einem Gegenschluss zu § 96 Abs. 2 S. 1. Entscheidend ist aus Gründen der Rechtssicherheit der tatsächliche Ist-Zustand, nicht der normative Soll-Zustand der Mitbestimmung.[699] Eine Begründung für den weiter gefassten Anwendungsbereich des § 76 Abs. 4 enthalten die Gesetzesmaterialien nicht. Im Schrifttum wird bezweifelt, dass die Kriterien der Börsennotierung und Mitbestimmung eine sachgerechte Abgrenzung ermöglichen.[700] Nicht unter § 76 Abs. 4 fällt die betriebliche Mitbestimmung.[701] Auch eine freiwillige Arbeitnehmervertretung aufgrund privatautonomer Vereinbarung genügt nicht.[702] Erfasst werden außerdem nur inländische Gesellschaften, nicht hingegen vergleichbare ausländische Gesellschaften mit Verwaltungssitz in Deutschland.[703]

143   **b) Rechtsformen.** Neben börsennotierten oder mitbestimmten Aktiengesellschaften gilt die Pflicht zur Festlegung von Zielgrößen auch für Kommanditgesellschaften auf Aktien und Europäische Aktiengesellschaften (einschließlich der monistischen SE, § 22 Abs. 6 SEAG), die börsennotiert sind oder der Mitbestimmung unterliegen, sowie für mitbestimmte Gesellschaften (§ 36 GmbHG), mitbestimmte eingetragene Genossenschaften (§ 9 Abs. 3 GenG) und mitbestimmte Versicherungsvereine auf Gegenseitigkeit (§ 34 S. 2 VAG).[704]

144   **3. Betroffene Führungsebenen.** § 76 Abs. 4 S. 1 erstreckt die Pflicht zur Festlegung von Zielgrößen auf die beiden Führungsebenen unterhalb des Vorstands, ohne dies näher zu erläutern. Der Regierungsbegründung zufolge sind diese Führungsebenen nicht nach betriebswirtschaftlichen Lehren (Top-Management, Middle-Management und Low-Management) zu definieren, sondern meinen die tatsächlich im konkreten Unternehmen eingerichteten Hierarchieebenen unterhalb des Vorstands.[705] Unter eine Hierarchieebene sind danach organisatorische Einheiten zu verstehen, welche zueinander gleichberechtigt, aber einer gemeinsamen Führung untergeordnet sind.[706] Handelt es sich um eine „ausgeprägte" Hierarchie, so heißt es in der Regierungsbegründung weiter, sind nur die beiden Ebenen gemeint, die dem Vorstand unmittelbar unterstehen.[707] Ist eine „flache" Hierarchie derart gestaltet, dass nur eine Leitungsebene unterhalb des Vorstands besteht, bezieht sich die Pflicht zur Festlegung von Zielgrößen nur auf diese Ebene.[708] Insgesamt ist die gesetzliche Begriffsbildung nicht glücklich[709] und bereitet namentlich jenen Unternehmen Schwierigkeiten, die keinen klaren Schichtenaufbau haben.[710] Man wird dem Vorstand daher einen „sehr großen Spielraum bei der Festlegung dieser Führungsebenen"[711] zubilligen müssen.[712] Als mögliche Krite-

---

[696] Vgl. K. Schmidt/Lutter/*Seibt* Rn. 45; *Wasmann/Rothenburg* DB 2015, 291 (294).
[697] Vgl. *Wasmann/Rothenburg* DB 2015, 291.
[698] Vgl. *Mense/Klie* GWR 2015, 1 (3); K. Schmidt/Lutter/*Seibt* Rn. 45; *Stüber* CCZ 2014, 261 (265); *Teichmann/Rüb* BB 2015, 259 (263); *Wasmann/Rothenburg* DB 2015, 291 (294).
[699] Vgl. *Fromholzer/Simons* AG 2015, 457 (458); Hölters/*Weber* Rn. 83; Hüffer/Koch/*Koch* Rn. 67; *Röder/Arnold* NZA 2015, 1281 (1282 f.); K. Schmidt/Lutter/*Seibt* Rn. 45.
[700] Näher DAV NZG 2014, 1214 (1223 Rn. 100); *Hohenstatt/Willemsen/Naber* ZIP 2014, 2220 (2225).
[701] Vgl. Hüffer/Koch/*Koch* Rn. 67; K. Schmidt/Lutter/*Seibt* Rn. 45; *Wasmann/Rothenburg* DB 2015, 291 (294 mit Fn. 11); für eine gesetzliche Klarstellung in diesem Sinne hatten sich ausgesprochen DAV NZG 2014, 1214 (1223 Rn. 100); *Hohenstatt/Willemsen/Naber* ZIP 2014, 2220 (2225).
[702] Vgl. Hölters/*Weber* Rn. 83; Hüffer/Koch/*Koch* Rn. 67; *Röder/Arnold* NZA 2015, 1281 (1283); K. Schmidt/Lutter/*Seibt* Rn. 45.
[703] Vgl. *Grohe* AG 2015, 289 (290 f.); *Winter/Marx/De Decker* DB 2015, 1331.
[704] Vgl. Begr. RegE GlTeilhG, BT-Drs. 18/3784, 46; Hüffer/Koch/*Koch* Rn. 67; *Teichmann/Rüb* BB 2015, 259 (263); *Wasmann/Rothenburg* BB 2015, 291 (293 f.).
[705] So Begr. RegE GlTeilhG, BT-Drs. 18/3784, 119; dazu auch Hüffer/Koch/*Koch* Rn. 68; K. Schmidt/Lutter/*Seibt* Rn. 46.
[706] Vgl. Begr. RegE GlTeilhG, BT-Drs. 18/3784, 119; dazu K. Schmidt/Lutter/*Seibt* Rn. 46.
[707] Begr. RegE GlTeilhG, BT-Drs. 18/3784, 42.
[708] Begr. RegE GlTeilhG, BT-Drs. 18/3784, 42.
[709] Kritisch auch K. Schmidt/Lutter/*Seibt* Rn. 46; *Teichmann/Rüb* BB 2015, 259 (263); ferner *Jung* DStR 2014, 960 (963); *Stüber* CCZ 2014, 261 (267).
[710] Vgl. *Fromholzer/Simons* AG 2015, 457 (462 ff.); *Göpfert/Rottmeier* ZIP 2015, 670 (671 f.); Hüffer/Koch/*Koch* Rn. 68; *Junker/Schmidt-Pfitzner* NZG 2015, 929 (934 f.); *Seibt* ZIP 2015, 1193 (1206).
[711] Beschlussempfehlung und Bericht des Ausschusses für Familie, Senioren, Frauen und Jugend, BT-Drs. 18/4227, 21 mit dem Zusatz: „Rechtliche Konsequenzen ergeben sich aus einer gewählten Definition der Zielgrößen nicht, auch wenn sie nicht allen plausibel oder einleuchtend erscheinen."
[712] Vgl. Hölters/*Weber* Rn. 86; Hüffer/Koch/*Koch* Rn. 68; K. Schmidt/Lutter/*Seibt* Rn. 46.

rien finden sich im Schrifttum: Berichtslinie direkt an den Vorstand, Budgetverantwortung, Mitarbeiterverantwortung, Generalvollmacht- oder Prokuraerteilung, Teilnahme an Führungskreissitzungen, Gehalt, Beteiligung an Bonusprogrammen, Evaluierung nach Hay Job Evaluation.[713] Eine nachträgliche Änderung der Führungsstruktur, zB durch Streichung oder Neueinrichtung von Führungsebenen, oder Unternehmensumstrukturierungen bleiben selbstverständlich möglich, auch wenn sie Auswirkungen auf die Einhaltung früher festgelegter Zielgrößen haben.[714] Die Ziele und Fristen können dann innerhalb der noch laufenden Frist angepasst werden, doch ist dies nicht zwingend vorgeschrieben.[715]

Aus dem Gesamtduktus der gesetzlichen Regelung folgt, dass die betreffenden Führungsebenen 145 für jede einzelne Gesellschaft gesondert und nicht etwa konzernweit zu ermitteln sind.[716] Es kommt also nur auf die Führungskräfte an, die bei der börsennotierten oder mitbestimmten Gesellschaft selbst angestellt sind.[717] Für Holdinggesellschaften, die keine Mitarbeiter oder nur wenige Mitarbeiter ohne Führungsverantwortung haben, entfällt daher eine Pflicht zur Festlegung von Zielgrößen.[718] Sie trifft aber ggf. die operativ tätigen Tochtergesellschaften, sofern diese börsennotiert sind oder der Mitbestimmung unterliegen.[719] Unterschiedlich beurteilt wird, ob auch Führungskräfte außerhalb Deutschlands einbezogen werden: Eine verbreitete Literaturmeinung bejaht dies;[720] andere Stimmen klammern sie aus[721] oder gewähren dem Unternehmen ein Wahlrecht.[722]

4. Festlegung von Zielgrößen und Fristen. a) Zielgrößen. § 76 Abs. 4 S. 1 verlangt die 146 Festlegung von Zielgrößen und setzt damit implizit voraus, dass der Vorstand den Frauenanteil in der jeweiligen Führungsebene zunächst feststellt.[723] Bei der Ermittlung dieser Ausgangsgröße sind Mitarbeiter mitzuzählen, die teilzeitbeschäftigt sind oder sich in Mutterschutz oder Elternzeit befinden. Gleiches gilt für Leiharbeiter.[724] Eine Mindestzielgröße wird nicht vorgeschrieben.[725] Vielmehr können sich die Unternehmen die Zielvorgaben selbst setzen und sich dabei an ihren Unternehmensstrukturen ausrichten.[726] Sie können für beide Führungsebenen auch unterschiedliche Zielgrößen vorsehen. Die Festlegung erfolgt durch Beschluss des Gesamtvorstands;[727] sie ist eine Leitungsentscheidung iSd § 76 Abs. 1.[728] Der Vorstand verfügt insoweit über einen weiten Ermessensspielraum. Die konkrete Festlegung der Zielgröße ist eine unternehmerische Entscheidung iSd § 93 Abs. 1 S. 2;[729] sie bedarf keinerlei Begründung nach außen gegenüber der Allgemeinheit; begründungspflichtig sind erst allfällige Zielverfehlungen (→ Rn. 149). Auch eine Zielgröße von Null ist nicht ausgeschlossen,[730] ebenso wenig eine solche von 100 %.[731] Nach der Regierungsbegründung wird die Zielgröße üblicherweise in einem Prozentsatz bestehen.[732] Denkbar sind aber auch Kopfzahlen

---

[713] Vgl. Fromholzer/Simons AG 2015, 458 (463); Hölters/Weber Rn. 86; Hüffer/Koch/Koch Rn. 68; Seibt ZIP 2015, 1193 (1206); Thüsing/Fütterer NZG 2015, 778 (779 ff.).
[714] Vgl. Löwisch BB 2015, 1909 (1910); Seibt ZIP 2015, 1193 (1206).
[715] Vgl. Fromholzer/Simons AG 2015, 457 (464).
[716] Vgl. Bürgers/Körber/Bürgers Rn. 39; Hölters/Weber Rn. 85; K. Schmidt/Lutter/Seibt Rn. 46; Wasmann/Rothenburg DB 2015, 291 (294).
[717] Vgl. Wasmann/Rothenburg DB 2015, 291 (294).
[718] Vgl. Hohenstett/Willemsen/Naber ZIP 2014, 2220 (2225); Hölters/Weber Rn. 85; Hüffer/Koch/Koch Rn. 68; Wasmann/Rothenburg DB 2015, 291 (294).
[719] Vgl. Jung DStR 2014, 960 (964); Wasmann/Rothenburg DB 2015, 291 (294).
[720] Vgl. Fromholzer/Simons AG 2015, 457 (458); Göpfert/Rottmeier ZIP 2015, 670 (672); Hüffer/Koch/Koch Rn. 68; Schmidt/Lutter/Seibt Rn. 46; Teichmann/Rüb BB 2015, 898 (902); Weller/Benz AG 2015, 467 (470 f.).
[721] Vgl. Hohenstett/Willemsen/Naber ZIP 2014, 2220 (2225); Thüsing/Fütterer NZG 2015, 778 (780 ff.).
[722] Vgl. Herb DB 2015, 964 (969); Röder/Arnold NZA 2015, 1281 (1284).
[723] Vgl. Begr. RegE GlTeilhG, BT-Drs. 18/3784, 119 mit der zusätzlichen Bemerkung: „Dies wird Defizite aufdecken und Verantwortung für den Zustand erzeugen."; ferner Hölters/Weber Rn. 87; Mense/Klie GWR 2015, 1 (4); Stüber CCZ 2014, 261 (267); Teichmann/Rüb BB 2015, 259 (263).
[724] Vgl. Müller-Bonani/Forst GmbHR 2015, 621 (624).
[725] Vgl. Begr. RegE GlTeilhG, BT-Drs. 18/3784, 119; Hüffer/Koch/Koch Rn. 69; Mense/Klie GWR 2015, 1 (4); K. Schmidt/Lutter/Seibt Rn. 47; Stüber CCZ 2014, 261 (266); Wasmann/Rothenburg DB 2015, 291 (295).
[726] So Begr. RegE GlTeilhG, BT-Drs. 18/3784, 42; Hüffer/Koch/Koch Rn. 69; K. Schmidt/Lutter/Seibt Rn. 47.
[727] Vgl. Fromholzer/Simons AG 2015, 458 (459); Hölters/Weber Rn. 84.
[728] Vgl. Hölters/Weber Rn. 45; K. Schmidt/Lutter/Seibt Rn. 45.
[729] Ebenso Hölters/Weber Rn. 84; Wasmann/Rothenburg DB 2015, 291 (295 mit Fn. 16).
[730] Vgl. Hüffer/Koch/Koch Rn. 69; K. Schmidt/Lutter/Seibt Rn. 47; Wasmann/Rothenburg DB 2015, 291, 295; Weller/Benz AG 2015, 467 (471); abw. Teichmann/Rüb BB 2015, 898, 903.
[731] Vgl. Hüffer/Koch/Koch Rn. 69; Weller/Benz AG 2015, 467 (471); Bedenken bei K. Schmidt/Lutter/Seibt Rn. 47; Wasmann/Rothenburg DB 2015, 291 (295) unter dem Gesichtspunkt des Unternehmensinteresses.
[732] Begr. RegE GlTeilhG, BT-Drs. 18/3784, 42; dazu auch Bürgers/Körber/Bürgers Rn. 41; Schmidt/Lutter/Seibt Rn. 47.

oder Vollzeitkraftangaben,[733] nicht jedoch rein qualitative Beschreibungen („angemessen").[734] Orientierungspunkte bilden die Repräsentanz von Frauen in Führungspositionen im eigenen Unternehmen und innerhalb der Branche.[735] Einschränkend sieht § 76 Abs. 4 S. 2 allerdings ein Verschlechterungsverbot vor: Liegt der Frauenanteil bei Festlegung der Zielgrößen unter 30 Prozent, so dürfen die Zielgrößen den jeweils erreichten Anteil danach nicht mehr unterschreiten. Demgegenüber gilt ausweislich der Gesetzesmaterialien kein Verschlechterungsverbot, wenn der Frauenanteil bei Festlegung der Zielgrößen bei 30 Prozent oder mehr liegt.[736] In diesem Fall darf die festzulegende Zielgröße für die entsprechende Führungsebene – gleichsam als „Belohnung" für die bisherigen Anstrengungen[737] – den erreichten Wert wieder unterschreiten.[738] Fällt der tatsächliche Frauenanteil dann jedoch unter 30 Prozent ab, gilt fortan das Verschlechterungsverbot, so dass die nächstfestzulegenden Zielgrößen nicht mehr hinter diesen Status quo zurückfallen dürfen.[739]

147   **b) Fristen.** Gemäß § 76 Abs. 4 S. 3 sind mit den Zielgrößen zugleich Fristen zu deren Erreichung festzulegen. Die erste festzulegende Frist darf nach § 25 Abs. 1 S. 2 EGAktG nicht länger als zwei Jahre sein. Die späteren Fristen dürfen gemäß § 76 Abs. 4 S. 4 jeweils nicht länger als fünf Jahre sein.

148   **5. Erstmalige Anwendung.** Gemäß § 25 Abs. 1 S. 1 EGAktG haben die Festlegungen nach § 76 Abs. 4 S. 1 und 3 erstmals bis spätestens 30. September 2015 zu erfolgen.[740] Der Regierungsentwurf hatte sogar eine noch kürzere Frist bis spätestens 30. Juni 2015 vorgesehen.[741]

149   **6. Berichts- und Veröffentlichungspflichten.** Gemäß § 289a Abs. 2 Nr. 4 HGB sind die Festlegungen nach § 76 Abs. 4 bei börsennotierten Aktiengesellschaften in die Erklärung zur Unternehmensführung aufzunehmen, die ihrerseits Teil des Lageberichts nach § 289 HGB ist. Nach Fristablauf ist zu berichten, ob die festgelegten Zielgrößen während des Bezugszeitraums erreicht worden sind. Ist dies nicht der Fall, sind die Gründe dafür anzugeben. Dies entspricht konzeptionell dem „comply-or-explain"-Ansatz des § 161 Abs. 1.[742] Zwischenberichte sind nicht erforderlich.[743] Wohl aber sind die selbst gesetzten Festlegungen für jedes abgelaufene Geschäftsjahr aufs Neue anzugeben. Die Veröffentlichung der betreffenden Angaben erfolgt mit dem Lagebericht durch zwingende Einreichung zum Bundesanzeiger unter Erteilung eines Veröffentlichungsauftrags nach § 325 Abs. 1 und 2 HGB.[744] Gesellschaften, die nicht zur Offenlegung eines Lageberichts verpflichtet sind, haben gemäß § 289a Abs. 4 S. 2 HGB eine Erklärung mit den Festlegungen und Angaben nach § 289a Abs. 2 Nr. 4 HGB zu erstellen und gemäß § 289a Abs. 1 S. 2 HGB zu veröffentlichen. Sie können diese Pflicht gemäß § 289a Abs. 4 S. 3 HGB auch durch Offenlegung eines unter Berücksichtigung von S. 1 erstellten Lageberichts erfüllen. Ausweislich der Gesetzesmaterialien soll durch diese Berichts- und Veröffentlichungspflichten Druck auf die Unternehmen ausgeübt werden, sich ambitionierte Zielgrößen in Form von Endzielen, die einer paritätischen Besetzung nahekommen, oder in Form von kurzen Umsetzungsfristen zu setzen.[745] Für die Außendarstellung sei die Frauenpolitik ein wichtiges Kriterium, anhand dessen die Unternehmen fortan konkurrierten und sich messen lassen müssten.[746]

150   **7. Rechtsfolgen bei Verstößen.** Von gesetzlichen Sanktionen für den Fall der Nichterreichung der Zielgrößen hat der Reformgesetzgeber bewusst abgesehen: Sie wären kontraproduktiv, weil sie den Unternehmen Fehlanreize gäben, sich vorsichtige und wenig ehrgeizige Ziele zu setzen.[747] Aller-

---

[733] Vgl. Hüffer/Koch/*Koch* Rn. 69; K. Schmidt/Lutter/*Seibt* Rn. 47; *Stüber* CCZ 2014, 261 (266).
[734] Vgl. Hüffer/Koch/*Koch* Rn. 69; *Jung* DStR 2014, 960 (964); *Junker/Schmidt-Pfitzner* NZG 2015, 929 (936); K. Schmidt/Lutter/*Seibt* Rn. 47.
[735] Vgl. Begr. RegE GlTeilhG, BT-Drs. 18/3784, 42; Bürgers/Körber/*Bürgers* Rn. 41; Hüffer/Koch/*Koch* Rn. 69.
[736] Vgl. Begr. RegE GlTeilhG, BT-Drs. 18/3784, 42.
[737] So auch die Deutung bei *Wasmann/Rothenburg* DB 2015, 291 (295).
[738] Vgl. Begr. RegE GlTeilhG, BT-Drs. 18/3784, 42.
[739] So Begr. RegE GlTeilhG, BT-Drs. 18/3784, 42.
[740] Zu dieser Fristverlängerung Beschlussempfehlung und Bericht des Ausschusses für Familie, Senioren, Frauen und Jugend, BT-Drs. 18/4227, 20.
[741] Vgl. Begr. RegE GlTeilhG, BT-Drs. 18/3784, 30.
[742] Vgl. Begr. RegE GlTeilhG, BT-Drs. 18/3784, 132; Hölters/*Weber* Rn. 90; Hüffer/Koch/*Koch* Rn. 71; *Jung* DStR 2014, 960 (964); *Mense/Klie* GWR 2015, 1 (4).
[743] Beschlussempfehlung und Bericht des Ausschusses für Familie, Senioren, Frauen und Jugend, BT-Drs. 18/4227, 20.
[744] Vgl. Begr. RegE GlTeilhG, BT-Drs. 18/3784, 132.
[745] Vgl. Begr. RegE GlTeilhG, BT-Drs. 18/3784, 46 und 132; dazu auch *Mense/Klie* GWR 2015, 1 (4); *Stüber* CCZ 2014, 261 (267); *Teichmann/Rüb* BB 2015, 259 (263).
[746] So Begr. RegE GlTeilhG, BT-Drs. 18/3784, 132.
[747] So Begr. RegE GlTeilhG, BT-Drs. 18/3784, 120; dazu auch Bürgers/Körber/*Bürgers* Rn. 45; Hüffer/Koch/*Koch* Rn. 72; *Stüber* CCZ 2014, 261 (267).

dings hat der Vorstand ausweislich der Regierungsbegründung in diesem Fall nachvollziehbar darzulegen, was er unternommen hat und weshalb er keinen Erfolg hatte.[748] Bei einer Verletzung der Berichtspflichten nach § 289a HGB (→ Rn. 149) gelten die §§ 331 ff. HGB;[749] ein vorsätzlicher Verstoß ist nach § 334 Abs. 1 Nr. 3, Abs. 3 HGB als Ordnungswidrigkeit bußgeldbewehrt.[750] Ferner ist den Vorstandsmitgliedern dann die Entlastung zu versagen.[751] Unterlässt der Vorstand eine Festsetzung von Zielgrößen, so handelt er pflichtwidrig und macht sich unter den weiteren Voraussetzungen des § 93 Abs. 2 schadensersatzpflichtig.[752] Dagegen wird eine fehlerhafte Festlegung wegen des weiten Beurteilungsspielraums des Vorstands (vgl. → Rn. 144 und 146) kaum jemals vorkommen.[753] § 76 Abs. 4 bildet kein Schutzgesetz iSd § 823 Abs. 2 BGB.[754] Personalmaßnahmen, die den Zielgrößen widersprechen, bleiben wirksam.[755]

§ 77 Geschäftsführung

(1) ¹Besteht der Vorstand aus mehreren Personen, so sind sämtliche Vorstandsmitglieder nur gemeinschaftlich zur Geschäftsführung befugt. ²Die Satzung oder die Geschäftsordnung des Vorstands kann Abweichendes bestimmen; es kann jedoch nicht bestimmt werden, daß ein oder mehrere Vorstandsmitglieder Meinungsverschiedenheiten im Vorstand gegen die Mehrheit seiner Mitglieder entscheiden.

(2) ¹Der Vorstand kann sich eine Geschäftsordnung geben, wenn nicht die Satzung den Erlaß der Geschäftsordnung dem Aufsichtsrat übertragen hat oder der Aufsichtsrat eine Geschäftsordnung für den Vorstand erläßt. ²Die Satzung kann Einzelfragen der Geschäftsordnung bindend regeln. ³Beschlüsse des Vorstands über die Geschäftsordnung müssen einstimmig gefaßt werden.

Schrifttum: 1. Allgemeines. *Arlt,* Die Anfechtbarkeit mangelhafter Vorstandsbeschlüsse, DZWiR 2007, 177; *Beckert,* Personalisierte Leitung von Aktiengesellschaften, 2009; *Bezzenberger,* Der Vorstandsvorsitzende der Aktiengesellschaft, ZGR 1996, 661; *Bürkle,* Der Stichentscheid im zweiköpfigen AG-Vorstand, AG 2012, 232; *Dose,* Die Rechtsstellung der Vorstandsmitglieder einer AG, 3. Aufl. 1975; *Erle,* Das Vetorecht des Vorstandsvorsitzenden in der Aktiengesellschaft, AG 1987, 7; *Dreher,* Nicht delegierbare Geschäftsleiterpflichten, FS Hopt, 2010, 517; *Fleischer,* Fehlerhafte Aufsichtsratsbeschlüsse: Rechtsdogmatik – Rechtsvergleichung – Rechtspolitik, DB 2013, 160 (Teil 1), 217 (Teil 2); *Fleischer,* Gestaltungsgrenzen für Zustimmungsvorbehalte des Aufsichtsrats nach § 111 Abs. 4 S. 2 AktG, BB 2013, 835; *Fleischer,* Vorstandsverantwortlichkeit in Spartenorganisation und virtueller Holding – Führungsmodelle zwischen Organisationsfreiheit und Organisationsfolgenverantwortung, BB 2017, 2499; *Fleischer/Schmolke,* Whistleblowing und Corporate Governance, WM 2012, 1013; *Frels,* Die Geschäftsverteilung im Vorstand der AG, ZHR 122 (1959), 8; *Golling,* Sorgfaltspflicht und Verantwortlichkeit des Vorstandsmitglieder für ihre Geschäftsführung innerhalb des nicht konzerngebundenen AG, 1968; *Haese,* Die Unternehmensleitung und Überwachung in der GmbH, 2011; *v. Hein,* Vom Vorstandsvorsitzenden zum CEO?, ZHR 166 (2002), 464; *v. Hein,* Die Rolle des US-amerikanischen CEO gegenüber dem Board of Directors im Lichte neuerer Entwicklungen, RIW 2002, 501; *Hüffer,* Die leitungsbezogene Verantwortung des Aufsichtsrats, NZG 2007, 47; *Hoffmann-Becking,* Vom Vorstandsvorsitzenden zum CEO, NZG 2003, 745; *Isenberg,* Die Geschäftsordnung für die Organe der Aktiengesellschaft, 2005; *Kort,* Matrixstrukturen und Betriebsverfassungsrecht, NZA 2013, 1318; *Langer/Peters,* Rechtliche Möglichkeiten einer unterschiedlichen Kompetenzzuweisung an einzelne Vorstandsmitglieder, BB 2012, 2575; *Lawall,* Die virtuelle Holding nach deutschem Aktienrecht, 2006; *Leuering/Dornhegge,* Geschäftsverteilung zwischen GmbH-Geschäftsführern, NZG 2010, 13; *Lutter/Kollmorgen/Feldhaus,* Muster-Geschäftsordnung für den Verwaltungsrat einer SE, BB 2007, 509; *Mielke,* Die Leitung der unverbundenen Aktiengesellschaft, 1990; *Obermüller,* Gültigkeitsdauer der Geschäftsordnung für den Vorstand und für den Aufsichtsrat, DB 1971, 952; *Oesterle,* Entscheidungsfindung im Vorstand großer deutscher Aktiengesellschaften, zfo 72 (2003), 199; *Pietzke,* Die Verantwortung für Risikomanagement und Compliance im mehrköpfigen Vorstand, CCZ 2010, 45; *Priester,* Stichentscheid beim zweiköpfigen Vorstand, AG 1984, 253; *Riegger,* Der Stichentscheid im zweigliedrigen Vorstand einer AG, BB 1972, 592; *Sänger,* Whistleblowing in der börsennotierten Aktiengesellschaft, 2011; *Schiessl,* Gesellschafts- und mitbestimmungsrechtliche Probleme der Spartenorganisation (Divisionalisierung), ZGR 1992, 64; *Schockenhoff,* Haftung und Enthaftung von Geschäftsleitern bei Compliance-Verstößen in Konzernen mit Matrix-Strukturen, ZGR 2016, 197; *Schönbrod,* Die Organstellung von Vorstand und Aufsichtsrat in der Spartenorganisation, 1987; *Schürnbrand,* Organschaft im Recht der privaten Verbände, 2007; *Schwark,*

---

[748] Vgl. Begr. RegE GlTeilhG, BT-Drs. 18/3784, 120; Bürgers/Körber/*Bürgers* Rn. 45; Schmidt/Lutter/*Seibt* Rn. 49.
[749] Dazu auch Begr. RegE GlTeilhG, BT-Drs. 18/3784, 132; Hüffer/Koch/*Koch* Rn. 73.
[750] Vgl. Fromholzer/Simons AG 2015, 457 (465).
[751] Vgl. Weller/Benz AG 2015, 467 (474 f.).
[752] Vgl. Hölters/*Weber* Rn. 91; Hüffer/Koch/*Koch* Rn. 74.
[753] Vgl. Fromholzer/Simons AG 2015, 457 (466); Hölters/*Weber* Rn. 91; Hüffer/Koch/*Koch* Rn. 74.
[754] Vgl. Müller-Bonani/Forst GmbHR 2015, 621 (622).
[755] Vgl. Schulz/Ruf BB 2015, 1155 (1162).

§ 77

Spartenorganisation in Großunternehmen und Unternehmensrecht, ZHR 142 (1978), 203; *Schwark*, Virtuelle Holding und Bereichsvorstände – eine aktien- und konzernrechtliche Betrachtung, FS Ulmer, 2003, 605; *Seibt*, 20 Thesen zur Corporate Governance und Unternehmensorganisation in VUC-Zeiten, DB 2018, 237; *Seibt/Wollenschläger*, Trennungs-Matrixstrukturen im Konzern, AG 2013, 229; *Semler*, Rechtsvorgabe und Realität der Zusammenarbeit in der Aktiengesellschaft, FS Lutter 2000, 721; *Simons/Hanloser*, Vorstandsvorsitzender und Vorstandssprecher, AG 2010, 641; *Thamm*, Die rechtliche Verfassung des Vorstands der AG, 2008; *Wagner*, Divisionalisierung in der unverbundenen Aktiengesellschaft und im Aktienkonzern, 1992; *Watter/Pöschel*, Neinsager und Nichtstimmer: ihre aktienrechtliche Verantwortlichkeit, GesKR 2011, 14; *Wettich*, Vorstandsorganisation in der Aktiengesellschaft, 2008; *Wicke*, Der CEO im Spannungsverhältnis zum Kollegialprinzip – Gestaltungsüberlegungen zur Leitungsstruktur der AG, NJW 2007, 3755; *Zondler*, Les absents ont toujours tort? Überlegungen zur Situation abwesender Verwaltungsratsmitglieder, FS Forstmoser, 2008, 205.

2. Gesamtverantwortung: *Bergmoser/Theusinger/Gushurst*, Corporate Compliance – Grundlagen und Umsetzung, BB-Special 2008, Nr. 5, 1; *Bernhardt/Witt*, Unternehmensleitung im Spannungsfeld zwischen Ressortverteilung und Gesamtverantwortung, ZfB 69 (1999), 825; *Bertschinger*, Arbeitsteilung und aktienrechtliche Verantwortung, 1999; *Boesebeck*, Unklarheiten in der Geschäftsführung und Verantwortung bei der Aktiengesellschaft, JW 1938, 2525; *Dröge*, Haftung für Gremienentscheidungen, 2008; *Druey*, Wo hört das Prüfen auf? Das Mißtrauensprinzip – insbesondere im Gesellschaftsrecht, FS Koppensteiner, 2001, 3; *Emde*, Gesamtverantwortung und Ressortverantwortung im Vorstand der AG, FS U. H. Schneider, 2011, 295; *Fleischer*, Vertrauen von Geschäftsleitern und Aufsichtsratsmitgliedern auf Informationen Dritter, ZIP 2009, 1397; *Fleischer*, Zum Grundsatz der Gesamtverantwortung im Aktienrecht, NZG 2003, 449; *Fleischer*, Zur Verantwortlichkeit einzelner Vorstandsmitglieder bei Kollegialentscheidungen im Aktienrecht, BB 2004, 2645; *Goette*, Organisationspflichten in Kapitalgesellschaften zwischen Rechtspflicht und Opportunität, ZHR 175 (2011), 388; *J. Götz*, Gesamtverantwortung des Vorstands bei vorschriftswidriger Unterbesetzung, ZIP 2002, 1745; *Habersack*, Gesteigerte Überwachungspflichten des Leiters eines „sachnahen" Vorstandsressorts?, WM 2005, 2360; *Heller*, Unternehmensführung und Unternehmenskontrolle unter besonderer Berücksichtigung der Gesamtverantwortung des Vorstands, 1998; *Hemeling*, Organisationspflichten des Vorstands zwischen Rechtspflicht und Opportunität, ZHR 175 (2011), 368; *Hoffmann-Becking*, Zur rechtlichen Organisation der Zusammenarbeit im Vorstand der AG, ZGR 1998, 497; *Leuering/Rubner*, Ressortbildung und Gesamtverantwortung des Geschäftsleiters, NJW-Spezial 2015, 335; *Loritz/Wagner*, Haftung von Vorständen und Aufsichtsräten, DStR 2012, 2189; *Martens*, Der Grundsatz gemeinsamer Vorstandsverantwortung, FS Fleck, 1988, 191; *Nietsch*, Überwachungspflichten bei Kollegialorganen, ZIP 2013, 1449; *Rohde*, Haftung des Geschäftsführers einer GmbH trotz interner Geschäftsaufteilung, JuS 1995, 965; *Rieger*, Gesetzeswortlaut und Rechtswirklichkeit im Aktienrecht, FS Peltzer, 2001, 339; *U. H. Schneider*, Die Wahrnehmung öffentlich-rechtlicher Pflichten durch den Geschäftsführer, FS 100 Jahre GmbH-Gesetz, 1992, 473; *Spieker*, Die haftungsrechtliche Verantwortlichkeit der Mitglieder eines mehrköpfigen Vorstands im nicht konzerngebundenen Aktiengesellschaft, DB 1962, 927; *Vetter*, Die Änderungen 2007 des Deutschen Corporate Governance Kodex, DB 2007, 1963; *Wolf*, Wider eine Mißtrauenspflicht im Kollegialorgan „Vorstand", VersR 2005, 1042.

Übersicht

	Rn.		Rn.
I. Überblick	1, 2	3. Stimmverbote	25, 26
1. Regelungszweck	1	4. Beschlussmängel	27–28e
2. Vorgängervorschriften	2	a) Mängel der Stimmabgabe	27
II. Geschäftsführung	3–7	b) Mängel des Beschlusses	28
1. Begriff	3	c) Rechtsschutz gegen fehlerhafte Beschlüsse	28a–28e
2. Befugnis	4	5. Verhaltenspflichten überstimmter Vorstandsmitglieder bei rechtswidrigen Beschlüssen	29–35
3. Abgrenzungen	5–7	a) Keine Pflicht zur Herbeiführung der Beschlussunfähigkeit	30
a) Vertretung	5	b) Pflicht zum Einschreiten gegen die Beschlussausführung	31–35
b) Leitung	6		
c) Grundlagengeschäfte	7		
III. Gesamtgeschäftsführung	8, 9	**VI. Möglichkeiten und Grenzen der Geschäftsverteilung**	36–58e
1. Einstimmigkeitsprinzip	8	1. Arten der Vorstandsorganisation	36–43
2. Gefahr im Verzug	9	a) Funktionale Organisation	37
IV. Abweichende Bestimmungen	10–20	b) Spartenorganisation	38
1. Grundlagen	10	c) Matrixorganisation	39
2. Gestaltungsmöglichkeiten und Grenzen	11–20	d) Virtuelle Holding	40–40b
a) Mehrheitsprinzip	12–18	e) Vorstandsausschüsse	41
b) Einzelgeschäftsführung	19	f) CEO-Modell?	42, 43
c) Kombinationen	20	2. Grundsatz der Gesamtverantwortung	44–58e
V. Vorstandsinterne Willensbildung	21–35	a) Inhalt und Einzelausprägungen	44
1. Beschlussfassung	21–23	b) Dogmatische Einordnung	45
2. Stimmabgabe	24		

c) Gesamtverantwortung und Geschäfts-	Rn.	2. Inhalt	Rn. 60, 61
verteilung	46–58	3. Zuständigkeiten	62–67
d) Verantwortung mehrerer Geschäftsbereiche	58a, 58b	a) Aufsichtsrat	63–65
		b) Vorstand	66
e) Rückfall von Ressortzuständigkeiten in die originäre Zuständigkeit des Gesamtvorstands	58c–58e	c) Satzung	67
		4. Form	68
		5. Geltungsdauer	69, 70
VII. Geschäftsordnung	59–72	6. Mitbestimmte Gesellschaften	71
1. Allgemeines	59	7. Offenlegung	72

I. Überblick

1. Regelungszweck. § 77 Abs. 1 bestimmt, wie die Geschäftsführung bei einem mehrköpfigen Vorstand ausgeübt wird. Er gibt das Prinzip der Gesamtgeschäftsführung als Grundregel vor,[1] lässt davon aber Abweichungen in der Satzung oder der Geschäftsordnung des Vorstands zu. § 77 Abs. 2 enthält Regelungen über die Geschäftsordnung des Vorstands und weist ihm die Erlasskompetenz zu, soweit der vorrangig zuständige Aufsichtsrat untätig bleibt. **1**

2. Vorgängervorschriften. § 77 findet keine vollständige Entsprechung im früheren Recht. Er hat erstmals den Begriff der Geschäftsführung in das Gesetz aufgenommen und die zuvor streitige Frage, ob für jede Geschäftsführungsmaßnahme die Zustimmung aller Vorstandsmitglieder notwendig ist,[2] im bejahenden Sinne geklärt.[3] Zudem hat er in Abs. 1 S. 2 Hs. 2 das in § 70 Abs. 2 AktG 1937 verankerte Alleinentscheidungsrecht des Vorstandsvorsitzenden abgeschafft. An die Stelle des ideologisch aufgeladenen „Führergrundsatzes"[4] ist das Kollegialprinzip getreten, das Einzelentscheidungen des Vorsitzenden ohne hinreichende Aussprache verhindern soll.[5] **2**

II. Geschäftsführung

1. Begriff. § 77 Abs. 1 verwendet den Begriff der Geschäftsführung, ohne ihn zu definieren.[6] Nach allgemeiner Ansicht ist er denkbar weit zu verstehen und erfasst jede tatsächliche oder rechtliche Tätigkeit für die Gesellschaft.[7] Dazu gehören nicht nur gesellschaftsinterne Maßnahmen, wie die Willensbildung im Gesamtvorstand,[8] die Berichterstattung gegenüber dem Aufsichtsrat[9] oder die Führung der Handelsbücher,[10] sondern auch Handlungen gegenüber Dritten,[11] etwa der Abschluss von Verträgen im Namen der Gesellschaft,[12] für deren Wirksamkeit es allerdings auf die Vertretungsmacht des Vorstands ankommt (→ Rn. 5). **3**

2. Befugnis. Die Geschäftsführungsbefugnis liegt beim Vorstand. § 77 AktG regelt das zwar nicht ausdrücklich, setzt aber eine entsprechende Befugnis voraus.[13] Außerdem ergibt sich aus dem gedanklichen Zusammenhang der § 76 Abs. 1, §§ 78 und 82 Abs. 2, dass der Vorstand die Geschäfte der **4**

---

[1] Vgl. BegrRegE *Kropff* S. 99; Bürgers/Körber/*Bürgers* Rn. 1; Wachter/*Eckert* Rn. 1; Hüffer/Koch/*Koch* Rn. 1; Großkomm AktG/*Kort* Rn. 1; Kölner Komm AktG/*Mertens/Cahn* Rn. 8; NK-AktR/*Oltmanns* Rn. 1; K. Schmidt/Lutter/*Seibt* Rn. 2; Grigoleit/*Vedder* Rn. 1; Hölters/*Weber* Rn. 1.
[2] Zum damaligen Meinungsstand Schlegelberger/*Quassowski* AktG 1937 § 70 Anm. 12; Großkomm AktG/ *W. Schmidt*, 1. Aufl. 1939, AktG 1937 § 70 Anm. 14.
[3] Vgl. BegrRegE *Kropff* S. 98 f.
[4] Schlegelberger/*Quassowski* § 70 AktG 1937 Anm. 1; aus der vorbereitenden Diskussion die Ausschussberichte bei *Schubert* (Hrsg.), Akademie für Deutsches Recht 1933–1945, Protokolle der Ausschüsse, Ausschuss für Aktienrecht, 1986, 163 ff. und passim; rückblickend zur Herkunft des aktienrechtlichen Führerprinzips *Thiessen* in Görtemaker/Safferling, Die Rosenburg. Das Bundesministerium der Justiz und die NS-Vergangenheit – eine Bestandsaufnahme, 2. Aufl. 2013, 204 (236 ff.).
[5] Vgl. BegrRegE *Kropff* S. 99.
[6] Von „Geschäftsführung" ist auch in den § 93 Abs. 1, § 111 Abs. 1 und Abs. 4 S. 1, § 119 Abs. 2 AktG die Rede, wobei der Begriff einen unterschiedlich weiten Inhalt hat; dazu *Henze* BB 2000, 209; *Richter* in Semler/ Peltzer/Kubis ArbHdB Vorstand § 5 Rn. 2.
[7] Vgl. Bürgers/Körber/*Bürgers* Rn. 2; Hüffer/Koch/*Koch* Rn. 3; Großkomm AktG/*Kort* Rn. 3; MüKoAktG/ *Spindler* Rn. 6; Kölner Komm AktG/*Mertens/Cahn* Rn. 2; NK-AktR/*Oltmanns* Rn. 2; *Richter* in Semler/Peltzer/ Kubis ArbHdB Vorstand § 5 Rn. 4; K. Schmidt/Lutter/*Seibt* Rn. 4; MHdB AG/*Wiesner* § 22 Rn. 1.
[8] Vgl. MüKoAktG/*Spindler* Rn. 6; NK-AktR/*Oltmanns* Rn. 2; Hölters/*Weber* Rn. 3.
[9] Vgl. Großkomm AktG/*Kort* Rn. 3; Kölner Komm AktG/*Mertens/Cahn* Rn. 2.
[10] Vgl. Hüffer/Koch/*Koch* Rn. 3; *K. Schmidt* GesR § 28 II 1 b, S. 806.
[11] Vgl. Hüffer/Koch/*Koch* Rn. 3; Grigoleit/*Vedder* Rn. 2.
[12] Vgl. Großkomm AktG/*Kort* Rn. 3; MHdB AG/*Wiesner* § 22 Rn. 1.
[13] Vgl. Hüffer/Koch/*Koch* Rn. 1; Großkomm AktG/*Kort* Rn. 6; Kölner Komm AktG/*Mertens/Cahn* Rn. 7.

Aktiengesellschaft führt.[14] Als weiteren Beleg kann man die §§ 83, 90, 91 und 92 heranziehen, die dem Vorstand typische Geschäftsführungspflichten zuweisen.[15] Eine Übertragung organschaftlicher Geschäftsführungsaufgaben auf sog. Bereichsvorstände, die ungeachtet ihres Titels leitende Angestellte sind, ist ausgeschlossen.[16] Mit Vorbereitungs- und Ausführungsmaßnahmen können sie aber ohne Weiteres betraut werden (→ § 76 Rn. 20).

5 **3. Abgrenzungen. a) Vertretung.** Das Aktiengesetz unterscheidet scharf zwischen Geschäftsführung und Vertretung. Während die Geschäftsführungsbefugnis (§ 77) das rechtliche Dürfen im Innenverhältnis betrifft, geht es bei der Vertretungsbefugnis (§ 78) um das rechtliche Können im Außenverhältnis.[17] Ein und dieselbe Maßnahme, zB der Abschluss eines Vertrages für die Gesellschaft, kann unter beiden Blickwinkeln gewürdigt werden.[18]

6 **b) Leitung.** Weiterhin ist die Geschäftsführung sachlich und systematisch von der Leitung der Gesellschaft zu unterscheiden. Nach zutreffender hM erfasst die in § 76 Abs. 1 angesprochene Leitung nur einen Ausschnitt der umfassenderen Geschäftsführungsaufgaben;[19] manche sprechen anschaulich von einem herausgehobenen Teilbereich der Geschäftsführung (näher → § 76 Rn. 14).

7 **c) Grundlagengeschäfte.** Schließlich pflegt man die Geschäftsführung von den sog. Grundlagengeschäften zu sondern, die den Gesellschaftern vorbehalten bleiben.[20] Im Aktienrecht wird diese Trennlinie weithin durch § 119 Abs. 1 und 2 vorgegeben, so dass der Unterscheidung hier kaum rechtspraktische Bedeutung zukommt.[21] Von Belang bleibt sie allerdings bei der tatbestandlichen Eingrenzung der ungeschriebenen Hauptversammlungszuständigkeiten.[22]

III. Gesamtgeschäftsführung

8 **1. Einstimmigkeitsprinzip.** Besteht der Vorstand aus mehreren Personen, so sind nach der gesetzlichen Grundregel sämtliche Vorstandsmitglieder nur gemeinschaftlich zur Geschäftsführung befugt. Ausweislich der Gesetzesmaterialien muss eine Geschäftsführungsmaßnahme daher unterbleiben, wenn auch nur ein Vorstandsmitglied widerspricht.[23] Richtigerweise bedarf es – anders als im Rahmen des § 115 Abs. 1 HGB – nicht einmal eines förmlichen Widerspruchs.[24] Vielmehr muss für jede Geschäftsführungsmaßnahme die ausdrückliche oder stillschweigende Zustimmung aller Vorstandsmitglieder eingeholt werden.[25] Es gilt das strenge Einstimmigkeitsprinzip,[26] das allerdings durch die wechselseitige Verpflichtung zu kollegialer Zusammenarbeit und Konsenssuche abgemildert wird.[27] Eine gesetzliche Abweichung vom Einstimmigkeitsprinzip findet sich in § 121 Abs. 2 S. 1. Danach entscheidet der Vorstand über die Einberufung der Hauptversammlung mit einfacher Mehrheit. Ausweislich der Gesetzesmaterialien soll auf diese Weise verhindert werden, dass die Einberufung am Widerstand einzelner Vorstandsmitglieder scheitert.[28]

9 **2. Gefahr im Verzug.** § 77 enthält keine Sonderregelung für Geschäftsführungsmaßnahmen, die wegen Gefahr im Verzug keinen Aufschub dulden. Nach allgemeiner Auffassung sind die §§ 115

---

[14] Vgl. Großkomm AktG/*Kort* Rn. 6; Kölner Komm AktG/*Mertens/Cahn* Rn. 7.
[15] Vgl. Hüffer/Koch/*Koch* Rn. 5; Großkomm AktG *Kort* Rn. 6; *Wilhelm* KapGesR Rn. 994.
[16] Vgl. *Hoffmann-Becking* ZGR 1998, 497 (510); Hüffer/Koch/*Koch* Rn. 5; Großkomm AktG/*Kort* Rn. 6; MüKoAktG/*Spindler* Rn. 7.
[17] Vgl. BegrRegE *Kropff* S. 98; *Baumbach/Hueck* Rn. 1; Hüffer/Koch/*Koch* Rn. 3; Großkomm AktG/*Kort* Rn. 3; Kölner Komm AktG/*Mertens/Cahn* Rn. 2; NK-AktR/*Oltmanns* Rn. 2.
[18] Vgl. Hüffer/Koch/*Koch* Rn. 3; Großkomm AktG/*Kort* Rn. 3.
[19] Vgl. *Fleischer* ZIP 2003, 1 (3); Hüffer/Koch/*Koch* Rn. 3; Henssler/Strohn/*Dauner-Lieb* Rn. 2; *Dreher* FS Hopt, 2010, 517 (518 f.); *Urban* GWR 2013, 106 (107).
[20] Allgemein dazu *Wiedemann* GesR I § 6 III, S. 323; speziell zum Aktienrecht *Windbichler* GesR § 29 Rn. 6; Großkomm AktG/*Kort* Rn. 4; *Richter* in Semler/Peltzer/Kubis ArbHdB Vorstand § 5 Rn. 7.
[21] Vgl. Hüffer/Koch/*Koch* Rn. 4; MüKoAktG/*Spindler* Rn. 7.
[22] Vgl. BGHZ 83, 122; 159, 30; dazu *Fleischer* NJW 2004, 2335.
[23] Vgl. BegrRegE *Kropff* S. 99; zust. NK-AktR/*Oltmanns* Rn. 3.
[24] Vgl. *Baumbach/Hueck* Rn. 1; Hüffer/Koch/*Koch* Rn. 6; Großkomm AktG/*Kort* Rn. 10; MüKoAktG/*Spindler* Rn. 10; *Priester* AG 1984, 253; *K. Schmidt*/Lutter/*Seibt* Rn. 5; Hölters/*Weber* Rn. 5; MHdB AG/*Wiesner* § 22 Rn. 6.
[25] Vgl. *v. Godin/Wilhelmi* Rn. 2; Hüffer/Koch/*Koch* Rn. 6; Großkomm AktG/*Kort* Rn. 10; MüKoAktG/*Spindler* Rn. 10; Grigoleit/*Vedder* Rn. 4.
[26] Vgl. *v. Godin/Wilhelmi* Rn. 2; Großkomm AktG/*Kort* Rn. 10; NK-AktR/*Oltmanns* Rn. 3.
[27] Vgl. Beck'sches MandatsHdB Vorstand/*Lücke* § 3 Rn. 37; *Raiser/Veil* KapGesR § 14 Rn. 68.
[28] Vgl. BegrRegE *Kropff* S. 169.

Abs. 2 HGB, 744 Abs. 2 BGB entsprechend anwendbar.[29] Die Zustimmung nicht erreichbarer Vorstandsmitglieder ist daher ausnahmsweise verzichtbar.[30] Sie sind aber bei nächster Gelegenheit zu unterrichten und haben vor Ausführung der Maßnahme ein Widerspruchsrecht.[31]

IV. Abweichende Bestimmungen

1. Grundlagen. Der Grundsatz der Gesamtgeschäftsführung ist schwerfällig[32] und allenfalls in kleinen Gesellschaften praktikabel.[33] Gem. § 77 Abs. 1 S. 2 Hs. 1 kann er durch geschmeidigere Lösungen abbedungen werden, was in der Rechtspraxis regelmäßig geschieht.[34] Voraussetzung dafür ist allerdings eine ausdrückliche Grundlage in der Satzung oder der Geschäftsordnung des Vorstands. Eine ständige Übung der Vorstandsmitglieder genügt nicht.[35] Fehlt eine förmliche Grundlage, wird man in der mündlichen Respektierung des Mehrheitswillens allenfalls eine konkludente Zustimmung iSd Einstimmigkeitsprinzips erblicken können.[36] Schriftliche Regelungen über die Geltung des Mehrheitsprinzips bei der Vertretung der Gesellschaft lassen keinen Rückschluss auf eine entsprechende Handhabung bei der Geschäftsführung zu;[37] vielmehr können Geschäftsführung und Vertretung unterschiedlich ausgestaltet sein.[38]

2. Gestaltungsmöglichkeiten und Grenzen. Von dem gesetzlichen Grundmodell der Gesamtgeschäftsführung mit Einstimmigkeitsprinzip sind verschiedene Abweichungen denkbar. Im systematischen Zugriff empfiehlt es sich, zwischen der Einführung des Mehrheitsprinzips bei fortdauernder Gesamtgeschäftsführung und dem Übergang zur Einzelgeschäftsführung zu unterscheiden.[39]

a) Mehrheitsprinzip. aa) Allgemeines. Satzung oder Geschäftsordnung des Vorstands können anordnen, dass für einen Vorstandsbeschluss die Stimmenmehrheit genügt.[40] Auch das Mehrheitserfordernis (einfache oder qualifizierte Mehrheit, Abstufungen nach der Wichtigkeit der Angelegenheit) ist regelbar.[41] Dabei sollte klargestellt werden, ob die Mehrheit der abgegebenen Stimmen oder die Mehrheit der Stimmen aller amtierenden Vorstandsmitglieder gemeint ist.[42] Schweigen Satzung oder Geschäftsordnung, dürfte idR die Mehrheit der anwesenden Vorstandsmitglieder ausreichen.[43] Stimmengleichstand bedeutet Ablehnung des Beschlussantrags.[44]

bb) Stichentscheid. Um eine Pattsituation bei Stimmengleichheit zu verhindern, können Satzung oder Geschäftsordnung vorsehen, dass die Stimme eines Vorstandsmitglieds den Ausschlag gibt.[45] In der Praxis wird das Recht zum Stichentscheid zumeist dem Vorstandsvorsitzenden zugebilligt,[46] doch ist dies

---

[29] Vgl. Hüffer/Koch/*Koch* Rn. 6; Großkomm AktG/*Kort* Rn. 11; Kölner Komm AktG/*Mertens*/*Cahn* Rn. 9; MüKoAktG/*Spindler* Rn. 27; K. Schmidt/Lutter/*Seibt* Rn. 6; MHdB AG/*Wiesner* § 22 Rn. 7.
[30] Vgl. Bürgers/Körber/*Bürgers* Rn. 5; *v. Godin/Wilhelmi* Rn. 5; Hüffer/Koch/*Koch* Rn. 6; MHdB AG/*Wiesner* § 22 Rn. 6.
[31] Vgl. Henssler/Strohn/*Dauner-Lieb* Rn. 5; Wachter/*Eckert* Rn. 3; *v. Godin/Wilhelmi* Rn. 5; Großkomm AktG/*Kort* Rn. 11; Kölner Komm AktG/*Mertens*/*Cahn* Rn. 9; MüKoAktG/*Spindler* Rn. 27.
[32] Vgl. Baumbach/Hueck Rn. 3; Großkomm AktG/*Kort* Rn. 20; MüKoAktG/*Spindler* Rn. 10.
[33] Vgl. Raiser/Veil KapGesR § 14 Rn. 22; Hölters/*Weber* Rn. 6.
[34] Vgl. Hoffmann-Becking ZGR 1998, 497 (518 f.); Großkomm AktG/*Kort* Rn. 20; Beck'sches MandatsHdB Vorstand/*Lücke* § 3 Rn. 39 f.; Richter in Semler/Peltzer/Kubis ArbHdB Vorstand § 5 Rn. 20; eingehend Langer/Peters BB 2012, 2575.
[35] Vgl. Hüffer/Koch/*Koch* Rn. 9; Großkomm AktG/*Kort* Rn. 20; MüKoAktG/*Spindler* Rn. 9.
[36] Vgl. Wachter/*Eckert* Rn. 4; Hüffer/Koch/*Koch* Rn. 9; Großkomm AktG/*Kort* Rn. 20.
[37] Vgl. Bürgers/Körber/*Bürgers* Rn. 7; Großkomm AktG/*Kort* Rn. 20; Kölner Komm AktG/*Mertens*/*Cahn* Rn. 10; MüKoAktG/*Spindler* Rn. 11.
[38] Vgl. Hüffer/Koch/*Koch* Rn. 9; MüKoAktG/*Spindler* Rn. 11; K. Schmidt/Lutter/*Seibt* Rn. 7.
[39] Im Ansatz ebenso Großkomm AktG/*Kort* Rn. 21; Grigoleit/*Vedder* Rn. 12 f.
[40] BegrRegE Kropff S. 99; Baumbach/Hueck Rn. 3; Hüffer/Koch/*Koch* Rn. 11; MüKoAktG/*Spindler* Rn. 11; NK-AktR/*Oltmanns* Rn. 10.
[41] Vgl. Baumbach/Hueck Rn. 3; Hüffer/Koch/*Koch* Rn. 11; Großkomm AktG/*Kort* Rn. 21; Kölner Komm AktG/*Mertens*/*Cahn* Rn. 11; NK-AktR/*Oltmanns* Rn. 10.
[42] Vgl. Hoffmann-Becking ZGR 1998, 497 (518); Hölters/*Weber* Rn. 8.
[43] Wie hier Wachter/*Eckert* Rn. 4; Großkomm AktG/*Kort* Rn. 21; MüKoAktG/*Spindler* Rn. 12; abw. Hoffmann-Becking ZGR 1998, 497 (518); Hölters/*Weber* Rn. 8.
[44] Vgl. Hüffer/Koch/*Koch* Rn. 11; Großkomm AktG/*Kort* Rn. 26; MüKoAktG/*Spindler* Rn. 13; NK-AktR/*Oltmanns* Rn. 10; Schiessl ZGR 1992, 64 (70).
[45] AllgM, vgl. BGHZ 89, 48 (59); Hüffer/Koch/*Koch* Rn. 11; Kölner Komm AktG/*Mertens*/*Cahn* Rn. 12; MüKoAktG/*Spindler* Rn. 15; NK-AktR/*Oltmanns* Rn. 10; K. Schmidt/Lutter/*Seibt* Rn. 12.
[46] Vgl. Großkomm AktG/*Kort* Rn. 26; Richter in Semler/Peltzer/Kubis ArbHdB Vorstand § 5 Rn. 59; diesen Fall allein erwähnend auch BegrRegE Kropff S. 99; *v. Godin/Wilhelmi* Rn. 4.

keineswegs zwingend.⁴⁷ Bei einem zweigliedrigen Vorstand ist der Stichentscheid eines Vorstandsmitglieds nach ganz hM ausgeschlossen, weil er im Ergebnis auf ein unzulässiges Alleinentscheidungsrecht (sogleich → Rn. 14 f.) hinausliefe.⁴⁸ Für die Europäische Aktiengesellschaft sieht Art. 50 Abs. 2 SE-VO kraft Gesetzes einen Stichentscheid des Vorsitzenden vor.

14 **cc) Kein Alleinentscheidungsrecht.** Gem. § 77 Abs. 1 S. 2 Hs. 2 AktG ist es Satzung oder Geschäftsordnung verwehrt zu bestimmen, dass ein oder mehrere Vorstandsmitglieder Meinungsverschiedenheiten im Vorstand gegen die Mehrheit seiner Mitglieder entscheiden. Ausweislich der Gesetzesmaterialien richtet sich diese Bestimmung vor allem gegen das frühere Alleinentscheidungsrecht des Vorstandsvorsitzenden gem. § 78 Abs. 2 AktG 1937,⁴⁹ das im zeitgenössischen Schrifttum als Ausprägung des Führerprinzips gedeutet wurde,⁵⁰ auch wenn seine historischen Wurzeln älter sind.⁵¹ Gegen das Alleinentscheidungsrecht hat man vorgebracht, es könne für die Gesellschaft gefährlich werden, weil es den Vorsitzenden dazu verleite, vorschnell und ohne genügende Aussprache mit den übrigen Vorstandsmitgliedern wichtige geschäftliche Entscheidungen zu treffen.⁵² Zudem könnten die übrigen Vorstandsmitglieder zu bloßen Gehilfen des Vorsitzenden herabsinken.⁵³

15 Die durch das AktG 1965 vollzogene Stärkung des Kollegialprinzips trifft rechtspolitisch das Richtige.⁵⁴ Trotz mancher Nachteile⁵⁵ verbürgt Letzteres eine ausgewogenere Entscheidungsfindung: Wichtige Maßnahmen werden eingehender beraten und aus verschiedenen fachlichen Blickwinkeln beurteilt. Außerdem erhöht der Abstimmungsbedarf im Gesamtvorstand den Rechtfertigungsdruck, Beschlussvorlagen besser vorzubereiten und rational zu begründen.⁵⁶ Gleichzeitig sinkt die Gefahr vorgefasst-einseitiger Beschlüsse, die man in der empirischen Verhaltensforschung als bias bezeichnet.⁵⁷

16 **dd) Vetorecht.** Nach überwiegender Auffassung können Satzung oder Geschäftsordnung einem oder mehreren Vorstandsmitgliedern grundsätzlich (Ausnahme: → Rn. 18) ein Vetorecht einräumen.⁵⁸ Die Gegenansicht lehnt ein solches Vetorecht ab und erachtet nur eine vorläufige Vertagungsbefugnis oder ein Recht zur Beschlussaussetzung als statthaft.⁵⁹ Der hM ist beizutreten: Das Verbot des Alleinentscheidungsrechts nach § 77 Abs. 1 S. 2 Hs. 2 (→ Rn. 14 f.) steht der Zulässigkeit eines Vetorechts nicht entgegen, weil es sich nur auf positive und nicht auf negative Entscheidungen bezieht. Außerdem hat schon nach der gesetzlichen Einstimmigkeitsregel des § 77 Abs. 1 S. 1 eine Geschäftsführungsmaßnahme zu unterbleiben, wenn nur ein Vorstandsmitglied widerspricht (→ Rn. 8). Dann muss es auch möglich sein, Mehrheitsbeschlüsse am Widerspruch eines Organmitglieds scheitern zu lassen.⁶⁰

---

⁴⁷ Vgl. NK-AktR/*Oltmanns* Rn. 10: Stichentscheid des ressortzuständigen Vorstandsmitglieds; ferner Hüffer/Koch/*Koch* Rn. 11; Großkomm AktG/*Kort* Rn. 26; MüKoAktG/*Spindler* Rn. 13.

⁴⁸ Vgl. OLG Hamburg AG 1985, 251; OLG Karlsruhe AG 2001, 93; *Bezzenberger* ZGR 1996, 661 (669 f.); Bürgers/Körber/*Bürgers* Rn. 9; Hüffer/Koch/*Koch* Rn. 11; Großkomm AktG/*Kort* Rn. 26; Kölner Komm AktG/Mertens/*Cahn* Rn. 12; MüKoAktG/*Spindler* Rn. 13; MHdB AG/*Wiesner* § 22 Rn. 9; abw. *Bürkle* AG 2012, 232; *Priester* AG 1984, 253; *Riegger* BB 1972, 592; *K. Schmidt* GesR § 28 II 3 a, S. 812 f. unter Hinweis auf den Gesetzeswortlaut und die ansonsten beeinträchtigte Funktionsfähigkeit des Vorstands.

⁴⁹ Vgl. BegrRegE *Kropff* S. 99.

⁵⁰ Vgl. *Schlegelberger/Quassowski* AktG 1937 § 70 Anm. 1.

⁵¹ Dazu bereits *Baumbach/Hueck* Rn. 5; aus jüngerer Zeit *v. Hein* ZHR 166 (2002) 464 (474 ff.); *Hoffmann-Becking* NZG 2003, 745 (749 f.).

⁵² Vgl. BegrRegE *Kropff* S. 99; *v. Godin/Wilhelmi* Rn. 4.

⁵³ Vgl. BegrRegE *Kropff* S. 99; *v. Godin/Wilhelmi* Rn. 4.

⁵⁴ Näher *Fleischer* NZG 2003, 449 (458 f.); *Seibt* DB 2018, 237 (242); kritisch zum Kollegialprinzip aber *Homann*, Evidenzbasierte Jurisprudenz, 2014, 199 ff. (294 ff.).

⁵⁵ Zu ihnen *Fleischer* NZG 2003, 449 (458).

⁵⁶ Vgl. *Fleischer* NZG 2003, 449 (458).

⁵⁷ Näher *Fleischer* NZG 2003, 449 (459); iE ebenso *Hoffmann-Becking* NZG 2003, 745 (750); K. Schmidt/Lutter/*Seibt* Rn. 2; abw. *Oesterle* zfo 72 (2003) 199 (206), der aus evolutionstheoretischer Perspektive eine Überlegenheit des Direktorialprinzips ausmacht.

⁵⁸ Vgl. OLG Karlsruhe AG 2001, 93 (94); *Baumbach/Hueck* Rn. 8; Bürgers/Körber/*Bürgers* Rn. 11; Großkomm AktG/*Kort* Rn. 27; Kölner Komm AktG/Mertens/*Cahn* Rn. 13; MüKoAktG/*Spindler* Rn. 16; NK-AktR/*Oltmanns* Rn. 11; *Schiessl* ZGR 1992, 64 (70); K. Schmidt/Lutter/*Seibt* Rn. 14; Grigoleit/*Vedder* Rn. 12; offenlassend BGHZ 89, 48 (58).

⁵⁹ Vgl. *Bezzenberger* ZGR 1996, 661 (665 ff.); *Dose*, Die Rechtsstellung der Vorstandsmitglieder einer AG, 3. Aufl. 1975, 77 f.; *Erle* AG 1987, 7 (8 ff.); Hüffer/Koch/*Koch* Rn. 12; gegen die hM auch *Hoffmann-Becking* NZG 2003, 745 (748).

⁶⁰ Ähnlich *Baumbach/Hueck* Rn. 8; Großkomm AktG/*Kort* Rn. 27; MüKoAktG/*Spindler* Rn. 16.

Das Vetorecht kann aufschiebenden oder endgültigen Charakter haben.[61] Schweigen Satzung 17
oder Geschäftsordnung, ist in aller Regel von einem endgültigen Blockaderecht auszugehen.[62] Die
Einräumung eines Vetorechts zugunsten einzelner Vorstandsmitglieder verstößt nicht gegen den
Grundsatz der Gleichberechtigung der Vorstandsmitglieder.[63] Ein nachweislich pflichtwidrig erhobener Widerspruch braucht nicht beachtet zu werden.[64]

Bei Gesellschaften, die der Montan-Mitbestimmung oder dem MitbestG 1976 unterliegen, lehnen 18
Rechtsprechung und Rechtslehre ein endgültiges Vetorecht mehrheitlich ab.[65] Zur Begründung
verweisen sie auf den Grundsatz der Gleichberechtigung des Arbeitsdirektors gem. § 33 MitbestG.
Das soll nach herrschender, aber nicht unbestrittener Ansicht selbst dann gelten, wenn der Arbeitsdirektor für seinen Verantwortungsbereich ein eigenes Vetorecht erhält.[66]

b) Einzelgeschäftsführung. Satzung oder Geschäftsordnung des Vorstands können den Vor- 19
standsmitgliedern Einzelgeschäftsführungsbefugnisse einräumen.[67] Das geschieht in der Rechtspraxis
sehr häufig durch eine Geschäftsverteilung nach funktionalen, spartenbezogenen, regionalen oder
sonstigen Gesichtspunkten (näher → Rn. 37 ff.). In solchen Fällen kann das ressortzuständige Vorstandsmitglied grundsätzlich allein entscheiden,[68] sofern es nicht um unübertragbare Leitungsaufgaben geht, die dem Gesamtvorstand vorbehalten bleiben (→ § 76 Rn. 68 ff.). Statthaft ist eine
Regelung dahin, dass jedem anderen Vorstandsmitglied entsprechend § 115 Abs. 1 Hs. 2 HGB ein
Widerspruchsrecht zusteht.[69] Schließlich können einzelne Vorstandsmitglieder Alleingeschäftsführungsbefugnis erhalten, andere dagegen an die Mitwirkung eines zweiten Vorstandsmitglieds oder
eines Prokuristen gebunden sein.[70]

c) Kombinationen. Die vorgestellten Gestaltungsmöglichkeiten können auch miteinander 20
kombiniert werden.[71] Denkbar ist etwa, die Einzelgeschäftsführungsbefugnis auf bestimmte Bereiche zu beschränken und im Übrigen Gesamtgeschäftsführungsbefugnis anzuordnen.[72] Ebenso können Einstimmigkeits- und Mehrheitsprinzip einander in verschiedenen Aufgabengebieten abwechseln.[73]

V. Vorstandsinterne Willensbildung

1. Beschlussfassung. Ein mehrköpfiger Vorstand fasst seine Entscheidungen durch Beschluss.[74] 21
Dies hat der Gesetzgeber – anders als für den Aufsichtsrat[75] – zwar nicht ausdrücklich angeordnet,
doch steht die Notwendigkeit einer beschlussförmigen Willensbildung auch hier außer Zweifel.[76]
Sie wird in der Regel auf Vorstandssitzungen erfolgen,[77] doch ist dies gesetzlich nicht zwingend
vorgeschrieben.[78] Häufig regeln Satzung oder Geschäftsordnung die formalen Anforderungen an
eine Beschlussfassung.[79] Hierzu gehört insbesondere eine ordnungsgemäße Ladung aller Vorstands-

---

[61] Vgl. Henssler/Strohn/*Dauner-Lieb* Rn. 9; Großkomm AktG/*Kort* Rn. 28; Hölters/*Weber* Rn. 16.
[62] Vgl. Henssler/Strohn/*Dauner-Lieb* Rn. 9; Großkomm AktG/*Kort* Rn. 28; Hölters/*Weber* Rn. 16.
[63] Vgl. *Baumbach/Hueck* Rn. 8; Großkomm AktG/*Kort* Rn. 28.
[64] Vgl. *Baumbach/Hueck* Rn. 8; MüKoAktG/*Spindler* Rn. 33.
[65] Vgl. BGHZ 89, 48 (59) (GmbH); Bürgers/Körber/*Bürgers* Rn. 11; Hüffer/Koch/*Koch* Rn. 13; Großkomm AktG/*Kort* Rn. 29; Kölner Komm AktG/*Mertens/Cahn* Rn. 14; MHdB AG/*Wiesner* § 22 Rn. 10.
[66] Vgl. BGHZ 89, 48 (59); Hüffer/Koch/*Koch* Rn. 13; Großkomm AktG/*Kort* Rn. 29; MüKoAktG/*Spindler* Rn. 18; dagegen NK-AktR/*Oltmanns* Rn. 11, der ein Vetorecht des Arbeitsdirektors für seinen Bereich und das Vetorecht anderer Vorstandsmitglieder als zulässig ansieht, sofern es für den Bereich des Arbeitsdirektors nicht ausgeübt werden darf.
[67] Vgl. Hüffer/Koch/*Koch* Rn. 10; *Richter* in Semler/Peltzer/Kubis ArbHdB Vorstand § 5 Rn. 78.
[68] Vgl. *Baumbach/Hueck* Rn. 3; Großkomm AktG/*Kort* Rn. 23; MüKoAktG/*Spindler* Rn. 31; *Richter* in Semler/Peltzer/Kubis ArbHdB Vorstand § 5 Rn. 78; MHdB AG/*Wiesner* § 22 Rn. 14.
[69] Vgl. *Baumbach/Hueck* Rn. 3; MHdB AG/*Wiesner* § 22 Rn. 11.
[70] Vgl. *Baumbach/Hueck* Rn. 3; Großkomm AktG/*Kort* Rn. 24.
[71] Vgl. Großkomm AktG/*Kort* Rn. 24; MüKoAktG/*Spindler* Rn. 19.
[72] Vgl. Großkomm AktG/*Kort* Rn. 24.
[73] Vgl. MüKoAktG/*Spindler* Rn. 31; Hölters/*Weber* Rn. 20.
[74] Vgl. Bürgers/Körber/*Bürgers* Rn. 21; NK-AktR/*Oltmanns* Rn. 4; K. Schmidt/Lutter/*Seibt* Rn. 8; MHdB AG/*Wiesner* § 22 Rn. 6.
[75] Vgl. § 108 Abs. 1 AktG: „Der Aufsichtsrat entscheidet durch Beschluss."; dazu BegrRegE *Kropff* S. 151: „Der Aufsichtsrat kann als Kollegium seinen Willen nur auf Grund von Verhandlungen seiner Mitglieder bilden und durch Beschlussfassung ermitteln."
[76] Allgemein zum Beschluss als Organakt *Ernst* Liber Amicorum Leenen, 2012, 1.
[77] Vgl. Großkomm AktG/*Kort* Rn. 9; MHdB AG/*Wiesner* § 22 Rn. 21.
[78] Vgl. NK-AktR/*Oltmanns* Rn. 4; *Richter* in Semler/Peltzer/Kubis ArbHdB Vorstand § 5 Rn. 90.
[79] Vgl. *Richter* in Semler/Peltzer/Kubis ArbHdB Vorstand § 5 Rn. 84.

mitglieder unter Bezeichnung des Gegenstandes der Beschlussfassung.[80] Nach allgemeinen Regeln kann man auf Form- und Fristvorschriften allerdings verzichten.[81] Ein konkludenter Verzicht liegt in der Regel vor, wenn sich ein Organmitglied in Kenntnis des Einberufungsmangels widerspruchslos an der Beschlussfassung beteiligt.[82] Wer bei einer Missachtung von Ladungsvorschriften rügeberechtigt ist, wird unterschiedlich beurteilt (näher → Rn. 28).

22 Das Aktiengesetz selbst verlangt keine besondere Form für die Beschlussfassung.[83] Beschlüsse können daher mündlich oder schriftlich,[84] telefonisch oder telegrafisch gefasst werden.[85] Zulässig sind auch Beschlüsse im Umlaufverfahren,[86] über Videokonferenz[87] oder per E-mail.[88] Schließlich werden auch konkludent gefasste Beschlüsse anerkannt.[89] Eine besondere Feststellung des Beschlussergebnisses ist nicht erforderlich, sofern Satzung oder Geschäftsordnung dergleichen nicht verlangen.[90] Im Gegensatz zu § 107 Abs. 2 sieht das Gesetz auch keine Niederschrift oder Protokollierung für Vorstandsbeschlüsse vor.[91] Allerdings gebietet es die organschaftliche Sorgfaltspflicht regelmäßig, Niederschriften über Entscheidungen des Vorstands anzufertigen.[92]

23 Regeln über die Beschlussfähigkeit des Gremiums sind im Aktiengesetz nicht vorgesehen,[93] können aber durch Satzung oder Geschäftsordnung eingeführt werden.[94] Fehlt es an solchen Vorgaben, so soll nach hM schon die Anwesenheit eines Vorstandsmitglieds zur Beschlussfassung genügen.[95]

24 **2. Stimmabgabe.** Die Stimmabgabe des einzelnen Vorstandsmitglieds ist eine empfangsbedürftige Willenserklärung.[96] Sie wird wirksam, wenn sie den anderen Vorstandsmitgliedern zugeht.[97] Vorher ist sie jederzeit widerruflich.[98] Nach Zugang kann sie nur noch aus wichtigem Grund, insbesondere bei nachträglicher Änderung der Sachlage, widerrufen werden.[99] Die Stimmabgabe ist bedingungsfeindlich.[100] Als höchstpersönliches Rechtsgeschäft verträgt sie auch keine Stellvertretung.[101] Zulässig ist aber die Einschaltung eines Boten,[102] wobei in der Rechtspraxis zumeist ein anderes Vorstandsmitglied als Bote auftritt.[103] Mit der Höchstpersönlichkeit der Stimmabgabe und

---

[80] Vgl. Großkomm AktG/*Kort* Rn. 9; MüKoAktG/*Spindler* Rn. 24; *Richter* in Semler/Peltzer/Kubis ArbHdB Vorstand § 5 Rn. 84.
[81] Vgl. *Richter* in Semler/Peltzer/Kubis ArbHdB Vorstand § 5 Rn. 84.
[82] Vgl. MüKoAktG/*Spindler* Rn. 24; *Richter* in Semler/Peltzer/Kubis ArbHdB Vorstand § 5 Rn. 84; Wachter/*Eckert* Rn. 18.
[83] Vgl. BGH WM 1960, 1248 f.; *v. Godin/Wilhelmi* Rn. 5; Hüffer/Koch/*Koch* Rn. 6; Kölner Komm AktG/*Mertens/Cahn* Rn. 33; MüKoAktG/*Spindler* Rn. 24.
[84] Vgl. Großkomm AktG/*Kort* Rn. 9; MüKoAktG/*Spindler* Rn. 23.
[85] Vgl. NK-AktR/*Oltmanns* Rn. 4.
[86] Vgl. *v. Godin/Wilhelmi* Rn. 5; Beck'sches MandatsHdB Vorstand/*Lücke* § 3 Rn. 38.
[87] Vgl. Großkomm AktG/*Kort* Rn. 9; Wachter/*Eckert* Rn. 15.
[88] Vgl. MüKoAktG/*Spindler* Rn. 23; NK-AktR/*Oltmanns* Rn. 4; Grigoleit/*Vedder* Rn. 5.
[89] Vgl. OLG Frankfurt AG 1986, 233; Hüffer/Koch/*Koch* Rn. 6; Großkomm AktG/*Kort* Rn. 9; Kölner Komm AktG/*Mertens/Cahn* Rn. 33; MüKoAktG/*Spindler* Rn. 23.
[90] Vgl. Großkomm AktG/*Kort* Rn. 9; Kölner Komm AktG/*Mertens/Cahn* Rn. 33; MHdB AG/*Wiesner* § 22 Rn. 6; abw. MüKoAktG/*Spindler* Rn. 24.
[91] Vgl. Hüffer/Koch/*Koch* Rn. 6; Großkomm AktG/*Kort* Rn. 9; MüKoAktG/*Spindler* Rn. 25.
[92] Vgl. MüKoAktG/*Spindler* Rn. 25; *Richter* in Semler/Peltzer/Kubis ArbHdB Vorstand § 5 Rn. 91; K. Schmidt/Lutter/*Seibt* Rn. 8; Grigoleit/*Vedder* Rn. 8; zu den Besonderheiten geheimer Abstimmungen *Dröge*, Haftung für Gremienentscheidungen, 2008, 136 ff.
[93] Vgl. *v. Godin/Wilhelmi* Rn. 5.
[94] Vgl. Großkomm AktG/*Kort* Rn. 88; *Richter* in Semler/Peltzer/Kubis ArbHdB Vorstand § 5 Rn. 85.
[95] Vgl. RGZ 34, 116; 82, 338; *Zöllner*, Die Schranken mitgliedschaftlicher Stimmrechtsmacht bei den privatrechtlichen Personenverbänden, 1963, 11 f. mit Fn. 34; abw. MüKoAktG/*Spindler* Rn. 27; *Richter* in Semler/Peltzer/Kubis ArbHdB Vorstand § 5 Rn. 85, jeweils für einstimmig zu fassende Vorstandsbeschlüsse.
[96] Vgl. Hüffer/Koch/*Koch* Rn. 7; Großkomm AktG/*Kort* Rn. 13; MüKoAktG/*Spindler* Rn. 20; NK-AktR/*Oltmanns* Rn. 4.
[97] Vgl. Hüffer/Koch/*Koch* Rn. 7; Großkomm AktG/*Kort* Rn. 13.
[98] Vgl. Großkomm AktG/*Kort* Rn. 13.
[99] Vgl. Hüffer/Koch/*Koch* Rn. 7; Großkomm AktG/*Kort* Rn. 13; Kölner Komm AktG/*Mertens/Cahn* Rn. 35; MüKoAktG/*Spindler* Rn. 20; NK-AktR/*Oltmanns* Rn. 4.
[100] Vgl. MüKoAktG/*Spindler* Rn. 20; K. Schmidt/Lutter/*Seibt* Rn. 9; einschränkend Kölner Komm AktG/*Mertens/Cahn* Rn. 35.
[101] Vgl. Großkomm AktG/*Kort* Rn. 16; Kölner Komm AktG/*Mertens/Cahn* Rn. 36; MüKoAktG/*Spindler* Rn. 20; NK-AktR/*Oltmanns* Rn. 4.
[102] Vgl. Großkomm AktG/*Kort* Rn. 16; Kölner Komm AktG/*Mertens/Cahn* Rn. 36; MüKoAktG/*Spindler* Rn. 20.
[103] Vgl. NK-AktR/*Oltmanns* Rn. 4; für zwingend hält dies *Richter* in Semler/Peltzer/Kubis ArbHdB Vorstand § 5 Rn. 89, weil Dritte nicht befugt seien, an Vorstandssitzungen teilzunehmen.

dem Grundsatz der Gesamtgeschäftsführung nicht vereinbar ist eine vorherige Generalzustimmung zu einem unbeschränkten Kreis von Geschäften.[104]

3. Stimmverbote. Nach einhelliger Auffassung gelten bei Rechtsgeschäften und Rechtsstreitigkeiten zwischen Vorstandsmitglied und Gesellschaft die Stimmverbote der §§ 28, 34 BGB entsprechend.[105] Eine gleichwohl erfolgte Stimmabgabe ist unwirksam.[106] Die analoge Anwendung der vereinsrechtlichen Vorschriften hat allerdings nur geringe praktische Bedeutung, weil die Gesellschaft in den genannten Fällen gem. § 112 AktG ohnehin vom Aufsichtsrat vertreten wird.[107]

Ein darüber hinausgehendes, allgemeines Stimmverbot für Vorstandsmitglieder in Fällen einer Interessen- oder Pflichtenkollision bei der Geschäftsführung wird von der ganz hM mit Recht verworfen.[108] Vereinzelte Vorschläge, § 34 BGB wenigstens bei Vorstandsdoppelmandaten entsprechend heranzuziehen,[109] verdienen ebenfalls keine Gefolgschaft (näher → § 76 Rn. 108). Erwägenswert ist jedoch ein tatbestandlich enger zugeschnittenes Stimmverbot analog § 136 AktG zur Verhinderung des Richtens in eigener Sache (→ § 76 Rn. 109).

4. Beschlussmängel. a) Mängel der Stimmabgabe. Die einzelne Stimmabgabe ist als Willenserklärung nach den §§ 119 ff. BGB anfechtbar.[110] Mängel der Stimmabgabe haben aber nur dann Auswirkungen auf die Wirksamkeit des Beschlusses, wenn das Beschlussergebnis bei mangelfreier Stimmabgabe so nicht zustande gekommen wäre.[111]

b) Mängel des Beschlusses. Von Mängeln der Stimmabgabe sind solche des Beschlusses als eines Aktes organschaftlicher Willensbildung zu unterscheiden. Der Beschluss selbst kann an Inhalts- oder Verfahrensmängeln leiden.[112] Schwerwiegende Inhalts- oder Verfahrensmängel führen grundsätzlich zur uneingeschränkten Nichtigkeit des Beschlusses, auf die sich jeder Betroffene unbefristet und ohne besondere Form berufen kann.[113] Minderschwere Mängel müssen innerhalb angemessener Frist geltend gemacht werden.[114] Geschieht dies, bleibt es bei der Beschlussnichtigkeit; andernfalls verwirkt der Betroffene sein Rügerecht.[115] Unterschiedlich beurteilt wird, ob die Nichtladung eines Vorstandsmitglieds einen schwerwiegenden oder minderschweren Mangel bildet. Richtigerweise liegt ein minderschwerer Mangel vor, den nur der Nichtgeladene rügen kann.[116] In ihren Mitwirkungsrechten nicht betroffene Vorstandsmitglieder können einen Ladungs- oder sonstigen Verfahrensmangel dagegen nicht geltend machen.[117]

c) Rechtsschutz gegen fehlerhafte Beschlüsse. Über den Rechtsschutz gegen fehlerhafte Vorstandsbeschlüsse schweigt das Gesetz. Wie diese Regelungslücke zu schließen ist, wird in Rechtsprechung und Rechtslehre bisher nur am Rande behandelt.[118] Die Praxis pflegt Binnenkonflikte im Vorstand informell zu lösen.[119] In dem Maße, in dem die Verrechtlichung des Innenlebens der Verwaltung einer AG voranschreitet, sind entsprechende Klagen zukünftig allerdings nicht auszuschließen.[120] Wertvolle Orientierungshilfe liefert insoweit die schon weiter gediehene Diskussion zu fehlerhaften Aufsichtsratsbeschlüssen.[121]

---

[104] Vgl. Hüffer/Koch/*Koch* Rn. 7; Großkomm AktG/*Kort* Rn. 12; NK-AktR/*Oltmanns* Rn. 4.
[105] Vgl. OLG Saarbrücken ZIP 2014, 822 (824); Wachter/*Eckert* Rn. 15; Hüffer/Koch/*Koch* Rn. 8; Kölner Komm AktG/*Mertens/Cahn* Rn. 38; MHdB AG/*Wiesner* § 22 Rn. 7; zum Aufsichtsratsmitglied auch BGH NZG 2007, 516.
[106] Vgl. Hüffer/Koch/*Koch* Rn. 8; Grigoleit/*Vedder* Rn. 7.
[107] Vgl. Großkomm AktG/*Kort* Rn. 14; MHdB AG/*Wiesner* § 22 Rn. 7.
[108] Vgl. Bürgers/Körber/*Bürgers* Rn. 23; Diekmann/Fleischmann AG 2013, 141 (149); Hüffer/Koch/*Koch* Rn. 8; Großkomm AktG/*Kort* Rn. 14; Kölner Komm AktG/*Mertens/Cahn* Rn. 38; MHdB AG/*Wiesner* § 22 Rn. 7.
[109] Vgl. *Semler* FS Stiefel, 1987, 719 (757 f.); erwägend auch *Hoffmann-Becking* ZHR 150 (1986) 570 (577).
[110] Vgl. Großkomm AktG/*Kort* Rn. 17; Kölner Komm AktG/*Mertens/Cahn* Rn. 35; MüKoAktG/*Spindler* Rn. 20; K. Schmidt/Lutter/*Seibt* Rn. 9.
[111] Vgl. Großkomm AktG/*Kort* Rn. 17; MüKoAktG/*Spindler* Rn. 21; MHdB AG/*Wiesner* § 22 Rn. 7.
[112] Vgl. *Ihrig/Schäfer* Rechte und Pflichten des Vorstands Rn. 520.
[113] Vgl. *Ihrig/Schäfer* Rechte und Pflichten des Vorstands Rn. 522; MüKoAktG/*Spindler* Rn. 28; Hölters/*Weber* Rn. 26; zum Aufsichtsrat *Fleischer* DB 2013, 217 (218).
[114] Vgl. MüKoAktG/*Spindler* Rn. 28; Hölters/*Weber* Rn. 26; zum Aufsichtsrat *Fleischer* DB 2013, 217 (218).
[115] Vgl. Kölner Komm AktG/*Mertens/Cahn* Rn. 47; zum Aufsichtsrat *Fleischer* DB 2013, 217 (218).
[116] Näher dazu für Aufsichtsratsbeschlüsse *Fleischer* DB 2013, 217 (218 f.) mwN.
[117] Vgl. *Ihrig/Schäfer* Rechte und Pflichten des Vorstands Rn. 521; Großkomm AktG/*Kort* Rn. 18; Kölner Komm AktG/*Mertens/Cahn* Rn. 47; MüKoAktG/*Spindler* Rn. 28.
[118] Dazu schon *Hüffer* ZGR 2001, 822 (871).
[119] Pointiert *Mertens* ZHR 154 (1990) 24 (34).
[120] Für einen Sonderfall LG Mainz WM 1977, 904, wo das klagende Vorstandsmitglied zugleich Aktionär der beklagten AG war.
[121] Eingehend dazu *Fleischer* DB 2013, 160 (Teil 1), 217 (Teil 2).

28b Richtiger Rechtsbehelf ist nicht die aktienrechtliche Anfechtungs- und Nichtigkeitsklage entsprechend §§ 241 ff.,[122] die den Besonderheiten von Vorstandsbeschlüssen nicht hinreichend Rechnung tragen,[123] sondern die allgemeine Feststellungsklage nach § 256 ZPO.[124] Das erforderliche Feststellungsinteresse haben Vorstandsmitglieder schon aufgrund ihrer Organstellung und der hieraus folgenden Gesamtverantwortung für die Rechtmäßigkeit der von ihnen gefassten Beschlüsse.[125] Auch einem ausgeschiedenen Vorstandsmitglied sollte man ein Feststellungsinteresse zubilligen. Immerhin war es im Zeitpunkt der Beschlussfassung noch Organmitglied und hat daher ein anerkennenswertes Interesse, sich von einem rechtswidrigen Beschluss zu distanzieren.[126] Für Beschlüsse, die schon vor der Amtszeit des Vorstandsmitglieds gefasst worden sind, aber noch während seiner Amtszeit Wirkung entfalten, ist im Einklang mit einem neueren BGH-Urteil das Feststellungsinteresse ebenfalls zu bejahen.[127]

28c Dagegen hat der Aufsichtsrat nach hL kein rechtliches Interesse daran, die Unwirksamkeit eines Vorstandsbeschlusses feststellen zu lassen.[128] Dies folgt zwar noch nicht daraus, dass eine solche Klage mit der aktienrechtlichen Organisationsverfassung unvereinbar oder sogar systemfremd sei.[129] Wohl aber hat es der Aufsichtsrat in der Hand, den Vorstand durch Erlass eines Zustimmungsvorbehalts an der Ausführung eines rechtswidrigen Beschlusses zu hindern.[130] Zur Durchsetzung seines Vetos ist eine Unterlassungsklage – ggf. verbunden mit einer Maßnahme einstweiligen Rechtsschutzes – möglich und folglich das Mittel der Wahl. Auch Aktionären obliegt keine allgemeine Rechtmäßigkeitskontrolle von Vorstandsbeschlüssen.[131] Sie können aber eine unmittelbare Beeinträchtigung ihrer Mitgliedschaftsrechte ggf. zum Gegenstand einer Feststellungsklage machen.[132]

28d Die Feststellungsklage ist analog § 246 Abs. 2 S. 1 gegen die Gesellschaft zu richten.[133] Bei Klagen eines Vorstandsmitglieds wird die Gesellschaft gem. § 112 S. 1 durch den Aufsichtsrat vertreten.[134] Für die Erhebung einer Feststellungsklage gilt nicht die Monatsfrist des § 246 Abs. 1, wohl aber ein Gebot zumutbarer Beschleunigung, das nicht nur aus dem Verwirkungsgedanken, sondern auch und vor allem aus der organschaftlichen Treuepflicht folgt.[135] Ein stattgebendes Urteil entfaltet entsprechend § 248 Abs. 1 S. 1 *erga-omnes*-Wirkung.[136]

28e *De lege ferenda* empfiehlt es sich, die Regelungen für fehlerhafte Vorstands- und Aufsichtsratsbeschlüsse in Gesetzesform zu gießen.[137] Rechtsvergleichende Regelungsmodelle hierfür finden sich etwa in der Schweiz sowie in Italien, Spanien und Belgien.[138]

29 **5. Verhaltenspflichten überstimmter Vorstandsmitglieder bei rechtswidrigen Beschlüssen.** In der Abstimmung unterlegene Vorstandsmitglieder sind grundsätzlich gehalten, einmal getroffene Mehrheitsentscheidungen loyal mitzutragen.[139] Diese Verpflichtung erfährt nach zutreffender

---

[122] So aber *Arlt* DZWiR 2007, 177 (179 ff.).
[123] Ausführlicher dazu am Beispiel von Aufsichtsratsbeschlüssen *Fleischer* DB 2013, 217 f. unter Hinweis darauf, dass die §§ 241 ff. gleichwohl wertvolles Rechtsgewinnungsmaterial für die Lösung von Einzelfragen beisteuern.
[124] Vgl. Großkomm AktG/*Kort* Rn. 18; Kölner Komm AktG/*Mertens/Cahn* Rn. 48; MüKoAktG/*Spindler* Rn. 28; Hölters/*Weber* Rn. 26; *Wettich*, Vorstandsorganisation in der Aktiengesellschaft, 2008, 289 ff.; zum Aufsichtsrat BGHZ 122, 342 (346); *Fleischer* DB 2013, 160 (161 ff.).
[125] Ebenso *Wettich*, Vorstandsorganisation in der Aktiengesellschaft, 2008, 285 ff.; für Aufsichtsratsmitglieder bereits BGHZ 135, 244 LS a; BGH ZIP 2013, 483 Rn. 13; ZIP 2012, 1750 Rn. 12.
[126] Vgl. OLG Stuttgart AG 2007, 873 (876); *Fleischer* DB 2013, 217 (219); jeweils zum Aufsichtsrat.
[127] Vgl. BGH ZIP 2012, 1750 (1751 Rn. 12); *Fleischer* DB 2013, 217 (219); jeweils zum Aufsichtsrat.
[128] Vgl. Großkomm AktG/*Kort* Rn. 18; Kölner Komm AktG/*Mertens/Cahn* Rn. 48; MüKoAktG/*Spindler* Rn. 29.
[129] So aber Kölner Komm AktG/*Mertens/Cahn* Vor § 76 Rn. 4 f.; dagegen zutr. *Schwab*, Das Prozessrecht gesellschaftsinterner Streitigkeiten, 2005, 601 f. mwN.
[130] Dazu auch MüKoAktG/*Spindler* Rn. 28; allgemein zur Pflicht des Aufsichtsrats, einen Zustimmungsvorbehalt *ad hoc* zu erlassen, BGHZ 124, 111 LS d).
[131] Vgl. *Ihrig/Schäfer* Rechte und Pflichten des Vorstands Rn. 522; Großkomm AktG/*Kort* Rn. 18.
[132] Allgemein dazu BGHZ 159, 30 (37 f., 41); 164, 249 LS.
[133] Vgl. *Ihrig/Schäfer* Rechte und Pflichten des Vorstands Rn. 521; Kölner Komm AktG/*Mertens/Cahn* Rn. 48; *Wettich*, Vorstandsorganisation in der Aktiengesellschaft, 2008, 289 f.; zum Aufsichtsrat auch *Fleischer* DB 2013, 217 (222) mwN.
[134] Vgl. *Wettich*, Vorstandsorganisation in der Aktiengesellschaft, 2008, 290.
[135] Näher *Fleischer* DB 2013, 217 (221 f.) mwN zum Aufsichtsrat.
[136] Vgl. *Fleischer* DB 2013, 217 (223) mwN zum Aufsichtsrat.
[137] Zu den Gründen *Fleischer* DB 2013, 217 (223 f.).
[138] Eingehend dazu *Fleischer* DB 2013, 160 (162 ff.); knapper *Arlt* DZWiR 2007, 177 (178 f.).
[139] Vgl. LG München I ZIP 2014, 570 (575); *Fleischer/Schmolke* WM 2012, 1013 f.; *v. Godin/Wilhelmi* Rn. 6; Großkomm AktG/*Kort* Rn. 22; Kölner Komm AktG/*Mertens/Cahn* Rn. 50; MüKoAktG/*Spindler* Rn. 29; *Raiser/Veil* KapGesR § 14 Rn. 68; K. Schmidt/Lutter/*Seibt* Rn. 11; MHdB AG/*Wiesner* § 22 Rn. 8.

hM allerdings eine wesentliche Einschränkung: Bei gesetz- und satzungswidrigen,[140] rechtswidrigen[141] oder pflichtwidrigen[142] Beschlüssen beansprucht die organschaftliche Legalitätspflicht Vorrang vor der Amtspflicht zur loyalen Zusammenarbeit. Jedes Vorstandsmitglied ist danach nicht nur berechtigt,[143] sondern auch verpflichtet, darauf hinzuwirken, dass das Organ, dem es angehört, bei seiner Geschäftsführung nicht gegen Gesetzes- oder Satzungsrecht verstößt.[144] Inhalt und Reichweite dieser Pflicht sind bislang wenig geklärt.[145] Zusätzliche Fragen stellen sich bei abwesenden Vorstandsmitgliedern.[146]

a) Keine Pflicht zur Herbeiführung der Beschlussunfähigkeit. Richtigerweise ist ein Vorstandsmitglied nicht verpflichtet, durch Nichterscheinen oder Verlassen der Vorstandssitzung die Beschlussunfähigkeit des Gremiums herbeizuführen.[147] Zwar könnte auf diese Weise ein rechtswidriger Beschluss verhindert werden,[148] doch bilden Sitzungsteilnahme und Abstimmung keine geeigneten Anknüpfungspunkte für eine zivilrechtliche Verantwortlichkeit.[149] Jedes Vorstandsmitglied ist vielmehr kraft seiner Amtspflicht gehalten, an den Vorstandssitzungen teilzunehmen und seine rechtlichen Bedenken dort vorzutragen. Das folgt aus der grundlegenden Bedeutung der Beratung für das Beschlussergebnis.[150] Die „Flucht" aus der Vorstandssitzung kann ihm selbst dann nicht abverlangt werden, wenn die Rechtswidrigkeit des avisierten Beschlusses klar zu Tage liegt:[151] Eine Vorwegnahme bevorstehender Beschlussergebnisse verträgt sich nicht mit der Zäsur, die den Beschluss als notwendig einheitlichen Willensakt von den zuvor geäußerten Einzelstimmen der Vorstandsmitglieder trennt.

b) Pflicht zum Einschreiten gegen die Beschlussausführung. Nach hM muss das überstimmte Vorstandsmitglied aber das ihm Mögliche und Zumutbare unternehmen, um die Gesellschaft zu einem rechtmäßigen Verhalten zu veranlassen.[152] Im konkretisierenden Zugriff empfiehlt es sich, zwischen gesellschaftsinternen und gesellschaftsexternen Maßnahmen zu unterscheiden:[153]

aa) Gesellschaftsinterne Maßnahmen. Aus der Verantwortung aller Vorstandsmitglieder für die Rechtmäßigkeit der von ihnen gefassten Beschlüsse folgt zunächst, dass ein überstimmtes Vorstandsmitglied im Wege der Remonstration nochmals eindringlich auf seine Bedenken gegen die Beschlussausführung hinweisen muss.[154] Bleibt diese Intervention erfolglos, so ist das überstimmte Vorstandsmitglied berechtigt, den Aufsichtsrat zu informieren.[155] Wegen seiner herausgehobenen Stellung als Mitglied der Unternehmensleitung wird es hierzu in aller Regel auch verpflichtet sein.[156] Für Vorstandsmitglieder

---

[140] Vgl. LG München I ZIP 2014, 570 (575) („nicht gesetzeskonforme Beschlüsse"); *Spieker* DB 1962, 927 (929 f.).
[141] Vgl. Großkomm AktG/*Kort* Rn. 22; Kölner Komm AktG/*Mertens/Cahn* Rn. 50; MüKoAktG/*Spindler* Rn. 29.
[142] Vgl. OLG Hamm ZIP 1995, 1263 (1267); *Spieker* DB 1962, 927 (929).
[143] Vgl. dazu BGHZ 135, 244 (248), wonach ein Aufsichtsratsmitglied infolge seiner organschaftlichen Stellung „zumindest das Recht hat", gegen gesetz- oder satzungswidrige Aufsichtsratsbeschlüsse im Klagewege vorzugehen.
[144] Vgl. *Fleischer/Schmolke* WM 2012, 1013 (1014).
[145] Umfassend *Fleischer* BB 2004, 2645 (2648 ff.); *Wettich*, Vorstandsorganisation in der Aktiengesellschaft, 2008, 275 ff.
[146] Dazu aus schweizerischer Sicht *Zondler* FS Forstmoser, 2008, 205; ferner *Watter/Pöschel* GesKR 2011, 14.
[147] Vgl. *Fleischer* BB 2004, 2645 (2648); Hölters/*Weber* Rn. 13; für den Aufsichtsrat auch *Vetter* DB 2004, 2623 (2625 f.); unscharf BGH NJW 2006, 522 (527).
[148] In diese Richtung für den Aufsichtsrat LG Düsseldorf ZIP 2004, 2044 (2045).
[149] Ebenso für das Strafrecht *Tiedemann* ZIP 2004, 2056 (2057).
[150] Näher zur Funktion der Beratung für den Beschluss *Baltzer*, Der Beschluss als rechtstechnisches Mittel organschaftlicher Funktion im Privatrecht, 1965, 118 ff.; sowie *Schnorr*, Teilfehlerhafte Gesellschaftsbeschlüsse, 1997, 108: „Legitimation durch Verfahren".
[151] Abw. für diesen Ausnahmefall womöglich *Tiedemann* ZIP 2004, 2056 (2057).
[152] Vgl. BGHSt 37, 106 (131 f.); OLG Saarbrücken ZIP 2014, 822 (824 f.); *Fleischer* NZG 2003, 449 (457); *Fleischer/Schmolke* WM 2012, 1013 (1014); MüKoAktG/*Spindler* Rn. 29; MHdB AG/*Wiesner* § 22 Rn. 8.
[153] Näher dazu *Fleischer* BB 2004, 2645 (2649 ff.); *Fleischer/Schmolke* WM 2012, 1013 (1014 ff.).
[154] Vgl. OLG Saarbrücken ZIP 2014, 822 (824 f.); LG München I ZIP 2014, 570 (575); Wachter/*Eckert* Rn. 19; *Fleischer* BB 2004, 2645 (2649); *Fleischer/Schmolke* WM 2012, 1013 (1014); Kölner Komm AktG/*Mertens/Cahn* Rn. 50; *Kust* WM 1980, 758 (761); *Spieker* DB 1962, 927 (929); *Wettich*, Vorstandsorganisation in der Aktiengesellschaft, 2008, 278 ff.
[155] Vgl. *Fleischer/Schmolke* WM 2012, 1013 (1014).
[156] Vgl. LG München I ZIP 2014, 570 (575); *Fleischer/Schmolke* WM 2012, 570 (575); MüKoAktG/*Spindler* Rn. 30; Großkomm AktG/*Hopt* § 93 Rn. 53; Großkomm AktG/*Kort* Rn. 22; *Kust* WM 1980, 758 (761); *Spieker* DB 1962, 927 (929 f.); ferner *Golling*, Sorgfaltspflicht und Verantwortlichkeit der Vorstandsmitglieder für ihre Geschäftsführung innerhalb der nicht konzerngebundenen AG, 1968, 74; *Sänger*, Whistleblowing in der börsennotierten Aktiengesellschaft, 2011, 179 f.

gelten insoweit strengere Anforderungen als für Arbeitnehmer, die eine Pflicht zum internen Whistleblowing jenseits ihres konkreten Aufgabenbereichs in Ansehung ihrer Rechte aus Art. 12 Abs. 1 GG, Art. 5 Abs. 1 GG und Art. 2 Abs. 1 GG iVm Art. 1 Abs. 1 GG nur in den Grenzen der Verhältnismäßigkeit und Zumutbarkeit trifft.[157] Dieser organschaftlichen Pflicht zum internen Whistleblowing steht die Schweigepflicht des § 93 Abs. 1 S. 3 AktG nicht entgegen: Vorstandsmitglieder sind dem Aufsichtsrat gegenüber zu unbedingter Offenheit verpflichtet, damit dieser seiner gesetzlichen Überwachungsaufgabe gem. § 111 Abs. 1 AktG nachkommen kann.[158] Entgegen der Auffassung des BFH[159] ist das überstimmte Vorstandsmitglied indes *nicht verpflichtet,* sein Amt niederzulegen:[160] Zwar mag die Androhung einer Amtsniederlegung im Einzelfall ein geeignetes Druckmittel darstellen, doch hilft ein Verbleib im Vorstand häufig mehr als ein stillschweigender Rückzug.[161] Wohl aber ist das betreffende Vorstandsmitglied *berechtigt,* sein Amt zur Vermeidung von Haftungsfolgen niederzulegen, wenn die Vorstandsmehrheit an der Ausführung des rechtswidrigen Beschlusses festhält.[162]

33   **bb) Gesellschaftsexterne Maßnahmen.** Hinsichtlich der Pflicht überstimmter Vorstandsmitglieder zur Einschaltung gesellschaftsfremder Dritter haben sich bislang keine rechtssicheren Maßstäbe herausgebildet.[163] Unstreitig ist lediglich, dass ein Vorstandsmitglied von den ihm zur Verfügung stehenden Mitteln das für die Gesellschaft schonendste wählen muss. Insbesondere verlangt ihm das gesellschaftsrechtliche Verhältnismäßigkeitsgrundsatz ab, vor der Einschaltung außenstehender Dritter alle gesellschaftsinternen Einflussmöglichkeiten auszuschöpfen.[164] Ganz in diesem Sinne hat der BGH die Abberufung eines Vorstandsmitglieds aus wichtigem Grund bestätigt, das die staatlichen Aufsichtsbehörden über angebliche Verfehlungen des Vorstands- und Aufsichtsratsvorsitzenden informiert hatte, ohne zuvor den Aufsichtsrat von den Vorwürfen in Kenntnis zu setzen.[165]

34   Weitere Schranken ergeben sich aus der organschaftlichen Verschwiegenheitspflicht, die einer Anzeigepflicht bei Bagatelldelikten und nicht hinreichend substantiierten Vorwürfen von vornherein entgegensteht.[166] In den verbleibenden Fällen besteht eine Anzeigepflicht zum Schutz außenstehender Rechtsgüter prinzipiell nur bei den Katalogstraftaten des § 138 StGB,[167] nach Teilen des Schrifttums ferner bei der Gefahr schwerer Gesundheitsschäden,[168] wie sie bei der Verbreitung fehlerhafter Produkte drohen. Jenseits dieser Grenzen lässt sich eine Inpflichtnahme überstimmter Vorstandsmitglieder zum *Schutz außenstehender Rechtsgüter* nur dort rechtfertigen, wo der Gesetzgeber ausdrücklich eine Rechtspflicht zum „whistleblowing" angeordnet hat.[169] Davon zu unterscheiden und bisher kaum erörtert ist eine Anzeigepflicht gegenüber externen Dritten zum *Schutz des Gesellschaftsvermögens.* Sie kann im Einzelfall das äußerste Mittel sein, um weitere Vermögensschäden von der Gesellschaft abzuwenden, die durch die *Fortsetzung* rechtswidrigen Vorstandsverhaltens drohen.[170] § 93 Abs. 1 S. 3 steht der Statthaftigkeit einer externen Anzeige nicht entgegen,

---

[157] Näher *Mahnhold* NZA 2008, 737 (738) mwN; zuletzt *Grau* KSzW 2012, 66 (69 f.).
[158] Vgl. BGHZ 20, 239 (246); MüKoAktG/*Spindler* § 93 Rn. 111.
[159] Vgl. BFH NV 1989, 757 (758); NV 1996, 589 (591); GmbHR 2000, 395 (398); zuletzt auch FG München BB 2011, 227 (228).
[160] Abl. auch *v. Godin/Wilhelmi* Rn. 6; *Golling,* Sorgfaltspflicht und Verantwortlichkeit der Vorstandsmitglieder für ihre Geschäftsführung innerhalb der nicht konzerngebundenen AG, 1968, 74; Großkomm AktG/*Kort* Rn. 22; Kölner Komm AktG/*Mertens/Cahn* Rn. 50; MüKoAktG/*Spindler* Rn. 29; *Spieker* WM 1962, 927 (930); MHdB AG/*Wiesner* § 22 Rn. 8.
[161] Vgl. *Fleischer/Schmolke* WM 2012, 1013 (1014).
[162] Vgl. *Fleischer* BB 2004, 2645 (2649); *Fleischer/Schmolke* WM 2012, 1013 (1014); Kölner Komm AktG/*Mertens/Cahn* Rn. 50; MüKoAktG/*Spindler* Rn. 29.
[163] Ausf. *Fleischer* BB 2004, 2645 (2649 ff.) auch mit rechtsvergleichenden Nachweisen; *Fleischer/Schmolke* WM 2012, 1013 (1014 ff.); ferner *Wettich,* Vorstandsorganisation in der Aktiengesellschaft, 2008, 280 ff.
[164] Vgl. *Fleischer/Schmolke* WM 2012, 1013 (1014); gleichsinnig *Schneider* FS 100 Jahre GmbHG, 1992, 473 (483); *Sänger,* Whistleblowing in der börsennotierten Aktiengesellschaft, 2011, 181; OLG Hamm GmbHR 1985, 157; s. auch BAG NJW 2004, 1547 (1549 f.) für Strafanzeigen eines Arbeitnehmers, wonach im Einzelfall zu bestimmen sei, wann dem Arbeitnehmer eine vorherige innerbetriebliche Anzeige zugemutet werden könne.
[165] Vgl. BGH WM 1966, 968 (969); dazu auch *Raiser/Veil* KapGesR § 14 Rn. 69.
[166] Näher *Fleischer* BB 2004, 2645 (2650).
[167] Vgl. *Fleischer* BB 2004, 2645 (2650); *Fleischer/Schmolke* WM 2012, 1013 (1015); K. Schmidt/Lutter/*Seibt* Rn. 11.
[168] Vgl. *Schneider* FS 100 Jahre GmbHG, 1992, 473 (483); aus strafrechtlicher Sicht auch *Ransieck* ZGR 1999, 613 (647).
[169] *Fleischer/Schmolke* WM 2012, 1013 (1015); *Sänger,* Whistleblowing in der börsennotierten Aktiengesellschaft, 2011, 182; in diese Richtung auch *Schneider* FS 100 Jahre GmbHG, 1992, 473 (483); zum „whistleblowing" als Kündigungsgrund im Arbeitsrecht BAG NJW 2004, 1547; *Müller* NZA 2002, 424.
[170] *Fleischer/Schmolke* WM 2012, 1013 (1015); *Sänger,* Whistleblowing in der börsennotierten Aktiengesellschaft, 2011, 181 ff.; ebenso für Aufsichtsratsmitglieder *Schneider/Nowak* FS Kreutz, 2010, 855 (858); *Veil* ZHR 172 (2008) 239 (240).

weil die Verschwiegenheitspflicht kein Selbstzweck ist und daher eingeschränkt werden kann, wenn dem Gesellschaftsinteresse im Einzelfall mit einer Offenbarung des Geheimnisses besser gedient ist.[171] Umgekehrt liegt eine Anzeigepflicht für *vergangene* Rechtsverstöße in aller Regel nicht im Gesellschaftsinteresse, wenn keine Wiederholungsgefahr mehr besteht.[172] Bei sämtlichen externen Meldungen ist das betreffende Vorstandsmitglied aufgrund seiner Schadensabwendungspflicht gehalten, Grundregeln des Reputationsmanagements zum Schutz des Unternehmens zu beachten.[173] Dazu gehört insbesondere die Einhaltung einer Stufen- oder Eskalationsfolge:[174] Zunächst und vorrangig muss es die Behörden einschalten; die „Flucht in die (Medien-)Öffentlichkeit" kommt nur als *ultima ratio* in Betracht.[175]

Nicht geklärt ist schließlich, ob das überstimmte Vorstandsmitglied einen rechtswidrigen Beschluss **35** im Klagewege angreifen muss. Der BGH hat lediglich entschieden, dass ein Organmitglied zur Erhebung einer Feststellungsklage *berechtigt* sei.[176] Dabei sollte es im Regelfall bewenden.[177] Eine generelle *Pflicht* zur Klageerhebung würde die weitere Zusammenarbeit im Vorstand nachhaltig belasten und der Gesellschaft durch negative Öffentlichkeitswirkung schaden. Ausnahmen sind allerdings im Gesellschaftsinteresse vorstellbar, wenn durch die Ausführung des rechtswidrigen Beschlusses ganz erhebliche Vermögensschäden drohen.[178]

VI. Möglichkeiten und Grenzen der Geschäftsverteilung

1. Arten der Vorstandsorganisation. Das geltende Recht eröffnet der Gesellschaft vergleichs- **36** weise große Spielräume zur Ausgestaltung der Vorstandsorganisation. In der Praxis haben sich verschiedene Organisationsformen herausgebildet, die zumeist in der Geschäftsordnung des Vorstands (→ Rn. 59 ff.) verbindlich festgelegt werden. Sie begegnen keinen prinzipiellen Bedenken, sofern einzelne Vorstandsmitglieder nicht zu Mitgliedern zweiter Klasse herabgestuft werden.[179] Der Grundsatz der Gleichberechtigung aller Vorstandsmitglieder[180] lässt aber durchaus Raum für unterschiedlich zugeschnittene Aufgaben- und Verantwortungsbereiche.[181] Nicht statthaft ist allerdings der völlige Ausschluss eines Vorstandsmitglieds von der Geschäftsführung.[182] Im Einzelnen gilt:

a) Funktionale Organisation. Unternehmen in der Rechtsform der Aktiengesellschaft waren **37** lange Zeit fast ausschließlich nach Funktionen organisiert.[183] Die Teilbereiche werden dabei nach dem Verrichtungsprinzip gebildet: Beschaffung, Produktion, Vertrieb, Personal, Finanzen.[184] Die Stärken einer funktionalen Organisation liegen in der Realisierung sowohl von Spezialisierungs-, Arbeitsteilungs- und Größenvorteilen als auch von Lern- und Erfahrungseffekten.[185] Zu ihren Schwächen gehören die Notwendigkeit zur immerwährenden Absprache und die fehlende Marktverantwortung der nicht direkt am Verkauf beteiligten Funktionsbereiche.[186]

b) Spartenorganisation. Die Spartenorganisation oder divisionale Organisation hielt im **38** Anschluss an US-amerikanische Vorbilder zu Beginn der 1970er Jahre Einzug in deutsche Großunter-

---

[171] Allgemein dazu → § 93 Rn. 169.
[172] Näher dazu *Fleischer* BB 2004, 2645 (2650).
[173] Vgl. *Fleischer/Schmolke* WM 2012, 1013 (1015); allgemein dazu *Leisinger*, Whistleblowing und Corporate Reputation Management, 2003.
[174] *Portmann* AJP 2010, 987 (997): „Kaskade der Meldeempfänger: Unternehmen, Behörde, Öffentlichkeit".
[175] Vgl. *Fleischer/Schmolke* WM 2012, 1013 (1015).
[176] Vgl. BGHZ 135, 244 (248); zuvor bereits BGHZ 122, 342 (350).
[177] Wie hier MüKoAktG/*Spindler* § 93 Rn. 152; Hölters/*Weber* Rn. 12; für überstimmte Aufsichtsratsmitglieder auch OLG Düsseldorf BB 1996, 230 (231); MüKoAktG/*Habersack* § 116 Rn. 38; wohl auch *Stodolkowitz* ZHR 154 (1990) 1 (17 f.).
[178] Vgl. *Fleischer* BB 2004, 2645 (2650); *Wettich*, Vorstandsorganisation in der Aktiengesellschaft, 2008, 291.
[179] Zu dieser Grenze *Hoffmann-Becking* ZGR 1998, 497 (515); Großkomm AktG/*Kort* Rn. 46; Kölner Komm AktG/*Mertens/Cahn* Rn. 15.
[180] Zu ihm *Hoffmann-Becking* ZGR 1998, 497 (514); *Richter* in Semler/Peltzer/Kubis ArbHdB Vorstand § 5 Rn. 13 f.
[181] So auch *Hoffmann-Becking* ZGR 1998, 497 (515).
[182] Vgl. *Baumbach/Hueck* Rn. 4.
[183] Vgl. aus betriebswirtschaftlicher Sicht *Gälweiler* ZfO 1971, 55; aus juristischer Perspektive *Schwark* ZHR 142 (1978), 203 (205). Zum Vorbildcharakter der funktionalen Organisation für das Aktiengesetz von 1965 MüKoAktG/*Spindler* Rn. 63.
[184] Vgl. *Fleischer* NZG 2003, 449 (451); Großkomm AktG/*Kort* Rn. 46; MüKoAktG/*Spindler* Rn. 63; *Richter* in Semler/Peltzer/Kubis ArbHdB Vorstand § 5 Rn. 24.
[185] Vgl. *Krüger* in Bea/Schweitzer, Bd. 2: Führung, 10. Aufl. 2011, 231.
[186] Vgl. *Krüger* in Bea/Schweitzer, Allgemeine Betriebswirtschaftslehre, Bd 2: Führung, 10. Aufl. 2011, 231 f.

nehmen.[187] Sie folgt nicht dem Verrichtungs-, sondern dem Objektprinzip. Den einzelnen Vorstandsmitgliedern wird die Verantwortung für bestimmte Sparten des Unternehmens übertragen.[188] Hierbei kann es sich um Produkt- oder Dienstleistungsgruppen,[189] aber auch um bestimmte Länder oder Regionen handeln.[190] Der wesentliche Vorteil der divisionalen Organisation liegt in der Marktnähe und hohen strukturellen Anpassungsfähigkeit der einzelnen Sparten, ihr Nachteil in deren Autonomie- und Erfolgsstreben, das die Umsetzung einer einheitlichen Strategie für das Gesamtunternehmen erschweren kann.[191] Im aktienrechtlichen Schrifttum hat diese Tendenz zur Entscheidungsdezentralisation Ende der 1970er Jahre Zweifel an der Vereinbarkeit der Spartenorganisation mit dem Grundsatz der Gesamtverantwortung und anderen aktienrechtlichen Prinzipien laut werden lassen,[192] die aber längst verstummt sind.[193] Nach heute ganz hM ist die Spartenorganisation aktienrechtlich zulässig, sofern die Gesamtleitung durch den Vorstand unangetastet bleibt und echte Führungsentscheidungen nicht von einzelnen Geschäftsbereichsleitern getroffen werden (näher → § 76 Rn. 64). Mahnend hebt man allerdings hervor, dass die Informationsverantwortlichkeit des Vorstands bei der stark dezentralen Spartenorganisation strenger ausfällt als bei leichter überschaubaren Organisationsstrukturen.[194] In der Praxis wird die Spartenorganisation vor allem von Unternehmen mit klar unterscheidbaren Geschäftsfeldern gewählt.[195]

39 c) **Matrixorganisation.** Charakteristisch für die Matrixorganisation ist die Verknüpfung des Verrichtungs- mit dem Spartenprinzip: Danach zeichnet ein Vorstandsmitglied zugleich für ein funktionales Ressort und für einen Spartenbereich verantwortlich.[196] Weitere Vernetzungen können durch regionale Zuständigkeitszuweisungen entstehen.[197] Durch die Querschnittsregelung lassen sich sowohl Markt- und Kundennähe als auch verbesserte Geschäftsprozesse verwirklichen; andererseits hemmen langwierige Diskussionen und Machtkämpfe zwischen den gleichberechtigten Dimensionen die Matrixorganisation nicht selten in ihrer Flexibilität und Effizienz.[198] Aktienrechtlich sind Matrixstrukturen grundsätzlich zulässig, sofern die Grundsätze der Gleichbehandlung und Gesamtverantwortung aller Vorstandsmitglieder für Leitungsaufgaben beachtet werden.[199] Hiervon zu unterscheiden sind konzernübergreifende Trennungs-Matrixstrukturen, die durch sog. Matrixmanager gesteuert werden (→ § 76 Rn. 98a).[200]

40 d) **Virtuelle Holding.** Gegen Ende der 1990er Jahre gingen deutsche Großunternehmen zunehmend dazu über, ihre Führungsstruktur zu einer sog. virtuellen Holding fortzuentwickeln.[201] Von einer virtuellen Holding spricht man dann, wenn sich – alle oder einzelne – Vorstandsmitglieder auf die strategische Führung konzentrieren, während das operative Geschäft von besonderen Gremien geführt wird, denen neben mehreren oder allen Vorstandsmitgliedern auch leitende Angestellte (teilweise „Bereichsvorstände" genannt[202]) angehören.[203] Im Gegensatz zu einer sog. Führungs- oder Management-Holding[204] sind die der virtuellen Holding untergeordneten Geschäftsbereiche rechtlich nicht verselbstän-

---

[187] Vgl. aus betriebswirtschaftlicher Sicht *Poensgen*, Geschäftsbereichsorganisation, 1973, 28 ff. und passim.
[188] Vgl. *Fleischer* NZG 2003, 449 (452); MüKoAktG/*Spindler* Rn. 64; *Richter* in Semler/Peltzer/Kubis ArbHdB Vorstand § 5 Rn. 25.
[189] Vgl. Großkomm AktG/*Kort* Rn. 4; *Raiser/Veil* KapGesR § 14 Rn. 24; *Schiessl* ZGR 1992, 64 (65).
[190] Vgl. *Richter* in Semler/Peltzer/Kubis ArbHdB Vorstand § 5 Rn. 25; *Schiessl* ZGR 1992, 64 (65).
[191] Vgl. *Krüger* in Bea/Schweitzer, Allgemeine Betriebswirtschaftslehre, Bd 2: Führung, 10. Aufl. 2011, 234 f.
[192] Grundlegend *Schwark* ZHR 142 (1978), 203.
[193] Rückblickend *Fleischer* BB 2017, 2499 (2500 ff.) mwN.
[194] Vgl. *Fleischer* ZIP 2003, 1 (8); *Fleischer* BB 2017, 2499 (2502).
[195] Vgl. *Richter* in Semler/Peltzer/Kubis ArbHdB Vorstand § 5 Rn. 25; Hölters/*Weber* Rn. 39.
[196] Vgl. Großkomm AktG/*Kort* Rn. 46; *Raiser/Veil* KapGesR § 14 Rn. 24; *Richter* in Semler/Peltzer/Kubis ArbHdB Vorstand § 5 Rn. 27; *Schiessl* ZGR 1992, 64 (65).
[197] Vgl. Kölner Komm AktG/*Mertens/Cahn* Rn. 15.
[198] Vgl. *Krüger* in Bea/Schweitzer, Allgemeine Betriebswirtschaftslehre, Bd 2: Führung, 10. Aufl. 2011, 238 f.
[199] Vgl. Großkomm AktG/*Kort* Rn. 24 und 24a; K. Schmidt/Lutter/*Seibt* Rn. 20a; MüKoAktG/*Spindler* Rn. 66; eingehend *Wettich*, Vorstandsorganisation in der Aktiengesellschaft, 2008, 190 ff.; zum hiervon abzugrenzenden arbeitsrechtlichen Begriff der Matrixorganisation *Kort* NZA 2013, 1318.
[200] Zu ihnen *Seibt/Wollenschläger* AG 2013, 229; ferner *Schockenhoff* ZGR 2016, 197.
[201] Näher dazu aus betriebswirtschaftlicher Sicht im Hinblick auf die sog. Management-Holding *Bühler* DB 1993, 285.
[202] Kritisch zu dieser irreführenden Terminologie *Hoffmann-Becking* ZGR 1998, 497 (510) („falsches Etikett"); *Schürnbrand*, Organschaft im Recht der privaten Verbände, 2007, 414.
[203] Vgl. Kölner Komm AktG/*Mertens/Cahn* Rn. 15; MüKoAktG/*Spindler* Rn. 66; Schmidt/Lutter/*Seibt* Rn. 20; eingehend *Lawall*, Die virtuelle Holding nach deutschem Aktienrecht, 2006, 39 ff.; *Schwark* FS Ulmer, 2003, 605 (606 ff.); *Wettich*, Vorstandsorganisation in der Aktiengesellschaft, 2008, 188 ff.
[204] Zu ihr *Lutter* in Lutter/Bayer Holding-HdB § 1 Rn. 16 ff.

digt.²⁰⁵ Die organisatorische Trennung von strategischer und operativer Führung erfolgt also unter dem Dach einer einzigen juristischen Person.²⁰⁶ Gleichbedeutend mit virtueller Holding spricht man zuweilen auch von einer atypischen Management-Holding.²⁰⁷ Ihre Geschäftsbereiche werden in der Regel durch gesellschaftsinterne Bereichsvorstände oder Spartenleiter gesteuert.²⁰⁸ Daher stellt die virtuelle Holding eine Weiterentwicklung der Sparten- oder Geschäftsbereichsorganisation dar.²⁰⁹ Für ihre Einführung nannten die betreffenden Unternehmen ein ganzes Bündel organisatorischer und wirtschaftlicher Motive, die von der Schaffung effizienter und transparenter Führungsstrukturen über Kostenersparnisse bis hin zur Erwartungshaltung internationaler Investoren reichten.²¹⁰

Die Fortentwicklung der Spartenorganisation zu einer virtuellen Holding hat zu Beginn des 21. Jahrhunderts eine intensive Debatte über Zulässigkeit und Grenzen vorstandsergänzender Führungsgremien angestoßen, die inzwischen zu gefestigten Ergebnissen geführt hat.²¹¹ Heute herrscht weithin Einvernehmen darüber, dass die virtuelle Holding aktienrechtlich zulässig ist, sofern die Leitungsaufgaben iSd § 76 Abs. 1 weiterhin dem Vorstand in seiner Gesamtheit vorbehalten bleiben und die vorstandsinterne Selbstkontrolle einschließlich des organinternen Informationsflusses gesichert ist.²¹² Dessen ungeachtet ist anerkannt, dass mit zunehmender Komplexität der Führungsstruktur durch eine virtuelle Holding auch die Organisations- und Überwachungsverantwortung der Vorstandsmitglieder steigt.²¹³ Sie fällt nochmals um einige Pegelstriche strenger als bei der hergebrachten Spartenorganisation (→ Rn. 38).²¹⁴

Dogmatisch lässt sich die je nach Führungsstruktur variierende Überwachungs- und Informationsintensität zu dem Grundsatz der Organisationsfolgenverantwortung verdichten.²¹⁵ Er beruht einerseits auf der Einsicht, dass das Aktiengesetz dem Vorstand aus gutem Grund kein bestimmtes Führungsmodell vorgibt, sondern ihm als Ausfluss unternehmerischer Organisationsfreiheit die Wahl zwischen verschiedenen Formen der Leitungsorganisation belässt. Andererseits sucht er zu verhindern, dass sich der Vorstand seiner Organisationsverantwortung durch weitreichende Delegation entledigen kann. Hierzu knüpft er an die individuelle Vorstandsentscheidung für eine bestimmte Organisationsstruktur an und leitet aus ihr korrespondierende organisatorische Folgepflichten ab.²¹⁶ Je komplexer und ausdifferenzierter sich die selbst gewählte Führungsstruktur darstellt, umso mehr muss der Vorstand für eine funktionierende Schnittstellen-Governance sorgen und umso schwerer wiegt seine übergeordnete Delegations- und Koordinationsverantwortung.²¹⁷

e) **Vorstandsausschüsse.** Die Bildung sog. Vorstandsausschüsse ist grundsätzlich zulässig.²¹⁸ Ihnen dürfen nach dem Grundsatz der Gesamtverantwortung (→ Rn. 44) aber keine Leitungsaufgaben iSd § 76 Abs. 1 übertragen werden.²¹⁹ Weitere Grenzen ziehen das in § 77 Abs. 1 S. 2 Hs. 2 verankerte Verbot der Majorisierung der Vorstandsmehrheit durch eine Minderheit von Vorstandsmitgliedern²²⁰ sowie das Verbot eines Zwei-Klassen-Systems innerhalb des Vorstands.²²¹

---

²⁰⁵ Vgl. *Lawall*, Die virtuelle Holding nach deutschem Aktienrecht, 2006, 41; *Schwark* FS Ulmer, 2003, 605 (609).
²⁰⁶ Vgl. *Schürnbrand*, Organschaft im Recht der privaten Verbände, 2007, 403; *Schwark* FS Ulmer, 2003, 605 (609); *Wettich*, Vorstandsorganisation in der Aktiengesellschaft, 2008, 188.
²⁰⁷ So *Bühler* DB 1993, 285 (287); ähnlich *Schwark* FS Ulmer, 2003, 605 (609): „Sonderform der Management-Holding".
²⁰⁸ Dazu *Lawall*, Die virtuelle Holding nach deutschem Aktienrecht, 2006, 42; *Spriβler* ZfgK 2002, 16; *Wettich*, Vorstandsorganisation in der Aktiengesellschaft, 2008, 188 f.
²⁰⁹ Vgl. *Fleischer* NZG 2003, 449 (452); *Wettich*, Vorstandsorganisation in der Aktiengesellschaft, 2008, 189.
²¹⁰ Eingehend dazu *Lawall*, Die virtuelle Holding nach deutschem Aktienrecht, 2006, 44 ff. mwN.
²¹¹ Näher dazu *Fleischer* BB 2017, 2499 (2502 ff.) mwN.
²¹² Vgl. *Fleischer* BB 2017, 2499 (2504); Kölner Komm AktG/*Mertens/Cahn* Rn. 15; Großkomm AktG/*Kort* Rn. 24b; *Schürnbrand*, Organschaft im Recht der privaten Verbände, 2007, 413 f.; K. Schmidt/Lutter/*Seibt* Rn. 20; MüKoAktG/*Spindler* Rn. 66; *Wettich*, Vorstandsorganisation in der Aktiengesellschaft, 2008, 190 ff.
²¹³ Vgl. *Fleischer* BB 2017, 2499 (2505); *Lawall*, Die virtuelle Holding nach deutschem Aktienrecht, 2006, 373 f.; *Wettich*, Vorstandsorganisation in der Aktiengesellschaft, 2008, 217 f.
²¹⁴ Vgl. *Fleischer* BB 2017, 2499 (2506).
²¹⁵ Näher *Fleischer* BB 2017, 2499 (2505).
²¹⁶ Vgl. *Fleischer* BB 2017, 2499 (2505): „Das erste steht uns frei, beim zweiten sind wir Knechte".
²¹⁷ Vgl. *Fleischer* BB 2017, 2499 (2505).
²¹⁸ Vgl. Bürgers/Körber/*Bürgers* Rn. 17; *v. Godin/Wilhelmi* Rn. 4 („Vorstandspräsidium"); *Hoffmann-Becking* ZGR 1998, 497 (515 f.); Kölner Komm AktG/*Mertens/Cahn* Rn. 19; MüKoAktG/*Spindler* Rn. 69; Raiser/Veil KapGesR § 14 Rn. 28; MHdB AG/*Wiesner* § 22 Rn. 15; ausf. *Wettich*, Vorstandsorganisation in der Aktiengesellschaft, 2008, 126 ff.
²¹⁹ Vgl. Bürgers/Körber/*Bürgers* Rn. 17; Großkomm AktG/*Kort* Rn. 43; Kölner Komm AktG/*Mertens/Cahn* Rn. 21; Raiser/Veil KapGesR § 14 Rn. 28; MHdB AG/*Wiesner* § 22 Rn. 15.
²²⁰ Vgl. Großkomm AktG/*Kort* Rn. 44.
²²¹ Dazu Bürgers/Körber/*Bürgers* Rn. 19; Großkomm AktG/*Kort* Rn. 43 f.; Kölner Komm AktG/*Mertens/Cahn* Rn. 15; MüKoAktG/*Spindler* Rn. 69; *Schwark* ZHR 142 (1978) 203 (218 f.).

42 **f) CEO-Modell?** In der Rechtspraxis sind neuerdings Bestrebungen zu verzeichnen, die Rolle des Vorstandsvorsitzenden (zu ihm → § 84 Rn. 87 ff.) derjenigen eines *Chief Executive Officer* (CEO) US-amerikanischer Prägung anzunähern.[222] Bedenken hiergegen rühren im deutschen Recht aus dem Grundsatz der Gleichberechtigung aller Vorstandsmitglieder her.[223] Als ein Seitenstück der aktienrechtlichen Gesamtverantwortung (näher → Rn. 44) zieht er dem Führungsanspruch und Gestaltungswillen des Vorstandsvorsitzenden rechtliche Grenzen, deren genauer Verlauf allerdings noch kaum ausgemessen ist. Die aktienrechtliche Reformliteratur betont überwiegend, das geltende Recht sei flexibel genug, um sich einer solchen Entwicklung anzupassen.[224] Daran ist richtig, dass § 77 Abs. 1 der Willensbildung im Gesamtvorstand gewisse Gestaltungsspielräume (zB Stichentscheid oder Vetorecht des Vorsitzenden) eröffnet, und richtig ist auch, dass sich Fragen des Führungsstils und des persönlichen Durchsetzungsvermögens kaum in rechtlichen Kategorien erfassen lassen.[225] Ebenso gilt aber, dass dem Vorstandsvorsitzenden keine Richtlinienkompetenz zukommt und dass aus seiner anerkannten Koordinierungsaufgabe (→ § 84 Rn. 89) keine Weisungsrechte gegenüber den anderen Vorstandsmitgliedern hergeleitet werden können,[226] die im Übrigen auch der CEO gegenüber den anderen Direktoren nicht hat.[227] Außerdem ist es *de lege lata* unzulässig, dem Vorstandsvorsitzenden einen alles überragenden Verantwortungsbereich zu übertragen und die übrigen Vorstandsmitglieder auf nachgeordnete Hilfstätigkeiten herabzustufen.[228] Allerdings sollen sich Vorstandsvorsitzender oder Vorstandssprecher als CEO bezeichnen dürfen, weil sich diese Bezeichnung international durchgesetzt habe.[229] Größere Gestaltungsspielräume zur Umsetzung eines echten CEO-Modells bestehen demgegenüber bei einer SE mit monistischer Leitungsstruktur.[230]

43 *De lege ferenda* ist es nicht empfehlenswert, den Gesellschaften in Bezug auf ein CEO-Modell größere Satzungsautonomie einzuräumen.[231] Gegen ein Direktorialprinzip und für eine kollegiale Führungsstruktur spricht entscheidend, dass diese unter dem Gesichtspunkt der Überwachungseffizienz deutliche Vorteile aufweist:[232] Sie ergänzt die vertikale (Fremd-)Kontrolle des Aufsichtsrats um eine horizontale (Selbst-)Kontrolle des Vorstands.[233] Diese zusätzliche Kontrollebene ist umso wichtiger, je weniger der Aufsichtsrat in der Lage ist, seine Überwachungsaufgaben wirkungsvoll auszuüben. Es handelt sich unter Corporate Governance-Aspekten mithin um ein System kommunizierender Röhren, ohne dass der Vorstand dadurch zum „Lückenbüßer" des Aufsichtsrats wird.[234]

44 **2. Grundsatz der Gesamtverantwortung. a) Inhalt und Einzelausprägungen.** Bei jeder Geschäftsverteilung ist der Grundsatz der Gesamtverantwortung zu beachten.[235] Er wird zwar im Aktiengesetz an keiner Stelle ausdrücklich angesprochen, doch steht seine allgemeine Anerkennung

---

[222] Eingehend *v. Hein* ZHR 166 (2002), 464; *Wettich*, Vorstandsorganisation in der Aktiengesellschaft, 2008, 118 ff.; aus betriebswirtschaftlicher Sicht *Oesterle* zfo 72 (2003) 199 (201 ff.).
[223] Vgl. Bürgers/Körber/*Bürgers* Rn. 20; *Fleischer* ZIP 2003, 1 (8); Großkomm AktG/*Kort* Rn. 52 und 54; MüKoAktG/*Spindler* Rn. 67; K. Schmidt/Lutter/*Seibt* Rn. 21.
[224] Vgl. *Baums*, Bericht der Regierungskommission Corporate Governance, 2001, Rn. 36; zust. *Schwark* in Hommelhoff/Lutter/Schmidt/Schön/Ulmer, Corporate Governance, 2002, 75 (94 f.); *Wicke* NJW 2007, 3755 (3758); krit. aber *Bernhardt/Witt* ZfB 69 (1999), 825; für eine Anerkennung des Direktorialprinzips durch den Gesetzgeber *Oesterle* zfo 72 (2003), 199 (206).
[225] Zur faktischen Vormachtstellung des Vorstandsvorsitzenden in der Rechtspraxis und ihren Gründen *Semler* FS Lutter, 2000, 721 (727 ff.); *Oesterle* zfo 72 (2003), 199 (203 ff.).
[226] Vgl. *Fleischer* ZIP 2003, 1 (8); MüKoAktG/*Spindler* Rn. 67; *Rieger* FS Peltzer, 2001, 339 (349).
[227] Zutr. *Hoffmann-Becking* NZG 2003, 745 (746); *Richter* in Semler/Peltzer/Kubis ArbHdB Vorstand § 5 Rn. 37.
[228] Ebenso *Hoffmann-Becking* NZG 2003, 745 (749); Kölner Komm AktG/*Mertens/Cahn* Rn. 18; *Richter* in Semler/Peltzer/Kubis ArbHdB Vorstand § 5 Rn. 39.
[229] So Bürgers/Körber/*Bürgers* Rn. 20; Großkomm AktG/*Kort* Rn. 52.
[230] Ausf. *Seibt* in Lutter/Hommelhoff Die europäische Gesellschaft 67 (86 ff.).
[231] Eher verhalten auch *v. Hein* ZHR 166 (2002) 464 (500 ff.); Großkomm AktG/*Kort* Rn. 55; abl. auch *Bernhardt/Witt* ZfB 69 (1999) 825 (841); *Hoffmann-Becking* NZG 2003, 745 (750); *Wettich*, Vorstandsorganisation in der Aktiengesellschaft, 2008, 295 ff. (304 ff.).
[232] Vgl. bereits *Fleischer* NZG 2003, 449 (459).
[233] Grundlegend *Martens* FS Fleck, 1988, 191 (201 f.), der von der „primären Kontrollverantwortung" des Vorstands spricht; zustimmend *Hoffmann-Becking* ZGR 1998, 497 (513); Kölner Komm AktG/*Mertens/Cahn* Rn. 25; *Schiessl* ZGR 1992, 64 (69); K. Schmidt/Lutter/*Seibt* Rn. 2.
[234] So aber der Einwand von *Bernhardt/Witt* ZfB 69 (1999) 825 (841); gegen ihn zutreffend *v. Hein* ZHR 166 (2002) 464 (496 f.).
[235] Vgl. *Baumbach/Hueck* Rn. 4; Hüffer/Koch/*Koch* Rn. 14 ff.; Großkomm AktG/*Kort* Rn. 30 ff.; Kölner Komm AktG/*Mertens/Cahn* Rn. 26 ff.; MüKoAktG/*Spindler* § 93 Rn. 132; NK-AktR/*Oltmanns* Rn. 9; *Richter* in Semler/Peltzer/Kubis ArbHdB Vorstand § 5 Rn. 48.

außer Zweifel.²³⁶ Rechtsprechung und Rechtslehre pflegen ihn dahin zu umschreiben, dass jedes Vorstandsmitglied die Pflicht für die Geschäftsleitung im Ganzen trägt und dass dieser Allzuständigkeit eine umfassende Verantwortung für die Belange der Gesellschaft gegenübersteht.²³⁷ Im konkreten Zugriff lassen sich zwei Einzelausprägungen der aktienrechtlichen Gesamtverantwortung unterscheiden: Zum einen darf kein Vorstandsmitglied eigenmächtig Kompetenzen an sich ziehen, die dem Vorstand in seiner Gesamtheit zustehen *(Prinzip der Gesamtleitung);*²³⁸ zum anderen muss jedes Vorstandsmitglied über seinen engeren Aufgabenbereich hinaus durch umrisshafte Begleitung an der gesamten Geschäftsleitung mitwirken *(Prinzip der gegenseitigen Überwachung).*²³⁹

b) Dogmatische Einordnung. Die hL sieht den Grundsatz der Gesamtverantwortung in § 76 Abs. 1 verankert;²⁴⁰ eine Gegenstimme erblickt in ihm einen generell für Kollegialorgane geltenden Rechtsgrundsatz.²⁴¹ Beide Erklärungen erweisen sich als (halb)richtig: Das Prinzip der Gesamtleitung ist in § 76 Abs. 1 verortet; es stellt eine immanente Grenze jeder Geschäftsverteilung dar (näher → § 76 Rn. 62 ff.). Für das Prinzip der gegenseitigen Überwachung, das einen weiter reichenden Anwendungsbereich hat,²⁴² bietet die Organstellung der Vorstandsmitglieder eine geeignete Ableitungsbasis: Aus ihr folgt das Recht und die Pflicht jedes einzelnen Organmitglieds darauf hinzuwirken, dass alle Vorstandskollegen ihre aktienrechtlichen Pflichten ordnungsgemäß erfüllen *(Pflicht zur Selbstkontrolle).*²⁴³

c) Gesamtverantwortung und Geschäftsverteilung. Nach einhelliger Auffassung steht der Grundsatz der Gesamtverantwortung einer vorstandsinternen Geschäftsverteilung nicht entgegen.²⁴⁴ Diese galt schon unter dem Aktiengesetz von 1937 als praktische Notwendigkeit,²⁴⁵ und sie dürfte sich heute erst recht als unerlässlich erweisen.

aa) Auswirkungen einer Geschäftsverteilung. Eine vorstandsinterne Geschäftsverteilung beeinflusst die Pflichtenstellung der einzelnen Vorstandsmitglieder. Sie führt nach hergebrachter Ansicht zu einer Zweiteilung der Geschäftsführung in eine unmittelbar verwaltende und eine beaufsichtigende Tätigkeit.²⁴⁶

(1) Ressortverantwortung des zuständigen Vorstandsmitglieds. Jedes Vorstandsmitglied trägt fortan die volle Handlungsverantwortung für die ihm zugewiesenen Aufgaben *(Ressortverantwortung).*²⁴⁷ Es muss in diesem Verantwortungsbereich durch geeignete organisatorische Maßnahmen für ein rechtmäßiges Verhalten der nachgeordneten Mitarbeiter sorgen.²⁴⁸ Zugleich stehen ihm kraft

---

²³⁶ Grundlegend RGZ 98, 98 (100); aus dem zeitgenössischen Schrifttum *Boesebeck* JW 1938, 2525 (2527 f.); *Schlegelberger/Quassowski* AktG 1937 § 70 Anm. 10 f.; aus neuerer Zeit *Emde* FS U. H. Schneider, 2011, 295 (298 ff.); *Fleischer* NZG 2003, 449; *Martens* FS Fleck, 1988, 191; *Nietsch* ZIP 2013, 1449 (1450 ff.); für die GmbH *Schneider* FS 100 Jahre GmbHG, 1992, 473; *Leuering/Dornhegge* NZG 2010, 13 (15 ff.).
²³⁷ Vgl. BFH BStBl. 1984 II S. 776 (777); BGHZ 133, 370 (376 f.); BGHSt 37, 106 (123); OLG Hamm AG 2012, 683 (684); aus der Literatur mit Nuancierungen im Einzelnen *Hoffmann-Becking* ZGR 1998, 497 (506); Hüffer/Koch/*Koch* Rn. 14 f.; Großkomm AktG/*Kort* Rn. 35; Kölner Komm AktG/*Mertens/Cahn* Rn. 26 ff.; MüKoAktG/*Spindler* Rn. 59, § 93 Rn. 132.
²³⁸ Begriff: *Schlegelberger/Quassowski* § 70 AktG 1937 Anm. 1; dies übernehmend *Fleischer* ZIP 2003, 1 (2); Hüffer/Koch/*Koch* Rn. 18.
²³⁹ Eingehend *Fleischer* NZG 2003, 449 (450).
²⁴⁰ Vgl. *Martens* FS Fleck, 1988, 191 (194); *Schiessl* ZGR 1992, 64 (67); *Schwark* ZHR 142 (1978), 203 (214 f.); MHdB AG/*Wiesner* § 19 Rn. 16.
²⁴¹ In diesem Sinne *Hoffmann-Becking* ZGR 1998, 497 (507); rechtsformübergreifend angelegt auch BFH BStBl. II 1984, 776 (777); wieder anders *Rottnauer* NZG 2000, 414 (416), der § 77 Abs. 1 S. 2 AktG heranzieht; vermittelnd *Wettich*, Vorstandsorganisation in der Aktiengesellschaft, 2008, 29 ff.
²⁴² Vgl. *Fleischer* NZG 2003, 449 (450); Großkomm AktG/*Kort* § 76 Rn. 35.
²⁴³ Vgl. *Fleischer* NZG 2003, 449 (450); Hüffer/Koch/*Koch* Rn. 15; Großkomm AktG/*Kort* Rn. 35; zur organschaftlichen Selbstkontrolle eines Aufsichtsratsmitglieds im Hinblick auf Beschlüsse des Gesamtorgans auch BGHZ 122, 342 (350); 135, 244 (248); zur nicht delegierbaren Pflicht des Gesamtvorstands zur Selbstkontrolle BGHSt 47, 187 (196 f.).
²⁴⁴ Vgl. Hüffer/Koch/*Koch* Rn. 14; MHdB AG/*Wiesner* § 22 Rn. 12 f.
²⁴⁵ Vgl. *Schlegelberger/Quassowski* AktG 1937 § 70 Anm. 10: „Eine Teilung der Aufgaben der Geschäftsführung ist bei einem mehrgliedrigen Vorstand in der Praxis meist eine Notwendigkeit."
²⁴⁶ Grundlegend RGZ 98, 98 (100); aus dem älteren Schrifttum *Schlegelberger/Quassowski* AktG 1937 § 70 Anm. 11; für die heute hM *Fleischer* NZG 2003, 449 (452); *Heller*, Unternehmensführung und Unternehmenskontrolle unter besonderer Berücksichtigung der Gesamtverantwortung des Vorstands, 1998, 42 ff.; MüKoAktG/*Spindler* Rn. 56; *Wolf* VersR 2005, 1042 (1043).
²⁴⁷ Vgl. NK-AktR/*Landwehrmann* § 93 Rn. 77; *Fleischer* NZG 2003, 449 (452); für die GmbH *Schneider* FS 100 Jahre GmbHG, 1992, 473 (481).
²⁴⁸ Vgl. OLG Köln NZG 2001, 135 (136); *Fleischer* AG 2003, 291 (293 ff.); *Götz* AG 1995, 337 (338).

seiner Ressortzuständigkeit Gestaltungsspielräume zur Verfügung, die von den anderen Vorstandskollegen zu beachten sind. Ein ständiges „Hineinregieren" in sein Ressort ist damit nicht vereinbar.[249]

49 **(2) Überwachungspflicht der übrigen Vorstandsmitglieder.** Die Ressortverantwortung des zuständigen Vorstandsmitglieds entbindet die übrigen Vorstandsmitglieder nicht von jeder Verantwortung. Sie bleiben vielmehr verpflichtet, den Gang der dortigen Geschäfte über die Ressortgrenzen hinweg fortlaufend zu beobachten *(Restverantwortung).*[250] Diese Überwachungsaufgabe unterscheidet sich strukturell von den sonstigen Aufsichtstätigkeiten im Aktienrecht: Als organinterne Selbstkontrolle hat sie einen anderen Charakter als die Überwachungstätigkeit des Aufsichtsrats nach § 111 Abs. 1,[251] und sie ist in ihrer Kontrolldichte auch nicht mit der strengeren Aufsichtspflicht der Vorstandsmitglieder gegenüber nachgeordneten Unternehmensangehörigen zu vergleichen (→ § 93 Rn. 98 ff.).[252] Zur Wahrnehmung der Überwachungspflicht steht allen Vorstandsmitgliedern ein Informationsanspruch über Angelegenheiten aus anderen Ressorts zu.[253] Umgekehrt ist jedes Vorstandsmitglied gehalten, von sich aus über wichtige Vorgänge und Entwicklungen in seinem Ressort zu berichten.[254] Die Sicherstellung dieses Informationsflusses gehört zu den Gesamtvorstandsaufgaben[255] und darf mithin nicht auf ein einzelnes Vorstandsmitglied übertragen werden.[256]

50 **bb) Reichweite der ressortübergreifenden Überwachungspflicht.** Die Reichweite der ressortübergreifenden Überwachungspflicht ist noch nicht in allen Einzelheiten geklärt.[257] Ihre nähere Entfaltung stellt sich als eine Maß- und Gradfrage dar: Wie viel Vertrauen darf ein Vorstandsmitglied seinen Kollegen schenken, wie viel Misstrauen muss er ihnen entgegenbringen?[258]

51 **(1) Allgemeine Annäherung.** Nach hM hängt das Ausmaß der Überwachungspflicht von den Umständen des Einzelfalls ab.[259] Verallgemeinernd lassen sich unternehmens-, aufgaben- und personenbezogene Parameter anführen. Zuallererst hat sich die Überwachungsintensität an der Art, Größe und Organisation des *Unternehmens* auszurichten.[260] Dabei können bei der zur Verselbstständigung tendierenden Spartenorganisation (→ Rn. 38) höhere Anforderungen zu stellen sein als bei einer funktionalen Organisation.[261] Weitere Hinweise ergeben sich aus der Bedeutung der übertragenen *Aufgabe,*[262] die den Vorstandskollegen gegebenenfalls eine gesteigerte Überwachungssorgfalt abverlangt. Dazu kommen besondere Umstände in der *Person* des jeweiligen Vorstandskollegen: Je kürzer er die ihm zugewiesene Aufgabe wahrnimmt, desto sorgfältiger wird die Aufsicht ausfallen müssen; umgekehrt sinken die Anforderungen an die Überwachung bei einer bewährten langjährigen Zusammenarbeit.[263] Blindes Vertrauen ist allerdings niemals am Platze.[264]

---

[249] Vgl. *Fleischer* NZG 2003, 449 (452); MüKoAktG/*Spindler* Rn. 56; für die GmbH auch OLG Frankfurt GmbHR 1992, 608; OLG Hamm GmbHR 1992, 375 (377); OLG Zweibrücken NZG 1999, 506 (508).
[250] AllgM, vgl. Hüffer/Koch/*Koch* Rn. 15; ausf. *Dose,* Die Rechtsstellung der Vorstandsmitglieder einer AG, 3. Aufl. 1975, 75 ff.; für die GmbH OLG Jena NZG 2010, 226 (228); zuletzt *Nietsch* ZIP 2013, 1449 (1451 ff.).
[251] Dazu *Fleischer* NZG 2003, 449 (452).
[252] Treffend OLG Hamm GmbHR 1992, 375 (377): „Der überwachungspflichtige Geschäftsführer ist gegenüber seinem Geschäftsführerkollegen kein Oberrevisor.".
[253] Vgl. *Hoffmann-Becking* ZGR 1998, 497 (512); MHdB AG/*Wiesner* § 22 Rn. 15.
[254] Vgl. *Martens* FS Fleck, 1988, 191 (196 f.); MHdB AG/*Wiesner* § 22 Rn. 15.
[255] Vgl. Hüffer/Koch/*Koch* Rn. 15; Großkomm AktG/*Kort* Rn. 35.
[256] Vgl. *Fleischer* NZG 2003, 449 (452); abw. *Martens* FS Fleck, 1988, 191 (200); gegen ihn zutreffend *Schiessl* ZGR 1992, 64 (69 f.).
[257] Sybillinisch BGHZ 133, 370, 378: „gewisse Überwachungspflichten".
[258] Ausf. zu Folgendem *Fleischer* NZG 2003, 449 (453 ff.); die Begrifflichkeit lehnt sich an bei *Druey* FS Koppensteiner, 2001, 3 (4), der das Vertrauens- und Misstrauensprinzip im Gesellschaftsrecht einander gegenüberstellt; wie im Text *Wolf* VersR 2005, 1042; dogmatische und rechtsvergleichende Aufarbeitung bei *Fleischer* ZIP 2009, 1397 (1399 ff.); zuletzt OLG Hamm AG 2012, 683 (684), wonach sich das einzelne Vorstandsmitglied grundsätzlich darauf verlassen darf, dass der intern zuständige Kollege ordnungsgemäß handelt.
[259] Vgl. *Dose,* Die Rechtsstellung der Vorstandsmitglieder einer AG, 3. Aufl. 1975, 122; Großkomm AktG/ *Kort* Rn. 35a; Hüffer/Koch/*Koch* Rn. 15; MüKoAktG/*Spindler* § 93 Rn. 135; zur organinternen Überwachung unter Compliance-Gesichtspunkten *Bergmoser/Theusinger/Gushurst* BB-Special 2008, Nr. 5, 1 (5 f.).
[260] Ähnlich MüKoAktG/*Spindler* § 93 Rn. 135; aus dem älteren Schrifttum *Boesebeck* JW 1938, 2525 (2527): „Frage der Größenordnung".
[261] Vgl. *Fleischer* NZG 2003, 449 (453); in diese Richtung wohl auch Hüffer/Koch/*Koch* Rn. 15.
[262] Vgl. BGH GRUR 1980, 242 (245): außergewöhnliche, aus dem Rahmen der üblichen Tätigkeit eines Wirtschaftsinformationsdienstes fallende Aktion; OLG Köln AG 2000, 281 (284): überragende Funktion und Bedeutung eines Emissionsprospekts; dazu auch *Dose,* Die Rechtsstellung der Vorstandsmitglieder einer AG, 3. Aufl. 1975, 122; MüKoAktG/*Spindler* § 93 Rn. 135.
[263] Vgl. LG Düsseldorf ZIP 1995, 1985 (1993): „seit Jahren bewährtes Mitglied des Vorstands"; s. auch *Dose,* Die Rechtsstellung der Vorstandsmitglieder einer AG, 3. Aufl. 1975, 122.
[264] Vgl. *Fleischer* NZG 2003, 449 (454).

Geschäftsführung 52–54 § 77

(2) Fallgruppenspezifische Auffächerung. Über diese allgemeinen Erwägungen hinaus lassen sich aus der Spruchpraxis eine Reihe fallübergreifender Begründungsmuster erschließen:[265] Einvernehmen besteht zunächst darüber, dass Vorstandsmitglieder Hinweisen auf Fehlentwicklungen oder Unregelmäßigkeiten in einem fremden Ressort unverzüglich nachgehen müssen.[266] Die pflichtgemäße Neugier beginnt also spätestens dort, wo greifbare Anhaltspunkte für eine pflichtwidrige Amtsführung eines Vorstandskollegen vorliegen. In diesem Sinne hatte bereits das RG judiziert,[267] und BGH wie BFH haben diese Rechtsprechungslinie in langen Urteilsreihen fortgeführt.[268] Dabei ist es grundsätzlich ohne Belang, woher die Informationen stammen, die auf Missstände in einem anderen Ressort hindeuten. Gegebenenfalls muss sich das Vorstandsmitglied durch Befragen von Vorstandskollegen oder Mitarbeitern[269] oder vermittels stichprobenartiger Kontrollen Gewissheit verschaffen und, falls sich der Verdacht bestätigt, Maßnahmen zur Beendigung des Missstandes ergreifen.[270] 52

Anerkannt ist weiterhin, dass in bestimmten Situationen intensivere Aufsichtsmaßnahmen geboten sind. Die ordentliche Gerichtsbarkeit nimmt dies vor allem in finanziellen Krisenzeiten an[271] und lässt namentlich bei der Nichtabführung von Sozialversicherungsbeiträgen eine besondere Strenge walten.[272] Gleichsinnig urteilt die Finanzgerichtsbarkeit, sofern die laufende Erfüllung aller Verbindlichkeiten nicht mehr gewährleistet ist und infolgedessen Unregelmäßigkeiten in der Erklärung der Steuern oder der Erfüllung der Steuerschulden zu besorgen sind.[273] In solchen Fällen soll sich ein Vorstandsmitglied auch nicht mehr ohne jeden Beleg und Nachweis auf Angaben eines Vorstandskollegen verlassen dürfen;[274] vielmehr wird ihm abverlangt, sich durch geeignete Maßnahmen zu vergewissern, dass erteilte Anweisungen zur pünktlichen Zahlung auch tatsächlich befolgt werden.[275] Darüber hinaus legt die Rechtsprechung einen sehr strengen Maßstab an, wenn es um Gesamtvorstandsaufgaben geht, die einem Vorstandsmitglied – zulässigerweise – zur Vorbereitung übertragen werden.[276] Außerdem betonen Aufsehen erregende Einzelentscheidungen das gesteigerte Aufmerksamkeitsniveau in sonstigen „Ausnahmesituationen",[277] in denen freilich häufig auch – ungeschriebene – Gesamtvorstandsaufgaben vorliegen werden (→ Rn. 58c). Schließlich besteht Anlass zu erhöhter Kontrolle, wenn im Einzelfall die Gefahr von Interessenkollisionen und verdeckten Gewinnverlagerungen nahe liegt.[278] 53

In organisatorischer Hinsicht müssen alle Vorstandsmitglieder für einen reibungslosen Informationsfluss innerhalb des Gesamtorgans sorgen. Dazu gehört insbesondere der Aufbau eines zweckmäßigen Berichtssystems, in das alle Vorstandsmitglieder zwingend eingebunden sind.[279] Seine Notwen- 54

---

[265] Ausf. *Fleischer* NZG 2003, 449 (454 ff.).
[266] Vgl. OLG Hamm AG 2012, 683 (684); Hüffer/Koch/*Koch* Rn. 15; Großkomm AktG/*Kort* Rn. 37; *Lang/Balzer* WM 2012, 1167 (1170 f.); Kölner Komm AktG/*Mertens/Cahn* Rn. 26; MHdB AG/*Wiesner* § 22 Rn. 14.
[267] Vgl. RG HRR 1929 Nr. 750: „bestimmte, greifbare Anhaltspunkte für eine ordnungs- und pflichtwidrige Handhabung [der Buchführung]"; RG HRR 1941 Nr. 132; implizit auch RGZ 98, 98 (100).
[268] Vgl. BGH WM 1986, 789; NJW 1986, 54 (55); BGHZ 133, 370 (377 f.); BFH BStBl. II 1986, 384 (385); BStBl. II 1998, 761 (763 f.). Aus der obergerichtlichen Rspr. ferner OLG Hamm AG 2012, 683 (684); OLG Köln AG 2000, 281 (284); OLG Koblenz NZG 1998, 953 (954); aus der untergerichtlichen Rspr. FG München BB 2011, 227.
[269] Dazu BGH WM 1986, 789; für die GmbH auch MHLS/*Ziemons* GmbHG § 43 Rn. 162.
[270] Vgl. BGH WM 1986, 789; OLG Koblenz ZIP 1991, 870 (871).
[271] Vgl. BGHZ 133, 370 (379); BGH DStR 2001, 633 (634); OLG Hamburg AG 2001, 141 (144); OLG Bremen ZIP 1999, 1671 (1678); LG Aachen ZIP 1995, 1837 (1838).
[272] Vgl. BGHZ 133, 370 (379); OLG Düsseldorf GmbHR 1994, 403; GmbHR 1996, 368; großzügiger noch OLG Frankfurt ZIP 1995, 213; krit. *Wolf* VersR 2005, 1042 (1044).
[273] Vgl. BFH BStBl. II 1984, 776 (778); GmbHR 1989, 170 (172).
[274] Vgl. OLG Düsseldorf GmbHR 1996, 368.
[275] Vgl. BGH DStR 2001, 633 (634): telefonische Rückfrage bei Bankinstituten; andere Akzentsetzung noch bei OLG Düsseldorf GmbHR 1994, 403, wonach ein GmbH-Geschäftsführer darauf vertrauen darf, dass der zuständige Mitgesellschafter seiner Aufforderung, die Beitragsrückstände auszugleichen, umgehend nachkommt; krit. zur BGH-Rechtsprechung *Habersack* in Lorenz, Karlsruher Forum 2009, Managerhaftung, 2010, 7 (26 f.); ferner *Fleischer* ZIP 2009, 1397 (1399 f.).
[276] Vgl. BGH NJW 1986, 54 (55); NJW 1995, 2850 (2851): jeweils Buchführung; BGH NJW 1994, 2149 (2150): Insolvenzantragspflicht.
[277] BGHSt 37, 106 (124): Rückruf gesundheitsgefährdender Produkte; OLG Bremen ZIP 1999, 1671 (1678).
[278] Vgl. BGH NJW 1994, 2149 (2150): Verlagerung der finanztechnischen Abwicklung in das Büro einer vom Mehrheitsgesellschafter beherrschten Auslandstochter; ausf. dazu *Rohde* JuS 1995, 965.
[279] HM, vgl. *Hoffmann-Becking* ZGR 1998, 497 (513); Großkomm AktG/*Kort* Rn. 40; *Nietsch* ZIP 2013, 1449 (1451 f.); *Schiessl* ZGR 1992, 64 (69); K. Schmidt/Lutter/*Seibt* Rn. 18; MHdB AG/*Wiesner* § 22 Rn. 15; für die GmbH Baumbach/Hueck/*Zöllner/Noack* GmbHG § 37 Rn. 32; in diese Richtung auch Lutter/Hommelhoff/*Kleindiek* GmbHG § 37 Rn. 32; abw. MüKoAktG/*Spindler* § 93 Rn. 143: keine Pflicht, die anderen Mitglieder durch Management-Informationssysteme zu überwachen.

digkeit ergibt sich aus der Pflicht zur organinternen Selbstkontrolle, die ohne eine hinreichende Informationsbasis schlechterdings nicht vorstellbar ist. Hinsichtlich der Einzelausgestaltung wird man den Vorstandsmitgliedern aber ein breites Ermessen zubilligen; hier sind je nach Art und Größe des Unternehmens, der Vorstandsorganisation und sonstiger Unternehmensbesonderheiten unterschiedliche Formen der Berichterstattung vorstellbar.[280] Stets muss es einem Vorstandsmitglied jedoch möglich sein, sich jederzeit einen Überblick über die wirtschaftliche und finanzielle Situation der Gesellschaft zu verschaffen.[281]

55 Wie intensiv die wechselseitige Kontrolle der Nachbarressorts bei einem funktionierenden Berichtssystem ausfallen muss, wird unterschiedlich beurteilt. Die hL betont, dass die Anforderungen an die Aufsichtspflicht der Vorstandsmitglieder nicht überspannt werden dürfen.[282] In aller Regel reiche die kontinuierliche Verfolgung der Aktivitäten und Vorkommnisse in den Sitzungen des Gesamtvorstands aus.[283] Andere halten dagegen, dass sich ein Vorstandsmitglied nicht auf das Bild verlassen dürfe, das es bei solchen Sitzungen von der Tätigkeit anderer Mitglieder gewinne.[284] Ein bloßes „Geschehenlassen", sofern keine Anhaltspunkte für eine Pflichtverletzung des Vorstandskollegen vorlägen, reiche nicht aus.[285] Den Vorzug verdient eine mittlere Linie: Einerseits wird man nicht dahinter zurückfallen dürfen, dass sich jedes Organmitglied über die im Gesamtvorstand erörterten Angelegenheiten ein eigenes Urteil bilden und die hierfür zugänglichen Informationsquellen ausschöpfen muss.[286] Das schließt die Pflicht ein, darauf zu achten, dass die Berichterstattung der Vorstandskollegen keine wesentlichen Bereiche ausspart,[287] und etwaige Lücken durch Nachfragen zu schließen.[288] Andererseits darf das Misstrauensprinzip nicht zur allgemeinen Regel erhoben werden. Hiergegen spricht zum einen, dass die Vorstandsmitglieder auf die primäre Ressortzuständigkeit ihres Kollegen Rücksicht nehmen müssen,[289] zum anderen, dass ein gedeihliches Miteinander in einem Kollegialorgan ein Mindestmaß an Vertrauen voraussetzt.[290] Das hat die Rechtsprechung auch in anderen Bereichen arbeitsteiligen Zusammenwirkens anerkannt und als sog. Vertrauensgrundsatz dem dogmatischen Zugriff zugänglich gemacht.[291] Im Ergebnis ist daher eine Pflichtverletzung des Vorstandsmitglieds zu verneinen, wenn für ihn Fehlentwicklungen in einem Nachbarressort auch bei sorgfältiger und kritischer Begleitung der gesamten Geschäftsführung nicht erkennbar waren.[292]

56 Im Schrifttum werden vielfach höhere Anforderungen an die Überwachungssorgfalt des Vorstandsvorsitzenden gestellt, weil die Gesamtüberwachung der Unternehmensleitung den Schwerpunkt seines Amtes bilde.[293] Dem ist nicht zu folgen:[294] Von Rechts wegen erschöpft sich die Sonderrolle des Vorstandsvorsitzenden in der Koordination der Vorstandsarbeit und der Sitzungsleitung; darüber hinausgehende Sonderrechte – etwa in Form einer Richtlinienkompetenz – stehen ihm nicht zu. Spiegelbildlich obliegen ihm dann auch keine weiterreichenden Sonderpflichten, etwa dahin, seine Vorstandskollegen genauer zu beobachten und sie auch in einzelnen Angelegenheiten zu kontrollieren.[295]

---

[280] IE ebenso *Hoffmann-Becking* ZGR 1998, 497 (513).
[281] Ausdrücklich in diesem Sinne BGH GmbHR 1995, 299 (300); NZG 2012, 940; einer solchen Organisationspflicht zustimmend Baumbach/Hueck/*Zöllner*/*Noack* GmbHG § 35 Rn. 33. Das Element der Selbstinformation betonend auch BGH NJW 1995, 2850; OLG Koblenz NZG 1998, 953.
[282] Vgl. Hüffer/Koch/*Koch* Rn. 15; Großkomm AktG/*Kort* Rn. 40; *Loritz/Wagner* DStR 2012, 2189 (2192 f.); MüKoAktG/*Spindler* § 93 Rn. 136; MHdB AG/*Wiesner* § 19 Rn. 16.
[283] Vgl. Wachter/*Eckert* Rn. 8; Großkomm AktG/*Kort* Rn. 40; MüKoAktG/*Spindler* § 93 Rn. 142.
[284] Vgl. Hüffer/Koch/*Koch* Rn. 15; *Rieger* FS Peltzer, 2001, 339 (347); ferner Kölner Komm AktG/*Mertens*, 2. Aufl. 1996, § 93 Rn. 54 unter Hinweis darauf, dass es von einem Vorstandsmitglied selbst abhänge, ob eine sein Ressort betreffende Frage in einer Sitzung des Gesamtvorstands eingebracht werde; für eine stärkere Betonung der Überwachungsaufgabe auch *Götz* AG 1995, 337 (339).
[285] Vgl. *Rieger* FS Peltzer, 2001, 339 (347); s. auch VG Frankfurt VersR 2005, 57, das gesteigerte Überwachungspflichten zwischen sachnahen Ressorts annimmt; krit. dazu *Habersack* WM 2005, 2360; *Wolf* VersR 2005, 1042 (1045 f.); *Dreher* AG 2006, 213 (215 f.).
[286] Überzeugend *Rieger* FS Peltzer, 2001, 339 (347); in diese Richtung auch *Druey* FS Koppensteiner, 2001, 3 (9): „parallele Mitwirkung am Entscheidvorgang".
[287] Vgl. *Götz* AG 1995, 337 (339).
[288] Vgl. *Rieger* FS Peltzer, 2001, 339 (347).
[289] Ebenso OLG Hamm GmbHR 1992, 375 (377).
[290] Ähnlich MüKoAktG/*Spindler* Rn. 56.
[291] Vgl. Palandt/*Sprau* BGB § 823 Rn. 144 (Arzthaftung) und Rn. 248/249 (Kraftverkehr).
[292] Näher *Fleischer* NZG 2003, 449 (455); für einen anschaulichen Beispielsfall OLG Köln NZG 2001, 135.
[293] Ausf. *Bezzenberger* ZGR 1996, 661 (670 ff.); iE auch *Dose*, Die Rechtsstellung der Vorstandsmitglieder einer AG, 3. Aufl. 1975, 122; MüKoAktG/*Spindler* § 93 Rn. 145; MHdB AG/*Wiesner* § 24 Rn. 3.
[294] Vgl. bereits *Fleischer* NZG 2003, 449 (456).
[295] Wie hier *v. Hein* ZHR 166 (2002), 464 (488 ff.); iE auch Kölner Komm AktG/*Mertens*/*Cahn* Rn. 26.

cc) Formale Anforderungen an eine Geschäftsverteilung. Rechtliche Anerkennung findet 57 eine Geschäftsverteilung nur dann, wenn sie in formaler Hinsicht bestimmte Mindestanforderungen erfüllt. Das RG hatte dafür eine faktische Aufteilung unter den Geschäftsführern einer GmbH nicht genügen lassen und einen förmlichen Gesellschafterbeschluss,[296] mindestens aber ein tatsächliches Einvernehmen aller Gesellschafter mit einer bestimmten Geschäftsverteilung gefordert.[297] Eine endgültige Stellungnahme durch den BGH steht noch aus.[298] Dafür verlangt der BFH umso nachdrücklicher eine eindeutige und schriftliche Klarstellung der Ressortverteilung zur Vermeidung einer steuerrechtlichen Verantwortlichkeit.[299] Auch das aktienrechtliche Schrifttum tritt mehrheitlich für eine förmliche Zuweisung durch Satzung, Gesellschafterbeschluss oder Geschäftsordnung ein.[300]

Diesem strengen Standpunkt ist beizutreten.[301] Er findet Rückhalt in § 77, der eine schriftliche 58 Niederlegung der Geschäftsordnung des Vorstands vorschreibt (→ Rn. 68), und vermeidet die Gefahr gegenseitiger Schuldzuweisungen im Haftungsfall.[302] Außerdem trägt er zur Schadensvorbeugung bei, weil eine förmliche Fixierung den Vorstandsmitgliedern einen sicheren Orientierungsrahmen bietet und allfällige Verantwortlichkeitslücken leichter erkennen lässt.[303] Beides vermag eine bloße Beweislastregel nicht zu leisten.[304] Auch die zuweilen erwogene Ausnahme für den Fall, dass sich ein Vorstandsmitglied auf eine faktische Geschäftsverteilung verlassen hat,[305] verdient keine Anerkennung. Dagegen wird man eine Aufgabenverteilung im Anstellungsvertrag ausreichen lassen.[306]

d) Verantwortung mehrerer Geschäftsbereiche. Die Erläuterungen zur Ressortverteilung in 58a Rechtsprechung und Rechtslehre gehen regelmäßig davon aus, dass die unmittelbare Verantwortung für einen bestimmten Sachverhalt nur bei *einem* Organmitglied liegt. Dies hängt mit dem bisher erschlossenen Fallmaterial zusammen, das typischerweise kleine GmbHs mit zwei oder höchstens drei Geschäftsführern betrifft. In der Praxis großer Aktiengesellschaften mit einem vielköpfigen Vorstand trifft diese idealtypische Annahme aber keineswegs immer zu. Vielmehr gibt es eine Reihe von Fällen, in denen zwei oder mehrere Vorstandsmitglieder die unmittelbare Handlungs- und Entscheidungsverantwortung tragen.[307] Denkbar ist dies namentlich, wenn ein und derselbe Vorgang sowohl in die Produkt- oder Länderverantwortung einzelner Vorstandsmitglieder fällt als auch bestimmte Querschnittsfunktionen auf Vorstandsebene (zB Legal, Compliance, Finanzen, Interne Revision, IT) anspricht.[308] Man kann dann von einer *doppelten* oder *multiplen* Ressortzuständigkeit sprechen. Jedes einzelne der kraft Geschäftsverteilung zuständigen Vorstandsmitglieder trägt dann die unmittelbare Verantwortung. Hiervon unterscheidet eine Literaturstimme schließlich noch Fälle, in denen Vorstandsmitglieder zwar nicht ressortmäßig für die Einbringung einer Entscheidungsvorlage in den Vorstand verantwortlich sind, gleichwohl aber im Hinblick auf bestimmte Aspekte an der Vorbereitung der Vorlage beteiligt waren.[309]

Die gemeinsame Ressortverantwortung mehrerer schließt ein arbeitsteiliges Vorgehen nicht aus, 58b verlangt aber eine klare Absprache und Aufgabenkoordination. Verantwortlichkeitslücken fallen nach allgemeinen Grundsätzen allen beteiligten Vorstandsmitgliedern zur Last.[310] Nur so lässt sich bei Zuständigkeitsüberschneidungen verhindern, dass sich ein Verantwortlicher auf den anderen verlässt. In Überlappungsbereichen obliegt jedem Vorstandsmitglied mithin eine erhöhte Koordinationsverantwortung.

e) Rückfall von Ressortzuständigkeiten in die originäre Zuständigkeit des Gesamtvor- 58c **stands.** Schließlich gibt es Fallgestaltungen, in denen die ursprünglich auf einzelne Vorstandsmitglie-

---

[296] Vgl. RGZ 98, 98 (100).
[297] Vgl. RG HRR 1929 Nr. 750 zu § 35 GmbHG.
[298] Vgl. BGHZ 133, 370 (377), wo von einer nicht näher spezifizierten „Regelung" die Rede ist; offen auch BGH GmbHR 1995, 299.
[299] Vgl. BFH BStBl. II 1984, 776 (778); BStBl. II 1986, 384 (385); BStBl. II 1998, 761 (763).
[300] Vgl. NK-AktR/*U. Schmidt* § 93 Rn. 117; aus der obergerichtlichen Spruchpraxis auch OLG Koblenz NZG 1998, 953 (954).
[301] Näher *Fleischer* NZG 2003, 449 (452 f.).
[302] Vgl. BFH BStBl. II 1984, 776 (778); *Martens* FS Fleck, 1988, 191 (195) unter Hinweis darauf, dass dieses Problem durch § 93 Abs. 2 S. 2 AktG allenfalls entschärft, aber nicht bewältigt werde.
[303] Für eine ähnliche Argumentationsreihe *Dreher* ZGR 1992, 22 (57 ff.).
[304] In diese Richtung aber Lutter/Hommelhoff/*Kleindiek* GmbHG § 37 Rn. 37.
[305] So die Rechtsprechungslinie in RGZ 91, 72 (77); RG HRR 1929 Nr. 750.
[306] Wie hier *Dreher* ZGR 1992, 22 (58).
[307] Dazu auch *Ihrig/Schäfer* Rechte und Pflichten des Vorstands Rn. 421.
[308] Dazu auch *Emde* FS Schneider, 2011, 295 (308).
[309] Vgl. *Emde* FS Schneider, 2011, 295 (308).
[310] Allgemein dazu *Froesch* DB 2009, 721 (725); *Hegnon* CCZ 2009, 57 (60); *Schmidt-Husson* in Hauschka/Moosmayer/Lösler Corporate Compliance § 6 Rn. 26.

der übertragene (Ressort-)Verantwortung wieder in die Leitungsverantwortung des Gesamtvorstands zurückfällt.[311] Dabei handelt es sich in aller Regel um besondere „Krisen- und Ausnahmesituationen"[312] für das Unternehmen.[313] Anschauungsmaterial aus der Spruchpraxis bietet die sog. Lederspray-Entscheidung des BGH zur strafrechtlichen Produkthaftung aus dem Jahre 1990. Sie betraf die individuelle Verantwortung mehrerer GmbH-Geschäftsführer für den Rückruf gesundheitsgefährdender Ledersprays. Der BGH entschied, dass die Pflicht zur Anordnung eines Rückrufs ungeachtet einer organinternen Geschäftsverteilung in die Gesamtverantwortung und Allzuständigkeit der Geschäftsleitung fiel.[314]

58d Dogmatisch geht es hier nicht mehr um gesteigerte Überwachungspflichten ressortfremder Vorstandsmitglieder, sondern um die Erfüllung einer originären Handlungspflicht.[315] Eine bis dahin vorgenommene Ressortverantwortung verliert im Hinblick auf den betreffenden Vorgang ihre Wirkung.[316] Die neu entstandenen Handlungspflichten bilden fortan eine Gesamtleitungsaufgabe.[317] Unter welchen Voraussetzungen ein solcher Rückfall von Ressortzuständigkeiten in die originäre Verantwortung des Gesamtvorstands eintritt, dafür fehlt es in Rechtsprechung und Rechtslehre bisher an einer verallgemeinernden Umschreibung. Gewisse Hinweise gibt der BGH wenn er in seiner Lederspray-Entscheidung von einem „ressortübergreifenden Problem"[318] spricht und erläuternd hinzufügt, dass angesichts der „Allgegenwart des Problems"[319] eine ressortinterne, mit den anderen Geschäftsbereichen nicht abgestimmte Lösung von vornherein nicht in Betracht kam. Dies wird man jedenfalls in einer Situation wirtschaftlicher Existenzbedrohung annehmen können.[320]

58e Auch ungeschriebene Gesamtleitungsaufgaben schließen nach allgemeinen Grundsätzen ein arbeitsteiliges Vorgehen nicht aus,[321] sofern es nur um vorbereitende oder ausführende Tätigkeiten geht und der Gesamtvorstand am Ende wohlerwogen und eigenverantwortlich entscheidet (→ § 76 Rn. 20).

VII. Geschäftsordnung

59 1. Allgemeines. § 77 Abs. 2 enthält Regelungen über die Geschäftsordnung des Vorstands, ohne deren Erlass zwingend vorzuschreiben.[322] Es herrscht jedoch Einvernehmen darüber, dass eine solche Geschäftsordnung in der Regel zweckmäßig[323] und vorteilhaft ist, weil sie die organinterne Zusammenarbeit erleichtert und haftungsrechtliche Risiken mindert. Ziff. 4.2.1 S. 2 DCGK empfiehlt daher für börsennotierte Gesellschaften den Erlass einer Geschäftsordnung,[324] wie sie heute bei der Mehrzahl großer Publikumsgesellschaften bestehen dürfte. Von ihrer Rechtsnatur her handelt es sich um Organisationsregeln eigener Art.[325]

60 2. Inhalt. Über den Inhalt der Geschäftsordnung enthält § 77 Abs. 2 keine näheren Vorgaben. Unstreitig ist, dass eine Geschäftsordnung die zwingende Zuständigkeitsverteilung der Gesellschafts-

---

[311] Vgl. *Emde* FS Schneider, 2011, 295 (318 ff.); *Fleischer* NZG 2003, 449 (454); *Nietsch* ZIP 2013, 1449 (1453); *Schmidt-Husson* in Hauschka/Moosmayer/Lösler Corporate Compliance § 6 Rn. 25.
[312] BGHSt 37, 106 (124).
[313] Vgl. *Emde* FS Schneider, 2011, 295 (309); *Schmidt-Husson* in Hauschka/Moosmayer/Lösler Corporate Compliance § 6 Rn. 25.
[314] Vgl. BGHSt 37, 106, 123 f.: „Doch greift der Grundsatz der Gesamtverantwortung und Allzuständigkeit der Geschäftsleitung ein, wo – wie etwa in Krisen- und Ausnahmesituationen – aus besonderem Anlaß das Unternehmen als Ganzes betroffen ist; dann ist die Geschäftsführung insgesamt zum Handeln berufen."
[315] Vgl. *Nietsch* ZIP 2013, 1449 (1453).
[316] So *Nietsch* ZIP 2013, 1449 (1453); ähnlich *Emde* FS Schneider, 2011, 295 (319).
[317] Vgl. *Schmidt-Husson* in Hauschka/Moosmayer/Lösler Corporate Compliance § 6 Rn. 25: „Sie fallen dann in die originäre Zuständigkeit der Geschäftsleitung insgesamt (zurück) und rufen die Verantwortlichkeit der an sich unzuständigen Vorstandsmitglieder bzw. Geschäftsführer (wieder) auf. In derartigen Konstellationen verflüchtigt sich gewissermaßen die Grenze zwischen Geschäftsführungs- und Leitungsaufgaben."
[318] BGHSt 37, 106 (124).
[319] BGHSt 37, 106 (124).
[320] So namentlich *Nietsch* ZIP 2013, 1449 (1453): „In einer Situation wirtschaftlicher Existenzbedrohung ist die Sicherung der Überlebensfähigkeit des Verbands eine zentrale Leitungsaufgabe des Gesamtvorstands und als solche richtigerweise überhaupt nicht delegierbar."
[321] Vgl. *Nietsch* ZIP 2013, 1449 (1453); ferner *Emde* FS Schneider, 2011, 295 (319).
[322] Vgl. *Baumbach/Hueck* Rn. 11; Großkomm AktG/*Kort* Rn. 94; MüKoAktG/*Spindler* Rn. 33; MHdB AG/*Wiesner* § 22 Rn. 19.
[323] So bereits *Baumbach/Hueck* Rn. 11.
[324] Dazu *Wilsing/Goslar* DCGK 4.2.1 Rn. 19 ff.; *Bachmann* in Kremer/Bachmann/Lutter/v. Werder Rn. 894 ff.; *Vetter* DB 2007, 1963 (1964 f.).
[325] Näher *Isenberg*, Die Geschäftsordnung für die Organe der Aktiengesellschaft, 2005, 33 ff.; *Schneider* FS Mühl, 1971, 633 (647).

organe nicht verändern kann.³²⁶ Sie muss sich darauf beschränken, die Aufgabenverteilung innerhalb des Vorstands und die Zusammenarbeit mit dem Aufsichtsrat zu regeln.³²⁷ In der Rechtspraxis hat sich eine typisierte Struktur herausgebildet,³²⁸ die freilich immer an die konkreten Gegebenheiten der einzelnen Gesellschaft anzupassen ist.

Herkömmlicherweise enthält die Geschäftsordnung Regeln über die Geschäftsverteilung (ggf. unter Verweis auf einen angefügten Geschäftsverteilungsplan),³²⁹ die vorstandsinterne Willensbildung (Sitzungstermine, Einberufung, Beschlussfähigkeit, Beschlussverfahren),³³⁰ den Informationsaustausch zwischen den Vorstandsmitgliedern untereinander und zwischen Vorstand und Aufsichtsrat³³¹ sowie einen Katalog zustimmungspflichtiger Geschäfte, sofern der Aufsichtsrat die Geschäftsordnung erlässt.³³² Häufig finden sich auch Bestimmungen über den Vorstandsvorsitzenden oder einen Vorstandssprecher,³³³ ferner über die Bildung von Vorstandsausschüssen.³³⁴ Schließlich kann die fallweise Teilnahme Dritter an Vorstandssitzungen vorgesehen werden, die allerdings in Anlehnung an § 109 Abs. 1 nur in engen Grenzen zulässig ist.³³⁵ Aufsichtsratsmitglieder sind insofern wie Dritte zu behandeln; die Geschäftsordnung kann ihnen kein regelmäßiges Teilnahmerecht an Vorstandssitzungen einräumen.³³⁶ Die einzelnen Vorschriften der Geschäftsordnung sind objektiv auszulegen;³³⁷ bei Auslegungszweifeln während einer Sitzung soll der Vorsitzende – vorbehaltlich einer späteren gerichtlichen Überprüfung – grundsätzlich das letzte Wort haben.³³⁸

3. Zuständigkeiten. Die Erlasskompetenz für die Geschäftsordnung liegt in gestaffelter Form beim Aufsichtsrat (§ 77 Abs. 2 S. 1 Hs. 2), beim Vorstand (§ 77 Abs. 2 S. 1 Hs. 1) und bei der Hauptversammlung, die in der Satzung „Einzelheiten" der Geschäftsordnung bindend regeln kann (§ 77 Abs. 2 S. 2).³³⁹

a) Aufsichtsrat. Zuständig für den Erlass einer Geschäftsordnung ist in erster Linie der Aufsichtsrat,³⁴⁰ der dazu entweder von der Satzung beauftragt wird oder die Geschäftsordnung von sich aus erlässt.³⁴¹ Diese vorrangige Zuständigkeit des Aufsichtsrats mag überraschen, weil sie den sonst geltenden Grundsatz durchbricht, dass jedes Gremium sich selbst eine Geschäftsordnung geben kann.³⁴² Sie beruht auf der Überlegung, dass der Aufsichtsrat die ausschließliche Personalkompetenz hinsichtlich des Vorstands besitzt und daher auch befugt sein soll, den von ihm bestellten Organwaltern bestimmte Aufgabenbereiche zuzuweisen.³⁴³

Der Aufsichtsrat kann jederzeit eine Geschäftsordnung erlassen.³⁴⁴ Macht er von seiner Befugnis Gebrauch, so kann der Vorstand keine eigene (auch keine ergänzende)³⁴⁵ Geschäftsordnung mehr

---

³²⁶ Vgl. Kölner Komm AktG/*Mertens/Cahn* Rn. 51; MüKoAktG/*Spindler* Rn. 34; *Richter* in Semler/Peltzer/Kubis ArbHdB Vorstand § 5 Rn. 41.
³²⁷ Vgl. mit Formulierungsunterschieden im Einzelnen *v. Godin/Wilhelmi* Rn. 7; *Hoffmann-Becking* ZGR 1998, 497 (499); *Hüffer* NZG 2007, 47 (51); Kölner Komm AktG/*Mertens/Cahn* Rn. 51; MüKoAktG/*Spindler* Rn. 34; MHdB AG/*Wiesner* § 22 Rn. 17.
³²⁸ Muster bei KBLW/*Kremer* DCGK Anh. 5 Rn. 2008.
³²⁹ Vgl. Großkomm AktG/*Kort* Rn. 81; NK-AktR/*Oltmanns* Rn. 14.
³³⁰ Vgl. *Isenberg*, Die Geschäftsordnung für die Organe der Aktiengesellschaft, 2005, 124 f.; Großkomm AktG/*Kort* Rn. 88; Kölner Komm AktG/*Mertens/Cahn* Rn. 52; MüKoAktG/*Spindler* Rn. 35.
³³¹ Vgl. *Hoffmann-Becking* ZGR 1998, 497; Hüffer/Koch/*Koch* Rn. 21; *Koch* NZG 2007, 46 (51); Großkomm AktG/*Kort* Rn. 84.
³³² Vgl. NK-AktR/*Oltmanns* Rn. 14; MHdB AG/*Wiesner* § 22 Rn. 17; s. auch *Hoffmann-Becking* ZGR 1998, 497 (504); zu den Grenzen solcher Zustimmungskataloge vgl. *Fleischer* BB 2013, 835.
³³³ Vgl. *Isenberg*, Die Geschäftsordnung für die Organe der Aktiengesellschaft, 2005, 131 ff.; MüKoAktG/*Spindler* Rn. 34; zu Entscheidungskriterien für eine Wahl zwischen Vorstandsvorsitzendem und Vorstandssprecher *Simons/Hanloser* AG 2010, 641.
³³⁴ Vgl. Großkomm AktG/*Kort* Rn. 90; Kölner Komm AktG/*Mertens/Cahn* Rn. 52.
³³⁵ Vgl. Großkomm AktG/*Kort* Rn. 89; MüKoAktG/*Spindler* Rn. 35; MHdB AG/*Wiesner* § 22 Rn. 21.
³³⁶ Vgl. Großkomm AktG/*Kort* Rn. 89; MHdB AG/*Wiesner* § 22 Rn. 21.
³³⁷ Vgl. Wachter/*Eckert* Rn. 23; *Isenberg*, Die Geschäftsordnung für die Organe der Aktiengesellschaft, 2005, 47.
³³⁸ Vgl. *Isenberg*, Die Geschäftsordnung für die Organe der Aktiengesellschaft, 2005, 47 f.; *Voigt*, Die Geschäftsordnungen der Kollegialorgane im Privatrecht 1982, 150 f.
³³⁹ Zu den abgestuften Zuständigkeiten *Baumbach/Hueck* Rn. 12 ff.
³⁴⁰ Vgl. Hüffer/Koch/*Koch* Rn. 19; Großkomm AktG/*Kort* Rn. 65; MüKoAktG/*Spindler* Rn. 44; *Richter* in Semler/Peltzer/Kubis ArbHdB Vorstand § 5 Rn. 41; missverständlich BegrRegE *Kropff* S. 99.
³⁴¹ Vgl. BegrRegE *Kropff* S. 99; *Baumbach/Hueck* Rn. 13; *Hoffmann-Becking* ZGR 1998, 497 (501).
³⁴² Zu diesem Grundsatz BegrRegE *Kropff* S. 99.
³⁴³ Vgl. *Hoffmann-Becking* ZGR 1998, 497 (502 f.); *Krieger*, Personalentscheidungen des Aufsichtsrats, 1981, 193 f.; MüKoAktG/*Spindler* Rn. 44.
³⁴⁴ Vgl. BegrRegE *Kropff* S. 99; *Hoffmann-Becking* ZGR 1998, 497 (501).
³⁴⁵ NK-AktR/*Oltmanns* Rn. 12; Grigoleit/*Vedder* Rn. 17.

erlassen.³⁴⁶ Eine schon bestehende Geschäftsordnung, die sich der Vorstand zuvor selbst gegeben hat, tritt automatisch außer Kraft.³⁴⁷ Allerdings ist es dem Aufsichtsrat nicht gestattet, die vom Vorstand erlassene Geschäftsordnung zu ändern.³⁴⁸ Er kann aus Gründen klarer Kompetenzabgrenzung immer nur eine neue Geschäftsordnung erlassen.³⁴⁹ Unbenommen bleibt ihm freilich, Teile der alten Geschäftsordnung in die neue zu übernehmen.³⁵⁰

65   Der Aufsichtsrat ist nicht zum Erlass einer vollständigen Geschäftsordnung verpflichtet. Vielmehr kann er sich auch auf eine Art Rahmengeschäftsordnung beschränken und ihre Konkretisierung dem Vorstand überlassen.³⁵¹ Unzulässig ist aber eine punktuelle Regelung von Einzelfragen, die sich auch nicht annähernd als Rahmen- oder Gesamtregelung darstellt.³⁵² Die Primärzuständigkeit des Aufsichtsrats zum Erlass einer Geschäftsordnung ist zwingendes Recht.³⁵³ Nicht statthaft sind daher Satzungsbestimmungen, die dem Vorstand die Erlasskompetenz zuweisen, und zwar unabhängig davon, ob sie ein Zustimmungs- oder Genehmigungsrecht des Aufsichtsrats vorsehen.³⁵⁴ Zulässig ist lediglich, den Erlass der Geschäftsordnung in der Satzung *alternativ* durch den Aufsichtsrat oder den Vorstand mit Zustimmung des Aufsichtsrats vorzusehen.³⁵⁵ Außerdem kann der Aufsichtsrat anordnen, dass eine Geschäftsordnung, die sich der Vorstand selbst gibt, seiner Zustimmung bedarf.³⁵⁶

66   **b) Vorstand.** Soweit weder die Satzung dem Aufsichtsrat den Erlass einer Geschäftsordnung übertragen hat, noch der Aufsichtsrat von sich aus tätig wird, kann sich der Vorstand gem. § 77 Abs. 2 S. 1 eine eigene Geschäftsordnung geben. Er handelt als Kollegialorgan³⁵⁷ und muss nach § 77 Abs. 2 S. 3 einstimmig beschließen. Das gilt sowohl für den Erlass und die Aufhebung der Geschäftsordnung als auch für jede Änderung.³⁵⁸ Ausweislich der Gesetzesmaterialien soll das Einstimmigkeitsprinzip verhindern, dass einem Vorstandsmitglied gegen seinen Willen sein bisheriger Tätigkeitsbereich genommen oder beschnitten wird.³⁵⁹ Als zwingendes Recht kann es weder durch die Satzung noch durch den Aufsichtsrat aufgehoben werden.³⁶⁰ Nach hM kann sich der Vorstand aber im Einzelfall über eine von ihm erlassene Geschäftsordnungsbestimmung hinwegsetzen, wenn alle Vorstandsmitglieder einverstanden sind.³⁶¹

67   **c) Satzung.** Gem. § 77 Abs. 2 S. 2 kann die Satzung Einzelfragen der Geschäftsordnung bindend gegenüber Vorstand und Aufsichtsrat regeln. Dazu gehören zB Bestimmungen über die Geschäftsverteilung unter mehreren Vorstandsmitgliedern³⁶² oder über organinterne Beratungen und Beschlussfassungen.³⁶³ Nach hM ist es dagegen nicht zulässig, dass die Satzung den Inhalt der Geschäftsordnung fast vollständig vorwegnimmt.³⁶⁴ Die Gegenansicht³⁶⁵ verträgt sich weder

---

³⁴⁶ Vgl. *Baumbach/Hueck* Rn. 13; MüKoAktG/*Spindler* Rn. 46.
³⁴⁷ Vgl. BegrRegE *Kropff* S. 99; *Baumbach/Hueck* Rn. 13; *Hoffmann-Becking* ZGR 1998, 497 (501); Hüffer/Koch/*Koch* Rn. 22; Großkomm AktG/*Kort* Rn. 70; NK-AktR/*Oltmanns* Rn. 12.
³⁴⁸ Vgl. BegrRegE *Kropff* S. 99; Hüffer/Koch/*Koch* Rn. 22; MüKoAktG/*Spindler* Rn. 47; abw. *v. Godin/Wilhelmi* Rn. 9; für eine Umdeutung des Änderungsbeschlusses in den zulässigen Neuerlass einer Geschäftsordnung Grigoleit/*Vedder* Rn. 18.
³⁴⁹ Vgl. BegrRegE *Kropff* S. 99 f.; Hüffer/Koch/*Koch* Rn. 22; Großkomm AktG/*Kort* Rn. 70; MüKoAktG/*Spindler* Rn. 47.
³⁵⁰ Vgl. MHdB AG/*Wiesner* § 22 Rn. 19.
³⁵¹ Vgl. *Hoffmann-Becking* ZGR 1998, 497 (504); Großkomm AktG/*Kort* Rn. 68; *Richter* in Semler/Peltzer/Kubis ArbHdB Vorstand § 5 Rn. 42.
³⁵² Vgl. *Isenberg*, Die Geschäftsordnung für die Organe der Aktiengesellschaft, 2005, 100; Großkomm AktG/*Kort* Rn. 69.
³⁵³ Vgl. Hüffer/Koch/*Koch* Rn. 19; Großkomm AktG/*Kort* Rn. 66; MHdB AG/*Wiesner* § 22 Rn. 18.
³⁵⁴ Vgl. Großkomm AktG/*Kort* Rn. 66; MHdB AG/*Wiesner* § 22 Rn. 18.
³⁵⁵ Vgl. Hüffer/Koch/*Koch* Rn. 19; Großkomm AktG/*Kort* Rn. 66.
³⁵⁶ Vgl. Hüffer/Koch/*Koch* Rn. 19; Kölner Komm AktG/*Mertens/Cahn* Rn. 59; MHdB AG/*Wiesner* § 22 Rn. 18.
³⁵⁷ Vgl. Hüffer/Koch/*Koch* Rn. 19; Großkomm AktG/*Kort* Rn. 67.
³⁵⁸ Vgl. BegrRegE *Kropff* S. 99; *Baumbach/Hueck* Rn. 14; Hüffer/Koch/*Koch* Rn. 19; Großkomm AktG/*Kort* Rn. 73; MüKoAktG/*Spindler* Rn. 39.
³⁵⁹ Vgl. BegrRegE *Kropff* S. 99.
³⁶⁰ Vgl. *v. Godin/Wilhelmi* Rn. 14; Großkomm AktG/*Kort* Rn. 73; MüKoAktG/*Spindler* Rn. 39.
³⁶¹ Vgl. MüKoAktG/*Spindler* Rn. 41.
³⁶² Vgl. BegrRegE *Kropff* S. 100; *Baumbach/Hueck* Rn. 12; *v. Godin/Wilhelmi* Rn. 19; *Hoffmann-Becking* ZGR 1998, 497 (505).
³⁶³ Vgl. BegrReg *Kropff* S. 100; *v. Godin/Wilhelmi* Rn. 10.
³⁶⁴ Vgl. *Hoffmann-Becking* ZGR 1998, 497 (505); Hüffer/Koch/*Koch* Rn. 20; *Isenberg*, Die Geschäftsordnung für die Organe der Aktiengesellschaft, 2005, 40 f.; *Krieger*, Personalentscheidungen des Aufsichtsrats, 1981, 201 f.; Großkomm AktG/*Kort* Rn. 72; Kölner Komm AktG/*Mertens/Cahn* Rn. 61; MüKoAktG/*Spindler* Rn. 49; K. Schmidt/Lutter/*Seibt* Rn. 27.
³⁶⁵ Vgl. *Immenga* ZGR 1977, 249 (268); noch weitergehend *v. Godin/Wilhelmi* Rn. 10.

Vertretung § 78

mit dem Gesetzeswortlaut („Einzelfragen") noch mit dem Selbstorganisationsrecht der Verwaltung der Aktiengesellschaft.

4. Form. Nach allgemeiner Ansicht ist die Geschäftsordnung schriftlich niederzulegen.[366] Das ist im Gesetz zwar nicht ausdrücklich vorgesehen, wird aber aus ihrer großen Bedeutung für die Vorstandsorganisation abgeleitet.[367] Das Schriftformerfordernis des § 126 BGB, also die eigenhändige Unterschrift, braucht allerdings nicht gewahrt zu sein.[368] Erlässt der Aufsichtsrat die Geschäftsordnung, so muss sein Beschluss gem. § 107 Abs. 2 in die Sitzungsniederschrift aufgenommen werden.[369] Von der Einhaltung dieser Form hängt jedoch die Wirksamkeit des Beschlusses nicht ab.[370] 68

5. Geltungsdauer. Die Geschäftsordnung gilt in ihrer jeweiligen Fassung, bis sie geändert oder aufgehoben wird.[371] Der Aufsichtsrat kann eine von ihm erlassene Geschäftsordnung jederzeit ergänzen, ändern oder aufheben.[372] Eine von Vorstand erlassene Ordnung kann er allerdings nicht abändern, sondern nur durch eine neue ersetzen (→ Rn. 64). Der Vorstand selbst kann die von ihm erlassene Geschäftsordnung nur mit Zustimmung aller Organmitglieder ändern oder aufheben (→ Rn. 66). Beschlüsse über einmalige Abweichungen können auch formlos erfolgen.[373] 69

Neu eintretende Vorstandsmitglieder sind nach hM an die bisherige Geschäftsordnung gebunden.[374] Ihrer ausdrücklichen oder konkludenten Zustimmung bedarf es entgegen einzelner Literaturstimmen nicht,[375] weil sich das Einstimmigkeitserfordernis des § 77 Abs. 2 S. 3 nur auf den Erlass der Geschäftsordnung bezieht und deren Fortgeltung auf ihrem abstrakt-generellen Charakter als Organisationsnorm beruht.[376] 70

6. Mitbestimmte Gesellschaften. Auch in mitbestimmten Gesellschaften besteht nach ganz hM keine Pflicht zum Erlass einer Geschäftsordnung.[377] Die Gegenansicht[378] übersieht, dass der von ihr als Beleg herangezogene § 33 Abs. 2 S. 2 MitbestG 1976 deren Erlass nicht vorschreibt, sondern voraussetzt. Ohne Geschäftsordnung bleibt es bei dem gesetzlichen Einstimmigkeitsprinzip unter Einschluss des Arbeitsdirektors.[379] 71

7. Offenlegung. Börsennotierte Gesellschaften müssen nach § 289f Abs. 2 Nr. 3 HGB in ihre Erklärung zur Unternehmensführung eine Beschreibung der Arbeitsweise von Vorstand und Aufsichtsrat aufnehmen. Hierzu gehört auch eine Offenlegung der Geschäftsordnung des Vorstands.[380] 72

§ 78 Vertretung

(1) ¹Der Vorstand vertritt die Gesellschaft gerichtlich und außergerichtlich. ²Hat eine Gesellschaft keinen Vorstand (Führungslosigkeit), wird die Gesellschaft für den Fall, dass ihr gegenüber Willenserklärungen abgegeben oder Schriftstücke zugestellt werden, durch den Aufsichtsrat vertreten.

(2) ¹Besteht der Vorstand aus mehreren Personen, so sind, wenn die Satzung nichts anderes bestimmt, sämtliche Vorstandsmitglieder nur gemeinschaftlich zur Vertretung der Gesellschaft befugt. ²Ist eine Willenserklärung gegenüber der Gesellschaft abzugeben, so genügt die

---

[366] Vgl. AusschBer *Kropff* S. 100; *Baumbach/Hueck* Rn. 15; *Bürgers/Körber/Bürgers* Rn. 27; *v. Godin/Wilhelmi* Rn. 11; Großkomm AktG/*Kort* Rn. 78; MüKoAktG/*Spindler* Rn. 51; NK-AktR/*Oltmanns* Rn. 13.
[367] Vgl. *Baumbach/Hueck* Rn. 15; *v. Godin/Wilhelmi* Rn. 11; *Isenberg*, Die Geschäftsordnung für die Organe der Aktiengesellschaft, 2005, 87 f.; MüKoAktG/*Spindler* Rn. 51.
[368] Vgl. *v. Godin/Wilhelmi* Rn. 11; *Hüffer/Koch/Koch* Rn. 21; *Isenberg*, Die Geschäftsordnung für die Organe der Aktiengesellschaft, 2005, 88; K. Schmidt/Lutter/*Seibt* Rn. 28; MHdB AG/*Wiesner* § 22 Rn. 20.
[369] Vgl. *Baumbach/Hueck* Rn. 15; *Hüffer/Koch/Koch* Rn. 21.
[370] Vgl. *Wachter/Eckert* Rn. 22; MüKoAktG/*Spindler* Rn. 52.
[371] Vgl. *Hüffer/Koch/Koch* Rn. 22; Großkomm AktG/*Kort* Rn. 74; K. Schmidt/Lutter/*Seibt* Rn. 29.
[372] Vgl. MüKoAktG/*Spindler* Rn. 47; *Grigoleit/Vedder* Rn. 18.
[373] Vgl. *Baumbach/Hueck* Rn. 15; Kölner Komm AktG/*Mertens/Cahn* Rn. 62;.
[374] Vgl. *Hüffer/Koch/Koch* Rn. 22; Kölner Komm AktG/*Mertens/Cahn* Rn. 65; NK-AktR/*Oltmanns* Rn. 15.
[375] Vgl. MHdB AG/*Wiesner* § 22 Rn. 19.
[376] Näher *Hoffmann-Becking* ZGR 1998, 497 (500); *Isenberg*, Die Geschäftsordnung für die Organe der Aktiengesellschaft, 2005, 183 f. („Kontinuitätstheorie").
[377] Vgl. *Bürgers/Körber/Bürgers* Rn. 29; *Hüffer/Koch/Koch* Rn. 23; Großkomm AktG/*Kort* Rn. 94; MüKoAktG/*Spindler* Rn. 53; NK-AktR/*Oltmanns* Rn. 16; *Schneider* FS Mühl, 1981, 633 (639 f.); K. Schmidt/Lutter/*Seibt* Rn. 30.
[378] Vgl. UHH/*Henssler* MitbestG § 33 Rn. 44.
[379] Vgl. *Henssler/Strohn/Dauner-Lieb* Rn. 15; Großkomm AktG/*Kort* Rn. 94; MüKoAktG/*Spindler* Rn. 53; K. Schmidt/Lutter/*Seibt* Rn. 30.
[380] Vgl. MüKoHGB/*Lange* HGB § 289a Rn. 12.

Abgabe gegenüber einem Vorstandsmitglied oder im Fall des Absatzes 1 Satz 2 gegenüber einem Aufsichtsratsmitglied. ³An die Vertreter der Gesellschaft nach Absatz 1 können unter der im Handelsregister eingetragenen Geschäftsanschrift Willenserklärungen gegenüber der Gesellschaft abgegeben und Schriftstücke für die Gesellschaft zugestellt werden. ⁴Unabhängig hiervon können die Abgabe und die Zustellung auch unter der eingetragenen Anschrift der empfangsberechtigten Person nach § 39 Abs. 1 Satz 2 erfolgen.

(3) ¹Die Satzung kann auch bestimmen, daß einzelne Vorstandsmitglieder allein oder in Gemeinschaft mit einem Prokuristen zur Vertretung der Gesellschaft befugt sind. ²Dasselbe kann der Aufsichtsrat bestimmen, wenn die Satzung ihn hierzu ermächtigt hat. ³Absatz 2 Satz 2 gilt in diesen Fällen sinngemäß.

(4) ¹Zur Gesamtvertretung befugte Vorstandsmitglieder können einzelne von ihnen zur Vornahme bestimmter Geschäfte oder bestimmter Arten von Geschäften ermächtigen. ²Dies gilt sinngemäß, wenn ein einzelnes Vorstandsmitglied in Gemeinschaft mit einem Prokuristen zur Vertretung der Gesellschaft befugt ist.

Schrifttum: *Abegglen*, Wissenszurechnung bei der juristischen Person und im Konzern, bei Banken und Versicherungen, 2004; *Abegglen*, Wissenszurechnung im Konzern?, ZBJV 142 (2006), 1; *Baum*, Die Wissenszurechnung, 1999; *Beuthien*, Zur Theorie der Stellvertretung im Gesellschaftsrecht, FS Zöllner, 1998, 87; *Beuthien*, Gibt es eine organschaftliche Stellvertretung?, NJW 1999, 1142; *Beuthien*, Gibt es im Gesellschaftsrecht eine gesetzliche Stellvertretung?, FS Canaris, 2007, Bd. 2, 41; *Blasche/König*, Möglichkeiten der einzelfallbezogenen Erweiterung der Vertretungsbefugnis des gesamtvertretungsberechtigten GmbH-Geschäftsführers zur Einzelvertretungsbefugnis, NZG 2013, 1225; *Böhringer*, Grundstücksverkehr bei Insichgeschäften des Vorstands einer Aktiengesellschaft/Genossenschaft, NotBZ 2017, 241; *Bork*, Wissenszurechnung im Konzern, ZGR 1994, 237; *Buck*, Wissen und juristische Person, 2001; *Buck-Heeb*, Wissenszurechnung, Informationsorganisation und Ad-hoc-Mitteilungspflicht bei Kenntnis des Aufsichtsratsmitglieds, AG 2015, 801; *Cramer*, Die Bestellung von Vorstandsmitgliedern zu Geschäftsführern einer Tochter-GmbH, NZG 2012, 765; *Drexl*, Wissenszurechnung im Konzern, ZHR 161 (1997), 491; *Ekkenga*, Insichgeschäfte geschäftsführender Organe im Aktien- und GmbH-Recht unter besonderer Berücksichtigung der Einmann-Gesellschaft, AG 1985, 40; *Eßwein*, § 112 AktG: Universalnorm für die Vermeidung von Interessenkonflikten?, AG 2015, 151; *Fest*, Gesetzliche Vertretung und Prozessfähigkeit einer führungslosen Gesellschaft nach dem MoMiG, NZG 2011, 130; *Fleischer*, Zur Privatsphäre von GmbH-Geschäftsführern und Vorstandsmitgliedern: Organpflichten, organschaftliche Zurechnung und private Information, NJW 2006, 3239; *Frels*, Überweisung von Vertretungsmacht an einzelne Mitglieder des Vorstands der Aktiengesellschaft, ZHR 122 (1959), 173; *Gasteyer/Goldschmidt*, Wissenszurechnung bei juristischen Personen und im Konzern, AG 2016, 116; *Gehrlein*, Zur Haftung der juristischen Person, FS Hüffer, 2010, 205; *Grigoleit*, Zivilrechtliche Grundlagen der Wissenszurechnung, ZHR 181 (2017), 160; *Grunewald*, Wissenszurechnung bei juristischen Personen, FS Beusch, 1993, 301; *Hauschild*, § 181 BGB im Gesellschaftsrecht – eine heilige Kuh auf (international) verlorenem Posten, ZIP 2014, 954; *Heller*, Die organschaftliche Vertretungsmacht im Kapitalgesellschaftsrecht – Zu Reichweite und Grenzen der organschaftlichen Vertretungsmacht im Europäischen Kapitalgesellschaftsrecht, ZVglRWiss 107 (2008), 293; *Horstkotte*, Die führungslose GmbH im Insolvenzantragsverfahren, ZInsO 2009, 209; *Hübner*, Zur Zulässigkeit der Generalvollmacht bei Kapitalgesellschaften, ZHR 143 (1979), 1; *Joos*, Organschaft und Vertretung, 2013; *Kieser/Kloster*, Wissenszurechnung bei der GmbH, GmbHR 2001, 176; *Köhl*, Der Prokurist in der unechten Gesamtvertretung, NZG 2005, 197; *Langer/Peters*, Rechtliche Möglichkeiten einer unterschiedlichen Kompetenzzuweisung an einzelne Vorstandsmitglieder, BB 2012, 2579; *Maesch*, Corporate Governance in der insolventen Aktiengesellschaft, 2005; *Nobbe*, Die Wissenszurechnung in der Rechtsprechung des BGH, in Hadding/Hopt/Schimansky, Bankrechtstag 2002, 2003, S. 121; *Passarge*, Zum Begriff der Führungslosigkeit – scharfes Schwert gegen Missbrauch oder nur theoretischer Papiertiger?, GmbHR 2010, 295; *Raiser*, Kenntnis und Kennenmüssen von Unternehmen, FS Bezzenberger, 2000, 561; *Reinert*, Unechte Gesamtvertretung und unechte Gesamtprokura im Recht der Aktiengesellschaft, 1990; *Robles y Zepf*, Praxisrelevante Probleme der Mehrvertretung bei der GmbH und der Aktiengesellschaft gem. § 181 2. Alt. BGB, BB 2012, 1876; *Römmer-Collmann*, Wissenszurechnung innerhalb juristischer Personen, 1998; *Roquette*, Rechtsfragen zur unechten Gesamtvertretung im Rahmen der gesetzlichen Vertretung von Kapitalgesellschaften, FS Oppenhoff, 1985, 335; *Rupietta*, Die Vertretung der Aktiengesellschaft gegenüber dem Vorstand, NZG 2007, 801; *Schmahl*, Subsidiäres Insolvenzantragsrecht bei führungslosen juristischen Personen nach dem Regierungsentwurf des MoMiG, NZI 2008, 6; *K. Schmidt*, Führungslosigkeit der GmbH oder GmbH & Co. KG im Prozess, GmbHR 2011, 113; *K. Schmidt*, Vom Sonderrecht der „führungslosen GmbH" zur subsidiären Selbstorganschaft?, FS U. H. Schneider, 2011, 1157; *Schüler*, Die Wissenszurechnung im Konzern, 2000; *Schürnbrand*, Wissenszurechnung im Konzern – unter besonderer Berücksichtigung von Doppelmandaten, ZHR 181 (2017), 357; *Schwarz*, Die Gesamtvertreterermächtigung – Ein zivil- und gesellschaftsrechtliches Institut, NZG 2001, 529; *Schwarz*, Rechtsfragen der Gesamtvertretungsmacht nach § 78 Abs. 4 AktG, ZGR 2001, 745; *Schwarz*, Vertretungsregelungen durch den Aufsichtsrat (§ 78 Abs. 3 S. 2 AktG) und durch Vorstandsmitglieder (§ 78 Abs. 4 S. 1 AktG), ZHR 166 (2002), 625; *Spindler*, Unternehmensorganisationspflichten, 2001; *Spindler*, Wissenszurechnung in der GmbH, der AG und im Konzern, ZHR 181 (2017), 311; *Steffek*, Zustellungen und Zugang von Willenserklärungen nach dem Regierungsentwurf zum MoMiG – Inhalt und Bedeutung der Änderungen für GmbHs, AGs und ausländische Kapitalgesellschaften, BB 2007, 2077; *Stein*, Die Grenzen vollmachtloser Vertretung der Gesellschaft gegenüber Vorstandsmitgliedern und Geschäftsführern, AG 1999, 28; *Suttmann*, Insichgeschäfte im Gesellschaftsrecht, MittBayNot 2011, 1; *Theusinger/Wolf*, Mittelbare Geschäfte zwischen Vorstandsmitglied und Aktiengesellschaft, NZG 2012, 901; *Timme/Hülk*, Schriftform bei Mietvertrag mit einer Aktiengesellschaft, NZG 2010, 177; *Verse*, Doppelmandate und Wissenszurechnung im Konzern, AG 2015, 413; *Wagner,* Wissenszurechnung: Rechtsvergleichende und rechtsökonomische Grundlagen, ZHR 181 (2017), 311; *Werner,* Aktuelle Probleme der Vertretung der Aktiengesellschaft durch den Aufsichtsrat nach § 112 AktG, Der Konzern 2008, 639; *Westerhoff,* Organ und (gesetzlicher) Vertreter, 1993; *Wolff,* Organschaft und juristische Person, Bd. 2: Theorie der Vertretung, 1934.

Übersicht

	Rn.		Rn.
I. Überblick	1–3	b) Grenzen	36
1. Regelungszweck	1	2. Einzelvertretung	37
2. Vorgängervorschriften und Parallelregelungen	2	3. Unechte Gesamtvertretung	38, 39
3. Unionsrecht und Rechtsvergleichung	3	4. Gemeinschaftliche Vertretung durch mehrere Vorstandsmitglieder	40
II. Organschaftliche Vertretung	4–24	**V. Einzelermächtigung**	41–47
1. Grundlagen	4, 5	1. Allgemeines	41
a) Allgemeines	4	2. Rechtsnatur	42
b) Wirkung	5	3. Erteilung	43, 44
2. Gegenstand der Vertretung	6–8	4. Umfang	45, 46
a) Außergerichtliche Vertretung	6	5. Widerruf	47
b) Gerichtliche Vertretung	7, 8	**VI. Vertretung durch Bevollmächtigte**	48–52
3. Umfang und Grenzen der Vertretung	9–18	1. Allgemeines	48
a) Unbeschränkte Vertretungsmacht	9	2. Arten von Bevollmächtigten	49–52
b) Insichgeschäfte des Vorstands	10–13	a) Prokuristen	49, 50
c) Beteiligungsbefugnisse anderer Organe	14–17	b) Handlungsbevollmächtigte	51
d) Mitbestimmte Gesellschaften	18	c) Generalbevollmächtigte	52
4. Sonderfälle der Vertretung	19–21	**VII. Wissenszurechnung und Willensmängel**	53–57
a) Vorgesellschaft	19	1. Wissenszurechnung	53–56f
b) Abwicklungsgesellschaft	20	a) Grundlagen	53
c) Insolvente Gesellschaft	21	b) Reichweite	54–56
5. Führungslosigkeit	22–24	c) Wissenszurechnung im Konzern	56a–56f
III. Gesamtvertretung	25–32	2. Willensmängel	57
1. Aktivvertretung	25, 26	**VIII. Organhaftung**	58–64
a) Allgemeines	25	1. Allgemeines	58
b) Ausübung	26	2. Zurechnungsvoraussetzungen	59–63
2. Passivvertretung	27–32	a) Schadensersatzbegründende Handlungen	59, 60
a) Allgemeines	27	b) In Ausführung der zustehenden Verrichtungen	61–63
b) Besonderheiten bei Führungslosigkeit	28–32	3. Organentsendung	64
IV. Abweichende Bestimmungen	33–40		
1. Allgemeines	33–36		
a) Gestaltungsmöglichkeiten	33–35		

I. Überblick

1. Regelungszweck. § 78 regelt die organschaftliche Vertretung der Gesellschaft durch den Vorstand[1] und stattet ihn in Abs. 1 mit einer umfassenden Vertretungsmacht aus. Als Grundregel für den mehrköpfigen Vorstand gilt gemäß Abs. 2 das Prinzip der Gesamtvertretung, von dem Abs. 3 aber Abweichungen durch Satzung oder Aufsichtsrat zulässt. Abs. 4 eröffnet den zur Gesamtvertretung berechtigten Vorstandsmitgliedern die Möglichkeit einer Einzelermächtigung. Andere Fragen der organschaftlichen Zurechnung,[2] namentlich die Verschuldens- und Wissenszurechnung, sind ungeregelt geblieben und werden heute durch Analogie und Rechtsfortbildung bewältigt (näher → Rn. 53 ff. und 58 ff.). Zur Missbrauchsbekämpfung sind Abs. 1 und 2 durch das MoMiG von

---

[1] Vgl. BegrRegE *Kropff* S. 100; Bürgers/Körber/*Bürgers* Rn. 1; Großkomm AktG/*Habersack/Foerster* Rn. 1; Hüffer/Koch/*Koch* Rn. 1; *Kort* in Fleischer Vorstands-HdB § 2 Rn. 30; MüKoAktG/*Spindler* Rn. 1; Hölters/*Weber* Rn. 1; MHdB AG/*Wiesner* § 23 Rn. 1.

[2] Allgemein zur organschaftlichen Zurechnung und ihren Einzelausprägungen *K. Schmidt* GesR § 10 S. 247 ff.; monographisch *Westerhoff,* Organ und (gesetzlicher) Vertreter, 1993, 33 ff. (81 ff., 132 ff.); speziell zur Trennung von Organ und Organwalter und deren Auswirkung auf die Zurechnungsfragen *Fleischer* NJW 2006, 3239. Grundlegend aus öffentlich-rechtlicher Sicht *H. J. Wolff,* Organschaft und juristische Person, Bd. 2: Theorie der Vertretung, 1934, 224 ff.

2008 (BGBl. 2008 I 2026) um Neuregelungen zur Führungslosigkeit und Passivvertretung ergänzt worden.

2. Vorgängervorschriften und Parallelregelungen. § 78 knüpft an den weithin inhaltsgleichen § 71 AktG 1937 an,[3] der seinerseits auf die § 231 Abs. 1 HGB 1897, § 232 HGB 1897 zurückgreifen konnte.[4] Eine GmbH-rechtliche Parallelvorschrift, die ebenfalls vom Grundsatz der Gesamtvertretung ausgeht, findet sich in § 35 Abs. 1 und 2 GmbHG.[5] Dagegen billigt § 125 Abs. 1 HGB den OHG-Gesellschaftern im Zweifel Alleinvertretungsmacht zu.

3. Unionsrecht und Rechtsvergleichung. Das Europäische Gesellschaftsrecht nimmt keine Angleichung der materiell-rechtlichen Regeln über die organschaftliche Vertretungsmacht vor,[6] sondern beschränkt sich auf eine publizitätsrechtliche Lösung. Wie sich aus Art. 9 Abs. 3 der Richtlinie (EU) 2017/1132[7] ergibt, steht es den Mitgliedstaaten frei, zwischen Einzel- und Gesamtvertretung zu wählen und dem Satzungsgeber weitere Gestaltungsmöglichkeiten zu eröffnen.[8] International ist eine beträchtliche Variationsbreite zu verzeichnen: Während das französische Aktienrecht ein System zwingender Einzelvertretung durch den Generaldirektor (SA klassischen Typs) oder Vorstandsvorsitzenden (SA neuen Typs) kennt,[9] geht das englische Kapitalgesellschaftsrecht von der Gesamtvertretung durch alle Verwaltungsratsmitglieder aus, lässt jedoch statutarisch eine breitflächige Delegation der Vertretungsmacht auf die geschäftsführenden Direktoren zu.[10]

II. Organschaftliche Vertretung

1. Grundlagen. a) Allgemeines. Der Vorstand ist der organschaftliche Vertreter der Gesellschaft.[11] Er handelt für die selbst handlungsunfähige AG und ermöglicht ihr so die Teilnahme am Rechtsverkehr.[12] Das Vorstandshandeln wird der AG als eigenes zugerechnet (Organtheorie).[13] Entsprechend § 26 Abs. 2 S. 1 Hs. 2 BGB hat der Vorstand die Stellung eines gesetzlichen Vertreters.[14] Die Ausübung der ihm zugewiesenen Vertretungsmacht liegt in den Händen der Vorstandsmitglieder.[15] Es gilt der Grundsatz der Fremdorganschaft (→ § 76 Rn. 123), dh. die Vorstandsmitglieder brauchen nicht selbst Aktionäre zu sein.[16]

b) Wirkung. Auf die organschaftliche Vertretung durch den Vorstand finden die §§ 164 ff. BGB entsprechende Anwendung.[17] Eine namens der AG und im Rahmen der organschaftlichen Vertretungsmacht abgegebene Willenserklärung wirkt daher unmittelbar für und gegen die Gesellschaft.[18]

---

[3] Dazu BegrRegE *Kropff* S. 100.

[4] Vgl. Amtl. Begr. bei *Klausing* S. 59.

[5] Zur entsprechenden Anwendung von § 78 Abs. 3 im GmbH-Recht OLG Brandenburg ZIP 2006, 1635.

[6] Vgl. *Grundmann* EuropGesR Rn. 211; *Habersack/Verse* EuropGesR § 5 Rn. 36; *Lutter/Bayer/Schmidt* EuropGesR § 19 Rn. 79; *Schwarz* EuropGesR Rn. 346.

[7] Richtlinie (EU) 2017/1132 v. 14.6.2017 über bestimmte Aspekte des Gesellschaftsrechts, ABl. EU 2017 Nr. L 169, 46.

[8] Näher zur Ursprungsfassung in der Publizitätsrichtlinie *Fischer-Zernin*, Der Rechtsangleichungserfolg der Ersten gesellschaftsrechtlichen Richtlinie der EWG, 1986, 235 ff.; zur aktuellen Version *Lutter/Bayer/Schmidt* EuropGesR § 18 Rn. 83.

[9] Rechtsvergleichend *Frey*, Die Vertretung verselbstständigter Rechtsträger in europäischen Ländern, Teil VI: Frankreich, 2003, 125 f. (131 f., 206 f.).

[10] Rechtsvergleichend *Dreibus*, Die Vertretung bei Rechtsträgern des privaten und öffentlichen Rechts im Vereinigten Königreich von Großbritannien und Nordirland, 1999, 68 ff.

[11] Vgl. *Wachter/Eckert* Rn. 2; Großkomm AktG/*Habersack/Foerster* Rn. 14; Hüffer/Koch/*Koch* Rn. 3; *Kort* in Fleischer Vorstands-HdB § 2 Rn. 30; Grigoleit/*Vedder* Rn. 3; eingehend *Beuthien* FS Zöllner, 1998, 87 (92 ff.); *Beuthien* FS Canaris, 2007, Bd. 2, 41 (42); zum Vergleich von rechtsgeschäftlicher und organschaftlicher Vertretung *Joos*, Organschaft und Vertretung, 2013, 36 ff. und passim.

[12] Vgl. BGH WM 1959, 80 (81); BGHZ 99, 298 (302); Großkomm AktG/*Habersack/Foerster* Rn. 14; *Joos*, Organschaft und Vertretung, 2013, 57 ff.; MHdB AG/*Wiesner* § 23 Rn. 1.

[13] Vgl. Hüffer/Koch/*Koch* Rn. 3; MüKoAktG/*Spindler* Rn. 5; *Richter* in Semler/Peltzer/Kubis ArbHdB Vorstand § 6 Rn. 1; K. Schmidt/Lutter/*Seibt* Rn. 2.

[14] Vgl. Baumbach/*Hueck* Rn. 2; Bürgers/Körber/*Bürgers* Rn. 2; Großkomm AktG/*Habersack/Foerster* Rn. 14; Hüffer/Koch/*Koch* Rn. 3; *Kort* in Fleischer Vorstands-HdB § 2 Rn. 30; abw. Kölner Komm AktG/*Mertens/Cahn* Rn. 7, die den Vorstand als gesetzlichen Vertreter einordnen; s. auch *Westerhoff*, Organ und (gesetzlicher) Vertreter, 1993, 30 ff.

[15] Näher *Beuthien* FS Zöllner, 1998, 87 (98); *Beuthien* FS Canaris, 2007, Bd. 2, 41 (42 ff.).

[16] Vgl. Großkomm AktG/*Habersack/Foerster* Rn. 14; *Richter* in Semler/Peltzer/Kubis ArbHdB Vorstand § 6 Rn. 1.

[17] Vgl. Baumbach/*Hueck* Rn. 1; Großkomm AktG/*Habersack/Foerster* Rn. 15; Hüffer/Koch/*Koch* Rn. 9; MHdB AG/*Wiesner* § 23 Rn. 18; *Westerhoff*, Organ und (gesetzlicher) Vertreter, 1993, 30 f.

[18] Vgl. MüKoAktG/*Spindler* Rn. 92.

Die Folgen einer Überschreitung der Vertretungsmacht richten sich nach den §§ 177 ff. BGB.[19] Allerdings sind die allgemeinen Grundsätze der Duldungs- und Anscheinsvollmacht zu beachten.[20] § 165 BGB spielt für Vorstandsmitglieder keine Rolle, weil diese nach § 76 Abs. 3 S. 1 unbeschränkt geschäftsfähig sein müssen.[21]

2. Gegenstand der Vertretung. a) Außergerichtliche Vertretung. § 78 Abs. 1 betraut den 6
Vorstand mit der außergerichtlichen Vertretung der Gesellschaft. Neben der Vertretung im rechtsgeschäftlichen Verkehr mit Dritten (einschließlich Mitarbeitern[22]) gehören dazu auch körperschaftsrechtliche Akte gegenüber Aktionären, zB die Einforderung ausstehender Einlagen (§ 63 Abs. 1 S. 1), die Erteilung der Zustimmung zur Übertragung vinkulierter Namensaktien (§ 68 Abs. 2 S. 2) oder die Einladung zur Hauptversammlung (§ 121 Abs. 2 S. 1).[23] Nicht von § 78 Abs. 1 erfasst werden dagegen Maßnahmen der organinternen Willensbildung sowie gesellschaftsinterne Mitwirkungshandlungen.[24]

b) Gerichtliche Vertretung. Als juristische Person ist die Aktiengesellschaft parteifähig (§ 50 7
Abs. 1 ZPO)[25] und nach richtiger, wenngleich umstrittener Ansicht auch prozessfähig (§ 51 Abs. 1 ZPO).[26] Ihre gerichtliche Vertretung liegt gem. § 78 Abs. 1 grundsätzlich (Ausnahmen: → Rn. 8) in den Händen des Vorstands. Dieser vertritt die Gesellschaft auch, wenn Aufsichtsratsmitglieder auf Feststellung der Nichtigkeit von Aufsichtsratsbeschlüssen klagen.[27] Zur Parteibezeichnung der Aktiengesellschaft gehört in allen derartigen Fällen die Nennung der Vorstandsmitglieder (§ 130 Nr. 1, § 253 Abs. 4; § 313 Abs. 1 Nr. 1 ZPO). Zustellungen sind an den Vorstand als Zustellungsadressaten zu bewirken (§ 170 Abs. 1 S. 1 ZPO); bei einem mehrköpfigen Vorstand genügt die Zustellung an ein Vorstandsmitglied (§ 170 Abs. 3 ZPO). Wird die Gesellschaft durch den Vorstand vertreten, können Vorstandsmitglieder nicht als Zeugen, sondern nur als Partei vernommen werden (§ 455 Abs. 1 S. 1 ZPO).[28] Ohne Belang ist dabei, ob das betreffende Vorstandsmitglied an der Prozessführung beteiligt ist.[29] Bei einem mehrköpfigen Vorstand bestimmt das Gericht, ob nur einzelne oder alle Vorstandsmitglieder als Partei vernommen werden (§ 455 Abs. 1 S. 2 iVm § 449 ZPO). Eidesstattliche Versicherungen in der Zwangsvollstreckung (§ 807 Abs. 3 S. 1 ZPO, § 883 Abs. 2 ZPO, §§ 899 ff. ZPO) sind von allen Vorstandsmitgliedern abzugeben, die dem Vorstand zum Abgabezeitpunkt angehören.[30] Diese Verpflichtung lässt sich nicht durch eine gezielte Amtsniederlegung vermeiden.[31]

Ist ein Vorstandsmitglied in einem Rechtsstreit Gegner der Aktiengesellschaft, so wird diese vom Auf- 8
sichtsrat vertreten (§ 112). Bei Beschlussmängelklagen (§ 246 Abs. 2 S. 2, § 249 Abs. 1 S. 1, § 275 Abs. 4 S. 1) erfolgt die gerichtliche Vertretung der Gesellschaft durch Vorstand und Aufsichtsrat als Doppelvertreter.[32] Zustellungen müssen dann an je ein Vorstands- und Aufsichtsratsmitglied erfolgen,[33] da § 170

---

[19] Vgl. *Baumbach/Hueck* Rn. 1; Großkomm AktG/*Habersack/Foerster* Rn. 15; Hüffer/Koch/*Koch* Rn. 9; MHdB/*Wiesner* AG § 23 Rn. 18.
[20] Vgl. Kölner Komm AktG/*Mertens/Cahn* Rn. 68.
[21] Vgl. Großkomm AktG/*Habersack/Foerster* Rn. 15; MüKoAktG/*Spindler* Rn. 92.
[22] Vgl. BGH NZG 2015, 792 Rn. 26: Beratungsvertrag mit Mitarbeitern (nicht aber mit Vorstandsmitgliedern, für die § 112 eingreift).
[23] Vgl. Großkomm AktG/*Habersack/Foerster* Rn. 26; Kölner Komm AktG/*Mertens/Cahn* Rn. 6; MHdB AG/ *Wiesner* § 23 Rn. 3.
[24] Vgl. Großkomm AktG/*Habersack/Foerster* Rn. 26; MHdB AG/*Wiesner* § 23 Rn. 3.
[25] AllgM, vgl. Großkomm AktG/*Habersack/Foerster* Rn. 27; Hüffer/Koch/*Koch* Rn. 4.
[26] Ebenso BGH NJW 1965, 1666 f.; NJW 1984, 668; Großkomm AktG/*Habersack/Foerster* Rn. 27; Hüffer/ Koch/*Koch* Rn. 4; *Kort* in Fleischer Vorstands-HdB § 2 Rn. 31; K. Schmidt/Lutter/*Seibt* Rn. 4; Grigoleit/*Vedder* Rn. 4; abw. BGHZ 38, 71 (75); BGH NJW 1993, 1654 f.; MüKoAktG/*Spindler* Rn. 13.
[27] Vgl. BGHZ 122, 342 (345 f.); *Fleischer* DB 2013, 217 (222); Hüffer/Koch/*Koch* Rn. 4; NK-AktR/*Oltmanns* Rn. 6; krit. *Peus* EWIR 2008, 193 (194).
[28] Vgl. RGZ 2, 400 f.; 46, 318 (319); Wachter/*Eckert* Rn. 3; Hüffer/Koch/*Koch* Rn. 4; NK-AktR/*Oltmanns* Rn. 6; MHdB AG/*Wiesner* § 23 Rn. 5.
[29] Vgl. Kölner Komm AktG/*Mertens/Cahn* Rn. 21; MüKoAktG/*Spindler* Rn. 15.
[30] Vgl. OLG Hamm WM 1984, 1343 f.; OLG Hamm OLGZ 1985, 227 (228); *Baumbach/Hueck* AktG Rn. 3; v. Godin/Wilhelmi Rn. 3; Großkomm AktG/*Habersack/Foerster* Rn. 29; Hüffer/Koch/*Koch* Rn. 4; Kölner Komm AktG/*Mertens/Cahn* Rn. 22; MüKoAktG/*Spindler* Rn. 16; MHdB AG/*Wiesner* § 23 Rn. 5; abw. OLG Frankfurt RPfleger 1976, 27.
[31] Vgl. OLG Hamm OLGZ 1985, 227 (228 f.); OLG Stuttgart ZIP 1984, 113 (114); Großkomm AktG/ *Habersack/Foerster* Rn. 29; Hüffer/Koch/*Koch* Rn. 4; Kölner Komm AktG/*Mertens/Cahn* Rn. 22; MüKoAktG/ *Spindler* Rn. 16; NK-AktR/*Oltmanns* Rn. 6; Grigoleit/*Vedder* Rn. 4.
[32] Vgl. BGH NJW 1992, 2099 f.; WM 1974, 713; OLG Frankfurt AG 1984, 110; Hölters/*Weber* Rn. 6; MHdB AG/*Wiesner* § 23 Rn. 5.
[33] Vgl. BGHZ 32, 114 (119); BGH WM 1974, 713 (714); BGH NJW 1992, 2099 f.; OLG Frankfurt AG 1984, 110; MHdB AG/*Wiesner* § 23 Rn. 5.

Abs. 3 ZPO nicht im Verhältnis der Verwaltungsorgane zueinander gilt.[34] Klagt der Vorstand oder ein Vorstandsmitglied gegen die Gesellschaft, so vertritt der Aufsichtsrat die Gesellschaft allein (§ 246 Abs. 2 S. 3). Sind keine Vorstandsmitglieder zur Prozessvertretung der Gesellschaft vorhanden, so kann das Prozessgericht gem. § 57 Abs. 1 ZPO bei Gefahr im Verzug einen besonderen Vertreter bestellen.[35]

9 **3. Umfang und Grenzen der Vertretung. a) Unbeschränkte Vertretungsmacht.** Die Vertretungsmacht des Vorstands ist grundsätzlich unbeschränkt (§ 78 Abs. 1) und unbeschränkbar (§ 82 Abs. 1).[36] Das deutsche Aktienrecht kennt keine *ultra vires*-Doktrin, sondern gewährt dem Schutz des Rechtsverkehrs grundsätzlich Vorrang vor dem des Vertretenen.[37] Allerdings unterliegt die Vertretungsmacht des Vorstands von Gesetzes wegen einigen objektiven (→ Rn. 10 ff.) und subjektiven (→ Rn. 14 ff.) Grenzen.

10 **b) Insichgeschäfte des Vorstands. aa) Allgemeines.** An objektive Grenzen stößt die Vertretungsmacht des Vorstands bei Rechtsgeschäften mit Vorstandsmitgliedern: Nach § 112 vertritt der Aufsichtsrat die Gesellschaft Vorstandsmitgliedern gegenüber gerichtlich und außergerichtlich. Durch diese im Rahmen der Aktienrechtsreform von 1965 eingefügte Neuregelung[38] haben sich die mannigfachen Zweifelsfragen in Bezug auf § 181 BGB zu einem Gutteil entschärft.[39]

11 **bb) Selbstkontrahieren.** In den Fällen des Selbstkontrahierens fehlt dem Vorstand bereits auf Grund des § 112 die organschaftliche Vertretungsmacht.[40] Kein Vorstandsmitglied kann daher im Namen der Gesellschaft mit sich im eigenen Namen ein Rechtsgeschäft vornehmen.[41] Für eine Anwendbarkeit des § 181 Alt. 1 BGB besteht von vornherein kein Raum.[42] Noch keine endgültige Klärung hat die Frage erfahren, ob § 112 auch dann gilt, wenn zwar nicht mit einem Vorstandsmitglied, wohl aber mit einer wirtschaftlich identischen juristischen Person kontrahiert wird. Sie dürfte zu bejahen sein.[43] Ob ein gleichwohl abgeschlossenes Geschäft nichtig oder nur schwebend unwirksam und damit genehmigungsfähig wäre, wird unterschiedlich beurteilt.[44]

12 **cc) Mehrvertretung.** Auf Fälle der Mehrvertretung findet § 112 keine Anwendung, weil es um die Vertretung der Gesellschaft gegenüber Dritten und nicht gegenüber Vorstandsmitgliedern geht.[45] Zu beachten sind allerdings die Schranken des § 181 Alt. 2 BGB, die trotz Fehlens einer dem § 35 Abs. 4 S. 1 GmbHG entsprechenden Klarstellung auch für den Alleinvorstand gelten, der zugleich Alleinaktionär ist.[46] Danach ist eine Mehrvertretung nur zulässig, wenn sie dem Vorstandsmitglied gestattet ist oder das Rechtsgeschäft ausschließlich der Erfüllung einer Verbindlichkeit dient.[47] Die Gestattung kann analog § 78 Abs. 3 S. 1 bereits in der Satzung enthalten sein[48] oder vom Aufsichtsrat erteilt werden, der dafür nach überwiegender, aber nicht unbestrittener Ansicht analog § 78 Abs. 3 S. 2 einer statutarischen Ermächtigung bedarf.[49] Die in der Satzung vorgesehene Befreiung vom

---

[34] Vgl. *v. Gleichenstein* AG 1969, 305 ff.; MüKoAktG/*Spindler* Rn. 17.
[35] Vgl. BGH NZG 2011, 26 Rn. 19 (GmbH).
[36] Vgl. *v. Godin/Wilhelmi* Rn. 3; Hüffer/Koch/*Koch* Rn. 5; MüKoAktG/*Spindler* Rn. 30; *Richter* in Semler/Peltzer/Kubis ArbHdB Vorstand § 4 Rn. 136.
[37] Vgl. BegrRegE *Kropff* S. 103; *Fleischer* FS Huber, 2006, 719 (720); Grigoleit/*Vedder* Rn. 6.
[38] Zu den Hintergründen BegrRegE *Kropff* S. 156.
[39] Vgl. *Baumbach/Hueck* Rn. 4; *v. Godin/Wilhelmi* Rn. 3.
[40] Vgl. *Baumbach/Hueck* Rn. 4; Wachter/*Eckert* Rn. 5; *v. Godin/Wilhelmi* Rn. 3; Großkomm AktG/*Habersack/Foerster* Rn. 23; Kölner Komm AktG/*Mertens/Cahn* Rn. 71; MüKoAktG/*Spindler* Rn. 117; NK-AktR/*Oltmanns* Rn. 5.
[41] Vgl. *Richter* in Semler/Peltzer/Kubis ArbHdB Vorstand § 6 Rn. 43; *Suttmann* MittBayNot 2011, 1 (8 f.).
[42] Vgl. *Baumbach/Hueck* Rn. 4; *v. Godin/Wilhelmi* Rn. 3; Hüffer/Koch/*Koch* Rn. 6; MüKoAktG/*Spindler* Rn. 117; MHdB AG/*Wiesner* § 23 Rn. 21.
[43] Vgl. *Fleischer* DB 2015, 1764 (1765); wie hier OLG Saarbrücken ZIP 2014, 822 (824) mwN; *Rupietta* NZG 2007, 801 (803); *Theusinger/Wolf* NZG 2012, 901 (902 f.); *Werner* Der Konzern 2008, 639 (641); offenlassend BGH NJW 2013, 1742 Rn. 9; abw. OLG München BeckRS 2009, 06226, das im konkreten Einzelfall eine für die Gesellschaft nachteilige Interessenkollision verneint, da es nicht um den Abschluss eines Vertrages, sondern um dessen Kündigung ging.
[44] Näher *Suttmann* MittBayNot 2011, 1 (10) mwN.
[45] Vgl. MüKoAktG/*Spindler* Rn. 118; *Suttmann* MittBayNot 2011, 1 (9 f.).
[46] Vgl. Großkomm AktG/*Habersack/Foerster* Rn. 23; Hüffer/Koch/*Koch* Rn. 6; *Richter* in Semler/Peltzer/Kubis ArbHdB Vorstand § 6 Rn. 43.
[47] Vgl. MüKoAktG/*Spindler* Rn. 118; *Richter* in Semler/Peltzer/Kubis ArbHdB Vorstand § 6 Rn. 46.
[48] Vgl. Großkomm AktG/*Habersack/Foerster* Rn. 25; Hüffer/Koch/*Koch* Rn. 7; NK-AktR/*Oltmanns* Rn. 5; *Richter* in Semler/Peltzer/Kubis ArbHdB Vorstand § 6 Rn. 46; *Robles y Zepf* BB 2012, 1876 (1881).
[49] Vgl. *Heller* ZVglRWiss 107 (2008) 293 (296); Hüffer/Koch/*Koch* Rn. 7; BeckHdB AG/*Liebscher* § 6 Rn. 12; MüKoAktG/*Spindler* Rn. 124; NK-AktR/*Oltmanns* Rn. 5; Hölters/*Weber* Rn. 28; MHdB AG/*Wiesner* § 23 Rn. 22; Grigoleit/*Vedder* Rn. 17; abw. *Ekkenga* AG 1985, 40 (42); Großkomm AktG/*Habersack/Foerster* Rn. 25; *Hübner*, Interessenkonflikt und Vertretungsmacht, 1977, 251.

Vertretung 13–18 § 78

Mehrvertretungsverbot ist im Handelsregister einzutragen.[50] Eine Gestattung durch Hauptversammlungsbeschluss[51] oder seitens des Alleinaktionärs kommt nicht in Betracht.[52]

Die Anwendbarkeit des § 181 BGB auf Fälle der Mehrvertretung ist unionsrechtlich statthaft.[53] **13** Wie der EuGH für eine vergleichbare Vorschrift des niederländischen Bürgerlichen Gesetzbuchs entschieden hat, sind nationale Ausnahmen vom Grundsatz der unbeschränkten Vertretungsmacht bei Interessenkonflikten mit Art. 9 Abs. 1 RL (EU) 2017/1132 (→ Rn. 3) vereinbar.[54]

c) Beteiligungsbefugnisse anderer Organe. Subjektive Grenzen sind der Vertretungsmacht **14** des Vorstands durch Mitwirkungs- oder Zustimmungserfordernisse anderer Organe gezogen.

aa) Mitwirkungserfordernisse. In bestimmten Fällen kann der Vorstand die Gesellschaft nicht **15** allein, sondern nur gemeinsam mit dem Aufsichtsrat vertreten. Eine solche Doppelvertretung sehen die § 246 Abs. 2 S. 2,[55] § 249 Abs. 1 S. 1, § 250 Abs. 3, § 251 Abs. 3, § 253 Abs. 2, § 254 Abs. 2 S. 1, § 255 Abs. 3, § 256 Abs. 7 S. 1, § 257 Abs. 2 S. 1, § 275 Abs. 4 S. 1 vor. Ferner ordnen die § 184 Abs. 1 S. 1, § 188 Abs. 1, § 195 Abs. 1, § 207 Abs. 2, §§ 223, 229 Abs. 3, § 237 Abs. 4 S. 5 an, dass der Aufsichtsratsvorsitzende an der Vertretung der Gesellschaft durch den Vorstand mitwirkt.

bb) Zustimmungserfordernisse. Verschiedene Maßnahmen kann der Vorstand nur mit Zustim- **16** mung der Hauptversammlung vornehmen. Es sind dies der Verzicht auf Ersatzansprüche (§ 50 S. 1, § 53 S. 1, § 93 Abs. 4 S. 3, § 116 S. 1, § 117 Abs. 4, § 309 Abs. 3 S. 1, § 310 Abs. 4, § 317 Abs. 4, § 318 Abs. 4), die Nachgründung (§ 52 Abs. 1 S. 1), Gesamtvermögensgeschäfte (§ 179a Abs. 1 S. 1), der Abschluss und die Änderung von Unternehmensverträgen (§ 293 Abs. 1 S. 1, § 295 Abs. 1 S. 1). Weiterhin sehen die § 295 Abs. 2 S. 1, § 297 Abs. 2 S. 1 einen Sonderbeschluss außenstehender Aktionäre vor. Schließlich bedarf es der Zustimmung des Aufsichtsrats in den Fällen der § 114 Abs. 1, § 204 Abs. 1 S. 2. Dagegen begrenzen die ungeschriebenen Hauptversammlungszuständigkeiten nach der Holzmüller- und Gelatine-Doktrin nur das rechtliche Dürfen im Innenverhältnis, nicht aber das rechtliche Können im Außenverhältnis.[56] Ebenso lassen die internen Zustimmungsvorbehalte des Aufsichtsrats nach § 111 Abs. 4 S. 2 die externe Vertretungsmacht des Vorstands unberührt.

cc) Rechtsfolgen. Schließt der Vorstand ein Rechtsgeschäft ohne die erforderliche Mitwirkung **17** oder Zustimmung eines anderen Organs ab, so handelt er ohne Vertretungsmacht.[57] Nach richtiger Ansicht finden auf diesen Fall die §§ 177 ff. BGB Anwendung: Das übergangene Organ kann das Vorstandshandeln nachträglich genehmigen.[58] Falls es das Unternehmensinteresse erfordert, besteht ggf. eine Genehmigungspflicht, um Schaden von der Gesellschaft abzuwenden.[59]

d) Mitbestimmte Gesellschaften. Die § 32 MitbestG, Art. 1 § 15 Abs. 1 S. 1 Montan-Mitbes- **18** tErG enthalten eine vertretungsrechtliche Sonderregelung für den Fall, dass ein mitbestimmungspflichtiges Unternehmen (Obergesellschaft) an einem anderen, gleichfalls mitbestimmungspflichtigen Unternehmen (Untergesellschaft) mit mindestens 25 % beteiligt ist.[60] Danach können die Beteiligungsrechte der Obergesellschaft nur auf Grund eines Beschlusses des Aufsichtsrats und damit weisungsgebunden[61] ausgeübt werden, soweit über Bestellung, Widerruf oder Entlastung von Verwal-

---

[50] Vgl. NK-AktR/*Oltmanns* Rn. 5; *Richter* in Semler/Peltzer/Kubis ArbHdB Vorstand § 6 Rn. 46.
[51] So *Ekkenga* AG 1985, 140 (142).
[52] Vgl. Hüffer/Koch/*Koch* Rn. 7; MüKoAktG/*Spindler* Rn. 124; *Robles y Zepf* BB 2012, 1876 (1881); MHdB AG/*Wiesner* § 23 Rn. 22.
[53] Vgl. Großkomm AktG/*Habersack/Foerster* Rn. 24.
[54] Vgl. EuGH Slg. 1997, I-7219, 7228 – Mediasafe; zustimmend *Habersack/Verse* EuropGesR § 5 Rn. 35; *Kindler* FS Lutter, 2000, 483 (486 f.); *Schwarz* EuropGesR Rn. 353; krit. *Grundmann* EuropGesR Rn. 226; *Meilicke* DB 1999, 785 (788); *Schwab* ZGR 2000, 446 (451 ff., 460 ff., 475 ff.).
[55] Dazu und zu allfälligen Zustellungsfragen *Borsch* AG 2005, 606; zur Frage, ob diese Vorschrift im Rahmen des § 246a Abs. 1 AktG analog anwendbar ist, verneinend OLG Bremen AG 2009, 412 (413) mwN; eingehend *Fassbender* AG 2006, 872 (874).
[56] Vgl. BGHZ 83, 122 (131); 159, 30 (38, 42).
[57] Vgl. Großkomm AktG/*Habersack/Foerster* Rn. 13.
[58] Vgl. Großkomm AktG/*Habersack/Foerster* Rn. 13; MüKoAktG/*Spindler* Rn. 9; NK-AktR/*Oltmanns* Rn. 10; *Richter* in Semler/Peltzer/Kubis ArbHdB Vorstand § 6 Rn. 47; K. Schmidt/Lutter/*Seibt* Rn. 8; abw. OLG Stuttgart AG 1993, 85 (86); Kölner Komm AktG/*Mertens/Cahn* Rn. 20, die für eine Nichtigkeit des Geschäfts nach § 134 BGB eintreten.
[59] Vgl. MüKoAktG/*Spindler* Rn. 9.
[60] Zur vertretungsrechtlichen Relevanz dieser Vorschriften Bürgers/Körber/*Bürgers* Rn. 9; Großkomm AktG/*Habersack/Foerster* Rn. 8; Hüffer/Koch/*Koch* Rn. 8a; Kölner Komm AktG/*Mertens/Cahn* Rn. 18; MüKoAktG/*Spindler* Rn. 31; *Raiser/Veil* MitbestG § 32 Rn. 24; *Richter* in Semler/Peltzer/Kubis ArbHdB Vorstand § 6 Rn. 38; abw. *Crezelius* ZGR 1980, 359 (372 f.); *Eichler* BB 1977, 1064 (1065); *Säcker* DB 1977, 2031 (2035).
[61] Vgl. Hüffer/Koch/*Koch* Rn. 8a; NK-AktR/*Oltmanns* Rn. 8.

tungsträgern (insbesondere: Aufsichtsratsmitgliedern) oder über bestimmte Strukturmaßnahmen (insbesondere: Unternehmensverträge) zu beschließen ist.[62] Bei fehlendem Aufsichtsratsbeschluss ist die Untergesellschaft berechtigt, die Stimmabgabe zurückzuweisen.[63] Die hM lässt allerdings eine nachträgliche Genehmigung zu, sofern der Hauptversammlungsleiter in der Untergesellschaft die Stimmabgabe nicht beanstandet hat.[64] Fehlt es daran, so ist ein mit den Stimmen des Vertretungsorgans der Obergesellschaft gefasster Beschluss der Untergesellschaft nach den allgemeinen Regeln anfechtbar, sofern er auf den zu Unrecht mitgezählten Stimmen beruht.[65]

19 **4. Sonderfälle der Vertretung. a) Vorgesellschaft.** Die Vorschrift des § 78 gilt bereits für die Vor-AG.[66] Der Vorstand handelt nach heute hM als ihr organschaftlicher Vertreter;[67] die früher vertretene Ansicht, er handele als Bevollmächtigter der Gründer,[68] ist seit Anerkennung der Vor-AG als eigener Rechtsträgerin überholt. Streit herrscht aber nach wie vor über die Reichweite der Vertretungsmacht vor Eintragung der Gesellschaft in das Handelsregister (näher → § 82 Rn. 6).

20 **b) Abwicklungsgesellschaft.** Gem. den § 265 Abs. 1, § 269 Abs. 1 vertreten die Vorstandsmitglieder als Abwickler die Gesellschaft auch nach ihrer Auflösung gerichtlich und außergerichtlich.[69] Die nähere Ausgestaltung der Vertretungsmacht in § 269 Abs. 2–4 entspricht bei mehreren Abwicklern weitgehend der in § 78 Abs. 2–4.[70]

21 **c) Insolvente Gesellschaft.** Die Auflösung der Gesellschaft durch die Eröffnung des Insolvenzverfahrens gem. § 262 Abs. 1 Nr. 3 lässt ihre Organstruktur unberührt.[71] Der Insolvenzzweck führt jedoch zu einer weitgehenden Überlagerung und Verdrängung der Vorstandskompetenzen durch die Aufgaben und Befugnisse des Insolvenzverwalters.[72] Insbesondere hat der Insolvenzverwalter als Partei kraft Amtes[73] nach § 80 Abs. 1 InsO die Verwaltungs- und Verfügungsbefugnis über das Gesellschaftsvermögen.[74] Die Vertretungskompetenz des Vorstands für die insolvente AG beschränkt sich daher auf Angelegenheiten ohne Massebezug.[75] Dazu gehört nach hM etwa die kapitalmarktrechtliche Veröffentlichungspflicht nach § 25 WpHG bei Veränderungen des Stimmrechtsanteils.[76] Allerdings ist der Insolvenzverwalter gem. § 11 Abs. 1 WpHG gehalten, den Vorstand bei der Erfüllung dieser Pflicht zu unterstützen, insbesondere indem er aus der Insolvenzmasse die hierfür erforderlichen Mittel bereitstellt.[77] Im Eigenverwaltungsverfahren nach §§ 270 ff. InsO gelten hinsichtlich der Funktionenteilung zwischen Insolvenzverwalter und Gesellschaftsorganen besondere Regelungen.[78]

22 **5. Führungslosigkeit.** Das MoMiG von 2008 hat in § 78 Abs. 1 S. 2 den Fall, dass eine Gesellschaft keinen Vorstand hat, als sog. Führungslosigkeit legal definiert. Diese neu eingefügte Vorschrift dient der Missbrauchsbekämpfung, indem sie bei Führungslosigkeit eine Passivvertretung des Aufsichtsrats vorsieht (näher → Rn. 28). Ausweislich der Regierungsbegründung will der Reformgesetzgeber damit verhindern, dass durch eine Abberufung des Vorstands Zustellungen und der Zugang anderer Erklärungen an die Gesellschaft vereitelt werden.[79]

---

[62] Näher zum Kreis der weisungsgebundenen Geschäfte *Raiser/Veil* MitbestG § 32 Rn. 9 ff.
[63] Vgl. Hüffer/Koch/*Koch* Rn. 8b; NK-AktR/*Oltmanns* Rn. 8; *Raiser/Veil* MitbestG § 32 Rn. 24; *Richter* in Semler/Peltzer/Kubis ArbHdB Vorstand § 6 Rn. 40.
[64] Vgl. Hüffer/Koch/*Koch* Rn. 8b; Kölner Komm AktG/*Mertens/Cahn* Rn. 19; NK-AktR/*Oltmanns* Rn. 10; *Raiser/Veil* MitbestG § 32 Rn. 24.
[65] Vgl. Hüffer/Koch/*Koch* Rn. 8b; NK-AktR/*Oltmanns* Rn. 8; *Raiser/Veil* MitbestG § 32 Rn. 34; Grigoleit/*Vedder* Rn. 9.
[66] Vgl. Bürgers/Körber/*Bürgers* Rn. 1; Großkomm AktG/*Habersack/Foerster* Rn. 5; MüKoAktG/*Spindler* Rn. 2; *Richter* in Semler/Peltzer/Kubis ArbHdB Vorstand § 6 Rn. 65.
[67] Vgl. MüKoAktG/*Spindler* Rn. 1; *Priester* ZHR 165 (2001) 383 (388).
[68] Vgl. BGH AG 1961, 355.
[69] Vgl. Großkomm AktG/*Habersack/Foerster* Rn. 6; *Richter* in Semler/Peltzer/Kubis ArbHdB Vorstand § 6 Rn. 66.
[70] Vgl. Großkomm AktG/*Habersack/Foerster* Rn. 6.
[71] Vgl. OLG München AG 1995, 232; Großkomm AktG/*Habersack/Foerster* Rn. 6; MüKoAktG/*Spindler* Rn. 12; *K. Schmidt* AG 2006, 597.
[72] Ausf. *Maesch,* Corporate Governance in der insolventen Aktiengesellschaft, 2005, 250 ff.; *K. Schmidt* AG 2006, 597 (598 ff.).
[73] Vgl. zur sog. Amtstheorie, nach welcher der Insolvenzverwalter durch seine Bestellung nicht Organ der Gesellschaft, sondern Inhaber eines privaten Amtes wird, BGHZ 100, 346 (351); BVerwG ZIP 2005, 1145 (1148).
[74] Vgl. Großkomm AktG/*Habersack/Foerster* Rn. 10; MüKoAktG/*Spindler* Rn. 12.
[75] Ausf. *Maesch,* Corporate Governance in der insolventen Aktiengesellschaft, 2005, 93 ff.
[76] Vgl. BVerwG ZIP 2005, 1145; dazu *K. Schmidt* AG 2006, 597 (600 f.).
[77] Näher dazu Schwark/Zimmer/*v. Hein* WpHG § 11 Rn. 7 f. mwN.
[78] Ausf. *Maesch,* Corporate Governance in der insolventen Aktiengesellschaft, 2005, 150 ff. (193 ff.); *K. Schmidt* AG 2006, 597 (602).
[79] Vgl. BegrRegE MoMiG BT-Drs. 16/6140, 42; BGH NZG 2011, 26; Hüffer/Koch/*Koch* Rn. 4a.

Führungslosigkeit liegt vor, wenn die Gesellschaft keinen organschaftlichen Vertreter hat. Unerheblich ist, aus welchen Gründen der Vorstand nicht mehr amtiert, etwa durch Tod, Abberufung oder Amtsniederlegung sämtlicher Organmitglieder.[80] Auch nicht wirksam bestellte faktische Vorstandsmitglieder begründen einen Fall der Führungslosigkeit,[81] selbst wenn diese noch im Handelsregister eingetragen sind.[82] Demgegenüber macht die Abwesenheit der wirksam bestellten Vorstandsmitglieder wegen eines längeren Auslandsaufenthalts oder Krankheit die Gesellschaft nicht führungslos.[83] Gleiches gilt, wenn der Vorstand nicht handlungswillig ist. Ferner ist keine Führungslosigkeit iSd § 78 Abs. 1 S. 2 gegeben, wenn die Gesellschaft in der Abwicklungsphase Liquidatoren hat.

Auf die Kenntnis des Aufsichtsrats von der Führungslosigkeit kommt es nicht an.[84] Dieser muss vielmehr dafür sorgen, dass eine Führungslosigkeit rechtzeitig erkannt wird und dass die Gesellschaft auf zugegangene Willenserklärungen und Zustellungen angemessen reagieren kann.[85]

III. Gesamtvertretung

1. Aktivvertretung. a) Allgemeines. Besteht der Vorstand aus mehreren Personen, so sind nach der Grundregel des § 78 Abs. 2 S. 1 sämtliche Vorstandsmitglieder nur gemeinschaftlich zur Vertretung der Gesellschaft befugt. Es gilt also das Prinzip der Gesamtvertretung,[86] das der Gesellschaft zwar den größtmöglichen Schutz vor übereilten oder treuwidrigen Maßnahmen einzelner Vorstandsmitglieder gewährt,[87] aber auch theoretische und praktische Probleme mit sich bringt. Ist ein gesamtvertretungsberechtigtes Vorstandsmitglied vorübergehend verhindert, so kann die AG nicht wirksam vertreten werden.[88] Auch eine gerichtliche Ersatzbestellung kommt in diesem Fall nicht in Betracht (→ § 85 Rn. 5). Bei endgültigem Wegfall eines Vorstandsmitglieds, etwa durch Tod oder Widerruf der Bestellung, sind die verbleibenden Vorstandsmitglieder vertretungsberechtigt, es sei denn, dass die nach Gesetz oder Satzung zur Vertretung erforderliche Zahl von Vorstandsmitgliedern unterschritten wird.[89] Eine wichtige Ausnahme vom Grundsatz der Gesamtvertretung macht § 15 Abs. 1 InsO, wonach jedes Vorstandsmitglied allein zur Stellung des Insolvenzantrags berechtigt ist. Allerdings muss der Eröffnungsgrund in diesem Fall gemäß § 15 Abs. 2 S. 1 InsO glaubhaft gemacht werden. Darüber hinaus hat ein Alleinvorstand notwendig Einzelvertretungsmacht.[90]

b) Ausübung. Hinsichtlich der Ausübung der Gesamtvertretungsbefugnis trifft § 78 Abs. 2 S. 1 keine ausdrückliche Regelung. Nach allgemeiner Auffassung müssen die Gesamtvertreter nicht zur gleichen Zeit am gleichen Ort handeln,[91] sofern das Gesetz dies nicht ausdrücklich vorschreibt, wie zB in § 925 Abs. 1 S. 1 BGB. Es genügt die getrennte Abgabe der gleichen Willenserklärung durch alle Gesamtvertreter.[92] Bei formlosen Erklärungen reicht eine Bezugnahme auf die Erklärung des anderen. Ist die betreffende Erklärung formbedürftig, so muss die Form bei jeder Einzelerklärung eingehalten werden.[93] Statthaft ist ferner die alleinige Abgabe der Erklärung durch einen Gesamtver-

---

[80] Vgl. Großkomm AktG/*Habersack*/*Foerster* Rn. 31; MüKoAktG/*Spindler* Rn. 86.
[81] Vgl. Großkomm AktG/*Habersack*/*Foerster* Rn. 31; MüKoAktG/*Spindler* Rn. 86; abw. *Schmahl* NZI 2008, 6 (7).
[82] Vgl. *Horstkotte* ZInsO 2009, 209 (211).
[83] Vgl. Großkomm AktG/*Habersack*/*Foerster* Rn. 32; Hüffer/Koch/*Koch* Rn. 4a; MüKoAktG/*Spindler* Rn. 86; AG Hamburg ZIP 2009, 333; weitergehend *Passarge* GmbHR 2010, 295 (297 ff.).
[84] Vgl. BegrRegE MoMiG BT-Drs. 16/6140, 42; Großkomm AktG/*Habersack*/*Foerster* Rn. 34; MüKoAktG/*Spindler* Rn. 90.
[85] Vgl. Großkomm AktG/*Habersack*/*Foerster* Rn. 34; *Steffek* BB 2007, 2077 (2082).
[86] Vgl. Bürgers/Körber/*Bürgers* Rn. 10; *v. Godin*/*Wilhelmi* Rn. 4; Hüffer/Koch/*Koch* Rn. 11; *Kort* in Fleischer Vorstands-HdB § 2 Rn. 27; Kölner Komm AktG/*Mertens*/*Cahn* Rn. 27; MüKoAktG/*Spindler* Rn. 27; NK-AktR/*Oltmanns* Rn. 13.
[87] Näher zum Sicherungszweck der Gesamtvertretung BGHZ 98, 148 (156 f.); *Richter* in Semler/Peltzer/Kubis ArbHdB Vorstand § 6 Rn. 7.
[88] Vgl. BGHZ 34, 27 (29); Wachter/*Eckert* Rn. 8; Großkomm AktG/*Habersack*/*Förster* Rn. 46; Hüffer/Koch/*Koch* Rn. 11; *Kort* in Fleischer Vorstands-HdB § 2 Rn. 47; MüKoAktG/*Spindler* Rn. 33; NK-AktR/*Oltmanns* Rn. 13.
[89] Vgl. Großkomm AktG/*Habersack*/*Förster* Rn. 47; Hüffer/Koch/*Koch* Rn. 11; NK-AktR/*Oltmanns* Rn. 13; MHdB AG/*Wiesner* § 23 Rn. 9.
[90] Vgl. Henssler/Strohn/*Dauner-Lieb* Rn. 9; Großkomm AktG/*Habersack*/*Förster* Rn. 48; Hüffer/Koch/*Koch* Rn. 11; MüKoAktG/*Spindler* Rn. 29; *Richter* in Semler/Peltzer/Kubis ArbHdB Vorstand § 6 Rn. 11.
[91] Vgl. RGZ 81, 325; Baumbach/Hueck Rn. 6; Großkomm AktG/*Habersack*/*Foerster* Rn. 51; MüKoAktG/*Spindler* Rn. 58; *Richter* in Semler/Peltzer/Kubis ArbHdB Vorstand § 6 Rn. 9.
[92] Vgl. Großkomm AktG/*Habersack*/*Foerster* Rn. 51; MüKoAktG/*Spindler* Rn. 58; NK-AktR/*Oltmanns* Rn. 14.
[93] Vgl. BGHZ 53, 210 (214 f.); Großkomm AktG/*Habersack*/*Foerster* Rn. 50.

treter und ihre nachträgliche Genehmigung durch die übrigen gemäß oder analog § 177 Abs. 1 BGB.[94] Die Genehmigung wirkt nach § 184 Abs. 1 BGB zurück und kann sowohl dem Geschäftsgegner als auch dem Handelnden gegenüber erklärt werden.[95] Der handelnde Gesamtvertreter ist an die namens der AG abgegebene Willenserklärung gebunden; er kann sie nicht bis zur Genehmigung des anderen widerrufen.[96] Wird die Genehmigung nicht erteilt, haftet er gemäß § 179 Abs. 1 BGB. Bei Abschluss eines Mietvertrages durch eine AG ist die Schriftform des § 550 BGB nur gewahrt sein, wenn alle Vorstandsmitglieder unterzeichnen oder eine Unterschrift den Hinweis enthält, dass das unterzeichnende Vorstandsmitglied auch die Vorstandsmitglieder vertreten will, die nicht unterzeichnet haben.[97] Dies gilt aber nur, wenn dem Erscheinungsbild der Urkunde nach die Unterschrift des Unterzeichners in seiner Eigenschaft als Mitglied des mehrgliedrigen Organs abgegeben ist. Nur dann erweckt die Urkunde den Anschein, es könnten noch weitere Unterschriften, nämlich diejenigen der übrigen Vorstandsmitglieder, fehlen.[98] Anders liegt der Fall, wenn dem Erscheinungsbild der Urkunde nach der Unterzeichner für sich allein die Berechtigung zum Abschluss des fraglichen Rechtsgeschäfts in Anspruch nimmt und diese durch einen die alleinige Vertretung der Gesellschaft anzeigenden Zusatz kenntlich macht, zB durch einen Firmenstempel.[99] Ob der Vertrag damit wirksam zustande kommt oder – mangels Vollmacht des Unterzeichnenden – noch der Genehmigung der anderen Vorstandsmitglieder bedarf, ist keine Frage der Schriftform, sondern der Wirksamkeit des Vertrags.[100]

27 **2. Passivvertretung. a) Allgemeines.** Ist eine Willenserklärung gegenüber der Gesellschaft abzugeben, so genügt gem. § 78 Abs. 2 S. 2 die Abgabe gegenüber einem Vorstandsmitglied. Im Gegensatz zur Aktivvertretung besteht bei der Passivvertretung zur Erleichterung des Rechtsverkehrs also zwingend Einzelvertretungsbefugnis.[101] Gleiches gilt für geschäftsähnliche Handlungen wie Mahnungen, Mängelrügen oder Wechselproteste.[102] Bei einer Klage gegen die AG genügt gem. § 170 Abs. 3 ZPO die Zustellung an einen Gesamtvertreter.[103]

28 **b) Besonderheiten bei Führungslosigkeit. aa) Passivvertretung durch Aufsichtsrat.** Bei Führungslosigkeit (→ Rn. 22) ist nach § 78 Abs. 1 S. 2 der Aufsichtsrat passiv vertretungsbefugt. Gemäß § 78 Abs. 2 S. 2 Alt. 2 genügt dann die Abgabe der Willenserklärung gegenüber einem Aufsichtsratsmitglied.[104] Eine weitergehende prozessuale Bedeutung kommt § 78 Abs. 1 S. 2 allerdings nicht zu; insbesondere ändert er nichts an den Grundsätzen der Prozessfähigkeit.[105] Mit Zustellung an den Aufsichtsrat wird eine Klage zwar rechtshängig, die AG aber nicht prozessfähig.[106] Dafür besteht auch kein Bedürfnis, weil der Mangel der Prozessfähigkeit durch Bestellung eines Notvorstands oder eines Prozesspflegers geheilt werden kann.[107]

29 **bb) Zugang und Zustellung an Geschäftsanschrift.** Darüber hinaus vereinfacht § 78 Abs. 2 S. 3 das Verfahren des Zugangs von Willenserklärungen sowie für Zustellungen an die Vertreter der Gesellschaft. Danach können unter der im Handelsregister eingetragenen Geschäftsanschrift Willenserklärungen gegenüber der Gesellschaft abgegeben und Schriftstücke für die Gesellschaft zugestellt werden. Hierdurch findet eine „Kanalisation auf diese Geschäftsanschrift" statt, solange

---

[94] Vgl. RGZ 81, 325 (329); 101, 342 (343); Hüffer/Koch/*Koch* Rn. 12.
[95] Vgl. RGZ 101, 342 (343); 112, 215 (220f.); Großkomm AktG/*Habersack/Foerster* Rn. 35; Hüffer/Koch/ *Koch* Rn. 12.
[96] Wie hier Großkomm AktG/*Habersack/Foerster* Rn. 52; abw. RG DR 1942, 1159; *Baumbach/Hueck* Rn. 6; *v. Godin/Wilhelmi* Rn. 5.
[97] Vgl. BGHZ 183, 67; Großkomm AktG/*Habersack/Foerster* Rn. 50.
[98] Vgl. BGH NJW 2013, 1082 Rn. 13; Großkomm AktG/*Habersack/Foerster* Rn. 50.
[99] Vgl. BGH NJW 2013, 1082 Rn. 14; Großkomm AktG/*Habersack/Foerster* Rn. 50.
[100] Vgl. BGHZ 183, 67 Rn. 10 und 20; BGH NJW 2013, 1082 Rn. 15; Großkomm AktG/*Habersack/Foerster* Rn. 50.
[101] Vgl. Hüffer/Koch/*Koch* Rn. 13; Kölner Komm AktG/*Mertens/Cahn* Rn. 30; MüKoAktG/*Spindler* Rn. 83; NK-AktR/*Oltmanns* Rn. 15; bedenklich weit BGH NJW 2003, 3270, wonach ein Schriftstück auch bei Einlegen in ein privates Postfach des Geschäftsführers der Gesellschaft zugehen soll; krit. dazu *Fleischer* NJW 2006, 3239 (3242).
[102] Vgl. *Baumbach/Hueck* Rn. 7; Hüffer/Koch/*Koch* Rn. 13; Kölner Komm AktG/*Mertens/Cahn* Rn. 30; MüKoAktG/*Spindler* Rn. 84.
[103] Vgl. Großkomm AktG/*Habersack/Foerster* Rn. 28; Hüffer/Koch/*Koch* Rn. 13; MüKoAktG/*Spindler* Rn. 85; NK-AktR/*Oltmanns* Rn. 15.
[104] Bürgers/Körber/*Bürgers* Rn. 14; NK-AktR/*Oltmanns* Rn. 11; Hölters/*Weber* Rn. 25.
[105] Vgl. BGH NZG 2011, 26 Rn. 14 (zum gleichlautenden § 35 Abs. 1 S. 2 GmbHG); *Fest* NZG 2011, 130 (131); *K. Schmidt* GmbHR 2011, 113 (114f.); *K. Schmidt* FS U. H. Schneider, 2011, 1157 (1169).
[106] Vgl. BGH NZG 2011, 26; Hüffer/Koch/*Koch* Rn. 4a, abw. Großkomm AktG/*Habersack/Foerster* Rn. 27.
[107] Vgl. BGH NZG 2011, 26 Rn. 14; Hüffer/Koch/*Koch* Rn. 4a.

dort tatsächlich ein Geschäftslokal besteht oder der zurechenbare Rechtsschein eines Geschäftsraums gesetzt worden ist.[108] Den Gesetzesmaterialien zufolge begründet § 78 Abs. 2 S. 3 eine unwiderlegliche Vermutung dafür, dass unter der eingetragenen Adresse ein Vertreter der Gesellschaft erreicht werden kann.[109] Ohne Belang für den Zugang einer Willenserklärung ist also die tatsächliche Kenntnisnahme; die Vermutung bezieht sich auf die Möglichkeit der Kenntnisnahme. Irrelevant ist infolgedessen auch der dem Erklärenden bekannte Umstand, dass sich die Vertreter der Gesellschaft dauerhaft im Ausland aufhalten oder untergetaucht sind.[110] Für die Abgabe der Willenserklärung gegenüber der Gesellschaft unter der eingetragenen Geschäftsanschrift ist zudem ohne Bedeutung, ob der Vertreter der Gesellschaft zutreffend bezeichnet wird. Es muss nur erkennbar zum Ausdruck kommen, dass die Willenserklärung gegenüber der Gesellschaft abgegeben wird.[111] Nicht erforderlich ist das Wissen des Erklärenden um die Führungslosigkeit der Gesellschaft.

Die Vermutungswirkung des § 78 Abs. 2 S. 3 beschränkt sich beim Zugang von Willenserklärungen auf die Möglichkeit der Kenntnisnahme. Dagegen trägt der Absender weiterhin die Beweislast dafür, dass die Willenserklärung unter der angegebenen Anschrift in den Machtbereich der Gesellschaft gelangt ist. Bei der förmlichen Zustellung müssen die Voraussetzungen des Zustellungsrechts erfüllt sein, die nicht die Richtigkeit der Anschrift betreffen:[112] Wird weder ein Vertreter der Gesellschaft noch ein Zustellungsadressat iSd. § 178 ZPO angetroffen und ist auch eine Ersatzzustellung in den Briefkasten der Gesellschaft nach Maßgabe des § 180 ZPO nicht möglich, können weder Willenserklärungen zugehen noch Schriftstücke zugestellt werden.

cc) **Zugang und Zustellung an empfangsberechtigte Person.** Eine zusätzliche Möglichkeit der Zustellung bietet seit Inkrafttreten des MoMiG § 78 Abs. 2 S. 4. Danach können die Abgabe und die Zustellung auch unter der eingetragenen Anschrift der empfangsberechtigten Person nach § 39 Abs. 1 S. 2 erfolgen.

dd) **Öffentliche Zustellung.** Scheitert die Zustellung unter der inländischen Geschäftsanschrift nach § 78 Abs. 2 S. 3 und ggf. bei einer empfangsberechtigten Person iSd § 78 Abs. 2 S. 4, so gestatten § 15a HGB, § 185 Nr. 2 ZPO unter erleichterten Voraussetzungen eine öffentliche Zustellung.[113]

IV. Abweichende Bestimmungen

1. Allgemeines. a) Gestaltungsmöglichkeiten. Gem. § 78 Abs. 3 kann der Grundsatz der Gesamtvertretungsbefugnis durch andere Vertretungsformen ersetzt werden. Das Gesetz selbst nennt beispielhaft[114] die Einzelvertretung (Abs. 3 S. 1 Alt. 1) und die unechte Gesamtvertretung (Abs. 3 S. 1 Alt. 2); daneben ist nach allgemeiner Ansicht auch die gemeinschaftliche Vertretung durch mehrere Vorstandsmitglieder statthaft.[115]

Die abweichende Vertretungsregelung muss nach § 78 Abs. 3 in der Satzung enthalten sein (Satz 1) oder vom Aufsichtsrat auf Grund einer satzungsmäßigen Ermächtigung getroffen werden (Satz 2). Ein einfacher Hauptversammlungsbeschluss genügt nicht.[116] Was zunächst die Satzungsregelung anbelangt, muss sie sich auf abstrakte Vorgaben der Vertretungsmacht beschränken und darf nicht auf namentlich genannte Personen zugeschnitten sein.[117] Dagegen kann der Aufsichtsrat bei entsprechender Ermächtigung auch die Vertretungsbefugnis bestimmter einzelner Vorstandsmitglieder regeln, jedoch nicht für einzelne Geschäfte.[118] Überdies kann die Satzung den Aufsichtsrat nach hM ermächtigen, eine statutarische Einzelvertretung in eine Gesamtvertretung umzuwandeln.[119] Seine

---

[108] IdS BegrRegE MoMiG BT-Drs. 16/6140, 43; Hüffer/Koch/*Koch* Rn. 13a; MüKoAktG/*Spindler* Rn. 91.
[109] Vgl. BegrRegE MoMiG BT-Drs. 16/6140, 43; Hüffer/Koch/*Koch* Rn. 13a; Kölner Komm AktG/*Mertens/Cahn* Rn. 32; MüKoAktG/*Spindler* Rn. 91; Grigoleit/*Vedder* Rn. 16.
[110] Vgl. BegrRegE MoMiG BT-Drs. 16/6140, 43; Hölters/*Weber* Rn. 26.
[111] Vgl. BegrRegE MoMiG BT-Drs. 16/6140, 43.
[112] Vgl. *Gehrlein* Der Konzern 2007, 771 (777); *Steffek* BB 2007, 2077 (2079).
[113] Vgl. MüKoAktG/*Spindler* Rn. 91.
[114] Zum nicht abschließenden Charakter der gesetzlichen Aufzählung Kölner Komm AktG/*Mertens/Cahn* Rn. 33; MüKoAktG/*Spindler* Rn. 39.
[115] Vgl. Großkomm AktG/*Habersack/Foerster* Rn. 61; Hüffer/Koch/*Koch* Rn. 14; MüKoAktG/*Spindler* Rn. 39.
[116] Vgl. *v. Godin/Wilhelmi* Rn. 8; Großkomm AktG/*Habersack/Foerster* Rn. 64; Hüffer/Koch/*Koch* Rn. 14; NK-AktR/*Oltmanns* Rn. 16; ferner MüKoAktG/*Spindler* Rn. 56 unter Hinweis auf eine „konkludente Satzungsänderung" bei einem Hauptversammlungsquorum mit qualifizierter Mehrheit.
[117] Vgl. Großkomm AktG/*Habersack/Foerster* Rn. 65; Kölner Komm AktG/*Mertens/Cahn* Rn. 44; MüKoAktG/*Spindler* Rn. 50.
[118] Vgl. Großkomm AktG/*Habersack/Foerster* Rn. 65; MüKoAktG/*Spindler* Rn. 50.
[119] Vgl. *v. Godin/Wilhelmi* Rn. 8; Großkomm AktG/*Habersack/Foerster* Rn. 65; Kölner Komm AktG/*Mertens/Cahn* Rn. 45; MüKoAktG/*Spindler* Rn. 54.

eigenen Anordnungen kann der Aufsichtsrat jederzeit ändern.[120] Ferner ist er berechtigt, die Regelung nach § 107 Abs. 3 einem Aufsichtsratsausschuss zu überlassen.[121] Die Satzung kann eine solche Aufgabenübertragung dagegen nicht unmittelbar vorsehen.[122]

35   Gegen die Regelung des § 78 Abs. 3 S. 2 sind unionsrechtliche Bedenken erhoben worden, weil Art. 9 Abs. 3 RL (EU) 2017/1132 (bereits → Rn. 3) aus Gründen der Transparenz lediglich eine Änderung der Vertretungsordnung durch die Satzung vorsieht.[123] Diese Zweifel dringen indes im Ergebnis nicht durch, weil der Aufsichtsrat nur auf der Grundlage einer Satzungsermächtigung tätig wird und die betreffenden Änderungen der Vertretungsmacht gemäß § 39 Abs. 1 S. 2, § 81 in das Handelsregister einzutragen sind.[124]

36   **b) Grenzen.** Der Satzungsdispositivität sind gewisse äußere Grenzen gezogen. Unzulässig ist insbesondere der völlige Ausschluss eines Vorstandsmitglieds von der Vertretungsbefugnis,[125] weil ihm damit die Stellung eines verantwortlichen Vorstandsmitglieds genommen würde; ebenso die ausnahmslose Bindung der Vertretung an die Mitwirkung eines Prokuristen.[126] Mit Rücksicht auf den Rechtsverkehr sind schließlich auch bedingte Regelungen der Vertretungsmacht unzulässig.[127] Es bleiben damit die folgenden Gestaltungsmöglichkeiten:

37   **2. Einzelvertretung.** Gem. § 78 Abs. 3 S. 1 Alt. 1 kann die Satzung Einzelvertretung anordnen oder dem Aufsichtsrat gestatten, jedem oder einem einzelnen von mehreren Vorstandsmitgliedern Einzelvertretungsbefugnis zu erteilen. Ein Alleinvorstand hat notwendig Einzelvertretungsmacht (→ Rn. 25). Im Übrigen ist Einzelvertretung wenig üblich.[128] Auch ein nach § 84 Abs. 2 zum Vorsitzenden ernanntes Vorstandsmitglied ist ohne satzungsmäßige Ermächtigung nicht alleinvertretungsberechtigt.[129] Wird nur einem oder einzelnen Vorstandsmitgliedern Einzelvertretungsbefugnis erteilt, so bleibt es mangels besonderer Anordnung für die anderen beim Grundsatz der Gesamtvertretung.[130] Unzulässig, weil mit § 82 Abs. 1 unvereinbar, ist es, die Einzelvertretungsbefugnis eines Vorstandsmitglieds auf bestimmte Geschäfte zu begrenzen und im übrigen Gesamtvertretungsmacht anzuordnen.[131] Ebenso wenig kann die Einzelvertretung als Auffangtatbestand für den Fall vorgesehen werden, dass ein gesamtvertretungsberechtigtes Vorstandsmitglied verhindert ist.[132]

38   **3. Unechte Gesamtvertretung.** Gem. § 78 Abs. 3 S. 1 Alt. 2 können einzelne Vorstandsmitglieder in Gemeinschaft mit einem Prokuristen zur Vertretung der Gesellschaft befugt sein. Man spricht insoweit von unechter (seltener von gemischter) Gesamtvertretung.[133] Herrschender Ansicht zufolge kommt diese Vertretungsvariante allerdings nur zur Erleichterung der Gesamtvertretung, nicht hingegen zur Beschränkung der Einzelvertretungsbefugnis eines Vorstandsmitglieds in Betracht.[134] Infolgedessen ist es unzulässig, einen Alleinvorstand an die Mitwirkung eines Prokuristen zu binden,[135] weil dies der eigenverantwortlichen Stellung des Vorstands als Leitungsorgan (→ § 76 Rn. 56 ff.) zuwiderliefe. Gleiches gilt für eine Regelung, nach der sämtliche Vorstandsmit-

---

[120] Vgl. Großkomm AktG/*Habersack/Foerster* Rn. 65; Kölner Komm AktG/*Mertens/Cahn* Rn. 46.
[121] Vgl. *v. Godin/Wilhelmi* Rn. 8; Großkomm AktG/*Habersack/Foerster* Rn. 65; Hüffer/Koch/*Koch* Rn. 14; MüKoAktG/*Spindler* Rn. 57.
[122] Vgl. Großkomm AktG/*Habersack/Foerster* Rn. 65; MüKoAktG/*Spindler* Rn. 57.
[123] Vgl. *Einmahl* AG 1969, 167 (172); *Fischer-Zernin*, Der Rechtsangleichungserfolg der Ersten gesellschaftsrechtlichen Richtlinie der EWG, 1986, 245 f. (318).
[124] Näher *Schwarz* ZHR 166 (2002), 625 (633); ferner *Kort* in Fleischer Vorstands-HdB § 2 Rn. 57; MüKoAktG/*Spindler* Rn. 55; iE auch Hüffer/Koch/*Koch* Rn. 14.
[125] Vgl. *Baumbach/Hueck* Rn. 10; Großkomm AktG/*Habersack/Foerster* Rn. 62; Hüffer/Koch/*Koch* Rn. 14; Kölner Komm AktG/*Mertens/Cahn* Rn. 34; MüKoAktG/*Spindler* Rn. 34; NK-AktR/*Oltmanns* Rn. 16.
[126] Vgl. Großkomm AktG/*Habersack/Foerster* Rn. 62; Kölner Komm AktG/*Mertens/Cahn* Rn. 34.
[127] Vgl. Kölner Komm AktG/*Mertens/Cahn* Rn. 37.
[128] Vgl. *Baumbach/Hueck* Rn. 10; Hüffer/Koch/*Koch* Rn. 15; MüKoAktG/*Spindler* Rn. 37; *Richter* in Semler/Peltzer/Kubis ArbHdB Vorstand § 6 Rn. 11.
[129] Vgl. *v. Godin/Wilhelmi* Rn. 7; Hüffer/Koch/*Koch* Rn. 15.
[130] Vgl. Großkomm AktG/*Habersack/Foerster* Rn. 66; Kölner Komm AktG/*Mertens/Cahn* Rn. 35; MüKoAktG/*Spindler* Rn. 37.
[131] Vgl. Kölner Komm AktG/*Mertens/Cahn* Rn. 36; MüKoAktG/*Spindler* Rn. 38.
[132] Vgl. KG JW 1934, 988; *Baumbach/Hueck* Rn. 10; MüKoAktG/*Spindler* Rn. 32.
[133] Näher Großkomm AktG/*Habersack/Foerster* Rn. 67; Kölner Komm AktG/*Mertens/Cahn* Rn. 38.
[134] Vgl. BGHZ 13, 61 (65); 26, 330 (333); Wachter/*Eckert* Rn. 15; Hüffer/Koch/*Koch* Rn. 16; MüKoAktG/*Spindler* Rn. 45; NK-AktR/*Oltmanns* Rn. 19; *Roquette* FS Oppenhoff, 1985, 335 (338); Hölters/*Weber* Rn. 32; abw. Großkomm AktG/*Habersack/Foerster* Rn. 67.
[135] Vgl. Hüffer/Koch/*Koch* Rn. 16; Kölner Komm AktG/*Mertens/Cahn* Rn. 41.

glieder die Gesellschaft nur gemeinschaftlich mit einem Prokuristen vertreten dürfen.[136] Vielmehr muss grundsätzlich eine Vertretung der AG allein durch Vorstandsmitglieder möglich sein.[137] Anderes gilt nur ausnahmsweise beim nachträglichen Wegfall der übrigen Vorstandsmitglieder: Dann erweitert sich die Gesamtvertretungsmacht nicht etwa zur Alleinvertretungsmacht, sondern das verbleibende Vorstandsmitglied kann die Gesellschaft nur zusammen mit einem Prokuristen vertreten.[138]

Der Umfang der Vertretungsmacht des Prokuristen richtet sich bei unechter Gesamtvertretung 39 nach dem der organschaftlichen Vertretungsmacht von Vorstandsmitgliedern gem. § 82 Abs. 2.[139] Die Beschränkungen des § 49 Abs. 2 HGB finden keine Anwendung.[140] Zusammen mit einem Vorstandsmitglied kann ein Prokurist Handelsregisteranmeldungen vornehmen[141] oder die Gesellschaft im Prozess vertreten.[142] Hinsichtlich der Passivvertretung verweist § 78 Abs. 3 S. 3 auf § 78 Abs. 2 S. 2, so dass die Abgabe einer Willenserklärung dem Prokuristen gegenüber genügt.[143]

4. Gemeinschaftliche Vertretung durch mehrere Vorstandsmitglieder. Nicht ausdrücklich 40 geregelt, aber allgemein anerkannt ist die gemeinschaftliche Vertretung der AG durch eine begrenzte Anzahl von Vorstandsmitgliedern.[144] Sie begegnet mitunter in Form der halbseitigen Gesamtvertretung, bei der ein Vorstandsmitglied Alleinvertretungsmacht hat, während das andere nur unter seiner Mitwirkung vertretungsbefugt ist.[145] Denkbar ist des Weiteren die Bildung bestimmter Vertretungsgruppen, also zB die Vertretung entweder durch A und B oder durch C, D und E,[146] weil das Gesetz keine Gleichwertigkeit der Vertretungsbefugnis im Vorstand verlangt. Allerdings wird man mangels besonderer Anordnung nicht ohne Weiteres annehmen können, dass die Mitwirkung eines Vorstandsmitglieds mit stärkerer Gesamtvertretungsmacht (hier: A und B) diejenige eines Mitglieds mit schwächerer Gesamtvertretungsmacht (hier: C, D und E) ersetzt.[147]

V. Einzelermächtigung

1. Allgemeines. Zur Gesamtvertretung befugte Vorstandsmitglieder können nach § 78 Abs. 4 41 S. 1 einzelne von ihnen zur Vornahme bestimmter Geschäfte oder bestimmter Arten von Geschäften ermächtigen. Entsprechendes gilt gemäß § 78 Abs. 4 S. 2 bei einer unechten Gesamtvertretung (dazu → Rn. 38). Durch eine solche Einzelermächtigung gewinnt das Vorstandshandeln an Flexibilität und Beweglichkeit;[148] das ermächtigte Vorstandsmitglied wird in die Lage versetzt, die Gesellschaft wirksam zu vertreten, ohne das Risiko einer Genehmigungsverweigerung und damit einer Haftung gemäß § 179 BGB eingehen zu müssen.[149] Die Ermächtigung eines Gesamtvertreters durch die anderen Gesamtvertreter zum Alleinhandeln ist keine aktienrechtliche Besonderheit, sondern eine allgemeine Figur des Gesellschaftsrechts.[150] Gleichlautende Regeln finden sich etwa in § 125 Abs. 2 S. 2, Abs. 3 HGB für die OHG oder in § 25 Abs. 3 GenG für die Genossenschaft.

---

[136] Vgl. *Baumbach/Hueck* Rn. 11; Kölner Komm AktG/*Mertens/Cahn* Rn. 41; MüKoAktG/*Spindler* Rn. 45; NK-AktR/*Oltmanns* Rn. 19; *Roquette* FS Oppenhoff, 1985, 335 (338).
[137] Vgl. *Baumbach/Hueck* Rn. 11.
[138] Vgl. *Baumbach/Hueck* Rn. 11; *v. Godin/Wilhelmi* Rn. 7; Großkomm AktG/*Habersack/Foerster* Rn. 67; MüKoAktG/*Spindler* Rn. 45.
[139] Vgl. RGZ 134, 303 (306); BGHZ 13, 61 (64); 62, 166 (170); *Baumbach/Hueck* Rn. 12; Hüffer/Koch/*Koch* Rn. 17; abw. *Reinert*, Unechte Gesamtvertretung und unechte Gesamtprokura im Recht der Aktiengesellschaft, 1990, 41 ff. (54 ff.).
[140] Vgl. *Baumbach/Hueck* Rn. 12; Kölner Komm AktG/*Mertens/Cahn* Rn. 39; MüKoAktG/*Spindler* Rn. 47; NK-AktR/*Oltmanns* Rn. 19.
[141] Vgl. RGZ 134, 303 (307); KG JW 1937, 890; JW 1938, 3121; Großkomm AktG/*Habersack/Foerster* Rn. 68; Hüffer/Koch/*Koch* Rn. 17; Kölner Komm AktG/*Mertens/Cahn* Rn. 39. Ausnahme: Anmeldung der eigenen Prokura; vgl. BayObLGZ 1973, 158 (159).
[142] Vgl. Kölner Komm AktG/*Mertens/Cahn* Rn. 39.
[143] Vgl. Großkomm AktG/*Habersack/Foerster* Rn. 68; Hüffer/Koch/*Koch* Rn. 17; MüKoAktG/*Spindler* Rn. 47.
[144] Vgl. *Baumbach/Hueck* Rn. 10; *v. Godin/Wilhelmi* Rn. 7; Großkomm AktG/*Habersack/Foerster* Rn. 69; Hüffer/Koch/*Koch* Rn. 18; Kölner Komm AktG/*Mertens/Cahn* Rn. 33; MüKoAktG/*Spindler* Rn. 39.
[145] Zur Zulässigkeit RGZ 90, 21 (22 f.) (OHG); BGHZ 62, 166 (171) (allgemein); KG OLGR 27, 375 (378) (GmbH); Großkomm AktG/*Habersack/Foerster* Rn. 69; Hüffer/Koch/*Koch* Rn. 18; Kölner Komm AktG/*Mertens/Cahn* Rn. 33; MüKoAktG/*Spindler* Rn. 42; NK-AktR/*Oltmanns* Rn. 18.
[146] Vgl. Kölner Komm AktG/*Mertens/Cahn* Rn. 33; MüKoAktG/*Spindler* Rn. 41.
[147] Wie hier Großkomm AktG/*Habersack/Foerster* Rn. 69; Kölner Komm AktG/*Mertens/Cahn* Rn. 35; abw. MüKoAktG/*Spindler* Rn. 41.
[148] Vgl. *Richter* in Semler/Peltzer/Kubis ArbHdB Vorstand § 6 Rn. 12; *Schwarz* NZG 2001, 529 (530).
[149] Vgl. *Schwarz* NZG 2001, 529 (530).
[150] Näher *Schwarz* NZG 2001, 529 ff.; zuletzt *Blasche/König* NZG 2013, 1412 ff.

42 **2. Rechtsnatur.** Die dogmatische Einordnung der Einzelermächtigung ist seit jeher umstritten. Als überholt gilt die noch vom Reichsgericht vertretene Deutung als Handlungsvollmacht iSd § 54 HGB;[151] sie verkennt, dass das ermächtigte Vorstandsmitglied nicht als rechtsgeschäftlicher, sondern als organschaftlicher Vertreter tätig wird. Nach heute hM handelt es sich stattdessen um eine Erweiterung der Gesamtvertretungsmacht zur Einzelvertretungsmacht.[152] Dem ist mit der Maßgabe zu folgen, dass die Ermächtigungserklärung nicht als Übertragung der organschaftlichen Vertretungsbefugnis, sondern als Ausübungsermächtigung anzusehen ist.[153] Entgegen der hM gilt dies auch bei der Ermächtigung eines Prokuristen nach § 78 Abs. 4 S. 2.[154]

43 **3. Erteilung.** Die Ermächtigung braucht nicht vom Gesamtvorstand auszugehen, sondern kann von Vorstandsmitgliedern in vertretungsberechtigter Zahl erteilt werden.[155] Der zu Ermächtigende darf dabei mitwirken.[156] Gem. § 78 Abs. 4 S. 2 können bei unechter Gesamtvertretung (→ Rn. 38) auch Prokuristen einbezogen werden, und zwar sowohl als Ermächtigende[157] wie als Ermächtigte.[158] Im zweiten Fall soll der Prokurist nach hergebrachter Auffassung nicht als organschaftlicher Vertreter, sondern als Bevollmächtigter anzusehen sein.[159] Der Umfang seiner rechtsgeschäftlichen Vertretungsmacht soll sich über den gesetzlichen Umfang der Prokura hinaus auf alle Geschäfte erweitern, zu denen ein gewillkürter Vertreter überhaupt ermächtigt werden kann.[160] Dieser Konzeption ist nicht zu folgen. Bei der hier vertretenen Deutung des § 78 Abs. 4 als Ausübungsermächtigung (vgl. → Rn. 42) kann der Prokurist vielmehr die organschaftliche Vertretungsmacht des ihn ermächtigenden Vorstandsmitglieds ausüben.[161]

44 Die Ermächtigung bedarf keiner Form.[162] Sie kann schlüssig oder stillschweigend erteilt werden,[163] unter Umständen bereits durch bloßes Dulden des Auftretens eines Gesamtvertreters als Einzelvertreter.[164] Das gilt auch im Hinblick auf solche Geschäfte, die selbst formbedürftig sind.[165] Jedoch ergibt sich eine konkludente Ermächtigung des einen Gesamtvertreters noch nicht daraus, dass der andere verhindert ist.[166] Darüber hinaus gelten die allgemeinen Grundsätze über die Duldungs- und Anscheinsvollmacht entsprechend.[167] Hierfür muss der Anscheins- oder Duldungstatbestand einer Ermächtigung von einer vertretungsberechtigten Anzahl von Vorstandsmitgliedern gesetzt worden sein.[168] Ein nur vom ermächtigungslos handelnden Vorstandsmitglied gesetzter Rechtsschein reicht nicht aus.[169]

---

[151] Vgl. RGZ 48, 56 (58); 80, 180 (182); RG HRR 1929 Nr. 1924; dem folgend *Flume* JurPers § 10 II 2b S. 361 ff.; *Heim* AG 1959, 271; *Heim* AG 1961, 1515; für eine entsprechende Anwendung des § 54 HGB auch *Baumbach/Hueck* Rn. 14.

[152] Vgl. BGHZ 64, 72 (75); 91, 334 (336); BGH AG 1986, 259; Bürgers/Körber/*Bürgers* Rn. 18; Hüffer/Koch/*Koch* Rn. 20; *Kort* in Fleischer Vorstands-HdB § 2 Rn. 59; NK-AktR/*Oltmanns* Rn. 20.

[153] Grundlegend *Schwarz* NZG 2001, 529 (535 ff.); dem folgend Großkomm AktG/*Habersack/Foerster* Rn. 72; s. auch *Köhl* NZG 2005, 197 (198).

[154] Ebenso Wachter/*Eckert* Rn. 18; Großkomm AktG/*Habersack/Foerster* Rn. 72; Hölters/*Weber* Rn. 35; abw. *Frels* ZHR 122 (1959), 173 (186); Hüffer/Koch/*Koch* Rn. 20; Kölner Komm AktG/*Mertens/Cahn* Rn. 61.

[155] Vgl. *Baumbach/Hueck* Rn. 14; v. Godin/Wilhelmi Rn. 9; Hüffer/Koch/*Koch* Rn. 19; Kölner Komm AktG/*Mertens/Cahn* Rn. 55; abw. Großkomm AktG/*Habersack/Foerster* Rn. 74.

[156] Vgl. RGZ 80, 180; 103, 417 (418); *Baumbach/Hueck* Rn. 14; Hüffer/Koch/*Koch* Rn. 19; MüKoAktG/*Spindler* Rn. 65; zweifelnd NK-AktR/*Oltmanns* Rn. 20.

[157] Vgl. v. Godin/Wilhelmi Rn. 9; Hüffer/Koch/*Koch* Rn. 19; MüKoAktG/*Spindler* Rn. 81; *Schwarz* NZG 2001, 529 (537 f.).

[158] Vgl. Hüffer/Koch/*Koch* Rn. 19; *Schwarz* NZG 2001, 529 (538); abw. v. Godin/Wilhelmi Rn. 9.

[159] Vgl. *Frels* ZHR 122 (1959), 173 (186); Hüffer/Koch/*Koch* Rn. 20; MüKoAktG/*Spindler* Rn. 81; NK-AktR/*Oltmanns* Rn .20.

[160] *Frels* ZHR 122 (1959), 173 (186); Kölner Komm AktG/*Mertens/Cahn* Rn. 61; MüKoAktG/*Spindler* Rn. 82.

[161] Wie hier Großkomm AktG/*Habersack/Foerster* Rn. 72; *Schwarz* NZG 2001, 529 (538).

[162] Vgl. OLG München NZG 2013, 1225; Henssler/Strohn/*Dauner-Lieb* Rn. 17; Großkomm AktG/*Habersack/Foerster* Rn. 73; Hüffer/Koch/*Koch* Rn. 19; MüKoAktG/*Spindler* Rn. 66; *Schwarz* ZGR 2001, 744 (754).

[163] Vgl. OLG München NZG 2013, 1225; OLG Köln OLGZ 1977, 343 (345); Großkomm AktG/*Habersack/Foerster* Rn. 73; Hüffer/Koch/*Koch* Rn. 19; MüKoAktG/*Spindler* Rn. 66; Kölner Komm AktG/*Mertens/Cahn* Rn. 55.

[164] Vgl. RGZ 123, 279 (288); RG JW 1918, 504 (505); BAG NJW 1981, 2374; v. Godin/Wilhelmi Rn. 9; Großkomm AktG/*Habersack/Foerster* Rn. 73; MüKoAktG/*Spindler* Rn. 66.

[165] Vgl. Kölner Komm AktG/*Mertens/Cahn* Rn. 55; NK-AktR/*Oltmanns* Rn. 20; *Schwarz* ZGR 2001, 744 (754).

[166] Vgl. Kölner Komm AktG/*Mertens/Cahn* Rn. 55; *Schwarz* ZGR 2001, 744 (754) mit Fn. 42.

[167] Vgl. BGH NJW 1976, 1402; NJW 1988, 1199; Kölner Komm AktG/*Mertens/Cahn* Rn. 59; MüKoAktG/*Spindler* Rn. 66, 103; *Schwarz* ZGR 2001, 744 (755)).

[168] Vgl. RGZ 123, 279 (288); BGH WM 1976, 503 (504); AG 1988, 167; Kölner Komm AktG/*Mertens/Cahn* Rn. 59; MüKoAktG/*Spindler* Rn. 103; *Schwarz* ZGR 2001, 744 (755 f.).

[169] Vgl. *Schwarz* ZGR 2001, 744 (756).

4. Umfang. Gem. § 78 Abs. 4 S. 1 muss sich die Ermächtigung auf bestimmte Geschäfte 45
(„Spezialermächtigung")[170] oder bestimmte Arten von Geschäften („Artermächtigung")[171] beziehen.
Die unbeschränkte Ermächtigung („Generalermächtigung") eines einzelnen Vorstandsmitglieds ist
unzulässig, weil sie auf eine generelle Umgehung der dem Vorstand vorgegebenen Gesamtvertretungsbefugnis hinausliefe.[172] Wie die erforderliche Beschränkung im Einzelnen vorzunehmen ist,
regelt § 78 Abs. 4 S. 1 nicht ausdrücklich. Nach hM reicht eine lediglich summenmäßige Beschränkung nicht aus.[173] Der aktienrechtliche Bestimmtheitsgrundsatz erfordert vielmehr eine gegenständliche Beschränkung anhand objektiver Maßstäbe.[174] Mit einer solchen Beschränkung kann auch eine
Wertobergrenze als weiteres Kriterium kombiniert werden.[175]

Unter Berufung auf Sinn und Zweck der Gesamtvertretung lehnt die hM eine sog. Ressortermächtigung ab, nach der jedes Vorstandsmitglied zur alleinigen Vertretung seines Ressorts befugt 46
sein soll.[176] Als zu weitgehend angesehen wird ferner eine Ermächtigung, die sich auf die gesamte
Geschäftsbeziehung der AG erstreckt.[177]

5. Widerruf. Die Ermächtigung ist durch eine einseitige, empfangsbedürftige Willenserklärung 47
jederzeit bis zur Vornahme des Rechtsgeschäfts frei widerruflich.[178] Einer Begründung für den
Widerruf bedarf es nicht.[179] Der Widerruf wird mit Zugang beim Ermächtigten wirksam; die
§§ 170–173 BGB gelten sinngemäß.[180] Widerrufen kann jeder einzelne Gesamtvertreter, der die
Ermächtigung erteilt oder an ihrer Erteilung mitgewirkt hat.[181] Zur Begründung pflegt man auf
den Rechtsgedanken des § 116 Abs. 3 S. 2 HGB zu verweisen, wonach für den Widerruf der Prokura
der Vertrauensverlust nur eines Vorstandsmitglieds ausreicht.[182] Nach hergebrachter Auffassung sollen
auch die nichtermächtigenden Vorstandsmitglieder in vertretungsberechtigter Zahl ein Recht zum
Widerruf haben.[183] Dem ist nach der hier vertretenen Auffassung zur Rechtsnatur der Ermächtigung
(→ Rn. 42) zu widersprechen: Für einen Ermächtigungswiderruf der anderen Gesamtvertreter bleibt
bei einer Deutung des § 78 Abs. 4 S. 1 als Ausübungsermächtigung kein Raum.[184]

VI. Vertretung durch Bevollmächtigte

1. Allgemeines. Von der organschaftlichen Vertretung der Gesellschaft durch ihren Vorstand ist 48
die rechtsgeschäftliche Vertretung durch Prokuristen, Handlungsbevollmächtigte oder Generalbevollmächtigte zu unterscheiden. Die Aktiengesellschaft kann nach Maßgabe der zivil- und handelsrechtlichen Regeln Vollmachten erteilen und auf diese Weise den Kreis der Vertretungsberechtigten erweitern.[185] Die Satzung kann die Vollmachterteilung weder ausschließen oder einschränken noch

---

[170] *Schwarz* ZGR 2001, 744 (758).
[171] Kölner Komm AktG/*Mertens/Cahn* Rn. 57; *Richter* in Semler/Peltzer/Kubis ArbHdB Vorstand § 6 Rn. 12.
[172] Vgl. BGHZ 13, 61 (65); 34, 27 (30); BGH WM 1986, 315 (316); *Frels* ZHR 122 (1959), 173 (184f.); Großkomm AktG/*Habersack/Foerster* Rn. 75; Hüffer/Koch/*Koch* Rn. 21; Kölner Komm AktG/*Mertens/Cahn* Rn. 57; MüKoAktG/*Spindler* Rn. 68; NK-AktR/*Oltmanns* Rn. 21; *Schwarz* ZGR 2001, 744 (757).
[173] Vgl. Hüffer/Koch/*Koch* Rn. 21; Kölner Komm AktG/*Mertens/Cahn* Rn. 57; MüKoAktG/*Spindler* Rn. 68; NK-AktR/*Oltmanns* Rn. 21; *Richter* in Semler/Peltzer/Kubis ArbHdB Vorstand § 6 Rn. 12; unklar BGH WM 1982, 425 (426).
[174] Vgl. Großkomm AktG/*Habersack/Foerster* Rn. 75; *Richter* in Semler/Peltzer/Kubis ArbHdB Vorstand § 6 Rn. 12; *Schwarz* ZGR 2001, 744 (760).
[175] Vgl. *Schwarz* ZGR 2001, 744 (761).
[176] Vgl. BGH NJW 1988, 1199 (1200); Großkomm AktG/*Habersack/Foerster* Rn. 75; Lutter/Hommelhoff/*Lutter/Hommelhoff* GmbHG § 35 Rn. 33; abw. OLG München NZG 2013, 1225 für den Fall, dass die beiden Geschäftsführer zugleich die einzigen GmbH-Gesellschafter sind; *Schwarz* ZGR 2001, 744 (761 ff.); Roth/Altmeppen/*Altmeppen* GmbHG § 35 Rn. 54.
[177] Vgl. BGH WM 1986, 315 (316); Großkomm AktG/*Habersack/Foerster* Rn. 75; Hüffer/Koch/*Koch* Rn. 21.
[178] Vgl. Großkomm AktG/*Habersack/Foerster* Rn. 78; Hüffer/Koch/*Koch* Rn. 22; MüKoAktG/*Spindler* Rn. 71; *Schwarz* ZGR 2001, 744 (774).
[179] Vgl. Hüffer/Koch/*Koch* Rn. 22; MüKoAktG/*Spindler* Rn. 71; *Richter* in Semler/Peltzer/Kubis ArbHdB Vorstand § 6 Rn. 12; *Schwarz* ZGR 2001, 744 (774).
[180] Vgl. Großkomm AktG/*Habersack/Foerster* Rn. 78; Hüffer/Koch/*Koch* Rn. 22; Kölner Komm AktG/*Mertens/Cahn* Rn. 63; MüKoAktG/*Spindler* Rn. 74; NK-AktR/*Oltmanns* Rn. 22; *Schwarz* ZGR 2001, 744 (774).
[181] Vgl. Kölner Komm AktG/*Mertens/Cahn* Rn. 62; MüKoAktG/*Spindler* Rn. 72; *Schwarz* ZGR 2001, 744 (775).
[182] Vgl. Hüffer/Koch/*Koch* Rn. 22; NK-AktR/*Oltmanns* Rn. 22; *Richter* in Semler/Peltzer/Kubis ArbHdB Vorstand § 6 Rn. 12; krit. zur Begründung *Schwarz* ZGR 2001, 744 (775 f.).
[183] Vgl. Hüffer/Koch/*Koch* Rn. 22; Kölner Komm AktG/*Mertens/Cahn* Rn. 62; MüKoAktG/*Spindler* Rn. 73.
[184] Wie hier Großkomm AktG/*Habersack/Foerster* Rn. 78; *Schwarz* ZGR 2001, 744 (776 ff.).
[185] Vgl. Bürgers/Körber/*Bürgers* Rn. 8; Großkomm AktG/*Habersack/Foerster* Rn. 80; Hüffer/Koch/*Koch* Rn. 10; MüKoAktG/*Spindler* Rn. 106; NK-AktR/*Oltmanns* Rn. 11.

umgekehrt vorschreiben.[186] Sie kann deren Erteilung aber gemäß § 111 Abs. 4 S. 2 an die Zustimmung des Aufsichtsrats binden.[187] Auch der Aufsichtsrat selbst kann einen solchen Zustimmungsvorbehalt begründen.[188] Das Zustimmungserfordernis hat nur für das Innenverhältnis Bedeutung; seine Verletzung lässt die Gültigkeit der Vollmachterteilung unberührt.[189] Daher darf das Registergericht etwa bei der Eintragung einer Prokura nicht prüfen, ob die Zustimmung des Aufsichtsrats vorliegt.[190] Der Zustimmungsvorbehalt gilt im Zweifel nicht für den Widerruf der Vollmacht, da dieser für die Gesellschaft keine besondere Gefahr mit sich bringt.[191] Nach hM können Vorstandsmitglieder ihrerseits nicht mit einer Prokura oder Handlungsvollmacht ausgestattet werden.[192]

49   **2. Arten von Bevollmächtigten. a) Prokuristen.** Für die Erteilung einer Prokura ist der Vorstand zuständig.[193] Es handelt sich um eine herausgehobene Geschäftsführungsmaßnahme, die nach § 76 dem Gesamtvorstand zugewiesen ist.[194] Die Bestellung einer Prokura ist auch zulässig, wenn die Aktiengesellschaft kein Handelsgewerbe betreibt;[195] der Prokurist ist in diesem Fall zu allen Geschäften ermächtigt, die der Betrieb eines beliebigen Handelsgewerbes oder der Unternehmensgegenstand der Gesellschaft mit sich bringt.[196] Erteilung und Erlöschen der Prokura sind nach § 53 Abs. 1 und 3 HGB eintragungspflichtige Tatsachen. Anmeldpflichtig und -berechtigt sind Vorstandsmitglieder in vertretungsberechtigter Zahl, auch in Gesamtvertretung mit einem bereits bestellten Prokuristen.[197]

50   Der Prokurist vertritt die Aktiengesellschaft, nicht den Vorstand.[198] Als gewillkürter Vertreter kann er keine körperschaftlichen Handlungen vornehmen, die dem Vorstand oder einem anderen Gesellschaftsorgan zugewiesen sind,[199] wie etwa die Einberufung der Hauptversammlung gemäß § 121 Abs. 2 S. 1,[200] die Unterzeichnung des Jahresabschlusses nach § 245 HGB[201] oder die Stellung des Insolvenzantrages nach § 15a Abs. 1 InsO.[202] Im Prozess der Gesellschaft ist der Prokurist – anders als ein Vorstandsmitglied (→ Rn. 7) – nicht im Wege der Parteivernehmung, sondern als Zeuge zu hören.[203]

51   **b) Handlungsbevollmächtigte.** Eine Handlungsvollmacht können sowohl der Vorstand als auch ein Prokurist erteilen.[204] Sie kann nach § 54 Abs. 1 HGB als General-, Art- oder Spezialhandlungsvollmacht ausgestaltet sein. Wie bei der Prokura sind sowohl Gesamthandlungsvollmacht als auch halbseitige und gemischte Handlungsvollmacht möglich.[205]

52   **c) Generalbevollmächtigte.** Eine Generalvollmacht geht über den Umfang einer Prokura oder Generalhandlungsvollmacht hinaus. Sie ermächtigt den Generalbevollmächtigten zur Vornahme sämtlicher Rechtsgeschäfte und Rechtshandlungen für den Vollmachtgeber.[206] Die Generalvollmacht

---

[186] Vgl. Großkomm AktG/*Habersack/Foerster* Rn. 80; Hüffer/Koch/*Koch* Rn. 10; MüKoAktG/*Spindler* Rn. 106; NK-AktR/*Oltmanns* Rn. 11.
[187] Vgl. *Baumbach/Hueck* Rn. 15; Hüffer/Koch/*Koch* Rn. 10.
[188] Vgl. Hüffer/Koch/*Koch* Rn. 10; MüKoAktG/*Spindler* Rn. 109.
[189] Vgl. *Baumbach/Hueck* Rn. 15; *v. Godin/Wilhelmi* Rn. 2; Großkomm AktG/*Habersack/Foerster* Rn. 80; NK-AktR/*Oltmanns* Rn. 11.
[190] Vgl. RGZ 134, 303 (307); BGHZ 62, 166 (168) (GmbH); *Baumbach/Hueck* Rn. 15; Hüffer/Koch/*Koch* Rn. 10; MüKoAktG/*Spindler* Rn. 107; NK-AktR/*Oltmanns* Rn. 11.
[191] Vgl. *Baumbach/Hueck* Rn. 18; MüKoAktG/*Spindler* Rn. 109.
[192] Vgl. BGHZ 34, 27 (30); BGH WM 1975, 790 (791); *Baumbach/Hueck* Rn. 14; Kölner Komm AktG/*Mertens/Cahn* Rn. 72; abw. Großkomm AktG/*Habersack/Foerster* Rn. 60.
[193] Vgl. *Baumbach/Hueck* Rn. 15; NK-AktR/*Oltmanns* Rn. 11; *Richter* in Semler/Peltzer/Kubis ArbHdB Vorstand § 6 Rn. 20.
[194] Vgl. MüKoAktG/*Spindler* Rn. 110; *Richter* in Semler/Peltzer/Kubis ArbHdB Vorstand § 6 Rn. 20.
[195] Vgl. *Baumbach/Hueck* Rn. 18; *v. Godin/Wilhelmi* Rn. 2; MüKoAktG/*Spindler* Rn. 108.
[196] Vgl. *Baumbach/Hueck* Rn. 18; Kölner Komm AktG/*Mertens/Cahn* Rn. 80; etwas anders MüKoAktG/*Spindler* Rn. 108.
[197] Vgl. RGZ 134, 303 (304 ff.); *Baumbach/Hueck* Rn. 18; MüKoAktG/*Spindler* Rn. 107; *Richter* in Semler/Peltzer/Kubis ArbHdB Vorstand § 6 Rn. 24.
[198] Vgl. *Baumbach/Hueck* Rn. 18; Hüffer/Koch/*Koch* Rn. 10; NK-AktR/*Oltmanns* Rn. 11.
[199] Vgl. MüKoAktG/*Spindler* Rn. 113.
[200] Vgl. KG OLGR 24, 158; *Baumbach/Hueck* Rn. 16; allerdings kann die Satzung den Prokuristen dazu besonders ermächtigen, vgl. MüKoAktG/*Spindler* Rn. 113.
[201] Vgl. MüKoAktG/*Spindler* Rn. 113.
[202] Vgl. MüKoAktG/*Spindler* Rn. 113.
[203] Vgl. MüKoAktG/*Spindler* Rn. 113.
[204] Vgl. MüKoAktG/*Spindler* Rn. 106; *Richter* in Semler/Peltzer/Kubis ArbHdB Vorstand § 6 Rn. 25; ungenau Hüffer/Koch/*Koch* Rn. 10.
[205] Vgl. *Richter* in Semler/Peltzer/Kubis ArbHdB Vorstand § 6 Rn. 27.
[206] Vgl. MüKoAktG/*Spindler* Rn. 114; *Richter* in Semler/Peltzer/Kubis ArbHdB Vorstand § 6 Rn. 29.

spielt in der Wirtschaftspraxis eine beträchtliche Rolle,[207] ist aber in ihrer rechtlichen Beurteilung nicht unumstritten: Der BGH hat ihre Zulässigkeit im GmbH-Recht mit der Begründung abgelehnt, sie komme einer unzulässigen Übertragung organschaftlicher Aufgaben gleich.[208] Mit der heute herrschenden Lehre bestehen gegen eine Generalvollmacht aber keine grundsätzlichen Bedenken, wenn und weil sie als rechtsgeschäftliche Vollmacht die Zuständigkeit des Vorstands zur organschaftlichen Vertretung der Gesellschaft unberührt lässt.[209] Sie muss jedoch durch den Vorstand erteilt werden[210] und widerruflich sein.[211] Die Möglichkeit zur Erteilung einer unwiderruflichen Generalvollmacht, die praktisch der Bestellung eines weiteren Vorstandsmitglieds gleichkäme, widerspräche dem ausschließlichen Bestellungsrecht des Aufsichtsrats nach § 84 Abs. 1.[212] Eine unwiderruflich erteilte Generalvollmacht ist daher nichtig.

VII. Wissenszurechnung und Willensmängel

1. Wissenszurechnung. a) Grundlagen. Fragen der Wissenszurechnung stellen sich bei zahlreichen Wissensnormen aus dem Zivil- und Handelsrecht, zB im Rahmen von § 122 Abs. 2 BGB, §§ 892, 932 ff. BGB, §§ 15, 366 HGB.[213] Von Belang sind sie weiterhin im Kapitalmarktrecht, namentlich bei der Ad-hoc-Publizitätspflicht,[214] und im Gesellschafts-Strafrecht.[215] Besondere Aufmerksamkeit hat zuletzt die Zurechnung von Wissen aus dem Aufsichtsrat erfahren.[216] Auf welcher Grundlage der AG das Wissen oder Wissenmüssen bestimmter Umstände zuzurechnen ist, wird unterschiedlich beurteilt. Als dogmatische Zurechnungsbasis dient manchen § 166 Abs. 1 und 2 BGB;[217] andere ziehen § 31 BGB analog heran.[218] Den Vorzug verdient die zweite Auffassung, weil die Zurechnung des Organwissens eine andere Qualität hat als jene des Wissens rechtsgeschäftlicher Vertreter.[219]

53

b) Reichweite. Hinsichtlich der Reichweite der Wissenszurechnung hat sich die Rechtsprechung in jüngerer Zeit gewandelt.[220] Die hergebrachte Ansicht hat das Wissen eines jeden Organmitglieds als Wissen der juristischen Person angesehen.[221] Diese auf dem Boden der Organtheorie fußende Konzeption hat der BGH in einer neueren Leitentscheidung ausdrücklich aufgegeben. Danach gründet die Wissenszurechnung nicht in der Organstellung oder einer vergleichbaren Position des Wissensvermittlers, sondern im Gedanken des Verkehrsschutzes und der daran geknüpften Pflicht zur ordnungsgemäßen Organisation der gesellschaftsinternen Kommunikation.[222] Im konkretisierenden Zugriff verlangt der BGH, dass Informationen, deren Relevanz für andere Personen innerhalb der Unternehmensorganisation bei den konkret Wissenden erkennbar sei, tatsächlich an jene weiterge-

54

---

[207] Vgl. MüKoAktG/*Spindler* Rn. 114; *Richter* in Semler/Peltzer/Kubis ArbHdB Vorstand § 6 Rn. 29.
[208] Vgl. BGH NJW 1977, 199 (200); anders aber BGHZ 36, 292 (295).
[209] Vgl. *Frels* ZHR 122 (1959), 173 (187 f.); *v. Godin/Wilhelmi* Rn. 2; Großkomm AktG/*Habersack/Foerster* Rn. 81; Hüffer/Koch/*Koch* Rn. 10; Kölner Komm AktG/*Mertens/Cahn* Rn. 78; MüKoAktG/*Spindler* Rn. 114; iE auch NK-AktR/*Oltmanns* Rn. 11.
[210] Vgl. MüKoAktG/*Spindler* Rn. 114.
[211] Vgl. *v. Godin/Wilhelmi* Rn. 2; Großkomm AktG/*Habersack/Foerster* Rn. 81; Hüffer/Koch/*Koch* Rn. 10.
[212] Vgl. MüKoAktG/*Spindler* Rn. 115; *Richter* in Semler/Peltzer/Kubis ArbHdB Vorstand § 6 Rn. 29.
[213] Für eine Zusammenstellung einschlägiger Wissensnormen zuletzt *Grigoleit* ZHR 181 (2017), 160 (169).
[214] Dazu *Ihrig* ZHR 181 (2017), 381; *Sajnovits* WM 2016, 765.
[215] Vgl. *Thomale* AG 2015, 641; *Weller* ZGR 2016, 384.
[216] Vgl. *Buck-Heeb* AG 2015, 801; *Buck-Heeb* WM 2016, 1469; *Koch* ZIP 2015, 1757; *Mülbert/Sajnovits* NJW 2016, 801; *Schwintowski* ZIP 2015, 617; *Werner* WM 2016, 1474.
[217] Vgl. *Baumann* ZGR 1973, 290 ff.; Baumbach/Hueck/*Zöllner/Noack* GmbHG § 35 Rn. 147; Lutter/Hommelhoff/*Kleindiek* GmbHG § 35 Rn. 58; Roth/Altmeppen/*Altmeppen* GmbHG § 35 Rn. 95, 99; iE auch *Baum*, Die Wissenszurechnung, 1999, 365 ff.
[218] Vgl. Bürgers/Körber/*Bürgers* Rn. 5; Großkomm AktG/*Habersack/Foerster* Rn. 38; Hölters/*Weber* Rn. 15; Hüffer/Koch/*Koch* Rn. 24; *Reischl* JuS 1997, 783 (785); *K. Schmidt* GesR § 10 V 2b, S. 286 f.; s. auch *Westerhoff*, Organ und (gesetzlicher) Vertreter, 1993, 65 ff. (79), der eine „wertende Zurechnung" als dogmatische Basis der Wissenszurechnung bei juristischen Personen ausmacht; für einen Rückgriff auf den Rechtsgedanken des § 28 Abs. 2 BGB *Spindler*, Unternehmensorganisationspflichten, 2001, 626 f.; krit. dazu *Buck*, Wissen und juristische Person, 2001, 260 ff.; vgl. nunmehr auch MüKoAktG/*Spindler* Rn. 93 unter Nennung der §§ 28 Abs. 2, 31 BGB, 78 Abs. 2 AktG analog; *Spindler* ZHR 181 (2017), 311 (315); ebenso K. Schmidt/Lutter/*Seibt* Rn. 10.
[219] Ebenso aus öffentlich-rechtlicher Sicht Wolff/Bachof/*Stober* VerwR Bd. 3, 5. Aufl. 2004, § 83 Rn. 36 unter Hinweis darauf, dass die Organe „unverzichtbare Zurechnungsträger" sind.
[220] Zusammenfassend *Buck*, Wissen und juristische Person, 2001, 221 ff. unter der Zwischenüberschrift: „Von der absoluten zur relativen Wissenszurechnung"; *Gehrlein* FS Hüffer, 2010, 205 (215 ff.); ausführlich zuletzt *Grigoleit* ZHR 181 (2017), 160 (163 ff.).
[221] Vgl. BGH WM 1959, 81 (84); BGHZ 41, 282 (287); 109, 327 (331).
[222] Vgl. BGHZ 132, 30 (37); dazu *Raiser* FS Bezzenberger, 2000, 561 (563 f.).

ben werden (Informationsweiterleitungspflicht als Problem der Wissenszurechnung); umgekehrt müsse sichergestellt sein, dass nach organisationsintern vorhandenen und für den eigenen Bereich wesentlichen Informationen nachgefragt werde (Informationsabfragepflicht als Problem des Wissens).[223] Allerdings zieht der BGH der Wissenszurechnung bei juristischen Personen persönliche und sachliche Grenzen, indem er eine Speicherungspflicht der Informationen davon abhängig macht, mit welcher Wahrscheinlichkeit diese später rechtserheblich werden können.[224] Zudem beschränkt er die Vergewisserungspflicht über den Inhalt von Wissensspeichern durch das Kriterium der Zumutbarkeit.[225] Offen gelassen hat der BGH zuletzt, ob diese Grundsätze der Wissenszurechnung und Wissenszusammenrechnung auch im Rahmen der deliktsrechtlichen Haftung Anwendung finden können.[226] Jedenfalls lehnt er es ab, die kognitiven Anforderungen des § 826 BGB im Wege der Zusammenrechnung des „im Hause" der juristischen Person vorhandenen Wissens mosaikartig zusammenzusetzen.[227]

55 Die hL bringt diese informationsbezogenen Organisationspflichten nicht nur bei der Wissenszurechnung unterhalb der Organebene,[228] sondern auch auf der Organebene selbst zur Geltung.[229] Danach verlangt eine Wissenszurechnung sowohl bei der Einzel- als auch bei der Gesamtvertretung eine entsprechende Pflichtverletzung des Vorstandsmitglieds.[230] Auch das Wissen ausgeschiedener Organmitglieder ist der AG entgegen der früheren Rechtsprechung[231] nur zuzurechnen, wenn es sich um aktenmäßig festzuhaltendes Wissen handelt und eine Verletzung der Informationsabfragepflicht durch die amtierenden Organwalter vorliegt.[232] Dagegen scheidet eine Zurechnung von vornherein aus, wenn der Vorstand aufgrund der Verschwiegenheitspflicht des Wissensträgers schon rechtlich keine Zugriffsmöglichkeit auf die betreffenden Informationen hat.[233]

56 Sonderprobleme ergeben sich bei der Zurechnung privaten Wissens von Vorstandsmitgliedern. Die Spruchpraxis ist uneinheitlich;[234] im Schrifttum haben sich drei Meinungen herausgebildet: Die wohl hL spricht sich für eine generelle Wissenszurechnung aus, ohne zwischen privat und dienstlich erlangtem Wissen zu unterscheiden;[235] andere machen die Zurechnung privat erlangten Wissens davon abhängig, ob das Organmitglied verpflichtet gewesen sei, seine Kenntnisse amtlich nutzbar zu machen;[236] wieder andere lehnen eine Zurechnung privat erlangten Wissens grundsätzlich ab.[237] Auf dem Boden der neueren Rechtsprechung erweist sich die Gleichstellung von Geschäftsleiter- und Gesellschaftswissen als naturalistischer Fehlschluss aus der Organtheorie: Die Zurechnungskette vom Organwalter über das Organ zur juristischen Person als dem Zurechnungsendpunkt lässt sich zwar denklogisch knüpfen, ist aber keineswegs zwingend vorgegeben. Gute Gründe sprechen stattdessen für eine differenzierte Lösung:[238] Danach ist der Gesellschaft das private Wissen ihrer Vorstands-

---

[223] Vgl. BGHZ 132, 30 (37) im Anschluss an *Taupitz,* Karlsruher Forum 1994 S. 16 ff. (28 ff.).
[224] Vgl. BGHZ 132, 30 (38).
[225] Vgl. BGHZ 132, 30 (39).
[226] Vgl. BGH NZG 2016, 1346 Rn. 23.
[227] BGH NZG 2016, 1346 Rn. 23.
[228] So aber *K. Schmidt* GesR § 10 V 2, S. 285; MüKoAktG/*Spindler* Rn. 93.
[229] Vgl. Baumbach/Hueck/Zöllner/*Noack* GmbHG § 35 Rn. 150; Großkomm AktG/*Habersack/Foerster* Rn. 39; Hüffer/Koch/*Koch* Rn. 24; Großkomm AktG/*Kort* § 76 Rn. 203.
[230] Vgl. Großkomm AktG/*Habersack/Foerster* Rn. 42; Hüffer/Koch/*Koch* Rn. 24.
[231] Vgl. zur generellen Zurechnung des Wissens ausgeschiedener Organmitglieder BGH WM 1959, 81 (84); BGHZ 109, 327 (331); BGH ZIP 1995, 1082 (1084).
[232] Vgl. *Gasteyer/Goldschmidt* AG 2016, 116 (120); Großkomm AktG/*Habersack/Foerster* Rn. 43; Hüffer/Koch/*Koch* Rn. 25; *Kort* in Fleischer Vorstands-HdB § 2 Rn. 105; Hölters/*Weber* Rn. 16; teils kritisch *Spindler* ZHR 181 (2017), 311 (325).
[233] Vgl. *Buck-Heeb* AG 2015, 801 (810 f.); Hüffer/Koch/*Koch* Rn. 25; *Koch* ZIP 2015, 1757 (1762 f.); *Spindler* ZHR 181 (2017), 311 (321 f.); *Thomale* AG 2015, 641 (649 f.); *Verse* AG 2015, 413 (415 ff.); abw *Schwintowski* ZIP 2015, 617 ff.
[234] Für eine Zurechnung BGH WM 1955, 830 (832), weil das Wissen eines Organmitglieds das Wissen der Gesellschaft sei, so dass es nicht darauf ankomme, in welcher Eigenschaft ein Organmitglied sein Wissen erlangt habe; gegen eine Zurechnung BGH WM 1990, 1025 (1027).
[235] Vgl. AnwK-BGB/NK-AktR/*Lochner* § 28 Rn. 6; *Baum,* Die Wissenszurechnung, 1999, 81 ff.; *Buck,* Wissen und juristische Person, 2001, 244 f.; *Kieser/Kloster* GmbHR 2001, 176 (179, 181); Soergel/*Hadding* BGB § 26 Rn. 11; *Wiesner* BB 1981, 1533 (1536); mit Einschränkungen auch *Grunewald* FS Beusch, 1993, 301 (306 f.).
[236] Vgl. Großkomm AktG/*Kort* § 76 Rn. 205; *Sajnovits* WM 2016, 765 (769); *Spindler* ZHR 181 (2017), 311 (326); für Ausnahmen auch *Druey,* Information als Gegenstand des Rechts, 1994, 305.
[237] Vgl. Bürgers/Körber/*Bürgers* Rn. 5; Großkomm AktG/*Habersack/Foerster* Rn. 42; MüKoBGB/*Reuter* BGB § 28 Rn. 9.
[238] Ausf. zu folgendem *Fleischer* NJW 2006, 3239 (3241 f.); s auch Großkomm AktG/*Habersack/Foerster* Rn. 42; Hüffer/Koch/*Koch* Rn. 24.

mitglieder zuzurechnen, wenn diese an dem betreffenden Geschäft mitgewirkt haben.[239] Dagegen verlangen die berechtigten Verhaltenserwartungen des Rechtsverkehrs in aller Regel nicht, dass private Kenntnisse oder Beobachtungen eines unbeteiligten Vorstandsmitglieds vorsorglich in die gesellschaftsinternen Informationskanäle eingespeist werden.[240]

c) Wissenszurechnung im Konzern. Noch wenig geklärt ist die Wissenszurechnung im Konzern, wenngleich die wissenschaftliche Diskussion zuletzt wieder an Schwung gewonnen hat.[241] Höchstrichterliche Rechtsprechung ist rar geblieben und bietet kaum verallgemeinerungsfähige Orientierungsmarken.[242] Auch die obergerichtliche Spruchpraxis hat bisher keine fallübergreifenden Begründungsmuster hervorgebracht.[243] Zahlreichen Literaturstimmen zufolge ist als allgemeine Leitlinie „Zurückhaltung geboten",[244] auch wenn eine konzerninterne Wissenszurechnung im Einzelfall durchaus denkbar sei.[245]   **56a**

aa) Konzernrechtliche Verbundenheit allein kein Zurechnungsgrund. Nach nahezu einhelliger Lehre kann eine Wissenszurechnung nicht schon aufgrund einer faktischen Konzernierung erfolgen.[246] Die zentrale Begründung dafür liegt in dem konzernrechtlichen Trennungsprinzip: Nach der Konzeption der §§ 15 ff. betrachtet das deutsche Aktienrecht den „Konzern" nicht als verfasste Einheit, sondern sieht die „verbundenen Unternehmen" als selbständige Rechtssubjekte an. Diese rechtliche Vielheit lässt sich nur überwinden, wenn ein überzeugender Zurechnungsgrund – jenseits der Konzernierung als solcher – vorliegt.[247] Unabhängig davon sähe sich eine generelle Wissenszurechnung im Konzern dem Vorwurf einer „schematischen Lösung"[248] ausgesetzt, die allein die Interessen Dritter berücksichtigt und dem Verkehrsschutz absoluten Vorrang vor dem Interesse an der arbeitsteiligen Organisation im Konzern einräumt.[249] Auch ein Beherrschungsvertrag reicht nach überwiegender Ansicht trotz des Weisungsrechts gemäß § 308 Abs. 2 S. 1 als Zurechnungsgrund nicht aus.[250] Dies ist nach der rechtlichen Ausgestaltung der §§ 308 ff. durchaus stimmig, weil aus dem Weisungsrecht der Konzernobergesellschaft keine Pflicht zur Konzernleitung erwächst (näher → § 76 Rn. 90). Das Fehlen einer solchen Konzernleitungspflicht wird denn auch wiederholt als Argument gegen eine allgemeine Wissenszurechnung im Konzern angeführt.[251]   **56b**

bb) Ansätze für ein allgemeines Prüfungsraster. Versucht man aus dem spärlichen Rechtsprechungsmaterial und den einschlägigen Literaturstimmen ein allgemeines Prüfungsschema für die Wissenszurechnung im Konzern zu entwickeln, so spricht vieles für das folgende zweistufige Vorgehen,[252] wobei in erster Linie die Wissenszurechnung „von unten nach oben"[253] betrachtet wird.   **56c**

---

[239] Für diesen Fall auch *Buck-Heeb* WM 2008, 281 (282 f.); MüKoBGB/*Reuter* BGB § 28 Rn. 10; *Schürnbrand* ZHR 181 (2017), 357 (376); *Spindler* ZHR 181 (2017), 311 (326); iE auch *Reichwein* SJZ 66 (1970), 1, 7 und *Römmer-Collmann,* Wissenszurechnung innerhalb juristischer Personen, 1998, 190, weil eine Sonderung von privaten und amtlichen Kenntnissen insoweit auf eine „Art Schizophrenie" hinausliefe.
[240] Ähnlich *Römmer-Collmann,* Wissenszurechnung innerhalb juristischer Personen, 1998, 191; *Schürnbrand* ZHR 181 (2017), 357 (377); tendenziell auch *Grunewald* FS Beusch, 1993, 301 (306 f.); abw. *Baum,* Die Wissenszurechnung, 1999, 81 ff.
[241] Näher *Gasteyer/Goldschmidt* AG 2016, 116; *Schürnbrand* ZHR 181 (2017), 357; *Spindler* ZHR 181 (2017), 311 (332 ff.).
[242] Vgl. BGHZ 123, 224; BGH NJW 2001, 359; BGH NJW 2009, 2308; für eine Vorläuferentscheidung BGH NJW-RR 1990, 285.
[243] Vgl. OLG Hamm BKR 2002, 958; OLG München BB 2007, 14; OLG Düsseldorf BeckRS 2009, 04459.
[244] Baumbach/Hueck/*Zöllner/Noack* GmbHG § 35 Rn. 153; gleichsinnig MüKoAktG/*Spindler* Rn. 99 („nur in engen Grenzen"); ferner *Dauner-Lieb* FS Kraft, 1998, 43 (57).
[245] Vgl. Großkomm AktG/*Habersack/Foerster* Rn. 27; Großkomm AktG/*Kort* § 76 Rn. 163.
[246] Vgl. *Bork* ZGR 1994, 237 (262 f.); *Drexl* ZHR 161 (1997), 491 (508); *Schürnbrand* ZHR 181 (2017), 357 (360 ff.); MüKoAktG/*Spindler* Rn. 99; *Spindler,* Unternehmensorganisationspflichten, 2001, 964 f. und 974; *Spindler* ZHR 181 (2017), 311, 333; Staudinger/*Schilken* (2017) BGB § 166 Rn. 32; aus schweizerischer Sicht auch *Abegglen* ZBJV 142 (2006) 1 (17).
[247] So sehr klar *Drexl* ZHR 161 (1997), 491 (508); gleichsinnig *Abegglen,* Wissenszurechnung bei der juristischen Person und im Konzern, bei Banken und Versicherungen, 2004, 257.
[248] *Drexl* ZHR 161 (1997), 491 (508).
[249] Vgl. *Abegglen,* Wissenszurechnung bei der juristischen Person und im Konzern, bei Banken und Versicherungen, 2004, 257 f.; *Drexl* ZHR 161 (1997), 491 (508).
[250] So MüKoAktG/*Spindler* Rn. 99; *Römmer-Collmann,* Wissenszurechnung innerhalb juristischer Personen, 1998, 203; *Schüler,* Die Wissenszurechnung im Konzern, 2000, S. 145 ff. (211 ff.); *Spindler,* Unternehmensorganisationspflichten, 2001, 969; abw. wohl *Drexl* ZHR 161 (1997), 491 (512).
[251] Vgl. K. *Schmidt/Lutter/Seibt* Rn. 12; MüKoAktG/*Spindler* Rn. 99.
[252] Zustimmend Großkomm AktG/*Habersack/Foerster* Rn 44; *Schürnbrand* ZHR 181 (2017), 357 (364).
[253] Zu den unterschiedlichen Zurechnungsrichtungen etwa *Schürnbrand* ZHR 181 (2017), 357 (365 ff.); *Spindler* ZHR 181 (2017), 311 (335 ff., 343 ff.).

56d **(1) Rechtlich abgesicherte Zugriffsmöglichkeit.** Als notwendige, wenn auch nicht hinreichende Bedingung muss die konzernangehörige Gesellschaft, der das in Rede stehende Wissen zugerechnet werden soll, über eine rechtlich abgesicherte Zugriffsmöglichkeit auf die betreffende Information verfügen.[254] Grundlage hierfür kann im faktischen Konzern – soweit zulässig – eine konzerninterne Informationsordnung oder eine sonstige vertragliche Vereinbarung sein, im Vertragskonzern das Weisungsrecht des herrschenden Unternehmens nach § 308 Abs. 1 S. 1.

56e **(2) Hinzutreten besonderer Umstände.** Auf einer zweiten Prüfungsstufe ist nach besonderen tatsächlichen Umständen zu fragen, die im Rahmen einer wertenden Betrachtung eine Wissenszurechnung „von unten nach oben" erlauben oder gebieten.[255] Wenn nämlich die Frage der Wissenszurechnung schon bei der juristischen Person „nicht mit logisch-begrifflicher Stringenz, sondern nur in wertender Beurteilung"[256] beantwortet werden kann, so muss dies erst recht für die Wissenszurechnung im Konzern gelten.[257] Die Liste möglicher Wertungsgesichtspunkte ist lang. Sie kann hier nur zusammengestellt, aber nicht im Einzelnen gewürdigt werden. Als ein Zurechnungskriterium wird häufig die Doppelmandatschaft bzw. Personenidentität von Vorstandsmitgliedern in beiden Gesellschaften genannt,[258] doch herrscht über den Stellenwert dieses Kriteriums keineswegs Einvernehmen.[259] Neuerdings überwiegen die kritischen Stimmen.[260] Als Zurechnungskriterium nahezu durchweg anerkannt ist dagegen der aktive Datenaustausch zwischen Konzerngesellschaften.[261] Gelegentlich wird dem der Fall an die Seite gestellt, dass konzernverbundene Unternehmen bei einem bestimmten Geschäft als funktionale Einheit zusammenwirken.[262] Ein drittes Zurechnungskriterium wird unter dem Stichwort der Auslagerung von Aufgaben zusammengefasst. Als Beispielsfall und Bezugsautorität dient den befürwortenden Literaturstimmen ein Urteil des BGH aus dem Jahre 2000.[263] Rechtssatzmäßig formuliert heißt es häufig, der Vorstand der Obergesellschaft sei gehalten, das Wissen der abhängigen Gesellschaft abzurufen, wenn die Informationsverwaltung der Obergesellschaft oder des gesamten Konzerns auf die abhängige Gesellschaft ausgelagert sei.[264] Über diese Ausgliederungsfälle hinaus befürworten verschiedene Stimmen eine Wissenszurechnung auch dann, wenn Konzernunternehmen dem Vertragspartner gegenüber als Einheit auftreten.[265] Dogmatisch handelt es sich wohl um eine Art vertrauensbasierter Wissenszurechnung,[266] die eine gewisse Nähe zur konzernrechtlichen Vertrauenshaftung aufweist.[267] Allerdings gibt es auch Gegenstimmen, nach denen eine Wissenszurechnung nicht davon abhängt, ob die Konzernunternehmen im Außenverhältnis als Einheit auftreten.[268] Schließlich finden sich verschiedene Autoren, die eine Wissenszurechnung im Konzern bei Ausübung von Leitungsmacht oder tatsächlicher Einflussnahme bejahen.[269] Wieder andere fordern zusätzlich noch einen spezifischen Funktionszusammenhang zwischen den Geschäftsbereichen der beteiligten Gesellschaften[270] oder stellen darauf ab, ob die herrschende Gesellschaft die Tochter zu der fraglichen Maßnahme veranlasst oder angewiesen hat.[271]

56f **(3) Bündelung zu einem beweglichen System?** Es bleibt die Frage nach dem Verhältnis der einzelnen Zurechnungskriterien zueinander. Hier spricht vieles dafür, dass die Vielfalt konzern-

---

[254] Vgl. *Abegglen* ZBJV 142 (2006) 1 (16); Großkomm AktG/*Habersack*/*Foerster* Rn. 44; Großkomm AktG/*Kort* § 76 Rn. 204; Kölner Komm AktG/*Mertens*/*Cahn* § 76 Rn. 89; *Spindler* ZHR 181 (2017), 311 (333 f.).
[255] Gleichsinnig Großkomm AktG/*Habersack*/*Foerster* Rn. 44; Kölner Komm AktG/*Mertens*/*Cahn* § 76 Rn. 89; Schmidt/Lutter/*Seibt* Rn. 12; aus schweizerischer Sicht auch *Abegglen* ZBJV 142 (2006) 1 (11 f. und 16).
[256] BGHZ 109, 327 (331).
[257] Wie hier *Abegglen* ZBJV 142 (2006) 1 (11 f.).
[258] Vgl. etwa Großkomm AktG/*Kort* § 76 Rn. 204; *Schüler*, Die Wissenszurechnung im Konzern, 2000, 201 ff.; Hölters/*Weber* Rn. 16.
[259] Verhalten etwa Kölner Komm AktG/*Mertens*/*Cahn* § 76 Rn. 89.
[260] Vgl Großkomm/*Habersack*/*Foerster* Rn 44; *Schürnbrand* ZHR 181 (2017), 357 (370 ff.); beide mwN.
[261] Vgl. im Abschluss an BGHZ 123, 224 etwa Großkomm AktG/*Habersack*/*Foerster* Rn. 44; Großkomm AktG/*Kort* § 76 Rn. 204; MüKoAktG/*Spindler* Rn. 99.
[262] Vgl. *Nobbe* Bankrechtstag 2002, 2003, 121 (159).
[263] Vgl. BGH NJW 2001, 359.
[264] So etwa Großkomm AktG/*Habersack*/*Foerster* Rn. 44; Kölner Komm AktG/*Mertens*/*Cahn* § 76 Rn. 89.
[265] Vgl. *Drexl* ZHR 161 (1997), 491 (507); *Nobbe* Bankrechtstag 2002, 2003, 159; *Spindler* S. 971.
[266] Vgl. *Abegglen*, Wissenszurechnung bei der juristischen Person und im Konzern, bei Banken und Versicherungen, 2004, 287 ff.; ähnlich *Spindler*, Unternehmensorganisationspflichten, 2001, 971 („Wissenszurechnung wegen erzeugten Vertrauens").
[267] Allgemein dazu *Fleischer* ZHR 163 (1999), 661 ff.; *Fleischer* NZG 2000, 685.
[268] Vgl. Großkomm AktG/*Habersack*/*Foerster* Rn. 44; Großkomm AktG/*Kort* § 76 Rn. 204.
[269] Vgl. *Abegglen* ZBJV 142 (2006) 1 (18); *Römmer-Collmann*, Wissenszurechnung innerhalb juristischer Personen, 1998, 203..
[270] So *Grigoleit* LM BGB § 166 Nr. 43 Bl. 3; *Schürnbrand* ZHR 181 (2017), 357 (379 f.).
[271] So Großkomm AktG/*Habersack*/*Foerster* Rn. 44; MüKoAktG/*Spindler* Rn. 99; *Schüler*, Die Wissenszurechnung im Konzern, 2000, 145 ff.

rechtlicher Konstellationen keine einheitliche, alles überwölbende Leitlinie zulässt.[272] Vielmehr dürfte es in wertender Betrachtung auf sämtliche Umstände des Einzelfalls ankommen. Ob sich die genannten Kriterien in einem beweglichen System zusammenführen lassen, harrt noch weiterer Klärung.

2. Willensmängel. Wie bei der Vertretung durch Bevollmächtigte kommt es auch bei der organschaftlichen Vertretung für die Zurechnung von Willensmängeln iSd. §§ 116 ff. BGB auf die Person des organschaftlichen Vertreters an. Bei Gesamtvertreterhandeln genügt ein Willensmangel bei einem einzigen der beteiligten Vorstandsmitglieder.[273] Allerdings kann die Berufung der AG auf den Willensmangel im Einzelfall treuwidrig sein, wenn ein Gesamtvertreter den Willensmangel des anderen bewusst nicht aufgeklärt hat.

VIII. Organhaftung

1. Allgemeines. Entsprechend § 31 BGB ist die AG für den Schaden verantwortlich, den ihr Vorstand, ein Mitglied ihres Vorstands oder ein anderer verfassungsmäßig berufener Vertreter einem Dritten durch eine zum Schadensersatz verpflichtende Handlung in Ausführung der ihm zustehenden Verrichtungen zugefügt hat.[274] Das Organhandeln wird der Gesellschaft als eigenes zugerechnet,[275] ohne dass sie sich unter Hinweis auf eine sorgfältige Auswahl der Vorstandsmitglieder entlasten könnte.[276] Die Zurechnung findet bereits bei der Vor-AG Anwendung; auf eine Eintragung in das Handelsregister kommt es richtigerweise nicht an.[277] Neben die Haftung der Gesellschaft kann eine persönliche Außenhaftung des Vorstandsmitglieds nach den einschlägigen Vorschriften treten (näher → § 93 Rn. 263 ff.).[278] Zudem kommt bei schuldhaftem Vorstandshandeln eine Binnenhaftung gegenüber der Gesellschaft gem. § 93 Abs. 2 in Betracht.

2. Zurechnungsvoraussetzungen. a) Schadensersatzbegründende Handlungen. Als haftungsbegründende Handlungen iSd § 31 BGB kommen alle Rechtsgründe in Betracht, aus denen eine Schadensersatzpflicht erwachsen kann.[279] Dazu zählen nicht nur deliktische Handlungen (§§ 823 ff. BGB), sondern auch Tatbestände der Gefährdungshaftung (zB § 7 StVG), rechtmäßige Handlungen (zB §§ 228, 904 BGB), Pflichtverletzungen aus bestehenden Schuldverhältnissen (zB § 280 BGB)[280] oder Tatbestände der Vertrauenshaftung (zB §§ 122, 311 BGB).[281] Das Unterlassen wird dem aktiven Organhandeln gleichgestellt, wenn eine Rechtspflicht zum Handeln bestand.[282]

Von dogmatischem Interesse, aber ohne nennenswerte praktische Tragweite ist die Frage, ob die Zurechnung des Organhandelns im Rahmen von Sonderverbindungen nach § 278 BGB oder § 31 BGB erfolgt.[283] Die herkömmliche Praxis und ein Teil der Rechtslehre bevorzugen den ersten Weg;[284] überzeugender dürfte es sein, mit der vordringenden Gegenansicht nur § 31 BGB heranzu-

---

[272] So ausdrücklich und überzeugend *Spindler*, Unternehmensorganisationspflichten, 2001, 965; gleichsinnig MüKoAktG/*Spindler* Rn. 99.
[273] Vgl. RGZ 78, 347 (354); *Baumbach/Hueck* Rn. 8; Hüffer/Koch/*Koch* Rn. 26; Großkomm AktG/*Kort* § 76 Rn. 206; Baumbach/Hueck/*Zöllner/Noack* GmbHG § 35 Rn. 146.
[274] Vgl. BGH ZIP 2005, 1270 (1272) – EM.TV; BGHZ 98, 148 (151 ff.); BGHZ 99, 298 (300); RGZ 78, 347 (353 f.); RG JW 1930, 2927 (2928); *Baumbach/Hueck* Rn. 19; *Gehrlein* FS Hüffer, 2010, 205 (206 ff.); *v. Godin/Wilhelmi* Rn. 14; Großkomm AktG/*Habersack/Foerster* Rn. 37; Hüffer/Koch/*Koch* Rn. 23; Großkomm AktG/*Kort* § 76 Rn. 207; MüKoAktG/*Spindler* Rn. 129.
[275] Vgl. BGHZ 99, 298 (302); *v. Godin/Wilhelmi* Rn. 13; Großkomm AktG/*Habersack/Foerster* Rn. 37; Großkomm AktG/*Kort* § 76 Rn. 207; MüKoAktG/*Spindler* Rn. 129; *K. Schmidt* GesR § 10 IV 1a S. 273 f.
[276] Vgl. *v. Godin/Wilhelmi* Rn. 2; Hüffer/Koch/*Koch* Rn. 23; Großkomm AktG/*Kort* § 76 Rn. 207; MüKoAktG/*Spindler* Rn. 129; NK-AktR/*Oltmanns* § 76 Rn. 11.
[277] Vgl. OLG Stuttgart NJW-RR 1989, 637 (Vor-GmbH); Hüffer/Koch/*Koch* Rn. 23; Großkomm AktG/*Kort* § 76 Rn. 207; MüKoAktG/*Spindler* Rn. 129; abw. RG LZ 1916, 303; *Baumbach/Hueck* Rn. 19.
[278] *De lege ferenda* für eine Neufassung des § 31 BGB, wonach für Organdelikte grundsätzlich nur der Verband und nicht auch das Organmitglied haften soll, *Bachmann*, Gutachten E für den 70. DJT 2014, E 119 ff.; monographisch *Schirmer*, Das Körperschaftsdelikt, 2015.
[279] Vgl. Hüffer/Koch/*Koch* Rn. 23; Großkomm AktG/*Kort* Rn. 208; MüKoAktG/*Spindler* Rn. 132; zum Charakter des § 31 BGB als „haftungszuweisender Norm", die einen Haftungstatbestand voraussetzt, BGHZ 98, 148 (151 ff.).
[280] Vgl. BGH NJW 2006, 830 (834) – Kirch/Deutsche Bank AG und Breuer.
[281] Näher MüKoBGB/*Reuter* BGB § 31 Rn. 29.
[282] Vgl. MüKoBGB/*Reuter* BGB § 31 Rn. 29.
[283] Näher *K. Schmidt* GesR § 10 IV 3, S. 276 ff.
[284] Vgl. RGZ 122, 351 (355, 359); RG JW 1904, 5 f.; *Flume* JurPer § 11 III, S. 321 f.; *Westerhoff*, Organ und (gesetzlicher) Vertreter, 1993, 115 ff.

ziehen, weil die Zurechnung des Organverschuldens eine andere Qualität hat als jene des Verschuldens von Hilfspersonen.[285]

61 **b) In Ausführung der zustehenden Verrichtungen.** Die zum Schadensersatz verpflichtende Handlung muss in Ausführung der dem Vorstandsmitglied zustehenden Verrichtungen begangen worden sein. Verlangt wird ein Organhandeln in „amtlicher" Eigenschaft.[286] Amtstätigkeit und Schädigung müssen nicht bloß zeitlich oder örtlich, sondern sachlich miteinander zusammenhängen;[287] ein bloßes Handeln „bei Gelegenheit" genügt nicht.[288] Die Einstandspflicht der Gesellschaft setzt allerdings nach ständiger Rechtsprechung nicht voraus, dass sich das handelnde Organ in den Grenzen seiner Vertretungsmacht gehalten hat; entscheidend ist allein, ob sein Handeln in den ihm zugewiesenen Wirkungskreis fiel.[289] Infolgedessen wird die Verantwortlichkeit der AG nicht schon dadurch ausgeschlossen, dass ein nur gesamtvertretungsberechtigtes Vorstandsmitglied bei rechtsgeschäftlicher Betätigung eine unerlaubte Handlung begeht.[290] Entgegen der früheren Rechtsprechung gilt dies auch dann, wenn die unerlaubte Handlung in der Vortäuschung rechtlicher Verbindlichkeit einer von dem betreffenden Vorstandsmitglied allein abgegebenen Willenserklärung besteht.[291]

62 Eine Grenze der Zurechnung ist erst erreicht, wenn das Vorstandsmitglied durch Überschreiten der ihm zustehenden Vertretungsmacht sein schadensstiftendes Verhalten so weit außerhalb seines Aufgabenbereiches stellt, dass ein innerer Zusammenhang zwischen dem Handeln und dem allgemeinen Rahmen der ihm übertragenen Obliegenheiten nicht mehr erkennbar ist.[292] Dies ist aber nicht schon immer dann anzunehmen, wenn das Organ seine Stellung missbraucht. Auch ein vorsätzliches Überschreiten der Befugnisse eines Vorstandsmitglieds kann noch in Ausführung der ihm zustehenden Verrichtungen erfolgen, solange es sich aus der Sicht des Außenstehenden nicht so weit von dem Aufgabenkreis des Handelnden entfernt, dass der generelle Rahmen der ihm übertragenen Obliegenheiten überschritten ist.[293]

63 Außerdem kommt eine Zurechnung nach § 31 BGB grundsätzlich nicht mehr in Betracht, wenn ein Vorstandsmitglied als Organ einer AG nur Vorbereitungen für eine unerlaubte Handlung trifft, die es erst später als Geschäftsleiter einer anderen Gesellschaft ausführt.[294] Gleiches gilt bei einem privaten Handeln des Vorstandsmitglieds,[295] zB bei einer privaten Reise im Anschluss an eine Dienstreise,[296] nicht aber bei bloßen Umwegen.[297] Eine Vermutung, dass ein Vorstandsmitglied dienstlich handelt, etwa im Sinn einer entsprechenden Anwendung des § 344 Abs. 1 HGB, besteht nicht.[298] Allerdings wird man eine Haftung der Gesellschaft für ihren alleinigen Geschäftsleiter annehmen müssen, der Werbeanlagen eines Konkurrenzunternehmens zerstört hat, sofern jeder Anhaltspunkt dafür fehlt, dass dieser Vorgang nicht in Zusammenhang mit der Tätigkeit als Geschäftsleiter steht.[299]

64 **3. Organentsendung.** Entsendet die AG ihr Vorstandsmitglied in das Organ (zB Aufsichtsrat) einer anderen Gesellschaft, so sind ihr die dort begangenen Pflichtverletzungen nicht nach § 31 BGB zuzurechnen, wenn das Vorstandsmitglied ausschließlich im Interesse der anderen Gesellschaft gehandelt hat.[300] Ob in Konzernzusammenhängen anderes gilt, wenn das entsandte Vorstandsmitglied

---

[285] Wie hier Bürgers/Körber/*Bürgers* Rn. 6; Hüffer/Koch/*Koch* Rn. 23; Großkomm AktG/*Kort* § 76 Rn. 207; MüKoAktG/*Spindler* Rn. 134; *K. Schmidt* GesR § 10 IV 3, S. 277f.; K. Schmidt/Lutter/*Seibt* Rn. 29; Grigoleit/*Vedder* Rn. 30.
[286] Vgl. BGH NJW 1980, 115; MüKoBGB/*Reuter* BGB § 31 Rn. 32.
[287] Vgl. BGHZ 49, 19 (23); RGZ 104, 286 (288); 162, 129 (169).
[288] Vgl. *K. Schmidt* GesR § 10 IV b, S. 279f.
[289] Vgl. BGHZ 49, 19 (23); BGH WM 1959, 80 (81); NJW 1980, 115; BGHZ 98, 148 (151f.); 99, 298 (300); OLG Hamburg NZG 2002, 873f.
[290] Vgl. BGHZ 98, 148.
[291] Vgl. BGHZ 98, 148 (153ff.) in Abweichung von RGZ, 134, 375 und BGH WM 1967, 714; aus dem Schrifttum Großkomm AktG/*Kort* § 76 Rn. 211; MüKoAktG/*Spindler* Rn. 134.
[292] Vgl. BGHZ 98, 148 (152); 99, 298 (300); ausf. *Fleischer* NJW 2006, 3239 (3241).
[293] Vgl. BGH NJW 1980, 115f.; BGHZ 98, 148 (152); Großkomm AktG/*Kort* § 76 Rn. 210; NK-AktR/*Oltmanns* § 76 Rn. 11.
[294] Vgl. BGHZ 99, 298 (GmbH); abw. Kort in Fleischer Vorstands-HdB § 2 Rn. 111.
[295] Vgl. Großkomm AktG/*Kort* § 76 Rn. 214.
[296] Vgl. RGZ 128, 229 (233); Großkomm AktG/*Kort* § 76 Rn. 211.
[297] Vgl. OLG Schleswig BB 1958, 787; Großkomm AktG/*Kort* § 76 Rn. 211; krit. MüKoBGB/*Reuter* BGB § 31 Rn. 33; ausf., auch mit rechtsvergleichenden Belegen, zu den „detour cases" *Fleischer* NJW 2006, 3239 (3241).
[298] Vgl. RG LZ 1931 Sp. 324; Großkomm AktG/*Kort* § 76 Rn. 214.
[299] Vgl. OLG Hamburg NZG 2002, 873.
[300] Vgl. BGHZ 36, 296 (309ff.); 90, 381 (398); *Fleischer* in Fleischer Vorstands-HdB § 18 Rn. 136; Großkomm AktG/*Kort* § 76 Rn. 217.

in der abhängigen Gesellschaft pflichtwidrig Interessen des herrschenden Unternehmens verfolgt, wird unterschiedlich beurteilt.[301]

§ 79 *(aufgehoben)*

§ 80 Angaben auf Geschäftsbriefen

(1) ¹Auf allen Geschäftsbriefen gleichviel welcher Form, die an einen bestimmten Empfänger gerichtet werden, müssen die Rechtsform und der Sitz der Gesellschaft, das Registergericht des Sitzes der Gesellschaft und die Nummer, unter der die Gesellschaft in das Handelsregister eingetragen ist, sowie alle Vorstandsmitglieder und der Vorsitzende des Aufsichtsrats mit dem Familiennamen und mindestens einem ausgeschriebenen Vornamen angegeben werden. ²Der Vorsitzende des Vorstands ist als solcher zu bezeichnen. ³Werden Angaben über das Kapital der Gesellschaft gemacht, so müssen in jedem Falle das Grundkapital sowie, wenn auf die Aktien der Ausgabebetrag nicht vollständig eingezahlt ist, der Gesamtbetrag der ausstehenden Einlagen angegeben werden.

(2) Der Angaben nach Absatz 1 Satz 1 und 2 bedarf es nicht bei Mitteilungen oder Berichten, die im Rahmen einer bestehenden Geschäftsverbindung ergehen und für die üblicherweise Vordrucke verwendet werden, in denen lediglich die im Einzelfall erforderlichen besonderen Angaben eingefügt zu werden brauchen.

(3) ¹Bestellscheine gelten als Geschäftsbriefe im Sinne des Absatzes 1. ²Absatz 2 ist auf sie nicht anzuwenden.

(4) ¹Auf allen Geschäftsbriefen und Bestellscheinen, die von einer Zweigniederlassung einer Aktiengesellschaft mit Sitz im Ausland verwendet werden, müssen das Register, bei dem die Zweigniederlassung geführt wird, und die Nummer des Registereintrags angegeben werden; im übrigen gelten die Vorschriften der Absätze 1 bis 3 für die Angaben bezüglich der Haupt- und der Zweigniederlassung, soweit nicht das ausländische Recht Abweichungen nötig macht. ²Befindet sich die ausländische Gesellschaft in Abwicklung, so sind auch diese Tatsache sowie alle Abwickler anzugeben.

Schrifttum: *Altmeppen,* Irrungen und Wirrungen um den täuschenden Rechtsformzusatz und seine Haftungsfolgen, NJW 2012, 2833; *Bänwaldt/Schabacker,* Angaben auf Geschäftspapieren inländischer Zweigniederlassungen ausländischer Kapitalgesellschaften, AG 1996, 461; *Beurskens,* What's in a name? – Rechtsformzusatz und Haftungsbeschränkung, NZG 2016, 681; *Bredol,* Angaben auf Geschäftsbriefen bei Handeln Dritter, NZG 2017, 611; *Einmahl,* Die erste gesellschaftsrechtliche Richtlinie des Rates der Europäischen Gemeinschaft und ihre Bedeutung für das deutsche Aktienrecht, AG 1969, 131; *Fleischer,* Organpublizität im Aktien-, Bilanz- und Kapitalmarktrecht, NZG 2006, 561; *Glaus/Gabel,* Praktische Umsetzung der Anforderungen zu Pflichtangaben in E-mails, BB 2007, 1744; *Haßler,* Der vakante Aufsichtsratsvorsitz im Licht von § 80 AktG, BB 2016, 461; *Hoeren/Pfaff,* Pflichtangaben im elektronischen Geschäftsverkehr aus juristischer und technischer Sicht, MMR 2007, 207; *Kindler,* Neue Offenlegungspflichten für Zweigniederlassungen deutscher Kapitalgesellschaften, NJW 1993, 3301; *Kindler,* GmbH-Reform und internationales Gesellschaftsrecht, AG 2007, 721; *Kreplin,* Erweiterte Angabenpflicht auf Geschäftsbriefen für Aktiengesellschaften, Kommanditgesellschaften auf Aktien und Gesellschaften mit beschränkter Haftung, BB 1969, 1112; *Maaßen/Orlikowski-Wolf,* Stellt das Fehlen von Pflichtangaben in Geschäftskorrespondenz einen Wettbewerbsverstoß dar?, BB 2007, 561; *Mutter,* Pflichtangaben auf Geschäftsbriefen auch im E-mail-Verkehr?, GmbHR 2001, 336; *Rath/Hausen,* Viel Lärm um nichts? Pflichtangaben in geschäftlichen E-Mails, K& R 2007, 113; *Schmittmann/Ahrens,* Pflichtangaben in E-Mails – Ist die elektronische Post ein Geschäftsbrief?, DB 2002, 1038; *Wünsch,* Angaben auf Geschäftspapieren, FS Schwarz, 1991, 573.

Übersicht

	Rn.		Rn.
I. Überblick	1–3	1. Geschäftsbriefe an einen bestimmten Empfänger	4–7
1. Regelungszweck	1	a) Geschäftsbriefe	4–6
2. Vorgängervorschriften und Parallelregelungen	2	b) Bestimmter Empfänger	7
		2. Vordrucke	8–10
3. Unionsrecht	3	a) Üblichkeit der Verwendung eines Vordrucks	9
II. Geschäftsbriefe	4–12	b) Bestehende Geschäftsverbindung	10

---

[301] Gegen eine Haftungszurechnung BGHZ 36, 296 (309 ff.); 90, 381 (398); *Hoffmann-Becking* ZHR 150 (1986), 570 (577); dafür Kölner Komm AktG/*Koppensteiner* § 309 Rn. 41; *Ulmer* FS Stimpel, 1985, 705 (715).

§ 80　1–3　　　　　　　　　　　　　　　　　　　　　Erstes Buch. Aktiengesellschaft

	Rn.		Rn.
3. Bestellscheine	11	3. Angaben über das Kapital	15
4. Auslandsbriefe	12	4. Angaben bei Auslandsbriefen	16
III. Erforderliche Angaben	13–16	**IV. Rechtsfolgen bei Pflichtverstößen**	17, 18
1. Angaben über die Gesellschaft	13	1. Zwangsgeld	17
2. Angaben über die Organmitglieder	14	2. Zivilrechtliche Folgen	18

I. Überblick

1 **1. Regelungszweck.** § 80 AktG verlangt, dass Geschäftsbriefe an einen bestimmten Empfänger Grundinformationen über die Gesellschaft enthalten. Die Vorschrift will Geschäftspartner vor Vertragsabschluss vergleichsweise einfach über wesentliche Verhältnisse der Gesellschaft unterrichten[1] und ihnen durch entsprechende Registerangaben einen schnellen Zugriff auf zusätzliche Informationen ermöglichen.[2] Darüber hinaus dient § 80 durch die namentliche Benennung der Organmitglieder der aktienrechtlichen Organpublizität.[3] Im Einzelnen formuliert Abs. 1 die Grundregel für Geschäftsbriefe, die in Abs. 3 für Bestellscheine besonders streng zur Geltung gebracht und in Abs. 4 auf Zweigniederlassungen ausländischer Gesellschaften erstreckt wird. Abs. 2 enthält eine Ausnahmebestimmung zur Erleichterung des Geschäftsverkehrs.[4]

2 **2. Vorgängervorschriften und Parallelregelungen.** Pflichtangaben über Organmitglieder auf Geschäftsbriefen hat erstmals § 100 AktG 1937 eingeführt.[5] Sie sind durch das Aktiengesetz von 1965 behutsam erweitert und unter unionsrechtlichem Einfluss (→ Rn. 3) wesentlich ausgebaut worden. Das EHUG[6] hat die Verpflichtung des § 80 AktG in Umsetzung unionsrechtlicher Vorgaben ausdrücklich auf Geschäftsbriefe jedweder Form ausgedehnt. Zuletzt hat das MoMiG[7] durch eine Ergänzung des § 80 Abs. 4 S. 1 die Angabeverpflichtung ausländischer Gesellschaften präzisiert. Eine inhaltsgleiche Sondervorschrift für die aufgelöste Gesellschaft enthält § 268 Abs. 4 AktG; für die Vor-AG gilt § 80 AktG entsprechend.[8] Parallelregelungen finden sich für die GmbH in § 35a GmbHG, für Personenhandelsgesellschaften in §§ 125a, 177a HGB und für Einzelkaufleute in § 37a HGB.

3 **3. Unionsrecht.** § 80 AktG geht in seiner früheren Fassung auf Art. 4 Publizitätsrichtlinie[9] zurück, die durch das 1. EG-Koordinierungsgesetz von 1969 (BGBl. 1969 I 1146) in nationales Recht überführt worden ist. Die Erweiterung in Abs. 4 beruht auf der Zweigniederlassungsrichtlinie[10] und ihrer Umsetzung im Wege eines Durchführungsgesetzes aus dem Jahre 1993 (BGBl. 1993 I 1282). Im Hinblick auf das Publizitätsmittel hat sich der Unionsgesetzgeber für eine begrenzte Offenlegung auf Geschäftsbriefen und gegen eine Angabepflicht auf allen von der Gesellschaft herrührenden Schreiben entschieden.[11] Zu den Publizitätsgegenständen gehören nach der Richtlinie die Registerangaben, der Sitz und die Rechtsform der Gesellschaft. Eine zwingende Nennung des Garantiekapitals vermochte sich im gemeinschaftsrechtlichen Gesetzgebungsverfahren nicht durchzusetzen.[12]

---

[1] Vgl. NK-AktR/*Ammon* Rn. 2; Bürgers/Körber/*Bürgers* Rn. 1; Hüffer/Koch/*Koch* Rn. 1; K. Schmidt/Lutter/*Seibt* Rn. 1; Hölters/*Weber* Rn. 1; zu § 35a GmbHG auch OLG Düsseldorf NJW-RR 2004, 41 (42).
[2] Vgl. NK-AktR/*Ammon* Rn. 2; Bürgers/Körber/*Bürgers* Rn. 1; Henssler/Strohn/*Dauner-Lieb* Rn. 1; Wachter/*Eckert* Rn. 1; Großkomm AktG/*Habersack*/*Foerster* Rn. 1; Kölner Komm AktG/*Mertens*/*Cahn* Rn. 1.
[3] Näher *Fleischer* NZG 2006, 561 (562 f.).
[4] Zu dieser Zielsetzung bereits BegrRegE *Kropff* S. 101.
[5] Zu seiner zeitbedingten Zielsetzung, die Anonymität des Kapitals einzuschränken, *Schlegelberger*/*Quassowski* AktG 1937 § 100 Anm. 1; noch ausführlicher die vorbereitenden Überlegungen, wiedergegeben bei *Schubert* (Hrsg.), Akademie für Deutsches Recht (1933–1945), Protokolle der Ausschüsse, Ausschuss für Aktienrecht, 1986, 238 ff.; näher dazu *Fleischer* NZG 2006, 561 (562 f.).
[6] Gesetz über elektronische Handelsregister und Genossenschaftsregister sowie das Unternehmensregister vom 10.11.2006, BGBl. 2006 I 2553.
[7] Gesetz zur Modernisierung des GmbH-Rechts und zur Bekämpfung von Missbräuchen vom 23.10.2008, BGBl. 2008 I 2026.
[8] Vgl. Großkomm AktG/*Habersack*/*Foerster* Rn. 1; MüKoAktG/*Spindler* Rn. 3; K. Schmidt/Lutter/*Seibt* Rn. 1.
[9] Erste Richtlinie 68/151/EWG v. 9.3.1968, ABl. EG 1968 Nr. L 65, 8 ff.; speziell zu Art. 5 der Richtlinie *Grundmann* EuropGesR Rn. 269; *Habersack*/*Verse* EuropGesR § 5 Rn. 13; *Schwarz* EuropGesR Rn. 318; inhaltlich unverändert aufgegangen in Art. 26 der Richtlinie (EU) 2017/1132 v. 14.6.2017, ABl. EU 2017 Nr. L 169, 46 ff.; dazu *Lutter*/*Bayer*/*Schmidt* EuropGesR § 18 Rn. 25 ff.
[10] Elfte Richtlinie 89/151/EWG v. 21.12.1989, ABl. EG 1989 Nr. L 395, 36 ff.; inhaltlich unverändert aufgegangen in Art. 35 der Richtlinie (EU) 2017/1132 v. 14.6.2017, ABl. EU 2017 Nr. L 169, 46 ff.
[11] Näher *Fischer-Zernin*, Der Rechtsangleichungserfolg der Ersten gesellschaftsrechtlichen Richtlinie der EWG, 1986, 73 f.
[12] Dazu *Lutter*/*Bayer*/*Schmidt* EuropGesR § 18 Rn. 26; *Schwarz* EuropGesR Rn. 318.

II. Geschäftsbriefe

1. Geschäftsbriefe an einen bestimmten Empfänger. a) Geschäftsbriefe. Zu den Voraus- 4
setzungen des § 80 gehört zunächst das Vorliegen eines Geschäftsbriefs. Dieser Begriff ist mit Rücksicht auf den Normzweck, die Geschäftsgegner der AG schon im Stadium der Vertragsanbahnung über wesentliche Gesellschaftsverhältnisse zu unterrichten, (→ Rn. 1), weit auszulegen.[13] Er umfasst jede im Namen der Gesellschaft verfasste und nach außen gerichtete Mitteilung über geschäftliche Fragen[14] und ist keineswegs deckungsgleich mit dem engeren Begriff des Handelsbriefs iSd § 257 Abs. 2 HGB.[15] Auf die äußere Form kommt es nicht an.[16] Eingeschlossen sind daher neben Briefen im postalischen Sinne auch Postkarten,[17] Verkaufsangebote, Rechnungen, Quittungen, Preislisten, Lieferscheine, Auftrags- und Empfangsbestätigungen[18] sowie graphische Darstellungen der Gesellschaftsverhältnisse, die im Rahmen von Vertragsverhandlungen übergeben werden.[19] Der Umfang der Mitteilung ist ebenfalls ohne Belang, so dass auch Memoranden oder kurze Empfangsbestätigungen unter § 80 fallen können.[20]

Die Art der Übermittlung spielt nach hM für die Eigenschaft als Geschäftsbrief keine Rolle.[21] 5
Nach überwiegender, aber nicht unbestrittener Auffassung fallen daher Telebriefe, Telefaxe, Telegramme und Fernschreiben unter § 80.[22] Ungesichert war früher, ob auch die E-Mail-Korrespondenz dazugehört, weil bei ihr nur eine digitale und keine schriftliche Erklärung vorliegt.[23] Aus § 126 Abs. 3 BGB, der die elektronische Form der schriftlichen gleichstellt, wird man aber folgern dürfen, dass geschäftliche E-Mails ebenfalls den Vorgaben des § 80 genügen müssen. Dies ergibt sich nunmehr ausdrücklich aus § 80 Abs. 1 S. 1.[24] Formal bedeutet dies, dass die Pflichtangaben im sogenannten E-Mail-Body enthalten sein müssen – ein Anhang oder Hyperlink genügt nicht.[25] Unterschiedlich beurteilt wird, ob Textkurzmitteilungen (SMS) als elektronische Geschäftsbriefe anzusehen sind.[26] Jedenfalls bei längeren Nachrichten, die zur Übertragung in 160-Zeichen-Pakete zerlegt und beim Empfänger wieder zusammengesetzt werden, ist dies zu bejahen.[27] Keiner Angabepflicht unterliegen dagegen von der Gesellschaft ausgestellte Wertpapiere (Wechsel, Scheck), da sie keine über ihre Funktion als Wertpapier hinausgehende Mitteilung an einen bestimmten Empfänger enthalten.[28] Für telefonische Mitteilungen fehlt es nach allgemeiner Ansicht an der erforderlichen Verkörperung.[29]

---

[13] AllgM, vgl. NK-AktR/*Ammon* Rn. 4; Bürgers/Körber/*Bürgers* Rn. 2; Großkomm AktG/*Habersack/Foerster* Rn. 3; Hüffer/Koch/*Koch* Rn. 2; MüKoAktG/*Spindler* Rn. 14; Grigoleit/*Vedder* Rn. 5; Hölters/*Weber* Rn. 3; s. auch BT-Drs. 13/8444, 61 im Hinblick auf die Parallelvorschrift des § 125a HGB.
[14] Genauso oder ähnlich NK-AktR/*Ammon* Rn. 4; *Bärwaldt/Schabacker* AG 1996, 461 (462 f.); Bürgers/Körber/*Bürgers* Rn. 2; Großkomm AktG/*Habersack/Foerster* Rn. 3; Hüffer/Koch/*Koch* Rn. 2; K. Schmidt/Lutter/*Seibt* Rn. 8.
[15] Vgl. *Einmahl* AG 1969, 131 (135); Großkomm AktG/*Habersack/Foerster* Rn. 3; Hüffer/Koch/*Koch* Rn. 2; *Kreplin* BB 1969, 1112 (1113); abw. anscheinend MüKoAktG/*Spindler* Rn. 14; zum Begriff des Handelsbriefs Großkomm BilR/Hüffer/*Koch* HGB § 257 Rn. 22 f.
[16] Vgl. NK-AktR/*Ammon* Rn. 4; Bürgers/Körber/*Bürgers* Rn. 2; K. Schmidt/Lutter/*Seibt* Rn. 8; Hölters/*Weber* Rn. 4.
[17] Vgl. Kölner Komm AktG/*Mertens/Cahn* Rn. 15; MüKoAktG/*Spindler* Rn. 17.
[18] Vgl. NK-AktR/*Ammon* Rn. 4; Hüffer/Koch/*Koch* Rn. 2; K. Schmidt/Lutter/*Seibt* Rn. 8.
[19] Vgl. LG Heidelberg NJW-RR 1997, 355 (zu § 35a GmbHG); MüKoAktG/*Spindler* Rn. 15.
[20] Vgl. MüKoAktG/*Spindler* Rn. 17; K. Schmidt/Lutter/*Seibt* Rn. 8.
[21] Vgl. NK-AktR/*Ammon* Rn. 5.
[22] Vgl. NK-AktR/*Ammon* Rn. 5; Großkomm AktG/*Habersack/Foerster* Rn. 4; Kölner Komm AktG/*Mertens/Cahn* Rn. 15; *Schmittmann/Ahrens* DB 2002, 1038 (1039); MüKoAktG/*Spindler* Rn. 18; Grigoleit/*Vedder* Rn. 5; abw. für Telegramme, Telex- und Fernschreiben Wachter/*Eckert* Rn. 3; K. Schmidt/Lutter/*Seibt* Rn. 8.
[23] Bejahend NK-AktR/*Ammon* Rn. 5; Kölner Komm AktG/*Mertens/Cahn* Rn. 17; MüKoAktG/*Spindler* Rn. 18; *Roth/Groß* K & R 2002, 127 f.; K. Schmidt/Lutter/*Seibt* Rn. 8; eingehend *Schmittmann/Ahrens* DB 2002, 1038 (1040 f.); verneinend *Mutter* GmbHR 2001, 336 (337).
[24] Vgl. zu dieser Gesetzesänderung *Maaßen/Orlikowski-Wolf* BB 2007, 561 f.; *Hoeren/Pfaff* MMR 2007, 207; *Rath/Hausen* K&R 2007, 113; zuletzt BGH BeckRS 2011, 07102 Rn. 2.
[25] Ebenso und ausf. *Hoeren/Pfaff* MMR 2007, 207 (208 f.); ferner Großkomm AktG/*Habersack/Foerster* Rn. 5; Hüffer/Koch/*Koch* Rn. 2; *Rath/Hausen* K&R 2007, 113 (114 f.); aA *Glaus/Gabel* BB 2007, 1744 (1745 f.); s. auch Hölters/*Weber* Rn. 4.
[26] Dafür *Maaßen/Orlikowski-Wolf* BB 2007, 261; dagegen *Hoeren/Pfaff* MMR 2007, 207 (208).
[27] Wie hier Großkomm AktG/*Habersack/Foerster* Rn. 4; MüKoAktG/*Spindler* Rn. 18; abw. Hüffer/Koch/*Koch* Rn. 2.
[28] Vgl. NK-AktR/*Ammon* Rn. 4; Großkomm AktG/*Habersack/Foerster* Rn. 5; abw. LG Detmold GmbHR 1991, 23 – Postscheck.
[29] Vgl. Großkomm AktG/*Habersack/Foerster* Rn. 5; MüKoAktG/*Spindler* Rn. 18; K. Schmidt/Lutter/*Seibt* Rn. 8.

6 Mangels geschäftsbezogenen Inhalts werden Mitteilungen rein persönlicher Natur, zB Glückwunsch- oder Kondolenzschreiben, nicht von § 80 erfasst.[30] Ausgeklammert bleibt auch der interne Schriftverkehr.[31] Dazu gehören Mitteilungen zwischen Abteilungen oder Niederlassungen,[32] die Korrespondenz mit betriebsverfassungs- oder gesellschaftsrechtlichen Organen[33] und Schreiben an die Aktionäre, soweit sie nur das mitgliedschaftliche Rechtsverhältnis betreffen (zB Ladung zur Hauptversammlung).[34] Der Angabepflicht unterliegen dagegen Mitteilungen an Arbeitnehmer, die das Arbeitsverhältnis begründen, abändern oder beenden,[35] Schreiben an Aktionäre im Rahmen von Drittgeschäften[36] und die Korrespondenz zwischen rechtlich selbstständigen Konzernunternehmen.[37]

7 **b) Bestimmter Empfänger.** Die Geschäftsbriefe müssen darüber hinaus an einen bestimmten Empfänger gerichtet sein. Maßgebend ist, ob die Mitteilung als solche an einen bestimmten Empfänger adressiert ist.[38] Auf den individuellen Zuschnitt des Inhalts kommt es hingegen nicht an.[39] Nicht an einen bestimmten Empfänger adressiert und damit nicht von der Angabepflicht des § 80 erfasst sind Mitteilungen an einen ganz unbestimmten oder nur durch Gruppenmerkmale bestimmten Personenkreis (zB Rechtsanwälte oder Architekten),[40] insbesondere Werberundschreiben, öffentliche Bekanntmachungen, Postwurfsendungen oder Zeitschriftenanzeigen.[41] Ferner fehlt regelmäßig eine Adressierung an einen bestimmten Adressatenkreis bei Internetseiten, Facebook-Nachrichten und Blogs.[42] In Betracht kommt aber uU eine Informationspflicht nach § 5 TMG.[43]

8 **2. Vordrucke.** § 80 Abs. 2 enthält eine auf Zweckmäßigkeitserwägungen beruhende Befreiung von der Angabepflicht für gewisse Mitteilungen und Berichte.[44] Ihre Vereinbarkeit mit Art. 4 der Publizitätsrichtlinie, der von „Briefen" und „Bestellscheinen" spricht und keinen Ausnahmetatbestand kennt, ist nur bei einer engen Auslegung zu bejahen.[45]

9 **a) Üblichkeit der Verwendung eines Vordrucks.** Die Mitteilungen oder Berichte müssen zunächst auf Vordrucken erfolgen, in denen lediglich die im Einzelfall erforderlichen besonderen Angaben eingefügt zu werden brauchen. Dazu zählen Auftragsbestätigungen, Abholbenachrichtigungen, Kontoauszüge und sonstige Formblätter für den Bankverkehr,[46] ferner Rechnungen und Mahnungen[47] sowie standardisierte Mitteilungen an Behörden, Kammern und Verbände.[48] Ferner müssen für die Mitteilungen oder Berichte üblicherweise Vordrucke verwendet werden. Die Üblichkeit ist

---

[30] Vgl. Bürgers/Körber/*Bürgers* Rn. 3; Henssler/Strohn/*Dauner-Lieb* Rn. 3; Großkomm AktG/*Habersack/Foerster* Rn. 6; MüKoAktG/*Spindler* Rn. 16; K. Schmidt/Lutter/*Seibt* Rn. 8; Hölters/*Weber* Rn. 3.
[31] Im Grundsatz allgM, vgl. NK-AktR/*Ammon* Rn. 8; Bürgers/Körber/*Bürgers* Rn. 3; Großkomm AktG/*Habersack/Foerster* Rn. 7; MüKoAktG/*Spindler* Rn. 16; K. Schmidt/Lutter/*Seibt* Rn. 10.
[32] Vgl. Bürgers/Körber/*Bürgers* Rn. 3; Großkomm AktG/*Habersack/Förster* Rn. 7; K. Schmidt/Lutter/*Seibt* Rn. 10.
[33] Vgl. NK-AktR/*Ammon* Rn. 8; MüKo AktG/*Spindler* Rn. 16.
[34] Vgl. NK-AktR/*Ammon* Rn. 8; Bürgers/Körber/*Bürgers* Rn. 3; Großkomm AktG/*Habersack/Foerster* Rn. 7; MüKoAktG/*Spindler* Rn. 16; abw. Kölner Komm AktG/*Mertens/Cahn* Rn. 13.
[35] Vgl. NK-AktR/*Ammon* Rn. 8; Großkomm AktG/*Habersack/Foerster* Rn. 7; MüKoAktG/*Spindler* Rn. 16; Hölters/*Weber* Rn. 3.
[36] Vgl. Großkomm AktG/*Habersack/Foerster* Rn. 7; MüKoAktG/*Spindler* Rn. 16.
[37] Vgl. NK-AktR/*Ammon* Rn. 8; Großkomm AktG/*Habersack/Foerster* Rn. 7; MüKoAktG/*Spindler* Rn. 16.
[38] Vgl. Großkomm AktG/*Habersack/Foerster* Rn. 8; Kölner Komm AktG/*Mertens/Cahn* Rn. 16; s. auch NK-AktR/*Ammon* Rn. 6.
[39] Vgl. Bürgers/Körber/*Bürgers* Rn. 4; Großkomm AktG/*Habersack/Foerster* Rn. 8; Kölner Komm AktG/*Mertens/Cahn* Rn. 16.
[40] Vgl. NK-AktR/*Ammon* Rn. 7; Bürgers/Körber/*Bürgers* Rn. 4; Hölters/*Weber* Rn. 3.
[41] Vgl. BegrRegE *Kropff* S. 101; NK-AktR/*Ammon* Rn. 7; Großkomm AktG/*Habersack/Foerster* Rn. 8; Kölner Komm AktG/*Mertens/Cahn* Rn. 16; MüKoAktG/*Spindler* Rn. 15; K. Schmidt/Lutter/*Seibt* Rn. 8.
[42] Vgl. Großkomm AktG/*Habersack/Foerster* Rn. 8; Hüffer/Koch/*Koch* Rn. 2; abw. für Blogs Schmidt/Lutter/*Seibt* Rn. 8.
[43] Vgl. Großkomm AktG/*Habersack/Foerster* Rn. 8; Hüffer/Koch/*Koch* Rn. 2.
[44] Vgl. BegrRegE *Kropff* S. 102; MüKoAktG/*Spindler* Rn. 19; eingehend und krit. zu dem Normzweck, den Schriftverkehr durch Verwendung von Formularen zu rationalisieren, *Einmahl* AG 1969, 134 (135 f.).
[45] Ebenso Großkomm AktG/*Habersack/Foerster* Rn. 12.
[46] Vgl. NK-AktR/*Ammon* Rn. 17; Bürgers/Körber/*Bürgers* Rn. 6; Großkomm AktG/*Habersack/Foerster* Rn. 12; Hüffer/Koch/*Koch* Rn. 5; K. Schmidt/Lutter/*Seibt* Rn. 9.
[47] Vgl. NK-AktR/*Ammon* Rn. 17; Großkomm AktG/*Habersack/Foerster* Rn. 12; K. Schmidt/Lutter/*Seibt* Rn. 9.
[48] Vgl. BegrRegE *Kropff* S. 102; NK-AktR/*Ammon* Rn. 19; Hüffer/Koch/*Koch* Rn. 5; Kölner Komm AktG/*Mertens/Cahn* Rn. 19; MüKoAktG/*Spindler* Rn. 23; K. Schmidt/Lutter/*Seibt* Rn. 9.

branchenspezifisch[49] und einzelfallbezogen[50] zu ermitteln. Sie muss sich auch auf die Ausgestaltung des Formulars beziehen[51] und liegt nur vor, wenn sich die ausfüllungsbedürftigen Teile ebenfalls im Rahmen des Üblichen halten.[52]

b) Bestehende Geschäftsverbindung. Hinzukommen muss eine bestehende Geschäftsverbindung zwischen den Beteiligten. Die hM verlangt dafür, dass der Empfänger des Vordrucks die nach § 80 Abs. 1 AktG erforderlichen Angaben zumindest einmal vorher erhalten hat.[53] Manche fordern mit Rücksicht auf den Normzweck zusätzlich, dass die Übermittlung der Angaben nicht länger als ein Jahr zurückliegt.[54] **10**

3. Bestellscheine. Gem. § 80 Abs. 3 gelten Bestellscheine stets als Geschäftsbriefe. Die Ausnahmevorschrift des § 80 Abs. 2 ist auf sie unanwendbar, selbst wenn die Gesellschaft formularmäßige Bestellscheine im Rahmen einer laufenden Geschäftsbeziehung verwendet.[55] Das folgt rechtlich aus der Publizitätsrichtlinie, die insoweit keine Ausnahme zulässt,[56] und sachlich aus dem vertragsvorbereitenden Charakter von Bestellscheinen. **11**

4. Auslandsbriefe. Die Angabepflicht des § 80 Abs. 1 gilt seit jeher auch für Auslandsbriefe inländischer Gesellschaften.[57] § 80 Abs. 4 erstreckt sie seit 1993 zudem auf Geschäftsbriefe und Bestellscheine von inländischen Zweigniederlassungen ausländischer Aktiengesellschaften.[58] **12**

III. Erforderliche Angaben

1. Angaben über die Gesellschaft. Zu den Pflichtangaben nach § 80 Abs. 1 S. 1 zählt zunächst die Rechtsform der Gesellschaft, die in abgekürzter Form („AG") mitgeteilt werden darf.[59] Der Gesellschaftssitz, dessen Verlautbarung für die Ermittlung des allgemeinen Gerichtsstands (§ 17 Abs. 1 ZPO)[60] von Bedeutung ist,[61] muss als solcher angegeben werden; der Absendeort genügt nicht, auch wenn er mit dem Gesellschaftssitz übereinstimmt.[62] Um dem Geschäftsgegner einen raschen Zugriff auf weitere Daten der Gesellschaft zu erleichtern, sind das Registergericht des Sitzes der Gesellschaft und die Registernummer anzugeben, unter der die Gesellschaft im Handelsregister eingetragen ist.[63] Die abgekürzte Wiedergabe (zB AG Bonn HRB 4870) ist zulässig, weil allgemein verständlich.[64] Sonderfragen im Hinblick auf die erforderlichen Angaben treten auf, wenn ein Dritter für die Gesellschaft handelt.[65] **13**

2. Angaben über die Organmitglieder. Anzuführen sind ferner alle Vorstandsmitglieder der Gesellschaft mit ihrem Familiennamen und mindestens einem ausgeschriebenen Vornamen. Die **14**

---

[49] Vgl. NK-AktR/*Ammon* Rn. 18; Bürgers/Körber/*Bürgers* Rn. 6; Großkomm AktG/*Habersack*/*Foerster* Rn. 12; MüKoAktG/*Spindler* Rn. 21; K. Schmidt/Lutter/*Seibt* Rn. 9; Hölters/*Weber* Rn. 5.
[50] Vgl. Hüffer/Koch/*Koch* Rn. 5; K. Schmidt/Lutter/*Seibt* Rn. 9: ähnlich NK-AktR/*Ammon* Rn. 18 („Tatfrage").
[51] Vgl. Großkomm AktG/*Habersack*/*Foerster* Rn. 13.
[52] Vgl. Kölner Komm AktG/*Mertens*/*Cahn* Rn. 18; MüKoAktG/*Spindler* Rn. 21.
[53] Vgl. Bürgers/Körber/*Bürgers* Rn. 6; Wachter/*Eckert* Rn. 8; *Einmahl* AG 1969, 131 (136); Hüffer/Koch/*Koch* Rn. 5; MüKoAktG/*Spindler* Rn. 20; K. Schmidt/Lutter/*Seibt* Rn. 9; Grigoleit/*Vedder* Rn. 6.
[54] Vgl. NK-AktR/*Ammon* Rn. 17; ohne genaue Zeitgrenze auch Großkomm AktG/*Habersack*/*Foerster* Rn. 14; s. auch Henssler/Strohn/*Dauner-Lieb* Rn. 6.
[55] Vgl. NK-AktR/*Ammon* Rn. 20; Großkomm AktG/*Habersack*/*Foerster* Rn. 15; Hüffer/Koch/*Koch* Rn. 6; MüKoAktG/*Spindler* Rn. 24.
[56] Vgl. NK-AktR/*Ammon* Rn. 20; Großkomm AktG/*Habersack*/*Foerster* Rn. 15; Hüffer/Koch/*Koch* Rn. 6; Hölters/*Weber* Rn. 6.
[57] Vgl. BegrRegE *Kropff* S. 101; NK-AktR/*Ammon* Rn. 21; Bürgers/Körber/*Bürgers* Rn. 10; Großkomm AktG/*Habersack*/*Foerster* Rn. 9; Hüffer/Koch/*Koch* Rn. 7; MüKoAktG/*Spindler* Rn. 23.
[58] Näher dazu *Kindler* NJW 1993, 3301 ff.
[59] Vgl. NK-AktR/*Ammon* Rn. 9; Bürgers/Körber/*Bürgers* Rn. 7; Großkomm AktG/*Habersack*/*Foerster* Rn. 16; Hüffer/Koch/*Koch* Rn. 3; Kölner Komm AktG/*Mertens*/*Cahn* Rn. 3; K. Schmidt/Lutter/*Seibt* Rn. 2.
[60] Dazu BGH WM 1977, 1427 (1428); LG Detmold GmbHR 1991, 23.
[61] Vgl. NK-AktR/*Ammon* Rn. 10; Großkomm AktG/*Habersack*/*Foerster* Rn. 16; MüKoAktG/*Spindler* Rn. 8; K. Schmidt/Lutter/*Seibt* Rn. 2.
[62] Vgl. NK-AktR/*Ammon* Rn. 10; Bürgers/Körber/*Bürgers* Rn. 7; Hüffer/Koch/*Koch* Rn. 3; MüKoAktG/*Spindler* Rn. 8; K. Schmidt/Lutter/*Seibt* Rn. 2.
[63] Vgl. Bürgers/Körber/*Bürgers* Rn. 7; Großkomm AktG/*Habersack*/*Foerster* Rn. 16; Kölner Komm AktG/*Mertens*/*Cahn* Rn. 5; MüKoAktG/*Spindler* Rn. 9; K. Schmidt/Lutter/*Seibt* Rn. 3.
[64] Vgl. NK-AktR/*Ammon* Rn. 11; Bürgers/Körber/*Bürgers* Rn. 7; Hüffer/Koch/*Koch* Rn. 3; *Kreplin* BB 1969, 1112 (1114); Kölner Komm AktG/*Mertens*/*Cahn* Rn. 5; K. Schmidt/Lutter/*Seibt* Rn. 3; Grigoleit/*Vedder* Rn. 8.
[65] Näher dazu *Bredol* NZG 2017, 611 (612 f.).

Nennung weiterer Vornamen ist zulässig, aber nicht erforderlich.[66] Der Vorsitzende des Vorstands (nicht auch: der Vorstandssprecher)[67] ist nach § 80 Abs. 1 S. 2 als solcher zu bezeichnen, was durch eine entsprechende Angabe vor oder hinter der Namensnennung geschehen kann.[68] Gem. § 94 sind auch stellvertretende Vorstandsmitglieder anzugeben,[69] allerdings ohne Stellvertreterzusatz.[70] Auf sonstige Organfunktionen (zB stellvertretender Vorstandsvorsitzender, Arbeitsdirektor) braucht nicht hingewiesen zu werden;[71] die hM hält freiwillige Angaben für zulässig.[72] Zu nennen ist außerdem der Vorsitzende des Aufsichtsrats mit dem Familiennamen und mindestens einem ausgeschriebenen Vornamen, nicht aber sein Stellvertreter.[73] Bei einer Vakanz des Aufsichtsratsvorsitzes wird empfohlen, die Position auf Geschäftsbriefen bis zur Neuwahl als derzeit nicht besetzt zu kennzeichnen.[74]

15 **3. Angaben über das Kapital.** Die Gesellschaft ist nicht verpflichtet, Angaben über das Gesellschaftskapital in ihren Geschäftsbriefen zu machen.[75] Entschließt sie sich dazu, müssen nach § 80 Abs. 1 S. 3 in jedem Fall das Grundkapital und der Gesamtbetrag der noch ausstehenden Bareinlagen angegeben werden. Maßgeblich ist der Ausgabebetrag der Aktien.[76] Eine gesellschaftsrechtliche Verpflichtung, auch ausstehende Sacheinlagen anzugeben, besteht nicht.[77] Verschiedentlich wird eine solche Pflicht aus §§ 3, 5, 5a UWG hergeleitet, zB wenn durch die Angaben zum Kapital der unzutreffende Eindruck erweckt wird, die Einlagen seien im Wesentlichen erbracht.[78] Rechtspolitisch gilt die Regelung des § 80 Abs. 1 S. 3 als wenig geglückt,[79] weil das anzugebende Grundkapital längst verbraucht sein kann.[80]

16 **4. Angaben bei Auslandsbriefen.** Nach § 80 Abs. 4 S. 1 sind auf Geschäftsbriefen, die von deutschen Zweigniederlassungen ausländischer Gesellschaften verwendet werden, das Register, bei dem die Zweigniederlassung geführt wird (§ 13d Abs. 1 HGB)[81] und die Nummer des Registereintrags anzugeben.[82] Im Übrigen gelten die Vorschriften der Absätze 1–3, soweit nicht das ausländische Recht Abweichungen nötig macht. Durch eine Ergänzung des § 80 Abs. 4 S. 1 hat das MoMiG klargestellt, dass sich die Angabepflicht inländischer Zweigniederlassungen sowohl auf die ausländische Hauptniederlassung als auch auf die inländische Zweigniederlassung bezieht. Damit hat der Reformgesetzgeber den bisherigen Meinungsstreit über das Bestehen einer doppelten Angabeverpflichtung zugunsten einer Stärkung der Transparenz und des Gläubigerschutzes entschieden.[83] Die Verlautbarungen müssen in deutscher Sprache erfolgen.[84] Anzugeben ist die vollständige ausländische Firma einschließlich des Rechtsformzusatzes in seiner Originalsprache.[85] Hinzukommen muss ein

---

[66] Vgl. *Fleischer* NZG 2006, 561 (563); Großkomm AktG/*Habersack*/*Foerster* Rn. 17; Hüffer/Koch/*Koch* Rn. 3.
[67] Vgl. NK-AktR/*Ammon* Rn. 12; Wachter/*Eckert* Rn. 6; Hüffer/Koch/*Koch* Rn. 3.
[68] Vgl. Bürgers/Körber/*Bürgers* Rn. 7; *Fleischer* NZG 2006, 561 (563); Großkomm AktG/*Habersack*/*Foerster* Rn. 17; K. Schmidt/Lutter/*Seibt* Rn. 4.
[69] Vgl. Bürgers/Körber/*Bürgers* Rn. 7; *Fleischer* NZG 2006, 561 (563); Großkomm AktG/*Habersack*/*Foerster* Rn. 17; Hüffer/Koch/*Koch* Rn. 3; MüKoAktG/*Spindler* Rn. 10; K. Schmidt/Lutter/*Seibt* Rn. 4.
[70] Vgl. NK-AktR/*Ammon* Rn. 12; Bürgers/Körber/*Bürgers* Rn. 7; K. Schmidt/Lutter/*Seibt* Rn. 4.
[71] Vgl. *Fleischer* NZG 2006, 561 (563); Großkomm AktG/*Habersack*/*Foerster* Rn. 17; Hüffer/Koch/*Koch* Rn. 3; Kölner Komm AktG/*Mertens*/*Cahn* Rn. 6; MüKoAktG/*Spindler* Rn. 10; K. Schmidt/Lutter/*Seibt* Rn. 4; Hölters/*Weber* Rn. 9, wobei die vier letzten Schrifttumsstellen allerdings eine Verpflichtung bejahen, einen Notvorstand als solchen zu bezeichnen.
[72] Vgl. MüKoAktG/*Spindler* Rn. 10 (13); K. Schmidt/Lutter/*Seibt* Rn. 4; zweifelnd Hüffer/Koch/*Koch* Rn. 3.
[73] Vgl. Großkomm AktG/*Habersack*/*Foerster* Rn. 17.
[74] Näher *Haßler* BB 2016, 461 (462 f.).
[75] Vgl. NK-AktR/*Ammon* Rn. 14; Bürgers/Körber/*Bürgers* Rn. 8; Wachter/*Eckert* Rn. 7; Großkomm AktG/*Habersack*/*Foerster* Rn. 18; Hüffer/Koch/*Koch* Rn. 4; Kölner Komm AktG/*Mertens*/*Cahn* Rn. 7; MüKoAktG/*Spindler* Rn. 12; K. Schmidt/Lutter/*Seibt* Rn. 5.
[76] Vgl. Bürgers/Körber/*Bürgers* Rn. 8; Großkomm AktG/*Habersack*/*Foerster* Rn. 18; Hüffer/Koch/*Koch* Rn. 4; K. Schmidt/Lutter/*Seibt* Rn. 5.
[77] Vgl. NK-AktR/*Ammon* Rn. 14; Bürgers/Körber/*Bürgers* Rn. 8; *Einmahl* AG 1969, 131 (134); Großkomm AktG/*Habersack*/*Foerster* Rn. 18; Hüffer/Koch/*Koch* Rn. 4; MüKoAktG/*Spindler* Rn. 12; K. Schmidt/Lutter/*Seibt* Rn. 5.
[78] Vgl. Großkomm AktG/*Habersack*/*Foerster* Rn. 18; Kölner Komm AktG/*Mertens*/*Cahn* Rn. 7; MüKoAktG/*Spindler* Rn. 12.
[79] Vgl. NK-AktR/*Ammon* Rn. 14; *Einmahl* AG 1969, 131 (134); Kölner Komm AktG/*Mertens*/*Cahn* Rn. 7.
[80] Vgl. NK-AktR/*Ammon* Rn. 15; Kölner Komm AktG/*Mertens*/*Cahn* Rn. 7; *Schwarz* EuropGesR Rn. 318.
[81] Vgl. NK-AktR/*Ammon* Rn. 21; Bürgers/Körber/*Bürgers* Rn. 10; Großkomm AktG/*Habersack*/*Foerster* Rn. 9; MüKoAktG/*Spindler* Rn. 25; K. Schmidt/Lutter/*Seibt* Rn. 6.
[82] Ausf. zu alledem *Bärwaldt*/*Schabacker* AG 1996, 461 (462 ff.).
[83] Vgl. BegrRegE BT-Drs. 16/6140, 52 (43).
[84] Vgl. *Bärwaldt*/*Schabacker* AG 1996, 461 (462); Großkomm AktG/*Habersack*/*Foerster* Rn. 9; MüKoAktG/*Spindler* Rn. 25; K. Schmidt/Lutter/*Seibt* Rn. 6.
[85] Vgl. NK-AktR/*Ammon* Rn. 22.

Änderung des Vorstands und der Vertretungsbefugnis seiner Mitglieder § 81

erläuternder Klammerzusatz (zB AG nach spanischem Recht).[86] Befindet sich die ausländische Gesellschaft in Abwicklung, so sind nach § 80 Abs. 4 S. 2 auch diese Tatsache sowie alle Abwickler anzugeben. Diese Vorschrift ergänzt § 268 Abs. 4, der nur für aufgelöste inländische Gesellschaften gilt.[87]

IV. Rechtsfolgen bei Pflichtverstößen

1. Zwangsgeld. Vorstandsmitglieder, die den Vorgaben des § 80 AktG nicht genügen, sind hierzu 17 vom Registergericht durch Festsetzung eines Zwangsgeldes gem. § 407 Abs. 1 anzuhalten.[88] Dagegen steht ein Verstoß gegen § 80 AktG anders als früher nicht mehr unter Strafandrohung.[89]

2. Zivilrechtliche Folgen. § 80 ist nach allgemeiner Auffassung eine bloße Ordnungs- und 18 keine Formvorschrift.[90] Seine Missachtung lässt die Gültigkeit der in Geschäftsbriefen enthaltenen Willenserklärungen daher unberührt.[91] Fehlende, unvollständige oder falsche Angaben können den Geschäftsgegner aber im Einzelfall zur Irrtumsanfechtung gem. § 119 Abs. 2 BGB berechtigen.[92] Zudem ist § 80 AktG Schutzgesetz iSd. § 823 Abs. 2 BGB.[93] Nach § 31 BGB wird das Delikt der Gesellschaft zugerechnet.[94] Darüber hinaus kommt eine Haftung der Gesellschaft gem. § 280 Abs. 1 iVm § 311 Abs. 2 BGB in Betracht.[95] Ein Verstoß gegen § 3 UWG durch Verletzung der Angabepflicht ist dagegen nur bei Hinzutreten besonderer, über die allgemeine Kostenersparnis hinausgehender wettbewerbsrelevanter Umstände anzunehmen.[96] Denkbar ist jedoch eine Einordnung als unlauteres Verhalten iSd § 3a UWG (Rechtsbruch),[97] ferner ein Verstoß gegen § 5 Abs. 1 S. 2 Nr. 3 UWG, § 5a Abs. 3 Nr. 2 UWG (Irreführung).[98] Die hM hält schließlich auch eine Rechtsscheinhaftung der verantwortlichen Vorstandsmitglieder analog § 179 BGB für möglich.[99]

§ 81 Änderung des Vorstands und der Vertretungsbefugnis seiner Mitglieder

(1) Jede Änderung des Vorstands oder der Vertretungsbefugnis eines Vorstandsmitglieds hat der Vorstand zur Eintragung in das Handelsregister anzumelden.

(2) Der Anmeldung sind die Urkunden über die Änderung in Urschrift oder öffentlich beglaubigter Abschrift beizufügen.

(3) ¹Die neuen Vorstandsmitglieder haben in der Anmeldung zu versichern, daß keine Umstände vorliegen, die ihrer Bestellung nach § 76 Abs. 3 Satz 2 Nr. 2 und 3 sowie Satz 3

---

[86] Vgl. Bärnwaldt/Schabacker AG 1996, 461 (462); Bürgers/Körber/*Bürgers* Rn. 10; Großkomm AktG/*Habersack*/ *Foerster* Rn. 9; *Kögel* Rpfleger 1993, 8 (9 f.); MüKoAktG/*Spindler* Rn. 25; K. Schmidt/Lutter/*Seibt* Rn. 6; Hölters/ *Weber* Rn. 11; für bloße Zulässigkeit einer Zusatzangabe NK-AktR/*Ammon* Rn. 22.
[87] Vgl. Bürgers/Körber/*Bürgers* Rn. 10; Großkomm AktG/*Habersack*/*Foerster* Rn. 11; Hüffer/Koch/*Koch* Rn. 8.
[88] Vgl. NK-AktR/*Ammon* Rn. 23; Bürgers/Körber/*Bürgers* Rn. 11; Großkomm AktG/*Habersack*/*Foerster* Rn. 19; Hüffer/Koch/*Koch* Rn. 8; MüKoAktG/*Spindler* Rn. 26; K. Schmidt/Lutter/*Seibt* Rn. 11.
[89] Vgl. Kölner Komm AktG/*Mertens* Rn. 2 unter Hinweis auf § 301 AktG 1937; K. Schmidt/Lutter/*Seibt* Rn. 11.
[90] Vgl. NK-AktR/*Ammon* Rn. 23; Bürgers/Körber/*Bürgers* Rn. 11; Großkomm AktG/*Habersack*/*Foerster* Rn. 20; Kölner Komm AktG/*Mertens*/*Cahn* Rn. 22; K. Schmidt/Lutter/*Seibt* Rn. 11; Grigoleit/*Vedder* Rn. 11.
[91] Vgl. Bürgers/Körber/*Bürgers* Rn. 11; Hüffer/Koch/*Koch* Rn. 8; Kölner Komm AktG/*Mertens*/*Cahn* Rn. 22; MüKoAktG/*Spindler* Rn. 26; K. Schmidt/Lutter/*Seibt* Rn. 11.
[92] Vgl. NK-AktR/*Ammon* Rn. 23; Bürgers/Körber/*Bürgers* Rn. 11; Wachter/*Eckert* Rn. 11; Großkomm AktG/*Habersack*/*Foerster* Rn. 20; Hüffer/Koch/*Koch* Rn. 8; MüKoAktG/*Spindler* Rn. 28; K. Schmidt/Lutter/ *Seibt* Rn. 11; s. auch OLG Hamm NJW-RR 1990, 532: Anfechtung eines Werkvertrages wegen Nichteintragung in die Handwerksrolle.
[93] Vgl. LG Detmold GmbHR 1991, 23; NK-AktR/*Ammon* Rn. 23; Bürgers/Körber/*Bürgers* Rn. 11; Haas NJW 1997, 2854 (2857); Großkomm AktG/*Habersack*/*Foerster* Rn. 20; MüKoAktG/*Spindler* Rn. 28; K. Schmidt/ Lutter/*Seibt* Rn. 11; abw. für das Parallelproblem im GmbH-Recht Hachenburg/*Mertens* GmbHG § 35a Rn. 12.
[94] Vgl. Großkomm AktG/*Habersack*/*Foerster* Rn. 20.
[95] Vgl. OLG Düsseldorf NJW-RR 2004, 41 (42); NK-AktR/*Ammon* Rn. 23; Bärnwaldt/Schabacker AG 1996, 461 (467); Bürgers/Körber/*Bürgers* Rn. 11; Großkomm AktG/*Habersack*/*Foerster* Rn. 20; Hüffer/Koch/*Koch* Rn. 8; Kölner Komm AktG/*Mertens*/*Cahn* Rn. 23; MüKoAktG/*Spindler* Rn. 28; K. Schmidt/Lutter/*Seibt* Rn. 11.
[96] Vgl. LG Berlin WM 1991, 1615 (1616); Großkomm AktG/*Habersack*/*Foerster* Rn. 18; MüKoAktG/*Spindler* Rn. 27, s. auch NK-AktR/*Ammon* Rn. 23; strenger OLG Düsseldorf NJW-RR 2004, 41 (42).
[97] Vgl. Großkomm AktG/*Habersack*/*Foerster* Rn. 20; Hüffer/Koch/*Koch* Rn. 7.
[98] Vgl. Großkomm AktG/*Habersack*/*Foerster* Rn. 20; Hüffer/Koch/*Koch* Rn. 7.
[99] Vgl. speziell zu § 80 AktG BGH BeckRS 2011, 07102 Rn. 2; allgemein BGH NZG 2012, 989 (990) Rn. 9 ff.; aus dem Schrifttum NK-AktR/*Ammon* Rn. 23; Großkomm AktG/*Habersack*/*Foerster* Rn. 21; Hüffer/ Koch/*Koch* Rn. 8; K. Schmidt/Lutter/*Seibt* Rn. 11; MüKoAktG/*Spindler* Rn. 28; krit. dazu Altmeppen NJW 2012, 2833 (2835 ff.); ferner Beurskens NZG 2016, 681 (682 ff.).

§ 81 1–3   Erstes Buch. Aktiengesellschaft

entgegenstehen, und daß sie über ihre unbeschränkte Auskunftspflicht gegenüber dem Gericht belehrt worden sind. ²§ 37 Abs. 2 Satz 2 ist anzuwenden.

Schrifttum: *Bokelmann,* Anmeldung und Eintragung der Vertretungsbefugnis von Geschäftsführern und Vorstandsmitgliedern in das Handelsregister nach neuem EWG-Recht, NJW 1969, 2120; *Fleischer,* Organpublizität im Aktien-, Bilanz- und Kapitalmarktrecht, NZG 2006, 561; *Frels,* Handelsregisterliche Fragen bei der Vorstandsbestellung, AG 1967, 227; *Servatius,* Zur Eintragung organschaftlicher Vertretungsmacht ins Handelsregister, NZG 2002, 456.

Übersicht

	Rn.		Rn.
I. Überblick	1–3	3. Handelsregisterliche Anmeldung und kapitalmarktrechtliche Mitteilung	11
1. Regelungszweck	1	**III. Anmeldeverfahren**	12–16
2. Vorgängervorschriften und Parallelregelungen	2	1. Inhalt und Form	12, 13
		2. Beizufügende Urkunden	14
3. Unionsrecht	3	3. Prüfung durch das Gericht	15
II. Anmeldepflicht	4–11	4. Rechtsmittel	16
1. Gegenstand der Anmeldung	4–7	**IV. Versicherungen**	17–19
a) Änderung des Vorstands	4, 5	1. Keine Bestellungshindernisse	17
b) Änderung der persönlichen Verhältnisse	6	2. Auskunftspflichtbelehrung	18
		3. Höchstpersönlichkeit	19
c) Änderung der Vertretungsbefugnis	7	**V. Rechtliche Bedeutung der Eintragung**	20–22
2. Zuständigkeit zur Anmeldung	8–10		

I. Überblick

1 **1. Regelungszweck.** § 81 AktG soll sicherstellen, dass das Handelsregister jederzeit Aufschluss über die Vorstandsmitglieder und ihre Vertretungsbefugnis gibt.[1] Das liegt vor allem im Interesse des Rechtsverkehrs,[2] ist aber wegen der Handelsregisterpublizität gemäß § 15 HGB auch für die Gesellschaft selbst wichtig.[3] Zu diesem Zweck verpflichtet Abs. 1 den Vorstand, Änderungen seiner Zusammensetzung und der Vertretungsbefugnis seiner Mitglieder in der nach Abs. 2 vorgeschriebenen Weise zur Eintragung in das Handelsregister anzumelden. Abs. 3 sieht darüber hinaus zur Durchsetzung gesetzlicher Bestellungshindernisse eine Versicherungspflicht für neue Vorstandsmitglieder vor.[4]

2 **2. Vorgängervorschriften und Parallelregelungen.** § 81 Abs. 1 übernimmt sachlich übereinstimmend die Anmeldepflichten aus § 73 AktG 1937 und § 234 HGB 1897. Die Versicherungspflicht in Abs. 3 ist nachträglich durch die GmbH-Novelle von 1980 eingeführt worden.[5] Abs. 4 aF wurde durch das EHUG[6] gestrichen. Abs. 3 hat durch die Änderung des § 76 Abs. 3 im Rahmen des MoMiG[7] eine Folgeänderung erfahren. Eine Parallelvorschrift für GmbH-Geschäftsführer findet sich in § 39 GmbHG.

3 **3. Unionsrecht.** Nach Art. 2 Abs. 1 lit. d Publizitätsrichtlinie, inhaltlich unverändert übernommen in Art. 14 lit. d RL 2017/1132,[8] sind die Bestellung, das Ausscheiden und die Personalien von

---

[1] Vgl. BegrRegE *Kropff* S. 102; *Fleischer* NZG 2006, 561 (562); Kölner Komm AktG/*Mertens/Cahn* Rn. 1; NK-AktR/*Oltmanns* Rn. 1; Bürgers/Körber/*Bürgers* Rn. 1; Wachter/*Eckert* Rn. 2; Großkomm AktG/*Habersack/Foerster* Rn. 1; Hüffer/Koch/*Koch* Rn. 1; MüKoAktG/*Spindler* Rn. 1.
[2] Vgl. BegrRegE *Kropff* S. 102; NK-AktR/*Oltmanns* Rn. 1; Kölner Komm AktG/*Mertens/Cahn* Rn. 1; MüKoAktG/*Spindler* Rn. 1; K. Schmidt/Lutter/*Seibt* Rn. 1.
[3] Vgl. *Fleischer* NZG 2006, 561 (562); Kölner Komm AktG/*Mertens/Cahn* Rn. 1; ebenso NK-AktR/*Oltmanns* Rn. 1; Grigoleit/*Vedder* Rn. 1; Hölters/*Weber* Rn. 1.
[4] Zur dieser Zielsetzung auch Großkomm AktG/*Habersack/Foerster* Rn. 1; Hüffer/Koch/*Koch* Rn. 1; K. Schmidt/Lutter/*Seibt* Rn. 1.
[5] Vgl. BGBl. 1980 I 836.
[6] Gesetz über elektronische Handelsregister und Genossenschaftsregister sowie das Unternehmensregister vom 10.11.2006, BGBl. 2006 I 2553.
[7] Gesetz zur Modernisierung des GmbH-Rechts und zur Bekämpfung von Missbräuchen v. 23.10.2008, BGBl. 2008 I 2026.
[8] Richtlinie (EU) 2017/1132 v. 14.6.2017 über bestimmte Aspekte des Gesellschaftsrechts, ABl. 2017 Nr. L 169, 46 ff.

Organmitgliedern offenzulegen.[9] Eine spezifisch gesellschaftsrechtliche Anmeldepflicht des Vorstands sieht die Richtlinie allerdings nicht vor.[10]

II. Anmeldepflicht

1. Gegenstand der Anmeldung. a) Änderung des Vorstands. Anzumelden ist jede Änderung 4 in der personellen Zusammensetzung des Vorstands.[11] Die Anmeldepflicht gilt auch für stellvertretende (§ 94)[12] und gerichtlich bestellte Vorstandsmitglieder (§ 85),[13] erfasst aber nicht den Fall der Verlängerung der Amtszeit schon amtierender Organwalter.[14] Die Gründe für die Änderung, zB Tod, Zeitablauf, Amtsniederlegung oder Widerruf der Bestellung, sind ohne Belang.[15] Ein späterer Amtsbeginn ist samt Zeitpunkt anzumelden und einzutragen.[16]

Keine Änderung iSd § 81 Abs. 1 liegt vor, wenn stellvertretende zu ordentlichen Vorstandsmitgliedern 5 ernannt werden oder umgekehrt,[17] weil erstere ungeachtet ihrer Bezeichnung echte Vorstandsmitglieder sind (→ § 94 Rn. 2). Gleiches gilt für die Bestellung oder Abberufung eines Vorstandsvorsitzenden, sofern er schon Vorstandsmitglied war oder bleibt.[18] Die Anmeldepflicht entfällt, wenn die Änderung des Vorstands oder der Vertretungsbefugnis zwischenzeitlich hinfällig geworden ist.[19] So braucht etwa das Ausscheiden eines Vorstandsmitglieds nicht mehr angemeldet zu werden, wenn es inzwischen wiederbestellt worden ist.[20] Allerdings ist es der Gesellschaft nicht verwehrt, sachlich überholte Änderungen anzumelden, weil § 15 Abs. 1 HGB nach hM auch bei fehlender Voreintragung gilt[21] und die Gesellschaft deshalb ein schutzwürdiges Interesse an einer entsprechenden Verlautbarung hat.[22]

b) Änderung der persönlichen Verhältnisse. Bei einer Änderung in den persönlichen Verhält- 6 nissen eines Vorstandsmitglieds ist zu unterscheiden: Anmeldepflichtig sind Änderungen von Vor- oder Nachnamen (zB durch Heirat[23] oder Adoption)[24] einschließlich sonstiger Namensbestandteile.[25] Das folgt aus der Publizitätsfunktion des § 81 Abs. 1.[26] Der Doktortitel ist kein Namensbestandteil mehr;[27] aufgrund Gewohnheitsrechts ist er aber eintragungsfähig.[28] Anmeldefähig, aber nicht eintragungspflichtig sind Änderungen der sonstigen in § 43 Nr. 4 HRV genannten Angaben (zB Wohnort),[29] ferner die

---

[9] Vgl. *Grundmann* EuropGesR Rn. 249; *Habersack/Verse* EuropGesR § 5 Rn. 14; *Lutter/Bayer/Schmidt* EuropGesR § 18 Rn. 33.
[10] Vgl. Großkomm AktG/*Habersack/Foerster* Rn. 3; s. aber auch *Bokelmann* NJW 1969, 2120 (2121).
[11] Vgl. *Fleischer* NZG 2006, 561 (562); NK-AktR/*Oltmanns* Rn. 2; Bürgers/Körber/*Bürgers* Rn. 2; Großkomm AktG/*Habersack/Foerster* Rn. 4; Hüffer/Koch/*Koch* Rn. 2; Kölner Komm AktG/*Mertens/Cahn* Rn. 3; MüKoAktG/*Spindler* Rn. 4; K. Schmidt/Lutter/*Seibt* Rn. 3.
[12] Vgl. Bürgers/Körber/*Bürgers* Rn. 2; Wachter/*Eckert* Rn. 3; Großkomm AktG/*Habersack/Foerster* Rn. 2; Hüffer/Koch/*Koch* Rn. 2; K. Schmidt/Lutter/*Seibt* Rn. 3; Hölters/*Weber* Rn. 3; aber ohne Stellervertreterzusatz → Rn. 6.
[13] Vgl. NK-AktR/*Oltmanns* Rn. 2; Kölner Komm AktG/*Mertens/Cahn* Rn. 3; Grigoleit/*Vedder* Rn. 4.
[14] Vgl. NK-AktR/*Oltmanns* Rn. 2; Bürgers/Körber/*Bürgers* Rn. 2; MüKoAktG/*Spindler* Rn. 6; K. Schmidt/Lutter/*Seibt* Rn. 4.
[15] Vgl. Hüffer/Koch/*Koch* Rn. 2.
[16] Vgl. *Frels* AG 1967, 227 (228 f.); Kölner Komm AktG/*Mertens/Cahn* Rn. 3; MüKoAktG/*Spindler* Rn. 5; abw. v. Godin/*Wilhelmi* Rn. 2, die dies für unzulässig halten.
[17] Vgl. Bürgers/Körber/*Bürgers* Rn. 2; Großkomm AktG/*Habersack/Foerster* Rn. 4; K. Schmidt/Lutter/*Seibt* Rn. 3.
[18] Vgl. Bürgers/Körber/*Bürgers* Rn. 2; Hüffer/Koch/*Koch* Rn. 2; MüKoAktG/*Spindler* Rn. 6; K. Schmidt/Lutter/*Seibt* Rn. 3.
[19] Vgl. Großkomm AktG/*Habersack/Foerster* Rn. 5; Wachter/*Eckert* Rn. 3; Hüffer/Koch/*Koch* Rn. 2; Kölner Komm AktG/*Mertens/Cahn* Rn. 5; MüKoAktG/*Spindler* Rn. 11; K. Schmidt/Lutter/*Seibt* Rn. 7.
[20] Vgl. RGZ 68, 381 (384) (GmbH); NK-AktR/*Oltmanns* Rn. 2; MüKoAktG/*Spindler* Rn. 11.
[21] Vgl. BGHZ 116, 37 (44 f.).
[22] Vgl. Großkomm AktG/*Habersack/Foerster* Rn. 5; Hüffer/Koch/*Koch* Rn. 2; Kölner Komm AktG/*Mertens/Cahn* Rn. 5; MüKoAktG/*Spindler* Rn. 11; K. Schmidt/Lutter/*Seibt* Rn. 7.
[23] Vgl. NK-AktR/*Oltmanns* Rn. 3; v. Godin/*Wilhelmi* Rn. 3; Hüffer/Koch/*Koch* Rn. 3; K. Schmidt/Lutter/*Seibt* Rn. 5.
[24] Vgl. v. Godin/*Wilhelmi* Rn. 3; MüKoAktG/*Spindler* Rn. 5; K. Schmidt/Lutter/*Seibt* Rn. 5.
[25] AllgM, vgl. Großkomm AktG/*Habersack/Foerster* Rn. 6; Hüffer/Koch/*Koch* Rn. 3; MüKoAktG/*Spindler* Rn. 5.
[26] Ähnlich Hüffer/Koch/*Koch* Rn. 3; MüKoAktG/*Spindler* Rn. 5; konzeptionell zur Organpublizität *Fleischer* NZG 2006, 561 ff.
[27] Vgl. BGH NJW 2014, 387; Großkomm AktG/*Habersack/Foerster* Rn. 6; Hüffer/Koch/*Koch* Rn. 3.
[28] Vgl. BGH NZG 2017, 734; Großkomm AktG/*Habersack/Foerster* Rn. 6; Hüffer/Koch/*Koch* Rn. 3.
[29] Vgl. KGJ 30 B 32 (OHG); NK-AktR/*Oltmanns* Rn. 3; Großkomm AktG/*Habersack/Foerster* Rn. 6; Hüffer/Koch/*Koch* Rn. 3; MüKoAktG/*Spindler* Rn. 6.

Ernennung zum Vorstandsvorsitzenden[30] sowie Berufsbezeichnungen.[31] Alle diese Identitätsangaben nehmen aber nicht an der Publizitätswirkung des Handelsregisters teil.[32] Nicht anmelde- und eintragungsfähig sind Titel, die weder Namens- noch Berufsbezeichnungen darstellen („Direktor", „Präsident").[33] Unterschiedlich gehandhabt wird die Eintragung der Ernennung eines stellvertretenden Vorstandsvorsitzenden.[34] Nicht eintragungsfähig ist der Stellvertreterzusatz iSd § 94.[35]

7 c) **Änderung der Vertretungsbefugnis.** Der Anmeldepflicht unterliegt des Weiteren jede Änderung der Vertretungsbefugnis eines Vorstandsmitglieds. Dazu gehören insbesondere der Übergang von der Gesamt- zur Einzelvertretung und umgekehrt[36] oder Änderungen innerhalb der Gesamtvertretung,[37] gleichgültig, ob alle Vorstandsmitglieder oder nur einzelne betroffen sind. Die Erteilung oder der Widerruf einer Einzelermächtigung iSd § 78 Abs. 4 sind dagegen nicht anmeldepflichtig, weil sie keine generelle Änderung der Vertretungsverhältnisse herbeiführen.[38] Bei einer Änderung der Vertretungsbefugnis durch Satzungsänderung genügt deren Anmeldung,[39] es sei denn, die gesetzliche Vertretungsordnung lebt nach ersatzloser Streichung der Satzungsregelung wieder auf.[40]

8 2. **Zuständigkeit zur Anmeldung.** Die Anmeldung ist eine Pflicht der Gesellschaft. Ihre Erledigung obliegt dem Vorstand.[41] Sie kann durch Vorstandsmitglieder in vertretungsberechtigter Zahl erfolgen.[42] Unechte Gesamtvertretung ist zulässig,[43] nicht dagegen die alleinige Anmeldung durch einen Prokuristen oder Handlungsbevollmächtigten.[44] Allerdings kann sich das einzelne Vorstandsmitglied bei der Anmeldung durch einen Bevollmächtigten vertreten lassen, weil die Anmeldung nach Abs. 1 – im Gegensatz zur Versicherung nach Abs. 3 (→ Rn. 17) – keine höchstpersönliche Erklärung darstellt.[45] Nach § 12 Abs. 2 HGB muss die Vollmacht jedoch in öffentlich beglaubigter Form erteilt werden. Bevollmächtigter kann auch ein Prokurist oder Handlungsbevollmächtigter sein.[46]

9 Ein neu bestelltes Vorstandsmitglied ist selbst anmeldeberechtigt,[47] muss aber seine Anmeldebefugnis gesondert nachweisen.[48] Dagegen ist ein ausgeschiedenes Vorstandsmitglied nach hM nicht mehr zur Anmeldung seines Ausscheidens befugt;[49] die Gegenansicht hält eine Selbstanmeldung im engen

---

[30] Vgl. LG Stuttgart BB 1953, 870; NK-AktR/*Oltmanns* Rn. 3; Wachter/*Eckert* Rn. 4; Grigoleit/*Vedder* Rn. 4; s. ferner KGJ 29 A 213 (219); 30 B 32 (OHG); krit. Großkomm AktG/*Habersack/Foerster* Rn. 6.
[31] Vgl. *Fleischer* NZG 2006, 561 (562); Großkomm AktG/*Habersack/Foerster* Rn. 6; MüKoAktG/*Spindler* Rn. 7; abw. Kölner Komm AktG/*Mertens/Cahn* Rn. 6: nur noch in Ausnahmefällen.
[32] Vgl. KGJ 29 A 213, 219; Kölner Komm AktG/*Mertens/Cahn* Rn. 6; MüKoAktG/*Spindler* Rn. 7.
[33] Vgl. *Fleischer* NZG 2006, 561 (562); NK-AktR/*Oltmanns* Rn. 3; Hüffer/Koch/*Koch* Rn. 3; Kölner Komm AktG/*Mertens/Cahn* Rn. 6; Grigoleit/*Vedder* Rn. 6.
[34] Vgl. Hüffer/Koch/*Koch* Rn. 3; MüKoAktG/*Spindler* Rn. 7; K. Schmidt/Lutter/*Seibt* Rn. 4; Hölters/*Weber* Rn. 5.
[35] BGH NJW 1998, 1071; Großkomm AktG/*Habersack/Foerster* Rn. 6.
[36] Vgl. *Fleischer* NZG 2006, 561 (562); NK-AktR/*Oltmanns* Rn. 4; Hüffer/Koch/*Koch* Rn. 4; K. Schmidt/Lutter/*Seibt* Rn. 6.
[37] Zum Wechsel von echter auf unechte Gesamtvertretung NK-AktR/*Oltmanns* Rn. 4.
[38] Vgl. NK-AktR/*Oltmanns* Rn. 4; Großkomm AktG/*Habersack/Foerster* Rn. 7; Hüffer/Koch/*Koch* Rn. 4; K. Schmidt/Lutter/*Seibt* Rn. 6; abw. MüKoAktG/*Spindler* Rn. 10; Servatius NZG 2002, 456 (458 f.).
[39] Vgl. Hüffer/Koch/*Koch* Rn. 4; MüKoAktG/*Spindler* Rn. 8; K. Schmidt/Lutter/*Seibt* Rn. 6.
[40] Vgl. NK-AktR/*Oltmanns* Rn. 4; Bürgers/Körber/*Bürgers* Rn. 2; Hüffer/Koch/*Koch* Rn. 4; Grigoleit/*Vedder* Rn. 7.
[41] Vgl. Bürgers/Körber/*Bürgers* Rn. 4; Großkomm AktG/*Habersack/Foerster* Rn. 8; K. Schmidt/Lutter/*Seibt* Rn. 8.
[42] Vgl. LG Frankenthal AG 2003, 460 (461); BayObLG WM 1973, 1226 (1229); Großkomm AktG/*Habersack/Foerster* Rn. 8; Hüffer/Koch/*Koch* Rn. 5; K. Schmidt/Lutter/*Seibt* Rn. 8.
[43] Vgl. KG JW 1938, 3121; MüKoAktG/*Spindler* Rn. 12; K. Schmidt/Lutter/*Seibt* Rn. 8.
[44] Vgl. *v. Godin/Wilhelmi* Rn. 5; Kölner Komm AktG/*Mertens/Cahn* Rn. 8; MüKoAktG/*Spindler* Rn. 12.
[45] Vgl. Großkomm AktG/*Habersack* Rn. 9; Hüffer/Koch/*Koch* Rn. 5; MüKoAktG/*Spindler* Rn. 12; K. Schmidt/Lutter/*Seibt* Rn. 8.
[46] Vgl. BayObLG WM 1982, 647; OLG Köln NJW 1987, 135; Großkomm AktG/*Habersack/Foerster* Rn. 8; Hüffer/Koch/*Koch* Rn. 5; Grigoleit/*Vedder* Rn. 11.
[47] Vgl. Bürgers/Körber/*Bürgers* Rn. 4; Großkomm AktG/*Habersack/Foerster* Rn. 8; K. Schmidt/Lutter/*Seibt* Rn. 9; zum Parallelproblem im GmbH-Recht LG Berlin GmbHR 1993, 292; Kießling/Eichele GmbHR 1999, 1165 (1166 ff.); dem zuneigend auch OLG Frankfurt NJW-RR 1994, 105 f.
[48] Vgl. NK-AktR/*Oltmanns* Rn. 5; Bürgers/Körber/*Bürgers* Rn. 4; Kölner Komm AktG/*Mertens/Cahn* Rn. 10; MüKoAktG/*Spindler* Rn. 13; K. Schmidt/Lutter/*Seibt* Rn. 9.
[49] Vgl. LG Frankenthal AG 2003, 460 (461); Hüffer/Koch/*Koch* Rn. 5; Kölner Komm AktG/*Mertens/Cahn* Rn. 10; MüKoAktG/*Spindler* Rn. 13; K. Schmidt/Lutter/*Seibt* Rn. 9.

zeitlichen Zusammenhang mit seinem Ausscheiden noch für zulässig.[50] In der Praxis empfiehlt es sich in solchen Fällen, das Ausscheiden aus dem Amt erst mit Eingang der Anmeldung beim Gericht wirksam werden zu lassen.[51] In jedem Fall hat ein ausgeschiedenes Vorstandsmitglied einen klagbaren Anspruch gegen die Gesellschaft auf Anmeldung seines Ausscheidens.[52] Die Vollstreckung erfolgt nach § 894 Abs. 1 ZPO.[53] Zudem kann der ausgeschiedene Organwalter beim Registergericht anregen, den Vorstand durch eine Ordnungsstrafe nach § 14 HGB zur Anmeldung der personellen Veränderung anzuhalten.[54]

Bei einer Änderung der Vertretungsbefugnis durch Satzungsänderung gilt für die Anmeldung noch die alte Vertretungsregelung, da Satzungsänderungen gemäß § 181 Abs. 3 erst mit ihrer Eintragung wirksam werden.[55] Fehlt es infolge des Ausscheidens eines Vorstandsmitglieds an einer vertretungsberechtigten Zahl von Vorstandsmitgliedern, so muss vor der Anmeldung erst eine Neubestellung, ggf. durch das Gericht (§ 85), erfolgen.[56]

3. Handelsregisterliche Anmeldung und kapitalmarktrechtliche Mitteilung. Bei börsennotierten Gesellschaften geht der handelsregisterlichen Verlautbarung über einen Führungswechsel zuweilen eine kapitalmarktrechtliche Mitteilung voraus.[57] Nach Rechtsprechung und Verwaltungspraxis können überraschende Veränderungen in Schlüsselpositionen des Unternehmens (zB Vorstandsvorsitzender) gem. Art. 17 MMVO ad-hoc-publizitätspflichtig sein.[58]

III. Anmeldeverfahren

1. Inhalt und Form. Die Anmeldung muss der Sache nach klar zum Ausdruck bringen, was eingetragen werden soll. Bei der Bestellung neuer Vorstandsmitglieder ist grundsätzlich deren generelle (abstrakte) Vertretungsbefugnis einzutragen.[59] Der Anmeldung der konkreten Vertretungsbefugnis bedarf es nur, wenn sie von der gesetzlichen Normalvertretung abweicht.[60] Bei der Amtsbeendigung genügt die schlichte Anmeldung dieser Tatsache; die Gründe brauchen nicht angegeben zu werden.[61]

Die Anmeldung hat nach § 12 Abs. 1 HGB in öffentlich beglaubigter Form oder einer zugelassenen Ersatzform zu erfolgen.[62] Zuständig ist gem. § 14 AktG das Registergericht am Sitz der Gesellschaft.[63] Die Kosten der Eintragung trägt die Gesellschaft, nicht das Vorstandsmitglied.[64]

2. Beizufügende Urkunden. Gem. § 81 Abs. 2 sind der Anmeldung die Urkunden über die Änderung in Urschrift oder öffentlich beglaubigter Abschrift beizufügen. Diese sollen dem Registergericht die Prüfung der Eintragungsvoraussetzungen ermöglichen.[65] Urschriften müssen nicht nota-

---

[50] Vgl. Bürgers/Körber/*Bürgers* Rn. 4; Großkomm AktG/*Habersack*/*Foerster* Rn. 9.
[51] Vgl. LG Frankenthal AG 2003, 460 (461); OLG Bamberg NZG 2012, 1106 (GmbH); OLG Frankfurt BB 1983, 1561 (GmbH); *Baumbach*/*Hueck* Rn. 5; Kölner Komm AktG/*Mertens*/*Cahn* Rn. 10; MüKoAktG/*Spindler* Rn. 13; K. Schmidt/Lutter/*Seibt* Rn. 9.
[52] Vgl. KGJ 41 A 100 (101) (GmbH); NK-AktR/*Oltmanns* Rn. 5; Kölner Komm AktG/*Mertens*/*Cahn* Rn. 10; MüKoAktG/*Spindler* Rn. 15; K. Schmidt/Lutter/*Seibt* Rn. 9.
[53] Vgl. KGJ 41 A 100 (GmbH); Hüffer/Koch/*Koch* Rn. 5; Kölner Komm AktG/*Mertens*/*Cahn* Rn. 10; K. Schmidt/Lutter/*Seibt* Rn. 9.
[54] Vgl. MüKoAktG/*Spindler* Rn. 15; K. Schmidt/Lutter/*Seibt* Rn. 9; Hölters/*Weber* Rn. 11.
[55] Vgl. NK-AktR/*Oltmanns* Rn. 6; Wachter/*Eckert* Rn. 7; Hüffer/Koch/*Koch* Rn. 5; Kölner Komm AktG/ *Mertens*/*Cahn* Rn. 11; MüKoAktG/*Spindler* Rn. 14; K. Schmidt/Lutter/*Seibt* Rn. 10.
[56] Vgl. NK-AktR/*Oltmanns* Rn. 6; *Baumbach*/*Hueck* Rn. 3; *v. Godin*/*Wilhelmi* Rn. 5; MüKoAktG/*Spindler* Rn. 13; K. Schmidt/Lutter/*Seibt* Rn. 9.
[57] Vgl. auch Großkomm AktG/*Habersack*/*Foerster* Rn. 1.
[58] Vgl. BGH NZG 2008, 300 – Schrempp/DaimlerChrysler; BGH NZG 2013, 708; *Fleischer* NZG 2006, 561 (562); *Möllers* NZG 2005, 459 ff.; Grigoleit/*Vedder* Rn. 1.
[59] Vgl. Hüffer/Koch/*Koch* Rn. 6; MüKoAktG/*Spindler* Rn. 9.
[60] Vgl. Wachter/*Eckert* Rn. 9; Hüffer/Koch/*Koch* Rn. 6; MüKoAktG/*Spindler* Rn. 9; Grigoleit/*Vedder* Rn. 12.
[61] Vgl. NK-AktR/*Oltmanns* Rn. 6.
[62] Vgl. NK-AktR/*Oltmanns* Rn. 5; Großkomm AktG/*Habersack*/*Foerster* Rn. 11; Hüffer/Koch/*Koch* Rn. 6; K. Schmidt/Lutter/*Seibt* Rn. 11; zu Ersatzformen BayObLG WM 1975, 1193 f.
[63] Vgl. Hüffer/Koch/*Koch* Rn. 6.
[64] Bürgers/Körber/*Bürgers* Rn. 4; Großkomm AktG/*Habersack*/*Foerster* Rn. 11; Kölner Komm AktG/*Mertens*/ *Cahn* Rn. 19; Grigoleit/*Vedder* Rn. 18; zum Kostenansatz bei gleichzeitiger Anmeldung von Ausscheiden und Neueintritt OLG Düsseldorf ZIP 1988, 916.
[65] Vgl. KGJ 30 A 197 (198) (GmbH); NK-AktR/*Oltmanns* Rn. 7; Großkomm AktG/*Habersack*/*Foerster* Rn. 11; Hüffer/Koch/*Koch* Rn. 7; MüKoAktG/*Spindler* Rn. 18; K. Schmidt/Lutter/*Seibt* Rn. 11; zur Parallelvorschrift im GmbH-Recht OLG Hamm NZG 2001, 1038 (1039).

riell beglaubigt sein.[66] Die eingereichten Unterlagen verbleiben entsprechend § 37 Abs. 6 bei den Gerichtsakten.[67] Urkunden iSd § 81 Abs. 2 sind zB beim Tod eines Vorstandsmitglieds die Sterbeurkunde,[68] bei einer Amtsniederlegung das Niederlegungsschreiben,[69] bei der Bestellung eines neuen Vorstandsmitglieds der Bestellungsbeschluss des Aufsichtsrats, wobei eine vom Aufsichtsratsvorsitzenden unterschriebene Ausfertigung des Beschlusses genügt.[70] Hinsichtlich des Zugangs einer Abberufungserklärung bedarf es dagegen keines urkundlichen Nachweises.[71]

15 **3. Prüfung durch das Gericht.** Das Registergericht ist berechtigt und verpflichtet, die ihm eingereichten Unterlagen darauf zu prüfen, ob sie die beantragte Eintragung rechtfertigen.[72] Es gilt der Amtsermittlungsgrundsatz (§ 26 FamFG).[73] Bei begründeten Zweifeln an der inhaltlichen Richtigkeit der angemeldeten Tatsachen kann das Gericht daher weitere Urkunden und Nachweise anfordern.[74] Bei dem Widerruf der Bestellung eines Vorstandsmitglieds erstreckt sich die Prüfungspflicht allerdings nur auf die Ordnungsmäßigkeit des Aufsichtsratsbeschlusses, nicht hingegen auf das Vorliegen eines wichtigen Grundes, da auch die grundlose Abberufung nach § 84 Abs. 3 S. 4 bis zur rechtskräftigen Feststellung ihrer Unwirksamkeit wirksam ist.[75] Außerdem ist das Registergericht nicht gehalten, verwickelte Rechtsverhältnisse oder schwierige Rechtsfragen zu klären.[76] Das auf Eintragung eines durch den Aufsichtsrat bestellten Vorstandsmitglieds gerichtete Anmeldeverfahren kann nicht deshalb ausgesetzt werden, weil die Bestellung eines Aufsichtsratsmitglieds gerichtlich angegriffen wird.[77]

16 **4. Rechtsmittel.** Gegen die Ablehnung der Eintragung sind die Erinnerung (§ 11 RPflG) und danach die Beschwerde gegeben.[78] Erinnerungs- und beschwerdeberechtigt sind die Vorstandsmitglieder, die in Erfüllung einer ihnen selbst obliegenden Pflicht handeln,[79] sowie die Gesellschaft selbst.[80]

IV. Versicherungen

17 **1. Keine Bestellungshindernisse.** Die neuen Vorstandsmitglieder haben nach § 81 Abs. 3 S. 1 Fall 1 im Zuge der Anmeldung eine Versicherung abzugeben, dass ihrer Bestellung die in § 76 Abs. 3 S. 2 Nr. 2 und 3 sowie S. 3 genannten Hindernisse nicht entgegenstehen. Eine gleich lautende Bestimmung für den Fall der Erstbestellung findet sich bereits in § 37 Abs. 2. Beide Regelungen dienen der besseren Durchsetzung der gesetzlichen Bestellungshindernisse.[81]

18 **2. Auskunftspflichtbelehrung.** Weiter haben die neuen Vorstandsmitglieder nach § 81 Abs. 3 S. 1 Alt. 2 AktG zu versichern, dass sie über ihre unbeschränkte Auskunftspflicht gegenüber dem Gericht belehrt worden sind. Gemeint ist die Auskunftspflicht nach § 53 Abs. 2 BZRG (früher: § 51 Abs. 2 BZRG). Die Belehrung kann gemäß § 81 Abs. 3 S. 2 iVm § 37 Abs. 2 S. 2 AktG auch durch einen Notar erfolgen.[82]

19 **3. Höchstpersönlichkeit.** Beide Versicherungen sind im Hinblick auf ihre Strafbewehrung (§ 399 Abs. 1 Nr. 6 AktG) höchstpersönlich abzugeben.[83]

---

[66] Vgl. KGJ 35 A 157; NK-AktR/*Oltmanns* Rn. 7; Kölner Komm AktG/*Mertens/Cahn* Rn. 12; MüKoAktG/*Spindler* Rn. 18.
[67] Vgl. Großkomm AktG/*Habersack/Foerster* Rn. 11; Henssler/Strohn/*Dauner-Lieb* Rn. 10; K. Schmidt/Lutter/*Seibt* Rn. 11; Hölters/*Weber* Rn. 11.
[68] Vgl. NK-AktR/*Oltmanns* Rn. 7; K. Schmidt/Lutter/*Seibt* Rn. 11.
[69] Vgl. Hüffer/Koch/*Koch* Rn. 7; K. Schmidt/Lutter/*Seibt* Rn. 11.
[70] Vgl. MüKoAktG/*Spindler* Rn. 19; K. Schmidt/Lutter/*Seibt* Rn. 11.
[71] Vgl. Hüffer/Koch/*Koch* Rn. 6; MüKoAktG/*Spindler* Rn. 18; Hölters/*Weber* Rn. 9 für § 39 GmbHG auch OLG Hamm DB 2003, 331 (332).
[72] Vgl. KGJ 25 A 253 (255); Bürgers/Körber/*Bürgers* Rn. 3; Großkomm AktG/*Habersack/Foerster* Rn. 11; Kölner Komm AktG/*Mertens/Cahn* Rn. 13; MüKoAktG/*Spindler* Rn. 20; K. Schmidt/Lutter/*Seibt* Rn. 12.
[73] Vgl. NK-AktR/*Oltmanns* Rn. 7; Kölner Komm AktG/*Mertens/Cahn* Rn. 13; ebenso zu § 39 GmbHG BGH NZG 2011, 907 Rn. 10; OLG Düsseldorf NZG 2001, 229.
[74] Vgl. KGJ 25 A 253 (255); Bürgers/Körber/*Bürgers* Rn. 3; Hüffer/Koch/*Koch* Rn. 7; MüKoAktG/*Spindler* Rn. 20; K. Schmidt/Lutter/*Seibt* Rn. 12.
[75] Vgl. NK-AktR/*Oltmanns* Rn. 7; Bürgers/Körber/*Bürgers* Rn. 3; MüKoAktG/*Spindler* Rn. 20; K. Schmidt/Lutter/*Seibt* Rn. 12; zum Parallelproblem im GmbH-Recht OLG Düsseldorf NZG 2001, 229 (230).
[76] Vgl. BGH NZG 2011, 907 Rn. 10; Hüffer/Koch/*Koch* Rn. 7.
[77] Vgl. KG NZG 2017, 583.
[78] Vgl. NK-AktR/*Oltmanns* Rn. 10; Kölner Komm AktG/*Mertens/Cahn* Rn. 16; Hölters/*Weber* Rn. 12.
[79] Vgl. BayObLG WM 1973, 1226; Kölner Komm AktG/*Mertens/Cahn* Rn. 16; Hölters/*Weber* Rn. 12.
[80] Wie hier Kölner Komm AktG/*Mertens/Cahn* Rn. 16; insoweit abw. BayObLG WM 1973, 1226 (1227).
[81] Grigoleit/*Vedder* Rn. 1; Hölters/*Weber* Rn. 13; einschränkend MüKoAktG/*Spindler* Rn. 21.
[82] Vgl. Wachter/*Eckert* Rn. 12; Großkomm AktG/*Habersack/Foerster* Rn. 12; K. Schmidt/Lutter/*Seibt* Rn. 14.
[83] Vgl. Baumbach/Hueck Rn. 4; Bürgers/Körber/*Bürgers* Rn. 5; Großkomm AktG/*Habersack/Foerster* Rn. 12; Hüffer/Koch/*Koch* Rn. 8; NK-AktR/*Oltmanns* Rn. 8; K. Schmidt/Lutter/*Seibt* Rn. 14.

V. Rechtliche Bedeutung der Eintragung

Die Eintragung der nach § 81 Abs. 1 AktG anmeldungspflichtigen Tatsachen hat grundsätzlich nur deklaratorische Bedeutung.[84] Anders liegt es ausnahmsweise bei der Eintragung von Satzungsänderungen, die wegen § 181 Abs. 3 AktG konstitutive Wirkung entfaltet.[85] Rechtliche Bedeutung kommt der fehlenden Registereintragung jedoch für den Schutz gutgläubiger Dritter zu: Solange eine Änderung nicht eingetragen und bekannt gemacht worden ist, kann sie nach § 15 Abs. 1 HGB einem Dritten, dem die Änderung unbekannt ist, nicht entgegengesetzt werden.[86] Das gilt nach hM auch bei fehlender Voreintragung.[87] 20

Die Eintragung einer unwirksamen Änderung, zB die nichtige Bestellung eines Vorstandsmitglieds, führt nicht zur Heilung des Mangels.[88] Sie entfaltet aber im Rahmen des § 15 Abs. 3 HGB und der allgemeinen Rechtsscheingrundsätze materielle Wirkung.[89] Eine Sonderregelung enthält § 121 Abs. 2 S. 2, wonach im Handelsregister eingetragene Vorstandsmitglieder berechtigt sind, die Hauptversammlung einzuberufen. 21

Wird ein eingetragenes Vorstandsmitglied geschäftsunfähig, so führt § 15 Abs. 1 HGB nicht zur Wirksamkeit einer von ihm abgegebenen, gemäß § 105 BGB nichtigen Willenserklärung, weil insoweit keine Eintragungsbedürftigkeit vorliegt.[90] Die Gesellschaft muss aber für das Handeln des Geschäftsunfähigen einstehen, sofern der Aufsichtsrat die Geschäftsunfähigkeit erkennen konnte und die Abberufung unterließ.[91] Im Verhältnis zur Gesellschaft oder der Gesellschaftsorgane untereinander findet § 15 HGB grundsätzlich keine Anwendung.[92] Verkehrsschutzerwägungen, die dieser Vorschrift zugrunde liegen, sind hier fehl am Platze. Eine Rückausnahme gilt jedoch für Aktionäre, die insbesondere bei Drittgeschäften mit der Gesellschaft gleichermaßen schutzbedürftig sind wie außenstehende Dritte.[93] 22

§ 82 Beschränkungen der Vertretungs- und Geschäftsführungsbefugnis

(1) Die Vertretungsbefugnis des Vorstands kann nicht beschränkt werden.

(2) Im Verhältnis der Vorstandsmitglieder zur Gesellschaft sind diese verpflichtet, die Beschränkungen einzuhalten, die im Rahmen der Vorschriften über die Aktiengesellschaft die Satzung, der Aufsichtsrat, die Hauptversammlung und die Geschäftsordnungen des Vorstands und des Aufsichtsrats für die Geschäftsführungsbefugnis getroffen haben.

Schrifttum: 1. Allgemeines: *Auer*, Mißbrauch der Vertretungsmacht im Handels- und Gesellschaftsrecht, GesRZ 2000, 138; *P. Bydlinski*, Der sogenannte „Mißbrauch" unbeschränkbarer Vertretungsmacht, FS F. Bydlinski, 2002, 19; *Ekkenga/Schneider*, „Holzmüller" und seine Geburtsfehler – hier: Die angebliche Schrankenlosigkeit der Vertretungsmacht des Mutter-Vorstands im Konzern, ZIP 2017, 1053; *Fellmeth*, Die Vertretung verselbständigter Rechtsträger in europäischen Ländern, Teil I: Deutschland, Italien, Spanien, 1997; *Fischer*, Der Mißbrauch der Vertretungsmacht, auch unter Berücksichtigung der Handelsgesellschaften, FS Schilling, 1973, 3; *Fleischer*, Kompetenzüberschreitungen von Geschäftsleitern im Personen- und Kapitalgesellschaftsrecht: Schaden – rechtmäßiges Alternativverhalten – Vorteilsausgleichung, DStR 2009, 1204; *Fleischer*, Reichweite und Grenzen der unbeschränkten Organvertretungsmacht im Kapitalgesellschaftsrecht, NZG 2005, 529; *Fleischer*, Zur unbeschränkten Vertretungsmacht des Geschäftsleiter im Europäischen Gesellschaftsrecht und ihren nationalen Beschränkungen, FS Huber, 2006, 719; *Geßler*, Zum Mißbrauch organschaftlicher Vertretungsmacht, FS v. Caemmerer, 1978, 531; *Heller*, Die organschaftliche Vertretungsmacht im Kapitalgesellschaftsrecht – Zu Reichweite und Grenzen der organschaftlichen Vertretungsmacht im Europäischen Kapitalgesellschaftsrecht, ZVglRWiss 107 (2008), 293; *John*, Der Mißbrauch organschaftlicher Vertretungsmacht, FS Mühl, 1981, 349; *Jüngst*, Der Mißbrauch organschaftlicher Vertretungsmacht, 1981; *Kindler*, Die sachliche Reichweite der Vertretungsmacht des Verwaltungsrates im italienischen Kapitalgesellschaftsrecht – Publizitätsrichtlinie und innerstaatliches Recht im Vergleich, FS Lutter, 2000, 483;

---

[84] Vgl. LG Frankenthal AG 2003, 460 (461); Bürgers/Körber/*Bürgers* Rn. 6; Großkomm AktG/*Habersack/Foerster* Rn. 13; Hüffer/Koch/*Koch* Rn. 10; MüKoAktG/*Spindler* Rn. 23; K. Schmidt/Lutter/*Seibt* Rn. 15.
[85] Vgl. Großkomm AktG/*Habersack/Foerster* Rn. 13; Hüffer/Koch/*Koch* Rn. 10; MüKoAktG/*Spindler* Rn. 23; K. Schmidt/Lutter/*Seibt* Rn. 15.
[86] Vgl. Großkomm AktG/*Habersack/Foerster* Rn. 13; MüKoAktG/*Spindler* Rn. 23; NK-AktR/*Oltmanns* Rn. 8; K. Schmidt/Lutter/*Seibt* Rn. 15.
[87] Vgl. Bürgers/Körber/*Bürgers* Rn. 6; Hüffer/Koch/*Koch* Rn. 10; NK-AktR/*Oltmanns* Rn. 8.
[88] Vgl. Henssler/Strohn/*Dauner-Lieb* Rn. 13; Großkomm AktG/*Habersack/Foerster* Rn. 13; MüKoAktG/*Spindler* Rn. 24.
[89] Vgl. Henssler/Strohn/*Dauner-Lieb* Rn. 13; Großkomm AktG/*Habersack/Foerster* Rn. 13; MüKoAktG/*Spindler* Rn. 24.
[90] Vgl. BGHZ 115, 78 (GmbH); MüKoAktG/*Spindler* Rn. 20.
[91] Vgl. BGHZ 115, 78 (GmbH).
[92] Vgl. MüKoAktG/*Spindler* Rn. 25.
[93] Näher MüKoAktG/*Spindler* Rn. 25.

Meilicke, Selbstkontrahieren im Europäischen Gemeinschaftsrecht, RIW 1996, 713; *Meilicke*, Vertrauensschutz in Vertretungsmacht nach europäischem Gemeinschaftsrecht, DB 1999, 785; *Rohde/Geschwandtner*, Zur Beschränkbarkeit der Geschäftsführungsbefugnis des Vorstands einer Aktiengesellschaft, NZG 2005, 996; *Roth*, Mißbrauch der Vertretungsmacht durch den GmbH-Geschäftsführer, ZGR 1985, 265; *Schmid*, Die gemeinschaftsrechtliche Überlagerung der Tatbestände des Mißbrauchs der Vertretungsmacht und des Insichgeschäfts, AG 1998, 127; *Schneider*, Die Vertretung der GmbH bei Rechtsgeschäften mit ihren Konzernunternehmen, BB 1986, 201; *Stein*, Die Grenzen vollmachtloser Vertretung gegenüber Vorstandsmitgliedern und Geschäftsführern, AG 1999, 28; *Vedder*, Missbrauch der Vertretungsmacht, 2007; *Vedder*, Das Vorsatzerfordernis beim Missbrauch der Vertretungsmacht durch GmbH-Geschäftsführer, GmbHR 2008, 736; *Weimar*, Die Haftungsverhältnisse bei der Vor-AG in neuerer Sicht, AG 1992, 69; *Westermann*, Verletzung der Geschäftsführungsmacht und -pflicht durch Willenserklärung organschaftlicher Vertreter von Handelsgesellschaften gegenüber Gesellschaftern, FS Meier-Hayoz, 1982, 445.

2. **Bindung an den Unternehmensgegenstand:** *Feldhaus*, Der Verkauf von Unternehmensteilen einer Aktiengesellschaft und die Notwendigkeit einer außerordentlichen Hauptversammlung, BB 2009, 562; *Fleischer*, Aktuelle Entwicklungen der Managerhaftung, NJW 2009, 2337; *Hommelhoff*, Die Konzernleitungspflicht, 1982; *Koch*, Diversifizierung und Vorstandskompetenzen, 2001; *Martens*, Aktienrechtliche Probleme eines Ausstiegs aus der Kernenergie, FS Kellermann, 1991, 271; *Mertens*, Politische Programme in der Satzung der Aktiengesellschaft?, NJW 1970, 1718; *Mertens*, Unternehmensgegenstand und Mitgliedsrecht, AG 1978, 309; *Paefgen*, Unternehmerische Entscheidungen und Rechtsbindung der Organe in der AG, 2002; *Priester*, Satzungsvorgaben zum Vorstandshandeln – Satzungsautonomie contra Leitungsautonomie, FS Hüffer, 2010, 777; *Priester*, Unterschreitung des satzungsmäßigen Unternehmensgegenstandes im Aktienrecht, ZGR 2017, 474; *Reiling*, Die Unterschreitung des Unternehmensgegenstandes – eine Analyse unter Berücksichtigung des französischen Rechtszustandes, 2015; *Säcker*, Unternehmensgegenstand und Unternehmensinteresse, FS Lukes, 1989, 549; *Streuer*, Der statutarische Unternehmensgegenstand, 2001; *Tieves*, Der Unternehmensgegenstand der Kapitalgesellschaft, 1998; *Winkler*, Nichtgewerbliche, ideale, insbesondere politische Zielsetzungen als Inhalt von Gesellschaftsverträgen und Satzungen, NJW 1970, 449.

Übersicht

	Rn.		Rn.
I. Überblick	1–3	a) Gesetzliche Beschränkungen der Vertretungsmacht	8–11
1. Regelungszweck	1	b) Missbrauch der Vertretungsmacht	12–17
2. Vorgängervorschriften und Parallelregelungen	2	c) Geschäfte mit nahestehenden Dritten	18–25
3. Unionsrecht und Rechtsvergleichung	3	**III. Beschränkungen der Geschäftsführungsbefugnis**	26–37
II. Unbeschränkbarkeit der Vertretungsmacht	4–25	1. Beschränkungsmöglichkeiten	26–36
1. Anwendungsbereich	4–7	a) Satzung	27–33
a) Allgemeines	4, 5	b) Aufsichtsrat	34
b) Sonderfälle	6, 7	c) Hauptversammlung	35
		d) Geschäftsordnung	36
2. Äußere und innere Grenzen	8–25	2. Rechtsfolgen eines Verstoßes	37

I. Überblick

1. Regelungszweck. § 82 regelt Reichweite und Grenzen der Vertretungs- und Geschäftsführungsbefugnis des Vorstands. Er weist ihm in Abs. 1 eine unbeschränkte und unbeschränkbare Vertretungsmacht zu und zielt damit auf einen wirkungsvollen Verkehrsschutz.[1] Ausdrücklich verworfen wird die angelsächsische *ultra-vires*-Lehre,[2] nach der eine juristische Person nur für die in der Satzung festgelegten Zwecke rechts- und handlungsfähig ist (→ Rn. 3). Im Verhältnis zur Gesellschaft sind die Vorstandsmitglieder dagegen nach Abs. 2 an jene Beschränkungen gebunden, die ihnen im Rahmen des Aktiengesetzes durch Satzung, Aufsichtsrat, Hauptversammlung oder Geschäftsordnung auferlegt werden. Diese scharfe Trennung zwischen Außen- und Innenverhältnis, Können und Dürfen,[3] bildet ein allgemeines Prinzip des deutschen Handels- und Gesellschaftsrechts.[4]

---

[1] Vgl. BGH NJW 1997, 2678 (GmbH); Großkomm AktG/*Habersack/Foerster* Rn. 1; Hüffer/Koch/*Koch* Rn. 1; Kölner Komm AktG/*Mertens/Cahn* Rn. 1. MüKoAktG/*Spindler* Rn. 1; K. Schmidt/Lutter/*Seibt* Rn. 2; pointiert auch BegrRegE *Kropff* S. 103: „Der Schutz des Rechtsverkehrs geht dem Schutz des Vertretenen vor.".

[2] Vgl. BegrRegE *Kropff* S. 103; Bürgers/Körber/*Bürgers* Rn. 1; Henssler/Strohn/*Dauner-Lieb* Rn. 2; Großkomm AktG/*Habersack/Foerster* Rn. 1; Hüffer/Koch/*Koch* Rn. 1; NK-AktR/*Oltmanns* Rn. 1; K. Schmidt/Lutter/*Seibt* Rn. 2.

[3] Vgl. Bürgers/Körber/*Bürgers* Rn. 1; Wachter/*Eckert* Rn. 2; Hüffer/Koch/*Koch* Rn. 1; NK-AktR/*Oltmanns* Rn. 1.

[4] Vgl. BegrRegE *Kropff* S. 103; *Fleischer* FS Huber, 2006, 719 (720); Kölner Komm AktG/*Mertens/Cahn* Rn. 1.

2. Vorgängervorschriften und Parallelregelungen. Die Unbeschränkbarkeit der organschaft- 2
lichen Vertretungsmacht im Außenverhältnis geht auf Art. 231 Abs. 2 ADHGB von 1861 zurück,
der in Art. 231 Abs. 1 ADHGB zugleich die Beschränkungen des Vorstands im Innenverhältnis
vorangestellt hatte.[5] Von dort fand die Regelung über verschiedene Zwischenstationen Eingang in
§ 74 AktG 1937. Das Aktiengesetz von 1965 hat im Kern an der Vorgängervorschrift festgehalten
und nur die internen Beschränkungsmöglichkeiten des Vorstandshandelns behutsam erweitert.[6] Parallelvorschriften finden sich in § 126 HGB, § 37 GmbHG, § 27 GenG.[7]

3. Unionsrecht und Rechtsvergleichung. § 82 Abs. 1 dient heute auch der Umsetzung des 3
Art. 10 Abs. 1 S. 1 Publizitätsrichtlinie,[8] inzwischen unverändert aufgegangen in Art. 9 RL (EU)
2017/1132,[9] wonach die Gesellschaft Dritten gegenüber durch Handlungen ihrer Organe verpflichtet
wird, selbst wenn die Handlungen nicht zum Gegenstand des Unternehmens gehören.[10] Die Vorschrift ist demnach richtlinienkonform auszulegen,[11] was vor allem beim Missbrauch der Vertretungsmacht eine Rolle spielt (näher → Rn. 12 ff.). Die Vorgaben gehen maßgeblich auf deutschen Einfluss
zurück[12] und haben in manchen Nachbarstaaten erheblichen Anpassungsbedarf ausgelöst:[13] In England musste der Gesetzgeber die richterrechtliche *ultra vires doctrine*[14] aufgeben, die dem Schutz der
Anteilseigner und Gesellschaftsgläubiger diente;[15] in Frankreich sah man sich zu einer Abkehr vom
principe de specialité statutaire veranlasst, nach dem eine juristische Person nur in den Grenzen ihres
satzungsmäßigen Unternehmensgegenstandes rechtswirksam handeln konnte.[16]

II. Unbeschränkbarkeit der Vertretungsmacht

1. Anwendungsbereich. a) Allgemeines. § 82 Abs. 1 bezieht sich nur auf die organschaftliche 4
Vertretungsbefugnis der Vorstandsmitglieder, nicht auf die Bevollmächtigung anderer Personen.[17] In
diesem Rahmen erstreckt er sich aber auf sämtliche Vertretungsakte und schließt Rechtsgeschäfte
und geschäftsähnliche Handlungen[18] ebenso ein wie Prozesshandlungen[19] und Anmeldungen zum
Handelsregister.[20] Gleiches gilt für innerkorporative Geschäfte, die durch eine externe Erklärung in
Geltung gesetzt werden, zB die Zustimmung zur Übertragung von Namensaktien nach § 68 Abs. 2
S. 2[21] oder die Einforderung ausstehender Einlagen nach § 63 Abs. 1.[22]

Beschränkungen im Innenverhältnis haben gegen dritte Personen grundsätzlich keine Wirkung. 5
Das gilt namentlich für den Fall, dass sich die Vertretung nur auf gewisse Geschäfte oder Arten von
Geschäften erstrecken oder nur unter gewissen Umständen oder für eine gewisse Zeit oder an
einzelnen Orten stattfinden soll.[23] Durch § 82 Abs. 2 nicht ausgeschlossen ist hingegen der Abschluss

---

[5] Für eine ausf. Dokumentation der Entstehungsgeschichte ROHGE 6, 131 (136–140).
[6] Näher BegrRegE *Kropff* S. 103.
[7] Zu diesen Parallelen auch BGH NJW 1997, 2678.
[8] Erste Richtlinie des Rates v. 9.3.1968 (68/151/EWG), ABl. EG 1968 Nr. L 65, 8.
[9] Richtlinie (EU) 2017/1132 v. 14.6.2017 über bestimmte Aspekte des Gesellschaftsrechts, ABl. EU 2017 Nr. L 169, 46.
[10] Dazu *Fleischer* FS Huber, 2006, 719 (722 f.); *Grundmann* EuropGesR Rn. 213 ff.; *Habersack/Verse* EuropGesR § 5 Rn. 30 ff.; *Lutter/Bayer/Schmidt* EuropGesR § 18 Rn. 75 ff.; *Schwarz* EuropGesR Rn. 349 ff.
[11] Vgl. Großkomm AktG/*Habersack/Foerster* Rn. 2; MüKoAktG/*Spindler* Rn. 2; K. Schmidt/Lutter/*Seibt* Rn. 1; Hölters/*Weber* Rn. 2.
[12] Vgl. *Grundmann* EuropGesR Rn. 213; *Lutter/Bayer/Schmidt* EuropGesR § 18 Rn. 74; *Schwarz* EuropGesR Rn. 349.
[13] Eingehend *Fleischer* FS Huber, 2006, 719 (723 ff.); *Heller* ZVglRWiss 107 (2008), 293 (309 ff.); ausf. auch *Fischer-Zernin*, Der Rechtsangleichungserfolg der Ersten gesellschaftsrechtlichen Richtlinie des EWG, 1986, 266 ff.
[14] Grundlegend *Ashbury Railway Carriage and Iron Company v Riche* (1875) LR 7 HL 653; rechtsvergleichend *Dreibus*, Die Vertretung bei Rechtsträgern des privaten und öffentlichen Rechts im Vereinigten Königreich von Großbritannien und Nordirland, 1999, 81 ff.; *Fleischer* FS Huber, 2006, 719 (721).
[15] Näher *Gower/Davies/Worthington*, Principles of Modern Company Law, 10. Aufl. 2016, Rn. 7–29.
[16] Vgl. *Ripert/Roblot/Germain*, Les sociétés commerciales, 18. Aufl. 2002, Rn. 1136; rechtsvergleichend *Fleischer* FS Huber, 2006, 719 (722); *Frey*, Die Vertretung verselbstständigter Rechtsträger in europäischen Ländern, Teil VI: Frankreich, 2003, 229 ff.
[17] Vgl. Großkomm AktG/*Habersack/Foerster* Rn. 2; Hüffer/Koch/*Koch* Rn. 2; NK-AktR/*Oltmanns* Rn. 2; K. Schmidt/Lutter/*Seibt* Rn. 3; Grigoleit/*Vedder* Rn. 4.
[18] Vgl. MüKoAktG/*Spindler* Rn. 12; MHdB AG/*Wiesner* § 23 Rn. 1.
[19] Vgl. Hüffer/Koch/*Koch* Rn. 3; MHdB AG/*Wiesner* § 23 Rn. 4.
[20] Vgl. MHdB AG/*Wiesner* § 23 Rn. 4.
[21] Vgl. Hüffer/Koch/*Koch* Rn. 3; NK-AktR/*Oltmanns* Rn. 5.
[22] Vgl. MüKoAktG/*Spindler* Rn. 29; MHdB AG/*Wiesner* § 23 Rn. 3.
[23] So ausdrücklich Art. 231 Abs. 2 S. 2 ADHGB; ebenso noch heute die Formulierung in § 126 Abs. 2 S. 2 HGB für die Vertretungsmacht der OHG-Gesellschafter.

von Verträgen unter dem Vorbehalt, dass Aufsichtsrat oder Hauptversammlung zustimmen.[24] Die Rechtsnatur eines solchen Vorbehalts hängt von den Fallumständen ab.[25] Zumeist nimmt man eine aufschiebende Bedingung (§ 158 Abs. 1 BGB) an.[26]

6 **b) Sonderfälle. aa) Vor-Aktiengesellschaft.** Streit herrscht hinsichtlich der Geltung des § 82 Abs. 1 AktG in der Vor-AG. Nach hergebrachter und wohl noch herrschender Auffassung gelangt die Vorschrift erst mit Eintragung der Gesellschaft zur Anwendung;[27] vorher bestehe prinzipiell eine auf das Gründungsnotwendige beschränkte Vertretungsmacht, die aber durch Zustimmung aller Gründer erweiterbar und bei einer Sachgründung als umfassend anzusehen sei.[28] Die im Vordringen befindliche Gegenauffassung erstreckt die Geltung des § 82 Abs. 1 schon auf die werdende Aktiengesellschaft.[29] Sie hat die besseren Argumente auf ihrer Seite: Vor allem verlangt die Aufwertung der Vor-AG zur tauglichen Rechts- und Unternehmensträgerin einen wirksamen Verkehrsschutz in Form einer unbeschränkten Vertretungsmacht.[30] Die Haftungsrisiken der Gründer lassen sich durch eine Beschränkung der Geschäftsführungsbefugnis auf gründungsnotwendige Geschäfte begrenzen;[31] das Risiko pflichtwidrig handelnder Vorstandsmitglieder fällt in ihre Risikosphäre.[32]

7 **bb) Abwicklungsgesellschaft.** Für die aufgelöste Gesellschaft sieht § 269 Abs. 5 in sachlicher Übereinstimmung mit § 82 Abs. 1 eine unbeschränkte und unbeschränkbare Vertretungsmacht der Abwickler vor.[33] Damit ist die frühere Regelung, nach der die Liquidatoren die Gesellschaft nur innerhalb ihres Geschäftskreises vertreten konnten, endgültig überwunden.[34]

8 **2. Äußere und innere Grenzen. a) Gesetzliche Beschränkungen der Vertretungsmacht.** Die unbeschränkbare Vertretungsmacht des Vorstands erstreckt sich nicht auf Maßnahmen, die durch zwingende Vorschriften anderen Organen zugewiesen sind oder deren Zustimmung bedürfen.[35] Ein entsprechender Vorbehalt findet sich auch in Art. 9 Abs. 1 RL (EU) 2017/1132.[36] Dahinter steht die Wertung, dass es außenstehenden Dritten – auch im internationalen Verkehr[37] – zumutbar ist, sich über die gesetzliche Kompetenzverteilung in der Aktiengesellschaft zu unterrichten.

9 **aa) Zuständigkeit anderer Organe.** Die Vertretungsbefugnis des Vorstands entfällt zunächst dort, wo das Gesetz eine Vertretung der Gesellschaft durch andere Organe vorsieht.[38] Dazu gehört die Vertretungsbefugnis des Aufsichtsrats nach § 84 Abs. 1 und 3 (Bestellung und Abberufung des Vorstands), § 111 Abs. 2 S. 2 (Heranziehung von Sachverständigen für bestimmte Aufgaben), § 112 (Vertretung der Gesellschaft gegenüber Vorstandsmitgliedern), § 246 Abs. 2 S. 2, § 249 Abs. 1 S. 1 (Vertretung der Gesellschaft bei Anfechtungs- und Nichtigkeitsklagen des Vorstands).[39] Gleiches gilt

---

[24] Vgl. RGZ 125, 296 (302 f.); RG JW 1926, 627; KG OLGR 42, 221; Hüffer/Koch/*Koch* Rn. 3; MüKoAktG/*Spindler* Rn. 14; NK-AktR/*Oltmanns* Rn. 5; für § 37 Abs. 2 GmbHG auch BGH NJW 1997, 2678.
[25] Mit Recht differenzierend auch MüKoAktG/*Spindler* Rn. 14.
[26] Vgl. RG JW 1926, 627; Hüffer/Koch/*Koch* Rn. 3; NK-AktR/*Oltmanns* Rn. 5; von einer „Bedingung ganz eigener Art" spricht *Flechtheim* JW 1926, 628.
[27] Vgl. BGHZ 80, 129 (139); Großkomm AktG/*Habersack/Foerster* Rn. 3; Hüffer/Koch/*Koch* Rn. 1; Kölner Komm AktG/*Mertens/Cahn* Rn. 3; NK-AktR/*Oltmanns* Rn. 1; *Wiedenmann* ZIP 1997, 2029 (2032).
[28] Vgl. BGH NJW 1963, 859; BGHZ 80, 129 (139); LG Heidelberg AG 1998, 197 (198); Hüffer/Koch/*Koch* § 41 Rn. 6 (11).
[29] Vgl. Bürgers/Körber/*Bürgers* Rn. 1; MüKoAktG/*Spindler* Rn. 3; *Priester* ZHR 165 (2001), 383 (389); *K. Schmidt* FS Kraft, 1998, 573 (582); K. Schmidt/Lutter/*Seibt* Rn. 2; Grigoleit/*Vedder* § 41 Rn. 18; *Weimar* AG 1992, 69 (72).
[30] Wie hier *Priester* ZHR 165 (2001), 383 (389); *K. Schmidt* GesR § 34 III 3 b bb, S. 1020 f.; *Weimar* AG 1992, 69 (72).
[31] So auch die kautelarjuristische Empfehlung von *Priester* ZHR 165 (2001), 383 (389); ebenso *Weimar* AG 1992, 69 (72).
[32] Vgl. MüKoAktG/*Spindler* Rn. 3; *Raiser/Veil* KapGesR § 23 Rn. 122.
[33] Vgl. Großkomm AktG/*Habersack/Foerster* Rn. 4; MüKoAktG/*Spindler* Rn. 4; K. Schmidt/Lutter/*Seibt* Rn. 2.
[34] Näher dazu BegrRegE *Kropff* S. 358 f.
[35] Vgl. Bürgers/Körber/*Bürgers* Rn. 2; Großkomm AktG/*Habersack/Foerster* Rn. 7; Hüffer/Koch/*Koch* Rn. 4; MüKoAktG/*Spindler* Rn. 12; NK-AktR/*Oltmanns* Rn. 2.
[36] Näher *Grundmann* EuropGesR Rn. 216 f.; *Lutter/Bayer/Schmidt* EuropGesR § 18 Rn. 76; *Schwarz* EuropGesR Rn. 349.
[37] Dazu *Auer* GesRZ 2000, 138 (145); *Meilicke* RIW 1996, 713 (716).
[38] Vgl. Bürgers/Körber/*Bürgers* Rn. 3; Wachter/*Eckert* Rn. 6; Großkomm AktG/*Habersack/Foerster* Rn. 7; Hüffer/Koch/*Koch* Rn. 4; NK-AktR/*Oltmanns* Rn. 2; K. Schmidt/Lutter/*Seibt* Rn. 4; ausf. *Fellmeth*, Die Vertretung verselbständigter Rechtsträger in europäischen Ländern, Teil I: Deutschland, Italien, Spanien, 1997, 72 ff.
[39] Vgl. *Fellmeth*, Die Vertretung verselbständigter Rechtsträger in europäischen Ländern, Teil I: Deutschland, Italien, Spanien, 1997, 73 ff.; Hüffer/Koch/*Koch* Rn. 4; MüKoAktG/*Spindler* Rn. 19.

für die Vertretung der Gesellschaft durch die Hauptversammlung gemäß § 113 Abs. 1 (Vergütung der Aufsichtsratsmitglieder) und § 119 Abs. 1 Nr. 4 und 7 (Bestellung von Abschluss- und Sonderprüfern)[40] sowie bisher für die Geltendmachung von Ersatzansprüchen nach § 147 Abs. 3 AktG aF.[41]

bb) Mitwirkung anderer Organe. Darüber hinaus wird die Vertretungsbefugnis des Vorstands 10 durch die notwendige Mitwirkung anderer Organe beschränkt.[42] Der Zustimmung des Aufsichtsrats für eine wirksame Vertretung bedarf es etwa nach § 89 (Kreditgewährung an Vorstandsmitglieder), § 114 (Verträge mit Aufsichtsratsmitgliedern), § 115 (Kreditgewährung an Aufsichtsratsmitglieder).[43] Die Zustimmung der Hauptversammlung stellt insbesondere in folgenden Fällen ein Wirksamkeitserfordernis dar: § 52 Abs. 1 (Nachgründung), §§ 50, 93 Abs. 4 S. 3, § 309 Abs. 3 (Verzicht und Vergleich über Schadensersatzansprüche), § 179a (Verpflichtung zur Übertragung des gesamten Vermögens), §§ 293, 295 (Abschluss und Änderung von Unternehmensverträgen), §§ 13, 65, 73 UmwG (Verschmelzungsverträge).[44] Nicht dazu zählen allerdings die ungeschriebenen Hauptversammlungszuständigkeiten nach der Holzmüller-Doktrin, die nicht auf das Außenverhältnis durchschlagen.[45] Das hat der BGH in der Gelatine-Entscheidung noch einmal bekräftigt.[46]

cc) Rechtsfolgen. Hinsichtlich der Rechtsfolgen eines Verstoßes ist zu unterscheiden: Fehlt dem 11 Vorstand jede Vertretungskompetenz (Beispiel: § 112), so liegt nach hM ein Verstoß gegen ein gesetzliches Verbot iSd § 134 BGB vor, so dass das Geschäft nichtig ist und eine nachträgliche Zustimmung ausscheidet;[47] die Gegenansicht will die §§ 177 ff. BGB anwenden und eine Genehmigung des Geschäfts zulassen.[48] Bedarf das betreffende Geschäft der Zustimmung eines anderen Organs, so richten sich die Rechtsfolgen überwiegender Auffassung zufolge nach den §§ 177 ff. BGB: Das Geschäft ist zunächst schwebend unwirksam und damit genehmigungsfähig;[49] erst bei einer Verweigerung der Genehmigung tritt endgültige Unwirksamkeit ein.[50]

b) Missbrauch der Vertretungsmacht. Der Unbeschränkbarkeit der organschaftlichen Vertre- 12 tungsmacht sind nach allgemeiner Ansicht durch die Lehre vom Missbrauch der Vertretungsmacht Grenzen gezogen.[51] Streit herrscht indes über zahlreiche Einzelfragen auf der Tatbestands- und Rechtsfolgenseite.

aa) Tatbestandsvoraussetzungen. Anerkannt ist der Fall der Kollusion, bei dem Vorstand und 13 Geschäftsgegner arglistig zum Nachteil der Aktiengesellschaft zusammenwirken. Ein derart abgeschlossenes Rechtsgeschäft ist nach hM gem. § 138 BGB nichtig[52] und nicht genehmigungsfähig.[53] Vorstand und Geschäftsgegner haften der Gesellschaft zudem nach §§ 826, 840 BGB.[54]

---

[40] Näher *Fellmeth*, Die Vertretung verselbständigter Rechtsträger in europäischen Ländern, Teil I: Deutschland, Italien, Spanien, 1997, 75 f.
[41] Vgl. Hüffer/Koch/*Koch* Rn. 4.
[42] Vgl. Bürgers/Körber/*Bürgers* Rn. 3; Hüffer/Koch/*Koch* Rn. 4; MüKoAktG/*Spindler* Rn. 20; K. Schmidt/Lutter/*Seibt* Rn. 4.
[43] Dazu und zu weiteren Fällen Hüffer/Koch/*Koch* Rn. 4; MüKoAktG/*Spindler* Rn. 22; NK-AktR/*Oltmanns* Rn. 4.
[44] Vgl. Hüffer/Koch/*Koch* Rn. 4; MüKoAktG/*Spindler* Rn. 20; NK-AktR/*Oltmanns* Rn. 4.
[45] Vgl. BGHZ 83, 122 (132); OLG Celle ZIP 2001, 613 (616); Großkomm AktG/*Habersack/Foerster* Rn. 8; Hüffer/Koch/*Koch* Rn. 4; Kölner Komm AktG/*Mertens/Cahn* Rn. 6; K. Schmidt/Lutter/*Seibt* Rn. 4.
[46] Vgl. BGHZ 159, 30; dazu etwa *Fleischer* NJW 2004, 2335.
[47] Vgl. OLG Stuttgart AG 1993, 85 (86); OLG Hamburg ZIP 1986, 1249 (1251); Bürgers/Körber/*Bürgers* Rn. 3; Hüffer/Koch/*Koch* Rn. 5; MüKoAktG/*Spindler* Rn. 26; Stein AG 1999, 28 (39); abw. NK-AktR/*Oltmanns* Rn. 6 mit Fn. 6; ausdrücklich offenlassend BGH NJW-RR 1993, 1250 (1251).
[48] Vgl. Baumbach/*Hueck* Rn. 5; Wachter/*Eckert* Rn. 4; *Werner* ZGR 1989, 369 (392 ff.); MHdB AG/*Wiesner* § 23 Rn. 18.
[49] Vgl. Bürgers/Körber/*Bürgers* Rn. 3; Hüffer/Koch/*Koch* Rn. 4; MüKoAktG/*Spindler* Rn. 25; NK-AktR/*Oltmanns* Rn. 6.
[50] Vgl. MüKoAktG/*Spindler* Rn. 25.
[51] Vgl. Bürgers/Körber/*Bürgers* Rn. 4; Großkomm AktG/*Habersack/Foerster* Rn. 9; Hüffer/Koch/*Koch* Rn. 6; Kölner Komm AktG/*Mertens/Cahn* Rn. 44; NK-AktR/*Oltmanns* Rn. 6; K. Schmidt/Lutter/*Seibt* Rn. 5; ausf. *Fleischer* NZG 2005, 529; *Vedder*, Missbrauch der Vertretungsmacht, 2007, 27 ff. (103 ff.).
[52] Vgl. RGZ 145, 311 (315); BGHZ 50, 112 (114); BGH NJW 1966, 1911; NJW 1989, 26 (27); OLG Zweibrücken NZG 2001, 763; Großkomm AktG/*Habersack/Foerster* Rn. 11; MüKoAktG/*Spindler* Rn. 59; K. Schmidt/Lutter/*Seibt* Rn. 6; MHdB AG/*Wiesner* § 23 Rn. 19.
[53] Abw. Lutter/Hommelhoff/*Kleindiek* GmbHG § 35 Rn. 22, der auf § 177 BGB zurückgreift; s. auch OLG Hamburg GmbHR 1992, 609.
[54] Vgl. RGZ 145, 311 (315); Bürgers/Körber/*Bürgers* Rn. 4; MüKoAktG/*Spindler* Rn. 59; Kölner Komm AktG/*Mertens/Cahn* Rn. 45; K. Schmidt/Lutter/*Seibt* Rn. 6.

14   Abseits des Sonderfalls der Sittenwidrigkeit beginnen die Meinungsverschiedenheiten. Umstritten ist zunächst, ob der Gesellschaft durch die Pflichtwidrigkeit des Vorstands ein Nachteil entstanden sein muss. Die Rechtsprechung hat dies ursprünglich angenommen,[55] ist davon in jüngeren Entscheidungen aber wieder abgerückt.[56] Im Schrifttum sind die Meinungen geteilt.[57] Richtigerweise genügt jedes beschränkungswidrige Verhalten; die Gegenansicht verkennt, dass die Lehre vom Missbrauch der Vertretungsmacht gerade nicht auf den Vermögensschutz des Vertretenen, sondern auf die Erhaltung seines Selbstbestimmungsrechts hin geordnet ist. Unterschiedlich beurteilt wird sodann, ob es auf ein bewusstes Fehlverhalten des Vorstands ankommt oder ob die objektive Pflichtwidrigkeit des Vertretergeschäfts ausreicht. Der BGH hat verschiedentlich ein Schädigungsbewusstsein gefordert,[58] verzichtet aber in jüngeren Entscheidungen zumeist auf ein subjektives Element.[59] Dem ist mit einer verbreiteten Literaturmeinung zuzustimmen,[60] kann doch der dem Geschäftsgegner gewährte Vertrauensschutz nicht von der persönlichen Einstellung des Vorstandsmitglieds abhängen. Allerdings wird man einen manifesten Missbrauch der Vertretungsmacht aus der Perspektive des Geschäftsgegners nur selten annehmen können, wenn ihn schon das Vorstandsmitglied nicht erkannt hat.

15   Was schließlich die subjektiven Voraussetzungen auf Seiten des Geschäftsgegners anbelangt, sollte inzwischen geklärt sein, dass einfache Fahrlässigkeit nicht genügt:[61] Dies liefe nicht nur dem Schutzzweck des § 82 Abs. 1 zuwider, den Geschäftsgegner im Interesse der Sicherheit und Leichtigkeit des Geschäftsverkehrs von weitreichenden Erkundungspflichten freizuhalten,[62] sondern wäre auch mit den unionsrechtlichen Vorgaben unvereinbar (→ Rn. 17). Mit einer verbreiteten Faustformel ist vielmehr Evidenz des Missbrauchs erforderlich, aber auch ausreichend.[63] Sie liegt vor, wenn der Missbrauch wegen massiver Verdachtsmomente für jeden klar und sofort, also ohne Nachforschungen, erkennbar war.[64] Diese Abschwächung gegenüber einem strikten Kenntniskriterium erschöpft sich nicht in einer bloßen Beweiserleichterung,[65] sondern ist Ausdruck einer wohlerwogenen Grenzziehung zwischen den widerstreitenden Interessen des Verkehrsschutzes und der Vertragsgerechtigkeit. In der Sache deckt sich die Evidenzformel im Wesentlichen mit den Voraussetzungen grober Fahrlässigkeit,[66] vermeidet aber den falschen Zungenschlag einer – wenn auch eingeschränkten – Erkundungspflicht des Geschäftsgegners.[67]

16   **bb) Rechtsfolgen.** Welche Rechtsfolgen beim Missbrauch der Vertretungsmacht eingreifen, ist Gegenstand eines anhaltenden Meinungsstreits,[68] der stark akademische Züge trägt: Die hergebrachte

---

[55] Vgl. BGHZ 50, 112 (114) – Prokura; BGH WM 1983, 83 (85).
[56] Vgl. BGH WM 1988, 704 (706); WM 1984, 305 (306); NJW 2006, 2776.
[57] Für ein Schadenserfordernis *Fellmeth*, Die Vertretung verselbständigter Rechtsträger in europäischen Ländern, Teil I: Deutschland, Italien, Spanien, 1997, 59 f.; *Michalski* GmbHR 1994, 842 (845); *Zacher* GmbHR 1994, 842 (845); dagegen *Geßler* FS v. Caemmerer, 1978, 531 (534); *Westermann* FS Meier-Hayoz, 1982, 445 (454).
[58] Vgl. BGHZ 50, 112 (114); BGH WM 1973, 1318; WM 1976, 658 (659); WM 1980, 953.
[59] Vgl. BGH NJW 1984, 1461 (1462); NJW 1988, 2241 (2243); NJW 1996, 589 (590); NJW 2006, 2776; OLG Zweibrücken NZG 2001, 763.
[60] Wie hier Bürgers/Körber/*Bürgers* Rn. 6; Wachter/*Eckert* Rn. 6; Großkomm AktG/*Habersack/Foerster* Rn. 12; Hüffer/Koch/*Koch* Rn. 7; *K. Schmidt* GesR § 10 II 2 c aa, S. 259; K. Schmidt/Lutter/*Seibt* Rn. 6; Hölters/*Weber* Rn. 10; abw. Kölner Komm AktG/*Mertens/Cahn* Rn. 47; MüKoAktG/*Spindler* Rn. 63; NK-AktR/*Oltmanns* Rn. 6; *Vedder* S. 104 ff.; *Vedder* GmbHR 2008, 736 (738); Grigoleit/*Vedder* Rn. 10 ff.
[61] Vgl. Großkomm AktG/*Habersack/Foerster* Rn. 13; Hüffer/Koch/*Koch* Rn. 7; Kölner Komm AktG/*Mertens/Cahn* Rn. 46; MüKoAktG/*Spindler* Rn. 64; NK-AktR/*Oltmanns* Rn. 6; K. Schmidt/Lutter/*Seibt* Rn. 6; abw. noch *Baumbach/Hueck* Rn. 8; Großkomm AktG/*Meyer-Landrut*, 3. Aufl. 1973, Rn. 8.
[62] Zu diesem Gesichtspunkt etwa *Geßler* FS v. Caemmerer, 1978, 531 (544); *John* FS Mühl, 1981, 349 (359); Kölner Komm AktG/*Mertens/Cahn* Rn. 46.
[63] Vgl. OLG Zweibrücken NZG 2001, 763; Großkomm AktG/*Habersack/Foerster* Rn. 13; Hüffer/Koch/*Koch* Rn. 7; Kölner Komm AktG/*Mertens/Cahn* Rn. 46; NK-AktR/*Oltmanns* Rn. 6; *K. Schmidt* GesR § 10 II 2 c bb, S. 259 f.; für die Bedeutung des Evidenzkriteriums allein auf Beweisebene *P. Bydlinski* FS F. Bydlinski, 2002, 19 (43 f.); auf grobe Fahrlässigkeit abstellend OLG Dresden NJW-RR 1995, 803; MüKoAktG/*Spindler* Rn. 64; den Missbrauchseinwand für einen befristeten Zeitraum unabhängig von der Kenntnismöglichkeit des Geschäftsgegners zulassend *Vedder*, Missbrauch der Vertretungsmacht, 2007, 57 ff. (116 ff.); Grigoleit/*Vedder* Rn. 13.
[64] So BGHZ 127, 239 (241 f.) zur Bankvollmacht; OLG Zweibrücken NZG 2001, 763; Bürgers/Körber/*Bürgers* Rn. 5; Großkomm AktG/*Habersack/Foerster* Rn. 13; Hüffer/Koch/*Koch* Rn. 7; K. Schmidt/Lutter/*Seibt* Rn. 6.
[65] So aber *P. Bydlinski* FS F. Bydlinski, 2002, 19 (40); wie hier *K. Schmidt* GesR § 10 II 2 c bb, S. 260 mit Fn. 50.
[66] Die Nähe betonend *Fischer* FS Schilling, 1973, 3 (13).
[67] Wie hier *John* FS Mühl, 1981, 349 (360).
[68] Zum Parallelproblem im bürgerlichen Recht Staudinger/*Schilken* (2014) BGB § 167 Rn. 101 ff.; für eine analoge Anwendung von § 123 Abs. 1 Alt. 1 BGB *Vedder*, Missbrauch der Vertretungsmacht, 2007, 131 (und insbes. 138 ff.).

Auffassung stützt sich auf die Arglisteinrede des § 242 BGB;[69] eine Gegenansicht wendet die §§ 177 ff. BGB analog an.[70] Beide Auffassungen sind (halb)richtig: Dass die interne Pflichtwidrigkeit ausnahmsweise Außenwirkung hat, lässt sich bei einer gesetzlich unbeschränkten Vertretungsmacht nur mit § 242 BGB begründen; die weiteren Rechtsfolgen einschließlich der Genehmigungsmöglichkeit bestimmen sich in Analogie zu den §§ 177 ff. BGB. Entgegen der Rechtsprechung ist der Rechtsgedanke des § 254 BGB auf die Erfüllungspflicht nicht anwendbar: Das Rechtsgeschäft kann nur vollumfänglich wirksam oder schwebend unwirksam sein; eine Aufteilung unter Verschuldensgesichtspunkten scheidet aus.[71] Bei der Geltendmachung von Schadensersatzansprüchen ist ein Mitverschulden der Gesellschaft aber zu berücksichtigen.[72]

cc) Vereinbarkeit mit unionsrechtlichen Vorgaben. Die dargestellte Lehre vom Missbrauch **17** der Vertretungsmacht ist nach hM mit den Vorgaben des Art. 9 RL (EU) 2017/1132 vereinbar.[73] Zwar scheint für das gegenteilige Ergebnis zu sprechen, dass Art. 9 Abs. 1 S. 2 RL (EU) 2017/1132 Einschränkungen der Vertretungsmacht nur für gegenstandsfremde Geschäfte zulässt und dass sonstige Beschränkungen Dritten nach Art. 9 Abs. 2 RL (EU) 2017/1132 „nie" entgegengesetzt werden können, selbst wenn sie bekannt gemacht worden sind. Aus der Entstehungsgeschichte der Richtlinie ergibt sich aber, dass Art. 9 Abs. 2 RL (EU) 2017/1132 keine abschließende Regelung der Missbrauchsfälle enthält:[74] Der Gemeinschaftsgesetzgeber hielt die Einführung eines Missbrauchsvorbehalts für entbehrlich, weil sich Einschränkungen für bösgläubige Dritte bereits aus den nationalen Rechtsordnungen ergäben.[75] Unterstützend mag man hinzufügen, dass der EuGH den Missbrauchseinwand nach nationalem Recht verschiedentlich auch gegen unionsrechtliche Rechtspositionen zugelassen hat.[76] Angesichts des Richtlinienziels, Wirksamkeitshindernisse „soweit wie möglich [zu] beschränken",[77] wird man auf Seiten des Geschäftsgegners allerdings mindestens Evidenz des Missbrauchs verlangen müssen.[78]

c) Geschäfte mit nahestehenden Dritten. Der Grundsatz der Unbeschränkbarkeit der Vertre- **18** tungsmacht dient dem Schutz des Rechtsverkehrs. Er gilt nicht gegenüber Personen, die der Gesellschaft in besonderer Weise verbunden sind.[79] Geltungsgrund und Tragweite dieser Tatbestandsrestriktion sind bislang allerdings wenig geklärt.[80] Richtigerweise handelt es sich um eine teleologische Gesetzeskorrektur,[81] die freilich den Nachweis verlangt, dass eine abstrakt umschreibbare Fallgruppe von den Grundwertungen des § 82 Abs. 1 entgegen seinem Wortlaut gar nicht erfasst wird. Für eine einzelfallbezogene Billigkeitskorrektur verbleibt es beim Rechtsmissbrauchsverbot. Aus dieser methodologischen Rollenverteilung zwischen Rechtsmissbrauch und teleologischer Reduktion ergibt sich für die in Rede stehenden Fallgruppen das Folgende:

---

[69] Vgl. BGHZ 113, 315 (320); BGH NJW 1995, 250 (251); Bürgers/Körber/*Bürgers* Rn. 5; Wachter/*Eckert* Rn. 6; Kölner KommAktG/*Mertens/Cahn* Rn. 49; MüKoAktG/*Spindler* Rn. 65; NK-AktR/*Oltmanns* Rn. 6; Hölters/*Weber* Rn. 10.

[70] Vgl. OLG Zweibrücken NZG 2001, 763; Großkomm AktG/*Habersack/Foerster* Rn. 14; *K. Schmidt* GesR § 10 II 2d, S. 260; K. Schmidt/Lutter/*Seibt* Rn. 7; für eine analoge Anwendung von § 123 Abs. 1 Alt. 1 BGB *Vedder*, Missbrauch der Vertretungsmacht, 2007, 138 ff.; Grigoleit/*Vedder* Rn. 14.

[71] Vgl. Großkomm AktG/*Habersack/Foerster* Rn. 15; MüKoAktG/*Spindler* Rn. 65; Staudinger/*Schilken* (2014) BGB § 167 Rn. 104; abw. BGHZ 50, 112 (114).

[72] Vgl. Großkomm AktG/*Habersack/Foerster* Rn. 15; MüKoAktG/*Spindler* Rn. 65; K. Schmidt/Lutter/*Seibt* Rn. 7.

[73] Vgl. *Auer* GesRZ 2000, 138 (146 ff.); *P. Bydlinski* FS F. Bydlinski, 2002, 19 (43); *Grundmann* EuropGesR Rn. 223; *Habersack/Verse* EuropGesR § 5 Rn. 33; *Lutter/Bayer/Schmidt* EuropGesR § 18 Rn. 81; *Schmid* AG 1998, 127 (129 ff.); *Schwarz* EuropGesR Rn. 356; einschränkend *Schwab* ZGR 2000, 446 (462 f.).

[74] Darauf abstellend auch *Auer* GesRZ 2000, 138 (147 ff.); *Schmid* AG 1998, 127 (130); *Schwarz* EuropGesR Rn. 356.

[75] Vgl. Sitzungsdokumente des Europäischen Parlaments, Dok. 53/1966–1967; sog. *Berkhouwer*-Bericht; aus dem zeitgenössischen Schrifttum *Boden*, Die Vertretungsmacht der Verwaltungsorgane in den Kapitalgesellschaften der EWG-Staaten und Art. 9 der ersten Richtlinie des Rates vom 9. März 1968, 1970, 256; *van Ommelslaghe* CDE 1969, 495 (632).

[76] Vgl. etwa EuGH Slg. 1998-I, 2843 – Kefala; dazu auch *Kindler* FS Lutter, 2000, 483 (488); allgemein zum Rechtsmissbrauch im Unionsrecht *Fleischer* JZ 2003, 865.

[77] So der neunte Erwägungsgrund der Publizitätsrichtlinie; nunmehr der fünfte Erwägungsgrund der Richtlinie (EU) 2017/1132.

[78] Wie hier *Habersack/Verse* EuropGesR § 5 Rn. 33; *Lutter/Bayer/Schmidt* § 18 Rn. 81; *Schmid* AG 1998, 127 (131); *Schwarz* EuropGesR Rn. 356.

[79] Vgl. BGH NJW 1997, 2678 (GmbH); Bürgers/Körber/*Bürgers* Rn. 8; Wachter/*Eckert* Rn. 8; *Fleischer* NZG 2005, 529 (534); MüKoAktG/*Spindler* Rn. 50; auch *Westermann* FS Meier-Hayoz, 1982, 445 (457 ff.).

[80] Ausf. *Fleischer* NZG 2005, 529 (530 ff.); grundsätzliche Einwände gegen eine selbstständige Fallgruppe „Geschäfte mit Insidern" bei *Zacher* GmbHR 1994, 842 (846 ff.) für das Parallelproblem bei § 37 Abs. 2 GmbHG.

[81] Vgl. *Fleischer* NZG 2005, 529 (535); Großkomm AktG/*Habersack/Foerster* Rn. 17.

19 **aa) Fallgruppen. (1) Aufsichtsratsmitglieder.** Aufsichtsratsmitglieder, die mit der Gesellschaft Geschäfte schließen, müssen sich die Geschäftsführungsbeschränkungen des Vorstands stets entgegenhalten lassen.[82] Sie sind kraft ihrer Organstellung verpflichtet, für die Einhaltung der Geschäftsführungsbeschränkungen durch den Vorstand zu sorgen, und werden daher mit dem Einwand eigener Pflichtvergessenheit nicht gehört. Das gilt entgegen einer älteren Lehrmeinung auch für Rechtsgeschäfte, die nicht im Zusammenhang mit der Organstellung stehen.[83] Auf die strengeren Voraussetzungen eines Missbrauchs der Vertretungsmacht kommt es ebenso wenig an[84] wie auf einen Schaden der Gesellschaft.

20 **(2) Aktionäre.** Aktionäre, die mit der Gesellschaft in Geschäftsbeziehungen treten, werden durch § 82 Abs. 1 grundsätzlich geschützt.[85] Anders als OHG- und GmbH-Gesellschaftern, für die Rechtsprechung und Rechtslehre gegenteilig entschieden,[86] kann ihnen nicht zugemutet werden, nach internen Beschränkungen der Geschäftsführungsbefugnis zu forschen. Dabei kommt es nicht darauf an, ob sich die Beschränkungen aus der Satzung der AG oder einer – nicht offenkundigen – Geschäftsordnung ergeben.[87] Richtigerweise wird den Aktionären der Schutz des § 82 Abs. 1 auch bei mitgliedschaftlichen Rechten und Pflichten zuteil, etwa bei der Einforderung von Einlagen durch den Vorstand ohne die nach § 111 Abs. 4 S. 2 vorbehaltene Zustimmung des Aufsichtsrats.[88] In allen Fällen können jedoch die Grundsätze über den Missbrauch der Vertretungsmacht (→ Rn. 12 ff.) praktische Bedeutung erlangen.[89] Eine generelle Einschränkung des § 82 Abs. 1 ist nur für Geschäfte eines Alleinaktionärs mit „seiner" Gesellschaft erwägenswert.[90] Für strukturell vergleichbare Fälle verneint man im Sachenrecht unter Berufung auf die Lehre vom Verkehrsgeschäft ein Verkehrsschutzbedürfnis.[91]

21 **(3) Konzernunternehmen.** Inwieweit sich Konzernunternehmen bei ihren Rechtsgeschäften mit der Aktiengesellschaft auf § 82 Abs. 1 berufen können, ist wenig gesichert. Nach verschiedentlich vertretener Ansicht sollen Mutterunternehmen vom Schutzbereich der Vorschrift ausgenommen sein, wenn sie an der Tochter-AG zu (nahezu) 100 %[92] bzw. mehrheitlich[93] beteiligt sind. Einzelne Stimmen befürworten eine Tatbestandsrestriktion auch im umgekehrten Fall, in dem es um die Vertretungsmacht der Mutter-AG gegenüber ihren Tochtergesellschaften geht.[94] Ferner finden sich Fürsprecher für eine Einschränkung des § 82 Abs. 1 bei Rechtsgeschäften zwischen Schwestergesellschaften.[95] Wieder andere

---

[82] Vgl. Bürgers/Körber/*Bürgers* Rn. 8; *Fleischer* NZG 2005, 529 (535); Großkomm AktG/*Habersack*/*Foerster* Rn. 17; Kölner Komm AktG/*Mertens*/*Cahn* Rn. 14; MüKoAktG/*Spindler* Rn. 51; K. Schmidt/Lutter/*Seibt* Rn. 8; differenzierend Lutter/Hommelhoff/*Kleindiek* GmbHG § 37 Rn. 25; abw. Roth/Altmeppen/*Altmeppen* GmbHG § 37 Rn. 48.

[83] Wie hier BGHZ 38, 26 (34 ff.) (OHG); Kölner Komm AktG/*Mertens*/*Cahn* Rn. 14; abw. ROHGE 14, 89 (91); RGZ 73, 343 (345 f.); *Fellmeth*, Die Vertretung verselbständigter Rechtsträger in europäischen Ländern, Teil I: Deutschland, Italien, Spanien, 1997, 53; wohl auch Schlegelberger/*Quassowski* AktG 1937 § 74 Anm. 11.

[84] Wie hier Großkomm AktG/*Habersack*/*Foerster* Rn. 17; abw. NK-AktR/*Oltmanns* Rn. 6, der in solchen Fällen allerdings stets Evidenz des Missbrauchs annimmt.

[85] Vgl. RGZ 4, 72 (73) (Genossenschaft); RGZ 22, 70 (77 f.) (Genossenschaft); RGZ 81, 17 (21) (AG); Bürgers/Körber/*Bürgers* Rn. 9; *Fellmeth*, Die Vertretung verselbständigter Rechtsträger in europäischen Ländern, Teil I: Deutschland, Italien, Spanien, 1997, 52 f.; *Fleischer* NZG 2005, 529 (536); Großkomm AktG/*Habersack*/*Foerster* Rn. 18; Kölner Komm AktG/*Mertens*/*Cahn* Rn. 17; MüKoAktG/*Spindler* Rn. 52; *Schneider* BB 1986, 201 (203).

[86] Vgl. BGHZ 38, 26 (34 ff.) (OHG); BAG NJW 1994, 3117 (3119) (GmbH); BAG ZIP 1998, 1693 (1695 f.) (GmbH); OLG Zweibrücken NZG 2001, 763 (GmbH); Baumbach/Hopt/*Roth* HGB § 126 Rn. 6; Scholz/*Schneider* GmbHG § 35 Rn. 27.

[87] Ebenso *Westermann* FS Meier-Hayoz, 1982, 445 (459).

[88] Wie hier RG JW 1900, 133 (134); MHdB AG/*Wiesner* § 23 Rn. 3; abw. RGZ 24, 54 (59); *v. Godin*/*Wilhelmi* Rn. 3.

[89] Ebenso MüKoAktG/*Spindler* Rn. 52.

[90] Näher *Fleischer* NZG 2005, 529 (536); für eine Erstreckung auf den beherrschenden Aktionär *Westermann* FS Meier-Hayoz, 1982, 445 (458).

[91] Vgl. RGZ 119, 126 (129 ff.); 143, 202 (206); Staudinger/*Gursky* (2013) BGB § 892 Rn. 101 ff.

[92] Vgl. OLG Hamburg ZIP 1980, 1000 (1004); OLG Celle ZIP 2001, 613 (616); OLG Frankfurt GmbHR 1989, 254 (255); *Schneider* FS Bärmann, 1975, 873 (891); *Schneider* ZHR 143 (1979) 485 (510); *Westermann* FS Meier-Hayoz, 1982, 445 (455 ff.); offenlassend MHdB AG/*Wiesner* § 23 Rn. 20.

[93] Vgl. Großkomm AktG/*Habersack*/*Foerster* Rn. 18; MüKoAktG/*Spindler* Rn. 55 („herrschende[s] Unternehmen"); *Schneider* BB 1986, 201 (203 f.); *Wilhelm*, Rechtsform und Haftung der juristischen Person, 1981, 102 f.

[94] Vgl. *Schneider* BB 1986, 201 (204 f.); ihm folgend Großkomm AktG/*Habersack*/*Foerster* Rn. 18; dagegen Bürgers/Körber/*Bürgers* Rn. 8; MüKoAktG/*Spindler* Rn. 55; offenlassend BGH WM 1979, 71 (72) (GmbH & Co. KG).

[95] Vgl. *Schneider* BB 1986, 201 (204 f.); Scholz/*Schneider* GmbHG § 35 Rn. 29; im Anschluss daran Großkomm AktG/*Habersack*/*Foerster* Rn. 18; dagegen MüKoAktG/*Spindler* Rn. 55; K. Schmidt/Lutter/*Seibt* Rn. 9.

Stimmen wollen dagegen allein die allgemeinen Grundsätze über den Missbrauch der Vertretungsmacht heranziehen.[96]

Richtigerweise lässt sich eine teleologische Reduktion des vertretungsrechtlichen Verkehrsschutzes in Konzernzusammenhängen in dieser Allgemeinheit nicht begründen. Das liegt klar zutage, wenn es um die Vertretung der Muttergesellschaft gegenüber ihrer Tochtergesellschaft geht: Hier fehlen der Geschäftsleitung der Tochter in aller Regel schon gesellschaftsrechtliche Informationskanäle gegenüber ihrer Mutter. Auch wertungsmäßig besteht keine Veranlassung für eine Gesetzeskorrektur.[97] Ähnliches gilt für den Geschäftsverkehr zwischen Schwestergesellschaften in der Unternehmensgruppe. Auch hier sind die Lebenssachverhalte zu vielgestaltig, als dass sie sich zu einer generalisierbaren Fallgruppe zusammenfassen ließen. Der methodisch passgenaue Schlüssel zur Problemlösung liegt vielmehr in einer einzelfallorientierten Anwendung des Rechtsmissbrauchsverbots.

Im umgekehrten Fall, in dem es um die Vertretung der Tochtergesellschaft gegenüber ihrer Muttergesellschaft geht, sollte eine bloße Mehrheitsbeteiligung der Mutter noch nicht ausreichen, um eine teleologische Reduktion des § 82 Abs. 1 zu rechtfertigen. Der Vielfalt aktienkonzernrechtlicher Erscheinungsformen wird man auch hier mit der flexibleren Schranke des Missbrauchseinwands eher gerecht. Abzulehnen ist ein Verkehrsgeschäft allerdings dann, wenn die Muttergesellschaft zu (nahezu)[98] 100 % an der Tochter-AG beteiligt ist. Außerdem entfällt die innere Legitimation des Verkehrsschutzgedankens bei Vorstandsdoppelmandaten im Aktienkonzern, doch führt die Lehre vom Missbrauch der Vertretungsmacht im Verein mit den Grundsätzen zur Wissenszurechnung hier durchweg zu übereinstimmenden Ergebnissen.[99]

(4) Unternehmensangehörige. § 82 Abs. 1 gilt schließlich auch für Rechtsgeschäfte des Vorstands mit Arbeitern oder Angestellten des Unternehmens.[100] Darauf, ob die Unternehmensangehörigen dienstvertraglich verpflichtet sind, die Geschäftsführungsbeschränkungen des Vorstands zu kennen,[101] kommt es nicht an. § 82 Abs. 1 denkt nicht unternehmens-, sondern gesellschaftsrechtlich und grenzt allein korporative Insider aus.[102] Möglich bleibt aber ein Missbrauch der Vertretungsmacht.[103]

bb) Vereinbarkeit mit unionsrechtlichen Vorgaben. Die Bereichsausnahme für „Gesellschafts-Insider" ist ebenfalls mit den Vorgaben des Art. 9 RL (EU) 2017/1132 vereinbar.[104] Für ihre Unionsrechtskonformität lassen sich vier Sachgründe ins Feld führen: Erstens hat der EuGH in der Rabobank-Entscheidung anerkannt, dass Art. 9 RL (EU) 2017/1132 keine abschließende Regelung für Beschränkungen der Vertretungsmacht bei Interessenkonflikten enthält.[105] Zweitens bietet der Wortlaut der Richtlinie mit dem „Schutz Dritter" eine gewisse Stütze für eine weitere Bereichsausnahme, weil er wiederholt vom „Schutz Dritter" spricht. Drittens kennt die deutsche Doktrin der unbeschränkten und unbeschränkbaren Vertretungsmacht, die bei der Abfassung der Publizitätsrichtlinie Pate stand (→ Rn. 3), seit jeher eine Einschränkung für Binnengeschäfte mit Organmitgliedern und Gesellschaftern. Dieser nationalen Vorbildregelung lassen sich für die Auslegung des Gemeinschaftsrechts zwar keine verbindlichen Direktiven entnehmen, doch gibt sie immerhin einen gewissen Fingerzeig. Viertens veranschaulicht ein wertender Rechtsvergleich, dass das englische Recht im Zusammenhang mit der sog. *Rule in Turquand's Case* eine ganz ähnliche Einschränkung hervorgebracht hat.[106]

III. Beschränkungen der Geschäftsführungsbefugnis

1. Beschränkungsmöglichkeiten. Nach § 82 Abs. 2 sind die Vorstandsmitglieder im Verhältnis zur Gesellschaft verpflichtet, die ihnen auferlegten Beschränkungen der Geschäftsführungsbefugnis

---

[96] Vgl. Wachter/*Eckert* Rn. 9; Kölner Komm AktG/*Mertens*/*Cahn* Rn. 18; *Zacher* GmbHR 1994, 842 (846 f.).
[97] Näher *Fleischer* NZG 2005, 529 (536).
[98] Dazu, dass die Beteiligung von Strohmännern bei einem Rechtsgeschäft nicht zu einem echten Verkehrsgeschäft werden lässt, OLG Hamburg ZIP 1980, 1000 (1004).
[99] Zur Frage des Missbrauchs der Vertretungsmacht, wenn an einer Verrechnungsvereinbarung zwei durch denselben Geschäftsführer vertretene konzernangehörige Gesellschaften beteiligt sind, BGHZ 94, 132.
[100] Vgl. Bürgers/Körber/*Bürgers* Rn. 9; *Fellmeth*, Die Vertretung verselbständigter Rechtsträger in europäischen Ländern, Teil I: Deutschland, Italien, Spanien, 1997, 51; *Fleischer* NZG 2005, 529 (536); Großkomm AktG/*Habersack*/*Foerster* Rn. 17; MüKoAktG/*Spindler* Rn. 53.
[101] So Kölner Komm AktG/*Mertens*/*Cahn* Rn. 15; wohl auch NK-AktR/*Oltmanns* Rn. 6.
[102] Näher *Fleischer* NZG 2005, 529 (536); s. auch ROHGE 6, 131 (140 f.).
[103] Vgl. Großkomm AktG/*Habersack*/*Foerster* Rn. 17.
[104] Näher *Fleischer* NZG 2005, 529 (534 f.); für Verwaltungsmitglieder auch *Smith v. Henniker-Major* (2002), 2 BCLC 655 Tz. 116; zustimmend *Habersack*/*Verse* EuropGesR § 5 Rn. 33.
[105] Vgl. EuGH Slg. 1997, I-7219.
[106] Vgl. *Royal British Bank v Turquand* (1856), 6 E&B 327; rechtsvergleichend *Fleischer* NZG 2005, 529 (534).

einzuhalten. Solche Beschränkungen können durch Satzung, Aufsichtsrat, Hauptversammlung oder Geschäftsordnung erfolgen. Sie sind allerdings nicht beliebig, sondern nur „im Rahmen der Vorschriften über die Aktiengesellschaft" zulässig.[107] Äußere Grenzen werden ihnen insbesondere durch die aktienrechtliche Kompetenzverteilung und den Grundsatz der Leitungssouveränität (→ § 76 Rn. 56 ff.) gezogen.[108]

27 **a) Satzung. aa) Gesellschaftszweck.** Die Satzung engt die Geschäftsführungsbefugnis des Vorstands zunächst durch den Gesellschaftszweck ein. Dieser liegt nach dem legislatorischen Leitbild des Aktienrechts in der Gewinnerzielung.[109] Sofern die Satzung nichts Gegenteiliges vorsieht, ist es dem Vorstand daher verboten, gemeinnützige oder ideelle Zwecke zu verfolgen.[110] Das schließt allerdings die Statthaftigkeit von Unternehmensspenden in vertretbarem Umfang nicht aus (→ § 76 Rn. 45 ff.).

28 **bb) Unternehmensgegenstand.** Eine zweite Beschränkung ergibt sich aus dem satzungsmäßigen Unternehmensgegenstand (§ 23 Abs. 3 Nr. 2).[111] Sie lässt sich in dreierlei Hinsicht präzisieren:

29 **(1) Überschreitung des Unternehmensgegenstandes.** Der Vorstand darf den statutarischen Unternehmensgegenstand nicht eigenmächtig überschreiten.[112] Ihm ist es daher verboten, für die Gesellschaft Tätigkeiten aufzunehmen, die nach der Verkehrsanschauung als Gegenstand eigener Art anzusehen sind.[113] Beispiele bilden der Betrieb einer Mehrzweckausstellungshalle gegenüber dem eines zoologischen Gartens[114] und der Bau eines Höhenrestaurants gegenüber dem einer Wohnsiedlung.[115] Aus der Bindung an den Unternehmensgegenstand können sich auch Diversifikationsschranken für die Geschäftsleitung ergeben.[116] Die Reichweite der Bindungswirkung ist im Einzelfall durch Satzungsauslegung zu ermitteln,[117] für die jedenfalls im Ausgangspunkt der Grundsatz objektiver Auslegung gilt.[118] Eine verbreitete Lehrmeinung will darüber hinaus auf die geschichtliche Prägung des Unternehmensgegenstandes abstellen,[119] doch steht eine dogmatische Begründung dafür noch aus.[120]

30 Vom Unternehmensgegenstand grundsätzlich gedeckt sind dagegen Hilfsgeschäfte,[121] zB zur besseren Vermarktung selbst hergestellter Erzeugnisse,[122] zur Abrundung des eigenen Portfolios[123] oder

---

[107] Vgl. BegrRegE *Kropff* S. 103; Bürgers/Körber/*Bürgers* Rn. 10; MüKoAktG/*Spindler* Rn. 30; NK-AktR/*Oltmanns* Rn. 7; K. Schmidt/Lutter/*Seibt* Rn. 11.
[108] Vgl. Bürgers/Körber/*Bürgers* Rn. 10; Großkomm AktG/*Habersack*/*Foerster* Rn. 20; Kölner Komm AktG/*Mertens*/*Cahn* Rn. 19.
[109] Vgl. MüKoAktG/*Pentz* § 23 Rn. 76; Großkomm AktG/*Röhricht* § 23 Rn. 92.
[110] Vgl. Großkomm AktG/*Habersack*/*Foerster* Rn. 22; Hüffer/Koch/*Koch* Rn. 9; Kölner Komm AktG/*Mertens*/*Cahn* Rn. 20; NK-AktR/*Oltmanns* Rn. 8; K. Schmidt/Lutter/*Seibt* Rn. 12.
[111] Vgl. Bürgers/Körber/*Bürgers* Rn. 10; Großkomm AktG/*Habersack*/*Foerster* Rn. 23; Hüffer/Koch/*Koch* Rn. 9; Kölner Komm AktG/*Mertens*/*Cahn* Rn. 20; MüKoAktG/*Spindler* Rn. 34; NK-AktR/*Oltmanns* Rn. 8; K. Schmidt/Lutter/*Seibt* Rn. 13; zu alternativen Typen der Gegenstandsbestimmung *Streuer,* Der statutarische Unternehmensgegenstand, 2001, 33 ff.
[112] Vgl. Hüffer/Koch/*Koch* Rn. 9; MüKoAktG/*Spindler* Rn. 34; K. Schmidt/Lutter/*Seibt* Rn. 13.
[113] Vgl. Kölner Komm AktG/*Mertens*/*Cahn* Rn. 26; *Streuer,* Der statutarische Unternehmensgegenstand, 2001, 9 ff.; *Tieves,* Der Unternehmensgegenstand der Kapitalgesellschaft, 1998, 209.
[114] Vgl. den Sachverhalt in KG DJZ 1903, 106 (107).
[115] Vgl. den Sachverhalt in RG JW 1938, 2019 f. (Genossenschaft).
[116] Vgl. *Koch,* Diversifizierung und Vorstandskompetenzen, 2001, 122 ff.; *Tieves,* Der Unternehmensgegenstand der Kapitalgesellschaft, 1998, 282 ff.
[117] Vgl. BGH NJW 1983, 1910 (1911); Großkomm AktG/*Habersack*/*Foerster* Rn. 24; K. Schmidt/Lutter/*Seibt* Rn. 14; eingehend *Streuer,* Der statutarische Unternehmensgegenstand, 2001, 73 ff.
[118] Allgemein dazu Hüffer/Koch/*Koch* § 23 Rn. 39 mwN; zu einer wichtigen Ausnahme bei Binnenstreitigkeiten unter Gründergesellschaftern *Fleischer* DB 2013, 1465 (1474).
[119] Vgl. *Geßler* FS Stimpel, 1985, 771 (783); *Lutter* FS Werner, 1984, 477 (483); *Mertens* AG 1978, 309 (311); Kölner Komm AktG/*Mertens*/*Cahn* Rn. 26; *Priester* ZGR 2017, 464, 480 f.; *Streuer,* Der statutarische Unternehmensgegenstand, 2001, 86 ff.; *Tieves,* Der Unternehmensgegenstand der Kapitalgesellschaft, 1998, 208; abschwächend *Paefgen,* Unternehmerische Entscheidungen und Rechtsbindung der Organe in der AG, 2002, 476 f.
[120] Krit. etwa *Koch,* Diversifizierung und Vorstandskompetenzen, 2001,151 ff., der von einer „besonderen Auslegungsregel" für den Unternehmensgegenstand spricht; allein auf den Satzungswortlaut abstellend auch OLG Köln ZIP 1993, 110 (114).
[121] Vgl. Großkomm AktG/*Habersack*/*Foerster* Rn. 27; Kölner Komm AktG/*Mertens*/*Cahn* Rn. 33; MüKoAktG/*Spindler* Rn. 35; *Säcker* FS Lukes, 1989, 547 (550); K. Schmidt/Lutter/*Seibt* Rn. 14; *Tieves,* Der Unternehmensgegenstand der Kapitalgesellschaft, 1998, 211 ff.; Hölters/*Weber* Rn. 18.
[122] Vgl. BGHZ 144, 290 (292 f.).
[123] Vgl. RG LZ 1907, 282; *Hommelhoff,* Die Konzernleitungspflicht, 1982, 48 f.; Hüffer/Koch/*Koch* Rn. 9; *Koch,* Diversifizierung und Vorstandskompetenzen, 2001, 320 ff.; *Säcker* FS Lukes, 1989, 547 (551); *Tieves,* Der Unternehmensgegenstand der Kapitalgesellschaft, 1998, 217 ff.

zur räumlichen Erschließung neuer Märkte;[124] ebenso Veränderungen von Produktions- und Vertriebsmethoden.[125] Darüber hinaus wird man dem Vorstand eine behutsame Anpassung des Unternehmensgegenstandes an veränderte Rahmenbedingungen zubilligen müssen, sofern damit keine wesentliche Änderung des wirtschaftlichen Risikos einhergeht.[126] Inwieweit der Gegenstand des Unternehmens die Vornahme von Spekulationsgeschäften gestattet, ist eine Frage des Einzelfalls.[127]

(2) Unterschreitung des Unternehmensgegenstandes. Umgekehrt ist es dem Vorstand nach **31** hM nicht gestattet, Betätigungsfelder aufzugeben, auf denen eine erwerbswirtschaftliche Betätigung noch möglich ist.[128] Der satzungsmäßige Unternehmensgegenstand wirkt demnach nicht nur als Überschreitungs-, sondern auch als Unterschreitungsverbot.[129] Nach einer obergerichtlichen Entscheidung gilt dies jedoch nur dann, wenn die Auslegung der Satzung ergibt, dass die dort genannten Tätigkeitsfelder verbindlich und abschließend gefasst sind.[130] Das Unterschreitungsverbot gilt ebenso im aktienrechtlichen Vertragskonzern.[131] Unschädlich ist nach allgemeiner Meinung allerdings eine nur vorübergehende Einstellung der satzungsmäßig vorgesehenen Betätigung.[132] Streit herrscht freilich darüber, ob das anhand objektiver oder subjektiver Maßstäbe zu ermitteln ist.[133]

(3) Unternehmensgegenstand und Unternehmensgruppe. Nach allgemeiner Ansicht kann **32** sich der Vorstand den Vorgaben des satzungsmäßigen Unternehmensgegenstandes nicht dadurch entziehen, dass er sich einer anderen Gesellschaft zur Entfaltung gegenstandswidriger Geschäfte bedient.[134] Es gilt der Grundsatz der Gegenstandsidentität in der Unternehmensgruppe.[135] Die wohl hM sieht die Ausgliederung von Aktivitäten auf Tochtergesellschaften darüber hinaus nur dann als statthaft an, wenn die Satzung als Bestandteil ihres Unternehmensgegenstandes ausdrücklich eine sog. Beteiligungsklausel enthält.[136] Zur Begründung wird angeführt, dass die mittelbare Entfaltung unternehmerischer Tätigkeit im Vergleich zur unmittelbaren Form der Produktion und des Vertriebs ein *aliud* mit verändertem Einflusspotential und gesteigertem Risikoprofil darstelle.[137] Eine beachtli-

---

[124] Vgl. Großkomm AktG/*Habersack/Foerster* Rn. 24; Hüffer/Koch/*Koch* Rn. 9; *Koch,* Diversifizierung und Vorstandskompetenzen, 2001, 381 ff.
[125] Vgl. Großkomm AktG/*Habersack/Foerster* Rn. 24; Hüffer/Koch/*Koch* Rn. 9; K. Schmidt/Lutter/*Seibt* Rn. 14.
[126] Vgl. Großkomm AktG/*Habersack/Foerster* Rn. 24; *Priester* ZGR 2017, 474 (478); MüKoAktG/*Spindler* Rn. 34; K. Schmidt/Lutter/*Seibt* Rn. 14; *Tieves,* Der Unternehmensgegenstand der Kapitalgesellschaft, 1998, 281 f.
[127] Vgl. BGH NJW 2013, 1958 Rn. 16 ff. zu Zinsderivategeschäften; BGH NZG 2014, 423 Rn. 48; BGHZ 119, 305 (332) zu Spekulationsgeschäften auf dem Rohölterminmarkt; OLG Düsseldorf NJW 2010, 1537 zu Investitionen in US-amerikanische Kreditverbriefungen; *Fleischer* NJW 2009, 2337 (2342); *Fleischer* NJW 2010, 1504; s. auch MüKoAktG/*Spindler* Rn. 35.
[128] Vgl. OLG Köln AG 2009, 416; OLG Stuttgart AG 2005, 693; OLG Stuttgart NZG 2003, 778; Großkomm AktG/*Habersack/Foerster* Rn. 25; Kölner Komm AktG/*Mertens/Cahn* Rn. 34; MüKoAktG/*Spindler* Rn. 34; K. Schmidt/Lutter/*Seibt* Rn. 13; aus dem monographischen Schrifttum *Hommelhoff,* Die Konzernleitungspflicht, 1982, 58 ff. (65 ff.); *Reiling,* Die Unterschreitung des Unternehmensgegenstandes – eine Analyse unter Berücksichtigung des französischen Rechtszustandes, 2015, 65 ff. (118 ff.); *Streuer,* Der statutarische Unternehmensgegenstand, 2001, 69 ff.; *Tieves,* Der Unternehmensgegenstand der Kapitalgesellschaft, 1998, 300 ff.
[129] Vgl. *Fleischer* ZIP 2005, 141 (143 f.); Kölner Komm AktG/*Mertens/Cahn* Rn. 34; *Paefgen,* Unternehmerische Entscheidungen und Rechtsbindung der Organe in der AG, 2002, 475; *Priester* ZGR 2017, 474, 479.
[130] Vgl. OLG Köln AG 2009, 416; dazu *Carstens/Gisewski* CCZ 2009, 73; *Feldhaus* BB 2009, 562; *Fleischer* NJW 2009, 2337; weitergehend LG Köln AG 2008, 327 (Vorinstanz); OLG Stuttgart NZG 2003, 778 (783).
[131] Vgl. *Raiser/Veil* KapGesR § 54 Rn. 36.
[132] Vgl. *Hommelhoff,* Die Konzernleitungspflicht, 1982, 67 f.; *Kropff* FS Geßler, 1971, 111 (119); *Lutter/Leinekugel* ZIP 1998, 225 (227 f.); Großkomm AktG/*Wiedemann* § 179 Rn. 50; *Zöllner* FS Kropff, 1997, 332 (342 f.); zurückhaltend *Priester* ZGR 2017, 474, 481.
[133] Eingehend *Paefgen,* Unternehmerische Entscheidungen und Rechtsbindung der Organe in der AG, 2002, 477 ff. mwN.
[134] Vgl. RGZ 115, 246 (249 f.); OLG Hamburg JZ 1981, 231 (233); im Erg. auch OLG Celle ZIP 2001, 213 (215); *Groß* AG 1984, 266 (268); *Lutter* FS Stimpel, 1985, 825 (846); *Westermann* ZGR 1984, 352 (360 f.).
[135] Vgl. *Paefgen,* Unternehmerische Entscheidungen und Rechtsbindung der Organe in der AG, 2002, 482 f.; *Tieves,* Der Unternehmensgegenstand der Kapitalgesellschaft, 1998, 276 f.
[136] Vgl. Großkomm AktG/*Habersack/Foerster* Rn. 25; Kölner Komm AktG/*Koppensteiner* Vor § 291 Rn. 36 ff.; MHdB AG/*Krieger* § 69 Rn. 4; *Lutter* FS Stimpel, 1985, 825 (847); MüKoAktG/*Kubis* § 119 Rn. 61; *Rehbinder* ZGR 1983, 93 (96); *Tieves,* Der Unternehmensgegenstand der Kapitalgesellschaft, 1998, 495 ff.; in diese Richtung auch OLG Köln ZIP 1993, 110 (114), wo eine Beteiligungsklausel allerdings vorlag; offen gelassen in BGHZ 83, 122 (130).
[137] Vgl. MHdB AG/*Krieger* § 69 Rn. 4; MüKoAktG/*Kubis* § 119 Rn. 61; Großkomm AktG/*Wiedemann* § 179 Rn. 64.

che Gegenmeinung hält eine Beteiligungsklausel nicht für erforderlich.[138] Sie führt an, dass Ausgliederungen den Gegenstand des Unternehmens gar nicht berührten, weil die Obergesellschaft bei potentieller Leitung der Aktivitäten ihrer Tochtergesellschaften selbst am Markt tätig werde, wenn auch in einer gegenüber dem Einheitsunternehmen abweichenden rechtlichen und organisatorischen Gestaltung.[139] Hinsichtlich des Inhalts einer Beteiligungsklausel geben sich Rechtsprechung und Rechtslehre ganz überwiegend mit einer pauschalen Konzernklausel zufrieden.[140] Eine Ausnahme soll nur für eine Vollholding gelten, deren Einrichtung nach hM eine spezielle Holdingklausel erfordert.[141]

33 **cc) Konkretisierende Satzungsbestimmungen.** Diskutiert werden überdies Gestaltungsgrenzen durch das Recht und die Pflicht des Vorstands zur eigenverantwortlichen Geschäftsleitung.[142] Keinen Bedenken begegnet, dass die Aktionäre den Gegenstand des Unternehmens in der Satzung genauer umreißen und den Vorstand damit auf bestimmte Geschäftsfelder, Produktions- und Vertriebsmethoden oder Absatzmärkte festlegen.[143] Statthaft ist außerdem die Ausgrenzung bestimmter Geschäftsbereiche (zB keine Rüstungsproduktion)[144] oder Produktionsverfahren (zB keine Stromerzeugung aus Kernenergie).[145] Gleiches gilt bei Verlagsgesellschaften und anderen Tendenzbetrieben hinsichtlich der satzungsmäßigen Festlegung auf Druckwerke einer bestimmten geistigen oder politischen Richtung.[146] Die Grenze des Zulässigen ist erst überschritten, wenn der Vorstand durch einen sehr engen Unternehmensgegenstand zum bloßen Befehlsempfänger ohne eigenen Handlungsspielraum herabsinkt.[147] Dies ist nach einer Gerichtsentscheidung der Fall, wenn die Satzungsänderung darauf abzielt, die Herstellung eines für wirtschaftlich unsinnig gehaltenen Produkts zu unterbinden, das von dem sachlichen Unternehmensgegenstand gedeckt ist.[148] Unterschiedlich beurteilt wird schließlich, ob der *shareholder-value*-Ansatz in die Satzung aufgenommen werden darf. Einzelne Stimmen im Schrifttum verneinen dies, weil Fragen der Management-Philosophie zur satzungsfesten Entscheidungsprärogative des Vorstands gehörten.[149] Die besseren Gründe sprechen für den gegenteiligen Standpunkt:[150] So wie die Hauptversammlung das Leitungsermessen durch eine Präzisierung des Unternehmensgegenstandes eingrenzen kann, steht es ihr auch frei, Grundprinzipien der Unternehmensführung statutarisch festzulegen (näher → § 76 Rn. 39).

34 **b) Aufsichtsrat.** Nach § 111 Abs. 4 S. 2 hat die Satzung oder der Aufsichtsrat zu bestimmen, dass bestimmte Arten von Geschäften nur mit seiner Zustimmung wahrgenommen werden dürfen.

---

[138] Vgl. OLG Hamburg ZIP 1980, 1000 (1006); *Götz* AG 1984, 85 (89); *Henze* FS Ulmer, 2003, 211 (216 f.); *Hommelhoff*, Die Konzernleitungspflicht, 1982, 267 ff.; *Kropff* FS Geßler, 1971, 111 (131); *Mülbert*, Aktiengesellschaft, Unternehmensgruppe und Kapitalmarkt, 2. Aufl. 1996, 378 f.; *Paefgen*, Unternehmerische Entscheidungen und Rechtsbindung der Organe in der AG, 2002, 485; *Westermann* ZGR 184, 352 (360 ff.).
[139] Vgl. *Hommelhoff*, Die Konzernleitungspflicht, 1982, 269 ff.; *Mülbert*, Aktiengesellschaft, Unternehmensgruppe und Kapitalmarkt, 2. Aufl. 1996, S. 378 f.
[140] Vgl. die akzeptierten Satzungsklauseln in BGHZ 83, 122 (123); BGH WM 1983, 334 (GmbH); LG Mainz AG 1978, 320; aus dem Schrifttum etwa Großkomm AktG/*Habersack/Foerster* Rn. 25; MHdB AG/*Krieger* § 69 Rn. 5; MüKoAktG/*Kubis* § 119 Rn. 61.
[141] Vgl. *Groß* AG 1994, 266 (269); Großkomm AktG/*Habersack/Foerster* Rn. 25; *Heinsius* ZGR 1984, 383 (406); *Lutter* FS Stimpel, 1985, 825 (847); für ein Beispiel LG Heidelberg AG 1999, 135 (136); ausf. und krit. *Paefgen*, Unternehmerische Entscheidungen und Rechtsbindung der Organe in der AG, 2002, 488 ff.
[142] Vgl. vor allem Kölner Komm AktG/*Mertens/Cahn* Rn. 23 ff. (19 ff.); ihm weithin folgend Hüffer/Koch/*Koch* Rn. 10; zurückhaltend gegenüber Großkomm AktG/*Habersack/Foerster* Rn. 26; MüKoAktG/*Spindler* Rn. 35; zuletzt *Priester* FS Hüffer, 2010, 777 (782 ff.); *Priester* ZGR 2017, 474 (476 f.).
[143] Vgl. Großkomm AktG/*Habersack/Foerster* Rn. 26; Hüffer/Koch/*Koch* Rn. 10; MüKoAktG/*Spindler* Rn. 35; K. Schmidt/Lutter/*Seibt* Rn. 15.
[144] Vgl. Kölner Komm AktG/*Mertens/Cahn* Rn. 27; NK-AktR/*Oltmanns* Rn. 8.
[145] Wie hier Großkomm AktG/*Habersack/Foerster* Rn. 26; MüKoAktG/*Spindler* Rn. 35; K. Schmidt/Lutter/*Seibt* Rn. 15; abw. *Martens* FS Kellermann, 1991, 271 (277 ff.); differenzierend Kölner Komm AktG/*Mertens/Cahn* Rn. 27.
[146] Ebenso Hüffer/Koch/*Koch* Rn. 10; MüKoAktG/*Spindler* Rn. 35; NK-AktR/*Oltmanns* Rn. 8; K. Schmidt/Lutter/*Seibt* Rn. 15; Hölters/*Weber* Rn. 19; *Winkler* NJW 1970, 449 (452); abw. *Mertens* NJW 1970, 1718.
[147] Wie hier *Priester* FS Hüffer, 2010, 777 (785); Großkomm AktG/*Röhricht* § 23 Rn. 85; Großkomm AktG/*Wiedemann* §179 Rn. 67; tendenziell auch Großkomm AktG/*Habersack/Foerster* Rn. 26; MüKoAktG/*Spindler* Rn. 35; *Tieves*, Der Unternehmensgegenstand der Kapitalgesellschaft, 1998, 150.
[148] Vgl. OLG Stuttgart AG 2006, 727 (728) – Maybach und smart; dazu *Freitag* EWIR 2007, 257; abl. Kölner Komm AktG/*Mertens/Cahn* Rn. 27.
[149] Vgl. *Mülbert* ZGR 1997, 129 (164 ff.); *Paefgen*, Unternehmerische Entscheidungen und Rechtsbindung der Organe in der AG, 2002, 65; Kölner Komm AktG/*Mertens/Cahn* Rn. 29; *Priester* FS Hüffer, 2010, 777 (787).
[150] Wie hier *Groh* DB 2000, 2153 (2158); *Schmidt/Spindler* Freundesgabe Kübler, 1997, 515 (540 ff.); *Ulmer* AcP 202 (2002) 143 (149); grundsätzlich auch *v. Bonin*, Die Leitung der Aktiengesellschaft zwischen Shareholder value und Stakeholder-Interessen, 2004, 157 ff.

An diese Beschränkung ist der Vorstand gemäß § 82 Abs. 2 gebunden.[151] In Ausnahmefällen, namentlich bei einer unternehmensfeindlichen Obstruktionspolitik des Aufsichtsrats, wird ihm aber gelegentlich eine Notzuständigkeit zur Wahrung des Unternehmensinteresses zugebilligt.[152]

c) Hauptversammlung. Eine Beschränkung durch die Hauptversammlung kommt im Wesentlichen nur in Betracht, wenn der Vorstand nach § 119 Abs. 2 deren Entscheidung verlangt. Er ist dann gemäß § 83 Abs. 2 verpflichtet, die von ihr beschlossenen Maßnahmen auszuführen.[153] Dagegen ist der Vorstand nicht gebunden, sofern die Hauptversammlung ohne sein Verlangen über Fragen der Geschäftsführung beschließt.[154] 35

d) Geschäftsordnung. Schließlich sind Beschränkungen der Geschäftsführungsbefugnis in der Geschäftsordnung des Vorstands möglich, die entweder vom Vorstand selbst oder vom Aufsichtsrat erlassen wird (→ § 77 Rn. 61 ff.). Das Hauptbeispiel bildet die vorstandsinterne Geschäfts- und Ressortverteilung.[155] Nach § 82 Abs. 2 zulässige Beschränkungen werden häufig auch in den Anstellungsvertrag übernommen.[156] Die Geschäftsordnung des Aufsichtsrats bildet entgegen dem missverständlichen Gesetzeswortlaut in aller Regel keine geeignete Grundlage für Beschränkungen der Geschäftsführungsbefugnis des Vorstands.[157] 36

2. Rechtsfolgen eines Verstoßes. Bei einer Überschreitung der Geschäftsführungsbefugnis ist zu unterscheiden: Im Verhältnis zur Gesellschaft kann sie einen wichtigen Grund für den Widerruf der Bestellung nach § 84 Abs. 3 und die Kündigung des Anstellungsvertrages bilden[158] und unter den weiteren Voraussetzungen des § 93 Abs. 2 einen Schadensersatzanspruch der Gesellschaft begründen.[159] Hierbei stellen sich nicht selten schwierige Fragen der Schadensberechnung, des rechtmäßigen Alternativverhaltens und der Vorteilsausgleichung.[160] Im Verhältnis zu Dritten hat eine Überschreitung der Geschäftsführungsbefugnis grundsätzlich keine Bedeutung,[161] sofern nicht die engen Voraussetzungen des Missbrauchs der Vertretungsmacht vorliegen (→ Rn. 12 ff.). 37

§ 83 Vorbereitung und Ausführung von Hauptversammlungsbeschlüssen

(1) ¹Der Vorstand ist auf Verlangen der Hauptversammlung verpflichtet, Maßnahmen, die in die Zuständigkeit der Hauptversammlung fallen, vorzubereiten. ²Das gleiche gilt für die Vorbereitung und den Abschluß von Verträgen, die nur mit Zustimmung der Hauptversammlung wirksam werden. ³Der Beschluß der Hauptversammlung bedarf der Mehrheiten, die für die Maßnahmen oder für die Zustimmung zu dem Vertrag erforderlich sind.

(2) Der Vorstand ist verpflichtet, die von der Hauptversammlung im Rahmen ihrer Zuständigkeit beschlossenen Maßnahmen auszuführen.

Schrifttum: *Dietz-Vellmer,* Hauptversammlungsbeschlüsse nach § 119 II AktG – geeignetes Mittel zur Haftungsvermeidung für Organe, NZG 2014, 721; *Fleischer,* Vorstandspflichten bei rechtswidrigen Hauptversammlungsbeschlüssen, BB 2005, 2025; *Grabolle,* Die Pflicht des Vorstands zur Ausführung von Hauptversammlungsbeschlüssen, 2013; *Haertlein,* Vorstandshaftung wegen (Nicht-)Ausführung eines Gewinnverwendungsbeschlusses mit

---

[151] Vgl. Henssler/Strohn/*Dauner-Lieb* Rn. 13; Großkomm AktG/*Habersack/Foerster* Rn. 28; Hüffer/Koch/*Koch* Rn. 12; Kölner Komm AktG/*Mertens/Cahn* Rn. 41; MüKoAktG/*Spindler* Rn. 40; K. Schmidt/Lutter/*Seibt* Rn. 17.
[152] So etwa Kölner Komm AktG/*Mertens/Cahn* Rn. 41; NK-AktR/*Oltmanns* Rn. 10.
[153] Vgl. Bürgers/Körber/*Bürgers* Rn. 11; Wachter/*Eckert* Rn. 15; Hüffer/Koch/*Koch* Rn. 11; Kölner Komm AktG/*Mertens/Cahn* Rn. 40; NK-AktR/*Oltmanns* Rn. 9; abw. *Rohde/Geschwandtner* NZG 2005, 996 (997 f.).
[154] Vgl. Großkomm AktG/*Habersack/Foerster* Rn. 27; MüKoAktG/*Spindler* Rn. 41.
[155] Vgl. Bürgers/Körber/*Bürgers* Rn. 11; Hüffer/Koch/*Koch* Rn. 13; MüKoAktG/*Spindler* Rn. 43.
[156] Vgl. Großkomm AktG/*Habersack/Foerster* Rn. 29; Hüffer/Koch/*Koch* Rn. 13; Kölner Komm AktG/*Mertens/Cahn* Rn. 42; MüKoAktG/*Spindler* Rn. 44; NK-AktR/*Oltmanns* Rn. 11; K. Schmidt/Lutter/*Seibt* Rn. 18.
[157] Vgl. Großkomm AktG/*Habersack/Foerster* Rn. 23; Kölner Komm AktG/*Mertens/Cahn* Rn. 42; Grigoleit/*Vedder* Rn. 16; offen, aber ohne Nennung von Beispielen NK-AktR/*Oltmanns* Rn. 11.
[158] Vgl. Bürgers/Körber/*Bürgers* Rn. 12; Hüffer/Koch/*Koch* Rn. 14; MüKoAktG/*Spindler* Rn. 46; NK-AktR/ *Oltmanns* Rn. 12; K. Schmidt/Lutter/*Seibt* Rn. 19; Grigoleit/*Vedder* Rn. 17; eine grobe Pflichtverletzung im konkreten Einzelfall verneinend OLG Köln BeckRS 2016, 07489 Rn. 52.
[159] Vgl. BGH NJW 2013, 1958 Rn. 16; Bürgers/Körber/*Bürgers* Rn. 12; *Fleischer* DStR 2009, 1204; Großkomm AktG/*Habersack/Foerster* Rn. 30; Kölner Komm AktG/*Mertens/Cahn* Rn. 43; MüKoAktG/*Spindler* Rn. 45; K. Schmidt/Lutter/*Seibt* Rn. 19.
[160] Eingehend dazu *Fleischer* DStR 2009, 1204 ff.
[161] Vgl. Bürgers/Körber/*Bürgers* Rn. 12; Hüffer/Koch/*Koch* Rn. 14; Kölner Komm AktG/*Mertens/Cahn* Rn. 44; NK-AktR/*Oltmanns* Rn. 12; K. Schmidt/Lutter/*Seibt* Rn. 19.

Dividendenausschüttung, ZHR 168 (2004), 437; *Leuering/Stein,* Vorstandspflichten im Hinblick auf Hauptversammlungsbeschlüsse, NJW-Spezial 2013, 271; *Perwein,* Ist ein Kapitalerhöhungsbeschluss mit festem Erhöhungsbetrag unverzüglich durchzuführen?, AG 2013, 10; *Rohde/Geschwandtner,* Zur Beschränkbarkeit der Geschäftsführungsbefugnis des Vorstands einer Aktiengesellschaft, NZG 2005, 996; *Servatius,* Strukturmaßnahmen als Unternehmensleitung, 2004; *Streyl/Schaper,* Kompetenzverteilung und Haftung bei Strukturmaßnahmen in der AG und im Konzern, ZIP 2017, 410; *Volhard,* Eigenverantwortlichkeit und Folgepflicht, ZGR 1996, 55; *Werner,* Ausgewählte Fragen zum Aktienrecht, AG 1973, 93.

Übersicht

	Rn.		Rn.
I. Überblick	1, 2	2. Grenzen	8–17
1. Regelungszweck	1	a) Gesetz- und satzungswidrige Hauptversammlungsbeschlüsse	9, 10
2. Vorgängervorschriften	2	b) Zweifel an der Rechtmäßigkeit eines Hauptversammlungsbeschlusses	11, 12
II. Vorbereitungspflicht	3–6	c) Heilung und Unanfechtbarkeit von Hauptversammlungsbeschlüssen	13–16
1. Maßnahmen der Hauptversammlung	3, 4	d) Grundlegende Änderung der Verhältnisse nach Beschlussfassung	17
2. Zustimmungsbedürftige Verträge	5		
3. Hauptversammlungsbeschluss	6		
III. Ausführungspflicht	7–17	**IV. Rechtsfolgen bei Pflichtverletzungen**	18
1. Gegenstand und Inhalt	7		

I. Überblick

1. Regelungszweck. § 83 regelt das Verhältnis von Hauptversammlung und Vorstand im Anwendungsbereich der Hauptversammlungszuständigkeiten. Abs. 1 hält den Vorstand zur Vorbereitung gewisser Maßnahmen und Verträge an, um zu verhindern, dass die der Hauptversammlung in § 119 zugewiesenen Beschlusskompetenzen praktisch leer laufen.[1] Abs. 2 verpflichtet den Vorstand, die von der Hauptversammlung im Rahmen ihrer Zuständigkeit beschlossenen Maßnahmen auszuführen, und zielt damit ebenfalls auf eine bessere Durchsetzung der aktienrechtlichen Kompetenzordnung.[2] Beide Einzelpflichten des Vorstands sollen über die Organisationsschwäche der Hauptversammlung hinweghelfen, die vielfach nicht in der Lage sein wird, ihre eigenen Beschlüsse vorzubereiten und umzusetzen.[3]

2. Vorgängervorschriften. Die Vorschrift ist erstmals durch das Aktiengesetz von 1965 eingeführt worden.[4] Bis weit in die erste Hälfte des vergangenen Jahrhunderts hinein hatte die Hauptversammlung als oberstes Gesellschaftsorgan weitreichende Weisungsbefugnisse gegenüber dem Vorstand.[5] Mit der Aktienrechtsreform von 1937 ist das gesellschaftsinterne Kompetenzgefüge tiefgreifend verändert worden; der Hauptversammlung verblieb allein ein – ungeschriebenes – Weisungsrecht in den Grenzen ihrer stark zurückgeschnittenen Zuständigkeiten.[6] § 83 schreibt die mit ihm korrespondierende Folgepflicht des Vorstands ausdrücklich fest und hat damit vor allem klarstellenden Charakter.[7]

II. Vorbereitungspflicht

1. Maßnahmen der Hauptversammlung. Der Vorstand muss gem. § 83 Abs. 1 S. 1 solche Maßnahmen vorbereiten, die in die Zuständigkeit der Hauptversammlung fallen. Dazu gehören vor

---
[1] Vgl. BegrRegE *Kropff* S. 104; *v. Godin/Wilhelmi* Rn. 1; Hüffer/Koch/*Koch* Rn. 1; MüKoAktG/*Spindler* Rn. 1; K. Schmidt/Lutter/*Seibt* Rn. 1.
[2] Vgl. Großkomm AktG/*Habersack/Foerster* Rn. 2.
[3] Vgl. BegrRegE *Kropff* S. 104; NK-AktR/*Oltmanns* Rn. 1; *Baumbach/Hueck* Rn. 1; Henssler/Strohn/*Dauner-Lieb* Rn. 1; *Fleischer* BB 2005, 2025 (2026); *Grabolle,* Die Pflicht des Vorstands zur Ausführung von Hauptversammlungsbeschlüssen, 2013, 27; Hüffer/Koch/*Koch* Rn. 1; Kölner Komm AktG/*Mertens/Cahn* Rn. 2; *Servatius,* Strukturmaßnahmen als Unternehmensleitung, 2004, 331.
[4] Vgl. *Fleischer* BB 2005, 2025; Kölner Komm AktG/*Mertens/Cahn* Rn. 3; K. Schmidt/Lutter/*Seibt* Rn. 4; eingehend zur rechtshistorischen Entwicklung auch *Grabolle,* Die Pflicht des Vorstands zur Ausführung von Hauptversammlungsbeschlüssen, 2013, 12 ff.
[5] Näher *Fleischer* FS Heldrich, 2005, 597 (605) mwN.
[6] Vgl. *Fleischer* BB 2005, 2025; Kölner Komm AktG/*Mertens/Cahn* Rn. 3.
[7] So vor allem im Hinblick auf § 83 Abs. 2 AktG BegrRegE *Kropff* S. 104; *Fleischer* BB 2005, 2025; Großkomm AktG/*Habersack/Foerster* Rn. 2; Hüffer/Koch/*Koch* Rn. 5.

allem die in § 119 Abs. 1 katalogartig aufgeführten Beschlussgegenstände.[8] Demgegenüber begründen Hauptversammlungsbeschlüsse über Fragen der Geschäftsführung grundsätzlich keine Vorbereitungspflicht des Vorstands,[9] es sei denn, der Vorstand hat eine Entscheidung der Hauptversammlung nach § 119 Abs. 2 verlangt.[10] Eine uneingeschränkte Folgepflicht besteht aber wiederum bei den ungeschriebenen Hauptversammlungszuständigkeiten iSd. Holzmüller- und Gelatine-Rechtsprechung.[11] § 83 gilt auch bei einfacher Abhängigkeit, im Vertragskonzern und bei Eingliederung der Gesellschaft.[12] Das herrschende Unternehmen kann nach §§ 308, 323 den Vorstand der abhängigen Gesellschaft anweisen, Maßnahmen im Zuständigkeitsbereich der Hauptversammlung vorzubereiten und zur Beschlussfassung vorzulegen.[13]

Ob § 83 Abs. 1 auch Maßnahmen der Hauptversammlung erfasst, die nur gesellschaftsinterne 4 Bedeutung haben, zB die Ermächtigung des Vorstands zur Ausgabe von Wandel- oder Gewinnschuldverschreibungen oder Genussscheinen (§ 221) oder die Ersetzung der fehlenden Aufsichtsratszustimmung durch einen Hauptversammlungsbeschluss (§ 111 Abs. 4 S. 3), wird unterschiedlich beurteilt.[14] Die besseren Gründe sprechen für die verneinende Ansicht, weil § 83 Abs. 1 allein auf Fälle zugeschnitten ist, in denen der Aktionsradius des Vorstands durch das Votum der Hauptversammlung präformiert wird: Nur bei ihnen ist es gerechtfertigt, ihn gleichsam als „Hilfsorgan" zur Vorbereitung von Hauptversammlungsbeschlüssen einzusetzen.

2. Zustimmungsbedürftige Verträge. Nach § 83 Abs. 1 S. 2 ist der Vorstand weiter zur Vorbe- 5 reitung und zum Abschluss von Verträgen verpflichtet, die nur mit Zustimmung der Hauptversammlung wirksam werden. Ausweislich der Gesetzesmaterialien sind damit vor allem Unternehmens- und Verschmelzungsverträge (§ 293 Abs. 1 AktG, §§ 13, 65, 73 UmwG) gemeint,[15] die bereits vorliegen müssen, bevor die Hauptversammlung über sie entscheiden kann.[16] Gleiches gilt nach allgM für Gesamtvermögensgeschäfte (§ 179a),[17] Nachgründungsverträge (§ 52)[18] sowie für den Verzicht auf oder den Vergleich über Ersatzansprüche der Gesellschaft (§§ 50, 53, 93 Abs. 4 S. 3, § 117 Abs. 4).[19] Einhelliger Auffassung zufolge ist der Vorstand auch dann verpflichtet, einer Weisung der Hauptversammlung Folge zu leisten, wenn er den Abschluss des Vertrages nicht für angezeigt hält.[20] § 83 Abs. 1 S. 2 billigt der Hauptversammlung daher ein Initiativrecht zum Abschluss derartiger Verträge zu.[21]

3. Hauptversammlungsbeschluss. Die Vorbereitungspflicht des Vorstands setzt ein Verlangen 6 der Hauptversammlung voraus, das wirksam nur durch einen Beschluss gestellt werden kann.[22] Gem. § 83 Abs. 1 S. 3 bedarf dieser Beschluss der für die Maßnahme oder die Vertragszustimmung

---

[8] Vgl. Bürgers/Körber/*Bürgers* Rn. 2; Großkomm AktG/*Habersack*/*Foerster* Rn. 6; Hüffer/Koch/*Koch* Rn. 2; Kölner Komm AktG/*Mertens*/*Cahn* Rn. 4; MüKoAktG/*Spindler* Rn. 6.
[9] Vgl. Wachter/*Eckert* Rn. 2; Hüffer/Koch/*Koch* Rn. 2; MüKoAktG/*Spindler* Rn. 6.
[10] Vgl. Bürgers/Körber/*Bürgers* Rn. 2; Großkomm AktG/*Habersack*/*Foerster* Rn. 11; Hüffer/Koch/*Koch* Rn. 2; Kölner Komm AktG/*Mertens*/*Cahn* Rn. 4; MüKoAktG/*Spindler* Rn. 6; K. Schmidt/Lutter/*Seibt* Rn. 4.
[11] Vgl. Bürgers/Körber/*Bürgers* Rn. 2; Großkomm AktG/*Habersack*/*Foerster* Rn. 6; MüKoAktG/*Spindler* Rn. 6; K. Schmidt/Lutter/*Seibt* Rn. 4; allgemein zu solchen ungeschriebenen Hauptversammlungskompetenzen BGHZ 83, 122 – Holzmüller; BGHZ 159, 30 – Gelatine.
[12] Vgl. Großkomm AktG/*Habersack*/*Foerster* Rn. 4; MüKoAktG/*Spindler* Rn. 3; Streyl/*Schaper* ZIP 2017, 410 (415).
[13] Vgl. OLG Karlsruhe AG 1991, 144 (146); Großkomm AktG/*Habersack*/*Foerster* Rn. 4; MüKoAktG/*Spindler* Rn. 3.
[14] Bejahend NK-AktR/*Oltmanns* Rn. 2; Kölner Komm AktG/*Mertens*/*Cahn* Rn. 4; K. Schmidt/Lutter/*Seibt* Rn. 5; verneinend Bürgers/Körber/*Bürgers* Rn. 2; Großkomm AktG/*Habersack*/*Foerster* Rn. 6; Hüffer/Koch/*Koch* Rn. 2; MüKoAktG/*Spindler* Rn. 8; *Werner* AG 1972, 93 (98).
[15] Vgl. BegrRegE *Kropff* S. 104; NK-AktR/*Oltmanns* Rn. 3; Bürgers/Körber/*Bürgers* Rn. 3; Großkomm AktG/*Habersack*/*Foerster* Rn. 7; Hüffer/Koch/*Koch* Rn. 3; MüKoAktG/*Spindler* Rn. 11; K. Schmidt/Lutter/*Seibt* Rn. 6.
[16] Vgl. BegrRegE *Kropff* S. 104.
[17] Vgl. NK-AktR/*Oltmanns* Rn. 3; Bürgers/Körber/*Bürgers* Rn. 3; Großkomm AktG/*Habersack*/*Foerster* Rn. 7; K. Schmidt/Lutter/*Seibt* Rn. 6.
[18] Vgl. NK-AktR/*Oltmanns* Rn. 3; K. Schmidt/Lutter/*Seibt* Rn. 6.
[19] Vgl. Bürgers/Körber/*Bürgers* Rn. 3; Großkomm AktG/*Habersack*/*Foerster* Rn. 7; K. Schmidt/Lutter/*Seibt* Rn. 6; Hüffer/Koch/*Koch* Rn. 3; MüKoAktG/*Spindler* Rn. 11.
[20] Vgl. Bürgers/Körber/*Bürgers* Rn. 3; Hüffer/Koch/*Koch* Rn. 3; MüKoAktG/*Spindler* Rn. 10; K. Schmidt/Lutter/*Seibt* Rn. 7; *Werner* AG 1972, 93 (98).
[21] Vgl. NK-AktR/*Oltmanns* Rn. 3; Bürgers/Körber/*Bürgers* Rn. 3; Großkomm AktG/*Habersack*/*Foerster* Rn. 8; K. Schmidt/Lutter/*Seibt* Rn. 7.
[22] Vgl. *Baumbach*/*Hueck* Rn. 2; Bürgers/Körber/*Bürgers* Rn. 4; Großkomm AktG/*Habersack*/*Foerster* Rn. 9; K. Schmidt/Lutter/*Seibt* Rn. 8; Grigoleit/*Vedder* Rn. 3.

erforderlichen Mehrheit. Dadurch will das Gesetz verhüten, dass der Vorstand einen Hauptversammlungsbeschluss vorbereiten muss, der aller Voraussicht nach nicht die notwendige Mehrheit finden wird.[23] Erfordert die betreffende Maßnahme einen Sonderbeschluss einzelner Aktiengattungen, zB nach § 179 Abs. 3, § 182 Abs. 2, § 222 Abs. 2, so gilt das auch für den Weisungsbeschluss.[24] Manche wollen § 83 Abs. 1 über seinen Wortlaut hinaus auch dann anwenden, wenn eine Minderheit auf Grund eigenen Initiativrechts eine Maßnahme verlangen kann, zB die Geltendmachung von Ersatzansprüchen (§ 148) oder die Bestellung von Sonderprüfern (§ 142 Abs. 2 und 4).[25] Die hM tritt dem unter Hinweis auf den Normzweck der Vorschrift entgegen.[26] Einhellig abgelehnt wird eine entsprechende Anwendung des § 83 Abs. 1 in Fällen, in denen der Minderheit nur ein Widerspruchsrecht (zB nach § 50 S. 1, § 53 S. 1, § 93 Abs. 4 S. 3) zusteht oder ein Einzelaktionär zur Geltendmachung von Ansprüchen der Gesellschaft berechtigt ist (zB nach § 309 Abs. 4, § 310 Abs. 4, § 317 Abs. 4, § 318 Abs. 4, § 323 Abs. 1 S. 2).[27]

III. Ausführungspflicht

7 **1. Gegenstand und Inhalt.** Gem. § 83 Abs. 2 ist der Vorstand verpflichtet, die von der Hauptversammlung im Rahmen ihrer Zuständigkeit beschlossenen Maßnahmen auszuführen. Damit trägt das Gesetz dem Umstand Rechnung, dass Hauptversammlungsbeschlüsse bisweilen einer Umsetzung bedürfen, um rechtswirksam zu werden.[28] Hauptfälle sind die Anmeldung eines Beschlusses zur Eintragung in das Handelsregister, etwa bei Satzungsänderungen (§ 181), Kapitalerhöhungen (§ 184) oder Unternehmensverträgen (§ 294),[29] sowie die Abgabe von Willenserklärungen für die Gesellschaft.[30] Hierher gehören aber auch die Fälle des § 119 Abs. 2 AktG, sofern der Vorstand die Hauptversammlung zuständig gemacht hat.[31] Die Ausführungspflicht folgt bereits aus dem betreffenden Hauptversammlungsbeschluss, ohne dass es einer gesonderten Anordnungsverfügung der Hauptversammlung bedarf.[32] Der Vorstand ist verpflichtet, die beschlossenen Maßnahmen unverzüglich, dh. ohne schuldhaftes Zögern auszuführen;[33] nicht schuldhaft ist ein Zögern, das eine angemessene Überlegungsfrist nicht überschreitet.[34] Sie gilt auch für negative, auf die Nichtvornahme einer Maßnahme gerichtete Beschlüsse.[35]

8 **2. Grenzen.** Die Ausführungspflicht besteht nur bei Maßnahmen, die in die Zuständigkeit der Hauptversammlung fallen.[36] Weitere Grenzen ergeben sich aus einem Normenabgleich mit § 93 Abs. 4 S. 1. Er befreit die Vorstandsmitglieder nur bei einem *gesetzmäßigen* Hauptversammlungsbeschluss von ihrer Organhaftung und beschwört damit eine perplexe Pflichtenlage herauf: Einerseits können die Vorstandsmitglieder schwerlich zur Beschlussausführung verpflichtet sein, wenn sie sich dadurch der Gesellschaft gegenüber schadensersatzpflichtig machen; andererseits ist ihre Haftung nicht vertretbar, wenn sie gehalten sind, einen Beschluss der Hauptversammlung auszuführen.[37]

---

[23] Vgl. BegrRegE *Kropff* S. 104; NK-AktR/*Oltmanns* Rn. 4; Bürgers/Körber/*Bürgers* Rn. 4; Großkomm AktG/*Habersack*/*Foerster* Rn. 9; Hüffer/Koch/*Koch* Rn. 4; K. Schmidt/Lutter/*Seibt* Rn. 8.
[24] Vgl. Bürgers/Körber/*Bürgers* Rn. 4; Henssler/Strohn/*Dauner-Lieb* Rn. 4; Großkomm AktG/*Habersack*/*Foerster* Rn. 9; Kölner Komm AktG/*Mertens*/*Cahn* Rn. 6; MüKoAktG/*Spindler* Rn. 12; MHdB AG/*Wiesner* § 25 Rn. 77.
[25] Vgl. Grigoleit/*Vedder* Rn. 3; differenzierend NK-AktR/*Oltmanns* Rn. 4.
[26] Vgl. Bürgers/Körber/*Bürgers* Rn. 4; Großkomm AktG/*Habersack*/*Foerster* Rn. 10; Hüffer/Koch/*Koch* Rn. 4; K. Schmidt/Lutter/*Seibt* Rn. 9; iE jetzt auch MüKoAktG/*Spindler* Rn. 13.
[27] Vgl. NK-AktR/*Oltmanns* Rn. 4; Bürgers/Körber/*Bürgers* Rn. 4; Großkomm AktG/*Habersack*/*Foerster* Rn. 10; MüKoAktG/*Spindler* Rn. 14; K. Schmidt/Lutter/*Seibt* Rn. 9; Hölters/*Weber* Rn. 6.
[28] Vgl. BegrRegE *Kropff* S. 104; *Fleischer* BB 2005, 2025; *Grabolle*, Die Pflicht des Vorstands zur Ausführung von Hauptversammlungsbeschlüssen, 2013, 48 ff.; Hüffer/Koch/*Koch* Rn. 5; MüKoAktG/*Spindler* Rn. 16.
[29] Vgl. BegrRegE *Kropff* S. 104; NK-AktR/*Oltmanns* Rn. 5; Bürgers/Körber/*Bürgers* Rn. 5; Hüffer/Koch/*Koch* Rn. 5; MüKoAktG/*Spindler* Rn. 16.
[30] Vgl. BegrRegE *Kropff* S. 104; *Fleischer* BB 2005, 2025.
[31] Vgl. BGHZ 146, 288 (293); NK-AktR/*Oltmanns* Rn. 5; *Baumbach*/*Hueck* Rn. 5; Bürgers/Körber/*Bürgers* Rn. 5; Großkomm AktG/*Habersack*/*Foerster* Rn. 11; Hüffer/Koch/*Koch* Rn. 5; Kölner Komm AktG/*Mertens*/*Cahn* Rn. 9; K. Schmidt/Lutter/*Seibt* Rn. 10; MüKoAktG/*Spindler* Rn. 23; aA *Dietz-Vellmer* NZG 2014, 721 (725); *Rohde*/*Geschwandtner* NZG 2005, 996 (997 f.).
[32] Vgl. NK-AktR/*Oltmanns* Rn. 5; *Baumbach*/*Hueck* Rn. 5; *Fleischer* BB 2005, 2025.
[33] Vgl. BGH WM 1991, 1880 (1882); *Fleischer* BB 2005, 2025; *Volhard* ZGR 1996, 55 (56).
[34] Vgl. *Volhard* ZGR 1996, 55 (56).
[35] Vgl. *Fleischer* BB 2005, 2025; Großkomm AktG/*Habersack*/*Foerster* Rn. 14.
[36] Vgl. Großkomm AktG/*Habersack*/*Foerster* Rn. 14; K. Schmidt/Lutter/*Seibt* Rn. 10.
[37] Vgl. *Fleischer* BB 2005, 2025 (2026); *Hefermehl* FS Schilling, 1973, 159; MüKoAktG/*Spindler* § 93 Rn. 235; *Servatius*, Strukturmaßnahmen als Unternehmensleitung, 2004, 333; *Volhard* ZGR 1996, 55 (66); eingehend zu den inhärenten Grenzen der Ausführungspflicht zuletzt *Grabolle*, Die Pflicht des Vorstands zur Ausführung von Hauptversammlungsbeschlüssen, 2013, 102 ff.

a) **Gesetz- und satzungswidrige Hauptversammlungsbeschlüsse.** Die hM löst das geschilderte Pflichtendilemma auf, indem sie die Ausführungspflicht des Vorstands auf *gesetzmäßige* Hauptversammlungsbeschlüsse begrenzt;[38] nichtige und anfechtbare Beschlüsse dürfen nicht ausgeführt werden. Gegenstimmen bejahen eine Ausführungspflicht bei anfechtbaren[39] oder sogar bei nichtigen[40] Beschlüssen, allerdings mit dem Zusatz, dass der Vorstand das Registergericht gleichzeitig auf seine Bedenken hinweisen muss.

Der hM ist beizutreten.[41] Für sie spricht nicht nur die andernfalls drohende Haftungsgefahr für den Vorstand, sondern auch und vor allem die ihm durch § 245 Nr. 4 zugebilligte Anfechtungsbefugnis.[42] Aus ihr ergibt sich seine Amtspflicht, Hauptversammlungsbeschlüsse vor Ausführung auf ihre Rechtmäßigkeit zu überprüfen.[43] Sie bildet einen Teilausschnitt der allgemeinen Vorstandspflicht, die Gesetz- und Satzungsmäßigkeit der Entscheidungsprozesse innerhalb der Gesellschaft zu wahren (→ § 93 Rn. 20). Reine Zweckmäßigkeitserwägungen sind dagegen nicht geeignet, die Ausführungspflicht des Vorstands zu suspendieren: Im Rahmen ihrer Zuständigkeit bleibt die Hauptversammlung grundsätzlich Herrin ihrer eigenen Entscheidung.[44]

b) **Zweifel an der Rechtmäßigkeit eines Hauptversammlungsbeschlusses.** Noch wenig geklärt sind die Vorstandspflichten, wenn die Rechtslage ungewiss ist und daher Zweifel an der Rechtmäßigkeit eines Hauptversammlungsbeschlusses bestehen.[45] Dogmatisch sind hier zwei Begründungsebenen abzuschichten:[46] Für die Frage der Ausführungspflicht kommt es allein auf die *objektive* Rechtslage an; im Lichte der § 93 Abs. 4 S. 1, § 245 Nr. 4 lässt sich zwar das ungeschriebene Tatbestandsmerkmal der *Gesetzmäßigkeit*, nicht aber das der *Erkennbarkeit* der Gesetzmäßigkeit in den Text des § 83 Abs. 2 hineinlesen. *Subjektive* Fehleinschätzungen können den Vorstandsmitgliedern jedoch im Rahmen des § 93 Abs. 2 zu Gute kommen, indem sie ihr Verschulden entfallen lassen.[47]

Hinsichtlich der Organpflichten des Vorstands bei unsicherer Rechtslage haben sich noch keine klaren Verhaltensmaßstäbe herausgebildet. Sicher ist, dass dem Vorstand eine Rechtsvergewisserungspflicht obliegt: Er ist gehalten, die rechtlichen Zusammenhänge eingehend zu prüfen und bei entsprechender Bedeutung der Frage internen oder externen Rechtsrat einzuholen (näher → § 93 Rn. 29).[48] Im Zusammenhang mit § 83 Abs. 2 wird ihm häufig empfohlen, von der Ausführung evident rechtswidriger Beschlüsse abzusehen, solange eine Anfechtungsklage möglich oder anhängig ist;[49] umgekehrt dürften ihn evident unzulässige oder unbegründete Anfechtungsklagen nicht von einer Ausführungspflicht befreien.[50] Außerdem soll der Vorstand mit der Beschlussausführung zuwarten, sofern der Gesellschaft dadurch keine Nachteile entstehen.[51]

---

[38] Vgl. Bürgers/Körber/*Bürgers* Rn. 5; Großkomm AktG/*Habersack/Foerster* Rn. 12; *Haertlein* ZHR 168 (2004), 437 (445 ff.); MüKoAktG/*Spindler* Rn. 18; Kölner Komm AktG/*Mertens/Cahn* Rn. 9; NK-AktR/*Oltmanns* Rn. 5; K. Schmidt/Lutter/*Seibt* Rn. 10; *K. Schmidt* GesR § 28 V 2 a, S. 870; *Servatius*, Strukturmaßnahmen als Unternehmensleitung, 2004, 333; *Streyl/Schaper* ZIP 2017, 410, 413.

[39] Vgl. Kölner Komm AktG/*Zöllner* § 181 Rn. 26; Grigoleit/*Vedder* Rn. 9; ferner *Baumbach/Hueck* Rn. 2 für ohne Schuld des Vorstands anfechtbare, aber nicht angefochtene Beschlüsse; sowie Großkomm AktG/*Wiedemann* § 181 Rn. 9.

[40] Vgl. NK-AktR/*Heidel* § 241 Rn. 14; tendenziell auch Großkomm AktG/*Meyer-Landrut* 3. Aufl. 1973 Rn. 5.

[41] Eingehend *Fleischer* BB 2005, 2025 (2026).

[42] Andeutungen in diese Richtung bereits bei RGZ 46, 60 (63) (Genossenschaft): „[Es] muss weiter anerkannt werden, dass aus der Erteilung dieses Rechts dem Vorstande auch die Pflicht erwächst, dasselbe gewissenhaft zu handhaben."

[43] Vgl. *Hefermehl* FS Schilling, 1973, 159 (166); MüKoAktG/*Spindler* Rn. 24; *Servatius*, Strukturmaßnahmen als Unternehmensleitung, 2004, 334 ff.; *Volhard* ZGR 1996, 55 (59); zum früheren Recht bereits *Schlegelberger/Quassowski*, 3. Aufl. 1937, AktG 1937 § 84 Rn. 15.

[44] Vgl. *Fleischer* BB 2005, 2025 (2026); Großkomm AktG/*Habersack/Foerster* Rn. 12 mit Fn. 21; *Streyl/Schaper* ZIP 2017, 410 (413).

[45] Dazu *Grabolle*, Die Pflicht des Vorstands zur Ausführung von Hauptversammlungsbeschlüssen, 2013, 181 ff.; *Haertlein* ZHR 168 (2004), 437 (446 f.); BeckHdB AG/*Liebscher* § 6 Rn. 103; *Volhard* ZGR 1996, 55 (63 ff.).

[46] Vgl. *Fleischer* BB 2005, 2025 (2026); *Haertlein* ZHR 168 (2004), 437 (446 f.).

[47] Wie hier *Haertlein* ZHR 168 (2004), 437 (447); Großkomm AktG/*Habersack/Foerster* Rn. 12; ferner NK-AktR/*Landwehrmann* § 93 Rn. 136; für eine Anwendung der *Business Judgment Rule Grabolle*, Die Pflicht des Vorstands zur Ausführung von Hauptversammlungsbeschlüssen, 2013, 192 ff.

[48] Vgl. BGH NZG 2015, 792 (Rn. 28); OLG Stuttgart NZG 2010, 141 (142); *Fleischer* BB 2005, 2025 (2026); *Fleischer* NZG 2010, 121 (122).

[49] Vgl. Großkomm AktG/*K. Schmidt* § 243 Rn. 71; MHdB AG/*Wiesner* § 19 Rn. 7; mit etwas anderer Akzentsetzung BeckHdB AG/*Liebscher* § 6 Rn. 103, der den Vorstand für verpflichtet hält, Hauptversammlungsbeschlüsse bei „konkreten Anhaltspunkten" für ihre Rechtswidrigkeit nicht auszuführen; offenlassend OLG Köln NZG 2016, 147 Rn. 34.

[50] Vgl. Großkomm AktG/*K. Schmidt* § 243 Rn. 71; ähnlich *Volhard* ZGR 1996, 56 (61).

[51] Vgl. BeckHdB AG/*Liebscher* § 6 Rn. 103.

13   c) Heilung und Unanfechtbarkeit von Hauptversammlungsbeschlüssen. Bei ursprünglich rechtswidrigen Hauptversammlungsbeschlüssen stellt sich die Folgefrage, ob der Vorstand sie nach Eintritt der Heilungswirkung (§ 242) oder Ablauf der Anfechtungsfrist (§ 246 Abs. 1) ausführen muss.

14   aa) Eintritt der Heilungswirkung. Über die Vorstandspflichten nach Eintritt der Heilungswirkung gehen die Auffassungen weit auseinander. Die wohl hM bejaht eine uneingeschränkte Pflicht zur Beschlussausführung[52] und stützt sich dabei auf die Veränderung der materiellen Rechtslage durch die Heilung: Ein geheilter Beschluss gilt ihr in Übereinstimmung mit dem BGH[53] nicht nur als wirksam, sondern auch als gesetzmäßig. Demgegenüber lehnt eine ältere Lehrmeinung eine Ausführungspflicht des Vorstands ab,[54] weil § 242 nicht die Gesetzmäßigkeit des nach wie vor nichtigen Beschlusses herbeiführe, sondern nur die Geltendmachung der Nichtigkeit einschränke. Eine dritte Ansicht hält den Vorstand grundsätzlich für verpflichtet, geheilte Beschlüsse auszuführen, macht davon aber eine Ausnahme, wenn der Vorstand es versäumt hat, rechtzeitig Anfechtungs- oder Nichtigkeitsklage zu erheben: Dann drohe ihm durch die Ausführung gemäß § 93 Abs. 2 eine Schadensersatzpflicht, womit die Folgepflicht nach § 83 Abs. 2 entfalle.[55]

15   Die besseren Gründe sprechen für die erste Ansicht:[56] § 242 will Rechtssicherheit schaffen, indem er nichtigen Beschlüssen trotz ihres Mangels zur Gültigkeit verhilft. Dieser Regelungszweck darf nicht dadurch vereitelt werden, dass der Vorstand die Frage der Rechtswidrigkeit im Rahmen des § 83 Abs. 2 erneut aufrollt. Entgegen der dritten Auffassung macht er sich dadurch auch nicht schadensersatzpflichtig, weil der Vollzug eines geheilten, mithin *gesetzmäßigen* Beschlusses kein pflichtwidriges Handeln iSd § 93 Abs. 2 darstellt. Denkbar bleibt allerdings eine Schadensersatzpflicht wegen des vorangegangenen Versäumnisses, Nichtigkeitsklage zu erheben.[57] In besonders gelagerten Eilfällen mag es schließlich nach Eintritt der Heilungswirkung eine Vorstandspflicht geben, eine Amtslöschung nach § 242 Abs. 2 S. 3 AktG iVm § 398 FamFG anzuregen und die Beschlussfassung so lange aufzuschieben.[58]

16   bb) Ablauf der Anfechtungsfrist. Ist der Hauptversammlungsbeschluss nach Ablauf der Anfechtungsfrist unanfechtbar geworden, bejaht die hM ebenfalls eine Ausführungspflicht des Vorstands.[59] Andere Stimmen gehen dagegen auch nach Fristablauf von einer fortdauernden Rechtswidrigkeit des Beschlusses aus[60] und verneinen daher eine Pflicht zur Beschlussausführung. Richtigerweise werden auch anfechtbare Beschlüsse nach Ablauf der Anfechtungsfrist gesetzmäßig iSd § 93 Abs. 4 S. 1, so dass mit der hM eine Pflicht zur Beschlussausführung besteht.[61] Unberührt bleibt freilich eine etwaige Schadensersatzpflicht wegen pflichtwidrig unterlassener Anfechtungsklage (→ § 93 Rn. 230).

17   d) Grundlegende Änderung der Verhältnisse nach Beschlussfassung. Eine letzte Schranke der Ausführungspflicht kann sich bei gesetzmäßigen Beschlüssen ergeben, sofern sich die Verhältnisse nach Beschlussfassung grundlegend geändert haben. In einem solchen Fall muss der Vorstand von der Beschlussausführung vorläufig absehen, wenn für ihn erkennbar ist, dass die Ausführung zu einer Schädigung der Gesellschaft führen würde.[62] Das ergibt sich aus seiner organschaftlichen Sorgfaltspflicht iSd § 93 Abs. 1, die ihn in ihrer allgemeinsten Formulierung anhält, den Vorteil der Gesellschaft zu wahren und Schaden von ihr abzuwenden (→ § 93 Rn. 11). Allerdings darf der Vorstand den Beschluss nicht einfach ignorieren, sondern muss der Hauptversammlung die Möglichkeit eröff-

---

[52] Vgl. *Casper*, Die Heilung nichtiger Beschlüsse im Kapitalgesellschaftsrecht, 1998, 174 ff.; *Haertlein* ZHR 168 (2004), 437 (446); Großkomm AktG/*Habersack/Foerster* Rn. 12; Hüffer/Koch/*Koch* § 242 Rn. 7; *Schultz*, Die Behebung einzelner Mängel von Organisationsakten in Kapitalgesellschaften, 1997, 211 f.; Hölters/*Weber* Rn. 7.
[53] Vgl. BGHZ 33, 175 (178 f.).
[54] Vgl. *Hefermehl* FS Schilling, 1973, 159 (168); *Mestmäcker* BB 1961, 945 (948); *Stein* ZGR 1994, 472 (480 f.).
[55] In diesem Sinne Großkomm AktG/*Habersack/Foerster* Rn. 13; MüKoAktG/*Spindler* Rn. 24.
[56] Vgl. bereits *Fleischer* BB 2005, 2025 (2027).
[57] Dazu *Fleischer* BB 2005, 2025 (2027); daneben könnte man auch auf die pflichtwidrige Anmeldung des betreffenden Beschlusses zum Handelsregister abstellen; *Haertlein* ZHR 168 (2004), 437 (441 mit Fn. 12).
[58] Näher *Casper*, Die Heilung nichtiger Beschlüsse im Kapitalgesellschaftsrecht, 1998, 176 ff.
[59] Vgl. *Haertlein* ZHR 168 (2004), 437 (446); Großkomm AktG/*Habersack/Foerster* Rn. 12; NK-AktR/*Landwehrmann* § 93 Rn. 137; Kölner Komm AktG/*Mertens/Cahn* § 93 Rn. 10; *Servatius*, Strukturmaßnahmen als Unternehmensleitung, 2004, 383 ff.
[60] Vgl. *Geßler* JW 1937, 497 (501); *Golling*, Sorgfaltspflicht und Verantwortlichkeit der Vorstandsmitglieder für ihre Geschäftsführung innerhalb der nicht konzerngebundenen Aktiengesellschaft, 1968, 81 ff.; NK-AktR/*Heidel* § 243 Rn. 40; *Mestmäcker*, Verwaltung, Konzerngewalt und Rechte der Aktionäre, 1958, 269.
[61] Vgl. *Fleischer* BB 2005, 2025 (2027).
[62] Vgl. *Hefermehl* FS Schilling, 1973, 159 (172); NK-AktR/*Landwehrmann* § 93 Rn. 137; Bürgers/Körber/ *Bürgers* Rn. 5; K. Schmidt/Lutter/*Seibt* Rn. 12; *Servatius*, Strukturmaßnahmen als Unternehmensleitung, 2004, 383 ff.; MHdB AG/*Wiesner* § 26 Rn. 14.

IV. Rechtsfolgen bei Pflichtverletzungen

Vorstandsmitglieder, die ihre Vorbereitungs- oder Ausführungspflichten verletzen, machen sich 18 unter den weiteren Voraussetzungen des § 93 Abs. 2 schadensersatzpflichtig.[64] Die Nichterfüllung ihrer Organpflichten stellt regelmäßig auch einen wichtigen Grund iSd § 84 Abs. 3 für ihre Abberufung und die Kündigung ihres Anstellungsvertrages dar.[65] Darüber hinaus billigt die hM der Gesellschaft – vertreten durch den Aufsichtsrat (§ 112) – einen Erfüllungsanspruch gegen den Vorstand zur Durchsetzung der Ausführungshandlung zu.[66] Gegenstimmen lehnen eine solche Klage der Gesellschaft als Mittel des Organstreits ebenso ab wie einen In-sich-Prozess unter Organen.[67] Stattdessen befürworten sie einen auf Erfüllung gerichteten Individualanspruch der Aktionäre wegen Verletzung ihrer Mitgliedschaftsrechte.[68]

§ 84 Bestellung und Abberufung des Vorstands

(1) ¹Vorstandsmitglieder bestellt der Aufsichtsrat auf höchstens fünf Jahre. ²Eine wiederholte Bestellung oder Verlängerung der Amtszeit, jeweils für höchstens fünf Jahre, ist zulässig. ³Sie bedarf eines erneuten Aufsichtsratsbeschlusses, der frühestens ein Jahr vor Ablauf der bisherigen Amtszeit gefaßt werden kann. ⁴Nur bei einer Bestellung auf weniger als fünf Jahre kann eine Verlängerung der Amtszeit ohne neuen Aufsichtsratsbeschluß vorgesehen werden, sofern dadurch die gesamte Amtszeit nicht mehr als fünf Jahre beträgt. ⁵Dies gilt sinngemäß für den Anstellungsvertrag; er kann jedoch vorsehen, daß er für den Fall einer Verlängerung der Amtszeit bis zu deren Ablauf weitergilt.

(2) Werden mehrere Personen zu Vorstandsmitgliedern bestellt, so kann der Aufsichtsrat ein Mitglied zum Vorsitzenden des Vorstands ernennen.

(3) ¹Der Aufsichtsrat kann die Bestellung zum Vorstandsmitglied und die Ernennung zum Vorsitzenden des Vorstands widerrufen, wenn ein wichtiger Grund vorliegt. ²Ein solcher Grund ist namentlich grobe Pflichtverletzung, Unfähigkeit zur ordnungsmäßigen Geschäftsführung oder Vertrauensentzug durch die Hauptversammlung, es sei denn, daß das Vertrauen aus offenbar unsachlichen Gründen entzogen worden ist. ³Dies gilt auch für den vom ersten Aufsichtsrat bestellten Vorstand. ⁴Der Widerruf ist wirksam, bis seine Unwirksamkeit rechtskräftig festgestellt ist. ⁵Für die Ansprüche aus dem Anstellungsvertrag gelten die allgemeinen Vorschriften.

(4) Die Vorschriften des Gesetzes über die Mitbestimmung der Arbeitnehmer in den Aufsichtsräten und Vorständen der Unternehmen des Bergbaus und der Eisen und Stahl erzeugenden Industrie in der im Bundesgesetzblatt Teil III, Gliederungsnummer 801-2, veröffentlichten bereinigten Fassung – Montan-Mitbestimmungsgesetz – über die besonderen Mehrheitserfordernisse für einen Aufsichtsratsbeschluß über die Bestellung eines Arbeitsdirektors oder den Widerruf seiner Bestellung bleiben unberührt.

---

[63] Vgl. Bürgers/Körber/*Bürgers* Rn. 5; Großkomm AktG/*Habersack/Foerster* Rn. 13; *Hefermehl* FS Schilling, 1973, 159 (172); NK-AktR/*Landwehrmann* § 93 Rn. 137; K. Schmidt/Lutter/*Seibt* Rn. 12.

[64] Vgl. Bürgers/Körber/*Bürgers* Rn. 6; *Grabolle*, Die Pflicht des Vorstands zur Ausführung von Hauptversammlungsbeschlüssen, 2013, 235 ff.; Großkomm AktG/*Habersack/Foerster* Rn. 15; Hüffer/Koch/*Koch* Rn. 6; MüKoAktG/*Spindler* Rn. 26; K. Schmidt/Lutter/*Seibt* Rn. 13.

[65] Vgl. Bürgers/Körber/*Bürgers* Rn. 6; Henssler/Strohn/*Dauner-Lieb* Rn. 7; Großkomm AktG/*Habersack/Foerster* Rn. 15; Hüffer/Koch/*Koch* Rn. 6; MüKoAktG/*Spindler* Rn. 26; K. Schmidt/Lutter/*Seibt* Rn. 13; zurückhaltend *Grabolle*, Die Pflicht des Vorstands zur Ausführung von Hauptversammlungsbeschlüssen, 2013, 234 f.

[66] Vgl. Großkomm AktG/*Habersack/Foerster* Rn. 15; NK-AktR/*Oltmanns* Rn. 6; *Bauer*, Organklagen zwischen Vorstand und Aufsichtsrat der Aktiengesellschaft, 1986, 105; *Hommelhoff* ZHR 143 (1979), 288 (309 f.); MüKoAktG/*Spindler* Rn. 27; K. Schmidt/Lutter/*Seibt* Rn. 13; *Stodolkowitz* ZHR 154 (1990), 1 (9 f.); Hölters/*Weber* Rn. 11; MHdB AG/*Wiesner* § 25 Rn. 79; eingehend *Grabolle*, Die Pflicht des Vorstands zur Ausführung von Hauptversammlungsbeschlüssen, 2013, 237 ff.

[67] Vgl. Bürgers/Körber/*Bürgers* Rn. 6; Kölner Komm AktG/*Mertens/Cahn* Rn. 12; ähnlich Hüffer/Koch/*Koch* Rn. 6.

[68] Vgl. Bürgers/Körber/*Bürgers*/*Israel* Rn. 6; Hüffer/Koch/*Koch* Rn. 6; Kölner Komm AktG/*Mertens/Cahn* Rn. 12; vgl. auch Großkomm AktG/*Habersack/Foerster* Rn. 16 und Wachter/*Eckert* Rn. 3: Individualanspruch zusätzlich zu Organstreit.

§ 84

Schrifttum: *Arnold/Schansker,* Die Zweiwochenfrist des § 626 II BGB bei der außerordentlichen Kündigung vertretungsberechtigter Organmitglieder, NZG 2013, 1172; *Bachmann,* Die Beschränkung der Organhaftung nach den Grundsätzen des Arbeitsrechts, ZIP 2017, 841; *Bachmann,* Doppelspitze in Vorstand und Aufsichtsrat, FS Baums, 2017, 107; *Bastuck,* Enthaftung des Managements, 1986; *Bauer,* Ausgewählte Probleme der AGB-Kontrolle von Anstellungsverträgen vertretungsberechtigter Organmitglieder, FS Wank, 2014, 1; *Bauer/Arnold,* AGG und Organmitglieder – Klares und Unklares vom BGH, NZG 2012, 921; *Bauer/Arnold,* Altersdiskriminierung von Organmitgliedern, ZIP 2012, 597; *Bauer/Arnold,* Der „richtige" Zeitpunkt" für die Erstbestellung von Vorstandsmitgliedern, DB 2007, 1571; *Bauer/Arnold,* Vorstandsverträge im Kreuzfeuer der Kritik, DB 2006, 260; *Bauer/Arnold,* AGG-Probleme bei vertretungsberechtigten Organmitgliedern, ZIP 2008, 93; *Bauer/Diller,* Koppelung von Abberufung und Kündigung bei Organmitgliedern, GmbHR 1998, 809; *Bauer/Krets,* Gesellschaftsrechtliche Sonderregeln bei der Beendigung von Vorstands- und Geschäftsführerverträgen, DB 2003, 811; *Bauer/Krieger,* Formale Fehler bei Abberufung und Kündigung vertretungsberechtigter Organmitglieder, ZIP 2004, 1247; *Bauer/von Medem,* Spielregeln und Usancen bei der Beendigung von Vorstandsverträgen, NZA 2014, 238; *Baums,* Der Geschäftsleitervertrag, 1987; *Bayer,* Erkrankung von Vorstandsmitgliedern, FS Hommelhoff, 2012, 87; *Bayer/Lieder,* Die Lehre vom fehlerhaften Bestellungsverhältnis, NZG 2012, 1; *Bednarz,* Die Kundgabe von Beschlüssen des Aufsichtsrats durch den Aufsichtsratsvorsitzenden – ein Fall des § 174 Satz 1 BGB?, NZG 2005, 418; *Beiner,* Der Vorstandsvertrag, 2005; *Bellmann,* Die Bestellung von Vorständen, FS Bauer, 2010, 129; *T. Bezzenberger,* Der Vorstandsvorsitzende der Aktiengesellschaft, ZGR 1996, 661; *Boeckmann,* Die Zulässigkeit von Leistungen Dritter an Mitglieder des Vorstands der unabhängigen Aktiengesellschaft, 2018; *Bosse/Hinderer,* Vorzeitige Wiederbestellung des Vorstands auf dem Prüfstand, NZG 2011, 603; *Bresser/Thiele/Biedermann/Lüdeke,* Entlassung des Vorstandsvorsitzenden und Unternehmenserfolg: Eine empirische Untersuchung der größten deutschen Aktiengesellschaften, ZfB 75 (2005), 1165; *Bürgers/Theusinger,* Die Zulässigkeit einvernehmlicher Aufhebung der Bestellung eines Vorstandsmitglieds bei gleichzeitiger Neubestellung, NZG 2012, 1218; *Cools,* Europe's Ius Commune on Director Revocability, ECFR 2011, 199; *Deilmann,* Fehlen einer Directors & Officers (D&O) Versicherung als Rücktrittsgrund für die Organmitglieder einer Aktiengesellschaft, NZG 2005, 54; *Deilmann/Dornbusch,* Drittanstellungen im Konzern, NZG 2016, 201; *Denzer,* Konzerndimensionale Beendigung der Vorstands- und Geschäftsführerbestellung, 2005; *Diekmann/Punte,* Aktuelles zu Drittanstellung, Drittvergütung und Haftung von Mitgliedern des AG-Vorstands, WM 2016, 681; *Dietel,* Der Widerruf der Bestellung zum Vorstandsmitglied bei Vertrauensentzug der Hauptversammlung, 1965; *Dörnwächter,* Die Suspendierung von Vorstandsmitgliedern, NZG 2018, 54; *Dreher,* Die Abfindung beim Wechsel vom Vorstand in den Aufsichtsrat einer Aktiengesellschaft, FS K. Schmidt, 2009, 233; *Dubovitskaya,* Sind Vorstandsmitglieder wirklich Treuhänder?, NZG 2015, 983; *Duden,* Abberufung eines Vorstandsmitgliedes durch den Aufsichtsrat wegen Vertrauensentzugs durch die Aktionäre?, BB 1961, 225; *Eckardt,* Die Beendigung der Vorstands- und Geschäftsführerstellung in Kapitalgesellschaften, 1989; *Eckardt,* Koppelung der Beendigung des Anstellungsvertrages eines AG-Vorstandsmitgliedes an den Bestellungswiderruf?, AG 1989, 431; *v. Falkenhausen,* Weisungen an den Aufsichtsrat der abhängigen Aktiengesellschaft?, ZIP 2014, 1205; *Fastrich,* Zur vorzeitigen Neubestellung von Vorstandsmitgliedern vor dem Hintergrund der 5-Jahres-Frist des § 84 Abs. 1 Satz 3 AktG, FS Bucher, 2009, 209; *Fischer,* Die Bestellung von Arbeitnehmern zu Organmitgliedern juristischer Personen und das Schicksal ihres Arbeitsvertrags, NJW 2003, 2417; *Fischer,* Geschäftsführerdienstverträge und Urkundenprozess, NJW 2003, 333; *Fleck,* Das Organmitglied – Unternehmer oder Arbeitnehmer?, FS Hilger/Stumpf, 1983, 197; *Fleck,* Die Drittanstellung des GmbH-Geschäftsführers, ZHR 149 (1985), 387; *Fleischer,* Anhörungsrechte bei der Abberufung von Geschäftsleitern im US-amerikanischen, englischen, französischen und schweizerischen Aktienrecht: ein Vorbild für Deutschland?, RIW 2006, 481; *Fleischer,* Bestellungsdauer und Widerruf der Bestellung von Vorstandsmitgliedern im in- und ausländischen Aktienrecht, AG 2006, 429; *Fleischer,* Haftungsfreistellung, Prozeßkostenersatz und Versicherung für Vorstandsmitglieder, WM 2005, 909; *Fleischer,* Ruinöse Managerhaftung: Reaktionsmöglichkeiten de lege lata und de lege ferenda, ZIP 2014, 1305; *Fleischer,* Schwere Erkrankung des Vorstandsvorsitzenden und Ad-hoc-Publizität – Zum Spannungsverhältnis zwischen Markttransparenz und personenbedingten Geheimhaltungsinteressen im deutschen und US-amerikanischen Kapitalmarktrecht, FS U.H. Schneider, 2011, 333; *Fleischer,* Vorstandshaftung und Rechtsirrtum über die Vertretungskompetenz beim Abschluss eines Interim-Management-Vertrags, DB 2016, 1764; *Fleischer,* Vorzeitige Wiederbestellung von Vorstandsmitgliedern: Zulässige Gestaltungsmöglichkeit oder erlaubte Umgehung des § 84 Abs. 1 Satz 3 AktG?, DB 2011, 861; *Fleischer,* When Illness Strikes the Leader – Rechtsfragen bei schwerer Erkrankung eines Vorstandsmitglieds, Der Aufsichtsrat 2010, 86; *Fleischer,* Zur Abberufung von Vorstandsmitgliedern auf Druck Dritter, DStR 2006, 1507; *Fleischer,* Zur Privatsphäre von Geschäftsleitern: Organpflichten, organschaftliche Zurechnung und private Umstände, NJW 2006, 3239; *Fleischer,* Gesundheitsprobleme eines Vorstandsmitglieds im Lichte des Aktien- und Kapitalmarktrechts, NZG 2010, 561; *Fonk,* Rechtsfragen nach der Abberufung von Vorstandsmitgliedern und Geschäftsführern, NZG 1998, 408; *Fonk,* Was bleibt dem Personalausschuss des Aufsichtsrats der AG nach dem VorstAG?, FS Hoffmann-Becking, 2013, 347; *Fonk,* Zur Vertragsgestaltung bei Vorstandsdoppelmandaten, NZG 2010, 368; *Forst,* Rechtfertigen wertpapieraufsichtsrechtliche Maßnahmen zu Lasten von Vorstandsmitgliedern deren Abberufung oder die Kündigung des Anstellungsvertrags?, AG 2013, 277; *Frels,* Handelsregisterliche Fragen bei der Vorstandsbestellung, AG 1967, 227; *Fütterer,* Der Drittanstellungsvertrag, 2017; *Goette,* Der Geschäftsführer-Dienstvertrag zwischen Gesellschafts- und Arbeitsrecht in der Rechtsprechung des Bundesgerichtshofs, FS Wiedemann, 2002, 873; *Goette,* Zur individualvertraglich vereinbarten entsprechenden Anwendung des Kündigungsschutzgesetzes in organschaftlichen Anstellungsverträgen, FS U.H. Schneider, 2011, 353; *Götz,* Die vorzeitige Wiederwahl von Vorständen, AG 2002, 305; *Grambow,* Sozialversicherungspflicht von Vorständen der AG und geschäftsführenden Direktoren der SE, AG 2010, 477; *Grobys/Littger,* Amtsniederlegung durch das Vorstandsmitglied, BB 2002, 2292; *Grumann/Gillmann,* Abberufung und Kündigung von Vorstandsmitgliedern einer Aktiengesellschaft, DB 2003, 770; *Grunewald,* Interne Aufklärungspflichten von Vorstand und Aufsichtsrat, NZG 2013, 841; *Habersack,* Verkleinerung des Vorstands durch Abberufung aus wichtigem Grund?, DB 2015, 787;

Habersack, Der Anstellungsvertrag zwischen Vorstandsmitglied und Aktiengesellschaft – ein Fall für das AGB-Recht?, FS Coester-Waltjen, 2015, 1097; *Habersack/Wasserbäch*, Organhandeln vor Schiedsgerichten, AG 2016, 2; *Heidel*, Ist die beabsichtigte Verkleinerung des Vorstands ein wichtiger Grund zur Abberufung seiner Mitglieder?, AG 2013, R 341; *Henne*, Abberufung und Kündigung eines Vorstandsmitglieds bei Verstoß gegen Gebot unbedingter Offenheit gegenüber Aufsichtsrat, GWR 2012, 347; *Henssler*, D&O-Versicherung in Deutschland, RWS-Forum Gesellschaftsrecht 2001, 131; *Henssler*, Das Anstellungsverhältnis der Organmitglieder, RdA 1992, 289; *v. Hein*, Vom Vorstandsvorsitzenden zum CEO?, ZHR 166 (2002), 464; *Herresthal*, Die Wirksamkeit von Schiedsabreden mit Vorstandsmitgliedern und Geschäftsführern bei Organhaftungsstreitigkeiten, ZIP 2014, 345; *Heutz*, Zur Pflicht der Gesellschaft zur Übernahme von Rechtsverteidigungskosten im Zusammenhang mit Compliance-Pflichten ihrer Geschäftsführer, DB 2012, 902; *Hohenstatt/Naber*, Die D&O-Versicherung im Vorstandsvertrag, DB 2010, 2321; *Hohenstatt/Naber*, Diskriminierungsschutz für Organmitglieder: Konsequenzen für die Vertragsgestaltung, ZIP 2012, 1989; *Hölters/Weber*, Vorzeitige Wiederbestellungen von Vorstandsmitgliedern, AG 2005, 629; *Hoffmann-Becking*, Abfindungsleistungen an ausscheidende Vorstandsmitglieder, ZIP 2007, 2101; *Hoffmann-Becking*, „Organnachfolge" bei der Verschmelzung?, FS Ulmer, 2003, 243; *Hoffmann-Becking*, Zum einvernehmlichen Ausscheiden von Vorstandsmitgliedern, FS Stimpel, 1985, 589; *A. Hueck*, Die Rechtsstellung der Mitglieder von Organen der juristischen Personen, DB 1954, 274; *A. Hueck*, Einfluß der Umwandlung von Kapitalgesellschaften auf die Stellung von Vorstandsmitgliedern und Geschäftsführern, DB 1957, 1259; *G. Hueck*, Bemerkungen zum Anstellungsverhältnis von Organmitgliedern juristischer Personen, FS Hilger/Stumpf, 1983, 365; *Janzen*, Vorzeitige Beendigung von Vorstandsamt und Vorstandsvertrag, NZG 2003, 468; *Jestaedt*, Die Vergütung des Geschäftsführers für unternehmensbezogene Erfindungen, FS Nirk, 1992, 493; *Jooß*, Die Drittanstellung des Vorstandsmitglieds einer AG, NZG 2011, 950; *Kalb/Fröhlich*, Die Drittvergütung von Vorstandsmitgliedern, NZG 2014, 167; *Kapp*, Dürfen Unternehmen ihren (geschäftsleitenden) Mitarbeitern Geldstrafen bzw. -bußen erstatten?, NJW 1992, 2796; *Klöckner*, Die Aktiengesellschaft in der Insolvenz – Bestellung und Abberufung des Vorstands, AG 2010, 780; *Koch*, Regressreduzierung im Kapitalgesellschaftsrecht – eine Sammelreplik, AG 2014, 513; *Köhler*, Fehlerhafte Vorstandsverträge, NZG 2008, 161; *Kort*, Sind GmbH-Geschäftsführer und Vorstandsmitglieder diskriminierungsrechtlich Arbeitnehmer?, NZG 2013, 601; *Kort*, Ungleichbehandlung von Geschäftsleitungsmitgliedern bei AG und GmbH wegen des Alters, WM 2013, 1049; *Kort*, Beziehungen des Vorstandsmitglieds zu Dritten: Drittanstellung, Interim Management, Personalleasing und Vergütung durch Dritte, AG 2015, 531; *Krause*, Auswirkungen des Allgemeinen Gleichbehandlungsgesetzes auf die Organbesetzung, AG 2007, 392; *Krieger*, Interim Manager im Vorstand der AG, FS Hoffmann-Becking, 2013, 711; *Krieger*, Personalentscheidungen des Aufsichtsrats, 1981; *Krieger*, Zahlungen der Aktiengesellschaft im Strafverfahren gegen Vorstandsmitglieder, FS G. Bezzenberger, 2000, 211; *Kruse*, Mutterschutz für Organe von Gesellschaften?, NZA 2013, 596; *Leuchten*, Zum verflixten Verhältnis zwischen Bestellung und Anstellungsvertrag, FS Bauer, 2010, 635; *ders.*, Zur vorzeitigen Wiederbestellung von Vorständen, NZG 2005, 909; *Leuering*, Die Zurückweisung von einseitigen Rechtsgeschäften des Aufsichtsrats nach § 174 BGB, NZG 2004, 120; *Lingemann/Weingart*, Zur Anwendung des AGG auf Organmitglieder, DB 2012, 2325; *Link*, Die Amtsniederlegung von Gesellschaftsorganen, 2003; *Lüneborg/Resch*, Die Ersatzfähigkeit von Kosten interner Ermittlungen und sonstiger Rechtsberatung im Rahmen der Organhaftung, NZG 2018, 209; *Lunk/Rodenbusch*, Der unionsrechtliche Arbeitnehmerbegriff und seine Auswirkungen auf das deutsche Recht, GmbHR 2012, 188; *Lutter*, Anwendbarkeit der Altersbestimmungen des AGG auf Organpersonen, BB 2007, 725; *Lutter/Krieger/Verse*, Rechte und Pflichten des Aufsichtsrats, 6. Aufl. 2014; *Mack*, Die Begründung und die Beendigung der Rechtsstellung von Organmitgliedern, 1974; *Martens*, Die außerordentliche Beendigung von Organ- und Anstellungsverhältnis, FS Werner, 1984, 495; *Martens*, Vertretungsorgan und Arbeitnehmerstatus in konzernabhängigen Gesellschaften, FS Hilger/Stumpf, 1983, 437; *Meier/Pech*, Bestellung und Anstellung von Vorstandsmitgliedern in Aktiengesellschaften und Geschäftsführern in einer GmbH, DStR 1995, 1195; *Meier*, Der fehlerhafte Anstellungsvertrag von Organmitgliedern und die Rückabwicklung der Vergütung, NZA 2011, 267; *Mertens*, Verfahrensfragen bei Personalentscheidungen des mitbestimmten Aufsichtsrats, ZGR 1983, 189; *Mielke*, Die Abberufung von Vorstandsmitgliedern wegen Vertrauensentzugs durch die Hauptversammlung – beweis- und verfahrensrechtliche Fragen, BB 2014, 1035; *Nees*, Abberufung und außerordentliche Kündigung eines Vorstandsmitglieds einer AG wegen seines Privatverhaltens, 2016; *Neideck*, Die Mitwirkung der Hauptversammlung bei der Ausübung der Personalkompetenz durch den Aufsichtsrat, 2015; *Niewiarra*, Verträge zwischen Vorstand und Aktionär, BB 1998, 1961; *Paschos/von der Linden*, Vorzeitige Wiederbestellung von Vorstandsmitgliedern, AG 2012, 736; *Preis/Sagan*, Der GmbH-Geschäftsführer in der arbeits- und diskriminierungsrechtlichen Rechtsprechung des EuGH, BGH und BAG, ZGR 2013, 26; *Preußner*, Formale Anforderungen an die fristlose Kündigung des Bankvorstands, NZG 2004, 1151; *Priester*, Neufestsetzung der Amtszeit von Vorstandsmitgliedern, ZIP 2012, 736; *Pusch*, Vollmachtsnachweis bei Bestellung und Kündigung von Vorstandsmitgliedern, RdA 2005, 170; *Rasmussen-Bonne*, „Einnisten verboten": Arbeitsvertragliche Absicherung von Vorständen, GWR 2010, 181; *Rehbinder*, Rechtliche Schranken der Erstattung von Bußgeldern an Organmitglieder und Angestellte, ZHR 148 (1984), 555; *Reiserer/Peters*, Die anwaltliche Vertretung von Geschäftsführern und Vorständen bei Abberufung und Kündigung, DB 2008, 167; *A. Reuter*, Die aktienrechtliche Zulässigkeit von Konzernanstellungsverträgen, AG 2011, 274; *D. Reuter*, Bestellung und Anstellung von Organmitgliedern im Körperschaftsrecht, FS Zöllner, 1998, 487; *Röder/Lingemann*, Schicksal von Vorstand und Geschäftsführer bei Unternehmensumwandlungen und Unternehmensveräußerungen, DB 1993, 1341; *Rubner/Pospiech*, Der Vorstandsvorsitzende, NJW-Spezial 2017, 15; *Säcker*, Rechtsprobleme beim Widerruf der Bestellung von Organmitgliedern und Ansprüche aus fehlerhaften Anstellungsverträgen, FS G. Müller, 1981, 745; *Säcker*, Gesellschafts- und dienstvertragliche Fragen bei Inanspruchnahme der Kronzeugenregelung, WuW 2009, 362; *Sagan/Hübner*, Die Sozialversicherungspflicht von Vorstandsmitgliedern in- und ausländischer Aktiengesellschaften, AG 2011, 852; *Schick*, Übernahme und Erstattung von Rechtsverteidigungs- und Verfahrenskosten durch eine Aktiengesellschaft im Zusammenhang mit Straf- und Ordnungswidrigkeitsverfahren gegen Organmitglieder, ZWH 2012, 433; *Schlüter*, Schiedsbindung von Organmitgliedern, 2017; *K. Schmidt*, Bestellung und Abberufung des Vorstands in der Insolvenz einer Aktiengesellschaft, AG 2011, 1; *Schmolke,* Die Abberufung des Vorstandsmitglieds auf Verdacht, AG 2014, 377; *Schmolke,* Geschäftsleiterpflichten zur Offenlegung begangenen Fehlverhaltens?, RIW 2008, 365; *Schmolke,* „Shoot out"-Klauseln und Verpflichtung des Vorstands zur Amtsniederlegung, ZIP 2014, 897; *U.H. Schneider,* Die nachwirkenden Pflichten des ausgeschiedenen Geschäftsführers, FS Hommelhoff, 2012, 1023; *Schockenhoff/Topf,* Formelle Wirksamkeitsanforderungen an die Abberufung eines Vorstandsmitglieds und die Kündigung seines Anstellungsvertrages, DB 2005, 539; *Schrader/Simon,* Die Abberufung von Vorstandsmitgliedern wegen Vertrauensentzug, GWR 2017, 393; *Schubert,* Der Diskriminierungsschutz der Organvertreter und die Kapitalverkehrsfreiheit der Investoren im Konflikt, ZIP 2013, 289; *Schumacher-Mohr,* Das Abmahnerfordernis im Fall der außerordentlichen Kündigung von Organmitgliedern, DB 2002, 1606; *Schumacher-Mohr,* Die vorzeitige Beendbarkeit des Angestelltenverhältnisses eines AG-Vorstands gegen seinen Willen, 2004; *Schumacher-Mohr,* Fristprobleme bei der außerordentlichen Kündigung von Vorstandsmitgliedern einer Aktiengesellschaft, ZIP 2002, 2245; *Schürnbrand,* Zur fehlerhaften Bestellung von Aufsichtsratsmitgliedern und fehlerhaften Abberufung von Vorstandsmitgliedern, NZG 2008, 609; *Selter,* Neufestsetzung der Amtszeit von Vorstandsmitgliedern, NZG 2011, 897; *Simons/Hanloser,* Vorstandsvorsitzender und Vorstandssprecher, AG 2010, 641; *Spindler,* Konzernbezogene Anstellungsverträge und Vergütungen von Organmitgliedern, FS K. Schmidt, 2009, 1529; *Stein,* Die neue Dogmatik der Wissensverantwortung bei der außerordentlichen Kündigung von Organmitgliedern der Kapitalgesellschaften, ZGR 1999, 264; *Steinbeck/Menke,* Kündigungsklauseln in Vorstandsanstellungsverträgen, DStR 2003, 940; *Strohn,* Faktische Organe, DB 2011, 158; *Theiselmann,* Gesellschaftsrechtliche Aspekte des Abschlusses von Drittanstellungsverträgen mit Interimmanagern, ZIP 2015, 1712; *Theobald,* Drittanstellung von Vorstandsmitgliedern in der Aktiengesellschaft, FS Raiser, 2005, 421; *Thüsing,* Geltung und Abdingbarkeit des BetrAVG für Vorstandsmitglieder einer AG 2003, 484; *Thüsing/Stiebert,* Altersgrenzen bei Organmitgliedern, NZG 2011, 641; *Tschöpe/Wortmann,* Der wichtige Grund bei Abberufungen und außerordentlichen Kündigungen von geschäftsführenden Organvertretern, NZG 2009, 161; *Uffmann,* Interim Management in Zeiten nachhaltiger Unternehmensführung?, ZGR 2013, 273; *Uhlenbruck,* Die Kündigung und Vergütung von Beratern, Vorständen und Geschäftsführern in der Unternehmensinsolvenz, BB 2003, 1185; *Veltins,* Der dritte Pensionsfall – Übergangsgelder und Wettbewerbsverbote für Vorstandsmitglieder einer AG, BB 2013, 1077; *E. Vetter,* Drittanstellung von Vorstandsmitgliedern und aktienrechtliche Kompetenzordnung, FS Hoffmann-Becking, 2013, 1297; *E. Vetter,* Drittanstellung von Vorstandsmitgliedern, aktienrechtliche Kompetenzverteilung und Exkulpation des Vorstands bei rechtlicher Beratung, NZG 2015, 889; *Vischer,* Die Abberufung von Vorstandsmitgliedern der Aktiengesellschaft, 1965; *Wedemann,* Vorzeitige Wiederbestellung von Vorstandsmitgliedern: Gesetzesumgehung, Rechtsmissbrauch und intertemporale Organtreue auf dem Prüfstand, ZGR 2013, 316; *Weinkamm,* Die Drittanstellung von Vorstandsmitgliedern, 2016; *Weller/Rahlmeyer,* Ausgleichsklauseln in Aufhebungsvereinbarungen mit Vorstandsmitgliedern – Steine statt Brot?!, GWR 2014, 167; *Wettich,* Vorstandsorganisation in der Aktiengesellschaft, 2008; *Werner,* Die Pflicht der GmbH zur Übernahme von Kosten in Zusammenhang mit Strafverfahren gegen ihre Geschäftsführer, GmbHR 2012, 1107; *v. Westphalen,* Unwirksame Schiedsvereinbarungen mit Verbrauchern – notwendiger Schutz von Vorständen und Geschäftsführern, ZIP 2013, 2184; *v. Westphalen,* Koppelungsklauseln in Geschäftsführer- und Vorstandsverträgen – das scharfe Schwert von § 307 BGB, BB 2015, 834; *Wicke,* Der CEO im Spannungsverhältnis zum Kollegialprinzip: Gestaltungsüberlegungen zur Leitungsstruktur der AG, NJW 2007, 3755; *Willemer,* Die Neubestellung von Vorstandsmitgliedern vor Ablauf der Amtsperiode, AG 1977, 130; *Ziemons,* Der Vorstand als Arbeitnehmer, KSzW 2013, 19; *Zimmer,* Kündigung im Management: § 623 BGB gilt nicht für GmbH-Geschäftsführer und AG-Vorstände, BB 2003, 1175; *Zöllner,* Lohn ohne Arbeit bei Vorstandsmitgliedern, FS Koppensteiner, 2001, 291.

Übersicht

	Rn.		Rn.
I. Überblick	1–4	**III. Anstellungsvertrag**	24–86
1. Regelungsgegenstand	1	1. Allgemeines	24–32
2. Vorgängervorschriften und Parallelregelungen	2, 3	a) Rechtsnatur	24–26
3. Rechtsvergleichung	4	b) Analoge Anwendung arbeitsrechtlicher Vorschriften	27–29a
II. Bestellung von Vorstandsmitgliedern	5–23	c) Sozialversicherungsrechtliche Einordnung	30
1. Allgemeines	5–8	d) Gegenseitige Treue- und Fürsorgepflicht	31
a) Rechtsnatur und Wirkung	5, 6	e) Übergang vom Arbeits- zum Anstellungsverhältnis	32
b) Trennung von Bestellung und Anstellung	7, 8	2. Zuständigkeit	33–36
2. Zuständigkeit	9, 10	a) Allgemeines	33
3. Bestellungsverfahren	11–11b	b) Übertragung auf einen Ausschuss	34–36
4. Bestellungsdauer	12–14	3. Verfahren und Form	37, 38
a) Mindestfrist	12	4. Drittanstellung	39, 39a
b) Höchstfrist	13, 14	5. Vertragsdauer	40–42
5. Wiederbestellung	15–19	a) Höchst- und Mindestdauer	40
a) Allgemeines	15, 16	b) Vertragsverlängerung	41
b) Vorzeitige Wiederbestellung	17–19	c) Koppelungsklauseln	42
6. Mängel der Bestellung	20–23	6. Rechte der Vorstandsmitglieder	43–74

	Rn.		Rn.
a) Vergütung	44–47	c) Berücksichtigung der Eigeninteressen des Vorstandsmitglieds?	101, 102
b) Betriebliche Zusatzleistungen	48		
c) Ruhegeld	49–61	d) Benannte Beispielsfälle	103–112
d) Urlaub	62, 63	e) Verdachtsabberufung	112a
e) Auslagenersatz	64–70	f) Unbenannte Einzelfälle	113–124
f) Freistellungszusagen	71–73	g) Widerrufsform und Angabe von Widerrufsgründen	125
g) Versicherung	74		
7. Pflichten der Vorstandsmitglieder	75–83	h) Anhörung?	126, 127
a) Allgemeines	75	4. Wirkungen des Widerrufs	128–130
b) Treuepflicht	76, 76a	a) Allgemeines	128
c) Gesetzliches und nachvertragliches Wettbewerbsverbot	77	b) Fehlen eines wichtigen Grundes	129
		c) Unwirksamkeit des Aufsichtsratsbeschlusses	130
d) Verschwiegenheitspflicht	78		
e) Dienstzeit und Nebentätigkeiten	79, 80	5. Rechtsschutz des Vorstandsmitglieds	131–135
f) Auskunfts- und Herausgabepflicht	81, 82	a) Verfahren	131, 132
g) Pflicht zur Offenbarung eigenen Fehlverhaltens?	82a	b) Gerichtliche Prüfung	133, 134
		c) Rückkehr eines unwirksam abberufenen Vorstandsmitglieds	135
h) Überlassung von Erfindungen	83		
8. Mängel der Anstellung	84–86	6. Sonstige Beendigungstatbestände	136–144
IV. Vorsitzender des Vorstands	**87–91**	a) Suspendierung	136–140
1. Ernennung	87, 88	b) Amtsniederlegung	141–143
2. Rechtsstellung	89, 90	c) Einvernehmliches Ausscheiden	144
3. Abgrenzung zum Vorstandssprecher	91	**VI. Kündigung des Anstellungsvertrages**	**145–174**
V. Widerruf der Bestellung	**92–144**	1. Allgemeines	145
1. Allgemeines	92–94	2. Zuständigkeit, Verfahren und Erklärung der Kündigung	146–149
a) Begriff und Bedeutung	92	a) Zuständigkeit	146, 147
b) Anwendungsbereich	93, 94	b) Verfahren	148
2. Zuständigkeit, Verfahren und Erklärung des Widerrufs	95–98	c) Erklärung der Kündigung	149
a) Zuständigkeit	95	3. Voraussetzungen der Kündigung	150–167
b) Beschlussfassung	96	a) Außerordentliche Kündigung	150–166
c) Erklärung des Widerrufs	97, 98	b) Ordentliche Kündigung	167
3. Voraussetzungen des Widerrufs	99–127	4. Rechtsschutz des Vorstandsmitglieds	168, 169
a) Widerruf nur aus wichtigem Grund	99	5. Sonstige Beendigungstatbestände	170–174
		a) Kündigung durch das Vorstandsmitglied	170, 171
b) Allgemeine Anforderungen an einen wichtigen Grund	100	b) Einvernehmliche Aufhebung	172, 173
		c) Varia	174

I. Überblick

1. Regelungsgegenstand. § 84 regelt die Bestellung und Abberufung von Vorstandsmitgliedern. **1** Abs. 1 legt die Personalkompetenz in die Hände des Aufsichtsrats und sieht für Vorstandsmitglieder eine Bestellungshöchstdauer von fünf Jahren bei freier Wiederwahl vor. Abs. 2 eröffnet dem Aufsichtsrat die Möglichkeit, ein Vorstandsmitglied zum Vorsitzenden des Vorstands zu ernennen. Zum Widerruf der Bestellung ist der Aufsichtsrat nach Abs. 3 nur berechtigt, wenn ein wichtiger Grund vorliegt. Von der Bestellung eines Vorstandsmitglieds und ihrem Widerruf trennen Abs. 1 S. 5 und Abs. 3 S. 5 den Abschluss und die Kündigung des Anstellungsvertrages.

2. Vorgängervorschriften und Parallelregelungen. § 84 Abs. 1 knüpft an § 75 Abs. 1 AktG **2** 1937 an, der erstmals eine Bestellungshöchstdauer für Vorstandsmitglieder eingeführt hatte.[1] Die Tatsache, dass ein Bestellungswiderruf nur bei Vorliegen eines wichtigen Grundes statthaft ist, geht ebenfalls auf das Aktiengesetz von 1937 zurück; der heutige § 84 Abs. 3 hat seiner Vorgängerregelung lediglich den Vertrauensentzug durch die Hauptversammlung als weiteren Abberufungsgrund hinzugefügt.[2] Art. 227 Abs. 3 ADHGB 1861 und § 231 HGB 1897 hatten dagegen auf dem Boden der sog. Mandatstheorie noch eine freie Widerruflichkeit des Vorstandsamtes vorgesehen.[3]

Anders als § 84 Abs. 3 geht § 38 Abs. 1 GmbHG von der freien Abberufbarkeit des Geschäftsfüh- **3** rers als Grundsatzregelung aus. Im Gesellschaftsvertrag kann die Zulässigkeit des Widerrufs gemäß

---
[1] Dazu Amtl. Begr. zu § 75 AktG 1937 bei *Klausing* S. 61.
[2] Vgl. BegrRegE *Kropff* S. 106.
[3] Rückblickend zur Mandatstheorie *Baums*, Der Geschäftsleitervertrag, 1987, 9 f.; *Fleischer* AG 2006, 429 (430).

§ 38 Abs. 2 GmbHG aber auf den Fall beschränkt werden, dass wichtige Gründe denselben notwendig machen. Für Vorstandsmitglieder einer Genossenschaft gilt nach § 24 Abs. 3 S. 2 GenG der Grundsatz freier Widerruflichkeit.

4 **3. Rechtsvergleichung.** International räumt das deutsche Recht den Vorstandsmitgliedern eine vergleichsweise starke Stellung ein.[4] Was zunächst die Amtsdauer anbelangt, so beträgt sie in den Vereinigten Staaten regelmäßig nur ein Jahr, sofern die Satzung keine Staffelung des Verwaltungsrats *(staggered boards)* vorsieht; in England ordnet die gesetzliche Mustersatzung die rotierende Wahl eines Drittels der Direktoren auf der jährlichen Hauptversammlung an; Frankreich kennt dagegen – wie Art. 46 Abs. 1 SE-VO – eine Bestellungshöchstdauer von sechs Jahren.[5] Hinsichtlich des Bestellungswiderrufs herrscht rechtsvergleichend der Grundsatz freier Abberufbarkeit vor, den man in den angelsächsischen Systemen als *removal without cause* und in den romanischen Rechten als *révocation ad nutum* zu bezeichnen pflegt.[6] Allerdings steht den Geschäftsleitern dort – anders als hierzulande (→ Rn. 126) – ein Anhörungsrecht vor ihrer Abberufung zu.[7]

II. Bestellung von Vorstandsmitgliedern

5 **1. Allgemeines. a) Rechtsnatur und Wirkung.** Vorstandsmitglieder werden durch einen Bestellungsakt in ihr Amt eingesetzt. Sie erlangen auf diese Weise die Rechtsstellung eines Organmitglieds im Innen- und Außenverhältnis mit allen zugehörigen Rechten und Pflichten.[8] Die Bestellung ist ein mehrstufiger Vorgang, der sich aus dem Bestellungsbeschluss des Aufsichtsrats, der Bestellungserklärung gegenüber dem Bestellten und dessen Annahmeerklärung zusammensetzt.[9] Die Rechtsnatur des Bestellungsvorgangs ist Gegenstand dogmatischer Auseinandersetzungen: Manche deuten ihn als Vertrag,[10] die hL ordnet ihn als mitwirkungsbedürftige Maßnahme der organschaftlichen Selbstverwaltung ein.[11] Wie die Bestellungserklärung hat auch die Annahme des Amtes durch den Bestellten rechtsgeschäftlichen Charakter.[12] Sie ist allerdings nicht formbedürftig[13] und kann auch konkludent durch Aufnahme der Tätigkeit erfolgen.[14] Zeitlich kann die Bestellung einen fest bestimmten zukünftigen Termin für den Amtsantritt vorsehen.[15] Die hM gestattet auch eine aufschiebend bedingte Bestellung.[16] Der Zeitraum bis zum Eintritt der Bedingung oder Befristung darf jedoch nach dem Rechtsgedanken des § 84 Abs. 1 S. 3 nicht mehr als ein Jahr betragen.[17] Im Handelsregister sind die entsprechenden Bestellungsmodalitäten zu vermerken.[18]

6 Nicht mehr zur Bestellung zählt die Zuweisung eines bestimmten Geschäftsbereichs an das Vorstandsmitglied.[19] Sie bildet vielmehr einen gesonderten, der Geschäftsordnung vorbehaltenen Akt

---

[4] Für eine knappe, aber aufschlussreiche Skizze *Enriques/Hansmann/Kraakman* in Kraakman/Armour/Davies/Enriques/Hansmann/Hertig/Hopt/Kanda/Rock, The Anatomy of Corporate Law, 3. Aufl. 2017, 55 ff.; ausführlich *Fleischer* AG 2006, 429 (431 ff.).

[5] Näher *Fleischer* AG 2006, 429 (431 f.).

[6] Eingehend *Cools* ECFR 2011, 199 ff.; *Fleischer* AG 2006, 429 (431 ff.); beide mwN.

[7] Näher *Fleischer* RIW 2006, 481 (482 ff.) mwN.

[8] Vgl. K. Schmidt/Lutter/*Seibt* Rn. 6; MüKoAktG/*Spindler* Rn. 9; *Thüsing* in Fleischer VorstandsR-HdB § 4 Rn. 39; MHdB AG/*Wiesner* § 20 Rn. 13.

[9] Vgl. BGHZ 52, 316 (321); OLG Nürnberg NZG 2014, 222 (225); Hüffer/Koch/*Koch* Rn. 3; Beck MandatsHdB Vorstand/*Lücke* § 2 Rn. 14; NK-AktR/*Oltmanns* Rn. 3; *K. Schmidt* GesR § 14 III 2 a, S. 416; K. Schmidt/Lutter/*Seibt* Rn. 10; Grigoleit/*Vedder* Rn. 4; MHdB AG/*Wiesner* § 20 Rn. 13.

[10] Vgl. *Baums*, Der Geschäftsleitervertrag, 1987, 40; *Schnorr v. Carolsfeld* DNotZ 1963, 404 (419); s. auch Hüffer/Koch/*Koch* Rn. 4: zwei einseitige, aber inhaltlich aufeinander bezogene Rechtsgeschäfte; dem zustimmend Großkomm AktG/*Kort* Rn. 39; K. Schmidt/Lutter/*Seibt* Rn. 6.

[11] Vgl. Baumbach/Hueck Rn. 4; *Krieger*, Personalentscheidungen des Aufsichtsrats, 1981, 4 ff.; Kölner Komm AktG/*Mertens/Cahn* Rn. 2; s. auch *Seyfarth* VorstandsR § 3 Rn. 1: einseitiger korporationsrechtlicher Akt.

[12] Vgl. Hüffer/Koch/*Koch* Rn. 4; Grigoleit/*Vedder* Rn. 4.

[13] Vgl. NK-AktR/*Oltmanns* Rn. 3; *Thüsing* in Fleischer VorstandsR-HdB § 4 Rn. 7.

[14] Vgl. Bürgers/Körber/*Bürgers* Rn. 2; Wachter/*Eckert* Rn. 3; Hüffer/Koch/*Koch* Rn. 4; Großkomm AktG/*Kort* Rn. 39; MüKoAktG/*Spindler* Rn. 23; *Kubis* in Semler/Peltzer/Kubis ArbHdB Vorstand § 2 Rn. 30.

[15] Vgl. Bürgers/Körber/*Bürgers* Rn. 4; *Frels* AG 1967, 227; Kölner Komm AktG/*Mertens/Cahn* Rn. 6; MHdB AG/*Wiesner* § 20 Rn. 17.

[16] Vgl. Wachter/*Eckert* Rn. 3; Großkomm AktG/*Kort* Rn. 37; Kölner Komm AktG/*Mertens/Cahn* Rn. 6; MHdB AG/*Wiesner* § 20 Rn. 17; abw. *Thüsing* in Fleischer VorstandsR-HdB § 4 Rn. 7.

[17] Vgl. *Fonk* in Semler/v. Schenck AR-HdB § 10 Rn. 36; Kölner Komm AktG/*Mertens/Cahn* Rn. 14; *Thüsing* in Fleischer VorstandsR-HdB § 4 Rn. 23; MHdB AG/*Wiesner* § 20 Rn. 17; ablehnend *Bauer/Arnold* DB 2007, 1571 (1572); abw. auch Hölters/*Weber* Rn. 17 (Gesamtfrist von sechs Jahren ab Beschlussfassung entscheidend).

[18] Vgl. *Frels* AG 1967, 227 (229); Kölner Komm AktG/*Mertens/Cahn* Rn. 14; MHdB AG/*Wiesner* § 20 Rn. 17.

[19] Vgl. Bürgers/Körber/*Bürgers* Rn. 2; Hüffer/Koch/*Koch* Rn. 3; K. Schmidt/Lutter/*Seibt* Rn. 7; MüKoAktG/*Spindler* Rn. 21; *Thüsing* in Fleischer VorstandsR-HdB § 4 Rn. 8; abw. *Krieger*, Personalentscheidungen des Aufsichtsrats, 1981, 192 ff.

(→ § 77 Rn. 59 ff.).²⁰ Eine Ausnahme gilt nur für den Arbeitsdirektor, der eine mitbestimmungsrechtlich vorgegebene Kernzuständigkeit für Arbeit und Soziales hat und eigens für diese Aufgabe bestellt wird.²¹ Vom Inhalt des Bestellungsbeschlusses zu unterscheiden ist die Frage, ob dem Vorstandsmitglied im Anstellungsvertrag ein bestimmtes Ressort zugesagt werden kann.²²

b) Trennung von Bestellung und Anstellung. Von der organschaftlichen Bestellung ist der **7** schuldrechtliche Anstellungsvertrag des Vorstandsmitglieds zu unterscheiden.²³ Er regelt den genauen Umfang seiner Leistungspflichten sowie die Gegenleistung der Gesellschaft.²⁴ Eine gesetzliche Basis für die Sonderung von Bestellung und Anstellung, die man als Trennungstheorie zu bezeichnen pflegt,²⁵ bietet § 84 Abs. 1 S. 5. Ihr rechtspraktischer Wert zeigt sich vor allem beim Widerruf der Bestellung, der nach § 84 Abs. 3 S. 5 nicht notwendig zum Erlöschen der Ansprüche aus dem Anstellungsvertrag führt.²⁶ Vereinzelte Versuche, das Rechtsverhältnis zwischen Vorstandsmitglied und Gesellschaft als Einheit zu begreifen,²⁷ haben sich angesichts des klaren Gesetzeswortlauts und der eindeutigen Gesetzesmaterialien²⁸ zu Recht nicht durchsetzen können. Für eine grundlegende Neuorientierung besteht auch kein sachliches Bedürfnis, weil sich die bisherige Zweiteilung in der Rechtspraxis insgesamt bewährt hat.²⁹

Trotz ihrer dogmatischen Trennung stehen Bestellung und Anstellung in einem engen tatsächlichen und rechtlichen Zusammenhang.³⁰ Sie müssen aufeinander abgestimmt und miteinander in **8** Beziehung gesetzt werden.³¹ So kann der Anstellungsvertrag nicht für eine längere Zeit als für die Dauer des Vorstandsamtes abgeschlossen werden.³² Häufig wird sein Abschluss der Bestellung nachfolgen.³³ Vom Zeitpunkt der Bestellung an ist die Gesellschaft verpflichtet, auf den Abschluss eines fairen Anstellungsvertrages hinzuwirken;³⁴ kommt dieser nicht binnen angemessener Frist zustande, kann das wirksam bestellte Vorstandsmitglied sein Amt niederlegen.³⁵

2. Zuständigkeit. Zuständig für die Bestellung von Vorstandsmitgliedern ist der Aufsichtsrat. Er **9** bleibt auch während des Insolvenzverfahrens bestellungsbefugt.³⁶ Die Entscheidung obliegt dem

---

²⁰ Vgl. *Fonk* in Semler/v. Schenck AR-HdB § 10 Rn. 31; Hüffer/Koch/*Koch* Rn. 3; MüKoAktG/*Spindler* Rn. 20.
²¹ Vgl. Hüffer/Koch/*Koch* Rn. 3; Kölner Komm AktG/*Mertens/Cahn* Rn. 3; NK-AktR/*Oltmanns* Rn. 3; K. Schmidt/Lutter/*Seibt* Rn. 7.
²² Vgl. Großkomm AktG/*Kort* Rn. 30; MüKoAktG/*Spindler* Rn. 21.
²³ Vgl. BegrRegE *Kropff* S. 106; BGHZ 78, 82 (84); 79, 38 (41); 89, 48 (52); BGH NJW 2003, 351; OLG Schleswig AG 2001, 651 (653); Bürgers/Körber/*Bürgers* Rn. 1; Wachter/*Eckert* Rn. 2; Hüffer/Koch/*Koch* Rn. 2; Großkomm AktG/*Kort* Rn. 17; MüKoAktG/*Spindler* Rn. 10; Kölner Komm AktG/*Mertens/Cahn* Rn. 4; NK-AktR/*Oltmanns* Rn. 2; *K. Schmidt* GesR § 14 III 2 b, S. 416 ff.; K. Schmidt/Lutter/*Seibt* Rn. 5; *Thüsing* in Fleischer VorstandsR-HdB § 4 Rn. 1; s. auch Raiser/Veil KapGesR § 14 Rn. 46, die von einem „rechtsdogmatischen Kunstgriff" sprechen; kritisch aber *Reuter* FS Zöllner, 1998, 487 ff.
²⁴ Vgl. *K. Schmidt* GesR § 28 II 2 d, S. 809; *Thüsing* in Fleischer VorstandsR-HdB § 4 Rn. 53; MHdB AG/*Wiesner* § 20 Rn. 14.
²⁵ Vgl. *Beiner*, Der Vorstandsvertrag, 2005, Rn. 25; Wachter/*Eckert* Rn. 2; Hüffer/Koch/*Koch* Rn. 2; Beck MandatsHdB Vorstand/*Lücke* § 2 Rn. 11; Raiser/Veil KapGesR § 14 Rn. 46; *Thüsing* in Fleischer VorstandsR-HdB § 4 Rn. 2; MHdB AG/*Wiesner* § 20 Rn. 12.
²⁶ Vgl. *Fonk* in Semler/v. Schenck AR-HdB § 10 Rn. 32; MüKoAktG/*Spindler* Rn. 10; *K. Schmidt* GesR § 28 II 2 e, S. 810; *Thüsing* in Fleischer VorstandsR-HdB § 4 Rn. 5; Hölters/*Weber* Rn. 2.
²⁷ Vgl. *Baums*, Der Geschäftsleitervertrag, 1987, 3 ff.; *v. Godin* ZAkDR 1938, 596 f.; *Schilling* JZ 1961, 545 f.
²⁸ Vgl. BegrRegE *Kropff* S. 106: „Der Entwurf hält an der Unterscheidung zwischen der Bestellung und dem Anstellungsvertrag fest."
²⁹ IE ebenso Hüffer/Koch/*Koch* Rn. 2; Kölner Komm AktG/*Mertens/Cahn* Rn. 4; Raiser/Veil KapGesR § 14 Rn. 46; *Thüsing* in Fleischer VorstandsR-HdB § 4 Rn. 2; „weitgehend überzeugende Ergebnisse" der hM konzediert auch *Baums*, Der Geschäftsleitervertrag, 1987, 2.
³⁰ Vgl. BegrRegE *Kropff* S. 106; BGHZ 79, 38 (41 f.); 89, 48 (52 f.); *Fonk* in Semler/v. Schenck AR-HdB § 10 Rn. 32; Großkomm AktG/*Kort* Rn. 25; *Martens*, FS Werner, 1984, 495 (506 ff.); Kölner Komm AktG/*Mertens/Cahn* Rn. 4; *Thüsing* in Fleischer VorstandsR-HdB § 4 Rn. 4.
³¹ Den Koordinierungsbedarf betonend auch *K. Schmidt* GesR § 28 II 2 e, S. 809; ferner Großkomm AktG/*Kort* Rn. 25 f.; Seyfarth VorstandsR § 3 Rn. 3.
³² Vgl. *K. Schmidt* GesR § 28 II 2 e, S. 809.
³³ Vgl. *Thüsing* in Fleischer VorstandsR-HdB § 4 Rn. 6; MHdB AG/*Wiesner* § 20 Rn. 16.
³⁴ Vgl. *Baums*, Der Geschäftsleitervertrag, 1987, 52; Kölner Komm AktG/*Mertens/Cahn* Rn. 5; NK-AktR/*Oltmanns* Rn. 2; *Thüsing* in Fleischer VorstandsR-HdB § 4 Rn. 6.
³⁵ Vgl. *Thüsing* in Fleischer VorstandsR-HdB § 4 Rn. 6; MHdB AG/*Wiesner* § 20 Rn. 16.
³⁶ Vgl. OLG Nürnberg AG 1991, 446 (447); Wachter/*Eckert* Rn. 5; Kölner Komm AktG/*Mertens/Cahn* Rn. 7; K. Schmidt/Lutter/*Seibt* Rn. 8; MüKoAktG/*Spindler* Rn. 13; NK-AktR/*Oltmanns* Rn. 4; *K. Schmidt* AG 2011, 1 (29); abw. *Klöckner* AG 2010, 780 (781), der eine Hauptversammlungszuständigkeit befürwortet.

Gesamtaufsichtsrat; sie kann gemäß § 107 Abs. 3 S. 3 nicht einem Ausschuss übertragen,[37] wohl aber von ihm vorbereitet werden.[38] Die Bestellungskompetenz ist dem Aufsichtsrat ausschließlich und zwingend zur höchstpersönlichen Entscheidungsfindung zugewiesen.[39] Er verfügt bei seiner Entscheidung über ein breites, eigenes unternehmerisches Ermessen.[40] Dabei ist er keinerlei Weisungen unterworfen, sondern berechtigt, aber auch verpflichtet, eigenständig zu entscheiden.[41] Daher kann er seine Entscheidung auch nicht von sich auf die Hauptversammlung übertragen[42] oder dem Mehrheits- oder Alleinaktionär überlassen.[43] Selbst bei gesteigerten Interessenkonflikten steht einem Minderheitsaktionär und erst recht einem Minderheitskommanditisten einer AG & Co KG im Hinblick auf die Komplementär-AG kein Vetorecht bei der Bestellung von Vorstandsmitgliedern zu.[44] Unzulässig ist des Weiteren eine Ermächtigung des Vorstands zur Kooptation weiterer Vorstandsmitglieder.[45] Erst recht unzulässig ist eine Entscheidungsdelegation auf gesellschaftsfremde Dritte.[46] Als zulässig angesehen hat ein Gericht dagegen eine sog. Shoot-out-Regelung im Gesellschaftsvertrag einer Vorschalt-KG zu einer AG, nach der sich die Personengesellschafter verpflichten, bei ihrem Ausscheiden aus der KG auch ihr Vorstandsmandat niederzulegen.[47]

10 Rechtsgeschäftliche Vereinbarungen, welche die Entscheidungsfreiheit des Aufsichtsrats einschränken, sind nach § 134 BGB nichtig.[48] Selbst ein unverbindliches Vorschlagsrecht für andere Organe oder außenstehende Dritte ist nach verbreiteter Auffassung unzulässig.[49] Auch hat der Vorstand keinen Anspruch, in die Entscheidungsfindung des Aufsichtsrats eingebunden zu werden.[50] Erst recht darf er nicht auf eigene Faust nach Kandidaten Ausschau halten oder mit ihnen sogar verhandeln.[51] Jedoch dürfte es für den Aufsichtsrat in aller Regel ratsam sein, den übrigen Vorstandsmitgliedern bei einer anstehenden Neubesetzung Gelegenheit zur Stellungnahme zu geben.[52] In diesem Sinne empfiehlt auch Ziff. 5.1.2 Abs. 1 S. 3 DCGK, dass der Aufsichtsrat mit dem Vorstand gemeinsam für eine langfristige Nachfolgeplanung sorgt.[53] Ein solches Vorgehen ist schon deshalb sachgerecht, weil der Vorstand den Führungsnachwuchs im eigenen Unternehmen besser überblickt und zudem ein legitimes Interesse daran hat, dass ein neues Vorstandsmitglied in das Gremium hineinpasst.[54] Dessen ungeachtet muss der Aufsichtsrat von Rechts wegen Herr des Verfahrens bleiben.[55] Vorbesprechungen und Abstimmungen innerhalb des Aufsichtsrats sind erlaubt, sofern sie

---

[37] Vgl. Bürgers/Körber/*Bürgers* Rn. 3; Hüffer/Koch/*Koch* Rn. 5; NK-AktR/*Oltmanns* Rn. 4; K. Schmidt/Lutter/*Seibt* Rn. 8; MHdB AG/*Wiesner* § 20 Rn. 18.
[38] Vgl. *Beiner,* Der Vorstandsvertrag, 2005, Rn. 28; Wachter/*Eckert* Rn. 5; *Krieger,* Personalentscheidungen des Aufsichtsrats, 1981, 58 ff., 72 ff.; Lutter/Krieger/*Verse* Rechte und Pflichten Rn. 337; MüKoAktG/*Spindler* Rn. 17; Hölters/*Weber* Rn. 6.
[39] Vgl. Hüffer/Koch/*Koch* Rn. 5; Großkomm AktG/*Kort* Rn. 27; Lutter/Krieger/*Verse* Rechte und Pflichten Rn. 334; MHdB AG/*Wiesner* § 20 Rn. 18.
[40] Vgl. OLG Düsseldorf NZG 2015, 1115 (1117); OLG München BeckRS 2017, 100878 Rn. 34; Hüffer/Koch/*Koch* Rn. 4.
[41] Vgl. OLG Düsseldorf NZG 2015, 1115 (1117); OLG München BeckRS 2017, 100878 Rn. 34.
[42] Vgl. *Beiner,* Der Vorstandsvertrag, 2005, Rn. 29; Großkomm AktG/*Kort* Rn. 27a; MüKoAktG/*Spindler* Rn. 14; *Thüsing* in Fleischer VorstandsR-HdB § 4 Rn. 20; monographisch, auch mit rechtspolitischen Vorschlägen *Neideck,* Die Mitwirkung der Hauptversammlung bei der Ausübung der Personalkompetenz durch den Aufsichtsrat, 2015.
[43] Vgl. Kölner Komm AktG/*Mertens/Cahn* Rn. 7; MüKoAktG/*Spindler* Rn. 12; *Thüsing* in Fleischer VorstandsR-HdB § 4 Rn. 20.
[44] Vgl. BGH NZG 2009, 744 (745).
[45] Vgl. MüKoAktG/*Spindler* Rn. 14; Großkomm AktG/*Kort* Rn. 28; K. Schmidt/Lutter/*Seibt* Rn. 8.
[46] Vgl. *Fonk* in Semler/v. Schenck AR-HdB § 10 Rn. 33; Lutter/Krieger/*Verse* Rechte und Pflichten Rn. 332; K. Schmidt/Lutter/*Seibt* Rn. 8; MüKoAktG/*Spindler* Rn. 12.
[47] Vgl. OLG Nürnberg NZG 2014, 222 (225); kritisch dazu *Schmolke* ZIP 2014, 897 (903 f.); Großkomm AktG/*Kort* Rn. 56a; zustimmend Bürgers/Körber/*Bürgers* Rn. 3a; *Seyfarth* VorstandsR § 3 Rn. 5.
[48] Vgl. Bürgers/Körber/*Bürgers* Rn. 3; Wachter/*Eckert* Rn. 7; Hüffer/Koch/*Koch* Rn. 5; Großkomm AktG/*Kort* Rn. 52; Kölner Komm AktG/*Mertens/Cahn* Rn. 8; *Thüsing* in Fleischer VorstandsR-HdB § 4 Rn. 21; Hölters/*Weber* Rn. 9.
[49] Vgl. Hüffer/Koch/*Koch* Rn. 5; Lutter/Krieger/*Verse* Rechte und Pflichten Rn. 335; Kölner Komm AktG/*Mertens/Cahn* Rn. 9; abw. K. Schmidt/Lutter/*Seibt* Rn. 11; MüKoAktG/*Spindler* Rn. 15; Henssler/Strohn/*Dauner-Lieb* Rn. 6; Hölters/*Weber* Rn. 10 f.
[50] Vgl. Drinhausen/Marsch-Barner AG 2014, 337 (346); *Fonk* in Semler/v. Schenck AR-HdB § 10 Rn. 23; Großkomm AktG/*Kort* Rn. 28; Lutter/Krieger/*Verse* Rechte und Pflichten Rn. 336.
[51] Vgl. Lutter/Krieger/*Verse* Rechte und Pflichten Rn. 336; abw. anscheinend *Martens* FS Fleck, 1988, 191 (203).
[52] Vgl. *Fonk* in Semler/v. Schenck AR-HdB § 10 Rn. 22; Lutter/Krieger/*Verse* Rechte und Pflichten Rn. 336.
[53] Dazu KBLW/*Kremer* DCGK Rn. 1244; Wilsing/*Wilsing* DCGK Ziff. 5.1.2 Rn. 8.
[54] Vgl. *Fonk* in Semler/v. Schenck AR-HdB § 10 Rn. 22.
[55] Vgl. *Fonk* in Semler/v. Schenck AR-HdB § 10 Rn. 22; Lutter/Krieger/*Verse* Rechte und Pflichten Rn. 336.

keinen verpflichtenden Charakter haben.⁵⁶ Ferner können offene oder geheime Probeabstimmungen durchgeführt werden.⁵⁷

3. Bestellungsverfahren. Die Bestellung erfolgt gemäß § 108 Abs. 1 durch Beschluss.⁵⁸ Der **11** Aufsichtsrat entscheidet mit einfacher Mehrheit,⁵⁹ sofern nicht die Voraussetzungen des § 31 MitbestG vorliegen.⁶⁰ Die Satzung kann keine qualifizierte Mehrheit vorschreiben.⁶¹ Nach bislang hM unterliegt ein Aufsichtsratsmitglied bei seiner eigenen Bestellung zum Vorstandsmitglied keinem Stimmrechtsausschluss, weil es sich um ein korporationsrechtliches Rechtsgeschäft handle,⁶² doch regt sich hiergegen in Anlehnung an § 34 BGB und § 181 BGB zunehmend Widerstand.⁶³ Eine besondere Form der Bestellung sieht das Gesetz nicht vor.⁶⁴ Die Satzung kann sie verlangen (zB notarielle Beurkundung des Bestellungsbeschlusses und der Annahmeerklärung),⁶⁵ doch ist ihre Einhaltung keine Gültigkeitsvoraussetzung der Bestellung.⁶⁶ Inhaltlich muss der Aufsichtsrat die gesetzlichen und satzungsmäßigen Eignungsvoraussetzungen für das Vorstandsamt berücksichtigen.⁶⁷

Zudem muss der Aufsichtsrat bei der Bestellung die Diskriminierungsverbote des Allgemeinen **11a** Gleichbehandlungsgesetzes (AGG) beachten.⁶⁸ Diese sind gemäß § 6 Abs. 3 AGG auf Vorstandsmitglieder entsprechend anwendbar, und zwar sowohl bei der Erstbestellung als auch bei einer etwaigen Wiederbestellung.⁶⁹ Verboten sind danach Benachteiligungen wegen der Rasse, der ethnischen Herkunft, des Geschlechts, der Religion oder Weltanschauung, einer Behinderung, des Alters oder der sexuellen Identität. Von besonderer praktischer Bedeutung ist die Behandlung einer Altershöchstgrenze (näher dazu → § 76 Rn. 124). Bei der Entscheidung des Aufsichtsratsgremiums über die Bestellung reicht es für die Vermutungswirkung des § 22 AGG aus, dass der Aufsichtsratsvorsitzende die Gründe, aus denen die Entscheidung getroffen worden ist, unwidersprochen öffentlich wiedergibt und sich daraus Indizien ergeben, die eine Benachteiligung iSd § 7 Abs. 1 AGG vermuten lassen.⁷⁰ Macht der abgewiesene Vorstandsbewerber einen Anspruch auf Ersatz seines Erwerbsschadens nach § 15 Abs. 1 AGG geltend, so obliegt ihm grundsätzlich die Darlegungs- und Beweislast dafür, dass die Benachteiligung für die Ablehnung seiner Bewerbung ursächlich geworden ist. Ihm kommt aber eine Beweiserleichterung zugute, wenn nach der Lebenserfahrung eine tatsächliche Vermutung oder Wahrscheinlichkeit für seine Einstellung bei regelgerechtem Vorgehen besteht.⁷¹

Schließlich empfiehlt Ziff. 5.1.2 Abs. 1 S. 2 DCGK dem Aufsichtsrat, bei der Zusammensetzung **11b** des Vorstands auch auf Vielfalt (Diversity) zu achten.⁷² Die weitere Kodexempfehlung zur berücksichtigung von Frauen ist inzwischen in den Quotenvorgaben des § 111 Abs. 5 aufgegangen. Hier – wie auch an anderer Stelle (zur Corporate Social Responsibility → § 76 Rn. 42 ff.) – wird eine

---

⁵⁶ Vgl. Großkomm AktG/*Kort* Rn. 56a; K. Schmidt/Lutter/*Seibt* Rn. 8; MüKoAktG/*Spindler* Rn. 16; *Thüsing* in Fleischer VorstandsR-HdB § 4 Rn. 21.
⁵⁷ Vgl. *Thüsing* in Fleischer VorstandsR-HdB § 4 Rn. 21.
⁵⁸ Vgl. Hüffer/Koch/*Koch* Rn. 5; MüKoAktG/*Spindler* Rn. 19; NK-AktR/*Oltmanns* Rn. 4; K. Schmidt/Lutter/*Seibt* Rn. 9; MHdB AG/*Wiesner* § 20 Rn. 19.
⁵⁹ Vgl. MüKoAktG/*Spindler* Rn. 20; Großkomm AktG/*Kort* Rn. 33; NK-AktR/*Oltmanns* Rn. 4; MHdB AG/*Wiesner* § 20 Rn. 19.
⁶⁰ Eingehend *Thüsing* in Fleischer VorstandsR-HdB § 4 Rn. 24 ff.; Hölters/*Weber* Rn. 15.
⁶¹ Vgl. Bürgers/Körber/*Bürgers* Rn. 5; Wachter/*Eckert* Rn. 6; Kölner Komm AktG/*Mertens/Cahn* Rn. 12; NK-AktR/*Oltmanns* Rn. 4; K. Schmidt/Lutter/*Seibt* Rn. 10; MHdB AG/*Wiesner* § 20 Rn. 19.
⁶² Vgl. *Hübner*, Interessenkonflikt und Vertretungsmacht, 1977, 288 f.; Lutter/Krieger/*Verse* Rechte und Pflichten Rn. 347; *Mertens* ZGR 1983, 189 (203 ff.); NK-AktR/*Oltmanns* Rn. 4.
⁶³ Vgl. Bürgers/Körber/*Bürgers* Rn. 5; Henssler/Strohn/*Dauner-Lieb* Rn. 7; Hüffer/Koch/*Koch* § 108 Rn. 9; K. Schmidt/Lutter/*Seibt* Rn. 10; Seyfarth VorstandsR § 3 Rn. 40; MüKoAktG/*Spindler* Rn. 19; *Thüsing* in Fleischer VorstandsR-HdB § 4 Rn. 22.
⁶⁴ Vgl. Kölner Komm AktG/*Mertens/Cahn* Rn. 29; MüKoAktG/*Spindler* Rn. 20; NK-AktR/*Oltmanns* Rn. 3; K. Schmidt/Lutter/*Seibt* Rn. 10.
⁶⁵ Vgl. Bürgers/Körber/*Bürgers* Rn. 5; MüKoAktG/*Spindler* Rn. 20; *Thüsing* in Fleischer VorstandsR-HdB § 4 Rn. 22; MHdB AG/*Wiesner* § 20 Rn. 23.
⁶⁶ Vgl. Kölner Komm AktG/*Mertens/Cahn* Rn. 29; NK-AktR/*Oltmanns* Rn. 3; K. Schmidt/Lutter/*Seibt* Rn. 10; *Thüsing* in Fleischer VorstandsR-HdB § 4 Rn. 22.
⁶⁷ Vgl. MüKoAktG/*Spindler* Rn. 24 ff.
⁶⁸ Vgl. BGHZ 193, 110 LS 1 (GmbH); Bauer/Arnold NZG 2012, 921; *Fonk* in Semler/v. Schenck AR-HdB § 10 Rn. 18 ff.; *Kort* NZG 2013, 601; Lutter/Krieger/*Verse* Rechte und Pflichten Rn. 343.
⁶⁹ Vgl. BGHZ 193, 110 Rn. 19 f.
⁷⁰ Vgl. BGHZ 193, 110 LS 2.
⁷¹ Vgl. BGHZ 193, 110 LS 3.
⁷² Näher KBLW/*Kremer* DCGK Rn. 1236 ff.; Wilsing/*Wilsing* DCGK Ziff. 5.1.2 Rn. 5 ff.

rechtspolitisch bedenkliche Tendenz erkennbar, das Aktienrecht für allgemeine gesellschaftspolitische Anliegen zu vereinnahmen.[73]

12 4. Bestellungsdauer. a) Mindestfrist. § 84 Abs. 1 S. 1 regelt die Bestellungsdauer von Vorstandsmitgliedern, ohne eine Mindestdauer vorzusehen.[74] Im Schrifttum herrscht gleichwohl Übereinstimmung darüber, dass eine übermäßig kurze Befristung der Stellung des Vorstands als unabhängigem und eigenverantwortlichem Leitungsorgan nicht gerecht wird.[75] Von begründeten Ausnahmefällen (zB Überbrückung,[76] Altersgrenze,[77] Erprobung[78]) abgesehen, fordert man daher eine gewisse Mindestfrist, über deren Länge die Ansichten auseinander gehen: Die hL spricht sich im Regelfall für eine Mindestbestellung von einem Jahr aus,[79] andere treten für eine mindestens zweijährige Amtsdauer ein,[80] wieder andere sehen fünf Jahre als rechtlich erforderliche Regeldauer an.[81] Den Vorzug verdient die hL:[82] Eine Regelvorgabe von fünf Jahren setzt Höchstdauer und Regeldauer sinnwidrig in eins und ist unter Corporate Governance-Gesichtspunkten unvertretbar. Eine Mindestfrist von zwei Jahren mag im Hinblick auf die strategische Unternehmensplanung sinnvoll sein, lässt sich aber aus § 84 Abs. 1 S. 1 nicht verbindlich ableiten. Es bleibt als vertretbarer Mindeststandard eine Bestelldauer von einem Jahr, die zudem mit internationalen Maßstäben übereinstimmt (→ Rn. 4). Sie bildet freilich nur eine grobe Richtschnur und macht eine umfassende Würdigung des Einzelfalls nicht entbehrlich.[83] Eine zu kurz bemessene Befristung bleibt wirksam[84] und begründet keine Verlängerung auf eine angemessene Amtszeit.[85] Allerdings kann der Aufsichtsrat mit einer übermäßig kurzfristigen Bestellung pflichtwidrig handeln.[86]

13 b) Höchstfrist. Gemäß § 84 Abs. 1 S. 1 beträgt die Bestellungshöchstdauer fünf Jahre. Diese Regelung ist durch das AktG 1937 eingeführt worden, da „langfristige Anstellungsverträge" oftmals zu einer „schweren Belastung der Gesellschaft" geführt hätten.[87] Für die Berechnung der Fünfjahresfrist ist der Beginn der Amtszeit maßgeblich, nicht die Bestellungserklärung oder die Registereintragung.[88] Eine für länger als fünf Jahre ausgesprochene Bestellung ist bis zum Ablauf der Höchstfrist gültig und wird dann unwirksam.[89] Fehlt ein ausdrückliches Enddatum, wird die nach §§ 133, 157

---

[73] Wie hier *Habersack*, Gutachten E zum 69. DJT 2012, E 15 ff., E 33 ff.; *Lutter/Krieger/Verse* Rechte und Pflichten Rn. 344.
[74] Vgl. OLG München BeckRS 2017, 100878 Rn. 36; GroßkommAktG/*Kort* Rn. 65.
[75] Vgl. *Fonk* in Semler/v. Schenck AR-HdB § 10 Rn. 38; MüKoAktG/*Spindler* Rn. 43; Hüffer/Koch/*Koch* Rn. 7; *Krieger*, Personalentscheidungen des Aufsichtsrats, 1981, 118; *Lutter/Krieger/Verse* Rechte und Pflichten Rn. 355; Kölner Komm AktG/*Mertens/Cahn* Rn. 24; NK-AktR/*Oltmanns* Rn. 6; *Steinbeck/Menke* DStR 2003, 940 (943); Hölters/*Weber* Rn. 20; MHdB AG/*Wiesner* § 20 Rn. 31.
[76] Vgl. MüKoAktG/*Spindler* Rn. 43; NK-AktR/*Oltmanns* Rn. 6; K. Schmidt/Lutter/*Seibt* Rn. 14; Grigoleit/*Vedder* Rn. 5.
[77] Vgl. *Fonk* in Semler/v. Schenck AR-HdB § 10 Rn. 40 unter Hinweis auf Bestellungen für (jeweils) ein Jahr, wenn ein Vorstandsmitglied bei Auslaufen der Bestellung 60 Jahre oder älter ist.
[78] Vgl. *Krieger*, Personalentscheidungen des Aufsichtsrats, 1981, 118; *Miller* BB 1973, 1089; kritisch *Fonk* in Semler/v. Schenck AR-HdB § 10 Rn. 39; abw. OLG Karlsruhe BB 1973, 1088.
[79] Vgl. *Beiner*, Der Vorstandsvertrag, 2005, Rn. 90; Bürgers/Körber/*Bürgers* Rn. 8; MüKoAktG/*Spindler* Rn. 43; Hüffer/Koch/*Koch* Rn. 7; Großkomm AktG/*Kort* Rn. 66; NK-AktR/*Oltmanns* Rn. 6; K. Schmidt/Lutter/*Seibt* Rn. 14; *Thüsing* in Fleischer VorstandsR-HdB § 4 Rn. 45; offenlassend für eine Bestellung von nur acht Monaten OLG München BeckRS 2017, 1000878 Rn. 36; kritisch dazu *Brombach* GWR 2017, 99.
[80] Vgl. *Eckardt*, Die Beendigung der Vorstands- und Geschäftsführerstellung in Kapitalgesellschaften, 1989, 64 ff.; *Mack*, Die Begründung und die Beendigung der Rechtsstellung von Organmitgliedern, 1974, 33.
[81] Vgl. *Krieger*, Personalentscheidungen des Aufsichtsrats, 1981, 118 f.; *Lutter/Krieger/Verse* Rechte und Pflichten Rn. 355.
[82] Näher *Fleischer* AG 2006, 429 (435).
[83] Dies betonend auch *Thüsing* in Fleischer VorstandsR-HdB § 4 Rn. 45; und MüKoAktG/*Spindler* Rn. 43.
[84] Vgl. OLG München BeckRS 2017, 100878 Rn. 36; MüKoAktG/*Spindler* Rn. 43; Hüffer/Koch/*Koch* Rn. 7; Beck MandatsHdB Vorstand/*Lücke* § 2 Rn. 16; *Lutter/Krieger/Verse* Rechte und Pflichten Rn. 355; NK-AktR/*Oltmanns* Rn. 6; MHdB AG/*Wiesner* § 20 Rn. 31.
[85] So aber *Eckardt*, Die Beendigung der Vorstands- und Geschäftsführerstellung in Kapitalgesellschaften, 1989, 70 ff.; und *Miller* BB 1973, 1089, die beide für eine fünfjährige Amtszeit bei nichtiger kürzerer Befristung eintreten; wieder anders *Krieger*, Personalentscheidungen des Aufsichtsrats, 1981, 120, wonach durch Richterspruch nur die Unwirksamkeit der Befristung unter gleichzeitiger Verurteilung des Aufsichtsrats zu einer angemessenen Neubestimmung der Amtszeit festzustellen sei; ähnlich Grigoleit/*Vedder* Rn. 9.
[86] Vgl. OLG München BeckRS 2017, 100878 Rn. 36; MüKoAktG/*Spindler* Rn. 43; Hüffer/Koch/*Koch* Rn. 7; Beck MandatsHdB Vorstand/*Lücke* § 2 Rn. 16; MHdB AG/*Wiesner* § 20 Rn. 31.
[87] So Amtl. Begr. zu § 75 AktG 1937 bei *Klausing* S. 61.
[88] Vgl. Hüffer/Koch/*Koch* Rn. 7; Kölner Komm AktG/*Mertens/Cahn* Rn. 15; MüKoAktG/*Spindler* Rn. 40; NK-AktR/*Oltmanns* Rn. 6; K. Schmidt/Lutter/*Seibt* Rn. 13; MHdB AG/*Wiesner* § 20 Rn. 31.
[89] Vgl. Kölner Komm AktG/*Mertens/Cahn* Rn. 13; NK-AktR/*Oltmanns* Rn. 6; MHdB AG/*Wiesner* § 20 Rn. 30; zu einer unzulässigen Umgehungsstrategie BAG NZG 2009, 1435 (vgl. auch → Rn. 32).

BGB vorzunehmende Auslegung idR zu einer fünfjährigen Amtszeit führen,[90] es sei denn, die Fallumstände (zB die vorherige Amtszeit betrug nur drei Jahre) deuten auf eine kürzere Frist hin.[91] Die auflösend bedingte Bestellung eines Vorstandsmitglieds ist nach hL mit § 84 Abs. 3 S. 1 unvereinbar und daher unzulässig.[92]

In der Praxis ist die *Höchst-Bestellungsdauer* des § 84 Abs. 1 S. 1 zu einer *Regel-Bestellungsdauer* **14** geworden.[93] Das hat in jüngerer Zeit rechtspolitische Kritik hervorgerufen. Gerade bei Erstbestellungen, zumal solchen von außen, wird eine deutlich kürzere Amtszeit empfohlen.[94] Der Deutsche Corporate Governance Kodex (DCGK) hat hierauf in Ziff. 5.1.2 S. 5 DCGK mit der Anregung reagiert, dass bei Erstbestellungen die maximal mögliche Bestellungsdauer von fünf Jahren nicht die Regel sein „sollte".[95] Vielen gilt dies indes als zu zaghaft.[96] Manche fordern sogar eine Gesetzesänderung.[97] Ihnen ist zuzugeben, dass sich das Risiko eines personellen Fehlgriffs gerade bei Erstbestellungen nicht von der Hand weisen lässt. Daher empfiehlt es sich, die vage *Anregung* in Ziff. 5.1.2 DCGK zu einer *Empfehlung* aufzuwerten und sie dahin zu präzisieren, dass für Erstbestellungen eine dreijährige Höchstfrist gilt.[98] Eine generelle Kürzung der gesetzlichen Höchst-Bestellungsdauer entsprechend den anglo-amerikanischen Gepflogenheiten (→ Rn. 4) ist dagegen vorerst nicht angezeigt.[99] Gegen sie spricht vor allem, dass gesetzliche Einheitsregelungen in Fragen der Organisationsverfassung selten überzeugen.[100] Zudem leistet sie dem verbreiteten *Short-termism*-Denken Vorschub. Vor diesem Hintergrund bietet § 84 Abs. 1 S. 1 genügend Spielraum für maßgeschneiderte Einzellösungen, den der Aufsichtsrat freilich auch nutzen muss.[101] Wer ihm misstraut, mag an einen gesetzlichen Regelungsauftrag an den Satzungsgeber denken: Dieser müsste die Amtszeit der Organmitglieder dann in den Statuten zwingend vorgeben, wie dies Art. 46 SE-VO verlangt. In Deutschland steht dem bislang die aktienrechtliche Satzungsstrenge entgegen: Die Zeitdauer für die Bestellung eines Vorstandsmitglieds festzulegen, ist allein Sache des Aufsichtsrats.[102]

5. Wiederbestellung. a) Allgemeines. Eine wiederholte Bestellung oder Verlängerung der **15** Amtszeit ist nach § 84 Abs. 1 S. 2 zulässig, kann aber ebenfalls nur für höchstens fünf Jahre erfolgen. Sie bedarf gemäß § 84 Abs. 1 S. 3 eines erneuten Aufsichtsratsbeschlusses. Nur bei einer Bestellung auf weniger als fünf Jahre kann nach § 84 Abs. 1 S. 4 eine Verlängerung ohne neuen Aufsichtsratsbeschluss vorgesehen werden, sofern dadurch die gesamte Amtszeit nicht mehr als fünf Jahre beträgt. Ob im Rahmen dieser Fünfjahresfrist auch § 625 BGB analog anzuwenden ist und die faktische Weiterführung des Amtes als Neubestellung gilt, ist noch nicht endgültig geklärt.[103] Einen Anspruch auf Verlängerung seiner Bestellung hat das Vorstandsmitglied in keinem Fall.[104]

---

[90] Vgl. öOGH AG 2001, 100 (102); OLG Stuttgart AG 2013, 599 (600); *Fonk* in Semler/v. Schenck AR-HdB § 10 Rn. 42; Hüffer/Koch/*Koch* Rn. 7; Kölner Komm AktG/*Mertens/Cahn* Rn. 16; K. Schmidt/Lutter/*Seibt* Rn. 14; *Thüsing* in Fleischer VorstandsR-HdB § 4 Rn. 40.
[91] Dazu NK-AktR/*Oltmanns* Rn. 6.
[92] Vgl. *Beiner,* Der Vorstandsvertrag, 2005, Rn. 89; *Fonk* in Semler/v. Schenck AR-HdB § 10 Rn. 41; *Krieger,* Personalentscheidungen des Aufsichtsrats, 1981, 121; Kölner Komm AktG/*Mertens/Cahn* Rn. 25; *Thüsing* in Fleischer VorstandsR-HdB § 4 Rn. 40; s. aber BGH NZG 2006, 62 (GmbH).
[93] Dazu *Lücke* in Beck MandatsHdB AG § 2 Rn. 16.
[94] Vgl. *Fonk* in Semler/v. Schenck AR-HdB § 10 Rn. 39.
[95] Dazu KBLW/*Kremer* DCGK Rn. 1249 ff.
[96] Kritisch etwa *Hopt* in Hommelhoff/Lutter/Schmidt/Schön/Ulmer, Corporate Governance, 2002, 29; *Kubis* in Semler/Peltzer/Kubis ArbHdB Vorstand § 2 Rn. 49; vgl. auch Ziff. 1.9 German Code of Corporate Governance, 2000.
[97] Vgl. *Peltzer* Deutsche Corporate Governance Rn. 241; ferner Ziff. 1.9 German Code of Corporate Governance; dagegen aber *Schwark* in Hommelhoff/Lutter/Schmidt/Schön/Ulmer, Corporate Governance, 2002, 75 (95).
[98] Vgl. *Fleischer* AG 2006, 429 (436); ferner *Seyfarth* VorstandsR § 3 Rn. 67, wonach sich bei börsennotierten Gesellschaften eine Erstbestellung von drei Jahren durchgesetzt hat; gegen eine Hochstufung zur Empfehlung aber GroßkommAktG/*Kort* Rn. 57b.
[99] Ausführliche Würdigung der widerstreitenden Argumente bei *Fleischer* AG 2006, 429 (436); zustimmend GroßkommAktG/*Kort* Rn. 57b.
[100] In diese Richtung auch *Schwark* in Hommelhoff/Lutter/Schmidt/Schön/Ulmer, Corporate Governance, 2002, 75 (96).
[101] Dies anmahnend auch *Baums,* Bericht der Regierungskommission Corporate Governance, 2001, Rn. 40.
[102] Vgl. *v. Godin/Wilhelmi* Rn. 5; MüKoAktG/*Spindler* Rn. 44; Kölner Komm AktG/*Mertens/Cahn* Rn. 17; abw. *Thüsing* in Fleischer VorstandsR-HdB § 4 Rn. 45.
[103] Dafür K. Schmidt/Lutter/*Seibt* Rn. 17; dagegen OLG Karlsruhe AG 1996, 224 (227); *Krieger,* Personalentscheidungen des Aufsichtsrats, 1981, 123; Kölner Komm AktG/*Mertens/Cahn* Rn. 19; offen *Thüsing* in Fleischer VorstandsR-HdB § 4 Rn. 42; s. auch *Goette* DStR 1997, 932.
[104] Vgl. Kölner Komm AktG/*Mertens/Cahn* Rn. 20; K. Schmidt/Lutter/*Seibt* Rn. 17.

16 Eine Vereinbarung über eine automatische Verlängerung der Amtszeit nach Ablauf der fünf Jahre ist gemäß § 134 BGB nichtig.[105] Nichtig sind des Weiteren Vereinbarungen, die den Aufsichtsrat zur Wiederbestellung des Vorstandsmitglieds verpflichten.[106] Nach hM soll allerdings bei einer ursprünglichen Bestellungsdauer unter fünf Jahren eine Verpflichtung des Aufsichtsrats zu einer späteren Verlängerung bis zu einer Gesamtamtszeit von fünf Jahren möglich sein.[107] Zulässig ist zudem die Zusage einer Weiterbeschäftigung als leitender Angestellter oder selbstständiger Berater zu angemessenen Konditionen.[108] Unter dem Gesichtspunkt der §§ 134, 138 BGB bedürfen Verträge zwischen Vorstand und Aktionär, die eine Wiederbestellung sicherstellen sollen, einer besonders sorgfältigen Prüfung.[109]

17 **b) Vorzeitige Wiederbestellung.** Nach § 84 Abs. 1 S. 3 darf eine wiederholte Bestellung frühestens ein Jahr vor Ablauf der bisherigen Amtszeit gefasst werden. Ob diese Vorschrift der verbreiteten Praxis entgegensteht, die laufende Bestellung früher als ein Jahr vor ihrem Ablauf einvernehmlich aufzuheben und eine Wiederbestellung auf bis zu fünf Jahre vorzunehmen, war lange Zeit höchst streitig.

18 **aa) Entwicklung des Meinungsbildes.** Die hergebrachte Lehre hielt dies für aktienrechtlich zulässig.[110] Eine vorzeitige Wiederbestellungsmöglichkeit entspreche einem dringenden Bedürfnis der Praxis[111] und laufe weder dem Gesetzeswortlaut[112] noch der Regelungsintention des AktG 1965 zuwider.[113] Eine später wohl überwiegende Gegenauffassung sah in der vorzeitigen Neubestellung eine unzulässige Umgehung des § 84 Abs. 1 S. 3.[114] Sie nehme einem späteren Aufsichtsrat die Möglichkeit, die Vorstandsmitglieder für eine volle Amtsperiode vorzugeben,[115] ebne der mit einer routinemäßigen jährlichen Neubestellung den Weg, die den Aufsichtsrat unter Druck setze,[116] verhindere, dass der Aufsichtsrat über die Wiederbestellung nach dem letzten Stand seines Wissens befinde, und bürde der Gesellschaft größere finanzielle Belastungen auf, wenn sich der Aufsichtsrat später veranlasst sehe, die Bestellung zu widerrufen.[117] Vermittelnde Stimmen erblicken in der vorzeitigen Wiederbestellung zwar keine generelle Gesetzesumgehung, hielten jedoch einen Rechtsmissbrauch im Einzelfall für denkbar, der nach der Maxime *abusus non tollit usum* einem sachgerechten Gebrauch dieser Gestaltungsmöglichkeit aber nicht entgegenstehe.[118]

19 **bb) Aktueller Stand der Rechtsprechung.** Der BGH hat sich in einem jüngeren Urteil der vermittelnden Auffassung angeschlossen.[119] Nach seiner Auffassung ist die Wiederbestellung eines Vorstandsmitglieds für (höchstens) fünf Jahre nach einverständlicher Amtsniederlegung früher als ein Jahr vor Ablauf der ursprünglichen Bestelldauer grundsätzlich zulässig.[120] Sie stelle auch dann, wenn

---

[105] Vgl. BGHZ 10, 187 (195); Bürgers/Körber/*Bürgers* Rn. 10; Großkomm AktG/*Kort* Rn. 105; Hüffer/Koch/*Koch* Rn. 6; MüKoAktG/*Spindler* Rn. 45 und 52; NK-AktR/*Oltmanns* Rn. 5; *Thüsing* in Fleischer VorstandsR-HdB § 4 Rn. 42.
[106] Vgl. *Fonk* in Semler/v. Schenck AR-HdB § 10 Rn. 216; MüKoAktG/*Spindler* Rn. 54; Großkomm AktG/*Kort* Rn. 110; K. Schmidt/Lutter/*Seibt* Rn. 17; *Thüsing* in Fleischer VorstandsR-HdB § 4 Rn. 44; MHdB AG/*Wiesner* § 20 Rn. 33.
[107] Vgl. *Lutter/Krieger/Verse* Rechte und Pflichten Rn. 356; MüKoAktG/*Spindler* Rn. 52; MHdB AG/*Wiesner* § 20 Rn. 33; kritisch *Fonk* in Semler/v. Schenck AR-HdB § 10 Rn. 47 mit Fn. 93; Großkomm AktG/*Kort* Rn. 111.
[108] Vgl. OLG Nürnberg AG 1991, 446 (447); NK-AktR/*Oltmanns* Rn. 5; Hölters/*Weber* Rn. 23; s. auch *Molitor* AG 1957, 193 (197); sowie Kölner Komm AktG/*Mertens/Cahn* Rn. 21.
[109] Vgl. Hüffer/Koch/*Koch* Rn. 6; *Thüsing* in Fleischer VorstandsR-HdB § 4 Rn. 44; ausführlich *Niewiarra* BB 1998, 1961.
[110] Vgl. *Bauer/Arnold* DB 2006, 260 (261); *Bauer/Krets* DB 2003, 811 (817); *Hölters/Weber* AG 2005, 629 (631 ff.); *Krieger*, Personalentscheidungen des Aufsichtsrats, 1981, 125 ff.; *Werner* AG 1990, 1 (19); *Willemer* AG 1977, 130 (132 ff.).
[111] Vgl. *Hölters/Weber* AG 2005, 629 (631).
[112] Vgl. *Bauer/Arnold* DB 2006, 260.
[113] Vgl. *Hölters/Weber* AG 2005, 629 (632); *Werner* AG 1990, 1 (19); jeweils unter Berufung auf BegrRegE *Kropff* S. 105.
[114] Vgl. *Götz* AG 2002, 305 (306 f.); *Thüsing* in Fleischer VorstandsR-HdB § 4 Rn. 43; *Schwark* in Hommelhoff/Lutter/Schmidt/Schön/Ulmer, Corporate Governance, 2002, 75 (95); aus strafrechtlicher Sicht *Brammsen* ZIP 2009, 1504 (1509), der hierin eine Untreue der verantwortlichen Organmitglieder erblickte.
[115] Vgl. Kölner Komm AktG/*Mertens/Cahn* Rn. 23.
[116] Vgl. *Peltzer* in Semler/Peltzer ArbHdB Vorstand, 1. Aufl. 2005, § 2 Rn. 85; *Thüsing* in Fleischer VorstandsR-HdB § 4 Rn. 43.
[117] Vgl. *Peltzer* in Semler/Peltzer ArbHdB Vorstand, 1. Aufl. 2005, § 2 Rn. 85.
[118] Vgl. *Fastrich* FS Bucher, 2009, 209 (217 f.); *Fleischer* DB 2011, 861 (862 ff.).
[119] Vgl. BGH NZG 2012, 1027 entgegen der Vorinstanz OLG Zweibrücken NZG 2011, 433.
[120] Vgl. BGH NZG 2012, 1027 LS.

für diese Vorgehensweise keine besonderen Gründe gegeben sind, keine unzulässige Umgehung des § 84 Abs. 1 S. 3 dar.[121] Jedoch könne der Aufsichtsrat von seiner Befugnis im Einzelfall einen rechtsmissbräuchlichen Gebrauch machen, was zur Beschlussnichtigkeit führe.[122] Hierfür komme es entscheidend darauf an, ob er mit seinem Beschluss – im Einvernehmen mit dem Vorstandsmitglied – Motive verfolge, die sich vor dem Hintergrund seiner Treuepflicht der Gesellschaft gegenüber als rechtsmissbräuchlich erweisen.[123] Mit diesem Richterspruch ist der Grundsatzstreit für die Rechtspraxis entschieden.[124] Die Folgediskussion wird sich darauf konzentrieren, mögliche Anhaltspunkte für einen Rechtsmissbrauch zu identifizieren.[125] Ein solcher liegt nahe, wenn die vorzeitige Wiederbestellung allein dazu dient, Abfindungszahlungen eines Vorstandsmitglieds für den Fall seines späteren Ausscheidens frühzeitig sicherzustellen.[126] Er dürfte weiter gegeben sein, wenn der Aufsichtsrat dazu übergeht, Vorstandsmitglieder in einem rollierenden Verfahren jährlich auf fünf Jahre neu zu bestellen, weil sich damit der Druck auf ihn zur Wiederbestellung eines Vorstandsmitglieds erhöht.[127] Schließlich kann ein Rechtsmissbrauch auch unter dem spezielleren Gesichtspunkt des § 33 WpÜG zu bejahen sein, wenn die vorzeitige Wiederbestellung als Mittel gegen ein feindliches Übernahmeangebot eingesetzt wird.[128] Weiterer Überprüfung bedarf, ob sich in besonders gelagerten Fällen aus einem noch auszuarbeitenden Grundsatz intertemporaler Organ(walter)treue zusätzliche Schranken ableiten lassen.[129] Ungeachtet der aktienrechtlichen Unbedenklichkeit einer vorzeitigen Wiederbestellung empfiehlt Ziff. 5.1.2 Abs. 2 S. 2 DCGK, eine solche nur bei Vorliegen besonderer Umstände vorzunehmen.[130]

6. Mängel der Bestellung. Die rechtsgeschäftliche Bestellung eines Vorstandsmitglieds kann an einem Wirksamkeitsmangel leiden.[131] So liegt es etwa, wenn die Bestellung oder Wiederbestellung nicht durch den Gesamtaufsichtsrat erfolgt,[132] wenn der Aufsichtsratsbeschluss fehlerhaft ist,[133] wenn in der Person des Vorstandsmitglieds gesetzliche Wirksamkeitsvoraussetzungen noch nicht erfüllt sind[134] oder wenn zwingende Ausschlussgründe vorliegen. Hat das betreffende Vorstandsmitglied sein Amt tatsächlich angetreten,[135] so ist das Organverhältnis bis zur Geltendmachung des Mangels als wirksam anzusehen.[136] Zur Begründung dieser „Lehre von der fehlerhaften Organstellung"[137]

---

[121] Vgl. BGH NZG 2012, 1027 LS.
[122] Vgl. BGH NZG 2012, 1027 Rn. 31 im Anschluss an *Fastrich* FS Bucher, 2009, 209 (217 f.) und *Fleischer* DB 2011, 861 (864).
[123] Vgl. BGH NZG 2012, 1027 Rn. 31.
[124] So auch *Seyfarth* VorstandsR § 3 Rn. 74; nach wie vor kritisch Großkomm AktG/*Kort* Rn. 114 ff.
[125] Vgl. etwa MüKoAktG/*Spindler* Rn. 50; *Paschos/von der Linden* AG 2012, 736 (739 f.); *Wedemann* ZGR 2013, 316 (322 ff.).
[126] Vgl. *Fastrich* FS Bucher, 2009, 209 (217); *Fleischer* DB 2011, 861 (865); *Götz* AG 2002, 305 (307); Grigoleit/*Vedder* Rn. 11; Großkomm AktG/*Kort* Rn. 114b; Hölters/*Weber* AG 2011, 629 (631); MüKoAktG/*Spindler* Rn. 50; *Schwark* in Hommelhoff/Lutter/Schmidt/Schön/Ulmer, Corporate Governance, 2002, 75 (95); *Wedemann* ZGR 2013, 316 (326).
[127] Vgl. *Fleischer* DB 2011, 861 (865); Grigoleit/*Vedder* Rn. 11; *Thüsing* in Fleischer VorstandsR-HdB § 4 Rn. 43; *Wedemann* ZGR 2013, 316 (326); abw. MüKoAktG/*Spindler* Rn. 50.
[128] Vgl. *Fleischer* DB 2011, 861 (865); Grigoleit/*Vedder* Rn. 11; Großkomm AktG/*Kort* Rn. 114b; Hüffer/Koch/*Koch* Rn. 8; MüKoAktG/*Spindler* Rn. 50; *Wedemann* ZGR 2013, 316 (326).
[129] Dazu die Andeutung bei *Fleischer* DB 2011, 861 (865); eingehend jetzt *Wedemann* ZGR 2013, 316 (326 ff.); ferner MüKoAktG/*Spindler* Rn. 50; zurückhaltend Lutter/Krieger/*Verse* Rechte und Pflichten Rn. 357; ablehnend wohl auch BGH NZG 2012, 1027 Rn. 29.
[130] Darauf hinweisend auch Hüffer/Koch/*Koch* Rn. 8; MüKoAktG/*Spindler* Rn. 50; *Paschos/von der Linden* AG 2012, 736 (740); kritisch Großkomm AktG/*Kort* Rn. 115 ff.
[131] Eingehende Rechtsprechungsanalyse bei *Fleischer* AG 2004, 517 f.; ferner Hüffer/Koch/*Koch* Rn. 12; Großkomm AktG/*Kort* Rn. 79 ff.
[132] Vgl. BGHZ 41, 282 (285).
[133] Vgl. RGSt 64, 81 (84).
[134] Vgl. RGZ 144, 384 (386) – Genossenschaft; RGSt 16, 269 (270 f.) (Genossenschaft).
[135] Vgl. zum Kriterium des Invollzugsetzens *Baums*, Der Geschäftsleitervertrag, 1987, 161 f.; *Beiner*, Der Vorstandsvertrag, 2005, Rn. 100; Hüffer/Koch/*Koch* Rn. 13; NK-AktR/*Oltmanns* Rn. 9; offengelassen von MHdB AG/*Wiesner* § 20 Rn. 36; abw. *Stein*, Das faktische Organ, 1984, 124; *Thüsing* in Fleischer VorstandsR-HdB § 4 Rn. 46.
[136] Vgl. BGHZ 41, 282 (286 ff.); 168, 188 Rn. 14 (Aufsichtsratsmitglied); BGH NZG 2011, 1383 (1384) (besonderer Vertreter); NZG 2013, 456 Rn. 24; Bürgers/Körber/*Bürgers* Rn. 12; *Baums*, Der Geschäftsleitervertrag, 1987, 158 ff.; Hüffer/Koch/*Koch* Rn. 12 f.; Lutter/Krieger/*Verse* Rechte und Pflichten Rn. 360; Kölner Komm AktG/*Mertens/Cahn* Rn. 30; NK-AktR/*Oltmanns* Rn. 9; *Stein*, Das faktische Organ, 1984, S. 97 ff., 119 ff.; Grigoleit/*Vedder* Rn. 15; MHdB AG/*Wiesner* § 20 Rn. 35; für das Innenverhältnis skeptisch K. Schmidt/Lutter/*Seibt* Rn. 22.
[137] MHdB AG/*Wiesner* § 20 Rn. 36; Wachter/*Eckert* Rn. 12; Großkomm AktG/*Kort* Rn. 82; zusammenfassend und vertiefend *Bayer/Lieder* NZG 2012, 1 ff.

pflegt man auf die Parallelen zum fehlerhaften Gesellschafts- und Dienstverhältnis zu verweisen.[138] Eine Ausnahme gilt allein für die kraft Gesetzes nicht vorstandsfähigen Personen (→ § 76 Rn. 119 ff.), auf welche die Regeln über das fehlerhafte Organverhältnis keine Anwendung finden.[139]

21 Für die Beendigung des fehlerhaften Organverhältnisses bedarf es aus Gründen der Rechtssicherheit eines formalen Beendigungstatbestandes,[140] also eines Bestellungswiderrufs der Gesellschaft oder einer Amtsniederlegung durch das Vorstandsmitglied.[141] Der Widerruf der fehlerhaften Bestellung muss durch einen Beschluss des Gesamtaufsichtsrats erfolgen;[142] der Aufsichtsrat darf die Beschlussfassung entsprechend § 107 Abs. 3 S. 3 nicht auf einen Ausschuss übertragen.[143] Dagegen muss das Verfahren des § 31 MitbestG nicht eingehalten werden.[144] Entgegen einer verbreiteten Redeweise braucht für den Abberufungsbeschluss neben dem Bestellungsmangel kein wichtiger Grund iSd § 84 Abs. 3 vorzuliegen.[145] Bei erkannter fehlerhafter Bestellung ist der Aufsichtsrat in der Regel verpflichtet, die Bestellung unverzüglich zu beenden oder aber eine wirksame Bestellung vorzunehmen.[146]

22 Bis zur Beendigung der fehlerhaften Organstellung ist das betreffende Vorstandsmitglied im Innen- und Außenverhältnis den gleichen Pflichten unterworfen wie ein ordnungsgemäß bestelltes Vorstandsmitglied.[147] Das gilt insbesondere für die Sorgfalts- und Treuepflicht nach § 93 Abs. 1 AktG sowie für die Insolvenzantragspflicht nach § 15a Abs. 1 S. 1 InsO.[148] Die aktienrechtliche Verantwortlichkeit fehlerhaft bestellter Vorstandsmitglieder ergibt sich ohne weiteres aus § 93 Abs. 2 AktG;[149] der Rückgriff auf eine Haftung aus Geschäftsführung ohne Auftrag[150] oder einen konkludent geschlossenen Vertrag[151] ist seit Anerkennung der Lehre vom fehlerhaften Organverhältnis entbehrlich.

23 Vom fehlerhaft bestellten Vorstandsmitglied begrifflich und sachlich zu unterscheiden ist das faktische Vorstandsmitglied.[152] Dieses nimmt tatsächlich Vorstandsaufgaben wahr, ohne dass ein – fehlerhafter – Bestellungsakt vorliegt (näher zur Haftung des faktischen Organs → § 92 Rn. 42, 62 f. und → § 93 Rn. 170 ff.). Vervollständigt wird das Bild durch Vorstandsmitglieder kraft Rechtsscheins.[153] Sie können weder einen förmlichen Bestellungsakt noch ein tatsächliches Tätigwerden als Organperson vorweisen, erwecken aber nach außen einen entsprechenden Eindruck. Bei ihnen scheidet eine

---

[138] Vgl. BGHZ 41, 282 (286 f.); Hüffer/Koch/*Koch* Rn. 13; Beck MandatsHdB Vorstand/*Lücke* § 2 Rn. 23; Schürnbrand NZG 2008, 609; ausführlich *Schäfer*, Die Lehre vom fehlerhaften Verband, 2002, 473 ff. und *Schultz*, Die Behebung einzelner Mängel an Organisationsakten in Kapitalgesellschaften, 1997, 180 ff.
[139] Vgl. Hüffer/Koch/*Koch* Rn. 13; Kölner Komm AktG/*Mertens/Cahn* Rn. 31; *Thüsing* in Fleischer VorstandsR-HdB § 4 Rn. 47; MHdB AG/*Wiesner* § 20 Rn. 36; zu weiteren Grenzen der Lehre von der fehlerhaften Organstellung Großkomm AktG/*Kort* Rn. 87 ff.; abw. *Bayer/Lieder* NZG 2012, 1 (4).
[140] Ganz hM, vgl. MüKoAktG/*Spindler* Rn. 233; Wachter/*Eckert* Rn. 12; Großkomm AktG/*Kort* Rn. 97; Kölner Komm AktG/*Mertens/Cahn* Rn. 32; K. Schmidt/Lutter/*Seibt* Rn. 22; *Thüsing* in Fleischer VorstandsR-HdB § 4 Rn. 48; Hölters/*Weber* Rn. 31; abw. *Stein*, Das faktische Organ, 1984, 125, 136 ff., nach der es genügt, wenn der Bestellungsmangel dem betroffenen Vorstandsmitglied bekannt wird.
[141] Vgl. Hüffer/Koch/*Koch* Rn. 13; Kölner Komm AktG/*Mertens/Cahn* Rn. 32; NK-AktR/*Oltmanns* Rn. 9; K. Schmidt/Lutter/*Seibt* Rn. 22; MHdB AG/*Wiesner* § 20 Rn. 36.
[142] Vgl. *Bayer/Lieder* NZG 2012, 1 (5); Bürgers/Körber/*Bürgers* Rn. 12; *Fonk* in Semler/v. Schenck AR-HdB § 10 Rn. 53; MüKoAktG/*Spindler* Rn. 245; *Thüsing* in Fleischer VorstandsR-HdB § 4 Rn. 48.
[143] Vgl. *Lutter/Krieger/Verse* Rechte und Pflichten Rn. 360; Kölner Komm AktG/*Mertens/Cahn* Rn. 32.
[144] Vgl. Bürgers/Körber/*Bürgers* Rn. 12; *Fonk* in Semler/v. Schenck AR-HdB § 10 Rn. 54; MüKoAktG/*Spindler* Rn. 245; Kölner Komm AktG/*Mertens/Cahn* Rn. 32; *Thüsing* in Fleischer VorstandsR-HdB § 4 Rn. 48.
[145] Wie hier *Bayer/Lieder* NZG 2012, 1 (5); Hüffer/Koch/*Koch* Rn. 13; MüKoAktG/*Spindler* Rn. 245; K. Schmidt/Lutter/*Seibt* Rn. 22; *Thüsing* in Fleischer VorstandsR-HdB § 4 Rn. 48; Beck MandatsHdB Vorstand/*Lücke* § 2 Rn. 23; abw. anscheinend NK-AktR/*Oltmanns* Rn. 9.
[146] Vgl. *Lutter/Krieger/Verse* Rechte und Pflichten Rn. 360; *Thüsing* in Fleischer VorstandsR-HdB § 4 Rn. 48.
[147] Vgl. BGH NZG 2013, 456 Rn. 24; *Bayer/Lieder* NZG 2012, 1 (5); Bürgers/Körber/*Bürgers* Rn. 12; MüKoAktG/*Spindler* Rn. 226; Großkomm AktG/*Kort* Rn. 93; Kölner Komm AktG/*Mertens/Cahn* Rn. 31; *Thüsing* in Fleischer VorstandsR-HdB § 4 Rn. 46; Hölters/*Weber* Rn. 30; MHdB AG/*Wiesner* § 20 Rn. 35; differenzierend K. Schmidt/Lutter/*Seibt* Rn. 21 f.
[148] Vgl. MüKoAktG/*Spindler* § 93 Rn. 17.
[149] Vgl. BGHZ 41, 282 (287) – Mangel des Anstellungsvertrages; sehr klar auch BGHZ 148, 167 (169 f.) („öffentliche Pflicht auf Grund ihres durch die Bestellung als Gesellschaftsorgan begründeten Rechtsverhältnisses zur Gesellschaft"); *Fleischer* AG 2004, 517 (518); mit abw. Begründung ferner *Baums*, Der Geschäftsleitervertrag, 1987, 174 ff., der auf Grund einer Interessenanalyse die Nichtgeltung der übernommenen Verpflichtung zur ordnungsgemäßen Geschäftsleitung beschränken will.
[150] Vgl. RG Recht 1909 Nr. 2938; kritisch dazu *Baums*, Der Geschäftsleitervertrag, 1987, 171 f.; *Reich* DB 1967, 1663 (1666); *Ruth* JW 1937, 685.
[151] Vgl. RGZ 152, 273 (277 f.) (Genossenschaft); kritisch dazu *Reich* DB 1967, 1663 (1666).
[152] Vgl. *Fleischer* AG 2004, 517 (518); *K. Schmidt* GesR § 14 II 4 a, S. 419; *Seyfarth* VorstandsR § 3 Rn. 100; *Thüsing* in Fleischer VorstandsR-HdB § 4 Rn. 47.
[153] Vgl. *Fleischer* AG 2004, 517 (518).

Haftung als faktisches Organ aus; in Betracht kommt jedoch eine Einstandspflicht nach allgemeinen Rechtsscheingrundsätzen.[154]

III. Anstellungsvertrag

1. Allgemeines. a) Rechtsnatur. Der Anstellungsvertrag regelt die schuldrechtlichen Beziehungen zwischen Gesellschaft und Vorstandsmitglied.[155] Er tritt nach der sog. Trennungstheorie (→ Rn. 7) neben die organschaftliche Bestellung und ist in der Regel ein Dienstvertrag, der eine Geschäftsbesorgung zum Gegenstand hat (§§ 611, 675 BGB).[156] Wird das Vorstandsmitglied ausnahmsweise unentgeltlich tätig, liegt ein Auftrag (§ 662 BGB) vor.[157] Allerdings spricht die Vermutung des § 612 Abs. 1 BGB für eine entgeltliche Tätigkeit.[158] Bei der Vertragsgestaltung ist zu berücksichtigen, dass Abreden mit Vorstandsmitgliedern in Formularverträgen einer Inhaltskontrolle nach §§ 307 ff. BGB unterliegen;[159] die gesellschaftsrechtliche Bereichsausnahme des § 310 Abs. 4 S. 1 BGB ist hier nicht einschlägig.[160] Dies gilt gemäß § 310 Abs. 3 Nr. 2 BGB auch für den nur zur einmaligen Verwendung bestimmten Dienstvertrag, wenn man Vorstandsmitglieder mit der Rechtsprechung als Verbraucher iSd § 13 BGB einordnet.[161] In der Praxis können vor allem das Transparenzgebot des § 307 Abs. 1 S. 2 BGB und das Benachteiligungsverbot des § 307 Abs. 2 BGB eine Rolle spielen.[162]

Durch den Anstellungsvertrag wird das Vorstandsmitglied nicht Arbeitnehmer der Aktiengesellschaft,[163] vor allem nicht ihr Handlungsgehilfe (§ 59 HGB).[164] Die der Arbeitnehmerstellung innewohnende Weisungsgebundenheit und persönliche Abhängigkeit ist mit der Leitungsautonomie des Vorstands (→ § 76 Rn. 56 ff.) nicht vereinbar.[165] Aus demselben Grund lässt sich die zum GmbH-Geschäftsführer geführte Debatte um seine arbeitnehmerähnliche Stellung nicht auf Vorstandsmitglieder einer Aktiengesellschaft übertragen.[166] Ausnahmen werden allein für Konzernanstellungsverträge von Tochtervorständen mit der Muttergesellschaft (→ Rn. 39) erwogen,[167] doch vermag auch das nicht zu überzeugen.[168] Ebenso wenig nötigen unionsrechtliche Argumente zu einer Einordnung des Vorstandsmitglieds als Arbeitnehmer. Zwar hat der EuGH in einem jüngeren Urteil ausgesprochen, dass die Geschäftsführerin einer lettischen AG Arbeitnehmerin iSd Mutterschutzrichtlinie ist.[169] Auf dem Vorstand einer deutschen AG lässt sich dies nach ganz hL aber nicht übertragen, weil

---

[154] Näher *Fleischer* AG 2004, 517 (518).
[155] Vgl. *Windbichler* GesR § 27 Rn. 2; Henssler/Strohn/*Dauner-Lieb* Rn. 14; MüKoAktG/*Spindler* Rn. 56; K. Schmidt/Lutter/*Seibt* Rn. 24; *Thüsing* in Fleischer VorstandsR-HdB § 4 Rn. 53; Grigoleit/*Vedder* Rn. 17; MHdB AG/*Wiesner* § 21 Rn. 1.
[156] Vgl. BGHZ 10, 187 (191); 36, 142 (143); Bürgers/Körber/*Bürgers* Rn. 13; Wachter/*Eckert* Rn. 13; Hüffer/Koch/*Koch* Rn. 14; Großkomm AktG/*Kort* Rn. 271a; Kölner Komm AktG/*Mertens/Cahn* Rn. 34; NK-AktR/*Oltmanns* Rn. 10; K. Schmidt/Lutter/*Seibt* Rn. 23; MHdB AG/*Wiesner* § 21 Rn. 1.
[157] Vgl. Großkomm AktG/*Kort* Rn. 271a; *Windbichler* GesR § 27 Rn. 12; MüKoAktG/*Spindler* Rn. 56; *Thüsing* in Fleischer VorstandsR-HdB § 4 Rn. 53.
[158] Vgl. OLG Stuttgart AG 2003, 211 (213); Großkomm AktG/*Kort* Rn. 271a; *Beiner*, Der Vorstandsvertrag, 2005, Rn. 174; K. Schmidt/Lutter/*Seibt* Rn. 29; MüKoAktG/*Spindler* Rn. 56; MHdB AG/*Wiesner* § 21 Rn. 1.
[159] Vgl. *Bauer* FS Wank, 2014, 1; *Fonk* in Semler/v. Schenck AR-HdB § 10 Rn. 80; Hüffer/Koch/*Koch* Rn. 21; Großkomm AktG/*Kort* Rn. 282; *Seyfarth* VorstandsR § 4 Rn. 19 ff.; *Thüsing* in Fleischer VorstandsR-HdB § 4 Rn. 101.
[160] Vgl. *Seyfarth* VorstandsR § 4 Rn. 20.
[161] Vgl. OLG Hamm AG 2007, 910 (911); zustimmend *Bauer* FS Wank, 2014, 1 (3 ff.); Bauer/Arnold/*Kramer* AG 2014, 677 (678); *Habersack* FS Coester-Waltjen, 2015, 1097 (1098 f.); Hüffer/Koch/*Koch* Rn. 21; v. Westphalen BB 2015, 834 (835 ff.); zum GmbH-Geschäftsführer BGHZ 133, 71; BGH NJW 2004, 3039; *Mülbert* FS Hadding, 2004, 575 (582); ablehnend *Herresthal* ZIP 2014, 345 (347 ff.); *Seyfarth* VorstandsR § 4 Rn. 17 f.; *Thüsing* in Fleischer VorstandsR-HdB § 4 Rn. 101.
[162] Näher *Seyfarth* VorstandsR § 4 Rn. 24.
[163] Vgl. BGHZ 10, 187 (191); 12, 1 (8); 36, 142 (143); 49, 30 (31); 79, 291 (292); Großkomm AktG/*Kort* Rn. 272; *Windbichler* GesR § 27 Rn. 13; Kölner Komm AktG/*Mertens/Cahn* Rn. 35; MüKoAktG/*Spindler* Rn. 57; Raiser/Veil KapGesR § 14 Rn. 48; K. Schmidt/Lutter/*Seibt* Rn. 23; *Seyfarth* VorstandsR § 4 Rn. 6; *Thüsing* in Fleischer VorstandsR-HdB § 4 Rn. 54; zum internationalen Arbeitsrecht auch *Mankowski* RIW 2004, 167.
[164] Vgl. Hüffer/Koch/*Koch* Rn. 14; Wachter/*Eckert* Rn. 13; Hölters/*Weber* Rn. 35.
[165] Vgl. *Beiner*, Der Vorstandsvertrag, 2005, Rn. 180; MüKoAktG/*Spindler* Rn. 57; *Thüsing* in Fleischer VorstandsR-HdB § 4 Rn. 54; MHdB AG/*Wiesner* § 21 Rn. 5.
[166] Vgl. *Beiner*, Der Vorstandsvertrag, 2005, Rn. 180; Kölner Komm AktG/*Mertens/Cahn* Rn. 35; MüKoAktG/*Spindler* Rn. 51; *Thüsing* in Fleischer VorstandsR-HdB § 4 Rn. 54.
[167] Vgl. OLG Frankfurt DB 1997, 1812; *Henssler* RdA 1992, 289 (301); *Martens* FS Hilger/Stumpf, 1983, 437 (441); MHdB ArbR/*Richardi* § 3 Rn. 14; *Säcker* BB 1979, 1321 (1324).
[168] Wie hier *Thüsing* in Fleischer VorstandsR-HdB § 4 Rn. 54; s. auch OLG München NZG 2003, 722.
[169] Vgl. EuGH Slg 2010, I-11405 – Danosa.

dieser nicht jederzeit abberufen werden kann (§ 84 Abs. 3) und auch nicht weisungsabhängig ist (§ 76 Abs. 1).[170]

26 Vorstandsmitglieder nehmen auf Grund ihrer Organstellung vielmehr Arbeitgeberfunktion wahr;[171] sie sind der „konkrete" Prinzipal.[172] Infolgedessen können sie auf der Arbeitgeberseite zu Arbeitsrichtern (§ 22 Abs. 2 Nr. 1 ArbGG, § 37 Abs. 2 ArbGG, § 43 Abs. 3 ArbGG) und Sozialrichtern (§ 16 Abs. 4 Nr. 2 SGG, § 35 Abs. 1 SGG, § 47 S. 2 SGG) bestellt werden.[173] Ferner können sie nach § 109 GVG Handelsrichter sein, obwohl ihnen keine Kaufmannseigenschaft zukommt.[174]

27 **b) Analoge Anwendung arbeitsrechtlicher Vorschriften.** Die fehlende Arbeitnehmereigenschaft des Vorstandsmitglieds schließt nach allgM die analoge Anwendung einzelner arbeitsrechtlicher Vorschriften nicht aus.[175] In Betracht kommen vor allem solche Schutzvorschriften, die der Sicherung der persönlichen und wirtschaftlichen Existenz des Vorstandsmitglieds im Rahmen einer ausschließlichen und langfristigen Bindung dienen[176] oder die durch besondere Vertrauenserwartungen („hidden handshake")[177] geprägt sind.[178]

28 Auf Vorstandsverträge entsprechend anwendbar sind daher die Mindestkündigungsfristen des § 622 BGB,[179] der Pfändungsschutz nach §§ 850 ff. ZPO für fortlaufende Dienst- und Versorgungsbezüge,[180] der Anspruch auf Erteilung eines qualifizierten Zeugnisses gemäß § 630 BGB,[181] die gleichbehandlungsrechtlichen Diskriminierungsverbote gemäß § 6 Abs. 3 AGG (→ Rn. 11a),[182] die Insolvenzsicherung nach §§ 7, 17 Abs. 1 BetrAVG, soweit die Vorstandsmitglieder nicht selbst maßgeblich an der Gesellschaft beteiligt sind,[183] die Berechnung des Kostenwerts nach § 42 Abs. 2 GKG nF für Klagen auf Vorstandsvergütung.[184] Schiedsvereinbarungen bei Abschluss des Anstellungsvertrages sollen unter § 1031 Abs. 5 ZPO iVm § 13 BGB fallen.[185] Auf betriebliche Übungen kann sich das Vorstandsmitglied nach hM nicht berufen,[186] doch sind sie bei der Auslegung des Anstellungsvertrages durchaus zu berücksichtigen.[187] Der arbeitsrechtliche Gleichbehandlungsgrundsatz findet ebenfalls

---

[170] Vgl. *Bauer/Arnold* ZIP 2012, 597 (599); *Hohenstatt/Naber* ZIP 2012, 1989 (1990); *Hoefs/Rentsch* DB 2012, 2733 (2738); Großkomm AktG/*Kort* Rn. 273 ff.; *Kort* NZG 2013, 601 (605 f.); MüKoAktG/*Spindler* Rn. 57; abw. *Ziemons* KSzW 2013, 19 (20 ff.).
[171] Vgl. BGHZ 10, 187 (191); 36, 142 (143); *Fleischer* in Fleischer VorstandsR-HdB § 1 Rn. 8; Wachter/*Eckert* Rn. 13; *Windbichler* GesR § 27 Rn. 13; Hüffer/Koch/*Koch* Rn. 14; Großkomm AktG/*Kort* Rn. 275.
[172] Vgl. OLG Frankfurt DB 1973, 139; *Fleischer* in Fleischer VorstandsR-HdB § 1 Rn. 8; K. Schmidt/Lutter/*Seibt* Rn. 23; MüKoAktG/*Spindler* Rn. 59; MHdB AG/*Wiesner* § 19 Rn. 39.
[173] Vgl. Bürgers/Körber/*Bürgers* Rn. 14; Großkomm AktG/*Kort* § 76 Rn. 193; Kölner Komm AktG/*Mertens/Cahn* Rn. 36; MüKoAktG/*Spindler* Rn. 63.
[174] Vgl. MüKoAktG/*Spindler* Rn. 63; Großkomm AktG/*Kort* Rn. 277.
[175] Vgl. *Beiner*, Der Vorstandsvertrag, 2005, Rn. 181; Bürgers/Körber/*Bürgers* Rn. 14; *Fleck* FS Hilger/Stumpf, 1983, 197 (205); Großkomm AktG/*Kort* Rn. 458; *Henssler* RdA 1992, 289 (297); *Windbichler* GesR § 27 Rn. 13; Raiser/Veil KapGesR § 14 Rn. 48; K. Schmidt/Lutter/*Seibt* Rn. 23; *Thüsing* in Fleischer VorstandsR-HdB § 4 Rn. 55; s. aber auch *Seyfarth* VorstandsR § 4 Rn. 8: „Zurückhaltung geboten".
[176] So oder ähnlich *Fleck* FS Hilger/Stumpf, 1983, 205; Großkomm AktG/*Kort* Rn. 459; *Henssler* RdA 1992, 297; Kölner Komm AktG/*Mertens/Cahn* Rn. 37 f.; NK-AktR/*Oltmanns* Rn. 10; *Thüsing* in Fleischer VorstandsR-HdB § 4 Rn. 56.
[177] Zur Bedeutung der Organisationskultur etwa *Richter/Furubotn*, Neue Institutionenökonomik, 4. Aufl. 2010, 417 f.
[178] Vgl. Kölner Komm AktG/*Mertens/Cahn* Rn. 37.
[179] Vgl. BGHZ 79, 291 (292 ff.) (GmbH); BGHZ 91, 217 (220 f.) (GmbH); Großkomm AktG/*Kort* Rn. 478; Hüffer/Koch/*Koch* Rn. 17; Kölner Komm AktG/*Mertens/Cahn* Rn. 38; NK-AktR/*Oltmanns* Rn. 11; zweifelnd *Thüsing* in Fleischer VorstandsR-HdB § 4 Rn. 56.
[180] Vgl. BGH AG 1978, 162 (165 f.); *Fleck* FS Hilger/Stumpf, 1983, 197 (209); Hüffer/Koch/*Koch* Rn. 26; Grigoleit/*Vedder* Rn. 22.
[181] Vgl. BGHZ 49, 30 (31 f.) (GmbH); Wachter/*Eckert* Rn. 24; *Fonk* in Semler/v. Schenck AR-HdB § 10 Rn. 176; Kölner Komm AktG/*Mertens/Cahn* Rn. 38; zweifelnd Hüffer/Koch/*Koch* Rn. 25.
[182] Vgl. BGHZ 193, 110.
[183] Vgl. BGHZ 77, 94 (96 ff.); 77, 233 (236 ff.); 78, 73 (79); BGH NZG 2003, 327 (328); Hüffer/Koch/*Koch* Rn. 26; Raiser/Veil KapGesR § 14 Rn. 48; zur Abbedingung des BetrAVG *Thüsing/Granetzny* NZG 2010, 449.
[184] Vgl. *Beiner*, Der Vorstandsvertrag, 2005, Rn. 182; zur Vorgängervorschrift BGH WM 1978, 1106 f.; Hüffer/Koch/*Koch* Rn. 26; *Thüsing* in Fleischer VorstandsR-HdB § 4 Rn. 55.
[185] Vgl. OLG Hamm AG 2007, 910 (911 f.); *v. Westphalen* ZIP 2013, 2184; kritisch *Herresthal* ZIP 2014, 345 (347 ff.); Hüffer/Koch/*Koch* Rn. 25; Kölner Komm AktG/*Mertens/Cahn* Rn. 99.
[186] Vgl. *Beiner*, Der Vorstandsvertrag, 2005, Rn. 182; *Thüsing* in Fleischer VorstandsR-HdB § 4 Rn. 56; ferner Großkomm AktG/*Kort* Rn. 469: „äußerste Zurückhaltung".
[187] Vgl. BGH AG 1995, 188 (189); *Henssler* RdA 1992, 289 (299 ff.); Hüffer/Koch/*Koch* Rn. 24; MüKoAktG/*Spindler* Rn. 66; NK-AktR/*Oltmanns* Rn. 11; *Thüsing* in Fleischer VorstandsR-HdB § 4 Rn. 56; abw. Beck MandatsHdB Vorstand/*Lücke* § 2 Rn. 90.

keine Anerkennung;[188] allerdings wird man aus Treu und Glauben eine abgeschwächte Gleichbehandlungspflicht unter Vorstandsmitgliedern ableiten können, die auch ohne ausdrückliche Regelung Grundlage für bestimmte Vergütungen, zB ein Ruhegehalt, sein kann.[189]

Nach ausdrücklicher gesetzlicher Regelung nicht anwendbar sind das Arbeitsgerichtsgesetz (§ 5 Abs. 1 S. 3 ArbGG),[190] das Vermögensbildungsgesetz (§ 1 Abs. 3 Nr. 1 VermBG) sowie das Kündigungsschutzgesetz (§ 14 Abs. 1 Nr. 1 KSchG). Die Geltung der materiellen Kündigungsschutzregelungen kann – anders als für den GmbH-Geschäftsführer[191] – auch nicht im Anstellungsvertrag vereinbart werden.[192] Dies liefe nämlich im Ergebnis auf die Vereinbarung eines unbefristeten Anstellungsvertrages hinaus, der mit § 84 Abs. 1 S. 5 nicht vereinbar wäre (→ Rn. 40).[193] Keine Anwendung findet der Rechtsprechung zufolge auch der besondere Kündigungsschutz für Schwerbehinderte gemäß § 90 Abs. 1 Nr. 2 iVm § 73 Abs. 2 Nr. 5 SGB IX.[194] Ausgenommen sind des Weiteren die §§ 74 ff. HGB über nachvertragliche Wettbewerbsverbote (näher → § 88 Rn. 42 ff.),[195] das Gesetz über Arbeitnehmererfindungen,[196] die Regelungen über den Übergang bestehender Arbeitsverhältnisse nach § 613a BGB,[197] das Mutterschutz- und Bundeserziehungsgeldgesetz[198] und das Gesetz über Teilzeitarbeit und befristete Arbeitsverträge.[199]

Außerdem haben es Rechtsprechung und hL bisher stets abgelehnt, die arbeitsrechtlichen Grundsätze über betrieblich veranlasste Arbeit auf Vorstandsmitglieder auszudehnen (dazu auch → § 93 Rn. 194).[200] Hieran ist entgegen mancher Literaturstimmen aus jüngster Zeit[201] festzuhalten.[202] Für eine solche Erstreckung fehlt ein tragfähiges methodisches und teleologisches Fundament: Während das BGB hinsichtlich der Arbeitnehmerhaftung von Anfang an eine Regelungslücke enthielt, verfügt das AktG für die Organhaftung über eine vollständig ausgebildete Haftungsnorm, die keiner Lückenschließung bedarf.[203] Daher käme nur eine Rechtsfortbildung *praeter* oder *contra legem* in Betracht. Im Arbeitsrecht wird die Rechtsfortbildung auf drei Wertungsgesichtspunkte gestützt (a) die Verantwortung des Arbeitgebers für die Organisation des Betriebs und die Gestaltung der Arbeitsbedingungen, (b) das Missverhältnis zwischen Haftungsrisiko und Arbeitsentgelt, (c) die unterschiedliche Verhandlungsstärke von Arbeitgeber und Arbeitnehmer.[204] Demgegenüber gilt für Vorstandsmitglieder, dass sie (a) den unternehmerischen Organisationsrahmen in Ausübung ihrer Leitungsaufgabe selbst vorgeben, (b) häufig in Form großzügiger Vergütungen eine Risikoprämie für die höhere Haftungsgefahr enthalten und durch eine D&O-Versicherung haftungsrechtlichen Basisschutz genießen, (c) der Gesellschaft bei der Aushandlung des Anstellungsvertrages auf „Augenhöhe" gegenüber-

---

[188] Vgl. *Beiner*, Der Vorstandsvertrag, 2005, Rn. 182; *Thüsing* in Fleischer VorstandsR-HdB § 4 Rn. 56, ferner Großkomm AktG/*Kort* Rn. 465: „nur ausnahmsweise".

[189] Vgl. BGH WM 1955, 183; Großkomm AktG/*Kort* Rn. 281; Kölner Komm AktG/*Mertens/Cahn* Rn. 41; MüKoAktG/*Spindler* Rn. 66; *Thüsing* in Fleischer VorstandsR-HdB § 4 Rn. 56; MHdB AG/*Wiesner* § 21 Rn. 10; ablehnend *Seyfarth* VorstandsR § 4 Rn. 11, aber „Frage der Klugheit des Aufsichtsrats".

[190] Vgl. BGH NZG 2000, 654 (655); Bürgers/Körber/*Bürgers* Rn. 14; *Henssler* RdA 1992, 289 (296).

[191] Vgl. BGH NZG 2010, 827 (828); *Goette* FS U.H. Schneider, 2011, 353 (360).

[192] Vgl. *Goette* FS U.H. Schneider, 2011, 353 (358 f.); Großkomm AktG/*Kort* Rn. 469a; Hüffer/Koch/*Koch* Rn. 24; MüKoAktG/*Spindler* Rn. 60; *Otte* GWR 2011, 25 (26).

[193] S. dazu auch BAG NZG 2009, 1435 sowie die Erläuterungen → Rn. 32 zum Übergang vom Anstellungsvertrag eines Vorstands zum Arbeitsvertrag.

[194] Vgl. BGH NJW 1978, 1435 (1437); OLG Hamm ZIP 1987, 121; *Beiner*, Der Vorstandsvertrag, 2005, Rn. 183; MüKoAktG/*Spindler* Rn. 61; *Thüsing* in Fleischer VorstandsR-HdB § 4 Rn. 55.

[195] Vgl. OLG Köln NZG 2000, 740 (741); OLG Schleswig NZG 2000, 894; *Fonk* in Semler/v. Schenck AR-HdB § 10 Rn. 187 ff.

[196] Vgl. BGH GRUR 1990, 193 (194); OLG Düsseldorf GRUR 2000, 49 (50); zu vertraglichen Vereinbarungen → Rn. 83.

[197] Vgl. BAG ZIP 2003, 1010 (1012); Großkomm AktG/*Kort* Rn. 462; *Thüsing* in Fleischer VorstandsR-HdB § 4 Rn. 55.

[198] Vgl. *Beiner*, Der Vorstandsvertrag, 2005, Rn. 183; *Oberrath* MDR 1999, 134 (138); s. auch → Rn. 25 zum *Danosa*-Urteil des EuGH.

[199] Vgl. *Beiner*, Der Vorstandsvertrag, 2005, Rn. 183.

[200] Vgl. BGH WM 1975, 467 (469) (Genossenschaft); BGHZ 148, 167 (172) (GmbH); KG NZG 1999, 400 (402) (GmbH); OLG Düsseldorf ZIP 1995, 1183 (1192); Kölner Komm AktG/*Mertens/Cahn* Rn. 39; MüKoAktG/*Spindler* Rn. 64.

[201] Vgl. mit Nuancierungen im Einzelnen *Bachmann* ZIP 2017, 841 ff.; *Hoffmann* NJW 2012, 1393 (1396 f.); *Koch* Liber Amicorum Winter, 2011, 327 (329 ff.); *Koch* AG 2012, 429 (435 ff.); *Koch* AG 2014, 513 (515 f.); sympathisierend auch *Hopt* ZIP 2013, 1793 (1804).

[202] Näher zu Folgendem *Fleischer* ZIP 2014, 1305 (1306 f.); zustimmend Großkomm AktG/*Kort* Rn. 461.

[203] Vgl. *Joussen* RdA 2006, 129 (135); MüKoBGB/*Henssler* § 619a Rn. 19, *Krause*, Mitarbeit in Unternehmen, 2002, 565 f.

[204] Dazu BAG (GS) NZA 1994, 1083 (1085); MüKoBGB/*Henssler* § 619a Rn. 9; *Krause* NZA 2003, 577 (579 ff.).

treten.²⁰⁵ Der Umstand, dass sie einzelne Risikofaktoren wie Unternehmensgegenstand und Eigenkapitalausstattung nicht selbst beeinflussen können, reicht als Legitimationsgrundlage für eine richterrechtliche Haftungserleichterung nicht aus.²⁰⁶

30   **c) Sozialversicherungsrechtliche Einordnung.** Vorstandsmitglieder sind in sämtlichen Zweigen der gesetzlichen Sozialversicherung grundsätzlich nicht versicherungspflichtig.²⁰⁷ Für den Bereich der Arbeitslosenversicherung ergibt sich dies aus § 27 Abs. 1 Nr. 5 SGB III,²⁰⁸ für die Rentenversicherung aus dem im Jahre 2004 neu gefassten § 1 S. 4 SGB VI.²⁰⁹ Für die gesetzliche Unfallversicherung fehlt idR eine Beschäftigung iSv § 7 Abs. 1 SGB IV, da den Vorstandsmitgliedern die persönliche Abhängigkeit fehlt.²¹⁰ Bestätigt wird dies durch § 6 Abs. 1 Nr. 2 SGB VII, wonach diese sich freiwillig versichern lassen können.²¹¹ Im Rahmen der Krankenversicherung verneint die hL einen Anspruch der Vorstandsmitglieder gegenüber der Gesellschaft auf Pflegeversicherungszuschuss nach § 61 SGB XI und auf Krankenversicherungszuschuss nach § 257 SGB V.²¹² Ein jüngeres Urteil des BSG neigt freilich dem gegenteiligen Standpunkt zu.²¹³

31   **d) Gegenseitige Treue- und Fürsorgepflicht.** Ungeachtet der konkreten Vereinbarung unterliegen Gesellschaft und Vorstandsmitglied einer besonderen Treue- und Fürsorgepflicht.²¹⁴ Sie kommt insbesondere bei der Auslegung des Anstellungsvertrages zur Anwendung²¹⁵ und wird etwa bei der betrieblichen Altersversorgung (→ Rn. 50), der Urlaubsgewährung (→ Rn. 62) oder beim fehlerhaften Anstellungsverhältnis (→ Rn. 86) herangezogen. Soweit der Gesellschaft als Dienstherrin eine Fürsorgepflicht obliegt, ist allerdings zu bedenken, dass Vorstandsmitglieder auf Grund der Höhe ihrer Bezüge idR wirtschaftlich unabhängig sind.²¹⁶ Umgekehrt trifft auch das Vorstandsmitglied auf Grund des Dienstvertrages eine besondere Treuepflicht gegenüber der Gesellschaft, die über den allgemeinen Pflichtenstandard des § 242 BGB hinausgeht.²¹⁷ Es hat hiernach allein das Interesse der Gesellschaft zu wahren und eigennützige Interessen zurückzustellen (näher → Rn. 76).²¹⁸ Besonderheiten bestehen beim Abschluss des Anstellungsvertrages und den Verhandlungen über die Vergütungshöhe (näher → § 87 Rn. 58).

32   **e) Übergang vom Arbeits- zum Anstellungsverhältnis.** Sonderfragen ergeben sich, wenn eine Person zunächst als Arbeitnehmer (zB leitender Angestellter) tätig ist und dann zum Vorstandsmitglied berufen wird.²¹⁹ Nach neuerer Rechtsprechung kann das Arbeitsverhältnis dann beendet und durch den Anstellungsvertrag ersetzt werden.²²⁰ Angesichts der schwankenden Spruchpraxis empfiehlt sich eine ausdrückliche Regelung über das rechtliche Schicksal des Arbeitsverhältnisses.²²¹ Davon zu trennen ist die Vereinbarung eines Arbeitsverhältnisses für den Fall der Beendigung der Organstellung: Nach einer neueren Entscheidung des BAG liegt eine objektive Gesetzesumgehung

---

²⁰⁵ Vgl. *Fleischer* ZIP 2014, 1305 (1306).
²⁰⁶ Vgl. *Fleischer* ZIP 2014, 1305 (1306); *Joussen* RdA 2006, 129 (135); *Krause*, Mitarbeit im Unternehmen, 2002, 565 f.; MüKoAktG/*Spindler* § 93 Rn. 27.
²⁰⁷ Vgl. BSGE 85, 214 (218 ff.); *Beiner*, Der Vorstandsvertrag, 2005, Rn. 184; Großkomm AktG/*Kort* Rn. 470; Hüffer/Koch/*Koch* Rn. 14; MüKoAktG/*Spindler* Rn. 62; eingehend *Seyfarth* VorstandsR § 11 Rn. 4 ff.
²⁰⁸ Vgl. *Beiner*, Der Vorstandsvertrag, 2005, Rn. 184; Großkomm AktG/*Kort* Rn. 471; *Thüsing* in Fleischer VorstandsR-HdB § 4 Rn. 59.
²⁰⁹ Dazu und zum Übergangsrecht *Beiner*, Der Vorstandsvertrag, 2005, Rn. 185; Großkomm AktG/*Kort* Rn. 471; *Thüsing* in Fleischer VorstandsR-HdB § 4 Rn. 58.
²¹⁰ Vgl. BSG AG 2000, 361 (362 f.); LSG Hessen AG 1999, 190; *Seyfarth* VorstandsR § 11 Rn. 10.
²¹¹ Vgl. BSG AG 2000, 361 (363); *Beiner*, Der Vorstandsvertrag, 2005, Rn. 186; *Seyfarth* VorstandsR § 11 Rn. 10.
²¹² Vgl. *Beiner*, Der Vorstandsvertrag, 2005, Rn. 187; *Fonk* in Semler/v. Schenck AR-HdB § 10 Rn. 155; *Grambow* AG 2010, 477; *Seyfarth* VorstandsR § 11 Rn. 11; zweifelnd *Thüsing* in Fleischer VorstandsR-HdB § 4 Rn. 59.
²¹³ Vgl. BSG DB 2011, 1759; eingehend *Sagan*/*Hübner* AG 2011, 852.
²¹⁴ Vgl. *Beiner*, Der Vorstandsvertrag, 2005, Rn. 188; Großkomm AktG/*Kort* Rn. 279; Kölner Komm AktG/*Mertens*/*Cahn* Rn. 41; *Raiser*/*Veil* KapGesR § 14 Rn. 51; MüKoAktG/*Spindler* Rn. 67; MHdB AG/*Wiesner* § 21 Rn. 12 f.
²¹⁵ Vgl. Großkomm AktG/*Kort* Rn. 279; Kölner Komm AktG/*Mertens*/*Cahn* Rn. 41; MHdB AG/*Wiesner* § 21 Rn. 13.
²¹⁶ Vgl. *Raiser*/*Veil* KapGesR § 14 Rn. 51; s. auch MüKoAktG/*Spindler* Rn. 67.
²¹⁷ Vgl. *Beiner*, Der Vorstandsvertrag, 2005, Rn. 189; Großkomm AktG/*Kort* Rn. 280.
²¹⁸ Vgl. *Beiner*, Der Vorstandsvertrag, 2005, Rn. 189; MHdB AG/*Wiesner* § 21 Rn. 12.
²¹⁹ Eingehend *Seyfarth* VorstandsR § 4 Rn. 12 ff.
²²⁰ Vgl. BAG NZA 1994, 212 (GmbH); NZA 2000, 1013 (GmbH); *Windbichler* GesR § 27 Rn. 13; *Reiserer*/*Peters* DB 2008, 167 (168); *Thüsing* in Fleischer VorstandsR-HdB § 4 Rn. 60; anders noch BAGE 49, 81, wonach das Arbeitsverhältnis ruht und nach Beendigung der Organstellung wieder auflebt.
²²¹ Näher *Seyfarth* VorstandsR § 4 Rn. 13; *Thüsing* in Fleischer VorstandsR-HdB § 4 Rn. 60.

vor, wenn der Anstellungsvertrag des Vorstands für den Fall der Beendigung der Organstellung die unveränderte Weiterführung des Anstellungsverhältnisses als Arbeitsverhältnis über die Fristen des § 84 Abs. 1 hinaus vorsieht.[222] Insoweit kommt ein Arbeitsverhältnis gemäß § 134 BGB nicht zu Stande.[223] Zulässig ist es aber, die arbeitsvertraglichen Rechte und Pflichten „neu" zu bestimmen, also den Anforderungen des Arbeitsvertrages anzupassen.[224]

2. Zuständigkeit. a) Allgemeines. Gemäß § 84 Abs. 1 S. 5 iVm S. 1 ist der Aufsichtsrat für den Abschluss des Anstellungsvertrages zuständig.[225] Er entscheidet darüber gemäß § 108 durch Beschluss.[226] Die Anstellungskompetenz des Aufsichtsrats ist zwingend[227] und besteht in der Insolvenz der Gesellschaft fort.[228] Sie erstreckt sich auch auf Änderungen des Anstellungsvertrages[229] einschließlich seiner Vergütungsvereinbarungen.[230] Für Zuständigkeitsvorbehalte oder Weisungsrechte der Hauptversammlung ist bei der Anstellung wegen der ausschließlichen Anstellungskompetenz des Aufsichtsrats kein Raum.[231] Gleiches gilt für satzungsmäßige Vorgaben über die Gehaltsbemessung.[232] Kompetenzverstöße führen gemäß § 134 BGB zur Nichtigkeit des Anstellungsvertrages.[233]

b) Übertragung auf einen Ausschuss. Im Gegensatz zur nicht delegierbaren Bestellung (→ Rn. 9) konnte der Aufsichtsrat die Entscheidung über Abschluss und Inhalt des Anstellungsvertrages bislang vollständig auf einen Ausschuss übertragen.[234] Das ergab sich aus § 107 Abs. 3 S. 3, der in seiner Verweisung § 84 Abs. 1 S. 5 ausspart. Seit der Änderung des § 107 Abs. 3 S. 3 durch das VorstAG[235] kann der Aufsichtsrat die Festsetzung und Herabsetzung der Vorstandsbezüge nicht mehr einem Ausschuss überantworten.[236] Jedenfalls insoweit gilt der Entscheidungsvorbehalt des Plenums. Weil die Vergütungsregelungen einen wesentlichen Teil des Anstellungsvertrages ausmachen, wird der Praxis empfohlen, zumindest beim Neuabschluss den Anstellungsvertrag insgesamt dem Aufsichtsratsplenum vorzulegen.[237]

Außerdem hat der Ausschuss die Zuständigkeit des Gesamtaufsichtsrats für die Geschäftsordnung (§ 77 Abs. 2 S. 1, § 107 Abs. 3) zu beachten.[238] Er darf deshalb im Anstellungsvertrag keine Ressortzuweisungen vornehmen.[239]

Der Ausschuss muss bei Entscheidungen über Anstellungsverträge mit wenigstens drei Mitgliedern besetzt sein, um eine Umgehung des § 108 Abs. 2 S. 3 auszuschließen.[240] Ein aus dem Aufsichtsrats-

---

[222] Vgl. BAG NZG 2009, 1435.
[223] Vgl. Hüffer/Koch/*Koch* Rn. 20; MüKoAktG/*Spindler* Rn. 85; *Rasmussen-Bonne* GWR 2010, 181 (182).
[224] Vgl. *Rasmussen-Bonne* GWR 2010, 181 (182).
[225] Vgl. Bürgers/Körber/*Bürgers* Rn. 15; Hüffer/Koch/*Koch* Rn. 15; MüKoAktG/*Spindler* Rn. 68; Großkomm AktG/*Kort* Rn. 287; NK-AktR/*Oltmanns* Rn. 12; K. Schmidt/Lutter/*Seibt* Rn. 24.
[226] Vgl. *Beiner,* Der Vorstandsvertrag, 2005, Rn. 190; Hüffer/Koch/*Koch* Rn. 15; *Köhler* NZG 2008, 161; *Thüsing* in Fleischer VorstandsR-HdB § 4 Rn. 63; *Grigoleit/Vedder* Rn. 18.
[227] Vgl. K. Schmidt/Lutter/*Seibt* Rn. 24; Hölters/*Weber* Rn. 36; MHdB AG/*Wiesner* § 21 Rn. 15.
[228] Vgl. OLG Nürnberg AG 1991, 446 (447); *Görg/Stockhausen* FS Metzeler, 2003, 105 (107); Hüffer/Koch/*Koch* Rn. 15; MüKoAktG/*Spindler* Rn. 73; abw. *Hauptmann/Möller-Dott* BB 2203, 2521 (2524); differenzierend *Uhlenbruck* BB 2003, 1185 (1188).
[229] Vgl. Hüffer/Koch/*Koch* Rn. 15; NK-AktR/*Oltmanns* Rn. 12; K. Schmidt/Lutter/*Seibt* Rn. 24; *Thüsing* in Fleischer VorstandsR-HdB § 4 Rn. 63.
[230] Zu Aktienoptionen *Baums* FS Claussen, 1997, 3 (15); *Beiner,* Der Vorstandsvertrag, 2005, Rn. 190; MüKoAktG/*Spindler* Rn. 73.
[231] Vgl. BGHZ 41, 282 (285); Kölner Komm AktG/*Mertens/Cahn* Rn. 48; MüKoAktG/*Spindler* Rn. 68; NK-AktR/*Oltmanns* Rn. 12; MHdB AG/*Wiesner* § 21 Rn. 15.
[232] Vgl. *Krieger,* Personalentscheidungen des Aufsichtsrats, 1981, 165 f.; Kölner Komm AktG/*Mertens/Cahn* Rn. 51; *Thüsing* in Fleischer VorstandsR-HdB § 4 Rn. 63; MHdB AG/*Wiesner* § 21 Rn. 15.
[233] Vgl. NK-AktR/*Oltmanns* Rn. 12, abw. Hüffer/Koch/*Koch* Rn. 15: § 177 BGB analog.
[234] Vgl. Bürgers/Körber/*Bürgers* Rn. 15; Hüffer/Koch/*Koch* Rn. 15; Großkomm AktG/*Kort* Rn. 289; K. Schmidt/Lutter/*Seibt* Rn. 25; MHdB AG/*Wiesner* § 21 Rn. 16; einschränkend im Hinblick auf § 107 Abs. 3 AktG nF Kölner Komm AktG/*Mertens/Cahn* Rn. 50.
[235] Gesetz zur Angemessenheit der Vorstandsvergütung v. 31.7.2009, BGBl. 2009 I 2509.
[236] Vgl. *Fleischer* NZG 2009, 801 (804); MüKoAktG/*Spindler* Rn. 69; eingehend *Fonk* FS Hoffmann-Becking, 2013, 347.
[237] So auch *Hoffmann-Becking/Krieger* NZG 2009, Beilage zu Heft 26 Rn. 74; Kölner Komm AktG/*Mertens/Cahn* Rn. 48; MüKoAktG/*Spindler* Rn. 69; Hölters/*Weber* Rn. 37.
[238] Vgl. Hüffer/Koch/*Koch* Rn. 15; MüKoAktG/*Spindler* Rn. 69; NK-AktR/*Oltmanns* Rn. 12; *Thüsing* in Fleischer VorstandsR-HdB § 4 Rn. 66.
[239] Vgl. *Beiner,* Der Vorstandsvertrag, 2005, Rn. 194; Bürgers/Körber/*Bürgers* Rn. 15; Kölner Komm AktG/*Mertens/Cahn* Rn. 49; MHdB AG/*Wiesner* § 21 Rn. 16.
[240] Vgl. *Beiner,* Der Vorstandsvertrag, 2005, Rn. 193; Bürgers/Körber/*Bürgers* Rn. 15; Großkomm AktG/*Kort* Rn. 290; Hüffer/Koch/*Koch* Rn. 16; MüKoAktG/*Spindler* Rn. 69; NK-AktR/*Oltmanns* Rn. 12; K. Schmidt/Lutter/*Seibt* Rn. 25.

vorsitzenden und seinem Stellvertreter bestehender Ausschuss kann daher keinen wirksamen Anstellungsvertrag abschließen.[241] Dies gilt erst recht für ein einzelnes Aufsichtsratsmitglied.[242] Davon zu unterscheiden ist die Bevollmächtigung eines Aufsichtsratsmitglieds, den vom Ausschuss beschlossenen Anstellungsvertrag mit dem Vorstandsmitglied zu unterzeichnen (→ Rn. 37).[243]

37 **3. Verfahren und Form.** Der Aufsichtsratsbeschluss über den Anstellungsvertrag (→ Rn. 33) ist durch Abgabe einer Willenserklärung gegenüber dem zukünftigen Dienstverpflichteten umzusetzen. Diese Umsetzung obliegt nach § 112 grundsätzlich dem Aufsichtsrat als Kollegialorgan;[244] sie kann jedoch als bloße Ausführungshandlung einem einzelnen Aufsichtsratsmitglied übertragen werden.[245] Die erforderliche Ermächtigung zum Vertragsschluss kann sich aus der Geschäftsordnung des Aufsichtsrats, der Satzung oder einem Aufsichtsratsbeschluss ergeben.[246] Dagegen genügt die bloße Amtsstellung des Aufsichtsratsvorsitzenden noch nicht.[247] Ebenso wenig kommt eine konkludente Ermächtigung zum Abschluss des Anstellungsvertrages in Betracht.[248]

38 Der Anstellungsvertrag bedarf keiner Form.[249] Er wird aber aus Beweisgründen idR schriftlich geschlossen. Fehlt es daran, ist ein konkludenter Vertragsschluss in Betracht zu ziehen,[250] doch wird man bei seiner Anerkennung eine gewisse Zurückhaltung walten lassen.[251] Auf die Vertragsanbahnung sind die Grundsätze der *culpa in contrahendo* anwendbar.[252] Allerdings steht einem Bewerber für ein Vorstandsamt kein Schadensersatzanspruch wegen Abbruchs der Vertragverhandlungen zu, wenn ihn ein Aufsichtsratsmitglied bei den Verhandlungen auf das Fehlen eines Aufsichtsratsbeschlusses für seine Bestellung hingewiesen hat.[253]

39 **4. Drittanstellung.** Von einer Drittanstellung spricht man, wenn der Anstellungsvertrag nicht mit der Gesellschaft, sondern mit einer anderen (juristischen oder natürlichen) Person geschlossen wird. Sie begegnet als sog. Konzernanstellungsvertrag bei konzernverbundenen Gesellschaften, bei Gesellschaften im Allein- oder Mehrheitsbesitz der öffentlichen Hand oder bei Unternehmen in der Rechtsform der AG & Co. KG.[254] Anzutreffen sind außerdem Verträge zwischen Vorstandsmitglied und Allein- oder Mehrheitsaktionär, die den Anstellungsvertrag ersetzen oder ergänzen.[255] Ob derartige Drittanstellungsverträge zulässig sind, ist noch nicht endgültig geklärt. Die Rechtsprechung hat sie für Geschäftsführer einer nicht mitbestimmten GmbH generell als zulässig angesehen;[256] für Vorstandsmitglieder fehlen bisher wegweisende Entscheidungen. Zwei jüngere obergerichtliche Entscheidungen[257] und ein BGH-Urteil[258] zum Interim-Management (→ Rn. 39a) werden aber gelegentlich dahin verstanden, dass die Spruchpraxis keine prinzipiellen Bedenken gegen „Drittanstellungsverträge"[259] hege.[260] Eine verbreitete

---

[241] Vgl. BGHZ 65, 190 (192 f.); Hüffer/Koch/*Koch* Rn. 16; Kölner Komm AktG/*Mertens/Cahn* Rn. 48; K. Schmidt/Lutter/*Seibt* Rn. 25; MüKoAktG/*Spindler* Rn. 69; *Thüsing* in Fleischer VorstandsR-HdB § 4 Rn. 54.
[242] Vgl. Kölner Komm AktG/*Mertens/Cahn* Rn. 48; MüKoAktG/*Spindler* Rn. 71; MHdB AG/*Wiesner* § 21 Rn. 18.
[243] Vgl. MüKoAktG/*Spindler* Rn. 61; Wachter/*Eckert* Rn. 15; MHdB AG/*Wiesner* § 21 Rn. 18.
[244] Vgl. BGH NJW 1964, 1367; GroßkommAktG/*Kort* Rn. 287; Hüffer/Koch/*Koch* Rn. 15; *Köhler* NZG 2008, 161 (162).
[245] Vgl. OLG Schleswig AG 2001, 651 (653).
[246] Vgl. *Janzen* NZG 2003, 468 (471); *Leuering* NZG 2004, 120 (121).
[247] Vgl. OLG Düsseldorf AG 2004, 321 (322); OLG Schleswig AG 2001, 651 (653); *Beiner*, Der Vorstandsvertrag, 2005, Rn. 202.
[248] Vgl. *Beiner*, Der Vorstandsvertrag, 2005, Rn. 202.
[249] Vgl. BGH DStR 1997, 459 (460) (GmbH); *Beiner*, Der Vorstandsvertrag, 2005, Rn. 206; Großkomm AktG/*Kort* Rn. 296; *Thüsing* in Fleischer VorstandsR-HdB § 4 Rn. 72.
[250] Vgl. OLG Stuttgart AG 2003, 211 (213); GroßkommAktG/*Kort* Rn. 297; MüKoAktG/*Spindler* Rn. 64; Kölner Komm AktG/*Mertens/Cahn* Rn. 52.
[251] Vgl. MHdB AG/*Wiesner* § 21 Rn. 19; kritisch auch *Fonk* in Semler/v. Schenck AR-HdB § 10 Rn. 83 mit Fn. 210; K. Schmidt/Lutter/*Seibt* Rn. 27 im Hinblick auf die Pflichten des Aufsichtsrats aus § 116.
[252] Vgl. LG München I NZG 2013, 260; MüKoAktG/*Spindler* Rn. 56.
[253] LG München I NZG 2013, 260.
[254] Vgl. *Beiner*, Der Vorstandsvertrag, 2005, Rn. 135; *Vetter* FS Hoffmann-Becking, 2013, 1297 (1298 f.); s auch *Baums*, Der Geschäftsleitervertrag, 1987, 61 ff., 89 ff.; *Krieger*, Personalentscheidungen des Aufsichtsrats, 1981, 186 ff.; eingehend zu den verschiedenen Fallgestaltungen *Fütterer*, Der Drittanstellungsvertrag, 2017, 9 ff.
[255] Vgl. *Niewiarra* BB 1998, 1961 (1963 ff.); *Theobald* FS Raiser, 2005, 421 (422); *Vetter* FS Hoffmann-Becking, 2013, 1297 (1298).
[256] Vgl. BGHZ 75, 209 (210); s. auch BAG NJW 1998, 260 – Anstellungsvertrag mit Alleingesellschafter; BAG ZIP 2003, 1010 (1014) – Anstellungsvertrag mit Drittunternehmen.
[257] KG AG 2011, 758; OLG Celle AG 2012, 41.
[258] BGH NZG 2015, 792.
[259] BGH NZG 2015, 792 Rn. 24.
[260] In diesem Sinne *Deilmann/Dornbusch* NZG 2016, 201 ff.; *Seyfarth* VorstandsR § 7 Rn. 35; *Theiselmann* ZIP 2015, 1712 ff.; *E. Vetter* NZG 2015, 889 (890); vorsichtiger *Diekmann/Punte* WM 2016, 681 (684).

Literaturansicht hält sie dagegen für unvereinbar mit § 76 Abs. 1, weil die schuldrechtlichen Verpflichtungen aus der Drittanstellung die eigenverantwortliche Leitungsmacht des Vorstands gefährdeten.[261] Anderes soll nur bei Bestehen eines Beherrschungsvertrages oder im Eingliederungskonzern gelten, wo die Leitungsmacht des Tochtervorstands durch die Weisungsbefugnis der beherrschenden Gesellschaft überlagert werde.[262] Außerdem wendet diese Literaturansicht ein, dass Drittanstellungsverträge die Personalkompetenz des Aufsichtsrats der bestellenden AG aushöhlten.[263] Demgegenüber hält die wohl hL Drittanstellungsverträge jedenfalls in Konzernzusammenhängen für statthaft.[264] Sie macht geltend, dass bei einer etwaigen Interessenkollision – ähnlich wie bei Vorstandsdoppelmandaten (→ § 76 Rn. 105 ff.) – die organschaftlichen Pflichten den vertraglichen Regelungen aus der Drittanstellung vorgingen. Auch stehe die Personalkompetenz des Aufsichtsrats einer Drittanstellung nicht entgegen.[265] Es genüge, wenn der Aufsichtsrat die Drittanstellung in allen Einzelheiten kenne und billige.[266] Folgefragen betreffen dann die Begründung und Beendigung des Drittanstellungsverhältnisses, die haftungsrechtlichen Konsequenzen der Drittanstellung, die Vergütung sowie das Verhältnis von bestellender und anstellender Gesellschaft.[267] Angesichts der verbleibenden Rechtsunsicherheit rät die Praxis von Konzernanstellungsverträgen aber ganz überwiegend ab.[268]

Ähnliche Fragen stellen sich beim sog. Interim Management (Personalleasing), einer besonderen Erscheinungsform des Drittanstellungsvertrages. Darunter versteht man die zeitlich befristete Übertragung von Managementaufgaben auf eine unternehmensexterne Führungskraft, den sog. Interim Manager.[269] Er wird vom Aufsichtsrat zum Vorstandsmitglied bestellt, steht jedoch vertraglich häufig in Diensten einer Personal-Service-Agentur und wird von ihr auch bezahlt.[270] Die Agentur erhält dann ihrerseits von der AG eine entsprechende Vergütung. Erste Stimmen in Rechtsprechung und Literatur halten dies für vereinbar mit § 76 Abs. 1, weil der Agentur die vertragliche Nebenpflicht obliege, sich jeglicher Einflussnahme auf die Amtsausübung des Interim Manager zu enthalten.[271] Sie konzedieren aber im Hinblick auf § 84 Abs. 3 S. 1 Schwierigkeiten mit der Kündigung des Agenturvertrages[272] und empfehlen der AG daher, einen unmittelbaren (Vorstands-)Anstellungsvertrag mit dem Interim Manager abzuschließen und die Agenturleistung auf die Personalvermittlung zu beschränken.[273] Außerdem fällt der Abschluss des Gestellungsvertrages mit der Agentur in die Zuständigkeit des Aufsichtsrats, wenn mit der Agentur eine Vergütung für die Vorstandstätigkeit vereinbart wird.[274]

5. Vertragsdauer. a) Höchst- und Mindestdauer. Gemäß § 84 Abs. 1 S. 5 iVm S. 1 beträgt die gesetzliche Höchstdauer für den Anstellungsvertrag fünf Jahre. Bei Vereinbarung einer längeren oder gar unbestimmten Anstellungsdauer endet der Vertrag mit Ablauf der Fünfjahresfrist.[275] Eine

---

[261] Vgl. *Baums*, Der Geschäftsleitervertrag, 1987, 73 f.; *Fonk* NZG 2010, 368 (370); GroßkommAktG/*Kort* Rn. 319 ff.; Kölner Komm AktG/*Mertens/Cahn* Rn. 56; MüKoAktG/*Spindler* Rn. 76; *Raiser/Veil* KapGesR § 14 Rn. 46; *Thüsing* in Fleischer VorstandsR-HdB § 4 Rn. 68 f.; *Hölters/Weber* Rn. 41; iE auch *Theobald* FS Raiser, 2005, 421 (429 ff.) unter Hinweis auf die ausschließliche und zwingende Anstellungskompetenz des Aufsichtsrats.

[262] Dazu *Henssler* RdA 1992, 289 (301); *Hüffer/Koch/Koch* Rn. 18; Großkomm AktG/*Kort* Rn. 329; *Beiner*, Der Vorstandsvertrag, 2005, Rn. 178; dagegen aber MüKoAktG/*Spindler* Rn. 76.

[263] Vgl. *Raiser/Veil* KapGesR § 14 Rn. 46; *Theobald* FS Raiser, 2005, 421 (436); *Weinkamm*, Die Drittanstellung von Vorstandsmitgliedern, 2016, 158 ff.

[264] Vgl. *Beiner*, Der Vorstandsvertrag, 2005, Rn. 176 f.; Bürgers/Körber/*Bürgers* Rn. 20; *Fütterer*, Der Drittanstellungsvertrag, 2017, 14 ff.; *Henssler* RdA 1992, 289 (301); *Ihrig/Schäfer*, Rechte und Pflichten des Vorstands, 2014, Rn. 180; *Jooß* NZA 2011, 1130 (1131); *Krieger*, Personalentscheidungen des Aufsichtsrats, 1981, 186 f.; *Krieger* FS Hoffmann-Becking, 2013, 711 (714 f.); *Lutter/Krieger/Verse* Rechte und Pflichten Rn. 438; *Martens* FS Hilger/Stumpf, 1983, 437 (442); *Reuter* AG 2011, 274 (280); K. *Schmidt/Lutter/Seibt* Rn. 26; *Seyfarth* VorstandsR § 7 Rn. 34 ff.; *Vetter* FS Hoffmann-Becking, 2013, 1297 (1311 ff.).

[265] Näher *Fütterer*, Der Drittanstellungsvertrag, 2017, 35 ff.

[266] *Seyfarth* VorstandsR § 7 Rn. 37.

[267] Näher dazu *Fütterer*, Der Drittanstellungsvertrag, 2017, 55 ff., 179 ff.; 231 ff., 273 ff.

[268] Vgl. Bürgers/Körber/*Bürgers* Rn. 20; Wachter/*Eckert* Rn. 14; GroßkommAktG/*Kort* Rn. 330; Hüffer/Koch/*Koch* Rn. 18; *Lutter/Krieger/Verse* Rechte und Pflichten Rn. 438; *Beiner*, Der Vorstandsvertrag, 2005, Rn. 178; Grigoleit/*Vedder* Rn. 21; diesen Rat für obsolet haltend E. *Vetter* NZG 2015, 889 (891).

[269] Eingehend *Uffmann* ZGR 2013, 273 (276 ff.); monographisch *Uffmann*, Interim Management, 2015.

[270] Dazu *Lutter/Krieger/Verse* Rechte und Pflichten Rn. 437; *Krieger* FS Hoffmann-Becking, 2013, 711 (712); *Vetter* FS Hoffmann-Becking, 2013, 1297 (1299).

[271] Vgl. OLG Celle AG 2012, 41 (42); GroßkommAktG/*Kort* Rn. 330a; Hüffer/Koch/*Koch* Rn. 18; *Krieger* FS Hoffmann-Becking, 2013, 711 (715); s. auch BGH BeckRS 2011, 19847; KG AG 2011, 758 (759).

[272] Näher *Krieger* FS Hoffmann-Becking, 2013, 711 (726 ff.).

[273] So *Krieger* FS Hoffmann-Becking, 2013, 711 (732); ferner GroßkommAktG/*Kort* Rn. 330c.

[274] Vgl. BGH NZG 2015, 792 Rn. 24 ff.

[275] Vgl. *Beiner*, Der Vorstandsvertrag, 2005, Rn. 208; Bürgers/Körber/*Bürgers* Rn. 16; MüKoAktG/*Spindler* Rn. 78; NK-AktR/*Oltmanns* Rn. 5 f.; K. Schmidt/Lutter/*Seibt* Rn. 28; MHdB AG/*Wiesner* § 21 Rn. 20.

Mindestlaufzeit ist gesetzlich nicht vorgesehen. Entsprechend dem zur Mindestbestelldauer Ausgeführten (→ Rn. 12) wird man aber eine Mindestlaufzeit des Dienstvertrages von einem Jahr als Richtschnur verlangen müssen.[276] Grundsätzlich ausgeschlossen ist ein Anstellungsvertrag auf Probe;[277] allerdings kann dem Vorstandsmitglied (nicht der Gesellschaft) im Anstellungsvertrag ein ordentliches Kündigungsrecht vor Ablauf der Bestellung eingeräumt werden.[278] In der Praxis wird sich die Dauer des Anstellungsvertrages zumeist an der Bestellungsdauer orientieren, doch müssen beide einander nicht zwingend entsprechen.[279]

41 **b) Vertragsverlängerung.** Nach § 84 Abs. 1 S. 5 kann der Anstellungsvertrag vorsehen, dass er für den Fall einer Verlängerung der Amtszeit bis zu deren Ablauf weitergilt. Fehlt eine solche Regelung, muss der Aufsichtsrat oder ein vom ihm beauftragter Ausschuss über die Vertragsverlängerung beschließen.[280] Ausnahmsweise kann der Beschluss über die Wiederbestellung zugleich eine stillschweigende Verlängerung des Anstellungsvertrages enthalten.[281] Dies ist anzunehmen, wenn der Bestellungsbeschluss über seinen Wortlaut hinaus die Billigung der Vertragsverlängerung zum Ausdruck bringt.[282] Hierbei kommt es maßgeblich auf die Würdigung des Einzelfalls an;[283] Zweifelsregeln[284] lassen sich nicht aufstellen. Eine stillschweigende Verlängerung nach § 625 BGB wird teils abgelehnt,[285] teils für die Dauer der Wiederbestellung angenommen, sofern der Aufsichtsrat der faktischen Vorstandstätigkeit nach Ablauf der Dienstzeit nicht unverzüglich widerspricht.[286]

42 **c) Koppelungsklauseln.** Koppelungs- oder Gleichlaufklauseln knüpfen das rechtliche Schicksal des Anstellungsvertrages mit einer Bedingung iSd § 158 BGB unmittelbar an das der Bestellung.[287] Verbreitet anzutreffen und grundsätzlich statthaft sind Klauseln, nach denen die Beendigung des Anstellungsvertrages an den Widerruf der Bestellung gekoppelt ist.[288] Sie werden allerdings unter AGB-rechtlichen Gesichtspunkten zunehmend kritischer beäugt und müssen insebesondere dem Transparenzgebot des § 307 Abs. 1 BGB genügen.[289] Die Koppelungsklausel kann auch vorsehen, dass das Anstellungsverhältnis auf Grund sonstiger Beendigungstatbestände der Bestellung (zB Amtsniederlegung, Umstrukturierung) entfällt.[290] Dagegen sind Fortsetzungsklauseln, nach denen sich der Anstellungsvertrag automatisch verlängert, falls er nicht unter Einhaltung einer bestimmten Frist gekündigt wird, jedenfalls dann unwirksam, wenn das Vorstandsmitglied über die fünfjährige Anstellungsdauer hinaus ohne erneuten ausdrücklichen Aufsichtsratsbeschluss seine volle Vergütung erhalten soll.[291]

43 **6. Rechte der Vorstandsmitglieder.** Welche Rechte ein Vorstandsmitglied aus dem Anstellungsverhältnis hat, ergibt sich aus seinem Dienstvertrag.[292] Dieser regelt, ob das Vorstandsmitglied

---

[276] Vgl. *Beiner*, Der Vorstandsvertrag, 2005, Rn. 209; *Thüsing* in Fleischer VorstandsR-HdB § 4 Rn. 73; MHdB AG/*Wiesner* § 21 Rn. 21; s. aber LAG Berlin-Brandenburg BB 2009, 1449.
[277] Vgl. *Beiner*, Der Vorstandsvertrag, 2005, Rn. 209; GroßkommAktG/*Kort* Rn. 335; MHdB AG/*Wiesner* § 21 Rn. 21.
[278] Vgl. MHdB AG/*Wiesner* § 21 Rn. 21.
[279] Vgl. *Beiner*, Der Vorstandsvertrag, 2005, Rn. 208; K. Schmidt/Lutter/*Seibt* Rn. 28.
[280] Vgl. *Beiner*, Der Vorstandsvertrag, 2005, Rn. 210; *Fonk* in Semler/v. Schenck AR-HdB § 10 Rn. 217.
[281] Vgl. BGH DStR 1997, 932 (933).
[282] Vgl. BGH ZIP 1989, 294 (295); OLG Schleswig AG 2001, 651 (653).
[283] Vgl. BGH DStR 1997, 932 (933); ZIP 1989, 294 (295 f.); OLG Schleswig AG 2001, 651 (653).
[284] Für eine Verlängerung als Regelfall etwa *Krieger*, Personalentscheidungen des Aufsichtsrats, 1981, 171; NK-AktR/*Oltmanns* Rn. 14; daggegen Bürgers/Körber/*Bürgers* Rn. 16; Kölner Komm AktG/*Mertens/Cahn* Rn. 53; *Fonk* in Semler/v. Schenck AR-HdB § 10 Rn. 217 mit Fn. 710 unter Hinweis darauf, dass uU über die Konditionen des Anstellungsvertrages neu verhandelt werden soll.
[285] Vgl. MüKoAktG/*Spindler* Rn. 80; Kölner Komm AktG/*Mertens/Cahn* Rn. 53; NK-AktR/*Oltmanns* Rn. 14; K. Schmidt/Lutter/*Seibt* Rn. 28; *Thüsing* in Fleischer VorstandsR-HdB § 4 Rn. 42; offenlassend BGH DStR 1997, 932 (933).
[286] Vgl. *Beiner*, Der Vorstandsvertrag, 2005, Rn. 211; MHdB AG/*Wiesner* § 21 Rn. 20.
[287] Vgl. *Beiner*, Der Vorstandsvertrag, 2005, Rn. 213; Beck MandatsHdB Vorstand/*Lücke* § 2 Rn. 273; MüKoAktG/*Spindler* Rn. 80; Hölters/*Weber* Rn. 42.
[288] Vgl. BGH NJW 1989, 2683 (2683 f.); DStR 1999, 1743 (1744) (GmbH); OLG Zweibrücken NZG 1999, 1011 (1012); OLG Saarbrücken NZG 2013, 784 (785) (GmbH); *Grumann/Gillmann* DB 2003, 770 (772); K. Schmidt/Lutter/*Seibt* Rn. 60; MHdB AG/*Wiesner* § 21 Rn. 21; abw BGH AG 1989, 431 (432).
[289] Vgl. *Habersack* FS Coester-Waltjen, 2015, 1097 (1103 ff.); Hüffer/Koch/*Koch* Rn. 52; *Seyfarth* VorstandsR § 20 Rn. 6; sehr kritisch *v. Westphalen* BB 2015, 834 ff.
[290] Vgl. *Beiner*, Der Vorstandsvertrag, 2005, Rn. 214; *Röder/Lingemann* DB 1993, 1341 (1344).
[291] Vgl. BGHZ 20, 239 (245); WM 1975, 1237 (1239); WM 1978, 109 (111); *Beiner*, Der Vorstandsvertrag, 2005, Rn. 216; GroßkommAktG/*Kort* Rn. 337; MHdB AG/*Wiesner* § 21 Rn. 23.
[292] Vgl. *Beiner*, Der Vorstandsvertrag, 2005, Rn. 272; Bürgers/Körber/*Bürgers* Rn. 17; K. Schmidt/Lutter/*Seibt* Rn. 29; *Thüsing* in Fleischer VorstandsR-HdB § 4 Rn. 74.

Anspruch auf Entgeltfortzahlung, betriebliche Nebenleistungen, Ruhegehalt, Aufwendungsersatz oder Versicherungsschutz hat.

a) Vergütung. aa) Allgemeines. Die Regelung der Vorstandsbezüge bildet den wichtigsten 44 Bestandteil des Anstellungsvertrages. Art und Höhe der Bezüge sind grundsätzlich frei verhandelbar; idR bestehen sie aus fixen und variablen Vergütungsbestandteilen. Nach § 87 Abs. 1 und dessen Konkretisierung durch Ziff. 4.2.3 DCGK sollen die variablen Vergütungsteile grundsätzlich eine mehrjährige Bemessungsgrundlage haben sowie auf anspruchsvolle, relevante Vergleichsparameter bezogen sein, dürfen überdies nicht zum Eingehen unangemessener Risiken verleiten und sollen einer Begrenzungsmöglichkeit unterworfen sein. Sämtliche Vergütungsbestandteile müssen für sich und insgesamt in einem angemessenen Verhältnis zu den Aufgaben und Leistungen des Vorstandsmitglieds sowie zur Lage der Gesellschaft stehen und die übliche Vergütung nicht ohne besondere Gründe übersteigen (näher → § 87 Rn. 9 ff.). Bei börsennotierten Aktiengesellschaften ist die Vergütungsstruktur an einer nachhaltigen Unternehmensentwicklung auszurichten. Erfüllungsort für Vergütungsansprüche der Vorstandsmitglieder wie für Rückzahlungsansprüche oder anderweitige Forderungen der Gesellschaft aus dem Anstellungsvertrag ist idR der Ort, an dem die Gesellschaft ihren Sitz hat.[293]

bb) Aktienoptionsprogramme. Zu den variablen Vergütungskomponenten, die Ziff. 4.2.3 45 DCGK für börsennotierte Gesellschaften empfiehlt, gehören insbesondere Aktien der Gesellschaft mit mehrjähriger Veräußerungssperre, Aktienoptionen oder vergleichbare Gestaltungen (zB Phantom Stocks).[294] Die Gewährung von Aktienoptionen soll das sog. Prinzipal-Agenten-Problem entschärfen und für einen Interessengleichlauf zwischen Anteilseignern und Vorstandsmitgliedern sorgen.[295] In der Praxis haben sich ganz unterschiedliche Gestaltungsformen herausgebildet.[296] Nach Ziff. 4.2.3 DCGK sollen alle Aktienoptionen auf anspruchsvolle, relevante Vergleichsparameter bezogen sein; eine nachträgliche Änderung der Erfolgsziele oder Vergleichsparameter soll unterbleiben (näher → § 87 Rn. 43). Die Vorstandsmitglieder können die Optionsrechte prinzipiell auch noch ausüben, wenn sie aus ihrem Amt ausgeschieden sind.[297] Um dies zu unterbinden, enthalten viele Anstellungsverträge sog. Verfallklauseln, nach denen die Optionszusage für den Fall eines vorzeitigen Ausscheidens des Vorstandsmitglieds wieder entfällt. Derartige Klauseln sind grundsätzlich zulässig, dürfen das Vorstandsmitglied aber nicht unangemessen benachteiligen.[298]

cc) Leistungsstörungen. (1) Weitergewährung bei Annahmeverzug. Wird das angestellte 46 Vorstandsmitglied nicht bestellt, vorzeitig abberufen oder von der Gesellschaft aus anderen Gründen schuldhaft an der Erfüllung seiner Vorstandstätigkeit gehindert, behält es nach § 615 S. 1 BGB, § 326 Abs. 2 S. 1 BGB seinen Anspruch auf die vertraglich vereinbarten Bezüge.[299] Ferner bleibt der Vergütungsanspruch für die Zeit des Arbeitsausfalls nach § 615 S. 3 iVm S. 1 BGB bestehen, wenn die Gesellschaft aus Gründen, die zu ihrem Betriebsrisiko gehören, ohne ihr Verschulden gehindert ist, die angebotenen Dienste zu verwenden.[300] Etwas anderes gilt nur, wenn das Betriebsrisiko im Einflussbereich des Vorstandsmitglieds liegt.[301] Die Pflicht zur Weitervergütung umfasst das gesamte Entgelt einschließlich Tantiemen, Aktienoptionen, anderweitigen Gewinnbeteiligungen sowie Sach- und Nebenleistungen jeder Art.[302] Im Zivilprozess kann die Vergütungshöhe ggf. nach § 287 Abs. 2 ZPO vom Gericht festgesetzt werden.[303] Gemäß § 615 S. 2 BGB, § 326 Abs. 2 S. 2 BGB muss sich das Vorstandsmitglied aber dasjenige anrechnen lassen, was es infolge des Unterbleibens der dienstlichen Tätigkeit erspart oder durch anderweitige Verwendung seiner Arbeitskraft erwirbt oder zu erwerben böswillig unterlässt.[304]

---

[293] Vgl. BGH NJW 1985, 1286 (1287) (GmbH); *Beiner,* Der Vorstandsvertrag, 2005, Rn. 223; MHdB AG/ *Wiesner* § 21 Rn. 28.
[294] Näher MüKoAktG/*Spindler* Rn. 95; KBLW/*Bachmann* DCGK Rn. 994.
[295] Vgl. *Baker/Jensen/Murphy* 43 Journal of Finance 593 (1988); *Jensen/Murphy* 98 Journal of Political Economy 225 (1990); zusammenfassend *Fleischer* ZGR 2001, 1 (9).
[296] Eingehend *Fonk* in Semler/v. Schenck AR-HdB § 10 Rn. 131 ff., 138 ff.; *Thüsing* in Fleischer VorstandsR-HdB § 6 Rn. 57 ff.
[297] Vgl. *Beiner,* Der Vorstandsvertrag, 2005, Rn. 313.
[298] Vgl. *Beiner,* Der Vorstandsvertrag, 2005, Rn. 314; *Pulz* BB 2004, 1107 (1110).
[299] Vgl. BGH NJW-RR 1997, 537 (538); *Fonk* NZG 1998, 408; *Lohr* NZG 2001, 826 (835); *Zöllner* FS Koppensteiner, 2001, 291 (297 ff.).
[300] Vgl. *Beiner,* Der Vorstandsvertrag, 2005, Rn. 270; *Fleck* FS Hilger/Stumpf, 1983, 197 (218); K. Schmidt/ Lutter/*Seibt* Rn. 30; Hölters/*Weber* Rn. 48; *Zöllner* FS Koppensteiner, 2001, 291 (295 ff.).
[301] Vgl. *Fleck* FS Hilger/Stumpf, 1983, 197 (218); K. Schmidt/Lutter/*Seibt* Rn. 30.
[302] Vgl. *Beiner,* Der Vorstandsvertrag, 2005, Rn. 270; MHdB AG/*Wiesner* § 21 Rn. 38.
[303] Vgl. BGH AG 1978, 162 (164); OLG Düsseldorf ZIP 1984, 705 (706).
[304] Vgl. *Hoffmann-Becking* ZIP 2007, 2101 (2102); K. Schmidt/Lutter/*Seibt* Rn. 30; MHdB AG/*Wiesner* § 21 Rn. 38.

47 **(2) Gehaltsfortzahlung im Krankheitsfall.** Das Vorstandsmitglied hat keinen Anspruch auf Entgeltfortzahlung im Krankheitsfall nach dem EFZG.[305] In Ermangelung einer vertraglichen Regelung behält es den Vergütungsanspruch gemäß § 616 BGB daher nur, wenn es ohne sein Verschulden für eine verhältnismäßig nicht erhebliche Zeit an der Dienstleistung verhindert ist.[306] Welche Zeit als verhältnismäßig nicht erheblich anzusehen ist, lässt sich nur unter Berücksichtigung aller Fallumstände bestimmen.[307] Ob die Sechswochenfrist des § 3 Abs. 1 S. 1 EFZG als Richtschnur taugt, wird unterschiedlich beurteilt.[308] Die Praxis rät zu einer ausdrücklichen Regelung im Anstellungsvertrag,[309] wobei die empfohlene Länge der Fortzahlung zwischen drei und zwölf Monaten schwankt.[310]

48 **b) Betriebliche Zusatzleistungen.** Zu den betrieblichen Zusatz- oder Nebenleistungen zählen alle sonstigen Sach- und Geldleistungen sowie Leistungszusagen, die zum Festgehalt und den variablen Bezügen hinzutreten.[311] Sie sollten im Anstellungsvertrag ausdrücklich und vollständig erfasst werden; entsprechende Unternehmensusancen geben idR keine zureichende Rechtsgrundlage ab.[312] Vielfach wird das Recht auf die Inanspruchnahme eines Dienstwagens mit oder ohne Fahrer als Zusatzleistung vereinbart.[313] Üblich ist die Zurverfügungstellung auch für die private Nutzung einschließlich der hierfür anfallenden Betriebskosten.[314] Zudem kann die Überlassung einer Dienstwohnung als Nebenleistung verabredet werden.[315] Allgemein üblich ist ferner der Abschluss einer Unfallversicherung zur Abdeckung dienstlicher und privater Risiken.[316] Immer häufiger finden sich auch Regelungen zur jährlichen Gesundheitsuntersuchung auf Kosten der Gesellschaft. Sie begegnen keinen grundsätzlichen Bedenken, doch darf sich eine etwaige Mitteilungspflicht an den Aufsichtsratsvorsitzenden nur auf die Diensttauglichkeit, nicht auch auf die Diagnose erstrecken.[317] In steuerlicher Hinsicht stellen solche Untersuchungen keine geldwerten Vorteile für den Vorstand nach § 8 Abs. 2 EStG dar, weil sie im überwiegend eigenbetrieblichen Interesse der Gesellschaft durchgeführt werden.[318]

49 **c) Ruhegeld.** Aktiengesellschaften gewähren ihren Vorstandsmitgliedern praktisch ausnahmslos eine betriebliche Altersversorgung,[319] die sich zumeist aus Altersruhegeld („erster Pensionsfall"),[320] Invaliditätsbezügen („zweiter Pensionsfall")[321] und Hinterbliebenenversorgung zusammensetzt.[322] Hinzu kommt häufig ein Übergangsgeld („dritter Pensionsfall"),[323] das nach vorzeitiger oder regulärer Beendigung der Vorstandstätigkeit gezahlt wird und den Zeitraum zwischen dem Ausscheiden des Vorstandsmitglieds und dem Eintritt des Versorgungsfalls umfasst.[324]

---

[305] Vgl. *Beiner,* Der Vorstandsvertrag, 2005, Rn. 183; ErfK/*Dörner/Reinhard* EFZG § 1 Rn. 2; Beck MandatsHdB Vorstand/*Lücke* § 2 Rn. 90; K. Schmidt/Lutter/*Seibt* Rn. 30; *Thüsing* in Fleischer VorstandsR-HdB § 4 Rn. 78; abw. GroßkommAktG/*Kort* Rn. 416.
[306] Vgl. *Beiner,* Der Vorstandsvertrag, 2005, Rn. 274; MHdB AG/*Wiesner* § 21 Rn. 37.
[307] Vgl. *Zöllner* FS Koppensteiner, 2001, 291 (292 f.).
[308] Dafür *Beiner,* Der Vorstandsvertrag, 2005, Rn. 274; MHdB AG/*Wiesner* § 21 Rn. 37; dagegen *Fonk* in Semler/v. Schenck AR-HdB § 10 Rn. 162; K. Schmidt/Lutter/*Seibt* Rn. 30; *Thüsing* in Fleischer VorstandsR-HdB § 4 Rn. 78.
[309] Vgl. *Beiner,* Der Vorstandsvertrag, 2005, Rn. 274; Wachter/*Eckert* Rn. 20; *Thüsing* in Fleischer VorstandsR-HdB § 4 Rn. 78; Grigoleit/*Vedder* Rn. 25; MHdB AG/*Wiesner* § 21 Rn. 37.
[310] Vgl. *Fonk* in Semler/v. Schenck AR-HdB § 10 Rn. 162.
[311] Vgl. *Beiner,* Der Vorstandsvertrag, 2005, Rn. 454; *Fonk* in Semler/v. Schenck AR-HdB § 10 Rn. 152.
[312] Vgl. *Fonk* in Semler/v. Schenck AR-HdB § 10 Rn. 152 mit Fn. 460; s. zu Flugreisen und Helikopterflügen auch LG Essen BeckRS 2014, 22313.
[313] Näher *Beiner,* Der Vorstandsvertrag, 2005, Rn. 456; *Fonk* in Semler/v. Schenck AR-HdB § 10 Rn. 153; Beck MandatsHdB Vorstand/*Lücke* § 2 Rn. 154.
[314] Dazu BGH ZIP 2002, 2254 (2255) gegen KG NZG 2001, 325.
[315] Vgl. *Beiner,* Der Vorstandsvertrag, 2005, Rn. 457; *Fonk* in Semler/v. Schenck AR-HdB § 10 Rn. 159 („Ausnahmefälle").
[316] Vgl. *Fonk* in Semler/v. Schenck AR-HdB § 10 Rn. 156.
[317] Eingehend *Fleischer* NZG 2010, 561 (563 ff.); *Fonk* in Semler/v. Schenck AR-HdB § 10 Rn. 160.
[318] Vgl. BFH BStBl. II 1983, 39; FG Düsseldorf EFG 2010, 137.
[319] Vgl. *Fonk* in Semler/v. Schenck AR-HdB § 10 Rn. 236 ff.; GroßkommAktG/*Kort* Rn. 351; *Seyfarth* VorstandsR § 6 Rn. 1; *Thüsing* in Fleischer VorstandsR-HdB § 6 Rn. 78; MHdB AG/*Wiesner* § 21 Rn. 45.
[320] *Fonk* in Semler/v. Schenck AR-HdB § 10 Rn. 240.
[321] *Fonk* in Semler/v. Schenck AR-HdB § 10 Rn. 241, GroßkommAktG/*Kort* Rn. 396; *Seyfarth* VorstandsR § 6 Rn. 39.
[322] Vgl. *Beiner,* Der Vorstandsvertrag, 2005, Rn. 353.
[323] *Fonk* in Semler/v. Schenck AR-HdB § 10 Rn. 243; *Seyfarth* VorstandsR § 6 Rn. 3 und 34.
[324] Näher *Beiner,* Der Vorstandsvertrag, 2005, Rn. 354; *Fonk* in Semler/v. Schenck AR-HdB § 10 Rn. 243; GroßkommAktG/*Kort* Rn. 352; s. auch BGH NJW 1981, 2407 (2408).

aa) Rechtsgrundlage. Leistungen der betrieblichen Altersversorgung bedürfen idR einer ver- 50
traglichen Vereinbarung.[325] Das geschieht gewöhnlich im Anstellungsvertrag oder einer eigenständigen Pensionsvereinbarung.[326] Schriftform ist nicht erforderlich,[327] aber dringend anzuraten,[328] nicht zuletzt deshalb, weil sie Voraussetzung für die steuerliche Anerkennung der Ruhegehaltszusage nach § 6 Abs. 1 Nr. 3 EStG ist.[329] Allein aus der Fürsorge- und Treuepflicht der Gesellschaft (→ Rn. 31) lässt sich idR kein Versorgungsanspruch der Vorstandsmitglieder ableiten.[330] Ausnahmen hat die Rechtsprechung zugelassen, wenn der Versorgungsgedanke im Anstellungsvertrag angesprochen wurde, das Vorstandsmitglied vor der Bestellung langjährig im Unternehmen beschäftigt war, der Betriebspensionskasse angehörte und wegen des hohen Alters eine anderweitige Absicherung nicht möglich war.[331] Außerdem kann sich ein Anspruch auf betriebliche Altersversorgung im Wege ergänzender Vertragsauslegung ergeben, wenn das Vorstandsmitglied bereits als leitender Angestellter eine Versorgungsanwartschaft erlangt hat oder sich die Gesellschaft im Anstellungsvertrag ausdrücklich zur Gleichbehandlung aller Vorstandsmitglieder verpflichtet.[332] Schließlich wird gelegentlich unter Hinweis auf eine betriebliche Übung ein Ruhegehaltsanspruch begründet, wenn die Gesellschaft ihren Vorständen aus gutem Brauch bestimmte Versorgungsleistungen gewährt.[333]

bb) Anwendbarkeit des BetrAVG. Gemäß § 17 Abs. 1 S. 2 BetrAVG gelten die §§ 1–16 51
BetrAVG entsprechend für Personen, die nicht Arbeitnehmer sind, wenn ihnen Leistungen der Alters-, Invaliditäts- oder Hinterbliebenenversorgung aus Anlass ihrer Tätigkeit für ein Unternehmen zugesagt worden sind. Nach hM liegen diese Voraussetzungen bei Vorstandsmitgliedern grundsätzlich vor.[334] Unanwendbar bleibt das BetrAVG nur bei Vorstandsmitgliedern, die Mehrheitsaktionäre oder Minderheitsaktionäre mit einer nicht unerheblichen Kapitalbeteiligung sind, sofern sie allein oder zusammen mit anderen Organmitgliedern über eine anteilsmäßig bedingte oder sonstwie institutionell verfestigte Mehrheitsmacht verfügen.[335] Wo eine nicht unerhebliche Mehrheitsbeteiligung beginnt, hat die Rechtsprechung bislang nicht abschließend entschieden;[336] das Schrifttum spricht sich überwiegend für eine Vermutungsregel bei einer Beteiligung von 10 % aus.[337]

Sachlich bezieht sich das BetrAVG nur auf Leistungen der betrieblichen Altersversorgung iSd § 1 52
BetrAVG, nicht hingegen auf das Übergangsgeld.[338] Allerdings sind die Parteien frei, das Ruhestandsalter im Vertrag festzulegen, so dass auch eine Versorgungsleistung vor dem 60. Lebensjahr schon eine Altersversorgung iSd BetrAVG sein kann.[339] Der Rechtsprechung zufolge muss einer solchen Vereinbarung aber eindeutig zu entnehmen sein, dass tatsächlich ein Ruhegehalt und nicht lediglich ein Übergangsgeld gewollt ist.[340]

---

[325] Vgl. BGH NJW-RR 1994, 357 (358) (GmbH); *Beiner*, Der Vorstandsvertrag, 2005, Rn. 357; *Fonk* in Semler/v. Schenck AR-HdB § 10 Rn. 239; GroßkommAktG/*Kort* Rn. 353; MüKoAktG/*Spindler* Rn. 209; MHdB AG/*Wiesner* § 21 Rn. 46.

[326] Vgl. *Beiner*, Der Vorstandsvertrag, 2005, Rn. 358; Beck MandatsHdB Vorstand/*Lücke* § 2 Rn. 157.

[327] Vgl. BGH ZIP 1994, 206 (207); K. Schmidt/Lutter/*Seibt* Rn. 31; MüKoAktG/*Spindler* Rn. 209.

[328] Vgl. MHdB AG/*Wiesner* § 21 Rn. 46.

[329] Vgl. GroßkommAktG/*Kort* Rn. 354; *Seyfarth* VorstandsR § 6 Rn. 7; *Uckermann* NZA 2012, 434.

[330] Vgl. *Beiner*, Der Vorstandsvertrag, 2005, Rn. 357; GroßkommAktG/*Kort* Rn. 357; K. Schmidt/Lutter/*Seibt* Rn. 31; MüKoAktG/*Spindler* Rn. 209.

[331] Vgl. BGHZ 16, 50 (53); s. aber auch BGHZ 22, 375 (381); 50, 378 (383).

[332] Vgl. BGH NJW-RR 1994, 357 (358); AG 1995, 188 (189); *Fleck* FS Hilger/Stumpf, 1983, 197 (214); GroßkommAktG/*Kort* Rn. 355 f.; MHdB AG/*Wiesner* § 21 Rn. 46.

[333] Vgl. BGH BB 1990, 1436 (1437); AG 1995, 188 (189); *Beiner*, Der Vorstandsvertrag, 2005, Rn. 357; *Fleck* FS Hilger/Stumpf, 1983, 197 (214); GroßkommAktG/*Kort* Rn. 355; Kölner Komm AktG/*Mertens/Cahn* Rn. 41; eher ablehnend MüKoAktG/*Spindler* Rn. 210.

[334] Vgl. BGHZ 77, 233 (236) (GmbH); *Beiner*, Der Vorstandsvertrag, 2005, Rn. 359; Wachter/*Eckert* Rn. 19; *Fleck* FS Hilger/Stumpf, 1983, 197 (222); GroßkommAktG/*Kort* Rn. 361; Kölner Komm AktG/*Mertens/Cahn* Rn. 36; K. Schmidt/Lutter/*Seibt* Rn. 31; *Seyfarth* VorstandsR § 6 Rn. 50; MüKoAktG/*Spindler* Rn. 215; *Thüsing* in Fleischer VorstandsR-HdB § 6 Rn. 79; MHdB AG/*Wiesner* § 21 Rn. 47.

[335] Vgl. BGHZ 77, 233 (236) (GmbH); BGH WM 1980, 1114 (1115); *Beiner*, Der Vorstandsvertrag, 2005, Rn. 360; GroßkommAktG/*Kort* Rn. 361; *Thüsing* in Fleischer VorstandsR-HdB § 6 Rn. 79.

[336] Vgl. einerseits BGH WM 1980, 1114, wonach 8 % nicht genügen; andererseits BGH WM 1980, 822, wonach 11,86 % ausreichen.

[337] Vgl. *Beiner*, Der Vorstandsvertrag, 2005, Rn. 360; *Seyfarth* VorstandsR § 6 Rn. 51; ErfK/*Steinmeyer* BetrAVG § 17 Rn. 11; abw. Beck MandatsHdB Vorstand/*Lücke* § 2 Rn. 163: 20 %; für eine einzelfallbezogene Feststellung GroßkommAktG/*Kort* Rn. 361.

[338] Vgl. BGH WM 1984, 1324 (1325); WM 1991, 417; AG 2001, 46 (47); OLG Hamburg WM 1992, 786 (788); *Beiner*, Der Vorstandsvertrag, 2005, Rn. 361; MüKoAktG/*Spindler* Rn. 215; *Thüsing* in Fleischer VorstandsR-HdB § 6 Rn. 82.

[339] Vgl. BGH NJW 1981, 2410; WM 1984, 1324; MüKoAktG/*Spindler* Rn. 215; *Thüsing* in Fleischer VorstandsR-HdB § 6 Rn. 82.

[340] Vgl. BGH NJW 1981, 2410; dazu auch *Thüsing* in Fleischer VorstandsR-HdB § 6 Rn. 82.

53 Die hM hält eine Abbedingung oder vertragliche Begrenzung der gesetzlichen Schutzvorschriften zum Nachteil des Vorstandsmitglieds unter Berufung auf das Abweichungsverbot des § 17 Abs. 3 S. 3 BetrAVG für ausgeschlossen.[341] In jüngerer Zeit regt sich hiergegen jedoch Widerstand.[342]

54 **cc) Ausgestaltung des Ruhegelds.** Die Auszahlung des Altersruhegelds beginnt, wenn das Vorstandsmitglied die im Anstellungsvertrag festgeschriebene Altersgrenze erreicht hat.[343] Vorherrschendes Pensionsalter ist wie vor die Vollendung des 65. Lebensjahrs, doch werden zunehmend auch Ruhegehaltszahlungen ab Vollendung des 60. oder 63. Lebensjahrs vereinbart.[344]

55 Die Formen der Ruhegehaltszusage variieren;[345] § 2 BetrAVG nennt die unmittelbare Pensionszusage, die Direktversicherung sowie die Absicherung über einen Pensionsfond, eine Pensionskasse oder eine Unterstützungskasse. Bei Vorstandsmitgliedern dominiert die Direktzusage.[346]

56 Berechnung und Höhe des Ruhegehalts sind Gegenstand vertraglicher Vereinbarungen.[347] Die Anrechnung anderweitiger Einkünfte ist im Zweifel ausgeschlossen;[348] der Anstellungsvertrag kann jedoch ihre Anrechnung vorsehen.[349] Gesetzlicher Maßstab für die Höhe des Ruhegehalts ist das Angemessenheitsgebot des § 87 Abs. 1.[350]

57 **dd) Unverfallbarkeit und Insolvenzsicherung.** Nach § 1b Abs. 1 BetrAVG entsteht eine unverfallbare Anwartschaft auf betriebliche Versorgung, wenn das Dienstverhältnis vor Eintritt des Versorgungsfalls, jedoch nach Vollendung des 25. Lebensjahres endet und die Versorgungszusage mindestens fünf Jahre bestanden hat.[351] Diese Regelung gilt für Versorgungszusagen ab dem 1.1.2009.[352] Die Unverfallbarkeitsfrist kann vertraglich abgekürzt, aber nicht verlängert werden.[353] Unverfallbare Versorgungsanwartschaften und laufende Pensionsleistungen sind nach Maßgabe des § 7 BetrAVG insolvenzgesichert.[354]

58 **ee) Anpassung und Wertsicherung.** Die Wertbeständigkeit des Ruhegehalts wird durch § 16 Abs. 1 BetrAVG gesichert.[355] Danach hat die Gesellschaft alle drei Jahre eine Anpassung der laufenden Leistungen der betrieblichen Altersversorgung zu prüfen und hierüber nach billigem Ermessen zu entscheiden; dabei sind insbesondere die Belange des Versorgungsempfängers und die wirtschaftliche Lage der Gesellschaft zu berücksichtigen.[356] Findet das BetrAVG keine Anwendung, kommt eine Anpassung nach Treu und Glauben in Betracht.[357] Darüber hinaus steht es den Parteien frei, im Anstellungsvertrag automatisch wirkende Anpassungsklauseln zu vereinbaren.[358] Anzutreffen sind auch sog. Spannungsklauseln, welche die Höhe der Versorgungsleistungen ins Verhältnis zu dem Ruhegeld einer bestimmten Beamtenbesoldungsgruppe oder zu der Sozialversicherungsrente setzen.[359]

---

[341] Vgl. *Beiner,* Der Vorstandsvertrag, 2005, Rn. 363.
[342] Eingehend *Thüsing* AG 2003, 484 (487 ff.); ferner LG Köln DB 1985, 1580; Kölner Komm AktG/*Mertens/Cahn* Rn. 71; *Seyfarth* VorstandsR § 6 Rn. 67 f.; MüKoAktG/*Spindler* Rn. 217; MHdB AG/*Wiesner* § 21 Rn. 48.
[343] Vgl. *Beiner,* Der Vorstandsvertrag, 2005, Rn. 369.
[344] Näher *Fonk* in Semler/v. Schenck AR-HdB § 10 Rn. 240.
[345] Eingehend *Beiner,* Der Vorstandsvertrag, 2005, Rn. 371; *Fonk* in Semler/v. Schenck AR-HdB § 10 Rn. 248 ff.; *Thüsing* in Fleischer VorstandsR-HdB § 6 Rn. 81.
[346] Vgl. Beck MandatsHdB Vorstand/*Lücke* § 2 Rn. 158; *Seyfarth* VorstandsR § 6 Rn. 15 ff.; *Thüsing* in Fleischer VorstandsR-HdB § 6 Rn. 81.
[347] Eingehend *Beiner,* Der Vorstandsvertrag, 2005, Rn. 375 ff.; *Fonk* in Semler/v. Schenck AR-HdB § 10 Rn. 248 ff.; *Thüsing* in Fleischer VorstandsR-HdB § 6 Rn. 86 ff.
[348] Vgl. BGH WM 1961, 299 (300); *Beiner,* Der Vorstandsvertrag, 2005, Rn. 380; MüKoAktG/*Spindler* Rn. 222.
[349] Vgl. *Thüsing* in Fleischer VorstandsR-HdB § 6 Rn. 88.
[350] Vgl. *Beiner,* Der Vorstandsvertrag, 2005, Rn. 372 ff.
[351] Dazu *Beiner,* Der Vorstandsvertrag, 2005, Rn. 366; GroßkommAktG/*Kort* Rn. 362b; *Thüsing* in Fleischer VorstandsR-HdB § 6 Rn. 90.
[352] Zur Übergangsvorschrift des § 30f BetrAVG für Altfälle *Beiner,* Der Vorstandsvertrag, 2005, Rn. 366.
[353] Vgl. GroßkommAktG/*Kort* Rn. 363; *Thüsing* in Fleischer VorstandsR-HdB § 6 Rn. 90; abw. MHdB AG/*Wiesner* § 21 Rn. 49 („nicht generell").
[354] Näher *Beiner,* Der Vorstandsvertrag, 2005, Rn. 412 ff.; GroßkommAktG/*Kort* Rn. 388 ff.; K. Schmidt/Lutter/*Seibt* Rn. 32; *Thüsing* in Fleischer VorstandsR-HdB § 6 Rn. 96.
[355] Dazu *Fonk* in Semler/v. Schenck AR-HdB § 10 Rn. 256; GroßkommAktG/*Kort* Rn. 379; MüKoAktG/*Spindler* Rn. 223.
[356] Näher *Beiner,* Der Vorstandsvertrag, 2005, Rn. 393.
[357] Vgl. BGHZ 61, 31: Anpassungspflicht bei einer Teuerungsrate von 40%; *Fonk* in Semler/v. Schenck AR-HdB § 10 Rn. 256.
[358] Vgl. *Fonk* in Semler/v. Schenck AR-HdB § 10 Rn. 257; GroßkommAktG/*Kort* Rn. 374; *Seyfarth* VorstandsR § 6 Rn. 74.
[359] Dazu *Beiner,* Der Vorstandsvertrag, 2005, Rn. 392; *Thüsing* in Fleischer VorstandsR-HdB § 6 Rn. 87.

ff) Widerruf der Versorgungszusage. Nach Eintritt des Versorgungsfalles oder der Unverfallbarkeit ist der Widerruf einer Versorgungszusage nur in engen Grenzen möglich,[360] weil diese eine Gegenleistung für bereits erbrachte Dienste des Vorstandsmitglieds darstellt.[361] Einer stehenden Formel der Rechtsprechung zufolge sind dafür schwerwiegende Pflichtverletzungen mit der Wirkung erforderlich, dass die in der Vergangenheit bewiesene langjährige Betriebstreue sich nachträglich als wertlos oder erheblich entwertet herausstellt.[362] Das wird etwa bejaht, wenn das pensionsberechtigte Vorstandsmitglied die versorgungspflichtige Gesellschaft fortgesetzt schädigt und dadurch deren wirtschaftliche Existenz gefährdet.[363] Im Einzelfall können auch außerordentlich hohe Schadensbeträge genügen.[364] Keinen Widerrufsgrund bilden dagegen grobe Pflichtverletzungen, die nach Art, Ausmaß und Folgen kein außerordentliches Gewicht haben, auch wenn sie zur fristlosen Kündigung berechtigen, Schadensersatzansprüche der Gesellschaft begründen oder zur Strafbarkeit des Vorstandsmitglieds führen.[365] Allerdings kann die Gesellschaft in diesen Fällen zumeist mit ihrem Schadensersatzanspruch aus § 93 Abs. 2 gegen die Ruhegeldforderung aufrechnen.[366] Der Widerruf der Versorgungszusage ist keine rechtsgestaltende Erklärung und unterliegt daher keiner bestimmten Frist.[367] Wird er über einen langen Zeitraum hinweg nicht geltend gemacht, kann darin allerdings ein konkludenter Verzicht auf die Rechtsausübung liegen.[368]

gg) Herabsetzung laufender Versorgungsbezüge. Eine Herabsetzung laufender Versorgungsbezüge ist auf der Grundlage des § 87 Abs. 2 S. 1 nur in den ersten drei Jahren nach Ausscheiden aus der Gesellschaft möglich, wie der neu eingefügte S. 2 nun klarstellt. Unter engen Voraussetzungen muss ein ehemaliges Vorstandsmitglied nach Treu und Glauben aber eine Kürzung oder Einstellung seiner laufenden Versorgungsbezüge hinnehmen (näher → § 87 Rn. 69 f.).

hh) Hinterbliebenenversorgung. Zur betrieblichen Altersversorgung der Vorstandsmitglieder gehört idR auch eine Hinterbliebenenversorgung.[369] Ihre Höhe beläuft sich für den hinterbliebenen Ehegatten zumeist auf 60 % des Ruhegeldes für das Vorstandsmitglied.[370] Höhe und Dauer des Waisengeldes weisen eine beachtliche Schwankungsbreite auf: Für Halbwaisen wird ein Betrag von 10–20 %, für Vollwaisen von 20–30 % des Ruhegelds empfohlen,[371] das jedenfalls bis zur Vollendung des 18. Lebensjahres, ggf. auch bis zur Vollendung des 25. oder 27. Lebensjahres gezahlt werden soll.[372]

d) Urlaub. Das Bundesurlaubsgesetz gilt nicht für Vorstandsmitglieder.[373] Nach allgM haben sie aber auf Grund der dienstvertraglichen Fürsorgepflicht (→ Rn. 31) auch ohne besondere Vereinbarung Anspruch auf angemessenen bezahlten Urlaub.[374] In der Mehrzahl der Anstellungsverträge wird der Urlaubsanspruch ausdrücklich geregelt;[375] er beträgt idR 30 Tage, doch wird verschiedentlich empfohlen, stattdessen einen Anspruch auf „angemessenen Urlaub" in den Anstellungsvertrag aufzunehmen.[376] Einer Genehmigung des Urlaubs durch den Aufsichtsrat bedarf es mangels Weisungsab-

---

[360] Vgl. *Beiner*, Der Vorstandsvertrag, 2005, Rn. 395; GroßkommAktG/*Kort* Rn. 384; Hüffer/Koch/*Koch* Rn. 17; *Seyfarth* VorstandsR § 6 Rn. 85 ff.; *Thüsing* in Fleischer VorstandsR-HdB § 6 Rn. 91; MHdB AG/*Wiesner* § 21 Rn. 56.
[361] Zum Entgeltcharakter BGHZ 55, 274 (278, 280); 61, 31 (34); Kölner Komm AktG/*Mertens/Cahn* Rn. 64.
[362] Vgl. BGH AG 1997, 265 (266); ZIP 2000, 380 (381 f.); AG 2001, 46 (47); DStR 2002, 412 (413); NZG 2002, 635 (636); teilweise kritisch dazu *Fonk* in Semler/v. Schenck AR-HdB § 10 Rn. 265.
[363] Vgl. BGH AG 1997, 265 (266); AG 2001, 46 (47); DStR 2002, 412 (413); NZG 2002, 635 (636); OLG Stuttgart NZG 1998, 994 (996); OLG Jena NZG 1999, 1069 (1071).
[364] Vgl. *Beiner*, Der Vorstandsvertrag, 2005, Rn. 396; *Goette* DStR 2002, 413 (414).
[365] Vgl. BGH AG 1997, 265 (266); NJW-RR 2000, 1277 (1278); DStR 2002, 412 (413); NZG 2002, 635 (636); OLG Hamm NZG 1998, 558 (559); OLG Jena NZG 1999, 1069 (1071).
[366] Vgl. *Beiner*, Der Vorstandsvertrag, 2005, Rn. 397.
[367] Vgl. BGH ZIP 2000, 380 (381); abw. OLG Hamm ZIP 1995, 1281 (1283).
[368] Vgl. *Beiner*, Der Vorstandsvertrag, 2005, Rn. 398; *Blomeyer* ZIP 2000, 382 (384).
[369] Vgl. *Beiner*, Der Vorstandsvertrag, 2005, Rn. 417; *Fonk* in Semler/v. Schenck AR-HdB § 10 Rn. 272 ff.; GroßkommAktG/*Kort* Rn. 394; Beck MandatsHdB Vorstand/*Lücke* § 2 Rn. 159; *Seyfarth* VorstandsR § 6 Rn. 43.
[370] Vgl. *Beiner*, Der Vorstandsvertrag, 2005, Rn. 419; *Fonk* in Semler/v. Schenck AR-HdB § 10 Rn. 272; *Seyfarth* VorstandsR § 6 Rn. 43.
[371] Vgl. *Fonk* in Semler/v. Schenck AR-HdB § 10 Rn. 282; *Seyfarth* VorstandsR § 6 Rn. 44.
[372] Vgl. *Fonk* in Semler/v. Schenck AR-HdB § 10 Rn. 282; *Seyfarth* VorstandsR § 6 Rn. 44.
[373] Vgl. GroßkommAktG/*Kort* Rn. 421; Kölner Komm AktG/*Mertens/Cahn* Rn. 87; MüKoAktG/*Spindler* Rn. 96; *Thüsing* in Fleischer VorstandsR-HdB § 4 Rn. 77; Hölters/*Weber* Rn. 49; MHdB AG/*Wiesner* § 21 Rn. 64.
[374] Vgl. Wachter/*Eckert* Rn. 22; Beck MandatsHdB Vorstand/*Lücke* § 2 Rn. 206; Großkomm AktG/*Kort* Rn. 421; Kölner Komm AktG/*Mertens/Cahn* Rn. 87; K. Schmidt/Lutter/*Seibt* Rn. 33; *Thüsing* in Fleischer VorstandsR-HdB § 4 Rn. 77.
[375] Vgl. *Beiner*, Der Vorstandsvertrag, 2005, Rn. 451; *Fonk* in Semler/v. Schenck AR-HdB § 10 Rn. 173.
[376] Vgl. *Fonk* in Semler/v. Schenck AR-HdB § 10 Rn. 173.

hängigkeit des Vorstandsmitglieds nicht.[377] Erforderlich ist aber eine Abstimmung mit den Vorstandskollegen[378] sowie die Sicherstellung einer geeigneten Urlaubsvertretung.[379]

63 Hinsichtlich der weiteren Rechtsfragen gelten für den Urlaubsanspruch der Vorstandsmitglieder im Zweifel die für leitende Angestellte maßgeblichen Grundsätze.[380] Danach können dringende betriebliche oder persönliche Gründe die Übertragung des Urlaubs in das nächste Kalenderjahr rechtfertigen.[381] Kann der Urlaub wegen unverschuldeter[382] Beendigung des Anstellungsvertrages nicht mehr gewährt werden, tritt an die Stelle des Urlaubs- ein Abgeltungsanspruch.[383]

64 **e) Auslagenersatz. aa) Allgemeines.** Ein Vorstandsmitglied hat nach Maßgabe der § 675 Abs. 1 BGB, §§ 670, 669 BGB Anspruch auf Auslagenersatz und Vorschuss.[384] Erstattungsfähig sind alle Ausgaben, die es im Rahmen seiner Geschäftsführungsaufgaben für erforderlich halten durfte.[385] Dazu gehören insbesondere Reise- und Repräsentationskosten, sofern sie in einem angemessenen Verhältnis zu dem dienstlichen Zweck und zur finanziellen Lage der Gesellschaft stehen.[386] Gleiches kann für häusliche Telekommunikationskosten[387] oder Aufwendungen für die persönliche Sicherheit gelten, sofern die Gefährdung auf der dienstlichen Stellung des Vorstandsmitglieds beruht.[388] Stets empfehlen sich vertragliche Regelungen.[389] Zudem kann das Vorstandsmitglied nur solche Auslagen ersetzt verlangen, die ordnungsgemäß belegt werden.[390] Nicht erstattungsfähig sind gezahlte Schmiergelder, weil es sich bei ihnen um unrechtmäßige Leistungen handelt, die als nicht erforderlich iSd § 670 BGB gelten.[391] Dagegen erstreckt sich der Aufwendungsersatzanspruch nach allgemeinen Regeln auch auf unfreiwillige Vermögensopfer (Schäden), die ein Vorstandsmitglied bei seiner Tätigkeit ohne sein Verschulden erlitten hat.[392]

65 **bb) Nachträgliche Erstattung bei zivilrechtlicher Inanspruchnahme oder Geldstrafen.** Hinsichtlich einer nachträglichen Schadloshaltung bei zivilrechtlicher Inanspruchnahme durch Dritte oder bei verhängten Geldstrafen ist zwischen einem *Anspruch* des Vorstandsmitglieds auf Aufwendungsersatz und einer *freiwilligen* Erstattung durch die Gesellschaft zu unterscheiden.[393]

66 **(1) Anspruch auf Aufwendungsersatz?** Ein Aufwendungsersatzanspruch gegen die Gesellschaft gemäß § 670 BGB steht einem Vorstandsmitglied bei zivilrechtlicher Inanspruchnahme durch Dritte nur zu, wenn sein haftungsbegründendes Verhalten im *Außenverhältnis* nicht zugleich eine schuldhafte Pflichtverletzung im *Innenverhältnis* darstellt.[394] Das wird nur selten der Fall sein, weil in der Schädigung

---

[377] Vgl. *Beiner,* Der Vorstandsvertrag, 2005, Rn. 451; Kölner Komm AktG/*Mertens/Cahn* Rn. 87; K. Schmidt/Lutter/*Seibt* Rn. 33; *Thüsing* in Fleischer VorstandsR-HdB § 4 Rn. 77; Hölters/*Weber* Rn. 49.
[378] Vgl. K. Schmidt/Lutter/*Seibt* Rn. 33; *Thüsing* in Fleischer VorstandsR-HdB § 4 Rn. 77; *Zöllner* FS Koppensteiner, 2001, 291 (294).
[379] Vgl. *Beiner,* Der Vorstandsvertrag, 2005, Rn. 451; s. auch KG NZG 2000, 101 (102).
[380] Vgl. BGH NJW 1963, 535; *Fonk* in Semler/v. Schenck AR-HdB § 10 Rn. 173; Kölner Komm AktG/*Mertens/Cahn* Rn. 87; MHdB AG/*Wiesner* § 21 Rn. 64.
[381] Vgl. OLG Düsseldorf NJW-RR 2000, 768 (769); MüKoAktG/*Spindler* Rn. 85.
[382] Zum Ausschluss des Abgeltungsanspruchs bei außerordentlicher Kündigung der Gesellschaft wegen grober Treuepflichtverletzung des Organmitglieds BGH WM 1963, 159; *Beiner,* Der Vorstandsvertrag, 2005, Rn. 453; MüKoAktG/*Spindler* Rn. 85.
[383] Vgl. OLG Celle NZG 1999, 78 (79); OLG Düsseldorf NZG 1999, 595 (596); *Beiner,* Der Vorstandsvertrag, 2005, Rn. 453.
[384] Vgl. BGH NJW 2003, 431 (432); OLG Karlsruhe GmbHR 1962, 135; *Beiner,* Der Vorstandsvertrag, 2005, Rn. 425; *Fleischer* WM 2005, 909 (916); *Fonk* in Semler/v. Schenck AR-HdB § 10 Rn. 169; Kölner Komm AktG/*Mertens/Cahn* Rn. 89; MüKoAktG/*Spindler* Rn. 103; Großkomm AktG/*Kort* Rn. 397; NK-AktR/*Oltmanns* Rn. 11; K. Schmidt/Lutter/*Seibt* Rn. 34; MHdB AG/*Wiesner* § 21 Rn. 62.
[385] Vgl. *Beiner,* Der Vorstandsvertrag, 2005, Rn. 425; Hölters/*Weber* Rn. 50.
[386] Vgl. *Beiner,* Der Vorstandsvertrag, 2005, Rn. 425; *Fleischer* in Fleischer VorstandsR-HdB § 9 Rn. 41; *Fonk* in Semler/v. Schenck AR-HdB § 10 Rn. 169; MüKoAktG/*Spindler* Rn. 103.
[387] Vgl. *Fonk* in Semler/v. Schenck AR-HdB § 10 Rn. 169; MüKoAktG/*Spindler* Rn. 103.
[388] Vgl. *Beiner,* Der Vorstandsvertrag, 2005, Rn. 425; *Fleischer* in Fleischer VorstandsR-HdB § 9 Rn. 41.
[389] Vgl. *Fonk* in Semler/v. Schenck AR-HdB § 10 Rn. 169; MüKoAktG/*Spindler* Rn. 103.
[390] Vgl. OLG Karlsruhe GmbHR 1962, 135; *Fleischer* in Fleischer VorstandsR-HdB § 9 Rn. 12; Großkomm-AktG/*Kort* Rn. 397; s. auch BGH NJW 2003, 431 (432).
[391] Vgl. *Beiner,* Der Vorstandsvertrag, 2005, Rn. 431; MüKoAktG/*Spindler* Rn. 103.
[392] Vgl. *Krieger* FS Bezzenberger, 2000, 211 (212); Kölner Komm AktG/*Mertens/Cahn* Rn. 89; MHdB AG/*Wiesner* § 21 Rn. 62.
[393] Ausführlicher zu folgendem *Fleischer* WM 2005, 909 (916) mit reichen rechtsvergleichenden Belegen; ähnlich *Krieger* FS Bezzenberger, 2000, 211 (212, 216); eingehend zuletzt unter dem Blickwinkel der Zustimmungspflicht der Hauptversammlung BGHZ 202, 26.
[394] Vgl. *Beiner,* Der Vorstandsvertrag, 2005, Rn. 428; *Fleischer* WM 2005, 909 (917); GroßkommAktG/*Kort* Rn. 399; *Krieger* FS Bezzenberger, 2000, 211 (214).

von Aktionären oder außenstehenden Dritten zumeist eine Verletzung der organschaftlichen Sorgfaltspflicht iSd § 93 Abs. 1 S. 1 liegt.[395] Es sind aber Sonderfälle vorstellbar, in denen die Beurteilung einer Maßnahme im Innen- und Außenverhältnis auseinanderfällt.[396] So kann die externe Ersatzpflicht des Vorstandsmitglieds auf einer Gefährdungshaftung allgemein-bürgerlichrechtlicher (zB § 18 StVG)[397] oder spezifisch-aktienrechtlicher Natur (zB § 191 S. 3 AktG)[398] beruhen. Zu denken ist außerdem an Fälle, in denen dem Vorstandsmitglied intern ein Rechtfertigungsgrund zur Seite steht[399] oder ihn wegen einer unklaren oder umstrittenen Rechtsfrage jedenfalls kein Verschulden trifft (→ § 93 Rn. 35).[400] Häufig schlagen diese Gesichtspunkte freilich schon im Außenverhältnis zu seinen Gunsten durch.

Bei Geldstrafen oder Geldbußen lehnen Rechtsprechung und Rechtslehre einen Erstattungsanspruch 67 des Vorstandsmitglieds durchweg ab.[401] Die Begründungen variieren: Manche verweisen auf den Vorrang des straf- oder ordnungswidrigkeitenrechtlichen Sanktionensystems;[402] andere berufen sich mit größerer Überzeugungskraft darauf, dass ein Vorstandsmitglied mit der Gesetzesübertretung zugleich seine organinterne Sorgfaltspflicht gegenüber der Gesellschaft verletzt:[403] Es gehört nicht zu den Amtspflichten eines Vorstandsmitglieds, Straftaten zu begehen, selbst wenn der Gesetzesverstoß subjektiv im Interesse der Gesellschaft oder objektiv zu ihrem Nutzen erfolgt (→ § 93 Rn. 36).[404] Liegt dagegen keine Pflichtverletzung durch den Vorstand vor, kann der Aufsichtsrat beschließen, die Geldstrafe, Geldauflage oder Geldbuße zu übernehmen.[405] Er hat insoweit aber kein Ermessen, eine Pflichtwidrigkeit zu verneinen, und sich so die alleinige Kompetenz zur Übernahme der Strafsanktion zu bewilligen.[406] Bei der Beurteilung, ob das Verhalten des Vorstandsmitglieds pflichtwidrig ist, geht es nicht um ein unternehmerisches Handlungsermessen, sondern um Fragen des Erkenntnisbereichs, für die von vornherein allenfalls die Zubilligung eines begrenzten Beurteilungsspielraums in Betracht kommen kann.[407]

(2) Freiwillige Erstattung. Freiwillige Erstattungsleistungen der Gesellschaft bei zivilrechtlicher 68 Schadensersatzpflicht des Vorstandsmitglieds sind an den Schranken des § 93 Abs. 2 und 4 zu messen: Diesen liegt die gesetzgeberische Wertentscheidung zugrunde, dass der Gesellschaft durch ein pflichtwidriges Verhalten ihres Vorstandsmitglieds kein Schaden entstehen darf. In Übereinstimmung mit § 93 Abs. 4 S. 3 können nachträgliche Erstattungsleistungen durch die Gesellschaft daher nur (aber immerhin) frühestens drei Jahre nach der zur Last gelegten Vollendung der Straftat bzw. Ordnungswidrigkeit sowie nach Zustimmung der Hauptversammlung erfolgen.[408] Den Gläubigern gegenüber entfaltet die Erstattungsleistung gemäß § 93 Abs. 5 S. 3 allerdings keine Wirkung; sie können den Betrag wieder kondizieren.[409] Die gleichen Grundsätze gelten für die freiwillige Übernahme von Geldstrafen oder Geldbußen durch die Gesellschaft,[410] die von den Strafgerichten nicht mehr als Strafvollstreckungsvereitelung iSd § 258 Abs. 2 StGB angesehen wird.[411]

Hat sich das Vorstandsmitglied gerichtlich oder außergerichtlich mit den Anspruchstellern verglichen, obliegt es der pflichtgemäßen Prüfung durch den Aufsichtsrat festzustellen, ob eine interne 69

---

[395] Vgl. *Fleischer* WM 2005, 909 (917); GroßkommAktG/*Kort* Rn. 399.
[396] Näher auch unter Auswertung arbeitsgerichtlicher Entscheidungen *Fleischer* WM 2005, 909 (917).
[397] Vgl. *Fleischer* WM 2005, 909 (917); für einen allgemeinen Hinweis auf Gefährdungstatbestände auch *Bastuck*, Enthaftung des Managements, 1986, 118, der zudem die Sonderfälle der §§ 231, 904 BGB anführt.
[398] Zu Freistellungsansprüchen in einem solchen Fall und dem Abstimmungsbedarf mit dem Kapitalerhaltungsgrundsatz *Schockenhoff* DB 1994, 2327 (2330 f.).
[399] Beispiele und dogmatische Fundierung bei *Fleischer* ZIP 2005, 141 (149 f.).
[400] Vgl. *Beiner*, Der Vorstandsvertrag, 2005, Rn. 428; *Fleischer* WM 2005, 909 (917); *Krieger* FS Bezzenberger, 2000, 211 (215); Kölner Komm AktG/*Mertens/Cahn* Rn. 90.
[401] Vgl. OLG Dresden JW 1919, 837 (OHG); Wachter/*Eckert* Rn. 23; NK-AktR/*Oltmanns* Rn. 11; Großkomm AktG/*Kort* Rn. 402; Kölner Komm AktG/*Mertens/Cahn* Rn. 92; K. Schmidt/Lutter/*Seibt* Rn. 34; MHdB AG/*Wiesner* § 21 Rn. 63.
[402] Vgl. etwa Kölner Komm AktG/*Mertens/Cahn* Rn. 92.
[403] Vgl. Beck MandatsHdB Vorstand/*Lücke* § 2 Rn. 208; Großkomm GmbHG/*Paefgen* GmbHG § 35 Rn. 241; Hölters/*Weber* Rn. 51; MHdB AG/*Wiesner* § 21 Rn. 63; grds. auch *Krieger* FS Bezzenberger, 2000, 211 (214 ff.).
[404] Vgl. *Fleischer* WM 2005, 909 (917).
[405] Vgl. BGHZ 202, 26 Rn. 21; Hüffer/Koch/*Koch* Rn. 23; GroßkommAktG/*Kort* Rn. 399 ff.
[406] Vgl. BGHZ 202, 26 Rn. 21.
[407] BGHZ 202, 26 Rn. 21.
[408] BGHZ 202, 26 Rn. 16 ff.
[409] Vgl. *Rehbinder* ZHR 148 (1984), 555 (573) mit Fn. 55; *Kapp* NJW 1992, 2796 (2799) mit Fn. 32.
[410] Vgl. *Fleischer* WM 2005, 909 (917); Kölner Komm AktG/*Mertens/Cahn* Rn. 94; MüKoAktG/*Spindler* Rn. 97; *Kapp* NJW 1992, 2796 (2799); *Rehbinder* ZHR 148 (1984), 555 (573); K. Schmidt/Lutter/*Seibt* Rn. 34; abw. bei fahrlässig begangenen Ordnungswidrigkeiten MHdB AG/*Wiesner* § 21 Rn. 63; noch großzügiger *Bastuck*, Enthaftung des Managements, 1986, 138 ff., der nachträgliche Erstattungen auf eine Stufe mit Unternehmensspenden stellt und nur eine „unternehmerisch vertretbare" Entscheidung verlangt; enger *Krieger* FS Bezzenberger, 2000, 211 (218), der ausnahmsweise eine freiwillige Erstattung aus gewichtigen Gründen des Unternehmenswohls erlauben will.
[411] Vgl. BGHSt 37, 226 (229 ff.); BGHZ 202, 26 Rn. 12.

Pflichtverletzung vorlag oder nicht; ist dies der Fall, scheidet eine Übernahme der Vergleichszahlungen aus; andernfalls steht dem Vorstandsmitglied gemäß § 670 BGB ein Aufwendungsersatzanspruch zu.[412] In engen Grenzen sind auch Entschädigungszahlungen für den Verzicht auf die Einlegung von Rechtsmitteln zulässig.[413] Besonders gelagert ist eine Entscheidung des BGH, in der die Gesellschaft die noch offene Steuerstrafe eines Vorstandsmitglieds beglichen hat.[414]

70 cc) **Prozesskostenersatz und Prozesskostenvorschuss.** Zu den erstattungsfähigen Aufwendungen iSd § 670 BGB können auch Verfahrens- und Anwaltskosten aus einem Rechtsstreit gehören.[415] Nach den allgemeinen Grundsätzen zum Aufwendungsersatz (→ Rn. 66) steht dem Vorstandsmitglied ein Erstattungsanspruch freilich nur zu, wenn das ihm zur Last gelegte Verhalten keine schuldhafte Pflichtverletzung gegenüber der Gesellschaft darstellt.[416] Ist ein Erstattungsanspruch gegeben, kann das Vorstandsmitglied nach § 669 BGB auch eine Bevorschussung der Anwalts- und Prozesskosten verlangen.[417] Weil über das Bestehen oder Nichtbestehen einer Pflichtverletzung zumeist erst im Nachhinein Klarheit herrscht, ist eine vorläufige Kostenübernahme durch die Gesellschaft idR statthaft und unter dem Gesichtspunkt der organschaftlichen Treuepflicht wohl auch geboten.[418] Die Gesellschaft muss aber durch eine entsprechende Vereinbarung sicherstellen, dass das Vorstandsmitglied den Vorschuss im Falle einer Pflichtverletzung zurückzahlen muss.[419] Verweigert das Vorstandsmitglied seine Zustimmung zu einer solchen Vereinbarung, kann die AG ihm den Kostenvorschuss nach Treu und Glauben verwehren.[420]

71 f) **Freistellungszusagen.** Vorherige Freistellungszusagen der Gesellschaft in Bezug auf zivilrechtliche Schadensersatzansprüche sind unwirksam.[421] Das folgt zum einen aus der zwingenden Natur der Vorstandshaftung, zum anderen aus einem Größenschluss zu § 93 Abs. 4 S. 3: Wenn schon dem nachträglichen Verzicht auf Schadensersatzansprüche enge Grenzen gezogen sind, so gilt dies erst recht für vorherige Freistellungsvereinbarungen.[422] Unschädlich sind allein Freistellungserklärungen für solche (Außen-)Haftungsschäden, denen im Innenverhältnis keine Pflichtverletzung des Organmitglieds zugrunde liegt.[423]

72 Auch die vorherige Übernahme von Geldstrafen und Geldbußen durch die Gesellschaft ist nach hM unwirksam.[424] Das ergibt sich aus § 134 BGB, sofern die Übernahmezusage im Einzelfall eine Beihilfe- oder Anstiftungshandlung zur vorsätzlichen Haupttat darstellt,[425] ansonsten aus § 138 BGB, weil eine derartige Zusage dem Zweck von Straf- und Bußgeldvorschriften zuwiderläuft und geeignet ist, die Hemmschwelle des Organmitglieds herabzusetzen.[426] Darüber hinaus liegt zumeist ein Verstoß gegen zwingendes Aktienrecht vor, da strafrechtliche Gesetzesübertretungen oder Ordnungswidrigkeiten idR sorgfaltspflichtwidrig iSd § 93 Abs. 2 sind.[427]

73 Noch wenig ausgeleuchtet sind Freistellungserklärungen Dritter, etwa seitens der Muttergesellschaft oder eines Mehrheitsaktionärs. Ausländische Aktienrechte lassen derartige Zusagen weithin zu.[428]

---

[412] Vgl. *Fleischer* WM 2005, 909 (917).
[413] Näher *Krieger* FS Bezzenberger, 2000, 211 (225 ff.).
[414] Vgl. BGHZ 41, 223; dazu *Fleischer* WM 2005, 909 (911, 917 f.).
[415] Näher *Fleischer* WM 2005, 909 (915); Hüffer/Koch/*Koch* Rn. 23; Großkomm AktG/*Kort* Rn. 407; *Schick* ZWH 2012, 433 (434 ff.); *Seyfarth* VorstandsR § 23 Rn. 148.
[416] Vgl. *Fleischer* WM 2005, 909 (915 f.); *Heutz* DB 2012, 902 (903); Hüffer/Koch/*Koch* Rn. 23; *Krieger* FS Bezzenberger, 2000, 211 (221); *Seyfarth* VorstandsR § 23 Rn. 149; zu Beweislastfragen im Rückforderungsprozess *Lackhoff/Habbe* NZG 2012, 616.
[417] Vgl. *Fleischer* WM 2005, 909 (915); GroßkommAktG/*Kort* Rn. 407; Hüffer/Koch/*Koch* Rn. 23; *Krieger* FS Bezzenberger, 2000, 211 (223); *Seyfarth* VorstandsR § 23 Rn. 150.
[418] Wie hier Hüffer/Koch/*Koch* Rn. 23; Kölner Komm AktG/*Mertens/Cahn* Rn. 93; MHdB AG/*Wiesner* § 21 Rn. 63.
[419] Vgl. *Fleischer* WM 2005, 909 (915); Hüffer/Koch/*Koch* Rn. 23; *Krieger* FS Bezzenberger, 2000, 211 (224 f.); *Schick* ZWH 2012, 433 (434 ff.); *Seyfarth* VorstandsR § 23 Rn. 151; *Werner* GmbHR 2012, 1107 (1109).
[420] Vgl. Hüffer/Koch/*Koch* Rn. 23; *Lackhoff/Habbe* NZG 2012, 616 (618).
[421] Vgl. *Fleischer* WM 2005, 909 (916); Hüffer/Koch/*Koch* Rn. 23; Kölner Komm AktG/*Mertens/Cahn* Rn. 95; *Seyfarth* VorstandsR § 23 Rn. 154; MüKoAktG/*Spindler* Rn. 98.
[422] Vgl. Hüffer/Koch/*Koch* Rn. 23; MüKoAktG/*Spindler* Rn. 98; *Rehbinder* ZHR 148 (1984), 555 (572).
[423] Vgl. *Fleischer* WM 2005, 909 (916); Hüffer/Koch/*Koch* Rn. 23; Kölner Komm AktG/*Mertens/Cahn* Rn. 95.
[424] Vgl. *Bastuck*, Enthaftung des Managements, 1986, 137 f.; Hüffer/Koch/*Koch* Rn. 23; *Krieger* FS Bezzenberger, 2000, 211 (220); Kölner Komm AktG/*Mertens/Cahn* Rn. 95; *Rehbinder* ZHR 148 (1984), 555 (572); *Seyfarth* VorstandsR § 23 Rn. 154; MHdB AG/*Wiesner* § 21 Rn. 63.
[425] Allgemein dazu BGHSt 8, 390.
[426] Vgl. *Fleischer* WM 2005, 909 (916); BAG NJW 2001, 1962 (1963).
[427] Vgl. *Fleischer* WM 2005, 909 (916); *Krieger* FS Bezzenberger, 2000, 211 (220).
[428] Eingehend *Fleischer* WM 2005, 909 (918) mit Belegen zum englischen und schweizerischen Recht.

Hierzulande meldet man gegen sie im Hinblick auf die Leitungssouveränität des Vorstands Bedenken an.[429]

g) Versicherung. Der Anstellungsvertrag kann vorsehen, dass die Gesellschaft eine durch sie finanzierte D&O-Versicherung (zu ihrer generellen Zulässigkeit → § 93 Rn. 284 ff.) für das Vorstandsmitglied abschließt.[430] Kommt die Gesellschaft dieser Pflicht vertragswidrig nicht nach oder ist der Versicherungsschutz auf Grund einer Obliegenheitspflichtverletzung der Gesellschaft erloschen, kann das Vorstandsmitglied seine Gesellschaft in dem Umfang auf Schadensersatz in Anspruch nehmen, wie Leistungen der Versicherung zur Deckung des Schadensfalles zur Verfügung gestanden hätten.[431] Ohne eine D&O-Versicherungsverschaffungsklausel[432] hat das Vorstandsmitglied keinen Rechtsanspruch auf Versicherungsschutz.[433] Zwar wird vereinzelt erwogen, einen solchen Anspruch aus der dienstvertraglichen Fürsorgepflicht der Gesellschaft herzuleiten,[434] doch dürfte sich das fürsorgerische Minimum nicht auf eine gesellschaftsfinanzierte D&O-Versicherung erstrecken.[435] Erwägen könnte man allenfalls einen Anspruch des Vorstandsmitglieds darauf, dass die Gesellschaft eine Haftpflichtversicherung zu seinen Gunsten abschließt, wenn ihm keine eigene Versicherungsmöglichkeit offensteht[436] und die Versicherungsprämien von ihm getragen werden.[437]

7. Pflichten der Vorstandsmitglieder. a) Allgemeines. Die Pflicht der Vorstandsmitglieder, ihr Amt mit der Sorgfalt eines ordentlichen und gewissenhaften Geschäftsleiters auszuüben, entsteht unmittelbar durch ihre Bestellung (→ Rn. 5). Durch den Anstellungsvertrag werden die Organpflichten der Vorstandsmitglieder zugleich vertragliche Pflichten.[438] Häufig verpflichtet der Anstellungsvertrag die Vorstandsmitglieder sogar ausdrücklich, Gesetz, Satzung und Geschäftsordnung einzuhalten.[439] Außerdem kann er die Empfehlungen und Anregungen des Deutschen Corporate Governance Kodex in verbindliche Vertragsvorgaben umsetzen.[440] Darüber hinaus kann er weitere vertragliche Pflichten begründen, zB nachvertragliche Wettbewerbsverbote, Residenzpflichten oder Nebentätigkeitsverbote.[441] Denkbar sind auch Versetzungsklauseln, die allerdings den Schutz der Unabhängigkeit des Vorstandsmitglieds nicht unterlaufen dürfen.[442] Ferner kommt eine Pflicht zur Durchführung jährlicher Vorsorgeuntersuchungen auf Kosten der Gesellschaft in Betracht.[443] Allerdings darf sich das Auskunftsrecht der Gesellschaft nur auf die Frage der Diensttauglichkeit, nicht aber auf die Diagnose oder differenzierte Untersuchungsergebnisse erstrecken.[444] Nur in engen Grenzen zulässig sind dagegen im Hinblick auf das allgemeine Persönlichkeitsrecht Vertragsklauseln, die dem Vorstandsmitglied Pflichten im außerdienstlichen Bereich auferlegen.[445] Vorgaben im Hinblick auf das Freizeitverhalten, zB die Untersagung gefährlicher Sportarten, unterliegen in Formularverträgen einer Inhaltskontrolle nach §§ 307 ff. BGB und dürften in der Regel eine unangemessene Benachteiligung des Vorstandsmitglieds darstellen.[446]

---

[429] Vgl. *Habersack* FS Ulmer, 2003, 151 (169 ff.); MüKoAktG/*Spindler* Rn. 99; reserviert zuvor schon *Westermann* FS Beusch, 1993, 871 (873 ff., 882 ff.); eingehend zur Freistellung durch Dritte und zu konzerninternen Freistellungsvereinbarungen *Thomas*, Die Haftungsfreistellung von Organmitgliedern, 2010, 40 ff., 86 ff.

[430] Vgl. *Beiner*, Der Vorstandsvertrag, 2005, Rn. 440; Bürgers/Körber/*Bürgers* Rn. 18; Hüffer/Koch/*Koch* Rn. 22; Großkomm AktG/*Kort* Rn. 438; Kölner Komm AktG/*Mertens*/*Cahn* Rn. 96; Grigoleit/*Vedder* Rn. 25.

[431] Vgl. *Bauer*/*Krets* DB 2003, 811 (814); *Koch* GmbHR 2004, 160 (167).

[432] Zu ihren verschiedenen Varianten *Lange* ZIP 2004, 2221.

[433] Vgl. *Fleischer* WM 2005, 909 (919); MüKoAktG/*Spindler* Rn. 101.

[434] In diese Richtung *Schnyder* FS Rey, 2003, 319 (327 f.).

[435] Vgl. BGH NJW 2009, 2454 Rn. 23 (für Aufsichtsratsmitglieder); *Fleischer* WM 2005, 909 (919); *Henssler* in Henze/Hoffmann-Becking, Gesellschaftsrecht 2001, S. 131, 146; *Koch* GmbHR 2004, 160 (167 f.); Kölner Komm AktG/*Mertens*/*Cahn* Rn. 96; MüKoAktG/*Spindler* Rn. 101.

[436] Zum fehlenden Marktangebot von Einzelpolicen *Dreher* ZHR 165 (2001), 293 (309).

[437] Dafür *Henssler* in Henze/Hoffmann-Becking, Gesellschaftsrecht 2001, S. 131 (151).

[438] Vgl. Großkomm AktG/*Kort* Rn. 430; *Krieger*, Personalentscheidungen des Aufsichtsrats, 1981, 163 f.; MüKoAktG/*Spindler* Rn. 104; Beck MandatsHdB Vorstand/*Lücke* § 2 Rn. 107; K. Schmidt/Lutter/*Seibt* Rn. 35; *Thüsing* in Fleischer VorstandsR-HdB § 4 Rn. 82; Hölters/*Weber* Rn. 53; MHdB AG/*Wiesner* § 21 Rn. 66.

[439] Vgl. *Beiner*, Der Vorstandsvertrag, 2005, Rn. 471; *Fonk* in Semler/v. Schenck AR-HdB § 10 Rn. 87.

[440] Vgl. *Beiner*, Der Vorstandsvertrag, 2005, Rn. 538 f.; *Fonk* in Semler/v. Schenck AR-HdB § 10 Rn. 87; *Lutter* ZHR 166 (2002), 522 (536); K. Schmidt/Lutter/*Seibt* Rn. 36; *Semler*/*Wagner* NZG 2003, 553 (557); *Ulmer* ZHR 166 (2002), 150 (173).

[441] Vgl. *Krieger*, Personalentscheidungen des Aufsichtsrats, 1981, 163; Wachter/*Eckert* Rn. 25; *Fonk* in Semler/v. Schenck AR-HdB § 10 Rn. 98; K. Schmidt/Lutter/*Seibt* Rn. 36; MüKoAktG/*Spindler* Rn. 105; MHdB AG/*Wiesner* § 21 Rn. 66.

[442] Vgl. *Fonk* in Semler/v. Schenck AR-HdB § 10 Rn. 100; *Röhrborn* BB 2013, 693.

[443] Vgl. *Fleischer* NZG 2010, 561 (563).

[444] Vgl. *Fleischer* NZG 2010, 561 (563).

[445] Näher *Fleischer* NZG 2010, 561 (562).

[446] Vgl. *Fleischer* NZG 2010, 561 (562).

76 b) Treuepflicht. Aus dem Anstellungsvertrag ergeben sich Treuepflichten der Vorstandsmitglieder gegenüber ihrer Gesellschaft (→ Rn. 31), die mit den organschaftlichen Treuebindungen (→ § 93 Rn. 102 ff.) weithin übereinstimmen.[447] Sie verlangen von jedem einzelnen Vorstandsmitglied, im Rahmen seiner Tätigkeit das Wohl des Unternehmens und nicht seine persönlichen Interessen zu verfolgen.[448] Verboten ist etwa die Nutzung von Gesellschaftsressourcen für private Zwecke, die Entgegennahme von Schmiergeldern oder die Ausnutzung von Geschäftschancen der Gesellschaft.[449] Außerdem ist ein Vorstandsmitglied gehalten, den Ruf der Aktiengesellschaft gegenüber der Öffentlichkeit zu wahren und herabsetzende Äußerungen über sie und ihre Organmitglieder zu unterlassen.[450] Im Einzelfall kann ihm die aus der Treuepflicht abgeleitete Rücksichtnahmepflicht auch verwehren, Ansprüche zu erheben, die ihm der Aufsichtsrat nicht hat gewähren wollen.[451] Seine vertraglichen Rechte und Gehaltsansprüche braucht er dagegen nicht hinter die Interessen des Unternehmens zurückstellen, doch muss er angemessene Rücksicht darauf nehmen.[452] Auch in Notzeiten wird man ihm aber nicht abverlangen können, eigene Mittel einzusetzen, um der Gesellschaft ein gewinnbringendes Geschäft zu sichern.[453] Nach Beendigung des Anstellungsvertrages kann die Treuepflicht in verschiedener Hinsicht fortwirken.[454]

76a Wenig geklärt ist, inwieweit die Rücksichtnahmepflicht auf die private Lebensführung ausstrahlt.[455] Einzelne Literaturstimmen halten Vorstandsmitglieder für verpflichtet, in ihrem Lebensstil eine Linie einzuhalten, die sie in die Lage versetze, ihrer Aufgabe körperlich und psychisch gerecht zu werden.[456] Die überwiegende Gegenmeinung lehnt dies ab; sie hält Vorstandsmitglieder nicht für verpflichtet, zur Erhaltung ihrer Arbeitskraft Gesundheitsrücksichten zu nehmen, zB gefährliche Sportarten zu vermeiden oder eine gesundheitsgefährdende Lebensführung zu ändern.[457] Der hL ist zuzustimmen.[458] Auch ein Vorstandsmitglied hat ein Recht auf Privatsphäre,[459] das durch anstellungsvertragliche Treuepflichten nur in Ausnahmefällen eingeschränkt oder überlagert wird. Eine allgemeine Pflicht zu gesundheitsförderndem Verhalten ist damit – ebenso wie im Arbeitsrecht[460] – nicht zu vereinbaren. Sie lässt sich auch im Anstellungsvertrag nur in sehr engen Grenzen vereinbaren (→ Rn. 75).[461] Erwägen kann man allenfalls eine spezielle Pflicht, den Heilungsprozess nach Krankheit oder Verletzung nicht durch genesungswidriges Verhalten zu verzögern.[462] Unabhängig davon obliegt einem Vorstandsmitglied bei einer schweren Erkrankung eine treuepflichtgestützte Mitteilungspflicht gegenüber der Gesellschaft, wenn es seine Diensttauglichkeit voraussichtlich innerhalb eines überschaubaren Zeitraums verlieren wird.[463] Allerdings erstreckt sich die Mitteilungspflicht nicht auf die Diagnose, sondern nur auf die schwindende Diensttauglichkeit.[464]

77 c) Gesetzliches und nachvertragliches Wettbewerbsverbot. Als eine Ausprägung der Treuepflicht lässt sich das Wettbewerbsverbot für amtierende Vorstandsmitglieder nach § 88 begreifen (näher → § 88 Rn. 2). Es ist nach allgM dispositiv; der Anstellungsvertrag kann von ihm in gewissen Grenzen abweichen.[465] Ausgeschiedene Vorstandsmitglieder sind ohne gesonderte Regelung keinem Wettbewerbsverbot mehr unterworfen. Der Anstellungsvertrag trifft hier häufig Vorsorge durch Vereinbarung eines nachvertraglichen Wettbewerbsverbots (näher → § 88 Rn. 42 ff.).

---

[447] Näher *Fleischer* WM 2003, 1045 (1046); MüKoAktG/*Spindler* Rn. 107.
[448] Vgl. MüKoAktG/*Spindler* Rn. 107.
[449] Eingehend *Fleischer* WM 2003, 1045 (1050 ff.).
[450] Vgl. OLG Hamm GmbHR 1985, 157 (158) (GmbH); s. auch OLG Stuttgart ZIP 2012, 625 (Aufsichtsratsmitglied).
[451] Vgl. BGHZ 20, 239 (246); BGH WM 1961, 299 (301); WM 1967, 1164 (1165); WM 1968, 1325.
[452] Vgl. *Raiser/Veil* KapGesR § 14 Rn. 80.
[453] Vgl. BGH WM 1964, 1320 (1321) (GmbH); MüKoAktG/*Spindler* Rn. 107.
[454] Vgl. Hüffer/Koch/*Koch* Rn. 10; *Schneider* FS Hommelhoff, 2012, 1023 ff.
[455] Näher *Fleischer* NJW 2006, 3239 (3240 f.).
[456] Vgl. *Raiser/Veil* KapGesR § 14 Rn. 91.
[457] Vgl. Kölner Komm AktG/*Mertens/Cahn* § 93 Rn. 96; MüKoAktG/*Spindler* Rn. 107.
[458] Eingehend zu Folgendem *Fleischer* NZG 2010, 561 (562 f.).
[459] Allgemein dazu *Fleischer* NJW 2006, 3229.
[460] Vgl. BAG AP BGB § 242 Kündigung Nr. 9: „Die Verpflichtungen des Arbeitnehmers gegenüber seinem Arbeitgeber enden grundsätzlich dort, wo sein privater Bereich beginnt."
[461] Vgl. *Fleischer* NZG 2010, 561 (562 f.).
[462] Dazu *Fleischer* NZG 2010, 561 (562) mwN aus der arbeitsgerichtlichen Spruchpraxis.
[463] Vgl. *Fleischer* NZG 2010, 561 (564); Hüffer/Koch/*Koch* Rn. 10; MüKoAktG/*Spindler* Rn. 108.
[464] Vgl. *Fleischer* NZG 2010, 561 (564 f.); MüKoAktG/*Spindler* Rn. 108; zu kapitalmarktrechtlichen Folgefragen der Ad-hoc-Publizität *Fleischer* FS U.H. Schneider, 2012, 333.
[465] Näher *Beiner*, Der Vorstandsvertrag, 2005, Rn. 488 f.

Bestellung und Abberufung des Vorstands 78–82 § 84

d) Verschwiegenheitpflicht. Eine weitere Ausprägung der Treuepflicht bildet die Verschwie- 78
genheitspflicht der Vorstandsmitglieder.[466] Sie ist in § 93 Abs. 1 S. 3 ausdrücklich geregelt (→ § 93
Rn. 148 ff.); konkretisierende vertragliche Bestimmungen sind möglich,[467] aber selten.[468]

e) Dienstzeit und Nebentätigkeiten. Jedes Vorstandsmitglied ist verpflichtet, seine gesamte 79
berufliche Arbeitskraft vorbehaltlos in den Dienst der Gesellschaft zu stellen.[469] Eine vertragliche
Regelung über feste Dienstzeiten ist zulässig;[470] ohne ausdrückliche Vereinbarung entscheidet das
Vorstandsmitglied grundsätzlich selbst, wann und wie es seiner Leitungspflicht nachkommt.[471] In
außergewöhnlichen Situationen ist es freilich verpflichtet, Überstunden zu leisten und einen Urlaub
zu verschieben oder vorzeitig abzubrechen.[472] Zusätzliche Vergütung kann dafür nur verlangt werden,
wenn der Anstellungsvertrag dies vorsieht.[473]

Die Übernahme ehrenamtlicher Funktionen im sozialen, kulturellen oder sportlichen Bereich ist 80
dem Vorstandsmitglied nach hL gestattet, soweit sie es nicht von der Wahrnehmung seiner Dienstpflichten abhält.[474] Der Anstellungsvertrag kann allerdings eine Anzeigepflicht vorsehen; die Vereinbarung eines Zustimmungsvorbehalts ist verbreitet anzutreffen, aber nicht ganz zweifelsfrei und wohl
restriktiv auszulegen.[475] Für politische Tätigkeiten gilt die Sonderregelung des Art. 48 Abs. 2 GG,
nach der niemand daran gehindert werden darf, ein Bundestagsmandat zu übernehmen und auszuüben. Sie geht jeder vertraglichen Bindung vor,[476] doch hat die Befreiung von den Vorstandspflichten
zur Folge, dass das Vorstandsmitglied seine Vergütung nur entsprechend seiner tatsächlichen Tätigkeit
für die Gesellschaft verlangen kann.[477]

f) Auskunfts- und Herausgabepflicht. Gemäß §§ 675, 666 BGB trifft das Vorstandsmitglied 81
eine Auskunfts- und Rechenschaftspflicht, die auch nach seinem Ausscheiden aus der Gesellschaft
fortgelten kann.[478] Bestehen an der Richtigkeit der erteilten Auskünfte begründete Zweifel, kann
die Gesellschaft gemäß §§ 260, 261 BGB eine eidesstattliche Versicherung erwirken.[479] Besondere
Auskunfts- und Mitteilungspflichten obliegen dem ausgeschiedenen Vorstandsmitglied gemäß § 101
Abs. 2 iVm § 97 InsO im Insolvenzeröffnungs- und Insolvenzverfahren, sofern es nicht früher als
zwei Jahre vor dem Antrag auf Eröffnung des Insolvenzverfahrens aus dem Amt ausgeschieden ist.[480]

Nach §§ 675, 667 BGB ist das Vorstandsmitglied verpflichtet, alles herauszugeben, was es aus seiner 82
Tätigkeit erlangt hat. Dazu gehören auch unzulässige Zuwendungen eines Dritten, zB Schmiergelder,
Provisionen oder Geschenke.[481] Die Herausgabepflicht folgt in diesen Fällen nicht nur aus dem
Anstellungsvertrag, sondern schon aus der organschaftlichen Treuepflicht.[482] Nach Beendigung seiner
Tätigkeit muss das Vorstandsmitglied alle der Gesellschaft gehörenden Unterlagen herausgeben.[483]
Ein Zurückbehaltungsrecht steht ihm gegenüber dem Herausgabeanspruch der Gesellschaft grund-

---

[466] Vgl. GroßkommAktG/*Kort* Rn. 426; Beck MandatsHdB Vorstand/*Lücke* § 2 Rn. 188; *Seyfarth* VorstandsR § 4 Rn. 59.
[467] Vgl. *Thüsing* in Fleischer VorstandsR-HdB § 4 Rn. 102.
[468] Für entbehrlich hält sie *Fonk* in Semler/v. Schenck AR-HdB § 10 Rn. 97.
[469] Vgl. *Beiner,* Der Vorstandsvertrag, 2005, Rn. 521; *Fleischer* in Fleischer VorstandsR-HdB § 9 Rn. 16; *Fonk* in Semler/v. Schenck AR-HdB § 10 Rn. 92; *Seyfarth* VorstandsR § 4 Rn. 51.
[470] Vgl. *Beiner,* Der Vorstandsvertrag, 2005, Rn. 521; *Fonk* in Semler/v. Schenck AR-HdB § 10 Rn. 92; *Seyfarth* VorstandsR § 4 Rn. 50.
[471] Vgl. *Beiner,* Der Vorstandsvertrag, 2005, Rn. 521; *Fonk* in Semler/v. Schenck AR-HdB § 10 Rn. 92.
[472] Vgl. *Fleischer* in Fleischer VorstandsR-HdB § 9 Rn. 16; *Seyfarth* VorstandsR § 4 Rn. 51; MüKoAktG/*Spindler* Rn. 106.
[473] Vgl. *Beiner,* Der Vorstandsvertrag, 2005, Rn. 521.
[474] Vgl. *Fleischer* in Fleischer VorstandsR-HdB § 9 Rn. 16; MüKoAktG/*Spindler* Rn. 107.
[475] Ausführlich *Beiner,* Der Vorstandsvertrag, 2005, Rn. 525 f.; s. auch *Fonk* in Semler/v. Schenck AR-HdB § 10 Rn. 96.
[476] Vgl. BGHZ 43, 384 (386 f.) (KG).
[477] Vgl. *Beiner,* Der Vorstandsvertrag, 2005, Rn. 528.
[478] Vgl. BGH NZG 2008, 834; *Beiner,* Der Vorstandsvertrag, 2005, Rn. 532; *Fonk* in Semler/v. Schenck AR-HdB § 10 Rn. 102; GroßkommAktG/*Kort* Rn. 433; Kölner Komm AktG/*Mertens/Cahn* Rn. 97; MüKoAktG/*Spindler* Rn. 110; *Thüsing* in Fleischer VorstandsR-HdB § 4 Rn. 30.
[479] Vgl. *Beiner,* Der Vorstandsvertrag, 2005, Rn. 532.
[480] Vgl. *Beiner,* Der Vorstandsvertrag, 2005, Rn. 533.
[481] Vgl. BGH MDR 1987, 825 (826); DStR 2001, 949 (950); *Beiner,* Der Vorstandsvertrag, 2005, Rn. 534; *Fleischer* WM 2003, 1045 (1056); GroßkommAktG/*Kort* Rn. 433; MüKoAktG/*Spindler* Rn. 110.
[482] Vgl. OLG Düsseldorf WM 2000, 1393 (1397); *Fleischer* WM 2003, 1045 (1056).
[483] Vgl. BGH WM 1963, 161; NZG 2008, 834 Rn. 3; *Fonk* in Semler/v. Schenck AR-HdB § 10 Rn. 102; K. Schmidt/Lutter/*Seibt* Rn. 36; MüKoAktG/*Spindler* Rn. 110; *Thüsing* in Fleischer VorstandsR-HdB § 4 Rn. 130; MHdB AG/*Wiesner* § 121 Rn. 72.

sätzlich nicht zu.[484] Die Gesellschaft kann jedoch im Einzelfall verpflichtet sein, ihm Auskünfte zu erteilen oder Einsicht in Unterlagen zu gewähren.[485] Dann ist ein Herausgabeverlangen der Gesellschaft missbräuchlich.[486]

82a **g) Pflicht zur Offenbarung eigenen Fehlverhaltens?** Eine Pflicht des Vorstandsmitglieds zur Offenbarung eigenen Fehlverhaltens gegenüber der Gesellschaft hat die Rechtsprechung bisher nicht anerkannt.[487] Dem ist beizutreten.[488] Auch die anstellungsvertragliche Treuepflicht (→ Rn. 76) bietet hierfür entgegen einzelner Literaturstimmen[489] keine überzeugende Ableitungsbasis. Hiervon unberührt bleibt die Verpflichtung des Vorstandsmitglieds, für sein ursprüngliches Fehlverhalten unter den weiteren Voraussetzungen des § 93 Abs. 2 S. 1 Schadensersatz zu leisten.[490]

83 **h) Überlassung von Erfindungen.** Das Gesetz über Arbeitnehmererfindungen gilt nicht für Vorstandsmitglieder;[491] allfällige Erfindungen gehören grundsätzlich dem einzelnen Vorstandsmitglied und nicht der Gesellschaft. Der Anstellungsvertrag kann jedoch die entsprechende Anwendung dieses Spezialgesetzes vorsehen.[492] Fehlt eine vertragliche Regelung zur Verwertung von Erfindungen, so kann die Pflicht des Vorstandsmitglieds zur Andienung von Erfindungen uU aus der Treuebindung folgen.[493] Dies kommt insbesondere dann in Betracht, wenn das Vorstandsmitglied nach dem Anstellungsvertrag für technische Bereiche eingesetzt ist und seine Erfindung überwiegend auf Mitteln, Erfahrungen und Vorarbeiten des Unternehmens beruht.[494]

84 **8. Mängel der Anstellung.** Ein fehlerhafter Anstellungsvertrag ist nach den Grundsätzen des fehlerhaften Dienst- und Arbeitsverhältnisses zu behandeln, wenn er durch Aufnahme der Tätigkeit in Vollzug gesetzt wurde.[495] Die Wirksamkeitsmängel beruhen zumeist auf einem unwirksamen Beschluss, zB weil der Aufsichtsratsausschuss ungenügend besetzt ist (→ Rn. 36), weil er die dem Gesamtaufsichtsrat vorbehaltene Bestellung durch einen vorzeitigen Vertragsschluss präjudiziert (→ Rn. 34) oder weil er den Beschluss über den Dienstvertrag nur konkludent gefasst hat.[496] Außerdem kann die mangelhafte Bestellung (zu ihr → Rn. 20) auf den Anstellungsvertrag durchschlagen, wenn der die Organstellung betreffende Nichtigkeits- oder Anfechtungsgrund auch das schuldrechtliche Rechtsverhältnis berührt.[497]

85 Bei Vorliegen eines fehlerhaften Aufsichtsratsbeschlusses soll wegen Fehlens der Grundlage für eine wirksame Bevollmächtigung der Anstellungsvertrag nach § 177 BGB schwebend unwirksam sein und durch Herbeiführung eines wirksamen Aufsichtsratsbeschlusses und eine Willenserklärung gegenüber dem Vorstandsmitglied geheilt werden können.[498] Ebenso ist bei Fehlen einer Ermächtigung des handelnden Aufsichtsratsmitglieds der Anstellungsvertrag schwebend unwirksam und kann dem Aufsichtsrat nach § 177 BGB zur Genehmigung vorgelegt werden.[499]

---

[484] Vgl. *Beiner,* Der Vorstandsvertrag, 2005, Rn. 535; *Wachter/Eckert* Rn. 26; GroßkommAktG/*Kort* Rn. 433; K. Schmidt/Lutter/*Seibt* Rn. 36; MHdB AG/*Wiesner* § 21 Rn. 72.
[485] Vgl. GroßkommAktG/*Kort* Rn. 433; MHdB AG/*Wiesner* § 21 Rn. 72.
[486] Vgl. BGH NJW 1990, 1289 f.; GroßkommAktG/*Kort* Rn. 433; *Thüsing* in Fleischer VorstandsR-HdB § 4 Rn. 130; MHdB AG/*Wiesner* § 21 Rn. 72.
[487] Vgl. OLG Düsseldorf WM 2000, 1393 (1397) (GmbH); OLG Köln NZG 2000, 1137 (GmbH); im Zusammenhang mit Verjährungsfragen auch BGH NZG 2008, 909 (910); bestätigt durch BGH NJW 2009, 68 (70).
[488] Vgl. bereits *Fleischer* WM 2003, 1045 (1051); rechtsvergleichend *Fleischer,* Informationsasymmetrie im Vertragsrecht, 2001, 847 f.; zu Verjährungsfragen *Fleischer* AG 2014, 457 (461); eingehend jüngst *Grunewald* NZG 2013, 841 (845 ff.).
[489] Für eine Offenlegungspflicht *Hopt* ZGR 2004, 1 (27); *Schmolke* RIW 2008, 365 (371 f.).
[490] Dazu *Grunewald* NZG 2013, 841 (845).
[491] Vgl. BGH GRUR 1990, 193 (194); MüKoAktG/*Spindler* Rn. 111.
[492] Vgl. GroßkommAktG/*Kort* Rn. 432; Beck Mandats HdB Vorstand/*Lücke* § 2 Rn. 202; *Seyfarth* VorstandsR § 4 Rn. 60.
[493] Vgl. Kölner Komm AktG/*Mertens/Cahn* Rn. 39, 97; *Gaul* GmbHR 1982, 101 (103).
[494] Vgl. OLG Düsseldorf GRUR 2000, 49 (50); *Jestaedt* FS Nirk, 1992, 493 (500).
[495] Vgl. BGHZ 41, 282 (286); BGH ZIP 1995, 377; NJW 1998, 3567; NJW 2000, 2983 f.; OLG Frankfurt AG 2011, 790 (791); Bürgers/Körber/*Bürgers* Rn. 13; Hüffer/Koch/*Koch* Rn. 27; NK-AktR/*Oltmanns* Rn. 15; K. Schmidt/Lutter/*Seibt* Rn. 38; *Thüsing* in Fleischer VorstandsR-HdB § 4 Rn. 137; Hölters/*Weber* Rn. 56; MHdB AG/*Wiesner* § 21 Rn. 26; mit anderer Akzentuierung GroßkommAktG/*Kort* Rn. 307: „Lehre vom fehlerhaften Organisationsakt"; abw. MüKoAktG/*Spindler* Rn. 246, der weitgehend übereinstimmende Rechtsfolgen „selbstständig aus der Interessenlage" entwickelt.
[496] Vgl. zu diesen Fehlerquellen BGHZ 41, 282 (285 f.); 65, 190 (192); 89, 48 (56); BGH ZIP 1989, 294 (295); WM 1991, 1258 (1259); OLG Schleswig AG 2001, 651 (653).
[497] Vgl. *Beiner,* Der Vorstandsvertrag, 2005, Rn. 218; *Reuter* FS Zöllner, 1998, 487 (493).
[498] Vgl. *Köhler* NZG 2008, 161 (163).
[499] Vgl. *Beiner,* Der Vorstandsvertrag, 2005, Rn. 205; *Köhler* NZG 2008, 161 (163).

Für die Zeit der Vorstandstätigkeit ist der Anstellungsvertrag so zu behandeln, als wäre er wirksam **86** zustande gekommen.[500] Infolgedessen steht dem Vorstandsmitglied auch das vereinbarte Entgelt zu,[501] sofern der Anstellungsvertrag nicht gerade wegen der Unzulässigkeit der Vergütungsvereinbarung unwirksam ist.[502] Das Entgelt erfasst auch erdiente Versorgungsbezüge und unverfallbare Versorgungsanwartschaften.[503] Für die Zukunft können beide Parteien den Anstellungsvertrag jederzeit und ohne wichtigen Grund durch Kündigung oder einvernehmliche Aufhebung beenden.[504] Dabei wird die Gesellschaft gemäß § 112 vom Aufsichtsrat vertreten.[505] Es wird vorgeschlagen, aus der Pflicht zur vertrauensvollen Zusammenarbeit eine Pflicht zur Verhandlung vor Ausspruch der Kündigung abzuleiten.[506] In engen Ausnahmefällen ist der Gesellschaft aus Treu und Glauben die Berufung auf die Unwirksamkeit des Anstellungsvertrages verwehrt.[507] So hat die Rechtsprechung eine fehlerhafte Anstellung auch für die Zukunft als wirksam angesehen, sofern diese jahrelang von den Vertragsparteien als Rechtsgrundlage anerkannt wurde, die Gesellschaft vereinbarungsgemäß die Vorstandsbezüge erhöht und eine Vertragsverlängerung beschlossen hat.[508] Zudem genießt das Vorstandsmitglied Vertrauensschutz hinsichtlich des wirksamen Entstehens eines Anstellungsvertrages, wenn die maßgebliche Rechtsprechung sich nach Vertragsschluss geändert hat.[509] Enthält der Anstellungsvertrag nur einzelne nichtige oder anfechtbare Bestimmungen, führt dies entgegen § 139 BGB im Zweifel nicht zur Gesamtnichtigkeit des Vertrages.[510] Vielmehr ist der Aufsichtsrat auf Grund der dienstvertraglichen Fürsorgepflicht gehalten, dem Vorstandsmitglied zulässige und angemessene Regelungen vorzuschlagen.[511]

IV. Vorsitzender des Vorstands

1. Ernennung. Werden mehrere Personen zu Vorstandsmitgliedern bestellt, so kann der Auf- **87** sichtsrat gemäß § 84 Abs. 2 ein Mitglied zum Vorsitzenden des Vorstands ernennen. Die ausschließliche Zuständigkeit für die Ernennung liegt beim Gesamtaufsichtsrat;[512] eine Übertragung der Entscheidung auf einen Ausschuss scheidet nach § 107 Abs. 3 S. 3 aus. Die Satzung kann die Ernennung eines Vorstandsvorsitzenden weder untersagen[513] noch anordnen.[514] Nach § 84 Abs. 2

---

[500] Vgl. BGH NJW 2000, 2983; OLG Schleswig NZG 2001, 275 (276); *Beiner*, Der Vorstandsvertrag, 2005, Rn. 219; Bürgers/Körber/*Bürgers* Rn. 13; Hüffer/Koch/*Koch* Rn. 19; GroßkommAktG/*Kort* Rn. 309; *Köhler* NZG 2008, 161 (164); NK-AktR/*Oltmanns* Rn. 15; K. Schmidt/Lutter/*Seibt* Rn. 38; *Thüsing* in Fleischer VorstandsR-HdB § 4 Rn. 137; Grigoleit/*Vedder* Rn. 26.
[501] Vgl. GroßkommAktG/*Kort* Rn. 311; NK-AktR/*Oltmanns* Rn. 15; *Thüsing* in Fleischer VorstandsR-HdB § 4 Rn. 137.
[502] Vgl. RG DR 1944, 488 – unzulässige Tantiemenzusage; BGHZ 8, 348 (358) – Verstoß gegen Lohnstopp; *Thüsing* in Fleischer VorstandsR-HdB § 4 Rn. 137.
[503] Vgl. LG Zweibrücken BB 2007, 2350; *Beiner*, Der Vorstandsvertrag, 2005, Rn. 219; *Hengeler* FS Barz, 1974, 129 (141 ff.); Kölner Komm AktG/*Mertens/Cahn* Rn. 57; MüKoAktG/*Spindler* Rn. 248; *Säcker* FS G. Müller, 1981, 745 (757 ff.).
[504] Vgl. BGH NJW 2000, 2983 f.; OLG Schleswig AG 2001, 651 (653); Bürgers/Körber/*Bürgers* Rn. 13; GroßkommAktG/*Kort* Rn. 316; Hüffer/Koch/*Koch* Rn. 27; *Köhler* NZG 2008, 161 (164); NK-AktR/*Oltmanns* Rn. 15; Grigoleit/*Vedder* Rn. 26; die Notwendigkeit einer Kündigung verneinend K. Schmidt/Lutter/*Seibt* Rn. 38.
[505] Vgl. BGHZ 113, 237 (Verein); *Beiner*, Der Vorstandsvertrag, 2005, Rn. 219; MüKoAktG/*Spindler* Rn. 249; *Köhler* NZG 2008, 161 (164); *Thüsing* in Fleischer VorstandsR-HdB § 4 Rn. 137; abw. noch BGHZ 47, 341 (344).
[506] Vgl. *Köhler* NZG 2008, 161 (163).
[507] Vgl. *Beiner*, Der Vorstandsvertrag, 2005, Rn. 221; MüKoAktG/*Spindler* Rn. 248; *Köhler* NZG 2008, 161 (165) unter Einordnung in die Fallgruppe der Verwirkung; K. Schmidt/Lutter/*Seibt* Rn. 38; *Thüsing* in Fleischer VorstandsR-HdB § 4 Rn. 137.
[508] Vgl. BGH NJW 2000, 2983 (2984); WM 1973, 506 (507); OLG Schleswig AG 2001, 651 (654).
[509] Vgl. BGH NJW 2000, 2983 (2984); *Bauer/Gragert* ZIP 1997, 2177 (2178); *Säcker* FS G. Müller, 1981, 745 (756 f.).
[510] Vgl. *Beiner*, Der Vorstandsvertrag, 2005, Rn. 220; *Steinbeck/Menke* DStR 2003, 940 (941 f.); MHdB AG/*Wiesner* § 21 Rn. 27.
[511] Vgl. *Beiner*, Der Vorstandsvertrag, 2005, Rn. 220; s. auch MHdB AG/*Wiesner* § 21 Rn. 27: ergänzende Vertragsauslegung.
[512] Vgl. GroßkommAktG/*Kort* Rn. 116; Hüffer/Koch/*Koch* Rn. 28; MüKoAktG/*Spindler* Rn. 112; NK-AktR/*Oltmanns* Rn. 16; K. Schmidt/Lutter/*Seibt* Rn. 39; Grigoleit/*Vedder* Rn. 27.
[513] Vgl. *Baumbach/Hueck* Rn. 11; *v. Godin/Wilhelmi* Rn. 11; Kölner Komm AktG/*Mertens/Cahn* Rn. 101; MHdB AG/*Wiesner* § 24 Rn. 2.
[514] Vgl. Bürgers/Körber/*Bürgers* Rn. 21; *v. Godin/Wilhelmi* Rn. 11; Kölner Komm AktG/*Mertens/Cahn* Rn. 101; NK-AktR/*Oltmanns* Rn. 16; K. Schmidt/Lutter/*Seibt* Rn. 39; abw. *Krieger*, Personalentscheidungen des Aufsichtsrats, 1981, 252 f.; Lutter/Krieger/*Verse* Rechte und Pflichten Rn. 467; *Dose*, Die Rechtsstellung der Vorstandsmitglieder einer AG, 3. Aufl. 1975, 28 ff.

ist der Aufsichtsrat nicht verpflichtet, einen Vorstandsvorsitzenden zu ernennen („kann").[515] Ziff. 4.2.1 DCGK empfiehlt börsennotierten Gesellschaften jedoch, einen Vorsitzenden oder Sprecher einzusetzen.[516] Dem Aufsichtsrat steht es frei, ggf. auch zwei Vorstandsvorsitzende zu ernennen.[517] Ebenso kann er einen stellvertretenden Vorstandsvorsitzenden berufen, auch wenn dieses Amt – im Gegensatz zum stellvertretenden Aufsichtsratsvorsitzenden (§ 107 Abs. 1 S. 1) – im Gesetz nicht ausdrücklich vorgesehen ist.[518] Der Vorsitzende und sein Stellvertreter müssen stets auch Vorstandsmitglieder sein.[519]

88 Die Ernennung zum Vorstandsvorsitzenden ist an dieselben formellen und materiellen Voraussetzungen gebunden wie die Bestellung zum Vorstandsmitglied. Insbesondere ist das Einverständnis des Ernannten erforderlich.[520] Häufig werden die Bestellung zum Vorsitzenden und diejenige zum Vorstandsmitglied in einem Beschluss zusammenfallen, doch handelt es sich rechtlich um zwei selbstständige Akte.[521] Daher ist auch ein isolierter Widerruf der Ernennung zum Vorsitzenden möglich, der freilich nach § 84 Abs. 3 S. 1 das Vorliegen eines wichtigen Grundes voraussetzt.[522] In mitbestimmten Gesellschaften erfolgt die Ernennung nach § 29 MitbestG durch Mehrheitsbeschluss und nicht in dem besonderen Verfahren des § 31 MitbestG.[523] Zum Handelsregister ist die Ernennung nicht anzumelden;[524] registerrechtlich ist die Eintragung aber nach § 43 Nr. 4 HRV zulässig.[525]

89 **2. Rechtsstellung.** Die Rechtsstellung des Vorstandsvorsitzenden ist im Gesetz nur ansatzweise geregelt: Er ist nach § 80 Abs. 1 S. 2 auf den Geschäftsbriefen als solcher zu bezeichnen und nach § 285 Nr. 10 S. 2 HGB im Anhang zum Jahresabschluss namhaft zu machen. Auch der Deutsche Corporate Governance Kodex hält sich mit ausdrücklichen Empfehlungen zu seinem Status zurück.[526] Nach hM ist der Vorstandsvorsitzende mit den üblichen Organisationsrechten eines Gremienvorsitzenden ausgestattet: Er repräsentiert das Kollegium, leitet die Vorstandssitzungen und koordiniert die Arbeit der Vorstandsmitglieder.[527] Außerdem ist er vorrangiger Ansprechpartner des Aufsichtsrats.[528] Im Übrigen stehen ihm die gleichen Rechte und Pflichten wie den anderen Vorstandsmitgliedern zu.[529] Er verfügt grundsätzlich über keine privilegierte Vertretungsmacht.[530] Nach verbreiteter Ansicht kann er sogar eine schwächere Geschäftsführungs- oder Vertretungsbefugnis haben als andere Vorstandsmitglieder.[531] Satzung oder Geschäftsordnung können dem Vorsitzen-

---

[515] Vgl. *Fonk* in Semler/v. Schenck AR-HdB § 10 Rn. 55; MüKoAktG/*Spindler* Rn. 112; *Kubis* in Semler/Kubis ArbHdB Vorstand § 2 Rn. 60; *Richter* in Semler/Peltzer/Kubis ArbHdB Vorstand § 5 Rn. 57.

[516] Dazu KBLW/*Bachmann* DCGK Rn. 907; Wilsing/*Goslar* DCGK Ziff. 4.2.1 Rn. 10.

[517] Vgl. *Fonk* in Semler/v. Schenck AR-HdB § 10 Rn. 55 mit Fn. 120; Hüffer/Koch/*Koch* Rn. 28; *Krieger*, Personalentscheidungen des Aufsichtsrats, 1981, 250 mit Fn. 17; *Seyfarth* VorstandsR § 9 Rn. 22; MHdB AG/*Wiesner* § 24 Rn. 2; eingehend *Bachmann* FS Baums, 2017, 107 (111 ff.), der allerdings wegen verbleibender rechtlicher Zweifel dazu rät, auf das Doppelvorsitz zu verzichten oder auf alternative Lösungen (Stellvertreter, Sprecher) auszuweichen; abw. *Lutter/Krieger/Verse* Rechte und Pflichten Rn. 464; MüKoAktG/*Spindler* Rn. 112.

[518] Vgl. Bürgers/Körber/*Bürgers* Rn. 21; Wachter/*Eckert* Rn. 27; *Fonk* in Semler/v. Schenck AR-HdB § 10 Rn. 61.

[519] Vgl. GroßkommAktG/*Kort* Rn. 122; MüKoAktG/*Spindler* Rn. 112.

[520] Vgl. Bürgers/Körber/*Bürgers* Rn. 21; Hüffer/Koch/*Koch* Rn. 28; MüKoAktG/*Spindler* Rn. 113; NK-AktR/*Oltmanns* Rn. 16; K. Schmidt/Lutter/*Seibt* Rn. 40; Grigoleit/*Vedder* Rn. 27; Hölters/*Weber* Rn. 57; MHdB AG/*Wiesner* § 24 Rn. 2.

[521] Vgl. *Fonk* in Semler/v. Schenck AR-HdB § 10 Rn. 60; MHdB AG/*Wiesner* § 24 Rn. 2.

[522] Vgl. *Lutter/Krieger/Verse* Rechte und Pflichten Rn. 467.

[523] Vgl. Bürgers/Körber/*Bürgers* Rn. 21; Wachter/*Eckert* Rn. 27; Hüffer/Koch/*Koch* Rn. 28; Kölner Komm AktG/*Mertens/Cahn* Rn. 100; MüKoAktG/*Spindler* Rn. 113; NK-AktR/*Oltmanns* Rn. 16; K. Schmidt/Lutter/*Seibt* Rn. 40; MHdB AG/*Wiesner* § 24 Rn. 2.

[524] Vgl. K. Schmidt/Lutter/*Seibt* Rn. 39; Hölters/*Weber* Rn. 58; MHdB AG/*Wiesner* § 24 Rn. 1.

[525] Vgl. *Bezzenberger* ZGR 1996, 661 (662).

[526] Dazu Wilsing/*Goslar* DCGK Ziff. 4.2.1 Rn. 11.

[527] Vgl. *Bezzenberger* ZGR 1996, 661 (662 ff.); Bürgers/Körber/*Bürgers* Rn. 22; Wachter/*Eckert* Rn. 28; Hüffer/Koch/*Koch* Rn. 29; *Krieger*, Personalentscheidungen des Aufsichtsrats, 1981, 244 ff.; MüKoAktG/*Spindler* Rn. 114; *Simons/Hanloser* AG 2010, 641 (642 ff.); *Wicke* NJW 2007, 3755; MHdB AG/*Wiesner* § 24 Rn. 3; für eine stärkere Akzentuierung der Verantwortung eines Vorstandsvorsitzenden *Wettich*, Vorstandsorganisation in der Aktiengesellschaft, 2008, 263 ff.

[528] Vgl. Bürgers/Körber/*Bürgers* Rn. 21; MüKoAktG/*Spindler* Rn. 114; K. Schmidt/Lutter/*Seibt* Rn. 41; Hölters/*Weber* Rn. 59; ferner Ziff. 5.2 DCGK.

[529] Vgl. *Fonk* in Semler/v. Schenck AR-HdB § 10 Rn. 56; *Lutter/Krieger/Verse* Rechte und Pflichten Rn. 464; *Richter* in Semler/Peltzer/Kubis ArbHdB Vorstand § 5 Rn. 59; *Wicke* NJW 2007, 3755: „primus inter pares".

[530] Vgl. Kölner Komm AktG/*Mertens/Cahn* Rn. 102; Grigoleit/*Vedder* Rn. 28.

[531] Abw. *Krieger*, Personalentscheidungen des Aufsichtsrats, 1981, 250 unter Hinweis auf die Publizitätsvorschriften des § 80 Abs. 1 S. 2 AktG, § 285 Nr. 10 HGB; MHdB AG/*Wiesner* § 24 Rn. 3.

den aber das Recht zum Stichentscheid und in nicht mitbestimmten Gesellschaften auch ein Vetorecht einräumen (näher → § 77 Rn. 13 und 16).[532]

In tatsächlicher Hinsicht verbindet sich mit der Funktion des Vorstandsvorsitzenden immer mehr eine besondere Führungsfunktion nach dem Vorbild eines CEO.[533] Rechtlich sind dem klare Grenzen gezogen: Weder gibt es eine Weisungsbefugnis des Vorsitzenden gegenüber anderen Vorstandsmitgliedern,[534] noch ist eine Informationsmonopolisierung zwischen Vorstandsvorsitzendem und Aufsichtsratsvorsitzendem statthaft.[535] 90

3. Abgrenzung zum Vorstandssprecher. Das Aktiengesetz kennt keinen Vorstandssprecher. Nach ganz hM kann der Vorstand aber im Rahmen seiner Geschäftsordnungskompetenzen gemäß § 77 Abs. 2 S. 1 einen Vorstandssprecher bestellen, sofern der Aufsichtsrat keinen Vorstandsvorsitzenden ernennt.[536] Manche halten auch die Bestellung eines Vorstandssprechers durch den Aufsichtsrat für möglich.[537] Der Vorstandssprecher ist im Gegensatz zum Vorstandsvorsitzenden auf sitzungsleitende oder repräsentative Sonderfunktionen beschränkt.[538] Er darf nicht durch sachliche Führungsarbeit zum tatsächlichen Vorsitzenden werden.[539] Geschieht dies dennoch, muss der Aufsichtsrat einschreiten oder ihn zum Vorsitzenden ernennen.[540] Aus Gründen der Rechtssicherheit darf es keinen Sprecher mit Funktionen eines Vorstandsvorsitzenden geben.[541] Die Ernennung zum Sprecher kann jederzeit ohne Vorliegen eines wichtigen Grundes widerrufen werden.[542] Der Widerruf durch den Vorstand ist wie die Ernennung eine Geschäftsführungsmaßnahme.[543] In der Praxis sind für die Wahl zwischen Vorstandsvorsitzendem und Vorstandssprecher häufig Branchengepflogenheiten ausschlaggebend.[544] So verfügen Bankenvorstände traditionell über einen Sprecher und Vorstände von Industrieunternehmen eher über einen Vorsitzenden.[545] Das externe Erscheinungsbild nimmt auf die rechtlich vorgegebenen Einschränkungen der Sprecherfunktion nicht immer Rücksicht.[546] 91

V. Widerruf der Bestellung

1. Allgemeines. a) Begriff und Bedeutung. Gemäß § 84 Abs. 3 S. 1 kann der Aufsichtsrat die Bestellung zum Vorstandsmitglied und die Ernennung zum Vorsitzenden des Vorstands widerrufen, wenn ein wichtiger Grund vorliegt. Der Widerruf ist das getreuliche Gegenstück zur Bestellung des Vorstandsmitglieds. Er beendet die korporationsrechtliche Organstellung,[547] lässt aber wegen der 92

---

[532] Vgl. Bürgers/Körber/*Bürgers* Rn. 22; *Fonk* in Semler/v. Schenck AR-HdB § 10 Rn. 59; Hüffer/Koch/ *Koch* Rn. 21; Lutter/Krieger/*Verse* Rechte und Pflichten Rn. 465; K. Schmidt/Lutter/*Seibt* Rn. 41; *Wicke* NJW 2007, 3755 (3756); MHdB AG/*Wiesner* § 24 Rn. 3.
[533] Vgl. GroßkommAktG/*Kort* Rn. 124; Lutter/Krieger/*Verse* Rechte und Pflichten Rn. 466; *Semler* FS Lutter, 2000, 721 (727 ff.); K. Schmidt/Lutter/*Seibt* Rn. 42; *Seyfarth* VorstandsR § 9 Rn. 18; *Wicke* NJW 2007, 3755 (3757); eingehend *v. Hein* ZHR 166 (2002), 464 ff.; KBLW/*Bachmann* DCGK Rn. 914 ff.
[534] Vgl. Bürgers/Körber/*Bürgers* Rn. 23; *Fleischer* ZIP 2003, 1 (8); Hüffer/Koch/*Koch* Rn. 29; Grigoleit/*Vedder* Rn. 28; *Wicke* NJW 2007, 3755 (3757).
[535] Vgl. *Peltzer* in Semler/Peltzer ArbHdb Vorstand, 1. Aufl. 2005, § 2 Rn. 31; zur vorherrschenden Praxis s. jedoch *Wicke* NJW 2007, 3755 (3757).
[536] Vgl. Bürgers/Körber/*Bürgers* Rn. 23; Hüffer/Koch/*Koch* Rn. 30; Kölner Komm AktG/*Mertens/Cahn* Rn. 103; MüKoAktG/*Spindler* Rn. 103; NK-AktR/*Oltmanns* Rn. 18; K. Schmidt/Lutter/*Seibt* Rn. 43; Grigoleit/*Vedder* Rn. 29; MHdB AG/*Wiesner* § 24 Rn. 4.
[537] Vgl. *Fonk* in Semler/v. Schenck AR-HdB § 10 Rn. 62; Lutter/Krieger/*Verse* Rechte und Pflichten Rn. 468; K. Schmidt/Lutter/*Seibt* Rn. 43; differenzierend MHdB AG/*Wiesner* § 24 Rn. 4.
[538] Vgl. *Fonk* in Semler/v. Schenck AR-HdB § 10 Rn. 62; Hüffer/Koch/*Koch* Rn. 30; Lutter/Krieger/*Verse* Rechte und Pflichten Rn. 468; Grigoleit/*Vedder* Rn. 29; MHdB AG/*Wiesner* § 24 Rn. 4; wohl einschränkend K. Schmidt/Lutter/*Seibt* Rn. 43: „in der Regel".
[539] Vgl. *Hoffmann-Becking* ZGR 1998, 497 (517); Hüffer/Koch/*Koch* Rn. 30; NK-AktR/*Oltmanns* Rn. 18; MHdB AG/*Wiesner* § 24 Rn. 5; *Simons*/Hanloser AG 2010, 641 (644).
[540] Vgl. Lutter/Krieger/*Verse* Rechte und Pflichten Rn. 468; MHdB AG/*Wiesner*, § 24 Rn. 5.
[541] Vgl. Bürgers/Körber/*Bürgers* Rn. 23; MHdB AG/*Wiesner* § 24 Rn. 5.
[542] Vgl. K. Schmidt/Lutter/*Seibt* Rn. 44; MHdB AG/*Wiesner* § 24 Rn. 6.
[543] Vgl. Kölner Komm AktG/*Mertens/Cahn* Rn. 103.
[544] Vgl. *Fonk* in Semler/v. Schenck AR-HdB § 10 Rn. 63; *v. Werder*, Führungsorganisation, 3. Aufl. 2015, 182.
[545] Vgl. *v. Werder*, Führungsorganisation, 3. Aufl. 2015, 182; Hölters/*Weber* Rn. 60.
[546] Kritisch dazu *Fonk* in Semler/v. Schenck AR-HdB § 10 Rn. 63; *Krieger*, Personalentscheidungen des Aufsichtsrats, 1981, 257.
[547] Vgl. OLG München NZG 2014, 66; Bürgers/Körber/*Bürgers* Rn. 24; Wachter/*Eckert* Rn. 31; Hüffer/ Koch/*Koch* Rn. 32; Kölner Komm AktG/*Mertens/Cahn* Rn. 106; NK-AktR/*Oltmanns* Rn. 19; K. Schmidt/Lutter/*Seibt* Rn. 45; *Thüsing* in Fleischer VorstandsR-HdB § 5 Rn. 1.

sog. Trennungstheorie (→ Rn. 7) den Anstellungsvertrag unberührt.[548] Allerdings liegt im Bestellungswiderruf sehr häufig eine konkludente Kündigung des Anstellungsvertrages.[549] Umgekehrt kann eine Kündigung des Anstellungsvertrages zugleich als Bestellungswiderruf angesehen werden, sofern es sich nicht um eine bloße Änderungskündigung zur Modifizierung der Vertragsbedingungen bei fortbestehendem Vorstandsmandat handelt.[550]

93 **b) Anwendungsbereich.** Als Grundfall regelt § 84 Abs. 3 S. 1 Alt. 1 den Widerruf der Bestellung eines einfachen Vorstandsmitglieds. Er kann einzelne oder alle Vorstandsmitglieder betreffen. Von einem „teilweisen" Widerruf der Bestellung ist gelegentlich die Rede, wenn ein einzelvertretungsberechtigtes Vorstandsmitglied fortan nur noch gesamtvertretungsberechtigt sein soll,[551] doch ist diese Bezeichnung wenig glücklich. Gemäß § 84 Abs. 3 S. 3 gilt die Vorschrift über den Widerruf auch für den ersten vom Aufsichtsrat bestellten Vorstand.[552]

94 Nach § 84 Abs. 3 S. 1 Alt. 2 beurteilt sich schließlich der Widerruf der Ernennung zum Vorstandsvorsitzenden. Er muss nicht gleichzeitig auch den Widerruf als Vorstandsmitglied enthalten,[553] doch wird ein solcher isolierter Widerruf in der Praxis die seltene Ausnahme bleiben.[554] Der vom Gesetz geforderte wichtige Grund muss sich auf das Amt des Vorstandsvorsitzenden beziehen.[555] Bei mitbestimmten Gesellschaften bedarf es nicht des mehrstufigen Widerrufsverfahrens nach § 31 Abs. 5 MitbestG; stattdessen genügt ein einfacher Mehrheitsbeschluss gemäß § 29 MitbestG.[556]

95 **2. Zuständigkeit, Verfahren und Erklärung des Widerrufs. a) Zuständigkeit.** Für den Widerruf der Bestellung ist gemäß § 84 Abs. 3 S. 1 der Aufsichtsrat zuständig. Es handelt sich um eine ausschließliche Zuständigkeit, die ihm weder durch die Satzung genommen noch mit seinem Willen auf andere Organe oder Dritte übertragen werden darf.[557] Nach § 107 Abs. 3 S. 3 scheidet zudem eine Übertragung auf einen Aufsichtsratsausschuss aus. Die hM schließt daraus, dass auch eine Vertragsstrafe für den Fall einer unbegründeten Abberufung im Anstellungsvertrag nicht wirksam vereinbart werden darf,[558] doch erscheinen hierfür vorsätzliches Fehlverhalten Ausnahmen vorstellbar.[559]

96 **b) Beschlussfassung.** Der Aufsichtsrat entscheidet über den Widerruf gemäß § 108 Abs. 1 durch Beschluss.[560] Ein fehlerhafter Beschluss führt zur Unwirksamkeit des Widerrufs;[561] jedoch kann der Beschlussmangel entsprechend § 244 durch einen bestätigenden Beschluss geheilt werden.[562] In mitbestimmten Gesellschaften gilt für den Bestellungswiderruf nach § 31 Abs. 5 iVm Abs. 2–4 MitbestG ein mehrstufiges Abstimmungsverfahren.[563] Da dieses Verfahren nach § 31 Abs. 3 S. 1 MitbestG

---

[548] Vgl. OLG Düsseldorf AG 2012, 511 (512); Kölner Komm AktG/*Mertens/Cahn* Rn. 106; MüKoAktG/*Spindler* Rn. 119; K. Schmidt/Lutter/*Seibt* Rn. 45; Hölters/*Weber* Rn. 64; MHdB AG/*Wiesner* § 20 Rn. 42; für Österreich aus OGH AG 1996, 39; abw. *Baums*, Der Geschäftsleitervertrag, 1987, 290 ff., 295 ff.; kritisch auch *Reuter* FS Zöllner, 1998, 487 ff. (498 ff.).
[549] Vgl. OLG Hamburg GmbHR 1992, 43 (48) (GmbH); Bürgers/Körber/*Bürgers* Rn. 24; Hüffer/Koch/*Koch* Rn. 32; Kölner Komm AktG/*Mertens/Cahn* Rn. 106; NK-AktR/*Oltmanns* Rn. 19; K. Schmidt/Lutter/*Seibt* Rn. 45.
[550] Vgl. Kölner Komm AktG/*Mertens/Cahn* Rn. 106; *Thüsing* in Fleischer VorstandsR-HdB § 5 Rn. 1; Hölters/*Weber* Rn. 64.
[551] Vgl. *Baumbach/Hueck* Rn. 12; MüKoAktG/*Spindler* Rn. 118; BayObLG JW 1928, 666.
[552] Vgl. MüKoAktG/*Spindler* Rn. 152.
[553] Vgl. Kölner Komm AktG/*Mertens/Cahn* Rn. 148; MüKoAktG/*Spindler* Rn. 153.
[554] Vgl. GroßkommAktG/*Kort* Rn. 219; Kölner Komm AktG/*Mertens/Cahn* Rn. 148; *Thüsing* in Fleischer VorstandsR-HdB § 5 Rn. 30.
[555] Vgl. Hüffer/Koch/*Koch* Rn. 31; *Krieger*, Personalentscheidungen des Aufsichtsrats, 1981, 254; Kölner Komm AktG/*Mertens/Cahn* Rn. 148; MüKoAktG/*Spindler* Rn. 153; NK-AktR/*Oltmanns* Rn. 32.
[556] Vgl. Hüffer/Koch/*Koch* Rn. 31; MüKoAktG/*Spindler* Rn. 153; NK-AktR/*Oltmanns* Rn. 32; abw. *Krieger*, Personalentscheidungen des Aufsichtsrats, 1981, 254 f.
[557] Vgl. RGZ 144, 384 (388); Bürgers/Körber/*Bürgers* Rn. 25; Wachter/*Eckert* Rn. 32; Großkomm AktG/*Kort* Rn. 128; Kölner Komm AktG/*Mertens/Cahn* Rn. 105; K. Schmidt/Lutter/*Seibt* Rn. 46; MüKoAktG/*Spindler* Rn. 117.
[558] Vgl. Kölner Komm AktG/*Mertens/Cahn* Rn. 123; K. Schmidt/Lutter/*Seibt* Rn. 46; MüKoAktG/*Spindler* Rn. 117; Hölters/*Weber* Rn. 65.
[559] In diese Richtung auch *Thüsing* in Fleischer VorstandsR-HdB § 5 Rn. 7; s. auch v. Godin/*Wilhelmi* Rn. 12.
[560] Vgl. Bürgers/Körber/*Bürgers* Rn. 26; *Fonk* in Semler/v. Schenck AR-HdB § 10 Rn. 307; Hüffer/Koch/*Koch* Rn. 33; MüKoAktG/*Spindler* Rn. 120; NK-AktR/*Oltmanns* Rn. 19; Grigoleit/*Vedder* Rn. 37.
[561] Vgl. *Beiner*, Der Vorstandsvertrag, 2005, Rn. 107; *Lutter/Krieger/Verse* Rechte und Pflichten Rn. 371; K. Schmidt/Lutter/*Seibt* Rn. 47.
[562] Vgl. OLG Stuttgart AG 2003, 211 (212); MüKoAktG/*Spindler* Rn. 120.
[563] Näher *Beiner*, Der Vorstandsvertrag, 2005, Rn. 108; *Lutter/Krieger/Verse* Rechte und Pflichten Rn. 369; *Thüsing* in Fleischer VorstandsR-HdB § 5 Rn. 4.

der Monatsfrist unterliegt, entsteht ein Abstimmungsbedarf mit der zweiwöchigen Ausschlussfrist des § 626 Abs. 2 BGB für eine außerordentliche Kündigung des Anstellungsvertrages (zu ihr → Rn. 150 ff.). Nach hM ist die zweiwöchige Kündigungsfrist so lange gehemmt, wie das Verfahren über den Widerruf noch nicht beendet ist.[564]

c) Erklärung des Widerrufs. Der Widerruf der Bestellung wird erst mit Zugang bei dem 97 betreffenden Vorstandsmitglied wirksam.[565] Der Aufsichtsratsbeschluss kann einen späteren Zeitpunkt vorsehen,[566] jedoch ist dies nicht empfehlenswert.[567] Seine Umsetzung obliegt nach § 112 ebenfalls dem Aufsichtsrat; er kann sich aber eines Übermittlers bedienen.[568] Meist wird der Aufsichtsratsvorsitzende oder ein anderes Aufsichtsratsmitglied als Erklärungsvertreter ermächtigt.[569] Der Ausspruch des Widerrufs erfolgt dann durch eine eigene Willenserklärung des Erklärungsvertreters im Namen der Gesellschaft. Ein Mitglied des Vorstands kann dagegen die fremde Widerrufserklärung des Aufsichtsrats wegen § 111 Abs. 5 nur als Erklärungsbote übermitteln,[570] wovon die Praxis einhellig abrät.[571] Die Ermächtigung zur Übermittlung des Widerrufs kann sich aus der Geschäftsordnung des Aufsichtsrats, der Satzung oder einem Aufsichtsratsbeschluss ergeben.[572] Eine konkludente Ermächtigung des Aufsichtsratsvorsitzenden ist nach herrschender, aber nicht unbestrittener Auffassung ausgeschlossen.[573] Ebensowenig genügt die bloße Amtsstellung des Aufsichtsratsvorsitzenden.[574] Die jüngere Spruchpraxis wendet § 174 BGB auf den Nachweis der Ermächtigung entsprechend an.[575] Der Nachweis kann durch eine von allen Aufsichtsratsmitgliedern unterzeichnete Ermächtigungsurkunde erfolgen,[576] ferner auch durch Übergabe des Original-Aufsichtsratsprotokolls über die Beschlussfassung, nicht aber durch Übergabe einer Abschrift oder Vorlage eines Auszugs aus der Sitzungsniederschrift.[577] Eine Zurückweisung nach § 174 BGB ist ausgeschlossen, wenn sich die Ermächtigung des Erklärenden aus der Geschäftsordnung des Aufsichtsrats oder aus der Satzung ergibt.[578] Einer gesonderten Übermittlung des Widerrufs bedarf es nicht, wenn das Vorstandsmitglied bei der Beschlussfassung anwesend war.[579]

Der Bestellungswiderruf ist – im Gegensatz zu § 626 Abs. 2 BGB (→ Rn. 159 ff.) – nicht an eine 98 bestimmte Frist gebunden.[580] Allerdings kann das Widerrufsrecht nach allgemeinen Grundsätzen verwirkt sein, wenn es nicht in angemessener Frist ausgeübt wurde und das Vorstandsmitglied auf

---

[564] Vgl. Hüffer/Koch/*Koch* Rn. 33; MüKoAktG/*Spindler* Rn. 121; NK-AktR/*Oltmanns* Rn. 19; Großkomm AktG/*Oetker* § 31 MitbestG Rn. 25; abw. LG Ravensburg EWiR 1985, 415; Kölner Komm AktG/*Mertens/Cahn* Rn. 174; MüKoAktG/*Gach* § 31 MitbestG Rn. 26.
[565] Vgl. OLG Stuttgart AG 2003, 211 (212); OLG Düsseldorf AG 2004, 321 (322); Bürgers/Körber/*Bürgers* Rn. 25; GroßkommAktG/*Kort* Rn. 179; Hüffer/Koch/*Koch* Rn. 33; MüKoAktG/*Spindler* Rn. 123; NK-AktR/ *Oltmanns* Rn. 19; *Thüsing* in Fleischer VorstandsR-HdB § 5 Rn. 2; Grigoleit/*Vedder* Rn. 37.
[566] Vgl. *Fonk* in Semler/v. Schenck AR-HdB § 10 Rn. 309 mit Fn. 1035; MüKoAktG/*Spindler* Rn. 140; *Thüsing* in Fleischer VorstandsR-HdB § 5 Rn. 2.
[567] Ebenso *Fonk* in Semler/v. Schenck AR-HdB § 10 Rn. 309.
[568] Vgl. *Beiner*, Der Vorstandsvertrag, 2005, Rn. 109; Wachter/*Eckert* Rn. 32; *Fonk* in Semler/v. Schenck AR-HdB § 10 Rn. 309; Hüffer/Koch/*Koch* Rn. 33; NK-AktR/*Oltmanns* Rn. 19; K. Schmidt/Lutter/*Seibt* Rn. 47.
[569] Vgl. BGH NJW 1964, 1367; OLG Düsseldorf AG 2004, 321 (322); AG 2012, 511; *Bauer/Krieger* ZIP 2004, 1247 (1248); von Bevollmächtigung sprechen Hüffer/Koch/*Koch* Rn. 33; MüKoAktG/*Spindler* Rn. 123; *Leuering* NZG 2004, 120 (121).
[570] Vgl. BGHZ 12, 327 (334); OLG Stuttgart AG 2003, 311 (312); Hüffer/Koch/*Koch* Rn. 33; kritisch dazu GroßkommAktG/*Kort* Rn. 180.
[571] Vgl. *Beiner*, Der Vorstandsvertrag, 2005, Rn. 109; Bürgers/Körber/*Bürgers* Rn. 25; Hüffer/Koch/*Koch* Rn. 33; MüKoAktG/*Spindler* Rn. 123.
[572] Vgl. OLG Düsseldorf AG 2004, 321 (322); *Janzen* NZG 2003, 468 (471); *Leuering* NZG 2004, 120 (121); Schockenhoff/*Topf* DB 2005, 539 (540 ff.).
[573] Vgl. OLG Düsseldorf AG 2004, 321 (322 f.); *Beiner*, Der Vorstandsvertrag, 2005, Rn. 109; abw. *Bauer/ Krieger* ZIP 2004, 1247 (1248); Lutter/Krieger/*Verse* Rechte und Pflichten Rn. 370; MüKoAktG/*Spindler* Rn. 123.
[574] Vgl. OLG Düsseldorf AG 2004, 321 (322); OLG Schleswig AG 2001, 651 (653); abw. Lutter/Krieger/*Verse* Rechte und Pflichten Rn. 370.
[575] Vgl. OLG Düsseldorf AG 2004, 321 (323); zustimmend *Beiner*, Der Vorstandsvertrag, 2005, Rn. 109; *Pusch* RdA 2005, 170; ablehnend *Bednarz* NZG 2005, 418; Lutter/Krieger/*Verse* Rechte und Pflichten Rn. 370; *Thüsing* in Fleischer VorstandsR-HdB § 5 Rn. 2.
[576] Vgl. *Bauer/Krieger* ZIP 2004, 1247 (1248); *Beiner*, Der Vorstandsvertrag, 2005, Rn. 562.
[577] Vgl. OLG Düsseldorf AG 2004, 321 (323); Schockenhoff/*Topf* DB 2005, 539 (544); abw. *Bauer/Krieger* ZIP 2004, 1247 (1248).
[578] Vgl. OLG Frankfurt NZG 2015, 514 Rn. 13; OLG Düsseldorf AG 2004, 321 (324); AG 2012, 511; *Bauer/ Krieger* ZIP 2004, 1247 (1248); *Beiner*, Der Vorstandsvertrag, 2005, Rn. 562; Hüffer/Koch/*Koch* Rn. 33.
[579] Vgl. *Fonk* in Semler/v. Schenck AR-HdB § 10 Rn. 309.
[580] Vgl. *Beiner*, Der Vorstandsvertrag, 2005, Rn. 110; *Reiserer/Peters* DB 2008, 167 (168); *Thüsing* in Fleischer VorstandsR-HdB § 5 Rn. 15; Grigoleit/*Vedder* Rn. 3; Hölters/*Weber* Rn. 68; MHdB AG/*Wiesner* § 20 Rn. 39.

Grund der Untätigkeit des Aufsichtsrats annehmen durfte, dass sein Verhalten nicht mehr sanktioniert werde.[581] Dem Aufsichtsrat bleibt es jedoch unbenommen, zunächst den Versuch einer einvernehmlichen Regelung zu unternehmen.[582]

99 **3. Voraussetzungen des Widerrufs. a) Widerruf nur aus wichtigem Grund.** § 84 Abs. 3 S. 1 verlangt für die Abberufung einen wichtigen Grund und will auf diese Weise die Leitungsautonomie des Vorstands institutionell absichern. Die Regelung geht auf § 75 Abs. 2 S. 1 AktG 1937 zurück, der mit dem früheren Grundsatz freier Widerruflichkeit des Vorstandsamtes brach (→ Rn. 2) und dadurch eine zu starke Abhängigkeit des Vorstands vom Aufsichtsrat zu verhindern suchte:[583] Der Aufsichtsrat sollte dem Vorstand die Unternehmensleitung nicht durch Androhung freier Abberufung „aus den Händen winden" und ihn „zu seinem ausführenden Organ" machen können.[584] Das Aktiengesetz von 1965 hat an der Vorgängerregelung festgehalten und sie folgerichtig mit § 76 Abs. 1 in Verbindung gebracht: Der Vorstand kann die Gesellschaft nur dann unter eigener Verantwortung leiten, wenn er sicher ist, dass das Aufsichtsrat ihn allein bei erheblichen Verfehlungen und groben Nachlässigkeiten abberufen kann.[585] Aus alledem folgt zugleich, dass die Regelung zwingend ist und weder durch eine Satzungsbestimmung noch im Bestellungsbeschluss oder Dienstvertrag abbedungen werden kann.[586] Das Vorstandsmitglied kann auf das Erfordernis eines wichtigen Grundes auch nicht verzichten.[587] Unzulässig ist es ferner, über die benannten Beispielsfälle des § 84 Abs. 3 S. 2 AktG hinaus bestimmte Sachverhalte abstrakt im Dienstvertrag als wichtigen Grund für einen Widerruf zu definieren.[588]

100 **b) Allgemeine Anforderungen an einen wichtigen Grund.** Einhelliger Ansicht zufolge liegt ein wichtiger Widerrufsgrund vor, wenn der Gesellschaft eine Fortsetzung des Organverhältnisses mit dem Vorstandsmitglied bis zum Ende seiner Amtszeit unzumutbar ist.[589] Dabei kommt es, wie stets bei Generalklauseln, auf die besonderen Umstände des Einzelfalls an.[590] Eine nicht unwesentliche Rolle spielt namentlich die Restlaufzeit: Nähert sich die Vorstandsbestellung bereits ihrem Ende, so ist der Gesellschaft ein weiteres Verbleiben des Vorstandsmitglieds eher zuzumuten als im umgekehrten Fall.[591] Entgegen einer frühen und besonders gelagerten BGH-Entscheidung[592] sind allerdings an eine Abberufung diffamierenden und herabsetzenden Charakters keine strengeren Anforderungen zu stellen.[593] Einvernehmen besteht schließlich darüber, dass ein Verschulden des Vorstandsmitglieds nicht erforderlich ist;[594] liegt es vor, fließt es zu seinen Lasten in den Abwägungsvorgang ein.[595]

---

[581] Vgl. BGH NJW-RR 1993, 1253 (1254) (GmbH); OLG Frankfurt NZG 2015, 514 Rn. 15; MHdB AG/*Wiesner* § 20 Rn. 39.

[582] Vgl. *Beiner,* Der Vorstandsvertrag, 2005, Rn. 110; MHdB AG/*Wiesner* § 20 Rn. 39.

[583] Vgl. Amtl. Begr. zu § 75 AktG 1937 bei *Klausing* S. 61 f.

[584] Vgl. *Schlegelberger/Quassowski,* 3. Aufl. 1939, § 75 AktG 1937 Rn. 1; fast wortlautgleich noch heute MüKoAktG/*Spindler* Rn. 5; LG Frankfurt NZG 2014, 706 (707).

[585] Vgl. BegrRegE *Kropff* S. 106; zustimmend OLG Celle BeckRS 2016, 09768 Rn. 15; OLG München NZG 2006, 313 f.; LG Frankfurt NZG 2014, 706 (707); Bürgers/Körber/*Bürgers* Rn. 27; *v. Godin/Wilhelmi* Rn. 12; MüKoAktG/*Spindler* Rn. 125; Hüffer/Koch/*Koch* Rn. 34; Großkomm AktG/*Meyer-Landrut,* 3. Aufl. 1973, Rn. 30; NK-AktG/*Oltmanns* Rn. 20; *Pentz* in Fleischer VorstandsR-HdB § 16 Rn. 13.

[586] Vgl. GroßkommAktG/*Kort* Rn. 137; *Seyfarth* VorstandsR § 19 Rn. 13.

[587] Vgl. GroßkommAktG/*Kort* Rn. 137; *Seyfarth* VorstandsR § 19 Rn. 13.

[588] Vgl. GroßkommAktG/*Kort* Rn. 137; *Lutter/Krieger/Verse* Rechte und Pflichten Rn. 364; *Seyfarth* VorstandsR § 19 Rn. 13.

[589] Vgl. BGH ZIP 2007, 119; OLG Frankfurt NZG 2015, 514 Rn. 18; OLG Stuttgart AG 2003, 211 (212); *Fonk* in Semler/v. Schenck AR-HdB § 10 Rn. 301; MüKoAktG/*Spindler* Rn. 125; Hüffer/Koch/*Koch* Rn. 34; Großkomm AktG/*Kort* Rn. 140; *Krieger,* Personalentscheidungen des Aufsichtsrats, 1981, 131; Kölner Komm AktG/*Mertens/Cahn* Rn. 121; NK-AktG/*Oltmanns* Rn. 20; *Raiser/Veil* KapGesR § 14 Rn. 39; K. Schmidt/Lutter/*Seibt* Rn. 49; *Thüsing* in Fleischer VorstandsR-HdB § 5 Rn. 8; *Tschöpe/Wortmann* NZG 2009, 161; Grigoleit/*Vedder* Rn. 32; MHdB AG/*Wiesner* § 20 Rn. 43.

[590] Vgl. BGH WM 1962, 811 (812); ZIP 2007, 119; OLG Celle BeckRS 2016, 09768 Rn. 19; MüKoAktG/*Spindler* Rn. 128; Hüffer/Koch/*Koch* Rn. 36; *Lutter/Krieger/Verse* Rechte und Pflichten Rn. 364; *Raiser/Veil* KapGesR § 14 Rn. 39; *Thüsing* in Fleischer VorstandsR-HdB § 5 Rn. 8.

[591] Vgl. BGH WM 1962, 811 (812); OLG Stuttgart AG 2013, 599 (603); *Fonk* in Semler/v. Schenck AR-HdB § 10 Rn. 301; MüKoAktG/*Spindler* Rn. 128; *Janzen* NZG 2003, 468 (470); Beck MandatsHdB Vorstand/*Lücke* § 2 Rn. 36; *Lutter/Krieger/Verse* Rechte und Pflichten Rn. 365; *Seyfarth* VorstandsR § 19 Rn. 19; Hölters/*Weber* Rn. 70; MHdB AG/*Wiesner* § 20 Rn. 45; s. auch OLG München BeckRS 2016, 08385 Rn. 52: Restlaufzeit vier Jahre und neun Monate.

[592] Vgl. BGH WM 1962, 811 (812).

[593] Wie hier *Fonk* in Semler/v. Schenck AR-HdB § 10 Rn. 301 mit Fn. 1002; *Säcker* FS G. Müller, 1981, 745 (750 f.); MHdB AG/*Wiesner* § 20 Rn. 45; abw. Großkomm AktG/*Meyer-Landrut* 3. Aufl. 1973 Rn. 32.

[594] Vgl. OLG Stuttgart AG 2003, 211 (212); Bürgers/Körber/*Bürgers* Rn. 28; *v. Godin/Wilhelmi* Rn. 13; MüKoAktG/*Spindler* Rn. 129; Hüffer/Koch/*Koch* Rn. 35; NK-AktG/*Oltmanns* Rn. 21; K. Schmidt/Lutter/*Seibt* Rn. 49.

[595] Vgl. Beck MandatsHdB Vorstand/*Lücke* § 2 Rn. 38.

c) Berücksichtigung der Eigeninteressen des Vorstandsmitglieds? Welche Belange bei der 101 Feststellung der Unzumutbarkeit der Fortsetzung des Organverhältnisses bis zum Ende der Amtszeit Berücksichtigung finden, wird unterschiedlich beurteilt. Nach Auffassung der Rechtsprechung sind die widerstreitenden Interessen der AG und des betroffenen Vorstandsmitglieds gegeneinander abzuwägen.[596] Die wohl hL stimmt dem im Grundsatz zu,[597] räumt dem Gesellschaftsinteresse aber gelegentlich einen Bedeutungsvorrang ein.[598] Eine im Vordringen befindliche Gegenansicht stellt bei der Abberufungsentscheidung ausschließlich auf die Interessen der AG ab und verweist die Vorstandsinteressen auf die Ebene des Anstellungsvertrages.[599] Für Rechtsprechung und hL mag man anführen, dass eine Abberufung das Vorstandsmitglied in seinem beruflichen Fortkommen unter Umständen erheblich beeinträchtigt.[600] Man könnte daher geneigt sein, aus der Treuebindung der AG gegenüber ihrem Organmitglied (→ Rn. 31) eine Verpflichtung zur Mitberücksichtigung persönlicher Belange abzuleiten.[601] Zudem sei die Unabhängigkeit des Vorstands wesentlich durch die Schranke des wichtigen Grundes zur Abberufung gesichert.[602]

Die besseren Gründe sprechen indes für die Gegenansicht:[603] *Erstens* werden die individuellen 102 Interessen des Vorstandsmitglieds bereits durch den Anstellungsvertrag und dessen eingeschränkte Kündbarkeit geschützt.[604] *Zweitens* nehmen die in § 84 Abs. 3 S. 2 genannten Widerrufsgründe ausschließlich die Interessen der Gesellschaft und nicht auch die des Vorstandsmitglieds in den Blick.[605] *Drittens* bleiben die persönlichen Auswirkungen auf das Vorstandsmitglied auch bei der Geltendmachung von Schadensersatzansprüchen unberücksichtigt: Nach der Rechtsprechung des BGH darf der Aufsichtsrat von der Anspruchsverfolgung gegen Vorstandsmitglieder nur aus gewichtigen Gründen des Gesellschaftswohls absehen;[606] anderen Gesichtspunkten wie etwa der Schonung eines verdienten Vorstandsmitglieds oder den mit der Beitreibung verbundenen sozialen Konsequenzen darf er nur in besonderen Ausnahmefällen Raum geben.[607] *Viertens* lässt sich im wertenden Vergleich mit GmbH-Geschäftsführern ein weitergehender Schutz der Vorstandsmitglieder schwerlich rechtfertigen:[608] Nach der Grundregel des § 38 Abs. 1 GmbHG können GmbH-Geschäftsführer jederzeit abberufen werden; ihr Eigeninteresse findet dabei keine Berücksichtigung.[609]

d) Benannte Beispielsfälle. § 84 Abs. 3 S. 2 nennt als wichtigen Grund namentlich grobe 103 Pflichtverletzung, Unfähigkeit zur ordnungsmäßigen Geschäftsführung oder Vertrauensentzug durch die Hauptversammlung. Im ordnenden Zugriff kann man in Anlehnung an die Strukturierung der

---

[596] Vgl. BGH WM 1962, 811 (812); KG AG 2007, 745; OLG Stuttgart AG 2003, 211 (212); AG 2013, 599 (603); für die Abberufung aus wichtigem Grund nach § 38 Abs. 2 GmbHG auch OLG Stuttgart NJW-RR 1995, 295 (296); OLG Hamburg ZIP 1991, 1430 (1432); nicht einschlägig dagegen die überall zitierte Entscheidung BGH NJW-RR 1988, 352 (353), die nur die Kündigung des Dienstverhältnisses betrifft; offenlassend OLG München NZG 2006, 313 (314).

[597] Vgl. *Baumbach/Hueck* Rn. 14; *Bürgers/Körber/Bürgers* Rn. 28; *Fonk* in Semler/v. Schenck AR-HdB § 10 Rn. 301; *Grumann/Gillmann* DB 2003, 770 (771); *Janzen* NZG 2003, 468 (470); Beck MandatsHdB Vorstand/*Lücke* § 2 Rn. 35; Großkomm AktG/*Meyer-Landrut*, 3. Aufl. 1973, Rn. 31; *Tschöpe/Wortmann* NZG 2009, 161 (162); wohl auch *v. Godin/Wilhelmi* Rn. 13.

[598] Vgl. Hüffer/Koch/*Koch* Rn. 34; *Ihrig/Schäfer*, Rechte und Pflichten des Vorstands, 2014, Rn. 132; Großkomm AktG/*Kort* Rn. 141; Kölner Komm AktG/*Mertens/Cahn* Rn. 121; Hölters/*Weber* Rn. 71; dagegen aber Beck MandatsHdB Vorstand/*Lücke* § 2 Rn. 35.

[599] Vgl. OLG Celle BeckRS 2016, 09768 Rn. 19; *Feddersen* in Hommelhoff/Hopt/v. Werder Corporate Governance-HdB 441, 468; MüKoAktG/*Spindler* Rn. 128; *Hoffmann-Becking* ZIP 2007, 2101 (2102); *Krieger*, Personalentscheidungen des Aufsichtsrats, 1981, 132; *Lutter/Krieger/Verse* Rechte und Pflichten S. 365; NK-AktR/*Oltmanns* Rn. 20; *Schmolke* AG 2014, 377 (383 f.); *K. Schmidt/Lutter/Seibt* Rn. 49; *Seyfarth* VorstandsR § 19 Rn. 15 f.; *Thüsing* in Fleischer VorstandsR-HdB § 5 Rn. 9; *Grigoleit/Vedder* Rn. 32; MHdB AG/*Wiesner* § 20 Rn. 44.

[600] In diesem Sinne BGH WM 1962, 811 (812); *Janzen* NZG 2003, 468 (470); Großkomm AktG/*Meyer-Landrut*, 3. Aufl. 1973, Rn. 32; *Tschöpe/Wortmann* NZG 2009, 161 (162).

[601] So *Tschöpe/Wortmann* NZG 2009, 161 (162).

[602] Vgl. *Tschöpe/Wortmann* NZG 2009, 161 (162).

[603] Ausführlich *Fleischer* AG 2006, 429 (439); zuletzt *Schmolke* AG 2014, 377 (389 f.); *Seyfarth* VorstandsR § 19 Rn. 16.

[604] Vgl. MüKoAktG/*Spindler* Rn. 128; *Krieger*, Personalentscheidungen des Aufsichtsrats, 1981, 132; NK-AktR/*Oltmanns* Rn. 20; Grigoleit/*Vedder* Rn. 32; *Thüsing* in Fleischer VorstandsR-HdB § 5 Rn. 9; kritisch dazu im Hinblick auf Gleichlaufklauseln (→ Rn. 152) *Tschöpe/Wortmann* NZG 2009, 161 (162).

[605] Vgl. *Thüsing* in Fleischer VorstandsR-HdB § 5 Rn. 9.

[606] Vgl. BGHZ 135, 244 (255).

[607] Vgl. BGHZ 135, 244 (255 f.).

[608] In diese Richtung auch *Krieger*, Personalentscheidungen des Aufsichtsrats, 1981, 132.

[609] Vgl. Roth/Altmeppen/*Altmeppen* GmbHG § 38 Rn. 2; Baumbach/Hueck/*Zöllner/Noack* GmbHG § 38 Rn. 3.

arbeitsrechtlichen Kündigungsgründe verhaltens-, personen- und betriebsbedingte Abberufungsgründe auseinanderhalten.[610]

104 **aa) Grobe Pflichtverletzung.** Der Widerruf wegen grober Pflichtverletzung lässt sich als verhaltensbedingter Abberufungsgrund einordnen. Er bildet die Reaktion der Gesellschaft auf erhebliche Verfehlungen oder grobe Nachlässigkeiten des Vorstandsmitglieds.[611] Dazu zählt zunächst die Verletzung grundlegender Gesetzes- oder Organpflichten, zB Manipulationen in der Bilanz oder im Warenlager,[612] die Aneignung von Gesellschaftsvermögen,[613] der Einsatz von Mitarbeitern der AG für private Belange;[614] private Anschaffungen auf Kosten der AG,[615] unberechtigte Scheckentnahmen,[616] die Fälschung von Belegen,[617] Wettbewerbsverstöße,[618] die Beteiligung an strafbaren Handlungen,[619] Bestechlichkeit,[620] versuchte Steuerhinterziehung,[621] oder die Vornahme verbotener Insidergeschäfte.[622] Hierher gehören weiterhin Pflichtverletzungen gegenüber anderen Gesellschaftsorganen oder Organmitgliedern, etwa mangelnde Offenheit gegenüber dem Aufsichtsrat,[623] vorsätzliche Täuschung der Vorstandskollegen über erhebliche Tatsachen,[624] wiederholte Übergriffe in den Kompetenzbereich anderer Vorstandsmitglieder, die alleinige Erstellung und Einreichung des Jahresabschlusses zum Handelsregister ohne Feststellung durch den Aufsichtsrat,[625] die Missachtung des Zustimmungsvorbehalts nach § 111 Abs. 4 S. 2,[626] Nichtbeachtung von Schranken im Innenverhältnis und Nichtbeteiligung von Gremien,[627] verbale oder tätliche Angriffe gegen Gesellschafter, insbesondere, wenn sie in Firmenräumen oder in Gegenwart von Betriebsangehörigen stattgefunden haben.[628] In dieselbe Reihe einzuordnen sind zudem grobe Nachlässigkeiten im kaufmännischen Bereich, zB die unterlassene Einrichtung eines Risikofrüherkennungssystems nach § 91 Abs. 2[629] oder der Verstoß gegen die „Grundsätze ordnungsgemäßen Wirtschaftens"[630]; ferner das bewusste Nichtbedienen der fälligen Rate eines der AG ausgereichten Darlehens.[631] Nicht ausreichend sind hingegen weniger gravierende Nebenpflichtverletzungen wie die Nichteinholung einer Genehmigung für eine Aufsichtsratstätigkeit in einer anderen nicht konkurrierenden Gesellschaft mit geringem Zeitaufwand.[632]

105 Bei Straftaten oder sonstigen Verfehlungen im privaten Bereich, die sich nicht gegen die Gesellschaft richten, ist zu unterscheiden:[633] Lassen sie Rückschlüsse auf eine mangelnde Eignung des Vorstandsmitglieds zu oder besteht ein Bezug zwischen Straftat und beruflicher Tätigkeit, liegt ein wichtiger Grund vor.[634] Im Übrigen dürfte eine Abberufung nur ausnahmsweise gerechtfertigt sein, nämlich dann, wenn der Gesellschaft durch das Bekanntwerden der Straftat ein erheblicher Imageschaden in der Öffentlichkeit

---

[610] Vgl. *Fleischer* AG 2006, 429 (449); *Thüsing* in Fleischer VorstandsR-HdB § 5 Rn. 10; ferner Beck MandatsHdB Vorstand/*Lücke* § 2 Rn. 37, der allerdings nur die beiden ersten Kategorien nennt; kritisch *Nees*, Abberufung und außerordentliche Kündigung eines Vorstandsmitglieds einer AG wegen seines Privatverhaltens, 2016, 242.
[611] So auch die Umschreibungen in BegrRegE *Kropff* S. 106; ferner *Seyfarth* VorstandsR § 19 Rn. 22.
[612] Vgl. OLG Düsseldorf WM 1992, 14 (19).
[613] Vgl. BGH WM 1984, 29 f.
[614] Vgl. OLG Düsseldorf AG 2012, 511 (512).
[615] Vgl. LG München I AG 2015, 717 (718 f.).
[616] Vgl. OLG Stuttgart AG 2003, 211 (213).
[617] Vgl. OLG Hamm GmbHR 1985, 119.
[618] Vgl. *Säcker* WuW 2009, 362 (371).
[619] Vgl. BGH NJW 1956, 1513; WM 1967, 251; BayObLG NJW 1955, 1678.
[620] Vgl. KG AG 2007, 745 (747); OLG München NZG 2007, 361.
[621] Vgl. LG Köln AG 2004, 570.
[622] Vgl. KG AG 2007, 745 (746).
[623] Vgl. BGHZ 20, 239 (246); öOGH AG 2001, 100 (104); OLG München AG 2012, 753 (754 f.); BeckRS 2016, 08385 Rn. 48.
[624] Vgl. OLG Düsseldorf AG 1982, 225 (227).
[625] Vgl. OLG Hamm GmbHR 1992, 805 (806 f.).
[626] Vgl. BGH AG 1998, 519 f.; OLG Stuttgart AG 2013, 599 (602 f.).
[627] Vgl. OLG München AG 2005, 776 (777).
[628] Vgl. BGH DStR 1994, 1746.
[629] Vgl. LG Berlin AG 2002, 682 (683).
[630] Vgl. BGH DStR 1998, 1398 (1399 f.).
[631] Vgl. OLG Stuttgart AG 2013, 599 (602).
[632] Vgl. KG AG 2007, 745.
[633] Monographisch *Nees*, Abberufung und außerordentliche Kündigung eines Vorstandsmitglieds einer AG wegen seines Privatverhaltens, 2016.
[634] Vgl. *Fleischer* AG 2006, 429 (440); gleichsinnig *Thüsing* in Fleischer VorstandsR-HdB § 5 Rn. 19; GroßkommAktG/*Kort* Rn. 156; eingehend *Nees*, Abberufung und außerordentliche Kündigung eines Vorstandsmitglieds einer AG wegen seines Privatverhaltens, 2016, 210 ff.: Eignungsdefizit.

droht.[635] Nach Auffassung der Rechtsprechung bildet auch die Überschuldung des Vorstandsmitglieds einen Widerrufsgrund iSd § 84 Abs. 3, weil sie die Kreditfähigkeit der Gesellschaft nachteilig beeinflusse.[636] Die hL stimmt dem zu,[637] doch sind die Entscheidungen jedenfalls unter dem Gesichtspunkt der groben Pflichtverletzung, also einem *verhaltensbedingten* Abberufungsgrund, fehlrubriziert.[638] Zu denken ist eher an einen *personenbedingten* Abberufungsgrund, wenn die desolate Vermögenslage des Vorstandsmitglieds die Erfüllung seiner Geschäftsführungsaufgaben gefährdet,[639] Übergriffe auf das Gesellschaftsvermögen befürchten lässt[640] oder geeignet ist, den guten Ruf der Gesellschaft erheblich zu beeinträchtigen.[641]

bb) Unfähigkeit zur ordnungsmäßigen Geschäftsführung. Die Unfähigkeit zur ordnungsmäßigen Geschäftsführung kann auf tatsächlichen oder rechtlichen Gründen beruhen. Es muss sich aber um eine habituelle Unfähigkeit handeln, die über eine bloße Untüchtigkeit hinausgeht.[642] Auf ein Verschulden des Vorstandsmitglieds kommt es nicht an.[643] Beispiele für eine solche personenbedingte Abberufung bilden zunächst fachliche Unzulänglichkeiten, namentlich das Fehlen der erforderlichen Kenntnisse[644] oder die Unfähigkeit zur ordnungsmäßigen Unternehmensführung in der Krise,[645] wobei ein einmaliges Versagen bei der Erarbeitung eines von mehreren Sanierungskonzepten nicht ausreichen soll, wenn es sich um ein bisher erfolgreiches Vorstandsmitglied handelt.[646] Hierher gehören weiterhin Defizite im persönlichen Bereich, zB die persönliche Unzuverlässigkeit im gewerberechtlichen Sinn, wenn sie die Durchführung von Geschäften auf Grund der Versagung öffentlichrechtlicher Genehmigungen beeinträchtigt,[647] der Wegfall der von der Satzung verlangten persönlichen Eigenschaften, lang andauernde Krankheit,[648] suchtartige Alkohol-, Medikamenten- oder Drogenabhängigkeit,[649] mangelnde Eignung zur Personalführung,[650] das feindselige Verhalten von Vorstandsmitgliedern untereinander, das eine kollegiale Zusammenarbeit gefährdet oder gar ausschließt und damit die Gesellschaft schwer schädigen kann.[651] Für die Beurteilung, ob ein unheilbares Zerwürfnis eingetreten ist, kommt es nicht entscheidend auf ein etwaiges Verschulden der Beteiligten an, sondern darauf, ob unter den gegebenen Umständen eine gedeihliche Zusammenarbeit noch zu erwarten ist.[652] Allerdings begründet nicht jede ernsthafte inhaltliche Auseinandersetzung im Vorstand einen wichtigen Widerrufsgrund.[653]

Ob unüberbrückbare Differenzen zwischen Vorstand und Aufsichtsrat in grundlegenden Fragen der Geschäftspolitik einen wichtigen Grund zur Abberufung darstellen, wird unterschiedlich beurteilt. Die überwiegende Ansicht im Schrifttum bejaht dies[654] und sieht hierin keine Verletzung der

---

[635] Ähnlich wie hier *Seyfarth* VorstandsR § 19 Rn. 30; *Thüsing* in Fleischer VorstandsR-HdB § 5 Rn. 19; andere Akzentsetzung bei MüKoAktG/*Spindler* Rn. 131 mit Fn. 491, der einen solchen Imageschaden in der Regel als gegeben ansieht.
[636] Vgl. OLG Hamburg BB 1954, 978 (GmbH); BGH WM 1960, 289 (291) (GmbH); s. aber die hohen Anforderungen bei OLG Köln BeckRS 2008, 01839.
[637] Vgl. Bürgers/Körber/*Bürgers* Rn. 29; Hüffer/Koch/*Koch* Rn. 36; Großkomm AktG/*Meyer-Landrut*, 3. Aufl. 1973, Rn. 32; *Nees*, Abberufung und außerordentliche Kündigung eines Vorstandsmitglieds einer AG wegen seines Privatverhaltens, 2016, 220 f.; NK-AktR/*Oltmanns* Rn. 22; Hölters/*Weber* Rn. 74; MHdB AG/*Wiesner* § 20 Rn. 46; für das GmbH-Recht auch Lutter/Hommelhoff/*Kleindiek* GmbHG § 38 Rn. 21.
[638] Vgl. *Fleischer* NJW 2006, 3239 (3240); kritisch auch MüKoAktG/*Spindler* Rn. 131 mit Fn. 492; gegen die generelle Annahme eines wichtigen Grundes Baumbach/Hueck/*Zöllner*/Noack GmbHG § 38 Rn. 14.
[639] So Baumbach/Hueck/*Zöllner*/Noack GmbHG § 38 Rn. 14.
[640] So *Thüsing* in Fleischer VorstandsR-HdB § 5 Rn. 23.
[641] Näher *Fleischer* NJW 2006, 3239 (3240).
[642] Vgl. *Fleischer* AG 2006, 429 (440).
[643] Vgl. *Thüsing* in Fleischer VorstandsR-HdB § 5 Rn. 22.
[644] Vgl. OLG Stuttgart GmbHR 1957, 59 (60).
[645] Vgl. OLG München NZG 2006, 313.
[646] Vgl. OLG Köln WM 1988, 974 (979).
[647] Vgl. OLG Stuttgart AG 2003, 211 (212 f.).
[648] Vgl. BAG NJW 1968, 1693 (1694); *Bayer* FS Hommelhoff, 2012, 87 (93 f.); *Fleischer* NZG 2010, 565 f.; Hüffer/Koch/*Koch* Rn. 36.
[649] Vgl. *Fleischer* NZG 2010, 565 f.; Hüffer/Koch/*Koch* Rn. 36.
[650] Vgl. BAG NZA 1996, 581.
[651] Vgl. BGH WM 1984, 29 f.; OLG München BeckRS 2016, 08385 Rn. 48; OLG Karlsruhe NZG 2000, 264 (265 f.); LG Stuttgart AG 2003, 53; öOGH AG 2001, 100 (103); *Tschöpe*/Wortmann NZG 2009, 161 (166).
[652] OLG München BeckRS 2016, 08385 Rn. 48.
[653] Vgl. OLG München BeckRS 2016, 08385 Rn. 48; LG Stuttgart AG 2003, 53 (54); Bürgers/Körber/*Bürgers* Rn. 31; *Tschöpe*/Wortmann NZG 2009, 161 (166).
[654] Vgl. *Beiner*, Der Vorstandsvertrag, 2005, Rn. 118; *Fonk* in Semler/v. Schenck AR-HdB § 10 Rn. 303; Lutter/Krieger/*Verse* Rechte und Pflichten Rn. 365; Kölner Komm AktG/*Mertens*/Cahn Rn. 126; NK-AktR/*Oltmanns* Rn. 23; K. Schmidt/Lutter/*Seibt* Rn. 49a; *Seyfarth* VorstandsR § 19 Rn. 28; MüKoAktG/*Spindler* Rn. 132; *Semler* ZGR 1983, 1 (24 ff.); *Thüsing* in Fleischer VorstandsR-HdB § 5 Rn. 24; MHdB AG/*Wiesner* § 20 Rn. 48; vorsichtiger GroßkommAktG/*Kort* Rn. 176.

Leitungsautonomie des Vorstands nach § 76 Abs. 1. Es gibt aber verschiedene Gegenstimmen, die eine restriktivere Handhabung des Abberufungsrechts aus wichtigem Grund befürworten:[655] Danach ist ein Dissens zwischen Vorstand und Aufsichtsrat über die Unternehmenszielbestimmung und ihre Durchführung kein wichtiger Grund iSd § 84 Abs. 3, solange der Vorstand die Grenzen seines unternehmerischen Ermessens nicht überschreitet.[656] Richtig an der erwähnten Mindermeinung ist, dass gewöhnliche Meinungsverschiedenheiten zwischen Vorstand und Aufsichtsrat keinen wichtigen Widerrufsgrund bilden.[657] Nicht jede Auseinandersetzung über unternehmenspolitische Fragen berechtigt den Aufsichtsrat, kritischen Vorstandsmitgliedern die gemeinsame Basis für eine vertrauensvolle und konstruktive Zusammenarbeit abzusprechen.[658] Anders liegen die Dinge jedoch, wenn sich die Differenzen zwischen Vorstand und Aufsichtsrat über Strategie- oder Personalfragen nach intensiver Diskussion als unüberbrückbar erweisen.[659] In dieser Situation kann sich der Aufsichtsrat nicht mit dem Hinweis begnügen, dass sich der Vorstand im Rahmen seines Leitungsermessens bewegt.[660] Vielmehr verlangt die in § 111 Abs. 1 verankerte Überwachungsverantwortung, dass er im Unternehmenswohl von seiner Personalkompetenz Gebrauch macht.[661] Sieht er die Zukunft des Unternehmens durch die von ihm nicht gebilligte Geschäftspolitik des Vorstands als gefährdet an, so muss er den Vorstand nötigenfalls abberufen.[662] Die Rechtspraxis löst derartige Fälle zumeist, indem das betreffende Vorstandsmitglied nach Klärung der Abfindungsfragen seinerseits bittet, aus dem Amt entlassen zu werden.[663]

108 Keinen wichtigen Grund bildet dagegen die Übernahme eines Abgeordnetenmandats, da nach Art. 48 Abs. 2 GG jede Behinderung an der Übernahme oder Ausübung des Amtes unzulässig ist.[664] Das betreffende Vorstandsmitglied hat jedoch für eine anderweitige Erledigung seiner Aufgaben zu sorgen.[665] Die Verletzung dieser Organisationspflicht kann ihrerseits einen wichtigen Widerrufsgrund bilden.[666]

109 **cc) Vertrauensentzug durch die Hauptversammlung.** Mit dem an dritter Stelle genannten Vertrauensentzug durch die Hauptversammlung knüpft § 84 Abs. 3 S. 2 an eine frühe Entscheidung des BGH an[667] und macht sich deren tragenden Gedanken zu eigen, dass der Vorstand zu seiner Amtsführung auf das Vertrauen der Aktionäre angewiesen ist.[668] Notwendig ist ein endgültiger Vertrauensentzug; die Missbilligung einzelner Maßnahmen genügt idR nicht.[669] Allerdings bedarf der Vertrauensentzug keiner zusätzlichen Begründung.[670] Bei einem Mehrheitsbeschluss, bei dem

---

[655] Vgl. Bürgers/Körber/*Bürgers* Rn. 31; *Goette* FS 50 Jahre BGH, 2000, 123 (129); Hüffer/Koch/*Koch* Rn. 36; Großkomm AktG/*Kort* Rn. 176; *Raiser*/*Veil* KapGesR § 14 Rn. 40; ferner *Ulmer*, Der Einfluß des Mitbestimmungsgesetzes auf die Struktur von AG und GmbH, 1979, 37, der unter Berufung auf OLG Stuttgart DB 1979, 884 (885) eine vorzeitige Abberufung des Vorstands aus wichtigem Grund ablehnt.

[656] So ausdrücklich *Goette* FS 50 Jahre BGH, 2000, 123 (129); zustimmend Hüffer/Koch/*Koch* Rn. 36; *Raiser*/*Veil* KapGesR § 14 Rn. 40.

[657] Ebenso LG Stuttgart AG 2003, 53 (54); *Janzen* NZG 2003, 468 (471); GroßkommAktG/*Kort* Rn. 177; dies konstatierend auch Kölner Komm AktG/*Mertens*/*Cahn* Rn. 126.

[658] Wie hier *Beiner*, Der Vorstandsvertrag, 2005, Rn. 118.

[659] Vorsichtig in diese Richtung bereits *Fleischer* AG 2006, 429 (441) in Anlehnung an öOGH GesRZ 1996, 112 (114); s. auch OLG München AG 2012, 753 (754 f.); *Fonk* in Semler/v. Schenck AR-HdB § 10 Rn. 303 mit Fn. 1011; *Lutter*/*Krieger*/*Verse* Rechte und Pflichten Rn. 365; jeweils zum zerstörten Vertrauensverhältnis zwischen Aufsichtsrat und Vorstand.

[660] So auch *Beiner*, Der Vorstandsvertrag, 2005, Rn. 118; *Fonk* in Semler/v. Schenck AR-HdB § 10 Rn. 303; MHdB AG/*Wiesner* § 20 Rn. 48.

[661] Auf die Überwachungsaufgabe abstellend auch *Semler*, Leitung und Überwachung der Aktiengesellschaft, 2. Aufl. 1996, Rn. 216.

[662] So auch *Fonk* in Semler/v. Schenck AR-HdB § 10 Rn. 303; *Kropff* NZG 1998, 613 (617); *Semler* ZGR 1983, 1 (28).

[663] Vgl. *Fleischer* AG 2006, 429 (441).

[664] Vgl. *Beiner*, Der Vorstandsvertrag, 2005, Rn. 119; *Thüsing* in Fleischer VorstandsR-HdB § 5 Rn. 21; s. auch BGHZ 43, 384 (KG).

[665] Vgl. MüKoAktG/*Spindler* Rn. 133.

[666] Vgl. *Beiner*, Der Vorstandsvertrag, 2005, Rn. 119; MüKoAktG/*Spindler* Rn. 133.

[667] Vgl. BegrRegE *Kropff* S. 106 unter Hinweis auf BGHZ 13, 188 (192 f.) – Gerling.

[668] Vgl. BGHZ 13, 188 (192 f.); zustimmend Bürgers/Körber/*Bürgers* Rn. 32; MüKoAktG/*Spindler* Rn. 137; Hüffer/Koch/*Koch* Rn. 37; *Krieger*, Personalentscheidungen des Aufsichtsrats, 1981, 134; *Mielke* BB 2014, 1035; K. Schmidt/Lutter/*Seibt* Rn. 50; *Thüsing* in Fleischer HdB Vorstandsrecht § 5 Rn. 26.

[669] Vgl. MüKoAktG/*Spindler* Rn. 127.

[670] Vgl. BGH NZG 2017, 261 Rn. 16; öOGH AG 1999, 140 (141); *Fleischer* AG 2006, 429 (441); Hüffer/Koch/*Koch* Rn. 37; MüKoAktG/*Spindler* Rn. 137; Hölters/*Weber* Rn. 76; *Messer* FS Nirk, 1992, 681 (691); *Tschöpe*/*Wortmann* NZG 2009, 161 (166); s. aus der Rechtsprechung auch die Fälle BGH NJW 1954, 505 und BGH WM 1961, 569, in denen der Vertrauensentzug nicht weiter begründet wurde.

die Gründe vielfältig sein können, ist sie auch gar nicht immer möglich.[671] Auf einen objektiv vorwerfbaren Pflichtverstoß kommt es nicht an.[672] Der Vertrauensentzug genügt selbst dann, wenn das Vorstandsmitglied objektiv im Recht war[673] oder wenn sich die Gründe für den Vertrauensentzug als nicht zutreffend erweisen.[674]

Im Gegensatz zu der unter § 75 AktG 1937 vorherrschenden Rechtsauffassung bildet der Vertrauensentzug aber nicht „selbstverständlich stets einen wichtigen Grund"[675] für den Bestellungswiderruf. Vielmehr fehlt ein wichtiger Grund nach § 84 Abs. 3 S. 2 aE, wenn das Vertrauen aus offenbar unsachlichen Gründen entzogen wird. Unsachlichkeit ist gegeben, wenn die Misstrauensbekundung nur zum Vorwand dient, willkürlich, haltlos oder wegen des damit verfolgten Zwecks unredlich ist.[676]

Der Vertrauensentzug setzt nach hM einen Hauptversammlungsbeschluss voraus.[677] Dieser muss vor dem Widerruf uneingeschränkt gefasst werden; die nachträgliche Genehmigung eines bereits ausgesprochenen Widerrufs reicht nicht aus.[678] Ebenso wenig genügt ein Vertrauensentzug außerhalb der Hauptversammlung.[679] Die gelegentlich erwogene Ausnahme für Allein- oder Mehrheitsaktionäre[680] überzeugt nicht: Wer das Spiel der AG spielt, muss auch dessen formale Spielregeln einhalten.[681] Allenfalls mag man dem dominierenden Aktionär mit der Abhaltung einer Vollversammlung nach § 121 Abs. 6 entgegenkommen.[682] Unterschiedlich beurteilt wird, ob die Verweigerung der Entlastung dem Vertrauensentzug gleichsteht: Eine Literaturansicht bejaht dies, da § 84 Abs. 3 S. 2 kein formalisiertes Misstrauensvotum voraussetze.[683] Die besseren Gründe sprechen für den gegenteiligen Standpunkt,[684] da die Verweigerung der Entlastung vergangenheitsbezogen, der Vertrauensentzug hingegen zukunftsgerichtet ist. Außerdem liegt der Entlastungsverweigerung zumeist eine multiple Motivationslage zugrunde, die es ausschließt, in ihr immer oder auch nur regelmäßig den Entzug des Vertrauens zu erblicken.[685]

Rechtspolitisch ist der Abberufungsgrund des Vertrauensentzugs immer wieder kritisiert worden. Schon anlässlich der Aktienrechtsreform von 1965 hatten manche von seiner Kodifizierung abgeraten, weil er einen psychologischen Sachverhalt zur Rechtstatsache erhebe und kaum justiziabel sei.[686] Heute fordern andere seine Abschaffung, weil er nicht zur Personalkompetenz des Aufsichtsrats passe und Mehrheitsaktionären die Möglichkeit gebe, Druck auf Vorstand und Aufsichtsrat auszuüben.[687] Solche Vorschläge verdienen keine Gefolgschaft. § 84 Abs. 3 S. 2 Fall 3 nimmt vielmehr in begrüßenswerter Weise Rücksicht auf den Umstand, dass der Vorstand einer AG fremdes Vermögen verwaltet. Man könnte sogar erwägen, ob eine Widerrufsmöglichkeit bei Vertrauensverlust im Hinblick auf die Eigentumsgarantie des Art. 14 GG nicht sogar verfassungs-

---

[671] BGH NZG 2017, 261 Rn. 16.
[672] Vgl. Hüffer/Koch/*Koch* Rn. 37; MüKoAktG/*Spindler* Rn. 137; *Tschöpe/Wortmann* NZG 2009, 161 (166).
[673] Vgl. BGH NZG 2017, 261 Rn. 14; Hüffer/Koch/*Koch* Rn. 37; MüKoAktG/*Spindler* Rn. 137; *Säcker* FS G. Müller, 1981, 745 (746); K. Schmidt/Lutter/*Seibt* Rn. 50.
[674] BGH NZG 2017, 261 Rn. 15.
[675] So BegrRegE zu § 75 AktG 1937 bei *Klausing* S. 62.
[676] So die Umschreibung in BGHZ 13, 188 (193); ferner BGH NZG 2017, 261 Rn. 15; LG Darmstadt AG 1987, 318 (320); KG ZIP 2003, 1042 (1046 f.); Bürgers/Körber/*Bürgers* Rn. 32; eingehend zu beweisrechtlichen Fragen *Mielke* BB 2014, 1035 (1036 ff.).
[677] Vgl. BGH WM 1962, 811; Bürgers/Körber/*Bürgers* Rn. 32; Hüffer/Koch/*Koch* Rn. 38; *Tschöpe/Wortmann* NZG 2009, 161 (166); dagegen Kölner Komm AktG/*Mertens/Cahn* Rn. 127.
[678] Vgl. KG AG 2007, 745 (746); öOGH AG 1996, 39 (41).
[679] Vgl. BGH WM 1962, 811; *Fleischer* AG 2006, 429 (441); Hüffer/Koch/*Koch* Rn. 38; MüKoAktG/*Spindler* Rn. 138.
[680] In diesem Sinne in der Voraufl. Lutter/Krieger Rechte und Pflichten Rn. 366; *Säcker* FS G. Müller, 1981, 745 (751) mit Fn 13; generell dazu, dass für den Vertrauensentzug durch den Vertreter der Alleinaktionärin die allgemeinen Regeln gelten, BGH NZG 2017, 261 Rn. 14.
[681] Vgl. *Fleischer* AG 2006, 429 (441).
[682] Vgl. *Fleischer* AG 2006, 429 (441); Hüffer/Koch/*Koch* Rn. 38; auch daran zweifelnd MüKoAktG/*Spindler* Rn. 138 mit Fn. 544.
[683] Vgl. Kölner Komm AktG/*Mertens/Cahn* Rn. 127; NK-AktR/*Oltmanns* Rn. 24.
[684] Vgl. Bürgers/Körber/*Bürgers* Rn. 32; MüKoAktG/*Spindler* Rn. 138; Hüffer/Koch/*Koch* Rn. 38; K. Schmidt/Lutter/*Seibt* Rn. 51; *Thüsing* in Fleischer VorstandsR-HdB § 5 Rn. 27; MHdB AG/*Wiesner* § 20 Rn. 50; *Zimmermann* FS Roweder, 1994, 593 (594 f.).
[685] Vgl. *Fleischer* AG 2006, 429 (441); *Messer* FS Nirk, 1992, 681 (684); *Zimmermann* FS Roweder, 1994, 593 (594).
[686] Vgl. *Duden* BB 1961, 225 (226 f.); *Foerster* BB 1961, 428.
[687] Vgl. *Raiser/Veil* KapGesR § 14 Rn. 41; kritisch auch BeckHdB AG/*Liebscher* § 6 Rn. 51; Großkomm AktG/*Meyer-Landrut* Rn. 33; differenzierend Grigoleit/*Vedder* Rn. 34 f.: Einschränkung des Widerrufs schützt Minderheitsaktionäre, daher soll nur Beschluss durch „sehr klare Mehrheit" hinreichend sein.

mäßig geboten ist.⁶⁸⁸ Jedenfalls beruht sie auf einem überzeugenden Sachgrund, wie sich nicht zuletzt an der breiten Akzeptanz des Grundsatzes freier Widerruflichkeit in ausländischen Aktienrechten zeigt (→ Rn. 4).

112a **e) Verdachtsabberufung.** Wenig erörtert, aber in engen Grenzen anzuerkennen ist auch eine sog. Verdachtsabberufung (zur Verdachtskündigung → Rn. 158a).⁶⁸⁹ Danach kann uU der Verdacht einer groben Pflichtverletzung oder eines sonstigen Umstands einen wichtigen Grund iSd § 84 Abs. 3 S. 1 darstellen. Allerdings muss er auf konkreten, objektiv nachprüfbaren Tatsachen beruhen. Überdies hat der zur Sachverhaltsaufklärung verpflichtete Aufsichtsrat das betroffene Vorstandsmitglied vorher anzuhören.⁶⁹⁰ Schließlich muss der Gegenstand des Verdachts ein vergleichbares Gewicht haben wie die in § 84 Abs. 3 S. 2 genannten wichtigen Gründe.⁶⁹¹ In derartigen Fällen reicht die Möglichkeit einer Suspendierung des verdächtigen Vorstandsmitglieds (→ Rn. 136) nicht immer aus.⁶⁹²

113 **f) Unbenannte Einzelfälle. aa) Allgemeines.** Die Aufzählung der Abberufungsgründe in § 84 Abs. 3 S. 2 ist nicht abschließend („namentlich").⁶⁹³ Vielmehr kommen daneben weitere Widerrufsgründe in Betracht, die allerdings in ihrem Gewicht den benannten Beispielsfällen entsprechen müssen und diesen gegenüber kein Minus darstellen dürfen.⁶⁹⁴ Letzteres wäre etwa der Fall, wenn keine grobe, sondern bloß eine gewöhnliche Pflichtverletzung vorläge. Dagegen genügt die Zugehörigkeit zu einer verbotenen Partei⁶⁹⁵ oder gar zu einer kriminellen oder terroristischen Vereinigung.⁶⁹⁶

113a Unterschiedlich beurteilt wird, ob eine ins Auge gefasste Neustrukturierung der Geschäftsleitung, insbesondere eine Verkleinerung des Vorstands, einen wichtigen (Abberufungs-)Grund darstellen kann. Eine aktuelle instanzgerichtliche Entscheidung verneint dies, selbst wenn im Übrigen ein beträchtlicher Personalabbau bei der Gesellschaft erfolgen soll.⁶⁹⁷ Gegenstimmen treten für eine Abwägung im Einzelfall und eine sorgfältige Prüfung der Umstrukturierungsmotive ein.⁶⁹⁸ Im Ergebnis wird man die Zulässigkeit einer sog. betriebsbedingten Abberufung nicht gänzlich ausschließen können,⁶⁹⁹ doch sind an sie sehr strenge Anforderungen zu stellen.⁷⁰⁰

114 **bb) Abberufung auf Druck Dritter. (1) Meinungsstand.** Die bisherige Diskussion zur Abberufung auf Druck Dritter kreist um einen Fall, in dem die Belegschaft in einen rechtswidrigen Streik getreten war, um die Entlassung eines Vorstandsmitglieds zu erzwingen. Der BGH würdigte den Sachverhalt ausschließlich unter dem Gesichtspunkt der Druckkündigung des Anstellungsverhältnisses (→ Rn. 158) und entschied, dass ein rechtswidriger Streik im Allgemeinen keinen wichtigen Grund zur fristlosen Entlassung eines sich sozialgerecht verhaltenden Vorstandsmitglieds bilde.⁷⁰¹ Einem späteren Nichtannahmebeschluss des BGH zufolge rechtfertigt der Druck eines Lieferanten mit dem Ziel, einen missliebigen Geschäftsleiter zu entfernen, allenfalls dessen Abberufung, nicht jedoch die fristlose Kündigung seines Dienstverhältnisses.⁷⁰² Nach einer jüngeren obergerichtlichen Entscheidung liegt ein wichtiger Grund iSd § 84 Abs. 3 vor, wenn eine kreditgebende Bank die zur

---

⁶⁸⁸ Andeutungen in diese Richtung bei *Säcker* FS G. Müller 1981, 745 (746 f.); ferner OLG Celle BeckRS 2016, 09768 Rn. 22.
⁶⁸⁹ Eingehend *Schmolke* AG 2014, 377 (382 ff.); ferner *Fleischer* AG 2006, 429 (439); Hüffer/Koch/*Koch* Rn. 36; GroßkommAktG/*Kort* Rn. 157; *Rieder/Schoenemann* NJW 2011, 1169 (1170); *Seyfarth* VorstandsR § 19 Rn. 32; *Tschöpe/Wortmann* NZG 2009, 161 (163); offen lassend BGH NZG 2017, 261 Rn. 18.
⁶⁹⁰ Vgl. *Schmolke* AG 2014, 377 (385); Hüffer/Koch/*Koch* Rn. 36; offen lassend BGH NZG 2017, 261 Rn. 18.
⁶⁹¹ Vgl. Hüffer/Koch/*Koch* Rn. 36.
⁶⁹² Vgl. *Schmolke* AG 2014, 377 (385).
⁶⁹³ Vgl. MüKoAktG/*Spindler* Rn. 130; *Janzen* NZG 2003, 468 (470); NK-AktR/*Oltmanns* Rn. 21.
⁶⁹⁴ Vgl. *Fleischer* AG 2006, 429 (442).
⁶⁹⁵ Vgl. BGHZ 12, 337 (342 ff.); *Seyfarth* VorstandsR § 19 Rn. 30.
⁶⁹⁶ Vgl. MüKoAktG/*Spindler* Rn. 134; Wachter/*Eckert* Rn. 43.
⁶⁹⁷ Vgl. LG Frankfurt NZG 2014, 706; im Ergebnis ebenso OLG Frankfurt NZG 2015, 514; ähnlich *Heidel* AG 2013, R 141; allgemein zurückhaltend auch MünchKommAktG/*Spindler* Rn. 134; offen lassend *Bauer/von Medem* NZA 2014, 238 (240); kritisch *Habersack* DB 2015, 787.
⁶⁹⁸ Vgl. Hüffer/Koch/*Koch* Rn. 35; *Lutter/Krieger/Verse* Rechte und Pflichten Rn. 365 mit Fn. 5; *Seyfarth* VorstandsR § 19 Rn. 33.
⁶⁹⁹ Grundlegend zu betriebsbedingten Gründen *Thüsing* in Fleischer VorstandsR-HdB § 5 Rn. 10 unter Hinweis auf *Schlegelberger/Quassowski*, 3. Aufl. 1939, § 75 AktG 1937 Rn. 11: „Betriebsumstellung" als wichtiger Grund; ferner *Seyfarth* VorstandsR § 19 Rn. 33.
⁷⁰⁰ Dazu auch OLG Frankfurt NZG 2015, 514 Rn. 20; *Kocher* BB 2014, 1235; GroßkommAktG/*Kort* Rn. 175a; großzügiger *Meckelbach/Herb* GWR 2014, 240; ferner *Habersack* DB 2015, 787.
⁷⁰¹ Vgl. BGHZ 34, 392 (Genossenschaft).
⁷⁰² Vgl. BGH DStR 1999, 1537 mit Anm *Goette* (GmbH).

Abwendung der Insolvenz notwendige Kreditverlängerung von der Abberufung eines Vorstandsmitglieds abhängig macht und auf andere Weise keine Abhilfe geschaffen werden kann.[703] Die hL hält eine Abberufung des Vorstandsmitglieds in dem Ausgangsfall des rechtswidrigen Streiks ausnahmsweise für begründet, wenn keine anderen Mittel zur Verfügung stehen, um den Arbeitsfrieden wiederherzustellen, und die Fortdauer des eingetretenen Zustands die Gesellschaft schwer schädigen würde.[704]

(2) Stellungnahme. (a) Allgemeine Vorgaben. Bei der Abberufung von Vorstandsmitgliedern 115 auf Druck Dritter sind zwei unterschiedliche Schutzziele zu berücksichtigen. Zum einen soll die *Leitungssouveränität* des Vorstands gegen einen allzu großen Inneneinfluss des Aufsichtsrats abgeschirmt werden.[705] Daher ist ein Dissens zwischen Vorstand und Aufsichtsrat kein wichtiger Grund iSd § 84 Abs. 3 S. 1, solange der Vorstand die Grenzen seines Leitungsermessens einhält. Ebenso wenig darf der Aufsichtsrat den Druck Dritter zum Vorwand nehmen, um seine eigenen unternehmenspolitischen Vorstellungen durchzusetzen. Erst recht ist es ihm verwehrt, den angeblichen Außendruck zu instrumentalisieren, um ein missliebiges Vorstandsmitglied „zum Nulltarif" loszuwerden.[706] Zum anderen geht es um die Verteidigung der *Verbandssouveränität,* die in Gefahr gerät, wenn an die Stelle der körperschaftsrechtlichen Selbstbestimmung die Fremdbestimmung durch außenstehende Dritte tritt.[707] Deshalb darf der Aufsichtsrat bei seiner Abberufungsentscheidung keinesfalls Fremdinteressen wahrnehmen, sondern muss eine eigene Personalentscheidung treffen, die sich ausschließlich am Gesellschaftsinteresse orientiert.

Aufbauend auf diesen Überlegungen ist dem Aufsichtsrat bei unmittelbarer Existenzgefährdung 116 der Gesellschaft ein Abberufungsrecht zuzubilligen, weil die Verwaltungsorgane – ungeachtet aller Auseinandersetzungen um das Gesellschaftsinteresse (→ § 76 Rn. 21 ff.) – zumindest für den Bestand und die dauerhafte Rentabilität des Unternehmens sorgen müssen. Darüber hinaus wird man die Voraussetzungen des § 84 Abs. 3 S. 1 schon bejahen dürfen, wenn die Abberufung notwendig ist, um einen schweren, unmittelbar bevorstehenden Schaden von der Gesellschaft abzuwenden.[708] Das trifft sich mit den Wertungen der arbeitsgerichtlichen Spruchpraxis, die in solchen Fällen sogar eine Kündigung des Arbeitsverhältnisses zulässt,[709] und findet im Aktienrecht einen gewissen Anhalt in § 71 Abs. 1 Nr. 1. Der schwere Schaden muss nicht existenzgefährdend, aber unter Berücksichtigung von Größe und Finanzkraft der Gesellschaft beachtlich sein. Er muss zudem unmittelbar bevorstehen, dh in überschaubarer Zukunft, wenngleich nicht sofort, einzutreten drohen. Schließlich muss die Abberufung notwendig sein; es darf zu ihr also keine vernünftige Alternative geben. Im Gesellschaftsinteresse ist es unter den genannten Voraussetzungen hinzunehmen, dass sich der Aufsichtsrat einem rechtswidrigen Verhalten Dritter, zB einem rechtswidrigen Streik oder einer strafbaren Nötigung, beugt. Er macht sich dadurch nicht selbst schadensersatzpflichtig, weil ihm der Rechtfertigungsgrund einer aktienrechtlichen Notstandslage zur Seite steht.[710]

(b) Aktienrechtliche Typologie der Druckabberufung. Für konkrete Einzelfälle folgt aus 117 diesem abstrakten Prüfungsprogramm:

(aa) Aufsichtsbehörden. Das Abberufungsverlangen der Aufsichtsbehörden galt schon der Amt- 118 lichen Begründung zu § 75 AktG 1937 als wichtiger Widerrufsgrund.[711] Es fand rasch Eingang in die Kommentarliteratur[712] und wird auch unter der Geltung des Aktiengesetzes von 1965 unverändert

---

[703] Vgl. OLG München NZG 2006, 313 (314); bestätigt durch BGH ZIP 2007, 119; eingehend dazu *Fleischer* DStR 2006, 1507 ff.
[704] Vgl. Fitting/Wlotzke/Wißmann/*Koberski* MitbestG § 31 Rn. 30; MüKoAktG/*Spindler* Rn. 136; Kölner Komm AktG/*Mertens/Cahn* Rn. 131; Großkomm AktG/*Meyer-Landrut*, 3. Aufl. 1973, Rn. 70; *Raiser/Veil* MitbestG § 31 Rn. 39; *Raiser/Veil* KapGesR § 14 Rn. 42; *Thüsing* in Fleischer VorstandsR-HdB § 5 Rn. 23; MHdB AG/*Wiesner* § 20 Rn. 47; ähnlich NK-AktR/*Oltmanns* Rn. 25 („massive Ablehnung durch die Mitarbeiter"); abw. *Hoffmann/Lehmann/Weinmann* MitbestG § 31 Rn. 55.
[705] Vgl. *Fleischer* DStR 2006, 1507 (1510).
[706] Dazu der von *Goette* DStR 1999, 1537 (1539) besprochene Fall zum GmbH-Recht.
[707] Vgl. *Fleischer* DStR 2006, 1507 (1510 f.).
[708] Zustimmend GroßkommAktG/*Kort* Rn. 173a.
[709] Vgl. BAG AP BGB § 626 Druckkündigung Nr. 8; AP BGB § 626 Druckkündigung Nr. 10; AP KSchG § 1 Betriebsbedingte Kündigung Nr. 33.
[710] Allgemein dazu *Fleischer* ZIP 2005, 141 (150).
[711] Vgl. Amtl. Begr. zu § 75 AktG 1937 bei *Klausing* S. 62.
[712] Vgl. zunächst Schlegelberger/*Quassowski* § 75 AktG 1937 Rn. 11 für Versicherungsunternehmen; Großkomm AktG/*Schmidt*, 1. Aufl. 1939, § 75 AktG 1937 Rn. 17; später *Baumbach/Hueck*, 12. Aufl. 1964, AktG 1937 § 75 Rn. 5 C.

zitiert.⁷¹³ Heutige Anwendungsfälle bilden behördliche Abberufungsverlangen bei Versicherungs-, Kredit- oder Finanzdienstleistungsunternehmen nach § 87 Abs. 6 VAG oder § 36 KWG.⁷¹⁴ Ähnlich liegt es bei der Versagung einer öffentlichrechtlichen Versteigerungsgenehmigung nach § 34b GewO.⁷¹⁵ Eine anachronistische Variante ist die Entlassungsanordnung durch die Militärregierung.⁷¹⁶ In allen Fällen geht es indes nicht um faktischen Druck, sondern um rechtlichen Zwang.⁷¹⁷ Der aktienrechtliche *ultima ratio*-Gedanke könnte daher höchstens zu der Überlegung Anlass geben, ob die Gesellschaft vor einer Abberufung Rechtsmittel gegen ein aus ihrer Sicht unberechtigtes Abberufungsverlangen einlegen muss.⁷¹⁸ Dies wird man jedenfalls dann verneinen, wenn der Gesellschaft durch eine verwaltungsgerichtliche „Hängepartie" erheblicher Schaden droht.⁷¹⁹

119 **(bb) Aktionäre.** Gesicherter Rechtsansicht zufolge bildet der offen oder verdeckt ausgeübte Druck von Anteilseignern keinen wichtigen Abberufungsgrund iSd § 84 Abs. 3 S. 1. Das hat der BGH früh für den Vertrauensentzug durch einen Mehrheitsaktionär außerhalb der Hauptversammlung entschieden⁷²⁰ und muss für Minderheitsaktionäre erst recht gelten.⁷²¹ Allerdings bleibt es den Aktionären unbenommen, auf einen Vertrauensentzug durch die Hauptversammlung hinzuwirken, den § 84 Abs. 3 S. 2 als Abberufungsgrund anerkennt, sofern das Vertrauen nicht aus offenbar unsachlichen Gründen entzogen wird (→ Rn. 109).

120 **(cc) Arbeitnehmer.** Verlangt die Belegschaft unter Androhung der Arbeitsniederlegung die Abberufung eines Vorstandsmitglieds, so müssen Vorstand und Aufsichtsrat alles Zumutbare versuchen, sie von ihrer (rechtswidrigen) Forderung abzubringen. Nur wenn sie gleichwohl ernsthaft mit Streik oder Massenkündigungen droht und deshalb schwere wirtschaftliche Schäden für die Gesellschaft zu gewärtigen sind, ist mit der hM nach Ausschöpfung aller anderen Handlungsmöglichkeiten eine Abberufung des Vorstandsmitglieds nach § 84 Abs. 3 S. 1 als statthaft anzusehen.⁷²² An einem wichtigen Kündigungsgrund iSd § 626 BGB wird es aber bei einem sozialgerecht handelnden Vorstandsmitglied in der Regel fehlen (→ Rn. 158).

121 **(dd) Auftraggeber und Lieferanten.** Stellen Auftraggeber oder Lieferanten der Gesellschaft bei ausbleibenden Personalmaßnahmen Auftragsentzug oder Liefersperren in Aussicht und droht der Gesellschaft daraus ein schwerer Schaden, so kann im Einzelfall die Abberufung eines Vorstandsmitglieds gerechtfertigt sein,⁷²³ falls eine Änderung der internen Geschäftsverteilung nicht genügt.⁷²⁴ Allerdings müssen Vorstand und Aufsichtsrat zunächst versuchen, Auftraggeber oder Lieferanten von ihrer Absicht abzubringen. Überdies sind andere Auftrags- und Bezugsmöglichkeiten, uU auch kartellrechtliche Rechtsbehelfe in Betracht zu ziehen.

122 **(ee) Vertreter der Öffentlichkeit.** Bei Abberufungsverlangen von Politikern, Kirchenvertretern, Umweltschutzverbänden oder anderen gesellschaftlichen Gruppen ist zu unterscheiden: Stützt sich ihre Kritik auf ein Fehlverhalten des Vorstandsmitglieds, kann in dem Fehlverhalten selbst ein wichtiger Grund liegen, der die Gesellschaft zur Beendigung der Organstellung berechtigt.⁷²⁵ Dies ist auch bei Verfehlungen im privaten Bereich, die in die korporative Sphäre hinüberwirken, nicht ausgeschlos-

---

⁷¹³ Vgl. *v. Godin/Wilhelmi* Rn. 13; MüKoAktG/*Spindler* Rn. 136; Kölner Komm AktG/*Mertens/Cahn* Rn. 130; MHdB AG/*Wiesner* § 20 Rn. 46.
⁷¹⁴ Vgl. Großkomm AktG/*Kort* Rn. 172; MüKoAktG/*Spindler* Rn. 136; allgemein dazu *Dreher* AG 2006, 213 (221 f.); *Fleischer* WM 2004, 157 (159 f.); eingehend *Forst* AG 2013, 277; zweifelhaft LAG Hessen BeckRS 2016, 106752: keine Druckkündigung bei US-finanzaufsichtsrechtlichen Vorgaben; kritisch dazu *Fuhlrott* GWR 2016, 470.
⁷¹⁵ Vgl. OLG Stuttgart AG 2003, 211 (212 f.).
⁷¹⁶ Vgl. BGH WM 1965, 973; *v. Godin/Wilhelmi* Rn. 13.
⁷¹⁷ Vgl. *Fleischer* DStR 2006, 1507 (1513); zu diesem Unterschied aus arbeitsrechtlicher Sicht auch *Gamillscheg* Anm. zu BAG AP KSchG 1969 § 1 Betriebsbedingte Kündigung Nr. 33.
⁷¹⁸ In diese Richtung *Thüsing* in Fleischer VorstandsR-HdB § 5 Rn. 23.
⁷¹⁹ Zurückhaltend auch GroßkommAktG/*Kort* Rn. 172; MüKoAktG/*Spindler* Rn. 136. Wegen der sofortigen Vollziehbarkeit derartiger Verfügungen (vgl. zB § 49 KWG) wird es zumeist um vorläufigen Rechtsschutz gehen.
⁷²⁰ Vgl. BGH WM 1962, 811; MüKoAktG/*Spindler* Rn. 138; Hüffer/Koch/*Koch* Rn. 38; Kölner Komm AktG/*Mertens/Cahn* Rn. 128; NK-AktR/*Oltmanns* Rn. 24.
⁷²¹ Vgl. auch den knappen Hinweis bei *Hoffmann/Lehmann/Weinmann* § 31 MitbestG Rn. 55.
⁷²² Vgl. GroßkommAktG/*Kort* Rn. 173; für die arbeitsrechtliche Parallelproblematik BAGE 9, 953 = AP BGB § 626 Druckkündigung Nr. 3; BAGE 12, 220 = AP BGB § 626 Druckkündigung Nr. 8; BAG AP BGB § 626 Druckkündigung Nr. 10; zurückhaltend aber selbst in diesem Fall für die Druckkündigung eines Vorstandsmitglieds BGHZ 34, 392 (401 f.); ähnlich *Hoffmann/Lehmann/Weinmann* MitbestG § 31 Rn. 55.
⁷²³ Näher *Fleischer* DStR 2006, 1507 (1513 f.); s. auch *Goette* Die GmbH Rn. 166.
⁷²⁴ Im Ansatz auch BGH DStR 1999, 1537, aber mit gleichzeitiger Betonung, dass sich die fristlose Kündigung des Dienstverhältnisses des Geschäftsführers darauf nicht stützen lasse.
⁷²⁵ Für eine solche Differenzierung im Arbeitsrecht auch BAG NZA 1996, 581 = AP BGB § 626 Druckkündigung Nr. 13; MHdB ArbR/*Berkowsky* § 118 Rn. 6.

sen.⁷²⁶ Das Problem der Druckabberufung stellt sich erst, wenn ein Widerrufsgrund im herkömmlichen Sinne fehlt. Hier wird die Schwelle des § 84 Abs. 3 S. 1 nur in jenen seltenen Fällen überschritten sein, in denen der Gesellschaft durch eine andauernde öffentliche Diskussion schwerer Schaden droht.⁷²⁷

(ff) Finanzanalysten. Fordern Finanzanalysten oder Ratingagenturen unter Hinweis auf die nach ihrer Ansicht verfehlte Unternehmenspolitik personelle Konsequenzen, stellt dies für sich genommen keinen wichtigen Widerrufsgrund dar,⁷²⁸ weil die strategische Ausrichtung des Unternehmens zu den Leitungsaufgaben gehört, deren eigenverantwortliche Wahrnehmung durch den Vorstand § 84 Abs. 3 S. 1 gerade schützen soll. Freilich wird die Einsicht in die wirtschaftlichen Realitäten über kurz oder lang ihren Tribut fordern: Einen Machtkampf mit den Informationsintermediären kann sich auf Dauer keine Gesellschaft leisten, soweit deren Meinungsäußerungen auf den Börsenkurs und die Finanzierungskosten durchschlagen. 123

(gg) Banken und andere Kreditgeber. Machen Banken oder andere Kreditgeber die Kreditverlängerung von der Abberufung eines Vorstandsmitglieds abhängig, liegt ein wichtiger Grund iSd § 84 Abs. 3 S. 1 vor, wenn die Abberufung notwendig ist, um einen schweren, unmittelbar bevorstehenden Schaden von der Gesellschaft abzuwenden.⁷²⁹ 124

g) Widerrufsform und Angabe von Widerrufsgründen. Der Widerruf bedarf keiner bestimmten Form. Die Satzung kann jedoch – wie für die Bestellung (→ Rn. 11) – eine bestimmte Form vorsehen, zB notarielle Beurkundung des Abberufungsbeschlusses.⁷³⁰ Nach einhelliger Meinung muss der Abberufungsbeschluss nicht mit einer Begründung versehen werden.⁷³¹ In entsprechender Anwendung des § 626 Abs. 2 S. 3 BGB sind die Gründe dem Vorstandsmitglied jedoch auf dessen Verlangen unverzüglich mitzuteilen.⁷³² 125

h) Anhörung? Eine vorherige Anhörung des betroffenen Vorstandsmitglieds ist nach geltendem Recht grundsätzlich nicht erforderlich.⁷³³ Eine Ausnahme wird man aber bei der Verdachtsabberufung (→ Rn. 112a) machen müssen.⁷³⁴ Darüber hinaus dürfte die Anhörung in den übrigen Fällen ein *nobile officium* darstellen.⁷³⁵ Zudem sind die Aufsichtsratsmitglieder auf Grund ihrer Sorgfaltspflicht gehalten, den Tatsachenstoff vor einer Abberufungsentscheidung gründlich zu ermitteln. Dazu gehört regelmäßig auch eine Anhörung des Vorstandsmitglieds,⁷³⁶ doch führt eine Verletzung dieser Pflicht nicht zur Unwirksamkeit der Abberufung, sondern nur zu Schadensersatzansprüchen der Gesellschaft gegenüber ihren Aufsichtsratsmitgliedern nach § 116 iVm § 93 Abs. 2.⁷³⁷ 126

De lege ferenda gibt es gute Gründe, Abberufungsentscheidungen nach § 84 Abs. 3 – wie in zahlreichen ausländischen Rechtsordnungen (→ Rn. 4) – an eine vorherige Anhörung zu knüpfen. Das Anhörungserfordernis könnte dazu beitragen, die eigenverantwortliche Leitung der Vorstandsmitglieder iSd § 76 Abs. 1 nicht nur materiellrechtlich, sondern auch verfahrensmäßig abzusichern.⁷³⁸ 127

4. Wirkungen des Widerrufs. a) Allgemeines. Nach § 84 Abs. 3 S. 4 ist der Widerruf wirksam, bis die Unwirksamkeit rechtskräftig festgestellt ist. Mit Zugang der Widerrufserklärung oder 128

---

⁷²⁶ Dazu BGH WM 1956, 865; *Thüsing* in Fleischer VorstandsR-HdB § 5 Rn. 19.
⁷²⁷ Zurückhaltend auch GroßkommAktG/*Kort* Rn. 173a; *Seyfarth* VorstandsR § 19 Rn. 35; MüKoAktG/ *Spindler* Rn. 136 („Kritik durch Politiker" reicht nur bei „irreparablem Schaden"); *Thüsing* in Fleischer VorstandsR-HdB § 5 Rn. 23 („Politikeräußerung reicht jedenfalls nicht"); *Beiner*, Der Vorstandsvertrag, 2005, Rn. 119; zur Druckkündigung auch LG München I ZIP 2010, 2451 (2453 f.).
⁷²⁸ Ebenso MüKoAktG/*Spindler* Rn. 136; *Thüsing* in Fleischer VorstandsR-HdB § 5 Rn. 23; *Beiner*, Der Vorstandsvertrag, 2005, Rn. 119.
⁷²⁹ Vgl. OLG München NZG 2006, 313 (314); bestätigt durch BGH ZIP 2007, 119; ausführlich *Fleischer* DStR 2006, 1507 (1514); zustimmend Hüffer/Koch/*Koch* Rn. 35.
⁷³⁰ Vgl. *Beiner*, Der Vorstandsvertrag, 2005, Rn. 111.
⁷³¹ Vgl. LG Frankfurt NZG 2014, 706 (708); *Fonk* in Semler/v. Schenck AR-HdB § 10 Rn. 308; Kölner Komm AktG/*Mertens/Cahn* Rn. 106; Hölters/*Weber* Rn. 77.
⁷³² Vgl. *Beiner*, Der Vorstandsvertrag, 2005, Rn. 109; Kölner Komm AktG/*Mertens/Cahn* Rn. 106 und 112; *Fonk* in Semler/v. Schenck AR-HdB § 10 Rn. 308.
⁷³³ Vgl. BGH NZG 2017, 261 Rn. 18; *Beiner*, Der Vorstandsvertrag, 2005, Rn. 109; *Fleischer* RIW 2006, 481 (484 f.); *Fonk* in Semler/v. Schenck AR-HdB § 10 Rn. 308; *Janzen* NZG 2003, 468 (469); Großkomm AktG/ *Kort* Rn. 131; Kölner Komm AktG/*Mertens/Cahn* Rn. 112.
⁷³⁴ Näher *Fleischer* RIW 2006, 481 (484); Grigoleit/*Vedder* Rn. 36; *Tschöpe/Wortmann* NZG 2009, 161 (163); eingehend *Schmolke* AG 2014, 377 (385); offen lassend BGH NZG 2017, 261 Rn. 18.
⁷³⁵ Ähnlich *Fonk* in Semler/v. Schenck AR-HdB § 10 Rn. 308; ferner Großkomm AktG/*Kort* Rn. 131; Kölner Komm AktG/*Mertens/Cahn* Rn. 112.
⁷³⁶ Vgl. *Böckli* FS Bär, 1998, 35 (47); *Fleischer* RIW 2006, 481 (485).
⁷³⁷ Vgl. *Fleischer* RIW 2006, 481 (485); Großkomm AktG/*Kort* Rn. 131.
⁷³⁸ Näher *Fleischer* RIW 2006, 481 (485 f.).

dem für das Wirksamwerden des Widerrufs festgesetzten Zeitpunkt ist der Abberufene nicht mehr Vorstandsmitglied.[739] Er muss sich jeder weiteren Vorstandstätigkeit enthalten, sonst macht er sich schadensersatzpflichtig.[740] Der verbliebene Vorstand hat das Ausscheiden gemäß § 81 Abs. 1 zur Eintragung ins Handelsregister anzumelden; das Registergericht trägt die Änderung ohne Prüfung des wichtigen Grundes ein.[741] Solange es an der Eintragung fehlt, werden Dritte über § 15 HGB geschützt.[742] § 84 Abs. 3 S. 4 gilt analog für den Fall der automatischen Beendigung des Vorstandsamtes, zB bei einer befristeten Bestellung.[743]

129 b) Fehlen eines wichtigen Grundes. Ausweislich der Gesetzesmaterialien soll die Regelung des § 84 Abs. 3 S. 4 einen unerwünschten Schwebezustand vermeiden.[744] Der Aufsichtsrat ist demnach vor Gericht in der Vorhand;[745] ihm kommt bei seiner Abberufungsentscheidung eine Art (widerlegliche) Rechtmäßigkeitsvermutung zugute.[746] Infolgedessen führt auch eine unberechtigte Abberufung zum sofortigen Amtsverlust;[747] anders liegt es nur ganz ausnahmsweise bei einer offensichtlichen Willkürhandlung.[748] Damit nimmt der Gesetzgeber der Einschränkung aktienrechtlicher Abberufungsgründe in § 84 Abs. 3 S. 1 (→ Rn. 99) vieles von ihrer praktischen Wirkung,[749] weil es für das betroffene Vorstandsmitglied schwierig ist, innerhalb seiner Amtszeit eine rechtskräftige Entscheidung herbeizuführen.[750] Als rechtskräftige Entscheidung gilt nach hM nur ein Endurteil im Verfahren der Hauptsache.[751] Ein einstweiliges Verfügungsverfahren, welches das Vorliegen eines wichtigen Grundes lediglich summarisch überprüft, genießt keine der Hauptsacheentscheidung vergleichbare Autorität.[752] Ein entsprechender Verfügungsantrag ist als unzulässig abzuweisen, wenn nur das Fehlen eines wichtigen Grundes geltend gemacht wird.[753] Anders liegt es, wenn auch andere Unwirksamkeitsgründe vorgetragen werden (→ Rn. 130).[754] Wegen dieser einschneidenden Folgen des § 84 Abs. 3 S. 4 sind die Unterschiede des in- und ausländischen Aktienrechts hinsichtlich der Abberufung von Vorstandsmitgliedern (→ Rn. 4) weniger groß, als es zunächst den Anschein hat. Das nimmt Änderungsvorschlägen *de lege ferenda*[755] die Dringlichkeit.[756]

130 c) Unwirksamkeit des Aufsichtsratsbeschlusses. Die Wirkung des § 84 Abs. 3 S. 4 tritt nur ein, wenn die Abberufung auf einem wirksamen Aufsichtsratsbeschluss beruht.[757] Bei Verfahrensfeh-

---

[739] Vgl. LG Frankfurt NZG 2014, 706 (707); Grumann/Gillmann DB 2003, 770 (771); MüKoAktG/*Spindler* Rn. 140; Beck MandatsHdB Vorstand/*Lücke* § 2 Rn. 31; Kölner Komm AktG/*Mertens/Cahn* Rn. 114; NK-AktR/*Oltmanns* Rn. 26; MHdB AG/*Wiesner* § 20 Rn. 52.
[740] Vgl. *Baumbach/Hueck* Rn. 15; Großkomm AktG/*Kort* Rn. 191; MüKoAktG/*Spindler* Rn. 140; Kölner Komm AktG/*Mertens/Cahn* Rn. 114.
[741] Vgl. *Baumbach/Hueck* Rn. 15; Bürgers/Körber/*Bürgers* Rn. 33; *v. Godin/Wilhelmi* Rn. 14; MüKoAktG/*Spindler* Rn. 140; Großkomm AktG/*Kort* Rn. 191.
[742] Vgl. *v. Godin/Wilhelmi* Rn. 14; Kölner Komm AktG/*Mertens/Cahn* Rn. 114.
[743] Vgl. LG Berlin AG 1991, 244 (245); MüKoAktG/*Spindler* Rn. 142.
[744] Vgl. Amtl Begr zu § 75 AktG 1937 bei *Klausing* S. 62; ähnlich NK-AktR/*Oltmanns* Rn. 26 („Rechtsklarheit und Verkehrsschutz").
[745] Vgl. Kölner Komm AktG/*Mertens/Cahn* Rn. 115; s. auch MüKoAktG/*Spindler* Rn. 141.
[746] So die Deutung bei *Wiedemann* GesR Bd II, § 4 V II 5 a cc, S. 354 im Vergleich zu den abweichenden Konfliktregelungen im Personengesellschaftsrecht.
[747] Vgl. öOGH AG 1996, 39 (41); AG 1999, 140 (141); Bürgers/Körber/*Bürgers* Rn. 33; Hüffer/Koch/*Koch* Rn. 39; MüKoAktG/*Spindler* Rn. 140; Kölner Komm AktG/*Mertens/Cahn* Rn. 115; K. Schmidt/Lutter/*Seibt* Rn. 52.
[748] Wie hier Kölner Komm AktG/*Mertens/Cahn* Rn. 119; MüKoAktG/*Spindler* Rn. 140; zu großzügig *Thüsing* in Fleischer VorstandsR-HdB § 5 Rn. 31.
[749] Vgl. *Fleischer* AG 2006, 429 (438); ähnlich *Kübler/Assmann* KapGesR § 15 III 2 b, S. 203.
[750] Vgl. Beck MandatsHdB Vorstand/*Lücke* § 2 Rn. 57; Kölner Komm AktG/*Mertens/Cahn* Rn. 115; *Pentz* in Fleischer VorstandsR-HdB § 16 Rn. 13.
[751] Vgl. Bürgers/Körber/*Bürgers* Rn. 33; Wachter/*Eckert* Rn. 45; Hüffer/Koch/*Koch* Rn. 40; MüKoAktG/*Spindler* Rn. 141; NK-AktR/*Oltmanns* Rn. 26; K. Schmidt/Lutter/*Seibt* Rn. 52; abw. Grigoleit/*Vedder* Rn. 38. Für die GmbH ist die Frage sehr streitig, vgl. BGHZ 86, 177 (181 ff.); OLG Hamm NZG 2002, 50 (51).
[752] Vgl. *Littbarski*, Einstweiliger Rechtsschutz im Gesellschaftsrecht, 1996, S. 147 f.; MüKoAktG/*Spindler* Rn. 141; Großkomm AktG/*Kort* Rn. 192.
[753] Vgl. OLG Stuttgart AG 1985, 193; Bürgers/Körber/*Bürgers* Rn. 33; Hüffer/Koch/*Koch* Rn. 40; kritisch *Wiesner* EWiR 1985, 241; abw. Grigoleit/*Vedder* Rn. 38.
[754] Vgl. Beck MandatsHdB Vorstand/*Lücke* § 2 Rn. 56.
[755] Für die Abschaffung des wichtigen Widerrufsgrundes etwa *Peltzer* in Semler/Peltzer ArbHdB Vorstand, 1. Aufl. 2005, § 2 Rn. 95 f.
[756] Ausführlich *Fleischer* AG 2006, 429 (438).
[757] Vgl. OLG Köln NZG 2008, 635; OLG Stuttgart AG 1985, 193; LG München I AG 1986, 142 f.; Hüffer/Koch/*Koch* Rn. 39; MüKoAktG/*Spindler* Rn. 142; Kölner Komm AktG/*Mertens/Cahn* Rn. 116; NK-AktR/*Oltmanns* Rn. 26; K. Schmidt/Lutter/*Seibt* Rn. 52; ablehnend *Schürnbrand* NZG 2008, 609 (611).

lern oder sonstigen Beschlussmängeln bleibt das betreffende Vorstandsmitglied im Amt.[758] Allerdings kann der fehlerhafte Aufsichtsratsbeschluss entsprechend § 244 durch einen bestätigenden Beschluss geheilt werden.[759] Zudem ist – anders als bei Zweifeln über das Vorliegen eines wichtigen Grundes (→ Rn. 129) – einstweiliger Rechtsschutz möglich.[760] Der Verfügungsgrund folgt aus der Dauer des Hauptsacheverfahrens.[761]

5. Rechtsschutz des Vorstandsmitglieds. a) Verfahren. Das abberufene Vorstandsmitglied **131** kann gegen die Gesellschaft auf Feststellung der Unwirksamkeit des Widerrufs klagen.[762] Dabei wird die Gesellschaft gemäß § 112 vom Aufsichtsrat vertreten;[763] eine Vertretung durch den Vorstand macht die Klage unzulässig.[764] Statthaft ist nur eine Klage vor den ordentlichen Gerichten; die Vereinbarung eines Schiedsgerichts ist nach hM nicht möglich,[765] doch regt sich hiergegen zunehmend Widerstand.[766] Mit rechtskräftiger Feststellung der Unwirksamkeit des Widerrufs wird der Abberufene *ex nunc* wieder Vorstandsmitglied,[767] es sei denn, die Abberufung war wegen Verfahrensfehlern oder sonstigen Beschlussmängeln *von vornherein* unwirksam (→ Rn. 130). Eine Klagefrist gibt es nicht.[768]

Hinsichtlich der Rechtsnatur der Klage ist zu unterscheiden: Wird diese auf das Fehlen eines **132** wichtigen Grundes gestützt, handelt es sich mit Rücksicht auf die Wirkungen des § 84 Abs. 3 S. 4 um eine Gestaltungsklage;[769] eine Feststellungsklage ist dagegen gegeben, wenn das Fehlen oder die Ungültigkeit eines Aufsichtsratsbeschlusses gerügt werden.[770] Die Klageerhebung hat keinen Suspensiveffekt.[771] Auch die Bestellungsdauer wird nicht unterbrochen;[772] endet die Amtszeit während des Prozesses, tritt Erledigung der Hauptsache ein.[773] Die Gesellschaft kann den Widerruf nicht einseitig zurücknehmen.[774] Sie kann den Abberufenen aber mit dessen Zustimmung erneut bestellen, wodurch sich das schwebende Verfahren erledigt.[775] Ferner kommt ein außergerichtlicher Vergleich in Betracht, bei dem die Gesellschaft vom Aufsichtsrat vertreten wird.[776] Streitwert (§ 3 ZPO) und

---

[758] Vgl. OLG Köln NZG 2008, 635; OLG Stuttgart AG 1985, 193; LG München I AG 1996, 142 f.; MüKoAktG/*Spindler* Rn. 142; Beck MandatsHdB Vorstand/*Lücke* § 2 Rn. 54; ablehnend *Schürnbrand* NZG 2008, 609 (611).

[759] Vgl. OLG Stuttgart AG 2003, 211 (212); Wachter/*Eckert* Rn. 47; Hüffer/Koch/*Koch* Rn. 42; *Thüsing* in Fleischer VorstandsR-HdB § 5 Rn. 32; MHdB AG/*Wiesner* § 20 Rn. 53.

[760] Vgl. OLG Köln NZG 2008, 635; Beck MandatsHdB Vorstand/*Lücke* § 2 Rn. 56; NK-AktR/*Oltmanns* Rn. 28; *Reiserer*/*Peters* DB 2008, 167; K. Schmidt/Lutter/*Seibt* Rn. 54; *Tschöpe*/*Wortmann* NZG 2009, 161 (167); MHdB AG/*Wiesner* § 20 Rn. 54.

[761] Vgl. OLG Stuttgart AG 1985, 193; Hüffer/Koch/*Koch* Rn. 42; NK-AktR/*Oltmanns* Rn. 28; MHdB AG/*Wiesner* § 20 Rn. 54.

[762] Vgl. Großkomm AktG/*Kort* Rn. 194. Zur Frage, ob das betroffene Vorstandsmitglied dem Aufsichtsratsvorsitzenden im Wege einstweiligen Rechtsschutzes untersagen kann, für den Widerruf der Bestellung zu stimmen, OLG München NZG 2014, 66.

[763] Vgl. BGH NJW 1981, 2748 (2749); WM 1984, 532 (533); OLG Köln BeckRS 2008, 01839; Bürgers/Körber/*Bürgers* Rn. 34; *v. Godin*/*Wilhelmi* Rn. 14; Hüffer/Koch/*Koch* Rn. 41; MüKoAktG/*Spindler* Rn. 143; Grigoleit/*Vedder* Rn. 40.

[764] Vgl. BGH WM 1990, 630; AG 1991, 269 f.; Hüffer/Koch/*Koch* Rn. 33; Großkomm AktG/*Kort* Rn. 194; Hensslre/Strohn/*Dauner-Lieb* Rn. 33; MHdB AG/*Wiesner* § 20 Rn. 53; abw. BGHZ 13, 188 (191 f.).

[765] Vgl. BGH LM AktG § 199 Nr. 1; Großkomm AktG/*Kort* Rn. 589; *Hommelhoff* ZHR 143 (1979), 288 (312 f.); *Seyfarth* VorstandsR § 19 Rn. 61; MüKoAktG/*Spindler* Rn. 143; K. Schmidt/Lutter/*Seibt* Rn. 53; MHdB AG/*Wiesner* § 20 Rn. 53.

[766] Vgl. *Bauer*/*Arnold*/*Kramer* AG 2014, 677 (681 ff.); *Beiner*, Der Vorstandsvertrag, 2005, Rn. 547; *Habersack*/*Wasserbäch* AG 2016, 2 (10 ff.); Hüffer/Koch/*Koch* Rn. 41; Kölner Komm AktG/*Mertens*/*Cahn* Rn. 99; *Papmehl*, Die Schiedsfähigkeit gesellschaftsrechtlicher Streitigkeiten, 2001, S. 225; *Thümmel* FS Schütze, 2002, 1331 (1340); *Vollmer* ZGR 1982, 15 (26 ff.); *Vollmer* GmbHR 1984, 5 (11 ff.).

[767] Vgl. NK-AktR/*Oltmanns* Rn. 26; *Beiner*, Der Vorstandsvertrag, 2005, Rn. 132; *Grumann*/*Gillmann* DB 2003, 770 (771); Beck MandatsHdB Vorstand/*Lücke* § 2 Rn. 56; MüKoAktG/*Spindler* Rn. 143; *Thüsing* in Fleischer VorstandsR-HdB § 5 Rn. 33; *Tschöpe*/*Wortmann* NZG 2009, 161 (166); abw. *Reiserer*/*Peters* DB 2008, 167.

[768] Vgl. *Reiserer*/*Peters* DB 2008, 167; *Seyfarth* VorstandsR § 19 Rn. 58.

[769] Vgl. KG AG 1984, 24 (25); OLG Stuttgart AG 2003, 211 (212); Hüffer/Koch/*Koch* Rn. 42; NK-AktR/*Oltmanns* Rn. 27; *Reiserer*/*Peters* DB 2008, 167; Grigoleit/*Vedder* Rn. 41; MHdB AG/*Wiesner* § 20 Rn. 53.

[770] Vgl. Hüffer/Koch/*Koch* Rn. 42; NK-AktR/*Oltmanns* Rn. 27; *Reiserer*/*Peters* DB 2008, 167; *Seyfarth* VorstandsR § 19 Rn. 58; *Tschöpe*/*Wortmann* NZG 2009, 161 (167); MHdB AG/*Wiesner* § 20 Rn. 53.

[771] Vgl. Großkomm AktG/*Kort* Rn. 195; MüKoAktG/*Spindler* Rn. 143.

[772] Vgl. Großkomm AktG/*Meyer-Landrut*, 3. Aufl. 1973, Rn. 29; MüKoAktG/*Spindler* Rn. 148; *Peltzer* BB 1976, 1249 (1250); K. Schmidt/Lutter/*Seibt* Rn. 53.

[773] Vgl. MüKoAktG/*Spindler* Rn. 148.

[774] Vgl. K. Schmidt/Lutter/*Seibt* Rn. 53; MüKoAktG/*Spindler* Rn. 148.

[775] Vgl. MüKoAktG/*Spindler* Rn. 148.

[776] Vgl. BGH NJW 1958, 419; *v. Godin*/*Wilhelmi* Rn. 14; K. Schmidt/Lutter/*Seibt* Rn. 53.

Beschwer (§ 511 Abs. 2 Nr. 1 ZPO) bestimmen sich nach dem Interesse des Vorstandsmitglieds, die Gesellschaft zu leiten; bei umgekehrten Parteirollen nach dem Interesse der Gesellschaft, den Abberufenen vom Vorstandsamt fernzuhalten.[777] Vergütungshöhe und Abberufungsfolgen sind ohne Belang.[778]

133 **b) Gerichtliche Prüfung.** Das Gericht prüft in formeller Hinsicht, ob ein gültiger Aufsichtsratsbeschluss vorliegt. Fehlt es daran, kann das Gericht bereits aus diesem Grunde die Unwirksamkeit des Widerrufs *ex tunc* feststellen.[779] In materieller Hinsicht hat es zu prüfen, ob ein wichtiger Grund gegeben ist. Dabei darf es nur den Sachverhalt berücksichtigen, auf dem der Aufsichtsratsbeschluss beruht.[780] Weitere Gründe können jedoch als Hilfstatsachen zur Ausfüllung der vom Aufsichtsrat angeführten Gründe herangezogen werden.[781] Das Nachschieben von Gründen ist nach hM zulässig, wenn diese schon bei Erklärung des Widerrufs vorhanden, aber dem Aufsichtsrat noch nicht bekannt waren.[782] Kannte er sie, ohne seine Entscheidung darauf zu stützen, ist sein Widerrufsrecht idR verwirkt.[783] Nach Erklärung des Widerrufs entstandene Gründe können nur herangezogen werden, wenn der Aufsichtsrat über den Widerruf neu beschließt und seine Abberufungsentscheidung auf die später eingetretenen Gründe stützt.[784]

134 Das Revisionsgericht prüft lediglich, ob die vom Tatrichter festgestellten Tatsachen geeignet sind, den wichtigen Grund zu rechtfertigen.[785] Die tatrichterliche Auslegung kann aber auf die Einhaltung anerkannter Auslegungsgrundsätze geprüft werden.[786]

135 **c) Rückkehr eines unwirksam abberufenen Vorstandsmitglieds.** Rückt das abberufene Vorstandsmitglied nach rechtskräftiger Feststellung der Unwirksamkeit des Widerrufs wieder in seine ursprüngliche Position ein, wird die zwischenzeitlich erfolgte Bestellung eines neuen Vorstandsmitglieds nicht automatisch hinfällig.[787] Die Doppelbesetzung kann allerdings einen wichtigen Widerrufsgrund darstellen, wenn das Nebeneinander beider Vorstandsmitglieder nach Gesetz oder Satzung ausgeschlossen oder für die Gesellschaft unzumutbar ist.[788]

136 **6. Sonstige Beendigungstatbestände. a) Suspendierung.** Zulässigkeit, Voraussetzungen und Rechtswirkungen einer einseitigen Suspendierung des Vorstandsmitglieds durch den Aufsichtsrat sind umstritten. Rechtsprechung ist vereinzelt geblieben;[789] die Auffassungen im Schrifttum gehen weit auseinander: Manche sehen in der Suspendierung einen echten, wenngleich zeitlich begrenzten Widerruf und fordern für ihn die Einhaltung der in § 84 Abs. 3 vorgesehenen Voraussetzungen;[790] andere gehen von einer vorübergehenden Enthebung von der Amtsführung aus, während der das Vorstandsmitglied im Amt bleibt, verlangen dafür aber das Vorliegen eines wichtigen Grundes;[791] wieder andere lassen in Anlehnung an das Dienstvertragsrecht den Verdacht eines wichtigen Grundes genügen, der erst noch erhärtet oder widerlegt werden soll.[792] Den Vorzug verdient die dritte

---

[777] Vgl. BGH WM 1995, 1316 (1317); Hüffer/Koch/*Koch* Rn. 42; NK-AktR/*Oltmanns* Rn. 27.
[778] Vgl. BGH WM 1995, 1316 f.; Hüffer/Koch/*Koch* Rn. 42; K. Schmidt/Lutter/*Seibt* Rn. 54.
[779] Vgl. OLG Köln NZG 2008, 635; NK-AktR/*Oltmanns* Rn. 26; MüKoAktG/*Spindler* Rn. 144; *Tschöpe/Wortmann* NZG 2009, 161 (166).
[780] Vgl. Kölner Komm AktG/*Mertens/Cahn* Rn. 139; *Tschöpe/Wortmann* NZG 2009, 161 (167).
[781] Vgl. Kölner Komm AktG/*Mertens/Cahn* Rn. 140; K. Schmidt/Lutter/*Seibt* Rn. 53; MüKoAktG/*Spindler* Rn. 145; s. auch BGH MDR 1954, 606.
[782] Vgl. OLG Hamm AG 2010, 789 (792); OLG Stuttgart AG 2013, 599 (601); Bürgers/Körber/*Bürgers* Rn. 34; Hüffer/Koch/*Koch* Rn. 42; NK-AktR/*Oltmanns* Rn. 27.
[783] Vgl. BGHZ 13, 188 (194 f.); Hüffer/Koch/*Koch* Rn. 42; MüKoAktG/*Spindler* Rn. 134; MHdB AG/*Wiesner* § 20 Rn. 55; vorsichtiger *Seyfarth* VorstandsR § 19 Rn. 63: Verwirkung nur im Einzelfall.
[784] Vgl. OLG Hamm AG 2010, 789 (792); Bürgers/Körber/*Bürgers* Rn. 34; Hüffer/Koch/*Koch* Rn. 42; NK-AktR/*Oltmanns* Rn. 27; K. Schmidt/Lutter/*Seibt* Rn. 53; *Tschöpe/Wortmann* NZG 2009, 161 (167); MHdB AG/*Wiesner* § 20 Rn. 55.
[785] Vgl. BGH NJW 1954, 505 (506); WM 1956, 865 (866); Großkomm AktG/*Kort* Rn. 202.
[786] Vgl. BGH WM 1968, 1041 (1042); MüKoAktG/*Spindler* Rn. 147.
[787] Vgl. *Beiner*, Der Vorstandsvertrag, 2005, Rn. 136; Großkomm AktG/*Kort* Rn. 210; K. Schmidt/Lutter/*Seibt* Rn. 55; MüKoAktG/*Spindler* Rn. 151.
[788] Vgl. *Beiner*, Der Vorstandsvertrag, 2005, Rn. 136; Kölner Komm AktG/*Mertens/Cahn* Rn. 133; abw. K. Schmidt/Lutter/*Seibt* Rn. 55; MüKoAktG/*Spindler* Rn. 151.
[789] Vgl. KG AG 1984, 24; OLG München AG 1986, 234; LG München I AG 1986, 142.
[790] Vgl. LG München I AG 1986, 142; MüKoAktG/*Spindler* Rn. 154; zurückhaltend auch *Raiser/Veil* KapGesR § 14 Rn. 44.
[791] Vgl. OLG München AG 1986, 234 (235); zustimmend K. Schmidt/Lutter/*Seibt* Rn. 59.
[792] Vgl. *Dörnwächter* NZG 2018, 54 (57 f.); *Fonk* in Semler/v. Schenck AR-HdB § 10 Rn. 297; Großkomm AktG/*Kort* Rn. 20239; *Ihrig/Schäfer*, Rechte und Pflichten des Vorstands, 2014, Rn. 150; Beck MandatsHdB Vorstand/*Lücke* § 2 Rn. 28; Kölner Komm AktG/*Mertens/Cahn* Rn. 189; *Meyer-Landrut* FS Fischer, 1979, 477; NK-AktR/*Oltmanns* Rn. 29; *Seyfarth* VorstandsR § 19 Rn. 80 f.; MHdB AG/*Wiesner* § 20 Rn. 61; der Sache nach auch *Thüsing* in Fleischer VorstandsR-HdB § 5 Rn. 43.

Auffassung. Sie trägt nicht nur einem dringenden praktischen Bedürfnis Rechnung,[793] sondern lässt sich als behutsame Rechtsfortbildung auch methodisch legitimieren,[794] soweit gewisse Schutzvorkehrungen zugunsten des Vorstandsmitglieds eingehalten werden (dazu sogleich → Rn. 137).

Im Interesse der durch § 84 Abs. 3 S. 1 geschützten Unabhängigkeit des Vorstands (→ Rn. 99) wird man für eine Suspendierung grundsätzlich einen wichtigen Grund verlangen müssen.[795] Allerdings sollte der auf gewichtige Anhaltspunkte gestützte Verdacht eines Abberufungsgrundes ausreichen,[796] auch wenn er noch nicht die Voraussetzungen einer Verdachtsabberufung erfüllt.[797] Außerdem muss sich die Dauer der Suspendierung im Rahmen des Erforderlichen und Angemessenen halten;[798] verbreitet wird eine Höchstgrenze von einem Monat genannt,[799] doch dürfte es stark auf den Einzelfall ankommen. Nicht zulässig ist eine Suspendierung bis zum Ablauf der Amtszeit, weil sie der Sache nach einen Bestellungswiderruf darstellen.[800] In Betracht kommt dann nur eine Verdachtsabberufung (→ Rn. 112a).

Die Entscheidung über die Suspendierung obliegt dem Gesamtaufsichtsrat;[801] eine Übertragung auf einen Ausschuss ist entsprechend § 107 Abs. 3 S. 3 ausgeschlossen.[802] In mitbestimmten Gesellschaften ist das Verfahren nach § 31 Abs. 5 MitbestG zu beachten.[803] Richtigerweise findet § 84 Abs. 3 S. 4 keine entsprechende Anwendung,[804] so dass ein betroffenes Vorstandsmitglied die Fortsetzung seiner Amtsführung durch einstweilige Verfügung erzwingen kann.[805]

Folge der Suspendierung ist nach hier vertretener Auffassung (→ Rn. 136) ein vorübergehendes Verbot der Amtsausübung bei gleichzeitigem Fortbestehen des Amtsverhältnisses.[806] Das suspendierte Vorstandsmitglied darf also von seiner Geschäftsführungs- und Vertretungsbefugnis keinen Gebrauch machen. Die Suspendierung ist nicht publizitätspflichtig;[807] das Vorstandsmitglied bleibt während seiner Freistellung im Handelsregister eingetragen und ist auf den Geschäftsbriefen der Gesellschaft gemäß § 80 AktG unverändert namhaft zu machen.[808]

Eine einvernehmliche Suspendierung ist unter den gleichen Voraussetzungen und in den gleichen zeitlichen Grenzen wie eine einseitige Suspendierung möglich.[809] Zuständig ist auf Seiten der Gesellschaft wiederum der Gesamtaufsichtsrat;[810] § 31 MitbestG muss eingehalten werden.[811] Darüber

---

[793] Dazu *Fonk* in Semler/v. Schenck AR-HdB § 10 Rn. 297; NK-AktR/*Oltmanns* Rn. 29; *Seyfarth* VorstandsR § 19 Rn. 78; dies konzedierend auch Hüffer/Koch/*Koch* Rn. 43; ferner *Peltzer* in Semler/Peltzer ArbHdB Vorstand, 1. Aufl. 2005, § 2 Rn. 125 f., der aber eine einvernehmliche Lösung als vorzugswürdig erachtet.

[794] Wie hier *Seyfarth* VorstandsR § 19 Rn. 81: Rechtfertigung aus dem Treueverhältnis zwischen Gesellschaft und Vorstandsmitglied; abw. Hüffer/Koch/*Koch* Rn. 43; Grigoleit/*Vedder* Rn. 46; Hölters/*Weber* Rn. 90.

[795] Ebenso Lutter/Krieger/*Verse* Rechte und Pflichten Rn. 379; *Thüsing* in Fleischer VorstandsR-HdB § 5 Rn. 43; ähnlich *Fonk* in Semler/v. Schenck AR-HdB § 10 Rn. 297; und MHdB AG/*Wiesner* § 20 Rn. 61, die einen „billigenswerten Grund" verlangen, an ihn aber „hohe Anforderungen" stellen.

[796] Wie hier *Meyer-Landrut* FS Fischer, 1979, 477 (485); Kölner Komm AktG/*Mertens/Cahn* Rn. 189; Lutter/Krieger/*Verse* Rechte und Pflichten Rn. 379; der Sache nach auch *Krieger*, Personalentscheidungen des Aufsichtsrats, 1981, 154.

[797] S. auch Lutter/Krieger/*Verse* Rechte und Pflichten Rn. 379.

[798] Vgl. *Fonk* in Semler/v. Schenck AR-HdB § 10 Rn. 298; *Krieger*, Personalentscheidungen des Aufsichtsrats, 1981, 153; Lutter/Krieger/*Verse* Rechte und Pflichten Rn. 380; *Thüsing* in Fleischer VorstandsR-HdB § 5 Rn. 45; MHdB AG/*Wiesner* § 20 Rn. 62.

[799] Vgl. Großkomm AktG/*Kort* Rn. 244; Kölner Komm AktG/*Mertens/Cahn* Rn. 189; *Seyfarth* VorstandsR § 19 Rn. 81; MHdB AG/*Wiesner* § 20 Rn. 62.

[800] Vgl. *Krieger*, Personalentscheidungen des Aufsichtsrats, 1981, 152; Lutter/Krieger/*Verse* Rechte und Pflichten Rn. 380; *Thüsing* in Fleischer VorstandsR-HdB § 5 Rn. 45.

[801] Vgl. *Fonk* in Semler/v. Schenck AR-HdB § 10 Rn. 298; Lutter/Krieger/*Verse* Rechte und Pflichten Rn. 381; Kölner Komm AktG/*Mertens/Cahn* Rn. 194; *Seyfarth* VorstandsR § 19 Rn. 82.

[802] Vgl. *Krieger*, Personalentscheidungen des Aufsichtsrats, 1981, 156 ff.

[803] Vgl. *Krieger*, Personalentscheidungen des Aufsichtsrats, 1981, 158; Kölner Komm AktG/*Mertens/Cahn* Rn. 194.

[804] Wie hier Beck MandatsHdB Vorstand/*Lücke* § 2 Rn. 29; Lutter/Krieger/*Verse* Rechte und Pflichten Rn. 381.

[805] Vgl. Beck MandatsHdB Vorstand/*Lücke* § 2 Rn. 29; Kölner Komm AktG/*Mertens/Cahn* Rn. 195.

[806] Vgl. Großkomm AktG/*Kort* Rn. 250; Kölner Komm AktG/*Mertens/Cahn* Rn. 152 und 157; *Seyfarth* VorstandsR § 19 Rn. 83; MHdB AG/*Wiesner* § 20 Rn. 62; iE auch K. Schmidt/Lutter/*Seibt* Rn. 59.

[807] Vgl. *Krieger*, Personalentscheidungen des Aufsichtsrats, 1981, 152 ff.; Lutter/Krieger/*Verse* Rechte und Pflichten Rn. 378; *Thüsing* in Fleischer VorstandsR-HdB § 5 Rn. 46; MHdB AG/*Wiesner* § 20 Rn. 62; abw. *Baums*, Der Geschäftsleitervertrag, 1987, 350 f.

[808] Vgl. *Seyfarth* VorstandsR § 19 Rn. 85; MHdB AG/*Wiesner* § 20 Rn. 62.

[809] Vgl. *Dörrwächter* NZG 2018, 54 (58); *Fonk* in Semler/v. Schenck AR-HdB § 10 Rn. 299; Großkomm AktG/*Kort* Rn. 257; *Krieger*, Personalentscheidungen des Aufsichtsrats, 1981, 158; Lutter/Krieger/*Verse* Rechte und Pflichten Rn. 382; Kölner Komm AktG/*Mertens/Cahn* Rn. 196; *Seyfarth* VorstandsR § 19 Rn. 86; MHdB AG/*Wiesner* § 20 Rn. 64; abw. *Thüsing* in Fleischer VorstandsR-HdB § 5 Rn. 47.

[810] Vgl. Lutter/Krieger/*Verse* Rechte und Pflichten Rn. 382.

[811] Vgl. Kölner Komm AktG/*Mertens/Cahn* Rn. 196.

hinaus wird im Schrifttum auch eine einvernehmliche Dienstbefreiung für zulässig gehalten, bei der das Vorstandsmitglied weiterhin an der Gesamtvertretung der Gesellschaft teilnimmt.[812] Sie soll etwa in Betracht kommen, wenn das Vorstandsmitglied wegen einer Erkrankung oder eines umfangreichen Strafverfahrens für längere Zeit gehindert ist, der Gesellschaft seine gesamte Arbeitskraft zur Verfügung zu stellen.[813]

141 **b) Amtsniederlegung.** Die Zulässigkeit der Amtsniederlegung durch ein Vorstandsmitglied ist grundsätzlich anerkannt,[814] auch wenn ihre dogmatischen Grundlagen noch endgültiger Klärung bedürfen.[815] Sie erfolgt durch einseitige, empfangsbedürftige Willenserklärung[816] und ist an den Aufsichtsrat zu richten.[817] Der Zugang bei einem Aufsichtsratsmitglied, etwa dem Aufsichtsratsvorsitzenden, reicht aus.[818] Schriftform wird nicht verlangt.[819] Einer gleichzeitigen Kündigung des Anstellungsverhältnisses bedarf es nicht;[820] vielmehr muss das Vorstandsmitglied grundsätzlich in der Lage sein, sein Amt aufzugeben, ohne sich selbst die Vertragsrechte abzuschneiden.[821] Nach wirksamer Amtsniederlegung ist das betreffende Vorstandsmitglied nicht mehr befugt, die Niederlegung zur Eintragung beim Handelsregister anzumelden.[822]

142 Ob die Amtsniederlegung zu ihrer Wirksamkeit eines wichtigen Grundes bedarf, ist umstritten. Der älteren Rechtsprechung zufolge musste sich das Vorstandsmitglied zumindest auf einen wichtigen Grund berufen;[823] die jüngere Spruchpraxis hält daran für die GmbH nicht mehr fest und sieht eine Amtsniederlegung auch dann als wirksam an, wenn sie mit keiner Begründung versehen wird.[824] Die hL folgt dem auch für das Aktienrecht;[825] sie stützt sich methodisch auf eine Analogie zu § 84 Abs. 3 S. 4,[826] sachlich auf Erwägungen der Rechtssicherheit.[827]

143 Ausnahmsweise kann die Amtsniederlegung unter dem Gesichtspunkt des Rechtsmissbrauchs unwirksam sein.[828] Hauptanwendungsfall ist die Amtsniederlegung zur Unzeit,[829] vor allem wenn die Gesellschaft danach nicht handlungsfähig ist, zB in einer Unternehmenskrise.[830] Allerdings wird man an das Vorliegen eines Rechtsmissbrauchs wegen der prinzipiellen Möglichkeit, einen Notvorstand zu bestellen, hohe Anforderungen stellen müssen.[831] So führt die Amtsniederlegung des Alleinvorstands auch dann nicht zur Handlungsunfähigkeit der AG, wenn nur noch ein Aufsichtsratsmitglied verblieben ist, denn sowohl dieses Mitglied als auch jeder Aktionär können die gerichtliche

---

[812] Vgl. *Fonk* in Semler/v. Schenck AR-HdB § 10 Rn. 299; *Lutter/Krieger/Verse* Rechte und Pflichten Rn. 382; Kölner Komm AktG/*Mertens/Cahn* Rn. 197; MHdB AG/*Wiesner* § 20 Rn. 64.
[813] Näher Kölner Komm AktG/*Mertens/Cahn* Rn. 197; MHdB AG/*Wiesner* § 20 Rn. 64.
[814] Vgl. BGHZ 78, 82 (84); 121, 257 (260); AG 1984, 266; NJW 1995, 2850; DStR 2003, 602 f.; Bürgers/Körber/*Bürgers* Rn. 41; *Hoffmann-Becking* ZIP 2007, 2101 (2102); Hüffer/Koch/*Koch* Rn. 44; Großkomm AktG/*Kort* Rn. 222; MüKoAktG/*Spindler* Rn. 157; *Thüsing* in Fleischer VorstandsR-HdB § 5 Rn. 35; Grigoleit/*Vedder* Rn. 44; MHdB AG/*Wiesner* § 20 Rn. 56.
[815] Ausführlich *Link*, Die Amtsniederlegung von Gesellschaftsorganen, 2003, 86 ff.
[816] Vgl. BGH NZG 2011, 907 Rn. 8 (GmbH); Hüffer/Koch/*Koch* Rn. 44; MüKoAktG/*Spindler* Rn. 157; NK-AktR/*Oltmanns* Rn. 30.
[817] Vgl. Hüffer/Koch/*Koch* Rn. 44; K. Schmidt/Lutter/*Seibt* Rn. 56; *Thüsing* in Fleischer VorstandsR-HdB § 5 Rn. 35; MHdB Vorstand/*Wiesner* § 20 Rn. 56.
[818] Vgl. BGH NZG 2002, 43 (44) (GmbH); Hüffer/Koch/*Koch* Rn. 44; Wachter/*Eckert* Rn. 48; Hölters/*Weber* Rn. 86.
[819] Vgl. *Fonk* in Semler/v. Schenck AR-HdB § 10 Rn. 313; Beck MandatsHdB Vorstand/*Lücke* § 2 Rn. 59.
[820] Vgl. *Hoffmann-Becking* ZIP 2007, 2101 (2102); NK-AktR/*Oltmanns* Rn. 30; *Thüsing* in Fleischer VorstandsR-HdB § 5 Rn. 35; MHdB AG/*Wiesner* § 20 Rn. 56.
[821] Vgl. *Hoffmann-Becking* ZIP 2007, 2101 (2102); Hüffer/Koch/*Koch* Rn. 45; K. Schmidt/Lutter/*Seibt* Rn. 56.
[822] Vgl. OLG Bamberg NZG 2012, 1106 (GmbH); Hüffer/Koch/*Koch* Rn. 44.
[823] Vgl. BGHZ 78, 82 (84).
[824] Vgl. BGHZ 121, 257 (262); NJW 1995, 2850; NJW 1993, 1198 (1199).
[825] Vgl. Hüffer/Koch/*Koch* Rn. 45; Wachter/*Eckert* Rn. 49; MüKoAktG/*Spindler* Rn. 157; *Raiser/Veil* KapGesR § 14 Rn. 244; *Grobys/Littger* BB 2002, 2292; K. Schmidt/Lutter/*Seibt* Rn. 56; zweifelnd *Thüsing* in Fleischer VorstandsR-HdB § 5 Rn. 36; abw. Großkomm AktG/*Kort* Rn. 224.
[826] Vgl. *Hoffmann-Becking* ZIP 2007, 2101 (2102); NK-AktR/*Oltmanns* Rn. 30.
[827] Vgl. MüKoAktG/*Spindler* Rn. 157.
[828] Vgl. OLG Hamburg NZG 2016, 1070 Rn. 10; *Fonk* in Semler/v. Schenck AR-HdB § 10 Rn. 315; Großkomm AktG/*Kort* Rn. 229; Hüffer/Koch/*Koch* Rn. 45; NK-AktR/*Oltmanns* Rn. 30.
[829] Vgl. *Fonk* in Semler/v. Schenck AR-HdB § 10 Rn. 315; MüKoAktG/*Spindler* Rn. 157; Beck MandatsHdB Vorstand/*Lücke* § 2 Rn. 63; K. Schmidt/Lutter/*Seibt* Rn. 56.
[830] Vgl. OLG Düsseldorf DStR 2001, 454 mit Anm. *Haas*; BayObLG DStR 2000, 290 mit Anm. *Schaub*; KG GmbHR 2001, 147; offenlassend BGH NJW 1993, 1198 (1200).
[831] Wie hier OLG Hamburg NZG 2016, 1070 Rn. 11; MüKoAktG/*Spindler* Rn. 157; s. auch NK-AktR/*Oltmanns* Rn. 30.

Ergänzung des Aufsichtsrats gemäß § 104 Abs. 1 S. 1 beantragen und der Aufsichtsrat kann sodann einen neuen Vorstand bestellen.[832]

c) Einvernehmliches Ausscheiden. Eine einvernehmliche Beendigung der Bestellung ist jederzeit möglich.[833] Sie bildet im Wirtschaftsleben eine sehr verbreitete Form der Mandatsbeendigung[834] und bedarf keines wichtigen Grundes.[835] Für die Gesellschaft handelt der Gesamtaufsichtsrat, der gemäß § 108 durch Beschluss entscheidet.[836] Die Beschlussfassung durch einen Ausschuss genügt nach dem Rechtsgedanken des § 107 Abs. 3 S. 3 nicht.[837] In mitbestimmten Gesellschaften ist das Verfahren nach § 31 MitbestG einzuhalten.[838] Der Aufsichtsrat hat nach pflichtgemäßem Ermessen zu entscheiden, ob die Aufhebung im Gesellschaftsinteresse liegt.[839] 144

VI. Kündigung des Anstellungsvertrages

1. Allgemeines. Gemäß § 84 Abs. 3 S. 5 gelten für die Ansprüche aus dem Anstellungsvertrag die allgemeinen Vorschriften. Daraus folgt, dass sich die außerordentliche Kündigung des Anstellungsvertrages nach § 626 BGB[840] und die ordentliche Kündigung nach § 620 BGB richtet.[841] Wegen der Trennungstheorie (→ Rn. 7) lässt der Bestellungswiderruf den Anstellungsvertrag grundsätzlich unberührt.[842] Allerdings schließt die außerordentliche Kündigung des Anstellungsvertrages sehr häufig den Widerruf der Bestellung ein und umgekehrt (→ Rn. 92).[843] Zu beachten bleibt freilich, dass nicht jeder wichtige Widerrufsgrund iSd § 84 Abs. 3 S. 1 für eine außerordentliche Kündigung nach § 626 BGB genügt (näher → Rn. 152). 145

2. Zuständigkeit, Verfahren und Erklärung der Kündigung. a) Zuständigkeit. Für die Kündigung des Anstellungsvertrages ist nach § 84 Abs. 3 S. 5 iVm § 112 der Aufsichtsrat zuständig.[844] Im Gegensatz zum nicht delegierbaren Widerruf der Bestellung (→ Rn. 94) kann der Aufsichtsrat die Kündigungsentscheidung auf einen Ausschuss übertragen.[845] Der Ausschuss darf mit der Kündigung jedoch nicht dem Bestellungswiderruf vorgreifen.[846] Er darf den Anstellungsvertrag daher nicht 146

---

[832] OLG Hamburg NZG 2016, 1070.
[833] Vgl. *Baumbach/Hueck* Rn. 16; Bürgers/Körber/*Bürgers* Rn. 35; Hüffer/Koch/*Koch* Rn. 47; Großkomm AktG/*Kort* Rn. 230; *Krieger*, Personalentscheidungen des Aufsichtsrats, 1981, 137; *Thüsing* in Fleischer VorstandsR-HdB § 5 Rn. 39; s. auch BGHZ 26, 236 (237 f.), wo die vergleichsweise Beendigung eines Rechtsstreits über die Rechtmäßigkeit der Abberufung zugelassen wird.
[834] Näher *Fonk* in Semler/v. Schenck AR-HdB § 10 Rn. 343.
[835] Vgl. BGH DB 1981, 308 (309); OLG Karlsruhe AG 1996, 224 (227); *Lutter/Krieger/Verse* Rechte und Pflichten Rn. 376; MüKoAktG/*Spindler* Rn. 158; MHdB AG/*Wiesner* § 20 Rn. 57.
[836] Vgl. Bürgers/Körber/*Bürgers* Rn. 35; NK-AktR/*Oltmanns* Rn. 31; Beck MandatsHdB Vorstand/*Lücke* § 2 Rn. 65; K. Schmidt/Lutter/*Seibt* Rn. 57; MüKoAktG/*Spindler* Rn. 158; Grigoleit/*Vedder* Rn. 45.
[837] Vgl. BGHZ 79, 38 (41 ff.); *Hoffmann-Becking* FS Stimpel, 1985, 589 (593); Hüffer/Koch/*Koch* Rn. 47; *Krieger*, Personalentscheidungen des Aufsichtsrats, 1981, 148; NK-AktR/*Oltmanns* Rn. 31; K. Schmidt/Lutter/ *Seibt* Rn. 57.
[838] Vgl. *Krieger*, Personalentscheidungen des Aufsichtsrats, 1981, 148; *Lutter/Krieger/Verse* Rechte und Pflichten Rn. 376; Wachter/*Eckert* Rn. 50; *Thüsing* in Fleischer VorstandsR-HdB § 5 Rn. 39; MHdB AG/*Wiesner* § 20 Rn. 57.
[839] Vgl. Großkomm AktG/*Kort* Rn. 232; *Krieger*, Personalentscheidungen des Aufsichtsrats, 1981, 148; *Thüsing* in Fleischer VorstandsR-HdB § 5 Rn. 39; ferner MHdB AG/*Wiesner* § 20 Rn. 57, wonach der Aufsichtsrat seine Zustimmung uU verweigern müsse, wenn ein Vorstandsmitglied zu einem Wettbewerber wechseln möchte.
[840] Vgl. Hüffer/Koch/*Koch* Rn. 48; Kölner Komm AktG/*Mertens/Cahn* Rn. 150; K. Schmidt/Lutter/*Seibt* Rn. 60; Grigoleit/*Vedder* Rn. 48.
[841] Vgl. *Beiner*, Der Vorstandsvertrag, 2005, Rn. 590; *Seyfarth* VorstandsR § 20 Rn. 17; *Thüsing* in Fleischer VorstandsR-HdB § 5 Rn. 51.
[842] Vgl. *Beiner*, Der Vorstandsvertrag, 2005, Rn. 558; Hüffer/Koch/*Koch* Rn. 48; *Thüsing* in Fleischer VorstandsR-HdB § 5 Rn. 51.
[843] Vgl. OLG Rostock NZG 1999, 216; OLG Köln NZG 2000, 551 (552); Kölner Komm AktG/*Mertens/ Cahn* Rn. 104 und 152; MüKoAktG/*Spindler* Rn. 159; *Thüsing* in Fleischer VorstandsR-HdB § 5 Rn. 51; MHdB AG/*Wiesner* § 21 Rn. 73; kritisch und auf eine klare Beschlussfassung drängend *Fonk* in Semler/v. Schenck AR-HdB § 10 Rn. 318.
[844] Vgl. *Beiner*, Der Vorstandsvertrag, 2005, Rn. 561; Bürgers/Körber/*Bürgers* Rn. 37; Hüffer/Koch/*Koch* Rn. 48; *Lutter/Krieger/Verse* Rechte und Pflichten Rn. 426; MüKoAktG/*Spindler* Rn. 162; *Thüsing* in Fleischer VorstandsR-HdB § 5 Rn. 52; Grigoleit/*Vedder* Rn. 49; MHdB AG/*Wiesner* § 21 Rn. 75.
[845] Vgl. BGHZ 65, 190 (192 f.); OLG Düsseldorf AG 2004, 321 (322); NK-AktR/*Oltmanns* Rn. 33; Hüffer/ Koch/*Koch* Rn. 48; K. Schmidt/Lutter/*Seibt* Rn. 61; MüKoAktG/*Spindler* Rn. 162; MHdB AG/*Wiesner* § 21 Rn. 75.
[846] Vgl. *Beiner*, Der Vorstandsvertrag, 2005, Rn. 561; Bürgers/Körber/*Bürgers* Rn. 37; Hüffer/Koch/*Koch* Rn. 48; MüKoAktG/*Spindler* Rn. 163; K. Schmidt/Lutter/*Seibt* Rn. 61; *Thüsing* in Fleischer VorstandsR-HdB § 5 Rn. 53.

kündigen, solange der Gesamtaufsichtsrat nicht über die Beendigung der Organstellung entschieden hat.[847] Auch eine aufschiebend bedingte Kündigung kommt nicht in Betracht, weil die Kündigung als Gestaltungserklärung bedingungsfeindlich ist.[848] Der Ausschuss kann jedoch die Kündigung mit der Maßgabe beschließen, dass diese nur nach erfolgtem Widerruf der Bestellung erklärt werden soll.[849] Die gleichen Grundsätze gelten für eine einvernehmliche Aufhebung des Anstellungsvertrages.[850]

147 Der Aufsichtsrat bleibt für die Kündigung des Anstellungsvertrages auch zuständig, wenn das Vorstandsmitglied im Zeitpunkt der Kündigung nicht mehr Organmitglied der Gesellschaft ist.[851] Ist das Anstellungsverhältnis dagegen in ein Arbeitsverhältnis umgewandelt worden, entscheidet nach § 78 Abs. 1 grundsätzlich der Vorstand über die Kündigung.[852] Der Aufsichtsrat bleibt jedoch weiter zuständig, wenn der Kündigungsgrund seinen Ursprung in der früheren Vorstandsstellung hat.[853]

148 **b) Verfahren.** Der Aufsichtsrat entscheidet über die Kündigung des Anstellungsvertrages gemäß § 108 durch Beschluss.[854] Fehlt ein solcher Beschluss oder ist er nicht ordnungsgemäß gefasst worden, so ist die Kündigung unwirksam.[855] Eine fehlerhafte Beschlussfassung kann jedoch entsprechend § 244 durch bestätigenden Beschluss geheilt werden.[856] Der Beschluss über den Widerruf der Bestellung kann den Kündigungsbeschluss enthalten, wenn er erkennbar Ausdruck eines Vertrauensverlustes ist, der die Rechtsbeziehungen zu dem Vorstandsmitglied in ihrer Gesamtheit belastet.[857] Ein konkludenter Kündigungsbeschluss kommt dagegen nicht in Betracht.[858] Bei der Abstimmung im Aufsichtsrat genügt die Mehrheit der abgegebenen Stimmen. Das gilt auch für die Kündigung nach § 29 Abs. 1 MitbestG, da das besondere Verfahren des § 31 MitbestG nur für den Widerruf der Bestellung gilt.[859]

149 **c) Erklärung der Kündigung.** Der Aufsichtsratsbeschluss über die Kündigung ist durch Abgabe der Kündigungserklärung gegenüber dem Vorstandsmitglied umzusetzen. Diese Umsetzung obliegt nach § 112 grundsätzlich dem Aufsichtsrat,[860] der sich hierzu eines Erklärungsvertreters oder Erklärungsboten bedienen kann.[861] Entsprechend den zum Widerruf der Bestellung dargelegten Grundsätzen (→ Rn. 97) ist die erteilte Ermächtigung durch Urkunden nachzuweisen, um eine Zurückweisung der Kündigung nach § 174 BGB auszuschließen.[862] Erfolgt der Aufsichtsratsbeschluss in Anwesenheit des betroffenen Vorstandsmitglieds, erübrigt sich eine besondere Mitteilung.[863]

150 **3. Voraussetzungen der Kündigung. a) Außerordentliche Kündigung.** Die Gesellschaft kann den Anstellungsvertrag gemäß § 626 BGB aus wichtigem Grund kündigen.[864] Dieses Kündi-

---

[847] Vgl. BGHZ 79, 38 (44); 83, 144 (150); 89, 48 (56); Hüffer/Koch/*Koch* Rn. 48; *Lutter/Krieger/Verse* Rechte und Pflichten Rn. 426; *Reiserer/Peters* DB 2008, 167 (169); Hölters/*Weber* Rn. 93; MHdB AG/*Wiesner* § 21 Rn. 75.
[848] Vgl. *Beiner*, Der Vorstandsvertrag, 2005, Rn. 561; *Hoffmann-Becking* FS Stimpel, 1985, 589 (595); *Martens* FS Werner, 1984, 494 (504); *Thüsing* in Fleischer VorstandsR-HdB § 5 Rn. 54; MHdB AG/*Wiesner* § 21 Rn. 75.
[849] Vgl. *Hoffmann-Becking* FS Stimpel, 1985, 589 (595 ff.); Hüffer/Koch/*Koch* Rn. 48; NK-AktR/*Oltmanns* Rn. 33; K. Schmidt/Lutter/*Seibt* Rn. 61; *Thüsing* in Fleischer VorstandsR-HdB § 5 Rn. 54; MHdB AG/*Wiesner* § 21 Rn. 75.
[850] Vgl. BGHZ 79, 38 (43); Hüffer/Koch/*Koch* Rn. 49; NK-AktR/*Oltmanns* Rn. 33.
[851] Vgl. *Beiner*, Der Vorstandsvertrag, 2005, Rn. 563; Bürgers/Körber/*Bürgers* Rn. 37; MüKoAktG/*Spindler* Rn. 164; *Thüsing* in Fleischer VorstandsR-HdB § 5 Rn. 54; MHdB AG/*Wiesner* § 21 Rn. 76.
[852] Vgl. BGH WM 1984, 532 (533); *Thüsing* in Fleischer VorstandsR-HdB § 5 Rn. 54; MHdB AG/*Wiesner* § 21 Rn. 76.
[853] Vgl. BAG BB 2002, 692 (694); LAG Köln DB 2000, 1084; *Beiner*, Der Vorstandsvertrag, 2005, Rn. 563.
[854] Vgl. *Beiner*, Der Vorstandsvertrag, 2005, Rn. 564; Bürgers/Körber/*Bürgers* Rn. 37; Großkomm AktG/*Kort* Rn. 534; Hüffer/Koch/*Koch* Rn. 49; MüKoAktG/*Spindler* Rn. 162.
[855] Vgl. Bürgers/Körber/*Bürgers* Rn. 37; MüKoAktG/*Spindler* Rn. 162.
[856] Vgl. OLG Stuttgart AG 2003, 211 (212) für den Bestellungswiderruf; *Beiner*, Der Vorstandsvertrag, 2005, Rn. 564.
[857] Vgl. BGH WM 1973, 639; MHdB AG/*Wiesner* § 21 Rn. 73.
[858] Vgl. OLG Rostock NZG 1999, 216 (217); *Beiner*, Der Vorstandsvertrag, 2005, Rn. 565; *Janzen* NZG 2003, 468 (472).
[859] Vgl. MüKoAktG/*Gach* MitbestG § 31 Rn. 23; Großkomm AktG/*Oetker* MitbestG § 31 Rn. 23.
[860] Vgl. Großkomm AktG/*Kort* Rn. 540; *Lutter/Krieger/Verse* Rechte und Pflichten Rn. 426; MHdB AG/*Wiesner* § 21 Rn. 74.
[861] Vgl. *Bauer/Krieger* ZIP 2004, 1247 (1248); Beck MandatsHdB Vorstand/*Lücke* § 2 Rn. 252; *Schockenhoff/Töpf* DB 2005, 539 (540).
[862] Vgl. *Beiner*, Der Vorstandsvertrag, 2005, Rn. 563; abw. Beck MandatsHdB Vorstand/*Lücke* § 2 Rn. 248.
[863] Vgl. BGHZ 52, 316 (321); MHdB AG/*Wiesner* § 21 Rn. 74.
[864] Vgl. Bürgers/Körber/*Bürgers* Rn. 37; Hüffer/Koch/*Krieger* Rn. 48; Kölner Komm AktG/*Mertens/Cahn* Rn. 150; Beck MandatsHdB Vorstand/*Lücke* § 2 Rn. 239; MüKoAktG/*Spindler* Rn. 165; MHdB AG/*Wiesner* § 21 Rn. 77.

gungsrecht kann weder durch Satzung noch durch Vereinbarung ausgeschlossen oder auf bestimmte Gründe beschränkt werden.[865] Unzulässig ist auch die Zusage einer Abfindung für den Fall einer Kündigung aus wichtigem Grund.[866] Eine unzulässige und nach § 134 BGB nichtige Einschränkung des außerordentlichen Kündigungsrechts kann schließlich in der Vereinbarung einer Vertragsstrafe liegen.[867]

Das Erfordernis eines wichtigen Grundes gilt auch für unentgeltlich amtierende Vorstandsmitglieder; § 671 BGB, der eine jederzeitige Lösbarkeit des Anstellungsverhältnisses vorsieht, findet hier keine Anwendung.[868] In zeitlicher Hinsicht ist die Kündigung aus wichtigem Grund schon vor Amtsbeginn möglich.[869] 151

aa) Wichtiger Grund. (1) Allgemeine Anforderungen. Eine außerordentliche Kündigung nach § 626 Abs. 1 BGB verlangt zunächst einen wichtigen Grund. Dieses Erfordernis deckt sich nicht mit dem wichtigen Widerrufsgrund iSd § 84 Abs. 3 S. 1: Zwar rechtfertigt ein wichtiger Grund zur Kündigung des Anstellungsvertrages stets auch einen Widerruf der Bestellung, doch genügt umgekehrt ein wichtiger Grund nach § 84 Abs. 3 S. 1 nicht immer auch den Anforderungen des § 626 Abs. 1 BGB.[870] Die Parteien können die Beendigung des Anstellungsvertrages jedoch durch eine sog. Gleichlaufklausel in Form einer auflösenden Bedingung an den Widerruf der Bestellung koppeln (→ Rn. 42). Außerdem können sie vereinbaren, dass der Bestellungswiderruf stets zugleich einen wichtigen Grund für die außerordentliche Kündigung des Anstellungsvertrages bildet.[871] Rechtstechnisch bedarf es dann im Unterschied zur Gleichlaufklausel einer ausdrücklichen Kündigung,[872] die erst mit Ablauf jener Frist wirksam wird, die nach § 622 BGB für eine ordentliche Kündigung frühestens hätte vereinbart werden können.[873] Zudem ist für diesen Fall die Vereinbarung einer Abfindung geboten und praktisch üblich.[874] 152

Nach der gesetzlichen Formel des § 626 Abs. 1 BGB müssen für einen wichtigen Grund Tatsachen vorliegen, auf Grund derer der Gesellschaft unter Berücksichtigung aller Umstände des Einzelfalls und unter Abwägung der beiderseitigen Interessen eine Fortsetzung des Anstellungsvertrages bis zu seiner ordentlichen Beendigung nicht zugemutet werden kann.[875] Gegenstand der Interessenabwägung sind unter anderem die Schwere der Pflichtverletzung, der Grad des Verschuldens, das Ausmaß des Schadens und die Wiederholungsgefahr.[876] Anders als beim Widerruf der Bestellung (→ Rn. 101) sind im Rahmen des § 626 BGB auch die sozialen Folgen für das betroffene Vorstandsmitglied, sein Lebensalter und seine Verdienste um die Gesellschaft zu berücksichtigen.[877] Für die Gewichtung der Interessen kann man die reichhaltige Rechtsprechung der Arbeitsgerichte zur außer- 153

---

[865] Vgl. BGH WM 1962, 201; *Beiner*, Der Vorstandsvertrag, 2005, Rn. 569; *Fonk* in Semler/v. Schenck AR-HdB § 10 Rn. 211; Großkomm AktG/*Kort* Rn. 499; K. Schmidt/Lutter/*Seibt* Rn. 62; MüKoAktG/*Spindler* Rn. 154; MHdB AG/*Wiesner* § 21 Rn. 77.
[866] Vgl. BGH NZG 2000, 983 (984); MüKoAktG/*Spindler* Rn. 165.
[867] Vgl. RGZ 61, 328; *Beiner*, Der Vorstandsvertrag, 2005, Rn. 569; Hölters/*Weber* Rn. 95.
[868] Vgl. K. Schmidt/Lutter/*Seibt* Rn. 62; MüKoAktG/*Spindler* Rn. 166; *Thüsing* in Fleischer VorstandsR-HdB § 5 Rn. 56.
[869] Vgl. OLG München RIW 2000, 301 (302); *Beiner*, Der Vorstandsvertrag, 2005, Rn. 569; *Krieger*, Personalentscheidungen des Aufsichtsrats, 1981, 184; MHdB AG/*Wiesner* § 21 Rn. 85.
[870] Vgl. BGH NJW 1989, 2683 (2684); WM 1995, 2064 (2065); OLG Schleswig AG 2001, 651 (654); *Fonk* in Semler/v. Schenck AR-HdB § 10 Rn. 324; Hüffer/Koch/*Koch* Rn. 50; Großkomm AktG/*Kort* Rn. 482; Beck MandatsHdB Vorstand/*Lücke* § 2 Rn. 242; Lutter/Krieger/Verse Rechte und Pflichten Rn. 428; MüKoAktG/*Spindler* Rn. 177; MHdB AG/*Wiesner* § 21 Rn. 77.
[871] Vgl. *Fonk* in Semler/v. Schenck AR-HdB § 10 Rn. 211; Kölner Komm AktG/*Mertens/Cahn* Rn. 165; Hölters/*Weber* Rn. 95; MHdB AG/*Wiesner* § 21 Rn. 77.
[872] Vgl. *Fonk* in Semler/v. Schenck AR-HdB § 10 Rn. 211.
[873] Vgl. BGH NJW 1989, 2683 (2684); DStR 1999, 1743 (1744); Kölner Komm AktG/*Mertens/Cahn* Rn. (165); *Reiserer* BB 2002, 1199 (1200); *Thüsing* in Fleischer VorstandsR-HdB § 5 Rn. 58; Reiserer/Peters DB 2008, 167 (169); Tschöpe/Wortmann NZG 2009, 161; MHdB AG/*Wiesner* § 21 Rn. 77.
[874] Vgl. *Hoffmann-Becking* ZIP 2007, 2101 (2103).
[875] Vgl. BGH DStR 1997, 1338 f.; DStR 2001, 861 (862); OLG Jena NZG 1999, 1069 (1070); *Beiner*, Der Vorstandsvertrag, 2005, Rn. 570; Bürgers/Körber/*Bürgers* Rn. 38; *Fonk* in Semler/v. Schenck AR-HdB § 10 Rn. 324; Großkomm AktG/*Kort* Rn. 484; Beck MandatsHdB Vorstand/*Lücke* § 2 Rn. 240; Lutter/Krieger/Verse Rechte und Pflichten Rn. 429; K. Schmidt/Lutter/*Seibt* Rn. 66.
[876] Vgl. Beck MandatsHdB Vorstand/*Lücke* § 2 Rn. 245; *Thüsing* in Fleischer VorstandsR-HdB § 5 Rn. 56; MHdB AG/*Wiesner* § 21 Rn. 78.
[877] Vgl. Bürgers/Körber/*Bürgers* Rn. 38; Wachter/*Eckert* Rn. 56; *Fonk* in Semler/v. Schenck AR-HdB § 10 Rn. 324; Hüffer/Koch/*Koch* Rn. 50; Beck MandatsHdB Vorstand/*Lücke* § 2 Rn. 245; Seyfarth VorstandsR § 20 Rn. 23; MüKoAktG/*Spindler* Rn. 177; *Thüsing* in Fleischer VorstandsR-HdB § 5 Rn. 56; Tschöpe/Wortmann NZG 2009, 161; MHdB AG/*Wiesner* § 21 Rn. 78.

ordentlichen Kündigung leitender Angestellter vorsichtig heranziehen.[878] Die Würdigung der Einzelumstände obliegt in erster Linie dem Tatrichter; der BGH überprüft nur, ob dieser von zutreffenden rechtlichen Voraussetzungen ausgegangen ist, alle Tatsachen einbezogen sowie vollständig und verfahrensfehlerfrei berücksichtigt hat.[879]

154   (2) **Einzelfälle.** Im ordnenden Zugriff lassen sich – wie beim Bestellungswiderruf (→ Rn. 103) – verhaltens-, personen- und betriebsbedingte Kündigungsgründe auseinanderhalten.[880]

155   (a) **Verhaltensbedingte Kündigungsgründe.** In der Rechtsprechung dominiert die fristlose Kündigung wegen grober Pflichtverletzung. Sie wurde bejaht für: Manipulationen von Buchführung, Bilanz oder Warenlager;[881] Fälschung von Belegen und Annahme von Schmiergeldern;[882] Ausnutzung von Geschäftschancen der Gesellschaft,[883] verbotenen Wettbewerb mit der Gesellschaft;[884] Inanspruchnahme von Betriebsmitteln und Geschäftspersonal für private Zwecke;[885] eigenmächtige Auszahlung der Vorstandsbezüge;[886] feindseliges Verhalten gegenüber anderen Vorstandsmitgliedern oder dem Aufsichtsrat;[887] Überschreitung der Kreditlinie;[888] Verletzung der Organisations- und Überwachungspflichten oder mangelhaftes Risikomanagement;[889] Kompetenzverstöße;[890] unzureichende Informationsweitergabe an den Aufsichtsrat;[891] Verschweigen der Kündigung eines Buchhalters,[892] als Reisekostenerstattung verdeckte Lohnerhöhungen,[893] Verletzung der Verschwiegenheitspflicht;[894] unberechtigte Amtsniederlegung.[895]

156   (b) **Personenbedingte Kündigungsgründe.** Größere Zurückhaltung zeigen Rechtsprechung und Rechtslehre bei der Annahme personenbedingter Kündigungsgründe.[896] Insbesondere stellt der Vertrauensentzug durch die Hauptversammlung für sich genommen keinen wichtigen Kündigungsgrund dar.[897] Dies gilt zumindest für den Vertrauensentzug aus unsachlichen Gründen oder wegen geringfügigen Verschuldens des Vorstandsmitglieds.[898] Ebenso wenig trägt die verweigerte Entlastung nach § 120 AktG als solche den wichtigen Grund zur fristlosen Kündigung.[899] Dagegen kann fehlende fachliche Eignung oder Befähigung einen personenbezogenen Kündigungsgrund bilden.[900]

157   (c) **Betriebsbedingte Kündigungsgründe. (aa) Allgemeines.** Mitunter erkennt die Rechtsprechung auch betriebsbedingte Kündigungsgründe an (zur betriebsbedingten Abberufung → Rn. 113a). So soll es liegen, wenn mit dem wirtschaftlichen Niedergang des Unternehmens neben der bisherigen Tätigkeit des Vorstandsmitglieds auch andere angemessene Beschäftigungsfelder

---

[878] Vgl. MüKoAktG/*Spindler* Rn. 178; *Thüsing* in Fleischer VorstandsR-HdB § 5 Rn. 56.
[879] Vgl. BGH NJW 2003, 431; Beck MandatsHdB Vorstand/*Lücke* § 2 Rn. 246.
[880] Wie hier MüKoAktG/*Spindler* Rn. 181; *Seyfarth* VorstandsR § 20 Rn. 28; kritisch Großkomm AktG/*Kort* Rn. 490.
[881] Vgl. OLG Düsseldorf WM 1992, 14 (19); OLG Köln DB 1994, 471f.; OLG Rostock NZG 1999, 216 (217).
[882] Vgl. OLG Hamm GmbHR 1985, 119; OLG München AG 2007, 361.
[883] Vgl. BGH GmbHR 1995, 296; ZIP 1997, 567 (568); GmbHR 2001, 1158 (1159).
[884] Vgl. BGH DStR 1995, 1359 (1360); OLG Frankfurt NZG 2000, 738 (739).
[885] Vgl. BGH DStR 1997, 1338; OLG Frankfurt NZG 2000, 738 (739).
[886] Vgl. OLG Hamm GmbHR 1995, 732 (733); KG NZG 2001, 325 (326).
[887] Vgl. öOGH AG 2001, 100 (103); BGH ZIP 1992, 760 (761); DStR 1998, 1398 (1400); OLG Hamm AG 1991, 399 (401).
[888] Vgl. BGH WM 1974, 131 (133).
[889] Vgl. BGH WM 1995, 709 (710); LG Berlin AG 2002, 682 (683f.).
[890] Vgl. BGH NZG 2013, 614 Rn. 22ff. (GmbH) mit Hinweisen darauf, dass dies im Einzelfall anders sein kann.
[891] Vgl. BGH WM 1995, 709 (710); AG 1998, 519; öOGH AG 2001, 100 (104).
[892] Vgl. OLG Düsseldorf AG 2008, 166 (Genossenschaft).
[893] Vgl. OLG Hamm BeckRS 2008, 06698 (GmbH).
[894] Vgl. BGH AG 1998, 519 (520); KG NZG 1999, 764f.
[895] Vgl. BGH NJW 1978, 1435 (1437); NJW 1980, 2415; DStR 1995, 1359 (1360); OLG Celle NZG 2004, 475.
[896] Vgl. *Thüsing* in Fleischer VorstandsR-HdB § 5 Rn. 61; s. auch *Fonk* in Semler/v. Schenck AR-HdB § 10 Rn. 325.
[897] Vgl. Bürgers/Körber/*Bürgers* Rn. 38; Hüffer/Koch/*Koch* Rn. 52; Großkomm AktG/*Kort* Rn. 497; K. Schmidt/Lutter/*Seibt* Rn. 67; *Tschöpe/Wortmann* NZG 2009, 161 (166); MHdB AG/*Wiesner* § 20 Rn. 49.
[898] Vgl. BGH WM 1978, 109 (110); NJW 1981, 2748 (2749); NJW 1989, 2683 (2684).
[899] Vgl. *Beiner*, Der Vorstandsvertrag, 2005, Rn. 573.
[900] Vgl. BGH WM 1982, 797 (798).

wegfallen.[901] Dagegen stellen Umstrukturierungen im Konzern oder eine geänderte Geschäftspolitik des Hauptaktionärs für sich allein noch keinen wichtigen Kündigungsgrund dar.[902] Gleiches gilt für eine Umwandlung der Gesellschaft.[903]

(bb) Druckkündigung. Parallel zur arbeitsrechtlichen Druckkündigung, die man als betriebsbedingte Kündigung einordnet,[904] ist an eine Druckkündigung von Vorstandsmitgliedern zu denken. Allerdings betonen Rechtsprechung und hL zurecht, dass für die Druckkündigung strengere Maßstäbe gelten als für die Druckabberufung (zu ihr → Rn. 114 ff.). So bildet ein rechtswidriger Streik idR keinen wichtigen Grund zur fristlosen Entlassung eines sich sozialgerecht verhaltenden Vorstandsmitglieds.[905] Anders liegt es nur, wenn der Druck der Arbeitnehmerschaft aus personen- oder verhaltensbedingten Gründen, zB wegen mangelnder Fähigkeit zur Personalführung, eine gewisse Berechtigung hat.[906] Ferner soll der Druck eines Lieferanten mit dem Ziel, einen missliebigen Geschäftsleiter zu entfernen, allenfalls dessen Abberufung, nicht jedoch die fristlose Kündigung seines Dienstverhältnisses rechtfertigen.[907] Überdies wird bei der Druckausübung durch Kreditgeber zwar eine Abberufung des Vorstandsmitglieds nach § 84 Abs. 3 S. 1, aber keine Kündigung aus wichtigem Grund nach § 626 Abs. 1 BGB bejaht.[908] Schließlich bilden Äußerungen von Mitgliedern der Legislative und Exekutive, welche die Beendigung des Vorstandsdienstvertrages verlangen, in aller Regel keinen wichtigen Grund iSd § 626 Abs. 1 BGB, wenn nicht feststeht, ob das Vorstandsmitglied tatsächlich seine Pflichten verletzt hat.[909]

(3) Verdachtskündigung. Unter engen Voraussetzungen kommt auch eine sog. Verdachtskündigung in Betracht (zur Verdachtsabberufung → Rn. 112a). Sie ist vom BGH in Übernahme der arbeitsrechtlichen Grundsätze für das Anstellungsverhältnis des GmbH-Geschäftsführers schon länger anerkannt[910] und lässt sich auch auf das Vorstandsrecht übertragen.[911] Danach darf eine Kündigung etwa auf den Verdacht schwerer Pflichtverletzungen, insbesondere den Verdacht strafbaren Verhaltens, gestützt werden, wenn allein schon durch den bloßen Verdacht das Vertrauensverhältnis zum betreffenden Vorstandsmitglied nachhaltig erschüttert ist und deshalb eine Fortsetzung des Anstellungsverhältnisses nicht mehr zumutbar erscheint.[912] Für diesen Verdacht müssen aber konkrete, objektive nachprüfbare Tatsachen vorliegen.[913] Außerdem muss der zur Sachverhaltsaufklärung verpflichtete Aufsichtsrat das betreffende Vorstandsmitglied vorher anhören, um ihm die Gelegenheit zu geben, die Verdachtsgründe zu entkräften und Entlastungstatsachen vorzubringen.[914]

bb) Kündigungsfrist. Gemäß § 626 Abs. 2 BGB kann die Kündigung nur innerhalb von zwei Wochen erfolgen, nachdem der Kündigungsberechtigte Kenntnis von den für die Kündigung maßgeblichen Tatsachen erlangt hat. Die Vorschrift passt schlecht auf die Aktiengesellschaft;[915] ihre Anwendung bereitet in der Praxis große Schwierigkeiten.[916] Für den Fristbeginn kommt es nach

---

[901] Vgl. BGH WM 1975, 761 (762); WM 1984, 1120 (1121); OLG Stuttgart ZIP 1981, 1336 (1337); Kölner Komm AktG/*Mertens/Cahn* Rn. 153; *Tschöpe/Wortmann* NZG 2009, 161 (165); kritisch *Janzen* NZG 2003, 468 (473); *Thüsing* in Fleischer VorstandsR-HdB § 5 Rn. 62; s. auch BGH DStR 2003, 40 (43).
[902] Vgl. BGH ZIP 2002, 2254 (2256); *Beiner,* Der Vorstandsvertrag, 2005, Rn. 572; Bürgers/Körber/*Bürgers* Rn. 38; MüKoAktG/*Spindler* Rn. 185; *Tschöpe/Wortmann* NZG 2009, 161 (165).
[903] Vgl. *Beiner,* Der Vorstandsvertrag, 2005, Rn. 572.
[904] Vgl. BAGE 12, 220, 231 = AP BGB § 626 Druckkündigung Nr. 8; BAGE 27, 263, 268 = AP BGB § 626 Druckkündigung Nr. 10.
[905] Vgl. BGHZ 34, 392 (401 f.); Großkomm AktG/*Kort* Rn. 497a.
[906] Dazu BAG NZA 1996, 581 = AP BGB § 626 Druckkündigung Nr. 13.
[907] Vgl. BGH DStR 1999, 1537 mit Anm. *Goette.*
[908] Dies andeutend OLG München NZG 2006, 313 (314); *Seyfarth* VorstandsR § 20 Rn. 32.
[909] Vgl. LG München I ZIP 2010, 2451; Großkomm AktG/*Kort* Rn. 497a.
[910] Vgl. BGH ZIP 1984, 113 (114): dringender Verdacht, der GmbH Subventionen iHv 20 Mio DM betrügerisch verschafft zu haben; Vorinstanz OLG Düsseldorf ZIP 1984, 86 (87); BGH NZG 2013, 615 Rn. 15: mögliche Scheinberaterverträge mit einem Kommunalpolitiker zu einem Jahreshonorar von 200.000 DM; ferner BGH NJW 1997, 2055 (2056); OLG Celle NZG 2003, 820.
[911] Vgl. *Rieder/Schoenemann* NJW 2011, 1169 (1170) (zum Korruptionsverdacht); *Schmolke* AG 2014, 377 (382 f.); *Thüsing* in Fleischer HdB Vorstandsrecht § 5 Rn. 61.
[912] Vgl. OLG Celle NZG 2003, 820 (GmbH).
[913] Vgl. OLG Celle NZG 2003, 820 (GmbH); *Schmolke* AG 2014, 377 (384 f.).
[914] Vgl. BGH NZG 2013, 615 Rn. 15 (GmbH); *Schmolke* AG 2014, 377 (384 f.).
[915] Rechtspolitische Kritik bei Hüffer/Koch/*Koch* Rn. 53; *Raiser/Veil* KapGesR § 14 Rn. 59; für eine teleologische Reduktion mangels Schutzbedürftigkeit der Organmitglieder *Martens* FS Werner, 1984, 495; für einzelfallorientierte Betrachtung nach Verwirkungsmaßstäben K. Schmidt/Lutter/*Seibt* Rn. 64.
[916] Vgl. *Raiser/Veil* KapGesR § 14 Rn. 59; *Thüsing* in Fleischer VorstandsR-HdB § 5 Rn. 63; Hölters/*Weber* Rn. 102; eingehend *Arnold/Schanzker* NZG 2013, 1172.

hM auf die Kenntnis des Aufsichtsrats als Kollegialorgan an.[917] Es genügt daher weder die Kenntnis einzelner Aufsichtsratsmitglieder[918] noch die des Aufsichtsratsvorsitzenden.[919] Notwendig ist vielmehr die Kenntnis aller Mitglieder des Aufsichtsrats in ihrer Eigenschaft als Mitwirkende an der kollektiven Willensbildung.[920] Ganz in diesem Sinne hat die neuere Rechtsprechung für die GmbH entschieden, dass die Kündigungsfrist erst beginnt, wenn der Sachverhalt einer Gesellschafterversammlung unterbreitet wird, deren Einberufung nicht unangemessen verzögert worden ist.[921] Das kann auf den Aufsichtsrat einer Aktiengesellschaft übertragen werden.[922] Die Frist läuft danach ab dem Tag der Aufsichtsratssitzung, wenn die Sitzung mit zumutbarer Beschleunigung einberufen worden ist.[923]

160 Der Aufsichtsratsvorsitzende muss die Sitzung unverzüglich einberufen, nachdem er selbst Kenntnis vom Kündigungsgrund erlangt hat.[924] Versäumt er dies, ist sein Verschulden der Gesellschaft im Sinn einer Verwirkung des Kündigungsrechts zuzurechnen.[925] Keine Verzögerung liegt vor, wenn er dem betreffenden Vorstandsmitglied zunächst Gelegenheit zur Stellungnahme gibt.[926] Bei einer Verdachtskündigung (→ Rn. 158a) hemmt eine zügig durchgeführte Anhörung den Fristablauf.[927] Gleiches gilt für Bemühungen um eine einvernehmliche Beendigung des Anstellungsverhältnisses.[928] Neben dem Aufsichtsratsvorsitzenden sind auch alle anderen Aufsichtsratsmitglieder verpflichtet, auf die unverzügliche Einberufung des Aufsichtsrats hinzuwirken.[929]

161 Kenntnis iSd § 626 Abs. 2 BGB bedeutet umfassendes und sicheres Wissen um den Kündigungssachverhalt.[930] Der Kündigungsberechtigte muss alles erfahren haben, was ihm nach verständigem Urteil für eine das Für und Wider abwägende Entscheidung über Fortbestand oder Auflösung des Dienstverhältnisses erforderlich erscheinen muss.[931] Kennenmüssen genügt nicht, ebenso wenig grob fahrlässige Unkenntnis.[932] Bei einer Verdachtskündigung muss über den Sachverhalt so viel bekannt sein, dass sich der Aufsichtsrat ein eigenes Urteil über die Verdachtsmomente und ihre Tragweite bilden kann.[933] Die Möglichkeit, eine Verdachtskündigung auszusprechen (→ Rn. 158a), schließt es nicht aus, abzuwarten und auf die Klärung des Verdachts hinzuarbeiten; ggf. kann der Ausgang eines Strafverfahrens abgewartet werden.[934] Bei Dauertatbeständen beginnt die Kündigungsfrist mit Kenntnis der Umstände und Tatsachen, die

---

[917] Vgl. BGH NZG 2014, 615 Rn. 12 (GmbH); BGHZ 139, 89 (92) (GmbH); *Beiner*, Der Vorstandsvertrag, 2005, Rn. 577; *Fonk* in Semler/v. Schenck AR-HdB § 10 Rn. 327; *Grumann/Gillmann* DB 2003, 770 (774 f.); *Janzen* NZG 2003, 468 (474); Großkomm AktG/*Kort* Rn. 515; MüKoAktG/*Spindler* Rn. 171; NK-AktR/*Oltmanns* Rn. 37; MHdB AG/*Wiesner* § 21 Rn. 80.
[918] So noch BGHZ 41, 282 (287); OLG Stuttgart WM 1979, 1296 (1297); *Densch/Kahlo* DB 1983, 811; *Wiesner* BB 1981, 1536.
[919] So noch Kölner Komm AktG/*Mertens* Rn. 144 (2. Aufl. 1996), mittlerweile aufgegeben, vgl. Kölner Komm AktG/*Mertens/Cahn* Rn. 176; wie hier BGH NZG 2002, 46 (48); OLG München AG 2012, 753; Großkomm AktG/*Kort* Rn. 513.
[920] Vgl. BGH NZG 2000, 654 (656); NZG 2002, 46 (47 f.); OLG Köln NZG 2000, 551 (552); OLG Jena NZG 1999, 1069 (1070); LG Berlin AG 2002, 682 (684).
[921] Vgl. BGHZ 139, 89 (92 f.); ebenso für den Aufsichtsrat einer GmbH BGH NZG 2002, 46 (47 f.); OLG Karlsruhe ZIP 2004, 2377 (2379).
[922] Wie hier KG NZG 2004, 1165 (1167); Bürgers/Körber/*Bürgers* Rn. 39; Hüffer/Koch/*Koch* Rn. 54; NK-AktR/*Oltmanns* Rn. 37; ferner OLG Jena NZG 1999, 1069 für den Verwaltungsrat eines Kreditinstituts.
[923] Vgl. *Beiner*, Der Vorstandsvertrag, 2005, Rn. 578; Bürgers/Körber/*Bürgers* Rn. 39; Hüffer/Koch/*Koch* Rn. 54; NK-AktR/*Oltmanns* Rn. 37.
[924] Vgl. *Beiner*, Der Vorstandsvertrag, 2005, Rn. 578; Raiser/Veil KapGesR § 14 Rn. 60; K. Schmidt/Lutter/*Seibt* Rn. 64.
[925] Vgl. BGHZ 139, 89 (92 f.); *Beiner*, Der Vorstandsvertrag, 2005, Rn. 579; *Fonk* in Semler/v. Schenck AR-HdB § 10 Rn. 327; Raiser/Veil KapGesR § 14 Rn. 60; MHdB AG/*Wiesner* § 21 Rn. 80.
[926] Vgl. *Beiner*, Der Vorstandsvertrag, 2005, Rn. 579; Kölner Komm AktG/*Mertens/Cahn* Rn. 175; MHdB AG/*Wiesner* § 21 Rn. 82.
[927] Vgl. BGH NJW 1996, 1403 (1404); *Fonk* in Semler/v. Schenck AR-HdB § 10 Rn. 326.
[928] Vgl. BGH WM 1984, 1120; *Fonk* in Semler/v. Schenck AR-HdB § 10 Rn. 326; Raiser/Veil KapGesR § 14 Rn. 61; MHdB AG/*Wiesner* § 21 Rn. 80.
[929] Vgl. MüKoAktG/*Spindler* Rn. 171; Wachter/*Eckert* Rn. 58; Raiser/Veil KapGesR § 14 Rn. 60; *Schumacher-Mohr* ZIP 2002, 2245 (2247); *Stein* ZGR 1999, 265 (286).
[930] Vgl. BGH NZG 2013, 615 Rn. 15 (GmbH); *Fonk* in Semler/v. Schenck AR-HdB § 10 Rn. 326; Raiser/Veil KapGesR § 14 Rn. 60; *Thüsing* in Fleischer VorstandsR-HdB § 5 Rn. 66.
[931] Vgl. BGH NJW 1996, 1403 (1404); DStR 1997, 1338 (1339); OLG Jena NZG 1999, 1069; OLG Karlsruhe NZG 1999, 1012; *Fonk* in Semler/v. Schenck AR-HdB § 10 Rn. 326; kritisch MHdB AG/*Wiesner* § 21 Rn. 81.
[932] Vgl. BGH NZG 2013, 615 Rn. 15 (GmbH); *Beiner*, Der Vorstandsvertrag, 2005, Rn. 580; *Thüsing* in Fleischer VorstandsR-HdB § 5 Rn. 66.
[933] Vgl. BGH ZIP 1984, 841 (842); *Beiner*, Der Vorstandsvertrag, 2005, Rn. 580.
[934] Vgl. Kölner Komm AktG/*Mertens/Cahn* Rn. 179; *Thüsing* in Fleischer VorstandsR-HdB § 5 Rn. 66.

infolge ihres inneren Zusammenhangs mit früheren Ereignissen als weiteres und letztes Glied für die sofortige Vertragsbeendigung maßgebend sind.[935]

cc) Kündigungsform und Angabe von Kündigungsgründen. Das Schriftformerfordernis 162 des § 623 BGB gilt für die Kündigung des Anstellungsvertrages von Vorstandsmitgliedern weder unmittelbar noch entsprechend.[936] Die Kündigung kann daher grundsätzlich auch mündlich erklärt werden.[937] IdR vereinbaren die Vertragsparteien aber aus Beweisgründen, dass die Kündigung der Schriftform bedarf.[938]

Auch die Angabe von Kündigungsgründen ist für die Wirksamkeit einer außerordentlichen Kün- 163 digung nicht erforderlich.[939] Jedoch muss aus der Kündigungserklärung hervorgehen, dass das Anstellungsverhältnis aus wichtigem Grund ohne Rücksicht auf vertragliche oder gesetzliche Kündigungsfristen beendet wird.[940] Außerdem sind dem Vorstandsmitglied die Kündigungsgründe nach § 626 Abs. 2 S. 3 BGB auf Verlangen mitzuteilen.[941]

dd) Anhörung? Die vorherige Anhörung des Vorstandsmitglieds ist grundsätzlich keine Wirk- 164 samkeitsvoraussetzung der außerordentlichen Kündigung.[942] Anderes gilt – wie im Arbeitsrecht – nur für den Sonderfall der Verdachtskündigung (→ Rn. 158a).[943] Zudem kann sich das Vorstandsmitglied in seinem Anstellungsvertrag ausbedingen, dass es vor Ausspruch einer außerordentlichen Kündigung Gelegenheit zur persönlichen Stellungnahme erhält.[944] In dieser individualvertraglichen Vereinbarung liegt nach einer obergerichtlichen Entscheidung keine unzulässige Einschränkung des Rechts zur außerordentlichen Kündigung.[945] Die Praxis rät auch ohne gesetzliche oder vertragliche Verpflichtung zu einer vorherigen Anhörung des Vorstandsmitglieds.[946]

ee) Abmahnung. Nach bisheriger Rechtsprechung und hL setzt die außerordentliche Kündi- 165 gung des Anstellungsvertrages keine Abmahnung voraus.[947] Zur Begründung verweist man zum einen auf das reduzierte Schutzbedürfnis der Vorstandsmitglieder im Vergleich zu Arbeitnehmern; zum anderen wird angeführt, dass den Vorstandsmitgliedern die ihnen obliegenden Pflichten und die Tragweite etwaiger Pflichtverletzungen bekannt seien, sodass sie keiner letzten Warnung bedürften.[948] Auch nach Einführung des § 314 Abs. 2 BGB, der allgemein für die Kündigung von Dauerschuldverhältnissen aus wichtigem Grund eine Abmahnung verlangt, hält der BGH an dieser Rechtsprechung fest.[949] Systematisch wird dies über die Einordnung der Zuweisung von Arbeitgeberfunktionen als besonderer Umstand iSv § 323 Abs. 2 Nr. 3 iVm § 314 Abs. 2 BGB erreicht. Damit folgt der BGH im Ergebnis der überwiegenden Auffassung in der Literatur.[950]

---

[935] Vgl. BGH DStR 2001, 861 (862); *Beiner*, Der Vorstandsvertrag, 2005, Rn. 580; *Thüsing* in Fleischer VorstandsR-HdB § 5 Rn. 66.

[936] Vgl. *Bauer/Krieger* ZIP 2004, 1247 (1250); *Beiner*, Der Vorstandsvertrag, 2005, Rn. 566; Beck MandatsHdB Vorstand/*Lücke* § 2 Rn. 260; *Zimmer* BB 2003, 175.

[937] Vgl. *Beiner*, Der Vorstandsvertrag, 2005, Rn. 566.

[938] Näher *Beiner*, Der Vorstandsvertrag, 2005, Rn. 566f.

[939] Vgl. BGHZ 157, 151 (157) für die GmbH; *Beiner*, Der Vorstandsvertrag, 2005, Rn. 586; Beck MandatsHdB Vorstand/*Lücke* § 2 Rn. 259; *Seyfarth* VorstandsR § 20 Rn. 46.

[940] Vgl. *Beiner*, Der Vorstandsvertrag, 2005, Rn. 586.

[941] Vgl. Beck MandatsHdB Vorstand/*Lücke* § 2 Rn. 259.

[942] Vgl. OLG Düsseldorf NZG 2008, 166 (Genossenschaft); *Fonk* in Semler/v. Schenck AR-HdB § 10 Rn. 323; Großkomm AktG/*Kort* Rn. 526; Kölner Komm AktG/*Mertens/Cahn* Rn. 164; K. Schmidt/Lutter/*Seibt* Rn. 65; MüKoAktG/*Spindler* Rn. 174; *Tschöpe/Wortmann* NZG 2009, 161 (163); *Thüsing* in Fleischer VorstandsR-HdB § 5 Rn. 57.

[943] Vgl. RG JW 1930, 2701 (Genossenschaft); OLG Düsseldorf NZG 2008, 166 (Genossenschaft); *Fleischer* RIW 2006, 481 (484); Kölner Komm AktG/*Mertens/Cahn* Rn. 164; *Seyfarth* VorstandsR § 20 Rn. 41; MüKoAktG/*Spindler* Rn. 174; Großkomm AktG/*Kort* Rn. 526; NK-AktG/*Oltmanns* Rn. 35; *Tschöpe/Wortmann* NZG 2009, 161 (163); *Thüsing* in Fleischer VorstandsR-HdB § 5 Rn. 57.

[944] Vgl. KG AG 2005, 205; *Tschöpe/Wortmann* NZG 2009, 161 (163).

[945] Vgl. KG AG 2005, 205 (207); abw. LG Berlin AG 2002, 682 (683); *Beiner*, Der Vorstandsvertrag, 2005, Rn. 539; *Janzen* NZG 2003, 468 (473); *Preußner* NZG 2004, 1151; *Reiserer/Peters* DB 2008, 167 (170).

[946] Vgl. Kölner Komm AktG/*Mertens/Cahn* Rn. 164; *Thüsing* in Fleischer VorstandsR-HdB § 5 Rn. 57; s. auch *Fonk* in Semler/v. Schenck AR-HdB § 10 Rn. 323.

[947] Vgl. BGH NJW 2000, 1638; NZG 2002, 46 (47); Bürgers/Körber/*Bürgers* Rn. 37; *Fonk* in Semler/v. Schenck AR-HdB § 10 Rn. 323; *Goette* FS Wiedemann, 2002, 873 (880ff.); Lutter/Krieger/*Verse* Rechte und Pflichten Rn. 429; K. Schmidt/Lutter/*Seibt* Rn. 66; abw. Hüffer/Koch/*Koch* Rn. 51; *Koch* ZIP 2005, 1621 (1624).

[948] Vgl. *Goette* FS Wiedemann, 2002, 873, (881f.).

[949] Vgl. BGH NZG 2007, 674; OLG Düsseldorf AG 2008, 166; zust. K. Schmidt/Lutter/*Seibt* Rn. 66; *Seyfarth* VorstandsR § 20 Rn. 42.

[950] Vgl. ErfK/*Müller-Glöge* BGB § 626 Rn. 29; ferner *Thüsing* in Fleischer VorstandsR-HdB § 5 Rn. 60; *Trappehl/Scheue* DB 2005, 1276; jeweils unter Hinweis darauf, dass der Gesetzgeber die bisherige Rechtsprechung mit Einführung des § 314 BGB nicht habe ändern wollen; kritisch dazu Hüffer/Koch/*Koch* Rn. 51; *Koch* ZIP 2005,

166 ff) Darlegungs- und Beweislast. Die Gesellschaft ist nach allgemeinen Grundsätzen für alle Tatsachen darlegungs- und beweispflichtig, auf die sie die außerordentliche Kündigung stützt.[951] Das gilt sowohl für die Einhaltung der Zweiwochenfrist des § 626 Abs. 2 BGB[952] als auch für die den wichtigen Grund tragenden Umstände und die Unzumutbarkeit der Weiterbeschäftigung.[953] Die Beweislastumkehr des § 93 Abs. 2 S. 2 findet keine Anwendung.[954] Macht das Vorstandsmitglied besondere, sein Verhalten rechtfertigende Umstände geltend und gelingt ihm ein entsprechender Nachweis, hat die Gesellschaft das Vorbringen zu widerlegen und darüber Beweis zu führen.[955]

167 b) Ordentliche Kündigung. Eine ordentliche Kündigung des Dienstvertrages kommt schon nach allgemeinen Regeln nur in Betracht, wenn der Vertrag auf unbestimmte Zeit abgeschlossen ist oder bei befristeten Verträgen ein Recht zur vorzeitigen ordentlichen Kündigung enthält.[956] Auch unter diesen Voraussetzungen ist eine ordentliche Kündigung des Vorstandsdienstvertrages durch die Gesellschaft[957] nach ganz hM nur möglich, wenn zugleich die Voraussetzungen eines Widerrufs der Bestellung aus wichtigem Grund vorliegen.[958] Andernfalls könnte die Gesellschaft durch eine ordentliche Kündigung des Anstellungsvertrages faktisch die Beendigung der Bestellung ohne wichtigen Grund erzwingen und damit die Vorschrift des § 84 Abs. 3 unterlaufen.[959] Die Praxis rät von der Vereinbarung einer ordentlichen Kündigung wegen der zahlreichen Auslegungsprobleme ab.[960] Wird sie gleichwohl verabredet, bestimmt sich die ordentliche Kündigungsfrist grundsätzlich nach § 622 BGB,[961] sofern im Anstellungsvertrag keine längere Frist vorgesehen ist.[962] Neben der allgemeinen Kündigungsfrist des § 622 Abs. 1 BGB ist im Einzelfall an die verlängerten Kündigungsfristen des § 622 Abs. 2 BGB zu denken.[963] Berechnungsgrundlage ist die Gesamtbeschäftigungsdauer (als Angestellter) im Unternehmen und nicht allein die Dauer der Bestellung.[964]

168 4. Rechtsschutz des Vorstandsmitglieds. Das gekündigte Vorstandsmitglied kann gegen die Kündigung seines Anstellungsvertrages Feststellungsklage erheben und Fortzahlung der vereinbarten Bezüge verlangen.[965] Die Klage ist gegen die Gesellschaft zu richten, die dabei vom Aufsichtsrat

---

1621 (1625 ff.); für die Notwendigkeit einer Abmahnung bei leichten Pflichtverletzungen auch MüKoAktG/*Spindler* Rn. 175; Großkomm AktG/*Kort* Rn. 527.

[951] Vgl. BGH NJW 2003, 431 (432); OLG München NZG 2007, 361 (362); *Beiner*, Der Vorstandsvertrag, 2005, Rn. 584; Beck MandatsHdB Vorstand/*Lücke* § 2 Rn. 266; K. Schmidt/Lutter/*Seibt* Rn. 71; *Tschöpe/Wortmann* NZG 2009, 161 (162).

[952] Vgl. BGH NJW-RR 1990, 1330 (1331); OLG Jena NZG 1999, 1069 (1070); Kölner Komm AktG/*Mertens/Cahn* Rn. 162; MHdB AG/*Wiesner* § 21 Rn. 82.

[953] Vgl. OLG München NZG 2007, 361 (362 f.); *Beiner*, Der Vorstandsvertrag, 2005, Rn. 584; Hüffer/Koch/*Koch* Rn. 52; MüKoAktG/*Spindler* Rn. 196; *Thüsing* in Fleischer VorstandsR-HdB § 5 Rn. 68.

[954] Vgl. OLG München NZG 2007, 361 (363); *Beiner*, Der Vorstandsvertrag, 2005, Rn. 584; *Tschöpe/Wortmann* NZG 2009, 161 (163); MHdB AG/*Wiesner* § 21 Rn. 78.

[955] Vgl. BGH WM 1995, 700 (706); NJW 2003, 431 (432); OLG München NZG 2007, 361 (363); *Beiner*, Der Vorstandsvertrag, 2005, Rn. 584; Beck MandatsHdB Vorstand/*Lücke* § 2 Rn. 266; s. auch BGH AG 1998, 519; abw. nur Darlegungslast des gekündigten Vorstandsmitglieds annehmend *Tschöpe/Wortmann* NZG 2009, 161 (163).

[956] Vgl. Großkomm AktG/*Kort* Rn. 546; Beck MandatsHdB Vorstand/*Lücke* § 2 Rn. 269 f.; Lutter/Krieger/*Verse* Rechte und Pflichten Rn. 432; *Seyfarth* VorstandsR § 20 Rn. 51; *Thüsing* in Fleischer VorstandsR-HdB § 5 Rn. 55.

[957] Zur ordentlichen Kündigung durch ein Vorstandsmitglied *Fonk* in Semler/v. Schenck AR-HdB § 10 Rn. 212; sowie → Rn. 170.

[958] Vgl. BGHZ 12, 1 (9 f.); BGH NJW 1984, 2528; OLG Karlsruhe AG 1973, 310 (311); *Baums*, Der Geschäftsleitervertrag, 1987, 385; *Eckardt*, Die Beendigung der Vorstands- und Geschäftsführerstellung in Kapitalgesellschaften, 1989, 122; *Krieger*, Personalentscheidungen des Aufsichtsrats, 1981, 180 f.; Beck MandatsHdB Vorstand/*Lücke* § 2 Rn. 270; Kölner Komm AktG/*Mertens/Cahn* Rn. 149; MüKoAktG/*Spindler* Rn. 179; *Reiserer/Peters* DB 2008, 167 (169); *Thüsing* in Fleischer VorstandsR-HdB § 5 Rn. 55; MHdB AG/*Wiesner* § 21 Rn. 84.

[959] Vgl. *Hoffmann-Becking* FS Stimpel, 1985, 589 (594 f.); Lutter/Krieger/*Verse* Rechte und Pflichten Rn. 432; MüKoAktG/*Spindler* Rn. 179; *Steinbeck/Menke* DStR 2003, 940 (941).

[960] Vgl. MHdB AG/*Wiesner* § 21 Rn. 84; *Thüsing* in Fleischer VorstandsR-HdB § 5 Rn. 55; s. auch *Seyfarth* VorstandsR § 20 Rn. 51.

[961] Vgl. BGHZ 79, 291 (292); 91, 217 (220 f.); Hüffer/Koch/*Koch* Rn. 24; *Thüsing* in Fleischer VorstandsR-HdB § 5 Rn. 55; MHdB AG/*Wiesner* § 21 Rn. 11.

[962] Vgl. OLG Hamm NZG 1999, 836 (837); *Beiner*, Der Vorstandsvertrag, 2005, Rn. 592.

[963] Vgl. *Grumann/Gillmann* DB 2003, 770 (772).

[964] Vgl. *Beiner*, Der Vorstandsvertrag, 2005, Rn. 592; MHdB AG/*Wiesner* § 21 Rn. 11.

[965] Vgl. Lutter/Krieger/*Verse* Rechte und Pflichten Rn. 436; MüKoAktG/*Spindler* Rn. 196; *Thüsing* in Fleischer VorstandsR-HdB § 5 Rn. 68.

vertreten wird.⁹⁶⁶ Sie kann mit der Klage gegen den Widerruf der Bestellung (→ Rn. 129) verbunden werden.⁹⁶⁷ Für die Zahlungsklage empfiehlt sich der Urkundsprozess.⁹⁶⁸ Zuständig für den Rechtsstreit über die Wirksamkeit der Kündigung sind nach § 13 GVG die Zivilgerichte,⁹⁶⁹ ausnahmsweise die Arbeitsgerichte, wenn das Anstellungsverhältnis in ein gewöhnliches Arbeitsverhältnis umgewandelt wurde.⁹⁷⁰

Das Nachschieben von Kündigungsgründen ist nach hM zulässig, wenn diese schon bei Erklärung **169** der Kündigung vorlagen, dem Aufsichtsrat aber nicht früher als zwei Wochen vorher bekannt geworden sind und die Kündigung nunmehr auf diese Gründe gestützt wird.⁹⁷¹ Eine erneute Beschlussfassung im Aufsichtsrat über die Geltendmachung der nachgeschobenen Gründe bedarf es nicht.⁹⁷²

5. Sonstige Beendigungstatbestände. a) Kündigung durch das Vorstandsmitglied. Auch **170** ein Vorstandsmitglied kann seinen Anstellungsvertrag nach § 626 BGB aus wichtigem Grund kündigen.⁹⁷³ Ein wichtiger Grund ist gegeben, wenn dem Vorstandsmitglied die Fortsetzung seiner Tätigkeit bis zum Auslaufen seines Anstellungsvertrages oder der ordentlichen Kündigungsfrist nicht zugemutet werden kann.⁹⁷⁴ So liegt es vor allem bei einer ernsthaften und schwerwiegenden Störung des Vertrauensverhältnisses durch die Gesellschaft.⁹⁷⁵ Dazu gehört die unberechtigte Kündigung seitens der Gesellschaft,⁹⁷⁶ die Nichtzahlung der Bezüge,⁹⁷⁷ das Fehlen einer zugesagten D&O-Versicherung,⁹⁷⁸ der unsachliche Vertrauensentzug durch die Hauptversammlung,⁹⁷⁹ die willkürlich verweigerte Entlastung,⁹⁸⁰ unverschuldete Konflikte mit anderen Vorstandsmitgliedern oder dem Aufsichtsrat⁹⁸¹ sowie erhebliche Beschneidungen der Geschäftsführungsbefugnisse durch Aufsichtsrat oder Satzung.⁹⁸² Ein weiterer Kündigungsgrund ist der Verlust der eigenverantwortlichen Leitungsmacht durch Abschluss eines Beherrschungsvertrages oder einer Eingliederung.⁹⁸³ Zudem können die Parteien durch eine *Change-of-Control*-Klausel (näher → § 87 Rn. 53) bestimmte Gründe als wichtig vereinbaren, die das Vorstandsmitglied bei einem Kontrollwechsel zur außerordentlichen Kündigung berechtigen.⁹⁸⁴ Auch eigene Krankheit des Vorstandsmitglieds kann einen wichtigen Grund iSd § 626 BGB bilden.⁹⁸⁵ Ein spezielles Kündigungsrecht sieht § 87 Abs. 2 S. 3 vor, wenn

---

⁹⁶⁶ Vgl. BGH AG 1987, 19 f.; *Beiner,* Der Vorstandsvertrag, 2005, Rn. 588; *Lutter/Krieger/Verse* Rechte und Pflichten Rn. 436.
⁹⁶⁷ Vgl. *Beiner,* Der Vorstandsvertrag, 2005, Rn. 587; Kölner Komm AktG/*Mertens/Cahn* Rn. 185; MüKoAktG/*Spindler* Rn. 196; K. Schmidt/Lutter/*Seibt* Rn. 71; *Tschöpe/Wortmann* NZG 2009, 161 (167).
⁹⁶⁸ Vgl. *Beiner,* Der Vorstandsvertrag, 2005, Rn. 589; *Wachter/Eckert* Rn. 61; Beck MandatsHdB Vorstand/*Lücke* § 2 Rn. 327 f.; *Lutter/Krieger/Verse* Rechte und Pflichten Rn. 436; *Tschöpe/Wortmann* NZG 2009, 161 (167); ausführlich *Reiserer/Peters* DB 2008, 167 (170 ff.); zur Verwendung von Zeugenaussagen und Beschuldigtenvernehmungen aus einem Strafverfahren OLG München NZG 2007, 361.
⁹⁶⁹ Vgl. *Beiner,* Der Vorstandsvertrag, 2005, Rn. 588; *Reiserer/Peters* DB 2008, 167 (169); *Lutter/Krieger/Verse* Rechte und Pflichten Rn. 436.
⁹⁷⁰ Vgl. *Lutter/Krieger/Verse* Rechte und Pflichten Rn. 436; *Thüsing* in Fleischer VorstandsR-HdB § 5 Rn. 68.
⁹⁷¹ Vgl. BGH WM 1982, 797 (798); DStR 2001, 861 (862); DB 2004, 125 (127); *Beiner,* Der Vorstandsvertrag, 2005, Rn. 581; *Lutter/Krieger/Verse* Rechte und Pflichten Rn. 431; *Reiserer/Peters* DB 2008, 167 (170); MHdB AG/*Wiesner* § 21 Rn. 82.
⁹⁷² Vgl. BGH AG 1998, 519 (520); *Mertens* Rn. 149; *Thüsing* in Fleischer VorstandsR-HdB § 5 Rn. 68; abw. OLG Köln NZG 2000, 551 (552); *Lutter/Krieger/Verse* Rechte und Pflichten Rn. 431.
⁹⁷³ Vgl. Bürgers/Körber/*Bürgers* Rn. 40; Kölner Komm AktG/*Mertens/Cahn* Rn. 198; MüKoAktG/*Spindler* Rn. 197; Großkomm AktG/*Kort* Rn. 547; K. Schmidt/Lutter/*Seibt* Rn. 72; *Thüsing* in Fleischer VorstandsR-HdB § 5 Rn. 77; MHdB AG/*Wiesner* § 21 Rn. 86.
⁹⁷⁴ Vgl. *Fonk* in Semler/v. Schenck AR-HdB § 10 Rn. 330; *Thüsing* in Fleischer VorstandsR-HdB § 5 Rn. 77.
⁹⁷⁵ Vgl. *Fonk* in Semler/v. Schenck AR-HdB § 10 Rn. 330; *Beiner,* Der Vorstandsvertrag, 2005, Rn. 594; Kölner Komm AktG/*Mertens/Cahn* Rn. 198.
⁹⁷⁶ Vgl. Kölner Komm AktG/*Mertens/Cahn* Rn. 198.
⁹⁷⁷ Vgl. MüKoAktG/*Spindler* Rn. 198.
⁹⁷⁸ Vgl. *Deilmann* NZG 2005, 54 (55 f.).
⁹⁷⁹ Vgl. Bürgers/Körber/*Bürgers* Rn. 41; Kölner Komm AktG/*Mertens/Cahn* Rn. 198; K. Schmidt/Lutter/*Seibt* Rn. 72; MüKoAktG/*Spindler* Rn. 198.
⁹⁸⁰ Vgl. MHdB AG/*Wiesner* § 21 Rn. 86.
⁹⁸¹ Vgl. BGH NJW 1995, 2850 (2851).
⁹⁸² Vgl. Großkomm AktG/*Kort* Rn. 547; Kölner Komm AktG/*Mertens/Cahn* Rn. 198; MHdB AG/*Wiesner* § 21 Rn. 125; abw. *Seyfarth* VorstandsR § 20 Rn. 50.
⁹⁸³ Vgl. Kölner Komm AktG/*Mertens/Cahn* Rn. 198; *Thüsing* in Fleischer VorstandsR-HdB § 5 Rn. 77.
⁹⁸⁴ Vgl. *Beiner,* Der Vorstandsvertrag, 2005, Rn. 596; *Fonk* in Semler/v. Schenck AR-HdB § 10 Rn. 178; MüKoAktG/*Spindler* Rn. 199; *Hoffmann-Becking* ZIP 2007, 2101 (2103 f.); K. Schmidt/Lutter/*Seibt* Rn. 73; *Thüsing* in Fleischer VorstandsR-HdB § 5 Rn. 78; *Hölters/Weber* Rn. 109; eingehend *Seyfarth* VorstandsR § 20 Rn. 62 ff.
⁹⁸⁵ Vgl. Kölner Komm AktG/*Mertens/Cahn* Rn. 198; MüKoAktG/*Spindler* Rn. 199; zweifelnd *Thüsing* in Fleischer VorstandsR-HdB § 5 Rn. 77.

der Aufsichtsrat die Vorstandsbezüge wegen einer wesentlichen Verschlechterung der wirtschaftlichen Lage der Gesellschaft herabsetzt. Schließlich rechtfertigt eine berechtigte Amtsniederlegung aus wichtigem Grund in aller Regel eine außerordentliche Kündigung;[986] eine Pflicht dazu besteht aber nicht.[987]

171 Die Kündigung ist nach § 112 AktG gegenüber dem Aufsichtsrat als Vertreter der Gesellschaft zu erklären.[988] Sie muss innerhalb der zweiwöchigen Ausschlussfrist des § 626 Abs. 2 BGB erfolgen;[989] bei der Kündigung wegen Herabsetzung der Bezüge beträgt die Kündigungsfrist nach § 87 Abs. 2 S. 4 AktG sechs Wochen für den Schluss des nächsten Kalendervierteljahres. Kündigt das Vorstandsmitglied ohne Vorliegen eines wichtigen Grundes, steht der Gesellschaft ihrerseits ein außerordentliches Kündigungsrecht zu; außerdem kann sie nach § 628 Abs. 2 BGB Schadensersatz verlangen.[990] Hält die Gesellschaft am Vertragsverhältnis fest, folgt der Schadensersatzanspruch aus §§ 280 Abs. 3, 282 BGB.[991]

172 **b) Einvernehmliche Aufhebung.** Eine einvernehmliche Aufhebung des Anstellungsvertrages ist jederzeit möglich[992] und bedarf keines wichtigen Grundes.[993] Sie ist nach wie vor die ganz überwiegende Beendigungsform in der Praxis.[994] Für die Gesellschaft handelt der Gesamtaufsichtsrat,[995] der gemäß § 108 durch Beschluss entscheidet.[996] Eine Übertragung der Entscheidung auf einen Aufsichtsratsausschuss ist statthaft,[997] doch darf der Ausschuss der dem Plenum vorbehaltenen Entscheidung über die Beendigung der Organstellung nicht vorgreifen.[998] Er schließt den Aufhebungsvertrag daher häufig unter der aufschiebenden Bedingung ab, dass der Gesamtaufsichtsrat die Bestellung einvernehmlich aufhebt oder aus wichtigem Grund widerruft.[999]

173 Der Abschluss des Aufhebungsvertrages unterliegt nicht dem Schriftformerfordernis des § 623 BGB,[1000] doch ist Schriftlichkeit üblich und anzuraten.[1001] Inhaltlich enthält der Aufhebungsvertrag idR Vereinbarungen über die Abfindung, Pensionsansprüche, Abgeltungsansprüche, nachvertragliche Wettbewerbsverbote, Aktienoptionen, Dienstwagenbenutzung und sonstige Nebenleistungen.[1002]

174 **c) Varia.** Der Anstellungsvertrag endet ferner mit Ablauf der Befristung.[1003] Dagegen wird er weder durch Auflösung der Gesellschaft[1004] noch durch Eröffnung des Insolvenzverfahrens beendet, sofern der Insolvenzverwalter nicht nach § 113 InsO kündigt.[1005] Bei Umwandlungen kommt es auf die Art der Umwandlung an:[1006] Verschmelzungen durch Aufnahme oder Neugründung führen zwar zum Erlöschen der Organstellung, lassen aber den Anstellungsvertrag unberührt.[1007] Abspaltungen und Ausgliederungen berühren weder die Organstellung noch den Anstellungsvertrag.[1008] Formwechsel bewirken das Ende der Organstellung des Vorstandsmitglieds, nicht aber das Ende des Anstellungsverhältnisses.

---

[986] Vgl. *Beiner*, Der Vorstandsvertrag, 2005, Rn. 597.
[987] Vgl. Kölner Komm AktG/*Mertens*/*Cahn* Rn. 200.
[988] Vgl. Bürgers/Körber/*Bürgers* Rn. 40; MüKoAktG/*Spindler* Rn. 202; *Thüsing* in Fleischer VorstandsR-HdB § 5 Rn. 77; MHdB AG/*Wiesner* § 21 Rn. 86.
[989] Vgl. *Beiner*, Der Vorstandsvertrag, 2005, Rn. 598.
[990] Vgl. BGH NJW 1994, 443 (444) (GmbH).
[991] Vgl. *Beiner*, Der Vorstandsvertrag, 2005, Rn. 599.
[992] Vgl. *Beiner*, Der Vorstandsvertrag, 2005, Rn. 604; MüKoAktG/*Spindler* Rn. 194; Großkomm AktG/*Kort* Rn. 573; K. Schmidt/Lutter/*Seibt* Rn. 75.
[993] Vgl. MüKoAktG/*Spindler* Rn. 205; *Thüsing* in Fleischer VorstandsR-HdB § 5 Rn. 70.
[994] Näher Beck MandatsHdB Vorstand/*Lücke* § 2 Rn. 275 f.; eingehend *Seyfarth* VorstandsR § 21 Rn. 1 ff.
[995] Vgl. *Beiner*, Der Vorstandsvertrag, 2005, Rn. 604; *Thüsing* in Fleischer VorstandsR-HdB § 5 Rn. 70.
[996] Vgl. *Beiner*, Der Vorstandsvertrag, 2005, Rn. 606; *Hoffmann-Becking* ZIP 2007, 2101 (2102).
[997] Vgl. *Beiner*, Der Vorstandsvertrag, 2005, Rn. 604; *Hoffmann-Becking* ZIP 2007, 2101 (2102); *Thüsing* in Fleischer VorstandsR-HdB § 5 Rn. 70.
[998] Vgl. BGHZ 79, 39 (42 f.); Kölner Komm AktG/*Mertens*/*Cahn* Rn. 104.
[999] Vgl. *Fonk* in Semler/v. Schenck AR-HdB § 10 Rn. 360; *Hoffmann-Becking*, FS Stimpel, 1985, S. 589 (591).
[1000] Vgl. *Beiner*, Der Vorstandsvertrag, 2005, Rn. 609; *Fonk* in Semler/v. Schenck AR-HdB § 10 Rn. 360; *Thüsing* in Fleischer VorstandsR-HdB § 5 Rn. 70.
[1001] Vgl. *Thüsing* in Fleischer VorstandsR-HdB § 5 Rn. 70.
[1002] Näher *Beiner*, Der Vorstandsvertrag, 2005, Rn. 610 ff.; *Fonk* in Semler/v. Schenck AR-HdB § 10 Rn. 362 f.
[1003] Vgl. Großkomm AktG/*Kort* Rn. 571; *Thüsing* in Fleischer VorstandsR-HdB § 5 Rn. 79.
[1004] Vgl. *Beiner*, Der Vorstandsvertrag, 2005, Rn. 679; *Thüsing* in Fleischer VorstandsR-HdB § 5 Rn. 79.
[1005] Vgl. *Beiner*, Der Vorstandsvertrag, 2005, Rn. 674; *Thüsing* in Fleischer VorstandsR-HdB § 5 Rn. 79.
[1006] Ausführlich *Beiner*, Der Vorstandsvertrag, 2005, Rn. 650 ff.
[1007] Vgl. *Hoffmann-Becking* FS Ulmer, 2003, 243 (249); *Thüsing* in Fleischer VorstandsR-HdB § 5 Rn. 81.
[1008] Vgl. *Beiner*, Der Vorstandsvertrag, 2005, Rn. 652.

§ 85 Bestellung durch das Gericht

(1) ¹Fehlt ein erforderliches Vorstandsmitglied, so hat in dringenden Fällen das Gericht auf Antrag eines Beteiligten das Mitglied zu bestellen. ²Gegen die Entscheidung ist die Beschwerde zulässig.

(2) Das Amt des gerichtlich bestellten Vorstandsmitglieds erlischt in jedem Fall, sobald der Mangel behoben ist.

(3) ¹Das gerichtlich bestellte Vorstandsmitglied hat Anspruch auf Ersatz angemessener barer Auslagen und auf Vergütung für seine Tätigkeit. ²Einigen sich das gerichtlich bestellte Vorstandsmitglied und die Gesellschaft nicht, so setzt das Gericht die Auslagen und die Vergütung fest. ³Gegen die Entscheidung ist die Beschwerde zulässig; die Rechtsbeschwerde ist ausgeschlossen. ⁴Aus der rechtskräftigen Entscheidung findet die Zwangsvollstreckung nach der Zivilprozeßordnung statt.

Schrifttum: *J. M. Bauer,* Der Notgeschäftsführer in der GmbH, 2006; *Kögel,* Neues bei der GmbH-Notgeschäftsführung?, GmbHR 2012, 772; *Mertens,* Zulässigkeit der Bestellung eines Arbeitsdirektors nach § 85 AktG trotz vorhandenem Personalvorstand?, AG 1979, 339; *Muscheler,* Der Notvorstand in Verein und Stiftung, FS Reuter, 2010, 225.

Übersicht

	Rn.		Rn.
I. Überblick	1–4	III. Bestellungsverfahren	8–12
1. Regelungszweck	1	1. Antrag eines Beteiligten	8
2. Vorgängervorschriften und Parallelregelungen	2, 3	2. Zuständigkeit und Entscheidung	9–12
3. Konkurrenzen	4	IV. Rechtsstellung gerichtlich bestellter Vorstandsmitglieder	13–17
II. Bestellungsvoraussetzungen	5–7	1. Allgemeines	13, 14
1. Fehlen eines erforderlichen Vorstandsmitglieds	5, 6	2. Amtsdauer	15, 16
2. Dringlichkeit	7	3. Auslagenersatz und Vergütung	17

I. Überblick

1. Regelungszweck. § 85 regelt die Bestellung eines fehlenden Vorstandsmitglieds in dringenden 1 Fällen. Die Vorschrift soll die Handlungs- und Prozessfähigkeit der Aktiengesellschaft sichern, wenn der Aufsichtsrat die Vakanz entgegen § 84 Abs. 1 nicht beseitigt.[1] Im Einzelnen gibt Abs. 1 die Bestellungsvoraussetzungen und den Bestellungsmodus vor, Abs. 2 regelt die Bestellungsdauer und Abs. 3 die Vergütung.

2. Vorgängervorschriften und Parallelregelungen. § 85 geht der Sache nach auf § 76 AktG 2 1937 zurück,[2] ist durch das AktG 1965 aber in zweierlei Hinsicht geändert worden:[3] Zum einen stellt die heutige Regelung ausdrücklich klar, dass das Gericht die Ersatzbestellung bei Vorliegen der Tatbestandsvoraussetzungen vornehmen *muss,* also kein Ermessen mehr hat.[4] Zum anderen ist eine Ersatzbestellung bei nur vorübergehender Verhinderung eines Vorstandsmitglieds nicht mehr möglich (→ Rn. 5).[5] Das FGG-Reformgesetz (BGBl. 2008 I 2586) hat die Rechtsbehelfe im Rahmen des § 85 AktG modifiziert.

Eine Parallelvorschrift für den Vereinsvorstand findet sich in § 29 BGB. Sie gilt nach hM entspre- 3 chend für den GmbH-Geschäftsführer.[6]

---

[1] Vgl. BegrRegE *Kropff* S. 107; Bürgers/Körber/*Bürgers* Rn. 1; Wachter/*Eckert* Rn. 2; Hüffer/Koch/*Koch* Rn. 1; Großkomm AktG/*Kort* Rn. 1; Kölner Komm AktG/*Mertens/Cahn* Rn. 1; NK-AktR/*Oltmanns* Rn. 1; Grigoleit/*Vedder* Rn. 1; Hölters/*Weber* Rn. 1.

[2] Dazu Amtl. Begr. zu § 76 AktG 1937 bei *Klausing* S. 62, wonach die Regelung im Wesentlichen § 29 BGB nachempfunden wurde.

[3] Ausf. zur Entstehungsgeschichte des § 85 *Bauer,* Der Notgeschäftsführer in der GmbH, 2006, 32 ff.; zur Historie des § 29 BGB *Muscheler* FS Reuter, 2010, 225 ff.

[4] Vgl. BegrRegE *Kropff* S. 108.

[5] Vgl. BegrRegE *Kropff* S. 108.

[6] Vgl. BGHZ 82, 182; OLG Düsseldorf NJW-RR 2016, 1183; *Bauer,* Der Notgeschäftsführer in der GmbH, 2006, 20 ff.; Lutter/Hommelhoff/*Kleindiek* GmbHG Vor § 35 Rn. 13; abw. *Kögel* NZG 2000, 21: § 85 AktG analog; *Kögel* GmbHR 2012, 772 (773).

4 **3. Konkurrenzen.** Die gerichtliche Ersatzbestellung von Vorstandsmitgliedern wird durch § 85 abschließend geregelt.[7] Eine Anwendung des § 29 BGB ist daneben ausgeschlossen.[8] Statthaft bleibt aber im Passivprozess gegen die Gesellschaft die Bestellung eines Prozesspflegers nach § 57 ZPO durch den Vorsitzenden des Gerichts, sofern für den Kläger Gefahr im Verzug besteht.[9] Ist für einen identischen Wirkungskreis bereits ein Abwesenheitspfleger nach § 10 Abs. 1 Zuständigkeitsergänzungsgesetz vom 7.8.1952 (BGBl. 1952 I 407) bestellt, so ist die gerichtliche Bestellung eines Vorstandsmitglieds nach § 85 nicht mehr erforderlich.[10]

II. Bestellungsvoraussetzungen

5 **1. Fehlen eines erforderlichen Vorstandsmitglieds.** Das Fehlen eines Vorstandsmitglieds kann auf tatsächlichen oder rechtlichen Gründen beruhen. So liegt es zB, wenn das Vorstandsmitglied verstorben ist, sein Amt niedergelegt hat[11] oder abberufen wurde.[12] Hingegen kann der gerichtlichen Klärung rechtlicher Zweifel an der Wirksamkeit der Bestellung von Vorstandsmitgliedern nicht vorgegriffen werden.[13] Als Fehlen eines Vorstandsmitglieds gilt es weiterhin, wenn der Vorstand nach § 76 Abs. 2 S. 2 oder nach der Satzung aus mehreren Personen zu bestehen hat, aber nur noch ein Vorstandsmitglied vorhanden ist;[14] ferner, wenn die Gesellschaft nach ihrer Satzung nur ein Vorstandsmitglied hat, jedoch gem. § 76 Abs. 2 S. 3 verpflichtet ist, außer diesem einen Arbeitsdirektor zu bestellen.[15] Dagegen reicht eine bloße Verhinderung entgegen der früheren Rechtslage nicht aus.[16] Das folgt aus einem Gegenschluss zu § 105 Abs. 2 S. 1, der bewusst zwischen fehlenden und verhinderten Vorstandsmitgliedern unterscheidet.[17] Bei vorübergehender Verhinderung eines Vorstandsmitglieds kann der Aufsichtsrat die Lücke auch ohne gerichtliche Hilfe dadurch schließen, dass er nach § 105 Abs. 2 für einen begrenzten Zeitraum eines seiner Mitglieder zum Stellvertreter des verhinderten Vorstandsmitglieds bestellt.[18]

6 Erforderlich ist die gerichtliche Bestellung zunächst, wenn es an einer wirksamen Vertretung der Gesellschaft fehlt.[19] Entgegen der früheren Rechtslage kann sich die Erforderlichkeit aber auch für eine Geschäftsführungsmaßnahme ergeben.[20] Zu denken ist etwa an eine Ersatzbestellung für die Aufstellung des Jahresabschlusses[21] oder die Errichtung einer Zweigniederlassung.[22] In Betracht kommt ferner die Bestellung eines Arbeitsdirektors, der zwar nicht zur Vertretung der Gesellschaft, wohl aber für Entscheidungen im Bereich Arbeit und Soziales benötigt wird.[23]

7 **2. Dringlichkeit.** Ein dringender Fall ist gegeben, wenn der Aufsichtsrat selbst nicht eingreift oder eingreifen kann und ohne die gerichtliche Entscheidung erhebliche Nachteile für die Gesellschaft, ihre Aktionäre, Gläubiger, Arbeitnehmer oder sonstige Dritte drohen.[24] Die Rechtsprechung

---

[7] Vgl. Großkomm AktG/*Kort* Rn. 87; MüKoAktG/*Spindler* Rn. 3.
[8] Vgl. Wachter/*Eckert* Rn. 2; Hüffer/Koch/*Koch* Rn. 1; Kölner Komm AktG/*Mertens/Cahn* Rn. 1; MüKoAktG/*Spindler* Rn. 3; K. Schmidt/Lutter/*Seibt* Rn. 1; Hölters/*Weber* Rn. 1.
[9] Vgl. BGH NZG 2011, 26 Rn. 19; Großkomm AktG/*Kort* Rn. 87; MüKoAktG/*Spindler* Rn. 3.
[10] Vgl. KG DB 2005, 1730; Großkomm AktG/*Kort* Rn. 34. § 10 ist durch Gesetz v. 19.4.2006 (BGBl. 2006 I 866) aufgehoben worden.
[11] Zur (fehlenden) Rechtsmissbräuchlichkeit der Amtsniederlegung eines Alleinvorstands OLG Hamburg NZG 2016, 1070.
[12] Vgl. Bürgers/Körber/*Bürgers* Rn. 2; Hüffer/Koch/*Koch* Rn. 2; MüKoAktG/*Spindler* Rn. 4; NK-AktR/*Oltmanns* Rn. 2; K. Schmidt/Lutter/*Seibt* Rn. 2.
[13] Vgl. OLG Frankfurt a. M. AG 2008, 419; *Bumiller/Harders/Schwamb* FamFG § 375 Rn. 16.
[14] Vgl. LG Münster DB 1998, 665.
[15] Vgl. Hüffer/Koch/*Koch* Rn. 2; *Mertens* AG 1979, 334 (344).
[16] Vgl. Bürgers/Körber/*Bürgers* Rn. 2; Hüffer/Koch/*Koch* Rn. 2; Kölner Komm AktG/*Mertens/Cahn* Rn. 2; MüKoAktG/*Spindler* Rn. 4; NK-AktR/*Oltmanns* Rn. 2; K. Schmidt/Lutter/*Seibt* Rn. 2; MHdB AG/*Wiesner* § 20 Rn. 25.
[17] Vgl. BegrRegE *Kropff* S. 108.
[18] Vgl. BegrRegE *Kropff* S. 108; Kölner Komm AktG/*Mertens/Cahn* Rn. 2; MüKoAktG/*Spindler* Rn. 4.
[19] Vgl. Bürgers/Körber/*Bürgers* Rn. 2; Kölner Komm AktG/*Mertens/Cahn* Rn. 3; NK-AktR/*Oltmanns* Rn. 2; K. Schmidt/Lutter/*Seibt* Rn. 2.
[20] Vgl. BegrRegE *Kropff* S. 107; Bürgers/Körber/*Bürgers* Rn. 2; Hüffer/Koch/*Koch* Rn. 2; Kölner Komm AktG/*Mertens/Cahn* Rn. 3; MüKoAktG/*Spindler* Rn. 5; K. Schmidt/Lutter/*Seibt* Rn. 2; MHdB AG/*Wiesner* § 20 Rn. 25.
[21] Vgl. BegrRegE *Kropff* S. 107; Hüffer/Koch/*Koch* Rn. 2; MüKoAktG/*Spindler* Rn. 6; K. Schmidt/Lutter/*Seibt* Rn. 2; krit. NK-AktR/*Oltmanns* Rn. 2 unter Hinweis auf eine mögliche Aufgabenwahrnehmung durch Angestellte.
[22] Vgl. MüKoAktG/*Spindler* Rn. 6.
[23] Vgl. MüKoAktG/*Spindler* Rn. 6; MHdB AG/*Wiesner* § 20 Rn. 25.
[24] Vgl. Bürgers/Körber/*Bürgers* Rn. 3; Hüffer/Koch/*Koch* Rn. 3; Großkomm AktG/*Kort* Rn. 27; MüKoAktG/*Spindler* Rn. 7; NK-AktR/*Oltmanns* Rn. 3; K. Schmidt/Lutter/*Seibt* Rn. 3; MHdB AG/*Wiesner* § 20 Rn. 26; s. auch OLG Zweibrücken GmbHR 2012, 69 f.

hat dies vor allem für sog. Spaltgesellschaften angenommen, die als Folge der deutschen Teilung entstanden sind: Bei ihnen waren die Aktionäre für die Einberufung einer Hauptversammlung (§ 121 Abs. 2 S. 1) auf die Bestellung eines Notvorstands angewiesen.[25] Die Bestellung eines Interim-Aufsichtsrats nach § 104, der seinerseits den Vorstand bestellen kann, ist als längerer Weg nicht vorrangig.[26] Gleiches gilt für die Einberufung einer Hauptversammlung auf Verlangen einer Minderheit nach § 122.[27] Das Fehlen eines Arbeitsdirektors in mitbestimmten Gesellschaften ist nach hM stets als ein dringender Fall anzusehen.[28] Die bloße Möglichkeit einer Prozesspflegerschaft nach § 57 ZPO schließt die Dringlichkeit einer Ersatzbestellung nicht aus.[29] Ist ein Pfleger bereits bestellt, entfällt die Dringlichkeit jedoch im Rahmen seiner Befugnisse.[30]

III. Bestellungsverfahren

1. Antrag eines Beteiligten. Die gerichtliche Bestellung ist nicht von Amts wegen möglich, **8** sondern muss von einem Beteiligten beantragt werden. Beteiligt ist, wer ein schutzwürdiges Interesse an der sofortigen Bestellung eines fehlenden Vorstandsmitglieds hat.[31] Dies kann ein Vorstands- oder Aufsichtsratsmitglied, ein Aktionär oder eine Gesellschaftsgläubiger sein, der sein Recht gegen die Gesellschaft nicht durchsetzen kann, weil diese nicht wirksam vertreten ist.[32] Die Antragsberechtigung ist vom Antragsteller glaubhaft zu machen.[33] Die Erfolgsaussichten einer Rechtsverfolgung sind dabei vom Registergericht nicht zu prüfen.[34] Beim Fehlen eines Arbeitsdirektors soll auch der Betriebsrat antragsberechtigt sein.[35] Der Antrag kann einen für das Gericht unverbindlichen Personalvorschlag enthalten.[36]

2. Zuständigkeit und Entscheidung. Das Verfahren richtet sich nach §§ 1–110, 375 Nr. 3 **9** FamFG. Zuständig ist das Amtsgericht des Gesellschaftssitzes (§ 377 Abs. 1 FamFG iVm § 14 AktG), bei dem der Antrag schriftlich oder nach § 25 FamFG zu Protokoll der Geschäftsstelle einzureichen ist. Bei Spaltgesellschaften ist nach § 15 ZustErgG das Amtsgericht zuständig, in dessen Bezirk die Verwaltung der Gesellschaft geführt wird oder geführt werden soll.[37] Bei Streit oder Ungewissheit über die Zuständigkeit ist § 5 FamFG entsprechend anwendbar.[38]

Über den Antrag entscheidet der Richter (§ 17 Nr. 2a RPflG). Die Entscheidung ergeht durch **10** Beschluss, der einer Begründung bedarf und mit Bekanntmachung und Annahme durch den Bestellten gem. § 40 FamFG wirksam wird.[39] Der Richter hat bei der Bestellung die gesetzlichen Ausschlussgründe des § 76 Abs. 3[40] und nach hM auch die satzungsmäßigen Eignungsvoraussetzungen

---

[25] Vgl. BGH AG 1985, 53 f.; AG 1986, 290 f.; AG 1990, 78; OLG Celle NJW 1964, 112; NJW 1965, 504 (505); zust. Bürgers/Körber/*Bürgers* Rn. 3; Hüffer/Koch/*Koch* Rn. 3; Großkomm AktG/*Kort* Rn. 31; Kölner Komm AktG/*Mertens/Cahn* Rn. 4; MHdB AG/*Wiesner* § 20 Rn. 26.
[26] Vgl. OLG Celle NJW 1965, 504 (505); Hüffer/Koch/*Koch* Rn. 3; Großkomm AktG/*Kort* Rn. 29; Kölner Komm AktG/*Mertens/Cahn* Rn. 5; NK-AktR/*Oltmanns* Rn. 2; MüKoAktG/*Spindler* Rn. 7; MHdB AG/*Wiesner* § 20 Rn. 26.
[27] Vgl. OLG Celle NJW 1964, 112 (113); Kölner Komm AktG/*Mertens/Cahn* Rn. 5; MüKoAktG/*Spindler* Rn. 7; NK-AktR/*Oltmanns* Rn. 3.
[28] Vgl. MHdB AG/*Wiesner* § 20 Rn. 26; abschwächend MüKoAktG/*Spindler* Rn. 7: „Dringlichkeit der Regelfall"; ähnlich Großkomm AktG/*Kort* Rn. 28.
[29] Vgl. OLG Celle NJW 1965, 504 (505); Bürgers/Körber/*Bürgers* Rn. 3; Hüffer/Koch/*Koch* Rn. 3; Großkomm AktG/*Kort* Rn. 30; Kölner Komm AktG/*Mertens/Cahn* Rn. 6; K. Schmidt/Lutter/*Seibt* Rn. 3.
[30] Vgl. Hüffer/Koch/*Koch* Rn. 3; NK-AktR/*Oltmanns* Rn. 3; K. Schmidt/Lutter/*Seibt* Rn. 3.
[31] Vgl. KG NZG 2007, 475 (476); Bürgers/Körber/*Bürgers* Rn. 4; Hüffer/Koch/*Koch* Rn. 4; Großkomm AktG/*Kort* Rn. 39; Kölner Komm AktG/*Mertens/Cahn* Rn. 7; MüKoAktG/*Spindler* Rn. 9; K. Schmidt/Lutter/*Seibt* Rn. 4; MHdB AG/*Wiesner* § 20 Rn. 27.
[32] Vgl. Kölner Komm AktG/*Mertens/Cahn* Rn. 7; MüKoAktG/*Spindler* Rn. 9; NK-AktR/*Oltmanns* Rn. 4; K. Schmidt/Lutter/*Seibt* Rn. 4.
[33] Vgl. KG NZG 2007, 475.
[34] Vgl. OLG Hamm OLGZ 1965, 329 (331); Hüffer/Koch/*Koch* Rn. 4; Kölner Komm AktG/*Mertens/Cahn* Rn. 8; MüKoAktG/*Spindler* Rn. 10; K. Schmidt/Lutter/*Seibt* Rn. 4.
[35] Vgl. Bürgers/Körber/*Bürgers* Rn. 4; *Kögel* GmbHR 2012, 772 (774); MüKoAktG/*Spindler* Rn. 9.
[36] Vgl. MüKoAktG/*Spindler* Rn. 15.
[37] Vgl. BGH AG 1985, 53 (54); 1986, 290 (291); BayObLGZ 1987, 29 (33); Hüffer/Koch/*Koch* Rn. 4; Kölner Komm AktG/*Mertens/Cahn* Rn. 9. § 15 ist durch Gesetz v. 19.4.2006 (BGBl. 2006 I 866) aufgehoben worden.
[38] Vgl. BGHZ 19, 102 (107); BGH AG 1985, 53 (54); AG 1986, 290 (291); BayObLGZ 1987, 29 (33); Hüffer/Koch/*Koch* Rn. 4; Großkomm AktG/*Kort* Rn. 37; Kölner Komm AktG/*Mertens/Cahn* Rn. 9.
[39] Vgl. Hüffer/Koch/*Koch* Rn. 4; Kölner Komm AktG/*Mertens/Cahn* Rn. 10.
[40] Vgl. Bürgers/Körber/*Bürgers* Rn. 5; Kölner Komm AktG/*Mertens/Cahn* Rn. 14; MüKoAktG/*Spindler* Rn. 13.

zu beachten.[41] Im Verfahren zur gerichtlichen Bestellung sind die Mitglieder des Aufsichtsrats sowie etwaige andere Vorstandsmitglieder zu hören.[42]

11 Liegen die Voraussetzungen für eine Ersatzbestellung vor, so muss das Gericht das Vorstandsmitglied bestellen.[43] Die Bestellung ist gemäß § 81 Abs. 1 im Handelsregister einzutragen,[44] es sei denn, sie erfolgt nur für einzelne Rechtshandlungen.[45]

12 Gegen die Entscheidung des Gerichts ist nach § 85 Abs. 1 S. 2 die Beschwerde zulässig. Sie steht bei stattgebender Entscheidung nach § 59 Abs. 1 FamFG jedem Beeinträchtigten (der AG, den übrigen Vorstandsmitgliedern, dem Aufsichtsrat, nicht aber den Aktionären)[46] zu, bei Zurückweisung des Antrags nach § 59 Abs. 2 FamFG nur dem Antragsteller. Die Rechtsbeschwerde ist nach Maßgabe der §§ 70–75 FamFG zulässig.[47] Das Beschwerdegericht kann das von der Vorinstanz bestellte Vorstandsmitglied durch eine andere Person ersetzen.[48]

IV. Rechtsstellung gerichtlich bestellter Vorstandsmitglieder

13 **1. Allgemeines.** Das gerichtlich bestellte Vorstandsmitglied hat grundsätzlich die gleichen Rechte und Pflichten wie ein vom Aufsichtsrat nach § 84 Abs. 1 bestelltes Vorstandsmitglied.[49] Auch die Vertretungsmacht des Vorstandsmitglieds ist nach § 82 Abs. 1 nicht beschränkbar.[50] Ob der Bestellte Allein- oder Gesamtvertretungsmacht hat, richtet sich nach der Vertretungsmacht des fehlenden Vorstandsmitglieds.[51] Besteht Gesamtvertretung, so hat das Gericht nach Möglichkeit so viele Vorstandsmitglieder zu bestellen, wie an der zur Vertretung erforderlichen Zahl fehlen.[52] Beschränkt es sich auf die Bestellung nur einer Person, so ist diese Bestellung als rechtsgestaltende Verfügung gleichwohl wirksam;[53] der Bestellte hat dann Alleinvertretungsmacht.[54]

14 Allgemeiner Auffassung zufolge kann die Geschäftsführungsbefugnis des Notvorstands in dem gerichtlichen Bestellungsbeschluss eingeschränkt oder sogar auf einzelne Rechtshandlungen begrenzt werden.[55] Das gilt allerdings wegen der umfassenden Aufgaben nicht in der Insolvenz.[56] Enthält der Bestellungsbeschluss keine Angaben über den Umfang der Geschäftsführungsbefugnis, bestimmt sich dieser nach Gesetz und Satzung.[57]

15 **2. Amtsdauer.** Die Bestellung kann nach § 85 Abs. 2 nur für die Zeit bis zur Behebung des Mangels erfolgen. Ist eine Befristung erfolgt,[58] so endet die Bestellung mit Ablauf der Frist, spätestens

---

[41] Vgl. Bürgers/Körber/*Bürgers* Rn. 5; Großkomm AktG/*Kort* Rn. 46; MüKoAktG/*Spindler* Rn. 13; K. Schmidt/Lutter/*Seibt* Rn. 6; abw. Kölner Komm AktG/*Mertens/Cahn* Rn. 14.
[42] Vgl. OLG Frankfurt AG 2008, 419.
[43] Vgl. Großkomm AktG/*Kort* Rn. 48; Kölner Komm AktG/*Mertens/Cahn* Rn. 11; MüKoAktG/*Spindler* Rn. 17; K. Schmidt/Lutter/*Seibt* Rn. 7.
[44] Vgl. Bürgers/Körber/*Bürgers* Rn. 4; Großkomm AktG/*Kort* Rn. 60; NK-AktR/*Oltmanns* Rn. 4; K. Schmidt/Lutter/*Seibt* Rn. 7; MHdB AG/*Wiesner* § 20 Rn. 27.
[45] Vgl. Bürgers/Körber/*Bürgers* Rn. 4; Kölner Komm AktG/*Mertens/Cahn* Rn. 12; MüKoAktG/*Spindler* Rn. 18; K. Schmidt/Lutter/*Seibt* Rn. 7; abw. Großkomm AktG/*Kort* Rn. 61: Eintragung aus Rechtssicherheitsgründen erforderlich.
[46] Zu ihrer nur mittelbaren Betroffenheit OLG Frankfurt a. M. NJW 1955, 1929; NK-AktR/*Oltmanns* Rn. 4; Hüffer/Koch/*Koch* Rn. 4.
[47] Vgl. Großkomm AktG/*Kort* Rn. 69; Kölner Komm AktG/*Mertens/Cahn* Rn. 13.
[48] Vgl. BGHZ 24, 47 (52); Großkomm AktG/*Kort* Rn. 68; Kölner Komm AktG/*Mertens/Cahn* Rn. 13; MüKoAktG/*Spindler* Rn. 20; NK-AktR/*Oltmanns* Rn. 4; K. Schmidt/Lutter/*Seibt* Rn. 8.
[49] Vgl. Bürgers/Körber/*Bürgers* Rn. 6; Hüffer/Koch/*Koch* Rn. 5; Großkomm AktG/*Kort* Rn. 62; NK-AktR/*Oltmanns* Rn. 5; K. Schmidt/Lutter/*Seibt* Rn. 9.
[50] Vgl. BayObLGZ 1987, 29 (34); LG Berlin AG 1986, 52 (53); Hüffer/Koch/*Koch* Rn. 5; Großkomm AktG/*Kort* Rn. 54; Kölner Komm AktG/*Mertens/Cahn* Rn. 15; NK-AktR/*Oltmanns* Rn. 5.
[51] Vgl. Hüffer/Koch/*Koch* Rn. 5; Kölner Komm AktG/*Mertens/Cahn* Rn. 15; MüKoAktG/*Spindler* Rn. 15; K. Schmidt/Lutter/*Seibt* Rn. 9.
[52] Vgl. Kölner Komm AktG/*Mertens/Cahn* Rn. 15; MüKoAktG/*Spindler* Rn. 15.
[53] Vgl. KG OLGZ 1965, 332 (334); RG JW 1918, 361 (362 f.); Kölner Komm AktG/*Mertens/Cahn* Rn. 15; abw. MüKoAktG/*Spindler* Rn. 15.
[54] Vgl. KG OLGZ 1965, 332 (334); Bürgers/Körber/*Bürgers* Rn. 6; Kölner Komm AktG/*Mertens/Cahn* Rn. 15.
[55] Vgl. BayObLGZ 1987, 29 (34); LG Berlin AG 1986, 52 (53); Bürgers/Körber/*Bürgers* Rn. 6; Kölner Komm AktG/*Mertens/Cahn* Rn. 15; MüKoAktG/*Spindler* Rn. 16; NK-AktR/*Oltmanns* Rn. 5; K. Schmidt/Lutter/*Seibt* Rn. 9.
[56] Vgl. BayObLG AG 1988, 301 (303 f.); Großkomm AktG/*Kort* Rn. 55; Kölner Komm AktG/*Mertens/Cahn* Rn. 15; MüKoAktG/*Spindler* Rn. 16.
[57] Vgl. NK-AktR/*Oltmanns* Rn. 5.
[58] Gegen ihre Zulässigkeit Kölner Komm AktG/*Mertens/Cahn* Rn. 17; anders NK-AktR/*Oltmanns* Rn. 6.

Bestellung durch das Gericht 1, 2 § 85

aber mit Behebung des Mangels.[59] Dagegen erlischt sie nicht schon mit der Erfüllung der dem Notvorstand gestellten Aufgabe.[60] Ebenso wenig endet sie dadurch, dass die Dringlichkeit der Ersatzbestellung entfällt.[61]

Das Gericht kann den Notvorstand aus wichtigem Grund von Amts wegen abberufen.[62] Eine Abberufung durch den Aufsichtsrat nach § 84 Abs. 3 ist dagegen nicht möglich.[63] Dieser kann jedoch nach § 84 Abs. 1 ein neues Vorstandsmitglied bestellen, so dass das Amt des Notvorstands nach § 85 Abs. 2 von selbst erlischt.[64] Außerdem kann der Aufsichtsrat bei Gericht einen Abberufungsantrag stellen, gegen dessen Ablehnung ihm die einfache Beschwerde zusteht.[65] Ein gerichtlich abberufenes Vorstandsmitglied ist gleichfalls beschwerdeberechtigt.[66] Legt das Vorstandsmitglied von sich aus sein Amt nieder, so kann das Gericht von Amts wegen ein neues Mitglied einsetzen, wenn die Voraussetzungen des § 85 Abs. 1 noch bestehen.[67] Die grundlose Amtsniederlegung des Notvorstands kann einen Schadensersatzanspruch der Gesellschaft nach § 93 Abs. 2 begründen.[68]

3. Auslagenersatz und Vergütung. Durch die gerichtliche Bestellung wird ein Organschaftsverhältnis, aber kein Anstellungsvertrag begründet.[69] § 85 Abs. 3 S. 1 gewährt dem Vorstandsmitglied daher einen Anspruch auf Ersatz angemessener barer Auslagen und auf Vergütung für seine Tätigkeit. Einigen sich das gerichtlich bestellte Vorstandsmitglied und die Gesellschaft nicht, so wird die Höhe der Auslagen und der Vergütung gem. § 85 Abs. 3 S. 2 vom Gericht festgesetzt. Gegen dessen Entscheidung ist nach § 85 Abs. 3 S. 3 Hs. 1 die Beschwerde zulässig; die Rechtsbeschwerde ist nach § 85 Abs. 3 S. 3 Hs. 2 ausgeschlossen. Aus der rechtskräftigen Entscheidung findet gem. § 85 Abs. 3 S. 4 die Zwangsvollstreckung nach der Zivilprozessordnung statt.

16

17

§ 86 *(aufgehoben)*

§ 86 regelte die Gewinnbeteiligung der Vorstandsmitglieder. Er wurde durch Art. 1 Nr. 4 TransPuG vom 19.7.2002 (BGBl. I S. 2681) aufgehoben. Der Gesetzgeber sah die Vorschrift in Übereinstimmung mit zahlreichen Literaturstimmen als überflüssig und überholt an.[1] Zudem hatte sich die Praxis bei der Ausgestaltung der Gewinnbeteiligung nicht am Jahresgewinn,[2] sondern an anderen Parametern, zB EBITDA, orientiert.[3]

Nach Streichung des § 86 bleiben Gewinnbeteiligungen (Tantiemen) als *variables* Vergütungselement selbstverständlich zulässig.[4] Ziff 4.2.3 DCGK verlangt ausdrücklich, dass die Gesamtvergütung der Vorstandsmitglieder neben fixen auch variable Vergütungsbestandteile umfassen „soll". Zudem wird angeregt, dass sich unter den variablen Vergütungselementen auch jährlich wiederkehrende, an den geschäftlichen Erfolg gebundene Komponenten befinden „sollten".[5] Aktienrechtlich sind Gewinnbeteiligungen nunmehr allein an § 87 Abs. 1 zu messen (→ § 87 Rn. 44).[6] Rechtlich zulässig, wenn auch in der Vergütungspraxis zum Teil überholt, sind die Dividenden.

1

2

---

[59] Vgl. NK-AktR/*Oltmanns* Rn. 6.
[60] Wie hier Kölner Komm AktG/*Mertens*/*Cahn* Rn. 17; abw. MüKoAktG/*Spindler* Rn. 21; NK-AktR/*Oltmanns* Rn. 6.
[61] Vgl. Bürgers/Körber/*Bürgers* Rn. 7; Großkomm AktG/*Kort* Rn. 72; Kölner Komm AktG/*Mertens*/*Cahn* Rn. 17; MüKoAktG/*Spindler* Rn. 21.
[62] Vgl. Bürgers/Körber/*Bürgers* Rn. 7; Hüffer/Koch/*Koch* Rn. 5; Großkomm AktG/*Kort* Rn. 76; NK-AktR/*Oltmanns* Rn. 6; K. Schmidt/Lutter/*Seibt* Rn. 10.
[63] Vgl. Bürgers/Körber/*Bürgers* Rn. 7; Hüffer/Koch/*Koch* Rn. 5; Großkomm AktG/*Kort* Rn. 76; K. Schmidt/Lutter/*Seibt* Rn. 10.
[64] Vgl. MüKoAktG/*Spindler* Rn. 22; K. Schmidt/Lutter/*Seibt* Rn. 10; MHdB AG/*Wiesner* § 20 Rn. 28.
[65] Vgl. Bürgers/Körber/*Bürgers* Rn. 7; Kölner Komm AktG/*Mertens*/*Cahn* Rn. 18; NK-AktR/*Oltmanns* Rn. 63; zweifelnd Großkomm AktG/*Kort* Rn. 77.
[66] Vgl. Bürgers/Körber/*Bürgers* Rn. 7; Großkomm AktG/*Kort* Rn. 79; Kölner Komm AktG/*Mertens*/*Cahn* Rn. 19.
[67] Vgl. MüKoAktG/*Spindler* Rn. 22.
[68] Vgl. Kölner Komm AktG/*Mertens*/*Cahn* Rn. 16; NK-AktR/*Oltmanns* Rn. 8.
[69] Vgl. Bürgers/Körber/*Bürgers* Rn. 6; Großkomm AktG/*Kort* Rn. 82; K. Schmidt/Lutter/*Seibt* Rn. 11; MHdB AG/*Wiesner* § 20 Rn. 29.
[1] Vgl BegrRegE TransPuG, BT-Drs. 14/8769, 14; zustimmend *Ihrig*/*Wagner* BB 2002, 789 (793); Großkomm AktG/*Kort* Rn. 1; verhalten Hüffer/Koch/*Koch* Rn. 1.
[2] Zu diesem Begriff BGH AG 2003, 384 (385).
[3] Vgl NK-AktR/*Oltmanns* Rn. 1.
[4] Vgl Hüffer/Koch/*Koch* Rn. 1; *Thüsing* in Fleischer VorstandsR-HdB § 6 Rn. 47 ff.
[5] Näher KBLW/*Bachmann* Rn. 995 ff.; Wilsing/*Goslar* DCGK Ziff. 4.2.3 Rn. 9 ff.
[6] Vgl NK-AktR/*Oltmanns* § 87 Rn. 2; *Thüsing* in Fleischer VorstandsR-HdB § 6 Rn. 48.

§ 87 Grundsätze für die Bezüge der Vorstandsmitglieder

(1) ¹Der Aufsichtsrat hat bei der Festsetzung der Gesamtbezüge des einzelnen Vorstandsmitglieds (Gehalt, Gewinnbeteiligungen, Aufwandsentschädigungen, Versicherungsentgelte, Provisionen, anreizorientierte Vergütungszusagen wie zum Beispiel Aktienbezugsrechte und Nebenleistungen jeder Art) dafür zu sorgen, dass diese in einem angemessenen Verhältnis zu den Aufgaben und Leistungen des Vorstandsmitglieds sowie zur Lage der Gesellschaft stehen und die übliche Vergütung nicht ohne besondere Gründe übersteigen. ²Die Vergütungsstruktur ist bei börsennotierten Gesellschaften auf eine nachhaltige Unternehmensentwicklung auszurichten. ³Variable Vergütungsbestandteile sollen daher eine mehrjährige Bemessungsgrundlage haben; für außerordentliche Entwicklungen soll der Aufsichtsrat eine Begrenzungsmöglichkeit vereinbaren. ⁴Satz 1 gilt sinngemäß für Ruhegehalt, Hinterbliebenenbezüge und Leistungen verwandter Art.

(2) ¹Verschlechtert sich die Lage der Gesellschaft nach der Festsetzung so, dass die Weitergewährung der Bezüge nach Absatz 1 unbillig für die Gesellschaft wäre, so soll der Aufsichtsrat oder im Falle des § 85 Absatz 3 das Gericht auf Antrag des Aufsichtsrats die Bezüge auf die angemessene Höhe herabsetzen. ²Ruhegehalt, Hinterbliebenenbezüge und Leistungen verwandter Art können nur in den ersten drei Jahren nach Ausscheiden aus der Gesellschaft nach Satz 1 herabgesetzt werden. ³Durch eine Herabsetzung wird der Anstellungsvertrag im übrigen nicht berührt. ⁴Das Vorstandsmitglied kann jedoch seinen Anstellungsvertrag für den Schluß des nächsten Kalendervierteljahrs mit einer Kündigungsfrist von sechs Wochen kündigen.

(3) Wird über das Vermögen der Gesellschaft das Insolvenzverfahren eröffnet und kündigt der Insolvenzverwalter den Anstellungsvertrag eines Vorstandsmitglieds, so kann es Ersatz für den Schaden, der ihm durch die Aufhebung des Dienstverhältnisses entsteht, nur für zwei Jahre seit dem Ablauf des Dienstverhältnisses verlangen.

Schrifttum: *Adams*, Aktienoptionspläne und Vorstandsvergütungen, ZIP 2002, 1325; *Adams*, Vorstandsvergütungen – Der Fall Mannesmann und DaimlerChrysler, FS v. Weizsäcker, 2003, 295; *Allen & Overy*, Analyse der Vergütungssysteme 2017. Die Vorstands- und Aufsichtsratsgehälter der DAX-30-Unternehmen; *Annuß/Theusinger*, Das VorstAG – Praktische Hinweise zum Umgang mit dem neuen Recht, BB 2009, 2434; *Armbrüster*, Aufsichtsrecht überlagert Aktienrecht. Die Neuregelungen zur Haftung und Vergütung von Vorstandsmitgliedern am Beispiel der Versicherungs-AG, KSzW 2013, 10; *Armbrüster*, Neue Vorgaben zur Managervergütung im Versicherungssektor, VersR 2011, 1; *Arnold*, Variable Vergütung von Vorstandsmitgliedern im faktischen Konzern, FS Bauer, 2010, 35; *Arnold/Schansker*, Vergütungsgestaltung in Vorstandsverträgen – Rechtliche Anforderungen und praktische Umsetzung, KSzW 2012, 39; *Augsberg*, Verfassungsrechtliche Aspekte einer gesetzlichen Offenlegungspflicht für Vorstandsbezüge, ZRP 2003, 105; *Bauer/Arnold*, Mannesmann und die Folgen für Vorstandsverträge, DB 2006, 546; *Bauer/Arnold*, Sind Abfindungs-Caps in Vorstandsverträgen wirklich zu empfehlen? – Zur Überarbeitung des Deutschen Corporate Governance Kodex, BB 2008, 1692; *Bauer/Arnold*, Festsetzung und Herabsetzung der Vorstandsvergütung nach dem VorstAG, AG 2009, 717; *Bauer/Baeck/v. Medem*, Altersversorgung und Übergangsgeld in Vorstandsanstellungsverträgen, NZG 2010, 721; *Bauerfeind*, Aufsichts- und gesellschaftsrechtliche Grenzen der Vorstandsvergütung bei Finanzinstituten, GWR 2016, 89; *Baums*, Aktienoptionen für Vorstandsmitglieder, FS Claussen 1997, 3; *Baums*, Anerkennungsprämien für Vorstandsmitglieder, FS Huber, 2006, 655; *Baums*, Die Unabhängigkeit des Vergütungsberaters, AG 2010, 53; *Baums*, Vorschlag eines Gesetzes zur Verbesserung der Transparenz von Vorstandsmitgliedern, ZIP 2004, 1877; *Baums*, Zur Offenlegung von Vorstandsvergütungen, ZHR 169 (2005), 299; *Bayer/Meier-Wehrsdorfer*, Abfindungsleistungen an Manager, AG 2013, 477; *de Beauregard/Schwimmbeck/Gleich*, Variable Vergütung im Trennungsprozess mit Geschäftsführern und Vorständen, DB 2012, 2792 (Teil 1), 2853 (Teil 2); *A. Berger*, Vorstandsvergütung, 2013; *Bittmann/Schwarz*, Offenelegung von „Change of Control-Klauseln", BB 2009, 1014; *Böcking/Wallek/Weßels*, Zur Notwendigkeit von Regulierungsmaßnahmen bei der Vergütung von Vorstand, Aufsichtsrat und Abschlussprüfer – eine Analyse der Veränderungen von 2007 bis 2010, Der Konzern 2011, 296; *Boeckmann*, Die Zulässigkeit von Leistungen Dritter an Mitglieder des Vorstands der unabhängigen Aktiengesellschaft, 2018; *Bork*, Change of Control-Klauseln in Anstellungsverträgen von Vorstandsmitgliedern, 2009; *Bors*, Erfolgs- und leistungsorientierte Vorstandsvergütung, 2006; *Bosse*, Das Gesetz zur Angemessenheit der Vorstandsvergütung (VorstAG) – Überblick und Handlungsbedarf, BB 2009, 1650; *Brandes*, Rückzahlung überhöhter Vorstandsgehälter, ZIP 2013, 1107; *Brauer*, Die aktienrechtliche Beurteilung von „appreciation awards" zu Gunsten des Vorstands, NZG 2004, 502; *Brauer/Dreier*, Der Fall Mannesmann in der nächsten Runde, NZG 2005, 57; *Bungert/Wettich*, Kleine Aktienrechtsnovelle 2011 – Kritische Würdigung des Referentenentwurfs aus Sicht der Praxis, ZIP 2011, 160; *Bursee/Wälz*, Die Vergütungstabelle des DCGK, BOARD 2016, 103; *Cahn*, Vorstandsvergütung als Gegenstand rechtlicher Regelung, FS Hopt, 2010, 431; *Cannivé/Seebach*, Vorstandsvergütung als neue Haftungsfalle für Aufsichtsratsmitglieder?, Der Konzern 2009, 593; *Claussen*, Stock options – Quo vadis?, FS Horn, 2006, 313; *Conrad/Panetta*, Neuerungen durch das Gesetz zur Angemessenheit der Vorstandsvergütungen, NJOZ 2009, 3199; *Cramer*, Change of Control-Klauseln im deutschen Unternehmensrecht, 2009; *Dauner-Lieb*, Die Verrechtlichung der Vorstandsvergütung durch das VorstAG als Herausforderung für den Aufsichtsrat, Der Konzern 2009, 583; *Dauner-Lieb*, Change of Control-Klauseln nach Mannesmann, DB

2008, 567; *Dauner-Lieb/Friedrich,* Zur Reichweite des § 87 II AktG – Rückgängigmachung der Kürzung nach Erholung der Lage der Gesellschaft, NZG 2010, 688; *Deilmann/Otte,* Auswirkungen des VorstAG auf die Struktur der Vorstandsvergütung, GWR 2009, 161; *Diller,* Nachträgliche Herabsetzung von Vorstandsvergütungen und -ruhegeldern nach dem VorstAG, NZG 2009, 1006; *Diller/Arnold,* Anspruch auf Übergangsgeld bei „Unmöglichkeit" der Vorstands-Wiederbestellung zu gleich günstigen Konditionen?, AG 2010, 721; *Doetsch,* Veränderte Anforderungen an Gestaltung und Publizität von Vorstands-Pensionszusagen, AG 2010, 465; *Dörnwächter,* Stimmrechts- und Vergütungsberatung – Interessenkonflikte und Unabhängigkeit, AG 2017, 409; *Dörnwächter/Trafkowski,* Anmerkungen zum Abfindungs-Cap in Nummer 4.2.3 nF des Deutschen Corporate Governance Kodex, NZG 2007, 846; *Dreher,* Vergütung, Versorgung und Absicherung von Vorstandsmitgliedern in der Aktiengesellschaft, in Henze/Hoffmann-Becking, Gesellschaftsrecht 2003, 2004, 203; *Drüen,* Zur steuerlichen Regulierung von Managervergütungen, KSzW 2013, 313; *Drygala,* Die neue Pflicht des Vorstands zur Bescheidenheit, FS U. H. Schneider, 2011, 275; *Duplois,* Die Beeinflussung aktienrechtlicher Corporate Governance durch das Bankaufsichtsrecht. Eine Untersuchung unter besonderer Berücksichtigung der Vorstandsvergütung, 2017; *Dzida/Naber,* Risikosteuerung durch variable Vergütung, BB 2011, 2613; *Eichner/Delahaye,* Sorgfaltspflichten und Gestaltungsmöglichkeiten des Aufsichtsrats bei Vorstandsverträgen nach dem VorstAG, ZIP 2010, 2082; *Ehren/Gros,* Anforderungen an eine angemessene Vorstandsvergütung aus Sicht der Praxis, Der Konzern 2010, 412; *Ernst/Rapp/Wolff,* Vergütung von Vorstandsorganen deutscher Aktiengesellschaften. Ergebnisse einer Analyse der deutschen Prime Standard Unternehmen, ZCG 2009, 53; *Fastrich,* Golden Parachutes und sonstige Landehilfen, FS Heldrich, 2005, 143; *Ferran,* New Regulation of Remuneration in the Financial Sector in the EU, ECFR 2012, 1; *Feudner,* Regeln für Vorstandsbezüge – Iustitia est constans et perpetua voluntas ius suum cuique tribuendi, NZG 2007, 779; *Fleischer,* Das Vorstandsvergütungs-Offenlegungsgesetz, DB 2005, 1611; *Fleischer,* Zur Angemessenheit der Vorstandsvergütung im Aktienrecht, DStR 2005, 1279 (Teil I), 1318 (Teil II); *Fleischer,* Das Mannesmann-Urteil des Bundesgerichtshofs: Eine aktienrechtliche Nachlese, DB 2006, 542; *Fleischer,* Organpublizität im Aktien-, Bilanz- und Kapitalmarktrecht, NZG 2006, 561; *Fleischer,* Das Gesetz zur Angemessenheit der Vorstandsvergütung (VorstAG), NZG 2009, 801; *Fleischer,* Aufsichtsratsverantwortlichkeit für die Vorstandsvergütung und Unabhängigkeit der Vergütungsberater, BB 2010, 67; *Fleischer,* Regulierungsinstrumente der Managervergütung in rechtsvergleichender Perspektive, RIW 2010, 497; *Fleischer/Bauer,* Von Vorstandsbezügen, Flugreisen, Festschriften, Firmensponsoring und Festessen: Vorstandshaftung für übermäßige Vergütung und „fringe benefits", ZIP 2015, 1901; *Fleischer/Hupka,* Zur Regulierung der Vorstandsvergütung durch das Steuerrecht, DB 2010, 601; *Fonk,* Die Zulässigkeit von Vorstandsbezügen dem Grunde nach, NZG 2005, 248; *Fonk,* Vergütungsrelevante Zielvereinbarungen und -vorgaben versus Leitungsbefugnis des Vorstands, NZG 2011, 321; *Fonk,* Was bleibt dem Personalausschuss des Aufsichtsrats der AG nach dem VorstAG?, FS Hoffmann-Becking, 2013, 347; *Forst,* Zu den Auswirkungen des Gesetzes zur Angemessenheit der Vorstandsvergütung auf die SE, ZIP 2010, 1786; *Gätsch,* Fiduziarität und Vergütungsautonomie im Vorstandsrecht, 2016; *Gaul/Janz,* Wahlkampfgetöse im Aktienrecht – Gesetzliche Begrenzung der Vorstandsvergütung und Änderungen der Aufsichtsratstätigkeit, NZA 2009, 809; *Göcke/Greubel,* Herabsetzung der Vorstandsvergütung in der Insolvenz, ZIP 2009, 2086; *Goette,* Zur Orientierung der Vorstandsvergütung an der Lage der Muttergesellschaft, FS Hopt, 2010, 689; *Goj,* Die Festlegung betragsmäßiger Höchstgrenzen der Vorstandsvergütung nach Ziff. 4.2.3 Abs. 2 Satz 6 DCGK, AG 2015, 173; *Graf,* Der Aufsichtsrat und die Vergütung des Vorstands, FS Jud, 2012, 115; *Grattenthaler,* Die Vergütung von Vorstandsmitgliedern in Aktiengesellschaften, 2007; *Habersack,* Vorstands- und Aufsichtsratsvergütung – Grundsatz- und Anwendungsfragen im Lichte der Aktionärsrechterichtlinie, NZG 2018, 127; *Hanau,* Der sehr vorsichtige Entwurf eines Gesetzes zur Angemessenheit der Vorstandsvergütung, NJW 2009, 1652; *Harbarth,* Aktienrecht, Gemeinwohl und Vergütungsparameter, ZGR 2018, 379; *Herzberg/Schuster/Tusch,* Die Institutsvergütungsverordnung 3.0, WM 2017, 2289; *Hesse,* Die Veröffentlichungspflicht für Vorstandsvergütungen nach Gesellschafts-, Verfassungs- und Europarecht, 2012; *Hirte,* Die Publizität der Organvergütungen zwischen Transparenz und Voyeurismus, in Abeltshauser/Buck, Corporate Governance, 2004, 75; *Hoffmann-Becking,* Abfindungsleistungen an ausscheidende Vorstandsmitglieder, ZIP 2007, 2101; *Hoffmann-Becking,* Gestaltungsmöglichkeiten bei Anreizsystemen, NZG 1999, 797; *Hoffmann-Becking,* Rechtliche Anmerkungen zur Vorstands- und Aufsichtsratsvergütung, ZHR 169 (2005), 155; *Hoffmann-Becking,* Vorstandsvergütung nach Mannesmann, NZG 2006, 127; *Hoffmann-Becking/Krieger,* Leitfaden zur Anwendung des Gesetzes zur Angemessenheit der Vorstandsvergütung (VorstAG), NZG-Beil. Heft 26/2009; *Hohaus/Weber,* Die Angemessenheit der Vorstandsvergütung gem. § 87 AktG nach dem VorstAG, DB 2009, 1515; *Hohenstatt,* Das Gesetz zur Angemessenheit der Vorstandsvergütung, ZIP 2009, 1349; *Hohenstatt,* Neue Vorgaben zur Vorstandsvergütung im Deutschen Corporate Governance Kodex?, ZIP 2016, 255; *Hohenstatt/Seibt/Wagner,* Einbeziehung von Vorstandsmitgliedern in ergebnisabhängige Vergütungssysteme von Konzernobergesellschaften, ZIP 2008, 2289; *Hohenstatt/Kuhnke,* Vergütungsstruktur und variable Vergütungsmodelle für Vorstandsmitglieder nach dem VorstAG, ZIP 2009, 1981; *Hohenstatt/Naber,* Die „Abfindung der Restlaufzeit" bei der vorzeitigen Auflösung von Vorstandsverträgen, FS Bauer, 2010, 447; *Hohenstatt/Wagner,* Zur Transparenz der Vorstandsvergütung – 10 Fragen aus der Unternehmenspraxis, ZIP 2008, 945; *Hommelhoff,* Vorstandsbezüge in der Konzerntochter, FS Goette, 2011, 169; *Hüffer,* Mannesmann/Vodafone: Präsidiumsbeschlüsse des Aufsichtsrats für die Gewährung von „Appreciation Awards" an Vorstandsmitglieder, BB-Beil. Heft 7/2003; *Hüffer,* Unangemessenheit der Vorstandsvergütung als Haftungsrisiko von Aufsichtsratsmitgliedern, FS Hoffmann-Becking, 2013, 589; *Ihrig/Wandt/Wittgens,* Die angemessene Vorstandsvergütung drei Jahre nach Inkrafttreten des VorstAG, ZIP-Beil. Heft 40/2012; *Jaeger,* Die Auswirkungen des VorstAG auf die Praxis von Aufhebungsvereinbarungen, NZA 2010, 128; *Jaeger,* Zur Problematik der Einbeziehung von „good leaver"-Klauseln in die Regelung der variablen Vergütung von Vorstandsmitgliedern, Liber Amicorum Martin Winter, 2011, 313; *Jaeger/Balke,* Zu den Auswirkungen des VorstAG auf bestehende Vorstandsdienstverträge, ZIP 2010, 1471; *Jahn,* Lehren aus dem „Fall Mannesmann", ZRP 2004, 179; *Jahn,* Nach dem Mannesmann-Urteil des BGH: Konsequenzen für Wirtschaft, Justiz und Gesetzgeber, ZIP 2006, 738; *Jahn,* Das VorstAG: Neue Vorschriften gegen „unangemessene" Managerbezüge, GWR 2009, 135; *Jickeli,* Die Überprüfung von Vorstandsbezügen auf ihre Angemessenheit, FS Säcker, 2011, 381; *Kalb/ Fröhlich,* Die Drittvergütung von Vorständen, NZG 2014, 167; *Käpplinger,* Zur aktienrechtlichen Zulässigkeit von Abfindungszahlungen, NZG 2003, 573; *Keiser,* Die Herabsetzung von Managergehältern in der Krise als Organpflicht des Aufsichtsrats, RdA 2010, 280; *Kling,* Die Angemessenheit der Vorstandsvergütung gemäß § 87 AktG nF, DZWIR 2010, 221; *Klöhn,* Die Herabsetzung der Vorstandsvergütung nach § 87 Abs. 2 AktG in der börsennotierten Aktiengesellschaft, ZGR 2012, 1; *Koch,* Die Herabsetzung der Vorstandsbezüge gemäß § 87 Abs. 2 AktG nach dem VorstAG, WM 2010, 49; *Kocher/Bednarz,* Mehrjährigkeit der variablen Vorstandsvergütung im Lichte der Nachhaltigkeit nach dem VorstAG, Der Konzern 2011, 77; *Körner,* Die Angemessenheit von Vorstandsbezügen in § 87 AktG – Eine unbeachtete Vorschrift?, NJW 2004, 2697; *Kort,* Das „Mannesmann-Urteil" im Lichte von § 87 AktG, NJW 2005, 333; *Kort,*„Change-of-Control"-Klauseln nach dem „Mannesmann"-Urteil des BGH – zulässig oder unzulässig?, AG 2006, 106; *Kort,* Das „Aus" für nachträglich vorgesehene Vorstandsvergütungen ohne Anreizwirkung?, NZG 2006, 131; *Kort,* Zivilrechtliche Folgen unangemessen hoher Vorstandsvergütung – eine „Mannesmann"-Spätlese, DStR 2007, 1127; *Kort,* Herabsetzung von Vorstandsbezügen gem. § 87 II AktG in der Insolvenz der AG, NZG 2015, 369; *Kort,* Kriterien der Herabsetzung der Vorstandsvergütung nach § 87 Abs. 2 S. 1 AktG, AG 2016, 209; *Korts,* Die Vereinbarung von Kontrollwechselklauseln in Vorstandsverträgen, BB 2009, 1876; *Kramarsch,* Aktienbasierte Managementvergütung, 2. Aufl. 2004; *Kramarsch,* Organvergütung, ZHR 169 (2005), 112; *Krieger,* Herabsetzung von Abfindungsleistungen nach § 87 Abs. 2 AktG, Liber Amicorum Martin Winter, 2011, S. 369; *Krienke/Schnell,* VorstAG und weitere Neuregelungen als Reaktion auf die Finanzkrise – Auswirkungen auf die Vergütung der Führungskräfte unterhalb des Vorstands?, NZA 2010, 135; *Kruse/Busold,* Geschäftsleitervergütung in der Krise der Gesellschaft, DStR 2017, 1608; *Küttner,* Change of Control-Klauseln in Vorstandsverträgen, FS 25 Jahre Arbeitsgemeinschaft Arbeitsrecht im DAV, 2006, 493; *Lackhoff/Kulenkamp,* Neue Vorgaben des KWG für das Verhältnis variabler und fixer Vergütung bei Kreditinstituten (§ 25a Abs. 5 KWG), AG 2014, 770; *Lange,* Die Belohnung von Vorstandsmitgliedern auf Veranlassung des Aufsichtsrats, AuR 2004, 83; *Langenbucher,* Die bereicherungsrechtliche Rückforderung unangemessener Vorstandsbezüge, FS Huber, 2006, 861; *Langenbucher,* Zur rechten Konkretisierung angemessener Vorstandsbezüge – Kapitalmarktrecht oder Verbandsrecht?, FS U. H. Schneider, 2011, 751; *Leßmann,* Abfindungsvereinbarungen mit Organmitgliedern deutscher Kapitalgesellschaften, 2006; *Leßmann/Hopfe,* Neue Regeln für Vergütungssysteme in Finanzinstituten, DB 2010, 54; *Leuering,* Vorstands- und Aufsichtsratsvergütung in der geänderten Aktionärsrechterichtlinie, NZG 2017, 646; *Leuering/Rubner,* Vorstandsvergütung: Neue Mitspracherechte der Hauptversammlung, NJW-Spezial 2013, 335; *Liebers/Hoefs,* Anerkennungs- und Abfindungszahlungen an ausscheidende Vorstandsmitglieder, ZIP 2004, 97; *Lingemann,* Angemessenheit der Vorstandsvergütung – Das VorstAG ist in Kraft, BB 2009, 1918; *Löw,* Rückforderung ausgezahlter Vergütung, NZA 2017, 1365; *Löw/Glück,* Sound Remuneration Policies – Die neuen EBA-Guidelines und ihre Konsequenzen für die Vergütungssysteme bei Banken, BKR 2016, 265; *Louven/Ingwersen,* Wie nachhaltig muss die Vorstandsvergütung sein?, BB 2013, 1219; *Lücke,* Die Angemessenheit von Vorstandsbezügen – Der erste unbestimmbare unbestimmte Rechtsbegriff?, NZG 2005, 692; *Lutter,* Aktienrechtliche Aspekte der angemessenen Vorstandsvergütung, ZIP 2006, 733; *Lutter,* Das Abfindungs-Cap in Ziff. 4.2.3 Abs. 3 des Deutschen Corporate Governance-Kodex, BB 2009, 1874; *Marsch-Barner,* Aktuelle Rechtsfragen zur Vergütung von Vorstands- und Aufsichtsratsmitgliedern einer AG, FS Röhricht, 2005, 401; *Marsch-Barner,* Zum Begriff der Nachhaltigkeit in § 87 Abs. 1 AktG, ZHR 175 (2011), 737; *Martens,* Die Vorstandsvergütung auf dem Prüfstand, ZHR 169 (2005), 124; *Martens,* Rechtliche Rahmenbedingungen der Vorstandsvergütung, FS Hüffer, 2010, 647; *Matischiok/Splinter,* IDW Praxishinweis 1/2010: Gutachterliche Stellungnahme eines Wirtschaftsprüfers über die Umsetzung des § 87 i.d.F. des VorstAG, WPg 2011, 773; *Mayer-Uellner,* Zur Zulässigkeit finanzieller Leistungen Dritter an die Mitglieder des Vorstands, AG 2011, 193; *H.-G. Meier,* Der fehlerhafte Anstellungsvertrag von Organmitgliedern und die Rückabwicklung der Vergütung, NZA 2011, 267; *N. Meier,* Das Gesetz zur Angemessenheit der Vorstandsvergütung, ZKF 2010, 7; *Menke/Porsch,* Verfassungs- und europarechtliche Grenzen eines Gesetzes zur individualisierten Zwangsoffenlegung der Vergütung der Vorstandsmitglieder, BB 2004, 2533; *Mertens,* Vorstandsvergütung in börsennotierten Aktiengesellschaften, AG 2011, 57; *E. Meyer,* Vorstandsvergütung, 2013; *Moll,* Vorstandsvergütung in der Krise, FS Wellensiek, 2011, 495; *Mujkanovic,* Berichterstattung über die Vergütung von Organmitgliedern nach dem überarbeiteten DRS 17, WPg 2011, 995; *Nicolay,* Die neuen Vorschriften zur Vorstandsvergütung – Detaillierte Regelungen und offene Fragen, NJW 2009, 2640; *Nießen/Stöwe,* Die Vergütung des Vorstands beim öffentlichen Übernahmeangebot, DB 2010, 885; *Oetker,* Nachträgliche Eingriffe in die Vergütung von Geschäftsführungsorganen im Lichte des VorstAG, ZHR 175 (2011), 527; *Paschke,* Herabsetzung der Vergütung von Geschäftsleitern und Führungskräften in der Krise, FS Reuter, 2010, 1107; *v. Preen/Simon,* Das VorstAG – Ein Schritt auf dem Weg zum Board-System, DB 2010, 737; *Peltzer,* Wider den „greed" – Betrachtungen zu §§ 86 und 87 AktG, FS Lutter, 2000, S. 571; *Peltzer,* Das Mannesmann-Revisionsurteil aus Sicht des Aktien- und allgemeinen Zivilrechts, ZIP 2006, 205; *Poguntke,* Anerkennungsprämien, Antrittsprämien und Untreuestrafbarkeit im Recht der Vorstandsvergütung, ZIP 2011, 893; *Raapke,* Die Regulierung der Vergütung von Organmitgliedern und Angestellten im Aktien- und Kapitalmarktrecht, 2012; *de Raet/Dörfler,* Besonderheiten bei der Festlegung der Vergütung von Vorstands- und Aufsichtsratsmitgliedern von Versicherungsunternehmen, CCZ 2017, 253; *Redenius-Hövermann,* Zur Offenlegung von Abfindungszahlungen und Pensionszusagen an ein ausgeschiedenes Vorstandsmitglied, ZIP 2008, 2395; *Reichert/Ullrich,* Haftung von Aufsichtsrat und Vorstand nach dem VorstAG, FS U.H. Schneider, 2011, 1017; *Reichert/Balke,* Die Berücksichtigung von Konzernzielen bei der variablen Vergütung des Vorstands einer abhängigen Gesellschaft im faktischen Konzern, FS Hellwig, 2010, 285; *Rieckhoff,* Vergütung des Vorstands mit langfristiger Anreizwirkung, AG 2010, 617; *Röttgen/Kluge,* Nachhaltigkeit bei Vorstandsvergütungen, NJW 2013, 900; *Säcker/Boesche,* Vom Gutsherrn zum Gutsverwalter: Wandlungen im Aufsichtsrecht unter besonderer Berücksichtigung des Mannesmann-Urteils, BB 2006, 897;

v. *Schlabrendorff,* Repricing von Stock Options, 2008; *Schmidt-Bendun,* Die Empfehlungen des Deutschen Corporate Governance Kodex zur Vorstandsvergütung – erste Antworten aus der Praxis auf neue Zweifelsfragen, AG 2014, 177; *Schönemann,* Die Vergütung der Geschäftsleiter von Kapitalgesellschaften, 2012; *Schüller,* Vorstandsvergütung, 2002; *Schulz,* Aktienkursorientierte Vergütungssysteme für Führungskräfte, 2010; *Schuster,* Clawbackklauseln – probates Mittel zukunftsgerechter Gestaltung von Bonus-Vereinbarungen?, FS Bauer, 2010, 973; *Schwan,* Steuerliche Begrenzungsmöglichkeiten der Vergütung von Vorstand und Aufsichtsrat, 2012; *Schwark,* Zur Angemessenheit der Vorstandsvergütung, FS Raiser, 2005, 377; *Seibert,* Das VorstAG – Regelungen zur Angemessenheit der Vorstandsvergütung und zum Aufsichtsrat, WM 2009, 1489; *Seibert,* Die Koalitionsarbeitsgruppe „Managervergütungen": Rechtspolitische Überlegungen zur Beschränkung der Vorstandsvergütung, FS Hüffer, 2010, 955; *Seibert,* Das Gesetzgebungsverfahren und die politischen Verhandlungen zum Gesetz zur Angemessenheit der Vorstandsvergütung (VorstAG) vom Kabinettbeschluss bis zu seinem Inkrafttreten (März bis August 2009), FS Goette, 2011, 487; *Semler,* Leistungs- und erfolgsbezogene Vorstandsvergütungen, FS Budde, 1995, 599; *Semler,* Mitverantwortung der Vorstandsmitglieder einer Aktiengesellschaft für die eigenen Vergütungen, Liber Amicorum Happ, 2006, 277; *Semler,* Das VorstAG – ein in weiten Teilen überflüssiges Gesetz, FS U.H. Schneider, 2011, 1227; *Selzner,* Drittvergütungen in der Übernahme, AG 2013, 818; *Semmer,* Repricing – Die nachträgliche Modifikation von Aktienoptionsplänen zugunsten des Managements, 2005; *Spindler,* Vergütung und Abfindung von Vorstandsmitgliedern, DStR 2004, 36; *Spindler,* Vorstandsvergütung und Abfindungen auf dem aktien- und strafrechtlichen Prüfstand – Das Mannesmann-Urteil des BGH, ZIP 2006, 349; *Spindler,* Vorstandsgehälter auf dem Prüfstand – das Gesetz zur Angemessenheit der Vorstandsvergütung (VorstAG), NJOZ 2009, 3282; *Spindler,* Konzernbezogene Anstellungsverträge und Vergütungen von Organmitgliedern, FS K. Schmidt, 2009, 1529; *Spindler,* Prämien und Leistungen an Vorstandsmitglieder bei Unternehmenstransaktionen, FS Hopt, 2010, 1407; *Spindler,* Rechtsfolgen unangemessener Vorstandsvergütung, AG 2011, 725; *Spindler,* Die Herabsetzung von Vorstandsvergütungen in der Insolvenz, DB 2015, 908; *Stoll,* Die neuen Empfehlungen zur Vorstandsvergütung in der Kodexnovelle 2013 – Anwendung auch auf laufende Vorstandsverträge?, NZG 2014, 48; *Suchan/Winter,* Rechtliche und betriebswirtschaftliche Überlegungen zur Festsetzung angemessener Vorstandsbezüge nach Inkrafttreten des VorstAG, DB 2009, 2531; *Sünner,* Der Ausweis betragsmäßiger Höchstgrenzen der Vorstandsvergütung nach Ziff. 4.2.3 Abs. 2 S. 6 DCGK, AG 2014, 115; *Tegtmeier,* Die Vergütung von Vorstandsmitgliedern in Publikumsaktiengesellschaften, 1998; *Thole/Schmidberger,* Die Insolvenzanfechtung von (überhöhten) Gehältern und Vergütungen von Geschäftsleitern und Sanierungsberatern, BB 2014, 3; *Thüsing,* Auf der Suche nach dem iustum pretium der Vorstandsvergütung, ZGR 2003, 457; *Thüsing,* Die Angemessenheit der Vorstandsvergütungen – Mögliche Handlungsoptionen zur Sicherstellung, DB 2003, 1612; *Thüsing,* Das Gesetz zur Angemessenheit der Vorstandsvergütung, AG 2009, 517; *Thüsing,* Bezüge i.S. des § 87 AktG und Vergütung i.S. des § 113 AktG, FS Säcker, 2011, 513; *Thüsing/Forst,* Nachhaltigkeit als Zielvorgabe für die Vorstandsvergütung, GWR 2010, 515; *Tödtmann,* Persönliche Beteiligung von Vorstandsmitgliedern am Verlust der Aktiengesellschaft, 2010; *Tödtmann/Bronisch,* Persönliche Beteiligung von Vorstandsmitgliedern an Verlusten der Aktiengesellschaft, DB 2005, 1726; *Tröger,* Anreizorientierte Vorstandsvergütung im faktischen Konzern, ZGR 2009, 447; *Velte,* „Nachhaltige" Vorstandsvergütung bei börsennotierten Aktiengesellschaften, NZG 2016, 294; *Veltins,* Der dritte Pensionsfall – Übergangsgelder und Wettbewerbsverbote für Vorstandsmitglieder einer AG, BB 2013, 1077; *Verse,* Regulierung der Vorstandsvergütung – mehr Macht für die Aktionäre?, NZG 2013, 921; *Waldenberger/Kaufmann,* Nachträgliche Herabsetzung der Vorstandsvergütung: Vermeidung von Haftungsrisiken für den Aufsichtsrat, BB 2010, 2257; *Waldhausen/Schüller,* Variable Vergütung von Vorständen und weiteren Führungskräften im AG-Konzern, AG 2009, 179; *Wagner,* Nachhaltige Unternehmensentwicklung als Ziel der Vorstandsvergütung, AG 2010, 774; *Wandt,* Die Mustertabellen zur Offenlegung der Vorstandsvergütung nach dem DCGK in der Praxis, AG 2015, 303; *Wasserer,* Neue Grundsätze für eine angemessene Vergütungspolitik – Zur Umsetzung der Vergütungsempfehlung der Europäischen Kommission im Rechtsvergleich Österreich und Deutschland, FS G. H. Roth, 2011, 871; *C. Weber,* Transaktionsboni für Vorstandsmitglieder: Zwischen Gewinnchance und Interessenkonflikt, 2006; *M. Weber,* Nachträgliche Herabsetzung der Vorstandsbezüge wegen Verschlechterung der Lage der Gesellschaft, DB 2016, 815; *Weber-Rey,* Änderungen des Deutschen Corporate Governance Kodex 2009, WM 2009, 2255; *Weisner/Kölling,* Herausforderung für den Aufsichtsrat: Herabsetzung von Vorstandsbezügen in Zeiten der Krise, NZG 2003, 465; *Weller,* Die Systemkohärenz des § 87 Abs. 2 AktG – eingeschränkte Vertragstreue beim Vorstandsvertrag auf Grund Fremdinteressenwahrnehmung, NZG 2010, 7; *Weppner,* Vergütungsherabsetzung gem. § 87 II AktG – Leitlinien für die Praxis, NZG 2010, 1056; *Wettich,* Vorstandsvergütung: Bonus-Malus-System mit Rückforderungsmöglichkeit (claw back) und Reichweite des Zuständigkeitsvorbehalts zugunsten des Aufsichtsratsplenums, AG 2013, 374; *Wighardt/Berger,* Angemessenheit von Vorstandsvergütungen und Beschränkung der steuerlichen Absetzbarkeit, NZG 2017, 1370; *Wilsing/Kleißl,* Herabsetzung von Vorstandsbezügen in Zeiten der Krise, BB 2008, 2422; *Wilsing/von der Linden,* Vorstandsvergütung und ihre Transparenz – Gedanken zur Kodexnovelle 2013, DStR 2013, 1291; *Wilsing/Paul,* Ausstrahlungswirkungen von § 5 FMStFV auf die Pflichten von Aufsichtsratsmitgliedern börsennotierter Aktiengesellschaften, DB 2009, 1391; *Wilsing/Paul,* Reaktionen der Praxis auf das Nachhaltigkeitsgebot des § 87 Abs. 1 S. 2 AktG – Eine erste Zwischenbilanz, GWR 2010, 363; *Winarzki,* Staatliche Eingriffe in die privatwirtschaftliche Vergütungspolitik vor dem Hintergrund der aktuellen Kapitalmarktgesetzgebung, 2011; *Winter/Michels,* Mindestlöhne und Managerbezüge, NZA-Beilage 2011, 22; *Wollburg,* Unternehmensinteresse bei Vergütungsentscheidungen, ZIP 2004, 646; *Wurth,* Organvergütung in der Unternehmenskrise, FS Maier-Reimer, 2010, 919; *Ziemons,* Angemessene Vorstandsvergütung und Change of Control Klauseln, FS Huber, 2006, 1035; *Ziemons,* Als Aktienrechtsnovelle 2012 gestartet und als VorstKoG gelandet: Neues „Say on Pay" und andere punktuelle Weiterentwicklungen des Aktienrechts, GWR 2013, 283; *Zöllner,* Lohn ohne Arbeit bei Vorstandsmitgliedern, FS Koppensteiner, 2001, 291.

Übersicht

	Rn.		Rn.
I. Überblick	1–8a	e) Begrenzungsmöglichkeit für außerordentliche Entwicklungen	37
1. Regelungszweck	1		
2. Vorgängervorschriften und Parallelregelungen	2	6. Erstmalige Anwendung der Neuregelungen	38
3. Reform durch das VorstAG	3, 4	7. Gerichtliche Überprüfung des Angemessenheitsgebots	39–41
4. Ergänzung durch den DCGK	4a	a) Allgemeines	39
5. Bereichsspezifische Vorschriften	5, 6	b) Bedeutung von Vergütungsberatern	40, 41
a) KWG und VAG	5	8. Einzelfälle	42–53
b) FMStFG	6	a) Aktienoptionen	42, 43
6. Rechtsvergleichung und Unionsrecht	7–8	b) Gewinnbeteiligungen und andere Tantiemen	44, 45
7. Rechtstatsachen	8a	c) Ablösende Abfindung	46
II. Angemessenheit der Bezüge	8b–58	d) Nachträgliche Anerkennungsprämien	47–52
1. Begriff der Gesamtbezüge	8b, 8c	e) Change of Control-Klauseln	53
2. Bezugspunkte des Angemessenheitsgebots	9–20	9. Statthaftigkeit von Satzungsregeln über die Vorstandsvergütung?	54–56
a) Aufgaben des Vorstandsmitglieds	10	a) Meinungsstand	54
b) Leistungen des Vorstandsmitglieds	11–13	b) Stellungnahme	55, 56
c) Lage der Gesellschaft	14	10. Rechtsfolgen unangemessener Vorstandsbezüge	57, 58
d) Übliche Vergütung	15–18	a) Hergebrachte Rechtsauffassung	57
e) Zusätzliche Vergleichsmaßstäbe	19	b) Neue Begründungsansätze	58
f) Höchstrichterliche Leitlinien zum GmbH-Recht	20	**III. Nachträgliche Herabsetzung der Bezüge**	59–76
3. Konkretisierung des Angemessenheitsgebots	21–26	1. Allgemeines	59–62a
a) Absolute Grenzwerte und relative Orientierungsgrößen	22	2. Verschlechterung der Lage der Gesellschaft	63
b) Steuerrechtliche Leitlinien zur verdeckten Gewinnausschüttung	23	3. Unbilligkeit für die Gesellschaft	64, 65
c) Offensichtlich unangemessene Vergütung	24, 25	4. Rechtsfolgen	66–73
		a) Soll-Vorschrift	66
d) Ausstrahlungswirkung bereichsspezifischer Wertungen	26	b) Gegenstand der Herabsetzung	67–70
		c) Maß der Herabsetzung	71–73
4. Ausrichtung auf eine nachhaltige Unternehmensentwicklung	27–30	5. Ausübung der Herabsetzungsbefugnis	74
a) Begriff der Nachhaltigkeit	27–28a	6. Prozessuales	75
b) Folgerungen für einzelne Vergütungselemente	29	7. Kündigungsrecht des Vorstandsmitglieds	76
c) Beschränkung auf börsennotierte Gesellschaften	30	**IV. Schadensersatz in der Insolvenz**	77
5. Mehrjährige Bemessungsgrundlage variabler Vergütungsbestandteile	31–37	**V. Transparenz der Bezüge**	78–91
a) Allgemeines	31	1. Offenlegung der Gesamtbezüge	79
b) Nähere Ausgestaltung	32	2. Individualisierte Offenlegung nach dem VorstOG	80–89
c) Verhältnis von lang- und kurzfristigen Vergütungselementen	33, 34	a) Allgemeines	80–83
d) Folgerungen für einzelne Vergütungselemente	35, 36	b) Einzelheiten	84–89
		3. Auskunftsrecht der Aktionäre	90, 91

I. Überblick

1. Regelungszweck. § 87 gibt dem Aufsichtsrat Leitlinien für die Festsetzung der Vorstandsvergütung an die Hand. Er stellt in Abs. 1 ein Gebot angemessener Gesamtbezüge auf, das dem Schutz der Gesellschaft, ihrer Aktionäre und Gläubiger dient.[1] Dagegen legt er keine untere Vergütungsgrenze zum Schutz der Vorstandsmitglieder fest.[2] Rechtssystematisch handelt es sich um eine

---

[1] AllgM, vgl. LG Düsseldorf NJW 2004, 3235 (3237); *Fleischer* DStR 2005, 1279; *Hüffer/Koch/Koch* Rn. 1; Großkomm AktG/*Kort* Rn. 1; Kölner Komm AktG/*Mertens/Cahn* Rn. 2; MüKoAktG/*Spindler* Rn. 2; NK-AktR/*Oltmanns* Rn. 1; K. Schmidt/Lutter/*Seibt* Rn. 1.

[2] Vgl. OLG Stuttgart AG 2003, 211 (213); *Baumbach/Hueck* Rn. 2; *Hoffmann-Becking* ZHR 169 (2005), 155 (157); Großkomm AktG/*Kort* Rn. 6; *Körner* NJW 2004, 2697 (2698); Kölner Komm AktG/*Mertens/Cahn* Rn. 4; *Schüller*, Vorstandsvergütung, 2002, 200.

bereichsspezifische Ausprägung der allgemeinen organschaftlichen Sorgfaltspflicht der Aufsichtsratsmitglieder.[3] Abs. 2 gewährt dem Aufsichtsrat das Recht, die Vorstandsbezüge angemessen herabzusetzen, wenn nach deren Festlegung eine Verschlechterung in den Verhältnissen der Gesellschaft eintritt. Vervollständigt wird der Schutz des Gesellschaftsvermögens[4] durch Abs. 3, der Schadensersatzansprüche eines Vorstandsmitglieds bei einer insolvenzbedingten Kündigung seines Anstellungsvertrages begrenzt. § 87 Abs. 1 und 2 ist durch das VorstAG von 2009 in Teilbereichen ergänzt und verschärft worden (→ Rn. 3). Nicht im Aktien-, sondern im Bilanzrecht geregelt ist schließlich die Transparenz der Vorstandsbezüge, die das VorstOG von 2005 deutlich erhöht hat (→ Rn. 78 ff.).

2. Vorgängervorschriften und Parallelregelungen. Gesetzliche Vorschriften über die Bezüge der Vorstandsmitglieder sind erstmals durch § 78 AktG 1937 eingeführt worden.[5] Sie sollten der unbeschränkten Vertragsfreiheit Grenzen ziehen, in deren Ausübung häufig „Riesengehälter und Gewinnanteile ohne Rücksicht auf die Aufgaben und Leistungsfähigkeit der Vorstandsmitglieder"[6] gezahlt wurden. Zeitgenössische Kommentatoren stellten das Gebot angemessener Vorstandsbezüge darüber hinaus in den Dienst der nationalsozialistischen Ideologie.[7] Das Aktiengesetz von 1965 hat die Grundsätze für Vorstandsbezüge im Wesentlichen übernommen; allerdings kommt es für die Angemessenheit seither allein auf den Zeitpunkt der Vergütungsfestsetzung an.[8] Eine Parallelvorschrift zu § 87 fehlt im GmbH-Recht, doch hat die Rechtsprechung den Dienstbezügen von Gesellschafter-Geschäftsführern in einer Reihe höchstrichterlicher Entscheidungen äußere Grenzen gezogen (→ Rn. 20). Der Leitsatz einer jüngeren obergerichtlichen Entscheidung spricht von einer entsprechenden Anwendung des § 87 Abs. 2 zur Herabsetzung des Geschäftsführergehalts.[9]

3. Reform durch das VorstAG. Der Gesetzgeber hat das Recht der Vorstandsvergütung durch das VorstAG von 2009[10] in verschiedener Hinsicht reformiert. Die Neuregelung geht auf einen Entwurf der damaligen Regierungsfraktionen zurück[11] und ist nach heftiger Kritik im Schrifttum[12] vom Rechtsausschuss noch einmal durchgeformt und verändert worden.[13] Schon kurz nach Inkrafttreten des Gesetzes ist im Schrifttum eine kaum mehr überschaubare Diskussion zu den verschiedensten Teilaspekten der Vorstandsvergütung entbrannt.[14] Sie hat in Einzelpunkten zu einer (vorläufigen) hM geführt, doch ist die Debatte weiterhin im Fluss.[15] Gleiches gilt für die überbordende ökonomische Diskussion zur Ausgestaltung der Managervergütung.[16]

Ausweislich der Gesetzesmaterialien reagiert das VorstAG auf die Finanzmarktkrise, die durch fehlerhafte Verhaltensanreize infolge kurzfristig ausgerichteter Vergütungsinstrumente begünstigt

---

[3] Vgl. *Fleischer* DStR 2005, 1279 f.; *Hoffmann-Becking* ZHR 169 (2005), 155 (156); *Tegtmeier*, Die Vergütung von Vorstandsmitgliedern in Publikumsaktiengesellschaften, 1998, 284; Hüffer/Koch/*Koch* Rn. 1; K. Schmidt/Lutter/*Seibt* Rn. 1; Hölters/*Weber* Rn. 1.

[4] Dazu, dass der angestrebte Schutz der Gesellschaft, ihrer Aktionäre und Gläubiger mittelbar über den Schutz des Gesellschaftsvermögens erfolgt, *Dreher* in Henze/Hoffmann-Becking, Gesellschaftsrecht 2003, 2004, 203 (207); Wachter/*Eckert* Rn. 1; MüKoAktG/*Spindler* Rn. 1; *Fleischer* DStR 2005, 1318; *Schüller*, Vorstandsvergütung, 2002, 116.

[5] Von einer „völligen Neuregelung" spricht *Geßler* JW 1927, 497 (499); näher zur Entstehungsgeschichte der Norm auch *Schüller*, Vorstandsvergütung, 2002, 114 ff.

[6] *Schlegelberger/Quassowski* AktG 1937 § 78 Rn. 1.

[7] Vgl. *Schlegelberger/Quassowski* AktG 1937 § 78 Rn. 1: „Diese Vorschrift entspricht dem nationalsozialistischen Grundsatz ‚Gemeinnutz geht vor Eigennutz', dem sich heute alle Volkskreise unterzuordnen haben."

[8] Vgl. BegrRegE *Kropff* S. 111.

[9] Vgl. OLG Köln NZG 2008, 637.

[10] Gesetz zur Angemessenheit der Vorstandsvergütung BGBl. 2009 I 2509.

[11] Vgl. Gesetzesentwurf der Fraktionen CDU/CSU und SPD, BT-Drs. 16/12278; zu den Vorarbeiten der Koalitionsarbeitsgruppe „Managementvergütung" *Seibert* WM 2009, 1489; noch ausführlicher *Seibert* FS Hüffer, 2010, 955; ferner *Jahn* GWR 2009, 135.

[12] Kritisch etwa DAV Handelsrechtsausschuss NZG 2009, 612; DIHK NZG 2009, 538; *Wagner/Wittgens* BB 2009, 906; freundlicher *Hanau* NJW 2009, 1652.

[13] Vgl. Beschlussempfehlung und Bericht des Rechtsausschusses BT-Drs. 16/13433.

[14] Vgl. die Überblicksaufsätze bei *Annuß/Theusinger* BB 2009, 2434; *Bauer/Arnold* AG 2009, 717; *Bosse* BB 2009, 1650; *Deilmann/Otte* GWR 2009, 261; *Fleischer* NZG 2009, 801; *Gaul/Janz* NZA 2009, 809; *Hoffmann-Becking/Krieger* NZG-Beil. Heft 26/2009; *Hohaus/Weber* DB 2009, 1515; *Hohenstatt* ZIP 2009, 1349; *Hohenstatt/Kuhnke* ZIP 2009, 1981; *Jahn* GWR 2009, 135; *v. Kann/Keiluweit* DStR 2009, 1587; *Lingemann* BB 2009, 1918; *Seibert* WM 2009, 1489; *Spindler* NJOZ 2009, 3282; *Suchan/Winter* DB 2009, 2531; *Thüsing* AG 2009, 517.

[15] Guter Überblick bei *Ihrig/Wandt/Wittgens* ZIP-Beil. Heft 40/2012.

[16] International *Thomas/Beasley* II/*Hill*, Research Handbook on Executive Pay, 2012; *Murphy* in Handbook of Economics of Finance, Bd. 2, 2013, 211 ff.; aus deutscher Sicht E. *Meyer*, Vorstandsvergütung, 2013, 19 ff.; *Gätsch*, Fiduziarität und Vergütungsautonomie im Vorstandsrecht, 2016, 28 ff.

worden sei.[17] Dieser Befund deckt sich mit zahlreichen Bestandsaufnahmen in Europa[18] und den Vereinigten Staaten,[19] und er hat national wie international[20] zahlreiche neue Vergütungsempfehlungen für Unternehmen des Finanzsektors inspiriert (→ Rn. 5 und 8). Soweit sich die Neuregelungen – wie die des VorstAG – auf sämtliche Aktiengesellschaften erstrecken, entfernen sie sich freilich von ihrem krisenbedingten Begründungskern[21] und bedürfen einer zusätzlichen Rechtfertigung, die wohl in einem allgemeinen Unbehagen über die Höhe der aktuellen Managervergütung liegt.[22] Umgekehrt bietet die Reform des § 87 AktG keine Handhabe gegen verzerrte Vergütungsanreize von Mitarbeitern unterhalb der Organebene, die sich gerade im Finanzsektor als außerordentlich gefährlich erwiesen haben (→ Rn. 5).[23]

4a **4. Ergänzung durch den DCGK.** Großen Einfluss auf die Praxis der Vorstandsvergütung in börsennotierten Gesellschaften haben darüber hinaus die Empfehlungen in Ziff. 4.2.2 bis 4.2.5 DCGK.[24] Sie sind in den letzten Jahren häufig geändert worden – zuletzt 2017[25] – und weisen inzwischen einen enormen Komplexitätsgrad auf. Hervorzuheben ist etwa Ziff. 4.2.2 Abs. 2 S. 3 DCGK, wonach der Aufsichtsrat bei der Angemessenheitsprüfung das Verhältnis der Vorstandsvergütung zur Vergütung des oberen Führungskreises und der Belegschaft insgesamt auch in der zeitlichen Entwicklung berücksichtigen soll (→ Rn. 17).[26] Außerdem empfiehlt Ziff. 4.2.3 Abs. 2 S. 6 DCGK, dass die Vergütung insgesamt und hinsichtlich ihrer variablen Vergütungsteile betragsmäßige Höchstgrenzen aufweisen soll.[27] Weitere Empfehlungen betreffen die Vergütungsberater (→ Rn. 40 f.), das sog. Repricing (→ Rn. 43), das sog. Abfindungs-Cap (→ Rn. 46) und Leistungszusagen im Rahmen von Change-of-Control-Klauseln (→ Rn. 53). Zur Verbesserung der Vergütungstransparenz sollen schließlich für den Vergütungsbericht nach Ziff. 4.2.5 Abs. 4 DCGK Mustertabellen verwandt werden, die dem Kodex als Anlage beigefügt sind.[28]

5 **5. Bereichsspezifische Vorschriften. a) KWG und VAG.** Für Finanz- und Versicherungsunternehmen sind die Vergütungsregelungen nach der Finanzmarktkrise deutlich verschärft und weiter detailliert worden. Entstanden ist ein branchenbezogenes Spezialregime in § 25a Abs. 5 und 6 KWG und § 25 VAG. Diese Vorschriften werden durch flankierende Rechtsverordnungen, die Institutsvergütungsverordnung (InstitutsVergV)[29] und die Versicherungs-Vergütungsverordnung(VersVergV)[30] nebst weiteren Rundschreiben der BaFin konkretisiert. Hinzu kommen die Leitlinien für eine solide Vergütungspolitik der Europäischen Bankenaufsichtsbehörde (EBA).[31]

6 **b) FMStFG.** Hinzuweisen ist ferner auf Spezialvorschriften für Unternehmen des Finanzsektors, die Staatshilfe in Anspruch nehmen. Nach § 10 Abs. 2 S. 1 Nr. 3 FMStG iVm § 5 Abs. 2 Nr. 4 FMStV soll der Finanzmarktstabilisierungsfonds darauf hinwirken, dass diese Unternehmen keine unangemessene Gesamtvergütung zahlen.[32] Bei Organmitgliedern und Geschäftsleitern gilt eine monetäre Vergütung, die 500.000 EUR pro Jahr übersteigt, nach § 5 Abs. 2 Nr. 4a) FMStV grundsätzlich als unangemessen. Gemäß § 5 Abs. 2 Nr. 4b) FMStV sollen keine rechtlich nicht gebotenen Abfindungen bezahlt werden; zudem sollen bei Neuverträgen keine Leistungen aus

---

[17] Vgl. BT-Drs 16/13 433, 1; kritisch dazu *Drygala* FS Schneider, 2011, 275 (276 ff.).
[18] Vgl. etwa dem *Larosière*-Bericht, High-Level Group on Financial Supervision in the EU, 25 February 2009, Rn. 117 ff.
[19] Vgl. etwa *Posner* 58 Duke L.J. 1013 (2009).
[20] Vgl. für Großbritannien etwa den *Walker*-Bericht, A Review of Corporate Governance in UK Banks and Other Financial Industry Entities, Final Recommendations, 26 November 2009.
[21] Vgl. *Fleischer* NZG 2009, 801.
[22] Angedeutet etwa bei *Seibert* DB 2009, 1167 (1168): „Gerechtigkeitslücke"; noch deutlicher *Seibert* WM 2009, 1489: „Natürlich stand die Politik auch unter einem extremen Druck der öffentlichen Meinung."; s. auch MüKoAktG/*Spindler* Rn. 7.
[23] Darauf hinweisend etwa *Bauer/Arnold* AG 2009, 717; *Bürgers/Körber/Bürgers* Rn. 2; *Hohenstatt* ZIP 2009, 1349; demgegenüber nimmt K. Schmidt/Lutter/*Seibt* Rn. 4 an, dass auch für die Vergütung sonstiger Führungskräfte über § 93 Abs. 1 S. 1 AktG ein wesensgleicher, den Vorstand bindender Angemessenheitsgrundsatz gilt.
[24] Eingehend KBLW/*Bachmann* DCGK Rn. 934 ff.; Großkomm AktG/*Kort* Rn. 499 ff.; knapper Hüffer/Koch/*Koch* Rn. 17 f.; MüKoAktG/*Spindler* Rn. 16 ff.
[25] Dazu KBLW/*Bachmann* DCGK Rn. 943a.
[26] Vgl. *Goj* AG 2015, 173; KBLW/*Bachmann* DCGK Rn. 978; *Klein* AG 2013, 733 (738); *Sünner* AG 2014, 115.
[27] Vgl. KBLW/*Bachmann* DCGK Rn. 1008 ff.; *Klein* AG 2013, 733 (734 f.).
[28] Vgl. *Bursee/Wälz* BOARD 2016, 103; *Wandt* AG 2015, 303.
[29] Dazu *Herzberg/Schuster/Tusch* WM 2017, 2289.
[30] Dazu *de Raet/Dörfler* CCZ 2017, 253.
[31] Dazu *Löw/Glück* BKR 2016, 265.
[32] Eingehend dazu *Becker/Mock*, FMStG – Finanzmarktstabilisierungsgesetz, 2009, § 10 Rn. 39 ff.

Anlass eines Kontrollwechsels und keine Leistungen bei vorzeitiger Beendigung der Tätigkeit vereinbart werden. Zahlungen von Bonifikationen und andere in das freie Ermessen des Unternehmens gestellte Vergütungsbestandteile sollen nach § 5 Abs. 2 Nr. 4c) FMStV unterbleiben, solange das Unternehmen Stabilisierungsmaßnahmen in Anspruch nimmt. Schließlich sollen Erfolgsziele, Ausübungspreise für Aktienoptionsprogramme und andere Parameter für erfolgsabhängige Vergütungen gemäß § 5 Abs. 2 Nr. 4d) FMStV nicht nachträglich zu Lasten des Unternehmens geändert werden.

6. Rechtsvergleichung und Unionsrecht. International sind Sondertatbestände für überhöhte 7 Managerbezüge – mit Ausnahme der Schweiz (→ Rn. 7a) – selten anzutreffen.[33] Ausländische Aktienrechte begegnen Auswüchsen in der Vergütungspolitik zumeist mit Hilfe allgemeiner Rechtsfiguren: In Frankreich greift man auf die *faute de gestion*, den *abus de majorité* und den *abus de biens sociaux* zurück,[34] in den Vereinigten Staaten auf die *waste-of-corporate-assets*-Doktrin.[35] Großbritannien kennt dagegen weder ein gesetzliches Angemessenheitsgebot noch ein höchstrichterliches Verbot der Verschwendung von Gesellschaftsvermögen,[36] sondern vertraut allein auf die Konsultativabstimmung der Hauptversammlung über den Vergütungsbericht,[37] wie sie das VorstAG auch hierzulande mit § 120 Abs. 4 AktG eingeführt hat.[38] Verschiedene Versuche, exzessive Managervergütungen mit den Mitteln des Steuerrechts zu bekämpfen, haben sich in den Vereinigten Staaten als Fehlschlag erwiesen.[39] Eine Übertragung dieses Lösungsansatzes auf das deutsche Recht ist daher nicht empfehlenswert.[40]

Internationales Aufsehen erregt hat im März 2013 die Schweizer Volksinitiative „gegen die Abzockerei". Die von Volk und Ständen angenommene neue Verfassungsbestimmung in Art. 95 Abs. 3 BV sieht unter anderem vor, dass Organmitglieder keine Abgangs- oder andere Entschädigung, keine Vergütung im Voraus, keine Prämie für Firmenkäufe oder -verkäufe und keinen zusätzlichen Berater- oder Arbeitsvertrag von einer anderen Gesellschaft der Gruppe erhalten dürfen.[41] Zuwiderhandlungen werden mit Freiheitsstrafe bis zu drei Jahren und Geldstrafe bis zu sechs Jahresvergütungen bestraft. Einzelheiten sind in der Verordnung gegen übermäßige Vergütungen bei börsenkotierten Aktiengesellschaften vom Januar 2014 geregelt.[42] 7a

Auf Unionsebene hatte die Kommission im Jahre 2004 eine – nach Art. 288 Abs. 5 AEUV nicht 8 verbindliche – Empfehlung zu Fragen der Vergütungstransparenz und -kompetenz vorgelegt,[43] die in Deutschland überwiegend auf Skepsis gestoßen ist[44] und auch von zahlreichen anderen Mitgliedstaaten nicht befolgt wurde. Eine ergänzende Empfehlung der Kommission zur Regelung der Vergütung von Mitgliedern der Unternehmensleitung börsennotierter Gesellschaften stammt aus dem Jahre 2009.[45] Sie regt an, für variable Vergütungskomponenten Höchstgrenzen festzulegen und auch für Abfindungszahlungen eine Obergrenze einzuführen. Für den Finanzdienstleistungssektor gelten verbindliche Vorgaben durch die CRD IV-Richtlinie,[46] die inzwischen in deutsches Recht umgesetzt wurden (→ Rn. 5). Die gerade geänderte Aktionärsrechterichtlinie[47] enthält

---

[33] Rechtsvergleichende Hinweise bereits bei *Fleischer* DStR 2005, 1279 f.; eingehend *Fleischer* RIW 2010, 497 ff.; ferner Großkomm AktG/*Kort* Rn. 559 ff.
[34] Näher *Garron* Rev. soc. 2004, 795.
[35] Vgl. *Bauman/Stevenson/Rhee*, Corporations. Law and Policy, 9. Aufl. 2017, 761 ff.
[36] Vgl. *Gower/Davies/Worthington*, Principles of Modern Company Law, 10. Aufl. 2016, Rn. 14–32.
[37] Näher *Gower/Davies/Worthington*, Principles of Modern Company Law, 10. Aufl. 2016, Rn. 14–38 ff.
[38] Eingehend *Begemann/Laue* BB 2009, 2442; *Fleischer/Bedkowski* AG 2009, 677; *E. Vetter* ZIP 2009, 2136.
[39] Gute Übersichten bei *Polsky* 64 Wash. & Lee L. Rev. 877, 881 ff. (2007); *Conway* 17 Cornell J. L. & Pub. Pol'y 383, 391 ff. (2008); *Mullane* 13 Lewis & Clark L. Rev. 485 ff. (2009).
[40] Eingehend *Fleischer/Hupka* DB 2010, 601 (604 ff.); kritisch auch *Drüen* KSzW 2013, 313; *Ehren/Gros* Der Konzern 2010, 412 (420 ff.); *Wighardt/Berger* NZG 2017, 1370; monographisch *Schwan*, Steuerliche Begrenzungsmöglichkeiten der Vergütung von Vorstand und Aufsichtsrat, 2012.
[41] Vgl. etwa *Bühler* ST 87 (2013), 332; *Bühler* SJZ 110 (2014) 449.
[42] Eingehend dazu Gerhard/Maizar/Spillmann/Wolf, Vergütungsrecht der Schweizer Publikumsgesellschaften, 2014.
[43] Vgl. Empfehlung der Kommission vom 14.1.2004 (Empf 2004/913/EG), ABl. EG 2004 L 385, 55; dazu *Hopt* ZIP 2005, 461 (466 f.); *Lutter/Bayer/Schmidt* EurUnternehmensR § 13 Rn. 72.
[44] Ablehnend etwa *Martens* ZHR 169 (2005) 124 (148 f.); *Schwark* FS Raiser, 2005, 377 (397); verhalten auch *Hoffmann-Becking* ZHR 169 (2005) 124 (173); nur referierend *Fleischer* DB 2005, 1611 (1617).
[45] Vgl. Empfehlung der Kommission vom 30.4.2009 (Empf 2009/385/EG), ABl. EU 2009 L 120, 28; dazu *Lutter/Bayer/Schmidt* EurUnternehmensR § 13 Rn. 74 ff.; *Wasserer* FS G. H. Roth, 2011, 871 (873 ff.).
[46] RL 2013/36/EU des Europäischen Parlaments und des Rates vom 26.6.2013, ABl. EU 2013 L 176, 338; dazu *Lunk/Besenthal* NZG 2013, 1010; *Lutter/Bayer/Schmidt* EurUnternehmensR § 13 Rn. 80; s. auch schon *Ferran* ECFR 2012, 1; *Ferrarini/Ungureanu* ZBB 2011, 418.
[47] RL 2017/828/EU vom 17.5.2017, ABl. 2017 EU L 132, 1.

mit der Abstimmung über die Vergütungspolitik (Art. 9a Abs. 1 RL 2007/36/EG) und dem Vergütungsbericht (Art. 9b RL 2007/36/EG) zwei vergütungsrelevante Elemente.[48] Ihre noch ausstehende Umsetzung wird für das deutsche Recht voraussichtlich zu keinen wesentlichen Änderungen führen.[49]

8a **7. Rechtstatsachen.** Aufgrund der gestiegenen Vergütungstransparenz sind vor allem die Vergütungssysteme börsennotierter Gesellschaften rechtstatsächlich gut erschlossen.[50] Zu ihnen werden jährlich detaillierte Studien über die Gesamtbezüge der Vorstandsmitglieder und ihre Zusammensetzung veröffentlicht.[51] Bei nicht börsennotierten Gesellschaften ist das Datenmaterial weniger reichhaltig;[52] gewisse Einblicke gestattet die steuerrechtliche Judikatur zur verdeckten Gewinnausschüttung (→ Rn. 23).

II. Angemessenheit der Bezüge

8b **1. Begriff der Gesamtbezüge.** Unter das gesetzliche Angemessenheitsgebot fallen die Gesamtbezüge eines Vorstandsmitglieds. Nach der Klammerdefinition des § 87 Abs. 1 S. 1 gehören hierzu Gehalt, Gewinnbeteiligungen, Aufwandsentschädigungen, Versicherungsentgelte, Provisionen, anreizorientierte Vergütungszusagen wie zum Beispiel Aktienbezugsrechte und Nebenleistungen jeder Art. Zu den Nebenleistungen zählen etwa Rechte auf private Nutzung eines Pkw oder Flugzeugs,[53] Wohnrechte,[54] die Abordnung von Personal,[55] die Übernahme von Reisekosten zur Familie oder das Schulgeld für die Kinder ausländischer Organmitglieder zum Besuch einer internationalen Schule. Keine Bezüge iSd § 87 Abs. 1 S. 1 sind dagegen dienstliche Fürsorgeaufwendungen[56] und Prämien für die D&O-Versicherung[57] (→ § 93 Rn. 234).

8c Vergütungsleistungen durch Dritte werden durch § 87 Abs. 1 nicht gänzlich ausgeschlossen.[58] Umgekehrt sind sie nicht schon deshalb unbedenklich, weil § 285 Nr. 9a S. 7 HGB ihre Offenlegung anordnet.[59] Vielmehr können sie rechtlich problematisch sein, wenn sie Interessenkonflikte des Vorstands begründen oder auf diese Weise seine Handlungsfähigkeit einschränken.[60] Nach wohl herrschender, aber nicht unbestrittener Auffassung bedürfen sie daher bei einer potentiellen Konfliktlage einer Zustimmung des Aufsichtsrats.[61] Sehr streitig ist, ob sie in die Angemessenheitsprüfung des § 87 Abs. 1 einzubeziehen sind.[62] Sonderprobleme stellen sich schließlich bei der Vergütung von Interim-Managern (→ § 84 Rn. 39a).[63]

9 **2. Bezugspunkte des Angemessenheitsgebots.** § 87 Abs. 1 S. 1 AktG gibt dem Aufsichtsrat Leitlinien für die Festsetzung der Vorstandsvergütung an die Hand. Als Bezugspunkte des Angemessenheitsgebots nannte er lange Zeit nur die Aufgaben des Vorstandsmitglieds und die Lage der

---

[48] Dazu *Gaul* AG 2017, 178; *Leuering* NZG 2017, 646; *Lutter/Bayer/Schmidt* EurUnternehmensR § 29 Rn. 112 ff.
[49] So auch *Habersack* NZG 2018, 127 (132); *Leuering* NZG 2017, 646 (651); mit etwas anderer Akzentuierung *Lutter/Bayer/Schmidt* EurUnternehmensR § 29 Rn. 161.
[50] Vgl. *Seyfarth* VorstandsR § 5 Rn. 1 ff.
[51] Vgl. etwa *Allen & Overy*, Analyse der Vergütungssysteme, 2017. Die Vorstands- und Aufsichtsratsgehälter der DAX-30-Unternehmen; Einzelfälle bei *Habersack* NZG 2018, 127 (129 f.).
[52] Vgl. *Seyfarth* VorstandsR § 5 Rn. 1.
[53] Vgl. LG Essen BeckRS 2014, 22313; *Fleischer/Bauer* ZIP 2015, 1901 (1906 f.); Hüffer/Koch/*Koch* Rn. 2.
[54] Vgl. Hüffer/Koch/*Koch* Rn. 2; Großkomm AktG/*Kort* Rn. 44; MükoAktG/*Spindler* Rn. 22.
[55] Vgl. Hüffer/Koch/*Koch* Rn. 2; Großkomm AktG/*Kort* Rn. 44.
[56] Vgl. Großkomm AktG/*Kort* Rn. 46.
[57] Vgl. Großkomm AktG/*Kort* Rn. 46; MükoAktG/*Spindler* Rn. 24 ff.
[58] Vgl. Hüffer/Koch/*Koch* Rn. 2; *Kalb/Fröhlich* NZG 2014, 167 (168); umfassend *Boeckmann*, Die Zulässigkeit von Leistungen Dritter an Mitglieder des Vorstands der unabhängigen Aktiengesellschaft, 2018.
[59] Vgl. *Boeckmann*, Die Zulässigkeit von Leistungen Dritter an Mitglieder des Vorstands der unabhängigen Aktiengesellschaft, 2018, 123 ff.; Hüffer/Koch/*Koch* Rn. 2; Großkomm AktG/*Kort* Rn. 357.
[60] Vgl. Hüffer/Koch/*Koch* Rn. 2; Großkomm AktG/*Kort* Rn. 357; Lutter/Krieger/*Verse* Rn. 417.
[61] Vgl. *Bauer/Arnold* DB 2006, 260 (265); *Boeckmann*, Die Zulässigkeit von Leistungen Dritter an Mitglieder des Vorstands der unabhängigen Aktiengesellschaft, 2018, 179; Hölters/*Weber* Rn. 13; Hüffer/Koch/*Koch* Rn. 2; Großkomm AktG/*Kort* Rn. 357; Lutter/Krieger/*Verse* Rn. 417; *Meyer-Uellner* AG 2011, 193 (198); *Selzner* AG 2013, 818 (822); abw. *Kalb/Fröhlich* NZG 2014, 167 (169); *Reuter* AG 2011, 274 (279); *Traugott/Grün* AG 2007, 761 (768 f.).
[62] Bejahend *Bauer/Arnold* DB 2006, 260 (265); *Hohaus/Weber* DStR 2008, 104 (107); *Meyer-Uellner* AG 2011, 193 (198); *Selzner* AG 2013, 818 (822); verneinend *Kalb/Fröhlich* NZG 2014, 167 (169); Lutter/Krieger/*Verse* Rn. 396; *Traugott/Grün* AG 2007, 761 (769); alle unter Hinweis darauf, dass Drittzahlungen das Gesellschaftsvermögen nicht schmälern.
[63] Vgl. BGH NZG 2015, 792; Großkomm AktG/*Kort* Rn. 357a.

Gesellschaft.⁶⁴ Durch das VorstAG (→ Rn. 3) sind die Leistungen des Vorstandsmitglieds und die übliche Vergütung als weitere Kriterien hinzugekommen.⁶⁵

a) Aufgaben des Vorstandsmitglieds. Unter den Aufgaben versteht das Gesetz den Tätigkeitsbereich, der einem Vorstandsmitglied durch Anstellungsvertrag, Satzung oder Geschäftsordnung zugewiesen ist.⁶⁶ Dabei kommt es nicht nur auf Art und Umfang der jeweiligen Aufgaben an,⁶⁷ sondern auch auf das damit verbundene Maß an Verantwortung.⁶⁸ Hier sind innerhalb eines Vorstands ungeachtet der Gleichberechtigung seiner Mitglieder beträchtliche Abstufungen denkbar.⁶⁹ So verdient etwa die Rolle des Vorstandsvorsitzenden bei der Vergütung regelmäßig besondere Berücksichtigung.⁷⁰ Unter den übrigen Vorstandsmitgliedern kommen je nach Zuschnitt und Bedeutung ihrer Ressorts für die Gesellschaft ebenfalls erhebliche Vergütungsspreizungen in Betracht.⁷¹

b) Leistungen des Vorstandsmitglieds. Das VorstAG hat zusätzlich die Leistungen des Vorstandsmitglieds in den Gesetzeswortlaut aufgenommen, die freilich schon bisher in die Angemessenheitsbeurteilung einflossen:⁷² Bereits in den frühen Kommentierungen zu § 78 AktG 1937 finden sich durchweg Hinweise auf „hervorragende Tüchtigkeit"⁷³ und „überragende Leistungen",⁷⁴ und auch in jüngerer Zeit erblickten Rechtsprechung und Schrifttum in der Vorstandsleistung einen zentralen Beurteilungsmaßstab,⁷⁵ wenngleich deren Messung manche Schwierigkeiten bereitet.⁷⁶

Zweifelhaft ist, ob neben der Leistung des *einzelnen* Organmitglieds auch die des *Gesamtgremiums* eine Rolle spielt, wie dies Ziff. 4.2.2 DCGK aF empfahl.⁷⁷ Dagegen sprechen der Gesetzeswortlaut („des Vorstandsmitglieds") und der Umstand, dass das einzelne Vorstandsmitglied keinen Einfluss auf die Gesamtbesetzung des Vorstands hat. Jedoch gehören Kooperationsbereitschaft und Teamfähigkeit innerhalb eines Kollegialorgans auch weiterhin zu jenen Kriterien, die bei der Vergütungsfestsetzung berücksichtigt werden können.⁷⁸

Bei der Erstbestellung von Vorstandsmitgliedern ist eine Leistungsbeurteilung in der konkreten Position kaum möglich; gewisse Anhaltspunkte mögen die bisher bei anderen Unternehmen oder in anderen Funktionen erbrachten Leistungen bieten.⁷⁹ Der Leistungsbezug kommt in solchen Fällen

---

⁶⁴ 1. Aufl. 2007, Rn. 4.
⁶⁵ Vgl. *Fleischer* NZG 2009, 801 (802).
⁶⁶ Vgl. LG Düsseldorf NJW 2004, 3275 (3277); *Dreher* in Henze/Hoffmann-Becking, Gesellschaftsrecht 2003, 2004, 203 (207, 209), der zutreffend hervorhebt, dass dazu auch die Wahrnehmung der sog. Gesamtverantwortung gehört.
⁶⁷ Zu diesem zutreffenden Ausgangspunkt MüKoAktG/*Spindler* Rn. 43; *Schwark* FS Raiser, 2005, 377 (383).
⁶⁸ Vgl. *v. Godin/Wilhelmi* Rn. 6; MüKoAktG/*Spindler* Rn. 43; *Semler* FS Budde, 1995, 599 (601); *Tegtmeier*, Die Vergütung von Vorstandsmitgliedern in Publikumsaktiengesellschaften, 1998, 279.
⁶⁹ Zur Notwendigkeit, die Angemessenheit für jedes Vorstandsmitglied getrennt zu untersuchen, *Hoffmann-Becking* NZG 1999, 797 (798); Kölner Komm AktG/*Mertens/Cahn* Rn. 12.
⁷⁰ Vgl. schon *Schlegelberger/Quassowski* AktG 1937 § 78 Rn. 5; aus heutiger Sicht *Arnold/Schansker* KSzW 2012, 39 (40); *Kort* NJW 2005, 333; *K. Schmidt/Lutter/Seibt* Rn. 9; MüKoAktG/*Spindler* Rn. 43; *Schwark* FS Raiser, 2005, 377 (384).
⁷¹ Einzelbeispiele für verschiedene Branchen bei *Schwark* FS Raiser, 2005, 377 (383f.); ferner NK-AktR/*Oltmanns* Rn. 4, wonach generell eine Abstufung vom Vorstandsvorsitzenden zum Vertriebsvorstand und von diesem zum Finanzvorstand besteht; zum früheren Recht bereits *Schlegelberger/Quassowski* AktG 1937 § 78 Rn. 5. Strenger *Dreher* in Henze/Hoffmann-Becking, Gesellschaftsrecht 2003, 2004, 203 (211), der in der Gesamtverantwortung des Vorstands eine Schranke für Vergütungsspreizungen erblickt; zurückhaltend mit Recht *Hoffmann-Becking* in Henze/Hoffmann-Becking, Gesellschaftsrecht 2003, 2004, 247. Gegen eine unbegründete Besserstellung von Vorstandsmitgliedern, die Aktionäre sind, zutreffend *Semler* FS Budde, 1995, 599 (602).
⁷² → 1. Aufl. 2007 Rn. 6.
⁷³ Großkomm AktG/*W. Schmidt*, 1. Aufl. 1939, AktG 1937 § 78 Rn. 2.
⁷⁴ *Schlegelberger/Quassowski* AktG 1937 § 78 Rn. 5.
⁷⁵ Vgl. OLG München NZG 2008, 631 (632); LG München I NZG 2007, 477; *Hoffmann-Becking* ZHR 169 (2005), 155 (158f.); *Jäger* NZG 2008, 176f.; *Lutter* ZIP 2006, 733 (735f.); MüKoAktG/*Spindler* Rn. 45; *Peltzer* FS Lutter, 2000, 571 (586); abschwächend *Körner* NJW 2004, 2697 (2698).
⁷⁶ Dazu *Suchan/Winter* DB 2009, 2531 (2532); ferner *Annuß/Theusinger* BB 2009, 2434, wonach nicht nur die Verbesserung wirtschaftlicher Kennzahlen, sondern auch Erfolge im Bereich der „soft skills" als vergütungswürdige Leistungen anzusehen seien.
⁷⁷ 1. Aufl. 2007, Rn. 6.
⁷⁸ Vgl. *Fleischer* NZG 2009, 801 (802); zustimmend *Annuß/Theusinger* BB 2009, 2434 mit Fn. 5; *Bauer/Arnold* AG 2009, 717 (719 mit Fn. 17); *Gaul/Janz* NZA 2009, 809 (810); Großkomm AktG/*Kort* Rn. 63; MüKoAktG/*Spindler* Rn. 46; Hölters/*Weber* Rn. 20.
⁷⁹ Vgl. *Annuß/Theusinger* BB 2009, 2434 (2435); *Bauer/Arnold* AG 2009, 717 (718); *Hohenstatt* ZIP 2009, 1349 (1350 mit Fn. 10); Hölters/*Weber* Rn. 21; Großkomm AktG/*Kort* Rn. 79.

vor allem bei der Ausgestaltung der variablen Vergütung zum Tragen.[80] Bei einer Vertragsverlängerung kann die bereits unter Beweis gestellte Leistung des Vorstandsmitglieds für die Gesellschaft zudem bei der Vereinbarung des Festgehalts berücksichtigt werden.[81]

14 c) **Lage der Gesellschaft.** Zur Lage der Gesellschaft gehört entgegen einer älteren Lehrmeinung nicht nur die Vermögenslage,[82] sondern ihre wirtschaftliche Gesamtsituation.[83] Das schließt neben der gegenwärtigen Vermögens-, Finanz- und Ertragslage auch die zukünftige Entwicklung der Gesellschaft sowie externe Faktoren (Märkte, Politik, Recht) ein.[84] In dieselbe Richtung zielt Ziff. 4.2.2 Abs. 2 S. 2 DCGK, der ausdrücklich auf die Zukunftsaussichten des Unternehmens unter Berücksichtigung seines Vergleichsumfeldes Bezug nimmt.[85] In Sanierungsfällen kann die Zubilligung höherer Bezüge im Hinblick auf die Schwere der Aufgabe und das Risiko eines Scheiterns durchaus angemessen sein.[86] Bei konzernleitenden Gesellschaften kann die Vergütung des Muttervorstands auch an die Lage nachgeordneter Konzernunternehmen anknüpfen; jedoch darf sie keine Anreize dafür bieten, Interessen der Konzernobergesellschaft und ihrer Aktionäre zu vernachlässigen.[87] Bei Vorstandsmitgliedern einer abhängigen Gesellschaft im faktischen Konzern gehen die Meinungen darüber auseinander, ob sich deren variable Vergütungsbestandteile am Aktienkurs der Muttergesellschaft orientieren dürfen. Dies wird in der obergerichtlichen Spruchpraxis und im Schrifttum unter Berufung auf mögliche Fehlanreize häufig verneint;[88] nicht minder zahlreiche Gegenstimmen verweisen auf die Gesetzesmaterialen zum KonTraG und das aktienkonzernrechtliche Schutzkonzept der §§ 311 ff., das auf die Zufügung eines nicht ausgeglichenen Nachteils zugeschnitten sei.[89] Der BGH hat sich einer abschließenden Stellungnahme bislang enthalten.[90]

15 d) **Übliche Vergütung.** Weiterhin dürfen die Gesamtbezüge des Vorstandsmitglieds nach § 87 Abs. 1 S. 1 die übliche Vergütung nicht ohne besondere Gründe übersteigen. Demgegenüber hatte es im Gesetzentwurf der Regierungsfraktionen noch positiv geheißen, dass die Gesamtbezüge in einem angemessenen Verhältnis zur üblichen Vergütung stehen müssen. Zur Vermeidung eines „Aufschaukelungseffekts"[91] zieht das VorstAG in seiner endgültigen Fassung die übliche Vergütung lediglich als Obergrenze heran und schreibt damit fest, was nach richtiger Ansicht schon bisher galt: Die Marktüblichkeit der Vergütung bildet nur (aber immerhin) ein Indiz für die Angemessenheit; umgekehrt bedürfen unübliche Vergütungen einer besonderen Rechtfertigung, um vor § 87 Abs. 1 S. 1 bestehen zu können.[92]

16 Der Begriff der Üblichkeit nimmt auf das Vergleichsumfeld Bezug. Ausweislich der Gesetzesmaterialien ist damit die Branchen-, Größen- und Landesüblichkeit gemeint.[93] In die Bemessung einbezogen werden sollen danach Unternehmen derselben Branche, ähnlicher Größe und Komplexität.

---

[80] So auch *Bauer/Arnold* AG 2009, 717 (718); *Hohenstatt* ZIP 2009, 1349 (1350); *Grigoleit/Schwennicke* Rn. 9; Großkomm AktG/*Kort* Rn. 60; MüKoAktG/*Spindler* Rn. 48.

[81] Vgl. BT-Drs. 16/12278, 5; *Bauer/Arnold* AG 2009, 717 (718); *Hohenstatt* ZIP 2009, 1349 (1350); MüKoAktG/*Spindler* Rn. 48.

[82] So aber *Geßler* JW 1937, 497 (499); tendenziell auch *Schlegelberger/Quassowski* AktG 1937 § 78 Rn. 5.

[83] Vgl. *Dreher* in Henze/Hoffmann-Becking, Gesellschaftsrecht 2003, 2004, 203 (210); *Schüller*, Vorstandsvergütung, 2002, 124; *Schwark* FS Raiser, 2005, 377 (384); MüKoAktG/*Spindler* Rn. 51; ferner LG Düsseldorf NJW 2004, 3275 (3278) („gesamte unternehmerische Lage"); früher bereits Großkomm AktG/*W. Schmidt*, 1. Aufl. 1939, AktG 1937 § 78 Rn. 2.

[84] Vgl. *Fleischer* DStR 2005, 1279 (1280); *Schüller*, Vorstandsvergütung, 2002, 124; *Schwark* FS Raiser, 2005, 377 (384); ebenso Wachter/*Eckert* Rn. 17.

[85] Dazu KBLW/*Bachmann* DCGK Rn. 975.

[86] Vgl. bereits *Schlegelberger/Quassowski* AktG 1937 § 78 Rn. 5; aus heutiger Sicht Hüffer/Koch/*Koch* Rn. 4; Großkomm AktG/*Kort* Rn. 77; Kölner Komm AktG/*Mertens/Cahn* Rn. 9 („Gefahrenzulage"); MüKoAktG/*Spindler* Rn. 53, 42; NK-AktR/*Oltmanns* Rn. 4; Hölters/*Weber* Rn. 26.

[87] Vgl. *Hoffmann-Becking* NZG 1999, 797 (803); Kölner Komm AktG/*Mertens/Cahn* Rn. 11; *Spindler* FS K. Schmidt, 2009, 1529 (1530 f.).

[88] Vgl. OLG München NZG 2008, 631; *Baums* FS Claussen, 1997, 3 (12); Kölner Komm AktG/*Mertens/Cahn* Rn. 11; MüKoAktG/*Spindler* Rn. 66; *Tröger* ZGR 2009, 447 ff.

[89] Vgl. *Habersack* FS Raiser, 2005, 111 (118 f.); *Habersack* NZG 2008, 634; *Hohenstatt/Seibt/Wagner* ZIP 2008, 2289 (2292); *Martens* FS Ulmer, 2003, 399 (415 ff.); *Reichert/Balke* FS Hellwig, 2010, 285 (289 ff.); *Waldhausen/Schüller* AG 2009, 179 (180 f.).

[90] Vgl. BGH NZG 2009, 1400; eingehend *Goette* FS Hopt, 2010, 689.

[91] BT-Drs. 16/13433, 15.

[92] Vgl. *Fleischer* NZG 2009, 801 (802); Wachter/*Eckert* Rn. 19; K. Schmidt/Lutter/*Seibt* Rn. 10; MüKoAktG/*Spindler* Rn. 38; Hölters/*Weber* Rn. 24.

[93] Vgl. BT-Drs. 16/13433, 15.

Landesüblichkeit meint die Üblichkeit im Geltungsbereich des Gesetzes.[94] Daran ist richtig, dass Hinweise auf höhere Gehälter im Ausland fehlgehen, solange dem betreffenden Vorstandsmitglied dort keine vergleichbaren Karrierechancen offenstehen.[95] Wer freilich ein konkretes Auslandsangebot vorweisen kann, dem können im Einzelfall auch höhere Bezüge gewährt werden.[96] Gleiches gilt im Sinn eines Opportunitätskosten-Kalküls für branchenfremde Bewerber, denen anderwärts lukrative Verdienstmöglichkeiten entgehen.[97] In beiden Fällen liegt ein besonderer Grund iSd § 87 Abs. 1 S. 1 vor. Bei ausländischen Referenzwerten ist allerdings dem unterschiedlichen Normumfeld (zB kürzere Vertragslaufzeiten, einfachere Kündigungsmöglichkeiten, größeres Haftungsrisiko) durch Vergütungsabschläge hinreichend Rechnung zu tragen.[98] Sofern es für deutsche Unternehmen an einer inländischen Vergleichsbasis fehlt, wird man mit aller gebotenen Vorsicht schließlich die Vergütungsstruktur ausländischer Konkurrenten als (einen) Orientierungsmaßstab heranziehen können.[99]

Bei der Konkretisierung der üblichen Vergütung ist ausweislich der Beschlussempfehlung des Rechtsausschusses auch das Lohn- und Gehaltsgefüge im Unternehmen heranzuziehen.[100] Danach soll darauf geachtet werden, dass die Vergütungsstaffelung im Unternehmen beim Vorstand nicht Maß und Bezug zu den Vergütungsgepflogenheiten und dem Vergütungssystem im Unternehmen im Übrigen verliert.[101] Gleichsinnig spricht Ziff. 4.2.2 Abs. 2 S. 3 DCGK von der Berücksichtigung der Vergütungsstruktur des oberen Führungskreises und der Belegschaft insgesamt, wobei der Aufsichtsrat für den Vergleich festlegt, wie der obere Führungskreis und die relevante Belegschaft abzugrenzen ist.[102] Eine Andeutung in diese Richtung enthält auch die Vergütungsempfehlung der Kommission vom April 2009.[103] Bisher war außerordentlich umstritten, ob das Verhältnis von Vorstands- und Arbeitnehmerbezügen ein statthaftes Richtmaß für die Angemessenheit darstellte.[104] Anhaltspunkte dafür bot der Wille des historischen Gesetzgebers, der sich bei der Abfassung des § 78 AktG 1937 vor allem dem Gedanken der Betriebsgemeinschaft verpflichtet fühlte. An diese – zwischenzeitlich verblassten Vorstellungen – knüpft die Ausschussbegründung wieder an.

Auch wenn der Maßstab der vertikalen Vergleichbarkeit nur in den Gesetzesmaterialien und nicht im Gesetzeswortlaut zum Ausdruck kommt, wird man ihn nicht ganz beiseitelassen dürfen,[105] zumal er gegenüber früheren Textstufen der Gesetzesbegründung an Gewicht gewonnen hat.[106] Allerdings können hier im Einzelfall Spannungen mit dem Maßstab der horizontalen Vergleichbarkeit auftreten. Sie sind – nicht zuletzt nach dem Duktus der Ausschussbegründung[107] – im Zweifel zugunsten der horizontalen Orientierungsmarken aufzulösen,[108] solange der Aufsichtsrat deren Heranziehung plausi-

---

[94] Vgl. BT-Drs. 16/13433, 15.
[95] Vgl. bereits 1. Aufl. 2007, Rn. 11; sowie *Fleischer* NZG 2009, 801 (802); *Spindler* NJOZ 2009, 3282 (3283); anders Bürgers/Körber/*Bürgers* Rn. 6a, wonach es ausreicht, wenn die Gesellschaft im internationalen Wettbewerb um Führungskräfte steht; ähnlich Henssler/Strohn/*Dauner-Lieb* Rn. 19; K. Schmidt/Lutter/*Seibt* Rn. 10; etwas enger MüKoAktG/*Spindler* Rn. 56, es müsse eine Konkurrenzsituation hinsichtlich des Vorstandsmitglieds drohen.
[96] Vgl. *Bauer/Arnold* AG 2009, 717 (720); *Fleischer* NZG 2009, 801 (802); *Hoffmann-Becking/Krieger* NZG-Beil. Heft 26/2009 Rn. 5; *Hohaus/Weber* DB 2009, 1515 (1516); Großkomm AktG/*Kort* Rn. 95; *Lingemann* BB 2009, 1918; s. auch *Wagner/Wittgens* BB 2009, 906 (907).
[97] Vgl. *Fleischer* NZG 2009, 801 (802).
[98] Vgl. bereits bisher *Adams* ZIP 2002, 1325 (1339); *Fleischer* DStR 2005, 1279 (1282); nunmehr auch *Annuß/Theusinger* BB 2009, 1434 (1435); *Hohaus/Weber* DB 2009, 1515 (1516); Großkomm AktG/*Kort* Rn. 87; K. Schmidt/Lutter/*Seibt* Rn. 10; Hölters/*Weber* Rn. 22.
[99] Ähnlich *Annuß/Theusinger* BB 2009, 1434 (1435); *Bauer/Arnold* AG 2009, 717 (720).
[100] Vgl. BT-Drs. 16/13433, 15.
[101] So wörtlich BT-Drs. 16/13433, 15.
[102] Näher *Wilsing/von der Linden* DStR 2013, 1291 (1292 f.); im Vorfeld schon DAV Handelsrechtsausschuss NZG 2013, 419 (420).
[103] Vgl. Empfehlung der Kommission vom 30.4.2009 (Empf 2009/385/EG), ABl. EU 2009 L 120, 28, Ziff. 9.3, wonach die Vergütung der Vorstandsmitglieder auch in einem angemessenen Verhältnis zur Vergütung „anderer Personalmitglieder der Gesellschaft" stehen sollte.
[104] 1. Aufl. 2007, Rn. 7.
[105] Vgl. *Fleischer* NZG 2009, 801 (802); aA *Annuß/Theusinger* BB 2009, 2434 (2435), der von dem „Kriterium der vertikalen Üblichkeit prinzipiell absehen" möchte; Grigoleit/*Schwennicke* Rn. 11.
[106] In der Begründung des Gesetzesentwurfs der Regierungsfraktionen, BT-Drs. 16/12278, 6, hatte es noch geheißen: „Es kann (!) aber auch das Lohn- und Gehaltsgefüge im Unternehmen herangezogen werden."
[107] Vgl. BT-Drs. 16/13433, 15, wonach das Lohn- und Gehaltsgefüge im Unternehmen „auch" heranzuziehen ist.
[108] Vgl. *Fleischer* NZG 2009, 801 (802); zustimmend *Bauer/Arnold* AG 2009, 717 (720); Bürgers/Körber/*Bürgers* Rn. 6a; *Dauner-Lieb* Der Konzern 2009, 583 (587); *Wachter/Eckert* Rn. 21; *Gaul/Janz* NZA 2009, 809 (810); Großkomm AktG/*Kort* Rn. 92; *Hoffmann-Becking/Krieger* NZG-Beil. Heft 26/2009 Rn. 8; Hüffer/Koch/*Koch* Rn. 3; K. Schmidt/Lutter/*Seibt* Rn. 10; MüKoAktG/*Spindler* Rn. 59; *Weber-Rey* WM 2009, 2255 (2258); nuancierend *Thüsing* AG 2009, 517 (518 f.); *Spindler* NJOZ 2009, 3282 (3284).

bel begründen kann und die vertikale Vergütungsspreizung die Grenze des „outrage constraint"[109] nicht überschreitet.[110] Jedenfalls zwingt das VorstAG den Aufsichtsrat nicht zur Einhaltung einer bestimmten Vergütungsstaffel in der Unternehmenshierarchie.[111] Vereinzelte Vorschläge, die zB eine Begrenzung auf das 20-fache des Lohns eines sozialversicherungspflichtig Beschäftigten in der untersten Lohn- und Gehaltsgruppe gefordert hatten,[112] sind im Gesetzgebungsverfahren ausdrücklich abgelehnt worden.[113] Umgekehrt dürfte es auch künftig zulässig sein, dass einzelne nachgeordnete Angestellte auf Grund erfolgsabhängiger Vergütungen im Ergebnis mehr verdienen als Vorstandsmitglieder (aber → Rn. 71a).[114]

19 **e) Zusätzliche Vergleichsmaßstäbe.** Neben den ausdrücklich genannten Bezugspunkten können auch nach der Reform durch das VorstAG weitere Gesichtspunkte in die Angemessenheitsbeurteilung einfließen. Berücksichtigungsfähig sind etwa besondere Fähigkeiten, Kenntnisse und Erfahrungen eines Vorstandsmitglieds,[115] die sich auch in seinem „Marktwert" niederschlagen dürften.[116] Hingegen lässt sich eine Rücksichtnahme auf seine Familienverhältnisse entgegen tradierter Rechtsauffassung[117] nicht schlüssig begründen, weil § 87 Abs. 1 S. 1 gerade keinen Anspruch auf beamtenrechtsähnliche Alimentation gewährt.[118] Erwägenswert ist hingegen die Übernahme bestimmter Kosten, die im Zusammenhang mit familiären Verhältnissen stehen, um einen Kandidaten für das Vorstandsamt zu gewinnen.[119]

20 **f) Höchstrichterliche Leitlinien zum GmbH-Recht.** Vielerorts zieht man zur weiteren Orientierung die höchstrichterlichen Leitlinien zur Angemessenheit von Geschäftsführerbezügen im GmbH-Recht heran.[120] Nach einer stehenden Formel des BGH kommt es insoweit auf eine umfassende Würdigung aller Umstände an, zu denen insbesondere Art, Größe und Leistungsfähigkeit des Betriebes, Alter, Ausbildung, Berufserfahrung und Fähigkeiten des Geschäftsführers sowie Umfang und Bedeutung seiner Tätigkeit gehören.[121] Richtigerweise kann diese Spruchpraxis aber nur behutsam auf das Aktienrecht übertragen werden, weil die Konfliktmuster und Klageanreize in beiden Konstellationen keineswegs deckungsgleich sind: In geschlossenen Gesellschaften geht es zumeist um *horizontale Mehrheits-Minderheits-Konflikte* zwischen Gesellschafter-Geschäftsführern und nichtgeschäftsführenden Minderheitsgesellschaftern; die Geschäftsführerbezüge machen einen größeren Anteil am Gesamtergebnis aus; die Gefahr von Interessenkollisionen ist wegen geringerer gesellschaftsinterner Kontrollmechanismen besonders handgreiflich.[122] In Publikums-Aktiengesellschaften besteht typischerweise ein *vertikales Prinzipal-Agenten-Problem*, das aber durch verschiedene Schutzvorkehrungen entschärft wird: die Festlegung der Vergütung erfolgt durch einen unabhängigen Aufsichtsrat; die bilanzrechtlichen Offenlegungspflichten im Anhang zum Jahres- und Konzernabschluss (→ Rn. 88) sorgen für Kapitalmarktpublizität; interessierte Mehrheitsaktionäre[123] und Arbeitneh-

---

[109] Begriff und Konzept: *Bebchuk/Fried*, Pay without Performance, 2004, 64 f.
[110] Vgl. *Fleischer* NZG 2009, 801 (802); *Lingemann* BB 2009, 1918 (1919).
[111] Vgl. *Hoffmann-Becking/Krieger* NZG-Beil. Heft 26/2009 Rn. 7; MüKoAktG/*Spindler* Rn. 59; Hölters/ Weber Rn. 23.
[112] So etwa der Antrag der Fraktion DIE LINKE, BT-Drs. 16/7743 vom 16.1.2008.
[113] Dazu aus der Sicht des Bundesjustizministeriums *Seibert* DB 2009, 1167 (1169); ferner *Seibert* WM 2009, 1489: „So war man sich zB in der Koalition einig, daß eine konkrete höhenmäßige Beschränkung durch Gesetz nicht in Frage komme."; aus dem Schrifttum *Arnold/Schanske* KSzW 2012, 39 (42); *Bauer/Arnold* AG 2009, 717 (720).
[114] Ebenso *Hoffmann-Becking/Krieger* NZG-Beil. Heft 26/2009 Rn. 7.
[115] Vgl. *Baumbach/Hueck* Rn. 5; *v. Godin/Wilhelmi* Rn. 6; NK-AktR/*Oltmanns* Rn. 4.
[116] Vgl. *v. Godin/Wilhelmi* Rn. 6; Kölner Komm AktG/*Mertens/Cahn* Rn. 14; K. Schmidt/Lutter/*Seibt* Rn. 9; MüKoAktG/*Spindler* Rn. 43; *Schwark* FS Raiser, 2005, 377 (384).
[117] Vgl. *Baumbach/Hueck* Rn. 5; *Bürgers/Körber/Bürgers* Rn. 2; Hüffer/Koch/*Koch* Rn. 4; MüKoAktG/*Spindler* Rn. 44; NK-AktR/*Oltmanns* Rn. 4; früher schon Großkomm *W. Schmidt*, 1. Aufl. 1939, AktG 1937 § 78 Rn. 2 („entspricht durchaus den heutigen Anschauungen"); einschränkend *v. Godin/Wilhelmi* Rn. 6.
[118] Vgl. *Fleischer* DStR 2005, 1279 (1280 f.); zustimmend Hölters/*Weber* Rn. 27; Großkomm AktG/*Kort* Rn. 98; zweifelnd auch K. Schmidt/Lutter/*Seibt* Rn. 9; aA *Thüsing* AG 2009, 517 (518).
[119] Vgl. *Arnold/Schalsker* KSzW 2012, 39 (42): Zahlung des Schulgeldes für eine internationale Schule für die Kinder ausländischer Vorstandsmitglieder oder die Übernahme von Reisekosten für ein Vorstandsmitglied, dessen Familie weit entfernt vom Sitz der Gesellschaft lebt.
[120] So etwa LG Düsseldorf NJW 2004, 3275 (3276); *Hüffer* BB-Beil. Heft 7/2003, 23; *Schüller*, Vorstandsvergütung, 2002, 119 ff.
[121] Vgl. BGHZ 111, 224 (228); BGH WM 1976, 1226 (1228); BGH NJW 1992, 2894 (2896).
[122] Vgl. *Fleischer* DStR 2005, 1279 (1281).
[123] Zur Bedeutung dieser Kontrolle im kontinentaleuropäischen „blockholder"-Modell im Vergleich zum angelsächsischen „dispersed ownership"-Modell *Ferrarini/Moloney* ECFR 2004, 251 (261, 306 ff.).

mervertreter in mitbestimmten Aufsichtsräten wirken als zusätzliche Kontrolleure.[124] Infolgedessen gibt es gute Gründe, bei der Überprüfung von Geschäftsleiterbezügen im GmbH-Recht tendenziell strengere Maßstäbe anzulegen als im Aktienrecht.[125]

3. Konkretisierung des Angemessenheitsgebots. Das Angemessenheitsgebot bildet nach hM 21 eine flexible Schranke im Vorfeld des § 138 BGB.[126] Eine weitergehende Konkretisierung hält man vielfach für unmöglich.[127] Daran ist richtig, dass es sich bei der Angemessenheit um einen Wert- und Würdigungsbegriff handelt, der in hohem Maße ausfüllungsbedürftig ist und dem Rechtsanwender beträchtliche Konkretisierungsspielräume eröffnet.[128] Nicht anders als in vergleichbaren Fällen[129] bleiben Rechtsprechung und Rechtslehre allerdings aufgerufen, dem Angemessenheitsbegriff zumindest einzelne Korsettstangen einzuziehen.[130]

a) Absolute Grenzwerte und relative Orientierungsgrößen. Tatbestandliche Trennschärfe 22 ließe sich am leichtesten durch absolute Grenzwerte erreichen, doch stehen dem durchschlagende methodische und sachliche Bedenken entgegen: Methodisch ist die Einführung einer „gegriffenen Größe" kaum angängig, da der Gesetzgeber bewusst von einer ziffernmäßigen Höchstgrenze abgesehen hat und die zu treffende Wertentscheidung weicheren Faktoren überantworten wollte;[131] sachlich trüge sie der Vielgestaltigkeit der Verhältnisse in den Aktiengesellschaften nicht hinreichend Rechnung.[132] Auch *de lege ferenda* rät man mit Recht von gesetzlichen Höchstgrenzen ab.[133] Erwägenswert bleiben aber behutsame Annäherungen vermittels relativer Orientierungsgrößen, die das Angemessenheitsgebot durch differenzierte Darlegungs- und Begründungslasten fasslicher machen.[134] Sie führen im Rahmen des § 87 Abs. 1 zu einer bemerkenswerten Akzentverschiebung, indem sie die *inhaltliche* Angemessenheit mit *prozeduralen* Mindestanforderungen verbinden und an ihnen messen.[135] Darauf ist bei der Einbettung der Vorschrift in die Lehre vom Geschäftsleiterermessen zurückzukommen (→ Rn. 39). Für Abfindungen bei vorzeitiger Beendigung der Vorstandstätigkeit und spezieller im Rahmen von Change of Control-Klauseln finden sich mittlerweile Empfehlungen, die an relative Orientierungsgrößen anknüpfen, in Ziff. 4.2.3 Abs. 4 und 5 DCGK (→ Rn. 46 und 53).

b) Steuerrechtliche Leitlinien zur verdeckten Gewinnausschüttung. Eine weitere Konkre- 23 tisierung erhoffen sich manche von den körperschaftsteuerrechtlichen Grundsätzen zur Angemessenheit der Gesamtbezüge eines Gesellschafter-Geschäftsführers.[136] Der BFH berücksichtigt im Rahmen

---

[124] Vgl. *Ferrarini/Moloney* ECFR 2004, 251 (307); zu ihrem Versagen in der deutschen Rechtspraxis *Dreher* in Henze/Hoffmann-Becking, Gesellschaftsrecht 2003, 2004, 203 (212); *Jahn* ZRP 2004, 179 (181); *Thüsing* ZGR 2003, 457 (487).

[125] Näher *Fleischer* DStR 2005, 1279 (1281); ähnlich *Dreher* in Henze/Hoffmann-Becking, Gesellschaftsrecht 2003, 2004, 203 (210) („wesentlich engere Vorgaben").

[126] Vgl. Hüffer/Koch/*Koch* Rn. 1; MüKoAktG/*Spindler* Rn. 38; Großkomm AktG/*Kort* Rn. 1; NK-AktR/ *Oltmanns* Rn. 1; K. Schmidt/Lutter/*Seibt* Rn. 3; aus der älteren Literatur *Geßler* JW 1937, 497 (499), der auf die Verkehrssitte abstellt; s. auch *Schlegelberger/Quassowski* AktG 1937 § 78 Rn. 4.

[127] Vgl. Hüffer/Koch/*Koch* Rn. 5; MüKoAktG/*Spindler* Rn. 38; *Spindler* DStR 2004, 36 (41).

[128] Näher *Fleischer* DStR 2005, 1279 (1281).

[129] Von „angemessener Vergütung" sprechen ebenso § 1987 BGB (Nachlassverwalter), § 2221 BGB (Testamentsvollstrecker) und § 32 Abs. 1 S. 2, Abs. 2 UrhG (Urheber); dazu und zu ähnlichen Beispielen zuletzt *Röthel*, Normkonkretisierung im Privatrecht, 2004, 45 ff. und passim.

[130] Im Ergebnis ebenso *Peltzer* Deutsche Corporate Governance Rn. 106: „Im Übrigen wäre es natürlich ein Irrtum anzunehmen, die Gewährung exzessiver Vergütungen wäre nicht justiziabel."; ferner *Kort* NJW 2005, 333; *Körner* NJW 2004, 2697 (2699); *Lutter* ZIP 2006, 733 (735 f.).

[131] Vgl. *Schlegelberger/Quassowski* AktG 1937 § 78 Rn. 4; ferner *Dreher* in Henze/Hoffmann-Becking, Gesellschaftsrecht 2003, 2004, 207 (215 f.); Hüffer/Koch/*Koch* Rn. 5; Großkomm AktG/*Kort* Rn. 101; *Marsch-Barner* FS Röhricht, 2005, 401 (403); MüKoAktG/*Spindler* Rn. 38; eingehend *Fleischer* FS Canaris, Bd. 2, 2007, 71 (82 f.).

[132] Ähnlich *Martens* ZHR 169 (2005), 124 (126); MüKoAktG/*Spindler* Rn. 38; *Schüller*, Vorstandsvergütung, 2002, 141; *Schwark* FS Raiser, 2005, 377 (389); zum alten Recht bereits *Schlegelberger/Quassowski* AktG 1937 § 78 Rn. 4.

[133] Vgl. *Baums* ZIP 2004, 1877 (1879 f.); *Dreher* in Henze/Hoffmann-Becking, Gesellschaftsrecht 2003, 2004, 203 (217 ff.); *Feudner* NZG 2007, 779 (780); *Körner* NJW 2004, 2697 (2700); *Lutter* ZIP 2003, 737 (740); *Marsch-Barner* FS Röhricht, 2005, 401 (403 f.); *Martens* ZHR 169 (2005), 124 (126); von Verfassungswidrigkeit spricht *Jahn* ZRP 2004, 179 (181); ähnlich Kölner Komm AktG/*Mertens/Cahn* Rn. 8.

[134] Für einen beachtlichen Vorstoß in diese Richtung BeckMandatsHdB AG-Vorstand/*Lücke* § 2 Rn. 127; *Lücke* NZG 2005, 692 (696 f.); *Erhart/Lücke* BB 2007, 183; dazu *Fleischer* DStR 2005, 1279 (1282); *Fonk* NZG 2005, 248 mit Fn. 4; ablehnend Hölters/*Weber* Rn. 17.

[135] Vgl. *Fleischer* DStR 2005, 1279 (1282).

[136] Andeutungen in diese Richtung bei MüKoAktG/*Spindler* Rn. 61; *Spindler* DStR 2004, 36 (40); *Thüsing* ZGR 2003, 457 (460 mit Fn. 14, 468).

des § 8 Abs. 3 S. 2 KStG Art und Umfang der Tätigkeit, die künftigen Ertragsaussichten des Unternehmens, das Verhältnis des Geschäftsführergehalts zum Gesamtgewinn und zur verbleibenden Eigenkapitalverzinsung sowie Art und Höhe der Vergütungen, die im selben Betrieb gezahlt oder in gleichartigen Betrieben an Geschäftsführer für entsprechende Leistungen gewährt werden.[137] Das Bundesministerium der Finanzen hat diese Vorgaben in einem jüngeren Schreiben an die Obersten Finanzbehörden der Länder näher erläutert.[138] Das Anschauungsmaterial betrifft allerdings fast ausnahmslos geschlossene Kapitalgesellschaften, bei denen weitaus größere Anreize zur steuergetriebenen Vertragsgestaltung bestehen als bei Publikums-Aktiengesellschaften.[139] Hinzu kommt, dass die Kriterien der verdeckten Gewinnausschüttung vor allem aus ihrer steuerrechtlichen Teleologie heraus zu verstehen sind. Infolgedessen bieten sie allenfalls einen Fingerzeig zur Lösung der hier in Rede stehenden Abgrenzungsprobleme.[140]

24 **c) Offensichtlich unangemessene Vergütung.** Gelingt es nach alledem nur höchst unvollkommen, die Angemessenheit von Vorstandsbezügen genauer *einzugrenzen,* so liegt es nahe, offensichtlich unangemessene Vorstandsbezüge *auszugrenzen.*[141] In dieser Negation liegt keine bloße Scheinkonkretisierung, weil sie durch Angabe eines Ausgewogenheitsmaßstabes eine nähere Bestimmung der Angemessenheitsgrenze ermöglicht: Nicht jede beliebige Unausgewogenheit der Vorstandsvergütung verletzt das gesetzliche Angemessenheitsgebot, sondern erst eine besonders handgreifliche Normabweichung. Zur Begründung dieses zurückgenommenen Ausgewogenheitsmaßstabes kann man zum einen den Ausnahmecharakter des § 87 Abs. 1 anführen, der den Grundsatz der Vertragsfreiheit durchbricht.[142] Zum anderen trägt eine grobmaschigere Kontrolle der Sachgesetzlichkeit Rechnung, dass sich angemessene Geschäftsleiterbezüge nicht mit mathematischer Genauigkeit bestimmen lassen, sondern nach einem mehr oder minder breiten Bewertungskorridor verlangen.

25 Ganz in diesem Sinne hat der BGH den Gesellschaftern sogar im GmbH-Recht[143] einen „Ermessensspielraum" zugebilligt, innerhalb dessen ein bestimmter Vergütungsbetrag nicht deshalb als unangemessen bezeichnet werden könne, weil eine andere Bewertung sich ebenso gut oder besser vertreten ließe.[144] Gleichsinnig hat der BFH im Rahmen der verdeckten Gewinnausschüttung auf ein „krasses Missverhältnis" der Gesamtvergütung abgestellt, von dem erst gesprochen werden könne, wenn die aus dem Fremdvergleich gewonnene Angemessenheitsgrenze um mehr als 20 % überschritten sei.[145] Es fügt sich in das Gesamtbild, dass der Maßstab offensichtlicher Unangemessenheit bereits einen festen Platz im Koordinatensystem der organschaftlichen Sorgfaltspflichten einnimmt: Er liegt dem anerkannten Verbot der Verschwendung von Gesellschaftsvermögen im Rahmen der §§ 93, 116 zugrunde (→ § 93 Rn. 90 f.), das in § 87 Abs. 1 nur näher ausgeformt wird. Dieser Zusammenhang tritt noch deutlicher hervor, wenn man sich vergegenwärtigt, dass der durch § 87 angestrebte Schutz der Gesellschaft, ihrer Aktionäre und Gläubiger mittelbar über den Schutz des Gesellschaftsvermögens erfolgt.[146]

26 **d) Ausstrahlungswirkung bereichsspezifischer Wertungen?** Gelegentlich wird im Schrifttum erwogen, ob die bereichsspezifischen Vergütungsvorschriften im KWG und VAG (→ Rn. 5) sowie im FMStG (→ Rn. 6) eine „Ausstrahlungswirkung" auf die Konkretisierung des Angemessenheitsgebots bei allen Aktiengesellschaften entfalten. Insoweit ist sachlich und methodisch große Zurückhaltung geboten,[147] auch wenn Aktien- und Aufsichtsrecht beide dem Nachhaltigkeitsgedan-

---

[137] Vgl. BFH BStBl. II 1995, 549, 550.
[138] Vgl. BMF-Schreiben v. 14.10.2002, BStBl. II 2002, 972 = NZG 2002, 1102.
[139] Vgl. *Fleischer* DStR 2005, 1279 (1283) mit rechtsvergleichenden Nachweisen.
[140] Näher *Fleischer* DStR 2005, 1279 (1283); ähnlich BeckMandatsHdB AG-Vorstand/*Lücke* § 2 Rn. 118 mit Fn. 251; noch strenger *v. Godin/Wilhelmi* Rn. 26 („nicht einschlägig"); ihm folgend *Dreher* in Henze/Hoffmann-Becking, Gesellschaftsrecht 2003, 2004, 203 (209 f.).
[141] Zu Folgendem ausführlicher *Fleischer* DStR 2005, 1318 f.; ähnlich nunmehr Kölner Komm AktG/*Mertens/Cahn* Rn. 7; *Hölters/Weber* Rn. 17.
[142] Sehr klar MHdB AG/*Wiesner* § 21 Rn. 29: „Im Prinzip besteht hinsichtlich der Vereinbarung der Höhe und des Umfangs der Vergütung Vertragsfreiheit."; ferner *Feudner* NZG 2007, 779; *Marsch-Barner* FS Röhricht, 2005, 401 (403).
[143] Vgl. zu den Gründen für eine strengere Kontrolle im GmbH-Recht → Rn. 8.
[144] Vgl. BGHZ 111, 224 (227); dem folgend LG Düsseldorf NJW 2004, 3275 (3276); ferner BGH NJW 2006, 522 (523).
[145] Vgl. BFH BStBl. II 1989, 854 (856); ebenso FG Köln GmbHR 1996, 781; aus der Kommentarliteratur Streck/*Schwedhelm*, 8. Aufl. 2014, KStG § 8 Anh. Rn. 295.
[146] Zum Schutz des Gesellschaftsvermögens auch *Dreher* in Henze/Hoffmann-Becking, Gesellschaftsrecht 2003, 2004, 203 (207); *K. Schmidt* GesR § 28 II 2 f, S. 811; *Schüller*, Vorstandsvergütung, 2002, 116.
[147] Ähnlich *Armbrüster* VersR 2011, 1 (11); *Seibert* WM 2009, 1489 mit Fn. 10; ausführlich *Duplois*, Die Beeinflussung aktienrechtlicher Corporate Governance durch das Bankaufsichtsrecht, 2017, 177 ff.; *Thaten*, Die Ausstrahlung des Aufsichts- auf das Aktienrecht am Beispiel der Corporate Governance von Banken und Versicherungen, 2016, 284 ff., 305 ff.; ferner *Langenbucher* FS Schneider, 2011, 751 (758 ff.).

ken verpflichtet sind. Anders als § 87 AktG sollen § 25a KWG und § 25 VAG nämlich in erster Linie die Einleger, die Versicherten und die Öffentlichkeit vor allzu risikoreichen Geschäften schützen. Nicht ausgeschlossen ist damit aber ein Wertungstransfer im Detail, sofern sich eine aufsichtsrechtliche Vorschrift als sachgerechte Konkretisierung allgemeiner aktienrechtlicher Vorgaben darstellt.[148] Ein Beispiel bilden § 8 Abs. 2 InstitutsVergV und § 4 Abs. 4 VersVergV, nach denen Geschäftsleiter keine persönlichen Absicherungs- oder sonstigen Gegenmaßnahmen treffen dürfen, um die Risikoorientierung ihrer Vergütung einzuschränken oder aufzuheben.[149] Gleiches gilt für Vorstandsmitglieder einer gewöhnlichen AG (→ Rn. 43).

4. Ausrichtung auf eine nachhaltige Unternehmensentwicklung. a) Begriff der Nach- 27
haltigkeit. Dem neu eingefügten § 87 Abs. 1 S. 2 zufolge ist die Vergütungsstruktur bei börsennotierten Gesellschaften auf eine nachhaltige Unternehmensentwicklung auszurichten. Der ursprünglich aus der Forstwirtschaft stammende Begriff der Nachhaltigkeit[150] weckt positive Assoziationen, ist aber wenig glücklich gewählt. In der Betriebswirtschaftslehre bringt man ihn nämlich mit dem Konzept der nachhaltigen Entwicklung („Sustainable Development"-Konzept) in Verbindung, das eine ökologische Neuausrichtung der Unternehmensführung anstrebt.[151] Das ist hier nicht gemeint.[152] Vielmehr soll § 87 Abs. 1 S. 2 ein Problem entschärfen, welches man plastisch als „Zeitpräferenzkonflikt"[153] bezeichnet: Vorstandsmitglieder, die am Unternehmensgewinn beteiligt sind, haben aus verschiedenen Gründen (*career concerns*, baldiger Unternehmenswechsel, bevorstehende Verrentung) eine sehr hohe Gegenwartspräferenz und bevorzugen Investitionsobjekte mit kurzfristig hohen Einzahlungsüberschüssen.[154] Derartige Investitionsobjekte müssen aber nicht zwingend jene mit dem höchsten Kapitalwert sein. Hier kommt nun der Gedanke der Nachhaltigkeit ins Spiel: Negativ formuliert, soll er ein unternehmerisches „Strohfeuer" verhindern, das alsbald wieder erlischt;[155] ins Positive gewendet, soll er Zukunftsinvestitionen, zB in F&E oder Mitarbeiterschulung, fördern, die erst später bilanz- und ergebnisrelevant werden, aber gerade deshalb zur dauerhaften Rentabilität des Unternehmens beitragen.[156]

Vor dem Hintergrund der Finanzmarktkrise lässt sich die Bedeutung nachhaltigen Vorstandshan- 28
delns auch noch in anderer Weise illustrieren: Verhindert werden sollen Vergütungsstrukturen, die zum Eingehen unverantwortlicher Risiken verleiten und damit den Bestand des Unternehmens gefährden.[157] Gerade im Bankenbereich fehlten häufig risikoadjustierte Größen für die Bemessung der variablen Vergütung, so dass auf Vorstandsebene nicht selten ein ungezügelter Risikoappetit herrschte. Hinzu gesellten sich eine verhängnisvolle Fixierung auf den nächsten Quartalsbericht und vereinzelt Praktiken zur Manipulation des stichtagsbezogenen Gewinnausweises.

Neben der Orientierung an finanziellen Zielen gestattet (nicht: gebietet) § 87 Abs. 1 S. 2 auch 28a
eine Berücksichtigung nichtfinanzieller Leistungsindikatoren.[158] Durch die Aktionärsrechterichtlinie und ihren Vergütungsbericht (→ Rn. 8) sowie durch die CSR-Diskussion (→ § 76 Rn. 42 ff.) wird

---

[148] Wie hier *Armbrüster* VersR 2011, 1 (11); eingehend *Thaten*, Die Ausstrahlung des Aufsichts- auf das Aktienrecht am Beispiel der Corporate Governance von Banken und Versicherungen, 2016, 305 ff.; für die FMStV auch *Moll* FS Wellensiek, 2011, 495 (504); *Wilsing/Paul* DB 2009, 1391; zT abw. *Keiser* RdA 2010, 280 (284).

[149] Dazu *Thaten*, Die Ausstrahlung des Aufsichts- auf das Aktienrecht am Beispiel der Corporate Governance von Banken und Versicherungen, 2016, 305 ff.; ferner *Duplois*, Die Beeinflussung aktienrechtlicher Corporate Governance durch das Bankaufsichtsrecht, 2017, 265 ff.

[150] Abgrenzend *Seibert* WM 2009, 1489 (1490): „Der Begriff der ‚Nachhaltigkeit' ist schillernd und hat im vorliegenden Kontext nichts mit nachwachsenden Rohstoffen zu tun."

[151] Dazu *Schierenbeck/Wöhle*, Grundzüge der Betriebswirtschaftslehre, 19. Aufl. 2016, 88 f.

[152] Abw. das Drei-Säulen-Modell von *Röttgen/Klug* NJW 2013, 900 (902 ff.), das eine ökologisch-sozialökonomische Ausrichtung der Vergütung verlangt; dagegen zutreffend Hüffer/Koch/*Koch* Rn. 11; Großkomm AktG/*Kort* Rn. 123; *Louven* BB 2013, 1219 (1220 f.).

[153] *Kräkel*, Organisation und Management, 5. Aufl. 2012, 284.

[154] Vgl. *Fleischer* NZG 2009, 801 (802); zustimmend *Dauner-Lieb* Der Konzern 2009, 583 (585); *Deilmann/Otte* GWR 2009, 261.

[155] Vgl. *Fleischer* NZG 2009, 801 (802 f.); zustimmend Henssler/Strohn/*Dauner-Lieb* Rn. 26; Hohenstatt/Kuhnke ZIP 2009, 1981 (1982); Hüffer/Koch/*Koch* Rn. 11; Großkomm AktG/*Kort* Rn. 121; *Mertens* AG 2011, 57 (58 f.); MüKoAktG/*Spindler* Rn. 76; ähnlich *Thüsing* AG 2009, 517 (520); *Wagner* AG 2010, 774 (776).

[156] Vgl. *Fleischer* NZG 2009, 801 (803); Hohenstatt/Kuhnke ZIP 2009, 1981 (1982); s. auch Wachter/*Eckert* Rn. 24 f.; Hölters/*Weber* Rn. 31 entnimmt dem Nachhaltigkeitsgebot zudem die Vorgabe, in der Vergütungsstruktur auch Sanktionen in Form von Verlustbeteiligung und Haftung vorzusehen.

[157] Vgl. *Annuß/Theusinger* BB 2009, 2434 (2435); *Bauer/Arnold* AG 2009, 717 (721); *Fleischer* NZG 2009, 801 (803); Hohenstatt/Kuhnke ZIP 2009, 1981 (1982); *Jahn* GWR 2009, 135; *Thüsing* AG 2009, 517 (520); *Weber-Rey* WM 2009, 2255 (2258).

[158] Vgl. *Faber/v. Werder* AG 2014, 608 (610 ff.); Großkomm AktG/*Kort* Rn. 123; eingehend *Harbarth* ZGR 2018, 379 (383 ff.).

sich der Trend zu einer stärkeren Einbeziehung nichtfinanzieller Leistungsindikatoren in die Vorstandsvergütung zukünftig noch verstärken.[159]

29 **b) Folgerungen für einzelne Vergütungselemente.** Eine Konkretisierung des solchermaßen verstandenen Nachhaltigkeitskonzepts ist denkbar schwierig, weil unternehmerische Entscheidungen in der Regel auf Prognosen beruhen.[160] Gesichert erscheint gegenwärtig, dass § 87 Abs. 1 S. 2 keine ausschließliche Beschränkung auf langfristige Vergütungselemente verlangt.[161] Kurzfristige Verhaltensanreize bleiben weiterhin möglich, sofern sie der nachhaltigen Unternehmensentwicklung nicht zuwiderlaufen.[162] Mit diesem Vorbehalt sind etwa einmalige Transaktionsboni für den Erwerb oder die Veräußerung von Unternehmensteilen – anders als im reformierten schweizerischen Recht (→ Rn. 7a) – durchaus zulässig.[163] Gleiches kann – je nach Ausgestaltung – auch für Antritts-, Halte- oder Beendigungsprämien gelten (→ Rn. 47 ff.).[164]

30 **c) Beschränkung auf börsennotierte Gesellschaften.** § 87 Abs. 1 S. 2 verlangt die Ausrichtung der Vergütungsstruktur auf eine nachhaltige Unternehmensentwicklung nur von börsennotierten Gesellschaften.[165] Ausweislich der Gesetzesmaterialien sollte der Nachhaltigkeitsgedanke aber grundsätzlich auch von nichtbörsennotierten Gesellschaften berücksichtigt werden; für diese habe man jedoch von einer ausdrücklichen Regelung abgesehen, da sonst Fragen zum Verhältnis zur GmbH und den Personenhandelsgesellschaften aufgeworfen würden und man es den Eigentümern überlassen könne, die richtigen Instrumente zu finden.[166]

31 **5. Mehrjährige Bemessungsgrundlage variabler Vergütungsbestandteile. a) Allgemeines.** Gemäß § 87 Abs. 1 S. 3 Hs. 1 sollen variable Vergütungsbestandteile eine mehrjährige Bemessungsgrundlage haben. Auch diese Anforderung gilt nur für börsennotierte Gesellschaften, wie sich aus der Bezugnahme auf § 87 Abs. 1 S. 2 („daher") ergibt.[167] Was unter Mehrjährigkeit zu verstehen ist, wird unterschiedlich beurteilt. Zahlreiche Stimmen verstehen darunter drei bis fünf Jahre;[168] nach anderen Äußerungen ist eine zweijährige Bemessungsgrundlage mehrjährig iSd § 87 Abs. 1 S. 3.[169] Die erste Ansicht ist vorzugswürdig: Zum einen heißt es in der Gesetzesbegründung, dass die Fristverlängerung für die erstmalige Ausübung von Bezugsrechten aus Aktienoptionen in § 193 Abs. 2 Nr. 4 auf vier Jahre eine „Auslegungshilfe" für die Formulierung langfristiger Verhaltensanreize iSd § 87 Abs. 1 biete.[170] Zum anderen nennt die Kommissionsempfehlung vom April 2009 einen

---

[159] Eingehend *Velte* NZG 2016, 294 ff. mwN; vertiefend *Harbarth* ZGR 2018, 379 (389 ff.).

[160] Näher *Spindler* NJOZ 2009, 3282 (3284); ähnlich *Bauer/Arnold* AG 2009, 717 (721): „Ob etwa die Entscheidung, einen Unternehmensbereich zu veräußern, kurzfristigem Gewinndenken (‚Tafelsilber wird verscherbelt') oder einer langfristig sinnvollen Strategie (Rückzug aus unprofitablem Geschäftsbereich) folgt, ist häufig nicht ex ante zu entscheiden."; allgemein auch *Marsch-Barner* ZHR 175 (2011), 737.

[161] Vgl. *Fleischer* NZG 2009, 801 (803); *Marsch-Barner* ZHR 175 (2011), 737 (745); *Thüsing* AG 2009, 517 (520).

[162] Vgl. BT-Drs 16/13433, 16; aus dem Schrifttum *Bosse* BB 2009, 1650 (1651); *Deilmann/Otte* GWR 2009, 261 (262); *Wachter/Eckert* Rn. 41; *Fleischer* NZG 2009, 801 (803); *Hohaus/Weber* DB 2009, 1515 (1517); *Hohenstatt/Kuhnke* ZIP 2009, 1981 (1987); *Hüffer/Koch/Koch* Rn. 11; *van Kann/Keiluweit* DStR 2009, 1587 (1588); *Mertens* AG 2011, 57 (62); *MüKoAktG/Spindler* Rn. 83; *Seibert* WM 2009, 1489 (1490); *Hölters/Weber* Rn. 41; *Weber-Rey* WM 2009, 2255 (2259).

[163] Vgl. *Bauer/Arnold* AG 2009, 717 (721); *Deilmann/Otte* GWR 2009, 261 (262); *Fleischer* NZG 2009, 801 (803); *Gaul/Janz* NZA 2009, 809 (810); *Hohaus/Weber* DB 2009, 1517 (1519); *Hohenstatt* ZIP 2009, 1349 (1351); *Hoffmann-Becking/Krieger* NZG-Beil. Heft 26/2009 Rn. 16; *Hüffer/Koch/Koch* Rn. 11; Großkomm AktG/*Kort* Rn. 127; *Thüsing* AG 2009, 517 (520).

[164] Vgl. *Bauer/Arnold* AG 2009, 717 (721); *Eichner/Delahaye* ZIP 2010, 2082 (2087); *Fleischer* NZG 2009, 801 (803); *Hüffer/Koch/Koch* Rn. 11; Großkomm AktG/*Kort* Rn. 127; *Thüsing* AG 2009, 517 (520); zT abw. *Poguntke* ZIP 2011, 893 (899).

[165] Vgl. *Bauer/Arnold* AG 2009, 717 (721).

[166] Vgl. BT-Drs. 16/13433, 16.

[167] Vgl. *Hüffer/Koch/Koch* Rn. 12; *K. Schmidt/Lutter/Seibt* Rn. 12; *Bauer/Arnold* AG 2009, 717 (721); *Hohaus/Weber* DB 2009, 1515 (1518); *Hohenstatt* ZIP 2009, 1349 (1352); *Lingemann* BB 2009, 1918 (1919).

[168] Vgl. mit Unterschieden im Einzelnen *Bauer/Arnold* AG 2009, 717 (722 f.): drei Jahre; *Bosse* BB 2009, 1650 (1651): vier Jahre; *Deilmann/Otte* GWR 2009, 261 (262): drei Jahre; *Fleischer* NZG 2009, 801 (803): drei bis fünf Jahre; *Gaul/Janz* NZA 2009, 809 (810): vier Jahre; NK-AktR/*Oltmanns* Rn. 7: drei bis vier Jahre; *Seibert* WM 2009, 1489 (1490): drei oder vier Jahre; *MüKoAktG/Spindler* Rn. 88: vier Jahre; *Weber-Rey* WM 2009, 2255 (2259): drei oder vier Jahre; noch weitergehend *Thüsing* AG 2009, 517 (521): fünf Jahre.

[169] Vgl. *Hoffmann-Becking/Krieger* NZG-Beil. Heft 26/2009 Rn. 17; *Hüffer/Koch/Koch* Rn. 12; *Kocher/Bednarz* Der Konzern 2011, 77 (83); *Grigoleit/Schwennicke* Rn. 22; *K. Schmidt/Lutter/Seibt* Rn. 12; ähnlich *Annuß/Theusinger* BB 2009, 2434 (2436): zwei bis drei Jahre; im Ausgangspunkt auch *Hohenstatt/Kuhnke* ZIP 2009, 1981 (1985).

[170] Vgl. BT-Drs. 16/12278, 6; dazu auch *Cahn* FS Hopt, 2010, 431 (441 ff.); *Eichner/Delahaye* ZIP 2010, 2082 (2083); Großkomm AktG/*Kort* Rn. 132.

Zeitraum von drei bis fünf Jahren,[171] was bei der nationalen Auslegung nach Art. 4 Abs. 3 EUV zu berücksichtigen ist.[172]

b) Nähere Ausgestaltung. Aus der Vorgabe einer mehrjährigen Bemessungsgrundlage folgt, 32 dass die Auszahlung der variablen Vergütungsbestandteile nicht nur hinausgeschoben sein darf; vielmehr müssen diese an negativen Entwicklungen im gesamten Bemessungszeitraum teilnehmen.[173] Dies sieht im Übrigen auch Ziff. 4.2.3 Abs. 2 S. 3 DCGK vor. Abgesehen davon lässt § 87 Abs. 1 S. 3 offen, wie die Langfristigkeit der Verhaltensanreize im Einzelnen ausgestaltet sein soll. Hierin liegt eine kluge Selbstbeschränkung des Reformgesetzgebers, der über keine komparativen Vorteile hinsichtlich des vertraglichen Designs der Vorstandsvergütung verfügt und die Suche nach passgenauen Anreizinstrumenten daher dem jeweiligen Unternehmen überlässt.[174] In Betracht kommen etwa Performance-Messungen über die Gesamtlaufzeit oder Bonus-Malus-Systeme.[175] Möglich sind auch sog. *Share-Ownership-Guidelines*, welche die Vorstandsmitglieder verpflichten, Aktien am eigenen Unternehmen zu erwerben und längerfristig zu halten.[176] Zu denken ist ferner an die Vereinbarung von Rückzahlungsverpflichtungen in Form sog. *Clawback*-Klauseln,[177] wie sie die Kommissionsempfehlung vom April 2009[178] und neuerdings auch § 20 Abs. 6 InstitutsVergV[179] vorsehen.

c) Verhältnis von lang- und kurzfristigen Vergütungselementen. Ausweislich der Gesetzes- 33 materialien fordert der Nachhaltigkeitsgedanke des § 87 Abs. 1 S. 2 und 3 keine ausschließliche Beschränkung auf langfristige Verhaltensanreize. Vielmehr ist auch weiterhin eine „Mischung aus kurzfristigen und längerfristigen Anreizen" möglich, wenn im Ergebnis ein langfristiger Verhaltensanreiz erzeugt wird.[180] Die Konkretisierung dieser vagen Vorgaben bereitet beträchtliche Schwierigkeiten. Der Kommissionsempfehlung vom April 2009 lässt sich der Hinweis entnehmen, dass die nicht variable Vergütungskomponente hoch genug sein sollte, damit die Gesellschaft variable Komponenten bei Nichterfüllung der Leistungskriterien zurückhalten könne.[181] Ergänzend heißt es, dass ein „Großteil" der variablen Vergütungskomponenten während eines bestimmten Mindestzeitraums nicht ausgezahlt werden sollte.[182] Welcher Anteil zurückzustellen sei, sollte unter Berücksichtigung des relativen Gewichts der variablen Komponente im Vergleich zur nicht variablen Vergütungskomponente festgelegt werden.[183]

Im deutschen Schrifttum werden verschiedene Verhältniszahlen genannt, die als unbedenklich 34 einzustufen seien.[184] Richtigerweise lässt sich aus der Zielsetzung des VorstAG (→ Rn. 4) nur die

---

[171] Vgl. Empfehlung der Kommission vom 30.4.2009 (Empf 2009/385/EG), ABl. EU 2009 L 120, 28, Erwägungsgrund 6.
[172] Vgl. Grabitz/Hilf/*Nettesheim*, Das Recht der Europäischen Union, 2009, Art. 249 Rn. 214; s. auch EuGH Slg 1989, 4407 – *Grimaldi*; ferner die Antwort der Bundesregierung auf eine kleine Anfrage der FDP-Fraktion, BT-Drs. 16/13722.
[173] Vgl. BT-Drs. 16/13433, 16; *Fleischer* NZG 2009, 801 (803); Hüffer/Koch/*Koch* Rn. 13; Großkomm AktG/ *Kort* Rn. 134; MüKoAktG/*Spindler* Rn. 89; NK-AktR/*Oltmanns* Rn. 7; K. Schmidt/Lutter/*Seibt* Rn. 12; *Weber-Rey* WM 2009, 2255 (2259).
[174] Vgl. *Fleischer* NZG 2009, 801 (803); zustimmend MüKoAktG/*Spindler* Rn. 90; ferner Hüffer/Koch/*Koch* Rn. 13; *Jaeger* GS M. Winter, 2011, 315 (316 f.); guter Überblick bei *Ihrig/Wandt/Wittgens* ZIP-Beil. Heft 40/ 2012, 10.
[175] Vgl. BT-Drs. 16/13433, 16; *Fleischer* NZG 2009, 801 (803); Hüffer/Koch/*Koch* Rn. 13; Großkomm AktG/ *Kort* Rn. 142; *Weber-Rey* WM 2009, 2255 (2260).
[176] Vgl. *Fleischer* NZG 2009, 801 (803); ferner *Bauer/Arnold* AG 2009, 717 (723); *Hoffmann-Becking/Krieger* NZG-Beil. Heft 26/2009 Rn. 24; Großkomm AktG/*Kort* Rn. 142.
[177] Vgl. *Bauer/Arnold* AG 2009, 717 (723); Hüffer/Koch/*Koch* Rn. 13; *Thüsing* AG 2009, 517 (521); *Weber-Rey* WM 2009, 2255 (2260); *Wettich* AG 2013, 374 ff.; kritisch hingegen Hölters/*Weber* Rn. 36: wegen des Durchsetzbarkeitsrisikos kaum empfehlenswert.
[178] Vgl. Empfehlung der Kommission vom 30.4.2009 (Empf 2009/385/EG), ABl. EU 2009 L 120, 28, Erwägungsgrund 6.
[179] Eingehend dazu *Löw* NZA 2017, 1365 (1366 ff.).
[180] Vgl. BT-Drs. 16/13433, 16; Henssler/Strohn/*Dauner-Lieb* Rn. 29; Hüffer/Koch/*Koch* Rn. 11; Großkomm AktG/*Kort* Rn. 139; NK-AktR/*Oltmanns* Rn. 7.
[181] Vgl. Empfehlung der Kommission vom 30.4.2009 (Empf 2009/385/EG), ABl. EU 2009 L 120, 28, Ziff. 3.1; darauf hinweisend auch *Hohenstatt/Kuhnke* ZIP 2009, 1981 (1982 f.); *Weber-Rey* WM 2009, 2255 (2259).
[182] Vgl. Empfehlung der Kommission vom 30.4.2009 (Empf 2009/385/EG), ABl. EU 2009 L 120, 28, Ziff. 3.3; dazu auch *Weber-Rey* WM 2009, 2255 (2259).
[183] Vgl. Empfehlung der Kommission vom 30.4.2009 (Empf 2009/385/EG), ABl. EU 2009 L 120, 28, Ziff. 3.3.
[184] Vgl. *Bauer/Arnold* AG 2009, 717 (722): Aufteilung der Vergütungsbestandteile in 50% Festvergütung, 20% kurzfristige variable und 30% langfristige variable Bezüge zulässig; *Lingemann* BB 2009, 1918, (1919): Verhältnis von 40% fix, 20% Jahresboni, 20% langfristig ausgerichtete Boni und 20% aktienbasierte Vergütung nicht zu beanstanden; *Weber-Rey* WM 2009, 2255 (2258): Verhältnis von 40% fixe Vergütung, 20% Jahresbonus und 40%

Mindestanforderung ableiten, dass Festvergütung und langfristige Vergütungselemente zusammen mehr als die Hälfte der Vorstandsvergütung ausmachen. Darüber hinaus gibt es keine „magischen Zahlen": Sie wären methodologisch bedenklich, weil der Gesetzgeber selbst keine konkreten Vorgaben gemacht hat,[185] und sachlich verfehlt, weil es angesichts der vielfältigen Vergütungsvarianten stets auf eine Würdigung aller Fallumstände ankommt.[186] Unabhängig davon enthält § 87 Abs. 1 S. 3 nur eine Sollvorschrift, so dass der Aufsichtsrat beim Vorliegen besonderer Umstände von einer mehrjährigen Bemessungsgrundlage für variable Vergütungsbestandteile absehen kann.[187]

35 **d) Folgerungen für einzelne Vergütungselemente. aa) Festgehalt.** Weder § 87 Abs. 1 S. 3 noch das Gebot einer nachhaltigen Unternehmensentwicklung zwingen den Aufsichtsrat zur Vereinbarung variabler Vergütungsbestandteile. Vielmehr bleibt es ihm nach ganz hM unbenommen, ausschließlich eine Festvergütung zu vereinbaren.[188] Dafür spricht zum einen, dass eine reine Fixvergütung die vom VorstAG bekämpfte Kurzfristorientierung (→ Rn. 4) verhindert. Zum anderen nimmt die ökonomische Kritik am Konzept leistungsorientierter Vergütung in neuerer Zeit zu: Verhaltensökonomen und Psychologen machen geltend, dass *Pay for Performance* unter bestimmten Voraussetzungen die intrinsische Motivation der Manager beeinträchtige und sich daher negativ auf deren Leistungsbereitschaft auswirken könne.[189] Zu beachten bleibt allerdings, dass ein reines Festgehalt der Empfehlung in Ziff. 4.2.3 Abs. 2 S. 2 DCGK zuwiderläuft, wonach die monetären Vergütungsteile fixe und variable Bestandteile umfassen sollen.[190]

36 **bb) Jahresbonus.** Einigkeit besteht auch darüber, dass ein erfolgsabhängiger Jahresbonus weiterhin vereinbart werden darf, sofern er mit anderen Vergütungselementen kombiniert wird, die insgesamt die Nachhaltigkeit der Unternehmensentwicklung gewährleisten (→ Rn. 28).[191] Dafür spricht nicht zuletzt, dass § 87 Abs. 1 S. 1 nach wie vor Provisionen als einen möglichen Vergütungsbestandteil nennt, die in der Regel für kurzfristige Erfolge gezahlt werden.[192]

37 **e) Begrenzungsmöglichkeit für außerordentliche Entwicklungen.** Nach § 87 Abs. 1 S. 3 Hs. 2 soll der Vorstand bei variabler Vergütung eine Begrenzungsmöglichkeit für außerordentliche Entwicklungen vereinbaren. Diese Bestimmung hat die Empfehlung in Ziff. 4.2.3 Abs. 2 S. 3 DCGK aF (→ 2. Aufl. 2010, Rn. 37) übernommen.[193] Sie soll die Bemessungsgrundlage der variablen Vergütung um positive Sondereffekte bereinigen.[194] Als Beispiele nennen die Gesetzesmaterialien Unternehmensübernahmen, Veräußerungen von Unternehmensteilen, die Hebung stiller Reserven oder externe Einflüsse.[195] Die konkrete Ausgestaltung überlässt der Reformgesetzgeber dem Aufsichtsrat.[196] Denkbar und auch empfehlenswert ist die Vereinbarung von Obergrenzen (Caps).[197]

---

sonstige variable, langfristige Vergütung angemessen; *Deilmann/Otte* GWR 2009, 261: mindestens 30% langfristige Vergütungskomponente unter der Annahme, dass die Fixvergütung bei 50% liege; ferner *Hoffmann-Becking/Krieger* NZG-Beil. Heft 26/2009 Rn. 13, wonach das langfristige Vergütungselement bei realistischer Einschätzung pro anno nicht weniger als die Hälfte aller variablen Vergütungselemente ausmachen sollte.

[185] Allgemein zu den methodologischen Grenzen „gegriffener Größen" *Fleischer* FS Canaris, Bd. 2, 2007, 71.
[186] Insoweit auch *Hoffmann-Becking/Krieger* NZG-Beil. Heft 26/2009 Rn. 13, wonach stets das Gesamtbild aller Vergütungselemente entscheidend sei; ähnlich *Dauner-Lieb* Der Konzern 2009, 583 (588); *Hölters/Weber* Rn. 33.
[187] Dazu auch *Bauer/Arnold* AG 2009, 717 (722); *Hohenstatt/Kuhnke* ZIP 2009, 1981 (1986f.); *Mertens* AG 2011, 57 (59f.).
[188] Vgl. *Bauer/Arnold* AG 2009, 717 (722); *Bürgers/Körber/Bürgers* Rn. 9b; *Deilmann/Otte* GWR 2009, 261; *Eichner/Delahaye* ZIP 2010, 2082; *Fleischer* NZG 2009, 801 (803); *Hoffmann-Becking/Krieger* NZG-Beil. Heft 26/ 2009 Rn. 10; *Hohenstatt* ZIP 2009, 1349 (1351); Großkomm AktG/*Kort* Rn. 148; *Lingemann* BB 2009, 1918; *Seibert* WM 2009, 1489 (1490); K. Schmidt/Lutter/*Seibt* Rn. 12; *Thüsing* AG 2009, 517 (519).
[189] Vgl. *Rost/Osterloh* Schmalenbach Business Review 61 (2009) 119 mwN.
[190] Vgl. *Bauer/Arnold* AG 2009, 717 (722); *Eichner/Delahaye* ZIP 2010, 2082.
[191] Vgl. *Annuß/Theusinger* BB 2009, 2434 (2436); *Bauer/Arnold* AG 2009, 717 (722); *Bosse* BB 2009, 1650 (1651); Henssler/Strohn/*Dauner-Lieb* Rn. 29; *Deilmann/Otte* GWR 2009, 261 (262); *Hoffmann-Becking/Krieger* NZG-Beil. Heft 26/2009 Rn. 11; *Hohenstatt* ZIP 2009, 1349 (1351); Hüffer/Koch/*Koch* Rn. 11; *v. Kann/Keiluweit* DStR 2009, 1587 (1588); Großkomm AktG/*Kort* Rn. 127; MüKoAktG/*Spindler* Rn. 85; *Nikolay* NJW 2009, 2640 (2642).
[192] Vgl. *Hohaus/Weber* DB 2009, 1515 (1517); *Hohenstatt/Kuhnke* ZIP 2009, 1981 (1986).
[193] Vgl. Hüffer/Koch/*Koch* Rn. 16.
[194] Vgl. *Fleischer* NZG 2009, 801 (803); Großkomm AktG/*Kort* Rn. 145; eingehend *Thüsing* AG 2009, 517 (521f.).
[195] Vgl. BT-Drs. 16/13433, 16.
[196] Vgl. *Bosse* BB 2009, 1650 (1651); *Deilmann/Otte* GWR 2009, 261 (263); *Hohenstatt* ZIP 2009, 1349 (1352); *Weber-Rey* WM 2009, 2255 (2260f.).
[197] Wie hier *Hoffmann-Becking/Krieger* NZG-Beil. Heft 26/2009 Rn. 26; Hüffer/Koch/*Koch* Rn. 16; *van Kann/Keiluweit* DStR 2009, 1587 (1588); *Hölters/Weber* Rn. 39 mit Hinweis auf die ohnehin nach Ziff. 4.2.3 Abs. 3 S. 4 DCGK bestehende Notwendigkeit einer Höchstgrenze; zu weiteren Gestaltungsproblemen *Bauer/Arnold* AG 2009, 717 (723).

6. Erstmalige Anwendung der Neuregelungen. Auf eine Übergangsvorschrift hat der **38** Reformgesetzgeber verzichtet.[198] Die Neuregelungen gelten daher grundsätzlich nur für Anstellungsverträge, die seit dem Inkrafttreten des VorstAG am 5.8.2009 abgeschlossen wurden.[199] Altverträge sind aber auch dann an die neue Rechtslage anzupassen, wenn sich der Vorstandsvertrag auf Grund einer entsprechenden Vertragsklausel „automatisch" verlängert.[200] Bei Änderungen des Anstellungsvertrages ist eine Anpassung an die neuen Kriterien des § 87 Abs. 1 nur geboten, wenn sie Vergütungsregelungen betreffen.[201]

7. Gerichtliche Überprüfung des Angemessenheitsgebots. a) Allgemeines. Die Festset- **39** zung der Vergütungshöhe von Vorstandsmitgliedern stellt nach ganz hM eine unternehmerische Entscheidung des Aufsichtsrats dar.[202] Für sie gilt daher über die Verweisungsvorschrift des § 116 der 2005 neu eingeführte § 93 Abs. 1 S. 2, der das höchstrichterlich anerkannte Geschäftsleiterermessen auf eine gesetzliche Grundlage stellt (→ § 93 Rn. 62 ff.). Danach liegt keine Pflichtverletzung vor, wenn der Aufsichtsrat bei seiner Vergütungsentscheidung vernünftigerweise annehmen durfte, auf der Grundlage angemessener Informationen zum Wohle der Gesellschaft zu handeln. Hinsichtlich des Informationsniveaus gilt, dass Aufsichtsratsbeschlüsse über Vergütungsangelegenheiten in der Regel einen längeren zeitlichen Vorlauf gestatten und daher eine sorgfältige Zusammenstellung der Entscheidungsgrundlagen gebieten.[203] Dabei wird es sich empfehlen, vergleichende Vergütungsstudien für Vorstandsmitglieder heranzuziehen. Unter Bezugnahme darauf muss der Aufsichtsrat im Einzelnen darlegen, welche Gründe für ihn bei der Festlegung der Vorstandsvergütung ausschlaggebend waren.[204] Diese Begründungslast bildet ein notwendiges Korrelat der geringeren Kontrolldichte im Rahmen des § 87 Abs. 1.[205] Sie wiegt umso schwerer, je weiter sich die Vergütungshöhe vom Vergleichsmarkt entfernt. Mit einem lapidaren Hinweis auf die Marktüblichkeit darf es der Aufsichtsrat freilich nicht bewenden lassen.[206]

b) Bedeutung von Vergütungsberatern. Wie zu erwarten war (→ 2. Aufl. 2010, Rn. 40), greift **40** der Aufsichtsrat nach Inkrafttreten des VorstAG bei der Festsetzung der Vorstandsvergütung noch häufiger als bisher auf fachkundige Unterstützung Dritter zurück.[207] Hiergegen ist grundsätzlich nichts einzuwenden. Bei der Auswahl der Auskunftsperson ist allerdings große Sorgfalt geboten: Soweit vom Aufsichtsrat zur Beurteilung der Angemessenheit der Vergütung ein externer Vergütungsexperte hinzugezogen wird, soll nach Ziff. 4.2.2 Abs. 3 DCGK auf dessen Unabhängigkeit vom Vorstand bzw. vom Unternehmen geachtet werden.[208] Ähnlich formuliert Ziff. 9.2 der Kommissionsempfehlung vom April 2009.[209] Genügen Aufsichtsrat und Vergütungsausschuss diesen Anforderungen, so dürfen sie sich

---

[198] Vgl. BT-Drs. 16/13433, 10.
[199] Vgl. *Bauer/Arnold* AG 2009, 717 (724); *Hoffmann-Becking/Krieger* NZG-Beil. Heft 26/2009 Rn. 27; Grigoleit/*Schwennicke* Rn. 2.
[200] Wie hier *Hoffmann-Becking/Krieger* NZG-Beil. Heft 26/2009 Rn. 28; aA *Lingemann* BB 2009, 1918 (1920); differenzierend *Bauer/Arnold* AG 2009, 717 (724).
[201] Vgl. *Hoffmann-Becking/Krieger* NZG-Beil. Heft 26/2009 Rn. 29 ff.; zu weiteren Konstellationen *Bauer/Arnold* AG 2009, 717 (723).
[202] Vgl. BGH NJW 2006, 522 (523); LG Düsseldorf NJW 2004, 3275 (3276); Henssler/Strohn/*Dauner-Lieb* Rn. 8 f.; *Hoffmann-Becking* ZHR 169 (2005), 155 (157); *Hüffer* BB-Beil Heft 7/2003, 20 f.; *Hüffer* FS Hoffmann-Becking, 2013, 589 (592 f.); Großkomm AktG/*Kort* Rn. 330; MüKoAktG/*Spindler* Rn. 133 f., 38, 128; K. Schmidt/Lutter/*Seibt* Rn. 16; *Marsch-Barner* FS Röhricht, 2005, 401 (404); Kölner Komm AktG/*Mertens/Cahn* Rn. 4; *Peltzer* FS Lutter, 2000, 571 (577); *Schüller*, Vorstandsvergütung, 2002, 24; *Schwark* FS Raiser, 2005, 388 (391); Grigoleit/*Schwennicke* Rn. 6; Hölters/*Weber* Rn. 14; *Wolburg* ZIP 2004, 651; abw. *Schäfer* ZIP 2005, 1253 (1258).
[203] Vgl. *Fleischer* DStR 2005, 1318 (1319).
[204] Vgl. *Fleischer* DStR 2005, 1318 (1319); ähnlich BeckMandatsHdB AG-Vorstand/*Lücke* § 2 Rn. 127, der zur Vermeidung von Haftungsrisiken eine entsprechende Dokumentation empfiehlt.
[205] Eingehend zur Herleitung einer Begründungspflicht aus dem Angemessenheitserfordernis *Thüsing* ZGR 2003, 457 (486 f.); zustimmend *Hirte* in Abeltshauser/Buck, Corporate Governance, 2004, 75, 92; ferner Fastrich FS Heldrich, 2005, 143 (150); zur Steigerung der Begründungslast durch die Soll-Vorschriften MüKoAktG/*Spindler* Rn. 131.
[206] Wie hier *Thüsing* ZGR 2003, 457 (487).
[207] Vgl. *Annuß/Theusinger* BB 2009, 2434 (2440); *Bosse* BB 2009, 1650 (1653); *Cannivé/Seebach* Der Konzern 2009, 593 (600); *Fleischer* NZG 2009, 801 (804); *Hüffer* FS Hoffmann-Becking, 2013, 589 (601); *Hüffer*/Koch/*Koch* Rn. 4; Großkomm AktG/*Kort* Rn. 111; *Reichert/Ullrich* FS Schneider, 2011, 1017 (1022); *Spindler* AG 2011, 725 (726); zurückhaltender *Bauer/Arnold* AG 2009, 717 (720).
[208] Knappe Hinweise dazu bei *Fleischer* NZG 2009, 801 (804); *Hecker* BB 2009, 1654 (1657); *Seibert* WM 2009, 1489 (1490); eingehend *Baums* AG 2010, 53; *Dörrwächter* AG 2017, 409 ff.; KBLW/*Bachmann* DCGK Rn. 980 ff.; *Weber-Rey/Buckel* NZG 2010, 761.
[209] Empfehlung der Kommission vom 14.1.2004 (Empf 2004/913/EG), ABl. EG 2004 L 385, 55.

nach erfolgter Plausibilitätsprüfung auf das Beratervotum verlassen.²¹⁰ Fehlt es an der Beraterunabhängigkeit, führt dies zwar nicht zwangsläufig zu einer Schadensersatzhaftung der Aufsichtsratsmitglieder, wohl aber dazu, dass die angestrebte Absicherungsfunktion entfällt.²¹¹

41   Der Aufsichtsrat ist allerdings nicht verpflichtet, bei Gehaltsentscheidungen stets einen Vergütungsberater einzuschalten, um seiner Sorgfaltspflicht zu genügen.²¹² Zum einen hat der Gesetzgeber schon bei der Kodifizierung des Geschäftsleiterermessens in § 93 Abs. 1 S. 2 hervorgehoben, er ziele keinesfalls darauf ab, „daß durch routinemäßiges Einholen von Sachverständigengutachten, Beratervoten oder externe Marktanalysen eine rein formale Absicherung stattfindet".²¹³ Dies gilt auch für Sachverständigengutachten in Vergütungsfragen. Zum anderen kann sich der Aufsichtsrat auch ohne Einschaltung eines Vergütungsberaters über die am Markt vorherrschenden Vergütungssysteme unterrichten: Seit das VorstOG im Jahre 2005 eine Pflicht zur Offenlegung individualisierter Vorstandsbezüge eingeführt hat (→ Rn. 78 ff.), gibt der Lagebericht nach § 285 Nr. 9a S. 5–8 HGB einen detaillierten Blick in die Vorstandsbezüge börsennotierter Gesellschaften.²¹⁴

42   **8. Einzelfälle. a) Aktienoptionen.** Zu den von Ziff. 4.2.3 DCGK empfohlenen, auf eine nachhaltige Unternehmensentwicklung auszurichtenden variablen Vergütungsbestandteilen gehören vor allem Aktienoptionen und vergleichbare Gestaltungen.²¹⁵ Über ihre Einführung und Aufteilung auf die Vorstandsmitglieder entscheidet nach § 193 Abs. 2 Nr. 4 AktG die Hauptversammlung.²¹⁶ Weitere Einzelheiten hinsichtlich ihrer Ausgestaltung fallen in die Zuständigkeit des Aufsichtsrats.²¹⁷ Für alle Optionsprogramme gilt das aktienrechtliche Angemessenheitsgebot.²¹⁸ Im Schrifttum leitet man daraus sowie aus allgemeinen Erwägungen verschiedentlich ein Gebot der Indexierung börsenkursabhängiger Erfolgsleistungen ab,²¹⁹ doch gibt es auch Gegenstimmen, die dafür *de lege lata* hinreichende Anhaltspunkte vermissen.²²⁰ Ziff. 4.2.3 Abs. 2 S. 7 DCGK empfiehlt, Aktienoptionen auf anspruchsvolle, relevante Vergleichsparameter zu beziehen.²²¹ Weiterhin soll der Aufsichtsrat nach § 87 Abs. 1 S. 3 grundsätzlich eine Begrenzungsmöglichkeit für außerordentliche Entwicklungen etwa in Form einer Obergrenze vereinbaren, bei deren Überschreiten keine weiteren Bezugsrechte gewährt werden.

43   Für eine nachträgliche Änderung der Vergleichsziele oder Erfolgsparameter (Repricing) ist grundsätzlich die Hauptversammlung zuständig.²²² Diese kann bei Einführung von Aktienoptionsprogrammen der Verwaltung aber einen Ermessensspielraum einräumen und ihr damit ein Repricing ohne

---

²¹⁰ Eingehend *Fleischer* BB 2010, 67 (70 f.); zustimmend *Reichert/Ullrich* FS Schneider, 2011, 1017 (1022); *Spindler* AG 2011, 725 (727).
²¹¹ Näher *Fleischer* BB 2010, 67 (71).
²¹² Vgl. *Cannivé/Seebach* Der Konzern 2009, 593 (600); *Fleischer* BB 2010, 67 (70); *Hoffmann-Becking/Krieger* NZG-Beil. Heft 26/2009 Rn. 9; Hüffer/Koch/*Koch* Rn. 4; Großkomm AktG/*Kort* Rn. 111; K. Schmidt/Lutter/*Seibt* Rn. 16; MüKoAktG/*Spindler* Rn. 129.
²¹³ BegrRegE UMAG BT-Drs. 15/5092, 12.
²¹⁴ Vgl. *Fleischer* BB 2010, 67 (70); ähnlich *Bauer/Arnold* AG 2009, 717 (720); s. auch MüKoAktG/*Spindler* Rn. 129.
²¹⁵ Umfassend zu den Designparametern aktienbasierter Managementvergütung *Kramarsch*, Aktienbasierte Managementvergütung, 2. Aufl. 2004, 128 ff.; Großkomm AktG/*Kort* Rn. 196 ff.; eingehend Kölner Komm AktG/*Mertens/Cahn* Rn. 37 ff.; MüKoAktG/*Spindler* Rn. 98 ff.
²¹⁶ Vgl. Hüffer/Koch/*Koch* Rn. 19; Großkomm AktG/*Kort* Rn. 202; Kölner Komm AktG/*Mertens/Cahn* Rn. 42 ff.; MüKoAktG/*Spindler* Rn. 99; zur umstrittenen Mitwirkung der Hauptversammlung bei virtuellen Aktien *Marsch-Barner* FS Röhricht, 2005, 401 (413); *Schwark* FS Raiser, 2005, 377 (397); ablehnend OLG München NZG 2008, 631 (634).
²¹⁷ Näher *Dreher* in Henze/Hoffmann-Becking, Gesellschaftsrecht 2003, 2004, 203 (226 ff.); *Hoffmann-Becking* NZG 1999, 797 (803); Großkomm AktG/*Kort* Rn. 209 f.; Kölner Komm AktG/*Mertens/Cahn* Rn. 40 f.; MüKoAktG/*Spindler* Rn. 99 und 100.
²¹⁸ Vgl. *Adams* ZIP 2002, 1325 (1338); *Baums* FS Claussen, 1997, 3 (30 f.); *Claussen* FS Horn, 2006, 313 (319 ff.); Großkomm AktG/*Kort* Rn. 211; *Hoffmann-Becking* NZG 1999, 797 (798); Hüffer/Koch/*Koch* Rn. 19; MüKoAktG/*Spindler* Rn. 98 und 101; *Semmer*, Repricing, Die nachträgliche Modifikation von Aktienoptionsplänen zugunsten des Managements, 2005, 227; K. Schmidt/Lutter/*Seibt* Rn. 14.
²¹⁹ Dezidiert in diesem Sinne *Martens* ZHR 169 (2005), 124 (144 ff.); wohl auch *Baums* FS Claussen, 1997, 3 (31); *Dreher* in Henze/Hoffmann-Becking, Gesellschaftsrecht 2003, 2004, 203 (228); MüKoAktG/*Spindler* Rn. 101, bei dem freilich nicht immer deutlich wird, ob es sich um eine unverbindliche Empfehlung oder ein rechtliches Gebot handelt.
²²⁰ In diesem Sinne etwa Großkomm AktG/*Kort* Rn. 223; *Thüsing* ZGR 2003, 457 (493 ff.); die Rechtsprechung hat Optionspläne mit absoluten Erfolgszielen unter dem Gesichtspunkt des Bezugsrechtsausschlusses gebilligt, vgl. OLG Stuttgart ZIP 1998, 1482 (1499); ZIP 2001, 1367; OLG Braunschweig WM 1998, 1929 (1933), sie aber bislang nicht im Hinblick auf § 87 Abs. 1 überprüft.
²²¹ Dazu KBLW/*Bachmann* DCGK Rn. 1000 f.
²²² Vgl. *Hoffmann-Becking* NZG 1999, 797 (803); MüKoAktG/*Spindler* Rn. 107; ausführlich *Semmer*, Repricing, Die nachträgliche Modifikation von Aktienoptionsplänen zugunsten des Managements, 2005, 106 ff., 145 (Ergebnis).

weiteren Hauptversammlungsbeschluss ermöglichen.[223] Allerdings dürfte die nachträgliche Änderung der Erfolgsziele durch den Aufsichtsrat nur unter sehr engen Voraussetzungen mit § 87 Abs. 1 vereinbar sein;[224] Ziff. 4.2.3 Abs. 2 S. 8 DCGK spricht sich sogar gegen jedes Repricing aus.[225] Kein Fall des Repricing liegt dann vor, wenn sich nachträglich die vereinbarte Bemessungsgrundlage objektiv ändert, zB weil sich der Jahresabschluss nach seiner Feststellung als fehlerhaft erweist (→ Rn. 62a).[226] Gegengeschäfte der Vorstandsmitglieder gegen Aktienoptionen (Hedging) müssen nach hM vom Aufsichtsrat in Anstellungsvertrag oder Optionsabrede unterbunden werden, da sie die Anreizfunktion der Aktienoptionen gefährden würden.[227] Gute Gründe sprechen dafür, dass sie auch ohne ausdrückliches Verbot im Anstellungsvertrag der organschaftlichen Treuepflicht zuwiderlaufen.[228] Auch im Bank- und Versicherungsaufsichtsrecht dürfen Geschäftsleiter nach § 8 Abs. 2 InstitutsVergV und § 4 Abs. 4 VersVergV keine persönlichen Absicherungs- oder sonstigen Gegenmaßnahmen treffen, um die Risikoorientierung ihrer Vergütung einzuschränken oder aufzuheben (→ Rn. 26).

b) Gewinnbeteiligungen und andere Tantiemen. Variable Vergütungsbestandteile mit jährlich wiederkehrenden, an den geschäftlichen Erfolg gebundenen Komponenten sind vor allem Gewinnbeteiligungen.[229] Sie dienen wie Aktienoptionen einer Steuerung des Vorstandsverhaltens, indem sie die Vorstandsmitglieder am Erfolg der Gesellschaft teilhaben lassen.[230] Aktienrechtlich sind sie nach Streichung des § 86 (→ § 86 Rn. 2) allein am Maßstab des § 87 Abs. 1 zu messen.[231] Für die Berechnung einer Gewinntantieme und die Auslegung einer Tantiemevereinbarung kann man teilweise auf die Spruchpraxis zu § 86 aF zurückgreifen (→ § 86 Rn. 1).[232]

Neben Gewinntantiemen sind auch andere Arten von Tantiemen anzutreffen und vom Klammerzusatz des § 87 Abs. 1 erfasst.[233] Rechtlich zulässig, wenn auch in der Vergütungspraxis zum Teil überholt, sind Dividendentantiemen,[234] Ermessenstantiemen[235] und Mindest- oder Garantietantiemen;[236] die moderne Vergütungspolitik bevorzugt Zieltantiemen.[237] Dagegen zieht die hergebrachte Meinung die Statthaftigkeit von Umsatztantiemen unter Hinweis auf die Gesetzesmaterialien zum AktG 1937[238] in Zweifel.[239] Eine vordringende Gegenauffassung hält dies nach Streichung des § 86 in dieser Allgemein-

---

[223] Näher *Semmer*, Repricing, Die nachträgliche Modifikation von Aktienoptionsplänen zugunsten des Managements, 2005, 185 ff., 197 (Ergebnis); ferner *Tegtmeier*, Die Vergütung von Vorstandsmitgliedern in Publikumsaktiengesellschaften, 1998, 365; abw. *Schwark* FS Raiser, 2005, 377 (390).
[224] Vgl. *Ihrig/Wandt/Wittgens* ZIP-Beil. Heft 40/2012, 12; *Semmer*, Repricing, Die nachträgliche Modifikation von Aktienoptionsplänen zugunsten des Managements, 2005, 228; zurückhaltend auch Kölner Komm AktG/*Mertens/Cahn* Rn. 70; MüKoAktG/*Spindler* Rn. 107; etwas großzügiger *Thüsing* ZGR 2003, 457 (498 f.).
[225] Dazu KBLW/*Bachmann* DCGK Rn. 1002 f.
[226] Vgl. OLG Düsseldorf NZG 2012, 20; *Ihrig/Wandt/Wittgens* ZIP-Beil. Heft 40/2012, 12.
[227] Vgl. *Adams* ZIP 2002, 1325 (1334); *Baums* FS Claussen, 1997, 3 (17 f.); MüKoAktG/*Spindler* Rn. 110; s. auch *Baums*, Bericht der Regierungskommission Corporate Governance, 2001, Rn. 47; weniger streng *Thüsing* ZGR 2003, 457 (499 f.), der das sog. Baskethedging zulassen will.
[228] So etwa Großkomm AktG/*Kort* Rn. 241; Kölner Komm AktG/*Mertens/Cahn* Rn. 68; MüKoAktG/*Spindler* Rn. 110.
[229] Näher *Bors*, Erfolgs- und leistungsorientierte Vorstandsvergütung, 2006, 21 ff.; *Fonk* in Semler/v. Schenck AR-HdB § 10 Rn. 131; Großkomm AktG/*Kort* Rn. 164 ff.; *Thüsing* in FleischerVorstandsR-HdB § 6 Rn. 46 ff.
[230] Vgl. *Thüsing* in Fleischer VorstandsR-HdB § 6 Rn. 50.
[231] Vgl. NK-AktR/*Oltmanns* Rn. 2; *Thüsing* in Fleischer VorstandsR-HdB § 6 Rn. 48; MüKoAktG/*Spindler* Rn. 97, 113.
[232] Ebenso *Thüsing* in Fleischer VorstandsR-HdB § 6 Rn. 48.
[233] Vgl. Großkomm AktG/*Kort* Rn. 173 ff.; *Thüsing* in Fleischer VorstandsR-HdB § 6 Rn. 48.
[234] Vgl. BGHZ 145, 1 (3); OLG Düsseldorf AG 1999, 468 (469); Großkomm AktG/*Kort* Rn. 175 ff.; Kölner Komm AktG/*Mertens/Cahn* Rn. 27.
[235] Vgl. BGH NJW 2006, 522 (525); zu ihren Vor- und Nachteilen *Hoffmann-Becking* NZG 1999, 797 (798); Großkomm AktG/*Kort* Rn. 190; Kölner Komm AktG/*Mertens/Cahn* Rn. 29; befürwortend *Fonk* in Semler/ v. Schenck AR-HdB § 10 Rn. 131.
[236] Vgl. Hüffer/Koch/*Koch* § 86 Rn. 2; Großkomm AktG/*Kort* Rn. 189; Kölner Komm AktG/*Mertens/Cahn* Rn. 31; *Thüsing* in Fleischer VorstandsR-HdB § 6 Rn. 49 unter Hinweis darauf, dass es sich um keine Gewinnbeteiligung, sondern um einen Teil der festen Vergütung handele.
[237] Dazu *Fonk* in Semler/v. Schenck AR-HdB § 10 Rn. 132 („das neue Zauberwort"); Großkomm AktG/ *Kort* Rn. 191; Kölner Komm AktG/*Mertens/Cahn* Rn. 28; zu Zulässigkeit und Grenzen von Zielvereinbarungen zwischen Aufsichtsrat und Vorstand unter dem Gesichtspunkt der Leitungsbefugnis des Vorstands *Fonk* NZG 2011, 321.
[238] Vgl. Amtl. Begr. zu §§ 77, 78 AktG 1937 bei *Klausing* S. 65 f.: „Gewinnanteile, die sich nach dem Ergebnis eines Geschäftszweigs oder nach der Höhe des Umsatzes richten sollen, dürfen daher grundsätzlich nicht gewährt werden."
[239] Vgl. *Bors*, Erfolgs- und leistungsorientierte Vorstandsvergütung, 2006, 124 f.; Hüffer/Koch/*Koch* § 86 Rn. 2; Kölner Komm AktG/*Mertens/Cahn* Rn. 30; K. Schmidt/Lutter/*Seibt* Rn. 15: in der Regel unzulässig; offen lassend BGH WM 1976, 1226 (1227).

heit nicht mehr für gerechtfertigt, betont aber zutreffend das Erfordernis einer sorgfältigen Angemessenheitsprüfung im Einzelfall.[240]

46 **c) Ablösende Abfindung.** Von einer ablösenden Abfindung spricht man, wenn die Ansprüche des ausscheidenden Vorstandsmitglieds aus seinem Anstellungsvertrag bis zum Ende der regulären Vertragslaufzeit abgegolten werden.[241] Sie ist grundsätzlich statthaft.[242] Ziff. 4.2.3 Abs. 4 S. 1 DCGK sieht eine Höchstgrenze (sog. „Abfindungs-Cap") von zwei Jahresvergütungen, jedoch nicht mehr als die Vergütung für die Restlaufzeit des Anstellungsvertrages vor, die von einer Anregung zu einer Empfehlung hochgestuft worden ist.[243] Einzelfragen betreffen die Anrechnung anderweitigen Einkommens[244] und die Höhe der notwendigen Abzinsung.[245]

47 **d) Nachträgliche Anerkennungsprämien. aa) Rechtsprechung.** Im Mannesmann-Verfahren stand die Zulässigkeit nachträglicher Anerkennungsprämien *(appreciation awards)* an ausscheidende Vorstandsmitglieder in Rede. Der 3. Strafsenat des BGH betont in der Revisionsentscheidung einerseits, dass Aufsichtsratsmitglieder bei allen Vergütungsentscheidungen im Unternehmensinteresse handeln müssten, andererseits, dass ihnen bei der Festlegung der Vergütungshöhe ein weiter Beurteilungs- und Ermessensspielraum offen stehe (→ Rn. 22 und 25).[246] Für nachträgliche Sonderzahlungen entwickelt er einen dreigliedrigen Test („aktienrechtliche Drei-Stufen-Theorie"):[247] (1) Sei im Dienstvertrag eine einmalige oder jährlich wiederkehrende Prämie als variabler Vergütungsbestandteil vereinbart, so dürfe sie nach Ablauf des Geschäftsjahres zuerkannt werden, sofern sie sich innerhalb der Angemessenheitsgrenze des § 87 Abs. 1 halte. (2) Bei fehlender Rechtsgrundlage im Dienstvertrag sei die Bewilligung einer nachträglichen Anerkennungsprämie zulässig, wenn und soweit dem Unternehmen gleichzeitig Vorteile zuflössen, die in einem angemessenen Verhältnis zu der mit der freiwilligen Zusatzvergütung verbundenen Minderung des Gesellschaftsvermögens stünden. (3) Eine im Dienstvertrag nicht vereinbarte Sonderzahlung für eine geschuldete Leistung, die ausschließlich belohnenden Charakter habe und der Gesellschaft keinen zukunftsbezogenen Nutzen bringen könne, sei demgegenüber als treupflichtwidrige Verschwendung des anvertrauten Gesellschaftsvermögens zu bewerten.[248]

48 In der Vorinstanz hatte das LG Düsseldorf nachträgliche Sonderzahlungen ebenfalls als dem Grunde nach aktienrechtswidrig angesehen und sich dabei auf drei Erwägungen gestützt: (1) Der Begriff der Aufgaben iSd § 87 enthalte ein vorausschauendes Element, das einer rückwärtsgewandten Betrachtung entgegenstehe. (2) Eine doppelte Vergütungsleistung für die gleiche Aufgabe durch Zuerkennung einer Anerkennungsprämie verbiete sich. (3) Die Anerkennungsprämie habe im vorliegenden Fall keine Anreizwirkungen mehr entfalten können.[249]

49 **bb) Rechtslehre.** Im aktienrechtlichen Schrifttum haben die Rechtsausführungen des BGH und des LG Düsseldorf teils Zustimmung,[250] überwiegend aber Widerspruch[251] erfahren. Die Kritik richtet sich vor allem gegen die Einordnung einer kompensationslosen Anerkennungsprämie als

---

[240] Vgl. Großkomm AktG/*Kort* Rn. 165; *Thüsing* in Fleischer VorstandsR-HdB § 6 Rn. 51; MüKoAktG/*Spindler* Rn. 95 weist zudem auf die Rückkopplung an die Lage der Gesellschaft hin.
[241] Begriff: *Fonk* in Semler/v. Schenck AR-HdB § 10 Rn. 351.
[242] Vgl. *Bauer* DB 1992, 1413 (1419); *Fonk* in Semler/v. Schenck AR-HdB § 10 Rn. 351; *Hoffmann-Becking* ZHR 169 (2005), 155 (168); Großkomm AktG/*Kort* Rn. 282; *Lutter* ZIP 2006, 733 (737); Kölner Komm AktG/*Mertens*/*Cahn* Rn. 83; *Schwark* FS Raiser, 2005, 377 (392); *Spindler* DStR 2004, 36 (44); ohne eigene Stellungnahme LG Stuttgart BeckRS 2011, 13162. Rechtstatsachen und Vorschläge de lege ferenda bei Bayer/Meier-Wehrsdörfer AG 2013, 477.
[243] Dazu *Bauer*/*Arnold* BB 2008, 1692; *Dörrwächter*/*Trafkowski* NZG 2007, 846; *Hoffmann-Becking* ZIP 2007, 2101 (2105 f.); Hüffer/Koch/*Koch* Rn. 8; *van Kann*/*Eigler* DStR 2007, 1730 f.; Kölner Komm AktG/*Mertens*/*Cahn* Rn. 84.
[244] Näher *Fonk* in Semler/v. Schenck AR-HdB § 10 Rn. 356; *Hoffmann-Becking* ZIP 2007, 2101 (2104).
[245] Vgl. *Fonk* in Semler/v. Schenck AR-HdB § 10 Rn. 357; Hölters/*Weber* Rn. 42.
[246] Vgl. BGH NJW 2006, 522 (523) näher zum Hintergrund der Entscheidung *Kuntz* in Fleischer/Thiessen, Gesellschaftsrechts-Geschichten, 2018, § 18.
[247] *Fleischer* DB 2006, 542 (543).
[248] Vgl. BGH NJW 2006, 522 (524).
[249] Vgl. LG Düsseldorf NJW 2004, 3275 (3277 ff.).
[250] Zustimmend etwa *Martens* ZHR 169 (2005), 124 (131 ff.); s. auch *Fastrich* FS Heldrich, 2005, 143 (157 ff.); *Lutter* ZIP 2006, 733 (737); aus der Rechtsprechung zuletzt LG Essen BeckRS 2014, 22313.
[251] Kritisch etwa *Baums* FS Huber, 2006, 656 (659 ff.); *Fonk* NZG 2005, 248 (249 ff.); *Hoffmann-Becking* ZHR 169 (2005), 155 (161 ff.); *Hoffmann-Becking* NZG 2006, 127; *Kort* NJW 2005, 333 f.; *Kort* NZG 2006, 131; Großkomm AktG/*Kort* Rn. 300 ff.; *Marsch-Barner* FS Röhricht, 2005, 401 (405 f.); Kölner Komm AktG/*Mertens*/*Cahn* Rn. 35 f.; *Peltzer* ZIP 2006, 205 ff.; *Spindler* ZIP 2006, 349 ff.; *C. Weber*, Transaktionsboni für Vorstandsmitglieder: Zwischen Gewinnchance und Interessenkonflikt, 2006, 288 ff.

"dem Grunde nach unzulässig", ohne dass es auf deren Höhe ankommt.[252] Außerdem wird die These von der unerlässlichen Anreizwirkung der Vergütung in Zweifel gezogen[253] und die fehlende Auseinandersetzung mit einer gegenteiligen Entscheidung des RG[254] bemängelt.[255] Schließlich verweisen viele Kritiker auf die allgemein anerkannte Gewährung von Sonderzahlungen und Gratifikationen an nachgeordnete Mitarbeiter.[256]

cc) Stellungnahme.[257] Die Mannesmann-Entscheidung des BGH stellt im Ausgangspunkt zutreffend fest, dass unangemessen hohe Vorstandsbezüge gegen das Verbot der Verschwendung von Gesellschaftsvermögen verstoßen (→ Rn. 25). Auch die Abstimmung mit der Lehre vom unternehmerischen Ermessen (→ Rn. 39) gelingt auf diese Weise, weil der Handlungsspielraum der Aufsichtsratsmitglieder dort endet, wo die Verschwendung von Gesellschaftsvermögen beginnt (→ § 93 Rn. 90 f.). Dagegen fordert das höchstrichterliche Junktim von nachträglicher Anerkennungsprämie und zukunftsbezogenem Nutzen zur Kritik heraus. Dass freiwillige Sonderzahlungen ohne vertragliche Grundlage durchweg unzulässig sein sollen, lässt sich in dieser Scharfkantigkeit nicht begründen. *Rechtsdogmatisch* hindert § 87 Abs. 1 den Aufsichtsrat keineswegs, seine einmal getroffene Ermessensentscheidung hinsichtlich der Vergütungshöhe zu überprüfen und einzelnen Vorstandsmitgliedern für hervorragende Leistungen Anerkennungsprämien zu gewähren; ein „Ermessensverbrauch" tritt hier so wenig ein wie bei freiwilligen Sonderzahlungen an Arbeitnehmer oder Kulanzleistungen gegenüber Kunden oder Zulieferern der Gesellschaft.[258] *Rechtsökonomisch* können nachträgliche Anerkennungsprämien durchaus zur sachgerechten Lückenfüllung unvollständiger Verträge sowie zum besseren Abgleich der Risikopräferenzen von Aktionären und Managern beitragen.[259] *Rechtsvergleichend* hat sich die Unzulässigkeit nachträglicher Bonuszahlungen wegen ihres angeblichen Schenkungscharakters[260] nicht aufrechterhalten lassen.[261]

Sind nachträgliche Sonderzahlungen mithin nicht generell ausgeschlossen, so müssen sie doch dem Angemessenheitsgebot des § 87 Abs. 1 genügen,[262] das hier noch um einige Pegelstriche strenger ausfällt.[263] Nach den oben entwickelten Grundsätzen (→ Rn. 39) muss der Aufsichtsrat zunächst darlegen, warum sich die ursprünglich vereinbarte Vergütung nach seinem pflichtgemäßen Ermessen im Nachhinein als zu niedrig erwiesen hat.[264] Dieser Darlegungs- und Begründungslast genügt er in aller Regel nur, wenn er auf ganz außergewöhnliche Leistungen des betreffenden Vorstandsmitglieds während der zurückliegenden Amtszeit verweisen kann.[265] Floskelhafte Erwägungen oder vorgeschobene Gründe reichen dafür keinesfalls aus. Außerdem macht § 93 Abs. 1 S. 2 die Gewährung eines Haftungsfreiraums davon abhängig, dass der Aufsichtsrat bei seiner abermaligen Ermessensentscheidung vernünftigerweise annehmen durfte, auf der Grundlage angemessener Informationen zu handeln. Daran fehlt es bei Aufsichtsratsbeschlüssen ohne hinreichende Entscheidungsvorbereitung und Beratung.[266] Zu diesen prozeduralen Erfordernissen tritt die materielle Schranke offensichtlicher Unangemessenheit (→ Rn. 24 f.).[267] Selbst bei ganz herausragenden Leistungen ist es nicht gerechtfertigt, die Vergütung

---

[252] Vgl. *Fonk* NZG 2005, 248 (249 ff.); *Kort* NZG 2006, 131 (132).
[253] Vgl. *Hoffmann-Becking* NZG 2006, 127 (129); *Kort* NZG 2006, 131 (132); *Peltzer* ZIP 2006, 205 (206).
[254] Vgl. RG DR 1944, 488 (490).
[255] Vgl. *Hoffmann-Becking* NZG 2006, 127 (129); *C. Weber*, Transaktionsboni für Vorstandsmitglieder: Zwischen Gewinnchance und Interessenkonflikt, 2006, 294 mit Fn. 316.
[256] Vgl. *Hoffmann-Becking* NZG 2006, 127 (129); *Liebers/Hoefs* ZIP 2004, 97 f.; *C. Weber*, Transaktionsboni für Vorstandsmitglieder: Zwischen Gewinnchance und Interessenkonflikt, 2006, 290 f.; zurückhaltend aber *Spindler* ZIP 2006, 349 (353).
[257] Ausführlicher zu folgendem *Fleischer* DB 2006, 542 ff.
[258] Vgl. *Fleischer* DStR 2005, 1318 (1320).
[259] Vgl. *Baums* FS Huber, 2006, 657 (669 ff.); *v. der Crone* FS Zobl, 2004, 553 (557 ff.); *Fleischer* DStR 2005, 1318 (1320); *Spindler* ZIP 2006, 349 (352).
[260] In diesem Sinne („Leistung donandi causa") LG Düsseldorf NJW 2004, 3275 (3278); *Brauer* NZG 2004, 502 (507 f.); *Martens* ZHR 169 (2005), 124 (134); *Rönnau/Hohn* NStZ 2004, 113 (120).
[261] Zum Rechtsstand in den Vereinigten Staaten zusammenfassend *Cox/Hazen*, Corporations, 2. Aufl. 2003, § 11.3, S. 225: „In recent years, with respect to payments based on past services, there has been a significant retreat from formalistic attitudes and movement toward a rule of reasonableness."
[262] Ebenso *Hüffer/Koch/Koch* Rn. 7; MüKoAktG/*Spindler* Rn. 116; *Schwark* FS Raiser, 2005, 377 (394); *Zöllner* FS Koppensteiner, 2005, 291 (304).
[263] In eine ähnliche Richtung *Fonk* in Semler/v. Schenck AR-HdB § 10 Rn. 146; MüKoAktG/*Spindler* Rn. 116 f.; *Thüsing* ZGR 2003, 457 (503 f.); *Zöllner* FS Koppensteiner, 2001, 291 (304).
[264] Ähnlich *Fonk* NZG 2005, 248 (251); MüKoAktG/*Spindler* Rn. 117.
[265] Tendenziell wie im Text *Fonk* in Semler/v. Schenck AR-HdB § 10 Rn. 146; noch strenger wohl *Lange* AuR 2004, 83 (86); s. auch *Schwark* FS Raiser, 2005, 377 (394).
[266] Vgl. *Fleischer* DStR 2005, 1318 (1321).
[267] Ähnlich *Spindler* DStR 2004, 36 (44).

unbegrenzt zu erhöhen. Zu prüfen ist vielmehr, ob sich die Gesamtvergütung einschließlich der gewährten Anerkennungsprämien noch im Rahmen des anzuerkennenden Bewertungskorridors bewegt oder ob sie sich nach den hier entwickelten Kriterien als offensichtlich unangemessen darstellt.[268]

52   **dd) Folgerungen für die Vertragsgestaltung.** Die Vertragspraxis hat sich rasch auf die Mannesmann-Entscheidung eingestellt und die Statthaftigkeit nachträglicher Sonderzahlungen häufig in den Dienstvertrag aufgenommen.[269]

53   **e) Change of Control-Klauseln.** Change of Control-Klauseln legen fest, dass ein Vorstandsmitglied seine Tätigkeit bei einem Kontrollwechsel beenden kann und Anspruch auf eine Abfindung hat.[270] Sie werden in den Anstellungsvertrag aufgenommen und können im Einzelnen höchst unterschiedlich ausgestaltet sein.[271] Nach bislang hM begegnen sie keinen grundsätzlichen aktienrechtlichen Bedenken.[272] Der Umfang des Leistungsversprechens muss jedoch dem Angemessenheitsgebot des § 87 Abs. 1 genügen.[273] Die zunächst als Anregung eingeführte Abfindungshöchstgrenze bei 150 % des Abfindungs-Caps wurde 2007 zu einer Empfehlung befördert und findet sich heute in Ziff. 4.2.3 Abs. 5.[274] An der grundsätzlichen Zulässigkeit solcher Klauseln im ursprünglichen Anstellungsvertrag hat sich durch das Mannesmann-Urteil des BGH (→ Rn. 47) nichts geändert;[275] ihre nachträgliche Vereinbarung zu einem Zeitpunkt, zu dem sich ein Übernahmeversuch bereits konkret abzeichnet, wird dagegen als unzulässig angesehen.[276] Übernahmerechtlich sind Change of Control-Klauseln vor allem an § 33 WpÜG zu messen.[277]

54   **9. Statthaftigkeit von Satzungsregeln über die Vorstandsvergütung? a) Meinungsstand.** Ob in der Satzung oder durch Hauptversammlungsbeschluss Angemessenheitsrichtlinien oder Vergütungshöchstgrenzen für die Vorstandsvergütung festgesetzt werden dürfen,[278] wird im Schrifttum unterschiedlich beurteilt: Die herrschende Lehre hält dies für unzulässig, weil sie hierin einen unzulässigen Eingriff in die Freiheit des Aufsichtsrats bei der Personalauswahl (§ 84 Abs. 1 S. 5 iVm S. 1) erblickt[279] und die Konkretisierungskompetenz für das gesetzliche Angemessenheitsgebot (§ 87

---

[268] Zur Relevanz dieses zweiten Gesichtspunkts auch *Kort* NJW 2005, 333 (336); MüKoAktG/*Semler* § 116 Rn. 321; *Schwark* FS Raiser, 2005, 377 (393 f.).

[269] Ausführlich *Bauer/Arnold* DB 2006, 546 (547 ff.); ferner Hüffer/Koch/*Koch* Rn. 7; *Lutter* ZIP 2006, 733 (737); ablehnend aber LG Essen BeckRS 2014, 22313 mit eingehender Kritik von *Fleischer/Bauer* ZIP 2015, 1901 (1905 f.).

[270] Vgl. *Dreher* AG 2002, 214 ff.; Großkomm AktG/*Kort* Rn. 313; *Peltzer* in Semler/Peltzer/Kubis Vorstands-HdB § 3 Rn. 126 ff.; *C. Weber*, Transaktionsboni für Vorstandsmitglieder: Zwischen Gewinnchance und Interessenkonflikt, 2006, 87 ff.

[271] Näher zu den vielfältigen Erscheinungsformen *Hoffmann-Becking* ZHR 169 (2005), 155 (170 ff.); Großkomm AktG/*Kort* Rn. 313 ff.; *Ziemons* FS Huber, 2006, 1035 (1036 ff.).

[272] Vgl. *Bauer/Krets* DB 2003, 811 (816); *Bittmann/Schwarz* BB 2009, 1014; Henze/Hoffmann-Becking/*Dreher*, Gesellschaftsrecht 2003, 2004, 203 (241); Wachter/*Eckert* Rn. 29; *Fonk* in Semler/v. Schenck AR-HdB § 10 Rn. 179; *Hoffmann-Becking* ZHR 169 (2005), 155 (170); Hüffer/Koch/*Koch* Rn. 9; Kölner Komm AktG/*Mertens/Cahn* Rn. 85; Grigoleit/*Schwennicke* Rn. 16; K. Schmidt/Lutter/*Seibt* Rn. 14; Hölters/*Weber* Rn. 44; abw. *Martens* ZHR 169 (2005), 124 (141); stark einschränkend *Ziemons* FS Huber, 2006, 1035 (1036 ff.); zurückhaltend auch Bürgers/Körber/*Bürgers* Rn. 3; *Fastrich* FS Heldrich, 2005, 143 (156 f.).

[273] Vgl. Henze/Hoffmann-Becking/*Dreher*, Gesellschaftsrecht 2003, 2004, 203 (241); *Dreher* AG 2002, 214 (216); *Fonk* in Semler/v. Schenck AR-HdB § 10 Rn. 178; *Hoffmann-Becking* ZHR 169 (2005), 155 (170); Hüffer/Koch/*Koch* Rn. 9; Großkomm AktG/*Kort* Rn. 318; MüKoAktG/*Spindler* Rn. 155; *van Kann/Eigler* DStR 2007, 1730 (1732); Hölters/*Weber* Rn. 44.

[274] Dazu KBLW/*Bachmann* DCGK Rn. 1031 ff.; Hüffer/Koch/*Koch* Rn. 9.

[275] Vgl. Hüffer/Koch/*Koch* Rn. 9; *Kort* AG 2006, 106 (108); Großkomm AktG/*Kort* Rn. 319; *C. Weber*, Transaktionsboni für Vorstandsmitglieder: Zwischen Gewinnchance und Interessenkonflikt, 2006, 298 f.; abw. *Lutter* ZIP 2006, 733 (737).

[276] Vgl. Hüffer/Koch/*Koch* Rn. 9; *Kort* AG 2006, 106 (108); Großkomm AktG/*Kort* Rn. 321; MüKoAktG/*Spindler* Rn. 157; s. auch *Ziemons* FS Huber, 2006, 1035 (1043).

[277] Näher *Fastrich* FS Heldrich, 2005, 143 (147 ff.); Kölner Komm WpÜG/*Hirte* § 33 Rn. 59; Großkomm AktG/*Kort* Rn. 323; *C. Weber*, Transaktionsboni für Vorstandsmitglieder: Zwischen Gewinnchance und Interessenkonflikt, 2006, 199 ff.

[278] Diesen Weg beschritt im Mai 2009, also noch vor Inkrafttreten des VorstAG, die Bonner SolarWorld AG: Auf Vorschlag von Vorstand und Aufsichtsrat hat ihre Hauptversammlung beschlossen, dass die Vergütung eines Vorstandsmitglied auf das 20-fache des Durchschnittseinkommens im Konzern begrenzt werde und sich der Aufsichtsrat beim Abschluß weiterer Anstellungsverträge an diese Höchstgrenze halten müsse. Dazu *Lutter*, Handelsblatt vom 5.5.2009, S. 8; *E. Vetter* ZIP 2009, 1307.

[279] Ebenso für das schweizerische Recht *Böckli*, Schweizer Aktienrecht, 4. Aufl. 2009, § 13 Rn. 336t: „Die Festlegung der individuellen Entschädigungen für die Manager ist Sache des Verwaltungsrates, da dies inhärenter Teil seiner Personalhoheit ist [. . .]."

Abs. 1) zwingend beim Aufsichtsrat verankert sieht.[280] Verschiedene Gegenstimmen halten satzungsmäßige Angemessenheitsrichtlinien oder Vergütungshöchstgrenzen für gesetzeskonform, solange dem Aufsichtsrat ein – wenn auch eingeschränkter – Ermessensspielraum verbleibt.[281] Vermittelnde Stimmen differenzieren zwischen zulässigen Angemessenheitsrichtlinien und unzulässigen Vergütungshöchstgrenzen.[282]

b) Stellungnahme. Eine eigene Stellungnahme hat nacheinander die Grenzen für statutarische 55 Vergütungsrichtlinien aus § 84 Abs. 1 und aus § 87 Abs. 1 herauszuarbeiten: Mit der in § 84 Abs. 1 S. 5 iVm S. 1 verbrieften Personalkompetenz des Aufsichtsrats wäre es nach allgemeiner Ansicht unvereinbar, wenn die Satzung ein Zustimmungserfordernis der Hauptversammlung zum Inhalt eines *bestimmten* Anstellungsvertrages vorsähe.[283] Zudem spricht vieles dafür, dass die Freiheit des Aufsichtsrats bei der Personalauswahl darüber hinaus auch eine Freiheit bei der Regelung *sämtlicher* Vergütungsfragen verlangt,[284] so dass kein Raum für ergänzende Satzungsbestimmungen nach § 23 Abs. 5 S. 2 bleibt. Unabhängig davon richtet sich der Normbefehl des § 87 Abs. 1 ausschließlich an den Aufsichtsrat:[285] Der Gesetzgeber überträgt ihm die Ausfüllung des Angemessenheitsgebots als eine unternehmerische (→ Rn. 39) Einzelfallentscheidung, die er höchstpersönlich, eigenverantwortlich und unabhängig zu treffen hat.

Das VorstAG (→ Rn. 3) hat an der Konkretisierungskompetenz des Aufsichtsrats nichts geän- 56 dert, sondern sie noch einmal unterstrichen:[286] Der Reformgesetzgeber hat nach einer intensiv und offen geführten Debatte gesetzliche Obergrenzen oder Berechnungsmethoden verworfen[287] und die ihm noch vertretbar erscheinende Konturierung des Angemessenheitsgebots in § 87 Abs. 1 S. 1 bis 3 selbst vorgenommen. Dahinter beginnt der Bereich einzelfallbezogener und eigenverantwortlicher Ausfüllung durch den Aufsichtsrat. So verstanden ist das Zusammenspiel von § 87 Abs. 1 und § 120 Abs. 4 in sich stimmig, zumal eine Hauptversammlungsmehrheit, die Angemessenheitsrichtlinien oder ein Vergütungs-Cap beschließen könnte, unschwer in der Lage wäre, einem Aufsichtsrat, der aus ihrer Sicht falsche Vergütungsanreize setzt, die Entlastung zu verweigern oder ihn gar abzuberufen.[288]

10. Rechtsfolgen unangemessener Vorstandsbezüge. a) Hergebrachte Rechtsauffassung. 57
Nach hM lässt ein Verstoß gegen § 87 Abs. 1 die Wirksamkeit des Anstellungsvertrages einschließlich der überhöhten Bezüge unberührt.[289] Nur unter den besonderen Voraussetzungen des § 138 BGB sollen Anstellungsvertrag und Vergütungsabrede nichtig sein.[290] Allerdings macht sich der Aufsichtsrat nach § 116 S. 1 und 3 iVm § 93 Abs. 2 schadensersatzpflichtig, wenn er das gesetzliche Angemessen-

---

[280] Vgl. *Fleischer/Bedkowski* AG 2009, 677 (683 f.); Großkomm AktG/*Kort* Rn. 40 f.; *Marsch-Barner* FS Röhricht, 2005, 401 (404); Kölner Komm AktG/*Mertens/Cahn* Rn. 4; NK-AktR/*Oltmanns* Rn. 5; MüKoAktG/*Spindler* Rn. 41, der *de lege ferenda* Gestaltungsspielräume für die Satzung fordert; *E. Vetter* ZIP 2009, 1307 (1308 f.); Hölters/*Weber* Rn. 10; MHdB AG/*Wiesner* § 21 Rn. 32; für börsennotierte AGs auch K. Schmidt/Lutter/*Seibt* Rn. 3; pointiert *Fonk* in Semler/v. Schenck AR-HdB § 10 Rn. 118: „Wer der Hauptversammlung einen maßgeblichen Einfluß auf die Vergütungspolitik des Aufsichtsrats einräumen will, sollte konsequent sein und auch die Bestellung der Vorstandsmitglieder in die Kompetenz der Hauptversammlung geben. Ein solcher Vorschlag ist aus verständlichen Gründen bisher nicht gemacht worden."
[281] Vgl. *Beiner*, Der Vorstandsvertrag, 2005, Rn. 239 f.; Bürgers/Körber/*Bürgers* Rn. 2; *Feudner* NZG 2007, 779 (780 f.); *Grattenthaler*, Die Vergütung von Vorstandsmitgliedern in Aktiengesellschaften, 2007, 61 ff.; *Hoffmann/Preu* Der Aufsichtsrat Rn. 223; *Körner* NJW 2004, 2697 (2701); *Overlack* ZHR 141 (1977), 125 (134 f.).
[282] Vgl. Hüffer/Koch/*Koch* Rn. 4; s. auch *Dreher* in Henze/Hoffmann-Becking, Gesellschaftsrecht 2003, 2004, 203 (214).
[283] Dies zugestehend auch *Grattenthaler*, Die Vergütung von Vorstandsmitgliedern in Aktiengesellschaften, 2007, 69; *Körner* NJW 2004, 2697 (2701).
[284] In diesem Sinne *Krieger*, Personalentscheidungen des Aufsichtsrats, 1981, 165 f.
[285] Vor allem auf den zwingenden Charakter von § 87 Abs. 1 abstellend auch Großkomm AktG/*Kort* Rn. 19.
[286] Im Ergebnis ebenso *E. Vetter* ZIP 2009, 1307 (1308 f.).
[287] Dazu aus Sicht des BMJ *Seibert* DB 2009, 1167 (1169): „Im Allgemeinen ist eine gesetzliche Deckelung kein Thema."
[288] Zu dieser Möglichkeit auch *van Kann/Keiluweit* DStR 2009, 1587 (1589); *E. Vetter* ZIP 2009, 1307 (1309).
[289] Vgl. KG NZG 2011, 865 (866); *Baumbach/Hueck* Rn. 6; *Fonk* in Semler/v. Schenck AR-HdB § 10 Rn. 119; Hüffer/Koch/*Koch* Rn. 22; Großkomm AktG/*Kort* Rn. 332; *Marsch-Barner* FS Röhricht, 2005, 401 (403); Kölner Komm AktG/*Mertens/Cahn* Rn. 5; K. Schmidt/Lutter/*Seibt* Rn. 17; MüKoAktG/*Spindler* Rn. 137; Hölters/*Weber* Rn. 46; früher schon Schlegelberger/Quassowski AktG 1937 § 78 Rn. 7; Großkomm AktG/*W. Schmidt*, 1. Aufl. 1939, AktG 1937 § 78 Rn. 5.
[290] Vgl. *Fonk* in Semler/v. Schenck AR-HdB § 10 Rn. 119; Hüffer/Koch/*Koch* Rn. 22; Großkomm AktG/*Kort* Rn. 333; *Kort* DStR 2007, 1127 (1129); Kölner Komm AktG/*Mertens/Cahn* Rn. 5; Grigoleit/*Schwennicke* Rn. 30; MüKoAktG/*Spindler* Rn. 137; s. auch KG NZG 2011, 865 (866); zur Sittenwidrigkeit eines Dienstvertrages des Vorstandsmitglieds einer kommunalen Anstalt wegen überhöhter Bezüge auch OVG Lüneburg NVwZ-RR 2010, 699.

heitsgebot bei der Festlegung der Vorstandsbezüge schuldhaft missachtet.[291] Neuerdings wird auch eine Insolvenzanfechtung überhöhter Gehälter erörtert.[292]

58 b) Neue Begründungsansätze. In jüngerer Zeit hat man verschiedentlich Zweifel an den Ergebnissen der hM angemeldet und nach tragfähigen Lösungsalternativen Ausschau gehalten.[293] Konstruktiv sind drei Begründungsansätze vorstellbar: Der erste Vorschlag geht dahin, § 87 Abs. 1 als Verbotsgesetz iSd § 134 BGB anzusehen, dessen Verletzung zur (Teil-)Nichtigkeit der Vergütungsabrede führe.[294] Eine solche Deutung sieht sich sowohl im Hinblick auf den Wortlaut der Vorschrift als auch auf ihre Entstehungsgeschichte durchgreifenden Bedenken ausgesetzt.[295] Einer zweiten Ansicht zufolge machen sich neben dem Aufsichtsrat auch die begünstigten Vorstandsmitglieder nach § 93 Abs. 2 schadensersatzpflichtig, wenn sie sich unangemessen hohe Bezüge versprechen lassen.[296] Gegen diese Rechtsansicht könnte sprechen, dass Vorstandsmitglieder bei der Aushandlung der Anstellungsverträge nicht gehalten sind, ihre eigenen Interessen hinter die der Gesellschaft zurückzustellen (→ § 93 Rn. 109). Ihr Verhandlungsspielraum endet aber richtigerweise an den Grenzen des § 87 Abs. 1: Kraft ihrer organschaftlichen Amtspflicht ist es ihnen untersagt, an allfälligen Pflichtverletzungen des Aufsichtsrats als „notwendige Teilnehmer" mitzuwirken.[297] Die verbreitete Gegenmeinung[298] berücksichtigt nicht hinreichend, dass zwischen dem Anstellungsvertrag und anderen Eigengeschäften des Vorstandsmitglieds kein relevanter Unterschied besteht.[299] Hiermit übereinstimmend hatte bereits das RG entschieden, dass sich ein Vorstandsmitglied durch Annahme eines übermäßig hohen, vom Aufsichtsrat bewilligten Gehalts der Untreue strafbar machen könne.[300] Für die zivilrechtliche Haftung des Vorstandsmitglieds nach § 93 Abs. 2 gilt nichts anderes.[301] Vor der korporationsrechtlichen Amtsübernahme, namentlich bei der erstmaligen Vertragsanbahnung, ist an Ansprüche aus *culpa in contrahendo* zu denken.[302] Ein dritter Lösungsansatz stützt sich auf die allgemeinen Grundsätze zum Missbrauch der Vertretungsmacht: Überschreite der Aufsichtsrat durch Festlegung einer unangemessenen Vergütung seinen Ermessensspielraum im Innenverhältnis bei der Ausübung seiner gesetzlichen Vertretungsmacht nach § 112, könne sich ein Vorstandsmitglied, das dies erkenne, nicht auf die vereinbarten Bezüge berufen.[303] Der Grundgedanke verdient Gefolgschaft: So wenig sich Aufsichtsratsmitglieder bei Drittgeschäften mit der Gesellschaft auf die nach § 82 Abs. 1 unbe-

---

[291] Vgl. *Baumbach/Hueck* Rn. 6; *Geßler* JW 1937, 497 (499 f.); *v. Godin/Wilhelmi* Rn. 8; *Hüffer* FS Hoffmann-Becking, 2013, 589; *Hüffer/Koch/Koch* Rn. 23; Großkomm AktG/*Kort* Rn. 348; *Kort* DStR 2007, 1127 (1132); Großkomm AktG/*Meyer-Landrut*, 3. Aufl. 1973, Rn. 4; *Reichert/Ullrich* FS Schneider, 2011, 1017 (1020 ff.).

[292] Näher Großkomm AktG/*Kort* Rn. 355; *Thole/Schmidberger* BB 2014, 3.

[293] Grundlegend *Peltzer* FS Lutter, 2000, 574 (578 ff.); mit Variationen im Einzelnen auch *Fleischer* DStR 2005, 1318 (1322); *Langenbucher* FS Huber, 2006, 861 ff.; *Martens* ZHR 169 (2005), 124 (135 f.); NK-AktR/*Oltmanns* Rn. 6; *Schwark* FS Raiser, 2005, 377 (394); *de lege ferenda* ferner *Thüsing* ZGR 2003, 457 (506); offen lassend LG Stuttgart BeckRS 2011, 13162.

[294] In diesem Sinne NK-AktR/*Oltmanns* Rn. 6; *Säcker/Stenzel* JZ 2006, 1151 (1152 ff.).

[295] Vgl. *Brandes* ZIP 2013, 1107 (1109); *Drygala* FS Schneider, 2011, 275 (283); *Fleischer* DStR 2005, 1318 (1322); *Kort* DStR 2007, 1127 f.; Großkomm AktG/*Kort* Rn. 331, im Ergebnis ebenso Henssler/Strohn/*Dauner-Lieb* Rn. 10; *Marsch-Barner* FS Röhricht, 2005, 401 (403); Kölner Komm AktG/*Mertens/Cahn* Rn. 5; MüKo-AktG/*Spindler* Rn. 137; ablehnend auch KG NZG 2011, 865 (866).

[296] Vgl. *Peltzer* FS Lutter, 2000, 574 (578); ihm folgend *Lutter* ZIP 2006, 733 (735); *Schwark* FS Raiser, 2005, 377 (394); für eine Vorstandshaftung ferner *Kort* DStR 2007, 1127 (1132); Großkomm AktG/*Kort* Rn. 350; einschränkend hingegen MüKoAktG/*Spindler* Rn. 136, der eine Haftung nur bei pflichtwidriger Einwirkung auf den Aufsichtsrat oder bei einem Verstoß gegen Aufklärungspflichten bei der Vertragsverlängerung bejaht; ablehnend auch LG Essen BeckRS 2014, 22313.

[297] Vgl. *Fleischer* DStR 2005, 1318 (1322); *Fleischer/Bauer* ZIP 2015, 1901 (1903 f.); ebenso bereits *Pinner* JW 1932, 2279; stark einschränkend *Brandes* ZIP 2013, 1107 (1108 f.); *Drygala* FS Schneider, 2011, 275 (289 ff.).

[298] Prononciert Hüffer/Koch/*Koch* Rn 23 mwN.

[299] Näher *Fleischer/Bauer* ZIP 2015, 1901 (1902 f.).

[300] Vgl. RG JW 1933, 2954 mAnm *Schwinge* und *Siebert*; bestätigt durch RG JW 1934, 2151 mAnm *Schwinge*; ausführlich *Semler*, Liber Amicorum Happ, 2006, 277 ff.

[301] Ebenso bereits *Siebert* JW 1933, 2954; kritisch aber *Hirte* in Abeltshauser/Buck, Corporate Governance, 2004, 75, 88 unter Berufung darauf, dass § 112 AktG die Wahrnehmung der Verbandsinteressen gegenüber dem Vorstand ausschließlich in die Hände des Aufsichtsrats lege, ganz ähnlich bereits RG JW 1932, 2279 (2280) mit abl. Anm. von *Pinner* JW 1932, 2279; ferner OLG Stuttgart AG 2011, 93 (96).

[302] Vgl. *Fleischer* DStR 2005, 1318 (1322); kritisch aber *Schüller*, Vorstandsvergütung, 2002, 204.

[303] Vgl. LG Essen BeckRS 2014, 22313; Hüffer/Koch/*Koch* Rn. 22; *Martens* ZHR 169 (2005), 124 (135 f.); *Peltzer* FS Lutter, 2000, 574 (579); *Schwark* FS Raiser, 2005, 377 (394); *Langenbucher* FS Huber, 2006, 861 (863 ff.); *Kort* DStR 2007, 1127 (1129 ff.); mit Einschränkungen auch Großkomm AktG/*Kort* Rn. 335 ff.; Kölner Komm AktG/*Mertens/Cahn* Rn. 5; unter engen Voraussetzungen im Ergebnis weitergehend MüKoAktG/*Spindler* Rn. 139 ff.: Nichtigkeit des unangemessenen Teils; kritisch zu alledem *Brandes* ZIP 2013, 1107 (1110 f.); *Drygala* FS Schneider, 2011, 275 (286 f.).

schränkte Vertretungsmacht des Vorstands zu berufen vermögen (näher → § 82 Rn. 19), so wenig können sich umgekehrt Vorstandsmitglieder auf die organschaftliche Vertretungsmacht des pflichtwidrig handelnden Aufsichtsrats stützen. Richtigerweise handelt es sich dabei aber nicht um einen Anwendungsfall des Rechtsmissbrauchsverbots, sondern um eine teleologische Reduktion der Vertretungsregeln bei Insider-Geschäften (→ § 82 Rn. 18).

III. Nachträgliche Herabsetzung der Bezüge

1. Allgemeines. Nach § 87 Abs. 2 S. 1 soll der Aufsichtsrat die Vorstandsbezüge[304] auf die angemessene Höhe herabsetzen, wenn sich die Lage der Gesellschaft nach der Festsetzung so verschlechtert, dass die Weitergewährung der Bezüge unbillig für die Gesellschaft wäre. Die Regelung ist durch das VorstAG (→ Rn. 3) neu gefasst worden. Zuvor gab § 87 Abs. 2 S. 1 aF dem Aufsichtsrat das Recht, die Vorstandsbezüge angemessen herabzusetzen, wenn sich die Verhältnisse der Gesellschaft wesentlich verschlechterten und die Weitergewährung der Bezüge eine schwere Unbilligkeit für die Gesellschaft gewesen wäre.[305] In der Rechtspraxis spielte diese Vorschrift wegen ihrer strengen Voraussetzungen nur eine geringe Rolle.[306] Die Neuregelung erleichtert die Herabsetzung der Vorstandsbezüge, indem sie auf die Voraussetzungen einer „wesentlichen" Verschlechterung und einer „schweren" Unbilligkeit verzichtet.[307] Sie will dem „papiernen Recht"[308] des § 87 Abs. 2 zu größerer praktischer Wirksamkeit verhelfen, nimmt dafür aber eine beträchtliche Aufweichung des Grundsatzes der Vertragsstabilität in Kauf.[309] Dies droht den Charakter der Vorschrift als „äußersten Notbehelf"[310] zu verändern;[311] entspricht aber dem eindeutigen rechtspolitischen Willen des Reformgesetzgebers.[312]

§ 87 Abs. 2 bildet dogmatisch eine Sonderregelung der Störung der Geschäftsgrundlage.[313] Er durchbricht den Grundsatz der Vertragsverbindlichkeit,[314] verlangt dafür jedoch – anders als § 313 BGB – keine *schwerwiegende* Veränderung der Geschäftsgrundlage und spricht auch nicht von einer *unzumutbaren* Vertragsfortführung.[315] Im Schrifttum hat die Neuregelung wegen ihres Eingriffs in den Grundsatz *pacta sunt servanda* massive Kritik erfahren;[316] manche Stimmen halten sie gar für verfassungswidrig.[317] Der Vorwurf der Verfassungswidrigkeit ist überzogen,[318] doch müssen an das Vorliegen der Tatbestandsvoraussetzungen des § 87 Abs. 2 auch weiterhin[319] strenge Anforderungen gestellt werden.[320] Für eine restriktive Handhabung spricht überdies, dass variable Vergütungsele-

---

[304] Zur Herabsetzung der Vergütung von Führungskräften unterhalb der Vorstandsebene *Krienke* NZA 2010, 135; *Paschke* FS Reuter, 2010, 1107 (1114 ff.).
[305] 1. Aufl. 2007, Rn. 30.
[306] 1. Aufl. 2007, Rn. 30 mwN; s. aber immerhin LG Essen NZG 2006, 356; LG Duisburg BB 1971, 145.
[307] Vgl. *Fleischer* NZG 2009, 801 (804); *Koch* WM 2010, 49 (50); Kölner Komm AktG/*Mertens/Cahn* Rn. 94; *Weller* NZG 2010, 7.
[308] *Martens* ZHR 169 (2005), 124 (130).
[309] Vgl. BGHZ 207, 190 Rn. 24 = NJW 2016, 1236; *Fleischer* NZG 2009, 801 (804).
[310] *Schlegelberger/Quassowski* AktG 1937 § 78 Rn. 8; diese Wertung für § 87 Abs. 2 aF übernehmend MüKo-AktG/*Spindler* Rn. 165.
[311] Vgl. *Fleischer* NZG 2009, 801 (804); für eine Gesetzeskorrektur im Wege der Auslegung *Koch* WM 2010, 49 (52), wonach die Herabsetzung vereinbarter Bezüge auch weiterhin ein äußerster Notbehelf bleiben muss; ähnlich *Gaul/Janz* NZA 2009, 809 (812).
[312] Vgl. *Annuß/Theusinger* BB 2009, 2434 (2437); *Fleischer* NZG 2009, 801 (804); kritisch zum Spannungsverhältnis zwischen Wortlautänderung und Gesetzesbegründung Henssler/Strohn/*Dauner-Lieb* Rn. 7.
[313] Vgl. *Diller* NZG 2009, 1006; *Diller/Göpfert* DB 2008, 2579 (2581); *Fleischer* NZG 2009, 801 (804); Kölner Komm AktG/*Mertens/Cahn* Rn. 84; *Peltzer* FS Lutter, 2000, 581 (590); MüKoAktG/*Spindler* Rn. 161; *Thüsing* AG 2009, 517 (523); *Weller* NZG 2010, 7 (8); offen lassend OLG Stuttgart NZG 2015, 194 (197); kritisch Großkomm AktG/*Kort* Rn. 448; Hüffer/Koch/*Koch* Rn. 24; für eine Neuinterpretation des § 87 Abs. 2 AktG als Norm zur Verhinderung von Fehlanreizen *Klöhn* ZGR 2012, 1 (10 ff.).
[314] Ausführlich *Weller* NZG 2010, 7 (8 ff.), der die Systemkohärenz des § 87 Abs. 2 wegen der Einordnung des Vorstandsvertrags als Vertrag der Interessenwahrnehmung bejaht.
[315] Vgl. *Dauner-Lieb* Der Konzern 2009, 583 (590); Kölner Komm AktG/*Mertens/Cahn* Rn. 104; *Weller* NZG 2010, 7 (8).
[316] Vgl. *Dauner-Lieb* Der Konzern. 2009, 583 (589); *Diller* NZG 2009, 1006 ff.; *Gaul/Janz* NZA 2009, 809 (811 f.); Hüffer/Koch/*Koch* Rn. 24; *Koch* WM 2010, 49 (51 ff.); Kölner Komm AktG/*Mertens/Cahn* Rn. 94.
[317] Vgl. DAV Handelsrechtsausschuss NZG 2009, 612 (614 f.); *Dauner-Lieb* Der Konzern 2009, 583 (589); *Diller* NZG 2009, 1006 (1009); *Hohenstatt* ZIP 2009, 1349 (1352 f.).
[318] Eingehend zur Verfassungskonformität der Vorschrift *Weller* NZG 2010, 7 (8 f.); knapper *Annuß/Theusinger* BB 2009, 2434 (2437).
[319] Vgl. schon zu § 87 Abs. 2 aF 1. Aufl. 2007, Rn. 30.
[320] Wie hier BGHZ 207, 190 Rn. 24 = NJW 2016, 1236; OLG Stuttgart NZG 2015, 194 Rn. 35; *Dauner-Lieb* Der Konzern 2009, 583 (589); *Gaul/Janz* NZA 2009, 809 (812); Hüffer/Koch/*Koch* Rn. 24; *Koch* WM 2009, 49 (51 f.); Kölner Komm AktG/*Mertens/Cahn* Rn. 104; MüKoAktG/*Spindler* Rn. 166 f.; mit Verweis auf Art. 14 GG Wachter/*Eckert* Rn. 30 und K. Schmidt/Lutter/*Seibt* Rn. 18.

60a Entgegen gelegentlicher Zweifel erfasst § 87 Abs. 2 auch die Zeit nach Eröffnung eines Insolvenzverfahrens.[322] Hieran vermag das außerordentliche Kündigungsrecht des Insolvenzverwalters nach § 113 InsO (→ Rn. 77) nichts zu ändern;[323] zwischen beiden Vorschriften besteht weder formelle noch materielle Spezialität.[324] Nach Insolvenzeröffnung steht das Gestaltungsrecht aus § 87 Abs. 2 nicht mehr dem Aufsichtsrat, sondern nur noch dem Insolvenzverwalter zu.[325]

61 Die Herabsetzungsmöglichkeit nach § 87 Abs. 2 kann weder durch Satzung noch durch Individualvereinbarung mit dem Vorstandsmitglied ausgeschlossen oder erschwert werden.[326] Zulässig ist es aber, eine Kürzung der Vorstandsbezüge an weniger strenge Voraussetzungen zu knüpfen.[327]

62 Eine Sonderregelung für den Finanzsektor enthält § 5 Abs. 2 Nr. 4 S. 2 lit. a S. 5 FMStV: Danach hat der Fonds darauf hinzuwirken, dass eine Herabsetzung der Organvergütung im Rahmen der zivilrechtlichen Möglichkeiten unter Einbeziehung von § 87 Abs. 2 vorgenommen wird.[328]

62a Unabhängig von § 87 Abs. 2 kann die Festsetzung einer dienstvertraglich vereinbarten, ergebnisabhängigen Tantieme eines Vorstandsmitglieds nachträglich abgeändert werden, wenn der Jahresabschluss der Gesellschaft, welcher der ursprünglichen Festsetzung der Tantieme zugrunde gelegen hat, seinerseits im Zusammenhang mit den Folgen der Finanzkrise abgeändert und neu festgesetzt worden ist.[329]

63 **2. Verschlechterung der Lage der Gesellschaft.** Erforderlich ist zunächst eine nachträgliche Verschlechterung der Lage der Gesellschaft. Worauf diese Verschlechterung beruht, ist ohne Belang.[330] Wirtschaftliche Schwierigkeiten, die bereits beim Abschluss des Anstellungsvertrages bekannt waren, begründen allerdings kein Herabsetzungsrecht.[331] Ebenso wenig genügt die spätere Einsicht, dass die Vorstandsbezüge von Beginn an zu hoch bemessen waren.[332] Entgegen § 87 Abs. 2 S. 1 aF muss die Lageverschlechterung der Gesellschaft (nicht: des Konzerns[333]) nicht mehr wesentlich sein. Den Gesetzesmaterialien zufolge genügt es, wenn die Gesellschaft Entlassungen oder Lohnkürzungen vornehmen muss und keinen Gewinn mehr ausschütten kann.[334] Insolvenz[335] und unmittelbare Krise sollen die Voraussetzungen stets erfüllen, aber nicht notwendig sein.[336] Dem ist nur eingeschränkt zuzustimmen.[337] Zum einen liegen die Herabsetzungsvoraussetzungen nicht vor, wenn Entlassungen oder Lohnkürzungen nur zur Steigerung der Ertragskraft

---

[321] Vgl. BGHZ 207, 190 Rn. 54 = NJW 2016, 1236; Bauer/Arnold AG 2009, 717 (726); Dauner-Lieb Der Konzern 2009, 583 (590); Diller NZG 2009, 1006 (1007); Koch WM 2010, 49 (52); Kölner Komm AktG/Mertens/Cahn Rn. 94; Hölters/Weber Rn. 50.

[322] Vgl. BGHZ 207, 190 Rn. 24 = NJW 2016, 1236; Hölters/Weber Rn. 47; Hüffer/Koch/Koch Rn. 25; Kort NZG 2015, 369 (370).

[323] So aber OLG Stuttgart NZG 2015, 194 (196 f.); Spindler DB 2015, 908 (911).

[324] Hüffer/Koch/Koch Rn. 25.

[325] Vgl. Göcke/Greubel ZIP 2009, 2086 (2087 f.); Hüffer/Koch/Koch Rn. 30; Großkomm AktG/Kort Rn. 434; Spindler DB 2015, 908; offen lassend BGHZ 207, 190 Rn. 26 = NJW 2016, 1236.

[326] Vgl. Baeck/Götze/Arnold NZG 2009, 1121 (1125); Großkomm AktG/Kort Rn. 445; Kölner Komm AktG/Mertens/Cahn Rn. 96; Grigoleit/Schwennicke Rn. 42; K. Schmidt/Lutter/Seibt Rn. 20; Weller NZG 2010, 7 (12); zurückhaltend auch Bauer/Arnold AG 2009, 717 (727); großzügiger Annuß/Theusinger BB 2009, 2434 (2438); differenzierend MüKoAktG/Spindler Rn. 152, 162 wonach bei Abfindungsverhandlungen ein Verzicht möglich ist.

[327] Vgl. Kölner Komm AktG/Mertens/Cahn Rn. 96; Tödtmann/Bronisch DB 2005, 1726 (1729); Weller NZG 2010, 7 (12); abw. Großkomm AktG/Kort Rn. 447.

[328] Dazu auch Becker/Mock FMStG § 10 Rn. 46 ff.; Kölner Komm AktG/Mertens/Cahn Rn. 97; Hölters/Weber Rn. 61 f.

[329] Vgl. OLG Düsseldorf NZG 2012, 20; bestätigt durch OLG Düsseldorf BeckRS 2013, 12051; aus dem Schrifttum Otte GWR 2011, 570. Zu einer etwas anderen Fallgestaltung, in der über die Herabsetzung eines variablen Vergütungsanteils wegen Änderung der Geschäftsgrundlage oder im Wege der ergänzenden Vertragsauslegung diskutiert wird, LG Stuttgart BeckRS 2010, 13182.

[330] Vgl. Weisner/Kölling NZG 2003, 465 (466).

[331] Vgl. LG Essen NZG 2006, 356; v. Godin/Wilhelmi Rn. 6; Hüffer/Koch/Koch Rn. 26; Großkomm AktG/Kort Rn. 396; NK-AktR/Oltmanns Rn. 9; K. Schmidt/Lutter/Seibt Rn. 18; MüKoAktG/Spindler Rn. 171.

[332] Vgl. OLG Frankfurt a. M. AG 2011, 790 (792); Hüffer/Koch/Koch Rn. 26; MüKoAktG/Spindler Rn. 171.

[333] Dazu Bauer/Arnold AG 2009, 717 (725); Diller NZG 2009, 1006; Großkomm AktG/Kort Rn. 398.

[334] Vgl. BT-Drs. 16/12278, 6.

[335] Zur Insolvenzreife auch BGHZ 207, 190 Rn. 38 = NJW 2016, 1236.

[336] Vgl. BT-Drs. 16/12278, 6; zustimmend MüKoAktG/Spindler Rn. 168.

[337] Kritisch auch Bauer/Arnold AG 2009, 717 (725); Diller NZG 2009, 1006; Hoffmann-Becking/Krieger NZG-Beil. Heft 26/2009 Rn. 32; Hohenstatt ZIP 2009, 1349 (1352); eingehend Koch WM 2010, 49 (53 f.); zum alten Recht auch LG Stuttgart BeckRS 2011, 13162.

§ 87   67–71

des „Wie" der Herabsetzung voraus.³⁵² Bei einem Ermessensausfall ist der *Herabsetzungsbeschluss* unwirksam.

67   **b) Gegenstand der Herabsetzung. aa) Laufende Bezüge.** Von der Herabsetzungsmöglichkeit wird zunächst die laufende Vergütung erfasst. Dazu gehören sämtliche Vergütungsbestandteile, also Gehälter, Gewinnbeteiligungen, Aufwandsentschädigungen, Versicherungsentgelte, Provisionen und Nebenleistungen jeder Art.³⁵³

68   **bb) Abfindungszahlungen.** Den Gesetzesmaterialien zufolge erstreckt sich die Herabsetzungsmöglichkeit auch auf Ansprüche auf Auszahlung der Restlaufzeit des Vertrages bei Entlassung oder bei Abberufung des Vorstandsmitglieds ohne gleichzeitige Kündigung des Anstellungsvertrages.³⁵⁴ Damit rückt das VorstAG von der bisher hM ab, die eine Anwendung des § 87 Abs. 2 S. 1 auf Abfindungszahlungen abgelehnt hatte, da sie nicht als Gegenleistung für geleistete Dienste, sondern als Ausgleich für das Risiko einer vorzeitigen Vertragsbeendigung vereinbart worden seien.³⁵⁵ Hieran hat sich die Handhabung der Vorschrift zu orientieren.³⁵⁶

69   **cc) Ruhegehälter.** Nach § 87 Abs. 2 S. 2 können nunmehr auch Ruhegehälter, Hinterbliebenenbezüge und Leistungen verwandter Art herabgesetzt werden. Dies war dem Aufsichtsrat nach bisheriger Rechtslage grundsätzlich verwehrt; eine Ausnahme hiervon hat die Rechtsprechung nur in einer wirtschaftlichen Notlage unter dem Gesichtspunkt des § 242 BGB gestattet.³⁵⁷ Die Neuregelung hat heftige Kritik erfahren: Ruhegehaltszusagen, so die Argumentation, stellten einen Teil der Gegenleistung für bereits in der Vergangenheit erbrachte Leistungen dar und verdienten überdies auch deswegen besonderen Schutz, weil das ausgeschiedene Vorstandsmitglied mangels eines Sonderkündigungsrechts nach § 87 Abs. 2 S. 4 der Kürzung wehrlos gegenüberstehe.³⁵⁸ Verschiedentlich hält man die Kürzungsmöglichkeit sogar für verfassungswidrig.³⁵⁹ Der Vorwurf der Verfassungswidrigkeit geht fehl, weil man der besonderen Schutzbedürftigkeit bereits erdienter Anwartschaften im Rahmen der Normanwendung hinreichend Rechnung tragen kann.³⁶⁰ Zudem können auch erdiente Betriebsrenten der Arbeitnehmer aus zwingenden Gründen gekürzt werden,³⁶¹ und dem Vertragsrecht ist eine rückwirkende Anpassung der Gegenleistung auf Grund veränderter äußerer Umstände ebenfalls nicht unbekannt.³⁶²

70   Nach § 87 Abs. 2 S. 2 ist eine Herabsetzung der Ruhegehälter allerdings nur in den ersten drei Jahren nach Ausscheiden aus der Gesellschaft möglich.³⁶³ Der Wortlaut dieser Vorschrift ist missverständlich; gemeint ist, dass die Entscheidung des Aufsichtsrats innerhalb von drei Jahren nach dem Ausscheiden des Vorstandsmitglieds getroffen werden muss, dann aber dauerhafte Wirkung entfalten kann.³⁶⁴ Unberührt bleibt außerdem eine mögliche Kürzung der Altersversorgungsanwartschaft schon während des laufenden Dienstverhältnisses.³⁶⁵

71   **c) Maß der Herabsetzung.** Nach der Neuregelung sind die Vorstandsbezüge auf die angemessene Höhe herabzusetzen.³⁶⁶ Dieser Normbefehl ist um einige Pegelstriche strenger als die bisher gebotene „angemessene Herabsetzung", nach der sich die Kürzung auf das sachlich und zeitlich

---

³⁵² Vgl. OLG Stuttgart NZG 2015, 194; dazu *Kort* NZG 2015, 369; *Spindler* DB 2015, 908.
³⁵³ Vgl. *Bauer/Arnold* AG 2009, 717 (728); *Koch* WM 2009, 49 (56).
³⁵⁴ Vgl. BT-Drs. 16/12278, 6; dazu auch *Seibert* WM 2009, 1489 (1491); BGHZ 207, 190 Rn. 41 = NJW 2016, 1236.
³⁵⁵ Vgl. MüKoAktG/*Spindler*, 3. Aufl. 2008, Rn. 93 mwN.
³⁵⁶ So auch *Bauer/Arnold* AG 2009, 717 (728); *Koch* WM 2010, 49 (56); differenzierend *Diller* NZG 2009, 1006 (1009); Hüffer/Koch/*Koch* Rn. 29; eingehend *Krieger* GS M. Winter, 2011, 369 (375 ff.).
³⁵⁷ → 1. Aufl. 2007 Rn. 37 mwN.
³⁵⁸ DAV Handelsrechtsausschuss NZG 2009, 612 (614); *Dauner-Lieb* Der Konzern 2009, 583 (590); *Hoffmann-Becking/Krieger* NZG-Beil. Heft 26/2009 Rn. 42; *Hohenstatt* ZIP 2009, 1349 (1353); Hüffer/Koch/*Koch* Rn. 28; Kölner Komm AktG/*Mertens/Cahn* Rn. 105; *Nikolay* NJW 2009, 2640 (2643).
³⁵⁹ In diese Richtung DAV Handelsrechtsausschuss NZG 2009, 612 (614); *Hoffmann-Becking/Krieger* NZG-Beil. Heft 26/2009 Rn. 42; *Hohenstatt* ZIP 2009, 1349 (1353), Kölner Komm AktG/*Mertens/Cahn* Rn. 105; Hölters/*Weber* Rn. 57.
³⁶⁰ Wie hier *Annuß/Theusinger* BB 2009, 2434 (2438); *Bauer/Arnold* AG 2009, 717 (729); *Fleischer* NZG 2009, 801 (804); *Thüsing* AG 2009, 517 (520); *Weller* NZG 2010, 7 (11); wohl auch *Koch* WM 2010, 49 (52).
³⁶¹ Vgl. *Thüsing* AG 2009, 517 (521) mwN.
³⁶² Beispiele bei *Weller* NZG 2010, 7 (11).
³⁶³ Dazu BT-Drs. 16/13433, 4 f.
³⁶⁴ Vgl. *Arnold/Bauer* AG 2009, 717 (728); *Hohenstatt* ZIP 2009, 1349 (1353); *Seibert* WM 2009, 1489 (1491); MüKoAktG/*Spindler* Rn. 187: „Entschuldungsfrist"; Hölters/*Weber* Rn. 56.
³⁶⁵ Näher *Arnold/Bauer* AG 2009, 801 (804); *Koch* WM 2010, 49 (57); *Seibert* WM 2009, 1489 (1491); nunmehr allgM, vgl. nur Hüffer/Koch/*Koch* Rn. 7; K. Schmidt/Lutter/*Seibt* Rn. 22.
³⁶⁶ Dazu *Fleischer* NZG 2009,

Fleischer

1300

der Gesellschaft dienen.³³⁸ Zum anderen gewähren auch vorübergehende oder geringfügige wirtschaftliche Schwierigkeiten für sich genommen noch kein Herabsetzungsrecht.³³⁹

3. Unbilligkeit für die Gesellschaft. Die Weitergewährung der Bezüge muss für die Gesellschaft zudem unbillig sein. § 87 Abs. 2 S. 1 aF hatte demgegenüber noch eine grobe Unbilligkeit gefordert.³⁴⁰ Den Gesetzesmaterialien zufolge ist die Weiterzahlung der Bezüge unbillig, wenn der Vorstand pflichtwidrig gehandelt hat, aber auch dann, wenn ihm kein pflichtwidriges Verhalten vorzuwerfen ist, die Verschlechterung der Lage der Gesellschaft jedoch in die Zeit seiner Vorstandsverantwortung fällt und ihm zurechenbar ist.³⁴¹ Dies läuft dem bisherigen Verständnis der Vorschrift zuwider, wonach die persönliche Leistung des einzelnen Vorstandsmitglieds gerade keine ausschlaggebende Rolle spielt.³⁴² Die Kürzungsmöglichkeit des § 87 Abs. 2 als verkappte Sanktion für unglücklich agierende Vorstandsmitglieder einzusetzen, vermag daher rechtspolitisch nicht zu überzeugen.³⁴³

Bei der rechtlichen Prüfung der Unbilligkeit hat das Gericht sämtliche Umstände des Einzelfalls zu berücksichtigen und gegeneinander abzuwägen.³⁴⁴ Hierzu gehört einerseits der Umfang der Verschlechterung der Lage der Gesellschaft gegenüber dem Zeitpunkt der Vereinbarung der Vergütung sowie weiter, in welchem Grad die Verschlechterung dem Vorstandsmitglied zurechenbar ist und ob er sie ggf. sogar pflichtwidrig herbeigeführt hat.³⁴⁵ Andererseits wird man, wie schon bisher,³⁴⁶ die persönlichen Verhältnisse des Vorstandsmitglieds in den Abwägungsprozess einbeziehen müssen.³⁴⁷ In die Abwägung einzustellen ist ferner der Nutzen, den die Gesellschaft aus der weiterhin durch das betroffene Vorstandmitglied zu erbringenden Tätigkeit zieht.³⁴⁸

4. Rechtsfolgen. a) Soll-Vorschrift. Liegen die Voraussetzungen des § 87 Abs. 2 S. 1 vor, soll der Aufsichtsrat oder im Falle des § 85 Abs. 3 das Gericht auf Antrag des Aufsichtsrats die Bezüge herabsetzen. Damit wird die bisherige Kann-Vorschrift³⁴⁹ verschärft; nur beim Vorliegen besonderer Umstände darf der Aufsichtsrat fortan von einer Herabsetzung absehen.³⁵⁰ Allerdings muss er bei seiner Beschlussfassung das Sonderkündigungsrecht des § 87 Abs. 2 S. 4 mitberücksichtigen: Gerade in einer Krisensituation kann es im Interesse der Gesellschaft besser sein, auf die Herabsetzung der Bezüge zu verzichten als das Risiko einer vorzeitigen Kündigung einzugehen.³⁵¹ In jedem Fall setzt die Herabsetzung eine Ermessensentscheidung des Aufsichtsrats sowohl hinsichtlich des „Ob" als auch

---

³³⁸ Vgl. *Bauer/Arnold* AG 2009, 717 (725); *Dauner-Lieb* Der Konzern 2009, 583 (590); *Diller* NZG 2009, 1006; *Fleischer* NZG 2009, 801 (804); *Hoffmann-Becking/Krieger* NZG-Beil. Heft 26/2009 Rn. 32; *Hohenstatt* ZIP 2009, 1349 (1352); *Thüsing* AG 2009, 517 (522).

³³⁹ Ebenso mit Formulierungsunterschieden im Einzelnen *Bauer/Arnold* AG 2009, 717 (725); *Hohenstatt* ZIP 2009, 1349 (1352); *Hüffer/Koch/Koch* Rn. 25; *Koch* WM 2010, 49 (51, 54); Kölner Komm AktG/*Mertens/Cahn* Rn. 94.

³⁴⁰ 1. Aufl. 2007, Rn. 32.

³⁴¹ Vgl. BT-Drs. 16/12278, 6; dazu auch *Seibert* WM 2009, 1489 (1491); dies übernehmend BGHZ 207, 190 Rn. 38 = NJW 2016, 1236; für ein abweichendes Verständnis von Unbilligkeit *Klöhn* ZGR 2012, 1 ff., 34 (Ergebnis).

³⁴² Vgl. *Bauer/Arnold* AG 2009, 717 (726); *Diller* NZG 2009, 1007; *Hohenstatt* ZIP 2009, 1349 (1353).

³⁴³ Wie hier *Bauer/Arnold* AG 2009, 717 (726); *Dauner-Lieb* Der Konzern 2009, 583 (589); Henssler/Strohn/*Dauner-Lieb* Rn. 35; *Diller* NZG 2009, 1006 (1007); *Koch* WM 2010, 49 (55); Großkomm AktG/*Kort* Rn. 408a; für Zurechenbarkeit als notwendige Voraussetzung der Herabsetzung Bürgers/Körber/*Bürgers* Rn. 14; bei Zurechenbarkeit als hinreichender Voraussetzung stets von Unbilligkeit ausgehend NK-AktR/*Oltmanns* Rn. 10; MüKoAktG/*Spindler* Rn. 173 f.; ebenso Wachter/*Eckert* Rn. 32 und Hölters/*Weber* Rn. 49, die Zurechenbarkeit schon aufgrund der Gesamtverantwortung aller Vorstandsmitglieder ausreichen lassen.

³⁴⁴ BGHZ 207, 190 Rn. 47 = NJW 2016, 1236; K.Schmidt/Lutter/*Seibt* Rn. 18.

³⁴⁵ Vgl. BGHZ 207, 190 Rn. 47 = NJW 2016, 1236.

³⁴⁶ → 1. Aufl. 2007, Rn. 32.

³⁴⁷ Ebenso BGHZ 207, 190 Rn. 47 = NJW 2016, 1236; Kölner Komm AktG/*Mertens/Cahn* Rn. 95; *Oetker* ZHR 175 (2011), 527 (546 f.); K. Schmidt/Lutter/*Seibt* Rn. 18; MüKoAktG/*Spindler* Rn. 172; Hölters/*Weber* Rn. 50.

³⁴⁸ Vgl. BGHZ 207, 190 Rn. 51 = NJW 2016, 1236.

³⁴⁹ → 1. Aufl. 2007, Rn. 35.

³⁵⁰ Vgl. BT-Drs. 16/12278, 7; BGHZ 207, 190 Rn. 43 = NJW 2016, 1236; OLG Stuttgart NZG 2015, 194 Rn. 28; aus dem Schrifttum *Diller* NZG 2009, 1006 (1007); *Fleischer* NZG 2009, 801 (804); *Hoffmann-Becking/Krieger* NZG-Beil. Heft 26/2009 Rn. 37; *Koch* WM 2009, 49 (55 f.); Köl.Komm AktG/*Mertens/Cahn* Rn. 99; MüKoAktG/*Spindler* Rn. 179; *Oetker* ZHR 175 (2011), 527 (545); K. Schmidt/Lutter/*Seibt* Rn. 19.

³⁵¹ Vgl. *Arnold/Schalsker* KSzW 2012, 39 (45); *Bauer/Arnold* AG 2009, 717 (727); *Bosse* BB 2009, 1650 (1651); Bürgers/Körber/*Bürgers* Rn. 14; *Dauner-Lieb* Der Konzern 2009, 583 (9); DAV Handelsrechtsausschuss NZG 2009, 612 (614); *Diller* NZG 2009, 1006 (1007); *Hoffmann-Becking* NZG-Beil. Heft 26/2009 Rn. 38; *Hohenstatt* ZIP 2009, 1349 (1352); *Koch* WM 2010, 49 (56); MüKoAktG/*Spindler* Rn. 179, 206; *Oetker* ZHR 175 (2011), 527 (545 f.); *Thüsing* AG 2009, 517 (523); Hölters/*Weber* Rn 54.

vertretbare Maß beschränken und jede vermeidbare Härte vermeiden musste.[367] Der BGH folgert hieraus, dass die Herabsetzung der Bezüge mindestens auf einen Betrag erfolgen muss, dessen Gewährung angesichts der Verschlechterung der Lage der Gesellschaft nicht mehr als unbillig angesehen werden kann.[368] Andererseits erlaubt § 87 Abs. 2 nach Auffassung des BGH keine Herabsetzung, die weiter geht, als es die Billigkeit angesichts der Verschlechterung der Lage der Gesellschaft erfordert.[369] Für einen weitergehenden Eingriff in die vertraglich vereinbarte Vergütung vermisst er die nach Art. 2 Abs. 1 GG, Art. 14 Abs. 1 GG notwendige gesetzliche Grundlage.[370] In der Konsequenz steht dem Aufsichtsrat bei der Festsetzung der herabgesetzten Vergütung nach § 87 Abs. 2 – anders als nach § 87 Abs. 1 – damit keinerlei Ermessens- oder Beurteilungsspielraum mehr zu.[371] Dies kann nicht überzeugen;[372] vielmehr gibt es regelmäßig eine Bandbreite vertretbarer Herabsetzungsbeträge.[373] Erst wenn dieser Bewertungskorridor verlassen ist, kommt eine gerichtliche Bestimmung nach § 315 Abs. 3 S. 2 BGB in Betracht.[374]

Offen gelassen hat der BGH, ob im Einzelfall auch eine Herabsetzung der Bezüge auf Null in **71a** Betracht kommen kann.[375] Die Gesetzesmaterialien schließen dies nicht aus. Entgegen einer weit verbreiteten Ansicht[376] bilden die Gehälter der leitenden Angestellten nach Auffassung des BGH jedenfalls keine rechtliche Untergrenze: In der Krise der Gesellschaft eine geringere Vergütung als leitende Angestellte zu erhalten, stelle keinen dem Vorstandsmitglied unzumutbaren Makel dar, sondern könne Ausdruck seiner besonderen Treuebindung sein.[377]

§ 87 Abs. 2 S. 1 erlaubt grundsätzlich (zu Ruhegehältern → Rn. 69) nur die Herabsetzung künfti- **72** ger Bezüge („Weitergewährung"), nicht die Rückforderung der bereits geleisteten.[378] Was das für bereits verdiente, aber noch nicht ausgezahlte Jahresboni bedeutet, wird unterschiedlich beurteilt: Teils hält man eine Absenkungsmöglichkeit für ausgeschlossen,[379] teils bejaht man sie unter Berufung auf einen Vergleich mit der ebenfalls bereits verdienten Altersversorgung.[380]

Bessern sich die wirtschaftlichen Verhältnisse, so hat das Vorstandsmitglied auch nach der Neurege- **73** lung[381] einen Anspruch auf Wiedereinräumung der ursprünglichen Bezüge, mag die Begründung hierfür wegen der Bezugnahme der Vorschrift auf die persönliche Leistung des Vorstandsmitglieds auch schwerer fallen als bisher.[382] Dem kann der Aufsichtsrat bereits im Vorfeld durch eine befristete Herabsetzung der Bezüge Rechnung tragen.[383] Die Beweislast dafür, dass die prekäre wirtschaftliche Lage der Gesellschaft auch Jahre später noch andauert, trägt die Gesellschaft.[384]

---

[367] 1. Aufl. 2007, Rn. 33.
[368] BGHZ 207, 190 Ls. 3 = NJW 2016, 1236.
[369] BGHZ 207, 190 Ls. 3 = NJW 2016, 1236.
[370] Vgl. BGHZ 207, 190 Rn. 45 = NJW 2016, 1236.
[371] Zustimmend Hüffer/Koch/*Koch* Rn. 27; *Herb/Merkelbach* GWR 2016, 95.
[372] Kritisch schon bisher Grigoleit/*Schwennicke* Rn. 41; *Oetker* ZHR 175 (2011), 908 (910); *Seibert* FS Hüffer, 2010, 953 (962 f.).
[373] Wie hier Hölters/*Weber* Rn. 51; *Müller* LMK 2016, 376389; *Seibt* EWiR 2016, 199 (200); *Weber* DB 2016, 815, 817.
[374] Vgl. *Kort* NZG 2015, 369 (372); *Müller* LMK 2016, 376389; *Spindler* DB 2015, 908 (912).
[375] Vgl. BGHZ 207, 190 Rn. 51 = NJW 2016, 1236; dagegen *Kort* AG 2016, 209 (211 f.).
[376] Vgl. OLG Stuttgart NZG 2015, 194 Rn. 35; OLG Düsseldorf ZIP 2004, 1850 (1855); *Koch* WM 2010, 49 (57); MüKoAktG/*Spindler* Rn. 200.
[377] So BGHZ 207, 190 Rn. 52 = NJW 2016, 1236.
[378] Vgl. *Annuß/Theusinger* BB 2009, 2434 (2438); Henssler/Strohn/*Dauner-Lieb* Rn. 39; *Diller* NZG 2009, 1006 (1008); *Hoffmann-Becking/Krieger* NZG-Beil. Heft 26/2009 Rn. 5; Kölner Komm AktG/*Mertens/Cahn* Rn. 102; K. Schmidt/Lutter/*Seibt* Rn. 20; MüKoAktG/*Spindler* Rn. 202 *Thüsing* AG 2009, 517 (522); *Weller* NZG 2010, 7 (11).
[379] Vgl. DAV Handelsrechtsausschuss NZG 2009, 612 (614); *Dauner-Lieb* Der Konzern 2009, 583 (590); Henssler/Strohn/*Dauner-Lieb* Rn. 39; *Hoffmann-Becking/Krieger* NZG-Beil. Heft 26/2009 Rn. 36; *Koch* WM 2010, 49 (57); Großkomm AktG/*Kort* Rn. 417; MüKoAktG/*Spindler* Rn. 187; zu § 87 Abs. 2 aF auch LG Stuttgart BeckRS 2010, 13182.
[380] Vgl. *Thüsing* AG 2009, 517 (522); ebenso *Bauer/Arnold* AG 2009, 717 (728); *Diller* NZG 2009, 1006 (1008); Hölters/*Weber* Rn. 51.
[381] Zur früheren Rechtslage 1. Aufl. 2007, Rn. 33 sowie OLG Frankfurt a. M. AG 2011, 790 (792).
[382] Wie hier *Annuß/Theusinger* BB 2009, 2434 (2438); *Diller* NZG 2009, 1006 (1007); *Koch* WM 2010, 49 (57 f.); Großkomm AktG/*Kort* Rn. 415; Kölner Komm AktG/*Mertens/Cahn* Rn. 104; MüKoAktG/*Spindler* Rn. 212; *Oetker* ZHR 175 (2011), 527 (550 f.); außerdem *Bauer/Arnold* AG 2009, 717 (727 f.); *Dauner-Lieb* Der Konzern 2009, 583 (591); beide mit Hinweisen auf denkbare Ausnahmen.
[383] Zu dieser Möglichkeit *Koch* WM 2010, 49 (58); Kölner Komm AktG/*Mertens/Cahn* Rn. 98; *Oetker* ZHR 175 (2011), 527 (547 f.); nach MüKoAktG/*Spindler* Rn. 187 ist eine unbefristete Herabsetzung nur zulässig, wenn auf absehbare Zeit nicht mit einer Besserung der Lage der Gesellschaft zu rechnen ist; ähnlich NK-AktR/*Oltmanns* Rn. 11; Hölters/*Weber* Rn. 51.
[384] Vgl. OLG Frankfurt a. M. AG 2011, 790 (792).

74 **5. Ausübung der Herabsetzungsbefugnis.** Die Herabsetzung ist ein einseitiges Gestaltungsrecht der Gesellschaft, das gemäß § 315 Abs. 2 BGB durch eine Erklärung des Aufsichtsrats gegenüber dem Vorstandsmitglied ausgeübt wird.[385] Die für die Vertretung wie auch sonst erforderliche Willensbildung des Aufsichtsrats erfolgt durch ausdrücklichen Beschluss nach § 108 Abs. 1.[386] Zuständig ist nach der Neufassung des § 107 Abs. 3 S. 3 durch das VorstAG das Aufsichtsratsplenum[387] bzw. in den Fällen des § 85 das Gericht auf Antrag des Aufsichtsrats. Der Aufsichtsrat kann im Rahmen seiner Ermessensausübung zwischen verschiedenen Vergütungsbestandteilen differenzieren oder aber eine gleichförmige Kürzung vornehmen.[388] § 87 Abs. 2 S. 1 setzt ihm keine Frist für die Ausübung seines Gestaltungsrechts,[389] denkbar ist allenfalls Verwirkung.[390] Mehrere Vorstandsmitglieder sind in gleichliegenden Fällen gleich zu behandeln;[391] sachwidrige[392] Belastungen oder Verschonungen einzelner Organmitglieder müssen unterbleiben. Zudem muss das Gehaltsgefüge innerhalb der Gesellschaft auch nach der Herabsetzung noch schlüssig sein.[393] Unterlässt der Aufsichtsrat pflichtwidrig die Herabsetzung bzw. den Herabsetzungsantrag an das Gericht, so macht er sich nach Maßgabe des § 116 S. 1 iVm § 93 Abs. 2 schadensersatzpflichtig.[394]

75 **6. Prozessuales.** Das betroffene Vorstandsmitglied kann gerichtlich gegen die Herabsetzung seiner Bezüge vorgehen, indem es Leistungsklage auf die volle Vergütung erhebt.[395] In diesem Fall hat das Gericht zunächst zu prüfen, ob die Voraussetzungen für die Herabsetzung der Bezüge nach § 87 Abs. 2 gegeben sind. Ist dies zu bejahen, kann das Vorstandsmitglied mit seiner Klage jedenfalls keinen vollen Erfolg haben.[396] Entspricht die Herabsetzung der Bezüge auch der Höhe nach dem Gesetz, so ist die Klage abzuweisen.[397] Ergibt die rechtliche Prüfung der Voraussetzungen des § 87 Abs. 2 dagegen, dass die Grenze der für die Gesellschaft unbilligen Vergütung (weiter) oberhalb des herabgesetzten Betrags liegt, so ist die Klage unter Abweisung im Übrigen in Höhe des danach ermittelten für die Gesellschaft noch billigen Betrags stattzugeben.[398] Dem Gericht ist es bei der Entscheidung über eine auf die volle – oder auf eine oberhalb des herabgesetzten Betrags liegende – Vergütung gerichtete Leistungsklage hingegen schon aus verfahrensrechtlichen Gründen verwehrt, die Bezüge über den vom Aufsichtsrat beschlossenen Herabsetzungsbetrag hinaus zu mindern, selbst wenn die Vergütung nach den gesetzlichen Vorgaben noch weiter hätte herabgesetzt werden müssen.[399] Einer Feststellungsklage fehlt nach hM das Feststellungsinteresse.[400] Bei einer nicht der Billigkeit entsprechenden Herabsetzung ist eine Klage auf Bestimmung der angemessenen Höhe durch das Gericht gemäß § 315 Abs. 3 S. 2 BGB statthaft.[401] Die von einem Vorstandsmitglied erstrittene Gerichtsentscheidung entfaltet keine Rechtskraft gegenüber seinen Amtskollegen.[402]

---

[385] Vgl. BGHZ 207, 190 Rn. 20 = NJW 2016, 1236; OLG Frankfurt a. M. AG 2011, 790 (792); Hüffer/Koch/*Koch* Rn. 30; Großkomm AktG/*Kort* Rn. 432; Kölner Komm AktG/*Mertens/Cahn* Rn. 99; *Oetker* ZHR 175 (2011), 527 (537); K. Schmidt/Lutter/*Seibt* Rn. 20.
[386] Vgl. BGHZ 207, 190 Rn. 20 = NJW 2016, 1236.
[387] Vgl. *Bauer/Arnold* AG 2009, 717 (731); *Diller* NZG 2009, 1006 (1009); *Fleischer* NZG 2009, 801 (804); *Seibert* WM 2009, 1489 (1491).
[388] Vgl. *Bauer/Arnold* AG 2009, 717 (727); *Diller* NZG 2009, 1006 (1008); zur Notwendigkeit einer Ermessensausübung → Rn. 66.
[389] Vgl. *Bauer/Arnold* AG 2009, 717 (727).
[390] Vgl. *Diller* NZG 2009, 1006 (1007).
[391] Vgl. *Diller* NZG 2009, 1006 (1007); Hüffer/Koch/*Koch* Rn. 27; *Hohenstatt* ZIP 2009, 1349 (1353); *Koch* WM 2010, 49 (57); Kölner Komm AktG/*Mertens/Cahn* Rn. 98; *Oetker* ZHR 175 (2011), 527 (547).
[392] Zu möglichen Abweichungen im Hinblick auf die verstärkte Betonung des Leistungsgedankens *Hohenstatt* ZIP 2009, 1349 (1353); *Koch* WM 2010, 49 (57).
[393] Vgl. *Koch* WM 2010, 49 (57).
[394] Vgl. *Bauer/Arnold* AG 2009, 717 (730); Kölner Komm AktG/*Mertens/Cahn* Rn. 103; dazu, dass der Reformgesetzgeber den Fall pflichtwidrig unterlassener Herabsetzung der Vorstandsbezüge in § 116 S. 3 redaktionell übersehen hat, *Fleischer* NZG 2009, 801 (804); *Diller* NZG 2009, 1006 (1009).
[395] Vgl. Großkomm AktG/*Kort* Rn. 436; Kölner Komm AktG/*Mertens/Cahn* Rn. 100; MüKoAktG/*Spindler* Rn. 210.
[396] BGHZ 207, 190 Rn. 46 = NJW 2016, 1236.
[397] BGHZ 207, 190 Rn. 46 = NJW 2016, 1236.
[398] BGHZ 207, 109 Rn. 46 = NJW 2016, 1236.
[399] BGHZ 207, 109 Rn. 46 = NJW 2016, 1236.
[400] Vgl. Hüffer/Koch/*Koch* Rn. 30; Großkomm AktG/*Kort* Rn. 436; MüKoAktG/*Spindler* Rn. 210; K. Schmidt/Lutter/*Seibt* Rn. 20; Hölters/*Weber* Rn. 55; abw. Kölner Komm AktG/*Mertens/Cahn* Rn. 100; zweifelnd auch im Hinblick auf Ansprüche auf Ruhegehalt *Bauer/Arnold* AG 2009, 717 (730).
[401] Vgl. Hüffer/Koch/*Koch* Rn. 30; Großkomm AktG/*Kort* Rn. 436; Kölner Komm AktG/*Mertens/Cahn* Rn. 100; abw. *Tegtmeier*, Die Vergütung von Vorstandsmitgliedern in Publikumsaktiengesellschaften, 1998, 310.
[402] Näher Kölner Komm AktG/*Mertens/Cahn* Rn. 100.

7. Kündigungsrecht des Vorstandsmitglieds. Gemäß § 87 Abs. 2 S. 3 wird der Anstellungsvertrag im Übrigen durch eine Herabsetzung der Bezüge nicht berührt. Jedoch kann das Vorstandsmitglied seinen Anstellungsvertrag nach § 87 Abs. 2 S. 4 mit einer Kündigungsfrist von sechs Wochen für den Schluss des nächsten Kalendervierteljahres kündigen. Sieht es davon ab, bleibt es an den abgeänderten Vertrag bis zum vereinbarten Vertragsende gebunden.[403] Erhebt das Vorstandsmitglied innerhalb der Kündigungsfrist Leistungsklage auf die volle Vergütung (→ Rn. 75), so läuft die Sechswochenfrist des § 87 Abs. 2 S. 4 erst ab einer rechtskräftigen Entscheidung über die Zulässigkeit der Herabsetzung.[404] Eine rechtmäßige Kürzung der Bezüge berechtigt das Vorstandmitglied nicht zu einer fristlosen Kündigung nach § 626 BGB.[405] Jedoch wird man ihm bei unberechtigter und grob unbilliger Herabsetzung ein Lösungsrecht zubilligen müssen, weil § 87 Abs. 2 S. 4 das Recht zur fristlosen Kündigung nicht vollständig verdrängt.[406] 76

IV. Schadensersatz in der Insolvenz

§ 87 Abs. 3 regelt das Schicksal der Vorstandsvergütung in der Insolvenz. Kündigt der Insolvenzverwalter den Anstellungsvertrag nach § 113 S. 1 InsO, so kann das Vorstandsmitglied gemäß § 113 S. 3 InsO wegen der vorzeitigen Vertragsbeendigung als Insolvenzgläubiger Schadensersatz verlangen. Solche Ersatzansprüche können die Insolvenzmasse stark belasten.[407] Das Gesetz sieht daher im Interesse der Gesellschaft und ihrer Gläubiger[408] eine zeitliche Schadensbegrenzung vor: Ersatzfähig ist allein der Schaden, der bis zum Ablauf von zwei Jahren seit Ende des Anstellungsverhältnisses entsteht.[409] Nach hM gilt die Begrenzung nur für Leistungen iSd § 87 Abs. 1 S. 1, nicht für Ruhegehälter und verwandte Leistungen iSd § 270 InsO iVm § 87 Abs. 1 S. 4.[410] Bei Anordnung einer Eigenverwaltung nach § 270 InsO kündigt die Gesellschaft im Einvernehmen mit dem Sachwalter.[411] Für die Gesellschaft handelt der Aufsichtsrat gemäß § 112.[412] Seine Kündigung bleibt auch bei fehlendem Einverständnis des Sachwalters wirksam, da dieser Mangel nur das Innenverhältnis betrifft.[413] 77

V. Transparenz der Bezüge

Die Transparenz der Vorstandsbezüge bildet einen Teilausschnitt der aktien-, bilanz- und kapitalmarktrechtlichen Organpublizität.[414] Zu unterscheiden sind die Verpflichtung zur Veröffentlichung der *Gesamtbezüge* aller Vorstandsmitglieder, die sämtlichen Aktiengesellschaften obliegt (→ Rn. 79), und die Verpflichtung zum *individuellen* Vergütungsausweis, die nur börsennotierte Aktiengesellschaften betrifft (→ Rn. 80 ff.). Hinzu kommt ggf. eine Offenlegungspflicht nach § 131 Abs. 1 (→ Rn. 90). 78

1. Offenlegung der Gesamtbezüge. Bilanzrechtlich sind die Gesamtbezüge aller Vorstandsmitglieder gemäß §§ 285 Nr. 9a S. 1–3, 314 Abs. 1 Nr. 6 HGB im Anhang zum Jahresabschluss und im Konzernanhang anzugeben.[415] Bei nicht börsennotierten Aktiengesellschaften können die Angaben 79

---

[403] Vgl. *Baumbach/Hueck* Rn. 9; *v. Godin/Wilhelmi* Rn. 11; Hüffer/Koch/*Koch* Rn. 32; MüKoAktG/*Spindler* Rn. 214; NK-AktR/*Oltmanns* Rn. 15; K. Schmidt/Lutter/*Seibt* Rn. 22.
[404] Vgl. Hüffer/Koch/*Koch* Rn. 32; MüKoAktG/*Spindler* Rn. 214; NK-AktR/*Oltmanns* Rn. 15; Hölters/*Weber* Rn. 59.
[405] AllgM, vgl. *Baumbach/Hueck* Rn. 9; Hüffer/Koch/*Koch* Rn. 33; Großkomm AktG/*Kort* Rn. 480; MüKoAktG/*Spindler* Rn. 215; NK-AktR/*Oltmanns* Rn. 15.
[406] Wie hier Hüffer/Koch/*Koch* Rn. 12; Großkomm AktG/*Kort* Rn. 322; NK-AktR/*Oltmanns* Rn. 15; *Weisner/Kölling* NZG 2003, 465 (468); s. auch *Littger* BB 2002, 2292 (2294); abw. *Baumbach/Hueck* Rn. 9; K. Schmidt/Lutter/*Seibt* Rn. 21; MüKoAktG/*Spindler* Rn. 104.
[407] Vgl. bereits zum früheren Recht *Schlegelberger/Quassowski* AktG 1937 § 78 Rn. 17; Großkomm AktG/ *W. Schmidt*, 1. Aufl. 1939, AktG 1937 § 78 Rn. 14; zum heutigen Recht Großkomm AktG/*Kort* Rn. 486; MüKoAktG/*Spindler* Rn. 222.
[408] Zu diesen Schutzrichtungen bereits *Schlegelberger/Quassowski* AktG 1937 § 78 Rn. 17; zum heutigen Recht Großkomm AktG/*Kort* Rn. 328; Kölner Komm AktG/*Mertens/Cahn* Rn. 110; MüKoAktG/*Spindler* Rn. 222.
[409] Vgl. Hüffer/Koch/*Koch* Rn. 34; MüKoAktG/*Spindler* Rn. 222; NK-AktR/*Oltmanns* Rn. 16.
[410] Vgl. *v. Godin/Wilhelmi* Rn. 12; Hüffer/Koch/*Koch* Rn. 34; MüKoAktG/*Spindler* Rn. 224; Hölters/*Weber* Rn. 63; abw. NK-AktR/*Oltmanns* Rn. 16.
[411] Vgl. Hüffer/Koch/*Koch* Rn. 34; Großkomm AktG/*Kort* Rn. 487; MüKoAktG/*Spindler* Rn. 223; NK-AktR/*Oltmanns* Rn. 16.
[412] Vgl. Hüffer/Koch/*Koch* Rn. 34; NK-AktR/*Oltmanns* Rn. 16.
[413] Vgl. Hüffer/Koch/*Koch* Rn. 34; Großkomm AktG/*Kort* Rn. 487; MüKoAktG/*Spindler* Rn. 223; NK-AktR/*Oltmanns* Rn. 16; Hölters/*Weber* Rn. 64.
[414] Näher *Fleischer* NZG 2006, 361 (365 f.); zustimmend Hüffer/Koch/*Koch* Rn. 35.
[415] Dazu BeckBilKomm/*Grottel* HGB § 285 Rn. 167 ff.

gemäß § 286 Abs. 4 HGB unterbleiben, wenn sich mit ihrer Hilfe die Bezüge eines Vorstandsmitglieds feststellen lassen.[416]

80 **2. Individualisierte Offenlegung nach dem VorstOG. a) Allgemeines.** Durch das Gesetz über die Offenlegung der Vorstandsvergütung vom 3.8.2005 (BGBl. 2005 I 2267) hat der Gesetzgeber für börsennotierte Aktiengesellschaften eine Pflicht zur Offenlegung individualisierter Vorstandsbezüge in Jahresabschluss oder Lagebericht eingeführt.[417] Er ist damit einer vielstimmig erhobenen Forderung in der Rechtslehre[418] und einer Empfehlung der Europäischen Kommission vom 14.12.2004[419] nachgekommen. Mit Stillschweigen abgewiesen wurden damit weiterreichende Vorschläge, die dem steilen Anstieg der Vorstandsbezüge durch gesetzliche Obergrenzen Einhalt gebieten wollen.[420] Für Aktiengesellschaften, die Stabilisierungsmaßnahmen nach dem FMStFG in Anspruch nehmen, sieht § 5 Abs. 2 Nr. 4a FMStFV die Möglichkeit vor, die Veröffentlichung eines Vergütungsberichts unter Individualisierung und Aufteilung nach anreizbezogenen Komponenten der Gehälter der Organmitglieder unabhängig von deren Börsennotierung oder einem Herausoptieren aus dem Transparenzregime nach § 286 Abs. 5 S. 1 HGB anzuordnen.[421] Zuletzt hat das VorstAG (→ Rn. 3) den Kreis der individualisierten Angaben in § 285 Nr. 9a S. 6 HGB, § 314 Abs. 1 Nr. 6a S. 6 HGB noch einmal erweitert.[422]

81 Konzeptionell verfolgt das VorstOG drei Regelungsziele:[423] (1) Zunächst soll es den Aktionären die Feststellung erleichtern, ob die gezahlten Gehälter gemäß § 87 Abs. 1 in einem angemessenen Verhältnis zu den Aufgaben des Vorstandsmitglieds und zur Lage der Gesellschaft stehen.[424] (2) Sodann erhoffen sich manche von den verschärften Offenlegungspflichten einen mäßigenden Einfluss auf das allgemeine Vergütungsniveau.[425] Die individualisierte Offenlegung unter voller Namensnennung soll Vorstandsmitglieder davon abhalten, unangemessen hohe Vergütungen zu verlangen.[426] (3) Einer dritten Rechtfertigung zufolge vermittelt der Individualausweis aktuellen und potentiellen Anlegern einen Einblick in die vergütungsbasierten Anreize der einzelnen Vorstandsmitglieder[427] und gibt Aufschlüsse über Versorgungs- und Abfindungszusagen, die vor allem für die Einschätzung des Vorstandsverhaltens in Übernahmesituationen wichtig sind.[428]

82 Im Schrifttum hat man die Verfassungsmäßigkeit des VorstOG unter dem Gesichtspunkt des Art. 2 Abs. 1 GG iVm Art. 1 Abs. 1 GG verschiedentlich in Zweifel gezogen.[429] Daran ist richtig, dass der erzwungene Einzelausweis einen Eingriff in das Recht auf informationelle Selbstbestimmung darstellt.[430] Gute Gründe sprechen indes dafür, dass dieser Eingriff im überwiegenden Allgemeininteresse gerechtfertigt ist und dem Grundsatz der Verhältnismäßigkeit genügt.[431]

83 Die Schließung der verbliebenen Publizitätslücken durch das VorstAG ist – ungeachtet berechtigter Detailkritik – zu begrüßen.[432] Kaum erfüllt hat sich hingegen die mit dem VorstOG mancherorts verbundene Hoffnung, durch verschärfte Offenlegungspflichten mäßigend auf das allgemeine Vergütungsniveau einzuwirken (→ Rn. 81): Empirische Studien aus dem In- und Ausland[433] verzeichnen vielmehr die schon befürchtete[434] Tendenz zu sukzessiven Gehaltssteigerungen bei erhöhter Transpa-

---

[416] Vgl. BeckBilKomm/*Grottel* HGB § 286 Rn. 15 ff.
[417] Ausführlich zu Entstehungsgeschichte und Entstehungshintergrund *Fleischer* DB 2005, 1611 f.
[418] Eine individuelle Offenlegungspflicht befürwortend mit Unterschieden im Einzelnen *Baums* ZIP 2004, 1077; *Hoffmann-Becking* ZHR 169 (2005), 155 (172 f.); *Lutter* ZIP 2003, 737 (741); *Martens* ZHR 169 (2005), 124 (150); *Schüller*, Vorstandsvergütung, 2002, 256 ff.; *Schwark* FS Raiser, 2005, 377 (397); kritisch aber *Marsch-Barner* FS Röhricht, 2005, 401 (407); *Sünner* ZRP 2005, 39.
[419] ABl. EU 2004 L 385, 55.
[420] In diesem Sinne etwa *Adams* ZIP 2002, 1325 (1343); gegen gesetzliche Obergrenzen aber mit Recht *Baums* ZIP 2004, 1877 (1879 f.); *Körner* NJW 2004, 2697 (2700); *Lutter* ZIP 2003, 737 (740).
[421] Vgl. *Spindler* DStR 2008, 2268 (2272).
[422] Vgl. *Fleischer* NZG 2009, 801 (805 f.); *Hoffmann-Becking/Krieger* NZG-Beil. Heft 26/2009 Rn. 93 ff.; *Thüsing* AG 2009, 517 (527 f.).
[423] Ausführlich zu folgendem *Fleischer* DB 2005, 1611 (1612 ff.).
[424] Vgl. BegrRegE VorstOG, BR-Drs. 398/05, 5.
[425] Vgl. *Baums* ZHR 169 (2005), 299 (305 f.); *Hoffmann-Becking* ZHR 169 (2005), 155 (173).
[426] Näher zu diesem sog. „outrage constraint" *Alarie* 61 U. Toronto Faculty L. Rev. 39, 59 (2003); *Bebchuk/Fried*, Pay without Performance, 2004, 68.
[427] Vgl. *Baums* ZHR 169 (2005), 299 (306); *Fleischer* DB 2005, 1611 (1613).
[428] Dazu BegrRegE VorstOG, BR-Drs. 398/05, 10.
[429] Vgl. *Augsberg* ZRP 2005, 105 ff.; *Menke/Porsch* BB 2004, 2533 ff.
[430] Abw., aber nicht überzeugend *Baums* ZIP 2004, 1877 (1883).
[431] Eingehend *Fleischer* DB 2005, 1611 (1614 f.); iE auch Hüffer/Koch/*Koch* Rn. 35; Großkomm AktG/*Kort* Rn. 392; K. Schmidt/Lutter/*Seibt* Rn. 247; *Spindler* NZG 2005, 689 (691 f.); *Thüsing* ZIP 2005, 1389 (1395).
[432] Vgl. *Fleischer* NZG 2009, 801 (806); Großkomm AktG/*Kort* Rn. 391.
[433] Für Deutschland zuletzt *Ernst/Rapp/Wolff* ZCG 2009, 53.
[434] Vgl. *Fleischer* DB 2005, 1611 (1612): „ratcheting-up effect".

renz. Eine Erklärung hierfür erblickt man in dem sog. *Lake Wobegon Effect*: Kein Unternehmen will sich zu einem unterdurchschnittlich bezahlten und damit vermeintlich unterdurchschnittlichen Vorstandsvorsitzenden bekennen.[435]

b) Einzelheiten. Im tatbestandlichen Zuschnitt zielt das VorstOG nicht nur auf eine individualisierte Offenlegung, sondern auch auf eine bessere *Durchschaubarkeit* der Vorstandsvergütung. Die Einzelbausteine der Berichterstattungspflicht gemäß § 285 Nr. 9a S. 5–8 HGB bilden daher bereichsspezifische Ausprägungen des allgemeinen bilanz- und kapitalmarktrechtlichen *Transparenzgebots*.[436]

aa) Individualisierung und Aufschlüsselung der Bezüge. § 285 Nr. 9a S. 5 HGB verlangt von börsennotierten Gesellschaften (1) die gesonderte Angabe der Bezüge jedes einzelnen Vorstandsmitglieds unter voller Namensnennung und (2) die Aufschlüsselung der Einzelbezüge nach erfolgsunabhängigen und erfolgsbezogenen Komponenten sowie nach Komponenten mit langfristiger Anreizwirkung.[437] Mit dem zweiten Erfordernis übernimmt der Gesetzgeber die erprobte Kodexempfehlung in Ziff. 4.2.4.[438]

bb) Ergänzungen durch das VorstAG. Nach der gesetzlichen Neuregelung durch das VorstAG in § 285 Nr. 9a S. 6 HGB erstrecken sich die Pflichtangaben auch auf (aa) Leistungen, die dem Vorstandsmitglied für den Fall einer vorzeitigen Beendigung seiner Tätigkeit zugesagt worden sind; (bb) Leistungen, die das Vorstandsmitglied für den Fall der regulären Beendigung seiner Tätigkeit zugesagt worden sind, mit ihrem Barwert, sowie dem von der Gesellschaft während des Geschäftsjahres hierfür aufgewandten oder zurückgestellten Betrag; (cc) während des Geschäftsjahres vereinbarte Änderungen dieser Zusagen; (dd) Leistungen, die einem früheren Vorstandsmitglied, das seine Tätigkeit im Laufe des Geschäftsjahres beendet hat, in diesem Zusammenhang zugesagt oder im Laufe des Geschäftsjahres gewährt worden sind. Einzelheiten können hier nicht behandelt werden. Probleme bereitet namentlich die Angabe des Barwerts von Leistungszusagen für den Fall der regulären Beendigung der Vorstandstätigkeit, weil der jeweilige Beitrag bei den üblichen beitragsorientierten Vergütungssystemen neu vereinbart wird.[439]

cc) Grundzüge des Vergütungssystems. Ergänzt wird die Vergütungstransparenz durch § 289 Abs. 2 Nr. 5 HGB, wonach der Lagebericht börsennotierter Gesellschaften auch auf die Grundzüge des Vergütungssystems eingehen „soll". Derartige Vergütungsberichte dienen der Erläuterung und damit dem besseren Verständnis der einzelnen Vergütungsparameter.[440] Von einer zwingenden Regelung hat der Gesetzgeber bisher abgesehen, weil die Weiterentwicklung einschlägiger Standards durch die Praxis vorrangig sei.[441] Dies wird sich durch die Umsetzung der Aktionärsrechterichtlinie (→ Rn. 8) demnächst ändern.

dd) Konzernabschluss und Konzernlagebericht. Der Vollständigkeit halber ist schließlich auf die novellierten § 314 Abs. 1 Nr. 6 HGB, § 315 Abs. 2 Nr. 4 HGB zu verweisen, welche die Angaben zu den Vorstandsbezügen und zu den Grundzügen des Vergütungssystems auf den Konzernanhang und den Konzernlagebericht erstrecken.[442]

ee) Opting out. Gemäß § 286 Abs. 5 S. 1 HGB kann die individualisierte Offenlegung unterbleiben, wenn die Hauptversammlung dies beschließt. Ein solcher Opting out-Beschluss bedarf nach § 286 Abs. 5 S. 2 HGB einer Mehrheit, die mindestens drei Viertel des bei der Beschlussfassung vertretenen Grundkapitals entspricht. Die entsprechende Anwendung von § 136 Abs. 1 soll sicherstellen, dass ein Vorstandsmitglied, welches zugleich Aktionär ist, bei der Beschlussfassung nicht abstimmen darf, wenn seine Bezüge von der Offenlegung betroffen sind.[443] Rechtspolitisch hätte aus kapitalmarktrechtlicher Sicht eine zwingende Regelung näher gelegen.[444]

---

[435] Für ein spieltheoretisches Modell *Hayes/Schaefer* Journal Financial Economics 94 (2009), 280.
[436] Vgl. *Fleischer* DB 2005, 1611 (1615); grundlegend zum Begriff der Transparenz, der nicht mit Publizität oder Information gleichzusetzen ist, *Kalss* FS Doralt, 2004, 275.
[437] Näher BeckBilKomm/*Grottel* § 285 Rn. 182 ff.; *Hohenstatt/Wagner* ZIP 2008, 945; s. auch MüKoAktG/*Spindler* Rn. 229.
[438] Vgl. KBLW/*Bachmann* DCGK Rn. 1043 ff.
[439] Vgl. *Fleischer* NZG 2009, 801 (806); *Hoffmann-Becking/Krieger* NZG-Beil. Heft 26/2009 Rn. 96; *Lingemann* BB 2009, 1918 (1923); MüKoAktG/*Spindler* Rn. 231.
[440] Vgl. BegrRegE BR-Drs. 398/05, 12; BeckBilKomm/*Grottel* HGB § 289 Rn. 93; *Fleischer* DB 2005, 1611 (1616 f.).
[441] Vgl. Begr. Beschlussempfehlung Ausschuss, BT-Drs. 15/5860, 21; *Hüffer/Koch/Koch* Rn. 36; *Thüsing* ZIP 2005, 1389 (1394); kritisch *Hennke/Fett* BB 2007, 1267.
[442] Vgl. BeckBilKomm/*Grottel* HGB § 314 Rn. 67 und § 315 Rn. 34.
[443] Vgl. BegrRegE BR-Drs. 398/05, 12.
[444] Näher *Fleischer* DB 2005, 1611 (1614).

90 **3. Auskunftsrecht der Aktionäre.** Nach bislang hM können Aktionäre gemäß § 131 Abs. 1 grundsätzlich keine Auskunft über die Bezüge einzelner Verwaltungsmitglieder verlangen: Die Kenntnis der Einzelbezüge, so die gängige Begründung, sei für die Entlastung von Vorstand und Aufsichtsrat nicht erforderlich.[445] Eine Ausnahme komme allenfalls bei konkreten Anzeichen für eine Pflichtwidrigkeit des Aufsichtsrats in Betracht.[446] Diese Streitfrage ist für börsennotierte Aktiengesellschaften mit der individuellen Offenlegung der Vorstandsbezüge gemäß § 285 Nr. 9a S. 5 HGB hinfällig geworden; für nicht börsennotierte Gesellschaften bleibt sie freilich aktuell.

91 Einen Sonderfall betreffen zwei jüngere obergerichtliche Entscheidungen, denen zufolge Aktionäre Auskunft über die Gesamtvergütung von Mitgliedern eines Gremiums der Deutschen Bank verlangen können, das unterhalb der Vorstandsebene neu geschaffen wurde.[447]

§ 88 Wettbewerbsverbot

(1) ¹Die Vorstandsmitglieder dürfen ohne Einwilligung des Aufsichtsrats weder ein Handelsgewerbe betreiben noch im Geschäftszweig der Gesellschaft für eigene oder fremde Rechnung Geschäfte machen. ²Sie dürfen ohne Einwilligung auch nicht Mitglied des Vorstands oder Geschäftsführer oder persönlich haftender Gesellschafter einer anderen Handelsgesellschaft sein. ³Die Einwilligung des Aufsichtsrats kann nur für bestimmte Handelsgewerbe oder Handelsgesellschaften oder für bestimmte Arten von Geschäften erteilt werden.

(2) ¹Verstößt ein Vorstandsmitglied gegen dieses Verbot, so kann die Gesellschaft Schadenersatz fordern. ²Sie kann statt dessen von dem Mitglied verlangen, daß es die für eigene Rechnung gemachten Geschäfte als für Rechnung der Gesellschaft eingegangen gelten läßt und die aus Geschäften für fremde Rechnung bezogene Vergütung herausgibt oder seinen Anspruch auf die Vergütung abtritt.

(3) ¹Die Ansprüche der Gesellschaft verjähren in drei Monaten seit dem Zeitpunkt, in dem die übrigen Vorstandsmitglieder und die Aufsichtsratsmitglieder von der zum Schadensersatz verpflichtenden Handlung Kenntnis erlangen oder ohne grobe Fahrlässigkeit erlangen müssten. ²Sie verjähren ohne Rücksicht auf diese Kenntnis oder grob fahrlässige Unkenntnis in fünf Jahren von ihrer Entstehung an.

Schrifttum: *Altmeppen*, Zum Vorstandsdoppelmandat in einer beherrschten AG & Co. KG, ZIP 2008, 437; *Armbrüster*, Wettbewerbsverbote im Kapitalgesellschaftsrecht, ZIP 1997, 1269; *Bauer/Diller*, Wettbewerbsverbote, 7. Aufl. 2015; *Bauer/v. Medem*, Rechtliche und taktische Hinweise zu Wettbewerbsverboten mit Vorständen und Geschäftsführern, GWR 2011, 435; *Bergwitz*, Befreiung der GmbH von der Karenzschädigungspflicht beim nachvertraglichen Wettbewerbsverbot des abberufenen Geschäftsführers, GmbHR 2007, 523; *Cahn*, Das Wettbewerbsverbot des Vorstands in der AG & Co. KG, Der Konzern 2007, 716; *Fleischer*, Die Geschäftschancenlehre im Recht der BGB-Gesellschaft, NZG 2013, 361; *Fleischer*, Wettbewerbs- und Betätigungsverbote für Vorstandsmitglieder im Aktienrecht, AG 2005, 336; *Freudenberg*, Das Nebentätigkeitsrecht der Vorstandsmitglieder nach § 88 AktG, 1989; *Geiger*, Wettbewerbsverbote im Konzernrecht, 1996; *Gravenhorst*, Rechtliche Grenzen für die Vereinbarung von nachvertraglichen Wettbewerbsverboten mit GmbH-Geschäftsführern, 1999; *Grigoleit*, Wettbewerbsverbot und Vorstandsdoppelmandat in der AG & Co. KG, ZGR 2010, 662; *Grohmann/Gruschinske*, Kein Wettbewerbsverbot des Vorstands einer AG & Co. KG zugunsten der KG, GmbHR 2009, 846; *Hellgardt*, Das Wettbewerbsverbot des Vorstands in der AG & Co. KG, ZIP 2007, 2248; *Hoffmann-Becking*, Das Wettbewerbsverbot des Geschäftsleiters der Kapitalgesellschaft & Co., ZHR 175 (2011), 597; *Hoffmann-Becking*, Nachvertragliche Wettbewerbsverbote für Vorstandsmitglieder und Geschäftsführer, FS Quack, 1991, 273; *Jäger*, Das nachvertragliche Wettbewerbsverbot und die Karenzentschädigung für Organmitglieder juristischer Personen, DStR 1995, 724; *Kort*, Interessenkonflikte bei Organmitgliedern der AG, ZIP 2008, 717; *Krämer*, Nachvertragliche Wettbewerbsverbote im Spannungsfeld von Berufs- und Vertragsfreiheit, FS Röhricht, 2005, 335; *Menke*, Gestaltung nachvertraglicher Wettbewerbsverbote mit GmbH-Geschäftsführern – Verzicht statt Karenzentschädigung, NJW 2009, 636; *Naber*, Wettbewerbsverbote in gesellschaftsrechtlichen Vereinbarungen mit Arbeitnehmern und Organmitgliedern, NZA 2013, 870; *Otte*, Vorstandsverantwortlichkeit in der AG & Co. KG, NZG 2011, 1013; *Reufels/Schewiola*, Nachvertragliche Wettbewerbsverbote mit Organmitgliedern, ArbRB 2008, 57; *Röhricht*, Das Wettbewerbsverbot des Gesellschafters und des Geschäftsführers, WPg 1992, 766; *Rusch*, Gewinnhaftung bei Verletzung von Treuepflichten, 2003; *Salfeld*, Wettbewerbsverbote im Gesellschaftsrecht, 1987; *Thüsing*, Nachorganschaftliche Wettbewerbsverbote bei Vorständen und Geschäftsführern, NZG 2004, 9; *Weller*, Wettbewerbsverbote und ihre Drittwirkung in der Kapitalgesellschaft & Co. KG, ZHR 175 (2011) 110.

---

[445] Vgl. OLG Düsseldorf AG 1997, 519 (520); LG Berlin AG 1991, 34 (36); LG Düsseldorf AG 1988, 133; Großkomm AktG/*Decher* § 131 Rn. 181 und 191; *Hohenstatt/Wagner* ZIP 2008, 945 (947, 953); Hüffer/Koch/*Koch* § 131 Rn. 19; *Lutter* AG 1985, 117 (118); MüKoAktG/*Kubis* § 131 Rn. 211.
[446] Vgl. LG Berlin AG 1991, 34 (36).
[447] Vgl. OLG Frankfurt a. M. ZIP 2006, 610 und 614; Großkomm AktG/*Kort* Rn. 393.

Übersicht

	Rn.		Rn.
I. Überblick	1–6	3. Vorstandsmitglied, Geschäftsführer oder persönlich haftender Gesellschafter einer anderen Handelsgesellschaft	25
1. Regelungszweck und Geltungsgrund	1, 2		
2. Vorgängervorschriften und Parallelregelungen	3, 4	**IV. Einwilligung des Aufsichtsrats**	26–29
3. Abgrenzung zur Geschäftschancenlehre	5	**V. Änderungen durch Anstellungsvertrag oder Satzung**	30, 31
4. Rechtsvergleichung	6	1. Zuständigkeit	30
II. Persönlicher und zeitlicher Geltungsbereich	7–14	2. Einschränkungen und Erweiterungen	31
		VI. Rechtsfolgen	32–39
1. Vorstandseigenschaft	7	1. Unterlassung	33
2. Beginn und Ende des Wettbewerbsverbots	8–14	2. Schadenersatz	34
a) Beginn	8	3. Eintrittsrecht	35–39
b) Ende	9–12	a) Begründung und Bedeutung	35
c) Abgrenzungsfragen	13, 14	b) Anwendungsbereich	36
III. Sachlicher Geltungsbereich	15–25	c) Verschulden?	37
1. Betrieb eines Handelsgewerbes	16–19	d) Ausübung und Wirkung des Eintrittsrechts	38
a) Allgemeines	16, 17	e) Verhältnis zum Schadenersatz	39
b) Einzelfragen	18, 19	**VII. Verjährung**	40, 41
2. Geschäftemachen im Geschäftszweig der Gesellschaft	20–24	**VIII. Nachvertragliches Wettbewerbsverbot**	42–48
a) Allgemeines	20	1. Allgemeines	42
b) Geschäftszweig der Gesellschaft	21, 22	2. Reichweite und Grenzen eines Verbots	43–46
c) Konzernweite Geltung	23, 24	3. Einzelfragen	47, 48

I. Überblick

1. Regelungszweck und Geltungsgrund. § 88 enthält ein umfassendes Wettbewerbsverbot für **1** Vorstandsmitglieder während der organschaftlichen Tätigkeit. Entgegen der zu engen Überschrift dient er aber nicht nur dem Schutz der Gesellschaft vor Wettbewerbshandlungen, sondern auch vor anderweitigem Einsatz der Arbeitskraft ihrer Vorstandsmitglieder.[1] Die erste Schutzrichtung ist bei dem Verbot des Geschäftemachens im Geschäftszweig der Gesellschaft (§ 88 Abs. 1 S. 1 Fall 2) angesprochen,[2] die zweite steht bei dem Betrieb eines Handelsgewerbes (§ 88 Abs. 1 S. 1 Fall 1) und bei der Tätigkeit als Vorstandsmitglied, Geschäftsführer oder persönlich haftender Gesellschafter einer anderen Handelsgesellschaft (§ 88 Abs. 1 S. 2) im Vordergrund.[3] Man kann daher von *echten* und *unechten* Wettbewerbsverboten unter dem weit gewölbten Dach des § 88 sprechen.[4]

Hinsichtlich des Geltungsgrundes der einzelnen Verbotstatbestände ist ebenfalls abzuschichten: Das **2** Verbot des Geschäftemachens im Geschäftszweig der Gesellschaft bildet einen speziellen Anwendungsfall der organschaftlichen Treuepflicht.[5] Es wäre auch ohne gesetzliche Positivierung fester Bestandteil kapitalgesellschaftsrechtlicher Leitungspflichten, wie ein Blick auf das GmbH-Recht bestätigt, das ein ungeschriebenes Wettbewerbsverbot für Geschäftsführer kennt.[6] Die innere Legitimation der beiden anderen Tatbestandsvarianten fällt schwerer, weil ihnen kein *konkreter* Interessenkonflikt zwischen Gesellschaft

---

[1] Ausdrücklich in diesem Sinne BGH NZG 2017, 627 Rn. 18; NJW 1997, 2055; 2001, 2476; aus dem Schrifttum Bürgers/Körber/*Bürgers* Rn. 1; *Fleischer* AG 2005, 336 (337); NK-AktR/*Oltmanns* Rn. 1; Hüffer/Koch/*Koch* Rn. 1; Kölner Komm AktG/*Mertens*/*Cahn* Rn. 2; Großkomm AktG/*Kort* Rn. 1; Grigoleit/*Schwennicke* Rn. 1; K. Schmidt/Lutter/*Seibt* Rn. 1; MüKoAktG/*Spindler* Rn. 1; Wachter/*Eckert* Rn. 2; MHdB AG/*Wiesner* § 21 Rn. 67.
[2] Vgl. BGH NJW 2001, 2476; Hüffer/Koch/*Koch* Rn. 1; *Meyer* AG 1988, 259.
[3] Vgl. *Baumbach*/*Hueck* AktG Rn. 3; Hüffer/Koch/*Koch* Rn. 1; *Mertens*/*Cahn* FS Heinsius, 1991, 545 (554); *Meyer* AG 1988, 259; *Raiser* FS Stimpel, 1985, 855 f.
[4] Zu dieser Terminologie *Fleischer* AG 2005, 336 (337) im Anschluss an Jabornegg/Strasser/*Strasser* AktG §§ 77–84 öst. AktG Rn. 73; ferner *Armbrüster* ZIP 1997, 1269 (1270), der (über)pointiert von einer „Koppelung zweier völlig verschiedenartiger Institute" spricht.
[5] Ebenso BGH NZG 2017, 627 Rn. 20; OLG Frankfurt a. M. AG 2000, 518 (519); *Fleischer* WM 2003, 1045; MüKoAktG/*Spindler* Rn. 1; Hölters/*Weber* Rn. 1; Hüffer/Koch/*Koch* Rn. 1; *Weller* ZHR 175 (2011), 110 (115 f.).
[6] Dazu BGHZ 49, 30 (31); BGH WM 1964, 1320 (1321); 1967, 679 (680); *Goette* Die GmbH § 8 Rn. 142; Lutter/Hommelhoff/*Kleindiek* GmbHG Anh. § 6 Rn. 20; MüKoGmbHG/*Jaeger* GmbHG § 35 Rn. 360 ff.

und Vorstandsmitglied zugrunde liegt. Erwägenswert ist aber ihre Rechtfertigung als eine Art Vorfeldtatbestand: Das Verbot, ein Handelsgewerbe gleich welcher Art zu betreiben, schützt die Gesellschaft auch dort, wo der genaue Grenzverlauf ihres eigenen Geschäftszweiges unsicher ist, und beugt auf diese Weise einer wettbewerblichen Grauzone vor. Darüber hinaus kann man anführen, dass das Vorstandsamt einer Aktiengesellschaft wegen seiner herausragenden wirtschaftlichen Bedeutung die uneingeschränkte Aufmerksamkeit des Organwalters verlangt und allenfalls Raum für nichtgeschäftsführende Zusatztätigkeiten lässt.

3 **2. Vorgängervorschriften und Parallelregelungen.** Ein gesetzliches Wettbewerbsverbot für Vorstandsmitglieder ist erstmals durch die Aktienrechtsnovelle von 1884 eingeführt worden.[7] § 79 AktG 1937 baute die Regelung weiter aus. Das Aktiengesetz von 1965 hat im Kern an der Vorgängervorschrift festgehalten und sich auf einige Randkorrekturen beschränkt.[8] Eine jüngere Gesetzesänderung betrifft den Lauf der Verjährungsfrist in Abs. 3 (→ Rn. 40). Der Deutsche Corporate Governance Kodex enthält in Ziff. 4.3.1 DCGK eine bündige Wiedergabe des Wettbewerbsverbots[9] und in Ziff. 4.3.4 eine Erweiterung im Hinblick auf Nebentätigkeiten, die nicht unter § 88 fallen.[10]

4 Parallelvorschriften, denen § 88 weithin nachgebildet ist, enthalten §§ 60, 61 HGB für den Handlungsgehilfen und §§ 112, 113 HGB für den Gesellschafter einer offenen Handelsgesellschaft.[11] Allerdings bleiben die handelsrechtlichen Wettbewerbsverbote in ihrer Reichweite hinter den aktienrechtlichen Vorgaben zurück: § 112 Abs. 1 HGB kennt keinen Vorfeldschutz für den Betrieb eines Handelsgewerbes[12] und § 60 Abs. 1 HGB verbietet den Betrieb eines Handelsgewerbes entgegen seinem Wortlaut nicht schlechthin, sondern nur im Handelszweig des Arbeitgebers.[13] Eine kapitalmarktrechtliche Sondervorschrift findet sich schließlich in § 119 Abs. 4 KAGB.

5 **3. Abgrenzung zur Geschäftschancenlehre.** Eng mit dem organschaftlichen Wettbewerbsverbot verwandt, aber nicht mit ihm identisch[14] ist die sog. Geschäftschancenlehre, die es Vorstandsmitgliedern verbietet, Erwerbsgelegenheiten der Gesellschaft auf ihre eigenen Mühlen umzuleiten (→ § 93 Rn. 136 ff.). Das Verhältnis beider Rechtsfiguren zueinander ist umstritten: Manche verstehen das Wettbewerbsverbot als einen Unterfall der Geschäftschancenlehre,[15] andere begreifen die Geschäftschancenlehre umgekehrt als ein eingeschränktes Konkurrenzverbot.[16] Beide Einordnungen gehen fehl. Richtigerweise ist das Wettbewerbsverbot teils weiter, teils enger geschnitten als die Geschäftschancenlehre:[17] Es greift weiter aus, weil es als starre Schranke nicht voraussetzt, dass der Gesellschaft durch ein Geschäftemachen in ihrem Geschäftszweig tatsächlich Schaden droht oder Konkurrenz erwächst;[18] es hat einen engeren Einzugsbereich, da es zB jene Fälle nicht erfasst, in denen ein Vorstandsmitglied ein für die Gesellschaft geeignetes Betriebsgrundstück als Privatmann erwirbt.[19] Einvernehmen besteht allerdings darüber, dass Voraussetzungen und Rechtsfolgen des aktienrechtlichen Wettbewerbsverbots in vorsichtiger Analogie zur Ausformung der Geschäftschancenlehre herangezogen werden dürfen.[20]

6 **4. Rechtsvergleichung.** International hat sich das organschaftliche Wettbewerbsverbot ebenfalls einen festen Platz erobert, ohne freilich einen derart weiträumig angelegten Vorfeldschutz zu bieten wie § 88.[21] Die ausführlichste Regelung unter den romanischen Rechten enthält das italienische

---

[7] Vgl. Art. 232 iVm Art. 196a ADHGB idF v. 18.7.1874, RGBl. S. 123 (160); dazu die Amtl. Begr., abgedruckt bei *Schubert/Hommelhoff*, Hundert Jahre modernes Aktienrecht, 1985, 404 (503 f.); zur historischen Entwicklung auch *Freudenberg*, Das Nebentätigkeitsrecht der Vorstandsmitglieder nach § 88 AktG, 1989, 4 f.
[8] Näher BegrRegE *Kropff* S. 112.
[9] Dazu KBLW/*Bachmann* DCGK Rn. 107 ff., Rn. 807 ff.; Wilsing/*Goslar* DCGK Ziff. 4.3.1 Rn. 1 ff.
[10] Näher KBLW/*Bachmann* DCGK Rn. 1128 ff.; Wilsing/*Goslar* DCGK Ziff. 4.3.5 Rn. ff.
[11] Vgl. BGH NZG 2017, 627 Rn. 19.
[12] Diesen Unterschied vermerkend auch *Armbrüster* ZIP 1997, 1269; Hölters/*Weber* Rn. 2; MüKoAktG/*Spindler* Rn. 2; Großkomm HGB/*Schäfer* HGB § 112 Rn. 4.
[13] Grundlegend BAG AP HGB § 60 Nr. 4 = BAGE 22, 344 unter Berufung auf Art. 12 und 3 GG.
[14] Abw. NK-AktR/*Oltmanns* Rn. 4, der die Ausnutzung von Geschäftschancen in den Schutzbereich des geschriebenen Wettbewerbsverbots einbezieht; s. auch *Thüsing* in Fleischer VorstandsR-HdB § 4 Rn. 90.
[15] Vgl. *Goette* DStR 1998, 1137 (1139); *Kort* ZIP 2008, 717 (718); *Kübler* FS Werner, 1984, 437 (440); *Merkt* ZHR 159 (1995), 423 (434); *Timm* GmbHR 1981, 177.
[16] Vgl. *Ivens*, Das satzungsmäßige Konkurrenzverbot des GmbH-Gesellschafters, 1986, 21; zust. *Polley*, Wettbewerbsverbot und Geschäftschancenlehre, 1993, 131 mit Fn. 19.
[17] Vgl. BGH NZG 2013, 213 Rn. 20 (GbR); OLG Köln BB 2008, 800 (GmbH); *Fleischer* NZG 2013, 361 (363); Kölner Komm AktG/*Mertens/Cahn* Rn. 5.
[18] Vgl. *Grundmann*, Der Treuhandvertrag, 1997, 443; Kölner Komm AktG/*Mertens/Cahn* Rn. 5.
[19] Dazu *Grundmann*, Der Treuhandvertrag, 1997, 443; Hüffer/Koch/*Koch* Rn. 3; zur Einordnung dieses Falls als Verstoß gegen die Geschäftschancenlehre *Fleischer* NZG 2003, 985 (988); s. auch BGH AG 1989, 354 Ls. 3.
[20] Vgl. *Fleischer* NZG 2003, 985 (986); *Kort* ZIP 2008, 717 (719); Kölner Komm AktG/*Mertens/Cahn* Rn. 5.
[21] Ausf. *Fleischer* AG 2005, 336 (338 ff.) mit umfassenden rechtsvergleichenden Belegen.

Aktienrecht (Art. 2390 *Codice civile*). In Spanien sieht das geschriebene Aktienrecht ebenfalls eine einschlägige Regelung vor (Art. 230 *Ley de Sociedades de Capital*). In Frankreich hat die Rechtsprechung dem Wettbewerbsverbot in jüngerer Zeit zum Durchbruch verholfen.[22] In England, das lange Zeit kein generelles Wettbewerbsverbot für Geschäftsleiter kannte,[23] setzt sich in Rechtsprechung und Literatur zunehmend die Auffassung durch, dass Geschäftsleiter nicht mit ihrer Gesellschaft in Wettbewerb treten dürfen.[24] Dogmatisch ließe sich ein solches Wettbewerbsverbot in die von der Rechtsprechung ausgearbeiteten Zwillingskonzepte der *no conflict* und *no profit rule*[25] einpassen, die der Companies Act 2006 in Teilbereichen kodifiziert hat.[26] In den Vereinigten Staaten werden die meisten Sachverhalte, die hierzulande dem Wettbewerbsverbot unterfallen, von der sog. *corporate opportunities doctrine* erfasst.

II. Persönlicher und zeitlicher Geltungsbereich

1. Vorstandseigenschaft. Das Wettbewerbsverbot gilt für alle amtierenden Vorstandsmitglieder 7 einschließlich der stellvertretenden (§ 94)[27] und gerichtlich bestellten (§ 85).[28] Es erstreckt sich auch auf fehlerhaft bestellte Vorstandsmitglieder,[29] nicht aber auf Aufsichtsratsmitglieder,[30] selbst wenn sie vorübergehend zu Vorstandsmitgliedern bestellt worden sind (§ 105 Abs. 2 S. 4).[31] Ausgenommen sind ferner Abwickler (§ 268 Abs. 3),[32] denen man angesichts der vorübergehenden Natur dieses Amtes nicht abverlangt, ihre Dauertätigkeiten aufzugeben. Für ehemalige Vorstandsmitglieder, die als Abwickler tätig werden, gelten anstellungsvertragliche Wettbewerbsverbote nicht ohne Weiteres fort, doch handelt es sich insoweit um eine Auslegungsfrage.[33] Eine teleologische Reduktion des § 88 ist für den geschäftsführenden Gesellschafter einer Einmann-AG angezeigt, solange Gläubigerinteressen nicht gefährdet sind.[34]

2. Beginn und Ende des Wettbewerbsverbots. a) Beginn. Das Wettbewerbsverbot beginnt 8 mit der Bestellung zum Vorstandsmitglied,[35] nicht mit dem (etwa zeitlich späteren) Abschluss des Anstellungsvertrages. Es gilt schon in der Vorgesellschaft,[36] aber noch nicht in der Vorgründungsgesellschaft,[37] doch können sich dort gleichgerichtete Unterlassungspflichten aus dem Gründungsvorvertrag zwischen den zukünftigen Gesellschaftern ergeben.

---

[22] Vgl. Cass. com. 24.2.1998, JCP éd. E, 1998, n° 17, 637; Cass. com. 12.2.2002, Rev. soc. 2002, 617.

[23] Grundlegend *London and Mashonaland Exploration Co. v. New Mashonaland Exploration Co.* [1891] WN 165; sowie *Bell v. Lever Bros.* [1932] AC 161, 195.

[24] Vgl. *In Plus Group Ltd. v. Pyke* [2002] EWCA Civ. 370; eingehend *Gower/Davies/Worthington*, Principles of Modern Company Law, 10. Aufl. 2016, Rn. 16–100 ff; s. auch sec. 175 Abs. 7 Companies Act 2006, der sich nun explizit auch auf einen „conflict of duties" erstreckt.

[25] Dazu *Hannigan*, Company Law, 3. Aufl. 2012, 223 ff.; rechtsvergleichend *Fleischer* WM 2009, 1045 (1047, 1049).

[26] Vgl. sec. 175–177 Companies Act 2006; dazu *Hannigan*, Company Law, 3. Aufl. 2012, 224 ff.

[27] Vgl. Bürgers/Körber/*Bürgers* Rn. 3; Hüffer/Koch/*Koch* Rn. 2; Wachter/*Eckert* Rn. 5; Kölner Komm AktG/*Mertens/Cahn* Rn. 6.

[28] Vgl. *v. Godin/Wilhelmi* Rn. 2; Großkomm AktG/*Kort* Rn. 12.

[29] Vgl. *Freudenberg*, Das Nebentätigkeitsrecht der Vorstandsmitglieder nach § 88 AktG, 1989, 76; Großkomm AktG/*Kort* Rn. 14.

[30] Vgl. Hüffer/Koch/*Koch* Rn. 2; NK-AktR/*Oltmanns* Rn. 2; Hölters/*Weber* Rn. 4; K. Schmidt/Lutter/*Seibt* Rn. 4.

[31] Vgl. *Armbrüster* ZIP 1997, 1269 (1271); MüKoAktG/*Spindler* Rn. 9; Kölner Komm AktG/*Mertens/Cahn* Rn. 6.

[32] Vgl. Bürgers/Körber/*Bürgers* Rn. 3; MüKoAktG/*Spindler* Rn. 9; Grigoleit/*Schwennicke* Rn. 2; NK-AktR/*Oltmanns* Rn. 2.

[33] Vgl. Großkomm AktG/*Meyer-Landrut* 3. Aufl. 1973, Rn. 1; ähnlich Hüffer/Koch/*Koch* § 268 Rn. 7; s. auch MüKoAktG/*Spindler* Rn. 9.

[34] Vgl. allgemein zur nicht bestehenden Treuepflicht des Gesellschafter-Geschäftsführers einer Einmann-GmbH BGHZ 119, 257 (262); speziell zum Wettbewerbsverbot *Armbrüster* ZIP 1997, 1269 (1270); *Goette* Die GmbH § 8 Rn. 146; aus steuerrechtlicher Sicht auch BFHE 171, 371 (374); Gosch/*Gosch*, 3. Aufl. 2015, KStG § 8 Rn. 1351 ff.; abw. *Claussen/Korth* FS Beusch, 1993, 111 (117).

[35] Vgl. *Freudenberg*, Das Nebentätigkeitsrecht der Vorstandsmitglieder nach § 88 AktG, 1989, 79; MüKoAktG/*Spindler* Rn. 10; Großkomm AktG/*Meyer-Landrut*, 3. Aufl. 1973, Rn. 1; für die GmbH auch *Goette* Die GmbH § 8 Rn. 144; sowie Lutter/Hommelhoff/*Kleindiek* GmbHG Anh. § 6 Rn. 21: „mit der korporationsrechtlichen Amtsübernahme".

[36] Vgl. *Armbrüster* ZIP 1997, 1269 (1270); Großkomm AktG/*Kort* Rn. 108; *Freudenberg*, Das Nebentätigkeitsrecht der Vorstandsmitglieder nach § 88 AktG, 1989, 83; *Salfeld*, Wettbewerbsverbote im Gesellschaftsrecht, 1987, 145; für die GmbH auch *Goette* Die GmbH § 8 Rn. 144.

[37] Vgl. *Fleischer* AG 2005, 336 (340); Großkomm AktG/*Kort* Rn. 108; abw. für die GmbH Lutter/Hommelhoff/*Kleindiek* GmbHG Anh. § 6 Rn. 21.

9 **b) Ende.** Nach allgemeiner Ansicht endet das organschaftliche Wettbewerbsverbot mit der Amtsbeendigung;[38] ausgeschiedene Vorstandsmitglieder sind an die Vorgaben des § 88 nicht mehr gebunden.[39] In der Übergangsphase ist freilich vieles streitig:

10 **aa) Nicht gekündigtes Anstellungsverhältnis.** Ein erster Zweifelsfall betrifft die Rechtslage bei erfolgter Abberufung und ungekündigtem Anstellungsvertrag. Einzelnen Entscheidungen zufolge soll das Vorstandsmitglied auch in diesem Stadium noch zur Einhaltung des § 88 Abs. 1 verpflichtet sein, sofern die Gesellschaft weiterhin seine Bezüge zahlt.[40] Gegenstimmen lehnen dies ab, wenn und soweit die Gesellschaft die Arbeitskraft des abberufenen Vorstandsmitglieds nicht mehr in Anspruch nimmt.[41] Dafür spricht nicht nur der Normzweck der Vorschrift, die Arbeitskraft der Organwalter zu monopolisieren, sondern auch ihre dogmatische Anbindung an die korporationsrechtliche Stellung der Vorstandsmitglieder. Allerdings können aus dem rechtlich fortbestehenden Anstellungsvertrag schuldrechtliche Unterlassungspflichten erwachsen,[42] wie sie auch für Arbeitnehmer anerkannt sind.[43] Sie erstrecken sich aber in aller Regel nicht auf die unechten Wettbewerbsverbote des § 88 Abs. 1 S. 1 Fall 1 und Abs. 1 S. 2 und begründen bei einem Verstoß auch kein Eintrittsrecht der Gesellschaft gem. § 88 Abs. 2 S. 2.

11 **bb) Bestrittene Kündigung.** Nach erfolgter Abberufung und Kündigung des Anstellungsvertrages durch die Gesellschaft gilt das organschaftliche Wettbewerbsverbot nach hM nicht mehr fort, auch wenn das Vorstandsmitglied die Wirksamkeit der Kündigung bestreitet.[44] Das liegt auf der Linie der reichsgerichtlichen Judikatur zum Wettbewerbsverbot des Handlungsgehilfen,[45] läuft aber der Spruchpraxis des Bundesarbeitsgerichts zur Rechtsstellung des Arbeitnehmers bei bestrittener Kündigung zuwider.[46] Beizutreten ist dem erstgenannten Standpunkt, weil dem abberufenen und gekündigten Vorstandsmitglied nicht angesonnen werden kann, den selten mit Sicherheit vorausssehbaren Ausgang des Kündigungsprozesses mit gebundenen Händen abzuwarten,[47] und die Gesellschaft die Ursache für diese Rechtsunsicherheit gesetzt hat. Dahinstehen mag, ob sich dies zudem aus § 615 S. 2 BGB ergibt, wonach sich der Dienstverpflichtete dasjenige anrechnen lassen muss, was er durch anderweitige Verwendung seiner Dienste zu erwerben böswillig unterlässt.[48]

12 **cc) Amtsniederlegung.** Bei einer Amtsniederlegung endet das Wettbewerbsverbot nach überwiegender Auffassung nur, wenn sie berechtigt war.[49] Die Gegenansicht urteilt weniger streng und will das Wettbewerbsverbot allein bei einem rechtsmissbräuchlichen Verhalten des Vorstandsmitglieds fortgelten lassen.[50] Ihr Hauptargument, es könne nicht angehen, dass das Vorstandsmitglied auf einen unsicheren Prozessausgang warten müsse, überzeugt im Zusammenhang mit der Amtsniederlegung wenig: Wer bei zweifelhafter Rechtslage vollendete Tatsachen schafft, vertritt seinen Rechtsstand-

---

[38] Vgl. *Armbrüster* ZIP 1997, 1269 (1270 f.); *Goette* Die GmbH § 8 Rn. 144; MüKoAktG/*Spindler* Rn. 11; Großkomm AktG/*Kort* Rn. 108; NK-AktR/*Oltmanns* Rn. 2.
[39] Vgl. Hüffer/Koch/*Koch* Rn. 2; Kölner Komm AktG/*Mertens/Cahn* Rn. 7.
[40] Vgl. OLG Frankfurt a. M. AG 2000, 518 (519); ebenso Bürgers/Körber/*Bürgers* Rn. 3; MüKoAktG/*Spindler* Rn. 11; Kölner Komm AktG/*Mertens/Cahn* Rn. 7.
[41] Vgl. *Freudenberg*, Das Nebentätigkeitsrecht der Vorstandsmitglieder nach § 88 AktG, 80 f.; Hüffer/Koch/*Koch* Rn. 2; Großkomm AktG/*Kort* Rn. 109; Hölters/*Weber* Rn. 5; NK-AktR/*Oltmanns* Rn. 2 mit Fn. 1.
[42] Ebenso K. Schmidt/Lutter/*Seibt* Rn. 5; *Thüsing* in Fleischer VorstandsR-HdB § 4 Rn. 85; ähnlich *Freudenberg*, Das Nebentätigkeitsrecht der Vorstandsmitglieder nach § 88 AktG, 1989, 81, der aus dem Rechtsgedanken der §§ 112, 60 HGB eine „Basisnebentätigkeitsvorschrift" ableitet, die lediglich Konkurrenztätigkeit verbietet.
[43] Allgemein dazu HWK/*Thüsing*, 2018, BGB § 611 Rn. 358 ff.
[44] Vgl. OLG Frankfurt a. M. AG 2000, 518 (520); MüKoAktG/*Spindler* Rn. 11; Kölner Komm AktG/*Mertens/Cahn* Rn. 7; *Thüsing* in Fleischer VorstandsR-HdB § 4 Rn. 86; abw. *Diller* ZIP 2007, 201 (207) – GmbH.
[45] Vgl. RGZ 88, 127 (129) unter Hinweis auf § 615 S. 2 BGB.
[46] Vgl. BAG AP BGB § 626 Nr. 104 mit folgendem Leitsatz: „Ein Arbeitnehmer ist an das für die Dauer des rechtlichen Bestandes des Arbeitsverhältnisses bestehende Wettbewerbsverbot auch dann noch gebunden, wenn der Arbeitgeber eine außerordentliche Kündigung ausspricht, deren Wirksamkeit der Arbeitnehmer bestreitet."; aus dem Schrifttum EBJS/*Boecken* HGB § 60 Rn. 14; Baumbach/Hopt/*Roth* HGB § 60 Rn. 5; *Diller* ZIP 2007, 201 (203).
[47] Vgl. OLG Frankfurt a. M. AG 2000, 518 (520).
[48] Allgemein zur Anwendung des § 615 S. 2 BGB auf den GmbH-Geschäftsführer OLG Oldenburg NZG 2000, 1038 (1040).
[49] Vgl. RG JW 1915, 653; Bürgers/Körber/*Bürgers* Rn. 3; *Freudenberg*, Das Nebentätigkeitsrecht der Vorstandsmitglieder nach § 88 AktG, 1989, 82; MüKoAktG/*Spindler* Rn. 11; Hüffer/Koch/*Koch* Rn. 2; Großkomm AktG/*Meyer-Landrut* 3. Aufl. 1973 Rn. 1; NK-AktR/*Oltmanns* Rn. 2 mit Fn. 1; Wachter/*Eckert* Rn. 6; Grigoleit/Schwennicke Rn. 2; K. Schmidt/Lutter/*Seibt* Rn. 5.
[50] Vgl. *Armbrüster* ZIP 1997, 1269 (1271); Kölner Komm AktG/*Mertens/Cahn* Rn. 7; differenzierend *Thüsing* in Fleischer VorstandsR-HdB § 4 Rn. 86, der das Wettbewerbsverbot suspendieren möchte, bis eine erstinstanzliche Entscheidung oder einstweilige Verfügung das fortbestehende Mandat feststellt.

punkt auf eigene Gefahr und kann sich der schneidigen Rechtsfolge des § 88 Abs. 2 nicht einseitig entziehen.

c) Abgrenzungsfragen. aa) Vorbereitungshandlungen. Vom Einzugsbereich des § 88 Abs. 1 13 nicht erfasst wird die Vorbereitung künftigen Wettbewerbs, solange sie die Arbeitskraft des demnächst ausscheidenden Vorstandsmitglieds nicht unangemessen in Anspruch nimmt.[51] Erlaubt sind danach die Anmietung und Ausstattung von Geschäftsräumen und der Ankauf von Waren,[52] ferner das Betreiben einer Berufszulassung[53] sowie der Abschluss eines GmbH-Vertrages und die Anmeldung der GmbH zur Eintragung in das Handelsregister, ohne den Geschäftsbetrieb zu eröffnen.[54] Ihre Grenzen finden solche Vorbereitungshandlungen allerdings dort, wo schutzwürdige Interessen der Gesellschaft beeinträchtigt werden können.[55] Das ist regelmäßig bei einer nach außen wirkenden, werbenden Tätigkeit der Fall, etwa bei der Anbahnung von Geschäftsbeziehungen[56] oder der Abwerbung von Auftraggebern und Kunden der Gesellschaft.[57] Gleiches gilt für das Abwerben von Schlüsselpersonal der Gesellschaft.[58] Als treuwidrig anzusehen sind schließlich Vorbereitungsmaßnahmen mit Hilfe des Personals der Aktiengesellschaft und unter Verwendung ihres Know-how.[59]

bb) Nachwirkende Pflichten. Nach allgemeiner Ansicht ist es dem ausscheidenden Vorstands- 14 mitglied schließlich verboten, Geschäftschancen der Gesellschaft mitzunehmen,[60] für die Gesellschaft angebahnte oder gar abgeschlossene Verträge an sich zu ziehen[61] oder in sonstiger Weise zu beeinträchtigen sowie Informationen, hinsichtlich derer seine Verschwiegenheitspflicht fortdauert, für eigene Geschäfte auszunutzen.[62] Von diesen Sonderfällen abgesehen ist ein ausgeschiedenes Vorstandsmitglied aber grundsätzlich nicht mehr verpflichtet, durch eigene geschäftliche Zurückhaltung wirtschaftliche Nachteile der Gesellschaft zu vermeiden.[63] Anderes gilt nur bei Vereinbarung eines nachvertraglichen Wettbewerbsverbots (→ Rn. 42 ff.).

III. Sachlicher Geltungsbereich

In sachlicher Hinsicht erstreckt sich § 88 Abs. 1 auf drei verschiedene Tätigkeitsfelder von ganz 15 unterschiedlicher Reichweite.

1. Betrieb eines Handelsgewerbes. a) Allgemeines. Gegenstand des gesetzlichen Wettbe- 16 werbsverbots ist zunächst der Betrieb eines Handelsgewerbes. Damit verweist das Gesetz auf § 1 HGB und verbietet den Vorstandsmitgliedern die Ausübung jedes Gewerbes, das nach Art und Umfang einen in kaufmännischer Weise eingerichteten Geschäftsbetrieb erfordert.[64] Erfasst wird nur ein in eigenem Namen betriebenes Gewerbe, doch kann sich das Vorstandsmitglied dem Verbot nicht durch Vorschieben eines Strohmanns oder Treuhänders entziehen.[65]

---

[51] Vgl. OLG Frankfurt a. M. AG 2000, 518 (519); OLG Oldenburg NZG 2000, 1038 (1039 f.); MüKoAktG/ *Spindler* Rn. 22; Großkomm AktG/ *Kort* Rn. 24; NK-AktR/ *Oltmanns* Rn. 2; enger für einen Sonderfall BGH DStR 1995, 1359 mit Anm. *Goette* DStR 1995, 1359.
[52] Ebenso zur Parallelfrage bei den handelsrechtlichen Wettbewerbsverboten BAG AP HGB § 60 Nr. 6; EBJS/ *Goette* HGB § 112 Rn. 20; Großkomm HGB/ *Schäfer* HGB § 112 Rn. 11.
[53] Vgl. BAG BB 1958, 76.
[54] Vgl. BAG AP HGB § 60 Nr. 7.
[55] Vgl. Bürgers/Körber/ *Bürgers* Rn. 4; MüKoAktG/ *Spindler* Rn. 23; ähnlich Großkomm HGB/ *Schäfer* HGB § 112 Rn. 11.
[56] Vgl. OLG Oldenburg NZG 2000, 1038 (1039).
[57] Vgl. BAG AP HGB § 60 Nr. 5; MüKoHGB/ *v. Hoyningen-Huene* § 60 Rn. 39.
[58] Vgl. für das arbeitsrechtliche Parallelproblem BAG AP HGB § 60 Nr. 3; Baumbach/Hopt/ *Roth* HGB § 60 Rn. 2; zusammenfassend *Schmiedl* BB 2003, 1120; zur wettbewerbsrechtlichen Beurteilung Köhler/Bornkamm Feddersen/ *Köhler*, 35. Aufl. 2017, UWG § 4 Rn. 4.103 ff.
[59] Vgl. BGH DStR 1995, 1359 mit Anm. *Goette;* OLG Oldenburg NZG 2000, 1038 (1040); allgemein zur Aneignung von Gesellschaftsressourcen als Treuepflichtverletzung *Fleischer* WM 2003, 1045 (1056).
[60] Vgl. BGH NJW 1986, 585 (586); OLG Frankfurt a. M. GmbHR 1998, 376 (378); OLG Oldenburg NZG 2000, 1038 (1039); *Fleischer* WM 2003, 1045 (1058).
[61] Vgl. BGH WM 1977, 194.
[62] Vgl. Kölner Komm AktG/ *Mertens/Cahn* Rn. 6.
[63] Vgl. BGH WM 1977, 194; NK-AktR/ *Landwehrmann* § 93 Rn. 38 aE; *Fleischer* WM 2003, 1045 (1058).
[64] Vgl. Bürgers/Körber/ *Bürgers* Rn. 5; Hüffer/Koch/ *Koch* Rn. 3; NK-AktR/ *Oltmanns* Rn. 3; K. Schmidt/ Lutter/ *Seibt* Rn. 6.
[65] Vgl. BGH WM 1970, 1339: naher Angehöriger (vertragliches Konkurrenzverbot); *Freudenberg,* Das Nebentätigkeitsrecht der Vorstandsmitglieder nach § 88 AktG, 1989, 91 f.; MüKoAktG/ *Spindler* Rn. 13; Großkomm AktG/ *Kort* Rn. 25; Wachter/ *Eckert* Rn. 7; K. Schmidt/Lutter/ *Seibt* Rn. 7.

17 Ohne Belang sind nach einhelliger Auffassung Art und Geschäftszweig des betriebenen Handelsgewerbes.[66] Es kommt auch nicht darauf an, ob die Gesellschaft das Geschäft selbst hätte betreiben können oder wollen oder ob ihr ein Schaden entstanden ist.[67] Geschützt wird vielmehr die Erhaltung der vollen Arbeitskraft des Vorstandsmitglieds im Interesse der Gesellschaft. Für eine Tatbestandsrestriktion, wie sie das Bundesarbeitsgericht im Rahmen des § 60 Abs. 1 HGB unter Hinweis auf das Gebot verfassungskonformer Auslegung vornimmt,[68] fehlt es bei § 88 Abs. 1 trotz gewisser Bedenken hinsichtlich seines ausgreifenden Vorfeldschutzes an durchschlagenden Wertungsgesichtspunkten.[69] Das mag man formal damit begründen, dass Vorstandsmitglieder keine Arbeitnehmer sind, sondern Arbeitgeberfunktion ausüben; in der Sache folgt dies aus ihrer ungleich größeren Führungsverantwortung als Mitglieder des unternehmerischen Leitungsorgans.

18 **b) Einzelfragen.** Die tatbestandliche Grauzone beginnt jenseits des gesetzlich definierten Handelsgewerbes. Gesichert ist nur, dass einzelne Geschäfte für eigene oder fremde Rechnung den Vorstandsmitgliedern nicht schlechthin, sondern nur im Geschäftszweig der Gesellschaft (§ 88 Abs. 1 S. 1 Fall 2) verboten sind.[70] Dagegen soll § 88 Abs. 1 S. 1 Fall 1 nach verbreiteter Auffassung auch nachhaltige kleingewerbliche oder freiberufliche Tätigkeiten erfassen.[71] Unter Schutzzweckgesichtspunkten erscheint dies jedoch nur geboten, wenn der dafür erforderliche Arbeitseinsatz mit jenem für den Betrieb eines Handelsgewerbes vergleichbar ist. Einer darüber hinaus gehenden Tatbestandserweiterung sind auch für den Vorstand durch Art. 12 GG Grenzen gezogen.

19 Nicht erörtert wird bislang die Geltung des § 88 Abs. 1 für Vorstandsmitglieder einer Aktiengesellschaft ohne erwerbswirtschaftliche Zielsetzung. Weil die Vorschrift in erster Linie auf erwerbswirtschaftliche Gesellschaften zugeschnitten ist, könnte man an eine verdeckte Lücke denken, die durch teleologische Reduktion zu schließen wäre. Gute Gründe sprechen indes für den geschmeidigeren Weg, den Vorstandsmitgliedern einen Anspruch auf Einwilligung des Aufsichtsrats zum Betrieb eines Handelsgewerbes einzuräumen, sofern die Verfolgung der ideellen Zielsetzung nicht ihre gesamte Arbeitskraft erfordert. Gleiches gilt für das Verbot, eine Tätigkeit als Vorstandsmitglied, Geschäftsführer oder persönlich haftender Gesellschafter einer anderen Handelsgesellschaft zu übernehmen. In beiden Fällen erscheint eine einengende Auslegung auch deshalb gerechtfertigt, weil nicht erwerbswirtschaftlich tätige Gesellschaften keinen Vorfeldschutz in Form unechter Wettbewerbsverbote benötigen.

20 **2. Geschäftemachen im Geschäftszweig der Gesellschaft. a) Allgemeines.** Den Vorstandsmitgliedern ist es nach § 88 Abs. 1 S. 1 Fall 2 weiterhin untersagt, im Geschäftszweig der Gesellschaft für eigene oder fremde Rechnung Geschäfte zu machen. Unter den Begriff des Geschäftemachens fällt nach einer stehenden Formel jede, wenn auch nur spekulative, auf Gewinnerzielung gerichtete Teilnahme am geschäftlichen Verkehr, die nicht nur zur Befriedigung eigener privater Bedürfnisse erfolgt, also nicht lediglich persönlichen Charakter hat.[72] Wegen der Beschränkung des Geschäftemachens auf den Geschäftszweig der Gesellschaft dient diese Verbotsvariante in erster Linie der Konkurrenzverhütung.[73] Gewerbsmäßigkeit ist nicht erforderlich, vereinzelte Geschäftstätigkeit genügt. Keine Rolle spielt ferner, ob die Gesellschaft das betreffende Geschäft selbst vorgenommen hätte oder ob ihr ein Schaden entstanden ist.[74] Jedoch fehlt es an einer verbotenen Konkurrenztätigkeit, sofern das Geschäft zur Vermögensmehrung der Gesellschaft beiträgt, selbst wenn das Vorstandsmitglied als Vermittler eine Provision erhalten hat.[75] Aus dem gleichen Grunde werden Geschäfte, die das Vorstandsmitglied mit der Aktiengesellschaft als Anbieter oder Abnehmer abschließt, nicht von der Vorschrift des § 88 Abs. 1 S. 1 Fall 2 erfasst.[76] Außerhalb ihres Anwendungsbereichs liegt schließ-

---

[66] Vgl. Hüffer/Koch/*Koch* Rn. 3; Großkomm AktG/*Kort* Rn. 25.
[67] Vgl. BGH WM 1976, 77; MüKoAktG/*Spindler* Rn. 13; Kölner Komm AktG/*Mertens/Cahn* Rn. 10; Grigoleit/*Schwennicke* Rn. 3; K. Schmidt/Lutter/*Seibt* Rn. 6; *Weller* ZHR 175 (2011) 110 (127).
[68] Vgl. BAG AP HGB § 60 Nr. 4.
[69] Im Erg. ebenso Kölner Komm AktG/*Mertens/Cahn* Rn. 10.
[70] Vgl. BGH WM 1977, 194 (GmbH); Kölner Komm AktG/*Mertens/Cahn* Rn. 11.
[71] Vgl. OLG München DStR 2010, 1999 (GmbH); OLG Frankfurt a. M. AG 2000, 518 (519); *Freudenberg*, Das Nebentätigkeitsrecht der Vorstandsmitglieder nach § 88 AktG, 1989, 89 ff.; Kölner Komm AktG/*Mertens/Cahn* Rn. 10 („analoge Anwendung"); NK-AktR/*Oltmanns* Rn. 3; K. Schmidt/Lutter/*Seibt* Rn. 6. Von § 88 AktG nicht erfasst wird nach OLG Düsseldorf AG 1982, 225 (226) dagegen der Beratervertrag eines Vorstandsmitglieds mit einem Dritten.
[72] Vgl. BGH NJW 1997, 2055 (2056); MüKoAktG/*Spindler* Rn. 14; Hüffer/Koch/*Koch* Rn. 3; K. Schmidt/Lutter/*Seibt* Rn. 7; MHdB AG/*Wiesner* § 21 Rn. 67.
[73] Vgl. BGH NJW 2001, 2476; Großkomm AktG/*Kort* Rn. 31.
[74] Vgl. MüKoAktG/*Spindler* Rn. 11.
[75] Vgl. BGH NJW 2001, 2476 gegen OLG Köln NZG 1999, 1008 (1009).
[76] Gleichsinnig für das Wettbewerbsverbot eines kaufmännischen Angestellten BAG AP HGB § 60 Nr. 10; abw. *Freudenberg*, Das Nebentätigkeitsrecht der Vorstandsmitglieder nach § 88 AktG, 1989, 122 f.

lich die bloße Anlage eigenen Vermögens in Werte, mit denen auch die Gesellschaft handelt.[77] Kein Geschäftemachen iSd § 88 Abs. 1 stellt infolgedessen der Erwerb oder die Veräußerung von Aktien der Gesellschaft durch Vorstandsmitglieder dar.[78] Strengere Vorgaben gelten nach § 119 Abs. 4 KAGB nur für Vorstandsmitglieder von Investmentaktiengesellschaften.

b) Geschäftszweig der Gesellschaft. Nach ganz hM kommt es im Rahmen des § 88 Abs. 1 S. 1 Fall 2 nicht auf den satzungsmäßigen Unternehmensgegenstand, sondern auf den tatsächlichen Tätigkeitsbereich der Gesellschaft an.[79] Das entspricht der höchstrichterlichen Rechtsprechung zur Parallelvorschrift des § 112 HGB[80] und der herrschenden Auslegungspraxis in unseren Nachbarrechtsordnungen.[81] Überwiegender Auffassung zufolge gilt das auch dann, wenn die tatsächlichen Aktivitäten der Gesellschaft über ihren satzungsmäßigen Geschäftszweig hinausgehen,[82] doch ist dies durch die zum Personengesellschaftsrecht ergangenen Entscheidungen bislang nicht belegt.[83] Im umgekehrten Fall, in dem die Gesellschaft ihren statutarischen Unternehmensgegenstand noch nicht oder nicht mehr vollständig ausfüllt, will eine vordringende Schrifttumsauffassung dagegen auf den abstrakten Satzungsrahmen abstellen.[84] Dem ist entgegen der herrschenden Ansicht[85] gerade für Aktiengesellschaften zuzustimmen: Der hier besonders stark ausgeprägte Prinzipal-Agenten-Konflikt könnte die Leitungsorgane ansonsten davon abhalten, den Aktionsradius der Gesellschaft auszudehnen, um ihre eigenen wirtschaftlichen Interessen nicht zu gefährden. Erwägenswert ist es jedoch, den Vorstandsmitgliedern einen Anspruch auf Befreiung vom Wettbewerbsverbot zu gewähren, wenn die Gesellschaft eine Ausdehnung ihrer tatsächlichen Geschäftstätigkeit in absehbarer Zeit nicht anstrebt.[86]

Erfolgt eine Erweiterung des Unternehmensgegenstandes erst im Laufe der Amtszeit eines Vorstandsmitglieds, so hat dieses seine außergesellschaftlichen Aktivitäten den neuen Gegebenheiten anzupassen.[87] Vorher ausgeübte Konkurrenztätigkeiten genießen keinen Bestandsschutz,[88] muss ein Vorstandsmitglied doch jederzeit mit der Ausweitung des Unternehmensgegenstandes seiner Gesellschaft rechnen. Nach einer zur Geschäftschancenlehre ergangenen Entscheidung des Bundesgerichtshofs soll das aber nicht für Erweiterungen auf der Grundlage eines für nichtig erklärten Beschlusses der Gesellschafterversammlung gelten.[89] In jedem Fall ist die Gesellschaft auf Grund ihrer Treuepflicht gehalten, dem betroffenen Vorstandsmitglied eine angemessene Übergangszeit zur Anpassung an die veränderten Umstände einzuräumen. Darüber hinaus steht letzterem bei einer für ihn einschneidenden Änderung des Unternehmensgegenstandes ein wichtiger Grund zur Amtsniederlegung zur Seite.

c) Konzernweite Geltung. Höchstrichterlich noch nicht geklärt ist, ob sich das organschaftliche Wettbewerbsverbot über seinen Wortlaut („Gesellschaft") hinaus auf die Geschäftszweige verbunde-

---

[77] Vgl. BGH NJW 1997, 2055 (2056): kein Geschäftemachen; Bürgers/Körber/*Bürgers* Rn. 6; MüKoAktG/ *Spindler* Rn. 14.
[78] Wie hier MüKoAktG/*Spindler* Rn. 14; allgemein zu *directors' dealings* etwa *Fleischer* ZIP 2002, 1217; *Kumpan* AG 2016, 446.
[79] Vgl. OLG Frankfurt a. M. AG 2000, 518 (519); *Armbrüster* ZIP 1997, 1269 (1270); MüKoAktG/*Spindler* Rn. 16; Hüffer/Koch/*Koch* Rn. 3; Kölner Komm AktG/*Mertens/Cahn* Rn. 13; NK-AktR/*Oltmanns* Rn. 4; Wachter/*Eckert* Rn. 10; K. Schmidt/Lutter/*Seibt* Rn. 7; s. auch RGZ 109, 355 (356).
[80] Vgl. BGHZ 70, 331 (332 f.); 89, 162 (170).
[81] Vgl. die Belege bei *Fleischer* AG 2005, 336 (338).
[82] Vgl. *Röhricht* WPg 1992, 766 (769); für die GmbH Baumbach/Hueck/*Zöllner*/*Noack* GmbHG § 35 Rn. 42; für das österreichische Recht auch Jabornegg/Strasser/*Strasser* öst. AktG §§ 77–84 Rn. 76.
[83] In den Entscheidungssachverhalten BGHZ 89, 161 (170); 70, 331 (333); BGH WM 1957, 1128 war die beanstandete Tätigkeit jeweils vom satzungsmäßigen Unternehmensgegenstand erfasst; dazu auch EBJS/*Goette* HGB § 112 Rn. 10.
[84] Vgl. MüKoAktG/*Spindler* Rn. 17; sowie vor allem für die GmbH *Goette* Die GmbH § 8 Rn. 145; Lutter/ Hommelhoff/*Kleindiek* GmbHG Anh. § 6 Rn. 22; *Röhricht* WPg 1992, 766 (769); *Tieves*, Der Unternehmensgegenstand der Kapitalgesellschaft, 1998, 296 f.
[85] Vgl. Bürgers/Körber/*Bürgers* Rn. 6; Grigoleit/*Schwennicke* Rn. 4; für Österreich auch Jabornegg/Strasser/ *Strasser* öst. AktG §§ 77–84 Rn. 76.
[86] Ebenso für die GmbH *Röhricht* WPg 1992, 766 (769 f.).
[87] Wie hier MüKoAktG/*Spindler* Rn. 16; *Röhricht* WPg 1992, 766 (769).
[88] Abw. für das Wettbewerbsverbot eines Handlungsgehilfen EBJS/*Boecken* HGB § 60 Rn. 23; ferner MüKoHGB/*v. Hoyningen-Huene* HGB § 60 Rn. 44 für eine Geschäftserweiterung, die außerhalb der vorhersehbaren Entwicklung lag; ebenso für das Parallelproblem in Österreich Jabornegg/Strasser/*Strasser* öst. AktG §§ 77–84 Rn. 76.
[89] Vgl. BGH NJW 1995, 1358 (1359); krit. dazu *Tieves*, Der Unternehmensgegenstand in der Kapitalgesellschaft, 1998, 299 mit Fn. 104.

ner Unternehmen erstreckt.⁹⁰ Im Schrifttum neigt man mit Meinungsunterschieden im Einzelnen zu einer konzerndimensionalen Auslegung: Manche wollen § 88 nur auf Konzernunternehmen angewendet wissen;⁹¹ andere befürworten seine Anwendung auch auf sonstige, dem Konzernbegriff nicht unterfallende Unternehmensverbindungen.⁹² Der Deutsche Corporate Governance Kodex bezieht das Wettbewerbsverbot in Ziffer 4.3.1 mit Selbstverständlichkeit auf den Konzern.⁹³

24 Für eine eigene Stellungnahme empfiehlt es sich, schrittweise vorzugehen. Besonders augenfällig ist das Bedürfnis für eine verbundorientierte Auslegung bei einer Holdinggesellschaft ohne eigene operative Tätigkeit.⁹⁴ Dahin deuten auch die rechtsvergleichenden Beobachtungen.⁹⁵ Mit der hL wird man auf dieser Linie aber noch einen weiteren Schritt vorangehen dürfen und den Geltungsbereich des § 88 Abs. 1 auf alle Konzernunternehmen ausdehnen. Zur Begründung kann man die Amtspflicht der Vorstandsmitglieder zur Konzernleitung heranziehen (→ § 76 Rn. 84 ff.),⁹⁶ die eine kongruente Pflichtenbindung zur Unterlassung von Wettbewerb einschließt.⁹⁷ Methodisch handelt es sich um eine teleologisch begründete Gesetzeskorrektur, die in ihren Auswirkungen einer Analogie nahekommt. Eine generelle Ausdehnung des § 88 auf alle verbundenen Unternehmen ist dagegen weder unter dem Gesichtspunkt der Konzernleitung noch unter dem des erleichterten Informationszugriffs⁹⁸ begründbar: Wo es an einer Zusammenfassung abhängiger Unternehmen unter einheitlicher Leitung fehlt, gibt es keine überzeugende Grundlage für eine teleologische Extension.

25 **3. Vorstandsmitglied, Geschäftsführer oder persönlich haftender Gesellschafter einer anderen Handelsgesellschaft.** Gem. § 88 Abs. 1 S. 2 darf ein Vorstandsmitglied ohne Einwilligung des Aufsichtsrats auch nicht Mitglied des Vorstands oder Geschäftsführer oder persönlich haftender Gesellschafter einer anderen Handelsgesellschaft sein. Ausweislich der Gesetzesmaterialien soll diese Verbotsvariante sicherstellen, dass das Vorstandsmitglied seine volle Arbeitskraft für die Belange der Aktiengesellschaft einsetzt.⁹⁹ Durch das Einwilligungserfordernis erhält der Aufsichtsrat außerdem einen Überblick darüber, in welchen Handelsgesellschaften der Vorstand zugleich die Geschäfte führt.¹⁰⁰ Er kann dann entscheiden, ob diese Tätigkeit im Interesse der Gesellschaft liegt. Das Verbot anderweitiger Organtätigkeit gilt ohne Rücksicht auf den Geschäftszweig der anderen Handelsgesellschaft.¹⁰¹ Es erfasst auch Vorstandsdoppelmandate im Konzern, sofern keine Einwilligung des Aufsichtsrats beider Gesellschaften vorliegt (→ § 76 Rn. 106).¹⁰² Neben dem Vorliegen dieser Einwilligungen bedürfen Vorstandsdoppelmandate in der AG & Co KG keiner weiteren Voraussetzungen.¹⁰³ Insbesondere hat der Minderheitskommanditist einer AG & Co KG kein aus dem Wettbewerbsverbot des § 112 Abs. 1 HGB ableitbares Mitwirkungsrecht in Form eines Zustimmungsvorbehalts bei der Besetzung der Vorstände der Komplementär-AG und der Mehrheitskommanditistin (AG) mit Doppelmandatsträgern. Auch in dieser Konstellation fallen die Bestellung derartiger Vorstände und deren Befreiung von einem Wettbewerbsverbot in die alleinige Zuständigkeit der Aufsichtsräte der beteiligten Aktiengesellschaften.¹⁰⁴ Unter Schutzzweckgesichtspunkten ist eine entsprechende Anwendung des § 88

---

⁹⁰ Abl. aber OLG Dresden BeckRS 2008, 05 981; sowie OLG Frankfurt a. M. AG 2000, 518 (519) unter Hinweis auf den Streitstand zu § 60 HGB; dazu etwa MüKoHGB/*v. Hoyningen-Huene* HGB § 60 Rn. 43; *Windbichler*, Arbeitsrecht im Konzern, 1989, 128.
⁹¹ Vgl. Kölner Komm AktG/*Mertens/Cahn* Rn. 13; Großkomm AktG/*Kort* Rn. 30; wohl auch NK-AktR/*Oltmanns* Rn. 4; für die GmbH ferner Lutter/Hommelhoff/*Kleindiek* GmbHG Anh. § 6 Rn. 22 mit Fn. 9.
⁹² Vgl. für die GmbH *Röhricht* WPg 1992, 766 (770); Baumbach/Hueck/*Zöllner/Noack* GmbHG § 35 Rn. 45; wohl auch *Tieves*, Der Unternehmensgegenstand in der Kapitalgesellschaft, 1998, 299.
⁹³ Vgl. die Ausdeutung von KBLW/*Bachmann* DCGK Rn. 1079: „heute nahezu unbestritten"; dem jetzt zust. MüKoAktG/*Spindler* Rn. 24; abw. aber *Thüsing* in Fleischer VorstandsR-HdB § 4 Rn. 106, der ein konzernweites Wettbewerbsverbot anscheinend nur bei anstellungsvertraglicher Fixierung anerkennt.
⁹⁴ Ähnlich *Freudenberg*, Das Nebentätigkeitsrecht der Vorstandsmitglieder nach § 88 AktG, 1989, 113; *Schneider/Schneider* AG 2005, 57 (59 f.); s. KBLW/*Bachmann* DCGK Rn. 1079.
⁹⁵ Einzelbelege bei *Fleischer* AG 2005, 336 (338).
⁹⁶ Allgemein zur Reichweite der Konzernleitungspflicht *Fleischer* DB 2005, 759 ff.
⁹⁷ Auf diesen Gesichtspunkt abstellend auch *Röhricht* WPg 1992, 766 (770).
⁹⁸ Zu diesem Gesichtspunkt etwa Kölner Komm AktG/*Mertens/Cahn* Rn. 13; *Schneider* GmbHR 1993, 10 (18); abl. Armbrüster ZIP 1997, 1269 (1277).
⁹⁹ Vgl. BegrRegE *Kropff* S. 112; ebenso Hüffer/Koch/*Koch* Rn. 4; Großkomm AktG/*Kort* Rn. 44; Wachter/*Eckert* Rn. 12.
¹⁰⁰ Vgl. BegrRegE *Kropff* S. 112; v. Godin/*Wilhelmi* Rn. 5.
¹⁰¹ Vgl. MüKoAktG/*Spindler* Rn. 20; Großkomm AktG/*Kort* Rn. 44.
¹⁰² Vgl. Hüffer/Koch/*Koch* Rn. 4; Hölters/*Weber* Rn. 10; MHdB AG/*Wiesner* § 21 Rn. 67.
¹⁰³ Vgl. BGHZ 180, 105.
¹⁰⁴ Vgl. BGHZ 180, 105.

Abs. 1 S. 2 bei einer einschlägigen Tätigkeit in einer vergleichbaren ausländischen Handelsgesellschaft[105] oder einer unternehmerisch tätigen BGB-Gesellschaft[106] geboten. Gleiches gilt für eine Stellung als geschäftsführender Kommanditist.[107] Die von der Gegenansicht vermisste Regelungslücke[108] ergibt sich aus der Abweichung vom gesetzlichen Leitbild der §§ 164, 165 HGB.[109] Weitere Einschränkungen sind unter Umgehungsgesichtspunkten in Betracht zu ziehen.[110] Vom Gesetz nicht erfasst wird dagegen die Übernahme von Aufsichtsratsmandaten;[111] sie kann jedoch durch Anstellungsvertrag oder Satzung eingeschränkt oder an die Zustimmung des Aufsichtsrats gebunden werden.[112] In diesem Sinne bestimmt etwa Ziff. 4.3.4 DCGK, dass Vorstandsmitglieder Nebentätigkeiten, insbesondere Aufsichtsratsmandate außerhalb des Unternehmens, nur mit Zustimmung des Aufsichtsrats übernehmen sollen,[113] und rezipiert damit eine verbreitete Vertragspraxis.[114]

IV. Einwilligung des Aufsichtsrats

§ 88 stellt ein Verbot mit Erlaubnisvorbehalt auf. Ein Verbotsverstoß entfällt, wenn der Aufsichtsrat eingewilligt hat.[115] Unter Einwilligung ist nach bürgerlichrechtlichen Kategorien die vorherige Zustimmung zu verstehen (§ 183 BGB).[116] Eine spätere Genehmigung entfaltet keine Rückwirkung[117] und lässt insbesondere bereits entstandene Ersatzansprüche der Gesellschaft unberührt (§ 93 Abs. 4 S. 2).[118] Sie mag aber für die Zukunft Bedeutung erlangen.[119] Gem. § 88 Abs. 1 S. 3 kann die Einwilligung nur für bestimmte Handelsgewerbe oder Handelsgesellschaften oder für bestimmte Arten von Geschäften erteilt werden. Blankoeinwilligungen sind danach unzulässig.[120] Der Aufsichtsrat muss bei der Einwilligung wissen, welche Nebentätigkeiten er dem Vorstand erlaubt, und darf ihm nur die Tätigkeit in einem klar abgegrenzten Bereich gestatten.[121]

Zuständig für die Einwilligung ist der Aufsichtsrat, der seine Aufgaben jedoch auf einen Ausschuss übertragen kann (§ 107 Abs. 3).[122] Die Einwilligung bedarf nach § 108 Abs. 1 eines förmlichen Aufsichtsratsbeschlusses und kann entgegen einer älteren Lehrmeinung nicht konkludent erfolgen.[123] Zu Zweifelsfragen Anlass gibt dieses Erfordernis, wenn dem Aufsichtsrat bekannt ist, dass ein Vorstandsaspirant ein Handelsgewerbe betreibt, und er ihn gleichwohl ohne ausdrückliche Verbotsbefreiung zum Vorstandsmitglied bestellt. Die Parallelvorschriften der § 60 Abs. 2 HGB, § 112 Abs. 2 HGB sehen für solche Fälle eine Einwilligungsfiktion vor und tragen damit dem vermuteten Parteiwillen Rechnung.[124] Im Aktienrecht liegt ein gangbarer Ausweg darin, in den ausdrücklichen Aufsichtsrats-

---

[105] Vgl. Kölner Komm AktG/*Mertens/Cahn* Rn. 15; NK-AktR/*Oltmanns* Rn. 5.
[106] Vgl. *Armbrüster* ZIP 1997, 1269 (1270); Kölner Komm AktG/*Mertens/Cahn* Rn. 15.
[107] Ebenso *Armbrüster* ZIP 1997, 1269 (1270); *Freudenberg*, Das Nebentätigkeitsrecht der Vorstandsmitglieder nach § 88 AktG, 1989, 98; Hüffer/Koch/*Koch* Rn. 4; Grigoleit/*Schwennicke* Rn. 6; NK-AktR/*Oltmanns* Rn. 5; auf konkrete Vergleichbarkeit der in Frage stehenden Position abstellend Bürgers/Körber/*Bürgers* Rn. 7.
[108] Eine Analogie abl. deshalb MüKoAktG/*Spindler* Rn. 21 mit Fn. 77; Fleischer/*Thüsing* Vorstands-HdB § 4 Rn. 91; im Erg. auch K. Schmidt/Lutter/*Seibt* Rn. 8; MHdB AG/*Wiesner* § 21 Rn. 64.
[109] Im Erg. übereinstimmend für das Parallelproblem bei § 112 HGB BGHZ 89, 162 (165 f.); BGH NJW 1989, 2687.
[110] Vgl. *Armbrüster* ZIP 1997, 1269 (1270); MüKoAktG/*Spindler* Rn. 21; beide mit Beispielen.
[111] Vgl. BegrRegE *Kropff* S. 112; Bürgers/Körber/*Bürgers* Rn. 7; Grigoleit/*Schwennicke* Rn. 5; Großkomm AktG/*Kort* Rn. 49; K. Schmidt/Lutter/*Seibt* Rn. 8.
[112] Vgl. *Thüsing* in Fleischer VorstandsR-HdB § 4 Rn. 105.
[113] Dazu Wilsing/*Goslar* DCGK Ziff. 4.3.5 Rn. 1 ff.
[114] Näher KBLW/*Bachmann* DCGK Rn. 1128 ff.
[115] Vgl. LG Münster BeckRS 2016, 118841 Rn. 52 mit dem zusätzlichen Hinweis, dass sich ein Vorstandsmitglied nicht auf eine mögliche Einschätzung eines weiteren Vorstandsmitglieds verlassen dürfe.
[116] Vgl. Bürgers/Körber/*Bürgers* Rn. 9; Hüffer/Koch/*Koch* Rn. 5; NK-AktR/*Oltmanns* Rn. 6.
[117] Vgl. Kölner Komm AktG/*Mertens/Cahn* Rn. 17; Hölters/*Weber* Rn. 12; Grigoleit/*Schwennicke* Rn. 9.
[118] Vgl. Kölner Komm AktG/*Mertens/Cahn* Rn. 17; NK-AktR/*Oltmanns* Rn. 6; abw. *v. Godin/Wilhelmi* Rn. 7.
[119] Ebenso K. Schmidt/Lutter/*Seibt* Rn. 9; MüKoAktG/*Spindler* Rn. 27.
[120] Vgl. BegrRegE *Kropff* S. 112 unter Hinweis auf den historischen Anlassfall; ferner Bürgers/Körber/*Bürgers* Rn. 9; *Armbrüster* ZIP 1997, 1269 (1270); Hüffer/Koch/*Koch* Rn. 5; Wachter/*Eckert* Rn. 14; K. Schmidt/Lutter/*Seibt* Rn. 9.
[121] Vgl. BegrRegE *Kropff* S. 112; MüKoAktG/*Spindler* Rn. 26; Großkomm AktG/*Kort* Rn. 58; NK-AktR/*Oltmanns* Rn. 6.
[122] Vgl. Hüffer/Koch/*Koch* Rn. 5; Kölner Komm AktG/*Mertens/Cahn* Rn. 16; NK-AktR/*Oltmanns* Rn. 6.
[123] Vgl. MüKoAktG/*Spindler* Rn. 25; Hüffer/Koch/*Koch* Rn. 5; Kölner Komm AktG/*Mertens/Cahn* Rn. 16; Grigoleit/*Schwennicke* Rn. 8; NK-AktR/*Oltmanns* Rn. 6; K. Schmidt/Lutter/*Seibt* Rn. 9; abw. noch *Baumbach/Hueck* Rn. 5.
[124] Zu ihrer entsprechenden Anwendung auf den GmbH-Geschäftsführer BFH GmbHR 1999, 667 (669); *Röhricht* WPg 1992, 766 (779).

beschluss über die Bestellung eine stillschweigende Einwilligung hineinzulesen.[125] Hingegen reicht es im Unterschied zu den handelsrechtlichen Wettbewerbsverboten nicht aus, dass der Aufsichtsrat die Konkurrenztätigkeit eines Vorstandsmitglieds über längere Zeit duldet, ohne dagegen einzuschreiten.[126]

28   Die Einwilligung kann unwiderruflich oder widerruflich erteilt werden.[127] Wird sie in den Anstellungsvertrag aufgenommen, so ist sie grundsätzlich unwiderruflich,[128] wenn sie nicht mit einem Widerrufsvorbehalt versehen oder bis zur Aufnahme der Tätigkeit widerrufen wird. Ansonsten dürfte die Einwilligung zum Betrieb eines Handelsgewerbes oder zur Begründung einer Organmitgliedschaft im Zweifel unwiderruflich, die in das Geschäftemachen im Geschäftszweig der Gesellschaft im Zweifel widerruflich sein.[129] Eine solche Abstufung trägt auch den unterschiedlichen Gefährdungslagen für die Belange der Gesellschaft Rechnung, die aus den einzelnen Verbotstatbeständen erwachsen.

29   Grundsätzlich steht die Erteilung oder Versagung der Einwilligung im Belieben des Aufsichtsrats. Ausnahmsweise kann einem Vorstandsmitglied aber ein Anspruch auf Einwilligungserteilung zustehen. In Betracht kommt dies etwa bei Aktiengesellschaften ohne erwerbswirtschaftliche Zielsetzung[130] oder – für eine Übergangszeit – bei einer nachträglichen Änderung des Unternehmensgegenstandes der Gesellschaft.[131]

V. Änderungen durch Anstellungsvertrag oder Satzung

30   **1. Zuständigkeit.** § 88 stellt abdingbares Recht dar.[132] Zuständig für allfällige Abweichungen ist der Aufsichtsrat, dem es freisteht, von seiner Kompetenz durch Beschluss oder beim Abschluss des Anstellungsvertrages mit dem Vorstandsmitglied Gebrauch zu machen.[133] Unterschiedlich beurteilt wird, ob Lockerungen oder Verschärfungen bereits in der Satzung festgelegt werden können. Eine verbreitete Schrifttumsauffassung lehnt dies ab[134] oder lässt allenfalls statutarische Richtlinien über die Handhabung des Wettbewerbsverbots zu, von denen der Aufsichtsrat aus sachlichem Grund abweichen kann.[135] Zur Begründung liest man, dass es sich bei der Einwilligung iSd § 88 um eine Aufsichtsratszuständigkeit handele, die nicht zur Disposition der Hauptversammlung stehe.[136] Näher liegt es, mit der Gegenauffassung eine satzungsmäßige Änderungsmöglichkeit anzuerkennen,[137] weil § 88 keine abschließende Regelung enthält und daher gem. § 23 Abs. 5 S. 2 Raum für ergänzende Satzungsbestimmungen lässt.

31   **2. Einschränkungen und Erweiterungen.** Statthaft sind zunächst Einschränkungen der in § 88 geregelten Verbotstatbestände,[138] die häufig schon im Anstellungsvertrag vorgenommen werden. Eine Grenze bildet allerdings das Verbot der Blankoeinwilligung, das auch bei der Abfassung des Anstellungsvertrages zu beachten ist.[139] Umgekehrt können den Vorstandsmitgliedern durch Anstel-

---

[125] Im Erg. ebenso *Freudenberg*, Das Nebentätigkeitsrecht der Vorstandsmitglieder nach § 88 AktG, 1989, 132 f.; MüKoAktG/*Spindler* Rn. 25; Kölner Komm AktG/*Mertens/Cahn* Rn. 16.
[126] Vgl. Bürgers/Körber/*Bürgers* Rn. 9; MüKoAktG/*Spindler* Rn. 25; Kölner Komm AktG/*Mertens/Cahn* Rn. 16; anders für das Wettbewerbsverbot der Handlungsgehilfen MüKoHGB/*v. Hoyningen-Huene* § 60 Rn. 26; Baumbach/Hopt/*Roth* HGB § 60 Rn. 7; abw. auch Baumbach/*Hueck* AktG Rn. 5.
[127] Vgl. Kölner Komm AktG/*Mertens/Cahn* Rn. 18; Großkomm AktG/*Meyer-Landrut*, 3. Aufl. 1973, Rn. 4; NK-AktR/*Oltmanns* Rn. 13.
[128] Ebenso Kölner Komm AktG/*Mertens/Cahn* Rn. 18; Großkomm AktG/*Meyer-Landrut*, 3. Aufl. 1973, Rn. 5.
[129] Übereinstimmend Großkomm AktG/*Meyer-Landrut*, 3. Aufl. 1973, Rn. 5; differenzierend *Freudenberg*, Das Nebentätigkeitsrecht der Vorstandsmitglieder nach § 88 AktG, 1989, 139 f.
[130] → Rn. 19; dazu auch *Fleischer* AG 2005, 336 (345); Großkomm AktG/*Kort* Rn. 61.
[131] → Rn. 22; ferner *Fleischer* AG 2005, 336 (345); Großkomm AktG/*Kort* Rn. 61.
[132] Vgl. Baumbach/*Hueck* AktG Rn. 5; MüKoAktG/*Spindler* Rn. 28; Grigoleit/*Schwennicke* Rn. 10; Hölters/*Weber* Rn. 2; Kölner Komm AktG/*Mertens/Cahn* Rn. 8.
[133] Allg. zur Abänderung des Wettbewerbsverbots durch den Aufsichtsrat Kölner Komm AktG/*Mertens/Cahn* Rn. 8; NK-AktR/*Oltmanns* Rn. 6; K. Schmidt/Lutter/*Seibt* Rn. 10.
[134] Vgl. NK-AktR/*Oltmanns* Rn. 6; K. Schmidt/Lutter/*Seibt* Rn. 3 differenziert allerdings zwischen kapitalmarktnaher und -ferner AG.
[135] Kölner Komm AktG/*Mertens/Cahn* vor § 76 Rn. 16 und 88 Rn. 8; K. Schmidt/Lutter/*Seibt* Rn. 3, nur für die kapitalmarktferne AG.
[136] So für die Parallelfrage im österreichischen Recht Jabornegg/Strasser/*Strasser* öst. AktG §§ 77–84 Rn. 70.
[137] Dafür namentlich Baumbach/*Hueck* AktG Rn. 5; Bürgers/Körber/*Bürgers* Rn. 14; MüKoAktG/*Spindler* Rn. 28; *Kort* ZIP 2008, 717 (718).
[138] Vgl. *Armbrüster* ZIP 1997, 1269 (1270); *Thüsing* in Fleischer VorstandsR-HdB § 4 Rn. 104.
[139] Vgl. MüKoAktG/*Spindler* Rn. 26; Kölner Komm AktG/*Mertens/Cahn* Rn. 8; *Thüsing* in Fleischer VorstandsR-HdB § 4 AktG Rn. 104.

lungsvertrag oder Satzung aber auch weitergehende Beschränkungen auferlegt werden, zB ein Verbot, Aufsichtsratsmandate zu übernehmen.[140] Auch hier sind aber im Hinblick auf die Berufsfreiheit des Art. 12 GG äußere Grenzen zu beachten,[141] deren genauer Verlauf noch wenig gesichert ist. Nach einer obergerichtlichen Entscheidung soll die in einem Anstellungsvertrag enthaltene Bestimmung, dass jede bezahlte oder unbezahlte anderweitige Tätigkeit eines Vorstandsmitglieds der vorherigen Zustimmung des Aufsichtsratsvorsitzenden bedarf, in verfassungskonformer Auslegung restriktiv dahin zu verstehen sein, dass nur solche Tätigkeiten der Einwilligung bedürfen, deren Übernahme die Erfüllung der organschaftlichen Pflichten beeinträchtigen würde.[142] Schließlich können Anstellungsvertrag oder Satzung das gesetzliche Wettbewerbsverbot konkretisieren, zB festlegen, welche Geschäfte im Geschäftszweig der Gesellschaft liegen.[143]

VI. Rechtsfolgen

§ 88 Abs. 2 bildet eine der seltenen Vorschriften des deutschen Privatrechts, welche die Rechtsfolgen der Verletzung treuhänderischer Verhaltenspflichten regelt. Auch sie ist freilich nicht vollständig, weil sie keinen Hinweis auf eine mögliche Abberufung pflichtvergessener Vorstandsmitglieder enthält[144] und auch nicht auf die negatorischen Ansprüche verweist. 32

1. Unterlassung. Unabhängig von einem Schadenseintritt kann die Aktiengesellschaft von einem pflichtwidrig handelnden Vorstand zunächst Unterlassung verlangen.[145] Dieser selbstständige Unterlassungsanspruch erfordert kein Verschulden und kann vom Aufsichtsrat namens der Gesellschaft auch in Form einer vorbeugenden Unterlassungsklage geltend gemacht werden.[146] 33

2. Schadenersatz. Weiterhin kann die Gesellschaft von ihrem Vorstandsmitglied nach § 88 Abs. 2 S. 1 Schadenersatz fordern. Im Einklang mit dem Verschuldensprinzip des allgemeinen Haftungsrechts setzt dies allerdings eine schuldhafte Pflichtverletzung voraus.[147] Inhalt und Umfang des Schadenersatzanspruchs richten sich nach den §§ 249 ff. BGB. Die Gesellschaft kann also auch den Ersatz entgangenen Gewinns verlangen, wenn nach Lage der Dinge anzunehmen ist, dass sie das gewinnbringende Geschäft ohne das pflichtwidrige Verhalten des Vorstandsmitglieds selbst gemacht hätte.[148] Den entstandenen Schaden hat die Gesellschaft darzulegen und zu beweisen.[149] Entsprechend § 93 Abs. 2 S. 2 liegt die Beweislast für fehlendes Verschulden dagegen beim Vorstandsmitglied.[150] Außerdem gelten für die Ansprüche der Gesellschaft § 93 Abs. 4 S. 3 und Abs. 5 sinngemäß.[151] 34

3. Eintrittsrecht. a) Begründung und Bedeutung. Gem. § 88 Abs. 2 S. 2 kann die Gesellschaft statt Schadenersatz von dem Vorstandsmitglied verlangen, dass es die für eigene Rechnung gemachten Geschäfte als für Rechnung der Gesellschaft eingegangen gelten lässt und die aus Geschäften für fremde Rechnung bezogene Vergütung herausgibt oder seinen Anspruch auf die Vergütung abtritt. Dieses sog. Eintrittsrecht ist den §§ 61, 113 HGB nachgebildet, deren Auslegung auch im Aktienrecht als Interpretationshilfe herangezogen werden kann.[152] Konzeptionell handelt es sich um eine Gewinnhaftung für die Verletzung fiduziarischer Pflichten,[153] wie sie international vor allem 35

---

[140] Vgl. MüKoAktG/*Spindler* Rn. 28; *Kort* ZIP 2008, 717 (718); *Thüsing* in Fleischer VorstandsR-HdB § 4 Rn. 105.
[141] Ebenso *Thüsing* in Fleischer VorstandsR-HdB § 4 Rn. 105; Hölters/*Weber* Rn. 23.
[142] Vgl. OLG Frankfurt a. M. AG 2000, 518 (519).
[143] Näher *Thüsing* in Fleischer VorstandsR-HdB § 4 Rn. 106; s. auch *Kort* ZIP 2008, 717 (718).
[144] Dazu LG Münster BeckRS 2016, 118841 Rn. 51; MüKoAktG/*Spindler* Rn. 39; K. Schmidt/Lutter/*Seibt* Rn. 14.
[145] Vgl. Bürgers/Körber/*Bürgers* Rn. 10; Großkomm AktG/*Kort* Rn. 183; K. Schmidt/Lutter/*Seibt* Rn. 11.
[146] Vgl. *Freudenberg*, Das Nebentätigkeitsrecht der Vorstandsmitglieder nach § 88 AktG, 1989, 154; K. Schmidt/Lutter/*Seibt* Rn. 11; Hölters/*Weber* Rn. 14; Wachter/*Eckert* Rn. 15; MüKoAktG/*Spindler* Rn. 29.
[147] Vgl. MüKoAktG/*Spindler* Rn. 30; Hüffer/Koch/*Koch* Rn. 6; Großkomm AktG/*Kort* Rn. 63; Hölters/*Weber* Rn. 15; NK-AktR/*Oltmanns* Rn. 7; K. Schmidt/Lutter/*Seibt* Rn. 12.
[148] Vgl. RGZ 89, 99 (103 f.) zum Parallelproblem bei §§ 112, 113 BGB; Bürgers/Körber/*Bürgers* Rn. 10; MüKoAktG/*Spindler* Rn. 30; Großkomm AktG/*Kort* Rn. 64.
[149] Vgl. MüKoAktG/*Spindler* Rn. 30; Kölner Komm AktG/*Mertens/Cahn* Rn. 21; NK-AktR/*Oltmanns* Rn. 4; K. Schmidt/Lutter/*Seibt* Rn. 12.
[150] Vgl. Bürgers/Körber/*Bürgers* Rn. 10; Kölner Komm AktG/*Mertens/Cahn* Rn. 21; NK-AktR/*Oltmanns* Rn. 7.
[151] Vgl. MüKoAktG/*Spindler* Rn. 30.
[152] Ebenso *Baumbach/Hueck* Rn. 6; Kölner Komm AktG/*Mertens/Cahn* Rn. 21; NK-AktR/*Oltmanns* Rn. 8.
[153] Ähnlich bereits Kölner Komm AktG/*Mertens* Rn. 14: „Korrelat der treuhänderischen Stellung des Vorstandsmitglieds"; wie hier auch *Hopt* ZGR 2004, 1 (48 f.); ausf. *Rusch*, Gewinnhaftung bei Verletzung von Treuepflichten, 2003, 218 ff.; in allgemeinerem Zusammenhang ferner *Köndgen* RabelsZ 56 (1992), 696 (718 ff.).

im englischen Recht anzutreffen ist.[154] Ihr praktischer Vorteil liegt darin, dass die Gesellschaft den Geschäftsgewinn an sich ziehen kann, ohne den schwierigen Schadensnachweis im Rahmen des § 88 Abs. 2 S. 1 führen zu müssen,[155] und ohne dass es auf eine Schmälerung des Gesellschaftsvermögens ankommt.[156]

36 b) Anwendungsbereich. Das Eintrittsrecht gilt nach allgemeiner Ansicht zunächst für das echte Wettbewerbsverbot (§ 88 Abs. 1 S. 1 Fall 2).[157] Streitig ist, ob es der Gesellschaft auch bei einem pflichtwidrigen Tätigwerden des Vorstandsmitglieds als persönlich haftender Gesellschafter einer anderen Handelsgesellschaft (§ 88 Abs. 1 S. 2) zusteht. Der Bundesgerichtshof hat dies für die Parallelvorschrift des § 113 HGB bejaht[158] und damit auch im Aktienrecht Gefolgschaft gefunden.[159] Dem ist zu widersprechen:[160] Die scharfe Sanktion des Eintrittsrechts ist nur beim Vorliegen eines konkreten Interessenkonflikts gerechtfertigt, wie ihn § 88 Abs. 1 S. 1 Fall 2 vertypt. Diese Einschränkung lässt sich ohne Weiteres mit dem Gesetzeswortlaut („gemachte Geschäfte") vereinbaren, der allein die Formulierung der zweiten Tatbestandsvariante aufnimmt,[161] und vermeidet eine systemwidrige Erstreckung der treuhandrechtlichen Gewinnhaftung auf nicht treuhandspezifische Pflichtverstöße. Ebenso wenig bezieht sich das Eintrittsrecht auf eine verbotswidrige Vorstands- oder Geschäftsführertätigkeit in einer anderen Handelsgesellschaft,[162] und zwar auch nicht auf die dort erzielten gewinnabhängigen Vergütungsbestandteile.[163]

37 c) Verschulden? Nach ganz hM setzt das Eintrittsrecht ein schuldhaftes Fehlverhalten des Vorstandsmitglieds voraus.[164] Zur Begründung pflegt man darauf zu verweisen, dass das Eintrittsrecht nur anstelle des Schadenersatzanspruchs („statt dessen") ausgeübt werden könne, und daher denselben Voraussetzungen unterliege.[165] Dem ist nicht zu folgen.[166] Richtigerweise stellt sich § 88 Abs. 2 S. 2 als eine *verschuldensunabhängige* Haftung für die Verletzung fiduziarischer Treuepflichten dar.[167] Eine solche (Neu-)Interpretation hält sich durchaus im Rahmen des Gesetzeswortlauts, da die Wendung „statt dessen" nur bedeutet, dass Schadenersatz und Eintrittsrecht alternativ und nicht kumulativ zur Verfügung stehen. In der Sache verdient sie vor allem deshalb den Vorzug, weil sie den Präventivschutz der Gesellschaft vor Treuepflichtverletzungen ihrer Vorstandsmitglieder verbessert.[168] Für sie spricht zudem das rechtsökonomische Kalkül, das wegen der hinlänglich bekannten Schwierigkeiten, heimliche Treuepflichtverstöße aufzudecken,[169] nach abschreckenden Sanktionen verlangt.[170] Schließlich stehen ihr mit der Figur des *accounting for profit* rechtsvergleichende Vorbilder im englischen

---

[154] Eingehend dazu *Fleischer* AG 2005, 336 (339).
[155] Vgl. BGH NStZ 1988, 217 f.; MüKoAktG/*Spindler* Rn. 32; NK-AktR/*Oltmanns* Rn. 8; K. Schmidt/Lutter/*Seibt* Rn. 13.
[156] Vgl. Hüffer/Koch/*Koch* Rn. 7.
[157] Dazu statt aller MüKoAktG/*Spindler* Rn. 32.
[158] Vgl. BGHZ 38, 306 (309); 89, 162 (171).
[159] Vgl. NK-AktR/*Oltmanns* Rn. 8; K. Schmidt/Lutter/*Seibt* Rn. 13; nur mit Einschränkungen Hüffer/Koch/*Koch* Rn. 8; Kölner Komm AktG/*Mertens*/*Cahn* Rn. 24; *Thüsing* in Fleischer VorstandsR-HdB § 4 Rn. 97.
[160] Abl. auch MüKoAktG/*Spindler* Rn. 37; Hölters/*Weber* Rn. 17.
[161] Darauf verweisend auch *Meyer* AG 1988, 259.
[162] Im Grundsatz ebenso MüKoAktG/*Spindler* Rn. 37; Hüffer/Koch/*Koch* Rn. 8; *Meyer* AG 1988, 259 f.; NK-AktR/*Oltmanns* Rn. 8.
[163] Insoweit abw. Hüffer/Koch/*Koch* Rn. 8; NK-AktR/*Oltmanns* Rn. 8; wie hier MüKoAktG/*Spindler* Rn. 37.
[164] Vgl. Bürgers/Körber/*Bürgers* Rn. 11; *Freudenberg*, Das Nebentätigkeitsrecht der Vorstandsmitglieder nach § 88 AktG, 1989, 141; MüKoAktG/*Spindler* Rn. 33; Großkomm AktG/*Kort* Rn. 74; NK-AktR/*Oltmanns* Rn. 7; Wachter/*Eckert* Rn. 17; K. Schmidt/Lutter/*Seibt* Rn. 13; *Thüsing* in Fleischer VorstandsR-HdB § 4 Rn. 95; für § 113 HGB auch EBJS/*Goette* HGB § 113 Rn. 11; Großkomm HGB/*Schäfer* § 113 Rn. 16; offen lassend OLG Köln NZG 1999, 1008 (1009).
[165] Vgl. MüKoAktG/*Spindler* Rn. 33; *Thüsing* in Fleischer VorstandsR-HdB § 4 Rn. 95.
[166] Ebenso Hüffer/Koch/*Koch* Rn. 7; Hölters/*Weber* Rn. 16.
[167] Wie hier *Fleischer* GS Heinze, 2004, 177 (192); *Hopt* ZGR 2004, 1 (48 f.); Kölner Komm AktG/*Mertens*/*Cahn* Rn. 23; *Rusch*, Gewinnhaftung bei Verletzung von Treuepflichten, 2003, 229 ff.; s. auch *Köndgen* RabelsZ 56 (1992), 696 (750 ff.).
[168] Ebenso *Hopt* ZGR 2004, 1 (49); *Rusch*, Gewinnhaftung bei Verletzung von Treuepflichten, 2003, 231; in allgemeinerem Zusammenhang auch *Köndgen* RabelsZ 56 (1992), 696 (753): erwünschter „Präventionsüberschuss".
[169] Dazu *Fleischer* WM 2003, 1045 (1049); *Köndgen* RabelsZ 56 (1992), 696 (750); aus der internationalen Diskussion *Anderson* 25 UCLA L. Rev. 738, 761 (1975); *Bainbridge*, Corporation Law and Economics, 2002, 306.
[170] Vgl. bereits *Fleischer* GS Heinze, 2004, 177 (192); ähnlich *Köndgen* RabelsZ 56 (1992), 696 (753), der von einem tendenziell erheblichen Sanktionsdefizit bei interessenwidriger Gestion spricht; zum US-amerikanischen Recht *Cooter*/*Friedman* 66 N. Y. U. L. Rev. 1045, 1051–1052 (1991).

und US-amerikanischen Gesellschaftsrecht zur Seite.[171] Eine unverhältnismäßige Haftung oder gar eine Überabschreckung ist bei einer verschuldensunabhängigen Gewinnhaftung nicht zu besorgen, weil die Vorstandsmitglieder lediglich jenen Vorteil herausgeben müssen, den sie unter Verstoß gegen ihre Treuepflicht erlangt haben; ihr übriges Vermögen bleibt unangetastet.[172] Die hL nähert sich der hier vertretenen Position immerhin an, indem sie die Beweislast für fehlendes Verschulden in entsprechender Anwendung des § 93 Abs. 2 S. 2 auch beim Eintrittsrecht dem Vorstandsmitglied aufbürdet.[173]

d) Ausübung und Wirkung des Eintrittsrechts. Das Eintrittsrecht entfaltet nach einhelliger 38 Ansicht keine Außenwirkung, sondern regelt allein die internen Folgen einer Pflichtverletzung zwischen Vorstandsmitglied und Gesellschaft.[174] Es muss bei mehreren Geschäften, die zusammen eine wirtschaftliche Einheit bilden, einheitlich ausgeübt werden[175] und greift nicht ein, wenn das Geschäft wegen Sittenwidrigkeit oder Gesetzesverstoß nichtig ist.[176] Bei Geschäften für eigene Rechnung ist das Vorstandsmitglied zur Herausgabe des daraus erzielten Gewinns verpflichtet, kann aber seinerseits Aufwendungsersatz von der Gesellschaft verlangen.[177] Für eine Gewinnaufteilung wegen einer besonders erfolgreichen Geschäftstätigkeit des Vorstandsmitglieds nach dem Vorbild der *equitable allowance* im englischen Recht[178] bietet § 88 Abs. 2 keinen Anhalt.[179] Ungeklärt ist, inwieweit Folgegewinne ebenfalls herauszugeben sind.[180] Begreift man das Eintrittsrecht des § 88 Abs. 2 S. 2 als bereicherungsähnliche Gewinnabschöpfung,[181] so ist bei gutgläubig-treuwidriger Gewinnerzielung schließlich eine entsprechende Anwendung der § 818 Abs. 3 BGB, § 819 BGB zu erwägen.[182]

e) Verhältnis zum Schadenersatz. Die Aktiengesellschaft kann nicht Schadenersatz verlangen 39 und gleichzeitig das Eintrittsrecht ausüben. Die Wahl zwischen beiden Ansprüchen erfolgt durch eine vom Aufsichtsrat (§ 112) gegenüber dem Vorstandsmitglied abzugebende Willenserklärung.[183] Entgegen einer verbreiteten Lehrmeinung ist die Gesellschaft an diese Erklärung nicht nach § 263 Abs. 2 BGB gebunden,[184] weil es sich bei § 88 Abs. 2 nicht um eine Wahlschuld, sondern um einen Fall der elektiven Konkurrenz handelt. Wohl aber kann sich im Einzelfall unter dem Gesichtspunkt des Vertrauensschutzes eine Bindung an die einmal getroffene Wahl ergeben.[185] Das Risiko einer Fehlentscheidung zwischen den beiden Rechtsbehelfen grundsätzlich der Gesellschaft zuzuweisen,[186] läuft der gesetzlichen Grundidee zuwider, ihr eine möglichst schlagkräftige Sanktion an die Hand zu geben. Bei einer Mehrzahl von Verstößen kann der Aufsichtsrat die Wahl für jeden Verstoß unterschiedlich treffen.

---

[171] Näher zum englischen Recht *Fleischer* AG 2005, 336 (339); zur vergleichbaren Gewinnabschöpfung *(disgorgement)* bei der Verletzung fiduziarischer Pflichten im US-amerikanischen Recht *Köndgen* RabelsZ 56 (1992), 696 (718 ff.); *König* FS v. Caemmerer, 1978, 179 (197 f.); beide mwN.
[172] Ebenso *Rusch*, Gewinnhaftung bei Verletzung von Treuepflichten, 2003, 232.
[173] Vgl. *Freudenberg*, Das Nebentätigkeitsrecht der Vorstandsmitglieder nach § 88 AktG, 1989, 142; NK-AktR/ Oltmanns Rn. 8.
[174] Vgl. Bürgers/Körber/*Bürgers* Rn. 11; Kölner Komm AktG/*Mertens/Cahn* Rn. 25; Großkomm AktG/ Meyer-Landrut, 3. Aufl. 1973, Rn. 7; Hölters/*Weber* Rn. 19; NK-AktR/*Oltmanns* Rn. 8; ebenso für § 113 HGB BGHZ 89, 162 (171).
[175] Vgl. RG JW 1911, 57.
[176] Vgl. Hüffer/Koch/*Koch* Rn. 7; *Meyer* AG 1988, 259 (261 ff.); offen lassend BGH WM 1988, 650 (652).
[177] Vgl. MüKoAktG/*Spindler* Rn. 36; für § 113 HGB auch BGHZ 38, 306 (311).
[178] Belege bei *Fleischer* AG 2005, 336 (347).
[179] Ebenso *Rusch*, Gewinnhaftung bei Verletzung von Treuepflichten, 2003, 235 f.; abl. auch Baumbach/Hopt/ *Roth* HGB § 113 Rn. 3.
[180] Weiterführend *Rusch*, Gewinnhaftung bei Verletzung von Treuepflichten, 2003, 236 ff.
[181] In diesem Sinne Hüffer/Koch/*Koch* Rn. 7; ebenso EBJS/*Goette* HGB § 113 Rn. 20 und 26; krit. dazu *Hopt* ZGR 2004, 1 (48) mit Fn. 245, der eine Anbindung an die organschaftliche Treuepflicht empfiehlt; dazu auch *Fleischer* WM 2003, 1045 (1056).
[182] Näher *Rusch*, Gewinnhaftung bei Verletzung von Treuepflichten, 2003, 240; krit. *Hopt* ZGR 2004, 1 (48) mit Fn. 245, der auf die regelmäßig eingreifenden § 819 Abs. 1 BGB, § 818 Abs. 4 BGB iVm § 292 Abs. 1 BGB, § 989 BGB verweist.
[183] Vgl. Kölner Komm AktG/*Mertens/Cahn* Rn. 20.
[184] Ebenso Bürgers/Körber/*Bürgers* Rn. 11; MüKoAktG/*Spindler* Rn. 31; Hüffer/Koch/*Koch* Rn. 6; Großkomm AktG/*Kort* Rn. 96; abw. NK-AktR/*Oltmanns* Rn. 7; Hölters/*Weber* Rn. 18; K. Schmidt/Lutter/*Seibt* Rn. 12.
[185] Wie hier Hüffer/Koch/*Koch* Rn. 24; MüKoAktG/*Spindler* Rn. 29; ebenso für das handelsrechtliche Parallelproblem Großkomm HGB/*Schäfer* HGB § 113 Rn. 10; für eine noch schwächere Bindungswirkung *Thüsing* in Fleischer VorstandsR-HdB § 4 Rn. 99.
[186] In diesem Sinne EBJS/*Goette* HGB § 113 Rn. 3; s. auch EBJS/*Boecken* HGB § 61 Rn. 11.

VII. Verjährung

40 Die Ersatzansprüche der Gesellschaft verjähren nach Maßgabe des § 88 Abs. 3. Diese Vorschrift ist durch das Gesetz zur Anpassung von Verjährungsvorschriften an das Gesetz zur Modernisierung des Schuldrechts (BGBl. 2004 I 3214) in einem Einzelpunkt ergänzt worden,[187] aber im Kern unangetastet geblieben. Damit unterliegen die Ansprüche aus § 88 Abs. 2 weiterhin einer doppelten Verjährung: Eine subjektiv anknüpfende Frist von drei Monaten läuft von dem Zeitpunkt, in dem die übrigen Vorstandsmitglieder und die Aufsichtsratsmitglieder von der zum Schadensersatz verpflichtenden Handlung Kenntnis erlangen oder – so die nach dem Vorbild des § 199 Abs. 1 Nr. 2 BGB eingefügte Ergänzung – ohne grobe Fahrlässigkeit erlangen müssten. Ohne Rücksicht auf diese Kenntnis verjähren die Ersatzansprüche in fünf Jahren seit ihrer Entstehung. Beide Fristen sind deutlich kürzer als jene des bürgerlichen Rechts (vgl. § 195 BGB iVm § 199 Abs. 1 und 3 BGB) – eine Abweichung, die der Reformgesetzgeber mit dem besonderen Rechtfertigungsbedürfnis für Wettbewerbsverbote begründet.[188]

41 Für den Beginn der kurzen Verjährungsfrist von drei Monaten kommt es auf die Kenntnis oder grob fahrlässige Unkenntnis sämtlicher Vorstands- und Aufsichtsratsmitglieder an;[189] die Kenntnis oder grob fahrlässige Unkenntnis eines Aufsichtsratsmitglieds oder des Aufsichtsrats als solchem reicht nicht aus.[190] Allerdings ist von dieser Grundregel eine Ausnahme geboten, sofern ein Vorstands- oder Aufsichtsratsmitglied seine Kollegen bewusst in Unkenntnis lässt, um den Lauf der Frist zu verzögern.[191] Die für Kenntnis und Fristbeginn bei der Kündigung des Anstellungsvertrages entwickelten Rechtsprechungsregeln[192] finden keine Anwendung.[193] *De lege ferenda* ist zu erwägen, allein auf die Kenntnis sämtlicher Aufsichtsratsmitglieder abzustellen, weil nur der Aufsichtsrat (§ 112) und nicht der Vorstand über die Geltendmachung der Ersatzansprüche entscheidet. Für den Beginn der fünfjährigen Verjährungsfrist ist zu unterscheiden: Bei einem Geschäftemachen im Geschäftszweig der Gesellschaft läuft die Frist von dem Abschluss des verbotenen Geschäfts, nicht erst mit Schadenseintritt.[194] Beim Betrieb eines Handelsgewerbes oder bei der Beteiligung an einer anderen Handelsgesellschaft als Geschäftsleiter oder persönlich haftender Gesellschafter beginnt die Frist mit jedem neuerlich abgeschlossenen Geschäft zu laufen, so dass der Fristablauf erst mit dem Ende der verbotenen (Dauer-)Tätigkeit einsetzt.[195] Die doppelte Verjährung des § 88 Abs. 3 gilt sinngemäß auch für andere, aus dem Verbotsverstoß ableitbare Ansprüche, etwa den Anspruch auf Unterlassung oder den auf Zahlung einer Vertragsstrafe.[196] Sie ist auch auf Ansprüche aus Verstößen gegen die Geschäftschancenlehre zu erstrecken.[197]

VIII. Nachvertragliches Wettbewerbsverbot

42 **1. Allgemeines.** § 88 gilt nur für die Dauer der Zugehörigkeit zum Vorstand. Prinzipiell zulässig und verbreitet anzutreffen sind aber vertragliche Vereinbarungen über Wettbewerbsverbote für die Zeit nach dem Ausscheiden des Vorstandsmitglieds.[198] Ihr Sinn liegt darin, die Gesellschaft vor einer illoyalen Ausnutzung und Verwertung jener Kenntnisse und Verbindungen zu schützen, die das Vorstandsmitglied während seiner Amtstätigkeit gewonnen hat.[199] Nach einer Leitentscheidung des Bundesgerichtshofs unterliegen nachvertragliche Wettbewerbsverbote grundsätzlich nicht den

---

[187] Dazu *Thiessen* ZHR 168 (2004), 503 (540); Hüffer/Koch/*Koch* Rn. 9; Großkomm AktG/*Kort* Rn. 99.
[188] Vgl. BegrRegE eines Gesetzes zur Anpassung von Verjährungsvorschriften, BT-Drs. 15/3653, 12.
[189] Vgl. OLG Köln NZG 1999, 1008 (1009); Bürgers/Körber/*Bürgers* Rn. 13; Wachter/*Eckert* Rn. 19; K. Schmidt/Lutter/*Seibt* Rn. 15.
[190] Vgl. BegrRegE *Kropff* S. 112.
[191] Vgl. Kölner Komm AktG/*Mertens*/*Cahn* Rn. 30; NK-AktR/*Oltmanns* Rn. 11.
[192] Grundlegend BGHZ 139, 89 (92) (GmbH: Gesellschafterversammlung); fortgeführt in BGH NZG 2002, 46 (48) (GmbH: Aufsichtsrat).
[193] Ebenso MüKoAktG/*Spindler* Rn. 42.
[194] Vgl. MüKoAktG/*Spindler* Rn. 43.
[195] Im Erg. ebenso Bürgers/Körber/*Bürgers* Rn. 13; *Freudenberg*, Das Nebentätigkeitsrecht der Vorstandsmitglieder nach § 88 AktG, 1989, 161; MüKoAktG/*Spindler* Rn. 43; *Thüsing* in Fleischer VorstandsR-HdB § 4 Rn. 100; abw. v. Godin/Wilhelmi Rn. 10; Großkomm AktG/*Meyer-Landrut*, 3. Aufl. 1973, Rn. 9.
[196] Vgl. RGZ 63, 252 (254) (für § 61 Abs. 2 HGB); MüKoAktG/*Spindler* Rn. 45; Großkomm AktG/*Kort* Rn. 105; K. Schmidt/Lutter/*Seibt* Rn. 15; abw. für die Vertragsstrafe OLG Düsseldorf NJW 1970, 1373 (1374).
[197] Vgl. OLG Köln BB 2008, 800 (802); MüKoAktG/*Spindler* Rn. 45; abw. aber nunmehr BGH NZG 2013, 216 Rn. 35 (GbR); krit. dazu *Fleischer* NZG 2013, 361 (366).
[198] Vgl. MüKoAktG/*Spindler* Rn. 48; Hüffer/Koch/*Koch* Rn. 10; *Kort* ZIP 2008, 717 (718); Kölner Komm AktG/*Mertens*/*Cahn* Rn. 34; Großkomm AktG/*Kort* Rn. 137; NK-AktR/*Oltmanns* Rn. 12.
[199] Vgl. BGH NJW 1991, 699; NJW 1992, 1892 (1893); NJW 2000, 2584 (2585); NZG 2002, 475 (476); OLG Celle NZG 2001, 131 (132); *Goette* Die GmbH § 8 Rn. 148, der in Fn. 350 zudem darauf verweist, dass sich die Problematik in gleicher Weise im Personen- und Kapitalgesellschaftsrecht zeige und die entsprechende Judikatur des BGH deswegen auch im jeweils anderen Rechtsgebiet herangezogen werden könne.

Beschränkungen der §§ 74 ff. HGB, die auf die soziale Schutzbedürftigkeit von Handlungsgehilfen zugeschnitten sind.[200] Allerdings hat die Rechtsprechung in einer späteren Entscheidung hervorgehoben, dass die §§ 74 ff. HGB auch „nicht generell unanwendbar" seien, soweit sie das Ziel verfolgten, die besonderen Interessen des Unternehmens zu wahren.[201] Außerdem greift der Bundesgerichtshof bei der Beurteilung nachvertraglicher Wettbewerbsverbote zuweilen auf „Rechtsgrundsätze" zurück, die in diesen Vorschriften zum Ausdruck kommen.[202] Unabhängig davon steht es den Beteiligten frei, sich in ihrer Wettbewerbsvereinbarung ausdrücklich auf die §§ 74 ff. HGB zu beziehen.[203]

2. Reichweite und Grenzen eines Verbots. Rechtsprechung und herrschende Lehre prüfen die 43 Statthaftigkeit nachvertraglicher Wettbewerbsverbote am Maßstab des § 138 BGB iVm Art. 2 und 12 GG.[204] Dabei stellen sie durchweg strenge Anforderungen. Nach einer stehenden Formel sind nur solche Abreden statthaft, die dem Schutz eines berechtigten Interesses des Gesellschaftsunternehmens dienen und nach Ort, Zeit und Gegenstand die Berufsausübung und wirtschaftliche Betätigung des ehemaligen Geschäftsleiters nicht unbillig erschweren.[205] Entscheidend ist eine Gesamtbetrachtung[206] im Zeitpunkt des Ausscheidens des Vorstandsmitglieds,[207] bei der die zB eine längere Verbotsdauer durch einen engeren gegenständlichen und örtlichen Schutzbereich aufgewogen werden kann.[208] Mit diesem Vorbehalt lässt sich zu den einzelnen Verbotsdimensionen folgendes festhalten:

Sachlich muss sich das nachvertragliche Wettbewerbsverbot am Tätigkeitsbereich der Gesellschaft orientieren[209] und kann bei einem homogenen Konzernprofil auch auf den Aktionsradius der Konzernunternehmen erstreckt werden.[210] Darüber hinaus empfiehlt es sich, auf das von dem Vorstandsmitglied geleitete Ressort Bezug zu nehmen.[211] Im Übrigen gelten für bloße Mandanten- und Kundenschutzklauseln weniger strenge Anforderungen als für allgemeine Wettbewerbsverbote.[212] Entgegen einer gelegentlich anzutreffenden Literaturansicht[213] sind allgemeine Wettbewerbsverbote aber nicht schlechthin unzulässig;[214] für sie muss jedoch ein berechtigtes Interesse vorliegen.[215] Hieran fehlt es, wenn das ehemalige Vorstandsmitglied in einem Bereich tätig wird, in dem keine Konkurrenztätigkeit mit der Gesellschaft besteht.[216]

---

[200] Vgl. BGHZ 91, 1 (3) (GmbH), im Anschluss an BGH WM 1956, 310 f. und NJW 1968, 1717; zuletzt BGH NZG 2008, 753; zust. MüKoAktG/*Spindler* Rn. 48; Hüffer/Koch/*Koch* Rn. 10; Kölner Komm AktG/ *Mertens/Cahn* Rn. 34; K. Schmidt/Lutter/*Seibt* Rn. 16; MHdB AG/*Wiesner* § 21 Rn. 70; abw. *Bauer/Diller* BB 1995, 1134 (1135).
[201] Vgl. BGH NJW 1992, 1892 (1893); dazu auch *Jäger* DStR 1995, 724 (725): krit. zur „diffusen" Rechtsprechung *Heidenhain* NZG 2002, 605 f. und *Bauer/Diller* Rn. 715, die den Gang zum Gericht als „Vabanquespiel" sehen.
[202] Vgl. etwa BGHZ 91, 1 (5) zu den Sittenwidrigkeitsgrenzen nachvertraglicher Wettbewerbsverbote; aus der Literatur auch MüKoAktG/*Spindler* Rn. 49 f.; Kölner Komm AktG/*Mertens/Cahn* Rn. 34; NK-AktR/*Oltmanns* Rn. 12 mit Fn. 28; MHdB AG/*Wiesner* § 12 Rn. 70.
[203] Vgl. *Bauer/von Medem* GWR 2011, 435 (436); MüKoAktG/*Spindler* Rn. 48; *Jäger* DStR 1995, 724 (725 f.); *Thüsing* NZG 2004, 9.
[204] Vgl. BGH WM 1974, 74 (76); BGHZ 91, 1 (5); MüKoAktG/*Spindler* Rn. 49; Hüffer/Koch/*Koch* Rn. 10; Großkomm AktG/*Kort* Rn. 138; Kölner Komm AktG/*Mertens/Cahn* Rn. 34; NK-AktR/*Oltmanns* Rn. 12; *Reufels/Schewiola* ArbRB 2008, 57; allgemein *Krämer* FS Röhricht, 2005, 335 (336 ff.).
[205] Vgl. BGHZ 91, 1 (5) in wörtlicher Anlehnung an § 74a Abs. 1 S. 2 HGB; ebenso BGH NJW 1968, 1717; 2000, 2584; NZG 2004, 35; OLG Celle NZG 2001, 131 (132); OLG Hamm ZIP 1988, 1254 (1255); aus dem Schrifttum MüKoAktG/*Spindler* Rn. 50; Hüffer/Koch/*Koch* Rn. 10; *Reufels/Schewiola* ArbRB 2008, 57; K. Schmidt/Lutter/*Seibt* Rn. 16; MHdB AG/*Wiesner* § 21 Rn. 70.
[206] Vgl. *Thüsing* NZG 2004, 9 (10).
[207] Vgl. OLG Celle NZG 2001, 131 (132); *Hoffmann-Becking* FS Quack, 1991, 273 (275).
[208] Vgl. *Hoffmann-Becking* FS Quack, 1991, 273 (277); *Jäger* DStR 1995, 724 (727); *Reufels/Schewiola* ArbRB 2008, 57.
[209] Vgl. BGH WM 1974, 74 (76); OLG Düsseldorf DB 1990, 1960; MüKoAktG/*Spindler* Rn. 51; *Jäger* DStR 1995, 724 (727); K. Schmidt/Lutter/*Seibt* Rn. 16.
[210] Ähnlich *Thüsing* NZG 2004, 9 (10); sowie *Hoffmann-Becking* FS Quack, 1991, 273 (275 f.) mit zutreffender Einschränkung für stark diversifizierte Konzerne; zu „größter Vorsicht" mahnen *Bauer/Diller* Rn. 727.
[211] Ebenso MüKoAktG/*Spindler* Rn. 51; *Hoffmann-Becking* FS Quack, 1991, 273 (275); Hüffer/Koch/*Koch* Rn. 10; *Jäger* DStR 1995, 724 (727).
[212] Vgl. BGH NJW 1994, 384 (385); OLG Hamm ZIP 1988, 1254 (1255 ff.); OLG Düsseldorf NJW-RR 1997, 164 (166); MüKoAktG/*Spindler* Rn. 50; *Kamanabrou* ZGR 2002, 898 (900 f.); *Reufels/Schewiola* ArbRB 2008, 57.
[213] Vgl. *Heller* GmbHR 2000, 371 (382 f.); *Manger* GmbHR 2001, 89 (91 f.).
[214] Wie hier OLG Düsseldorf NJW-RR 1997, 164; *Bauer/Diller* GmbHR 1999, 885; MüKoAktG/*Spindler* Rn. 53; *Kamanabrou* ZGR 2002, 898 (901); *Sina* DB 1985, 902 (903); *Thüsing* NZG 2004, 9 (10).
[215] Ein solches Interesse im konkreten Fall verneinend BGHZ 91, 1 (7).
[216] Vgl. BGH NJW 1997, 3089 (GbR): Kreisveterinär statt niedergelassener Tierarzt; auch OLG Düsseldorf NZG 2000, 737: kein Ausschluss jeglichen Wettbewerbs.

45 Räumlich hat sich das nachvertragliche Wettbewerbsverbot auf die von der Gesellschaft bedienten Märkte und den Zuständigkeitsbereich des ehemaligen Vorstandsmitglieds zu beschränken.[217] Im Einzelfall können auch europaweit[218] oder weltweit geltende Wettbewerbsausschlüsse gerechtfertigt sein,[219] doch haben häufig nur regional oder national begrenzte Schutzräume vor § 138 BGB Bestand.[220]

46 Zeitlich wird überwiegend eine Höchstgrenze von zwei Jahren genannt.[221] Das findet in § 74a Abs. 1 S. 3 HGB einen gewissen Rückhalt[222] und ist auch sachlich gerechtfertigt, weil sich nach zwei Jahren die Verbindungen des früheren Vorstandsmitglieds so sehr gelockert und die erworbenen Kenntnisse so sehr an Wert verloren haben, dass eine dann noch bestehende Wettbewerbsbeschränkung allein der Ausschaltung eines lästigen Konkurrenten dient.[223]

47 **3. Einzelfragen.** Bei der vertraglichen Einzelausgestaltung ist angesichts der schwankenden Rechtsprechung zur entsprechenden Anwendung des Rechts der Handlungsgehilfen (→ Rn. 42) für jeden Regelungskomplex gesondert zu untersuchen, ob die §§ 74 ff. HGB als allgemeine Wertmaßstäbe herangezogen werden können oder ob sie wegen ihres spezifischen Arbeitnehmerzuschnitts nicht übertragbar sind.[224] Für Mandantenschutzklauseln ist nach Auffassung des Bundesgerichtshofs eine Karenzentschädigung entsprechend § 74 Abs. 2 HGB nicht zwingend erforderlich;[225] bei einer allgemeinen Konkurrentenschutzklausel dürfte sie aber mit der herrschenden Lehre unverzichtbar sein.[226] Eine angemessene Pension bildet wegen ihres Entgeltcharakters keinen Ersatz für eine Karenzentschädigung.[227] Anderweitiger Verdienst sollte aber entgegen der bekräftigten BGH-Rechtsprechung auch dann angerechnet werden, wenn nichts vereinbart ist.[228] Das entspricht der Wertung des § 74c Abs. 1 HGB,[229] wiewohl bei Vorstandsmitgliedern ein größerer Gestaltungsspielraum hinsichtlich der Anrechnungshöhe bestehen dürfte.[230]

48 Unterschiedlich beurteilt wird auch die Gültigkeit eines bedingten Wettbewerbsverbots, nach dem das Vorstandsmitglied nur mit Zustimmung der Gesellschaft eine Konkurrenztätigkeit aufnehmen darf. Die geringere soziale Schutzbedürftigkeit eines Vorstandsmitglieds spricht dafür, eine solche Vereinbarung entgegen der arbeitsgerichtlichen Spruchpraxis[231] zuzulassen, sofern sich die Gesellschaft innerhalb eines kurz bemessenen Zeitraums nach seinem Ausscheiden für oder gegen das Wettbewerbsverbot entscheidet.[232] Im Übrigen hat der Bundesge-

---

[217] Vgl. BGH NJW 1994, 384 (385) – zu § 1 GWB; Bürgers/Körber/*Bürgers* Rn. 15; Hoffmann-Becking FS Quack, 1991, 273 (276); *Jäger* DStR 1995, 724 (726); *Thüsing* NZG 2004, 9 (10 f.).
[218] Vgl. OLG Celle NZG 2001, 131 f. – Benelux-Staaten; MüKoAktG/*Spindler* Rn. 51; offen lassend BAG AP GewO § 133 Nr. 24.
[219] Vgl. MüKoAktG/*Spindler* Rn. 51; Hoffmann-Becking FS Quack, 1991, 273 (276); *Thüsing* NZG 2004, 9 (10 f.); ausf. *Bauer/Diller* Rn. 729b.
[220] Zurückhaltend auch Hüffer/Koch/*Koch* Rn. 10; *Jäger* DStR 1995, 724 (726); Großkomm AktG/*Kort* Rn. 147.
[221] Vgl. BGH WM 1974, 74 (76); NJW 1994, 384 (385); NJW 2000, 2584 (2585); NZG 2004, 35 f.; OLG Celle NZG 2002, 131 (132); s. aber auch BGH WM 1986, 1282: Sittenwidrigkeit eines dreijährigen nachvertraglichen Wettbewerbsverbots; aus der Literatur *Bauer/von Medem* GWR 2011, 435 (437); Bürgers/ Körber/*Bürgers* Rn. 15; Hüffer/Koch/*Koch* Rn. 10; NK-AktR/*Oltmanns* Rn. 12; *Kort* ZIP 2008, 717 (718); K. Schmidt/Lutter/*Seibt* Rn. 16.
[222] Ebenso Hoffmann-Becking FS Quack, 1991, 724 (726); *Jäger* DStR 1995, 724 (726); *Michalski* NZG 1998, 21; Reufels/Schewiola ArbRB 2008, 57; MHdB AG/*Wiesner* § 21 Rn. 67; gegen eine schematische Übertragung aber *Thüsing* NZG 2004, 9 (11); Großkomm AktG/*Kort* Rn. 145.
[223] Vgl. BGH NZG 2004, 35; *Bauer/Diller* Rn. 729; *Goette* Die GmbH § 8 Rn. 148.
[224] Ebenso die allgemeine Richtschnur bei Hoffmann-Becking FS Quack, 1991, 273 (274).
[225] Vgl. BGHZ 91, 1 (5); BGH NZG 2002, 475 (476); NZG 2008, 753; *Bauer/von Medem* GWR 2011, 435 (437); *Goette* Die GmbH § 8 Rn. 149.
[226] Vgl. *Bauer/von Medem* GWR 2011, 435 (437); MüKoAktG/*Spindler* Rn. 56; *Kort* ZIP 2008, 717 (719); NK-AktR/*Oltmanns* Rn. 13; Reufels/Schewiola ArbRB 2008, 57 (59); *Thüsing* NZG 2004, 9 (11 f.); MHdB AG/*Wiesner* § 21 Rn. 71; ausf. *Gravenhorst*, Rechtliche Grenzen für die Vereinbarung von nachvertraglichen Wettbewerbsverboten mit GmbH-Geschäftsführern, 1999, 98 ff.; abw. OLG Koblenz WM 1985, 1484 (1485); *Jäger* DStR 1995, 724 (728).
[227] Vgl. MüKoAktG/*Spindler* Rn. 50; Hoffmann-Becking FS Quack, 1991, 273 (282 f.); abw. Großkomm AktG/ *Meyer-Landrut*, 3. Aufl. 1973, Rn. 10; NK-AktR/*Oltmanns* Rn. 13; MHdB AG/*Wiesner* § 21 Rn. 71.
[228] Wie hier MüKoAktG/*Spindler* Rn. 58; *Thüsing* NZG 2004, 9 (12); abw. BGH NZG 2008, 664; BGH NJW-RR 1991, 993; Kölner Komm AktG/*Mertens/Cahn* Rn. 39; wohl auch *Bauer/von Medem* GWR 2011, 435 (437).
[229] Für eine analoge Anwendung *Thüsing* NZG 2004, 9 (12).
[230] Ebenso Hoffmann-Becking FS Quack, 1991, 273 (279).
[231] Zur Unverbindlichkeit bedingter Wettbewerbsverbote für den Arbeitnehmer BAG AP HGB § 74 Nr. 25 (27, 36).
[232] Vgl. *Jäger* DStR 1995, 724 (730).

richtshof ausgesprochen, dass die Gesellschaft ihren Geschäftsleiter vor Beendigung des Dienstverhältnisses mangels entgegenstehender Vereinbarung entsprechend § 75a HGB durch einseitige schriftliche Erklärung aus einem nachvertraglichen Wettbewerbsverbot mit der Folge entlassen könne, dass sie von ihrer Verpflichtung zur Zahlung der vereinbarten Karenzentschädigung frei werde.[233] Richtigerweise sollte eine Verzichtserklärung darüber hinaus auch noch nach Beendigung des Anstellungsverhältnisses und ohne die Rechtsfolge des § 75a HGB zulässig sein.[234] In einem jüngeren Urteil hat der Bundesgerichtshof entschieden, dass eine vereinbarte Karenzentschädigungspflicht der Gesellschaft jedenfalls dann nicht entfällt, wenn der Verzicht nach ordentlicher Kündigung des Anstellungsvertrages erst zu einem Zeitpunkt erklärt wird, in dem sich der Geschäftsleiter auf die mit dem Wettbewerbsverbot verbundenen Einschränkungen seiner neuen beruflichen Tätigkeit eingerichtet hat.[235]

§ 89 Kreditgewährung an Vorstandsmitglieder

(1) ¹Die Gesellschaft darf ihren Vorstandsmitgliedern Kredit nur auf Grund eines Beschlusses des Aufsichtsrats gewähren. ²Der Beschluß kann nur für bestimmte Kreditgeschäfte oder Arten von Kreditgeschäften und nicht für länger als drei Monate im voraus gefaßt werden. ³Er hat die Verzinsung und Rückzahlung des Kredits zu regeln. ⁴Der Gewährung eines Kredits steht die Gestattung einer Entnahme gleich, die über die dem Vorstandsmitglied zustehenden Bezüge hinausgeht, namentlich auch die Gestattung der Entnahme von Vorschüssen auf Bezüge. ⁵Dies gilt nicht für Kredite, die ein Monatsgehalt nicht übersteigen.

(2) ¹Die Gesellschaft darf ihren Prokuristen und zum gesamten Geschäftsbetrieb ermächtigten Handlungsbevollmächtigten Kredit nur mit Einwilligung des Aufsichtsrats gewähren. ²Eine herrschende Gesellschaft darf Kredite an gesetzliche Vertreter, Prokuristen oder zum gesamten Geschäftsbetrieb ermächtigte Handlungsbevollmächtigte eines abhängigen Unternehmens nur mit Einwilligung ihres Aufsichtsrats, eine abhängige Gesellschaft darf Kredite an gesetzliche Vertreter, Prokuristen oder zum gesamten Geschäftsbetrieb ermächtigte Handlungsbevollmächtigte des herrschenden Unternehmens nur mit Einwilligung des Aufsichtsrats des herrschenden Unternehmens gewähren. ³Absatz 1 Satz 2 bis 5 gilt sinngemäß.

(3) ¹Absatz 2 gilt auch für Kredite an den Ehegatten, Lebenspartner oder an ein minderjähriges Kind eines Vorstandsmitglieds, eines anderen gesetzlichen Vertreters, eines Prokuristen oder eines zum gesamten Geschäftsbetrieb ermächtigten Handlungsbevollmächtigten. ²Er gilt ferner für Kredite an einen Dritten, der für Rechnung dieser Personen oder für Rechnung eines Vorstandsmitglieds, eines anderen gesetzlichen Vertreters, eines Prokuristen oder eines zum gesamten Geschäftsbetrieb ermächtigten Handlungsbevollmächtigten handelt.

(4) ¹Ist ein Vorstandsmitglied, ein Prokurist oder ein zum gesamten Geschäftsbetrieb ermächtigter Handlungsbevollmächtigter zugleich gesetzlicher Vertreter oder Mitglied des Aufsichtsrats einer anderen juristischen Person oder Gesellschafter einer Personenhandelsgesellschaft, so darf die Gesellschaft der juristischen Person oder der Personenhandelsgesellschaft Kredit nur mit Einwilligung des Aufsichtsrats gewähren; Absatz 1 Satz 2 und 3 gilt sinngemäß. ²Dies gilt nicht, wenn die juristische Person oder die Personenhandelsgesellschaft mit der Gesellschaft verbunden ist oder wenn der Kredit für die Bezahlung von Waren gewährt wird, welche die Gesellschaft der juristischen Person oder der Personenhandelsgesellschaft liefert.

(5) Wird entgegen den Absätzen 1 bis 4 Kredit gewährt, so ist der Kredit ohne Rücksicht auf entgegenstehende Vereinbarungen sofort zurückzugewähren, wenn nicht der Aufsichtsrat nachträglich zustimmt.

(6) Ist die Gesellschaft ein Kreditinstitut oder Finanzdienstleistungsinstitut, auf das § 15 des Gesetzes über das Kreditwesen anzuwenden ist, gelten anstelle der Absätze 1 bis 5 die Vorschriften des Gesetzes über das Kreditwesen.

Schrifttum: *Deilmann,* Kreditgewährung an Vorstands-Aktionäre, AG 2006, 62; *Fleischer,* Aktienrechtliche Zweifelsfragen der Kreditgewährung an Vorstandsmitglieder, WM 2004, 1057; *Kuhlmann,* Die Einwilligung

---
[233] Vgl. BGH NJW 1992, 1892.
[234] Vgl. *Bergwitz* GmbHR 2007, 523 (524); MüKoAktG/*Spindler* Rn. 55; *Hoffmann-Becking* FS Quack, 1991, 273 (281); *Jäger* DStR 1995, 724 (729); *Menke* NJW 2009, 636 (641); *Thüsing* NZG 2004, 9 (11).
[235] Vgl. BGH NZG 2002, 475 (476); zust. MüKoAktG/*Spindler* Rn. 55.

§ 89 1, 2   Erstes Buch. Aktiengesellschaft

des Aufsichtsrats bei Darlehen und Vorschüssen an Prokuristen einer Aktiengesellschaft, AG 2009, 109; *Meincke/Hingst,* Der Kreditbegriff im deutschen Recht – de lege lata und de lege ferenda, WM 2011, 633; *Peltzer,* Probleme bei der Kreditgewährung der Kapitalgesellschaft an ihre Leitungspersonen, FS Rowedder, 1994, 325.

Übersicht

	Rn.
I. Überblick	1–5
1. Regelungszweck	1, 2
2. Vorgängervorschriften und Sonderregelungen	3, 4
3. Rechtsvergleichung	5
II. Tatbestandliche Eingrenzung des Kreditbegriffs	6–10
1. Erscheinungsformen des Kredits	6, 7
2. Ausnahmen für Kleinkredite	8–10
III. Zuständigkeit und Verfahren der Kreditgewährung	11–14
1. Zuständigkeit und Beschlusserfordernis	11, 12
2. Beschlussinhalt	13, 14
IV. Kreis der einbezogenen Kreditnehmer	15–22

	Rn.
1. Kredite an Vorstandsmitglieder	16
2. Kredite an Prokuristen und Generalhandlungsbevollmächtigte	17
3. Kredite innerhalb verbundener Unternehmen	18
4. Kredite an nahe Angehörige und Strohmänner	19
5. Kredite an Gesellschaften bei personeller Verflechtung	20–22
V. Rechtsfolgen bei Verstößen	23–26
1. Wirksamkeit des Kreditgeschäfts	23
2. Anspruch auf sofortige Rückgewähr	24–26
VI. Sonstige Schranken der Kreditgewährung	27–29
VII. Bilanzmäßiger Ausweis	30, 31

I. Überblick

1. Regelungszweck. § 89 unterwirft die Kreditgewährung der Aktiengesellschaft an Vorstandsmitglieder, leitende Angestellte und ihnen nahe stehende Personen besonderen Kautelen. Derartige Kredite verlangen aus verschiedenen Gründen nach Wachsamkeit: Sie bilden ein Musterbeispiel für organschaftliche Interessenkonflikte,[1] nähren den Verdacht einer verdeckten Selbstbegünstigung zum Nachteil von Gesellschaft und Aktionären[2] und bergen die Gefahr einer schleichenden Aushöhlung des Gläubigerschutzes.[3] Ausweislich der Regierungsbegründung will § 89 Vorstandskredite aber nicht verhindern, sondern nur möglichen Missbräuchen vorbeugen.[4] Das geschieht zum einen durch die Einschaltung des Aufsichtsrats,[5] zum anderen durch gesteigerte Transparenzanforderungen.[6]

Entsprechend seinem Regelungszweck ist § 89 zwingendes Recht.[7] Satzungsbestimmungen oder Hauptversammlungsbeschlüsse, welche die Kreditgewährung an Vorstandsmitglieder erleichtern, sind nichtig.[8] Als statthaft angesehen werden jedoch Satzungsklauseln, die Organkredite an einen bestimmten Höchstbetrag binden,[9] anderweitig erschweren[10] oder sogar ganz unterbinden.[11]

---
[1] Vgl. *Fleischer* WM 2004, 1057; *Hopt* ZGR 2004, 1 (10) („kritischer Sonderfall"); Großkomm AktG/*Kort* Rn. 2.
[2] Vgl. *Peltzer* FS Rowedder, 1994, 325 f.
[3] Vgl. *Fleischer* WM 2003, 1045 (1054); Großkomm AktG/*Kort* Rn. 2.
[4] Vgl. BegrRegE *Kropff* S. 113; ebenso Hölters/*Weber* Rn. 1; Hüffer/Koch/*Koch* Rn. 1; Kölner Komm AktG/*Mertens/Cahn* Rn. 2; Grigoleit/*Schwennicke* Rn. 1; MüKoAktG/*Spindler* Rn. 1; Großkomm AktG/*Kort* Rn. 3; K. Schmidt/Lutter/*Seibt* Rn. 1.
[5] Vgl. Bürgers/Körber/*Bürgers* Rn. 1; Henssler/Strohn/*Dauner-Lieb* Rn. 1; Kölner Komm AktG/*Mertens/Cahn* Rn. 2; MüKoAktG/*Spindler* Rn. 2; K. Schmidt/Lutter/*Seibt* Rn. 1.
[6] Vgl. NK-AktR/*Oltmanns* Rn. 1; Hüffer/Koch/*Koch* Rn. 1; MüKoAktG/*Spindler* Rn. 2; K. Schmidt/Lutter/*Seibt* Rn. 1; zur Aufschlüsselung zwischen verwaltungsinterner, handelsbilanzrechtlicher und kapitalmarktrechtlicher Transparenz näher *Fleischer* WM 2004, 1057 (1063 f.).
[7] Vgl. Bürgers/Körber/*Bürgers* Rn. 1; Kölner Komm AktG/*Mertens/Cahn* Rn. 3; MüKoAktG/*Spindler* Rn. 5; Großkomm AktG/*Kort* Rn. 148.
[8] Vgl. MüKoAktG/*Spindler* Rn. 5; Bürgers/Körber/*Bürgers* Rn. 1; Wachter/*Eckert* Rn. 2.
[9] Vgl. MüKoAktG/*Spindler* Rn. 5; Hölters/*Weber* Rn. 3; an ihrer Wirksamkeit zweifelnd Kölner Komm AktG/*Mertens/Cahn* Vor § 76 Rn. 11 unter dem Gesichtspunkt einer ausschließlichen Aufsichtsratszuständigkeit. Richtigerweise liegt aber ein Fall des § 23 Abs. 5 S. 2 AktG vor.
[10] Vgl. MüKoAktG/*Spindler* Rn. 5; Großkomm AktG/*Kort* Rn. 148.
[11] Vgl. Kölner Komm AktG/*Mertens/Cahn* Rn. 3; zur positiven Bewertung solcher Regelungen durch institutionelle Anleger KBLW/*Kremer* DCGK Rn. 693.

2. Vorgängervorschriften und Sonderregelungen. Vorschriften über Vorstandskredite sind 3 erstmals durch die Notverordnung von 1931 in Art. 240a HGB aufgenommen worden.[12] Den Anstoß gaben Missstände in der Aktienrechtswirklichkeit, die bei spektakulären Unternehmenszusammenbrüchen zutage getreten waren.[13] § 80 AktG 1937 baute diese Schutzvorkehrungen weiter aus. Das Aktiengesetz von 1965 hat im Kern an der Vorgängervorschrift festgehalten und sich auf einige Randkorrekturen beschränkt.[14] Der Deutsche Corporate Governance Kodex paraphrasiert § 89 AktG in Ziff. 3.9 DCGK, gibt dessen Regelungsgehalt aber nur sehr vergröbert wieder.[15] Nach § 89 Abs. 6 kommt den bankaufsichtsrechtlichen Vorschriften der §§ 15, 17 KWG Vorrang vor den aktienrechtlichen Regeln zu.[16] Dieses zunächst nur für Kreditinstitute geltende Spezialitätsverhältnis wurde im Jahre 1997 auf Finanzdienstleistungsinstitute ausgedehnt.[17]

Anders als das Aktienrecht macht das GmbH-Recht Organkredite von zusätzlichen Schutzvorkehrungen abhängig: Gem. § 43a S. 1 GmbHG darf dem Geschäftsführer Kredit nicht aus dem zur Erhaltung des Stammkapitals erforderlichen Vermögen der Gesellschaft gewährt werden. Die Vorschrift zielt darauf ab, das Stammkapital in seinem Wert zu erhalten, und dient damit primär dem Gläubigerschutz.[18] Sie wird von der Rechtsprechung besonders strikt gehandhabt.[19] 4

3. Rechtsvergleichung. International begegnet man Vorstandskrediten traditionell mit größerer 5 Strenge:[20] Das französische (art. L 225–43 *Code de commerce*) Aktienrecht kennt ein grundsätzliches Verbot der Kreditgewährung an Verwaltungsmitglieder, und in den Vereinigten Staaten hat der *Sarbanes Oxley Act* ebenfalls ein entsprechendes Verbot eingeführt.[21] Für ein solches Verbot spricht, dass Missbräuche durch Gefälligkeitsdarlehen von vornherein unterbunden werden und kreditwürdigen Organmitgliedern die Möglichkeit offen steht, anderwärts Darlehen zu marktüblichen Bedingungen aufzunehmen.[22] Andererseits können Organkredite für die Gesellschaft durchaus nützlich sein: Sie dienen vor allem als Rekrutierungshilfe, Personalbindungsinstrument und Vergütungsbestandteil,[23] vereinzelt auch zur Unterstützung eines in finanzielle Bedrängnis geratenen Vorstandsmitglieds.[24] In England (sec. 197–214 *Companies Act 2006*) hat man sich daher entschieden, Direktorenkredite unter dem Vorbehalt eines Hauptversammlungsbeschlusses zuzulassen,[25] wenngleich eine Zunahme von Direktorenkrediten angesichts dieser wenig praktikablen Lösung fraglich bleibt. Gute Gründe sprechen daher für ein Festhalten an der gegenwärtigen Regelung des § 89, zumal ein Verbot von Organkrediten unweigerlich zu Ausweichstrategien und einer Verlagerung auf andere Kompensationsformen führen würde.[26]

II. Tatbestandliche Eingrenzung des Kreditbegriffs

1. Erscheinungsformen des Kredits. § 89 Abs. 1 S. 1 verwendet den Begriff des Kredits, 6 ohne ihn zu definieren. Nach allgemeiner Ansicht ist eine am Normzweck orientierte, weite

---

[12] Vgl. Verordnung des Reichspräsidenten über Aktienrecht, Bankenaufsicht und über eine Steueramnestie v. 19.9.1931, RGBl. 1931 I 493.
[13] Vgl. Staub/*Pinner*, Kommentar zum Handelsgesetzbuch, 14. Aufl. 1933, HGB Einl. § 240a; ferner *Sintenis* Bank-Archiv 1930, 461 (465); ausf. zum Zusammenbruch der Frankfurter Allgemeinen Versicherungs AG als causa impulsiva *Gottschalk*, Die Lehren aus den Aktienskandalen der Nachkriegszeit, 1934, 11 ff.
[14] Näher BegrRegE *Kropff* S. 113 ff.
[15] Dazu KBLW/*Kremer* DCGK Rn. 693 ff.; K. Schmidt/Lutter/*Seibt* Rn. 1; Wilsing/*Goslar* DCGK Ziff. 3.9 Rn. 5.
[16] Näher Hüffer/Koch/*Koch* Rn. 6; Kölner Komm AktG/*Mertens/Cahn* Rn. 26; MüKoAktG/*Spindler* Rn. 4; K. Schmidt/Lutter/*Seibt* Rn. 3.
[17] Vgl. BGBl. 1997 I 2567.
[18] Vgl. Lutter/Hommelhoff/*Kleindiek* GmbHG § 43a Rn. 1; Baumbach/Hueck/*Zöllner/Noack* GmbHG § 43a Rn. 1.
[19] Vgl. BGHZ 157, 72, wonach das Kreditverbot unabhängig von der Vollwertigkeit des konkreten Rückzahlungsanspruchs gilt und sich auch auf solche Kredite erstreckt, die einem solventen Geschäftsführer gewährt oder ausreichend besichert werden; dazu auch Baumbach/Hueck/*Zöllner/Noack* GmbHG § 43a Rn. 1.
[20] Ausf. *Fleischer* WM 2004, 1057 (1058 ff.) mit umfassenden rechtsvergleichenden Nachweisen.
[21] Dazu *Power* 71 UMKC L. Rev. 911 (2003); *Stewart Lehman* 81 NCL. Rev. 2115 (2003); krit. *Romano* 114 Yale L.J. 1521 (1538 ff.) (2005); aus ökonomischer Sicht *Shastri/Kahle* 39 J. Fin. & Quantitative Analysis 791 (2004).
[22] Vgl. *Peltzer* FS Rowedder, 1994, 325 (333).
[23] Näher *Fleischer* WM 2004, 1057 (1062); *Fonk* in Semler/v. Schenck AR-HdB § 10 Rn. 287.
[24] Vgl. *v. Godin/Wilhelmi* Rn. 4; Kölner Komm AktG/*Mertens/Cahn* Rn. 25.
[25] Vgl. *Gower/Davies/Worthington*, Principles of Modern Company Law, 10. Aufl. 2016 Rn. 16–78 ff.; *Hannigan*, Company Law, 3. Aufl. 2012, 269 ff.
[26] Eingehend zu den rechtspolitischen Vor- und Nachteilen *Fleischer* WM 2004, 1057 (1061 f.).

Auslegung geboten,[27] die weder mit der bankaufsichtsrechtlichen Legaldefinition der § 19 Abs. 1 KWG, § 21 Abs. 1 KWG noch mit dem Begriff des Gelddarlehens in § 488 BGB übereinstimmt.[28] Erfasst wird vielmehr jede zeitweilige Überlassung von Geld- oder Sachmitteln.[29] Ohne Belang ist, ob es sich um kurz-, mittel- oder langfristige, gesicherte oder ungesicherte, verzinsliche oder zinslose Kredite handelt.[30] Keine Rolle spielt ferner, ob das Kreditgeschäft für die Gesellschaft vorteilhaft ist oder ob sie vergleichbare Geschäfte auch mit anderen Kunden abschließt.[31] Der tatsächlichen Kreditgewährung stehen Kreditzusagen und Kreditvorverträge gleich.[32] Als Kreditgewährung anzusehen sind auch Bürgschaften, Garantien, Schuldmitübernahmen und sonstige Personalsicherheiten.[33] Gleiches gilt für die Einräumung von Realsicherheiten, zB die Bestellung einer Hypothek an einem Gesellschaftsgrundstück.[34] Einen kritischen Sonderfall bildet die gemeinschaftliche Kreditaufnahme von Gesellschaft und Organmitglied bei einem Dritten.

7 Fernerhin erfasst § 89 Abs. 1 Ratenzahlungsgeschäfte, Warenkredite sowie Stundungsabreden bei Dienst- und Werkverträgen, Miet- und Pachtverhältnissen.[35] Allerdings liest die ganz hM einen Vorbehalt zugunsten verkehrsüblicher Stundungen in den Gesetzeswortlaut hinein, so dass diese nicht als Kredit aufgefasst werden.[36] Keine Kreditgewährung liegt in der vertraglichen Vorverlegung der Fälligkeit von Ansprüchen des Vorstandsmitglieds gegen die AG.[37] Stillschweigend ausgenommen werden auch angemessene Auslagenvorschüsse.[38] Davon streng zu unterscheiden ist die Gestattung einer Entnahme, namentlich die Entnahme von Vorschüssen auf noch nicht fällige Vorstandsbezüge.[39] Sie steht nach § 89 Abs. 1 S. 4 einer – zustimmungsbedürftigen – Kreditgewährung gleich. Dagegen sind Bonus-Malus-Vergütungssysteme und Claw-Back-Klauseln keine Kredite, sondern eine besondere Art der Vorstandsvergütung.[40]

8 **2. Ausnahmen für Kleinkredite.** Als entbehrlich erweist sich ein Aufsichtsratsbeschluss gem. § 89 Abs. 1 S. 5 bei Krediten, die ein Monatsgehalt nicht übersteigen. Maßgeblich ist ein Zwölftel des Bruttojahresgehalts einschließlich fest vereinbarter Tantiemen und Sachbezüge.[41] Mehrere Kredite sind zusammenzurechnen,[42] ebenso die an eine nahe stehende Person ausgereichten Kredite.[43] Hingegen sollen Kredite durch das herrschende und das abhängige Unternehmen nicht addiert werden.[44]

9 Schwierigkeiten bereitet, dass Ziff. 3.9 DCGK keine Bagatellgrenze enthält. Man könnte geneigt sein, darin eine unschädliche Vergröberung zu erblicken, die dem Bemühen um sprachliche Prägnanz geschuldet ist.[45] Nachdenklich stimmt indes, dass der Kodex an anderer Stelle, nämlich in Ziff. 6.6 DCGK aF bei den Mitteilungspflichten der Organmitglieder über den Kauf und Verkauf von Aktien,

---

[27] Vgl. OLG Stuttgart AG 2004, 678 (679); NK-AktR/*Oltmanns* Rn. 2; Bürgers/Körber/*Bürgers* Rn. 2; Hüffer/Koch/*Koch* Rn. 2; Großkomm AktR/*Kort* Rn. 19; Kölner Komm AktG/*Mertens/Cahn* Rn. 13; MüKoAktG/*Spindler* Rn. 8; Grigoleit/*Schwennicke* Rn. 4; K. Schmidt/Lutter/*Seibt* Rn. 4; Hölters/*Weber* Rn. 4; MHdB AG/*Wiesner* § 21 Rn. 93.
[28] Allgemein zur unterschiedlichen Bedeutung des Kreditbegriffs in verschiedenen Zusammenhängen („Relativität der Rechtsbegriffe") *Meincke/Hingst* WM 2011, 633 (634); MüKoAktG/*Spindler* Rn. 8.
[29] Vgl. *Fleischer* WM 2004, 1057 (1064).
[30] Vgl. MüKoAktG/*Spindler* Rn. 9.
[31] Vgl. MüKoAktG/*Spindler* Rn. 9.
[32] Zu Kreditvorverträgen Großkomm AktG/*Meyer-Landrut* 3. Aufl. 1973, Rn. 8 mit zutr. Hinweis, dass die Kreditgewährung selbst dann nicht mehr zustimmungspflichtig ist; ferner Großkomm AktG/*Kort* Rn. 21.
[33] Vgl. Bürgers/Körber/*Bürgers* Rn. 2; v. Godin/Wilhelmi Rn. 2; Kölner Komm AktG/*Mertens/Cahn* Rn. 13.
[34] Vgl. *Fleischer* WM 2004, 1057 (1064).
[35] Vgl. *Fleischer* WM 2004, 1057 (1064); MüKoAktG/*Spindler* Rn. 13; K. Schmidt/Lutter/*Seibt* Rn. 4.
[36] Vgl. Hüffer/Koch/*Koch* Rn. 2.
[37] Vgl. OLG Stuttgart AG 2004, 678 (679); Kölner Komm AktG/*Mertens/Cahn* Rn. 13.
[38] Vgl. NK-AktR/*Oltmanns* Rn. 2; Bürgers/Körber/*Bürgers* Rn. 2; Wachter/*Eckert* Rn. 5; Kölner Komm AktG/*Mertens/Cahn* Rn. 13; MüKoAktG/*Spindler* Rn. 16; K. Schmidt/Lutter/*Seibt* Rn. 4; MHdB AG/*Wiesner* § 21 Rn. 93.
[39] Vgl. BGH WM 1991, 1258; Bürgers/Körber/*Bürgers* Rn. 2; MüKoAktG/*Spindler* Rn. 15; K. Schmidt/Lutter/*Seibt* Rn. 4.
[40] Vgl. MüKoAktG/*Spindler* Rn. 15; *Wettich* AG 2013, 274 (277).
[41] Vgl. Bürgers/Körber/*Bürgers* Rn. 3; Hüffer/Koch/*Koch* Rn. 3; K. Schmidt/Lutter/*Seibt* Rn. 5.
[42] Vgl. Bürgers/Körber/*Bürgers* Rn. 3; Hüffer/Koch/*Koch* Rn. 3.
[43] Vgl. Kölner Komm AktG/*Mertens/Cahn* Rn. 14; K. Schmidt/Lutter/*Seibt* Rn. 5.
[44] Vgl. Bürgers/Körber/*Bürgers* Rn. 3; Kölner Komm AktG/*Mertens/Cahn* Rn. 14; MüKoAktG/*Spindler* Rn. 23; Hölters/*Weber* Rn. 5; abw. wohl Wachter/*Eckert* Rn. 6.
[45] In diesem Sinne wohl KBLW/*Kremer* DCGK Rn. 693 sowie allgemeiner Rn. 699; ferner Hüffer/Koch/*Koch* Rn. 3; Wilsing/*Goslar* DCGK Ziff. 3.9 Rn. 5.

eigens ergänzt worden ist, um die *de-minimis*-Regelung des § 15a WpHG aF (heute: Art. 19 Abs. 8 MMVO[46]) aufzunehmen.[47]

Rechtspolitisch hat man vereinzelt Kritik an der geringen Höhe der Freigrenze geübt: Sie sei **10** unrealistisch niedrig und führe zu unnötigem Verwaltungsaufwand.[48] Im internationalen Vergleich lässt sich dies nicht untermauern: Der britische *Companies Act* hat die Grenze unlängst auf die nach wie vor geringe Summe von 10 000 Pfund verdoppelt; der französische *Code de commerce* kennt gar keine Ausnahme für Kleinkredite.[49]

III. Zuständigkeit und Verfahren der Kreditgewährung

1. Zuständigkeit und Beschlusserfordernis. Gem. § 89 Abs. 1 S. 1 darf die Kreditgewährung **11** an Vorstandsmitglieder nur auf Grund eines Aufsichtsratsbeschlusses erfolgen. Die Zuständigkeit des Aufsichtsrats ergibt sich bereits aus der erweiterten Vertretungsbefugnis des § 112 AktG.[50] Mit ihr hat der Aktiengesetzgeber von 1965 von der hergebrachten Vorstellung Abstand genommen, dass der (Rest-)Vorstand die Gesellschaft bei der Kreditgewährung an ein Vorstandsmitglied vertritt und die Zustimmung des Aufsichtsrats die Vertretungsbefugnis des Vorstands nur einschränkt.[51] Auch bei nicht zustimmungspflichtigen Kleinkrediten (§ 89 Abs. 1 S. 5) bleibt die Vertretungsbefugnis beim Aufsichtsrat.[52] Sache des Vorstands ist allein die tatsächliche Durchführung des Geschäfts,[53] zB die Überweisung des Geldbetrages, aber auch der Abschluss eines Bürgschaftsvertrages mit einem Dritten zugunsten eines Vorstandsmitglieds, auf den § 112 im Interesse der Verkehrssicherheit keine entsprechende Anwendung findet.[54]

§ 89 Abs. 1 verlangt einen formellen Aufsichtsratsbeschluss. Selbst die Kenntnis sämtlicher Auf- **12** sichtsratsmitglieder und ihre stillschweigende Duldung genügen nicht.[55] Die Zustimmung des Aufsichtsrats ist ausdrücklich zu erklären;[56] konkludent kann ein Aufsichtsratsbeschluss nicht gefasst werden.[57] Der Aufsichtsrat kann die Entscheidungsbefugnis über Kreditangelegenheiten aber einem Aufsichtsratsausschuss übertragen.[58] Stets muss die Einwilligung allerdings bereits im Zeitpunkt der Kreditgewährung vorliegen,[59] weil Kredite nur „auf Grund" eines Beschlusses des Aufsichtsrates gewährt werden dürfen.[60]

2. Beschlussinhalt. Der Beschluss kann gem. § 89 Abs. 1 S. 2 nur für bestimmte Kreditgeschäfte **13** oder Arten von Kreditgeschäften gefasst werden. Er erfordert namentlich Angaben über Grund und Höhe der Kreditgewährung.[61] Nach § 89 Abs. 1 S. 3 hat der Aufsichtsratsbeschluss außerdem die Verzinsung und Rückzahlung des Kredits zu regeln. Das gilt nicht nur für Gelddarlehen, sondern für Kredite jeder Art.[62] Dass der Kredit stets verzinslich sein muss, ist damit indes nicht gesagt; vielmehr entscheidet der Aufsichtsrat über die Kreditbedingungen nach pflichtgemäßem Ermessen.[63] § 89 will nur eine sorgfältig erwogene und klare Aufsichtsratsentscheidung herbeiführen, ohne seinen

---

[46] Danach besteht die Meldepflicht erst bei einem jährlichen Gesamtvolumen von 5.000 EUR; näher *Stüber* DStR 2016, 1221 (1223).
[47] Vgl. *Fleischer* WM 2004, 1057 (1064); relativierend Wilsing/*Goslar* DCGK Ziff. 3.9 Rn. 7; später die Neufassung in Ziff. 6.2 DCGK; dazu KBLW/*Bachmann* DCGK Rn. 1619. Im Rahmen der Kodexnovellierung von 2017 wurde Ziff. 6.2 DCGK gestrichen.
[48] Vgl. Kölner Komm AktG/*Mertens*/*Cahn* Rn. 14; gegen ihn aber Hüffer/Koch/*Koch* Rn. 3; MüKoAktG/ *Spindler* Rn. 20.
[49] Vgl. *Fleischer* WM 2004, 1057 (1064).
[50] Vgl. NK-AktR/*Oltmanns* Rn. 5; Henssler/Strohn/*Dauner-Lieb* Rn. 9; Hüffer/Koch/*Koch* Rn. 4; K. Schmidt/Lutter/*Seibt* Rn. 7.
[51] Dazu *Schwarz* ZfgG 52 (2001), 61 (69 ff.); zur abweichenden Regelung in § 39 Abs. 2 GenG BGHZ 130, 108 (113).
[52] Vgl. BegrRegE *Kropff* S. 114.
[53] Vgl. Kölner Komm AktG/*Mertens*/*Cahn* Rn. 17; Großkomm AktG/*Kort* Rn. 37; Grigoleit/*Schwennicke* Rn. 12; MüKoAktG/*Spindler* Rn. 45.
[54] Vgl. MüKoAktG/*Spindler* Rn. 45.
[55] Vgl. Schlegelberger/*Quassowski* AktG 1937 § 80 Anm. 12; BegrRegE *Kropff* S. 114.
[56] Vgl. MüKoAktG/*Spindler* Rn. 38.
[57] Vgl. Hüffer/Koch/*Koch* Rn. 4.
[58] Vgl. BGH WM 1991, 1288; Bürgers/Körber/*Bürgers* Rn. 7; Kölner Komm AktG/*Mertens*/*Cahn* Rn. 17; MHdB AG/*Wiesner* § 21 Rn. 94; noch großzügiger, aber nicht überzeugend *Kuhlmann* AG 2009, 109 (111 f.).
[59] Vgl. NK-AktR/*Oltmanns* Rn. 5; *Fleischer* WM 2004, 1057 (1064).
[60] So BegrRegE *Kropff* S. 114; K. Schmidt/Lutter/*Seibt* Rn. 7.
[61] Vgl. NK-AktR/*Oltmanns* Rn. 5; K. Schmidt/Lutter/*Seibt* Rn. 7.
[62] Vgl. MüKoAktG/*Spindler* Rn. 42.
[63] Vgl. Hüffer/Koch/*Koch* Rn. 4; Kölner Komm AktG/*Mertens*/*Cahn* Rn. 20.

Ermessensspielraum einzuengen.[64] Ebenso wenig wird die Art und Weise der Rückzahlung inhaltlich vorgegeben;[65] unzulässig ist nur der vollständige Ausschluss eines Kündigungsrechts bei einem auf unbestimmte Zeit eingeräumten Kredit.[66]

14 Gem. § 89 Abs. 1 S. 2 darf der Aufsichtsratsbeschluss nicht für eine längere Zeit als drei Monate im Voraus getroffen werden. Dahinter steht die Erwägung, dass der Aufsichtsrat keine Bindungen für eine Zeit eingehen soll, für die er weder die Lage der Gesellschaft noch die Kreditwürdigkeit des Vorstandsmitglieds voraussehen kann.[67] Dieser Normzweck gebietet es, das Erfordernis der Dreimonatsfrist eng auszulegen: Innerhalb dieser Frist muss der Kredit auch tatsächlich gewährt werden;[68] der bloße Abschluss eines Kredit(vor)vertrages reicht nicht aus.[69] Dagegen verlangt das Gesetz nicht, dass der Kredit innerhalb von drei Monaten zurückzugewähren ist.[70]

IV. Kreis der einbezogenen Kreditnehmer

15 Der Kreis der betroffenen Personen ist weit gezogen. Man kann fünf Gruppen von Normadressaten unterscheiden:

16 **1. Kredite an Vorstandsmitglieder.** § 89 Abs. 1 S. 1 erfasst zunächst alle im Amt befindlichen Vorstandsmitglieder. Dazu zählen auch die stellvertretenden (§ 94) und die gerichtlich bestellten Vorstandsmitglieder (§ 85), die in den Vorstand entsandten Aufsichtsratsmitglieder (§ 105 Abs. 2)[71] sowie die Liquidatoren der Gesellschaft (§ 268 Abs. 2).[72] Dagegen gilt § 89 – von Umgehungsfällen abgesehen – nicht für Altkredite, die einem Vorstandsmitglied vor seinem Amtsantritt von der Gesellschaft gewährt wurden.[73] Ebenso wenig findet er auf ausgeschiedene Vorstandsmitglieder Anwendung.[74] Bilanzrechtlich sind in beiden Fällen Besonderheiten zu beachten (näher unten → Rn. 30).

17 **2. Kredite an Prokuristen und Generalhandlungsbevollmächtigte.** § 89 Abs. 2 S. 1 unterwirft auch Kredite an Prokuristen (§§ 48 ff. HGB) und Generalhandlungsbevollmächtigte (§ 54 Abs. 1 Fall 1 HGB) dem Einwilligungserfordernis des Aufsichtsrats. Auf andere leitende Angestellte ist die Vorschrift nicht anzuwenden.[75] Auch eine Analogie scheidet angesichts des eindeutigen Gesetzgeberwillens[76] aus.[77]

18 **3. Kredite innerhalb verbundener Unternehmen.** § 89 Abs. 2 S. 2 regelt zwei konzernrechtliche Tatbestände,[78] wobei der Kreditgeber stets eine Aktiengesellschaft sein muss.[79] Zustimmungspflichtig sind zum einen Kredite einer herrschenden Gesellschaft an Vorstandsmitglieder eines abhängigen Unternehmens (Alt. 1), zum anderen Kredite einer abhängigen Gesellschaft an Vorstandsmitglieder des herrschenden Unternehmens (Alt. 2). Im ersten Fall obliegt die Zustimmung dem Aufsichtsrat der herrschenden Gesellschaft, im zweiten Fall dem Aufsichtsrat oder dem entsprechenden Funktionsträger des herrschenden Unternehmens.[80]

19 **4. Kredite an nahe Angehörige und Strohmänner.** § 89 Abs. 3 dehnt den Anwendungsbereich der Vorschrift auch auf nahe Angehörige und Strohmänner aus, um Gesetzesumgehungen zu verhindern.[81] Das entspricht einem internationalen Regelungsmuster.[82] Nach S. 1 erstreckt sich der

---

[64] Vgl. NK-AktR/*Oltmanns* Rn. 5.
[65] Vgl. Großkomm AktG/*Meyer-Landrut*, 3. Aufl. 1973, Rn. 11.
[66] Vgl. Bürgers/Körber/*Bürgers* Rn. 7; MüKoAktG/*Spindler* Rn. 42; K. Schmidt/Lutter/*Seibt* Rn. 7.
[67] Vgl. *Fleischer* WM 2004, 1057 (1066).
[68] Vgl. MHdB AG/*Wiesner* § 21 Rn. 95; abw. Großkomm AktG/*Kort* Rn. 42.
[69] Ebenso Grigoleit/*Eckert* Rn. 17; *v. Godin/Wilhelmi* Anm. 3; MüKoAktG/*Spindler* Rn. 43; abw. NK-AktR/*Oltmanns* Rn. 5; Kölner Komm AktG/*Mertens/Cahn* Rn. 18.
[70] Vgl. *Fleischer* WM 2004, 1057 (1066).
[71] Vgl. Bürgers/Körber/*Bürgers* Rn. 4; MüKoAktG/*Spindler* Rn. 24; K. Schmidt/Lutter/*Seibt* Rn. 6.
[72] Vgl. Bürgers/Körber/*Bürgers* Rn. 4; Kölner Komm AktG/*Mertens/Cahn* Rn. 4; K. Schmidt/Lutter/*Seibt* Rn. 6.
[73] Vgl. *Fleischer* WM 2004, 1057 (1064f.); Großkomm AktG/*Kort* Rn. 9.
[74] Vgl. MüKoAktG/*Spindler* Rn. 24; K. Schmidt/Lutter/*Seibt* Rn. 6.
[75] Vgl. Hüffer/Koch/*Koch* Rn. 5; Kölner Komm AktG/*Mertens/Cahn* Rn. 5; MüKoAktG/*Spindler* Rn. 25; Hölters/*Weber* Rn. 10; MHdB AG/*Wiesner* § 21 Rn. 92.
[76] Vgl. Ausschussbericht bei *Kropff* S. 115.
[77] Ebenso Bürgers/Körber/*Bürgers* Rn. 4; MüKoAktG/*Spindler* Rn. 25; K. Schmidt/Lutter/*Seibt* Rn. 10.
[78] Näher BegrRegE *Kropff* S. 114.
[79] Vgl. Hüffer/Koch/*Koch* Rn. 5.
[80] Näher NK-AktR/*Oltmanns* Rn. 6.
[81] Vgl. BegrRegE *Kropff* S. 114; Großkomm AktG/*Kort* Rn. 97; Kölner Komm AktG/*Mertens/Cahn* Rn. 9.
[82] Vgl. *Fleischer* WM 2004, 1057 (1065) mwN.

Umgehungsschutz auf Kredite an den Ehegatten, Lebenspartner oder an ein minderjähriges Kind des Vorstandsmitglieds. Eingeschlossen sind nichteheliche Kinder und Adoptivkinder,[83] nicht hingegen Pflege- oder Stiefkinder,[84] ebenso wenig geschiedene Ehegatten und vormalige Lebenspartner nach Aufhebung des zwischen ihnen bestehenden Verhältnisses.[85] Nach Satz 2 gilt das Gleiche für Kredite an einen mittelbaren Stellvertreter (Strohmann), der für Rechnung eines Vorstandsmitglieds handelt. Unter diesem Gesichtspunkt können auch Kreditgeschäfte mit volljährigen Kindern, Geschwistern, Eltern, Verschwägerten oder Bekannten von Vorstandsmitgliedern zustimmungspflichtig sein.[86] Rechtspolitisch zeichnet sich hier ein Abstimmungsbedarf mit Art. 19 Abs. 1 iVm Art. 3 Nr. 26 MMVO ab, der zusätzlich zu den Ehepartnern, Lebenspartnern und Kindern auch sonstige Verwandte einbezieht, die mit dem Organmitglied seit mindestens einem Jahr im selben Haushalt leben.[87] Außerhalb seines eigentlichen Anwendungsbereichs ziehen Rechtsprechung und Lehre § 89 Abs. 3 analog heran, wenn es um Zuwendungen an nahe stehende Personen eines Aktionärs geht.[88]

5. Kredite an Gesellschaften bei personeller Verflechtung.
§ 89 Abs. 4 erfasst Kredite an 20 „nahe stehende" Gesellschaften des Vorstandsmitglieds und schließt damit eine vor dem AktG 1965 bestehende Lücke.[89] Ausweislich der Regierungsbegründung verfolgt die Vorschrift einen doppelten Zweck: Zum einen soll sie verhindern, dass sich Vorstandsmitglieder den gewünschten persönlichen Kredit durch Einschaltung einer anderen juristischen Person oder Personenhandelsgesellschaft verschaffen (Umgehungsschutz); zum anderen soll sie verhüten, dass die Gesellschaft unter dem Einfluss ihres Vorstandsmitglieds der anderen juristischen Person oder Personenhandelsgesellschaft Kredite zu unangemessenen Bedingungen oder ohne genügende Sicherheiten gewährt (Vermögensschutz).[90] Erforderlich ist in beiden Fällen die Einwilligung des Aufsichtsrats der kreditierenden Gesellschaft.[91]

Tatbestandlich muss das Vorstandsmitglied gleichzeitig Gesellschafter einer Personenhandelsgesell- 21 schaft (OHG, KG, analog: unternehmerisch tätige GbR)[92] oder gesetzlicher Vertreter oder Aufsichtsratsmitglied einer anderen juristischen Person (auch des öffentlichen Rechts)[93] sein. Bei einer Tätigkeit als Beiratsmitglied in einer GmbH wird man § 89 Abs. 4 jedenfalls dann entsprechend heranziehen, wenn der Beirat aufsichtsratstypische Aufgaben wahrnimmt.[94] Gleiches gilt, wenn das Vorstandsmitglied zwischen sich und die kreditnehmende Personenhandelsgesellschaft, an der er beteiligt ist, eine weitere Personenhandelsgesellschaft zwischenschaltet.[95] Denkbar ist auch eine kombinierte Anwendung des § 89 Abs. 3 und 4, etwa wenn der Ehegatte des Vorstandsmitglieds in der anderen Gesellschaft als Vorstands- oder Aufsichtsratsmitglied tätig ist.[96] Dagegen reicht eine maßgebliche Beteiligung an einer anderen Gesellschaft nicht aus, sofern das Vorstandsmitglied dort nicht als Organwalter amtiert.[97]

Eine Ausnahme sieht § 89 Abs. 4 S. 2 zum einen für Kreditgewährungen zwischen verbundenen 22 Unternehmen vor,[98] um den konzerninternen Geschäftsverkehr nicht übermäßig zu behindern.[99] Die zweite Ausnahme betrifft Kredite für die Bezahlung von Waren, welche die Gesellschaft der juristischen Person oder Personenhandelsgesellschaft liefert. Diese Ausnahme ist eng im Sinne des üblichen Lieferantenkredits auszulegen.[100] Sie gilt nur für bewegliche Sachen, die Gegenstände des Warenumsatzes sind, nicht hingegen für Dienstleistungs- und Finanzierungskredite.[101]

---

[83] Vgl. Bürgers/Körber/*Bürgers* Rn. 6; MüKoAktG/*Spindler* Rn. 27; K. Schmidt/Lutter/*Seibt* Rn. 12.
[84] Vgl. NK-AktR/*Oltmanns* Rn. 8.
[85] Vgl. Hüffer/Koch/*Koch* Rn. 6; K. Schmidt/Lutter/*Seibt* Rn. 12.
[86] Vgl. Kölner Komm AktG/*Mertens/Cahn* Rn. 9.
[87] Zu § 15a Abs. 3 S. 1 WpHG aF *v. Buttlar* BB 2003, 2133 (2136); zum Problem bereits *Fleischer* ZIP 2002, 1217 (1226).
[88] Vgl. BGHZ 81, 365 (368) („gesetzliche Typisierung von Umgehungstatbeständen, die auf das Verbot der Kapitalrückzahlung zu übertragen sind"); Großkomm AktG/*Henze* § 57 Rn. 90 f.
[89] Dazu BegrRegE *Kropff* S. 114.
[90] Näher BegrRegE *Kropff* S. 115.
[91] Vgl. *Fleischer* WM 2004, 1057 (1065); Hüffer/Koch/*Koch* Rn. 7.
[92] Ebenso Bürgers/Körber/*Bürgers* Rn. 6; MüKoAktG/*Spindler* Rn. 31; Großkomm AktG/*Kort* Rn. 114.
[93] Vgl. Kölner Komm AktG/*Mertens/Cahn* Rn. 10.
[94] Vgl. LG Bochum ZIP 1989, 1557 (1563); MüKoAktG/*Spindler* Rn. 30; K. Schmidt/Lutter/*Seibt* Rn. 14; Hölters/*Weber* Rn. 14; wohl auch Hüffer/Koch/*Koch* Rn. 7 („erwägenswert"); Kölner Komm AktG/*Mertens/Cahn* Rn. 10.
[95] Vgl. LG Aurich DB 1987, 528.
[96] Vgl. NK-AktR/*Oltmanns* Rn. 9.
[97] Vgl. Kölner Komm AktG/*Mertens/Cahn* Rn. 10.
[98] Für einen Beispielsfall OLG Saarbrücken NZG 2001, 415 f.; Bürgers/Körber/*Bürgers* Rn. 6; K. Schmidt/Lutter/*Seibt* Rn. 14.
[99] Vgl. BegrRegE *Kropff* S. 115.
[100] Vgl. LG Bochum ZIP 1987, 1557 (1563); MüKoAktG/*Spindler* Rn. 33; K. Schmidt/Lutter/*Seibt* Rn. 14.
[101] Vgl. BegrRegE *Kropff* S. 115; ausf. MüKoAktG/*Spindler* Rn. 33.

V. Rechtsfolgen bei Verstößen

23 1. Wirksamkeit des Kreditgeschäfts. Nach hM ist ein entgegen § 89 abgeschlossenes Kreditgeschäft nicht nach § 134 BGB nichtig.[102] Demgegenüber bejaht eine ältere Lehrmeinung die Nichtigkeit des Vertrages, weil § 89 die gesetzliche Vertretungsmacht beschränke.[103] Der hM ist beizutreten: Sie hat nicht nur den Gesetzeswortlaut auf ihrer Seite, der von der Wirksamkeit des Verpflichtungsgeschäfts ausgeht („ohne Rücksicht auf entgegenstehende Vereinbarungen"), sondern trifft auch teleologisch das Richtige, da sich § 89 nicht gegen die Kreditgewährung als solche richtet, sondern nur die Transparenz der Kreditvergabe sicherstellen will.[104] Die Gegenmeinung hat vor allem den Schutz der Gesellschaft bei der Bestellung einer Kreditsicherheit zugunsten eines Vorstandsmitglieds im Auge,[105] trägt aber den Verkehrsschutzbelangen nicht hinreichend Rechnung. Nach alledem ist das Kreditgeschäft bei einem Verstoß gegen § 89 stets wirksam; nichtig sind allein solche Kredite, die entgegen § 112 nicht vom Aufsichtsrat, sondern vom Vorstand gewährt wurden.[106]

24 2. Anspruch auf sofortige Rückgewähr. Ein entgegen den gesetzlichen Vorgaben eingeräumter Kredit ist gem. § 89 Abs. 5 sofort zurückzugewähren. Dabei handelt es sich nicht um einen Bereicherungsanspruch, sondern um den vertraglichen Rückgewähranspruch mit gesetzlich vorverlagerter Fälligkeit.[107] Die Aktiengesellschaft hat daher Anspruch auf die anteiligen Kreditzinsen und behält auch die ihr etwa gestellten Sicherheiten.[108] Nach Kreditzusage und vor Auszahlung des Kredits steht ihr ein Leistungsverweigerungsrecht zu.[109] Ein Aufrechnungsverbot kann aus § 89 Abs. 5 nicht hergeleitet werden.[110]

25 Hinsichtlich des konkreten Anspruchsinhalts ist zwischen den verschiedenen Arten der Kreditgewährung zu unterscheiden. Verbotswidrig ausgereichte Darlehen müssen sofort zurückgezahlt werden;[111] Bürgschaftsverträge und sonstige Kreditsicherheiten werden dadurch „zurückgewährt",[112] dass das Vorstandsmitglied seine Schuld gegenüber dem Gläubiger begleicht oder die Gesellschaft sonstwie von der Sicherheit befreit.[113] In den Fällen des § 89 Abs. 2–4 richtet sich der Anspruch auf Rückgewähr unzulässigen Kredits nach hM gegen den Kreditempfänger,[114] da es um den vertraglichen Rückgewähranspruch gehe. Bei ähnlichen Konstellationen im Rahmen der § 62 AktG, § 31 GmbHG befürwortet der Bundesgerichtshof ebenfalls einen unmittelbaren Rückgewähranspruch gegen nahe stehende Personen iSd § 89 Abs. 3 S. 1,[115] doch herrscht über dessen dogmatische Ableitungsbasis heftiger Streit.[116]

26 Gemäß § 89 Abs. 5 entfällt die Pflicht zur sofortigen Rückgewähr, wenn der Aufsichtsrat der Kreditgewährung nachträglich zustimmt. Die nachträgliche Zustimmung ist jederzeit möglich.[117] Ersatzansprüche gegen die Vorstandsmitglieder gem. § 93 Abs. 3 Nr. 8 bleiben davon freilich unberührt.[118] Ein Hauptversammlungsbeschluss kann die Zustimmung des Aufsichtsrats nicht ersetzen.[119]

VI. Sonstige Schranken der Kreditgewährung

27 Neben den Vorgaben des § 89 sind bei der Gewährung von Vorstandskrediten stets auch die Verhaltensanforderungen der §§ 93, 116 zu beachten, vor allem bei der Kreditgewährung zu marktun-

---

[102] Vgl. NK-AktR/*Oltmanns* Rn. 10; Bürgers/Körber/*Bürgers* Rn. 9; Henssler/Strohn/*Dauner-Lieb* Rn. 11; Hüffer/Koch/*Koch* Rn. 8; Großkomm AktG/*Kort* Rn. 133; Kölner Komm AktG/*Mertens*/*Cahn* Rn. 22; MüKoAktG/*Spindler* Rn. 51; K. Schmidt/Lutter/*Seibt* Rn. 15; Hölters/*Weber* Rn. 16.
[103] Vgl. *Schlegelberger/Quassowski* AktG 1937 § 80 Anm. 15; *Geßler* Rn. 13.
[104] Vgl. BegrRegE *Kropff* S. 113.
[105] Vgl. *Geßler* Rn. 13.
[106] Vgl. Bürgers/Körber/*Bürgers* Rn. 8; Kölner Komm AktG/*Mertens*/*Cahn* Rn. 22; MüKoAktG/*Spindler* Rn. 51; Grigoleit/*Schwennicke* Rn. 20; K. Schmidt/Lutter/*Seibt* Rn. 14.
[107] Vgl. NK-AktR/*Oltmanns* Rn. 10; Bürgers/Körber/*Bürgers* Rn. 9; Wachter/*Eckert* Rn. 19; Hüffer/Koch/*Koch* Rn. 8; Kölner Komm AktG/*Mertens*/*Cahn* Rn. 22; MüKoAktG/*Spindler* Rn. 52; Großkomm AktG/*Kort* Rn. 137; K. Schmidt/Lutter/*Seibt* Rn. 15.
[108] Vgl. MüKoAktG/*Spindler* Rn. 52.
[109] Vgl. NK-AktR/*Oltmanns* Rn. 5.
[110] Vgl. BGH WM 1991, 1288; Hüffer/Koch/*Koch* Rn. 8; K. Schmidt/Lutter/*Seibt* Rn. 15.
[111] Vgl. MüKoAktG/*Spindler* Rn. 53; K. Schmidt/Lutter/*Seibt* Rn. 15.
[112] Zum Begriff BegrRegE *Kropff* S. 115.
[113] Vgl. Hüffer/Koch/*Koch* Rn. 8; MüKoAktG/*Spindler* Rn. 53; K. Schmidt/Lutter/*Seibt* Rn. 15.
[114] Vgl. MüKoAktG/*Spindler* Rn. 54.
[115] Vgl. BGHZ 81, 365 (368).
[116] Dazu Großkomm AktG/*Henze* § 62 Rn. 30.
[117] Vgl. *Fleischer* WM 2004, 1057 (1067); v. Godin/*Wilhelmi* Rn. 9.
[118] Vgl. NK-AktR/*Oltmanns* Rn. 10; Hüffer/Koch/*Koch* Rn. 8; Großkomm AktG/*Kort* Rn. 142; K. Schmidt/Lutter/*Seibt* Rn. 16; Hölters/*Weber* Rn. 17.
[119] Vgl. *Fleischer* WM 2004, 1057 (1067).

üblichen Bedingungen. Als allgemeine Richtschnur dient das Gesellschaftsinteresse, das der Ausreichung eines zinslosen Kredits aber nicht von vornherein entgegensteht.[120] So kann es durchaus einmal im Interesse der Gesellschaft liegen, ein Vorstandsmitglied durch besonders günstige – für ihn freilich steuerpflichtige[121] – Darlehenskonditionen an sich zu binden.[122] Das gilt umso mehr, wenn es sich dabei um Vergütungsbestandteile („fringe benefits") handelt, die nach § 87 Abs. 1 lediglich an den flexiblen Schranken des Angemessenheitsgebots zu messen sind. Denkbar sind auch finanzielle Hilfestellungen, um einem neu bestellten Vorstandsmitglied den Umzug an den Sitz der Gesellschaft und den Erwerb von Wohnungseigentum dort zu erleichtern.[123] Ferner mag die Gesellschaft unter besonderen Umständen ein Interesse daran haben, an der Regelung der privaten Vermögensverhältnisse eines Vorstandsmitglieds mitzuwirken, um dadurch einen Schaden für das Ansehen der Gesellschaft abzuwenden.[124] Größte Zurückhaltung ist angezeigt, sofern es um die Finanzierung von Spekulationsgeschäften eines Vorstandsmitglieds geht: Für derartige Geschäfte sind die Mittel der Gesellschaft nicht vorgesehen.[125]

In allen Fällen hat der Aufsichtsrat nach pflichtgemäßem Ermessen zu entscheiden,[126] wobei **28** vor allem die mit dem Kredit verbundene Kapitalbindung, seine Unverzinslichkeit und fehlende Sicherheiten gegen eine Kreditgewährung sprechen können.[127] Stellen die Aufsichtsratsmitglieder nicht sicher, dass der Vorstand die Vorgaben des § 89 einhält, sollen sie auch dafür nach § 93 Abs. 2, § 116 haften.[128] Für wirtschaftlich unvertretbare Kreditgewährungen kommt neben einer Haftung der verantwortlichen Aufsichtsratsmitglieder gem. § 116 iVm § 93[129] auch eine Haftung des kreditnehmenden Vorstandsmitglieds nach § 93 Abs. 2 in Betracht.[130]

Diskutiert wird in neuerer Zeit ferner, ob bei der Kreditgewährung an Vorstandsmitglieder, die **29** zugleich Aktionäre der Gesellschaft sind, neben § 89 auch die Schranken des § 57 zu beachten sind. Verschiedene Stimmen sehen § 89 als *lex specialis* an,[131] wofür in der Tat manches spricht, wenn der Kredit einem Drittvergleich standhält. Bei ungewöhnlich günstigen Kreditkonditionen bleibt es dagegen bei einem Nebeneinander von § 89 und § 57.[132]

VII. Bilanzmäßiger Ausweis

Handelsrechtlich sind Vorstandskredite gem. § 285 Nr. 9 lit. c HGB im Anhang als Pflichtangabe **30** auszuweisen. Der Gesetzgeber will die finanziellen Verflechtungen zwischen der Gesellschaft und ihren Organmitgliedern nach außen sichtbar machen,[133] um auf diese Weise möglichen Missbräuchen vorzubeugen.[134] Anders als die Vorgängervorschrift des § 151 Abs. 1 AktG 1965 knüpft § 285 HGB allerdings nicht mehr an den Grundtatbestand des § 89 AktG an, so dass nicht jeder aktienrechtlich zustimmungspflichtige Vorstandskredit automatisch einer bilanzrechtlichen Verlautbarungspflicht unterliegt.[135] Vier Unterschiede verdienen Hervorhebung: (1) Während die Gewährung eines Vorschusses im Rahmen des § 89 einen Unterfall der Kreditgewährung bildet, sind Vorschüsse und Kredite nach § 285 HGB gesondert auszuweisen. (2) Kleinkredite sind zwar von der Zustimmungspflicht des § 89 (→ Rn. 8), nicht aber von der Angabepflicht des § 285 HGB ausgenommen.[136] (3) Aktienrechtlich kommt es auf die Eigenschaft als Vorstandsmitglied zum Zeitpunkt der Kreditgewährung an, handelsrechtlich ist der Bilanzstichtag maßgebend.[137] Damit sind auch Kredite, die vor der

---

[120] Ebenso MüKoAktG/*Spindler* Rn. 42.
[121] Zur Lohnsteuerpflicht bei ersparten Zinsaufwendungen Blümich/*Geserich*, EStG, KStG, GewStG, 138. Aufl. 2017, EStG § 19 Rn. 281–289, Stichwort: Zinsen; sowie BMF-Schreiben v. 1.10.2008 – IV C 5 – S. 2334/07/0009, BStBl. I 2008, 892.
[122] In diesem Sinne bereits Staub/*Pinner*, Kommentar zum Handelsgesetzbuch, 14. Aufl. 1933, HGB § 240a Rn. 16; aus neuerer Zeit Kölner Komm AktG/*Mertens/Cahn* Rn. 25.
[123] Vgl. *Fleischer* WM 2004, 1057 (1067); *Fonk* in Semler/v. Schenck AR-HdB § 10 Rn. 287.
[124] Vgl. *v. Godin/Wilhelmi* AktG Rn. 4; Kölner Komm AktG/*Mertens/Cahn* Rn. 25.
[125] Vgl. *Fleischer* WM 2004, 1057 (1067) unter Hinweis auf die Entstehungsgeschichte der Vorschrift.
[126] Gleichsinnig Hüffer/*Koch* Rn. 4.
[127] Vgl. *Fleischer* WM 2004, 1057 (1067).
[128] Vgl. OLG Hamm BeckRS 2008, 06654.
[129] Dazu NK-AktR/*Oltmanns* Rn. 10.
[130] Vgl. Kölner Komm AktG/*Mertens/Cahn* Rn. 25; MüKoAktG/*Spindler* Rn. 57; s. auch *Ihrig/Schäfer* Rechte und Pflichten des Vorstands Rn. 330 unter Hinweis auf BGH NZG 2012, 1064 Rn. 19.
[131] Vgl. *Deilmann* AG 2006, 62 (64); Großkomm AktG/*Kort* Rn. 5.
[132] Vgl. *Fleischer* WM 2007, 909 (915); weitergehend Kölner Komm AktG/*Mertens/Cahn* Rn. 24.
[133] Vgl. ADS HGB § 285 Rn. 196; MüKoHGB/*Poelzig* § 285 Rn. 210; Staub/*Hüttemann*, HGB § 285 Rn. 75.
[134] Vgl. MüKoHGB/*Poelzig* HGB § 285 Rn. 210.
[135] Vgl. ADS HGB § 285 Rn. 200; WP-HdB, Bd. I, 2012, F 961.
[136] Vgl. BeckBilKomm/*Ellrott* HGB § 285 Rn. 214; WP-HdB, Bd. I, 2012, F 961.
[137] Vgl. ADS HGB § 285 Rn. 197; BeckBilKomm/*Ellrott* HGB § 285 Rn. 212; Staub/*Hüttemann* HGB § 285 Rn. 76.

§ 90   Erstes Buch. Aktiengesellschaft

Begründung der Organstellung ausgereicht wurden, nach § 285 HGB angabepflichtig.[138] (4) Kredite an nahe stehende Personen fallen zwar in den Anwendungsbereich des § 89, unterliegen aber keiner handelsbilanzrechtlichen Publizitätspflicht.[139]

31   In allen Fällen begnügt sich § 285 Nr. 9 lit. c HGB mit einem gebündelten Ausweis der Vorstandskredite;[140] eine Individualisierung für jedes Vorstandsmitglied ist nicht vorgeschrieben.[141] Das vermag rechtspolitisch nicht zu überzeugen: Wie die Aktienrechtswirklichkeit lehrt, werden Vorstandskredite häufig als Vergütungsbestandteile ausgereicht.[142] Sie sollten daher *de lege ferenda* denselben Publizitätsanforderungen genügen wie Vorstandsbezüge.[143] Der Vollständigkeit halber sei noch vermerkt, dass Organkredite auch nach IAS 24.17 auszuweisen sind, wobei gleichartige Posten gem. IAS 24.22 grundsätzlich zusammengefasst werden dürfen.

§ 90 Berichte an den Aufsichtsrat

(1) ¹Der Vorstand hat dem Aufsichtsrat zu berichten über
1. die beabsichtigte Geschäftspolitik und andere grundsätzliche Fragen der Unternehmensplanung (insbesondere die Finanz-, Investitions- und Personalplanung), wobei auf Abweichungen der tatsächlichen Entwicklung von früher berichteten Zielen unter Angabe von Gründen einzugehen ist;
2. die Rentabilität der Gesellschaft, insbesondere die Rentabilität des Eigenkapitals;
3. den Gang der Geschäfte, insbesondere den Umsatz, und die Lage der Gesellschaft;
4. Geschäfte, die für die Rentabilität oder Liquidität der Gesellschaft von erheblicher Bedeutung sein können.

²Ist die Gesellschaft Mutterunternehmen (§ 290 Abs. 1, 2 des Handelsgesetzbuchs), so hat der Bericht auch auf Tochterunternehmen und auf Gemeinschaftsunternehmen (§ 310 Abs. 1 des Handelsgesetzbuchs) einzugehen. ³Außerdem ist dem Vorsitzenden des Aufsichtsrats aus sonstigen wichtigen Anlässen zu berichten; als wichtiger Anlaß ist auch ein dem Vorstand bekanntgewordener geschäftlicher Vorgang bei einem verbundenen Unternehmen anzusehen, der auf die Lage der Gesellschaft von erheblichem Einfluß sein kann.

(2) Die Berichte nach Absatz 1 Satz 1 Nr. 1 bis 4 sind wie folgt zu erstatten:
1. die Berichte nach Nummer 1 mindestens einmal jährlich, wenn nicht Änderungen der Lage oder neue Fragen eine unverzügliche Berichterstattung gebieten;
2. die Berichte nach Nummer 2 in der Sitzung des Aufsichtsrats, in der über den Jahresabschluß verhandelt wird;
3. die Berichte nach Nummer 3 regelmäßig, mindestens vierteljährlich;
4. die Berichte nach Nummer 4 möglichst so rechtzeitig, daß der Aufsichtsrat vor Vornahme der Geschäfte Gelegenheit hat, zu ihnen Stellung zu nehmen.

(3) ¹Der Aufsichtsrat kann vom Vorstand jederzeit einen Bericht verlangen über Angelegenheiten der Gesellschaft, über ihre rechtlichen und geschäftlichen Beziehungen zu verbundenen Unternehmen sowie über geschäftliche Vorgänge bei diesen Unternehmen, die auf die Lage der Gesellschaft von erheblichem Einfluß sein können. ²Auch ein einzelnes Mitglied kann einen Bericht, jedoch nur an den Aufsichtsrat, verlangen.

(4) ¹Die Berichte haben den Grundsätzen einer gewissenhaften und getreuen Rechenschaft zu entsprechen. ²Sie sind möglichst rechtzeitig und, mit Ausnahme des Berichts nach Absatz 1 Satz 3, in der Regel in Textform zu erstatten.

(5) ¹Jedes Aufsichtsratsmitglied hat das Recht, von den Berichten Kenntnis zu nehmen. ²Soweit die Berichte in Textform erstattet worden sind, sind sie auch jedem Aufsichtsratsmitglied auf Verlangen zu übermitteln, soweit der Aufsichtsrat nichts anderes beschlossen hat. ³Der Vorsitzende des Aufsichtsrats hat die Aufsichtsratsmitglieder über die Berichte nach Absatz 1 Satz 2 spätestens in der nächsten Aufsichtsratssitzung zu unterrichten.

Schrifttum: *Albach,* Strategische Unternehmensplanung und Aufsichtsrat, ZGR 1997, 32; *Ambrosius,* Der Berichtsanspruch des Aufsichtsrats nach § 90 Abs. 3 – sein Umfang und seine Grenzen, DB 1979, 2165; *M. Arnold/ Rudzio,* Informationszugriff des Aufsichtsrats auf Mitarbeiter der Aktiengesellschaft bei Compliance-Untersuchun-

---

[138] Vgl. MüKoHGB/*Poelzig* HGB § 285 Rn. 214.
[139] Vgl. WP-HdB, Bd. I, 2012, F 961.
[140] Vgl. *ADS* HGB § 285 Rn. 195; MüKoHGB/*Poelzig* HGB § 285 Rn. 224; WP-HdB, Bd. I, 2012, F 964.
[141] Vgl. *ADS* HGB § 285 Rn. 195; MüKoHGB/*Poelzig* HGB § 285 Rn. 224; WP-HdB, Bd. I, 2012, F 964.
[142] Vgl. *Fleischer* WM 2004, 1057 (1063 f.).
[143] Vgl. *Fleischer* DB 2005, 1611 (1616); *Fleischer* NZG 2006, 561 (568).

gen, FS Wegen, 2015, 93; *Barzen/Kampf*, Berichtspflicht des AG-Vorstands zu Tochtergesellschaften, BB 2011, 3011; *Bauer*, Organklagen zwischen Vorstand und Aufsichtsrat der Aktiengesellschaft, 1986; *Beckmann*, Die Informationsversorgung von Mitgliedern des Aufsichtsrats deutscher börsennotierter Aktiengesellschaften, 2009; *Borgmann*, Der Organstreit in der Kapitalgesellschaft, 1996; *Bork*, Materiellrechtliche und prozessuale Probleme des Organstreits zwischen Vorstand und Aufsichtsrat bei einer Aktiengesellschaft, ZGR 1989, 1; *Bork*, Passivlegitimation und gesetzliche Vertretung der AG bei Klagen einzelner Aufsichtsratmitglieder, ZIP 1991, 137; *Bosse*, TransPuG: Änderungen zu den Berichtspflichten des Vorstands und zur Aufsichtsratstätigkeit, DB 2002, 1592; *Burgard/Heimann*, Information des Aufsichtsrats, AG 2014, 360; *Burgard/Heimann*, Respice finem! Eine Replik, NZG 2014, 1294; *Cahn*, Gesellschaftsinterne Informationspflichten bei Zusammenschluss- und Akquisitionsvorhaben, AG 2014, 525; *Diekmann/Wurst*, Die Organisation der Aufsichtsratsarbeit, NZG 2014, 121; *Dreher*, Direktkontakte des Aufsichtsrats in der Aktiengesellschaft zu dem Vorstand nachgeordneten Mitarbeitern, FS Ulmer, 2003, 87; *Dreyer*, Zum Ausbau der Informationsbestandteile des § 90 Abs. 1 Satz 1 zu Informationskonzeptionen, BB 1981, 1436; *Feddersen*, Nochmals – Die Pflichten des Vorstands zur Unternehmensplanung, ZGR 1993, 114; *Götz*, Rechte und Pflichten des Aufsichtsrats nach dem Transparenz- und Publizitätsgesetz, NZG 2002, 599; *Groß/Amen*, Rechtspflicht zur Unternehmensplanung?, WPg 2003, 1161; *Habersack*, Zur Aufklärung gesellschaftsinternen Fehlverhaltens durch den Aufsichtsrat der AG, FS Stilz, 2014, 191; *Häsemeyer*, Der interne Rechtsschutz zwischen Organen, Organmitgliedern und Mitgliedern der Kapitalgesellschaft als Problem der Prozeßführungsbefugnis, ZHR 144 (1980), 265; *Hasselbach*, Überwachungs- und Beratungspflichten des Aufsichtsrats in der Krise, NZG 2012, 41; *Hommelhoff*, Der aktienrechtliche Organstreit, ZHR 143 (1979), 288; *Hüffer*, Die leitungsbezogene Verantwortung des Aufsichtsrats, NZG 2007, 47; *Kallmeyer*, Pflichten des Vorstands der Aktiengesellschaft zur Unternehmensplanung, ZGR 1993, 104; *Köstler/Müller/Sick*, Aufsichtsratspraxis, 10. Aufl. 2013; *Kropff*, Informationsbeschaffungspflichten des Aufsichtsrats, FS Raiser, 2005, 225; *Kropff*, Unternehmensplanung im Aufsichtsrat, NZG 1998, 613; *Lewerenz*, Leistungsklagen zwischen Organen und Organmitgliedern der Aktiengesellschaft, 1977; *Leyens*, Information des Aufsichtsrats, 2006; *Leyens/F. Schmidt*, Corporate Governance durch Aktien-, Bankaufsichts- und Versicherungsaufsichtsrecht, AG 2013, 533; *Lutter*, Information und Vertraulichkeit im Aufsichtsrat, 3. Aufl. 2006; *Lutter*, Unternehmensplanung und Aufsichtsrat, AG 1991, 249; *Lutter/Krieger/Verse*, Rechte und Pflichten des Aufsichtsrats, 6. Aufl. 2014; *Manger*, Das Informationsrecht des Aufsichtsrats gegenüber dem Vorstand – Umfang und Grenzen, NZG 2010, 1255; *Marsch-Barner*, Zur Information des Aufsichtsrats durch Mitarbeiter des Unternehmens, FS Schwark, 2009, 219; *Marsch-Barner*, Zur Berichtspflicht des Vorstands gegenüber dem Aufsichtsrat, AG 1980, 67; *Mertens*, Organstreit in der Aktiengesellschaft?, ZHR 154 (1990), 24; *Paefgen*, Die Inanspruchnahme pflichtvergessener Vorstandsmitglieder als unternehmerische Ermessensentscheidung des Aufsichtsrats, AG 2008, 761; *Pasecke*, Die Klage des Aufsichtsrats gegen die Geschäftsführung des Vorstands, DB 1996, 2165; *Pflugradt*, Leistungsklagen zur Erzwingung rechtmäßigen Vorstandsverhaltens in der Aktiengesellschaft, 1990; *Potthoff/Trescher/Theisen*, Das Aufsichtsratsmitglied, 6. Aufl. 2003; *Raiser*, Klagebefugnisse einzelner Aufsichtsratsmitglieder, ZGR 1989, 44; *Raiser*, Organklagen zwischen Aufsichtsrat und Vorstand, AG 1989, 185; *Reese/Ronge*, Aufgaben und Struktur der Compliance-Funktion im Versicherungsunternehmen unter besonderer Berücksichtigung von Solvency II, VersR 2011, 1217; *Reuter*, Unternehmenslenkung im Dialog zwischen Geschäftsleitung und Aufsichtsgremium. Praktische Fragen der Berichterstattung aus gesellschaftsrechtlicher Sicht, NZG 2015, 249; *Rieger/Rothenfußer*, Zusammenwirken von Vorstand und Aufsichtsrat bei wesentlichen Unternehmensentscheidungen, NZG 2014, 1012; *Rodewald*, Informationsmanagement im Unternehmen als Instrument zur Vermeidung von Organhaftung, GmbHR 2014, 639; *Roth*, Möglichkeiten vorstandsunabhängiger Information des Aufsichtsrats, AG 2004, 1; *Säcker/Rehm*, Grenzen der Mitwirkung des Aufsichtsrats an unternehmerischen Entscheidungen in der Aktiengesellschaft, DB 2008, 2814; *v. Schenck*, Die laufende Information des Aufsichtsrats einer Aktiengesellschaft durch den Vorstand, NZG 2002, 64; *K. Schmidt*, „Insichprozesse" durch Leistungsklagen in der Aktiengesellschaft, ZZP 92 (1979), 212; *S. Schneider*, Informationspflichten und Informationssystemeinrichtungspflichten im Aktienkonzern, 2006; *Schürnbrand*, Organschaft im Recht der privaten Verbände, 2007; *M. Schwab*, Das Prozeßrecht gesellschaftsinterner Streitigkeiten, 2005; *Seibt*, Informationsfluss zwischen Vorstand und Aufsichtsrat (dualistisches Leitungssystem) bzw. innerhalb des Verwaltungsrats (monistisches Leitungssystem), in Hommelhoff/Hopt/v. Werder, Handbuch Corporate Governance, 2. Aufl. 2009, 391; *Semler*, Die Unternehmensplanung in der Aktiengesellschaft – eine Betrachtung unter rechtlichen Aspekten, ZGR 1983, 1; *Steinbeck*, Überwachungspflicht und Einwirkungsmöglichkeiten des Aufsichtsrats der Aktiengesellschaft, 1992; *Stodolkowitz*, Gerichtliche Durchsetzung von Organpflichten in der Aktiengesellschaft, ZHR 154 (1990), 1; *Theisen*, Grundsätze einer ordnungsmäßigen Informationsversorgung des Aufsichtsrats, 3. Aufl. 2002; *Theisen*, Funktionsgerechte Informationsversorgung des Aufsichtsrats – Von der Negation über die Integration zur Affirmation betriebswirtschaftlicher Ansätze, zfbf 61 (2009), 530; *Theisen*, Gesetzliche versus funktionsgerechte Informationsversorgung, ZGR 2013, 1; *H. Westermann*, Rechtsstreitigkeiten um die Rechte aus § 90 AktG, FS Bötticher, 1969, 369; *E.C. Westermann/Maier*, Berichtspflichten der Geschäftsleitung kommunaler Unternehmen, KommJur 2011, 169; *Wilde*, Informationsrechte und Informationspflichten im Gefüge der Gesellschaftsorgane, ZGR 1998, 423.

Übersicht

	Rn.		Rn.
I. Überblick	1–6	**II. Grundlagen der Berichterstattung**	7–15
1. Regelungsgegenstand	1, 2	1. Allgemeine Berichtspflicht nach § 90	7–13
2. Vorgängervorschriften und Parallelregelungen	3–5	a) Berichtsarten	7
		b) Berichtsschuldner	8–10
3. Rechtsvergleichung	6	c) Berichtsgläubiger	11

	Rn.		Rn.
d) Zwingende Mindestregelung	12	1. Gewissenhafte und getreue Rechenschaft	48
e) Erlass einer Informationsordnung	13	2. Textform	49
2. Weitere Berichtspflichten des Vorstands	14	3. Rechtzeitigkeit	50, 51
3. Vorstandsunabhängige Informationsmöglichkeiten des Aufsichtsrats	15	**VI. Berichtspflicht und Berichtsverweigerung**	52–56
III. Unangeforderte Berichte	16–37	1. Pflicht zur unbedingten Offenheit	52–54
1. Berichtsgegenstand	16–32	2. Verschwiegenheitspflicht der Aufsichtsratsmitglieder	55
a) Beabsichtigte Geschäftspolitik und Unternehmensplanung	16–24	3. Berechtigte Berichtsverweigerung	56
b) Rentabilität	25, 26	**VII. Information innerhalb des Aufsichtsrats**	57–62
c) Gang der Geschäfte	27	1. Recht auf Kenntnisnahme	57
d) Geschäfte von erheblicher Bedeutung	28	2. Übermittlung in Textform	58–60
e) Tochter- und Gemeinschaftsunternehmen	29, 30	3. Unterrichtung über Sonderberichte	61, 62
f) Berichte aus sonstigen wichtigen Anlässen	31, 32	**VIII. Rechtsfolgen bei Verstößen**	63–67
2. Berichtshäufigkeit	33–37	1. Zwangsgeld	63, 64
a) Regelberichte	33–35	2. Schadensersatz	65
b) Sonderberichte	36, 37	3. Abberufung und Kündigung	66
IV. Anforderungsberichte	38–47	4. Klageweise Geltendmachung durch die Gesellschaft	67
1. Verlangen des Aufsichtsrats	38–44a	**IX. Organstreit**	68–74
a) Allgemeines	38, 39	1. Allgemeines	68
b) Berichtsgegenstand	40	2. Klage des Aufsichtsrats	69, 70
c) Berichtsverlangen	41	3. Klage von Aufsichtsratsmitgliedern	71–73
d) Jederzeitige Berichterstattung	42	a) Individualrechte	71
e) Informationsdurchgriff auf Angestellte?	43–44a	b) Prozessstandschaft für Aufsichtsrat	72
2. Verlangen eines Aufsichtsratsmitglieds	45–47	c) Keine Geltendmachung der Rechte des Aufsichtsrats aus eigenem Recht	73
a) Allgemeines	45, 46	4. Sonstige Organstreitigkeiten	74
b) Missbrauchsfälle	47		
V. Grundsätze ordnungsgemäßer Berichterstattung	48–51		

I. Überblick

1. Regelungsgegenstand. § 90 regelt den Informationsfluss zwischen Vorstand und Aufsichtsrat. Er verpflichtet den Vorstand, den Aufsichtsrat beständig über das Unternehmensgeschehen zu unterrichten, und berechtigt den Aufsichtsrat, jederzeit Berichte über Angelegenheiten der Gesellschaft anzufordern. Berichtspflichten und Informationsrechte bezwecken, dem Aufsichtsrat die Überwachung der Gesellschaft zu erleichtern,[1] und stehen daher in enger Verbindung mit § 111 Abs. 1.[2] Zugleich sollen sie verhindern, dass sich ein Aufsichtsratsmitglied im Schadensersatzfall auf seine Unkenntnis berufen kann,[3] und berühren sich insoweit mit § 116 S. 1 iVm § 93.[4] Ferner trägt die Berichtspflicht zur Qualität der Geschäftsführung des Vorstands bei, weil sie ihn zur Rechenschaft und Selbstkontrolle über sein Handeln zwingt.[5] Insgesamt bildet das ausdifferenzierte Informationssystem des § 90 ein Kernstück der Zusammenarbeit zwischen Vorstand und Aufsichtsrat und damit ein zentrales Konstruktionselement der internen Corporate Governance deutscher Aktiengesellschaften.[6]

---

[1] Vgl. BegrRegE *Kropff* S. 116; BGHZ 106, 54 (63); Hüffer/Koch/*Koch* Rn. 1; Großkomm AktG/*Kort* Rn. 1; Kölner Komm AktG/*Mertens/Cahn* Rn. 6; MüKoAktG/*Spindler* Rn. 1; *Pentz* in Fleischer VorstandsR-HdB § 16 Rn. 53.

[2] Vgl. BGHZ 106, 54 (63); Bürgers/Körber/*Bürgers* Rn. 1; Hüffer/Koch/*Koch* Rn. 1; Großkomm AktG/ *Kort* Rn. 1; K. Schmidt/Lutter/*Krieger/Sailer-Coceani* Rn. 1; *Lutter/Krieger/Verse* Rechte und Pflichten Rn. 192; MüKoAktG/*Spindler* Rn. 1; Großkomm AktG/*Hopt/Roth* § 111 Rn. 162.

[3] Vgl. BegrRegE *Kropff* S. 116; Großkomm AktG/*Kort* Rn. 1; Kölner Komm AktG/*Mertens/Cahn* Rn. 6; MüKoAktG/*Spindler* Rn. 1.

[4] Vgl. Hüffer/Koch/*Koch* Rn. 1; Großkomm AktG/*Kort* Rn. 1.

[5] Vgl. Großkomm AktG/*Kort* Rn. 2; *Köstler/Müller/Sick* AR-Praxis Rn. 476; Kölner Komm AktG/*Mertens/ Cahn* Rn. 7.

[6] Dazu *Seibt* in Hommelhoff/Hopt/v. Werder Corporate Governance-HdB S. 391, 393 ff.; s. auch *Säcker/Rehm* DB 2008, 2814.

Im Einzelnen verpflichtet Abs. 1 den Vorstand zur unaufgeforderten Berichterstattung über zentrale Unternehmensaspekte (sog. „Push"-Prinzip). Abs. 2 bestimmt, wann er die Berichte zu erstatten hat. Nach Abs. 3 können Aufsichtsrat oder einzelne Aufsichtsratsmitglieder von sich aus weitere Berichte anfordern (sog. „Pull"-Prinzip). Abs. 4 enthält Vorgaben zur Art und Weise der Berichterstattung. Abs. 5 betrifft den Informationsfluss innerhalb des Aufsichtsrats. Die im Gesetz nicht ausdrücklich geregelte Durchsetzung der Informationsrechte hat über § 90 hinaus paradigmatische Bedeutung für den aktienrechtlichen Organstreit (→ Rn. 68 ff.). **2**

2. Vorgängervorschriften und Parallelregelungen. Das Informationsrecht des Aufsichtsrats ist so alt wie der Aufsichtsrat selbst: Schon Art. 225 ADHGB 1861 sah die Möglichkeit des Aufsichtsrats vor, sich „von dem Gange der Angelegenheiten der Gesellschaften" zu unterrichten. Dieses Recht wurde im Rahmen der Aktienrechtsreform von 1884 genauer spezifiziert und durch die NotVO von 1931 auch einem einzelnen Aufsichtsratsmitglied zugebilligt. Lehnte der Vorstand die Berichterstattung ab, konnte der Bericht allerdings nur verlangt werden, wenn der Aufsichtsratsvorsitzende das Verlangen unterstützte. § 95 AktG 1937 hat diese Regelung im Wesentlichen übernommen.[7] Dagegen ist die Pflicht des Vorstands zur unaufgeforderten Berichterstattung erst im Jahre 1931 eingeführt und durch § 81 S. 1 AktG 1937 übernommen worden.[8] Das AktG 1965 hat das Informationsrecht des Aufsichtsrats und die Berichtspflicht des Vorstands in einer Vorschrift zusammengeführt und die Berichtsgegenstände ausgeweitet.[9] **3**

Jüngeren Datums sind die Änderungen durch das KonTraG vom 24.4.1998 (BGBl. 1998 I 786), das den Begriff der Unternehmensplanung (§ 90 Abs. 1 S. 1 Nr. 1) eingefügt hat, um die zukunftsgerichtete Kontrolle des Aufsichtsrats zu betonen.[10] Das TransPuG vom 19.7.2002 (BGBl. 2002 I 2681) hat den verwaltungsinternen Informationsfluss auf Anregung der Regierungskommission Corporate Governance[11] durch die sog. Follow-up-Berichterstattung (§ 90 Abs. 1 S. 1 Nr. 1) und konzerndimensionale Berichtspflichten (§ 90 Abs. 1 S. 2) abermals verbreitert.[12] Außerdem kann ein einzelnes Aufsichtsratsmitglied den Vorstandsbericht nunmehr verlangen, ohne dass es der Unterstützung eines weiteren Aufsichtsratsmitglieds bedarf (§ 90 Abs. 3 S. 2). Ferner ist für die Vorstandsberichte ein Rechtzeitigkeits- und Textformgebot eingeführt worden (§ 90 Abs. 4 und 5). **4**

Auch der Deutsche Corporate Governance Kodex widmet der Informationsversorgung des Aufsichtsrats besondere Aufmerksamkeit: Nach Ziff. 3.4 Abs. 1 S. 1 DCGK ist die Information des Aufsichtsrats Aufgabe des Vorstands.[13] Gemäß Ziff. 3.4 Abs. 1 S. 2 DCGK muss der Aufsichtsrat jedoch seinerseits sicherstellen, dass er angemessen informiert wird.[14] Zu diesem Zweck soll er nach Ziff. 3.4 Abs. 1 S. 3 DCGK die Informations- und Berichtspflichten des Vorstands näher festlegen (→ Rn. 13).[15] **5**

3. Rechtsvergleichung. Die dualistische Spitzenverfassung deutscher Prägung (→ § 76 Rn. 3) kämpft mit beträchtlichen Informationsdefiziten der Aufsichtsratsmitglieder,[16] welche der Entscheidungsfindung im Vorstand nicht beiwohnen und daher für ihre Überwachungsaufgabe auf Informationen angewiesen sind, die ihnen der zu überwachende Vorstand zur Verfügung stellt.[17] Demgegenüber gewährleistet das monistische Modell angelsächsischer Provenienz eine bessere Informationsversorgung, weil die nicht geschäftsführenden Direktoren an den Sitzungen des Leitungsorgans teilnehmen und dadurch intensiver in das Unternehmensgeschehen eingebunden sind.[18] Allerdings stehen sie zuweilen vor der Schwierigkeit neutraler Informationsgewinnung, weil die Informations- **6**

---

[7] Vgl. Amtl. Begr zu § 95 AktG 1937 bei *Klausing* S. 81.
[8] Vgl. Amtl. Begr zu § 81 AktG 1937 bei *Klausing* S. 68, wonach die Vorschrift die Überwachung der Geschäftsführung durch den Aufsichtsrat erleichtern soll.
[9] Vgl. BegrRegE *Kropff* S. 116 f.
[10] Näher BegrRegE KonTraG, BT-Drs. 13/9712, 15.
[11] Vgl. *Baums*, Bericht der Regierungskommission Corporate Governance, 2001, Rn. 24 ff.
[12] Näher BegrRegE TransPuG, BT-Drs. 14/8769, 13 ff.
[13] Dazu KBLW/*Lutter* DCGK Rn. 529 ff.; zur vorherigen Fassung, nach der die ausreichende Informationsversorgung des Aufsichtsrats „gemeinsame Aufgabe von Vorstand und Aufsichtsrat" war → 3. Aufl. 2015, Rn. 5.
[14] Dazu KBLW/*Lutter* DCGK Rn. 531: „Mitverantwortung des Aufsichtsrats"; *Mense/Klie* GWR 2015, 92 (95).
[15] Vgl. KBLW/*Lutter* DCKG Rn. 533.
[16] Vgl. *Davies* ZGR 2001, 268 (284 f.); *Endres* ZHR 163 (1999), 441 (455); *Fleischer* AcP 204 (2004), 502 (526); Großkomm AktG/*Hopt/Roth* § 111 Rn. 170; *Kropff* DBW 46 (1986), 523 (524); *Leyens* RabelsZ 67 (2003), 57 (92 f.); *v. Schenck* NZG 2002, 64 (67).
[17] Vgl. *Böckli* in Hommelhoff/Hopt/v. Werder Corporate Governance-HdB S. 255, 267; *Fleischer* AcP 204 (2004), 502 (526); *Lutter* Information und Vertraulichkeit Rn. 8; *Lutter/Krieger/Verse* Rechte und Pflichten Rn. 191; *Schießl* ZHR 167 (2003), 235 (243).
[18] Rechtsvergleichend *Fleischer* AcP 204 (2004), 502 (527); *Leyens* RabelsZ 67 (2003), 57 (92 f.).

auswahl maßgeblich durch das Management bestimmt wird.[19] Hinzu kommen die in der Theorie der Gruppenentscheidungen hinlänglich dokumentierten Manipulationsmöglichkeiten durch Einflussnahme auf die Tagesordnung.[20] Mit der zunehmenden Funktionentrennung zwischen *executive* und *non-executive directors* wird das Informationsproblem auch innerhalb des monistischen Modells drängender.[21]

II. Grundlagen der Berichterstattung

7 **1. Allgemeine Berichtspflicht nach § 90. a) Berichtsarten.** Die in § 90 vorgesehenen Berichte lassen sich unter verschiedenen Gesichtspunkten systematisieren:[22] Im Hinblick auf den Berichtsimpuls unterscheidet man unangeforderte Berichte (Abs. 1) und Anforderungsberichte auf Verlangen des Aufsichtsrats (Abs. 3). Was den Berichtszeitpunkt anbelangt, kann man turnusmäßig wiederkehrende Regelberichte (Abs. 1 S. 1 Nr. 1–3) und anlassbezogene Sonderberichte (Abs. 1 S. 1 Nr. 4, Abs. 1 S. 3) auseinanderhalten.

8 **b) Berichtsschuldner.** Die Pflicht zur Berichterstattung obliegt nicht der Gesellschaft, sondern dem Vorstand in seiner Gesamtheit.[23] Bei einem mehrköpfigen Vorstand muss jedes Vorstandsmitglied an dem Zustandekommen des Berichts mitwirken.[24] Die Berichterstattung selbst hat allerdings durch den Gesamtvorstand zu erfolgen.[25] Berichte, die nur vom Vorstandsvorsitzenden oder einem anderen Vorstandsmitglied erstattet werden, erfüllen nicht die Voraussetzungen des § 90.[26] Dies gilt auch dann, wenn die Berichte nur das Ressort des berichtenden Vorstandsmitglieds betreffen.[27]

9 Die Berichterstattung ist Teil der Geschäftsführung.[28] Gemäß § 77 Abs. 1 S. 1 gilt daher grundsätzlich das Einstimmigkeitsprinzip. Können sich die Vorstandsmitglieder nicht auf einen gemeinsamen Bericht verständigen, so sind dem Aufsichtsrat die unterschiedlichen Berichtsvorschläge zu unterbreiten.[29] Lässt sich keine Einigkeit darüber erzielen, ob ein Sonderbericht (→ Rn. 7) erforderlich ist, muss die Berichterstattung unterbleiben.[30] Es liegt dann beim Aufsichtsrat, seinerseits nach § 90 Abs. 3 vorzugehen.[31]

10 Gilt im Vorstand das Mehrheitsprinzip (→ § 77 Rn. 12), so können die überstimmten Vorstandsmitglieder die Berichterstattung nicht verhindern.[32] Ihre abweichenden Meinungen brauchen nicht in den Vorstandsbericht aufgenommen zu werden.[33] Anders liegt es nur, wenn der Mehrheitsbeschluss rechtswidrig ist oder wenn der Mehrheitsbericht den Grundsätzen einer gewissenhaften und getreuen Berichterstattung (→ Rn. 48 f.) widerspricht.[34] Dann gelten die allgemeinen Regeln zu den Remonstrationspflichten überstimmter Vorstandsmitglieder (→ § 77 Rn. 29 ff.).

11 **c) Berichtsgläubiger.** Berichtsgläubiger ist nach § 90 Abs. 1 S. 1 grundsätzlich der Aufsichtsrat.[35] Die Unterrichtung allein des Aufsichtsratsvorsitzenden genügt nur bei den Sonderberichten nach

---

[19] Vgl. *Fleischer* AcP 204 (2004), 502 (527); *Leyens* RabelsZ 67 (2003), 57 (92).
[20] Vgl. *Fleischer* AcP 204 (2004), 502 (527).
[21] Vgl. *Lutter* Information und Vertraulichkeit Rn. 8 mit Fn. 3; *Leyens*, Information des Aufsichtsrats, 2006, 82 ff.
[22] Dazu mit Unterschieden im Einzelnen BeckHdB AG/*Liebscher* § 6 Rn. 95 ff.; *Lutter* Information und Vertraulichkeit Rn. 33 ff.; *Pentz* in Fleischer VorstandsR-HdB § 16 Rn. 57; *K. Schmidt* GesR § 28 V 1 b, S. 868.
[23] Vgl. *Manger* NZG 2010, 1255 (1256); Hölters/*Müller-Michaels* Rn. 1; Hüffer/Koch/*Koch* Rn. 1; Großkomm AktG/*Kort* Rn. 6; *Lutter* Information und Vertraulichkeit Rn. 211; Kölner Komm AktG/*Mertens/Cahn* Rn. 20; MüKoAktG/*Spindler* Rn. 6; *Pentz* in Fleischer VorstandsR-HdB § 16 Rn. 55; *Säcker/Rehm* DB 2008, 2814 (2815).
[24] Vgl. Großkomm AktG/*Kort* Rn. 6; Kölner Komm AktG/*Mertens/Cahn* Rn. 20; MüKoAktG/*Spindler* Rn. 6; *Pentz* in Fleischer VorstandsR-HdB § 16 Rn. 55.
[25] Vgl. Großkomm AktG/*Kort* Rn. 6; Kölner Komm AktG/*Mertens/Cahn* Rn. 20; MüKoAktG/*Spindler* Rn. 6.
[26] Vgl. *Lutter* Information und Vertraulichkeit Rn. 215; *Manger* NZG 2010, 1255 (1256); Kölner Komm AktG/*Mertens/Cahn* Rn. 20.
[27] Vgl. Großkomm AktG/*Kort* Rn. 6; *Manger* NZG 2010, 1255 (1256).
[28] Vgl. Bürgers/Körber/*Bürgers* Rn. 3; Hölters/*Müller-Michaels* Rn. 1; Großkomm AktG/*Kort* Rn. 6; *Lutter* Information und Vertraulichkeit Rn. 213; Kölner Komm AktG/*Mertens/Cahn* Rn. 20; MüKoAktG/*Spindler* Rn. 7.
[29] Vgl. Großkomm AktG/*Kort* Rn. 7; Kölner Komm AktG/*Mertens/Cahn* Rn. 21; MüKoAktG/*Spindler* Rn. 7.
[30] Vgl. *Lutter* Information und Vertraulichkeit Rn. 222; Kölner Komm AktG/*Mertens/Cahn* Rn. 21; MüKoAktG/*Spindler* Rn. 7.
[31] Vgl. *Lutter* Information und Vertraulichkeit Rn. 222; MüKoAktG/*Spindler* Rn. 7.
[32] Vgl. MüKoAktG/*Spindler* Rn. 7.
[33] Vgl. *Lutter* Information und Vertraulichkeit Rn. 223; Kölner Komm AktG/*Mertens/Cahn* Rn. 22.
[34] Vgl. *Lutter* Information und Vertraulichkeit Rn. 223; Kölner Komm AktG/*Mertens/Cahn* Rn. 22; MüKoAktG/*Spindler* Rn. 7; *Wilde* ZGR 1998, 423 (429).
[35] Vgl. *Burgard/Heimann* AG 2014, 360 (3659); Großkomm AktG/*Kort* Rn. 9; *Lutter* Information und Vertraulichkeit Rn. 182; *Lutter/Krieger/Verse* Rechte und Pflichten 222; Kölner Komm AktG/*Mertens/Cahn* Rn. 24; abw. GHEK/*Hefermehl* Rn. 20 und 36, wonach die Gesellschaft selbst Gläubigerin der Berichte ist.

§ 90 Abs. 1 S. 3.³⁶ Bei schriftlichen Berichten hat der Vorstand seine Berichtspflicht erfüllt, wenn er diese dem Aufsichtsratsvorsitzenden zuleitet.³⁷ Mündliche Berichte können mit befreiender Wirkung nur in einer förmlichen Aufsichtsratssitzung vor den ordnungsgemäß geladenen Aufsichtsratsmitgliedern erstattet werden.³⁸

d) Zwingende Mindestregelung. § 90 ist als Mindestregelung zwingendes Recht.³⁹ Die Pflicht **12** des Vorstands zur Berichterstattung kann daher weder durch die Satzung noch durch einen Hauptversammlungsbeschluss oder eine Anordnung des Aufsichtsrats aufgehoben oder beschränkt werden.⁴⁰ Zulässig ist aber eine Verschärfung der Berichtspflicht,⁴¹ zB durch Festlegung kürzerer Berichtszeiträume für die Regelberichte nach Abs. 1 S. 1 Nr. 1 und 3.⁴² Ob das auch für die Frequenz des Rentabilitätsberichts nach Abs. 1 S. 1 Nr. 2 gilt, ist umstritten, aber wohl zu bejahen.⁴³ Außerdem können weitere Berichtsarten eingeführt werden,⁴⁴ zB die Vorlage einer vierteljährlichen Kapitalflussrechnung an den Aufsichtsrat oder eine eigene interne Spartenrechnung für den Aufsichtsrat.⁴⁵

e) Erlass einer Informationsordnung. Zur Sicherung eines angemessenen Informationsflusses **13** zwischen Vorstand und Aufsichtsrat kann letzterer eine Informationsordnung erlassen, welche die Berichtspflichten im Einzelnen regelt.⁴⁶ Eine solche Ordnung wurde schon in den Gesetzesmaterialien zum KonTraG (→ Rn. 4) als „sinnvoll und geboten"⁴⁷ angesehen und wird nunmehr von Ziff. 3.4 Abs. 1 S. 3 DCGK ausdrücklich empfohlen (→ Rn. 5). Sie bietet den Rahmen für inhaltliche und organisatorische Regelungen über ein unternehmensspezifisches Berichtssystem.⁴⁸ So kann sie etwa den Empfänger der Information näher bestimmen⁴⁹ und festlegen, welche Informationen an Ausschüsse zu leiten sind.⁵⁰ Von praktischer Bedeutung sind darüber hinaus einvernehmliche Regelungen zwischen Vorstand und Aufsichtsrat über Direktkontakte des Aufsichtsrats mit den Leitern der Internen Revision, des Risikocontrolling und der Compliance (→ Rn. 44).

2. Weitere Berichtspflichten des Vorstands. § 90 regelt die Berichterstattung des Vorstands **14** gegenüber dem Aufsichtsrat nicht abschließend.⁵¹ Zusätzliche Berichts- und Erläuterungspflichten treffen ihn zB im Zusammenhang mit der Vorlage des Jahresabschlusses an den Aufsichtsrat (§§ 170, 171)⁵² oder bei der Vorlage des Abhängigkeitsberichts (§§ 312, 314).⁵³ Darüber hinaus besteht eine

---

³⁶ Vgl. Großkomm AktG/*Kort* Rn. 9; *Lutter* Rn. 183.
³⁷ Vgl. Hüffer/Koch/*Koch* Rn. 14; *Lutter* Rn. 187; Kölner Komm AktG/*Mertens*/*Cahn* Rn. 24.
³⁸ Vgl. *Lutter* Information und Vertraulichkeit Rn. 186.
³⁹ Vgl. *Baumbach*/*Hueck* Rn. 4; K. Schmidt/Lutter/*Krieger*/*Sailer-Coceani* Rn. 5; Kölner Komm AktG/*Mertens*/*Cahn* Rn. 53; MüKoAktG/*Spindler* Rn. 8; *Pentz* in Fleischer VorstandsR-HdB § 16 Rn. 53.
⁴⁰ Vgl. Bürgers/Körber/*Bürgers* Rn. 3; *Lutter*/*Krieger*/*Verse* Rechte und Pflichten 207; Kölner Komm AktG/*Mertens*/*Cahn* Rn. 53; MüKoAktG/*Spindler* Rn. 8; *Pentz* in Fleischer VorstandsR-HdB § 16 Rn. 53.
⁴¹ Vgl. K. Schmidt/Lutter/*Krieger*/*Sailer-Coceani* Rn. 5; *Leyens*, Information des Aufsichtsrats, 2006, 153; *Lutter* Information und Vertraulichkeit Rn. 93 ff.; MüKoAktG/*Spindler* Rn. 8; NK-AktR/*Oltmanns* Rn. 13; *Pentz* in Fleischer VorstandsR-HdB § 16 Rn. 53.
⁴² Vgl. *Lutter* Information und Vertraulichkeit Rn. 93; Kölner Komm AktG/*Mertens*/*Cahn* Rn. 53; MüKoAktG/*Spindler* Rn. 8.
⁴³ Wie hier *Lutter* Information und Vertraulichkeit Rn. 93; MüKoAktG/*Spindler* Rn. 8; abw. Kölner Komm AktG/*Mertens*/*Cahn* Rn. 53.
⁴⁴ Vgl. MüKoAktG/*Spindler* Rn. 8.
⁴⁵ Vgl. *Lutter* Information und Vertraulichkeit Rn. 95.
⁴⁶ Vgl. Wachter/*Eckert* Rn. 2; *Hommelhoff*/*Mattheus* AG 1998, 249 (254); Hüffer/Koch/*Koch* Rn. 1a; Großkomm AktG/*Kort* Rn. 33; *Kropff* NZG 1998, 613 (614); *Kropff* FS Raiser, 2005, 225 (244 f.); *Leyens*, Information des Aufsichtsrats, 2006, 145 ff.; *Lutter*/*Krieger*/*Verse* Rechte und Pflichten 317 f.; *Pentz* in Fleischer VorstandsR-HdB § 16 Rn. 64; *Seibt* in Hommelhoff/Hopt/v. Werder Corporate Governance-HdB S. 391 (407 ff.); Großkomm AktG/*Hopt*/*Roth* § 111 Rn. 182.
⁴⁷ BegrRegE KonTraG, BT-Drs. 13/9712, 15.
⁴⁸ Vgl. *Hüffer* NZG 2007, 47, 51; *Scheffler* FS Havermann, 1995, 652 (661); Großkomm AktG/*Hopt*/*Roth* § 111 Rn. 184.
⁴⁹ Vgl. *Seibt* in Hommelhoff/Hopt/v. Werder Corporate Governance-HdB S. 391, 409; Großkomm AktG/*Hopt*/*Roth* § 111 Rn. 187.
⁵⁰ Vgl. *Seibt* in Hommelhoff/Hopt/v. Werder Corporate Governance-HdB, S. 391, 409; Großkomm AktG/*Hopt*/*Roth* § 111 Rn. 185.
⁵¹ Vgl. Bürgers/Körber/*Bürgers* Rn. 3; Hüffer/Koch/*Koch* Rn. 2; Großkomm AktG/*Kort* Rn. 170; Kölner Komm AktG/*Mertens*/*Cahn* Rn. 1; MüKoAktG/*Spindler* Rn. 3.
⁵² Vgl. Grigoleit/*Grigoleit*/*Tomasic* Rn. 3; Hüffer/Koch/*Koch* Rn. 2; Großkomm AktG/*Kort* Rn. 173; K. Schmidt/Lutter/*Krieger*/*Sailer-Coceani* Rn. 3; Kölner Komm AktG/*Mertens*/*Cahn* Rn. 4; MüKoAktG/*Spindler* Rn. 3; *Pentz* in Fleischer VorstandsR-HdB § 16 Rn. 81.
⁵³ Vgl. Hölters/*Müller-Michaels* Rn. 2; Hüffer/Koch/*Koch* Rn. 2; Großkomm AktG/*Kort* Rn. 174; Kölner Komm AktG/*Mertens*/*Cahn* Rn. 4; MüKoAktG/*Spindler* Rn. 3; *Pentz* in Fleischer VorstandsR-HdB § 16 Rn. 82.

Berichtspflicht für alle weiteren Maßnahmen, an denen der Aufsichtsrat kraft Gesetzes (§ 58 Abs. 2, § 59 Abs. 3, §§ 88, 89, 204 Abs. 1 sowie § 32 MitbestG) oder aufgrund einer Satzungsbestimmung oder eigener Beschlüsse (§ 111 Abs. 4) mitwirken muss.[54]

15 **3. Vorstandsunabhängige Informationsmöglichkeiten des Aufsichtsrats.** Neben der Berichterstattung durch den Vorstand stehen dem Aufsichtsrat noch weitere, vorstandsunabhängige Informationsquellen zur Verfügung, um seine Überwachungsaufgabe zu erfüllen.[55] Dazu zählen vor allem die jährlichen Prüfungsberichte des Abschlussprüfers nach § 321 HGB sowie die ergänzenden mündlichen Erläuterungen in der Aufsichtsrats- oder Ausschusssitzung nach § 171 Abs. 1 S. 2.[56] Außerdem steht dem Aufsichtsrat nach § 111 Abs. 2 ein eigenes Einsichts- und Prüfungsrecht hinsichtlich der Bücher und Schriften der Gesellschaft zu.[57] Dies versetzt ihn in den Stand, eigene Nachforschungen anzustellen, wenn er die Berichterstattung des Vorstands nach § 90 für unzureichend hält.[58] Kontrovers diskutiert wird, inwieweit der Aufsichtsrat das Recht hat, Angestellte des Unternehmens ohne Rücksprache mit dem Vorstand zu befragen (→ Rn. 43 f.).

III. Unangeforderte Berichte

16 **1. Berichtsgegenstand. a) Beabsichtigte Geschäftspolitik und Unternehmensplanung. aa) Allgemeines.** Gemäß § 90 Abs. 1 S. 1 Nr. 1 hat der Vorstand dem Aufsichtsrat über die beabsichtigte Geschäftspolitik und andere grundsätzliche Fragen der Unternehmensplanung zu berichten. Der Berichtsgegenstand „beabsichtigte Geschäftspolitik" ist durch das AktG 1965 eingeführt worden. Er verdeutlicht, dass sich die Überwachungsaufgabe des Aufsichtsrats nicht in einer vergangenheitsbezogenen Kontrolle erschöpft, sondern auch in die Zukunft hineinwirken muss.[59] Dieses Verständnis einer präventiven oder zukunftsorientierten Kontrolle hat der Gesetzgeber im Rahmen des KonTraG (→ Rn. 4) durch die Neufassung des § 90 Abs. 1 S. 1 Nr. 1 („und andere grundsätzliche Fragen der Unternehmensplanung") bekräftigt.[60] Es liegt auf der Linie der neueren BGH-Rechtsprechung.[61] Durch die vorherige Information des Aufsichtsrats soll der Vorstand seine Absichten nochmals anhand der Meinung des Aufsichtsrats überprüfen können.[62] Außerdem erhält er auf diese Weise Gelegenheit, die besondere Sachkunde einzelner Aufsichtsratsmitglieder für die Gesellschaft nutzbar zu machen.[63]

17 **bb) Beabsichtigte Geschäftspolitik.** Was unter beabsichtigter Geschäftspolitik zu verstehen ist, erläutert das Gesetz nicht. Manche erblicken in ihr einen besonders wichtigen Teil der Unternehmensplanung;[64] andere verstehen darunter die Planung für das nächste Geschäftsjahr;[65] wieder andere ziehen Verbindungslinien zu § 76 Abs. 1[66] und deuten die Geschäftspolitik als grundsätzliche Ausrichtung des Unternehmens.[67] Der letzteren Ansicht ist beizutreten: Mit Geschäftspolitik iSd § 90 Abs. 1 S. 1 Nr. 1 sind der strategische Rahmen und die grundsätzliche Orientierung des Unternehmens in Bezug auf seine Geschäftsfelder, Erfolgspotentiale, Kernkompetenzen und Wettbewerbsvorteile gemeint. Hierunter kann auch ein Unternehmenszusammenschluss oder eine Unternehmensübernahme fallen.[68]

---

[54] Vgl. Hüffer/Koch/*Koch* Rn. 2; Großkomm AktG/*Kort* Rn. 171; *Lutter* Rn. 22; Kölner Komm AktG/ *Mertens/Cahn* Rn. 4; MüKoAktG/*Spindler* Rn. 3; NK-AktR/*Oltmanns* Rn. 1; *Pentz* in Fleischer VorstandsR-HdB § 16 Rn. 83.

[55] Eingehend *Kropff* FS Raiser, 2005, 225 (239 ff.); *Leyens*, Information des Aufsichtsrats, 2006, 158 ff.; *Roth* AG 2004, 1 ff.; Großkomm AktG/*Hopt/Roth* § 111 Rn. 391 ff., 502 ff.

[56] Vgl. Großkomm AktG/*Kort* Rn. 172; *Kropff* FS Raiser, 2005, 225 (240 f.); *Lutter* Information und Vertraulichkeit Rn. 11.

[57] Vgl. *Kropff* FS Raiser, 2005, 225 (239 f.); *Lutter* Information und Vertraulichkeit Rn. 10; Großkomm AktG/ *Hopt/Roth* § 111 Rn. 401 ff.

[58] Vgl. Großkomm AktG/*Kort* Rn. 172.

[59] Vgl. BegrRegE *Kropff* S. 116.

[60] Vgl. BegrRegE KonTraG, BT-Drs. 13/9712, 15.

[61] Vgl. BGHZ 114, 127 (130).

[62] Vgl. BegrRegE *Kropff* S. 116.

[63] Vgl. BegrRegE *Kropff* S. 116.

[64] Vgl. Großkomm AktG/*Kort* Rn. 23.

[65] Vgl. *Lutter* Information und Vertraulichkeit Rn. 49.

[66] Vgl. Bürgers/Körber/*Bürgers* Rn. 8; MüKoAktG/*Spindler* Rn. 17.

[67] Vgl. Wachter/*Eckert* Rn. 4 („strategische Planung"); Köstler/Müller/Sick AR-Praxis Rn. 477; NK-AktR/ *Oltmanns* Rn. 2.

[68] Vgl. Burgard/Heimann AG 2014, 360 f.; *Cahn* AG 2014, 525 (527); Hölters/*Müller-Michaels* Rn. 5; Hüffer/ Koch/*Koch* Rn. 4b; offenlassend OLG Frankfurt a. M. NZG 2014, 1017 (1018).

cc) **Andere grundsätzliche Fragen der Unternehmensplanung.** Neben der beabsichtigten 18 Geschäftspolitik ist über „andere" grundsätzliche Fragen der Unternehmensplanung zu berichten. Die Formulierung ist missglückt[69] und hat zu einer Reihe von Auslegungsproblemen geführt:

(1) **Rechtspflicht zur Unternehmensplanung.** Dem Vorstand obliegt zunächst die Pflicht, für 19 eine ordnungsgemäße Unternehmensplanung zu sorgen.[70] Das war der Sache nach schon immer anerkannt[71] und wird seit dem KonTraG durch § 90 Abs. 1 S. 1 Nr. 1 bestätigt.[72] Sachlich umfasst die Pflicht zur Unternehmensplanung, wie sich aus dem neu eingefügten Klammerzusatz ergibt, insbesondere die Finanz-, Investitions- und Personalplanung.[73] Diese Aufzählung ist allerdings nicht taxativ zu verstehen; je nach Bedarf, Größe oder Branche können Produktions-, Absatz-, Beschaffungs-, Entwicklungs-, Kosten- oder Ergebnisplanung hinzutreten.[74] Zeitlich verlangt die Pflicht zur Unternehmensplanung zumindest die Erstellung einer kurzfristigen Budgetplanung für das laufende und das folgende Geschäftsjahr.[75] Darüber hinaus wird verschiedentlich auch die mittel- und langfristige Unternehmensplanung als verpflichtend angesehen,[76] doch sind die Verhältnisse der einzelnen Unternehmen zu verschieden, als dass sich dies in allgemeiner Form sinnvoll vorschreiben ließe.[77] Immerhin hält Ziff. 4.1.2 DCGK den Vorstand börsennotierter Gesellschaften an, die strategische Ausrichtung des Unternehmens zu entwickeln, und legt ihm damit auch eine Langfristplanung nahe.

Die Art und Weise der Unternehmensplanung liegt weiterhin im unternehmerischen Ermessen 20 der Leitungsorgane.[78] Sie lässt sich angesichts der vielfältigen Unterschiede in Bezug auf Art, Größe und wirtschaftliche Lage der Unternehmen nur sehr begrenzt verallgemeinern.[79] Die von der Betriebswirtschaftslehre entwickelten Grundsätze ordnungsmäßiger Unternehmensplanung[80] bilden daher lediglich grobe Orientierungsregeln ohne normative Verbindlichkeit (→ § 93 Rn. 50).[81] Von einer Kodifizierung der Rechtspflicht zur Unternehmensplanung, wie sie gelegentlich gefordert wird,[82] ist abzuraten.

(2) **Umfang der Berichterstattung.** Von der Pflicht zur Unternehmensplanung zu unterschei- 21 den ist der Umfang der diesbezüglichen Berichterstattung. Gemäß § 90 Abs. 1 S. 1 Nr. 1 ist nur über „grundsätzliche" Fragen der Unternehmensplanung zu berichten. Daher genügt eine Mitteilung der wesentlichen Planungsdaten.[83] Die Gegenmeinung, die eine vollständige Vorlage der Planungsunterlagen verlangt,[84] hat nicht nur den Gesetzeswortlaut gegen sich,[85] sondern würde auch angesichts der enormen Datenfülle eine Überprüfung der Planung eher erschweren denn erleichtern.[86] Zudem hat der Aufsichtsrat nach § 90 Abs. 3 das Recht (und ggf. die Pflicht), weitere Planungsdaten anzufordern.[87]

---

[69] Kritisch auch *Kropff* NZG 1998, 613 (614).
[70] Vgl. *Fleischer* in Fleischer VorstandsR-HdB § 7 Rn. 38; *Groß/Amen* WPg 2003, 1161 f.; NK-AktR/*Landwehrmann* § 93 Rn. 55; K. Schmidt/Lutter/*Krieger/Sailer-Coceani* Rn. 12; Hölters/*Müller-Michaels* Rn. 5.
[71] Vgl. *Albach* ZGR 1997, 32 f.; *Feddersen* ZGR 1993, 114 (116); *Götz* AG 1995, 337 (338 f.); *Semler* ZGR 1983, 1 (12 ff.); abw. *Kallmeyer* ZGR 1993, 104 (107 f.).
[72] Vgl. *Altmeppen* ZGR 1999, 291 (303); *Groß/Amen* WPg 2003, 1161 (1163); *Kropff* NZG 1998, 613.
[73] Vgl. Bürgers/Körber/*Bürgers* Rn. 8; *Fleischer* in Fleischer VorstandsR-HdB § 7 Rn. 38.
[74] Vgl. BegrRegE KonTraG, BT-Drs. 13/9712, 15.
[75] Vgl. *Altmeppen* ZGR 1999, 291 (305 f.); Bürgers/Körber/*Bürgers* Rn. 8; *Groß/Amen* WPg 2003, 1161 (1174 f.); *Kropff* NZG 1998, 613 (614).
[76] Vgl. NK-AktR/*Landwehrmann* § 93 Rn. 55; MHdB AG/*Wiesner* § 25 Rn. 5.
[77] Vgl. *Altmeppen* ZGR 1999, 291 (3049); *Fleischer* in Fleischer VorstandsR-HdB § 7 Rn. 38; Hüffer/Koch/*Koch* Rn. 4a; K. Schmidt/Lutter/*Krieger/Sailer-Coceani* Rn. 12.
[78] Vgl. *Altmeppen* ZGR 1999, 291 (305); *Fleischer* in Fleischer VorstandsR-HdB § 7 Rn. 39; *Feddersen* ZGR 1993, 114 (116 f.); *Kropff* NZG 1998, 613 f.; *Lutter* FS Albach, 1991, 345 (350).
[79] Vgl. *Fleischer* in Fleischer VorstandsR-HdB § 7 Rn. 39.
[80] Vgl. *Groß/Amen* WPg 2003, 1161 (1176 ff.).
[81] Vgl. Bürgers/Körber/*Bürgers* Rn. 8; *Fleischer* in Fleischer VorstandsR-HdB § 7 Rn. 39; abw. NK-AktR/*Landwehrmann* § 93 Rn. 55.
[82] Vgl. *Groß/Amen* WPg 2003, 1161 (1178 f.); *Rückle* DB 1984, 65.
[83] Vgl. Henssler/Strohn/*Dauner-Lieb* Rn. 5; Hüffer/Koch/*Koch* Rn. 4b; Großkomm AktG/*Kort* Rn. 26; K. Schmidt/Lutter/*Krieger/Sailer-Coceani* Rn. 13; *Kropff* NZG 1998, 613 (614); Kölner Komm AktG/*Mertens/Cahn* Rn. 33; MüKoAktG/*Spindler* Rn. 19; *Pentz* in Fleischer VorstandsR-HdB § 16 Rn. 63.
[84] Vgl. *Lutter* Information und Vertraulichkeit Rn. 54; *Lutter/Krieger/Verse* Rechte und Pflichten 200; *Semler* ZGR 1983, 1 (16 ff.); tendenziell auch Grigoleit/*Grigoleit/Tomasic* Rn. 16; NK-AktR/*Oltmanns* Rn. 3.
[85] Zur Klarstellung durch das KonTraG Hüffer/Koch/*Koch* Rn. 4b; *Kropff* NZG 1998, 613 (614); MüKoAktG/*Spindler* Rn. 19.
[86] Vgl. *Götz* AG 1995, 333 (349); *Kropff* NZG 1998, 613 (614); Großkomm AktG/*Hopt/Roth* § 111 Rn. 207.
[87] Vgl. K. Schmidt/Lutter/*Krieger/Sailer-Coceani* Rn. 13; *Kropff* NZG 1998, 613 (614); MüKoAktG/*Spindler* Rn. 19.

21a Unterschiedlich beurteilt wird, ob und ggf. inwieweit auch über Planungen im Entwicklungsstadium zu berichten ist. Ein Teil der Lehre lehnt dies vor Beschlussreife rundherum ab,[88] andere Stimmen bejahen dies mit unterschiedlichen Abstufungen.[89] Den Vorzug verdient eine differenzierende Lösung: Über bloße Planspiele oder Alternativszenarien muss noch nicht berichtet werden. Dies ändert sich jedoch, wenn die Planung eine gewisse Verfestigung erreicht hat, ohne dass sie schon zur Beschlussreife gediehen sein muss.

22 **dd) Management-Informationssysteme?** Für die gelegentlich erhobene Forderung nach der Einrichtung umfassender Management-Informationssysteme[90] bietet § 90 Abs. 1 S. 1 Nr. 1 keine Ableitungsbasis.[91] Zwischen dem betriebswirtschaftlich erstrebenswerten Maß der Informationsaufbereitung und -verdichtung und dem aktienrechtlich erforderlichen Informationsniveau besteht insoweit nur teilweise Übereinstimmung.[92]

23 **ee) Follow-up-Berichterstattung.** Nach § 90 Abs. 1 S. 1 Nr. 1 hat der Vorstand in seinem Bericht auf Abweichungen der tatsächlichen Entwicklung von früher berichteten Zielen unter Angabe von Gründen einzugehen. Diese Pflicht zur sog. Follow-up-Berichterstattung hat auf Empfehlung der Regierungskommission Corporate Governance[93] durch das TransPuG (→ Rn. 4) Eingang in das Gesetz gefunden, galt der Sache nach aber schon vorher.[94] Der Regierungsbegründung zufolge war eine gesetzliche Klarstellung erforderlich, weil eine Berichterstattung über die Umsetzung der Unternehmensplanung in der Vergangenheit nicht immer erfolgte.[95] Früher berichtete Ziele sind solche, die der Vorstand in früheren Berichten nach § 90 Abs. 1 S. 1 Nr. 1 dem Aufsichtsrat dargelegt hat.[96] Nicht dazu gehören andere Bekundungen des Vorstands, zB gegenüber dem Betriebsrat oder der Presse.[97] Auf diese Weise soll gewährleistet werden, dass der Follow-up-Bericht auf ganz konkrete und bedeutsame Zielfestlegungen zugeschnitten ist.[98] Die Berichterstattung muss ohne zeitliche Lücken erfolgen, also auch abgelaufene Planungszeiträume erfassen, soweit der Sitzungsturnus des Aufsichtsrats dies erfordert.[99]

24 **ff) Umgang des Aufsichtsrats mit dem Vorstandsbericht.** Der Aufsichtsrat muss die ihm übermittelten Berichte auswerten[100] und gegenüber dem Vorstand zur Unternehmensplanung Stellung nehmen.[101] Das folgt aus seiner Überwachungsaufgabe, die ihn auch zu der Prüfung verpflichtet, ob die vorgelegte Planung betriebswirtschaftlich vertretbar ist.[102] Ganz in diesem Sinne heißt es in Ziff. 3.5 Abs. 1 DCGK, dass gute Unternehmensführung eine offene Diskussion zwischen Vorstand und Aufsichtsrat voraussetzt. Allerdings ist der Aufsichtsrat entgegen mancher Einzelstimmen nicht gehalten, seine Stellungnahme in Form eines Beschlusses abzugeben.[103] Vielmehr liegt es in seinem Ermessen, wie er sich mit dem Bericht auseinandersetzt.[104]

---

[88] Vgl. MüKo/*Spindler* Rn. 18; *Rieger/Rothenfußer* NZG 2014, 1012 ff.; K. Schmidt/Lutter/*Krieger/Sailer-Coceani* Rn. 13; eingehend *Cahn* AG 2014, 525 (527 ff.).

[89] Vgl. Hüffer/Koch/*Koch* Rn. 4b; *Koch* in Fleischer/Koch/Kropff/Lutter, 50 Jahre AktG, 2015, 65 (84 ff.); Großkomm AktG/*Kort* Rn. 32a.

[90] Dafür aus betriebswirtschaftlicher Sicht *Theisen*, Grundsätze einer ordnungsmäßigen Informationsversorgung des Aufsichtsrats, 3. Aufl. 2002, 169 f.; *Dreyer* BB 1981, 1436 (1438 ff.).

[91] Vgl. Bürgers/Körber/*Bürgers* Rn. 7; Hüffer/Koch/*Koch* Rn. 4b; Großkomm AktG/*Kort* Rn. 37; Kölner Komm AktG/*Mertens/Cahn* Rn. 6; MüKoAktG/*Spindler* Rn. 19.

[92] Für eine noch stärkere Berücksichtigung betriebswirtschaftlicher Erkenntnisse zuletzt *Theisen* ZfbF 61 (2009), 530 (543 ff.); *Theisen* ZGR 2013, 1 (5 ff.); vertiefend aus betriebswirtschaftlicher Sicht *Beckmann*, Die Informationsversorgung des Aufsichtsrats deutscher börsennotierter Aktiengesellschaften, 2009; *Theisen*, Information und Berichterstattung des Aufsichtsrats, 4. Aufl. 2007.

[93] Vgl. *Baums*, Bericht der Regierungskommission Corporate Governance, 2001, Rn. 24.

[94] Vgl. BegrRegE TransPuG, BT-Drs. 14/8769, 13; Hüffer/Koch/*Koch* Rn. 4c; MüKoAktG/*Spindler* Rn. 20; NK-AktR/*Oltmanns* Rn. 6.

[95] Vgl. BegrRegE TransPuG, BT-Drs. 14/8769, 13; ferner Großkomm AktG/*Kort* Rn. 44.

[96] Vgl. BegrRegE TransPuG, BT-Drs. 14/8769, 13; Hüffer/Koch/*Koch* Rn. 4c; MüKoAktG/*Spindler* Rn. 21.

[97] Vgl. BegrRegE TransPuG, BT-Drs. 14/8769, 14; Hüffer/Koch/*Koch* Rn. 4c; NK-AktR/*Oltmanns* Rn. 6; K. Schmidt/Lutter/*Krieger/Sailer-Coceani* Rn. 14.

[98] Vgl. BegrRegE TransPuG, BT-Drs. 14/8769, 13 f.; MüKoAktG/*Spindler* Rn. 21; NK-AktR/*Oltmanns* Rn. 6.

[99] Vgl. *Götz* NZG 2002, 599 (600); Hüffer/Koch/*Koch* Rn. 4c; NK-AktR/*Oltmanns* Rn. 6; abw. BegrRegE TransPuG, BT-Drs. 14/8769, 14.

[100] Vgl. Großkomm AktG/*Hopt/Roth* § 111 Rn. 208.

[101] Vgl. BegrRegE *Kropff* S. 120; Großkomm AktG/*Kort* Rn. 39; *Kropff* NZG 1998, 613 (615); MüKoAktG/*Spindler* Rn. 25; *Scheffler* AG 1995, 207 (208).

[102] Vgl. Großkomm AktG/*Hopt/Roth* § 111 Rn. 208; *Schulze-Osterloh* ZIP 1998, 2129 (2130 f.).

[103] Wie hier Hüffer/Koch/*Koch* Rn. 4d; Großkomm AktG/*Kort* Rn. 41; MüKoAktG/*Spindler* Rn. 25; abw. *Kropff* NZG 1998, 613 (615).

[104] Vgl. BegrRegE *Kropff* S. 120; Hüffer/Koch/*Koch* Rn. 4d; Großkomm AktG/*Kort* Rn. 41; MüKoAktG/*Spindler* Rn. 25.

b) Rentabilität. Gemäß § 90 Abs. 1 S. 1 Nr. 2 muss der Vorstand dem Aufsichtsrat weiter über 25 die Rentabilität der Gesellschaft berichten. Unter Rentabilität versteht man eine Kennzahl für den wirtschaftlichen Erfolg des Unternehmens, die sich aus dem Verhältnis des erzielten Gewinns (Erfolgsgröße) zum eingesetzten Kapital oder Umsatz (Bezugsgröße) ergibt. Je nach Wahl der Erfolgs- und Bezugsgröße lassen sich Gesamtkapitalrentabilität, Eigenkapitalrentabilität und Umsatzrentabilität unterscheiden.[105] Das Gesetz hebt die Berichterstattung über die Eigenkapitalrentabilität, also die Verzinsung des investierten Eigenkapitals, besonders hervor. Unter Eigenkapital ist die Summe der nach § 266 Abs. 3 HGB auf der Passivseite der Bilanz unter A auszuweisenden Beträge zu verstehen, insbesondere das Grundkapital und die Rücklagen.[106] Darüber hinaus muss der Vorstandsbericht nach allgM auch auf weitere Rentabilitätskennziffern eingehen, namentlich auf die Gesamtkapitalrentabilität, die Umsatzrendite, den Cash Flow und die Rentabilität wesentlicher Investitionen.[107] Außerdem muss der Bericht Angaben über alle wesentlichen Faktoren enthalten, die das Betriebsergebnis beeinflusst haben.[108] Bei börsennotierten Gesellschaften ist zudem über den Gewinn pro Aktie zu berichten.[109]

Ausweislich der Gesetzesmaterialien hat der Rentabilitätsbericht vor allem für die Entscheidung 26 des Aufsichtsrats über den Jahresabschluss (§ 172) Bedeutung: Nur wenn der Aufsichtsrat den Rentabilitätsbericht kennt, kann er sachgemäß über die Bilanzfeststellung sowie über seinen Gewinnverwendungsvorschlag an die Hauptversammlung entscheiden.[110] Darüber hinaus kommt dem Rentabilitätsbericht auch eine wirtschaftliche Kontrollfunktion zu.[111]

c) Gang der Geschäfte. Nach § 90 Abs. 1 S. 1 Nr. 3 muss sich der Vorstandsbericht auch auf 27 den Gang der Geschäfte, insbesondere den Umsatz, und die Lage der Gesellschaft erstrecken. Erforderlich ist ein detaillierter und aussagekräftiger Bericht, der sachgerecht (zB nach Sparten, In- und Auslandsmärkten) zu gliedern und durch konkrete Zahlen zu unterlegen ist.[112] Anders als im Rahmen des § 90 Abs. 1 S. 1 Nr. 1 bedarf es hier auch der Mitteilung von Planrechnungen, weil sich der Geschäftsgang erst durch einen Vergleich mit ihnen beurteilen lässt.[113] Abweichungen zwischen Soll und Ist, Planung und Erfolg sind zu erläutern;[114] die Pflicht zur Follow-up-Berichterstattung gilt hier sinngemäß.[115] Stets zu berichten ist über die finanzielle Lage der Gesellschaft, insbesondere ihre Liquidität.[116] Eingehen muss der Vorstand ferner auf die Markt- und Auftragslage,[117] außergewöhnliche Risiken und Besonderheiten des Geschäftsverlaufs.[118] Zu letzteren gehören etwa Arbeitskämpfe, der Verlust wichtiger Märkte, Rechtsstreitigkeiten, Kündigungen besonders wichtiger Mitarbeiter sowie der Gewinn oder Verlust wichtiger Kunden.[119]

d) Geschäfte von erheblicher Bedeutung. Zu berichten ist nach § 90 Abs. 1 S. 1 Nr. 4 ferner 28 über Geschäfte, die für die Rentabilität oder Liquidität der Gesellschaft von erheblicher Bedeutung sein können. Hierbei handelt es sich um anlassbezogene Sonderberichte (→ Rn. 7). Über welche Geschäfte

---

[105] Näher *Wöhe/Döring/Brösel*, Einführung in die Allgemeine BWL, 26. Aufl. 2016, 38 f.; *Potthoff/Trescher/Theisen*, Das Aufsichtsratsmitglied, 6. Aufl. 2003, Rn. 682 ff.
[106] Vgl. BegrRegE *Kropff* S. 117; Hüffer/Koch/*Koch* Rn. 5; Großkomm AktG/*Kort* Rn. 48; Kölner Komm AktG/*Mertens/Cahn* Rn. 36; *Pentz* in Fleischer VorstandsR-HdB § 16 Rn. 67.
[107] Vgl. Bürgers/Körber/*Bürgers* Rn. 10; Hüffer/Koch/*Koch* Rn. 5; Großkomm AktG/*Kort* Rn. 49 f.; K. Schmidt/Lutter/*Krieger/Sailer-Coceani* Rn. 17; *Lutter* Information und Vertraulichkeit Rn. 57; Kölner Komm AktG/*Mertens/Cahn* Rn. 36; MüKoAktG/*Spindler* Rn. 26; NK-AktR/*Oltmanns* Rn. 7.
[108] Vgl. Großkomm AktG/*Kort* Rn. 51; Kölner Komm AktG/*Mertens/Cahn* Rn. 36; *Pentz* in Fleischer VorstandsR-HdB § 16 Rn. 68.
[109] Vgl. K. Schmidt/Lutter/*Krieger/Sailer-Coceani* Rn. 17; *Lutter* Rn. 57; *Pentz* in Fleischer VorstandsR-HdB § 16 Rn. 68.
[110] Vgl. BegrRegE *Kropff* S. 116 f.; Kölner Komm AktG/*Mertens/Cahn* Rn. 36; *Pentz* in Fleischer VorstandsR-HdB § 16 Rn. 66.
[111] Näher K. Schmidt/Lutter/*Krieger/Sailer-Coceani* Rn. 18; *Lutter* Rn. 59.
[112] Vgl. Bürgers/Körber/*Bürgers* Rn. 11; Hüffer/Koch/*Koch* Rn. 6; Großkomm AktG/*Kort* Rn. 55; K. Schmidt/Lutter/*Krieger/Sailer-Coceani* Rn. 21; Kölner Komm AktG/*Mertens/Cahn* Rn. 37; MüKoAktG/*Spindler* Rn. 28.
[113] Vgl. Hüffer/Koch/*Koch* Rn. 6; Großkomm AktG/*Kort* Rn. 56; MüKoAktG/*Spindler* Rn. 28.
[114] Vgl. *Götz* NZG 2002, 599 (600); Hüffer/Koch/*Koch* Rn. 6; K. Schmidt/Lutter/*Krieger/Sailer-Coceani* Rn. 21; *Lutter* Information und Vertraulichkeit Rn. 38.
[115] Vgl. Hüffer/Koch/*Koch* Rn. 6; K. Schmidt/Lutter/*Krieger/Sailer-Coceani* Rn. 21; *Lutter* Rn. 38.
[116] Vgl. Großkomm AktG/*Kort* Rn. 58; *Lutter* Rn. 41; MüKoAktG/*Spindler* Rn. 28.
[117] Vgl. K. Schmidt/Lutter/*Krieger/Sailer-Coceani* Rn. 23; *Lutter* Rn. 42; NK-AktR/*Oltmanns* Rn. 8; Köstler/Müller/Sick AR-Praxis Rn. 481 f.
[118] Vgl. Großkomm AktG/*Kort* Rn. 58; Kölner Komm AktG/*Mertens/Cahn* Rn. 37; MüKoAktG/*Spindler* Rn. 28; NK-AktR/*Oltmanns* Rn. 8.
[119] Vgl. K. Schmidt/Lutter/*Krieger/Sailer-Coceani* Rn. 23; *Lutter* Information und Vertraulichkeit Rn. 43.

im Einzelfall zu berichten ist, hängt von der Größe, dem Gegenstand und der Lage des einzelnen Unternehmens ab.[120] Beispielhaft nennen die Gesetzesmaterialien den Erwerb oder die Veräußerung eines Betriebs oder einer Beteiligung, die Gründung von Zweigniederlassungen oder die Übernahme eines größeren Auftrags, sofern diese Maßnahmen nicht nur unerhebliche Auswirkungen auf Rentabilität und Liquidität haben.[121] Gleiches gilt erst recht für ein Zusammenschlussvorhaben (→ Rn. 32)[122] Von einer ziffernmäßigen Abgrenzung der berichtspflichtigen von den nicht berichtspflichtigen Geschäften hat der Gesetzgeber bewusst abgesehen, da solche Begrenzungen zu schematisch seien und nicht die unterschiedlichen Verhältnisse in den einzelnen Geschäftszweigen berücksichtigen könnten.[123] Damit besteht auch für Rechtsprechung und Rechtslehre ein Quantifizierungsverbot.[124] Ausreichend ist die potentielle Erheblichkeit des Geschäfts nach vernünftiger kaufmännischer Prognose.[125] Ohne Belang ist hingegen, ob die möglichen Auswirkungen für Rentabilität oder Liquidität negativ oder positiv sind.[126]

29 **e) Tochter- und Gemeinschaftsunternehmen.** Nach § 90 Abs. 1 S. 2 hat der Vorstandsbericht auch auf Tochter- und Gemeinschaftsunternehmen einzugehen, wenn die Gesellschaft Mutterunternehmen iSd § 290 Abs. 1 und 2 HGB ist. Die Vorschrift ist im Jahre 2002 durch das TransPuG (→ Rn. 4) eingeführt worden. Sie beruht auf der Überlegung, dass sich die wirtschaftliche und finanzielle Lage in einem Unternehmen an der Spitze eines Konzerns oder Teilkonzerns nicht sinnvoll und zuverlässig beurteilen lässt, wenn die konzernangehörigen Unternehmen nicht auch in die Regelberichterstattung aufgenommen werden.[127] Dies gilt unabhängig davon, ob im Einzelfall ein Konzernabschluss aufzustellen ist oder ob dies wegen Inanspruchnahme einer gesetzlichen Befreiung unterbleiben kann.[128] Allerdings umfasst die Berichtspflicht nur solche Vorgänge bei Tochter- und Gemeinschaftsunternehmen, die die Lage der Muttergesellschaft von erheblichem Einfluss sein können.[129]

30 Der Vorstand genügt seiner Pflicht zur konzerndimensionalen Regelberichterstattung nicht schon dann, wenn er den Aufsichtsrat lediglich über solche Vorgänge bei einem verbundenen Unternehmen in Kenntnis setzt, die ihm ohne eigenes Zutun bekannt geworden sind. Er ist vielmehr verpflichtet, sich die für die Berichterstattung notwendigen Informationen selbst im Rahmen des nach den gesetzlichen Bestimmungen Zulässigen, des ihm faktisch Möglichen und konkret Zumutbaren zu beschaffen.[130] Ein eigenständiges konzernweites Informationsrecht wird dadurch freilich nicht begründet (→ § 76 Rn. 88).[131] Die genauen Grenzen des konzerninternen Informationsflusses sind noch wenig gesichert.[132] Aktienrechtliche Schleusen für einen ungehinderten Informationsfluss im Unternehmensverbund bilden zum einen die organschaftliche Verschwiegenheitspflicht des § 93 Abs. 1 S. 3, zum anderen das Nachauskunftsrecht des § 131 Abs. 4.[133] Beide haben im Vertrags- und Eingliederungskonzern[134] eine geringere Bedeutung als im faktischen Aktienkonzern und bei einfacher Abhängigkeit.[135]

---

[120] Vgl. BegrRegE *Kropff* S. 117; Bürgers/Körber/*Bürgers* Rn. 12; Hüffer/Koch/*Koch* Rn. 7; *Hüffer* NZG 2007, 47 (49); Großkomm AktG/*Kort* Rn. 61; K. Schmidt/Lutter/*Krieger*/*Sailer-Coceani* Rn. 26; MüKoAktG/*Spindler* Rn. 29; NK-AktR/*Oltmanns* Rn. 9.
[121] Vgl. BegrRegE *Kropff* S. 117; ferner Hüffer/Koch/*Koch* Rn. 7; Kölner Komm AktG/*Mertens*/*Cahn* Rn. 39.
[122] Vgl. Hölters/*Müller-Michaels* Rn. 9; Hüffer/Koch/*Koch* Rn. 46; Großkomm AktG/*Kort* Rn. 61; zu gesellschaftsinternen Informationspflichten in einem solchen Fall OLG Frankfurt a. M. NZG 2014, 1017; dazu die entgegengesetzten Auffassungen von *Cahn* AG 2014, 525; *Rieger*/*Rothenfußer* NZG 2014, 1012 einerseits; *Burgard*/*Heimann* AG 2014, 360; *Henze* Der Aufsichtsrat 2014, 91 andererseits.
[123] Vgl. BegrRegE *Kropff* S. 117; ferner Kölner Komm AktG/*Mertens*/*Cahn* Rn. 39.
[124] Näher zu dem dahinter stehenden Problem „gegriffener Größen" *Fleischer* FS Canaris, Bd. II, 2007, 71; zustimmend Großkomm AktG/*Kort* Rn. 65a; abw. *Barzen*/*Kampf* BB 2011, 3011 (3013 f.).
[125] Vgl. Hüffer/Koch/*Koch* Rn. 7; Großkomm AktG/*Kort* Rn. 61; K. Schmidt/Lutter/*Krieger*/*Sailer-Coceani* Rn. 26; Kölner Komm AktG/*Mertens*/*Cahn* Rn. 39; NK-AktR/*Oltmanns* Rn. 9.
[126] Vgl. Großkomm AktG/*Kort* Rn. 61; *Lutter* Information und Vertraulichkeit Rn. 61; Kölner Komm AktG/*Mertens*/*Cahn* Rn. 39; *Pentz* in Fleischer VorstandsR-HdB § 16 Rn. 73.
[127] Vgl. BegrRegE TransPuG, BT-Drs. 14/8769, 14; MüKoAktG/*Spindler* Rn. 22; *Lutter* DB 2009, 775 (776).
[128] Vgl. BegrRegE TransPuG, BT-Drs. 14/8769, 14; MüKoAktG/*Spindler* Rn. 22; K. Schmidt/Lutter/*Krieger*/*Sailer-Coceani* Rn. 31; NK-AktR/*Oltmanns* Rn. 12.
[129] Vgl. *Barzen*/*Kampf* BB 2011, 3011 (3012); Hüffer/Koch/*Koch* Rn. 7a; Kölner Komm AktG/*Mertens*/*Cahn* Rn. 41; abw. K. Schmidt/Lutter/*Krieger*/*Sailer-Coceani* Rn. 32.
[130] Vgl. BegrRegE TransPuG, BT-Drs. 14/8769, 14; Bürgers/Körber/*Bürgers* Rn. 13; Hüffer/Koch/*Koch* Rn. 7a; MüKoAktG/*Spindler* Rn. 22; NK-AktR/*Oltmanns* Rn. 12.
[131] Vgl. Hüffer/Koch/*Koch* Rn. 7a; Großkomm AktG/*Kort* Rn. 66a; Kölner Komm AktG/*Mertens*/*Cahn* Rn. 43.
[132] Vgl. *Fleischer* in Fleischer VorstandsR-HdB § 18 Rn. 32; *Fleischer* ZGR 2009, 505 (529 ff.); K. Schmidt/Lutter/*Krieger*/*Sailer-Coceani* Rn. 31; monographisch S. *Schneider*, Informationspflichten und Informationssystemeinrichtungspflichten im Aktienkonzern, 2006, 310 ff. und passim.
[133] Vgl. *Fleischer* in Fleischer VorstandsR-HdB § 18 Rn. 33; *Fleischer* ZGR 2009, 505 (533 ff., 537 ff.).
[134] Dazu *Fleischer* in Fleischer VorstandsR-HdB § 18 Rn. 34.
[135] Näher *Fleischer* in Fleischer VorstandsR-HdB § 18 Rn. 35.

f) Berichte aus sonstigen wichtigen Anlässen. Nach § 90 Abs. 1 S. 3 besteht schließlich eine 31 Berichtspflicht aus sonstigen wichtigen Anlässen. Wann ein solcher wichtiger Anlass vorliegt, hängt von den Umständen des Einzelfalls ab und richtet sich nach dem Gegenstand und der Größe der Gesellschaft.[136] Beispielhaft nennen die Gesetzesmaterialien eine erhebliche Betriebsstörung, wesentliche Verluste oder eine Gefährdung größerer Außenstände.[137] Weitere Beispiele sind Arbeitskämpfe, behördliche Auflagen, Steuernachforderungen, Liquiditätsprobleme infolge Kreditkündigung, der negative Ausgang eines wichtigen Prozesses, eine Änderung der Wechselparitäten oder schwerwiegender Streit im Vorstand.[138] Als wichtiger Anlass ist nach § 90 Abs. 1 S. 3 Hs. 2 auch ein dem Vorstand bekannt gewordener geschäftlicher Vorgang bei einem verbundenen Unternehmen anzusehen, der auf die Lage der Gesellschaft von erheblichem Einfluss sein kann. Im Unterschied zu § 90 Abs. 1 S. 1 Nr. 4 geht es im Rahmen des § 90 Abs. 1 S. 3 vornehmlich um Ereignisse, die von außen an die Gesellschaft herangetragen werden und nachteilig auf sie einwirken können.[139] Der Sonderbericht ist unverzüglich, dh ohne schuldhaftes Zögern (§ 121 BGB), zu erstellen.[140]

Berichtsgläubiger ist hier – anders als im Rahmen des § 90 Abs. 1 S. 1 – nicht der Aufsichtsrat, 32 sondern der Vorsitzende des Aufsichtsrats. Ausweislich der Gesetzesmaterialien dient dies einer möglichst schnellen Unterrichtung.[141] Der Aufsichtsratsvorsitzende hat die anderen Aufsichtsratsmitglieder nach § 90 Abs. 5 S. 3 spätestens in der nächsten Aufsichtsratssitzung zu unterrichten.[142] Im Einzelfall kann auch deren unverzügliche Information geboten sein.[143] Noch wenig geklärt sind bisher Zulässigkeit und Grenzen der Vorabinformation des Aufsichtsratsvorsitzenden oder einzelner Aufsichtsratsmitglieder im Vorfeld höchst geheimhaltungsbedürftiger Geschäftsvorhaben.[144] Hier spricht vieles dafür, dass es dem Vorstand nach der Wertung des § 90 Abs. 1 S. 3 gestattet ist, zunächst nur den Aufsichtsratsvorsitzenden oder einen Strategieausschuss in die unmittelbare Planung einzuweihen und den Gesamtaufsichtsrat erst später ins Bild zu setzen.[145] Nicht angängig ist es jedoch, die vorab nicht unterrichteten Aufsichtsratsmitglieder erst in der Sitzung selbst zu informieren. Sie dürfen nicht überrumpelt werden, sondern müssen die Möglichkeit erhalten, sich angemessen vorzubereiten.[146]

2. Berichtshäufigkeit. a) Regelberichte. Die Regelberichte nach § 90 Abs. 1 S. 1 Nr. 1 bis 3 33 sind nach § 90 Abs. 2 in einem festen Turnus zu erstatten. Der Bericht über die beabsichtigte Geschäftspolitik und andere grundsätzliche Fragen der Unternehmensplanung (Nr. 1) ist mindestens einmal jährlich vorzulegen. Gebieten Änderungen der Lage oder neue Fragen eine sofortige Unterrichtung, so muss der Vorstand, auch wenn seit dem letzten Bericht noch kein Jahr verstrichen ist, unverzüglich dem Aufsichtsrat berichten, nach welchen Gesichtspunkten er nunmehr die Gesellschaft zu leiten beabsichtigt.[147] Wann dies der Fall ist, hat der Vorstand nach pflichtgemäßem Ermessen zu entscheiden.[148]

---

[136] Vgl. BegrRegE *Kropff* S. 117.
[137] Vgl. BegrRegE *Kropff* S. 117.
[138] Vgl. Hüffer/Koch/*Koch* Rn. 134; *Hüffer* NZG 2007, 47 (49); *Lutter* Rn. 67; Kölner Komm AktG/*Mertens/Cahn* Rn. 45; MüKoAktG/*Spindler* Rn. 31; K. Schmidt/Lutter/*Krieger/Sailer-Coceani* Rn. 33; NK-AktR/*Oltmanns* Rn. 11.
[139] Vgl. Bürgers/Körber/*Bürgers* Rn. 14; Wachter/*Eckert* Rn. 19; Grigoleit/*Grigoleit/Tomasic* Rn. 21; Hüffer/Koch/*Koch* Rn. 8; *Hüffer* NZG 2007, 47 (49); *Lutter* Rn. 69.
[140] Vgl. Bürgers/Körber/*Bürgers* Rn. 14; Hüffer/Koch/*Koch* Rn. 8; Großkomm AktG/*Kort* Rn. 67; K. Schmidt/Lutter/*Krieger/Sailer-Coceani* Rn. 35; Kölner Komm AktG/*Mertens/Cahn* Rn. 45; NK-AktR/*Oltmanns* Rn. 11.
[141] Vgl. BegrRegE *Kropff* S. 117; Hüffer/Koch/*Koch* Rn. 8; MüKoAktG/*Spindler* Rn. 32; nach Kölner Komm AktG/*Mertens/Cahn* Rn. 45 will das Gesetz hier außerdem einem gesteigerten Diskretionsbedürfnis der Gesellschaft Rechnung tragen.
[142] Vgl. Hüffer/Koch/*Koch* Rn. 8; Kölner Komm AktG/*Mertens/Cahn* Rn. 45; MüKoAktG/*Spindler* Rn. 32; NK-AktR/*Oltmanns* Rn. 11.
[143] Vgl. K. Schmidt/Lutter/*Krieger/Sailer-Coceani* Rn. 34; Kölner Komm AktG/*Mertens/Cahn* Rn. 45; NK-AktR/*Oltmanns* Rn. 11.
[144] Vgl. am Beispiel eines Unternehmenszusammenschlusses OLG Frankfurt a. M. NZG 2014, 1017; dazu *Burgard/Heimann* AG 2014, 360 (364 ff.); *Burgard/Heimann* NZG 2014, 1294 einerseits; *Cahn* AG 2014, 525 (532 f.); *Rieger/Rothenfußer* NZG 2014, 1012 (1014) andererseits.
[145] Wie hier Fleischer/Koch/Kropff/*Koch*, 50 Jahre AktG, 2015, 65 (86 f.); ferner Drinhausen/Marsch-Barner AG 2014, 337, 341; *Leyens*, Information des Aufsichtsrats, 2006, 375 f.; *Seyfarth* VorstandsR § 1 Rn. 163.
[146] Vgl. *Burgard/Heimann* NZG 2014, 1294 (1295); Henssler/Strohn/*Dauner-Lieb* Rn. 1a; *Henze* Der Aufsichtsrat 2014, 91; Hölters/*Müller-Michaels* Rn. 13; Hüffer/Koch/*Koch* Rn. 10; *Koch*, in Fleischer/Koch/Kropff/Lutter, 50 Jahre AktG, 2015, 65 (87).
[147] Vgl. BegrRegE *Kropff* S. 117; K. Schmidt/Lutter/*Krieger/Sailer-Coceani* Rn. 15.
[148] Vgl. BegrRegE *Kropff* S. 117; MüKoAktG/*Spindler* Rn. 24.

34 Über die Rentabilität der Gesellschaft, insbesondere über die Rentabilität des Eigenkapitals (Nr. 2), hat der Vorstand alljährlich in der Sitzung des Aufsichtsrats zu berichten, in der über den Jahresabschluss verhandelt wird. Gerade für diese Verhandlung ist die Kenntnis der Rentabilität von erheblicher Bedeutung.[149]

35 Über den Gang der Geschäfte, insbesondere den Umsatz, und die Lage der Gesellschaft (Nr. 3) ist regelmäßig, mindestens vierteljährlich, zu berichten. Die Pflicht zur vierteljährlichen Berichterstattung bildet nach dem eindeutigen Gesetzeswortlaut nur das Minimum eines regelmäßigen Informationsflusses.[150] Der Vorstand muss daher nach pflichtgemäßem Ermessen prüfen, ob nach den Umständen des Einzelfalls eine kürzere Berichtsfrequenz geboten ist.[151] Das kann insbesondere in Krisenzeiten der Fall sein.[152] Die zwingende gesetzliche Festschreibung einer monatlichen Berichterstattung ist von der Regierungskommission Corporate Governance verworfen worden.[153] Satzung oder Geschäftsordnung können sie aber vorsehen (→ Rn. 12).[154]

36 **b) Sonderberichte.** Über Geschäfte, die für die Rentabilität oder Liquidität der Gesellschaft von erheblicher Bedeutung sein können (Nr. 4), hat der Vorstand so rechtzeitig zu berichten, dass der Aufsichtsrat noch Stellung nehmen kann, bevor das Geschäft geschlossen wird. Das gilt auch für solche Geschäfte, die nicht nach § 111 Abs. 4 S. 2 zustimmungsbedürftig sind.[155]

37 Es kann vorkommen, dass die Geschäftsvornahme keinen Aufschub duldet, wenn der Gesellschaft kein Schaden entstehen soll. Durch das Wort „möglichst" stellt § 90 Abs. 2 Nr. 4 klar, dass in solchen Einzelfällen der Vorstand das Geschäft vornehmen darf, ohne zuvor dem Aufsichtsrat berichtet zu haben.[156] Mit der Vornahme des Geschäfts entfällt jedoch nicht die Berichtspflicht. Vielmehr hat der Vorstand dem Aufsichtsrat dann nachträglich über das von ihm bereits vorgenommene Geschäft zu berichten.[157] Außerdem muss sich der Vorstand bemühen, zumindest den Aufsichtsratsvorsitzenden vor der Durchführung des Geschäfts zu informieren.[158]

IV. Anforderungsberichte

38 **1. Verlangen des Aufsichtsrats. a) Allgemeines.** Gemäß § 90 Abs. 3 S. 1 kann der Aufsichtsrat jederzeit vom Vorstand einen Bericht über Angelegenheiten der Gesellschaft verlangen. Dieses informationelle „Pull"-Prinzip ergänzt das „Push"-Prinzip des § 90 Abs. 1 und bezweckt eine wirkungsvollere Überwachung der Geschäftsführung:[159] Der Aufsichtsrat soll nicht auf die vom Vorstand ausgewählten Informationen angewiesen sein, sondern von sich aus einen Bericht über bestimmte Vorgänge fordern können.[160] Zur Gewährleistung dieses Regelungsziels nimmt das Gesetz in Kauf, dass sich die Anforderungsberichte nach Abs. 3 mit den unaufgeforderten Berichten nach Abs. 1 teilweise überschneiden können.[161]

39 § 90 Abs. 3 begründet nicht nur ein Informationsrecht, sondern auch eine aktive Informationspflicht („Informationsbeschaffungspflicht")[162] des Aufsichtsrats.[163] Nur bei ausreichender Informa-

---

[149] Vgl. BegrRegE *Kropff* S. 117; Hüffer/Koch/*Koch* Rn. 9; Großkomm AktG/*Kort* Rn. 79; K. Schmidt/Lutter/*Krieger/Sailer-Coceani* Rn. 19.
[150] Vgl. Hüffer/Koch/*Koch* Rn. 9; Großkomm AktG/*Kort* Rn. 81; K. Schmidt/Lutter/*Krieger/Sailer-Coceani* Rn. 20; *Pentz* in Fleischer VorstandsR-HdB § 16 Rn. 70.
[151] Vgl. Großkomm AktG/*Kort* Rn. 81; K. Schmidt/Lutter/*Krieger/Sailer-Coceani* Rn. 24; MüKoAktG/*Spindler* Rn. 28.
[152] Vgl. NK-AktR/*Oltmanns* Rn. 8; *Pentz* in Fleischer VorstandsR-HdB § 16 Rn. 70; eingehend zu Berichtspflichten in der Krise *Hasselbach* NZG 2012, 41 (42 f.).
[153] Vgl. *Baums* Bericht der Regierungskommission Rn. 19; dafür aber NK-AktR/*Oltmanns* Rn. 8 („keine unzumutbare Belastung").
[154] Vgl. MüKoAktG/*Spindler* Rn. 28.
[155] Vgl. Hüffer/Koch/*Koch* Rn. 10; Großkomm AktG/*Kort* Rn. 83; K. Schmidt/Lutter/*Krieger/Sailer-Coceani* Rn. 26; NK-AktR/*Oltmanns* Rn. 9.
[156] Vgl. BegrRegE *Kropff* S. 117.
[157] Vgl. BegrRegE *Kropff* S. 117; Henssler/Strohn/*Dauner-Lieb* Rn. 15; Hüffer/Koch/*Koch* Rn. 10; Großkomm AktG/*Kort* Rn. 84; K. Schmidt/Lutter/*Krieger/Sailer-Coceani* Rn. 29; NK-AktR/*Oltmanns* Rn. 10.
[158] Vgl. Hüffer/Koch/*Koch* Rn. 10; Großkomm AktG/*Kort* Rn. 84; Kölner Komm AktG/*Mertens/Cahn* Rn. 46; K. Schmidt/Lutter/*Krieger/Sailer-Coceani* Rn. 29; NK-AktR/*Oltmanns* Rn. 10.
[159] Vgl. K. Schmidt/Lutter/*Krieger/Sailer-Coceani* Rn. 36; MüKoAktG/*Spindler* Rn. 33.
[160] Vgl. BegrRegE *Kropff* S. 118; Bürgers/Körber/*Bürgers* Rn. 15; Hüffer/Koch/*Koch* Rn. 11; Großkomm AktG/*Kort* Rn. 93; Lutter/Krieger/*Verse* Rechte und Pflichten 212; *Pentz* in Fleischer VorstandsR-HdB § 16 Rn. 74.
[161] Vgl. Hüffer/Koch/*Koch* Rn. 11; Großkomm AktG/*Kort* Rn. 93.
[162] *Kropff* FS Raiser, 2005, 225.
[163] Vgl. BGH NZG 2009, 550 (551); Henssler/Strohn/*Dauner-Lieb* Rn. 17; Wachter/*Eckert* Rn. 21; *Hüffer* NZG 2007, 47; Großkomm AktG/*Kort* Rn. 3; K. Schmidt/Lutter/*Krieger/Sailer-Coceani* Rn. 36; *Kropff* FS Raiser, 2005, 225 (231); Großkomm AktG/*Hopt/Roth* § 111 Rn. 172.

tion kann der Aufsichtsrat nämlich seiner Überwachungsaufgabe gerecht werden. In diesem Sinne verlangt Ziff. 3.4 Abs. 1 S. 2 DCGK vom Aufsichtsrat seinerseits sicherzustellen, dass er angemessen informiert wird (→ Rn. 5).

b) Berichtsgegenstand. Das Berichtsverlangen kann sich auf alle Angelegenheiten der Gesellschaft beziehen. Dieser Begriff ist – ähnlich wie in § 131 Abs. 1 S. 1 – weit zu verstehen.[164] Ausdrücklich einbezogen sind auch die rechtlichen und geschäftlichen Beziehungen der Gesellschaft zu verbundenen Unternehmen[165] sowie geschäftliche Vorgänge bei diesen Unternehmen, die auf die Lage der Gesellschaft von erheblichem Einfluss sein können.[166] Die Berichtpflicht endet erst dort, wo kein Bezug zur Gesellschaft oder den mit ihr verbundenen Unternehmen mehr gegeben ist. Über die allgemeine volkswirtschaftliche Entwicklung braucht der Vorstand daher nicht zu berichten.[167] Nach § 90 Abs. 3 können nur Berichte vom Vorstand angefordert werden, hingegen wird kein Recht auf Einsicht in Unterlagen begründet.[168] **40**

c) Berichtsverlangen. Zur Anforderung eines Berichts nach § 90 Abs. 3 S. 1 bedarf es eines Aufsichtsratsbeschlusses nach § 108 Abs. 1.[169] Analog § 78 Abs. 2 S. 2 genügt der Zugang des Anforderungsverlangens bei einem Vorstandsmitglied.[170] Der Aufsichtsrat muss sein Verlangen allerdings hinreichend präzisieren,[171] damit der Vorstand weiß, worüber er berichten soll. Besitzt der Aufsichtsrat keine genaue Kenntnis hinsichtlich des Berichtsgegenstandes, genügen allgemein gehaltene Anforderungen.[172] **41**

d) Jederzeitige Berichterstattung. Das Berichtsverlangen kann jederzeit geltend gemacht werden. Der Vorstand hat den Bericht dann unverzüglich zu erstellen.[173] Welche Zeitspanne ihm dafür genau zur Verfügung steht, hängt von den Umständen des Einzelfalls ab.[174] Wie das Berichtsverlangen eines Aufsichtsratsmitglieds steht auch das des Gesamtaufsichtsrats unter einem Missbrauchsvorbehalt (→ Rn. 47).[175] Hat der Vorstand die angeforderte Information vollständig in einem kürzlich vorgelegten Bericht nach § 90 Abs. 1 S. 1 übermittelt, kann er hierauf verweisen und muss keinen neuen Bericht vorlegen.[176] Außerdem darf sich der Aufsichtsrat nicht durch ein tägliches oder wöchentliches Berichtsverlangen in das Tagesgeschäft einmischen.[177] **42**

e) Informationsdurchgriff auf Angestellte? Berichtsschuldner ist allein der Vorstand. Einen unmittelbaren Informationsdurchgriff des Aufsichtsrats auf Unternehmensangehörige ohne Kenntnis des Vorstands lehnt die hergebrachte und noch immer herrschende Lehre grundsätzlich ab.[178] Solche vorstandsunabhängigen Direktkontakte widersprächen dem aktiven „Informationsmonopol" des Vorstands, das der Gesetzgeber geschaffen habe, indem er (nur) dem Vorstand in § 90 eine Berichts- **43**

---

[164] Vgl. Großkomm AktG/*Kort* Rn. 88; K. Schmidt/Lutter/*Krieger*/Sailer-Coceani Rn. 37; MüKoAktG/*Spindler* Rn. 34; NK-AktR/*Oltmanns* Rn. 14; *Potthoff/Trescher/Theisen*, Das Aufsichtsratsmitglied, 6. Aufl. 2003, Rn. 646.

[165] Näher Großkomm AktG/*Kort* Rn. 90 f.

[166] Dazu Großkomm AktG/*Kort* Rn. 92.

[167] Vgl. *Lutter* Information und Vertraulichkeit Rn. 73.

[168] Vgl. OLG Stuttgart NZG 2007, 549.

[169] Vgl. Bürgers/Körber/*Bürgers* Rn. 16; Hüffer/Koch/*Koch* Rn. 11; Großkomm AktG/*Kort* Rn. 87; MüKoAktG/*Spindler* Rn. 38; NK-AktR/*Oltmanns* Rn. 14; *Pentz* in Fleischer VorstandsR-HdB § 16 Rn. 76.

[170] Vgl. Hüffer/Koch/*Koch* Rn. 11; Großkomm AktG/*Kort* Rn. 87; Kölner Komm AktG/*Mertens/Cahn* Rn. 48; NK-AktR/*Oltmanns* Rn. 14.

[171] Vgl. OLG Köln AG 1987, 25; Bürgers/Körber/*Bürgers* Rn. 16; Großkomm AktG/*Kort* Rn. 85; K. Schmidt/Lutter/*Krieger*/Sailer-Coceani Rn. 37; MüKoAktG/*Spindler* Rn. 34; NK-AktR/*Oltmanns* Rn. 14.

[172] Vgl. Großkomm AktG/*Kort* Rn. 86; *Pentz* in Fleischer VorstandsR-HdB § 16 Rn. 75.

[173] Vgl. Bürgers/Körber/*Bürgers* Rn. 16; Kölner Komm AktG/*Mertens/Cahn* Rn. 48.

[174] Vgl. K. Schmidt/Lutter/*Krieger*/Sailer-Coceani Rn. 37; MüKoAktG/*Spindler* Rn. 36.

[175] Vgl. Bürgers/Körber/*Bürgers* Rn. 15; MüKoAktG/*Spindler* Rn. 36; *Pentz* in Fleischer VorstandsR-HdB § 16 Rn. 75.

[176] Vgl. K. Schmidt/Lutter/*Krieger*/Sailer-Coceani Rn. 37; *Lutter/Krieger/Verse* Rechte und Pflichten 214; *Pentz* in Fleischer VorstandsR-HdB § 16 Rn. 75.

[177] Vgl. Kölner Komm AktG/*Mertens/Cahn* Rn. 8; NK-AktR/*Oltmanns* Rn. 14; Großkomm AktG/*Hopt/Roth* § 111 Rn. 188; s. auch MüKoAktG/*Spindler* Rn. 34.

[178] Vgl. *Arnold* ZGR 2014, 76 (90 ff.); *Börsig/Löbbe* FS Hoffmann-Becking, 2013, 125 (137 f.); *Brandi* ZIP 2000, 173 (175); Bürgers/Körber/*Bürgers* Rn. 15; *Wachter/Eckert* Rn. 25; Grigoleit/*Grigoleit/Tomasic* Rn. 4; Hüffer/Koch/*Koch* Rn. 11; Großkomm AktG/*Kort* Rn. 94; K. Schmidt/Lutter/*Krieger*/Sailer-Coceani Rn. 39; *Lutter* Information und Vertraulichkeit Rn. 309 ff.; Kölner Komm AktG/*Mertens/Cahn* Rn. 52; MüKoAktG/*Spindler* Rn. 39; *Pentz* in Fleischer VorstandsR-HdB § 16 Rn. 77; *Scheffler* ZGR 2003, 236 (254 f.); *Seibt* in Hommelhoff/Hopt/v. Werder Corporate Governance-HdB S. 391, 399 f.; *Seyfarth* VorstandsR § 1 Rn. 183; *Steinbeck*, Überwachungspflicht und Einwirkungsmöglichkeiten des Aufsichtsrats der Aktiengesellschaft, 1992, 136.

pflicht gegenüber dem Aufsichtsrat auferlegt habe.[179] Außerdem nähmen die Autorität des Vorstands und das Vertrauensverhältnis zwischen Vorstand und Aufsichtsrat schweren Schaden, wenn sich der Aufsichtsrat „am Vorstand vorbei" bei der Internen Revision oder anderen Mitarbeitern informiere.[180] Ausnahmen hiervon seien nur in Ausnahmefällen gerechtfertigt, sofern ein dringender Verdacht auf Pflichtverletzungen des Vorstands bestehe und auf anderem Wege keine Abhilfe zu erlangen sei.[181]

44 Demgegenüber steht eine vordringende Gegenansicht der Informationsherrschaft durch den Vorstand kritisch gegenüber und hält eine Befragung von Angestellten durch den Aufsichtsrat mit Unterschieden im Einzelnen für zulässig.[182] Sie stützt sich zur Begründung auf den allgemeinen Überwachungsauftrag des Aufsichtsrats, eine sich wandelnde Unternehmenskultur und rechtsvergleichende Vorbilder.[183] Außerdem macht sie darauf aufmerksam, dass ein Informationsmonopol des Vorstands in einem schwer aufzulösenden Spannungsverhältnis zum Prüfungsrecht des Aufsichtsrats aus § 111 Abs. 2 S. 1 und 2 stehe.[184] Ferner weist sie darauf hin, dass § 109 Abs. 1 S. 2 (Sitzungsteilnahme von Sachverständigen und Auskunftspersonen) und § 111 Abs. 2 S. 1 (umfassendes Einsichts- und Prüfungsrecht) dem Aufsichtsrat schon heute die Gewinnung vorstandsunabhängiger Informationen ermöglichten.[185] Ob sich diese Auffassung durchsetzen wird, bleibt abzuwarten. Zulässig und wünschenswert sind jedenfalls einvernehmliche Regelungen zwischen Vorstand und Aufsichtsrat im Rahmen einer Informationsordnung (→ Rn. 13). In ihr können etwa die zeitnahe Vorlage von Berichten der Internen Revision, die Teilnahme des Leiters der Internen Revision an Aufsichtsratssitzungen und der Grad des Informationszugriffs des Aufsichtsrats vereinbart werden.[186] Zahlreiche Gesellschaften haben inzwischen von dieser Möglichkeit Gebrauch gemacht und namentlich Vereinbarungen über Direktkontakte des Aufsichtsrats mit den Leitern der Internen Revision, des Risikocontrolling oder der Compliance geschlossen.[187]

44a Eine neue Dynamik hat die Diskussion durch das CRD IV-Umsetzungsgesetz vom August 2013 (BGBl. 2013 I 3395) erhalten, das den Informationszugriff des Aufsichtsrats auf die internen Kontrollsysteme der Gesellschaft ausgeweitet hat.[188] Gemäß § 25d Abs. 8 S. 7 KWG kann der Vorsitzende des Risikoausschusses oder, falls ein Risikoausschuss nicht eingerichtet wurde, der Vorsitzende des Aufsichtsorgans unmittelbar beim Leiter der Internen Revision und beim Leiter des Risikocontrolling Auskünfte einholen. Die Geschäftsleitung muss hierüber nach § 25d Abs. 8 S. 8 KWG unterrichtet werden. Gleichlautende Bestimmungen finden sich für den Vorsitzenden des Prüfungsausschusses in § 25d Abs. 9 S. 4 und 5 KWG. Diese Auskunftsrechte bestehen unabhängig davon, ob Verdachtsmomente dafür vorliegen, dass der Aufsichtsrat oder seine Ausschüsse vom Vorstand unvollständig oder unrichtig informiert worden sind.[189] Die erforderliche Unterrichtung der Geschäftsleitung kann auch nachträglich stattfinden.[190] Ob und inwieweit diese bereichsspezifischen Regelungen auf das allgemeine Aktienrecht „ausstrahlen", wird die weitere Entwicklung zeigen.[191]

---

[179] Vgl. *K. Schmidt/Lutter/Krieger/Sailer-Coceani* Rn. 39; *Kölner Komm AktG/Mertens/Cahn* Rn. 52.
[180] Vgl. *Hoffmann-Becking* ZGR 2011, 136 (147); *K. Schmidt/Lutter/Krieger/Sailer-Coceani* Rn. 39; *Roth* ZGR 2012, 343 (373); *MüKoAktG/Spindler* Rn. 39.
[181] Vgl. OLG Stuttgart ZIP 2012, 1965 (1968); *Bürgers/Körber/Bürgers* Rn. 15; *Wachter/Eckert* Rn. 25; *Hüffer/Koch/Koch* Rn. 11; *Großkomm AktG/Kort* Rn. 98; *K. Schmidt/Lutter/Krieger/Sailer-Coceani* Rn. 39; *Kölner Komm AktG/Mertens/Cahn* Rn. 52; *MüKoAktG/Spindler* Rn. 39; *Pentz* in Fleischer VorstandsR-HdB § 16 Rn. 77.
[182] Vgl. *K. Schmidt/Lutter/Drygala* § 109 Rn. 11; *Grigoleit/Grigoleit/Tomic* § 111 Rn. 27; *Habersack* AG 2014, 1 (6f.); *Großkomm AktG/Hopt/Roth* § 111 Rn. 511 ff.; *Kropff* FS Raiser, 2005, 225 (242f.); *Leyens*, Information des Aufsichtsrats, 2006, 182 ff., 191 ff.; *S. Schneider*, Informationspflichten und Informationssystemeinrichtungspflichten im Aktienkonzern, 2006, 106 f.; ferner *Dreher* FS Ulmer, 2003, 87 (98) unter Hinweis auf die Personalkompetenz des Aufsichtsrats.
[183] Eingehend *Großkomm AktG/Hopt/Roth* § 111 Rn. 511 ff.; *Leyens*, Information des Aufsichtsrats, 2006, 182 ff., 191 ff.
[184] Vgl. *Kropff* NZG 2003, 346 (348).
[185] Vgl. *Huwer*, Der Prüfungsausschuss des Aufsichtsrats, 2008, 152.
[186] Vgl. *Habersack* AG 2014, 1 (7); *Huwer*, Der Prüfungsausschuss des Aufsichtsrats, 2008, 149; *Leyens*, Information des Aufsichtsrats, 2006, 233 ff.; *Velte* NZG 2011, 1401 (1403).
[187] Vgl. *Lutter/Krieger/Verse* Rechte und Pflichten 252 mit Fn. 4; *Roth* ZGR 2012, 343 (357f.); ferner *Arbeitskreis Externe und Interne Revision* DB 2011, 2101 (2104).
[188] Dazu *Großkomm AktG/Kort* Rn. 96a; *Leyens/Schmidt* AG 2013, 533 (542f.); *Lutter/Krieger/Verse* Rechte und Pflichten 1501; *Velte/Buchholz* ZBB 2013, 400 (405ff.).
[189] Vgl. *Lutter/Krieger/Verse* Rechte und Pflichten 1502.
[190] Vgl. *Lutter/Krieger/Verse* Rechte und Pflichten 1501.
[191] Zurückhaltend *Arnold* ZGR 2014, 76 (93f.); eingehend *F. Schmidt*, Die Ausstrahlung aufsichtsrechtlicher Corporate Governance auf das Aktienrecht, 2017, 239 ff.

2. Verlangen eines Aufsichtsratsmitglieds. a) Allgemeines. Nach § 90 Abs. 3 S. 2 kann **45** auch ein einzelnes Aufsichtsratsmitglied einen Bericht verlangen. Bis zum Jahre 2002 konnte der Vorstand ein solches Berichtsverlangen abwehren, wenn kein anderes Aufsichtsratsmitglied es unterstützte (→ Rn. 3).[192] Das TransPuG (→ Rn. 4) hat dieses Zwei-Personen-Erfordernis auf Anregung der Regierungskommission Corporate Governance[193] gestrichen, weil es die Stellung des einzelnen Aufsichtsratsmitglieds schwäche und der gleichen Verantwortung aller Aufsichtsratsmitglieder nicht gerecht werde.[194] Der dadurch gewachsenen Missbrauchsgefahr soll ausweislich der Gesetzesmaterialien durch Anwendung allgemeiner Grundsätze begegnet werden (→ Rn. 47).[195]

Das Anforderungsrecht des § 90 Abs. 3 S. 2 ist ein sog. Pflichtrecht.[196] Das einzelne Aufsichtsrats- **46** mitglied hat daher nicht nur ein Recht, sondern auch eine Pflicht, Vorstandsberichte anzufordern, wenn dies zur ordnungsgemäßen Unternehmensüberwachung erforderlich ist. Der Umfang der Berichterstattung entspricht jenem nach § 90 Abs. 3 S. 1.[197] Berichtsempfänger ist allerdings nur der Aufsichtsrat als Organ, nicht das anfordernde Aufsichtsratsmitglied.[198]

b) Missbrauchsfälle. Als pflichtgebundenes Recht darf das Berichtsverlangen nach § 90 Abs. 3 **47** S. 2 nicht missbräuchlich ausgeübt werden.[199] Nach hM besteht ein Verweigerungsrecht allerdings nur bei einer konkreten Missbrauchsgefahr.[200] So liegt es zB, wenn das berichtsanfordernde Aufsichtsratsmitglied einen Wettbewerber der Gesellschaft repräsentiert und konkret zu befürchten ist, dass es die betreffende Information an den Wettbewerber weitergibt.[201] Ähnliches gilt in Fällen querulatorischen oder schikanösen Verhaltens.[202] Über die Verweigerung entscheidet nach hM der Vorstand nach pflichtgemäßem Ermessen.[203] Ein Dispensbeschluss des Aufsichtsrats scheidet aus.[204]

V. Grundsätze ordnungsgemäßer Berichterstattung

1. Gewissenhafte und getreue Rechenschaft. Gemäß § 90 Abs. 4 S. 1 haben die Vorstandsbe- **48** richte den Grundsätzen einer gewissenhaften und getreuen Rechenschaft zu entsprechen.[205] Diese generalklauselartigen Vorgaben sind im Hinblick auf den Regelungszweck der Berichterstattung, die vorbeugende Überwachung durch den Aufsichtsrat zu erleichtern (→ Rn. 1), in griffigere Einzelanforderungen zu übersetzen.[206] Danach muss jeder Bericht inhaltlich vollständig,[207] übersichtlich

---

[192] Zu den Gründen AusschussBer *Kropff* S. 119.
[193] Vgl. *Baums* Bericht der Regierungskommission Rn. 30 f.
[194] Vgl. BegrRegE TransPuG, BT-Drs. 14/8769, 14.
[195] Vgl. BegrRegE TransPuG, BT-Drs. 14/8769, 14; ferner Hüffer/Koch/*Koch* Rn. 12; Großkomm AktG/ *Kort* Rn. 106; NK-AktR/*Oltmanns* Rn. 15.
[196] Vgl. Hüffer/Koch/*Koch* Rn. 12; Großkomm AktG/*Kort* Rn. 103; MüKoAktG/*Spindler* Rn. 40.
[197] Vgl. MüKoAktG/*Spindler* Rn. 40; NK-AktR/*Oltmanns* Rn. 15.
[198] Vgl. Bürgers/Körber/*Bürgers* Rn. 17; Hüffer/Koch/*Koch* Rn. 12; Großkomm AktG/*Kort* Rn. 104; Hölters/*Müller-Michaels* Rn. 18; MüKoAktG/*Spindler* Rn. 42; NK-AktR/*Oltmanns* Rn. 15.
[199] Vgl. BegrRegE TransPuG, BT-Drs. 14/8769, 14; Hüffer/Koch/*Koch* Rn. 12a; Großkomm AktG/ *Kort* Rn. 108; MüKoAktG/*Spindler* Rn. 41; NK-AktR/*Oltmanns* Rn. 15.
[200] Vgl. BegrRegE TransPuG, BT-Drs. 14/8769, 14; Großkomm AktG/*Kort* Rn. 110; Kölner Komm AktG/ *Mertens/Cahn* Rn. 16; für ein umfangreicheres Verweigerungsrecht im Hinblick auf das Geheimhaltungsinteresse K. Schmidt/Lutter/*Krieger/Sailer-Coceani* Rn. 46.
[201] Vgl. Bürgers/Körber/*Bürgers* Rn. 17; Hüffer/Koch/*Koch* Rn. 12a; Großkomm AktG/*Kort* Rn. 115; K. Schmidt/Lutter/*Krieger/Sailer-Coceani* Rn. 45; Kölner Komm AktG/*Mertens/Cahn* Rn. 16; MüKoAktG/*Spindler* Rn. 41; NK-AktR/*Oltmanns* Rn. 14; *Steindorff* FS Rittner, 1991, 675 (678, 689); für die GmbH OLG Karlsruhe OLGZ 1985, 41 (44); OLG Stuttgart OLGZ 1983, 184 (187 f.).
[202] Vgl. BegrRegE TransPuG, BT-Drs. 14/8769, 14; K. Schmidt/Lutter/*Krieger/Sailer-Coceani* Rn. 47; NK-AktR/*Oltmanns* Rn. 15.
[203] Vgl. BegrRegE TransPuG, BT-Drs. 14/8769, 14; Hüffer/Koch/*Koch* Rn. 12a; Großkomm AktG/*Kort* Rn. 116; K. Schmidt/Lutter/*Krieger/Sailer-Coceani* Rn. 49; Hölters/*Müller-Michaels* Rn. 18; MüKoAktG/*Spindler* Rn. 41; NK-AktR/*Oltmanns* Rn. 15.
[204] Wie hier Hüffer/Koch/*Koch* Rn. 12a; MüKoAktG/*Spindler* Rn. 41; abw. Kölner Komm AktG/*Mertens/ Cahn* Rn. 17.
[205] Eingehend *Potthoff/Trescher/Theisen*, Das Aufsichtsratsmitglied, 6. Aufl. 2003, Rn. 645 ff.
[206] Diesen funktionalen Bezug betonend auch Großkomm AktG/*Kort* Rn. 121; K. Schmidt/Lutter/*Krieger/ Sailer-Coceani* Rn. 52; *Lutter* Information und Vertraulichkeit Rn. 250; MüKoAktG/*Spindler* Rn. 50; eingehend *Seyfarth* VorstandsR § 1 Rn. 188.
[207] Vgl. Hüffer/Koch/*Koch* Rn. 13; Großkomm AktG/*Kort* Rn. 122; *Lutter* Information und Vertraulichkeit Rn. 252 ff.; Kölner Komm AktG/*Mertens/Cahn* Rn. 28; *Pentz* in Fleischer VorstandsR-HdB § 16 Rn. 54; *Potthoff/ Trescher/Theisen*, Das Aufsichtsratsmitglied, 6. Aufl. 2003, Rn. 658.

gegliedert,[208] nachprüfbar,[209] zeitgerecht[210] und sachlich richtig sein.[211] Zur sachlichen Richtigkeit gehört auch die Trennung von Tatsachen und Wertungen.[212] Außerdem müssen wesentliche Meinungsunterschiede im Vorstand offengelegt werden.[213]

49 **2. Textform.** Nach § 90 Abs. 4 S. 2 sind die Berichte in der Regel in Textform zu erstatten. Diese Regelung ist im Jahre 2002 durch das TransPuG (→ Rn. 4) auf Vorschlag der Regierungskommission Corporate Governance[214] neu in das Gesetz aufgenommen worden. Mit dem Begriff der Textform nimmt die Neuregelung Bezug auf § 126b BGB: Neben der Schriftform im engeren Sinne genügen daher auch E-Mail oder Telefax.[215] Für zusätzliche Flexibilität sorgt die Formulierung, dass die Textform nur „in der Regel" vorgesehen ist.[216] Die Berichterstattung über ganz aktuelle Entwicklungen oder besonders geheimhaltungsbedürftige Umstände kann daher auch mündlich erfolgen.[217]

50 **3. Rechtzeitigkeit.** Schließlich sind die Berichte nach § 90 Abs. 4 S. 2 möglichst rechtzeitig zu erstellen. Auch diese Formulierung geht auf das TransPuG (→ Rn. 4) zurück. Rechtzeitigkeit bedeutet ausweislich der Gesetzesmaterialien, dass die Berichte jedenfalls vor der Sitzung zu übermitteln sind, und zwar so zeitig, dass die Aufsichtsratsmitglieder noch die Möglichkeit haben, sie zu lesen.[218] Je umfangreicher die Unterlagen sind und je länger sie bereits vor der Sitzung feststehen, desto früher sollten sie auch übermittelt werden.[219] Bei Berichten, die nicht der Vorbereitung einer Sitzung dienen, ist Bezugspunkt der Rechtzeitigkeit, dass dem Aufsichtsrat noch die Möglichkeit der Reaktion bleibt.[220] Auf konkrete Fristen hat der Gesetzgeber bewusst verzichtet, um einer „Bürokratisierung der Verfahrensabläufe" entgegenzuwirken.[221]

51 Der Zusatz „möglichst" soll ein ausreichendes Maß an Flexibilität gewährleisten.[222] Er bezieht sich auf die Sorgfaltspflicht der Vorstandsmitglieder[223] und bedeutet, dass der Vorstand die Sitzungsunterlagen so zeitig zur Verfügung stellen muss, wie ihm dies unter Anwendung der gebotenen Leitungssorgfalt möglich ist.[224] Die nicht rechtzeitige Berichterstattung dürfte sich aber nur in krassen Ausnahmefällen auf die Wirksamkeit der Aufsichtsratsbeschlüsse auswirken.[225]

VI. Berichtspflicht und Berichtsverweigerung

52 **1. Pflicht zur unbedingten Offenheit.** Die Berichtspflicht des Vorstands wird nicht durch das Verschwiegenheitsgebot des § 93 Abs. 1 S. 3 eingeschränkt. Vielmehr sind die Vorstandsmitglieder

---

[208] Vgl. Hüffer/Koch/*Koch* Rn. 13; K. Schmidt/Lutter/*Krieger/Sailer-Coceani* Rn. 52; *Lutter* Information und Vertraulichkeit Rn. 255 f.; Kölner Komm AktG/*Mertens/Cahn* Rn. 28; NK-AktR/*Oltmanns* Rn. 17; *Potthoff/Trescher/Theisen,* Das Aufsichtsratsmitglied, 6. Aufl. 2003, Rn. 659.
[209] Vgl. *Potthoff/Trescher/Theisen,* Das Aufsichtsratsmitglied, 6. Aufl. 2003, Rn. 661 f.
[210] Vgl. *Potthoff/Trescher/Theisen,* Das Aufsichtsratsmitglied, 6. Aufl. 2003, Rn. 665.
[211] Vgl. Hüffer/Koch/*Koch* Rn. 13; Großkomm AktG/*Kort* Rn. 122; MüKoAktG/*Spindler* Rn. 50; *Potthoff/Trescher/Theisen,* Das Aufsichtsratsmitglied, 6. Aufl. 2003, Rn. 657.
[212] Vgl. K. Schmidt/Lutter/*Krieger/Sailer-Coceani* Rn. 52; *Lutter* Rn. 257; Kölner Komm AktG/*Mertens/Cahn* Rn. 28; NK-AktR/*Oltmanns* Rn. 17.
[213] Vgl. Hüffer/Koch/*Koch* Rn. 13; Großkomm AktG/*Kort* Rn. 122; Kölner Komm AktG/*Mertens/Cahn* Rn. 28.
[214] Vgl. *Baums* Bericht der Regierungskommission Rn. 25.
[215] Vgl. BegrRegE TransPuG, BT-Drs. 14/8769, 16; Hüffer/Koch/*Koch* Rn. 13; *Lutter* Information und Vertraulichkeit Rn. 260; MüKoAktG/*Spindler* Rn. 12; NK-AktR/*Oltmanns* Rn. 17; *Pentz* in Fleischer VorstandsR-HdB § 16 Rn. 54.
[216] Dazu BegrRegE TransPuG, BT-Drs. 14/8769, 15; MüKoAktG/*Spindler* Rn. 11; NK-AktR/*Oltmanns* Rn. 17; *Pentz* in Fleischer VorstandsR-HdB § 16 Rn. 54.
[217] Vgl. BegrRegE TransPuG, BT-Drs. 14/8769, 15; Hüffer/Koch/*Koch* Rn. 13; Großkomm AktG/*Kort* Rn. 137, 139; K. Schmidt/Lutter/*Krieger/Sailer-Coceani* Rn. 58.
[218] Vgl. BegrRegE TransPuG, BT-Drs. 14/8769, 15; Hüffer/Koch/*Koch* Rn. 13a; *Köstler/Müller/Sick* AR-Praxis Rn. 507; K. Schmidt/Lutter/*Krieger/Sailer-Coceani* Rn. 56; MüKoAktG/*Spindler* Rn. 12; NK-AktR/*Oltmanns* Rn. 18; *Pentz* in Fleischer VorstandsR-HdB § 16 Rn. 54; *Rieger/Rothenfußer* NZG 2014, 1012 (1013).
[219] Vgl. BegrRegE TransPuG, BT-Drs. 14/8769, 15; NK-AktR/*Oltmanns* Rn. 18.
[220] Vgl. BegrRegE TransPuG, BT-Drs. 14/8769, 15; NK-AktR/*Oltmanns* Rn. 18.
[221] Vgl. BegrRegE TransPuG, BT-Drs. 14/8769, 15; OLG Frankfurt a. M. NZG 2014, 1018 (1019); K. Schmidt/Lutter/*Krieger/Sailer-Coceani* Rn. 58; NK-AktR/*Oltmanns* Rn. 18.
[222] Vgl. BegrRegE TransPuG, BT-Drs. 14/8769, 15; Großkomm AktG/*Kort* Rn. 128; NK-AktR/*Oltmanns* Rn. 18; zurückhaltend aber *Köstler/Müller/Sick* AR-Praxis Rn. 507.
[223] Vgl. BegrRegE TransPuG, BT-Drs. 14/8769, 15; Hüffer/Koch/*Koch* Rn. 4b; NK-AktR/*Oltmanns* Rn. 18.
[224] Vgl. Hüffer/Koch/*Koch* Rn. 4b.
[225] Vgl. BegrRegE TransPuG, BT-Drs. 14/8769, 15; Großkomm AktG/*Kort* Rn. 129; s. aber auch *Köstler/Müller/Sick* AR-Praxis Rn. 507.

dem Aufsichtsrat gegenüber zur unbedingten Offenheit verpflichtet.[226] Nur so kann der Aufsichtsrat seiner Überwachungsaufgabe nachkommen.[227] Auch steht es dem Vorstand nicht zu, die Berichterstattung daraufhin zu überprüfen, ob sie für die Wahrnehmung der Überwachungsaufgabe tatsächlich erforderlich ist.[228] Darüber entscheidet der Aufsichtsrat nach eigenem Ermessen.[229]

Die Pflicht zur unbedingten Offenheit besteht grundsätzlich auch gegenüber konfliktgefährdeten Aufsichtsratsmitgliedern.[230] Ohne konkreten Anlass kann sich der Vorstand nicht darauf berufen, dass bei einzelnen Aufsichtsratsmitgliedern die Geheimhaltung nicht gewährleistet sei.[231] Das gilt ohne Abstriche auch in mitbestimmten Gesellschaften.[232]

Ebenso wenig steht dem Vorstand ein Auskunftsverweigerungsrecht gegenüber dem Aufsichtsrat in entsprechender Anwendung des § 131 Abs. 3 Nr. 1 zu.[233] Ferner fehlt jede Analogiebasis für eine öffentlichrechtliche Geheimhaltungspflicht des Vorstands nach § 160 Abs. 2.[234] Auch können vertragliche Geheimhaltungsvereinbarungen gegenüber Dritten die Berichtspflichten des § 90 grundsätzlich nicht beschränken.[235]

2. Verschwiegenheitspflicht der Aufsichtsratsmitglieder. Der Vorstandspflicht zur unbedingten Offenheit entspricht eine strenge Verschwiegenheitspflicht der Aufsichtsratsmitglieder nach § 116 S. 2 und S. 1 iVm § 93 Abs. 1 S. 3.[236] Diese Verschwiegenheitspflicht ist gemäß § 23 Abs. 5 zwingendes Recht.[237] Sie verlangt von jedem einzelnen Aufsichtsratsmitglied, seine Entscheidung über das Verschweigen oder die Weitergabe von Informationen ausschließlich am Gesellschaftsinteresse auszurichten.[238] Insgesamt lässt sich die gesetzliche Grundkonzeption dahin zusammenfassen, dass der Vorstand zu umfassender und rechtzeitiger Information des Aufsichtsrats und der Aufsichtsrat zur völligen Wahrung der Vertraulichkeit verpflichtet ist.[239]

3. Berechtigte Berichtsverweigerung. Für eine Berichtsverweigerung bleibt in diesem dichten verwaltungsinternen Informationssystem nur Raum, wenn (1) dem angeforderten Bericht offensichtlich jeder Gesellschaftsbezug fehlt (→ Rn. 40),[240] (2) konkrete Anhaltspunkte für ein missbräuchliches Berichtsverlangen vorliegen (→ Rn. 47)[241] oder (3) der Vorstand durch eine Berichterstattung gegen gesetzliche Vorschriften, zB gegen §§ 93 ff. StGB, verstoßen würde.[242]

VII. Information innerhalb des Aufsichtsrats

1. Recht auf Kenntnisnahme. Gemäß § 90 Abs. 5 S. 1 hat jedes Aufsichtsratsmitglied das Recht, von den Berichten Kenntnis zu nehmen. Dieses Recht ist ein zwingendes[243] Individualrecht.[244] Es richtet sich nicht gegen den Vorstand, sondern gegen den Aufsichtsratsvorsitzenden.[245] In der Sache

---

[226] Vgl. BGHZ 20, 239 (246); 135, 48 (596); *Burgard/Heimann* AG 2014, 360 (363); Hüffer/Koch/*Koch* Rn. 3; *Hüffer* NZG 2007, 47 (50); Großkomm AktG/*Kort* Rn. 165; MüKoAktG/*Spindler* Rn. 54; NK-AktR/*Oltmanns* Rn. 1.
[227] Vgl. Großkomm AktG/*Kort* Rn. 165; *Seibt* in Hommelhoff/Hopt/v. Werder Corporate Governance-HdB S. 391, 396.
[228] Vgl. Kölner Komm AktG/*Mertens/Cahn* Rn. 14 f.; MüKoAktG/*Spindler* Rn. 54.
[229] Vgl. Kölner Komm AktG/*Mertens/Cahn* Rn. 11.
[230] Vgl. Hüffer/Koch/*Koch* Rn. 3; Großkomm AktG/*Kort* Rn. 166.
[231] Vgl. MüKoAktG/*Spindler* Rn. 54.
[232] Vgl. *Burgard/Heimann* AG 2014, 360 (363); Hüffer/Koch/*Koch* Rn. 3; MüKoAktG/*Spindler* Rn. 56.
[233] Vgl. Großkomm AktG/*Kort* Rn. 163; MüKoAktG/*Spindler* Rn. 53 f.; *Potthoff/Trescher/Theisen*, Das Aufsichtsratsmitglied, 6. Aufl. 2003, Rn. 647.
[234] Vgl. Großkomm AktG/*Kort* Rn. 163; Kölner Komm AktG/*Mertens/Cahn* Rn. 18; MüKoAktG/*Spindler* Rn. 53 f.; NK-AktR/*Oltmanns* Rn. 114.
[235] Vgl. Großkomm AktG/*Kort* Rn. 120; für ihre Anerkennung im Rahmen des Notwendigen NK-AktR/*Oltmanns* Rn. 14; Kölner Komm AktG/*Mertens/Cahn* Rn. 19.
[236] Zu diesem Zusammenhang Hüffer/Koch/*Koch* Rn. 3; Großkomm AktG/*Kort* Rn. 169; *Wilde* ZGR 1998, 423 (430).
[237] Vgl. BGHZ 64, 325 (326 f.); Hüffer/Koch/*Koch* Rn. 3; Großkomm AktG/*Kort* Rn. 169.
[238] Vgl. Hüffer/Koch/*Koch* Rn. 3; Großkomm AktG/*Kort* Rn. 168; *Lutter* Rn. 567.
[239] Vgl. *Lutter* Information und Vertraulichkeit Rn. 6.
[240] Vgl. MüKoAktG/*Spindler* Rn. 52.
[241] Vgl. Großkomm AktG/*Kort* Rn. 166.
[242] Vgl. Großkomm AktG/*Kort* Rn. 167; K. Schmidt/Lutter/*Krieger/Sailer-Coceani* Rn. 44; MüKoAktG/*Spindler* Rn. 54.
[243] Vgl. Kölner Komm AktG/*Mertens/Cahn* Rn. 57; MüKoAktG/*Spindler* Rn. 10.
[244] Vgl. Bürgers/Körber/*Bürgers* Rn. 18; MüKoAktG/*Spindler* Rn. 45.
[245] Vgl. Großkomm AktG/*Kort* Rn. 145; Kölner Komm AktG/*Mertens/Cahn* Rn. 57; MüKoAktG/*Spindler* Rn. 45.

betrifft es sämtliche Berichte nach § 90,[246] also auch die Sonderberichte nach § 90 Abs. 1 S. 3.[247] Für andere Vorstandsberichte (→ Rn. 14) können sich aus der Delegation von Aufsichtsratsaufgaben auf Ausschüsse Ausnahmen ergeben.[248] Kenntnisnahme bedeutet, dass das einzelne Aufsichtsratsmitglied mündliche Berichte hören und textförmige Berichte lesen darf.[249]

58 **2. Übermittlung in Textform.** Soweit die Berichte in Textform erstattet worden sind, sind sie nach § 90 Abs. 5 S. 2 auch jedem Aufsichtsratsmitglied auf Verlangen zu übermitteln. Ausweislich der Gesetzesmaterialien soll dieses Übermittlungsgebot den Aufsichtsratsmitgliedern eine noch gründlichere Prüfung der Vorstandsberichte ermöglichen.[250] Der im Rahmen des TransPuG (→ Rn. 4) neu eingefügte Begriff der Übermittlung (zuvor: Aushändigung) umfasst nicht mehr nur die Übergabe von Schriftstücken, sondern auch die Zuleitung auf elektronischem Wege.[251]

59 Das Übermittlungsgebot kann nach § 90 Abs. 5 S. 2 Hs. 2 durch einen Aufsichtsratsbeschluss aufgehoben werden. Dadurch soll der Aufsichtsrat im Einzelfall von der Übermittlung absehen können, wenn besondere Umstände es erfordern, zB der Bericht Angaben enthält, die unter allen Umständen vertraulich bleiben müssen.[252] Die hM hält auch ein generelles Übermittlungsverbot, etwa in der Geschäftsordnung, für möglich.[253] Ein Nichtübermittlungsbeschluss kann sich auf einzelne Aufsichtsratsmitglieder beschränken, wenn dafür eine besondere sachliche Rechtfertigung besteht.[254] Der Aufsichtsrat kann ferner beschließen, die Übermittlung in Form der Aushändigung zeitlich zu befristen,[255] doch dürfte diese Möglichkeit angesichts der Zunahme elektronischer Übermittlungen an Bedeutung verlieren.[256] Unzulässig ist dagegen ein Aufsichtsratsbeschluss, der dem Aufsichtsratsvorsitzenden das Recht vorbehält, die Entscheidung über ein Übermittlungsverbot zu treffen.[257] Wird ein Vorstandsbericht einzelnen Aufsichtsratsmitgliedern entgegen einem Aufsichtsratsbeschluss übermittelt, so begründet dies keinen Anspruch der übrigen Aufsichtsratsmitglieder auf Gleichbehandlung.[258]

60 Ein Übermittlungsverbot nach § 90 Abs. 5 S. 2 Hs. 2 lässt das Recht auf Kenntnisnahme nach § 90 Abs. 5 S. 1 unberührt.[259] Das betreffende Aufsichtsratsmitglied kann daher verlangen, den Bericht innerhalb der Geschäftsräume der Gesellschaft einzusehen. Allerdings ist dafür Sorge zu tragen, dass es den Bericht dort nicht kopieren kann.[260] Als zulässig angesehen wird es, die Kenntnisnahme nur in Anwesenheit des Aufsichtsratsvorsitzenden zu gestatten.[261]

61 **3. Unterrichtung über Sonderberichte.** Nach § 90 Abs. 5 S. 3 hat der Vorsitzende des Aufsichtsrats die Aufsichtsratsmitglieder über die Berichte nach „Abs. 1 S. 2" spätestens in der nächsten Aufsichtsratssitzung zu unterrichten. Bei der Bezugnahme handelt es sich um ein Redaktionsversehen; gemeint sind die Sonderberichte nach Abs. 1 S. 3.[262] Die Unterrichtung erfolgt – wie die Sonderberichte an den Aufsichtsratsvorsitzenden selbst – in mündlicher Form.[263] Hat der Vorstand ausnahmsweise einen Sonderbericht in Textform erstellt, erstrecken sich die Rechte der Aufsichtsratsmitglieder nach § 90 Abs. 5 S. 1 und 2 auch auf diesen Bericht.[264]

62 Die Unterrichtung der anderen Aufsichtsratsmitglieder muss „spätestens" in der nächsten Aufsichtsratssitzung erfolgen. Daraus lässt sich schließen, dass in manchen Fällen auch eine unverzügliche

---

[246] Vgl. NK-AktR/*Oltmanns* Rn. 19.
[247] Vgl. Kölner Komm AktG/*Mertens/Cahn* Rn. 57.
[248] Vgl. Hüffer/Koch/*Koch* Rn. 14; Kölner Komm AktG/*Mertens/Cahn* Rn. 25.
[249] Vgl. Bürgers/Körber/*Bürgers* Rn. 18; Hüffer/Koch/*Koch* Rn. 14; Großkomm AktG/*Kort* Rn. 145; NK-AktR/*Oltmanns* Rn. 19.
[250] Vgl. Ausschussbericht *Kropff* S. 120.
[251] Vgl. BegrRegE TransPuG, BT-Drs. 14/8769, 16; MüKoAktG/*Spindler* Rn. 46.
[252] Vgl. Ausschussbericht *Kropff* S. 120.
[253] Vgl. Wachter/*Eckert* Rn. 30; Großkomm AktG/*Kort* Rn. 174; Kölner Komm AktG/*Mertens/Cahn* Rn. 58.
[254] Vgl. Großkomm AktG/*Kort* Rn. 154; Kölner Komm AktG/*Mertens/Cahn* Rn. 58; NK-AktR/*Oltmanns* Rn. 19.
[255] Vgl. *Lutter* Information und Vertraulichkeit Rn. 202; Kölner Komm AktG/*Mertens/Cahn* Rn. 59; NK-AktR/*Oltmanns* Rn. 19.
[256] Vgl. Großkomm AktG/*Kort* Rn. 157.
[257] Vgl. Großkomm AktG/*Kort* Rn. 154.
[258] Vgl. Großkomm AktG/*Kort* Rn. 155; *Lutter* Rn. 208; Kölner Komm AktG/*Mertens/Cahn* Rn. 60; NK-AktR/*Oltmanns* Rn. 19.
[259] Vgl. Wachter/*Eckert* Rn. 30; Hüffer/Koch/*Koch* Rn. 14; Großkomm AktG/*Kort* Rn. 156.
[260] Vgl. Großkomm AktG/*Kort* Rn. 156; Kölner Komm AktG/*Mertens/Cahn* Rn. 61.
[261] Vgl. Großkomm AktG/*Kort* Rn. 158; Kölner Komm AktG/*Mertens/Cahn* Rn. 61.
[262] Vgl. Bürgers/Körber/*Bürgers* Rn. 18; Hüffer/Koch/*Koch* Rn. 14; Großkomm AktG/*Kort* Rn. 158.
[263] Vgl. Hüffer/Koch/*Koch* Rn. 14; Großkomm AktG/*Kort* Rn. 158.
[264] Vgl. Hüffer/Koch/*Koch* Rn. 14; Großkomm AktG/*Kort* Rn. 158.

Unterrichtung geboten sein kann.[265] Reformvorschläge, eine „umgehende" Unterrichtung der anderen Aufsichtsratsmitglieder vorzusehen, hat die Regierungskommission Corporate Governance ausdrücklich abgelehnt[266] und das TransPuG (→ Rn. 4) mit Stillschweigen abgewiesen.

VIII. Rechtsfolgen bei Verstößen

1. Zwangsgeld. Vorstandsmitglieder, die § 90 nicht befolgen, sind hierzu nach § 407 Abs. 1 S. 1 vom Registergericht durch Festsetzung von Zwangsgeld anzuhalten. Das Verfahren richtet sich nach §§ 388 ff. FamFG.[267] Zuständig ist der Rechtspfleger nach § 3 Nr. 2d RPflG. Das Registergericht handelt von Amts wegen; Aufsichtsratsmitglieder können ein gerichtliches Einschreiten daher nur anregen.[268] **63**

Dagegen kann das Recht eines Aufsichtsratsmitglieds nach § 90 Abs. 5 auf Kenntnisnahme oder Unterrichtung nicht nach § 407 Abs. 1 S. 1 durchgesetzt werden, da dort als Normadressaten nur Vorstandsmitglieder oder Abwickler genannt sind.[269] **64**

2. Schadensersatz. Vorstandsmitglieder, die ihre Berichtspflicht verletzen, machen sich unter den weiteren Voraussetzungen des § 93 Abs. 2 schadensersatzpflichtig.[270] Denkbar ist auch eine Schadensersatzpflicht des Aufsichtsratsvorsitzenden nach §§ 116, 93 Abs. 2 bei Verstößen gegen § 90 Abs. 5.[271] **65**

3. Abberufung und Kündigung. Bei gravierenden Verstößen gegen § 90 kommt des Weiteren eine Abberufung der Vorstandsmitglieder nach § 84 Abs. 3 und eine außerordentliche Kündigung ihres Anstellungsvertrages in Betracht.[272] **66**

4. Klageweise Geltendmachung durch die Gesellschaft. Nach hM kann die Gesellschaft, gemäß § 112 vertreten durch den Aufsichtsrat, auf Erfüllung der Berichtspflichten nach § 90 Abs. 1 und 3 gegen die Vorstandsmitglieder als notwendige Streitgenossen klagen.[273] Richtige Klageart ist danach die Leistungsklage.[274] Andere bejahen dagegen nur ein originäres (Klage-)Recht des Aufsichtsrats (→ Rn. 69).[275] **67**

IX. Organstreit

1. Allgemeines. § 90 dient häufig als Demonstrationsobjekt für den sog. Organstreit in der Aktiengesellschaft. Terminologisch trennt man Rechtsstreitigkeiten zwischen verschiedenen Organen (sog. Interorganstreit), zB zwischen Vorstand und Aufsichtsrat, und solchen innerhalb eines Organs (sog. Intraorganstreit), zB zwischen einem Aufsichtsratsmitglied und dem Gesamtaufsichtsrat.[276] In der Sache geht es einmal um die materiellrechtliche Frage, wer Träger des betreffenden Rechts ist, zum anderen um die prozessuale Frage, wer vor Gericht als Kläger und Beklagter auftreten kann.[277] Das Aktiengesetz hat den gesamten Problemkreis nur rudimentär geregelt.[278] Einen schmalen Anhalt für Organstreitigkeiten bieten allenfalls die Anfechtungsbefugnisse des Vorstands (§ 245 Nr. 4) und jedes einzelnen Vorstands- oder Aufsichtsratsmitglieds (§ 245 Nr. 5), doch handelt es sich dabei um eine nicht verallgemeinerungsfähige Sonderregelung.[279] **68**

---

[265] Vgl. Großkomm AktG/*Kort* Rn. 160; Kölner Komm AktG/*Mertens/Cahn* Rn. 45; NK-AktR/*Oltmanns* Rn. 19.
[266] Vgl. *Baums*, Bericht der Regierungskommission Corporate Governance, 2001, Rn. 29.
[267] Vgl. Großkomm AktG/*Kort* Rn. 184; *Köstler/Müller/Sick* AR-Praxis Rn. 526.
[268] Vgl. Großkomm AktG/*Kort* Rn. 184; MüKoAktG/*Spindler* Rn. 59.
[269] Vgl. BayObLG AG 1968, 329; Großkomm AktG/*Kort* Rn. 185; MüKoAktG/*Spindler* Rn. 60.
[270] Vgl. Kölner Komm AktG/*Mertens/Cahn* Rn. 67; MüKoAktG/*Spindler* Rn. 65; NK-AktR/*Oltmanns* Rn. 26.
[271] Vgl. Großkomm AktG/*Kort* Rn. 187.
[272] Vgl. Hüffer/Koch/*Koch* Rn. 15; Großkomm AktG/*Kort* Rn. 188; MüKoAktG/*Spindler* Rn. 65.
[273] Vgl. Bürgers/Körber/*Bürgers* Rn. 19; Hüffer/Koch/*Koch* Rn. 15; K. Schmidt/Lutter/*Krieger/Sailer-Coceani* Rn. 70; MüKoAktG/*Spindler* Rn. 61; NK-AktR/*Oltmanns* Rn. 24; *Pentz* in Fleischer VorstandsR-HdB § 16 Rn. 170; *Stodolkowitz* ZHR 154 (1990), 1 (7).
[274] Vgl. *Pentz* in Fleischer VorstandsR-HdB § 16 Rn. 170.
[275] Vgl. Großkomm AktG/*Kort* Rn. 183.
[276] Vgl. Großkomm AktG/*Kort* Rn. 190; *Schürnbrand*, Organschaft im Recht der privaten Verbände, 2007, 359; *Schwab*, Das Prozessrecht gesellschaftsinterner Streitigkeiten, 2005, 562.
[277] Vgl. Großkomm AktG/*Kort* Rn. 190.
[278] Vgl. MüKoAktG/*Spindler* Vor § 76 Rn. 53; *K. Schmidt* GesR § 14 IV 2 a, S. 422.
[279] Wie hier Hüffer/Koch/*Koch* Rn. 16; Großkomm AktG/*Kort* Rn. 205; *Stodolkowitz* ZHR 154 (1990), 1 (4); gänzlich abw. *Pflugradt*, Leistungsklagen zur Erzwingung rechtmäßigen Vorstandshandelns, 1990, 103 ff. mit seiner Lehre vom objektiven Rechtsbeanstandungsverfahren.

69 **2. Klage des Aufsichtsrats.** Ob der Aufsichtsrat das Berichtsrecht aus § 90 Abs. 1 und Abs. 3 S. 1 gerichtlich geltend machen kann, wird unterschiedlich beurteilt. Der BGH hat die Frage ausdrücklich offengelassen.[280] Eine verbreitete Lehrmeinung verneint sie, weil die Gesellschaft selbst Trägerin dieses Rechts sei[281] und daher ihr allein die Aktivlegitimation zustehe, es im Klagewege durchzusetzen.[282] Dabei werde sie nach § 112 AktG durch den Aufsichtsrat vertreten.[283] Für die Anerkennung eines Interorganstreits im Wege der Rechtsfortbildung fehle überdies ein praktisches Bedürfnis, da der Aufsichtsrat in Form seiner Personalkompetenz über hinreichende Durchsetzungsmöglichkeiten verfüge[284] und es ihm offenstehe, den Vorstand namens der Gesellschaft auf Erfüllung seiner Berichtspflichten in Anspruch zu nehmen.[285] Etwas anderes ergebe sich auch nicht aus dem Wortlaut des § 90, weil sich innerkorporative Rechte und Pflichten nicht mit der allgemeinen zivilrechtlichen Anspruchsstruktur erfassen ließen.[286] Die im Vordringen befindliche Gegenansicht hält eine Klage des Aufsichtsrats mit Unterschieden im Einzelnen für zulässig.[287] Zum Teil versteht sie den Berichtsanspruch als echtes subjektives Recht des Organs,[288] zum Teil ordnet sie ihn der davon zu unterscheidenden Kategorie der Organrechte zu.[289] Als richtiger Beklagter gilt ihr der Vorstand.[290]

70 Der zuletzt genannten Ansicht ist beizutreten: Rechtstheoretische Bedenken aus dem Wesen des subjektiven Rechts oder der juristischen Person gegen einen Interorganstreit vermögen nicht zu überzeugen.[291] Für ihn besteht auch trotz der Personalkompetenz des Aufsichtsrats und der Möglichkeit einer Zwangsgeldfestsetzung nach § 407 Abs. 1 (→ Rn. 63) ein praktisches Bedürfnis, weil nicht jeder Streit um einen Vorstandsbericht zur Abberufung der Vorstandsmitglieder durch den Aufsichtsrat führen kann.[292] Außerdem erweist sich die Anerkennung von Organrechten und Organpflichten bei einem Wechsel in der personellen Besetzung des Vorstands als sachgerecht:[293] Wenn die Vorstandsmitglieder persönlich zur Berichterstattung nach § 90 Abs. 3 S. 1 verpflichtet wären, müsste der Austausch eines von ihnen dazu führen, dass das neu eintretende Mitglied gesondert verklagt und die Hauptsache gegenüber dem ausgeschiedenen Mitglied für erledigt erklärt wird.[294] Schließlich sprechen sowohl der Wortlaut des § 90 als auch die Struktur der Informationsrechte als fremdnützige Rechte für ein eigenes Klagerecht des Aufsichtsrats.

71 **3. Klage von Aufsichtsratsmitgliedern. a) Individualrechte.** Nach ganz hM stehen der Berichtsanspruch aus § 90 Abs. 3 S. 2 und das Kenntnisnahmerecht nach § 90 Abs. 5 den einzelnen Aufsichtsratsmitgliedern als Individualrechte zu[295] und können von ihnen aus eigenem Recht einge-

---

[280] Vgl. BGHZ 106, 54 (62).
[281] Vgl. *Flume* JurPerson § 11 V, S. 406; GHEK/*Hefermehl* Rn. 36; *Lewerenz*, Leistungsklagen zwischen Organen und Organmitgliedern der Aktiengesellschaft, 1977, 108 f.; *Stodolkowitz* ZHR 154 (1990), 1 (8); *H. Westermann* FS Bötticher, 1969, 369 (377 ff.).
[282] Vgl. Hüffer/Koch/*Koch* Rn. 19; Kölner Komm AktG/*Mertens*/*Cahn* Rn. 66 und Vor § 76 Rn. 3 ff.; *Mertens* ZHR 154 (1990), 24 (33); *Werner* AG 1990, 1 (16).
[283] Vgl. Bürgers/Körber/*Bürgers* Rn. 19; GHEK/*Hefermehl* Rn. 36.
[284] Vgl. Kölner Komm AktG/*Mertens*/*Cahn* Rn. 66, 67; Hüffer/Koch/*Koch* Rn. 19.
[285] Vgl. MüKoAktG/*Spindler* Rn. 61; *Pentz* in Fleischer VorstandsR-HdB § 16 Rn. 172.
[286] Vgl. *Borgmann*, Der Organstreit in der Kapitalgesellschaft, 1996, 215, 238; Hüffer/Koch/*Koch* Rn. 19; *Zöllner* ZGR 1988, 392 (423 f.).
[287] Vgl. *Bauer*, Organklagen zwischen Vorstand und Aufsichtsrat der Aktiengesellschaft, 1986, 49 ff.; *Bork* ZGR 1989, 1 ff.; *Hommelhoff* ZHR 143 (1979), 288 (290 ff.); Großkomm AktG/*Kort* Rn. 193; *v. Schenck* in Semler/v. Schenck AR-HdB § 7 Rn. 314; *K. Schmidt* ZZP 92 (1979), 212 (214 ff.); *Schürnbrand*, Organschaft im Recht der privaten Verbände, 2007, 382 ff.; *Schwab*, Das Prozessrecht gesellschaftsinterner Streitigkeiten, 2005, 581 ff., 594 ff.; *Steinbeck*, Überwachungspflicht und Einwirkungsmöglichkeiten des Aufsichtsrats der Aktiengesellschaft, 1992, 191 ff., 196 ff.
[288] Vgl. *Bork* ZGR 1989, 1 (7 ff.); *Geißler* GmbHR 1998, 114 (117); *Schulz-Gardyan*, Die sog. Aktionärsklage, 1991, 86 f.
[289] Vgl. *Bauer*, Organklagen zwischen Vorstand und Aufsichtsrat der Aktiengesellschaft, 1986, S. 38 ff.; *Hommelhoff* ZHR 143 (1979), 288 (302 f.); *Schürnbrand*, Organschaft im Recht der privaten Verbände, 2007, 374 ff.; *Schwab*, Das Prozessrecht gesellschaftsinterner Streitigkeiten, 2005, 590 f.
[290] Vgl. *Schwab*, Das Prozessrecht gesellschaftsinterner Streitigkeiten, 2005, 595.
[291] Ebenso *Raiser*/*Veil* KapGesR § 14 Rn. 97; *Schwab*, Das Prozessrecht gesellschaftsinterner Streitigkeiten, 2005, 593.
[292] Wie hier Großkomm AktG/*Kort* Rn. 191; MüKoAktG/*Spindler* Vor § 76 Rn. 53; *Raiser*/*Veil* KapGesR § 14 Rn. 97.
[293] Vgl. *K. Schmidt* GesR § 14 IV 2 a, S. 422; *Schwab*, Das Prozessrecht gesellschaftsinterner Streitigkeiten, 2005, 596 ff.
[294] Näher *Schwab*, Das Prozessrecht gesellschaftsinterner Streitigkeiten, 2005, 596.
[295] Vgl. BGHZ 106, 54 (62); Bürgers/Körber/*Bürgers* Rn. 18; Hüffer//*Koch*/*Koch* Rn. 22; Großkomm AktG/*Kort* Rn. 196; Lutter/Krieger/*Verse* Rechte und Pflichten Rn. 838; MüKoAktG/*Spindler* Rn. 63; *v. Schenck* in Semler/v. Schenck AR-HdB § 7 Rn. 321; *Schwab*, Das Prozessrecht gesellschaftsinterner Streitigkeiten, 2005, 594.

klagt werden.²⁹⁶ Im Falle des § 90 Abs. 3 S. 2 ist die Klage nach hM gegen die AG,²⁹⁷ nach anderer Auffassung gegen den Vorstand²⁹⁸ oder gegen die Vorstandsmitglieder als notwendige Streitgenossen²⁹⁹ zu richten. Im Falle des § 90 Abs. 5 wird teils der Aufsichtsratsvorsitzende,³⁰⁰ teils der Aufsichtsrat als Gesamtorgan³⁰¹ und teils die AG³⁰² als richtiger Beklagter angesehen.

b) Prozessstandschaft für Aufsichtsrat. Ob ein einzelnes Aufsichtsratsmitglied zur klageweisen 72 Geltendmachung von Rechten des Gesamtaufsichtsrats im Wege der Prozessstandschaft berechtigt ist, hat der BGH ausdrücklich offengelassen.³⁰³ Auf keinen Fall als gerechtfertigt angesehen hat er eine Klage aus fremdem Recht jedenfalls dann, wenn sie dazu dient, die zwischen Mehrheit und Minderheit im Aufsichtsrat auftretenden Konflikte über den Umweg einer gerichtlichen Inanspruchnahme des Vorstandes auszutragen.³⁰⁴ Die Anhänger der Lehre vom Organstreit halten eine Klagemöglichkeit des einzelnen Aufsichtsratsmitglieds mit Hilfe der actio pro socio grundsätzlich für möglich,³⁰⁵ knüpfen sie aber an verschiedene Einschränkungen.³⁰⁶ Dem ist auf der Grundlage der hier vertretenen Ansicht (→ Rn. 70) zuzustimmen, sofern das betreffende Aufsichtsratsmitglied zuvor die Rechtsmittel gegen den Aufsichtsratsbeschluss ausgeschöpft hat.

c) Keine Geltendmachung der Rechte des Aufsichtsrats aus eigenem Recht. Dagegen 73 kann ein einzelnes Aufsichtsratsmitglied die Rechte des Gesamtaufsichtsrats aus § 90 Abs. 1 und Abs. 3 S. 1 nicht aus eigenem Recht geltend machen.³⁰⁷ Eine entsprechende Klage wäre unzulässig, da dem einzelnen Aufsichtsratsmitglied die Prozessführungsbefugnis fehlt.³⁰⁸

4. Sonstige Organstreitigkeiten. In der Rechtslehre werden die Möglichkeiten eines Organ- 74 streits auch jenseits der Berichtspflichten des § 90 erörtert.³⁰⁹ Ein häufig genannter Anwendungsfall ist die Klage des Aufsichtsrats gegen den Vorstand zur Durchsetzung von Zustimmungsvorbehalten nach § 111 Abs. 4 S. 2.³¹⁰ Manche billigen dem Aufsichtsrat darüber hinaus einen klagbaren und im einstweiligen Rechtsschutzverfahren durchsetzbaren Anspruch zu, wenn der Vorstand im Begriffe ist, schwere Rechtsbrüche zu begehen.³¹¹ Schließlich ist im Rahmen des § 83 von einem „verkappten Organstreit" die Rede (→ § 83 Rn. 18). Der gesamte Fragenkreis bedarf noch weiterer Diskussion; verfolgenswert erscheint vor allem der Gedanke einer genau umgrenzten Kompetenzschutzklage.³¹²

---

²⁹⁶ Vgl. BGHZ 106, 54 (62); von den Gegnern der Lehre vom Interorganstreit Hüffer/Koch/*Koch* Rn. 22; von ihren Befürwortern Großkomm AktG/*Kort* Rn. 197; *Schwab*, Das Prozessrecht gesellschaftsinterner Streitigkeiten, 2005, 594; abw. *Stodolkowitz* ZHR 154 (1990), 1 (15): Prozessstandschaft.
²⁹⁷ Vgl. BGHZ 85, 293 (295); Bürgers/Körber/*Bürgers* Rn. 20; Hüffer/Koch/*Koch* Rn. 22; Großkomm AktG/*Kort* Rn. 198; K. Schmidt/Lutter/*Krieger/Sailer-Coceani* Rn. 71; Kölner Komm AktG/*Mertens/Cahn* Rn. 66; MüKoAktG/*Spindler* Rn. 63.
²⁹⁸ Vgl. LG Düsseldorf AG 1988, 386; *Bauer*, Organklagen zwischen Vorstand und Aufsichtsrat der Aktiengesellschaft, 1986, 115 ff.; *Bork* ZGR 1989, 1 (32 f.); *Schwab*, Das Prozessrecht gesellschaftsinterner Streitigkeiten, 2005, 595.
²⁹⁹ Vgl. LG Bonn AG 1987, 24; *H. Westermann* FS Bötticher, 1969, 369 (380).
³⁰⁰ Vgl. *Schwab*, Das Prozessrecht gesellschaftsinterner Streitigkeiten, 2005, 595; *H. Westermann* FS Bötticher, 1969, 369 (380 f.).
³⁰¹ Vgl. *Bork* ZIP 1991, 137 (143).
³⁰² Vgl. BGHZ 85, 293 (295); Hüffer/Koch/*Koch* Rn. 23; Großkomm AktG/*Kort* Rn. 200; K. Schmidt/Lutter/*Krieger/Sailer-Coceani* Rn. 71; Kölner Komm AktG/*Mertens/Cahn* Rn. 66; MüKoAktG/*Spindler* Rn. 64.
³⁰³ Vgl. BGHZ 106, 54.
³⁰⁴ Vgl. BGHZ 106, 54 (66); ähnlich OLG Celle NJW 1990, 582 (583).
³⁰⁵ Vgl. *Bork* ZGR 1989, 1 (39 f.); *Raiser* ZGR 1989, 44 (69 f.); *v. Schenck* in Semler/v. Schenck AR-HdB § 7 Rn. 317 ff.; *Schürnbrand*, Organschaft im Recht der privaten Verbände, 2007, 393 ff.; stark einschränkend Großkomm AktG/*Kort* Rn. 203.
³⁰⁶ Vgl. *v. Schenck* in Semler/v. Schenck AR-HdB § 7 Rn. 237.
³⁰⁷ Vgl. Hüffer/Koch/*Koch* Rn. 21; Großkomm AktG/*Kort* Rn. 202.
³⁰⁸ Vgl. BGHZ 106, 56 (66 ff.); Großkomm AktG/*Kort* Rn. 202; iE auch *Bork* ZGR 1989, 1 (37 f.), der eine Abweisung als unbegründet mangels Aktivlegitimation erwägt.
³⁰⁹ Strikt ablehnend Kölner Komm AktG/*Mertens/Cahn* Vor § 76 Rn. 3 f.; MüKoAktG/*Spindler* Vor § 76 Rn. 55; nur für eng begrenzte Ausnahmefälle Hüffer/Koch/*Koch* Rn. 25.
³¹⁰ Vgl. *Raiser* ZGR 1989, 44 (596 ff.); *Poseck* DB 1996, 2165 ff.; *Raiser* AG 1989, 185 (188); *Schwab*, Das Prozessrecht gesellschaftsinterner Streitigkeiten, 2005, 601 ff.; dagegen *Borgmann*, Der Organstreit in der Kapitalgesellschaft, 1996, 240 f.; *Brücher* AG 1989, 189 (190 f.); Großkomm AktG/*Kort* Rn. 213; *Mertens* ZHR 154 (1990), 24 (28 ff.); *Noack* ZHR 162 (1998), 120 (122); *Schürnbrand*, Organschaft im Recht der privaten Verbände, 2007, 384 ff.
³¹¹ Vgl. *Raiser* ZGR 1989, 44 (56 ff.); *Raiser/Veil* KapGesR § 14 Rn. 97; dagegen Großkomm AktG/*Kort* Rn. 210; *Schürnbrand*, Organschaft im Recht der privaten Verbände, 2007, 386 f.
³¹² Näher *Schwab*, Das Prozessrecht gesellschaftsinterner Streitigkeiten, 2005, 602 ff.; s. auch *Schürnbrand*, Organschaft im Recht der privaten Verbände, 2007, 384 ff.

§ 91 Organisation; Buchführung

(1) Der Vorstand hat dafür zu sorgen, daß die erforderlichen Handelsbücher geführt werden.

(2) Der Vorstand hat geeignete Maßnahmen zu treffen, insbesondere ein Überwachungssystem einzurichten, damit den Fortbestand der Gesellschaft gefährdende Entwicklungen früh erkannt werden.

Schrifttum: 1. Buchführung. *Abendroth,* Der Bilanzeid – sinnvolle Neuerung oder systematischer Fremdkörper?, WM 2008, 1147; *Altenhain,* Der strafbare falsche Bilanzeid, WM 2008, 1141; *Fleischer,* Buchführungsverantwortung des Vorstands und Haftung der Vorstandsmitglieder für fehlerhafte Buchführung, WM 2006, 2021; *Fleischer,* Der deutsche „Bilanzeid" nach § 264 Abs. 2 Satz 3 HGB, ZIP 2007, 97; *Hahn,* Der Bilanzeid – Neue Rechtsfigur im Kapitalmarktrecht, IRZ 2007, 375; *Hennrichs,* Haftung für falsche Ad-hoc-Mitteilungen und Bilanzen, FS Kollhosser, 2004, 201; *Mülbert/Steup,* Emittentenhaftung für fehlerhafte Kapitalmarktinformation am Beispiel der fehlerhaften Regelpublizität, WM 2005, 1633; *W. Müller,* Bilanzentscheidungen und Business Judgment Rule, Liber Amicorum Happ, 2006, 179; *Ruhnke* Konzernbuchführung, 1995; *Schellhorn,* Der Bilanzeid nach § 264 Abs. 2 Satz 3 HGB – Anwendungsfragen und Bedeutung, DB 2009, 2363; *Schnorr,* Geschäftsleiteraußenhaftung für fehlerhafte Buchführung, ZHR 170 (2006), 9; *Watter,* Investorenschaden wegen falscher Rechnungslegung, FS Zobl, 2004, 429; *Weilinger,* Die Aufstellung und Feststellung des Jahresabschlusses, 1997.

2. Organisation. *Baums,* Risiko und Risikosteuerung im Aktienrecht, ZGR 2011, 218; *Berenbrok,* Risikomanagement im Aktienrecht, 2016; *Berg,* Korruption in Unternehmen und Risikomanagement nach § 91 Abs. 2 AktG, AG 2007, 271; *Bihr/Kalinowsky,* Risikofrüherkennungssystem bei nicht börsennotierten Aktiengesellschaften – Haftungsfalle für Vorstand, Aufsichtsrat und Wirtschaftsprüfer, DStR 2008, 620; *Binder,* Organisationspflichten und das Finanzdienstleistungs-Unternehmensrecht: Bestandsaufnahme, Probleme, Konsequenzen, ZGR 2015, 607; *Bitz,* Abgrenzung des Risikofrühwarnsystems ieS nach KonTraG zu einem umfassenden Risikomanagementsystem im betriebswirtschaftlichen Sinn, BFuP 52 (2000), 231; *Blasche,* Die Mindestanforderungen an ein Risikofrüherkennungs- und Überwachungssystem nach § 91 Abs. 2 AktG, CCZ 2009, 62; *Brebeck/Herrmann,* Zur Forderung des KonTraG-Entwurfs nach einem Frühwarnsystem und zu den Konsequenzen für die Jahres- und Konzernabschlußprüfung, WPg 1997, 381; *Bürkle,* Auswirkungen der Unternehmensaufsicht nach dem KWG auf organisatorische Pflichten von Versicherungsunternehmen – Zur Reichweite der unternehmensorganisatorischen Vorgaben in § 25a Abs. 1 KWG, WM 2005, 1496; *Bunting,* Das Früherkennungssystem des § 91 Abs. 2 AktG in der Prüfungspraxis – eine kritische Betrachtung des IDW PS 340, ZIP 2012, 357; *Dreher,* Ausstrahlungen des Aufsichtsrechts auf das Aktienrecht – Unter besonderer Berücksichtigung des Risikomanagement, ZGR 2010, 496; *Dreher,* Die Vorstandsverantwortung im Geflecht von Risikomanagement, Compliance und interner Revision, FS Hüffer, 2010, 161; *Drygala/Drygala,* Wer braucht ein Frühwarnsystem?, ZIP 2000, 297; *Emmerich,* Risikomanagement in Industrieunternehmen – gesetzliche Anforderungen und Umsetzung nach dem KonTraG, zfbf 51 (1999), 1075; *Giese,* Zur Prüfung des Risikomanagementsystems einer Unternehmung durch den Abschlußprüfer, WPg 1998, 451; *Götz,* Das Risikofrüherkennungssystem des § 91 II AktG in rechtlicher Sicht, NJW-Sonderheft H. Weber 2001, 21; *Helmrich,* Zur Strafbarkeit bei fehlenden oder unzureichenden Risikomanagementsystemen in Unternehmen am Beispiel der AG, NZG 2011, 1252; *Hillebrand,* Das Früherkennungs- und Überwachungssystem von Kapitalgesellschaften, 2005; *Holleben, von/Menz,* IT-Risikomanagement – Pflichten der Geschäftsleitung, CR 2010, 63; *Hommelhoff,* Risikomanagement in GmbH-Recht, FS Sandrock, 2000, 373; *Hommelhoff/Mattheus,* Risikomanagement im Konzern – ein Problemaufriß, BFuP 2000, 217; *Hommelhoff/Mattheus,* Risikomanagement im Entwurf des BilMoG als Funktionselement der Corporate Governance, BB 2007, 2787; *J. Hüffer,* Corporate Governance: Früherkennung nach § 91 Abs. 2 AktG – Neue Pflichten des Vorstands zum Risikomanagement?, FS Imhoff, 1998, 91; *Huth,* Grundsätze ordnungsmäßiger Risikoüberwachung, BB 2007, 2167; *Jakobus,* Die Vorstandspflicht zum Risikomanagement, 2014; *Kessler,* Der Einsatz komplexer Finanzinstrumente im Unternehmen – gesellschaftsrechtliche Anforderungen an das Risikomanagement, BB 2013, 1098; *Kort,* Risikomanagement nach dem Bilanzrechtsmodernisierungsgesetz, ZGR 2010, 440; *Krekeler,* Gesellschaftsrechtliche Aspekte des Risikomanagements, ZBB 2012, 351; *Lachnit/Müller,* Risikomanagementsystem nach KonTraG und Prüfung des Systems durch den Wirtschaftsprüfer, FS Strobel, 2001, 363; *Lück,* Der Umgang mit unternehmerischen Risiken durch ein Risikomanagementsystem und durch ein Überwachungssystem, DB 1998, 1925; *Lück,* Elemente eines Risikomanagementsystems, DB 1998, 8; *Lück,* Managementrisiken im Risikomanagementsystem, DB 2000, 1473; *Lütgerath,* Die Vorgaben zur ordnungsgemäßen Geschäftsorganisation im Bankaufsichtsrecht, 2016; *Lutter,* Konzernphilosophie vs. konzernweite Compliance und konzernweites Risikomanagement, FS Goette, 2011, 289; *Merkt,* Risikofrüherkennung in kleinen und mittleren Unternehmen, ZIP 2014, 1705; *Nietsch,* Geschäftsleiterermessen und Unternehmensorganisation bei der AG – Zur haftungsbegrenzenden Wirkung des § 93 Abs. 1 Satz 2 AktG im Bereich gesetzlicher Pflichtaufgaben unter besonderer Berücksichtigung von Compliance, ZGR 2015, 631; *Pahlke,* Risikomanagement nach KonTraG – Überwachungspflichten und Haftungsrisiken für den Aufsichtsrat, NJW 2002, 1680; *Preußner,* Risikomanagement im Schnittpunkt von Bankaufsichtsrecht und Gesellschaftsrecht, NZG 2004, 57; *Preußner,* Deutscher Corporate Governance Kodex und Risikomanagement, NZG 2004, 303; *Preußner/Becker,* Ausgestaltung von Risikomanagementsystemen durch die Geschäftsleitung, NZG 2002, 846; *Preußner/Pananis,* Risikomanagement und strafrechtliche Verantwortung – Corporate Compliance am Beispiel der Kreditwirtschaft, BKR 2004, 347; *Preußner/Zimmermann,* Risikomanagement als Gesamtaufgabe des Vorstandes, AG 2002, 657; *Schäfer,* Das Überwachungssystem nach § 91 Abs. 2 AktG unter Berücksichtigung der besonderen Pflichten des Vorstands, 2001; *Seibert,* Die Entstehung des § 91 Abs. 2 AktG im KonTraG – „Risikomanagement" oder „Frühwarnsystem"?, FS Bezzenberger, 2000, 427; *Sethe,* Die Pflicht zum Risikomanagement im Gesellschafts-, Konzern- und Bankaufsichtsrecht, ZBB 2012, 357; *Simon,* Organisationsverantwortung der Geschäftsleiter, Der Konzern 2015, 205; *Spindler,* Von der Früherkennung von Risiken zum umfassenden Risikomanagement – zum Wandel des § 91 AktG unter europäischem Einfluss, FS Hüffer, 2010, 985; *Theusinger/Liese,* Besteht eine Rechtspflicht zur Dokumentation von Risikoüberwachungssystemen i. S. des § 91 Abs. 2 S. 1 AktG?, NZG 2008, 298; *Weber-Rey,* Gesellschafts- und aufsichtsrechtliche Herausforderungen an die Unternehmensorganisation, AG 2008, 345; *Wohlmannstetter,* Risikomanagement nach dem BilMoG, ZGR 2010, 472.

3. Compliance. *Arnold,* Verantwortung und Zusammenwirken des Vorstands und Aufsichtsrats bei Compliance-Untersuchungen, ZGR 2014, 76; *Arnold/Rudzio,* Die Pflicht des Vorstands der Aktiengesellschaft zur Einrichtung und Ausgestaltung einer Compliance-Organisation, KSzW 2016, 231; *Bachmann,* Compliance – Rechtsgrundlagen und offene Fragen, in VGR (Hrsg.), Gesellschaftsrecht in der Diskussion 2007, 2008, 65; *Bachmann,* Interne Ermittlungen – ohne Grenzen?, ZHR 180 (2016), 563; *Balke/Klein,* Vorstandshaftung für fehlerhafte Ausrichtung der Compliance-Organisation, ZIP 2017, 2038; *Bauckhage-Hoffer/Katko,* Compliance-Systeme und Datentransfer im Konzern, WM 2012, 486; *Baur/Holle,* Compliance-Defense bei der Bußgeldbemessung und ihre Einpassung in das gesellschaftsrechtliche Pflichtenprogramm, NZG 2018, 14; *Bayreuther,* Die Haftung des Compliance-Officers, FS Säcker, 2011, 173; *Bergmoser,* Integration von Compliance-Management-Systemen, BB-Special 2010 zu Heft 50, S. 2; *Bicker,* Compliance – organisatorische Umsetzung im Konzern, AG 2012, 542; *Böttcher,* Compliance: Der IDW PS 980 – Keine Lösung für alle (Haftungs-)Fälle!, NZG 2011, 1054; *Brückner,* Die Aufarbeitung von Compliance-Verstößen – Praktische Erfahrungen und Fallstricke, BB-Special 2010 zu Heft 50, S. 21; *Buff,* Compliance. Führungskontrolle durch den Verwaltungsrat, 2000; *Bunting,* Konzernweite Compliance – Pflicht oder Kür?, ZIP 2012, 1542; *Bürgers,* Compliance in Aktiengesellschaften, ZHR 179 (2015), 173; *Bürkle,* Corporate Compliance – Pflicht oder Kür für den Vorstand der AG?, DB 2005, 565; *Bürkle,* Corporate Compliance als Standard guter Unternehmensführung des Deutschen Corporate Governance Kodex, BB 2007, 1797; *Bürkle,* Grenzen der strafrechtlichen Garantenstellung des Compliance-Officers, CCZ 2010, 4; *Bürkle,* Die Bußgeldrelevanz des Compliance-Managements, BB 2018, 525; *v. Busekist/Hein,* Der IDW PS 980 und die allgemeinen rechtlichen Mindestanforderungen an ein wirksames Compliance Management System (1) – Grundlagen, Kultur und Ziele, CCZ 2012, 41; *v. Busekist/Schlitt,* Der IDW PS 980 und die allgemeinen rechtlichen Mindestanforderungen an ein wirksames Compliance Management System (2) – Risikoermittlungspflicht, CCZ 2012, 86; *v. Busekist/Timmerbeil,* Die Compliance Due Diligence in M&A-Prozessen, CCZ 2013, 225; *Bussmann,* Die Zukunft der unternehmerischen Haftung bei Compliance-Verstößen, CCZ 2009, 132; *Campos Nave/Vogel,* Die erforderliche Veränderung von Corporate Compliance-Organisationen im Hinblick auf gestiegene Verantwortlichkeiten des Compliance Officers, BB 2009, 2546; *Casper,* Der Compliance-Beauftragte, FS K. Schmidt, 2009, 199; *Casper,* Rechtliche Grundlagen und aktuelle Entwicklungen der Compliance am Beispiel des Kapitalmarktrechts, in Bankrechtstag 2008, S. 139; *Casper,* Whistleblowing zwischen Denunziantentum und integralem Baustein von Compliance-Systemen, Liber Amicorum Winter, 2011, 77; *Cichy/Cziupka,* Compliance-Verantwortung der Geschäftsleiter bei Unternehmenstätigkeit mit Auslandsbezug, BB 2014, 1482; *Dreher,* Begriff, Aufgaben und Rechtsnatur der versicherungsaufsichtsrechtlichen Compliance nach Solvency II, VersR 2013, 929; *Eisolt,* Prüfung von Compliance-Management-Systemen: erste Überlegungen zu IDW EPS 980, BB 2010, 1843; *Eufinger,* Verbandsgeldbuße nach § 30 OWiG und Compliance, ZIP 2018, 615; *Favoccia/Richter,* Rechte, Pflichten und Haftung des Compliance Officers aus zivilrechtlicher Sicht, AG 2010, 137; *Fett/Theusinger,* Compliance im Konzern – Rechtliche Grundlagen und praktische Umsetzung, BB-Special 2010 zu Heft 50, S. 6; *Fissenewert,* Compliance für den Mittelstand, NZG 2015, 1009; *Fleischer,* Aktienrechtliche Compliance-Pflichten im Praxistest: Das Siemens/Neubürger-Urteil des LG München, NZG 2014, 321; *Fleischer,* Corporate Compliance im aktienrechtlichen Unternehmensverbund, CCZ 2008, 1; *Fleischer,* Vorstandsverantwortlichkeit und Fehlverhalten von Unternehmensangehörigen – Von der Einzelüberwachung zur Errichtung einer Compliance-Organisation, AG 2003, 291; *Gelhausen/Wermelt,* Haftungsrechtliche Bedeutung des IDW EPS 980: Grundsätze ordnungsmäßiger Prüfung von Compliance-Management-Systemen, CCZ 2010, 208; *Görling/Inderst/Bannenberg* (Hrsg.), Compliance – Aufbau, Management, Risikobereiche, 2010; *Görtz,* Der neue Compliance-Prüfungsstandard (EPS 980) – Inhalte und Aussagen, CCZ 2010 127; *Grundmeier,* Dogmatische Grundzüge einer konzernweiten Compliance-Pflicht, Der Konzern 2012, 487; *Grundmeier,* Rechtspflicht zur Compliance im Konzern, 2011; *Habersack,* Gedanken zur konzernweiten Compliance-Verantwortung des Geschäftsleiters eines herrschenden Unternehmens, FS Möschel, 2011, 1175; *Habersack,* Grund und Grenzen der Compliance-Verantwortung des Aufsichtsrats der AG, AG 2014, 1; *Harbarth,* Anforderungen an die Compliance-Organisation börsennotierter Unternehmen, ZHR 179 (2015), 136; *Harbarth/Brechtel,* Rechtliche Anforderungen an eine pflichtgemäße Compliance-Organisation im Wandel der Zeit, ZIP 2016, 241; *Hauschka,* Compliance im Gesellschaftsrecht und die aktuellen Entwicklungen in der Diskussion, in Bankrechtstag 2008, 103; *Hauschka,* Corporate Compliance – Unternehmensorganisatorische Ansätze zur Erfüllung der Pflichten von Vorständen und Geschäftsführern, AG 2004, 431; *Hauschka,* Compliance am Beispiel der Korruptionsbekämpfung, ZIP 2004, 877; *Hauschka/Moosmayer/Lösler,* Corporate Compliance, Handbuch der Haftungsvermeidung im Unternehmen, 3. Aufl. 2016; *Hegnon,* Aufsicht als Leitungspflicht, CCZ 2009, 57; *Heinson,* Compliance durch Datenabgleiche, BB 2010, 3084; *Heinson/Schmidt,* IT-gestützte Compliance-Systeme und Datenschutzrecht, CR 2010, 540; *Heißner/Benecke,* Compliance-Praxis im Wandel: von der reinen Kontrolle zum Integrity Management, BB 2013, 2923; *Hemeling,* Compliance im Erst- und Rückversicherungsunternehmen, CCZ 2010, 21; *Horney/Kuhlmann,* Der Entwurf des IDW für einen Standard zur Prüfung von Compliance-Management-Systemen aus Sicht der Unternehmenspraxis, CCZ 2010, 192; *Huber,* Die Reichweite konzernbezogener Compliance-Pflichten des Mutter-Vorstands eines AG-Konzerns, 2013; *Hüffer,* Compliance im Innen- und Außenrecht der Unternehmen, FS G. H. Roth, 2011, 299; *Immenga,* Compliance als Rechtspflicht nach Aktienrecht und Sarbanes-Oxley-Act, FS Schwark, 2009, 199; *Jenne,* Die Überprüfung und Zertifizierung

§ 91

von Compliance-Management-Systemen, 2017; *Kark,* Compliance-Risiko-Management, 2013; *Kindler,* Pflichtverletzung und Schaden bei der Vorstandshaftung wegen unzureichender Compliance, FS G. H. Roth, 2011, 367; *Klebeck/Zollinger,* Compliance-Funktion nach der AIFM-Richtlinie, BB 2013, 459; *Klindt/Pelz/Theusinger,* Compliance im Spiegel der Rechtsprechung, NJW 2010, 2385; *Koch,* Compliance-Pflichten im Unternehmensverbund, WM 2009, 1013; *Kort,* Compliance-Pflichten und Haftung von GmbH-Geschäftsführern, GmbHR 2013, 566; *Kort,* Compliance-Pflichten von Vorstandsmitgliedern und Aufsichtsratsmitgliedern, FS Hopt, 2010, 983; *Kort,* Rechtsfragen der Compliance-Organisation von Unternehmen außerhalb spezialgesetzlich geregelter Branchen im deutschen Recht, FS G.H. Roth, 2011, 407; *Kort,* Verhaltenssteuerung durch Corporate Compliance, NZG 2008, 81; *Kraft/Winkler,* Zur Garantenstellung des Compliance-Officers – Unterlassungsstrafbarkeit durch Organisationsmangel, CCZ 2009, 29; *Kremer,* Kooperation des Unternehmens mit der Staatsanwaltschaft im Compliance Bereich, FS U. H. Schneider, 2011, 701; *Kremer/Klahold,* Compliance-Programme in Industriekonzernen, ZGR 2010, 113; *Kromer/Pumpler/Henschel,* Tax Compliance, BB 2013, 791; *Liese,* Compliance in Due-Diligence-Fragelisten, BB-Special 2010 zu Heft 50, S. 27; *Liese,* Much Adoe About Nothing oder: Ist der Vorstand einer Aktiengesellschaft verpflichtet, eine Compliance-Organisation zu implementieren?, BB-Special 2008 zu Heft 25, S. 17; *Liese/Schulz,* Risikomanagement durch Compliance-Audits, BB 2011, 1347; *Lösler,* Compliance im Wertpapierdienstleistungskonzern, 2003; *Lösler,* Das moderne Verständnis von Compliance im Finanzmarktrecht, NZG 2005, 104; *Lösler,* Zur Rolle und Stellung des Compliance-Beauftragten, WM 2008, 1098; *Maschmann,* Compliance versus Datenschutz, NZA-Beil 2012, S. 50; *Maume/Haffke,* Whistleblowing als Teil der Unternehmenscompliance – Rechtlicher Rahmen und Best Practice, ZIP 2016, 199; *Meier-Greve,* Vorstandshaftung wegen mangelhafter Corporate Compliance, BB 2009, 2555; *Greve,* Zur Unabhängigkeit des sog. Compliance Officers, CCZ 2010, 216; *Merkt,* Überprüfung des Compliance Management-Systems zwischen Wirtschaftsprüfern und Juristen, DB 2014, 2271 (Teil 1), DB 2014, 2331 (Teil 2); *Meyer,* Compliance-Verantwortlichkeit von Vorstandsmitgliedern – Legalitätsprinzip und Risikomanagement, DB 2014, 1063; *Michalke,* Untreue – neue Vermögensbetreuungspflichten durch Compliance-Regeln, StV 2011, 245; *Moosmayer,* Compliance, 3. Aufl. 2015; *Nietsch,* Die Garantenstellung von Geschäftsleitern im Außenverhältnis, CCZ 2013, 192; *Nietsch,* Überwachungspflichten bei Kollegialorganen, ZIP 2013, 1449; *Nietsch,* Compliance-Risikomanagement als Aufgabe der Unternehmensleitung, ZHR 180 (2016), 733; *Oppenheim,* Die Pflicht des Vorstands zur Einrichtung einer auf Dauer angelegten Compliance-Organisation, DStR 2014, 1063; *Passarge,* Grundzüge eines nachhaltigen Compliance-Programms – Was jeder Steuerberater zum Thema Compliance wissen sollte, DStR 2010, 1675; *Pietzke,* Die Verantwortung für Risikomanagement und Compliance im mehrköpfigen Vorstand, CCZ 2010, 45; *Ransiek,* Zur strafrechtlichen Verantwortung des Compliance Officers, AG 2010, 147; *Raum,* Strafrechtliche Pflichten von Compliance-Beauftragten – Zum Urteil des Bundesgerichtshofs vom 17.7.2009 (5 StR 394/08), CCZ 2012, 197; *Reese/Ronge,* Aufgaben und Struktur der Compliance-Funktion im Versicherungsunternehmen unter besonderer Berücksichtigung von Solvency II, VersR 2011, 1217; *Reichert,* Corporate Compliance und der Grundsatz der Verhältnismäßigkeit, FS Hoffmann-Becking, 2013, 943; *Reichert/Ott,* Non Compliance in der AG – Vorstandspflichten im Zusammenhang mit der Vermeidung, Aufklärung und Sanktionierung von Rechtsverstößen, ZIP 2009, 2173; *Reichert/Ott,* Die Zuständigkeit von Vorstand und Aufsichtsrat zur Aufklärung von Non Compliance in der AG, NZG 2014, 241; *Rieble,* Zivilrechtliche Haftung der Compliance-Agenten, CCZ 2014, 1; *Rieder,* Vom juristischen Gewissen zum Straftäter? Rechtsstellung, Verantwortung und Schutz von Compliance-Beauftragten, FS Goette, 2011, 413; *Rieder/Falge,* Sieben Thesen zur standardbasierten Prüfung von Compliance-Management-Systemen, BB 2013, 778; *Rieder/Jerg,* Anforderungen an die Überprüfung von Compliance Programmen – Zugleich kritische Anmerkungen zum Entwurf eines IDW Prüfungsstandards: Grundsätze ordnungsmäßiger Prüfung von Compliance-Management-Systemen (IDW EPS 980), CCZ 2010, 201; *Rodewald/Unger,* Kommunikation und Krisenmanagement im Gefüge der Corporate Compliance-Organisation, BB 2007, 1629; *Römermann,* 2014 – ein Jahr im Zeichen der Compliance: nun auch für mittelständische GmbH, GmbHR 2014, 1; *Rönnau/Schneider,* Der Compliance-Beauftragte als strafrechtlicher Garant, ZIP 2010, 53; *Salvenmoser/Hauschka,* Korruption, Datenschutz und Compliance, NJW 2010, 331; *Schaefer/Baumann,* Compliance-Organisation und Sanktionen bei Verstößen, NJW 2011, 3601; *Schaupensteiner,* Rechtstreue im Unternehmen – Compliance und Krisenmanagement. Konzertiertes Vorgehen statt einzelbetrieblichen Maßnahmen, NZA-Beil. 2011, 8; *Schiemann,* Compliance-Verantwortliche unter Generalverdacht? Durchsuchungsanordnung für die Privatwohnung eines Prokuristen, NZG 2014, 657; *Schindler/Haußer,* Die Pflicht gesetzlicher Vertreter von Kapitalgesellschaften zur Aufdeckung von Unregelmäßigkeiten und die Reaktion des gesetzlichen Abschlussprüfers, WPg 2012, 233; *Schmidt,* Compliance in Kapitalgesellschaften, 2010; *U. H. Schneider,* Compliance als Aufgabe der Unternehmensleitung, ZIP 2003, 645; *U. H. Schneider,* Compliance im Konzern, NZG 2009, 1321; *U. H. Schneider,* Konflikte zwischen Unternehmensleitung und Aufsichtsrat über die Compliance, ZIP 2016, 2070; *Schneider/Schneider,* Konzern-Compliance als Aufgabe der Konzernleitung, ZIP 2007, 2061; *Schött,* „Compliance" und der unternehmensexterne Beratungsmarkt, JZ 2013, 771; *Seibt/Cziupka,* 20 Thesen zur Compliance-Verantwortung im System der Organhaftung aus Anlass des Siemens/Neubürger-Urteils, DB 2014, 1598; *Seibt/Cziupka,* Rechtspflichten und Best Practices für Vorstands- und Aufsichtsratshandeln bei der Kapitalmarktrechts-Compliance, AG 2015, 93; *Simon/Merkelbach,* Organisationspflichten des Vorstands betreffend das Compliance-System – Der Neubürger-Fall, AG 2014, 318; *Sonnenberg,* Compliance-Systeme in Unternehmen, JuS 2017, 917; *Spindler,* Compliance in der multinationalen Bankengruppe, WM 2008, 905; *Steuber,* Compliance – moving target, FS Hommelhoff, 2012, 1165; *Theile,* Strafbarkeitsrisiken der Unternehmensführung aufgrund rechtswidriger Mitarbeiterpraktiken, wistra 2010, 457; *Verse,* Compliance im Konzern, ZHR 175 (2011), 401; *Vetter,* Zur Compliance-Verantwortung des Vorstands und zu den Compliance-Aufgaben des Aufsichtsrats, FS Graf von Westphalen, 2010, 719; *Wagner,* „Internal Investigations" und ihre Verankerung im Recht der AG, CCZ 2009, 8; *Wiederholt/Walter,* Compliance – Anforderungen an die Unternehmensorganisationspflichten, BB 2011, 968; *Wieland/Steinmeyer/Grüninger* (Hrsg.), Handbuch Compli-

Organisation; Buchführung 1 § 91

ance-Management, 2010; *Winter,* Die Verantwortlichkeit des Aufsichtsrats für „Corporate Compliance", FS Hüffer, 2010, 1103; *Withus/Hein,* Prüfung oder Zertifizierung eines Compliance Management Systems – Voraussetzungen und mögliche Rechtsfolgen, CCZ 2011, 125; *K. Wolf,* Der IDW Prüfungsstandard 980 zur ordnungsmäßigen Prüfung von Compliance Management Systemen, DStR 2011, 997; *M. Wolf,* Der Compliance-Officer – Garant, hoheitlich Beauftragter oder Berater im Unternehmensinteresse zwischen Zivil-, Straf- und Aufsichtsrecht?, BB 2011, 1353; *Wundenberg,* Compliance und die prinzipiengeleitete Aufsicht über Bankengruppen, 2012; *Wybitul,* Strafbarkeitsrisiken für Compliance-Verantwortliche, BB 2009, 2590.

Übersicht

	Rn.		Rn.
I. Überblick	1–3	a) Aktiengesellschaft	38
1. Regelungszweck	1	b) Kommanditgesellschaft auf Aktien	39
2. Vorgängervorschriften und Parallelregelungen	2, 3	c) GmbH?	40
		d) Konzerndimensionale Geltung	41
II. Buchführung	4–28	5. Bereichsspezifische Organisationspflichten	42, 43
1. Allgemeines	4	6. Offenlegung	44
2. Inhalt der Buchführungspflicht	5–9	7. Rechtsfolgen einer Pflichtverletzung	45, 46
a) Buchführungspflichten im engeren und weiteren Sinne	5	a) Strafrecht	45
b) Bilanzeid	6	b) Zivilrecht	46
c) Buchführungssysteme und -formen	7	**IV. Compliance**	47–77
d) Konzernbuchführung	8	1. Grundlagen	47–52
e) Steuerrechtliche Buchführungspflicht	9	a) Begriff und Bedeutung	47, 48
		b) Dogmatische Ableitungsbasis	49, 50
3. Wahrnehmung der Buchführungspflicht	10–17	c) Entwicklungslinien	51
a) Verantwortliche Personen	10	d) DCGK	52
b) Gesamtverantwortung und Arbeitsteilung	11–17	2. Entfaltung des Pflichtenrahmens	53–62
		a) Einrichtungs- und Ausgestaltungspflichten	54–56
4. Beginn und Ende der Buchführungspflicht	18, 19	b) Verhaltenspflichten bei Verdachtsmomenten und Verstößen	57–59
a) Beginn	18	c) Systemprüfungs- und Nachjustierungspflichten	60
b) Ende	19	d) „Tone from the Top"	60a–60d
5. Aufbewahrungspflicht	20	e) Ausstrahlung aufsichtsrechtlicher Compliance-Vorgaben	61
6. Rechtsfolgen einer Pflichtverletzung	21–28	f) Bedeutung des IDW-Prüfungsstandards 980 und der ISO 19600	62
a) Strafrecht	21, 22	3. Organisatorische Verankerung	63–69
b) Zivilrecht	23–28	a) Compliance als Leitungsaufgabe	63
III. Organisation	29–46	b) Zulässigkeit und Grenzen einer Pflichtendelegation	64–66
1. Allgemeines	29	c) Aufgabenverteilung zwischen Vorstand und Aufsichtsrat	67–69
2. Inhalt der Organisationspflicht	30–36	4. Compliance im Konzern	70–74
a) Früherkennung bestandsgefährdender Entwicklungen	31, 32	5. Rechtsfolgen einer Pflichtverletzung	75–77
b) Geeignete Maßnahmen	33	a) Strafrecht	75
c) Einrichtung eines Überwachungssystems	34–36	b) Zivilrecht	76, 77
3. Wahrnehmung der Organisationspflicht	37		
4. Anwendungsbereich der Organisationspflicht	38–41		

I. Überblick

1. Regelungszweck. § 91 hebt mit der Buchführungsverantwortung (Abs. 1) und der Verantwortung zur Einrichtung eines Überwachungssystems (Abs. 2) zwei zentrale Einzelbereiche der Leitungsverantwortung nach § 76 Abs. 1 hervor.[1] Er weist die Verantwortung für beide Bereiche dem Vorstand als Kollegialorgan zu und bekennt sich damit zum Grundsatz der Gesamtverantwortung.[2] Zusätzliche 1

---

[1] Vgl. Bürgers/Körber/*Bürgers* Rn. 1; Wachter/*Eckert* Rn. 1; K. Schmidt/Lutter/*Krieger/Sailer* Rn. 1; Grigoleit/*Grigoleit/Tomasic* Rn. 1; Hüffer/Koch/*Koch* Rn. 1; Großkomm AktG/*Kort* Rn. 1; Hölters/*Müller-Michaels* Rn. 1; MüKoAktG/*Spindler* Rn. 1; NK-AktR/*Oltmanns* Rn. 1.

[2] Vgl. Bürgers/Körber/*Bürgers* Rn. 3; *Hennrichs* FS Kollhosser, 2004, 201 (209 f.); Hüffer/Koch/*Koch* Rn. 1; MüKoBilR/*Graf* HGB § 238 Rn. 33; Kölner Komm AktG/*Mertens/Cahn* Rn. 2; MüKoAktG/*Spindler* Rn. 2; *Rabenhorst* in Marsch-Barner/Schäfer Börsennotierte AG-HdB Rn. 55.14; *Schnorr* ZHR 170 (2006), 9 (14).

(Unternehmens-)Organisationspflichten³ ergeben sich aus § 76 Abs. 1, § 93 Abs. 1, die durch § 91 nicht verdrängt werden.⁴ Eine besondere Bedeutung hat in den vergangenen Jahren die Pflicht des Vorstands erlangt, für die Einhaltung der gesetzlichen Bestimmungen und der unternehmensinternen Richtlinien zu sorgen. Sie ist heute allgemein anerkannt und wird unter dem Stichwort Compliance in Ziff. 4.1.3 DCGK ausdrücklich erwähnt (→ Rn. 47 ff.).

2. Vorgängervorschriften und Parallelregelungen. Die Pflicht, für eine Führung der erforderlichen Handelsbücher zu sorgen, gehört zu den ältesten Vorstandspflichten. Sie war wortlautgleich schon in Art. 239 Abs. 1 S. 1 ADHGB 1861 geregelt und hat von dort über § 82 AktG 1937 Eingang in das Aktiengesetz 1965 gefunden. Eine inhaltlich übereinstimmende Komplementärvorschrift enthält § 41 Abs. 1 GmbHG.

Die Vorstandspflicht zur Einführung eines Überwachungssystems ist erst durch das KonTraG von 1998⁵ eingeführt worden. Eine Parallelvorschrift im GmbHG fehlt, doch wird § 91 Abs. 2 eine „Ausstrahlungswirkung"⁶ auf den Pflichtenrahmen der GmbH-Geschäftsführer zugeschrieben (→ Rn. 40). Bei Kreditinstituten und Versicherungsunternehmen sind deren Geschäftsleiter gemäß § 25a Abs. 1 S. 2 KWG und § 64a Abs. 1 S. 2 VAG für eine ordnungsgemäße Geschäftsorganisation verantwortlich (→ Rn. 42 f.).⁷

II. Buchführung

1. Allgemeines. Als Handelsgesellschaft und Formkaufmann ist die Aktiengesellschaft – wie jeder Kaufmann – gemäß § 6 Abs. 1 HGB iVm § 238 Abs. 1 S. 1 HGB verpflichtet, Bücher zu führen und in diesen ihre Handelsgeschäfte und die Lage ihres Vermögens nach den Grundsätzen ordnungsmäßiger Buchführung ersichtlich zu machen. Die Erledigung dieser Pflicht obliegt dem Vorstand als Geschäftsführungs- und Leitungsorgan.⁸ Sie wird von der hL im Anschluss an die überkommene Spruchpraxis des RG als öffentlich-rechtliche Verpflichtung eingeordnet.⁹ Diese Redeweise bedarf kritischer Überprüfung.¹⁰ Richtig ist zwar, dass die Buchführungspflicht der Gesellschaft als solche im öffentlichen Interesse liegt.¹¹ Für die weitere – und ebenfalls zutreffende – Schlussfolgerung, dass sie weder durch Satzung noch durch Anstellungsvertrag oder Hauptversammlungsbeschluss eingeschränkt oder gar aufgehoben werden kann,¹² ist der Rückgriff auf ihren angeblich öffentlich-rechtlichen Charakter aber entbehrlich; § 91 Abs. 1 stellt schlicht zwingendes Recht dar.¹³ Zur näheren Ausgestaltung der Buchführungspflicht sind gemäß § 23 Abs. 5 S. 2 in engem Rahmen ergänzende Regelungen zulässig.¹⁴

---

³ Umfassend *Spindler,* Unternehmensorganisationspflichten, 2001, 15 ff. (öffentliches Recht), 599 ff. (Zivilrecht); ferner *Nietsch* ZGR 2015, 631; *Simon* Der Konzern 2015, 5.
⁴ Vgl. Großkomm AktG/*Kort* Rn. 207; MüKoAktG/*Spindler* Rn. 3.
⁵ Vgl. BGBl. 1998 I 786; zur Entstehung der Vorschrift *Seibert* FS Bezzenberger, 2000, 427.
⁶ BegrRegE KonTraG, BT-Drs. 13/9712, 15.
⁷ Monographisch *Lütgerath,* Die Vorgaben zur ordnungsgemäßen Geschäftsorganisation im Bankaufsichtsrecht, 2016.
⁸ Vgl. ADS Rn. 1; *Fleischer* WM 2006, 2021 (2022 f.); Großkomm AktG/*Kort* Rn. 4; MüKoAktG/*Spindler* Rn. 4; Baumbach/Hopt/*Merkt* HGB § 238 Rn. 8; *Rabenhorst* in Marsch-Barner/Schäfer Börsennotierte AG-HdB Rn. 55.14; HdR/*Weiss*/*Heiden* Rn. 24; MHdB AG/*Wiesner* § 25 Rn. 70; BeckBilKomm/*Winkeljohann*/*Henckel* HGB § 238 Rn. 57.
⁹ Grundlegend RGSt 13, 235 (237) („gehört dem öffentlichen Rechte an"; „voller öffentlichrechtlicher Charakter"), 239 („öffentlichrechtliche Verpflichtung"); zuvor schon RG JW 1898, 438 zu Art. 30 ADHGB; dem folgend Grigoleit/*Grigoleit*/*Tomasic* Rn. 2; Hüffer/Koch/*Koch* Rn. 2; *W. Müller* Liber Amicorum Happ, 2006, 179 (187); MüKoAktG/*Spindler* Rn. 4; HdR/*Weiss*/*Heiden* Rn. 4; MHdB AG/*Wiesner* § 25 Rn. 70; eingehende dogmengeschichtliche Analyse bei *Icking,* Die Rechtsnatur des Handelsbilanzrechts, 2000, 205 ff.
¹⁰ Wie hier ADS Rn. 9; ähnlich auch MüKoAktG/*Luttermann,* 2. Aufl. 2003, Einf BilanzR Rn. 1, HGB § 242 Rn. 8 f., HGB § 245 Rn. 16; s. zur Parallelvorschrift in § 82 öAktG ferner Jabornegg/Strasser/*Strasser* öAktG §§ 77–84 Rn. 16; *Weilinger,* Die Aufstellung und Feststellung des Jahresabschlusses, 1997, Rn. 59 ff.
¹¹ Dazu RGSt 13, 235 (239): „Jene Verpflichtungen ruhen [...] auf den öffentlichen Interessen des Rechtsverkehrs, des Kreditwesens überhaupt und auf der Grundlage einer absolut gebietenden Gesetzesnorm."
¹² Vgl. RGSt 13, 235 (239) („jeder Einwirkung privater Autonomie schlechthin entrückt"); Baumbach/Hueck Rn. 3; *v. Godin*/*Wilhelmi* Rn. 3; Hölters/*Müller-Michaels* Rn. 13; MüKoAktG/*Spindler* Rn. 4; HdR/*Weiss*/*Heiden* Rn. 24.
¹³ Vgl. *Fleischer* WM 2006, 2021; ähnlich ADS Rn. 9; s. auch Kölner Komm AktG/*Mertens*/*Cahn* Rn. 4; sowie zur österreichischen Parallelvorschrift in § 82 öAktG *Strasser* in Jabornegg/Strasser öAktG §§ 77–84 Rn. 16: „Die in § 82 in Form einer besonderen Hervorhebung positivierte Pflicht des Vorstandes, für ein ordnungsgemäßes Rechnungswesen zu sorgen, ist zugleich öffentlichrechtlicher und privatrechtlicher Natur und jedenfalls zwingend."; iE ebenso *Weilinger,* Die Aufstellung und Feststellung des Jahresabschlusses, 1997, Rn. 62.
¹⁴ Vgl. ADS Rn. 9; HdR/*Weiss*/*Heiden* Rn. 13; s. auch BGH WM 1974, 392, (393).

2. Inhalt der Buchführungspflicht. a) Buchführungspflichten im engeren und weiteren 5
Sinne. § 91 Abs. 1 verpflichtet den Vorstand, für die Führung der „erforderlichen" Handelsbücher zu sorgen. Einzelheiten dieser *Buchführungspflicht im engeren Sinne* ergeben sich aus den §§ 238 ff. HGB, die durch die rechtsformspezifischen §§ 150 ff. AktG flankiert werden. An die Verpflichtung zur Führung der Handelsbücher schließt sich die Bilanzierungspflicht des § 242 HGB an.[15] Ergänzend verlangt § 245 HGB die Unterzeichnung des Jahresabschlusses, und zwar durch alle Vorstandsmitglieder.[16] Die beiden zuletzt genannten Einzelpflichten kann man als *Buchführungspflichten im weiteren Sinne* bezeichnen.[17]

b) Bilanzeid. Vervollständigt werden die Buchführungspflichten im weiteren Sinne durch den 6
sog. Bilanzeid, der durch das Transparenzrichtlinie-Umsetzungsgesetz (TUG) (BGBl. 2007 I 10) Eingang in das deutsche Recht gefunden hat.[18] Gemäß § 264 Abs. 2 S. 3 HGB sind die gesetzlichen Vertreter börsennotierter Kapitalgesellschaften verpflichtet, die Einhaltung der für den Jahresabschluss geltenden Vorgaben des § 264 Abs. 2 S. 1 und 2 HGB bei der Unterzeichnung des Jahresabschlusses schriftlich zu bestätigen. Im Einzelnen müssen sie versichern, dass nach bestem Wissen der Jahresabschluss ein den tatsächlichen Verhältnissen entsprechendes Bild der Vermögens-, Finanz- und Ertragslage im Sinne des Satzes 1 vermittelt oder der Anhang Angaben nach S. 2 enthält.[19] Gleichsinnige Erklärungspflichten gelten gemäß § 289 Abs. 1 S. 5 HGB, § 297 Abs. 2 S. 4 HGB, § 315 Abs. 1 S. 6 HGB für den Lagebericht, den Konzernabschluss und den Konzernlagebericht. Unverkennbares Regelungsvorbild ist der US-amerikanische *Sarbanes-Oxley-Act* von 2002, der in sec. 302 eine entsprechende Erklärung der verantwortlichen Personen vorsieht.[20] Die deutsche Neuregelung bildet eine Reaktion auf zahlreiche Finanzskandale in den vergangenen Jahren. Sie verfolgt vier Teilziele: Vertrauensbildungs-, Signal-, Appell- und Abschreckungsfunktion.[21]

c) Buchführungssysteme und -formen. Gemäß § 238 Abs. 1 S. 2 HGB muss die Buchführung 7
so beschaffen sein, dass sie einem sachverständigen Dritten innerhalb angemessener Zeit einen Überblick über die Geschäftsvorfälle und die Lage des Unternehmens vermitteln kann. Eine bestimmte Form der Buchführung (einfache, doppelte oder kameralistische Buchführung) ist nicht ausdrücklich vorgeschrieben, doch wird man wegen der nach § 242 Abs. 2 HGB erforderlichen Gewinn- und Verlustrechnung idR eine Pflicht zur doppelten Buchführung annehmen müssen.[22] In jedem Fall sind die Grundsätze der Vollständigkeit und Richtigkeit iSd § 239 Abs. 2 HGB einzuhalten. Zu führen sind drei Gruppen von „Büchern": Grundbücher, Hauptbücher und Nebenbücher (Hilfsbücher, Nebenbuchhaltungen).[23] Ihre Führung kann in papier- oder computergestützter Form erfolgen;[24] ganz im Vordergrund steht heute die EDV-Buchführung gemäß § 239 Abs. 4 HGB. Kein Handelsbuch iSd § 91 Abs. 1 ist das Aktienbuch iSd § 67.[25]

d) Konzernbuchführung. Eine Verpflichtung zur Einrichtung einer eigenständigen (originären) 8
Konzernbuchführung lässt sich dem Gesetz nicht entnehmen.[26] Allerdings wird eine Aktiengesellschaft als Konzernspitze vor dem Hintergrund der jährlich wiederkehrenden Konsolidierungsbuchungen und konzernabschlussspezifischen Posten kaum ohne eine zusätzliche Konzernnebenbuchführung auskommen.[27] Zudem können Abweichungen zwischen den Einzelbilanzen und dem in

---

[15] Vgl. *ADS* Rn. 1; NK-AktR/*Oltmanns* Rn. 2 f.; HdR/*Weiss/Heiden* Rn. 7.
[16] Vgl. Hüffer/Koch/*Koch* Rn. 3; K. Schmidt/Lutter/*Krieger/Sailer* Rn. 5; Kölner Komm AktG/*Mertens/Cahn* Rn. 7; MüKoAktG/*Spindler* Rn. 9; *Rabenhorst* in Marsch-Barner/Schäfer Börsennotierte AG-HdB Rn. 55.28; NK-AktR/*Oltmanns* Rn. 3.
[17] So auch *ADS* Rn. 19; für eine unmittelbare Herleitung aus § 91 Abs. 1 *Hirte* KapGesR Rn. 3.51; NK-AktR/*Oltmanns* Rn. 2; *Weilinger*, Die Aufstellung und Feststellung des Jahresabschlusses, 1997, Rn. 395; s. auch *W. Müller* in Semler/Peltzer/Kubis Vorstands-HdB § 10 Rn. 14.
[18] Eingehend *Fleischer* ZIP 2007, 97; ferner *Abendroth* WM 2008, 1147; *Hahn* IRZ 2007, 375; *Rabenhorst* in Marsch-Barner/Schäfer Börsennotierte AG-HdB Rn. 55.21 ff.
[19] Näher zur Bedeutung dieses Wissensvorbehalts, der ein subjektiv redliches Erklärungs- und Informationsverhalten verlangt, *Fleischer* ZIP 2007, 97 (100 f.).
[20] Rechtsvergleichend *Fleischer* ZIP 2007, 97 (98 f.) mwN.
[21] Für eine ausführliche Würdigung dieser Teilziele *Fleischer* ZIP 2007, 97 (103 ff.).
[22] Wie hier *ADS* Rn. 5; *v. Godin/Wilhelmi* Rn. 4; HdR/*Weiss/Heiden* Rn. 20; noch strenger ohne Ausnahmevorbehalt Baumbach/*Hueck* Rn. 2; für die GmbH Scholz/*Crezelius* GmbHG § 41 Rn. 9; Rowedder/Schmidt-Leithoff/*Tiedchen* GmbHG § 41 Rn. 55.
[23] Näher HdR/*Weiss/Heiden* Rn. 9.
[24] Vgl. HdR/*Weiss/Heiden* Rn. 21.
[25] Vgl. BeckBilKomm/*Winkeljohann/Henckel* HGB § 238 Rn. 114; HdR/*Weiss/Heiden* Rn. 9.
[26] Vgl. *Fleischer* WM 2006, 2021 (2022); HdR/*Weiss/Heiden* Rn. 16; zur Abgrenzung zwischen originärer und derivativer Buchführung *Ruhnke*, Konzernbuchführung, 1995, 14 ff.
[27] Vgl. *Ruhnke*, Konzernbuchführung, 1995, 5 f.; HdR/*Weiss/Heiden* Rn. 16.

den Konzernabschluss eingebundenen Zahlenwerk die Einrichtung einer besonderen Konzernbuchführung zweckmäßig erscheinen lassen.[28] In Betracht kommt dies insbesondere bei Erstellung des Konzernabschlusses nach IAS/IFRS.[29]

9 e) **Steuerrechtliche Buchführungspflicht.** Neben der handelsrechtlichen besteht eine steuerrechtliche Buchführungspflicht nach den §§ 140 ff. AO. Auch sie obliegt dem Gesamtvorstand, doch folgt dies nicht aus § 91 Abs. 1,[30] sondern aus der spezielleren Vorschrift des § 34 Abs. 1 AO.[31]

10 **3. Wahrnehmung der Buchführungspflicht. a) Verantwortliche Personen.** Die Buchführungspflicht trifft den Vorstand und damit alle Vorstandsmitglieder[32] einschließlich der stellvertretenden.[33] Sie erstreckt sich zudem auf fehlerhaft bestellte[34] und faktische Vorstandsmitglieder, welche die Geschäftsführungsfunktion tatsächlich ausüben.[35] Ohne Belang ist, ob das einzelne Vorstandsmitglied über hinreichende Buchführungskenntnisse verfügt,[36] doch soll die Strafbarkeit nach § 283 Abs. 1 Nr. 5, 7b, § 283b StGB entfallen, wenn sich das betreffende Vorstandsmitglied zur Erstellung der Bilanz oder ihrer Vorbereitung der Hilfe eines Steuerberaters bedienen muss und die erforderlichen Mittel nicht aufbringen kann, da niemandem Unmögliches abverlangt werden darf.[37]

11 b) **Gesamtverantwortung und Arbeitsteilung.** Die Gesamtverantwortung des Vorstands (→ Rn. 1) schließt ein arbeitsteiliges Zusammenwirken bei der Erledigung der Buchführungsaufgaben nicht aus.[38] Vielmehr veranschaulicht § 91 Abs. 1 in geradezu paradigmatischer Weise, inwieweit die aktienrechtliche Leitungsverfassung „delegationsoffen" konzipiert ist.[39] Für eine ordnende Bestandsaufnahme sind drei Delegationsebenen zu unterscheiden, mit denen sich je eigene Sachprobleme verbinden.

12 aa) **Aufgabenverteilung innerhalb des Vorstands. (1) Ressortverantwortung.** Der Gesamtvorstand kann die Buchführungsaufgaben einem Vorstandsmitglied im Wege der organinternen Geschäftsverteilung übertragen.[40] Eine solche horizontale Arbeitsteilung ist nicht nur zulässig,[41] sachdienlich[42] und üblich,[43] sondern bei größeren Unternehmen heute praktisch zwingend,[44] weil Buchführung und Bilanzierung angesichts der internationalen Rechnungslegungsgrundsätze und der stets zu beachtenden steuerlichen Gesichtspunkte eine besondere Sachkunde verlangen.[45] Der Gesamtvorstand muss vor einer Übertragung der Buchführungsaufgaben sorgfältig prüfen, ob das betreffende Vorstandsmitglied jene Kenntnisse und Fähigkeiten besitzt, die man von einem ordentli-

---

[28] Näher *W. Müller* in Semler/Peltzer/Kubis Vorstands-HdB § 10 Rn. 16; zu ihren Anforderungen im Einzelnen *Ruhnke*, Konzernbuchführung, 1995, 18 ff. und passim.
[29] Vgl. *W. Müller* in Semler/Peltzer/Kubis Vorstands-HdB § 10 Rn. 16.
[30] So aber ADS Rn. 4.
[31] Vgl. *Fleischer* WM 2006, 2021 (2022); Großkomm AktG/*Kort* Rn. 17; ebenso für die GmbH Scholz/*Crezelius* GmbHG § 41 Rn. 10; dem folgend Roth/Altmeppen/*Altmeppen* GmbHG § 41 Rn. 13.
[32] Vgl. ADS Rn. 1; *Baumbach/Hueck* AktG Rn. 2; Bürgers/Körber/*Bürgers* Rn. 3; Hüffer/Koch/*Koch* Rn. 3; MüKoAktG/*Spindler* Rn. 6; *Weilinger*, Die Aufstellung und Feststellung des Jahresabschlusses, 1997, Rn. 395.
[33] Vgl. *v. Godin/Wilhelmi* Rn. 2; *Hennrichs* FS Kollhosser, 2004, 201 (210); Großkomm AktG/*Kort* Rn. 11; K. Schmidt/Lutter/*Krieger/Sailer* Rn. 3; Hölters/*Müller-Michaels* Rn. 2; HdR/*Weiss/Heiden* Rn. 24.
[34] ADS Rn. 7; allgemein *Fleischer* AG 2004, 517 f.
[35] Vgl. *Fleischer* WM 2006, 2021 (2023); wie hier für die GmbH Scholz/*Crezelius* GmbHG § 41 Rn. 4.
[36] Vgl. für das GmbH-Recht MüKoGmbHG/*Fleischer* GmbHG § 41 Rn. 11; Scholz/*Crezelius* GmbHG § 41 Rn. 7; Rowedder/Schmidt-Leithoff/*Tiedchen* GmbHG § 41 Rn. 3; aus strafrechtlicher Sicht auch RG LZ 1928, 1339.
[37] Vgl. BGH NStZ 1992, 182 – GmbH; NStZ 1998, 192 (193) – GmbH; KG wistra 2002, 313 (314) – GmbH; HdR/*Weiss/Heiden* Rn. 27; für die GmbH Roth/Altmeppen/*Altmeppen* GmbHG § 41 Rn. 5.
[38] AllgM, von einer „Geschäfts- und Arbeitsteilung" spricht bereits RGSt 13, 235 (239).
[39] Zum paradigmatischen Charakter der Vorschrift bereits *Fleischer* ZIP 2003, 1 (6).
[40] Vgl. RG HRR 1941 Nr. 132; ADS Rn. 12; *Fleischer* WM 2006, 2021 (2023); *v. Godin/Wilhelmi* Rn. 2; Hüffer/Koch/*Koch* Rn. 3; K. Schmidt/Lutter/*Krieger/Sailer* Rn. 3; Kölner Komm AktG/*Mertens/Cahn* Rn. 6; MüKoBilR/*Graf* HGB § 238 Rn. 33; MüKoAktG/*Spindler* Rn. 7; *Weilinger*, Die Aufstellung und Feststellung des Jahresabschlusses, 1997, Rn. 397.
[41] Vgl. BGH NJW 1995, 2850 (2851): „praktikabel und zulässig".
[42] Vgl. *Fleischer* WM 2006, 2021 (2023).
[43] Vgl. ADS Rn. 12; HdR/*Weiss/Heiden* Rn. 25.
[44] Vgl. *W. Müller* in Semler/Peltzer/Kubis Vorstands-HdB § 10 Rn. 30.
[45] Vgl. *Fleischer* WM 2006, 2021 (2023); gleicher Befund bereits bei Großkomm AktG/*W. Schmidt*, 1. Aufl. 1939, AktG 1937 § 82: „Es kann nicht allen Vorstandsmitgliedern das gleiche Maß von Kenntnissen und Erfahrungen im Buchführungswesen zugemutet und zugetraut werden, zumal Buchführung und Bilanzierung, insbesondere in Großbetrieben, in dem modernen komplizierten internationalen Wirtschaftsverkehr besondere Fachkunde über die übliche kaufmännische Schulung hinaus verlangen."

chen und gewissenhaften Geschäftsleiter auf dem Gebiet des Rechnungswesens erwarten darf.[46] Das betreffende Mitglied, idR der kaufmännische Vorstand oder Finanzvorstand, muss kein Bilanzfachmann sein;[47] wohl aber muss er ein grundlegendes bilanzrechtliches Verständnis besitzen und über Reichweite und Grenzen der Wahlrechte und Ermessensspielräume unterrichtet sein, die auch bei Bilanzierungsentscheidungen bestehen.[48]

(2) Restverantwortung. Nach allgemeinen Grundsätzen entbindet die Ressortverantwortung 13 des zuständigen Vorstandsmitglieds die übrigen Organmitglieder nicht von jeder Verantwortung (→ § 77 Rn. 48). Sie bleiben vielmehr verpflichtet, die Erledigung der Buchführungsaufgaben über die Ressortgrenzen hinweg zu beobachten.[49] Dazu gehört vor allem, dass sie sich in regelmäßigen Abständen ein Bild von der Ordnungsmäßigkeit der Buchführung verschaffen.[50] Eine zentrale Informationsquelle bildet der Prüfungsbericht des Abschlussprüfers,[51] in dem nach § 321 Abs. 2 S. 1 HGB festzustellen ist, ob die Buchführung den gesetzlichen Vorschriften und den ergänzenden Bestimmungen der Satzung entspricht.[52] Weitere Kontrollerkenntnisse steuern die Revisionsabteilung und ggf. der Prüfungsausschuss *(Audit Committee)* bei,[53] dessen Einrichtungsmöglichkeit und Aufgabengebiet § 107 Abs. 3 S. 2 beschreibt. Erhalten die Vorstandsmitglieder Kenntnis von allfälligen Mängeln, müssen sie unverzüglich einschreiten.[54] Reichweite und Intensität der ressortübergreifenden Überwachungspflicht sind noch nicht in allen Einzelheiten geklärt. Nach verbreiteter Auffassung besteht eine Nachforschungspflicht erst dann, wenn Anhaltspunkte für eine nicht dem Gesetz oder der Satzung entsprechende Buchführung vorliegen.[55] Darüber hinaus wird man aber verlangen müssen, dass das zuständige Vorstandsmitglied turnusmäßig Bericht über die Buchführung erstattet und die übrigen Vorstandsmitglieder etwaige Lücken in der Berichterstattung durch Nachfragen schließen (→ § 77 Rn. 54).

Werden einzelnen Vorstandsmitgliedern Informationen über die Buchführung systematisch vor- 14 enthalten, liegt hierin für sie ein wichtiger Grund zur Amtsniederlegung und zur Kündigung ihres Anstellungsvertrages,[56] weil ihnen die andernfalls drohenden zivil- und strafrechtlichen Risiken nicht zugemutet werden können.[57] Umgekehrt sind sämtliche Vorstandsmitglieder verpflichtet, ihrem ressortzuständigen Kollegen die für das Rechnungswesen erforderlichen Informationen aus ihrem Verantwortungsbereich zukommen zu lassen.[58] Die vom Abschlussprüfer üblicherweise verlangte Vollständigkeitserklärung[59] ist deshalb von sämtlichen Vorstandsmitgliedern zu unterschreiben.[60]

(3) Neuordnung der Verantwortlichkeiten *de lege ferenda*? In jüngerer Zeit sind Zweifel laut 15 geworden, ob der dem § 91 Abs. 1 zugrunde liegende Grundsatz der Gesamtverantwortung des *ganzen* Vorstands für die Rechnungslegung heute noch zeitgemäß ist.[61] Als Gegenmodell wird auf

---

[46] Vgl. BGH NJW 1995, 2850 (2851); NJW 1986, 54 (55); *W. Müller* in Semler/Peltzer/Kubis Vorstands-HdB § 10 Rn. 30.
[47] Ebenso *W. Müller* in Semler/Peltzer/Kubis Vorstands-HdB § 10 Rn. 30.
[48] Zu den diskretionären Gestaltungsspielräumen *Hennrichs* FS Kollhosser, 2004, 201 (211 f.); *W. Müller* Liber Amicorum Happ, 2006, 179 (183 ff.).
[49] Vgl. BGH NJW 1986, 54 (55); NJW 1995, 2850 (2851); RG HRR 1941 Nr. 132; Bürgers/Körber/*Bürgers* Rn. 3; *Fleischer* WM 2006, 2021 (2023); Hüffer/Koch/*Koch* Rn. 3; MüKoBilR/*Graf* HGB § 238 Rn. 33; Großkomm AktG/*Kort* Rn. 12; K. Schmidt/Lutter/*Krieger*/*Sailer* Rn. 3; Hölters/*Müller-Michaels* Rn. 2; MüKo-AktG/*Spindler* Rn. 7; *W. Müller* in Semler/Peltzer/Kubis Vorstands-HdB § 10 Rn. 31; NK-AktR/*Oltmanns* Rn. 2; MHdB AG/*Wiesner* § 25 Rn. 70.
[50] Vgl. ADS Rn. 12; HdR/*Weiss*/*Heiden* Rn. 29.
[51] Vgl. ADS Rn. 12; *Hennrichs* FS Kollhosser, 2004, 201 (210); NK-AktR/*Oltmanns* Rn. 2; HdR/*Weiss*/*Heiden* Rn. 29.
[52] Näher BeckBilKomm/*S. Schmidt*/*Poullie* HGB § 321 Rn. 47 ff.
[53] Vgl. ADS Rn. 12.
[54] Vgl. BGH NJW 1986, 54 (55); K. Schmidt/Lutter/*Krieger*/*Sailer* Rn. 3; Kölner Komm AktG/*Mertens*/*Cahn* Rn. 6; *Weilinger*, Die Aufstellung und Feststellung des Jahresabschlusses, 1997, Rn. 397.
[55] Vgl. *Hennrichs* FS Kollhosser, 2004, 201 (210); K. Schmidt/Lutter/*Krieger*/*Sailer* Rn. 3; Kölner Komm AktG/*Mertens*/*Cahn* Rn. 6; *W. Müller* in Semler/Peltzer/Kubis Vorstands-HdB § 10 Rn. 22; NK-AktR/*Oltmanns* Rn. 2; *Weilinger*, Die Aufstellung und Feststellung des Jahresabschlusses, 1997, Rn. 397; MHdB AG/*Wiesner* § 25 Rn. 70.
[56] Vgl. BGH NJW 1995, 2850 (2851) – GmbH; *Goette* DStR 1995, 1640 f.; HdR/*Weiss*/*Heiden* Rn. 29.
[57] Vgl. *Goette* DStR 1995, 1640 (1641).
[58] Vgl. ADS Rn. 12; *Weilinger*, Die Aufstellung und Feststellung des Jahresabschlusses, 1997, Rn. 398.
[59] Vgl. Baumbach/Hopt/*Merkt* HGB § 317 Rn. 4; *W. Müller* in Semler/Peltzer/Kubis Vorstands-HdB § 10 Rn. 43.
[60] Ebenso für die Parallelvorschrift im österreichischen Recht *Nowotny* in Doralt/Nowotny/Kalss öAktG § 82 Rn. 4.
[61] Vgl. *Hennrichs* FS Kollhosser, 2004, 201 (210).

den US-amerikanischen *Sarbanes-Oxley-Act* aus dem Jahre 2002 verwiesen, der nur den CEO *(Chief Executive Officer)* und den CFO *(Chief Financial Officer)* zur Abgabe des sog. Bilanzeides anhält.[62] Zu seinen Gunsten mag man anführen, dass er dem intuitiv einleuchtenden Gedanken der Arbeitsteilung und Spezialisierung entspricht. Dennoch empfiehlt es sich, gerade für Buchführung und Bilanzierung am Grundsatz der Gesamtverantwortung festzuhalten.[63] *Erstens* liefert das Rechenwerk zentrale Informationen für die Unternehmenssteuerung: Vorstandsmitglieder, die sich nicht über die ordnungsgemäße Führung der Bücher informieren, sind außerstande, die finanzielle Situation der Gesellschaft verantwortungsbewusst zu beurteilen[64] und ggf. ihrer Insolvenzantragspflicht nach § 15a Abs. 1 S. 1 InsO nachzukommen.[65] *Zweitens* hält man auch beim Aufsichtsrat trotz fortschreitender Spezialisierung am Prinzip der Gesamtverantwortung fest: Die Bildung eines Prüfungsausschusses nach § 107 Abs. 3 entbindet die übrigen Aufsichtsratsmitglieder nicht von der Prüfung des Jahresabschlusses nach § 171 Abs. 1.[66] *Drittens* verlangen die erläuterten Überwachungspflichten den ressortfremden Vorstandsmitgliedern nichts Unmögliches ab, zumal ihnen mit dem Prüfungsbericht der Abschlussprüfer und den Kontrollerkenntnissen der Revisionsabteilung fachkundig aufbereitete Informationen zur Verfügung stehen. *Viertens* liegt ein Festhalten am Gesamtverantwortungsprinzip in der Fließrichtung des Europäischen Gesellschaftsrechts: Die konsolidierte Rechnungslegungsrichtlinie vom Juni 2013 hält in ihrem Art. 31 Abs. 1 ausdrücklich daran fest, dass die Aufstellung des Jahresabschlusses die „gemeinsame Aufgabe" sämtlicher Organmitglieder ist.[67]

16 bb) Aufgabenzuweisung an nachgeordnete Unternehmensebenen. Der Vorstand muss die Bücher nicht eigenhändig führen, sondern nach § 91 Abs. 1 nur für eine ordnungsgemäße Buchführung „sorgen".[68] Ganz in diesem Sinne hatte schon das ROHG im Jahre 1875 entschieden, dass der Geschäftsinhaber eines größeren Bankunternehmens „nicht mit dem Maßstabe eines Buchhalters gemessen" werden dürfe,[69] und mit dieser Formulierung beim RG Gefolgschaft gefunden.[70] Mit der technischen Buchführung darf und wird er nachgeordnete Unternehmensangehörige betrauen.[71] Seine Sorgepflicht iSd § 91 Abs. 1 setzt sich dann in einer Auswahl- und Überwachungspflicht fort.[72] Er muss sachkundige und zuverlässige Mitarbeiter mit der Buchführung betrauen[73] und sie bei ihrer Tätigkeitsausübung fortlaufend überwachen.[74] Je nach Art und Größe des Unternehmens kann und wird er für die Überwachung auf sachverständige Revisoren zurückgreifen.[75] Die jährliche Prüfung durch den Abschlussprüfer, die nach § 317 Abs. 1 S. 1 HGB auch die Buchführung einschließt, kann die Überwachung durch den Vorstand nicht ersetzen.[76] Zudem muss der Vorstand stets in der Lage bleiben, selbst in die Buchführung einzugreifen[77] und sich einen schnellen und zuverlässigen Überblick über die Vermögenslage, die Liquidität und den Geschäfts-

---

[62] Ausführlich *Peltzer* in Semler/Peltzer Vorstands-HdB, 1. Aufl. 2005, § 9 Rn. 150 ff.
[63] Näher *Fleischer* WM 2006, 2021 (2024); ebenso *Hennrichs* FS Kollhosser, 2004, 201 (210 f.); allgemein zuvor bereits *Fleischer* NZG 2003, 449 (458 f.); *Hoffmann-Becking* NZG 2003, 745 (750).
[64] Ebenso *Goette* DStR 1995, 1640; *Hommelhoff*, Die Konzernleitungspflicht, 1982, 185 (entscheidungsorientierte Funktion des Rechnungswesens); ähnlich *Haas*, Gutachten E, 66. DJT 2006, E 105 (Instrumente der Krisenerkennung); zur Eignung der Buchführungspflichten, das Insolvenzrisiko der Gläubiger zu vermindern, auch BGHZ 125, 366 (378).
[65] Vgl. *Biletzki* BB 2000, 521 (524 f.); zur Antragsberechtigung und Antragspflicht einzelner Vorstandsmitglieder *Fleischer* in Fleischer VorstandsR-HdB § 20 Rn. 27.
[66] Vgl. RGZ 93, 338 (340); *Fleischer* ZGR 2004, 437 (470 f.); Großkomm AktG/*Hopt/Roth* § 107 Rn. 389; Hüffer/Koch/*Koch* § 171 Rn. 10.
[67] Vgl. Richtlinie 2013/34/EU des Europäischen Parlaments und des Rates vom 26.6.2013, ABl. EU 2013 L 182, 19.
[68] Grundlegend RGSt 13, 235 (237 f.).
[69] Vgl. ROHGE 18, 393 (397).
[70] Vgl. RG JW 1901, 821; ferner Brodmann, Aktienrecht, 1928, § 239 HGB, 1897, Rn. 1b.
[71] *ADS* Rn. 10; K. Schmidt/Lutter/*Krieger/Sailer* Rn. 4; Kölner Komm AktG/*Mertens/Cahn* Rn. 5; MüKoAktG/*Graf* § 238 HGB Rn. 16; MüKoAktG/*Spindler* Rn. 8; NK-AktR/*Oltmanns* Rn. 2; HdR*Weiss/Heiden* Rn. 25; MHdB AG/*Wiesner* § 25 Rn. 70.
[72] Vgl. BGH NJW 1986, 54 (55); NJW 1995, 2850 (2851); RG JW 1901, 821 f.; Bürgers/Körber/*Bürgers* Rn. 3; K. Schmidt/Lutter/*Krieger/Sailer* Rn. 4; Kölner Komm AktG/*Mertens/Cahn* Rn. 5; Hölters/*Müller-Michaels* Rn. 2; MüKoAktG/*Spindler* Rn. 8; NK-AktR/*Oltmanns* Rn. 2; HdR/*Weiss/Heiden* Rn. 25; MHdB AG/*Wiesner* § 25 Rn. 70; allgemein BGHZ 127, 336 (347).
[73] Vgl. RG JW 1901, 821 f.; JW 1925, 261 (262); *ADS* Rn. 10; *Fleischer* WM 2006, 2021 (2024); HdR/*Weiss/Heiden* Rn. 25.
[74] Vgl. RG JW 1925, 261 (262).
[75] Vgl. *ADS* Rn. 10; NK-AktR/*Oltmanns* Rn. 2.
[76] Vgl. *ADS* Rn. 10; Kölner Komm AktG/*Mertens/Cahn* Rn. 5.
[77] Vgl. *ADS* Rn. 14; BeckMandatsHdB AG-Vorstand/*Schnabel/Lücke* § 6 Rn. 96; ebenso für die GmbH Lutter/Hommelhoff/*Kleindiek* GmbHG § 41 Rn. 5; MüKoGmbHG/*Fleischer* § 41 Rn. 17.

gang der Gesellschaft zu verschaffen.[78] Im Übrigen steht dem Vorstand aber hinsichtlich der Organisation der Rechnungslegung und ihrer Überwachung ein Ermessensspielraum zu.[79]

cc) Aufgabenübertragung an unternehmensfremde Dritte. Nach einhelliger Ansicht kann 17 die Gesellschaft Buchführungsaufgaben grundsätzlich auf unternehmensfremde Dritte übertragen, zB auf eine Konzerngesellschaft, ein professionelles Buchführungsunternehmen oder einen Steuerberater.[80] Im Allgemeinen setzt der Dritte dabei EDV ein.[81] Der Vorstand muss bei einer solchen Funktionsauslagerung (sog. Fernbuchführung)[82] allerdings in zweierlei Hinsicht Vorsorge gegen einen Verlust seiner Leitungsautonomie treffen (→ § 76 Rn. 6): Zum einen hat er bei Auswahl und Einweisung des externen Dritten sicherzustellen, dass dieser eine sachgerechte Buchführung in gleicher Weise gewährleistet wie bei unternehmensinterner Delegation.[83] Zum anderen muss er das fehlende arbeitsrechtliche Weisungsrecht durch schuldrechtliche Vereinbarungen ersetzen, die ihm auch weiterhin einen jederzeitigen Zugriff auf die Buchführungsunterlagen und die Möglichkeit zu korrigierendem Eingreifen eröffnen.[84]

4. Beginn und Ende der Buchführungspflicht. a) Beginn. Die Buchführungspflicht der 18 Aktiengesellschaft beginnt mit ihrem ersten buchungspflichtigen Geschäftsvorfall ohne Rücksicht auf ihre Eintragung in das Handelsregister.[85] Erster Geschäftsvorfall ist die Entstehung der Einlageforderungen.[86] Buchführungspflichtig sind demnach auch die Vor-AG[87] und ihre Vorstandsmitglieder, diese im Augenblick ihrer Bestellung oder der tatsächlichen Aufnahme ihrer Amtsgeschäfte.[88]

b) Ende. Die Buchführungspflicht endet nicht mit der Eröffnung des Liquidationsverfahrens, 19 sondern erst mit der Beendigung der Abwicklung[89] ohne Rücksicht auf die Löschung der AG im Handelsregister.[90] In der Abwicklung der Gesellschaft obliegt die Buchführungspflicht gemäß § 268 Abs. 2 den Liquidatoren,[91] in der Insolvenz ist sie gemäß § 155 Abs. 1 S. 2 InsO vom Insolvenzverwalter zu erfüllen.

5. Aufbewahrungspflicht. Neben der Buchführungspflicht trifft den Vorstand auch eine Aufbe- 20 wahrungspflicht.[92] Er ist gemäß § 238 Abs. 2 HGB verpflichtet, eine mit der Urschrift übereinstim-

---

[78] Vgl. BGH NJW 1995, 2850 (2851); Kölner Komm AktG/*Mertens/Cahn* Rn. 5.
[79] Vgl. *ADS* Rn. 10; *W. Müller* Liber Amicorum Happ, 2006, 179 (193); allgemein *Fleischer* AG 2003, 291 (300).
[80] Vgl. BGH NZG 2018, 343 Rn. 25; *ADS* Rn. 13; Bürgers/Körber/*Bürgers* Rn. 3; *Fleischer* WM 2006, 2021 (2025); MüKoBilR/*Graf* HGB § 238 Rn. 37; K. Schmidt/Lutter/*Krieger/Sailer* Rn. 4; MüKoAktG/*Spindler* Rn. 8; *W. Müller* in Semler/Peltzer/Kubis Vorstands-HdB § 10 Rn. 34; zu modernen Organisationskonzepten, in denen Teile der Buchführung nationaler oder internationaler Konzerngesellschaften, wie etwa die Debitoren-/Kreditorenbuchhaltung oder die Lohnbuchhaltung, in *Shared-Service*-Zentren zusammengeführt werden, HdR/*Weiss/Heiden* Rn. 34 mwN.
[81] Vgl. *ADS* Rn. 13; für ein Fallbeispiel LG Darmstadt ZIP 1986, 1389.
[82] Vgl. Großkomm BilR/*Hüffer* HGB § 238 Rn. 19; BeckBilKomm/*Winkeljohann/Henckel* HGB § 238 Rn. 133.
[83] Vgl. HdR*Weiss/Heiden* Rn. 33; ähnlich *ADS* Rn. 13; allgemein *Fleischer* ZIP 2003, 1 (10); *Henze* BB 2000, 209 (210); *Stein* ZGR 1988, 163 (171).
[84] Vgl. *ADS* Rn. 14; Großkomm AktG/*Kort* Rn. 15; MüKoAktG/*Spindler* Rn. 8; für die GmbH auch Lutter/Hommelhoff/*Kleindiek* GmbHG § 41 Rn. 5; MüKoGmbHG/*Fleischer* GmbHG § 41 Rn. 18; allgemein *Stein* ZGR 1988, 163 (171); *Fleischer* ZIP 2003, 1 (10).
[85] Vgl. *ADS* Rn. 6; MüKoBilR/*Graf* HGB § 238 Rn. 23 f.; K. Schmidt/Lutter/*Krieger/Sailer* Rn. 5; MüKoAktG/*Spindler* Rn. 6; Baumbach/Hopt/*Merkt* HGB § 238 Rn. 16; HdR*Weiss/Heiden* Rn. 22; MHdB AG/*Wiesner* § 25 Rn. 72; BeckBilKomm/*Winkeljohann/Henckel* HGB § 238 Rn. 73.
[86] Vgl. *ADS* Rn. 6; Wachter/*Eckert* Rn. 5; Kölner Komm AktG/*Mertens/Cahn* Rn. 4; MüKoAktG/*Spindler* Rn. 6; HdR*Weiss/Heiden* Rn. 22.
[87] Vgl. *ADS* Rn. 6; K. Schmidt/Lutter/*Krieger/Sailer* Rn. 5; Kölner Komm AktG/*Mertens/Cahn* Rn. 4; Hölters/*Müller-Michaels* Rn. 3; *Priester* BB 2001, 383 (388); für die Vor-GmbH auch Baumbach/Hueck/*Haas* GmbHG § 41 Rn. 7; abw. Roth/Altmeppen/*Altmeppen* GmbHG § 41 Rn. 7: Vorgesellschaft nur nach Maßgabe ihrer kaufmännischen Qualifikation.
[88] Ebenso für die GmbH Lutter/Hommelhoff/*Kleindiek* GmbHG § 41 Rn. 7; MüKoGmbHG/*Fleischer* § 41 Rn. 18.
[89] Vgl. *ADS* Rn. 6; HdR*Weiss/Heiden* Rn. 23; für die GmbH MüKoGmbHG/*Fleischer* § 41 Rn. 20; Rowedder/Schmidt-Leithoff/*Tiedchen* GmbHG § 41 Rn. 43.
[90] Wie hier *ADS* Rn. 6; Baumbach/Hopt/*Merkt* HGB § 238 Rn. 17; HdR/*Weiss/Heiden* Rn. 23; abw. Bürgers/Körber/*Bürgers* Rn. 3; MüKoAktG/*Spindler* Rn. 6; MHdB AG/*Wiesner* § 25 Rn. 72; Lutter/Hommelhoff/*Kleindiek* GmbHG § 41 Rn. 7.
[91] Vgl. *ADS* Rn. 7; Hüffer/Koch/*Koch* § 268 Rn. 5.
[92] Vgl. Bürgers/Körber/*Bürgers* Rn. 4; K. Schmidt/Lutter/*Krieger/Sailer* Rn. 5; MüKoAktG/*Spindler* Rn. 11; NK-AktR/*Oltmanns* Rn. 3; *W. Müller* in Semler/Peltzer/Kubis Vorstands-HdB § 10 Rn. 14; MHdB AG/*Wiesner* § 25 Rn. 71.

mende Wiedergabe der abgesandten Handelsbriefe zurückzubehalten. Zudem muss er nach § 257 Abs. 1 HGB Handelsbücher, Inventare, Eröffnungsbilanzen, Jahresabschlüsse, Lageberichte, Konzernabschlüsse, Konzernlageberichte sowie die zu ihrem Verständnis erforderlichen Organisationsunterlagen aufbewahren (Nr. 1), ferner die empfangenen Handelsbriefe (Nr. 2), Wiedergaben der abgesandten Handelsbriefe (Nr. 3) und Buchungsbelege (Nr. 4).

21 **6. Rechtsfolgen einer Pflichtverletzung. a) Strafrecht.** Strafbestimmungen, die an eine Verletzung der Buchführungspflicht anknüpfen, enthalten die Insolvenzdelikte: Nach § 283 Abs. 1 StGB macht sich strafbar, wer bei Überschuldung oder bei drohender oder eingetretener Zahlungsunfähigkeit Handelsbücher, zu deren Führung er gesetzlich verpflichtet ist, zu führen unterlässt oder so führt oder verändert, dass die Übersicht über seinen Vermögensstand erschwert wird (Nr. 5), Handelsbücher, zu deren Aufbewahrung er verpflichtet ist, vor Ablauf der für Buchführungspflichtige bestehenden Aufbewahrungsfristen beiseite schafft, verheimlicht, zerstört oder beschädigt und dadurch die Übersicht über seinen Vermögensstand erschwert (Nr. 6), entgegen dem Handelsrecht a) Bilanzen so aufstellt, dass die Übersicht über seinen Vermögensstand erschwert wird, oder b) es unterlässt, die Bilanz seines Vermögens oder das Inventar in der vorgeschriebenen Zeit aufzustellen (Nr. 7). § 283b Abs. 1 Nr. 1–3 StGB ergänzt § 283 Abs. 1 Nr. 5–7 StGB für die Fälle, in denen der Täter Buchführungspflichten entweder zu einer Zeit verletzt, zu der sich die Gesellschaft noch nicht in einer wirtschaftlichen Krise befindet, oder in denen der Täter die eingetretene Krise ohne Fahrlässigkeit nicht kennt.[93] Sowohl beim Bankrott (§ 283 StGB) als auch bei der Verletzung der Buchführungspflicht (§ 283b StGB) ist objektive Bedingung der Strafbarkeit, dass die Gesellschaft ihre Zahlungen eingestellt hat oder über ihr Vermögen das Insolvenzverfahren eröffnet oder der Eröffnungsantrag mangels Masse abgewiesen worden ist (§ 283 Abs. 6 BGB, § 283b Abs. 3 StGB). In Ausnahmefällen ist auch fahrlässiges Fehlverhalten strafbar (§ 283 Abs. 2 iVm Abs. 1 Nr. 5 oder 7 StGB, § 283b Abs. 2 iVm Abs. 1 Nr. 1 oder 3 StGB).

22 Darüber hinaus wird nach § 331 HGB bestraft, wer als Vorstandsmitglied die Verhältnisse der Aktiengesellschaft in der Eröffnungsbilanz, im Jahresabschluss, im Lagebericht oder im Zwischenabschluss unrichtig wiedergibt oder verschleiert (Nr. 1) oder die Verhältnisse des Konzerns im Konzernabschluss, im Konzernlagebericht oder im Konzernzwischenabschluss unrichtig wiedergibt oder verschleiert (Nr. 2). Seit dem Transparenzrichtlinie-Umsetzungsgesetz erstreckt sich die Strafbarkeit des § 331 HGB auch auf falsche Versicherungen der Vorstandsmitglieder im Rahmen des sog. Bilanzeides (Nr. 3a).[94] Komplettiert werden die Bilanzdelikte durch den Bußgeldtatbestand des § 334 HGB.

23 **b) Zivilrecht. aa) Innenhaftung.** Vorstandsmitglieder, die ihre Buchführungspflichten schuldhaft verletzen, sind der Gesellschaft nach § 93 Abs. 2 zum Ersatz des daraus entstehenden Schadens verpflichtet.[95] Die Gesellschaft hat hierfür den Eintritt eines Vermögensschadens und die Ursächlichkeit zwischen Vorstandshandeln und Schaden darzustellen und ggf. zu beweisen.[96] Dagegen trägt das Vorstandsmitglied entsprechend § 93 Abs. 2 S. 2 die Beweislast für fehlendes Verschulden und fehlende Pflichtwidrigkeit bei der Wahrnehmung der Buchführungsaufgaben.[97] Das ressortzuständige Vorstandsmitglied muss also zB belegen, dass es sich bei der betreffenden Buchführungsentscheidung auf einen sorgfältig ausgewählten und überwachten Sachbearbeiter verlassen hat und keine Anhaltspunkte für einen Mangel vorlagen.[98] Weil auch das zuständige Vorstandsmitglied die Bücher nicht eigenhändig zu führen braucht (→ Rn. 16 f.), kann aus einem objektiven Buchführungsfehler oder betrügerischen Machenschaften einzelner Angestellter nicht kein pflichtwidriges Verhalten des Vorstandsmitglieds abgeleitet werden.[99] Auch sind die Buchhalter nicht seine Erfüllungsgehilfen iSd § 278 BGB.[100] Die übrigen Vorstandsmitglieder können sich entlasten, wenn sie die Zuständigkeit für das Rechnungswesen einem hinreichend qualifizierten Vorstandsmitglied übertragen haben und

---

[93] Vgl. *Fischer* StGB § 283b Rn. 2.
[94] Dazu *Altenhain* WM 2008, 1141; *Fleischer* ZIP 2007, 97 (102 f.); *Heldt/Ziemons* NZG 2006, 652; monographisch *U. Fleischer*, Die Strafbarkeit der Abgabe eines unrichtigen Bilanzeids gemäß § 331 Nr. 3a HGB, 2014.
[95] Vgl. BGHZ 165, 85 (92) – GmbH; NJW 1974, 148 – GmbH; *ADS* Rn. 16; Bürgers/Körber/*Bürgers/Israel* Rn. 5; *Fleischer* WM 2006, 2021 (2025); v. Godin/Wilhelmi Rn. 3; *Hennrichs* FS Kollhosser, 2004, 201 (209); MüKoAktG/*Spindler* Rn. 12; *W. Müller* Liber Amicorum Happ, 2006, 179 (187); NK-AktR/*Oltmanns* Rn. 5; HdR/*Weiss/Heiden* Rn. 41; MHdB AG/*Wiesner* § 25 Rn. 73.
[96] Vgl. BGH GmbHR 1991, 101; WM 1985, 1293; OLG Stuttgart GmbHR 2000, 1048; *ADS* Rn. 16; HdR/*Weiss/Heiden* Rn. 41.
[97] Vgl. *ADS* Rn. 16; NK-AktR/*Oltmanns* Rn. 5.
[98] Vgl. *ADS* Rn. 16; HdR/*Weiss/Heiden* Rn. 44.
[99] Vgl. Kölner Komm AktG/*Mertens/Cahn* Rn. 9; NK-AktR/*Oltmanns* Rn. 5; HdR/*Weiss/Heiden* Rn. 45.
[100] Vgl. *Fleischer* WM 2006, 2021 (2025); ebenso für die GmbH Roth/Altmeppen/*Altmeppen* GmbHG § 41 Rn. 5.

Fehlentwicklungen in diesem Ressort trotz sorgfältiger und kritischer Begleitung nicht erkennbar waren (→ Rn. 12 f.).[101]

bb) Außenhaftung. (1) Anerkannte Schutzgesetze. Für unrichtige Angaben in der Eröff- **24** nungsbilanz, im Jahresabschluss und im Lagebericht sowie im Konzernabschluss und im Konzernlagebericht haften die verantwortlichen Vorstandsmitglieder nach § 823 Abs. 2 BGB iVm § 331 Nr. 1 und 2 HGB.[102] Der Schutzgesetzcharakter dieser Vorschrift zugunsten aktueller und potentieller Anleger ist allgemein anerkannt;[103] allerdings verlangt sie in subjektiver Hinsicht, dass der Täter die Falschdarstellung tatsächlich für möglich hält und billigend in Kauf nimmt.[104] Weitere Schutzgesetze sind § 334 HGB[105] und § 400 Abs. 1 Nr. 1 AktG,[106] die jedoch gegenüber § 331 HGB zurücktreten.[107] Dagegen begründet die Unterzeichnung des Jahresabschlusses nach § 245 HGB keine zivilrechtliche Haftung der Vorstandsmitglieder: Weder liegt in der Unterzeichnung ein persönliches Schuldanerkenntnis,[108] noch ist § 245 HGB selbst Schutzgesetz iSv § 823 Abs. 2 BGB.[109] Auch der Bilanzeid nach § 264 Abs. 2 S. 3 HGB entfaltet keine haftungsbegründende Wirkung; ausweislich der Gesetzesmaterialien kommt ihm nur eine bewusstseinsschärfende Appell- und Warnfunktion zu.[110] Im Zusammenspiel mit der neu eingeführten Strafvorschrift des § 331 Nr. 3a HGB und § 823 Abs. 2 BGB taugt er aber bei vorsätzlich falschen Versicherungen als Anspruchsgrundlage.[111] Möglich bleibt ferner eine Haftung für fehlerhafte Regelpublizität nach § 826 BGB.[112]

(2) Schutzgesetzcharakter der Buchführungspflicht? (a) Meinungsstand. Nach überkom- **25** mener Rechtsprechung[113] und hL[114] stellen die Buchführungs- und Bilanzierungspflichten keine Schutzgesetze iSd § 823 Abs. 2 BGB dar. Zur Begründung heißt es, die Buchführungspflicht diene in erster Linie der Selbstinformation des Kaufmanns oder habe nur den ungezielten Schutz sämtlicher Gesellschaftsgläubiger im Auge, sei aber mangels hinreichender Spezifizierung nicht geeignet, Schadensersatzansprüche einzelner Gläubiger zu begründen. Allerdings hat der BGH in einer jüngeren Entscheidung offengelassen, ob sich eine Haftung des GmbH-Geschäftsführers auf § 823 Abs. 2 BGB iVm § 41 GmbHG stützen lässt, wenn ein Außenstehender im Vertrauen auf das ihm zugänglich gemachte, in vom Geschäftsführer zu vertretender Weise unzulängliche Buchwerk zu Vermögensdispositionen – insbesondere zur Gewährung eines Kredits an die Gesellschaft – veranlasst wird und gerade deswegen bei der Gesellschaft keine Befriedigung erlangen kann, weil diese entgegen dem buchmäßig dargestellten Bild nicht kreditwürdig war.[115] Im Anschluss an diese Entscheidung hat man verschiedentlich – auch unter Berufung auf unionsrechtliche Argumente[116] – einen Bedeutungs-

---

[101] Vgl. *Fleischer* WM 2006, 2021 (2026); ähnlich *ADS* Rn. 16.
[102] Vgl. LG Bonn AG 2001, 486; *Fleischer* in Fleischer VorstandsR-HdB § 14 Rn. 51; *Hennrichs* FS Kollhosser, 2004, 201 (214).
[103] Vgl. *Baumbach/Hopt/Merkt* HGB § 331 Rn. 1; MüKoHGB/*Quedenfeld* § 331 Rn. 2; Großkomm BilR/*Dannecker* HGB § 331 Rn. 4.
[104] Vgl. Großkomm BilR/*Dannecker* HGB § 331 Rn. 55; zu allfälligen Beweisproblemen auch *Hennrichs* FS Kollhosser, 2004, 201 (214).
[105] Vgl. *Hennrichs* FS Kollhosser, 2004, 201 (214); MüKoHGB/*Quedenfeld* HGB § 334 Rn. 11; Großkomm BilR/*Dannecker* HGB § 331 Rn. 19.
[106] Vgl. BGHZ 149, 10 (20); 160, 134 (140).
[107] Vgl. für § 334 HGB MüKoHGB/*Quedenfeld* § 334 Rn. 53; für § 400 AktG LG Bonn AG 2001, 486 (488).
[108] Vgl. *Fleischer* WM 2006, 2021 (2026); *Hennrichs* FS Kollhosser, 2004, 201 (213); *Weilinger*, Die Aufstellung und Feststellung des Jahresabschlusses, 1997, Rn. 838, 841, 849.
[109] Vgl. *Fleischer* WM 2006, 2021 (2026); *Hennrichs* FS Kollhosser, 2004, 201 (213); *Weilinger*, Die Aufstellung und Feststellung des Jahresabschlusses, 1997, Rn. 838.
[110] Vgl. Begr. DiskE TUG S. 120; näher *Fleischer* ZIP 2007, 97 (103).
[111] Dazu *Fleischer* ZIP 2007, 97 (103).
[112] Vgl. *ADS* Rn. 17; *Fleischer* in Fleischer VorstandsR-HdB § 14 Rn. 51; HdR/*Weiss/Heiden* Rn. 42.
[113] Vgl. RGZ 73, 30 (33 ff.) – GmbH; BGH BB 1964, 1273 – KG; LG Bonn AG 2001, 494 (495 f.) – AG; OLG Düsseldorf AG 2011, 31 (32) – AG; OLG Düsseldorf AG 2011, 706 Rn. 79 – AG; OLG Hamm BeckRS 2014, 6531.
[114] Vgl. *ADS* Rn. 17; Bürgers/Körber/*Bürgers* Rn. 5; *v. Godin/Wilhelmi* Rn. 3; Grigoleit/*Grigoleit/Tomasic* Rn. 4; Großkomm AktG/*Kort* Rn. 187; Hüffer/Koch/*Koch* Rn. 3; MüKoAktG/*Spindler* Rn. 12; NK-AktR/*Oltmanns* Rn. 5; Kölner Komm AktG/*Mertens/Cahn* Rn. 10; HdR/*Weiss/Heiden* Rn. 43; für die GmbH auch Lutter/Hommelhoff/*Kleindiek* GmbHG § 41 Rn. 4; Roth/Altmeppen/*Altmeppen* GmbHG § 41 Rn. 12; Rowedder/Schmidt-Leithoff/*Tiedchen* GmbHG § 41 Rn. 12 f.
[115] Vgl. BGHZ 125, 366 (378).
[116] Vgl. vor allem *Jansen*, Publizitätsverweigerung und Haftung in der GmbH, 1999, 171 ff. und 190 ff.; ihr darin folgend *Schnorr* ZHR 170 (2006), 9 (26 f.).

wandel im Verständnis der Buchführungspflichten ausgemacht.[117] Zahlreiche Stimmen, unter ihnen drei jüngere Habilitationsschriften,[118] ordnen die Buchführungs- und Bilanzierungspflichten seither als deliktsrechtliche Schutzgesetze ein.[119] Andere halten jedenfalls die Strafvorschriften der § 283 Abs. 1 Nr. 5–7 StGB, § 283b StGB über die qualifizierte Verletzung von Buchführungspflichten für Schutzgesetze.[120] Wieder andere befürworten eine Einstandspflicht börsennotierter Aktiengesellschaften analog §§ 97, 98 WpHG (= §§ 37b, 37c WpHG aF) für fehlerhafte oder fehlende Regelpublizität.[121]

26 **(b) Stellungnahme.** Entgegen mancher Stimmen ist der deutsche Gesetzgeber unionsrechtlich nicht verpflichtet, eine Geschäftsleiteraußenhaftung für fehlerhafte Buchführung und Bilanzierung zu begründen.[122] Der Rechtsanwender ist damit auf eine sorgfältige Analyse der *kapitalgesellschaftsrechtlichen* Regelungszusammenhänge zurückgeworfen. Ihnen lässt sich aus verschiedenen Gründen eine *normative Regelungstendenz* zugunsten eines individualschützenden Charakters der Buchführungs- und Bilanzierungsvorschriften entnehmen: *Erstens* trägt eine ordnungsgemäße Buchführung nach dem übereinstimmenden Urteil von Rechtsprechung und Rechtslehre dazu bei, das Insolvenzrisiko der Gesellschaftsgläubiger zu vermindern.[123] *Zweitens* führt eine gänzlich fehlende oder grundlegend unzureichende Buchführung nach gesicherter Rechtserkenntnis zu einer Außenhaftung der verantwortlichen Gesellschafter unter Durchgriffsgesichtspunkten,[124] und es liegt nahe, die Verantwortlichkeit der Geschäftsleiter jedenfalls bei einer Insolvenz der Gesellschaft in ähnlicher Weise zu konzipieren.[125] *Drittens* hat die Spruchpraxis Rechnungslegung und Publizität unter dem Beifall des Schrifttums als notwendiges Korrelat zur Haftungsbeschränkung eingeordnet.[126] *Viertens* setzt der begrüßenswerte Grundgedanke eines Selbstschutzes der anpassungsfähigen[127] Gesellschaftsgläubiger voraus, dass sich diese anhand der Buchführungsunterlagen einen zuverlässigen Eindruck von der Kreditwürdigkeit der Gesellschaft verschaffen können.[128] Das gilt umso mehr, je weiter die traditionellen Instrumente des Gläubigerschutzes zugunsten einer *caveat-creditor*-Philosophie zurückgedrängt werden.[129]

27 Es bleiben allerdings *haftungssystematische* Bedenken, weil die verantwortlichen Vorstandsmitglieder dann schon für leicht fahrlässige Buchführungs- und Bilanzierungsfehler haften müssten.[130] Hierauf sind im Wesentlichen drei Antworten vorstellbar: (1) Man verneint den Schutzgesetzcharakter des § 91 Abs. 1 wegen andernfalls drohender Wertungswidersprüche zu § 23 WPpG, §§ 97, 98 WpHG[131]

---

[117] Vgl. *K. Schmidt* ZIP 1994, 837 (842): „Man gehe wohl nicht fehl in der Annahme, dass die Rechtsprechung, wo es darauf ankommt, die gesetzlichen Buchführungs- und Rechnungslegungspflichten künftig als Schutzgesetze im Sinne von § 823 Abs. 2 BGB einordnen wird."; ähnlich *Groß* ZGR 1998, 551 (555); *Sieger/Hasselbach* GmbHR 1998, 957 (961); wohl auch Scholz/*Crezelius* GmbHG § 41 Rn. 8; zuvor bereits *Stapelfeld,* Die Haftung des GmbH-Geschäftsführers für Fehlverhalten in der Gesellschaftskrise, 1990, 187 ff.; *Stapelfeld* GmbHR 1991, 94 (99).
[118] Vgl. *Fehrenbacher,* Registerpublizität und Haftung im Zivilrecht, 2004, 456 ff.; *Kalss,* Anlegerinteressen, 2001, 327 f.; *Merkt,* Unternehmenspublizität, 2001, 249 ff., 481 f.; abw. aber *Grigoleit,* Gesellschafterhaftung für interne Einflussnahme im Recht der GmbH, 2005, 135 ff.
[119] Vgl. *Biletzki* ZIP 1997, 9 (11); *Biletzki* BB 2000, 521 (524); *Dühn,* Schadensersatzhaftung börsennotierter Aktiengesellschaften für fehlerhafte Kapitalmarktinformation de lege lata und de lege ferenda, 2003, 196 ff. (für § 264 Abs. 2 HGB; abw. S. 200 f. für § 91 Abs. 1); *Groß* ZGR 1998, 551 (555); MüKoAktG/*Luttermann,* 2. Aufl., § 264 HGB Rn. 14; *K. Schmidt* ZIP 1994, 837 (842); *Sieger/Hasselbach* GmbHR 1998, 837 (842).
[120] Vgl. *Canaris* FS Larenz, 1983, 27 (73 f.); *Grigoleit,* Gesellschafterhaftung für interne Einflussnahme im Recht der GmbH, 2005, 141 ff.; *Haas,* Geschäftsführerhaftung und Gläubigerschutz, 1997, 129 ff. (138); Baumbach/Hueck/*Haas* GmbHG § 41 Rn. 22; Rowedder/Schmidt-Leithoff/*Tiedchen* GmbHG § 41 Rn. 16; kritisch, aber letztlich offenlassend OLG Hamm BeckRS 2014, 6531.
[121] Vgl. *Mülbert/Steup* WM 2005, 1633 (1645 ff., 1651 ff.).
[122] Näher *Fleischer* WM 2006, 2021 (2026 f.).
[123] Vgl. BGHZ 125, 366 (378); *Biletzki* BB 2000, 521 (524 f.).
[124] Vgl. BGHZ 125, 366 (378); BGH WM 2006, 573 (575) unter zutreffender Betonung, dass dafür das Fehlen einer doppelten Buchführung gemäß § 41 GmbHG, § 238 HGB nicht genügt, solange sich die Vermögenszuflüsse und -abflüsse sowie die Trennung von Gesellschafts- und Privatvermögen der Gesellschafter noch auf Grund sonstiger vorhandener Unterlagen nachvollziehen lassen.
[125] Ebenso *Haas,* Geschäftsführerhaftung und Gläubigerschutz, 1997, 135 f.
[126] Vgl. BGHZ 142, 315 (322); *Haas,* Gutachten E, 66. DJT 2006, E 107; *Schnorr* ZHR 170 (2006), 9 (24, 29 f.).
[127] Zur grundlegenden Unterscheidung von „adjusting" und „non-adjusting", „voluntary" und „involuntary creditors" *Armour* EBOR 7 (2006), 6 (11); *Fleischer* EBOR 7 (2006), 29 (32); beide mwN.
[128] Vgl. *Biletzki* BB 2000, 521 (525); *Grigoleit,* Gesellschafterhaftung für interne Einflussnahme im Recht der GmbH, 2005, 136 f.; *Stapelfeld* GmbHR 1991, 94 (96).
[129] Eingehend *Ferran* ECFR 2006, 178 mwN.
[130] So die Sorge von *Hennrichs* FS Kollhosser, 2004, 201 (214).
[131] In diese Richtung *Hennrichs* FS Kollhosser, 2004, 201 (214); ähnlich *Grigoleit,* Gesellschafterhaftung für interne Einflussnahme im Recht der GmbH, 2006, 138 f.

und vertröstet die Gläubiger in Ausnahmefällen auf Fahrlässigkeitsansprüche aus § 823 Abs. 2 BGB iVm § 283 Abs. 5 StGB, § 283b Abs. 2 StGB[132] oder aus *culpa in contrahendo*.[133] (2) Man bejaht gleichwohl eine allgemeine Fahrlässigkeitshaftung der Vorstandsmitglieder und vertraut auf die Filterfunktion anderer Tatbestandsmerkmale, etwa auf das Geschäftsleiterermessen bei Buchführungs- und Bilanzierungsentscheidungen.[134] (3) Man entnimmt den § 23 Abs. 1 WPpG, § 97 Abs. 2 WpHG, § 98 Abs. 2 WpHG den Grundgedanken, dass eine buchführungsbezogene Informationshaftung nur bei Vorsatz und grober Fahrlässigkeit eingreift, und bringt ihn auch im Rahmen des § 823 Abs. 2 BGB zur Geltung.[135]

In der Sache erweist sich die dritte Variante als vorzugswürdig, doch lässt sie sich wohl nur *de lege ferenda* verwirklichen. De lege lata strapaziert eine allgemeine Fahrlässigkeitshaftung iSd zweiten Variante die Grenzen der Systemverträglichkeit. Der beruhigende Hinweis auf die haftungsbeschränkende Wirkung des Geschäftsleiterermessens hilft nur begrenzt: Wiewohl die Buchführungs- und Bilanzierungsvorschriften gelegentlich Ermessensspielräume eröffnen,[136] dominieren doch bei weitem die gebundenen Entscheidungen. Größere Selektionskraft verspricht das Kriterium der konkreten Kredit- oder Vertrauensdisposition,[137] das von den Anhängern einer allgemeinen Fahrlässigkeitslösung denn auch in den Vordergrund gerückt wird.[138] Gleichwohl sprechen gute Gründe dafür, eine Fahrlässigkeitshaftung der Vorstandsmitglieder nur unter den engen Voraussetzungen der § 283 Abs. 5 StGB, § 283b Abs. 2 StGB iVm § 823 Abs. 2 BGB zuzulassen.[139] In diesen Fällen ist das Insolvenzverfahren über das Vermögen der Gesellschaft eröffnet oder der Eröffnungsantrag mangels Masse abgewiesen worden, so dass spezifische Funktionsstörungen der Binnenhaftung[140] nach § 93 Abs. 2 zu erwarten sind und eine Organaußenhaftung ausnahmsweise gerechtfertigt erscheint. Zudem passt diese Lösung gut zur Durchgriffshaftung der Gesellschafter wegen Vermögensvermischung.[141] Allerdings fallen in den Schutzbereich der §§ 283, 283b StGB dann nur solche Gläubigerschäden, die durch masseschmälernde Bankrotthandlungen herbeigeführt worden sind.[142]

III. Organisation

1. Allgemeines. Die Verpflichtung des Vorstands, ein Früherkennungs- und Überwachungssystem einzurichten, dient der Insolvenz- und Krisenprophylaxe.[143] Sie ist eine Reaktion des Gesetzgebers auf Unternehmenskrisen und -skandale in den neunziger Jahren.[144] Ausweislich der Regierungsbegründung hebt § 91 Abs. 2 mit seinen organisatorischen Anforderungen Einzelaspekte der allgemeinen Leitungsaufgabe iSd § 76 Abs. 1 hervor.[145] In der Sache handelt es sich um eine „Selbstverständlichkeit",[146] die sich schon zuvor aus der allgemeinen Sorgfaltspflicht des § 93 Abs. 1 herleiten

---

[132] Vgl. *Grigoleit*, Gesellschafterhaftung für interne Einflussnahme im Recht der GmbH, 2005, 142 ff.
[133] Dazu etwa Grigoleit/*Grigoleit/Tomasic* Rn. 4; Roth/Altmeppen/*Altmeppen* GmbHG § 41 Rn. 12; vgl. demgegenüber aber die reservierte Grundhaltung zur Eigenhaftung des Geschäftsführers aus *culpa in contrahendo* in BGHZ 126, 181 (183 ff.).
[134] So *Schnorr* ZHR 170 (2006), 9 (31 ff.).
[135] In diese Richtung *Watter* FS Zobl, 2004, 429 (435 ff.) mit Fn. 30 für das schweizerische Recht, wonach im Rahmen der deliktsrechtlichen Generalklausel des Art. 41 OR „der Umstand, dass der Gesetzgeber bei Art. 152 StGB nur Vorsatz bestrafen wollte, im Rahmen der zivilrechtlichen Betrachtung zumindest insoweit einfließen müsste, als für Fahrlässigkeit ein strenger Maßstab angelegt wird."
[136] Dazu *Hennrichs* FS Kollhosser, 2004, 201 (211 f.); *W. Müller* Liber Amicorum Happ, 2006, 179 (193 f.).
[137] Vgl. BGHZ 125, 366 (378).
[138] Vgl. *Biletzki* ZIP 1997, 9 (11 f.); *Schnorr* ZHR 170 (2006), 9 (33 f.); *Stapelfeld* GmbHR 1991, 94 (98 f.).
[139] Den Schutzgesetzcharakter des § 240 Abs. 1 Nr. 2 KO aF (= § 283 Abs. 1 Nr. 3 StGB) bejahend BGH NJW 1964, 1960 f.; offen lassend für § 283 Abs. 1 Nr. 5–7 StGB, § 283b StGB BGHZ 125, 366 (377) („nicht von vornherein von der Hand zu weisen"); ebenso für § 283 Abs. 1 Nr. 7a und b StGB BGHZ 108, 134 (139 f.).
[140] Zu diesem Kriterium *Fleischer* ZGR 2004, 437 (445).
[141] Vgl. BGHZ 125, 366 (378); 165, 85 (91 f.); ferner die Erwägung in BGH NJW 1985, 740, ob die Durchgriffshaftung in den Fällen der Vermögensvermischung nicht besser durch eine Schutzgesetzhaftung nach § 823 Abs. 2 BGB, § 283b StGB zu lösen wäre.
[142] Vgl. BGH NJW 1964, 1960 f.; *Grigoleit*, Gesellschafterhaftung für interne Einflussnahme im Recht der GmbH, 2005, 143 f.
[143] Vgl. HdR/*Weiss/Heiden* Rn. 62.
[144] Vgl. K. Schmidt/Lutter/*Krieger/Sailer* Rn. 1; Kölner Komm AktG/*Mertens/Cahn* Rn. 13; Hölters/*Müller-Michaels* Rn. 1; MüKoAktG/*Spindler* Rn. 15; *Seibert* FS Bezzenberger, 2000, 427 (428); *Lohse*, Unternehmerisches Ermessen, 2005, 1, 10 ff. mit einer sorgfältigen Dokumentation der wichtigsten Einzelfälle; zu den Besonderheiten kriseninduzierter Reformgesetzgebung *Fleischer* FS Priester, 2007, 75 (80 ff.).
[145] Vgl. BegrRegE KonTraG, BT-Drs. 13/9712, 15.
[146] *Geßler* Rn. 5; *Hillebrand*, Das Früherkennungs- und Überwachungssystem von Kapitalgesellschaften, 2005, 87; *Seibert* FS Bezzenberger, 2000, 427 (437).

ließ.[147] Ziff. 4.1.4 DCGK spricht vergröbernd von der Sorgepflicht des Vorstands für ein angemessenes Risikomanagement und Risikocontrolling[148] und entfernt sich damit ohne Not von der aktienrechtlichen Terminologie.[149] Bei einer börsennotierten Aktiengesellschaft müssen die Abschlussprüfer im Rahmen ihrer Prüfung nach § 317 Abs. 4 HGB beurteilen, ob der Vorstand die ihm nach § 91 Abs. 2 obliegenden Maßnahmen in einer geeigneten Form getroffen hat und ob das danach einzurichtende Überwachungssystem seine Aufgaben erfüllen kann.[150]

30   **2. Inhalt der Organisationspflicht.** § 91 Abs. 2 verknüpft eine Zielvorgabe (Früherkennung bestandsgefährdender Entwicklungen) mit organisatorischen Grundanforderungen (Einrichtung eines Überwachungssystems). Der unscharfe Gesetzeswortlaut hat zu Auslegungszweifeln hinsichtlich des genauen Inhalts der Organisationspflicht geführt (→ Rn. 34 f.).

31   **a) Früherkennung bestandsgefährdender Entwicklungen.** Die Maßnahmen interner Überwachung sollen so eingerichtet sein, dass bestandsgefährdende *Entwicklungen* frühzeitig erkannt werden. Damit zielt der Gesetzgeber nicht darauf ab, statische Risikozustände zu identifizieren, sondern bereits angelaufene Negativveränderungen und -prozesse beizeiten zu erkennen.[151] Ausweislich der Gesetzesbegründung gehören dazu insbesondere risikobehaftete Geschäfte, etwa im Derivatehandel,[152] Unrichtigkeiten der Rechnungslegung und Verstöße gegen gesetzliche Vorschriften.[153] Von solchen Negativentwicklungen sind spontane Geschehnisse, zB der Absturz eines Flugzeugs auf die Fabrik, abzugrenzen.[154]

32   Erkannt werden müssen nur *bestandsgefährdende* Entwicklungen. Eine solche Bestandsgefährdung liegt vor, wenn sich nachteilige Veränderungen auf die Vermögens-, Finanz- und Ertragslage der Gesellschaft wesentlich auswirken können.[155] Es muss sich also um Risiken handeln, die das Insolvenzrisiko der Gesellschaft erheblich steigern oder hervorrufen.[156] Eine bloße dauerhafte Gefährdung der Unternehmensrentabilität genügt nicht.[157] Gesetzliche Zielsetzung ist die *frühzeitige* Erkennung bestandsgefährdender Entwicklungen, also ihre Namhaftmachung zu einem Zeitpunkt, in dem noch geeignete Maßnahmen zur Sicherung des Fortbestands der Gesellschaft getroffen werden können.[158]

33   **b) Geeignete Maßnahmen.** Der Vorstand muss gemäß § 91 Abs. 2 geeignete Maßnahmen treffen. Eine Maßnahme eignet sich zur Früherkennung, wenn nach der Erfahrung erwartet werden darf, dass der Vorstand die erforderlichen Informationen erhält.[159] Bei der Einschätzung der Eignung

---

[147] Vgl. *ADS* Rn. 1; *Hillebrand*, Das Früherkennungs- und Überwachungssystem von Kapitalgesellschaften, 2005, 81 f.; Kölner Komm AktG/*Mertens/Cahn* Rn. 10; MüKoAktG/*Spindler* Rn. 3; *Seibert* FS Bezzenberger, 2000, 427 (437).
[148] Näher KBLW/*Bachmann* Rn. 851 ff.; *Preußner* NZG 2004, 303 ff.
[149] Vgl. *Preußner* NZG 2004, 303 (304); kritisch auch KBLW/*Bachmann* Rn. 851.
[150] Näher Baumbach/Hopt/*Merkt* HGB § 317 Rn. 9 f.
[151] Vgl. *J. Hüffer* FS Imhoff, 1998, 91 (98 f.); Großkomm AktG/*Kort* Rn. 30; K. Schmidt/Lutter/*Krieger/ Sailer* Rn. 8; MüKoAktG/*Spindler* Rn. 20; *Seibert* FS Bezzenberger, 2000, 427 (437); HdR/*Weiss/Heiden* Rn. 93; *Zimmer/Sonneborn* in Lange/Wall, Risikomanagement nach dem KonTraG, 2001, § 1 Rn. 179; abw. NK-AktR/ *Oltmanns* Rn. 7; kritisch *Hillebrand*, Das Früherkennungs- und Überwachungssystem von Kapitalgesellschaften, 2005, 17 f., der auf den unauflösbaren Zusammenhang von Risiken und Chancen verweist und auch die Identifizierung von Chancen durch ein Frühwarnsystem fordert.
[152] Vgl. Hüffer/Koch/*Koch* Rn. 6; K. Schmidt/Lutter/*Krieger/Sailer* Rn. 9; MüKoAktG/*Spindler* Rn. 20; *v. Westphalen*, Derivategeschäfte, Risikomanagement und Aufsichtsratshaftung, 2000, 62 ff.
[153] Vgl. BegrRegE KonTraG, BT-Drs. 13/9712, 15.
[154] Vgl. *Seibert* FS Bezzenberger, 2000, 427 (437).
[155] Vgl. *Arnold* in Marsch-Barner/Schäfer Börsennotierte AG-HdB Rn. 18.16; Bürgers/Körber/*Bürgers* Rn. 9; Großkomm AktG/*Kort* Rn. 35; K. Schmidt/Lutter/*Krieger/Sailer* Rn. 9; MüKoAktG/*Spindler* Rn. 21.
[156] Vgl. *Arnold* in Marsch-Barner/Schäfer Börsennotierte AG-HdB Rn. 18.16; Bürgers/Körber/*Bürgers* Rn. 9; *Lachnit/Müller* FS Strobel, 2001, 363 (367); Kölner Komm AktG/*Mertens/Cahn* Rn. 23; Hölters/*Müller-Michaels* Rn. 6; noch enger *Seibert* FS Bezzenberger, 2000, 427, (437); weiter hingegen K. Schmidt/Lutter/*Krieger/Sailer* Rn. 9; auf eine Relevanz nach § 264 Abs. 2 HGB abstellend Hüffer/Koch/*Koch* Rn. 6; Aufgabe dieses Kriteriums nunmehr bei MüKoAktG/*Spindler* Rn. 21 ff. unter Hinweis auf europarechtliche Vorgaben, anders noch MüKo-AktG/*Spindler*, 3. Aufl. 2008, Rn. 21.
[157] Vgl. *Arnold* in Marsch-Barner/Schäfer Börsennotierte AG-HdB Rn. 19.19; Großkomm AktG/*Kort* Rn. 37; Kölner Komm AktG/*Mertens/Cahn* Rn. 23; MüKoAktG/*Spindler* 3. Aufl. Rn. 21; abw. *Hillebrand*, Das Früherkennungs- und Überwachungssystem von Kapitalgesellschaften, 2005, 20; HdR/*Weiss/Heiden* Rn. 93; *Zimmer/Sonneborn* in Lange/Wall, Risikomanagement nach dem KonTraG, 2001, § 1 Rn. 182.
[158] Vgl. Bürgers/Körber/*Bürgers* Rn. 9; Wachter/*Eckert* Rn. 10; Hüffer/Koch/*Koch* Rn. 7; K. Schmidt/Lutter/ *Krieger/Sailer* Rn. 11; Kölner Komm AktG/*Mertens/Cahn* Rn. 24; MüKoAktG/*Spindler* Rn. 27.
[159] Vgl. *Arnold* in Marsch-Barner/Schäfer Börsennotierte AG-HdB Rn. 19.19; Wachter/*Eckert* Rn. 11; K. Schmidt/Lutter/*Krieger/Sailer* Rn. 12.

einer Maßnahme steht dem Vorstand ein Ermessensspielraum zu.[160] Dabei sind unter anderem die Lage und Größe des Unternehmens, das Risikopotential der bearbeiteten Märkte sowie die Art des Kapitalmarktzugangs zu berücksichtigen.[161]

c) Einrichtung eines Überwachungssystems. Zu den Maßnahmen, die der Vorstand nach 34 § 91 Abs. 2 treffen muss, gehört „insbesondere" die Einrichtung eines Überwachungssystems. Umfang und Reichweite dieses Überwachungssystems sind Gegenstand anhaltender Auseinandersetzungen.[162] Nach verschiedentlich vertretener Auffassung ist damit ein umfassendes betriebswirtschaftliches Risikomanagement gemeint;[163] die herrschende Gegenansicht verlangt nur ein Früherkennungs- und Überwachungssystem[164] und klammert Maßnahmen der Risikobewältigung aus,[165] die sich allein nach §§ 76, 93 richten.[166] Die hM ist vorzugswürdig. Für sie sprechen zum einen der in den Gesetzesmaterialien zum Ausdruck kommende Wille des Reformgesetzgebers,[167] zum anderen die allgemeine Einsicht, dass zwischen dem betriebswirtschaftlich erstrebenswerten und dem juristisch erforderlichen Maß an Organisationssorgfalt nur teilweise Übereinstimmung besteht.[168]

In jüngerer Zeit ist der Streit um die Reichweite des Risikofrüherkennungssystems durch das 35 BilMoG[169] neu entfacht worden. Ausgangspunkt ist zum einen § 289 Abs. 5 HGB, wonach kapitalmarktorientierte Aktiengesellschaften im Lagebericht die wesentlichen Merkmale des „internen Kontroll- und des Risikomanagementsystems" im Hinblick auf den Rechnungslegungsprozess beschreiben müssen, zum anderen § 107 Abs. 3 S. 2, wonach sich der Prüfungsausschuss unter anderem mit der Überwachung des „Risikomanagementsystems" befasst. Aus diesen Vorschriften und ihrer unionsrechtlichen Grundlage in der Abschlussprüferrichtlinie[170] bzw der konsolidierten Rechnungslegungsrichtlinie[171] leiten verschiedene Literaturstimmen eine mittelbare Verpflichtung zur Einführung eines umfassenden Risikomanagementsystems für alle Aktiengesellschaften her.[172] Dem ist nicht zu folgen:[173] In den Gesetzesmaterialien zu § 289 HGB hat der Reformgesetzgeber eine Verpflichtung zum Ausbau eingerichteter Risikofrüherkennungssysteme zu Risikomanagementsystemen ausdrücklich abgelehnt.[174] Gleiches gilt für die Regierungsbegründung zu § 107 Abs. 3 S. 2, nach der die Entscheidung über das „Ob" und „Wie" eines umfassenden internen Risikomanagementsystems weiterhin dem Vorstand vorbehalten bleibt.[175] Beides steht im Einklang mit den unionsrechtlichen Vorgaben: Art. 20a Abs. 1 S. 2 lit. c der konsolidierten Rechnungslegungsrichtlinie zielt nicht auf eine Veränderung des Organisationsrechts ab, und Art. 39 Abs. 6 lit. c der konsolidierten Abschlussprüferrichtlinie setzt, wie das Wort „gegebenenfalls" zum Ausdruck bringt, keine Pflicht zur Einrichtung eines Risikomanagementsystems voraus. Insgesamt besteht daher kein Anlass, von

---

[160] Vgl. OLG Frankfurt a. M. AG 2008, 453 (455); Bürgers/Körber/*Bürgers* Rn. 10; Hüffer/Koch/*Koch* Rn. 7; K. Schmidt/Lutter/*Krieger*/*Sailer* Rn. 12; Kölner Komm AktG/*Mertens*/*Cahn* Rn. 25; MüKoAktG/*Spindler* Rn. 28.

[161] Vgl. BegrRegE KonTraG, BT-Drs. 13/9712, 11, 15; Bürgers/Körber/*Bürgers* Rn. 10; K. Schmidt/Lutter/ *Krieger*/*Sailer* Rn. 12; Kölner Komm AktG/*Mertens*/*Cahn* Rn. 25; *Spindler* in Fleischer VorstandsR-HdB § 19 Rn. 12.

[162] Eingehend *Hillebrand*, Das Früherkennungs- und Überwachungssystem von Kapitalgesellschaften, 2005, 129 ff.; *Lohse*, Unternehmerisches Ermessen, 2005, 428 f.

[163] Vgl. *Berg* AG 2007, 271; *Lück* DB 1998, 8 f.; *Lück* DB 1998, 1925; NK-AktR/*Oltmanns* Rn. 6; *Säcker* NJW 2008, 3313 (3315); *Strieder* BB 2009, 1002 (1004); in diese Richtung auch LG München I NZG 2008, 319; dazu *Theusinger*/*Liese* NZG 2008, 289.

[164] Vgl. OLG Celle AG 2008, 711 (712); ADS Rn. 6 f.; *Arnold* in Marsch-Barner/Schäfer Börsennotierte AG-HdB Rn. 19.19; *Berenbrok*, Risikomanagement im Aktienrecht, 2016, 147 ff.; Bürgers/Körber/*Bürgers* Rn. 11 f.; *Bunting* ZIP 2012, 357 (358); *Hoffmann-Becking* ZGR 1998, 497 (513); Hüffer/Koch/*Koch* Rn. 8 f.; Großkomm AktG/*Kort* Rn. 55; K. Schmidt/Lutter/*Krieger*/*Sailer* Rn. 14; Kölner Komm AktG/*Mertens*/*Cahn* Rn. 20; *Pahlke* NJW 2002, 1680 (1681 ff.).

[165] Vgl. ADS Rn. 6 f.; *Bitz* BFuP 52 (2000), 231 (234); *Emmerich* zfbf 51 (1999), 1075 (1078 f.).

[166] Vgl. Grigoleit/*Grigoleit*/*Tomasic* Rn. 9; K. Schmidt/Lutter/*Krieger*/*Sailer* Rn. 12; Hölters/*Müller-Michaels* Rn. 6; MüKoAktG/*Spindler* Rn. 28 („wobei § 91 Abs. 2 die Sorgfaltspflicht aus § 93 präzisiert").

[167] Vgl. die eingehende Darstellung bei *Seibert* FS Bezzenberger, 2000, 427 (437 f.).

[168] Vgl. *Fleischer* in Fleischer VorstandsR-HdB § 7 Rn. 36.

[169] Gesetz zur Modernisierung des Bilanzrechts, BGBl. 2009 I 1102.

[170] RL 2006/43/EG v. 17.5.2006; zuletzt geändert durch RL 2014/56/EU v. 27.5.2014.

[171] RL 2013/34/EU v. 26.6.2013.

[172] Vgl. MüKoAktG/*Spindler* Rn. 22 ff.; *Spindler* WM 2008, 905 (906); *Spindler* FS Hüffer, 2010, 985 (988 ff.); andeutungsweise auch *Lösler* WM 2008, 1098 (1099); für kapitalmarktorientierte Aktiengesellschaften ferner *Hommelhoff*/*Mattheus* BB 2007, 2787 (2788).

[173] Ablehnend auch *Dreher* FS Hüffer, 2010, 161 (164 ff.); Großkomm AktG/*Kort* Rn. 77; Grigoleit/*Grigoleit*/ *Tomasic* Rn. 8; Kölner Komm AktG/*Mertens*/*Cahn* Rn. 20.

[174] Vgl. BegrRegE BilMoG, BT-Drs. 16/10 067, 76.

[175] Vgl. BegrRegE BilMoG, BT-Drs. 16/10 067, 102.

der hier befürworteten restriktiven Auslegung des § 91 Abs. 2 abzuweichen, die überdies dem Grundsatz der Organisationsfreiheit angemessen Rechnung trägt.[176]

36 Im Einzelnen lässt sich mit der hM aus § 91 Abs. 2 das Erfordernis eines zweistufigen Systems ableiten: Danach hat der Vorstand auf einer ersten Stufe durch geeignete Maßnahmen für die Früherkennung bestandsgefährdender Risiken zu sorgen und auf einer zweiten Stufe die betreffenden Maßnahmen zu überwachen.[177] Die konkrete Ausgestaltung des Früherkennungs- und Überwachungssystems hängt von Größe, Branche, Struktur und weiteren Kontextfaktoren des Unternehmens ab.[178] Es gibt keine Rechtspflicht, ein ganz bestimmtes betriebswirtschaftliches Modell oder Risikomanagementsystem auszuwählen.[179] Vielmehr verbleibt dem Vorstand bei der Einrichtung und Ausgestaltung eines Früherkennungs- und Überwachungssystems ein Ermessensspielraum.[180] Allerdings liegt es ab einer gewissen Unternehmensgröße nahe, zentrale Controlling- und Innenrevisionsstellen einzurichten.[181] Darüber hinaus wird man verlangen müssen, dass die Überwachungszuständigkeiten klar festgelegt und detaillierte Berichts- und Dokumentationspflichten vorgegeben werden.[182] Schließlich ist zur Risikofrüherkennung erforderlich, dass ein Risikobewusstsein geschaffen und Risikofelder festgelegt werden, die zu bestandsgefährdenden Entwicklungen führen können, und dass eine Risikobewertung und Risikokommunikation stattfinden.[183]

37 **3. Wahrnehmung der Organisationspflicht.** Die Bestandssicherungspflicht trifft den Vorstand als Teil seiner allgemeinen Leitungsaufgabe.[184] Sie ist von allen Vorstandsmitgliedern gesamtverantwortlich wahrzunehmen.[185] Diese Gesamtverantwortung schließt ein arbeitsteiliges Zusammenwirken nicht aus; den nicht ressortzuständigen Vorstandsmitgliedern obliegen dann nach allgemeinen Grundsätzen (→ § 77 Rn. 49 ff.) entsprechende Auswahl- und Überwachungspflichten.[186]

38 **4. Anwendungsbereich der Organisationspflicht. a) Aktiengesellschaft.** § 91 Abs. 2 gilt gleichermaßen für börsennotierte und nicht börsennotierte Aktiengesellschaften unabhängig von Branche oder Größe.[187] Das hat rechtspolitische Kritik hervorgerufen,[188] zumal sich die Prüfungspflicht des § 317 Abs. 4 HGB (→ Rn. 29) allein auf börsennotierte Gesellschaften erstreckt. De lege lata bleibt freilich kein Raum für eine Korrektur des Anwendungsbereichs.

---

[176] Ebenso *Dreher* FS Hüffer, 2010, 161 (162); *Kort* ZGR 2010, 440 (451 ff.); von den Vertretern der Gegenansicht konzediert *Spindler* FS Hüffer, 2010, 984 (994), dass die Unternehmen auch unter den veränderten europarechtlichen Vorgaben kein bestimmtes betriebswirtschaftliches Modell befolgen müssen.
[177] Vgl. VG Frankfurt a. M. WM 2004, 2157 (2160 f.); LG Berlin AG 2002, 682 (683); *Arnold* in Marsch-Barner/Schäfer Börsennotierte AG-HdB Rn. 18.16; *Berenbrok*, Risikomanagement im Aktienrecht, 2016, 148 ff.; *Drygala/Drygala* ZIP 2000, 297 (299); *Hillebrand*, Das Früherkennungs- und Überwachungssystem von Kapitalgesellschaften, 2005, 130; Hüffer/Koch/*Koch* Rn. 6 und 8; K. Schmidt/Lutter/*Krieger/Sailer* Rn. 13; *Preußner/Becker* NZG 2002, 846.
[178] Vgl. BegrRegE KonTraG, BT-Drs. 13/9712, 15; *ADS* Rn. 8; *Bihr/Kalinowsky* DStR 2008, 620; Bürgers/Körber/*Bürgers* Rn. 10; MüKoAktG/*Spindler* Rn. 28, 51; Hüffer/Koch/*Koch* Rn. 7; *Huth* BB 2007, 2167, der als Gerüst ein System von Grundsätzen ordnungsgemäßer Risikoüberwachung vorschlägt.
[179] Vgl. Bürgers/Körber/*Bürgers* Rn. 12; MüKoAktG/*Spindler* Rn. 31.
[180] Vgl. *ADS* Rn. 6; *Fleischer* AG 2003, 291 (298); *Hillebrand*, Das Früherkennungs- und Überwachungssystem von Kapitalgesellschaften, 2005, 136 ff.; *Huth* BB 2007, 2167; K. Schmidt/Lutter/*Krieger/Sailer* Rn. 14; Hölters/*Müller-Michaels* Rn. 10.
[181] Vgl. Bürgers/Körber/*Bürgers* Rn. 11; *Hillebrand*, Das Früherkennungs- und Überwachungssystem von Kapitalgesellschaften, 2005, 130; K. Schmidt/Lutter/*Krieger/Sailer* Rn. 13; MüKoAktG/*Spindler* Rn. 51; *Zimmer/Sonneborn* in Lange/Wall, Risikomanagement nach dem KonTraG, 2001, § 1 Rn. 187; für die zwingende Einrichtung von Innenrevision und Controlling *Arnold* in Marsch-Barner/Schäfer Börsennotierte AG-HdB § 19 Rn. 19; Hüffer/Koch/*Koch* Rn. 10.
[182] Ähnlich LG München I NZG 2008, 319; Bürgers/Körber/*Bürgers* Rn. 11; *Grigoleit/Grigoleit/Tomasic* Rn. 7; Hüffer/Koch/*Koch* Rn. 8; K. Schmidt/Lutter/*Krieger/Sailer* Rn. 13; Hölters/*Müller-Michaels* Rn. 9; *Seibert* FS Bezzenberger, 2000, 427 (438); *ADS* Rn. 25 („risk reporting").
[183] Näher *ADS* Rn. 12 f.; ähnlich Kölner Komm AktG/*Mertens/Cahn* Rn. 20; HdR/*Weiss/Heiden* Rn. 102 ff.
[184] Vgl. BegrRegE KonTraG, BT-Drs. 13/9712, 15; *ADS* Rn. 1; Bürgers/Körber/*Bürgers* Rn. 1; Hüffer/Koch/*Koch* Rn. 1; NK-AktR/*Oltmanns* Rn. 1; HdR/*Weiss/Heiden* Rn. 62.
[185] Vgl. BegrRegE KonTraG, BT-Drs. 13/9712, 15; LG Berlin AG 2002, 682 (684); Hüffer/Koch/*Koch* Rn. 4; K. Schmidt/Lutter/*Krieger/Sailer* Rn. 6; *Preußner/Zimmermann* AG 2002, 657 (661); *Seibert* FS Bezzenberger, 2000, 427 (436); HdR/*Weiss/Heiden* Rn. 62.
[186] Vgl. LG Berlin AG 2002, 682 (684); *Arnold* in Marsch-Barner/Schäfer Börsennotierte AG-HdB Rn. 19.19; Kölner Komm AktG/*Mertens/Cahn* Rn. 15; MüKoAktG/*Spindler* Rn. 2, 32; *Preußner/Zimmermann* AG 2002, 657 (661); HdR/*Weiss/Heiden* Rn. 98.
[187] Vgl. HdR/*Weiss/Heiden* Rn. 73.
[188] Vgl. Hüffer/Koch/*Koch* Rn. 5; *Merkt* AG 2003, 126 (131); fragend auch *Fleischer* ZIP 2006, 451 (458); *Marsch-Barner* in Marsch-Barner/Schäfer Börsennotierte AG-HdB Rn. 1.9.

b) Kommanditgesellschaft auf Aktien. Auf die Komplementäre einer KGaA findet § 91 **39**
Abs. 2 ebenfalls Anwendung.[189] Zwar enthält der Katalog des § 283 keine ausdrückliche Verweisung, doch beruht dies wohl auf einem Redaktionsversehen.[190] Zudem schließt die in § 283 Nr. 3 genannte Sorgfaltspflicht des Vorstands die spezielle Organisationspflicht des § 91 Abs. 2 mit ein (→ Rn. 29).

c) GmbH? Inwieweit § 91 Abs. 2 auf die Geschäftsführung der GmbH übertragbar ist, wird **40** unterschiedlich beurteilt. Die Gesetzesmaterialien sprechen wolkig von einer „Ausstrahlungswirkung" auf den Pflichtenrahmen der Geschäftsführer anderer Gesellschaftsformen.[191] Im Schrifttum leitet man die Pflicht zur Einrichtung eines Risikokontrollsystems zum Teil aus der allgemeinen Sorgfaltspflicht ab,[192] zum Teil beschränkt man sie auf große Gesellschaften iSd § 267 Abs. 3 HGB[193] oder auf kapitalmarktorientierte Gesellschaften,[194] gelegentlich befürwortet man auch eine Analogie zu § 91 Abs. 2 für jede GmbH.[195] Richtigerweise lässt sich eine solche Analogie weder methodisch noch sachlich begründen.[196] Auch der Gedanke einer „Systemverantwortung" ist als generelle Vorgabe für alle GmbHs überzogen: In kleinen, gut überschaubaren Unternehmen mit geringer Risikoexposition bedarf es keines institutionalisierten Risikofrüherkennungssystems, wohl aber eines Minimums an Beobachtungspflichten zur Krisenfrüherkennung und rechtzeitigen Anpassung an veränderte wirtschaftliche Rahmenbedingungen.[197] Die Intensität dieser Pflichten variiert je nach Risikoprofil des Unternehmens, seiner Größe und Komplexität sowie seiner finanziellen Lage. Ihre dogmatische Grundlage findet sie in der allgemeinen Sorgfalts- und Organisationspflicht des § 43 Abs. 1 GmbHG.[198]

d) Konzerndimensionale Geltung. Reichweite und Grenzen der Risikofrüherkennung im **41** Konzern sind noch wenig gesichert.[199] Ausweislich der Gesetzesbegründung sollen auch bestandsgefährdende Risikopotentiale erfasst werden, die sich auf die Vermögens-, Finanz- und Ertragslage „des Konzerns" wesentlich auswirken.[200] In die gleiche Richtung weist Ziff. 4.1.4 DCGK, der den Vorstand zu einem angemessenen Risikomanagement „im Unternehmen" anhält und damit ausweislich der Präambel den Konzern meint.[201] Daran anknüpfend bejahen verschiedene Stimmen eine Pflicht des Vorstands der Obergesellschaft, ein konzernweites Früherkennungssystem einzuführen;[202] andere verweisen demgegenüber auf fehlende gesellschaftsrechtliche Einwirkungsmöglichkeiten der Obergesellschaft.[203] Richtigerweise wird man den Vorstand der Obergesellschaft jedenfalls für verpflichtet halten, eine konzerndimensionale Risikoerfassung und -auswertung einzurichten,[204] die er im Vertragskonzern vermittels seines Weisungsrechts auch durchzusetzen vermag. Im faktischen Aktienkonzern sind seinen gesellschaftsrechtlichen Einflussmöglichkeiten freilich Grenzen gezogen.

---

[189] Vgl. *ADS* Rn. 2; *Hillebrand*, Das Früherkennungs- und Überwachungssystem von Kapitalgesellschaften, 2005, 88 f.; anders Kölner Komm AktG/*Mertens/Cahn* Rn. 16.

[190] Vgl. *ADS* Rn. 2; *Hillebrand*, Das Früherkennungs- und Überwachungssystem von Kapitalgesellschaften, 2005, 89.

[191] Vgl. Begr. RegE KonTraG, BT-Drs. 13/9712, 15; dazu etwa *Drygala/Drygala* ZIP 2000, 297 (300); *Fleischer* GmbHR 2008, 673 (678); *Hillebrand*, Das Früherkennungs- und Überwachungssystem von Kapitalgesellschaften, 2005, 93 ff.; allgemein zu dieser Rechtsfigur *Canaris*, Grundrechte und Privatrecht, 1999, 30; *Wiedemann* ZGR 1999, 857 (865).

[192] Vgl. *Bork* ZIP 2011, 101 (105); Lutter/Hommelhoff/*Kleindiek* GmbHG § 43 Rn. 31; ablehnend Kölner Komm AktG/*Mertens/Cahn* Rn. 17.

[193] Vgl. *Drygala/Drygala* ZIP 2000, 297 (300).

[194] Vgl. *Hommelhoff* FS Sandrock, 2000, 373 (376 ff.); HdR/*Weiss/Heiden* Rn. 85.

[195] Vgl. Baumbach/Hueck/*Zöllner/Noack* GmbHG § 35 Rn. 33.

[196] Vgl. MüKoGmbHG/*Fleischer* § 43 Rn. 61; ferner *Bork* ZIP 2011, 101 (105).

[197] Vgl. MüKoGmbHG/*Fleischer* § 43 Rn. 61.

[198] Vgl. MüKoGmbHG/*Fleischer* § 43 Rn. 61; ähnlich *Merkt* ZIP 2014, 1705 (1713).

[199] Vgl. zuletzt LG Stuttgart Urt. 19.12.2017 – 31 O 33/16 KfH, BeckRS 2017, 144834 (bei juris Rn. 252 ff.).

[200] Vgl. BegrRegE KonTraG, BT-Drs. 13/9712, 15.

[201] Vgl. KBLW/*Bachmann* Rn. 877.

[202] Vgl. *ADS* Rn. 33; *Berenbrok*, Risikomanagement im Aktienrecht, 2016, 289 ff.; *Brebeck/Herrmann* WPg 1997, 381 (386); *Hommelhoff/Mattheus* BFuP 2000, 217 (218); *Kleindiek* in Hommelhoff/Hopt/v. Werder Corporate Governance-HdB S. 787 (797 ff.); *Hölters/Müller-Michaels* Rn. 8; *Preußner/Becker* NZG 2002, 846 (847); *Schneider/Schneider* AG 2005, 57 (58); HdR/*Weiss/Heiden* Rn. 123 ff.

[203] Vgl. *Spindler* in Fleischer VorstandsR-HdB § 19 Rn. 62; im Ergebnis auch Bürgers/Körber/*Bürgers* Rn. 8; Hüffer/Koch/*Koch* Rn. 6; Kölner Komm AktG/*Mertens/Cahn* Rn. 18; MüKoAktG/*Spindler* Rn. 74; zurückhaltend auch Großkomm AktG/*Kort* Rn. 40 ff.

[204] Vgl. LG Stuttgart Urt. 19.12.2017 – 31 O 33/16 KfH, BeckRS 2017, 144834 (bei juris Rn. 253); *Fleischer* DB 2005, 759 (764); *Löbbe*, Unternehmenskontrolle im Konzern, 2003, 218; aA K. Schmidt/Lutter/*Krieger/Sailer* Rn. 10.

Möglich bleiben aber eigene Maßnahmen der Obergesellschaft zur Identifizierung der aus den Tochtergesellschaften entstehenden Risiken.[205]

42 **5. Bereichsspezifische Organisationspflichten.** Im Wirtschaftsaufsichtsrecht finden sich an verstreuter Stelle Vorschriften, die spezifische Anforderungen an ein Risikomanagementsystem enthalten. Paradigmatische Bedeutung haben § 25a KWG und § 64a VAG, die ein Organisationssonderrecht für Finanzdienstleistungsinstitute und Versicherungsunternehmen schaffen.[206] Weitere Organisationspflichten enthalten §§ 31 ff. WpHG sowie § 1 Abs. 3 BörsG. Diese Regelungen sind zuvörderst aus ihrer eigenen aufsichtsrechtlichen Zwecksetzung heraus zu verstehen.[207] Sie belegen aber zugleich, dass Bestimmungen des Wirtschaftsaufsichtsrechts das Gesellschaftsrecht in ausgewählten Bereichen überholt haben und ihrerseits auf die aktienrechtliche Legalverfassung zurückwirken.[208] Man kann insoweit von einer aufsichtsrechtlichen „Schrittmacherrolle"[209] sprechen.

43 Im konkreten Zugriff ist allerdings Vorsicht geboten. Entgegen einer neueren Ansicht in Spruchpraxis und Schrifttum, die für eine „einheitliche Auslegung und Anwendung" von § 25a Abs. 1 KWG, § 64a Abs. 1 VAG und § 91 Abs. 2 eintritt und von einer „Gesamtintention des Gesetzgebers" spricht,[210] lassen sich die aufsichtsrechtlichen Vorschriften nicht maßstabsgetreu auf alle Aktiengesellschaften übertragen.[211] Sie schreiben zT auf Grund branchenspezifischer Risiken und Schutzbedürfnisse höhere Organisationsanforderungen vor, die für die Auslegung des § 91 Abs. 2 nur mit erheblichen Abstrichen herangezogen werden können.[212]

44 **6. Offenlegung.** Aktiengesellschaften müssen nach § 289 Abs. 5 HGB die wesentlichen Merkmale des internen Kontroll- und Risikomanagementsystems im Hinblick auf den Rechnungslegungsprozess im Lagebericht beschreiben. Nach § 315 Abs. 2 Nr. 5 HGB soll ein solcher konzernweiter Bericht auch in den Konzernlagebericht aufgenommen werden. Darzustellen sind lediglich organisatorische Strukturen und Prozesse, hingegen wird eine Beurteilung der Wirksamkeit nicht gefordert.[213] Das Früherkennungs- und Überwachungssystem nach § 91 Abs. 2 ist jeweils als Bestandteil des Risikomanagementsystems in den Bericht einzuschließen.[214] Jedoch konstituieren auch diese neuen Berichtspflichten, wie bereits erwähnt (→ Rn. 35), keine Pflicht zur Einführung eines Risikomanagementsystems.[215]

45 **7. Rechtsfolgen einer Pflichtverletzung. a) Strafrecht.** Vorstandsmitglieder, die ihre Pflicht aus § 91 Abs. 2 vorsätzlich verletzen und dadurch das Vermögen der Gesellschaft schädigen, können sich uU der Untreue gemäß § 266 StGB schuldig machen.[216]

---

[205] Vgl. LG Stuttgart 19.12.2017 – 31 O 33/16 KfH, BeckRS 2017, 144834 (bei juris Rn. 253); *Fleischer* DB 2005, 759 (764); *Sethe* ZBB 2012, 357 (360); *Wirtz* WuW 2001, 342 (356).
[206] Eingehend Kölner Komm AktG/*Mertens/Cahn* Rn. 30 ff.; MüKoAktG/*Spindler* Rn. 38 ff.; *Spindler* in Fleischer VorstandsR-HdB § 19 Rn. 19 ff.; monographisch *Lütgerath*, Die Vorgaben zur ordnungsgemäßen Geschäftsorganisation im Bankaufsichtsrecht, 2016.
[207] Vgl. *Fleischer* ZIP 2003, 1 (10); *Schäfer/Zeller* BB 2009, 1706; eingehend *Thaten*, Die Ausstrahlung des Aufsichts- auf das Aktienrecht am Beispiel der Corporate Governance von Banken und Versicherungen, 2016, 217 ff.
[208] Näher *Fleischer* ZIP 2003, 1 (10).
[209] *Fleischer* ZIP 2003, 1 (10); zustimmend *Preußner* NZG 2004, 57; *Spindler* in Fleischer VorstandsR-HdB § 19 Rn. 20; s. auch *Bürkle* WM 2005, 1496 (1505).
[210] Vgl. VG Frankfurt a. M. WM 2004, 2157 (2160); *Preußner* NZG 2004, 57 (59); *Preußner* NZG 2004, 303 (305); *Preußner/Zimmermann* AG 2002, 657 (660); *Zimmermann* BKR 2005, 208; s. auch *Kießling/Kießling* WM 2003, 513 (515).
[211] Ebenso *Bihr/Kalinowsky* DStR 2008, 620 (623); *Bürgers/Körber/Bürgers* Rn. 14; *Bürkle* WM 2005, 1496 (1497 ff.); *Dreher/Schaaf* WM 2008, 1765 (1766); Großkomm AktG/*Kort* Rn. 94; K. Schmidt/Lutter/*Krieger/Sailer* Rn. 15; Kölner Komm AktG/*Mertens/Cahn* Rn. 31; MüKoAktG/*Spindler* Rn. 38; *Spindler* in Fleischer VorstandsR-HdB § 19 Rn. 19.
[212] Wie hier OLG Celle WM 2008, 1745 (1746); *Berenbrok*, Risikomanagement im Aktienrecht, 2016, 260 ff.; Hüffer/Koch/*Koch* Rn. 9; Kölner Komm AktG/*Mertens/Cahn* Rn. 31; MüKoAktG/*Spindler* Rn. 38; *Spindler* in Fleischer VorstandsR-HdB § 19 Rn. 19; *Weber-Rey* AG 2008, 345 (358); eine klarstellende Ausstrahlungswirkung des Aufsichtsrechts für Einzelfragen der Organisation und Reichweite des Risikomanagement bejahend *Dreher* ZGR 2010, 496 (530 ff.); umfassend *Thaten*, Die Ausstrahlung des Aufsichts- auf das Aktienrecht am Beispiel der Corporate Governance von Banken und Versicherungen, 2016, 230 ff.
[213] Vgl. RegE BilMoG BT-Drs. 16/10 067, 76; *Hauptmann/Nowak* Der Konzern 2008, 426 (427); *Strieder* BB 2009, 1002 (1003 f.).
[214] Vgl. *Hauptmann/Nowak* Der Konzern 2008, 426 (427).
[215] Vgl. RegE BilMoG BT-Drs. 16/10 067, 76; dazu *Hauptmann/Nowak* Der Konzern 2008, 426 (427); *Lanfermann/Röhricht* BB 2009, 887 (891); dennoch kritisch *Weber-Rey* AG 2008, 345 (350).
[216] Vgl. *Bihr/Kalinowsky* DStR 2008, 620 (625); *Brammsen* wistra 2009, 85 (91); *Mosiek* wistra 2003, 370 (374 f.); *Windolph* NStZ 2000, 522 (524). Nach *Helmrich* NZG 2011, 1252 (1254) ist eine strafrechtlich relevante

b) Zivilrecht. Pflichtvergessene Vorstandsmitglieder haften ihrer Gesellschaft gegenüber gesamt- 46
schuldnerisch gemäß § 93 Abs. 2 S. 1.[217] Ihnen obliegt entsprechend § 93 Abs. 2 S. 2 die Beweislast
für fehlende Pflichtwidrigkeit und fehlendes Verschulden.[218] Im Einzelfall kann die Nichterfüllung
der Organisationspflicht auch einen wichtigen Grund zur Abberufung und zur Kündigung des
Anstellungsvertrages bilden.[219] Erreicht die Nichteinhaltung von § 91 Abs. 2 das Ausmaß eines eindeutigen Gesetzesverstoßes, kann darauf die Anfechtung eines Entlastungsbeschlusses nach § 243
Abs. 1 gestützt werden.[220] Dagegen stellt § 91 Abs. 2 kein Schutzgesetz iSd § 823 Abs. 2 BGB dar,[221]
so dass eine unmittelbare Außenhaftung der Vorstandsmitglieder idR ausscheidet.[222] Denkbar bleiben
allein Ansprüche Dritter aus § 826 BGB.[223]

IV. Compliance

1. Grundlagen. a) Begriff und Bedeutung. Nach heute ganz hL obliegt dem Vorstand einer 47
AG eine sog. Compliance-Verantwortung:[224] Er muss über seine eigene Rechtstreue hinaus (Legalitätspflicht im engeren Sinne)[225] auch auf den nachgeordneten Unternehmensebenen für regelgetreues
Verhalten sorgen (Legalitätskontrollpflicht).[226] Diese Compliance-Verantwortung verpflichtet ihn
nach ganz überwiegender Ansicht, bei entsprechendem Gefahrenpotential eine auf Haftungsvermeidung und Risikokontrolle angelegte Compliance-Organisation einzurichten.[227] Ein vielbeachtetes
Urteil des LG München I hat dieser Compliance-Pflicht kürzlich in einem Schadensersatzprozess
gegen ein Vorstandsmitglied erste Konturen verliehen,[228] nachdem sich bereits zuvor eine – allerdings
fragwürdige – BGH-Entscheidung zur strafrechtlichen Verantwortung eines Compliance-Beauftragten geäußert hatte (→ Rn. 75).[229] Ohne auf den Begriff Compliance einzugehen, hat der BGH
kürzlich im Rahmen des § 93 Abs. 2 AktG ausgeführt, dass Vorstandsmitglieder ihre Pflichten nicht
nur dann verletzen, wenn sie eigenhändig tätig werden oder Kollegialentscheidungen treffen, sondern
auch dann, wenn sie pflichtwidrige Handlungen anderer Vorstandsmitglieder oder von Mitarbeitern

---

Pflichtverletzung nur im Falle von „(zivilrechtlich) evident unvertretbarem, willkürlichen oder schädigenden
Verhalten" anzunehmen.
[217] Vgl. BegrRegE KonTraG, BT-Drs. 13/9712, 15; *ADS* Rn. 37; *Bihr/Kalinowsky* DStR 2008, 620 (625);
K. Schmidt/Lutter/*Krieger/Sailer* Rn. 18; Kölner Komm AktG/*Mertens/Cahn* Rn. 27; MüKoAktG/*Spindler*
Rn. 69; HdR/*Weiss/Heiden* Rn. 137.
[218] Vgl. *ADS* Rn. 37; *Krekeler* ZBB 2012, 351 (355); K. Schmidt/Lutter/*Krieger/Sailer* Rn. 18; Hölters/*Müller-Michaels* Rn. 12; HdR/*Weiss/Heiden* Rn. 137.
[219] Vgl. LG Berlin AG 2002, 682 (683 f.); aus formalen Gründen aufgehoben durch KG NZG 2004, 1165;
dazu K. Schmidt/Lutter/*Krieger/Sailer* Rn. 17; Kölner Komm AktG/*Mertens/Cahn* Rn. 27; *Preußner/Zimmermann*
AG 2002, 657; HdR/*Weiss/Heiden* Rn. 141.
[220] Vgl. LG München I NZG 2008, 319; *Bihr/Kalinowsky* DStR 2008, 620 (624 f.); Hüffer/Koch/*Koch* Rn. 10;
Kölner Komm AktG/*Mertens/Cahn* Rn. 28; Hölters/*Müller-Michaels* Rn. 12.
[221] Vgl. *ADS* Rn. 39; *Bihr/Kalinowsky* DStR 2008, 620 (625); Grigoleit/*Grigoleit/Tomasic* Rn. 9; K. Schmidt/
Lutter/*Krieger/Sailer* Rn. 18; Kölner Komm AktG/*Mertens/Cahn* Rn. 29; HdR/*Weiss/Heiden* Rn. 138.
[222] Vgl. K. Schmidt/Lutter/*Krieger/Sailer* Rn. 18; *Spindler* in Fleischer HdB VorstandsR § 19 Rn. 63; abw.
wohl *Vogler/Gundert* DB 1998, 2377 (2378).
[223] Vgl. *ADS* Rn. 39; Hölters/*Müller-Michaels* Rn. 12.
[224] Vgl. *Arnold* ZGR 2014, 76 (78 f.); *Bachmann* in VGR, Gesellschaftsrecht in der Diskussion 2007, 2008, 65
(68); *Bicker* AG 2012, 542 (543 ff.); *Bürgers* ZHR 179 (2015), 173 (175 ff.); *Fleischer* AG 2003, 291 (299); *Fleischer*
CCZ 2008, 1 (2 ff.); *Fleischer* NZG 2014, 321 (322 ff.); *Goette* ZHR 175 (2011), 388 (392 ff.); Schmidt/Lutter/
Krieger/Sailer-Coceani § 93 Rn. 7; *Lutter* FS Goette, 2011, 289 (291); Kölner Komm AktG/*Mertens/Cahn* Rn. 35;
MüKoAktG/*Spindler* Rn. 52; *Reichert/Ott* NZG 2014, 241 f.; *Simon/Merkelbach* AG 2014, 318 (319); *Verse* ZHR
175 (2011), 401 (403 ff.).
[225] Vgl. *Bicker* AG 2012, 542 (543 ff.); *Fleischer* NZG 2014, 321 (322); *Goette* ZHR 175 (2011), 388 (390);
Hüffer FS G.H. Roth, 2011, 299 (301 f.); *Verse* ZHR 175 (2011), 401 (403).
[226] Vgl. *Arnold* ZGR 2014, 76 (79); *Bicker* AG 2012, 542 (543); *Bicker* NZG 2014, 321 (322); *Fleischer* CCZ
2008, 1 (2); Grigoleit/*Grigoleit/Tomasic* § 93 Rn. 23; *Verse* ZHR 175 (2011), 401 (404); monographisch *Holle*,
Legalitätskontrolle, 2001; variierend *Harbarth* ZHR 179 (2015), 136 (145 ff.): „Legalitätsdurchsetzungspflicht".
[227] Vgl. *Arnold* in Marsch-Barner/Schäfer Börsennotierte AG-HdB Rn. 19.22; *Bicker* AG 2012, 542 (544);
Dreher FS Hüffer, 2010, 161 (168); *Fleischer* AG 2003, 291 (299); *Fleischer* CCZ 2008, 1 (3); Kölner Komm AktG/
Mertens/Cahn Rn. 36; *Reichert/Ott* NZG 2014, 241 (242); *Simon/Merkelbach* AG 2014, 318 (319); *Winter* FS
Hüffer, 2010, 1103 (1105).
[228] Vgl. LG München I NZG 2014, 345; eingehend dazu *Fleischer* NZG 2014, 321; außerdem *Bachmann* ZIP
2014, 579; *Beckmann* ZWH 2014, 199; *Grützner* BB 2014, 850; *Meyer* DB 2014, 1063; *Seibt/Cziupka* DB 2014,
1598; *Simon/Merkelbach* AG 2014, 318; umfassend zur Geschichte hinter diesem Fall *Bachmann* in Fleischer/
Thiessen, Gesellschaftsrechts-Geschichten, 2018, § 22.
[229] Vgl. BGHSt 54, 44; dazu etwa *Favocchia/Richter* AG 2010, 137; *Ransiek* AG 2010, 147; *Rönnau/Schneider*
ZIP 2010, 53.

anregen oder pflichtwidrig nicht dagegen einschreiten.[230] Umgekehrt können proaktive und reaktive Compliance-Maßnahmen nach der jüngsten strafrechtlichen Judikatur des BGH bei der Verhängung einer Verbandsgeldbuße bußgeldmindernd berücksichtigt werden.[231]

48 Es gibt im Schrifttum freilich auch Gegenstimmen, die eine generelle Rechtspflicht zur Vorhaltung einer Compliance-Organisation verneinen.[232] Sie betonen, dass man der Geschäftsleitung im Regelfall die Mittel und Wege überlassen müsse, um die Rechtstreue im Unternehmen zu gewährleisten.[233] Ausnahmen halten sie nur bei besonderen Gefahrenlagen, zurückliegenden Verstößen sowie bei großen und dezentral geführten Branche für denkbar.[234] Bei Lichte besehen bestehen zwischen beiden Lagern heute keine großen Unterschiede mehr.[235] Auch die hL fordert in kleinen, gut überschaubaren Unternehmen mit geringer Risikoexposition keine institutionalisierten Compliance-Strukturen.[236] Dies gilt insbesondere für die GmbH,[237] aber auch für kleinere Aktiengesellschaften.[238] Umgekehrt räumen die Gegenstimmen ein, dass es bei allen Kapitalgesellschaften ungeachtet ihrer konkreten Gefährdungslage eines Minimums an Präventionsmaßnahmen bedarf.[239] Vermittelnd spricht man daher auch von einer relativen oder grundsätzlichen Compliance-Pflicht.[240] Weiterhin betont die hL, dass der Vorstand zwar nicht hinsichtlich des „Ob" der Compliance-Pflicht, wohl aber hinsichtlich seiner Entscheidung über konkrete Compliance-Maßnahmen ein breites Organisationsermessen hat (→ Rn. 56).[241] Mit dieser Maßgabe gehört die Compliance-Verantwortung des Vorstands heute zum gesicherten Bestand des aktienrechtlichen Pflichtenkanons. Unabhängig davon müssen sich die Compliance-kritischen Stimmen fragen lassen, ob ihre Zurückhaltung angesichts der spektakulären (Schmiergeld-)Verfahren gegen Unternehmen und ihre Organmitglieder nicht von der Realität überholt ist.[242]

49 **b) Dogmatische Ableitungsbasis.** Im Aktiengesetz selbst ist die Compliance-Pflicht nicht ausdrücklich geregelt.[243] Über ihre dogmatische Verortung gehen die Auffassungen auseinander. Das LG München I hat eine endgültige Festlegung kürzlich vermieden: Ob die Compliance-Pflicht bereits unmittelbar aus § 91 Abs. 2 oder aus der allgemeinen Leitungspflicht der §§ 76 Abs. 1, 93 Abs. 1 herzuleiten sei, könne dahinstehen.[244] Dies mag für den konkreten Fall zutreffen; allgemein ist die Frage nach der zutreffenden dogmatischen Ableitungsbasis aber keineswegs nur von theoretischem Interesse.[245] Praktische Bedeutung gewinnt sie namentlich für die Möglichkeiten und Grenzen einer Pflichtendelegation (→ Rn. 64 ff.), die Reichweite der Prüfungspflichten des Abschlussprüfers nach § 317 Abs. 4 HGB[246] und die Übertragbarkeit auf das GmbH-Recht, das keine dem § 91 Abs. 2 entsprechende Vorschrift kennt (→ Rn. 40).

---

[230] So ausdrücklich BGH NJW 2013, 1958 Rn. 22; bekräftigt in BGH NZG 2015, 792 Rn. 27.
[231] Vgl. BGH BeckRS 2017, 114578 = NZG 2018, 36 Ls.; näher dazu *Baur/Holle* NZG 2018, 14; *Bürkle* BB 2018, 525; *Eufinger* ZIP 2018, 615.
[232] Vgl. *Bürkle* BB 2005, 565 (568 ff.); *Hauschka* ZIP 2004, 877 (880, 882); *Hauschka* NJW 2007, 2726 (2728); Hüffer/Koch/*Koch* § 76 Rn. 14; Hölters/*Weber* § 76 Rn. 22; tendenziell zurückhaltend auch *Böttcher* NZG 2011, 1054 sowie *Kremer/Klahold* ZGR 2010, 113 (118 ff.).
[233] Vgl. *Bürkle* BB 2005, 565 (568 ff.); *Hauschka* ZIP 2004, 877 (878); den unternehmerischen Gestaltungsspielraum betonend auch *Kremer/Klahold* ZGR 2010, 113 (120 f.).
[234] Vgl. *Hauschka* ZIP 2004, 877, 880 (882).
[235] Ganz ähnlich *Bachmann* in VGR, Gesellschaftsrecht in der Diskussion 2007, 2008, 65 (68); ferner *Hauschka* in Bankrechtstag 2008, 103 (117); s. auch Hüffer/Koch/*Koch* § 76 Rn. 13.
[236] Vgl. *Bicker* AG 2012, 542 (544); Kölner Komm AktG/*Mertens/Cahn* Rn. 36; *Pietzke* CCZ 2010, 45 (50); *Reichert/Ott* ZIP 2009, 2173 (2174).
[237] Dazu MüKoGmbHG/*Fleischer* § 43 Rn. 145; *Goette* ZHR 175 (2011), 388 (396 f.); *Kort* NZG 2008, 81 (84).
[238] Vgl. *Bicker* AG 2012, 542 (544); *v. Busekist/Hein* CCZ 2012, 41 (43); *Reichert/Ott* ZIP 2009, 2173 (2175); MüKoAktG/*Spindler* Rn. 66.
[239] Vgl. *Hauschka* in Bankrechtstag 2008, 107 (117); *Hauschka/Greeve* BB 2007, 165 (166); Hüffer/Koch/*Koch* § 76 Rn. 16.
[240] So etwa *Bachmann* in VGR, Gesellschaftsrecht in der Diskussion 2007, 2008, 65 (68); *Hüffer* FS G.H. Roth, 2011, 299 (304); Kölner Komm AktG/*Mertens/Cahn* Rn. 37; *Seibt/Cziupka* DB 2014, 1598.
[241] Vgl. *Fleischer* NZG 2014, 321 (324); *Immenga* FS Schwark, 2009, 199 (203); *Kort* FS G.H. Roth, 2011, 407 (410 f.); *Winter* FS Hüffer, 2010, 1103 (1107).
[242] So ausdrücklich *Moosmayer*, Compliance, 3. Aufl. 2015, Rn. 10; s. auch *Steinmeyer/Späth* in Wieland/Steinmeyer/Grüninger, Handbuch Compliance Management, 2010, 171 (189); dies konzedierend Hölters/*Hölters* § 93 Rn. 94; Hüffer/Koch/*Koch* § 76 Rn. 15.
[243] Darauf hinweisend auch *U. H. Schneider/S. H. Schneider* ZIP 2007, 2061 (2062); *Winter* FS Hüffer, 2010, 1103 (1104).
[244] Vgl. LG München I NZG 2014, 345 (346).
[245] Vgl. *Fleischer* NZG 2014, 321 (322); *Merkt* ZIP 2014, 1705 (1706); abw. MüKoAktG/*Spindler* Rn. 52 („kaum Relevanz").
[246] Dazu *Fleischer* NZG 2014, 321 (322); *Merkt* ZIP 2014, 1705 (1706).

Nach einer Literaturmeinung lässt sich die Compliance-Verantwortung auf eine Gesamtanalogie 50 zu den verstreuten Compliance-Regeln in verschiedenen Rechtsgebieten stützen.[247] Genannt werden etwa § 14 GwG, § 130 OWiG und § 91 Abs. 2 AktG.[248] Gegen eine solche Gesamtanalogie spricht, dass die Schutzrichtung der bereichsspezifischen Compliance-Vorschriften höchst unterschiedlich ist und dass die Einzelpflichten zum Teil auf ganz bestimmte Branchen zugeschnitten sind.[249] Andere Schrifttumsstimmen berufen sich auf eine Einzelanalogie zu § 91 Abs. 2[250] und verweisen darauf, dass zu den in der Gesetzesbegründung genannten bestandsgefährdenden Risiken auch Verstöße von Organmitgliedern und Unternehmensangehörigen gegen gesetzliche Vorschriften gehören.[251] Sie sehen sich dem Einwand ausgesetzt, dass Compliance-Verstöße selbst bei Berücksichtigung aller zivil-, öffentlich- und strafrechtlichen Sanktionen nur selten das Tatbestandsmerkmal einer bestandsgefährdenden Entwicklung erfüllen werden.[252] Ein funktionierendes Compliance-System muss daher umfassender angelegt sein als das in § 91 Abs. 2 AktG festgeschriebene Früherkennungssystem zur Erfassung bestandsgefährdender Risiken.[253] Mit der überwiegenden Lehre ist die Compliance-Verantwortung stattdessen aus der allgemeinen Leitungssorgfalt der Vorstandsmitglieder gemäß § 76 Abs. 1 AktG, § 93 Abs. 1 AktG abzuleiten.[254] Die Legalitätspflicht der Leitungsorgane (→ § 93 Rn. 14 ff.) erschöpft sich nämlich nicht in eigener Rechtstreue, sondern schließt eine Legalitätskontrolle fremder Personen ein.[255] Jedes Vorstandsmitglied muss daher in seinem Verantwortungsbereich durch geeignete organisatorische Maßnahmen für ein gesetzestreues Verhalten seiner Untergebenen sorgen.[256] Insoweit trifft sich die Legalitätskontrolle mit der Überwachungsverantwortung der Vorstandsmitglieder (→ § 93 Rn. 96 ff.).[257]

c) Entwicklungslinien. Begriff und Funktion der Compliance stammen ursprünglich aus der 51 anglo-amerikanischen Bankenwelt und bezeichnen dort ein systematisches Konzept zur Sicherstellung regelkonformen Verhaltens in den klassischen Risikobereichen der Banken.[258] Auch in Deutschland und Europa hat der Compliance-Gedanke zunächst im Bank- und Kapitalmarktrecht Fuß gefasst.[259] Hier hat er in § 25a Abs. 1 S. 1 KWG und § 33 Abs. 1 WpHG auch seine ausführlichste gesetzliche Regelung gefunden.[260] Konkretisiert werden diese bereichsspezifischen Pflichten durch

---

[247] Vgl. *U. H. Schneider* ZIP 2003, 645 (648 f.); ferner *S. H. Schneider*, Informationspflichten und Informationseinrichtungspflichten im Aktienkonzern, 2005, 225 ff.
[248] So *U. H. Schneider* ZIP 2003, 645 (649); *Schneider* ZGR 1996, 225 (230 ff.); ferner BankR-HdB/*Eisele/Faust* § 109 Rn. 95a („§ 91 Abs. 2 AktG iVm § 130 OWiG"); s. auch *Moosmayer*, Compliance, 3. Aufl. 2015, Rn. 10 („§§ 30, 130, 9 OWiG").
[249] Vgl. *Fleischer* NZG 2014, 321 (322); ablehnend auch *Bachmann* in VGR, Gesellschaftsrecht in der Diskussion 2007, 2008, 65 (74 f.); *Bicker* AG 2012, 542 (544); *Hüffer/Koch/Koch* § 76 Rn. 44; *Kremer/Klahold* ZGR 2010, 113 (119); *Merkt* ZIP 2014, 1705 (1707); *Meyer* DB 2014, 1063 (1064); *Sethe* ZBB 2007, 421 (431); *Verse* ZHR 175 (2011), 401 (403).
[250] Vgl. *Berg* AG 2007, 271 (284 ff.); *Dreher* FS Hüffer, 2010, 161 (168 ff.); *Schwintowski* NZG 2005, 200 (201 f.); *Schwintowski/Klaue* WuW 2005, 370 (377); *Spindler* WM 2008, 905 (906 f.); s. auch BankR-HdB/*Eisele/Faust* § 109 Rn. 95a.
[251] Vgl. BegrRegE KonTraG, BT-Drs. 13/9717, 15.
[252] Vgl. *Fleischer* NZG 2014, 321 (322); ablehnend auch *Bachmann/Prüfer* ZRP 2005, 109 (110 f.); *Bicker* AG 2012, 542 (544); *Kindler* FS G.H. Roth, 2011, 367 (370); *Merkt* ZIP 2014, 1705 (1707); Kölner Komm AktG/*Mertens/Cahn* Rn. 34; *Verse* ZHR 175 (2011), 401 (403 f.).
[253] Vgl. *Hölters/Hölters* § 93 Rn. 94; Kölner Komm AktG/*Mertens/Cahn* § 91 Rn. 34; *U. H. Schneider* NZG 2009, 1321 (1323).
[254] Vgl. *Bachmann* in VGR, Gesellschaftsrecht in der Diskussion 2007, 2008, 65 (73 f.); *Bürgers* ZHR 179 (2015), 173 (175); *Bürkle* BB 2007, 1797 (1799); *Campos Nave/Bonenberger* BB 2008, 734; *Fleischer* AG 2003, 291 (298); *Fleischer* BB 2008, 1070 (1072); *Fleischer* NZG 2014, 321 (322); *Hüffer* FS G.H. Roth, 2011, 299 (304); *Immenga* FS Schwark, 2009, 199 (202); *Lutter* FS Goette, 2011, 289 (291); Kölner Komm AktG/*Mertens/Cahn* Rn. 35; MüKoAktG/*Spindler* Rn. 52; *Verse* ZHR 175 (2011), 401 (404); *Vetter* DB 2007, 1963 (1964); *Winter* FS Hüffer, 2010, 1103 (1104).
[255] Vgl. *Fleischer* CCZ 2008, 1 (2).
[256] Vgl. BGH NJW 2013, 1958 Rn. 22; NZG 2015, 792 Rn. 27; OLG Köln NZG 2001, 135 (136); LG München I NZG 2014, 345; *Bicker* AG 2012, 542 (543); *Fleischer* NZG 2014, 321 (322); *Hüffer/Koch/Koch* § 76 Rn. 16.
[257] Vgl. *Fleischer* CCZ 2008, 1 (2); zustimmend *Bachmann* in VGR, Gesellschaftsrecht in der Diskussion 2007, 2008, 65 (73 f.); *Bicker* AG 2012, 542 (543); *Goette* ZHR 175 (2011), 388 (390); *Verse* ZHR 175 (2011), 401 (403 f.).
[258] Eingehend *Buff*, Compliance, 2000, 10 ff.; *Fleischer* CCZ 2008, 1.
[259] Umfassend BankR-HdB/*Eisele/Faust* § 109 Rn. 1 ff.; ferner *Casper* in Bankrechtstag 2008, 139 (145 ff.).
[260] Eingehend MüKoAktG/*Spindler* Rn. 54 ff., 58 ff.; aufschlussreich auch *Binder* ZGR 2015, 667 (681); monographisch *Lütgerath*, Die Vorgaben zur ordnungsgemäßen Geschäftsorganisation im Bankaufsichtsrecht, 2016, 105 ff.

verschiedene Verwaltungsrundschreiben der BaFin, insbesondere die sog. MaComp (→ Rn. 61).[261] Weitere Anwendungsfelder hat sich das Compliance-Konzept sodann im Kartell-[262] und Korruptionsstrafrecht[263] erschlossen.[264] Erst ganz allmählich setzte sich schließlich die Einsicht durch, dass hinter diesen bereichsspezifischen Sondervorschriften ein verallgemeinerungsfähiger Regelungsansatz steht: das aus der Überwachungssorgfalt der Leitungsorgane abzuleitende Gebot, Gesetzesverstöße von Unternehmensangehörigen schon im Vorfeld durch geeignete und zumutbare Schutzvorkehrungen zu unterbinden.[265] In diesem Sinne dient Compliance zuvörderst der Schadensprävention und dem Schutz der Reputation des Unternehmens.[266]

52   **d) DCGK.** Der Deutsche Corporate Governance Kodex hat den wirkmächtigen Compliance-Gedanken aufgegriffen und ihn als Standard guter Unternehmensführung im Juni 2007 in die aktualisierte Kodexfassung aufgenommen.[267] Seither bestimmt Ziff. 4.1.3 S. 1 DCGK: „Der Vorstand hat für die Einhaltung der gesetzlichen Bestimmungen und der unternehmensinternen Richtlinien zu sorgen und wirkt auf deren Beachtung durch die Konzernunternehmen hin (Compliance)".[268] Ergänzend empfiehlt S. 2 seit 2017, dass der Vorstand für angemessene, an der Risikolage des Unternehmens ausgerichtete Maßnahmen (Compliance Management System) sorgen und deren Grundlagen offenlegen soll. Beschäftigten soll nach S. 3 auf geeignete Weise die Möglichkeit eingeräumt werden, geschützt Hinweise auf Rechtsverstöße im Unternehmen zu geben; auch Dritten sollte diese Möglichkeit eingeräumt werden. Außerdem schreibt Ziff. 3.4.2 DCGK vor, dass der Vorstand den Aufsichtsrat regelmäßig, zeitnah und umfassend über alle für das Unternehmen relevanten Fragen der Compliance informiert.[269] Schließlich empfiehlt Ziff. 5.3.2 DCGK dem Aufsichtsrat, einen Prüfungsausschuss einzurichten, der sich auch mit Compliance befassen soll (→ Rn. 67 ff.).[270] Die genannten Regelungen dürfen jedoch nicht zu dem Fehlschluss verleiten, dass dem Vorstand vor Mitte 2007 keinerlei Compliance-Pflichten oblagen. Auch wenn der Begriff Compliance eine Wortneuschöpfung bildet, so gehört die hinter ihm stehende Pflicht der Vorstandsmitglieder, für die Einhaltung der gesetzlichen Bestimmungen zu sorgen, doch seit jeher zum gesicherten aktienrechtlichen Regelbestand.[271] Die Einführung des Compliance-Gedankens in Ziff. 4.1.3 DCGK hatte daher nur deklaratorische Bedeutung.[272]

53   **2. Entfaltung des Pflichtenrahmens.** Die Spezialliteratur zu Compliance-Fragen ist in jüngerer Zeit mächtig angeschwollen. Zahlreiche Handreichungen setzen sich mit den Anforderungen an eine ordnungsgemäße Compliance-Organisation auseinander.[273] Dabei ist allerdings sorgfältig zwischen dem Wünschenswerten und dem Erforderlichen zu unterscheiden.[274] Außerdem ist stets zu bedenken, dass zwischen den betriebswirtschaftlich sinnvollen Compliance-Vorkehrungen und den aktienrechtlichen Mindestanforderungen nur teilweise Übereinstimmung besteht.[275] Im systematischen Zugriff lassen sich drei größere Pflichtenkreise für den Vorstand unterscheiden: Einrichtungs- und Ausgestaltungspflichten (→ Rn. 54 ff.), Verhaltenspflichten bei Verdachtsmomenten und Verstößen (→ Rn. 57 ff.) sowie Systemprüfungs- und Nachjustierungspflichten (→ Rn. 60).[276] Bei der

---

[261] Dazu etwa *Birnbaum/Kütemeier* WM 2011, 293; *Lösler* WM 2010, 1917; *Schäfer* BKR 2011, 44 und 187.
[262] Ausführlich zur kartellrechtlichen Compliance *Dittrich/Matthey* in Hauschka/Moosmayer/Lösler Corporate Compliance-HdB § 26; bündig → § 93 Rn. 112.
[263] Ausführlich zur korruptionsverhindernden Compliance *Greeve* in Hauschka/Moosmayer/Lösler Corporate Compliance-HdB § 25; bündig Hölters/*Hölters* § 93 Rn. 113.
[264] Zur Kartellrechtscompliance *Dreher* ZWeR 2004, 75; zur Korruptionsprävention *Hauschka/Greeve* BB 2007, 165.
[265] Grundlegend *Fleischer* AG 2003, 291 (299); *U. H. Schneider* ZIP 2003, 645 (649); rückblickend zur historischen Entwicklung der Anforderungen an Compliance-Organisationen *Harbarth/Brechtel* ZIP 2016, 241 ff.
[266] Näher *Hauschka* in Bankrechtstag 2008, 103 (106 ff.), der noch weitere Compliance-Funktionen auflistet.
[267] Ausführlich *Bürkle* BB 2007, 1797.
[268] Näher dazu KBLW/*Bachmann/Kremer* DCGK Rn. 811 ff.
[269] Näher dazu KBLW/*Lutter* DCGK Rn. 535.
[270] Näher dazu KBLW/*Kremer* DCGK Rn. 1295.
[271] Vgl. *Fleischer* NZG 2014, 321 (323); *Goette* ZHR 175 (2011), 388 (391); *Simon/Merkelbach* AG 2014, 318 (319).
[272] Vgl. *Bürkle* BB 2007, 1797 (1798); *Dreher* FS Hüffer, 2010, 161 (168); *U. H. Schneider/S. H. Schneider* ZIP 2007, 2061 (2062); *Winter* FS Hüffer, 2010, 1103 (1104).
[273] Vgl. etwa *Görling/Inderst/Bannenberg*, Compliance – Aufbau, Management, Risikobereiche, 3. Aufl. 2017; *Kark*, Compliance-Risiko-Management, 2013; *Moosmayer*, Compliance, 3. Aufl. 2015; *Unnuß*, Corporate Compliance Checklisten, 3. Aufl. 2017; Wieland/Steinmeyer/Grüninger, Handbuch Compliance-Management, 2. Aufl. 2014.
[274] Ebenso Kölner Komm AktG/*Mertens/Cahn* Rn. 37.
[275] Ähnlich *Spindler* WM 2008, 905 (909); *Verse* ZHR 175 (2011), 401 (414 mit Fn. 51).
[276] Näher *Fleischer* NZG 2014, 321 (326); dies wörtlich übernehmend *Bürgers* ZHR 179 (2015), 173 (176 ff.).

Wahrnehmung dieser Einzelpflichten muss der Vorstand jeweils einen unmissverständlichen „tone from the top" anschlagen (→ Rn. 60a ff.).

a) Einrichtungs- und Ausgestaltungspflichten. Wie bereits erwähnt (→ Rn. 47), geht eine 54 erste Grundpflicht des Vorstands dahin, bei entsprechendem Gefahrenpotential eine auf Haftungsvermeidung und Risikokontrolle angelegte Compliance-Organisation einzurichten.[277] Das Gefahrenpotential kann sich aus der Branchenzugehörigkeit oder Größe des Unternehmens, aber auch aus seiner weltweiten Marktpräsenz oder aus Missständen in der Vergangenheit ergeben.[278] Allgemein verbindliche Leitlinien zur Ausgestaltung einer Compliance-Organisation lassen sich naturgemäß nicht aufstellen,[279] allenfalls gewisse Orientierungsmarken.[280] Im konkretisierenden Zugriff kommt es auf die Größe und Organisation des Unternehmens, die Vielfalt und Bedeutung der von ihm einzuhaltenden Vorschriften sowie frühere Unregelmäßigkeiten und Verfehlungen an.[281] Compliance-relevante Risikobereiche sind außer den klassischen Schwerpunkten des Kapitalmarkt-, Kartell- und Korruptionsstrafrechts namentlich das Umweltrecht, das Produkthaftungsrecht sowie die Diskriminierung und sexuelle Belästigung am Arbeitsplatz.[282] Auch das Steuerrecht wird immer wichtiger.[283] Die Compliance-Aktivitäten dürfen sich vornehmlich auf diese kritischen Bereiche konzentrieren.[284]

Am Anfang aller Compliance-Maßnahmen steht die Vorstandspflicht zur Durchführung einer 55 angemessenen Risikoanalyse.[285] Sie versetzt den Vorstand überhaupt erst in die Lage, zuverlässig beurteilen zu können, ob die Risikoexposition des Unternehmens die Einrichtung einer Compliance-Organisation verlangt[286] und welche systematischen Risiken ggf. besonderer Aufmerksamkeit bedürfen. Geboten ist mit anderen Worten eine Ermittlung des unternehmerischen Risikoportfolios.[287] Auf der Grundlage dieser „Risikoinventur" muss der Vorstand sodann unternehmensinterne Compliance-Richtlinien ausarbeiten (lassen[288]) und bekanntmachen.[289] Ein solcher Verhaltenskodex muss ein klares Bekenntnis der Unternehmensleitung zur Rechtstreue enthalten (→ Rn. 60b) und alle Unternehmensangehörigen zur Einhaltung der Gesetze und unternehmensinternen Vorgaben anweisen.[290] Dagegen dürfte die Erstellung eines umfassenden Compliance-Handbuchs (Manual), die oft empfohlen wird,[291] keine (Rechts-)Pflicht, sondern bloße Kür sein.[292] Auch die Einrichtung eines Hinweisgebersystems, die Ziff. 4.1.3 S. 3 DCGK neuerdings empfiehlt (→ Rn. 52), ist aktienrechtlich nicht zwingend geboten.[293] Selbstverständlich dürfen die Compliance-Richtlinien nicht

---

[277] Vgl. LG München I NZG 2014, 345; *Bicker* AG 2012, 542 (544); *Fleischer* AG 2003, 291 (300); *Reichert/Ott* NZG 2014, 241 (242); *Simon/Merkelbach* AG 2014, 318 (319).

[278] Vgl. LG München I NZG 2014, 345 (347); *Hauschka/Greeve* BB 2007, 2007, 165 (107 f.); *Hüffer/Koch/Koch* § 76 Rn. 17; *Merkt* ZIP 2014, 1705 (1708 f.); *Reichert/Ott* ZIP 2009, 2173 (2174).

[279] Vgl. *Fleischer* in Fleischer VorstandsR-HdB § 8 Rn. 44; Kölner Komm *Mertens/Cahn* Rn. 36; MüKoAktG/*Spindler* Rn. 66; *Spindler* WM 2008, 905 (909); Konkretisierungsversuche aber bei *U. H. Schneider* ZIP 2003, 645 (649 f.).

[280] In diesem Sinne *Harbarth* ZHR 179 (2015), 136 (157 f.), der folgende fünf Leitprinzipien identiziert: Bekenntnis zur Rechtstreue, Verantwortung, Information, Effektivität und Aktualität.

[281] Vgl. *Fleischer* AG 2003, 291 (299 f.); Kölner Komm AktG/*Mertens/Cahn* Rn. 36; MüKoAktG/*Spindler* Rn. 66; *Reichert/Ott* ZIP 2009, 2173 (2174); *U. H. Schneider* NZG 2009, 1321 (1325); *Simon/Merkelbach* AG 2014, 318 (319).

[282] Vgl. *Fleischer* in Fleischer VorstandsR-HdB § 8 Rn. 44; *Hüffer/Koch/Koch* § 76 Rn. 11.

[283] Zur Tax Compliance etwa *Aichberger/Schwartz* DStR 2015, 1601 ff. und 1758 ff.; *Kromer/Pumpler/Henschel* BB 2013, 791.

[284] Vgl. *Fleischer* CCZ 2008, 1 (2 f.); zustimmend *Hölters/Hölters* § 93 Rn. 99; *Verse* ZHR 175 (2011), 401 (407).

[285] Vgl. *Balke/Klein* ZIP 2017, 2038 (2039); *Kindler* FS G. H. Roth, 2011, 367 (370); *Kremer/Klahold* ZGR 2010, 113 (120); *Moosmayer*, Compliance, 3. Aufl. 2015, Rn. 71 ff.; *Verse* ZHR 175 (2011), 401 (414); *Winter* FS Hüffer, 2011, 1103 (1106).

[286] Vgl. *Kremer/Klahold* ZGR 2010, 113 (120).

[287] Näher dazu *Moosmayer*, Compliance, 3. Aufl. 2015, Rn. 71 ff.

[288] Zur zulässigen Vorbereitung und Mitwirkung der Compliance-Funktion BankR-HdB/*Eisele/Faust* § 109 Rn. 128 mit Fn. 1; *Moosmayer*, Compliance, 3. Aufl. 2015, Rn. 155.

[289] Vgl. BankR-HdB/*Eisele/Faust* § 109 Rn. 126 ff.; *Kindler* FS G.H. Roth, 2011, 367 (370); *Moosmayer*, Compliance, 3. Aufl. 2015, Rn. 157 ff.

[290] Vgl. *Kindler* FS G.H. Roth, 2011, 367 (370); *Kremer/Klahold* ZGR 2010, 113 (123); *Reichert/Ott* ZIP 2009, 2173 (2174 f.); *U. H. Schneider* ZIP 2003, 645 (649); *Verse* ZHR 175 (2011), 401 (414); *Winter* FS Hüffer, 2010, 1103 (1107).

[291] Dazu etwa *Lampert* in Hauschka, Corporate Compliance-HdB, 2. Aufl. 2010, § 9 Rn. 19.

[292] Wie hier *Kort* FS Hüffer, 2010, 407 (412).

[293] Vgl. *Fleischer/Schmolke* WM 2012, 1013 (1016 f.); *Hüffer/Koch/Koch* § 76 Rn. 18; eingehend *Maume/Haffke* ZIP 2016, 199.

nur auf dem Papier stehen, sondern müssen in der Unternehmenspraxis „gelebt" werden.[294] Dies setzt funktionsfähige Organisationsstrukturen einschließlich einer klaren Zuordnung der Verantwortlichkeiten[295] und einer angemessenen Ressourcenausstattung[296] voraus. Außerdem müssen die mit der Überwachung der Compliance-Vorgaben beauftragten Personen hinreichende Befugnisse zur Sanktionierung etwaiger Verstöße haben.[297]

56 Die Verpflichtung, Compliance-Vorkehrungen zu treffen, ist allerdings nicht grenzenlos. Sie steht zunächst unter dem doppelten Vorbehalt der Erforderlichkeit und Zumutbarkeit.[298] Ein flächendeckendes Kontrollnetz aufzubauen oder unverhältnismäßige Schnüffelei zu betreiben, wird dem Vorstand nicht abverlangt.[299] Zudem ist den Vorstandsmitgliedern bei ihrer Entscheidung über konkrete Compliance-Maßnahmen ein breiter Gestaltungsspielraum zuzubilligen.[300] Es spricht nicht an, ihnen aus der *ex-post*-Perspektive in allen Einzelheiten vorzuschreiben, wie sie ihr Unternehmen hätten organisieren sollen.[301] Vielmehr verfügen sie hinsichtlich der näheren Compliance-Ausgestaltung über ein Organisationsermessen.[302] Unter den weiteren Voraussetzungen des § 93 Abs. 1 S. 2 kommt ihnen daher bei ihrer konkreten Einrichtungs- und Ausgestaltungsentscheidung der Schutz der sog. „Business Judgment Rule" zugute.[303] Eine Einschränkung des unternehmerischen Organisationsermessens kann sich allerdings im Einzelfall durch Branchenstandards, Vorkommnisse im Unternehmen selbst oder in Unternehmen derselben Branche ergeben.[304]

57 b) Verhaltenspflichten bei Verdachtsmomenten und Verstößen. Treten in einem Unternehmen Verdachtsmomente für Gesetzesverletzungen oder Verstöße gegen unternehmensinterne Compliance-Richtlinien auf, so müssen die Compliance-Verantwortlichen unverzüglich[305] alle erforderlichen Maßnahmen ergreifen, um das Schadensrisiko zu begrenzen.[306] Dazu gehört zunächst die Sicherstellung einer zeitnahen Compliance-Berichterstattung.[307] Über gravierende Compliance-Verstöße ist sofort und nicht erst im Rahmen des nächsten Regelberichts zu informieren, wobei je nach Relevanz des Vorgangs eine abgestufte Berichterstattung erfolgen kann.[308] Sodann besteht eine Pflicht, den Sachverhalt aufzuklären, allfällige Verstöße abzustellen und festgestelltes Fehlverhalten zu

---

[294] Vgl. *Fleischer* NZG 2014, 321 (326); *Harbarth* ZHR 179 (2015), 136 (158); *Reichert/Ott* ZIP 2009, 2173 (2176); *Verse* ZHR 175 (2011), 401 (415); *Winter* FS Hüffer, 2010, 1103 (1106).
[295] Vgl. LG München I NZG 2014, 345 (347); *Bicker* AG 2012, 542 (546); *Fleischer* CCZ 2008, 1 (2); *Fleischer* NZG 2014, 321 (326); *Harbarth* ZHR 179 (2015), 136 (158).
[296] Vgl. *Bicker* AG 2012, 542 (546); *Campos Nave/Bonenberger* BB 2008, 734 (735); *Fleischer* CCZ 2008, 1 (2); *Fleischer* NZG 2014, 321 (326); *Harbarth* ZHR 179 (2015), 136 (158); *Kremer/Klahold* ZGR 2010, 113 (125).
[297] Vgl. LG München I NZG 2014, 345 (347); *Bicker* AG 2014, 542 (546); *Simon/Merkelbach* AG 2014, 318 (319).
[298] So bereits *Fleischer* AG 2003, 291 (300); *Fleischer* CCZ 2008, 1 (3); seither *Bachmann* in VGR, Gesellschaftsrecht in der Diskussion 2007, 2008, 65 (78 f.); *Bürkle* BB 2005, 565 (569); *Dreher* ZWeR 2004, 74 (94); *Dreher* FS Hüffer, 2010, 161 (174); Kölner Komm AktG/*Mertens/Cahn* Rn. 36; *Reichert/Ott* ZIP 2009, 2173 (2174); *Verse* ZHR 175 (2011), 401 (406 f.).
[299] Vgl. *Fleischer* CCZ 2008, 1 (3); *Verse* ZHR 175 (2011), 401 (407).
[300] So bereits *Fleischer* AG 2003, 291 (298); seither *Bachmann* in VGR, Gesellschaftsrecht in der Diskussion 2007, 2008, 65 (85); *Bürkle* BB 2007, 1797 (1798 f.); *Dreher* FS Hüffer, 2010, 161 (172); Hüffer/Koch/*Koch* § 76 Rn. 14; *Immenga* FS Schwark, 2009, 199 (203); Großkomm AktG/*Kort* Rn. 65; *Kremer/Klahold* ZGR 2010, 113 (120 f.); *Merkt* ZIP 2014, 1705 (1711); Kölner Komm AktG/*Mertens/Cahn* Rn. 36; *Reichert/Ott* ZIP 2009, 2173 (2174); *Seibt/Cziupka* DB 2014, 1598 (1599); MüKoAktG/*Spindler* Rn. 66, 68; *Spindler* WM 2008, 905 (909); *Winter* FS Hüffer, 2010, 1103 (1106).
[301] Vgl. *Fleischer* CCZ 2008, 1 (3); *Kremer/Klahold* in HdB Managerhaftung § 21 Rn. 83; *Steinmeyer/Späth* in Wieland/Steinmeyer/Grüninger Compliance Management-HdB, 2010, 171 (196); zur Gefahr eines Rückschaufehlers auch *Bachmann* ZIP 2014, 579 (580); *Seibt/Cziupka* DB 2014, 1598.
[302] Vgl. *Fleischer* NZG 2014, 321 (324); *Goette* ZHR 175 (2011), 388 (395); Hüffer/Koch/*Koch* § 76 Rn. 14; *Seibt/Cziupka* DB 2014, 1598 (1599); *Simon/Merkelbach* AG 2014, 318 (319); zu möglichen Compliance-Organisationsmodellen *Bicker* AG 2012, 542 (547 ff.).
[303] Vgl. *Bachmann* in VGR, Gesellschaftsrecht in der Diskussion 2007, 2008, 65 (85 f.); *Hauschka* in Bankrechtstag 2008, 103 (120 f.); *Hüffer* FS G.H. Roth, 2011, 299 (305); *Kremer/Klahold* ZGR 2010, 113 (121); *Reichert/Ott* ZIP 2009, 2173 (2174); MüKoAktG/*Spindler* Rn. 66, 68; *Winter* FS Hüffer, 2010, 1103 (1106).
[304] Vgl. *Fleischer* NZG 2014, 321 (324); *Reichert/Ott* ZIP 2009, 2173 (2174); *Winter* FS Hüffer, 2010, 1103 (1106); s. auch LG München I NZG 2014, 345 (347).
[305] Zum Zeitmoment LG München I NZG 2014, 345 (348) („gebotene Schnelligkeit"); *Simon/Merkelbach* AG 2014, 317 (320).
[306] Vgl. LG München I NZG 2014, 345 (347); *Fleischer* NZG 2014, 321 (326); Hüffer/Koch/*Koch* § 76 Rn. 16; *Kremer/Klahold* in Krieger/Schneider Managerhaftung-HdB § 21 Rn. 75; *Simon/Merkelbach* AG 2014, 318 (319 f.).
[307] Vgl. *Bicker* AG 2012, 542 (546); *Fleischer* CCZ 2008, 1 (6); *Goette* ZHR 175 (2011), 388 (395); *S. H. Schneider/U. H. Schneider* ZIP 2007, 2061 (2065).
[308] Vgl. *Fleischer* CCZ 2008, 1 (6); *Winter* FS Hüffer, 2010, 1103 (1106).

ahnden. Dieser aktienrechtliche „Dreiklang" (Aufklären, Abstellen, Ahnden) ist heute im Schrifttum einhellig anerkannt[309] und vom LG München I kürzlich bestätigt worden.[310] Die Aufklärungspflicht ist grundsätzlich nicht disponibel;[311] nur in besonders gelagerten Ausnahmefällen mag ihr das Verhältnismäßigkeitsprinzip im wohlverstandenen Unternehmensinteresse äußere Grenzen ziehen.[312] Hinsichtlich der konkreten Aufklärungsmethoden steht den Compliance-Verantwortlichen dagegen ein Auswahlermessen zu.[313] Sie können (und werden häufig) mit Hilfe der Internen Revision, der Rechts- oder der Compliance-Abteilung eine eigene Untersuchung einleiten, können aber auch externe Berater, zB Rechtsanwälte oder Wirtschaftsprüfer, hinzuziehen.[314] Dieses Auswahlermessen kann sich zu einer Pflicht verdichten, eine bestimmte Aufklärungsmethode zu wählen, wenn andere Formen der Sachverhaltsaufklärung keinen vergleichbaren Aufklärungserfolg versprechen.[315] Die Einschaltung der staatlichen Ermittlungsbehörden durch Stellen von Strafanzeige bzw Strafantrag ist nicht ausnahmslos geboten, kann im Einzelfall aber durchaus erforderlich sein.[316] Umgekehrt machen staatsanwaltliche Ermittlungen eigene Nachforschungen nicht entbehrlich.[317] Vielmehr kann es geboten sein, gleichzeitig eine eigene interne Untersuchung der Vorwürfe einzuleiten, um das Risikopotential des Vorgangs abschätzen zu können und ggf. Sanktionen oder andere interne Maßnahmen zu veranlassen.[318] Bei Bekanntwerden mehrerer Einzelfälle ist nach systematischen Verbindungslinien zwischen ihnen zu suchen. Zu diesem Zweck müssen die Compliance-Verantwortlichen die vorhandenen Daten darauf durchmustern, ob ihnen ein gemeinsames Organisations- oder Verhaltensmuster zugrunde liegt. Solche Auffälligkeiten können sich zB aus geographischen, unternehmensbereichsbezogenen oder personenbezogenen Umständen ergeben.

Gesetzesverletzungen oder Verstöße gegen unternehmensinterne Richtlinien, die bei der Sachverhaltsaufklärung festgestellt werden, müssen vom Vorstand unterbunden und deutlich sichtbar geahndet werden.[319] In Bezug auf Art und Umfang der Sanktionierung (arbeitsrechtliche Sanktionen, Geltendmachung von Schadensersatzansprüchen, Initiierung von Straf- oder Ordnungswidrigkeitsverfahren) steht ihm ein Ermessensspielraum zur Verfügung.[320] Zu beachten ist außerdem, dass festgestellte Regelverstöße Hinweise auf Schwachstellen liefern[321] und Anlass zu einer Nachjustierung und Fortentwicklung des Compliance-Systems geben können (→ Rn. 60).[322]

Bleiben die unternehmensinternen oder staatsanwaltlichen Ermittlungen ergebnislos, kann es für die Compliance-Verantwortlichen gleichwohl Anlass geben, weitere unternehmensinterne Maßnahmen zu ergreifen. Zu denken ist etwa an die Einrichtung einer Ereignisbank ungeklärter Verdachtsfälle.[323] Darüber hinaus können ungeklärte Verdachtsfälle zukünftig Anlass zu intensiveren Compliance-Audits geben.[324] Bei deren Durchführung kann es im Sinne einer abgestuften Verantwortlichkeit ratsam sein, sich zunächst auf bestimmte Risikofaktoren zu beschränken.[325] Dazu

---

[309] Vgl. *Arnold* ZGR 2014, 76 (81); *Fleischer* NZG 2014, 321 (324); Hüffer/Koch/*Koch* § 76 Rn. 13; *Reichert* FS Hoffmann-Becking, 2013, 943 (948 ff., 958 ff.); *Seibt/Cziupka* DB 2014, 1598 (1599 f.); *Simon/Merkelbach* AG 2014, 318 (319 f.).
[310] Vgl. LG München I NZG 2014, 345 (347).
[311] Vgl. *Reichert/Ott* NZG 2014, 241 (242); *Seibt/Cziupka* DB 2014, 1598 (1599 f.).
[312] Dazu *Arnold* ZGR 2014, 76 (84); *Moosmayer*, Compliance, 3. Aufl. 2015, Rn. 356; *Reichert* FS Hoffmann-Becking, 2013, 939 (944, 954); *Reichert/Ott* NZG 2014, 241 (242).
[313] Vgl. *Arnold* ZGR 2014, 76 (83); *Bürgers* ZHR 179 (2015), 173 (178); *Fleischer* NZG 2014, 321 (326); *Reichert/Ott* ZIP 2009, 2173 (2176); *Seibt/Cziupka* DB 2014, 1598 (1600); *Simon/Merkelbach* AG 2014, 318 (320).
[314] Näher *Arnold* ZGR 2014, 76 (83); *Bachmann* ZHR 180 (2016), 563; *Drinhausen* ZHR 179 (2015), 226 ff., Hüffer/Koch/*Koch* § 76 Rn. 16; *Hugger* ZHR 179 (2015), 214 ff.; *Wettner/Mann* DStR 2014, 655 ff.
[315] Vgl. *Reichert/Ott* NZG 2014, 241 (243); *Wagner* CCZ 2009, 8 (16).
[316] Vgl. *Arnold* ZGR 2014, 76 (83); Hüffer/Koch/*Koch* § 76 Rn. 16; *Moosmayer*, Compliance, 3. Aufl. 2015, Rn. 349 ff.; *Reichert/Ott* ZIP 2009, 2173 (2177); *Rodewald/Unger* BB 2007, 1629 (1633); *Seibt/Cziupka* AG 2015, 93 (104 f.).
[317] Vgl. Hüffer/Koch/*Koch* § 76 Rn. 16; *Reichert/Ott* NZG 2014, 241 (243); *Seibt/Cziupka* AG 2015, 93 (101).
[318] Vgl. *Arnold* ZGR 2014, 76 (83 f.); *Reichert/Ott* NZG 2014, 241 (243); *Wagner* CCZ 2009, 8 (17).
[319] Vgl. *Bürkle* BB 2005, 565 f.; Hüffer/Koch/*Koch* § 76 Rn. 16; *Kiethe* GmbHR 2007, 393 (397); *Reichert/Ott* ZIP 2009, 2173 (2177); *Simon/Merkelbach* AG 2014, 318 (320); *Winter* FS Hüffer, 2010, 1103 (1107); abw. Hölters/*Hölters* § 93 Rn. 109.
[320] Vgl. *Reichert/Ott* ZIP 2009, 2173 (2178 f.), s. auch Hüffer/Koch/*Koch* § 76 Rn. 16.
[321] Vgl. BankR-HdB/*Eisele/Faust* § 109 Rn. 124 mit Fn. 422; *Simon/Merkelbach* AG 2014, 318 (320).
[322] Vgl. *Hauschka/Greeve* BB 2007, 165 (172); *Reichert/Ott* ZIP 2009, 2173 (2177); *Winter* FS Hüffer, 2010, 1103 (1107).
[323] Allgemein dazu BankR-HdB/*Eisele/Faust* § 109 Rn. 110.
[324] Allgemein zu Compliance-Audits *Kremer/Klahold* in Krieger/Schneider Managerhaftung-HdB § 21 Rn. 47 ff.
[325] Vgl. *Kremer/Klahold* in Krieger/Schneider Managerhaftung-HdB § 21 Rn. 50 f.

gehören etwa jene Länder, Regionen, Märkte oder Produkte, bei denen eine erhöhte Gefährdungslage vermutet wird.

60   c) Systemprüfungs- und Nachjustierungspflichten. Schließlich obliegen dem Vorstand regelmäßige und anlassbezogene Systemprüfungs- und Nachjustierungspflichten.[326] Die aktienrechtlichen Compliance-Pflichten erschöpfen sich nämlich nicht in der einmaligen Einrichtung einer Compliance-Organisation, sondern verlangen nach einer regelmäßigen Fortentwicklung, Überwachung und Kontrolle.[327] Verallgemeinerungsfähig formuliert Art. 21 Abs. 5 DelVO 2017/565[328] (= § 33 Abs. 1 S. 2 Nr. 6 WpHG aF), dass die (Wertpapierdienstleistungs-)Unternehmen die Angemessenheit und Wirksamkeit der organisatorischen Maßnahmen überwachen und regelmäßig bewerten sowie die erforderlichen Maßnahmen zur Beseitigung von Unzulänglichkeiten ergreifen (→ Rn. 61). Hierzu dienen sowohl turnusmäßige Berichtspflichten im Rahmen des Compliance-Reporting[329] als auch wiederholte unangekündigte Stichproben.[330]

60a   d) „Tone from the Top". Bei der Wahrnehmung seiner Compliance-Verantwortung muss der Vorstand stets eine klare Haltung vorgeben und vorleben. In der Literatur spricht man häufig vom erforderlichen „tone from the top"[331] oder variierend vom „tone at the top". Dass dieser Führungston für den Erfolg aller Compliance-Maßnahmen von entscheidender Bedeutung ist, wird heute allenthalben anerkannt.[332] Welche Einzelanforderungen sich aus ihm gegebenenfalls ableiten lassen, wird bisher allerdings nicht vertieft. Juristische Definitionsversuche sind selten.[333] In der Aufsatz- und Kommentarliteratur liest man lediglich, dass der „tone from the top" ein typisches Kernelement einer Compliance-Organisation sei[334] und zu den Leitprinzipien jedes Compliance-Systems gehöre,[335] ohne dass dies jedoch näher erläutert wird. Nach dem IDW Prüfungsstandard PS 980 „Grundsätze ordnungsgemäßer Prüfung von Compliance Management Systemen" verweist der Begriff auf die Grundeinstellungen und Verhaltensweisen des Managements und des Aufsichtsorgans zur Compliance-Kultur.[336]

60b   Bei genauer Betrachtung lassen sich drei verschiedene Bedeutungsschichten des „tone from the top" unterscheiden, aus denen sich jeweils spezifische Verhaltensanforderungen ergeben: (a) Zunächst und vor allem muss der Vorstand ein klares Bekenntnis zur Regeltreue im Unternehmen abgeben.[337] Er hat selbst ehrlich und unmissverständlich dafür einzustehen, dass das geltende Recht und unternehmensinterne Richtlinien auch dann einzuhalten sind, wenn dadurch kurzfristig geschäftliche Chancen nicht wahrgenommen werden.[338] Man spricht insoweit von einem sog. Compliance-Commitment.[339] Dieses Bekenntnis zur Regeltreue darf sich selbstverständlich nicht als bloßes Lippenbekenntnis präsentieren und in Floskeln oder Sonntagsreden erschöpfen,[340] sondern verlangt, dass der Vorstand mit voller Überzeugung hinter der Einhaltung der Regeln steht und dies auch

---

[326] Vgl. *Bürgers* ZHR 179 (2015), 173 (178); *Fleischer* NZG 2014, 321 (326).

[327] Vgl. *Bicker* AG 2012, 541 (547); *Fleischer* NZG 2014, 321 (326); *Hölters/Hölters* § 93 Rn. 107; *Kremer/Klahold* in Krieger/Schneider Managerhaftung-HdB § 21 Rn. 15; *Nietsch* ZGR 2015, 631 (660); *Simon/Merkelbach* AG 2014, 318 (320).

[328] Delegierte VO (EU) 2017/565 der Kommission vom 25.4.2016, ABl. EU 2016 L 87, 1 vom 31.3.2017.

[329] Vgl. *Kremer/Klahold* in Krieger/Schneider Managerhaftung-HdB § 21 Rn. 15.

[330] Vgl. OLG Düsseldorf WuW/E DR-R 1733, 1745; BayObLG NJW 2002, 766 (767); *Bicker* AG 2012, 541 (547); *Verse* ZHR 175 (2011), 401 (414).

[331] Vgl. *Harbarth* ZHR 179 (2015), 136 (158); *Hüffer/Koch/Koch* § 76 Rn. 18; *Moosmayer*, Compliance, 3. Aufl. 2015, Rn. 157; *Reichert* FS Hoffmann-Becking, 2013, 943 (947); *Reichert/Ott* ZIP 2009, 2173 (2175); *Schürrle/Olbers* CCZ 2010, 102; *Seyfarth* VorstandsR § 8 Rn. 39; *Wendt* in Hauschka/Moosmayer/Lösler Corporate Compliance-HdB § 9 Rn. 1.

[332] Vgl. etwa *Reichert/Ott* ZIP 2009, 2173 (2176) mwN.

[333] Eher beschreibend *Grützner/Jakob*, Compliance von A-Z, 2. Aufl. 2015, Stichwort: Tone from the Top: „Die Güte einer Compliance-Kultur lässt sich oftmals am ‚Tone from the Top' festmachen. Dabei versteht man hierunter i.d.R. von der Unternehmensleitung, aber auch dem nachgeordneten Management, vorgelebte und kommunizierte Leitbild im Zusammenhang mit Compliance."

[334] In diesem Sinne K. Schmidt/Lutter/*Krieger/Sailer* § 93 Rn. 8; gleichsinnig Hüffer/Koch/*Koch* § 76 Rn. 18; *Reichert/Ott* ZIP 2009, 2173 (2176).

[335] So *Harbarth* ZHR 179 (2015), 136 (157 f.).

[336] Vgl. IDW PS 980, WPg Supplement 2/2011, 78, 81 Rn. 23.

[337] Vgl. *Harbarth* ZHR 179 (2015), 136 (158); *Reichert/Ott* ZIP 2009, 2173 (2175); *Seyfarth* VorstandsR § 8 Rn. 39.

[338] Vgl. *Hauschka/Greeve* BB 2007, 165 (167, 170); *Reichert* FS Hoffmann-Becking, 2013, 943 (947); *Schneider* ZIP 2003, 645 (649); *Schürrle/Olbers* CCZ 2010, 102; *Seyfarth* VorstandsR § 8 Rn. 39.

[339] Vgl. *Buchert* in Hauschka/Moosmayer/Lösler Corporate Compliance-HdB Rn. 118; *Hölters/Hölters* § 93 Rn. 100; Großkomm AktG/*Kort* Rn. 144; *Reichert/Ott* ZIP 2009, 2173 (2175); *Schürrle/Olbers* CCZ 2010, 102.

[340] Vgl. Großkomm AktG/*Kort* Rn. 144; *Reichert* FS Hoffmann-Becking, 2013, 943 (947); *Schürrle/Olbers* CCZ 2010, 102; *Seyfarth* VorstandsR § 8 Rn. 39.

gegenüber den Mitarbeitern glaubwürdig und persönlich vorlebt.[341] (b) Sodann muss der Vorstand das Leitbild der Regeltreue im gesamten Unternehmen bekanntmachen und seine Einhaltung von allen Unternehmensangehörigen mit Nachdruck einfordern.[342] Angesprochen ist damit die Aufgabe der sog. Compliance-Kommunikation.[343] Hierfür können verschiedene Kommunikationsmittel und -wege genutzt werden, etwa die Veröffentlichung eines Mission Statement[344] über das unternehmensinterne Intranet,[345] ein direktes Anschreiben des Vorstands an die Mitarbeiter[346] oder die Bekanntmachung eines Compliance- oder Ethikkodexes mit einem Vorwort, in dem der Vorstand sein persönliches Engagement für die Compliance im Unternehmen betont.[347] (c) Schließlich muss der Vorstand dafür sorgen, dass das Leitbild der Regeltreue im gesamten Unternehmen auch verinnerlicht und befolgt wird. Er muss mit anderen Worten darauf hinwirken, dass sich eine sog. Compliance-Kultur im Unternehmen herausbildet.[348] Zur Erfüllung dieser Aufgabe hat sich der Vorstand regelmäßig zu vergewissern, ob das Leitbild der Regeltreue bei den nachgeordneten Führungskräften und allen anderen Unternehmensangehörigen angekommen ist[349] und ob die Compliance-Richtlinien in der Unternehmenspraxis tatsächlich „gelebt" werden. Die Etablierung eines unternehmensweiten Compliance-Kultur erfordert regelmäßig, dass sich der vom Vorstand angeschlagene „tone from the top" in einem entsprechenden „tone from the middle" fortsetzt.[350] Hervorzuheben ist außerdem, dass es mit einem einmaligen Bekenntnis des Vorstands zur Regeltreue nicht getan ist, sondern dass dieses Bekenntnis immer wieder bekräftigt und wiederholt werden muss.[351]

Auch wenn das Konzept des „tone from the top" in mancher Hinsicht vage bleibt, erschöpft es sich keineswegs in unverbindlichen Fragen des Führungsstils, sondern nimmt jedenfalls in seinem Kern normative Verbindlichkeit für sich in Anspruch. Daraus folgt, dass Vorstandsmitglieder, die den geschilderten Anforderungen an Compliance-Commitment, Compliance-Kommunikation oder Compliance-Kultur nicht nachkommen, ihre Organpflichten verletzen und sich unter den weiteren Voraussetzungen des § 93 Abs. 2 S. 1 schadensersatzpflichtig machen können. Dies gilt etwa dann, wenn sie gänzlich untätig bleiben und kein klares Bekenntnis zur Regeltreue abgeben. Ähnlich verhält es sich, wenn sie zu verstehen geben, dass sie Compliance für eine lästige Pflichtübung halten und die entsprechenden Vorgaben ohnehin nur „auf dem Papier" stünden.[352]

Nicht leugnen lassen sich allerdings gewisse tatbestandliche Unschärfen, die dem Konzept des „tone from the top" vor allem in seinen Randbereichen innewohnen. Sie führen dazu, dass den Vorstandsmitgliedern ein beträchtlicher Spielraum zuzubilligen ist, wie sie den erforderlichen „tone from the top" vermitteln und auf welche Weise sie sich bezüglich der Verankerung einer Compliance-Kultur bei nachgeordneten Führungskräften und allen anderen Unternehmensangehörigen Gehör verschaffen. Einzelne vermeintliche „Misstöne" wirken daher nicht sogleich haftungsbegründend, sofern die integre Grundhaltung des betreffenden Vorstandsmitglieds im Hinblick auf seine Regeltreue außer Zweifel steht. Der Vorwurf eines fehlenden oder falschen „tone from the top" lässt sich daher regelmäßig nur aufgrund einer Gesamtwürdigung aller Umstände begründen, weil es sich bei der Compliance-Kultur – wie allgemein bei der Unternehmenskultur – um ein vielschichtiges Phänomen handelt.[353]

---

[341] Vgl. *Reichert* FS Hoffmann-Becking, 2013, 943 (947); *Reichert/Ott* ZIP 2009, 2173 (2176); *Schürrle/Olbers* CCZ 2010, 102; *Seyfarth* VorstandsR § 8 Rn. 39.

[342] Vgl. *Klahold/Lochen* in Hauschka/Moosmayer/Lösler Corporate Compliance-HdB § 37 Rn. 30; *Seyfarth* VorstandsR § 8 Rn. 39.

[343] Vgl. IDW PS 980, WPg-Supplement 2/2011, 78, 82 Rn. 23 und 91 Rn. A19; *Klahold/Lochen* in Hauschka/Moosmayer/Lösler Corporate Compliance-HdB § 37 Rn. 30; *Schlierenkämper* in Bürkle, Compliance in Versicherungsunternehmen, 2. Aufl. 2015, § 11 Rn. 150 ff.

[344] Dazu *Matthey* in Hauschka/Moosmayer/Lösler Corporate Compliance-HdB § 26 Rn. 54.

[345] Vgl. *Schlierenkämper* in Bürkle, Compliance in Versicherungsunternehmen, 2. Aufl. 2015, § 11 Rn. 151.

[346] Vgl. *Schlierenkämper* in Bürkle, Compliance in Versicherungsunternehmen, 2. Aufl. 2015, § 11 Rn. 151.

[347] Vgl. *Moosmayer*, Compliance, 3. Aufl. 2015, Rn. 157; ferner *Seyfarth* VorstandsR, § 8 Rn. 44.

[348] Vgl. IDW PS 980, WPg Supplement 2/2011, 78, 81 Rn. 23 und 89 f., Rn. A14; *Pauthner/Stephan* in Hauschka/Moosmayer/Lösler Corporate Compliance-HdB § 16 Rn. 41; eindringlich *Dittrich/Matthey* in Hauschka/Moosmayer/Lösler Corporate Compliance-HdB § 26 Rn. 53; umfassend *Wendt* in Hauschka/Moosmayer/Lösler Corporate Compliance § 9 Rn. 64 ff.

[349] Vgl. *Wendt* in Hauschka/Moosmayer/Lösler Corporate Compliance-HdB § 9 Rn. 1.

[350] Vgl. *Moosmayer*, Compliance, 3. Aufl. 2015, Rn. 370; *Pauthner/Stephan* in Hauschka/Moosmayer/Lösler Corporate Compliance-HdB § 16 Rn. 41; *Wendt* in Hauschka/Moosmayer/Lösler Corporate Compliance-HdB § 9 Rn. 1.

[351] Dazu auch *Harbarth* ZHR 179 (2015), 136 (158); *Pauthner/Stephan* in Hauschka/Moosmayer/Lösler Corporate Compliance-HdB § 16 Rn. 41; *Seyfarth* VorstandsR § 8 Rn. 39.

[352] Ebenso *Harbarth* ZHR 179 (2015), 136 (158).

[353] Eingehend dazu *Wendt* in Hauschka/Moosmayer/Lösler Corporate Compliance-HdB § 9 Rn. 24 ff. (Unternehmenskultur) und Rn. 64 ff. (Compliance-Kultur).

61 e) Ausstrahlung aufsichtsrechtlicher Compliance-Vorgaben. Zur weiteren Ausformung der aktienrechtlichen Compliance-Pflichten hat man schon früh erwogen, einzelne Organisationspflichten des KWG, VAG oder WpHG als Inspirations- oder Rechtserkenntnisquelle heranzuziehen.[354] Heute spricht man methodisch-schillernd von einer Ausstrahlung des Aufsichtsrechts auf das Aktienrecht.[355] Nach zutreffender hM lassen sich die aufsichtsrechtlichen Vorgaben als „Organisationssonderrecht für Finanzdienstleistungsinstitute"[356] zwar nicht pauschal auf alle Aktiengesellschaften übertragen.[357] Dies steht einem punktuellen Rückgriff aber nicht entgegen,[358] weil aktien- und aufsichtsrechtliche Compliance trotz unterschiedlicher Ausgangspunkte (allgemeine versus prudentielle Corporate Governance, Aktionärs- versus Einlegerinteressen) im Kern demselben Grundgedanken verpflichtet sind: Sie sollen das Unternehmen durch entsprechende Organisationspflichten vor Nachteilen und Schäden bewahren, die sich aus Regelverstößen ergeben.[359] Konkret lassen sich vor allem sektorübergreifende Organisationspflichten allgemeinen Zuschnitts für die Auslegung der §§ 76 Abs. 1, 93 Abs. 1 fruchtbar machen. Dies gilt etwa für die Gesamtverantwortung der Geschäftsleiter für eine ordnungsgemäße Geschäftsorganisation (§ 25a Abs. 1 S. 2 KWG), die klare Zuordnung und Abgrenzung der Verantwortungsbereiche (§ 25a Abs. 1 S. 3 Nr. 3a KWG), die Pflicht zur angemessenen Ressourcenausstattung der Compliance-Funktion (§ 25a Abs. 1 S. 3 Nr. 4 KWG, Art. 22 Abs. 3 lit. a DelVO 2017/565[360] = § 33 Abs. 1 S. 2 Nr. 1 WpHG aF) und die regelmäßige Compliance-Berichterstattung (Art. 22 Abs. 2 lit. c DelVO 2017/565[361] = § 33 Abs. 1 S. 2 Nr. 5 WpHG aF).[362] In anderer Hinsicht ist angesichts der Detailfreudigkeit und Regelungstiefe aufsichtsrechtlicher Vorgaben mitsamt ihrer erläuternden Rundschreiben[363] aber größte Vorsicht angezeigt.[364]

62 f) Bedeutung des IDW-Prüfungsstandards 980 und der ISO 19600. Im Zusammenhang mit Compliance-Pflichten wird neuerdings vielfach auf den IDW-Prüfungsstandard 980 vom März 2011 verwiesen, der den Inhalt freiwilliger Prüfungen von Compliance-Management-Systemen aus Sicht der Wirtschaftsprüfer umreißt.[365] Ausweislich seiner Vorbemerkungen soll eine solche Prüfung den Leitungsorganen helfen, eine ermessensfehlerfreie Ausübung ihrer Organisationspflichten nachzuweisen.[366] In der Unternehmenspraxis scheint für standardisierte Prüfungen dieser Art ein Bedürfnis zu bestehen.[367] In der Tat enthält der sehr umfangreiche Standard PS 980 mit seinen sieben Grundelementen Compliance-Kultur, Compliance-Ziele, Compliance-Risiken, Compliance-Programm, Compliance-Organisation, Compliance-Kommunikation, Compliance-Überwachung und -Verbesserung viele wichtige Gestaltungshinweise. Die gelegentlich (zu) vollmundig versprochene Enthaftungswirkung[368] vermag ein positives Prüfungsurteil aber nicht herbeizuführen.[369] Ebenso wie die

---

[354] Für einen ersten Problemimpuls in diese Richtung *Fleischer* ZIP 2003, 1 (10): „aufsichtsrechtliche Schrittmacherrolle".
[355] Vgl. etwa *Dreher* ZGR 2010, 496; *Weber-Rey* ZGR 2010, 543; umfassend *Thaten*, Die Ausstrahlung des Aufsichts- auf das Aktienrecht am Beispiel der Corporate Governance von Banken und Versicherungen, 2016; ferner *Fischer*, Ausstrahlungswirkungen im Recht, 2017.
[356] *Fleischer* ZIP 2003, 1 (10).
[357] Vgl. Bürgers/Körber/*Bürgers* Rn. 14; *Fleischer* NZG 2014, 321 (325); *Merkt* ZIP 2014, 1705 (1710); MüKoAktG/*Spindler* Rn. 64.
[358] Vgl. *Fleischer* NZG 2014, 321 (325); *Leyens/Schmidt* JZ 2013, 533 (536).
[359] Vgl. *Fleischer* NZG 2014, 321 (325); eingehend *Thaten*, Die Ausstrahlung des Aufsichts- auf das Aktienrecht am Beispiel der Corporate Governance von Banken und Versicherungen, 2016, 191 ff., 212 ff.
[360] Delegierte VO (EU) 2017/565 der Kommission vom 25.4.2016, ABl. EU 2016 L 87, 1 vom 31.3.2017.
[361] Delegierte VO (EU) 2017/565 der Kommission vom 25.4.2016, ABl. EU 2016 L 87, 1 vom 31.3.2017.
[362] Näher *Fleischer* NZG 2014, 321 (325).
[363] Vgl. insbesondere BaFin, Rundschreiben 4/2010 (WA) – Mindestanforderungen an die Compliance-Funktion und die weiteren Verhaltens-, Organisations- und Transparenzpflichten nach §§ 31 ff. WpHG für Wertpapierdienstleistungsunternehmen, Stand: 7.1.2014; umfassend dazu *Krimphove/Kruse*, MaComp, 2013; näher zu den Implikationen von Verwaltungsvorschriften für die Legalitätspflicht des Vorstands *Langenbucher* ZBB 2013, 16 (21 ff.) einerseits; *Hopt* ZIP 2013, 1793 (1799) andererseits.
[364] Vgl. *Fleischer* NZG 2014, 321 (325); berechtigte Warnung vor einer „hasty generalization" auch bei *Langenbucher* ZHR 176 (2012), 652 (667); gegen ein unkontrolliertes „spilling over" ferner *Hopt* ZIP 2013, 1793 (1804).
[365] Vgl. IDW PS 980, WPg Supplement 2/2011, S. 78; dazu etwa *Fleischer* NZG 2014, 321 (325); Hüffer/Koch/*Koch* § 76 Rn. 17; Großkomm AktG/*Kort* Rn. 138; MüKoAktG/*Spindler* Rn. 71; umfassend zuletzt *Merkt* DB 2014, 2271 und 2331; monographisch *Jenne*, Die Überprüfung und Zertifizierung von Compliance-Management-Systemen, 2017.
[366] So IDW PS 980, WPg Supplement 2/2011, S. 78, 79 Rn. 1.
[367] Vgl. *Knop* Unternehmensjurist 2013, 42 (43 f.).
[368] So *Gelhausen/Wermelt* CCZ 2010, 208 (210); s. auch *v. Busekist/Hein* CCZ 2012, 41 (45 ff.).
[369] Vgl. *Fleischer* NZG 2014, 321 (326); Hüffer/Koch/*Koch* § 76 Rn. 17; *Moosmayer* NJW 2012, 3013 (3016); MüKoAktG/*Spindler* Rn. 71.

anderen IDW-Standards entfaltet auch der PS 980 keine rechtsgleiche Wirkung,[370] sondern bildet lediglich eine anerkannte Expertenauffassung bezüglich einer betriebswirtschaftlich konzipierten Systemprüfung, die aber Rechtsrisiken kaum sachkundig beurteilen und situationsspezifische Organpflichten erst recht nicht erfassen kann.[371] Dessen ungeachtet kann ein positives Testat den Organmitgliedern im Einzelfall bei der zivilprozessualen Beweiswürdigung oder der organschaftlichen Verschuldensprüfung wertvolle Dienste leisten.[372] Ähnliche Leitlinien gelten für die Beachtung der ISO 19600.[373]

3. Organisatorische Verankerung. a) Compliance als Leitungsaufgabe. Die Wahrnehmung der Compliance-Verantwortung fällt – ebenso wie die Pflicht zur Einrichtung eines Risikofrüherkennungssystems nach § 91 Abs. 2 (→ Rn. 37) – in den Kernbereich der Leitungsaufgaben iSd § 76 Abs. 1.[374] Sie ist damit zwingend dem Gesamtvorstand zugewiesen[375] und von ihm selbst wahrzunehmen: „Compliance ist Chefsache!"[376] Daher muss der Vorstand alle grundlegenden Entscheidungen über die Einrichtung einer Compliance-Organisation selbst treffen und sich regelmäßig von deren Wirksamkeit überzeugen (Organisations-, System- und Überwachungsverantwortung).[377]

b) Zulässigkeit und Grenzen einer Pflichtendelegation. Hiervon unberührt bleibt die Möglichkeit des Gesamtvorstands, konkrete Einzelpflichten im Wege der Arbeitsteilung nach allgemeinen Grundsätzen zu delegieren.[378] Zulässig und bei großen Unternehmen geradezu zwingend ist demnach die Einrichtung einer gegliederten Compliance-Organisation.[379] Auch in einem solchen Fall verbleibt die übergeordnete Organisations-, System- und Überwachungsverantwortung aber unentrinnbar beim Gesamtvorstand.[380]

aa) Horizontale Arbeitsteilung. Nach allgemeiner Ansicht darf der Gesamtvorstand die primäre Verantwortung für die Compliance-Aufgabe – wie bei anderen Leitungsaufgaben auch – einem bestimmten Vorstandsmitglied im Wege organinterner Arbeitsteilung zuweisen.[381] Rechtsprechung und Lehre verlangen hierfür mehrheitlich eine förmliche Zuweisung durch Satzung, Geschäftsordnung oder Vorstandsbeschluss.[382] Das zuständige Vorstandsmitglied muss die im Gesamtvorstand beschlossenen Grundlinien einer Compliance-Organisation dann in konkrete Organisationsmaßnahmen umsetzen und deren Implementierung überwachen.[383] Die übrigen Vorstandsmitglieder werden hierdurch nicht von jeder Verantwortung befreit, sondern müssen die Compliance-bezogene Aufgabenwahrnehmung durch ihren Vorstandskollegen über die Ressortgrenzen hinweg laufend beobachten.[384] Diese Beobachtungspflicht kann im Einzelfall zu einer Interventionspflicht erstarken, wenn

---

[370] Vgl. *Fleischer* NZG 2014, 321 (326); vertiefend *Schülke*, IDW-Standards und Unternehmensrecht, 2014, 283 ff. und passim.
[371] Kritisch zur Entlastungswirkung mit Unterschieden im Einzelnen *Böttcher* NZG 2011, 1054; *Moosmayer*, Compliance, 3. Aufl. 2015, Rn. 299 ff.; *Rieder/Falge* BB 2013, 778.
[372] Näher *Jenne*, Die Überprüfung und Zertifizierung von Compliance-Management-Systemen, 2017, 326 ff.; *Merkt* DB 2014, 2331 (2335 f.); MüKoAktG/*Spindler* Rn. 71; ferner Hüffer/Koch/*Koch* § 76 Rn. 17.
[373] Vgl. Hüffer/Koch/*Koch* § 76 Rn. 17; näher *Fissenewert* NZG 2015, 1009 (1010 ff.).
[374] Vgl. *Arnold* ZGR 2014, 76 (80); *Bicker* AG 2012, 542 (544); BankR-HdB/*Eisele/Faust* § 109 Rn. 99; *Fleischer* CCZ 2008, 1 (3); *Fleischer* NZG 2014, 321 (323); Hüffer/Koch/*Koch* § 76 Rn. 12; *Lösler* WM 2007, 676 (679 f.); *U. H. Schneider* ZIP 2003, 645 (647); *Simon/Merkelbach* AG 2014, 318 (320); *Spindler* WM 2008, 905 (908).
[375] Vgl. LG München I NZG 2014, 345 (348); *Bürgers* ZHR 179 (2015), 173 (179); *Fleischer* NZG 2014, 321 (322); Hüffer/Koch/*Koch* § 76 Rn. 12; zweifelnd *Nietsch* ZGR 2015, 631 (663 f.).
[376] *Fleischer* CCZ 2008, 1 (3); *Fleischer* NZG 2014, 321 (323); *Lösler* WM 2007, 676 (679).
[377] Vgl. *Bürgers* ZHR 179 (2015), 173 (179); *Fleischer* NZG 2014, 321 (323); *Merkt* ZIP 2014, 1705 (1711); Kölner Komm AktG/*Mertens/Cahn* Rn. 36; *Simon/Merkelbach* AG 2014, 318 (320); *E. Vetter* FS v. Westphalen, 2010, 719 (730).
[378] Vgl. *Arnold* ZGR 2014, 76 (80); *Bürgers* ZHR 179 (2015), 173 (179); *Fleischer* NZG 2014, 321 (323); *Harbarth* ZHR 179 (2015), 136 (162 ff.); MüKoAktG/*Spindler* Rn. 68.
[379] Vgl. *Fleischer* CCZ 2008, 1 (3); *Fleischer* NZG 2014, 321 (323); *Kort* FS G. H. Roth, 2011, 407 (409); MüKoAktG/*Spindler* Rn. 68.
[380] Vgl. *Fleischer* NZG 2014, 321 (323); Hölters/*Hölters* § 93 Rn. 97; Hüffer/Koch/*Koch* § 76 Rn. 12; *Merkt* ZIP 2014, 1705 (1712); MüKoAktG/*Spindler* Rn. 68; *Rodewald/Unger* BB 2007, 1629 (1633).
[381] Vgl. *Bürgers* ZHR 179 (2015), 173 (179); *Fleischer* CCZ 2008, 1 (3); *Fleischer* NZG 2014, 321 (323); *Goette* ZHR 175 (2011), 388 (394); *Hauschka* NJW 2004, 257 (259); *Kremer/Klahold* ZGR 2010, 113 (125); *Meyer* DB 2014, 1063 (1066); MüKoAktG/*Spindler* Rn. 68; *Pietzke* CCZ 2010, 45 (52).
[382] Vgl. *Fleischer* NZG 2014, 321 (323); *Nietsch* ZIP 2013, 1449 (1454 f.).
[383] Vgl. *Fleischer* NZG 2014, 321 (323).
[384] Vgl. *Arnold* ZGR 2014, 76 (80); *Bunting* ZIP 2012, 1542 (1543); *Bürgers* ZHR 179 (2015), 173 (180); *Fleischer* NZG 2014, 321 (323); *Goette* ZHR 175 (2011), 388 (394).

die anderen Vorstandsmitglieder Hinweise auf Funktionsdefizite der eingerichteten Compliance-Organisation oder Kenntnis von Fehlentwicklungen erhalten.[385]

66 **bb) Vertikale Arbeitsteilung.** Unterhalb der Vorstandsebene wird vielfach die Einrichtung eines Compliance-Beauftragten geboten sein, der das Compliance-System aufbaut und weiterentwickelt.[386] Er übernimmt auch allfällige Dokumentationspflichten für den Vorstand und erstattet ihm regelmäßig Bericht. Ob die Compliance-Stelle organisatorisch der Rechtsabteilung, einem aus verschiedenen Stabsstellen zusammengesetzten Lenkungskreis oder einer eigenständigen Compliance-Abteilung zugeschlagen wird, liegt gesellschaftsrechtlich[387] im Ermessen des Vorstands.[388] Dieser wird von seiner „Oberaufsicht" aber selbst bei Einrichtung einer Compliance-Abteilung unter Führung eines (Chief-)Compliance Officer nicht befreit.[389]

67 **c) Aufgabenverteilung zwischen Vorstand und Aufsichtsrat.** Im aktienrechtlichen Organisationsgefüge obliegt die Compliance-Verantwortung grundsätzlich dem Vorstand (→ Rn. 63). Den Aufsichtsrat trifft daher keine unmittelbare Überwachungspflicht im Hinblick auf Gesetzesverstöße von nachgeordneten Mitarbeitern.[390] Allerdings muss er sehr wohl überwachen, ob der Vorstand seiner Compliance-Verantwortung gegenüber allen Unternehmensangehörigen nachkommt.[391] Die Überwachungsaufgabe des Aufsichtsrats iSd § 111 Abs. 1 schließt also eine Compliance-Kontrolle des Vorstandshandelns ein, wie sie auch Ziff. 5.3.2 DCGK voraussetzt (→ Rn. 52).

68 Komplizierter wird es, wenn sich bei laufenden Ermittlungen Anhaltspunkte für ein mögliches Fehlverhalten einzelner Vorstandsmitglieder ergeben. Einzelne Literaturstimmen halten es auch in diesem Fall für ausreichend, dass sich der Aufsichtsrat darauf beschränkt, die Sachverhaltsermittlung durch die übrigen Vorstandsmitglieder zu überwachen und sich über den Erkenntnisstand laufend berichten zu lassen, sofern eine effektive Untersuchung durch die übrigen Vorstandsmitglieder in der konkreten Situation vernünftigerweise erwartet werden könne.[392] Zur Begründung stützen sie sich darauf, dass sich der Vorstand seiner Compliance-Pflichten aus § 76 Abs. 1 AktG, § 93 Abs. 1 nicht entledigen dürfe (→ Rn. 63). Zu keiner Zeit gehe daher die Aufklärungsverantwortung in einer den Vorstand verdrängenden Weise auf den Aufsichtsrat über.[393] Andere Autoren stehen diesen Argumenten kritisch gegenüber.[394] Sie verweisen neben der Überwachungsverantwortung aus § 111 Abs. 1 insbesondere auf § 112 und die ihm zugrunde liegende Wertung, Interessenkonflikte zu vermeiden.[395]

69 Wenig geklärt ist schließlich, ob der Vorstand in derartigen Fällen bei der Sachverhaltsaufklärung mit dem Aufsichtsrat zusammenarbeiten darf. Eine solche Zusammenarbeit wird in jüngster Zeit von verschiedenen Autoren als zulässig und sogar erstrebenswert angesehen:[396] Es liege im Unternehmensinteresse, effizient aufzuklären, Doppelarbeit zu vermeiden, personelle und finanzielle Ressourcen der Gesellschaft zu schonen und die negativen Auswirkungen möglicher Compliance-Verstöße auf die Gesellschaft möglichst zu begrenzen.[397] Andere Literaturstimmen äußern sich im Grundton ebenfalls positiv, halten aber eine gemeinsame Mandatierung von internen oder externen Sachver-

---

[385] Vgl. *Arnold* ZGR 2014, 76 (80); *Bürgers* ZHR 179 (2015), 173 (181); *Fleischer* NZG 2014, 321 (323); *Meyer* DB 2014, 1063 (1066); *Moosmayer*, Compliance, 3. Aufl. 2015, Rn. 63.
[386] Dazu *Bürgers* ZHR 179 (2015), 173 (181 f.); *Fleischer* NZG 2014, 321 (323); *Kremer/Klahold* ZGR 2010, 113 (125 f.); MüKoAktG/*Spindler* Rn. 68.
[387] Zu aufsichtsrechtlichen Einschränkungen *Gebauer/Niermann* in Hauschka/Moosmayer/Lösler Corporate Compliance-HdB § 48 Rn. 19.
[388] Vgl. *Arnold* ZGR 2014, 76 (80); *Dreher* FS Hüffer, 2010, 161 (172); *Fleischer* CCZ 2008, 1 (3); *Fleischer* NZG 2014, 321 (324); Großkomm AktG/*Kort* Rn. 67; *U. H. Schneider* NZG 2009, 1321 (1325); enger Hölters/*Hölters* § 93 Rn. 97.
[389] Vgl. *Fleischer* CCZ 2008, 1 (3); *Seibt/Cziupka* DB 2014, 1598 (1600).
[390] Vgl. *Arnold* ZGR 2014, 76 (86); *Kort* FS Hopt, 2010, 983 (997); *Lutter* FS Hüffer, 2010, 617; *Winter* FS Hüffer, 2010, 1103 (1109).
[391] Vgl. *Arnold* ZGR 2014, 76 (86); *Bicker* AG 2012, 542 (544); *Habersack* AG 2014, 1 (2); *Kort* FS Hopt, 2010, 983 (997 f.); *Lutter* FS Hüffer, 2010, 617 (619); *Reichert/Ott* NZG 2014, 241 (244 f.); *Winter* FS Hüffer, 2010, 1103 (1108).
[392] So *Wagner* CCZ 2009, 8 (15); ähnlich *Arnold* ZGR 2014, 76 (100).
[393] So *Arnold* ZGR 2014, 76 (100).
[394] Vgl. *Bicker/Pohlmann* Audit Committee Quarterly I/2013, 5 (7 f.); *Golombek* WiJ 2012, 162 (169); *Knauer* ZWH 2012, 81 (82).
[395] Vgl. *Golombek* WiJ 2012, 162 (169).
[396] Dazu *Arnold* ZGR 2014, 76 (103 ff.); *Bicker/Pohlmann* Audit Committee Quarterly I/2013, 5 (8); *Habersack* AG 2014, 1 (6); *Knauer* ZWH 2012, 81 (82); *Reichert/Ott* NZG 2014, 241 (250) („Kooperationsgebot"); *Wisskirchen/Glaser* Board 2012, 148 (149).
[397] So *Arnold* ZGR 2014, 76 (103).

ständigen für untauglich.³⁹⁸ Richtigerweise ist eine koordinierte Sachverhaltsaufklärung nicht von vornherein ausgeschlossen, sofern sich der Verdacht einer Pflichtverletzung nicht gegen sämtliche Vorstandsmitglieder richtet. Allerdings muss gewährleistet sein, dass der Aufsichtsrat seine eigenverantwortliche Überwachungsaufgabe auch weiterhin uneingeschränkt wahrnehmen und die Untersuchung nach seinen Vorstellungen steuern kann.³⁹⁹ Zudem ist dringend zu empfehlen, dass sich Vorstand und Aufsichtsrat von Anfang an getrennt anwaltlich beraten lassen.⁴⁰⁰ Von selbst versteht sich schließlich, dass beide Organe die rechtlichen Schlussfolgerungen aus dem gemeinsam ermittelten Sachverhalt jeweils eigenverantwortlich und unabhängig voneinander ziehen müssen.⁴⁰¹

4. Compliance im Konzern. Ähnlich wie im Rahmen des § 91 Abs. 2 (→ Rn. 41) beschränkt **70** sich die Compliance-Verantwortung des Vorstands einer Muttergesellschaft nach hL nicht nur auf das eigene Unternehmen, sondern erstreckt sich auch auf die Tochter- und Enkelgesellschaften.⁴⁰² Dieser hat für eine ordnungsgemäße Compliance-Organisation im aktienrechtlichen Unternehmensverbund zu sorgen, darf die konkrete Aufgabenwahrnehmung aber einem Mitglied des Konzernvorstands im Wege organinterner Geschäftsverteilung übertragen. Zu den Gesamtleitungsaufgaben gehört außerdem die Verabschiedung einheitlicher Konzernrichtlinien, welche die Grundlage für eine konzernweite Compliance-Ordnung bilden.⁴⁰³ Auch die Bestellung eines Konzern-Compliance-Verantwortlichen⁴⁰⁴ obliegt als Führungspostenbesetzung dem Konzernvorstand.⁴⁰⁵ Die Begründungen für diese konzerndimensionale Compliance-Pflicht variieren: Teils stützt man sich auf die Legalitätspflicht des Vorstands der Muttergesellschaft („Pflicht zur konzerndimensionalen Legalitätskontrolle"⁴⁰⁶),⁴⁰⁷ teils verweist man auf das Eigeninteresse des herrschenden Unternehmens, Rechtsverstöße bei den Tochtergesellschaften zu unterbinden, die auch bei ihm zu Vermögenseinbußen und Reputationsschäden führen können („Schadensabwendungspflicht"⁴⁰⁸).⁴⁰⁹ Es gibt aber auch Gegenstimmen, die einer konzernweiten Compliance-Verantwortung des Muttervorstands kritisch gegenüberstehen.⁴¹⁰ Sie vermissen hierfür eine tragfähige Rechtsgrundlage⁴¹¹ oder machen geltend, dass sich die Binnenpflichten des Muttervorstands gegenüber seiner eigenen Gesellschaft nur in beschränktem Umfang als Ableitungsbasis für eine umfassende Pflicht zur Konzern-Compliance eigneten.⁴¹² Der hL ist beizutreten. Für sie spricht zum einen die Anerkennung konzerndimensionale Überwachungspflichten im Rahmen des § 91 Abs. 2 (→ Rn. 41). Zum anderen lässt sich eine Pflicht zur konzernweiten Legalitätskontrolle auch aus der allgemeinen Leitungssorgfalt der § 76 Abs. 1, § 93 Abs. 1 ableiten. Ungeachtet aller Streitfragen um die Reichweite der sog. Konzernleitungspflicht (→ § 76 Rn. 84 ff.) herrscht nämlich Einigkeit darüber, dass der Konzernvorstand zum pfleglichen Umgang mit dem Beteiligungsbesitz verpflichtet ist.⁴¹³ Deshalb muss er dafür Sorge tragen, dass die Konzernobergesellschaft nicht durch Rechtsverletzungen der nachgeordneten Konzerngesellschaften unmittelbar oder mittelbar Schaden erleidet.⁴¹⁴

Allgemein verbindliche Leitlinien zur Ausgestaltung der Compliance-Struktur lassen sich im akti- **71** enrechtlichen Unternehmensverbund noch weniger aufstellen als in der unabhängigen Aktiengesell-

---

³⁹⁸ In diesem Sinne *Habersack* AG 2014, 1 (6); *Knauer* ZWH 2012, 81 (82).
³⁹⁹ Wie hier *Bicker/Pohlmann* Audit Committee Quarterly I/2013, 5 (8); *Habersack* AG 2014, 1 (6).
⁴⁰⁰ Wie hier *Bicker/Pohlmann* Audit Committee Quarterly I/2013, 5 (8); *Knauer* ZWH 2012, 81 (82).
⁴⁰¹ Vgl. *Arnold* ZGR 2014, 76 (104).
⁴⁰² Vgl. *Bicker* AG 2012, 542 (548); *Bürkle* BB 2007, 1797 (1799); *Casper* in Bankrechtstag 2008, 139 (170 f.); *Dreher* ZWeR 2004, 86 (101 ff.); *Fleischer* CCZ 2008, 1 (5); *Immenga* FS Schwark, 2009, 199 (204); *Lösler* NZG 2005, 104 (105 ff.); *Lutter* FS Goette, 2011, 289 (292 ff.); *U. H. Schneider* NZG 2009, 1321 (1323 ff.); *U. H. Schneider/S. H. Schneider* ZIP 2007, 2061 (2064); enger *Hüffer/Koch/Koch* § 76 Rn. 21 f.; *Koch* WM 2009, 1013 (1015 ff.); MüKoAktG/*Spindler* Rn. 76.
⁴⁰³ Vgl. BankR-HdB/*Eisele/Faust* § 109 Rn. 100; *Merkt* ZIP 2014, 1705 (1710).
⁴⁰⁴ Dazu *Lösler*, Compliance im Wertpapierdienstleistungskonzern, 2003, 301 ff.
⁴⁰⁵ Vgl. *Fleischer* CCZ 2008, 1 (5).
⁴⁰⁶ *Fleischer* CCZ 2008, 1 (5); *Lutter* FS Goette, 2011, 289 (292).
⁴⁰⁷ Vgl. *U. H. Schneider/S. H. Schneider* ZIP 2007, 2061 (2063 f.).
⁴⁰⁸ *Verse* ZHR 175 (2011), 401 (407).
⁴⁰⁹ Vgl. *Casper* in Bankrechtstag 2008, 139 (171); *Fleischer* CCZ 2008, 1 (5); *Habersack* FS Möschel, 2011, 1175 (1182); *Lutter* FS Goette, 2011, 289, 291 f.; *Spindler* WM 2008, 905 (916).
⁴¹⁰ Vgl. *Hüffer* FS Goette, 2011, 299 (306 f.); *Hüffer/Koch/Koch* § 76 Rn. 20 ff.; *Koch* WM 2009, 1013 (1017 ff.).
⁴¹¹ Vgl. *Hüffer* FS Goette, 2011, 299 (306).
⁴¹² Vgl. *Koch* WM 2009, 1013 (1014).
⁴¹³ Vgl. *Bicker* AG 2012, 542 (548); *Fleischer* CCZ 2008, 1 (5); *Lutter* FS Goette, 2011, 289 (291); Kölner Komm AktG/*Mertens/Cahn* § 76 Rn. 65; *Verse* ZHR 175 (2011), 402 (408).
⁴¹⁴ Vgl. *Fleischer* CCZ 2008, 1 (5); *Lutter* FS Goette, 2011, 289 (291); *Verse* ZHR 175 (2011), 401 (408).

schaft.⁴¹⁵ Die organisatorische Verankerung der Compliance-Stellen muss sich an der Organisationsstruktur des Konzerns orientieren. Dabei können bei international tätigen, tief gestaffelten Konzernen neben divisionalen auch regionale Compliance-Organisationen erforderlich sein.⁴¹⁶ Ob der Konzernvorstand eine eigenständige Compliance-Abteilung auf Konzernebene oder einen nur aus verschiedenen Stabsstellen zusammengesetzten Konzern-Compliance-Lenkungskreis einrichtet, liegt gesellschaftsrechtlich⁴¹⁷ in seinem Organisationsermessen.⁴¹⁸ Stets müssen die lokalen, divisionalen oder funktionalen Compliance-Beauftragten aber in eine durchgängige, bis zum Konzernvorstand reichende Berichtslinie eingebunden sein.⁴¹⁹

72 Die unmittelbare Verantwortung für die Umsetzung der konzernweiten Compliance-Vorgaben obliegt den einzelnen Konzernunternehmen.⁴²⁰ Deren Organmitglieder müssen in ihrem jeweiligen Bereich für rechtmäßige Zustände sorgen.⁴²¹ Diese originäre Compliance-Verantwortung des Tochtervorstands bedeutet allerdings nicht, dass im Konzernverbund ohne hinreichenden Anlass kostspielige Dopplungen von Compliance-Strukturen vorzunehmen wären. Vielmehr ist es dem Tochtervorstand gestattet, auf die vorhandene Compliance-Organisation der Muttergesellschaft zurückzugreifen und die tochtereigenen Compliance-Strukturen in deren konzernweites Compliance-System zu integrieren.⁴²² Noch weitergehend besteht sogar eine Pflicht von Mutter- und Tochtervorstand zur konzernweiten Koordinierung und Vernetzung der Compliance-Strukturen.⁴²³ Dabei gleicht die Aufgabenverteilung zwischen Mutter- und Tochtergesellschaft einem System kommunizierender Röhren: Je lückenhafter die Kontrolle der Konzern-Compliance über die Tochtergesellschaften ausfällt, umso größere Compliance-Pflichten treffen den Tochtervorstand.⁴²⁴ Umgekehrt kann die Compliance-Funktion bei der Tochtergesellschaft umso schmaler sein, je intensiver die Kontrolle der Konzern-Compliance ausfällt.⁴²⁵ Selbst bei einer schlagkräftigen Konzern-Compliance ist der Tochtervorstand allerdings gehalten, ein Mindestmaß an Compliance-Funktionen im eigenen Unternehmen vorzuhalten, um seiner Compliance-bezogenen Informationsverantwortung zu genügen und im Not- oder Streitfall die Compliance-Verantwortung wieder selbst übernehmen zu können. Über Einzelheiten dieser Mindestausstattung gehen die Meinungen im Schrifttum auseinander.⁴²⁶

73 Ungeachtet der unmittelbaren Compliance-Verantwortung des Tochtervorstands verbleibt beim Konzernvorstand wegen seiner nicht delegierbaren „Oberleitung" eine gewisse Organisations- und Überwachungsverantwortung. Er muss vor allem für die Errichtung eines konzernweiten Berichtssystems zu Informationszwecken sorgen.⁴²⁷ Dazu gehört einmal eine periodische Compliance-Berichterstattung über festgestellte Verstöße, ergriffene Gegenmaßnahmen und die allgemeine Einschätzung der konzerninternen Compliance-Risiken.⁴²⁸ Hinzu kommt eine anlassbezogene Ad-hoc-Berichterstattung über Compliance-Verstöße von konzernweiter Bedeutung.⁴²⁹ Darüber hinaus hat sich der Konzernvorstand durch geeignete Maßnahmen davon zu überzeugen, dass die konzerninternen Compliance-Vorgaben tatsächlich eingehalten werden.⁴³⁰ Dies kann in Abstimmung zwischen dem

---

⁴¹⁵ Vgl. *Fleischer* CCZ 2008, 1 (5 f.); *Verse* ZHR 175 (2011), 401 (407 ff.).
⁴¹⁶ Vgl. *Fleischer* CCZ 2008, 1 (6); *Kremer/Klahold* ZGR 2010, 113 (127).
⁴¹⁷ Zu strengeren aufsichtsrechtlichen Vorgaben *Gebauer/Niermann* in Hauschka/Moosmayer/Lösler Corporate Compliance-HdB § 48 Rn. 71.
⁴¹⁸ Vgl. *Bicker* AG 2012, 542 (549); *Fleischer* CCZ 2008, 1 (6); Hüffer/Koch/*Koch* § 76 Rn. 13; *Merkt* ZIP 2014, 1705 (1711); *Verse* ZHR 175 (2011), 401 (416).
⁴¹⁹ Vgl. BankR-HdB/*Eisele/Faust* § 109 Rn. 104; zur notwendigen Vernetzung auch *Casper* in Bankrechtstag 2008, 139 (172).
⁴²⁰ Vgl. *Bicker* AG 2012, 542 (548); *Casper* in Bankrechtstag 2008, 139 (171 f.); *Fleischer* CCZ 2008, 1 (6); *Goette* ZHR 175 (2011), 388 (393); Hölters/*Hölters* § 93 Rn. 111; *Hüffer* FS G. H. Roth, 2011, 299 (306 f.); *Spindler* WM 2008, 905 (916); *Verse* ZHR 175 (2011), 401, (412, 415).
⁴²¹ Vgl. *Bicker* AG 2012, 542 (551); *Hüffer* FS G.H. Roth, 2011, 299 (306 f.); *Verse* ZHR 175 (2011), 401 (415).
⁴²² Ähnlich *Bicker* AG 2012, 542 (551); *Casper* in Bankrechtstag 2008, 139 (171); *Spindler* WM 2008, 905 (916).
⁴²³ In diese Richtung auch *Bicker* AG 2012, 542 (551); *Casper* in Bankrechtstag 2008, 139 (171 f.).
⁴²⁴ Vgl. *Bicker* AG 2012, 542 (551).
⁴²⁵ Vgl. *Bicker* AG 2012, 542 (551).
⁴²⁶ Vgl. einerseits *Spindler* WM 2008, 905 (917); andererseits *Casper* in Bankrechtstag 2008, 139 (172).
⁴²⁷ Vgl. *Bicker* AG 2012, 542 (550); *Gebauer/Niermann* in Hauschka/Moosmayer/Lösler Corporate Compliance-HdB § 48 Rn. 72; Hüffer/Koch/*Koch* § 76 Rn. 24; *Lösler*, Compliance im Wertpapierdienstleistungskonzern, 2003, 302; *U. H. Schneider/S. H. Schneider* ZIP 2007, 2061 (2065); *U. H. Schneider* NZG 2009, 1321 (1325); *Verse* ZHR 175 (2011), 401 (416 f.).
⁴²⁸ Vgl. *Bicker* AG 2012, 542 (550); *Fleischer* CCZ 2008, 1 (6); *Verse* ZHR 175 (2011), 401 (417).
⁴²⁹ Vgl. *Bicker* AG 2012, 542 (550); *Fleischer* CCZ 2008, 1 (6); *Verse* ZHR 175 (2011), 401 (417).
⁴³⁰ Vgl. *Fleischer* CCZ 2008, 1 (6); *Verse* ZHR 175 (2011), 401 (417).

Konzern-Compliance-Beauftragten und den betroffenen Konzernunternehmen unangekündigte Stichprobenkontrollen in einzelnen Konzernbereichen einschließen.[431]

Allerdings stößt die Einwirkungsmacht der Muttergesellschaft mitunter auf gesellschaftsrechtliche Grenzen, die je nach Konzernierungsform unterschiedlich verlaufen.[432] Dies schlägt sich in einer reduzierten Compliance-Verantwortung des Konzernvorstands nieder, dessen Pflichtenprogramm nicht weiter reichen kann als seine rechtlichen Einflussmöglichkeiten.[433] Ganz in diesem Sinne verlangt Ziff. 4.1.3 S. 1 DCGK nur, dass der (Konzern-)Vorstand auf die Einhaltung der gesetzlichen Bestimmungen und konzerninternen Richtlinien „hinwirkt". Im Vertrags- und Eingliederungskonzern kann er die Compliance-bezogenen Berichts- und Überwachungspflichten durch entsprechende Weisungen durchsetzen.[434] Dagegen ist seine Rechtsmacht im faktischen Aktienkonzern begrenzt. Zuweilen delegieren Tochtergesellschaften gewisse Compliance-Funktionen aber freiwillig an die Muttergesellschaft.[435] Darüber hinaus besteht eine Bemühenspflicht der Muttergesellschaft, sich alle erforderlichen Compliance-Informationen bei den Konzernunternehmen zu beschaffen.[436] Möglich bleiben ferner eigene Maßnahmen der Muttergesellschaft zur Identifizierung der in den Tochterunternehmen drohenden Rechtsrisiken.[437] Notfalls muss sie durch ihre Repräsentanten im Aufsichtsrat der Tochtergesellschaft von ihrer Personalkompetenz Gebrauch machen, wenn deren Vorstandsmitglieder Gesetzesverstöße dulden oder fördern.[438]

5. Rechtsfolgen einer Pflichtverletzung. a) Strafrecht. Vorstandsmitglieder, die ihre Compliance-Pflichten vorsätzlich oder fahrlässig verletzen, verstoßen unter Umständen gegen § 130 OWiG, der die Verletzung der Aufsichtspflicht in Betrieben und Unternehmen als Ordnungswidrigkeit ahndet und über § 9 OWiG die Vorstandsmitglieder als aufsichtspflichtige Personen in die Verantwortung einbezieht.[439] Schreiten Vorstandsmitglieder gegen ihnen bekannt gewordene Straftaten von Unternehmensangehörigen nicht ein, so ist wegen einer möglichen strafrechtlichen Garantenpflicht auch an eine Unterlassungsstrafbarkeit aus dem zugrunde liegenden Delikt zu denken.[440] Dies hat der BGH für einen – nicht dem Vorstand angehörenden – Compliance Officer entschieden.[441] Allerdings ist diese Entscheidung aus zivilrechtlicher Sicht scharf kritisiert worden und jedenfalls nicht verallgemeinerungsfähig.[442]

b) Zivilrecht. Zivilrechtlich kommt eine Haftung der pflichtvergessenen Vorstandsmitglieder aus § 93 Abs. 2 in Betracht.[443] Allerdings lassen vorsätzliche Zuwiderhandlungen von Unternehmensangehörigen nicht notwendig den Schluss auf unzureichende Compliance-Maßnahmen zu.[444] Vielmehr ist die Frage nach der gebotenen Compliance aus einer *ex-ante*-Perspektive, dh unter Ausblendung des eingetretenen Normenverstoßes, zu beurteilen.[445] Außerdem muss das Organisationsermessen der Vorstandsmitglieder bei der Ausgestaltung der jeweiligen Compliance-Organisation (→ Rn. 56) berücksichtigt werden.

Ein aktuelles Urteil des LG München I,[446] veranschaulicht, dass Schadensersatzklagen gegen Vorstandsmitglieder wegen Verletzung von Compliance-Pflichten entgegen mancher Vorhersagen

---

[431] Vgl. *Bicker* AG 2012, 542 (550); *Fleischer* CCZ 2008, 1 (6); *Verse* ZHR 175 (2011), 401 (416).
[432] Dazu *Casper* in Bankrechtstag 2008, 139 (172 ff.); *Fleischer* CCZ 2008, 1 (6); MüKoAktG/*Spindler* Rn. 76 ff.; *Spindler* WM 2008, 905 (915 f.); *Verse* ZHR 175 (2011), 401 (417 ff.).
[433] Vgl. *Dreher* ZWeR 2004, 75 (102); *Fleischer* CCZ 2008, 1 (6); *Verse* ZHR 175 (2011), 401 (417).
[434] Vgl. *Fleischer* CCZ 2008, 1 (6); Hüffer/Koch/*Koch* § 76 Rn. 403; *Immenga* FS Schwark, 2009, 199 (204 f.); *Lutter* FS Goette, 2011, 289 (293); *Spindler* WM 2008, 905 (916); *Verse* ZHR 175 (2011), 401 (418); s. auch Hüffer/Koch/*Koch* § 76 Rn. 24.
[435] Vgl. *Fleischer* CCZ 2008, 1 (6); *Lutter* FS Goette, 2011, 289 (294); *Wirtz* WuW 2001, 342 (349).
[436] Vgl. *Fleischer* CCZ 2008, 1 (6); *Verse* ZHR 175 (2011), 401 (419).
[437] Vgl. *Fleischer* CCZ 2008, 1 (6).
[438] Vgl. *Fleischer* CCZ 2008, 1 (6); zustimmend *Hauschka* in Bankrechtstag 2008, 103 (135).
[439] Vgl. *Kremer/Klahold* ZGR 2010, 113 (141); *U. H. Schneider* NZG 2009, 1321 (1322).
[440] Vgl. *Kremer/Klahold* ZGR 2010, 113 (140); *U. H. Schneider* NZG 2009, 1321 (1322).
[441] Vgl. BGHSt 54, 44; dazu *Favoccia/Richter* AG 2010, 137; *Ransiek* AG 2010, 147; *Rönnau/Schneider* ZIP 2010, 53.
[442] Vgl. *Hüffer* FS G. H. Roth, 2011, 299 (305 f.); Hüffer/Koch/*Koch* § 76 Rn. 19; *Rieder* FS Goette, 2011, 413 (414 ff.).
[443] Vgl. LG München I NZG 2014, 345; *Casper* in Bankrechtstag 2008, 139 (164); *Kremer/Klahold* ZGR 2010, 113 (141); *Meier-Greve* BB 2009, 2555 ff.; *Spindler* WM 2008, 905 (915).
[444] Vgl. BankR-HdB/*Eisele/Faust* § 109 Rn. 124a; *Fleischer* CCZ 2008, 1 (3); *Moosmayer*, Compliance, 3. Aufl. 2015, Rn. 6; *Steinmeyer/Späth* in Wieland/Steinmeyer/Grüninger, Handbuch Compliance Management, 2010, 171 (196).
[445] Vgl. *Bachmann* in VGR, Gesellschaftsrecht in der Diskussion 2007, 2008, 65 (83); *Fleischer* AG 2003, 291 (300).
[446] LG München I NZG 2014, 345.

im Schrifttum[447] sehr wohl erfolgreich sein können.[448] Insbesondere scheint die Spruchpraxis gewillt, der Gesellschaft bei Schwierigkeiten des Nachweises einer hypothetischen Entwicklung mit Darlegungs- und Beweiserleichterungen zu helfen.[449] Dem ist im Ergebnis bei gänzlich fehlenden oder ersichtlich unzulänglichen Compliance-Vorkehrungen beizutreten.[450] Welcher dogmatische Weg dabei vorzugswürdig ist, bedarf noch weiterer Überlegungen.[451] Anders dürfte die Beurteilung dagegen bei einer grundsätzlich funktionsfähigen Compliance-Organisation ausfallen, weil man sonst das breite Organisationsermessen des Vorstands hinsichtlich der Einzelausgestaltung des Compliance-Systems (→ Rn. 56) unterlaufen würde.[452] Mögliche Schadensposten sind verhängte Geldbußen gegen das Unternehmen,[453] Schadensersatzansprüche von Geschäftspartnern,[454] finanzielle Nachteile einer Vergabesperre für das Unternehmen[455] sowie Schäden durch die Nichtabzugsfähigkeit von Schmiergeldzahlungen und die Rückabwicklung korruptiv angebahnter Verträge.[456] Außerdem können die Kosten der internen Aufklärung ersatzfähig sein.[457]

§ 92 Vorstandspflichten bei Verlust, Überschuldung oder Zahlungsunfähigkeit

(1) Ergibt sich bei Aufstellung der Jahresbilanz oder einer Zwischenbilanz oder ist bei pflichtmäßigem Ermessen anzunehmen, daß ein Verlust in Höhe der Hälfte des Grundkapitals besteht, so hat der Vorstand unverzüglich die Hauptversammlung einzuberufen und ihr dies anzuzeigen.

(2) ¹Nachdem die Zahlungsunfähigkeit der Gesellschaft eingetreten ist oder sich ihre Überschuldung ergeben hat, darf der Vorstand keine Zahlungen leisten. ²Dies gilt nicht von Zahlungen, die auch nach diesem Zeitpunkt mit der Sorgfalt eines ordentlichen und gewissenhaften Geschäftsleiters vereinbar sind. ³Die gleiche Verpflichtung trifft den Vorstand für Zahlungen an Aktionäre, soweit diese zur Zahlungsunfähigkeit der Gesellschaft führen mussten, es sei denn, dies war auch bei Beachtung der in § 93 Abs. 1 Satz 1 bezeichneten Sorgfalt nicht erkennbar.

Schrifttum: 1. Pflicht zur Verlustanzeige: *Göcke,* Die Absage einer zur Anzeige eines Verlusts der Hälfte des Grundkapitals einzuberufenen Hauptversammlung, AG 2014, 119; *Knebel/Schmidt,* Gestaltungen zur Eigenkapital-Optimierung vor dem Hintergrund der Finanzkrise, BB 2009, 430; *Kühnberger,* Verlustanzeigebilanz – zu Recht kaum beachteter Schutz für Eigentümer?, DB 2000, 2077; *Martens,* Die Anzeigepflicht des Verlustes des Garantiekapitals nach dem AktG und dem GmbHG, ZGR 1972, 254; *Mertens,* Anwendbarkeit des § 92 Abs. 1 AktG im Vergleichsverfahren, AG 1983, 173; *Mertens,* Kapitalverlust und Überschuldung bei eigenkapitalersetzenden Darlehen, FS Forster, 1992, 415; *W. Müller,* Der Verlust der Hälfte des Grund- oder Stammkapitals, ZGR 1985, 191; *Nowotny,* Verlust des halben Stammkapitals, FS Semler, 1993, 231; *Plagemann,* Beseitigung des Verlusts gem. § 92 I AktG vor Durchführung der Hauptversammlung, NZG 2014, 207; *Priester,* Verlustanzeige und Eigenkapitalersatz, ZGR 1999, 533; *Reuter,* „Krisenrecht" im Vorfeld der Insolvenz – das Beispiel der börsennotierten AG, BB 2003, 1797; *Winkeljohann/Förschle/Deubert,* Sonderbilanzen, 5. Aufl. 2016.

2. Zahlungsverbot: *Altmeppen,* Gegen „Fiskus"- und „Sozialversicherungsprivileg" bei Insolvenzreife, FS Goette, 2011, 3; *Altmeppen,* Was bleibt von den masseschmälernden Zahlungen?, ZIP 2015, 949; *Altmeppen,* Masseschmä-

---

[447] Zurückhaltend noch *Sieg/Zeidler* in Hauschka, Corporate Compliance-HdB, 2. Aufl. 2010, § 3 Rn. 25; ähnlich *Schäfer/Baumann* NJW 2011, 3601 (3604).
[448] Vgl. *Fleischer* NZG 2014, 321 (329); eingehend *Balke/Klein* ZIP 2017, 2038 (2043 ff.).
[449] Vgl. LG München I BeckRS 2014, 01998 (insoweit nicht in NZG 2014, 345 abgedruckt).
[450] Vgl. *Fleischer* NZG 2014, 321 (328).
[451] Näher dazu *Fleischer* NZG 2014, 321 (328) unter Hinweis auf folgende Rechtsfiguren: (1) Anscheinsbeweis bei Organisationspflichtverletzungen im Zivilrecht, (2) tatsächliche Vermutung und Beweismaßreduzierung im Organhaftungsrecht, (3) Risikoerhöhungslehre bei Aufsichtspflichtverletzungen im Ordnungswidrigkeitenrecht.
[452] Vgl. *Fleischer* NZG 2014, 321 (328).
[453] Vgl. *Bayer* FS K. Schmidt, 2009, 85 (93 ff.); *Fleischer* BB 2008, 148 (150 f.); *Kapp/Gärtner* CCZ 2009, 168 (170); *Moosmayer,* Compliance, 3. Aufl. 2015, Rn. 62; *Seibt/Cziupka* DB 2014, 1598 (1601); *Thole* ZHR 173 (2009), 504 (532 f.).
[454] Vgl. *Bayer* FS K. Schmidt, 2009, 85 (93); *Goette* ZHR 175 (2011), 388 (398); *Hölters/Hölters* § 93 Rn. 259; *Kapp/Gärtner* CCZ 2009, 168 (170 f.).
[455] Vgl. *Goette* ZHR 175 (2011), 388 (398); *Moosmayer,* Compliance, 3. Aufl. 2015, Rn. 62.
[456] Eingehend *Riegger/Götze* in Krieger/Schmidt Managerhaftung-HdB, § 26 Rn. 55; knapper *Hölters/Hölters* § 93 Rn. 259.
[457] Vgl. LG München I NZG 2014, 345 (348); *Fleischer* NZG 2014, 321 (326 f.); *Goette* ZHR 175 (2011), 388 (398 f.); *Hölters/Hölters* § 93 Rn. 259; *Meier-Greve* BB 2009, 2555 (2558); *Moosmayer,* Compliance, 3. Aufl. 2015, Rn. 62; s. auch *Bayer* FS K. Schmidt, 2009, 85 (93); *Rieder/Holzmann* AG 2011, 265 (274); zu möglichen Grenzen im Hinblick auf sog. Sowieso-Kosten *Bachmann* ZIP 2014, 579 (582); *Meyer* DB 2014, 1063 (1068); *Seibt/Cziupka* DB 2014, 1598 (1601).

§ 92 Vorstandspflichten bei Verlust, Überschuldung oder Zahlungsunfähigkeit

lernde Zahlungen, NZG 2016, 521; *Altmeppen*, Organhaftung für verbotene Zahlungen, ZIP 2017, 1833; *Bachmann*, Organhaftung in der Eigenverwaltung, ZIP 2015, 101; *Bitter,* Zur Haftung des Geschäftsführers aus § 64 Abs. 2 GmbHG für „Zahlungen" nach Insolvenzreife, WM 2001, 666; *Bork,* Zum Beginn des Zahlungsverbots gemäß § 92 Abs. 2 Satz 1 AktG, NZG 2009, 775; *Casper*, Die Haftung für masseschmälernde Zahlungen nach § 64 Satz 1 GmbHG: Hat der BGH den Stein der Weisen gefunden?, ZIP 2016, 793; *Emde,* Der Einwand der „Sowieso-Zahlung" gegen den Schadensersatzanspruch nach § 64 Abs. 2 GmbHG, GmbHR 1995, 558; *Gehrlein*, Insolvenzanfechtungsrecht als Auslegungshilfe bei den Tatbeständen der Haftung für verbotene Zahlungen, ZHR 181 (2017), 482; *Goette,* Zur systematischen Einordnung des § 64 Abs. 2 GmbHG, FS Kreft, 2004, 53; *Haas,* Der Erstattungsanspruch nach § 64 Abs. 2 GmbHG, NZG 2004, 737; *Habersack/Foerster*, Austauschgeschäfte der insolvenzreifen Gesellschaft, ZHR 178 (2014), 387; *Habersack/Foerster*, Debitorische Konten und Massezuflüsse im Recht der Zahlungsverbote, ZGR 2016, 153; *Heeg,* Der GmbH-Geschäftsführer in der Vor-Insolvenz – Höchstrichterlich geklärt? – Massenerhaltung, Lohnsteuerhaftung und Strafbarkeit wegen Nichtabführung von Sozialversicherungsbeiträgen, DStR 2007, 2134; *Ischebeck*, Die Sorgfalt eines ordentlichen Geschäftsmanns und das Strafrecht in der Unternehmenskrise, wistra 2009, 95; *Liebs,* Die Nichtbeachtung des Zahlungsverbots in der Krise des Unternehmens, FS Rittner, 1991, 369; *Liebscher,* Wider die Privilegierung von Abführungspflichten gegenüber der Massesicherungspflicht in der Insolvenz, ZInsO 2009, 1386; *Mylich,* Zur Abgrenzung von Zahlungsstockung und Zahlungsunfähigkeit, ZIP 2018, 514; *Pape,* Persönliche Haftung des GmbH-Geschäftsführers für massenschädigende Auszahlungen nach Eintritt der Insolvenzreife, ZInsO 2001, 397; *Radtke,* Nichtabführen von Arbeitnehmerbeiträgen (§ 266a StGB) in der Krise des Unternehmens, GmbHR 2009, 673; *K. Schmidt,* Verbotene Zahlungen in der Krise von Handelsgesellschaften und die daraus resultierenden Ersatzpflichten, ZHR 168 (2004), 637; *K. Schmidt,* Weg mit den Zahlungsverboten in Insolvenzverschleppungsfällen!, ZHR 175 (2011), 433; *K. Schmidt,* Ersatzpflicht bei „verbotenen Zahlungen" aus insolventen Gesellschaften: Ist der haftungsrechtliche Kampfhund ausrottbar?, NZG 2015, 129; *Schulze-Osterloh,* Zahlungen nach Eintritt der Insolvenzreife (§ 64 Abs. 2 GmbHG, §§ 92 Abs. 3, 93 Abs. 3 Nr. 6 AktG), FS Bezzenberger, 2000, 415; *Schürnbrand,* Überwachung des insolvenzrechtlichen Zahlungsverbots durch den Aufsichtsrat, NZG 2010, 1207; *Strohn,* Organhaftung im Vorfeld der Insolvenz, NZG 2011, 1161; *Tiedtke/Peterek,* Zu den Pflichten des organschaftlichen Vertreters einer Kapitalgesellschaft, trotz Insolvenzreife der Gesellschaft Sozialabgaben und Lohnsteuer abzuführen, GmbHR 2008, 617.

3. Insolvenzverursachungsverbot und Insolvenzverursachungshaftung: *Altmeppen,* Die rätselhafte Haftung von Geschäftsleitern für insolvenzbegründende „Zahlungen" an Gesellschafter, FS Hüffer, 2010, 1; *Böcker,* Wildwuchsbekämpfung und ein erster Formschnitt bei § 64 Satz 3 GmbHG, DZWiR 2013, 403; *Böcker/Poertzgen*, Kausalität und Verschulden beim künftigen § 64 Satz 3 GmbHG, WM 2007, 1203; *Brand,* Insolvenzverursachungshaftung bei aufsteigenden Kreditsicherheiten, NZG 2012, 1374; *Cahn,* Das Zahlungsverbot nach § 92 Abs. 2 Satz 3 AktG – aktien- und konzernrechtliche Aspekte des neuen Liquiditätsschutzes, Der Konzern 2009, 7; *Fleischer,* Aktuelle Entwicklungen der Managerhaftung, NJW 2009, 2337; *Greulich/Rau,* Zur partiellen Insolvenzverursachungshaftung des GmbH-Geschäftsführers nach § 64 S. 3 GmbH-RegE, NZG 2008, 284; *Greulich/Rau,* Zur Insolvenzverursachungshaftung des Geschäftsleiters einer Auslandsgesellschaft mit Inlandsverwaltungssitz, NZG 2008, 565; *Haas,* § 64 S. 3 GmbHG – Erste Eckpunkte des BGH, NZG 2013, 41; *Kleindiek,* Geschäftsführerhaftung nach der GmbH-Reform, FS K. Schmidt, 2009, 893; *Knof,* Die neue Insolvenzverursachungshaftung nach § 64 Satz 3 RegE-GmbHG, DStR 2007, 1536 (Teil I), 1580 (Teil II); *Niesert/Hohler,* Die Haftung des Geschäftsführers für die Rückzahlung von Gesellschafterdarlehen und ähnliche Leistungen – Zugleich ein Beitrag zur Auslegung des § 64 S. 3 GmbHG, NZI 2009, 345; *Nolting-Hauff/Greulich,* Was von der Insolvenzverursachungshaftung des Geschäftsführers nach § 64 Satz 3 GmbHG bleibt, GmbHR 2013, 169; *Schluck-Amend,* Die Insolvenzverursachungshaftung des Geschäftsführers, FS Hommelhoff, 2012, 961; *Schult,* Solvenzschutz der GmbH durch Existenzvernichtungs- und Insolvenzverursachungshaftung, 2010; *Sikora,* Neue Haftungsrisiken und Verhaltenspflichten für GmbH-Geschäftsführer – Die Insolvenzverursachungshaftung, NWB 2009, 936; *Thümmel/Burkhardt,* Neue Haftungsrisiken für Vorstände und Aufsichtsräte aus § 57 Abs. 1 AktG und § 92 Abs. 2 S. 3 AktG in der Neufassung des MoMiG, AG 2009, 885; *Utsch/Utsch,* Die Haftung des Geschäftsführers nach § 64 GmbHG, ZInsO 2009, 2271.

4. Insolvenzantragspflicht und Insolvenzverschleppungshaftung: *Adensamer/Oelkers/Zechner,* Unternehmenssanierung zwischen Gesellschafts- und Insolvenzrecht, 2006; *Ahrendt/Plischkaner,* Der modifizierte zweistufige Überschuldungsbegriff – Rückkehr mit Verfallsdatum, NJW 2009, 964; *Altmeppen,* Insolvenzverschleppungshaftung Stand 2001, ZIP 2001, 2201; *Altmeppen/Wilhelm,* Quotenschaden, Individualschaden und Klagebefugnis bei der Verschleppung des Insolvenzverfahrens über das Vermögen der GmbH, NJW 1999, 673; *Bales,* Welche Haftungsgefahren drohen Geschäftsführern und Gesellschaftern in der Krise und der Insolvenz unter Berücksichtigung des MoMiG?, InsbürO 2011, 57; *Bellen/Stehl,* Pflichten und Haftung der Geschäftsführung in der Krise der GmbH – ein Überblick, BB 2010, 2579; *Bitter,* Haftung von Gesellschaftern und Geschäftsführern in der Insolvenz der GmbH, ZInsO 2010, 1505 (Teil 1), 1561 (Teil 2); *Bitter/Hommerich/Reiss,* Die Zukunft des Überschuldungsbegriffs, ZIP 2012, 1201; *Böcker/Poertzgen,* Der insolvenzrechtliche Überschuldungsbegriff ab 2014, GmbHR 2013, 17; *Bork,* Haftung des GmbH-Geschäftsführers wegen verspäteten Konkursantrags, ZGR 1995, 505; *Bork,* Wie erstellt man eine Fortführungsprognose?, ZIP 2000, 1709; *Crezelius,* Überschuldung und Bilanzierung, FS Röhricht, 2005, 787; *Dauner-Lieb,* Die Berechnung des Quotenschadens, ZGR 1998, 617; *Eckhoff,* Die Haftung des Geschäftsleiter gegenüber den Gläubigern der Gesellschaft wegen Insolvenzverschleppung, 2010; *Egner/Wolf,* Zur Unbrauchbarkeit des Überschuldungstatbestandes als gläubigerschützendes Instrument, AG 1978, 99; *Ehricke,* Zur Teilnahmehaftung von Gesellschaftern bei Verletzungen von Organpflichten mit Außenwirkung durch den Geschäftsführer einer GmbH, ZGR 2000, 351; *Ekkenga,* Die Insolvenzhaftung gegenüber dem „Neugesellschafter" nach GmbH- und Aktienrecht, FS Hadding, 2004, 343; *Fenske,* Zur Unbrauchbarkeit des Überschuldungstatbestandes, AG 1997, 554; *Fleck,* Zur Haftung des GmbH-Geschäftsführers, GmbHR 1974, 224; *Fleischer,* Erweiterte Außenhaftung der Organmitglieder im Europäischen Gesellschafts- und Kapitalmarktrecht – Insolvenzverschleppung, fehlerhafte Kapitalmarktinformation, Tätigkeitsverbote, ZGR 2004, 437; *Fleischer*, Zur aktienrechtlichen Verantwortlichkeit faktischer Organe, AG 2004, 517; *Früh/Wagner*, Überschuldungsprüfung bei Unternehmen, WPg 1998, 907; *Fuhst*, Das neue Insolvenzrecht – Ein Überblick, DStR 2012, 418; *Goette*, Haftung des Geschäftsführers in Krise und Insolvenz der GmbH, ZInsO 2001, 529; *Götz*, Entwicklungslinien insolvenzrechtlicher Überschuldungsmessung, KTS 2003, 1; *Groß/Amen*, Die Fortbestehensprognose – Rechtliche Anforderungen und ihre betriebswirtschaftlichen Grundlagen, WPg 2002, 225; *Gross/Schork*, Der GmbH-Geschäftsführer im Spannungsverhältnis des Zahlungsverbots nach § 64 II 1 GmbHG und der Strafbarkeit wegen Vorenthaltens von Sozialversicherungsbeiträgen, NZI 2004, 358; *Grundlach/Müller*, Die Verurteilung wegen Insolvenzverschleppung als Hindernis der Geschäftsführerbestellung, NZI 2011, 480; *Grundlach/Müller*, Der Insolvenzantrag des faktischen GmbH-Geschäftsführers, ZInsO 2011, 1055; *Haas*, Fragen zur Insolvenzverschleppungshaftung des GmbH-Geschäftsführers, NZG 1999, 373; *Haas*, Aktuelle Rechtsprechung zur Insolvenzantragspflicht des GmbH-Geschäftsführers nach § 64 Abs. 1 GmbH, DStR 2003, 423; *Haas*, Die maßgebende Verjährungsfrist für den Schadensersatzanspruch wegen Insolvenzverschleppung, NZG 2009, 976; *Haas*, Die Verjährung von Insolvenzverschleppungsansprüchen, NZG 2011, 691; *Hartmann*, Die Insolvenzantragspflicht des faktischen Organs, 2005; *Hefendehl*, Der Straftatbestand der Insolvenzverschleppung und die unstete Wirtschaft: Ausländische Gesellschaftsformen – faktische Organe – Führungslosigkeit, ZIP 2011, 601; *Henssler/Dedek*, Gesamtschaden wegen verspäteter Antragstellung, FS Uhlenbruck, 2000, 175; *Hirte*, Ökonomische Überlegungen zur zwingenden Insolvenzantragspflicht des deutschen Rechts, FS Schäfer, 2008, 605; *Hirte*, Die Grundsätze der „Wrongful-Trading-Alternative" zur gesetzlichen Insolvenzantragspflicht, ZInsO 2010, 1986; *Hirte/Knof*, Überschuldung und Finanzmarktstabilisierungsgesetz, ZInsO 2008, 1217; *Hoos/Kleinschmidt*, Verlängerung des durch das Finanzmarktstabilisierungsgesetz geänderten Überschuldungsbegriffs – Perpetuierung eines „unerwünschten Rechtszustands"?, NZG 2009, 1172; *Hübert*, Sorgfaltskonforme Prognosen und Pflichten des Geschäftsleiter im Vorfeld der Insolvenz, 2018; *Hüffer*, Bewertungsprobleme in der Überschuldungsbilanz, FS Wiedemann, 2002, 1047; *Jaspers*, Opportunistisches Verhalten in der Krise der Kapitalgesellschaft. Rechtsökonomik von action en comblement du passif, Insolvenzverschleppungshaftung und wrongful trading, 2014; *Kalss/Adensamer/Oelkers*, Die Rechtspflichten der Geschäftsleiter in der Krise der Gesellschaft sowie die damit verbundenen Rechtsfolgen im Rechtsvergleich, in Lutter, Das Kapital der Aktiengesellschaft in Europa, 2006, 134; *Kübler*, Die Konkursverschleppungshaftung des GmbH-Geschäftsführers nach der Wende des Bundesgerichtshofs, ZGR 1995, 481; *Klein*, Die Haftung der Geschäftsleitung in Frankreich, RIW 2010, 352; *Kliebisch/Linsenbarth*, Die Haftungsrisiken der Geschäftsleitung aufgrund des befristeten Überschuldungsbegriffs des § 19 II InsO, DZWir 2012, 232; *Klöhn*, Der individuelle Insolvenzverschleppungsschaden, KTS 2012, 133; *Liebs*, Die Nichtbeachtung des Zahlungsverbots in der Krise des Unternehmens – Zur Haftung der Geschäftsleitung und des Aufsichtsrats, FS Rittner, 1991, 369; *Linnertz/Sacherer*, Masseschaden nach § 64 II GmbHG: Begleichung von Altverbindlichkeiten durch Kreditaufnahme, MDR 1996, 12; *Lüer*, Gesetzgeberischer Gestaltungseifer statt Rechtspolitik – Zur Neufassung von § 19 Abs. 2 InsO, FS Hüffer, 2010, 603; *Lutter*, Zahlungseinstellung und Überschuldung unter der neuen Insolvenzordnung, ZIP 1999, 641; *Marotzke*, Das insolvenzrechtliche Eröffnungsverfahren neuer Prägung (Teil 1), DB 2012, 560; *Möhlmann-Mahlau/Schmitt*, Der „vorübergehende" Begriff der Überschuldung, NZI 2009, 19; *W. Müller*, Der Überschuldungsstatus im Lichte der neueren Gesetzgebung, FS Hüffer, 2010, 603; *Poertzgen*, Die rechtsformneutrale Insolvenzantragspflicht (§ 15a InsO), ZInsO 2007, 574; *Poertzgen*, Gesetzliche Neuverbindlichkeiten im Verschleppungszeitraum, ZInsO 2007, 286; *Poertzgen*, Neues zur Insolvenzverschleppungshaftung – der Regierungsentwurf des MoMiG, NZI 2008, 9; *Poertzgen*, Organhaftung während des 3-Wochenzeitraums (§ 15a Abs. 1 InsO), ZInsO 2008, 1196; *Poertzgen*, Organschaftliche Krisenpflichten – in der (Wirtschafts-)Krise?, ZInsO 2010, 785; *Poertzgen*, Organhaftung wegen Insolvenzverschleppung, 2006; *Reiff/Arnold*, Unbeschränkte Konkursverschleppungshaftung des Geschäftsführers einer GmbH auch gegenüber gesetzlichen Neugläubigern?, ZIP 1998, 1893; *Römermann*, Insolvenzrecht im MoMiG, NZI 2008, 641; *Römermann*, Aktuelles zur Insolvenzantragspflicht nach § 15a InsO, NZI 2010, 241; *Römermann*, Wehe dem, der einen „nicht richtigen" Insolvenzantrag stellt! – Für eine Anwendung des vergessenen § 15a Abs. 4 InsO, ZInsO 2010, 353; *K. Schmidt*, Konkursgründe und präventiver Gläubigerschutz, AG 1978, 334; *K. Schmidt*, Konkursverschleppungshaftung und Konkursverursachungshaftung, ZIP 1980, 1497; *K. Schmidt*, Anlegerschutz durch Konkursverschleppungshaftung?, GesRZ 2009, 347; *K. Schmidt*, Insolvenzordnung und Gesellschaftsrecht, ZGR 1998, 633; *K. Schmidt*, Organhaftung in der Krise, WPg-Sonderheft 2003, 141; *K. Schmidt*, Überschuldung und Insolvenzantragspflicht nach dem Finanzmarktstabilisierungsgesetz, DB 2008, 2467; *K. Schmidt*, Überschuldung und Unternehmensfortführung: per aspera ad astra, ZIP 2013, 485; *U. H. Schneider*, Die Pflichten des Geschäftsführers in der Krise der GmbH, GmbHR 2010, 57; *Schulze-Osterloh*, § 64 Abs. 1 GmbH als Schutzgesetz i. S. d. § 823 Abs. 2 BGB, FS Lutter, 2000, 707; *Schulze-Osterloh*, Grenzen des Gläubigerschutzes bei fahrlässiger Konkursverschleppung, AG 1984, 141; *Stahlschmidt*, Die Begriffe Zahlungsunfähigkeit, drohende Zahlungsunfähigkeit und Überschuldung und die Methoden ihrer Feststellung, JR 2002, 89; *Steffek*, Wrongful Trading – Grundlagen und Spruchpraxis, NZI 2010, 589; *Stöber*, Die Insolvenzverschleppungshaftung in Europa, ZHR 176 (2012), 326; *Strohn*, Organhaftung im Vorfeld der Insolvenz, NZG 2011, 1161; *Strohn*, Faktische Organe – Rechte, Pflichten, Haftung, DB 2011, 158; *Thonfeld*, Der instabile Überschuldungsbegriff des Finanzmarktstabilisierungsgesetzes, NZI 2009, 15; *Wackerbarth*, Überschuldung und Fortführungsprognose, NZI 2009, 145; *G. Wagner*, Deliktshaftung und Insolvenz, FS Gerhardt, 2004, 1043; *G. Wagner*, Grundfragen der Insolvenzverschleppungshaftung nach der GmbH-Reform, FS K. Schmidt, 2009, 1665; *Weyand*, Strafbarkeit wegen „nicht richtiger" Insolvenzantragstellung – strafrechtlicher Flankenschutz für Insolvenzgerichte und Verwalter?, ZInsO 2010, 359; *Wübbelsmann*, Streitschrift gegen die Insolvenzverschleppungshaftung, GmbHR 2008, 1303; *Zipperer*, Neue Pflichten im Insolvenzeröffnungsverfahren, NZI 2010, 281.

Übersicht

	Rn.		Rn.
I. Überblick	1–3	c) Verzicht und Vergleich	36
II. Pflicht zur Verlustanzeige	4–17	d) Geltendmachung	37
1. Allgemeines	4–6	**IV. Insolvenzverursachungsverbot**	38–46
a) Regelungszweck	4	1. Allgemeines	38–41a
b) Vorgängervorschriften und Parallelregelungen	5	a) Regelungszweck und rechtsdogmatische Einordnung	38, 39
c) Rechtsvergleichung und Unionsrecht	6	b) Vorgängervorschriften und Parallelregelungen	40
2. Voraussetzungen	7, 8	c) Rechtsvergleichung	41
a) Verlust in Höhe der Hälfte des Grundkapitals	7	d) Anwendbarkeit auf Auslandsgesellschaften	41a
b) Ansatz- und Bewertungsfragen	8	2. Voraussetzungen	42–45
3. Einberufung der Hauptversammlung	9–15	a) Zahlungen	42
a) Einberufungspflicht	9–13a	b) Aktionäre als Zahlungsempfänger	43
b) Einberufungspflichtige	14	c) Zurechnungszusammenhang	44
c) Einberufungsmodalitäten	15	d) Verbotsausnahme	45
4. Rechtsfolgen eines Verstoßes	16, 17	3. Rechtsfolgen eines Verstoßes	46
III. Zahlungsverbot	18–37	**V. Insolvenzantragspflicht**	47–84
1. Allgemeines	18–21a	1. Allgemeines	47–49a
a) Regelungszweck und rechtsdogmatische Einordnung	18, 19	a) Regelungsgegenstand	47
b) Vorgängervorschriften und Parallelregelungen	20	b) Vorgängervorschriften und Parallelregelungen	48
c) Rechtsvergleichung	21	c) Rechtsvergleichung	49
d) Anwendbarkeit auf Auslandsgesellschaften	21a	d) Anwendbarkeit auf Auslandssachverhalte	49a
2. Voraussetzungen	22–32d	2. Voraussetzungen	50–58
a) Verbot von Zahlungen	22–26	a) Zahlungsunfähigkeit	51–52a
b) Verbotsbeginn	27–27b	b) Überschuldung	53–58
c) Subjektive Erfordernisse	28	3. Stellung des Insolvenzantrags	59–71
d) Eigene Veranlassung	28a	a) Antragspflicht	59
e) Verbotsausnahme	29–32	b) Antragspflichtige	60–66
f) Keine Ersatzpflicht bei Ausgleich der Massenschmälerung	32a–32d	c) Antragsfrist	67–70
		d) Antragsfolgen	71
3. Rechtsfolgen eines Verstoßes	33–37	4. Rechtsfolgen eines Verstoßes	72–84
a) Haftung gegenüber der Gesellschaft	33	a) Haftung gegenüber der Gesellschaft	72
b) Haftungsmodalitäten	34, 35	b) Haftung gegenüber den Gläubigern	73–83
		c) Strafbarkeit und Berufsverbot	84

I. Überblick

§ 92 bürdet dem Vorstand mit Kriseneintritt eine Reihe zusätzlicher Verpflichtungen auf.[1] Maßgeblicher Ordnungsgesichtspunkt ist die Stufenfolge der Krisenstadien:[2] Nach Abs. 1 ist der Vorstand bei einem Verlust in Höhe der Hälfte des Grundkapitals zu einer Einberufung der Hauptversammlung angehalten; nach Abs. 2 S. 1 darf er nach Eintritt der Insolvenzreife keine Zahlungen mehr leisten, sofern diese nicht mit der Sorgfalt eines ordentlichen und gewissenhaften Geschäftsleiters vereinbar sind; nach Abs. 2 S. 3 trifft ihn ein durch das MoMiG[3] eingeführtes Verbot für Zahlungen an Aktionäre, soweit diese zur Zahlungsunfähigkeit der Gesellschaft führen mussten. Flankiert werden diese Pflichten durch die früher in Abs. 2 aF enthaltene Insolvenzantragspflicht, die seit dem MoMiG für alle juristischen Personen und Gesellschaften ohne Rechtspersönlichkeit rechtsformneutral in § 15a InsO geregelt ist (→ Rn. 47 ff.). Das einende Band zwischen diesen verschiedenen Einzelpflichten bildet die Kardinalpflicht des Vorstands zur beständigen Prüfung der Vermögens- und Finanzlage der Gesellschaft,[4]

---

[1] Von einem „Krisenrecht" spricht *Reuter* BB 2003, 1797.
[2] Vgl. *Fleischer* in Fleischer VorstandsR-HdB § 20 Rn. 1; ähnlich Kölner Komm AktG/*Mertens/Cahn* Rn. 4; MüKoAktG/*Spindler* Rn. 1.
[3] Gesetz zur Modernisierung des GmbH-Rechts und zur Bekämpfung von Missbräuchen v. 23.10.2008, BGBl. 2008 I 2626.
[4] Vgl. BGH NZG 2012, 940 Rn. 11; NZG 2016, 658 Rn. 33; *Fleischer* in Fleischer VorstandsR-HdB § 20 Rn. 1; *Goette* ZInsO 2001, 529; *K. Schmidt* WPg-Sonderheft 2003, 141 (143).

die mit fortschreitender Krise an Intensität zunimmt und nach Insolvenzreife in eine Massesicherungspflicht übergeht.[5]

2   Dessen ungeachtet liegen den einzelnen Handlungs- und Unterlassungsgeboten unterschiedliche Schutzrichtungen zugrunde: Abs. 1 zielt auf die rechtzeitige Information der Hauptversammlung (→ Rn. 4), Abs. 2 S. 1 sucht eine geordnete und ranggerechte Befriedigung sämtlicher Gesellschaftsgläubiger sicherzustellen (→ Rn. 18), und Abs. 2 S. 3 ergänzt die bilanzorientierte Vermögensbindung durch einen auf Vermeidung der Zahlungsunfähigkeit gerichteten Liquiditätsschutz (→ Rn. 38). § 15a Abs. 1 S. 1 InsO bezweckt den Schutz des Geschäftsverkehrs vor insolvenzreifen Aktiengesellschaften mit beschränktem Haftungsfonds (→ Rn. 47). Entsprechend unterschiedlich ist der Kreis der Anspruchsberechtigten bei allfälligen Pflichtverletzungen der Vorstandsmitglieder.

3   In der Rechtswirklichkeit hat die Verlustanzeigepflicht als altbekanntes Frühwarnsignal trotz ihrer Strafbewehrung (§ 401) bislang keine nennenswerte Rolle gespielt.[6] Dagegen sind die Haftungsrisiken der Vorstandsmitglieder wegen Insolvenzverschleppung und verbotener Zahlungen nach Insolvenzreife durch verschärfte Anforderungen der Rechtsprechung in den vergangenen Jahren beträchtlich gestiegen. Die Spruchpraxis betrifft zum Großteil die Parallelvorschrift des § 64 GmbHG, doch lassen sich die dortigen Weichenstellungen ohne Weiteres auf das Aktienrecht übertragen.[7]

II. Pflicht zur Verlustanzeige

4   **1. Allgemeines. a) Regelungszweck.** Die Anzeigepflicht des § 92 Abs. 1 dient der rechtzeitigen Information der Aktionäre über eine drohende Unternehmenskrise.[8] Als aktienrechtliche Alarmglocke[9] soll sie die Aktionäre in die Lage versetzen, auf einer Hauptversammlung über Maßnahmen der Krisenabwehr beraten und beschließen zu können.[10] In Betracht kommen namentlich Kapitalveränderungen, etwa eine Kapitalherabsetzung mit anschließender Kapitalerhöhung,[11] notfalls auch eine Auflösung der Gesellschaft.[12] Soweit durch die Bekanntmachung in den Gesellschaftsblättern gemäß § 121 Abs. 3 zugleich die Öffentlichkeit Kenntnis von dem hälftigen Kapitalverlust erlangt, handelt es sich um eine erwünschte Nebenfolge, aber nicht um einen eigenständigen Schutzzweck des § 92 Abs. 1.[13] Die Information des Kapitalmarkts wird zeitnäher und zielgenauer durch die Ad-hoc-Publizität des Art. 17 Abs. 1 MAR (vorher: § 15 Abs. 1 WpHG aF) wahrgenommen.[14] Ein Verlust in Höhe der Hälfte des Grundkapitals bildet in aller Regel eine ad-hoc-publizitätspflichtige Insiderinformation.[15] Keine Gefolgschaft verdient schließlich die gelegentlich geäußerte Ansicht, dass in der Anzeigepflicht des § 92 Abs. 1 eine gesetzlich missbilligte Kapitalstruktur der Aktiengesellschaft zum Ausdruck komme.[16] Dagegen spricht, dass der Gesetzgeber gerade keine Beschlusspflicht der Hauptversammlung als Reaktion auf den hälftigen Kapitalverlust angeordnet hat.[17]

5   **b) Vorgängervorschriften und Parallelregelungen.** Der Sache nach fand sich die Pflicht zur Verlustanzeige bereits in Art. 240 Abs. 1 ADHGB von 1861. Von dort wurde sie in § 83 AktG 1937 übernommen. Das Aktiengesetz von 1965 hat an ihr mit geringfügigen sprachlichen Änderungen festgehalten.[18] Eine Parallelvorschrift enthält § 49 Abs. 3 GmbHG.

6   **c) Rechtsvergleichung und Unionsrecht.** International lässt sich eine Frühwarnpflicht gegenüber der Hauptversammlung bis zu Art. 37 des französischen Aktiengesetzes von 1867 zurückverfol-

---

[5] Vgl. *Goette* FS Kreft, 2004, 53 (58 f.).
[6] Dazu und zu den Gründen *Kühnberger* DB 2000, 2077; s. auch *W. Müller* ZGR 1985, 191 f.
[7] Ebenso Hüffer/Koch/*Koch* Rn. 1.
[8] Vgl. Grigoleit/*Grigoleit/Tomasic* Rn. 3; Großkomm AktG/*Habersack/Foerster* Rn. 2; Hüffer/Koch/*Koch* Rn. 1; Kölner Komm AktG/*Mertens/Cahn* Rn. 3; MüKoAktG/*Spindler* Rn. 2.
[9] Vgl. *Fleischer* in Fleischer VorstandsR-HdB § 20 Rn. 4; ähnlich *Lutter* BB 1980, 737 (739): „Krisenwarnsignal"; zur – eingeschränkten – ökonomischen Sinnhaftigkeit *Kühnberger* DB 2000, 2077 (2080).
[10] Vgl. BGH NJW 1979, 1829 (1831); Wachter/*Eckert* Rn. 2; Hüffer/Koch/*Koch* Rn. 1; Hölters/*Müller-Michaels* Rn. 1; MüKoAktG/*Spindler* Rn. 2; MHdB AG/*Wiesner* § 25 Rn. 51.
[11] Vgl. *Fleischer* in Fleischer VorstandsR-HdB § 20 Rn. 4; MHdB AG/*Wiesner* § 25 Rn. 51.
[12] Vgl. Großkomm AktG/*Habersack/Foerster* Rn. 2; *Plagemann* NZG 2014, 207 (209); MüKoAktG/*Spindler* Rn. 2.
[13] Vgl. BGH NJW 1979, 1829 (1831); Großkomm AktG/*Habersack/Foerster* Rn. 2; Hüffer/Koch/*Koch* Rn. 1; *Kühnberger* DB 2000, 2078 (2079); *Mertens* AG 1983, 173 (175); *W. Müller* ZGR 1985, 191 (194 f.); MüKoAktG/*Spindler* Rn. 2; abw. *Martens* ZGR 1972, 254, (265 ff.): Schutz des Aktienmarktes.
[14] Vgl. *Fleischer* in Fleischer VorstandsR-HdB § 20 Rn. 4; Großkomm AktG/*Habersack/Foerster* Rn. 2; MüKoAktG/*Spindler* Rn. 2.
[15] Vgl. Kölner Komm WpHG/*Klöhn* WpHG § 13 Rn. 359; abw. *Kocher/Widder* NZI 2010, 525 (527).
[16] In diesem Sinne Kölner Komm AktG/*Mertens/Cahn* Rn. 7; *W. Müller* ZGR 1985, 193 (195).
[17] Wie hier *Kühnberger* DB 2000, 2078 (2079).
[18] Vgl. BegrRegE *Kropff* S. 121.

gen. Heute verfügt sie über ein unionsrechtliches Fundament in Art. 58 RL (EU) 2017/1132,[19] der den Mitgliedstaaten vorschreibt, bei „schweren Verlusten des gezeichneten Kapitals" eine Einberufung der Hauptversammlung vorzusehen.[20] Infolgedessen sind bei der Auslegung des § 92 Abs. 1 und seiner ausländischen Schwestervorschriften (zB § 83 öAktG) die Richtlinienvorgaben zu berücksichtigen,[21] die allerdings nur fragmentarischen Charakter haben. Für die Schweiz ordnet Art. 725 Abs. 1 OR nicht bloß eine entsprechende Pflicht zur Einberufung der Generalversammlung an, sondern verpflichtet den Verwaltungsrat zusätzlich, dort Sanierungsmaßnahmen zu beantragen.[22]

2. Voraussetzungen. a) Verlust in Höhe der Hälfte des Grundkapitals. § 92 Abs. 1 verpflichtet den Vorstand zur Verlustanzeige, wenn ein Verlust in Höhe der Hälfte des Grundkapitals besteht. Das ist dann der Fall, wenn das Gesellschaftsvermögen allenfalls noch die Hälfte des Nennkapitals deckt.[23] Dazu ist nach ganz hM der Verlust dem gesamten offen ausgewiesenen Eigenkapital gegenüberzustellen.[24] Eine vereinzelte Gegenansicht sieht als Bezugsgröße nicht den Verlust des hälftigen Grundkapitals, sondern den Jahresfehlbetrag iSd § 266 Abs. 3 lit. A Nr. V HGB an.[25] Bei der Verlustermittlung blieben danach Gewinn- und Kapitalrücklagen außer Betracht. Die damit einhergehende Vorverlagerung der Einberufungs- und Anzeigepflicht mag rechtspolitisch wünschenswert sein,[26] doch ist sie weder unionsrechtlich geboten[27] noch lässt sie sich mit dem Wortlaut des § 92 Abs. 1 vereinbaren, der gerade nicht auf den rechtstechnischen Begriff des Jahresfehlbetrags abstellt.[28] Infolgedessen greift die Anzeigepflicht nicht nur bei einem einmaligen Verlust, sondern auch bei sukzessiven Verlusten ein.[29]

b) Ansatz- und Bewertungsfragen. Maßgeblich für die Verlustermittlung sind im Ausgangspunkt die für die Jahresbilanz geltenden Ansatz- und Bewertungsregeln.[30] Insbesondere gelten das Stichtags-, das Realisations- und das Imparitätsprinzip weiter.[31] Nach § 252 Abs. 1 Nr. 2 HGB ist außerdem vom Going-Concern-Prinzip auszugehen, sodass die Bewertung grundsätzlich zu Fortführungswerten erfolgt.[32] Bei einer negativen Fortbestehensprognose müssen statt der Buchwerte allerdings die niedrigeren Liquidationswerte angesetzt werden.[33] Stille Reserven dürfen nur insoweit aufgelöst werden, als das auch im Jahresabschluss zulässig wäre.[34] Statthaft sind damit etwa Wertaufholungen gemäß § 253 Abs. 5 HGB.[35] Außerdem können stille Reserven durch Veräußerungen an

---

[19] RL (EU) 2017/1132 vom 14.6.2017 über bestimmte Aspekte des Gesellschaftsrechts, ABl. EU 2017 L 169, 46.
[20] Näher *Lutter/Bayer/Schmidt* EuropGesR § 19 Rn. 112 ff.; zur gleichlautenden Vorgängerfassung in Art. 19 KapRL *Grundmann* EuropGesR Rn. 345 ff.; *Habersack/Verse* EuropGesR § 6 Rn. 50 ff.
[21] Vgl. Großkomm AktG/*Habersack/Foerster* Rn. 10; rechtsvergleichende Analyse bei *Kalss/Adensamer/Oelkers*, Die Rechtspflichten der Geschäftsleiter in der Krise der Gesellschaft sowie die damit verbundenen Rechtsfolgen im Rechtsvergleich, in Lutter, Das Kapital der Aktiengesellschaft in Europa, 2006, 134 (136 ff.).
[22] Näher *Böckli*, Schweizer Aktienrecht, 4. Aufl. 2009, § 13 Rn. 713 ff.
[23] Vgl. *Fleischer* in Fleischer VorstandsR-HdB § 20 Rn. 6; *Grigoleit/Grigoleit/Tomasic* Rn. 3; Hüffer/Koch/*Koch* Rn. 2; *Kropff* ZIP 2009, 1137 (1144 f.); MüKoAktG/*Spindler* Rn. 13.
[24] Vgl. BGH WM 1958, 1416 (1417); OLG Köln AG 1978, 17 (22); Hüffer/Koch/*Koch* Rn. 2; Kölner Komm AktG/*Mertens/Cahn* Rn. 8; NK-AktR/*Oltmanns* Rn. 3; MHdB AG/*Wiesner* § 25 Rn. 53.
[25] Vgl. Großkomm AktG/*Habersack/Foerster* Rn. 15 ff.
[26] Zum Für und Wider *Kühnberger* DB 2000, 2077 (2079).
[27] Vgl. *Fleischer* in Fleischer VorstandsR-HdB § 20 Rn. 6; *Schwarz* EurGesR Rn. 598 mit Fn. 657; abw. *Grundmann* EuropGesR Rn. 345; *Habersack/Verse* EuropGesR § 6 Rn. 53.
[28] Wie hier Wachter/*Eckert* Rn. 5; Hüffer/Koch/*Koch* Rn. 2; MüKoAktG/*Spindler* Rn. 13.
[29] Vgl. Hüffer/Koch/*Koch* Rn. 2; K. Schmidt/Lutter/*Krieger/Sailer-Coceani* Rn. 3; MüKoAktG/*Spindler* Rn. 13.
[30] Vgl. Großkomm AktG/*Habersack/Foerster* Rn. 23; Hüffer/Koch/*Koch* Rn. 3; NK-AktR/*Oltmanns* Rn. 3; MHdB AG/*Wiesner* § 25 Rn. 53.
[31] Vgl. *Förschle/Hoffmann* in Winkeljohann/Förschle/Deubert, Sonderbilanzen, 5. Aufl. 2016, P 30 ff.
[32] Vgl. NK-AktR/*Oltmanns* Rn. 3; *Förschle/Hoffmann* in Winkeljohann/Förschle/Deubert, Sonderbilanzen, 5. Aufl. 2016, P 34 f.; Hüffer/Koch/*Koch* Rn. 4; mit Einschränkungen auch Großkomm AktG/*Habersack/Foerster* Rn. 18.
[33] Vgl. Kölner Komm AktG/*Mertens/Cahn* Rn. 10; *W. Müller* ZGR 1985, 191 (203); MüKoAktG/*Spindler* Rn. 14; MHdB AG/*Wiesner* § 25 Rn. 53.
[34] Vgl. Hüffer/Koch/*Koch* Rn. 4; K. Schmidt/Lutter/*Krieger/Sailer-Coceani* Rn. 5; Kölner Komm AktG/*Mertens/Cahn* Rn. 9; *W. Müller* ZGR 1985, 191 (205); MüKoAktG/*Spindler* Rn. 14; weitergehend *Nowotny* FS Semler, 1993, 231 (242 ff.); offenbar auch, jedoch ohne Problemvertiefung BGH WM 1958, 1416 (1417) in einem Fall, in dem es um die Redepflicht des Abschlussprüfers ging; daran anknüpfend OLG Köln AG 1978, 17 (22).
[35] Vgl. Wachter/*Eckert* Rn. 7; *Förschle/Hoffmann* in Winkeljohann/Förschle/Deubert, Sonderbilanzen, 5. Aufl. 2016, P 44; Großkomm AktG/*Habersack/Foerster* Rn. 23; ausführlich zu weiteren bilanzpolitischen Möglichkeiten *Kühnberger* DB 2000, 2077 (2082 ff.).

Dritte oder innerhalb des Konzerns gehoben werden,[36] verlangt § 92 Abs. 1 doch weder eine Einheitsbetrachtung im Konzern[37] noch eine Zwischengewinneliminierung nach § 304 HGB.[38] Die übrigen stillen Reserven sind allein für die Fortführungsprognose, nicht aber für den Schwellenwert des § 92 Abs. 1 von Belang. Aktionärsdarlehen sind für die Verlustermittlung weiterhin als Passivposten zu berücksichtigen, sofern der Aktionär seine Rückzahlungsforderung nicht erlassen hat.[39] Nach verbreiteter Ansicht genügt auch eine Rangrücktrittsvereinbarung, wie dies § 19 Abs. 2 S. 3 InsO seit dem MoMiG für den Überschuldungsstatus vorsieht (→ Rn. 58).[40] Besonderheiten gelten bei der Behandlung von Pensionsrückstellungen, Genussscheinkapital und stillen Einlagen.[41]

9   **3. Einberufung der Hauptversammlung. a) Einberufungspflicht. aa) Grundsatz.** Die Einberufungspflicht besteht, sofern sich der Verlust bei Aufstellung der Jahresbilanz oder einer Zwischenbilanz ergibt oder bei pflichtgemäßem Ermessen anzunehmen ist. Aus Letzterem folgt, dass der Vorstand die Eigenkapitalentwicklung während des Geschäftsjahres aufmerksam verfolgen und bei begründeter Besorgnis eines hälftigen Kapitalverlusts eine Zwischenbilanz erstellen muss.[42]

10   Die Einberufung hat „unverzüglich", dh ohne schuldhaftes Zögern iSd § 121 Abs. 1 S. 1 BGB, zu erfolgen.[43] Ein Aufschub bis zum vorgesehenen Termin der ordentlichen Hauptversammlung kommt nur in Betracht, wenn dadurch keine unnötige Verzögerung eintritt.[44] Allerdings ist zumindest eine Vorstandssitzung zur Beratung der Bilanzsituation und zur Abstimmung der Beschlussvorlagen erforderlich. Bei komplexen Sanierungsmaßnahmen, die eine längere Vorbereitungszeit in Anspruch nehmen, zB eine Kapitalherabsetzung mit sofortiger Wiedererhöhung, kann eine erste informierende Hauptversammlung ohne endgültige Beschlussfassung vonnöten sein.[45]

11   **bb) Ausnahmen.** Nach ganz hM wird die Einberufungspflicht hinfällig, wenn bereits Insolvenzantrag gestellt wurde, weil die Aktionäre dann nicht mehr über Maßnahmen der Krisenabwehr beschließen können.[46] Gleiches soll nach Auflösung der Gesellschaft gelten,[47] doch vermag dies jedenfalls bei Weiterführung des Unternehmens nicht zu überzeugen.[48] Ein Informationsbedarf der Aktionäre besteht schließlich auch schon vor Eintragung der Gesellschaft im Stadium der Vor-AG.[49]

12   Verbreiteter Auffassung zufolge darf der Vorstand außerdem von einer Verlustanzeige absehen, wenn er hinreichend konkrete und Erfolg versprechende Sanierungsverhandlungen führt.[50] In diesem Fall soll er zwar objektiv pflichtwidrig, aber nicht schuldhaft handeln.[51] Das findet einen gewissen Rückhalt in § 15a Abs. 1 S. 1 InsO,[52] auch wenn die dortige Maximalfrist von drei Wochen angesichts

---

[36] Vgl. *Knebel/Schmidt* BB 2009, 430 (433); Hölters/*Müller-Michaels* Rn. 7; Hüffer/Koch/*Koch* Rn. 4; NK-AktR/*Oltmanns* Rn. 3.
[37] Vgl. MüKoAktG/*Spindler* Rn. 14.
[38] Vgl. NK-AktR/*Oltmanns* Rn. 3.
[39] Vgl. MHdB AG/*Wiesner* § 25 Rn. 53; differenzierend *Mertens* FS Forster, 1992, 416 (421 ff.).
[40] Vgl. Großkomm AktG/*Habersack/Foerster* Rn. 24; NK-AktR/*Oltmanns* Rn. 3; abw. *Förschle/Hoffmann* in Winkeljohann/Förschle/Deubert, Sonderbilanzen, 5. Aufl. 2016, P 47; *Kühnberger* DB 2000, 2077 (2081); *Priester* ZGR 1999, 533 (545 f.); für eine flexiblere Handhabung Kölner Komm AktG/*Mertens/Cahn* Rn. 11.
[41] Eingehend dazu *Förschle/Hoffmann* in Winkeljohann/Förschle/Deubert, Sonderbilanzen, 5. Aufl. 2016, P 43, 45; *Kühnberger* DB 2000, 2077 (2081 f.).
[42] Vgl. *Fleischer* in Fleischer VorstandsR-HdB § 20 Rn. 8; Großkomm AktG/*Habersack/Foerster* Rn. 22; Kölner Komm AktG/*Mertens/Cahn* Rn. 13; NK-AktR/*Oltmanns* Rn. 4; MHdB AG/*Wiesner* § 25 Rn. 52.
[43] Vgl. Grigoleit/*Grigoleit/Tomasic* Rn. 7; Hüffer/Koch/*Koch* Rn. 5; Hölters/*Müller-Michaels* Rn. 9; MüKoAktG/*Spindler* Rn. 15; MHdB AG/*Wiesner* § 25 Rn. 54; variierend Großkomm AktG/*Habersack/Foerster* Rn. 25: „sobald wie möglich".
[44] Vgl. *Fleischer* in Fleischer VorstandsR-HdB § 20 Rn. 9; Hüffer/Koch/*Koch* Rn. 5; MüKoAktG/*Spindler* Rn. 15.
[45] Zur „geplant beschlusslosen Hauptversammlung" im Rahmen des § 92 Abs. 1 AktG *Huber* ZIP 1995, 1740 (1741 f.).
[46] Vgl. Grigoleit/*Grigoleit/Tomasic* Rn. 7; Großkomm AktG/*Habersack/Foerster* Rn. 7; Hüffer/Koch/*Koch* Rn. 5; Kölner Komm AktG/*Mertens/Cahn* Rn. 15; MHdB AG/*Wiesner* § 25 Rn. 52.
[47] Vgl. Kölner Komm AktG/*Mertens/Cahn* Rn. 15; Bürgers/Körber/*Pelz* Rn. 3; MüKoAktG/*Spindler* Rn. 6.
[48] Für einen Vorbehalt in diesem Fall auch Großkomm AktG/*Habersack/Foerster* Rn. 6; Hüffer/Koch/*Koch* Rn. 5; K. Schmidt/Lutter/*Krieger/Sailer-Coceani* Rn. 10; Hölters/*Müller-Michaels* Rn. 12; NK-AktR/*Oltmanns* Rn. 7.
[49] Ebenso Großkomm AktG/*Habersack/Foerster* Rn. 8.
[50] Vgl. Großkomm AktG/*Habersack/Foerster* Rn. 28; Hüffer/Koch/*Koch* Rn. 5; MüKoAktG/*Spindler* Rn. 16; kritisch mit beachtlichen Gründen *Kühnberger* DB 2000, 2077 (2085) unter Hinweis darauf, dass die Verlustanzeigepflicht ein möglichst ermessensfreies Krisensignal sein solle.
[51] Vgl. *Göcke* AG 2014, 119 (120 f.); NK-AktR/*Oltmanns* Rn. 6; Großkomm AktG/*Habersack/Foerster* Rn. 28; Hüffer/Koch/*Koch* Rn. 5.
[52] Vgl. Großkomm AktG/*Habersack/Foerster* Rn. 28.

der unterschiedlichen Sachlage wohl nur eine grobe Richtschnur bildet.[53] Kapitalmarktrechtlich ist bei börsennotierten Aktiengesellschaften freilich stets zu prüfen, ob zugleich die Voraussetzungen des Art. 17 Abs. 4 MAR (bisher: § 15 Abs. 3 S. 1 WpHG aF) für eine Befreiung von der Ad-hoc-Publizitätspflicht vorliegen.[54] Noch weitergehend halten manche ein Hinausschieben der Verlustanzeige in notstandsähnlicher Lage unter Rückgriff auf § 34 StGB für zulässig.[55] Dem ist nicht zu folgen, weil § 92 Abs. 1 die nachteiligen Auswirkungen der Publizität für die Gesellschaft bewusst in Kauf nimmt[56] und gerade keine Schutzklausel nach Art des § 131 Abs. 3 Nr. 1 enthält.

Ist der Vorstand seiner Einberufungspflicht nachgekommen, so bedarf es keiner weiteren Einberufung, wenn der Verlust des hälftigen Grundkapitals auch bei Aufstellung der nächsten Bilanz fortbesteht.[57] Anders liegt es nur, wenn zwischenzeitlich verlautbart wurde, dass die Voraussetzungen des § 92 Abs. 1 entfallen sind.[58] 13

Unterschiedlich beurteilt wird, ob eine bereits einberufene Hauptversammlung wieder abgesagt werden darf, wenn zwischenzeitlich die Sanierung gelungen ist. Manche Literaturstimmen lehnen dies im Hinblick auf Informationsinteressen der Aktionäre und die Entstehungsgeschichte des § 92 Abs. 1 grundsätzlich ab.[59] Andere halten eine Absage dagegen zur Vermeidung unnötiger Kosten für zulässig und verweisen ergänzend darauf, dass Informationsinteressen der Aktionäre nicht notwendigerweise in einer außerordentlichen Hauptversammlung befriedigt werden müssten.[60] 13a

b) Einberufungspflichtige. Die Pflicht zur Einberufung der Hauptversammlung obliegt dem Vorstand, der darüber gemäß § 121 Abs. 2 S. 1 mit einfacher Mehrheit entscheidet.[61] Gelingt es einem Vorstandsmitglied nicht, einen entsprechenden Vorstandsbeschluss herbeizuführen, so muss es sich an den Aufsichtsrat wenden.[62] Dieser kann den Vorstand nach § 111 Abs. 1 anhalten, seinen Pflichten aus § 92 Abs. 1 nachzukommen.[63] Gemäß § 111 Abs. 3 hat er auch unabhängig vom Verlangen eines überstimmten Vorstandsmitglieds eine Hauptversammlung einzuberufen, wenn das Wohl der Gesellschaft es fordert.[64] 14

c) Einberufungsmodalitäten. Bei der Einberufung der Hauptversammlung muss die Verlustanzeige in die Tagesordnung aufgenommen werden, damit die Hauptversammlung nach § 124 Abs. 4 S. 1 nicht an einer Beschlussfassung gehindert ist.[65] Der Vorstand kann auch weitere Tagesordnungspunkte vorsehen;[66] insbesondere kann er auf Grund seiner Leitungssorgfalt verpflichtet sein, der Hauptversammlung nach § 124 Abs. 3 S. 1 geeignete Sanierungsvorschläge zu unterbreiten.[67] Die Hauptversammlung ist daran freilich nicht gebunden, sondern kann auch andere als die vom Vorstand beantragten Maßnahmen beschließen.[68] 15

4. Rechtsfolgen eines Verstoßes. Vorstandsmitglieder, die ihrer Einberufungs- und Verlustanzeigepflicht schuldhaft nicht nachkommen, sind der Gesellschaft gemäß § 93 Abs. 2 S. 1 zum Ersatz 16

---

[53] Ähnlich NK-AktR/*Oltmanns* Rn. 6 mit Fn. 13; abw. Großkomm AktG/*Habersack/Foerster* Rn. 28; gänzlich ablehnend Wachter/*Eckert* Rn. 8.
[54] Dazu auch *Reuter* BB 2003, 1797 (1802).
[55] Vgl. Kölner Komm AktG/*Mertens/Cahn* Rn. 14; *Mertens* AG 1983, 173 (176 f.).
[56] Vgl. *Fleischer* in Fleischer VorstandsR-HdB § 20 Rn. 11; Hüffer/Koch/*Koch* Rn. 5; Hölters/*Müller-Michaels* Rn. 10; MüKoAktG/*Spindler* Rn. 16; NK-AktR/*Oltmanns* Rn. 6; *Reuter* BB 2003, 1797 (1802).
[57] Vgl. OLG Stuttgart DStR 1993, 733 (734); Großkomm AktG/*Habersack/Foerster* Rn. 27; Kölner Komm AktG/*Mertens/Cahn* Rn. 16.
[58] Vgl. Großkomm AktG/*Habersack/Foerster* Rn. 27; Kölner Komm AktG/*Mertens/Cahn* Rn. 16.
[59] So Bürgers/*Körber/Pelz* Rn. 7; Großkomm AktG/*Habersack/Foerster* Rn. 27; *Plagemann* NZG 2014, 207 (209); nuancierend *Göcke* AG 2014, 119 (122 f.).
[60] In diesem Sinne Hüffer/Koch/*Koch* Rn. 6; Schmidt/Lutter/*Krieger/Sailer-Coceani* Rn. 6.
[61] Vgl. NK-AktR/*Oltmanns* Rn. 5; MüKoAktG/*Spindler* Rn. 17.
[62] Vgl. Kölner Komm AktG/*Mertens/Cahn* Rn. 19; NK-AktR/*Oltmanns* Rn. 5; *Reuter* BB 2003, 1797 (1802); MüKoAktG/*Spindler* Rn. 17.
[63] Vgl. Großkomm AktG/*Habersack/Foerster* Rn. 30; NK-AktR/*Oltmanns* Rn. 5; s. auch Kölner Komm AktG/*Mertens/Cahn* Rn. 18; sowie RGZ 161, 129, (133 ff.).
[64] Vgl. Großkomm AktG/*Habersack/Foerster* Rn. 30; Kölner Komm AktG/*Mertens/Cahn* Rn. 19; MüKoAktG/*Spindler* Rn. 13; MHdB AG/*Wiesner* § 25 Rn. 54.
[65] Vgl. Großkomm AktG/*Habersack/Foerster* Rn. 27; Kölner Komm AktG/*Mertens/Cahn* Rn. 17; MüKoAktG/*Spindler* Rn. 17; für einen Sonderfall auch OLG Oldenburg DB 1994, 1024.
[66] Vgl. Wachter/*Eckert* Rn. 9; Hüffer/Koch/*Koch* Rn. 5; MüKoAktG/*Spindler* Rn. 18; MHdB AG/*Wiesner* § 25 Rn. 55.
[67] Ähnlich Kölner Komm AktG/*Mertens/Cahn* Rn. 17; MHdB AG/*Wiesner* § 25 Rn. 55.
[68] Vgl. *Fleischer* in Fleischer VorstandsR-HdB § 20 Rn. 14; Kölner Komm AktG/*Mertens/Cahn* Rn. 17; MüKoAktG/*Spindler* Rn. 19.

des daraus entstandenen Schadens verpflichtet.[69] Darüber hinaus machen sie sich nach § 401 strafbar. Ein Ordnungsstrafverfahren zur Erzwingung der Anzeigepflicht ist allerdings nicht vorgesehen (arg. § 407 Abs. 1).[70]

17 Nach verbreiteter Ansicht stellt § 92 Abs. 1 zugleich ein Schutzgesetz iSd § 823 Abs. 2 BGB zugunsten der Aktionäre dar.[71] Die Gegenansicht lehnt dies ab, weil die Vorschrift nur die Handlungsfähigkeit der Hauptversammlung herstellen solle und keinen Individualschutz der Aktionäre bezwecke.[72] Der erstgenannten Ansicht ist beizutreten: § 92 Abs. 1 hat nicht nur präparatorischen Charakter, sondern schützt zugleich das materielle Mitwirkungsrecht der Aktionäre bei einer krisenhaften Zuspitzung der Vermögens- und Finanzlage. Ob dies bereits durch eine richtlinienkonforme Auslegung der Vorschrift geboten ist,[73] erscheint allerdings nicht zweifelsfrei.[74] Ein deliktischer Schadensersatzanspruch der Gesellschaftsgläubiger scheidet dagegen nach einhelliger Ansicht aus:[75] Soweit sie von allfälligen Sanierungsmaßnahmen profitieren, schützt § 92 Abs. 1 ihre Belange lediglich mittelbar.[76]

III. Zahlungsverbot

18 **1. Allgemeines. a) Regelungszweck und rechtsdogmatische Einordnung.** Das Zahlungsverbot des § 92 Abs. 2 S. 1 dient dazu, die verteilungsfähige Vermögensmasse einer insolvenzreifen Aktiengesellschaft im Interesse der Gesamtheit ihrer Gläubiger zu erhalten und eine zu ihrem Nachteil gehende, bevorzugte Befriedigung einzelner Gläubiger zu verhindern.[77] Mit dieser Massesicherungspflicht des Vorstands geht eine Vorverlagerung der insolvenzrechtlichen Grundsätze über die Gläubigergleichbehandlung einher.[78] Ihre Durchsetzung sucht der Gesetzgeber dadurch sicherzustellen, dass er die Vorstandsmitglieder gemäß § 93 Abs. 3 Nr. 6 persönlich für die zukünftige Masseschmälerung einstehen lässt (→ Rn. 33).

19 Über die rechtsdogmatische Einordnung des § 92 Abs. 2 S. 1 gehen die Auffassungen auseinander. Rechtsprechung und herrschende Lehre erblicken in ihm einen Ersatzanspruch eigener Art, der seiner Natur nach darauf gerichtet ist, das Gesellschaftsvermögen wieder aufzufüllen, damit es im Insolvenzverfahren zur ranggerechten und gleichmäßigen Befriedigung aller Gesellschaftsgläubiger zur Verfügung steht.[79] Nach der Gegenauffassung handelt es sich um einen echten, deliktsähnlichen Schadensersatzanspruch im Interesse der Gesamtheit aller Gläubiger,[80] wobei die Akzente unterschiedlich gesetzt werden: Teils versteht man die Vorschrift lediglich als Schadensabwicklungsnorm, die der Liquidation eines speziellen Schadenspostens diene und letztlich in der umfassenderen Insolvenzverschleppungshaftung nach § 823 Abs. 2 BGB iVm § 15a Abs. 1 S. 1 InsO aufgehe;[81] teils sieht man sie umgekehrt als abschließende, die Insolvenzverschleppungshaftung verdrängende Regelung

---

[69] Vgl. *Fleischer* in Fleischer VorstandsR-HdB § 20 Rn. 15; Großkomm AktG/*Habersack/Foerster* Rn. 31; Hüffer/Koch/*Koch* Rn. 15; MüKoAktG/*Spindler* Rn. 20; MHdB AG/*Wiesner* § 25 Rn. 56.
[70] Vgl. NK-AktR/*Oltmanns* Rn. 15; MüKoAktG/*Spindler* Rn. 21.
[71] Vgl. Großkomm AktG/*Habersack/Foerster* Rn. 31; NK-AktR/*Oltmanns* Rn. 15; MüKoAktG/*Spindler* Rn. 20; MHdB AG/*Wiesner* § 25 Rn. 56.
[72] Vgl. *Wachter/Eckert* Rn. 20; Grigoleit/*Grigoleit/Tomasic* Rn. 8; Hüffer/Koch/*Koch* Rn. 15; Kölner Komm AktG/*Mertens/Cahn* Rn. 21.
[73] In diesem Sinne *Habersack/Verse* EuropGesR § 6 Rn. 52 f.; *Lutter/Bayer/Schmidt* EuropGesR § 19 Rn. 115.
[74] Kritisch auch *Schwarz* EuropGesR Rn. 598 mit Fn. 657.
[75] Vgl. BGH NJW 1979, 1829; LG Köln AG 1976, 105 (107); Großkomm AktG/*Habersack/Foerster* Rn. 28; Kölner Komm AktG/*Mertens/Cahn* Rn. 21; NK-AktR/*Oltmanns* Rn. 15; MüKoAktG/*Spindler* Rn. 21.
[76] Vgl. BGH NJW 1979, 1829 (1831); *Priester* ZGR 1999, 533 (536).
[77] Vgl. BGHZ 143, 184 (186); 146, 264 (275); 203, 218 Rn. 9; 206, 52 Rn. 13; BGH NJW 2001, 304 (305); NJW 2003, 2316 f.; *Fleischer* in Fleischer VorstandsR-HdB § 20 Rn. 49; *Goette* FS Kreft, 2004, 53 (58 f.); Großkomm AktG/*Habersack/Foerster* Rn. 122; Hüffer/Koch/*Koch* Rn. 32; Hölters/*Müller-Michaels* Rn. 22; MüKoAktG/*Spindler* Rn. 22; *Strohn* ZInsO 2009, 1417 (1424 f.).
[78] Vgl. *Fleischer* in Fleischer VorstandsR-HdB § 20 Rn. 49; *Goette* FS Kreft, 2004, 53 (58 f., 63 f.); Lutter/Hommelhoff/*Kleindiek* GmbHG § 64 Rn. 4; auf die Parallelwertungen der insolvenzrechtlichen Anfechtungstatbestände der §§ 129 ff. InsO hinweisend auch *Haas* NZG 2004, 737 (738 ff.).
[79] Vgl. BGHZ 187, 60 Rn. 14; BGH NZG 2011, 624 Rn. 20; BGH NJW 1974, 1088 f.; BGHZ 146, 264 (278); BGH NJW 2003, 2316 (2317); OLG Düsseldorf NZG 1999, 884 (885 f.); *Goette* ZInsO 2001, 529 (535); *Haas* NZG 2004, 737 (738 ff.); Großkomm AktG/*Habersack/Foerster* Rn. 135; *Habersack/Foerster* ZHR 178 (2014), 387 (393 ff.); Kölner Komm AktG/*Mertens/Cahn* Rn. 24; *Schall*, Kapitalgesellschaftsrechtlicher Gläubigerschutz, 2009, 186 ff.; *Strohn* NZG 2011, 1161 (1164).
[80] Vgl. *K. Schmidt* ZHR 168 (2004), 637 (652 ff.); Roth/Altmeppen/*Altmeppen* GmbHG § 64 Rn. 41; Scholz/*K. Schmidt* GmbHG § 64 Rn. 35; ausdrücklich ablehnend BGHZ 187, 60 Rn. 14; versöhnlich nunmehr *Altmeppen* ZIP 2017, 1833 (1834 ff.): „bedauerlich, aber verständlich".
[81] Vgl. *K. Schmidt* ZHR 168 (2004), 637 (654 f.); *K. Schmidt* ZHR 175 (2011), 433 ff.

an, auf deren Grundlage der vollständige Gesamtgläubigerschaden zu ersetzen sei.[82] Die besseren Gründe sprechen für die herrschende Auffassung: Eine Deutung des § 92 Abs. 2 als Schadensersatznorm lässt sich weder aus seiner Entstehungsgeschichte[83] noch aus seinem Wortlaut ableiten.[84] Ihr steht zudem entgegen, dass die Gesellschaft durch die verbotswidrigen Zahlungen keinen Schaden erleidet, soweit lediglich ihre Schulden beglichen werden.[85] Überdies erschwert eine auf dem Konzept saldierter Masseschmälerungen beruhende Schadensersatzpflicht[86] die Normdurchsetzung, weil die zu ihrer Berechnung erforderlichen Quoten erst am Ende des Insolvenzverfahrens feststehen.[87] Schließlich lässt sich spätestens im Lichte des MoMiG eine stärkere Verzahnung von Zahlungsverbot und Insolvenzantragspflicht *de lege lata* nicht mehr begründen.[88]

b) Vorgängervorschriften und Parallelregelungen. Das Verbot masseschmälernder Zahlungen bei Insolvenzreife geht im Kern auf Art. 241 Abs. 3 S. 1 ADHGB von 1861 zurück und fand von dort über verschiedene Zwischenstationen Eingang in § 84 Abs. 3 Nr. 6 AktG 1937. Durch die Verlagerung der vormals in Abs. 2 geregelten Insolvenzantragspflicht in das Insolvenzrecht im Rahmen des MoMiG ist das ursprünglich in Abs. 3 geregelte Zahlungsverbot an deren Stelle gerückt. Parallelvorschriften, die im Detail unterschiedlich angelegt sind, enthalten § 64 GmbHG, § 130a Abs. 1, Abs. 2 S. 1 HGB, § 99 GenG. Die praktische Bedeutung des § 92 Abs. 2 blieb lange Zeit gering,[89] hat aber seit 1995 beständig zugenommen und zu zahlreichen Entscheidungen des BGH und der Instanzgerichte geführt.[90] 20

c) Rechtsvergleichung. International findet man funktionale Gegenstücke zum Zahlungsverbot des § 92 Abs. 2 noch am ehesten im allgemeinen oder speziellen Insolvenzrecht.[91] Hierher könnte man etwa die englische *wrongful trading*-Haftung in sec 214 *Insolvency Act 1986* rechnen, die verschuldensabhängig einsetzt, wenn keine vernünftige Aussicht mehr besteht, die Auflösung der Gesellschaft zu verhindern.[92] In den Vereinigten Staaten sucht der *Uniform Fraudulent Transfer Act* Gläubigerbenachteiligungen zu verhindern.[93] 21

d) Anwendbarkeit auf Auslandsgesellschaften. § 92 Abs. 2 S. 1 kommt auch auf das Vorstandsmitglied, den Direktor oder das geschäftsführende Verwaltungsratsmitglied einer ausländischen Aktiengesellschaft zur Anwendung, über deren Vermögen in Deutschland das Insolvenzverfahren eröffnet worden ist.[94] Wie der EuGH entschieden hat, stehen dem Artt. 49 und 54 AEUV nicht entgegen, weil es sich bei § 92 Abs. 2 S. 1 um eine insolvenzrechtliche Vorschrift iSd Art. 4 Abs. 1 der Europäischen Insolvenzverordnung[95] handelt.[96] 21a

---

[82] Vgl. *Altmeppen/Wilhelm* NJW 1999, 673 (678 ff.); *Altmeppen* ZIP 2001, 2201 (2206 ff.); *Altmeppen* ZIP 2010, 2201 (2206 ff.); *Altmeppen* NZG 2016, 521 (524 f.); *Grigoleit*, Gesellschafterhaftung für interne Einflussnahme im Recht der GmbH, 2006, 129 ff. (197 f.); s. auch Grigoleit/*Grigoleit/Tomasic* Rn. 36, 45 ff.

[83] Wie hier *Goette* FS Kreft, 2004, 53 (56 f.); *Haas* NZG 2004, 737 (738); Kölner Komm AktG/*Mertens/Cahn* Rn. 24; abw. *Bitter* WM 2001, 666 (669); *Altmeppen* ZIP 2001, 2201 (2202 ff.); *Altmeppen* NZG 2016, 521 (524 f.); *K. Schmidt* ZHR 168 (2004), 637 (659).

[84] Ebenso *Haas* NZG 2004, 737 (738); Großkomm AktG/*Habersack/Foerster* Rn. 135; Kölner Komm AktG/*Mertens/Cahn* Rn. 24; MüKoAktG/*Spindler* Rn. 23.

[85] So bereits BGH NJW 1974, 1088 (1089); BGHZ 187, 60 Rn. 14; zustimmend *Goette* FS Kreft, 2004, 53 (58); *Haas* NZG 2004, 737 (738); Großkomm AktG/*Habersack/Foerster* Rn. 135; Kölner Komm AktG/*Mertens/Cahn* Rn. 24.

[86] In diesem Sinne *Bitter* WM 2001, 666 (669).

[87] Vgl. BGHZ 146, 264 (278 f.); *Goette* FS Kreft, 2004, 53 (60); Großkomm AktG/*Habersack/Foerster* Rn. 135.

[88] Vgl. *Habersack/Foerster* ZHR 178 (2014), 387 (393 ff.); dies konzedierend auch *K. Schmidt* ZHR 175 (2011), 433 (437).

[89] Vgl. nur die Urteile RGZ 73, 30; 80, 105; BGH NJW 1974, 1088; ZIP 1986, 456.

[90] Dazu *Goette* ZInsO 2001, 529 ff.; *K. Schmidt* ZHR 168 (2004), 637 (644 ff.); Zahlenmaterial bei *Haas* NZG 2004, 737; zuletzt BGHZ 203, 218; 206, 52; BGH NZG 2016, 225; 2016, 550; 2016, 658; 2017, 1034.

[91] Für die Einordnung des § 64 Abs. 2 GmbHG, dem Parallelstück zu § 92 Abs. 3 AktG, als einer insolvenzrechtlichen Norm etwa *Goette* FS Kreft, 2004, 53 (58 f.); für eine rechtsvergleichende Analyse *Kalss/Adensamer/Oelkers*, Die Rechtspflichten der Geschäftsleiter in der Krise der Gesellschaft sowie die damit verbundenen Rechtsfolgen im Rechtsvergleich, in Lutter, Das Kapital der Aktiengesellschaft in Europa, 2006, 134 (136 ff.).

[92] Vgl. sec 214 (2) Insolvency Act 1986; dazu etwa *Gower/Davies/Worthington*, Principles of Modern Company Law, 10. Aufl. 2016, Rn. 9-6 ff.; rechtsvergleichend *Jaspers*, Opportunistisches Verhalten in der Krise der Kapitalgesellschaft, 2014, 314 ff.

[93] Vgl. *Baird* EBOR 7 (2006), 199 ff.; rechtsvergleichend *Fleischer* RIW 2005, 92; *Thole*, Gläubigerschutz durch Insolvenzrecht, 2010, 89 ff.

[94] Vgl. BGH NZG 2016, 550 für den Direktor einer englischen *private company limited by shares*; Hüffer/Koch/*Koch* Rn. 1.

[95] VO (EU) 2015/848 des Europäischen Parlaments und des Rates vom 20.5.2015 über Insolvenzverfahren, ABl. EU 2015 L 141, 19 vom 5.6.2015.

[96] Vgl. EuGH NZG 2016, 115; eingehend zur Geschichte hinter diesem Fall *Mock* in Fleischer/Thiessen, Gesellschaftsrechts-Geschichten, 2018, § 23.

22 2. **Voraussetzungen. a) Verbot von Zahlungen. aa) Zahlungsbegriff.** § 92 Abs. 2 S. 1 verbietet den Vorstandsmitgliedern die Leistung von Zahlungen. Darunter fallen nach allgemeiner Meinung zunächst alle Geldleistungen, die sie nach Eintritt der Insolvenzreife bewirken.[97] Dem Zweck der Vorschrift entsprechend wird der Zahlungsbegriff über seinen Wortlaut hinaus weit ausgelegt:[98] Entgegen einer älteren Lehrmeinung[99] erfasst er auch andere Minderungen des Gesellschaftsvermögens, die nicht als Geldabfluss in Erscheinung treten,[100] zB Lieferungen und sonstige Leistungen durch die Gesellschaft.[101]

23 Dagegen lehnen es Rechtsprechung und herrschende Lehre ab, auch die Belastung des Vermögens mit neuen Verbindlichkeiten als Zahlung iSd § 92 Abs. 2 S. 1 einzuordnen.[102] Die Gegenauffassung[103] kann zwar für sich in Anspruch nehmen, das Gesellschaftsvermögen noch effizienter für die Gläubiger zu erhalten,[104] doch verliert sie den gesetzlichen Regelungszusammenhang zwischen der Massesicherungspflicht und der Art der Verletzungshandlung aus dem Auge.[105]

24 **bb) Einzelfälle.** Im Einzelnen werden etwa die Lieferung von Waren, die Erbringung von Dienstleistungen sowie das Stellen von Sicherheiten als Zahlungen angesehen.[106] Auch der Einzug von Forderungen einer insolvenzreifen AG auf ein debitorisches Bankkonto ist grundsätzlich eine masseschmälernde Zahlung, weil dadurch das Aktivvermögen der Gesellschaft zu Gunsten der Bank geschmälert wird.[107] Insoweit liegt der Fall im Ergebnis nicht anders, als wenn die AG mit Barmitteln, die von einem ihrer Schuldner in ihre Kasse gelangt sind, einen Gläubiger durch Barzahlung befriedigt.[108] Keine vom Geschäftsleiter veranlasste masseschmälernde Leistung liegt demgegenüber vor, wenn vor Insolvenzreife die Sicherungsabtretung vereinbart und die Forderung der Gesellschaft entstanden und werthaltig geworden ist.[109] Der Geschäftsleiter muss die sicherungsabgetretene Forderung ungeachtet der bestehenden Einzugsermächtigung nicht durch Einziehung auf ein neu eröffnetes kreditorisch geführtes Konto bei einer anderen Bank der Einziehung und Verrechnung auf dem debitorischen Konto entziehen.[110] Wird auf ein debitorisches Konto einer AG eine zur Sicherheit an die Bank abgetretene Forderung eingezogen, die erst nach Insolvenzreife entstanden oder werthaltig geworden ist, kann es ebenfalls an einer masseschmälernden Zahlung iSd § 92 Abs. 2 S. 1 fehlen, wenn die als Gegenleistung an den Forderungsschuldner gelieferte Ware im Sicherungseigentum der Bank stand.[111] Wegen des nach § 51 Nr. 1 InsO bestehenden Absonderungsrechts des Sicherungsnehmers stehen der Sicherheit übereignete bewegliche Sachen der Gläubigergesamtheit nämlich nicht als freie Masse zur gleichmäßigen Befriedigung zur Verfügung.[112] Es handelt sich dann um einen für die Masse neutralen Sicherheitentausch.[113] Wird eine Zahlung an einen absonderungsberechtigten, durch eine Gesellschaftssicherheit besicherten Gläubiger geleistet, liegt ein Aktiventausch vor, soweit infolge der Zahlung die Gesellschaftssicherheit frei wird und der Verwertung zu Gunsten aller

---

[97] Vgl. *Fleischer* in Fleischer VorstandsR-HdB § 20 Rn. 52; *Goette* FS Kreft, 2004, 53 (61); Grigoleit/*Grigoleit/Tomasic* Rn. 33; Großkomm AktG/*Habersack/Foerster* Rn. 128; NK-AktR/*Oltmanns* Rn. 14.
[98] Vgl. BGHZ 143, 184 (186); Wachter/*Eckert* Rn. 13; *Goette* FS Kreft, 2004, 53 (61); Großkomm AktG/*Habersack/Foerster* Rn. 128; Hüffer/Koch/*Koch* Rn. 33; Hölters/*Müller-Michaels* Rn. 22; NK-AktR/*Oltmanns* Rn. 14; MüKoAktG/*Spindler* Rn. 26.
[99] Vgl. *Fleck* GmbHR 1974, 224 (230); *Liebs* FS Rittner, 1991, 369; aus der Rechtsprechung RGZ 159, 211 (234).
[100] Vgl. BGHZ 126, 181 (194); *Goette* FS Kreft, 2004, 53 (61); für die GmbH auch Lutter/Hommelhoff/*Kleindiek* GmbHG § 64 Rn. 7.
[101] Vgl. Großkomm AktG/*Habersack/Foerster* Rn. 128; K. Schmidt/Lutter/*Krieger/Sailer-Coceani* Rn. 19; MüKoAktG/*Spindler* Rn. 59.
[102] Vgl. BGHZ 138, 211 (216); BGH ZIP 1998, 776 (778); Großkomm AktG/*Habersack/Foerster* Rn. 130; Hüffer/Koch/*Koch* Rn. 33; Lutter/Hommelhoff/*Kleindiek* GmbHG § 64 Rn. 10; Kölner Komm AktG/*Mertens/Cahn* Rn. 25; *Schall*, Kapitalgesellschaftsrechtlicher Gläubigerschutz, 2009, 192; MüKoAktG/*Spindler* Rn. 26; offen noch BGHZ 126, 181 (194).
[103] Vgl. OLG Hamm ZIP 1980, 280 (282); differenzierend *K. Schmidt* ZHR 168 (2004), 637 (667).
[104] So etwa OLG Hamm ZIP 1980, 280 (282) zur unterlassenen Kündigung eines Dauerschuldverhältnisses.
[105] Vgl. *Fleischer* in Fleischer VorstandsR-HdB § 20 Rn. 53; *Goette* FS Kreft, 2004, 53 (61).
[106] Vgl. OLG Düsseldorf GmbHR 1996, 616 (619); Wachter/*Eckert* Rn. 13; Großkomm AktG/*Habersack/Foerster* Rn. 128; MüKoAktG/*Spindler* Rn. 26; *Reuter* BB 2003, 1797 (1803); abl. hinsichtlich Dienstleistungen *Schall*, Kapitalgesellschaftsrechtlicher Gläubigerschutz, 2009, 192.
[107] Vgl. BGHZ 143, 184 (187 f.); 206, 52 Rn. 11; Großkomm AktG/*Habersack/Foerster* Rn. 128; Hüffer/Koch/*Koch* Rn. 33; MüKoAktG/*Spindler* Rn. 26.
[108] BGHZ 206, 52 Rn. 11.
[109] Vgl. BGHZ 206, 52 Rn. 12.
[110] Vgl. BGHZ 206, 52 Rn. 16 ff.; BGH NZG 2016, 225 Rn. 14 ff.
[111] Vgl. BGH NZG 2016, Rn. 24.
[112] Vgl. BGH NZG 2016, 225 Rn. 25.
[113] Vgl. BGHZ 189, 1 Rn. 32; BGH NZG 2016, 225 Rn. 25.

Gläubiger zur Verfügung steht; bei einem solchen Aktiventausch entfällt im wirtschaftlichen Ergebnis eine masseschädliche Zahlung.[114]

Vorbehaltlich des Ausnahmetatbestands des § 92 Abs. 2 S. 2 sollen auch Leistungen an die Sozial- 25 versicherungsträger und den Fiskus dem Zahlungsverbot unterliegen.[115] Beispiele bilden Umsatzsteuerzahlungen an das Finanzamt[116] oder die Zahlung rückständiger Arbeitnehmeranteile zur Sozialversicherung.[117]

Verbotene Zahlungen werden auch dann angenommen, wenn die Mittel dem Vorstand von dritter 26 Seite zur Verfügung gestellt werden.[118] Das gilt nach Auffassung des BGH selbst für die Bereitstellung der Mittel durch ein ausgleichspflichtiges verbundenes Unternehmen[119] und für die Zahlung eines eigenkapitalersetzenden Darlehens an eine Tochtergesellschaft.[120] Auch insoweit kann aber der Ausnahmetatbestand des § 92 Abs. 2 S. 2 eingreifen, falls eine Strafbarkeit wegen Untreue nach § 266 StGB droht (→ Rn. 32).

b) Verbotsbeginn. Im Streit um den Beginn des Zahlungsverbots hat sich der BGH der vor- 27 herrschenden Ansicht angeschlossen, der zufolge § 92 Abs. 2 S. 1 unmittelbar ab Eintritt der Insolvenzreife gilt, dh schon vor und nicht erst ab Eintritt der Insolvenzantragspflicht.[121] Nach der Gegenauffassung sollte sich ein haftungsbewehrtes Zahlungsverbot erst mit Eintritt der Insolvenzantragspflicht rechtfertigen lassen: Unter einer Haftungsandrohung für Zahlungen sei es dem Vorstand kaum möglich, die Dreiwochenfrist des § 15a Abs. 1 S. 1 InsO zur Krisenabwehr mit allen Kräften zu nutzen.[122] Der vom BGH vertretenen Auffassung ist beizupflichten: Sie entspricht dem Wortlaut der Norm und bringt den Schutzzweck des Zahlungsverbots, die Gläubigergesamtheit bei materieller Insolvenzreife vor Masseschmälerungen zu bewahren (→ Rn. 18), besser zur Geltung. Der ihr entgegengehaltene Einwand der Sanierungsfeindlichkeit läuft ins Leere, weil den Vorstandsmitgliedern bei ernsthaften Sanierungsbemühungen die Verbotsausnahme des § 92 Abs. 2 S. 2 zur Seite steht (→ Rn. 29 f.).

Die Beweislast für den Eintritt der Insolvenzreife tragen Gesellschaft bzw. Insolvenzverwalter.[123] 27a Bei Zahlungseinstellung hilft ihnen jedoch die Vermutung des § 17 Abs. 2 S. 2 InsO. Außerdem kommt einer von ihnen vorgelegten Handelsbilanz indizielle Bedeutung zu.[124] In diesem Fall muss das in Anspruch genommene Vorstandsmitglied substantiiert vortragen, warum die Bilanz unrichtig ist.[125] Außerdem treffen die Vorstandsmitglieder gemäß § 20 Abs. 1 S. 1 InsO, § 101 Abs. 1 S. 1 InsO im Insolvenzverfahren die Auskunfts- und Mitteilungspflichten des Schuldners gemäß § 97 InsO. Die Auskunftpflichten erstrecken sich auf alle rechtlichen, wirtschaftlichen und tatsächlichen Verhältnisse der Gesellschaft und schließen auch Tatsachen ein, die Forderungen der insolventen Gesellschaft gegen das Vorstandsmitglied selbst aus § 92 nahelegen können.[126]

Unterschiedlich beurteilt wird, ob das Zahlungsverbot des § 92 Abs. 2 S. 1 auch im eröffneten 27b Eigenverwaltungsverfahren gemäß §§ 270 ff. InsO gilt. Manche Literaturstimmen lehnen dies ab, weil die drakonische Haftung nicht auf das Dauerverfahren der Eigenverwaltung passe und § 92 Abs. 2 S. 2 allein die erforderliche Flexibilität nicht geben könne.[127] Eine nicht minder starke Gegenauffassung will im Gläubigerinteresse an dem Zahlungsverbot festhalten.[128]

---

[114] So BGH NZG 2016, 658 im Anschluss an BGHZ 206, 52 Rn. 26.
[115] Vgl. BGHZ 146, 264 (276); *Gross/Schork* NZI 2004, 358; *Haas* NZG 2004, 737 (740); NK-AktR/*Oltmanns* Rn. 16.
[116] Vgl. OLG Köln ZIP 1995, 1418.
[117] Vgl. LG Hagen ZIP 1997, 314.
[118] Vgl. RGZ 159, 211 (234); BGH ZIP 1998, 776 (778); MüKoAktG/*Spindler* Rn. 34.
[119] Vgl. BGH NJW 2003, 2316; zustimmend *Haas* NZG 2004, 737 (740); Hüffer/Koch/*Koch* Rn. 33; MüKoAktG/*Spindler* Rn. 26; abw. in der Vorinstanz OLG Brandenburg GmbHR 2002, 910 (911 f.); kritisch auch *K. Schmidt* ZHR 168 (2004), 637 (646 ff.).
[120] Vgl. BGH NJW-RR 2001, 1177; zustimmend *Reuter* BB 2003, 1797 (1803).
[121] Vgl. BGH NZG 2009, 550; Wachter/*Eckert* Rn. 12; *Goette* FS Kreft, 2004, 53 (58 f.); *Haas* NZG 2004, 737 (739 f.); Großkomm AktG/*Habersack/Foerster* Rn. 126; Hüffer/Koch/*Koch* Rn. 33; Hölters/*Müller-Michaels* Rn. 23; *Reuter* BB 2003, 1797 (1803); MüKoAktG/*Spindler* Rn. 27; offenlassend BGHZ 143, 184 (188 f.).
[122] Vgl. OLG Düsseldorf AG 1995, 276 (279); *Liebs* FS Rittner, 1991, 369 (372 ff.); Kölner Komm AktG/*Mertens/Cahn* Rn. 27; MHdB AG/*Wiesner* § 25 Rn. 69.
[123] Vgl. Hüffer/Koch/*Koch* Rn. 32.
[124] Vgl. BGH NZG 2014, 100 Rn. 17.
[125] Vgl. BGH NZG 2014, 100 Rn. 17; Hüffer/Koch/*Koch* Rn. 32.
[126] Vgl. BGH NZG 2015, 563 Rn. 8 ff.
[127] Vgl. *Haas* ZHR 178 (2014), 603 (607 ff.); Hüffer/Koch/*Koch* Rn. 33.
[128] Vgl. *Bachmann* ZIP 2015, 101 (108); Großkomm AktG/*Habersack/Foerster* Rn. 127; *Schmidt/Poertzgen* NZI 2013, 369 (374 ff.); MüKoGmbHG/*Müller* § 64 Rn. 152.

28 c) Subjektive Erfordernisse. In subjektiver Hinsicht genügt nach hM die *ex ante* zu beurteilende Erkennbarkeit der Insolvenzreife.[129] Ihr Fehlen darzulegen und gegebenenfalls zu beweisen, ist Sache des in Anspruch genommenen Vorstandsmitglieds.[130] Die Gegenansicht, die jedenfalls für das Aktienrecht positive Kenntnis oder böswillige Unkenntnis der Vorstandsmitglieder verlangt,[131] berücksichtigt nicht hinreichend, dass dem Vorstand schon mit Krisenbeginn eine Beobachtungspflicht obliegt (→ Rn. 68), die im unmittelbaren Vorfeld der Insolvenz noch an Intensität zunimmt.

28a d) Eigene Veranlassung. Hinzukommen muss schließlich ein Vermögensabfluss kraft eigener Veranlassung des Vorstandsmitglieds.[132] § 92 Abs. 2 S. 1 schützt nur vor Massekürzungen, die das Organ selbst veranlasst hat[133] und erfasst nicht jeden Schaden, der durch die Insolvenzverschleppung entsteht.[134] Infolgedessen fehlt es an einer Zahlung, wenn der Vermögensabfluss allein auf einer Initiative des Gläubigers beruht, zB bei einer Pfändung.[135] Für Insolvenzverschleppungsschäden, die nicht in einer Masseschmälerung durch Zahlung bestehen, haftet das Organ nach § 15a Abs. 1 InsO iVm § 823 Abs. 2 BGB.[136]

29 e) Verbotsausnahme. aa) Bedeutung und Einordnung. Gemäß § 92 Abs. 2 S. 2 gilt das Zahlungsverbot nicht für Zahlungen nach Eintritt der Insolvenzreife, die mit der Sorgfalt eines ordentlichen und gewissenhaften Geschäftsleiters vereinbar sind. Diese Verbotsausnahme soll sicherstellen, dass Zahlungen des Vorstands möglich bleiben, soweit sie der Masseerhaltung und damit auch dem Interesse der Gläubiger dienen.[137] Ohne Belang ist hingegen das Interesse der Gesellschaft.[138]

30 Über die dogmatische Einordnung dieser Verbotsausnahme gehen die Auffassungen auseinander: Die Rechtsprechung versteht § 92 Abs. 2 S. 2 als Ausnahme vom – vermuteten – Verschulden der Vorstandsmitglieder;[139] die herrschende Lehre hält ihn für einen objektiven Ausnahmetatbestand, der nicht erst das Verschulden der Organwalter, sondern bereits ihre Pflichtwidrigkeit ausschließt.[140] Nur die zweite Auffassung wird den neuen Einsichten zur Struktur der Geschäftsleiterpflichten gerecht, wie sie etwa in § 93 Abs. 1 S. 2 zum Ausdruck kommen (→ § 93 Rn. 65). Sie erklärt zugleich, warum den Vorstandsmitgliedern bei der Einschätzung der Sanierungschancen während der Dreiwochenfrist des § 15a Abs. 1 S. 1 InsO ein Beurteilungsspielraum zusteht. In Übereinstimmung mit den allgemeinen Grundsätzen zum Geschäftsleiterermessen (→ § 93 Rn. 77) trifft sie dafür allerdings die Darlegungs- und Beweislast.[141]

31 bb) Einzelfälle. Erlaubt sind nach ganz hM zunächst alle Zahlungen, die eine wertdeckende Gegenleistung mit sich bringen.[142] Dazu gehören Aufwendungen zum Werterhalt, die Erfüllung vorteilhafter Verträge sowie Fixkosten, die für die Aufrechterhaltung des Geschäftsbetriebs unbedingt erforderlich sind, etwa für Strom, Wasser oder dringend benötigte Betriebsmittel.[143] Als unschädlich angesehen werden auch Zahlungen, die erbracht werden, um Sanierungsbemühungen innerhalb der

---

[129] Vgl. BGHZ 143, 184 (195); OLG Karlsruhe NZG 2002, 917 (918); *Fleischer* in Fleischer VorstandsR-HdB § 20 Rn. 58; Großkomm AktG/*Habersack/Foerster* Rn. 126; Hüffer/Koch/*Koch* Rn. 33; Hölters/*Müller-Michaels* Rn. 23; MüKoAktG/*Spindler* Rn. 28.

[130] Vgl. BGHZ 143, 184; BGH NJW 2001, 304; BGH NZG 2007, 545.

[131] Vgl. OLG Düsseldorf AG 1985, 276 (279); OLG Frankfurt a. M. NZG 2004, 1157; Kölner Komm AktG/*Mertens/Cahn* Rn. 31; NK-AktR/*Oltmanns* Rn. 16; Bürgers/Körber/*Pelz* Rn. 33; MHdB AG/*Wiesner* § 25 Rn. 69.

[132] Vgl. BGH NJW 2009, 1598 Rn. 13; BGHZ 203, 218 Rn. 12; Hüffer/Koch/*Koch* Rn. 32; Großkomm AktG/*Habersack/Foerster* Rn. 128.

[133] Vgl. BGH ZIP 2009, 956 Rn. 13; ZIP 2011, 422 Rn. 28; BGHZ 203, 218 Rn. 12.

[134] Vgl. BGHZ 203, 218 Rn. 12.

[135] Vgl. BGH NJW 2009, 1598 Rn. 13; Großkomm AktG/*Habersack/Foerster* Rn. 128; Hüffer/Koch/*Koch* Rn. 32.

[136] Vgl. BGHZ 203, 218 Rn. 12.

[137] Vgl. BGHZ 146, 264 (275); *Fleischer* in Fleischer VorstandsR-HdB § 20 Rn. 59; Grigoleit/*Grigoleit/Tomasic* Rn. 34; Großkomm AktG/*Habersack/Foerster* Rn. 131; MüKoAktG/*Spindler* Rn. 29.

[138] Vgl. BGH NJW 1974, 1088 (1089); Großkomm AktG/*Habersack/Foerster* Rn. 131 mit Fn. 389.

[139] Vgl. BGHZ 146, 264 (274 f.); OLG Karlsruhe NZG 2002, 917 (918).

[140] Vgl. Großkomm AktG/*Habersack/Foerster* Rn. 131; Hüffer/Koch/*Koch* Rn. 34; ähnlich *Liebs* FS Rittner, 1991, 369 (374 ff.): Rechtfertigungsklausel; s. auch *Goette* FS Kreft, 2004, 53 (63 mit Fn. 55).

[141] Vgl. BGHZ 146, 264 (274); Großkomm AktG/*Habersack/Foerster* Rn. 131; Hüffer/Koch/*Koch* Rn. 34; MüKoAktG/*Spindler* Rn. 29.

[142] Vgl. BGH NJW 1974, 1088 (1089); Wachter/*Eckert* Rn. 14; *Fleischer* in Fleischer VorstandsR-HdB § 20 Rn. 61; *Goette* FS Kreft, 2004, 53 (62 f.); *Haas* NZG 2004, 737 (741); Hüffer/Koch/*Koch* Rn. 34.

[143] Vgl. OLG Celle GmbHR 2004, 568 (569 f.); Großkomm AktG/*Habersack/Foerster* Rn. 132; Kölner Komm AktG/*Mertens/Cahn* Rn. 28; *Reuter* BB 2003, 1797 (1803).

Frist des § 15a Abs. 1 S. 1 InsO nicht von vornherein zum Scheitern zu verurteilen.[144] Beispiele bilden laufende Miet-, Lohn- und Steuerzahlungen,[145] aber auch eine angemessene Vergütung für einen Sanierungsberater.[146] Nicht berührt ist der Schutzzweck des § 92 Abs. 2 S. 1 weiter bei der Bedienung von Aus- und Absonderungsrechten[147] sowie bei der Herausgabe von Treugut an den Treugeber.[148] Gleiches gilt für sog. Sowieso-Zahlungen, die seitens der Gesellschaft auch bei rechtzeitiger Stellung des Insolvenzantrags noch geleistet worden wären.[149]

32 Zumindest für die Praxis geklärt ist mittlerweile das umstrittene Verhältnis des § 92 Abs. 2 S. 2 zum Straftatbestand des § 266a StGB. Der II. Zivilsenat des BGH hatte sich lange gegen einen Vorrang der Sozialversicherungsträger ausgesprochen und das Zahlungsverbot nach Eintritt der Insolvenzreife auch auf die Abführung von Arbeitnehmeranteilen zur Sozialversicherung erstreckt.[150] Das Bestreben der Vorstandsmitglieder, sich durch derartige Leistungen einer persönlichen Haftung nach § 823 Abs. 2 BGB iVm § 266a StGB zu entziehen, sollte danach nicht schon im Rahmen des § 92 Abs. 2 S. 2 Berücksichtigung finden, sondern im Falle einer Pflichtenkollision erst das deliktische Verschulden beseitigen, wenn sich der Organwalter – gemessen am Maßstab der dem Interesse der Gläubigergesamtheit dienenden Spezialvorschrift des § 92 Abs. 2 – normgerecht verhalte.[151] Demgegenüber hatte der 5. Strafsenat des BGH aus der Strafbewehrung der Nichtabführung von Arbeitnehmerbeiträgen einen Vorrang des § 266a Abs. 1 StGB hergeleitet,[152] von dem er später für den Zeitraum der Insolvenzantragsfrist des § 15a Abs. 1 S. 1 InsO abrückte.[153] Zur Auflösung dieser für die Praxis unzumutbaren Situation hat der II. Zivilsenat mit seiner Entscheidung vom 14.5.2007 nachgegeben und eine Vorrangstellung des § 266a Abs. 1 StGB akzeptiert.[154] Inzwischen hat er diese Spruchpraxis auf Zahlungen zur Vermeidung einer Strafbarkeit wegen Untreue nach § 266 StGB ausgedehnt.[155] Der BFH hat sich dem für § 380 AO angeschlossen.[156] Der jüngeren Rechtsprechung lässt sich damit der Grundsatz entnehmen, dass eine Haftung wegen Verstoßes gegen das Zahlungsverbot des § 92 Abs. 2 S. 1 immer dann ausscheidet, wenn ein Vorstandsmitglied sich bei Unterlassung der Zahlung strafbar machen würde.[157] Voraussetzung für eine Verbotsausnahme ist aber stets, dass keinerlei anderweitige Zahlungen vorgenommen werden, die nicht mit der gebotenen Sorgfalt vereinbar sind, weil sich der Vorstand sonst widersprüchlich verhält.[158] Zudem ist diese Verbotsausnahme eng auszulegen, die Beweislast obliegt dem Vorstand.[159]

f) Keine Ersatzpflicht bei Ausgleich der Masseschmälerung. Nach neuerer Rechtsprechung **32a** entfällt die Ersatzpflicht der Vorstandsmitglieder für Zahlungen nach Insolvenzreife außerdem, soweit die durch die Zahlung verursachte Masseschmälerung in einem unmittelbaren Zusammenhang mit ihr ausgeglichen wird.[160] Zwar liegt auch in diesen Fällen zunächst eine zur Ersatzpflicht führende Zahlung vor.[161] Durch den ausgleichenden Massezufluss ist jedoch der Zweck des § 92 Abs. 2 S. 1, im Interesse der Gläubiger die Masse zu erhalten, erreicht.[162] Eine nochmalige Erstattung durch die

---

[144] Vgl. OLG Celle GmbHR 2004, 568 (569 f.); *Fleck* GmbHR 1974, 224 (231); Großkomm AktG/*Habersack*/ *Foerster* Rn. 132; Hüffer/Koch/*Koch* Rn. 34; Kölner Komm AktG/*Mertens*/*Cahn* Rn. 28; MüKoAktG/*Spindler* Rn. 30; *K. Schmidt* ZHR 168 (2004), 637 (668).
[145] Vgl. BGH NZG 2008, 75 Rn. 6; OLG Düsseldorf NZG 1999, 1066 (1068); OLG Celle GmbHR 2004, 568; *Habersack*/*Foerster* ZHR 178 (2014), 387 (400); MüKoAktG/*Spindler* Rn. 30.
[146] Vgl. BGH NZG 2007, 678; *Habersack*/*Foerster* ZHR 178 (2014), 387 (400); MüKoAktG/*Spindler* Rn. 30.
[147] Vgl. OLG Hamburg NZG 2010, 1225; Großkomm AktG/*Habersack*/*Foerster* Rn. 132; *Habersack*/*Foerster* ZHR 178 (2014), 387 (399).
[148] Vgl. *Haas* NZG 2004, 737 (740).
[149] Vgl. OLG Celle GmbHR 2004, 568; MüKoAktG/*Spindler* Rn. 30; ausführlich *Emde* GmbHR 1995, 558 ff.
[150] Vgl. BGHZ 146, 264 (274 f.).
[151] Vgl. BGHZ 146, 264 (275).
[152] Vgl. BGHSt 47, 318 (322).
[153] Vgl. BGHSt 48, 307 (309 f.); dazu *Goette* DStR 2004, 286.
[154] Vgl. BGH NZG 2007, 545 (546); NJW 2009, 2599 Rn. 6; NZG 2011, 303 Rn. 12; zustimmend Hüffer/ Koch/*Koch* Rn. 34; Kölner Komm AktG/*Mertens*/*Cahn* Rn. 29; ablehnend *Altmeppen* FS Goette, 2011, 1 (11 ff.); Großkomm AktG/*Habersack*/*Foerster* Rn. 133; *Meyer* DStZ 2014, 228 ff.
[155] Vgl. BGH NZG 2008, 508; dazu abl. *Dahl*/*Schmitz* NZG 2008, 532; *Ischebeck* wistra 2009, 95.
[156] Vgl. BFH GmbHR 2009, 222 (223 f.); abl. *Liebscher* ZInsO 2009, 1386; s. ferner zur Zahlung fälliger Umsatzsteuerschulden LG München I BB 2007, 2250 (2251).
[157] Vgl. *Habersack*/*Foerster* ZHR 178 (2014), 387 (406); *Podewils* ZInsO 2008, 813 (814).
[158] Vgl. BGH NZG 2009, 32; NZG 2010, 305 Rn. 4; Hüffer/Koch/*Koch* Rn. 34.
[159] Vgl. Hüffer/Koch/*Koch* Rn. 34; *Strohn* NZG 2011, 1161 (1166).
[160] Vgl. BGHZ 203, 218 Rn. 9 f.; BGH NZG 2017, 1034 Rn. 10.
[161] Vgl. BGHZ NZG 2017, 1034 Rn. 10; zustimmend *Altmeppen* ZIP 2017, 1833 (1834); für einen eigenständigen Haftungsausschluss auch Hüffer/Koch/*Koch* Rn. 34; kritisch dagegen *Müller* DB 2015, 723 (724 f.).
[162] So BGH NZG 2017, 1034 Rn. 10.

32b Da der die Erstattungspflicht auslösende Vorgang in der Schmälerung der Masse durch die einzelne Zahlung besteht, ist allerdings nicht jeder beliebige weitere Massezufluss als Ausgleich dieser Masseschmälerung zu berücksichtigen.[164] Vielmehr ist ein unmittelbarer wirtschaftlicher, nicht unbedingt zeitlicher Zusammenhang mit der Zahlung erforderlich, damit der Massezufluss der an und für sich erstattungspflichtigen Masseschmälerung zugeordnet werden kann.[165] Auf eine Zuordnung nach wirtschaftlicher Betrachtung zur einzelnen masseschmälernden Zahlung kann nicht verzichtet werden.[166] Zur Konkretisierung des Unmittelbarkeitserfordernisses lehnt die Rechtsprechung die von Teilen der Literatur vorgeschlagene Analogie zu den Regeln des Bargeschäfts nach § 142 InsO aF[167] ab, weil die Ersatzpflicht nach § 92 Abs. 2 S. 1 und die Insolvenzanfechtung unterschiedliche Zwecke verfolgten.[168]

Vorstandsmitglieder würde die Masse über ihre bloße Erhaltung hinaus anreichern und über den Zweck des Zahlungsverbots hinausgehen.[163]

32c Nach dem Zweck des § 92 Abs. 2 S. 1 ist es jedoch nicht erforderlich, dass der Gegenstand des Massezuflusses bei Eröffnung des Insolvenzverfahrens noch vorhanden ist.[169] Maßgeblich für die Bewertung ist der Zeitpunkt, in dem die Masseverkürzung durch einen Massezufluss ausgeglichen wird, nicht der Zeitpunkt der Insolvenzeröffnung.[170] Eine dem Gesellschaftsorgan nicht zurechenbare, insbesondere zufällige Verschlechterung des Gegenstands des Ausgleichs bei der Gesellschaft bis zur Eröffnung des Insolvenzverfahrens fällt schon nicht unter den Schutzzweck des § 92 Abs. 2 S. 1 (→ Rn. 28a).[171] Die Bewertung selbst hat jedoch schon aufgrund der Insolvenzreife der Gesellschaft danach zu erfolgen, ob die Insolvenzgläubiger die Gegenleistung verwerten könnten, wenn zum maßgeblichen Zeitpunkt das Verfahren eröffnet wäre.[172] Das ist bei Arbeits- oder Dienstleistungen nach der Rechtsprechung regelmäßig nicht der Fall; sie führen nicht zu einer Erhöhung der Aktivmasse und sind damit kein Ausgleich des Masseabflusses.[173]

32d Zu bemessen ist die in die Masse gelangende Gegenleistung grundsätzlich nach Liquidationswerten.[174] Auch eine solche Bewertung setzt aber voraus, dass die als Gegenleistung zur Masse gelangten Gegenstände für die Insolvenzgläubiger verwertbar sind.[175] Aus diesem Grund sollen geringwertige, typischerweise zum alsbaldigen Verbrauch bestimmte Güter nicht für einen Ausgleich geeignet sein.[176] Jedenfalls bei fehlender Verwertbarkeit sieht die Rechtsprechung auch keinen Raum für eine Vermutung, dass der gezahlte Preis dem Wert der Gegenleistung entspricht.[177]

33 **3. Rechtsfolgen eines Verstoßes. a) Haftung gegenüber der Gesellschaft.** Vorstandsmitglieder, die gegen das Zahlungsverbot des § 92 Abs. 2 S. 1 verstoßen, sind der Gesellschaft nach § 93 Abs. 3 Nr. 6 zum Ersatz verpflichtet.[178] Die Aktivlegitimation der Gesellschaft dient einer Zusammenziehung aller denkbaren Ansprüche und einer geregelten Verteilung im Insolvenz- oder Liquidationsverfahren. Der Sache nach handelt es sich um eine Haftung gegenüber der Gläubigergesamtheit, die durch eine Verminderung der Insolvenzmasse infolge zwischenzeitlicher Befriedigung einzelner Gläubiger benachteiligt wird, während die Gesellschaft selbst keinen Schaden erleidet, soweit lediglich ihre Schulden bezahlt werden.[179] Das hat unmittelbare Folgen für den Inhalt des

---

[163] Vgl. BGH NZG 2017, 1034 Rn. 10.
[164] Vgl. BGHZ 203, 218 Rn. 10; BGH NZG 2017, 1034 Rn. 11.
[165] Vgl. BGH NZG 2017, 1034 Rn. 11.
[166] Vgl. BGHZ 203, 218 Rn. 10; BGH NZG 2017, 1034 Rn. 11.
[167] Dafür etwa *Gehrlein* ZHR 181 (2017), 482 (506 ff.); *Habersack/Foerster* ZHR 178 (2014), 387 (403 ff.); *Habersack/Foerster* ZGR 2016, 153 (180 f.); *Hüffer/Koch/Koch* Rn. 42.
[168] Näher BGH NZG 2017, 1034 Rn. 12 ff.; ebenso *Altmeppen* ZIP 2015, 949 (950); *Casper* ZIP 2016, 793 (795).
[169] Vgl. BGHZ 203, 218 Rn. 11.
[170] Vgl. BGHZ 203, 218 Rn. 11; BGH NZG 2017, 1034 Rn. 11.
[171] Vgl. BGHZ 203, 218 Rn. 11.
[172] Vgl. BGH NZG 2017, 1034 Rn. 18.
[173] Vgl. BGH NZG 2017, 1034 Rn. 18; *Fölsing* KSI 2015, 70 (73); kritisch *Altmeppen* ZIP 2017, 1833 (1835).
[174] Vgl. BGH NZG 2017, 1034 Rn. 20; *Casper* ZIP 2016, 793 (797).
[175] Vgl. BGH NZG 2017, 1034 Rn. 20.
[176] In diesem Sinne BGH NZG 2017, 1034 Rn. 20; anders *Casper* ZIP 2016, 793 (796), kritisch auch *Altmeppen* ZIP 2017, 1833 (1835).
[177] So BGH NZG 2017, 1034 Rn. 20; anders *Altmeppen* ZIP 2015, 949 (951 f.); *Müller* DB 2015, 723 (725).
[178] Vgl. *Fleischer* in Fleischer VorstandsR-HdB § 20 Rn. 63; *Grigoleit/Grigoleit/Tomasic* Rn. 36; Großkomm AktG/*Habersack/Foerster* Rn. 134; *Hüffer/Koch/Koch* Rn. 41; *Hölters/Müller-Michaels* Rn. 29; MüKoAktG/ *Spindler* Rn. 36.
[179] Vgl. BGH NJW 1974, 2088 (2089); BGHZ 146, 64 (78); 187, 60 Rn. 14; Großkomm AktG/*Habersack/ Foerster* Rn. 134; *Hüffer/Koch/Koch* Rn. 41.

Ersatzanspruchs, der sich nach ganz hM auf den Ersatz der Masseschmälerung richtet.[180] Nach einem neueren Urteil des BGH können sich auch Aufsichtsratsmitglieder nach § 116 S. 1, § 93 Abs. 3 Nr. 6 schadensersatzpflichtig machen, wenn sie Verstöße des Vorstands gegen das Zahlungsverbot schuldhaft nicht unterbinden.[181] Neben der zivilrechtlichen Haftung können verbotswidrige Zahlungen auch den Missbrauchstatbestand der Untreue nach § 266 StGB erfüllen.[182]

b) Haftungsmodalitäten. Entgegen dem Verbot des § 92 Abs. 2 S. 1 geleistete Zahlungen sind **34** nach mittlerweile hM ungekürzt zu erstatten.[183] Das in Anspruch genommene Vorstandsmitglied kann die Erfüllung dieser Verpflichtung auch nicht unter Berufung auf allfällige Anfechtungsmöglichkeiten verweigern.[184] War die Anfechtung allerdings erfolgreich, so entfällt die Ersatzpflicht des Organs.[185] Umgekehrt kann der nach §§ 129 ff. InsO in Anspruch genommene Zahlungsempfänger seinerseits nicht auf eine Primärhaftung des Organwalters verweisen.[186] Beide Haftungstatbestände stehen gleichberechtigt nebeneinander.[187]

Allerdings soll der Ersatzanspruch aus § 92 Abs. 2 S. 1 iVm § 93 Abs. 3 Nr. 6 nicht zu einer **35** ungerechtfertigten Bereicherung der Masse führen.[188] Infolgedessen muss es dem Vorstandsmitglied, das zur Leistung an die Masse verurteilt wird, vorbehalten bleiben, seinen Gegenanspruch im weiteren Verlauf des Insolvenzverfahrens gegen die Masse zu verfolgen.[189] Dieser eigenständige Anspruch, dessen Rechtsnatur bislang ungeklärt ist,[190] deckt sich nach Rang und Höhe mit dem Betrag, den der begünstigte Gesellschaftsgläubiger im Insolvenzverfahren erhalten hätte.[191] Dem gleichen Ziel dient die auf eine entsprechende Anwendung des § 255 BGB gestützte Pflicht des Insolvenzverwalters, etwaige Ersatzansprüche der Masse gegen Dritte an das ersatzpflichtige Organ abzutreten.[192]

c) Verzicht und Vergleich. Für einen Verzicht der Gesellschaft auf den Ersatzanspruch oder **36** einen Vergleich über ihn gelten die Einschränkungen des § 93 Abs. 4 und 5.[193]

d) Geltendmachung. Im Insolvenzverfahren erfolgt die Geltendmachung des Ersatzanspruchs **37** durch den Insolvenzverwalter im Interesse der Gläubigergesamtheit.[194] Wird das Insolvenzverfahren mangels Masse nicht eröffnet (§ 26 Abs. 1 InsO) oder wegen Massearmut eingestellt (§ 207 InsO), so erfolgt die Abwicklung der Gesellschaft im gesellschaftsrechtlichen Liquidationsverfahren (§§ 264 ff.), in dem der Grundsatz der gleichmäßigen Gläubigerbefriedigung nach hM keine ausschlaggebende Rolle mehr spielt.[195] Daher kann der Ersatzanspruch der Gesellschaft aus § 92 Abs. 2

---

[180] Vgl. RGZ 159, 211 (234); BGH NJW 1974, 2088 (2089); OLG Düsseldorf AG 1985, 276 (280); *Fleck* GmbHR 1974, 224 (230); Hüffer/Koch/*Koch* Rn. 41; Kölner Komm AktG/*Mertens/Cahn* Rn. 33; MüKoAktG/*Spindler* Rn. 36.
[181] Vgl. BGH NZG 2009, 550 (551); fortgeführt durch BGHZ 187, 60 Rn. 11; dazu auch Großkomm AktG/*Habersack/Foerster* Rn. 125.
[182] Vgl. *Bittmann* NStZ 2009, 113 (118).
[183] Vgl. BGHZ 146, 264 (279); dem folgend OLG Hamburg GmbHR 2004, 797 (799); OLG Schleswig ZIP 2003, 297; OLG Karlsruhe NZG 2002, 917 (918); zurückhaltend noch BGHZ 143, 184; kritisch hinsichtlich der Bemessungsgrundlage der Rechtsprechung *Wachter/Eckert* Rn. 21.
[184] Vgl. BGHZ 146, 264 (278 f.); OLG Jena NZG 2002, 1116 (1117); OLG Schleswig ZIP 2003, 856 (858); Hüffer/Koch/*Koch* Rn. 43; *K. Schmidt* ZHR 168 (2004), 637 (668); abw. Großkomm AktG/*Habersack/Foerster* Rn. 139; NK-AktR/*Oltmanns* Rn. 16.
[185] Vgl. BGHZ 131, 325 (327); 187, 60 Rn. 14; BGH NZG 2014, 1069 Rn. 14; 2015, 149 Rn. 9; Hüffer/Koch/*Koch* Rn. 43.
[186] Vgl. LG Frankfurt (Oder) ZInsO 2003, 906 (907).
[187] Vgl. OLG Oldenburg ZInsO 2004, 984; *K. Schmidt* ZHR 168 (2004), 637 (668).
[188] Vgl. *Goette* FS Kreft, 2004, 53 (62); MüKoAktG/*Spindler* Rn. 36.
[189] Vgl. BGHZ 146, 264 (268 f.); OLG Jena NZG 2002, 1116 (1117); Hüffer/Koch/*Koch* Rn. 41; MüKoAktG/*Spindler* Rn. 36; kritisch *Haas* NZG 2004, 737 (743) unter Hinweis auf das Insolvenzanfechtungsrecht.
[190] Dazu OLG Jena NZG 2002, 1116 (1117 f.); *Altmeppen* ZIP 2001, 240 (242); *Haas* NZG 2004, 737 (743); *Hasselbach/Wicke* BB 2001, 435 (436).
[191] Vgl. BGH NZG 2016, 658 Rn. 49; BGHZ 146, 264 (279); OLG Jena NZG 2002, 1116 (1117 f.); *Haas* NZG 2004, 737 (743).
[192] Vgl. BGHZ 146, 264 (279); *Altmeppen* ZIP 2001, 240 (242); *Goette* FS Kreft, 2004, 53 (62); MüKoAktG/*Spindler* Rn. 36; *K. Schmidt* ZHR 168 (2004), 637 (669).
[193] Vgl. *Fleischer* in Fleischer VorstandsR-HdB § 20 Rn. 66; Großkomm AktG/*Habersack/Foerster* Rn. 140; Kölner Komm AktG/*Mertens/Cahn* Rn. 36; gleichsinnig für die GmbH Lutter/Hommelhoff/*Kleindiek* GmbHG § 64 Rn. 41.
[194] Vgl. BGH NJW 2001, 304 (305); *Fleck* GmbHR 1974, 224 (230); *Haas* NZG 2004, 737 (743); Großkomm AktG/*Habersack/Foerster* Rn. 141; NK-AktR/*Oltmanns* Rn. 16.
[195] Vgl. BGHZ 53, 71 (74); BGH NJW 2001, 304 (305); *Haas* NZG 2004, 737 (744).

S. 1 iVm § 93 Abs. 3 Nr. 6 in diesem Fall im Wege der Einzelzwangsvollstreckung durch einen Gesellschaftsgläubiger gepfändet werden.[196]

IV. Insolvenzverursachungsverbot

38 **1. Allgemeines. a) Regelungszweck und rechtsdogmatische Einordnung.** Nach § 92 Abs. 2 S. 3 darf der Vorstand keine Zahlungen an Aktionäre leisten, soweit diese zur Zahlungsunfähigkeit der Gesellschaft führen mussten, es sei denn, dies war auch bei Beachtung der in § 93 Abs. 1 S. 1 bezeichneten Sorgfalt nicht erkennbar. Diese durch das MoMiG eingeführte Vorschrift verlagert das schon bisher in § 92 Abs. 2 S. 1 enthaltene Zahlungsverbot (→ Rn. 18 ff.) zeitlich nach vorn[197] und begründet ein neues Insolvenzverursachungsverbot[198] bzw. eine partielle Insolvenzverursachungshaftung.[199] Ausweislich der Gesetzesmaterialien soll sie Lücken im Bereich des Schutzes der Gesellschaftsgläubiger vor Vermögensverschiebungen zwischen Gesellschaft und Aktionären schließen, die trotz des allgemeinen Verbots der Einlagenrückgewähr (§ 57 Abs. 1 S. 1) auch im Aktienrecht entstehen können.[200] Zu denken ist vor allem an Zahlungen, die das bilanzielle Vermögen unangetastet lassen, aber durch Liquiditätsentzug zur Zahlungsunfähigkeit der Gesellschaft führen können.[201] § 92 Abs. 2 S. 3 übernimmt daher im Rahmen seines Anwendungsbereichs die Funktion eines Liquiditätsschutzes[202] und weist damit Parallelen zum sog. Solvenztest angelsächsischer Prägung auf.[203] Zugleich bildet er ein Gegengewicht zu den Auflockerungen der aktienrechtlichen Vermögensbindung in § 57 Abs. 1 S. 3, § 71a Abs. 1 S. 3.[204] Darüber hinaus ergänzt § 92 Abs. 2 S. 3 die sog. Existenzvernichtungshaftung des BGH,[205] indem er die „Gehilfenhaftung" des Vorstands bei existenzvernichtendem Liquiditätsentzug zugunsten der Gesellschafter kodifiziert.[206] Allerdings betonen die Gesetzesmaterialien, dass die Erweiterung der Geschäftsleiterhaftung „nur mit Vorsicht und Zurückhaltung"[207] vorzunehmen sei.

39 Im Schrifttum ist das Insolvenzverursachungsverbot des § 92 Abs. 2 S. 3 als Flankenschutz der bilanzorientierten Vermögensbindung in § 57 Abs. 1 überwiegend wohlwollend aufgenommen worden.[208] Man betont seine Eignung als Instrument der Missbrauchsbekämpfung, mit dem klassische Ausplünderungen in unmittelbarer Insolvenznähe,[209] unterjährige „Superdividenden",[210] aber auch

---

[196] Vgl. BGH NJW 2001, 304 (305); *Haas* NZG 2004, 737 (745); Großkomm AktG/*Habersack/Foerster* Rn. 142.

[197] Vgl. Baumbach/Hueck/*Haas* GmbHG § 64 Rn. 2; *Böcker/Poertzgen* WM 2007, 1203 (1205); *Cahn* Der Konzern 2010, 7 (8); UHL/*Casper* GmbHG § 64 Rn. 136; Lutter/Hommelhoff/*Kleindiek* GmbHG § 64 Rn. 20; Kölner Komm AktG/*Mertens/Cahn* Rn. 38.

[198] Vgl. *Cahn* Der Konzern 2010, 7 (8); Kölner Komm AktG/*Mertens/Cahn* Rn. 38; MüKoAktG/*Spindler* Rn. 38.

[199] Vgl. Grigoleit/*Grigoleit/Tomasic* Rn. 49; Hüffer/Koch/*Koch* Rn. 35.

[200] Vgl. BegrRegE MoMiG BT-Drs. 16/6140, 52; zustimmend Baumbach/Hueck/*Haas* GmbHG § 64 Rn. 2; Grigoleit/*Grigoleit/Tomasic* Rn. 54; Hüffer/Koch/*Koch* Rn. 35; MüKoAktG/*Spindler* Rn. 39.

[201] Vgl. *Cahn* Der Konzern 2010, 7 (14); Wachter/*Eckert* Rn. 15; *Hirte* NZG 2008, 761 (765); Hüffer/Koch/*Koch* Rn. 35; Kölner Komm AktG/*Mertens/Cahn* Rn. 59.

[202] Vgl. *Cahn* Der Konzern 2010, 7 (8); *Fleischer* NJW 2009, 2337 (2341); Großkomm AktG/*Habersack/Foerster* Rn. 144; Kölner Komm AktG/*Mertens/Cahn* Rn. 59; *Wicke* GmbHG § 64 Rn. 25; allgemein dazu *Röhricht* FS 50 Jahre BGH, 2000, 83 (94); *Schön* ZHR 168 (2004), 268 (285 f.).

[203] Vgl. BegrRegE MoMiG BT-Drs. 16/6140, 46 zu § 64 S. 3 GmbHG; dazu auch *Fleischer* NJW 2009, 2337 (2341); *Knof* DStR 2007, 1536 (1537); *Seibert* ZIP 2006, 1157 (1167); MüKoAktG/*Spindler* Rn. 39; *Wicke* GmbHG § 64 Rn. 25; kritisch zum Nebeneinander von Kapitalerhaltungsregeln und Solvenztest *Greulich/Rau* NZG 2008, 284 (286).

[204] Vgl. *Cahn* Der Konzern 2010, 7 (15); Kölner Komm AktG/*Mertens/Cahn* Rn. 61.

[205] Vgl. BGHZ 173, 246 – Trihotel.

[206] Vgl. BegrRegE MoMiG BT-Drs. 16/6140, 46 zu § 64 S. 3 GmbHG; Großkomm AktG/*Habersack/Foerster* Rn. 143; Hüffer/Koch/*Koch* Rn. 35; *Knof* DStR 2007, 1536 (1537); Lutter/Hommelhoff/*Kleindiek* GmbHG § 64 Rn. 21; Kölner Komm AktG/*Mertens/Cahn* Rn. 60; Hölters/*Müller-Michaels* Rn. 27; MüKoAktG/*Spindler* Rn. 70; *Thümmel/Burkhardt* AG 2009, 885 (886).

[207] BegrRegE MoMiG BT-Drs 16/6140, 47 zu § 64 S. 3 GmbHG; dies betonend auch BGHZ 195, 42 Rn. 13 (GmbH); Hüffer/Koch/*Koch* Rn. 36; Lutter/Hommelhoff/*Kleindiek* GmbHG § 64 Rn. 22 („Ausnahmetatbestand").

[208] Vgl. DAV Handelsrechtsausschuss NZG 2007, 211 (218); *Eidenmüller* ZGR 2007, 168 (190 ff.); *Gehrlein* Der Konzern 2007, 771 (794 ff.); *Hölzle* GmbHR 2007, 729 (731); Hüffer/Koch/*Koch* Rn. 35; *Kleindiek* FS K. Schmidt, 2009, 893 (907); Kölner Komm AktG/*Mertens/Cahn* Rn. 38; *Schall*, Kapitalgesellschaftsrechtlicher Gläubigerschutz, 2009, 188 ff.; MüKoAktG/*Spindler* Rn. 39; *Thümmel/Burkhardt* AG 2009, 885 (890 f.).

[209] Vgl. Lutter/Hommelhoff/*Kleindiek* GmbHG § 64 Rn. 22; Kölner Komm AktG/*Mertens/Cahn* Rn. 60; *Seibert* ZIP 2006, 1157 (1167).

[210] Vgl. Großkomm AktG/*Habersack/Foerster* Rn. 148.

sog. Rekapitalisierungen bei hochgradig fremdfinanzierten Unternehmensübernahmen verhindert werden könnten.[211] Es gibt aber auch Gegenstimmen, die eine rechtspolitisch bedenkliche Haftungsverschärfung zu Lasten der Geschäftsleiter monieren[212] oder die neue Bestimmung als vollständig überflüssig ansehen, weil insolvenzverursachende Ausschüttungen schon von der allgemeinen Organhaftung erfasst würden.[213]

b) Vorgängervorschriften und Parallelregelungen. § 92 Abs. 2 S. 3 stellt ein Novum im Aktienrecht dar, auch wenn sich einzelne seiner Konstruktionselemente an schon bestehende Rechtsfiguren, insbesondere die Existenzvernichtungshaftung, anlehnen. Parallelregelungen finden sich in § 64 S. 3 GmbHG, § 130a Abs. 1 S. 3 HGB. Allerdings bietet das GmbH-Recht wegen seiner deutlich schwächeren Vermögensbindung weitaus größere Möglichkeiten für liquiditätsentziehende Auszahlungen an Gesellschafter als das Aktienrecht mit seinem strengeren Kapitalerhaltungsgrundsatz in § 57 Abs. 1.[214] **40**

c) Rechtsvergleichung. Die Insolvenzverursachungshaftung nach § 92 Abs. 2 S. 3 iVm § 93 Abs. 3 Nr. 6 wird gelegentlich als deutsche Antwort auf die englische *wrongful-trading*-Haftung apostrophiert, weil sie eine gewisse Ähnlichkeit zu sec. 214 Insolvency Act 1986 aufweist.[215] Darüber hinaus bestehen die in den Gesetzesmaterialien hervorgehobenen Parallelen zum US-amerikanischen *solvency*-Test;[216] vereinzelt macht man sogar eine vorsichtige Neuorientierung des Kapitalgesellschaftsrechts vom präventiv bilanzorientierten zum solvenzbasierten Gläubigerschutz aus.[217] **41**

d) Anwendbarkeit auf Auslandsgesellschaften. Wie das Zahlungsverbot des § 92 Abs. 2 S. 1 (→ Rn. 21a) ist auch das Insolvenzverursachungsverbot des § 92 Abs. 2 S. 3 auf der AG vergleichbare Auslandsgesellschaften mit Verwaltungssitz im Inland anwendbar.[218] Bei ihm handelt es sich nämlich ebenfalls um eine insolvenzrechtliche Regelung iSd Art. 4 EuInsVO.[219] **41a**

2. Voraussetzungen. a) Zahlungen. § 92 Abs. 2 S. 3 verbietet den Vorstandsmitgliedern (auch den stellvertretenden, fehlerhaft bestellten und faktischen[220]) bestimmte Zahlungen. Ausweislich der Gesetzesmaterialien ist der Zahlungsbegriff – ebenso wie in § 92 Abs. 2 S. 1 (→ Rn. 22) – nicht auf reine Geldzahlungen beschränkt, sondern erfasst auch sonstige vergleichbare Leistungen zu Lasten des Gesellschaftsvermögens, durch die der Gesellschaft im Ergebnis Liquidität entzogen wird.[221] Dagegen genügt die bloße Begründung einer Verbindlichkeit noch nicht.[222] Die Bestellung einer Sicherheit zugunsten eines Gesellschafters stellt eine Zahlung iSd § 92 Abs. 2 S. 3 dar, wenn kein liquider Rückgriffsanspruch in gleicher Höhe besteht und die Inanspruchnahme der Sicherheit **42**

---

[211] Vgl. *Böcker/Poertzgen* WM 2007, 1203; *Cahn* Der Konzern 2010, 8 (17); Großkomm AktG/*Habersack/Foerster* Rn. 148; Lutter/Hommelhoff/*Kleindiek* GmbHG § 64 Rn. 22; Kölner Komm AktG/*Mertens/Cahn* Rn. 61; *Seibert* ZIP 2006, 1157 (1167).
[212] Vgl. *Poertzgen* NZI 2008, 9 (11); *K. Schmidt* GmbHR 2008, 449 (453 f.).
[213] So *Altmeppen* FS Hüffer, 2010, 1 (2 ff.); *Altmeppen* ZIP 2013, 801 ff.; Roth/Altmeppen/*Altmeppen* GmbHG § 64 Rn. 72 ff.; ferner *Schluck-Amend* FS Hommelhoff, 2012, 561 (563 ff.); Gegenargumente bei Hüffer/Koch/*Koch* Rn. 35; *Thümmel/Burkhardt* AG 2009, 875 (891).
[214] Darauf hinweisend auch Großkomm AktG/*Habersack/Foerster* Rn. 147; Kölner Komm AktG/*Mertens/Cahn* Rn. 59; MüKoAktG/*Spindler* Rn. 39; *Thümmel/Burkhardt* AG 2009, 885.
[215] Vgl. *Breitenstein/Meyding* BB 2006, 1457 (1462); *Schall*, Kapitalgesellschaftsrechtlicher Gläubigerschutz, 2009, 189 (201), kritisch aber MüKoAktG/*Spindler* Rn. 39.
[216] Dazu Großkomm AktG/*Habersack/Foerster* Rn. 146; *Hölzle* GmbHR 2007, 729 (730); *Knof* DStR 2007, 1536 (1537); MüKoAktG/*Spindler* Rn. 39; *K. Schmidt* GmbHR 2007, 1 (5); allgemein zur rechtspolitischen Debatte um den Solvenztest *Arnold* Der Konzern 2007, 118; *Böcking/Dutzi* Der Konzern 2007, 435; *Hennrichs* Der Konzern 2008, 361 (366 ff.).
[217] In diesem Sinne *Greulich/Rau* NZG 2008, 284 (286); zustimmend *Niesert/Hohler* NZI 2009, 345 (349); fragend auch MüKoAktG/*Spindler* Rn. 39.
[218] Vgl. BegrRegE MoMiG BT-Drs 16/6140, 52; Großkomm AktG/*Habersack/Foerster* Rn. 145; Hüffer/Koch/*Koch* Rn. 35; MüKoGmbHG/*Müller* Rn. 181.
[219] Großkomm AktG/*Habersack/Foerster* Rn. 145.
[220] Vgl. Großkomm AktG/*Habersack/Foerster* Rn. 145; Hüffer/Koch/*Koch* Rn. 37.
[221] Vgl. BegrRegE MoMiG BT-Drs. 16/6140, 46 zu § 64 S. 3 GmbHG; ebenso Wachter/*Eckert* Rn. 17; Grigoleit/*Grigoleit/Tomasic* Rn. 50; Großkomm AktG/*Habersack/Foerster* Rn. 150; Hüffer/Koch/*Koch* Rn. 37; Lutter/Hommelhoff/*Kleindiek* GmbHG § 64 Rn. 24; Kölner Komm AktG/*Mertens/Cahn* Rn. 39; MüKoAktG/*Spindler* Rn. 40; *Thümmel/Burkhardt* AG 2009, 885 (891); *Wicke* GmbHG § 64 Rn. 27; offenlassend BGHZ 195, 42 Rn. 13 (GmbH).
[222] Vgl. *Altmeppen* ZIP 2013, 801 (806); *Brand* NZG 2012, 1374 (1375); Hüffer/Koch/*Koch* Rn. 38; Lutter/Hommelhoff/*Kleindiek* GmbHG § 64 Rn. 24; Kölner Komm AktG/*Mertens/Cahn* Rn. 39; *Nolting-Hauss/Greulich* GmbHR 2013, 169 (174); MüKoAktG/*Spindler* Rn. 40; *Wicke* GmbHG § 64 Rn. 27; abw. Grigoleit/*Grigoleit/Tomasic* Rn. 50; Großkomm AktG/*Habersack/Foerster* Rn. 1457; *Thümmel/Burkhardt* AG 2009, 885 (891).

wahrscheinlich ist.²²³ Auch die Nichtgeltendmachung einer Forderung gegenüber einem Gesellschafter kann unter Umständen eine Zahlung sein.²²⁴ Gegenleistungen des Zahlungsempfängers sind anzurechnen, sofern sie liquiditätswirksam sind.²²⁵ § 92 Abs. 2 S. 3 erfasst neben Zahlungen, die der Vorstand selbst vorgenommen oder veranlasst hat, auch solche, gegen die er keine hinreichenden Schutzvorkehrungen getroffen hat.²²⁶

43 **b) Aktionäre als Zahlungsempfänger.** Zahlungsempfänger muss ein Aktionär sein. Auf die Höhe seiner Beteiligung kommt es nicht an.²²⁷ Ebenso wie im Rahmen des § 57²²⁸ erfasst das Zahlungsverbot des § 92 Abs. 2 S. 3 allerdings auch Zahlungen an Dritte und durch Dritte.²²⁹ Dazu zählen Leistungen an aktionärsgleiche Dritte oder faktische Aktionäre, etwa an den Treugeber eines Aktionärs, den beherrschenden Gesellschafter einer Gesellschaft, die ihrerseits an der AG beteiligt ist, den gesetzlichen oder rechtsgeschäftlichen Vertreter eines Aktionärs oder den Nießbraucher. Hierher gehören weiterhin Zahlungen an Dritte, die dem Aktionär zuzurechnen sind, namentlich Zuwendungen an Dritte für Rechnung oder auf Veranlassung des Aktionärs, Leistungen an nahe Angehörige oder an verbundene Unternehmen. Überdies erfasst § 92 Abs. 2 S. 3 Leistungen an ehemalige oder künftige Aktionäre mit Rücksicht auf ihre Gesellschafterstellung. Schließlich gilt das Zahlungsverbot auch für Zahlungen Dritter an einen Aktionär, die für Rechnung der AG erfolgen.

44 **c) Zurechnungszusammenhang.** § 92 Abs. 2 S. 3 verbietet Zahlungen an Aktionäre nur, soweit sie zur Zahlungsunfähigkeit der Gesellschaft führen mussten (und geführt haben²³⁰). Hieran fehlt es, wenn die Gesellschaft bereits zahlungsunfähig ist.²³¹ Bei der Ermittlung der Zahlungsunfähigkeit nach § 92 Abs. 2 S. 3 ist eine fällige Forderung des Aktionärs in der Liquiditätsbilanz zu berücksichtigen.²³² Welche Anforderungen an den Zurechnungszusammenhang zwischen Zahlung und Zahlungsunfähigkeit zu stellen sind, ist noch nicht endgültig geklärt. Ausweislich der Gesetzesmaterialien muss die Zahlung „ohne Hinzutreten weiterer Kausalbeiträge"²³³ zur Zahlungsunfähigkeit der Gesellschaft führen. Dies bedeutet allerdings nicht, dass die Zahlungsunfähigkeit im Moment der Leistung eintreten müsse. Jedoch müsse sich in diesem Moment bereits abzeichnen, „dass die Gesellschaft unter normalem Verlauf der Dinge ihre Verbindlichkeiten nicht mehr wird erfüllen können".²³⁴ Die hL interpretiert dies dahin, dass die Zahlungsunfähigkeit als Folge der Zahlung bei der Solvenzprognose eines objektiven Betrachters überwiegend wahrscheinlich sein müsse.²³⁵ Andere Stimmen verlangen eine mit an Sicherheit

---

²²³ Vgl. Baumbach/Hueck/*Haas* GmbHG § 64 Rn. 98; Hüffer/Koch/*Koch* Rn. 38; *Knof* DStR 2007, 1536 (1538); MüKoAktG/*Spindler* Rn. 40; *Wicke* GmbHG § 64 Rn. 41; im Ergebnis auch Kölner Komm AktG/*Mertens*/*Cahn* Rn. 41.
²²⁴ Vgl. mit unterschiedlicher Akzentuierung Baumbach/Hueck/*Haas* GmbHG § 64 Rn. 98; UHL/*Casper* GmbHG § 64 Rn. 139; *Greulich*/*Bunnemann* NZG 2006, 681 (684); abw. MüKoGmbHG/*Müller* § 64 Rn. 182.
²²⁵ Vgl. Baumbach/Hueck/*Haas* GmbHG § 64 Rn. 100; *Greulich*/*Rau* NZG 2008, 284 (287); Großkomm AktG/*Habersack*/*Foerster* Rn. 150; Hüffer/Koch/*Koch* Rn. 37; Lutter/Hommelhoff/*Kleindiek* GmbHG § 64 Rn. 24; *Thümmel*/*Burkhardt* AG 2009, 885 (891); UHL/*Casper* GmbHG § 64 Rn. 139; wohl auch BegrRegE MoMiG BT-Drs. 16/6140, 46 zu § 64 S. 3 GmbHG.
²²⁶ Vgl. Baumbach/Hueck/*Haas* GmbHG § 64 Rn. 96; Hüffer/Koch/*Koch* Rn. 37; Kölner Komm AktG/*Mertens*/*Cahn* Rn. 43.
²²⁷ Vgl. Großkomm AktG/*Habersack*/*Foerster* Rn. 158; Hüffer/Koch/*Koch* Rn. 39; MüKoAktG/*Spindler* Rn. 41.
²²⁸ Dazu K. Schmidt/Lutter/*Fleischer* § 57 Rn. 35 ff.
²²⁹ Vgl. Baumbach/Hueck/*Haas* GmbHG § 64 Rn. 101; Grigoleit/*Grigoleit*/*Tomasic* Rn. 50; Großkomm AktG/*Habersack*/*Foerster* Rn. 158; Hüffer/Koch/*Koch* Rn. 39; Lutter/Hommelhoff/*Kleindiek* GmbHG § 64 Rn. 26; Kölner Komm AktG/*Mertens*/*Cahn* Rn. 50; MüKoAktG/*Spindler* Rn. 42; *Schall*, Kapitalgesellschaftsrechtlicher Gläubigerschutz, 2009, 196 ff.; UHL/*Casper* GmbHG § 64 Rn. 141.
²³⁰ Vgl. *Kleindiek* FS K. Schmidt, 2009, 893 (904); *Knof* DStR 2007, 1536 (1539); *Schall*, Kapitalgesellschaftsrechtlicher Gläubigerschutz, 2009, 200.
²³¹ Vgl. BGHZ 195, 42 Rn. 7 (GmbH); *Brand* NZG 2012, 1374 (1375); MüKoAktG/*Spindler* Rn. 44; *Nolting-Hauff*/*Greulich* GmbHR 2013, 169 (172); abw. *Haas* NZG 2013, 41 (43 f.).
²³² Vgl. BGHZ 195, 42 Rn. 7 (GmbH); OLG München ZIP 2010, 1236 (1237); Hüffer/Koch/*Koch* Rn. 37; MüKoAktG/*Spindler* Rn. 43; abw. *Dahl*/*Schmitz* NZG 2009, 567 (569); *Haas* NZG 2013, 41 (42 f.); *Spliedt* ZIP 2009, 149 (159).
²³³ BegrRegE MoMiG BT-Drs. 16/6140, 46 zu § 64 S. 3 GmbHG.
²³⁴ BegrRegE MoMiG BT-Drs. 16/6140, 47 zu § 64 S. 3 GmbHG.
²³⁵ Vgl. *Gehrlein* Der Konzern 2007, 771 (795); *Greulich*/*Bunnemann* NZI 2006, 681 (685); Großkomm AktG/*Habersack*/*Foerster* Rn. 152; Hüffer/Koch/*Koch* Rn. 39; *Knof* DStR 2007, 1536 (1540 und 1580, 1581); Lutter/Hommelhoff/*Kleindiek* GmbHG § 64 Rn. 36; MüKoAktG/*Spindler* Rn. 44; *Niesert*/*Hohler* NZI 2009, 345 (350); *Wicke* GmbHG § 64 Rn. 29.

grenzende Wahrscheinlichkeit.[236] Wieder andere Stimmen lassen es genügen, dass die Zahlung einen wesentlichen Beitrag dazu leistet, dass die Zahlungsunfähigkeit der Gesellschaft herbeigeführt oder deren Eintritt beschleunigt wird.[237] Ein enger zeitlicher Zusammenhang zwischen der Leistung der Gesellschaft und dem Eintritt der Zahlungsunfähigkeit – etwa eine Jahresfrist – ist nicht zwingend erforderlich,[238] kann aber Indizwirkung haben. Hat sich die Gesellschaft nach verlustreichen Jahren zwischenzeitlich erholt, scheidet eine Haftung aus.[239] Liegen die Voraussetzungen des § 92 Abs. 2 S. 3 vor, steht dem Vorstand namens der Gesellschaft ein Leistungsverweigerungsrecht gegenüber dem Aktionär zu.[240]

d) Verbotsausnahme. Ebenso wie § 92 Abs. 2 S. 2 (→ Rn. 29) gibt § 92 Abs. 2 S. 3 Hs. 2 den **45** Vorstandsmitgliedern eine Entlastungsmöglichkeit, wenn sie die Tatbestandsmerkmale des Zahlungsverbots, also insbesondere ihre Geeignetheit, die Zahlungsunfähigkeit herbeizuführen, auch bei Beachtung der in § 93 Abs. 1 S. 1 bezeichneten Sorgfalt nicht erkennen konnten.[241] Die Erkennbarkeit wird allerdings vermutet.[242] Um den Entlastungsbeweis führen zu können, muss der Vorstand seine (Zahlungs-)Entscheidung anhand von Zahlungsplänen sorgfältig dokumentieren.[243] Dagegen obliegt dem Anspruchsteller, also idR dem Insolvenzverwalter, der Nachweis des Kausalzusammenhangs zwischen Zahlung und Zahlungsunfähigkeit,[244] wobei ihm jedoch die Grundsätze der sekundären Darlegungslast helfen.[245]

3. Rechtsfolgen eines Verstoßes. Schuldhaft pflichtwidrig handelnde Vorstandsmitglieder sind **46** der Gesellschaft nach § 92 Abs. 2 S. 3 iVm § 93 Abs. 3 Nr. 6 zum Ersatz der geleisteten Zahlungen verpflichtet, durch die das Gesellschaftsvermögen geschmälert wurde.[246] Eine Haftung des Aktionärs als Leistungsempfänger ergibt sich nicht aus § 92 Abs. 2 S. 3, sondern aus § 62 sowie ggf. aus §§ 129 ff. InsO.[247]

V. Insolvenzantragspflicht

§ 15a InsO Antragspflicht bei juristischen Personen und Gesellschaften ohne Rechtspersönlichkeit

(1) ¹Wird eine juristische Person zahlungsunfähig oder überschuldet, haben die Mitglieder des Vertretungsorgans oder die Abwickler ohne schuldhaftes Zögern, spätestens aber drei Wochen nach Eintritt der Zahlungsunfähigkeit oder Überschuldung einen Eröffnungsantrag zu stellen. ²Das Gleiche gilt für die organschaftlichen Vertreter der zur Vertretung der Gesellschaft ermächtigten Gesellschafter oder die Abwickler bei einer Gesellschaft ohne Rechtspersönlichkeit, bei der kein persönlich haftender Gesellschafter eine natürliche Person ist; dies gilt nicht, wenn zu den persönlich haftenden Gesellschaftern eine andere Gesellschaft gehört, bei der ein persönlich haftender Gesellschafter eine natürliche Person ist.

(2) Bei einer Gesellschaft im Sinne des Absatz 1 Satz 2 gilt Absatz 1 sinngemäß, wenn die organschaftlichen Vertreter der zur Vertretung der Gesellschaft ermächtigten Gesellschafter ihrerseits

---

[236] Vgl. Wachter/*Eckert* Rn. 17 („restriktiver Maßstab"); *Greulich/Bunnemann* NZG 2006, 681 (685); *Greulich/Rau* NZG 2008, 284 (288) („Weichenstellung ins Aus"); *Knapp* DStR 2008, 2371 (2373); Kölner Komm AktG/*Mertens/Cahn* Rn. 52; MüKoGmbHG/*Müller* § 64 Rn. 193; *Schall*, Kapitalgesellschaftsrechtlicher Gläubigerschutz, 2009, 201.
[237] So Baumbach/Hueck/*Haas* GmbHG § 64 Rn. 105; s. auch UHL/*Casper* GmbHG § 64 Rn. 149.
[238] Vgl. OLG Celle ZIP 2012, 2394 (2395) (GmbH); Hüffer/Koch/*Koch* Rn. 39; MüKoGmbHG/*Müller* § 64 Rn. 193; Scholz/*Schmidt* GmbHG § 64 Rn. 99; abw. Bork/Schäfer/*Bork* GmbHG § 64 Rn. 53.
[239] Vgl. OLG Düsseldorf NZG 2012, 103 (104); Hüffer/Koch/*Koch* Rn. 39.
[240] Vgl. BGHZ 195, 42 Rn. 18 (GmbH); Grigoleit/*Grigoleit/Tomasic* Rn. 53; Großkomm AktG/*Habersack/Foerster* Rn. 166; Hüffer/Koch/*Koch* Rn. 40; abw. OLG München ZIP 2010, 1236 (1237); OLG München ZIP 2011, 225 (226); Haas NZG 2013, 41 (44 f.); *Schluck-Amend* FS Hommelhoff, 2012, 961 (976 ff.).
[241] Dazu BegrRegE MoMiG BT-Drs. 16/6140, 47 zu § 64 S. 3 GmbHG; Großkomm AktG/*Habersack/Foerster* Rn. 163 f.
[242] Vgl. Großkomm AktG/*Habersack/Foerster* Rn. 162; Lutter/Hommelhoff/*Kleindiek* GmbHG § 64 Rn. 38; *Strohn* ZInsO 2009, 1417 (1422).
[243] Vgl. Großkomm AktG/*Habersack/Foerster* Rn. 162; Hüffer/Koch/*Koch* Rn. 40; *Knof* DStR 2007, 1580 ff.; Kölner Komm AktG/*Mertens/Cahn* Rn. 56; zurückhaltend *Schall*, Kapitalgesellschaftsrechtlicher Gläubigerschutz, 2009, 202 ff., die sich gegen einen „allgemeinen Solvenztest durch die Hintertür" ausspricht.
[244] Vgl. Baumbach/Hueck/*Haas* GmbHG § 64 Rn. 108; Lutter/Hommelhoff/*Kleindiek* GmbHG § 64 Rn. 39.
[245] Vgl. Greulich/*Rau* NZG 2008, 284 (288 f.); Lutter/Hommelhoff/*Kleindiek* GmbHG § 64 Rn. 39; *Knof* DStR 2007, 1580 (1585); *Wicke* GmbHG § 64 Rn. 32; s. auch Baumbach/Hueck/*Haas* GmbHG § 64 Rn. 108.
[246] Vgl. Grigoleit/*Grigoleit/Tomasic* Rn. 52; Großkomm AktG/*Habersack/Foerster* Rn. 166; Hüffer/Koch/*Koch* Rn. 41; MüKoAktG/*Spindler* Rn. 47.
[247] Vgl. Grigoleit/*Grigoleit/Tomasic* Rn. 53; s. auch *Strohn* NZG 2011, 1161 (1169).

Gesellschaften sind, bei denen kein persönlich haftender Gesellschafter eine natürliche Person ist, oder sich die Verbindung von Gesellschaften in dieser Art fortsetzt.

(3) Im Fall der Führungslosigkeit einer Gesellschaft mit beschränkter Haftung ist auch jeder Gesellschafter, im Fall der Führungslosigkeit einer Aktiengesellschaft oder einer Genossenschaft ist auch jedes Mitglied des Aufsichtsrats zur Stellung des Antrags verpflichtet, es sei denn, diese Person hat von der Zahlungsunfähigkeit und der Überschuldung oder der Führungslosigkeit keine Kenntnis.

(4) Mit Freiheitsstrafe bis zu drei Jahren oder mit Geldstrafe wird bestraft, wer entgegen Absatz 1 Satz 1, auch in Verbindung mit Satz 2 oder Absatz 2 oder Absatz 3, einen Eröffnungsantrag nicht, nicht richtig oder nicht rechtzeitig stellt.

(5) Handelt der Täter in den Fällen des Absatzes 4 fahrlässig, ist die Strafe Freiheitsstrafe bis zu einem Jahr oder Geldstrafe.

(6) Auf Vereine und Stiftungen, für die § 42 Absatz 2 des Bürgerlichen Gesetzbuchs gilt, sind Absätze 1 bis 5 nicht anzuwenden.

47 **1. Allgemeines. a) Regelungsgegenstand.** Die früher in § 92 Abs. 2 aF verankerte Insolvenzantragspflicht, die einen wesentlichen Eckpfeiler der aktienrechtlichen Finanzverfassung bildet, ist seit dem MoMiG rechtsformneutral für alle juristischen Personen und Gesellschaften ohne Rechtspersönlichkeit in § 15a Abs. 1 S. 1 InsO geregelt. Sie soll verhindern, dass insolvenzreife Aktiengesellschaften mit beschränktem Haftungsfonds weiterhin am Geschäftsverkehr teilnehmen.[248] Zu diesem Zweck hält der Gesetzgeber die Vorstandsmitglieder an, bei Zahlungsunfähigkeit oder Überschuldung ohne schuldhaftes Zögern die Eröffnung des Insolvenzverfahrens zu beantragen. Diese Pflicht ist den Mitgliedern des Leitungsorgans im öffentlichen Interesse, insbesondere dem Vermögensinteresse der Gläubiger an einer geordneten Verwertung des Gesellschaftsvermögens, auferlegt.[249] Zu ihrer Durchsetzung soll eine deliktische Insolvenzverschleppungshaftung beitragen,[250] die in jüngerer Zeit durch die Rechtsprechung verschärft worden ist (→ Rn. 78 ff.). Im Falle der Führungslosigkeit der Gesellschaft ist unter den weiteren Voraussetzungen des § 15a Abs. 3 InsO auch jedes Aufsichtsratsmitglied zur Stellung des Insolvenzantrags verpflichtet.

48 **b) Vorgängervorschriften und Parallelregelungen.** Das Institut der Insolvenzantragspflicht geht auf Art. 240 Abs. 2 ADHGB von 1861 zurück und fand über § 83 AktG 1937 Eingang in § 92 Abs. 2 AktG 1965, ehe es durch das MoMiG in die Insolvenzordnung ausgegliedert worden ist. Für Aktiengesellschaften in der Kredit- und Versicherungswirtschaft gelten anstelle des § 15a Abs. 1 S. 1 InsO die § 46b KWG, § 88 VAG. Danach ist der Vorstand bei Zahlungsunfähigkeit oder Überschuldung der Gesellschaft zur Anzeige an die zuständigen Aufsichtsbehörden verpflichtet. Die Eröffnung des Insolvenzverfahrens kann nur von ihnen beantragt werden. Die strafrechtliche Sanktion war bis zum MoMiG in § 401 Abs. 1 Nr. 2, Abs. 2 AktG enthalten.

49 **c) Rechtsvergleichung.** International finden sich vergleichbare Insolvenzantragspflichten etwa in § 69 der österreichischen Insolvenzordnung,[251] und in Art. 725 Abs. 2 des schweizerischen Obligationenrechts.[252] Eine besondere Rechtsfigur enthält das französische Recht mit der *responsabilité pour insuffisance d'actif* (früher: *action en comblement du passif*), die eine Haftung für Geschäftsleitungsfehler im Zusammenhang mit der Insolvenz einer Aktiengesellschaft vorsieht.[253] Das englische Recht kennt keine Insolvenzantragspflicht im herkömmlichen Sinne, wohl aber gläubigerschützende Organpflichten in Insolvenznähe[254] und eine *wrongful trading*-Haftung in sec. 214 *Insolvency Act 1986*.[255] Die Europäische Kommission hatte vor einiger Zeit einen Richtlinienvorschlag für eine Insolvenzver-

---

[248] Vgl. BGH NJW 2014, 698 (699 Rn. 7) (GmbH); BGHZ 126, 181 (194) (GmbH); *Fleischer* in Fleischer VorstandsR-HdB § 20 Rn. 17; *Goette* FS Kreft, 2004, 53 (54 f.); Großkomm AktG/*Habersack/Foerster* Rn. 3 und 47; MüKoInsO/*Klöhn* InsO § 15a Rn. 7.

[249] Vgl. *Goette* FS Kreft, 2004, 53 (55); Kölner Komm AktG/*Mertens/Cahn* Rn. 3; MüKoAktG/*Spindler* Rn. 3; kritisch dazu MüKoInsO/*Klöhn* InsO § 15a Rn. 9.

[250] Dazu *Goette* FS Kreft, 2004, 53 (56): „fleet in being"; MüKoInsO/*Klöhn* InsO § 15a Rn. 44 („Haftungsstrategie"); eingehend *Steffek*, Gläubigerschutz in der Kapitalgesellschaft, 2011, 440 ff.

[251] Eingehend *Adensamer/Oelkers/Zechner*, Unternehmenssanierung zwischen Gesellschafts- und Insolvenzrecht, 2006, 27 ff.

[252] Breites rechtsvergleichendes Panorama bei *Stöber* ZHR 176 (2012), 326.

[253] Vgl. *Cozian/Viandier/Deboissy*, Droit des sociétés, 30. Aufl. 2017, Rn. 422 ff.

[254] Zu derartigen Pflichten in England, Australien und Neuseeland *Keay* J. Bus. Law 2002, 379; rechtsvergleichend *Fleischer* ZGR 2004, 437 (449 f.) mwN.

[255] Eingehend *Gower/Davies/Worthington* Principles of Modern Company Law, 10. Aufl. 2016, Rn. 9–6 ff.; s. auch *K. Schmidt* GmbHR 2007, 1072 (1073 f.); *Steffek* NZI 2010, 589.

schleppungshaftung angekündigt,²⁵⁶ der aber bisher ausgeblieben ist.²⁵⁷ In den Vereinigten Staaten setzt man demgegenüber auf freiwillige Anreize für das Management zur Einleitung eines Reorganisationsverfahrens.²⁵⁸

d) Anwendbarkeit auf Auslandssachverhalte. Ebenso wie das Zahlungsverbot (→ Rn. 21a) **49a** und die Insolvenzverursachungshaftung (→ Rn. 41a) findet auch die Insolvenzantragspflicht auf Auslandsgesellschaften Anwendung, die ihren Verwaltungssitz im Inland haben.²⁵⁹ Dies soll ausweislich der Gesetzesmaterialien zum MoMiG durch die rechtsformneutrale Regelung in § 15a Abs. 1 InsO unterstrichen werden.²⁶⁰

2. Voraussetzungen. Die Insolvenzantragspflicht setzt das Vorliegen eines Insolvenzgrunds **50** voraus. Insofern knüpft die Vorschrift an die insolvenzrechtlichen Auslösetatbestände der Zahlungsunfähigkeit und Überschuldung an, die durch die neue Insolvenzordnung eine Legaldefinition erfahren haben.

a) Zahlungsunfähigkeit. Zahlungsunfähig ist die Gesellschaft nach § 17 Abs. 2 S. 1 InsO, wenn **51** sie nicht in der Lage ist, ihre fälligen Zahlungspflichten zu erfüllen. Das ist gemäß § 17 Abs. 2 S. 2 InsO in der Regel anzunehmen, wenn die Gesellschaft ihre Zahlungen eingestellt hat. Dafür reicht ein nach außen hervortretendes Verhalten, in dem sich typischerweise ausdrückt, dass die Gesellschaft nicht in der Lage ist, ihre fälligen Zahlungspflichten zu erfüllen.²⁶¹ Hierzu gehören neben der Erklärung des Schuldners, nicht mehr zahlen zu können, die Schließung des Geschäftslokals, sich häufende Wechselproteste, die Nichtzahlung von Löhnen und Gehältern sowie Pfändungen durch den Gerichtsvollzieher.²⁶² Die Zahlungseinstellung muss nicht für jedermann erkennbar sein; es genügt, dass sie gerade für den betreffenden Gläubiger deutlich geworden ist.²⁶³ Die tatsächliche Nichtzahlung eines erheblichen Teils der fälligen Verbindlichkeiten reicht für eine Zahlungseinstellung aus, auch wenn noch geleistete Zahlungen beträchtlich sind, aber im Verhältnis zu den Gesamtschulden nicht den wesentlichen Teil ausmachen.²⁶⁴ Sogar die Nichtzahlung einer einzigen Verbindlichkeit kann eine Zahlungseinstellung begründen, wenn die Forderung von insgesamt nicht unbeträchtlicher Höhe ist. Haben im fraglichen Zeitpunkt fällige Verbindlichkeiten bestanden, die bis zur Eröffnung des Insolvenzverfahrens nicht beglichen worden sind, ist regelmäßig von Zahlungseinstellung auszugehen.²⁶⁵ Auch der Abschluss einer Ratenzahlungsvereinbarung kann auf eine Zahlungseinstellung hinweisen.²⁶⁶ Keine Zahlungseinstellung liegt dagegen vor, wenn die Gesellschaft die Zahlungen verweigert hat, weil sie die Forderungen für unbegründet hält.²⁶⁷ Die Behauptung eines Vorstandsmitglieds, die Gesellschaft sei lediglich zahlungsunwillig, genügt aber nicht, um die Vermutung der Zahlungsunfähigkeit entfallen zu lassen. Vielmehr ist die Zahlungsunwilligkeit vom Vorstand zu beweisen.²⁶⁸ Dieser muss dann auch beweisen, dass die Gesellschaft zahlungsfähig war.²⁶⁹

Lässt sich die Zahlungsunfähigkeit nicht anhand der äußeren Zeichen der Zahlungseinstellung **52** erkennen, so kommt es nach einer ständigen Formel der Rechtsprechung darauf an, ob die Gesellschaft im Großen und Ganzen dauerhaft außerstande ist, ihre fälligen Geldschulden zu erfüllen.²⁷⁰ Ermittelt wird also eine sog. Zeitpunkt-Illiquidität, und zwar durch eine Liquiditätsbilanz, in die

---

²⁵⁶ Vgl. KOM 2003, 284 endg., Ziff. 3.1.3; dazu *van Hulle/Maul* ZGR 2004, 484 (496); *Baums* AG 2007, 57 (64).
²⁵⁷ Dazu und zur Frage, ob eine Harmonisierung der Insolvenzantragspflicht bzw. Insolvenzverschleppungshaftung in Europa erstrebenswert ist, MüKoInsO/*Klöhn* § 15a Rn. 45 f. mwN.
²⁵⁸ Vgl. *Allen/Kraakman*, Commentaries and Cases on the Law of Business Organization, 5. Aufl. 2016, 126.
²⁵⁹ Vgl. Großkomm AktG/*Habersack/Foerster* Rn. 46; Hüffer/Koch/*Koch* Rn. 1.
²⁶⁰ Vgl. BegrRegE MoMiG BT-Drs. 16/6140, 55.
²⁶¹ Vgl. BGH NZG 2012, 940 (941 Rn. 24).
²⁶² Vgl. Jaeger/*Müller* InsO § 17 Rn. 32; Kübler/Prütting/Bork/*Pape* InsO § 17 Rn. 18; MüKoInsO/*Eilenberger* InsO § 17 Rn. 29; Uhlenbruck/*Mock* InsO § 17 Rn. 31; für die Strafbarkeit wegen Insolvenzverschleppung auch BGH ZIP 2013, 2469 (2470).
²⁶³ Vgl. BGH NJW 1984, 1953; NJW 1985, 1785; NJW 1995, 2103; Hüffer/Koch/*Koch* Rn. 11; Jaeger/*Müller* InsO § 17 Rn. 30; Kübler/Prütting/Bork/*Pape* InsO § 17 Rn. 18.
²⁶⁴ Vgl. BGH NZG 2012, 940 Rn. 24.
²⁶⁵ Vgl. BGH NZG 2012, 940 Rn. 24; NZG 2012, 464 Rn. 13; NZG 2012, 672 Rn. 25.
²⁶⁶ Vgl. BGH NZG 2012, 940 (941 Rn. 24); NZI 2011, 589.
²⁶⁷ Vgl. BGH NZG 2012, 672 Rn. 25; NJW-RR 2001, 1204.
²⁶⁸ Vgl. BGH NZG 2012, 672 Rn. 25.
²⁶⁹ Vgl. BGH NZG 2012, 672 Rn. 25.
²⁷⁰ Vgl. RGZ 50, 39 (41); 100, 62 (65); BGH KTS 1957, 12; NJW 1962, 101; dazu und zur Fortentwicklung der Definition durch den Gesetzgeber Jaeger/*Müller* InsO § 17 Rn. 3 ff.; Kübler/Prütting/Bork/*Pape* InsO § 17 Rn. 2 ff.; Uhlenbruck/*Mock* InsO § 17 Rn. 4 ff.

einerseits die Zahlungspflichten, anderseits die verfügbaren Zahlungsmittel eingehen.[271] In diese Liquiditätsbilanz sind auf der Aktivseite neben den verfügbaren Zahlungsmitteln (so genannte Aktiva I) die innerhalb von drei Wochen flüssig zu machenden Mittel (so genannte Aktiva II) einzubeziehen und zu den am Stichtag fälligen und eingeforderten Verbindlichkeiten (so genannte Passiva I) sowie den innerhalb von drei Wochen fällig werdenden und eingeforderten Verbindlichkeiten (so genannte Passiva II) in Beziehung zu setzen.[272] Eine vorübergehende Zahlungsstockung begründet allerdings ausweislich der Gesetzesmaterialien noch keine Zahlungsunfähigkeit.[273] So liegt es, wenn die Gesellschaft kurzfristig wieder für Liquidität sorgen kann,[274] wobei zumeist ein Zeitraum von längstens drei Wochen genannt wird.[275] Zu den innerhalb dieser Frist flüssig zu machenden Mitteln zählen auch kurzfristig verfügbare Kreditmittel, wobei ein sofort abrufbarer Kredit ungeachtet des Zeitpunkts seiner tatsächlichen Auszahlung zu berücksichtigen ist.[276] Auch liegt keine Zahlungsunfähigkeit vor, wenn der Schuldner im fraglichen Zeitraum nicht in der Lage war, sich erforderlichenfalls weiteren Kredit zu verschaffen.[277] Darüber hinaus liegt bei ganz geringfügigen Liquiditätslücken keine Zahlungsunfähigkeit vor.[278] Dies ist der Fall, wenn die Liquiditätslücke der Gesellschaft weniger als 10 % ihrer fälligen Gesamtverbindlichkeiten beträgt, es sei denn, es ist bereits absehbar, dass die Lücke demnächst mehr als 10 % erreichen wird.[279] Beträgt die Liquiditätslücke dagegen 10 % oder mehr, ist regelmäßig von Zahlungsunfähigkeit auszugehen, sofern nicht ausnahmsweise mit an Sicherheit grenzender Wahrscheinlichkeit zu erwarten ist, dass die Liquiditätslücke demnächst vollständig oder fast vollständig geschlossen wird und den Gläubigern ein Zuwarten nach den besonderen Umständen des Einzelfalls zuzumuten ist.[280]

52a Die Voraussetzungen für die Zahlungseinstellung muss grundsätzlich derjenige darlegen und beweisen, der daraus Rechte für sich herleiten will.[281] Stützen sich Gesellschaft bzw. Insolvenzverwalter im Prozess gegen ein Vorstandsmitglied auf vorhandene Buchungen oder Buchungsunterlagen, so obliegt es indes dem Vorstandsmitglied, eine etwaige Unrichtigkeit der Buchhaltung darzulegen und zu beweisen.[282] Diesem ist es, obwohl er die Buchhaltung nach §§ 238, 239 HGB, § 91 AktG zu verantworten hat, nicht von vornherein verwehrt, sich auf die Unrichtigkeit der Buchführung zu berufen.[283] Es ist jedoch gehalten, im Einzelnen substantiiert darzulegen und gegebenenfalls zu beweisen, welche der in der Buchhaltung vorhandenen Buchungen in welcher Hinsicht unrichtig sein sollen.[284] Darüber hinaus gelten die Voraussetzungen für die Zahlungseinstellung nach den Grundsätzen der Beweisvereitelung dann als bewiesen, wenn die Vorstandsmitglieder, die von einem Gesellschaftsgläubiger wegen Insolvenzverschleppung in Anspruch genommen werden, ihre Pflicht zur Führung und Aufbewahrung von Büchern und Belegen verletzt haben und dem Gläubiger deshalb die Darlegung näherer Einzelheiten nicht möglich ist.[285]

53 **b) Überschuldung.** Der Insolvenzgrund der Überschuldung dient dem präventiven Gläubigerschutz[286] und soll die Organwalter im Zusammenwirken mit der Insolvenzantragspflicht dazu anhalten, die Vermögenslage der Gesellschaft beständig zu beobachten.[287] Der Überschuldungsbegriff sah sich in der jüngeren Vergangenheit wiederholten Änderungen ausgesetzt: Ursprünglich hatte sich in Rechtsprechung und Literatur ein modifiziert zweigliedriger Überschuldungsbegriff (→ Rn. 54)

---

[271] Vgl. BGH NZG 2018, 343 Rn. 10; Jaeger/*Müller* InsO § 17 Rn. 19; MüKoInsO/*Eilenberger* InsO § 17 Rn. 18; K. Schmidt/*K. Schmidt* InsO § 17 Rn. 34.
[272] Vgl. BGH NZG 2018, 343 Rn. 33.
[273] Vgl. BegrRegE BT-Drs. 12/2443, 114; zuletzt BGHZ 163, 134 (139).
[274] Vgl. Kübler/Prütting/Bork/*Pape* InsO § 17 Rn. 8.
[275] Vgl. BGH NZG 2012, 672 Rn. 10; BGHZ 163, 134 (139 f.); BGH NZG 2018, 343 Rn. 69; Kübler/Prütting/Bork/*Pape* InsO § 17 Rn. 11; Uhlenbruck/*Mock* InsO § 17 Rn. 19; großzügiger zum alten Recht BGH NJW 1995, 2103; BGHZ 149, 100 (108), wo ein Zeitraum von einem Monat als „gerade noch erträglich" bezeichnet wird; eine strengere Haltung ankündigend aber BGHZ 149, 178 (187).
[276] Vgl. BGH NZI 2016, 588 Rn. 31; BGH NZG 2018, 343 Rn. 69.
[277] Vgl. BGHZ 163, 134 (139 f.); BGH NZG 2018, 43 Rn. 69.
[278] Vgl. BGHZ 163, 134 (142 ff.).
[279] Vgl. BGH NZG 2012, 672 Rn. 10.
[280] Vgl. BGH NZG 2012, 672 Rn. 10; BGHZ 163, 134 (139 ff.).
[281] Vgl. BGH NZG 2012, 464, (465 Rn. 15); BGHZ 126, 181 (200).
[282] Vgl. BGH DStR 2016, 923 Rn. 25; BGH NZG 2018, 343 Rn. 17.
[283] Vgl. BGH DStR 2016, 923 Rn. 25; BGH NZG 2018, 343 Rn. 22.
[284] Vgl. BGH NZG 2014, 100 Rn. 17 (Handelsbilanz); BGH NZI 2016, 588 Rn. 30; BGH NZG 2018, 343 Rn. 23.
[285] Vgl. BGH NZG 2012, 464 Ls.
[286] Vgl. Jaeger/*Müller* InsO § 19 Rn. 4.
[287] Vgl. *Lutter* GmbHR 1997, 329 (332); *K. Schmidt* AG 1978, 334 (338).

durchgesetzt,[288] von dem der Gesetzgeber mit Inkrafttreten der InsO ausdrücklich abgerückt ist.[289] Seither galt der herkömmlich zweigliedrige Überschuldungsbegriff (näher → Rn. 56).[290] Unter dem Eindruck der Finanzmarktkrise hat der Gesetzgeber durch das FMStG[291] eine Rückkehr zum modifiziert zweigliedrigen Überschuldungsbegriff angeordnet,[292] die zunächst bis zum 31. Dezember 2010, nach Verlängerung[293] bis zum 31. Dezember 2013 befristet war. Ende 2012 hat der Gesetzgeber die Regelung entfristet und sich damit endgültig für den modifizierten zweigliedrigen Überschuldungsbegriff entschieden.[294]

aa) Modifiziert zweigliedriger Überschuldungsbegriff. Nach § 19 Abs. 2 InsO idF des **54** FMStG ist die Gesellschaft überschuldet, wenn ihr Vermögen die Verbindlichkeiten nicht mehr deckt, es sei denn, die Fortführung des Unternehmens ist nach den Umständen überwiegend wahrscheinlich. Ausweislich der Gesetzesmaterialien sollte diese zunächst befristete Rückkehr zum modifiziert zweigliedrigen Überschuldungsbegriff verhindern, dass der erhebliche Wertverfall des bilanzierten Aktivvermögens infolge der Finanzmarktkrise auch solche Unternehmen zu einem Insolvenzantrag zwinge, für die eine positive Fortbestehensprognose gestellt werden könne und bei denen sich der „Turnaround" in wenigen Monaten abzeichne.[295] Rechtspolitisch hat diese Gesetzesnovelle heftige Kritik erfahren,[296] was den Gesetzgeber aber nicht davon abgehalten hat, die Rückkehr zur früheren Rechtslage zunächst auf den 1. Januar 2014 zu verschieben und später – im Anschluss an eine Expertenbefragung[297] – gänzlich aufzugeben.[298]

Das Gesetz sieht keine Prüfungsreihenfolge für die Überschuldungsfeststellung vor. In der Regel **55** wird der Vorstand mit der Fortbestehensprognose beginnen; fällt sie positiv aus, liegt keine Überschuldung vor.[299] Ist das Prognoseergebnis indes negativ, muss auf einer zweiten Stufe eine Prüfung der Schuldendeckungsfähigkeit der Gesellschaft nach Liquidationswerten erfolgen.[300] Inhaltlich hat sich die Fortbestehensprognose durch das FMStG nicht geändert. Der Prognosezeitraum beträgt ein bis zwei Jahre.[301]

bb) Herkömmlich zweistufiger Überschuldungsbegriff. Nach § 19 Abs. 2 S. 1 InsO aF lag **56** Überschuldung vor, wenn das Vermögen des Schuldners die bestehenden Verbindlichkeiten nicht mehr deckte. Bei der Bewertung des Schuldnervermögens war gemäß § 19 Abs. 2 S. 2 InsO aF jedoch die Fortführung des Unternehmens zugrunde zu legen, wenn diese nach den Umständen überwiegend wahrscheinlich war. Zu dieser Tatbestandsfassung hatte der BGH klargestellt, dass die

---

[288] Vgl. BGHZ 119, 201 (213 ff.); 125, 141 (149); 126, 181 (199); 129, 136 (153 f.); BGH NJW 1999, 3120; grundlegend *K. Schmidt* AG 1978, 334 (337 ff.); eingehend zu den Entwicklungslinien insolvenzrechtlicher Überschuldungsmessung *Götz* KTS 2003, 1 ff.; zuletzt *Hübert*, Sorgfaltskonforme Prognosen und Pflichten der Geschäftsleiter im Vorfeld der Insolvenz, 2018, 130 ff., 146 ff.
[289] Vgl. AusschBer BT-Drs. 12/7302, 157: „Der Ausschuß weicht damit entschieden von der Auffassung ab, die in der Literatur vordringt und der sich kürzlich auch der Bundesgerichtshof angeschlossen hat (BGHZ 119, 201 (214)). Wenn eine positive Prognose stets zu einer Verneinung der Überschuldung führen würde, könnte eine Gesellschaft trotz fehlender persönlicher Haftung weiter wirtschaften, ohne daß ein die Schulden deckendes Kapital zur Verfügung steht. Dies würde sich erheblich zum Nachteil der Gläubiger auswirken, wenn sich die Prognose – wie in dem vom Bundesgerichtshof entschiedenen Fall – als falsch erweist."
[290] Vgl. etwa BGH DStR 2006, 2186 mit Anm. *Goette*; ausdrückliche Aufgabe von BGHZ 119, 201 in BGH ZIP 2007, 676.
[291] Gesetz zur Umsetzung eines Maßnahmepakets zur Stabilisierung des Finanzmarktes, BGBl. 2008 I 1982.
[292] Vgl. BegrRegE FMStG BT-Drs. 16/10600, 13; *Böcker/Poertzgen* GmbHR 2008, 1289 (1291); *Dahl/Schmitz* NZG 2009, 567; *Poertzgen* ZInsO 2009, 401; *Rokas* ZInsO 2009, 18 (19); *Strohn* ZInsO 2009, 1417 (1423).
[293] Vgl. Gesetz zur Erleichterung der Sanierung von Unternehmen, BGBl. 2009 I 3151.
[294] Vgl. Gesetz zur Einführung einer Rechtsbehelfsbelehrung im Zivilprozess und zur Änderung anderer Vorschriften, BGBl. 2012 I 2418; zusammenfassend K. Schmidt/*K. Schmidt* InsO § 19 Rn. 5.
[295] Vgl. BegrRegE FMStG BT-Drs. 16/10600, 13.
[296] Vgl. Baumbach/Hueck/*Haas* GmbHG § 64 Rn. 43e; *Hölzle* ZIP 2008, 2003 f.; Lutter/Hommelhoff/*Kleindiek* GmbHG Anh. § 64 Rn. 25; *Poertzgen* ZInsO 2009, 401 (402 f.); *Thonfeld* NZI 2009, 15 ff.; zusammenfassend *Böcker/Poertzgen* GmbHR 2013, 17 (19).
[297] AusschBer BT-Drs. 17/11385, 19 f.; Zusammenfassung der Expertenbefragung bei *Bitter/Hommerich/Reiss* ZIP 2012, 1201.
[298] Positiv zu dieser Entwicklung K. Schmidt/*K. Schmidt* InsO § 19 Rn. 4 f., 7; *K. Schmidt* ZIP 2013, 485; kritisch demgegenüber *Böcker/Poertzgen* GmbHR 2013, 17; nach Großkomm AktG/*Habersack/Foerster* Rn. 57 hat sich damit der Streit über den „richtigen" Überschuldungsbegriff für die rechtsanwendende Praxis erledigt.
[299] Vgl. Baumbach/Hueck/*Haas* GmbHG § 64 Rn. 59b; Großkomm AktG/*Habersack/Foerster* Rn. 59; Lutter/Hommelhoff/*Kleindiek* GmbHG Anh. § 64 Rn. 27; tendenziell auch Hüffer/Koch/*Koch* Rn. 16; MüKoAktG/*Spindler* Rn. 54.
[300] Vgl. Baumbach/Hueck/*Haas* GmbHG § 64 Rn. 59b; Lutter/Hommelhoff/*Kleindiek* GmbHG Anh. § 64 Rn. 27.
[301] Vgl. Großkomm AktG/*Habersack/Foerster* Rn. 68; Hüffer/Koch/*Koch* Rn. 21.

Überschuldungsprüfung nach Liquidationswerten den Regelfall und die nach Fortführungswerten den Ausnahmefall darstellte.[302] Außerdem hatte er hervorgehoben, dass eine günstige Fortbestehensprognose sowohl den Fortführungswillen des Schuldners bzw. seiner Organe als auch die objektive – grundsätzlich aus einem aussagekräftigen Unternehmenskonzept (sog. Ertrags- und Finanzplan) herzuleitende – Überlebensfähigkeit des Unternehmens voraussetzte.[303]

57   Meinungsverschiedenheiten bestanden darüber, ob die Insolvenzordnung eine bestimmte Prüfungsreihenfolge vorsah. Verbreiteter Ansicht zufolge sollte sich aus § 19 Abs. 2 InsO aF ergeben, dass zunächst eine etwaige rechnerische Überschuldung nach Liquidationswerten festzustellen sei, die sodann auf einer zweiten Stufe bei positiver Fortbestehensprognose durch Fortführungswerte korrigiert werden könne.[304] Die Gegenansicht sah die Prüfungsreihenfolge mit Recht als eine Frage der Zweckmäßigkeit an.[305] Sie empfahl, regelmäßig mit der Fortbestehensprognose zu beginnen und bei positivem Ergebnis mit Fortführungswerten, bei negativem Ergebnis mit Liquidationswerten zu bilanzieren.[306] Bezugspunkt der Fortbestehensprognose war nach hM die mittelfristige Zahlungsfähigkeit,[307] wobei ganz überwiegend ein Zeitraum von zwei Jahren genannt wurde.[308]

58   cc) Einzelfragen. Die Überschuldungsbilanz ist eine sog. Sonderbilanz und folgt eigenen Ansatz- und Bewertungsregeln, die von der Handelsbilanz zum Teil beträchtlich abweichen.[309] Der Handelsbilanz kann aber bei der Ermittlung einer Überschuldung indizielle Bedeutung zukommen, wenn diese eine rechnerische Überschuldung ausweist und auf insolvenzrechtliche Abweichungen eingegangen wird.[310] Ermittelt wird das Schuldendeckungspotential des vorhandenen Vermögens anhand einer Gegenüberstellung von Aktiva und Passiva.[311] Auf der Aktivseite bleiben daher eigene Aktien jedenfalls bei negativer Fortführungsprognose ebenso außer Betracht[312] wie Aufwendungen für die Ingangsetzung oder Erweiterung des Geschäftsbetriebs.[313] Dagegen dürfen unentgeltlich erworbene immaterielle Vermögensgegenstände des Anlagevermögens entgegen § 248 Abs. 2 HGB aF im Überschuldungsstatus angesetzt werden,[314] desgleichen ein etwaiger Geschäfts- oder Firmenwert bei konkreten Verwertungsaussichten.[315] Auf der Passivseite sind ausschließlich Verbindlichkeiten auszuweisen.[316] Außer Ansatz bleiben nach allgemeiner Auffassung das Grundkapital,[317] die freien Rücklagen[318] sowie ein etwaiger Gewinnvortrag oder Jahresüberschuss.[319] Aktionärsdarlehen sind nach der gesetzgeberischen Klarstellung in § 19 Abs. 2 S. 2 InsO dann nicht mehr in der Überschul-

---

[302] Vgl. BGH DStR 2006, 2186; BGH ZIP 2007, 676 (679); dazu auch Großkomm AktG/*Habersack/Foerster* Rn. 60.
[303] Vgl. BGH DStR 2006, 2186.
[304] Vgl. *Bork* ZIP 2000, 1709; Kübler/Prütting/Bork/*Pape* InsO § 19 Rn. 6; *Paulus* ZGR 2002, 320 (325); *Schlitt* NZG 1998, 701 (704); *Stahlschmidt* JR 2002, 89 (92).
[305] Vgl. Jaeger/*Müller* InsO § 19 Rn. 31; MüKoInsO/*Drukarczyk/Schüler* InsO § 19 Rn. 46; Uhlenbruck/*Mock* InsO § 19 Rn. 40.
[306] Vgl. *Hüffer*, 10. Aufl. 2012, Rn. 12.
[307] Vgl. *Bork* ZIP 2000, 1709 (1710); *Groß/Amen* WPg 2002, 225 (230); Jaeger/*Müller* InsO § 19 Rn. 36.
[308] Vgl. *Bork* ZIP 2000, 1709 (1710); Großkomm AktG/*Habersack/Foerster* Rn. 68; Jaeger/*Müller* InsO § 19 Rn. 37.
[309] Vgl. Hüffer/Koch/*Koch* Rn. 17; MüKoAktG/*Spindler* Rn. 55; s. auch Großkomm AktG/*Habersack/Foerster* Rn. 70 f.; eingehend *Förschle/Hoffmann* in Winkeljohann/Förschle/Deubert, Sonderbilanzen, 5. Aufl. 2016, P 60 ff.
[310] BGH NZG 2008, 75; NZG 2008, 148; NZG 2009, 750; OLG Brandenburg ZInsO 2008, 1081; Hüffer/Koch Rn. 17.
[311] Vgl. Großkomm AktG/*Habersack/Foerster* Rn. 70; Hüffer/Koch/*Koch* Rn. 17; Jaeger/*Müller* InsO § 19 Rn. 43.
[312] Vgl. *Crezelius* FS Röhricht, 2005, 787 (797); Großkomm AktG/*Habersack/Foerster* Rn. 74; Jaeger/*Müller* InsO § 19 Rn. 56; MüKoAktG/*Spindler* Rn. 56; strenger *Lutter* ZIP 1999, 641 (644).
[313] Vgl. BGH NJW 1991, 1057; Jaeger/*Müller* InsO § 19 Rn. 53.
[314] Vgl. BGHZ 119, 201 (214); Großkomm AktG/*Habersack/Foerster* Rn. 72; Hüffer/Koch/*Koch* Rn. 18; MüKoAktG/*Spindler* Rn. 56.
[315] Vgl. BGHZ 119, 201 (214); OLG Frankfurt a. M. NZG 2001, 173; OLG Celle NZG 2002, 730; Großkomm AktG/*Habersack/Foerster* Rn. 73; Jaeger/*Müller* InsO § 19 Rn. 52; MüKoAktG/*Spindler* Rn. 56; abw. Hüffer/Koch/*Koch* Rn. 18.
[316] Vgl. Großkomm AktG/*Habersack/Foerster* Rn. 81; Hüffer/Koch/*Koch* Rn. 19; MüKoAktG/*Spindler* Rn. 57.
[317] Vgl. Großkomm AktG/*Habersack/Foerster* Rn. 82; Hüffer/Koch/*Koch* Rn. 118; MüKoAktG/*Spindler* Rn. 57.
[318] Vgl. BGH WM 1959, 914; OLG Karlsruhe WM 1978, 962; Großkomm AktG/*Habersack/Foerster* Rn. 82; Hüffer/Koch/*Koch* Rn. 19.
[319] Vgl. Großkomm AktG/*Habersack/Foerster* Rn. 82; Hüffer/Koch/*Koch* Rn. 19; Jaeger/*Müller* InsO § 19 Rn. 86.

dungsbilanz zu passivieren, wenn der Nachrang hinter den in § 35 Abs. 1 Nr. 1–5 InsO genannten gesetzlich subordinierten Forderungen vereinbart ist.[320]

3. Stellung des Insolvenzantrags. a) Antragspflicht. § 15a Abs. 1 S. 1 InsO verpflichtet die **59** Vorstandsmitglieder zur Stellung des Insolvenzantrags nach Eintritt der Insolvenz. Hinsichtlich der Insolvenzgründe knüpft die Vorschrift ebenso wie das Zahlungsverbot nach § 92 Abs. 2 S. 1 an die insolvenzrechtlichen Auslösetatbestände der Zahlungsunfähigkeit und Überschuldung an (→ Rn. 51 ff.). Eine Befreiung von dieser Pflicht durch sämtliche Gläubiger und Aktionäre scheidet aus, weil § 15a Abs. 1 S. 1 InsO auch dem Schutz des Rechtsverkehrs und der zukünftigen Gläubiger dient.[321] Ebenso lässt der Insolvenzantrag eines Gläubigers die Antragspflicht der Vorstandsmitglieder unberührt, solange das Insolvenzverfahren nicht eröffnet ist.[322] Keine Antragspflicht, wohl aber ein Antragsrecht, besteht bei drohender Zahlungsunfähigkeit iSd § 18 InsO, dh wenn die Gesellschaft voraussichtlich nicht in der Lage sein wird, ihre bestehenden Zahlungspflichten im Zeitpunkt der Fälligkeit zu erfüllen (sog. Zeitraum-Illiquidität).[323]

b) Antragspflichtige. aa) Vorstandsmitglieder. Adressaten der Antragspflicht sind nach dem **60** Gesetzeswortlaut bei juristischen Personen die Mitglieder des Vertretungsorgans, bei Aktiengesellschaften nach § 78 mithin die Vorstandsmitglieder. Diese Klarstellung ist begrüßenswert, wenngleich bereits zur Antragspflicht des „Vorstands" nach § 92 Abs. 2 aF anerkannt war, dass jedes Vorstandsmitglied den Antrag notfalls allein stellen musste.[324] Vorstandsmitglieder handeln bei der Antragstellung nicht im eigenen Namen, sondern im Namen der Gesellschaft.[325] Ihre Antragsberechtigung ergibt sich aus § 15 Abs. 1 InsO; sie geht der ansonsten geltenden Vertretungsregelung vor und kann durch die Satzung weder beschränkt noch beseitigt werden.[326] Jedoch muss der Eröffnungsgrund in diesem Fall nach § 15 Abs. 2 S. 1 InsO glaubhaft gemacht werden, um Missbräuchen durch einzelne Beteiligte entgegenzuwirken.[327] Für den – fakultativen – Insolvenzantrag wegen drohender Zahlungsunfähigkeit ist abweichend von § 15 Abs. 1 InsO nach § 18 Abs. 3 InsO die Mitwirkung von Vorstandsmitgliedern in vertretungsberechtigter Zahl erforderlich.[328]

Nicht gesetzlich geregelt ist die Berechtigung zur Antragsrücknahme nach § 13 Abs. 2 InsO. Nach **61** hM kann nur das Vorstandsmitglied, das den Insolvenzantrag für die Gesellschaft gestellt hat, diesen auch wieder zurücknehmen, weil ansonsten das Antragsrecht jedes einzelnen Berechtigten unterlaufen und der notwendige Gläubigerschutz vernachlässigt werde.[329] Die im Vordringen befindliche Gegenansicht stellt darauf ab, dass der Insolvenzantrag im Namen der Gesellschaft gestellt wird und ihr infolgedessen auch das Rücknahmerecht zustehe, das von ihren organschaftlichen Vertretern in vertretungsberechtigter Zahl für sie ausgeübt werde.[330] Der BGH hat entschieden, dass die übrigen Organwalter jedenfalls dann rücknahmeberechtigt sind, wenn der antragstellende Organwalter inzwischen aus seinem Amt ausgeschieden ist.[331]

bb) Fehlerhaft bestellte und faktische Vorstandsmitglieder. Zur Antragstellung verpflichtet **62** sind nach ganz hM auch die fehlerhaft bestellten Vorstandsmitglieder, bei denen zwar ein organschaftlicher Bestellungsakt vorliegt, die Bestellung aber an einem Wirksamkeitsmangel leidet.[332] Gleiches

---

[320] Vgl. *Dahl/Schmitz* NZG 2009, 567 (568); *Gehrlein* BB 2008, 846 (847); Großkomm AktG/*Habersack/Foerster* Rn. 82; Hüffer/Koch/*Koch* Rn. 19; *Poertzgen* ZInsO 2009, 401 (402, 405); zur strafrechtlichen Bedeutung *Bittmann* NStZ 2009, 113 (116).
[321] Vgl. *Fleischer* in Fleischer VorstandsR-HdB § 20 Rn. 26; Großkomm AktG/*Habersack/Foerster* Rn. 36; Kölner Komm AktG/*Mertens/Cahn* Anh. § 92 Rn. 25; K. Schmidt/*K. Schmidt/Herchen* InsO § 15a Rn. 29; offen noch RGZ 72, 285 (289).
[322] Vgl. RG JW 1905, 551; BGH GmbHR 2009, 205 (206); BB 1957, 273; Großkomm AktG/*Habersack/Foerster* Rn. 96; Jaeger/*Müller* InsO § 15 Rn. 93; abl. *Schork/Ganninger* EWiR 2009, 235.
[323] Vgl. *Bellen/Stehl* BB 2010, 2579 (2583); Hüffer/Koch/*Koch* Rn. 12; *U. H. Schneider* GmbHR 2010, 57 (60); MüKoAktG/*Spindler* Rn. 51.
[324] → 1. Aufl. 2007, Rn. 28; NK-AktR/*Oltmanns*, 2. Aufl. 2007, Rn. 12; Kölner Komm AktG/*Mertens/Cahn* Anh. § 92 Rn. 25; MüKoAktG/*Spindler* Rn. 73.
[325] Vgl. *Fleischer* in Fleischer VorstandsR-HdB § 20 Rn. 27; KG NJW 1965, 2157; *Delhaes*, Der Insolvenzantrag, 1994, 108; Jaeger/*Müller* InsO § 15 Rn. 6.
[326] Vgl. Jaeger/*Müller* InsO § 15 Rn. 6; Kölner Komm AktG/*Mertens/Cahn* Anh. § 92 Rn. 25.
[327] Vgl. Jaeger/*Müller* InsO § 15 Rn. 3; K. Schmidt/*Grundlach* InsO § 15 Rn. 24.
[328] Vgl. Jaeger/*Müller* InsO § 18 Rn. 16 ff.; K. Schmidt/*K. Schmidt/Herchen* InsO § 15a Rn. 30 f.
[329] Vgl. LG Dortmund ZIP 1985, 1341; AG Duisburg NZI 2002, 209; Kübler/Prütting/Bork/*Pape* InsO § 13 Rn. 231 ff.; grundsätzlich auch MüKoInsO/*Klöhn* InsO § 15 Rn. 83 f.; Jaeger/*Müller* InsO § 15 Rn. 57 ff.
[330] Vgl. MüKoAktG/*Spindler* Rn. 73; *K. Schmidt* ZGR 1998, 633 (655); Uhlenbruck/*Hirte* InsO § 15 Rn. 6.
[331] Vgl. BGH NZG 2008, 709 (GmbH).
[332] Vgl. *Fleischer* in Fleischer VorstandsR-HdB § 20 Rn. 27; Großkomm AktG/*Habersack/Foerster* Rn. 39; Hüffer/Koch/*Koch* Rn. 22; MüKoAktG/*Spindler* Rn. 73; MüKoInsO/*Klöhn* InsO § 15a Rn. 71; für die GmbH Lutter/Hommelhoff/*Kleindiek* GmbHG Anh. § 64 Rn. 49.

gilt nach ständiger Rechtsprechung für sog. faktische Vorstandsmitglieder, die, ohne förmlich dazu bestellt zu sein, tatsächlich Vorstandsaufgaben wahrnehmen.[333] Dies hat die strafrechtliche Spruchpraxis für die Insolvenzverschleppungsdelikte schon früh entschieden,[334] und die zivilrechtliche Judikatur ist dem seit Beginn der siebziger Jahre des letzten Jahrhunderts beigetreten.[335] Einer Grundsatzentscheidung aus dem Jahre 1988 zufolge besteht die Insolvenzantragspflicht des faktischen Geschäftsleiters auch dann, wenn keine vollständige Verdrängung des förmlich bestellten Geschäftsleiters vorliegt.[336] Allerdings soll ein nach außen hervortretendes, üblicherweise der Geschäftsleitung zuzurechnendes Handeln erforderlich sein.[337]

63 Die Rechtsprechung zur faktischen Organschaft verdient entgegen kritischer Literaturstimmen[338] im Kern Zustimmung (ausführlich → § 93 Rn. 182 ff.).[339] Sie lässt sich dogmatisch als Sonderverbindung kraft tatsächlicher Leitung einordnen. Pflichtbegründend wirkt allerdings nur die Wahrnehmung organspezifischer Funktionen in organtypischer Weise, weil sich aktienrechtliche Verantwortlichkeiten ohne ein organisatorisches Gefüge gar nicht erfassen lassen. Ein organtypisches Verhalten im Außenverhältnis ist zwar häufig anzutreffen, aber entgegen der Rechtsprechung nicht zwingend erforderlich. Im konkreten Zugriff gilt für die kritischen Fälle:[340] Führungspersonen unterhalb der obersten Leitungsebene sind grundsätzlich keine faktischen Vorstandsmitglieder. Eine enge Ausnahme ist nur für Strohmannfälle zur Umgehung von Bestellungsverboten und verwandte Fallgestaltungen anzuerkennen. Ebenso wenig wird man professionelle Berater als faktische Organe ansehen können. Kreditgeber nehmen mit ihrer Einflussnahme antagonistische Gläubigerbelange wahr und sind insoweit nicht der Insolvenzantragspflicht des § 15a Abs. 1 S. 1 InsO unterworfen. Anders liegt es nur ganz ausnahmsweise, wenn sie in die aktienrechtliche Binnenorganisation eindringen und vorstandstypische Entscheidungsbefugnisse ausüben.

64 cc) **Ausgeschiedene Vorstandsmitglieder.** Nach Eintritt der Insolvenzreife kann sich ein Vorstandsmitglied der Antragspflicht des § 15a Abs. 1 S. 1 InsO nicht durch Amtsniederlegung entziehen.[341] Sofern eine solche Niederlegung nicht ohnehin missbräuchlich und damit unwirksam ist,[342] bleibt das ausgeschiedene Vorstandsmitglied verpflichtet, die verbliebenen oder neuen Vorstandsmitglieder zur Antragstellung zu veranlassen.[343] Führt es die Amtsgeschäfte ungeachtet seines formellen Ausscheidens weiter, so haftet es als faktisches Vorstandsmitglied (→ Rn. 62 f.).[344]

65 dd) **Abwickler.** Die Insolvenzantragspflicht der Abwickler, die sich bisher aus § 92 Abs. 2 aF, § 268 Abs. 2 ergab, ist nun in § 15a Abs. 1 S. 1 InsO geregelt. Diese Verpflichtung trifft die Abwickler allerdings nur für den Fall, dass die Gesellschaft in der Abwicklung insolvenzreif wird, jedoch zumindest strafrechtlich nicht für das Abwicklungsverfahren nach der Ablehnung der Insolvenzeröffnung, weil dann bereits über die Durchführung eines Insolvenzverfahrens abschlägig entschieden worden ist.[345] Besonderheiten gelten hinsichtlich des Insolvenzgrundes der Überschuldung.[346]

---

[333] Zusammenfassend *Fleischer* AG 2004, 517 (518 ff.); ferner Hüffer/Koch/*Koch* Rn. 22; MüKoAktG/*Spindler* Rn. 73; nunmehr auch Großkomm AktG/*Habersack/Foerster* Rn. 341.
[334] Vgl. RGSt 16, 269 (270 f.); 64, 81 (84 f.); dem folgend BGHSt 3, 32 (37 ff.); 6, 314 (315 f.); 21, 101; 31, 118 (121 f.).
[335] Vgl. BGH WM 1973, 1354 (1355).
[336] Vgl. BGHZ 104, 44 (47 ff.).
[337] Vgl. BGHZ 150, 61; ebenso KG NZG 2000, 1032 (1033).
[338] Vgl. etwa Kölner Komm AktG/*Mertens/Cahn* Anh. § 92 Rn. 34; für eine andere dogmatische Erfassung *Strohn* DB 2011, 158 (164 f.).
[339] Ausführlicher zu Folgendem *Fleischer* AG 2004, 517 (523 ff.); eingehend auch MüKoInsO/*Klöhn* § 15a Rn. 75 ff.
[340] Näher zu Folgendem *Fleischer* AG 2004, 517 (526 ff.); zustimmend MüKoInsO/*Klöhn* InsO § 15a Rn. 79.
[341] Vgl. BGH NJW 1952, 554; OLG Jena GmbHR 2002, 112; *Fleischer* in Fleischer VorstandsR-HdB § 20 Rn. 31; Großkomm AktG/*Habersack/Foerster* Rn. 38; für die GmbH auch Lutter/Hommelhoff/*Kleindiek* GmbHG Anh. § 64 Rn. 83; kritisch *Palzer,* Fortwirkende organschaftliche Pflichten des Geschäftsführers der GmbH, 2001, 56 ff., 131 ff.
[342] Zu derartigen (Ausnahme-)Fällen BGHSt 2, 53 (54); stark einschränkend auch BGH NJW 2003, 3787 (3789) (insoweit nicht in BGHSt 48, 307); ausführlich *Link,* Die Amtsniederlegung der Gesellschaftsorgane, 2003, 159 ff.
[343] Vgl. BGH NJW 1952, 554; Großkomm AktG/*Habersack/Foerster* Rn. 38; MüKoAktG/*Spindler* Rn. 73; MüKoInsO/*Klöhn* InsO § 15a Rn. 73; für die GmbH auch Lutter/Hommelhoff/*Kleindiek* GmbHG Anh. § 64 Rn. 83.
[344] Vgl. *Fleischer* in Fleischer VorstandsR-HdB § 20 Rn. 31; Großkomm AktG/*Habersack/Foerster* Rn. 38; Jaeger/*Müller* InsO § 15 Rn. 84.
[345] Vgl. BGH GmbHR 2009, 205 (207); gegen ein zivilrechtliches Wiederaufleben der Insolvenzantragspflicht Roth/Altmeppen/*Altmeppen* GmbHG Vor § 64 Rn. 56.
[346] Vgl. *Hecker/Glozbach* BB 2009, 1544 (1546 f.).

ee) Aufsichtsratsmitglieder. Im Falle der Führungslosigkeit der AG (→ § 78 Rn. 22 ff.) ist 66 auch jedes Aufsichtsratsmitglied zur Stellung des Insolvenzantrags verpflichtet. Dadurch sollen die Aufsichtsratsmitglieder veranlasst werden, stets für eine ordnungsgemäße Vertretung der Gesellschaft zu sorgen.[347] Die Haftung der Aufsichtsratsmitglieder setzt die Kenntnis sowohl des Insolvenzgrundes als auch der Führungslosigkeit der Gesellschaft voraus. Jedoch trifft sie die Beweislast für ihre Unkenntnis.[348] Der Kenntnis soll nach den Gesetzesmaterialien das bewusste Verschließen vor der Erlangung entsprechender Kenntnis gleichstehen.[349] Kennenmüssen genügt hingegen nicht.[350] Um ihrer Insolvenzantragspflicht nach § 15a Abs. 3 InsO genügen zu können, steht den Aufsichtsratsmitgliedern gemäß § 15 Abs. 1 S. 2 InsO auch ein entsprechendes Antragsrecht zu.

c) Antragsfrist. Gemäß § 15a Abs. 1 S. 1 InsO sind die Antragspflichtigen verpflichtet, den Eröffnungsantrag ohne schuldhaftes Zögern, spätestens aber drei Wochen nach Eintritt der Zahlungsunfähigkeit oder Überschuldung, zu stellen. Das gilt auch dann, wenn nach ihrer Auffassung keine die Kosten des Insolvenzverfahrens deckende Masse vorhanden ist.[351] Dies zu prüfen, obliegt allein dem Insolvenzgericht.[352] 67

aa) Fristbeginn. Die Dreiwochenfrist beginnt nach allgemeiner Meinung ohne Rücksicht darauf, ob eine Überschuldungsbilanz erstellt worden ist oder nicht.[353] Unterschiedlich beurteilt wird indes, ob es zusätzlich auf die Kenntnis oder böswillige Unkenntnis vom Eintritt eines Insolvenzgrundes ankommt,[354] wie es der BGH einmal für § 92 Abs. 2 aF angenommen hatte,[355] oder ob bereits die objektive Erkennbarkeit genügt,[356] wie dies der BGH zuletzt für § 64 Abs. 1 GmbHG aF angenommen hat.[357] Beizutreten ist der strengeren zweiten Ansicht. Für sie spricht, dass die Insolvenzantragspflicht im öffentlichen Interesse liegt (→ Rn. 47) und daher nicht von der variierenden Sorgfalt einzelner Vorstandsmitglieder abhängen kann.[358] Hinzu kommt, dass den Organwalter schon im Rahmen des § 92 Abs. 1 eine gewisse Überwachungspflicht trifft (→ Rn. 4), die sich bei Kriseneintritt zu einer fortdauernden Beobachtungspflicht verdichtet.[359] 68

bb) Fristende. Die Frist endet spätestens nach Ablauf von drei Wochen. Dabei handelt es sich nach allgemeiner Ansicht um eine Höchstfrist.[360] Ein längeres Zuwarten wird stets als schuldhaftes Zögern angesehen,[361] selbst wenn die Verzögerung auf ernsthaften Sanierungsbemühungen beruht.[362] Aus dem Charakter der Dreiwochenfrist als zeitlicher Höchstgrenze folgt weiter, dass der Vorstand sie nicht ohne triftigen Grund ausschöpfen darf.[363] Zeigt sich das Scheitern der Sanierungsbemühungen bereits vor Ablauf der Frist, so ist unverzüglich Insolvenzantrag zu stellen.[364] 69

---

[347] Vgl. BegrRegE MoMiG, BT-Drs. 16/6140, 55; *Gehrlein* BB 2008, 846 (848); Hüffer/Koch/*Koch* Rn. 22; *Poertzgen* ZInsO 2007, 574 (577).
[348] Vgl. BegrRegE MoMiG, BT-Drs. 16/6140, 55; *Bittmann* NStZ 2009, 113 (115); *Gehrlein* BB 2008, 846 (848); Hüffer/Koch/*Koch* Rn. 22; Kölner Komm AktG/*Mertens/Cahn* Anh. § 92 Rn. 32; *Poertzgen* ZInsO 2007, 574 (577); *Römermann* NZI 2008, 641 (646); *Wälzholz* DStR 2007, 1914 (1915).
[349] Vgl. BegrRegE MoMiG, BT-Drs. 16/6140, 56; *Poertzgen* ZInsO 2007, 574 (577).
[350] Vgl. BegrRegE MoMiG, BT-Drs. 16/6140, 56; *Bittmann* NStZ 2009, 113 (115).
[351] Vgl. Großkomm AktG/*Habersack/Foerster* Rn. 62; Kölner Komm AktG/*Mertens/Cahn* Anh. § 92 Rn. 20.
[352] Vgl. OLG Bamberg ZIP 1983, 200; Jaeger/*Müller* InsO § 15 Rn. 87.
[353] Vgl. BGHZ 164, 50 (59); 100, 19 (22); BGH NJW 1991, 3146; *Fleischer* in Fleischer VorstandsR-HdB § 20 Rn. 33; Großkomm AktG/*Habersack/Foerster* Rn. 85; K. Schmidt/*K. Schmidt*/*Herchen* InsO § 15a Rn. 32; MüKoAktG/*Spindler* Rn. 67.
[354] Vgl. Kölner Komm AktG/*Mertens/Cahn* Anh. § 92 Rn. 21; MHdB AG/*Wiesner* § 25 Rn. 66.
[355] Vgl. BGHZ 75, 96 (110 f.); ausführlich zur Geschichte hinter diesem Fall *Fleischer/Korch* in Fleischer/Thiessen, Gesellschaftsrechts-Geschichten, 2018, § 9; ebenso nunmehr BGHSt 48, 307 (309); OLG Frankfurt a. M. NZG 2004, 1157 (1159).
[356] Vgl. Großkomm AktG/*Habersack/Foerster* Rn. 87; Hüffer/Koch/*Koch* Rn. 23; MüKoAktG/*Spindler* Rn. 67.
[357] Vgl. BGHZ 143, 184 (185 f.).
[358] Ähnlich für die GmbH Lutter/Hommelhoff/*Kleindiek* GmbHG Anh. § 64 Rn. 51.
[359] Vgl. BGHZ 126, 181 (199); *Goette* ZInsO 2001, 529 f.
[360] Vgl. BGHZ 75, 96 (111); BGHSt 48, 307 (309); *Fleischer* in Fleischer VorstandsR-HdB § 20 Rn. 34; Großkomm AktG/*Habersack/Foerster* Rn. 93; Hüffer/Koch/*Koch* Rn. 24; Kölner Komm AktG/*Mertens/Cahn* Anh. § 92 Rn. 23; MüKoAktG/*Spindler* Rn. 68.
[361] Vgl. Hüffer/Koch/*Koch* Rn. 24; MüKoAktG/*Spindler* Rn. 68.
[362] Vgl. BegrRegE BT-Drs. 12/3803, 81 und 85; Hüffer/Koch/*Koch* Rn. 24; MüKoAktG/*Spindler* Rn. 68.
[363] Vgl. BGH NZG 2012, 464 (465 Rn. 11); BGHZ 75, 96 (111); BGHSt 48, 307 (309); Großkomm AktG/*Habersack/Foerster* Rn. 93; Hüffer/Koch/*Koch* Rn. 24; *Strohn* ZInsO 2009, 1417 (1423).
[364] Vgl. *Goette* FS 50 Jahre BGH, 2000, 123 (138); Großkomm AktG/*Habersack/Foerster* Rn. 93; Hüffer/Koch/*Koch* Rn. 24; Kölner Komm AktG/*Mertens/Cahn* Anh. § 92 Rn. 23; für die GmbH Lutter/Hommelhoff/*Kleindiek* GmbHG Anh. § 64 Rn. 55.

Zugleich müssen spätestens jetzt alle gebotenen Maßnahmen zur Massesicherung getroffen werden.[365]

70 Innerhalb der Dreiwochenfrist obliegt es dem Vorstand, mit der Sorgfalt eines ordentlichen und gewissenhaften Geschäftsleiters zu prüfen, ob nicht andere, weniger einschneidende Maßnahmen als ein Insolvenzverfahren besser geeignet sind, Schaden von der Gesellschaft, ihren Gläubigern und der Allgemeinheit abzuwenden.[366] Dabei gibt ihm das Gesetz einen, wenn auch zeitlich kurz bemessenen, Spielraum für Sanierungsaktionen.[367] Zur Beseitigung des Insolvenzgrundes können etwa Kapitalerhöhungen, freiwillige Zuschüsse der Aktionäre, die Vereinbarung eines Rangrücktritts (→ Rn. 58) oder der Erlass passivierter Verbindlichkeiten beitragen.[368]

71 **d) Antragsfolgen.** Wird das Insolvenzverfahren antragsgemäß eröffnet, so hat das nach § 262 Abs. 1 Nr. 3 die Auflösung der Gesellschaft zur Folge. Anschließend kommt es zur Verwaltung und Verwertung des Gesellschaftsvermögens durch den Insolvenzverwalter unter gleichzeitigem Fortbestand der Aktiengesellschaft und ihrer Organstruktur. Wird die Eröffnung des Insolvenzantrags mangels Masse abgelehnt, so bewirkt dies nach § 262 Abs. 1 Nr. 4 ebenfalls die Auflösung der Gesellschaft. Die Abwicklung erfolgt jedoch nicht durch den Insolvenzverwalter, sondern durch die Liquidatoren nach Maßgabe der §§ 265 ff.

72 **4. Rechtsfolgen eines Verstoßes. a) Haftung gegenüber der Gesellschaft.** Vorstandsmitglieder, die ihre Insolvenzantragspflicht verletzen, sind der Gesellschaft nach § 93 Abs. 2 zum Schadensersatz verpflichtet.[369] Allerdings wird es in derartigen Fällen zumeist an einem Schaden der Gesellschaft fehlen.[370] Davon unberührt bleibt die Strafbarkeit nach § 15a Abs. 4 und 5 InsO (→ Rn. 84).

73 **b) Haftung gegenüber den Gläubigern. aa) Schutzgesetzcharakter.** Ein Anspruch der Gesellschaftsgläubiger gegen die Vorstandsmitglieder kann sich vor allem aus § 823 Abs. 2 BGB iVm § 15a Abs. 1 S. 1 InsO ergeben. Die Rechtsprechung hat den gläubigerschützenden Charakter der Insolvenzantragspflicht stets bejaht[371] und damit im Schrifttum ganz überwiegend Gefolgschaft gefunden.[372] Vereinzelte Grundsatzkritik[373] ist mit Rücksicht auf eine möglichst schlagkräftige Haftungssanktion nicht durchgedrungen. Außerhalb des Schutzbereichs des § 15a Abs. 1 S. 1 InsO liegen jedoch nach herrschender Meinung – in Abweichung von § 92 Abs. 1 (→ Rn. 17) – die Schäden der Aktionäre.[374] Diese haben selbst dann keinen Anspruch aus § 823 Abs. 2 BGB, wenn sie erst nach Eintritt der Insolvenzreife Aktionäre geworden sind.[375]

74 **bb) Pflichtverletzung und Verschulden.** Ein Vorstandsmitglied handelt pflichtwidrig und verletzt damit das Schutzgesetz, wenn es die Dreiwochenfrist des § 15a Abs. 1 S. 1 InsO überschreitet oder sie ohne objektive Sanierungsaussicht voll ausschöpft.[376] Dabei muss es die Sanierungsbemühungen mit aller gebotenen Beschleunigung vorantreiben.[377] Andererseits wirkt sich der Zeitdruck auch

---

[365] Vgl. *Goette* in Hommelhoff/Hopt/v. Werder Corporate Governance-HdB 713, 733.
[366] Vgl. BGHZ 75, 96 (108); *Fleischer* in Fleischer VorstandsR-HdB § 20 Rn. 35; *Goette* in Hommelhoff/Hopt/v. Werder Corporate Governance-HdB 713, 733; Kölner Komm AktG/*Mertens/Cahn* Anh. § 92 Rn. 23.
[367] Vgl. BGHZ 75, 96 (108); BGHSt 48, 307 (309).
[368] Vgl. *Böcker/Poertzgen*, GmbHR 2013, 17 (18); Großkomm AktG/*Habersack/Foerster* Rn. 84; für die GmbH auch Lutter/Hommelhoff/*Kleindiek* GmbHG Anh. § 64 Rn. 53.
[369] Vgl. Großkomm AktG/*Habersack/Foerster* Rn. 101; Hüffer/Koch/*Koch* Rn. 26; MüKoAktG/*Spindler* Rn. 75; MüKoInsO/*Klöhn* InsO § 15a Rn. 317.
[370] Vgl. OLG Koblenz AG 2009, 336; *Fleischer* in Fleischer VorstandsR-HdB § 20 Rn. 37; Großkomm AktG/*Habersack/Foerster* Rn. 102; MüKoAktG/*Spindler* Rn. 75.
[371] Vgl. BGHZ 29, 100 (103); 75, 96 (106); 100, 19 (21); 126, 181 (190).
[372] Vgl. Großkomm AktG/*Habersack/Foerster* Rn. 100; K. Schmidt/*K. Schmidt/Herchen* InsO § 15a Rn. 33; Kölner Komm AktG/*Mertens/Cahn* Anh. § 92 Rn. 36; MüKoAktG/*Spindler* Rn. 75; MüKoInsO/*Klöhn* InsO § 15a Rn. 140; *Poertzgen* ZInsO 2007, 574 (575); *Strohn* ZInsO 2009, 1417 (1423); *Wälzholz* DStR 2007, 1914 (1915).
[373] Ablehnend etwa auf der Grundlage eines abweichenden Gläubigerschutzkonzepts *Altmeppen/Wilhelm* NJW 1999, 673 (679); *Altmeppen* ZIP 2001, 2201 (2205 ff.); *Wübbelsmann* GmbHR 2008, 1303.
[374] Vgl. Hüffer/Koch/*Koch* Rn. 26; MüKoAktG/*Spindler* Rn. 76; K. Schmidt/*K. Schmidt/Herchen* InsO § 15a Rn. 35.
[375] Vgl. RGZ 159, 211 (234); RG JW 1935, 3301 f.; BGHZ 96, 231 (236 f.) (für § 826 BGB); Großkomm AktG/*Habersack/Foerster* Rn. 100; Hüffer/Koch/*Koch* Rn. 26; MüKoAktG/*Spindler* Rn. 76; *Wagner* FS K. Schmidt, 2009, 1665 (1680 ff.); abw. *Ekkenga* FS Hadding, 2004, 343; Kölner Komm AktG/*Mertens/Cahn* Anh. § 92 Rn. 36, sowie für Österreich OGH GesRZ 2009, 266; kritisch dazu *K. Schmidt* GesRZ 2009, 317.
[376] Vgl. BGHZ 75, 96 (111); *Fleischer* in Fleischer VorstandsR-HdB § 20 Rn. 39; *Goette* in Hommelhoff/Hopt/v. Werder Corporate Governance-HdB 713, 733.
[377] Vgl. *Goette* in Hommelhoff/Hopt/v. Werder Corporate Governance-HdB 713, 733.

insofern zu seinen Gunsten aus, als ihm die Rechtsprechung in zweierlei Hinsicht ein Handlungsermessen zubilligt: Zum einen fällt dem Vorstand ein Scheitern der Sanierung nicht zur Last, wenn das Absehen von der Stellung eines Insolvenzantrags seinerzeit als „unternehmerisch vertretbar"[378] und der Sanierungsversuch als „lohnend"[379] angesehen werden konnte.[380] Zum anderen kommt ihm bei „begründeten Anhaltspunkten" für eine positive Fortführungsprognose ein „gewisser Beurteilungsspielraum"[381] zugute. Dem wird man sowohl unter der neuen als auch unter der alten Überschuldungsdefinition des § 19 Abs. 2 InsO (→ Rn. 54 ff.) gerne beitreten.[382] Die Grenze des Handlungsermessens ist allerdings überschritten, wenn jeder Sanierungsversuch von vornherein aussichtslos erscheinen muss.[383]

Hinzutreten muss ein Verschulden des Vorstandsmitglieds,[384] wobei Fahrlässigkeit genügt.[385] Maßstab ist die Sorgfalt eines ordentlichen und gewissenhaften Geschäftsleiters.[386] Sie gebietet dem Vorstand, für eine Organisation zu sorgen, die ihm die zur Wahrnehmung seiner Pflichten erforderliche Übersicht über die wirtschaftliche und finanzielle Situation der Gesellschaft jederzeit ermöglicht.[387] Darüber hinaus trifft ihn eine Pflicht, die wirtschaftliche Lage des Unternehmens laufend zu beobachten,[388] bei Anzeichen einer wirtschaftlichen Krise eine Überschuldungsbilanz aufzustellen[389] und bis zum Ende der Krise fortzuschreiben.[390] Ebenso hat er die Zahlungsfähigkeit der Gesellschaft anhand einer Liquiditätsbilanz zu überprüfen.[391] Erweisen sich hierbei angestellte Prognosen trotz Aufwendung der gebotenen Sorgfalt nach Ablauf des maßgebenden Zeitraums von drei Wochen als unzutreffend mit dem Ergebnis, dass statt einer angenommenen Zahlungsstockung bereits Zahlungsunfähigkeit besteht, können zwischenzeitlich in der vertretbaren Annahme fortbestehender Zahlungsunfähigkeit geleistete Zahlungen unverschuldet sein.[392] Verfügt ein Vorstandsmitglied nicht über ausreichende persönliche Kenntnisse für die Erstellung einer Überschuldungs- oder Liquiditätsbilanz, so muss es sich von einer unabhängigen, für die zu klärende Fragestellung fachlich qualifizierten Person beraten lassen.[393] Die Sorgfalt eines ordentlichen und gewissenhaften Geschäftsleiters gebietet es zudem, das Prüfergebnis des Fachmanns einer Plausibilitätskontrolle zu unterziehen.[394] Unter diesen Voraussetzungen wirkt eingeholter Expertenrat entlastend (→ § 93 Rn. 35 und 209). Häufig übersehen wird, dass eine interne Geschäftsverteilung nicht ohne Weiteres die (Mit-)Verantwortlichkeit jedes Vorstandsmitglieds beseitigt (allgemein: → § 77 Rn. 48 ff.). Vielmehr gelten in Krisenzeiten verschärfte Überwachungs- und Vergewisserungspflichten, die jedes Vorstandsmitglied anhalten, allein und unabhängig von einer Ressortverteilung einen Überschuldungsstatus zu erstellen.[395] Das Verschulden der Vorstandsmitglieder wird entsprechend § 93 Abs. 2 S. 2 vermutet.[396] Ob sie ihrer Organisations- und Überwachungspflicht im Einzelfall hinreichend nachgekommen sind,

---

[378] BGH ZIP 1987, 29; BGHZ 126, 181 (200).
[379] BGHZ 75, 96 (112 f.); 108, 134 (144).
[380] Zusammenfassend *Goette* in Hommelhoff/Hopt/v. Werder Corporate Governance-HdB S. 713, 733; MüKoAktG/*Spindler* Rn. 65.
[381] BGHZ 126, 181 (199); MüKoAktG/*Spindler* Rn. 65.
[382] Eingehend mit weiteren Argumenten *Fleischer* ZGR 2004, 437 (458 ff.); *Hopt* FS Mestmäcker, 1996, 909 (924); MüKoAktG/*Spindler* Rn. 65; *M. Roth,* Unternehmerisches Ermessen und Haftung des Vorstands, 2001, 220 ff.
[383] Vgl. BGHZ 75, 96 (112 f.); 138, 211 (223); *Goette* in Hommelhoff/Hopt/v. Werder Corporate Governance-HdB S. 713, 733.
[384] Vgl. BGH NZG 2012, 940 Rn. 9; *Fleischer* in Fleischer VorstandsR-HdB § 20 Rn. 40; Großkomm AktG/*Habersack/Foerster* Rn. 105; MüKoAktG/*Spindler* Rn. 75; MHdB AG/*Wiesner* § 26 Rn. 35.
[385] Vgl. BGH NZG 2012, 940 Rn. 9; BGHZ 75, 96 (111); MHdB AG/*Wiesner* § 26 Rn. 35.
[386] Vgl. BGH NZG 2012, 672 Rn. 13; NZG 2012, 940 Rn. 9.
[387] So BGH NZG 2012, 940 LS.
[388] Vgl. BGHZ 126, 181 (199); BGH NZG 2016, 658 Rn. 33; *Goette* ZInsO 2001, 529; Hüffer/Koch/*Koch* Rn. 25; *K. Schmidt* WPg-Sonderheft 2003, 141 (143).
[389] Vgl. BGH NZG 2016, 658 Rn. 33; NZG 2012, 940 Rn. 11; BGHZ 126, 181 (199); Hüffer/Koch/*Koch* Rn. 25; MüKoAktG/*Spindler* Rn. 70.
[390] Vgl. Hüffer/Koch/*Koch* Rn. 25; *Hüffer* FS Wiedemann, 2002, 1047 (1067).
[391] Vgl. BGH NZG 2016, 658 Rn. 33.
[392] Vgl. BGHZ 163, 134 (141); BGH NZG 2016, 658 Rn. 33.
[393] Vgl. BGH NZG 2012, 672 Ls.; NZG 2016, 658 Rn. 34; BGHZ 126, 181 (199); eingehend dazu *Fleischer* KSzW 2013, 3 (4 ff.).
[394] Vgl. BGH NZG 2016, 658 Rn. 33; NZG 2012, 672 Rn. 16; NZG 2007, 545 Rn. 18; näher dazu *Fleischer* KSzW 2013, 3 (9).
[395] Vgl. BGH ZIP 1994, 891 (892); BGHSt 48, 307 (314); *Goette* ZInsO 2001, 529 f.; Hüffer/Koch/*Koch* Rn. 25.
[396] Vgl. BGH NZG 2012, 940 Rn. 10; NZG 2012, 672 Rn. 13; BGHZ 75, 96 (111); 126, 181 (200); 143, 184 (185); BGH NJW 1994, 513; Hüffer/Koch/*Koch* Rn. 31.

kann nur unter umfassender Berücksichtigung der für die Gesellschaft relevanten Umstände beurteilt werden.[397]

76 **cc) Umfang des Schadensersatzes.** Hinsichtlich des Haftungsumfangs pflegt man nach dem Zeitpunkt der Forderungsentstehung zwischen Alt- und Neugläubigern zu unterscheiden:

77 **(1) Altgläubiger.** Die Altgläubiger, deren Forderungen bereits vor Beginn der Insolvenzantragspflicht bestanden,[398] haben nach ganz hM einen Anspruch auf Ersatz des sog. Quotenschadens.[399] Dabei handelt es sich um die Differenz zwischen der tatsächlich erzielten und der bei rechtzeitiger Antragstellung erzielbaren Quote.[400] Ihre Berechnung[401] bereitet auch bei einem Rückgriff auf § 287 ZPO beträchtliche Schwierigkeiten.[402] Rechtsvergleichend räumen sowohl das englische als auch das französische Recht dem Tatrichter einen größeren Spielraum bei der Schadensbemessung ein.[403] So bestimmt etwa sec. 214 *Insolvency Act 1986*, dass ein pflichtwidrig handelnder Direktor jenen Betrag in das Gesellschaftsvermögen einzuzahlen hat, den das Gericht für angemessen hält („as the court thinks proper").

78 **(2) Neugläubiger.** Die Neugläubiger, die ihre Forderung erst in der Phase der Insolvenzverschleppung erworben haben, haben nach einer Grundsatzentscheidung aus dem Jahre 1994 Anspruch auf Ausgleich des vollen – nicht durch den Quotenschaden begrenzten – Schadens, der ihnen dadurch entstanden ist, dass sie in Rechtsbeziehungen zu einer überschuldeten oder zahlungsunfähigen Aktiengesellschaft getreten sind.[404] Diese konzeptionelle Neuausrichtung der Insolvenzverschleppungshaftung kann heute trotz anfänglicher Kritik[405] auf breite Unterstützung in der Rechtslehre zählen.[406] Sie verdient im Ergebnis Gefolgschaft, weil sie dem Normzweck des § 15a Abs. 1 S. 1 InsO, insolvente Gesellschaften vom Geschäftsverkehr fernzuhalten (→ Rn. 47), überzeugend Rechnung trägt und der Insolvenzantragspflicht zu größerer Durchschlagskraft verhilft. Außerdem verhindert sie, dass den Altgläubigern ein unverdienter Zufallsgewinn zufällt, weil die Neugläubiger, die der Gesellschaft in Austausch- oder Finanzierungsbeziehungen Kredit gewähren, nicht nur die Gesellschaft, sondern auch die Altgläubiger massiv begünstigen.[407]

79 Nach einer neueren Entscheidung des BGH gilt der erweiterte Neugläubigerschutz nicht für gesetzliche Schuldverhältnisse.[408] Zur Begründung heißt es, dass die Insolvenzverschleppungshaftung sich nur auf jenen Vertrauensschaden erstrecke, der einem Neugläubiger dadurch entstehe, dass er der aktuell insolvenzreifen GmbH Kredit gewähre oder eine sonstige Vorleistung an sie erbringe.[409] Dagegen habe die Insolvenzantragspflicht nicht den Zweck, potentielle Deliktsgläubiger davor zu bewahren, nach Insolvenzreife noch Opfer eines Delikts zu werden.[410] Diese Auffassung findet im Schrifttum verbreitet Zustimmung.[411] Die besseren Gründe sprechen indes

---

[397] Vgl. BGH NZG 2012, 940 Rn. 13.
[398] Dazu zählt auch ein Vermieter, der dem Mieter vor Insolvenzreife Räume überlassen hat, weil er sich bei Insolvenzreife nicht von dem Mietvertrag hätte lösen können; näher BGH NJW 2014, 698.
[399] Vgl. BGHZ 29, 100 (103 f.); 126, 181 (190); *Fleischer* in Fleischer VorstandsR-HdB § 20 Rn. 42; Großkomm AktG/*Habersack*/*Foerster* Rn. 107; Hüffer/Koch/*Koch* Rn. 27; Kölner Komm AktG/*Mertens*/*Cahn* Anh. § 92 Rn. 39; K. Schmidt/*K. Schmidt*/*Herchen* InsO § 15a Rn. 37; MüKoAktG/*Spindler* Rn. 78.
[400] Vgl. BGHZ 29, 100 (103 f.); 126, 181 (190); Großkomm AktG/*Habersack*/*Foerster* Rn. 107; Hüffer/Koch/*Koch* Rn. 27.
[401] Dazu BGH NJW 1997, 3021; *Dauner-Lieb* ZGR 1998, 617 (622 ff.); Großkomm AktG/*Habersack*/*Foerster* Rn. 108.
[402] Vgl. Großkomm AktG/*Habersack*/*Foerster* Rn. 108; Hüffer/Koch/*Koch* Rn. 27; Kölner Komm AktG/*Mertens*/*Cahn* Anh. § 92 Rn. 40; MüKoAktG/*Spindler* Rn. 78; *Strohn* NZG 2011, 1161 (1162), eingehend MüKoInsO/*Klöhn* InsO § 15a Rn. 185.
[403] Instruktiv dazu *Jaspers*, Opportunistisches Verhalten in der Krise der Kapitalgesellschaft, 2014, 444 ff. (England), 460 ff. (Frankreich).
[404] Vgl. BGHZ 126, 181 Ls. b (GmbH); BGH NJW 2014, 698 (699 Rn. 7) (GmbH).
[405] Grundsatzkritik daran etwa bei *Canaris* JZ 1993, 649; *G. Müller* ZIP 1993, 1531; *K. Schmidt* NJW 1993, 2934; *Ulmer* ZIP 1993, 769; dem BGH zustimmend aber *Bork* ZGR 1995, 337 (339 ff.); *Flume* ZIP 1994, 337 (339 ff.); *Kübler* ZGR 1995, 481 (493 ff.).
[406] Vgl. aus aktienrechtlicher Sicht etwa Großkomm AktG/*Habersack*/*Foerster* Rn. 109; Hüffer/Koch/*Koch* Rn. 30; MüKoAktG/*Spindler* Rn. 79; Kölner Komm AktG/*Mertens*/*Cahn* Anh. § 92 Rn. 41; aus GmbH-rechtlicher Sicht zB Lutter/Hommelhoff/*Kleindiek* GmbHG Anh. § 64 Rn. 72 ff.; alle mit umfassenden Nachweisen.
[407] Näher *Fleischer* ZGR 2004, 437 (450 f.); eingehend und differenzierend *Jaspers*, Opportunistisches Verhalten in der Krise der Kapitalgesellschaft, 2014, 413 ff.
[408] Vgl. BGHZ 164, 50 (61 f.).
[409] Vgl. BGHZ 164, 50 LS a.
[410] Vgl. BGHZ 164, 50 (61 f.); so auch für Ansprüche nach dem EFZG BGH NZG 2009, 280.
[411] Vgl. mit Begründungsunterschieden im Einzelnen Hüffer/Koch/*Koch* Rn. 29 („eher unter pragmatischen als unter dogmatischen Gesichtspunkten überzeugend"); MüKoInsO/*Brandes*/*Gehrlein* InsO § 92 Rn. 32; *Haas*, Geschäftsführerhaftung und Gläubigerschutz, 1997, 234 ff.; K. Schmidt/*K. Schmidt*/*Herchen* InsO § 15a Rn. 40.

nach wie vor⁴¹² für die Gegenansicht.⁴¹³ Der Ansatz des BGH, die Insolvenzverschleppungshaftung als eine Haftung für enttäuschtes Vertrauen zu begreifen, verträgt sich nicht mit der Rechtsprechung desselben Senats, die eine Geschäftsleiterhaftung unter dem Gesichtspunkt der *culpa in contrahendo* gerade eingeschränkt hat (→ Rn. 83). Vor allem aber verkennt er die unterschiedliche Schutzbedürftigkeit von Vertrags- und Deliktsgläubigern. *De lege ferenda* hat man vor diesem Hintergrund sogar den Vorschlag unterbreitet, den Deliktsgläubigern im Insolvenzverfahren eine Art „Superpriorität" einzuräumen, die sich sowohl gegen die ungesicherten Vertragsgläubiger als auch gegen die Inhaber von Sicherungsrechten durchsetzt.⁴¹⁴

Der Schadensersatzanspruch ist auf das negative Interesse gerichtet. Er erstreckt sich grundsätzlich **80** nicht auf einen im Kaufpreis enthaltenen Gewinnanteil.⁴¹⁵ Auch dieser ist aber ausnahmsweise zu ersetzen, wenn dem Gläubiger wegen des mit der Gesellschaft abgeschlossenen Geschäfts ein anderes Geschäft entgangen ist.⁴¹⁶ Vom Schutzbereich erfasst sind außerdem vertragsbedingte Folgeschäden, zB Schäden des Neugläubigers aufgrund fehlerhafter Bauleistung der insolvenzreifen Gesellschaft.⁴¹⁷ Gleiches gilt für die dem Neugläubiger durch eine Rechtsverfolgung entstandenen Schäden.⁴¹⁸ Eine Kürzung um die dem Neugläubiger zustehende Insolvenzquote ist nicht vorzunehmen.⁴¹⁹ Der Anspruch der Neugläubiger kann jedoch nach Maßgabe des § 254 BGB durch ihr Mitverschulden gemindert sein.⁴²⁰ Das ist nach Ansicht der Rechtsprechung dann anzunehmen, wenn für sie bei Abschluss des Vertrages erkennbare Umstände vorlagen, welche die hierdurch begründete Forderung gegen die Gesellschaft als gefährdet erscheinen lassen mussten.⁴²¹ Allein die geringe Höhe des satzungsmäßigen Grundkapitals reicht jedoch als Anzeichen nicht aus.⁴²² Nach dem BGH kommt hinsichtlich des in der Begründung einer Neugläubiger-Forderung liegenden Vertrauensschadens keine Vorteilsanrechnung wegen vollständiger Leistung auf andere bei rechtzeitiger Antragsstellung nur quotal zu erfüllende Altgläubiger-Forderungen im Zeitraum der Insolvenzverschleppung in Betracht.⁴²³

dd) Geltendmachung. Bei der Geltendmachung des Ersatzanspruchs setzt sich die Unterschei- **81** dung zwischen Alt- und Neugläubigerschäden fort: Der Quotenschaden der Altgläubiger wird im Insolvenzverfahren vom Insolvenzverwalter für die Masse geltend gemacht.⁴²⁴ Es handelt sich um einen Gesamtschaden iSd § 92 InsO.⁴²⁵ Eine individuelle Durchsetzung kommt nur bei Nichteröffnung oder Aufhebung des Insolvenzverfahrens in Betracht.⁴²⁶ Dagegen können die Neugläubiger ihren Anspruch auf das negative Interesse als Individualschaden auch während des laufenden Insolvenzverfahrens eigenständig geltend machen.⁴²⁷ Eine konkurrierende oder ergänzende Befugnis des Insolvenzverwalters besteht nicht.⁴²⁸

---

⁴¹² Ausführlich bereits *Fleischer* ZGR 2004, 437 (451 f.).
⁴¹³ Wie hier Großkomm AktG/*Habersack/Foerster* Rn. 111; Kölner Komm AktG/*Mertens/Cahn* Anh. § 92 Rn. 42; MüKoAktG/*Spindler* Rn. 83 f.; MüKoInsO/*Klöhn* InsO § 15a Rn. 214 ff.; *Poertzgen* ZInsO 2007, 285; *Reif/Arnold* ZIP 1998, 1893 (1896 ff.); *Wagner* FS K. Schmidt, 2009, 1665 (1678 ff.).
⁴¹⁴ Vgl. G. *Wagner* FS Gerhardt, 2004, 1043 ff.
⁴¹⁵ Vgl. BGH NZG 2012, 464 (466 Rn. 27); NZG 2009, 750; BGH ZIP 2012, 1455 (1456 f.); MüKoAktG/*Spindler* Rn. 79.
⁴¹⁶ Vgl. BGH NZG 2012, 464 (466 Rn. 27); NZG 2009, 750 Rn. 15 f.; MüKoAktG/*Spindler* Rn. 79.
⁴¹⁷ Vgl. BGH NJW 2012, 3510 Rn. 22 ff.; Hüffer/Koch/*Koch* Rn. 29; MüKoAktG/*Spindler* Rn. 79.
⁴¹⁸ Vgl. BGH NJW 2012, 3510 Rn. 26; NZG 2009, 750; Hüffer/Koch/*Koch* Rn. 29; MüKoAktG/*Spindler* Rn. 79.
⁴¹⁹ Vgl. BGHZ 171, 46 (54 f.); MüKoAktG/*Spindler* Rn. 79.
⁴²⁰ Vgl. BGHZ 126, 181 (200); *Fleischer* in Fleischer VorstandsR-HdB § 20 Rn. 45; Großkomm AktG/*Habersack/Foerster* Rn. 113; MüKoAktG/*Spindler* Rn. 81; MüKoInsO/*Klöhn* InsO § 15a Rn. 247.
⁴²¹ Vgl. BGHZ 126, 181 (200 f.); MüKoAktG/*Spindler* Rn. 81.
⁴²² Vgl. BGHZ 126, 181 (201); MüKoAktG/*Spindler* Rn. 81.
⁴²³ Vgl. BGH NZG 2007, 466.
⁴²⁴ Vgl. BGHZ 126, 181 (190); 138, 211 (217); BGH ZIP 2014, 23 (25); Großkomm AktG/*Habersack/Foerster* Rn. 107; Hüffer/Koch/*Koch* Rn. 27; MüKoAktG/*Spindler* Rn. 78.
⁴²⁵ Vgl. *Jaeger/Müller* InsO § 15 Rn. 103; MüKoAktG/*Spindler* Rn. 78; *K. Schmidt* ZGR 1996, 209 (211 ff.); K. Schmidt/*K. Schmidt/Herchen* InsO § 15a Rn. 42; Uhlenbruck/*Hirte* InsO § 92 Rn. 6 und 12.
⁴²⁶ Vgl. Großkomm AktG/*Habersack/Foerster* Rn. 77; Jaeger/*Müller* InsO § 15 Rn. 102; MüKoAktG/*Spindler* Rn. 78; abw. im Sinne einer Einziehungsbefugnis der Gesellschaft *W. Schulz*, Die masselose Liquidation der GmbH, 1986, 188.
⁴²⁷ Vgl. BGHZ 126, 181 (201); 138, 211 (214 ff.); BGH NJW 1995, 398; Großkomm AktG/*Habersack/Foerster* Rn. 112; MüKoAktG/*Spindler* Rn. 80; abw. im Sinne eines Einzugsrechts des Insolvenzverwalters *Hasselbach* DB 1996, 2113 (2114 f.); *Uhlenbruck* ZIP 1994, 1153 (1154 f.); differenzierend zwischen dem vom Verwalter einzuziehenden Quotenschaden und einem darüber hinausgehenden Individualschaden *K. Schmidt* ZGR 1998, 633 (655 ff.).
⁴²⁸ Vgl. BGHZ 138, 211 (214 ff.); MüKoAktG/*Spindler* Rn. 80; ausführlich *Henssler/Dedek* FS Uhlenbruck, 2000, 175 (178 ff.).

§ 93

82 ee) Haftung Dritter. Dritte, insbesondere Aktionäre, die auf Unterlassung des gebotenen Insolvenzantrags drängen, können nach § 830 Abs. 2 BGB als Anstifter oder Gehilfen in Anspruch genommen werden.[429] Das setzt nach hM allerdings Vorsatz des Dritten voraus.[430] In Ausnahmefällen kommt auch eine eigene täterschaftliche Insolvenzverschleppungshaftung des Dritten unter dem Gesichtspunkt faktischer Geschäftsleitung in Betracht (→ Rn. 62 f.).[431]

82a Außerdem kommt ein Anspruch der Gläubiger gegen Pflichtprüfer oder Berater der Gesellschaft in Betracht.[432] Diese haften zwar in erster Linie der Gesellschaft aus § 280 Abs. 1 BGB, wenn sie mit der Erstellung einer Überschuldungsbilanz betraut sind und die Überschuldung nicht erkennen.[433] Unter besonderen Voraussetzungen kommt aber auch eine Dritthaftung in Betracht, wenn sich für Prüfer oder Berater hinreichend deutlich ergibt, dass Dritte von dem Prüfungsergebnis Gebrauch machen und sich dabei auf die Sachkunde von Prüfer oder Berater verlassen werden.[434]

83 ff) Sonstige Haftungstatbestände. Unter engen Voraussetzungen kommt darüber hinaus eine Außenhaftung der Vorstandsmitglieder nach den Grundsätzen der *culpa in contrahendo* (jetzt: §§ 311 Abs. 2, 280 Abs. 1 BGB) in Betracht (→ § 93 Rn. 311 ff.). Dafür genügt nach der neueren Rechtsprechung aber weder ein wirtschaftliches Eigeninteresse des Vorstandsmitglieds[435] noch dessen besondere Sachkunde.[436] Erforderlich ist vielmehr die Inanspruchnahme besonderen persönlichen Vertrauens durch Erklärungen im Vorfeld einer Garantiezusage.[437] An dieser Voraussetzung fehlt es, wenn sich das Verhalten des Vorstandsmitglieds darin erschöpft, eine Aufklärung über die finanziellen Verhältnisse der Gesellschaft zu unterlassen.[438]

84 c) Strafbarkeit und Berufsverbot. Verletzungen der Insolvenzantragspflicht sind nach § 15a Abs. 4 und 5 InsO strafbewehrt. Seit dem MoMiG gilt dies auch für Fälle, in denen der Insolvenzantrag „nicht richtig" gestellt wurde. Hierunter fallen nicht ernsthaft gestellte, bewusst unvollständige oder unzulässige Anträge.[439] Außerdem stellt die strafrechtliche Verurteilung wegen Insolvenzverschleppung nach § 76 Abs. 3 S. 2 Nr. 3 lit. a einen Inhabilitätsgrund dar (→ § 76 Rn. 135). Strafbarkeit und Berufsverbot bilden beide eine wichtige Ergänzung zur zivilrechtlichen Verantwortlichkeit der Vorstandsmitglieder für ein Fehlverhalten in der Krise.[440]

§ 93 Sorgfaltspflicht und Verantwortlichkeit der Vorstandsmitglieder

(1) ¹Die Vorstandsmitglieder haben bei ihrer Geschäftsführung die Sorgfalt eines ordentlichen und gewissenhaften Geschäftsleiters anzuwenden. ²Eine Pflichtverletzung liegt nicht vor, wenn das Vorstandsmitglied bei einer unternehmerischen Entscheidung vernünftigerweise annehmen durfte, auf der Grundlage angemessener Information zum Wohle der Gesellschaft zu handeln. ³Über vertrauliche Angaben und Geheimnisse der Gesellschaft, namentlich Betriebs- oder Geschäftsgeheimnisse, die den Vorstandsmitgliedern durch ihre Tätigkeit im Vorstand bekanntgeworden sind, haben sie Stillschweigen zu bewahren. ⁴Die Pflicht des Satzes 3 gilt nicht gegenüber einer nach § 342b des Handelsgesetzbuchs anerkannten Prüfstelle im Rahmen einer von dieser durchgeführten Prüfung.

(2) ¹Vorstandsmitglieder, die ihre Pflichten verletzen, sind der Gesellschaft zum Ersatz des daraus entstehenden Schadens als Gesamtschuldner verpflichtet. ²Ist streitig, ob sie die Sorgfalt eines ordentlichen und gewissenhaften Geschäftsleiters angewandt haben, so trifft sie die Beweislast. ³Schließt die Gesellschaft eine Versicherung zur Absicherung eines

---

[429] Vgl. BGHZ 164, 50 (57 ff.); Großkomm AktG/*Habersack*/*Foerster* Rn. 115; MüKoInsO/*Klöhn* InsO § 15a Rn. 275; K. Schmidt/*K. Schmidt*/*Herchen* InsO § 15a Rn. 18; Kölner Komm AktG/*Mertens*/*Cahn* Anh. § 92 Rn. 35; ebenso für § 92 Abs. 2 S. 1 MüKoAktG/*Spindler* Rn. 37.
[430] Vgl. BGHZ 164, 50 (57); 75, 96 (107); *Ehricke* ZGR 2000, 351 (356 ff.).
[431] Vgl. Großkomm AktG/*Habersack*/*Foerster* Rn. 116.
[432] Vgl. Großkomm AktG/*Habersack*/*Foerster* Rn. 117.
[433] Vgl. BGHZ 193, 297 Rn. 9 ff.; anders dagegen bei einer allgemeinen Steuerprüfung; dazu BGH NZG 2013, 675 Rn. 15.
[434] Vgl. Großkomm AktG/*Habersack*/*Foerster* Rn. 117.
[435] Vgl. BGHZ 126, 181 (184 ff.).
[436] Vgl. BGH NJW 1990, 389.
[437] Vgl. BGHZ 126, 181 (189); Großkomm AktG/*Habersack*/*Foerster* Rn. 120.
[438] Vgl. BGHZ 126, 181 (189); Großkomm AktG/*Habersack*/*Foerster* Rn. 120.
[439] Vgl. *Poertzgen* ZInsO 2009, 574 (577); s. auch *Bales* InsbürO 2011, 57; *Bittmann* NStZ 2009, 113 (115); noch enger K. Schmidt/*K. Schmidt*/*Herchen* InsO § 15a Rn. 66; sehr weit hingegen *Marotzke* DB 2012, 560 (565 ff.).
[440] Eingehend und rechtsvergleichend *Jaspers*, Opportunistisches Verhalten in der Krise der Kapitalgesellschaft, 2014, 435 ff.

Vorstandsmitglieds gegen Risiken aus dessen beruflicher Tätigkeit für die Gesellschaft ab, ist ein Selbstbehalt von mindestens 10 Prozent des Schadens bis mindestens zur Höhe des Eineinhalbfachen der festen jährlichen Vergütung des Vorstandsmitglieds vorzusehen.

(3) Die Vorstandsmitglieder sind namentlich zum Ersatz verpflichtet, wenn entgegen diesem Gesetz
1. Einlagen an die Aktionäre zurückgewährt werden,
2. den Aktionären Zinsen oder Gewinnanteile gezahlt werden,
3. eigene Aktien der Gesellschaft oder einer anderen Gesellschaft gezeichnet, erworben, als Pfand genommen oder eingezogen werden,
4. Aktien vor der vollen Leistung des Ausgabebetrags ausgegeben werden,
5. Gesellschaftsvermögen verteilt wird,
6. Zahlungen entgegen § 92 Abs. 2 geleistet werden,
7. Vergütungen an Aufsichtsratsmitglieder gewährt werden,
8. Kredit gewährt wird,
9. bei der bedingten Kapitalerhöhung außerhalb des festgesetzten Zwecks oder vor der vollen Leistung des Gegenwerts Bezugsaktien ausgegeben werden.

(4) [1]Der Gesellschaft gegenüber tritt die Ersatzpflicht nicht ein, wenn die Handlung auf einem gesetzmäßigen Beschluss der Hauptversammlung beruht. [2]Dadurch, daß der Aufsichtsrat die Handlung gebilligt hat, wird die Ersatzpflicht nicht ausgeschlossen. [3]Die Gesellschaft kann erst drei Jahre nach der Entstehung des Anspruchs und nur dann auf Ersatzansprüche verzichten oder sich über sie vergleichen, wenn die Hauptversammlung zustimmt und nicht eine Minderheit, deren Anteile zusammen den zehnten Teil des Grundkapitals erreichen, zur Niederschrift Widerspruch erhebt. [4]Die zeitliche Beschränkung gilt nicht, wenn der Ersatzpflichtige zahlungsunfähig ist und sich zur Abwendung des Insolvenzverfahrens mit seinen Gläubigern vergleicht oder wenn die Ersatzpflicht in einem Insolvenzplan geregelt wird.

(5) [1]Der Ersatzanspruch der Gesellschaft kann auch von den Gläubigern der Gesellschaft geltend gemacht werden, soweit sie von dieser keine Befriedigung erlangen können. [2]Dies gilt jedoch in anderen Fällen als denen des Absatzes 3 nur dann, wenn die Vorstandsmitglieder die Sorgfalt eines ordentlichen und gewissenhaften Geschäftsleiters gröblich verletzt haben; Absatz 2 Satz 2 gilt sinngemäß. [3]Den Gläubigern gegenüber wird die Ersatzpflicht weder durch einen Verzicht oder Vergleich der Gesellschaft noch dadurch aufgehoben, daß die Handlung auf einem Beschluss der Hauptversammlung beruht. [4]Ist über das Vermögen der Gesellschaft das Insolvenzverfahren eröffnet, so übt während dessen Dauer der Insolvenzverwalter oder der Sachwalter das Recht der Gläubiger gegen die Vorstandsmitglieder aus.

(6) Die Ansprüche aus diesen Vorschriften verjähren bei Gesellschaften, die zum Zeitpunkt der Pflichtverletzung börsennotiert sind, in zehn Jahren, bei anderen Gesellschaften in fünf Jahren.

Schrifttum: 1. Allgemeines. *Abeltshauser,* Leitungshaftung im Kapitalgesellschaftsrecht, 1998; *Arnold,* Die Steuerung des Vorstandshandelns, 2007; *Artmann/Rüffler/Torggler,* Die Organhaftung zwischen Ermessensentscheidung und Haftungsfalle, 2013; *Bachmann,* Organhaftung in Europa – Die Ergebnisse der LSE-Studie 2013, ZIP 2013, 1946; *Bachmann,* Organhaftung in der Eigenverwaltung, ZIP 2015, 101; *Bachmann,* Die Geschäftsleiterhaftung im Fokus von Rechtsprechung und Rechtspolitik, BB 2015, 771; *Bachmann,* Die Beschränkung der Organhaftung nach den Grundsätzen des Arbeitsrechts, ZIP 2017, 841; *Bachmann/Becker,* Haftung des Insolvenz-Geschäftsführers in der Eigenverwaltung, NJW 2018, 2235; *Bauer,* Zur Darlegungs- und Beweislast des Vorstands in organschaftlichen Haftungsprozessen, NZG 2015, 549; *Bauer/Arnold/Kramer,* Schiedsvereinbarungen mit Geschäftsführern und Vorstandsmitgliedern, AG 2014, 677; *Baums,* Managerhaftung und Verjährung, ZHR 174 (2010), 593; *Baur/Holle,* Untreue und unternehmerische Entscheidung, ZIP 2017, 555; *Baur/Holle,* Anwendung des § 93 Abs. 2 Satz 2 AktG im Direktprozess gegen den D&O-Versicherer, AG 2017, 141; *Bayer/Scholz,* Vom Dogma der Unzulässigkeit des Mitverschuldenseinwands bei der GmbH-Geschäftsführerhaftung, GmbHR 2016, 841; *Bayer/Scholz,* Zweifelsfragen der gesamtschuldnerischen Organhaftung im Aktienrecht, ZGR 2016, 619; *Bedkowski,* Die Geschäftsleiterpflichten – Eine rechtsvergleichende Abhandlung zum deutschen und englischen Kapitalgesellschaftsrecht, 2006; *Bieder,* Grund und Grenzen der Verfolgungspflicht des Aufsichtsrats bei pflichtwidrigem Vorstandshandeln, NZG 2015, 1178; *S. Binder,* Grenzen der Vorstandshaftung, 2016; *Brommer,* Folgen einer reformierten Aktionärsklage für die Vorstandsinnenhaftung, AG 2013, 121; *Danninger,* Organhaftung und Beweislast, Diss. Bucerius Law School 2018; *Deilmann/Otto,* Verteidigung ausgeschiedener Organmitglieder gegen Schadensersatzklagen – Zugang zu Unterlagen der Gesellschaft, BB 2011, 1291; *Derleder/Fauser,* Der Regreß bei gesamtschuldnerischer Haftung juristischer Personen und ihrer Organe und seine Auswirkungen auf die Organtätigkeit, BB 2006, 949; *Drescher,* Die Haftung des GmbH-Geschäftsführers, 7. Aufl. 2013; *Eßwein,* Privatautonome Gestaltung der Vorstandshaftung, 2015; *Fandrich,* Haftungsbeschränkungs- und Regressverzichtsklauseln bei Vorstandsmitgliedern von Genossenschaftsbanken, FS v. Westphalen, 2010, 149; *Finkel/Ruchatz,* Präventive Dokumentationsobliegenheiten von Gesellschaftsorganen zur Minimierung von Haftungsrisiken und Beweisschwierigkeiten, BB 2017, 519; *Fischbach,* Die Haftung des Vorstands im Aktienkonzern, 2009; *Fehrenbach,* Beschränkte Vorstandshaftung? Zur Frage, ob sich aus dem geltenden Recht Regeln zur Haftungsverschonung oder Haftungsbegrenzung zugunsten von Vorstandsmitgliedern ableiten lassen, AG 2015, 761; *Fischbach/Lüneborg,* Die Organpflichten bei der Durchsetzung von Organhaftungsansprüchen im Aktienkonzern, NZG 2015, 1142; *Fischer,* Die Verjährung beim Gesamtschuldnerregress unter Organmitgliedern, ZIP 2014, 406; *Fleck,* Zur Beweislast für pflichtwidriges Organhandeln, GmbHR 1997, 237; *Fleischer,* Aktuelle Entwicklungen der Managerhaftung, NJW 2009, 2337; *Fleischer,* Comparing Manager Liability in Germany and France: Alternative Approaches to Common Problems, Rev. trim. dr. financier 2014, 7; *Fleischer,* Directors' Liability and Financial Crisis: The German Perspective, Il diritto fallimentare 2013, 454; *Fleischer,* Financial Crisis and Directors' Liability on Trial: the Case of the Dusseldorf IKB Bank, European Company Law 2015, 69; *Fleischer,* Kompetenzüberschreitungen von Geschäftsleitern im Personen- und Kapitalgesellschaftsrecht – Schaden – rechtmäßiges Alternativverhalten – Vorteilsausgleichung, DStR 2009, 1204; *Fleischer,* Ruinöse Managerhaftung: Reaktionsmöglichkeiten de lege lata und de lege ferenda, ZIP 2014, 1305; *Fleischer,* Verjährung von Organhaftungsvorschriften: Rechtspraxis – Rechtsvergleichung – Rechtspolitik, AG 2014, 457; *Fleischer,* Vorstandspflichten bei rechtswidrigen Hauptversammlungsbeschlüssen, BB 2005, 2025; *Fleischer,* Zur Privatsphäre von Geschäftsleitern: Organpflichten, organschaftliche Zurechnung und private Umstände, NJW 2006, 323; *Foerster,* Beweislastverteilung und Einsichtsrecht bei Inanspruchnahme ausgeschiedener Organmitglieder, ZHR 176 (2012), 221; *Freund,* Brennpunkte der Organhaftung, NZG 2015, 1419; *Glanzmann,* Die Verantwortlichkeitsklage unter Corporate-Governance-Aspekten, ZSR 119 (2000), II, 135; *Goette,* Leitung, Aufsicht, Haftung – Zur Rolle der Rechtsprechung bei der Sicherung einer modernen Unternehmensführung, FS 50 Jahre BGH, 2000, 123; *Goette,* Zur Verteilung der Darlegungs- und Beweislast der objektiven Pflichtwidrigkeit bei der Organhaftung, ZGR 1995, 648; *Golling,* Sorgfaltspflicht und Verantwortlichkeit der Vorstandsmitglieder für ihre Geschäftsführung innerhalb der nicht konzerngebundenen Aktiengesellschaft, 1969; *Grooterhorst,* Das Einsichtsnahmerecht des ausgeschiedenen Vorstandsmitglieds in Geschäftsunterlagen im Haftungsfall, AG 2011, 389; *Grunewald,* Haftungsvereinbarungen zwischen Aktiengesellschaft und Vorstandsmitgliedern, AG 2013, 813; *Grunewald,* Interne Aufklärungspflichten von Vorstand und Aufsichtsrat, NZG 2013, 841; *Guntermann,* Der Gesamtschuldnerregress unter Vorstandsmitgliedern, AG 2017, 606; *Habersack,* Managerhaftung, in Lorenz, Karlsruher Forum 2009, 2010, 5; *Habersack,* Enthaftung des Vorstandsmitglieds qua Anstellungsvertrag?, NZG 2015, 1297; *Habersack/Schürnbrand,* Die Rechtsnatur der Haftung aus §§ 93 Abs. 3 AktG, 43 Abs. 3 GmbHG, WM 2005, 957; *Habersack/Wasserbäch,* Organhandeln vor Schiedsgerichten, AG 2016, 2; *Harbarth/Jaspers,* Verlängerung der Verjährung von Organhaftungsansprüchen durch das Restrukturierungsgesetz, NZG 2011, 368; *Herresthal,* Die Wirksamkeit von Schiedsabreden mit Vorständen und Geschäftsführern bei Organhaftungsstreitigkeiten, ZIP 2014, 345; *Hoffmann,* Existenzvernichtende Haftung von Vorständen und Aufsichtsräten?, NJW 2012, 1393; *Hopt,* Die Haftung von Vorstand und Aufsichtsrat – Zugleich ein Beitrag zur Corporate Governance-Debatte, FS Mestmäcker, 1996, 909; *Hopt,* Die Verantwortung von Vorstand und Aufsichtsrat: Grundsatz- und Praxisprobleme – unter besonderer Berücksichtigung der Banken, ZIP 2013, 1793; *Hübner,* Organhaftung, EuGVO und Rom I-VO, ZGR 2016, 897; *Illhardt/Scholz,* Anrechnung von Gewinnen aus pflichtwidrigen Geschäften, DZWiR 2013, 512; *Kalss/Eckert,* Vorstandshaftung in 15 europäischen Ländern, 2005; *Kindler,* Vorstands- und Geschäftsführerhaftung mit Augenmaß – Über einige neuere Grundsatzentscheidungen des II. Zivilsenats des BGH zu §§ 93 AktG und 43 GmbHG, FS Goette, 2011, 231; *Kindler,* Internationale Zuständigkeit bei der Geschäftsführerhaftung gegenüber der Gesellschaft, IPRax 2016, 115; *Kleinhenz/Leyendecker,* Voraussetzungen und Reichweite der Haftungsbefreiung nach § 93 Abs. 4 S. 1 AktG bei M&A-Transaktionen, BB 2012, 861; *J. Koch,* Beschränkung der Regressfolgen im Kapitalgesellschaftsrecht, AG 2014, 429; *J. Koch,* Beschränkungen des gesellschaftsrechtlichen Innenregresses bei Bußgeldzahlungen, Liber Amicorum Winter, 2011, 327; *J. Koch,* Regressreduzierung im Kapitalgesellschaftsrecht – eine Sammelreplik, AG 2014, 513; *Kocher/v. Falkenhausen,* Streitverkündung und Interessenkonflikte im Organhaftungsprozess, AG 2016, 848; *Krieger,* Beweislastumkehr und Informationsanspruch des Vorstandsmitglieds bei Schadensersatzforderungen nach § 93 Abs. 2 AktG, FS U.H. Schneider, 2011, 717; *Krieger,* Organhaftung und Schiedsverfahren in VGR Gesellschaftsrecht 2017, 2018, 181; *Krieger/U. H. Schneider,* Handbuch Managerhaftung, 3. Aufl. 2017; *Kust,* Zur Sorgfaltspflicht und Verantwortlichkeit eines ordentlichen und gewissenhaften Geschäftsleiters, WM 1980, 758; *Leuering,* Organhaftung und Schiedsverfahren, NJW 2014, 657; *Lotze,* Haftung des Vorstands der Aktiengesellschaft, 2013; *Louven/Ernst,* Fit, Proper und „Compliant": Gesteigerte Sorgfaltsanforderungen an Vorstände und Aufsichtsräte in der Versicherungswirtschaft, VersR 2014, 151; *Lutter,* Information, Vertrauen, Verwaltungs- und Aufsichtsräten, Abschlußprüfern und Aktionären, ZSR 124 (2005), II, 415; *Lüttringhaus,* Die Haftung von Gesellschaftsorganen im internationalen Privat- und Prozessrecht, EuZW 2015, 904; *Meckbach,* Organhaftung und Beweisrisiken. Adäquate Risikoallokation durch Vertragsgestaltung, NZG 2015, 580; *Mestmäcker,* Verwaltung, Konzerngewalt und Rechte der Aktionäre, 1958; *Metz,* Die Organhaftung bei der monistisch strukturierten Europäischen Aktiengesellschaft mit Sitz in Deutschland, 2009; *Möller,* Vorteilsanrechnung bei nützlichen Pflichtverletzungen im Kapitalgesellschafts- und Kartellrecht, 2012; *Ott/Klein,* Hindsight Bias bei der Vorstandshaftung wegen Compliance-Verstößen. Auswirkungen und Methoden des „Debiasing", AG 2017, 209; *Peltzer,* Mehr Ausgewogenheit bei der Vorstandshaftung, FS Hoffmann-Becking, 2013, 861; *Peltzer,* Verschärfung der Haftung von Vorstand und Aufsichtsrat und dadurch entstehende Zielkonflikte, FS Hadding, 2004, 593; *Pendl,* Die Verjährung von Schadensersatzansprüchen gegen Organmitglieder und Abschlussprüfer, 2018; *Piper,* Die Haftung von ehrenamtlich tätigen Organen und § 31a BGB – Anwendungsbereich und Regelungsgehalt der Vorschrift, WM 2011, 2211; *Rahlmeyer,* Vorstandshaftung zwischen traditionellem deutschen Aktienrecht und kapitalmarktorientierter Corporate Governance, 2010; *Rahlmeyer/Fassbach*, Vorstandshaftung und Prozessfinanzierung, GWR 2015, 331; *Redeke*, Zur Verlängerung der Verjährungsfristen für Organhaftungsansprüche, BB 2010, 910; *Reichert*, Existenzgefährdung bei der Durchsetzung von Organhaftungsansprüchen, ZHR 177 (2013), 756; *Reuter*, Rückbau oder Ausbau der Managerhaftung? Eine Befundung im Licht der neueren Rechtsprechung und der Unternehmenspraxis, ZIP 2016, 597; *Ruckteschler/Grillitsch*, Organhaftung – Zur Durchsetzung des Einsichtsrechts ausgeschiedener Organmitglieder, FS Elsing, 2015, 1129, *Ruffner*, Sorgfalts- und Treuepflichten und die Versicherbarkeit von Haftungsrisiken in Publikumsgesellschaften – Eine ökonomische Analyse, ZSR 119 (2000), II, 195; *Rust*, Beschränkung der unbeschränkten Vorstandshaftung durch die Satzung der AG, Der Aufsichtsrat 2014, 36; *Schäfer*, Verjährung von Schadensersatzansprüchen von Kreditinstituten gegen ihre Leitungs- und Aufsichtsorgane, FS Maier-Reimer, 2010, 583; *Schauer*, Zum Schadensbegriff bei der Haftung der Organe im Gesellschaftsrecht, FS G.H. Roth, 2011, 687; *Schlüter*, Schiedsbindung von Organmitgliedern, 2017; *J. Schmidt*, Die Handlungspflichten der GmbH-Geschäftsführer: Generalkausel vs. Einzelvorgaben, ZGR 2017, 654; *Schmolke*, Geschäftsleiterpflicht zur Offenlegung begangenen Fehlverhaltens, RIW 2008, 365; *U.H. Schneider*, Die Wahrnehmung öffentlichrechtlicher Pflichten durch den Geschäftsführer, FS 100 Jahre GmbHG, 1992, 473; *U.H. Schneider*, Haftungsmilderung für Vorstandsmitglieder und Geschäftsführer bei fehlerhafter Unternehmensleitung?, FS Werner, 1984, 795; *U.H. Schneider*, Die Haftung von Mitgliedern des Vorstands und der Geschäftsführer bei Vertragsverletzungen der Gesellschaft, FS Hüffer, 2010, 905; *Schneider/Schneider*, Vorstandshaftung im Konzern, AG 2005, 57; *Schnorbus/Klormann*, Verzicht des Vorstands auf die Einrede der Verjährung nach § 93 VI AktG und die Verfolgungspflicht des Aufsichtsrats nach ARAG/Garmenbeck, NZG 2015, 398; *Schockenhoff*, Haftung und Enthaftung von Geschäftsleitern bei Compliance-Verstößen in Konzernen mit Matrix-Strukturen, ZHR 180 (2016), 197; *Scholl*, Vorstandshaftung und Vorstandsermessen. Rechtliche und ökonomische Grundlagen, ihre Anwendung in der Finanzkrise sowie der Selbstbehalt bei der D&O-Versicherung, 2015; *Scholz*, Die existenzvernichtende Haftung von Vorstandsmitgliedern in der Aktiengesellschaft, 2014; *Scholz/Weiß*, Schiedsverfahren zur Vermeidung der Vorstandshaftung?, AG 2015, 523; *Schumacher*, Organhaftung und D&O-Versicherung im Schiedsverfahren, NZG 2016, 969; *Schwab*, Vorstandsregress und Streitverkündung, NZG 2013, 521; *Seibt*, 20 Thesen zur Binnenverantwortung im Unternehmen im Lichte des reformierten Kapitalmarktsanktionsrechts, NZG 2015, 1097; *Seibt*, „Halbvermögensschutzklausel" als Instrument zur Vermeidung existenzgefährdender Binnenregressansprüche in Fällen grober Disproportionalität, NZG 2016, 361; *Seibt*, 20 Thesen zur Corporate Governance und Unternehmensorganisation in VUCA-Zeiten, DB 2018, 237; *Semler*, Überlegungen zur Praktikabilität der Organhaftungsvorschriften, FS Goette, 2011, 499; *Spindler*, Schiedsfähigkeit von Vorstandsverträgen und Haftungsansprüchen, FS Baums, 2017, 1205; *Strohn*, Pflichtenmaßstab und Verschulden bei der Haftung von Organen einer Kapitalgesellschaft, CCZ 2013, 177; *Stephan*, Haftungsbezogene Regelungen im Vorstandsanstellungsvertrag, Der Aufsichtsrat 2015, 172; *Sturm*, Die Verjährung von Schadensersatzansprüchen der Gesellschaft gegen Leitungsorganmitglieder gemäß §§ 93 Abs. 6 AktG, 43 Abs. 4 GmbHG, 34 Abs. 6 GenG, 2005; *Suter*, Der Schaden bei der aktienrechtlichen Verantwortlichkeit, 2010; *Thümmel*, Persönliche Haftung von Managern und Aufsichtsräten, 5. Aufl. 2016; *Torwegge*, Treue- und Sorgfaltspflichten im englischen und deutschen Gesellschaftsrecht, 2009; *Trenker*, „Reflexvorteil" und „Reflexschaden" im Gesellschaftsrecht, GesRZ 2014, 10; *Tröger*, Durchsetzung der Vorstandshaftung, ZHR 179 (2015), 453; *Twele*, Die Haftung des Vorstands für Kartellrechtsverstöße, 2013; *Voß*, Gesamtschuldnerische Organhaftung, 2007; *Wach*, Zeitbombe BGHZ 152, 280: Erfolgshaftung für unternehmerische Entscheidungen?, FS Schütze, 2014, 663; *Wahlers/Wolff*, Individualabreden zur Verhinderung der drohenden Verjährung von Organhaftungsansprüchen bei der Aktiengesellschaft, AG 2011, 605; *v. Werder*, Wirtschaftskrise und persönliche Managementverantwortung: Sanktionsmechanismen aus betriebswirtschaftlicher Sicht, ZIP 2009, 500; *Westermann*, Schiedsgerichte in kapitalgesellschaftsrechtlichen Streitigkeiten, ZGR 2017, 38; *v. Westphalen*, Unwirksame Schiedsvereinbarungen mit Verbrauchern – notwendiger Schutz von Vorständen und Geschäftsführern, ZIP 2013, 2184; *Wiedemann*, Organverantwortung und Gesellschafterklagen in der Aktiengesellschaft, 1989; *Wilhelmi*, Beschränkung der Organhaftung und innerbetrieblicher Schadensausgleich, NZG 2017, 681; *Winnen*, Die Innenhaftung des Vorstandes nach dem UMAG, 2009; *Wolff/Janssen*, Ausschluss der Haftung der Vorstandsmitglieder durch formlose Billigung des Vorstandshandelns durch die Aktionäre?, NZG 2013, 1165.

2. Sorgfalts- und Legalitätspflicht sowie Expertenrat. *Bachmann*, Die Haftung des Geschäftsleiters für die Verschwendung von Gesellschaftsvermögen, NZG 2013, 1121; *Balthasar/Hamelmann*, Finanzkrise und Vorstandshaftung nach § 93 Abs. 2 AktG: Grenzen der Justitiabilität unternehmerischer Entscheidungen, WM 2010, 589; *Bauer*, Vorstandshaftung und Expertenrat – Verantwortung und Delegation in der Aktiengesellschaft, Diss. Bucerius Law School 2018; *Baums*, Risiko und Risikosteuerung im Aktienrecht, ZGR 2011, 218; *Bayer*, Legalitätspflicht der Unternehmensleitung, nützliche Gesetzesverstöße und Regress bei verhängten Sanktionen, FS K. Schmidt, 2009, 85; *Berger*, Vorstandshaftung und Beratung, 2015; *Bicker*, Legalitätspflicht des Vorstands – ohne Wenn und Aber?, AG 2014, 8; *Binder*, Anforderungen an Organentscheidungsprozesse in der neueren höchstrichterlichen Rechtsprechung – Grundlagen einer körperschaftsrechtlichen Entscheidungslehre?, AG 2012, 885; *Binder*, Geschäftsleiterhaftung und fachkundiger Rat, AG 2008, 274; *Binder*, Mittelbare Einbringung eigener Aktien als Sacheinlage und Informationsgrundlagen von Finanzierungsentscheidungen in Vorstand und Aufsichtsrat, ZGR 2012, 757; *Blasche*, Auswirkungen von Verstößen gegen das KWG sowie von Abweichungen von den MaRisk auf die zivilrechtliche Haftung des Bankvorstands, WM 2011, 343; *Boll*, Rechtsrat und Haftung in der Kapitalgesellschaft, 2015; *Bork*, Pflichten der Geschäftsführer in Krise und Sanierung, ZIP 2011, 101; *Böttcher*, Bankvorstandshaftung im Rahmen der Sub-Prime-Krise, NZG 2009, 1047; *Böttcher*, Verpflichtung des Vorstands einer AG zur Durchführung einer Due Diligence, NZG 2005, 49; *Breitenfeld*, Die organschaftliche Binnenhaftung der Vorstandsmitglieder für gesetzwidriges Verhalten. Eine Untersuchung der aktienrechtlichen Legalitätspflicht, 2016; *Brock*, Legalitätspflicht und Nützlichkeitserwägungen, 2017; *Buchta*, Die Haftung des Vorstands einer Aktiengesellschaft – aktuelle Entwicklungen in Rechtsprechung und Gesetzgebung, DStR 2003, 694 (Teil I), 740 (Teil II);

Buck-Heeb, Die Haftung von Mitgliedern des Leitungsorgans bei unklarer Rechtslage – Notwendigkeit einer Legal Judgment Rule?, BB 2013, 2247; *Buck-Heeb,* Die Plausibilitätsprüfung bei Vorliegen eines Rechtsrats – zur Enthaftung von Vorstand, Geschäftsführer und Aufsichtsrat, BB 2016, 1347; *Cahn,* Pflichten und Haftung der Organe der Erwerbergesellschaft bei M&A-Transaktionen, FS Stilz, 2014, 99; *Cichy/Cziupka,* Compliance-Verantwortung der Geschäftsleiter bei Unternehmenstätigkeit mit Auslandsbezug, BB 2014, 1482; *Decker,* Organhaftung und Expertenrat – Umfang und Grenzen einer Haftungsvermeidung durch fachkundige Expertise, GmbHR 2014, 72; *Drygala,* Die Pflicht des Managements zur Vermeidung existenzgefährdender Risiken, FS Hopt, 2010, 541; *Eisenberg,* Die Sorgfaltspflicht im amerikanischen Gesellschaftsrecht, Der Konzern 2004, 386; *Empt,* Vorstandshaftung und Finanzmarktkrise, KSzW 2010, 107; *Feddersen,* Nochmals – Die Pflichten des Vorstands zur Unternehmensplanung, ZGR 1993, 114; *Fleischer,* Aktienrechtliche Legalitätspflicht und „nützliche" Pflichtverletzungen von Vorstandsmitgliedern, ZIP 2005, 141; *Fleischer,* Expertenrat und Organhaftung, KSzW 2013, 3; *Fleischer,* Finanzmarktkrise und Überwachungsverantwortung von Verwaltungsmitgliedern im US-amerikanischen Gesellschaftsrecht, RIW 2010, 337; *Fleischer,* Kartellrechtsverstöße und Vorstandsrecht, BB 2008, 1070; *Fleischer,* Rechtsrat und Organwalterhaftung im Gesellschafts- und Kapitalmarktrecht, FS Hüffer, 2010, 187; *Fleischer,* Verantwortlichkeit von Bankgeschäftsleitern und Finanzmarktkrise, NJW 2010, 1504; *Fleischer,* Verbotsirrtum und Vertrauen auf Rechtsrat im Europäischen Wettbewerbsrecht, EuZW 2013, 326; *Fleischer,* Vertrauen von Geschäftsleitern und Aufsichtsratsmitgliedern auf Informationen Dritter – Konturen eines gesellschaftsrechtlichen Vertrauensgrundsatzes, ZIP 2009, 1397; *Fleischer,* Vorstandshaftung und Vertrauen auf anwaltlichen Rat, NZG 2010, 121; *Fleischer,* Vorstandshaftung und Rechtsirrtum über die Vertretungskompetenz beim Abschluss eines Interim-Management-Vertrags, DB 2015, 1764; *Fleischer,* Ehrbarer Kaufmann – Grundsätze der Geschäftsmoral – Reputationsmanagement: Zur „Moralisierung" des Vorstandsrechts und ihren Grenzen, DB 2017, 2015; *Fleischer/Bauer,* Von Vorstandsbezügen, Flugreisen, Festschriften, Firmensponsoring und Festessen: Vorstandshaftung für übermäßige Vergütung und „fringe benefits", ZIP 2015, 1901; *Fleischer/Körber,* Due Diligence im Gesellschafts- und Kapitalmarktrecht, in Berens/Brauner/Strauch, Due Diligence bei Unternehmensakquisitionen, 7. Aufl. 2013, 295; *Fleischer/Schmolke,* Klumpenrisiken im Bankaufsichts-, Investment- und Aktienrecht, ZHR 173 (2009), 649; *Fleischer/Schmolke,* Klumpenrisiko und organschaftliche Verantwortlichkeit im schweizerischen Aktienrecht, RIW 2009, 337; *Florstedt,* Zur organhaftungsrechtlichen Aufarbeitung der Finanzmarktkrise, AG 2010, 315; *Florstedt,* Cum/ex-Geschäfte und Vorstandshaftung. Zur Reichweite des Vertrauensschutzes beim Rechtsirrtum, NZG 2017, 601; *Florstedt,* Cum/cum-Geschäfte und Vorstandshaftung. Rechtsirrtum und Rechtszweifel bei „saisonaler Aktienarbitrage", NZG 2018, 485; *Freund,* Konturierungen der Organpflichten von Geschäftsführern und Vorständen, GmbHR 2011, 238; *Fuhr,* Die Prüfung der Unternehmensplanung, 2003; *Gernoth,* Die Überwachungspflichten des Aufsichtsrats im Hinblick auf das Risikomanagement und die daraus resultierenden Haftungsfolgen für den Aufsichtsrat, DStR 2001, 199; *Goette,* Organisationspflichten in Kapitalgesellschaften zwischen Rechtspflicht und Opportunität, ZHR 175 (2011), 388; *Gottschalk/Weng,* Was ist bei der Inanspruchnahme rechtlicher Beratung zu beachten? Ein Leitfaden für Geschäftsleiter, GWR 2013, 243; *Götz,* Leitungssorgfalt und Leitungskontrolle, ZGR 1998, 524; *Graewe/v. Harder,* Enthaftung der Leitungsorgane durch Einholung von Rechtsrat bei unklarer Rechtslage, BB 2017, 707; *Groß/Amen,* Rechtspflicht zur Unternehmensplanung?, WPg 2003, 1161; *Habersack,* Die Legalitätspflicht des Vorstands der AG, FS U.H. Schneider, 2011, 429; *Hahn/Naumann,* Organhaftung trotz sachverständiger Beratung – Entscheidungskonflikt zwischen dem „Gebot des sichersten Weges" und unternehmerischer Wagnis, CCZ 2013, 156; *Harnos,* Geschäftsleiterhaftung bei unklarer Rechtslage, 2013; *Harzenetter,* Innenhaftung des Vorstands der Aktiengesellschaft für so genannte nützliche Pflichtverletzungen, 2008; *Heller,* Unternehmensführung und Unternehmenskontrolle unter besonderer Berücksichtigung der Gesamtverantwortung des Vorstands, 1998; *Hemeling,* Organisationspflichten des Vorstands zwischen Rechtspflicht und Opportunität, ZHR 175 (2011), 368; *Hinrichs,* Möglichkeiten zur Korrektur der Geschäftsleiterbinnenhaftung gem. § 93 Abs. 2 S. 1 AktG, § 43 Abs. 2 GmbHG für sog. „nützliche" Pflichtverletzungen, 2015; *Holle,* Legalitätskontrolle im Kapitalgesellschafts- und Konzernrecht, 2014; *Holle,* Die Binnenhaftung des Vorstands bei unklarer Rechtslage, AG 2016, 270; *Hommelhoff/Schwab,* Zum Stellenwert betriebswirtschaftlicher Grundsätze ordnungsgemäßer Unternehmensleitung und -überwachung im Vorgang der Rechtserkenntnis, zfbf Sonderheft 36/1996, 149; *Horn,* Die Haftung des Vorstands der AG nach § 93 AktG und die Pflichten des Aufsichtsrats, ZIP 1997, 1129; *Hübner,* Managerhaftung, 1992; *J. Hüffer,* Vorstandspflichten beim Zustimmungsvorbehalt für M&A-Transaktionen, FS Hüffer, 2010, 365; *Junker/Biederbick,* Die Unabhängigkeit des Unternehmensjuristen, AG 2012, 898; *Kallmeyer,* Pflichten des Vorstands der Aktiengesellschaft zur Unternehmensplanung, ZGR 1993, 104; *Kiefner/Krämer,* Geschäftsleiterhaftung nach ISION und das Vertrauen auf Rechtsrat, AG 2012, 498; *Kiethe,* Vorstandshaftung aufgrund fehlerhafter Due Diligence beim Unternehmenskauf, NZG 1999, 976; *Klöhn,* Geschäftsleiterhaftung und unternehmensinterner Rechtsrat – Wie unabhängig sind Unternehmensjuristen?, DB 2019, 1535; *R. Koch,* Geschäftsleiterpflichten zur Sicherstellung risikoadäquaten Versicherungsschutzes, ZGR 2006, 184; *Kremer,* Haftungsausschluss durch Beratung, in VGR, Gesellschaftsrecht in der Diskussion 2012, 2013, 171; *Kreuz,* Enthaftung des Geschäftsleiters einer Kapitalgesellschaft durch Rechtsrat, 2015; *Krieger,* Wie viele Rechtsberater braucht ein Geschäftsleiter?, ZGR 2012, 496; *Kropff,* Die Unternehmensplanung im Aufsichtsrat, NZG 1998, 613; *Kutschelis,* Korruptionsprävention und Geschäftsleiterpflichten im nationalen und internationalen Unternehmensverbund, 2014; *Langenbucher,* Vorstandshaftung und Legalitätspflicht in regulierten Branchen, ZBB 2013, 16; *Langenbucher,* Sachermittlungspflichten und Rechtsbefolgungspflichten des Vorstands – Ein Beitrag zur aktienrechtlichen Legalitätspflicht, FS Lwowski, 2014, 333; *Lechnowitsch,* Klumpenrisiken im Gesellschafts- und Kapitalmarktrecht vor dem Hintergrund des Aufsichtsrechts, 2018; *Löbbe,* Unternehmenskontrolle im Konzern, 2003; *Lohse,* Schmiergelder als Schaden? Zur Vorteilsausgleichung im Gesellschaftsrecht, FS Hüffer, 2010, 581; *Louven,* Die Entwicklung der Legalitätspflicht des Vorstands – Fortschreitende Beschränkung unternehmerischer Entscheidungsfreiheit oder notwendiges Korrektiv?, KSzW 2016, 241; *Lutter,* Bankenkrise und Organhaftung, ZIP 2009, 197; *Lutter,* Unternehmensplanung und Aufsichtsrat, FS Albach, 1991, 350; *Merkt,* Managerhaftung im Finanzsektor: Status quo und Reformbedarf, FS Hommelhoff, 2012, 711; *Merkt/Mylich,* Einlage eigener Aktien und Rechtsrat durch den Aufsichtsrat, NZG 2012, 525; *Meyer,* Finanzmarktkrise und Organhaftung, CCZ 2011, 41; *Müller,* Geschäftsleiterhaftung und Vertrauen auf fachkundigen Rat, DB 2014, 1301; *Pielorz,* In der Unternehmensinsolvenz lebendig wie nie – Organhaftung für Mißmanagement, FS Metzeler, 2003, 167; *Piepenbrock,* „Defense of Reliance" im deutschen Aktienrecht, 2013; *Redeke,* Zu den Organpflichten bei bestandsgefährdenden Risiken, ZIP 2010, 159; *Redeke,* Zur gesellschaftsrechtlichen Gremienberatung durch die Rechtsabteilung, AG 2017, 289; *Redeke,* Zur gesellschaftsrechtlichen Beratung durch die Konzernrechtsabteilung – Aktienkonzernrecht, Berufsrecht und „reliance defense", AG 2018, 381; *Reiling,* Die Unterschreitung des Unternehmensgegenstandes, 2015; *Rieder/Holzmann,* Die Auswirkungen der Finanzkrise auf die Organhaftung, AG 2011, 265; *Rieger,* Die aktienrechtliche Legalitätspflicht des Vorstands, 2012; *Sander/Schneider,* Die Pflicht der Geschäftsleiter zur Einholung von Rat, ZGR 2013, 725; *Schäfer/Zeller,* Finanzkrise, Risikomodell und Organhaftung, BB 2009, 1706; *Schlechtriem,* Schadensersatzhaftung der Leitungsorgane von Kapitalgesellschaften, in Kreuzer, Die Haftung der Leitungsorgane von Kapitalgesellschaften, 1991, 9; *U.H. Schneider,* Anwaltlicher Rat zu unternehmerischen Entscheidungen bei Rechtsunsicherheit, DB 2011, 99; *Schön,* Vorstandspflichten und Steuerplanung, FS Hoffmann-Becking, 2013, 1085; *Schrage,* Aktienrechtliche Pflichten und Haftung von Vorstand und Aufsichtsrat in Bezug auf Steuergestaltungen, 2018; *Seibt,* Pflichten der Geschäftsleiter bei Eingehung von Finanzierungsgeschäften in Normal- und Krisenzeiten des Unternehmens, ZIP 2013, 1597; *Seibt,* Bewältigung von Normenkonflikten durch Vorstandsmitglieder, ZIP 2016, Beilage zu Heft 22, S. 73; *Seibt,* Corporate Reputation Management: Rechtsrahmen für Geschäftsleiterhandeln, DB 2015, 171; *Selter,* Haftungsrisiken von Vorstandsmitgliedern bei fehlendem und von Aufsichtsratsmitgliedern bei vorhandenem Fachwissen, AG 2012, 11; *Sethe,* Geschäftsentscheide, Expertenrat und Verantwortlichkeit des Verwaltungsrats, in Sethe/Isler, Verantwortlichkeit im Unternehmensrecht VII, 2014, 165; *Semler,* Die Unternehmensplanung in der Aktiengesellschaft, ZGR 1983, 1; *Thole,* Managerhaftung für Gesetzesverstöße, ZHR 173 (2009), 504; *Spindler,* Sonderprüfung und Pflichten eines Bankvorstands in der Finanzmarktkrise, NZG 2010, 281; *Steber,* Die Weiterentwicklung der Rechtsprechung zur Enthaftung von Vorstandsmitgliedern bei Einholung von Rechtsrat, DStR 2015, 1635; *Strohn,* Beratung der Geschäftsleitung durch Spezialisten als Ausweg aus der Haftung?, ZHR 176 (2012), 137; *Verse,* Organhaftung bei unklarer Rechtslage – Raum für eine Legal Judgment Rule?, ZGR 2017, 174; *J. Wagner,* Die Rolle der Rechtsabteilung bei fehlenden Rechtskenntnissen der Mitglieder von Vorstand und Geschäftsführung, BB 2012, 651; *K.R. Wagner/Spemann,* Organhaftung bei unterlassener Richtigstellung von unvollständigem bzw unwahrem Prozessvortrag der „eigenen" Prozessanwälte?, NZG 2014, 1328; *v. Werder,* Grundsätze ordnungsgemäßer Unternehmensleitung (GoU) – Bedeutung und erste Konkretisierung von Leitlinien für das Top-Management, zfbf Sonderheft 36/1996, S. 27; *Werkmeister/Mirza-Khanian,* Internationale Pflichtenkollisionen – widersprüchliche Rechtsordnungen und damit einhergehende Haftungsrisiken, CCZ 2016, 98; *Werner,* Enthaftung durch Vertrauen auf Expertenrat, StBW 2012, 619; *Werner,* Haftungsrisiken bei Unternehmensakquisitionen: die Pflicht des Vorstands zur Due Diligence, ZIP 2000, 989; *Werner,* Sorgfaltspflichten des Geschäftsführers bei Unternehmensakquisitionen, GmbHR 2007, 678; *Weusthoff,* Die Organhaftung der Aktiengesellschaft bei fehlerhafter Rechtseinschätzung, 2016; *Wiersch,* Geschäftsleiterpflichten bei Gewährung von Kulanzleistungen, NZG 2013, 1206.

3. Business Judgment Rule. *Adolff,* Hard Choices: Zur Business Judgment Rule bei existenzgefährdenden Risiken, FS Baums, 2017, 31; *Arbeitskreis „Externe und interne Überwachung der Unternehmen" der Schmalenbach-Gesellschaft für Betriebswirtschaft,* 20 goldene Regeln für die unternehmerische Entscheidung, ZIP 2006, 1068; *Arbeitskreis „Externe und interne Überwachung der Unternehmen" der Schmalenbach-Gesellschaft für Betriebswirtschaft,* Praktische Empfehlungen für unternehmerisches Entscheiden – Zur Anwendung der Business Judgment Rule in § 93 Abs. 1 Satz 2 AktG, DB 2006, 2189; *Bachmann,* Das „vernünftige" Vorstandsmitglied – Zum richtigen Verständnis der deutschen Business Judgment Rule (§ 93 Abs. 1 Satz 2 AktG), FS Stilz, 2014, 25; *Bachmann,* Zehn Thesen zur deutschen Business Judgment Rule, WM 2015, 105; *Blasche,* Die Anwendung der Business Judgment Rule bei Kollegialentscheidungen und Vorliegen eines Interessenkonflikts bei einem der Vorstandsmitglieder, AG 2010, 692; *Bosch/Lange,* Unternehmerischer Handlungsspielraum des Vorstandes zwischen zivilrechtlicher Verantwortung und strafrechtlicher Sanktion, JZ 2009, 225; *Brömmelmeyer,* Neue Regeln für die Binnenhaftung des Vorstands – Ein Beitrag zur Konkretisierung der Business Judgment Rule, WM 2005, 2065; *Bunz,* Der Schutz unternehmerischer Entscheidungen durch das Geschäftsleiterermessen, 2011; *Bunz,* Die Business Judgment Rule bei Interessenkonflikten im Kollegialorgan, NZG 2011, 1294; *Bunz,* Ist nur vollständige Information „angemessen"? Anforderungen an den Grad der Informiertheit bei unternehmerischen Entscheidungen, Der Konzern 2012, 444; *Cahn,* Business Judgment Rule und Rechtsfragen, Der Konzern 2015, 105; *Casper,* Die Anwendbarkeit der Business Judgment Rule bei Landesbanken, FS Goette, 2011, 29; *Dauner-Lieb,* Unternehmerische Tätigkeit zwischen Kontrolle und Kreativität, FS Röhricht, 2005, 83; *Diekmann/Fleischmann,* Umgang mit Interessenkonflikten in Aufsichtsrat und Vorstand der Aktiengesellschaft, 2013, 141; *Druey,* Standardisierung der Sorgfaltspflicht, Fragen zur Business Judgment Rule, FS Goette, 2011, 57; *Eisele,* § 93 Abs. 1 Satz 2 AktG – ein sicherer Hafen? Ein Beitrag zur Konkretisierung der Business Judgment Rule deutscher Prägung, 2016; *v. Falkenhausen,* Die Haftung außerhalb der Business Judgment Rule – Ist die Business Judgment Rule ein Haftungsprivileg für Vorstände?, NZG 2012, 644; *Fleischer,* Das unternehmerische Ermessen des GmbH-Geschäftsführers und seine GmbH-spezifischen Grenzen, NZG 2011, 521; *Fleischer,* Die „Business Judgment Rule" im Spiegel von Rechtsvergleichung und Rechtsökonomie, FS Wiedemann, 2002, 827; *Fleischer,* Die „Business Judgment Rule": Vom Richterrecht zur Kodifizierung, ZIP 2004, 685; *Fleischer,* Haftung des herrschenden Unternehmens im faktischen Konzern und unternehmerisches Ermessen (§§ 317 Abs. 2, 93 Abs. 1 AktG) – Das UMTS-Urteil des BGH, NZG 2008, 371; *Freitag/Korch,* Die Angemessenheit der Information im Rahmen der Business Judgment Rule (§ 93 Abs. 1 Satz 2 AktG), ZIP 2012, 2281; *C. Goette/M. Goette,* Managerhaftung: Abgrenzung unternehmerischer

§ 93

Entscheidungen nach Maßgabe der Business Judgment Rule von pflichtverletzendem Handeln, DStR 2016, 815; *Graumann*, Der Entscheidungsbegriff in § 93 Abs. 1 Satz 2 AktG – Rekonstruktion des traditionellen Verständnisses und Vorschlag für eine moderne Konzeption, ZGR 2011, 293; *Graumann*, Gesellschaftsrechtliche Anforderungen an die Informationsgrundlage unternehmerischer Entscheidungen – Versuch einer Konkretisierung unter Einbeziehung betriebswirtschaftlicher Erkenntnisse, CCZ 2010, 222; *Graumann/Engelsleben*, Warum Geschäftsleiter für die Beurteilung der Informationsgrundlage von Prognosen ein regelbasiertes Verfahren benötigen, ZCG 2011, 69; *Grundei/v. Werder*, Die Angemessenheit der Informationsgrundlage als Anwendungsvoraussetzung der Business Judgment Rule, AG 2005, 825; *Grunewald/Hennrichs*, Haftungsgrundsätze für Entscheidungen unter Unsicherheit, FS Maier-Reimer, 2010, 147; *Hamann*, Reflektierte Optimierung oder bloße Intuition? Eine verhaltenswissenschaftliche Erwiderung zur Auslegung von § 93 Abs. 1 Satz 2 AktG, ZGR 2012, 817; *Harbarth*, Unternehmerisches Ermessen des Vorstands im Interessenkonflikt, FS Hommelhoff, 2012, 323; *Hasselbach/Ebbinghaus*, Anwendung der Business Judgment Rule bei unklarer Rechtslage, AG 2014, 873; *Heermann*, Unternehmerisches Ermessen, Organhaftung und Beweislastverteilung, ZIP 1998, 761; *Holle*, Rechtsbindung und Business Judgment Rule, AG 2011, 778; *Hoor*, Die Präzisierung der Sorgfaltsanforderungen nach § 93 Abs. 1 AktG durch den Entwurf des UMAG, DStR 2004, 2104; *Hüffer*, Das Leitungsermessen des Vorstands in der Aktiengesellschaft, FS Raiser, 2005, 163; *Ihrig*, Reformbedarf beim Haftungstatbestand des § 93 AktG, WM 2004, 2098; *Jungmann*, Die Business Judgment Rule – ein Instrument des allgemeinen Verbandsrechts?, FS K. Schmidt, 2009, 831; *Jungmann*, Die Business Judgment Rule im Gesellschaftsinsolvenzrecht – wider eine Haftungsprivilegierung im Regelinsolvenzverfahren und in der Eigenverwaltung, NZI 2009, 80; *Karollus*, Business Judgment Rule und Handeln auf Grundlage angemessener Information am Beispiel des Vergleichs über Ansprüche gegen Dritte, FS Jud, 2012, 307; *Kaul*, Die Haftung von Vorstandsmitgliedern einer Aktiengesellschaft für Rechtsanwendungsfehler, 2012; *Kebekus/Zenker*, Business Judgment Rule und Geschäftsleiterermessen – auch in Krise und Insolvenz?, FS Maier-Reimer, 2010, 319; *Kern*, Privilegiertes Business Judgment trotz Interessenkonflikts?, ZVglRWiss 112 (2013), 70; *Keßler*, Die aktienrechtliche Organhaftung im Lichte der „business judgment rule": Eine rechtsvergleichende Betrachtung zum deutschen und US-amerikanischen Recht, FS Baumann, 1999, 153; *Kindler*, Unternehmerisches Ermessen und Pflichtbindung, ZHR 162 (1998), 101; *Kinzl*, Wie angemessen muß „angemessene Information" als Grundlage für Vorstandsentscheidungen sein?, DB 2004, 1653; *J. Koch*, Die Anwendung der Business Judgment Rule bei Interessenkonflikten innerhalb des Vorstands, FS Säcker, 2011, 403; *Kocher*, Zur Reichweite der Business Judgment Rule, CCZ 2009, 215; *Kock/Dinkel*, Die zivilrechtliche Haftung von Vorständen für unternehmerische Entscheidungen, NZG 2004, 441; *Lang/Balzer*, Handeln auf angemessener Informationsgrundlage – zum Haftungsregime von Vorstand und Aufsichtsrat von Kreditinstituten, WM 2012, 1167; *Langenbucher*, Vorstandshandeln und Kontrolle: Zu einigen Neuerungen durch das UMAG, DStR 2005, 2083; *Löbbe/Fischbach*, Die Business Judgment Rule bei Kollegialentscheidungen des Vorstands, AG 2014, 717; *Lutter*, Die Business Judgment Rule und ihre praktische Anwendung, ZIP 2007, 841; *Lutter*, Interessenkonflikte und Business Judgment Rule, FS Canaris, Bd. II, 2007, 245; *Lutter*, Verhaltenspflichten von Organmitgliedern bei Interessenkonflikten, FS Priester, 2007, 417; *Merkt*, Rechtliche Grundlagen der Business Judgment Rule im internationalen Vergleich zwischen Divergenz und Konvergenz, ZGR 2017, 129; *W. Müller*, Bilanzentscheidungen und Business Judgment Rule, FS Happ, 2006, 179; *Lohse*, Unternehmerisches Ermessen, 2005; *Mutter*, Unternehmerische Entscheidungen und Haftung des Aufsichtsrats der Aktiengesellschaft, 1994; *Nauheim/Goette*, Managerhaftung im Zusammenhang mit Unternehmenskäufen – Anmerkungen zur Business Judgment Rule aus der M&A-Praxis, DStR 2013, 2520; *Nietsch*, Geschäftsleiterermessen und Unternehmensorganisation bei der AG. Zur haftungsbegrenzenden Wirkung des § 93 Abs. 1 Satz 2 AktG im Bereich gesetzlicher Pflichtaufgaben unter besonderer Berücksichtigung von Compliance, ZGR 2015, 631; *Oltmanns*, Geschäftsleiterhaftung und unternehmerisches Ermessen: Die Business Judgment Rule im deutschen und amerikanischen Recht, 2001; *Ott*, Anwendungsbereich der Business Judgment Rule aus Sicht der Praxis – Unternehmerische Entscheidungen und Organisationsermessen des Vorstands, ZGR 2017, 149; *Paefgen*, Die Darlegungs- und Beweislast bei der Business Judgment Rule, NZG 2009, 891; *Paefgen*, Dogmatische Grundlagen, Anwendungsbereich und Formulierung einer Business Judgment Rule im künftigen UMAG, AG 2004, 245; *Paefgen*, Unternehmerische Entscheidungen und Rechtsbindung der Organe in der AG, 2002; *Peters*, Angemessene Informationsbasis als Voraussetzung pflichtgemäßen Vorstandshandelns, AG 2010, 811; *Pfertner*, Unternehmerische Entscheidungen des Vorstands, 2017; *Rahlmeyer/Gömöry*, Der unternehmerische Ermessensspielraum (§ 93 I 2 AktG) bei Beratungsverträgen mit Aufsichtsratsmitgliedern, NZG 2014, 616; *Redeke*, Zu den Voraussetzungen unternehmerischer Ermessensentscheidungen, NZG 2009, 496; *Redeke*, Zur gerichtlichen Kontrolle der Angemessenheit der Informationsgrundlage im Rahmen der Business Judgment Rule nach § 93 Abs. 1 Satz 2 AktG, ZIP 2011, 59; *Roberto/Grechenig*, Rückschaufehler („Hindsight Bias") bei Sorgfaltspflichtverletzungen, ZSR 130 (2011), 5; *M. Roth*, Das unternehmerische Ermessen des Vorstands, BB 2004, 1066; *M. Roth*, Unternehmerisches Ermessen und Haftung des Vorstands, 2001; *Schäfer*, Die Binnenhaftung von Vorstand und Aufsichtsrat nach der Renovierung durch das UMAG, ZIP 2005, 1253; *Schlimm*, Das Geschäftsleiterermessen des Vorstands einer Aktiengesellschaft – die Kodifikation einer „Business Judgment Rule" deutscher Prägung in § 93 Abs. 1 Satz 2 AktG, 2009; *K. Schmidt*, § 93 Abs. 1 Satz 2 AktG – Business Judgement Rule als Lehrstück zwischen Positivismus und Rechtsfortbildung. Ein Streifzug nach dem 70. Deutschen Juristentag, FS Haarmann, 2015, 193; *Schmitz-Remberg*, Existenzgefährdende Maßnahmen im Lichte der Business Judgment Rule des § 93 Abs. 1 S. 2 AktG, BB 2014, 2701; *Schneider*, „Unternehmerische Entscheidungen" als Anwendungsvoraussetzung für die Business Judgment Rule, DB 2005, 707; *Schnieders*, Haftungsfreiräume für unternehmerische Entscheidungen in Deutschland und Italien, 2009; *Scholz*, Die Haftung bei Verstößen gegen die Business Judgment Rule, AG 2015, 222; *Scholz*, Haftungsprivileg, safe harbor oder verbindliche Konkretisierung des allgemeinen Sorgfaltsmaßstabs? Zur zivilrechtlichen Erfassung der deutschen Business Judgment Rule (§ 93 Abs. 1 Satz 2 AktG), AG 2018, 173; *Semler*, Entscheidungen und Ermessen im Aktienrecht, FS Ulmer, 2003, 627; *Taube*, Die Anwendung der

Business Judgment Rule auf den GmbH-Geschäftsführer, 2018; *Ulmer,* Haftungsfreistellung bis zur Grenze grober Fahrlässigkeit bei unternehmerischen Fehlentscheidungen von Vorstand und Aufsichtsrat?, DB 2004, 859.

4. D&O-Versicherung. *Armbrüster,* Verteilung nicht ausreichender Versicherungssummen in D&O-Innenhaftungsfällen, VersR 2014, 1; *Armbrüster,* Interessenkonflikte in der D&O-Versicherung, NJW 2016, 897; *Armbrüster,* Neues vom BGH zur D&O-Versicherung, NJW 2016, 2155; *Bastuck/Stelmaszczyk,* Gestaltung des D&O-Versicherungsschutzes in M&A-Transaktionen, NZG 2011, 241; *Baumann,* AGB-rechtliche Inhaltskontrollfreiheit des Claims-made-Prinzips?, VersR 2012, 1461; *Baumann,* Gesellschafts- und steuerrechtliche Probleme der D&O-Versicherung, GS Hübner, 2012, 53; *Baumann,* Versicherungsfall und zeitliche Abgrenzung des Versicherungsschutzes in der D&O-Versicherung, NZG 2010, 1366; *Beckmann,* Einschränkungen der Innenhaftungsdeckung bei der D&O-Versicherung, FS Kollhosser, 2004, Bd. I, 25; *Bender/Vater,* D&O-Versicherungen im Visier der Corporate Governance, VersR 2003, 1376; *Böttcher,* Direktanspruch gegen den D&O-Versicherer – Neue Spielregeln im Managerhaftungsprozess?, NZG 2008, 645; *Brinkmann,* Die prozessualen Konsequenzen der Abtretung des Freistellungsanspruchs aus einer D&O-Versicherung, ZIP 2017, 301; *Cyrus,* Neue Entwicklungen in der D&O-Versicherung, NZG 2018, 7; *Dauner-Lieb/Tettinger,* Vorstandshaftung, Direktorenhaftung, Selbstbehalt, ZIP 2009, 1555; *Dreher,* Der Abschluss von D&O-Versicherungen und die aktienrechtliche Zuständigkeitsordnung, ZHR 165 (2001), 293; *Dreher,* Die Rechtsnatur der D&O-Versicherung, DB 2005, 1669; *Dreher,* Die selbstbeteiligungslose D&O-Versicherung in der Aktiengesellschaft, AG 2008, 429; *Dreher/Görner,* Der angemessene Selbstbehalt in der D&O-Versicherung, ZIP 2003, 2321; *Dreher/Thomas,* Die D&O-Versicherung nach der VVG-Novelle 2008, ZGR 2009, 31; *Ferck,* Der Selbstbehalt in der D&O-Versicherung für Organmitglieder von Aktiengesellschaften, 2007; *Fiedler,* Der Pflichtselbstbehalt nach § 93 Abs. 2 Satz 3 AktG und seine Auswirkung auf Vorstandshaftung und D&O-Versicherung, MDR 2009, 1077; *Friedrich,* D&O Liability. Die Haftung des Managements nach deutschem und US-amerikanischem Recht, 2002; *Gäthke,* Implizites Verbot der D&O-Selbstbehaltsversicherung?, VersR 2009, 1565; *Groterhorst/Looman,* Rechtsfolgen der Abtretung des Freistellungsanspruchs gegen den Versicherer im Rahmen der D&O-Versicherung, NZG 2015, 215; *Gruber/Mitterlechner/Wax,* D&O-Versicherung mit internationalen Bezügen, 2012; *Habetha,* Direktorenhaftung und gesellschaftsfinanzierte Haftpflichtversicherung, 1995; *Habetha,* Deliktsrechtliche Geschäftsführerhaftung und gesellschaftsfinanzierte Haftpflichtversicherung, DZWiR 1995, 272; *Harzenetter,* Abtretung des Freistellungsanspruchs aus einer D&O-Versicherung nach den BGH-Urteilen vom 13.4.2016, NZG 2016, 728; *Held,* Die D&O-Versicherung ist Chefsache, ZRFC 2013, 106 (Teil I), 182 (Teil II); *Hemeling,* Neuere Entwicklungen in der D&O-Versicherung, FS Hoffmann-Becking, 2013, 491; *Henssler,* D&O-Versicherung in Deutschland, in: Henze/Hoffmann-Becking, Gesellschaftsrecht 2001, 131; *Hoffmann-Becking,* Sinn und Unsinn der D&O-Versicherung, ZHR 181 (2017), 737; *Ihlas,* D&O – Directors & Officers Liability, 2. Aufl. 2009; *Ihlas,* Organhaftung und Haftpflichtversicherung, 1997; *Jula,* Gedanken zur Reichweite des Versicherungsschutzes der D&O-Police am Beispiel des GmbH-Geschäftsführers, FS Baumann, 1999, 119; *v. Kann,* Zwingender Selbstbehalt bei der D&O-Versicherung – Gut gemeint, aber auch gut gemacht?, NZG 2009, 1010; *Kästner,* Aktienrechtliche Probleme der D&O-Versicherung, AG, 2000, 113; *Kerst,* Haftungsmanagement durch die D&O-Versicherung nach Einführung des aktienrechtlichen Selbstbehalts in § 93 Abs. 2 Satz 3 AktG, WM 2010, 594; *Kiethe,* Persönliche Haftung von Organen der AG und der GmbH – Risikovermeidung durch D&O-Versicherung?, BB 2003, 537; *R. Koch,* Das Dreiecksverhältnis zwischen Versicherer, Versicherungsnehmer und versicherten Personen in Innenhaftungsfällen der D&O-Versicherung, ZVersWiss 2012, 151; *R. Koch,* Die Rechtsstellung der Gesellschaft und des Organmitglieds in der D&O-Versicherung, GmbHR 2004, 18 (Teil I), 160 (Teil II), 288 (Teil III); *R. Koch,* Einführung eines obligatorischen Selbstbehalts in der D&O-Versicherung durch das VorstAG, AG 2009, 637; *R. Koch,* Abtretung des Freistellungsanspruchs in D&O-Innenhaftungsfällen, VersR 2016, 765; *R. Koch,* Verteilung nicht ausreichender Versicherungssumme in D&O-Innenhaftungsfällen, VersR 2016, 765; *Küpper-Dirks,* Managerhaftung und D&O-Versicherung, 2002; *O. Lange,* D&O-Versicherung und Managerhaftung, 2014; *O. Lange,* D&O-Versicherung: Innenhaftung und Selbstbehalt, BB 2003, 1833; *O. Lange,* Die D&O-Versicherungsverschaffungsklausel im Manageranstellungsvertrag, ZIP 2004, 2221; *O. Lange,* Die Eigenschadenklausel in der D&O-Versicherung, ZIP 2003, 466; *O. Lange,* Die Serienschadenklausel in der D&O-Versicherung, VersR 2004, 563; *O. Lange,* Die Selbstbehaltsvereinbarungspflicht gem. § 93 Abs. 2 S. 3 AktG n. F., VersR 2009, 1011; *O. Lange,* Praxisfragen der D&O-Versicherung, DStR 2002, 1626 (Teil I), 1674 (Teil II); *Lorenz,* Muss die von dem Vorstand einer Aktiengesellschaft abgeschlossene D&O-Versicherung einen Selbstbehalt für die versicherten Unternehmensleiter vorsehen?, Liber Amicorum Prölss, 2009, 177; *Loritz/Hecker,* Das Claims-made Prinzip in der D&O-Versicherung und das deutsche AGB-Recht, VersR 2012, 385; *Loritz/Wagner,* Haftung von Vorständen und Aufsichtsräten: D&O-Versicherungen und steuerliche Fragen, DStR 2012, 2205; *Melot de Beauregard/Gleich,* Aktuelle Problemfelder bei der D&O-Versicherung, NJW 2013, 824; *Mertens,* Bedarf der Abschluss einer D&O Versicherung durch die Aktiengesellschaft der Zustimmung der Hauptversammlung?, AG 2000, 447; *Möhrle,* Gesellschaftsrechtliche Probleme der D&O-Versicherung, 2007; *Notthoff,* Rechtliche Fragestellungen im Zusammenhang mit dem Abschluß einer Director's and Officer's Versicherung, NJW 2003, 1350; *Olbrich,* Die D&O-Versicherung, 2. Aufl. 2007; *Olbrich/Kassing,* Der Selbstbehalt in der D&O Versicherung: Gesetzliche Neuregelung lässt viele Fragen offen, BB 2009, 1659; *Osswald,* Die D&O-Versicherung beim Unternehmenskauf, 2009; *Pammler,* Die gesellschaftsfinanzierte D&O-Versicherung im Spannungsfeld des Aktienrechts, 2006; *Reichert/Suchy,* Die Two-Tier Trigger Policy – Marketinginstrument oder zukunftsweisendes D&O-Versicherungskonzept?, NZG 2017, 88; *Reuter,* Die D&O-Vericherung in der Unternehmensinsolvenz, FS Pannen, 2017, 655; *v. Schenck,* Handlungsbedarf bei der D&O-Versicherung, NZG 2015, 494; *Schilling,* Managerhaftung und Versicherungsschutz, 2002; *Schüppen/Sanna,* D&O-Versicherungen: Gute und schlechte Nachrichten!, ZIP 2002, 550; *Schulz,* Zwangs-Selbstbehalt für Vorstände verfehlt Zweck, VW 2009, 1410; *Seibt/Saame,* Geschäftsleiterpflichten bei der Entscheidung über D&O-Versicherungsschutz, AG 2006, 901; *Staudinger,*

Ausgewählte Probleme der D&O-Versicherung im Internationalen Zivilverfahrens-, Kollisions- und Sachrecht, in Lorenz, Karlsruher Forum 2009, 2010, 41; *Staudinger,* D&O-Versicherung: Anforderungen an den Eintritt des Versicherungsfalls nach Abtretung des Freistellungsanspruchs, DB 2013, 2725; *Strasser,* Die Deckung von Schäden aus Kartellgeldbußen in der D&O-Versicherung, VersR 2017, 65; *Thomas,* Unternehmensinterne Informationspflichten bei Verlust der D&O-Deckung, VersR 2010, 281; *Thomas,* Haftpflichtrechtliche Verjährungsverlängerung und D&O-Deckung, AG 2016, 473; *Thüsing/Traut,* Angemessener Selbstbehalt bei D&O-Versicherungen, NZA 2010, 140; *Ulmer,* Strikte aktienrechtliche Organhaftung und D&O-Versicherung – zwei getrennte Welten?, FS Canaris, Bd. II, 2007, 451; *Vetter,* Aktienrechtliche Probleme der D&O-Versicherung, AG 2000, 453; *Wedemann,* Die D&O-Versicherung im Spiegel des Internationalen Zivilverfahrens- und Kollisionsrechts, ZIP 2014, 2469; *Werner,* D&O-Versicherung und Schiedsverfahren VersR 2015, 1084; *Werner,* Die Verjährungsverlängerung und ihre Auswirkung auf die D&O-Versicherung, VersR 2016, 1352; *v. Westphalen,* Wirksamkeit des Claims-made Prinzips in der D&O-Versicherung, VersR 2011, 145; *Wollny,* Die Directors' and Officers' Liability Insurance in den Vereinigten Staaten von Amerika (D&O-Versicherung), 1993; *Zimmer/Simonot,* Finanzierung der Verteidigung gegen die Gesellschaft und Rechtsverfolgung gegen den D&O-Versicherer im Lichte von § 93 IV AktG, NZG 2016, 976.

5. Treuepflicht und Geschäftschancenlehre. *Baumanns,* Rechtsfolgen einer Interessenkollision bei AG-Vorstandsmitgliedern, 2004; *Berg,* Wirtschaftskorruption, 2004; *Borsdorff,* Interessenkonflikte bei Organmitgliedern – Eine Untersuchung zum deutschen und US-amerikanischen Aktienrecht, 2010; *Dubovitskaya,* Sind Vorstandsmitglieder der AG wirklich Treuhänder?, NZG 2015, 983; *Fleck,* Eigengeschäfte eines Aufsichtsratsmitglieds, FS Heinsius, 1991, 89; *Fleischer,* Die Geschäftschancenlehre im Recht der BGB-Gesellschaft – von der corporate opportunities zur partnership opportunities doctrine, NZG 2013, 331; *Fleischer,* Gegenwartsfragen der Geschäftschancenlehre im englischen und deutschen Gesellschaftsrecht, FS Kilian, 2004, 645; *Fleischer,* Gelöste und ungelöste Probleme der gesellschaftsrechtlichen Geschäftschancenlehre, NZG 2003, 985; *Fleischer,* Gesundheitsprobleme eines Vorstandsmitglieds im Lichte des Aktien- und Kapitalmarktrechts, NZG 2010, 561; *Fleischer,* Informationspflichten der Geschäftsleiter beim Management Buyout im Schnittfeld von Vertrags-, Gesellschafts- und Kapitalmarktrecht, AG 2000, 309; *Fleischer,* Legal Transplants im Europäischen Gesellschaftsrecht – eine Fallstudie am Beispiel fiduziarischer Geschäftsleiterpflichten, GS Heinze, 2004, 177; *Fleischer,* The Responsibility of Management and its Enforcement, in Ferrarini/Hopt/Winter/Wymeersch, Reforming Company and Takeover Law in Europe, 2004, 373; *Fleischer,* Related Party Transactions bei börsennotierten Gesellschaften: Deutsches Aktien(konzern)recht und Europäische Reformvorschläge, BB 2014, 2689; *Fleischer,* Zur organschaftlichen Treuepflicht der Geschäftsleiter im Aktien- und GmbH-Recht, WM 2003, 1045; *Gelter/Helleringer,* Opportunity Makes a Thief: Corporate Opportunities as Legal Transplant and Convergence in Corporate Law, 15 Berkeley Bus. L.J. 92 (2018); *Giesen,* Organhandeln und Interessenkonflikt, 1984; *Grundmann,* Der Treuhandvertrag, 1997; *Hellgardt,* Abdingbarkeit der gesellschaftsrechtlichen Treuepflicht, FS Hopt, 2010, 765; *Holtkamp,* Interessenkonflikte im Vorstand der Aktiengesellschaft, 2016; *Hopt,* Conflict of Interest, Secrecy and Inside Information of Directors, ECFR 2013, 167; *Hopt,* Interessenwahrung und Interessenkonflikte im Aktien-, Bank- und Berufsrecht, ZGR 2004, 1; *Hopt,* Prävention und Repression von Interessenkonflikten, FS Doralt, 2004, S. 213; *Hopt,* Self-Dealing and Use of Corporate Opportunity and Information: Regulating Directors' Conflicts of Interest, in Hopt/Teubner, Corporate Governance and Directors' Liabilities, 1985, 285; *U. Hübner,* Interessenkonflikt und Vertretungsmacht, 1977; *A. Hueck,* Der Treuegedanke im modernen Privatrecht, 1947; *A. Hueck,* Der Treuegedanke im Recht der offenen Handelsgesellschaft, FS Hübner, 1935, 72; *Huffmann,* Kontrolle schuldrechtlicher Austauschgeschäfte zwischen Gesellschaftern und ihren Mitgliedern, 1996; *Immenga,* Die personalistische Kapitalgesellschaft, 1970; *Ivens,* Das satzungsmäßige Konkurrenzverbot des GmbH-Gesellschafters, 1986; *Kübler,* Erwerbschancen und Organpflichten, FS Werner, 1984, 437; *Kübler/Waltermann,* Geschäftschancen der Kommanditgesellschaft, ZGR 1991, 161; *Kuntz,* Informationsweitergabe durch die Geschäftsleiter beim Buyout unter Managementbeteiligung, 2009; *Mann,* Abdingbarkeit und Gegenstand der gesellschaftsrechtlichen Treuepflicht, 2018; *Merkt,* Unternehmensleitung und Interessenkollision, ZHR 159 (1995), 423; *Palzer,* Fortwirkende organschaftliche Pflichten des Geschäftsführers der GmbH, 2001; *Polley,* Wettbewerbsverbote und Geschäftschancenlehre, 1993; *Reinhardt,* Interessenkonflikte bei der privaten Wahrnehmung von Geschäftschancen im US-amerikanischen und deutschen Gesellschaftsrecht, 1994; *Rhein,* Der Interessenkonflikt der Manager beim Management Buyout, 1995; *Röhricht,* Das Wettbewerbsverbot des Gesellschafters und des Geschäftsführers, WPg 1992, 766; *G.H. Roth,* Das Treuhandmodell des deutschen Investmentrechts, 1972; *Rusch,* Gewinnhaftung bei Verletzung von Treuepflichten, 2003; *Salfeld,* Wettbewerbsverbote im Gesellschaftsrecht, 1987; *Schiessl,* Die Wahrnehmung von Geschäftschancen der GmbH durch ihren Geschäftsführer, GmbHR 1988, 53; *C. Schmitt,* Treuepflichten der Vorstandsmitglieder einer konzernunabhängigen Aktiengesellschaft nach deutschem und US-amerikanischem Recht, 2003; *Schmolke,* Geschäftsleiterpflicht zur Offenlegung begangenen Fehlverhaltens?, RIW 2008, 365; *Schuhknecht,* Schranken der Geschäftschancenwahrnehmung und Wettbewerbsverbote beim GmbH-Geschäftsführer, 1992; *Schulze,* Geschäfte der Kapitalgesellschaft mit ihren Organmitgliedern – Ein Rechtsvergleich zwischen Deutschland, England und Frankreich, 2010; *Semler,* Geschäfte einer Aktiengesellschaft mit Mitgliedern ihres Vorstands, FS Rowedder, 1994, 441; *Thoma,* Eigengeschäfte des Vorstands mit der Aktiengesellschaft, 2003; *Timm,* Wettbewerbsverbote und „Geschäftschancen"-Lehre im Recht der GmbH, GmbHR 1981, 77; *M. Weber,* Vormitgliedschaftliche Treuepflichten, 1999; *Weisser,* Corporate Opportunities, 1991; *Wiedemann,* Zu den Treuepflichten im Gesellschaftsrecht, FS Heinsius, 1991, 49; *Zöllner,* Die Schranken mitgliedschaftlicher Stimmrechtsmacht bei den privatrechtlichen Personenverbänden, 1963.

6. Verschwiegenheitspflicht. *Bank,* Die Verschwiegenheitspflicht von Organmitgliedern in Fällen multipler Organmitgliedschaften, NZG 2013, 801; *Hasselbach,* Die Weitergabe von Insiderinformationen bei M&A-Transak-

tionen mit börsennotierten Aktiengesellschaften, NZG 2004, 1087; *Körber,* Geschäftsleitung der Zielgesellschaft und due diligence bei Paketerwerb und Unternehmenskauf, NZG 2002, 263; *Linker/Zinger,* Rechte und Pflichten der Organe einer Aktiengesellschaft bei der Weitergabe vertraulicher Unternehmensinformationen, NZG 2002, 497; *Lutter,* Due diligence des Erwerbers beim Kauf einer Beteiligung, ZIP 1997, 613; *Meincke,* Geheimhaltungspflichten im Wirtschaftsrecht, WM 1998, 749; *Mertens,* Die Information des Erwerbers einer wesentlichen Unternehmensbeteiligung an der Aktiengesellschaft durch deren Vorstand, AG 1997, 541; *Oetker,* Verschwiegenheitspflichten des Unternehmens als Schranke für die Unterrichtungspflichten gegenüber Wirtschaftsausschuss und Betriebsrat in wirtschaftlichen Angelegenheiten, FS Wißmann, 2005, 396; *Schaper,* Unternehmenskommunikation und Vertraulichkeit in der Europäischen Aktiengesellschaft (SE) im Vergleich zur AG, AG 2018, 356; *v. Stebut,* Geheimnisschutz und Verschwiegenheitspflicht im Aktienrecht, 1972; *Ziemons,* Die Weitergabe von Unternehmensinterna an Dritte durch den Vorstand einer Aktiengesellschaft, AG 1999, 492; *Zumbansen/Lachner,* Die Geheimhaltungspflicht des Vorstands bei der Due Diligence: Neubewertung im globalisierten Geschäftsverkehr, BB 2006, 613.

7. Faktisches Organ. *Bertheau,* Die Haftung der Kreditgeberbank gegenüber den Kreditnehmern, 1998; *Bertschinger,* Der eingeordnete Berater – ein Beitrag zur faktischen Organschaft, FS Forstmoser, 2003, 455; *Bork,* Bankenhaftung wegen Durchsetzung eines konkreten Sanierungsberaters?, WM 2014, 1841; *Dinkhoff,* Der faktische Geschäftsführer in der GmbH, 2003; *F. Dreher,* Faktische Einflussnahme auf die GmbH-Geschäftsführung, 2018; *Druey,* Organ und Organisation – Zur Verantwortlichkeit aus aktienrechtlicher Organschaft, SAG 1981, 77; *Fleischer,* Zur aktienrechtlichen Verantwortlichkeit faktischer Organe, AG 2004, 517; *Fleischer,* Zur GmbH-rechtlichen Verantwortlichkeit des faktischen Geschäftsführers, GmbHR 2011, 337; *Fleischer/Schmolke,* Faktische Geschäftsführung in der Sanierungssituation, WM 2011, 1009; *Geißler,* Die Haftung des faktischen GmbH-Geschäftsführers, GmbHR 2003, 1106; *Krebs,* Geschäftsführungshaftung bei der GmbH & Co. KG und das Prinzip der Haftung für sorgfaltswidrige Leitung, 1991; *Maurenbrecher,* Die Stellung der Banken in Verantwortlichkeitsprozessen, AJP 1998, 1327; *Peetz,* Der faktische Geschäftsführer – faktisch oder eine Fiktion?, GmbHR 2017, 57; *Reich,* Die zivil- und strafrechtliche Verantwortlichkeit des faktischen Organmitgliedes, DB 1967, 1663; *G. H. Roth,* Die Haftung als faktischer Geschäftsführer im Konkurs der GmbH, ZGR 1989, 421; *Sandhaus,* Der Kreditgeber als faktischer Geschäftsführer einer GmbH, 2014; *K. Schmidt,* Die Strafbarkeit faktischer Geschäftsführer wegen Konkursverschleppung als Methodenproblem, FS Rebmann, 1989, 419; *Stein,* Die Normadressaten der §§ 64, 84 GmbHG und die Verantwortlichkeit von Nichtgeschäftsführern wegen Konkursverschleppung, ZHR 148 (1984), 207; *Strohn,* Faktische Organe – Rechte, Pflichten und Haftung, DB 2011, 158; *Vogel,* Die Haftung der Muttergesellschaft als materielles, faktisches oder kundgegebenes Organ der Tochtergesellschaft, 1997; *Voigt,* Haftung aus Einfluß auf die Aktiengesellschaft (§§ 117, 309, 317 AktG), 2004; *Weimar,* Grundprobleme und offene Fragen um den faktischen GmbH-Geschäftsführer, GmbHR 1997, 473 (Teil I), 538 (Teil 2); *Wyttenbach,* Formelle, materielle und faktische Organe – einheitlicher Organbegriff?, 2012.

8. Verzicht, Vergleich und Schadloshaltung. *Allmendinger/Lüneborg,* Organhaftung ehemaliger Geschäftsleiter nach dem Formwechsel einer AG in eine GmbH, ZIP 2017, 1842; *Altmeppen,* Darf die AG Geldstrafen oder Geldauflagen gegen ihr Vorstandsmitglied übernehmen?, FS Weber, 2016, 7; *Bastuck,* Enthaftung des Managements: Corporate Indemnification im amerikanischen und deutschen Recht, 1986; *Bayer/Scholz,* Die Pflichten von Aufsichtsrat und Hauptversammlung beim Vergleich über Haftungsansprüche gegen Vorstandsmitglieder, ZIP 2015, 149; *Cahn,* Vergleichsverbote im Gesellschaftsrecht, 1996; *Canaris,* Hauptversammlungsbeschlüsse und Haftung der Verwaltungsmitglieder im Vertragskonzern, ZGR 1978, 207; *Daeniker,* Versicherung, Prozeßkostenersatz und Freistellung (Indemnification) von Organpersonen, FS Forstmoser, 2003, 523; *Dietz-Vellmer,* Organhaftungsansprüche in der Aktiengesellschaft: Anforderungen an Verzicht oder Vergleich durch die Gesellschaft, NZG 2011, 248; *v. Falkenhausen,* Enthaftung durch Hauptversammlungsbeschluss. Kann § 93 IV 1 AktG den Vorstand vor Haftung schützen?, NZG 2016, 601; *Fleischer,* Haftungsfreistellung, Prozeßkostenersatz und Versicherung für Vorstandsmitglieder, WM 2005, 909; *Fleischer,* Vergleiche über Organhaftungs-, Einlage- und Drittansprüche der Aktiengesellschaft, AG 2015, 133; *Fleischer,* Zulässigkeit und Grenzen von Vergleichen im Aktienrecht, in Fleischer/Kalss/Vogt, Enforcement im deutschen, österreichischen und schweizerischen Gesellschafts- und Kapitalmarktrecht, 2015, 123; *Gundlach/Frenzel/Strandmann,* Der § 93 Abs. 5 AktG in der Insolvenz, DZWIR 2007, 142; *Habersack,* Die Freistellung des Organwalters von seiner Haftung gegenüber der Gesellschaft, FS Ulmer, 2003, 151; *Habersack,* Verzichts- und Vergleichsvereinbarungen gemäß § 93 Abs. 4 S. 3 AktG – de lege lata und de lege ferenda, FS Baums, 2017, 531; *Habscheid,* Prozessuale Probleme hinsichtlich der „Geltendmachung von Gläubigerrechten" durch den Konkursverwalter beim Konkurs einer Aktiengesellschaft (§ 93 Abs. 5 AktG), FS Weber, 1975, 197; *Harbarth,* § 93 Abs. 4 Satz 3 AktG und kartellrechtliche Kronzeugenregelungen, GS Winter, 2011, 215; *Harbarth/Höfer,* Beginn der Dreijahresfrist des § 93 IV 3 AktG mit abgeschlossener Schadensentstehung, NZG 2016, 686; *Hasselbach,* Der Verzicht auf Schadensersatzansprüche gegen Organmitglieder, DB 2010, 2037; *Hasselbach,* Haftungsfreistellung für Vorstandsmitglieder, NZG 2016, 890; *Haßler,* Anwendbarkeit von § 93 Abs. 4 Satz 3 AktG im Rahmen der Verschmelzung zweier Aktiengesellschaften, AG 2016, 388; *Hefermehl,* Zur Haftung der Vorstandsmitglieder bei Ausführung von Hauptversammlungsbeschlüssen, FS Schilling, 1973, 159; *Hirte/Stoll,* Die Enthaftung insolventer Geschäftsleiter und Aufsichtsratsmitglieder durch Abwendungsvergleich, ZIP 2010, 253; *Mertens,* Liquidationsvergleich über das Gesellschaftsvermögen und Ersatzansprüche nach § 93 Abs. 5 AktG, AG 1977, 66; *Mertens,* Die gesetzlichen Einschränkungen der Disposition über Ersatzansprüche der Gesellschaft durch Verzicht und Vergleich in der aktien- und konzernrechtlichen Organhaftung, FS Fleck, 1988, 209; *Mohamed,* Übernahme der einem Vorstandsmitglied auferlegten Geldsanktion durch die Gesellschaft – Wenn Gesellschaftsrecht auf Strafrecht trifft, CCZ 2015, 111; *Peltzer,* Ansprüche der Gläubiger einer AG gegen Vorstands- und Aufsichtsratsmitglieder nach §§ 93 Abs. 5, 116 AktG im Falle eines gerichtlichen Vergleichs der AG, AG

1976, 100; *Selter*, Übernahme von Geldauflagen durch die Aktiengesellschaft zugunsten ihrer Vorstandsmitglieder, ZIP 2015, 714; *Talaska*, Übernahme einer Geldsanktion gegen ein Vorstandsmitglied durch die Aktiengesellschaft aus strafrechtlicher Perspektive, AG 2015, 118; *Thomas*, Die Haftungsfreistellung von Organmitgliedern, 2010; *Torggler*, Abdingbarkeit, Umwälzbarkeit, Versicherbarkeit, in Artmann/Rüffler/Torggler, Die Organhaftung zwischen Ermessensentscheidung und Haftungsfalle, 2013, 35; *Weller/Rahlmeyer*, Ausgleichsklauseln in Aufhebungsvereinbarungen mit Vorstandsmitgliedern – Steine statt Brot?!, GWR 2014, 167; *Westermann*, Freistellungserklärungen für Organmitglieder im Gesellschaftsrecht, FS Beusch, 1993, 871; *Westermann*, Zur Übernahme der einem Vorstand gemäß § 153a StPO auferlegten Geldauflage durch die Gesellschaft, DZWiR 2015, 149; *Wigand*, Verzicht, Vergleich und sonstige Haftungsbeschränkungen im Gesellschaftsrecht, 2012; *Wilsing*, Der Vergleich über Organhaftungsansprüche – Überlegungen zum materiellrechtlichen Prüfungsmaßstab des § 93 Abs. 4 Satz 3 AktG, FS Haarmann, 2015, 257; *Zimmermann*, Vereinbarungen über die Erledigung von Ersatzansprüchen gegen Vorstandsmitglieder von Aktiengesellschaften, FS Duden, 1977, 773.

9. Außenhaftung. *Altmeppen*, Haftung der Geschäftsleiter einer Kapitalgesellschaft für Verletzung von Verkehrssicherungspflichten, ZIP 1995, 881; *Altmeppen*, Haftung für Delikte „aus dem Unternehmen", dargestellt am Fall „Dieselgate", ZIP 2016, 97; *Buck-Heeb/Dieckmann*, Informationsdeliktshaftung von Vorstandsmitgliedern und Emittenten, AG 2008, 681; *Casper*, Persönliche Außenhaftung der Organe bei fehlerhafter Information des Kapitalmarkts?, BKR 2005, 83; *Dregelies*, Die Haftung des GmbH-Geschäftsführers für Patent- und andere Immaterialgüterrechte, GRUR 2018, 8; *Eggert*, Tax Compliance in Konzernen mit Matrix-Strukturen – Steuerrechtliche Verantwortung der Geschäftsleiter, DStR 2017, 266; *Fleischer*, Die persönliche Haftung der Organmitglieder für kapitalmarktbezogene Falschinformationen, BKR 2003, 608; *Fleischer*, Konturen der kapitalmarktrechtlichen Informationshaftung, ZIP 2005, 1805; *Fleischer*, Erweiterte Außenhaftung der Organmitglieder im Europäischen Gesellschafts- und Kapitalmarktrecht, ZGR 2004, 437; *Fleischer*, Haftung für fehlerhafte Kapitalmarktkommunikation, in Assmann/Schütze, Handbuch des Kapitalanlagerechts, 3. Aufl. 2015, § 6; *Fleischer*, Zur deliktsrechtlichen Haftung der Vorstandsmitglieder für falsche Ad-hoc-Mitteilungen, DB 2004, 2031; *Gottschalk*, Die persönliche Haftung der Organmitglieder für fehlerhafte Kapitalmarktinformationen de lege lata und de lege ferenda, Der Konzern 2005, 274; *Gottschalk*, Die Haftung von Geschäftsführern und Mitarbeitern der GmbH gegenüber Dritten für Produktfehler, GmbHR 2015, 8; *Gross*, Deliktische Außenhaftung des GmbH-Geschäftsführers, ZGR 1998, 551; *Grunewald*, Die Haftung von Organmitgliedern nach Deliktsrecht, ZHR 157 (1993), 451; *Grunst*, Der Geschäftsleiter im Deliktsrecht. Plädoyer gegen die deliktische Außenhaftung von Geschäftsführern und Vorständen gegenüber gesellschaftsfremden Dritten, 2016; *Haas*, Geschäftsführerhaftung und Gläubigerschutz, 1997; *Hellgardt*, Die deliktische Außenhaftung von Gesellschaftsorganen für unternehmensbezogene Pflichtverletzungen, WM 2006, 1514; *Hellgardt*, Kapitalmarktdeliktsrecht, 2008, *Kersting*, Kapitalmarktrechtliche Informationseigenhaftung von Organmitgliedern, JR 2009, 221; *Kiethe*, Die Renaissance des § 826 BGB im Gesellschaftsrecht, NZG 2005, 333; *Kleindiek*, Deliktshaftung und juristische Person, 1997; *Lutter*, Zur persönlichen Haftung des Geschäftsführers aus deliktischen Schäden im Unternehmen, ZHR 157 (1993), 464; *Medicus*, Deliktische Außenhaftung der Vorstandsmitglieder und Geschäftsführer, ZGR 1998, 570; *Messer*, Wettbewerbsrechtliche Haftung der Organe juristischer Personen, FS Ullmann, 2006, 769; *Morgenroth*, Organhaftung bei Immaterialgüterrechtsverletzungen, 2017; *Müller*, Grenzenlose Organhaftung für Patentverletzungen?, GRUR 2016, 570; *Müller*, Geschäftsleiterhaftung für Wettbewerbsverstöße und Schutzrechtsverletzungen, FS Lindacher, 2017, 275; *Nietsch*, Die Garantenstellung von Geschäftsleitern im Außenverhältnis, CCZ 2013, 192; *Oechsler*, Die Geschäftsleiteraußenhaftung nach § 826 BGB bei missbräuchlicher Ausnutzung eines Wissensvorsprungs, AG 2018, 388; *Sandberger*, Die Außenhaftung des GmbH-Geschäftsführers, 1997; *Schirmer*, Abschied von der „Baustoff-Rechtsprechung" des VI. Zivilsenats?, NJW 2012, 3398; *Schlering*, Organverantwortlichkeit für die Steuerentrichtung nach Insolvenzreife, 2018; *Schmolke*, Organwalterhaftung für Eigenschäden von Kapitalgesellschaftern, 2004; *Sester*, Gläubiger- und Anlegerschutz bei evidenten Fairnessverstößen über eine deliktsrechtliche Haftung der handelnden Personen, ZGR 2006, 1; *Spindler*, Persönliche Haftung der Organmitglieder für Fehlinformationen des Kapitalmarktes, WM 2004, 2089; *Spindler*, Unternehmensorganisationspflichten, 2001; *Verse*, Organwalterhaftung und Gesetzesverstoß, ZHR 170 (2006), 398; *Weller*, Fehlerhafte Kapitalmarktinformation zwischen Freiheit und Haftung, FS Hoffmann-Becking, 2013, 1341.

10. Regress für Verbandsgeldbußen. *Baur/Holle*, Bußgeldregress im Kapitalgesellschaftsrecht nach der (Nicht-)Entscheidung des BAG, ZIP 2018, 459; *Bayer/Scholz*, Zulässigkeit und Grenzen des Kartellbußgeldregresses, GmbHR 2015, 449; *Bayreuther*, Haftung von Organen und Arbeitnehmern für Unternehmensgeldbußen, NZA 2015, 1239; *Binder/Kraayvanger*, Regress der Kapitalgesellschaft bei der Geschäftsleitung für gegen das Unternehmen verhängte Geldbußen, BB 2015, 1219; *Blaurock*, Kartellbußgeldhaftung und gesellschaftsrechtlicher Rückgriff, FS Bornkamm, 2014, 107; *Bunte*, Regress gegen Mitarbeiter bei kartellrechtlichen Unternehmensgeldbußen, NJW 2018, 123; *Brock*, Regressreduzierung im Vorstandsrecht der prozessualen Umsetzung, WM 2016, 2209; *Eufinger*, Die Regresshaftung von Vorstand und Geschäftsführer für Kartellverstöße der Gesellschaft, WM 2015, 1265; *Fleischer*, Regresshaftung von Geschäftsleitern wegen Verbandsgeldbußen, DB 2014, 345; *Friedl/Titze*, Der Sanktionszweck heiligt den Regressausschluss – Zur Haftung von Vorstandsmitgliedern für Verbandsgeldbußen, ZWeR 2015, 318; *Gaul*, Regressansprüche bei Kartellbußen im Lichte der Rechtsprechung und der aktuellen Debatte über die Reform der Organhaftung, AG 2015, 109; *Hauger/Palzer*, Kartellbußen und gesellschaftsrechtlicher Innenregress, ZGR 2015, 33; *Heyers*, Gestaltungsperspektiven aktienrechtlicher Organhaftung am Beispiel der Regressansprüche der Gesellschaft infolge von Kartellordnungswidrigkeiten, WM 2016, 581; *Kapp/Hummel*, Haftung von Managern und Mitarbeitern für Unternehmensbußgelder?, ZWeR 2011, 349; *Kersting*, Organhaftung für Kartellbußgelder, ZIP 2016, 1266; *R. Koch*, Ersatzfähigkeit von Kartellbußen, VersR 2015, 655; *Kredel/Kresken*, Die Inregressnahme von Organvertretern in Bezug auf Kartellbußgelder, KSzW 2015, 276; *Labusga*, Die

Ersatzfähigkeit von Unternehmensgeldbußen im Innenregress gegen verantwortliche Vorstandsmitglieder, VersR 2017, 394; *Lotze,* Haftung von Vorständen und Geschäftsführern für gegen Unternehmen verhängte Kartellbußgelder, NZKart 2014, 162; *Lotze/Smolinski,* Entschärfung der Organhaftung für kartellrechtliche Unternehmensgeldbußen, NZKart 2015, 254; *Rehbinder,* Rechtliche Schranken der Erstattung von Bußgeldern an Organmitglieder und Angestellte, ZHR 148 (1984), 555; *Reuter,* Unternehmensgeldbußen, Organregress, Grenzen der Versicherbarkeit und Gesellschaftsrecht: eine systemische Verletzung der Grundrechte der Anteilseigner?, BB 2016, 1283; *Rust,* Innenregress und Haftung der Unternehmensleitung bei Kartellverstößen, ZWeR 2015, 299; *Suchy,* Schadensumfang bei Haftung von Vorständen und Geschäftsführern wegen Unternehmensgeldbußen für kartellrechtliche Verstöße, NZG 2015, 591; *Werner,* Die zivilrechtliche Haftung des Vorstands einer AG für gegen die Gesellschaft verhängte Geldbußen gegenüber der Gesellschaft, CCZ 2010, 143; *Thomas,* Bußgeldregress, Übelszufügung und D&O-Versicherung, NZG 2015, 1409; *Zimmer/Walther,* Kartellanten und Böllerwerfer – Bußgeldregress beim Verursacher, BB 2017, 629; *Zimmermann,* Kartellrechtliche Bußgelder gegen Aktiengesellschaft und Vorstand: Rückgriffsmöglichkeiten, Schadensumfang und Verjährung, WM 2008, 433.

11. Reform der Organhaftung. *Bachmann,* Reformbedarf bei der Business Judgment Rule?, ZHR 177 (2013), 1; *Bachmann,* Reform der Organhaftung? – Materielles Haftungsrecht und seine Durchsetzung in privaten und öffentlichen Unternehmen, Gutachten E zum 70. Deutschen Juristentag, 2014; *Bayer,* Vorstandshaftung in der AG de lege lata und de lege ferenda, NJW 2014, 2546; *Bayer/Scholz,* Haftungsbegrenzung und D&O-Versicherung im Recht der aktienrechtlichen Organhaftung, NZG 2014, 926; *Fleischer,* Reform der Organhaftung im Spiegel der Rechtsvergleichung, BB 2014, Heft 36, I; *Fleischer,* Reformperspektiven der Organhaftung: Empfiehlt sich eine stärkere Kodifizierung von Richterrecht?, DB 2014, 1971; *Fleischer,* Ruinöse Managerhaftung: Reaktionsmöglichkeiten de lege lata und de lege ferenda, ZIP 2014, 1305; *Fleischer,* Satzungsmäßige Haftungshöchstgrenzen und andere Haftungsmilderungen für Aufsichtsratsmitglieder?, Der Aufsichtsrat 2014, 100; *Fleischer,* Verjährung von Organhaftungsvorschriften: Rechtspraxis – Rechtsvergleichung – Rechtspolitik, AG 2014, 457; *Fuchs/Zimmermann,* Reform der Organhaftung? – Materielles Haftungsrecht und seine Durchsetzung in privaten und öffentlichen Unternehmen, JZ 2014, 838; *Haarmann/Weiß,* Reformbedarf bei der aktienrechtlichen Organhaftung, BB 2014, 2115; *Habersack,* Perspektiven der Organhaftung, ZHR 177 (2013), 782; *Hemeling,* Reform der Organhaftung? Erwartungen an den 70. Deutschen Juristentag, ZHR 178 (2014), 221; *Hopt,* Die Reform der Organhaftung nach § 93 AktG – Bemerkungen aus Anlass der Beschlüsse des 70. Juristentages, FS W.H. Roth, 2015, 225; *Kremer,* Referat auf dem 70. Deutschen Juristentag, 2014, Bd. II, 2015, N 29; *Mayer,* Die aktienrechtliche Organhaftung – Reform durch juristische Methodik oder gesetzgeberisches Handeln?, NZG 2014, 1208; *Paefgen,* Organhaftung: Bestandsaufnahme und Zukunftsperspektiven, AG 2014, 554; *Peltzer,* Reform der Organhaftung, in VGR, Gesellschaftsrecht in der Diskussion 2013, 2014, 83; *Reichert,* Reform des § 43 GmbHG durch Angleichung an § 93 AktG und Pflichtenspezifizierung?, ZGR 2017, 671; *Sailer-Coceani,* Referat auf dem 87. Deutschen Juristentag 2014, Bd. II, 2015, N 11; *U.H. Schneider,* Referat auf dem 70. Deutschen Juristentag 2014, Bd. II, 2015, N 47; *Schöne/Petersen* – Regressansprüche gegen (ehemalige) Vorstandsmitglieder – quo vadis?, AG 2012, 700; *Spindler,* Organhaftung in der AG – Reformbedarf aus wissenschaftlicher Perspektive, AG 2013, 889; *E. Vetter,* Aktienrechtliche Organhaftung und Satzungsautonomie, NZG 2014, 921; *G. Wagner,* Organhaftung im Interesse der Verhaltenssteuerung – Skizze eines Haftungsregimes, ZHR 178 (2014), 227.

Übersicht

	Rn.		Rn.
I. Überblick	1–9c	c) Überwachungspflicht	94–112
1. Regelungsrahmen	1–6	3. Treuepflicht	113–175
a) Regelungsgegenstand	1	a) Treuepflicht im engeren Sinne	113–159
b) Regelungszweck	2, 2a	b) Verschwiegenheitspflicht	160–174
c) Zwingendes Recht	3–5	c) Wettbewerbsverbot (Weiterverweis)	175
d) Rechtstatsachen	5a		
e) Sonstige Kontrollmechanismen	6	**III. Haftungsvoraussetzungen**	176–224a
2. Vorgängervorschriften und Parallelregelungen	7, 8	1. Vorstandsmitglied	177–199
		a) Allgemeines	177
3. Rechtsvergleichung	9	b) Beginn und Ende der Haftung	178, 179
4. Reform der Organhaftung	9a–9c	c) Erweiterungen des verantwortungsrechtlichen Organbegriffs	180–199
II. Verhaltenspflichten	10–175		
1. Grundlagen	10–13	2. Pflichtverletzung	200–204
a) Doppelfunktion der gesetzlich vorgeschriebenen Leitungssorgfalt	10	a) Allgemeines	200–202
		b) Geschäftsverteilung	203
b) Einzelauffächerung der Sorgfaltspflicht	11, 12	c) Kollegialentscheidungen	204
		3. Verschulden	205–210
c) Sorgfaltspflicht und Geschäftsleiterermessen	13	a) Verschuldensmaßstab	205–208
		b) Vertrauen auf Informationen Dritter	209
2. Sorgfaltspflicht	14–112		
a) Legalitätspflicht	14–40	c) Mitverschulden	210
b) Sorgfaltspflicht im engeren Sinne	41–93a	4. Schaden	211–214a

	Rn.
a) Begriff des Schadens	211, 212
b) Art und Umfang des Schadensersatzes	213–214
c) Vorteilsausgleichung	214a
5. Kausalität	215–219
a) Allgemeines	215–216
b) Kollegialentscheidungen	217–219
6. Darlegungs- und Beweislast	220–224a
IV. D&O-Versicherung	225–255
1. Grundlagen	225–229
a) Überblick	225
b) Zulässigkeit	226, 227
c) Rechtspolitische Würdigung	228, 229
2. Ausgestaltung	230, 231
a) Allgemeines	230
b) Direktanspruch gegen die D&O-Versicherung nach der VVG-Novelle 2008	231
3. Zuständigkeit zum Vertragsschluss	232–234
a) Interessenlage von Gesellschaft und Vorstandsmitgliedern	233
b) Folgerungen für die aktienrechtliche Zuständigkeitsordnung	234
4. Pflicht zum Abschluss einer Versicherung?	235–238
a) Gesellschaftsinteresse	236
b) Organwalterinteresse	237
c) Einführung einer gesetzlichen Pflichtversicherung?	238
5. Selbstbehalt	239–255
a) Überblick	239, 240
b) Anwendungsbereich	241–246
c) Bestimmung des Pflichtselbstbehalts	247, 248
d) Weitere Einzelfragen	249–251
e) Rechtsfolgen bei Verstößen	252, 253
f) Eigenversicherung des Vorstandsmitglieds	254
g) Bilanz- und steuerrechtliche Fragen	255
V. Haftungsfreistellung	255a–255c
1. Freistellung durch die Gesellschaft	255b
2. Freistellung durch Gesellschafter oder Dritte	255c
VI. Sondertatbestände	256–261
1. Regelungszweck	256–259
2. Einzelfälle	260, 261
VII. Haftungsmodalitäten	262, 263
1. Gesamtschuldnerische Haftung	262
2. Ausgleich im Innenverhältnis	263
VIII. Haftungsausschluss durch Hauptversammlungsbeschluss	264–275a
1. Regelungszweck	264, 265
2. Beschluss der Hauptversammlung	266, 267
3. Gesetzmäßigkeit des Hauptversammlungsbeschlusses	268–271
a) Nichtige Hauptversammlungsbeschlüsse	269, 270
b) Anfechtbare Hauptversammlungsbeschlüsse	271

	Rn.
4. Grenzen des Haftungsausschlusses	272–275
a) Pflichtwidrig herbeigeführter Hauptversammlungsbeschluss	272
b) Pflichtwidrig unterlassene Beschlussmängelklage	273, 274
c) Grundlegende Änderung der Verhältnisse nach Beschlussfassung	275
5. Kein Haftungsausschluss durch Billigung des Aufsichtsrats	275a
IX. Verzicht, Vergleich und gleichgestellte Rechtshandlungen	276–289
1. Regelungszweck	276, 277
2. Zustimmung der Hauptversammlung	278–281
a) Hauptversammlungsbeschluss	278, 279
b) Kein Widerspruch einer Minderheit	280, 281
3. Dreijahresfrist	282–284a
a) Grundsatz	282
b) Ausnahmen	283, 284
c) Rechtspolitische Kritik	284a
4. Erfasste Ansprüche	285
5. Betroffene Rechtshandlungen	286, 287
a) Verzicht und Vergleich	286
b) Gleichgestellte Rechtshandlungen	287
6. Rechtsfolgen eines Verstoßes	288
7. Keine Wirkung gegenüber Gesellschaftsgläubigern	289
X. Geltendmachung	290–300
1. Aufsichtsrat	291
2. Aktionäre	292
3. Gesellschaftsgläubiger	293–300
a) Regelungszweck	293, 294
b) Voraussetzungen	295–298
c) Ausübung des Verfolgungsrechts	299
d) Rechtslage in der Insolvenz	300
XI. Verjährung	301–305d
1. Allgemeines	301–302a
a) Objektive Fünfjahresfrist	302
b) Objektive Zehnjahresfrist für börsennotierte AG und Kreditinstitute	302a
2. Verjährungsbeginn	303–303f
a) Zeitpunkt der Anspruchsentstehung	303, 303a
b) Besonderheiten bei schädigendem Dauerverhalten	303b, 303c
c) Hinausschieben des Verjährungsbeginns?	303d–303f
3. Fristenverkürzung oder -verlängerung	303g
4. Hemmung und Neubeginn	303h
5. Verjährung konkurrierende Ansprüche	304
6. Reformdiskussion	305–305d
a) Rechtsvergleichender Befund	305a
b) Reformvorschläge	305b–305d
XII. Prozessuales	306, 306a
1. Gerichtliche Zuständigkeit	306
2. Schiedsgerichte	306a

	Rn.		Rn.
XIII. Haftung gegenüber Dritten ...	307–323	c) Ansprüche aus § 823 Abs. 1 BGB .	313–317
1. Allgemeines	307, 308	d) Ansprüche aus § 823 Abs. 2 BGB	
2. Einzeltatbestände	309–322a	iVm Schutzgesetz	318, 319
a) Vertragliche Ansprüche	309	e) Ansprüche aus § 826 BGB	320–322
b) Ansprüche aus § 280 Abs. 1 iVm		f) Ansprüche aus Sonderdeliktsrecht ..	322a
§ 311 Abs. 3 BGB	310–312	3. Doppelschaden	323

I. Überblick

1. Regelungsrahmen. a) Regelungsgegenstand. § 93 bildet die zentrale Vorschrift des aktien- **1** rechtlichen Verantwortlichkeitsrechts. Abs. 1 enthält eine generalklauselartige Umschreibung der Verhaltenspflichten von Vorstandsmitgliedern. Abs. 2 regelt die organschaftliche Innenhaftung der Vorstandsmitglieder gegenüber der Gesellschaft und bildet eine eigene Anspruchsgrundlage. Abs. 3 hebt besonders wichtige Fälle von Pflichtverletzungen hervor. Abs. 4 befasst sich mit Haftungsausschluss, Verzicht und Vergleich, Abs. 5 mit der Durchsetzung von Ersatzansprüchen der Gesellschaft durch die Gesellschaftsgläubiger. Abs. 6 regelt die Verjährung. Nicht von § 93 angesprochen, aber durchaus von praktischer Bedeutung ist die Außenhaftung der Vorstandsmitglieder gegenüber Dritten (→ Rn. 307 ff.).

b) Regelungszweck. Funktionell verfolgt die Vorstandshaftung verschiedene Regelungsziele. **2** Wie alle Haftungstatbestände dient sie zunächst der Wiedergutmachung:[1] Erlittene Vermögensnachteile sollen ausgeglichen werden.[2] Sodann steht sie im Dienste der Schadensvorbeugung:[3] Eine drohende persönliche Inanspruchnahme soll die Organmitglieder zu größerer Sorgfalt anhalten und allfällige Schäden vermeiden helfen.[4] Dies belegt auch der obligatorische Selbstbehalt bei Bestehen einer D&O-Versicherung nach § 93 Abs. 2 S. 3.[5] Schließlich spielen Gesichtspunkte des Gläubigerschutzes eine Rolle,[6] wie die Sondertatbestände des § 93 Abs. 3 zeigen, die allesamt einen wirkungsvollen Schutz des Gesellschaftsvermögens bezwecken. In die gleiche Richtung weist das Verfolgungsrecht der Gesellschaftsgläubiger gemäß § 93 Abs. 5. Eine Vergeltungs- oder Genugtuungsfunktion kommt der Organhaftung allerdings nicht zu.[7]

Demgegenüber reduzieren manche Literaturstimmen die Organhaftung ausschließlich auf das Ziel **2a** der Verhaltenssteuerung.[8] Diese Ansicht hat einen richtigen Kern, ist aber zu undifferenziert.[9] So geht es vor allem um Schadensausgleich, wenn sich ein Vorstandsmitglied treuwidrig Geschäftschancen der Gesellschaft aneignet oder von unausgewogenen Eigengeschäften mit der Gesellschaft profitiert (→ Rn. 131 ff.). Außerdem passt das von den Gegenstimmen vorgebrachte Argument, Aktionäre seien durchweg die besseren Risikoträger,[10] nur begrenzt auf die weit überwiegende Zahl kapitalmarktferner Gesellschaften, deren Anteilseigner keine Diversifikationsmöglichkeiten besitzen. Dort

---

[1] Vgl. Bürgers/Körber/*Bürgers* Rn. 1; *Fleischer* in Fleischer VorstandsR-HdB § 11 Rn. 4; *Goette* FS 50 Jahre BGH, 2000, 123 (124); Großkomm AktG/*Hopt/Roth* Rn. 28; *Hopt* ZIP 2013, 1793 (1795); Hüffer/Koch/*Koch* Rn. 1; Kölner Komm AktG/*Mertens/Cahn* Rn. 6; *Wiedemann*, Organverantwortung und Gesellschafterklagen in der AG, 1989, 10.

[2] Vgl. Großkomm AktG/*Hopt/Roth* Rn. 28; Hüffer/Koch/*Koch* Rn. 1; *Schneider* FS Werner, 1984, 795 (807, 814); *Glanzmann* ZSR 119 (2000), II, 135 (156).

[3] Vgl. *Fleischer* in Fleischer VorstandsR-HdB § 11 Rn. 4; Grigoleit/*Grigoleit/Tomasic* Rn. 1; *Hopt* ZIP 2013, 1793 (1795); Hüffer/Koch/*Koch* Rn. 1; Henssler/Strohn/*Dauner-Lieb* Rn. 1; *Wiedemann*, Organverantwortung und Gesellschafterklagen in der AG, 1989, 10; *Glanzmann* ZSR 119 (2000), II, 135 (156); plastisch *Goette* FS 50 Jahre BGH, 2000, 123 (124): „fleet in being".

[4] Vgl. Großkomm AktG/*Hopt/Roth* Rn. 29; *Schneider* FS Werner, 1984, 795 (807); sowie *Ruffner* ZSR 119 (2000), II, 195 (201) mit dem zutreffenden Hinweis, dass bereits bei einer kleinen Zahl richterlicher Entscheidungen eine breitflächige Präventivwirkung erwartet werden kann; auf fehlende empirische Untersuchungen verweisen *Arnold*, Die Steuerung des Vorstandshandelns, 2007, 170 ff. und Kölner Komm AktG/*Mertens/Cahn* Rn. 7.

[5] Vgl. Beschlussempfehlung und Begründung des Rechtsausschusses, BT-Drs. 16/13433, 11: „Zugleich hat die Regelung verhaltenssteuernde Wirkung. Die Haftung mit dem Privatvermögen wirkt Pflichtverletzungen von Vorstandsmitgliedern präventiv entgegen."

[6] Vgl. *Bachmann* Gutachten E zum 70. DJT 2014, E 21; Bürgers/Körber/*Bürgers* Rn. 1; *Fleischer* in Fleischer VorstandsR-HdB § 11 Rn. 4; Großkomm AktG/*Hopt/Roth* Rn. 29.

[7] Vgl. *Hopt* ZIP 2013, 1793 (1795); eingehend *Thomas*, Die Haftungsfreistellung von Organmitgliedern, 2010, 163 ff.

[8] Vgl. *Bayer/Scholz* NZG 2014, 926 (928); *J. Vetter* FS Hoffmann-Becking, 2013, 1317 (1324 ff.); *Wagner* ZHR 178 (2014), 227 (256).

[9] Ausführlicher zu Folgendem *Fleischer* ZIP 2014, 1305 (1310 f.); im Ergebnis ebenso *Bachmann* Gutachten E zum 70. DJT 2014, E 21; Großkomm AktG/*Hopt/Roth* Rn. 28 mit Fn. 57.

[10] Dazu *Wagner* ZHR 178 (2014), 227 (253).

gibt es nicht selten auch vermögende Großaktionäre, die in Personalunion zugleich Vorstandsmitglieder sind. Andererseits trifft es zu, dass bei Verletzungen der Sorgfaltspflicht in Publikumsgesellschaften nicht die Kompensations-, sondern die Präventionsfunktion einer Schadensersatzhaftung von zentraler Bedeutung ist.[11] Hier steht der vom Organmitglied zu erwartende Ersatz oft in keinem Verhältnis zum erlittenen Schaden.[12]

3 **c) Zwingendes Recht.** Die Schadensersatzhaftung des § 93 Abs. 2 stellt in all ihren Teilbereichen zwingendes Recht dar.[13] Sie kann weder durch die Satzung noch durch den Anstellungsvertrag abbedungen oder eingeschränkt[14] werden.[15] Das ergibt sich ohne Weiteres aus der aktienrechtlichen Satzungsstrenge des § 23 Abs. 5[16] und entspricht überdies dem erklärten Willen des historischen Gesetzgebers.[17]

4 Demgemäß kann der Verschuldensmaßstab des § 93 Abs. 2 auch nicht zugunsten eines Vorstandsmitglieds abgemildert werden.[18] Dies liefe nicht nur der eigenverantwortlichen Stellung des Organmitglieds zuwider,[19] sondern wäre vor allem mit der in § 93 Abs. 5 anklingenden Gläubigerschutzfunktion der Vorstandshaftung unvereinbar.[20] Ebenso wenig kann der Haupt- oder Alleinaktionär zu Lasten der Gesellschaft wirksam auf die Erfüllung der Pflichten des Vorstandsmitglieds verzichten.[21] Unzulässig sind schließlich auch satzungsmäßige Haftungshöchstgrenzen, die sich selbst bei expansiver Gesetzesauslegung nicht als ergänzende Regelungen iSd § 23 Abs. 5 S. 2 einordnen lassen,[22] sondern dem Grundprinzip einer unbeschränkten Haftung des Organmitglieds zuwiderlaufen.[23] Ob sich *de lege ferenda* eine Reform der Organhaftung empfiehlt, wird unterschiedlich beurteilt (näher → Rn. 9a ff.).

5 Umgekehrt kann die Vorstandshaftung nach hM auch nicht verschärft werden.[24] Die früher verbreitet vertretene Gegenansicht[25] verkennt, dass § 93 Abs. 2 insoweit eine abschließende Regelung enthält,[26] die keinen Raum für eine Intensivierung der Sorgfaltspflichten lässt. Unabhängig davon wäre eine Haftungsverschärfung in Richtung einer Erfolgshaftung auch deshalb verfehlt, weil sie die Vorstandsmitglieder zu einem risikoscheuen Verhalten veranlassen würde,[27] das ihrem unternehmerischen Leitungsauftrag zuwiderliefe.[28] Zulässig ist es allerdings, die Einzelpflichten eines Vorstandsmit-

---

[11] Vgl. *Arnold*, Die Steuerung des Vorstandshandelns, 2007, 170 ff.; *Fleischer* ZIP 2014, 1305 (1310); aus US-amerikanischer Sicht auch *Nowicki* 33 Del. J. Corp. L. 695, 716 (2008) mwN.

[12] Dazu *Habersack* ZHR 177 (2013), 782 (788); *Wagner* ZHR 178 (2014), 227 (280).

[13] Vgl. *Fleischer* ZIP 2014, 1305; *Fleischer* WM 2005, 909 (914); Grigoleit/*Grigoleit/Tomasic* Rn. 56; Hüffer/Koch/*Koch* Rn. 2; K. Schmidt/Lutter/*Krieger/Sailer-Coceani* Rn. 3; NK-AktR/*U. Schmidt* Rn. 5; Kölner Komm AktG/*Mertens/Cahn* Rn. 8; MüKoAktG/*Spindler* Rn. 27; Wachter/*Eckert* Rn. 4; abw. *Grunewald* AG 2013, 813 (815 ff.); *Hoffmann* NJW 2012, 1395.

[14] Abw. *Seibt* NZG 2015, 1097 (1102), *Seibt* NZG 2016, 361 (362 f.): vertragliche Zusage der Halbvermögensschonung; kritisch dazu *Deilmann/Dornbusch* NZG 2016, 201 (206); *Habersack* NZG 2015, 1297; *Wettich* AG 2017, 60 (66).

[15] Vgl. *Fleischer* ZIP 2014, 1305; *Fleischer* WM 2005, 909 (914); Großkomm AktG/*Hopt/Roth* Rn. 47; Hüffer/Koch/*Koch* Rn. 2; *Krieger* in Krieger/Schneider Managerhaftung-HdB § 3 Rn. 44; eingehend *Binder*, Grenzen der Vorstandshaftung, 2016, 189 ff.

[16] Vgl. *Fleischer* ZIP 2014, 1305; Grigoleit/*Grigoleit/Tomasic* Rn. 56; Großkomm AktG/*Hopt/Roth* Rn. 47; *Schneider* FS Werner, 1984, 795 (800).

[17] Vgl. *Fleischer* ZIP 2014, 1305 unter Hinweis auf den Bericht der IX. Kommission über den Entwurf eines Gesetzes, betreffend die KGaA und die Aktiengesellschaften, in Stenographische Berichte über die Verhandlungen des Reichstages, 5. Legislaturperiode, IV. Session 1884, 4. Band, Anlage 128, S. 1009, 1020.

[18] Vgl. *Bastuck*, Enthaftung des Managements, 1986, 95; Hüffer/Koch/*Koch* Rn. 2; MüKoAktG/*Spindler* Rn. 27; *Schneider* FS Werner, 1984, 795 (802 ff.); MHdB AG/*Wiesner* § 26 Rn. 4.

[19] So das Hauptargument bei MüKoAktG/*Spindler* Rn. 27; ferner *Bastuck*, Enthaftung des Managements, 1986, 95.

[20] Vgl. *Fleischer* WM 2005, 909 (914); Großkomm AktG/*Hopt/Roth* Rn. 48; NK-AktR/*U.H. Schmidt* Rn. 5.

[21] Vgl. LG Mannheim WM 1955, 116 (117); Großkomm AktG/*Hopt/Roth* Rn. 48; MüKoAktG/*Spindler* Rn. 27.

[22] So aber *Grunewald* AG 2013, 813 (815 f.); *Rust* Der Aufsichtsrat 2014, 36 f.

[23] Vgl. *Fleischer* ZIP 2014, 1315 (1316); Grigoleit/*Grigoleit/Tomasic* Rn. 71; *Reichert* ZHR 177 (2013), 756 (771).

[24] Vgl. *Fleischer* in Fleischer VorstandsR-HdB § 11 Rn. 7; Grigoleit/*Grigoleit/Tomasic* Rn. 57; Großkomm AktG/*Hopt/Roth* Rn. 49; Hüffer/Koch/*Koch* Rn. 2; K. Schmidt/Lutter/*Krieger/Sailer-Coceani* Rn. 3; Kölner Komm AktG/*Mertens/Cahn* Rn. 8; MHdB AG/*Wiesner* § 26 Rn. 4; Hölters/*Hölters* Rn. 12.

[25] Vgl. *v. Godin/Wilhelmi* Rn. 4; *Mestmäcker*, Verwaltung, Konzerngewalt und Rechte der Aktionäre, 1958, 210; *Schlegelberger/Quassowski* AktG 1937 § 84 Rn. 5; heute noch NK-AktR/*U. Schmidt* Rn. 5; ferner *Schneider* FS Werner, 1984, 795 (803).

[26] Vgl. MüKoAktG/*Spindler* Rn. 28.

[27] Dazu *Fleischer* FS Wiedemann, 2002, 827 (829 f.).

[28] Vgl. Großkomm AktG/*Hopt/Roth* Rn. 49; MüKoAktG/*Spindler* Rn. 28.

glieds im Anstellungsvertrag in sachlicher Hinsicht zu erweitern.[29] Für nicht organbezogene Tätigkeiten kann ausnahmsweise auch eine schuldvertragliche Haftungsverschärfung in Betracht kommen,[30] doch ist dies keine Frage des § 93 Abs. 2 mehr.[31]

d) Rechtstatsachen. In der Vergangenheit spielte die Vorstandshaftung keine große Rolle; sie stand häufig nur auf dem Papier.[32] Dies hat sich seit einigen Jahren geändert.[33] Verantwortlich dafür ist zum Ersten die ARAG/Garmenbeck-Entscheidung des BGH aus dem Jahre 1997, die den Aufsichtsrat grundsätzlich zur Anspruchsverfolgung verpflichtet (näher → Rn. 291). Zum Zweiten hat sich im Zuge des Zusammenbruchs des Neuen Marktes, der Finanzmarktkrise und zahlreicher Korruptionsfälle aus jüngerer Zeit ein Bewusstseinswandel in der öffentlichen Wahrnehmung vollzogen. Infolgedessen steigt der Druck zur Haftungsdurchsetzung, wie auch die Zahl der veröffentlichten Gerichtsentscheidungen zeigt.[34] Hinzu kommt eine hohe Dunkelziffer,[35] da die Praxis in Haftungsfällen häufig Schiedsverfahren bevorzugt (näher → Rn. 306a). Zum Dritten hat die Vorstandshaftung durch die zunehmende Verbreitung der D&O-Versicherung als solvente Schuldnerin[36] sowie durch Modelle der gewerblichen Prozessfinanzierung[37] an tatsächlicher Bedeutung gewonnen. Aktualisiert wird die Haftung typischerweise nach dem Ausscheiden des alten Managements, bei einem Wechsel des Mehrheitsaktionärs, einem Streit zwischen Gesellschaftergruppen oder durch den Insolvenzverwalter.[38]

e) Sonstige Kontrollmechanismen. Neben dem aktienrechtlichen Verantwortlichkeitsrecht gibt es eine Reihe weiterer Kontrollkräfte, die man in der international und interdisziplinär geführten Corporate Governance-Diskussion herausgearbeitet hat.[39] Aus ökonomischer Sicht verdienen vor allem die marktgestützten Mechanismen der Managerkontrolle Hervorhebung:[40] (1) der Arbeitsmarkt für Spitzenmanager, der direkte Zwänge auf das Leistungsverhalten der Führungskräfte ausübt[41] und indirekt über Reputationsmechanismen wirkt;[42] (2) der Wettbewerb auf den Produktmärkten;[43] (3) der Markt für Unternehmenskontrolle, der leistungsschwachen Managern mit einer feindlichen Übernahme droht;[44] (4) der Einfluss der Finanzmärkte, die mit einer Verteuerung der Kapitalkosten über eine scharfe Waffe gegen pflichtvergessene Manager verfügen. Aus juristischer Sicht ist bei groben Pflichtverletzungen an einen Widerruf der Bestellung aus wichtigem Grund zu denken (→ § 84 Rn. 99 ff.). In Betracht kommen ferner Tätigkeitsverbote für Vorstandsmitglieder bei wiederholten oder schweren Pflichtverstößen, die in Deutschland aber bislang nur eine untergeordnete Rolle spielen (→ § 76 Rn. 131 ff.). Schließlich spielt als *ultima ratio* das Strafrecht, namentlich § 266 StGB, eine gewisse Rolle.[45] Dagegen richten sich

---

[29] Vgl. Großkomm AktG/*Hopt/Roth* Rn. 49; Kölner Komm AktG/*Mertens/Cahn* Rn. 8; MüKoAktG/*Spindler* Rn. 28; abw. Hölters/*Hölters* Rn. 13, der keine Ergänzungen, sondern lediglich eine Konkretisierung zulässt.
[30] Vgl. Grigoleit/*Grigoleit/Tomasic* Rn. 57; NK-AktR/*U. Schmidt* Rn. 5.
[31] Vgl. *Fleischer* in Fleischer VorstandsR-HdB § 11 Rn. 7.
[32] Vgl. etwa *Adams* AG-Sonderheft 1997, S. 9 (10); *Baums* Gutachten F zum 63. DJT 2000, F 246 ff.; *Lutter* JZ 1998, 50 (52); aus früherer Zeit *Wiedemann* GesR Bd I, 1980, S. 624.
[33] Eingehend *Bachmann* Gutachten E zum 70. DJT 2014, E 11 ff.; *Hopt* ZIP 2013, 1793 f.; Großkomm AktG/*Hopt/Roth* Rn. 39 ff.; Hüffer/Koch/*Koch* Rn. 1; *Paefgen* AG 2014, 554 f.; knapper Hölters/*Hölters* Rn. 23 ff.
[34] Dazu die umfassende Auswertung von *Ihlas*, Directors and Officers Liability, 2. Aufl. 2009, 113 ff., 603 ff., 723 ff.; zuletzt *Lange*, D&O-Versicherung und Managerhaftung, 2014, § 2 Rn. 255 ff. mit einer langen Liste pressebekannter Innenhaftungsfälle.
[35] Näher *Bachmann* Gutachten E zum 70. DJT 2014, E 12 mwN.
[36] Vgl. *Hoffmann-Becking* ZHR 181 (2017), 737 (744): „Deckung schafft Haftung"; Hüffer/Koch/*Koch* Rn. 1: „deep pocket"; *v. Schenck* NZG 2015, 494 (495); *Spindler* AG 2013, 889 (896).
[37] Näher *Rahlmeyer/Fassbach* GWR 2015, 331.
[38] Dazu auch Großkomm AktG/*Hopt/Roth* Rn. 41; *Sieg* in Krieger/Schneider Managerhaftung-HdB § 18 Rn. 64.
[39] Dazu *Fleischer* ZHR 168 (2004), 673 (704); Großkomm AktG/*Hopt/Roth* Rn. 32; *Glanzmann* ZSR 119 (2000), II, 135 ff.; Kölner Komm AktG/*Mertens/Cahn* Rn. 6.
[40] Zu Folgendem vor allem *Richter/Furubotn*, Neue Institutionenökonomik, 4. Aufl. 2010, 438; originell und tiefgründig auch *Spremann*, Investition und Finanzierung, 4. Aufl. 1991, 612 ff., der sieben Mechanismen der Managementkontrolle unterscheidet: Belohnung, Evolution, Gesetz, Arbeitsmarkt, Führungsgruppe, Reputation und Clan; ferner *Arnold*, Die Steuerung des Vorstandshandelns, 2007, 211 ff., 225 ff.
[41] Grundlegend *Fama* 88 Journal of Political Economy 288 (1980); *Holmström* 13 Bell Journal of Economics 324 (1982).
[42] Näher dazu *Glanzmann* ZSR 119 (2000), II, 235 (264 ff.).
[43] Grundlegend *Hart* 14 Bell Journal of Economics 366 (1983).
[44] Grundlegend *Manne* 73 Journal of Political Economy 110 (1965).
[45] Dazu *Hopt* ZIP 2013, 1793 (1804 f.); Hüffer/Koch/*Koch* Rn. 91; *Lange*, D&O-Versicherung und Managerhaftung, 2014, § 2 Rn. 15; *Seibt/Schwarz* AG 2010, 301 ff.; s. auch BVerfGE 126, 170 Rn. 111: „Die Ziele dementsprechender Auslegung müssen von Verfassungs wegen darin bestehen, die Anwendung des Untreuetatbestands auf Fälle klarer und deutlicher (evidenter) Fälle pflichtwidrigen Handelns zu beschränken […]."; zuletzt BGH NJW 2017, 578 – HSH Nordbank.

kapitalmarktrechtliche Maßnahmen des „naming and shaming" gemäß §§ 123 ff. WpHG, §§ 60b, 60c KWG unmittelbar nur gegen die Gesellschaft, nicht gegen ihre Organmitglieder.[46]

7 **2. Vorgängervorschriften und Parallelregelungen.** Eine gesamtschuldnerische Haftung der Vorstandsmitglieder als Mandatare hatte bereits Art. 241 Abs. 2 ADHGB 1861 vorgesehen. Die Aktienrechtsnovelle von 1884 legte erstmals einen einheitlichen Sorgfaltsmaßstab fest und regelte auch das Ersatzrecht der Gläubiger und die Verjährung. § 84 AktG 1937 nahm das schon zuvor anerkannte Verschuldensprinzip in den Gesetzestext auf[47] und verlagerte die Beweislast für die Sorgfalt eines ordentlichen und gewissenhaften Geschäftsleiters auf die Vorstandsmitglieder.[48] Das AktG 1965 hat die Vorgängerregelung im Wesentlichen übernommen und nur den Umfang der Verschwiegenheitspflicht präzisiert.[49] Im Rahmen des UMAG von 2005[50] hat der Gesetzgeber die „Business Judgment Rule" kodifiziert, die schon zuvor in der Rechtsprechung anerkannt war. Zudem ist die Verschwiegenheitspflicht durch das BilKoG von 2004[51] in § 93 Abs. 1 S. 4 punktuell eingeschränkt worden. Schließlich schreibt das VorstAG von 2009 in § 93 Abs. 2 S. 3 für den Fall des Abschlusses einer D&O-Versicherung für Vorstandsmitglieder einen obligatorischen Selbstbehalt vor.

8 Für die Sorgfaltspflicht und Verantwortlichkeit der Aufsichtsratsmitglieder gilt § 93 über die Sorgfaltspflicht und Verantwortlichkeit der Vorstandsmitglieder gemäß § 116 S. 1 sinngemäß. Diese „Verweisungsanalogie" erlaubt es, die unterschiedlichen Aufgaben von Vorstand und Aufsichtsrat zu berücksichtigen und im Rahmen des § 116 auf die Maßfigur eines ordentlichen und gewissenhaften Aufsichtsratsmitglieds abzustellen. Eine GmbH-rechtliche Parallelvorschrift zu § 93 findet sich in § 43 GmbHG. Auch für den GmbH-Geschäftsführer gilt die „Business Judgment Rule", die einen rechtsformübergreifenden Gedanken der Geschäftsleiterverantwortlichkeit im Gesellschaftsrecht bildet.[52] Für den Vorstand einer Genossenschaft bildet § 34 Abs. 1 S. 1 GenG eine Schwestervorschrift zu § 93 Abs. 1 S. 1; kürzlich hat der Reformgesetzgeber[53] in § 34 Abs. 1 S. 2 GenG die „Business Judgment Rule" wortlautgleich mit § 93 Abs. 1 S. 2 AktG kodifiziert.[54] Schließlich ist § 93 auf die Haftung von Sparkassenvorständen entsprechend anwendbar.[55]

9 **3. Rechtsvergleichung.** International hat sich mit der – auch hier zugrunde gelegten – Zweiteilung in eine Sorgfaltspflicht *(duty of care)* und eine Treuepflicht *(duty of loyalty)* eine einheitliche Taxonomie der Geschäftsleiterpflichten herausgebildet.[56] Auch die Figur des Geschäftsleiterermessens *(business judgment rule)* ist heute allenthalben anerkannt.[57] Die Begriffe zeigen, dass das kontinentaleuropäische Verantwortlichkeitsrecht vielfach am Modell des US-amerikanischen Korporationsrechts Maß genommen hat.[58] Große Unterschiede sind allerdings noch immer bei der Enthaftung des Managements zu verzeichnen: Während in den Vereinigten Staaten Freistellungsklauseln zulässig und weit verbreitet sind,[59] verbieten

---

[46] Näher *Nartowska/Kniebein* NZG 2016, 256 ff.
[47] Vgl. Amtl. Begr. zu § 84 AktG 1937 bei *Klausing* 71.
[48] Vgl. Amtl. Begr. zu § 84 AktG 1937 bei *Klausing* 71: „Der Entwurf hat ferner den in der Rechtsprechung schon entwickelten Gedanken, wonach der Vorstand in Schadensersatzprozessen den Entlastungsbeweis zu führen hat, gesetzlich verankert."
[49] Vgl. BegrRegE bei *Kropff* S. 122.
[50] BGBl. 2005 I 2802; dazu *Fleischer* NJW 2005, 3525.
[51] BGBl. 2004 I 3408.
[52] Vgl. BegrRegE UMAG, BR-Drs. 3/05, 21; vorbereitend *Fleischer* ZIP 2004, 685 (691 f.); vertiefend *Fleischer* NZG 2011, 521; MüKoGmbHG/*Fleischer* § 43 Rn. 66 ff.; monographisch *Taube*, Die Anwendung der Business Judgment Rule auf den GmbH-Geschäftsführer, 2018.
[53] Gesetz zum Bürokratieabbau und zur Förderung der Transparenz bei Genossenschaften, BGBl. 2017 I 2434.
[54] Dazu Begr. RegE GenÄndG, BT-Drs. 18/11506, 28.
[55] Vgl. BGH NZG 2015, 310.
[56] Rechtsvergleichend *Bedkowski*, Die Geschäftsleiterpflichten: eine rechtsvergleichende Abhandlung zum deutschen und englischen Kapitalgesellschaftsrecht, 2006, 129 ff., 235 ff.; *Fleischer* in Ferrarini et al., Reforming Company and Takeover Law in Europa, 2004, 373; *Kalss/Eckert*, Vorstandshaftung in 15 europäischen Ländern, 2005, 25, 36 ff.; *Lutter* ZSR 124 (2005), II, 415 (418 ff.); umfassend die für die Europäische Kommission erstellte LSE-Studie von *Gerner-Beuerle/Paech/Schuster*, Study on Directors' Duties and Liability, April 2013; zusammenfassend *Gerner-Beuerle/Schuster* EBOR 2014, 191; dazu auch *Bachmann* ZIP 2013, 1946; ferner *Krüger Andersen/Kristensen Balshoj* in Birkmose/Neville/Sorensen, Boards of Directors in European Companies, 2013, 57 ff.
[57] Rechtsvergleichend *Fleischer* FS Wiedemann, 2002, 827 (833 ff.); *Kalss/Eckert*, Vorstandshaftung in 15 europäischen Ländern, 2005, 25, 38 ff.; *Lutter* ZSR 124 (2005), II, 415 (424 ff.).
[58] Zur Theorie solcher „legal transplants" *Fleischer* NZG 2004, 1129 ff.; ferner *Doralt/Doralt* FS Koziol, 2010, 565.
[59] Vgl. etwa § 102(b)(7) des Delaware General Corporation Law; empirischer Befund bei *Brown/Gopalan* 42 Ind. L. Rev. 285, 310 (2009); rechtsvergleichend *Fleischer* ZIP 2014, 1305 (1311 f.).

viele europäische Aktienrechte, unter ihnen auch der britische *Companies Act*,⁶⁰ derartige Vereinbarungen.⁶¹

4. Reform der Organhaftung. Die aktuelle Reformdiskussion dreht sich vor allem um die 9a Frage, ob sich zum Schutz der Vorstandsmitglieder vor existenzbedrohenden Haftungsansprüchen gesetzliche⁶² oder satzungsmäßige⁶³ Haftungsmilderungen empfehlen.⁶⁴ Der 70. Deutsche Juristentag hat sich im September 2014 mit großer Mehrheit gegen eine gesetzliche Beschränkung der Organhaftung und ebenso gegen eine allgemein-schadensrechtliche oder spezifisch-gesellschaftsrechtliche Billigkeitsklausel,⁶⁵ aber für statutarische Haftungsmilderungen mittels einer gesetzlichen Öffnungsklausel ausgesprochen.⁶⁶

In der Tat lassen sich *gesetzliche* Haftungsbegrenzungen für Organmitglieder kaum spannungsfrei 9b in das haftungsrechtliche Gesamtgefüge einpassen.⁶⁷ Eine Absenkung des gesetzlichen Sorgfaltsmaßstabs sieht das bürgerliche Recht nur für ehrenamtliche, unentgeltliche oder selbstlose Tätigkeiten (§§ 31a, 521, 599, 680, 690 BGB) sowie für die Haftung von Personengesellschaften (§ 708 BGB) vor. Zudem geriete sie in Wertungswidersprüche mit der weniger großzügigen Haftungsprivilegierung für Arbeitnehmer⁶⁸ und wäre auch im Hinblick auf die expressive Funktion des (Verantwortlichkeits-)Rechts bedenklich.⁶⁹ Eher diskutabel sind *satzungsmäßige* Haftungsmilderungen, wie man sie nach spektakulären Schadensersatzprozessen in den Vereinigten Staaten und Japan eingeführt hat.⁷⁰ Unter dem Gesichtspunkt eines verlässlichen Schutzes vor ruinöser Managerhaftung hätten Haftungshöchstsummen manche Vorteile gegenüber einer Absenkung des Sorgfaltsmaßstabs.⁷¹ Dennoch bleiben Zweifel an der Dringlichkeit einer Reform. Zum einen fehlen Belege dafür, dass das geltende Recht in einer nennenswerten Zahl von Fällen zu unhaltbaren Ergebnissen geführt hat; zum anderen bedürften statutarische Haftungshöchstgrenzen gewisser Schutzvorkehrungen, um eine präferenzgerechte Willensbildung der Aktionäre zu gewährleisten. Je anspruchsvoller diese Kautelen ausgestaltet sind (Berichtspflicht gegenüber der Hauptversammlung, Vetorecht einer qualifizierten Minderheit, zeitliche Befristung), umso mehr nähern sie sich denen des § 93 Abs. 4 Satz 3 über einen nachträglichen Haftungsvergleich an (→ Rn. 276 ff.).⁷² Entschließt man sich gleichwohl zur Einführung einer gesetzlichen Öffnungsklausel, so müsste diese in verschiedener Hinsicht eingehegt werden. Ausscheiden sollten Haftungsbeschränkungen für Treuepflichtverstöße, Verletzungen der organschaftlichen Legalitätspflicht, Verstöße gegen die gläubigerschützenden Kardinalpflichten des § 93 Abs. 3 sowie vorsätzliche und grob fahrlässige Pflichtverletzungen.⁷³

---

⁶⁰ Vgl. sec. 232 des Companies Act 2006; dazu *Gower/Davies/Worthington*, Principles of Modern Company Law, 10. Aufl. 2016, Rn. 16–125.

⁶¹ Rechtsvergleichend *Bedkowski*, Die Geschäftsleiterpflichten: eine rechtsvergleichende Abhandlung zum deutschen und englischen Kapitalgesellschaftsrecht, 2006, 418 ff.; *Fleischer* ZIP 2014, 1305 (1311 ff.); *Fleischer* GS Heinze, 2004, 177 (191); *Fleischer* WM 2005, 909 (910 ff.); *Kalss/Eckert*, Vorstandshaftung in 15 europäischen Ländern, 2005, 25, 47 f.; *Lutter* ZSR 124 (2005), II, 415 (434 ff.).

⁶² Dafür mit Unterschieden im Einzelnen *Bayer/Scholz* NZG 2014, 926 (930, 932 ff.); *Hemeling* ZHR 178 (2014), 221 (224); *Semler* FS Goette, 2011, 499 (510); *Semler* AG 2005, 321 (325); *Peltzer* FS Hoffmann-Becking, 2013, 861 (865); *Spindler* AG 2013, 889 (895).

⁶³ Dafür mit Unterschieden im Einzelnen *Bachmann* Gutachten E zum 70. DJT 2014, E 58 ff., E 62 ff.; *Haarmann/Weiß* BB 2014, 2115 (2116); *Habersack* ZHR 177 (2013), 782 (804); *Spindler* AG 2013, 889 (895 f.); *E. Vetter* NZG 2014, 921 (923 ff.).

⁶⁴ Eingehende Erörterung des Für und Wider bei *Bachmann* Gutachten E zum 70. DJT 2014, E 56 ff.; *Fleischer* ZIP 2014, 1305 (1309 ff.).

⁶⁵ Erläuterungen dazu bei *Bachmann* Gutachten E zum 70. DJT 2014, E 58; *Fleischer* ZIP 2014, 1305 (1313 ff.).

⁶⁶ Vgl. DJT, Beschlüsse der Abteilung Wirtschaftsrecht des 70. DJT 2014, I. 1–3.

⁶⁷ Näher *Fleischer* ZIP 2014, 1305 (1311); im Ergebnis ebenso *Bachmann* Gutachten E zum 70. DJT 2014, E 29; *Habersack* ZHR 177 (2013), 782 (803); *Sailer-Coceani* Referat auf dem 70. DJT 2014, N 15; *E. Vetter* NZG 2014, 921 (922).

⁶⁸ Ebenso MüKoAktG/*Spindler* Rn. 27.

⁶⁹ Vgl. *Fleischer* ZIP 2014, 1305 (1311); in diese Richtung auch *Baums*, Bericht der Regierungskommission Corporate Governance, 2001 Rn. 71 („falsches Signal"); allgemein mit Blick auf die organschaftliche Sorgfaltspflicht *Eisenberg* 99 Colum. L. Rev. 1253, 1269 (1999).

⁷⁰ Vgl. für die Vereinigten Staaten *Knapper/Bailey*, Liability of Corporate Officers and Directors, 8. Aufl. 20. Lfg 2014, § 16.02 ff.; für Japan *Fujita* in Kanda/Kim/Milhaupt, Transforming Corporate Governance in East Asia, 2008, 15, 24 ff.; rechtsvergleichend *Fleischer* ZIP 2014, 1305 (1311 ff.).

⁷¹ Näher dazu *Fleischer* ZIP 2014, 1305 (1314); *Grunewald* AG 2013, 813 (815); *Kremer* Referat auf dem 70. DJT 2014, N 41; *Sailer-Coceani* Referat auf dem 70. DJT 2014, N 16; *Wagner* ZHR 178 (2014), 227 (278).

⁷² Vgl. *Fleischer* ZIP 2014, 1305 (1314 f.); zur Vorsicht mahnend auch *Fuchs/Zimmermann* JZ 2014, 838 (841 ff., 846).

⁷³ Näher *Fleischer* ZIP 2014, 1305 (1315).

9c Weitere Reformvorschläge gehen dahin, richterrechtliche Grundsätze zur Begrenzung der Vorstandshaftung im Gesetz zu verankern.[74] Genannt werden etwa der sog. Vertrauensgrundsatz,[75] die „Legal Judgment Rule"[76] oder die Regeln zum rechtmäßigen Alternativverhalten.[77] Dem ist nicht zu folgen. Vordringlich wäre stattdessen eine schärfere Konturierung der Geschäftsleiterpflichten. In Übereinstimmung mit der international anerkannten Taxonomie (→ Rn. 9) sollte in § 93 Abs. 1 S. 1 neben der Sorgfalts- auch die Treuepflicht normiert werden.[78] Rechtspraktisch noch wichtiger ist die gesetzliche Verankerung des Grundsatzes der Gesamtverantwortung (→ § 77 Rn. 44 ff.), der vielen Vorstandsmitgliedern nicht geläufig ist.[79] Bedenkenswert ist schließlich, die Geschäftsleiterpflicht zur Offenlegung von Interessenkonflikten (→ Rn. 130a) nicht nur im Kodex (Ziff. 4.3.3 S. 1 DCGK), sondern im Gesetz selbst auszubuchstabieren.[80]

II. Verhaltenspflichten

10 **1. Grundlagen. a) Doppelfunktion der gesetzlich vorgeschriebenen Leitungssorgfalt.** Gemäß § 93 Abs. 1 S. 1 haben die Vorstandsmitglieder bei ihrer Geschäftsführung die Sorgfalt eines ordentlichen und gewissenhaften Geschäftsleiters anzuwenden. Mit dieser Bestimmung gibt der Gesetzgeber zunächst einen *Sorgfaltsmaßstab* für die organschaftliche Haftung vor,[81] der funktional § 276 BGB und § 347 HGB entspricht,[82] aber auf die spezifischen Aufgaben eines Unternehmensleiters zugeschnitten ist.[83] Darüber hinaus enthält sie nach hM eine generalklauselartige Umschreibung der unternehmerischen *Verhaltenspflichten*, aus der Rechtsprechung und Rechtslehre situationsbezogene Einzelpflichten ableiten.[84] Insgesamt erfüllt § 93 Abs. 1 S. 1 damit eine Doppelfunktion[85] als *Verschuldensmaßstab* und *Pflichtenquelle*.

11 **b) Einzelauffächerung der Sorgfaltspflicht.** Zur Konkretisierung der organschaftlichen Sorgfaltspflicht steuert das Aktiengesetz nur Teilaspekte bei, indem es in § 93 Abs. 3 neun Sondertatbestände hervorhebt, deren Erfüllung „namentlich" eine Schadensersatzpflicht des Vorstands auslöst. Auch § 76 Abs. 1, wonach der Vorstand unter eigener Verantwortung das Unternehmen zu leiten hat, enthält kein vollständiges Anforderungsprofil. In einer ersten Annäherung behelfen sich Rechtsprechung und Rechtslehre mit der vagen Formel, dass ein Organmitglied zur Wahrung des Vorteils der Gesellschaft und zur Abwendung von Schäden verpflichtet sei.[86]

12 Für eine aussagekräftigere Vorstrukturierung des organschaftlichen Pflichtenprogramms empfiehlt es sich, drei größere Pflichtenkreise zu unterscheiden: Erstens ist jedes Vorstandsmitglied gehalten, die im Aktiengesetz, der Satzung und der Geschäftsordnung niedergelegten Organpflichten zu erfül-

---

[74] Eingehend dazu *Fleischer* DB 2014, 1971 ff.
[75] Vgl. *Bachmann* Gutachten E zum 70. DJT 2014, E 42 f; *Kremer* Referat auf dem 70. DJT 2014, N 37; *Seibt/Cziupka* DB 2014, 1598 (1602).
[76] Vgl. *Bürkle* VersR 2013, 792 (793 ff.); *Krauel/Winter* VersR 2013, 555 (557); *Seibt/Wollenschläger* ZIP 2014, 545 (553); für die Normierung einer „Reliance Defense" *Müller* DB 2014, 1301 (1307).
[77] Vgl. *Haarmann/Weiß* BB 2014, 2115 (2117 f.).
[78] Vgl. *Fleischer* DB 2014, 1971 f. unter Hinweis auf Art. 717 Abs. 1 des schweizerischen Obligationenrechts: „Die Mitglieder des Verwaltungsrates sowie Dritte, die mit der Geschäftsführung befasst sind, müssen ihre Aufgaben mit aller Sorgfalt erfüllen und die Interessen der Gesellschaft in guten Treuen wahren."; zustimmend *J. Schmidt* ZGR 2017, 654 (670); zögernd *Reichert* ZGR 2017, 671 (700); beide zum GmbH-Geschäftsführer.
[79] Dazu *Fleischer* DB 2014, 1971 (1972).
[80] Dazu *Fleischer* DB 2014, 1971 (1973) unter Hinweis auf sec. 177 englischer Companies Act 2006, Art. 2391 italienischer Codice civile und Art. 229 spanisches Ley de Sociedades de Capital.
[81] Vgl. *Bürgers/Körber/Bürgers* Rn. 2; *Fleischer* in Fleischer VorstandsR-HdB § 7 Rn. 1; Großkomm AktG/*Hopt/Roth* Rn. 43; Hüffer/Koch/*Koch* Rn. 5; Kölner Komm AktG/*Mertens/Cahn* Rn. 10; MüKoAktG/*Spindler* Rn. 21.
[82] Vgl. OLG Köln AG 2013, 570 (571); OLG Frankfurt AG 2011, 918; s. auch *Strohn* CCZ 2013, 177.
[83] Vgl. OLG Köln AG 2013, 570 (571); *Bürgers/Körber/Bürgers* Rn. 3; *Fleischer* in Fleischer VorstandsR-HdB § 7 Rn. 1; Großkomm AktG/*Hopt/Roth* Rn. 58; Hüffer/Koch/*Koch* Rn. 6; K. Schmidt/Lutter/*Krieger/Sailer-Coceani* Rn. 5; *Raiser/Veil* KapGesR § 14 Rn. 65; *Thümmel*, Persönliche Haftung von Managern und Aufsichtsräten, 4. Aufl. 2008, Rn. 220.
[84] Vgl. *Fleischer* in Fleischer VorstandsR-HdB § 7 Rn. 1; Hüffer/Koch/*Koch* Rn. 5; Kölner Komm AktG/*Mertens/Cahn* Rn. 11; *Raiser/Veil* KapGesR § 14 Rn. 65; Hölters/*Hölters* Rn. 3; abw. Grigoleit/*Grigoleit/Tomasic* Rn. 4; *Hüffer* FS Raiser, 2005, S. 163 (165 ff.).
[85] Vgl. *Bürgers/Körber/Bürgers* Rn. 2; Großkomm AktG/*Hopt/Roth* Rn. 43; Hüffer/Koch/*Koch* Rn. 5; K. Schmidt/Lutter/*Krieger/Sailer-Coceani* Rn. 5; Kölner Komm AktG/*Mertens/Cahn* Rn. 11; *Raiser/Veil* KapGesR § 14 Rn. 65; MüKoAktG/*Spindler* Rn. 21; *Thümmel*, Persönliche Haftung von Managern und Aufsichtsräten, 4. Aufl. 2008, Rn. 182; Wachter/*Eckert* Rn. 5.
[86] Vgl. BGHZ 176, 204 Rn. 38 (GmbH); BGHZ 21, 354 (357); *Bürgers/Körber/Bürgers* Rn. 2; Großkomm AktG/*Hopt/Roth* Rn. 60; Kölner Komm AktG/*Mertens/Cahn* Rn. 66; MHdB AG/*Wiesner* § 25 Rn. 3.

len und die das Unternehmen betreffenden Rechtsvorschriften des allgemeinen Zivilrechts, des Straf- und Ordnungswidrigkeitenrechts und des öffentlichen Rechts zu beachten (sog. *Legalitätspflicht*, → Rn. 14 ff.). Zweitens muss ein Vorstandsmitglied die ihm übertragene Unternehmensleitung innerhalb des gesetzlich vorgegebenen Pflichtenrahmens umfänglich wahrnehmen und sein Amt mit der erforderlichen Sorgfalt führen (sog. *Sorgfaltspflicht im engeren Sinne*, → Rn. 41 ff.). Drittens obliegt es dem Vorstandsmitglied, sich in geeigneter Weise von dem recht- und zweckmäßigen Verhalten nachgeordneter Unternehmensangehöriger und seiner Vorstandskollegen zu überzeugen (sog. *Überwachungspflicht*, → Rn. 94 ff.).

c) Sorgfaltspflicht und Geschäftsleiterermessen. Nach allgemeiner Ansicht steht den Vor- **13** standsmitgliedern bei der Wahrnehmung ihrer Leitungsaufgaben ein weiter unternehmerischer Ermessensspielraum zu, ohne den eine unternehmerische Tätigkeit schlechterdings nicht denkbar ist.[87] Das war der Sache nach schon immer anerkannt[88] und spiegelte sich markant in der Amtlichen Begründung des Aktiengesetzes von 1937 wider.[89] Ins allgemeine juristische Bewusstsein eingedrungen ist das Handlungsermessen der Leitungsorgane aber erst mit der ARAG/Garmenbeck-Entscheidung des BGH aus dem Jahre 1997, die seine Voraussetzungen und Grenzen erstmals näher konkretisierte.[90] Ihre große Überzeugungskraft hat den Gesetzgeber veranlasst, die Figur des Geschäftsleiterermessens durch das UMAG (→ Rn. 7) zu kodifizieren: Nach § 93 Abs. 1 S. 2 verstößt ein Vorstandsmitglied nicht gegen seine Sorgfaltspflicht, wenn es bei einer unternehmerischen Entscheidung vernünftigerweise annehmen durfte, auf der Grundlage angemessener Information zum Wohl der Gesellschaft zu handeln (näher → Rn. 59 ff.).

2. Sorgfaltspflicht. a) Legalitätspflicht. Zu den Kardinalpflichten eines Vorstandsmitglieds **14** gehört zuvörderst die Pflicht, sich bei seiner Amtsführung gesetzestreu zu verhalten.[91] Diese Legalitätspflicht, die auch Ziff. 4.1.3 Satz 1 DCGK beschreibt,[92] besteht aus zwei Teilstücken: der *internen* Pflichtenbindung, die durch Aktiengesetz, Satzung und Geschäftsordnung näher ausgeformt wird (→ Rn. 15 ff.), und der *externen* Pflichtenbindung, die sich aus verstreuten Rechtsvorschriften außerhalb des Aktienrechts ergibt (→ Rn. 23 ff.).[93]

aa) Interne Pflichtenbindung. (1) Organspezifische Rechtspflichten. Jedes Vorstandsmit- **15** glied ist zunächst gehalten, alle Verhaltensgebote zu erfüllen, die ihm das Aktiengesetz auferlegt.

(a) Gesetzlich geregelte Einzelpflichten. Das Gesetz präzisiert das organschaftliche Pflichtenpro- **16** gramm an zahlreichen Stellen:[94] So muss der Vorstand auf Geschäftsbriefen bestimmte Pflichtangaben machen (§ 80), Änderungen des Vorstands oder der Vertretungsbefugnis eines Vorstandsmitglieds zur Eintragung in das Handelsregister anmelden (§ 81), Hauptversammlungsbeschlüsse vorbereiten und ausführen (§ 83), für eine ordnungsgemäße Führung der Handelsbücher und die Einrichtung eines Früherkennungssystems sorgen (§ 91), bei Verlusten in Höhe der Hälfte des Grundkapitals unverzüglich die Hauptversammlung einberufen und ihr dies anzeigen (§ 92 Abs. 1) sowie bei Zahlungsunfähigkeit oder Überschuldung die Eröffnung des Insolvenzverfahrens beantragen (§ 15a Abs. 1 S. 1 InsO).

Außerdem treffen den Vorstand mannigfaltige Berichts-, Informations- und Rechenschaftspflichten **17** gegenüber den sonstigen Gesellschaftsorganen und anderen Bezugsgruppen des Unternehmens: Er ist dem Aufsichtsrat zur Berichterstattung (§ 90) und den Aktionären in der Hauptversammlung zur Aus-

---

[87] Vgl. Bürgers/Körber/*Bürgers* Rn. 2; *Fleischer* in Fleischer VorstandsR-HdB § 7 Rn. 3; Großkomm AktG/ Hopt/Roth Rn. 61; Hüffer/Koch/*Koch* Rn. 1; NK-AktR/*U. Schmidt* Rn. 9; MüKoAktG/*Spindler* Rn. 36.
[88] Vgl. *Fleischer* FS Wiedemann, 2002, 827 (836); *Goette* FS 50 Jahre BGH, 2000, 123 (124).
[89] Vgl. die Amtl. Begr. zu § 84 AktG 1937 bei *Klausing* 71: „Eine Haftung des Vorstands für den Erfolg seiner Geschäftsführung ohne Rücksicht auf sein Verschulden würde nur zur Folge haben, daß die Verantwortungsfreudigkeit eines Vorstandsmitglieds erheblich herabgemindert und ihm jeder Mut zur Tat genommen wird."
[90] Vgl. BGHZ 135, 244 (253 f.); näher dazu *Koch*, in Fleischer/Thiessen, Gesellschaftsrechts-Geschichten, 2018, § 14.
[91] Vgl. BGHZ 194, 26 Rn. 22; BGH NJW 2011, 88 Rn. 37; BGHSt 55, 266 Rn. 29; OLG Köln AG 2013, 570 (571); OLG Karlsruhe NZG 2013, 1177 (1178); *Fleischer* ZIP 2005, 141 (142 ff.); *Goette* FS 50 Jahre BGH, 2000, 123 (131 ff.); *Habersack* FS U.H. Schneider, 2011, 429; Großkomm AktG/*Hopt/Roth* Rn. 74 und 133; Hüffer/Koch/*Koch* Rn. 6; K. Schmidt/Lutter/*Krieger/Sailer-Coceani* Rn. 6; NK-AktR/*U. Schmidt* Rn. 10; Kölner Komm AktG/*Mertens/Cahn* Rn. 67; MHdB AG/*Wiesner* § 25 Rn. 4; Henssler/Strohn/*Dauner-Lieb* Rn. 7.
[92] Dazu KBLW/*Bachmann* Rn. 819 f.
[93] Zu dieser Strukturierung *Abeltshauser*, Leitungshaftung im Kapitalgesellschaftsrecht, 1998, 205; *Bicker* AG 2014, 8; *Fleischer* ZIP 2005, 141 (142); *Habersack* FS U.H. Schneider, 2011, 426 (431); *Langenbucher* FS Lwowski, 2014, 333; MüKoAktG/*Spindler* Rn. 146; s. auch *Paefgen*, Unternehmerische Entscheidungen und Rechtsbindung der Organe in der AG, 2002, S. 17 f.; enger *Thole* ZHR 173 (2009), 504 (506 ff.).
[94] Ausführlich BeckHdB AG/*Liebscher* § 6 Rn. 93 ff.; *Raiser/Veil* KapGesR § 14 Rn. 2 ff.; *Thümmel*, Persönliche Haftung von Managern und Aufsichtsräten, 4. Aufl. 2008, Rn. 127 ff.

kunftserteilung (§ 131) verpflichtet; er muss die Arbeitnehmer (§ 81 BetrVG), den Betriebsrat (§§ 74, 90, 92 BetrVG) und den Wirtschaftsausschuss (§ 106 BetrVG) informieren; er schuldet dem Geschäftsverkehr Offenlegung des Jahresabschlusses (§ 325 HGB) und dem Anlegerpublikum Auskunft in Form der Halbjahres- (§ 115 WpHG) und Ad-hoc-Publizität (Art. 17 MMVO); ihm obliegt zusammen mit dem Aufsichtsrat die jährliche Erklärungspflicht zum Corporate Governance Kodex (§ 161).

18   Fernerhin verlangt das Gesetz vom Vorstand die Erstellung ausführlicher schriftlicher Berichte über bestimmte, von der Hauptversammlung zu beschließende Entscheidungen (§§ 293a, 319 Abs. 3 Nr. 3 AktG; §§ 8, 127, 192 UmwG). Auch sind einzelne von ihm geschlossene Verträge auszulegen und zu erläutern (§ 179a Abs. 2). Schließlich hat der Vorstand der Hauptversammlung bei ordentlichen Kapitalerhöhungen (§ 186 Abs. 4 S. 2) und beim genehmigten Kapital (§ 203 Abs. 2 S. 2) einen schriftlichen Bericht über den Grund für den Bezugsrechtsausschluss vorzulegen.

19   **(b) Sondertatbestände zur Verhinderung unzulässiger Kapitalabflüsse.** Darüber hinaus enthält § 93 Abs. 3 einen Katalog von neun Sondertatbeständen, die dazu dienen, die Aufbringung und Erhaltung des Grundkapitals zu sichern (näher → Rn. 256 ff.).[95]

20   **(2) Wahrung der gesetzlichen Zuständigkeitsordnung.** Weiterhin hat der Vorstand die aktienrechtliche Kompetenzverteilung zu wahren. § 82 Abs. 2 formuliert dies dahin, dass alle Vorstandsmitglieder im Verhältnis zur Gesellschaft verpflichtet sind, die Beschränkungen einzuhalten, die im Rahmen der Vorschriften über die Aktiengesellschaft die Satzung, der Aufsichtsrat, die Hauptversammlung und die Geschäftsordnungen des Vorstands und des Aufsichtsrats für die Geschäftsführungsbefugnis getroffen haben (näher → § 82 Rn. 26 ff.). Kompetenzüberschreitungen stellen stets einen Verstoß gegen § 93 Abs. 1 dar.[96] So liegt es etwa, wenn sich der Vorstand eigenmächtig über die ungeschriebenen Mitwirkungsbefugnisse der Hauptversammlung bei Strukturentscheidungen[97] hinwegsetzt.[98] Gleiches gilt, wenn Vorstandsmitglieder unter Rücksichtnahme auf satzungsmäßige Zustimmungsvorbehalte des Aufsichtsrats (§ 111 Abs. 4 S. 2) Verträge mit Dritten abschließen[99] oder bei Eigengeschäften mit der Gesellschaft die Vertretungszuständigkeit des Aufsichtsrats (§ 112) missachten.[100] Ferner liegt ein Kompetenzverstoß vor, wenn ein Vorstandsmitglied entgegen einer schriftlich fixierten Geschäftsverteilung andauernd in ein fremdes Ressort „hineinregiert".[101]

21   **(3) Einhaltung des Unternehmensgegenstandes.** Eine besonders wichtige Einzelausprägung der Bindung an die aktienrechtliche Kompetenzordnung stellt schließlich das Gebot an den Vorstand dar, sich an die Satzungsbestimmung über den Unternehmensgegenstand zu halten (→ § 82 Rn. 28 ff.).[102] Der Unternehmensgegenstand (§ 23 Abs. 3 Nr. 2) zieht der Geschäftsführungsbefugnis des Vorstands eine äußere Grenze; er steckt den Bereich seines rechtlichen „Dürfens" ab.[103] Mithin ist es dem Vorstand verboten, seine unternehmerische Tätigkeit auf Bereiche auszudehnen, die durch den Gegenstand des Unternehmens nicht gedeckt sind.[104] Eng begrenzte Ausnahmen werden nur für branchenfremde Hilfsgeschäfte[105] und vorübergehende Erwerbschancen außerhalb des Unterneh-

---

[95] Vgl. *Fleischer* in Fleischer VorstandsR-HdB § 7 Rn. 9; *Goette* in Hommelhoff/Hopt/v. Werder Corporate Governance-HdB 713 (717); *Habersack/Schürnbrand* WM 2005, 957; Großkomm AktG/*Hopt/Roth* Rn. 326; MüKoAktG/*Spindler* Rn. 192.
[96] Vgl. BGH NZG 2015, 792 Rn. 24 ff.; OLG Saarbrücken NZG 2014, 343; OLG Stuttgart BeckRS 2013, 12075; *Abeltshauser*, Leitungshaftung im Kapitalgesellschaftsrecht, 1998, 210; Bürgers/Körber/*Bürgers* Rn. 7; *Fleischer* in Fleischer VorstandsR-HdB § 7 Rn. 10; *Paefgen*, Unternehmerische Entscheidungen und Rechtsbindung der Organe in der AG, 2002, 19.
[97] Vgl. BGHZ 83, 122; 159, 30; eingehend dazu *Fleischer* NJW 2004, 2335.
[98] Vgl. OLG Naumburg ZIP 2014, 1735 (1736) (GmbH); *Fleischer* in Fleischer VorstandsR-HdB § 7 Rn. 10; *Goette* FS 50 Jahre BGH, 2000, 123 (133); *Paefgen*, Unternehmerische Entscheidungen und Rechtsbindung der Organe in der AG, 2002, 18.
[99] Vgl. OLG Stuttgart BeckRS 2013, 12075; OLG München NZG 2000, 741 (742 f.); *Abeltshauser*, Leitungshaftung im Kapitalgesellschaftsrecht, 1998, 210; *Fleischer* NJW 2009, 2337; *Goette* FS 50 Jahre BGH, 2000, 123 (133).
[100] Vgl. OLG Saarbrücken NZG 2014, 343; *Goette* FS 50 Jahre BGH, 2000, 123 (133); s. auch BGH ZIP 1982, 1073 und 1203.
[101] Vgl. Großkomm AktG/*Hopt/Roth* Rn. 169; MüKoAktG/*Spindler* § 77 Rn. 55; zur Abgrenzung gegenüber der ressortübergreifenden Überwachungs- und Interventionspflicht *Fleischer* NZG 2003, 449 (452 ff.).
[102] Vgl. BGH NJW 2013, 1958 Rn. 16; Bürgers/Körber/*Bürgers* Rn. 7; *Fleischer* in Fleischer VorstandsR-HdB § 7 Rn. 11; *Raiser/Veil* KapGesR § 14 Rn. 8 ff.; ausführlich *Paefgen*, Unternehmerische Entscheidungen und Rechtsbindung der Organe in der AG, 2002, S. 474 ff.
[103] Vgl. OLG Düsseldorf AG 2016, 410 (412); *Lutter* FS Fleck, 1988, S. 169 (187); *Wollburg/Gehling* FS Lieberknecht, 1997, S. 133 (140).
[104] Vgl. BGH NJW 2013, 1958 Rn. 16; *Blasche* DB 2011, 517 (519); Hölters/*Hölters* Rn. 61.
[105] Vgl. BGH NZG 2014, 423 Rn. 48; OLG Düsseldorf AG 2016, 410 (412).

mensgegenstandes erwogen, wenn sonst vorhandene Gesellschaftsressourcen ungenutzt blieben.[106] Umgekehrt darf der Vorstand keine Geschäftsfelder aufgeben, die zum Unternehmensgegenstand gehören und auf denen eine erwerbswirtschaftlich orientierte Betätigung noch möglich ist.[107] Will er sich von einem in der Satzung vorgesehenen Tätigkeitsfeld trennen, hat der Vorstand die erforderliche Satzungsänderung grundsätzlich vor dessen Aufgabe in die Wege zu leiten.[108] Demnach wirkt der Unternehmensgegenstand nicht nur als Überschreitungs-, sondern auch als Unterschreitungsverbot.[109] Der gesamte Fragenkreis bedarf allerdings dringend einer umfassenden Aufarbeitung.[110]

Zuwiderhandlungen in beide Richtungen stellen nach allgemeiner Meinung Pflichtverletzungen iSd § 93 Abs. 1 dar.[111] Die Pflichtwidrigkeit ergibt sich ohne Weiteres aus der internen Kompetenzüberschreitung,[112] lässt die Wirksamkeit der Maßnahme im Außenverhältnis aber zumeist unberührt.[113] Ein markantes Beispiel aus der Rechtsprechung bildet die Klöckner-Entscheidung, in welcher der BGH dem Berufungsgericht zu prüfen aufgab, ob Spekulationsgeschäfte auf dem Rohöl-Terminmarkt noch zu dem Gegenstand des betreffenden Unternehmens gehörten.[114] Neuere Entscheidungen betreffen Zinsderivategeschäfte einer Hypothekenbank,[115] Zinsswapgeschäfte einer Immobiliengesellschaft[116] und großvolumige Investitionen einer Mittelstandsbank in US-amerikanische Kreditverbriefungen.[117] Unter den weiteren Voraussetzungen des § 93 Abs. 2 steht der Gesellschaft bei Über- oder Unterschreiten des Unternehmensgegenstands ein Schadensersatzanspruch gegen ihre Vorstandsmitglieder zu.[118] Auch kann ein wichtiger Grund für einen Widerruf der Bestellung gemäß § 84 Abs. 3 gegeben sein.[119]

bb) Externe Pflichtenbindung. (1) Reichweite des Legalitätsprinzips. (a) Allgemeine Gesetzespflichten. Im Außenverhältnis muss ein Vorstandsmitglied sämtliche Rechtsvorschriften einhalten, die das Unternehmen als Rechtssubjekt treffen.[120] Dazu gehören zunächst die zahlreichen Vorschriften des Zivil- und Wirtschaftsrechts, namentlich des Bilanz-, Kartell- und Wettbewerbsrechts.[121] Beachtung erheischen weiter die Vorgaben des Arbeits-, Sozial- und Steuerrechts sowie die Regelungen des Verwaltungsrechts von der Gewerbeordnung bis hin zum Bundesimmissionsschutzgesetz,[122] neuerdings ferner die Bestimmungen der Datenschutzgrundverordnung.[123] Schließlich sind auch die Bestimmungen des Straf- und Ordnungswidrigkeitsrechts einzuhalten.[124]

---

[106] Dazu → § 82 Rn. 30.
[107] Vgl. OLG Köln AG 2009, 416 (417 f.); *Blasche* DB 2011, 517 (519 f.); *Fleischer* ZIP 2005, 141 (143); *Tieves*, Der Unternehmensgegenstand der Kapitalgesellschaft, 1998, S. 300 ff.
[108] Vgl. *Fleischer* NJW 2009, 2337.
[109] Vgl. *Fleischer* NJW 2009, 2337; *Paefgen*, Unternehmerische Entscheidungen und Rechtsbindung der Organe in der AG, 2002, S. 475.
[110] Monographisch *Reiling*, Die Unterschreitung des Unternehmensgegenstandes, 2015.
[111] Vgl. BGH NJW 2013, 1958 Rn. 16; *Blasche* DB 2011, 517 (519); *Bürgers/Körber/Bürgers* Rn. 7; *Fleischer* in Fleischer VorstandsR-HdB § 7 Rn. 12.
[112] Vgl. *Fleischer* in Fleischer VorstandsR-HdB § 7 Rn. 12; *Schlechtriem* in Kreuzer, Die Haftung der Leitungsorgane von Kapitalgesellschaften, 1991, 9, 30; *Tieves*, Der Unternehmensgegenstand der Kapitalgesellschaft, 1998, 323 ff.
[113] Vgl. *Blasche* DB 2011, 517 (519); *Fleischer* ZIP 2005, 141 (144).
[114] Vgl. BGHZ 119, 305 (332).
[115] Vgl. BGH NJW 2013, 1958, ferner BGH NZG 2014, 423 Rn. 48: Derivategeschäfte zwecks Beteiligungsaufbau.
[116] Vg. OLG Düsseldorf AG 2016, 410 (412).
[117] Vgl. OLG Düsseldorf NJW 2010, 1537.
[118] Vgl. BGH NJW 2013, 1958; *Fleischer* ZIP 2005, 141 (144); ausführlich *Tieves*, Der Unternehmensgegenstand der Kapitalgesellschaft, 1998, 323 ff.
[119] Vgl. *Fleischer* in Fleischer VorstandsR-HdB § 7 Rn. 12.
[120] Vgl. BGHZ 194, 26 Rn. 22; BGH NJW 2011, 88 Rn. 37; NZG 2010, 1190 Rn. 29; BGHZ 133, 370 (375); 124, 111 (127); LG München I NZG 2014, 345 (346); *Abeltshauser*, Leitungshaftung im Kapitalgesellschaftsrecht, 1998, 213; *Fleischer* ZIP 2005, 141 (148); *Goette* in Hommelhoff/Hopt/v. Werder Corporate Governance-HdB 713 (721); Großkomm AktG/*Hopt/Roth* Rn. 74; *K. Schmidt/Lutter/Krieger/Sailer-Coceani* Rn. 6; NK-AktR/*U. Schmidt* Rn. 10; Kölner Komm AktG/*Mertens/Cahn* Rn. 71; *Paefgen*, Unternehmerische Entscheidungen und Rechtsbindung der Organe in der AG, 2002, 24; *Raiser/Veil* KapGesR § 14 Rn. 81; *Schlechtriem* in Kreuzer, Die Haftung der Leitungsorgane von Kapitalgesellschaften, 1991, 9 (20 f.); *Thole* ZHR 173 (2009), 504 ff.
[121] Vgl. LG München I NZG 2014, 345 (346); *Fleischer* BB 2008, 1070; *Fleischer* in Fleischer VorstandsR-HdB § 7 Rn. 13; *Krieger* in Krieger/Schneider Hdb Managerhaftung § 3 Rn. 5; *Paefgen* AG 2014, 554 (559); *Wiedemann* ZGR 2011, 183 (199).
[122] Vgl. BGH NJW 2011, 88 (92 Rn. 37); Großkomm AktG/*Hopt/Roth* Rn. 74; NK-AktR/*U. Schmidt* Rn. 15; *Schlechtriem* in Kreuzer, Die Haftung der Leitungsorgane von Kapitalgesellschaften, 1991, 9 (21); *Wiedemann* ZGR 2011, 183 (199); speziell zum BImSchG *Menze* GmbHR 2001, 506.
[123] Näher *Behling* ZIP 2017, 697; *König* AG 2017, 262.
[124] Vgl. LG München I NZG 2014, 345 (346); *Abeltshauser*, Leitungshaftung im Kapitalgesellschaftsrecht, 1998, 213; *Fleischer* ZIP 2005, 141 (144); Großkomm AktG/*Hopt/Roth* Rn. 74.

24 Ein rechtswidriges Verhalten im Außenverhältnis stellt nach ganz hM zugleich eine Pflichtverletzung im Innenverhältnis dar.[125] Zur Begründung pflegt man darauf zu verweisen, dass der Gesellschaft infolge der Gesetzesverletzung Nachteile in Form von Schadensersatzzahlungen, Geldbußen oder auch der Minderung ihres Rufs und ihrer Geschäftschancen erwachsen können.[126] Ganz zu befriedigen vermag dieses Argument nicht, weil es vom Vorliegen eines Schadens auf den Pflichtverstoß zurückschließt. Richtigerweise gilt die Legalitätspflicht des Vorstands auch dann, wenn der Gesetzesverstoß im Interesse der Gesellschaft erfolgt und das Entdeckungs- und Verfolgungsrisiko im Vergleich zum voraussichtlichen Vorteil vernachlässigbar ist (näher zu solchen „nützlichen" Pflichtverletzungen → Rn. 36). Ihre normative Rechtfertigung liegt letztlich im Geltungsvorrang der staatlichen Rechtsordnung,[127] der nach einer effektiven Durchsetzung auch gegenüber juristischen Personen verlangt.[128]

25 **(b) Anerkannte Grundsätze der Geschäftsmoral?** Vielerorts wird darüber hinaus eine Pflicht der Vorstandsmitglieder postuliert, allgemein anerkannte Grundsätze der Geschäftsmoral einzuhalten.[129] Dem wird man in dieser Allgemeinheit – auch nach Einführung des Kodex-Leitbildes des Ehrbaren Kaufmanns (→ § 76 Rn. 42f) – nicht folgen können: Ethische Verhaltensstandards eignen sich wegen ihrer großen Unbestimmtheit und Diversität nicht als Richtmaß für die aktienrechtliche Leitungssorgfalt.[130] Die moderne Privatrechtsordnung lässt moralische Wertungen nur wohldosiert und mittelbar über die Generalklauseln der §§ 138, 242 BGB in die bürgerlich-rechtliche Beurteilung einfließen. Hiervon ausgerechnet im Aktienrecht mit seinem ausgeprägten Bedürfnis nach Rechtssicherheit abzugehen, besteht kein Anlass.[131] Mit dieser weitgehenden Entkoppelung vom Recht wird Moral nicht etwa relativiert, sondern privatisiert: Sie ist – jenseits des rechtsethischen Minimums, das jedem einleuchten muss – keine Angelegenheit öffentlicher Verantwortung.[132]

25a **(c) Pflicht zum Reputationsmanagement.** So richtig es ist, die Grundsätze der Geschäftsmoral nicht zu rechtsverbindlichen Leitmaximen zu nobilitieren, so unrichtig wäre es andererseits, sie vollständig zu ignorieren. Als vermittelndes Bindeglied eignet sich die Unternehmensreputation.[133] Betriebswirtschaftlichen Erkenntnissen zufolge bildet sie eine wertvolle unternehmerische Ressource, die bei richtigem Einsatz strategische Wettbewerbsvorteile verspricht.[134] Dem Unternehmer als „Reputator" obliegen daher Aufbau und Pflege der aus ehrbarer kommerzieller Tätigkeit entstehenden Reputation sowie deren aktive unternehmerische Verwendung und Vermarktung.[135]

25b Für das Aktienrecht folgt hieraus, dass dem Vorstand bei der Wahrnehmung seiner Unternehmerfunktion im Rahmen des § 76 Abs. 1, § 93 Abs. 1 eine Leitungspflicht zum Reputationsmanagement obliegt.[136] Er ist auch im Rechtssinne Förderer und Wahrer der fragilen Ressource Unternehmensreputation. Vor der Entscheidung über rechtlich zulässige, aber ethisch fragwürdige Geschäfte hat er

---

[125] Vgl. BGH NJW 2011, 88 (92 Rn. 37); NZG 2010, 1190 (1192 Rn. 29); OLG Karlsruhe NZG 2013, 1177 (1178 f.); *Abeltshauser*, Leitungshaftung im Kapitalgesellschaftsrecht, 1998, 213; Großkomm AktG/*Hopt/Roth* Rn. 74; Hüffer/Koch/*Koch* Rn. 6; NK-AktR/*U. Schmidt* Rn. 7; *Lutter* ZIP 2007, 841 (844); Kölner Komm AktG/*Mertens/Cahn* Rn. 71; differenzierend Grigoleit/*Grigoleit/Tomasic* Rn. 9 ff.
[126] Vgl. *Raiser/Veil* KapGesR § 14 Rn. 81.
[127] Vgl. mit Nuancierungen im einzelnen *Breitenfeld*, Die organschaftliche Binnenhaftung des Vorstandsmitglieds für gesetzwidriges Verhalten, 2016, 72; *Fleischer* ZIP 2005, 141 (148); *Harbarth/Brechtel* ZIP 2016, 241; *Holle*, Legalitätskontrolle im Kapitalgesellschafts- und Konzernrecht, 2014, 54 f.; Hüffer/Koch/*Koch* Rn. 6; *Merkt* ZIP 2014, 1705 (1706). Fundamentalkritik zuletzt bei *Brock*, Legalitätsprinzip und Nützlichkeitserwägungen, 2017, 58 ff., 112 ff. und passim.
[128] Betonung des Allgemeininteresses an Regelbefolgung und generalpräventiver Gesichtspunkte bei *Breitenfeld*, Die organschaftliche Binnenhaftung der Vorstandsmitglieder für gesetzwidriges Verhalten, 2016, 73 ff.; *Habersack* FS U.H. Schneider, 2011, 429 (435); *Harbarth* ZHR 179 (2015), 136 (147); *Tröger* ZHR 177 (2013), 475 (500 mit Fn. 106).
[129] Vgl. NK-AktR/*U. Schmidt* Rn. 11; Kölner Komm AktG/*Mertens/Cahn* Rn. 71; *Schlechtriem* in Kreuzer, Die Haftung der Leitungsorgane von Kapitalgesellschaften, 1991, 9 (21); *Thümmel*, Persönliche Haftung von Managern und Aufsichtsräten, 5. Aufl. 2016, Rn. 184.
[130] Näher *Fleischer* DB 2017, 2015 (2017 f.); ähnliche Bedenken bei *Abeltshauser*, Leitungshaftung im Kapitalgesellschaftsrecht, 1998, 205 mit Fn. 720; *Brock*, Legalitätsprinzip und Nützlichkeitserwägungen, 2017, 174 f.; *Lange*, D&O-Versicherung und Managerhaftung, 2014, § 2 Rn. 106; *Paefgen*, Unternehmerische Entscheidungen und Rechtsbindung der Organe in der AG, 2002, 24 mit Fn. 45; *Paefgen* AG 2014, 554 (557); *Thole* ZHR 173 (2009), 504 (520).
[131] Vgl. *Fleischer* AG 2017, 509 (516); Großkomm AktG/*Hopt/Roth* Rn. 150.
[132] Vgl. *Fleischer* DB 2017, 2015 (2018 f.) mwN.
[133] Näher *Fleischer* DB 2017, 2015 (2019 ff.).
[134] Vgl. etwa *Hall* Strategic Management Journal 13 (1993), 607.
[135] Vgl. *Gerbaulet*, Der Unternehmer als Reputator, 2016, 136 f.
[136] Vgl. *Fleischer* DB 2017, 2015 (2020); *Seibt* DB 2015, 171 (174); *Seibt* DB 2016, 2707 (2709).

daher deren Auswirkungen auf die Unternehmensreputation zu prüfen und ihre voraussichtlichen Vorteile gegen die zu erwartenden Reputationsschäden abzuwägen.[137] In der Marketing-Literatur wird dieses Vorgehen als DEAR-Prinzip bezeichnet: *Decisions Evaluated Against Reputation*.[138] Ohne vorherige Identifizierung und Abschätzung der Reputationsfolgen kann sich der Vorstand bei einem ethisch fragwürdigen Geschäft mangels angemessener Informationsgrundlage (→ Rn. 70) nicht auf den Schutz der Business Judgment Rule berufen.[139] Hat er sich dagegen hinreichend kundig gemacht und ist dabei zu dem Ergebnis gelangt, dass sich das Geschäft für die Gesellschaft gleichwohl lohnt, sind die Voraussetzungen des § 93 Abs. 1 S. 2 regelmäßig erfüllt. Anderes gilt nur, wenn er die betreffenden Reputationsrisiken in völlig unvertretbarer Weise falsch beurteilt hat.[140]

(d) Rechtspflichten bei Auslandsgeschäften. Bei Auslandssachverhalten geht es zumeist um Schmiergeldzahlungen an ausländische Staatsbedienstete oder Privatpersonen.[141] Um sie drehte sich auch der aufsehenerregende Siemens/Neubürger-Fall.[142] Solche korruptiven Auslandstaten sind heute durchweg nach deutschem Recht strafbar: § 334 StGB iVm Art. 2 § 1 EUBestG[143] und Art. 2 § 2 IntBestG[144] stellen die Bestechung von Amtsträgern und Abgeordneten eines ausländischen Staates unter Strafe. Für Schmiergeldzahlungen an ausländische Privatpersonen gilt § 299 Abs. 3 StGB. Dass wirtschaftliche Erfolge auf korruptiven Auslandsmärkten nur mit Hilfe von Schmiergeldzahlungen möglich sind, bildet nach zutreffender hM keinen Rechtfertigungsgrund.[145] Für das Aktienrecht folgt daraus, dass grenzüberschreitende Schmiergeldleistungen – im Gegensatz zu einer Leitentscheidung des BGH aus dem Jahre 1985 – nicht mehr nur nach § 138 BGB sittenwidrig sind,[146] sondern auch handfeste Gesetzesverletzungen darstellen.[147] Ein Vorstandsmitglied, das solche Schmiergeldzahlungen nicht selbst angeordnet hat, kann uU wegen der Verletzung seiner Überwachungs- und Compliance-Pflichten haftbar sein, wenn es trotz erkennbarem Risikopotential keine Maßnahmen zur Korruptionsprävention ergriffen hat (→ § 91 Rn. 54 ff.).[148]

Im Übrigen müssen ausländische Normen jedenfalls dann beachtet werden, wenn sie nach deutschem oder vereinheitlichtem Kollisionsrecht zur Anwendung berufen sind.[149] Sie stehen dann über die inländische Rechtsanwendungsnorm einer inländischen Rechtsvorschrift gleich.[150] Anders liegt

---

[137] Dazu bereits *Flume*, Die juristische Person, 1983, § 2 VIII 3, S. 60; vertiefend *Fleischer* DB 2017, 2015 (2020f.).
[138] *Balmer* Journal of Marketing Management 14 (1998), 963 (972f.) mit erläuterndem Schaubild.
[139] Vgl. *Fleischer* DB 2017, 2015 (2021); im Ergebnis ebenso *Seibt* DB 2015, 171 (176).
[140] Vgl. *Fleischer* DB 2017, 2015 (2021).
[141] Grundlegend, aber in den Einzelheiten überholt *Hopt* FS Tübinger Juristenfakultät, 1977, 279; monographisch *Wurm*, Verbotene Zuwendungen im internationalen Wirtschaftsverkehr und die aktienrechtliche Haftung des Vorstands, 1989; *Kutschelis*, Korruptionsprävention und Geschäftsleiterpflichten im nationalen und internationalen Unternehmensverbund, 2014.
[142] LG München I NZG 2014, 345; zum Hintergrund *Bachmann* in Fleischer/Thiessen, Gesellschaftsrechts-Geschichten, 2018, § 22.
[143] BGBl. 1998 II 2340.
[144] BGBl. 1998 II 2327.
[145] Vgl. LG München I NZG 2014, 345 (346); *Fischer* StGB § 299 Rn. 23a; *Fleischer* NZG 2014, 345 (346); Großkomm AktG/*Hopt/Roth* Rn. 144; Hüffer/Koch/*Koch* Rn. 6b; eingehend *Späth*, Rechtfertigungsgründe im Wirtschaftsstrafrecht, 2016, 164ff.
[146] So BGHZ 94, 268 (272) mit dem einschränkenden Zusatz, dass das Unternehmen seinen Angestellten oder Handelsvertretern, die in ortsüblicher Weise mit Schmiergeldern arbeiteten, keinen Vorwurf machen könne: Von einem deutschen Unternehmen könne nicht erwartet werden, auf derartige Mittel völlig zu verzichten und das Geschäft damit weniger gewissenhaften ausländischen Konkurrenten zu überlassen. Gleiches musste folgerichtig für Organmitglieder gelten; so auch *Paefgen*, Unternehmerische Entscheidungen und Rechtsbindung der Organe in der AG, 2002, 245 mit Fn. 47.
[147] Vgl. Bürgers/Körber/*Bürgers* Rn. 7; *Fleischer* ZIP 2005, 141 (145); *Fleischer* NZG 2014, 321 (322); Hölters/*Hölters* Rn. 72; Großkomm AktG/*Hopt/Roth* Rn. 144; Hüffer/Koch/*Koch* Rn. 6b.
[148] Vgl. LG München I NZG 2014, 345 (346); eingehend zur Compliance-Verantwortung bei Auslandssachverhalten *Cichy/Cziupka* BB 2014, 1482; ferner *Bicker* AG 2014, 8 (12); *Hasselbach/Ebbinghaus* AG 2014, 873 (881f.); MüKoAktG/*Spindler* Rn. 94ff.; umfassend *Kutschelis*, Korruptionsprävention und Geschäftsleiterpflichten im nationalen und internationalen Unternehmensverbund, 2014.
[149] Vgl. *Breitenfeld*, Die organschaftliche Binnenhaftung der Vorstandsmitglieder für gesetzwidriges Verhalten, 2016, 102f.; *Brock*, Legalitätsprinzip und Nützlichkeitserwägungen, 2017, 179ff.; *Cichy/Cziupka* BB 2014, 1482 (1483); Großkomm AktG/*Hopt/Roth* Rn. 142; Hüffer/Koch/*Koch* Rn. 6a; *Louven* KSzW 2016, 241 (246); MüKoAktG/*Spindler* Rn. 95; weitergehend *Bicker* AG 2014, 8 (12) und *Hasselbach/Ebbinghaus* AG 2014, 873 (881), die das ausländische Recht grundsätzlich dem Legalitätsprinzip zuordnen, sofern die Gesellschaft im Ausland tätig ist.
[150] Vgl. *Breitenfeld*, Die organschaftliche Binnenhaftung der Vorstandsmitglieder für gesetzwidriges Verhalten, 2016, 102f.; *Cichy/Cziupka* BB 2014, 1482 (1483); Hüffer/Koch/*Koch* Rn. 6a; *Louven* KSzW 2016, 241 (246).

es nach wohl hM bei ausländischem Sachrecht, das nur nach ausländischem Kollisionsrecht anwendbar ist. Solche Normen können mangels unmittelbarer Bindungswirkung nicht der Legalitätspflicht zugeordnet werden, die Ausdruck der Einheit der deutschen Rechtsordnung ist.[151] Denkbar ist jedoch eine Pflicht zu ihrer Einhaltung unter dem Gesichtspunkt der organschaftlichen Schadensabwendungspflicht, sofern ihre Nichtbeachtung zu Strafzahlungen, Reputationsschäden oder sonstigen Nachteilen führen kann.[152] Ferner können ausländische Verbotsnormen vermittels § 138 BGB Anwendung finden, wenn und weil sie mittelbar deutschen Interessen dienen (zB Embargovorschriften) oder ihre Wertung auch hierzulande Beachtung erheischt.[153] Unterschiedlich beurteilt wird, ob die Legalitätsbindung des Vorstands gelockert werden kann, wenn die betreffende ausländische Vorschrift „totes Recht" darstellt. Dies wird teilweise unter Hinweis darauf befürwortet, dass sich eine deutsche Gesellschaft nicht rechtstreuer verhalten müsse als eine Gesellschaft des ausländischen Staates,[154] doch überzeugt dies nur begrenzt.[155] Nimmt man hinzu, dass sich der Charakter einer „Papiernorm" kaum zuverlässig bestimmen lässt und dass sie gerade zur Sanktionierung ausländischer Investoren vom Erlassstaat jederzeit wieder reaktiviert werden kann,[156] wird man der Unternehmenspraxis insoweit zu größter Vorsicht raten müssen.

28 **(2) Anzuerkennende Ausnahmen.** Ausnahmen von der organschaftlichen Rechtsbindung im Innenverhältnis sind unter drei verschiedenen Gesichtspunkten denkbar. Dabei handelt es sich streng genommen nicht um Durchbrechungen, sondern um sachgerechte Anwendungen des Legalitätsprinzips.[157]

29 **(a) Unklare oder umstrittene Rechtslage.** Bei unklarer oder umstrittener Rechtslage obliegt dem Vorstand zunächst eine Rechtsvergewisserungspflicht: Er ist gehalten, die rechtlichen Zusammenhänge eingehend zu prüfen und bei entsprechender Bedeutung der Frage internen oder externen Rechtsrat einzuholen (dazu auch → Rn. 35).[158] Dies kann auch bei der Einführung neuer Rechtsvorschriften gelten, deren Auslegung noch ungewiss ist.[159] Bei Fragen von herausragender wirtschaftlicher Tragweite wird der Vorstand ggf. sogar eine zweite Meinung beiziehen müssen, um im Sinne eines Vier-Augen-Prinzips die Rechtslage zu beleuchten.[160] Bei eilbedürftigen Entscheidungen genügt eine summarische Rechtsprüfung.[161]

30 Bleibt die Rechtmäßigkeit der geplanten Maßnahme auch nach Hinzuziehung von Expertenrat unklar (sog. ‚odds' opinion[162]), so stellen sich schwierige Abwägungsfragen, zu denen die aktienrechtliche Spruchpraxis noch nicht abschließend Stellung genommen hat. Die Ision-Rechtsprechung (→ Rn. 35) dreht sich bisher nur um unzutreffenden Expertenrat bei eindeutiger Rechtslage.[163] Im Schrifttum klaffen die Meinungen zur Enthaftung trotz Rechtszweifeln weit auseinander.[164] Einzelne

---

[151] Vgl. *Cichy/Cziupka* BB 2014, 1482 (1483); *Hüffer/Koch/Koch* Rn. 6a; *Louven* KSzW 2016, 241 (246).
[152] Vgl. *Cichy/Cziupka* BB 2014, 1482 (1484); *Hüffer/Koch/Koch* Rn. 6a; *Louven* KSzW 2016, 241 (246 f.).
[153] Vgl. *Breitenfeld*, Die organschaftliche Binnenhaftung der Vorstandsmitglieder für gesetzwidriges Verhalten, 2016, 103; *Cichy/Cziupka* BB 2014, 1482 (1484); Grigoleit/*Grigoleit/Tomasic* Rn. 13; Großkomm AktG/*Hopt/Roth* Rn. 143; *Louven* KSzW 2016, 241 (247); abw. *Hüffer/Koch/Koch* Rn. 6a.
[154] Vgl. *Bicker* AG 2014, 8 (12); *Breitenfeld*, Die organschaftliche Binnenhaftung der Vorstandsmitglieder für gesetzwidriges Verhalten, 2016, 103; *Götze/Bicker* in Krieger/Schneider Managerhaftung-HdB § 30 Rn. 42; *Spindler* FS Canaris, 2007, Bd. II, 403 (427); MüKoAktG/*Spindler* Rn. 97; iE auch Großkomm AktG/*Hopt/Roth* Rn. 142.
[155] Kritisch auch *Cichy/Cziupka* BB 2014, 1482 (1484 f.); *Hüffer/Koch/Koch* Rn. 6a.
[156] Vgl. *Louven* KSzW 2016, 241 (247).
[157] Dazu bereits *Fleischer* ZIP 2005, 141 (149 ff.).
[158] Vgl. BGH NZG 2011, 1271 Rn. 16; OLG Stuttgart NZG 2010, 141 (142); *Brock*, Legalitätsprinzip und Nützlichkeitserwägungen, 2017, 200 ff.; *Fleischer* NZG 2010, 121 (122); *Langenbucher* FS Lwowski, 2014, 333 (335 ff.); *Raiser/Veil* KapGesR § 14 Rn. 66; MüKoAktG/*Spindler* Rn. 77; *Spindler* FS Canaris, 2007, Bd. II, 403 (421); *Verse* ZGR 2017, 174 (176 f.); s. auch BGH ZIP 1985, 529 (537): Pflicht zur Einholung von Rechtsrat, um nachteilige Vertragsgestaltungen zu vermeiden.
[159] Vgl. NK-AktR/*U. Schmidt* Rn. 13; MüKoAktG/*Spindler* Rn. 78.
[160] Vgl. *Fleischer* BB 2008, 1070 (1071); *Langenbucher* FS Lwowski, 2014, 333 (342); MüKoAktG/*Spindler* Rn. 78; *Spindler* FS Canaris, 2007, Bd II, 403 (421).
[161] Vgl. *Fleischer* ZIP 2005, 141 (150); NK-AktG/*U. Schmidt* Rn. 13, 76.
[162] Rechtsvergleichend *Hawes/Sherrard* 62 Va. L. Rev. 1, 33 f. (1976): „Basically, the ‚odds' opinion reflects an attorney's belief that a particular cause of action is more likely permissible than not, although there is no clear legal precedent directly on point. In contrast, the ‚flat' or ‚unqualified' opinion conveys the message that the attorney entertains no real doubt about the legality of the client's proposed cause of action."; dazu *Fleischer* FS Hüffer, 2010, 177 (198 f.); nunmehr auch *Florstedt* NZG 2017, 601 (610).
[163] Vgl. BGH NZG 2011, 1271 Rn. 28 („angesichts der eindeutigen Rechtslage"); darauf hinweisend auch *Verse* ZGR 2017, 174 (178).
[164] Meinungsübersichten zuletzt bei *Brock*, Legalitätsprinzip und Nützlichkeitserwägungen, 2017, 204 ff.; *Verse* ZGR 2017, 174 (178 ff.).

Stimmen halten den Vorstand aufgrund der Legalitätspflicht für gehalten, grundsätzlich den sichersten Weg einzuschlagen, und bei nicht auszuräumenden Rechtmäßigkeitszweifeln von der Maßnahme abzusehen.[165] Die hL billigt dem Vorstand demgegenüber einen Handlungsspielraum zu, bei dessen Ausübung er Risiken und Chancen für die Gesellschaft gegeneinander abwägen muss (sog. Vertretbarkeitstheorie).[166] Sie zeigt sich aber uneins, unter welchen Voraussetzungen dieser Handlungsspielraum besteht: Teils stellt man auf einen vertretbaren bzw. nicht gerade unvertretbaren Rechtsstandpunkt ab;[167] teils verlangt man, dass der eigene Standpunkt gleichermaßen vertretbar sein müsse wie die Gegenansicht;[168] teils fordert man zumindest mit Blick auf das Aufsichtsrecht die Ermittlung der am besten vertretbaren Rechtsmeinung (sog. Optimierungsthese).[169] Vorbehaltlich einer Folgenbetrachtung (→ Rn. 31) darf sich der Vorstand nach hL im Einzelfall auch mit vertretbaren Gründen über Rechtsvorschriften hinwegsetzen, um ihre Gültigkeit oder vorherrschende Auslegung durch Verwaltungsbehörden oder Gerichte in Frage zu stellen.[170]

Ein konsistentes organhaftungsrechtliches Konzept zum Vorstandshandeln bei unklarer Rechtslage steht noch aus. Nach hier vertretener Ansicht spielt das Ausmaß der Rechtsunsicherheit eine gewichtige Rolle:[171] Eine eindeutig hM, insbesondere die höchstrichterliche Rechtsprechung, muss der Vorstand idR (für eine Ausnahme → Rn. 30 aE) beachten.[172] Ins Kalkül zu ziehen sind des Weiteren die Nachteile, die der Gesellschaft drohen, falls sich der vom Vorstand eingenommene Rechtsstandpunkt nachträglich als irrig herausstellt.[173] Außerdem wird man berücksichtigen müssen, ob ein Zuwarten bei unsicherer Rechtslage zumutbar ist oder ob ein Entscheidungs- oder Handlungszwang besteht.[174] Eine weitere Literaturmeinung verlangt einen „guten" Grund für die Rechtszweifel und zieht zur Differenzierung die revisionsrechtlichen Erfordernisse nach § 543 Abs. 2 S. 1 ZPO heran.[175] Wieder andere wollen jene Kriterien anwenden, die sich im straf- und bußgeldrechtlichen Bereich bei Rechtmäßigkeitszweifeln herausgebildet haben. Danach hat der Vorstand seine Entscheidung im Lichte dreier Abwägungskriterien zu treffen: der Wahrscheinlichkeit der Rechtmäßigkeit aus ex-ante-Sicht; dem Gewicht der Nachteile, die der Gesellschaft bei Verzicht auf die betreffende Maßnahme drohen; der Schwere der drohenden Rechtsgutverletzung, wenn sich der eingenommene Rechtsstandpunkt als fehlerhaft erweist.[176]

Hat der Vorstand seinen Rechtsstandpunkt nach Maßgabe dieser Kriterien sorgfältig gebildet und die gebotene Abwägung vorgenommen, trifft ihn aktienrechtlich keine Verantwortung. Dahin deutet auch die Regierungsbegründung zum UMAG, wonach es bei illegalem Verhalten „im Einzelfall aber am Verschulden fehlen"[177] kann. In Übereinstimmung damit lassen zahlreiche Schrifttumsstimmen dogmatisch nur das Verschulden entfallen.[178] Überzeugender ist es, mit

---

[165] In diesem Sinne *Müller* DB 2014, 1301 (1306); aus österreichischer Sicht *Nowotny* FS Koppensteiner, 2016, 193 (204); nicht eindeutig NK-AktR/*U. Schmidt* Rn. 13.
[166] Vgl. *Bayer* FS K. Schmidt, 2009, 85 (92); *Bicker* AG 2014, 8 (10); *Cahn* Der Konzern 2015, 105 (107); *Dreher* FS Konzen, 2006, 85 (97); *Fleischer* ZIP 2005, 141 (150); *Fleischer* FS Hüffer, 2010, 187 (198 f.); Großkomm AktG/*Hopt/Roth* Rn. 140; *Habersack* FS U.H. Schneider, 2011, 429 (436 f.); *Kaulich*, Haftung von Vorstandsmitgliedern einer Aktiengesellschaft für Rechtsanwendungsfehler, 2012, 165 ff., 189 ff.; *Kocher* CCZ 2009, 215 (217); Kölner Komm AktG/*Mertens/Cahn* Rn. 75; *Thole* ZHR 173 (2009) 504 (522 ff.); *Weusthoff*, Die Organhaftung der Aktiengesellschaft bei fehlerhafter Rechtseinschätzung, 2016, 59 ff.; MHdB AG/*Wiesner* § 25 Rn. 4.
[167] Vgl. *Bachmann* WM 2015, 105 (109); *Binder/Kraayvanger* BB 2015, 1219 (1222); *Harnos*, Geschäftsleiterhaftung bei unklarer Rechtslage, 2012, 274 ff.; *Seibt/Wollenschläger* ZIP 2014, 545 (553); MüKoAktG/*Spindler* Rn. 83.
[168] So mit Nuancierungen im Einzelnen *Berger*, Vorstandshaftung und Beratung, 2015, 351 ff.; *Hasselbach/Ebbinghaus* AG 2014, 873 (879); *Holle* AG 2016, 270 (279).
[169] Vgl. *Langenbucher* ZBB 2013, 16 (22 f.); *Langenbucher* FS Lwowski, 2014, 333 (344 f.); zustimmend *Scholl*, Vorstandshaftung und Vorstandsermessen, 2005, § 1 Rn. 543; ablehnend *Brock*, Legalitätsprinzip und Nützlichkeitserwägungen, 2017, 207 f.; *Buck-Heeb* BB 2013, 2247 (2255); *Hopt* ZIP 2013, 1793 (1799).
[170] Näher dazu und zu rechtsvergleichenden Parallelüberlegungen *Fleischer* ZIP 2005, 141 (150) mwN; ausführlich auch *Berger*, Vorstandshaftung und Beratung, 2015, 354 ff.; *Brock*, Legalitätsprinzip und Nützlichkeitserwägungen, 2017, 227 ff.; MüKoAktG/*Spindler* Rn. 85 ff.; ferner *Buck-Heeb* BB 2013, 2247 (2256); *Dreher* FS Konzen, 2006, 85 (93); *Hasselbach/Ebbinghaus* AG 2014, 873 (880); *Hölters/Hölters* Rn. 76; *Langenbucher* FS Lwowski, 2014, 333 (345 f.); *Thole* ZHR 173 (2009), 504, 523.
[171] Allgemein dazu auch MüKoBGB/*Grundmann* BGB § 276 Rn. 74.
[172] Vgl. BGH NZG 2011, 1271 Rn. 16; *Bayer* FS K. Schmidt, 2009, 85 (92); *Haertlein* ZHR 168 (2004) 437 (463); s. auch MüKoAktG/*Spindler* Rn. 85 und *Thole* ZHR 173 (2009) 504 (524).
[173] Vgl. *Fleischer* BB 2008, 1070 (1071); *Haertlein* ZHR 168 (2004) 437 (463); Kölner Komm AktG/*Mertens/Cahn* Rn. 75.
[174] Allgemein zum Kriterium des Handlungszwangs MüKoBGB/*Grundmann* BGB § 276 Rn. 75.
[175] So *Florstedt* NZG 2018, 485 (487 ff., 492) mit Illustration am Beispiel von Cum/cum-Geschäften; vorbereitend für Cum/ex-Geschäfte bereits *Florstedt* NZG 2017, 601 (610 f.).
[176] In diesem Sinne *Verse* ZGR 2017, 174 (181 ff.); zustimmend Hüffer/Koch/*Koch* Rn. 45a.
[177] BegrRegE UMAG BT-Drs. 15/5092, 11.
[178] So etwa *Binder* AG 2012, 885 (888); *Buck-Heeb* BB 2013, 2247 (2254); *Holle* AG 2016, 270 (279); Hüffer/Koch/*Koch* Rn. 43 f.; *Paefgen* AG 2014, 554 (560); *Verse* ZGR 2017, 174 (192).

einer ebenso verbreiteten Ansicht bereits eine Pflichtverletzung zu verneinen (dazu auch → Rn. 35 f.).[179]

33   **(b) Vertragspflichten der Gesellschaft.** Nach zutreffender hM trifft die Vorstandsmitglieder im Innenverhältnis keine Rechtspflicht, sämtliche Vertragspflichten der Gesellschaft gegenüber Dritten nachzukommen.[180] Vielmehr steht ihnen insoweit ein unternehmerischer Handlungsspielraum zu.[181] Dies gilt zB auch für den Entwurf und die Verwendung besonders vorteilhafter AGB entgegen rechtlicher Bedenken.[182] Drohen der Gesellschaft durch den Vertragsbruch handfeste Nachteile, wird die Nichterfüllung durch das Vorstandsmitglied zwar in aller Regel pflichtwidrig sein.[183] In besonderen Fällen kann es aber durchaus im Gesellschaftsinteresse liegen, einen Prozess und eine Verurteilung zum Schadensersatz abzuwarten.[184] So mag es bei einem Liquiditätsengpass für die Aktiengesellschaft günstiger sein, eine Verpflichtung erst später zu erfüllen.[185] Aber auch außerhalb einer Unternehmenskrise kann es ihr unter Umständen zum Vorteil gereichen, statt Erfüllung Schadensersatz zu leisten.[186] Kommt ein Vorstandsmitglied nach sorgfältiger Abwägung der unternehmerischen Risiken zu einem solchen Ergebnis, handelt es nicht pflichtwidrig.[187] Mit dem organschaftlichen Legalitätsprinzip ist dies ohne Weiteres vereinbar, weil dessen Geltungsgrund im Vorrang der Gesetzesbindung liegt und der Vertrag keine Rechtsquelle im technischen Sinn darstellt.[188]

34   **(c) Rechtfertigungsgründe.** Wie im Vertrags- und Deliktsrecht indiziert ein Verstoß gegen die organschaftliche Legalitätspflicht im Rahmen des § 93 Abs. 1 zwar die Rechtswidrigkeit, doch können dem Vorstandsmitglied besondere Rechtfertigungsgründe zur Seite stehen.[189] Solche Erlaubnissätze lassen sich aus aktienrechtlichen Sonderwertungen,[190] aber auch aus den anerkannten Rechtfertigungsgründen des Straf- und Zivilrechts[191] gewinnen. Sie befreien das Vorstandsmitglied von seiner Verantwortlichkeit, wenn es entweder das überwiegende Interesse wahrnimmt oder wenn ihm in der konkreten Situation zwei gleichrangige Pflichten auferlegt sind, von denen es nur eine erfüllen kann.[192] So können

---

[179] Vgl. etwa *Bachmann* FS Stilz, 2014, 25 (26 mit Fn. 8); *Bayer* FS K. Schmidt, 2009, 85 (92); Bürgers/Körber/ *Bürgers* Rn. 8; *Cahn* Der Konzern 2015, 105 (107); *Dreher* FS Konzen, 2006, 85 (93); *Fleischer* ZIP 2005, 141 (150); *Fleischer* BB 2008, 1070 (1071); *Habersack* FS U.H. Schneider, 2011, 429 (436 f.); *Hennrichs* NZG 2014, 1001 (1005); Großkomm AktG/*Hopt*/*Roth* Rn. 140; *Nietsch* ZGR 2015, 631 (654 ff.); *Sander*/*Schneider* ZGR 2013, 725 (756 f.); *Seibt* NZG 2015, 1097 (1100 f.); MüKoAktG/*Spindler* Rn. 83.

[180] Vgl. *Bicker* AG 2014, 8 (9); *Binder* AG 2008, 278 (279); *Fleischer* ZIP 2005, 141 (144, 148); Grigoleit/ *Grigoleit*/*Tomasic* Rn. 14; *Habersack* NZG 2016, 321 (324); Großkomm AktG/*Hopt*/*Roth* Rn. 148; *Langenbucher* FS Lwowski, 2014, 333 (343); *Lutter* ZIP 2007, 841 (843); MüKoAktG/*Spindler* Rn. 73; *M. Roth*, Unternehmerisches Ermessen und Haftung des Vorstands, 2001, 132 f.; *U.H. Schneider* FS Hüffer, 2010, 905 (910 ff.); *Thole* ZHR 173 (2009), 504 (518 f.); *Windbichler* ZGR 1989, 434 (437); zurückhaltend aber *Abeltshauser*, Leitungshaftung im Kapitalgesellschaftsrecht, 1998, 214; abw. NK-AktR/*U. Schmidt* Rn. 11; Hüffer/Koch/*Koch* Rn. 17; *Ihrig* WM 2004, 2098 (2104); *Schäfer* ZIP 2005, 1253 (1256); *Wiedemann* ZGR 2011, 183 (199).

[181] Vgl. Bürgers/Körber/*Bürgers* Rn. 8; *Lutter* ZIP 2007, 841 (843); *M. Roth*, Unternehmerisches Ermessen und Haftung des Vorstands, 2001, 132; abw. *Koch* ZGR 2006, 769 (786).

[182] Vgl. *Langenbucher* FS Lwowski, 2014, 333 (343); *Strohn* CCZ 2013, 177 (182, 184).

[183] Vgl. Großkomm AktG/*Hopt*/*Roth* Rn. 148.

[184] Vgl. *Fleischer* ZIP 2005, 141 (144); *Paefgen* AG 2014, 554 (559); Hölters/*Hölters* Rn. 77.

[185] Vgl. Großkomm AktG/*Hopt*/*Roth* Rn. 148; abw. *S.H. Schneider* DB 2005, 707 (711).

[186] Vgl. *Fleischer* ZIP 2005, 141 (144); *Hasselbach*/*Ebbinghaus* AG 2014, 873 (881); *M. Roth*, Unternehmerisches Ermessen und Haftung des Vorstands, 2001, 132 f.

[187] Vgl. Großkomm AktG/*Hopt*/*Roth* Rn. 148; *Paefgen* AG 2014, 554 (559); *M. Roth*, Unternehmerisches Ermessen und Haftung des Vorstands, 2001, 123; abw. *Brock*, Legalitätsprinzip und Nützlichkeitserwägungen, 2017, 299 f.

[188] Näher *Fleischer* ZIP 2005, 141 (150); ähnlich *Thole* ZHR 173 (2009), 504 (518); sowie *U.H. Schneider* FS Hüffer, 2010, 905 (911 ff.); abw. *S.H. Schneider* DB 2005, 707 (711); *Koch* ZGR 2006, 769 (786).

[189] Vgl. *Fleischer* ZIP 2005, 141 (150); zustimmend *Bicker* AG 2014, 8 (12); *Brock*, Legalitätsprinzip und Nützlichkeitserwägungen, 2017, 230 ff.; *Habersack* FS U.H. Schneider, 2011, 429 (438); Großkomm AktG/*Hopt*/ *Roth* Rn. 135; Hüffer/Koch/*Koch* Rn. 6; aus der Rechtsprechung OLG München ZIP 2015, 1582 (1584 f.) (GmbH).

[190] Vgl. *Fleischer* ZIP 2005, 141 (150); *Habersack* FS U.H. Schneider, 2011, 429 (438); Hölters/*Hölters* Rn. 78; Großkomm AktG/*Hopt*/*Roth* Rn. 135; Hüffer/Koch/*Koch* § 57 Rn. 13 und § 93 Rn. 40; kritisch *Brock*, Legalitätsprinzip und Nützlichkeitserwägungen, 2017, 235 ff.

[191] Vgl. *Fleischer* ZIP 2005, 141 (150); *Brock*, Legalitätsprinzip und Nützlichkeitserwägungen, 2017, 234 f.; *Ehmann*/*Walden* NZG 2013, 806 (808); Hölters/*Hölters* Rn. 78; Großkomm AktG/*Hopt*/*Roth* Rn. 135; monographisch *Späth*, Rechtfertigungsgründe im Wirtschaftsstrafrecht, 2016.

[192] So erste Ansätze einer Verallgemeinerung bei *Poelzig*/*Thole* ZGR 2010, 836 (859 ff.), die in derartigen Fällen bereits die objektive Pflichtwidrigkeit des Geschäftsleiterhandelns verneinen; vertiefend *Brock*, Legalitätsprinzip und Nützlichkeitserwägungen, 2017, 232 ff.; zu „personalen" und „unternehmensbezogenen" Normkonflikten auch *Seibt* ZIP 2016, Beilage zu Heft 26, S. 73; speziell zu internationalen Pflichtenkollisionen *Werkmeister*/ *Mirza-Khanian* CCZ 2016, 98.

Sonderzahlungen an missbräuchlich klagende Kleinaktionäre ausnahmsweise unter Notstandsgesichtspunkten gerechtfertigt sein, wenn der Gesellschaft ein schwerer, unmittelbar bevorstehender Schaden droht.[193] Diese Rechtfertigung steht allerdings unter dem Vorbehalt, dass dem Vorstand keine Handlungsalternative zur Schadensabwehr zur Verfügung steht.[194] Helfen könnte ihm insbesondere § 246a, der das Freigabeverfahren auf Maßnahmen der Kapitalbeschaffung und Kapitalherabsetzung sowie auf Unternehmensverträge erstreckt.[195] Strukturell vergleichbare Probleme begegnen im Übernahmerecht, wenn der Vorstand entgegen § 33 Abs. 1 S. 1 WpÜG ein feindliches Übernahmeangebot bekämpft, weil ihm konkrete Anhaltspunkte für eine gesetzwidrige Ausbeutung oder eine dauernd rechtswidrige Tätigkeit des Unternehmens nach der Übernahme vorliegen.[196] Dagegen ist eine Rechtfertigung nach § 34 StGB in aller Regel ausgeschlossen, wenn die Existenz eines Unternehmens und seiner Arbeitsplätze nur durch einen Verstoß gegen Umwelt- oder Arbeitsschutzvorschriften gerettet werden kann:[197] Die gesetzesadäquaten Risiken und Einschränkungen solcher Vorgaben sind von den Vorstandsmitgliedern hinzunehmen, weil der Gesetzgeber die gesamtgesellschaftlichen Interessen insoweit als schutzwürdiger angesehen hat.[198] Anders kann es ausnahmsweise liegen, wenn der Vorstand zum Schutz von Leib und Leben in Unrechtsstaaten tätiger Mitarbeiter zB falsche Steuererklärungen für eine Übergangszeit entgegen den dortigen Vorschriften nicht unverzüglich korrigiert, um ein Evakuierungsprogramm vorzubereiten.[199]

cc) Vertrauen auf fachkundigen Rechtsrat. (1) Allgemeines. Bei rechtlichen Zweifelsfragen 35
holen Vorstandsmitglieder häufig den Rat von Hausjuristen oder Rechtsanwälten ein. Unter welchen Voraussetzungen sie sich auf diesen Rat verlassen dürfen, ist in jüngerer Zeit ausführlich erörtert worden (generell zum Vertrauen auf Expertenrat → Rn. 209). Sekundiert durch Vorarbeiten im Schrifttum,[200] hat der BGH in einer Reihe neuerer Entscheidungen konkrete Kriterien für eine „reliance defense" im Organhaftungsrecht herausgearbeitet.[201] Entwickelt hat sich diese Rechtsprechungslinie zum Vertrauen auf Expertenrat an Fällen der Insolvenzverschleppungshaftung,[202] bevor sie in der vielbeachteten Ision-Entscheidung auf eingeholten Rechtsrat erstreckt[203] und durch ein Folgeurteil[204] weiter konturiert wurde. Bei richtiger Handhabung sollte sie den Anreiz für Vorstandsmitglieder erhöhen, in kritischen Fällen fachkundigen Rechtsrat einzuholen, ohne andererseits über-

---

[193] In diese Richtung auch *Schlaus* AG 1988, 113 (116) („übergesetzlicher Notstand"); *Raiser/Veil* KapGesR § 14 Rn. 79 („übergesetzlicher Rechtfertigungsgrund"); im Ergebnis ebenso *Martens* AG 1988, 118 (120 f.); mit Einschränkungen ferner *Lutter* FS 40 Jahre Betrieb, 1988, 193 (202 ff.), sofern es um die Vermeidung von Rechtsnachteilen der Gesellschaft aus Ansprüchen Dritter geht. Zur Einordnung des § 71 Abs. 1 Nr. 1 AktG als authentischer Interpretation der aktienrechtlichen Notstandslage *Fleischer* ZIP 2005, 141 (150); zustimmend *Bicker* AG 2014, 8 (12); *Habersack* FS U.H. Schneider, 2011, 429 (438); MüKoAktG/*Spindler* Rn. 89; iE auch Großkomm AktG/*Hopt/Roth* Rn. 137.
[194] Zutreffend *Diekgräf*, Sonderzahlungen an opponierende Kleinaktionäre im Rahmen von Anfechtungs- und Spruchstellenverfahren, 1990, 180 ff.; ebenso Kölner Komm AktG/*Mertens/Cahn* Rn. 76.
[195] Dazu *Seibert/Schütz* ZIP 2004, 252 (256 ff.); *Schütz* DB 2004, 419 (422 ff.); *Veil* AG 2005, 567 (570 ff.).
[196] Vgl. für eine aktienrechtliche Ermächtigung des Vorstands zur Gefahrenabwehr vor In-Kraft-Treten des WpÜG Großkomm AktG/*Hopt* Rn. 125 (Vorauf.); Kölner Komm AktG/*Mertens/Cahn* § 76 Rn. 27; *Maier-Reimer* ZHR 165 (2001), 258 (272); zur geltenden Rechtslage einerseits *Ehricke/Ekkenga/Oechsler* WpÜG § 33 Rn. 68; *Hopt* ZHR 166 (2002), 383 (427); Großkomm AktG/*Hopt/Roth* Rn. 137; andererseits *Grunewald* in Baums/Thoma WpÜG § 33 Rn. 55; MüKoAktG/*Schlitt* WpÜG § 33 Rn. 178.
[197] Vgl. BGH JR 1997, 253 (254); BGH bei *Dallinger* MDR 1975, 722 (723 f.); zurückhaltend gegenüber dem übergesetzlichen Notstand auf dem Gebiet des Wirtschaftsrechts schon OGH NJW 1949, 472 (474); 1950, 182 (183).
[198] Eingehend dazu Schönke/Schröder/*Perron* StGB § 34 Rn. 35 mwN; ferner *Fleischer* ZIP 2005, 141 (151); zuletzt *Späth*, Rechtfertigungsgründe im Wirtschaftsstrafrecht, 2016, 157 ff.
[199] Vgl. *Bicker* AG 2014, 8 (12).
[200] Vgl. *Binder* AG 2008, 274; *Fleischer* ZIP 2009, 1397; *Fleischer* FS Hüffer, 2010, 187; *Fleischer* NZG 2010, 121.
[201] Die Entwicklung ist im Einzelnen nachgezeichnet bei *Fleischer* KSzW 2013, 3 ff.; zur Unbeachtlichkeit des Verbotsirrtums im Europäischen Kartellrecht aber EuGH NJW 2013, 3083; kritisch dazu *Fleischer* EuZW 2013, 326; zu möglichen Folgen für das Gesellschaftsrecht *Dreher* EWiR 2013, 469 (470).
[202] Vgl. BGHZ 126, 181 (199); BGH NJW 2007, 2118 (2120 Rn. 16); später auch BGH NZG 2012, 672 (673 Rn. 17 ff.).
[203] BGH NZG 2011, 1271; dazu etwa *Binder* ZGR 2012, 757; *Fedtke* BB 2011, 2963; *Kiefner/Krämer* AG 2012, 496; *Merkt/Mylich* NZG 2012, 525; *Schubert* CCZ 2012, 79; *Selter* AG 2012, 11; aus Sicht des II. Zivilsenats *Bergmann* in VGR Gesellschaftsrecht in der Diskusssion 2011, 2012, 14 ff. (Referat) (27 ff.) (Diskussion); *Born* WM 2013, Sonderbeilage 1, 1 (35); *Drescher*, Die Haftung des GmbH-Geschäftsführers, 7. Aufl. 2013, Rn. 309 f.; *Strohn* ZHR 176 (2012), 137; *Strohn* CCZ 2013, 177.
[204] BGH NZG 2015, 792 Rn. 28 ff.; dazu etwa *Fleischer* DB 2015, 1704; *Steber* DStR 2015, 2391; *Vetter* NZG 2015, 889.

mäßige Absicherungsstrategien zu fördern.²⁰⁵ Eine Kodifizierung dieser vielbeachteten²⁰⁶ Rechtsprechung in Form einer „Legal Judgment Rule" ist nicht zu empfehlen (näher → Rn. 9c).

35a **(2) Einzelvoraussetzungen.** Im konkreten Zugriff hat der BGH vier Kriterien für ein berechtigtes Vertrauen herausgearbeitet: (a) Fachkompetenz des Beraters, (b) Unabhängigkeit des Beraters, (c) umfassende Information des Beraters durch das Organmitglied und (d) eigene Plausibilitätskontrolle des Rechtsrats durch das Organmitglied.²⁰⁷ Dabei handelt es sich aber richtigerweise nur um „Leitplanken"²⁰⁸ und nicht um feste Tatbestandsmerkmale, weil die Frage nach dem Vertrauendürfen auf Expertenrat in hohem Maße faktenabhängig ist und bleibt.²⁰⁹

35b Erstens steht und fällt die erstrebte Entlastung des Vorstandsmitglieds mit der Auswahl eines fachkundigen Beraters. Manche Stimmen verlangen die Zuziehung eines anerkannten Spezialisten oder eines „erfahrenen"²¹⁰ Anwalts.²¹¹ Die besseren Gründe sprechen indes dafür, dass sich der Rechtsunkundige regelmäßig auf die Formalqualifikation seines Beraters, also zB auf dessen Anwaltszulassung, verlassen darf.²¹² Außerdem sollten die Anforderungen an den Such- und Selektionsprozess des Vorstandsmitglieds nicht überspannt werden.²¹³

35c Zweitens muss der hinzugezogene Rechtsberater unabhängig sein. Verlangt wird, dass der Rechtsberater seine Auskunft sachlich unabhängig erteilt.²¹⁴ Dieses Kriterium hat zu der Frage geführt, ob die Rechtsabteilung eines Unternehmens die erforderliche Unabhängigkeit besitzt. Sie ist prinzipiell zu bejahen,²¹⁵ und zwar unabhängig von der Formulierung der an sie herangetragenen Fragestellung.²¹⁶ Dies schließt allerdings nicht aus, dass das Vertrauen auf einen „inherently biased advice of in-house counsel"²¹⁷ im Einzelfall ungerechtfertigt sein kann.²¹⁸ Zu weit ginge es jedoch, der Stellungnahme eines externen Experten wegen seiner Weisungsunabhängigkeit grundsätzlich einen höheren Entlastungswert zuzuschreiben als jener eines internen Beraters.²¹⁹ Vorbehaltlich besonderer Umstände kommt auch ein Aufsichtsratsmitglied der Gesellschaft als geeignete Auskunftsperson in Betracht.²²⁰ Nach vereinzelter Auffassung soll ein mit der Erstellung des Vertragsentwurfs oder

---

²⁰⁵ Näher zu dem Gebot, sowohl eine „Unterinvestition" als auch eine „Überinvestition" in Expertenrat zu vermeiden, *Fleischer* KSzW 2013, 3 (5 ff.); gegen übermäßige Absicherungsstrategien auch *Krieger* ZGR 2012, 496 (501); *Kiefner/Krämer* AG 2012, 498 (500); *Theisen* Der Aufsichtsrat 2012, 125.

²⁰⁶ Vgl. allein aus dem Dissertationsschrifttum *Berger*, Vorstandshaftung und Beratung – Ision-Kriterien, unternehmerische Entscheidung und Legal Judgment Rule, 2015; *Boll*, Rechtsrat und Haftung in der Kapitalgesellschaft, 2015; *Kreuz*, Enthaftung des Geschäftsleiters einer Kapitalgesellschaft durch Rechtsrat, 2015; *Piepenbrock*, „Defense of Reliance" im deutschen Aktienrecht – Rechtsauskunft als Vertrauensgrundlage für Vorstandsentscheidungen, 2013.

²⁰⁷ Vgl. BGH NZG 2011, 1271 LS 2; NZG 2015, 792 Rn. 35; in abweichender Reihenfolge auch die Ausführungen des damaligen Senatsmitglieds *Strohn* ZHR 176 (2012), 136 (139 ff.); *Strohn* CCZ 2013, 177 (181 ff.).

²⁰⁸ *Binder* WuB II C. § 64 GmbHG 1.12, 4.

²⁰⁹ Vgl. *Fleischer* KSzW 2013, 3 (9); zustimmend *Buck-Heeb* BB 2016, 1347.

²¹⁰ BGHSt 15, 332 (340 f.); BGH JR 1962, 348, wonach nur „ältere" oder „erfahrene" Rechtsanwälte uneingeschränktes Vertrauen verdienen; im Ergebnis auch *Cahn* WM 2013, 1293 (1303) („Erfahrung in dem betreffenden Rechtsgebiet").

²¹¹ So etwa *Binder* AG 2008, 274 (285); Hölters/*Hölters* Rn. 249; Hüffer/Koch/*Koch* Rn. 44; *Selter* AG 2012, 11 (16); *Strohn* ZHR 176 (2012), 136 (141); *Strohn* CCZ 2013, 177 (181).

²¹² Vgl. Wachter/*Eckert* Rn. 18; *Fleischer* NZG 2010, 121 (123); *Fleischer* KSzW 2013, 3 (7 f.); Großkomm AktG/Hopt/*Roth* Rn. 139; *Kiefner/Krämer* AG 2012, 498 (501); *Peters* AG 2010, 811 (815); *Werner* StBW 2012, 619 (612).

²¹³ Tendenziell zu streng OLG Stuttgart NZG 2010, 141 (144); kritisch dazu *Fleischer* NZG 2010, 121 (123); *Hahn/Naumann* CCZ 2013, 156 (160); *Kiefner/Krämer* AG 2012, 498 (501 mit Fn. 21); *Selter* AG 2012, 11 (14); *Werner* StBW 2012, 619 (621).

²¹⁴ Vgl. BGH NZG 2015, 792 Rn. 36; dazu *Fleischer* DB 2015, 1764 (1768).

²¹⁵ Zu den Gründen *Fleischer* NZG 2010, 121 (123 f.); zustimmend *Binder* ZGR 2012, 757 (770 f.); *Buck-Heeb* BKR 2011, 441 (447); *Cahn* WM 2013, 1293 (1303); Großkomm AktG/Hopt/*Roth* Rn. 139; Hüffer/Koch/*Koch* Rn. 45; *Jung/Biederbick* AG 2012, 898 (900 f.); *Klöhn* DB 2013, 1535 (1537 ff.); *Krieger* ZGR 2012, 496 (500); *Merkt/Mylich* NZG 2012, 525 (528); *Peters* AG 2010, 811 (816); *Selter* AG 2012, 11 (15); *Werner* StBW 2012, 619 (620); tendenziell auch *Wagner* BB 2012, 651 (656); offenlassend aus Sicht des BGH *Bergmann*, in VGR Gesellschaftsrecht in der Diskussion 2011, 2012, 1 (27).

²¹⁶ Vgl. *Fleischer* KSzW 2013, 3 (8); *Kiefner/Krämer* AG 2012, 498 (501 f.); abw. *Strohn* ZHR 176 (2012), 137 (141); *Strohn* CCZ 2013, 177 (182 f.).

²¹⁷ In re Oracle Securities Litigation, 829 F. Supp. 1176, 1189 (N.D. Cal. 1993).

²¹⁸ Vgl. *Fleischer* KSzW 2013, 3 (8); *Krieger* ZGR 2012, 496 (500).

²¹⁹ Vgl. *Fleischer* KSzW 2013, 3 (8); *Merkt/Mylich* NZG 2012, 525 (528); *Peters* AG 2010, 811 (816); abw. Hölters/*Hölters* Rn. 249.

²²⁰ Vgl. *Binder* ZGR 2012, 757 (771); *Fleischer* FS Hüffer, 2010, 182 (192); *Merkt/Mylich* NZG 2012, 525 (528 f.).

Gesamtkonzepts betrauter Anwalt nicht dessen anschließende Überprüfung vornehmen dürfen.[221] Dies hat berechtigte Kritik erfahren[222] und kann in dieser allgemeinen Form nicht überzeugen.[223]

Drittens muss das Vorstandsmitglied seinem Rechtsberater den zu beurteilenden Sachverhalt 35d zutreffend und vollständig schildern. Hat es ihn vorsätzlich oder fahrlässig falsch informiert, darf es sich nicht auf dessen Auskünfte verlassen.[224] Schuldlose Lücken in der Informationsübermittlung gereichen ihm dagegen nicht zum Nachteil.[225] Dies wird keineswegs nur selten der Fall sein;[226] vielmehr dürfte es häufig(er) in der Verantwortlichkeit des Rechtsberaters liegen, durch gezielte Nachfragen auf eine vollständige Sachverhaltsschilderung hinzuwirken.[227]

Viertens verlangen Rechtsprechung und Rechtslehre eine Plausibilitätsprüfung des eingeholten 35e Rechtsrats durch das Vorstandsmitglied.[228] Dieses Erfordernis soll völlig untaugliche Expertenauskünfte und Gefälligkeitsgutachten ausschließen.[229] Über die notwendige Intensität einer solchen Prüfung gingen die Auffassungen bisher auseinander. Der BGH hat im Ision-Urteil eine „sorgfältige Plausibilitätskontrolle"[230] gefordert; viele Literaturstimmen warnten hingegen davor, die Anforderungen an eine solche Prüfung zu überspannen.[231] In einem Folgeurteil erläutert der BGH, dass die Plausibilitätsprüfung nicht in einer rechtlichen Überprüfung der erhaltenen Rechtsauskünfte bestehe.[232] Sie beinhalte vielmehr eine Prüfung, ob dem Berater nach dem Inhalt der Auskunft alle erforderlichen Informationen zur Verfügung standen, er die Informationen verarbeitet und alle sich in der Sache für einen Rechtsunkundigen aufdrängenden Fragen widerspruchsfrei beantwortet hat oder sich aufgrund der Auskunft weitere Fragen aufdrängen.[233] Die Darlegungs- und Beweislast für die Vornahme der Plausibilitätsprüfung obliegt dem Vorstandsmitglied,[234] das infolgedessen auf eine sorgfältige Dokumentation achten muss.[235]

Diese mittlere Linie verdient im Grundsatz Zustimmung.[236] Richtigerweise muss sich das Vor- 35f standsmitglied mit den Ausführungen des Rechtsgutachtens hinreichend vertraut machen.[237] Es kann sich dabei allerdings unterstützen lassen, bei einem externen Gutachten zB durch die eigene Rechtsabteilung.[238] Auch muss es ein umfangreiches Gutachten nicht notwendig für Seite durcharbeiten, sondern kann sich uU auf die Kenntnisnahme einer Kurzfassung beschränken, verbunden mit einer stichprobenartigen Überprüfung des Gesamtgutachtens.[239] Dabei muss es auf offensichtliche Widersprüche und Begründungslücken achten und die gutachterlichen Schlussfolgerungen mit seinen aus dem Geschäfts- und Wirtschaftsleben gewonnenen Erfahrungen abgleichen.[240] In

---

[221] So *Strohn* ZHR 176 (2012), 137 (139 f.); erläuternd und präzisierend *Strohn* CCZ 2013, 177 (182); ferner *Decker* GmbHR 2014, 72 (76).
[222] Scharfe Kritik bei *Krieger* ZGR 2012, 496 (500 f.) unter der Überschrift „Wie viele Rechtsberater braucht ein Geschäftsleiter?".
[223] Vgl. *Binder* ZGR 2012, 757 (772 mit Fn. 85); *Wachter/Eckert* Rn. 19; *Fleischer* KSzW 2013, 3 (8); Großkomm AktG/*Hopt/Roth* Rn. 139; *Kiefner/Krämer* AG 2012, 498 (500); differenzierend *Hüffer/Koch/Koch* Rn. 45; ferner *Drescher*, Die Haftung des GmbH-Geschäftsführers, 7. Aufl. 2013, Rn. 313, der auf den Einzelfall abstellen will.
[224] Vgl. *Fleischer* KSzW 2013, 3 (9); *Strohn* CCZ 2013, 177 (183).
[225] Vgl. *Buck-Heeb* BB 2016, 1347 (1351); *Wachter/Eckert* Rn. 21; *Fleischer* NZG 2010, 121 (124); *Krieger* ZGR 2012, 496 (499); *Selter* AG 2012, 11 (17); *Strohn* ZHR 176 (2012), 137 (139).
[226] So aber *Strohn* ZHR 176 (2012), 137 (139).
[227] Vgl. *Binder* ZGR 2012, 757 (771); *Cahn* WM 2013, 1293 (1304); *Fleischer* KSzW 2013, 3 (9); *Hahn/Naumann* CCZ 2013, 156 (161 f.); *Peters* AG 2010, 811 (816); *Werner* StBW 2012, 619 (622); im Grundsatz auch *Krieger* ZGR 2012, 496 (499).
[228] Umfassend zuletzt *Buck-Heeb* BB 2016, 1347.
[229] Vgl. *Fleischer* DB 2015, 1764 (1768); *Strohn* CCZ 2013, 177 (183).
[230] BGH NZG 2011, 1271 LS 2; dazu auch *Strohn* ZHR 176 (2012), 137 (142); relativierend *Strohn* CCZ 2013, 177 (183): „keine allzu strengen Anforderungen".
[231] So *Binder* ZGR 2012, 757 (772); *Kiefner/Krämer* AG 2012, 498 (500); *Krieger* ZGR 2012, 496 (502); *Merkt/Mylich* NZG 2012, 525 (529).
[232] Vgl. BGH NZG 2015, 792 Rn. 33.
[233] BGH NZG 2015, 792 Rn. 33.
[234] BGH NZG 2015, 792 Rn. 35.
[235] Zu der Empfehlung an ein Vorstandsmitglied, kurz festzuhalten, weshalb es ein Gutachten für plausibel halte, *Decker* GmbHR 2014, 72 (77); *Strohn* ZHR 176 (2012), 137 (142).
[236] Näher zu Folgendem *Fleischer* DB 2015, 1764; eingehend auch *Buck-Heeb* BB 2016, 1347 (1350 ff.): Prüfung der Informationslage, der Aufgabenstellung und der Informationsverarbeitung; ferner *Florstedt* NZG 2017, 601 (607 ff.): Begründungs- und Ergebnisplausibilität.
[237] Vgl. *Fleischer* KSzW 2013, 3 (9).
[238] Dazu *Cahn* WM 2013, 1293 (1305); *Wachter/Eckert* Rn. 22; *Fleischer* KSzW 2013, 3 (9); *Krieger* ZGR 2012, 496 (502); *Strohn* CCZ 2013, 177 (184); s. aber auch *Buck-Heeb* BB 2016, 1349 (1353).
[239] Vgl. *Fleischer* DB 2015, 1764 (1769); *Hüffer/Koch/Koch* Rn. 44a; *Strohn* CCZ 2013, 177 (183 f.).
[240] Vgl. *Fleischer* KSzW 2013, 3 (9); ähnlich *Lange*, D&O-Versicherung und Managerhaftung, 2014, § 2 Rn. 89; *Strohn* CCZ 2013, 177 (183).

den meisten Fällen wird man einem Laien das Vertrauendürfen auf ein Expertengutachten aber nur dann absprechen dürfen, wenn ihm der Gefälligkeitscharakter geradezu auf der Stirn geschrieben steht.[241] Indizien dafür können sich etwa aus einem unseriösen Gebaren des Beraters oder aus dessen substanzloser Stellungnahme ergeben.[242] Dagegen lassen sich Rechtsauskünfte zum Zwecke der Gesetzesumgehung zwar häufig, aber keineswegs immer als wertlose Gefälligkeitsgutachten einordnen.[243] Aus der Pflicht zur Plausibilitätskontrolle hat der BGH abgeleitet, dass der Rechtsrat regelmäßig in schriftlicher Form zu erteilen sei.[244] Ausnahmen scheint er allerdings bei besonders einfach gelagerten oder eilbedürftigen Angelegenheiten zuzulassen.[245] Bessere Gründe sprechen nach wie vor dafür, einer mündlichen Auskunft nicht von vornherein jede Verlässlichkeit abzusprechen.[246]

35g **(3) Rechtsfolgen.** Sind die genannten Voraussetzungen erfüllt, darf sich das Vorstandsmitglied auf den eingeholten Rechtsrat verlassen, wenn die objektiv pflichtwidrige Vorstandsmaßnahme durch die Rechtsauskunft des Beraters gedeckt ist (Kongruenz von Rechtsrat und Organhandeln).[247] Dabei kommt es allerdings nicht darauf an, dass ein Prüfauftrag ausdrücklich für eine bestimmte Rechtsfrage erteilt wurde, sondern nur darauf, dass die Prüfung aus der Sicht des nicht fachkundigen Vorstandsmitglieds die zweifelhafte Frage umfasst.[248] Ein Beraterverschulden muss sich das Vorstandsmitglied nicht gemäß § 278 BGB zurechnen lassen, wenn und weil der Berater nicht im Pflichtenkreis des Vorstandsmitglieds, sondern in dem der Gesellschaft tätig geworden ist.[249] Dogmatisch verneint der BGH in derartigen Fällen ein Verschulden des Vorstandsmitglieds.[250] Überzeugender ist es, bereits eine Pflichtverletzung zu verneinen.[251] Dies eröffnet dem Vorstandsmitglied nicht nur den Einwand pflichtgemäßen Alternativverhaltens, sondern schließt zwingend auch seine Abberufung und Kündigung aus wichtigem Grund aus.[252] Bei fehlerhaftem Rat ist uU ein Rückgriff gegen den Berater möglich, insbesondere wenn das betreffende Vorstandsmitglied in den Schutzbereich des Beratervertrages einbezogen ist.[253] Dann kann sich eine Streitverkündung empfehlen.[254] Bleibt die Rechtslage indes auch nach sorgfältiger Prüfung durch einen Experten unklar (sog. ‚odds' opinion), sind zusätzlich die Anforderungen an ein Vorstandshandeln bei unklarer oder umstrittener Rechtslage zu beachten (→ Rn. 29 ff.).

36 **dd) „Nützliche" Pflichtverletzungen. (1) Vorrang der Legalitätspflicht.** Nach ganz überwiegender Ansicht können sich die Vorstandsmitglieder im Innenverhältnis nicht darauf berufen, dass der Gesetzesverstoß subjektiv im Interesse der Gesellschaft oder gar objektiv zu ihrem Nutzen erfolgte.[255]

---

[241] Vgl. *Fleischer* KSzW 2013, 3 (9).
[242] Vgl. *Fleischer* KSzW 2013, 3 (7 mwN); s. auch LG Essen ZIP 2012, 2061 (2064), wonach es keine Anzeichen für ein „Gefälligkeitsgutachten" gegeben habe; so zuvor auch BGH NJW 2007, 2118 (2120 Rn. 17).
[243] Vgl. *Fleischer* FS Hüffer, 2010, 187 (195 f.); strenger *Kirch-Heim/Samson* wistra 2008, 81 (82); allgemein zum „gekauften Verbotsirrtum" *Dahs* FS Strafrechtsausschuss BRAK, 2006, 99.
[244] Vgl. BGH NZG 2011, 1271 (1273 Rn. 24).
[245] Dazu aus Sicht des BGH *Bergmann* in VGR Gesellschaftsrecht in der Diskussion 2011, 2012, 1 (16, 28); *Drescher*, Die Haftung des GmbH-Geschäftsführers, 7. Aufl. 2013, Rn. 311; *Strohn* ZHR 176 (2012), 137 (142); ferner *Strohn* CCZ 2013, 177 (183), wonach es auf die Umstände des Einzelfalls ankommt.
[246] Vgl. bereits *Fleischer* NZG 2010, 121 (124 f.); ähnlich *Binder* ZGR 2012, 757 (772); *Krieger* ZGR 2012, 496, (502 f.); *Werner* StBW 2012, 619 (623).
[247] Vgl. *Fleischer* NZG 2010, 121 (124); *Fleischer* DB 2015, 1764 (1767); *Peters* AG 2010, 811 (816); *Sander/Schneider* ZGR 2013, 725 (747). An dieser Kongruenz von Rechtsrat und Organhandeln fehlte es in OLG Stuttgart NZG 2010, 141 (144); BGH DStR 2007, 1641 Rn. 3; BayObLG NJW 1965, 163 (164).
[248] Vgl. BGH NZG 2015, 792 Ls. 2; zustimmend *Fleischer* DB 2015, 1764 (1767); *Hüffer/Koch/Koch* Rn. 44a.
[249] Vgl. BGH NZG 2011, 1271 (1273 Rn. 17); *Hüffer/Koch/Koch* Rn. 46; *Strohn* CCZ 2013, 177 (184); im Ergebnis auch *Binder* ZGR 2012, 757 (767 ff.); *Cahn* WM 2013, 1293 (1302) mit berechtigter Kritik an einer formalen Abgrenzung danach, ob die Auskunftsperson im Namen der Gesellschaft oder des Organmitglieds beauftragt wurde.
[250] Vgl. BGH NZG 2011, 1271 (1273 Rn. 16 ff.); dazu auch *Strohn* CCZ 2013, 177 (179).
[251] Vgl. *Fleischer* ZIP 2009, 1397 (1405); *Fleischer* FS Hüffer, 2010, 187 (201); Großkomm AktG/*Hopt/Roth* Rn. 240; vertiefend *Sander/Schneider* ZGR 2013, 725 (738 ff.).
[252] Näher *Sander/Schneider* ZGR 2013, 725 (742 ff.).
[253] Vgl. BGHZ 193, 297 Rn. 9 ff. (Steuerberatung); *Drescher*, Die Haftung des GmbH-Geschäftsführers, 7. Aufl. 2013, Rn. 315; *Hüffer/Koch/Koch* Rn. 44; *Lange*, D&O-Versicherung und Managerhaftung, 2014, § 2 Rn. 93; anders bei unterbliebenem Hinweis auf Insolvenzreife im Rahmen einer allgemeinen Steuerprüfung BGH NZG 2013, 675 Rn. 15.
[254] So auch *Hüffer/Koch/Koch* Rn. 44b.
[255] Vgl. BGHSt 55, 288 = NJW 2011, 88 (92 Rn. 37) (Kriegskasse im Ausland); BGHSt 55, 266 = NZG 2010, 1190 (1192) (Siemens/AUB); OLG Karlsruhe NZG 2013, 1177 Rn. 23; LAG Düsseldorf ZIP 2015, 829; *Bayer* GmbHR 2014, 897 (900); *Bicker* AG 2014, 8 (11); Henssler/Strohn/*Dauner-Lieb* Rn. 7a; Großkomm AktG/*Hopt/Roth* Rn. 134; Kölner Komm AktG/*Mertens/Cahn* Rn. 71; Hölters/*Hölters* Rn. 75; *Lutter* ZIP 2007, 841 (844); *Raiser/Veil* KapGesR § 14 Rn. 81; NK-AktR/*U. Schmidt* Rn. 10; *Thole* ZHR 173 (2009), 504 (512 ff.); *Wagner* ZGR 2016, 112 (138); *Wiedemann* ZGR 2011, 183 (199). Fundamentalkritik und Alternativkonzept bei *Brock*, Legalitätsprinzip und Nützlichkeitserwägungen, 2017, 280 ff. und passim.

Beispielsfälle bilden verbotene Schmiergeldzahlungen im in- und ausländischen Geschäftsverkehr, kartellrechtswidrige Preis- oder Gebietsabsprachen, Steuerhinterziehungen oder die Missachtung kostenträchtiger Umweltschutzstandards.[256] Dem ist im Ergebnis beizutreten:[257] Der Vorrang der organschaftlichen Legalitätspflicht erfasst auch „nützliche" Pflichtverletzungen, von denen die Gesellschaft profitiert. Eine Theorie des effizienten Gesetzesbruchs („efficient breach of public law") ist nicht anzuerkennen.[258] Zur Begründung kann man auf den für alle Gesellschaften geltenden Rechtssatz verweisen, dass die Einhaltung der Gesetzesbestimmungen dem Gesellschaftsinteresse vorgeordnet ist.[259] Beredten Ausdruck findet er in § 396 Abs. 1, wonach die Aktiengesellschaft aufgelöst werden kann, wenn sie durch gesetzwidriges Verhalten ihrer Verwaltungsträger das Gemeinwohl gefährdet und Aufsichtsrat oder Hauptversammlung nicht für eine Abberufung der Verwaltungsträger sorgen.[260] Seine normative Rechtfertigung findet er letztlich in dem Allgemeininteresse an Regelbefolgung und effektiver Normdurchsetzung (→ Rn. 24).

(2) Ablehnung eines Geschäftsleiterermessens. Mit der strikten Gesetzesbindung der Leitungsorgane ist die Frage nach dem Bestehen eines unternehmerischen Handlungsspielraums bei profitablen Pflichtverletzungen vorentschieden.[261] Raum für die Entfaltung unternehmerischer Initiative bleibt nur innerhalb des gesetzlich vorgegebenen Pflichtenrahmens („Law-as-Limit"-Theorie im Gegensatz zur „Law-as-Price"-Theorie).[262] Davon ist auch der Gesetzgeber bei der Kodifizierung des Geschäftsleiterermessens im Rahmen des § 93 Abs. 1 Satz 2 ausgegangen (näher → Rn. 62 ff.): Ausweislich der Regierungsbegründung gibt es für illegales Verhalten keinen „sicheren Hafen" im Sinne einer haftungstatbestandlichen Freistellung.[263] Hiervon für Vorschriften mit schlichtem Ordnungscharakter eine Ausnahme zu machen,[264] ist nicht angängig, weil es keine Vorschriften „erster und zweiter Klasse" gibt.[265] **37**

(3) Schadensermittlung und Vorteilsausgleichung. Gemäß § 93 Abs. 2 haftet ein Vorstandsmitglied nur, wenn der Gesellschaft durch seine Pflichtverletzung ein Schaden entstanden ist (→ Rn. 211). Dieses von der Gesellschaft zu beweisende Tatbestandsmerkmal führt bei profitablen Pflichtverletzungen zu schwierigen Folgefragen, die im aktienrechtlichen Schrifttum bislang nur ansatzweise aufgearbeitet sind.[266] Ihre Bewältigung kann – wie im Zivilrecht[267] – nur mittels wertender Fallgruppenbildung gelingen.[268] Gesichert ist zunächst, dass bei einem Verstoß gegen die Sondertatbestände des § 93 Abs. 3 keine Gesamtvermögensbetrachtung Platz greift,[269] sondern der Schaden **38**

---

[256] Vgl. *Fleischer* ZIP 2005, 141 (145 f.); Großkomm AktG/*Hopt*/*Roth* Rn. 134; *Raiser*/*Veil* KapGesR § 14 Rn. 82; ferner *Berg* AG 2007, 271 (273 f.); *Ihrig* WM 2004, 2098 (2104 f.); konkrete Rechenbeispiele bei *Brock*, Legalitätsprinzip und Nützlichkeitserwägungen, 2017, 263 f.

[257] Eingehend bereits *Fleischer* ZIP 2005, 141 ff.

[258] Näher *Fleischer* ZIP 2005, 141 (146) mit weiterführenden Hinweisen zur Gegenauffassung im ausländischen Schrifttum.

[259] Vgl. *Fleischer* ZIP 2005, 141 (148); ähnlich Großkomm AktG/*Hopt*/*Roth* Rn. 134; *Thole* ZHR 173 (2009), 504 (515).

[260] Vgl. *Fleischer* ZIP 2005, 141 (149); zustimmend etwa *Berg* AG 2007, 271 (273); *Bicker* AG 2014, 8 (11); *Hauger*/*Palzer* ZGR 2015, 33 (44); kritisch *Brock*, Legalitätsprinzip und Nützlichkeitserwägungen, 2017, 74 f. mwN.

[261] Vgl. *Fleischer* in Fleischer VorstandsR-HdB § 7 Rn. 23; *Goette* in Hommelhoff/Hopt/v. Werder Corporate Governance-HdB 713 (721 ff.); *Ihrig* WM 2004, 2098 (2104 f.); *Paefgen* AG 2004, 245 (251 f.); *Schneider* DB 2005, 707 (710); *Thümmel* DB 2004, 421.

[262] Näher *Fleischer* ZIP 2005, 141 (147) mit weiteren, auch rechtsvergleichenden Nachweisen.

[263] Vgl. BegrRegE BT-Drs. 15/5092, 11; dazu *Fleischer* ZIP 2004, 685 (690); *Ihrig* WM 2004, 2098 (2103); für eine ausdrückliche Festschreibung der Legalitätspflicht im Gesetzestext *Paefgen* AG 2004, 245 (252); *Thümmel* DB 2004, 471 (472).

[264] So etwa *Habersack* FS U.H. Schneider, 2011, 429 (439); *Harzenetter*, Innenhaftung des Vorstands der Aktiengesellschaft für so genannte nützliche Pflichtverletzungen, 2008, 99 ff.; *Hinrichs*, Möglichkeiten zur Korrektur der Geschäftsleiterbinnenhaftung gem. § 93 Abs. 2 S. 1 AktG, § 43 Abs. 2 GmbHG für sog. „nützliche" Pflichtverletzungen, 2015, 204 ff.; *U.H. Schneider* FS Hüffer, 2010, 905 (910).

[265] Wie hier *Bicker* AG 2014, 8 (11 f.); *Brock*, Legalitätsprinzip und Nützlichkeitserwägungen, 2017, 277 f.; *Dreher* FS Konzen, 2006, 85 (92); Hüffer/Koch/*Koch* Rn. 6.

[266] Erste Ansätze bei *Fleischer* DStR 2009, 1204 (1209 f.); aus der Rechtsprechung OLG München NZG 2000, 741 (743) (KGaA); eingehend zuletzt *Brock*, Legalitätsprinzip und Nützlichkeitserwägungen, 2017, 310 ff.

[267] Vgl. zur Notwendigkeit wertender Entscheidungen im Rahmen der zivilrechtlichen Vorteilsausgleichung *Lange*/*Schiemann* Schadensersatz, 3. Aufl. 2003, § 9 I 1, S. 486; monographisch *Thüsing*, Wertende Schadensberechnung, 2001.

[268] Ausführlicher zu Folgendem *Fleischer* ZIP 2005, 141 (151 f.).

[269] Vgl. Großkomm AktG/*Hopt*/*Roth* Rn. 339; Hüffer/Koch/*Koch* Rn. 68; Grigoleit/*Grigoleit*/*Tomasic* Rn. 54.

der Gesellschaft schon im Abfluss der Mittel liegt (→ Rn. 258).²⁷⁰ Die Gesellschaft muss sich nur (aber immerhin) solche Vermögensvorteile auf ihren Schadensersatzanspruch anrechnen lassen, die ihr in unmittelbarem Zusammenhang mit dem organschaftlichen Fehlverhalten zugeflossen sind.²⁷¹ Außerdem sind anerkanntermaßen die Grundsätze der Vorteilsausgleichung entsprechend anzuwenden, wenn ein Vorstandsmitglied seine gesellschaftsinternen Kompetenzen durch Vornahme von Spekulationsgeschäften überschreitet und dabei neben Verlusten auch Gewinne erzielt.²⁷² Die Gesellschaft verhielte sich treuwidrig und widersprüchlich, wenn sie das Vorstandsmitglied für einen Fehler ersatzpflichtig macht, aber den Gewinn behält, sofern es den gleichen Fehler erneut begeht.²⁷³ Überdies wird nur durch eine Anrechnung von Gewinnen auf Verluste ein *windfall profit* zugunsten der Gesellschaft vermieden und dem Bereicherungsverbot Genüge getan.²⁷⁴ Die Beweislast für den Eintritt allfälliger Gewinne trifft nach allgemeinen zivilrechtlichen Grundsätzen das pflichtwidrig handelnde Organmitglied.²⁷⁵

39 Schwerer fällt die Entscheidung, wenn ein Vorstandsmitglied den Unternehmensgegenstand nicht punktuell, sondern dauerhaft überschreitet, zB durch den Erwerb eines branchenfremden Unternehmens. Im Personengesellschaftsrecht neigt die Rechtsprechung bei Überschreiten der Geschäftsführungsbefugnisse zu einer weitgehenden Zurückdrängung der Vorteilsausgleichung: Ein Schaden der Gesellschaft soll nur dann entfallen, wenn sie die ihr aufgedrängte Gegenleistung sinnvoll nutzen könne, wofür der Schädiger beweispflichtig sei.²⁷⁶ Ähnlich hat das OLG München in einem Fall entschieden, in dem der persönlich haftende Gesellschafter einer KGaA namens der Gesellschaft satzungswidrig eine stille Beteiligung an einem Drittunternehmen eingegangen war: Der geschäftsführende Komplementär hafte nach § 278 Abs. 3, § 283 Nr. 3, § 93 Abs. 2 und müsse der Gesellschaft die geleistete Einlage ersetzen, ohne den Wert der stillen Beteiligung abziehen zu können; allerdings seien ihm gemäß § 255 BGB Zug um Zug alle Ansprüche aus der stillen Gesellschaft abzutreten.²⁷⁷ Darin mag für das Aktienrecht ein gangbarer Weg liegen, doch bedarf dies noch weiterer Diskussion.²⁷⁸

40 Ob den Vorstandsmitgliedern eine Vorteilsausgleichung darüber hinaus aus Gründen des öffentlichen Interesses verwehrt ist, wenn sie gegen externe Pflichtenbindungen verstoßen (zB pflichtwidrige Nichteinrichtung eines Betriebsrates), wurde hierzulande bislang nur selten erörtert.²⁷⁹ Die zivilrechtliche Rechtsprechung verlangt allgemein, dass die Vorteilsausgleichung dem Sinn und Zweck der Ersatzpflicht nicht zuwiderlaufen und den Schädiger unter Würdigung aller Umstände nicht unbillig entlasten dürfe.²⁸⁰ Sind diese Voraussetzungen nicht gegeben, wird man auch dem Vorstandsmitglied im organschaftlichen Verantwortlichkeitsrecht eine schadensmindernde Anrechnung von Vermögensvorteilen verweigern müssen. Die BGH-Rechtsprechung bietet hierfür einzelne Beispiele²⁸¹ und auch das US-amerikanische Gesellschaftsrecht erlaubt in vergleichbaren Fällen nur eine Anrechnung solcher Vorteile „whose recognition is not contrary to public policy".²⁸² Bei Kartellrechtsverstößen sprechen allerdings gut Gründe für eine Anerkennung der Vorteilsausgleichung:²⁸³ Sie führt im Binnenverhältnis zwischen Gesellschaft und Vorstandsmitglied nicht zu unbilligen Ergebnissen und kann im Gegenteil sogar geboten sein, weil sie verhindert, dass der Kartellvorteil entgegen den gesetzlichen Wertungen (§§ 34, 34a, 81 Abs. 5 S. 1 GWB) bei der Gesellschaft verbleibt.²⁸⁴ Für

---

²⁷⁰ Vgl. OLG Stuttgart NZG 2010, 141 (145); RGZ 159, 211 (230); *Fleischer* NZG 2010, 121 (122); MüKo-AktG/*Spindler* Rn. 193.
²⁷¹ Vgl. Großkomm AktG/*Hopt/Roth* Rn. 411; Kölner Komm AktG/*Mertens/Cahn* Rn. 135.
²⁷² Vgl. BGH NJW 2013, 1958 LS 3 im Anschluss an *Fleischer* DStR 2009, 1204 (1210); zustimmend *Brock*, Legalitätsprinzip und Nützlichkeitserwägungen, 2017, 317 ff.; für Zinsswapgeschäfte auch OLG Düsseldorf AG 2016, 410 (414 f.).
²⁷³ So BGH NJW 2013, 1958 (1961 Rn. 27).
²⁷⁴ Vgl. BGH NJW 2013, 1958 (1961 Rn. 27); *Fleischer* DStR 2009, 1204 (1210).
²⁷⁵ Vgl. *Fleischer* DStR 2009, 1204 (1210); Großkomm AktG/*Hopt/Roth* Rn. 411.
²⁷⁶ Vgl. BGH ZIP 1988, 843 (845); ebenso bereits RGZ 109, 56 (60).
²⁷⁷ Vgl. OLG München NZG 2000, 741 (743).
²⁷⁸ Für eine erste ausführliche Stellungnahme *Tieves*, Der Unternehmensgegenstand der Kapitalgesellschaft, 1998, 329 ff. (337 ff.); zurückhaltend *Lange*, D&O-Versicherung und Managerhaftung, 2. Aufl. 2014, § 2 Rn. 170.
²⁷⁹ Vgl. *Fleischer* ZIP 2005, 141 (151 f.); *Fleischer* BB 2008, 1070 (1073); *Thole* ZHR 173 (2009), 504 (526 ff.).
²⁸⁰ Vgl. BGHZ 10, 107 (108); 91, 206 (210); 136, 52 (54).
²⁸¹ Vgl. BGH DStR 2007, 961 Leitsatz und Rn. 19 ff.
²⁸² American Law Institute, Principles of Corporate Governance, 1994, § 7.18(c); rechtsvergleichend *Fleischer* ZIP 2005, 141 (146 f.).
²⁸³ Näher LAG Düsseldorf ZIP 2015, 829 (832); *Fleischer* BB 2008, 1070 (1073); *Bachmann* BB 2015, 911; *Bayer/Scholz* GmbHR 2015, 449 (454 f.); *Blaurock* FS Bornkamm, 2014, 107 (113 f.); *Dreher* VersR 2015, 781 (787); *Goette* FS Hoffmann-Becking, 2013, 377 (382 f.); *Habersack* NZG 2016, 321 (342); Hüffer/Koch/*Koch* Rn. 49; *Thomas* NZG 2015, 1409 (1414 f.); abw. *Kersting* ZIP 2016, 1266 (1272 ff.).
²⁸⁴ Vgl. *Fleischer* BB 2008, 1070 (1073); *Zimmermann* WM 2008, 433 (439).

alle Fälle profitabler Pflichtverletzungen gilt schließlich, dass die Vorteile der Gesellschaft in dem Maße schwinden, in dem die Rechtsordnung im Straf- oder Zivilrecht die Möglichkeiten einer Gewinnabschöpfung vorsieht.[285]

b) Sorgfaltspflicht im engeren Sinne. aa) Verhaltensmaßstäbe. (1) Allgemeines. Die 41 Pflicht zur sorgfältigen Unternehmensleitung bildet eine Generalklausel, aus der sich eine Vielzahl einzelner, nicht abschließend formulierbarer Verhaltensanforderungen ableiten lassen.[286] Als Maßfigur ist der professionelle und hauptamtliche Geschäftsleiter anzusehen, der die zur Ausübung seines Amtes erforderlichen Fähigkeiten und Kenntnisse besitzt. Weitere Verallgemeinerungen sind nur begrenzt möglich, weil es den ordentlichen Geschäftsleiter für alle Zwecke nicht gibt.[287] Die Sorgfaltsanforderungen sind vielmehr von einer Reihe unterschiedlicher Faktoren abhängig und variieren von Situation zu Situation:[288] Dazu gehören Art und Größe des Unternehmens,[289] seine wirtschaftliche und finanzielle Lage,[290] die Aufgabenverteilung innerhalb eines mehrköpfigen Vorstands,[291] die Bedeutung einer Maßnahme für das Unternehmen[292] und das konjunkturelle Umfeld.[293] Man kann insoweit von einer Volatilität der Verhaltensnormen für den Vorstand sprechen:[294] Entscheidend ist, wie sich ein ordentlicher und gewissenhafter Geschäftsleiter eines Unternehmens vergleichbarer Art und Größe in der konkreten Situation verhalten hätte.[295] Dies ist ein normativer Maßstab;[296] eine abweichende tatsächliche Übung in dem betreffenden Unternehmen oder der gesamten Branche vermag das Vorstandsmitglied grundsätzlich nicht zu entlasten.[297]

(2) Einzelvorgaben. Im Einzelnen ergibt sich das Pflichtenprogramm eines sorgfältigen Vor- 42 standsmitglieds aus einer Reihe unterschiedlicher Verhaltensnormen:

(a) Gesetz, Anstellungsvertrag, Berufspflichten. In jedem Fall hat ein Vorstandsmitglied bei 43 der Unternehmensleitung die gesetzlichen Vorschriften zu beachten (→ Rn. 23). Weitere Vorgaben können sich aus dem Anstellungsvertrag ergeben, der die organschaftlichen Verhaltenspflichten zwar nicht abändern, wohl aber präzisieren und ergänzen kann.[298] Zudem ist ein Vorstandsmitglied zur Beachtung der allgemeinen Berufspflichten angehalten, die für die Ausübung einer freiberuflichen oder sonstigen Tätigkeit gelten.[299]

(b) Freiwillige Verhaltensrichtlinien und Empfehlungen staatlicher Institutionen. Frei- 44 willige Verhaltensrichtlinien nationaler Verbände oder Organisationen binden weder die Gesellschaft noch deren Vorstandsmitglieder.[300] Gleiches gilt für internationale Verhaltenskodizes ohne Rechts-

---

[285] Zum Verfall rechtswidrig erlangter Vorteile gemäß § 73 StGB *Fischer* StGB § 73 Rn. 6 ff.; zur Abschöpfung des wirtschaftlichen Vorteils nach § 17 Abs. 4 OWiG und zur Mehrerlösabschöpfung nach § 81 Abs. 5 Satz 1 GWB *Dannecker* in Wabnitz/Janovsky WirtschaftsstrafR/SteuerStrafR-HdB § 16 Rn. 111 ff.; zum Gewinnabschöpfungsanspruch nach § 10 UWG *Köhler* NJW 2004, 2121 (2125 f. mwN); allgemein und instruktiv *Köndgen* RabelsZ 64 (2000), 661.
[286] Vgl. Henssler/Strohn/*Dauner-Lieb* Rn. 6; *Fleischer* in Fleischer VorstandsR-HdB § 7 Rn. 27; Hüffer/Koch/*Koch* Rn. 5; Kölner Komm AktG/*Mertens/Cahn* Rn. 11; MüKoAktG/*Spindler* Rn. 21; *Raiser/Veil* KapGesR § 14 Rn. 85.
[287] Vgl. NK-AktR/*U. Schmidt* Rn. 74; MüKoAktG/*Spindler* Rn. 25.
[288] Ebenso Wachter/*Eckert* Rn. 6; NK-AktR/*U. Schmidt* Rn. 74; Großkomm AktG/*Hopt/Roth* Rn. 58; *Raiser/Veil* KapGesR § 14 Rn. 88.
[289] Vgl. Großkomm AktG/*Hopt/Roth* Rn. 58; NK-AktR/*U. Schmidt* Rn. 74; MüKoAktG/*Spindler* Rn. 25; MHdB AG/*Wiesner* § 25 Rn. 2; Wachter/*Eckert* Rn. 6.
[290] Vgl. OLG Jena NZG 2001, 86 (87); Großkomm AktG/*Hopt/Roth* Rn. 58; *Raiser/Veil* KapGesR § 14 Rn. 88.
[291] Vgl. Großkomm AktG/*Hopt/Roth* Rn. 74; NK-AktR/*U. Schmidt* Rn. 74.
[292] Vgl. NK-AktR/*U. Schmidt* Rn. 51.
[293] Vgl. Großkomm AktG/*Hopt/Roth* Rn. 58; MüKoAktG/*Spindler* Rn. 25.
[294] Treffend *Semler* Leitung und Überwachung Rn. 60 f.
[295] Vgl. OLG Jena NZG 2001, 86 (87); Bürgers/Körber/*Bürgers* Rn. 3; *Fleischer* in Fleischer VorstandsR-HdB § 7 Rn. 27; Großkomm AktG/*Hopt/Roth* Rn. 85; K. Schmidt/Lutter/*Krieger/Sailer-Coceani* Rn. 5; *Raiser/Veil* KapGesR § 14 Rn. 88; MHdB AG/*Wiesner* § 25 Rn. 2.
[296] Vgl. Henssler/Strohn/*Dauner-Lieb* Rn. 7; Wachter/*Eckert* Rn. 6; Hüffer/Koch/*Koch* Rn. 7; MüKoAktG/*Spindler* Rn. 21.
[297] Vgl. *Böttcher* NZG 2009, 1047 (1052); Henssler/Strohn/*Dauner-Lieb* Rn. 7; Wachter/*Eckert* Rn. 6; Hüffer/Koch/*Koch* Rn. 7; s. aber auch Lange, D&O-Versicherung und Managerhaftung, 2014, § 2 Rn. 110.
[298] Vgl. Bürgers/Körber/*Bürgers* Rn. 4; *Fleischer* in Fleischer VorstandsR-HdB § 7 Rn. 29; Großkomm AktG/*Hopt/Roth* Rn. 321.
[299] Vgl. Großkomm AktG/*Hopt/Roth* Rn. 145.
[300] Vgl. *Fleischer* in Fleischer VorstandsR-HdB § 7 Rn. 30; Großkomm AktG/*Hopt/Roth* Rn. 149; allgemein *Döll*, Aktienrecht und Codes of Best Practice, 2018.

qualität,³⁰¹ etwa die *OECD Principles on Corporate Governance* oder die *UN Guiding Principles on Business and Human Rights*.³⁰² Allerdings müssen die Vorstandsmitglieder bei ihren Entscheidungen in Rechnung stellen, dass die Nichteinhaltung solcher Richtlinien zu Ansehensverlusten bei Geschäftspartnern oder der breiten Öffentlichkeit (Bild des „good corporate citizen") führen kann und daher unter Umständen dem Gesellschaftsinteresse zuwiderläuft (zum Reputationsmanagement → Rn. 25a).³⁰³ Nicht ausgeschlossen ist außerdem, dass derartige Verhaltensregeln im Einzelfall die Pflichten eines ordentlichen und gewissenhaften Geschäftsleiters konkretisieren, doch erfordert dies stets eine gesonderte Prüfung im Rahmen des § 93 Abs. 1 S. 1.³⁰⁴

45 Ebenso wenig ist der Vorstand verpflichtet, Forderungen oder Empfehlungen staatlicher oder politischer Instanzen zu befolgen, die keine formelle Rechtsgeltung besitzen.³⁰⁵ Das gilt für Appelle der Bundesregierung, auf angekündigte Preiserhöhungen zu verzichten, ebenso wie für Boykottaufrufe von Verbraucherverbänden und Verhaltensempfehlungen der Bundesbank oder der Europäischen Zentralbank.³⁰⁶ Jedoch kann die Missachtung solcher Forderungen dem Ruf des Unternehmens im Geschäftsverkehr Schaden zufügen, so dass der Vorstand im Einzelfall gehalten sein kann, den Wünschen der staatlichen Stellen nachzukommen.³⁰⁷

46 **(c) Deutscher Corporate Governance Kodex.** Noch nicht endgültig geklärt ist, inwieweit die Bestimmungen des Deutschen Corporate Governance Kodex auf die Auslegung des § 93 Abs. 1 einwirken. Vielfach wird angenommen, dass von den Kodexempfehlungen wegen ihres unverbindlichen Charakters keine haftungsverschärfenden Folgen ausgehen.³⁰⁸ Die Gegenansicht hält es für möglich, dass die Verhaltensregeln nach dem Vorbild der DIN-Normen die organschaftlichen Sorgfaltsanforderungen konkretisieren.³⁰⁹ Beizutreten ist der erstgenannten Auffassung: Gegen eine maßstabbildende Funktion der Kodexbestimmungen spricht, dass Vorstand und Aufsichtsrat von ihnen nach § 161 abweichen können³¹⁰ und dass sie ausweislich der Gesetzesmaterialien nur „unverbindliche Verhaltensempfehlungen" darstellen.³¹¹ Darüber hinaus sieht sich der Kodex verfassungsrechtlichen Bedenken ausgesetzt³¹² und unterscheidet sich markant von den DIN-Normen, bei denen sich der Staat durch einen Vertrag mit dem Normungsgeber und durch ausdrückliche Regelung des Normierungsverfahrens eine gewisse Kontrolle vorbehalten hat.³¹³

47 Es steht der Aktiengesellschaft allerdings offen, die Kodexempfehlungen in die Satzung, die Geschäftsordnungen von Vorstand und Aufsichtsrat oder in die Anstellungsverträge der Vorstandsmitglieder aufzunehmen.³¹⁴ In diesem Fall werden die unverbindlichen Verhaltensempfehlungen zum Bestandteil der Organpflichten (vgl. zum Einfluss des Anstellungsvertrages → Rn. 43) und damit zu verbindlichen gesellschaftsinternen Verhaltensregeln.³¹⁵ Nicht ausgeschlossen ist außerdem, dass Kodexempfehlungen im Einzelfall die allgemeine Sorgfaltspflicht spezifizieren, doch bedarf es dazu stets einer besonderen Prüfung der Gerichte aus dem Blickwinkel des § 93 Abs. 1.³¹⁶ Ob die Kodex-

---

[301] Vgl. *Fleischer* in Fleischer VorstandsR-HdB § 7 Rn. 30; Kölner Komm AktG/*Mertens/Cahn* Rn. 73.
[302] Näher dazu im Zusammenhang mit der Lieferketten-Governance *Fleischer/Hahn* RIW 2018, 397.
[303] Ähnlich Großkomm AktG/*Hopt/Roth* Rn. 149.
[304] Vgl. *Fleischer* in Fleischer VorstandsR-HdB § 7 Rn. 30; Großkomm AktG/*Hopt/Roth* Rn. 149.
[305] Vgl. *Fleischer* in Fleischer VorstandsR-HdB § 7 Rn. 31; Großkomm AktG/*Hopt/Roth* Rn. 149; *Raiser/Veil* KapGesR § 14 Rn. 73.
[306] Einzelbeispiele bei *Raiser/Veil* KapGesR § 14 Rn. 74; zum Konflikt zwischen VW und dem damaligen Bundeswirtschaftsminister Erhard über Preiserhöhungen *Fleischer* ZGR 2018, Heft 5.
[307] Vgl. *Fleischer* in Fleischer VorstandsR-HdB § 7 Rn. 31; *Raiser/Veil* KapGesR § 14 Rn. 73.
[308] Vgl. *Bachmann* WM 2002, 2137 (2138 f.); *Ettinger/Grützediek* AG 2003, 353 (355); Großkomm AktG/*Hopt/Roth* Rn. 33; Hüffer/Koch/*Koch* § 161 Rn. 27; MüKoAktG/*Spindler* Rn. 32; MüKoAktG/*Goette* § 161 Rn. 99.
[309] Vgl. *Berg/Stöcker* WM 2002, 1569 (1575 ff.); *Buchta* DStR 2003, 694 (695); *Claussen/Bröcker* DB 2002, 1199 (1205); *Lutter* ZHR 166 (2002), 523 (542); *Pielorz* FS Metzeler, 2003, 167 (174); *Schüppen* ZIP 2002, 1269 (1271); *Seibt* AG 2002 249 (250 f.); *Ulmer* ZHR 166 (2002), 150 (166 f.); s. auch *Seidel* ZIP 2004, 285 (290 f.) sowie OLG Schleswig NZG 2003, 176 (179), wonach der Kodex allgemein auf die Interpretation aktienrechtlicher Vorschriften zurückwirkt.
[310] Vgl. MüKoAktG/*Spindler* Rn. 32.
[311] Vgl. BegrRegE BT-Drs. 14/8769, 21.
[312] Vgl. Hüffer/Koch/*Koch* § 161 Rn. 27; MüKoAktG/*Spindler* Rn. 32.
[313] Dazu *Bachmann* WM 2002, 2137 (2139); zu weiteren Unterschieden MüKoAktG/*Spindler* Rn. 32.
[314] Eingehend *Lutter* ZHR 166 (2002), 523 (535 ff.).
[315] Vgl. *Berg/Stöcker* WM 2002, 1569 (1575); *Ettinger/Grützediek* AG 2003, 353 (355); *Lutter* ZHR 166 (2002), 523 (536); MüKoAktG/*Spindler* Rn. 32.
[316] In diese Richtung auch *Berg/Stöcker* WM 2002, 1569 (1576); *Radke*, Die Entsprechenserklärung zum Deutschen Corporate Governance Kodex nach § 161 AktG, 2004, 204 ff.; vorsichtig auch Großkomm AktG/*Hopt/Roth* Rn. 34.

empfehlungen durch ihre Akzeptanz in der Praxis mit der Zeit zu Handelsbräuchen erstarken,[317] lässt sich gegenwärtig noch nicht absehen.

Entgegen verschiedener Literaturstimmen bildet die Einhaltung des Kodex kein Indiz für sorgfalts- **48** gemäßes Organverhalten[318] und führt erst recht nicht zu einer Umkehr der Beweislastregel des § 93 Abs. 2 S. 2 zugunsten der Organmitglieder.[319] Hierfür spricht, dass der Gesetzgeber eine solche Vermutungswirkung in § 161 – anders als in § 342 Abs. 2 HGB – gerade nicht angeordnet hat[320] und der Regierungsbegründung zufolge auch nicht anordnen wollte.[321] Außerdem beschränkt sich § 161 auf die Normierung einer Erklärungspflicht und sieht – im Unterschied zu § 93 Abs. 1 S. 2 (→ Rn. 65) – keinen „sicheren Hafen" vor.

Von der bislang erörterten Ausstrahlung des Kodex auf das aktienrechtliche Verantwortlichkeits- **49** recht zu trennen sind die haftungsrechtlichen Konsequenzen bei einer Nichtbefolgung der Erklärungspflicht: Vorstandsmitglieder, die entgegen § 161 keine Entsprechenserklärung abgeben oder falsche Angaben machen, handeln pflichtwidrig und sind ihrer Gesellschaft nach Maßgabe des § 93 Abs. 2 zum Schadensersatz verpflichtet.[322] Inwieweit auch eine Außenhaftung wegen fehlerhafter Kapitalmarktkommunikation in Betracht kommt, ist gesondert zu erörtern (→ Rn. 322).

(d) Betriebswirtschaftliche Grundsätze ordnungsgemäßer Unternehmensführung. Fer- **50** ner wird zur Konkretisierung der unternehmerischen Leitungssorgfalt verschiedentlich auf betriebswirtschaftliche Verhaltensregeln Bezug genommen,[323] wie sie in Gestalt der Grundsätze ordnungsgemäßer Unternehmensleitung[324] und ordnungsgemäßer Unternehmensplanung[325] vorliegen. Dabei besteht freilich Einigkeit, dass sich diese Grundsätze nicht unbesehen auf das aktienrechtliche Verantwortlichkeitsrecht übertragen lassen: Sie begründen als solche keine Rechtspflichten,[326] können im Einzelfall aber nach sorgfältiger Prüfung in den normativen Sorgfaltsmaßstab des § 93 Abs. 1 S. 1 einfließen.[327] Für eine solche juristische Rezeption[328] kommen von vornherein nur solche Regeln in Betracht, die in der Betriebswirtschaftslehre als gesichert gelten[329] und sich zudem in der Praxis bewährt haben.[330] Darüber hinaus ist stets zu bedenken, dass zwischen dem betriebswirtschaftlich erstrebenswerten und dem juristisch erforderlichen Maß an Leitungssorgfalt nur teilweise Übereinstimmung besteht.[331] Mit diesen Vorbehalten können betriebswirtschaftliche Führungsgrundsätze durchaus einen Beitrag zur Vorstrukturierung aktienrechtlicher Leitungspflichten leisten. Davon geht auch der Deutsche Corporate Governance Kodex aus, der Vorstand und Aufsichtsrat in Ziff. 3.8 DCGK anhält, die Regeln ordnungsgemäßer Unternehmensführung zu beachten.[332]

(e) Ausstrahlung des Aufsichtsrechts. Zur weiteren Ausformung der aktienrechtlichen Sorg- **50a** falts- und Überwachungsanforderungen hat man schon früh erwogen, einzelne Organisationspflich-

---

[317] Dazu *Seibt* AG 2002, 249 (251); *Thümmel* AG 2004, 83 (85); *Ulmer* ZHR 166 (2002), 150 (159 f.).
[318] So aber *Lutter* ZHR 166 (2002), 523 (542); wie hier Großkomm AktG/*Hopt/Roth* Rn. 34; Hüffer/Koch/ *Koch* § 161 Rn. 27; MüKoAktG/*Spindler* Rn. 35; *Weber-Rey/Buckel* AG 2011, 845 (850).
[319] So aber *Seibt* AG 2002, 249 (251); ähnlich *Schüppen* ZIP 2002, 1269 (1271); wie hier Großkomm AktG/ *Hopt/Roth* Rn. 34; Hüffer/Koch/*Koch* § 161 Rn. 27; MüKoAktG/*Spindler* Rn. 35.
[320] Vgl. *Bachmann* WM 2002, 2137 (2138).
[321] Vgl. BegrRegE BT-Drs. 14/8769, 21.
[322] Vgl. *Fleischer* in Fleischer VorstandsR-HdB § 7 Rn. 35; Hüffer/Koch/*Koch* § 161 Rn. 25.
[323] Vgl. *Heermann* ZIP 1998, 761 (763); Großkomm AktG/*Kort* § 76 Rn. 38; K. Schmidt/Lutter/*Krieger/Sailer-Coceani* Rn. 7; Kölner Komm AktG/*Mertens/Cahn* Rn. 83; MüKoAktG/*Spindler* Rn. 30; MHdB AG/*Wiesner* § 25 Rn. 7; Grigoleit/*Grigoleit/Tomasic* Rn. 41.
[324] Vgl. *v. Werder* zfbf Sonderheft 36/1996, 27 ff.; für den Aufsichtsrat *Theisen* AG 1995, 193 ff.; *Scheffler* AG 1995, 207 ff.; kritisch dazu *Semler*, Leitung und Überwachung der Aktiengesellschaft, 2. Aufl. 1996, Rn. 88 ff.
[325] Vgl. *Groß/Amen* WPg 2003, 1161 (1176 ff.).
[326] Vgl. *Fleischer* in Fleischer VorstandsR-HdB § 7 Rn. 36; *Hommelhoff/Schwab* zfbf Sonderheft 36/1996, 149 (171 f.); Großkomm AktG/*Hopt/Roth* Rn. 37; Hüffer/Koch/*Koch* § 90 Rn. 4a; MüKoAktG/*Spindler* Rn. 30.
[327] Vgl. Bürgers/Körber/*Bürgers* Rn. 4; MHdB AG/*Wiesner* § 25 Rn. 7, s. auch BGH NJW 2013, 1958 (1962 Rn. 35): „betriebswirtschaftliche und bankwirtschaftliche Regeln zur Steuerung des Zinsänderungsrisikos für das Hauptgeschäft".
[328] Zu ihren Voraussetzungen und Grenzen *Hommelhoff/Schwab* zfbf Sonderheft 36/1996, 149 (171 ff.).
[329] Für die Unternehmensleitung nach „anerkannten" oder „gesicherten" betriebswirtschaftlichen Regeln Grigoleit/*Grigoleit/Tomasic* Rn. 41; Kölner Komm AktG/*Mertens/Cahn* Rn. 83; relativierend nunmehr Großkomm AktG/*Hopt/Roth* Rn. 86.
[330] Zu diesem Kriterium Grigoleit/*Grigoleit/Tomasic* Rn. 41; Kölner Komm AktG/*Mertens/Cahn* Rn. 83.
[331] Vgl. *Hommelhoff/Schwab* zfbf Sonderheft 36/1996, 149 (169, 170 f.).
[332] Näher KBLW/*v. Werder* DCGK Rn. 600 f.; zur Berücksichtigung von Standesregeln als ein Korrektiv zur Vermeidung des Rückschaufehlers *Roberto/Grechenig* ZSR 130 (2011), 5 (21); *Lange*, D&O-Versicherung und Managerhaftung, 2014, § 2 Rn. 107 ff.

ten des KWG, VAG oder WpHG als Inspirations- oder Rechtserkenntnisquelle heranzuziehen.[333] Heute spricht man methodisch-schillernd von einer Ausstrahlung des Aufsichtsrechts auf das Aktienrecht.[334] Nach zutreffender hM lassen sich die aufsichtsrechtlichen Vorgaben als „Organisationssonderrecht für Finanzdienstleistungsinstitute"[335] zwar nicht pauschal[336] und vorschnell[337] auf alle Aktiengesellschaften übertragen.[338] Dies steht einem punktuellen Rückgriff aber nicht entgegen,[339] etwa bei der Konkretisierung von Compliance-Pflichten (näher → § 91 Rn. 61). In anderer Hinsicht ist angesichts der Detailfreudigkeit und Regelungstiefe aufsichtsrechtlicher Vorgaben mitsamt ihrer erläuternden Rundschreiben aber größte Vorsicht angezeigt.[340]

51 **bb) Zentrale Aufgabenfelder.** Blickt man auf die zentralen Funktionsbereiche, so lassen sich vier Anwendungsfelder der unternehmerischen Leitungssorgfalt auseinanderhalten: Planungs- und Steuerungsverantwortung, Organisationsverantwortung, Finanzverantwortung und Informationsverantwortung.[341] Im Einzelnen gilt:

52 **(1) Planungs- und Steuerungsverantwortung. (a) Unternehmensplanung.** Den Vorstandsmitgliedern obliegt zunächst die Pflicht, für eine ordnungsmäßige Unternehmensplanung zu sorgen.[342] Das war der Sache nach schon immer anerkannt[343] und wird seit dem KonTraG von 1998 durch § 90 Abs. 1 S. 1 Nr. 1 bestätigt, wonach der Vorstand dem Aufsichtsrat über die beabsichtigte Geschäftspolitik und andere grundsätzliche Fragen der Unternehmensplanung zu berichten hat.[344] Sachlich umfasst die Pflicht zur Unternehmensplanung, wie sich aus dem Klammerzusatz des § 90 Abs. 1 S. 1 Nr. 1 ergibt, insbesondere die Finanz-, Investitions- und Personalplanung.[345] Diese Aufzählung ist allerdings nicht taxativ zu verstehen; je nach Bedarf, Größe oder Branche können Produktions-, Absatz-, Beschaffungs-, Entwicklungs-, Kosten- oder Ergebnisplanung hinzutreten.[346] Zeitlich verlangt die Pflicht zur Unternehmensplanung zumindest die Erstellung einer kurzfristigen Budgetplanung für das laufende und das folgende Geschäftsjahr.[347] Darüber hinaus wird verschiedentlich auch die mittel- und langfristige Unternehmensplanung als verpflichtend angesehen,[348] doch sind die Verhältnisse der einzelnen Unternehmen zu verschieden, als dass sich dies in allgemeiner Form sinnvoll vorschreiben ließe.[349] Immerhin hält Ziff. 4.1.2 DCGK den Vorstand börsennotierter Aktiengesellschaften an, die strategische Ausrichtung des Unternehmens zu entwickeln,[350] und legt ihm damit auch eine Langfristplanung nahe.

53 Die Art und Weise der Unternehmensplanung liegt weithin im unternehmerischen Ermessen der Leitungsorgane.[351] Sie lässt sich angesichts der vielfältigen Unterschiede in Bezug auf Art, Größe

---

[333] Für einen ersten Problemimpuls in diese Richtung *Fleischer* ZIP 2003, 1 (10): „aufsichtsrechtliche Schrittmacherrolle".

[334] Vgl. etwa *Dreher* ZGR 2010, 496; *Weber-Rey* ZGR 2010, 543; umfassend *Thaten*, Die Ausstrahlung des Aufsichts- auf das Aktienrecht am Beispiel der Corporate Governance von Banken und Versicherungen, 2016; ferner *Fischer*, Ausstrahlungswirkungen im Recht, 2017.

[335] *Fleischer* ZIP 2003, 1 (10).

[336] Berechtigte Warnung vor einem unkontrollierten „spilling over" bei *Hopt* ZIP 2013, 1793 (1804).

[337] Berechtigte Warnung vor einer „hasty generalization" bei *Langenbucher* ZHR 176 (2012), 652 (667).

[338] Vgl. Bürgers/Körber/*Bürgers* Rn. 14; *Fleischer* NZG 2014, 321 (325); *Merkt* ZIP 2014, 1705 (1710).

[339] Vgl. *Fleischer* NZG 2014, 321 (325); *Leyens/Schmidt* JZ 2013, 533 (536).

[340] Vgl. *Fleischer* NZG 2014, 321 (325).

[341] Vgl. *Fleischer* ZIP 2003, 1 (5); dem weithin folgend Grigoleit/*Grigoleit/Tomasic* Rn. 37; Hölters/*Hölters* Rn. 43 ff.; variierend *Seyfarth*, VorstandsR, 2016, § 8 Rn. 7 ff.; s. auch Großkomm AktG/*Hopt/Roth* Rn. 153.

[342] Vgl. *Abeltshauser*, Leitungshaftung im Kapitalgesellschaftsrecht, 1998, 216 ff.; *Fleischer* in Fleischer VorstandsR-HdB § 7 Rn. 38; Hölters/*Hölters* Rn. 50; K. Schmidt/Lutter/*Krieger/Sailer-Coceani* Rn. 7; NK-AktR/*U. Schmidt* Rn. 52; *Seyfarth*, VorstandsR, 2016, § 8 Rn. 7; *Groß/Amen* WPg 2003, 1161 (1163 f.); MHdB AG/*Wiesner* § 25 Rn. 7.

[343] Vgl. *Albach* ZGR 1997, 32 f.; *Feddersen* ZGR 1993, 114 (116); *Götz* AG 1995, 337 (338 f.); *Lutter* FS Albach, 1991, 345 (349 f.); *Semler* ZGR 1983, 1 (12 ff.); abw. *Kallmeyer* ZGR 1993, 104 (107 f.).

[344] Vgl. *Altmeppen* ZGR 1999, 291 (303); NK-AktR/*Schmidt* Rn. 52; *Groß/Amen* WPg 2003, 1161 (1163); *Kropff* NZG 1998, 613; MHdB AG/*Wiesner* § 25 Rn. 7.

[345] Vgl. Hölters/*Hölters* Rn. 50; *Raiser/Veil* KapGesR § 14 Rn. 86; *Seyfarth*, VorstandsR, 2016, § 8 Rn. 7.

[346] Vgl. BegrRegE zum KonTraG BT-Drs. 13/9712, 15; Hölters/*Hölters* Rn. 50.

[347] Vgl. *Altmeppen* ZGR 1999, 291 (305 f.); *Groß/Amen* WPg 2003, 1161 (1174 f.); *Kropff* NZG 1998, 613 (614).

[348] Vgl. Hölters/*Hölters* Rn. 50; NK-AktR/*U. Schmidt* Rn. 52; *Raiser/Veil* KapGesR § 14 Rn. 86 („nicht nur kurzfristig"); MHdB AG/*Wiesner* § 25 Rn. 7.

[349] Vgl. *Altmeppen* ZGR 1999, 291 (304); DAV-Handelsrechtsausschuss ZIP 1997, 163 (164); Hüffer/Koch/*Koch* § 90 Rn. 4a; Hölters/*Hölters* Rn. 50.

[350] Dazu KBLW/*v. Werder* DCGK Rn. 807 ff.

[351] Vgl. *Abeltshauser*, Leitungshaftung im Kapitalgesellschaftsrecht, 1998, 219; *Altmeppen* ZGR 1999, 291 (305); *Feddersen* ZGR 1993, 114 (116 f.); *Fleischer* in Fleischer VorstandsR-HdB § 7 Rn. 39; *Kropff* NZG 1998, 613 f.; *Lutter* FS Albach, 1991, 345 (350).

und wirtschaftliche Lage der Unternehmen nur sehr begrenzt verallgemeinern. Die von der Betriebswirtschaftslehre entwickelten Grundsätze ordnungsmäßiger Unternehmensplanung[352] bilden daher lediglich grobe Orientierungsregeln ohne normative Verbindlichkeit. Von einer Kodifizierung der Rechtspflicht zur Unternehmensplanung, wie sie gelegentlich gefordert wird,[353] ist abzuraten.

(b) Unternehmenssteuerung. Darüber hinaus haben die Vorstandsmitglieder eine umfassende 54 Steuerungs- und Überwachungsaufgabe: Sie müssen den Gang der Geschäfte und die Ergebnisentwicklung in allen unternehmerischen Teilbereichen nach der Wertung des § 90 Abs. 1 S. 1 Nr. 3 kritisch begleiten[354] und eine allgemeine Unternehmenskontrolle ausüben.[355] Sachlich gehört dazu eine Beobachtung des Unternehmensgeschehens unter Wirtschaftlichkeits- und Zweckmäßigkeitsgesichtspunkten,[356] aber auch eine Legalitätskontrolle,[357] wie sie etwa in Ziff. 4.1.3 DCGK anklingt (zur Compliance auch → § 91 Rn. 47 ff.). Zeitlich lassen sich eine antizipierende, eine begleitende und eine rückblickende Führungskontrolle unterscheiden. Aus juristischer Sicht liegt der Hauptakzent traditionell auf der rückblickenden Kontrolle. Seit dem Inkrafttreten des KonTraG im Jahre 1998 werden aber zunehmend auch zukunftsgerichtete Elemente der Unternehmenssteuerung und -überwachung thematisiert.

Die Wahrnehmung der unternehmensweiten Steuerungs- und Überwachungsaufgabe erfordert 55 geeignete Lenkungs- und Kontrollinstrumente. Dazu gehört zunächst die Einrichtung eines zuverlässigen Controlling,[358] das die führungsrelevanten Unternehmensdaten aufbereitet und durch Soll/Ist-Vergleiche Fehlentwicklungen und Planabweichungen frühzeitig aufzeigt. Ferner hat der Vorstand im Rahmen seiner Steuerungsfunktion für eine angemessene interne Revision zu sorgen.[359] Schließlich verpflichtet ihn § 91 Abs. 2 zur Einrichtung eines funktionierenden Frühwarnsystems (näher → § 91 Rn. 29), dessen Bedeutung auch Ziff. 4.1.4 DCGK hervorhebt.[360] Die nähere Ausgestaltung des unternehmensinternen Steuerungs- und Kontrollsystems liegt freilich im pflichtgemäßen Ermessen der Leitungsorgane und kann nach Art, Größe und wirtschaftlicher Lage des Unternehmens variieren.[361]

(2) Organisationsverantwortung. Die unternehmerische Leitungssorgfalt verpflichtet den Vor- 56 stand weiter, eine gesetzmäßige und satzungskonforme Organisationsstruktur einzurichten.[362] Ob er sich dabei für eine funktionale oder eine divisionale Organisationsstruktur entscheidet, steht in seinem Leitungsermessen.[363] Darüber hinaus muss der Vorstand für eine möglichst reibungslose Aufbau- und Ablauforganisation in den einzelnen unternehmerischen Teilbereichen sorgen. So trifft ihn bei börsennotierten Gesellschaften etwa die Pflicht, ein funktionsfähiges Organisationssystem zur Einhaltung der Ad-hoc-Publizitätspflicht und anderer kapitalmarktrechtlicher Publizitätspflichten einzurichten.[364] Ähnlich obliegen ihm bei großen oder besonders gefährdeten Unternehmen Orga-

---

[352] Vgl. *Groß/Amen* WPg 2003, 1161 (1176 ff.).
[353] Vgl. *Groß/Amen* WPg 2003, 1161 (1178 f.); *Rückle* DB 1984, 65.
[354] Vgl. Bürgers/Körber/*Bürgers* Rn. 5; MHdB AG/*Wiesner* § 25 Rn. 7.
[355] Vgl. Bürgers/Körber/*Bürgers* Rn. 5; *Fleischer* in Fleischer VorstandsR-HdB § 7 Rn. 40; *Götz* AG 1995, 337 (338 f.); Hüffer/Koch/*Koch* § 76 Rn. 9; *Löbbe*, Unternehmenskontrolle im Konzern, 2003, 32 ff., 41 ff.; Kölner Komm AktG/*Mertens/Cahn* § 76 Rn. 5; *Semler*, Leitung und Überwachung der Aktiengesellschaft, 2. Aufl. 1996, Rn. 18; *Seyfarth*, VorstandsR, 2016, § 8 Rn. 8; MHdB AG/*Wiesner* § 19 Rn. 14.
[356] Vgl. aus juristischer Sicht *Löbbe*, Unternehmenskontrolle im Konzern, 2003, 180 f.; aus betriebswirtschaftlicher Perspektive *v. Werder* zfbf Sonderheft 36/1996, 27 (37 f.) („Grundsatz der ökonomischen Zweckmäßigkeit").
[357] Vgl. aus juristischer Sicht *Löbbe*, Unternehmenskontrolle im Konzern, 2003, 181 ff.; aus betriebswirtschaftlicher Perspektive *v. Werder* zfbf Sonderheft 36/1996 27 (36 f.) („Grundsatz der rechtlichen Zulässigkeit").
[358] Vgl. *Ballwieser* in Hommelhoff/Hopt/v. Werder Corporate Governance-HdB 447 (453); Großkomm AktG/*Hopt/Roth* Rn. 154; K. Schmidt/Lutter/*Krieger/Sailer-Coceani* Rn. 7; ferner BegrRegE zum KonTraG, BT-Drs. 13/9712,15, die vom Controlling als Teil der unternehmensinternen Kontrolle des Vorstands spricht; s. auch *Gernoth* DStR 2001, 299 (300) (abhängig von der Unternehmensgröße und der Komplexität des Geschäftsfeldes); in Konzernzusammenhängen *Löbbe*, Unternehmenskontrolle im Konzern, 2003, 203 ff.
[359] Vgl. *Götz* AG 1995, 337 (338); *Götz* ZGR 1998, 524 (537); Großkomm AktG/*Hopt/Roth* Rn. 154; MHdB AG/*Wiesner* § 25 Rn. 6; ferner BegrRegE zum KonTraG, BT-Drs. 13/9712, 15; s. auch *Gernoth* DStR 2001, 299 (300); in Konzernzusammenhängen *Löbbe*, Unternehmenskontrolle im Konzern, 2003, 211 ff.
[360] Dazu KBLW/*Bachmann* DCGK Rn. 851 ff.
[361] Vgl. *Fleischer* AG 2003, 291 (300); MüKoAktG/*Spindler* Rn. 30.
[362] Vgl. Wachter/*Eckert* Rn. 9; Grigoleit/*Grigoleit/Tomasic* Rn. 37; NK-AktR/*U. Schmidt* Rn. 17; Hölters/*Hölters* Rn. 43; Großkomm AktG/*Hopt/Roth* Rn. 153; Kölner Komm AktG/*Mertens/Cahn* Rn. 67 und 83; Henssler/Strohn/*Dauner-Lieb* Rn. 7; Raiser/Veil KapGesR § 14 Rn. 86; *Seyfarth*, VorstandsR, 2016, § 8 Rn. 8; *Thümmel*, Persönliche Haftung von Managern und Aufsichtsräten, 5. Aufl. 2016, Rn. 200; MHdB AG/*Wiesner* § 25 Rn. 5; allgemein zu Organisationspflichten des Vorstands *Hemeling* ZHR 175 (2011), 368 (369 ff.).
[363] Vgl. NK-AktR/*U. Schmidt* Rn. 17.
[364] Vgl. *Ihrig/Schäfer*, Rechte und Pflichten des Vorstands, Rn. 657; *Zimmer/Kruse* in Schwark/Zimmer KMRK § 15 WpHG Rn. 19.

nisationspflichten im Hinblick auf einen etwaigen Produktrückruf.[365] Zu denken ist ferner an die Pflicht, für einzelne Verantwortungsbereiche Unternehmensbeauftragte zu bestellen[366] oder eine umweltschutzsichernde Betriebsorganisation zu unterhalten.[367] Häufig wird außerdem die Einrichtung einer Compliance-Organisation geboten sein (näher → § 91 Rn. 47).

57 **(3) Finanzverantwortung. (a) Allgemeines.** Im Rahmen seiner Finanzverantwortung[368] muss der Vorstand in erster Linie für die Liquiditätssicherung des Unternehmens sorgen,[369] eine unternehmensinterne Finanzplanung erstellen[370] und darauf aufbauend eine Gesamtarchitektur der Unternehmensfinanzierung entwickeln.[371] Zu seinen Kernaufgaben gehört es auch sicherzustellen, dass die Regeln der aktienrechtlichen Finanzverfassung eingehalten werden.[372] Außerdem hat er geeignete organisatorische Vorkehrungen zu treffen, damit er sich jederzeit über die finanzielle Situation der Gesellschaft unterrichten kann.[373] Darüber hinaus erstreckt sich seine finanzielle Führung auf die Teilbereiche Cash-Management, Kapitalstrukturmanagement, Ergebnisermittlung und Ergebnisverwendung.

57a **(b) Krisenpflichten.** Im Vorfeld der materiellen Insolvenz treffen den Vorstand bestimmte Pflichten zur Krisenfrüherkennung und Krisenbewältigung, die man im neueren Schrifttum aus der allgemeinen Sorgfaltspflicht und spezifischen Organpflichten herausgearbeitet hat.[374] Dazu gehört zunächst die schon erwähnte Pflicht zur kontinuierlichen Beobachtung der finanziellen Lage der Gesellschaft (→ Rn. 57). Sie wird konkretisiert und ergänzt durch eine Pflicht zur ständigen wirtschaftlichen Selbstprüfung, die sich insbesondere aus § 92 Abs. 1 und 2 AktG und § 15a Abs. 1 InsO ergibt.[375] Der Inhalt dieser Selbstprüfungspflicht hängt von der Art und Größe des Unternehmens und seiner wirtschaftlichen Lage ab. Bei Anzeichen einer krisenhaften Entwicklung hat der Vorstand eine Zwischenbilanz oder einen Vermögensstatus aufzustellen.[376] Darüber hinaus sind regelmäßig Solvenzprognosen vorzunehmen,[377] deren Bedeutung der Gesetzgeber mit Einführung des § 92 Abs. 2 S. 3 noch einmal unterstrichen hat.[378]

57b Gerät das Unternehmen in eine Krise, so erstarkt die Rentabilitätssicherungspflicht des Vorstands[379] zu einer Restrukturierungs- und Sanierungspflicht:[380] Er muss sich eingehend mit den Gründen für die aufgelaufenen Verluste auseinandersetzen und schlüssige Konzepte für eine nachhaltige Gesundung des Unternehmens entwickeln.[381] In jüngerer Zeit haben Rechtsprechung[382] und berufsständische Praxis[383] folgende Grundanforderungen an ein professionelles Risikomanagement herausgearbeitet, die Vorstandsmitglieder im Rahmen ihrer Leitungssorgfalt nach § 93 Abs. 1 berücksichtigen müssen: eingehende Analyse der wirtschaftlichen Lage des Unternehmens im Branchenum-

---

[365] Vgl. *Veltins* in Hauschka/Moosmayer/Lösler, Corporate Compliance, 3. Aufl. 2016, § 24 Rn. 19 ff.; *Wellhöfer* in Wellhöfer/Platzer/Müller, Die Haftung von Vorstand, Aufsichtsrat und Wirtschaftsprüfer, § 5 Rn. 99.
[366] Dazu *Dreher* FS Claussen, 1997, 69; monographisch *Haouache*, Unternehmensbeauftragte und Gesellschaftsrecht der AG und GmbH, 2003.
[367] Vgl. *Ebenroth/Willburger* BB 1991, 1941 (1943); MHdB AG/*Wiesner* § 25 Rn. 8.
[368] OLG Stuttgart AG 2013, 599; *Fleischer* in Fleischer VorstandsR-HdB § 7 Rn. 43; *Seyfarth*, VorstandsR, 2016, § 8 Rn. 10.
[369] Vgl. *Drescher*, Die Haftung des GmbH-Geschäftsführers, 7. Aufl. 2013, Rn. 70; *Fleischer* in Fleischer VorstandsR-HdB § 7 Rn. 43; Grigoleit/*Grigoleit/Tomasic* Rn. 37; Großkomm AktG/*Hopt/Roth* Rn. 179; *Scheffler* FS Goerdeler, 1987, 469 (472).
[370] Vgl. *Bork* ZIP 2011, 101 (103); *Seulen/Osterloh* ZInsO 2010, 881 (885).
[371] Vgl. *Seibt* ZIP 2013, 1597 (1598).
[372] Vgl. *Fleischer* in Fleischer VorstandsR-HdB § 7 Rn. 43; Großkomm AktG/*Hopt/Roth* Rn. 179.
[373] Vgl. BGH NZG 2012, 940 Rn. 11; BGH NJW-RR 1995, 669 f.; OLG Oldenburg NZG 2001, 37 (39 f.); OLG Celle NZG 1999, 1064; Großkomm AktG/*Hopt/Roth* Rn. 179; *Thümmel*, Persönliche Haftung von Managern und Aufsichtsräten, 5. Aufl. 2016, Rn. 200.
[374] Vgl. *Bork* ZIP 2011, 101 (102 ff.); *Prütting* ZIP 2013, 203 (205 ff.); *Seibt* ZIP 2013, 1597 (1598 ff.); *Veil* ZGR 2006, 374 (376 ff.).
[375] Vgl. *Bork* ZIP 2011, 101 (102); Großkomm AktG/*Hopt/Roth* Rn. 181; *Seibt* ZIP 2013, 1597 (1598); *Uhlenbruck* GmbHR 1999, 313 (320).
[376] Vgl. BGH NJW-RR 1995, 669 f.; *Veil* ZGR 2006, 374 (377).
[377] Vgl. *Hennrich* Der Konzern 2008, 42 (48); *K. Schmidt* GmbHR 2007, 1 (6).
[378] Vgl. *Bork* ZIP 2011, 101 (103).
[379] Dazu Hüffer/Koch/*Koch* § 76 Rn. 34; Kölner Komm AktG/*Mertens/Cahn* § 76 Rn. 22.
[380] Vgl. *Bork* ZIP 2011, 101 (107); *Prütting* ZIP 2013, 203 (205); *Seibt* ZIP 2013, 1297 (1298 ff.); *Veil* ZGR 2006, 374 (376 ff.).
[381] Vgl. *Bork* ZIP 2011, 101 (106 f.); *Seibt* ZIP 2013, 1597 (1599).
[382] Eingehend OLG Köln BeckRS 2009, 88341.
[383] Vgl. insbesondere IDW S6 zur Erstellung von Sanierungskonzepten, WPg Supplement 4/2012, S. 130 ff.; dazu etwa *Prütting* ZIP 2013, 203.

feld,³⁸⁴ eingehende Analyse der Krisenursachen³⁸⁵ und Erstellung einer integrierten Restrukturierungsplanung.³⁸⁶ Diese Sanierungspflicht schließt ggf. auch eine Pflicht zur Liquidation oder Veräußerung dauerhaft unrentabler Unternehmensbereiche ein.³⁸⁷

(4) Informationsverantwortung. Schließlich obliegt dem Vorstand die Gewährleistung und Sicherung des unternehmensinternen Informationsflusses,³⁸⁸ weil Unternehmensplanung, Unternehmenssteuerung und Unternehmenskontrolle ohne präzise und zeitnahe Informationen schlechterdings nicht vorstellbar sind. Das erfordert die Einrichtung eines leistungsfähigen Berichtswesens auf allen Unternehmensebenen, dessen Einzelausgestaltung allerdings im unternehmerischen Ermessen des Vorstands liegt.³⁸⁹ Außerdem verlangen unternehmerische Ermessensentscheidungen nach § 93 Abs. 1 S. 2 eine angemessene Selbstinformation des Vorstands, zu der auch die Einholung unternehmensexternen Sachverstands gehören kann (näher → Rn. 70). Hinsichtlich der Berichterstattung gegenüber dem Aufsichtsrat hat der Gesetzgeber in § 90 verbindliche Vorgaben erlassen (dazu → § 90 Rn. 7), die durch eine unternehmensinterne Informationsordnung konkretisiert werden können.³⁹⁰ In diesem Sinne empfiehlt Ziff. 3.4 S. 4 DCGK dem Aufsichtsrat, die Informations- und Berichtspflichten des Vorstands näher festzulegen.³⁹¹ 58

cc) Geschäftsleiterermessen und Business Judgment Rule. (1) Grundlagen. Nach § 93 Abs. 1 S. 2 verstößt ein Vorstandsmitglied nicht gegen seine Sorgfaltspflicht, wenn es bei einer unternehmerischen Entscheidung vernünftigerweise annehmen durfte, auf der Grundlage angemessener Information zum Wohle der Gesellschaft zu handeln. Mit dieser Bestimmung hat der Gesetzgeber im Jahre 2005 die ungeschriebene Figur des Geschäftsleiterermessens in das geschriebene Aktienrecht übernommen. Ihre zentrale Bedeutung für das aktienrechtliche Verantwortlichkeitsrecht erschließt sich nur vor dem Hintergrund der bisherigen Entwicklung: 59

(a) Bedeutung. Nach allgemeiner Auffassung ist die Vorstandshaftung keine Erfolgshaftung, sondern eine Haftung für sorgfaltswidriges Verhalten.³⁹² Daher pflegt man den Vorstandsmitgliedern bei unternehmerischen Entscheidungen einen weiten Handlungsspielraum zuzubilligen, für den sich nach US-amerikanischem Vorbild der Begriff „Business Judgment Rule" eingebürgert hat.³⁹³ Zu seiner sachlichen Rechtfertigung lassen sich verschiedene Gesichtspunkte anführen: Zunächst wirkt die Figur des Geschäftsleiterermessens einer übertriebenen Risikoscheu der Organmitglieder entgegen, die den Interessen der Aktionäre zuwiderliefe und auch volkswirtschaftlich schädlich wäre.³⁹⁴ Sodann trägt sie den Besonderheiten unternehmerischer Entscheidungen Rechnung, die nahezu immer Entscheidungen unter Unsicherheit sind und nicht selten unter großem Zeitdruck gefällt werden.³⁹⁵ Schließlich mindert sie die Gefahr, dass die Gerichte in Kenntnis der später eingetretenen Tatsachen überzogene Anforderungen an die organschaftliche Sorgfaltspflicht stellen (sog. *hindsight bias*).³⁹⁶ Diese Gefahr eines Rückschau- 60

---

³⁸⁴ Vgl. BGH NJW 1998, 1561 (1564f.); OLG Köln BeckRS 2009, 88341; OLG Celle ZIP 2003, 2118 (2119).
³⁸⁵ Vgl. BGH NJW 1998, 1561 (1564f.); OLG Köln BeckRS 2009, 88341.
³⁸⁶ Vgl. BGH NJW-RR 1993, 238 (241); NJW 1998, 1561 (1564).
³⁸⁷ Angedeutet bei BGHZ 166, 195 (200 Rn. 11).
³⁸⁸ Vgl. *Fleischer* ZIP 2003, 1 (5); dem folgend Hölters/*Hölters* Rn. 53; *Ihrig/Schäfer* Rechte und Pflichten des Vorstands Rn. 657; *S.H. Schneider* in Habersack/Mülbert/Schlitt Kapitalmarktinformation-HdB § 3 Rn. 76; *Seyfarth*, VorstandsR, 2016, § 8 Rn. 12.
³⁸⁹ Vgl. *Seyfarth*, VorstandsR, 2016, § 8 Rn. 12.
³⁹⁰ Ausführlich dazu *Seibt* in Hommelhoff/Hopt/v. Werder Corporate Governance-HdB 391 (407 ff.).
³⁹¹ Dazu KBLW/*Lutter* DCGK Rn. 527 ff.
³⁹² Vgl. bereits Amtl. Begr. zu § 84 AktG bei *Klausing* S. 71: „Eine Haftung des Vorstands für den Erfolg seiner Geschäftsführung ohne Rücksicht auf sein Verschulden würde nur zur Folge haben, daß die Verantwortungsfreudigkeit eines Vorstandsmitglieds erheblich herabgemindert und ihm jeder Mut zur Tat genommen wird."; ausdrücklich auch Gegenäußerung der Bundesregierung BT-Drs. 15/5092,41; aus dem heutigen Schrifttum *Fleischer* in Fleischer VorstandsR-HdB § 7 Rn. 46; *Goette* in Hommelhoff/Hopt/v. Werder Corporate Governance-HdB 713 (715 f.); Großkomm AktG/*Hopt/Roth* Rn. 61; MüKoAktG/*Spindler* Rn. 5 und 26; Henssler/Strohn/*Dauner-Lieb* Rn. 18; *Wiedemann*, Organverantwortung und Gesellschafterklagen in der AG, 1989, S. 13.
³⁹³ Vgl. Bürgers/Körber/*Bürgers* Rn. 9; *Fleischer* FS Wiedemann, 2002, 827; Großkomm AktG/*Hopt/Roth* Rn. 53; MüKoAktG/*Spindler* Rn. 37; *Paefgen* AG 2004, 245.
³⁹⁴ Vgl. BGHZ 134, 392 (398); *Fleischer* FS Wiedemann, 2002, 827 (830); *Fleischer* ZIP 2004, 685 f.; Großkomm AktG/*Hopt/Roth* Rn. 63; *Koch* ZGR 2006, 769 (782); MüKoAktG/*Spindler* Rn. 36; *Paefgen* AG 2004, 245 (247); *Ruffner* ZSR 119 (2000), II, 195 (213).
³⁹⁵ Vgl. Bürgers/Körber/*Bürgers* Rn. 9; *Fleischer* FS Wiedemann, 2002, 827 (830 f.); Großkomm AktG/*Hopt/Roth* Rn. 63; Hüffer/Koch/*Koch* Rn. 8; MüKoAktG/*Spindler* Rn. 36; *Semler* FS Ulmer, 2003, 627 f.
³⁹⁶ Einführung dieses Gesichtspunkts in die deutsche Diskussion bei *Fleischer* FS Wiedemann, 2002, 827 (832); vertiefend *Fleischer* FS Immenga, 2004, 575 (579 f.); aus der Folgediskussion *Brömmelmeyer* WM 2005, 2065 (2068); *Koch* ZGR 2006, 769 (782); *Schäfer* ZIP 2005, 1253 f.; *S.H. Schneider* DB 2005, 707 (708 f.); zuletzt *Ott/Klein* AG 2017, 209.

fehlers ist heute Allgemeingut;[397] sie verdient nicht zuletzt bei der juristischen Aufarbeitung der Finanzmarktkrise Beachtung (näher → Rn. 93).[398]

61   **(b) Anerkennung durch Rechtsprechung und Rechtslehre.** Die Rechtsprechung des BGH ließ sich in ihren wenigen Entscheidungen zum aktienrechtlichen Verantwortlichkeitsrecht stets davon leiten, dass sich der Gesetzgeber im Rahmen des § 93 gegen eine Erfolgshaftung ausgesprochen hat.[399] In der Rechtslehre hat man es darüber hinaus unternommen, Voraussetzungen und Grenzen des Geschäftsleiterermessens durch Rückgriff auf die „Business Judgment Rule" des US-amerikanischen Rechts zu präzisieren.[400] Darauf aufbauend hat der BGH im ARAG/Garmenbeck-Urteil einen Haftungsfreiraum für Vorstandsmitglieder rechtsgrundsätzlich anerkannt.[401] Die Schlüsselsätze der Entscheidung lauten, dass dem Vorstand bei der Leitung der Gesellschaft ein weiter Handlungsspielraum zugebilligt werden müsse, ohne den eine unternehmerische Tätigkeit schlechterdings nicht denkbar sei.[402] Eine Schadensersatzpflicht könne erst in Betracht kommen, wenn die Grenzen, in denen sich ein vom Verantwortungsbewusstsein getragenes, ausschließlich am Unternehmenswohl orientiertes, auf sorgfältige Ermittlung der Entscheidungsgrundlagen beruhendes unternehmerisches Handeln bewegen müsse, deutlich überschritten seien, die Bereitschaft, unternehmerische Risiken einzugehen, in unverantwortlicher Weise überspannt worden sei oder das Verhalten des Vorstands aus anderen Gründen als pflichtwidrig gelten müsse.[403] Im Schrifttum haben diese höchstrichterlichen Leitlinien breite Zustimmung gefunden[404] und Anlass gegeben, den Begriff des unternehmerischen Ermessens in monographischer Breite aufzuarbeiten.[405] Die neuere Spruchpraxis hat das Grundkonzept des Geschäftsleiterermessens verschiedentlich bekräftigt.[406]

62   **(c) Kodifizierung durch den Gesetzgeber.** Die Überzeugungskraft der ARAG/Garmenbeck-Entscheidung hat in der Folgezeit Rufe nach einer gesetzlichen Festschreibung des Geschäftsleiterermessens laut werden lassen. Ein erster Formulierungsvorschlag ging dahin, § 93 Abs. 2 um folgenden S. 2 zu erweitern: „Eine Pflichtverletzung liegt nicht vor, wenn der Schaden durch unternehmerisches Handeln im Interesse der Gesellschaft auf der Grundlage angemessener Informationen verursacht wurde, auch wenn dieses Handeln sich auf Grund späterer Entwicklungen oder Erkenntnisse als für die Gesellschaft nachteilig erweist."[407] Der 63. Deutsche Juristentag 2000 ist dem ausdrücklich beigetreten,[408] und die von der Bundesregierung eingesetzte Regierungskommission Corporate Governance hat sich diesen Vorschlag im Jahre 2002 ebenfalls zu eigen gemacht.[409]

63   Der Gesetzgeber hat diese Anregung aufgegriffen und im UMAG von 2005 einen „Haftungsfreiraum im Bereich qualifizierter unternehmerischer Entscheidungen"[410] geschaffen. Ausweislich der Regierungsbegründung hat er sich dabei sowohl an Vorbildern aus dem angelsächsischen Rechtskreis als auch an dem ARAG/Garmenbeck-Urteil des BGH orientiert.[411] Beides lässt sich

---

[397] Vgl. etwa *Bachmann* ZHR 177 (2013), 1 (4); Bürgers/Körber/*Bürgers* Rn. 9; Hüffer/Koch/*Koch* Rn. 9; MüKoAktG/*Spindler* Rn. 36 und 41; eingehend *Lange*, D&O-Versicherung und Managerhaftung, 2014, § 2 Rn. 37 ff.; *Roberto/Grechenig* ZSR 130 (2011), 5 (22 ff.).

[398] Für eine ausdrückliche Berufung auf den *hindsight bias* die US-amerikanische Leitentscheidung zur Finanzmarktkrise In re Citigroup Inc. Shareholder Derivative Litigation 964 A.2d 106, 124 (Del. Ch. 2009); rechtsvergleichend dazu *Fleischer* RIW 2010, 337 (341).

[399] Vgl. BGHZ 69, 207 (213); 75, 96 (113); sowie die Rechtsprechungsanalyse bei *Goette* in Hommelhoff/Hopt/v. Werder Corporate Governance-HdB 713 (728 ff.).

[400] Vgl. *Abeltshauser*, Leitungshaftung in Kapitalgesellschaften, 1998, 130 ff.; *Hopt* FS Mestmäcker, 1996, 909 (919 ff.); *Wiedemann*, Organverantwortung und Gesellschafterklagen in der AG, 1989, 12 ff.

[401] Vgl. BGHZ 135, 244; vorbereitend schon BGHZ 134, 392 (398); zum Vorbildcharakter der „Business Judgment Rule" aus der Binnensicht des II. Zivilsenats *Henze* NJW 1998, 3309 (3310 ff.); *Henze* BB 2001, 53 (57); eingehend zu den Hintergründen *Koch* in Fleischer/Thiessen, Gesellschaftsrechts-Geschichten, 2018, § 14.

[402] Vgl. BGHZ 135, 244 (253).

[403] Vgl. BGHZ 135, 244 (253 f.).

[404] Aus dem reichen Rezensionsschrifttum etwa *Heermann* ZIP 1998, 761; *Horn* ZIP 1997, 1129; *Kindler* ZHR 162 (1998), 101.

[405] Vgl. *Oltmanns*, Geschäftsleiterhaftung und unternehmerisches Ermessen, 2001, 230 ff., 277 ff. und passim; *Paefgen*, Unternehmerische Entscheidungen und Rechtsbindung der Organe in der AG, 2002, 35 ff., 151 ff. und passim; *M. Roth*, Unternehmerisches Ermessen und Haftung des Vorstands, 2001, 74 ff., 107 ff. und passim.

[406] Vgl. BGHZ 136, 133 (139); 152, 280 (286); aus der obergerichtlichen Rechtsprechung OLG Koblenz NJW-RR 2000, 483 f.; OLG Jena NZG 2001, 86 (87); OLG Saarbrücken AG 2001, 483 f.; LG Düsseldorf GmbHR 2005, 1298 (1299).

[407] *Ulmer* ZHR 163 (1999), 290 (299).

[408] Vgl. Verhandlungen des 63. DJT 2000, Bd. II/1, O 79.

[409] Vgl. *Baums*, Bericht der Regierungskommission Corporate Governance, 2001, Rn. 70.

[410] BegrRegE BT-Drs. 15/5092, 10; kritisch zu diesem Begriff *Ihrig* WM 2004, 2098 (2103).

[411] Vgl. BegrRegE BT-Drs. 15/5092, 11; eingehend und rechtsvergleichend zuletzt *Merkt* ZGR 2017, 129.

für die Auslegung fruchtbar machen.[412] Zu berücksichtigen ist allerdings, dass sich *legal transplants* mit ihrer Übernahme in das deutsche Recht von ihren ausländischen Wurzeln lösen und ein dogmatisches Eigenleben entfalten.[413] Ähnlich verhält es sich mit der Auslegung und Fortentwicklung kodifizierten Richterrechts, bei der ein unmittelbarer „Durchgriff" auf vorkodifikatorische Rechtsprechung nur zulässig ist, soweit dies dem erklärten Willen des Reformgesetzgebers nicht zuwiderläuft.[414] Die genaue Formulierung des Geschäftsleiterermessens ist während des Gesetzgebungsverfahrens geändert worden. Im Referentenentwurf hieß es ursprünglich: „Eine Pflichtverletzung liegt nicht vor, wenn das Vorstandsmitglied bei einer unternehmerischen Entscheidung ohne grobe Fahrlässigkeit annehmen durfte, auf der Grundlage angemessener Information zum Wohle der Gesellschaft zu handeln." Hiergegen wurde eingewandt, dass das Kriterium „ohne grobe Fahrlässigkeit" Verschuldenselemente in die Definition der Pflichtverletzung hineintrage[415] und eine für das Handeln der Organmitglieder unangemessen milde Haftungskategorie bilde.[416] Als Reaktion darauf hat der Gesetzgeber die Regelung in § 93 Abs. 1 S. 2 wie folgt neu gefasst: „Eine Pflichtverletzung liegt nicht vor, wenn das Vorstandsmitglied bei einer unternehmerischen Entscheidung vernünftigerweise annehmen durfte, auf der Grundlage angemessener Information zum Wohle der Gesellschaft zu handeln."

Konzeptionell liegt die wesentliche Neuerung des § 93 Abs. 1 S. 2 in der subjektiven Absicherung des unternehmerischen Freiraums.[417] Die prozeduralen und inhaltlichen Voraussetzungen des Geschäftsleiterermessens (zu ihnen → Rn. 66 ff.) sollen keiner vollen Überprüfung durch die Gerichte unterliegen, sondern schon dann erfüllt sein, wenn das Vorstandsmitglied ihr Vorliegen „vernünftigerweise annehmen durfte".[418] Hierin liegt ein Perspektivenwechsel,[419] weil es nun nicht mehr auf den Blickwinkel eines außenstehenden Betrachters, sondern auf die Sicht des Vorstandsmitglieds ankommt.[420] Das lässt dogmatisch Raum für zwei alternative Deutungsmuster: Eine klassische Erklärung kann auf die bewährte Rechtsfigur des Beurteilungsspielraums zurückgreifen und dem Vorstand eine Einschätzungsprärogative bei unternehmerischen Entscheidungen zubilligen.[421] Diese dürfte sich freilich nicht auf die Konkretisierung des Unternehmenswohls beschränken, sondern müsste – anders als im öffentlichen Recht[422] – auch Abwägungsspielräume zwischen Kosten und Nutzen einer ausgiebigen Tatsachenermittlung einschließen.[423] Angemessene Information iSd § 93 Abs. 1 S. 2 ist dann als unbestimmter Rechtsbegriff zu verstehen, zu dessen Auslegung dem Vorstandsmitglied innerhalb eines rechtlich vorgegebenen Spektrums ein eigener, gerichtlich nicht weiter überprüfbarer Wertungs- und Entscheidungsspielraum zugestanden wird. Eine moderne Alternative liegt darin, die subjektive Einfärbung des Geschäftsleiterermessens im Sinne einer Entkoppelung von Sorgfaltsmaßstäben *(standards of conduct)* und Prüfungs-

---

[412] Dazu auch Hüffer/Koch/*Koch* Rn. 9; Kölner Komm AktG/*Mertens/Cahn* Rn. 12 und 14.
[413] Näher dazu am Beispiel der „Business Judgment Rule" *Fleischer* NZG 2004, 1129 (1137); *Fleischer* ZIP 2004, 685 (688): „Richtig verstanden, ist jede Rezeption immer Assimilation, d.h. ein eigener Entwicklungsprozess, in dem ausländische Rechtsideen an die Besonderheiten der inländischen Dogmatik angepasst [...] werden."; ferner Hüffer/Koch/*Koch* Rn. 9; Kölner Komm AktG/*Mertens/Cahn* Rn. 14; MüKoAktG/*Spindler* Rn. 37; *Paefgen*, Unternehmerische Entscheidungen und Rechtsbindung der Organe in der AG, 2002, 177 ff.
[414] Näher dazu am Beispiel der „Business Judgment Rule" *Fleischer/Wedemann* AcP 209 (2009), 597 (614 ff.).
[415] Vgl. *Fleischer* ZIP 2004, 685 (689).
[416] In diesem Sinne etwa DAV-Handelsrechtsausschuss NZG 2004, 575 (576); *Ihrig* WM 2004, 2098 (2106); *Säcker* AG 2004, 280 (281); *Thümmel* DB 2004, 471 (472); *Ulmer* DB 2004, 859 (862 f.); anders *Paefgen* AG 2004, 245 (254).
[417] Vgl. BegrRegE BT-Drs. 15/5092, 11; *Seibert/Schütz* ZIP 2004, 253 (254). Nicht Gesetz geworden ist der Gegenvorschlag des Bundesrats, der eine rein objektive Beurteilung vorschlug; dazu Stellungnahme des BRats, BT-Drs. 15/5092, 33 f.; dies ausdrücklich ablehnende Gegenäußerung der Bundesregierung BT-Drs. 15/5092, 41.
[418] Vgl. BegrRegE BT-Drs. 15/5092, 11: „Als Maßstab für die Überprüfung, ob die Annahme des Vorstands nicht zu beanstanden ist, dient das Merkmal ‚vernünftigerweise'."; dazu auch *Bachmann* FS Stilz, 2014, 25 (30 ff.); Hüffer/Koch/*Koch* Rn. 21; MüKoAktG/*Spindler* Rn. 59.
[419] So ausdrücklich BegrRegE BT-Drs. 15/5092, 11.
[420] Dazu BegrRegE BT-Drs. 15/5092, 11; *Seibert/Schütz* ZIP 2004, 253 (254); kritisch *Thümmel* DB 2004, 471 (472); *Grundei/v. Werder* AG 2005, 825 (830 ff.).
[421] So schon für das geltende Recht MüKoAktG/*Spindler* Rn. 47; ausführlich *Semler* FS Ulmer, 2003, 627 (628 ff., 633 ff.); mit eigenem Akzent auch *M. Roth*, Unternehmerisches Ermessen und Haftung des Vorstands, 2001, 48 ff., der die dogmatische Grundlage des unternehmerischen Ermessens in einer Zusammenfassung von Leitungsermessen und Sorgfaltspflicht erblickt.
[422] Allgemein für eine Anlehnung an öffentlich-rechtliche Überlegungen *Hüffer* FS Raiser, 2005, 163 (172 ff.); *Semler* FS Ulmer, 2003, 627 (633); dagegen *Raiser* NJW 1996, 552 (553); unentschieden MüKoAktG/*Spindler* Rn. 47.
[423] Dafür schon bisher *M. Roth*, Unternehmerisches Ermessen und Haftung des Vorstands, 2001, 81 ff.; aus betriebswirtschaftlicher Sicht *v. Werder* ZfB 67 (1997), 901 ff.; anders wohl *Semler* FS Ulmer, 2003, 627 (634).

maßstäben *(standards of review)* zu begreifen.[424] Solchermaßen verstanden, lässt § 93 Abs. 1 S. 2 die Verhaltensanforderungen für Vorstandsmitglieder unangetastet und senkt nur die gerichtliche Kontrolldichte ab.[425] Das hätte den Vorteil, die ermahnende und verhaltenssteuernde Wirkung der objektiven Sorgfaltspflicht aufrechtzuerhalten.

65 Regelungstechnisch bedient sich der Gesetzgeber in § 93 Abs. 1 S. 2 der hierzulande noch wenig verbreiteten Figur des „sicheren Hafens".[426] Um die Klarheit und Berechenbarkeit der Verhaltensanforderungen zu fördern, legt er im Vorhinein fest, unter welchen Voraussetzungen auf keinen Fall eine Pflichtverletzung vorliegt.[427] Dieser „safe harbour" ist verbindlich, dh zwingend und sperrt den Rückgriff auf § 93 Abs. 1 S. 1, selbst wenn der Rechtsanwender meint, es liege nach allgemeiner Gesetzesauslegung eine Sorgfaltspflichtverletzung vor.[428] Dogmatisch wird er teils als Tatbestandsausschlussgrund,[429] teils als unwiderlegliche Rechtsvermutung,[430] teils als gesetzliche Konkretisierung der dem Vorstand abverlangten objektiven Pflichten[431] verstanden, ohne dass dies rechtspraktische Konsequenzen hätte.[432] Umgekehrt kann daraus, dass die Voraussetzungen des § 93 Abs. 1 S. 2 nicht erfüllt sind, nicht ohne Weiteres darauf geschlossen werden, dass eine Pflichtverletzung vorliegt.[433] Vielmehr muss die Pflichtwidrigkeit dann nach allgemeinen Grundsätzen festgestellt werden, wobei der Gesellschaft die Beweislastumkehr nach § 93 Abs. 2 S. 2 zugute kommt.[434]

65a Nach einem Jahrzehnt Erfahrung mit der deutschen „Business Judgment Rule" stellt ihr die Literatur überwiegend ein positives Zeugnis aus.[435] Vorschläge, sie sprachlich zu vereinfachen oder zu variieren,[436] sind rechtspolitisch nicht vordringlich. Bei richtiger Handhabung lassen sich ihre Regelungsziele (→ Rn. 60) im geltenden Recht ohne Weiteres verwirklichen.[437] Neuere Gegenstimmen, die eine privilegierende Wirkung des § 93 Abs. 1 S. 2 gegenüber dem allgemeinen Sorgfaltsmaßstab in Abrede stellen,[438] verkennen, dass sein gemischt objektiv-subjektiver Standard den Vorstandsmitgliedern einen beträchtlichen Entscheidungsspielraum zubilligt.[439] Schwierigkeiten bereitet allerdings nach wie vor die Frage nach der gerichtlichen Prüfungsdichte („standard of review"), die für die Praxis der Organhaftung im In- und Ausland eine Schlüsselrolle spielt.[440] Sie wird in Rechtsprechung und Rechtslehre uneinheitlich beantwortet. Den Vorzug verdient eine differenzierende Behandlung, die bei der Informationsbeschaffung (→ Rn. 71a) um einige Pegelstriche strenger ausfällt als bei der Inhaltskontrolle der unterneh-

---

[424] Vgl. *Fleischer* ZIP 2004, 685 (689 f.) im Anschluss an *Eisenberg* 62 Fordham L. Rev. 437, 465 (1993); dem folgend *Jungmann* FS K. Schmidt, 2009, 831 (833); *Lutter* FS Canaris, 2007, Bd. II, 245 (250 f.); Kölner Komm AktG/*Mertens/Cahn* Rn. 15; s. auch *Eisenberg* Der Konzern 2004, 386 (389 ff.).
[425] In diese Richtung auch *Hopt* FS Mestmäcker, 1996, 909 (920) („Haftungsfreiraum"); *Horn* ZIP 1997, 1129 (1135) („Haftungsausnahmetatbestand"); gegen die Kategorie einer „haftungsfreien Pflichtverletzung" aber *Kindler* ZHR 162 (1998), 101 (104); *M. Roth*, Unternehmerisches Ermessen und Haftung des Vorstands, 2001, 37 f.; *Brömmelmeyer* WM 2005, 2065 (2069).
[426] Allgemein zu ihr als gesellschaftsrechtlichem Regelungsmuster *Fleischer* ZHR 168 (2004), 673 (700 f.); monographisch *Augschill*, „Safe harbor"-Regelungen, 2016, 25 ff. und passim.
[427] Vgl. *Fleischer* ZIP 2004, 685 (688 f.); Hüffer/Koch/*Koch* Rn. 14; *Ihrig* WM 2004, 2098 (2103); K. Schmidt/Lutter/*Krieger/Sailer-Coceani* Rn. 11; *Schäfer* ZIP 2005, 1253 (1255); Großkomm AktG/*Hopt/Roth* Rn. 20 ff.
[428] Vgl. *Fleischer* ZIP 2004, 685 (689).
[429] So etwa BegrRegE BT-Drs. 15/5092, 11 („Tatbestandseinschränkung"); Henssler/Strohn/*Dauner-Lieb* Rn. 19; *Fleischer* in Fleischer VorstandsR-HdB § 7 Rn. 50 f.; *Fleischer* ZIP 2004, 685 (689).
[430] So etwa Hüffer/Koch/*Koch* Rn. 14 mwN.
[431] So etwa Großkomm AktG/*Hopt/Roth* Rn. 67; MüKoAktG/*Spindler* Rn. 39, beide mwN.
[432] Dazu auch Großkomm AktG/*Hopt/Roth* Rn. 67; Kölner Komm AktG/*Mertens/Cahn* Rn. 15; MüKoAktG/*Spindler* Rn. 39.
[433] Vgl. BGH NZG 2017, 116 Rn. 31; OLG München WM 2017, 1415 (1418 f.); Bürgers/Körber/*Bürgers* Rn. 10; *Fleischer* ZIP 2004, 685 (689); Hüffer/Koch/*Koch* Rn. 12; Kölner Komm AktG/*Mertens/Cahn* Rn. 15; MüKoAktG/*Spindler* Rn. 40; *Schäfer* ZIP 2005, 1253 (1255); abw. *Scholz* AG 2015, 222; *Scholz* AG 2018, 173 (182 ff.).
[434] Vgl. Hüffer/Koch/*Koch* Rn. 12; MüKoAktG/*Spindler* Rn. 40.
[435] Vgl. *Bachmann* ZHR 177 (2013), 1; *Fleischer* Rev. trim. dr. fin. 2014, 7; *Hemeling* ZHR 175 (2011), 368 (379 f.); *Ihrig/Schäfer* Rechte und Pflichten des Vorstands Rn. 1528.
[436] Vgl. *Bachmann* FS Stilz, 2014, 25 (43); *Bachmann* ZHR 177 (2013), 1 (11); *Scholz*, Die existenzvernichtende Haftung von Vorstandsmitgliedern in der Aktiengesellschaft, 2014, 105.
[437] Gleiche Schlussfolgerung bei *Bachmann* ZHR 177 (2013), 1 (11); *Bachmann* Gutachten E zum 70. DJT 2014, E 46, E 112.
[438] Vgl. *Cahn* WM 2013, 1293 (1295); *Druey* FS Goette, 2011, 57 (69); v. *Falkenhausen* NZG 2012, 644 (650 f.); Grigoleit/*Grigoleit/Tomasic* Rn. 29.
[439] Wie hier *Bachmann* ZHR 177 (2013), 1 (9 f.); *Bachmann* FS Stilz, 2014, 25 (28 ff., 44); Hüffer/Koch/*Koch* Rn. 23.
[440] Lehrreich zu den denkbaren Abstufungen gerichtlicher Kontrolle im US-amerikanischen Recht *Macey* in Macey, The Iconic Cases in Corporate Law, 2008, 120 (135 ff., 138): „process-oriented review", „rational basis review", „intermediate scrutiny", „strict scrutiny".

merischen Entscheidung am Maßstab des Gesellschaftswohls (Rn. 75).[441] Auch die *Principles of Corporate Governance* des *American Law Institute*, die dem deutschen Reformgesetzgeber als (ein) Vorbild dienten,[442] verwenden für die Tatbestandsmerkmale des Handelns auf angemessener Informationsgrundlage („reasonable belief"-Test) und des Handelns zum Wohl der Gesellschaft („rationally believes"-Test) unterschiedliche Prüfungsmaßstäbe.[443]

(2) Tatbestandsvoraussetzungen. Ausweislich der Regierungsbegründung setzt der „sichere Hafen" des § 93 Abs. 1 S. 2 fünf Merkmale voraus, die im Gesetzestext freilich nicht mit gleicher Deutlichkeit zum Ausdruck kommen: Unternehmerische Entscheidung, Handeln auf der Grundlage angemessener Information, Handeln ohne Sonderinteressen und sachfremde Einflüsse, Handeln zum Wohl der Gesellschaft und Handeln in gutem Glauben.[444]

(a) Unternehmerische Entscheidung. Eingangsvoraussetzung der „Business Judgment Rule" ist das Vorliegen einer unternehmerischen Entscheidung.[445] Den Gesetzesmaterialien zufolge steht sie im Gegensatz zur rechtlich gebundenen Entscheidung[446] und entfaltet Selektionskraft in dreierlei Richtung:[447] *Erstens* kommt das Geschäftsleiterermessen im Einzugsbereich der organschaftlichen Treubindung nicht zur Anwendung: Sorgfalts- und Treuepflichten sind im Hinblick auf Herkommen, Zielrichtung und richterliche Kognition streng voneinander zu unterscheiden.[448] *Zweitens* stehen Ermessensspielräume bei gesellschafts- und kapitalmarktrechtlichen Informationspflichten grundsätzlich nicht zur Debatte.[449] *Drittens* scheidet ein Haftungsfreiraum bei Verstößen gegen gesetzliche, statutarische oder anstellungsvertragliche Pflichten aus, die dem Vorstandsmitglied keinen Beurteilungsspielraum gewähren.[450]

Schwieriger fällt die positive Umschreibung einer unternehmerischen Entscheidung.[451] Den Gesetzesmaterialien zufolge sind unternehmerische Entscheidungen infolge ihrer Zukunftsbezogenheit durch Prognosen und nicht justiziable Einschätzungen geprägt.[452] Demgegenüber stellen manche Literaturstimmen darauf ab, ob ein Handeln unter Unsicherheit vorliegt;[453] andere Autoren heben in Übereinstimmung mit der Regierungsbegründung das Vorhandensein zukunftsbezogener und prognoseabhängiger Entscheidungselemente hervor;[454] wieder andere betonen, dass es sich um Entscheidungen handeln muss, die nach unternehmerischen Zweckmäßigkeitsgesichtspunkten zu treffen sind,[455] und halten die Abgrenzung zu den rechtlich gebunde-

---

[441] Gleichsinnig Hüffer/Koch/*Koch* Rn. 23; *Redeke* ZIP 2011, 59 (60 ff.); *Bachmann* ZHR 177 (2013), 1 (11); anders aber *Bachmann* FS Stilz, 2014, 25 (41 f.).
[442] Dazu der vom Reformgesetzgeber aufgenommene Vorschlag von *Fleischer* ZIP 2004, 685 (689).
[443] Vgl. American Law Institute, Principles of Corporate Governance, 1994, § 4.01(c) und Comment d, S. 142: „The phrase 'rationally believes' is intended to permit a significantly wider range of discretion than the term 'reasonable', and to give a director or officer a safe harbor from liability for business judgments that might arguably fall outside the term 'reasonable' but are not so removed from the realm of reason when made that liability should be incurred."
[444] Vgl. in abweichender Reihenfolge BegrRegE BT-Drs. 15/5092, 11.
[445] Vgl. BegrRegE BT-Drs. 15/5092, 11; *Fleischer* in Fleischer VorstandsR-HdB § 7 Rn. 53; Großkomm AktG/*Hopt*/*Roth* Rn. 80; K. Schmidt/Lutter/*Krieger*/*Sailer-Coceani* Rn. 12; *Paefgen* AG 2004, 245 (251).
[446] Vgl. BegrRegE BT-Drs. 15/5092, 11; *Fleischer* in Fleischer VorstandsR-HdB § 7 Rn. 53; *Koch* ZGR 2006, 769 (784); *Paefgen* AG 2004, 245 (251); *Weiß*/*Buchner* WM 2005, 162 (163).
[447] Vgl. BegrRegE BT-Drs. 15/5092, 11, wonach § 93 Abs. 1 S. 2 AktG nicht die „Verletzung sonstiger Pflichten (Treuepflichten, Informationspflichten, sonstige allgemeine Gesetzes- und Satzungsverstöße)" erfasst; dazu auch *Fleischer* ZIP 2004, 685 (690); dem folgend *Langenbucher* DStR 2005, 2083 (2085).
[448] Näher *Fleischer* FS Wiedemann, 2002, 826 (843 f.); *Goette* in Hommelhoff/Hopt/v. Werder Corporate Governance-HdB 713 (726); Hüffer/Koch/*Koch* Rn. 16; Großkomm AktG/*Hopt*/*Roth* Rn. 52; *Lutter* ZIP 2007, 841 (843).
[449] Dazu *Baums* ZHR 167 (2003), 139 (175); Bürgers/Körber/*Bürgers* Rn. 12; *Fleischer* BKR 2003, 608 (612); *Mülbert* JZ 2002, 826 (832).
[450] Vgl. BegrRegE BT-Drs. 15/5092, 11; Bürgers/Körber/*Bürgers* Rn. 11; *Fleischer* in Fleischer VorstandsR-HdB § 7 Rn. 53; Hüffer/Koch/*Koch* Rn. 16; Hölters/*Hölters* Rn. 30; *Goette* in Hommelhoff/Hopt/v. Werder Corporate Governance-HdB 713 (726 f.); K. Schmidt/Lutter/*Krieger*/*Sailer-Coceani* Rn. 12; *Lutter* ZIP 2007, 841 (843); *Paefgen* AG 2004, 245 (251 f.).
[451] Weiterführend *Goette* FS 50 Jahre BGH, 2000, 129 (133 ff.) zu den Pflichten mit Handlungsermessen und den Grenzen der Ermessensausübung; eingehend zuletzt *Ott* ZHR 2017, 149 (151 ff.); *Pfertner*, Unternehmerische Entscheidungen, 2017, 96 ff.: eher phänomenologische Beschreibung denn trennscharfe Definition.
[452] So BegrRegE BT-Drs. 15/5092, 11.
[453] So Henssler/Strohn/*Dauner-Lieb* Rn. 20; Hüffer/Koch/*Koch* Rn. 18.
[454] So Grigoleit/*Grigoleit*/*Tomasic* Rn. 31; Hölters/*Hölters* Rn. 30; Kölner Komm AktG/*Mertens*/*Cahn* Rn. 19; s. auch Bürgers/Körber/*Bürgers* Rn. 11 („Prognose- und Risikocharakter").
[455] So K. Schmidt/Lutter/*Krieger*/*Sailer-Coceani* Rn. 21; *Lutter* ZIP 2007, 841 (843); ferner *Ott* ZGR 2017, 149 (161 f.); s. auch Großkomm AktG/*Hopt*/*Roth* Rn. 84.

nen Entscheidungen für maßgebend, bei denen der Vorstand nicht in den Genuss eines „Rechts auf Irrtum" kommt.[456] Eine weitere Konkretisierung kann hier nur anhand typischer Beispielsfälle erfolgen, die teilweise auch schon die Rechtsprechung beschäftigt haben. Unternehmerische Entscheidungen *par excellence* sind Investitionsentscheidungen in neue Technologien.[457] Gleiches gilt für die Erweiterung des Geschäftsbetriebs[458] und für Neuprodukteinführungen.[459] Paradebeispiele für unternehmerische Entscheidungen sind außerdem M&A-Transaktionen aller Art (näher → Rn. 87)[460] einschließlich der damit zusammenhängenden Bewertungsfragen (näher → Rn. 87a).[461] Hierher gehören ferner die Vergabe von Großkrediten,[462] Vergütungsentscheidungen für Organmitglieder,[463] die Vereinbarung von Anwaltshonoraren,[464] das Führen eines Prozesses[465] und der Abschluss eines außergerichtlichen oder gerichtlichen Vergleichs (näher → Rn. 91a).

69 Praktisch hochbedeutsam, aber noch nicht endgültig geklärt ist, inwieweit die aktienrechtlichen Organisations-, Planungs- und Überwachungsaufgaben einen unternehmerischen Einschlag aufweisen.[466] Richtigerweise ist zu unterscheiden: Dass den Vorstandsmitgliedern eine Pflicht obliegt, für eine ordnungsgemäße Unternehmensorganisation, -planung und -überwachung zu sorgen, sollte keinem Zweifel unterliegen (→ Rn. 51 ff.). Hinsichtlich der Art und Weise der Pflichterfüllung wird man ihnen allerdings ein Organisations- und Planungsermessen zubilligen müssen.[467] Davon scheint auch der Gesetzgeber des KonTraG auszugehen, wenn er die Einrichtung eines Frühwarnsystems in § 91 Abs. 2 zur organschaftlichen Pflicht erhebt, seine konkrete Ausformung aber von der Größe, Branche, Struktur und dem Kapitalmarktzugang des Unternehmens abhängig macht.[468] Ebenso entscheidet man heute für die nähere Ausgestaltung einer Compliance-Organisation (näher → § 91 Rn. 56).[469]

69a Auch bei gebundenen Entscheidungen stehen Vorstandsmitgliedern auf der Tatbestands- oder Rechtsfolgenseite mitunter Beurteilungs- oder Ermessensspielräume zu.[470] So hat der BGH dem Vorstand bei der positiven Fortführungsprognose im Rahmen der Insolvenzantragspflicht einen „gewissen Beurteilungsspielraum"[471] zugebilligt (näher → § 92 Rn. 74). Ähnliches gilt bei der Beurteilung einer unsicheren Rechtslage und der Auslegung unbestimmter Rechtsbegriffe (→ Rn. 29 ff., 35 ff.).[472] Dogmatisch sollte man solche Fälle einer eigenständigen Kategorie zuweisen und sie nicht mittels einer Analogie zur „Business Judgment Rule" lösen;[473] § 93 Abs. 1 S. 2 enthält bei dieser Lesart nur eine Teilkodifikation unternehmerischer Entscheidungsspielräume.[474] In der Sache gibt es bei den Prüfkriterien für unternehmerische Entscheidungen und für rechtlich gebundene Ent-

---

[456] So MüKoAktG/*Spindler* Rn. 42.
[457] Vgl. BGHZ 175, 365 (368 ff.) – UMTS-Lizenzen; dazu *Fleischer* NZG 2008, 371.
[458] Vgl. BGH NZG 2011, 549 (550 Rn. 19).
[459] Vgl. *Fleischer* FS Wiedemann, 2002, 827 (828 f., 840 f.); *Schlimm*, Das Geschäftsleiterermessen des Vorstands einer Aktiengesellschaft, 2009, 238 f.
[460] Vgl. OLG Frankfurt NZG 2011, 62 (65) – Commerzbank/Dresdner Bank; *Bücker/Kulenkamp* in Krieger/Schneider Managerhaftung-HdB § 29 Rn. 2 und 75; *Fleischer* ZHR 172 (2008), 538 (543, 552).
[461] Vgl. OLG Stuttgart AG 2011, 49 (53) – Daimler/Chrysler; *Hüffer* ZHR 172 (2008), 572 (574 f.).
[462] Vgl. BGH NZG 2002, 195 (196 f.); *Schlimm*, Das Geschäftsleiterermessen des Vorstands einer Aktiengesellschaft, 2009, 239 ff.
[463] Vgl. OLG Oldenburg NZG 2007, 434 (GmbH).
[464] Vgl. BGH NZG 2013, 1021.
[465] Vgl. Großkomm AktG/*Hopt/Roth* Rn. 87.
[466] Eingehend zuletzt *Nietsch* ZGR 2015, 631; *Ott* ZGR 2017, 149.
[467] Ebenso *Abeltshauser*, Leitungshaftung im Kapitalgesellschaftsrecht, 1998, 216, 218 ff.; Bürgers/Körber/*Bürgers* Rn. 12; MüKoAktG/*Spindler* Rn. 30; iE auch *Ott* ZGR 2017, 149 (162 ff.), der Organisationsentscheidungen als unternehmerische Entscheidungen iSd § 93 Abs. 1 Satz 2 ansieht.
[468] Vgl. BegrRegE BT-Drs. 13/9712, 15; zustimmend *Fleischer* AG 2003, 291 (298); MüKoAktG/*Spindler* § 91 Rn. 28.
[469] Vgl. *Bachmann* Gutachten E zum 70. DJT 2014, E 45; Bürgers/Körber/*Bürgers* Rn. 12; *Fleischer* NZG 2014, 321 (324); Kölner Komm AktG/*Mertens/Cahn* Rn. 36; MüKoAktG/*Spindler* § 91 Rn. 66.
[470] Vgl. Grigoleit/*Grigoleit/Tomasic* Rn. 17; Hüffer/Koch/*Koch* Rn. 10; MüKoAktG/*Spindler* Rn. 75.
[471] BGHZ 126, 181 (199).
[472] Vgl. *Paefgen* AG 2014, 554 (560).
[473] Wie hier Grigoleit/*Grigoleit/Tomasic* Rn. 17; *Habersack* in Lorenz, Karlsruher Forum 2009, 2010, 5 (30); *Habersack* FS U.H. Schneider, 2011, 429 (436 f.); *Harnos*, Geschäftsleiterhaftung bei unklarer Rechtslage, 2012, 142 ff.; *Holle* AG 2011, 778 (784); Hüffer/Koch/*Koch* Rn. 10; *Langenbucher* FS Lwowski, 2014, 333 (340 f.); *Paefgen* AG 2014, 554 (560); für eine Analogie zu § 93 Abs. 1 Satz 2 aber *Hasselbach/Ebbinghaus* AG 2014, 873 (874 ff.); *Kocher* CCZ 2009, 215 (217); *Lange*, D&O-Versicherung und Managerhaftung, 2014, § 2 Rn. 62; Kölner Komm AktG/*Mertens/Cahn* Rn. 68 f.
[474] So *Holle* AG 2011, 778 (785); Großkomm AktG/*Hopt/Roth* Rn. 118; Hüffer/Koch/*Koch* Rn. 10.

scheidungen mit Beurteilungs- oder Ermessensspielraum freilich Überlappungen,[475] weil beidesmal eine sorgfältige und sachgerechte Entscheidungsvorbereitung geboten ist. Entgegen manchen Literaturstimmen ist die Einführung einer „Legal Judgment Rule" *de lege ferenda* nicht zu empfehlen (näher → Rn. 9c).[476] Auch der 70. Deutsche Juristentag 2014 hat sich gegen eine solche Erweiterung des § 93 Abs. 1 S. 2 auf alle Vorstandsentscheidungen unter (rechtlicher) Unsicherheit ausgesprochen.[477] Ebenso wenig empfiehlt sich die Kodifizierung einer „Accounting Judgment Rule"; wohl aber sind in Bilanzierungs- und Bewertungsfragen Beurteilungs- und Handlungsspielräume anzuerkennen.[478]

(b) Handeln auf der Grundlage angemessener Information. Überdies muss das Vorstandsmitglied nach § 93 Abs. 1 S. 2 vernünftigerweise annehmen dürfen, auf der Grundlage angemessener Information zu handeln. Damit betont der Gesetzgeber die prozeduralen Voraussetzungen des Handlungs- und Haftungsspielraums in der Phase der Entscheidungsvorbereitung:[479] Erforderlich ist eine sorgfältige Ermittlung der Entscheidungsgrundlagen,[480] die sich vor allem in der Art und Weise der Informationsbeschaffung zeigt. § 93 Abs. 1 S. 2 stellt insoweit ein Angemessenheitskriterium auf und bringt damit zum Ausdruck, dass das Ausmaß der gebotenen Information von verschiedenen Umständen abhängt: dem zeitlichen Vorlauf, der Art und Bedeutung der zu treffenden Entscheidung, den tatsächlichen und rechtlichen Möglichkeiten des Informationszugangs sowie dem Verhältnis von Informationsbeschaffungskosten und voraussichtlichem Informationsnutzen.[481] Eine generelle Pflicht zur Beschaffung aller nur denkbaren Informationen besteht daher ebenso wenig[482] wie ein Gebot bestmöglicher Information,[483] wohl aber eine Pflicht zur gründlichen Entscheidungsvorbereitung und sachgerechten Risikoabschätzung in der konkreten Situation. Im Allgemeinen muss die Informationsgrundlage umso breiter und gefestigter sein, je wichtiger die Entscheidung für den Bestand und Erfolg des Unternehmens ist.[484] Wie aus den Gesetzesmaterialen erhellt, sind „formale Absicherungsstrategien" wie das routinemäßige Einholen von Sachverständigengutachten, Beratervoten oder externen Marktanalysen nicht ausschlaggebend.[485] Ob und inwieweit externe Gutachten eingeholt werden müssen, soll sich vielmehr aus den betriebswirtschaftlichen Notwendigkeiten und den eigenen Möglichkeiten der Gesellschaft ergeben. Holt der Vorstand bei fehlender eigener Sachkunde

---

[475] Dazu von unterschiedlichen Ausgangspunkten *Buck-Heeb* BB 2013, 2247 (2254); *Cahn/Müchler* BKR 2013, 45 (52); *Habersack* FS U.H. Schneider, 2011, 429 (437); MüKoAktG/*Spindler* Rn. 75 ff.; *Paefgen* AG 2014, 554 (560); den dogmatischen Streit relativierend auch *Bachmann* Gutachten E zum 70. DJT 2014, E 44 f.; ihn gar für irrelevant haltend *Wachter/Eckert* Rn. 15.

[476] Näher *Fleischer* DB 2014, 1971 ff.; ebenso *Bachmann* Gutachten E zum 70. DJT 2014, E 45; *Buck-Heeb* BB 2013, 2247 (2257); *Langenbucher* FS Lwowski, 2014, 333 (341).

[477] Vgl. DJT, Beschlüsse der Abteilung Wirtschaftsrecht des 70. DJT 2014, I. 4: „Der Anwendungsbereich der Business Judgment Rule sollte ausdrücklich auf alle Entscheidungen des Vorstands unter Unsicherheit und damit insbesondere auf solche unter rechtlicher Unsicherheit erweitert werden. Abgelehnt 29:41:12."

[478] Wie hier Hüffer/Koch/*Koch* Rn. 19; eingehend zum Problem *Merkt* Der Konzern 2017, 353; *Kuhner* Der Konzern 2017, 360.

[479] Zu ihnen *Böttcher* NZG 2009, 1047 (1048); *Fleischer* in Fleischer VorstandsR-HdB § 7 Rn. 58; NK-AktR/ *U. Schmidt* Rn. 79; *Lange*, D&O-Versicherung und Managerhaftung, 2014, § 2 Rn. 51; *Redeke* ZIP 2011, 59 (60); *Semler* FS Ulmer, 2003, 632 f.; *Thümmel*, Persönliche Haftung von Managern und Aufsichtsräten, 4. Aufl. 2008, Rn. 197; *Ulmer* DB 2004, 859 (860); aus betriebswirtschaftlicher Sicht *Graumann* ZGR 2011, 293 (295 ff.); *Grundei/v. Werder* AG 2005, 825 (828 ff.), beide mwN.

[480] Vgl. bereits BGHZ 135, 244 (253); *Fleischer* in Fleischer VorstandsR-HdB § 7 Rn. 58; NK-AktR/*U. Schmidt* Rn. 78.

[481] Vgl. BegrRegE BT-Drs. 15/5092, 12; *Brömmelmeyer* WM 2005, 2065 (2067); *Bunz* Der Konzern 2012, 444 (446 ff.); Bürgers/Körber/*Bürgers* Rn. 13; *Fleischer* ZIP 2004, 685 (691); Hölters/*Hölters* Rn. 34; *Koch* ZGR 2006, 769 (789); K. Schmidt/Lutter/*Krieger/Sailer-Coceani* Rn. 13; *Ulmer* DB 2004, 859 (860); eingehend *Schlimm*, Das Geschäftsleiterermessen des Vorstands einer Aktiengesellschaft, 2009, 221 ff.; *Winnen*, Die Innenhaftung des Vorstandes nach dem UMAG, 2009, 204 ff.

[482] In diesem Sinne schon bisher *Fleischer* FS Wiedemann, 2002, 827 (841); Großkomm AktG/*Hopt/Roth* Rn. 105; Kölner Komm AktG/*Mertens/Cahn* Rn. 33; *M. Roth*, Unternehmerisches Ermessen und Haftung des Vorstands, 2001, 81 ff.; *Schäfer* ZIP 2005, 1253 (1258); *v. Werder* ZfB 67 (1997), 901 ff.; *Ulmer* DB 2004, 859 (860); ausdrücklich auch BegrRegE BT-Drs. 15/5092, 12: „Information kann nicht allumfassend sein".

[483] Ebenso *Bunz* Der Konzern 2012, 444 (446); *Cahn* WM 2013, 1293 (1297); Kölner Komm AktG/*Mertens/ Cahn* Rn. 33.

[484] Vgl. *Brömmelmeyer* WM 2005, 2065 (2067); *Bunz* Der Konzern 2012, 444 (448); *Grundei/v. Werder* AG 2005, 825 (826 ff.); Großkomm AktG/*Hopt/Roth* Rn. 107; *Lange*, D&O-Versicherung und Managerhaftung, 2014, § 2 Rn. 77; MüKoAktG/*Spindler* Rn. 50; *Schlimm*, Das Geschäftsleiterermessen des Vorstands einer Aktiengesellschaft, 2009, 223; *Winnen*, Die Innenhaftung des Vorstandes nach dem UMAG, 2009, 205.

[485] Vgl. BegrRegE BT-Drs. 15/5092, 12; Bürgers/Körber/*Bürgers* Rn. 13; *Dauner-Lieb* FS Röhricht, 2005, 83 (96); *Fleischer* in Fleischer VorstandsR-HdB § 7 Rn. 58; Kölner Komm AktG/*Mertens/Cahn* Rn. 34; MüKoAktG/ *Spindler* Rn. 50; abw. *Kinzl* DB 2004, 1653 (1654), der ein „eher formales Abarbeiten von Entscheidungschecklisten durch die Vorstandsmitglieder" erwartet.

den Rat eines unabhängigen, fachlich qualifizierten Berufsträgers ein, nachdem er diesen über sämtliche für die Beurteilung erheblichen Umstände ordnungsgemäß informiert und eine eigene Plausibilitätskontrolle angestellt hat, kann er auf diesen Rat vertrauen (→ Rn. 209).[486]

71 Weiter relativiert wird das Angemessenheitserfordernis durch seine Beurteilung aus der Handelndenperspektive: § 93 Abs. 1 S. 2 stellt darauf ab, ob das Vorstandsmitglied vernünftigerweise annehmen durfte, auf der Grundlage angemessener Information zu agieren, und eröffnet ihm damit einen erheblichen Spielraum, den Informationsbedarf selbst abzuwägen.[487] Infolgedessen ist es den Gerichten verwehrt, ein „full blown second guessing"[488] des Entscheidungsprozesses vorzunehmen.[489] Dahinter steht die Einsicht, dass eine unvoreingenommene Beurteilung der Qualität des Entscheidungsfindungsprozesses in Kenntnis des Ergebnisses nur schwer möglich ist (sog. *outcome bias*).[490] *De lege lata* nicht begründbar ist daher eine prominente Literaturmeinung, die hinsichtlich der Angemessenheit der einzuholenden Information auf einen strikt objektiven Standard abstellt.[491]

71a Innerhalb der hM besteht nach wie vor kein Einvernehmen hinsichtlich der Kontrolldichte der angemessenen Informationsgrundlage. Die Gesetzesmaterialien belassen es insoweit bei einem deutungsoffenen Hinweis auf das Merkmal „vernünftigerweise".[492] Der BGH hatte im ARAG/Garmenbeck-Urteil eine „sorgfältige Ermittlung der Entscheidungsgrundlagen"[493] gefordert.[494] Neuere Urteile verlangen, dass der Geschäftsleiter in der konkreten Entscheidungssituation alle verfügbaren Informationsquellen tatsächlicher und rechtlicher Art ausschöpft, auf dieser Grundlage die Vor- und Nachteile der bestehenden Handlungsoptionen sorgfältig abschätzt und den erkennbaren Risiken Rechnung trägt.[495] Nur wenn diese Anforderungen erfüllt seien, sei Raum für die Zubilligung unternehmerischen Ermessens.[496] In der Literatur wird diese Formulierung nahezu einhellig als zu streng kritisiert,[497] weil sie sich gleich in doppelter Hinsicht vom Gesetzeswortlaut entfernt: Zum einen spricht § 93 Abs. 1 S. 2 nur von *angemessener* Information (→ Rn. 70) und zum anderen muss das Vorstandsmitglied lediglich *vernünftigerweise annehmen dürfen*, auf der Grundlage angemessener Information zu handeln (→ Rn. 71).[498] Über diese bewusste Entscheidung des Reformgesetzgebers darf sich der BGH nicht hinwegsetzen,[499] selbst wenn er sie für falsch hält.[500] Zu akzeptablen Ergebnissen führt die zitierte Rechtsprechungsformel daher nur, wenn man ihre Bezugnahme auf die „verfügbaren" Informationsquellen „in der konkreten Entscheidungssituation" ernst nimmt.[501] Extrajudizielle Äußerungen von BGH-Richtern lassen sich in diese Richtung verstehen: Danach wird den Geschäftsleitern einerseits „nichts Unmögliches"[502] abverlangt, andererseits steht der Umfang der Ermittlung der Entscheidungsgrundlagen „aber auch nicht im freien Ermessen des

---

[486] Vgl. BGH NZG 2007, 545 (547); dazu *Fleischer* NJW 2009, 2337 (2339).

[487] Vgl. BegrRegE BT-Drs. 15/5092, 12; *Binder* AG 2008, 274 (280); *Fleischer* in Fleischer VorstandsR-HdB § 7 Rn. 59; Großkomm AktG/*Hopt/Roth* Rn. 102; *Koch* ZGR 2006, 769 (789); K. Schmidt/Lutter/*Krieger/Sailer-Coceani* Rn. 14; Kölner Komm AktG/*Mertens/Cahn* Rn. 35; Grigoleit/*Grigoleit/Tomasic* Rn. 34; kritisch *Hoor* DStR 2004, 2104 (2107).

[488] Plastisch *Fischel* 40 Bus. Law. 1437, 1439 (1985) für das US-amerikanische Recht.

[489] Vgl. *Fleischer* ZIP 2004, 688 (691); *Kock/Dinkel* NZG 2004, 441 (444); *Oltmanns*, Geschäftsleiterhaftung und unternehmerisches Ermessen, 2001, 279 ff.

[490] Dazu bereits *Fleischer* FS Wiedemann, 2002, 827 (841); *Fleischer* ZIP 2004, 685 (691); dem folgend etwa Bürgers/Körber/*Bürgers* Rn. 9; *Paefgen* AG 2004, 245 (254); *Redeke* ZIP 2011, 59 (64); *Winnen*, Die Innenhaftung des Vorstandes nach dem UMAG, 2009, 213.

[491] So namentlich *Goette* ZGR 2008, 436 (447 f.); ferner Roth/Altmeppen/*Altmeppen* GmbHG § 43 Rn. 9.

[492] Vgl. BegrRegE BT-Drs. 15/5092, 11 und 12: „Abgestellt wird daher auf die vom Vorstandsmitglied vernünftigerweise als angemessen erachtete Information".

[493] BGHZ 135, 244 (253).

[494] Dies aufnehmend BGH NZG 2008, 751.

[495] So BGH NJW 2008, 3361 LS 1; BGHZ 197, 304 Rn. 30; nicht eindeutig BGH NZG 2011, 549 Rn. 19; NZG 2013, 1958 Rn. 35, beide mit Hinweis auf den heutigen Wortlaut des § 93 Abs. 1 S. 2.

[496] So BGHZ 197, 304 Rn. 30.

[497] Vgl. *Cahn* WM 2013, 1293 (1298); *Wachter/Eckert* Rn. 16; *Fleischer* NJW 2009, 2337 (2339); Grigoleit/*Grigoleit/Tomasic* Rn. 34 mit Fn. 52; Hüffer/Koch/*Koch* Rn. 20; *Kocher* CCZ 2009, 215 (220 f.); *Redeke* ZIP 2011, 59 (60).

[498] Dazu *Fleischer* NJW 2009, 2337 (2339); ferner *Bunz* Der Konzern 2012, 444 (447).

[499] Abw. *Goette* ZGR 2008, 436 (448 mit Fn. 46); kritisch dazu *Fleischer/Wedemann* AcP 209 (2009), 597 (601 f.).

[500] Vgl. *Fleischer* NJW 2009, 2337 (2339); *Habersack* in Lorenz, Karlsruher Forum 2009, 2010, 5 (18 mit Fn. 56).

[501] In diesem Sinne *Cahn* WM 2013, 1293 (1298); Hüffer/Koch/*Koch* Rn. 20; MüKoAktG/*Spindler* Rn. 48; *Spindler* AG 2013, 889 (893); ferner *Bachmann* NZG 2013, 1121 (1124 f.); *Bachmann* Gutachten E zum 70. DJT 2014, E 46.

[502] *Bergmann* in VGR, Gesellschaftsrecht in der Diskussion 2013, 2014, 18 (Diskussionsbericht *Schneider*).

Geschäftsführers".⁵⁰³ Zu großzügig verfahren demgegenüber manche Literaturstimmen, die sich im Sinne einer informationsrechtlichen „Business Judgment Rule" für eine bloße Evidenzkontrolle aussprechen.⁵⁰⁴ Vorzugswürdig ist stattdessen eine mittlere Linie, die den Vorstandsmitgliedern zwar einen „erheblichen Spielraum"⁵⁰⁵ bei der Schaffung der Informationsbasis zubilligt, aber gleichwohl eine Plausibilitätskontrolle verlangt.⁵⁰⁶ Sie setzt die richtigen Anreize für eine sachgerechte Entscheidungsvorbereitung und wirkt dem unter Managern verbreiteten Phänomen des Überoptimismus entgegen,⁵⁰⁷ ohne andererseits der Gefahr eines *outcome bias* zu erliegen. Dessen ungeachtet lässt sich das erforderliche Informationsniveau nur schwer verallgemeinern;⁵⁰⁸ es kommt entscheidend auf die Umstände des Einzelfalls an.⁵⁰⁹

Einwände gegen das Erfordernis einer sorgfältigen Entscheidungsvorbereitung gehen dahin, dass **71b** es Bürokratisierungstendenzen fördere, sich in der schematischen Einhaltung von Dokumentationspflichten erschöpfe und den Unternehmergeist lähme.⁵¹⁰ Sie können sich zum Teil auf neuere Untersuchungen zur Relevanz von Bauchentscheidungen im Geschäftsleben stützen.⁵¹¹ Ein solches Entscheidungsverhalten ist nicht notwendig irrational, sondern kann auf implizitem Wissen und geronnerer Erfahrung, aber auch auf unbewusster Intelligenz, Intuition und Rekognitionsheuristik beruhen.⁵¹² Der Reformgesetzgeber des UMAG ist diesen Erwägungen ein gutes Stück entgegengekommen, indem er in der Regierungsbegründung anerkannt hat, dass eine unternehmerische Entscheidung häufig auf „Instinkt, Erfahrung, Phantasie und Gespür für künftige Entwicklungen und einem Gefühl für die Märkte und die Reaktion der Abnehmer und Konkurrenten"⁵¹³ gründe. § 93 Abs. 1 S. 2 trägt dem durch seinen gemischt objektiv-subjektiven Standard bis zu einem gewissen Grade Rechnung. Weiter kann ein Gesetzgeber nicht gehen: Zum Einen sind Bauchentscheidungen für den Aufsichtsrat und sonstige Dritte intersubjektiv nicht nachprüfbar und damit missbrauchsanfällig.⁵¹⁴ Zum Zweiten dienen höhere Anforderungen an den Entscheidungsprozess der mittelbaren Verbesserung von Entscheidungsergebnissen.⁵¹⁵

(c) Handeln ohne Sonderinteressen und sachfremde Einflüsse. Außerdem hat das Vorstands- **72** mitglied bei seiner Entscheidungsfindung frei von Fremdeinflüssen und Interessenkonflikten und ohne unmittelbaren Eigennutz zu handeln.⁵¹⁶ Das findet in § 93 Abs. 1 Satz 2 zwar keine ausdrückliche

---

⁵⁰³ *Drescher*, Die Haftung des GmbH-Geschäftsführers, 7. Aufl. 2013, Rn. 130; s. auch *Born* WM 2013, Sonderbeilage Nr. 1 zu Heft 12, S. 34.
⁵⁰⁴ So etwa *Bachmann* FS Stilz, 2014, 25 (41 f.); *Freitag/Korch* ZIP 2012, 2281 (2282); Großkomm AktG/*Hopt/Roth* Rn. 103; *Kocher* CCZ 2009, 215 (220 f.); *Lange*, D&O-Versicherung und Managerhaftung, 2014, § 2 Rn. 75 („grobes Informationsdefizit"); *Lutter* ZIP 2007, 841 (844 f.); *Peters* AG 2010, 811 (813); *Winnen*, Die Innenhaftung des Vorstandes nach dem UMAG, 2009, 217 ff.
⁵⁰⁵ BegrRegE BT-Drs. 15/5092, 12.
⁵⁰⁶ Wie hier *Wachter/Eckert* Rn. 16; Hüffer/Koch/*Koch* Rn. 21 („engmaschigere gerichtliche Plausibilitätskontrolle"); Kölner Komm AktG/*Mertens/Cahn* Rn. 34 („vertretbare Informationsauswahl"); *Redeke* ZIP 2011, 59 (60 ff.) („Maßstab der Nachvollziehbarkeit bzw der Vertretbarkeit"); *Schlimm*, Das Geschäftsleiterermessen des Vorstands einer Aktiengesellschaft, 2009, 214 („mittlere Überprüfungsdichte"); *Bachmann* ZHR 177 (2013), 1 (11); anders aber *Bachmann* FS Stilz, 2014, 25 (42); nicht eindeutig Grigoleit/*Grigoleit/Tomasic* Rn. 34 („Prognosespielraum"); MüKoAktG/*Spindler* Rn. 48 („am Einzelfall angepasster Spielraum").
⁵⁰⁷ Dazu *Fleischer* ZHR 172 (2008), 528 (541 mwN); ferner *Redeke* ZIP 2011, 59 (63).
⁵⁰⁸ Vgl. aus deutscher Sicht *Drescher*, Die Haftung des GmbH-Geschäftsführers, 7. Aufl. 2013, Rn. 131: „Es liegt auf der Hand, dass es schwer zu bestimmen ist, wo die Grenzen dieses Beurteilungsspielraums liegen."; aus US-amerikanischer Sicht American Law Institute, Principles of Corporate Governance, 1994, Comment to § 4.01(c), S. 178: „There is no precise way to measure how much information will be required to meet the ‚reasonable belief' test in given circumstances."
⁵⁰⁹ So auch *Böttcher* NZG 2009, 1047 (1049); *Freund* GmbHR 2011, 238 (239); *Lange*, D&O-Versicherung und Mangerhaftung, 2014, § 2 Rn. 71; MüKoAktG/*Spindler* Rn. 48; *Peters* AG 2010, 811 (813); *Winnen*, Die Innenhaftung des Vorstandes nach dem UMAG, 2009, 208.
⁵¹⁰ Vgl. etwa *Kinzl* DB 2004, 1653 (1654); *Weiss/Bucher* WM 2005, 162 (164).
⁵¹¹ Vgl. etwa *Gigerenzer*, Bauchentscheidungen: Die Intelligenz des Unbewussten und die Macht der Intuition, 2007; ferner den Hinweis bei *Fleischer* ZHR 172 (2008), 538 (552) auf die Autobiographie von *Jack Welch*, Straight from the Gut, 2001.
⁵¹² Vgl. die Hinweise bei *Fleischer* ZHR 172 (2008), 538 (553); vertiefend *Hamann* ZGR 2012, 817 (823 ff.).
⁵¹³ BegrRegE BT-Drs. 15/5094, 11.
⁵¹⁴ Vgl. *Fleischer* ZHR 172 (2008), 538 (553); *Hamann* ZGR 2012, 817 (831 f.); *Winnen*, Die Innenhaftung des Vorstandes nach dem UMAG, 2009, 212.
⁵¹⁵ Vgl. *Fleischer* ZHR 172 (2008), 538 (553); eingehend auch *Binder* ZGR 2007, 745 (763 f.); für das US-amerikanische Recht ferner *Paredes* 32 Fla. St. U. L. Rev. 673, 750 f. (2005).
⁵¹⁶ Vgl. BGHZ 135, 244 (253); *Fleischer* FS Wiedemann, 2002, 826 (841 f.); Großkomm AktG/*Hopt/Roth* Rn. 90; MüKoAktG/*Spindler* Rn. 60; *Wachter/Eckert* Rn. 13; *Schäfer* ZIP 2005, 1253 (1257); *Ulmer* DB 2004, 859 (860); Hensslers/Strohn/*Dauner-Lieb* Rn. 24; kritisch K. Schmidt/Lutter/*Krieger/Sailer-Coceani* Rn. 15; monographisch *Holtkamp*, Interessenkonflikte im Vorstand der Aktiengesellschaft, 2016.

Erwähnung, soll nach der Regierungsbegründung aber stillschweigend miterklärt sein: Nur der dürfe annehmen, zum Wohle der Gesellschaft zu handeln, der sich in seiner Entscheidung frei von solchen Einflüssen wisse.[517] In der Sache wird man dem gerne beitreten: Allfällige Interessenkonflikte entziehen der natürlichen Vermutung den Boden, dass ein Vorstandsmitglied bei seinem Handeln allein das Beste für die Gesellschaft im Auge hat.[518] Wann ein Interessenkonflikt vorliegt, harrt mangels gesetzlicher Vorgaben weiterhin einer allgemeinen Umschreibung in der Literatur,[519] und auch die bisherige Rechtsprechung bietet nur wenig Wegleitung.[520] Eine rechtsvergleichende Grundorientierung vermittelt die mehrgliedrige Definition in § 1.23 der *Principles of Corporate Governance*, die unter anderem darauf abstellt, ob das Organmitglied selbst oder eine Person, mit der es in geschäftlicher, finanzieller oder familiärer Beziehung steht, ein „material pecuniary interest in the transaction or conduct" hat und man daher vernünftigerweise erwarten kann, dass dieses Interesse die Beurteilung des Organmitglieds zum Nachteil der Gesellschaft berührt.[521] Unterschiedlich beurteilt wird hierzulande, ob schon ein potentieller[522] oder ein leichterer[523] Interessenkonflikt in der Person des betroffenen Organmitglieds zum Ausschluss des Geschäftsleiterermessens führt. Liegt ein rechtlich relevanter Interessenkonflikt vor, ist er nach allgemeiner Ansicht nicht nur schädlich, wenn das Organmitglied zum eigenen Vorteil handelt, sondern auch dann, wenn es zum Nutzen nahestehender Personen oder Gesellschaften agiert.[524] Eine Ausnahme gilt nur dort, wo Geschäftsleiter- und Gesellschaftsinteresse in die gleiche Richtung weisen,[525] etwa bei der Gewährung von Gewinntantiemen.[526]

72a Ungeklärt ist, wie sich die Befangenheit eines Vorstandsmitglieds auf die an der Entscheidung mitwirkenden Kollegen auswirkt. In der Problemstrukturierung pflegt man danach zu unterscheiden, ob das befangene Vorstandsmitglied seinen Interessenkonflikt offengelegt hat oder nicht. Eine Pflicht zur Offenlegung ergibt sich nach ganz hM aus der organschaftlichen Treuepflicht (→ Rn. 124). Hat das Vorstandsmitglied seinen Interessenkonflikt offenbart und sich weder an der Beratung noch an der Abstimmung beteiligt, können sich seine Kollegen auf die „Business Judgment Rule" berufen, weil eine Beeinflussung der Entscheidungsfindung durch Sonderinteressen dann nicht zu gewärtigen ist.[527] Wirkt das befangene Vorstandsmitglied nach Offenlegung an der Entscheidungsfindung mit (zum fehlenden Stimmverbot → § 76 Rn. 108), steht seinen Kollegen nach einer Meinung die Haftungsprivilegierung des § 93 Abs. 1 S. 2 nicht zu Gebote;[528] nach der überwiegenden Gegenmeinung sind die anderen Vorstandsmitglieder nur gehalten, die Argumente des befangenen Vorstandsmitglieds besonders sorgfältig zu prüfen und kritisch zu hinterfragen, ohne dass sie den Schutz der „Business Judgment Rule" von vornherein verlieren.[529] Gute Gründe sprechen für die zweite Auffassung: Solange Gesetzgeber oder Rechtsprechung

---

[517] Vgl. BegrRegE BT-Drs. 15/5092, 11; kritisch hinsichtlich des Fehlens einer ausdrücklichen Regelung *Brömmelmeyer* WM 2005, 2065 (2068).
[518] Vgl. *Fleischer* ZIP 2004, 685 (691); *Koch* FS Säcker, 2011, 403 (407).
[519] Für eine erste Annäherung *Lutter* FS Priester, 2007, 417 (423): „Es ist diejenige Situation weiterer und einander objektiv entgegenstehender Interessen in der Person eines Organmitglieds einschließlich der ihm nahestehenden Personen und Unternehmen, von der man bei objektiver Betrachtung nicht sicher sein kann, dass das betreffende Organmitglied dennoch und unbedingt allein die Interessen seiner Gesellschaft vertreten wird."; ferner *Diekmann/Fleischmann* AG 2013, 141 (142 ff.); zuletzt *Holtkamp*, Interessenkonflikte im Vorstand der Aktiengesellschaft, 2016.
[520] Allgemein zum Interessenkonflikt BGHZ 180, 9 Rn. 21 ff.; 180, 105 Rn. 15 ff.; BGH NJW 1980, 1629 (1630); OLG Schleswig NZG 2004, 669 f.; LG Hannover ZIP 2009, 761 (762 f.).
[521] So *American Law Institute*, Principles of Corporate Governance, 1994, § 1.23 (a) (3); aus deutscher Sicht auch *Paefgen* AG 2014, 554 (563): „Der Begriff des Interessenkonflikts i.S. der BJR ist weit zu fassen. Er kann jegliche Art von pekuniären Interessen eines Organmitglieds sowie auch nicht finanzielle Motive betreffen, die dieses daran hindern, das Gesellschaftsinteresse unbefangen zu artikulieren."
[522] Bejahend MüKoAktG/*Spindler* Rn. 61; *Winnen*, Die Innenhaftung des Vorstandes nach dem UMAG, 2009, 251 ff. („latenter Interessenkonflikt"); verneinend *Diekmann/Fleischmann* AG 2013, 141 (142, 148).
[523] Einschränkend *Harbarth* FS Hommelhoff, 2012, 323 (333); Hüffer/Koch/*Koch* Rn. 25; MüKoAktG/*Spindler* Rn. 62; *Schlimm*, Das Geschäftsleiterermessen des Vorstands einer Aktiengesellschaft, 2009, 296.
[524] Vgl. BegrRegE BT-Drs. 15/5092, 11; *Fleischer* ZIP 2004, 685 (691); *Lutter* FS Priester, 2007, 417 (423); allgemein für eine Entwicklung von Zurechnungsnormen *Fleischer* WM 2003, 1045 (1057); zustimmend *Hopt* ZGR 2004, 1 (24).
[525] Vgl. *Fleischer* ZIP 2004, 685 (691).
[526] Vgl. *Fleischer* ZIP 2004, 685 (691); Kölner Komm AktG/*Mertens/Cahn* Rn. 26; MüKoAktG/*Spindler* Rn. 60 am Beispiel von Stock Options.
[527] Vgl. Hüffer/Koch/*Koch* Rn. 26; *Löbbe/Fischbach* AG 2014, 717 (725); *Lutter* FS Canaris, 2007, Bd II, 245 (250); MüKoAktG/*Spindler* Rn. 64; *Winnen*, Die Innenhaftung des Vorstandes nach dem UMAG, 2009, 274 f.; s. auch BegrRegE BT-Drs. 15/5092, 11.
[528] So *Lutter* FS Canaris, 2007, Bd. II, 245 (249 f.).
[529] So Hölters/*Hölters* Rn. 38; *Löbbe/Fischbach* AG 2014, 717 (727); mit Einschränkungen auch *Blasche* AG 2010, 692 (697 ff.); Kölner Komm AktG/*Mertens/Cahn* Rn. 29; *Schlimm*, Das Geschäftsleiterermessen des Vorstands einer Aktiengesellschaft, 2009, 322 f; *Winnen*, Die Innenhaftung des Vorstandes nach dem UMAG, 2009, 275 ff.

kein Mitwirkungsverbot für konfliktbefangene Organmitglieder anordnen, sollte dies auch nicht mittelbar durch den drohenden Verlust der Haftungsprivilegierung für das Gesamtgremium erzwungen werden. Allerdings trifft die anderen Vorstandsmitglieder eine erhöhte Darlegungslast hinsichtlich der Wahrnehmung ihrer Prüfungsobliegenheiten.

Bei einem pflichtwidrig verschwiegenen Interessenkonflikt können sich die übrigen Vorstandsmitglieder nach wohl überwiegender Meinung nicht auf ihr Geschäftsleiterermessen berufen;[530] eine vordringende Gegenansicht will den gutgläubigen Vorstandskollegen die privilegierende Wirkung des § 93 Abs. 1 S. 2 erhalten, wenn sie vernünftigerweise annehmen durften, ohne Sonderinteressen und sachfremde Einflüsse zu handeln.[531] Die Streitentscheidung hängt in dogmatischer Hinsicht davon ab, ob das Fehlen eines Interessenkonflikts objektiv[532] oder anhand eines gemischt objektiv-subjektiven Prüfungsmaßstabs[533] zu beurteilen ist. In der Sache geht es darum, was schwerer wiegt: die verborgene Gefahr der Entscheidungsverzerrung durch ein konfliktbefangenes Organmitglied oder das Schutzbedürfnis der gutgläubigen Vorstandskollegen. Beides ist kaum kommensurabel. Letztlich muss die individuelle Schutzkonzeption des § 93 Abs. 1 S. 2 den Ausschlag geben: Verantwortung und Haftungsprivilegierung knüpfen ausweislich des Gesetzeswortlauts („das Vorstandsmitglied") und seiner gemischt objektiv-subjektiven Grundkonzeption an das einzelne Vorstandsmitglied an.

Unterliegen alle Vorstandsmitglieder einem Interessenkonflikt, so begründet dies jedenfalls keine Entscheidungszuständigkeit des Aufsichtsrats (arg. § 111 Abs. 4 S. 1).[534] Ob sie bei einer Offenlegung dieser Sachlage gegenüber dem Aufsichtsrat weiterhin in den Genuss der „Business Judgment Rule" gelangen können, wenn der Aufsichtsrat dem zustimmt,[535] erscheint noch nicht ausdiskutiert.

(d) Handeln zum Wohl der Gesellschaft. Weiter muss das Vorstandsmitglied annehmen dürfen, zum Wohle der Gesellschaft zu handeln. Der Handlungsbegriff ist nach der Regierungsbegründung weit zu verstehen; er umfasst die Entscheidung selbst wie auch die Umsetzung der Entscheidung, gleichviel ob dies durch Rechtsgeschäft oder tatsächliche Handlung geschieht.[536] Das muss auch für ein Unterlassen gelten, wenn und soweit damit eine bewusste (Negativ-)Auswahl unter mehreren Handlungsmöglichkeiten getroffen wird.[537] Keine unternehmerische Entscheidung ist dagegen das unbewusst fahrlässige Vertreichenlassen einer Geschäftschance oder einer Verjährungsfrist.[538]

Ein Handeln zum Wohle der Gesellschaft soll jedenfalls dann vorliegen, wenn es der langfristigen Ertragsstärkung und Wettbewerbsfähigkeit des Unternehmens und seiner Produkte und Dienstleistungen dient.[539] Im Interesse langfristiger Perspektiven und künftiger Geschäftschancen kann es im Einzelfall sachgerecht sein, kurzfristig auf die Erzielung eines Gewinns zu verzichten[540] oder Kosten[541] und Aufwendungen[542] zu übernehmen.[543] Bei alledem kommt es, wie schon bisher, nicht auf das *ex post* erkannte, sondern auf das *ex ante* angestrebte Gesellschaftswohl an.[544]

---

[530] Vgl. *Blasche* AG 2010, 692 (694 ff.); *Lutter* FS Canaris, 2007, Bd. II, 245 (248 f.); Kölner Komm AktG/ *Mertens/Cahn* Rn. 29; *Winnen*, Die Innenhaftung des Vorstandes nach dem UMAG, 2009, 273 f.; wohl auch Hölters/*Hölters* Rn. 38.

[531] Vgl. *Bunz* NZG 2011, 1294 (1295); *Diekmann/Fleischmann* AG 2013, 141 (150); Hüffer/Koch/*Koch* Rn. 26; *Koch* FS Säcker, 2011, 403 (405 ff.); *Löbbe/Fischbach* AG 2014, 717 (726 f.); mit Einschränkungen auch *Schlimm*, Das Geschäftsleiterermessen des Vorstands einer Aktiengesellschaft, 2009, 322 f.

[532] So Großkomm AktG/*Hopt/Roth* § 93 Rn. 43; *Lutter* FS Priester, 2007, 417 (422 f.); MüKoAktG/*Spindler* Rn. 63.

[533] So *Harbarth* FS Hommelhoff, 2012, 323 (329); Hüffer/Koch/*Koch* Rn. 26; *Löbbe/Fischbach* AG 2014, 717 (727); *Paefgen* AG 2004, 245 (252); vermittelnd *Winnen*, Die Innenhaftung des Vorstandes nach dem UMAG, 2009, 270 ff.

[534] Vgl. *Koch* FS Säcker, 2011, 403 (418); Kölner Komm AktG/*Mertens/Cahn* Rn. 30.

[535] Dafür Bürgers/Körber/*Bürgers* Rn. 14; Großkomm AktG/*Hopt/Roth* Rn. 96; Hüffer/Koch/*Koch* Rn. 26; *Koch* FS Säcker, 2011, 403 (417 ff.); *Kock/Dinkel* NZG 2004, 441 (444); *Schäfer* ZIP 2005, 1253 (1257); dagegen Kölner Komm AktG/*Mertens/Cahn* Rn. 29; MüKoAktG/*Spindler* Rn. 65; wohl auch *Semler* FS Ulmer, 2003, 627 (638).

[536] Vgl. BegrRegE BT-Drs. 15/5092, 11.

[537] Vgl. Bürgers/Körber/*Bürgers* Rn. 15; *Fleischer* ZIP 2004, 685 (690); *Hoor* DStR 2004, 2104 (2105) mit Fn. 16; *Ihrig* WM 2004, 2098 (2105); *Kock/Dinkel* DStR 2004, 441 (443); Kölner Komm AktG/*Mertens/Cahn* Rn. 22; *Schneider* DB 2005, 707 (709); *Ulmer* DB 2004, 859 (860 mit Fn. 10).

[538] Vgl. Grigoleit/*Grigoleit/Tomasic* Rn. 32; MüKoAktG/*Spindler* Rn. 44.

[539] Vgl. BegrRegE BT-Drs. 15/5092, 11.

[540] Vgl. BGH LM GmbHG § 43 Nr. 19.

[541] Vgl. BGH LM GmbHG § 43 Nr. 19.

[542] Vgl. BGH ZIP 1987, 29 (30).

[543] Vgl. *Fleischer* in Fleischer VorstandsR-HdB § 7 Rn. 56; *Goette* FS 50 Jahre BGH, 2000, 123 (135).

[544] Vgl. BegrRegE BT-Drs. 15/5092, 11; Bürgers/Körber/*Bürgers* Rn. 15; *Weiß/Buchner* WM 2005, 163 (164); zuvor bereits BGHZ 75, 96 (113); 126 (181, 193); *Fleischer* FS Wiedemann, 2002, 827 (832); *Goette* FS 50 Jahre BGH, 2000, 123 (138).

75 Ebenso wie bei der angemessenen Informationsgrundlage ist auch beim Handeln zum Wohle der Gesellschaft der gemischt objektiv-subjektive Prüfungsmaßstab des § 93 Abs. 1 S. 2 zu berücksichtigen. Hinsichtlich der gerichtlichen Kontrolldichte herrscht hier allerdings weithin Einvernehmen. Die Gesetzesmaterialien knüpfen insoweit an das ARAG/Garmenbeck-Urteil (→ Rn. 61) an,[545] wonach eine Schadensersatzpflicht erst in Betracht kommt, wenn die Grenzen der unternehmerischen Leitungssorgfalt „deutlich überschritten" sind bzw. die Bereitschaft, unternehmerische Risiken einzugehen, „in unverantwortlicher Weise" überspannt worden ist.[546] Nach ganz herrschender Lehre folgt hieraus, dass die unternehmerische Entscheidung selbst nur einer Evidenzkontrolle unterzogen wird.[547] Jede noch nachvollziehbare Vorstandsentscheidung iSe (Ir-)Rationalitätstests[548] ist hinzunehmen.[549] Überschritten wird dieser weite Ermessensspielraum erst bei ganz und gar unvernünftigen Entscheidungen oder schlechthin unvertretbarem Vorstandshandeln.[550]

76 **(e) Handeln in gutem Glauben.** Endlich gehört es zu den Anwendungsvoraussetzungen der „Business Judgment Rule", dass das Vorstandsmitglied in gutem Glauben handelt.[551] Fehlt es hieran, glaubt der Handelnde also selbst nicht an die Richtigkeit seiner Entscheidung, verdient er keinen Schutz. Das entspricht dem internationalen Standard[552] und fügt sich auch bruchlos in die bisherigen Überlegungen zu Geltungsgrund und Grenzen des Geschäftsleiterermessens ein: Dolose Handlungen der Leitungsorgane, die hinter einem inhaltlichen Mindeststandard zurück bleiben, sind für die Gerichte zumeist leicht erkennbar. Das judizielle Irrtumsrisiko bewegt sich daher in vertretbarem Rahmen und negative Signale für risikobewusste, aber redliche Geschäftsleiter sind nicht zu erwarten. Zumeist wird es in derartigen Fällen freilich schon an einer der vorgenannten Tatbestandsvoraussetzungen fehlen, so dass dem *good-faith*-Erfordernis nur eine „Notbremsfunktion" zukommt.[553]

77 **(3) Beweislastverteilung.** Die Darlegungs- und Beweislast für die Tatbestandsvoraussetzungen des § 93 Abs. 1 S. 2 liegt bei dem betreffenden Vorstandsmitglied.[554] Das entspricht der bisherigen Rechtsprechung des BGH, wonach der Geschäftsleiter die Einhaltung seines – grundsätzlich weiten – Ermessensspielraums nachzuweisen hat.[555] In der Literatur wird den Vorstandsmitgliedern daher eine vollständige und nachvollziehbare Dokumentation unternehmerischer Entscheidungen empfohlen.[556]

78 **(4) Auswirkungen auf die Außenhaftung.** Die systematische Stellung des § 93 Abs. 1 S. 2 im Rahmen der Binnenhaftung gibt schließlich Anlass, auf die Bedeutung des Geschäftsleiterermessens für die Außenhaftung gegenüber unternehmensfremden Dritten hinzuweisen. Dass den Vorstandsmitgliedern auch insoweit Diskretionsspielräume zustehen können, hat die Rechtsprechung verschiedentlich ausgesprochen. Besondere Aufmerksamkeit erlangt haben die Urteile zur Insolvenzverschleppungshaftung, die den Organmitgliedern einen „gewissen Beurteilungsspielraum" bei der Feststellung des Insolvenzauslösezeitpunkts zubilligen (näher → § 92 Rn. 74).[557] In Fortentwicklung

---

[545] Vgl. BegrRegE BT-Drs. 15/5092, 11: „Als Maßstab für die Überprüfung, ob die Annahme des Vorstands nicht zu beanstanden ist, dient das Merkmal ‚vernünftigerweise'. Auch insofern wird auf die Ausführungen der höchstrichterlichen Rechtsprechung im ARAG/Garmenbeck-Urteil Bezug genommen."
[546] BGHZ 135, 244 (253 f.).
[547] Vgl. *Brömmelmeyer* WM 2005, 2065 (2068); Hölters/*Hölters* Rn. 39; Hüffer/Koch/*Koch* Rn. 21 und 23; MüKoAktG/*Spindler* Rn. 56; *Winnen*, Die Innenhaftung des Vorstandes nach dem UMAG, 2009, 241 f.
[548] Vgl. *Lange*, D&O-Versicherung und Managerhaftung, 2014, § 2 Rn. 101; *Paefgen* NZG 2009, 891 (892); *Schlimm*, Das Geschäftsleiterermessen des Vorstands einer Aktiengesellschaft, 2009, 327 f.
[549] Vgl. OLG Frankfurt NZG 2011, 62 (65).
[550] Ebenso *Bosch/Lang* JZ 2009, 225 (231); Großkomm AktG/Hopt/*Roth* Rn. 113 f.; Hüffer/Koch/*Koch* Rn. 21; *Ott* ZGR 2017, 149 (171); *Pfertner*, Unternehmerische Entscheidungen, 2017, 79 f.; MüKoAktG/*Spindler* Rn. 56.
[551] Vgl. BegrRegE BT-Drs. 15/5092, 12; *Fleischer* ZIP 2004, 685 (691); *Hauschka* ZRP 2004, 65 (66 f.); Großkomm AktG/Hopt/*Roth* Rn. 115; Hüffer/Koch/*Koch* Rn. 54; *Grigoleit/Grigoleit/Tomasic* Rn. 32; *Ihrig* WM 2004, 2098 (2105); kritisch *Weiß/Buchner* WM 2005, 162 (165), die dafür einen Anhalt im Gesetzestext vermissen; gegen eine besondere Erwähnung des Gutglaubenserfordernisses im Gesetzestext *Paefgen* AG 2004, 245 (256).
[552] Vgl. *Block/Barton/Radin*, The Business Judgment Rule, 6. Aufl. 2009, 320 ff.
[553] Dazu bereits *Fleischer* ZIP 2004, 685 (691); Großkomm AktG/Hopt/*Roth* Rn. 115.
[554] Vgl. BegrRegE BT-Drs. 15/5092, 12; BGH NZG 2011, 549 Rn. 19 ff.; Bürgers/Körber/*Bürgers* Rn. 16; *Drescher*, Die Haftung des GmbH-Geschäftsführers, 7. Aufl. 2013, Rn. 329; *Fest* NZG 2011, 540 (541 f.); *Fleischer* in Fleischer VorstandsR-HdB § 7 Rn. 61; *Kock/Dinkel* NZG 2004, 441 (448); kritisch *Paefgen* AG 2004, 245 (258 f.); *Paefgen* NZG 2009, 891 (893); Großkomm AktG/Hopt/*Roth* Rn. 67.
[555] Vgl. BGHZ 152, 280 (285 f.).
[556] Vgl. Hölters/*Hölters* Rn. 36; *Kock/Dinkel* NZG 2004, 2098 (2105); *Lutter* ZIP 2007, 841 (846); Kölner Komm AktG/Mertens/*Cahn* Rn. 36.
[557] Vgl. BGHZ 75, 96 ff.; 126, 181 ff.; dazu *Goette* in Hommelhoff/Hopt/v. Werder Corporate Governance-HdB 713 (732 f.); *Fleischer* ZGR 2004, 437 (458 ff.).

dieses Gedankens hat man es im Schrifttum unternommen, das Geschäftsleiterermessen auch anderwärts ins Außenverhältnis zu wenden und gegenüber Dritten zu schützen.[558] Ein möglicher Anwendungsfall betrifft die Außenhaftung der Organmitglieder gemäß § 25 Abs. 1 UmwG für rechtswidrig und schuldhaft verursachte Schäden aus einer Verschmelzung.[559] Ausweislich der Regierungsbegründung zum UMAG soll dieser Grundgedanke auch weiterhin Anwendung finden.[560]

dd) Einzelfälle. Eine fallgruppenartige Auffächerung des bislang erschlossenen Rechtsprechungsmaterials kann unter verschiedenen Gesichtspunkten erfolgen.[561] 79

(1) Spekulationsgeschäfte. Reine Spekulationsgeschäfte sind dem Vorstand einer Aktiengesellschaft nicht grundsätzlich verboten. Vielmehr hat die Abgrenzung zwischen erlaubten und unerlaubten Risiken anhand einer Gesamtwürdigung aller Fallumstände zu erfolgen.[562] Pflichtwidrig handelt ein Vorstandsmitglied erst, wenn es die Bereitschaft, unternehmerische Risiken einzugehen, in unverantwortlicher Weise überspannt.[563] So liegt es etwa, wenn die Wahrscheinlichkeit eines Fehlschlags deutlich überwiegt[564] oder wenn das Geschäftsrisiko außer Verhältnis zu den Gewinnaussichten steht.[565] 80

Nach verbreiteter Ansicht handelt ein Vorstandsmitglied auch dann sorgfaltswidrig, wenn es Risiken für sein Unternehmen eingeht, die, wenn sie sich verwirklichen, zum Untergang des Unternehmens führen.[566] Diese Leitlinie läßt sich indes in ihrer vollen Strenge nicht durchhalten.[567] Beim Wort genommen, droht die Orientierung am theoretisch denkbaren Maximalrisiko jede unternehmerische Tätigkeit zu lähmen. Dies zeigt sich gerade im Bankensektor, wo jedem Wertpapier- und Kreditgeschäft das Risiko eines Totalverlustes innewohnt.[568] Das alleinige Abstellen auf ein „worst case"-Szenario erweist sich daher als ein zu grober Maßstab. Abstrakt bestandsgefährdende Maßnahmen sind nicht per se sorgfaltswidrig; vielmehr führt an einer konkreten Risikobeurteilung im Einzelfall wohl kein Weg vorbei.[569] Scharfkantige Abgrenzungskriterien sind damit freilich noch nicht gewonnen: Es bleibt eine wichtige Zukunftsaufgabe für Zivil- und Strafrechtler, die Grenze zwischen erlaubtem und verbotenem Risikogeschäft, unternehmerischem Wagnis und hazadeurhaftem Spekulantentum trennschärfer und vorhersehbarer zu ziehen.[570] 81

Unabhängig von der Frage der Existenzgefährdung kann sich eine Sorgfaltspflichtverletzung auch daraus ergeben, dass bestimmte Spekulationen nicht mehr vom Unternehmensgegenstand gedeckt sind (→ Rn. 22)[571] oder dass sie in Bezug auf ihr Risikoprofil nicht sorgfältig genug untersucht wurden (näher zum Gebot sorgfältiger Entscheidungsvorbereitung → Rn. 73).[572] Ebenso kann sich die Nichtbeachtung verfahrensrechtlicher Schutzvorkehrungen als pflichtwidrig darstellen.[573] Auch mögen naheliegende Mittel der Risikobegrenzung vernachlässigt worden sein.[574] Dazu kann im 82

---

[558] Vgl. *M. Roth*, Unternehmerisches Ermessen und Haftung des Vorstands, 2001, 260 ff.
[559] Vgl. *Schnorbus* ZHR 167 (2003), 666 (681 ff.).
[560] Vgl. BegrRegE BT-Drs. 15/5092, 12; vorbereitend *Fleischer* ZIP 2004, 685 (691 f.).
[561] Vgl. die im Einzelnen abweichenden Gliederungen bei *Abeltshauser*, Leitungshaftung im Kapitalgesellschaftsrecht, 1998, 161 ff.; Großkomm AktG/*Hopt*/*Roth* Rn. 189 ff.; *M. Roth*, Unternehmerisches Ermessen und Haftung des Vorstands, 2001, 107 ff. und 119 ff.
[562] Vgl. OLG Jena NZG 2001, 86 (87); *Abeltshauser*, Leitungshaftung im Kapitalgesellschaftsrecht, 1998, 162, 171 ff.; *Fleischer* in Fleischer VorstandsR-HdB § 7 Rn. 64; Großkomm AktG/*Hopt*/*Roth* Rn. 194; *Schmitz-Remberg* BB 2014, 2701 (2704).
[563] Vgl. BGHZ 135, 244 (253 f.).
[564] Vgl. OLG Jena NZG 2001, 86 (87); *Kust* WM 1980, 758 (761).
[565] Vgl. *Fleischer* in Fleischer VorstandsR-HdB § 7 Rn. 64; MHdB AG/*Wiesner* § 25 Rn. 8.
[566] Vgl. OLG Düsseldorf ZIP 2010, 28 (32); *Lutter* ZIP 2009, 197 (199); Kölner Komm AktG/*Mertens*/*Cahn* Rn. 24; Hölters/*Hölters* Rn. 154, der aber dann eine Ausnahme macht, wenn der Eintritt des Risikos völlig unwahrscheinlich ist; zuvor bereits BGHZ 69, 207 (213 ff.); OLG Jena NZG 2001, 86 (87).
[567] Vgl. *Fleischer* NJW 2010, 1504 (1505 f.); ähnlich *Adolff* FS Baums, 2016, 31 (36 ff.); *Balthasar*/*Hamelmann* WM 2010, 589 (590); Wachter/*Eckert* Rn. 24; *Florstedt* AG 2010, 315 (323); Großkomm AktG/*Hopt*/*Roth* Rn. 195; Hüffer/*Koch*/*Koch* Rn. 27; NK-AktR/*U. Schmidt* Rn. 55; MüKoAktG/*Spindler* Rn. 55; *Spindler* NZG 2010, 281 (284); *Schmitz-Remberg* BB 2014, 2701 (2703 f.).
[568] Vgl. *Fleischer* NJW 2010, 1504 (1506); *Schäfer*/*Zeller* BB 2009, 1706 (1708); im Ergebnis auch Hüffer/Koch/*Koch* Rn. 27.
[569] Im Ergebnis auch Wachter/*Eckert* Rn. 24; Großkomm AktG/*Hopt*/*Roth* Rn. 197; *Schmitz-Remberg* BB 2014, 2701 (2704); für eine Differenzierung zwischen abstrakter und konkreter Bestandsgefährdung *Redeke* ZIP 2010, 159 (160 ff.); eingehend auch *Adolff* FS Baums, 2016, 31.
[570] Vgl. *Fleischer* NJW 2010, 1504 (1506); *Schmitz-Remberg* BB 2014, 2701 (2704).
[571] Vgl. BGHZ 119, 305 (322); *Fleischer* NJW 2009, 2337 (2342); Großkomm AktG/*Hopt*/*Roth* Rn. 194.
[572] Vgl. *Fleischer* NJW 2009, 2337 (2342).
[573] Vgl. OLG Koblenz NZG 2008, 280; *Fleischer* NJW 2009, 2337 (2342).
[574] Vgl. Hüffer/Koch/*Koch* Rn. 27; MüKoAktG/*Spindler* Rn. 55.

Einzelfall auch die Pflicht zur Sicherstellung risikoadäquaten Versicherungsschutzes gehören.[575] Entgegen einer verbreiteten Literaturmeinung gibt es indes keine Pflicht der Vorstandsmitglieder, Risiken nach Möglichkeit zu minimieren.[576]

83   **(2) Vermögensanlage.** Bei der Anlage frei verfügbaren Gesellschaftsvermögens in Wertpapiere oder sonstige Vermögensgegenstände trifft die Vorstandsmitglieder eine besondere Pflicht zur sorgfältigen Vermögensanlage, die einer übermäßigen Risikokonzentration Grenzen zieht.[577] Die Eingehung von Klumpen- oder Konzentrationsrisiken ist danach zwar nicht von vornherein verboten, wohl aber rechtfertigungsbedürftig.[578] Als mögliche Rechtfertigungsgründe kommen eine angemessene Risikoprämie oder eine gegenüber dem Markt überlegene Risikobeurteilung in Betracht. Zulässige Klumpenrisiken muss der Vorstand im Rahmen seines Risikofrüherkennungssystems fortlaufend beobachten und steuern.[579] Nicht begründbar ist hingegen eine allgemeine Pflicht des Vorstands zur Risikodiversifizierung bei der Festlegung der Geschäftsstrategie oder der Ausfüllung des Unternehmensgegenstandes.[580]

84   **(3) Fehlende Sicherung bei Vorleistung der Gesellschaft.** Pflichtwidrig handelt ein Vorstandsmitglied in der Regel, wenn es Vorleistungen der Gesellschaft ohne hinreichende Sicherung veranlasst. Einen Hauptfall bildet die ungesicherte Darlehensvergabe. Schon das RG hatte in der Vergabe riskanter Bankkredite an nicht hinreichend solvente Darlehensnehmer einen Sorgfaltspflichtverstoß erblickt.[581] Der BGH hat diese Rechtsprechung fortgesetzt und etwa die verfrühte Auszahlung von Darlehen, ohne dass die zu bestellenden Sicherheiten bereits vorhanden waren, als sorgfaltswidrig beanstandet.[582] Ähnlich lag es im Fall ARAG/Garmenbeck, in dem der Finanzvorstand ein Darlehen in Höhe von 55 Mio DM an eine ausländische Briefkastenfirma vor Bestellung der vereinbarten Sicherheiten ausgereicht hatte.[583] Als pflichtwidrig eingestuft wurden des Weiteren eine Zahlung von 300 000 DM ohne Sicherheiten,[584] die Beeinflussung eines riskanten, weil ungesicherten Gefälligkeitskredits durch ein Organmitglied,[585] die Gewährung eines ungesicherten Kredits an ein Unternehmen, von dessen wirtschaftlicher Schieflage ein Organmitglied wusste,[586] und die Hintanhaltung von Informationen über strafbare Handlungen eines Darlehensnehmers im Rahmen von Kreditgeschäften.[587] Als nicht pflichtwidrig eingeordnet wurden die Gewährung und teilweise Auszahlung eines ungesicherten Kredits über 15 Mio DM an ein finanzschwaches Startup-Unternehmen zur Durchführung eines Kooperationsvertrags.[588] Nach dem MPS-Urteil des BGH kann sowohl die Vergabe eines ungesicherten „upstream"-Darlehens, dessen Rückzahlungsanspruch nicht vollwertig ist, als auch das Unterlassen der Kündigung oder der Einforderung von Sicherheiten bei späterer Erkennbarkeit fehlender Vollwertigkeit eine Pflichtverletzung darstellen.[589]

85   Weitere Fälle betreffen Darlehensvergaben an nahestehende Personen: die Gewährung eines ungesicherten und auffällig hohen Arbeitnehmerdarlehens an die Ehefrau des Geschäftsleiters[590] und die Ausreichung eines ungesicherten Darlehens an einen mittelbaren Mehrheitsaktionär.[591] Darüber hinaus liegt eine Sorgfaltspflichtverletzung in der Kreditgewährung unter Verstoß gegen Gesetzes-

---

[575] Näher *Ehlers* VersR 2008, 1173 ff.; Großkomm AktG/*Hopt/Roth* Rn. 192; *R. Koch* ZGR 2006, 184 ff.; NK-AktR/*U. Schmidt* Rn. 56.
[576] Ebenso Großkomm AktG/*Hopt/Roth* Rn. 195; abw. NK-AktR/*U. Schmidt* Rn. 54; Kölner Komm AktG/*Mertens/Cahn* Rn. 86.
[577] Ausführlich *Fleischer/Schmolke* ZHR 173 (2009), 649 (676 ff.); ferner Großkomm AktG/*Hopt/Roth* Rn. 200; aus schweizerischer Sicht BGE 99 II 176; rechtsvergleichend *Fleischer/Schmolke* RIW 2009, 337 ff.; monographisch *Hammerschmidt*, Organisationsverantwortlichkeit für Finanzanlagegeschäfte in der AG, 2015.
[578] Vgl. *Fleischer/Schmolke* ZHR 173 (2009), 649 (677); strenger im Zusammenhang mit der Finanzmarktkrise OLG Düsseldorf AG 2010, 126 ff.; *Lutter* ZIP 2009, 197 (199); zurückhaltend Großkomm AktG/*Hopt/Roth* Rn. 194; monographisch *Lechnowitsch*, Klumpenrisiken im Gesellschafts- und Konzernrecht vor dem Hintergrund des Aufsichtsrechts, 2018.
[579] Vgl. *Fleischer/Schmolke* ZHR 173 (2009), 649 (679).
[580] Dazu LG Stuttgart BeckRS 2011, 13162; *Fleischer/Schmolke* ZHR 173 (2009), 649 (673 ff.).
[581] Vgl. RGZ 13, 43 (46 ff.); zuvor bereits RGZ 12, 74 (75 f.).
[582] Vgl. BGH WM 1975, 467 (468).
[583] Vgl. BGHZ 135, 244; Vorinstanz: OLG Düsseldorf ZIP 1997, 27 (30 ff.).
[584] Vgl. OLG München ZIP 1998, 23 (24 f.).
[585] Vgl. BGH NJW 1980, 1629 f. – Aufsichtsrat.
[586] Vgl. LG Hamburg AG 1982, 51 (52 f.) – vormaliges Vorstands- und späteres Aufsichtsratsmitglied.
[587] Vgl. OLG Düsseldorf AG 1982, 225 (226 f.).
[588] Vgl. OLG Celle AG 2008, 711 (713).
[589] Vgl. BGH NZG 2009, 107 (109).
[590] Vgl. OLG Düsseldorf GmbHR 1995, 227 f.
[591] Vgl. OLG Hamm ZIP 1995, 1263 (1266 ff.).

und Satzungsvorschriften.⁵⁹² Zusammenfassend heißt es in einer jüngeren Entscheidung des BGH, dass Vorstandsmitglieder Kredite grundsätzlich nicht ohne übliche Sicherheiten gewähren dürfen und zudem für die ordnungsgemäße Bewertung der Sicherheiten sowie die Beachtung der Richtlinien über Beleihungsobergrenzen Sorge zu tragen haben.⁵⁹³ In Ausnahmefällen mag es freilich Gründe für eine ungedeckte Darlehenshingabe geben.⁵⁹⁴ So kann es liegen, wenn der Kreditnehmer über eine zweifelsfreie Bonität verfügte⁵⁹⁵ oder wenn die Gesellschaft ein besonderes Interesse an der Kreditvergabe hatte, etwa weil der Kreditnehmer ein wichtiger Zulieferer oder Abnehmer ist⁵⁹⁶ oder weil der neue Kredit einen Ausfall des Altkredits verhindern soll.⁵⁹⁷

Ebenso verstoßen ungesicherte Warenkredite gegen das Sicherungsinteresse der Gesellschaft.⁵⁹⁸ So hat der BGH eine Verletzung der kaufmännischen Sorgfalt bei Warenkrediten in sechsstelliger Höhe an ein unbekanntes Unternehmen angenommen.⁵⁹⁹ Gleiches gilt für die Einräumung ungesicherter Warenkredite an einen Vertragspartner, dessen Vermögenslosigkeit dem Vorstandsmitglied auf Grund eingeholter Erkundigungen bekannt war,⁶⁰⁰ für riskante Auslandsgeschäfte trotz abgelehnten Kreditversicherungsschutzes⁶⁰¹ sowie für unvollkommen gesicherte Exportgeschäfte.⁶⁰² In diese Reihe gehört ferner der Verkauf eines Grundstücks unter Vereinbarung der Kaufpreiszahlung nach Eigentumsübergang ohne Bestellung von Sicherheiten.⁶⁰³ Schließlich kann nach Ansicht des BGH auch die ungünstige Vertragsgestaltung beim Erwerb einer EDV-Anlage dem Sicherungsinteresse der Gesellschaft zuwiderlaufen.⁶⁰⁴

(4) Fehlende Sorgfalt beim Anteils- oder Unternehmenskauf. Zu den Sorgfaltsanforderungen iSd § 93 Abs. 1 gehört es außerdem, die finanziellen und wirtschaftlichen Verhältnisse der Zielgesellschaft vor einem Anteils- oder Unternehmenskauf genau zu prüfen.⁶⁰⁵ Das hat der BGH schon früh für den Verwaltungsrat einer Publikums-Kommanditgesellschaft entschieden, der die Beteiligung seiner Gesellschaft an einer verlustträchtigen Kaffee-Großrösterei zugelassen hatte.⁶⁰⁶ Die gegenwärtige Diskussion kreist vor allem um die Frage, ob der Vorstand vor dem Anteils- oder Unternehmenskauf zur Durchführung einer Due Diligence verpflichtet ist.⁶⁰⁷ Eine verbreitete Schrifttumsauffassung hält dies im Hinblick auf eine sorgfältige Entscheidungsvorbereitung und Risikominderung regelmäßig für geboten.⁶⁰⁸ Das OLG Oldenburg hat für den Sanierungskauf einer maroden Klinik durch eine GmbH eine Pflicht zur Durchführung einer Due Diligence angenommen, wenn gesicherte Erkenntnisse über das Erwerbsunternehmen fehlen oder vorhandene Informationen Unklarheiten aufweisen.⁶⁰⁹ Dem ist im Ausgangspunkt zu folgen: Verweigert die Geschäftsleitung der Zielgesellschaft ohne plausible Begründung die Durchführung einer Due Diligence, so dürfte dies für den Vorstand als Warnsignal zu werten sein.⁶¹⁰ Lassen sich die Geschäftsrisiken nicht auf andere Weise reduzieren, so kann es im Einzelfall erforderlich sein, von dem geplanten Erwerb abzusehen.⁶¹¹

---

⁵⁹² Vgl. BGH WM 1956, 1207 (1208 f.); WM 1974, 131 (133); s. auch BGH WM 1978, 109 (112 f.).
⁵⁹³ Vgl. BGH NZG 2002, 195 (196).
⁵⁹⁴ Vgl. bereits RGZ 13, 43 (49); *M. Roth*, Unternehmerisches Ermessen und Haftung des Vorstands, 2001, 127; eingehend *Lange*, D&O-Versicherung und Managerhaftung, 2014, § 2 Rn. 113 f. mwN.
⁵⁹⁵ Vgl. OLG Celle AG 2011, 711 (713); OLG Frankfurt AG 2008, 453 (456).
⁵⁹⁶ Vgl. OLG Frankfurt BeckRS 2011, 27373; *Lange*, D&O-Versicherung und Managerhaftung, 2014, § 2 Rn. 114.
⁵⁹⁷ Vgl. KG WM 2005, 1570 (1571 f.).
⁵⁹⁸ Vgl. LG Hagen BB 1976, 1093.
⁵⁹⁹ Vgl. BGH WM 1981, 440 (441 f.).
⁶⁰⁰ Vgl. *Fleischer* in Fleischer VorstandsR-HdB § 7 Rn. 67.
⁶⁰¹ Vgl. BGH WM 1968, 1329 f.
⁶⁰² Vgl. OLG Jena NZG 2001, 86 (87).
⁶⁰³ Vgl. BGH WM 1966, 323 (324).
⁶⁰⁴ Vgl. BGH WM 1985, 552 (556 ff.).
⁶⁰⁵ Vgl. LG Hannover AG 1977, 198 (200); *Fleischer* in Fleischer VorstandsR-HdB § 7 Rn. 65; NK-AktR/*U. Schmidt* Rn. 57; Großkomm AktG/*Hopt/Roth* Rn. 212; Kölner Komm AktG/*Mertens/Cahn* Rn. 91.
⁶⁰⁶ Vgl. BGHZ 69, 207 (213 ff.) unter Hinweis auf die entsprechend anwendbaren §§ 93, 116 AktG.
⁶⁰⁷ Allgemein zur Due Diligence im Gesellschafts- und Kapitalmarktrecht *Fleischer/Körber* in Berens/Brauner/Strauch, Due Diligence bei Unternehmensakquisitionen, 7. Aufl. 2013, 295 ff.
⁶⁰⁸ Vgl. *Bachmann* FS Stilz, 2014, 25 (42); *Böttcher* NZG 2005, 49 (52); *Fleischer* ZHR 172 (2008), 538 (543); Hüffer/Koch/*Koch* Rn. 11; *Kiethe* NZG 1999, 976 (983); MüKoAktG/*Spindler* Rn. 69; *Thümmel*, Persönliche Haftung von Managern und Aufsichtsräten, 5. Aufl. 2016, Rn. 197; *Werner* GmbHR 2007, 678 (679 ff.); *Werner* ZIP 2000, 989 (990 ff.).
⁶⁰⁹ Vgl. OLG Oldenburg NZG 2007, 434 (436).
⁶¹⁰ Vgl. *Fleischer/Körber* in Berens/Brauner/Strauch, Due Diligence bei Unternehmensakquisitionen, 7. Aufl. 2013, 295, 315.
⁶¹¹ Vgl. *Nauheim/Goette* DStR 2013, 2520 (2525); *Seyfarth*, VorstandsR, 2016, § 8 Rn. 51.

Eine durchgängige Ermessensreduzierung auf Null[612] ohne Betrachtung des konkreten Einzelfalls ist allerdings abzulehnen.[613]

87a Wenig erörtert werden bisher die Vorstandspflichten bei der Bewertung von Unternehmen im Rahmen von M&A-Transaktionen. Richtigerweise handelt es sich auch insoweit um eine unternehmerische Entscheidung (→ Rn. 68).[614] Um in den Genuss der „Business Judgment Rule" zu gelangen, muss der Vorstand den Wert der Zielgesellschaft auf der Grundlage angemessener Informationen schätzen.[615] Hierbei hat er sich üblicher und anerkannter Bewertungsmethoden zu bedienen.[616] Bei der Methodenwahl steht ihm jedoch ein breites Auswahlermessen zu.[617] Insbesondere kann er sich statt eines fundamentalanalytischen Verfahrens auch alternativer, marktorientierter Methoden bedienen.[618] Gleiches gilt spiegelverkehrt bei der Veräußerung von Unternehmensteilen oder Tochtergesellschaften. Hier kommt neben dem klassischen Ertragswertverfahren auch ein Auktions- oder Bieterverfahren in Betracht.[619]

88 **(5) Nichtgeltendmachung von Ansprüchen der Gesellschaft.** Der Vorstand muss grundsätzlich dafür sorgen, dass Ansprüche der Gesellschaft gegen Dritte auch durchgesetzt werden.[620] Er ist insbesondere gehalten, die Ansprüche rechtzeitig geltend zu machen und den Eintritt der Verjährung durch geeignete Maßnahmen zu verhindern.[621] Außerdem hat er beizeiten auf eine Vermögensverschlechterung des Schuldners zu reagieren.[622] Schließlich darf er nicht grundlos auf Ansprüche der Gesellschaft verzichten.[623] Von einer Geltendmachung der Ansprüche kann der Vorstand allerdings nach pflichtgemäßem Ermessen absehen, wenn es dafür im Einzelfall vernünftige Gründe gibt:[624] So kann es liegen, wenn der Anspruch erkennbar fraglich, die Zahlungsfähigkeit des Schuldners zweifelhaft oder die Durchführung eines Prozesses langwierig ist oder wenn die Nichtgeltendmachung aus geschäftlichem Kalkül oder Kulanz geboten erscheint.[625] Ebenso kann es im Einzelfall gute Gründe dafür geben, dass der Geschäftsleiter einer von ihm zu gesetzlichen Gebühren beauftragten Rechtsanwalts-Sozietät nachträglich ein höheres Honorar zahlt, etwa im Hinblick auf die Exklusivität der Beratung, den Wunsch nach dauerhafter Bindung des Beraters oder den von allen Gesellschaftern getragenen Willen, eine im kaufmännischen Verkehr ohne Rechtsbindung getroffene mündliche Vereinbarung einzuhalten.[626] Ein Anspruchsverzicht aus Anstandsgründen[627] wird allerdings nur selten geboten sein.[628]

89 Außerdem ist der Vorstand im Grundsatz gehalten, Ansprüche der Gesellschaft gegen Aufsichtsratsmitglieder geltend zu machen, sofern eine Prozessrisikoanalyse ergibt, dass die Ansprüche beste-

---

[612] Dafür *Kiethe* NZG 1999, 976 (983).

[613] Vgl. *Böttcher* NZG 2005, 49 (50); *Fleischer/Körber* in Berens/Brauner/Strauch, Due Diligence bei Unternehmensakquisitionen, 7. Aufl. 2013, 295, 315; Großkomm AktG/*Hopt/Roth* Rn. 212; *Himmelsbach/Krüger* NZI 2007, 309 f.; Hüffer/*Koch/Koch* Rn. 11; *Werner* ZIP 2000, 989 (990 ff.); Hölters/*Hölters* Rn. 179 ff.

[614] Vgl. OLG Stuttgart AG 2011, 49 (53); OLG Frankfurt BeckRS 2010, 29775 (insoweit nicht in NZG 2011, 62 abgedruckt); *Hüffer* ZHR 172 (2008), 572 (574 f.); s. auch *Stilz* FS Mailänder, 2006, 423 (432).

[615] Vgl. *Hüffer* ZHR 172 (2008), 572 (576); s. auch *Baums* GS Schindhelm, 2009, 63 (88 ff.); aus der Rechtsprechung mit Nuancierungen im Einzelnen OLG Stuttgart AG 2011, 49 (53); OLG Frankfurt BeckRS 2010, 29775; OLG Köln BeckRS 2010, 09506.

[616] Vgl. Hölters/*Hölters* Rn. 180; *Seyfarth*, VorstandsR, 2016, § 8 Rn. 52.

[617] Vgl. OLG Stuttgart BeckRS 2010, 25689: „ermessenfehlerfrei festgelegte[s] Bewertungsverfahren"; Hölters/*Hölters* Rn. 180; *Seyfarth*, VorstandsR, 2016, Rn. 180.

[618] Vgl. *Hüffer* ZHR 172 (2008), 572 (576 f.).

[619] Allgemein dazu BeckOGK/*Wilhelmi*, 1.12.2017, BGB § 453 Rn. 281 ff. mwN.

[620] Vgl. OLG Koblenz NJW-RR 2000, 483 (484); Bürgers/Körber/*Bürgers* Rn. 12; *Fleischer* in Fleischer VorstandsR-HdB § 7 Rn. 69; K. Schmidt/Lutter/*Krieger/Sailer-Coceani* Rn. 8; NK-AktR/*U. Schmidt* Rn. 49; Großkomm AktG/*Hopt/Roth* Rn. 199; Kölner Komm AktG/*Mertens/Cahn* Rn. 89; MHdB AG/*Wiesner* § 25 Rn. 8.

[621] Vgl. BGH WM 1982, 582; OLG Koblenz NJW-RR 2000, 483 (484); KG GmbHR 1959, 257; *Fleischer* in Fleischer VorstandsR-HdB § 7 Rn. 69; Großkomm AktG/*Hopt/Roth* Rn. 199; s. auch RGZ 156, 291 ff.; zum pflichtwidrigen Verjährenlassen auch LG Wiesbaden BeckRS 2013, 09090.

[622] Vgl. BGHZ 94, 55 (58); *M. Roth*, Unternehmerisches Ermessen und Haftung des Vorstands, 2001, 124.

[623] Vgl. OLG Koblenz NJW-RR 2000, 483 (484); *Fleischer* in Fleischer VorstandsR-HdB § 7 Rn. 69; Großkomm AktG/*Hopt/Roth* Rn. 199.

[624] Ebenso NK-AktR/*U. Schmidt* Rn. 49; Kölner Komm AktG/*Mertens/Cahn* Rn. 89; *M. Roth*, Unternehmerisches Ermessen und Haftung des Vorstands, 2001, 124; MHdB AG/*Wiesner* § 25 Rn. 8.

[625] Eingehend zur Gewährung von Kulanzleistungen *Wiersch* NZG 2013, 1206; ferner Großkomm AktG/*Hopt/Roth* Rn. 191.

[626] Vgl. BGHZ 197, 304 Rn. 29 f.

[627] Dazu RG JW 1911, 223 (224).

[628] Wie hier Großkomm AktG/*Hopt/Roth* Rn. 199; offener Kölner Komm AktG/*Mertens/Cahn* Rn. 90; generell ablehnend Hölters/*Hölters* Rn. 165.

hen und durchsetzbar sind (dazu auch → Rn. 291).⁶²⁹ Davon kann er nur absehen, wenn der Anspruchsverfolgung zumindest gleichwertige Belange der Gesellschaft entgegenstehen;⁶³⁰ jedoch gehört dazu nicht der Gesichtspunkt der Schonung eines verdienten Aufsichtsratsmitglieds.

(6) Verschwendung von Gesellschaftsvermögen. Weiterhin darf der Vorstand Gesellschafts- **90** vermögen nicht verschwenden.⁶³¹ Pflichtwidrig ist daher der Abschluss eines für die Gesellschaft nutzlosen Beratervertrages,⁶³² der Erwerb wertloser Patente oder Geschäftsanteile,⁶³³ die Auszahlung von Provisionen ohne Vermittlung⁶³⁴ oder das Leasing von EDV-Hardware für 760 000 DM, wenn die Hardware für 260 000 DM käuflich zu erwerben gewesen wäre,⁶³⁵ sowie das Führen eines aussichtslosen Prozesses.⁶³⁶ Generell liegt der Vorwurf der Verschwendung nahe, wenn ein Geschäft zum Nachteil der Gesellschaft erheblich von den marktüblichen Bedingungen abweicht.⁶³⁷

In Ausnahmefällen können sich auch Unternehmensspenden, die grundsätzlich im Vorstandser- **91** messen liegen (→ § 76 Rn. 45 ff.), als *corporate waste* erweisen, wenn sie in keinem vernünftigen Verhältnis zur Vermögens-, Finanz- und Ertragslage der Gesellschaft stehen und sich für die Gesellschaft auch sonst nicht auszahlen.⁶³⁸ Gleiches gilt für die Zuwendung einer überhöhten Vergütung an Aufsichtsratsmitglieder⁶³⁹ und für Werbeaufwendungen des Vorstands zur Abwehr eines feindlichen Übernahmeangebots, die zu unvertretbaren Kosten führen.⁶⁴⁰

(7) Abschluss eines Vergleichs. Wenig erörtert werden bisher die Vorstandspflichten beim **91a** Abschluss von Vergleichen über Drittansprüche bzw Drittverbindlichkeiten der Gesellschaft.⁶⁴¹ Gesichert erscheint, dass ein gerichtlicher oder außergerichtlicher Vergleich eine unternehmerische Entscheidung iSd § 93 Abs. 1 S. 2 darstellt.⁶⁴² Um auf angemessener Informationsgrundlage zu handeln, müssen die Vorstandsmitglieder die sorgfältige Schätzung der Erfolgsaussichten der Gesellschaft bei streitiger Rechtsdurchsetzung (Nichteinigungsalternative) vornehmen und dieses Ergebnis mit dem Nettonutzen der Vergleichslösung (Einigungsoption) für die Gesellschaft abgleichen. Mögliche Ansatzpunkte und Verfahren für eine sachgerechte Bewertung der Nichteinigungsalternative sind: (a) vorläufige Einschätzungen des streitentscheidenden Spruchkörpers, (b) quantitative Prozessrisikoanalyse,⁶⁴³ (c) qualitative Abschätzung der Erfolgsaussichten, (d) systematische Heranziehung und Auswertung von Vergleichsfällen, (e) marktförmige Bewertung durch Prozesskostenfinanzierer⁶⁴⁴ oder Factoring-Unternehmen, (f) bilanzrechtliche Kriterien für eine Rückstellungsbildung nach

---

⁶²⁹ Vgl. *Fleischer* in Fleischer VorstandsR-HdB § 7 Rn. 70; NK-AktR/*U. Schmidt* Rn. 49; MHdB AG/*Wiesner* § 25 Rn. 8.
⁶³⁰ Vgl. MHdB AG/*Wiesner* § 25 Rn. 8.
⁶³¹ Vgl. BGH NJW 2006, 522 (524) Rn. 21; *Abeltshauser*, Leitungshaftung im Kapitalgesellschaftsrecht, 1998, 190; *Bachmann* NZG 2013, 1121; *Fleischer* in Fleischer VorstandsR-HdB § 7 Rn. 71; *K. Schmidt*/Lutter/*Krieger*/ *Sailer-Coceani* Rn. 8; *Fleischer* FS Wiedemann, 2002, 827 (845 f.); Großkomm AktG/*Hopt*/*Roth* Rn. 191.
⁶³² Vgl. BGH NJW 1997, 741 (742): Unternehmensberatung durch Rechtsreferendar; dazu auch *Thümmel*, Persönliche Haftung von Managern und Aufsichtsräten, 5. Aufl. 2016, Rn. 194.
⁶³³ Vgl. *Fleischer* in Fleischer VorstandsR-HdB § 7 Rn. 71; Großkomm AktG/*Hopt*/*Roth* Rn. 190.
⁶³⁴ Vgl. OLG Köln AG 2013, 570.
⁶³⁵ Vgl. BGH NZG 1998, 726 (727).
⁶³⁶ Vgl. *Winnen*, Die Innenhaftung des Vorstandes nach dem UMAG, 2009, 243; s. auch OLG Düsseldorf GmbHR 1994, 172 (175 f.).
⁶³⁷ Vgl. *Fleischer* in Fleischer VorstandsR-HdB § 7 Rn. 71; MüKoAktG/*Spindler* Rn. 79; ferner *M. Roth*, Unternehmerisches Ermessen und Haftung des Vorstands, 2001, 131, der als Richtschnur die für die Annahme der Sittenwidrigkeit geltenden Grenzen heranziehen möchte; s. auch OLG Frankfurt AG 2011, 462 (463).
⁶³⁸ Vgl. *Fleischer* FS Wiedemann, 2002, 827 (845 f.); gegen Beachtung des Umstandes, ob die Spende sich für das Unternehmen auszahlt *K. Schmidt*/Lutter/*Krieger*/*Sailer-Coceani* Rn. 8.
⁶³⁹ Vgl. RG JW 1933, 2954; Hölters/*Hölters* Rn. 160; zum Fall unangemessener Vorstandsvergütungen *Fleischer* DStR 2005, 1318.
⁶⁴⁰ Vgl. *Fleischer* FS Wiedemann, 2002, 827 (846); *Kort* FS Lutter, 2000, 1421 (1441).
⁶⁴¹ Vgl. aus österreichischer Sicht *Karollus* FS Jud, 2012, 307; eingehend zum deutschen Recht nunmehr aber *Fleischer* in Fleischer/Kalss/Vogt, Enforcement im deutschen, österreichischen und schweizerischen Gesellschafts- und Kapitalmarktrecht, 2015, 123 (154 ff.); zu einem Vergleich über Differenzhaftungsansprüche BGHZ 191, 364 Rn. 22 ff.
⁶⁴² Vgl. *Dietz-Vellmer* NZG 2011, 248 (251) (Vergleichsschluss durch den Aufsichtsrat); *Fleischer* AG 2015, 133 (145); *Hirte*/Stoll ZIP 2010, 253 (256 f.); Hüffer/Koch/*Koch* Rn. 18; *Lange*, D&O-Versicherung und Managerhaftung, 2014, § 19 Rn. 39; *Paefgen* AG 2014, 554 (559).
⁶⁴³ Allgemein zur Prozessrisikoanalyse bei der Geltendmachung von Ansprüchen gegen Vorstandsmitglieder BGHZ 135, 244 (253); zur Übertragbarkeit auf die Geltendmachung von Drittansprüchen *Karollus* FS Jud, 2012, 307 (326); speziell zum Instrument der quantitativen Prozessrisikoanalyse *Victor* 40 Business Lawyer 617 (1985); *Eidenmüller* ZZP 113 (2000), 5; *Risse* ZKM 13 (2010), 107; monographisch *Risse*/*Morawietz*, Prozessrisikoanalyse, 2017.
⁶⁴⁴ Weiterführend *Schwintowski* ZRFG 2007, 15.

IFRS und HGB.[645] Wann eine sorgfältig vorbereitete Vorstandsentscheidung unverantwortlich oder unvertretbar ist, lässt sich nur anhand einer Gesamtwürdigung aller Fallumstände beurteilen. Wegen des Prognosecharakters eines Vergleichsschlusses verfügen die Vorstandsmitglieder über einen beträchtlichen Ermessensspielraum, der umso breiter ausfällt, je komplizierter und vielschichtiger der Rechtsstreit ist. Der Vorwurf einer Pflichtwidrigkeit wird – wie bei anderen Fällen einer Verschwendung von Gesellschaftsvermögen (→ Rn. 90) – nur unter qualifizierten Voraussetzungen zu bejahen sein.[646]

92 **(8) Finanzmarktkrise.** Im Zusammenhang mit der Finanzmarktkrise wird den Vorstandsmitgliedern verschiedener Banken vorgeworfen, sie hätten bei ihren Verbriefungsgeschäften mit nachrangigen Wertpapieren den satzungsmäßigen Unternehmensgegenstand überschritten und Investitionsentscheidungen auf unzureichender Informationsgrundlage getroffen.[647] Außerdem seien sie sorgfaltswidrig unzulässige Klumpenrisiken und bestandsgefährdende Risiken eingegangen und hätten kein hinreichendes Risikomanagement besessen.[648] Ob diese Vorwürfe zutreffen, lässt sich nicht pauschal beantworten,[649] sondern bedarf einer sorgfältigen Prüfung im Einzelfall.[650] Dabei spricht vieles dafür, dass sich die Vorstandsmitglieder bei ihren Investitionsentscheidungen nicht allein auf die Bewertungen der Ratingagenturen verlassen durften.[651] Auch obliegt ihnen eine Pflicht zur sorgfältigen Vermögensanlage, die einer übermäßigen Risikokonzentration Grenzen zieht.[652] Die Eingehung von Klumpenrisiken ist indes nicht von vornherein verboten, wohl aber rechtfertigungsbedürftig (dazu auch → Rn. 83). Zulässige Klumpenrisiken müssen Bankvorstände beizeiten identifizieren und ihnen durch angemessene Maßnahmen Rechnung tragen; außerdem treffen sie insoweit fortlaufende Beobachtungs- und Berichtspflichten.[653]

93 Dass zahlreiche private und öffentlichrechtliche Banken in nachrangige Schuldverschreibungen US-amerikanischer Herkunft investiert haben, kann einzelne Vorstandsmitglieder nicht entlasten: Die Anforderungen an das Verhalten eines ordentlichen und gewissenhaften Geschäftsleiters bemessen sich nicht nach dem Üblichen, sondern nach dem Erforderlichen.[654] Ebenso wenig vermag eine aufsichtsbehördliche Billigung oder Duldung die aktienrechtliche Sorgfalt verbindlich festzulegen.[655] Allerdings mahnen fehlende aufsichtsbehördliche Warnungen vor dem Platzen einer Immobilienblase und branchenweit übliche Investitionen und Vermögensanlagen zu einer besonders sorgfältigen Prüfung, ob tatsächlich ein branchenweites Versagen vorlag.[656] Dies hat der BGH in anderem Zusammenhang – bei verlustreichen Investitionen der gesamten Telekommunikationsbranche in UMTS-Lizenzen – verneint (→ Rn. 68).[657] Auch bei der juristischen Aufarbeitung der Finanzmarktkrise kommt es zur Vermeidung von Rückschaufehlern (→ Rn. 60) entscheidend auf eine *ex-ante*-Perspektive an, wie der *Delaware Chancery Court* in einer Grundsatzentscheidung betont hat.[658] Ganz in diesem Sinne hat kürzlich das LG Düsseldorf entschieden, dass Investitionen in strukturierte Finanzprodukte im konkreten Fall nicht pflichtwidrig gewesen seien, weil der Vorstand das Für und Wider dieser unternehmerischen Entscheidung sorgfältig abgewogen habe und der Misserfolg der

---

[645] Näher *Küting/Kessler/Cassel/Metz* WPg 2010, 315 (316 ff. mwN).
[646] Eingehend, auch zur Frage eines Schlechterstellungsverbots, *Fleischer* in Fleischer/Kalss/Vogt, Enforcement im deutschen, österreichischen und schweizerischen Gesellschafts- und Kapitalmarktrecht, 2015, 123 (159 ff.).
[647] Vgl. im Rahmen eines Antrags auf Sonderprüfung OLG Düsseldorf ZIP 2010, 28 (30 f.) – IKB; dazu *Fleischer* NJW 2010, 1504; *Spindler* NZG 2010, 281.
[648] Vgl. OLG Düsseldorf ZIP 2010, 28 (31 ff.).
[649] So tendenziell aber *Lutter* ZIP 2009, 197 ff.
[650] Wie hier *Empt* KSzW 2010, 106 (113); *Raiser/Veil* KapGesR § 14 Rn. 71; zum inzwischen vorliegenden Bericht des IKB-Sonderprüfers, der eine Schadensersatzpflicht nur in einem Randpunkt bejaht, *Fleischer* European Company Law 2015, 69.
[651] Vgl. bereits *Fleischer* NJW 2009, 2337 (2342); *Fleischer* NJW 2010, 1504 (1505); Großkomm AktG/Hopt/Roth Rn. 196; *Lutter* ZIP 2009, 197 (199); *Spindler* NZG 2010, 281 (284); abw. OLG Düsseldorf WM 2009, 1655 (1656); *Balthasar/Hamelmann* WM 2010, 589 (592); differenzierend *Empt* KSzW 2010, 107 (112).
[652] Vgl. *Fleischer* NJW 2010, 1504; *Spindler* NZG 2010, 281 (284).
[653] Vgl. *Fleischer* NJW 2010, 1504.
[654] Vgl. *Böttcher* NZG 2009, 1047 (1052); *Fleischer* NZG 2008, 371 (372); Großkomm AktG/Hopt/Roth Rn. 196.
[655] Vgl. Großkomm AktG/Hopt/Roth Rn. 196 *Schäfer/Zeller* BB 2009, 1706 (1710); allgemein aus zivilrechtlicher Sicht BGHZ 139, 43 (46 f.); MüKoBGB/*Wagner* BGB § 823 Rn. 278 und 284 mwN.
[656] Vgl. *Fleischer* NJW 2010, 1504 (1506); zurückhaltend auch *Balthasar/Hamelmann* WM 2010, 589 (590); *Raiser/Veil* KapGesR § 14 Rn. 71.
[657] Vgl. BGHZ 175, 365 Rn. 14; darauf hinweisend im Zusammenhang mit der Finanzmarktkrise *Balthasar/Hamelmann* WM 2010, 589 (590); *Fleischer* NJW 2010, 1504 (1506).
[658] Vgl. *In re Citigroup Inc. Shareholder Derivative Litigation*, 964 A.2d 106 (Del. Ch. 2009); rechtsvergleichend dazu *Fleischer* RIW 2010, 337.

Investition nicht auf die mangelnde Bonität der Underlyings zurückzuführen sei, sondern auf die fehlende Liquidität des Marktes, die zu einem nicht vorhersehbaren Preisverfall geführt habe.[659]

(9) Fehlkalkulationen. Schließlich handelt ein Vorstandsmitglied sorgfaltswidrig, wenn es ein 93a Angebot kaufmännisch fehlerhaft kalkuliert hat[660] oder wenn ihm bei der Zusammenstellung ein interner Kalkulationsirrtum unterlaufen ist und der Lieferpreis dadurch um mehr als 800 000 DM zu niedrig angegeben wurde.[661] Gleiches gilt für eine unrentable (Investitions-)Entscheidung zur Erweiterung einer Niederlassung aufgrund einer fehlerhaft erstellten Ertragsprognose.[662]

c) Überwachungspflicht. aa) Einteilung der Überwachungspflichten. Hinter dem weitge- 94 fassten Oberbegriff der organschaftlichen Überwachungspflichten verbergen sich zwei ganz unterschiedliche Kontrolldimensionen, die sorgsam auseinander zu halten sind.

(1) Vorstandsinterne Selbstüberwachung. Eine erste Dimension ist mit der *horizontalen Über-* 95 *wachungspflicht* bei vorstandsinterner Arbeitsteilung angesprochen. Sie ergibt sich aus dem Grundsatz der Gesamtverantwortung und verlangt von den Vorstandsmitgliedern, den Gang der Geschäfte über ihre jeweiligen Ressortgrenzen hinweg fortlaufend zu beobachten.[663] Zu diesem Zweck steht ihnen ein Informationsanspruch über Angelegenheiten aus anderen Ressorts zu, während sie umgekehrt zur Berichterstattung über ihr eigenes Ressort verpflichtet sind. Äußere Grenzen sind der ressortübergreifenden Überwachungspflicht allerdings durch die Ressortverantwortung des zuständigen Vorstandsmitglieds gezogen, die eine andauernde Einmischung in fremde Aufgabenbereiche verbietet.[664]

(2) Überwachung nachgeordneter Unternehmensangehöriger. Die zweite Dimension 96 betrifft die *vertikale Überwachungspflicht* über die nachgeordneten Unternehmensebenen. Jedes Vorstandsmitglied muss in seinem Verantwortungsbereich für ein gesetzestreues Verhalten seiner Untergebenen sorgen,[665] wie es Ziff. 4.1.3 DCGK unter Festschreibung des Compliance-Konzepts für börsennotierte Aktiengesellschaften ausdrücklich hervorhebt.[666] Für die Ausformung dieser Überwachungspflichten liefert vor allem § 130 OWiG wertvolle Orientierungsmarken, der die Verletzung der Aufsichtspflicht in Betrieben oder Unternehmen zur Ordnungswidrigkeit erhebt und die Organmitglieder über § 9 Abs. 1 OWiG in die Verantwortung als aufsichtspflichtige Personen einbezieht.

bb) Überwachungspflichten bei horizontaler Arbeitsteilung (Weiterverweis). Die Reich- 97 weite der Überwachungspflicht innerhalb des Vorstands wird im Zusammenhang mit der vorstandsinternen Geschäftsverteilung erläutert (→ § 77 Rn. 48 ff.).

cc) Überwachungspflichten bei vertikaler Arbeitsteilung. (1) Vorstandsverantwortung 98 **und Aufgabendelegation. (a) Haftung nur für Eigenverschulden.** Auch für die Verantwortlichkeit bei vertikaler Arbeitsteilung gilt, dass Vorstandsmitglieder gemäß § 93 Abs. 2 nur für eigenes Verschulden haften.[667] Für eine Zurechnung des Fehlverhaltens von Unternehmensangehörigen fehlt eine gesetzliche Grundlage: § 278 BGB scheidet nach allgemeiner Meinung aus, weil die nachgeordneten Mitarbeiter nicht als Erfüllungsgehilfen der Vorstandsmitglieder tätig werden (→ Rn. 35f).[668] Sie handeln vielmehr ausschließlich im Pflichtenkreis der Aktiengesellschaft; die

---

[659] Vgl. LG Düsseldorf BeckRS 2014, 08434 – ApoBank; im Ergebnis auch LG Leipzig BeckRS 2014, 01102 – Sachsen LB unter Berufung auf eine fehlende Kausalität zwischen Pflichtverletzung und eingetretener Krise.

[660] Vgl. BGH NJW-RR 2008, 905 (906); *Drescher*, Die Haftung des GmbH-Geschäftsführers, 7. Aufl. 2013, Rn. 74; s. auch OLG Köln BeckRS 2008, 19925: Abschluss eines Catering Service Agreement, welcher zu massiven Verlusten geführt habe; zurückhaltend aber *Lange*, D&O-Versicherung und Managerhaftung, 2014, § 2 Rn. 120, wonach selbst der Abschluss nicht kostendeckender Verträge nicht ohne Weiteres als pflichtwidrig zu werten sei.

[661] Vgl. BGH WM 1971, 1548; *Drescher*, Die Haftung des GmbH-Geschäftsführers, 7. Aufl. 2013, Rn. 74; *Fleck* GmbHR 1974, 224 f.

[662] Vgl. BGH NZG 2011, 549 (550 f.) (*in casu* ein Sachverständigengutachten anmahnend).

[663] Vgl. BGHZ 133, 370 (376 f.); OLG Hamm AG 2012, 863 (864); *Bürgers/Körber/Bürgers* Rn. 5; Hüffer/ Koch/*Koch* Rn. 42; eingehend *Fleischer* NZG 2003, 449 (452); *Nietsch* ZIP 2013, 1449 (1451 ff.).

[664] Vgl. OLG Frankfurt GmbHR 1992, 608; OLG Hamm GmbHR 1992, 375 (377); OLG Zweibrücken NZG 1999, 506 (508); *Fleischer* NZG 2003, 449 (452); MüKoAktG/*Spindler* § 77 Rn. 55.

[665] Vgl. BGH NZG 2014, 991 Rn. 23; Wachter/*Eckert* Rn. 9; Hölters/*Hölters* Rn. 87; Hüffer/Koch/*Koch* Rn. 8.

[666] Dazu KBLW/*Bachmann/Kremer* DCGK Rn. 811 ff.

[667] AllgM, vgl. BGH NZG 2011, 1271 Rn. 17; NK-AktR/*U. Schmidt* Rn. 108; Großkomm AktG/Hopt/*Roth* Rn. 384; Hüffer/Koch/*Koch* Rn. 46; Kölner Komm AktG/*Mertens/Cahn* Rn. 48; MüKoAktG/*Spindler* Rn. 179.

[668] Vgl. *Fleck* GmbHR 1974, 224 (225); *Fleischer* AG 2003, 291 (292); Grigoleit/*Grigoleit/Tomasic* Rn. 38; Großkomm AktG/Hopt/*Roth* Rn. 384; Hüffer/Koch/*Koch* Rn. 46; für einen namens der Gesellschaft eingeschalteten Rechtsberater auch BGH NZG 2011, 1271 Rn. 17.

Vorstandsmitglieder nehmen mit ihren Weisungen lediglich das der Gesellschaft als Arbeitgeberin zustehende Direktionsrecht wahr.[669] Ebenso wenig kommt eine Inanspruchnahme nach § 831 Abs. 1 BGB in Betracht, weil nicht das Vorstandsmitglied, sondern die Gesellschaft selbst als Geschäftsherr anzusehen ist.[670] Aus dem gleichen Grund pflegt man schließlich eine Haftung unter Übernahmegesichtspunkten abzulehnen.[671] Die organschaftlichen Pflichten des Vorstandsmitglieds bestehen grundsätzlich nur gegenüber der Gesellschaft; seine Organstellung lässt ihn nicht in die Pflichtenstellung des § 831 Abs. 2 BGB einrücken.[672]

99 **(b) Pflichtverletzung wegen unzulässiger Delegation.** Hat ein Vorstandsmitglied Leitungsaufgaben delegiert, zu deren Erfüllung es selbst verpflichtet ist, so führt dies entgegen einer frühen Entscheidung des BGH[673] nicht zur Anwendung des § 278 BGB, sondern ist gegebenenfalls als eigene Pflichtverletzung des Vorstandsmitglieds zu würdigen.[674] Die Trennlinie verläuft hier zwischen den unveräußerlichen Leitungsaufgaben iSd § 76, die der Vorstand nicht aus der Hand geben darf, und den Vorbereitungs- und Ausführungsmaßnahmen, mit denen er auch nachgeordnete Unternehmensebenen betrauen kann, sofern er nur am Schluss wohlerwogen und in eigener Verantwortung entscheidet (→ § 76 Rn. 20).[675] Ähnliche Abgrenzungen ergeben sich bei der Aufgabenübertragung an außenstehende Dritte, namentlich bei Betriebsführungsverträgen und der Auslagerung wesentlicher Hilfsfunktionen (→ § 76 Rn. 60 ff., 70 ff.).[676]

100 **(c) Pflichtengefüge bei statthafter Delegation.** In der großen Mehrzahl der Fälle begegnet eine Aufgabenübertragung an nachgeordnete Mitarbeiter keinen grundsätzlichen Bedenken. Gesicherter Erkenntnis zufolge lässt eine solche Delegation die Geschäftsleiterverantwortung allerdings nicht zur Gänze entfallen, sondern gibt ihr nur einen anderen Inhalt.[677] Eine Orientierungshilfe bieten insoweit die ausdifferenzierten Verhaltensvorgaben für die Übertragung deliktischer Verkehrspflichten, denen zufolge der Delegierende bei der Auswahl *(cura in eligendo)*, Einweisung *(cura in instruendo)* und Überwachung *(cura in custodiendo)* die erforderliche Sorgfalt walten lassen muss.[678]

101 **(2) Entfaltung der Einzelpflichten.** Nach einer Entscheidung des BGH aus dem Jahre 1994 hat ein Geschäftsleiter für die ordnungsgemäße Auswahl, Einweisung, Information und Überwachung von Mitarbeitern einzustehen.[679] Im konkretisierenden Zugriff ergibt sich daraus das Folgende:[680]

102 **(a) Auswahlsorgfalt.** Die Auswahlsorgfalt beschreibt diejenigen Verhaltensmaßstäbe, die ein Vorstandsmitglied bei der erstmaligen Übertragung neuer Aufgaben an Unternehmensangehörige anzuwenden hat. Dazu gehört, dass die betreffenden Mitarbeiter die erforderlichen persönlichen und fachlichen Qualifikationen besitzen, um die ihnen zugewiesenen Aufgaben ordnungsgemäß zu erfüllen.[681] Welcher Befähigung es im Einzelfall bedarf, hängt von der jeweiligen Aufgabenstellung ab und lässt sich kaum abstrakt beschreiben. Verallgemeinernd kann man allenfalls formulieren, dass bei der Übertragung komplexer Aufgaben, die mit hoher Verantwortung oder gar unternehmensgefährdenden Risiken einhergehen, strengere Sorgfaltsanforderungen gelten. Ein Beispiel bildet die Besetzung der mit dem Derivategeschäft betrauten Mitarbeiterstellen.[682] Darüber hinaus sind bei

---

[669] Vgl. Großkomm AktG/*Hopt/Roth* Rn. 384; Kölner Komm AktG/*Mertens/Cahn* Rn. 48.
[670] Vgl. BGHZ 125, 366 (375); OLG Schleswig NZG 2012, 104 (106); Großkomm AktG/*Hopt/Roth* Rn. 384; MüKoAktG/*Spindler* Rn. 179; ferner Baumbach/Hueck/*Zöllner/Noack* GmbHG § 43 Rn. 87, wonach diese Auslegung „nicht völlig vernünftig, aber vernünftig" sei.
[671] Vgl. bereits BGH NJW 1974, 1371 (1372); Kölner Komm AktG/*Mertens/Cahn* Rn. 48.
[672] So die Begründung in BGHZ 109, 297 (304); 125, 366 (375); ferner OLG Schleswig NZG 2012, 104; Großkomm AktG/*Hopt/Roth* Rn. 386.
[673] Vgl. BGHZ 13, 61, 66; ähnlich *Fleck* GmbHR 1974, 224 (225).
[674] Heute hM, vgl. NK-AktG/*U. Schmidt* Rn. 108; Großkomm AktG/*Hopt/Roth* Rn. 161; Hüffer/Koch/*Koch* Rn. 46; Kölner Komm AktG/*Mertens/Cahn* Rn. 48.
[675] Vgl. *Fleischer* ZIP 2003, 1 (6); *Henze* BB 2000, 2009 (2010); MHdB AG/*Wiesner* § 19 Rn. 17.
[676] Eingehend *Fleischer* ZIP 2003, 1 (9 ff.).
[677] Vgl. Großkomm AktG/*Hopt/Roth* Rn. 161; Kölner Komm AktG/*Mertens/Cahn* Rn. 84; MüKoAktG/*Spindler* Rn. 179; Hölters/*Hölters* Rn. 80.
[678] Vgl. Staudinger/*Hager* BGB § 823 Rn. E 59 ff.; hieran für das Aktienrecht anknüpfend *Fleischer* AG 2003, 291 (293); Grigoleit/*Grigoleit/Tomasic* Rn. 38; Großkomm AktG/*Hopt/Roth* Rn. 162; Wachter/*Eckert* Rn. 9; *Vetter* in Krieger/Schneider Managerhaftung-HdB § 22 Rn. 74.
[679] Vgl. BGHZ 127, 336 (347).
[680] Näher *Fleischer* AG 2003, 291 (293 ff.); zustimmend *Turiaux/Knigge* DB 2004, 2199 (2205).
[681] Vgl. BGHZ 127, 336 (347); Großkomm AktG/*Hopt/Roth* Rn. 162; *Schmidt-Husson* in Hauschka/Moosmayer/Lösler Corporate Compliance § 6 Rn. 29.
[682] Vertiefend *v. Randow* ZGR 1996, 594.

der Einstellung tätigkeitsspezifische Informationen einzuholen, zB in Bezug auf Vermögensstraftaten eines Bankangestellten oder Buchhalters.

(b) Einweisungssorgfalt. Von der Auswahlsorgfalt im engeren Sinne lässt sich die Einweisungs- oder Übertragungssorgfalt scheiden.[683] Sie verpflichtet den Geschäftsleiter, die betreffenden Mitarbeiter in ihren Verantwortungsbereich einzuweisen und ihnen die übertragenen Aufgaben zu erläutern. Die Mitarbeiter müssen auch wissen, an wen sie berichten sollen. Außerdem sind ihnen die unternehmensinternen Regeln der Aufbau- und Ablauforganisation bekannt zu geben.[684] Ferner kann es erforderlich sein, sie auf besondere Gefahrenmomente ausdrücklich hinzuweisen oder vor typischen Rechtsverletzungen zu warnen.[685] Ein Beispiel bildet die Pflicht, die Mitarbeiter der Vertriebsabteilung eindringlich über das kartellrechtliche Verbot von Preis-, Mengen- und Gebietsabsprachen zu belehren.[686] Schließlich kann sich die Notwendigkeit einer Unterweisung im Zeitablauf erneut stellen, zB bei Rechtsänderungen oder der Einführung neuer Produktionstechniken. In einem dynamischen Unternehmensumfeld wandelt sich die Einweisungspflicht zu einer ständigen Schulungs- und Fortbildungspflicht.[687]

(c) Überwachungssorgfalt. Vervollständigt wird die Trias der Einzelsorgfalten durch die Pflicht, für eine laufende Überwachung zu sorgen und sicherzustellen, dass die Unternehmensangehörigen den ihnen übertragenen Aufgaben ordnungsgemäß nachkommen.[688] Welche Überwachungs- und Aufsichtsmaßnahmen ein Vorstandsmitglied von Rechts wegen zu ergreifen hat, erläutert das Gesetz nicht. Auch in Rechtsprechung und Schrifttum bewendet es häufig bei der knappen Bemerkung, das Ausmaß der Überwachungspflichten hänge von den Umständen des Einzelfalls ab.[689]

(aa) Allgemeine Annäherung. Aus einer gewissen Abstraktionshöhe lassen sich unternehmens-, aufgaben- und personenbezogene Parameter benennen.[690] In erster Linie hat sich die Überwachungsintensität an der Art, Größe und Organisation des *Unternehmens* sowie der Vielzahl der von ihm zu beachtenden Vorschriften auszurichten.[691] Weitere Hinweise ergeben sich aus der Bedeutung der übertragenen *Aufgabe*, die dem delegierenden Vorstandsmitglied gegebenenfalls eine gesteigerte Überwachungspflicht abverlangt.[692] Dazu kommen Umstände in der *Person* des jeweiligen Mitarbeiters: Je kürzer er die ihm übertragene Aufgabe wahrnimmt, desto sorgfältiger wird die Aufsicht ausfallen müssen; umgekehrt sinken die Anforderungen an die Überwachung bei einer langjährigen vertrauensvollen Zusammenarbeit.[693] Außerdem bestehen Wechselwirkungen zwischen sorgfältiger Auswahl, Einweisung und Überwachung: Je qualifizierter der mit der Aufgabe Betraute ist, desto weniger bedarf er der Instruktion und Aufsicht; umgekehrt muss umso mehr Aufmerksamkeit auf Einweisung und Überwachung verwendet werden, je oberflächlicher die Auswahl erfolgte.[694]

(bb) Fallgruppenspezifische Auffächerung. Über diese allgemeinen Erwägungen hinaus lassen sich aus der Spruchpraxis weitere Anhaltspunkte für eine fallgruppenspezifische Auffächerung und Ausdifferenzierung der Überwachungspflicht gewinnen. Besondere Beachtung verdienen neben einschlägigen gesellschaftsrechtlichen Entscheidungen namentlich die Urteilsreihen zu § 130 OWiG, der die Verletzung der Aufsichtspflicht in Betrieben und Unternehmen zur Ordnungswidrigkeit

---

[683] Vgl. BGHZ 127, 336 (347); 134 (304, 313); KG NZG 1999, 400; *Fleischer* in Fleischer VorstandsR-HdB § 8 Rn. 31; Großkomm AktG/*Hopt/Roth* Rn. 162; *Schmidt-Husson* in Hauschka/Moosmayer/Lösler Corporate Compliance § 6 Rn. 31.
[684] Vgl. *Fleischer* in Fleischer VorstandsR-HdB § 8 Rn. 31.
[685] Vgl. *Froesch* DB 2009, 722, 725; *Schneider* FS 100 Jahre GmbH-Gesetz, 1992, 473 (486).
[686] Vgl. KG WuW/E OLG 2330, 2332 – Revisionsabteilung, wonach es in der Regel einer konkreten, gegebenenfalls auch schriftlichen Belehrung bedarf, bei der beispielhaft die typischen Fälle unzulässiger Kartellabsprachen aufgeführt werden sollen; *Dreher* ZWeR 2004, 76 (96 ff.).
[687] Näher *Schneider* FS 100 Jahre GmbH-Gesetz, 1992, 473 (486); zustimmend *Froesch* DB 2009, 722 (725); Großkomm AktG/*Hopt/Roth* Rn. 162.
[688] Vgl. BGHZ 127, 336 (347); KG NZG 1999, 400; Bürgers/Körber/*Bürgers* Rn. 5; *Fleischer* in Fleischer VorstandsR-HdB § 8 Rn. 32; NK-AktR/*U. Schmidt* Rn. 29; Großkomm AktG/*Hopt/Roth* Rn. 162; *Schmidt-Husson* in Hauschka/Moosmayer/Lösler Corporate Compliance § 6 Rn. 32.
[689] Vgl. BGH WuW/E BGH 2202, 2203 – Brückenbau Hopener Mühlenbach. Von einer Leerformel spricht auch *Druey* FS Koppensteiner, 2001, 3 (8): „Was heißt ‚custodiendo'? Wieviel Misstrauen muss, bzw Vertrauen darf, der Vorgesetzte haben?".
[690] Dazu *Fleischer* AG 2003, 291 (293 f.).
[691] Vgl. Göhler/*Gürtler* OWiG § 130 Rn. 10 mit zahlreichen Belegen aus der Rechtsprechung.
[692] Vgl. *Druey* FS Koppensteiner, 2001, 3 (9).
[693] Vgl. *Fleischer* in Fleischer VorstandsR-HdB § 8 Rn. 33.
[694] Vgl. *Fleischer* AG 2003, 291 (294 f.).

erhebt⁶⁹⁵ und über § 9 OWiG die Organmitglieder in die Verantwortung als aufsichtspflichtige Personen einbezieht.⁶⁹⁶ Zwar bildet diese Vorschrift nach hM kein Schutzgesetz iSd § 823 Abs. 2 BGB⁶⁹⁷ und vermag demzufolge auch keine Außenhaftung der Vorstandsmitglieder zu begründen. Im Innenverhältnis sollte allerdings an einem weitreichenden Gleichlauf der Verhaltenspflichten kein Zweifel bestehen: Die ordentliche Erfüllung der ihnen nach § 130 OWiG obliegenden Aufsichtspflichten schulden die Vorstandsmitglieder grundsätzlich auch der Gesellschaft (→ Rn. 24),⁶⁹⁸ so dass diese bei ihnen wegen verhängter Bußgelder nach § 93 Abs. 2 Rückgriff nehmen kann (näher → Rn. 213b).⁶⁹⁹ Aus der reichhaltigen Kasuistik lassen sich fünf übergreifende Begründungsmuster herauspräparieren:

107 (α) **Einschreiten bei Verdachtsmomenten.** Einvernehmen besteht zunächst darüber, dass Vorstandsmitglieder Hinweisen auf Gesetzesverletzungen oder Unregelmäßigkeiten von Unternehmensangehörigen unverzüglich nachgehen müssen.⁷⁰⁰ Die pflichtgemäße Neugier beginnt also spätestens dort, wo greifbare Anhaltspunkte für Zuwiderhandlungen vorliegen. Fallanschauung vermitteln Unterschlagungssachverhalte, bei denen der Vorstand gehalten ist, eine umfassende und gründliche Überprüfung durchzuführen und Vorkehrungen gegen weitere Gesetzesverstöße zu treffen.⁷⁰¹ Ähnlich liegt es, wenn bei der Erledigung von Steuerangelegenheiten Indizien auf ein Fehlverhalten von Angestellten hindeuten.⁷⁰²

108 (β) **Organisationspflichten.** Weiterhin müssen die Vorstandsmitglieder geeignete organisatorische Vorkehrungen treffen, um Pflichtverletzungen von Unternehmensangehörigen hintanzuhalten. Dazu gehören allgemeine Organisationsanforderungen sowie eine genaue Festlegung der Verantwortlichkeiten unter den Mitarbeitern.⁷⁰³ So stellt es beispielsweise eine Pflichtverletzung dar, wenn durch eine unsachgemäße Organisation des Bürobetriebs Veruntreuungen eines Buchhalters erleichtert werden.⁷⁰⁴

109 (γ) **Laufende Kontrolle.** Zur Überwachungspflicht gehört außerdem eine hinreichende Kontrolle, die nicht erst dann einsetzen darf, wenn Missstände entdeckt worden sind.⁷⁰⁵ Ihre Intensität darf sich je nach Gefahrgeneigtheit der Arbeit und Gewicht der zu beachtenden Vorschriften nicht in gelegentlichen Überprüfungen erschöpfen.⁷⁰⁶ Über diese allgemeine Kontrolle hinaus müssen die Vorstandsmitglieder die Aufsicht so führen, dass Unregelmäßigkeiten auch ohne ständige unmittelbare Überwachung grundsätzlich unterbleiben. Einzelheiten sind vor allem in einer umfangreichen Kasuistik zur Verletzung der Aufsichtspflicht bei Kartellverstößen herausgearbeitet worden.⁷⁰⁷ Danach sind stichprobenartige, überraschende Prüfungen erforderlich und regelmäßig auch ausreichend, sofern sie den Unternehmensangehörigen vor Augen halten, dass Verstöße entdeckt und geahndet werden können.⁷⁰⁸ Ist allerdings abzusehen, dass stichprobenartige Kontrollen nicht ausreichen, um die genannte Wirkung zu erzielen, so bedarf es anderer geeigneter Aufsichtsmaßnahmen. In solchen Fällen kann es geboten sein, überraschend umfassendere Geschäftsprüfungen durchzuführen.⁷⁰⁹ Eine

---

⁶⁹⁵ Für eine umfassende Sichtung und Systematisierung des Fallmaterials KK-OWiG/*Rogall* § 130 Rn. 35 ff.; bündiger Göhler/*Gürtler* OWiG § 130 Rn. 9 ff.
⁶⁹⁶ Näher *Többens* NStZ 1999, 1 (2 ff.).
⁶⁹⁷ Vgl. BGHZ 125, 366 (371 ff.); dazu *K. Schmidt* ZIP 1994, 837; anders die Mehrheitsauffassung im Strafrecht, vgl. KK-OWiG/*Rogall* § 130 Rn. 4, 15 ff.
⁶⁹⁸ Sehr klar Kölner Komm AktG/*Mertens*/*Cahn* Rn. 77; ebenso NK-AktR/*U. Schmidt* Rn. 16.
⁶⁹⁹ Eingehend *Fleischer* DB 2014, 345 ff.; ferner *Glöckner*/*Müller-Tautphaeus* AG 2001, 344 (Kartellrechtsverstöße); *Horn* ZIP 1997, 1129 (1131 f.) (Verstoß gegen versicherungsaufsichtsrechtliche Bestimmungen).
⁷⁰⁰ Vgl. BGH GmbHR 1985, 143 (144); *Fleischer* in Fleischer VorstandsR-HdB § 8 Rn. 35; Göhler/*Gürtler* OWiG § 130 Rn. 11; Großkomm AktG/*Hopt*/*Roth* Rn. 164; KK-OWiG/*Rogall* § 130 Rn. 40.
⁷⁰¹ Vgl. OLG Koblenz ZIP 1991, 870: Widerruf einer Bankvollmacht bei unberechtigten Entnahmen eines Angestellten.
⁷⁰² Vgl. BGH GmbHR 1985, 143 (144).
⁷⁰³ Vgl. *Fleischer* in Fleischer VorstandsR-HdB § 8 Rn. 36; NK-AktR/*U. Schmidt* Rn. 17; KK-OWiG/*Rogall* § 130 Rn. 53.
⁷⁰⁴ Vgl. OLG Bremen GmbHR 1964, 8 (9 f.): Vereinigung der Buchführung konzernverbundener Unternehmen in einer Hand.
⁷⁰⁵ Vgl. OLG Stuttgart NJW 1977, 1410; *Fleischer* in Fleischer VorstandsR-HdB § 8 Rn. 37; Göhler/*Gürtler* OWiG § 130 Rn. 12.
⁷⁰⁶ Vgl. BGHSt 9, 319 (323); Göhler/*Gürtler* OWiG § 130 Rn. 12; KK-OWiG/*Rogall* § 130 Rn. 41.
⁷⁰⁷ Eingehend Immenga/Mestmäcker/*Dannecker*/*Biermann* GWB Vor § 81 Rn. 128; aus der älteren Literatur *Leube* wistra 1987, 41; *Tessin* BB 1987, 984; aus jüngerer Zeit *Fleischer* BB 2008, 1070 (1071 f.); *Wirtz* WuW 2001, 342; *Dreher* ZWeR 2004, 75.
⁷⁰⁸ Vgl. BGH WuW/E BGH 1799 – Revisionsabteilung; WuW/E BGH 2202, 2203 – Brückenbau Hopener Mühlenbach.
⁷⁰⁹ Vgl. BGH WuW/E BGH 2202, 2203 – Brückenbau Hopener Mühlenbach.

äußere Grenze finden alle Aufsichtsmaßnahmen an ihrer objektiven Zumutbarkeit.[710] Dazu gehören nach Auffassung des BGH auch die Beachtung der Würde der Unternehmensangehörigen und die Wahrung des Betriebsklimas, die überzogenen, von zu starkem Misstrauen geprägten Aufsichtsmaßnahmen entgegenstünden.[711] Das gelte vor allem für Maßnahmen, die ausdrücklich oder erkennbar mit der nicht durch Tatsachen belegten Befürchtung begründet werden, die Arbeitnehmer könnten vorsätzliche Gesetzesverstöße begehen. Weitere Zumutbarkeitsschranken ergeben sich nach gefestigter Spruchpraxis aus der Eigenverantwortlichkeit der Unternehmensangehörigen[712] und dem bei Arbeitsteilung geltenden Vertrauensgrundsatz.[713] Infolgedessen wird den Vorstandsmitgliedern nicht abverlangt, ein nahezu flächendeckendes Kontrollnetz aufzubauen.[714]

(δ) **Gesteigerte Überwachungspflicht.** Intensivere Aufsichtsmaßnahmen erweisen sich einmal als 110 notwendig, wenn in einem Unternehmen in der Vergangenheit bereits Unregelmäßigkeiten vorgekommen sind.[715] Zum anderen fordert die Rechtsprechung eine Pflichtenintensivierung in finanziellen Krisensituationen, in denen die laufende Erfüllung der Gesellschaftsverbindlichkeiten nicht mehr gewährleistet erscheint.[716] Besondere Strenge legt sie bei der Abführung von Arbeitnehmerbeiträgen zur Sozialversicherung an den Tag. Hier darf sich der Geschäftsleiter nicht mehr auf eine pünktliche Abführung der Beiträge durch einen Prokuristen verlassen, sondern muss selbst aktiv werden.[717]

(ε) **Mehrstufige Überwachungspflichten.** Die erforderlichen Überwachungsmaßnahmen können 111 je nach Größe und Organisationsform des Unternehmens auf mehreren Ebenen zu treffen sein. Es ergeben sich dann auf den einzelnen Ebenen inhaltlich unterschiedliche Leitungs-, Organisations- und Kontrollpflichten.[718] Vergleichbare Abstufungen sind aus dem Deliktsrecht bekannt[719] und werden dort unter dem Stichwort des dezentralen Entlastungsbeweises abgehandelt.[720] Auch § 130 Abs. 1 S. 2 OWiG trägt solchen Sachverhalten Rechnung, indem er die Bestellung von Aufsichtspersonen unterhalb der Leitungsebene gestattet, aber ihre sorgfältige Auswahl und Überwachung verlangt.[721] Die „Oberaufsicht" verbleibt in allen Fällen beim Vorstand.[722] Sie beinhaltet insbesondere die Organisations- und Systemverantwortung für die unternehmensinternen Delegationsprozesse.

dd) **Compliance-Pflicht (Weiterverweis).** Aus der allgemeinen Überwachungspflicht der Vor- 112 standsmitglieder hat sich in jüngerer Zeit eine besondere Pflicht herausgebildet, Gesetzesverstöße von Unternehmensangehörigen schon im Vorfeld durch geeignete und zumutbare Schutzvorkehrungen zu verhindern. Sie wird als Compliance-Pflicht bezeichnet und im Zusammenhang mit dem Risikofrüherkennungssystem erläutert (→ § 91 Rn. 47 ff.).

3. Treuepflicht. a) Treuepflicht im engeren Sinne. aa) Grundlagen. (1) Überblick. Die 113 Treuepflicht der Vorstandsmitglieder bildet eine der beiden großen Abteilungen des aktienrechtlichen Verantwortlichkeitsrechts. Anders als ihr Seitenstück, die organschaftliche Sorgfaltspflicht, wird sie in § 93 Abs. 1 S. 1 zwar nicht ausdrücklich angesprochen, doch steht ihre grundsätzliche Anerkennung heute außer Zweifel.[723] Als gesetzliche Einzelausprägungen gelten das Wettbewerbsverbot (§ 88 Abs. 1) und

---

[710] Näher *Dreher* ZWeR 2004, 75 (94 f.); Göhler/*Gürtler* OWiG § 130 Rn. 12 („überspannte Anforderungen dürfen nicht gestellt werden"); KK-OWiG/*Rogall* § 130 Rn. 38 und 49.
[711] Vgl. BGH WuW/E BGH 2262, 2264 – Aktenvermerke; plastisch KK-OWiG/*Rogall* § 130 Rn. 49: „Jede unverhältnismäßige Schnüffelei hat zu unterbleiben; sie stellt keine ‚gehörige' Aufsicht dar".
[712] Vgl. BGH WuW/E BGH 2262, 2264 – Aktenvermerke.
[713] Dazu KK-OWiG/*Rogall* § 130 Rn. 40 und 49; aus aktienrechtlicher Sicht auch GroßkommAktG/*Hopt*/*Roth* Rn. 163; MüKoAktG/*Spindler* Rn. 153.
[714] Vgl. KK-OWiG/*Rogall* § 130 Rn. 40.
[715] Vgl. *Fleischer* in Fleischer VorstandsR-HdB § 8 Rn. 38; Göhler/*Gürtler* OWiG § 130 Rn. 13; KK-OWiG/ *Rogall* § 130 Rn. 41.
[716] Dazu *Goette* GmbH § 7 Rn. 132; Großkomm AktG/*Hopt*/*Roth* Rn. 164 und 381.
[717] Vgl. BGHZ 133, 370 (379).
[718] Vgl. *Schmidt-Husson* in Hauschka/Moosmayer/Lösler Corporate Compliance § 6 Rn. 36.
[719] Darauf verweisend *Fleischer* AG 2003, 291 (295); *Schmidt-Husson* in Hauschka/Moosmayer/Lösler Corporate Compliance § 6 Rn. 38.
[720] Grundlegend RGZ 78, 107 (108 f.); BGHZ 4, 1 (2); umfassende Bestandsaufnahme bei *Spindler*, Unternehmensorganisationspflichten, 2001, 689 ff.
[721] Näher dazu KK-OWiG/*Rogall* § 130 Rn. 66 ff.
[722] Vgl. *Fleischer* AG 2003, 291 (295); *Hegnon* CCZ 2009, 57 (59).
[723] Vgl. BGHZ 13, 188 (192); 20, 239 (246); BGHSt 50, 331 (339); Bürgers/Körber/*Bürgers* Rn. 6; Wachter/ *Eckert* Rn. 25; *Fleischer* WM 2003, 1045; Grigoleit/*Grigoleit*/*Tomasic* Rn. 44; Hölters/*Hölters* Rn. 114; Großkomm AktG/*Hopt*/*Roth* Rn. 224; Hüffer/Koch/*Koch* Rn. 28; NK-AktR/*U. Schmidt* Rn. 30; Kölner Komm AktG/ *Mertens*/*Cahn* Rn. 95; *Möllers* in Hommelhoff/Hopt/v. Werder Corporate Governance-HdB 423 (426 ff.); MüKo-AktG/*Spindler* Rn. 108; *Thümmel*, Persönliche Haftung von Managern und Aufsichtsräten, 5. Aufl. 2016, Rn. 210; MHdB AG/*Wiesner* § 25 Rn. 11; Henssler/Strohn/*Dauner-Lieb* Rn. 8.

die Verschwiegenheitspflicht (§ 93 Abs. 1 S. 3). Der Deutsche Corporate Governance Kodex hebt in den Ziff. 4.3.1–4.3.5 weitere Anwendungsfälle der Treuepflicht hervor.[724] Dennoch bleibt die Gesamtregelung eher bruchstückhaft,[725] so dass man im internationalen Vergleich nicht umhin kommt, dem hiesigen Recht Entwicklungsdefizite bei der Ausarbeitung der organschaftlichen Treuepflicht zu bescheinigen.[726] *De lege ferenda* empfiehlt es sich, die Treuepflicht in § 93 Abs. 1 S. 1 zu positivieren (näher → Rn. 9c).[727]

114 **(2) Rechtsdogmatische Einordnung. (a) Inhalt.** Nach einer verbreiteten Formel in Rechtsprechung und Rechtslehre werden die Vorstandsmitglieder als Treuhänder zugunsten aller Aktionäre tätig.[728] Andere sprechen abschwächend von einer treuhänderähnlichen Position[729] oder einer Treuhänderstellung im weiteren Sinne.[730] Die terminologischen Unterschiede sind der Unsicherheit über den Einzugsbereich der Treuhand geschuldet, die das Bürgerliche Gesetzbuch bekanntlich nicht als allgemeines Rechtsinstitut ausgeformt hat.[731] In der Sache herrscht über das Pflichtenprogramm weithin Einvernehmen: Die Vorstandsmitglieder dürfen in allen Angelegenheiten, die das Interesse der Aktiengesellschaft berühren, allein deren Wohl und Wehe und nicht ihren eigenen Nutzen oder den Vorteil anderer im Auge haben.[732] Ziff. 4.3.3 DCGK formuliert das für börsennotierte Aktiengesellschaften dahin, dass die Vorstandsmitglieder dem Unternehmensinteresse verpflichtet sind und kein Organmitglied bei seinen Entscheidungen persönliche Interessen verfolgen und Geschäftschancen, die dem Unternehmen zustehen, für sich nutzen darf.[733]

115 Die Treuepflicht der Vorstandsmitglieder fällt nach allgemeiner Auffassung um einige Pegelstriche strenger aus als die üblicherweise aus Treu und Glauben abgeleiteten Nebenpflichten im rechtsgeschäftlichen Verkehr (§ 241 Abs. 2 BGB).[734] Sie ist allerdings nicht auf das Leitbild eines erhaltenden und bestandswahrenden Treuhänders hingeordnet, sondern auf das eines dynamischen und unternehmerischen Verwalters, der das Vermögen der Aktiengesellschaft zur werbenden Geschäftstätigkeit einsetzt.[735] Von Belang ist das freilich eher für die Sorgfaltspflicht: Der weite unternehmerische Ermessensspielraum, über den der Vorstand dort verfügt,[736] steht ihm bei der Erfüllung organschaftlicher Treuepflichten nicht zu.[737]

---

[724] Dazu KBLW/*Bachmann* DCGK Rn. 1070 ff.

[725] Vgl. *Wiedemann*, Organverantwortung und Gesellschafterklagen in der AG, 1989, 12.

[726] Vgl. *Hopt* FS Mestmäcker, 1996, 909 (921); für einen ähnlichen Befund bereits *Mestmäcker*, Verwaltung, Konzerngewalt und Rechte der Aktionäre, 1958, 209 f.; rechtsvergleichend *Fleischer* in Ferrarini et al., Reforming Company and Takeover Law in Europe, 2004, 373 ff.

[727] Vgl. *Fleischer* DB 2014, 1971 f.; *Torwegge*, Treue- und Sorgfaltspflichten im englischen und deutschen Gesellschaftsrecht, 2009, 266 f.; zustimmend *J. Schmidt* ZGR 2017, 654 (670); zögernd *Reichert* ZGR 2017, 671 (700).

[728] Vgl. BGHZ 129, 30 (34) („selbstständige treuhänderische Wahrnehmung fremder Vermögensinteressen"); BGH NJW 2004, 1860 (1863); s. auch BGHSt 50, 331 (339); Bürgers/Körber/*Bürgers* Rn. 3; Großkomm AktG/*Hopt/Roth* Rn. 224; Kübler/Assmann GesR § 15 III 5a S. 208; NK-AktR/*U. Schmidt* Rn. 30; Kölner Komm AktG/*Mertens/Cahn* Rn. 95; Grigoleit/*Grigoleit/Tomasic* Rn. 44; Raiser/Veil KapGesR § 14 Rn. 91; *Thümmel*, Persönliche Haftung von Managern und Aufsichtsräten, 4. Aufl. 2008, Rn. 210; *Wiedemann* GesR I § 6 IV 1b S. 344; ausführlich *G. H. Roth*, Das Treuhandmodell des deutschen Investmentrechts, 1972, 232 ff., 259 ff.; sowie *Grundmann*, Der Treuhandvertrag, 1997, 26 ff., 421 ff.; kritisch *Dubovitskaya* NZG 2015, 983.

[729] Vgl. OLG Hamm AG 1995, 512 (514); *Wiedemann* GesR II § 3 II 3 a aa S. 193; MHdB AG/*Wiesner* § 25 Rn. 2; wohl auch MüKoAktG/*Spindler* Rn. 108.

[730] Vgl. *Siebert*, Das rechtsgeschäftliche Treuhandverhältnis, 1933, 320 f. unter Hinweis darauf, dass der Gesellschaftstreuhänder nicht im eigenen Namen handele.

[731] Dazu *Asmus*, Dogmengeschichtliche Grundlagen der Treuhand, 1977, 281; *Coing*, Die Treuhand kraft privaten Rechtsgeschäfts, 1973, 13; aus der Lehrbuchliteratur *Larenz/Wolf* AT BGB § 46 Rn. 28 ff. Für eine Einbeziehung der von ihm sog. Gesamtverträge in das Treuhandrecht *Grundmann*, Der Treuhandvertrag, 1997, 127 ff., 130 ff.

[732] Vgl. BGH NZG 2017, 627 Rn. 20; BGH WM 1967, 679; WM 1977, 361 (362); WM 1983, 498 (499); WM 1989, 1335 (1339); BGHSt 54, 331 (339); Bürgers/Körber/*Bürgers* Rn. 6; *Fleischer* in Fleischer VorstandsR-HdB § 9 Rn. 2; Großkomm AktG/*Hopt/Roth* Rn. 227; *K. Schmidt/Lutter/Krieger/Sailer-Coceani* Rn. 16; NK-AktR/*U. Schmidt* Rn. 34; *Möllers* in Hommelhoff/Hopt/v. Werder Corporate Governance-HdB 423 (431); *Thümmel*, Persönliche Haftung von Managern und Aufsichtsräten, 5. Aufl. 2016, Rn. 210.

[733] Dazu KBLW/*Bachmann* DCGK Rn. 1095 ff.

[734] Vgl. OLG Frankfurt AG 2011, 462 (463); Wachter/*Eckert* Rn. 25; *Fleischer* WM 2003, 1045; Großkomm AktG/*Hopt/Roth* Rn. 227; Hüffer/Koch/*Koch* Rn. 28; Kübler/Assmann GesR § 15 III 5a S. 208; Kölner Komm AktG/*Mertens/Cahn* Rn. 995; begriffliche Kritik an dieser Redeweise bei *Möllers* in Hommelhoff/Hopt/v. Werder Corporate Governance-HdB 423 (428).

[735] Näher zur Unterscheidung zwischen haltender und werbender Treuhand *Grundmann*, Der Treuhandvertrag, 1997, 23 ff. (35 ff., 40 ff.).

[736] Vgl. BGHZ 135, 244 (253).

[737] Vgl. *Fleischer* FS Wiedemann, 2002, 827 (843 f.); *Goette* FS 50 Jahre BGH, 2000, 123 (130); *Hopt* ZGR 2004, 1 (9); *Wiedemann* GesR II § 3 II 3 a aa S. 193.

(b) Geltungsgrund. Hinsichtlich der sachlichen Seinsberechtigung der Treubindung haben sich in 116 den vergangenen Jahrzehnten zwei Begründungsmuster abgelöst. Die ältere Spruchpraxis stellte maßgeblich auf das Vertrauensmoment ab: Die Stellung des Vorstands, so liest man in einer Leitentscheidung des BGH aus dem Jahre 1954, sei auf Vertrauen gegründet, und seine Machtbefugnisse fänden nur in dem ihm entgegengebrachten Vertrauen ihre Berechtigung.[738] Demgegenüber rückt die neuere Lehre den Gesichtspunkt der Einwirkungsmacht in den Vordergrund.[739] Sie versteht die strengen fiduziarischen Pflichten als ein Korrelat der weitreichenden Befugnisse und Einwirkungsmöglichkeiten eines Vorstandsmitglieds.[740] Ihm ist der Umgang mit fremden Vermögenswerten und sämtlichen Unternehmensinteressen anvertraut,[741] der zum Schutze der Aktionäre nach rechtlicher Bindung und tatsächlicher Kontrolle verlangt.[742]

Dogmatisch wurzelt die Treuepflicht im Verhältnis zwischen Vorstandsmitglied und Aktiengesellschaft. 117 Sie wird durch die organschaftliche Stellung begründet[743] und lässt sich daher bündig als Pflicht zur „Amtstreue"[744] bezeichnen. Das begleitende Anstellungsverhältnis des Vorstandsmitglieds erzeugt in der Regel kongruente Treubindungen, vermag die organschaftliche Treuepflicht aber auch in bestimmtem Maße zu modifizieren.[745] Für einen fehlerhaften oder gänzlich fehlenden Bestellungsakt gelten die allgemeinen Regeln (näher → Rn. 181 ff.).[746]

(c) Wirkungsrichtung. Nach ganz hM gelten die organschaftlichen Treubindungen nur gegen- 118 über der Gesellschaft, nicht aber im Verhältnis zwischen Vorstandsmitglied und Anteilseignern.[747] Dementsprechend hat der BGH eine auf § 666 BGB gestützte Rechenschaftspflicht der Vorstandsmitglieder gegenüber den Aktionären verworfen, weil der Vorstand nicht im Interesse einzelner Aktionäre tätig werde.[748] In der Literatur pflegt man zur Begründung auf die innerverbandliche Haftungsordnung des Aktienrechts zu verweisen, die in § 93 Abs. 2 auf die Gesellschaft hingeordnet sei.[749] Weiterhin ist zu bedenken, dass eine Vervielfältigung der Organwalterpflichten zu Pflichtenkollisionen und einer Erweiterung der Einzelklagebefugnisse führen kann, deren Einführung in das sorgsam ausbalancierte Binnenrecht der Aktiengesellschaft wohl überdacht sein will. Endlich lässt sich anführen, dass verstreute Einzelvorschriften wie § 117, die ausnahmsweise eine unmittelbare Außenhaftung gegenüber den Aktionären vorsehen, kaum im Wege einer Gesamtanalogie zu einer mitgliederbezogenen Treuepflicht verbreitert werden können.[750]

Grundsätzliche Kritik gegenüber diesem Dogma hat sich an Fällen des Management Buyout entzün- 119 det, in denen Vorstandsmitglieder ihr überlegenes Wissen zu einem für sie vorteilhaften Vertragsschluss ausnutzen. Zur Bewältigung dieses Informationsgefälles verlangen manche die Anerkennung einer mitgliederbezogenen Treuepflicht der Vorstandsmitglieder[751] und verweisen zusätzlich auf die von der Rechtsökonomie ausgearbeitete *nexus-of-contracts*-Theorie, wonach die juristische Person aus einem Netz expliziter und impliziter Verträge zwischen Managern, Angestellten und Kapitalgebern besteht.[752] Andere wollen mit der Figur der vormitgliedschaftlichen Treubindung helfen.[753] Überzeugender ist es

---

[738] Vgl. BGHZ 13, 188 (192 f.); s. auch BGHZ 20, 239 (246); beide wohl unter dem Eindruck der Schriften von *A. Hueck* FS Hübner, 1935, 72 (80); *A. Hueck,* Der Treugedanke im modernen Privatrecht, 1947, 12 ff.
[739] Grundlegend *Zöllner,* Die Schranken mitgliedschaftlicher Stimmrechtsmacht bei den privatrechtlichen Personenverbänden, 1963, 342 f.; angedeutet schon bei *Mestmäcker,* Verwaltung, Konzerngewalt und Rechte der Aktionäre, 1958, 214.
[740] Vgl. *Fleischer* WM 2003, 1045 (1046); *Hopt* ZGR 2004, 1 (18 ff.); *Möllers* in Hommelhoff/Hopt/v. Werder Corporate Governance-HdB 423 (427); MHdB AG/*Wiesner* § 25 Rn. 11. Kritisch *Grundmann,* Der Treuhandvertrag, 1997, 140 ff., 193 ff., der den Rechtsgrund für die am Treugeberinteresse ausgerichtete Interessenwahrungspflicht in der gegenleistungsfreien Übertragung des Treuguts sieht.
[741] Vgl. BGHZ 159, 30 (41).
[742] Vgl. *Fleischer* WM 2003, 1045 (1046).
[743] Vgl. *Fleischer* WM 2003, 1045 (1046); *Wiedemann* FS Heinsius, 1991, 949 (951); s. auch BGHZ 15, 71 (78).
[744] *Wiedemann* FS Heinsius, 1991, 949 (951); s. auch *Mestmäcker,* Verwaltung, Konzerngewalt und Rechte der Aktionäre, 1958, 214 f.: „Zur Treue verpflichtet ist jeder, der Organfunktionen ausübt."
[745] Vgl. *Fleischer* WM 2003, 1045 (1046); für die GmbH Baumbach/Hueck/*Zöllner/Noack* GmbHG § 35 Rn. 39; abw. Hölters/*Hölters* Rn. 114.
[746] Vgl. *Fleischer* in Fleischer VorstandsR-HdB § 9 Rn. 5 ff.
[747] Vgl. BGHZ 83, 122 (134); 110, 323 (334); Bürgers/Körber/*Bürgers* Rn. 6; Großkomm AktG/*Hopt/Roth* Rn. 623; Hölters/*Hölters* Rn. 114; MüKoAktG/*Spindler* Rn. 112.
[748] Vgl. BGH NJW 1967, 1462 f.; der Sache nach schon RGZ 82, 182 (186).
[749] Vgl. Großkomm AktG/*Hopt/Roth* Rn. 623.
[750] Vgl. *Fleischer* AG 2000, 309 (319); gleichsinnig für § 117 AktG Großkomm AktG/*Hopt/Roth* Rn. 623.
[751] Dezidiert *Rhein,* Der Interessenkonflikt der Manager beim Management Buyout, 1995, 173 ff., 207 ff.
[752] Grundlegend *Easterbrook/Fischel,* The Economic Structure of Corporate Law, 1991, 8 ff., 91 f.
[753] Vgl. *M. Weber,* Vormitgliedschaftliche Treuepflichten, 1999, 278 ff., 284 ff.; vorsichtig sympathisierend Großkomm AktG/*Henze/Notz* Anh. § 53a Rn. 41.

indessen, die Informationspflichten der Vorstandsmitglieder in solchen Fällen aus dem vertraglichen Anbahnungsverhältnis mit den Anteilseignern herzuleiten und den allgemeinen Pflichtenrahmen der *culpa in contrahendo* durch bereichsspezifische Sonderwertungen auszufüllen.[754]

120 **(d) Abgrenzung.** Von der Verpflichtung der Vorstandsmitglieder zur Amtstreue ist die mitgliedschaftliche Treuepflicht der Aktionäre im Ausgangspunkt scharf zu unterscheiden.[755] Sie wurzelt im Rechtsverhältnis zwischen den Mitgliedern und verlangt von ihnen sowohl gegenüber dem Verband als auch gegenüber ihren Mitgesellschaftern, die Gesellschaftsinteressen zu fördern und dem Gesellschaftszweck zuwiderlaufende Maßnahmen zu unterlassen.[756] In ihrer Pflichtenintensität bleibt sie freilich hinter der organschaftlichen Treubindung zurück:[757] Während die Vorstandsmitglieder ihr Handeln generell am Gesellschaftsinteresse ausrichten müssen, dürfen die Aktionäre bei der Wahrnehmung eigennütziger Mitgliedschaftsrechte selbstverständlich Privatinteressen (mit)verfolgen.[758] Allerdings kennt auch die fiduziarische Pflichtenbindung der Vorstandsmitglieder Grenzen: Bei der Aushandlung oder Verlängerung ihrer Anstellungsverträge sind sie nicht gehalten, ihre eigenen wirtschaftlichen Belange hinter die der Gesellschaft zurückzustellen.[759] Sie bleiben indes zu einem Maße an Offenheit verpflichtet, das über den verkehrsüblichen Standard hinausreicht (näher → § 87 Rn. 58).[760] Schließlich sind gerade in geschlossenen Aktiengesellschaften auch Doppelrollen anzutreffen: Ein Mehrheitsgesellschafter, der zugleich Vorstandsmitglied ist, hat sowohl mitgliedschaftliche als auch organschaftliche Treuepflichten zu erfüllen, die sich überlagern und gelegentlich auch in Konflikt geraten.[761]

121 **(3) Rechtskonzeptionelle Ausrichtung.** Konzeptionell liegen der organschaftlichen Treubindung zwei Leitgedanken zugrunde, die sich teilweise überschneiden: die Vermeidung von Interessenkonflikten und das Verbot von Sondervorteilen.[762]

122 **(a) Vermeidung von Interessenkonflikten.** Die organschaftliche Treuepflicht verfolgt zuvörderst das Ziel, Interessenkonflikte der Vorstandsmitglieder zu unterbinden.[763] Beredten Ausdruck findet dies in Ziff. 4.3 DCGK, der die einschlägigen Fragen unter der Zwischenüberschrift „Interessenkonflikte" abhandelt.[764] Als allgemein anerkannte Leitlinie gilt, dass die Gesellschaftsinteressen bei einer Interessenkollision Vorrang vor den Eigeninteressen des Vorstandsmitglieds genießen.[765]

123 So vielfältig wie die möglichen Interessenkonflikte sind die aktienrechtlichen Einzelregeln, die dem Vorrang der Gesellschaftsinteressen Geltung verschaffen sollen. Das bestätigt ein Blick in ausländische Rechtsordnungen, die ganz unterschiedliche Lösungsansätze zur Konfliktvermeidung und Konfliktbewältigung entwickelt haben.[766] Hierzulande dominieren drei Strategien:[767] Zunächst versucht man, allfällige Konflikte durch eine generelle Verlagerung der Vertretungszuständigkeit auf den Aufsichtsrat zu entschärfen (§ 112). Sodann bestehen für besonders missbrauchsanfällige Geschäfte zusätzliche Kontrollmechanismen (§ 89). Schließlich sind einzelne Verhaltensweisen gänzlich verbo-

---

[754] Ausführlich *Fleischer* AG 2000, 309 (318 ff.); zustimmend Großkomm AktG/*Kort* § 76 Rn. 130; *Wiedemann* GesR II § 3 II 3 f S. 208 f.; ohne dogmatische Einordnung NK-AktR/*U. Schmidt* Rn. 41.

[755] Eindringlich *Wiedemann* FS Heinsius, 1991, 949 (950 ff.); zugespitzt *Lutter* ZHR 162 (1998), 164 (176), wonach beide nur den Namen gemeinsam haben.

[756] Vgl. K. Schmidt/Lutter/*Fleischer* § 53a Rn. 42 ff. mwN.

[757] Vgl. *Wiedemann* FS Heinsius, 1991, 949 (951); ferner *Hopt* ZGR 2004, 1 (2 mit Fn. 1).

[758] Vgl. *Fleischer* WM 2003, 1045 (1047).

[759] Vgl. *Fleischer* WM 2003, 1045 (1047); Großkomm AktG/*Hopt*/*Roth* Rn. 236; Kölner Komm AktG/*Mertens*/*Cahn* Rn. 108; *Raiser*/*Veil* KapGesR § 14 Rn. 91; *Thoma*, Eigengeschäfte des Vorstands mit der Aktiengesellschaft, 2003, 191.

[760] Vgl. BGHZ 20, 239 (246); aus strafrechtlicher Sicht auch RG JW 1934, 2151; im Zusammenhang mit dem Gebot angemessener Vorstandsvergütung iSd § 87 Abs. 1 *Fleischer* DStR 2005, 1318 (1322).

[761] Vgl. Großkomm AktG/*Hopt*/*Roth* Rn. 226; *Wiedemann* FS Heinsius, 1991, 949 (951); für die GmbH Baumbach/Hueck/*Zöllner*/*Noack* GmbHG § 43 Rn. 62; *Drescher*, Die Haftung des GmbH-Geschäftsführers, 7. Aufl. 2013, Rn. 118; Hachenburg/*Mertens* GmbHG § 43 Rn. 35.

[762] Ausführlich mit rechtsvergleichenden Hinweisen *Fleischer* WM 2003, 1045 (1049 f.).

[763] Vgl. *Fleischer* WM 2003, 1045 (1049); *Hopt* ZGR 2004, 1 (5 ff.); allgemein zum Umgang mit Interessenkonflikten *Diekmann*/*Fleischmann* AG 2013, 141 (145 ff.).

[764] Zu den Wechselwirkungen zwischen den Kodex-Empfehlungen und der organschaftlichen Treuepflicht *Hopt* ZGR 2004, 1 (21 ff.).

[765] Vgl. Bürgers/Körber/*Bürgers* Rn. 6; Großkomm AktG/*Hopt*/*Roth* Rn. 229; *Hopt* ZGR 2004, 1 (39); NK-AktR/*U. Schmidt* Rn. 34; Wachter/*Eckert* Rn. 15.

[766] Eingehend *Fleischer* WM 2003, 1045 (1047 ff.); *Hopt* ZGR 2004, 1 (25 ff.); *Thoma*, Eigengeschäfte des Vorstands mit der Aktiengesellschaft, 2003, 280 ff.; zuletzt *Fleischer* BB 2014, 2691 (2692 ff.).

[767] Eingehend zu positivrechtlichen Regelungen vorstandsbezogener Interessenkonflikte auch *Holtkamp*, Interessenkonflikte im Vorstand der Aktiengesellschaft, 2016, 55 ff.

ten (§ 88). Zu diesen starren Vorgaben des geschriebenen Aktienrechts treten die beweglichen Schranken der ungeschriebenen Treuepflicht.

Prozeduralen Flankenschutz erhält die Kardinalpflicht, Interessenkonflikte zu vermeiden, durch 124 zwei universal anerkannte Verhaltensgebote: Zum einen sind Vorstandsmitglieder gehalten, alle Interessenkonflikte offen zu legen (näher → Rn. 130a).[768] Zum anderen müssen sie der Gesellschaft Rechenschaft darüber ablegen, dass sie ihrer Treubindung tatsächlich genügt haben.[769] Dazu gehört auch die Ermöglichung angemessener Kontrollen,[770] etwa durch Vorlage von Aufzeichnungen und Belegen.[771]

(b) Verbot von Sondervorteilen. Zielt die Vermeidung von Interessenkonflikten hauptsächlich 125 auf zweiseitige Rechtsgeschäfte zwischen Vorstandsmitglied und Gesellschaft, so visiert das Verbot von Sondervorteilen in erster Linie einseitige Handlungen des Vorstandsmitglieds an.[772] Seine Grundaussage lautet, dass kein Vorstandsmitglied aus seiner fiduziarischen Stellung persönliche Vorteile ziehen darf, sofern ihm dies nicht ausdrücklich gestattet ist.[773] Im konkreten Zugriff geht es vor allem um Sachverhalte heimlicher Bereicherung. Dazu gehören die Ausnutzung von korporativen Geschäftschancen (näher → Rn. 136 ff.) und die Annahme von Schmiergeldern (näher → Rn. 154). Andere klassische Anwendungsfälle, etwa die Ausnutzung von Insiderinformationen,[774] haben inzwischen eine sondergesetzliche Regelung erfahren. In allen Fällen zieht die organschaftliche Treuepflicht eine scharfe Trennlinie zwischen den Vermögenssphären von Aktiengesellschaft und Vorstandsmitglied: Sämtliche vermögenswerte Positionen der Gesellschaft sind dem Zugriff der Organmitglieder entzogen und bei Zuwiderhandlungen von ihnen herauszugeben.[775]

bb) Entfaltung der Einzelpflichten. Die generalklauselartige Umschreibung der organschaftlichen Treuepflicht (→ Rn. 114) bietet noch keine subsumtionsfähigen Obersätze. Rechtsprechung und Rechtslehre sind daher um eine fallgruppenartige Systematisierung des Rechtsstoffes bemüht. 126

(1) Loyaler Einsatz für die Gesellschaft. An die Spitze der treuhänderischen Verhaltenspflichten rückt die hM das Gebot, sich loyal für die Gesellschaft einzusetzen.[776] 127

(a) Anwendungsfälle. Dazu gehören die Pflicht des Vorstandsmitglieds, seine berufliche Arbeitskraft sowie seine Fähigkeiten, Kenntnisse und Erfahrungen vorbehaltlos in den Dienst der Gesellschaft zu stellen.[777] Das schließt die Verpflichtung ein, in außergewöhnlichen Situationen Überstunden zu leisten[778] und einen Urlaub zu verschieben oder vorzeitig abzubrechen.[779] Die Übernahme politischer Funktionen[780] und ehrenamtlicher Tätigkeiten im privaten Bereich ist Vorstandsmitgliedern dagegen erlaubt, sofern sie dies nicht von der Wahrnehmung ihrer Dienstpflichten abhält.[781] Gleiches gilt für die Anlage und Pflege eigenen Vermögens,[782] nicht aber für die Vermögensverwaltung im Dienste eines Mehrheitsaktionärs.[783] Weiterhin ist ein Vorstandsmitglied gehalten, den Ruf der 128

---

[768] Vgl. *Fleischer* WM 2003, 1045 (1050); *Fleischer* DB 2014, 1971 (1973); Großkomm AktG/*Hopt*/*Roth* Rn. 275; Kölner Komm AktG/*Mertens*/*Cahn* Rn. 110; eingehend *Holtkamp*, Interessenkonflikte im Vorstand der Aktiengesellschaft, 2016, 113; *Kumpan*, Der Interessenkonflikt im deutschen Privatrecht, 2014, 245 ff.

[769] Vgl. NK-AktR/*U. Schmidt* Rn. 44; *Fleischer* WM 2003, 1045 (1050); *Hopt* ZGR 2004, 1 (31); *Thoma*, Eigengeschäfte des Vorstands mit der Aktiengesellschaft, 2003, 218.

[770] Vgl. Großkomm AktG/*Hopt*/*Roth* Rn. 277; Kölner Komm AktG/*Mertens*/*Cahn* Rn. 110; abw. *Baumanns*, Rechtsfolgen einer Interessenkollision bei AG-Vorstandsmitgliedern, 2004, 43.

[771] Vgl. OLG Karlsruhe GmbHR 1962, 135 – Bewirtungsspesen; s. auch BGH NJW 2003, 431 (432); NK-AktR/*U. Schmidt* Rn. 45.

[772] Vgl. *Fleischer* WM 2003, 1045 (1050).

[773] Näher *Fleischer* WM 2003, 1045 (1050) mit rechtsvergleichenden Nachweisen.

[774] Zu ihrer Einordnung als Treuepflichtverletzung NK-AktR/*U. Schmidt* Rn. 43; Großkomm AktG/*Hopt*/ *Roth* Rn. 263 ff.

[775] Vgl. *Fleischer* WM 2003, 1045 (1050).

[776] Vgl. *Fleischer* in Fleischer VorstandsR-HdB § 9 Rn. 15; K. Schmidt/Lutter/*Krieger*/*Sailer-Coceani* Rn. 16; NK-AktR/*U. Schmidt* Rn. 31; Großkomm AktG/*Hopt*/*Roth* Rn. 238; Kölner Komm AktG/*Mertens*/*Cahn* Rn. 96.

[777] Vgl. *Fleischer* in Fleischer VorstandsR-HdB § 9 Rn. 16; NK-AktR/*U. Schmidt* Rn. 31; Grigoleit/*Grigoleit*/ *Tomasic* Rn. 4; Großkomm AktG/*Hopt*/*Roth* Rn. 238.

[778] Vgl. *Fleischer* WM 2003, 1045 (1050).

[779] Vgl. NK-AktR/*U. Schmidt* Rn. 31; Großkomm AktG/*Hopt*/*Roth* Rn. 238; Kölner Komm AktG/*Mertens*/ *Cahn* Rn. 96.

[780] Vgl. für die Ausübung eines Bundestagsmandats im Hinblick auf Art. 48 Abs. 2 S. 1 GG BGHZ 43, 384 (386 ff.); dazu *Konzen* AcP 172 (1972), 317 (330).

[781] Vgl. Großkomm AktG/*Hopt*/*Roth* Rn. 239.

[782] Vgl. BGH BB 1997, 1913.

[783] Vgl. *Fleischer* in Fleischer VorstandsR-HdB § 9 Rn. 16; *Hopt* ZGR 2004, 1 (9 f.); Kölner Komm AktG/ *Mertens*/*Cahn* Rn. 97.

Aktiengesellschaft gegenüber der Öffentlichkeit zu wahren und herabsetzende Äußerungen über sie und ihre Organe zu unterlassen.[784]

129 Nach hM ist ein Vorstandsmitglied indes nicht verpflichtet, zur Erhaltung seiner Arbeitskraft auf seine Gesundheit Rücksicht zu nehmen, zB gefährliche Sportarten zu meiden oder eine gesundheitsgefährdende Lebensführung zu ändern.[785] Die Gestaltung seines privaten Lebensbereichs steht vielmehr außerhalb der Einflusssphäre der Gesellschaft und wird durch die organschaftliche Treuepflicht nur insoweit eingeschränkt, als sich das private Verhalten auf den korporativen Bereich auswirkt und dort zu Störungen führt.[786] Erwägen kann man allenfalls eine spezielle Pflicht, den Heilungsprozess nach Krankheit oder Verletzung nicht durch genesungswidriges Verhalten zu verzögern.[787] Unbenommen bleibt außerdem eine Abberufung oder außerordentliche Kündigung wegen Alkohol- oder Medikamentenmissbrauchs.[788] Bei konkreten Zweifeln an der Diensttauglichkeit des Vorstandsmitglieds oder bei erheblicher krankheitsbedingter Leistungsminderung kann die Gesellschaft eine ärztliche Untersuchung verlangen.[789]

130 **(b) Dogmatische Einordnung.** So billigenswert die Verhaltensvorgaben der hM zu den vorangegangenen Fällen sind, so sehr unterscheiden sie sich von dem sonstigen Pflichtenprogramm im Rahmen organschaftlicher Treubindungen. Sachlich handelt es sich zumeist um Interessenkonflikte nicht finanzieller Natur, bei denen eine Abwägung zwischen den Gesellschaftsinteressen und dem Recht der Vorstandsmitglieder auf freie Entfaltung ihrer Persönlichkeit und eine gewisse Privatsphäre vorzunehmen ist.[790] Dogmatisch lassen sich die verschiedenen Problemlagen zwanglos mit den allgemeinen Figuren und Wertungsmaßstäben des Schuldrechts bewältigen, ohne dass es eines Rückgriffs auf die besondere organschaftliche Treuepflicht bedarf. Die Pflicht des Vorstandsmitglieds, seine Arbeitskraft vorbehaltlos für die Gesellschaft einzusetzen, stellt sich im Wesentlichen als vertragliche Hauptleistungspflicht dar;[791] die Verpflichtung zur Rücksichtnahme auf Gesellschaftsbelange bei öffentlichen Meinungsäußerungen geht in ihrer Intensität über eine Nebenpflicht iSd § 241 Abs. 2 BGB, wie sie auch für gewöhnliche Austauschverträge gilt,[792] nicht hinaus; und das Verbot der Amtsniederlegung zur Unzeit ist als ein Anwendungsfall rechtsmissbräuchlichen Verhaltens anzusehen.[793]

130a **(2) Offenlegung bestimmter Umstände.** Außerdem pflegt man aus der organschaftlichen Treuepflicht gewisse Offenlegungspflichten des Organmitglieds abzuleiten. Anerkannt ist zunächst und vor allem eine Pflicht zur Offenlegung von Interessenkonflikten,[794] wie sie auch in Ziff. 4.3.4. DCGK zum Ausdruck kommt.[795] *De lege ferenda* empfiehlt es sich, diese Pflicht im Aktiengesetz selbst zu verankern (→ Rn. 9c).[796] Ferner obliegt einem Vorstandsmitglied bei einer schweren Erkrankung eine treuepflichtgestützte Mitteilungspflicht gegenüber dem Aufsichtsrat(svorsitzenden), wenn es seine Diensttauglichkeit voraussichtlich innerhalb eines überschaubaren Zeitraums verlieren

---

[784] Vgl. OLG Hamm GmbHR 1985, 157 (158); Großkomm AktG/*Hopt/Roth* Rn. 239; Kölner Komm AktG/*Mertens/Cahn* Rn. 98; *Raiser/Veil* KapGesR § 14 Rn. 91; s. auch OLG Stuttgart AG 2012, 278 LS 2: „Mitglieder des Aufsichtsrats, die durch öffentliche ‚pointierte Meinungsäußerungen' im Rahmen eines unternehmensinternen Konflikts die Kreditwürdigkeit der Gesellschaft gefährden, verletzen grundsätzlich ihre Treuepflicht dieser gegenüber."

[785] Vgl. *Fleischer* in Fleischer VorstandsR-HdB § 9 Rn. 16; Großkomm AktG/*Hopt/Roth* Rn. 239; Kölner Komm AktG/*Mertens/Cahn* Rn. 96; MüKoAktG/*Spindler* Rn. 108.

[786] Ausführlich *Fleischer* NZG 2010, 561 (562) mit weiterführenden Hinweisen darauf, dass auch Vertragsklauseln, die dem Vorstandsmitglied im außerdienstlichen Bereich auferlegen, im Hinblick auf sein allgemeines Persönlichkeitsrecht nur sehr zurückhaltend anerkannt werden.

[787] Näher *Fleischer* NZG 2010, 561 (562) unter Hinweis auf die arbeitsgerichtliche Spruchpraxis.

[788] Vgl. *Fleischer* in Fleischer VorstandsR-HdB § 9 Rn. 16; Kölner Komm AktG/*Mertens/Cahn* Rn. 96.

[789] Dazu *Fleischer* NZG 2010, 561 (565 mwN) zu arbeitsrechtlichen Parallelfällen.

[790] Vgl. *Fleischer* WM 2003, 1045 (1051).

[791] Vgl. *Fleischer* WM 2003, 1045 (1051).

[792] Eingehend *Grundmann*, Der Treuhandvertrag, 1997, 166 ff., 171 ff. und passim, der zwischen treuhandspezifischen Hauptpflichten und nicht treuhandspezifischen Nebenpflichten unterscheidet und erstere als Interessenwahrungspflicht *stricto sensu* bezeichnet.

[793] In diese Richtung auch OLG Düsseldorf FGPrax 2001, 82; Hüffer/Koch/*Koch* § 84 Rn. 45.

[794] Vgl. KG AG 2005, 737 (738); Bürgers/Körber/*Bürgers* Rn. 6; *Fleischer* WM 2003, 1045 (1050); *Fleischer* DB 2014, 1971 (1973); Holtkamp, Interessenkonflikte im Vorstand der Aktiengesellschaft, 2016, 113 ff.; Großkomm AktG/*Hopt/Roth* Rn. 275; NK-AktR/*U. Schmidt* Rn. 44; Kölner Komm AktG/*Mertens/Cahn* Rn. 110; *Thoma*, Eigengeschäfte des Vorstands mit der Aktiengesellschaft, 2003, 218; *Wiedemann*, Organverantwortung und Gesellschafterklagen in der AG, 1989, 28; abw. *Baumanns*, Rechtsfolgen einer Interessenkollision bei AG-Vorstandsmitgliedern, 2004, 41 ff., die eine Offenlegungspflicht nur beim Vorliegen besonderer Umstände bejaht.

[795] Näher KBLW/*Bachmann* DCGK Rn. 1096 ff.

[796] Vgl. *Fleischer* DB 2014, 1971 (1973).

wird (näher → § 84 Rn. 76a).⁷⁹⁷ Allerdings erstreckt sich die Mitteilungspflicht nicht auf die Diagnose, sondern nur auf die schwindende Diensttauglichkeit.⁷⁹⁸ Dagegen wird einem Vorstandsmitglied nach hM nicht angesonnen, ein eigenes Fehlverhalten ungefragt zu offenbaren (näher → § 84 Rn. 82a).⁷⁹⁹

(3) Eigengeschäfte mit der Gesellschaft. Von ungleich größerer praktischer und theoretischer Bedeutung sind die Eigengeschäfte eines Vorstandsmitglieds mit seiner Gesellschaft,⁸⁰⁰ für die sich die angelsächsische Bezeichnung *self dealing* eingebürgert hat. Gelegentlich verwendet man auch den weiter gefassten Oberbegriff der *related party transaction*.⁸⁰¹ Es liegt auf der Hand, dass die Vermögensinteressen der Aktionäre hier in besonderer Weise gefährdet sind.⁸⁰² Zur Vermeidung einer „Selbstbedienung" der Vorstandsmitglieder sind unterschiedliche Lösungswege denkbar.⁸⁰³

(a) Vom Verbot zum Erlaubnisvorbehalt. Die einfachste, aber auch einschneidendste Lösung liegt in einem Verbot von Rechtsgeschäften zwischen Vorstandsmitgliedern und Aktiengesellschaft. Sie vermochte sich allerdings weder in ausländischen Aktienrechten noch hierzulande auf Dauer durchzusetzen.⁸⁰⁴ Einzelne Versuche aus neuerer Zeit, sie wiederzubeleben,⁸⁰⁵ blieben ohne Resonanz. Maßgeblich dafür dürfte die Überlegung sein, dass derartige Geschäfte häufig im Gesellschaftsinteresse liegen und zuweilen sogar unverzichtbar sind: So mag ein Vorstandsmitglied über ein wichtiges Patent oder ein wertvolles Grundstück verfügen⁸⁰⁶ oder der Gesellschaft als *lender of last resort* ein dringend benötigtes Darlehen zur Verfügung stellen.⁸⁰⁷ Ein solches Bedürfnis wird freilich eher bei geschlossenen Aktiengesellschaften als bei großen Publikumsgesellschaften auftreten.

(b) Verfahrensvorschriften und Kontrollmaßstäbe. Heute steht im in- und ausländischen Aktienrecht nicht mehr das „Ob", sondern das „Wie" der Eigengeschäfte von Vorstandsmitgliedern im Zentrum des Interesses.⁸⁰⁸ Dabei lassen sich verfahrensmäßige und materielle Schutzvorkehrungen unterscheiden, so wie auch das moderne Vertragsrecht zwischen prozeduraler und inhaltlicher Fairness osziliert.⁸⁰⁹

In verfahrensmäßiger Hinsicht sucht das deutsche Aktienrecht drohenden Interessenkonflikten durch eine Zuständigkeitsverlagerung Herr zu werden: Gemäß § 112 vertritt der Aufsichtsrat die Gesellschaft bei allen Rechtsgeschäften mit ihren Vorstandsmitgliedern.⁸¹⁰ Nach ganz hM beruht diese Vorschrift auf der Besorgnis, dass dem Vorstand als regelmäßigem Vertretungsorgan die erforderliche Unbefangenheit fehlt, wenn einzelne seiner Mitglieder an dem fraglichen Geschäft beteiligt sind.⁸¹¹ Der ansonsten durch § 181 Abs. 1 Alt. 1 BGB vermittelte Schutz des Vertretenen vor Insich-

---

⁷⁹⁷ Näher *Fleischer* NZG 2010, 561 (562).
⁷⁹⁸ Vgl. *Fleischer* NZG 2010, 561 (564f.); zu kapitalmarktrechtlichen Folgefragen der Ad-hoc-Publizität *ders.* FS U.H. Schneider, 2011, 333.
⁷⁹⁹ Vgl. OLG Düsseldorf WM 2000, 1393; OLG Köln NZG 2000, 1137; im Zusammenhang mit Verjährungsfragen auch BGH NZG 2008, 909 (910); NJW 2009, 68 (70); *Fleischer* WM 2003, 1045 (1051); *Grunewald* NZG 2013, 841 ff.; Hüffer/Koch/*Koch* Rn. 7; abw. *Hopt* ZGR 2004, 1 (27); Großkomm AktG/*Hopt*/*Roth* Rn. 275; *Schmolke* RIW 2008, 365 (372).
⁸⁰⁰ Dazu *Fleischer* WM 2003, 1045 (1051 ff.); *Hopt* ZGR 2004, 1 (10 f.); *Thoma*, Eigengeschäfte des Vorstands mit der Aktiengesellschaft, 2003, 174 ff., 190 ff.
⁸⁰¹ Vgl. *Fleischer* BB 2014, 2691.
⁸⁰² Vgl. *Wiedemann* GesR I § 6 IV 1b S. 344, der anschaulich von „suspekten Rechtsgeschäften" spricht; ferner *Möllers* in Hommelhoff/Hopt/v. Werder Corporate Governance-HdB 405 (418).
⁸⁰³ Ausführlich und rechtsvergleichend *Fleischer* WM 2003, 1045 (1051 ff.); außerdem *Thoma*, Eigengeschäfte des Vorstands mit der Aktiengesellschaft, 2003, 235 ff., 259 ff.
⁸⁰⁴ Vgl. *Hopt* in Hopt/Teubner, Corporate Governance and Directors' Liabilities, 1985, 285 (292); *Thoma*, Eigengeschäfte des Vorstands mit der Aktiengesellschaft, 2003, 290 ff.
⁸⁰⁵ Vgl. etwa *G.H. Roth*, Das Treuhandmodell des deutschen Investmentrechts, 1972, 286: „kompromissloser Purismus".
⁸⁰⁶ Vgl. die Beispiele bei *Hopt* in Hopt/Teubner, Corporate Governance and Directors' Liabilities, 1985, 285 (292); *Wiedemann*, Organverantwortung und Gesellschafterklagen in der AG, 1989, 9; ferner *Giesen*, Organhandeln und Interessenkonflikt, 1984, 77; *Thoma*, Eigengeschäfte des Vorstands mit der Aktiengesellschaft, 2003, 292.
⁸⁰⁷ Derartige Fälle bildeten historisch – nicht ohne Grund – die Einbruchstelle in das strenge Verbot von Eigengeschäften; vgl. *Fleischer* WM 2003, 1045 (1052 mit Fn. 132).
⁸⁰⁸ Dazu *Fleischer* WM 2003, 1045 (1052 ff.) mit umfassenden rechtsvergleichenden Nachweisen.
⁸⁰⁹ Vgl. *Kötz*, Europäisches Vertragsrecht, 1996, 191.
⁸¹⁰ Dazu *Fleischer* WM 2003, 1045 (1052); *Fleischer* BB 2014, 2691 (2693); *Thoma*, Eigengeschäfte des Vorstands mit der Aktiengesellschaft, 2003, 174: „Konfliktvermeidung".
⁸¹¹ Vgl. BGHZ 103, 213 (216 f.); *Fleischer* BB 2014, 2691 (2693); Hüffer/Koch/*Koch* § 112 Rn. 1; Hölters/*Hölters* Rn. 124.

geschäften wird damit für Aktiengesellschaften weithin gegenstandslos.[812] Eine satzungsmäßige Gestattung des Selbstkontrahierens scheitert an der zwingenden aktienrechtlichen Zuständigkeitsordnung.[813] Für eine *de-minimis*-Ausnahme, wie sie manche ausländische Aktienrechte enthalten,[814] sieht die herrschende Lehre keinen Raum.[815] Als Ausweg wird ein Aufsichtsratsbeschluss empfohlen, der die Angestellten der Gesellschaft zum Abschluss von Rechtsgeschäften des täglichen Lebens mit den Vorstandsmitgliedern ermächtigt.[816]

135   Was die Angemessenheitskontrolle von Eigengeschäften anbelangt, hatte sich eine ältere Lehre gegen jede inhaltliche Überprüfung ausgesprochen.[817] In jüngerer Zeit mehren sich indes die Stimmen, die für eine flächendeckende Inhaltskontrolle eintreten.[818] In diese Richtung weist auch Ziff. 4.3.3 Satz 2 DCGK, wonach alle Geschäfte zwischen Unternehmen und Vorstandsmitgliedern branchenüblichen Standards zu entsprechen haben.[819] Das ist zwar sprachlich unglücklich formuliert,[820] meint aber sachlich das Richtige: Alle Eigengeschäfte eines Vorstandsmitglieds mit „seiner" Aktiengesellschaft müssen fair und angemessen sein.[821] Die maßgebliche Kontrollfrage lautet: Hätte die Aktiengesellschaft das mit dem Vorstandsmitglied geschlossene Geschäft unter sonst gleichen Umständen auch mit einem beliebigen Dritten geschlossen? Hält das betreffende Geschäft einem Drittvergleich *(dealing at arm's length)* nicht stand, liegt eine Treuepflichtverletzung vor.[822] Beispiele bilden der Verkauf eines Grundstücks an ein Vorstandsmitglied unter dem Verkehrswert; die Veräußerung eines Hauses zu reinen Gestehungskosten, ohne dass das Vorstandsmitglied Bauleitzinsen und eine Vergütung für die Baubetreuung zahlen muss;[823] die Gewährung eines unangemessen hohen Vorstandsgehalts[824] und die vorzeitige Begleichung einer nicht fälligen Forderung des Vorstandsmitglieds gegen die Aktiengesellschaft.[825]

136   **(4) Geschäftschancenlehre. (a) Gegenstand und Geltungsgrund.** Ebenfalls zum Kernbereich der Treuepflicht gehört das Gebot, Geschäftschancen zugunsten der Gesellschaft wahrzunehmen und nicht für eigene Zwecke auszunutzen.[826] Es stammt ursprünglich aus dem US-amerikanischen Recht (sog. *corporate opportunities doctrine*)[827] und hat über rechtsvergleichende Vorarbeiten[828] vergleichsweise spät Eingang in das deutsche Recht gefunden: Nach einzelnen Vorläuferentscheidungen des RG[829] setzte eine eigenständige Ausformung der Geschäftschancenlehre durch den BGH erst

---

[812] Vgl. OLG Hamburg ZIP 1986, 1249 (1251); *Abeltshauser*, Leitungshaftung im Kapitalgesellschaftsrecht, 1998, 337; *Baumanns*, Rechtsfolgen einer Interessenkollision bei AG-Vorstandsmitgliedern, 2004, 79; *Fleischer* in Fleischer VorstandsR-HdB § 9 Rn. 21; *U. Hübner*, Interessenkonflikt und Vertretungsmacht, 1977, 230.

[813] Vgl. *U. Hübner*, Interessenkonflikt und Vertretungsmacht, 1977, 230.

[814] Dazu *Fleischer* WM 2003, 1045 (1052 mwN).

[815] Vgl. Hüffer/Koch/*Koch* § 112 Rn. 5; anders *Wiedemann*, Organverantwortung und Gesellschafterklagen in der AG, 1989, 19.

[816] Vgl. OLG Stuttgart AG 1993, 85 (86); *U. Hübner*, Interessenkonflikt und Vertretungsmacht, 1977, 249; *Semler* FS Rowedder, 1994, 441 (450); *Thoma*, Eigengeschäfte des Vorstands mit der Aktiengesellschaft, 2003, 178.

[817] Vgl. etwa *Fleck* FS Heinsius, 1991, 89 (97).

[818] Vgl. Großkomm AktG/*Hopt/Roth* Rn. 241; *Möllers* in Hommelhoff/Hopt/v. Werder Corporate Governance-HdB 423 (432 f.); *Wiedemann*, Organverantwortung und Gesellschafterklagen in der AG, 1989, 16 ff.; *Thoma*, Eigengeschäfte des Vorstands mit der Aktiengesellschaft, 2003, 191.

[819] Dazu KBLW/*Bachmann* DCGK Rn. 1113 ff.; *Thoma*, Eigengeschäfte des Vorstands mit der Aktiengesellschaft, 2003, 207 ff.

[820] Vgl. *Fleischer* BB 2014, 2691 (2996).

[821] Vgl. *Fleischer* in Fleischer VorstandsR-HdB § 9 Rn. 22; *Fleischer* BB 2014, 2691 (2696); Großkomm AktG/ *Hopt/Roth* Rn. 241.

[822] Vgl. *Fleischer* WM 2003, 1045 (1052); Großkomm AktG/*Hopt/Roth* Rn. 241; K. Schmidt/Lutter/*Krieger/ Sailer-Coceani* Rn. 16; Grigoleit/*Grigoleit/Tomasic* Rn. 49.

[823] Vgl. OLG München ZIP 1997, 1965 (1966).

[824] Vgl. LG Berlin GmbHR 2000, 234 (235); *Hopt* ZGR 2004, 1 (13 f.).

[825] Vgl. OLG Koblenz GmbHR 1999, 1201.

[826] Vgl. *Fleischer* in Fleischer VorstandsR-HdB § 9 Rn. 23; *Fleischer* NZG 2013, 361; K. Schmidt/Lutter/ *Krieger/Sailer-Coceani* Rn. 16; NK-AktR/*U. Schmidt* Rn. 35; Großkomm AktG/*Hopt/Roth* Rn. 250; Kölner Komm AktG/*Mertens/Cahn* Rn. 105; *Möllers* in Hommelhoff/Hopt/v. Werder Corporate Governance-HdB 423 (437); Raiser/Veil KapGesR § 14 Rn. 92; *Thümmel*, Persönliche Haftung von Managern und Aufsichtsräten, 5. Aufl. 2016, Rn. 212; MHdB AG/*Wiesner* § 25 Rn. 12.

[827] Näher *Allen/Kraakman/Subramanian*, Commentaries and Cases on the Law of Business Organization, 4. Aufl. 2012, 313 ff.; umfassend und rechtsvergleichend zuletzt *Gelter/Hellering* 14 Berkeley Bus. L. J. (2018).

[828] Grundlegend *Mestmäcker*, Verwaltung, Konzerngewalt und Rechte der Aktionäre, 1958, 166 ff.; *Immenga*, Die personalistische Kapitalgesellschaft, 1970, 155 ff.; zum englischen Recht *Fleischer* FS Kilian, 2004, 645; zur Vorbildfunktion als „legal transplant" *Fleischer* NZG 2004, 1129 (1130).

[829] Vgl. RGZ 89, 99; RG JW 1929, 654.

Mitte der siebziger Jahre ein.[830] Inzwischen liegt ein gutes Dutzend höchstrichterlicher Entscheidungen vor,[831] und auch die Aufsatzliteratur hat sich der Fragestellung zahlreich angenommen.[832] Zusammenfassend formuliert Ziff. 4.3.3 DCGK, dass kein Vorstandsmitglied Geschäftschancen, die dem Unternehmen zustehen, für sich nutzen darf.[833]

Dogmatisch leitet der BGH die Geschäftschancenlehre in ständiger Rechtsprechung aus dem **137** Gebot der Vermeidung von Interessenkonflikten (→ Rn. 122) ab: Ein Geschäftsleiter dürfe in allen Angelegenheiten, die das Interesse der Gesellschaft berühren, allein deren Wohl und Wehe, und nicht seinen eigenen Nutzen oder den Vorteil anderer im Auge haben.[834] Derselbe Grundsatz liegt dem Wettbewerbsverbot für Vorstandsmitglieder gemäß § 88 Abs. 1 S. 1 zugrunde.[835] Geschäftschancenlehre und Wettbewerbsverbot weisen demnach vielfältige Berührungspunkte auf, auch wenn ihr Verhältnis zueinander noch nicht endgültig geklärt ist: Manche verstehen das Wettbewerbsverbot als einen Unterfall der Geschäftschancenlehre,[836] andere begreifen die Geschäftschancenlehre umgekehrt als ein eingeschränktes Konkurrenzverbot.[837] Beide Einordnungen gehen fehl. Richtigerweise ist das Wettbewerbsverbot teils weiter, teils enger geschnitten als die Geschäftschancenlehre:[838] Es greift weiter aus, weil es als starre Schranke nicht voraussetzt, dass der Gesellschaft durch ein Geschäftemachen in ihrem Geschäftszweig tatsächlich Schaden droht oder Konkurrenz erwächst;[839] es hat einen engeren Einzugsbereich, da es zB jene Fälle nicht erfasst, in denen ein Vorstandsmitglied ein für die Gesellschaft geeignetes Betriebsgrundstück als Privatmann erwirbt.[840] Einvernehmen besteht allerdings darüber, dass Voraussetzungen und Rechtsfolgen des Wettbewerbsverbots in vorsichtiger Analogie für die Ausformung der Geschäftschancenlehre herangezogen werden dürfen.[841]

Sachlich sichert die Geschäftschancenlehre die Funktionsbedingungen fiduziarischer Rechtsver- **138** hältnisse: Sie zielt durch genaue Verhaltensvorgaben darauf ab, die opportunistischen Verhaltensspielräume der Vorstandsmitglieder einzuengen und die Kontrollkosten der Aktionäre zu senken.[842] Die List der Idee liegt darin, der Gesellschaft Erstverwertungsrechte an bestimmten Erwerbsgelegenheiten einzuräumen (Zuordnungsfunktion) und ihren Organmitgliedern den eigenmächtigen Zugriff auf sie zu verwehren (Ausschließungsfunktion). Im ökonomischen Sprachgebrauch nimmt die Geschäftschancenlehre damit eine Verteilung von Eigentumsrechten an Geschäftschancen zwischen Aktiengesellschaft und Vorstandsmitgliedern vor.[843] Die *juristische* Hauptaufgabe besteht darin, hinreichend trennscharfe Zuordnungskriterien herauszuarbeiten, die angeben, welche Geschäftschancen für die Gesellschaft „reserviert" sind und welche dem freien Zugriff ihrer Organmitglieder offen stehen. Das ist bislang nicht vollständig gelungen.[844]

(b) Tatbestandliche Einzelausformung. Der BGH verweist den Rechtsanwender in seinem **139** jüngsten Urteil auf die konkreten Umstände des Einzelfalls.[845] Im Ausgangspunkt ist hiergegen nichts

---

[830] Grundlegend BGH WM 1977, 361; zuvor bereits BGH WM 1967, 679: Kündigung des Geschäftsleiters nach Aneignung einer Geschäftschance.
[831] Zuletzt BGH NZG 2013, 216 (GbR) mwN; dazu *Fleischer* NZG 2013, 361; ebenso für den Insolvenzverwalter, der das Unternehmen des Insolvenzschuldners fortführt, BGH NZG 2017, 627.
[832] Vgl. *Fleischer* NZG 2003, 985; *Fleischer* NZG 2013, 361; *Kübler* FS Werner, 1984, S. 427; *Kübler/Waltermann* ZGR 1991, 162; *Merkt* ZHR 159 (1995), 423 (432); *Schiessl* GmbHR 1988, 53; *Timm* GmbHR 1981, 177.
[833] Dazu KBLW/*Bachmann* DCGK Rn. 1083.
[834] Vgl. BGH WM 1967, 679; WM 1977, 361 (362); WM 1983, 498 (499); NJW 1986, 584 (585); NJW 1986, 585 (586); WM 1989, 1335 (1339).
[835] Vgl. *Fleischer* AG 2005, 336.
[836] Vgl. *Goette* DStR 1998, 1137 (1139); *Kübler* FS Werner, 1984, 437 (440); *Merkt* ZHR 159 (1995), 423 (434); *Timm* GmbHR 1981, 177.
[837] Vgl. *Ivens*, Das satzungsmäßige Konkurrenzverbot des GmbH-Gesellschafters, 1986, 21; zustimmend *Polley*, Wettbewerbsverbote und Geschäftschancenlehre, 1993, 131 mit Fn. 9.
[838] Vgl. *Fleischer* NZG 2013, 361 (363); im Ergebnis ebenso BGH NZG 2013, 216 Rn. 20: „Die Geschäftschancenlehre steht als eigenständiges Rechtsinstitut, entwickelt aus der Treuepflicht, neben einem Wettbewerbsverbot."
[839] Vgl. *Fleischer* AG 2005, 336 (338); *Grundmann*, Der Treuhandvertrag, 1997, 443; andererseits Großkomm AktG/Hopt/Roth Rn. 251.
[840] Dazu *Fleischer* AG 2005, 336 (338); *Grundmann*, Der Treuhandvertrag, 1997, 443; zur Einordnung dieses Falls als Verstoß gegen die Geschäftschancenlehre *Fleischer* NZG 2003, 985 (989); Großkomm AktG/Hopt/Roth Rn. 251; s. auch BGH AG 1989, 354 LS 3.
[841] Vgl. Großkomm AktG/Hopt/Roth Rn. 252.
[842] Vgl. *Fleischer* ZGR 2001, 1 (7 f.); *Fleischer* NZG 2003, 985 (986); zuletzt *Gelter/Helleringer* 14 Berkeley Bus. L. J. 92 (2018).
[843] Näher *Fleischer* NZG 2003, 985 (986).
[844] Ebenso *Röhricht* WPg 1992, 766 (775): „Wann diese Voraussetzungen vorliegen, kann bisher keineswegs als abschließend geklärt gelten."; ähnlich Großkomm AktG/Hopt/Roth Rn. 254.
[845] Vgl. BGH NZG 2013, 216 Rn. 21.

zu erinnern: Treuhänderische Verhaltensanforderungen lassen sich häufig besser durch ausfüllungsbedürftige Standards als durch scharfkantige Rechtsregeln umschreiben.[846] Dies entbindet die Spruchpraxis allerdings nicht von der Aufgabe, Leitlinien zu entwickeln, um die wertende Konkretisierung im Einzelfall vorzustrukturieren. Nach der zweigliedrigen Formel des jüngsten Richterspruchs darf ein Geschäftsleiter keine Geschäfte an sich ziehen, die in den Geschäftsbereich der Gesellschaft fallen und dieser auf Grund bestimmter konkreter Umstände bereits zugeordnet sind.[847] Damit verknüpft der BGH zwei Kriterien, die man in den Vereinigten Staaten als *line-of-business test* und *interest-or-expectancy test* zu bezeichnen pflegt.[848] Gleichsinnig hält die hierzulande hL Erwerbschancen kraft konkreter Geschäftsaussichten und solche kraft abstrakter Geschäftsfelder auseinander.[849]

140 **(aa) Zuordnung kraft konkreter Geschäftsaussichten.** Gefestigter Rechtsprechung zufolge liegt eine Geschäftschance der Gesellschaft vor, wenn diese bereits einen Vertrag abgeschlossen hat[850] oder wenn der Kundenauftrag so weit vorbereitet ist, dass die endgültige Erteilung nur noch „Formsache" ist.[851] Gleiches gilt, sofern ein Vorstandsmitglied bereits namens der Gesellschaft in Vertragsverhandlungen eingetreten ist[852] oder ihm ein vorteilhaftes Angebot nur mit Rücksicht auf seine organschaftliche Stellung angetragen wurde.[853] Weiter genügt es, wenn die Gesellschaft bereits einen Beschluss gefasst hat, die Geschäftschance selbst wahrzunehmen,[854] oder jedenfalls ihr Interesse an Geschäften dieser Art bekundet hat.[855] Eine Ausnahme soll nur für nichtige Beschlüsse gelten, mit denen die Gesellschaft ihren Unternehmensgegenstand einseitig zu Lasten ihres Vorstandsmitglieds erweitert.[856]

141 In allen diesen Fällen hat sich die Zugehörigkeit der Geschäftschance zum Interessenkreis der Gesellschaft in eindeutiger Weise manifestiert (Publizitätsprinzip). Für ein Vorstandsmitglied folgt daraus eine Pflicht, das Erstzugriffsrecht der Gesellschaft zu beachten und alles zu tun, um die Geschäftschance für sie wahrzunehmen.[857] Anderes gilt nur, wenn er die Grundlage für die Geschäftschance bereits vor Gründung der Gesellschaft in eigenem Namen gelegt hat (Prioritätsprinzip).[858] Aus anderem Grunde fehlrubriziert sind Fälle, in denen ein Vorstandsmitglied unter Verwendung von Gesellschaftsmitteln Geschäfte auf eigene Rechnung durchführt:[859] Sie bilden zwar in aller Regel Treuepflichtverletzungen unter dem Gesichtspunkt der Aneignung von Gesellschaftsressourcen (näher → Rn. 153),[860] sollten aber sachlich und systematisch von der Geschäftschancenlehre geschieden werden.[861]

142 **(bb) Zuordnung kraft abstrakter Geschäftsfelder.** Ohne eine nähere Konkretisierung gebühren der Gesellschaft auch solche Geschäftschancen, die einen sachlichen Zusammenhang mit ihrer Geschäftstätigkeit aufweisen. Erfasst werden damit vor allem Erwerbsgelegenheiten in ihrem bisherigen Tätigkeitsbereich,[862] ohne dass die Rechtsprechung bislang entscheiden musste, ob es dabei auf den tatsächlich wahrgenommenen oder den satzungsmäßigen Geschäftsbereich ankommt. Richtiger-

---

[846] Dazu *Fleischer* NZG 2013, 363.
[847] So BGH NZG 2013, 216 Rn. 21.
[848] Vgl. *Allen/Kraakman/Subramanian*, Commentaries and Cases on the Law of Business Organization, 4. Aufl. 2012, 313 ff. mwN.
[849] Vgl. mit Formulierungsunterschieden im Einzelnen *Fleischer* NZG 2003, 985 (986 f.); *Kübler/Waltermann* ZGR 1991, 162 (168 ff.); *Merkt* ZHR 159 (1995), 423 (29 f.); *Weisser*, Corporate Opportunities, 1991, 146 ff., 164 ff.
[850] Vgl. den Sachverhalt in BGH WM 1977, 194 (195).
[851] So wörtlich BAG BB 1968, 504 für den gleichgelagerten Fall der nachvertraglichen Treuepflicht eines kaufmännischen Angestellten.
[852] Vgl. BGH NJW 1989, 2687 (2688); NZG 2013, 216 Rn. 26.
[853] Vgl. BGH WM 1967, 679; WM 1977, 361 (362).
[854] Vgl. BGH NJW 1989, 2687 (2688); s. auch RG JW 1929, 654.
[855] Vgl. den Sachverhalt in BGH WM 1976, 77.
[856] Vgl. BGH NJW 1995, 1358 (1359).
[857] Vgl. BGH WM 1967, 679; WM 1977, 361 (362); NJW 1986, 585 (586); WM 1989, 1335 (1339); zu der abgeschwächten Pflicht eines Interim-Geschäftsführers, Geschäftschancen der Gesellschaft jedenfalls nicht zu vereiteln, KG NZG 2001, 129.
[858] Vgl. BGH NJW 1998, 1225 (1226).
[859] Vgl. den Sachverhalt in BGH WM 1976, 77.
[860] Vgl. *Fleischer* WM 2003, 1045 (1056).
[861] Wie hier *Reinhardt*, Interessenkonflikte bei der privaten Wahrnehmung von Geschäftschancen im US-amerikanischen und deutschen Gesellschaftsrecht, 1994, 122 f.; *Weisser*, Corporate Opportunities, 1991, 172 f.; abw. *Kübler/Waltermann* ZGR 1991, 162 (168); *Polley*, Wettbewerbsverbote und Geschäftschancenlehre, 1993, 134; *Röhricht* WPg 1992, 767 (775); *Schiessl* GmbHR 1988, 53 (54).
[862] Vgl. BGH NJW 1989, 2687; WM 1976, 77; NZG 2013, 261 Rn. 21 („Geschäftszweig der Gesellschaft"); s. auch BGH WM 1967, 679.

weise kann nur der tatsächliche Tätigkeitsbereich ausschlaggebend sein: Jede andere Grenzziehung hätte entweder einen zu breiten oder einen zu schmalen Schutzkorridor zur Folge, je nachdem ob die Satzungsklausel weiter oder enger zugeschnitten ist.[863] Darüber hinaus wird man der Gesellschaft auch Geschäftschancen in angrenzenden Tätigkeitsfeldern zuordnen müssen.[864] Beispiele bilden die Beteiligung an Zulieferunternehmen oder Absatzmittlern,[865] wobei es keine Rolle spielt, ob die Gesellschaft diese Gelegenheit selbst oder nur mittelbar über Konzernunternehmen wahrnehmen kann und will. Neben Schutzzweckgesichtspunkten spricht dafür nicht zuletzt die Erwägung, dass solche Geschäfte Effizienz- und Synergievorteile versprechen und deshalb für die Gesellschaft von besonderem Interesse sein dürften.[866]

(cc) Verhältnis beider Kriterien zueinander. Die kumulative Verknüpfung der behandelten Kriterien in dem jüngsten BGH-Urteil („und"[867]) sowie ihre Anwendung in verschiedenen Randnummern lassen den Schluss zu, dass sie nach Auffassung des BGH beide vorliegen müssen. Dies widerspräche allerdings sowohl der bisherigen Sichtweise im deutschen Schrifttum als auch der internationalen Handhabung.[868] Richtig verstanden, ergänzen die genannten Zuordnungskriterien einander. Sind sie gleich beide erfüllt, so handelt es sich um einen besonders klaren Verstoß gegen die Geschäftschancenlehre.[869]

142a

(dd) Zuordnung nach der Realstruktur der Gesellschaft? Eine im Schrifttum vertretene Auffassung will darüber hinaus im Anschluss an eine US-amerikanische Pionierstudie[870] zwischen Geschäftsleitern personalistischer Gesellschaften und Geschäftsleitern von Publikumsgesellschaften unterscheiden: Für erstere sollen die soeben herausgearbeiteten Zuordnungskriterien gelten, für letztere ein kategorisches Verbot der Geschäftschancenwahrnehmung.[871] Dem ist nicht zu folgen: Zum einen trägt dieser Vorschlag den Strukturunterschieden zwischen dem deutschen und dem amerikanischen Kapitalgesellschaftsrecht nicht genügend Rechnung;[872] zum zweiten beruht er auf der nicht näher belegten Prämisse, dass eine hinreichende Kontrolle der Vorstandsmitglieder durch den Aufsichtsrat nicht gewährleistet sei,[873] zum dritten schränkt er den privaten Aktionsradius der Vorstandsmitglieder zu stark ein und kommt doch nicht ohne Ausnahmetatbestände aus,[874] so dass die erhoffte Vereinfachung der Rechtslage kaum eintreten wird.[875] Wertvoll bleibt allein die rechtstatsächliche Beobachtung, dass die Usurpierung von Geschäftschancen vor allem (aber eben nicht ausschließlich) bei personalistischen Gesellschaften anzutreffen ist.[876]

143

(c) Rechtfertigungsgründe. Vorstandsmitglieder pflegen bei der Eigenwahrnehmung korporativer Geschäftschancen eine Reihe von Rechtfertigungsgründen vorzutragen, die Rechtsprechung und Rechtslehre allerdings nur teilweise anerkennen.[877]

144

---

[863] Wie hier *Kübler/Waltermann* ZGR 1991, 162 (170); *Schiessl* GmbHR 1988, 53 (54); abw. *Salfeld*, Wettbewerbsverbote im Gesellschaftsrecht, 1987, 45 f.
[864] Vgl. Großkomm AktG/*Hopt/Roth* Rn. 255; *Röhricht* WPg 1992, 767 (770); *Weisser*, Corporate Opportunities, 1991, 150 ff.
[865] Vgl. *Merkt* ZHR 159 (1995), 423 (441 f.); *Polley*, Wettbewerbsverbote und Geschäftschancenlehre, 1993, 137; *Reinhardt*, Interessenkonflikte bei der privaten Wahrnehmung von Geschäftschancen im US-amerikanischen und deutschen Gesellschaftsrecht, 1994, 121 f.
[866] Vgl. *Fleischer* NZG 2003, 985 (987); *Reinhardt*, Interessenkonflikte bei der privaten Wahrnehmung von Geschäftschancen im US-amerikanischen und deutschen Gesellschaftsrecht, 1994, 121.
[867] BGH NZG 2013, 216 Rn. 21.
[868] Näher dazu *Fleischer* NZG 2013, 361 (364 mwN).
[869] Vgl. *Fleischer* NZG 2013, 361 (364).
[870] Vgl. *Brudney/Clark* 94 Harv. L. Rev. 997 (1981) unter der programmatischen Überschrift „A New Look at Corporate Opportunities".
[871] *Abeltshauser*, Leitungshaftung im Kapitalgesellschaftsrecht, 1998, 373 f.; *Kübler* FS Werner, 1984, 437 (442 ff.); *Kübler/Waltermann* ZGR 1991, 162 (167); *Reinhardt*, Interessenkonflikte bei der privaten Wahrnehmung von Geschäftschancen im US-amerikanischen und deutschen Gesellschaftsrecht, 1994, 95 ff., 101 ff., 115 ff.
[872] Dies wird keineswegs übersehen bei *Kübler* FS Werner, 1984, 437 (445 f.).
[873] Dazu auch *Fleischer* NZG 2003, 985 (987); ähnlich *Hopt* in Hopt/Teubner, Corporate Governance and Directors' Liabilities, 1985, 285 (298).
[874] Ausgenommen sein soll der Bereich der privaten Vermögensanlage (*passive investments*); dazu *Kübler* FS Werner, 1984, 437 (447); *Reinhardt*, Interessenkonflikte bei der privaten Wahrnehmung von Geschäftschancen im US-amerikanischen und deutschen Gesellschaftsrecht, 1994, 115 f.
[875] Kritisch mit Blick auf allfällige Abgrenzungsschwierigkeiten auch *Weisser*, Corporate Opportunities, 1991, 115.
[876] Vgl. *Fleischer* NZG 2003, 985 (987).
[877] Ausführlich zu Folgendem *Fleischer* FS Kilian, 2004, 645 (654 ff.); *Fleischer* NZG 2013, 361 (364 ff.).

145 **(aa) Fehlende Finanzmittel der Gesellschaft.** Mit großer Reserve begegnet der BGH der Standardverteidigung, die Gesellschaft sei wegen fehlender Finanzmittel gar nicht in der Lage gewesen, die Geschäftschance selbst wahrzunehmen. Nach einer Leitentscheidung aus dem Jahre 1986 darf ein Organmitglied die Erwerbschancen in einem solchen Fall nicht einfach selbst vornehmen, sondern muss nach geeigneten Auswegen suchen: Dazu gehört die Aufnahme von Krediten oder die Durchführung einer Kapitalerhöhung,[878] ferner die Einforderung von Nachschüssen, der Abschluss stiller Gesellschaftsverträge sowie die Gründung eines Gemeinschaftsunternehmens.[879] In jedem Fall muss vor einer Eigenwahrnehmung die Entscheidung des Aufsichtsrats eingeholt werden.[880]

146 Dem Standpunkt der Rechtsprechung ist beizutreten.[881] Wer die einschlägigen Gerichtsentscheidungen sorgfältiger studiert, erkennt, dass Finanzierungsschwierigkeiten den Organmitgliedern häufig nur als Vorwand dienen. Nachdenklich stimmt bereits, dass eine Aktiengesellschaft nicht in der Lage sein soll, Investitionen mit einem positiven Erwartungswert[882] selbst zu finanzieren. Das verwundert umso mehr, wenn ihr Vorstandsmitglied die erforderlichen Mittel ohne größere Mühe aufbringen kann.[883] Unabhängig davon könnte eine gegenteilige Rechtsregel das Vorstandsmitglied veranlassen, die Suche nach etwaigen Geldgebern nur halbherzig voranzutreiben.[884] Diskutabel wäre allenfalls, ihm die Beweislast dafür aufzubürden, dass er trotz pflichtgemäßer Anstrengungen keine Finanzierungsquellen für die Gesellschaft gefunden hat. Dagegen spricht indes, dass Aufsichtsrat und Aktionäre derartige Angaben, wenn überhaupt, nur mit beträchtlichem Zeit- und Kostenaufwand überprüfen können. Vorzugswürdig erscheint es daher, im Falle fehlender Finanzmittel weiterhin an einem Zustimmungserfordernis des Aufsichtsrats festzuhalten. Ebenso wird man entscheiden müssen, wenn ein Vorstandsmitglied vorträgt, dem Vertragsschluss mit der Gesellschaft hätten gesetzliche Hinderungsgründe entgegen gestanden oder der betreffende Vertragspartner sei nicht bereit gewesen, mit der Gesellschaft zu kontrahieren:[885] Auch hier soll die Gesellschaft zunächst Gelegenheit erhalten, die Hindernisse auszuräumen oder den Vertragspartner umzustimmen.[886]

147 **(bb) Private Kenntniserlangung.** Nach Auffassung des BGH hängt die Verpflichtung des Organmitglieds, den Vorteil der Gesellschaft zu wahren und Schaden von ihr abzuwenden, nicht davon ab, ob es von der Geschäftschance anlässlich einer dienstlichen oder privaten Besorgung erfahren hat: Vielmehr sei seine Sorgfalts- und Treuepflicht gegenüber der Gesellschaft unteilbar.[887] Im Schrifttum wird dies mehrheitlich gebilligt[888] und mitunter dahin formuliert, dass ein Geschäftsleiter gewissermaßen immer im Dienst sei.[889] Eine jüngere Entscheidung des OLG Frankfurt hat diesen Standpunkt nochmals bekräftigt und einem GmbH-Geschäftsführer den Einwand abgeschnitten, dass ihm die lukrative Geschäftsgelegenheit durch einen „persönlichen Freund" angetragen wurde.[890]

148 Die harte Haltung des BGH verdient trotz gewisser Vorteile einer klaren Grenzziehung keine Zustimmung.[891] Zunächst vermag der Hinweis auf die Unteilbarkeit der Treuepflicht nicht ganz zu befriedigen, weil er voraussetzt, was erst zu begründen wäre: dass nämlich die Pflicht zur Amtstreue vollständig auf die Privatsphäre des Vorstandsmitglieds durchschlägt.[892] Darüber hinaus ist es wenig plausibel anzunehmen, Vorstandsmitglieder seien ohne zusätzliche Vergütung bereit, privat erlangte

---

[878] Vgl. BGH NJW 1986, 584 (585); NZG 2013, 216 Rn. 31.
[879] Vgl. BGH WM 1977, 361 (362); s. auch OLG Celle NZG 2002, 469 (470).
[880] Vgl. BGH NJW 1986, 584 (585); WM 1977, 361 (362).
[881] Ebenso Großkomm AktG/*Hopt/Roth* Rn. 257.
[882] Näher zu den verschiedenen Methoden der Investitionsrechnung etwa *Wöhe*, Einführung in die Allgemeine Betriebswirtschaftslehre, 24. Aufl. 2010, 530 ff.
[883] Vgl. *Fleischer* FS Kilian, 2004, 645 (654).
[884] Ebenso *Merkt* ZHR 159 (1995), 423 (443 f.).
[885] Plastischer Beispielsfall: *Energy Resource Corp v Porter* 438 N E 2 d 391 (Mass App 1982): farbiger Wissenschaftler erklärt, er weigere sich, mit „white horses getting minority money" zusammenzuarbeiten.
[886] Wie hier *Polley*, Wettbewerbsverbote und Geschäftschancenlehre, 1993, 145; *Reinhardt*, Interessenkonflikte bei der privaten Wahrnehmung von Geschäftschancen im US-amerikanischen und deutschen Gesellschaftsrecht, 1994, 142 f.; abw. *Kübler/Waltermann* ZGR 1991, 162 (171).
[887] Vgl. BGH NJW 1986, 585 (586); NZG 2013, 216 Rn. 27; dem folgend OLG Frankfurt GmbHR 1998, 376 (378).
[888] Vgl. *Kübler/Waltermann* ZGR 1991, 162 (169); *Röhricht* WPg 1992, 766 (771); *Schiessl* GmbHR 1988, 53 (54 f.); jedenfalls iE auch Hölters/*Hölters* Rn. 127.
[889] Vgl. Scholz/*Schneider* GmbHG § 43 Rn. 205.
[890] Vgl. OLG Frankfurt GmbHR 1998, 376 (378).
[891] Näher *Fleischer* FS Kilian, 2004, 645 (656 f.); *Fleischer* NZG 2013, 361 (365).
[892] Zu anerkannten Relativierungen etwa Großkomm AktG/*Hopt/Roth* Rn. 235 f.; ausführlich *Fleischer* NJW 2006, 3239 ff.

Informationen uneingeschränkt an die Gesellschaft weiterzuleiten.[893] Überwiegende Gründe sprechen daher für eine vermittelnde Auffassung: Danach kann die private Kenntniserlangung zusammen mit anderen Begleitumständen durchaus Anlass geben, in besonders gelagerten Fällen eine Geschäftschance der Gesellschaft zu verneinen. Vorstellbar ist dies vor allem bei Erwerbsgelegenheiten, die dem Vorstandsmitglied höchstpersönlich angetragen wurden, etwa im Familienkreis oder auf Grund persönlicher Freundschaft.[894] Die Beweislast dafür trägt freilich das Vorstandsmitglied,[895] wobei an den Nachweis höchstpersönlicher Kenntniserlangung hohe Anforderungen zu stellen sind.[896]

(cc) Freigabe durch die Gesellschaft. Für eine Freigabe der Geschäftschance reicht es nach der billigenswerten Auffassung des BGH nicht aus, dass das Vorstandsmitglied die Gesellschaft von seinen geplanten Eigengeschäften in Kenntnis setzt;[897] erforderlich ist vielmehr ihr Einverständnis auf der Grundlage vollständiger Information.[898] Einzelheiten des Freigabeverfahrens sind in der Rechtsprechung noch nicht endgültig geklärt. Bei Aktiengesellschaften hält nach richtiger Ansicht § 88 Abs. 1 S. 1 den Schlüssel zur Problemlösung bereit: Weil der Aufsichtsrat ermächtigt ist, Vorstandsmitglieder von ihrem Wettbewerbsverbot zu befreien, wird man für die eng verwandte Geschäftschancenlehre (zu diesen Verbindungslinien bereits → Rn. 137) nicht anders entscheiden können.[899] Entsprechend § 88 Abs. 1 S. 3 darf die erforderliche Zustimmung allerdings nicht blanko erfolgen[900] und muss vor Geschäftschancenwahrnehmung erteilt werden („Einwilligung"), da ansonsten ein Verstoß gegen § 93 Abs. 4 S. 2 vorliegt.[901] Eine Zustimmung der Hauptversammlung ist dagegen weder rechtlich geboten noch sachlich veranlasst.[902] 149

(dd) Eigenwahrnehmung nach Beendigung der Organstellung. Kein Gehör findet ein Vorstandsmitglied mit dem Vorbringen, er habe die Erwerbschancen erst nach seinem Ausscheiden aus der Organstellung wahrgenommen. Einhelliger Auffassung zufolge bleibt seine Treuepflicht über die Beendigung der Organstellung hinaus als nach- oder fortwirkende Treuepflicht bestehen (näher → Rn. 158).[903] Insbesondere ist es ihm bei seinem Ausscheiden verboten, Erwerbschancen der Gesellschaft mitzunehmen und in ihrem Namen angebahnte oder gar abgeschlossene Verträge an sich zu ziehen.[904] Das überzeugt, darf ein Vorstandsmitglied doch umgekehrt Erwerbschancen weiter für sich nutzen, deren Grundlagen es vor seinem Amtsantritt oder vor Gründung der Gesellschaft persönlich gelegt hat (→ Rn. 141). 150

(ee) Wechsel in die Selbstständigkeit. Nach einer vielbesprochenen BGH-Entscheidung darf ein Geschäftsleiter eine ihm als Privatmann angetragene Erfindung nicht zum Wechsel in die Selbstständigkeit nutzen: Zwar sei er nicht gehindert, sein Dienstverhältnis zu kündigen und sich einen anderen beruflichen Wirkungskreis zu suchen; er dürfe den Wechsel aber nicht unter Mitnahme einer gesellschaftlichen Geschäftschance vollziehen.[905] Dabei sei es unerheblich, ob diese Erwerbsgelegenheit dienstlich oder privat an ihn herangetragen wurde. Seine organschaftliche Treuepflicht 151

---

[893] Zu diesem rechtsökonomischen Kalkül und rechtsvergleichenden Erwägungen *Fleischer* FS Kilian, 2004, 645 (656 f.).
[894] Vgl. *Fleischer* NZG 2013, 361 (365); zustimmend Grigoleit/*Grigoleit/Tomasic* § 88 Rn. 48 mit Fn. 85; Großkomm AktG/*Hopt/Roth* Rn. 258; *Verse* in Krieger/Schneider Managerhaftung-HdB § 22 Rn. 32; s. auch *Timm* GmbHR 1981, 177 (181); abw. OLG Frankfurt GmbHR 1998, 376 (378); *Schiessl* GmbHR 1988, 53 (54 f.); Hölters/*Hölters* Rn. 127; offen Röhricht WPg 1992, 766 (771).
[895] Vgl. Großkomm AktG/*Hopt/Roth* Rn. 258; *Timm* GmbHR 1981, 177 (181 mit Fn. 50); eine Beweislastregelung als unzureichend ansehend dagegen *Schiessl* GmbHR 1988, 53 (55); *Reinhardt*, Interessenkonflikte bei der privaten Wahrnehmung von Geschäftschancen im US-amerikanischen und deutschen Gesellschaftsrecht, 1994, 145; allgemein zu Beweislastfragen im Rahmen der Geschäftschancenlehre BGH NZG 2013, 216 Rn. 28.
[896] Vgl. *Fleischer* FS Kilian, 2004, 645 (657).
[897] Vgl. BGH NJW 1989, 2687 (2688).
[898] Vgl. BGH WM 1976, 77; WM 1977, 361 (362); *Röhricht* WPg 1992, 766 (770); *Timm* GmbHR 1981, 177 (182).
[899] Vgl. *Fleischer* NZG 2003, 985 (990); Kölner Komm AktG/*Mertens/Cahn* Rn. 105; *Thümmel*, Persönliche Haftung von Managern und Aufsichtsräten, 5. Aufl. 2016, Rn. 215; MHdB AG/*Wiesner* § 25 Rn. 12; Wachter/*Eckert* Rn. 15.
[900] Vgl. *Kübler* FS Werner, 1984, 437 (440).
[901] Vgl. Großkomm AktG/*Hopt/Roth* Rn. 261; *Reinhardt*, Interessenkonflikte bei der privaten Wahrnehmung von Geschäftschancen im US-amerikanischen und deutschen Gesellschaftsrecht, 1994, 164; *Weisser*, Corporate Opportunities, 1991, 207.
[902] Ebenso *Reinhardt*, Interessenkonflikte bei der privaten Wahrnehmung von Geschäftschancen im US-amerikanischen und deutschen Gesellschaftsrecht, 1994, 164.
[903] Vgl. BGH WM 1977, 194; Großkomm AktG/*Hopt/Roth* Rn. 258 und 273.
[904] Vgl. *Fleischer* WM 2003, 1045 (1058).
[905] Vgl. BGH NJW 1986, 585 (586).

schließe eine unterschiedliche Behandlung einzelner Geschäftschancen der Gesellschaft und damit die noch vom Berufungsgericht angestellte Interessenabwägung zugunsten einer wirtschaftlichen Selbstständigkeit des Geschäftsleiters aus.[906] Im Schrifttum hat diese Entscheidung ganz überwiegend Zuspruch gefunden.[907]

152 Der Begründungsansatz des BGH verdient in dieser Allgemeinheit keine Unterstützung.[908] Zur Kritik fordert vor allem die einseitige Betonung der Gesellschaftsinteressen heraus, die im Ergebnis zu einer Schmälerung des Wettbewerbs und einer Erschwerung der Neugründung von Unternehmen führt.[909] Darüber hinaus gerät die Haltung des BGH mit der Wertentscheidung des § 88 in Konflikt, wonach sich das organschaftliche Verbot in zeitlicher Hinsicht nur auf die Dauer der Organstellung erstreckt (näher → § 88 Rn. 9). Gegen eine großflächige Reservierung von Geschäftschancen zugunsten der Gesellschaft[910] sprechen des Weiteren rechtsökonomische Erwägungen: Wenn ein Vorstandsmitglied während seines gesamten Berufslebens für unterschiedliche Gesellschaften Unternehmerfunktionen wahrnimmt, leuchtet es nicht ein, warum eine Gesellschaft, die ihn nur wenige Jahre beschäftigt hat, berechtigt sein soll, alle künftigen Erwerbschancen in ihrem Geschäftsbereich für sich zu beanspruchen.[911] Der im Laufe eines Ausbildungs- und Erwerbslebens angesammelte Wissens- und Erfahrungsschatz „gehört" allein dem Vorstandsmitglied. Infolgedessen muss es ihm gestattet sein, sich unter Mitnahme seiner allgemeinen Berufs- und Branchenerfahrungen („Humankapital")[912] selbstständig zu machen. Ebenso wenig wird man es ihm verwehren können, während seiner Amtszeit Vorbereitungen für ein eigenes künftiges Handelsgewerbe zu treffen, sofern ihn dies nicht von der Wahrnehmung seiner Dienstpflichten abhält.[913] Anders liegt es freilich, wenn er bei einem Wechsel in die Selbstständigkeit handfeste Erwerbsgelegenheiten der Gesellschaft „mitgehen" lässt (→ Rn. 150). Die Trennlinie verläuft insoweit zwischen den speziellen Geschäftschancen der Gesellschaft und dem allgemeinen Wissens- und Erfahrungsstock ihres Vorstandsmitglieds.[914]

153 **(5) Aneignung von Gesellschaftsressourcen.** Eine weitere Fallgruppe sammelt Sachverhalte, in denen sich Vorstandsmitglieder unerlaubt Gesellschaftsressourcen aneignen.[915] Zu unterscheiden ist hier zwischen *einseitig* in Anspruch genommenen Geld-, Sach- oder Dienstleistungen und *einvernehmlich* gewährten Zusatzvergünstigungen.[916] Als treuwidrig anzusehen sind danach der Griff in die Gesellschaftskasse,[917] das Hinwirken auf die Auszahlung einer dem Vorstandsmitglied nach dem Anstellungsvertrag nicht zustehenden Vergütung,[918] das Gutschreiben von Scheckbeträgen auf dem Privatkonto des Vorstandsmitglieds,[919] die unentgeltliche Heranziehung von Angestellten der Gesellschaft für private Bauarbeiten,[920] die Möblierung der Privatvilla auf Firmenkosten[921] und die Erstattung von Urlaubskosten aus Gesellschaftsmitteln.[922] Bei der privaten Nutzung des Dienstwagens oder Firmenflugzeugs kommt es maßgeblich auf den Anstellungsvertrag an.[923] Die Überlassung des Dienstwagens zur privaten Nutzung schließt nach Auffassung des BGH auch die privaten Benzinkosten ein, sofern dem Vorstandsmitglied nicht die Führung eines Fahrtenbuchs auferlegt ist.[924] Dienstlich veranlasste Reisekosten, Spesen und Repräsentationsaufwendungen sind grundsätzlich erstat-

---

[906] Vgl. BGH NJW 1986, 585 (586).
[907] Vgl. *Merkt* ZHR 159 (1995), 423 (425, 440); *Raiser/Veil* KapGesR § 14 Rn. 93; *Reinhardt*, Interessenkonflikte bei der privaten Wahrnehmung von Geschäftschancen im US-amerikanischen und deutschen Gesellschaftsrecht, 1994, 145; *Weisser*, Corporate Opportunities, 1991, 176; kritisch allein Großkomm AktG/*Hopt/Roth* Rn. 258.
[908] Ausführlich *Fleischer* FS Kilian, 2004, 645 (659 ff.) mit rechtsvergleichenden Belegen.
[909] Dezidiert in diesem Sinne bereits Großkomm AktG/*Hopt/Roth* Rn. 258.
[910] Allgemein kritisch auch *Röhricht* WPg 1992, 766 (775).
[911] Vgl. *Fleischer* FS Kilian, 2004, 645 (660 f.).
[912] Begriffsprägend *G. Becker*, Human Capital, 1. Aufl. 1964, 3. Aufl. 1993.
[913] Vgl. OLG Frankfurt NZG 2000, 738 (740).
[914] Näher *Fleischer* FS Kilian, 2004, 645 (661 f.).
[915] Vgl. *Fleischer* in Fleischer VorstandsR-HdB § 9 Rn. 41; Großkomm AktG/*Hopt/Roth* Rn. 239 und 267; NK-AktR/*U. Schmidt* Rn. 37; allgemein zu unzulässigen „fringe benefits" von Vorstandsmitgliedern am Beispiel des Middelhoff-Falls *Fleischer/Bauer* ZIP 2015, 1901.
[916] Vgl. *Fleischer* WM 2003, 1045 (1056).
[917] Vgl. *Fleischer* WM 2003, 1045 (1056).
[918] Vgl. BGH NZG 2008, 104 (GmbH).
[919] Vgl. OLG Saarbrücken ZIP 2002, 130 (131).
[920] Vgl. BGH WM 1976, 77 (78).
[921] Vgl. OLG Naumburg NZG 1999, 353.
[922] Vgl. BGH NJW 2003, 431 (433); KG NZG 2001, 325 (326 f.).
[923] Vgl. *Fleischer* WM 2003, 1045 (1056); eingehend LG Essen BeckRS 2014, 22313; dazu *Fleischer/Bauer* ZIP 2015, 1901 (1906).
[924] Vgl. BGH NJW 2003, 431 (432) gegen KG NZG 2001, 325 (326 f.).

tungsfähig, haben sich aber in einem angemessenen Rahmen zu halten.[925] Dazu kann auch die Teilnahme der Ehefrau an einem Geschäftsessen gehören.[926] Weiterhin muss die Gesellschaft die Kosten zur Gewährleistung der Sicherheit des Vorstandsmitglieds tragen, wenn die Gefährdung mit seiner Amtsstellung zusammenhängt.[927] Nicht erstattungsfähig ist dagegen die Ausstattung des Privathauses mit einer elektronischen Einbruchsmeldeanlage ohne dienstlichen Bezug.[928]

(6) Annahme von Zuwendungen Dritter. Treuwidrig handeln Vorstandsmitglieder schließlich, wenn sie sich anlässlich eines Vertragsschlusses für die Gesellschaft von Dritten Provisionen versprechen lassen,[929] Schmiergelder entgegennehmen[930] oder Vorzugspreise für sich aushandeln.[931] Ganz in diesem Sinne bestimmt Ziff. 4.3.2 DCGK, dass Vorstandsmitglieder im Zusammenhang mit ihrer Tätigkeit weder für sich noch für andere Personen von Dritten Zuwendungen oder sonstige Vorteile fordern oder annehmen dürfen.[932]

Für den Treuepflichtverstoß spielt es keine Rolle, ob der Gesellschaft durch das Verhalten ihres Vorstandsmitglieds ein Schaden entstanden ist.[933] Die Pflicht zur Herausgabe der vereinnahmten Sonderzuwendungen folgt unmittelbar aus der organschaftlichen Treuepflicht des Vorstandsmitglieds[934] und entspricht dem Gedanken des § 667 BGB.[935] Im Übrigen besteht ein Beweis des ersten Anscheins dafür, dass das betreffende Geschäft ohne die Zuwendungen mit anderem Inhalt, insbesondere einer höheren Gegenleistung zustande gekommen wäre und der Gesellschaft damit ein Schaden mindestens in Höhe des gewährten Vorteils entstanden ist.[936]

cc) Persönlicher und sachlicher Geltungsbereich. (1) Gewährung von Sondervorteilen an Dritte. Zur Verschleierung des wahren Sachverhalts begegnen bei allen vorgestellten Fallgruppen Sonderzuwendungen an Dritte: Das zinsgünstige Darlehen wird der Ehefrau oder dem Bruder des Vorstandsmitglieds gewährt (Eigengeschäft);[937] die der Gesellschaft offen stehende Möglichkeit, ein Grundstück zu erwerben, wird der Ehefrau oder einem dem Geschäftsleiter gehörenden Unternehmen zugeschanzt (Geschäftschancenlehre);[938] nahe Angehörige werden auf Kosten der Gesellschaft bewirtet (Aneignung von Gesellschaftsressourcen);[939] die dem Organmitglied versprochene Provision wird an einen Strohmann ausgezahlt (Annahme von Zuwendungen Dritter).[940] Die Spruchpraxis hat in sämtlichen Fällen einen Treuepflichtverstoß bejaht, aber keine nähere Begründung angeboten. Im Schrifttum billigt man die Einzelergebnisse,[941] ohne die übergreifende Fragestellung herauszuarbeiten.[942]

---

[925] Vgl. NK-AktR/*U. Schmidt* Rn. 38; Großkomm AktG/*Hopt*/*Roth* Rn. 239; Kölner Komm AktG/*Mertens*/*Cahn* Rn. 103.

[926] Vgl. BGH NJW 2003, 431 (432) gegen KG NZG 2001, 325 (326 f.); ferner LG Essen BeckRS 2014, 22313; dazu *Fleischer/Bauer* ZIP 2015, 1901 (1911 f.).

[927] Vgl. Großkomm AktG/*Hopt*/*Roth* Rn. 239; Kölner Komm AktG/*Mertens*/*Cahn* Rn. 102.

[928] Vgl. OLG Naumburg NZG 1999, 353.

[929] Vgl. RGZ 96, 53 (54); BGH WM 1983, 498 (499); WM 1992, 691 (693); NJW 2001, 2476 (2477); OLG Düsseldorf WM 2000, 1393 (1397); *Fleischer* in Fleischer VorstandsR-HdB § 9 Rn. 42; Großkomm AktG/*Hopt*/*Roth* Rn. 271; Hölters/*Hölters* Rn. 130.

[930] Vgl. BGH WM 1962, 578; WM 1967, 679; OLG Hamburg GmbHR 1998, 89; OLG Düsseldorf WM 2000, 1393 (1397); *Berg*, Wirtschaftskorruption, 2004, 182 ff., 185 ff.; Kölner Komm AktG/*Mertens*/*Cahn* Rn. 100; *Schmitt*, Treuepflichten der Vorstandsmitglieder einer konzernunabhängigen Aktiengesellschaft nach deutschem und US-amerikanischem Recht, 2003, 131.

[931] Vgl. BGH WM 1967, 679; WM 1979, 1328 (1330).

[932] Vgl. KBLW/*Bachmann* DCGK Rn. 1085 ff.

[933] Vgl. OLG Düsseldorf WM 2000, 1393 (1397); *Fleischer* in Fleischer VorstandsR-HdB § 9 Rn. 43; Großkomm AktG/*Hopt*/*Roth* Rn. 271.

[934] Vgl. OLG Düsseldorf WM 2000, 1393 (1397).

[935] Vgl. BGH NJW 2001, 2476 (2477); BFH FR 1987, 456; OLG Düsseldorf WM 2000, 1393 (1397); eingehend zu den Rechtsfolgen *Rusch*, Gewinnhaftung bei Verletzung von Treuepflichten, 2003, 202 ff.; *Schmitt*, Treuepflichten der Vorstandsmitglieder einer konzernunabhängigen Aktiengesellschaft nach deutschem und US-amerikanischem Recht, 2003, 167 ff., 184 ff.

[936] Vgl. BGH WM 1962, 578 (579); OLG Düsseldorf WM 2000, 1393 (1398); Hölters/*Hölters* Rn. 130; s. aber auch BGH NJW 2001, 2476 (2477) für eine atypische Konstellation.

[937] Vgl. OLG Düsseldorf GmbHR 1995, 227 (228); OLG Hamm BB 1997, 1062 (1063); *Berg*, Wirtschaftskorruption, 2004, 184.

[938] Vgl. BGH NJW 1986, 584 (585); KG NZG 2001, 129.

[939] Vgl. KG NZG 2001, 325 (326).

[940] Vgl. BGH WM 1987, 281 (282).

[941] Vgl. etwa für die Veranlassung von Zuwendungen an Dritte Großkomm AktG/*Hopt*/*Roth* Rn. 272; Kölner Komm AktG/*Mertens*/*Cahn* Rn. 100.

[942] Problembewusstsein aber bei *Wiedemann*, Organverantwortung und Gesellschafterklagen in der AG, 1989, 20; ferner Hopt ZGR 2004, 1 (23 f.).

157 Dogmatisch lässt sich das Problem mit einer Verallgemeinerung des in § 89 Abs. 3 und 4 enthaltenen Rechtsgedankens bewältigen.[943] Danach sind dem Vorstandsmitglied jedenfalls solche Vergünstigungen zuzurechnen, die seinem Ehegatten oder Lebenspartner, einem minderjährigen Kind oder einem mittelbaren Stellvertreter gewährt werden (näher → § 89 Rn. 19). Gleiches gilt für Sonderzuwendungen an Unternehmen, an denen das Vorstandsmitglied alleiniger oder jedenfalls mehrheitlich beteiligter Gesellschafter oder Anteilseigner ist (→ § 89 Rn. 20). Fehlt ein solches verwandtschaftliches oder konzernrechtliches Näheverhältnis, so ist im Einzelfall darzulegen, dass das Vorstandsmitglied durch die Vorteilsgewährung an eine dritte Person wenigstens mittelbar einen wirtschaftlichen Vorteil erlangt hat. Einen Umgehungsschutz für treuwidrige Drittzuwendungen kennt auch Ziff. 4.3.4 DCGK, der allerdings nur vage von Zuwendungen an nahe stehende Personen spricht.[944] *De lege ferenda* empfiehlt sich die Aufnahme allgemeiner Zurechnungsregeln in das Aktienrecht nach dem Vorbild ausländischer Rechtsordnungen.[945]

158 **(2) Nachwirkende Treuepflicht.** Einhelliger Auffassung zufolge bleibt die Treuepflicht des Vorstandsmitglieds über die Beendigung der Organstellung hinaus als nach- oder fortwirkende Treuepflicht bestehen.[946] Insbesondere ist es einem ausscheidenden Vorstandsmitglied verboten, Geschäftschancen der Gesellschaft mitzunehmen,[947] für die Gesellschaft angebahnte oder gar abgeschlossene Verträge an sich zu ziehen[948] oder in sonstiger Weise zu beeinträchtigen sowie Informationen, hinsichtlich derer seine Verschwiegenheitspflicht fortdauert, für eigene Geschäfte auszunutzen.[949] Zur Begründung verweist der BGH auf den im Vertragsrecht anerkannten Rechtsgedanken der nachvertraglichen Pflichten,[950] der dogmatisch freilich zu einer Lehre fortwirkender Organpflichten auszubauen wäre.[951] Darüber hinaus kann ein abberufenes oder ausgeschiedenes Vorstandsmitglied kraft seiner nachwirkenden Treuepflicht gehalten sein, einen Nachfolger auf dringend zu erledigende oder für die Gesellschaft besonders wichtige Angelegenheiten ausdrücklich hinzuweisen.[952] Einer obergerichtlichen Entscheidung zufolge ist er auch verpflichtet, den Insolvenzverwalter auf die drohende Verjährung einer Gesellschaftsforderung aufmerksam zu machen.[953] Schließlich obliegen einem ehemaligen Vorstandsmitglied gemäß § 101 iVm § 97 InsO gewisse Auskunfts- und Mitwirkungspflichten in der Insolvenz der Gesellschaft, wenn er nicht früher als zwei Jahre vor dem Antrag auf Eröffnung des Insolvenzverfahrens ausgeschieden ist.[954]

159 Von einer Nachwirkung nicht erfasst wird dagegen das aus der Treuepflicht abgeleitete Wettbewerbsverbot.[955] Ein ausgeschiedenes Vorstandsmitglied ist daher grundsätzlich nicht mehr verpflichtet, durch eigene geschäftliche Zurückhaltung wirtschaftliche Nachteile der Gesellschaft zu vermeiden,[956] weil das typische Risiko einer Interessenkollision – das Signum der organschaftlichen Treuepflicht – weggefallen ist.[957]

160 **b) Verschwiegenheitspflicht. aa) Grundlagen. (1) Rechtsdogmatische Einordnung.** Gemäß § 93 Abs. 1 S. 3 müssen Vorstandsmitglieder[958] über vertrauliche Angaben und Geheimnisse der Gesellschaft, die ihnen durch ihre Tätigkeit im Vorstand bekanntgeworden sind, Stillschweigen wahren. Diese Verschwiegenheitspflicht ist nach zutreffender hM Ausfluss der organschaftlichen

---

[943] Näher *Fleischer* WM 2003, 1045 (1057); zustimmend *Hopt* ZGR 2004, 1 (23 f.).
[944] Dazu KBLW/*Bachmann* DCGK Rn. 1118 ff.
[945] Ausführlich *Fleischer* WM 2003, 1045 (1057 f.).
[946] Vgl. BGH WM 1977, 194; NZG 2012, 547 Rn. 13 (für einen Abwickler); *Fleischer* in Fleischer VorstandsR-HdB § 9 Rn. 46; Großkomm AktG/*Hopt/Roth* Rn. 273; Kölner Komm AktG/*Mertens/Cahn* Rn. 112.
[947] Vgl. BGH NJW 1986, 585 (586); OLG Frankfurt GmbHR 1998, 376 (378).
[948] Vgl. BGH WM 1977, 194.
[949] Vgl. Großkomm AktG/*Hopt/Roth* Rn. 274; Kölner Komm AktG/*Mertens/Cahn* Rn. 112.
[950] Vgl. BGH WM 1977, 194.
[951] Dazu *Fleischer* WM 2003, 1045 (1058); ausführlich *Palzer*, Fortwirkende organschaftliche Pflichten der Geschäftsführer der GmbH, 1991, 177 ff., 205 ff.
[952] Vgl. BGH NZG 2014, 547 LS für einen Abwickler, der nach § 268 Abs. 2 S. 1 die Rechte und Pflichten eines Vorstands hat.
[953] Vgl. OLG Koblenz BeckRS 2007, 01040.
[954] Zum Umfang der Auskunftspflicht BGH NZG 2015, 563.
[955] Vgl. BGH WM 1977, 194; OLG Oldenburg NZG 2000, 1038 (1039); OLG Düsseldorf GmbHR 1999, 120 (121); OLG Frankfurt GmbHR 1998, 376 (378); Großkomm AktG/*Hopt/Roth* Rn. 273; abw. *Palzer*, Fortwirkende organschaftliche Pflichten der Geschäftsführer der GmbH, 1991, 239, derzufolge die Frage weniger dahin gehe, ob das Wettbewerbsverbot bestehe, sondern in welchem Umfang, was eine Frage des Einzelfalls sei.
[956] Vgl. BGH WM 1977, 194; Kölner Komm AktG/*Mertens/Cahn* Rn. 112.
[957] Vgl. OLG Düsseldorf GmbHR 1999, 120 (121).
[958] Zur Verschwiegenheitspflicht von Organmitgliedern einer SE *Schaper* AG 2018, 356 (360 ff.).

Treuepflicht.⁹⁵⁹ Auch vertrauliche Informationen und Geschäftsgeheimnisse können nämlich Gegenstand des Treuguts sein,⁹⁶⁰ das den Vorstandsmitgliedern als Treuhändern (→ Rn. 114) anvertraut ist. Der BGH erblickt den Zweck des Verschwiegenheitsgebots in dem Schutz des Unternehmensinteresses⁹⁶¹ (dazu auch → § 76 Rn. 26); besser sollte man vom Schutz des Gesellschaftsinteresses sprechen. Im Einzelnen geht es vor allem um die Wettbewerbsfähigkeit und das Ansehen der Gesellschaft.⁹⁶² Hinzu kommt, dass der gesellschaftsinterne Willensbildungsprozess ohne ein Mindestmaß an Geheimhaltung nicht funktionieren kann.⁹⁶³

(2) Verpflichtete. Die Verschwiegenheitspflicht gilt für sämtliche Vorstandsmitglieder, also auch **161** für gerichtlich bestellte (§ 85), stellvertretende (§ 94), fehlerhaft bestellte (→ Rn. 181) und faktische (→ Rn. 182) Vorstandsmitglieder sowie Arbeitsdirektoren nach den Mitbestimmungsgesetzen.⁹⁶⁴ Ausgeschiedene Organmitglieder müssen weiter Stillschweigen über die vertraulichen Angaben und Geschäftsgeheimnisse wahren, die ihnen während ihrer Amtszeit bekanntgeworden sind.⁹⁶⁵ Das folgt aus der nachwirkenden Treuepflicht gegenüber der Gesellschaft (→ Rn. 158), ohne dass es einer vertraglichen Vereinbarung bedarf.⁹⁶⁶

(3) Zwingendes Recht. Die Verschwiegenheitspflicht des § 93 Abs. 1 S. 3 ist im Grundsatz **162** zwingendes Recht.⁹⁶⁷ Sie kann daher weder eingeschränkt noch ausgeschlossen werden.⁹⁶⁸ Auch eine Erweiterung durch Satzung, Geschäftsordnung oder Anstellungsvertrag scheidet nach hM im Hinblick auf § 23 Abs. 5 S. 2 prinzipiell aus.⁹⁶⁹ In Betracht kommen allein erläuternde Hinweise etwa in Form von Richtlinien.⁹⁷⁰

(4) Sonstige Grenzen der Informationspreisgabe. Neben der aktienrechtlichen Verschwiegenheitspflicht ergeben sich weitere Mitteilungsverbote aus dem Datenschutz-, Kapitalmarkt- und Wettbewerbsrecht.⁹⁷¹ Zu nennen sind etwa die datenschutzrechtlichen Grenzen der §§ 27 ff. BDSG, das kapitalmarktrechtliche Verbot der Preisgabe von Insiderinformationen nach Art. 14 lit. c MMVO und das wettbewerbsrechtliche Verbot des Verrats von Geschäfts- und Betriebsgeheimnissen nach § 17 UWG.

bb) Sachliche Reichweite. (1) Geheimnisse der Gesellschaft. Gemäß § 93 Abs. 1 S. 3 **164** erstreckt sich die Verschwiegenheitspflicht zunächst auf Geheimnisse der Gesellschaft. Darunter versteht man Tatsachen, die nicht offenkundig sind und nach dem geäußerten oder mutmaßlichen Willen der Gesellschaft auch nicht offenkundig werden sollen.⁹⁷² Richtschnur ist in der Begrifflichkeit des BGH das Unternehmensinteresse (besser: Gesellschaftsinteresse).⁹⁷³ Beispielhaft nennt das Gesetz Betriebs- und Geschäftsgeheimnisse.⁹⁷⁴ Gleiches gilt für die Unternehmens-, Finanz- und

---

⁹⁵⁹ Vgl. Großkomm AktG/*Hopt/Roth* Rn. 279; MüKoAktG/*Spindler* Rn. 113; Hüffer/Koch/*Koch* Rn. 29; Hölters/*Hölters* Rn. 133; abw. v. *Godin/Wilhelmi* Rn. 5; *Spieker* NJW 1965, 1937, die beide auf die Sorgfaltspflicht abstellen; vermittelnd Bürgers/Körber/*Bürgers* Rn. 47; Kölner Komm AktG/*Mertens/Cahn* Rn. 113; wohl auch BGHZ 64, 325 (327): „Ausfluss der jedem Organmitglied obliegenden Treue- und Sorgfaltspflicht"; zu Besonderheiten in Fällen multipler Organmitgliedschaften *Bank* NZG 2013, 801.
⁹⁶⁰ Vgl. Großkomm AktG/*Hopt/Roth* Rn. 279; *Grundmann*, Der Treuhandvertrag, 1997, 103 ff.
⁹⁶¹ Vgl. BGHZ 64, 325 (329); ebenso Großkomm AktG/*Hopt/Roth* Rn. 280.
⁹⁶² Vgl. Großkomm AktG/*Hopt/Roth* Rn. 280.
⁹⁶³ Vgl. BGHZ 64, 325 (330 f.) zur Verschwiegenheit im Aufsichtsrat.
⁹⁶⁴ Vgl. Bürgers/Körber/*Bürgers* Rn. 47; Großkomm AktG/*Hopt/Roth* Rn. 282; Hüffer/Koch/*Koch* Rn. 31; *Körber* in Fleischer VorstandsR-HdB § 10 Rn. 27; MüKoAktG/*Spindler* Rn. 128.
⁹⁶⁵ Vgl. BegrRegE *Kropff* S. 123; OLG Hamm GmbHR 1985, 157 – GmbH; Bürgers/Körber/*Bürgers* Rn. 47; Großkomm AktG/*Hopt/Roth* Rn. 308; *Körber* in Fleischer VorstandsR-HdB § 10 Rn. 28; K. Schmidt/Lutter/ *Krieger/Sailer-Coceani* Rn. 17; Kölner Komm AktG/*Mertens/Cahn* Rn. 122; MüKoAktG/*Spindler* Rn. 132.
⁹⁶⁶ Vgl. *Körber* in Fleischer VorstandsR-HdB § 10 Rn. 28; Kölner Komm AktG/*Mertens/Cahn* Rn. 122; MüKoAktG/*Spindler* Rn. 132.
⁹⁶⁷ Vgl. BGHZ 64, 325 (326 f.) – Aufsichtsrat; *Körber* in Fleischer VorstandsR-HdB § 10 Rn. 14; K. Schmidt/ Lutter/*Krieger/Sailer-Coceani* Rn. 17; MüKoAktG/*Spindler* Rn. 142.
⁹⁶⁸ Vgl. Bürgers/Körber/*Bürgers* Rn. 47; Großkomm AktG/*Hopt/Roth* Rn. 280; *Körber* in Fleischer VorstandsR-HdB § 10 Rn. 14; K. Schmidt/Lutter/*Krieger/Sailer-Coceani* Rn. 17.
⁹⁶⁹ Vgl. Bürgers/Körber/*Bürgers* Rn. 47; *Körber* in Fleischer VorstandsR-HdB § 10 Rn. 14; Wachter/*Eckert* Rn. 16.
⁹⁷⁰ Vgl. BGHZ 64, 325 (328); Bürgers/Körber/*Bürgers* Rn. 47; Großkomm AktG/*Hopt/Roth* Rn. 280 und 390.
⁹⁷¹ Näher *Körber* in Fleischer VorstandsR-HdB § 10 Rn. 2; *Zumbansen/Lachner* BB 2006, 613 (618 f.).
⁹⁷² Vgl. BGHZ 64, 325 (329); NK-AktR/*U. Schmidt* Rn. 64; MüKoAktG/*Spindler* Rn. 117.
⁹⁷³ Vgl. BGHZ 64, 325 (329); MüKoAktG/*Spindler* Rn. 100, 117.
⁹⁷⁴ Vgl. Bürgers/Körber/*Bürgers* Rn. 48; Hüffer/Koch/*Koch* Rn. 30; *Körber* in Fleischer VorstandsR-HdB § 10 Rn. 5.

Investitionsplanung, Absatzdaten, Kundenlisten und Kalkulationen, Fertigungsverfahren, Erfindungsleistungen und Konstruktionen sowie wesentliche Personalentscheidungen.[975] Auch Verlauf und Ergebnisse von Vorstands- und Aufsichtsratssitzungen unterfallen dem Geheimnisbegriff des § 93 Abs. 1 S. 3.[976] Dies schließt das eigene Abstimmungsverhalten jedenfalls dann ein, wenn seine Bekanntgabe Rückschlüsse auf das Abstimmungsverhalten anderer Organmitglieder zulässt oder diese unter Rechtfertigungsdruck setzt.[977]

165 Eine ausdrückliche Bezeichnung als Geheimnis ist nicht erforderlich.[978] Sie kann ein Geheimhaltungsbedürfnis indizieren, aber nicht ersetzen.[979] Geheim zu halten sind auch Tatsachen, deren Offenbarung zu immateriellen Schäden der Gesellschaft, zB Ansehensverlusten und Rufschädigungen, führen kann.[980] Insgesamt entspricht der Geheimnisbegriff weithin dem des § 404 AktG und des § 17 UWG.[981]

166 **(2) Vertrauliche Angaben.** Vertrauliche Angaben sind Umstände, deren Bekanntwerden sich für die Gesellschaft nachteilig auswirken kann, auch wenn es sich dabei um kein Geheimnis (mehr) handelt.[982] Bedeutung hat die Unterscheidung zwischen vertraulichen Angaben und Geheimnissen vor allem im Hinblick auf die Strafvorschrift des § 404 (→ Rn. 172), während sie im Rahmen des § 93 Abs. 1 S. 3 keine nennenswerte Rolle spielt.[983]

167 **cc) Grenzen der Verschwiegenheitspflicht. (1) Gesetzliche Auskunftspflichten.** Die Verschwiegenheitspflicht der Vorstandsmitglieder stößt zunächst dort an Grenzen, wo eine gesetzliche Pflicht zur Offenlegung bestimmter Tatsachen besteht. Das gilt vor allem für den Informationsfluss innerhalb des Vorstands[984] und gegenüber dem Aufsichtsrat.[985] Wie sich aus § 90 ergibt, ist jedes Vorstandsmitglied dem Aufsichtsrat zu unbedingter Offenheit verpflichtet.[986] Auch gegenüber dem Abschlussprüfer (§ 320 Abs. 2 HGB) und gegenüber der Prüfstelle für Rechnungslegung (§ 342b HGB iVm § 93 Abs. 1 S. 4 AktG) tritt die Verschwiegenheitspflicht zurück. Ähnliches gilt – mit gewissen Rückausnahmen – für Auskünfte gegenüber den Aktionären (§§ 131, 175 Abs. 2, § 176 Abs. 1), dem Betriebsrat (§§ 90, 92, 99, 111 BetrVG), dem Wirtschaftsausschuss (§ 106 Abs. 2 BetrVG und § 108 Abs. 5 BetrVG) und der Belegschaft (§ 110 BetrVG). Hinzu kommen wirtschafts- und steuerrechtliche Auskunftsrechte der Behörden[987] und eine Reihe kapitalmarktrechtlicher Informationspflichten.[988] Besonders heftig prallen gesellschafts- und kapitalmarktrechtliche Wertungen bei der Frage aufeinander, ob im Rahmen des § 27 WpÜG Sondervoten einzelner Organmitglieder zu veröffentlichen sind.[989]

168 **(2) Unzumutbarkeit.** In bestimmten Fällen kann die Beachtung der Verschwiegenheitspflicht dem Vorstandsmitglied unzumutbar sein.[990] Das ist etwa der Fall, wenn sich ein Vorstandsmitglied nicht auf andere Weise gegen seine Abberufung oder Schadensersatzansprüche zur Wehr setzen kann.[991] In engen

---

[975] Vgl. Großkomm AktG/*Hopt/Roth* Rn. 283; Hüffer/Koch/*Koch* Rn. 30; *Körber* in Fleischer VorstandsR-HdB § 10 Rn. 5; NK-AktR/*U. Schmidt* Rn. 64; MüKoAktG/*Spindler* Rn. 117.
[976] Vgl. BGHZ 64, 325 (332); Großkomm AktG/*Hopt/Roth* Rn. 283; *Körber* in Fleischer VorstandsR-HdB § 10 Rn. 5; Wachter/*Eckert* Rn. 18.
[977] Vgl. *Fleischer/Schmolke* DB 2007, 95 (97); Großkomm AktG/*Hopt/Roth* Rn. 283; abw. *Säcker* NJW 1986, 803 (807 f.).
[978] Vgl. BegrRegE *Kropff* S. 122 f.; Bürgers/Körber/*Bürgers* Rn. 48; Großkomm AktG/*Hopt/Roth* Rn. 283; Hüffer/Koch/*Koch* Rn. 30; *Körber* in Fleischer VorstandsR-HdB § 10 Rn. 4; MüKoAktG/*Spindler* Rn. 101.
[979] Vgl. BGHZ 64, 325 (329); *Körber* in Fleischer VorstandsR-HdB § 10 Rn. 4; *Oetker* FS Wißmann, 2005, 396 (398 f.).
[980] Vgl. Großkomm AktG/*Hopt/Roth* Rn. 283; MüKoAktG/*Spindler* Rn. 118.
[981] Vgl. Großkomm AktG/*Hopt/Roth* Rn. 283; *Körber* in Fleischer VorstandsR-HdB § 10 Rn. 4.
[982] Vgl. Großkomm AktG/*Hopt/Roth* Rn. 286; *Körber* in Fleischer VorstandsR-HdB § 10 Rn. 8; K. Schmidt/Lutter/*Krieger/Sailer-Coceani* Rn. 19; MüKoAktG/*Spindler* Rn. 120.
[983] Vgl. Bürgers/Körber/*Bürgers* Rn. 49; *Körber* in Fleischer VorstandsR-HdB § 10 Rn. 9; s. aber auch Großkomm AktG/*Hopt/Roth* Rn. 287.
[984] Vgl. Großkomm AktG/*Hopt/Roth* Rn. 291; Hüffer/Koch/*Koch* Rn. 31; MüKoAktG/*Spindler* Rn. 128.
[985] Vgl. Großkomm AktG/*Hopt/Roth* Rn. 292; Hüffer/Koch/*Koch* Rn. 31; MüKoAktG/*Spindler* Rn. 128.
[986] Vgl. BGHZ 20, 239 (246); Großkomm AktG/*Hopt/Roth* Rn. 292; MüKoAktG/*Spindler* Rn. 128.
[987] Vgl. MüKoAktG/*Spindler* Rn. 129.
[988] Vgl. K. Schmidt/Lutter/*Krieger/Sailer-Coceani* Rn. 21; MüKoAktG/*Spindler* Rn. 129.
[989] Ausführlich und im Grundsatz bejahend *Fleischer/Schmolke* DB 2007, 95.
[990] Vgl. Großkomm AktG/*Hopt/Roth* Rn. 307; Hüffer/Koch/*Koch* Rn. 31; Kölner Komm AktG/*Mertens/Cahn* Rn. 121; MüKoAktG/*Spindler* Rn. 133.
[991] Vgl. Bürgers/Körber/*Bürgers* Rn. 51; *Golling*, Sorgfaltspflicht und Verantwortlichkeit der Vorstandsmitglieder für ihre Geschäftsführung innerhalb der nicht konzerngebundenen Aktiengesellschaft, 1969, 36 ff.; Großkomm AktG/*Hopt/Roth* Rn. 307; *Körber* in Fleischer VorstandsR-HdB § 10 Rn. 17; K. Schmidt/Lutter/*Krieger/Sailer-Coceani* Rn. 22; MüKoAktG/*Spindler* Rn. 133; *v. Stebut*, Geheimnisschutz und Verschwiegenheitspflicht im Aktienrecht, 1972, 140 ff.

Grenzen kommt eine Ausnahme von der Verschwiegenheitspflicht auch zur Durchsetzung eigener Ansprüche gegenüber der Gesellschaft in Betracht.[992]

(3) Offenbarung von Geheimnissen im Gesellschaftsinteresse. Die Verschwiegenheitspflicht **169** ist kein Selbstzweck, sondern dient dem Gesellschaftsinteresse. Sie kann daher eingeschränkt werden, wenn dem Gesellschaftsinteresse im Einzelfall mit einer Offenbarung des Geheimnisses besser gedient ist.[993] So kann es etwa unumgänglich sein, Arbeitnehmer der Gesellschaft in Geschäfts- oder Betriebsgeheimnisse einzuweihen,[994] mit dem Großaktionär oder dem Betriebsrat über geheime Pläne zu sprechen[995] sowie sachverständige Berater (Rechtsanwälte, Steuerberater, Wirtschaftsprüfer, Investmentbanker) hinzuzuziehen.[996] Die Verfügungsbefugnis über das Geschäftsgeheimnis liegt grundsätzlich beim Vorstand.[997] Erforderlich ist ein Beschluss des Gesamtvorstands, wenn das Geheimnis für die Gesellschaft von entscheidender Bedeutung ist.[998] Sonst kann jedes Vorstandsmitglied in seinem Geschäftsbereich allein über die Offenlegung des Geheimnisses befinden.[999] Dabei kommt ihm grundsätzlich ein nur eingeschränkt überprüfbarer Ermessensspielraum zu (→ Rn. 66 ff.).[1000]

(4) Due Diligence. Die soeben (→ Rn. 169) erörterten Maßstäbe gelten auch für die vieldisku- **170** tierte Frage, ob der Vorstand der Zielgesellschaft Kaufinteressenten eine sog. Due Diligence-Prüfung gestatten darf.[1001] Nach hM hat der Vorstand über die Zulassung einer kaufvorbereitenden Prüfung nach pflichtgemäßem Ermessen zu entscheiden;[1002] Aufsichtsrat und Hauptversammlung müssen nicht konsultiert werden.[1003] Richtschnur ist das objektive Gesellschaftsinteresse.[1004] Ausnahmsweise kann sich aus den Umständen des Einzelfalls eine Ermessensreduzierung und damit eine Pflicht zur Verweigerung oder Zulassung einer Due Diligence ergeben.[1005] Sprechen überragende Gesellschaftsinteressen für ihre Zulassung oder ist der mit ihr stehende und fallende Unternehmenskauf sogar Voraussetzung für das Überleben der Gesellschaft, muss der Vorstand sie gestatten. Umgekehrt muss er sie verweigern, wenn das Scheitern des Unternehmenskaufs evident ist oder der Erwerb durch einen Konkurrenten offensichtlich der Verdrängung vom Markt dient.[1006] Kapitalmarktrechtliche Zusatzprobleme ergeben sich im Anwendungsbereich der MMVO.[1007]

Die Vorstandsentscheidung über die Zulassung einer Due Diligence ist regelmäßig keine Alles- **171** oder Nichts-Entscheidung,[1008] sondern eine abgestufte Einzelfallentscheidung darüber, wem, wann, in welchem Umfang und auf welche Art und Weise sie gestattet werden soll.[1009] Von Bedeutung sind namentlich die Person des Erwerbers, das Stadium, in dem sich der Unternehmenskauf befindet, sowie Art und Umfang der begehrten Informationen.[1010] Je größer die Gefahr eines Informations-

---

[992] Vgl. *Körber* in Fleischer VorstandsR-HdB § 10 Rn. 17; MüKoAktG/*Spindler* Rn. 133; *v. Stebut*, Geheimnisschutz und Verschwiegenheitspflicht im Aktienrecht, 1972, 141 ff.; strenger Großkomm AktG/*Hopt/Roth* Rn. 307.

[993] Vgl. Großkomm AktG/*Hopt/Roth* Rn. 300; *Körber* in Fleischer VorstandsR-HdB § 10 Rn. 18; K. Schmidt/Lutter/*Krieger/Sailer-Coceani* Rn. 22; Kölner Komm AktG/*Mertens/Cahn* Rn. 120; Grigoleit/*Grigoleit/Tomasic* Rn. 50; s. auch BGHZ 64, 325 (331).

[994] Vgl. Großkomm AktG/*Hopt/Roth* Rn. 301; *Körber* in Fleischer VorstandsR-HdB § 10 Rn. 22.

[995] Vgl. Großkomm AktG/*Hopt/Roth* Rn. 303; eingehend *Fleischer* ZGR 2009, 505 (526).

[996] Vgl. Bürgers/Körber/*Bürgers* Rn. 52; Großkomm AktG/*Hopt/Roth* Rn. 302; Hüffer/Koch/*Koch* Rn. 31; *Körber* in Fleischer VorstandsR-HdB § 10 Rn. 22.

[997] Vgl. BGHZ 64, 325 (329) – Gesamtvorstand als „Herr der Gesellschaftsgeheimnisse"; *Körber* in Fleischer VorstandsR-HdB § 10 Rn. 19.

[998] Vgl. MüKoAktG/*Spindler* Rn. 141.

[999] Vgl. K. Schmidt/Lutter/*Krieger/Sailer-Coceani* Rn. 22; MüKoAktG/*Spindler* Rn. 141.

[1000] Vgl. Bürgers/Körber/*Bürgers* Rn. 52; *Körber* in Fleischer VorstandsR-HdB § 10 Rn. 21.

[1001] Näher zu den Funktionen einer Due Diligence *Fleischer/Körber* BB 2001, 841 ff.

[1002] Vgl. *Fleischer/Körber* in Berens/Brauner/Strauch, Due Diligence bei Unternehmensakquisitionen, 7. Aufl. 2013, 295, 303; Großkomm AktG/*Hopt/Roth* Rn. 304; Hüffer/Koch/*Koch* Rn. 32; MüKoAktG/*Spindler* Rn. 137; enger *Lutter* ZIP 1997, 613 (617); s. auch *Ziemons* AG 1999, 492 (495); Hölters/*Hölters* Rn. 183.

[1003] Vgl. *Fleischer* ZIP 2002, 651.

[1004] Vgl. *Fleischer* ZIP 2002, 651 (652); K. Schmidt/Lutter/*Krieger/Sailer-Coceani* Rn. 22.

[1005] Vgl. *Fleischer/Körber* in Berens/Brauner/Strauch, Due Diligence bei Unternehmensakquisitionen, 7. Aufl. 2013, 295, 305; Hölters/*Hölters* Rn. 184.

[1006] Näher *Fleischer/Körber* in Berens/Brauner/Strauch, Due Diligence bei Unternehmensakquisitionen, 7. Aufl. 2013, 295, 305.

[1007] Vgl. Hüffer/Koch/*Koch* Rn. 32; s. auch Klöhn/*Klöhn* MMVO Art. 8 Rn. 165 und Art. 9 Rn. 121.

[1008] Vgl. *Fleischer* ZIP 2002, 651 (652); K. Schmidt/Lutter/*Krieger/Sailer-Coceani* Rn. 22; *Müller* NJW 2000, 3452 (3454); *Zumbansen/Lachner* BB 2006, 613 (618).

[1009] Näher *Fleischer/Körber* in Berens/Brauner/Strauch, Due Diligence bei Unternehmensakquisitionen, 7. Aufl. 2013, 295, 306.

[1010] Vgl. Bürgers/Körber/*Bürgers* Rn. 52; *Fleischer/Körber* in Berens/Brauner/Strauch, Due Diligence bei Unternehmensakquisitionen, 7. Aufl. 2013, 295, 306 f.

missbrauchs für die Gesellschaft ist, desto umfangreichere Schutzvorkehrungen muss der Vorstand treffen. Sie reichen vom Abschluss einer Geheimhaltungsvereinbarung über eine bloß selektive Offenlegung bis zur Einschaltung eines unabhängigen Sachverständigen.[1011]

172 **dd) Rechtsfolgen bei Verstoß.** Eine Verletzung der Verschwiegenheitspflicht begründet unter den weiteren Voraussetzungen des § 93 Abs. 2 einen Schadensersatzanspruch der Gesellschaft.[1012] Außerdem kann sie uU[1013] einen wichtigen Grund iSd § 84 Abs. 3 darstellen und den Widerruf der Bestellung sowie die außerordentliche Kündigung des Anstellungsverhältnisses rechtfertigen.[1014] Zudem stellt § 404 Abs. 1 Nr. 1 und Abs. 2 die unbefugte Offenbarung von Gesellschaftsgeheimnissen (nicht aber von nur vertraulichen Angaben, → Rn. 166) unter Strafe. Für Vorstandsmitglieder börsennotierter Gesellschaften ist der Strafrahmen durch das TransPuG von 2002[1015] erhöht worden. Denkbar ist schließlich noch eine Strafbarkeit nach § 119 Abs. 3 Nr. 3 WpHG iVm Art. 14 lit. c MMVO.[1016]

173 **ee) Zeugnisverweigerungsrecht. (1) Strafprozess.** Im Strafprozess steht den Vorstandsmitgliedern aufgrund ihrer Verschwiegenheitspflicht kein Zeugnisverweigerungsrecht zu.[1017] Die §§ 52 ff. StPO bieten dafür keine Grundlage. Insbesondere lässt die Formulierung des § 53 StPO – im Gegensatz zu § 383 Abs. 1 Nr. 6 ZPO – eine Einbeziehung von Vorstandsmitgliedern nicht zu.[1018] Gleiches gilt für die Aussage vor parlamentarischen Untersuchungsausschüssen.[1019]

174 **(2) Zivilprozess.** Im Zivilprozess ist zu unterscheiden: Amtierende Vorstandsmitglieder können im Prozess der Gesellschaft nicht als Zeugen, sondern nur als Partei vernommen werden (→ § 78 Rn. 7).[1020] Nach § 446 ZPO können sie ihre Vernehmung unter Berufung auf ihre organschaftliche Verschwiegenheitspflicht ablehnen.[1021] Dagegen sind ausgeschiedene Vorstandsmitglieder als Zeugen zu vernehmen.[1022] Die hM billigt ihnen wegen ihrer fortdauernden Verschwiegenheitspflicht ein Zeugnisverweigerungsrecht nach § 383 Abs. 1 Nr. 6 ZPO zu.[1023] Denkbar ist außerdem ein Zeugnisverweigerungsrecht für Vorstandsmitglieder gemäß § 384 ZPO.[1024] Der dort verwendete Begriff des Gewerbegeheimnisses kann erweiternd als Geschäftsgeheimnis ausgelegt werden[1025] und deckt sich insoweit mit dem Geheimnisbegriff des § 383 Abs. 1 Nr. 6 ZPO.[1026]

[1011] Näher *Fleischer* ZIP 2002, 651 (652); *Fleischer/Körber* in Berens/Brauner/Strauch, Due Diligence bei Unternehmensakquisitionen, 7. Aufl. 2013, 295, 309; Großkomm AktG/*Hopt/Roth* Rn. 312; Hüffer/Koch/*Koch* Rn. 32; K. Schmidt/Lutter/*Krieger/Sailer-Coceani* Rn. 22; MüKoAktG/*Spindler* Rn. 120.
[1012] Vgl. Großkomm AktG/*Hopt/Roth* Rn. 324; Hüffer/Koch/*Koch* Rn. 35; *Körber* in Fleischer VorstandsR-HdB § 10 Rn. 36; K. Schmidt/Lutter/*Krieger/Sailer-Coceani* Rn. 24; MüKoAktG/*Spindler* Rn. 113.
[1013] Zurückhaltend BAGE 26, 116, wonach eine nicht schuldhafte Verletzung der Verschwiegenheitspflicht im Aufsichtsrat weder für die ordentliche noch für die außerordentliche Kündigung ausreicht; ferner AG München ZIP 1985, 1139, wonach ein einmaliger fahrlässiger Verstoß eines Aufsichtsratsmitglieds keinen wichtigen Abberufungsgrund bildet.
[1014] Vgl. Großkomm AktG/*Hopt/Roth* Rn. 324; Hüffer/Koch/*Koch* Rn. 35; *Körber* in Fleischer VorstandsR-HdB § 10 Rn. 35; K. Schmidt/Lutter/*Krieger/Sailer-Coceani* Rn. 24; MüKoAktG/*Spindler* Rn. 96, 113.
[1015] BGBl. 2002 I 2621.
[1016] Vgl. *Körber* in Fleischer VorstandsR-HdB § 10 Rn. 37; MüKoAkt/*Spindler* Rn. 98.
[1017] Vgl. Bürgers/Körber/*Bürgers* Rn. 53; Großkomm AktG/*Hopt/Roth* Rn. 312; Hüffer/Koch/*Koch* Rn. 34; *Körber* in Fleischer VorstandsR-HdB § 10 Rn. 41; Kölner Komm AktG/*Mertens/Cahn* Rn. 123; MüKoAktG/*Spindler* Rn. 131; Grigoleit/*Grigoleit/Tomasic* Rn. 51.
[1018] Vgl. Großkomm AktG/*Hopt/Roth* Rn. 312.
[1019] Vgl. *Körber* in Fleischer VorstandsR-HdB § 10 Rn. 41.
[1020] Vgl. OLG Koblenz AG 1987, 184; Bürgers/Körber/*Bürgers* Rn. 53; Großkomm AktG/*Hopt/Roth* Rn. 313; Hüffer/Koch/*Koch* Rn. 34; *Körber* in Fleischer VorstandsR-HdB § 10 Rn. 39; Kölner Komm AktG/*Mertens/Cahn* Rn. 123; MüKoAktG/*Spindler* Rn. 131.
[1021] Vgl. Großkomm AktG/*Hopt/Roth* Rn. 313; Hüffer/Koch/*Koch* Rn. 9; *Körber* in Fleischer VorstandsR-HdB § 10 Rn. 39; K. Schmidt/Lutter/*Krieger/Sailer-Coceani* Rn. 23; Kölner Komm AktG/*Mertens/Cahn* Rn. 123; MüKoAktG/*Spindler* Rn. 131.
[1022] Vgl. OLG Koblenz AG 1987, 184 f.; Bürgers/Körber/*Bürgers* Rn. 53; Großkomm AktG/*Hopt/Roth* Rn. 315; Hüffer/Koch/*Koch* Rn. 34; MüKoAktG/*Spindler* Rn. 131.
[1023] Vgl. OLG Koblenz AG 1987, 184 f.; Großkomm AktG/*Hopt/Roth* Rn. 315; Hüffer/Koch/*Koch* Rn. 34; K. Schmidt/Lutter/*Krieger/Sailer-Coceani* Rn. 23; MüKoAktG/*Spindler* Rn. 131; abw. Kölner Komm AktG/*Mertens/Cahn* Rn. 123, wenn die Gesellschaft als Prozesspartei beteiligt ist.
[1024] Vgl. Großkomm AktG/*Hopt/Roth* Rn. 316; *v. Stebut*, Geheimnisschutz und Verschwiegenheitspflicht im Aktienrecht, 1972, 119.
[1025] Vgl. OLG Stuttgart WRP 1977, 127.
[1026] Vgl. Großkomm AktG/*Hopt/Roth* Rn. 316; *Körber* in Fleischer VorstandsR-HdB § 10 Rn. 40; *v. Stebut*, Geheimnisschutz und Verschwiegenheitspflicht im Aktienrecht, 1972, 120.

c) Wettbewerbsverbot (Weiterverweis). Das organschaftliche Wettbewerbsverbot ist in § 88 **175** Abs. 1 gesondert geregelt und wird dort ausführlich erläutert.

III. Haftungsvoraussetzungen

Im tatbestandlichen Stufenaufbau des § 93 Abs. 2 S. 1 lassen sich fünf Einzelvoraussetzungen **176** auseinander halten, von denen nacheinander zu handeln ist: Vorstandseigenschaft des Anspruchsgegners, Pflichtverletzung, Verschulden, Schaden und Kausalität zwischen Pflichtverletzung und Schaden.

1. Vorstandsmitglied. a) Allgemeines. Adressaten der Haftungsnorm sind die Vorstandsmit- **177** glieder der Gesellschaft. Dazu gehören auch die stellvertretenden (§ 94) und die gerichtlich bestellten Vorstandsmitglieder (§ 85).[1027] Gleiches gilt für den Arbeitsdirektor in mitbestimmten Unternehmen[1028] sowie für jene Aufsichtsratsmitglieder, die vorübergehend zu Stellvertretern von fehlenden oder verhinderten Vorstandsmitgliedern bestellt worden sind (§ 105 Abs. 2).[1029] Über den Generalverweis des § 268 Abs. 2 findet die Vorstandshaftung ferner auf den Abwickler Anwendung.[1030] Sonstige Personen, insbesondere Mitglieder der zweiten Führungsebene, Großaktionäre, Banken oder professionelle Berater, fallen grundsätzlich nicht in den Einzugsbereich des § 93.[1031] Etwas anderes gilt nur, wenn sie ausnahmsweise als faktisches Organ anzusehen sind (näher → Rn. 195 ff.).

b) Beginn und Ende der Haftung. Die Haftung beginnt, sobald das betreffende Vorstandsmit- **178** glied seine Geschäfte mit Billigung des Aufsichtsrats aufnimmt[1032] oder trotz Amtsannahme pflichtwidrig vernachlässigt. Auf ein rechtswirksam geschlossenen Anstellungsvertrag kommt es nicht an,[1033] weil die Haftung unmittelbar an die Organstellung anknüpft.[1034] Ohne Belang ist auch die Eintragung des Vorstandsmitglieds im Handelsregister.[1035] Nach allgemeiner Meinung besteht die Haftung schon im Gründungsstadium der Gesellschaft,[1036] soweit nicht die Gründerhaftung des § 48 vorgreiflich ist.[1037]

Die Haftung endet nicht schon mit der rechtlichen Beendigung der Amtsstellung,[1038] sondern erst, **179** wenn das Vorstandsmitglied seine Funktion tatsächlich nicht mehr ausübt.[1039] Formell ausgeschiedene Organmitglieder haften daher gemäß § 93 Abs. 2, wenn sie nach Amtsaufgabe mit Billigung des Aufsichtsrats einmalig oder über eine längere Zeit für die Gesellschaft leitend tätig werden.[1040] Ansonsten kommt die Vorstandshaftung über das Amtsende hinaus nur bei nachwirkenden Pflichten, wie etwa der organschaftlichen Treue- oder Verschwiegenheitspflicht in Betracht.[1041] Allerdings kann die Amtsniederlegung zur Unzeit eine eigenständige Pflichtverletzung darstellen.[1042]

c) Erweiterungen des verantwortungsrechtlichen Organbegriffs. Neben den wirksam **180** bestellten Vorstandsmitgliedern erfasst der verantwortungsrechtliche Organbegriff noch weitere Per-

---

[1027] Vgl. Bürgers/Körber/*Bürgers* Rn. 18; *Fleischer* in Fleischer VorstandsR-HdB § 11 Rn. 12; Großkomm AktG/*Hopt*/*Roth* Rn. 344; Hüffer/Koch/*Koch* Rn. 37; K. Schmidt/Lutter/*Krieger*/*Sailer-Coceani* Rn. 2; Kölner Komm AktG/*Mertens*/*Cahn* Rn. 39; MHdB AG/*Wiesner* § 26 Rn. 3; Wachter/*Eckert* Rn. 25.
[1028] Vgl. Bürgers/Körber/*Bürgers* Rn. 18; Kölner Komm AktG/*Mertens*/*Cahn* Rn. 39.
[1029] Vgl. *Fleischer* in Fleischer VorstandsR-HdB § 11 Rn. 12; *v. Godin*/*Wilhelmi* Rn. 3; Großkomm AktG/*Hopt*/*Roth* Rn. 344.
[1030] Vgl. Großkomm AktG/*Hopt*/*Roth* Rn. 347; Hüffer/Koch/*Koch* § 268 Rn. 5.
[1031] Ebenso Großkomm AktG/*Hopt*/*Roth* Rn. 348.
[1032] So grundsätzlich zutreffend Großkomm AktG/*Hopt*/*Roth* Rn. 351; MüKoAktG/*Spindler* Rn. 13.
[1033] Vgl. BGH WM 1986, 789; Bürgers/Körber/*Bürgers* Rn. 18; *Fleischer* in Fleischer VorstandsR-HdB § 11 Rn. 13; Hüffer/Koch/*Koch* Rn. 37; NK-AktR/*U. Schmidt* Rn. 2; K. Schmidt/Lutter/*Krieger*/*Sailer-Coceani* Rn. 2; MHdB AG/*Wiesner* § 26 Rn. 3.
[1034] Vgl. BGHZ 197, 304 Rn. 17; BGH NJW-RR 1989, 1255; NJW 1994, 2027; *Fleischer* in Fleischer VorstandsR-HdB § 11 Rn. 12; MüKoAktG/*Spindler* Rn. 12.
[1035] Vgl. Kölner Komm AktG/*Mertens*/*Cahn* Rn. 40; MüKoAktG/*Spindler* Rn. 13.
[1036] Vgl. RGZ 144, 348 (356); *Fleischer* in Fleischer VorstandsR-HdB § 11 Rn. 13.
[1037] Vgl. Kölner Komm AktG/*Mertens*/*Cahn* Rn. 40; MüKoAktG/*Spindler* Rn. 12.
[1038] So aber NK-AktR/*U. Schmidt* Rn. 2; Hüffer/Koch/*Koch* Rn. 12; Henssler/Strohn/*Dauner-Lieb* Rn. 28; abw. MHdB AG/*Wiesner* § 26 Rn. 4.
[1039] Wie hier Großkomm AktG/*Hopt*/*Roth* Rn. 352; Kölner Komm AktG/*Mertens*/*Cahn* Rn. 41; MüKoAktG/*Spindler* Rn. 14; Wachter/*Eckert* Rn. 25; Hölters/*Hölters* Rn. 233.
[1040] Vgl. BGHZ 47, 341 (343); RG SeuffA 93, 310 (312); *Fleischer* in Fleischer VorstandsR-HdB § 11 Rn. 14.
[1041] Vgl. *Fleischer* in Fleischer VorstandsR-HdB § 11 Rn. 14; Großkomm AktG/*Hopt*/*Roth* Rn. 353; MüKoAktG/*Spindler* Rn. 14.
[1042] Vgl. OLG Koblenz GmbHR 1995, 730 f.; Großkomm AktG/*Hopt*/*Roth* Rn. 353.

sonengruppen. Zu unterscheiden sind fehlerhaft bestellte Vorstandsmitglieder, faktische Vorstandsmitglieder und Vorstandsmitglieder kraft Rechtsscheins.[1043]

181 **aa) Fehlerhaft bestellte Vorstandsmitglieder.** Von einem fehlerhaft bestellten Vorstandsmitglied spricht man, wenn zwar ein rechtsgeschäftlicher Bestellungsakt vorliegt, die Bestellung aber an einem Wirksamkeitsmangel leidet.[1044] So liegt es etwa, wenn die Bestellung oder Wiederbestellung nicht durch den Gesamtaufsichtsrat erfolgt,[1045] wenn der Aufsichtsratsbeschluss fehlerhaft ist,[1046] wenn in der Person des Vorstandsmitglieds gesetzliche Wirksamkeitsvoraussetzungen noch nicht erfüllt sind[1047] oder zwingende Ausschlussgründe vorliegen. Dass den als Organmitglied Handelnden in allen derartigen Fällen die gesetzlichen Pflichten eines ordnungsgemäß bestellten Vorstandsmitglieds treffen, steht heute im Ergebnis außer Streit.[1048] Schon das RG hatte eine aktienrechtliche Verantwortlichkeit angenommen und sie zunächst auf eine Haftung aus Geschäftsführung ohne Auftrag,[1049] später auf einen konkludent geschlossenen Vertrag gestützt.[1050] Der BGH hat diesen provisorischen Begründungsansatz bei einem Mangel des *Anstellungs*verhältnisses aufgegeben und die Haftung unmittelbar aus der Organstellung hergeleitet.[1051] Gleiches gilt nach zutreffender herrschender Lehre bei einem fehlerhaften *Bestellungsakt*.[1052]

182 **bb) Faktische Vorstandsmitglieder.** Der Begriff des faktischen Vorstandsmitglieds bleibt nach dieser ersten Abschichtung Fällen vorbehalten, in denen es an einem förmlichen Bestellungsakt fehlt, die betreffende Person aber tatsächlich Vorstandsaufgaben wahrnimmt.[1053] Ob in derartigen Fällen überhaupt eine aktienrechtliche Verantwortlichkeit in Betracht kommt und welche Voraussetzungen dafür gegebenenfalls erforderlich sind, ist Gegenstand einer anhaltenden Debatte, die sich vor allem an Bankrott- und Insolvenzverschleppungsdelikten entzündet hat.

183 **(1) Meinungsstand. (a) Rechtsprechung.** Eine Zusammenstellung des reichhaltigen Rechtsprechungsmaterials muss gleichermaßen straf- und zivilrechtliche Entscheidungen einbeziehen:

184 **(aa) Strafrechtliche Judikatur.** Das RG hat die strafrechtliche Verantwortlichkeit eines fehlerhaft bestellten Organs ebenso bejaht[1054] wie die des Organs einer nichtigen Aktiengesellschaft.[1055] Zur Strafbarkeit faktischer Organe fällte es zwei gegenläufige Entscheidungen.[1056] Der BGH hat das Verdikt der Strafbarkeit früh auf Fälle ausgedehnt, in denen Organpersonen, ohne förmlich dazu bestellt worden zu sein, im Einverständnis mit den Gesellschaftern Geschäftsleiteraufgaben wahrgenommen haben.[1057] Eine spätere Entscheidung verteidigte die Rechtsprechungslinie gegen allfällige

---

[1043] Ausführlich *Fleischer* AG 2004, 517 ff.; *Fleischer* GmbHR 2011, 337 (338 f.); zu begrifflichen Unschärfen in diesem Bereich *Geißler* GmbHR 2003, 1106 f.; *Peetz* GmbHR 2017, 57; *Stein* ZHR 148 (1984), 207 (212); *Weimar* GmbHR 1997, 473 (474); aus schweizerischer Sicht *Wyttenbach*, Formelle, materielle und faktische Organe, 2012, 24 ff., der alle diese Erscheinungsformen unter einen „funktionellen" Organbegriff subsumiert. Monographisch mit eigener Konzeption unter Rückgriff auf die Geschäftsführung ohne Auftrag *Dreher*, Faktische Einflussnahme auf die GmbH-Geschäftsführung, 2018.
[1044] Vgl. *Fleischer* GmbHR 2011, 337 (338); MüKoAktG/*Spindler* § 84 Rn. 237; *Strohn* DB 2011, 158 (159); eingehend *Baums*, Der Geschäftsleitervertrag, 1987, 153 ff.
[1045] Vgl. BGHZ 41, 282 (285 f.) – Anstellungsvertrag.
[1046] Vgl. RGSt 64, 81 (84).
[1047] Vgl. RGZ 144, 384 (386) – Genossenschaft; RGSt 16, 269 (270 f.) – Genossenschaft.
[1048] Vgl. Bürgers/Körber/*Bürgers* Rn. 18; *Fleischer* in Fleischer VorstandsR-HdB § 11 Rn. 16; Großkomm AktG/*Hopt/Roth* Rn. 358; Hüffer/Koch/*Koch* Rn. 37; Kölner Komm AktG/*Mertens/Cahn* Rn. 42; MüKoAktG/*Spindler* Rn. 15; *Voigt*, Haftung aus Einfluss auf die Aktiengesellschaft, 2004, 198 f.
[1049] Vgl. RG Recht 1909 Nr. 2938; kritisch dazu *Reich* DB 1967, 1663 (1666); *Ruth* JW 1937, 685.
[1050] Vgl. RGZ 152, 273 (277 f.); kritisch dazu Großkomm AktG/*Hopt/Roth* Rn. 358; *Reich* DB 1967, 1663 (1666).
[1051] Vgl. BGHZ 41, 282 (287); sehr klar auch BGHZ 148, 167 (169 f.): „öffentliche Pflicht aufgrund ihres durch die Bestellung als Gesellschaftsorgan begründeten Rechtsverhältnisses zur Gesellschaft."
[1052] Vgl. Großkomm AktG/*Hopt/Roth* Rn. 358 unter Berufung auf den gesetzlichen Haftungstatbestand des § 93 Abs. 2 AktG; mit abweichender Begründung auch *Baums*, Der Geschäftsleitervertrag, 1987, 174 ff., der aufgrund einer Interessenanalyse die Nichtgeltung der übernommenen Verpflichtung zur ordnungsgemäßen Geschäftsleitung beschränken will.
[1053] Vgl. *Fleischer* AG 2004, 517 (518); im terminologischen Grundansatz ebenso *K. Schmidt* GesR § 14 II 4a S. 419; Hölters/*Hölters* Rn. 229; *Strohn* DB 2011, 158 (159); mit Vorbehalten auch *Voigt*, Haftung aus Einfluss auf die Aktiengesellschaft, 2004, 198 mit Fn. 1320.
[1054] Vgl. RGSt 16, 269 (270 f.) – Genossenschaft; RGSt 64, 81 (84 f.) – AG.
[1055] Vgl. RGSt 43, 407 (413 ff.).
[1056] Vgl. einerseits RGSt 71, 112 (113) (Strafbarkeit bejaht unter zusätzlichem Rückgriff auf den damaligen Analogieparagraphen des § 2 StGB aF); andererseits RGSt 72, 187 (191 f.) (Strafbarkeit verneint).
[1057] Vgl. BGHSt 3, 32 (37 ff.); 6, 314 (315 f.).

Kritik unter dem Gesichtspunkt des strafrechtlichen Analogieverbots und resümierte in ihrem Leitsatz: „Mitglied des Vorstands einer Aktiengesellschaft kann auch sein, wer, ohne förmlich dazu bestellt und im Handelsregister eingetragen zu sein, im Einverständnis des Aufsichtsrats die Stellung eines Vorstandsmitglieds tatsächlich einnimmt."[1058] Die vorerst letzte Leitentscheidung bekräftigt, dass Normadressat der GmbH-rechtlichen Insolvenzverschleppungsdelikte auch der tatsächliche Geschäftsführer ist.[1059] Dass der eingetragene Geschäftsführer ebenfalls Geschäfte für die Gesellschaft vornimmt, soll dem jedenfalls dann nicht entgegenstehen, wenn der tatsächliche Geschäftsführer die überragende Stellung in der Geschäftsführung einnimmt.[1060]

(bb) Zivilrechtliche Judikatur. In zivilrechtlicher Hinsicht hat sich das RG nur mit der Haftung **185** fehlerhaft bestellter Organmitglieder befasst.[1061] Die Anerkennung einer Insolvenzverschleppungshaftung des faktischen Geschäftsführers ließ bis in das Jahr 1973 auf sich warten.[1062] Beflügelt durch die strafrechtliche Parallelrechtsprechung hat der BGH diese schmale Basis in drei richtungsweisenden Entscheidungen ausgebaut: Im sog. Herstatt-Urteil hatte er eine Haftung faktischer Geschäftsleiter wegen Verletzung der Konkursantragspflicht erwogen, aber aus tatsächlichen Gründen verneint.[1063] Eine Grundsatzentscheidung aus dem Jahre 1988 hatte sich sodann ausdrücklich zur Insolvenzantragspflicht des faktischen Geschäftsleiters bekannt und erläuternd hinzugefügt, dazu bedürfe es keiner völligen Verdrängung des gesetzlichen Geschäftsführers.[1064] Hieran anknüpfend hat der II. Zivilsenat die tatbestandlichen Anforderungen an faktische Organe später noch einmal präzisiert und in folgendem Leitsatz zusammengefasst: „Für die Haftung einer Person, die sich wie ein faktischer Geschäftsführer verhält, nach § 43 Abs. 2 GmbHG genügt es nicht, dass sie auf die satzungsmäßigen Geschäftsführer gesellschaftsintern einwirkt. Erforderlich ist auch ein nach außen hervortretendes, üblicherweise der Geschäftsführung zuzurechnendes Handeln."[1065]

(b) Schrifttum. Die aktien- und GmbH-rechtliche Literatur bietet kein einheitliches Bild. Eine ver- **186** breitete Lehrmeinung beschränkt den verantwortungsrechtlichen Organbegriff im Grundsatz auf fehlerhaft bestellte Organmitglieder.[1066] Nicht ausreichen soll, dass jemand wie ein Geschäftsführer die Geschäfte einer Kapitalgesellschaft führt; ebenso wenig, dass er auf einen Geschäftsführer dauerhaft Einfluss nimmt oder sich als Mehrheits- oder Einmanngesellschafter intensiv um die Geschäfte kümmert.[1067] Vorsichtige Erweiterungen werden allenfalls beim Vorschieben eines Strohmanns in den Fällen der § 76 Abs. 3 AktG, § 6 Abs. 2 GmbHG[1068] oder bei der umfassenden Wahrnehmung von Geschäftsführungsaufgaben unter Verdrängung vorhandener Organe erwogen.[1069] Demgegenüber befürwortet ein anderer Teil der Lehre eine Haftung faktischer Organmitglieder auch ohne fehlerhaften Bestellungsakt.[1070] Wer die organschaftlichen Befugnisse tatsächlich ausübt[1071] oder auf einen Geschäftsleiter dauerhaft Einfluss nimmt,[1072] soll nach Maßgabe der § 93 Abs. 2 AktG, § 43 Abs. 2 GmbHG haften, sofern die Übernahme der quasi-organschaftlichen Stellung mit Billigung des Aufsichtsrats bzw der Gesellschafter erfolgt. Die Billigung soll auch ohne ausdrücklichen Beschluss möglich sein;[1073] bisweilen lässt man die bloße Kenntnis des für die Bestellung zuständigen Organs genügen[1074] oder hält dieses Merkmal sogar für gänzlich

---

[1058] BGHSt 21, 101.
[1059] Vgl. BGHSt 31, 118.
[1060] Vgl. BGHSt 31, 118 (121 f.) unter Hinweis auf BGH bei *Herlan* GA 1971, 36 und BGH GmbHR 1958, 179 f.
[1061] Vgl. RG Recht 1909 Nr. 2938; RGZ 152, 273 (277 f.).
[1062] Vgl. BGH WM 1973, 1354 (1355) unter Hinweis auf BGHSt 3, 32, wobei eine faktische Organschaft im konkreten Fall aus tatsächlichen Gründen verneint wurde.
[1063] Vgl. BGHZ 75, 96 (106 f.) unter Hinweis auf BGHSt 21, 101.
[1064] Vgl. BGHZ 104, 44 (47 ff.); ebenso OLG Düsseldorf NZG 2000, 312 (313).
[1065] BGHZ 150, 61; bestätigt durch BGH ZIP 2005, 1414; ebenso KG NZG 2000, 1032 (1033).
[1066] Vgl. *Hüffer* Rn. 12 (10. Aufl. 2012); Kölner Komm AktG/*Mertens/Cahn* Rn. 42 f.; MHdB AG/*Wiesner* § 26 Rn. 3; für die GmbH auch Baumbach/Hueck/*Zöllner/Noack* GmbHG § 43 Rn. 3.
[1067] Vgl. Baumbach/Hueck/*Zöllner/Noack* GmbHG § 43 Rn. 3.
[1068] Vgl. Baumbach/Hueck/*Zöllner/Noack* GmbHG § 43 Rn. 3; ausführlich *Reich* DB 1967, 1663 (1665 ff.).
[1069] Vgl. Kölner Komm AktG/*Mertens/Cahn* Rn. 43; Baumbach/Hueck/*Zöllner/Noack* GmbHG § 43 Rn. 3; ausführlich *Stein*, Das faktische Organ, 1984, 184 ff.: Organhaftung kraft Organverdrängung.
[1070] Vgl. Großkomm AktG/*Hopt/Roth* Rn. 362; MüKoAktG/*Spindler* Rn. 15; *Voigt*, Haftung aus Einfluss auf die Aktiengesellschaft, 2004, 200 f.; Wachter/*Eckert* Rn. 25; Grigoleit/*Grigoleit/Tomasic* Rn. 59; Hölters/*Hölters* Rn. 229; Hüffer/Koch/*Koch* Rn. 38.
[1071] So Großkomm AktG/*Hopt/Roth* Rn. 49; vgl. auch Grigoleit/*Grigoleit/Tomasic* Rn. 59.
[1072] So Scholz/*Schneider* GmbHG § 43 Rn. 22, 28b; ausführlich *Krebs*, Geschäftsführungshaftung bei der GmbH & Co. KG und das Prinzip der Haftung für sorgfaltswidrige Leitung, 1991, 178 ff.
[1073] Vgl. Großkomm AktG/*Hopt/Roth* Rn. 363; Hölters/*Hölters* Rn. 229.
[1074] Vgl. MüKoAktG/*Spindler* Rn. 15.

entbehrlich.[1075] Als Grenzfall eingestuft wird das Einverständnis des Aufsichtsratsvorsitzenden ohne Ermächtigung durch den Aufsichtsrat.[1076]

187 (2) **Stellungnahme.** Die Figur des faktischen Organs verdient nicht nur im Rahmen der zivil- und strafrechtlichen Insolvenzverschleppungshaftung, sondern auch darüber hinaus Anerkennung. Sie lässt sich dogmatisch als Sonderverbindung kraft tatsächlicher Leitung einordnen.[1077] Dahin deuten auch die Überlegungen des BGH, der sich in seinen Entscheidungen zur Insolvenzverschleppung auf den Gedanken der Übernahmeverantwortung stützt,[1078] und Begründungsansätze im Schrifttum, die das haftungsauslösende Moment in einer Okkupierung der Organstellung erblicken.[1079] Die hiergegen erhobenen Bedenken[1080] erweisen sich als nicht durchschlagend: Dass sich durch tatsächliche Leitung sehr wohl eine Sonderverbindung begründen lässt, belegen zahlreiche Beispiele aus dem allgemeinen Zivilrecht, die an eine faktische Verantwortungsübernahme Haftungsfolgen knüpfen.[1081] In die gleiche Richtung weisen ausländische Rechtsordnungen, welche die faktische Organschaft ebenfalls als ein Sonderverhältnis begreifen.[1082] Ihnen liegt – ebenso wie dem deutschen Kapitalgesellschaftsrecht – die Vorstellung zugrunde, dass die weitreichenden Einwirkungsmöglichkeiten faktischer Geschäftsleiter aus Gründen des Gläubiger- und Gesellschafterschutzes eine schadensersatzrechtliche Sonderordnung erfordern.[1083] Dass sich bei alledem in Randbereichen tatbestandliche Unschärfen ergeben, ist bei einem Typusbegriff wie dem des faktischen Organs bis zu einem gewissen Grade unvermeidlich; die auf Art. 103 Abs. 2 GG, § 1 StGB gestützten Einwände gegen die strafrechtliche Spruchpraxis erweisen sich jedenfalls im Zivilrecht als nicht durchschlagend.[1084] Vielmehr handelt es sich bei der Erstreckung der Geschäftsleiterpflichten auf faktische Organmitglieder um eine teleologische Extension, durch die der zu eng gefasste Geltungsbereich der betreffenden Norm *praeter verba legis* erweitert wird.[1085]

188 Allerdings dürfen Rechtsprechung und Rechtslehre nicht jede gesellschaftsbezogene Machtausübung dem organschaftlichen Verantwortlichkeitsregime unterstellen, weil sich Verantwortlichkeiten ohne ein organisatorisches Gefüge gar nicht erfassen lassen.[1086] Haftungsbegründend wirkt erst und nur die Wahrnehmung organspezifischer Funktionen in organspezifischer Weise.[1087] Eine solche funktionelle Abgrenzung entfaltet Selektionskraft in drei Richtungen. *Erstens* scheidet sie die Fälle äußerer Druckwirkungen aus, wie sie im Wirtschaftsleben mannigfaltig vorkommen: Außenstehende Großabnehmer oder Großlieferanten üben zwar häufig einen gewichtigen Einfluss aus, doch dringen sie nur selten in die gesellschaftsinterne Organisationsstruktur ein. *Zweitens* wahrt sie die gesellschaftsinterne Zuständigkeitsordnung: Anteilseigner, die sich im Rahmen ihrer mitgliedschaftlichen Befugnisse intensiv um die Angelegenheiten der Gesellschaft kümmern, werden dadurch nicht ohne weiteres zum faktischen Organ. *Drittens* akkommodiert sie das aktienrechtliche Verantwortlichkeitsrecht mit der schuldrechtlichen Arbeitnehmerhaftung: Die schadensersatzrechtliche Sonderordnung für Verwaltungsmitglieder trifft nur jenen Kreis von Führungspersonen, für den die arbeitsvertragliche Haftung nachgeordneter Unternehmensangehöriger allein nicht mehr sachgerecht erscheint.[1088]

[1075] Vgl. *Stein* ZHR 148 (1984), 207 (216).
[1076] Vgl. Großkomm AktG/*Hopt/Roth* Rn. 363; für das fehlerhaft bestellte Organ auch *Baums*, Der Geschäftsleitervertrag, 1987, 58.
[1077] Ausführlich dazu *Fleischer* AG 2004, 517 (523 f.); *Fleischer* GmbHR 2011, 337 (340); zustimmend Hüffer/Koch/*Koch* Rn. 38; *Schürnbrand*, Organschaft im Recht der privaten Verbände, 2007, 303.
[1078] Vgl. BGHZ 104, 44 (47 f.): Wer, ohne dazu berufen zu sein, wie ein Geschäftsführer handle, müsse auch die Verantwortung eines Geschäftsleiters tragen und wie ein solcher haften, wenn nicht der Schutzzweck des Gesetzes gefährdet werden solle; ebenso OLG Düsseldorf NZG 2000, 312 (313).
[1079] So ausdrücklich MüKoAktG/*Spindler* Rn. 15; ganz ähnlich Bürgers/Körber/*Bürgers* Rn. 18; Großkomm AktG/*Hopt/Roth* Rn. 362.
[1080] Vgl. vor allem *Hüffer* Rn. 12 (10. Aufl. 2012), wonach bloß tatsächliche Umstände keine rechtliche Sonderverbindung begründen könnten; kritisch auch Baumbach/Hueck/*Zöllner/Noack* GmbHG § 43 Rn. 3 unter Hinweis auf anderweitige Haftungsgrundlagen; anders aber jetzt Hüffer/Koch/*Koch* Rn. 38.
[1081] Vgl. *Fleischer* AG 2004, 517 (523 f.) mwN in Fn. 128; ausführlich *Krebs*, Sonderverbindung und außerdeliktische Schutzpflichten, 2000, 118 f., 166 f. und passim.
[1082] Rechtsvergleichend *Fleischer* AG 2004, 517 (519 ff. mwN).
[1083] Vgl. BGHZ 129, 30 (35); *Fleischer* GmbHR 2011, 337 (340); *Schürnbrand*, Organschaft im Recht der privaten Verbände, 2007, 303 f.
[1084] Ebenso *Schürnbrand*, Organschaft im Recht der privaten Verbände, 2007, 299; *Strohn* DB 2011, 158 (164).
[1085] Wie hier *Grigoleit*, Gesellschafterhaftung für interne Einflussnahme im Recht der GmbH, 2006, 117; offen lassend *Schürnbrand*, Organschaft im Recht der privaten Verbände, 2007, 299: Auslegung oder Analogie.
[1086] Ebenso *Druey* SAG 1981, 77 (79).
[1087] So *Fleischer* AG 2004, 517 (524) im Anschluss an *Forstmoser* FS Meier-Hayoz, 1982, 125 (146 ff.); zustimmend *Schürnbrand*, Organschaft im Recht der privaten Verbände, 2007, 311 ff.
[1088] So sehr klar BGE 117 II 570, 572 zum schweizerischen Aktienrecht.

(3) Tatbestandliche Ausformung. Ob die Voraussetzungen eines faktischen Organs vorliegen, 189
beurteilt der BGH mit Hilfe einer „materiellen Betrachtung" anhand einer „Gesamtschau" aller
Einzelumstände.[1089] Dem ist grundsätzlich beizutreten. Rechtstheoretisch ist der Begriff des faktischen Geschäftsleiters als Typusbegriff anzusehen,[1090] der im Gegensatz zu einem Klassenbegriff
nicht trennscharf definiert, sondern durch eine Reihe von Merkmalen beschrieben wird, die keineswegs alle vorzuliegen brauchen und häufig abstufbar und bis zu einem gewissen Grade austauschbar
sind. Eine nähere Eingrenzung ist unter verschiedenen Gesichtspunkten vorstellbar:

(a) Vollständige Verdrängung versus Wahrnehmung maßgeblicher Organfunktionen. 190
Ein zentrales Abgrenzungskriterium bildet die Intensität der gesellschaftsinternen Einflussnahme. Manche Stimmen in der Literatur verlangen eine vollständige Verdrängung der bestellten Geschäftsleiter, die
zu einer Organhaftung kraft Organverdrängung führen soll.[1091] Der BGH lässt es dagegen genügen,
wenn der Betreffende in maßgeblichem Umfang Geschäftsführungsfunktionen übernimmt, auch wenn
daneben in begrenztem Maße eine Geschäftsführung durch die dazu berufenen Gesellschaftsorgane weiterläuft.[1092] Das verdient Zustimmung.[1093] Sobald die Einwirkungsmöglichkeiten des Betroffenen eine –
hoch anzusetzende – Wesentlichkeitsschwelle überschreiten, kann es aus Gründen einer wirkungsvollen
Verhaltenssteuerung nicht mehr auf das Vorhandensein gesetzlicher Geschäftsleiter ankommen: Die
organspezifische Gefährdungslage verlangt dann nach einem organspezifischen Verantwortlichkeitsregime.[1094] Nicht ausreichend ist freilich die Erledigung laufender Routineangelegenheiten.[1095]

(b) Organtypisches Auftreten im Außenverhältnis versus interne Einflussnahme. Nach 191
gefestigter Spruchpraxis des BGH genügt es nicht, dass die betreffenden Personen gesellschaftsintern
auf die satzungsmäßigen Geschäftsleiter einwirken: Sie müssen vielmehr auch nach außen als
Geschäftsleiter in Erscheinung treten.[1096] Diese Auffassung sieht sich indes im Rahmen der aktienrechtlichen Verantwortlichkeit einer Reihe von Bedenken ausgesetzt.[1097] *Erstens* spielt es unter
Schutzzweckgesichtspunkten keine Rolle, ob sich die tatsächliche Einflussnahme auf die Unternehmensleitung auch im Außenverhältnis niederschlägt oder nicht. *Zweitens* gerät die Anknüpfung an das
äußere Auftreten in die Gefahr, Vorstandsmitglieder kraft Rechtsscheins (→ Rn. 199) und faktische
Vorstandsmitglieder in eins zu setzen und damit die dogmatischen Unterschiede in der Haftungsbegründung zu verwischen. *Drittens* nimmt die Rechtsprechung Zufallsergebnisse in Kauf, weil das
Auftreten im Außenverhältnis bei gleicher Gefährdungslage für Aktionäre und Gläubiger bald stärker,
bald weniger intensiv ausgeprägt ist.[1098] *Viertens* zeigt der rechtsvergleichende Befund, dass die
Geschäftsleiterhaftung allenthalben auch den verdeckt handelnden Hintermann erfasst.[1099]

(c) Dauernde Einflussnahme versus Beeinflussung von Einzelentscheidungen. In der 192
Rechtsprechung des BGH finden sich keine Aussagen darüber, ob die Intensität der Einflussnahme
auch ein zeitliches Element enthält. Das ist für den Regelfall zu bejahen: Punktuelle Eingriffe
lassen die Organisationsstrukturen der Gesellschaft intakt und erzeugen bei etwa noch vorhandenen
formellen Organen keine Erwartungshaltung, dass sich andere Personen der Geschäftsleitung schon
annähmen. Ein schmaler Vorbehalt ist allerdings angezeigt: Weil gezielte Einzeleingriffe die Gesellschaft nicht minder schwer schädigen können, mag das Zeitelement im Rahmen einer Gesamtwürdigung ausnahmsweise einmal ins zweite Glied zurücktreten.[1100] Vorstellbar ist dies etwa in Krisensitua-

---

[1089] Vgl. BGHZ 104, 44 (48); BGH ZIP 2005, 1414 (1415).
[1090] Vgl. *Fleischer* AG 2004, 517 (524); *Fleischer* GmbHR 2011, 337 (341); zustimmend *Schürnbrand*, Organschaft im Recht der privaten Verbände, 2007, 308.
[1091] Ausführlich *Stein*, Das faktische Organ, 1984, 184 ff.; zustimmend Kölner Komm AktG/*Mertens/Cahn* Rn. 43.
[1092] Vgl. BGHZ 104, 44 (48); BGH ZIP 2005, 1414 (1415).
[1093] Im Ergebnis ebenso Großkomm AktG/*Hopt/Roth* Rn. 364; Hüffer/Koch/*Koch* Rn. 38; *Schürnbrand*, Organschaft im Recht der privaten Verbände, 2007, 309 f.; *Strohn* DB 2011, 158 (160); *Voigt*, Haftung aus Einfluss auf die Aktiengesellschaft, 2004, 204 f.; abw. *Roth* ZGR 1989, 421 (424 f.).
[1094] Vgl. *Fleischer* AG 2004, 517 (525).
[1095] Vgl. BGHZ 104, 44 (49); *Fleischer* AG 2004, 517 (525).
[1096] Vgl. BGHZ 150, 61 (70); BGH ZIP 2005, 1414 (1415); s. auch Hölters/*Hölters* Rn. 229.
[1097] Ausführlicher *Fleischer* in Fleischer VorstandsR-HdB § 11 Rn. 26; ders. GmbHR 2011, 337; *Fleischer/Schmolke* WM 2011, 1009 (1011); vgl. auch Grigoleit/*Grigoleit/Tomasic* Rn. 59; Großkomm AktG/*Hopt/Roth* Rn. 364; Hüffer/Koch/*Koch* Rn. 39.
[1098] Charakteristisch OLG München BKR 2010, 505 (509); kritisch dazu *Fleischer/Schmolke* WM 2011, 1009 (1012).
[1099] Dazu *Fleischer* AG 2004, 517 (525 mwN).
[1100] Vgl. *Fleischer* AG 2004, 517 (525); *Grigoleit*, Gesellschafterhaftung für interne Einflussnahme im Recht der GmbH, 2006, 117 f.; Hüffer/Koch/*Koch* Rn. 38; *Strohn* DB 2011, 158 (162); für das schweizerische Recht *Vogel*, Die Haftung der Muttergesellschaft als materielles, faktisches oder kundgegebenes Organ der Tochtergesellschaft, 1997, 310 f.; sowie *Bertschinger* FS Forstmoser, 2003, 455 (459).

tionen, in denen Nicht-Geschäftsleiter die Unternehmensleitung vollständig – und nicht nur interimsweise[1101] – an sich reißen und die nominellen Leitungsorgane von allen Sanierungsverhandlungen fernhalten.[1102]

193 **(d) Natürliche Personen versus juristische Personen.** Nach Auffassung des BGH scheiden juristische Personen als faktische Geschäftsführungsorgane von vornherein aus.[1103] Zur Begründung stützt er sich auf die § 76 Abs. 3 AktG, § 6 Abs. 2 GmbHG, wonach Geschäftsleiter nur natürliche, unbeschränkt geschäftsfähige Personen sein können: Was nach dem Gesetz für das rechtlich dem geschäftsführenden Organ angehörige Mitglied gelte, sei auch für die Beurteilung maßgebend, ob jemand faktisch als Mitglied des geschäftsführenden Organs in Betracht komme.[1104] Daran ist richtig, dass das deutsche Kapitalgesellschaftsrecht – anders als etwa das französische – juristischen Personen aus wohlerwogenen Gründen den Zugang zum Geschäftsleiteramt versperrt (→ § 76 Rn. 120). Dennoch bleiben Zweifel an der Gleichstellungsthese des II. Zivilsenats: Eine erste Ungereimtheit liegt bereits darin, dass natürliche Personen, die nach § 76 Abs. 3 S. 2 wegen eines gerichtlichen oder behördlichen Gewerbeverbots oder wegen einer rechtskräftigen strafrechtlichen Verurteilung amtsunfähig sind, selbstverständlich faktische Geschäftsleiter sein können.[1105] Vor allem aber ist aus Gründen des Aktionärs- und Gläubigerschutzes eine Einbeziehung juristischer Personen geboten: Liegt der Geltungsgrund für die Haftung faktischer Organe in der Okkupierung der Geschäftsleiterposition, so leuchtet nicht ein, warum als „tauglicher Täter" nur natürliche Personen in Frage kommen.[1106] Die Rechtsprechung müsste von ihrem abweichenden Standpunkt zumindest die gesetzlichen Vertreter der juristischen Person als faktische Geschäftsleiter behandeln, sofern es sich bei ihnen um natürliche Personen handelt.[1107] Dies wäre jedoch ein konstruktiver Umweg, der angesichts des Verantwortlichkeitsgefälles zwischen juristischer Person und Organwalter kaum überzeugt. Mit der grundsätzlichen Öffnung des verantwortungsrechtlichen Organbegriffs für juristische Personen ist freilich nicht vorentschieden, ob sich die faktische Organschaft auch zur Lösung konzernrechtlicher Probleme eignet (näher → Rn. 198).

194 **(e) Wahrnehmung von Organfunktionen versus Wahrung eigener Interessen.** Dieses letzte Gegensatzpaar hat in erster Linie heuristischen Wert, indem es den Blick auf die antagonistischen Interessen des einflussnehmenden Extraneus lenkt: Wer als Kreditgeber Kontrollrechte oder als Mehrheitsgesellschafter Mitverwaltungsrechte ausübt, wird dadurch nicht zum faktischen Geschäftsleiter, sondern wahrt zuvörderst seine eigenen Interessen. Darüber herrscht im in- und ausländischen Aktienrecht Einvernehmen.[1108] Die Schwierigkeit besteht darin herauszuarbeiten, wo die legitime Einflussnahme endet und die illegitime Einmischung in Geschäftsleiterbelange beginnt.

195 **(4) Fallgruppenartige Auffächerung. (a) Nachgeordnete Unternehmensangehörige.** Angestellte auf nachgeordneten Führungsebenen nehmen keine organspezifischen Funktionen wahr, sondern bereiten Leitungsentscheidungen lediglich vor und führen sie aus. Sie unterliegen zudem der Überwachung durch die ressortverantwortlichen Vorstandsmitglieder.[1109] Weisungsgebundenheit und Subordination sprechen mithin gegen eine faktische Organschaft von Prokuristen und sonstigen Führungspersonen unterhalb der obersten Leitungsebene.[1110] Eine eng umrissene Ausnahme ist allerdings dann angezeigt, wenn Personen der zweiten Führungsriege die Unternehmensleitung an

---

[1101] Für diesen Vorbehalt *Drescher,* Die Haftung des GmbH-Geschäftsführers, 7. Aufl. 2013, Rn. 52; *Geißler* GmbHR 2003, 1106 (1111).
[1102] Vgl. OLG Düsseldorf GmbHR 1994, 317 (318); *Fleischer* AG 2004, 517 (525); *Strohn* DB 2011 157 (162); offenlassend BGHZ 75, 96 (107).
[1103] Vgl. BGHZ 150, 61 (68); ebenso *Drescher,* Die Haftung des GmbH-Geschäftsführers, 7. Aufl. 2013, Rn. 85 ff.; *Strohn* DB 2011, 158 (163).
[1104] Vgl. BGHZ 150, 61 (68).
[1105] Auf diesen Widerspruch hinweisend auch *Strohn* DB 2011, 158 (163).
[1106] Vgl. *Fleischer* AG 2004, 517 (526); *Fleischer* GmbHR 2011, 337 (343); im Ergebnis ebenso *Burgard* NZG 2002, 606 (607 f.); Großkomm AktG/*Hopt/Roth* Rn. 365; *Schürnbrand,* Organschaft im Recht der privaten Verbände, 2007, 305.
[1107] So in der Tat *Strohn* DB 2011, 158 (163).
[1108] Vgl. *Fleischer* AG 2004, 517 (526); *Schürnbrand,* Organschaft im Recht der privaten Verbände, 2007, 313; *Strohn* DB 2011, 158 (163).
[1109] Dazu *Fleischer* AG 2003, 291.
[1110] Im Ergebnis zutreffend deshalb RGSt 72, 187: keine Konkursantragspflicht eines leitenden Angestellten; ferner *Reich* DB 1967, 1663; *Stein* ZHR 148 (1984), 207 (232 f.); vgl. auch BGHZ 148, 167 (174), wonach ein Prokurist bei Zuwiderhandlungen gegen das Auszahlungsverbot des § 30 GmbHG nicht zum faktischen Geschäftsführer werde; aus dem Schrifttum *Reich* DB 1967, 1963; *Schürnbrand,* Organschaft im Recht der privaten Verbände, 2007, 311; *Stein* ZHR 148 (1984), 207 (232 f.); *Strohn* DB 2011, 158 (164).

sich ziehen und in maßgeblichem Umfang Geschäftsführungsfunktionen ausüben.[1111] So lag es etwa in einer älteren Entscheidung des RG, in der zwei Prokuristen die tatsächliche Leitung einer GmbH inne hatten,[1112] und ebenso liegt es in einer jüngeren BGH-Entscheidung, in der ein Ehemann die Geschicke der Gesellschaft über eine Einzelprokura bestimmte und seine Ehefrau nur nominell als Geschäftsführerin auftrat.[1113] Das gilt erst recht, wenn durch das Vorschieben eines Strohmanns die Bestellungsverbote der § 76 Abs. 3 AktG, § 6 Abs. 2 GmbHG umgangen werden sollen,[1114] wie überhaupt an der vollen Organverantwortlichkeit des Hintermanns in Strohmannfällen kein Zweifel bestehen sollte.[1115]

(b) Kreditgeber. Banken und andere Kreditgeber kommen nach der Rechtsprechung des BGH **196** schon deshalb nicht als faktische Geschäftsleiter in Betracht, weil sie gewöhnlich als juristische Personen organisiert sind (→ Rn. 193). Unabhängig davon fehlen ihnen in aller Regel gleich zwei Qualifikationsmerkmale faktischer Organe: Sie handeln zum einen nicht aus einer organtypischen Stellung heraus und nehmen mit ihrer Einflussnahme zum anderen antagonistische Gläubigerinteressen wahr. Dass sie dabei nicht dem Zugriff des aktienrechtlichen Verantwortlichkeitsrechts unterliegen, entspricht einem universal anerkannten Begründungsmuster.[1116] Von vornherein unschädlich sind daher schuldvertraglich ausbedungene Informations- und Inspektionsrechte.[1117] Weiterhin scheidet eine faktische Organschaft aus, wenn Finanzinstitute die Kreditausreichung an die Einhaltung bestimmter betriebswirtschaftlicher Schlüsselgrößen knüpfen oder die Beiziehung von Sanierungsberatern verlangen.[1118] Die kritische Zone beginnt erst dort, wo der externe Kreditgeber in die gesetzliche Organisationsstruktur der Gesellschaft eindringt. Dazu genügt weder eine bloße Konsultation vor wichtigen Unternehmensentscheidungen[1119] noch eine gelegentliche Teilnahme an Vorstandssitzungen, wohl aber die Wahrnehmung organtypischer Entscheidungsbefugnisse, namentlich die alleinige Übernahme der Finanzangelegenheiten in Krisenzeiten einschließlich der exklusiven Verhandlungsführung mit allen Gesellschaftsgläubigern.[1120]

(c) Professionelle Berater. Gesellschaftsfremde Berater bilden keine faktischen Organe,[1121] weil **197** sie nicht mit organtypischen Entscheidungskompetenzen ausgestattet sind, sondern nur kaufmännischen, juristischen oder technischen Sachverstand beisteuern. Nicht auszuschließen sind allerdings pathologische Fälle, in denen Unternehmensberater in Krisenzeiten nicht nur Handlungsempfehlungen abgeben, sondern die Unternehmensleitung selbst in die Hand nehmen.[1122]

(d) Mutterunternehmen. Ob Muttergesellschaften als faktische Organe in Betracht kommen, **198** rührt an Grundfragen des Konzernhaftungsrechts, die hier nur hochverdichtet wiedergegeben werden können. In Ermangelung konzernrechtlicher Haftungsvorschriften greift man im europäischen und außereuropäischen Ausland gerne auf die Figur der faktischen Organschaft zurück.[1123] Auch im deutschen Schrifttum gibt es einzelne Ansätze, eine solche Haftung an die Organstellung eines

---

[1111] Vgl. *Fleischer* AG 2004, 517 (526); *Strohn* DB 2011, 158 (165).
[1112] Vgl. RGSt 71, 112; abw. *Stein*, Das faktische Organ, 1984, 147 f.
[1113] Vgl. BGHZ 125, 366 (367).
[1114] Für diesen Fall auch Baumbach/Hueck/*Zöllner/Noack* GmbHG § 43 Rn. 3; abw. Hachenburg/*Mertens* GmbHG § 43 Rn. 7.
[1115] Im Ergebnis ebenso *Stein*, Das faktische Organ, 1984, 186 („zweckorientierte Auslegung der pflichtbegründenden Vorschriften"); *Reich* DB 1967, 1663 (1666) („analoge Heranziehung der Organhaftungsvorschriften"); *Ehricke*, Das abhängige Konzernunternehmen in der Insolvenz, 1998, 240 und 243; besonders anschaulich BGHSt 21, 101 (106), wo als Strohmann-Vorstand der „Bonbon-Koch" und der „Privatjäger" des Alleinaktionärs fungierten, „die die wirtschaftlichen Verhältnisse der AG nicht kannten und nur jene willfährigen Werkzeuge waren".
[1116] Dazu *Fleischer* AG 2004, 517 (527).
[1117] Vgl. *Fleischer* GmbHR 2001, 337 (344); *Himmelsbach/Achsnick* NZI 2003, 355 (359).
[1118] Vgl. *Fleischer* AG 2004, 517 (527); *Schürnbrand*, Organschaft im Recht der privaten Verbände, 2007, 313; eingehend *Bork* WM 2014, 1841; monographisch *Sandhaus*, Der Kreditgeber als faktischer Geschäftsführer einer GmbH, 2014.
[1119] Ähnlich die Unterscheidung zwischen bloßen Mitspracherechten und organtypischen Mitbestimmungsrechten bei *Maurenbrecher* AJP 1998, 1327 (1336 mit Fn. 95).
[1120] Vgl. *Fleischer* AG 2004, 517 (527); Großkomm AktG/*Hopt/Roth* Rn. 365; *Schürnbrand*, Organschaft im Recht der privaten Verbände, 2007, 314; *Strohn* DB 2011, 158 (162); aus schweizerischer Sicht auch *Bertheau*, Die Haftung der Kreditgeberbank gegenüber den Kreditnehmern, 1998, 133; ferner *Maurenbrecher* AJP 1998, 1327 (1336).
[1121] Dagegen auch *Dinkhoff*, Der faktische Geschäftsführer in der GmbH, 2003, 109; *Kaligin* BB 1983, 790; ausführlich *Bertschinger* FS Forstmoser, 2003, 455 (458 ff.).
[1122] Vgl. *Fleischer* AG 2004, 517 (527); *Müller-Feldhammer* NJW 2008, 1777 (1783); *Strohn* DB 2011, 158 (164).
[1123] Rechtsvergleichend *Fleischer* AG 2004, 517 (519 ff.); *Vogel*, Die Haftung der Muttergesellschaft als materielles, faktisches oder kundgegebenes Organ der Tochtergesellschaft, 1997, 3 ff., 31 ff., 63 ff.

Geschäftsführers anzulehnen.[1124] Sie haben sich jedoch aus triftigen Gründen nicht durchsetzen können[1125] und sollten zur Begründung einer *allgemeinen* Verantwortlichkeit der Muttergesellschaft nicht weiter verfolgt werden. Insoweit bieten die §§ 311 ff. differenzierte Lösungsmuster, die für die Einmann-AG gegebenenfalls noch durch die Existenzvernichtungshaftung zu ergänzen sind. Davon zu unterscheiden ist das Sonderproblem einer *speziellen* Haftung der Muttergesellschaft aus § 823 Abs. 2 BGB iVm § 15a Abs. 1 Satz 1 InsO, das hier nicht zu vertiefen ist.[1126]

199 **cc) Vorstandsmitglieder kraft Rechtsscheins.** Vervollständigt wird das Bild durch Vorstandsmitglieder kraft Rechtsscheins.[1127] Sie können weder einen förmlichen Bestellungsakt noch ein tatsächliches Tätigwerden als Organpersonen vorweisen, erwecken aber nach außen einen entsprechenden Eindruck. Sofern sie diesen Rechtsschein zurechenbar veranlasst haben, haften sie gutgläubigen Dritten gegenüber nach allgemeinen Grundsätzen.[1128] Eine aktienrechtliche Verantwortlichkeit als faktisches Organ scheidet dagegen aus. Davon sorgfältig zu trennen ist eine Einstandspflicht der Gesellschaft für ehemalige Organmitglieder und Scheinorgane nach Maßgabe des § 15 Abs. 1 und 3 HGB sowie nach allgemeinen Rechtsscheingrundsätzen.[1129]

200 **2. Pflichtverletzung. a) Allgemeines.** Grundvoraussetzung der aktienrechtlichen Verantwortlichkeit ist zunächst eine Pflichtverletzung. Der Pflichtenkreis der Vorstandsmitglieder wird im Gesetz nicht erschöpfend umschrieben. Im systematischen Zugriff pflegt die heute hM zwei Hauptabteilungen zu unterscheiden: die Sorgfaltspflicht *(duty of care)* und die Treuepflicht *(duty of loyalty)*.[1130] Die Sorgfaltspflicht kommt in § 93 Abs. 1 Satz 1 zum Ausdruck. Sie lässt sich weiter unterteilen in eine Legalitätspflicht, eine Sorgfaltspflicht im engeren Sinne und eine Überwachungspflicht, die sich dogmatisch zusehends verselbständigt. Einzelheiten sind bereits dargestellt worden (→ Rn. 14 ff.) und hier nicht zu wiederholen. Die Treuepflicht wird nur in ihren Einzelausprägungen der Verschwiegenheitspflicht (§ 93 Abs. 1 S. 3) und des Wettbewerbsverbots (§ 88 Abs. 1) angesprochen, ist aber darüber hinaus als allgemeine Verhaltenspflicht anerkannt.

201 Weitere Pflichten der Vorstandsmitglieder können sich aus ihrem Anstellungsvertrag ergeben.[1131] Darin liegt kein Widerspruch zur Einordnung des § 93 Abs. 2 als einer gesetzlichen Organhaftung (→ Rn. 178). Vielmehr ist jedes Vorstandsmitglied auch als Organ gehalten, seine anstellungsvertraglichen Pflichten zu erfüllen.[1132] Statthaft ist aber nur eine sachliche Erweiterung des Pflichtenkreises durch den Anstellungsvertrag, keine Haftungsverschärfung in Richtung einer Erfolgshaftung (näher → Rn. 5).

202 Als Pflichtverletzungen iSd § 93 Abs. 2 kommen nur organbezogene Tätigkeiten in Betracht.[1133] Wo das Verhalten eines Vorstandsmitglieds in keinem Sachzusammenhang mit seinen dienstlichen Pflichten steht, scheidet eine Organhaftung aus.[1134] Dies gilt insbesondere für Tätigkeiten „bei Gelegenheit" der Geschäftsführung, die ebenso gut von einem Dritten hätten vorgenommen werden können.[1135] Paradigmatisches Beispiel ist die Fahrt mit dem Dienstwagen.[1136] In solchen Fällen greift statt § 93 Abs. 1 der allgemeine Sorgfaltsmaßstab des § 276 BGB ein.[1137]

203 **b) Geschäftsverteilung.** Eine vorstandsinterne Geschäftsverteilung beeinflusst die Pflichtenstellung der einzelnen Vorstandsmitglieder. Sie führt nach hergebrachter Auffassung zu einer Zweiteilung

---

[1124] Vgl. *Wilhelm*, Rechtsform und Haftung bei der juristischen Person, 1981, 285 ff. (330 ff.); ihm folgend *Altmeppen* NJW 2002, 321 (323 ff.).
[1125] Zur Kritik etwa *Wiedemann*, Die Unternehmensgruppe im Privatrecht, 1988, 84 f.; *Ulmer* ZHR 148 (1984), 391 (413 ff.).
[1126] Eingehend dazu *Fleischer* AG 2004, 517 (527 f.); *Habersack/Verse* ZHR 168 (2004), 174 (207 ff.).
[1127] Dazu *Fleischer* AG 2004, 517 (518).
[1128] Vgl. *Fleischer* GmbHR 2011, 337 (338); *Strohn* DB 2011, 158 (159).
[1129] Vgl. BGHZ 115, 78; MüKoAktG/*Spindler* § 84 Rn. 239 ff.
[1130] Vgl. Bürgers/Körber/*Bürgers* Rn. 19; *Fleischer* in Fleischer VorstandsR-HdB § 11 Rn. 35; *Hopt* FS Mestmäcker, 1996, 909 (917); K. Schmidt/Lutter/*Krieger/Sailer-Coceani* Rn. 26; Kölner Komm AktG/*Mertens/Cahn* Rn. 64; Raiser/Veil KapGesR § 14 Rn. 65; *Wiedemann*, Organverantwortung und Gesellschafterklagen in der AG, 1989, 12; Grigoleit/*Grigoleit/Tomasic* Rn. 24.
[1131] AllgM, vgl. Bürgers/Körber/*Bürgers* Rn. 19; *Fleischer* in Fleischer VorstandsR-HdB § 11 Rn. 36; Großkomm AktG/*Hopt/Roth* Rn. 321; Hüffer/Koch/*Koch* Rn. 40; K. Schmidt/Lutter/*Krieger/Sailer-Coceani* Rn. 26; Kölner Komm AktG/*Mertens/Cahn* Rn. 124; MüKoAktG/*Spindler* Rn. 28.
[1132] Vgl. *Fleischer* in Fleischer VorstandsR-HdB § 11 Rn. 36; Großkomm AktG/*Hopt/Roth* Rn. 369; Hüffer/Koch/*Koch* Rn. 40; Kölner Komm AktG/*Mertens/Cahn* Rn. 124.
[1133] Ähnlich Kölner Komm AktG/*Mertens/Cahn* Rn. 65; Wachter/*Eckert* Rn. 26.
[1134] Vgl. *Fleischer* in Fleischer VorstandsR-HdB § 11 Rn. 37; Kölner Komm AktG/*Mertens/Cahn* Rn. 65.
[1135] Grundlegend *Schneider* FS Werner, 1984, 795 (812 f.), der zwischen eigentlichen Organpflichten und bloßen Obhutspflichten unterscheidet.
[1136] Näher MüKoGmbHG/*Fleischer* § 43 Rn. 247 mwN.
[1137] Vgl. MüKoGmbHG/*Fleischer* § 43 Rn. 247 mwN; abw. *Paefgen* AG 2014, 554 (568).

der Geschäftsführung in eine unmittelbar verwaltende und eine beaufsichtigende Tätigkeit.[1138] Einzelheiten sind bereits unter dem Gesichtspunkt der ressortübergreifenden Überwachungspflicht erörtert worden (→ § 77 Rn. 48 ff.). Darauf ist hier zu verweisen.

c) Kollegialentscheidungen. Besonderheiten ergeben sich bei Kollegialentscheidungen des Vorstands. Diese haben im Anschluss an die berühmte Lederspray-Entscheidung des BGH[1139] vor allem das strafrechtliche Schrifttum beschäftigt,[1140] sind aber für das Aktienrecht gleichermaßen von Bedeutung.[1141] Ein Hauptaugenmerk gilt hier den Verhaltenspflichten der überstimmten Vorstandsmitglieder, die anderwärts erläutert werden (→ § 77 Rn. 29 ff.).

3. Verschulden. a) Verschuldensmaßstab. Die Verpflichtung zum Schadensersatz nach § 93 Abs. 2 S. 1 setzt Verschulden voraus.[1142] Das folgt aus der Doppelfunktion des § 93 Abs. 1 S. 1, der neben der objektiven Sorgfaltspflicht auch einen typisierten Verschuldensmaßstab umschreibt.[1143] Ein Vorstandsmitglied hat danach für die Fähigkeiten und Kenntnisse einzustehen, welche die ihm anvertraute Aufgabe objektiv erfordert.[1144] Persönliche Unfähigkeit oder fachliche Unkenntnis vermögen den Betreffenden nicht zu entlasten.[1145] Praktisch kommt dem Verschuldenserfordernis daher keine nennenswerte Bedeutung zu.[1146] Es sind nur wenige Situationen vorstellbar, in denen zwar eine Pflichtwidrigkeit, aber kein Verschulden vorliegt: Die „Würfel" fallen zumeist auf der Ebene der objektiven Pflichtverletzung. Anders liegt es nur, wenn man Fälle des Rechtsirrtums (→ Rn. 35) und des sonstigen Vertrauens auf Expertenrat (→ Rn. 209) auf Verschuldensebene behandelt.[1147]

Vorstandsmitglieder haften für *omnis culpa*, also schon bei leichter Fahrlässigkeit.[1148] Eine Haftungsmilderung nach den Rechtsprechungsregeln über betrieblich veranlasste Tätigkeiten haben Rechtsprechung und hL bisher stets abgelehnt.[1149] Hieran ist entgegen einer vordringenden Literaturmeinung,[1150] die mit Nuancierungen im Einzelnen für eine Regressreduzierung wirbt,[1151] festzuhalten.[1152] Für eine solche Erstreckung fehlt ein tragfähiges methodisches und teleologisches Fundament: Während das BGB hinsichtlich der Arbeitnehmerhaftung von Anfang an eine Regelungslücke enthielt, verfügt das AktG für die Organhaftung über eine vollständig ausgebildete Haf-

---

[1138] Vgl. RGZ 98, 98 (100); Bürgers/Körber/*Bürgers* Rn. 21; *Fleischer* NZG 2003, 449 (452); Hüffer/Koch/*Koch* Rn. 42; K. Schmidt/Lutter/*Krieger/Sailer-Coceani* § 77 Rn. 18; MüKoAktG/*Spindler* Rn. 148 f.
[1139] Vgl. BGHSt 37, 166; außerdem BGHSt 48, 77 – Politbüro mit Blick auf staatliche Kollegialorgane.
[1140] Vgl. etwa die Urteilsbesprechungen von *Beulke/Bachmann* JuS 1992, 737; *Hilgendorf* NStZ 1994, 561; *Kuhlen* NStZ 1990, 566; *Puppe* JR 1992, 30; *Schmidt-Salzer* NJW 1990, 2966.
[1141] Ausführlich *Fleischer* BB 2004, 2645 mwN in Fn. 4; zur „Business Judgment Rule" bei Kollegialentscheidungen *Löbbe/Fischbach* AG 2014, 717; dazu auch → Rn. 72a.
[1142] AllgM, vgl. Bürgers/Körber/*Bürgers* Rn. 21b; *Fleischer* in Fleischer VorstandsR-HdB § 11 Rn. 55; NK-AktR/*U. Schmidt* Rn. 103; *Goette* in Hommelhoff/Hopt/v. Werder Corporate Governance-HdB 713 (736); Großkomm AktG/*Hopt/Roth* Rn. 391; Hüffer/Koch/*Koch* Rn. 43; Kölner Komm AktG/*Mertens/Cahn* Rn. 136; K. Schmidt/Lutter/*Krieger/Sailer-Coceani* Rn. 29; MüKoAktG/*Spindler* Rn. 176; MHdB AG/*Wiesner* § 26 Rn. 9.
[1143] Vgl. Bürgers/Körber/*Bürgers* Rn. 21b; *Fleischer* in Fleischer VorstandsR-HdB § 11 Rn. 55; NK-AktR/*U. Schmidt* Rn. 103; Großkomm AktG/*Hopt/Roth* Rn. 391; K. Schmidt/Lutter/*Krieger/Sailer-Coceani* Rn. 29.
[1144] Vgl. MüKoAktG/*Spindler* Rn. 177; MHdB AG/*Wiesner* § 26 Rn. 9.
[1145] Vgl. RGZ 163, 200 (208); Bürgers/Körber/*Bürgers* Rn. 21b; *Fleischer* in Fleischer VorstandsR-HdB § 11 Rn. 55; NK-AktR/*U. Schmidt* Rn. 103; Hüffer/Koch/*Koch* Rn. 43; MüKoAktG/*Spindler* Rn. 177; MHdB AG/*Wiesner* § 26 Rn. 9.
[1146] Ebenso Hölters/*Hölters* Rn. 248; Großkomm AktG/*Hopt/Roth* Rn. 392; MüKoAktG/*Spindler* Rn. 176; vgl. auch Grigoleit/*Grigoleit/Tomasic* Rn. 60 f.
[1147] Vgl. Hüffer/Koch/*Koch* Rn. 43, wonach die hL das Verschuldenserfordernis „stiefmütterlich" behandelt.
[1148] Vgl. Bürgers/Körber/*Bürgers* Rn. 21c; *Fleischer* in Fleischer VorstandsR-HdB § 11 Rn. 56; *v. Godin/Wilhelmi* Rn. 6; Großkomm AktG/*Hopt/Roth* Rn. 392; *Peltzer* FS Hadding, 2004, 593; zur Festlegung eines einheitlichen Sorgfaltsmaßstabs durch die Aktienrechtsnovelle von 1884 und dem vorherigen Meinungsstreit *Baums*, Der Geschäftsleitervertrag, 1987, 211 mit Fn. 6.
[1149] Vgl. BGH WM 1975, 467 (469) (Genossenschaft); BGHZ 148, 167 (172) (GmbH); KG NZG 1999, 400 (402) (GmbH); OLG Düsseldorf ZIP 1995, 1183 (1192); *Binder*, Grenzen der Vorstandshaftung, 2016, 312 ff.; Großkomm AktG/*Hopt/Roth* Rn. 395 ff.; *Krieger* in Krieger/Schneider Managerhaftung-HdB § 3 Rn. 44; Kölner Komm AktG/*Mertens/Cahn* Rn. 39; MüKoAktG/*Spindler* Rn. 64.
[1150] Vgl. *Bachmann* ZIP 2017, 841; *Hoffmann* NJW 2012, 1393 (1396 f.); *Koch* Liber Amicorum Winter, 2011, 327 (329 ff.); *Koch* AG 2012, 429 (435 ff.); *Koch* AG 2014, 513 (515 f.); *Wilhelmi* NZG 2017, 681; sympathisierend auch *Hopt* ZIP 2013, 1793 (1804).
[1151] Zuletzt Hüffer/Koch/*Koch* Rn. 51 f. mwN.
[1152] Näher zu Folgendem *Fleischer* ZIP 2014, 1305 (1306 f.); zustimmend *Binder*, Grenzen der Vorstandshaftung, 2016, 312 ff.; *Paefgen* AG 2014, 554 (568); *Grigoleit* in Fleischer et al., German and Asian Perspectives in Company Law, 2016, 105 (128 f.); zuvor schon *Grigoleit*, Gesellschafterhaftung für interne Einflussnahme im Recht der GmbH, 2006, 390 f.

tungsnorm, die keiner Lückenschließung bedarf.[1153] Daher käme nur eine Rechtsfortbildung *praeter* oder *contra legem* in Betracht. Im Arbeitsrecht wird die Rechtsfortbildung auf drei Wertungsgesichtspunkte gestützt (a) die Verantwortung des Arbeitgebers für die Organisation des Betriebs und die Gestaltung der Arbeitsbedingungen, (b) das Missverhältnis zwischen Haftungsrisiko und Arbeitsentgelt, (c) die unterschiedliche Verhandlungsstärke von Arbeitgeber und Arbeitnehmer.[1154] Demgegenüber gilt für Vorstandsmitglieder, dass sie (a) den unternehmerischen Organisationsrahmen in Ausübung ihrer Leitungsaufgabe selbst vorgeben, (b) häufig in Form großzügiger Vergütungen eine Risikoprämie für die höhere Haftungsgefahr enthalten und durch eine D&O-Versicherung haftungsrechtlichen Basisschutz genießen, (c) der Gesellschaft bei der Aushandlung des Anstellungsvertrages auf „Augenhöhe" gegenübertreten.[1155] Der Umstand, dass sie einzelne Risikofaktoren wie Unternehmensgegenstand und Eigenkapitalausstattung nicht selbst beeinflussen können, reicht als Legitimationsgrundlage für eine richterrechtliche Haftungserleichterung nicht aus.[1156] Diskutabel sind allerdings Haftungsmilderungen *de lege ferenda* auf satzungsmäßiger Grundlage (→ Rn. 9b).

206a Im Aktienrecht von geringerer Bedeutung ist die Frage, ob Vorstandsmitglieder bei ehrenamtlicher Tätigkeit analog § 31a Abs. 1 S. 1 BGB nur für Vorsatz und grobe Fahrlässigkeit haften. Die hL lehnt dies mit Blick auf die Gläubigerschutzfunktion der Organhaftung (→ Rn. 2) ab.[1157] Dem ist jedenfalls bei berufsmäßiger Wahrnehmung der Leitungsfunktion beizutreten.[1158] Ob für die ehrenamtliche Tätigkeit in einer gemeinnützigen AG schon *de lege lata*[1159] oder *de lege ferenda*[1160] eine Ausnahme zuzulassen ist, bedarf weiterer Diskussion. Der Reformgesetzgeber des GenG[1161] hat den Grundgedanken des § 31a BGB kürzlich für den Genossenschaftsvorstand aufgenommen und ihn in § 34 Abs. 2 S. 3 GenG dahin abgeschwächt, dass wenn ein Vorstandsmitglied im Wesentlichen unentgeltlich tätig wird, dies bei der Beurteilung seiner Sorgfalt zu seinen Gunsten berücksichtigt werden muss.[1162]

207 Ein Vorstandsmitglied hat nur für eigenes Verschulden einzustehen.[1163] Es haftet nicht für das Verschulden von Vorstandskollegen, weil diese weder seine Erfüllungs- noch seine Verrichtungsgehilfen sind, sondern als Organmitglieder ihre eigenen Pflichten erfüllen.[1164] Denkbar ist allerdings ein Eigenverschulden, wenn und soweit das betreffende Organmitglied seine ressortübergreifende Überwachungspflicht verletzt oder sich an der Ausführung rechtswidriger Beschlüsse beteiligt (→ § 77 Rn. 48 ff.). Ebenso wenig wird einem Vorstandsmitglied das Fehlverhalten nachgeordneter Unternehmensangehöriger zugerechnet.[1165] Wiederum ist jedoch ein eigenes Auswahl-, Einweisungs- oder Überwachungsverschulden vorstellbar (zu entsprechenden Pflichten → Rn. 100 ff.).[1166]

208 Bezugspunkt des Organverschuldens ist nach allgemeinen Regeln die Pflichtwidrigkeit des Verhaltens. Das Bewusstsein des Vorstandsmitglieds, seine Gesellschaft zu schädigen, ist nicht erfor-

---

[1153] Vgl. *Joussen* RdA 2006, 129 (135); MüKoBGB/*Henssler* BGB § 619a Rn. 19, *Krause*, Mitarbeit in Unternehmen, 2002, 565 f.
[1154] Dazu BAG (GS) NZA 1994, 1083 (1085); MüKoBGB/*Henssler* BGB § 619a Rn. 9; *Krause* NZA 2003, 577 (579 ff.).
[1155] Vgl. *Fleischer* ZIP 2014, 1305 (1306).
[1156] Vgl. *Fleischer* ZIP 2014, 1305 (1306); *Joussen* RdA 2006, 129 (135); *Krause*, Mitarbeit in Unternehmen, 2002, 565 f.; MüKoAktG/*Spindler* Rn. 27.
[1157] Vgl. *Burgard* ZIP 2010, 358 (362); *Paefgen* AG 2014, 554 (570 f.); *Reuter* NZG 2009, 1368 ff.; *Wicke* MittBayNotK 2011, 25.
[1158] Denkbare Beispiele bei *Noack* GmbHR 2010 R 81: ein Geschäftsleiter verzichtet symbolträchtig auf sein Gehalt, der Vorstand der Muttergesellschaft führt ohne zusätzliches Gehalt zugleich die Geschäfte der Tochtergesellschaft.
[1159] So *Piper* WM 2011, 2211 (2214); *Windbichler* GesR § 22 Rn. 12, soweit es sich nicht um Verstöße gegen Kapitalerhaltungsvorschriften handelt.
[1160] In diesem Sinne *Bachmann* Gutachten E zum 70. DJT 2014, E 29 f.; *Paefgen* AG 2014, 554 (571); *E. Vetter* GmbHR 2012, 181 (187).
[1161] Gesetz zur Erleichterung unternehmerischer Initiativen aus bürgerschaftlichem Engagement und zum Bürokratieabbau bei Genossenschaften, BGBl. 2017 I 2434.
[1162] Erläuternd dazu Begr. RegE GenÄG BT-Drs. 18/11506, 28.
[1163] AllgM, vgl. *Fleischer* in Fleischer VorstandsR-HdB § 11 Rn. 57; Großkomm AktG/*Hopt*/*Roth* Rn. 391; NK-AktR/*U. Schmidt* Rn. 108; Kölner Komm AktG/*Mertens*/*Cahn* Rn. 48; MüKoAktG/*Spindler* Rn. 179; MHdB AG/*Wiesner* § 26 Rn. 10.
[1164] Vgl. BGHZ 13, 61 (65); NK-AktR/*U. Schmidt* Rn. 108; *Fleischer* NZG 2003, 449 (453); Großkomm AktG/*Hopt*/*Roth* Rn. 391; Hüffer/Koch/*Koch* Rn. 46; Kölner Komm AktG/*Mertens*/*Cahn* Rn. 49; MHdB AG/*Wiesner* § 26 Rn. 10.
[1165] Vgl. NK-AktR/*U. Schmidt* Rn. 108; Bürgers/Körber/*Bürgers* Rn. 21c; *Fleischer* AG 2003, 291 (292); Hüffer/Koch/*Koch* Rn. 46; K. Schmidt/Lutter/*Krieger*/*Sailer-Coceani* Rn. 29; Kölner Komm AktG/*Mertens*/*Cahn* Rn. 48.
[1166] Vgl. Bürgers/Körber/*Bürgers* Rn. 21c; *Fleischer* AG 2003, 291 (292); Großkomm AktG/*Hopt*/*Roth* Rn. 391; MüKoAktG/*Spindler* Rn. 179.

lich.¹¹⁶⁷ Bei Risikogeschäften gehört die Möglichkeit des Schadenseintritts bereits zur Pflichtverletzung.¹¹⁶⁸

b) Vertrauen auf Informationen Dritter. Ein Vorstandsmitglied greift zur Bewältigung seiner Aufgaben häufig auf Auskünfte, Berichte und Gutachten von dritter Seite zurück (vgl. zum Rechtsrat bereits → Rn. 35).¹¹⁶⁹ Nach einer Entscheidung des BGH aus dem Jahre 2007 handelt es sich schuldhaft, wenn es bei fehlender eigener Sachkunde den Rat eines unabhängigen, fachlich qualifizierten Berufsträgers einholt, diesen über sämtliche für die Beurteilung erheblichen Umstände ordnungsgemäß informiert und nach eigener Plausibilitätskontrolle der ihm darauf erteilten Antwort dem Rat folgt.¹¹⁷⁰ Diese vom BGH später wiederholt erläuterten und bekräftigten Leitlinien¹¹⁷¹ lassen sich zu einem bereichsübergreifenden Vertrauensgrundsatz im Kapitalgesellschaftsrecht verallgemeinern.¹¹⁷² Als sachkundige Auskunftspersonen kommen neben Rechtsanwälten und Wirtschaftsprüfern auch Steuerberater, Investmentbanker oder Vergütungsberater in Betracht, je nach Branche und Unternehmensgegenstand ferner Versicherungs- und Wirtschaftsmathematiker, Immobilienmakler oder Geologen.¹¹⁷³ Der nicht zu leugnenden Missbrauchsgefahr („opinion shopping") ist durch strenge Anforderungen an die Auswahl der Auskunftsperson und die Plausibilitätskontrolle der erhaltenen Auskunft Rechnung zu tragen. Auskünfte eines Sachverständigen, die nur eine „Feigenblattfunktion" erfüllen sollen, vermögen das Vorstandsmitglied nicht zu entlasten.¹¹⁷⁴ Sind die Voraussetzungen des informationellen Vertrauensgrundsatzes erfüllt, entfällt entgegen der Ansicht des BGH nicht erst der Schuldvorwurf, sondern bereits der Vorwurf der (Sorgfalts-)Pflichtverletzung (näher → Rn. 35 ff.).¹¹⁷⁵

c) Mitverschulden. Ein Vorstandsmitglied kann der Gesellschaft im Innenverhältnis kein Mitverschulden anderer Vorstandsmitglieder vermittels §§ 31, 254 BGB entgegenhalten.¹¹⁷⁶ Zur Begründung pflegt man auf den Sinn der in § 93 Abs. 2 angeordneten Solidarhaftung zu verweisen.¹¹⁷⁷ Eine Ausnahme ist allerdings für ein Mitverschulden von Vorstandsmitgliedern für die Zeit nach Ausscheiden des ersatzpflichtigen Vorstandsmitglieds angezeigt, zB wegen unterlassener Schadensminderungsmaßnahmen.¹¹⁷⁸ Ebenso wenig kann ein ersatzpflichtiges Vorstandsmitglied ein Überwachungsverschulden von Aufsichtsratsmitgliedern in Bezug auf sein eigenes Fehlverhalten einwenden.¹¹⁷⁹ Wie § 93 Abs. 4 S. 2 verdeutlicht, sind die jeweiligen Organpflichten so ausgestaltet, dass sie *nebeneinander* bestehen.¹¹⁸⁰ In besonders gelagerten Fällen mag man allenfalls an ein anspruchsverkürzendes Mitverschulden der Hauptversammlung wegen der Bestellung ungeeigneter Aufsichtsratsmitglieder denken,¹¹⁸¹ doch kann selbst dies letztlich nicht überzeugen.

4. Schaden. a) Begriff des Schadens. Die Ersatzpflicht des Vorstandsmitglieds setzt weiter voraus, dass der Gesellschaft ein Schaden entstanden ist.¹¹⁸² Maßgebend ist der Schadensbegriff der

---

¹¹⁶⁷ Vgl. MüKoAktG/*Spindler* Rn. 178; MHdB AG/*Wiesner* § 26 Rn. 10.
¹¹⁶⁸ Ebenso Großkomm AktG/*Hopt/Roth* Rn. 394.
¹¹⁶⁹ Dazu *Binder* AG 2008, 274; *Fleischer* ZIP 2009, 1397; *Fleischer* KSzW 2013, 2.
¹¹⁷⁰ Vgl. BGH NJW 2007, 2118 (2119) LS 2 (Wirtschaftsprüfergutachten zur Frage der Insolvenzreife).
¹¹⁷¹ Vgl. BGH DStR 2007, 1641; NZG 2012, 672 (Gutachten eines Unternehmensberaters); zusammenfassend *Fleischer* KSzW 2013, 2 ff.
¹¹⁷² Eingehend *Fleischer* ZIP 2009, 1397 ff.; vertiefend *Fleischer* KSzW 2013, 3 (5 ff.).
¹¹⁷³ Vgl. *Fleischer* KSzW 2013, 3 (5 mwN).
¹¹⁷⁴ Vgl. *Fleischer* NJW 2009, 2337 (2339); *Fleischer* KSzW 2013, 3 (7).
¹¹⁷⁵ Näher *Fleischer* ZIP 2009, 1397 (1405).
¹¹⁷⁶ Vgl. OLG Düsseldorf AG 1997, 231 (237); *Bayer/Scholz* GmbHR 2016, 841 (842); Bürgers/Körber/*Bürgers* Rn. 21c; *Fleischer* in Fleischer VorstandsR-HdB § 11 Rn. 59; *Goette* in Hommelhoff/Hopt/v. Werder Corporate Governance-HdB 749 (769); Großkomm AktG/*Hopt/Roth* Rn. 404.
¹¹⁷⁷ Vgl. BGH NJW 1983, 1856; WM 1986, 789; BGH NZG 2008, 104 Rn. 3; NZG 2015, 38 Rn. 22 f. (Stiftung).
¹¹⁷⁸ Vgl. BGH v. 5.7.1993 – II ZR 174/92, zitiert bei *Goette* DStR 1993, 1637 (1638); OLG Oldenburg NZG 2007, 434 (439); *Bayer/Scholz* GmbHR 2016, 841 (843).
¹¹⁷⁹ Vgl. BGH NZG 2011, 1271 Rn. 2; NZG 2015, 38 Rn. 22 f. (Stiftung); OLG Düsseldorf AG 1997, 231 (237); RG JW 1920, 1032; *Bayer/Scholz* GmbHR 2016, 841 (844); Großkomm AktG/*Hopt/Roth* Rn. 404.
¹¹⁸⁰ Vgl. BGH NJW 1983, 1856.
¹¹⁸¹ So Großkomm AktG/*Hopt/Roth* Rn. 405.
¹¹⁸² AllgM, vgl. *Fleischer* in Fleischer VorstandsR-HdB § 11 Rn. 60; NK-AktR/*U. Schmidt* Rn. 99; *Goette* in Hommelhoff/Hopt/v. Werder Corporate Governance-HdB 713 (736); Großkomm AktG/*Hopt/Roth* Rn. 406; Hüffer/*Koch* Rn. 47; Kölner Komm AktG/*Mertens/Cahn* Rn. 55; MüKoAktG/*Spindler* Rn. 171; umfassend aus österreichischer Sicht *Schauer* FS G.H. Roth, 2011, 687; aus einem schweizerischen Blickwinkel *Suter*, Der Schaden bei der aktienrechtlichen Verantwortlichkeit, 2010.

§§ 249 ff. BGB,[1183] der auf der sog. Differenzhypothese fußt.[1184] Verglichen wird das vorhandene Vermögen der Aktiengesellschaft mit jenem, das sie bei Hinwegdenken des schädigenden Ereignisses gehabt hätte. Besonderheiten gelten lediglich im Rahmen des § 93 Abs. 3 (→ Rn. 258).

212 Demgegenüber will eine vereinzelte Lehrmeinung nicht jede Vermögensminderung als Vermögensschaden ansehen: Erforderlich sei vielmehr eine dem Unternehmenszweck widersprechende Beeinträchtigung des Gesellschaftsvermögens.[1185] Dieser gesellschaftsrechtsspezifische Schadensbegriff ist überholt;[1186] seinem berechtigten Anliegen, Sozialaufwendungen aus dem Tatbestand des § 93 Abs. 2 auszuscheiden,[1187] lässt sich schon auf der Ebene der Pflichtwidrigkeit Rechnung tragen:[1188] Unternehmensspenden und freiwillige Mehraufwendungen für soziale Zwecke liegen im Leitungsermessen des Vorstands und sind nicht zu beanstanden, wenn sie sich in angemessenem Rahmen halten (→ Rn. 91).[1189] Dabei ist es allerdings nicht angezeigt, den Vorstandsmitgliedern mit einer einschränkenden Auslegung des § 93 Abs. 2 S. 2 entgegenzukommen;[1190] vielmehr genügt eine sachgerechte Anwendung der Regeln zum Geschäftsleiterermessen (→ Rn. 66 ff.), die dem Vorstand auch bei sozialen Aufwendungen eine gewisse Begründungslast auferlegen.[1191]

213 **b) Art und Umfang des Schadensersatzes.** Für Art und Umfang des Schadensersatzes gelten die bürgerlichrechtlichen Regeln. Nach § 249 Abs. 1 BGB ist der Zustand herzustellen, der bestünde, wenn der zum Ersatz verpflichtende Umstand nicht eingetreten wäre.[1192] Bei einer bereits überschuldeten Gesellschaft kann durch pflichtwidriges Verhalten ein weiterer Schaden hinzukommen.[1193] Erfasst wird nicht nur der eingetretene Vermögensverlust, sondern auch der entgangene Gewinn, der nach den regelmäßigen Umständen zu erwarten gewesen wäre (§ 252 BGB).[1194] Eine bloße Vermögensgefährdung reicht dagegen nicht aus;[1195] sie kann jedoch unter dem Gesichtspunkt der Organuntreue (§ 266 StGB) Bedeutung gewinnen.[1196] Ideelle Nachteile, zB eine Rufschädigung, bilden dann einen ersatzfähigen Schaden, wenn sie sich in der Vermögenssphäre der Gesellschaft niederschlagen.[1197] Die Messung eines solchen Reputationsvermögensschadens[1198] ist allerdings nicht einfach. Bei börsennotierten Gesellschaften könnte man auf Ereignisstudien zurückgreifen.[1199]

[1183] Vgl. OLG Düsseldorf AG 1997, 231 (237); Bürgers/Körber/*Bürgers* Rn. 22; *Fleischer* DStR 2009, 1204 (1205 ff.); *Goette* in Hommelhoff/Hopt/v. Werder Corporate Governance-HdB 713 (736); Großkomm AktG/ *Hopt/Roth* Rn. 406; Hüffer/Koch/*Koch* Rn. 47; K. Schmidt/Lutter/*Krieger/Sailer-Coceani* Rn. 30; *Thümmel*, Persönliche Haftung von Managern und Aufsichtsräten, 4. Aufl. 2008, Rn. 222.

[1184] Vgl. BGH NZG 2008, 314 Rn. 8; NJW 2013, 1958 Rn. 21; OLG Stuttgart BeckRS 2012, 14126; LG München I BeckRS 2014, 01998 (insoweit nicht in NZG 2014, 345 abgedruckt); *Drescher*, Die Haftung des GmbH-Geschäftsführers, 7. Aufl. 2013, Rn. 316.

[1185] Grundlegend *Mertens*, Der Begriff des Vermögensschadens im Bürgerlichen Recht, 1967, 128 ff. (165 ff.); s. auch Kölner Komm AktG/*Mertens/Cahn* Rn. 59; vermittelnd *Hommelhoff*, Die Konzernleitungspflicht, 1982, 204.

[1186] Ablehnend auch NK-AktR/*U. Schmidt* Rn. 99; *Goette* in Hommelhoff/Hopt/v. Werder Corporate Governance-HdB 713 (736); Großkomm AktG/*Hopt/Roth* Rn. 408; Hüffer/Koch/*Koch* Rn. 47; Henssler/Strohn/ *Dauner-Lieb* Rn. 34; eingehend *Schauer* FS G.H. Roth, 2011, 687 (688 ff.).

[1187] Deutlich Kölner Komm AktG/*Mertens* Rn. 23 (2. Aufl. 1996).

[1188] Ebenso NK-AktR/*U. Schmidt* Rn. 99; Bürgers/Körber/*Bürgers* Rn. 22; Hüffer/Koch/*Koch* Rn. 15; MüKoAktG/*Spindler* Rn. 173; Grigoleit/*Grigoleit/Tomasic* Fn. 115; Hölters/*Hölters* Rn. 253.

[1189] Vgl. BGHSt 47, 187 (195); *Fleischer* AG 2001, 171 (175); *Säcker* BB 2009, 282 ff.

[1190] So aber Hüffer/Koch/*Koch* Rn. 55; tendenziell auch MüKoAktG/*Spindler* Rn. 173 und 186.

[1191] Ebenso Großkomm AktG/*Hopt/Roth* Rn. 408.

[1192] Vgl. BGH NZG 2008, 314 Rn. 8; NZG 2013, 958 Rn. 21; Bürgers/Körber/*Bürgers* Rn. 22; *Drescher*, Die Haftung des GmbH-Geschäftsführers, 7. Aufl. 2013, Rn. 316; Großkomm AktG/*Hopt/Roth* Rn. 409; MüKoAktG/*Spindler* Rn. 171.

[1193] Vgl. BGHZ 100, 190 (198) (GmbH); *Fleischer* in Fleischer VorstandsR-HdB § 11 Rn. 62; Großkomm AktG/*Hopt/Roth* Rn. 409; MüKoAktG/*Spindler* Rn. 171.

[1194] Vgl. BGH NJW 2009, 2598; OLG Düsseldorf AG 1997, 231 (237 f.); *Drescher*, Die Haftung des GmbH-Geschäftsführers, 7. Aufl. 2013, Rn. 320; Wachter/*Eckert* Rn. 39; NK-AktR/*U. Schmidt* Rn. 100; Bürgers/Körber/*Bürgers* Rn. 22; Großkomm AktG/*Hopt/Roth* Rn. 409; MüKoAktG/*Spindler* Rn. 171; MHdB AG/*Wiesner* § 26 Rn. 1.

[1195] Abw. NK-AktR/*U. Schmidt* Rn. 401.

[1196] Vgl. BGH NJW 2004, 2248; dazu *Fleischer* NJW 2004, 2867.

[1197] Vgl. *Drescher*, Die Haftung des GmbH-Geschäftsführers, 7. Aufl. 2013, Rn. 317; ohne diese Einschränkung *Seyfarth*, VorstandsR, § 23 Rn. 55; allgemein *Kröger*, Korruptionsschäden, Unternehmensgeldbußen und Imageschäden, 2013; s. auch Hüffer/Koch/*Koch* Rn. 47.

[1198] Begriff: *Klöhn/Schmolke* NZG 2015, 689 (692).

[1199] Näher dazu *Klöhn/Schmolke* NZG 2015, 689 (692 f.).

Mögliche Schadensposten sind etwa entgangene Zinsvorteile bei vorzeitiger Schuldentilgung,[1200] 213a die Belastung des Gesellschaftsvermögens mit einer Forderung ohne adäquate Gegenleistung[1201] oder Steuerbelastungen bei verdeckter Gewinnausschüttung.[1202] Ersatzfähig ist überdies ein Schaden, den die Gesellschaft dadurch erleidet, dass sie für das Fehlverhalten ihres Vorstandsmitglieds einstehen muss („Haftungsschaden").[1203] Bei Verletzungen der Compliance-Pflicht kommen ferner Schadensersatzansprüche von Geschäftspartnern,[1204] finanzielle Folgen einer Vergabesperre für das Unternehmen[1205] sowie Schäden durch die Nichtabzugsfähigkeit von Schmiergeldern und die Rückabwicklung korruptiv angebahnter Verträge[1206] als Schadensposten in Bicker. Außerdem können die Kosten der internen Aufklärung ersatzfähig sein.[1207] Sie müssen angemessen sein, doch können hierzu auch Honorarzahlungen auf Basis von Stundensätzen gehören, die über die gesetzliche Vergütung hinausgehen.[1208]

Eine der Gesellschaft auferlegte Verbandsgeldbuße stellt nach hM jedenfalls im Grundsatz einen 213b abwälzungsfähigen Schaden iSd § 93 Abs. 2 S. 1 AktG dar.[1209] Dem ist im Anschluss an die Rechtsprechung des RG[1210] und des BGH[1211] zum Bußgeldrückgriff in Fällen der zivilrechtlichen Beraterhaftung beizutreten.[1212] Die hiergegen erhobenen Bedenken unter Berufung auf entgegenstehende Wertungen des Straf- und Ordnungswidrigkeitenrechts[1213] vermögen nicht zu überzeugen. Wie der BGH zur Beraterhaftung zutreffend entschieden hat, ist vielmehr zwischen strafrechtlicher Sanktion und zivilrechtlicher Inanspruchnahme zu trennen: Ob die Gesellschaft im Innenverhältnis bei ihren Organmitgliedern Rückgriff nehmen kann, wird durch das Ordnungswidrigkeitenrecht nicht präjudiziert.[1214] Dessen spezial- und generalpräventiver Sanktionszweck ist mit Verhängung der Verbandsgeldbuße erreicht.[1215] Hierfür spricht auch, dass das Strafrecht die Höchstpersönlichkeit einer Geldbuße selbst eingeschränkt hat: Die Erstattung einer Geldbuße stellt nach höchstrichterlicher Rechtsprechung keine Strafvereitelung (§ 258 StGB) mehr dar.[1216] Schließlich wäre es unter Präventionsgesichtspunkten kontraproduktiv, wenn sich die Gesellschaft nicht bei ihren pflichtvergessenen Geschäftsleitern schadlos halten könnte, weil dann die verhaltenssteuernde Wirkung eines Bußgeldrückgriffs entfiele.[1217]

Weiter zugespitzt hat sich die Diskussion um die Regresshaftung von Vorstandsmitgliedern im 213c Zusammenhang mit dem Rückgriff für Kartellbußen. Ihren rechtspraktischen und rechtswissenschaftlichen Kristallisationspunkt bildet der Fall des sog. Schienenkartells: Das ArbG Essen hatte

---

[1200] Vgl. OLG Koblenz NJW-RR 2000, 483 (484).
[1201] Vgl. OLG Naumburg NZG 1999, 353 (355).
[1202] Vgl. BGH DStR 2002, 227.
[1203] Vgl. OLG Naumburg BeckS 2007, 00361; Großkomm AktG/*Hopt/Roth* Rn. 409; Hüffer/Koch/*Koch* Rn. 48; allgemein auch OLG Saarbrücken BeckRS 2014, 02983 (insoweit in NZG 2014, 343 nicht abgedruckt).
[1204] Vgl. *Bayer* FS K. Schmidt, 2009, 85 (93); *Goette* ZHR 175 (2011), 388 (398); Hölters/*Hölters* Rn. 259; *Kapp/Gärtner* CCZ 2009, 168 (170 f.).
[1205] Vgl. *Goette* ZHR 175 (2011), 388 (398).
[1206] Eingehend *Bicker/Götze* in Krieger/Schneider Managerhaftung-HdB § 30 Rn. 55.
[1207] Vgl. LG München I NZG 2014, 345 (348); *Fleischer* NZG 2014, 321 (326 f.); Großkomm AktG/*Hopt/Roth* Rn. 409; Hüffer/Koch/*Koch* Rn. 48; *Goette* ZHR 175 (2011), 388 (398 f.); zu möglichen Grenzen im Hinblick auf sog. Sowieso-Kosten *Bachmann* ZIP 2014, 579 (582); *Meyer* DB 2014, 1063 (1068).
[1208] Vgl. *Fleischer* NZG 2014, 321 (327); Großkomm AktG/*Hopt/Roth* Rn. 409; Hüffer/Koch/*Koch* Rn. 48; *Seyfarth*, VorstandsR, § 23 Rn. 53; allgemein auch BGH NZG 2013, 1021 Rn. 29.
[1209] Vgl. *Bayer* FS K. Schmidt, 2009, 85 (93); *Bicker* AG 2014, 8 (13); *Fleischer* BB 2008, 148 (150 f.); *Fleischer* DB 2014, 345 (347 ff.); *Habersack* ZHR 177 (2013), 782 (801); Hölters/*Hölters* Rn. 255; Großkomm AktG/*Hopt/Roth* Rn. 419; Hüffer/Koch/*Koch* Rn. 48; *Kapp/Gärtner* CCZ 2009, 168 (170); *Kaulich*, Die Haftung von Vorstandsmitgliedern einer Aktiengesellschaft für Rechtsanwendungsfehler, 2012, 288 ff.; *Kersting* ZIP 2016, 1266 (1267 f.); *Krieger* in Krieger/Schneider Managerhaftung-HdB § 3 Rn. 39; *Marsch-Barner* ZHR 173 (2009), 723 (729 f.); *Ruttmann*, Die Versicherbarkeit von Geldstrafen, Geldbußen, Strafschadensersatz und Regressansprüchen in der D&O-Versicherung, 2014, 131 ff., 154 ff.; *Seyfarth*, VorstandsR, § 23 Rn. 54; MükoAktG/*Spindler* Rn. 172; *Thole* ZHR 173 (2009), 504 (532 f.); *Wilsing* in Krieger/Schneider Managerhaftung-HdB § 27 Rn. 32 ff.
[1210] Vgl. RGZ 169, 267.
[1211] Vgl. BGHZ 23, 222; BGH NJW 1997, 518; WM 2010, 993.
[1212] Näher zu Folgendem *Fleischer* DB 2014, 345 (347 ff.).
[1213] Vgl. *Dreher* FS Konzen, 2006, 97 (103); *Grunewald* NZG 2016, 1121; *Horn* ZIP 1997, 1129 (1136); *Kindler* FS G.H. Roth, 2011, 367 (372); *Kröger*, Korruptionsschäden, Unternehmensgeldbußen und Imageschäden, 2013, 215; sympathisierend *Goette* ZHR 176 (2012), 588 (603 f.); *Goette* FS Hoffmann-Becking, 2013, 377 (381).
[1214] Vgl. BGHZ 23, 222 (224); aus gesellschaftsrechtlicher Sicht *Fleischer* BB 2008, 1070 (1073); *Fleischer* DB 2014, 345 (350); *Glöckner/Müller-Tautphaeus* AG 2001, 344 (346); *Zimmermann* WM 2008, 434 (437).
[1215] Vgl. *Fleischer* BB 2008, 1070 (1073); *Fleischer* DB 2014, 345 (350); *Zimmermann* WM 2008, 434 (437).
[1216] Vgl. BGHSt 37, 226; zuletzt BGH NZG 2014, 1058 Rn. 12.
[1217] Vgl. *Fleischer* BB 2008, 1070 (1073); *Fleischer* DB 2014, 345 (348); *Koch* Liber Amicorum Winter, 2011, 327 (334 f.); *Thole* ZHR 173 (2009), 504 (532).

unter anderem judiziert, dass eine Verpflichtung des Geschäftsleiters zur Übernahme einer Geldbuße in voller Höhe gegen Recht und Billigkeit verstoße.[1218] Die hiergegen gerichtete Berufung wies das LAG Düsseldorf als unbegründet ab.[1219] Zwar räumte die Kammer ein, dass ein Geschäftsleiter seine Legalitätspflicht verletzt, wenn er gegen Vorschriften des deutschen und europäischen Kartellrechts verstößt.[1220] Auch sei auf Basis der im Organhaftungsrecht geltenden Differenzhypothese eine Minderung des Gesellschaftsvermögens in Höhe der gezahlten Bußgelder eingetreten.[1221] Gleichwohl komme ein Innenregress für die nach § 81 GWB verhängten Unternehmensgeldbußen von vornherein nicht in Betracht, weil dies dem Sanktionszweck der Kartellgeldbuße zuwiderliefe.[1222] Das BAG hat sich in der Revision für unzuständig erklärt, weil § 87 GWB wegen einer kartellrechtlichen Vorfrage eine ausschließliche Rechtswegzuständigkeit der Kartell-Landgerichte begründe, die auch von den Gerichten für Arbeitssachen zu berücksichtigen sei.[1223] Im Schrifttum ist das Urteil des LAG Düsseldorf auf ein sehr gemischtes Echo gestoßen: Einige Autoren stimmen ihm auf ganzer Linie zu;[1224] zahlreiche andere Autoren haben ihm vehement widersprochen.[1225]

213d Die besseren Gründe sprechen für eine grundsätzliche Regressfähigkeit von Kartellgeldbußen. Allseits anerkannter Ausgangspunkt ist, dass Bußgelder nach der Differenzhypothese zu einer Vermögensminderung bei der Gesellschaft führen und damit nach allgemeinen zivilrechtlichen Grundsätzen einen Schaden iSd § 249 Abs. 1 BGB bilden.[1226] Weiter abgestützt wird dieser Standpunkt durch die höchstrichterliche Rechtsprechung zum Bußgeldrückgriff in den Beraterfällen (→ Rn. 213b). Sie belegt, dass Wertungen des Ordnungswidrigkeitenrechts einem zivilrechtlichen Rückgriff zumindest außerhalb des Organhaftungsrechts nicht prinzipiell entgegenstehen. Wer hinsichtlich des Kartellbußgeldregresses gegenteiliger Auffassung ist, trägt dafür die Argumentationslast. Methodisch ließe sich ein Regressausschluss wohl nur mit einer teleologischen Reduktion des § 93 Abs. 2 S. 1 begründen.[1227] Bloße Zweckmäßigkeitserwägungen reichen für eine solche Gesetzeskorrektur nicht aus. Erforderlich wäre vielmehr der Nachweis, dass die gesetzgeberischen Wertungen des deutschen und europäischen Wettbewerbsrechts einem Kartellbußgeldregress zwingend entgegenstehen.[1228] Die von der Gegenansicht vorgebrachten Argumente vermögen diesen Anforderungen nicht zu genügen.[1229] Ihr Hauptargument, ein Bußgeldregress vereitele den kartellrechtlichen Sanktionszweck, berücksichtigt nicht hinreichend, dass der hoheitliche Sanktionszweck mit Bezahlung der Kartellgeldbuße erfüllt ist.[1230] Ob die gezahlte Summe anschließend bei einzelnen Vorstandsmitgliedern ganz oder teilweise wieder beigetrieben werden kann, ist aus bußgeldrechtlicher Perspektive nicht mehr relevant, sondern beurteilt sich allein anhand zivil- oder gesellschaftsrechtlicher Maßstäbe.[1231] Finger-

---

[1218] So ArbG Essen BeckRS 2014, 68462.
[1219] Vgl. LAG Düsseldorf GmbHR 2015, 480; dazu *Bachmann* BB 2015, 911; *Bayer/Scholz* GmbHR 2015, 449; *Binder/Kraayvanger* BB 2015, 1219; *Bischke/Brack* NZG 2015, 349; *Faerber/Engelhoven* EWiR 2015, 313; *Friedl/Titze* ZWeR 2015, 318; *Gädtke/Ruttmann* VP 2015, 30; *Kersting* ZIP 2016, 1266; *R. Koch* VersR 2015, 655 (656); *Kolb* GWR 2015, 169; *Kollmann/Aufdermauer* BB 2015, 1024; *Labusga* VersR 2015, 634; *Melot de Beauregard* DB 2015, 928; *Pant* CCZ 2015, 224; *Rust* ZWeR 2015, 299; *Schwarz* CCZ 2015, 189; *Suchy* NZG 2015, 591; *Thomas* NZG 2015, 1409.
[1220] LAG Düsseldorf GmbHR 2015, 480 (481).
[1221] LAG Düsseldorf GmbHR 2015, 480 (481).
[1222] So LAG Düsseldorf GmbHR 2015, 480 (482 f.).
[1223] So BAG NJW 2018, 184 LS 1; dazu *Bauer/Holle* ZIP 2018, 459; *Bunte* NJW 2018, 123.
[1224] Vgl. *Bachmann* BB 2015, 911; *Bunte* NJW 2018, 123 (125 f.); *Dreher* VersR 2015, 781 (787 f.); *Gaul* AG 2015, 109 (110 f.); *Grunewald* NZG 2016, 1121 (1122); *Kolb* GWR 2015, 169; *Labusga* VersR 2015, 634; *Thomas* NZG 2015, 1409 (1410 ff.); *Thomas* VersR 2017, 596 (598 ff.).
[1225] Vgl. *Bayer/Scholz* GmbHR 2015, 449 (450 ff.); *Binder/Kraayvanger* BB 2015, 1219 (1225 ff.); *Faerber/Engelhoven* EWiR 2015, 313 (314); *Gädtke/Ruttmann* VP 2015, 30; *Kersting* ZIP 2016, 1266; *R. Koch* VersR 2015, 655 ff.; *Pant* CCZ 2015, 224; *Seibt* NZG 2015, 1097 (1101); *Suchy* NZG 2015, 591 (592 ff.); im Vorfeld schon *Blaurock* FS Bornkamm, 2014, 105 (109 ff.); *Hauger/Palzer* ZGR 2015, 33 (53 ff.); *Ruttmann*, Die Versicherbarkeit von Geldstrafen, Geldbußen, Strafschadensersatz und Regressansprüchen in der D&O-Versicherung, 2014, 131 ff., 154 ff.; *Scholz*, Die existenzvernichtende Haftung von Vorstandsmitgliedern in der Aktiengesellschaft, 2014, 36 ff.
[1226] Treffend *Bayer/Scholz* GmbHR 2015, 449 (451); ferner *Pant* CCZ 2015, 224 (226).
[1227] So von den Befürwortern eines Bußgeldregresses *Bayer/Scholz* GmbHR 2015, 449 (451); *Koch* Liber Amicorum Winter, 2011, 327 (334); MüKoAktG/*Spindler* Rn. 172; von ihren Gegnern *Thomas* NZG 2015, 1409 (1416).
[1228] Wie hier *Bayer/Scholz* GmbHR 2015, 449 (451).
[1229] So auch *Bayer/Scholz* GmbHR 2015, 449 (451 f.); *Blaurock* FS Bornkamm, 2014, 105 (114 ff.); *Hauger/Palzer* ZGR 2015, 33 (55).
[1230] Vgl. *Blaurock* FS Bornkamm, 2014, 105 (114); *R. Koch* VersR 2015, 655 (658); *Pant* CCZ 2015, 224 (226); *Suchy* NZG 2015, 591 (592).
[1231] Vgl. *Blaurock* FS Bornkamm, 2014, 105 (115); *Suchy* NZG 2015, 591 (592).

zeige in diese Richtung bieten sowohl die strafrechtliche Rechtsprechung des BGH zu § 258 StGB als auch seine zivilrechtliche Spruchpraxis zum Bußgeldregress gegen einen Dritten, der gegenüber dem Bußgeldadressaten vertraglich zur Abwendung der Verwirklichung eines Bußgeldtatbestands verpflichtet war. Die Bemühungen der Gegenansicht, diese Fälle im Wege eines *distinguishing* beiseite zu schieben,[1232] können nicht überzeugen. Dass beide höchstrichterliche Entscheidungsreihen zumindest eine Tendenzaussage gegen ein sanktionsrechtliches Regressverbot enthalten,[1233] lässt sich schwer bestreiten.

Ebenso wenig verfängt der Einwand, dass die Möglichkeit eines Bußgeldregresses normativ widersprüchlich wäre und letztlich die staatliche Legitimation der Unternehmensbuße zum Fortfall brächte.[1234] Der Zweck der Kartellgeldbuße erschöpft sich mitnichten in einer „Übelszufügung";[1235] vielmehr soll das Bußgeld für eine wirksame Kartellverfolgung sorgen und zukünftige Wettbewerbsverstöße vermeiden helfen. Warum ein gesellschaftsrechtlicher Regress geeignet sein sollte, dieses Repressions- und Präventionsziel zu hintertreiben, wird von der Gegenansicht nicht schlüssig begründet. Unter Präventionsgesichtspunkten spricht vieles dafür, dass ein Bußgeldrückgriff eine erhebliche Abschreckungswirkung auf Vorstandsmitglieder ausübt und sie daher zu größerer Sorgfalt in der Vermeidung von Kartellrechtsverstößen anhält.[1236] Dieser verhaltenssteuernde Effekt fiele bei einem Regressverbot völlig weg.[1237] Stattdessen auf den Wirkmechanismus der Anteilseignerkontrolle zu setzen,[1238] ist jedenfalls für Aktiengesellschaften kein gleichwertiger Ersatz, weil die Steuerungsmöglichkeiten der Aktionäre rechtlich begrenzt sind und bei Publikumsgesellschaften beträchtliche Koordinationsprobleme hinzukommen. Unabhängig davon trifft es nicht zu, dass sich das bebußte Unternehmen „ohne Weiteres"[1239] bei seinen Organmitgliedern entlasten könne. Vielmehr können Vorstandsmitglieder nach § 93 Abs. 2 S. 1 nur dann erfolgreich in Anspruch genommen werden, wenn sie selbst den Eintritt des Bußgeldtatbestandes adäquat-kausal, pflichtwidrig und schuldhaft herbeigeführt bzw. nicht verhindert haben.[1240] Zudem trägt die Gesellschaft das Prozessrisiko und das Insolvenzrisiko des betreffenden Vorstandsmitglieds.[1241] Der Bußgeldrückgriff ist mithin „kein Selbstläufer".[1242] Hieran vermag auch eine D&O-Versicherung nichts zu ändern, weil diverse Gründe zu einem Ausschluss der Deckung führen können.[1243]

Die zugunsten eines kategorischen Regressverbots in Spiel gebrachte Rechtsvergleichung[1244] bietet bei genauerer Betrachtung kein einheitliches Bild. Zwar trifft es zu, dass der englische *Court of Appeal* in der Rechtssache *Safeway Stores Ltd v Twigger* einen Rückgriff gegen die Geschäftsleiter bei einem Kartellverstoß unter Berufung auf die Maxime *ex turpi causa non oritur actio* abgelehnt hat.[1245] Unbestritten war und ist dies freilich nicht: Die Vorinstanz hatte noch anders entschieden,[1246] und das führende Lehrbuch zum englischen Gesellschaftsrecht wertet in seiner aktuellen Auflage ebenfalls gegenteilig.[1247] Jüngst haben schließlich vier Richter des *UK Supreme Court* in einem anderen Fall, in dem es um Regressansprüche einer Gesellschaft gegen ihre Direktoren wegen erlittener Schäden durch ein illegales Umsatzsteuerkarussell ging, offen zu erkennen gegeben, dass

---

[1232] Vgl. etwas unbeholfen LAG Düsseldorf GmbHR 2015, 480 (484); eleganter *Thomas* NZG 2015, 1409 (1411 f.: Strafvereitelung), (1413: Beraterfall).

[1233] Ähnlich *Suchy* NZG 2015, 591 (592); ferner *Ruttmann*, Die Versicherbarkeit von Geldstrafen, Geldbußen, Strafschadensersatz und Regressansprüchen in der D&O-Versicherung, 2014, 161.

[1234] *Thomas* NZG 2014, 1409 (1416).

[1235] So aber *Thomas* NZG 2014, 1409.

[1236] Vgl. *Fleischer* BB 2008, 1070 (1073); *Fleischer* DB 2014, 345 (348); *R. Koch* VersR 2015, 655 (658); *J. Koch* AG 2012, 429 (434 f.).

[1237] Vgl. *Hauger/Palzer* ZGR 2015, 33 (54).

[1238] So tendenziell LAG Düsseldorf GmbHR 2015, 480 (482 f.).

[1239] LAG Düsseldorf GmbHR 2015, 480 (483).

[1240] Vgl. *Binder/Kraayvanger* BB 2015, 1219 (1225); *Suchy* NZG 2015, 591 (592).

[1241] Vgl. *Bayer/Scholz* GmbHR 2015, 449 (452); *Binder/Kraayvanger* BB 2015, 1219 (1225).

[1242] *Binder/Kraayvanger* BB 2015, 1219 (1225); im Ergebnis ebenso *Bayer/Scholz* GmbHR 2015, 449 (452).

[1243] Vgl. *Suchy* NZG 2015, 591 (592).

[1244] Vgl. *Thomas* NZG 2015, 1409 (1412).

[1245] Vgl. *Safeway Stores Ltd v Twigger* [2010] EWCA Civ 1472 [44]: „The policy of the 1998 [Competition] Act is to protect the public and to do so by imposing obligations on the undertaking specifically. The policy of the statute would be undermined if undertakings were able to pass on the liability to their employees, or the employees' D & O insurers."

[1246] [2010] 3 All ER 577.

[1247] Vgl. *Gower/Davies/Worthington*, Principles of Modern Company Law, 10. Aufl. 2016, Rn. 7–42: „Finally, the director (or manager) might be civilly liable to the company for the loss suffered by it as a result of the commission of an offence, on the grounds that permitting or causing the company to commit the offence was a breach of duty or breach of contract by the director as against the company."

sie die Entscheidung des *Court of Appeal* für falsch halten.[1248] Ambivalent ist der weitere Hinweis auf das österreichische Verbandsverantwortlichkeitsgesetz, das einen Regress für Unternehmensgeldbußen in § 11 ausdrücklich ausschließt.[1249] Dem könnte man entgegenhalten, dass das deutsche OWiG einen solchen Ausschluss gerade nicht vorsieht.[1250] Schließlich lassen die Regressgegner unerwähnt, dass ein Bußgeldrückgriff gegen Geschäftsleiter in den Vereinigten Staaten seit jeher grundsätzlich zulässig ist. Dies trifft auch und gerade für Kartellbußen zu.[1251]

213g Schließlich würde ein kategorisches Verbot des Kartellbußgeldregresses zu wertungsmäßigen Ungereimtheiten führen. Es liefe auf eine sektorale Ausnahme hinaus, die eine „Privilegierung für Kartellrechtsverstöße"[1252] zur Folge hätte. Zudem bestünde die Gefahr einer „willkürlich anmutenden Haftungsdifferenzierung",[1253] je nachdem, ob die betreffende Pflichtverletzung haftungsbewehrt ist oder nicht. Ferner würde sich die Frage stellen, warum Verstöße gegen bußgeldbewehrte Pflichten haftungsrechtlich mit größerer Nachsicht behandelt werden als zB Verstöße gegen unternehmensinterne Richtlinien, die zu vergleichbaren Schäden geführt haben.[1254]

213h Der Umfang des ersatzfähigen Bußgeldschadens ist allerdings begrenzt. Auf dem Boden der Differenzhypothese (→ Rn. 211) kann die Gesellschaft nach hM nur den Ahndungsteil (§ 30 Abs. 2 und 4 OWiG), nicht aber den Abschöpfungsteil des Bußgeldes (§ 17 Abs. 4 OWiG, § 30 Abs. 3 OWiG) im Regresswege von ihren Geschäftsleitern zurückverlangen.[1255] Andernfalls stünde sie durch den Schadensfall besser als ohne das schädigende Ereignis, was dem schadensersatzrechtlichen Bereicherungsverbot zuwiderliefe. Überdies würde sich die Gesellschaft durch Einforderung dieses Beitrags widersprüchlich verhalten: Sie kann nicht einerseits die Geschäftsleiter für deren Beitrag zu einem Rechtsverstoß zur Verantwortung ziehen und gleichzeitig verlangen, so gestellt zu werden, als wäre die Zuwiderhandlung erfolgt und sie hätte den Gewinn vereinnahmt.[1256] Nur wenn das betreffende Geschäft auch ohne den Rechtsverstoß zustande gekommen wäre, kann sie ausnahmsweise den hypothetischen Gewinn von ihren Geschäftsleitern als Schadensersatz verlangen, ohne gegen das Bereicherungsverbot oder das Verbot widersprüchlichen Verhaltens zu verstoßen.[1257]

214 Bezugspunkt des Schadens ist allein das Vermögen der Gesellschaft. Die Vermögensentwicklung bei den Aktionären bleibt außer Betracht.[1258] Das gilt auch für die Einmanngesellschaft.[1259] Eine Vorteilsausgleichung zwischen der Gesellschaft und ihren Aktionären scheidet schon nach allgemeinen Grundsätzen aus.[1260]

214a c) **Vorteilsausgleichung.** Nach Rechtsprechung und herrschender Lehre finden bei der Schadensberechnung grundsätzlich auch die Regeln zur Vorteilsausgleichung Anwendung.[1261] Die Frage wird häufig für sog. nützliche Pflichtverletzungen erörtert (→ Rn. 38 ff.). Hiergegen gerichtete Grundsatzbedenken unter dem Gesichtspunkt der Präventionsfunktion des § 93 Abs. 2 S. 1[1262] greifen im Ergebnis nicht durch, zumal es auch andere Sanktionen gegen pflichtvergessene Vorstandsmit-

---

[1248] Vgl. *Bilta (UK) Ltd (in liquidation) and others v Nazir and others (no 2)* [2016] AC 1 (15, 57 ff.).
[1249] Wörtlich lautet die Vorschrift: „Für Sanktionen und Rechtsfolgen, die den Verband auf Grund dieses Bundesgesetzes treffen, ist ein Rückgriff auf Entscheidungsträger oder Mitarbeiter ausgeschlossen."
[1250] In diese Richtung *Ruttmann*, Die Versicherbarkeit von Geldstrafen, Geldbußen, Strafschadensersatz und Regressansprüchen in der D&O-Versicherung, 2014, 135 f.
[1251] Ausgangsentscheidung: *Wilshire Oil Co. v. Riffe* 409 F.2d 1277, 1284 (10th Cir. 1969); zusammenfassend aus dem Schrifttum *Werder* 18 Del. J. Corp. L. 35, 39 (1993).
[1252] *Faerber/Engelhoven* EWiR 2015, 313 (314).
[1253] *Pant* CCZ 2015, 224.
[1254] Vgl. *Pant* CCZ 2015, 224.
[1255] Vgl. *Fleischer* DB 2014, 345 (348); *Krause* BB Special 8/2007 S. 2 (13); *Krieger* in Krieger/Schneider Managerhaftung-HdB § 3 Rn. 39; Kölner Komm AktG/*Mertens/Cahn* Rn. 56; *Thole* ZHR 173 (2009), 504 (528); *Wilsing* in Krieger/Schneider Managerhaftung-HdB § 27 Rn. 34.
[1256] Vgl. *Fleischer* DB 2014, 345 (348).
[1257] Vgl. *Fleischer* DB 2014, 345 (348).
[1258] Vgl. *Bürgers/Körber/Bürgers* Rn. 22; *Fleischer* in Fleischer VorstandsR-HdB § 11 Rn. 63; Großkomm AktG/*Hopt/Roth* Rn. 412.
[1259] Vgl. BGH NJW 1977, 1283; Kölner Komm AktG/*Mertens/Cahn* Rn. 60; MüKoAktG/*Spindler* Rn. 171.
[1260] Vgl. *Fleischer* in Fleischer VorstandsR-HdB § 11 Rn. 63; *Hölters/Hölters* Rn. 262; Kölner Komm AktG/*Mertens/Cahn* Rn. 60; MüKoAktG/*Spindler* Rn. 174.
[1261] Vgl. BGH NJW-RR 2011, 1670 Rn. 31; BGH NJW 2013, 1958 Rn. 26; OLG Düsseldorf AG 2016, 410 (414); OLG Hamburg NZG 2010, 309 (310); OLG Saarbrücken BeckRS 2009, 88978; *Bayer/Scholz* GmbHR 2015, 449, (454 f.); *Hauger/Palzer* ZGR 2015, 33, (56 f.); Großkomm AktG/*Hopt/Roth* Rn. 410; Hüffer/Koch/*Koch* Rn. 49; NK-AktR/*U. Schmidt* Rn. 102; eingehend auch *Binder*, Grenzen der Vorstandshaftung, 2016, 231 ff.; *Brock*, Legalitätsprinzip und Nützlichkeitserwägungen, 2017, 312 ff.
[1262] In diesem Sinne *Illhardt/Scholz* DZWiR 2013, 512 (513 ff.); *Lohse* FS Hüffer, 2010, 581 (597 ff.); MüKoAktG/*Spindler* Rn. 92; verhalten auch *Thole* ZHR 173 (2009), 504 (529 f.).

glieder gibt, zB die Abberufung sowie straf- und ordnungswidrigkeitenrechtliche Folgen.[1263] Infolgedessen sind Vorteile der geschädigten Gesellschaft, die in adäquat kausalem Zusammenhang mit dem Schadensereignis stehen, im Rahmen einer Gesamtschadensbilanz zu berücksichtigen, wenn dies nicht dem Zweck des Schadensersatzes widerspricht oder den Schädiger unbillig entlastet.

5. Kausalität. a) Allgemeines. Schließlich muss zwischen Pflichtwidrigkeit und Schaden ein Zurechnungszusammenhang bestehen.[1264] Maßgebend sind die allgemeinen Grundsätze;[1265] es gilt die Adäquanztheorie,[1266] die solche Schadensfolgen ausscheidet, welche außerhalb aller Wahrscheinlichkeit liegen. Der erforderliche Zurechnungszusammenhang liegt auch vor, wenn eine selbstschädigende Handlung der Gesellschaft durch das haftungsbegründende Ereignis herausgefordert oder wesentlich mitbestimmt worden ist und eine nicht ungewöhnliche Reaktion darauf darstellt (sog. Herausforderungsfall).[1267] Praktische Bedeutung gewinnt dies etwa für die internen Aufklärungskosten der Gesellschaft bei Compliance-Verstößen[1268] oder bei einer Verständigung zwischen Gesellschaft und Staatsanwaltschaft in einem Bußgeldverfahren, an das sich Regressansprüche der Gesellschaft gegen ihre Geschäftsleiter anschließen.[1269]

Wenig erörtert werden bisher die schwierigen Kausalitätsfragen bei Organisations- und Aufsichtspflichtverletzungen. Entgegen mancher Vorhersagen im Schrifttum[1270] scheint die Spruchpraxis gewillt, der Gesellschaft bei Schwierigkeiten des Nachweises einer hypothetischen Entwicklung mit Darlegungs- und Beweiserleichterungen zu helfen.[1271] Dem ist im Ergebnis bei gänzlich fehlenden oder ersichtlich unzulänglichen Schutzvorkehrungen beizutreten.[1272] Welcher dogmatische Weg dabei vorzugswürdig ist, bedarf noch weiterer Überlegungen. Zu denken ist etwa an (1) einen Anscheinsbeweis bei Organisationspflichtverletzungen im Anschluss an das allgemeine Zivilrecht,[1273] (2) eine Beweismaßreduzierung gemäß § 287 ZPO im Organhaftungsrecht[1274] oder (3) die Heranziehung der Risikoerhöhungslehre in Anlehnung an § 130 Abs. 1 S. 1 OWiG.[1275]

Das Vorstandsmitglied kann sich darauf berufen, dass der Schaden auch bei rechtmäßigem Alternativverhalten eingetreten wäre.[1276] Es trägt dafür allerdings die Darlegungs- und Beweislast.[1277] Zu erbringen ist der sichere Nachweis, dass der Schaden auf jeden Fall eingetreten wäre; die bloße Möglichkeit des Schadenseintritts reicht nicht aus.[1278] Bei einer Verletzung von Kompetenz-, Organisations- oder Verfahrensregeln ließ die ganz hL den Einwand rechtmäßigen Alternativverhaltens bisher allerdings nicht zu, weil sonst der Schutzzweck dieser Regeln unterlaufen würde.[1279] Demgegenüber hat der BGH in jüngerer Zeit ausgesprochen, dass ein Verstoß gegen die innergesellschaftliche Kompetenzordnung allein noch nicht zu einer Schadensersatzpflicht führe.[1280] Dem ist im Kern beizutreten.[1281] Allerdings obliegt dem Vorstandsmitglied die volle Beweislast dafür, dass der

---

[1263] Wie hier Großkomm AktG/*Hopt/Roth* Rn. 410; Hüffer/Koch/*Koch* Rn. 49.
[1264] AllgM, vgl. Hölters/*Hölters* Rn. 262; Großkomm AktG/*Hopt/Roth* Rn. 413; MüKoAktG/*Spindler* Rn. 174.
[1265] Vgl. *Fleischer* in Fleischer VorstandsR-HdB § 11 Rn. 64; Großkomm AktG/*Hopt/Roth* Rn. 413; Kölner Komm AktG/*Mertens/Cahn* Rn. 55.
[1266] Vgl. Bürgers/Körber/*Bürgers* Rn. 23; *Thümmel*, Persönliche Haftung von Managern und Aufsichtsräten, 5. Aufl. 2016, Rn. 222; K. Schmidt/Lutter/*Krieger/Sailer-Coceani* Rn. 30; MHdB AG/*Wiesner* § 26 Rn. 8.
[1267] Vgl. BGH NZG 2014, 1058 Rn. 18; NZG 2013, 957 Rn. 12; *Fleischer* NZG 2014, 321 (327).
[1268] Vgl. *Fleischer* NZG 2014, 321 (327).
[1269] Vgl. *Fleischer* DB 2014, 345 (351 f.).
[1270] Zurückhaltend *Schäfer/Baumann* NJW 2011, 3601 (3604).
[1271] Vgl. LG München I BeckRS 2014, 01998 (insoweit nicht in NZG 2014, 345 abgedruckt).
[1272] Vgl. *Fleischer* NZG 2014, 321 (328).
[1273] Vgl. Kölner Komm AktG/*Mertens/Cahn* Rn. 142; Kölner Komm AktG/*Mertens/Cahn* § 91 Rn. 39; dagegen *Rieder/Holzmann* AG 2011, 265 (273), die ihrerseits erwägen, die Grundsätze zur sekundären Darlegungs- und Beweislast anzuwenden; für eine gänzliche Umkehr der Darlegungs- und Beweislast bei Verletzung von Compliance-Pflichten *Meier-Greve* BB 2009, 2555 (2560).
[1274] Vgl. LG München I BeckRS 2014, 01998 (insoweit nicht in NZG 2014, 345 abgedruckt); allgemein auch BGH WM 1980, 1190 (GmbH); BGHZ 152, 280 (287) (GmbH).
[1275] Eingehend zu alledem *Fleischer* NZG 2014, 321 (328).
[1276] Vgl. *Fleischer* in Fleischer VorstandsR-HdB § 11 Rn. 63; *Fleischer* DStR 2009, 1204 (1208 f.); MüKoAktG/*Spindler* Rn. 174; Hölters/*Hölters* Rn. 262; Hüffer/Koch/*Koch* Rn. 50; Grigoleit/*Grigoleit/Tomasic* Rn. 64.
[1277] Vgl. BGHZ 152, 280 (284 f.); BGH NZG 2008, 104 Rn. 4; NJW 2013, 1958 Rn. 14; NJW 2013, 2114 Rn. 33 f.; NJW 2013, 3636 Rn. 27; Wachter/*Eckert* Rn. 30; Großkomm AktG/*Hopt/Roth* Rn. 415.
[1278] Vgl. Großkomm AktG/*Hopt/Roth* Rn. 415; MüKoAktG/*Spindler* Rn. 174.
[1279] Vgl. Großkomm AktG/*Hopt/Roth* Rn. 416; K. Schmidt/Lutter/*Krieger/Sailer-Coceani* Rn. 30; MüKoAktG/*Spindler* Rn. 174; zweifelnd Hölters/*Hölters* Rn. 262.
[1280] Vgl. BGH NZG 2011, 549 Rn. 17; NZG 2008, 783 (GmbH); zuvor bereits BGH NJW 2007, 917.
[1281] Näher dazu *Fleischer* DStR 2009, 1204 (1208 ff.); *Fleischer* NJW 2009, 2337 (2339 f.); ähnlich *Altmeppen* FS K. Schmidt, 2009, 23 (31 ff.); Hüffer/Koch/*Koch* Rn. 50.

eingetretene Schaden auch bei Beachtung der gesellschaftsinternen Kompetenzordnung eingetreten wäre. Hierbei handelt es sich häufig um eine *probatio diabolica*; von vornherein ausgeschlossen ist ein solcher Nachweis aber keineswegs.[1282] Bei der Rekonstruktion des hypothetischen Geschehensablaufs kommt es aus Gründen des Minderheitenschutzes nicht auf die empirische Feststellung an, wie die Mehrheit des übergangenen Gesellschaftsorgans abgestimmt hätte. Maßgeblich ist vielmehr das Stimmverhalten eines verantwortungsvoll handelnden Aktionärs, Vorstands- oder Aufsichtsratsmitglieds.[1283]

217 **b) Kollegialentscheidungen.** Bei Kollegialentscheidungen bereitet die Begründung der Kausalität zwischen Stimmabgabe und Schaden besondere Schwierigkeiten. Im Falle einer soliden Beschlussmehrheit hat es den Anschein, als könne sich jedes Vorstandsmitglied mit der Äquivalenztheorie verteidigen: Sein zustimmendes Votum kann hinweggedacht werden, ohne dass der Erfolg entfiele. In der Kausalitätsdogmatik spricht man von *überbedingten* oder *überbestimmten* Erfolgen.[1284] Dass dieses Ergebnis dem Rechtsgefühl eklatant widerspricht, darüber herrscht allenthalben Einvernehmen. Zu seiner Vermeidung hat die Strafrechtswissenschaft im Anschluss an den bekannten Lederspray-Fall[1285] unterschiedliche Lösungsvorschläge angeboten. Eine Lehrmeinung, welcher auch der BGH zuneigt, sieht die zustimmenden Vorstandsmitglieder als Mittäter an:[1286] Auf die Kausalität der Einzelstimme für den (Beschluss-)Erfolg kommt es dann wegen der wechselseitigen Zurechnung der Tatbeiträge nicht mehr an.[1287] Andere Autoren ziehen den sog. NESS-Test[1288] heran, der die Kriterien der notwendigen und hinreichenden Bedingung in spezifischer Weise miteinander kombiniert:[1289] Mit ihm lässt sich die Kausalität des individuellen Abstimmungsverhaltens ohne Weiteres begründen, weil die verschiedenen hinreichenden Mindestbedingungen nicht vollständig disjunkt sein müssen, sondern teilweise die gleichen Stimmen enthalten dürfen.[1290] Schließlich werden Mehrheitsentscheidungen in Kollegialorganen schlicht als ein Anwendungsfall der kumulativen Kausalität angesehen.[1291] Bei einer deliktischen Außenhaftung der Vorstandsmitglieder wird man diese Begründungsansätze im Rahmen des § 830 Abs. 1 S. 1 BGB jedenfalls bei Vorsatztaten heranziehen können.[1292] Darüber hinaus liegt der Schlüssel zur Problemlösung in einer analogen Anwendung des § 830 Abs. 1 S. 2 BGB.[1293]

218 Im Einzugsbereich der organschaftlichen Binnenhaftung lässt sich das Kausalitätsproblem auch durch spezifisch aktienrechtliche Wertungen bewältigen: Aus dem Sinn der in § 93 Abs. 2 angeordneten Solidarhaftung kann man entnehmen, dass die einzelnen Organwalterpflichten *nebeneinander* bestehen und *parallel* erfüllt werden müssen.[1294] So wenig wie ein Vorstandsmitglied seiner Gesellschaft im Innenverhältnis ein Mitverschulden anderer Vorstandskollegen entgegenhalten kann (→ Rn. 210), so wenig kann es sich darauf berufen, dass sein pflichtgemäßes Stimmverhalten zur Vermeidung des schädlichen Beschlusses nicht ausgereicht hätte.[1295] Denselben Wertungsgesichts-

---

[1282] Vgl. *Fleischer* DStR 2009, 1204 (1209); *Fleischer* NJW 2009, 2337 (2339).
[1283] Vgl. *Fleischer* DStR 2009, 1204 (1209); *Fleischer* NJW 2009, 2337 (2339 f.); Hüffer/Koch/*Koch* Rn. 50; *Koch* FS Köndgen, 2016, 329 (343 ff.).
[1284] Vgl. *Jakobs* FS Miyazawa, 1996, 419 (422).
[1285] Vgl. BGHSt 37, 107.
[1286] Vgl. BGHSt 37, 107 (129) für die gefährliche Körperverletzung (s. aber auch die abweichende, kriminalpolitische Begründung für die fahrlässige Körperverletzung, BGHSt 37, 107 (131 f.)); ebenso *Beulke/Bachmann* JuS 1992, 737 (743); ausführlich *Knauer*, Die Kollegialentscheidung im Strafrecht, 2001, 133 ff. (159 ff.), der für den gemeinsamen Tatplan eine nonverbale Kommunikation im Ausführungsstadium genügen lässt; ähnlich *Schaal*, Strafrechtliche Verantwortlichkeit von Gremienentscheidungen im Unternehmen, 2001, 192 ff.
[1287] Vgl. *Beulke/Bachmann* JuS 1992, 737 (743); *Hilgendorf* NStZ 1994, 561 (563); *Kuhlen* NStZ 1990, 566 (570); kritisch *Spindler*, Unternehmensorganisationspflichten, 2001, 892.
[1288] Akronym für „Necessary Element of a Sufficient Set"; vgl. *Wright* 73 Iowa L. Rev. 1001, 1018 ff. (1988).
[1289] Eingehend am Beispiel des Lederspray-Falls *Puppe*, Strafrecht Allgemeiner Teil im Spiegel der Rechtsprechung, 2002, Rn. 68 ff.
[1290] Näher *Binns*, Inus-Bedingungen und strafrechtlicher Kausalbegriff, 2001, 101 ff.; in enger Anlehnung daran das Beispiel von *Röckrath* NStZ 2003, 641 (645 mit Fn. 62): Stimmen von den fünf Geschäftsführern A, B, C, D, E alle außer E für die schädigende Maßnahme, sind (A, B, C), (A, C, D), (A, B, D) und (B, C, D) jeweils hinreichende Mindestbedingungen.
[1291] Vgl. *Roxin*, Strafrecht Allgemeiner Teil, Bd I, 4. Aufl. 2006, § 11 Rn. 19.
[1292] Näher *Fleischer* BB 2004, 2645 (2647), zustimmend Hölters/*Hölters* Rn. 263; Großkomm AktG/*Hopt/Roth* Rn. 414.
[1293] Dazu *Fleischer* BB 2004, 2645 (2647); *Röckrath* NStZ 2003, 641 (644); MüKoAktG/*Spindler* Rn. 175; vgl. auch Grigoleit/*Grigoleit/Tomasic* Rn. 64.
[1294] Vgl. BGH NJW 1983, 1856; zustimmend Großkomm AktG/*Hopt/Roth* Rn. 414.
[1295] Ebenso *Röckrath* NStZ 2003, 641 (646); iE auch Großkomm AktG/*Hopt/Roth* Rn. 414; Hüffer/Koch/*Koch* Rn. 50.

punkt hat der 5. Strafsenat des BGH in der Politbüro-Entscheidung fruchtbar gemacht, indem er bei der Quasi-Kausalität im Rahmen der Unterlassungstäterschaft ein rechtmäßiges Verhalten aller Gremienmitglieder unterstellt hat: „[D]as Recht hat von der Befolgung seiner Regeln auszugehen."[1296] Im Übrigen kommt es auf die Kausalität der Einzelstimme nur dann an, wenn außerhalb der Abstimmung kein pflichtwidriges Verhalten des Vorstandsmitglieds feststellbar ist.[1297] Nicht selten gibt es jedoch einen zusätzlichen Anknüpfungspunkt für ein aktienrechtlich vorwerfbares Fehlverhalten des betreffenden Organmitglieds.[1298]

Ähnliche Überlegungen gelten für jene Vorstandsmitglieder, die sich bei der Abstimmung pflichtwidrig der Stimme enthalten haben (s. auch → § 77 Rn. 29 ff.).[1299] Auch sie können sich bei einer soliden Beschlussmehrheit nicht darauf berufen, dass ihr Stimmverhalten nicht kausal für den eingetretenen Schaden geworden sei.[1300] Unabhängig davon hilft ihnen die Stimmenthaltung nicht weiter, wenn sie eine zusätzliche Pflichtverletzung außerhalb des Beschlussverhaltens begangen haben.

6. Darlegungs- und Beweislast. Ist streitig, ob die Vorstandsmitglieder die Sorgfalt eines ordentlichen und gewissenhaften Geschäftsleiters angewandt haben, so trifft sie gemäß § 93 Abs. 2 S. 2 die Beweislast. Die darin liegende Abkehr von der allgemeinen zivilprozessualen Beweislastverteilung beruht auf dem Gedanken der Sachnähe: Das betreffende Organmitglied kann die Umstände seines Verhaltens und die Gesichtspunkte, die für eine pflichtgemäße Amtsführung sprechen, besser überblicken als die Gesellschaft, die insoweit regelmäßig in Beweisnot geriete.[1301] Außerdem können Ermessensentscheidungen des Vorstands regelmäßig nur dann auf ihre Pflichtgemäßheit überprüft werden, wenn die Organmitglieder darlegen, welche Überlegungen im Einzelfall für sie ausschlaggebend waren.[1302] Schon das RG hatte daher ohne gesetzlichen Anhalt entsprechende Beweislaständerungen vorgenommen,[1303] und der Gesetzgeber hat dies in § 84 Abs. 2 S. 2 AktG 1937, der Vorgängervorschrift des heutigen § 93 Abs. 2 S. 2, übernommen (→ Rn. 7).[1304]

Für die Gesellschaft folgt daraus, dass sie im Schadensersatzprozess nur dreierlei darzulegen und zu beweisen braucht: (1) das Verhalten des Vorstandsmitglieds, das sich als möglicherweise[1305] pflichtwidrig darstellt, (2) den Eintritt und die Höhe des entstandenen Schadens und (3) die Kausalität zwischen Vorstandshandeln und Schaden.[1306] Hinsichtlich des Schadens kommen der Gesellschaft zudem Erleichterungen der Substantiierungslast zugute: Es genügt, dass sie die Tatsachen vorträgt und unter Beweis stellt, die für eine Schadensschätzung nach § 287 ZPO hinreichende Anhaltspunkte bieten.[1307] Ähnliche Erleichterungen gelten für den Ursachenzusammenhang zwischen Organhan-

---

[1296] BGHSt 48, 77 (95); zustimmend *Röckrath*, Kausalität, Wahrscheinlichkeit und Haftung, 2004, 42: „Das Recht kann seine allgemeine Funktion, Verhaltenserwartungen zu stabilisieren, nur erfüllen, wenn jeder grundsätzlich von der Prämisse ausgeht, dass sich die anderen ebenfalls rechtstreu verhalten."; kritisch *Knauer* NJW 2003, 3101 (3103).

[1297] Vgl. *Fleischer* BB 2004, 2645 (2647).

[1298] Beispiele bei *Fleischer* BB 2004, 2645 (2647f.).

[1299] Vgl. OLG Saarbrücken NZG 2014, 343 (344); zu den Pflichten überstimmter Vorstandsmitglieder LG München I NZG 2014, 345 (348); *Fleischer* NZG 2014, 321 (325).

[1300] Näher *Fleischer* BB 2004, 2645 (2651); iE auch Großkomm AktG/*Hopt*/*Roth* Rn. 414; ähnlich *Vetter* DB 2004, 2623 (2627) für den Aufsichtsrat; offen lassend LG Düsseldorf ZIP 2004, 2044 (2045); die Kausalität verneinend LG Berlin ZIP 2004, 73 (76).

[1301] Vgl. BGHZ 152, 280 (283); *Born* in Krieger/Schneider Managerhaftung-HdB § 14 Rn. 6; Bürgers/Körber/*Bürgers* Rn. 26; *Fleischer* in Fleischer VorstandsR-HdB § 11 Rn. 65; *Goette* in Hommelhoff/Hopt/v. Werder Corporate Governance-HdB 713 (737); Großkomm AktG/*Hopt*/*Roth* Rn. 426; MüKoAktG/*Spindler* Rn. 180; *Thümmel*, Persönliche Haftung von Managern und Aufsichtsräten, 4. Aufl. 2008, Rn. 227; kritisch dazu *Danninger*, Organhaftung und Beweislast, 2018, Kap. 3.

[1302] Vgl. Bürgers/Körber/*Bürgers* Rn. 26.

[1303] Ausführliche Rechtsprechungsanalyse bei *Goette* ZGR 1995, 648 (650ff.).

[1304] Eingehend dazu, auch zu Vorläuferentscheidungen des OAG Lübeck und des ROHG, *Danninger*, Organhaftung und Beweislast, 2018, Kap. 2.

[1305] Für eine strengere Substantiierungslast der Gesellschaft bei einer „wertneutralen Handlung" OLG Nürnberg NZG 2015, 555 Rn. 13; kritisch dazu *Bauer* NZG 2015, 449 (450); zustimmend *Bachmann* BB 2015, 771 (774f.).

[1306] Vgl. BGHZ 152, 280 (284); OLG Stuttgart NZG 2010, 141 (142); *Born* in Krieger/Schneider Managerhaftung-HdB § 14 Rn. 9; Bürgers/Körber/*Bürgers* Rn. 26; *Drescher*, Die Haftung des GmbH-Geschäftsführers, 7. Aufl. 2013, Rn. 327; *Fleischer* in Fleischer VorstandsR-HdB § 11 Rn. 70; Kölner Komm AktG/*Mertens*/*Cahn* Rn. 140; NK-AktR/*U. Schmidt* Rn. 112; *Goette* in Hommelhoff/Hopt/v. Werder Corporate Governance-HdB 713 (737); Hüffer/Koch/*Koch* Rn. 53; K. Schmidt/Lutter/*Krieger*/*Sailer-Coceani* Rn. 31; MüKoAktG/*Spindler* Rn. 185; *Raiser*/*Veil* KapGesR § 14 Rn. 99; MHdB AG/*Wiesner* § 26 Rn. 11.

[1307] Vgl. BGHZ 152, 280 (287); NZG 2008, 314 Rn. 8; *Drescher*, Die Haftung des GmbH-Geschäftsführers, 7. Aufl. 2013, Rn. 337; Hüffer/Koch/*Koch* Rn. 53.

deln und Schaden (→ Rn. 215a)¹³⁰⁸ Noch günstiger steht die klagende Gesellschaft bei einem Verstoß gegen die Sondertatbestände des § 93 Abs. 3 (näher → Rn. 258).

222 Sache des in Anspruch genommenen Vorstandsmitglieds ist es, seinerseits darzulegen und erforderlichenfalls zu beweisen, dass es seiner Sorgfaltspflicht genügt hat oder es kein Verschulden trifft.¹³⁰⁹ Entgegen einer Mindermeinung im Schrifttum¹³¹⁰ obliegt ihm damit auch die Beweislast für fehlende Pflichtwidrigkeit: Hierfür spricht nicht nur der Wortlaut des § 93 Abs. 2 S. 2, der nicht zwischen subjektiver und objektiver Pflichtwidrigkeit unterscheidet,¹³¹¹ sondern auch sein Regelungszweck, der Gesellschaft und ihren Gläubigern eine realistische Regressmöglichkeit zu verschaffen.¹³¹² Diese Beweislastregeln gelten ebenso, wenn dem Vorstandsmitglied das pflichtwidrige Unterlassen einer bestimmten Maßnahme vorgeworfen wird (→ Rn. 215a).¹³¹³ Sie bürden ihm ferner den Nachweis auf, dass der unternehmerische Ermessensspielraum eingehalten wurde (näher → Rn. 77).¹³¹⁴

223 Von der solchermaßen vorgenommenen Verteilung der Darlegungs- und Beweislast werden in zwei Richtungen Auflockerungen erwogen. Zum einen hat die Spruchpraxis wiederholt entschieden, dass die Gesellschaft bei einem nachgewiesenen Kassen- oder Warenfehlbestand nicht im Einzelnen darzulegen braucht, welches pflichtwidrige Handeln oder Unterlassen für den Fehlbestand ursächlich war.¹³¹⁵ Das verdient Beifall.¹³¹⁶ Zum anderen fordern Teile des Schrifttums eine einschränkende Auslegung des § 93 Abs. 2 S. 2 bei „als solchen feststehenden" sozialen Aufwendungen.¹³¹⁷ Dem wird man nicht folgen können: Vielmehr ist die Gesellschaft im Zweifel auch hier darauf angewiesen, von den verantwortlichen Vorstandsmitgliedern zu erfahren, von welchen Erwägungen sie sich bei Zahlung dieser Aufwendungen haben leiten lassen.¹³¹⁸

224 Die gesetzliche Beweislastverteilung gilt grundsätzlich auch für ausgeschiedene Vorstandsmitglieder.¹³¹⁹ Der von einzelnen Literaturstimmen erwogenen teleologischen Reduktion des § 93 Abs. 2 S. 2¹³²⁰ bedarf es nicht: Soweit das ehemalige Organmitglied keinen Zugang zu den Gesellschaftsunterlagen mehr hat, muss ihm die Gesellschaft Einsicht in die maßgeblichen Unterlagen gewähren.¹³²¹ Das findet eine erste Stütze in § 810 BGB¹³²² und folgt darüber hinaus aus der Treuepflicht der Gesellschaft gegenüber ihrem ehemaligen Organmitglied.¹³²³ Dagegen gilt die Beweislastumkehr

---

¹³⁰⁸ Vgl. BGHZ 152, 280 (287); *Born* in Krieger/Schneider Managerhaftung-HdB § 14 Rn. 16; s. auch OLG München BeckRS 2015, 16492 Rn. 49; dazu *Hoger* Der Konzern 2016, 373.

¹³⁰⁹ Vgl. BGHZ 152, 280 (284); BGH NZG 2014, 1058 Rn. 33; OLG Stuttgart NZG 2010, 141 (142); *Born* in Krieger/Schneider Managerhaftung-HdB § 14 Rn. 9; *Drescher*, Die Haftung des GmbH-Geschäftsführers, 7. Aufl. 2013, Rn. 328; *Fleischer* in Fleischer VorstandsR-HdB § 11 Rn. 71; NK-AktR/*U. Schmidt* Rn. 111; *Goette* in Hommelhoff/Hopt/v. Werder Corporate Governance-HdB 713 (737); Hüffer/Koch/*Koch* Rn. 53; *K. Schmidt*/Lutter/*Krieger*/*Sailer-Coceani* Rn. 31; Kölner Komm AktG/*Mertens*/*Cahn* Rn. 140; MüKoAktG/*Spindler* Rn. 167; Wachter/*Eckert* Rn. 31.

¹³¹⁰ Vgl. *Fleck* GmbHR 1997, 237 (239); *Frels* AG 1960, 296; *Kindler* FS Goette, 2011, 231 (234 f.); *Wach* FS Schütze, 2014, 663 (671 ff.).

¹³¹¹ Vgl. *Goette* ZGR 1995, 648 (672).

¹³¹² Vgl. *Goette* ZGR 1995, 648 (672); MüKoAktG/*Spindler* Rn. 181.

¹³¹³ Vgl. BGHZ 152, 280 (284 f.).

¹³¹⁴ Vgl. BegrRegE BT-Drs. 15/5092, 12; BGH NZG 2011, 549 Rn. 19 ff.; BGHZ 152, 280 (284); *Drescher*, Die Haftung des GmbH-Geschäftsführers, 7. Aufl. 2013, Rn. 329; Hüffer/Koch/*Koch* Rn. 54.

¹³¹⁵ Vgl. etwa BGH WM 1980, 1190; NJW 1986, 54; ZIP 1991, 159; dazu *Drescher*, Die Haftung des GmbH-Geschäftsführers, 7. Aufl. 2013, Rn. 338 ff.

¹³¹⁶ Zustimmend Großkomm AktG/*Hopt*/*Roth* Rn. 434; Hüffer/Koch/*Koch* Rn. 55; MüKoAktG/*Spindler* Rn. 186.

¹³¹⁷ In diesem Sinne MüKoAktG/*Spindler* Rn. 186; ferner *Hüffer* (10. Aufl. 2012) Rn. 55; anders jetzt Hüffer/Koch/*Koch* Rn. 55.

¹³¹⁸ Vgl. *Born* in Krieger/Schneider Managerhaftung-HdB § 14 Rn. 24; *Fleischer* in Fleischer VorstandsR-HdB § 11 Rn. 72; Grigoleit/*Grigoleit*/*Tomasic* Rn. 70; K. Schmidt/Lutter/*Krieger*/*Sailer-Coceani* Rn. 33.

¹³¹⁹ Vgl. BGHZ 152, 280 (285); BGH NZG 2014, 1058 Rn. 33; OLG Stuttgart NZG 2010, 141 (142); *Born* in Krieger/Schneider Managerhaftung-HdB § 14 Rn. 20; Hüffer/Koch/*Koch* Rn. 56; K. Schmidt/Lutter/*Krieger*/*Sailer-Coceani* Rn. 34; Grigoleit/*Grigoleit*/*Tomasic* Rn. 70, die im Einzelfall jedoch eine Beweiserleichterung befürworten; eingehend zu den zahlreichen Einzelfragen *Deilmann*/*Otte* BB 2011, 1291; *Grooterhorst* AG 2011, 389; *Krieger* FS U.H. Schneider, 2011, 717; *Werner* GmbHR 2013, 68.

¹³²⁰ In diesem Sinne Bürgers/Körber/*Bürgers* Rn. 29; *Foerster* ZHR 176 (2012), 221 ff.; Großkomm AktG/ Hopt/*Roth* Rn. 448; *Rieger* FS Peltzer, 2001, 339 (351).

¹³²¹ Vgl. BGHZ 152, 280 (285); OLG Stuttgart NZG 2010, 141 (142); *Fleischer* NZG 2010, 121 (122); NK-AktR/*U. Schmidt* Rn. 114; K. Schmidt/Lutter/*Krieger*/*Sailer-Coceani* Rn. 34; MüKoAktG/*Spindler* Rn. 188; MHdB AG/*Wiesner* § 26 Rn. 12.

¹³²² Vgl. Hüffer/Koch/*Koch* Rn. 56; Kölner Komm AktG/*Mertens*/*Cahn* Rn. 147; MHdB AG/*Wiesner* § 26 Rn. 12.

¹³²³ Vgl. Wachter/*Eckert* Rn. 32; Hüffer/Koch/*Koch* Rn. 56; MüKoAktG/*Spindler* Rn. 188.

nicht zulasten der Rechtsnachfolger des Vorstandsmitglieds: Sofern die Gesellschaft gegen sie Schadensersatzansprüche geltend macht, trägt sie die volle Darlegungs- und Beweislast.[1324]

De lege ferenda fordert man teils eine Änderung der Beweislastverteilung für ausgeschiedene Organmitglieder,[1325] teils sogar eine Streichung des § 93 Abs. 2 S. 2.[1326] Beidem hat sich der 70. Deutsche Juristentag 2014 mehrheitlich angeschlossen.[1327] Es gibt allerdings auch vorsichtigere Stimmen, die mit guten Gründen darauf hinweisen, dass man bei sachgerechter Handhabung mit den bisherigen Regeln auskommt.[1328]

IV. D&O-Versicherung

1. Grundlagen. a) Überblick. Die steigende Bedeutung des aktienrechtlichen Verantwortlichkeitsrechts hat das Bedürfnis nach einem versicherungsrechtlichen Schutz der Vorstandsmitglieder geweckt. Zur Abdeckung der Haftungsrisiken im Innen- und Außenverhältnis bieten zahlreiche Versicherungsgesellschaften eine Vermögensschaden-Haftpflichtversicherung[1329] an, die man im Anschluss an angelsächsische Vorbilder als *Directors' and Officers' (D&O)-Versicherung* zu bezeichnen pflegt.[1330] Diese Versicherung wird üblicherweise nicht von den Organmitgliedern selbst, sondern von der Gesellschaft für diese abgeschlossen.[1331] Man kann daher verkürzt von einer *gesellschaftsfinanzierten Haftpflichtversicherung*[1332] sprechen. Sie hat sich im Laufe der letzten Jahre zu einem versicherungsrechtlichen Standardprodukt entwickelt[1333] und ist heute bei börsennotierten Gesellschaften nahezu flächendeckend anzutreffen.[1334]

b) Zulässigkeit. Die aktienrechtliche Zulässigkeit einer gesellschaftsfinanzierten Haftpflichtversicherung steht inzwischen außer Zweifel.[1335] Sie wurde bereits bisher in Ziff. 3.8 DCGK aF vorausgesetzt und hat durch die Einführung eines Pflichtselbstbehalts in § 93 Abs. 2 S. 3 (→ Rn. 239 ff.) eine *legitimatio per legem subsequens* erfahren. Frühere Einwände, sie sei mit der Steuerungsfunktion der Vorstandshaftung unvereinbar[1336] oder verstoße als faktischer Haftungsverzicht gegen den Grundgedanken des § 93 Abs. 4 S. 3,[1337] sind damit überholt und wirken nur noch in der rechtspolitischen Grundsatzdiskussion fort (dazu → Rn. 228). Ausländische Aktienrechte, zB sec. 233 englischer *Com-*

[1324] Vgl. Großkomm AktG/*Hopt/Roth* Rn. 447; Hüffer/Koch/*Koch* Rn. 56; *Krieger* FS U.H. Schneider, 2011, 717 (719); NK-AktR/*U. Schmidt* Rn. 110; Kölner Komm AktG/*Mertens/Cahn* Rn. 146; MüKoAktG/*Spindler* Rn. 188; *Paefgen* AG 2014, 554 (566); abw. *Born* in Krieger/Schneider Managerhaftung-HdB § 14 Rn. 21.

[1325] Vgl. *Habersack* ZHR 177 (2013), 782 (805); *Hopt* ZIP 2013, 1793 (1799 f.).

[1326] So wohl *v. Falkenhausen* NZG 2012, 644 (650 f.); *Hopt* FS W.H. Roth, 2015, 225 (232 ff.); *Reichert* ZGR 2017, 671 (678 f.); eingehend und differenzierend auf breiter rechtsvergleichender Grundlage *Danninger*, Organhaftung und Beweislast, 2018, Kap. 6.

[1327] Vgl. DJT, Beschlüsse der Abteilung Wirtschaftsrecht des 70. DJT 2014, I. 6.

[1328] Vgl. *Bachmann* Gutachten E zum 70. DJT 2014, E 33 ff. mwN; *Born* in Krieger/Schneider Managerhaftung-HdB § 14 Rn. 19 ff.; Hüffer/Koch/*Koch* Rn. 56 („dynamische Handhabung"); *Paefgen* AG 2014, 554 (566); ferner *Schlimm*, Das Geschäftsleiterermessen des Vorstands einer Aktiengesellschaft, 2009, 168 ff.

[1329] So *Ihlas* in Krieger/Schneider Managerhaftung-HdB § 19 Rn. 1 und 35; *Lange*, D&O-Versicherung und Managerhaftung, 2014, § 1 Rn. 5; ferner die Charakterisierung von OLG München DB 2005, 1675 als „freiwillige Vermögensschaden-Haftpflichtversicherung für Organmitglieder juristischer Personen".

[1330] Vgl. OLG München DB 2005, 1675; *Fleischer* in Fleischer VorstandsR-HdB § 12 Rn. 1; *Ihlas*, Organhaftung und Haftpflichtversicherung, 1997, 33; K. Schmidt/Lutter/*Krieger/Sailer-Coceani* Rn. 37; Kölner Komm AktG/*Mertens/Cahn* Rn. 241; *Olbrich*, Die D&O-Versicherung, 2. Aufl. 2007, 1, 2; *Sieg* in Krieger/Schneider Managerhaftung-HdB § 18 Rn. 2; MüKoAktG/*Spindler* Rn. 191; eingehend *Lange*, D&O-Versicherung und Managerhaftung, 2014, § 1 Rn. 3 ff.

[1331] Vgl. *Dreher/Thomas* ZGR 2009, 31 (32); *Fleischer* in Fleischer VorstandsR-HdB § 12 Rn. 1; *Henssler* in Henze/Hoffmann-Becking, Gesellschaftsrecht 2001, 131, 139; *Lange* VersR 2004, 663 (564); *Lange*, D&O-Versicherung und Managerhaftung, 2014, § 3 Rn. 3; *Mertens* AG 2000, 447 (448).

[1332] Vgl. den Titel der Abhandlung von *Habetha*, Direktorenhaftung und gesellschaftsfinanzierte Haftpflichtversicherung, 1995.

[1333] Ausführlich zu den Entwicklungslinien der D&O-Versicherung in Deutschland und den Vereinigten Staaten *Fleischer* in Fleischer VorstandsR-HdB § 12 Rn. 4 ff.; zuletzt *Lange*, D&O-Versicherung und Managerhaftung, 2014, § 1 Rn. 43 ff.; ferner *Hemeling* FS Hoffmann-Becking, 2013, 491 ff.

[1334] Vgl. *Dreher/Thomas* ZGR 2009, 31 (32); *Hoffmann-Becking* ZHR 181 (2017), 181: „allgemeiner Standard"; *Klinkhammer* VP 2008, 82 (83 f.); Kölner Komm AktG/*Mertens/Cahn* Rn. 243; *v. Schenck* NZG 2015, 494 (495): „gilt als selbstverständlich".

[1335] Vgl. *Dreher/Thomas* ZGR 2009, 31 (33); Großkomm AktG/*Hopt/Roth* Rn. 451; Hüffer/Koch/*Koch* Rn. 58; K. Schmidt/Lutter/*Krieger/Sailer-Coceani* Rn. 38; *Lange*, D&O-Versicherung und Managerhaftung, 2014, § 1 Rn. 91 f., § 3 Rn. 3; Kölner Komm AktG/*Mertens/Cahn* Rn. 244; MüKoAktG/*Spindler* Rn. 193 f.

[1336] → 1. Aufl. Rn. 286 mwN.

[1337] → 1. Aufl. Rn. 285 mwN.

panies Act 2006 oder § 145(f) *Delaware General Corporation Law*, heben die Zulässigkeit einer D&O-Versicherung sogar ausdrücklich hervor.[1338]

227 Eine gesetzliche Pflicht zum Abschluss einer D&O-Versicherung besteht allerdings nicht (zu Überlegungen *de lege ferenda* → Rn. 238).[1339] Hieran hat sich durch die Neuregelung in § 93 Abs. 2 Satz 3 nichts geändert: Sie schreibt einen verpflichtenden Selbstbehalt nur für den Fall vor, dass die Gesellschaft einen entsprechenden Versicherungsvertrag eingeht.[1340] Auch aus der Vorstandspflicht zur Risikovorsorge oder der Fürsorgepflicht der Gesellschaft gegenüber ihren Organmitgliedern lässt sich keine Rechtspflicht zum Versicherungsabschluss herleiten (näher → Rn. 236 f.).

228 **c) Rechtspolitische Würdigung.** Rechtspolitisch hat man gegen eine D&O-Versicherung vorgebracht, dass sie die verhaltenssteuernde Wirkung des aktienrechtlichen Verantwortlichkeitsrechts vermindere.[1341] Das ist nicht gänzlich von der Hand zu weisen,[1342] doch wird der Anreiz zu pflichtgemäßem Organverhalten durch den Versicherungsschutz keineswegs beseitigt: *Erstens* haften die Vorstandsmitglieder auch weiterhin persönlich für alle Schäden, welche die Deckungssumme übersteigen.[1343] *Zweitens* enthalten die Versicherungsbedingungen regelmäßig eine Reihe von Haftungsausschlüssen, die für die Vorstandsmitglieder wegen ihrer tatbestandlichen Unschärfen ein gewisses Restrisiko bergen.[1344] *Drittens* hält das Aktienrecht mit der Verweigerung der Entlastung (§ 120) und dem Widerruf der Bestellung (§ 84 Abs. 3) weitere Schutzvorkehrungen mit Präventivwirkung bereit,[1345] die bei börsennotierten Gesellschaften noch um Reputationsmechanismen ergänzt werden.[1346]

229 Auch der Einwand, die D&O-Versicherung führe nur zu einem zirkulären Geldumlauf zwischen Gesellschaft, Versicherer und Organmitglied und laufe auf eine unzulässige Haftungsfreistellung hinaus,[1347] dringt nicht durch: Weder liegt in dem Abschluss einer D&O-Versicherung eine ausdrückliche oder stillschweigende Erklärung der Haftungsfreistellung, noch lässt er sich als ein Vorwegverzicht auf spätere Schadensersatzansprüche deuten.[1348] Vielmehr gewinnt die Gesellschaft mit dem Abschluss einer Haftpflichtversicherung einen in der Regel solventen Schuldner hinzu, so dass die Ausgleichsfunktion des aktienrechtlichen Verantwortlichkeitsrechts sogar gestärkt wird.[1349] Zudem hat die Gesellschaft noch aus anderen Gründen (Gewinnung geeigneter Führungskräfte, Verhinderung übervorsichtigen Organverhaltens) ein zentrales Eigeninteresse am Zustandekommen eines Versicherungsvertrages (dazu auch → Rn. 233). Insgesamt fällt eine rechtspolitische Würdigung der D&O-Versicherung daher heute überwiegend positiv aus.[1350]

[1338] Rechtsvergleichend *Fleischer* WM 2005, 909 (919 f.).
[1339] Vgl. Kölner Komm AktG/*Mertens/Cahn* Rn. 243.
[1340] Vgl. Beschlussempfehlung des Rechtsausschusses BT-Drs. 16/13 433, 11: „Eine generelle Pflicht zum Abschluß einer solchen Versicherung ist damit nicht verbunden."; *Kerst* WM 2010, 594 (599); Kölner Komm AktG/*Mertens/Cahn* Rn. 243.
[1341] Eingehend *Küppers-Dirks*, Managerhaftung und D&O-Versicherung, 2002, 123 ff., 140 ff.; ferner *Pammler*, Die gesellschaftsfinanzierte D&O-Versicherung im Spannungsfeld des Aktienrechts, 2006, 47 ff.; *Semler* FS Goette, 2011, 499, 510; *Ulmer* FS Canaris, 2007, Bd. II, 451 ff.; *Ulmer* ZHR 171 (2007), 119 (120 f.); *Wagner* ZHR 178 (2014), 227 (254).
[1342] Dazu auch Kölner Komm AktG/*Mertens/Cahn* Rn. 244.
[1343] Vgl. *Nikolay* NJW 2009, 2640 (2644); *Paefgen* AG 2014, 554 (582); *Vetter* AG 2000, 453 (455); eingehend zu Leistungsobergrenzen *Lange*, D&O-Versicherung und Managerhaftung, 2014, § 15 Rn. 2 ff.
[1344] Vgl. *Dreher* AG 2008, 429 (434); *Fleischer* WM 2005, 909 (919); *Olbrich*, Die D&O-Versicherung, 2. Aufl. 2007, 65; *Paefgen* AG 2014, 554 (582); dies konzedierend auch *Küpper-Dirks*, Managerhaftung und D&O-Versicherung, 2002, 140 im Hinblick auf die Bestimmung des Verschuldensgrades; eingehend zu Risikoausschlüssen *Ihlas* in Krieger/Schneider Managerhaftung-HdB § 19 Rn. 74 ff.; *Lange*, D&O-Versicherung und Managerhaftung, 2014, § 11 Rn. 3 ff.
[1345] Vgl. *Vetter* AG 2000, 453 (455).
[1346] Dazu allgemein *Fleischer* ZGR 2004, 437 (475 ff.); für den vorliegenden Fall auch Kölner Komm AktG/*Mertens/Cahn* Rn. 244; *Möhrle*, Gesellschaftsrechtliche Probleme der D&O-Versicherung, 2007, 117 f.; *Olbrich*, Die D&O-Versicherung, 2. Aufl. 2007, 65 f.
[1347] Vgl. *Habetha*, Direktorenhaftung und gesellschaftsfinanzierte Haftpflichtversicherung, 1995, 173 ff.; *Ulmer* FS Canaris, 2007, Bd. II, 451 (464 ff.).
[1348] Vgl. *Fleischer* in Fleischer VorstandsR-HdB § 12 Rn. 8; *Habersack* in Karlsruher Forum Managerhaftung 2009, 2010, 5 (39 f.); *Henssler* in Henze/Hoffmann-Becking, Gesellschaftsrecht 2001, 131, 143; Kölner Komm AktG/*Mertens/Cahn* Rn. 244.
[1349] Vgl. *Fleischer* WM 2005, 909 (919); *Ihlas*, Organhaftung und Haftpflichtversicherung, 1997, 61.
[1350] So auch *Dreher* AG 2008, 429 (432); *Henssler* in Henze/Hoffmann-Becking, Gesellschaftsrecht 2001, 131, 141, 142; Kölner Komm AktG/*Mertens/Cahn* Rn. 244; abgewogen *Ruffner* ZSR 119 (2000) 195 (226 ff.), wonach die D&O-Versicherung eine das Verantwortlichkeitsrecht ergänzende Marktlösung darstellt; ferner *Bachmann* Gutachten E zum 70. DJT 2014, E 38 f.; kritisch zuletzt aber *Hoffmann-Becking* ZHR 181 (2017), 737.

2. Ausgestaltung. a) Allgemeines. Die D&O-Versicherung ist eine Haftpflichtversicherung für **230** fremde Rechung nach §§ 100, 43 ff. VVG:[1351] Vertragspartner, Versicherungsnehmer und Prämienschuldner ist allein die Gesellschaft; die versicherten Organpersonen erhalten jedoch eigene Rechte gegen das Versicherungsunternehmen. Die den Versicherungsverträgen zugrunde liegenden Vertragsbedingungen variieren. Eine Grundorientierung vermitteln die vom Gesamtverband der deutschen Versicherungswirtschaft (GDV) veröffentlichten „Allgemeinen Versicherungsbedingungen für die Vermögensschaden-Haftpflichtversicherung von Aufsichtsräten, Vorständen und Geschäftsführern (AVB-AVG)", die regelmäßig aktualisiert werden und mittlerweile in einer Fassung vom Mai 2013 vorliegen.[1352] Sie werden noch immer als Musterbedingungen empfohlen, auch wenn die Tendenz zu einer individuellen Ausgestaltung der Haftpflichtversicherung unverkennbar ist.[1353] Nach den AVB-AVG gewährt der Versicherer Deckungsschutz für den Fall, dass ein Organmitglied des Versicherungsnehmers wegen einer Pflichtverletzung aufgrund gesetzlicher Haftpflichtbestimmungen privatrechtlichen Inhalts für einen Vermögensschaden auf Schadensersatz in Anspruch genommen wird.[1354] Erfasst werden sowohl Ansprüche von Dritten (Außenhaftung) als auch solche der Gesellschaft (Innenhaftung).[1355] Hinsichtlich der Innenhaftungsansprüche ergeben sich freilich Manipulationsgefahren, weil Vorstandsmitglieder und Gesellschaft das Bestehen einer Versicherung zum Nachteil des Versicherers ausnutzen können („kollusive freundliche Inanspruchnahme"[1356]).[1357] Die Versicherungswirtschaft versucht dem durch verschiedene Klauseln entgegenzuwirken. In der Praxis spielt das missbräuchliche Zusammenwirken zwischen Gesellschaft und Vorstandsmitglied bisher offenbar keine nennenswerte Rolle.[1358] Kennzeichnend für die D&O-Versicherung ist schließlich das sog. Anspruchserhebungsprinzip (*Claims-made*-Prinzip): Danach muss die Erhebung des Schadensersatzanspruchs und nicht die Pflichtverletzung in die Versicherungsperiode fallen.[1359]

b) Direktanspruch gegen die D&O-Versicherung nach der VVG-Novelle 2008. Bisher **231** hatte die geschädigte Gesellschaft regelmäßig keinen eigenen Direktanspruch gegen den D&O-Versicherer auf Schadensausgleich: Die Gerichte lehnten einen solchen Direktanspruch unter Berufung auf das im Haftpflichtverfahren geltende Trennungsprinzip ab, nach dem Haftpflicht- und Deckungsfrage unabhängig voneinander und in getrennten Prozessen zu klären sind.[1360] Diese Ausgangslage hat sich durch die Reform des Versicherungsvertragsgesetzes (VVG) zum 1.1.2008 wesentlich verändert:[1361] Zwar gibt es nach wie vor keinen originären Direktanspruch der Gesellschaft. Jedoch erklärt § 108 Abs. 2 VVG die Vereinbarung eines Abtretungsverbots durch Allgemeine Versicherungsbedingungen nunmehr für unzulässig.[1362] Hierdurch ist es dem Vorstandsmitglied möglich, seinen Freistellungsanspruch abzutreten, und zwar auch an die Gesellschaft, weil diese nach Auffassung des BGH ebenfalls Dritter iSd § 108 Abs. 2 VVG ist.[1363] Den zuvor in Teilen der Literatur erhobenen Einwand, Dritter könne nur sein, wer außerhalb des Versicherungsverhältnisses stehe, was auf die Gesellschaft als Partei des Versicherungsvertrages

---

[1351] Vgl. OLG München DB 2005, 1675; *Dreher* AG 2008, 429 (436); *Dreher/Thomas* ZGR 2009, 31 (32); *Hemeling* FS Hoffmann-Becking, 2013, 491 (493); Hüffer/Koch/*Koch* Rn. 58; *Ihlas*, Organhaftung und Haftpflichtversicherung, 1997, 192; *R. Koch* GmbHR 2004, 18 (22); Kölner Komm AktG/*Mertens/Cahn* Rn. 241; *Pammler*, Die gesellschaftsfinanzierte D&O-Versicherung im Spannungsfeld des Aktienrechts, 2006, 31 ff.; *Sieg* in Krieger/Schneider Managerhaftung-HdB § 18 Rn. 24; eingehend *Lange*, D&O-Versicherung und Managerhaftung, 2014, § 3 Rn. 12 ff., 24 ff., 35 ff.

[1352] Abgedruckt bei *Lange*, D&O-Versicherung und Managerhaftung, 2014, 1016 ff.

[1353] Vgl. Großkomm AktG/*Hopt/Roth* Rn. 451; Hüffer/Koch/*Koch* Rn. 58; Kölner Komm AktG/*Mertens/Cahn* Rn. 241; *Sieg* in Krieger/Schneider Managerhaftung-HdB § 18 Rn. 10; eingehend zur „Bedingungsevolution" *Lange*, D&O-Versicherung und Managerhaftung, 2014, § 1 Rn. 65 ff.

[1354] Vgl. Ziff. 1.1 AVB-AVG.

[1355] Vgl. *Böttcher* NZG 2008, 645; *Fleischer* in Fleischer VorstandsR-HdB § 12 Rn. 6; *Olbrich*, Die D&O-Versicherung, 2. Aufl. 2007, 132 ff.; eingehend zu den versicherten Ansprüchen *Lange*, D&O-Versicherung und Managerhaftung, 2014, § 8 Rn. 1 ff.

[1356] *Lange*, D&O-Versicherung und Managerhaftung, 2014, § 9 Rn. 26.

[1357] Dazu *Beckmann* FS Kollhosser 2004, Bd. I, 25 (28, 29); *Sieg* in Krieger/Schneider Managerhaftung-HdB § 18 Rn. 59.

[1358] Allgemein dazu *Lange*, D&O-Versicherung und Managerhaftung, 2014, § 9 Rn. 25 ff.

[1359] Vgl. *Ihlas* in Krieger/Schneider Managerhaftung-HdB § 19 Rn. 35 ff.; *Lüneborg/Resch* AG 2017, 691 (692 ff.); *Sieg* in Krieger/Schneider Managerhaftung-HdB § 18 Rn. 35 ff.

[1360] Vgl. OLG München DB 2005, 1675 (1677); LG München I VersR 2005, 543 (544); LG Wiesbaden VersR 2005, 545; aus dem Schrifttum *Sieg* in Krieger/Schneider Managerhaftung-HdB § 18 Rn. 19.

[1361] Ausführlich zu den Auswirkungen der VVG-Novelle 2008 auf die D&O-Versicherung *Dreher/Thomas* ZGR 2009, 31; Großkomm AktG/*Hopt/Roth* 452; *Langheid/Goergen* VP 2007, 161; *Koch* WM 2007, 2173.

[1362] Dazu *Dreher/Thomas* ZGR 2009, 31 (41 f.); *Hemeling* FS Hoffmann-Becking, 2013, 491 (493); Hüffer/Koch/*Koch* Rn. 58; zur Ausnahme für Großrisken nach § 210 VVG *Böttcher* NZG 2008, 645 (646); eingehend zu alledem *Lange*, D&O-Versicherung und Managerhaftung, 2014, § 21 Rn. 15 ff.

[1363] Vgl. BGHZ 209, 373 LS 1; ebenso *Dreher/Thomas* ZGR 2009, 31 (41 ff.); Hüffer/Koch/*Koch* Rn. 58d.

nicht zutreffe,[1364] hat der BGH mit Recht zurückgewiesen.[1365] Auch § 93 Abs. 4 S. 3 steht einer Abtretung nicht entgegen, wenn sie nur erfüllungshalber und nicht an Erfüllungs statt erfolgt.[1366] Der Freistellungsanspruch wandelt sich mit der Abtretung in einen Zahlungsanspruch gegen den D&O-Versicherer um und kann dann unmittelbar von der Gesellschaft geltend gemacht werden.[1367] Umfang und Bestehen des Haftungsanspruchs werden inzident im Rahmen des Direktprozesses geprüft,[1368] wobei sich die Gesellschaft allerdings nach herrschender, wiewohl bestrittener nicht auf die Beweislastumkehr des § 93 Abs. 2 S. 2 stützen kann.[1369] Zuständig für die Geltendmachung des Anspruchs ist nach herrschender, aber bestrittener Auffassung der Vorstand selbst.[1370] Die Gesellschaft muss für den Direktprozess nach höchstrichterlicher Rechtsprechung nicht den Nachweis erbringen, dass sie ernstlich beabsichtige, ihr pflichtvergessenes Vorstandsmitglied in Anspruch zu nehmen, falls die Direktklage erfolglos bleibt.[1371] Unabhängig davon kann das Vorstandsmitglied durch den Wegfall des bisherigen Anerkenntnisverbots gemäß § 105 VVG den Innenhaftungsanspruch der Gesellschaft anerkennen,[1372] was ihm allerdings aufgrund des Risikos einer späteren Inanspruchnahme durch die Gesellschaft nicht empfohlen wird.[1373]

232   **3. Zuständigkeit zum Vertragsschluss.** Wer nach der aktienrechtlichen Kompetenzordnung für den Abschluss einer D&O-Versicherung zuständig ist, wird unterschiedlich beurteilt. Die hergebrachte Auffassung sieht die Prämienzahlungen durch die Gesellschaft als einen Bestandteil der Vorstandsvergütung iSd § 87 an[1374] und verlangt deshalb einen Aufsichtsratsbeschluss über den Abschluss und die Modalitäten der D&O-Versicherung.[1375] Der Vertragsschluss selbst soll dem Vorstand obliegen, da die Gesellschaft und nicht der Vorstand Vertragspartner der Versicherung wird.[1376] Die inzwischen herrschende Gegenauffassung und ständig geübte Praxis erblickt in den gesellschaftsfinanzierten Prämienleistungen dagegen keine mittelbaren Vergütungsbestandteile und bejaht die Vorstandszuständigkeit zum Abschluss einer D&O-Versicherung nach § 78 Abs. 1.[1377] Für eine eigene Stellungnahme ist es unumgänglich, auf die Funktion der gesellschaftsfinanzierten Haftpflichtversicherung und die Interessenlage der Beteiligten an ihrem Abschluss einzugehen.[1378]

233   **a) Interessenlage von Gesellschaft und Vorstandsmitgliedern.** Eine Aufschlüsselung der jeweiligen Interessen ergibt, dass die Aktiengesellschaft aus einer D&O-Versicherung vielfältigen Nutzen zieht: Ihr Abschluss bildet eine wichtige Voraussetzung für die Gewinnung geeigneter Führungskräf-

---

[1364] So etwa *Armbrüster* NJW 2009, 187 (192).
[1365] Vgl. BGHZ 209, 373 Rn. 19 ff. mwN.
[1366] Vgl. *Brinkmann* ZIP 2017, 301 (303); *Harzenetter* NZG 2016, 729 (730 f.); Hüffer/Koch/*Koch* Rn. 58d.
[1367] Vgl. BGHZ 209, 373 Rn. 22; *Böttcher* NZG 2008, 645 (646 ff.); *Dreher/Thomas* ZGR 2009, 31 (41 ff.); Hüffer/Koch/*Koch* Rn. 58d; *Langheid/Goergen* VP 2007, 161 (166 f.); *R. Koch* WM 2007, 2173 (2177 f.); Kölner Komm AktG/*Mertens/Cahn* Rn. 245.
[1368] Vgl. *Böttcher* NZG 2008, 645 (647); *Dreher/Thomas* ZGR 2009, 31 (43); *Langheid/Goergen* VP 2007, 161 (166); Kölner Komm AktG/*Mertens/Cahn* Rn. 245.
[1369] Dazu *Armbrüster* NJW 2016, 897 (898); *Böttcher* NZG 2008, 645 (648 f.); *Brinkmann* ZIP 2017, 301 (306 ff.); *Dreher/Thomas* ZGR 2009, 31 (43 ff.); *Grote/Schneider* BB 2007, 2689 (2699); Großkomm AktG/*Hopt/Roth* Rn. 452; Hüffer/Koch/*Koch* Rn. 58e (gegen Vorauf.); Kölner Komm AktG/*Mertens/Cahn* Rn. 245; abw. *Baur/Holle* AG 2017, 141 (143 ff.); *Harzenettter* NZG 2016, 728 (732); *Peltzer* NZG 2009, 970 (974).
[1370] Vgl. *Brinkmann* ZIP 2017, 301 (304); *Lange*, D&O-Versicherung und Managerhaftung, 2014, § 9 Rn. 26; Hüffer/Koch/*Koch* Rn. 58d, die aber aus Vorsichtsgründen einstweilen eine Doppelvertretung empfehlen; aus Rechtsgründen für Doppelvertretung *Harzenetter* NZG 2016, 728 (731 f.).
[1371] Vgl. BGHZ 209, 373 Rn. 23 ff.; zustimmend *Harzenetter* NZG 2016, 728 (729 ff.), Hüffer/Koch/*J. Koch* Rn. 58d; *R. Koch* VersR 2016, 765 ff.
[1372] Vgl. *Dreher/Thomas* ZGR 2009, 31 (45 ff.); Kölner Komm AktG/*Mertens/Cahn* Rn. 245.
[1373] Vgl. *Langheid/Goergen* VP 161, 166 f.; ferner *Böttcher* NZG 2008, 645 (649 f.).
[1374] Vgl. *Armbrüster* NJW 2016, 897 (900 f.); *Feddersen* AG 2000, 385 (394); *Henssler* in Henze/Hoffmann-Becking, Gesellschaftsrecht 2001, 131 (144); *Krüger* NVersZ 2001, 8; *Pammler*, Die gesellschaftsfinanzierte D&O-Versicherung im Spannungsfeld des Aktienrechts, 2006, 167 ff.; Grigoleit/*Grigoleit/Tomasic* Rn. 95; differenzierend MüKoAktG/*Spindler* Rn. 218.
[1375] Vgl. *Henssler* in Henze/Hoffmann-Becking, Gesellschaftsrecht 2001, 131 (153); *Pammler*, Die gesellschaftsfinanzierte D&O-Versicherung im Spannungsfeld des Aktienrechts, 2006, 170; *Ulmer* FS Canaris, 2007, Bd. II, 451 (471); Grigoleit/*Grigoleit/Tomasic* Rn. 95.
[1376] Vgl. *Pammler*, Die gesellschaftsfinanzierte D&O-Versicherung im Spannungsfeld des Aktienrechts, 2006, 170 f.; *Ulmer* FS Canaris, 2007, Bd. II, 451 (471).
[1377] Vgl. *Dreher* ZHR 165 (2001), 293 (321); *Dreher/Thomas* ZGR 2009, 31 (55); *Hemeling* FS Hoffmann-Becking, 2013, 491 (492 f.); Großkomm AktG/*Hopt/Roth* Rn. 454; Hüffer/Koch/*Koch* Rn. 58; *K. Schmidt/Lutter/Krieger/Sailer-Coceani* Rn. 43; *Lange* ZIP 2001, 1524 (1526); *Lange*, D&O-Versicherung und Managerhaftung, 2014, § 3 Rn. 4 ff.; *Mertens* AG 2000, 447 (452); Kölner Komm AktG/*Mertens/Cahn* Rn. 246; *Notthoff* NJW 2003, 1350 (1355); *Vetter* AG 2000, 453 (457); MHdB AG/*Wiesner* § 26 Rn. 46; Hölters/*Hölters* Rn. 401; offenlassend BGH NJW 2009, 2454 Rn. 23.
[1378] Ebenso *Dreher* ZHR 165 (2001), 293 (309 ff.); *Dreher/Thomas* ZGR 2009, 31 (48 ff.).

te[1379] und dient der Konstituierung unternehmerischer Handlungsfreiheit, indem er ein übervorsichtiges Organverhalten verhindert.[1380] Darüber hinaus verbessert er die Vollstreckungsaussichten bei Innenhaftungsansprüchen der Gesellschaft gegenüber ihren Vorstandsmitgliedern gemäß § 93 Abs. 2.[1381] Diesen gewichtigen Gesellschaftsinteressen steht eine begrenzte Begünstigung der Organmitglieder gegenüber, deren private Vermögenssphäre durch eine D&O-Versicherung geschützt wird.[1382]

b) Folgerungen für die aktienrechtliche Zuständigkeitsordnung. Aus diesem aktienrechtlichen Interessendiagramm lässt sich entnehmen, dass der Abschluss einer gesellschaftsfinanzierten D&O-Versicherung im ganz überwiegenden Eigeninteresse der Gesellschaft liegt.[1383] Die nicht zu leugnende Begünstigung der Organmitglieder stellt sich lediglich als ein Reflex des gesellschaftsrechtlichen Eigeninteresses dar. Infolgedessen gehören die gezahlten Versicherungsprämien nicht zu den Gesamtbezügen der Vorstandsmitglieder gemäß § 87 Abs. 1 S. 1. Es liegt hier nicht anders als bei gesellschaftsfinanzierten Vorsorgeuntersuchungen, die ebenfalls keinen Entlohnungscharakter haben, sondern den Verwaltungsmitgliedern als notwendige Begleiterscheinungen betriebsfunktionaler Zielsetzungen zufließen.[1384] Ebenso entscheidet die Finanzverwaltung für D&O-Versicherungsprämien, die nach ihrer Rechtsauffassung keine lohn- und einkommensteuerpflichtigen Einkünfte der Vorstandsmitglieder bilden, sondern sonstige Betriebsausgaben der Gesellschaft darstellen.[1385] Aktienrechtlich folgt aus alledem, dass der Vorstand gemäß § 78 Abs. 1 für den Abschluss der D&O-Versicherung zuständig ist. Ein Fall des § 112 liegt nicht vor. Dessen Anwendbarkeit wäre ohnehin zweifelhaft, weil kein Rechtsgeschäft zwischen Gesellschaft und Vorstandsmitglied in Rede steht, sondern der Abschluss des Versicherungsvertrages zwischen Gesellschaft und Versicherung.[1386] Verschiedentlich wird dem Aufsichtsrat die Schaffung eines Zustimmungsvorbehalts nach § 111 Abs. 4 S. 2 für den Abschluss einer D&O-Versicherung empfohlen.[1387]

4. Pflicht zum Abschluss einer Versicherung? Eine aktienrechtliche Pflicht zum Abschluss einer D&O-Versicherung lässt sich unter zwei verschiedenen Blickwinkeln diskutieren: dem des Gesellschaftsinteresses und dem des Organwalterinteresses. *De lege ferenda* mag man außerdem über eine gesetzliche Pflichtversicherung nachdenken.

a) Gesellschaftsinteresse. Einer Literaturauffassung zufolge sind die Gesellschaftsorgane im Rahmen einer Risikobewältigungsstrategie regelmäßig gehalten, eine D&O-Versicherung abzuschließen.[1388] Zur Begründung wird auf das Gesellschaftsinteresse verwiesen, die Beitreibung etwaiger Schadensersatzansprüche gegen Organmitglieder finanziell abzusichern.[1389] Ein derartiges Interesse kann im Einzelfall durchaus bestehen, doch kommt es stets auf die Risikoanfälligkeit der unternehmerischen Tätigkeit und die wirtschaftliche Tragbarkeit der Versicherungsprämien an.[1390] Insoweit steht dem Vorstand ein breiter Ermessensspielraum zu. Eine allgemeine Rechtspflicht zum Abschluss einer D&O-Versicherung unter dem Gesichtspunkt des Gesellschaftsinteresses ist daher zu verneinen.[1391]

[1379] Vgl. OLG München DB 2005, 1675 (1677); *Dreher* ZHR 165 (2001), 293 (310); *Dreher/Thomas* ZGR 2009, 31 (53); *Kiethe* BB 2003, 537 (539); Kölner Komm AktG/*Mertens/Cahn* Rn. 242; *Seibt/Saame* AG 2006, 901 (906).

[1380] Vgl. OLG München DB 2005, 1675 (1677); *Dreher* ZHR 165 (2001), 293 (310); *Dreher/Thomas* ZGR 2009, 31 (53); Kölner Komm AktG/*Mertens/Cahn* Rn. 242; *Notthoff* NJW 2003, 1350 (1355).

[1381] Vgl. *Dreher/Thomas* ZGR 2009, 31 (52); *Lange* ZIP 2001, 1524 (1526); Kölner Komm AktG/*Mertens/Cahn* Rn. 242; *Schüppen/Sanna* ZIP 2002, 550 (553); *Seibt/Saame* AG 2006, 901 (906); s. auch Beschlussempfehlung des Rechtsausschusses zum VorstAG BT-Drs. 16/13 433, 11: Schutz des Gesellschaftsvermögens.

[1382] Vgl. *Dreher* ZHR 165 (2001), 293, 314 (315); *Kiethe* BB 2003, 537 (539).

[1383] Wie hier *Dreher* ZHR 165 (2001), 293 (315 ff.); Großkomm AktG/*Hopt/Roth* Rn. 454; *Kiethe* BB 2003, 537 (539); Hüffer/Koch/*Koch* Rn. 58a; *Lange* DStR 2002, 1626 (1629); Kölner Komm AktG/*Mertens/Cahn* Rn. 246; *Thümmel*, Persönliche Haftung von Managern und Aufsichtsräten, 5. Aufl. 2016, Rn. 414; abw. *Henssler* in Henze/Hoffmann-Becking, Gesellschaftsrecht 2001, 131 (145).

[1384] Vgl. BFH BStBl. II 1983, 39.

[1385] Vgl. BMF vom 24.1.2002, AG 2002, 28; Erlass des Finanzministeriums Niedersachen vom 25.1.2002, DStR 2002, 678.

[1386] Vgl. *Kästner* AG 2000, 113 (121); *Olbrich*, Die D&O-Versicherung, 2. Aufl. 2007, 193; *Vetter* AG 2000, 453 (457).

[1387] So Hüffer/Koch/*Koch* Rn. 58; K. Schmidt/Lutter/*Krieger/Sailer-Coceani* Rn. 43; *Lange*, D&O-Versicherung und Managerhaftung, 2014, § 3 Rn. 9; *Möhrle*, Gesellschaftsrechtliche Probleme der D&O-Versicherung, 2007, 186.

[1388] So *Vetter* AG 2000, 453 (457).

[1389] Vgl. *Vetter* AG 2000, 453 (454, 455).

[1390] Wie hier *Dreher* ZHR 165 (2001), 293 (313); *Henssler* in Henze/Hoffmann-Becking, Gesellschaftsrecht 2001, 131 (150, 151); *R. Koch* ZGR 2006, 184 (198 ff.); *Lange* DStR 2002, 1626 (1630); Kölner Komm AktG/*Mertens/Cahn* Rn. 243; MüKoAktG/*Spindler* Rn. 196; *Seibt/Saame* AG 2006, 901 (902 ff.).

[1391] Vgl. *Fleischer* WM 2005, 909 (920); Kölner Komm AktG/*Mertens/Cahn* Rn. 243; im Ergebnis auch *Olbrich*, Die D&O-Versicherung, 2. Aufl. 2007, 67, 68.

237 **b) Organwalterinteresse.** Von anderer Seite wird eine Pflicht zum Vertragsschluss als Ausfluss einer dienstlichen Fürsorgepflicht erwogen.[1392] Daran ist richtig, dass Treue- und Fürsorgeverpflichtungen der Gesellschaft auch gegenüber ihren Leitungsorganen bestehen (→ § 84 Rn. 31). Vieles spricht indes dafür, dass sich das fürsorgerische Minimum nicht auf eine gesellschaftsfinanzierte Haftpflichtversicherung erstreckt, sofern der Anstellungsvertrag dies nicht vorsieht.[1393] Dem hat sich der BGH angeschlossen.[1394] Erwägen könnte man allenfalls einen Anspruch des Vorstandsmitglieds darauf, dass die Gesellschaft die Haftpflichtversicherung zu seinen Gunsten abschließt, wenn ihm keine eigenen Versicherungsmöglichkeiten offen stehen und die Versicherungsprämien von ihm selbst getragen werden.[1395] Vorstandsmitgliedern ist daher zu empfehlen, auf einer D&O-Versicherungsverschaffungsklausel in ihrem Anstellungsvertrag zu bestehen.[1396]

238 **c) Einführung einer gesetzlichen Pflichtversicherung?** Erst ansatzweise diskutiert wird, ob man die D&O-Versicherung (namentlich für börsennotierte Unternehmen) zu einer gesetzlichen Pflichtversicherung fortentwickeln soll.[1397] Die Regierungskommission Corporate Governance hat sich in ihrem Abschlussbericht aus dem Jahre 2002 gegen eine D&O-Versicherungspflicht ausgesprochen.[1398] In die entgegengesetzte Richtung weist der englische *Higgs-Report* aus dem Jahre 2003.[1399] Gegen eine D&O-Versicherungspflicht könnten die Einbußen an marktlicher Steuerungskraft sprechen, die mit einem Pflichtversicherungsregime einhergehen.[1400]

239 **5. Selbstbehalt. a) Überblick.** § 93 Abs. 2 S. 3 schreibt für den Fall des Abschlusses einer D&O-Versicherung für Vorstandsmitglieder einen verpflichtenden Selbstbehalt vor. Die Vorschrift ist auf Empfehlung des Rechtsausschusses des Bundestages in das VorstAG aufgenommen worden[1401] und beruht auf einem Formulierungsvorschlag der Koalitionsarbeitsgruppe „Managervergütung".[1402] Ausweislich der Gesetzesbegründung soll sie eine verhaltenssteuernde Wirkung entfalten und Anreize für ein pflichtgemäßes Verhalten der Vorstandsmitglieder schaffen.[1403] Zuvor hatte Ziff. 3.8 DCGK aF für börsennotierte Gesellschaften die Vereinbarung eines angemessenen Selbstbehalts empfohlen,[1404] doch sind die Unternehmen von dieser Empfehlung mit unterschiedlichen Begründungen[1405] häufig abgewichen.[1406] Zuletzt lag die Befolgungsquote nur bei etwa 50 Prozent.[1407]

240 Im Schrifttum ist das Für und Wider eines verpflichtenden Selbstbehalts kontrovers beurteilt worden, wobei sich Befürworter[1408] und Gegner[1409] die Waage hielten. Mit der gesetzlichen Neuregelung hat die rechtspolitische Debatte ein vorläufiges Ende gefunden. Zweifel an der Verfassungsmäßigkeit des § 93 Abs. 2 S. 3 unter den Gesichtspunkten einer Ungleichbehandlung oder eines Versto-

---

[1392] In diese Richtung für das schweizerische Recht *Schnyder* FS Rey, 2003, 319 (327, 328); zum Begriff der dienstlichen Fürsorgeaufwendungen der Gesellschaft *Mertens* AG 2000, 447 ff.

[1393] Vgl. *Fleischer* WM 2005, 909 (919 f.); im Ergebnis ebenso *Henssler* in Henze/Hoffmann-Becking, Gesellschaftsrecht 2001, 131 (146); Großkomm AktG/*Hopt*/*Roth* Rn. 455; *Hüffer*/*Koch*/ *Koch* Rn. 58; *R. Koch* GmbHR 2004, 160 (167, 168); *Lange*, D&O-Versicherung und Managerhaftung, 2014, § 22 Rn. 11 ff.; Kölner Komm AktG/*Mertens*/*Cahn* Rn. 243; MüKoAktG/*Spindler* Rn. 195; *Seibt*/*Saame* AG 2006, 902 (907); Hölters/ *Hölters* Rn. 404.

[1394] Vgl. BGH NZG 2009, 550 (für Aufsichtsratsmitglieder); ferner OLG Koblenz NZG 2008, 480 LS 5 (GmbH).

[1395] Dafür *Henssler* in Henze/Hoffmann-Becking, Gesellschaftsrecht 2001, 131 (151).

[1396] Vgl. *Hemeling* FS Hoffmann-Becking, 2013, 491 (507); eingehend zu den verschiedenen Varianten *Lange* ZIP 2004, 2221; *Lange*, D&O-Versicherung und Managerhaftung, 2014, § 3 Rn. 95 ff. und § 22 Rn. 7 ff.; *Möhrle*, Gesellschaftsrechtliche Probleme der D&O-Versicherung, 2007, 191 ff.

[1397] In diese Richtung *Schnyder* FS Rey, 2003, 319 (328).

[1398] Vgl. *Baums*, Bericht der Regierungskommssion Corporate Governance, 2002, Rn. 76; zustimmend *Bender*/*Vater* VersR 2003, 2376.

[1399] Vgl. Review of the Role and Effectiveness of Non-executive Directors, 2003 Rn. 14.19.

[1400] Zurückhaltend auch *Finch* 57 Mod. L. Rev. 880, 911, 912 (1994).

[1401] Vgl. Beschlussempfehlung des Rechtsausschusses BT-Drs. 16/13 433, 11.

[1402] Dazu *Lange* VersR 2009, 1011.

[1403] Vgl. Beschlussempfehlung des Rechtsausschusses BT-Drs. 16/13 433, 11.

[1404] → 1. Aufl. Rn. 294.

[1405] → 1. Aufl. Rn. 296.

[1406] Vgl. *Fleischer* NZG 2009, 801 (806); *Hecker* BB 2009, 1654 (1655); Kölner Komm AktG/*Mertens*/*Cahn* Rn. 247; *Schulz* VW 2009, 1410.

[1407] Vgl. *Paetzmann* ZVersWiss 2008, 177 (191); *v. Werder* ZIP 2009, 500 (505).

[1408] Vgl. *Baumann* VersR 2006, 455 (461); *Ferck*, Der Selbstbehalt in der D&O-Versicherung für Organmitglieder von Aktiengesellschaften, 2007, 36 f.; *Kort* DStR 2006, 799 (803); *Pammler*, Die gesellschaftsfinanzierte D&O-Versicherung im Spannungsfeld des Aktienrechts, 2006, 78 ff.; *Ulmer* FS Canaris, 2007, Bd. II, 451 (464 ff.).

[1409] Vgl. *Bräunig* ZRP 2007, 247; *Dreher* AG 2008, 429 (432 ff.;) *Fleischer* WM 2005, 909 (919); *Lange* DB 2003, 1833 (1836); *Möhrle*, Gesellschaftsrechtliche Probleme der D&O-Versicherung, 2007, 130 ff.; *Peltzer* FS Westermann, 2008, 1257 (1271).

ßes gegen die unternehmerische Vertragsfreiheit sind unbegründet.[1410] Allerdings hat die Vorschrift wegen ihrer lakonischen Kürze und ihrer unzureichenden Abstimmung mit der Vertragspraxis berechtigte Kritik erfahren.[1411]

b) Anwendungsbereich. aa) Persönlicher Anwendungsbereich. § 93 Abs. 2 S. 3 beschränkt 241 den verpflichtenden Selbstbehalt auf Vorstandsmitglieder,[1412] ohne zwischen börsennotierten und kapitalmarktfernen Aktiengesellschaften zu differenzieren.[1413] Für Aufsichtsratsmitglieder muss von Gesetzes wegen wie bisher kein Selbstbehalt vereinbart werden,[1414] wie § 116 S. 1 ausdrücklich klarstellt; jedoch empfiehlt Ziff. 3.8 Abs. 2 DCGK den Gesellschaften, einen solchen Selbstbehalt vorzusehen.[1415] Auch leitende Angestellte werden von der Neuregelung nicht erfaßt.[1416]

Über die Rechtsform der AG hinaus gilt die Pflicht zur Vereinbarung eines Selbstbehalts auch 242 für die Leitungsorgane einer SE[1417] sowie für die geschäftsführenden Gesellschafter einer KGaA und eines großen VVaG.[1418] Dagegen erstreckt sich § 93 Abs. 2 S. 3 nicht auf GmbH-Geschäftsführer, Vorstandsmitglieder einer Genossenschaft oder geschäftsführende Personengesellschafter.[1419]

bb) Sachlicher Anwendungsbereich. (1) D&O-Versicherung. Nach § 93 Abs. 2 S. 3 gilt 243 die Selbstbehaltspflicht für eine Versicherung zur Absicherung eines Vorstandsmitglieds gegen Risiken aus dessen beruflicher Tätigkeit. Damit ist trotz des offeneren Gesetzeswortlauts nur die D&O-Versicherung, nicht auch die Rechtsschutz- oder Betriebshaftpflichtversicherung gemeint.[1420] Ebenso wenig kommt eine Erstreckung auf Substitute der D&O-Policen, zB eine Eigenschadenversicherung der AG mit Regressverzicht, in Betracht, auch wenn sie rechtspolitisch wünschenswert wäre.[1421]

(2) Innen- und Außenhaftung. Ihrer systematischen Stellung zufolge umfasst die Neuregelung 244 zunächst Schadensfälle aus der Innenhaftung gegenüber der AG gemäß § 93 Abs. 2.[1422] Von ihrem Sinn und Zweck her müssen jedoch auch Fälle der Außenhaftung einbezogen werden.[1423] Dies gilt jedenfalls dann, wenn die Pflichtverletzung gegenüber der Gesellschaft auch zu einer Außenhaftung des Vorstandsmitglieds gegenüber Dritten führt.[1424] Durch einen Vergleich, dem praktischen Regelfall der Erledigung von D&O-Haftpflichtfällen,[1425] kann ein Vorstandsmitglied nicht von der Erbringung des Mindestselbstbehalts befreit werden.[1426]

[1410] Dazu *Gaedtke* VersR 2009, 1565 (1571); *Kerst* WM 2010, 594 (597); *R. Koch* AG 2009, 637 (641); *Schulz* VW 2009, 1410 (1412).
[1411] Vgl. *van Kann* NZG 2009, 1010 (1013); *R. Koch* AG 2009, 637 (646 f.); *Schulz* VW 2009, 1410 (1415); *Thüsing/Traut* NZA 2010, 140 (144).
[1412] Vgl. Beschlussempfehlung des Rechtsausschusses BT-Drs. 16/13 433, 11 („den unter Haftungsgesichtspunkten wichtigsten Fall"); Großkomm AktG/*Hopt/Roth* Rn. 456; eingehend *Lange*, D&O-Versicherung und Managerhaftung, 2014, § 16 Rn. 45 ff.
[1413] Vgl. *Kerst* WM 2010, 594 (597); im Ergebnis auch *Koch* AG 2009, 637 (639).
[1414] Vgl. Beschlussempfehlung des Rechtsausschusses BT-Drs. 16/13 433, 11; Großkomm AktG/*Hopt/Roth* Rn. 456; *Kerst* WM 2010, 594 (597); *R. Koch* AG 2009, 637 (639); Kölner Komm AktG/*Mertens/Cahn* Rn. 248; *Olbrich/Kassing* BB 2009, 1659; kritisch dazu *van Kann* NZG 2009, 1010 (1011).
[1415] Dazu *Kerst* WM 2010, 594 (597).
[1416] Vgl. Großkomm AktG/*Hopt/Roth* Rn. 456; *Kerst* WM 2010, 594 (597); *Thüsing/Traut* NZA 2010, 140 (144).
[1417] Vgl. Großkomm AktG/*Hopt/Roth* Rn. 456; *Kerst* WM 2010, 594 (598); *R. Koch* AG 2009, 637 (640); abw. *Schulz* VW 2009, 1410 (1414).
[1418] Vgl. Großkomm AktG/*Hopt/Roth* Rn. 456; *Kerst* WM 2010, 594 (598); *R. Koch* AG 2009, 637 (640).
[1419] Vgl. *Franz* DB 2009, 2764 (2766); Großkomm AktG/*Hopt/Roth* Rn. 456; *van Kann* NZG 2009, 1010 (1011); *Kerst* WM 2010, 594 (598); *Olbrich/Kassing* BB 2009, 1659; *Thüsing/Traut* NZA 2010, 140 (144); offener *R. Koch* AG 2009, 637 (643).
[1420] Vgl. *Kerst* WM 2010, 594 (598); *R. Koch* AG 2009, 637 (643); *Schulz* VW 2009, 1410 (1412); *Wendt* VW 2009, 1589 (1590); abw. *Lange*, D&O-Versicherung und Managerhaftung, 2014, § 16 Rn. 57 ff.
[1421] Vgl. *Kerst* WM 2010, 594 (598); abw. *Lange* VersR 2009, 1011 (1018).
[1422] Auf solche Fälle beschränkt *Lange* VersR 2009, 1011 (1016); *Olbrich/Kassing* BB 2009, 1659; grds. auch *Kerst* WM 2010, 594 (599).
[1423] Vgl. Großkomm AktG/*Hopt/Roth* Rn. 457; *van Kann* NZG 2009, 1010 (1011); *Koch* AG 2009, 637 (643); *Messmer* ZfV 2009, 739 (739); *Thüsing/Traut* NZA 2010, 140 (141); Grigoleit/*Grigoleit/Tomasic* Rn. 96.
[1424] Auf diesen Fall beschränkt *Fiedler* MDR 2009, 1077 (1078); *Kerst* WM 2010, 594 (599).
[1425] Dazu *Dreher* AG 2008, 429 (433); *Hemeling* FS Hoffmann-Becking, 2013, 491 (503); eingehend *Lange*, D&O-Versicherung und Managerhaftung, 2014, § 19 Rn. 1 ff.
[1426] Vgl. Großkomm AktG/*Hopt/Roth* Rn. 457; *Kerst* WM 2010, 594 (599 mit Fn. 51); *Lange* VersR 2009, 1011 (1021 f.); *Lange*, D&O-Versicherung und Managerhaftung, 2014, § 16 Rn. 88; Kölner Komm AktG/*Mertens/Cahn* Rn. 251; abw. *Dreher* AG 2008, 429 (433).

245 **(3) Abwehrkosten.** Nach überwiegender, aber nicht unangefochtener Auffassung bezieht sich die Selbstbeteiligung nicht auf die Kosten der Schadensabwehr.[1427] Dem ist beizutreten: Der vom Gesetzgeber verfolgte Präventionszweck (→ Rn. 239) verlangt keine Fälligstellung des Selbstbehalts, bevor die Haftpflicht eines Vorstandsmitglieds nicht endgültig feststeht.[1428] Dahin deutet auch der Gesetzeswortlaut, der den Begriff „Schaden" verwendet.[1429] Ergänzend kann man auf § 101 VVG verweisen, wonach Rechtsverteidigungskosten, die auf Veranlassung des Versicherers anfallen, nicht auf die Deckungssumme angerechnet werden.[1430]

246 **cc) Zeitlicher Anwendungsbereich.** Nach § 23 Abs. 1 S. 1 EGAktG ist § 93 Abs. 2 S. 3 ab dem 1. Juli 2010 auch auf Versicherungsverträge anzuwenden, die vor Inkrafttreten des VorstAG geschlossen wurden. Ausweislich der Gesetzesmaterialien sollen damit laufende Verträge bis zum genannten Stichtag an das neue Regime angepasst werden.[1431] Eine Ausnahme gilt jedoch gemäß § 23 Abs. 1 S. 2 EGAktG, wenn ein vor Inkrafttreten des VorstAG geschlossener Anstellungsvertrag die Gesellschaft verpflichtet, dem Vorstand eine D&O-Versicherung ohne Selbstbehalt zu gewähren. Diese Verpflichtung darf die Gesellschaft erfüllen,[1432] bloße Vertragsverlängerungen bleiben hingegen außer Betracht.[1433]

247 **c) Bestimmung des Pflichtselbstbehalts. aa) Höhe des Pflichtselbstbehalts.** Nach § 93 Abs. 2 S. 3 AktG ist ein Selbstbehalt von mindestens 10 Prozent des Schadens bis mindestens zur Höhe des Eineinhalbfachen der festen jährlichen Vergütung des Vorstandsmitglieds vorzusehen. Der Gesetzesbegründung zufolge sind dafür zwei Werte festzusetzen: Eine prozentuale Quote, die sich auf jeden einzelnen Schadensfall bezieht, und eine absolute Obergrenze, die für alle Schadensfälle in einem Jahr gilt, jedoch bei großen Schäden auch schon bei einem einzigen Schadensfall erreicht werden kann.[1434] Demnach muss sich das haftende Vorstandsmitglied mit mindestens 10 Prozent an jedem Schaden beteiligen,[1435] wobei absolute Obergrenze ein Betrag ist, der mindestens dem Eineinhalbfachen der Jahresfestvergütung entspricht.[1436] Die gesetzlich genannten Werte stellen nur Mindestwerte dar und können überschritten werden.[1437] Die Orientierung des Selbstbehalts an der festen Vergütung dient der besseren Handhabbarkeit.[1438] Bei einer Änderung der Festvergütung ist die Versicherung jährlich anzupassen.[1439]

248 **bb) Bezugsjahr für den Pflichtselbstbehalt.** Nach dem vorherrschenden Anspruchserhebungsprinzip tritt der Versicherungsfall nicht schon im Zeitpunkt der Pflichtverletzung ein, sondern erst mit der Geltendmachung eines Anspruchs gegen die versicherte Person (→ Rn. 230).[1440] Demgegenüber heißt es in der Gesetzesbegründung, das Bezugsjahr für den anzuwendenden Selbstbehalt sei das „Jahr des Pflichtverstoßes".[1441] Das passt schlecht zusammen, doch führt wohl kein Weg umhin, dem Willen des Gesetzgebers Vorrang zu gewähren und für den Selbstbehalt auf das Jahr der

---

[1427] Vgl. *Dauner-Lieb/Tettinger* ZIP 2009, 1555 (1556); *Dreher* AG 2008, 429 (433); *Kerst* WM 2010, 594 (601); *Olbrich/Kassing* BB 2009, 1659 (1660); abw. *van Kann* NZG 2009, 1010 (1012); differenzierend *R. Koch* AG 2009, 637 (644); offen Kölner Komm AktG/*Mertens/Cahn* Rn. 251.
[1428] Überzeugend *Lange* VersR 2009, 1011 (1020).
[1429] Vgl. *Kerst* WM 2010, 594 (601).
[1430] Darauf hinweisend *Kerst* WM 2010, 594 (601).
[1431] Vgl. Beschlussempfehlung des Rechtsausschusses BT-Drs. 16/13 433, 12; dazu auch *Kerst* WM 2010, 594 (599); *R. Koch* AG 2009, 637 (640); *Lange* VersR 2009, 1011 (1013); Kölner Komm AktG/*Mertens/Cahn* Rn. 250; kritisch *Thüsing/Traut* NZA 2010, 140 (144), die bei fehlender Kündigungsmöglichkeit nur Raum für eine Neuverhandlungspflicht sehen.
[1432] Vgl. Beschlussempfehlung des Rechtsausschusses BT-Drs. 16/13 433, 12.
[1433] Vgl. Beschlussempfehlung des Rechtsausschusses BT-Drs. 16/13 433, 12; eingehend dazu *Lange* VersR 2009, 1011 (1013).
[1434] Vgl. Beschlussempfehlung des Rechtsausschusses BT-Drs. 16/13 433, 11.
[1435] Vgl. *Kerst* WM 2010, 594 (604); Kölner Komm AktG/*Mertens/Cahn* Rn. 251; *Thüsing/Traut* NZA 2010, 140 (142).
[1436] Vgl. *Kerst* WM 2010, 594 (604), Kölner Komm AktG/*Mertens/Cahn* Rn. 251; *Thüsing/Traut* NZA 2010, 140 (142); eingehend zu allen Berechnungsfragen *Lange*, D&O-Versicherung und Managerhaftung, 2014, § 16 Rn. 66 ff.
[1437] Vgl. *Kerst* WM 2010, 594 (604); *Olbrich/Kassing* BB 2009, 1659 (1660); *Thüsing/Traut* NZA 2010, 140.
[1438] Zur Rechtfertigung dieser Ungleichbehandlung Kölner Komm AktG/*Mertens/Cahn* Rn. 251; *Thüsing/Traut* NZA 2010, 140 (142).
[1439] Vgl. Beschlussempfehlung des Rechtsausschusses BT-Drs. 16/13 433, 11; Kölner Komm AktG/*Mertens/Cahn* Rn. 251.
[1440] Eingehend *Lange*, D&O-Versicherung und Managerhaftung, 2014, § 9 Rn. 9 ff.; ferner *Hemeling* FS Hoffmann-Becking, 2013, 491 (497 ff.); zur Vereinbarkeit einer solchen Klausel mit § 305c Abs. 1 BGB OLG München VersR 2009, 1065 (1066).
[1441] Vgl. Beschlussempfehlung des Rechtsausschusses BT-Drs. 16/13 433, 11.

Pflichtverletzung abzustellen.[1442] Über die Auslegung des „Jahres"-Begriffes gehen die Auffassungen auseinander: Manche stellen auf das Vergütungsjahr ab,[1443] andere auf das Tätigkeitsjahr[1444] oder auf das Kalenderjahr.[1445] In Übereinstimmung mit dem allgemeinen Sprachgebrauch ist die zuletzt genannte Ansicht vorzugswürdig.

d) Weitere Einzelfragen. aa) Gesamtschuldnerische Haftung. Bei einer gesamtschuldnerischen Haftung mehrerer Vorstandsmitglieder bemisst sich der Selbstbehalt nach dem Anteil, der im Innenverhältnis entsprechend dem individuellen Verantwortungsanteil auf das jeweilige Vorstandsmitglied entfällt.[1446] Unterschiedliche Jahresfestvergütungen sind in der Berechnungsformel zu berücksichtigen.[1447]

bb) Mindestselbstbehalt im Konzern. In der Praxis werden häufig konzernweite D&O-Versicherungen auf der Ebene der Konzernmutter abgeschlossen, die auch die Haftung von Organmitgliedern der Tochtergesellschaften einschließen. Der Reformgesetzgeber hat diese Fälle wohl übersehen.[1448] Nach Sinn und Zweck des § 93 Abs. 2 S. 3 ist hier eine konzerndimensionale Auslegung geboten: Bei einer Konzernpolice muss daher auch für Organmitglieder der Tochtergesellschaften ein entsprechender Mindestselbstbehalt vereinbart werden.[1449] Weitere Probleme stellen sich bei Mehrfachmandaten im Konzern.[1450]

cc) Umsetzung im Versicherungsvertrag. § 93 Abs. 2 S. 3 lässt offen, ob der Selbstbehalt im Versicherungsvertrag festgelegt werden muss oder ob eine Regelung im Anstellungsvertrag ausreicht. Nur der erste Weg dürfte dem Willen des Reformgesetzgebers entsprechen.[1451] Einen Beleg dafür bietet § 23 Abs. 1 EGAktG mit seiner Formulierung, dass § 93 Abs. 2 S. 3 ab dem 1. Juli 2010 auch auf „Versicherungsverträge" anzuwenden ist, die zuvor abgeschlossen wurden.[1452] In die gleiche Richtung weist Ziff. 3.8 Abs. 2 DCGK mit seiner Empfehlung, für den Aufsichtsrat einen entsprechenden Selbstbehalt „in einer D&O-Versicherung" zu vereinbaren.

e) Rechtsfolgen bei Verstößen. Das Gesetz äußert sich nicht zu der Rechtsfolge eines pflichtwidrig unterlassenen oder unzureichenden Selbstbehalts. Im Schrifttum hat man § 93 Abs. 2 S. 3 gelegentlich als Verbotsgesetz iSd § 134 BGB eingeordnet;[1453] die überwiegende Gegenmeinung sieht in ihm nur eine Vorgabe für das gesellschaftsrechtliche Innenverhältnis, welche die Wirksamkeit des Versicherungsvertrages im Außenverhältnis unberührt lässt.[1454] Für letzteres spricht nicht nur die Entstehungsgeschichte der Norm,[1455] sondern auch die Funktion der D&O-Versicherung, größere Ausfallrisiken für die Gesellschaft zu vermeiden,[1456] mit der eine (Teil-)Nichtigkeit des Versicherungsvertrages nicht vereinbar wäre.[1457]

Im Innenverhältnis handeln Vorstandsmitglieder, die beim Abschluss des Versicherungsvertrages namens der AG gegen § 93 Abs. 2 S. 3 verstoßen, pflichtwidrig und machen sich schadensersatzpflich-

---

[1442] Wie hier *Thüsing/Traut* NZA 2010, 140 (142); abw. *Dauner-Lieb/Tettinger* ZIP 2009, 1555 (1556), wonach es auf die vertragliche Vereinbarung ankommt.
[1443] So *van Kann* NZG 2009, 1010 (1012); MüKoAktG/*Spindler* Rn. 203.
[1444] So *Lange* VersR 2009, 1011 (1019); Kölner Komm AktG/*Mertens/Cahn* Rn. 251 mit Fn. 811.
[1445] So Großkomm AktG/*Hopt/Roth* Rn. 460; *Kerst* WM 2010, 594 (605); *Olbrich/Kassing* BB 2009, 2434 (2441); *Lingemann* BB 2009, 1918 (1922).
[1446] Vgl. Großkomm AktG/*Hopt/Roth* Rn. 460 mit Fn. 1757; *Kerst* WM 2010, 594 (603); *Koch* AG 2009, 637 (645); ausführlich auch *Thüsing/Traut* NZA 2010, 140 (143).
[1447] Vgl. *Kerst* WM 2010, 594 (603).
[1448] Vgl. *Kerst* WM 2010, 594 (604); *Lange* VersR 2009, 1011 (1014).
[1449] Ebenso Großkomm AktG/*Hopt/Roth* Rn. 458; *van Kann* NZG 2009, 1010 (1011); *Kerst* WM 2010, 594 (604); *Lange* VersR 2009, 1011 (1014); *Messmer* ZfV 2009, 737 (738); *Thüsing/Traut* NZA 2010, 140 (143), abw. *Koch* AG 2009, 637 (640).
[1450] Näher *Thüsing/Traut* NZA 2010, 140 (143).
[1451] Ebenso Großkomm AktG/*Hopt/Roth* Rn. 458; *Kerst* WM 2010, 594 (603); *Lange* VersR 2009, 1011 (1019); iE abw. Grigoleit/*Grigoleit/Tomasic* Rn. 96.
[1452] Darauf hinweisend auch *Kerst* WM 2010, 594 (603); *Lange* VersR 2009, 1011 (1019).
[1453] Vgl. R. *Koch* AG 2009, 637 (639) (einseitiges Verbotsgesetz nur der AG gegenüber); *Gaedtke* VersR 2009, 1565 (1567 ff.) (Verbotsgesetz auch gegenüber dem Vorstandsmitglied); offen *Lange* VersR 2009, 1011 (1023).
[1454] Vgl. *Dauner-Lieb/Tettinger* ZIP 2009, 1555 (1556); *Hohenstatt* ZIP 2009, 1349 (1354); Großkomm AktG/*Hopt/Roth* Rn. 459; Hüffer/Koch/*Koch* Rn. 59; *Kerst* WM 2010, 594 (600 f.); Kölner Komm AktG/*Mertens/Cahn* Rn. 249; *Thüsing/Traut* NZA 2010, 140 f.; *Wachter/Eckert* Rn. 35.
[1455] Näher *Thüsing/Traut* NZA 2010, 140 (141).
[1456] Vgl. Beschlussempfehlung des Rechtsausschusses BT-Drs. 16/13 433, 11.
[1457] Vgl. *Dauner-Lieb/Tettinger* ZIP 2009, 1555 (1557); *Kerst* WM 2010, 594 (600 f.).

tig.[1458] Der zurechenbare Schaden wird sich allerdings häufig auf eine mögliche Differenz der Versicherungsprämien beschränken.[1459]

254 f) Eigenversicherung des Vorstandsmitglieds. § 93 Abs. 2 S. 3 steht nach ganz hM einer Eigenversicherung des Selbstbehalts durch das Vorstandsmitglied nicht entgegen.[1460] Dem ist beizupflichten: Zum einen hat sich der Reformgesetzgeber in Kenntnis dieser Umgehungsmöglichkeit gegen ein Verbot der Eigenversicherung entschieden.[1461] Zum anderen wäre ein solches Verbot verfassungsrechtlich kaum zu rechtfertigen.[1462] Allerdings darf die Gesellschaft die Prämien für die Eigenversicherung ihrer Vorstandsmitglieder nicht übernehmen.[1463] Auf dem Markt werden Selbstbehaltsversicherungen in unterschiedlicher Ausgestaltung angeboten.[1464] Eine Grundorientierung vermitteln die vom Gesamtverband der Deutschen Versicherungswirtschaft veröffentlichten „Allgemeinen Versicherungsbedingungen für die persönliche Absicherung des Selbstbehalts nach dem VorstAG (Persönliche Selbstbehaltsversicherung)", die mittlerweile in einer Fassung vom Februar 2016 vorliegen.[1465]

255 g) Bilanz- und steuerrechtliche Fragen. Die bilanz- und steuerrechtlichen Spezialfragen der D&O-Versicherung sind anderwärts abgehandelt.[1466]

V. Haftungsfreistellung

255a Neben der D&O-Versicherung spielen auch nichtversicherungsvertragliche Haftungsfreistellungen von Vorstandsmitgliedern eine immer größere Rolle. Ihre rechtlichen Grundlagen und Grenzen sind bisher nur vereinzelt aufgearbeitet worden.[1467] Im systematischen Zugriff lässt sich eine Freistellung durch die Gesellschaft (→ Rn. 255b) und eine solche durch Großaktionäre oder Dritte (→ Rn. 255c) unterscheiden.

255b 1. Freistellung durch die Gesellschaft. Ein gesetzlicher Freistellungsanspruch gegen seine eigene Gesellschaft kann dem Vorstandsmitglied analog § 670 BGB zustehen, wenn er in Ausübung seiner Amtstätigkeit einen Haftungstatbestand gegenüber Dritten verwirklich hat, ohne dabei seine Organpflichten zu verletzen.[1468] Bei einer gesamtschuldnerischen Haftung von Gesellschaft und Vorstandsmitglied gegenüber einem Dritten kommt ein Befreiungsanspruch des nicht pflichtwidrig handelnden Organwalters nach § 426 Abs. 1 S. 1 BGB in Betracht.[1469] Denkbar ist zudem ein vertraglicher Freistellungsanspruch des Vorstandsmitglieds aus § 280 BGB, wenn die Gesellschaft entgegen einer Versicherungsverschaffungsklausel (→ Rn. 237) nicht für ausreichenden Versicherungsschutz gesorgt hat und es zu einem Schaden kommt, der hiervon gedeckt gewesen wäre.[1470]

[1458] Vgl. Kölner Komm AktG/*Mertens/Cahn* Rn. 249; *Thüsing/Traut* NZA 2010, 140 (141).
[1459] Vgl. *Dauner-Lieb/Tettinger* ZIP 2009, 1555 (1557); *Kerst* WM 2010, 594 (601); Kölner Komm AktG/*Mertens/Cahn* Rn. 249; Grigoleit/*Grigoleit/Tomasic* Rn. 97; weitergehend *Thüsing/Traut* NZA 2010, 140 (141).
[1460] Vgl. Großkomm AktG/*Hopt/Roth* Rn. 456; *Kerst* WM 2010, 594 (601 f.); MükkoAktG/*Spindler* Rn. 205; *Thüsing/Traut* NZA 2010, 140 (142 f.); Wachter/*Eckert* Rn. 37.
[1461] Dies konzedierend von den rechtspolitischen Anhängern eines solchen Verbots *Thüsing/Traut* NZA 2010, 140 (141).
[1462] Vgl. *Gaedtke* VersR 2009, 1565 (1569 ff.); *Kerst* WM 2010, 594 (602); *Lange* VersR 2009, 1011 (1023); abw. de lege ferenda Bayer/*Scholz* NZG 2014, 926 (933); *Wagner* ZHR 178 (2014), 227 (272); gegen ein Verbot der Selbstbehaltsversicherung aber *Habersack* ZHR 177 (2013), 782 (800 f.); *Spindler* AG 2013, 889 (897); wohl auch *Bachmann*, Gutachten E zum 70. DJT 2014, E 40.
[1463] Vgl. *Dauner-Lieb/Tettinger* ZIP 2009, 1555 (1557); Großkomm AktG/*Hopt/Roth* Rn. 456; *van Kann* NZG 2009, 1010 (1012); *Kerst* WM 2010, 594 (602); MükoAktG/*Spindler* Rn. 205; *Thüsing/Traut* NZA 2010, 140 (143); Wachter/*Eckert* Rn. 37.
[1464] Eingehend *Lange*, D&O-Versicherung und Managerhaftung, 2014, § 17 Rn. 7 ff.
[1465] Abdruck einer Vorgängerversion vom Mai 2013 bei *Lange*, D&O-Versicherung und Managerhaftung, 2014, 1033 ff.
[1466] Vgl. *Fleischer* in Fleischer VorstandsR-HdB § 12 Rn. 21 ff.
[1467] Vgl. *Drescher*, Die Haftung des GmbH-Geschäftsführers, 7. Aufl. 2013, Rn. 233 ff.; *Fleischer* WM 2005, 909 ff.; *Habersack* FS Ulmer, 2003, 151; *Westermann* FS Beusch, 1993, 871; umfassend nunmehr *Thomas*, Die Haftungsfreistellung von Organmitgliedern, 2010.
[1468] Vgl. *Bastuck*, Enthaftung des Managements, 1986, 102 ff.; *Drescher*, Die Haftung des GmbH-Geschäftsführers, 7. Aufl. 2013, Rn. 233; *Fleischer* WM 2005, 909 (917); *Thomas*, Die Haftungsfreistellung von Organmitgliedern, 2010, 239 ff.; zu Freistellungsansprüchen von Vereinsmitgliedern auch BGHZ 89, 153; BGH NJW 2005, 981.
[1469] Vgl. *Bastuck*, Enthaftung des Managemenets, 1986, 106; *Möhrle*, Die gesellschaftsfinanzierte D&O-Versicherung im Spannungsfeld des Aktienrechts, 2006, 109 f.; *Thomas*, Die Haftungsfreistellung von Organmitgliedern, 2010, 242 ff.
[1470] Vgl. *Bauer/Krets* DB 2003, 811 (814); *R. Koch* GmbHR 2004, 160 (167); *Lange*, D&O-Versicherung und Managerhaftung, 2014, § 22 Rn. 10; *Thomas*, Die Haftungsfreistellung von Organmitgliedern, 2010, 246 ff.

2. Freistellung durch Gesellschafter oder Dritte. Freistellungen durch (Groß-)Aktionäre oder 255c
Dritte zugunsten eines Vorstandsmitglieds begegnen zivilrechtlich keinen grundsätzlichen Bedenken,[1471] werfen aber gesellschaftsrechtlich Zweifelsfragen auf. Im Aktienrecht sind ihnen durch die Leitungsautonomie des Vorstands gemäß § 76 Abs. 1 Grenzen gezogen.[1472]

VI. Sondertatbestände

1. Regelungszweck. § 93 Abs. 3 hebt neun besonders wichtige Fälle von Pflichtverletzungen 256 hervor, bei denen sich ein Vorstand schadensersatzpflichtig macht. Er enthält nach hM eine eigenständige Anspruchsgrundlage[1473] und wird heute ganz überwiegend als Schadensersatzanspruch verstanden.[1474] Die frühere Einordnung als schadensunabhängiger Ersatzanspruch eigener Art[1475] verträgt sich nicht mit dem Wortlaut der Vorschrift („namentlich") und birgt außerdem die Gefahr einer ungerechtfertigten Begünstigung der Gesellschaft, wenn ihr im Zusammenhang mit der Pflichtverletzung Ausgleichsbeträge zufließen.[1476]

Bei allen Verstößen gegen § 93 Abs. 3 liegt zugleich eine Verletzung des § 93 Abs. 1 vor.[1477] 257 Gleichwohl ist die Vorschrift nicht redundant, sondern rechtspraktisch sehr wohl bedeutsam. Das zeigt sich zunächst bei einem Vorgehen der Gesellschaftsgläubiger gegen pflichtwidrig handelnde Vorstandsmitglieder: Gemäß § 93 Abs. 5 S. 2 steht ihnen die Rechtsverfolgung in den Fällen des Abs. 3 schon bei leichter Fahrlässigkeit der Organmitglieder offen (näher → Rn. 298), während ansonsten eine „gröbliche" Pflichtverletzung vorliegen muss.[1478]

Darüber hinaus enthält § 93 Abs. 3 einen eigenständigen Schadensbegriff, der von den Vorgaben 258 der §§ 249 ff. BGB markant abweicht: Bei einem der dort näher umschriebenen Pflichtverstöße wird vermutet, dass der Gesellschaft ein Schaden in Höhe der abgeflossenen (Nr. 1–3, 5–9) oder vorenthaltenen Mittel (Nr. 4) entstanden ist.[1479] Es findet also keine schadensersatzrechtliche Gesamtbetrachtung unter Einschluss bloßer Ansprüche auf Rückzahlung oder Einlagenleistung statt.[1480] Dem betreffenden Vorstandsmitglied steht es allerdings offen, diese Schadensvermutung zu widerlegen.[1481] Dafür genügt freilich nicht der Nachweis, dass die Gesellschaft *bisher* keinen Schaden erlitten hat. Vielmehr muss das Vorstandsmitglied zu seiner Entlastung vortragen, dass eine Schädigung der Gesellschaft als Folge seiner Pflichtverletzung *überhaupt nicht mehr* möglich ist.[1482] So liegt es etwa, wenn pflichtwidrig entzogene Beträge tatsächlich in das Gesellschaftsvermögen zurückgelangt sind oder vorenthaltene Einlagen geleistet wurden.[1483]

Ansonsten gelten für den Schadensersatzanspruch aus § 93 Abs. 3 die allgemeinen Regeln. Insbesondere 259 muss dem Vorstandsmitglied ein Verschulden zur Last fallen,[1484] das freilich gemäß § 93

[1471] Zu ihren zivilrechtlichen Grundlagen *Thomas*, Die Haftungsfreistellung von Organmitgliedern, 2010, 8 ff.
[1472] Vgl. *Habersack* FS Ulmer, 2003, 151 (169 ff.); reservierend zuvor schon *Westermann* FS Beusch, 1993, 871 (873 ff., 882 ff.); eingehend – auch zu konzernrechtlichen Fragen – *Thomas*, Die Haftungsfreistellung von Organmitgliedern, 2010, 69 ff.
[1473] Vgl. *Fleischer* in Fleischer VorstandsR-HdB § 11 Rn. 74; Großkomm AktG/*Hopt*/*Roth* Rn. 326; MüKoAktG/*Spindler* Rn. 223; abw. Grigoleit/*Grigoleit*/*Tomasic* Rn. 56 mit Fn. 103.
[1474] Vgl. BGH NJW 2009, 68 Rn. 17; RGZ 159, 211 (228 ff.); OLG Hamburg NZG 2010, 309 (310); LG Bochum ZIP 1989, 1557 (1559); Bürgers/Körber/*Bürgers* Rn. 41; Großkomm AktG/*Hopt*/*Roth* Rn. 327; Hüffer/Koch/*Koch* Rn. 68; K. Schmidt/Lutter/*Krieger*/*Sailer-Coceani* Rn. 44; Kölner Komm AktG/*Mertens*/*Cahn* Rn. 125; Hölters/*Hölters* Rn. 273.
[1475] In diesem Sinne *Cunio* AG 1958, 63 ff.; aus jüngerer Zeit auch *Habersack*/*Schürnbrandt* WM 2005, 957 (960 f.); *Schürnbrand* NZG 2010, 1207 (1209).
[1476] Vgl. Großkomm AktG/*Hopt*/*Roth* Rn. 327; MüKoAktG/*Spindler* Rn. 221.
[1477] Vgl. Bürgers/Körber/*Bürgers* Rn. 41; Großkomm AktG/*Hopt*/*Roth* Rn. 327.
[1478] Vgl. OLG Stuttgart NZG 2010, 141 (142); Großkomm AktG/*Hopt*/*Roth* Rn. 328; Hüffer/Koch/*Koch* Rn. 69; NK-AktR/*U. Schmidt* Rn. 122; MüKoAktG/*Spindler* Rn. 223.
[1479] Vgl. BGH NJW 2009, 68 Rn. 17; OLG Stuttgart NZG 2010, 141 (142); Bürgers/Körber/*Bürgers* Rn. 41; *Fleischer* in Fleischer VorstandsR-HdB § 11 Rn. 76; Großkomm AktG/*Hopt*/*Roth* Rn. 328; Hüffer/Koch/*Koch* Rn. 68; K. Schmidt/Lutter/*Krieger*/*Sailer-Coceani* Rn. 44; Kölner Komm AktG/*Mertens*/*Cahn* Rn. 134, 145; MüKoAktG/*Spindler* Rn. 222; MHdB AG/*Wiesner* § 26 Rn. 19; Wachter/*Eckert* Rn. 38.
[1480] Vgl. *Fleischer* in Fleischer VorstandsR-HdB § 11 Rn. 76; Hüffer/Koch/*Koch* Rn. 68; K. Schmidt/Lutter/*Krieger*/*Sailer-Coceani* Rn. 44; NK-AktR/*U. Schmidt* Rn. 123.
[1481] Vgl. Bürgers/Körber/*Bürgers* Rn. 42; K. Schmidt/Lutter/*Krieger*/*Sailer-Coceani* Rn. 44; *Thümmel*, Persönliche Haftung von Managern und Aufsichtsräten, 5. Aufl. 2016, Rn. 106; MHdB AG/*Wiesner* § 26 Rn. 19.
[1482] Vgl. RGZ 159, 211 (230); Großkomm AktG/*Hopt*/*Roth* Rn. 339; MüKoAktG/*Spindler* Rn. 222.
[1483] Vgl. BGH NJW 2009, 68 Rn. 17; Großkomm AktG/*Hopt*/*Roth* Rn. 339; Hüffer/Koch/*Koch* Rn. 68; K. Schmidt/Lutter/*Krieger*/*Sailer-Coceani* Rn. 44; NK-AktR/*U. Schmidt* Rn. 123.
[1484] Vgl. Bürgers/Körber/*Bürgers* Rn. 42; *Fleischer* in Fleischer VorstandsR-HdB § 11 Rn. 77; Hüffer/Koch/*Koch* Rn. 69; K. Schmidt/Lutter/*Krieger*/*Sailer-Coceani* Rn. 44; MüKoAktG/*Spindler* Rn. 221.

Abs. 2 S. 2 vermutet wird.[1485] Liegt eine schuldhafte Verfehlung vor, so kann die Gesellschaft auch einen ihr entstandenen *weiteren* Schaden geltend machen.[1486] Dafür bietet § 93 Abs. 3 ebenfalls eine taugliche Anspruchsgrundlage,[1487] doch trägt die Gesellschaft die Beweislast für den überschießenden Schaden.[1488] Ferner greifen zugunsten des Vorstandsmitglieds die Grundsätze der Vorteilsausgleichung ein, sofern der Gesellschaft im Zusammenhang mit der Pflichtverletzung zugleich Vermögensvorteile zugeflossen sind.[1489] Außerdem muss die Gesellschaft dem in Anspruch genommenen Vorstandsmitglied gemäß § 255 BGB Zug um Zug ihre eigenen Ansprüche (einschließlich etwaiger Sicherheiten) abtreten.[1490]

260 2. **Einzelfälle.** Den neun „Todsünden" des § 93 Abs. 3 ist gemeinsam, dass sie die Kapitalgrundlagen der Gesellschaft schmälern.[1491] Sie sind weitestgehend aus sich heraus verständlich und hier nur zu punktieren.[1492]

261 An die Spitze rückt der Gesetzgeber das aktienrechtliche Verbot der Einlagenrückgewähr (Nr. 1). Weitere Einzelfälle betreffen die gesetzeswidrige Zahlung von Zinsen oder Gewinnanteilen (Nr. 2), verbotene Geschäfte mit eigenen Aktien (Nr. 3), die Ausgabe von Inhaberaktien vor voller Leistung des Ausgabebetrages (Nr. 4), die verbotene Verteilung von Gesellschaftsvermögen (Nr. 5), Zahlungen entgegen § 92 Abs. 2 (Nr. 6), unzulässige Vergütungen an Aufsichtsratsmitglieder (Nr. 7), die unzulässige Kreditgewährung an Organmitglieder (Nr. 8) sowie die verbotene Ausgabe von Bezugsaktien bei bedingter Kapitalerhöhung (Nr. 9).

VII. Haftungsmodalitäten

262 1. **Gesamtschuldnerische Haftung.** Mehrere Vorstandsmitglieder, die ihre Pflichten verletzt haben, haften der Gesellschaft gemäß § 93 Abs. 2 S. 1 als Gesamtschuldner.[1493] Die gesamtschuldnerische Haftung nach Maßgabe der §§ 421 ff. BGB greift unabhängig von der Art der Pflichtverletzung und dem Grad des Verschuldens ein: Der unmittelbar Verantwortliche haftet folglich ebenso wie das Vorstandsmitglied, das lediglich seine ressortübergreifende Überwachungspflicht vernachlässigt hat.[1494] Stets muss jedoch eine schuldhafte Pflichtverletzung jedes einzelnen Vorstandsmitglieds vorliegen,[1495] weil es keine Zurechnung des Fehlverhaltens von anderen Organmitgliedern gibt (→ Rn. 207). Eine Gesamtschuldnerschaft kann auch zwischen pflichtvergessenen Vorstands- und Aufsichtsratsmitgliedern bestehen,[1496] ferner zwischen Vorstandsmitgliedern und Arbeitnehmern der Gesellschaft.[1497] Steht ein pflichtwidriges Verhalten des Vorstands fest und lässt sich nicht ermitteln, welches Vorstandsmitglied dafür die Verantwortung trifft, so haften alle gemeinsam.[1498] Wird ein Vorstandsmitglied auf Schadensersatz in Anspruch genommen, kann es sich empfehlen, anderen Vorstandsmitgliedern und ggf. auch Aufsichtsratsmitgliedern den Streit zu verkünden (§ 72 ZPO),

---

[1485] Vgl. BGH NJW 2009, 68 Rn. 17; Hüffer/Koch/*Koch* Rn. 69; Kölner Komm AktG/*Mertens/Cahn* Rn. 125.
[1486] Vgl. *Fleischer* in Fleischer VorstandsR-HdB § 11 Rn. 77; Großkomm AktG/*Hopt/Roth* Rn. 340; Kölner Komm AktG/*Mertens/Cahn* Rn. 134; MüKoAktG/*Spindler* Rn. 233.
[1487] Vgl. Hüffer/Koch/*Koch* Rn. 69; NK-AktR/*U. Schmidt* Rn. 124; Kölner Komm AktG/*Mertens/Cahn* Rn. 134; Hölters/*Hölters* Rn. 274; abw. RGZ 159, 211 (231 f.): § 93 Abs. 2 AktG als Anspruchsgrundlage.
[1488] AllgM, vgl. NK-AktR/*U. Schmidt* Rn. 124; Kölner Komm AktG/*Mertens/Cahn* Rn. 134; MüKoAktG/*Spindler* Rn. 233; mit anderer Begründung auch *Habersack/Schürnbrand* WM 2005, 957 (961).
[1489] Vgl. Kölner Komm AktG/*Mertens/Cahn* Rn. 135; MüKoAktG/*Spindler* Rn. 234.
[1490] Vgl. Großkomm AktG/*Hopt/Roth* Rn. 342; MüKoAktG/*Spindler* Rn. 234; Hölters/*Hölters* Rn. 275; für entsprechende Anwendung Grigoleit/*Grigoleit/Tomasic* Rn. 54.
[1491] Vgl. *Fleischer* in Fleischer VorstandsR-HdB § 11 Rn. 78; *Habersack/Schürnbrand* WM 2005, 957; Großkomm AktG/*Hopt/Roth* Rn. 326; Hüffer/Koch/*Koch* Rn. 368; Kölner Komm AktG/*Mertens/Cahn* Rn. 125; MüKoAktG/*Spindler* Rn. 221.
[1492] Ausführlicher Großkomm AktG/*Hopt/Roth* Rn. 330 ff.; Hüffer/Koch/*Koch* Rn. 70 f.; *Thümmel*, Persönliche Haftung von Managern und Aufsichtsräten, 5. Aufl. 2016, Rn. 106 ff.
[1493] Monographisch *Voß*, Gesamtschuldnerische Organhaftung, 2007.
[1494] Vgl. Bürgers/Körber/*Bürgers* Rn. 30; *Fleischer* in Fleischer VorstandsR-HdB § 11 Rn. 81; Großkomm AktG/*Hopt/Roth* Rn. 462; K. Schmidt/Lutter/*Krieger/Sailer-Coceani* Rn. 25; Kölner Komm AktG/*Mertens/Cahn* Rn. 50; MüKoAktG/*Spindler* Rn. 144; MHdB AG/*Wiesner* § 26 Rn. 13.
[1495] Vgl. MüKoAktG/*Spindler* Rn. 144; MHdB AG/*Wiesner* § 26 Rn. 13.
[1496] Vgl. Großkomm AktG/*Hopt/Roth* Rn. 461 unter Hinweis auf § 117 Abs. 2 AktG; MHdB AG/*Wiesner* § 26 Rn. 13.
[1497] Vgl. Großkomm AktG/*Hopt/Roth* Rn. 463; Kölner Komm AktG/*Mertens/Cahn* Rn. 51; eingehend – auch zu Fragen einer gestörten Gesamtschuld – *Bayer/Scholz* ZGR 2016, 619.
[1498] Ebenso für die GmbH MüKoGmbHG/*Fleischer* § 43 Rn. 318; Scholz/*Schneider* GmbHG § 43 Rn. 248 unter Hinweis auf § 830 Abs. 1 S. 2 BGB; abw. Hölters/*Hölters* Rn. 245.

um einen etwaigen Regressanspruch im Innenverhältnis (→ Rn. 263) abzusichern.[1499] Hierdurch wird zugleich die drohende Verjährung unterbrochen.[1500]

2. Ausgleich im Innenverhältnis. Der Ausgleich der haftpflichtigen Vorstandsmitglieder untereinander erfolgt nach § 426 BGB.[1501] Danach haften die verantwortlichen Vorstandsmitglieder grundsätzlich zu gleichen Teilen,[1502] und zwar auch bei sukzessiver Amtsführung[1503] doch kann sich entsprechend § 254 BGB eine abgestufte Ausgleichspflicht nach dem Grad des Verschuldens und der Schwere der Pflichtverletzung ergeben.[1504] Der Wertung des § 840 Abs. 2 BGB zufolge hat der unmittelbar Verantwortliche im Verhältnis zu seinem Vorstandskollegen, dem nur eine Verletzung der Überwachungspflicht zur Last fällt, den Schaden grundsätzlich allein zu tragen.[1505] Entsprechendes gilt in aller Regel auch, wenn neben den Vorstandsmitgliedern Aufsichtsratsmitglieder als Gesamtschuldner haften.[1506] Ob im Regressprozess die Beweislastumkehr des § 93 Abs. 2 S. 2 Anwendung findet, wird im Schrifttum unterschiedlich beurteilt.[1507]

VIII. Haftungsausschluss durch Hauptversammlungsbeschluss

1. Regelungszweck. Gemäß § 93 Abs. 4 S. 1 ist die Schadensersatzpflicht der Vorstandsmitglieder gegenüber ihrer Gesellschaft ausgeschlossen, wenn die schadensstiftende Handlung auf einem gesetzmäßigen Hauptversammlungsbeschluss beruht. Die Vorschrift geht auf § 84 Abs. 4 S. 1 AktG 1937 zurück,[1508] der seinerseits die herrschende Spruchpraxis zum Gesetz erhob, sie aber in einem wesentlichen Punkt abwandelte: Unter der Geltung des § 241 HGB 1897 war die Binnenhaftung der Vorstandsmitglieder sogar bei der Ausführung gesetzwidriger Generalversammlungsbeschlüsse ausgeschlossen, weil die Generalversammlung gegenüber dem Vorstand weitreichende Weisungsbefugnisse besaß.[1509] Die dogmatische Begründung für den Haftungsausschluss erblickte man schon damals in dem Gebot von Treu und Glauben: Eine Aktiengesellschaft handele arglistig, wenn sie ihre Vorstandsmitglieder für die Ausführung eines von der Generalversammlung gefassten Beschlusses auf Schadensersatz in Anspruch nehme.[1510] Auch heute wird § 93 Abs. 4 S. 1 verbreitet als gesetzliche Ausprägung oder Weiterentwicklung des Arglisteinwands verstanden.[1511]

In der Sache betont die moderne Lehrbuch- und Kommentarliteratur den Zusammenhang der Haftungsbefreiung mit § 83 Abs. 2: Weil der Vorstand zur Ausführung von Maßnahmen verpflichtet sei, welche die Hauptversammlung im Rahmen ihrer Zuständigkeit beschlossen habe, dürfe für ihn bei der

---

[1499] Vgl. *Guntermann* AG 2017, 606 ff.; Großkomm AktG/*Hopt/Roth* Rn. 463; Hüffer/Koch/*Koch* Rn. 57; *Reichert/Suchy* NZG 2017, 88 (90 f.).

[1500] Zur Verjährung beim Gesamtschuldnerregess unter Organmitgliedern *Fischer* ZIP 2014, 406; *Guntermann* AG 2017, 606 (609 f.).

[1501] Vgl. Bürgers/Körber/*Bürgers* Rn. 31; *Fleischer* in Fleischer VorstandsR-HdB § 11 Rn. 82; Großkomm AktG/*Hopt/Roth* Rn. 461; NK-AktR/*U. Schmidt* Rn. 121; Kölner Komm AktG/*Mertens/Cahn* Rn. 50.

[1502] Vgl. K. Schmidt/Lutter/*Krieger/Sailer-Coceani* Rn. 25; NK-AktR/*U. Schmidt* Rn. 121; MüKoAktG/*Spindler* Rn. 144.

[1503] Vgl. *Freund* GmbHR 2013, 784 (785 f.) Hüffer/Koch/*Koch* Rn. 57.

[1504] Vgl. Bürgers/Körber/*Bürgers* Rn. 31; *Fleischer* in Fleischer VorstandsR-HdB § 11 Rn. 82; *Freund* GmbHR 2013, 785 (787 ff.); Großkomm AktG/*Hopt/Roth* Rn. 465; Hüffer/Koch/*Koch* Rn. 57; NK-AktR/*U. Schmidt* Rn. 121; MüKoAktG/*Spindler* Rn. 144; MHdB AG/*Wiesner* § 26 Rn. 13.

[1505] Vgl. Hölters/*Hölters* Rn. 246; wie hier für die GmbH MüKoGmbHG/*Fleischer* § 43 Rn. 319 mwN; zumindest für ein stärkeres Heranziehen Kölner Komm AktG/*Mertens/Cahn* Rn. 50; abw. Großkomm AktG/ *Hopt/Roth* Rn. 465.

[1506] Vgl. Grigoleit/*Grigoleit/Tomasic* Rn. 66; ebenso für die GmbH MüKoGmbHG/*Fleischer* § 43 Rn. 319.

[1507] Bejahend Kölner Komm AktG/*Mertens/Cahn* Rn. 50; verneinend Großkomm AktG/*Hopt/Roth* Rn. 467 ff.; differenzierend zwischen § 426 Abs. 1 und Abs. 2 BGB *Guntermann* AG 2017, 606 (608 f.); Hüffer/ Koch/*Koch* Rn. 57.

[1508] Vgl. *Ritter* § 84 AktG 1937 Rn. 6; *Schlegelberger/Quassowski* § 84 AktG 1937 Rn. 15; *Weipert* in Großkomm, 1. Aufl. 1939, § 84 AktG 1937 Rn. 31.

[1509] Zur Entlastungswirkung eines Generalversammlungsbeschlusses RGZ 46, 60 (63 f.) – Genossenschaft; OLG Hamburg OLGR 6, 190; OLG Hamburg LZ 1917, Sp. 823; vgl. auch Amtl. Begründung des AktG 1884, abgedruckt bei *Schubert/Hommelhoff*, Hundert Jahre modernes Aktienrecht, 1985, 404 (463).

[1510] Vgl. RGZ 46, 60 (63 f.) – Genossenschaft; OLG Hamburg OLGR 6, 190; Staub/*Pinner* HGB, 12. und 13. Aufl. 1926, § 241 Rn. 4.

[1511] Vgl. *Canaris* ZGR 1978, 207 (209); *Hefermehl* FS Schilling, 1973, 159 (163 f.); *Servatius*, Strukturmaßnahmen als Unternehmensleitung, 2004, 377; Hölters/*Hölters* Rn. 294; ablehnend Kölner Komm AktG/*Mertens/ Cahn* Rn. 149; zweifelnd Großkomm AktG/*Hopt/Roth* Rn. 470 mit Fn. 1788, da Hauptversammlung und Gesellschaft nicht ohne Weiteres gleichgesetzt werden könnten; s. ferner *v. Godin/Wilhelmi* Rn. 22, die in Abs. 4 S. 1 einen historischen „Rest der Stellung der Hauptversammlung als oberstem Organ, sozusagen als ‚Geschäftsherrn' im Sinne der §§ 675, 665 BGB" erblicken.

Befolgung eines solchen Hauptversammlungsbeschlusses keine Haftung entstehen.[1512] Ein risikoscheuer Vorstand kann daher schadensgeneigte Geschäftsführungsmaßnahmen zur eigenen Absicherung nach § 119 Abs. 2 der Hauptversammlung unterbreiten. Praktische Bedeutung erlangt hat § 93 Abs. 4 S. 1 bisher vor allem in der Grauzone ungeschriebener Hauptversammlungskompetenzen.[1513] Rechtspolitisch wird die Praktikabilität des Enthaftungsverfahrens gelegentlich kritisiert.[1514]

266 **2. Beschluss der Hauptversammlung.** Der Haftungsausschluss erfordert zunächst einen formellen Hauptversammlungsbeschluss. Eine bloße Meinungsäußerung oder Empfehlung der Hauptversammlung reicht nicht aus.[1515] Erst recht genügt keine Willensbekundung einzelner Aktionäre, selbst wenn sie die Mehrheit der Anteile halten.[1516] Auch eine eindeutig zum Ausdruck gebrachte Billigung durch alle Aktionäre oder den Alleinaktionär vermag einen förmlichen Hauptversammlungsbeschluss nicht zu ersetzen,[1517] weil der Vorstand gemäß § 83 Abs. 2 nicht an eine formlose Willenskundgabe der Anteilseigner gebunden ist. Im Einzelfall mag der Geltendmachung des Ersatzanspruchs durch die Gesellschaft aber der Einwand unzulässiger Rechtsausübung entgegenstehen.[1518]

267 Der Hauptversammlungsbeschluss muss vor der Maßnahme des Vorstands gefasst werden. Ein nachträglicher Beschluss führt nicht zur Enthaftung,[1519] weil das Vorstandshandeln dann nicht auf ihm „beruht", wie es der Gesetzeswortlaut verlangt.[1520] Allerdings genügt es für § 93 Abs. 4 S. 1, dass der Vorstand sein Handeln unter den Vorbehalt eines zustimmenden Hauptversammlungsbeschlusses stellt.[1521] Ferner muss der Beschluss Gegenstand und Reichweite der Billigung hinreichend deutlich zum Ausdruck bringen.[1522] Eine bloße Ermächtigung des Vorstands genügt nicht, da sie keine Bindungswirkung iSd § 83 Abs. 2 zu entfalten vermag.[1523]

268 **3. Gesetzmäßigkeit des Hauptversammlungsbeschlusses.** Nach § 93 Abs. 4 S. 1 gilt der Haftungsausschluss nur für gesetzmäßige Beschlüsse. Der Hauptversammlungsbeschluss darf daher weder nichtig noch anfechtbar sein.[1524]

269 **a) Nichtige Hauptversammlungsbeschlüsse.** Ein gemäß § 241 nichtiger Hauptversammlungsbeschluss entfaltet keine Befreiungswirkung.[1525] Dazu gehört auch ein Beschluss, der außerhalb der organschaftlichen Zuständigkeit der Hauptversammlung liegt.[1526] Infolgedessen bleibt ein Hauptversammlungsbeschluss in Angelegenheiten der Geschäftsführung, den der Vorstand nicht verlangt hat, haftungsrechtlich ohne Bedeutung.[1527]

270 Streitig ist, ob die Heilung nichtiger Beschlüsse nach Maßgabe des § 242 zu einer Enthaftung iSd § 93 Abs. 4 S. 1 führt. Die hL nimmt dies an[1528] und stützt sich dabei auf eine Veränderung der

---

[1512] Vgl. Bürgers/Körber/*Bürgers* Rn. 32; *Fleischer* in Fleischer VorstandsR-HdB § 11 Rn. 84; MüKoAktG/*Spindler* Rn. 236; Großkomm AktG/*Hopt*/*Roth* Rn. 471; Hüffer/Koch/*Koch* Rn. 72; K. Schmidt/Lutter/*Krieger*/*Sailer-Coceani* Rn. 46; Kölner Komm AktG/*Mertens*/*Cahn* Rn. 148 f.; *Raiser*/*Veil* KapGesR § 14 Rn. 100.
[1513] Vgl. *Fleischer* in Fleischer VorstandsR-HdB § 11 Rn. 84; *Goette* DStR 2004, 927 (928); zu weiteren Fällen *v. Falkenhausen* NZG 2016, 601 f.
[1514] Vgl. *Thümmel*, Persönliche Haftung von Managern und Aufsichtsräten, 5. Aufl. 2016, Rn. 332.
[1515] Vgl. Bürgers/Körber/*Bürgers* Rn. 32; *Fleischer* in Fleischer VorstandsR-HdB § 11 Rn. 85; Hüffer/Koch/*Koch* Rn. 73; K. Schmidt/Lutter/*Krieger*/*Sailer-Coceani* Rn. 47; MüKoAktG/*Spindler* Rn. 239.
[1516] Vgl. Hüffer/Koch/*Koch* Rn. 273; MüKoAktG/*Spindler* Rn. 239; MHdB AG/*Wiesner* § 26 Rn. 17.
[1517] Vgl. OLG Köln NZG 2013, 49; *v. Falkenhausen* NZG 2016, 601 (602); Hüffer/Koch/*Koch* Rn. 73; MHdB AG/*Wiesner* § 26 Rn. 17; Wachter/*Eckert* Rn. 41; *Wolff*/*Janssen* NZG 2013, 1165 (1167 f.).
[1518] Vgl. Kölner Komm AktG/*Mertens*/*Cahn* Rn. 150; Hölters/*Hölters* Rn. 295; zurückhaltend Großkomm AktG/*Hopt*/*Roth* Rn. 479; Hüffer/Koch/*Koch* Rn. 73; dem beipflichtend Grigoleit/*Grigoleit*/*Tomasic* Fn. 137; abw. K. Schmidt/Lutter/*Krieger*/*Sailer-Coceani* Rn. 47.
[1519] Vgl. OLG München NZG 2008, 864 (865); Hüffer/Koch/*Koch* Rn. 73; K. Schmidt/Lutter/*Krieger*/*Sailer-Coceani* Rn. 46; *Thümmel*, Persönliche Haftung von Managern und Aufsichtsräten, 5. Aufl. 2016, Rn. 331.
[1520] AllgM, vgl. *Dietz-Vellmer* NZG 2014, 721 (722); Hüffer/Koch/*Koch* Rn. 73; Kölner Komm AktG/*Mertens*/*Cahn* Rn. 153; MüKoAktG/*Spindler* Rn. 242; MHdB AG/*Wiesner* § 26 Rn. 14; Wachter/*Eckert* Rn. 42.
[1521] Vgl. Hüffer/Koch/*Koch* Rn. 73; *Kleinhenz*/*Leyendecker* BB 2012, 861 (862 f.).
[1522] Vgl. *Fleischer* in Fleischer VorstandsR-HdB § 11 Rn. 86; Großkomm AktG/*Hopt*/*Roth* Rn. 474; Kölner Komm AktG/*Mertens*/*Cahn* Rn. 152; MüKoAktG/*Spindler* Rn. 241.
[1523] Ebenso Großkomm AktG/*Hopt*/*Roth* Rn. 473; Kölner Komm AktG/*Mertens*/*Cahn* Rn. 152; MüKoAktG/*Spindler* Rn. 241.
[1524] AllgM, vgl. Bürgers/Körber/*Bürgers* Rn. 33; *Fleischer* in Fleischer VorstandsR-HdB § 11 Rn. 87; Hüffer/Koch/*Koch* Rn. 73; K. Schmidt/Lutter/*Krieger*/*Sailer-Coceani* Rn. 48; MHdB AG/*Wiesner* § 26 Rn. 15.
[1525] Vgl. Hüffer/Koch/*Koch* Rn. 73; ebenso bereits Amtl. Begr. zu § 84 AktG bei *Klausing* AktG 1937, 72.
[1526] Vgl. Hüffer/Koch/*Koch* Rn. 73; MüKoAktG/*Spindler* Rn. 240.
[1527] Vgl. *Fleischer* in Fleischer VorstandsR-HdB § 11 Rn. 88; Großkomm AktG/*Hopt*/*Roth* Rn. 472; Kölner Komm AktG/*Mertens*/*Cahn* Rn. 155; MüKoAktG/*Spindler* Rn. 240.
[1528] Vgl. Bürgers/Körber/*Bürgers* Rn. 33; Großkomm AktG/*Hopt*/*Roth* Rn. 482; Hüffer/Koch/*Koch* Rn. 73; K. Schmidt/Lutter/*Krieger*/*Sailer-Coceani* Rn. 49; MHdB AG/*Wiesner* § 26 Rn. 15; Henssler/Strohn/*Dauner-Lieb* Rn. 43; Hölters/*Hölters* Rn. 300.

materiellen Rechtslage durch die Heilung: Ein geheilter Beschluss gilt ihr in Übereinstimmung mit dem BGH[1529] nicht nur als wirksam, sondern auch als gesetzmäßig. Gegenstimmen lehnen eine Enthaftung ab, weil § 242 nicht die Gesetzmäßigkeit des nach wie vor nichtigen Beschlusses herbeiführe, sondern nur die Geltendmachung der Nichtigkeit einschränke.[1530] Die besseren Gründe sprechen für die hM: § 242 will Rechtssicherheit schaffen, indem er nichtigen Beschlüssen trotz ihres Mangels zur Gültigkeit verhilft. Dieser Regelungszweck darf nicht dadurch vereitelt werden, dass der Vorstand die Frage der Rechtswidrigkeit im Rahmen des § 83 Abs. 2 erneut aufrollt. Er ist vielmehr zur Ausführung des *gesetzmäßig* gewordenen Beschlusses verpflichtet und macht sich dadurch auch nicht schadensersatzpflichtig. Davon unberührt bleibt allerdings eine Ersatzpflicht wegen des vorangegangenen Versäumnisses, Nichtigkeitsklage zu erheben (→ Rn. 273).

b) Anfechtbare Hauptversammlungsbeschlüsse. Ein gemäß § 243 Abs. 1 anfechtbarer Hauptversammlungsbeschluss vermag den Vorstand nicht zu entlasten.[1531] Mit Ablauf der Anfechtungsfrist (§ 246 Abs. 1) wird ein bestandskräftig gewordener Beschluss nach hM aber gesetzmäßig iSd § 93 Abs. 4 S. 1.[1532] Denkbar bleibt indes eine Schadensersatzpflicht der Vorstandsmitglieder wegen pflichtwidrig unterlassener Anfechtungsklage (→ Rn. 273). Die Gegenansicht geht auch nach Fristablauf von einer fortdauernden Rechtswidrigkeit des Beschlusses aus[1533] und verneint daher jede Entlastungswirkung.

4. Grenzen des Haftungsausschlusses. a) Pflichtwidrig herbeigeführter Hauptversammlungsbeschluss. An ungeschriebene Grenzen stößt der Haftungsausschluss bei pflichtwidriger Herbeiführung eines Hauptversammlungsbeschlusses. Nach zutreffender hM verstoßen Vorstandsmitglieder, die sich auf § 93 Abs. 4 S. 1 berufen, ihrerseits gegen Treu und Glauben, wenn sie die Hauptversammlung durch falsche Informationen zu einer nachteiligen Beschlussfassung veranlasst haben.[1534] Das war schon unter § 241 HGB 1897[1535] und § 84 Abs. 4 AktG 1937[1536] anerkannt und gilt nicht nur für arglistig herbeigeführte,[1537] sondern für alle schuldhaft veranlassten Beschlüsse.[1538] Pflichtwidrig ist dabei neben der Verbreitung falscher Angaben auch die ungenügende Aufklärung der Hauptversammlung.[1539] Hierin zeigt sich die noch nicht vollständig ins allgemeine Rechtsbewusstsein vorgedrungene Schlüsselrolle des Vorstands bei der Beschlussvorbereitung: Wer von der Hauptversammlung eine Haftungsentlastung erstrebt, muss sie über Gegenstand und Tragweite ihrer Entschließung hinreichend unterrichten. Das gilt nicht nur im Zusammenhang mit „holzmüllerpflichtigen Maßnahmen",[1540] sondern für sämtliche Beschlussgegenstände.[1541] Noch nicht endgültig geklärt ist, ob der Schadensersatzanspruch der Gesellschaft entsprechend § 254 BGB zu kürzen ist, wenn die Hauptversammlung die Schädlichkeit ihres Beschlusses trotz unzureichender Information hätte erkennen können.[1542] Will man die Vorstandspflicht zur Beschlussvorbereitung weiter effektuieren, so wird man den Mitverschuldenseinwand nicht gelten lassen.

[1529] Vgl. BGHZ 33, 175 (178 f.).
[1530] Vgl. *Hefermehl* FS Schilling, 1973, 159 (168 f.); NK-AktR/*Heidel* § 242 Rn. 5; Kölner Komm AktG/ *Mertens/Cahn* Rn. 155; *Zöllner,* Die Schranken mitgliedschaftlicher Stimmrechtsmacht bei den privatrechtlichen Personenverbänden, 1963, 42.
[1531] Vgl. *Fleischer* in Fleischer VorstandsR-HdB § 11 Rn. 90; Hüffer/Koch/*Koch* Rn. 73; MHdB AG/*Wiesner* § 26 Rn. 15; ebenso bereits Amtl. Begr. zu § 84 AktG 1937 bei *Klausing* AktG 1937, 72.
[1532] Vgl. Hüffer/Koch/*Koch* Rn. 73; MHdB AG/*Wiesner* § 26 Rn. 15; Wachter/*Eckert* Rn. 41.
[1533] Vgl. *Geßler* JW 1937, 497 (501); *Golling,* Sorgfaltspflicht und Verantwortlichkeit der Vorstandsmitglieder für ihre Geschäftsführung innerhalb der nicht konzerngebundenen Aktiengesellschaft, 1969, 81 ff.; NK-AktR/ *Heidel* § 243 Rn. 40; *Mestmäcker,* Verwaltung, Konzerngewalt und Rechte der Aktionäre, 1958, 269.
[1534] Vgl. Bürgers/Körber/*Bürgers* Rn. 34; *Hefermehl* FS Schilling, 1973, 159 (172); Großkomm AktG/*Hopt/ Roth* Rn. 488; Hüffer/Koch/*Koch* Rn. 74; K. Schmidt/Lutter/*Krieger/Sailer-Coceani* Rn. 49; Kölner Komm AktG/*Mertens/Cahn* Rn. 154; abw. *Dietz-Vellmer* NZG 2014, 721 (726 ff.).
[1535] Vgl. *Brodmann,* Aktienrecht, 1928, § 241 HGB 1897 Rn. 1e mwN.
[1536] Vgl. *Schlegelberger/Quassowski* § 84 AktG 1937 Rn. 15.
[1537] So aber Staub/*Pinner* HGB § 241 Rn. 4; gegen ihn bereits *Brodmann,* Aktienrecht, 1928, § 241 HGB Rn. 1e.
[1538] Heute hM, vgl. Großkomm AktG/*Hopt/Roth* Rn. 488; Hüffer/Koch/*Koch* Rn. 74.
[1539] Vgl. *Canaris* ZGR 1978, 207 (213); *Fleischer* in Fleischer VorstandsR-HdB § 11 Rn. 90; *Hefermehl* FS Schilling, 1973, 159 (171); Großkomm AktG/*Hopt/Roth* Rn. 488; K. Schmidt/Lutter/*Krieger/Sailer* Rn. 49; früher bereits *Schlegelberger/Quassowski* § 84 AktG 1937 Rn. 15.
[1540] Dies betonend *Liebscher* ZGR 2005, 1 (17).
[1541] Verallgemeinerungsfähig BGHZ 146, 288 LS a): „Verlangt der Vorstand einer Aktiengesellschaft gemäß § 119 Abs. 2 AktG in einer Geschäftsführungsangelegenheit die Entscheidung der Hauptversammlung, so muss er ihr auch die Information geben, die sie für eine sachgerechte Willensbildung benötigt."
[1542] Dafür *Canaris* ZGR 1978, 207 (213); dagegen Bürgers/Körber/*Bürgers* Rn. 34; Großkomm AktG/*Hopt/ Roth* Rn. 488; Kölner Komm AktG/*Mertens/Cahn* Rn. 154.

273 **b) Pflichtwidrig unterlassene Beschlussmängelklage.** Weiterhin ist § 93 Abs. 4 S. 1 nach billigenswerter hM auch dann unanwendbar, wenn es das Vorstandsmitglied pflichtwidrig versäumt hat, den Hauptversammlungsbeschluss durch Anfechtungs- oder Nichtigkeitsklage zu beseitigen.[1543] Auch das entsprach bereits früherer Rechtsüberzeugung, die seinerzeit auf die Anfechtungsbefugnis des Vorstands nach § 198 Abs. 1 AktG 1937 verwies.[1544] Eine jüngere Literaturmeinung will davon in Fällen abrücken, in denen der nichtige Beschluss später geheilt wurde: Die Rückwirkung der Heilung dürfe im Rahmen des § 93 Abs. 2 nicht unberücksichtigt bleiben und entziehe dem haftungsrechtlichen Vorwurf einer pflichtwidrig unterlassenen Beschlussmängelklage die Grundlage.[1545] Diese auf Gesichtspunkte der Rechtssicherheit abstellende Ansicht ist an zu dünnen Seilen aufgehängt:[1546] Es ist *eines*, den Vorstand zur Ausführung eines später gesetzmäßig gewordenen Beschlusses anzuhalten, *ein anderes*, ihn für die vorher versäumte Beschlussmängelklage zur Verantwortung zu ziehen.

274 Unter welchen Voraussetzungen eine Anfechtungspflicht für den nach § 245 Nr. 4 anfechtungsberechtigten Vorstand besteht, ist wenig geklärt. Die hM hält eine generelle Vorstandspflicht zur Anfechtung rechtswidriger Hauptversammlungsbeschlüsse für nicht begründbar;[1547] anders soll es nur liegen, wenn ein Beschluss das Gesellschaftsinteresse verletzt,[1548] die Gesellschaft durch die Ausführung des Beschlusses voraussichtlich einen Schaden erleiden würde[1549] oder der Beschluss den Vorstand zu einer rechtswidrigen Handlung anhält.[1550] Demgegenüber treten Einzelstimmen aus jüngerer Zeit für eine grundsätzliche Pflicht zur Klageerhebung ein.[1551] Sie treffen sich im Ergebnis mit einer früheren Lehrmeinung, die ebenfalls den Standpunkt vertrat, es sei stets Sache der Verwaltungsmitglieder, einen anfechtbaren Hauptversammlungsbeschluss anzufechten oder ihn sonst zu beseitigen.[1552] Richtigerweise wird man aus der Rechtswahrungsfunktion des Vorstands nur eine punktuelle Pflicht zur Erhebung einer Anfechtungsklage bejahen können, etwa bei besonders schweren oder flagranten Rechtsverstößen.[1553] Ein weitergehendes Handlungsgebot kann sich aber aus der Schadensabwendungspflicht des Vorstands iSd § 93 Abs. 1 ergeben, wenn für ihn erkennbar ist, dass die Ausführung des rechtswidrigen Beschlusses Schäden für die Gesellschaft verursacht.[1554] Die von § 245 Nr. 5 verfolgte Selbstschutzfunktion hat dagegen eher den Charakter einer Obliegenheit, dh eine Wahrnehmung im eigenen Interesse, und nicht die einer Organpflicht.

275 **c) Grundlegende Änderung der Verhältnisse nach Beschlussfassung.** Ausnahmsweise kann die Entlastungswirkung auch bei der Ausführung gesetzmäßiger Beschlüsse fehlen, falls sich die Verhältnisse nach Beschlussfassung grundlegend geändert haben. In einem solchen Fall macht sich der Vorstand durch eine sofortige Beschlussausführung unter den weiteren Voraussetzungen des § 93 Abs. 2 schadensersatzpflichtig, wenn für ihn erkennbar ist, dass die Ausführung zu einer Schädigung der Gesellschaft führen würde.[1555] Das ergibt sich aus seiner organschaftlichen Sorgfaltspflicht, die ihn in ihrer allgemeinsten Formulierung anhält, den Vorteil der Gesellschaft zu wahren und Schaden von ihr abzuwenden (→ Rn. 11). Allerdings darf der Vorstand den Beschluss nicht einfach ignorieren, sondern muss der Hauptversammlung die Möglichkeit eröffnen, bei nächster Gelegenheit erneut über den Gegenstand zu beschließen.[1556]

[1543] Vgl. Bürgers/Körber/*Bürgers* Rn. 33; *Fleischer* BB 2005, 2025 (2029); Großkomm AktG/*Hopt/Roth* Rn. 487; Hüffer/Koch/*Koch* Rn. 74; Hölters/*Hölters* Rn. 300; K. Schmidt/Lutter/*Krieger/Sailer-Coceani* Rn. 48.

[1544] Vgl. Schlegelberger/*Quassowski* § 84 AktG 1937 Rn. 15.

[1545] Vgl. *Casper*, Die Heilung nichtiger Beschlüsse im Kapitalgesellschaftsrecht, 1998, 188 f.; wohl auch *Schultz*, Die Behebung einzelner Mängel von Organisationsakten in Kapitalgesellschaften, 1997, 212 f.

[1546] Mit Recht ablehnend auch MüKoAktG/*Hüffer/Schäfer* § 242 Rn. 22.

[1547] Vgl. Bürgers/Körber/*Bürgers* Rn. 34; MüKoAktG/*Spindler* Rn. 237; Grigoleit/*Grigoleit/Tomasic* Rn. 23.

[1548] So Kölner Komm AktG/*Mertens/Cahn* Rn. 156; ähnlich MHdB AG/*Wiesner* § 25 Rn. 5 (Verletzung der Interessen des Unternehmens).

[1549] Vgl. *Hefermehl* FS Schilling, 1973, 159 (167); MüKoAktG/*Spindler* Rn. 237; NK-AktR/*Heidel* § 245 Rn. 24; K. Schmidt/Lutter/*Krieger/Sailer* Rn. 48; MHdB AG/*Wiesner* § 25 Rn. 80 und § 26 Rn. 15; Hölters/*Hölters* Rn. 300.

[1550] Vgl. MHdB AG/*Wiesner* § 25 Rn. 5; Hölters/*Hölters* Rn. 300.

[1551] Vgl. NK-AktR/*Heidel* § 243 Rn. 40; *Servatius*, Strukturmaßnahmen als Unternehmensleitung, 2004, 348 ff. (354 ff.).

[1552] Vgl. Schlegelberger/*Quassowski* § 84 AktG 1937 Rn. 15; *Mestmäcker*, Verwaltung, Konzerngewalt und Rechte der Aktionäre, 1958, 270; wohl auch *Teichmann/Koehler* AktG, 3. Aufl. 1950, § 84 AktG 1937 Rn. 4a.

[1553] Näher *Fleischer* BB 2005, 2025 (2030).

[1554] Vgl. *Fleischer* BB 2005, 2025 (2030).

[1555] Vgl. *Fleischer* in Fleischer VorstandsR-HdB § 11 Rn. 94; Großkomm AktG/*Hopt/Roth* Rn. 490; Kölner Komm AktG/*Mertens/Cahn* Rn. 158; MHdB AG/*Wiesner* § 26 Rn. 16.

[1556] Vgl. *Fleischer* in Fleischer VorstandsR-HdB § 11 Rn. 94; K. Schmidt/Lutter/*Krieger/Sailer-Coceani* Rn. 49; MHdB AG/*Wiesner* § 26 Rn. 16; ferner Großkomm AktG/*Hopt/Roth* Rn. 490.

5. Kein Haftungsausschluss durch Billigung des Aufsichtsrats. Dadurch, dass der Aufsichts- 275a
rat die Handlung gebilligt hat, wird die Ersatzpflicht nach § 93 Abs. 4 S. 2 nicht ausgeschlossen. Dies
beruht darauf, dass der Aufsichtsrat – anders als die Hauptversammlung (§ 119 Abs. 2, § 83 Abs. 2) –
in Fragen der Geschäftsführung keinen für den Vorstand verbindlichen Beschluss fassen kann.[1557]
Ebenso wenig kann sich der Vorstand bein einem Aufsichtsratsbeschluss auf ein mitwirkendes Verschulden (§ 254 BGB) berufen.[1558]

IX. Verzicht, Vergleich und gleichgestellte Rechtshandlungen

1. Regelungszweck. Gemäß § 93 Abs. 4 S. 3 kann die Gesellschaft erst drei Jahre nach Entste- 276
hung des Anspruchs und auch dann nur unter den im Gesetz näher umschriebenen Umständen auf
Ersatzansprüche verzichten oder sich über sie vergleichen. Solche Verzichts- oder Vergleichsvereinbarungen mit Organmitgliedern waren früher selten;[1559] in jüngerer Zeit haben sie jedoch im Zuge
der Aufarbeitung größerer Korruptionsfälle an Bedeutung gewonnen.[1560] Nach hM dienen die
Kautelen des § 93 Abs. 4 S. 3 dem Schutz des Gesellschaftsvermögens und der Minderheitsaktionäre:[1561] Deren Rechtsverfolgung ginge ins Leere, wenn die Mehrheit ohne Rücksicht auf die
Minderheit über die Ansprüche disponieren könnte.[1562] Den erforderlichen Gläubigerschutz gewährleistet § 93 Abs. 5 S. 3. Mit dem Formwechsel in oder die Verschmelzung auf eine GmbH entfallen
die Bindungen des § 93 Abs. 4 S. 3,[1563] nicht hingegen mit der Verschmelzung auf eine neue AG.[1564]

Entwicklungsgeschichtlich geht die Vorschrift auf § 84 Abs. 4 S. 3 AktG 1937 zurück.[1565] Sie 277
wurde vom damaligen Reformgesetzgeber bei ihrer Einführung irrig als geltendes Recht deklariert.[1566] Tatsächlich hatten Art. 213d ADHGB 1884 und § 205 HGB 1897 Verzichts- und Vergleichsbeschränkungen nur für Ansprüche der Gesellschaft aus der Gründerhaftung vorgesehen, um
sicherzustellen, dass der Gesellschaft solche Ansprüche nicht unter dem übermächtigen Einfluss der
Gründer entzogen werden.[1567] Das AktG 1937 erstreckte dieses heute noch in § 50 S. 1 vorgesehene
tempus clausum auf alle Organhaftungsansprüche und verlängerte die Sperrfrist von drei auf fünf Jahre.
Der Reformgesetzgeber von 1965 machte diese Verlängerung wieder rückgängig. Ausweislich der
Gesetzesmaterialien soll § 93 Abs. 4 S. 3 verhindern, dass über einen Verzicht oder Vergleich bereits
zu einem Zeitpunkt entschieden wird, in dem sich noch kein abschließendes Bild über die Auswirkungen der schädigenden Handlung gewinnen lässt.[1568] Dafür erscheine eine Frist von drei Jahren
ausreichend.[1569] Rechtspolitisch ist die Vorschrift in jüngerer Zeit stark in die Kritik geraten (näher
→ Rn. 284a).

2. Zustimmung der Hauptversammlung. a) Hauptversammlungsbeschluss. Grundvo- 278
raussetzung für einen Verzicht oder Vergleich ist zunächst die Zustimmung der Hauptversammlung. Sie soll der Gefahr einer kollegialen Verschonung einzelner Vorstandsmitglieder oder gar
der Selbstenthaftung beider Verwaltungsorgane vorbeugen: Vorstand und Aufsichtsrat sollen sich
nicht wechselseitig von allfälligen Haftungsansprüchen befreien können.[1570] Erforderlich ist ein
formeller Hauptversammlungsbeschluss;[1571] bloße Meinungsäußerungen der Hauptversammlung

---

[1557] Vgl. Großkomm AktG/*Hopt/Roth* Rn. 496; Hüffer/Koch/*Koch* Rn. 75.
[1558] Vgl. Großkomm AktG/*Hopt/Roth* Rn. 499; Kölner Komm AktG/*Mertens/Cahn* Rn. 178.
[1559] Vgl. *Dietz-Vellmer* NZG 2011, 248; *Fleischer* AG 2015, 133.
[1560] Vgl. *Dietz-Vellmer* NZG 2011, 248; *Fleischer* ZIP 2014, 1305 (1308); *Habersack* FS Baums, 2017, 531 (532); *Wilsing* FS Haarmann, 2015, 259 (262).
[1561] Vgl. BGH NZG 2014, 1058 Rn. 20; Hüffer/Koch/*Koch* Rn. 76.
[1562] Ähnlich Großkomm AktG/*Hopt/Roth* Rn. 503; Hüffer/Koch/*Koch* Rn. 76; *Mertens* FS Fleck, 1988, 209 (210).
[1563] Vgl. *Allmendinger/Lüneborg* ZIP 2017, 1842 (1849 f.); *Habersack/Schürnbrandt* NZG 2007, 81 (87); *Haßler* AG 2016, 388 (391); Hüffer/Koch/*Koch* Rn. 76.
[1564] Vgl. *Haßler* AG 2016, 388 (391 ff.); Hüffer/Koch/*Koch* Rn. 76.
[1565] Näher zu Folgendem *Fleischer* in Fleischer/Kalss/Vogt, Enforcement im deutschen, österreichischen und schweizerischen Gesellschafts- und Kapitalmarktrecht, 2015, 123 (125 ff.).
[1566] Vgl. Amtl. Begr. zu § 84 AktG 1937 bei *Klausing* AktG 1937 72.
[1567] Vgl. Begründung zum Entwurf eines Gesetzes betreffend die KGaA und AG von 1884, abgedruckt bei Schubert/Hommelhoff, Hundert Jahre modernes Aktiengesetz, 1985, 452 f.
[1568] Vgl. Begr. RegE bei *Kropff* S. 123.
[1569] So Begr. RegE bei *Kropff* S. 123.
[1570] Vgl. BGHZ 202, 26 Rn. 20; Bürgers/Körber/*Bürgers* Rn. 36; Großkomm AktG/*Hopt/Roth* Rn. 506; Hüffer/Koch/*Koch* Rn. 78; Kölner Komm AktG/*Mertens/Cahn* Rn. 161; MüKoAktG/*Spindler* Rn. 252; Wachter/*Eckert* Rn. 43.
[1571] Vgl. Bürgers/Körber/*Bürgers* Rn. 38; *Fleischer* in Fleischer VorstandsR-HdB § 11 Rn. 97; MüKoAktG/*Spindler* Rn. 252.

oder die Zustimmung eines Mehrheitsaktionärs reichen nicht aus.[1572] Ebenso wenig kann die schlichte Entlastung des Vorstandsmitglieds in der Hauptversammlung ein Verfahren nach § 93 Abs. 4 S. 3 ersetzen.[1573] Eine gegenteilige BGH-Entscheidung aus dem Jahre 1959, wonach eine von allen Aktionären beschlossene Entlastung einen solchen Verzicht beinhalte,[1574] ist durch § 120 Abs. 2 S. 2 AktG 1965 überholt.[1575] Die Entlastung führt auch zu keiner Beweislastumkehr.[1576] Der Hauptversammlungsbeschluss selbst bedarf keiner sachlichen Rechtfertigung;[1577] er kann allerdings im Einzelfall rechtsmissbräuchlich sein.[1578] Hiervon unberührt bleibt die Pflicht des Aufsichtsrats zur sorgfältigen Vorbereitung eines Haftungsvergleichs.[1579] Dazu gehört die Pflicht, Informationen über die wirtschaftliche Leistungsfähigkeit der betroffenen Vorstandsmitglieder einzuholen, sofern der Vergleich mit deren begrenzter Leistungsfähigkeit begründet wird.[1580] Ein schriftlicher Bericht des Aufsichtsrats an die Hauptversammlung über Inhalt und Hintergründe des vorgeschlagenen Verzichts oder Vergleichs ist gesetzlich zwar nicht vorgesehen, praktisch aber unbedingt empfehlenswert.[1581] An die ARAG/Garmenbeck-Grundsätze zur Anspruchsverfolgung (→ Rn. 291) ist der Aufsichtsrat wegen der Mitwirkung der Hauptversammlung allerdings nicht gebunden.[1582] Vielmehr gilt für ihn die „Business Judgment Rule".[1583]

279 Für den Zustimmungsbeschluss genügt die einfache Stimmenmehrheit (§ 133), sofern die Satzung keine größere Mehrheit vorsieht.[1584] Betroffene Vorstandsmitglieder, die zugleich Aktionäre sind, unterliegen gemäß § 136 Abs. 1 einem Stimmverbot.[1585] Sie sind auch nicht stimmberechtigt, wenn es um Ersatzansprüche gegen andere Vorstandsmitglieder geht, die neben ihnen als Gesamtschuldner in Betracht kommen.[1586] Dagegen können sie bei der Abstimmung im Vorstand über einen Beschlussvorschlag an die Hauptversammlung mitwirken.[1587]

280 **b) Kein Widerspruch einer Minderheit.** Die Zustimmung der Hauptversammlung bleibt wirkungslos, wenn eine Minderheit Widerspruch zur Niederschrift erhebt, deren Anteile zusammen den zehnten Teil des Grundkapitals erreichen. Dieses zusätzliche Erfordernis soll verhindern, dass ein Minderheitsverlangen zur Geltendmachung von Ersatzansprüchen durch Vergleich oder Verzicht unterlaufen wird.[1588] Eine Anpassung des Quorums an die durch das KonTraG von 1998 abgesenkten Schwellenwerte in § 147 Abs. 3 aF ist unterblieben,[1589] ebenso eine Abstimmung mit dem durch das UMAG von 2005 eingeführten § 148 Abs. 1. Ein nach § 93 Abs. 4 S. 3 wirksamer Vergleich führt entsprechend § 148 Abs. 3 zur Unzulässigkeit eines Klagezulassungsverfahrens durch eine qualifizierte Aktionärsminderheit.[1590]

[1572] Vgl. Großkomm AktG/*Hopt/Roth* Rn. 511; Henssler/Strohn/*Dauner-Lieb* Rn. 41.
[1573] Vgl. *Fleischer* in Fleischer VorstandsR-HdB § 11 Rn. 97; Großkomm AktG/*Hopt/Roth* Rn. 511; *Thümmel*, Persönliche Haftung von Managern und Aufsichtsräten, 5. Aufl. 2016, Rn. 339.
[1574] Vgl. BGHZ 29, 385 (391).
[1575] Näher *Zimmermann* FS Duden, 1977, S. 773 (777 ff.).
[1576] Vgl. OLG Düsseldorf ZIP 1996, 503 (504).
[1577] Vgl. *Dietz-Vellmer* NZG 2011, 248 (252); *Fleischer* ZIP 2014, 1305 (1308); Großkomm AktG/*Hopt/Roth* Rn. 507; Hüffer/Koch/*Koch* Rn. 78.
[1578] Vgl. *Dietz-Vellmer* NZG 2011, 248 (252); *Fleischer* ZIP 2014, 1305 (1308).
[1579] Vgl. *Fleischer* ZIP 2014, 1305 (1308).
[1580] Vgl. *Fleischer* AG 2015, 133 (136); *Habersack* FS Baums, 2017, 531 (542); Hüffer/Koch/*Koch* Rn. 78; *Wilsing* FS Haarmann, 2015, 259 (280 f.).
[1581] Vgl. *Dietz-Vellmer* NZG 2011, 248 (250); *Fleischer* ZIP 2014, 1305 (1308); Hüffer/Koch/*Koch* Rn. 78.
[1582] Vgl. *Dietz-Vellmer* NZG 2011, 248 (251); *Fleischer* AG 2015, 133 (135 f.); Großkomm AktG/*Hopt/Roth* Rn. 503; Hüffer/Koch/*Koch* Rn. 76; abw. *Hasselbach* DB 2010, 2037 (2040 f.).
[1583] Vgl. *Dietz-Vellmer* NZG 2011, 248 (251); *Fleischer* AG 2015, 133 (135 f.); *Habersack* FS Baums, 2017, 531 (540 f.); Großkomm AktG/*Hopt/Roth* Rn. 503; Hüffer/Koch/*Koch* Rn. 76; *Wilsing* FS Haarmann, 2015, 259 (276 ff.).
[1584] Vgl. Bürgers/Körber/*Bürgers* Rn. 38; *Fleischer* in Fleischer VorstandsR-HdB § 11 Rn. 98; K. Schmidt/Lutter/*Krieger/Sailer* Rn. 54; MüKoAktG/*Spindler* Rn. 252.
[1585] Vgl. Bürgers/Körber/*Bürgers* Rn. 38; *Hirte/Stoll* ZIP 2010, 253 (254); Großkomm AktG/*Hopt/Roth* Rn. 507; Hüffer/Koch/*Koch* Rn. 78; K. Schmidt/Lutter/*Krieger/Sailer* Rn. 54; Kölner Komm AktG/*Mertens/Cahn* Rn. 162; MüKoAktG/*Spindler* Rn. 252.
[1586] Vgl. *Mertens* FS Fleck, 1988, 209 (215); abw. Hölters/*Hölters* Rn. 312.
[1587] Vgl. Bürgers/Körber/*Bürgers* Rn. 38; *Fleischer* in Fleischer VorstandsR-HdB § 11 Rn. 98; Großkomm AktG/*Hopt/Roth* Rn. 510; Kölner Komm AktG/*Mertens/Cahn* Rn. 163.
[1588] Vgl. Großkomm AktG/*Hopt/Roth* Rn. 514; Hüffer/Koch/*Koch* Rn. 78.
[1589] Vgl. *Dietz-Vellmer* NZG 2011, 248 (252); *Hirte/Stoll* ZIP 2010, 253 (254); *Thümmel*, Persönliche Haftung von Managern und Aufsichtsräten, 4. Aufl. 2008, Rn. 342.
[1590] Vgl. *Dietz-Vellmer* NZG 2011, 248 (252 f.); Hüffer/Koch/*Koch* Rn. 78.

Der Widerspruch muss zur Niederschrift des amtierenden Notars erklärt werden;[1591] die Stimm- 281
abgabe gegen den Verzicht oder Vergleich genügt nicht.[1592] Keinen Widerspruch können jene
Aktionäre einlegen, die vorbehaltlos für den Beschluss gestimmt haben.[1593]

3. Dreijahresfrist. a) Grundsatz. Die Gesellschaft kann grundsätzlich erst drei Jahre nach der 282
Entstehung des Anspruchs auf Ersatzansprüche verzichten oder sich über sie vergleichen. Die Dreijahresfrist ist fest vorgegeben; sie verlängert sich auch dann nicht, wenn sich der Schaden vor ihrem
Ablauf noch nicht überblicken lässt.[1594] Die Fristberechnung folgt den bürgerlichrechtlichen Regeln
(§§ 187, 188 BGB);[1595] maßgeblich ist die Möglichkeit klageweiser Durchsetzung.[1596] § 199 Abs. 1
BGB findet keine Anwendung, da es sich nicht um eine Verjährungsfrist handelt.[1597]

b) Ausnahmen. Gemäß § 93 Abs. 4 S. 4 gilt die dreijährige Sperrfrist nicht, wenn der Ersatz- 283
pflichtige zahlungsunfähig ist und sich zur Abwendung des Insolvenzverfahrens mit seinen Gläubigern
vergleicht[1598] oder wenn die Ersatzpflicht in einem Insolvenzplan geregelt wird. Dabei kann es sich
auch um einen außergerichtlichen Vergleich handeln,[1599] der nicht notwendig mit allen Gläubigern
geschlossen werden muss.[1600] Streitig ist, ob wenigstens eine „größere Zahl" von Gläubigern erforderlich ist[1601] oder ob gegebenenfalls auch ein Gläubiger genügt.[1602] Stets muss aber die Zustimmung
der Hauptversammlung vorliegen, und es darf kein Widerspruch seitens einer Minderheit gegeben
sein.[1603]

Darüber hinaus greift die Dreijahresfrist dann nicht ein, wenn sich die Gesellschaft selbst im 284
Insolvenzverfahren befindet.[1604] Der Insolvenzverwalter kann unmittelbar in Verzichts- oder Vergleichsverhandlungen eintreten, muss dabei aber die insolvenzrechtlichen Vorgaben beachten.[1605]
Insbesondere dürfen Verzicht und Vergleich nicht objektiv insolvenzwidrig sein.[1606]

c) Rechtspolitische Kritik. In rechtspolitischer Hinsicht hat die Sperrfrist des § 93 Abs. 4 S. 3 284a
immer wieder Kritik auf sich gezogen.[1607] Ihr wird mit Recht entgegengehalten, dass sie beim
Ausscheiden von Vorstandsmitgliedern eine zeitnahe Generalbereinigung verhindert, die im Interesse
aller Betroffenen und auch der hinter ihnen stehenden D&O-Versicherung liegt.[1608] Der 70. Deutsche Juristentag 2014 hat diese Kritik verstärkt und mit großer Mehrheit die Abschaffung der Sperrfrist gefordert.[1609] De lege lata behilft sich die Praxis mit einer Abtretung der Innenhaftungsansprüche
an einen Dritten, der den Vergleichsbeschränkungen des § 93 Abs. 4 S. 3 nicht unterliegt.[1610] Ob

---

[1591] Vgl. Bürgers/Körber/*Bürgers* Rn. 38; *Fleischer* in Fleischer VorstandsR-HdB § 11 Rn. 100; K. Schmidt/
Lutter/*Krieger/Sailer* Rn. 54; Henssler/Strohn/*Dauner-Lieb* Rn. 46.
[1592] Vgl. Großkomm AktG/*Hopt/Roth* Rn. 516; MüKoAktG/*Spindler* Rn. 253.
[1593] Vgl. Bürgers/Körber/*Bürgers* Rn. 38; *Fleischer* in Fleischer VorstandsR-HdB § 11 Rn. 100; Großkomm
AktG/*Hopt/Roth* Rn. 515.
[1594] Vgl. *Mertens* FS Fleck, 1988, 209 (210); MüKoAktG/*Spindler* Rn. 251.
[1595] Vgl. Bürgers/Körber/*Bürgers* Rn. 39; Hüffer/Koch/*Koch* Rn. 76; K. Schmidt/Lutter/*Krieger/Sailer-Coceani* Rn. 52; MüKoAktG/*Spindler* Rn. 251; Wachter/*Eckert* Rn. 46.
[1596] Vgl. *Fleischer* in Fleischer VorstandsR-HdB § 11 Rn. 101; Hüffer/Koch/*Koch* Rn. 76.
[1597] Vgl. Großkomm AktG/*Hopt/Roth* Rn. 520; Hüffer/Koch/*Koch* Rn. 76; MüKoAktG/*Spindler* Rn. 251.
[1598] Eingehend zum sog. Abwendungsvergleich *Hirte/Stoll* ZIP 2010, 253 (255 ff.).
[1599] Vgl. Hüffer/Koch/*Koch* Rn. 79; K. Schmidt/Lutter/*Krieger/Sailer-Coceani* Rn. 53; MüKoAktG/*Spindler*
Rn. 256.
[1600] Vgl. Bürgers/Körber/*Bürgers* Rn. 39; Hüffer/Koch/*Koch* Rn. 79; Kölner Komm AktG/*Mertens/Cahn*
Rn. 176; MüKoAktG/*Spindler* Rn. 256.
[1601] So *Zimmermann* FS Duden, 1977, 773 (787).
[1602] In diesem Sinne Hüffer/Koch/*Koch* Rn. 79; K. Schmidt/Lutter/*Krieger/Sailer-Coceani* Rn. 53; MüKoAktG/*Spindler* Rn. 256.
[1603] AllgM, vgl. Hüffer/Koch/*Koch* Rn. 79; MüKoAktG/*Spindler* Rn. 256; Hölters/*Hölters* Rn. 318.
[1604] Vgl. Bürgers/Körber/*Bürgers* Rn. 39; *Fleischer* in Fleischer VorstandsR-HdB § 11 Rn. 103; MüKoAktG/
Spindler Rn. 257.
[1605] Vgl. Großkomm AktG/*Hopt/Roth* Rn. 536.
[1606] Vgl. Kölner Komm AktG/*Mertens/Cahn* Rn. 175.
[1607] Vgl. *Cahn*, Vergleichsverbote im Gesellschaftsrecht, 1996, 143; *Fleischer* WM 2005, 909 (918 f.); *Fleischer*
AG 2015, 133 (140); *Habersack* FS Baums, 2017, 531 (544 f.); Großkomm AktG/*Hopt/Roth* Rn. 505; Hölters/
Hölters Rn. 307; Hüffer/Koch/*Koch* Rn. 77; zusammenfassend *Bachmann* Gutachten E zum 70. DJT 2014, E
49 ff.
[1608] Vgl. *Fleischer* WM 2005, 909 (919); *Goette* in Hommelhoff/Hopt/v. Werder Corporate Governance-HdB
713 (738 f.).
[1609] Vgl. DJT, Beschlüsse der Abteilung Wirtschaftsrecht des 70. DJT 2014, I. 7 a).
[1610] Vgl. Großkomm AktG/*Hopt/Roth* Rn. 505 und 530; *Thümmel*, Persönliche Haftung von Managern und
Aufsichtsräten, 5. Aufl. 2016, Rn. 344; *Fleischer* WM 2005, 909 (919); hiervon abratend Hölters/*Hölters* Rn. 307,
320; zu Grenzen unter Umgehungsgesichtspunkten *Thomas*, Die Haftungsfreistellung von Organmitgliedern,
2010, 23 ff.

die Sperrfrist schon nach geltendem Recht in bestimmten Fällen einer teleologischen Reduktion zugänglich ist,[1611] erscheint dagegen zweifelhaft.[1612] In Österreich, wo die Sperrfrist wie im AktG 1937 noch heute fünf Jahre beträgt, hat der OGH bei Zustimmung aller Aktionäre einen vorzeitigen Vergleichsschluss für zulässig erachtet.[1613] Weitergehend befürworten dort manche Literaturstimmen ungeschriebene Ausnahmen von der Wartefrist bei einem Kontrollwechsel in der Hauptversammlung oder einer von der Zustimmung der Hauptversammlung getragenen Beendigung des Organverhältnisses durch die Gesellschaft, teilweise sogar für den Fall einer Generalbereinigung, wenn sie im Unternehmensinteresse liegt und sonst nicht zustande kommen würde.[1614]

285 **4. Erfasste Ansprüche.** Die erläuterten Einschränkungen für die Erledigung von Ersatzansprüchen gelten grundsätzlich für alle Ansprüche der Gesellschaft gegen ihre Vorstandsmitglieder.[1615] Auf den Rechtsgrund kommt es nicht an, sofern nur ein innerer Zusammenhang mit der Organstellung besteht.[1616] Dagegen erfasst § 93 Abs. 4 S. 3 nicht die unmittelbaren Schadensersatzansprüche der Aktionäre gegen Organmitglieder,[1617] die freilich nur ausnahmsweise bestehen. Unberührt bleibt auch das Minderheitsrecht auf Einleitung einer Sonderprüfung gemäß § 142 Abs. 2:[1618] Diese ist nicht auf das Ziel beschränkt, Schadensersatzansprüche gegen Organmitglieder vorzubereiten; vielmehr können die durch die Sonderprüfung erlangten Informationen auch als Grundlage für eine sachgerechte Ausübung des Stimmrechts oder anderer Aktionärsrechte dienen.[1619]

286 **5. Betroffene Rechtshandlungen. a) Verzicht und Vergleich.** Die eingeschränkte Dispositionsbefugnis betrifft zunächst einen Verzicht der Gesellschaft. Darunter versteht das Gesetz einen Erlassvertrag iSd § 397 Abs. 1 BGB[1620] und ein negatives Schuldanerkenntnis nach § 397 Abs. 2 BGB. Erfasst wird auch ein teilweiser Verzicht. Weiterhin gilt die Beschränkung für einen Vergleich, worunter vor allem der Vergleichsvertrag gemäß § 779 BGB,[1621] aber auch der Prozessvergleich fällt.[1622] Betroffen ist außerdem jedwede Abfindungsvereinbarung, mit der Ansprüche der Gesellschaft gegen ein Vorstandsmitglied erledigt werden sollen.[1623]

287 **b) Gleichgestellte Rechtshandlungen.** Die Erwähnung von Verzicht und Vergleich als rechtstechnische Mittel zur Haftungsbefreiung ist nicht taxativ zu verstehen. Vielmehr erfasst § 93 Abs. 4 S. 3 auch sonstige Rechtshandlungen, die tatsächlich wie ein Verzicht oder Vergleich wirken.[1624] Dazu gehören etwa ein *pactum de non petendo* und eine Stundung, da sie wirtschaftlich einen Teilverzicht darstellt.[1625] Umstritten ist, ob Ansprüche des Vorstandsmitglieds aus einer Aufhebungsvereinbarung einen Aufrechnungsausschluss gegenüber Ansprüchen der Gesellschaft enthalten dürfen.[1626] Schließlich ist auch die Übernahme einer dem Mitglied des Vorstands auferlegten Geldstrafe, Geldbuße oder Geldauflage wegen eines im Verhältnis zur Gesellschaft pflichtwidrigen Verhaltens nur unter den in § 93 Abs. 4 S. 3 genannten Voraussetzungen zulässig (dazu auch → § 84 Rn. 68).[1627]

[1611] Ansätze bei *Harbarth* Liber Amicorum Winter, 2011, 217 (231 ff.).
[1612] Näher *Fleischer* AG 2015, 133 (139); zurückhaltend auch Hüffer/Koch/*Koch* Rn. 77; Kölner Komm AktG/*Mertens/Cahn* Rn. 164.
[1613] Vgl. OGH SZ 48/279.
[1614] Einzelnachweise bei *Fleischer* ZIP 2014, 1305 (1308 f.).
[1615] Vgl. *Fleischer* in Fleischer VorstandsR-HdB § 11 Rn. 104; Kölner Komm AktG/*Mertens/Cahn* Rn. 167.
[1616] Vgl. *Fleischer* in Fleischer VorstandsR-HdB § 11 Rn. 104; Großkomm AktG/*Hopt/Roth* Rn. 522.
[1617] Vgl. Kölner Komm AktG/*Mertens/Cahn* Rn. 167.
[1618] Vgl. Großkomm AktG/*Hopt/Roth* Rn. 526; *Mertens* FS Fleck, 1988, 209 (218).
[1619] Näher *Fleischer* in Küting/Weber Rechnungslegung-HdB AktG § 142 Rn. 1.
[1620] Vgl. *Fleischer* in Fleischer VorstandsR-HdB § 11 Rn. 105; Großkomm AktG/*Hopt/Roth* Rn. 527; Hüffer/Koch/*Koch* Rn. 76; K. Schmidt/Lutter/*Krieger/Sailer* Rn. 51; *Thümmel,* Persönliche Haftung von Managern und Aufsichtsräten, 5. Aufl. 2016, Rn. 341.
[1621] AllgM, vgl. *Fleischer* WM 2005, 909 (918); Großkomm AktG/*Hopt/Roth* Rn. 527; Hüffer/Koch/*Koch* Rn. 76; Wachter/*Eckert* Rn. 44.
[1622] HM, vgl. *Fleischer* WM 2005, 909 (918); Hüffer/Koch/*Koch* Rn. 76; K. Schmidt/Lutter/*Krieger/Sailer* Rn. 51; Henssler/Strohn/*Dauner-Lieb* Rn. 45; einschränkend *Mertens* FS Fleck, 1988, 209 (214); *Zimmermann* FS Duden, 1977, 773 (784 f.).
[1623] Vgl. K. Schmidt/Lutter/*Krieger/Sailer* Rn. 51; Kölner Komm AktG/*Mertens/Cahn* Rn. 171; MüKoAktG/*Spindler* Rn. 261; eingehend *Weller/Rahlmeyer* GWR 2014, 167 (168 ff.).
[1624] IE allgM, wenn auch mit unterschiedlichen Formulierungen, vgl. *Fleischer* WM 2005, 909 (918); Großkomm AktG/*Hopt/Roth* Rn. 528 ff.; K. Schmidt/Lutter/*Krieger/Sailer* Rn. 51; MüKoAktG/*Spindler* Rn. 260; Wachter/*Eckert* Rn. 44; mit Beispielen Hölters/*Hölters* Rn. 309.
[1625] Vgl. OLG München AG 2017, 631 (632); Hüffer/Koch/*Koch* Rn. 77; K. Schmidt/Lutter/*Krieger/Sailer* Rn. 53; Kölner Komm AktG/*Mertens/Cahn* Rn. 171; MüKoAktG/*Spindler* Rn. 261.
[1626] Bejahend LG Hamburg EWiR 2008, 353 mit abl. Anm. *Verhoeven*.
[1627] Vgl. BGHZ 202, 26 Rn. 16.

6. Rechtsfolgen eines Verstoßes. Verzicht, Vergleich oder ihnen gleichgestellte Rechtshandlun- 288
gen, die vor Ablauf der Dreijahresfrist geschlossen werden, sind nichtig.[1628] Das gilt auch dann,
wenn die Hauptversammlung in der erforderlichen Art und Weise zugestimmt hat. Nach Ablauf
der Dreijahresfrist tritt keine Heilung ein; vielmehr ist eine Neuvornahme des Rechtsgeschäfts
erforderlich,[1629] die allerdings auch durch Bestätigung (§ 141 BGB) erfolgen kann.[1630] Nach Fristablauf
getroffene Vereinbarungen sind bis zur Genehmigung durch die Hauptversammlung schwebend
unwirksam.[1631]

7. Keine Wirkung gegenüber Gesellschaftsgläubigern. Gemäß § 93 Abs. 5 S. 3 wird die 289
Ersatzpflicht den Gläubigern gegenüber weder durch einen Verzicht oder Vergleich der Gesellschaft
noch dadurch aufgehoben, dass die Handlung auf einem Beschluss der Hauptversammlung beruht.
Ihnen steht allerdings die Möglichkeit offen, selbst einen wirksamen Vergleich mit dem Vorstandsmitglied
abzuschließen.[1632] Der Insolvenzverwalter, der ein Vorstandsmitglied nach Maßgabe des § 93
Abs. 5 S. 4 in Anspruch nimmt, ist an die Beschränkungen des § 93 Abs. 4 S. 3 hingegen nicht
gebunden[1633] und kann mit Wirkung gegenüber den Gläubigern auf den Anspruch verzichten oder
sich über ihn vergleichen.[1634]

X. Geltendmachung

Der Schadensersatzanspruch aus § 93 Abs. 2 S. 1 steht der Gesellschaft zu. Zu seiner Geltendma- 290
chung sind der Aufsichtsrat, die Aktionäre und die Gesellschaftsgläubiger berechtigt.[1635] Für sie
gelten jeweils unterschiedliche Tatbestandsvoraussetzungen und Verfolgungsbeschränkungen. Die
Vor- und Nachteile der verschiedenen Durchsetzungsmechanismen sind Gegenstand einer anhaltenden
den rechtspolitischen Diskussion.[1636]

1. Aufsichtsrat. Die Geltendmachung von Schadensersatzansprüchen der Gesellschaft gegen ihre 291
Vorstandsmitglieder liegt zuvörderst in den Händen des Aufsichtsrats. Zu seinen vergangenheitsbezogenen
genen Kontroll- und Überwachungsaufgaben gehört es, Ersatzansprüche gegen Vorstandsmitglieder
zu prüfen und über die Anspruchsverfolgung zu entscheiden.[1637] Gelangt er bei der gebotenen
Prozessrisikoanalyse zu dem Ergebnis, dass eine klageweise Durchsetzung der Ersatzansprüche erfolgsversprechend
sprechend ist, so hat er nach dem ARAG/Garmenbeck-Urteil des BGH aus dem Jahre 1997 die
Ansprüche grundsätzlich zu verfolgen und darf von der Rechtsverfolgung nur dann absehen, wenn
dem zumindest gleichwertige Belange der Gesellschaft entgegenstehen.[1638] In neuerer Zeit mehren
sich allerdings die Stimmen, die für eine Neuinterpretation oder Korrektur der ARAG/Garmenbeck-
Doktrin eintreten.[1639] Der BGH zeigt sich hiervon in einer Entscheidung aus dem Jahre 2014 jedoch
unbeeindruckt.[1640]

2. Aktionäre. Einzelne Aktionäre können Schadensersatzansprüche der Gesellschaft weder im 292
eigenen Namen noch im Namen der Gesellschaft geltend machen.[1641] Einen eigenen Ersatzanspruch
der Aktionäre sieht das Aktiengesetz nur in § 117 Abs. 1 S. 2 sowie in verstreuten konzernrechtlichen
Vorschriften (§ 309 Abs. 4, § 310 Abs. 4, § 317 Abs. 4, § 318 Abs. 4) vor.[1642] Aktionäre, deren Anteile

---

[1628] Vgl. *Fleischer* in Fleischer VorstandsR-HdB § 11 Rn. 107; Großkomm AktG/*Hopt/Roth* Rn. 533; Kölner Komm AktG/*Mertens/Cahn* Rn. 174.
[1629] Vgl. OLG München AG 2017, 631 (632); Hüffer/Koch/*Koch* Rn. 76; Bürgers/Körber/*Bürgers* Rn. 40; Kölner Komm AktG/*Mertens/Cahn* Rn. 174.
[1630] Vgl. Bürgers/Körber/*Bürgers* Rn. 40; Großkomm AktG/*Hopt/Roth* Rn. 534; Hölters/*Hölters* Rn. 316.
[1631] Vgl. *Fleischer* in Fleischer VorstandsR-HdB § 11 Rn. 107; *v. Godin/Wilhelmi* Rn. 25.
[1632] Vgl. MüKoAktG/*Spindler* Rn. 281.
[1633] Vgl. RGZ 74, 428 (430); Hüffer/Koch/*Koch* Rn. 84.
[1634] Vgl. *Fleischer* in Fleischer VorstandsR-HdB § 11 Rn. 108; Kölner Komm AktG/*Mertens/Cahn* Rn. 192.
[1635] Vgl. *Fleischer* in Fleischer VorstandsR-HdB § 11 Rn. 109; NK-AktG/*U. Schmidt* Rn. 147 ff.; *Goette* in Hommelhoff/Hopt/v. Werder Corporate Governance-HdB 713 (738); *Thümmel*, Persönliche Haftung von Managern und Aufsichtsräten, 5. Aufl. 2016, Rn. 298 ff.; MHdB AG/*Wiesner* § 26 Rn. 23 ff.
[1636] Eingehend zuletzt *Bachmann* Gutachten E zum 70. DJT 2014, E 73 ff. mwN.
[1637] Vgl. BGHZ 135, 244; BGHZ 202, 26 Rn. 19; K. Schmidt/Lutter/*Krieger/Sailer-Coceani* Rn. 35; NK-AktR/*U. Schmidt* Rn. 148; MHdB AG/*Wiesner* § 26 Rn. 23.
[1638] Vgl. BGHZ 135, 244 (254 ff.); zu den Hintergründen dieses Falles *Koch* in Fleischer/Thiessen, Gesellschaftsrechts-Geschichten, 2018, § 14.
[1639] Näher dazu *Koch* NZG 2014, 334 ff. mwN, der dieser „schleichenden Erosion der Verfolgungspflicht" selbst kritisch gegenübersteht.
[1640] Vgl. BGHZ 202, 26 Rn. 19; dazu etwa *Mayer* NZG 2014, 1208 (1210): „klares Bekenntnis des BGH zu den ARAG/Garmenbeck-Grundsätzen".
[1641] Vgl. NK-AktR/*U. Schmidt* Rn. 149; MHdB AG/*Wiesner* § 26 Rn. 24.
[1642] Vgl. NK-AktR/*U. Schmidt* Rn. 149; *Raiser/Veil* KapGesR § 14 Rn. 106.

zusammen den hundertsten Teil des Grundkapitals oder einen anteiligen Betrag von 100 000 Euro des Grundkapitals erreichen, können aber seit dem UMAG gemäß § 148 Abs. 1 die Zulassung durch das Gericht beantragen, im eigenen Namen Ersatzansprüche der Gesellschaft gegen die Organmitglieder geltend zu machen.[1643] Rechtspraktisch ist das Verfolgungsrecht der Aktionärsminderheit bisher bedeutungslos.[1644]

293   **3. Gesellschaftsgläubiger. a) Regelungszweck.** Die Gesellschaftsgläubiger können den Ersatzanspruch der Gesellschaft unter den in § 93 Abs. 5 näher genannten Voraussetzungen geltend machen. Ihr Verfolgungsrecht dient der vereinfachten Gläubigerbefriedigung: Sie sind der Notwendigkeit enthoben, zunächst einen Titel gegen die AG zu erwirken und sodann deren Ersatzanspruch gegen ein Vorstandsmitglied zu pfänden (§ 829 ZPO) und sich zur Einziehung überweisen zu lassen (§ 835 ZPO).[1645] Ein solches Vorgehen steht den Gesellschaftsgläubigern jedoch nur dann offen, wenn sie von der Gesellschaft keine Befriedigung erlangen können, und hat sich daher als wenig effektiv erwiesen:[1646] Zumeist wird dann das Insolvenzverfahren über das Vermögen der Gesellschaft eröffnet werden und die Geltendmachung des Ersatzanspruchs geht gemäß § 93 Abs. 5 S. 4 in die Hände des Insolvenzverwalters über.

294   Dogmatisch wird das Verfolgungsrecht teils als ein Fall der Prozessstandschaft,[1647] teils als materiellrechtliche Anspruchsvervielfältigung eigener Art angesehen.[1648] Gegen eine Prozessstandschaft spricht, dass die Gläubiger nach einhelliger Meinung Leistung an sich selbst und nicht an die Gesellschaft fordern können (→ Rn. 299).[1649] Darüber hinaus vermag sie nicht schlüssig zu erklären, warum das Verfolgungsrecht der Gläubiger fortbesteht, auch wenn der Anspruch der Gesellschaft durch Vergleich oder Verzicht erlischt.[1650] Richtigerweise gewährt § 93 Abs. 5 den Gesellschaftsgläubigern daher einen *eigenen* Anspruch gegen das verantwortliche Vorstandsmitglied, der summenmäßig durch ihre Forderung gegenüber der Gesellschaft begrenzt ist.

295   **b) Voraussetzungen. aa) Geldforderung gegen die Gesellschaft.** Der Gläubiger muss gegen die Gesellschaft eine Forderung haben, die auf Geld gerichtet ist oder in eine Geldforderung übergehen kann.[1651] Die Forderung muss weiter fällig sein.[1652] Auf ihren Wert oder Rechtsgrund kommt es nicht an,[1653] ebenso wenig auf ihren Entstehenszeitpunkt.[1654] Ohne Belang ist ferner, ob der Gläubiger bei Entstehen seiner Forderung Kenntnis von dem Ersatzanspruch der Gesellschaft hatte.[1655]

296   **bb) Keine Befriedigung des Gläubigers.** Der Gläubiger muss von der Gesellschaft keine Befriedigung erlangen können. Diese Situation liegt regelmäßig dann vor, wenn bereits Gesellschaftsvermögen unter Verstoß gegen Gläubigerschutzvorschriften verteilt worden ist und das übrige Vermögen der Gesellschaft keine Aussicht auf Befriedigung mehr bietet oder die Liquidation bereits beendet ist.[1656] Dafür genügt einerseits, dass die AG objektiv nicht in der Lage ist, die Forderung zu begleichen;[1657] es bedarf weder eines fruchtlosen Vollstreckungsversuchs[1658] noch einer vorgängigen

---

[1643] Dazu etwa *Fleischer* NJW 2005, 3525 (3526 f.); *Paschos/Neumann* DB 2005, 1779; *Schütz* NZG 2005, 5 (6 f.).
[1644] Näher *Schmolke* ZGR 2011, 398 (402 f.); zu möglichen Reformvorschlägen *Bachmann* Gutachten E zum 70. DJT 2014, E 88 ff. mwN; fast durchweg ablehnend DJT, Beschlüsse der Abteilung Wirtschaftsrecht des 70. DJT 2014, II. 12.
[1645] Vgl. Bürgers/Körber/*Bürgers* Rn. 43; Gundlach/Frenzel/Strandmann DZWIR 2007, 142 (144); Hüffer/Koch/*Koch* Rn. 80.
[1646] Ebenso Großkomm AktG/*Hopt/Roth* Rn. 547; Kölner Komm AktG/*Mertens/Cahn* Rn. 179.
[1647] Vgl. OLG Frankfurt WM 1977, 59 (62); LG Köln AG 1976, 105; *Habscheid* FS Weber, 1975, 197.
[1648] Vgl. Bürgers/Körber/*Bürgers* Rn. 43; Hüffer/Koch/*Koch* Rn. 81; Kölner Komm AktG/*Mertens/Cahn* Rn. 180; MüKoAktG/*Spindler* Rn. 267; MHdB AG/*Wiesner* § 26 Rn. 25; Grigoleit/*Grigoleit/Tomasic* Rn. 82; Hölters/*Hölters* Rn. 322; iE auch Großkomm AktG/*Hopt/Roth* Rn. 549 f.
[1649] Vgl. Hüffer/Koch/*Koch* Rn. 81; K. Schmidt/Lutter/*Krieger/Sailer-Coceani* Rn. 55; MüKoAktG/*Spindler* Rn. 267; Hölters/*Hölters* Rn. 322.
[1650] Vgl. Großkomm AktG/*Hopt/Roth* Rn. 551.
[1651] Vgl. Bürgers/Körber/*Bürgers* Rn. 44; *Fleischer* in Fleischer VorstandsR-HdB § 11 Rn. 114; Großkomm AktG/*Hopt/Roth* Rn. 556; Kölner Komm AktG/*Mertens/Cahn* Rn. 182; MüKoAktG/*Spindler* Rn. 268.
[1652] Vgl. Kölner Komm AktG/*Mertens/Cahn* Rn. 182.
[1653] Vgl. MHdB AG/*Wiesner* § 26 Rn. 26.
[1654] Vgl. MüKoAktG/*Spindler* Rn. 268.
[1655] Vgl. *Fleischer* in Fleischer VorstandsR-HdB § 11 Rn. 114; Großkomm AktG/*Hopt/Roth* Rn. 558.
[1656] BGH ZIP 2018, 870 Rn. 48.
[1657] Vgl. Großkomm AktG/*Hopt/Roth* Rn. 559; MüKoAktG/*Spindler* Rn. 271.
[1658] Vgl. Bürgers/Körber/*Bürgers* Rn. 44; *Fleischer* in Fleischer VorstandsR-HdB § 11 Rn. 115; Hüffer/Koch/*Koch* Rn. 82; K. Schmidt/Lutter/*Krieger/Sailer-Coceani* Rn. 56.

Klageerhebung.[1659] Andererseits reicht es nicht aus, dass eine zahlungsfähige Gesellschaft nicht zahlen will.[1660] Die Beweislast für die Zahlungsunfähigkeit liegt bei den Gläubigern.[1661]

cc) Schadensersatzanspruch der Gesellschaft. Die Gesellschaft muss einen Schadensersatzanspruch gegen ihre Organmitglieder haben. Dieser Anspruch braucht nicht tituliert zu sein.[1662] Er muss seinen Rechtsgrund jedoch in der Organtätigkeit finden; andere Ansprüche der Gesellschaft gegenüber ihrem Organmitglied werden von § 93 Abs. 5 nicht erfasst.[1663] Für das Bestehen des Anspruchs gelten grundsätzlich die allgemeinen Regeln; nach § 93 Abs. 5 S. 3 wird die Ersatzpflicht den Gläubigern gegenüber aber weder durch einen Verzicht oder Vergleich der Gesellschaft noch dadurch aufgehoben, dass die Handlung auf einem Beschluss der Hauptversammlung beruht (→ Rn. 289).

dd) Gröbliche Pflichtverletzung. In den Fällen des § 93 Abs. 2 muss das Vorstandsmitglied seine Pflichten „gröblich" verletzt, also mindestens grob fahrlässig gehandelt haben.[1664] Jedoch gilt auch hier gemäß § 93 Abs. 5 S. 2 Hs 2 iVm § 93 Abs. 2 S. 2 eine Beweislastumkehr zulasten des Vorstandsmitglieds.[1665] Bei einem Verstoß gegen die Sondertatbestände des § 93 Abs. 3 besteht das Verfolgungsrecht der Gläubiger sogar ohne Rücksicht auf die Schwere des Verschuldens.[1666]

c) Ausübung des Verfolgungsrechts. Der Gläubiger kann und muss Leistung an sich selbst verlangen.[1667] Das ersatzpflichtige Vorstandsmitglied kann mit befreiender Wirkung sowohl an die Gesellschaft als auch an deren Gläubiger zahlen.[1668]

d) Rechtslage in der Insolvenz. Ist über das Vermögen der Gesellschaft das Insolvenzverfahren eröffnet, so übt während dessen Dauer gemäß § 93 Abs. 5 S. 4 der Insolvenzverwalter oder Sachwalter das Recht der Gläubiger gegen die Vorstandsmitglieder aus. An die Beschränkungen des § 93 Abs. 4 S. 3 ist er nicht gebunden.[1669] Die Gläubiger verlieren mit Eröffnung des Insolvenzverfahrens die Aktivlegitimation.[1670] Bereits anhängige Prozesse werden entsprechend § 240 ZPO unterbrochen.[1671] Neue Klagen sind als unbegründet abzuweisen.[1672] Gibt der Insolvenzverwalter oder Eigenverwalter den Ersatzanspruch frei, so können die Gläubiger ihn wieder geltend machen.[1673] Ein Urteil, das im Prozess zwischen Insolvenzverwalter oder Sachwalter und dem Vorstandsmitglied ergeht, hat Rechtskraftwirkung für und gegen die Gesellschaft[1674] und die Gläubiger.[1675] Nicht von § 93 Abs. 5 S. 4 erfasst werden dagegen Ansprüche der Gläubiger, die auf einem anderen, selbständigen Rechtsgrund (zB Prospekthaftung) beruhen.[1676]

[1659] Vgl. MüKoAktG/*Spindler* Rn. 271.
[1660] Vgl. Bürgers/Körber/*Bürgers* Rn. 44; Hüffer/Koch/*Koch* Rn. 82; Kölner Komm AktG/*Mertens*/*Cahn* Rn. 182.
[1661] Vgl. *Fleischer* in Fleischer VorstandsR-HdB § 11 Rn. 115; Großkomm AktG/*Hopt*/*Roth* Rn. 559; Hüffer/Koch/*Koch* Rn. 82.
[1662] Vgl. *Fleischer* in Fleischer VorstandsR-HdB § 11 Rn. 116; Großkomm AktG/*Hopt*/*Roth* Rn. 555; MüKoAktG/*Spindler* Rn. 269.
[1663] Vgl. Bürgers/Körber/*Bürgers* Rn. 44; Großkomm AktG/*Hopt*/*Roth* Rn. 553; MüKoAktG/*Spindler* Rn. 270.
[1664] Vgl. Bürgers/Körber/*Bürgers* Rn. 44; *Fleischer* in Fleischer VorstandsR-HdB § 11 Rn. 117; Hüffer/Koch/*Koch* Rn. 82; K. Schmidt/Lutter/*Krieger*/*Sailer-Coceani* Rn. 57; MüKoAktG/*Spindler* Rn. 269.
[1665] Vgl. Großkomm AktG/*Hopt*/*Roth* Rn. 561; K. Schmidt/Lutter/*Krieger*/*Sailer-Coceani* Rn. 57; Kölner Komm AktG/*Mertens*/*Cahn* Rn. 182.
[1666] Vgl. Hüffer/Koch/*Koch* Rn. 82; MHdB AG/*Wiesner* § 26 Rn. 26.
[1667] Vgl. Bürgers/Körber/*Bürgers* Rn. 45; *Fleischer* in Fleischer VorstandsR-HdB § 11 Rn. 118; Großkomm AktG/*Hopt*/*Roth* Rn. 563; Hüffer/Koch/*Koch* Rn. 83; MüKoAktG/*Spindler* Rn. 272.
[1668] Vgl. Bürgers/Körber/*Bürgers* Rn. 45; *Gundlach*/*Frenzel*/*Strandmann* DZWIR 2007, 142 (144); K. Schmidt/Lutter/*Krieger*/*Sailer-Coceani* Rn. 59; MüKoAktG/*Spindler* Rn. 273; Grigoleit/*Grigoleit*/*Tomasic* Rn. 82.
[1669] Vgl. RGZ 74, 428 (430); Bürgers/Körber/*Bürgers* Rn. 46; *Fleischer* in Fleischer VorstandsR-HdB § 11 Rn. 119; *Gundlach*/*Frenzel*/*Strandmann* DZWIR 2007, 142 (145); MüKoAktG/*Spindler* Rn. 251.
[1670] Vgl. Bürgers/Körber/*Bürgers* Rn. 46; Großkomm AktG/*Hopt*/*Roth* Rn. 575.
[1671] Vgl. Hüffer/Koch/*Koch* Rn. 84; K. Schmidt/Lutter/*Krieger*/*Sailer-Coceani* Rn. 60.
[1672] Vgl. RGZ 74, 228 (229 f.); RG JW 1935, 3301 f.; Großkomm AktG/*Hopt*/*Roth* Rn. 575; MüKoAktG/*Spindler* Rn. 250.
[1673] Näher Großkomm AktG/*Hopt*/*Roth* Rn. 576; MüKoAktG/*Spindler* Rn. 283.
[1674] Vgl. Großkomm AktG/*Hopt*/*Roth* Rn. 577; Kölner Komm AktG/*Mertens*/*Cahn* Rn. 192.
[1675] Vgl. Großkomm AktG/*Hopt*/*Roth* Rn. 577; MüKoAktG/*Spindler* Rn. 283; Hölters/*Hölters* Rn. 332; einschränkend Kölner Komm AktG/*Mertens*/*Cahn* Rn. 192.
[1676] Vgl. BGHZ 195, 1 Rn. 17 zur konzernrechtlichen Parallelvorschrift des § 309 Abs. 4 S. 5; Hüffer/Koch/*Koch* Rn. 84.

XI. Verjährung

301 **1. Allgemeines.** Die Ersatzansprüche gegen Vorstandsmitglieder verjähren gemäß § 93 Abs. 6 in fünf Jahren, bei Gesellschaften, die zum Zeitpunkt der Pflichtverletzung börsennotiert sind, in zehn Jahren. Diese Frist gilt auch für das Verfolgungsrecht der Gesellschaftsgläubiger und des Insolvenzverwalters.[1677]

302 **a) Objektive Fünfjahresfrist.** Die organhaftungsrechtliche Sonderverjährung war im Zuge der Aktienrechtsnovelle von 1884 eingeführt worden.[1678] Ihre kenntnisunabhängige (objektive) Fünfjahresfrist wurde beibehalten, als der BGB-Gesetzgeber durch das Schuldrechtsmodernisierungsgesetz von 2001[1679] eine kenntnisabhängige (subjektive) dreijährige Regelverjährung einführte (§§ 195, 199 Abs. 1 BGB).[1680] Ausweislich der Regierungsbegründung zum Gesetz zur Anpassung von Verjährungsvorschriften an das Schuldrechtsmodernisierungsgesetz von 2004[1681] stellt die aktienrechtliche Fünfjahresfrist eine „Privilegierung"[1682] gegenüber der bürgerlichrechtlichen Höchstfrist von zehn bzw. dreißig Jahren bei fehlender Kenntnis oder grob fahrlässiger Unkenntnis (§ 199 Abs. 2–4 BGB) dar. Zu ihrer Rechtfertigung wird vorgetragen, dass Vorstandsmitglieder für ihre unternehmerische Tätigkeit nach objektiven Kriterien Gewissheit benötigten, ab wann ihnen für ein bestimmtes Verhalten keine Inanspruchnahme mehr drohe.[1683] Eine Fristenspanne, die in Ausnahmefällen von drei bis zu zehn oder gar dreißig Jahren reiche, entspreche diesen Bedürfnissen nicht. Die stattdessen geltende, objektiv beginnende Fünfjahresfrist erleichtere zudem die Risikokalkulation für D&O-Versicherer.[1684]

302a **b) Objektive Zehnjahresfrist für börsennotierte AG und Kreditinstitute.** Durch das Restrukturierungsgesetz von 2010[1685] ist die Verjährungsfrist für börsennotierte Aktiengesellschaften von fünf auf zehn Jahre verlängert worden, und zwar gemäß § 24 EGAktG auch für die vor dem 15. Dezember 2010 entstandenen und noch nicht verjährten Ansprüche.[1686] Maßgebend für die Börsennotierung ist der Zeitpunkt der Pflichtverletzung, nicht der des Schadenseintritts.[1687] Über die Verweisung in § 116 S. 1 sind von der Verjährungsverlängerung auch Aufsichtsratsmitglieder betroffen.[1688] Gleiches gilt gemäß § 52a Abs. 1 KWG für Ansprüche gegen Organmitglieder von Kreditinstituten. Der Reformgesetzgeber hat die Verlängerung der Verjährungsfrist zum einen damit begründet, dass bei börsennotierten Gesellschaften etwaige Pflichtverletzungen von Vorstand und Aufsichtsrat mangels besonderen Aktionärsinteresses erst spät entdeckt würden.[1689] Zudem werde das Organhandeln dort sorgfältiger dokumentiert als bei kleinen Aktiengesellschaften, so dass die Aufklärung von Sorgfaltspflichtverletzungen auch nach längerer Zeit noch möglich sei. Bei Kreditinstituten sei die Verlängerung der Verjährungsfrist deshalb sachgerecht, weil einige von ihnen zur Entstehung der Finanzkrise beigetragen hätten und damit potentiell besonders von der zeitaufwändigen Aufarbeitung dieser Krise betroffen seien.[1690] Im Schrifttum sind sowohl die Verlängerung der Verjährungsfrist als auch die Binnendifferenzierung zwischen börsennotierten und nicht börsennotierten Gesellschaften auf scharfe Kritik gestoßen (zu Reformvorschlägen → Rn. 305b ff.).[1691]

303 **2. Verjährungsbeginn. a) Zeitpunkt der Anspruchsentstehung.** § 93 Abs. 6 enthält keine Aussage zum Verjährungsbeginn. Diese Regelungslücke hatte das RG schon 1897 durch einen

---

[1677] Vgl. Bürgers/Körber/*Bürgers* Rn. 54; Hüffer/Koch/*Koch* Rn. 86; Kölner Komm AktG/*Mertens/Cahn* Rn. 205; MüKoAktG/*Spindler* Rn. 288.
[1678] Näher *Fleischer* AG 2014, 457 ff. mwN.; zuletzt *Pendl*, Die Verjährung von Schadensersatzansprüchen gegen Organmitglieder und Abschlussprüfer, 2018, 29 ff.
[1679] BGBl. 2001 I 3138.
[1680] Dazu *Thiessen* ZHR 168 (2004), 503 (537): „Um die ‚Statik' der Verjährungskonstruktion nicht zu gefährden, soll die Fünfjahresfrist als ‚Zwischendecke' erhalten bleiben."
[1681] BGBl. 2004 I 3214.
[1682] BegrRegE BT-Drs. 15/3653, 12.
[1683] So BegrRegE BT-Drs. 15/3653, 12 im Anschluss an *Thiessen* ZHR 168 (2004), 503 (538).
[1684] Vgl. BegrRegE BT-Drs. 15/3653, 12.
[1685] BGBl. 2010 I 1900; dazu *Harbarth/Jaspers* NZG 2011, 368; ferner OLG Saarbrücken ZIP 2014, 822.
[1686] Vgl. *Fleischer* AG 2014, 457 (459).
[1687] Vgl. BegrRegE BT-Drs. 17/3074, 82; *Harbarth/Jaspers* NZG 2011, 368 (372); Großkomm AktG/*Hopt/Roth* Rn. 579.
[1688] Vgl. BegrRegE BT-Drs. 17/3074, 82.
[1689] Vgl. BegrRegE BT-Drs. 17/3074, 81.
[1690] Vgl. BegrRegE BT-Drs. 17/3024, 81.
[1691] Ablehnend etwa *Baums* ZHR 174 (2010), 593; *Wachter/Eckert* Rn. 63; Handelsrechtsausschuss DAV NZG 2010, 897 f.; Hüffer/Koch/*Koch* Rn. 85; *Keiluweit* GWR 2010, 445 (446 ff.); *Lorenz* NZG 2010, 1046 (1052); wohlwollender *Harbarth/Jaspers* NZG 2011, 368 (371).

Rückgriff auf das bürgerliche Recht geschlossen.[1692] Es konnte sich dabei auf einen entsprechenden Hinweis im Bericht der Reichstagskommission von 1884 stützen.[1693] Nach Inkrafttreten des BGB entschied das RG, dass für Organhaftungsansprüche § 198 S. 1 BGB aF maßgeblich sei, wonach die Verjährung mit Entstehung des Anspruchs beginnt.[1694] Der BGH hat diese Rechtsprechungslinie fortgeführt.[1695] Nach der Reform des allgemeinen Verjährungsrechts von 2001 kam es zwischenzeitlich zu Irritationen, weil namhafte Literaturstimmen rechtsirrig auf § 199 Abs. 1 BGB nF zurückgriffen und damit einen subjektiven Verjährungsbeginn befürworteten.[1696] Inzwischen hat sich aber allenthalben die Erkenntnis durchgesetzt, dass § 200 Satz 1 BGB nF auf Organhaftungsansprüche anwendbar ist, weil § 199 Abs. 1 BGB nF nur für die „regelmäßige" (§ 195 BGB), nicht aber für die spezialgesetzliche Verjährungsfrist gemäß § 93 Abs. 6 gilt.[1697] Infolgedessen läuft die Verjährung von Organhaftungsansprüchen nach wie vor mit Entstehung des Anspruchs.[1698]

Entstanden ist ein Anspruch gegen pflichtvergessene Organmitglieder nach ganz hM nicht schon mit Vornahme der pflichtwidrigen Handlung, sondern erst mit Eintritt des Schadens dem Grunde nach.[1699] Allerdings braucht der Schaden noch nicht bezifferbar zu sein; es genügt, dass er im Wege der Feststellungsklage geltend gemacht werden könnte.[1700] Eine bloße Vermögensgefährdung reicht hingegen nicht aus,[1701] wohl aber jede Verschlechterung der Vermögenslage der Gesellschaft, ohne dass zu diesem Zeitpunkt bereits feststeht, ob der Schaden bestehen bleibt und damit endgültig wird.[1702] Auch für weitere naheliegende, aber noch nicht erkennbare und nicht eingetretene Folgeschäden, die auf das pflichtverletzende Verhalten zurückzuführen sind, beginnt die Verjährung nach dem Grundsatz der Schadenseinheit mit Eintritt des ersten Schadenspostens.[1703] Eine neue Verjährungsfrist wird nur (aber immerhin) bei nicht vorhersehbaren Schäden in Gang gesetzt.[1704] Ist noch offen, ob ein pflichtwidriges Verhalten zu einem Schaden führt, beginnt die Verjährungsfrist nicht zu laufen; gemäß § 256 ZPO kann aber darauf geklagt werden, die Verpflichtung zur Leistung künftigen Schadensersatzes festzustellen.[1705] Ohne Rücksicht auf einen Schadenseintritt verjähren Organhaftungsansprüche – wie sonstige Schadensersatzansprüche – entsprechend § 199 Abs. 3 Satz 1 Nr. 2 BGB in dreißig Jahren von der Begehung der Handlung an.[1706]

b) Besonderheiten bei schädigendem Dauerverhalten. Besondere Schwierigkeiten hinsichtlich der Bestimmung des Verjährungsbeginns ergeben sich bei schädigendem Dauerverhalten. Von praktischer Bedeutung sind vor allem pflichtwidrige Unterlassungen.[1707] Nach einer älteren Lehrmeinung soll die Verjährung in solchen Fällen mit Eintritt des ersten Schadens infolge der Unterlassung beginnen; hieran könne eine spätere Vergrößerung des Schadens durch fortgesetzte Untätigkeit nichts ändern.[1708] In jüngerer Zeit wird demgegenüber mehrheitlich vertreten, dass der Fristenlauf

---

[1692] Vgl. RGZ 39, 48 (49 f.); zuvor bereits RGZ 29, 26 (28) aus dem Jahre 1892.
[1693] Vgl. Bericht der IX. Kommission über den Entwurf eines Gesetzes, betreffend die KGaA und die Aktiengesellschaften, in Stenographische Berichte über die Verhandlungen des Reichstages, 5. Legislaturperiode, IV. Session 1884, 4. Band, Anlage 128, S. 1009 (1020).
[1694] Vgl. RGZ 83, 354 (356).
[1695] Vgl. BGH ZfgG 1967, 113 (114); BGHZ 100, 228 (231).
[1696] Vgl. Hüffer, 6. Aufl. 2004, Rn. 37; MüKoAktG/Hefermehl/Spindler, 2. Aufl. 2004, Rn. 158.
[1697] Vgl. BGH NJW 2009, 68 (70); OLG Stuttgart NZG 2010, 141 (146); LG Essen ZIP 2012, 261; BegrRegE BT-Drs. 15/3652, 12; Bürgers/Körber/Bürgers Rn. 54; Fleischer AG 2014, 457 (460); Hölters/Hölters Rn. 335; Großkomm AktG/Hopt/Roth Rn. 586; Hüffer/Koch/Koch Rn. 87; Kölner Komm AktG/Mertens/Cahn Rn. 200; MüKoAktG/Spindler Rn. 290; Sturm, Die Verjährung von Schadensersatzansprüchen der Gesellschaft gegen Leitungsmitglieder gemäß § 93 Abs. 6 AktG, 43 Abs. 4 GmbHG, 34 Abs. 6 GenG, 2005, 549 ff.
[1698] So BGH NJW 2009, 68 (70 Rn. 16) unter ausdrücklichem Hinweis auf § 198 S. 1 BGB aF.
[1699] Vgl. BGHZ 100, 228 (231); BGH NJW 2009, 3361 (3363 Rn. 12); NJW 2009, 68 (70 Rn. 16); Fleischer AG 2014, 457 (460); abw. früher Ruth JW 1938, 519; Schlegelberger/Quassowski, AktG, 3. Aufl. 1939, § 84 Rn. 19.
[1700] Vgl. BGHZ 100, 228 (231 f.); BGH NJW 2009, 68 (70 Rn. 16).
[1701] Vgl. BGH ZfgG 1967, 113 (114); BGHZ 124, 27 (30); OLG Frankfurt AG 2008, 453 (455).
[1702] Vgl. BGHZ 100, 228 (231); früher schon RGZ 83, 354 (360); 87, 306 (311 f.); 153, 101 (106 f.).
[1703] Vgl. BGHZ 100, 228 (232); früher schon RGZ 83, 354 (360); 87, 306 (312).
[1704] Vgl. RGZ 83, 354 (360); Fleischer AG 2014, 457 (460 mwN); abw. Sturm, Die Verjährung von Schadensersatzansprüchen der Gesellschaft gegen Leitungsmitglieder gemäß § 93 Abs. 6 AktG, 43 Abs. 4 GmbHG, 34 Abs. 6 GenG, 2005, 365 ff., 551.
[1705] Vgl. BGHZ 100, 228 (232); Drescher, Die Haftung des GmbH-Geschäftsführers, 7. Aufl. 2013, Rn. 352.
[1706] Vgl. Baums ZHR 174 (2010), 593 (613 mit Fn. 60); Fleischer AG 2014, 457 (460); abw. unter Hinweis auf die Systematik des neuen Verjährungsrechts Sturm, Die Verjährung von Schadensersatzansprüchen der Gesellschaft gegen Leitungsmitglieder gemäß § 93 Abs. 6 AktG, 43 Abs. 4 GmbHG, 34 Abs. 6 GenG, 2005, 552.
[1707] Vgl. Fleischer AG 2014, 457 (462); ebenso für die Schweiz Böckli, Schweizer Aktienrecht, 4. Aufl. 2009, § 18 Rn. 472.
[1708] In diesem Sinne etwa GHEK/Hefermehl Rn. 85 unter Hinweis auf BGH BB 1957, 726 (Verzugsschaden); ferner Ruth JW 1938, 519.

nicht vor Abschluss des pflichtwidrigen Verhaltens beginnen dürfe.[1709] Bei Unterlassungen müsse man daher fragen, bis wann die Unterlassung als soziale Handlungseinheit angedauert habe[1710] bzw. ab welchem Zeitpunkt die pflichtwidrig unterbliebene Handlung nicht mehr nachgeholt werden könne.[1711] Aktuelle instanzgerichtliche Entscheidungen haben diese Formel aufgegriffen und an typische Pflichtverstöße herangetragen: Bei Compliance-Verstößen von Vorstandsmitgliedern ist die Pflichtverletzung danach erst abgeschlossen, wenn die Einrichtung einer leistungsfähigen Compliance-Organisation nicht mehr nachgeholt werden kann;[1712] bei pflichtwidrig unterlassener Inanspruchnahme ehemaliger Vorstandsmitglieder durch den Aufsichtsrat beginnt die Verjährungsfrist erst mit Eintritt der Verjährung der nicht geltend gemachten Ansprüche.[1713] Zuvor hatte der BGH für andauerndes aktives Fehlverhalten schon entschieden, dass die Verjährung bei einem „einheitlichen Tatplan" des Geschäftsleiters erst vor Abschluss – der als einheitliches Geschehen zu betrachtenden – schädigenden Handlung beginnt.[1714]

303c Die heute hM verdient Zustimmung.[1715] Maßgeblicher verjährungsrechtlicher Bezugspunkt ist der Zeitpunkt der letztmöglichen Nachholbarkeit. Dies entspricht der im allgemeinen Verjährungsrecht anerkannten Auffassung, dass Ansprüche aus schädigendem Dauerverhalten nicht zu verjähren beginnen, solange der rechtswidrige Zustand andauert.[1716] Außerdem trägt dieser Rechtsstandpunkt dem Bedürfnis nach Konzentration und Vereinheitlichung schadensrechtlicher Streitigkeiten Rechnung. Schließlich findet er breiten rechtsvergleichenden Rückhalt, zB in Belgien, Frankreich und der Schweiz.[1717]

303d **c) Hinausschieben des Verjährungsbeginns?** Im Laufe der Zeit hat es nicht an Versuchen gefehlt, die objektive Regelverjährung von fünf Jahren anders anzuknüpfen oder den Verjährungsbeginn unter bestimmten Voraussetzungen hinauszuschieben.[1718] Nicht durchgesetzt hat sich der frühe Vorschlag einer Verjährungshemmung bis zum Ausscheiden des pflichtvergessenen Vorstandsmitglieds aus dem Amt.[1719] Schon das RG vermisste hierfür einen einschlägigen Hemmungstatbestand im allgemeinen Verjährungsrecht.[1720] Auch eine analoge Anwendung des heutigen § 210 Abs. 1 BGB (früher: § 206 Abs. 1 BGB aF) auf juristische Personen ohne gesetzlichen Vertreter komme nicht in Betracht, weil diese Vorschrift ausweislich der Gesetzesmaterialien nur natürlichen Personen zugute kommen solle.[1721] Denkbar sei allein, der Verjährungseinrede den Arglisteinwand entgegenzusetzen.[1722]

303e Ein zweiter Auslegungsvorschlag zielt auf ein Hinausschieben des Verjährungsbeginns, wenn das Organmitglied seine Pflichtverletzung aktiv verheimlicht oder verschleiert.[1723] Auch ihm hat der BGH eine Absage erteilt: In einem Urteil aus dem Jahre 2005 begründete er dies damit, dass der Gesetzeszweck, wonach die Geltendmachung eines Ersatzanspruchs nach Ablauf von fünf Jahren abgeschnitten sein solle, verfehlt würde, wenn ein Verheimlichen der pflichtwidrigen Handlung selbst zugerechnet würde und die Verjährung erst mit dem Ende des Verschweigens begänne.[1724] Es käme dann im Ergebnis entgegen dem Gesetzeswortlaut für das Entstehen des Anspruchs doch auf die Kenntnis der Gesellschaft/der Gesellschafter an.[1725] *De lege lata* trifft diese Rechtsprechung das

---

[1709] Vgl. Hüffer/Koch/*Koch* Rn. 87; Kölner Komm AktG/*Mertens/Cahn* Rn. 203; MüKoAktG/*Spindler* Rn. 292; *Sturm*, Die Verjährung von Schadensersatzansprüchen der Gesellschaft gegen Leitungsmitglieder gemäß § 93 Abs. 6 AktG, 43 Abs. 4 GmbHG, 34 Abs. 6 GenG, 2005, 377.
[1710] So Kölner Komm AktG/*Mertens/Cahn* Rn. 203.
[1711] So *Harbarth/Jaspers* NZG 2011, 368 (370); Hölters/*Hölters* Rn. 377; Großkomm AktG/*Hopt/Roth* Rn. 592; *Sturm*, Die Verjährung von Schadensersatzansprüchen der Gesellschaft gegen Leitungsmitglieder gemäß § 93 Abs. 6 AktG, 43 Abs. 4 GmbHG, 34 Abs. 6 GenG, 2005, 377 (380).
[1712] Vgl. LG München I ZIP 2014, 570 (578).
[1713] Vgl. LG Essen ZIP 2012, 2061.
[1714] Vgl. BGH NJW 2008, 3361 (3363); s. auch OLG Düsseldorf GmbHR 2000, 666 (670).
[1715] Ausführlicher zu Folgendem *Fleischer* AG 2014, 457 (462).
[1716] Vgl. BGH NJW 1973, 2008; MüKoBGB/*Grothe* BGB § 199 Rn. 13; Palandt/*Ellenberger*, BGB, § 199 Rn. 22.
[1717] Einzelnachweise bei *Fleischer* AG 2014, 457 (462).
[1718] Ausführlicher zu Folgendem *Fleischer* AG 2014, 457 (460 ff.).
[1719] Dafür *Ruth* JW 1938, 519; *Ruth* JW 1938, 2020 (2021); *Schnorr v. Carolsfeld* ZfgG 1967, 116 (121 mit Fn. 15).
[1720] Vgl. RGZ 156, 291 (300).
[1721] Vgl. RGZ 156, 291 (300) unter Hinweis auf Protokolle, Band I, 1897, 220; bestätigt durch BGH GmbHR 1971, 177 LS 2.
[1722] Vgl. RGZ 156, 291 (301 f.) (*in casu* ablehnend).
[1723] Vgl. Hachenburg/*Mertens* GmbHG § 43 Rn. 96; Kölner Komm AktG/*Mertens/Cahn* Rn. 201.
[1724] Vgl. BGH GmbHR 2005, 544 (545); bestätigt durch BGH NJW 2009, 68 (70 Rn. 16).
[1725] So BGH GmbHR 2005, 544 (545).

Richtige (zu Reformvorschlägen → Rn. 305d). Wohl aber kann man dem Organmitglied vorhalten, dass es aus einer unlauteren Verheimlichung der Pflichtverletzung keinen Vorteil ziehen darf, so dass der Gesellschaft im Einzelfall ein Arglisteinwand gegen die Verjährungseinrede zustehen kann.[1726]

Schließlich hat man erwogen, den Organmitgliedern eine Pflicht zur Aufdeckung eigenen pflicht- **303f** widrigen Verhaltens aufzuerlegen und einen Verstoß hiergegen als eigene Pflichtverletzung anzusehen, die dann eine neue Verjährungsfrist in Lauf setzt.[1727] Auch diesem dogmatischen Kunstgriff ist der BGH ausdrücklich entgegengetreten: Da die fünfjährige Verjährungsfrist selbst bei Verheimlichen der schädigenden Handlung nicht erst mit dem Ende des Verschweigens beginne, könne durch Unterlassung entsprechender Hinweise gegenüber anderen Organpersonen oder dem Insolvenzverwalter der Gesellschaft erst recht keine erneute Verjährungsfrist in Lauf gesetzt werden.[1728] Diese ablehnende Haltung verdient Zustimmung;[1729] sie lässt sich insbesondere damit begründen, dass Organmitglieder grundsätzlich nicht zur Aufdeckung eigenen Fehlverhaltens verpflichtet sind (→ Rn. 130a).

3. Fristenverkürzung oder -verlängerung. Eine Verkürzung der Verjährungsfrist des § 93 **303g** Abs. 6 kommt nach einhelliger Auffassung nicht in Betracht.[1730] Ebenso wenig kann die Verjährungsfrist nach früher hL verlängert werden, weder durch Satzung noch durch Vertrag.[1731] Drohen mögliche Organhaftungsansprüche zu verjähren, behilft sich die Praxis mit der Vereinbarung eines Verjährungsverzichts.[1732] Beruft sich das Organmitglied später gleichwohl auf die Einrede der Verjährung, so verstößt es gegen Treu und Glauben, solange es bei der Gesellschaft den Eindruck erweckt, deren Anspruch nur mit sachlichen Einwendungen bekämpfen zu wollen.[1733] Inzwischen ziehen immer mehr Literaturstimmen die Überzeugungskraft der früher hL in Zweifel.[1734] Unter Berufung auf § 202 Abs. 2 BGB, der seit der Schuldrechtsreform Vereinbarungen über die Verlängerung der Verjährung grundsätzlich zulässt, halten sie Individualabreden zwischen Gesellschaft und Organmitglied über eine Verlängerung der Verjährungsfrist jedenfalls nach Entstehung des Anspruchs für statthaft.[1735] Richtigerweise ist zu differenzieren:[1736] Eine satzungsmäßige Verlängerung der Verjährungsfrist scheitert auch weiterhin an § 23 Abs. 5 S. 1, da § 93 Abs. 6 insoweit eine abschließende Regelung enthält.[1737] Anders liegt es bei individualvertraglichen Vereinbarungen. Die aktienrechtliche Satzungsstrenge steht schuldrechtlichen Nebenabreden nicht entgegen; insbesondere ist es zulässig, die Einzelpflichten eines Vorstandsmitglieds im Anstellungsvertrag zu erweitern.[1738] Das Organmitglied wird dadurch geschützt, „dass verjährungserschwerende Vereinbarungen nur mit seinem Einverständnis getroffen werden können".[1739] Für eine gewillkürte Verlängerung der Verjährungsfrist besteht trotz der erwähnten Verzichtslösung ein praktisches Bedürfnis,[1740] weil die Gesellschaft stets mit der

---

[1726] Vgl. RGZ 133, 33 (39); BGH NJW 1995, 1353 (1358); *Fleischer* AG 2014, 457 (461); Großkomm AktG/*Hopt/Roth* Rn. 589; Hüffer/Koch/*Koch* Rn. 87; *Sturm*, Die Verjährung von Schadensersatzansprüchen der Gesellschaft gegen Leitungsmitglieder gemäß § 93 Abs. 6 AktG, 43 Abs. 4 GmbHG, 34 Abs. 6 GenG, 2005, 397 ff.

[1727] Vgl. mit Unterschieden im Einzelnen *v. Godin/Wilhelmi* Rn. 31; Großkomm AktG/*Schilling*, 3. Aufl. 1973, Rn. 59; stark einschränkend Hölters/*Hölters* Rn. 337.

[1728] Vgl. BGH GmbHR 2008, 1319 (1321 Rn. 18); bestätigt durch BGH NJW 2009, 68 (70 Rn. 16); zur Einmanngesellschaft auch OLG Köln NZG 2000, 1137.

[1729] Vgl. *Fleischer* AG 2014, 457 (461); *Harbarth/Jaspers* NZG 2011, 368 (369 f.); MüKoAktG/*Spindler* Rn. 292.

[1730] Vgl. Großkomm AktG/*Hopt/Roth* Rn. 585; Hüffer/Koch/*Koch* Rn. 88; MüKoAktG/*Spindler* Rn. 254.

[1731] Vgl. Henssler/Strohn/*Dauner-Lieb* Rn. 54; Wachter/*Eckert* Rn. 52; Grigoleit/*Grigoleit/Tomasic* Rn. 67; Hölters/*Hölters* Rn. 336; Kölner Komm AktG/*Mertens/Cahn* Rn. 199. Zur abweichenden Rechtslage im GmbH-Recht MüKoGmbHG/*Fleischer* § 43 Rn. 329 mwN.

[1732] Vgl. DAV Handelsrechtsausschuss NZG 2010, 897; *Harbarth/Jaspers* NZG 2011, 368 (370).

[1733] Allgemein dazu BGH NJW 1998, 902 (903 mwN).

[1734] Vgl. *Wahlers/Wolff* AG 2011, 605 (606 ff.); ihnen folgend *Schwab* NZG 2013, 521 (526); ferner *Sturm*, Die Verjährung von Schadensersatzansprüchen der Gesellschaft gegen Leitungsmitglieder gemäß § 93 Abs. 6 AktG, 43 Abs. 4 GmbHG, 34 Abs. 6 GenG, 2005, 579 ff.; nunmehr auch Großkomm AktG/*Hopt/Roth* Rn. 585; Hüffer/Koch/*Koch* Rn. 88; *Reichert* ZIP 2016, 1189 (1196); *Schnorbus/Klormann* NZG 2015, 938 (939 ff.); MüKoAktG/*Spindler* Rn. 290; *Thomas* AG 2016, 473 (474).

[1735] Vgl. *Wahlers/Wolff* AG 2011, 605 (607 ff.).

[1736] Näher zu Folgendem *Fleischer* AG 2014, 457 (462 f.).

[1737] Wie hier Hölters/*Hölters* Rn. 336; Hüffer/Koch/*Koch* Rn. 88; abw. *Schnorbus/Klormann* NZG 2015, 938 (941).

[1738] Dazu, dass verjährungserschwerende Vereinbarungen einer – unzulässigen – Verschärfung des Sorgfaltsmaßstabs nicht gleichstehen, *Sturm*, Die Verjährung von Schadensersatzansprüchen der Gesellschaft gegen Leitungsmitglieder gemäß § 93 Abs. 6 AktG, 43 Abs. 4 GmbHG, 34 Abs. 6 GenG, 2005, 579.

[1739] BegrRegE BT-Drs. 14/6040, 111; dazu auch *Sturm*, Die Verjährung von Schadensersatzansprüchen der Gesellschaft gegen Leitungsmitglieder gemäß § 93 Abs. 6 AktG, 43 Abs. 4 GmbHG, 34 Abs. 6 GenG, 2005, 584.

[1740] Abw. Hölters/*Hölters* Rn. 336.

Ankündigung des Organmitglieds rechnen muss, sich fortan nicht mehr an den Verzicht zu halten.[1741] In Übereinstimmung mit bürgerlichrechtlichen Grundsätzen spricht sogar manches dafür, dass individualvertragliche Vereinbarungen über eine Verjährungserschwerung nicht erst nach Entstehen des Anspruchs, sondern schon im Anstellungsvertrag getroffen werden können.[1742]

303h **4. Hemmung und Neubeginn.** Für Hemmung und Neubeginn der Verjährung gelten die §§ 203 ff. BGB.[1743] Solange die Gesellschaft Verhandlungen mit dem Vorstandsmitglied führt, ist die Verjährung gehemmt (§ 203 BGB).[1744] Eine Hemmung wirkt auch für die Gesellschaftsgläubiger und den Insolvenzverwalter.[1745] Dagegen soll die von einzelnen Gläubigern veranlasste Hemmung nur Wirkung für sie und den Insolvenzverwalter, nicht aber für die Gesellschaft und die anderen Gläubiger haben.[1746] Für eine Ablaufhemmung entsprechend § 210 Abs. 1 BGB ist bei juristischen Personen allerdings kein Raum (→ Rn. 303c).[1747] Der Neubeginn der Verjährung richtet sich nach § 212 BGB.[1748] Für seine Wirkung bzw Nichtwirkung gelten dieselben Grundsätze wie für die Hemmung.[1749]

304 **5. Verjährung konkurrierende Ansprüche.** Konkurrierende Ansprüche unterliegen nach ganz hM grunsätzlich ihren eigenen Verjährungsregeln.[1750] Infolgedessen bleibt es etwa für deliktsrechtliche Ansprüche aus § 823 Abs. 2 BGB bei der kenntnisabhängigen Dreijahresfrist der §§ 195, 199 Abs. 1 BGB,[1751] die wegen ihres subjektiven Verjährungsbeginns durchaus einmal länger sein kann als die objektive Fünfjahresfrist des § 93 Abs. 6.[1752] Die für den Verjährungsbeginn erforderliche Kenntnis wird der Gesellschaft nicht schon durch das deliktisch handelnde Vorstandsmitglied vermittelt.[1753] Ebenso verjähren Bereicherungsansprüche und Ansprüche aus unechter Geschäftsanmaßung nach ihren eigenen Regeln.[1754] Bei Verstößen gegen das Wettbewerbsverbot oder gegen die Geschäftschancenlehre gilt allerdings gemäß § 88 Abs. 3 eine kenntnisabhängige Sonderverjährung von drei Monaten (→ § 88 Rn. 40 f).[1755]

305 **6. Reformdiskussion.** Anlässlich des 70. Deutschen Juristentags 2014 sind die Reformperspektiven des Verjährungsregimes für Organhaftungsansprüche eingehend diskutiert worden.[1756] Dabei hat man erstmals auch das rechtsvergleichende Panorama ausführlicher erschlossen.[1757]

[1741] Dazu und zu den dogmatischen Vorzügen verjährungserschwerender Vereinbarungen gegenüber der Verzichtskonstruktion *Harke* in Remien, Verjährungsrecht in Europa – zwischen Bewährung und Reform, 2011, 107 (112 f.).
[1742] Vgl. BegrRegE BT-Drs. 14/6040, 110: „Die allgemeine Vertragsfreiheit gestattet es, sowohl vor Entstehung des Anspruchs eine noch nicht laufende als auch nachträglich eine bereits laufende Verjährungsfrist zu verlängern, wenn die Parteien dies im konkreten Einzelfall für zweckmäßig halten."; aus der Rechtsprechung BGH ZIP 2007, 2206 (2207 Rn. 15).
[1743] Vgl. Grigoleit/*Grigoleit*/*Tomasic* Rn. 67; Hölters/*Hölters* Rn. 338; Hüffer/Koch/*Koch* Rn. 87; Kölner Komm AktG/*Mertens*/*Cahn* Rn. 294; MüKoAktG/*Spindler* Rn. 294.
[1744] Vgl. LG München I NZG 2014, 345 (346) (*in casu* ablehnend).
[1745] Vgl. Grigoleit/*Grigoleit*/*Tomasic* Rn. 67; Hölters/*Hölters* Rn. 338; Großkomm AktG/*Hopt*/*Roth* Rn. 598; Hüffer/Koch/*Koch* Rn. 87; Kölner Komm AktG/*Mertens*/*Cahn* Rn. 205; MüKoAktG/*Spindler* Rn. 294.
[1746] Vgl. Grigoleit/*Grigoleit*/*Tomasic* Rn. 67; Hölters/*Hölters* Rn. 338; Kölner Komm AktG/*Mertens*/*Cahn* Rn. 205; MüKoAktG/*Spindler* Rn. 294; zweifelnd Hüffer/Koch/*Koch* Rn. 8; abw. *Sturm*, Die Verjährung von Schadensersatzansprüchen der Gesellschaft gegen Leitungsmitglieder gemäß § 93 Abs. 6 AktG, 43 Abs. 4 GmbHG, 34 Abs. 6 GenG, 2005, 571 ff.
[1747] Vgl. RGZ 156, 291 (300); BGH GmbHR 1971, 177; Kölner Komm AktG/*Mertens*/*Cahn* Rn. 204; MüKoAktG/*Spindler* Rn. 294.
[1748] Vgl. Kölner Komm AktG/*Mertens*/*Cahn* Rn. 204.
[1749] Vgl. Kölner Komm AktG/*Mertens*/*Cahn* Rn. 205.
[1750] Vgl. Hüffer/Koch/*Koch* Rn. 86; MüKoAktG/*Spindler* Rn. 295; K. Schmidt/Lutter/*Krieger*/*Sailer-Coceani* Rn. 61; *Thümmel*, Persönliche Haftung von Managern und Aufsichtsräten, 5. Aufl. 2016, Rn. 234; differenzierend *Sturm*, Die Verjährung von Schadensersatzansprüchen der Gesellschaft gegen Leitungsmitglieder gemäß § 93 Abs. 6 AktG, 43 Abs. 4 GmbHG, 34 Abs. 6 GenG, 2005, 509 ff.
[1751] Vgl. BGHZ 100, 190 (200 ff.) (zum alten Verjährungsrecht); Großkomm AktG/*Hopt*/*Roth* Rn. 581; Hüffer/Koch/*Koch* Rn. 86; MüKoAktG/*Spindler* Rn. 295.
[1752] Vgl. Großkomm AktG/*Hopt*/*Roth* Rn. 583 f.; Hüffer/Koch/*Koch* Rn. 86; MüKoAktG/*Spindler* Rn. 295; *Sturm*, Die Verjährung von Schadensersatzansprüchen der Gesellschaft gegen Leitungsmitglieder gemäß § 93 Abs. 6 AktG, 43 Abs. 4 GmbHG, 34 Abs. 6 GenG, 2005, 502 f., 509 f.
[1753] Vgl. BGH NZG 2011, 628; BGHZ 179, 344 Rn. 34.
[1754] Vgl. RG JW 1938, 2413 (2414); Kölner Komm AktG/*Mertens*/*Cahn* Rn. 196; MüKoAktG/*Spindler* Rn. 296.
[1755] Vgl. OLG Köln NZG 2009, 306 (308); Grigoleit/*Grigoleit*/*Tomasic* Rn. 67; MüKoAktG/*Spindler* Rn. 289.
[1756] Näher *Bachmann* Gutachten E zum 70. DJT 2014, E 53 f.; *Fleischer* AG 2014, 457 ff.; aus österreichischer Warte *Pendl*, Die Verjährung von Schadensersatzansprüchen gegen Organmitglieder und Abschlussprüfer, 2018, 289 ff.
[1757] Vgl. *Fleischer* AG 2014, 457 (463 ff.); *Pendl* ÖJZ 2018, 101 (102).

a) Rechtsvergleichender Befund. Die Verjährungsregeln ausländischer Aktienrechte weichen 305a
zum Teil beträchtlich voneinander ab: (a) Österreich und die Schweiz kennen für Organhaftungsansprüche ein gemischt subjektiv-objektives System; (b) Frankreich und Belgien folgen grundsätzlich einem objektiven Regime, suspendieren den Verjährungsbeginn aber bei bewusstem Verschleiern der Pflichtverletzung; (c) Italien und Spanien erblicken die entscheidende verjährungsrechtliche Zäsur in der Beendigung der Organstellung; (d) England und die Vereinigten Staaten operieren mit einer objektiven Frist, schieben diese bei betrügerischem Handeln aber hinaus.[1758]

b) Reformvorschläge. Hierzulande lautet eine vom breiten Konsens getragene (Minimal-)Empfehlung an den Gesetzgeber, die Verdoppelung der Verjährungsfrist bei börsennotierten Gesellschaften und Kreditinstituten wieder rückgängig zu machen.[1759] Im Gegenzug sollte gesetzlich angeordnet werden, dass eine Sonderprüfung den Lauf der Verjährungsfrist hemmt.[1760] Beidem hat der 70. Deutsche Juristentag 2014 mit großer Mehrheit zugestimmt.[1761] 305b

Schwieriger und vielschichtiger ist die konzeptionelle Frage, wie ein stimmiges Grundmodell der 305c
Verjährung von Organhaftungsansprüchen aussehen sollte. Etwas vereinfacht kommen hierfür drei Ansätze in Betracht:[1762] (a) die Übernahme des bürgerlichrechtlichen Verjährungssystems nach §§ 195, 199 BGB,[1763] (b) die Beibehaltung einer kenntnisunabhängigen Verjährungsfrist von mittlerer Länge nach Anspruchsentstehung[1764] (c) die Einführung einer kürzeren, kenntnisunabhängigen Frist, die erst ab Amtsende zu laufen beginnt.[1765] Keines dieser Grundmodelle ist ungeeignet, jedes von ihnen kann auf rechtsvergleichende Unterstützung verweisen. In der Gesamtwürdigung spricht gegen das bürgerlichrechtliche Basismodell mit seiner zehnjährigen Höchstfrist, dass der „Schlussstrich" für Organmitglieder früher gezogen werden muss. Die beiden anderen Grundmodelle nehmen sich nicht viel. Weil sich die objektive Fünfjahresfrist nach Anspruchsentstehung bisher nicht als rechtspraktischer Hemmschuh für die Anspruchsverfolgung erwiesen hat, erscheint eine Grundsatzreform nicht erforderlich.[1766] Demgegenüber hat sich der 70. Deutsche Juristentag 2014 mehrheitlich für eine Kombination der Modelle (a) und (c) ausgesprochen.[1767]

Jenseits solcher grundkonzeptionellen Weichenstellungen sind Verbesserungen im Detail diskussionswürdig. Nach belgischem, englischem und französischem Vorbild ist zu erwägen, den Verjährungsbeginn bei betrügerischem oder sonstigem dolosen Verhalten der Organmitglieder gesetzlich hinauszuschieben.[1768] Die deutsche Rechtsprechung hilft hier im Einzelfall mit dem Arglisteinwand (→ Rn. 303e). Dagegen verspricht eine Anpassung der organhaftungsrechtlichen Verjährung an längere strafrechtliche Verjährungsfristen, wie sie international vielfach zu beobachten ist, für das deutsche Kapitalgesellschaftsrecht keinen nennenswerten rechtspraktischen Gewinn.[1769] 305d

XII. Prozessuales

1. Gerichtliche Zuständigkeit. Die sachliche Zuständigkeit für Klagen aus § 93 liegt bei den 306
ordentlichen Gerichten, weil Vorstandsmitglieder gemäß § 5 Abs. 1 S. 3 ArbGG nicht zu den Arbeitnehmern gehören.[1770] Örtlich zuständig ist das Gericht am Sitz der Gesellschaft, da die Vorstandsmitglieder dort regelmäßig ihre organschaftliche Sorgfaltspflicht zu erfüllen haben (Gerichtsstand des Erfüllungsortes, § 29 ZPO).[1771] Daneben ist der allgemeine Gerichtsstand des Wohnsitzes des Beklag-

---

[1758] Eingehend zu alledem *Fleischer* AG 2014, 457 (463 ff.) mwN.
[1759] Vgl. *Bachmann* Gutachten E zum 70. DJT 2014, E 55; *Fleischer* AG 2014, 457 (467); *Paefgen* AG 2014, 554 (571).
[1760] Vgl. *Bachmann* Gutachten E zum 70. DJT 2014, E 56; *Baums* ZHR 174 (2010), 593 (614 f.); *Fleischer* AG 2014, 457 (467); *Keiluweit* GWR 2010, 245 (247).
[1761] Vgl. DJT, Beschlüsse der Abteilung Wirtschaftsrecht des 70. DJT 2014, I. 8 a) und c).
[1762] Ausführlicher zu Folgendem *Fleischer* AG 2014, 457 (468 ff.).
[1763] In diese Richtung DAV Handelsrechtsausschuss NZG 2010, 897; Hüffer/Koch/*Koch* Rn. 85.
[1764] Dazu *Fleischer* AG 2014, 457 (466 f.).
[1765] In diese Richtung *Baums* ZHR 174 (2010), 593 (611 ff.).; zustimmend *Bachmann* Gutachten E zum 70. DJT 2014, E 55 f.
[1766] Näher *Fleischer* AG 2014, 457 (469 f.).
[1767] Vgl. DJT, Beschlüsse der Abteilung Wirtschaftsrecht des 70. DJT 2014, I. 8 b); dazu auch *Paefgen* AG 2014, 554 (571).
[1768] Näher *Fleischer* AG 2014, 457 (470) mwN.
[1769] Näher *Fleischer* AG 2014, 457 (470).
[1770] Vgl. *Fleischer* in Fleischer VorstandsR-HdB § 11 Rn. 124; Großkomm AktG/*Hopt/Roth* Rn. 602; NK-AktR/*U. Schmidt* Rn. 197.
[1771] Vgl. Großkomm AktG/*Hopt/Roth* Rn. 603; Hüffer/Koch/*Koch* Rn. 57; NK-AktR/*U. Schmidt* Rn. 198; Kölner Komm AktG/*Mertens/Cahn* Rn. 9.

ten (§ 13 ZPO) gegeben.[1772] Der besondere Gerichtsstand der unerlaubten Handlung (§ 32 ZPO) findet dagegen auf Schadensersatzansprüche aus § 93 keine Anwendung.[1773]

306a 2. **Schiedsgerichte.** In jüngerer Zeit werden Organhaftungsklagen immer häufiger vor Schiedsgerichten ausgetragen.[1774] Die Beteiligten versprechen sich davon zahlreiche Vorteile (Vertraulichkeit, freiere Verfahrensgestaltung, sachkundige Schiedsrichter, schnellere Verfahren),[1775] müssen aber auch manche Nachteile (zB Probleme der Drittbeteiligung) in Kauf nehmen[1776] und für eine Koordination mit etwa bestehender D&O-Versicherung sorgen.[1777] Entsprechende Schiedsabreden sind grundsätzlich zulässig.[1778] Sie können zeitgleich mit dem Anstellungsvertrag oder auch später, zB anlässlich einer Aufhebungsvereinbarung, geschlossen werden.[1779] Ob eine Satzungsklausel genügt, ist streitig; die heute hL bejaht dies.[1780] Der Rechtsprechung zufolge handeln Vorstandsmitglieder beim Abschluss einer Schiedsabrede als Verbraucher (→ § 84 Rn. 28),[1781] so dass die Schiedsvereinbarung gemäß § 1031 Abs. 5 ZPO in einer von den Parteien eigenhändig unterzeichneten Urkunde enthalten sein muss.

XIII. Haftung gegenüber Dritten

307 1. **Allgemeines.** § 93 Abs. 2 S. 1 enthält den für das aktienrechtliche Verantwortlichkeitsrecht prägenden Grundsatz der Haftungskonzentration.[1782] Organschaftliche Pflichtverletzungen führen danach prinzipiell nur zu einer Innenhaftung der Vorstandsmitglieder gegenüber der Gesellschaft.[1783] Darin liegt eine strukturelle Zweckentscheidung des Gesetzgebers, die auch in ausländischen Aktienrechten auf breite Akzeptanz stößt.[1784] Sie soll dafür sorgen, dass die Ersatzleistung der Vorstandsmitglieder allen Aktionären und Gesellschaftsgläubigern in gleicher Weise zugute kommt.[1785]

308 Aktionäre und außenstehende Dritte können aus § 93 Abs. 2 keine Schadensersatzansprüche ableiten, auch nicht in Verbindung mit § 823 Abs. 2 BGB.[1786] Eine unmittelbare Außenhaftung der Vorstandsmitglieder kommt daher nur in begrenztem Umfang aufgrund besonderer Anspruchsgrundlagen in Betracht.[1787] Dieses sorgfältig austarierte Regel-Ausnahme-Verhältnis ist durch das Baustoff-Urteil des VI. Zivilsenats des BGH[1788] und die Kirch-Breuer-Entscheidung des XI. Zivilsenats des BGH[1789] erschüttert worden (näher → Rn. 314 und 315). Die rechtswissenschaftliche Grundsatzde-

---

[1772] Vgl. Großkomm AktG/*Hopt/Roth* Rn. 603; NK-AktR/*U. Schmidt* Rn. 198.

[1773] Vgl. Großkomm AktG/*Hopt/Roth* Rn. 603; Hüffer/Koch/*Koch* Rn. 157; Grigoleit/*Grigoleit/Tomasic* Rn. 68.

[1774] Vgl. *Herresthal* ZIP 2014, 345; *Krieger* in VGR Gesellschaftsrecht 2017, 2018, 181; *Leuering* NJW 2014, 657; aus österreichischer Sicht *Kalss* in Fleischer/Kalss/Vogt, Enforcement im deutschen, österreichischen und schweizerischen Gesellschafts- und Kapitalmarktrecht, 2015, 177 ff.

[1775] Näher *Heinrich* NZG 2016, 1406 ff.; *Schlüter*, Schiedsbindung von Organmitgliedern, 2017, 25 ff.

[1776] Vgl. *Spindler* FS Baums, 2017, 1205 (1211 ff.).

[1777] Vgl. Hüffer/Koch/*Koch* Rn. 89; eingehend *Schumacher* NZG 2016, 969.

[1778] Grundlegend *Thümmel* FS Geimer, 2002, 1331 (1332); ferner *Haas/Hoßfeld* FS U.H. Schneider, 2011, 407 (417 f.); *Herresthal* ZIP 2014, 345 (346); Großkomm AktG/*Hopt/Roth* Rn. 602; Hüffer/Koch/*Koch* Rn. 90; *Leuering* NJW 2014, 657.

[1779] Vgl. *Herresthal* ZIP 2014, 345 (346); Hüffer/Koch/*Koch* Rn. 90; *Leuering* NJW 2014, 657.

[1780] Vgl. *Bauer/Arnold/Kramer* AG 2014, 677 (681 ff.); *Habersack/Wasserbäch* AG 2016, 2 (6 f.); *Herresthal* ZIP 2014, 345 (347); *Schlüter*, Schiedsbindung von Organmitgliedern, 2017, 207 ff.; *Spindler* FS Baums, 2017, 1205 (1207 ff.); *Umbeck* SchiedsVZ 2009, 143 (146 f.); abw. *Berger/Scholl* ZBB 2016, 237 (248); *Thümmel* FS Geimer, 2002, 1331 (1337).

[1781] Vgl. OLG Hamm AG 2007, 910 (911 f.); ebenso Hüffer/Koch/*Koch* Rn. 90; *v. Westphalen* ZIP 2013, 345 (347); kritisch *Herresthal* ZIP 2014, 345 (347 ff.).

[1782] Vgl. *Fleischer* in Fleischer VorstandsR-HdB § 11 Rn. 1; Großkomm AktG/*Hopt/Roth* Rn. 649; *Medicus* ZGR 1998, 570 (578); *Verse* ZHR 170 (2006), 398 (407).

[1783] Vgl. BGHZ 194, 26 Rn. 23; 125, 366 (375); OLG Rostock GmbHR 2007, 762; *Fleischer* ZGR 2004, 437 (443); Großkomm AktG/*Hopt/Roth* Rn. 649; Hüffer/Koch/*Koch* Rn. 66; MüKoAktG/*Spindler* Rn. 299; MüKoBGB/*Wagner* BGB § 823 Rn. 393.

[1784] Rechtsvergleichend *Fleischer* ZGR 2004, 437 (440 ff.).

[1785] Vgl. BGH NJW 1987, 1077; *Fleischer* in Fleischer VorstandsR-HdB § 11 Rn. 1.

[1786] Vgl. BGHZ 194, 26 Rn. 23; 110, 342 (360); BGH WM 1979, 853 (854); RGZ 63, 325 (327); 115, 289 (296); 159, 211 (223); Bürgers/Körber/*Bürgers* Rn. 55 f.; Großkomm AktG/*Hopt/Roth* Rn. 648, 469, 492; Hüffer/Koch/*Koch* Rn. 65; K. Schmidt/Lutter/*Krieger/Sailer* Rn. 62; Kölner Komm AktG/*Mertens/Cahn* Rn. 5, 207; MüKoAktG/*Spindler* Rn. 309; *Spindler* in Fleischer VorstandsR-HdB § 13 Rn. 41.

[1787] Vgl. *Fleischer* ZGR 2004, 437 (443 ff.); MüKoGmbHG/*Fleischer* GmbHG § 43 Rn. 339 f., 350 f.; im Anschluss daran nunmehr auch BGHZ 194, 26 Rn. 24; ferner Großkomm AktG/*Hopt/Roth* Rn. 649; *Verse* ZHR 170 (2006), 398 (407).

[1788] Vgl. BGHZ 109, 297.

[1789] Vgl. BGHZ 166, 84.

batte über diese Spruchpraxis dauert an.[1790] In jüngerer Zeit haben das NICI-AG-Urteil des VI. Zivilsenats des BGH[1791] und das Haustürwerbungs-Urteil des I. Zivilsenats des BGH[1792] die Grenzen der Geschäftsleiteraußenhaftung stärker akzentuiert und sich damit der Rechtsprechungslinie des II. Zivilsenats des BGH angenähert (→ Rn. 315a und 315b). Zuletzt hat das Glasfasern II-Urteil des X. Zivilsenats des BGH[1793] für Patentverletzungen aber wieder einen haftungsfreundlicheren Standpunkt eingenommen (→ Rn. 315c).

2. Einzeltatbestände. a) Vertragliche Ansprüche. Eine vertragliche Haftung der Vorstandsmitglieder im Außenverhältnis kann sich aus einem Garantieversprechen,[1794] einer Bürgschaft[1795] oder einem Schuldbeitritt ergeben.[1796] Darüber hinaus sind in der Rechtspraxis auch Schuldanerkenntnisse von Geschäftsleitern anzutreffen.[1797]

b) Ansprüche aus § 280 Abs. 1 iVm § 311 Abs. 3 BGB. Des Weiteren kommt eine Außenhaftung von Vorstandsmitgliedern gegenüber Vertragspartnern der Gesellschaft aus § 280 Abs. 1 iVm § 311 Abs. 3 BGB in Betracht.[1798] Das Fallmaterial stammt zumeist aus dem GmbH-Recht,[1799] doch gelten die dort entwickelten Grundsätze prinzipiell auch für Vorstandsmitglieder einer AG.[1800]

aa) Wirtschaftliches Eigeninteresse. Für eine cic-Haftung von Vorstandsmitgliedern unter dem Gesichtspunkt eines besonderen wirtschaftlichen Eigeninteresses bleibt nach der neueren BGH-Rechtsprechung nur wenig Raum. Nicht ausreichend ist namentlich die gesellschaftsrechtliche Beteiligung des Organmitglieds an der AG[1801] oder seine Eigenschaft als Sicherungsgeber für Verbindlichkeiten der AG.[1802] Eine Eigenhaftung gemäß § 280 Abs. 1 BGB iVm § 311 Abs. 3 BGB kommt vielmehr nur in Betracht, wenn das Vorstandsmitglied wirtschaftlich gleichsam in eigener Sache tätig wird.[1803]

bb) Inanspruchnahme besonderen persönlichen Vertrauens. Die wichtigere Fallgruppe bildet die Inanspruchnahme besonderen persönlichen Vertrauens.[1804] Sie setzt voraus, dass das Vorstandsmitglied ein über das normale Verhandlungsvertrauen deutlich hinausgehendes Vertrauen für sich in Anspruch genommen hat.[1805] So liegt es, wenn das Vorstandsmitglied gegenüber dem Verhandlungspartner zum Ausdruck bringt, persönlich für die Seriosität der Gesellschaft und des Geschäfts einstehen zu wollen.[1806] Dazu reichen pauschale Beruhigungen nicht aus; erforderlich sind vielmehr Erklärungen im Vorfeld einer Garantiezusage.[1807] Nach einer jüngeren Entscheidung des BGH haften Vorstandsmitglieder einer kapitalsuchenden Gesellschaft auch für unrichtige oder unvollständige Angaben nach cic-Grundsätzen, wenn sie Anlageinteressenten persönlich mit dem Anspruch gegenübertreten, sie über die für eine Anlageentscheidung wesentlichen Umstände zu informieren.[1808] Diese Entscheidung hat berechtigte Kritik erfahren: Sie lässt Vorstandsmitglieder schon für leichteste Fahrlässigkeit (mit der Beweislastumkehr des § 280 Abs. 1 S. 2 BGB) haften und unterläuft damit die Haftungsbegrenzung der spezialgesetzlichen Prospekthaftung auf Vorsatz und grobe Fahr-

---

[1790] Eingehend *Fleischer* ZGR 2004, 437 (440 ff.); *Hellgardt* WM 2006, 1514 ff.; *Spindler* in Fleischer VorstandsR-HdB § 13 Rn. 7 ff.; *Schirmer* NJW 2012, 3398; *Nietsch* CCZ 2013, 192; *Bachmann*, Gutachten E zum 70. DJT 2014, E 114 ff.
[1791] Vgl. BGHZ 194, 26.
[1792] Vgl. BGHZ 201, 344.
[1793] Vgl. BGHZ 208, 182.
[1794] Vgl. BGH NZG 2001, 888: Versicherung des Geschäftsführers, bei Verschlechterung der wirtschaftlichen Lage Kapital nachzuschießen, so dass der Lieferant auf jeden Fall „sein Geld bekomme".
[1795] Vgl. BGHZ 153, 337 ff.
[1796] Vgl. *Altmeppen* in Krieger/Schneider Managerhaftung-HdB § 7 Rn. 6; Großkomm AktG/*Hopt/Roth* Rn. 650; *Raiser/Veil* KapGesR § 14 Rn. 107.
[1797] Vgl. BGH NZG 2007, 674.
[1798] Vgl. BGH NZG 2008, 661 (662); *Altmeppen* in Krieger/Schneider Managerhaftung-HdB § 7 Rn. 19 ff.; Großkomm AktG/*Hopt/Roth* Rn. 652 ff.; *Spindler* in Fleischer VorstandsR-HdB § 13 Rn. 2 ff.
[1799] Vgl. Hüffer/Koch/*Koch* Rn. 67, der von „GmbH-spezifischen" Fällen spricht; eingehend MüKoGmbHG/*Fleischer* § 43 Rn. 342 ff.
[1800] Ebenso Großkomm AktG/*Hopt/Roth* Rn. 652.
[1801] Vgl. BGHZ 126, 181 (184).
[1802] Vgl. BGHZ 126, 181 (187 ff.); Hölters/*Hölters* Rn. 364.
[1803] Vgl. BGHZ 56, 81 (84); BGH NJW 1986, 586 (587); tendenziell noch enger Hüffer/Koch/*Koch* Rn. 67.
[1804] Dazu Großkomm AktG/*Hopt/Roth* Rn. 653; K. Schmidt/Lutter/*Krieger/Sailer* Rn. 68.
[1805] Vgl. BGHZ 126, 181 (189); BAG AG 2014, 907 (908) (*in casu* ablehnend).
[1806] Vgl. OLG Zweibrücken NZG 2002, 423; Großkomm AktG/*Hopt/Roth* Rn. 653; zurückhaltend Hüffer/Koch/*Koch* Rn. 67.
[1807] Vgl. BGHZ 126, 181 (189 f.).
[1808] Vgl. BGH NZG 2008, 661.

lässigkeit.[1809] Sollten die Vorstandsmitglieder bewusst Falschinformationen verbreiten, haften sie selbstverständlich nach § 826 BGB (→ Rn. 322).

313 **c) Ansprüche aus § 823 Abs. 1 BGB. aa) Unmittelbare Rechtsverletzungen.** Ein Vorstandsmitglied, das in seiner Person die Tatbestandsmerkmale des § 823 Abs. 1 BGB unmittelbar erfüllt, haftet dem betroffenen Dritten für den dadurch verursachten Schaden.[1810] Das gilt grundsätzlich auch bei einem Eingriff in den eingerichteten und ausgeübten Gewerbebetrieb.[1811] Eine unmittelbare Rechtsverletzung kann nach § 830 Abs. 1 S. 1, Abs. 2 BGB ebenso als Mittäter, Anstifter oder Gehilfe erfolgen.[1812] Denkbar ist auch eine Tatbestandsverwirklichung durch Unterlassen, wenn ein Vorstandsmitglied trotz Kenntnis der unerlaubten Handlung nicht die erforderlichen und zumutbaren Schritte zu deren Abwendung unternimmt.[1813] Die persönliche Außenhaftung des Vorstandsmitglieds greift in allen Fällen unabhängig davon ein, ob sein Verhalten der Gesellschaft gemäß § 31 BGB zuzurechnen ist.[1814]

314 **bb) Mittelbare Verletzungshandlungen. (1) Meinungsstand.** Größere Schwierigkeiten bereitet die Fallgruppe mittelbarer Verletzungshandlungen. Die wissenschaftliche Diskussion kreist hier um das sog. Baustoff-Urteil des BGH. Der VI. Zivilsenat hat dort ausgeführt, dass die von der Gesellschaft zum Schutze absoluter Rechtsgüter zu beachtenden Pflichten auch ihren Geschäftsleiter „in einer Garantenstellung aus den ihm übertragenen organisatorischen Aufgaben treffen" und bei Verletzung dieser Pflichten seine „deliktische Eigenhaftung" auslösen.[1815] Im konkreten Fall hat der Senat eine Außenhaftung des Geschäftsleiters bejaht, der es versäumt hatte, zur Vermeidung einer Kollision zwischen dem verlängerten Eigentumsvorbehalt eines Lieferanten mit dem Abtretungsverbot des Auftraggebers der Gesellschaft entsprechende organisatorische Maßnahmen zu treffen.[1816] Diese Entscheidung hat in der Literatur teilweise Zuspruch,[1817] ganz überwiegend aber Kritik erfahren, weil sie – gewollt oder ungewollt – den Grundsatz der Haftungskonzentration auf die Gesellschaft (→ Rn. 307) unterlaufe.[1818] Auch der II. Zivilsenat des BGH hat sich beiläufig zurückhaltend gegenüber der Baustoff-Entscheidung geäußert,[1819] doch hielt der VI. Zivilsenat zunächst gleichwohl an seiner Rechtsprechung fest.[1820]

315 In einer neueren Entscheidung hat der XI. Zivilsenat des BGH eine allgemeine Verhaltenspflicht des Vorstands mit der Folge einer deliktischen Organaußenhaftung aus (darlehens-)vertraglichen Interessenwahrungs-, Schutz- und Loyalitätspflichten der Gesellschaft gegenüber dem Dritten hergeleitet.[1821] Auch diese Entscheidung hat neben Zustimmung[1822] Widerspruch erfahren. Die Kritiker halten dem BGH entgegen, er missachte den Grundsatz der Relativität der Schuldverhältnisse und das daraus folgende Verbot des Vertrages zu Lasten Dritter, wenn er deliktische Pflichten des Vorstands aus den vertraglichen Pflichten der Gesellschaft herleite.[1823]

[1809] Vgl. *Fleischer* NJW 2009, 2337 (2340); kritisch auch *Kersting* JR 2209, 221 ff.; *Kocher* BB 2008, 1980 f.; Kölner Komm AktG/*Mertens/Cahn* Rn. 221; unkritisch Hölters/*Hölters* Rn. 363.

[1810] Vgl. BGH NJW 1974, 1371 (1372); BGHZ 109, 297 (302); 194, 26 Rn. 24; *Altmeppen* in Krieger/Schneider Managerhaftung-HdB § 7 Rn. 29; Bürgers/Körber/*Bürgers* Rn. 56; Großkomm AktG/*Hopt/Roth* Rn. 656; *Spindler* in Fleischer VorstandsR-HdB § 16 Rn. 6.

[1811] Vgl. BGHZ 166, 84 (113 ff. Rn. 127 ff.); zur Gehilfenhaftung nach § 823 Abs. 1 BGB iVm §§ 266 Abs. 1, 27 StGB BGHZ 194, 26 Rn. 13 ff.

[1812] Vgl. *Altmeppen* in Krieger/Schneider Managerhaftung-HdB § 7 Rn. 29; Großkomm AktG/*Hopt/Roth* Rn. 656; *Lutter* ZHR 157 (1993), 464, 468 f.; *Medicus* FS Lorenz, 1991, 155 (165).

[1813] Vgl. BGH NJW-RR 1999, 843 (844).

[1814] Vgl. BGHZ 109, 297 (302); BGH NJW 1996, 1535 (1536); *Gross* ZGR 1998, 551 (553); *Medicus* ZGR 1998, 570 (573, 575 ff.).

[1815] BGHZ 109, 297 LS 1.

[1816] Vgl. BGHZ 109, 297 (298 LS 2).

[1817] Vgl. *Altmeppen* ZIP 1995, 881 (885); *Brüggemeier* AcP 191 (1991), 33 (63 ff.); *Foerste* VersR 2002, 1; *Keßler* GmbHR 1994, 429 (434 ff.); tendenziell auch *v. Bar* FS Kitagawa, 1992, 279 (290).

[1818] Vgl. *Dreher* ZGR 1992, 22 (33 f., 38 f.); Großkomm AktG/*Hopt/Roth* Rn. 664; Hüffer/Koch/*Koch* Rn. 66; *Kleindiek*, Deliktshaftung und juristische Person, 1997, 1 ff., 466 ff. und passim; *Lutter* ZHR 157 (1993), 464 (472 ff.); *Medicus* ZGR 1998, 570 (584 f.); Kölner Komm AktG/*Mertens/Cahn* Rn. 221; *Spindler*, Unternehmensorganisationspflichten, 2001, 846 ff.; MüKoBGB/*Wagner* BGB § 823 Rn. 415 ff.; Grigoleit/*Grigoleit/Tomasic* Rn. 89 f.

[1819] Vgl. BGHZ 125, 366 (375 f.).

[1820] Vgl. BGH NJW 1996, 1535; dazu *Gross* ZGR 1998, 551 (553, 568 f.).

[1821] Vgl. BGHZ 166, 84 (113 ff. Rn. 119 ff.); ausführlich zu den Hintergründen dieses Falles *Schirmer* in Fleischer/Thiessen, Gesellschaftsrechts-Geschichten, 2018, § 19.

[1822] Vgl. etwa *Fischer* DB 2006, 598 (599 f.).

[1823] Vgl. *Höpfner/Seibl* BB 2006, 673 (678); *Hellgardt* WM 2006, 1514 (1518); *Möllers/Beutel* NZG 2006, 338 (340); s. auch *Derleder/Fauser* BB 2006, 949 (951 f. mit Fn. 27); Hölters/*Hölters* Rn. 369.

Eine Grundsatzentscheidung des VI. Zivilsenats hat im Jahre 2012 eine deutliche Kurskorrektur 315a vorgenommen.[1824] Anlass dazu bot ein Fall, in dem ein Vorstandsmitglied wegen Beihilfe durch Unterlassen zu Untreuestraftaten des Geschäftsleiters eines anderen Unternehmens auf Schadensersatz in Anspruch genommen wurde (§ 823 Abs. 2 BGB iVm §§ 266, 27 StGB), weil er gegen die Ausstellung von Scheinrechnungen durch einen Vorstandskollegen seiner eigenen Gesellschaft gegenüber dem anderen Unternehmen nicht eingeschritten war. Der VI. Zivilsenat betonte zunächst, dass die Pflichten eines Vorstandsmitglieds aus § 93 Abs. 1 S. 1 auch die Verpflichtung umfassten, dafür zu sorgen, dass sich die Gesellschaft rechtmäßig verhalte und ihren gesetzlichen Verpflichtungen nachkomme.[1825] Diese Legalitätspflicht bestehe aber grundsätzlich nur gegenüber seiner Gesellschaft und nicht auch im Verhältnis zu außenstehenden Dritten.[1826] Allein aus der Stellung als Vorstandsmitglied einer AG ergebe sich daher keine Garantenpflicht gegenüber außenstehenden Dritten, eine Schädigung ihres Vermögens zu verhindern, und damit auch keine Schadensersatzhaftung im Außenverhältnis.[1827]

Im Jahre 2014 hat auch der für das Wettbewerbsrecht zuständige I. Zivilsenat seine Rechtsprechung 315b zur Außenhaftung des Geschäftsleiters für Wettbewerbsverstöße auf ein neues Fundament gestellt.[1828] Nach der bisherigen Spruchpraxis haftete der Geschäftsleiter für Wettbewerbsverstöße seiner Gesellschaft, wenn er von ihnen Kenntnis hatte und es unterlassen hat, sie zu verhindern.[1829] Diese Spruchpraxis hatte ihre ursprüngliche Grundlage in der – im Lauterkeitsrecht inzwischen aufgegebenen – Störerhaftung. Die neue Grundsatzentscheidung des I. Zivilsenats zieht der Geschäftsleiteraußenhaftung für Wettbewerbsverstöße nun deutlich engere Grenzen: Danach haftet ein Geschäftsleiter für unlautere Wettbewerbshandlungen der von ihm vertretenen Gesellschaft nur dann persönlich, wenn er daran entweder durch positives Tun beteiligt war oder wenn er die Wettbewerbsverstöße auf Grund einer nach allgemeinen Grundsäzen des Deliktsrechts begründeten Garantenstellung hätte verhindern müssen.[1830] Allein die Organstellung und die allgemeine Verantwortlichkeit für den Geschäftsbetrieb begründen keine Verpflichtung des Geschäftsleiters gegenüber außenstehenden Dritten, Wettbewerbsverstöße der Gesellschaft zu verhindern.[1831] Der Geschäftsleiter haftet allerdings persönlich auf Grund einer eigenen wettbewerbsrechtlichen Verkehrspflicht, wenn er ein auf Rechtsverletzungen angelegtes Geschäftsmodell selbst ins Werk gesetzt hat.[1832]

Zuletzt hat der für das Patentrecht zuständige X. Zivilsenat der Außenhaftung des Geschäftsleiters 315c für Patentverletzungen aber wieder breiteren Raum gelassen, ohne dass er sich zu einer Vorlage an den Großen Senat veranlasst sah.[1833] Ausweislich des dritten Leitsatzes ist der gesetzlicher Vertreter einer Gesellschaft, die ein patentverletzendes Erzeugnis herstellt oder erstmals im Inland in den Verkehr bringt, dem Verletzten zum Schadensersatz verpflichtet, wenn er die ihm möglichen und zumutbaren Maßnahmen unterlässt, die Geschäftstätigkeit des Unternehmens so einzurichten und zu steuern, dass hierdurch keine technischen Schutzrechte Dritter verletzt werden.[1834]

(2) Stellungnahme. Mit der hL und der jüngsten Judikatur[1835] ist festzuhalten, dass sich verbands- 316 interne Organisationspflichten der Vorstandsmitglieder nur unter besonderen Voraussetzungen ins Außenverhältnis projizieren lassen. Dies lässt sich rechtssystematisch, rechtsökonomisch, rechtspraktisch und rechtsvergleichend begründen.[1836] Rechtssystematisch bildet die Binnenhaftung des § 93 Abs. 2 den gesetzlichen Regelfall, die Organaußenhaftung die begründungsbedürftige Ausnahme (→ Rn. 308). Rechtsökonomisch ist ein weiterer Ausbau der Geschäftsleiteraußenhaftung nur begrenzt sinnvoll, weil Organmitglieder in höherem Maße risikoavers sind als Aktionäre, die im Rahmen ihres Portfolios jedenfalls bei Publikumsgesellschaften eine Risikostreuung vornehmen können. Rechtspraktisch trägt eine unmittelbare Haftung gegenüber Aktionären und Dritten ein größeres Missbrauchs- und Störpotential in sich als eine verbandsinterne Einstandspflicht. Rechtsverglei-

---

[1824] Vgl. BGHZ 194, 26.
[1825] Vgl. BGHZ 194, 26 Rn. 22.
[1826] Vgl. BGHZ 194, 26 Rn. 23.
[1827] Vgl. BGHZ 194, 26 LS.
[1828] Vgl. BGHZ 201, 344.
[1829] Vgl. BGH GRUR 1986, 248 (251) – Sporthosen; GRUR 2005, 1061 (1064) – telefonische Gewinnauskunft.
[1830] So BGHZ 201, 344 LS 1.
[1831] So BGHZ 201, 344 LS 2.
[1832] So BGHZ 201, 344 LS 3.
[1833] Vgl. BGHZ 208, 182; zur unterbliebenen Anfrage nach § 132 Abs. 2 GVG *Dregelies* GRUR 2018, 8 (11).
[1834] So BGHZ 208, 182 LS 3; kritisch dazu *Müller* GRUR 2016, 570; *Müller* FS Lindacher, 2017, 275.
[1835] Vgl. aus der obergerichtlichen Rechtsprechung zuletzt auch OLG Schleswig NZG 2012, 104; OLG Karlsruhe BeckRS 2013, 00780.
[1836] Näher *Fleischer* ZGR 2004, 437 (443 ff.).

chend zeigt sich, dass ausländische Aktienrechte eine persönliche Außenhaftung erst dort zulassen, wo besondere Zurechnungsgründe vorliegen.[1837]

317 Eine trennscharfe Konkretisierung dieser allgemeinen Leitlinie fällt schwer. Richtigerweise kommt eine unmittelbare Außenhaftung des Vorstandsmitglieds für mittelbare Verletzungshandlungen nur in Betracht, wenn es die betreffenden Verkehrs- oder Organisationspflichten als eigene übernommen (iSe „assumption of responsibility")[1838] oder aufgrund besonderer Umstände eine Art persönlicher Garantenstellung (iSe „special relationship")[1839] gegenüber dem geschädigten Dritten übernommen hat.[1840] Dabei mag der Rang des geschützten Rechtsguts eine gewisse Rolle spielen,[1841] doch bildet er ebenso wenig ein abschließendes Beurteilungskriterium wie die Art und Weise des Verschuldens.[1842]

318 d) Ansprüche aus § 823 Abs. 2 BGB iVm Schutzgesetz. aa) Allgemeines. Eine deliktische Außenhaftung von Vorstandsmitgliedern kann sich außerdem aus § 823 Abs. 2 BGB iVm einem Schutzgesetz ergeben.[1843] Sie wird gerade im Kapitalmarktrecht immer wichtiger,[1844] birgt aber auch sonst ganz erhebliche Haftungsrisiken.[1845] Eine auf die Besonderheiten des Gesellschafts- und Kapitalmarktrechts zugeschnittene Schutzgesetzdogmatik steht allerdings noch aus.[1846] Rechtsprechung und Kommentarliteratur verlieren sich häufig in Kasuistik, ohne genauer herauszuarbeiten, ob die betreffenden Verhaltenspflichten von jedermann zu beachten sind oder den Organwalter gerade in dieser Eigenschaft treffen. Im ersten Fall bereitet die Anwendung des § 823 Abs. 2 BGB bei unmittelbaren Verletzungshandlungen (zu mittelbaren Verletzungen → Rn. 314 ff.) keine besonderen Schwierigkeiten; im zweiten Fall ergibt sich im Hinblick auf das Prinzip der Haftungskonzentration (→ Rn. 307) ein gesteigerter Begründungsbedarf für eine deliktische Organaußenhaftung.[1847]

319 bb) Einzelfälle. Den Schutz Dritter bezwecken nach wohl einhelliger Auffassung § 399[1848] und § 400.[1849] Gleiches gilt für § 15a Abs. 1 Satz 1 InsO, der nach ganz hM dem Schutz der Alt- und Neugläubiger zu dienen bestimmt ist (näher → § 92 Rn. 76 ff.). Schutzgesetzcharakter messen Rechtsprechung und hL ferner dem § 266 StGB[1850] und dem § 266a StGB[1851] bei. In die gleiche Richtung weisen neuere Entscheidungen zum Betrieb von Bankgeschäften ohne Erlaubnis nach §§ 32, 54 KWG iVm § 14 Abs. 1 StGB.[1852] Abgelehnt hat die Rechtsprechung dagegen die Schutzgesetzeigenschaft des § 130 OWiG.[1853] Auch die Buchführungs- und Bilanzierungsvorschriften sollen

---

[1837] Vgl. *Fleischer* ZGR 2004, 437 (441 f.) unter Hinweis auf englische („assumption of responsibility") und französische („faute détachable") Leitentscheidungen.
[1838] Rechtsvergleichende Belege bei *Fleischer* ZGR 2000, 252 (257).
[1839] Rechtsvergleichende Belege bei *Fleischer* ZGR 2000, 252 (257).
[1840] Ähnlich mit Nuancierungen im Einzelnen K. Schmidt/Lutter/*Krieger/Sailer* Rn. 67; *Spindler* in Fleischer VorstandsR-HdB § 13 Rn. 33; MüKoBGB/*Wagner* BGB § 823 Rn. 420; Kölner Komm AktG/*Mertens/Cahn* Rn. 221.
[1841] Vgl. *Bachmann*, Gutachten E zum 70. DJT 2014, E 119 („großflächige Gefahren für Leib und Leben"); *Nietsch* CCZ 2013, 192 (198) („hochrangige Individualrechtsgüter"); Lutter/Hommelhoff/*Kleindiek* GmbHG § 43 Rn. 87; noch weitergehend Baumbach/Hueck/*Zöllner/Noack* GmbHG § 43 Rn. 78.
[1842] Wie hier *Spindler* in Fleischer VorstandsR-HdB § 13 Rn. 14; abw. *Lutter* ZHR 157 (1993), 464 (472 ff.).
[1843] Vgl. *Altmeppen* in Krieger/Schneider Managerhaftung-HdB § 7 Rn. 47 ff.; Bürgers/Körber/*Bürgers* Rn. 55; Großkomm AktG/*Hopt/Roth* Rn. 658; K. Schmidt/Lutter/*Krieger/Sailer* Rn. 66; *Spindler* in Fleischer VorstandsR-HdB § 13 Rn. 39 ff.
[1844] Vgl. für die kapitalmarktrechtliche Informationsdelikthaftung BGHZ 160, 134 (138 ff.) – Infomatec; für eine Bestandsaufnahme der einschlägigen Schutzgesetze *Fleischer* in Assmann/Schütze KapitalanlageR-HdB § 6 Rn. 12 ff.; knapper Hüffer/Koch/*Koch* Rn. 62.
[1845] Ebenso MüKoBGB/*Wagner* BGB § 823 Rn. 391; *Verse* ZHR 170 (2006), 398 (399).
[1846] Dies für das Kapitalmarktrecht anmahnend *Fleischer* DB 2004, 2031 f.; *Ekkenga* ZIP 2004, 281 (284 ff.); gleicher Befund für das Gesellschaftsrecht bei *Verse* ZHR 170 (2006), 398.
[1847] Vgl. *Verse* ZHR 170 (2006), 398 (401 ff.).
[1848] Vgl. BGHZ 105, 121 (124 f.); RGZ 159, 211 (224); Bürgers/Körber/*Bürgers* Rn. 55; Großkomm AktG/*Hopt/Roth* Rn. 658; K. Schmidt/Lutter/*Krieger/Sailer* Rn. 64; MüKoAktG/*Spindler* Rn. 314.
[1849] Vgl. BGHZ 149, 10 (20 f.); 160, 134 (140); RGZ 157, 213 (217); *Fleischer* in Assmann/Schütze KapitalanlageR-HdB § 6 Rn. 16 f.; Großkomm AktG/*Hopt/Roth* Rn. 658; Hüffer/Koch/*Koch* Rn. 61; K. Schmidt/Lutter/*Krieger/Sailer* Rn. 64; MüKoAktG/*Spindler* Rn. 314.
[1850] Vgl. BGHZ 194, 26 Rn. 13; 100, 190 (192); Großkomm AktG/*Hopt/Roth* Rn. 658; abw. BGHSt 51, 29 Rn. 9 f.; LG Wiesbaden NZG 2016, 832; Hüffer/Koch/*Koch* Rn. 61.
[1851] Vgl. BGHZ 133, 370 (374); 134, 304; 136, 332 (333); OLG Düsseldorf NZG 2015, 629; Großkomm AktG/*Hopt/Roth* Rn. 658; abw. *Dreher* FS Kraft, 1998, 59 (64 f.); MüKoAktG/*Spindler* Rn. 332; *Stein* DStR 1998, 1055 (1056 ff.).
[1852] Vgl. BGH NJW 2005, 2703.
[1853] Vgl. BGHZ 125, 366 (376 f.).

nach überwiegender, aber nicht überzeugender Auffassung keine Schutzgesetze iSd § 823 Abs. 2 BGB darstellen (→ § 91 Rn. 25 ff.).

e) Ansprüche aus § 826 BGB. Eine deliktische Außenhaftung des Vorstandsmitglieds kann sich schließlich aus § 826 BGB ergeben.[1854] Zwei Fallgruppen verdienen besondere Aufmerksamkeit. 320

aa) Fehlverhalten in der Unternehmenskrise. Die Rechtsprechung bejaht eine Haftung geschäftsleitender Organmitglieder wegen sittenwidriger Schädigung in der Unternehmenskrise, wenn diese die Gesellschaftsgläubiger nicht über die schlechten Vermögensverhältnisse der Gesellschaft und ihrer Geschäftsorganisation in Kenntnis setzen.[1855] Gleiches gilt, wenn Vorstandsmitglieder den Insolvenzantrag verschleppen und die Schädigung von Gesellschaftsgläubigern billigend in Kauf nehmen.[1856] Schließlich bejaht der BGH eine Außenhaftung der geschäftsleitenden Organmitglieder nach § 826 BGB auch für die Verletzung von Organisations- und Kontrollpflichten in Fällen krasser Missachtung grundlegender Vorsichtsmaßnahmen.[1857] Der Schädigungsvorsatz wird dabei aufgrund der besonderen Leichtfertigkeit des Verhaltens vermutet.[1858] 321

bb) Kapitalmarktinformationshaftung. Eine Außenhaftung von Vorstandsmitgliedern nach § 826 BGB kommt außerdem bei fehlerhafter Kapitalmarktkommunikation in Betracht.[1859] Im Hinblick auf die Verletzung der Ad-hoc-Publizität hat sich § 826 BGB – bestätigt durch die Infomatec-Entscheidungen des BGH[1860] – als zentrale Anspruchsgrundlage für eine persönliche (Außen-)Haftung der Vorstandsmitglieder erwiesen. Nach Auffassung des BGH verstößt die direkt vorsätzliche unlautere Beeinflussung des Sekundärmarktes durch eine grob unrichtige Ad-hoc-Mitteilung gegen die Mindestanforderungen im Rechtsverkehr auf dem Kapitalmarkt und indiziert die besondere Verwerflichkeit des Verhaltens.[1861] Zudem hebt der BGH hervor, die beklagten Vorstandsmitglieder hätten mit den falschen Ad-hoc-Mitteilungen in objektiv unlauterer Weise eigene Zwecke verfolgt, weil sie als Gründungsgesellschafter Aktien in Millionenhöhe besaßen und von allfälligen Kurssteigerungen infolge der Falschmeldungen jedenfalls mittelbar profitierten.[1862] Als gesichert gelten darf damit, dass wissentliche Falschmitteilungen jedenfalls dann als sittenwidrig einzustufen sind, wenn sie mit der Förderung eigener Interessen zusammentreffen.[1863] Die hL bejaht Sittenwidrigkeit darüber hinaus auch bei fehlerhaften Mitteilungen ohne intendierten Eigennutz.[1864] Umstritten ist hingegen die Sittenwidrigkeit unterlassener Pflichtmitteilungen.[1865] Die Anleger müssen die Wertpapiere auf Grund der fehlerhaften Ad-hoc-Mitteilung erworben haben. Die Darlegungs- und Beweislast dafür trägt nach der Rechtsprechung jeder einzelne Kapitalanleger.[1866] 322

f) Ansprüche aus Sonderdeliktsrecht. Denkbar ist außerdem eine persönliche Haftung von Vorstandsmitgliedern aus Sonderdeliktsrecht, namentlich wegen Wettbewerbsverstößen oder Immaterialgüterrechtsverletzungen.[1867] Als Anspruchsgrundlagen kommen § 9 UWG, § 97 322a

---

[1854] Zur gewachsenen Bedeutung des § 826 BGB im Gesellschaftsrecht *Kiethe* NZG 2005, 333 ff.; *Sester* ZGR 2006, 1 ff.; zur Einbeziehung nicht unmittelbar handelnder Organwalter über § 830 Abs. 2 BGB etwa BGH NZG 2012, 1303 Rn. 23 f.; Hüffer/Koch/*Koch* Rn. 62; monographisch *Stübinger*, Teilnehmerhaftung bei fehlerhafter Kapitalmarktinformation in Deutschland und den USA, 2015.
[1855] BGH WM 1991, 1548 (1551); BGH Celle NJW-RR 1994, 615; OLG Düsseldorf NJW-RR 1998, 1256 (1258); für die Vergütungsansprüche von Arbeitnehmern LAG Düsseldorf GmbHR 2005, 932 (936); kritisch dazu *Spindler* in Fleischer VorstandsR-HdB § 13 Rn. 58.
[1856] Vgl. BGHZ 75, 96 (114); 108, 134 (142); OLG Frankfurt NZG 1999, 947 (948); zustimmend *Spindler* in Fleischer VorstandsR-HdB § 13 Rn. 58.
[1857] Vgl. BGH GmbHR 1994, 464 (465); BGH WM 1992, 735 (736).
[1858] Vgl. BGH GmbHR 1994, 464 (465).
[1859] Ausführlich zur Organhaftung wegen fehlerhafter Kapitalmarktinformation *Fleischer* in Fleischer VorstandsR-HdB § 14 Rn. 1 ff.; *Fleischer* in Assmann/Schütze KapitalanlageR-HdB § 6 Rn. 19 ff.; K. Schmidt/Lutter/ *Krieger/Sailer-Coceani* Rn. 64.
[1860] Vgl. BGHZ 160, 134; 160, 149; BGH NJW 2004, 2668; eingehend zu den Hintergründen dieses Falles *Buck-Heeb* in Fleischer/Thiessen, Gesellschaftsrechts-Geschichten, 2018, § 17.
[1861] Vgl. BGHZ 160, 149 (157); ausführlich dazu *Fleischer* DB 2004, 2031 ff.
[1862] Vgl. BGHZ 160, 149 (158).
[1863] Ebenso bereits in aktienrechtlichem Zusammenhang BGH NJW 1992, 3167 (3174); außerdem OLG Frankfurt ZIP 2005, 710 (712); *Fleischer* DB 2004, 2031 (2033).
[1864] Vgl. *Fleischer* DB 2004, 2031 (2034); *Krause* ZGR 2002, 799 (823); *Schwark* FS Hadding, 2004, 1117 (1131 f.).
[1865] Zum Meinungsstand *Fleischer* in Assmann/Schütze HdB KapitalanlageR § 6 Rn. 22.
[1866] Vgl. BGHZ 160, 134 (143, 145, 147); eingehend zu möglichen Beweiserleichterungen der Anleger *Fleischer* in Assmann/Schütze HdB KapitalanlageR § 6 Rn. 26 ff.
[1867] Vgl. *Dregelies* GWR 2018, 8; Großkomm AktG/*Hopt/Roth* Rn. 666; Hüffer/Koch/*Koch* Rn. 65; *Kellenter* in Krieger/Schneider Managerhaftung-HdB § 27 Rn. 14 ff.; monographisch *Morgenroth*, Organhaftung bei Immaterialgüterrechtsverletzungen, 2017.

UrhG, § 139 PatG, § 14 MarkenG in Betracht,[1868] nach herrschender, aber bestrittener Auffassung auch § 33a GWB.[1869] Ein Vorstandsmitglied, das persönlich an solchen Delikten als Täter oder Teilnehmer durch positives Tun oder pflichtwidriges Unterlassen beteiligt ist, macht sich persönlich schadensersatzpflichtig. Interne Organisationspflichten schlagen allerdings bei Wettbewerbsverstößen grundsätzlich nicht ins Außenverhältnis durch (→ Rn. 315b); bei Patentverletzungen zeigt sich die Rechtsprechung strenger (→ Rn. 315c), was allerdings wenig überzeugt.[1870] Im Hinblick auf Marken- und Urheberrechte steht eine endgültige Positionierung durch die Rechtsprechung noch aus.[1871]

323 **3. Doppelschaden.** Hat ein Aktionär nach dem zuvor Gesagten einen Schadensersatzanspruch gegen die Gesellschaft und besteht der Schaden in der Wertminderung seiner Aktien, so stellt sich das Problem des sog. Reflex- oder Doppelschadens.[1872] Nach Rechtsprechung und hL kann der Aktionär diesen mittelbaren Schaden zwar geltend machen, aber nur Leistung an die Gesellschaft verlangen.[1873] In den meisten ausländischen Aktienrechten gelten ähnliche Grundsätze,[1874] wobei vor allem die britische *no reflective loss*-Doktrin noch weitergehende Anregungen verspricht. Von solchen Reflex- oder Doppelschäden sorgfältig zu unterscheiden ist ein Eigenschaden des Aktionärs in seinem Privatvermögen.[1875]

§ 94 Stellvertreter von Vorstandsmitgliedern

Die Vorschriften für die Vorstandsmitglieder gelten auch für ihre Stellvertreter.

Schrifttum: *Boesebeck*, Unklarheiten in der Geschäftsführung und Verantwortung bei der Aktiengesellschaft, JW 1938, 2525; *Breinl*, Versicherungsfreiheit in der Angestelltenversicherung auch für stellvertretende Vorstandsmitglieder einer Aktiengesellschaft, BB 1969, 1358; *Frels*, Stellvertretende Vorstandsmitglieder der Aktiengesellschaft und des Versicherungsvereins auf Gegenseitigkeit, VersR 1963, 898; *Schlaus*, Das stellvertretende Vorstandsmitglied, DB 1971, 1653; *Zehetner*, Stimmrecht und Haftung von Stellvertretern von Vorstandsmitgliedern und stellvertretenden Vorstandsmitgliedern einer Aktiengesellschaft, GesRZ 1988, 11.

I. Überblick

1 § 94 führt den Begriff der stellvertretenden Vorstandsmitglieder ein und umschreibt ihre Rechtsstellung. Entgegen der irreführenden Terminologie handelt es sich bei ihnen weder um Stellvertreter iSd §§ 164 ff. BGB noch um kommissarische Vorstandsmitglieder nach § 105 Abs. 2, sondern um echte Vorstandsmitglieder mit allen Rechten und Pflichten.[1] Für sie gelten gemäß § 94 sämtliche Vorschriften über den Vorstand, insbesondere die §§ 76–93. Damit wollte der Gesetzgeber eine in der Praxis vorgefundene Erscheinung auf einen rechtlich sicheren Boden stellen.[2] Entsprechende Bestimmungen fanden sich bereits in § 85 AktG 1937 und in § 242 HGB 1897. Parallelbestimmungen enthalten heute § 44 GmbHG und § 35 GenG.

II. Rechtsstellung und Bedeutung

2 Das stellvertretende Vorstandsmitglied vertritt weder ein anderes Vorstandsmitglied noch rückt es – wie etwa der stellvertretende Aufsichtsratsvorsitzende (§ 107 Abs. 1 Satz 3) – erst bei der Verhinderung eines anderen Vorstandsmitglieds in dessen organschaftliche Stellung ein. Vielmehr ist es,

---

[1868] Vgl. Großkomm AktG/*Hopt/Roth* Rn. 666; Hüffer/Koch/*Koch* Rn. 65.
[1869] Vgl. OLG Düsseldorf NZKart 2014, 68 Rn. 145 ff.; *Dreher* WuW 2009, 133; *Eden* WuW 2014, 792 (794 ff.); Großkomm AktG/*Hopt/Roth* Rn. 666; abw. Hüffer/Koch/*Koch* Rn. 65.
[1870] Kritisch auch *Müller* GRUR 2016, 570; *Kellenter* in Krieger/Schneider Managerhaftung-HdB § 27 Rn. 40; zustimmend aber *Meier-Beck* GRUR 2016, 865 (871 f.).
[1871] Dazu auch *Kellenter* in Krieger/Schneider Managerhaftung-HdB § 27 Rn. 18.
[1872] Vgl. Großkomm AktG/*Hopt/Roth* Rn. 640; Hüffer/Koch/*Koch* Rn. 63; *Trenker* GesRZ 2014, 10.
[1873] Vgl. BGH NJW 1985, 1900; NJW 1987, 1077 (1079 f.); NJW 1988, 413 (415); BGHZ 129, 136 (165); Großkomm AktG/*Hopt/Roth* Rn. 643 ff.; Hüffer/Koch/*Koch* Rn. 63; Schmidt/Lutter/*Krieger/Sailer-Coceani* Rn. 67; *G. Müller* FS Kellermann, 1991, 317 ff.
[1874] Vgl. *Kalss/Eckert*, Vorstandshaftung in 15 europäischen Ländern, 2005, 27, 77 f.
[1875] Dazu *Kowalski*, Gesellschafts- und Gesellschafterschaden, 1990, 4 ff.; *Schmolke*, Organwalterhaftung für Eigenschäden von Kapitalgesellschaftern, 2004, 3 ff.
[1] AllgM; vgl. OLG Düsseldorf BeckRS 2012, 05972; BayObLGZ 1997, 107 (111 f.); KGJ 24, A 194, A 197 f.; Bürgers/Körber/*Bürgers* Rn. 1; Großkomm AktG/*Habersack/Foerster* Rn. 4; Hüffer/Koch/*Koch* Rn. 1; K. Schmidt/Lutter/*Krieger/Sailer* Rn. 1; Kölner Komm AktG/*Mertens/Cahn* Rn. 2; MüKoAktG/*Spindler* Rn. 1.
[2] Vgl. BGH NJW 1998, 1071 (1072); *Schlaus* DB 1971, 1653.

ungeachtet seiner Bezeichnung,³ im Außenverhältnis ein vollwertiges Vorstandsmitglied mit allen Rechten und Pflichten.⁴ Das gilt auch für Vorschriften außerhalb des Aktienrechts (zB aus dem Insolvenz-, Steuer-, Straf- oder Sozialversicherungsrecht⁵), die an die Vorstandseigenschaft anknüpfen.⁶ Aus der ausdrücklichen Gleichstellung mit dem ordentlichen Vorstandsmitglied folgt zugleich, dass das stellvertretende Vorstandsmitglied keine eigenständige rechtliche Kategorie bildet.⁷ Die Bezeichnung dient lediglich dazu, eine hierarchische Abstufung innerhalb des Vorstands kenntlich zu machen.⁸

In der Praxis werden vor allem erstmals berufene Vorstandsmitglieder, die sich noch bewähren sollen, zu stellvertretenden Vorstandsmitgliedern bestellt.⁹ Für sie gilt häufig eine kürzere Amtszeit¹⁰ und ein engerer Ressortzuschnitt.¹¹ Außerdem erhalten sie mitunter geringere Bezüge und Nebenleistungen als ein ordentliches Vorstandsmitglied.¹² **3**

III. Anwendbare Vorschriften

1. Bestellung und Abberufung. a) Allgemeines. Bestellung und Abberufung von stellvertretenden Vorstandsmitgliedern erfolgen gemäß § 84 Abs. 1 und 3 durch den Aufsichtsrat.¹³ Einer Ermächtigung durch eine besondere Satzungsklausel bedarf es nicht.¹⁴ Umgekehrt kann die Satzung die Bestellung stellvertretender Vorstandsmitglieder wegen § 23 Abs. 5 nicht ausschließen.¹⁵ Für den Abschluss des Anstellungsvertrages ist nach § 84 Abs. 1 Satz 5, § 107 Abs. 3 ebenfalls der Aufsichtsrat oder ein Aufsichtsratsausschuss zuständig.¹⁶ Auch die Ernennung eines stellvertretenden zum ordentlichen Vorstandsmitglied obliegt nach allgemeiner Meinung dem Aufsichtsrat,¹⁷ obwohl mit ihr kein organschaftlicher Bestellungsakt, sondern nur eine Änderung der vorstandsinternen Rangordnung verbunden ist. Entsprechendes gilt für den umgekehrten Fall der Herabstufung eines ordentlichen zum stellvertretenden Vorstandsmitglied,¹⁸ die freilich in der Regel gegen den Anstellungsvertrag verstoßen dürfte.¹⁹ Verträge, die ein stellvertretendes Vorstandsmitglied mit der Gesellschaft geschlossen hat, können auch für einen späteren Anstellungsvertrag nach der Bestellung zum ordentlichen Vorstandsmitglied im Wege der konkludenten Einbeziehung Wirkung entfalten.²⁰ **4**

b) Mitbestimmte Gesellschaften. Nach hM kann auch ein Arbeitsdirektor aufgrund sachlicher Kriterien (zB Betriebszugehörigkeit, Dienstalter, Erfahrung) nur zum stellvertretenden Vorstandsmitglied bestellt werden.²¹ Die Gegenansicht²² berücksichtigt nicht hinreichend, dass stellvertretende Vorstandsmitglieder den ordentlichen gleichstehen und keine eigene rechtliche Kategorie bilden (→ Rn. 2). Unterschiedlich beurteilt wird, ob die Ernennung eines stellvertretenden zum ordentli- **5**

---

³ Von einer „Zwitterstellung mit ihrer irreführenden Bezeichnung" spricht bereits *Boesebeck* JW 1938, 2525 (2529); von einer „wenig glücklichen Figur" ist die Rede bei *Ballerstedt* JZ 1968, 397 (399).
⁴ Vgl. KG OLGR 22, 34; *Schlaus* DB 1971, 1653.
⁵ Zum Sozialversicherungsrecht BSG NJW 1974, 208; *Breinl* BB 1969, 1358; Großkomm AktG/*Habersack*/*Foerster* Rn. 5.
⁶ Vgl. Großkomm AktG/*Habersack*/*Foerster* Rn. 5.
⁷ Vgl. BGH NJW 1998, 1971 (1972) – GmbH, gegen OLG Stuttgart NJW 1969, 2150, das von einer „rechtlichen Institution" sprach; gegen letztere Sichtweise bereits *Schlaus* DB 1971, 1653.
⁸ Vgl. OLG Düsseldorf BeckRS 2012, 05972; Bürgers/Körber/*Bürgers* Rn. 1; Großkomm AktG/*Habersack*/*Foerster* Rn. 5; MüKoAktG/*Spindler* Rn. 1.
⁹ Vgl. *Frels* VersR 1963, 898 (901); K. Schmidt/Lutter/*Krieger*/*Sailer* Rn. 1; MHdB AG/*Wiesner* § 24 Rn. 23.
¹⁰ Vgl. Hüffer/Koch/*Koch* Rn. 2.
¹¹ Vgl. *Frels* VersR 1963, 898 (901); K. Schmidt/Lutter/*Krieger*/*Sailer* Rn. 2; MHdB AG/*Wiesner* § 24 Rn. 23.
¹² Vgl. *Boesebeck* JW 1938, 2525 (2529); *Frels* VersR 1963, 898 (901); MHdB AG/*Wiesner* § 24 Rn. 23.
¹³ Vgl. Hüffer/Koch/*Koch* Rn. 3; K. Schmidt/Lutter/*Krieger*/*Sailer* Rn. 2; MüKoAktG/*Spindler* Rn. 9; MHdB AG/*Wiesner* § 24 Rn. 22.
¹⁴ Vgl. KGJ 22, A 194, A 198; *Frels* VersR 1963, 898 (902); Großkomm AktG/*Habersack*/*Foerster* Rn. 12; MüKoAktG/*Spindler* Rn. 9.
¹⁵ Vgl. Großkomm AktG/*Habersack*/*Foerster* Rn. 12; K. Schmidt/Lutter/*Krieger*/*Sailer* Rn. 1.
¹⁶ Vgl. Großkomm AktG/*Habersack*/*Foerster* Rn. 12; K. Schmidt/Lutter/*Krieger*/*Sailer* Rn. 2.
¹⁷ Vgl. Großkomm AktG/*Habersack*/*Foerster* Rn. 13; K. Schmidt/Lutter/*Krieger*/*Sailer* Rn. 3; MHdB AG/*Wiesner* § 24 Rn. 26.
¹⁸ Vgl. Großkomm AktG/*Habersack*/*Foerster* Rn. 13.
¹⁹ Vgl. MHdB AG/*Wiesner* § 24 Rn. 26.
²⁰ Vgl. LG Zweibrücken BB 2007, 2350.
²¹ Vgl. Bürgers/Körber/*Bürgers* Rn. 3; Großkomm AktG/*Habersack*/*Foerster* Rn. 14; Hüffer/Koch/*Koch* Rn. 4; K. Schmidt/Lutter/*Krieger*/*Sailer* Rn. 4; Kölner Komm AktG/*Mertens*/*Cahn* Rn. 9; MüKoAktG/*Spindler* Rn. 13; MHdB AG/*Wiesner* § 24 Rn. 27.
²² Vgl. Hanau/Ulmer MitbestG, 1981, § 33 Rn. 23.

chen Vorstandsmitglied den Verfahrensregeln des § 31 Abs. 2–4 MitbestG unterliegt.[23] Mit einer vordringenden Lehrmeinung ist dies zu verneinen, weil in derartigen Fällen nur eine vorstandsinterne Hochstufung und kein organschaftlicher Bestellungsakt erfolgt.[24]

6 **2. Leitung und Geschäftsführung.** Ein stellvertretendes Vorstandsmitglied ist als vollwertiges Vorstandsmitglied nach § 76 Abs. 1 an der Leitung der Gesellschaft beteiligt.[25] Seine Geschäftsführungsbefugnisse richten sich nach § 77 AktG.[26] Ihm können mithin eigene Ressortzuständigkeiten zugewiesen werden.[27] In der Praxis arbeitet ein stellvertretendes Vorstandsmitglied häufig mit einem ordentlichen Vorstandsmitglied zusammen, das dann regelmäßig die Primärverantwortung trägt,[28] aber kein Weisungsrecht hat.[29] Zulässig ist ebenso, dem stellvertretenden Vorstandsmitglied keine eigene Ressortzuständigkeit zu übertragen oder ihm nur die stellvertretende Leitung eines Ressorts für den Fall der Verhinderung eines ordentlichen Vorstandsmitglieds anzuvertrauen.[30] Davon unberührt bleibt seine ressortübergreifende Überwachungspflicht.[31] Sie ist Ausfluss der organschaftlichen Gesamtverantwortung. Ebenso wie die ordentlichen Vorstandsmitglieder[32] ist das stellvertretende Vorstandsmitglied allerdings in der Regel nur beim Vorliegen konkreter Verdachtsmomente zum Einschreiten verpflichtet.[33] Es kann sich zu seiner Entlastung indes nicht auf mangelnde Informationsmöglichkeiten berufen,[34] sondern muss die ihm kraft Amtes zustehenden Auskunfts- und Informationsrechte (→ § 77 Rn. 48) gegenüber seinen Vorstandskollegen geltend machen. Die gesetzlich vorgegebenen Organpflichten, etwa die Insolvenzantragspflicht nach § 15 a Abs. 1 Satz 1 InsO, treffen das stellvertretende Vorstandsmitglied unabhängig von Ressortzuweisung oder Ressortzuschnitt.[35]

7 **3. Vertretung.** Die Vertretungsmacht eines stellvertretenden Vorstandsmitglieds ist nach § 82 Abs. 1 unbeschränkt und unbeschränkbar.[36] Eine Bestimmung des Inhalts, dass es nur bei Verhinderung eines ordentlichen Vorstandsmitglieds vertretungsbefugt sein soll, ist damit nicht vereinbar.[37] Besteht nach § 78 Abs. 2 Satz 1 Gesamtvertretung, so sind sämtliche Vorstandsmitglieder, ordentliche und stellvertretende, nur gemeinschaftlich zur Vertretung der Gesellschaft befugt.[38] Satzung oder Aufsichtsrat können davon jedoch nach § 78 Abs. 3 abweichen (→ § 78 Rn. 26 ff.). Verlangt das Gesetz ausnahmsweise das Handeln aller Vorstandsmitglieder (zB bei der Anmeldung der Gesellschaft nach § 36), so sind auch die stellvertretenden Vorstandsmitglieder angesprochen.[39] Ihre Zeichnung hat nach Maßgabe des § 79 zu erfolgen; ein Stellvertreterzusatz ist – anders als bei der Verlautbarung im Handelsregister (→ Rn. 8) – zulässig, aber nicht geboten.[40]

8 **4. Publizität.** Die Bestellung stellvertretender Vorstandsmitglieder ist nach § 39 Abs. 1 Satz 1, § 81 Abs. 1 in das Handelsregister einzutragen. Der Stellvertreterzusatz iSd § 94 ist nicht eintragungs-

---

[23] Bejahend *Krieger*, Personalentscheidungen des Aufsichtsrats, 1981, 221; UHH/*Ulmer/Habersack* MitbestG § 31 Rn. 6; MHdB AG/*Wiesner* § 24 Rn. 26.
[24] Im Ergebnis ebenso Bürgers/Körber/*Bürgers* Rn. 3; Grigoleit/*Grigoleit/Tomasic* Rn. 4; Großkomm AktG/ *Habersack/Foerster* Rn. 13; Hüffer/Koch/*Koch* Rn. 4; K. Schmidt/Lutter/*Krieger/Sailer* Rn. 4; Kölner Komm AktG/*Mertens/Cahn* Rn. 7; MüKoAktG/*Spindler* Rn. 12.
[25] Vgl. Bürgers/Körber/*Bürgers* Rn. 1; Großkomm AktG/*Habersack/Foerster* Rn. 7; Hüffer/Koch/*Koch* Rn. 3; MüKoAktG/*Spindler* Rn. 5.
[26] Vgl. *Schlaus* DB 1971, 1633; MHdB AG/*Wiesner* § 24 Rn. 24.
[27] Vgl. Großkomm AktG/*Habersack/Foerster* Rn. 6; K. Schmidt/Lutter/*Krieger/Sailer* Rn. 2.
[28] Vgl. Großkomm AktG/*Habersack/Foerster* Rn. 6.
[29] Vgl. Hüffer/Koch/*Koch* Rn. 2.
[30] Vgl. Kölner Komm AktG/*Mertens/Cahn* Rn. 4; K. Schmidt/Lutter/*Krieger/Sailer* Rn. 2; MHdB AG/*Wiesner* § 24 Rn. 23; abw. *Frels* VersR 1963, 898 (900 f.); in der Praxis wird von dieser Möglichkeit offensichtlich kein Gebrauch gemacht, vgl. bereits *Boesebeck* NJW 1938, 2525 (2528); sowie *Schlaus* DB 1971, 1633 (1634).
[31] Vgl. *Frels* VersR 1963, 898 (902); Kölner Komm AktG/*Mertens/Cahn* Rn. 4; MüKoAktG/*Spindler* Rn. 8; s. auch BGH WM 1971, 1548 (1549).
[32] Zu ihren Überwachungspflichten *Fleischer* NZG 2003, 449 (453 ff.).
[33] Vgl. Großkomm AktG/*Habersack/Foerster* Rn. 7.
[34] Ebenso *Frels* VersR 1963, 898 (902); Großkomm AktG/*Habersack/Foerster* Rn. 7; Hüffer/Koch/*Koch* Rn. 3; Kölner Komm AktG/*Mertens/Cahn* Rn. 4; tendenziell abw. *Boesebeck* JW 1938, 2525 (2529); MüKoAktG/*Spindler* Rn. 11.
[35] Vgl. Großkomm AktG/*Habersack/Foerster* Rn. 8; K. Schmidt/Lutter/*Krieger/Sailer* Rn. 2; MüKoAktG/ *Spindler* Rn. 11.
[36] Vgl. BGH NJW 1998, 1071; OLG Düsseldorf BeckRS 2012, 05972; BayObLGZ 1997, 107 (112); KGJ 24 A 194, A 196; KG OLGR 22, 34.
[37] Vgl. Bürgers/Körber/*Bürgers* Rn. 1; Großkomm AktG/*Habersack/Foerster* Rn. 9.
[38] Vgl. MüKoAktG/*Spindler* Rn. 6; *Schlaus* DB 1971, 1653.
[39] Vgl. *Frels* VersR 1963, 898 (902); Großkomm AktG/*Habersack/Foerster* Rn. 4; MüKoAktG/*Spindler* Rn. 6; *Schlaus* DB 1971, 1653.
[40] Vgl. Großkomm AktG/*Habersack/Foerster* Rn. 10.

Stellvertreter von Vorstandsmitgliedern　　9 §94

pflichtig[41] und entgegen einer älteren Rechtsauffassung[42] auch nicht eintragungsfähig.[43] Das folgt aus einer richtlinienkonformen Auslegung der nationalen Vorschriften im Lichte der unionsrechtlichen GesR-RL.[44]

Auf allen Geschäftsbriefen sind nach § 80 Abs. 1 auch die stellvertretenden Vorstandsmitglieder 9 anzugeben.[45] Ein Stellvertreterzusatz hat aus den vorerwähnten unionsrechtlichen Erwägungen zu unterbleiben.[46] Entsprechendes gilt für die Pflichtangaben im Anhang des Jahresabschlusses nach § 285 Nr. 10 HGB.[47]

---

[41] AllgM; vgl. nur Hüffer/Koch/*Koch* Rn. 3.
[42] Vgl. KGJ 24, A 194; OLG Düsseldorf NJW 1969, 1259; OLG Stuttgart NJW 1969, 2150; so noch Kölner Komm AktG/*Mertens*, 2. Aufl. 1996, Rn. 6.
[43] Vgl. BGH NJW 1998, 1071; BayObLGZ 1997, 107 (110 ff.); Bürgers/Körber/*Bürgers* Rn. 2; Großkomm AktG/*Habersack/Foerster* Rn. 15; K. Schmidt/Lutter/*Krieger/Sailer* Rn. 2; Kölner Komm AktG/*Mertens/Cahn* Rn. 6; MHdB AG/*Wiesner* § 24 Rn. 25.
[44] Vgl. BGH NJW 1998, 1071 (1072); Großkomm AktG/*Habersack/Foerster* Rn. 15; MüKoAktG/*Spindler* Rn. 9.
[45] Vgl Bürgers/Körber/*Bürgers* Rn. 2; Großkomm AktG/*Habersack/Foerster* Rn. 16; K. Schmidt/Lutter/*Krieger/Sailer* Rn. 2; MHdB AG/*Wiesner* § 24 Rn. 25.
[46] Vgl. Bürgers/Körber/*Bürgers* Rn. 2; MHdB AG/*Wiesner* § 24 Rn. 25.
[47] Dazu Großkomm BilR/*Hüttemann* HGB § 285 Rn. 10; MüKoBilR/*Kessler* HGB § 285 Rn. 130; ferner *Dörner/Wirth* in Küting/Weber Rechnungslegung-HdB HGB §§ 284–288 Rn. 264, denen zufolge die Bezeichnung als Stellvertreter aber zweckmäßig und üblich ist; ebenso MüKoHGB/*Poelzig* HGB § 285 Rn. 231.

Zweiter Abschnitt. Aufsichtsrat

§ 95 Zahl der Aufsichtsratsmitglieder

¹Der Aufsichtsrat besteht aus drei Mitgliedern. ²Die Satzung kann eine bestimmte höhere Zahl festsetzen. ³Die Zahl muß durch drei teilbar sein, wenn dies zur Erfüllung mitbestimmungsrechtlicher Vorgaben erforderlich ist. ⁴Die Höchstzahl der Aufsichtsratsmitglieder beträgt bei Gesellschaften mit einem Grundkapital
bis zu   1 500 000 Euro neun,
von mehr als   1 500 000 Euro fünfzehn,
von mehr als   10 000 000 Euro einundzwanzig.
⁵Durch die vorstehenden Vorschriften werden hiervon abweichende Vorschriften des Mitbestimmungsgesetzes vom 4. Mai 1976 (BGBl. I S. 1153), des Montan-Mitbestimmungsgesetzes und des Gesetzes zur Ergänzung des Gesetzes über die Mitbestimmung der Arbeitnehmer in den Aufsichtsräten und Vorständen der Unternehmen des Bergbaus und der Eisen und Stahl erzeugenden Industrie in der im Bundesgesetzblatt Teil III, Gliederungsnummer 801-3, veröffentlichten bereinigten Fassung – Mitbestimmungsergänzungsgesetz – nicht berührt.

§ 7 MitbestG Zusammensetzung des Aufsichtsrats

(1) ¹Der Aufsichtsrat eines Unternehmens
1. mit in der Regel nicht mehr als 10 000 Arbeitnehmern setzt sich zusammen aus je sechs Aufsichtsratsmitgliedern der Anteilseigner und der Arbeitnehmer;
2. mit in der Regel mehr als 10 000, jedoch nicht mehr als 20 000 Arbeitnehmern setzt sich zusammen aus je acht Aufsichtsratsmitgliedern der Anteilseigner und der Arbeitnehmer;
3. mit in der Regel mehr als 20 000 Arbeitnehmern setzt sich zusammen aus je zehn Aufsichtsratsmitgliedern der Anteilseigner und der Arbeitnehmer.

²Bei den in Satz 1 Nr. 1 bezeichneten Unternehmen kann die Satzung (der Gesellschaftsvertrag) bestimmen, daß Satz 1 Nr. 2 oder 3 anzuwenden ist. ³Bei den in Satz 1 Nr. 2 bezeichneten Unternehmen kann die Satzung (der Gesellschaftsvertrag) bestimmen, daß Satz 1 Nr. 3 anzuwenden ist.

(2) Unter den Aufsichtsratsmitgliedern der Arbeitnehmer müssen sich befinden
1. in einem Aufsichtsrat, dem sechs Aufsichtsratsmitglieder der Arbeitnehmer angehören, vier Arbeitnehmer des Unternehmens und zwei Vertreter von Gewerkschaften;
2. in einem Aufsichtsrat, dem acht Aufsichtsratsmitglieder der Arbeitnehmer angehören, sechs Arbeitnehmer des Unternehmens und zwei Vertreter von Gewerkschaften;
3. in einem Aufsichtsrat, dem zehn Aufsichtsratsmitglieder der Arbeitnehmer angehören, sieben Arbeitnehmer des Unternehmens und drei Vertreter von Gewerkschaften.

(3) Unter den Aufsichtsratsmitgliedern der Arbeitnehmer eines in § 1 Absatz 1 genannten, börsennotierten Unternehmens müssen im Fall des § 96 Absatz 2 Satz 3 des Aktiengesetzes Frauen und Männer jeweils mit einem Anteil von mindestens 30 Prozent vertreten sein.

(4) ¹Die in Absatz 2 bezeichneten Arbeitnehmer des Unternehmens müssen das 18. Lebensjahr vollendet haben und ein Jahr dem Unternehmen angehören. ²Auf die einjährige Unternehmensangehörigkeit werden Zeiten der Zugehörigkeit zu einem anderen Unternehmen, dessen Arbeitnehmer nach diesem Gesetz an der Wahl von Aufsichtsratsmitgliedern des Unternehmens teilnehmen, angerechnet. ³Diese Zeiten müssen unmittelbar vor dem Zeitpunkt liegen, ab dem die Arbeitnehmer zur Wahl von Aufsichtsratsmitgliedern des Unternehmens berechtigt sind. ⁴Die weiteren Wählbarkeitsvoraussetzungen des § 8 Abs. 1 des Betriebsverfassungsgesetzes müssen erfüllt sein.

(5) Die in Absatz 2 bezeichneten Gewerkschaften müssen in dem Unternehmen selbst oder in einem anderen Unternehmen vertreten sein, dessen Arbeitnehmer nach diesem Gesetz an der Wahl von Aufsichtsratsmitgliedern des Unternehmens teilnehmen.

Schrifttum: *Bayer/Scholz*, Der Verzicht auf die Dreiteilbarkeit der Mitgliederzahl des Aufsichtsrats nach der Neufassung des § 95 Satz 3 AktG, ZIP 2016, 193; *Diefenbacher/Teichert*, Mitbestimmung vor künftigen Herausforderungen in einer globalisierten Welt, FS Nutzinger, 2005, 359; *FitzRoy/Kraft*, Die Auswirkung der gesetzlichen Mitbestimmung auf die Produktivität deutscher Unternehmen, FS Nutzinger, 2005, 345; *Ihrig/Wandt*, Die Aktienrechtsnovelle 2016, BB 2016, 6; *Lieder*, Der Aufsichtsrat im Wandel der Zeit, Diss. Jena 2006; *Mielke*, Defizite in der Unternehmenskontrolle durch den Aufsichtsrat und Ansätze zu ihrer Bewältigung, Diss. Hamburg 2005; *Oetker*, Der Anwendungsbereich des Statusverfahrens nach den §§ 97 ff. AktG, ZHR 149 (1985), 575; *Paschos/Goslar*, Die Aktienrechtsnovelle 2016, NJW 2016, 359; *Raiser*, Gestaltungsfreiheit im Mitbestimmungsrecht, FS Westermann, 2008, 1295; *Staake*, Arbeitnehmervertreter als unabhängige Aufsichtsratsmitglieder?, NZG 2016, 853; *Wälzholz/Graf Wolffskeel v. Reichenberg*, Die Aktienrechtsnovelle 2016 und weitere aktienrechtliche Gesetzesänderungen, MittBayNot 2016, 197.

Übersicht

	Rn.		Rn.
I. Überblick	1–3	VI. Satzungsvorschriften	12–25
II. Aufsichtsrat als zwingend erforderliches Organ	4	1. Grundlagen	12–14
		2. Erhöhungen der Zahl	15, 16
III. Gesetzliche Regel	5	3. Verringerung der Zahl	17–22
IV. Höchstgrenzen	6–8	a) Herabsetzung der Zahl durch Satzungsänderung	18–20
V. Zusammensetzung nach mitbestimmungsrechtlichen Vorschriften	9–11	b) Unterschreitung der Schwellen durch Kapitalherabsetzung	21, 22
1. Überblick	9, 10	4. Rechtsfolgen	23–25
2. Veränderung der Zahl nach § 7 MitbestG	11	VII. Reformvorhaben	26

I. Überblick

§ 95 regelt nur die zahlenmäßige Besetzung des Aufsichtsrats, nicht dessen personelle Zusammensetzung. Mitbestimmungsrechtliche Vorschriften der in § 95 S. 5 aufgeführten Gesetze gehen vor (→ Rn. 9); dagegen ist § 95 in vollem Umfang auf Gesellschaften anwendbar, die dem Drittelbeteiligungsgesetz bzw. der Arbeitnehmerbeteiligung nach dem früheren BetrVG 1952 unterfallen.[1] **1**

Zweck der Norm ist die Begrenzung der vor dem AktG 1965 weitergehenden Satzungsautonomie nach § 86 Abs. 1 AktG 1937. Dieses legte allerdings auch Mindest- und Höchstzahlen fest, um einen Ausgleich zwischen einer befürchteten extensiven Beiratsbildung bei zu geringer Zahl und dem Ziel einer gewissenhaften Ausübung der Kontrolle bei einer nicht zu hohen Anzahl der Aufsichtsratsmitglieder herbeizuführen, ebenfalls in Abhängigkeit zum Grundkapital.[2] Ziel der Obergrenze ist die Sicherung der effizienten Zusammenarbeit des Aufsichtsrats durch die zwingende Festlegung von Höchstzahlen, die die Möglichkeit der Bildung von „Riesen-Aufsichtsräten" ausschließt.[3] Im Gegensatz zur Lage nach dem AktG 1937 kann die Satzung aber nicht mehr eine innerhalb des gesetzlichen Rahmens liegende bewegliche Zahl bestimmen und der Hauptversammlung einen Spielraum nach oben einräumen,[4] sondern es sind nur bestimmte höhere Festsetzungen zulässig. Zur Wahrung der Beteiligungsrechte der Arbeitnehmer sollte die in der Praxis übliche variable Anpassung der Aufsichtsratsgröße als Mittel der Entfernung unliebsamer Arbeitnehmervertreter aus dem Aufsichtsrat unterbunden werden.[5] Entfallen ist auch die in § 86 Abs. 1 S. 4 AktG 1937 vorgesehene Befreiung von der Beachtung der gesetzlichen Höchstzahl durch ministerielle Genehmigung. Im Gegenzug wurden die zuletzt geltenden Obergrenzen von neun, zwölf und fünfzehn Mitgliedern angehoben.[6] Die Höchstzahlen betragen nunmehr bei einem Grundkapital bis 1,5 Mio Euro (früher 3 Mio DM) neun, bei einem Grundkapital von mehr als 1,5 Mio Euro (früher 3 Mio DM) fünfzehn und bei einem 10 Mio Euro (früher 20 Mio DM) übersteigenden Grundkapital einundzwanzig Mitglieder. Unverändert gilt die Untergrenze von drei Mitgliedern. **2**

Nach Erlass des AktG 1965 wurde § 95 nur noch in S. 5 durch das Mitbestimmungsgesetz (BGBl. 1976 I 1153) sowie das Gesetz zur Einführung des Euros angepasst (Art. 3 § 1 Nr. 5 des Euro-Einführungsgesetzes vom 9.6.1998, BGBl. 1998 I 1242). Der Deutsche **Corporate Governance Kodex** enthält keine Empfehlung für die Aufsichtsratsgröße.[7] **3**

II. Aufsichtsrat als zwingend erforderliches Organ

Das AktG geht davon aus, dass jede AG einen Aufsichtsrat als Organ haben muss und setzt dies im Verhältnis der Organe voraus.[8] Weder Satzung noch Hauptversammlung können die Abschaffung **4**

---

[1] MüKoAktG/*Habersack* Rn. 2.
[2] *Schlegelberger/Quassowski* AktG 1937 § 86 Rn. 1.
[3] BegrRegE *Kropff* S. 125; Großkomm AktG/*Hopt/Roth* Rn. 32; zur These der Arbeitsunfähigkeit solcher „Riesen- Aufsichtsräte" s. *Spieker* DB 1963, 821 (823); dagegen *Werner* DB 1963, 1563.
[4] Zur Rechtslage nach dem AktG 1937: *Schlegelberger/Quassowski* AktG 1937 § 86 Rn. 4; *Gadow* in GK AktG 1937 § 86 Anm 1; *Baumbach/Hueck* AktG 1937 § 86 Ziff. 2.
[5] BegrRegE *Kropff* S. 125; Großkomm AktG/*Hopt/Roth* Rn. 31; Kölner Komm AktG/*Mertens/Cahn* Rn. 5; MüKoAktG/*Habersack* Rn. 1, 9; Hüffer/Koch/*Koch* Rn. 1; Grigoleit/*Grigoleit/Tomasic* Rn. 3; Hölters/*Simons* Rn. 4.
[6] BegrRegE *Kropff* S. 125; Kölner Komm AktG/*Mertens/Cahn* Rn. 2; MüKoAktG/*Habersack* Rn. 1.
[7] S. dazu *Baums* Bericht der Regierungskommission Rn. 49; *Mielke*, Defizite in der Unternehmenskontrolle durch den Aufsichtsrat und Ansätze zu ihrer Bewältigung, 2005, 282.
[8] Kölner Komm AktG/*Mertens/Cahn* Rn. 7; MüKoAktG/*Habersack* Rn. 5; Großkomm AktG/*Hopt/Roth* Rn. 33; Lutter/Krieger/*Verse* Rechte und Pflichten des Aufsichtsrats Rn. 7; NK-AktR/*Breuer/Fraune* Rn. 1; Bürgers/Körber/*Israel* Rn. 2; Grigoleit/*Grigoleit/Tomasic* Rn. 1; Wachter/*Schick* Rn. 1; Henssler/Strohn/*Henssler* Rn. 1.

des Aufsichtsrats als Organ vorsehen.⁹ Dieser Grundsatz galt schon vor Einführung der weitgehend zwingenden Kompetenzverteilung zwischen den Organen im AktG 1937.¹⁰ Ebenso wenig können Satzung oder Hauptversammlung zwei oder mehr Aufsichtsräte vorsehen,¹¹ wohl aber andere Gremien, die aber nicht die im AktG für den Aufsichtsrat vorgesehenen Kompetenzen wahrnehmen können (Beirat).¹² Aus Verkehrsschutzgründen zwingend ist auch die Bezeichnung des Organs als „Aufsichtsrat", sodass andere Begriffe wie „Verwaltungsrat", „Board" oder Ähnliches ausscheiden.¹³ Dem Aufsichtsrat können durch die Satzung auch über die im AktG vorgesehenen Befugnisse hinaus zusätzliche Kompetenzen zugewiesen werden, sofern nicht die Rechte anderer Organe damit beschnitten werden.

III. Gesetzliche Regel

5 Das Gesetz geht als Regel für Gesellschaften, die nicht einem der in § 95 S. 5 genannten Mitbestimmungsgesetze unterfallen, von einer Zahl von drei Aufsichtsratsmitgliedern aus. Damit korrespondiert die Regelung zur Beschlussfähigkeit in § 108 Abs. 2 S. 3, die ebenfalls mindestens drei Aufsichtsratsmitglieder verlangt (→ § 108 Rn. 40).

IV. Höchstgrenzen

6 Das Gesetz legt für nicht mitbestimmte Gesellschaften sowie für solche, die dem DrittelbG unterfallen, Höchstgrenzen fest. Die Satzung kann daher nicht beliebige Größen für den Aufsichtsrat vorsehen, sondern ist an die Höchstgrenzen in § 95 S. 4 gebunden. Als zu **zählende Aufsichtsratsmitglieder** gelten alle Organmitglieder, gleich aus welchem Rechtsgrund sie bestellt worden sind, ob gewählt, entsandt oder aufgrund der Mitbestimmungsgesetze in den Aufsichtsrat gewählt; auch die gerichtlich bestellten fallen hierunter.¹⁴ Entscheidend ist allein die Rechtsstellung als Organmitglied, so dass die Ersatzmitglieder¹⁵ oder Ehrenmitglieder¹⁶ nicht gezählt werden. Bei aufschiebend bedingt gewählten Ersatzmitgliedern kommt es für die Zählung auf den Eintritt der Bedingung und die Organmitgliedschaft an.¹⁷

7 Die Bezugsgröße des § 95 S. 4 ist das tatsächlich ausgegebene **Grundkapital**, das in der gültigen Satzung festgesetzt worden ist, unabhängig davon, in welcher Höhe es eingezahlt worden ist.¹⁸ Kapitalerhöhungen wirken sich erst mit Eintragung der durchgeführten Kapitalerhöhung aus, auch beim genehmigten Kapital gem. § 203 Abs. 1 S. 1, § 189, bei bedingter Kapitalerhöhung erst mit Ausgabe der Bezugsaktien gem. § 200.¹⁹

8 Die in § 95 S. 4 vorgesehenen Eurozahlen gelten ab dem 1.1.1999 mit einer in § 1 Abs. 2 EGAktG geregelten Übergangslösung.²⁰ Die Höchstzahl von bestehenden Aufsichtsräten konnte wegen der wertmäßig unter der früheren Währung liegenden Eurogrenze nicht überschritten werden.²¹

V. Zusammensetzung nach mitbestimmungsrechtlichen Vorschriften

9 **1. Überblick.** § 95 S. 5 stellt klar, dass die spezialgesetzlichen Vorschriften der Mitbestimmungsgesetze unberührt bleiben. Einschlägig sind hier § 7 MitbestG, § 4 Montan-MitbestG und § 5 Montan-

---

⁹ AllgM, MüKoAktG/*Habersack* Rn. 5; K. Schmidt/Lutter/*Drygala* Rn. 2; Großkomm AktG/*Hopt/Roth* Rn. 35; Wachter/*Schick* Rn. 3; Henssler/Strohn/*Henssler* Rn. 1.
¹⁰ RGZ 48, 40 (42).
¹¹ Kölner Komm AktG/*Mertens/Cahn* Rn. 7; Großkomm AktG/*Hopt/Roth* Rn. 37; MüKoAktG/*Habersack* Rn. 5; Henssler/Strohn/*Henssler* Rn. 1.
¹² Hüffer/Koch/*Koch* Rn. 4; Großkomm AktG/*Hopt/Roth* Rn. 31, 40 ff.; MüKoAktG/*Habersack* Rn. 6; Kölner Komm AktG/*Mertens/Cahn* Rn. 9; Grigoleit/*Grigoleit/Tomasic* Rn. 1; E. Vetter in Marsch-Barner/Schäfer Börsennotierte AG-HdB Rn. 23.13.
¹³ MüKoAktG/*Habersack* Rn. 5 unter Hinweis auf KG JW 1932, 2620 mit Anm. *Pinner* JW 1932, 2621; Kölner Komm AktG/*Mertens/Cahn* Rn. 7; Großkomm AktG/*Hopt/Roth* Rn. 35; Wachter/*Schick* Rn. 3.
¹⁴ Hüffer/Koch/*Koch* Rn. 4; MüKoAktG/*Habersack* Rn. 14; Großkomm AktG/*Hopt/Roth* Rn. 65; Hölters/*Simons* Rn. 9.
¹⁵ Kölner Komm AktG/*Mertens/Cahn* Rn. 15; Großkomm AktG/*Hopt/Roth* Rn. 65; MüKoAktG/*Habersack* Rn. 14; Hüffer/Koch/*Koch* Rn. 4; NK-AktR/*Breuer/Fraune* Rn. 8; Hölters/*Simons* Rn. 9.
¹⁶ Großkomm AktG/*Hopt/Roth* Rn. 65; Kölner Komm AktG/*Mertens/Cahn* Rn. 15; NK-AktR/*Breuer/Fraune* Rn. 8; Wachter/*Schick* Rn. 5.
¹⁷ Kölner Komm AktG/*Mertens/Cahn* Rn. 20; MüKoAktG/*Habersack* Rn. 14; Großkomm AktG/*Hopt/Roth* Rn. 65; Wachter/*Schick* Rn. 5.
¹⁸ MüKoAktG/*Habersack* Rn. 13; Großkomm AktG/*Hopt/Roth* Rn. 64; Hüffer/Koch/*Koch* Rn. 4; Bürgers/Körber/*Israel* Rn. 6; Hölters/*Simons* Rn. 10; Henssler/Strohn/*Henssler* Rn. 2.
¹⁹ Großkomm AktG/*Hopt/Roth* Rn. 64; Bürgers/Körber/*Israel* in Rn. 6.
²⁰ S. dazu MüKoAktG/*Habersack* Rn. 12; Großkomm AktG/*Hopt/Roth* Rn. 62.
²¹ Großkomm AktG/*Hopt/Roth* Rn. 62; Hölters/*Simons* Rn. 11.

MitbestErgG.²² So bestimmt sich die Zahl der Aufsichtsratsmitglieder nach § 7 MitbestG allein nach der Zahl der Arbeitnehmer, für Unternehmen, die in den Geltungsbereich des Montan-MitbestG oder des Montan-MitbestErgG fallen, schreiben § 4 Montan-MitbestG und § 5 Montan-MitbestErgG mit 11 bzw. 15 Aufsichtsratsmitgliedern feste Aufsichtsratsgrößen vor. Im Geltungsbereich des MitbestG setzt sich der Aufsichtsrat gem. § 7 Abs. 1 Nr. 1 bei Unternehmen mit einer regelmäßigen Arbeitnehmerzahl von unter 10 000 aus zwölf Mitgliedern zusammen, wobei jeweils sechs Vertreter auf jede Gruppe entfallen. Es gilt das das MitbestG kennzeichnende Prinzip der quantitativen Parität.²³ Bei einer regelmäßigen Beschäftigtenzahl von mehr als 10 000 aber weniger als 20 000 Arbeitnehmern erhöht sich die gesetzliche Mitgliederzahl auf 16, wobei je acht Vertreter der Arbeitnehmer- und Arbeitgeberseite entstammen müssen. Wird der Schwellenwert von über 20 000 Arbeitnehmern erreicht, erhöht sich die Aufsichtsratsgröße auf 20 Mitglieder, vertreten sind je zehn Vertreter beider Seiten.²⁴

10 Die Höchstgrenzen und Referenzgrößen des § 95 S. 4 gelten hier nicht. Vielmehr sehen § 7 Abs. 1 S. 2 MitgestG und § 7 Abs. 1 S. 3 MitbestG nur eingeschränkte Wahlmöglichkeiten für die Satzung vor, die sich auf höhere Stufen der Aufsichtsratsgröße beziehen.²⁵ Auf Seiten der Arbeitnehmervertretung ändert sich die Zahl der Gewerkschaftsvertreter nach § 7 Abs. 2 MitbestG aber erst, wenn der Aufsichtsrat aus 20 Mitgliedern besteht. Soweit keine gesetzlich vorgesehene Abweichung vorliegt, ist die gesetzliche Mitgliederzahl abschließend und zwingend.²⁶

11 **2. Veränderung der Zahl nach § 7 MitbestG.** Sofern sich die Zusammensetzung nach mitbestimmungsrechtlichen Vorschriften richtet, kann eine Veränderung der Zahl der Arbeitnehmer eine höhere Zahl der Aufsichtsratsmitglieder bedingen. In diesem Fall bestimmt sich die Anzahl der Aufsichtsratsmitglieder entsprechend § 7 Abs. 1 MitbestG, der nach § 95 S. 5 als spezialgesetzliche Vorschrift vorgeht, nicht nach dem Grundkapital, sondern nach der Zahl der Arbeitnehmer. Dabei ist es unerheblich, ob mit Überschreitung des Schwellenwertes das Unternehmen erstmals in den Anwendungsbereich des MitbestG fällt oder die in § 7 Abs. 1 MitbestG genannten Werte überschritten werden. Die für die Zusammensetzung des Aufsichtsrats einschlägigen Normen sind im Rahmen des in §§ 97 ff. vorgesehenen Statusverfahrens entweder in einem förmlichen außergerichtlichen Verfahren nach § 97 oder im Streitfall durch ein gerichtliches Verfahren nach Maßgabe der §§ 98, 99 festzustellen.²⁷ Der Aufsichtsrat bleibt dabei bis zum Abschluss dieses Verfahrens schon aus praktischen Gründen im Amt; anderenfalls wäre eine rechtmäßige Beschlussfassung in der Übergangszeit unmöglich.²⁸ Im Falle der Ausgliederung eines Betriebs bemisst sich die Größe des Aufsichtsrats nach der nach Durchführung der Maßnahme verbleibenden Belegschaft. Dies gilt unbeschadet der Anhängigkeit einer Anfechtungsklage gegen die der Ausgliederung und dem Beteiligungsverkauf zustimmenden Beschlüsse der Hauptversammlung, da die Beschlusswirkungen erst mit Rechtskraft des stattgebenden Urteils entfallen.²⁹

VI. Satzungsvorschriften

12 **1. Grundlagen.** Die Satzung kann **keine geringere Zahl** als drei Mitglieder vorschreiben.³⁰ Möglich ist aber die Festlegung einer **höheren Zahl**, sofern die Satzungsklausel die Vorgaben von

---

²² Für eine Abschaffung der zwingenden Regelung des § 7 MitbestG zugunsten einer aktienrechtlichen Rahmenregelung wie nach § 95 AktG sowie eine Streichung der überkommenen Regelungen der Montanmitbestimmungsgesetze, *Raiser*, Gutachten B zum 66. Dt. Juristentag 2006, 79 ff., 90; ähnlich UHH/*Henssler* MitbestG § 7 Rn. 13, der ebenfalls einen Vorrang von Verhandlungslösungen vor den derzeit zwingenden gesetzlichen Mitbestimmungsregeln proklamiert.
²³ Dazu UHH/*Henssler* MitbestG § 7 Rn. 3; HWK/*Seibt* MitbestG § 7 Rn. 1; RVJ/*Raiser/Jacobs* MitbestG § 7 Rn. 1; *Mielke*, Defizite in der Unternehmenskontrolle durch den Aufsichtsrat und Ansätze zu ihrer Bewältigung, 2005, 284.
²⁴ Die vergleichsweise hohe Zahl der Aufsichtsratsmitglieder erklärt sich aus dem Bestreben des Gesetzgebers, die Gruppen der Arbeiter, Angestellten, leitenden Angestellten und Gewerkschaftsvertreter gesondert bei der Zusammensetzung des Organs zu berücksichtigen (vgl. dazu BegrRegE BT-Drs. 7/2172, 21; UHH/*Henssler* MitbestG § 7 Rn. 15; MüKoAktG/*Gach* MitbestG § 7 Rn. 2; Kölner Komm AktG/*Mertens/Cahn* Anh. B § 117 MitbestG § 7 Rn. 3).
²⁵ *Meier* NZG 2000, 190 (191); UHH/*Henssler* MitbestG § 7 Rn. 17; HWK/*Seibt* MitbestG § 7 Rn. 1.
²⁶ RVJ/*Raiser/Jacobs* MitbestG § 7 Rn. 2; UHH/*Henssler* MitbestG § 7 Rn. 18; ErfK/*Oetker* MitbestG § 7 Rn. 1.
²⁷ *Rittner* DB 1969, 2165 (2167); UHH/*Henssler* MitbestG § 7 Rn. 23; näher Großkomm AktG/*Hopt/Roth* Rn. 101 ff.
²⁸ *Oetker* ZHR 149 (1985), 575 (576 f.); UHH/*Henssler* MitbestG § 7 Rn. 23.
²⁹ LG Mainz AG 1998, 538 = DB 1998, 2052.
³⁰ AllgM, Kölner Komm AktG/*Mertens/Cahn* Rn. 11; MüKoAktG/*Habersack* Rn. 9; Großkomm AktG/*Hopt/Roth* Rn. 60; Hüffer/*Koch/Koch* Rn. 2; *E. Vetter* in Marsch-Barner/Schäfer Börsennotierte AG-HdB Rn. 24.2.

§ 95 S. 3, 4 einhält. Die Gestaltungsmöglichkeit gilt in begrenztem Umfang auch für Gesellschaften, die einem der in § 95 S. 5 genannten Mitbestimmungsgesetze unterfallen; hier kann die Satzung nach § 7 Abs. 1 S. 2 MitbestG vorsehen, dass die jeweils nächste oder auch übernächste Stufe der grundsätzlich gesetzlich vorgeschriebenen Aufsichtsratsgröße maßgeblich ist. Dagegen kann die Satzung nicht über die von § 7 Abs. 1 S. 2 MitbestG vorgesehene Höchstzahl von 20 Mitgliedern hinausgehen; § 7 Abs. 1 MitbestG ist abschließender Natur und geht § 95 AktG vor.[31] Dies gilt auch für nur als „beratende" Mitglieder vorgesehene Personen, da § 109 nur die Teilnahme in Einzelfällen vorsieht, aber keine ständige Mitwirkung, zudem § 109 satzungsfest ist (→ § 109 Rn. 5).[32]

13 **Variable Klauseln,** die lediglich eine Mindest- und eine Höchstzahl vorsahen und noch unter dem AktG 1937 für zulässig gehalten wurden,[33] sind mit dem AktG 1965 nicht mehr vereinbar.[34] Wohl aber ist eine Klausel bestimmt genug, die vorschreibt, dass die jeweils höchstzulässige Zahl in Abhängigkeit vom Grundkapital maßgeblich ist; denn das Grundkapital lässt sich eindeutig ermitteln.[35]

14 Die höhere von der Satzung vorgesehene Zahl an Aufsichtsratsmitgliedern muss gem. § 95 S. 3 **durch drei teilbar** sein.[36] Die Bestimmung geht auf die Drittelbeteiligung der Arbeitnehmervertreter nach dem BetrVG 1952 aF, heute DrittelbG, zurück. Sie gilt nicht, soweit die nach § 95 S. 5 genannten Mitbestimmungsgesetze andere Bestimmungen enthalten.[37] Bei der SE tritt die Beteiligungsvereinbarung an die Stelle der Mitbestimmungsgesetze.[38] Diese notwendige Voraussetzung wurde durch das Inkrafttreten der Aktienrechtsnovelle 2016[39] am 31.12.2015 und der damit einhergehenden Ergänzung des S. 3 eingeschränkt. Demnach werden von der zwingenden Dreiteilbarkeit nur noch Gesellschaften erfasst, die unter das DrittelbG fallen.[40] Nun ist ein Entgegenwirken der Gefahr einer Beschlussunfähigkeit nach § 108 II S. 3 AktG durch eine bereits geringfügige Aufstockung des Aufsichtsrats möglich.[41] Hingegen wurde versehentlich[42] das Dreiteilbarkeitserfordernis für die dualistische *Societas Europaea* (SE) zunächst nicht modifiziert. Diese Schlechterstellung gegenüber der AG war nicht nur nicht gerechtfertigt,[43] sondern wurde bereits wieder vom Gesetzgeber behoben.[44]

15 **2. Erhöhungen der Zahl.** Spätere Änderungen der Zahl der Aufsichtsratsmitglieder durch eine entsprechende Satzungsänderung sind möglich. So kann die Satzung im Rahmen der Grenzen des § 95 S. 4, insbesondere wenn das Kapital erhöht wurde, oder des § 7 Abs. 1 S. 2 MitbestG die Zahl der Aufsichtsratsmitglieder **erhöhen**. Erforderlich ist dann eine Ergänzungswahl der neuen Aufsichtsratsmitglieder durch die Hauptversammlung, auch bei den Arbeitnehmervertretern durch die jeweiligen Wahlkörper.[45] Die neue Zahl wird mit Eintragung des Beschlusses in das Handelsregister gem. § 181 Abs. 3 wirksam. Mit dem Beschluss kann die Wahl der neuen Aufsichtsratsmitglieder verbunden wer-

---

[31] BGH AG 2012, 248 Rn. 12.
[32] BGH AG 2012, 248 Rn. 15 f.
[33] LG Darmstadt BB 1953, 320; LG Frankfurt a. M. DB 1953, 333; dagegen *Geßler* DB 1953, 440 f.
[34] BegrRegE *Kropff* S. 125; MüKoAktG/*Habersack* Rn. 1, 9; Großkomm AktG/*Hopt/Roth* Rn. 60; Kölner Komm AktG/*Mertens/Cahn* Rn. 1; Hüffer/Koch/*Koch* Rn. 3; NK-AktR/*Breuer/Fraune* Rn. 6; Wachter/*Schick* Rn. 4; Hölters/*Simons* Rn. 5; Henssler/Strohn/*Henssler* Rn. 2; → Rn. 2.
[35] Kölner Komm AktG/*Mertens/Cahn* Rn. 14; Großkomm AktG/*Hopt/Roth* Rn. 60; zust. MüKoAktG/*Habersack* Rn. 9; Hölters/*Simons* Rn. 5.
[36] Eine Ausnahme enthält das Gesetz zu dem Vertrag zwischen der Bundesrepublik Deutschland und der Schweizerischen Eidgenossenschaft über die Regelung von Fragen, welche die Aufsichtsräte der in der Bundesrepublik Deutschland zum Betrieb von Grenzkraftwerken am Rhein errichteten Aktiengesellschaften betreffen, v 13.5.1957, BGBl. 1957 II 262.
[37] MüKoAktG/*Habersack* Rn. 11.
[38] LG Nürnberg-Fürth NZG 2010, 547 = ZIP 2010, 372.
[39] Gesetz zur Änderung des Aktiengesetzes (Aktienrechtsnovelle 2016), BGBl. 2015 I 2565.
[40] Henssler/Strohn/*Henssler* Rn. 3; *Staake* NZG 853 (855); *Wälzholz/Graf Wolffskeel v. Reichenberg* MittBayNot 2016, 197 (200); *Paschos/Goslar* NJW 2016, 359 (362).
[41] *Paschos/Goslar* NJW 2016, 359 (362); Henssler/Strohn/*Henssler* Rn 3.
[42] So auch Henssler/Strohn/*Henssler* Rn. 3; *Paschos/Goslar* NJW 2016, 359 (362).
[43] So auch *BReg* Gesetzesentwurf AReG, Drs. 18/7219, 58; *Bayer/Scholz* ZIP 2016, 194 (197); *Ihrig/Wandt* BB 2016, 6 (12); zum Gleichbehandlungsgebot Lutter/Hommelhoff/Teichmann/*Hommelhoff/Teichmann* SE-VO Art. 10 Rn. 1 ff.
[44] Gesetz zur Umsetzung der prüfungsbezogenen Regelungen der Richtlinie 2014/56/EU sowie zur Ausführung der entsprechenden Vorgaben der Verordnung (EU) Nr. 537/2014 im Hinblick auf die Abschlussprüfung bei Unternehmen von öffentlichem Interesse (Abschlussprüfungsreformgesetz – AReG), BGBl. 2016 I 1142 (1151).
[45] Kölner Komm AktG/*Mertens/Cahn* Anh. B § 117 MitbestG § 7 Rn. 6; Großkomm AktG/*Hopt/Roth* Rn. 89; MüKoAktG/*Habersack* Rn. 17; Henssler/Strohn/*Henssler* Rn. 2; UHH/*Henssler* MitbestG § 7 Rn. 29; *Meier* NZG 2000, 190; aA WKS/*Wißmann* MitbestG § 7 Rn. 8 ff., der für eine Neuwahl des gesamten Aufsichtsrats plädiert.

den.⁴⁶ Die Amtszeit richtet sich gem. § 102 nach dem Beschluss, in Ermangelung besonderer Bestimmungen nach der gesetzlichen Höchstzeit. Die übrigen Aufsichtsratsmitglieder bleiben entsprechend ihrer Amtszeit im Aufsichtsrat;⁴⁷ diese verlängert sich nicht durch die Änderung der Größe.

Allein eine **Kapitalerhöhung** bewirkt noch keine Änderung der Zahl der Aufsichtsratsmitglieder; **16** vielmehr muss die Satzung diesbezüglich ausdrücklich geändert und angepasst werden.⁴⁸

3. Verringerung der Zahl. Eine Verringerung der Zahl wirft dagegen die Frage auf, welchen **17** Status die überzähligen Aufsichtsratsmitglieder innehaben, insbesondere ob ein Statusverfahren nach §§ 97 ff. durchzuführen ist. Eine Herabsetzung der Zahl der Aufsichtsratsmitglieder ist auf zweierlei Weise möglich: Zum einen durch eine Satzungsänderung, die die neue Zahl vorsieht, zum anderen zwingend aufgrund einer Herabsetzung des Grundkapitals, die dazu führt, dass die Höchstgrenzen nach § 95 S. 4 sich ändern, etwa indem das Grundkapital unter 10 Mio Euro sinkt, so dass ein Aufsichtsrat aus 18 Mitgliedern nicht mehr zulässig wäre. Schließlich spielt die Frage, ob die Gesellschaft einem Mitbestimmungsgesetz unterfällt, ebenfalls eine bedeutsame Rolle.

a) Herabsetzung der Zahl durch Satzungsänderung. Eine Satzungsänderung ist nicht mit **18** einer Änderung der gesetzlichen Bestimmungen über die Zusammensetzung des Aufsichtsrats im Sinne der § 96 Abs. 2, § 97 gleichzusetzen. Denn sie beruht auf der privatautonomen Entscheidung der Aktionäre bzw. der Hauptversammlung, während § 96 Abs. 2, § 97 auf gesetzlich zwingende Änderungen in der Zusammensetzung des Aufsichtsrats abzielen, insbesondere Änderungen aufgrund eines anderen mitbestimmungsrechtlichen Status (→ § 97 Rn. 8 und → § 99 Rn. 1).⁴⁹

Daher wird bei **nicht-mitbestimmten Gesellschaften** die Satzungsänderung mit Eintragung **19** nach § 181 Abs. 3 wirksam. Das Amt des Aufsichtsratsmitglieds erlischt indes nicht per se mit der Änderung der Zahl, sondern erst mit Ablauf seiner Amtszeit; denn die Bestellung ist unabhängig von der Satzungsänderung, der organschaftliche Bestellungsakt kann nur durch eine Abberufung rückgängig gemacht werden, da das Gesetz keine Beendigung des Mandats bei Veränderungen der Zusammensetzung des Aufsichtsrats vorgesehen hat.⁵⁰ Zwar ist der Aufsichtsrat nicht mehr ordnungsgemäß zusammengesetzt, doch verstößt die zu hohe Zahl nur gegen ein Satzungsgebot, nicht gegen ein gesetzliches Verbot. Dementsprechend muss die Hauptversammlung zur Einhaltung der statuarischen Bestimmung die Aufsichtsratsmitglieder nach § 103 Abs. 1 abberufen, was auch ohne wichtigen Grund möglich ist;⁵¹ der Durchführung des Statusverfahrens, deren Notwendigkeit sich aus einer teleologischen Extension der §§ 97 ff. und dem dort normierten Grundsatzes der Amtskontinuität ergeben soll,⁵² bedarf es indes nicht. Es liegt allein im Verantwortungsbereich der Hauptversammlung, die Einhaltung einer diesbezüglichen Satzungsbestimmung zu gewährleisten.⁵³ Scheiden nicht alle notwendigen Aufsichtsratsmitglieder aus, bleiben die übrigen im Amt, aber neue können nicht hinzu gewählt werden.⁵⁴ Ein Verstoß gegen § 95 S. 3 liegt darin nicht, denn diese Vorschrift verlangt nur, dass die durch die Satzung vorgegebene Zahl durch drei teilbar ist (→ Rn. 14), nicht aber auch die Zahl der vorhandenen Aufsichtsratsmitglieder.

Bei **mitbestimmten Gesellschaften** – auch Gesellschaften nach dem DrittelbG – ergäbe sich bei **20** einer unmittelbar nach Eintragung eintretenden Wirkung der Satzungsänderung ein Konflikt mit der Wahl der Arbeitnehmervertreter. Denn diese wären teilweise entgegen den Vorschriften zum Schutz vor einer vorzeitigen Abberufung (§ 103 Abs. 3, 4) gezwungen, aus dem Aufsichtsrat auszuscheiden. Demgemäß kann die Satzungsänderung in diesen Fällen erst mit Ablauf ihrer Amtszeit eingreifen.⁵⁵

---

⁴⁶ Kölner Komm AktG/*Mertens/Cahn* Rn. 24; Großkomm AktG/*Hopt/Roth* Rn. 89; MüKoAktG/*Habersack* Rn. 17; Hüffer/Koch/*Koch* Rn. 5; Grigoleit/*Grigoleit/Tomasic* Rn. 10; Hölters/*Simons* Rn. 13.
⁴⁷ MüKoAktG/*Habersack* Rn. 17.
⁴⁸ MüKoAktG/*Habersack* Rn. 17; Großkomm AktG/*Hopt/Roth* Rn. 96; Hüffer/Koch/*Koch* Rn. 5.
⁴⁹ MüKoAktG/*Habersack* Rn. 18.
⁵⁰ OLG Hamburg AG 1989, 64 (65); Großkomm AktG/*Hopt/Roth* Rn. 96; Kölner Komm AktG/*Mertens/Cahn* Rn. 25; MüKoAktG/*Habersack* Rn. 19; Bürgers/Körber/*Israel* Rn. 8; K. Schmidt/Lutter/*Drygala* Rn. 11; Hölters/*Simons* Rn. 14; offen BAG WM 1990, 633 (635 f.) = AG 1990, 361.
⁵¹ Kölner Komm AktG/*Mertens/Cahn* Rn. 27; Großkomm AktG/*Hopt/Roth* Rn. 96; Hüffer/Koch/*Koch* Rn. 5.
⁵² *Oetker* ZHR 149 (1985), 575 (586).
⁵³ Kölner Komm AktG/*Mertens/Cahn* Rn. 27; Grigoleit/*Grigoleit/Tomasic* Rn. 11.
⁵⁴ Großkomm AktG/*Hopt/Roth* Rn. 96; insofern zutreffend auch MüKoAktG/*Habersack* Rn. 18.
⁵⁵ OLG Dresden ZIP 1997, 589 (590 f.); OLG Hamburg AG 1989, 64 (66); Großkomm AktG/*Hopt/Roth* Rn. 96; Kölner Komm AktG/*Mertens/Cahn* Rn. 26; MüKoAktG/*Habersack* Rn. 19; Hüffer/Koch/*Koch* Rn. 5; Grigoleit/*Grigoleit/Tomasic* Rn. 12; Hölters/*Simons* Rn. 14; UHH/*Henssler* MitbestG § 7 Rn. 28; *Hoffmann/Lehmann/Weinmann* MitbestG § 7 Rn. 53; K. Schmidt/Lutter/*Drygala* Rn. 13; *Kirschner* DB 1971, 2063 (2066 f.); *Kötter* JZ 1953, 199 (201); offen BAG WM 1990, 633 (635); aA *Kuhn* NJW 1965, 2186 (2187); Großkomm AktG/*Meyer-Landrut*, Aufl. 1973, Anm. 4; WKS/*Wißmann* MitbestG § 7 Rn. 12: Neuwahl des gesamten Aufsichtsrats. Zu älteren abw. Auffassungen s. MüKoAktG/*Habersack* Rn. 19 mwN.

Für diese Handhabung spricht die abstrakt drohende Gefahr einer Einflussnahme der Aktionärsmehrheit auf die Rechtsposition der von der Arbeitnehmerseite bestellten Vertreter.[56] Allein diese Lösung trägt dem Systems der Mitbestimmung mit seinem Schutz der Arbeitnehmerseite, flankiert durch § 15 MitbestG und § 23 MitbestG Rechnung: daraus ergibt sich zwingend, dass auf den Fortbestand der Amtsstellung der Arbeitnehmervertreter nicht nachträglich Einfluss genommen werden darf.[57] Dasselbe muss aus Gleichbehandlungsgründen dann auch für die Anteilseignervertreter gelten.[58] Eine Änderung des Mitbestimmungsstatus bzw. eine Änderung der gesetzlichen Bestimmungen, nach denen sich der Aufsichtsrat zusammenzusetzen hat, liegt entgegen der Rechtsprechung des BAG[59] dagegen nicht vor, da lediglich die privatautonom gesetzte Satzung geändert wurde, so dass auch ein Statusverfahren nach § 96 Abs. 2, §§ 97 ff. ausscheidet.[60] Für die Praxis ist allerdings aufgrund der tendenziell anders lautenden höchstrichterlichen Rechtsprechung die Durchführung eines Statusverfahrens ratsam.[61] Scheidet ein Aufsichtsratsmitglied aus, ist ein Aufsichtsratsmitglied für die Restlaufzeit nachzuwählen bzw. zu bestellen.[62]

21 **b) Unterschreitung der Schwellen durch Kapitalherabsetzung.** Bei einer **nicht-mitbestimmten Gesellschaft oder einer unter das DrittelbG fallenden Gesellschaft** ändert sich die Zusammensetzung des Aufsichtsrats infolge einer Herabsetzung des Grundkapitals zwingend nach § 95 S. 4. Diese Änderung beruht zwar nur mittelbar auf einer privatautonomen Entscheidung der Hauptversammlung über das Grundkapital. Trotzdem findet hier das Statusverfahren nach §§ 97 ff. entsprechend der hM nur bei einer mitbestimmten Gesellschaft, also nur bei einer unter das DrittelbG fallenden Gesellschaft Anwendung (→ § 97 Rn. 12 ff.).[63] Der Notwendigkeit der Durchführung des Statusverfahrens bei einer nicht mitbestimmten Gesellschaft steht entgegen, dass das AktG eine nachträgliche Nichtigkeit der Bestellung zum Aufsichtsratsmitglied wegen Überschreitung der Höchstzahl nicht kennt.[64] Demgegenüber erscheint es wenig überzeugend, wenn darauf verwiesen wird, dass aus Praktikabilitätsgründen nicht auf das effektive Instrumentarium des Statusverfahrens verzichtet werden sollte.[65] Denn das Statusverfahren ist zeitaufwändig und kostenintensiv und sollte deshalb auf Fragen der Anwendung des richtigen Mitbestimmungsmodells beschränkt bleiben. Der Wortlaut des § 97 Abs. 1 S. 1, wonach es darauf ankommt, dass der Aufsichtsrat aufgrund der gesetzlichen Vorgaben nicht mehr richtig im Sinne des § 97 Abs. 1 S. 1 „zusammengesetzt" ist, sollte deshalb so verstanden werden, dass nur die Zusammensetzung des Aufsichtsrats bezüglich seines Mitbestimmungsstatus und nicht auch bezüglich seiner personellen Größe gemeint ist.[66] Der Aufsichtsrat bleibt dann bis zum Ablauf der regulären Amtszeit im Amt,[67] wodurch Praktikabilitätsgesichtspunkten ausreichend Rechnung getragen wird.

22 Bei Gesellschaften, die den Mitbestimmungsgesetzen nach § 95 S. 5 unterfallen, hat eine Kapitalherabsetzung dagegen keine Auswirkung, da etwa nach § 7 MitbestG nur die Arbeitnehmerzahl maßgeblich für die Bestimmung der Größe ist.

23 **4. Rechtsfolgen.** Verstößt eine **Satzungsbestimmung** gegen die Vorgabe, dass die Zahl der Aufsichtsratsmitglieder durch drei teilbar sein muss, ist sie nichtig.[68] Gleiches gilt für unbestimmte, variable Satzungsklauseln oder für Bestimmungen, die gegen die gesetzlich vorgesehenen Höchst-

---

[56] BAG WM 1990, 633 (635); OLG Dresden ZIP 1997, 589 (591); Großkomm AktG/*Hopt/Roth* Rn. 96; MüKoAktG/*Habersack* Rn. 19; Kölner Komm AktG/*Mertens/Cahn* Rn. 26; kritisch dazu OLG Hamburg AG 1989, 64 (66).
[57] OLG Hamburg AG 1989, 64 (66).
[58] Großkomm AktG/*Hopt/Roth* Rn. 96; MüKoAktG/*Habersack* Rn. 19; Grigoleit/*Grigoleit/Tomasic* Rn. 12.
[59] BAG WM 1990, 633 (636).
[60] Zutr. Großkomm AktG/*Hopt/Roth* Rn. 97, 90; Kölner Komm AktG/*Mertens/Cahn* Rn. 26; MüKoAktG/ *Habersack* Rn. 19; Hüffer/Koch/*Koch* Rn. 5; Grigoleit/*Grigoleit/Tomasic* Rn. 12; Wachter/*Schick* Rn. 6; aA BAG WM 1990, 633 (636); Oetker ZHR 149 (1985), 575 (584 f.).
[61] Kölner Komm AktG/*Mertens/Cahn* Rn. 26.
[62] MüKoAktG/*Habersack* Rn. 20.
[63] Kölner Komm AktG/*Mertens/Cahn* Rn. 25; Hüffer/Koch/*Koch* Rn. 5; Großkomm AktG/*Hopt/Roth* Rn. 100; Wachter/*Schick* Rn. 5; wohl auch *Buchner/Schlobach* GmbHR 2004, 1 (2); aA Oetker ZHR 149 (1985), 575 (580 ff.); MüKoAktG/*Habersack* Rn. 19: auch bei einer mitbestimmten Gesellschaft besteht kein Raum für die Anwendung.
[64] Kölner Komm AktG/*Mertens/Cahn* Rn. 25.
[65] So aber *Oetker* ZHR 149 (1985), 575 (580).
[66] Großkomm AktG/*Hopt/Roth* Rn. 100; Kölner Komm AktG/*Mertens/Cahn* Rn. 25: Geltung nur im mitbestimmten Aufsichtsrat; aA ausführlich und weiterführend dazu *Oetker* ZHR 149 (1985), 575 (581).
[67] Großkomm AktG/*Hopt/Roth* Rn. 100; Kölner Komm AktG/*Mertens/Cahn* Rn. 25; Hüffer/Koch/*Koch* Rn. 5.
[68] Großkomm AktG/*Hopt/Roth* Rn. 71; Kölner Komm AktG/*Mertens/Cahn* Rn. 16; MüKoAktG/*Habersack* Rn. 22; Hüffer/Koch/*Koch* Rn. 7; K. Schmidt/Lutter/*Drygala* Rn. 15; Bürgers/Körber/*Israel* Rn. 11.

Zusammensetzung des Aufsichtsrats § 96

grenzen verstoßen. Denn die Vorschriften des § 95 S. 2–4 liegen im öffentlichen Interesse. An ihre Stelle tritt die gesetzliche Regelung, so dass der Aufsichtsrat aus drei Mitgliedern zusammengesetzt ist.[69] Die für die jeweilige Stufe geltende maximale Zahl an Aufsichtsratsmitgliedern greift nicht ein, da dies einer entsprechenden Satzungsbestimmung bedürfte. Sieht eine Satzungsklausel eine geringere Zahl von Aufsichtsratsmitgliedern als drei vor, zB nur einen Aufsichtsrat aus einem Mitglied, ist sie nichtig; an ihre Stelle tritt ebenfalls die gesetzliche Mindestregelung von drei Aufsichtsratsmitgliedern.[70]

Verletzt ein **Wahlbeschluss** der Hauptversammlung die Vorgaben von § 95 oder die Vorgaben der Satzung, ist dieser nur nach § 250 Abs. 1 Nr. 3 **nichtig**, wenn die höchstzulässige Zahl von Aufsichtsratsmitgliedern überschritten wurde. Sind alle Aufsichtsratsmitglieder in einem Beschluss zusammen gewählt worden, gilt die Nichtigkeit für alle Mitglieder, bei einer aufeinander folgenden Wahl mit getrennten Beschlüssen und Wahlgängen tritt die Nichtigkeit erst mit demjenigen Aufsichtsratsmitglied ein, das die Grenze überschreitet.[71] Auch die Wahl der nach dem MitbestG überzählig gewählten Arbeitnehmervertreter ist nichtig,[72] ebenso die bei Überzählung von entsandten Aufsichtsratsmitgliedern. 24

Andere Verletzungen führen nur zur **Anfechtbarkeit** des Wahlbeschlusses, so etwa wenn eine höhere Zahl von Aufsichtsratsmitgliedern als in der Satzung[73] oder von § 95 S. 1 vorgesehen gewählt wird, die Zahl sich aber noch in den jeweils vorgesehenen Höchstgrenzen hält.[74] Denn § 95 S. 1 ist keine starr einzuhaltende Grenze, wie § 95 S. 4 zeigt; nur die Überschreitung der Höchstgrenze nach § 95 S. 4 oder § 7 MitbestG führt zur Nichtigkeit. 25

VII. Reformvorhaben

Die deutschen Aufsichtsräte weisen im internationalen Vergleich eine wesentlich höhere Zahl an Mitgliedern auf, was aber auch durch das deutsche Mitbestimmungssystem bedingt ist. Oft wurde die Verkleinerung des Aufsichtsrats diskutiert, um seine Effizienz zu erhöhen.[75] Eine pauschale Regelung verbietet sich jedoch, da zum einen die Frage der Mitbestimmung und der Repräsentanz gesellschaftlicher Gruppen in der Arbeitnehmerschaft unmittelbar mit der Größe verknüpft ist, zum anderen eine effiziente Aufsichtsratstätigkeit auch organisatorisch durch Ausschüsse gewährleistet werden kann – was nicht zuletzt auch eine Pflicht des Aufsichtsrats ist (→ § 107 Rn. 80).[76] 26

§ 96 Zusammensetzung des Aufsichtsrats

(1) Der Aufsichtsrat setzt sich zusammen
bei Gesellschaften, für die das Mitbestimmungsgesetz gilt, aus Aufsichtsratsmitgliedern der Aktionäre und der Arbeitnehmer,
bei Gesellschaften, für die das Montan-Mitbestimmungsgesetz gilt, aus Aufsichtsratsmitgliedern der Aktionäre und der Arbeitnehmer und aus weiteren Mitgliedern,
bei Gesellschaften, für die die §§ 5 bis 13 des Mitbestimmungsergänzungsgesetzes gelten, aus Aufsichtsratsmitgliedern der Aktionäre und der Arbeitnehmer und aus einem weiteren Mitglied,
bei Gesellschaften, für die das Drittelbeteiligungsgesetz gilt, aus Aufsichtsratsmitgliedern der Aktionäre und der Arbeitnehmer,

---

[69] Großkomm AktG/*Hopt*/*Roth* Rn. 72; MüKoAktG/*Habersack* Rn. 22; Kölner Komm AktG/*Mertens*/*Cahn* Rn. 16; Hüffer/*Koch* Rn. 7; Henssler/Strohn/*Henssler* in Rn. 5.
[70] Großkomm AktG/*Hopt*/*Roth* Rn. 71, 72; Hüffer/Koch/*Koch* Rn. 7; Bürgers/Körber/*Israel* Rn. 11.
[71] Großkomm AktG/*Hopt*/*Roth* Rn. 75, 78; MüKoAktG/*Habersack* Rn. 24; Hüffer/Koch/*Koch* Rn. 7; Bürgers/Körber/*Israel* Rn. 11; Grigoleit/*Grigoleit*/*Tomasic* Rn. 6.
[72] RVJ/*Raiser*/*Jacobs* MitbestG § 7 Rn. 6; Großkomm AktG/*Hopt*/*Roth* Rn. 82; Kölner Komm AktG/*Mertens*/*Cahn* Rn. 18; MüKoAktG/*Habersack* Rn. 24.
[73] MüKoAktG/*Habersack* Rn. 25; Großkomm AktG/*Hopt*/*Roth* Rn. 73, 81; Kölner Komm AktG/*Mertens*/*Cahn* Rn. 21.
[74] MüKoAktG/*Habersack* Rn. 25; Großkomm AktG/*Hopt*/*Roth* Rn. 73; Hüffer/Koch/*Koch* Rn. 7.
[75] S. *Baums* Bericht der Regierungskommission Rn. 49; *Lieder*, Der Aufsichtsrat im Wandel der Zeit, 2006, 674 ff.; Überblick bei *Mielke*, Defizite in der Unternehmenskontrolle durch den Aufsichtsrat und Ansätze zu ihrer Bewältigung, 2005, 282 f.; aA *FitzRoy*/*Kaft* FS Nutzinger, 2005, 345 (355), welche in einer empirischen Untersuchung zu dem Schluss kamen, dass das Mitbestimmungssystem langfristig zu (geringen) wirtschaftlichen Vorteilen führe.
[76] *Diefenbacher*/*Teichert* FS Nutzinger, 2005, 359 (365 ff.); *Mielke*, Defizite in der Unternehmenskontrolle durch den Aufsichtsrat und Ansätze zu ihrer Bewältigung, 2005, 300 f.; in diese Richtung auch *Raiser*, Gutachten B zum 66. Dt. Juristentag 2006, S. 89 ff.; zur umfangreichen Diskussion auch *Raiser* FS Westermann, 2008, 1295 (1307 f.).

bei Gesellschaften, für die das Gesetz über die Mitbestimmung der Arbeitnehmer bei einer grenzüberschreitenden Verschmelzung vom 21. Dezember 2006 (BGBl. I S. 3332) gilt, aus Aufsichtsratsmitgliedern der Aktionäre und der Arbeitnehmer,
bei den übrigen Gesellschaften nur aus Aufsichtsratsmitgliedern der Aktionäre.

(2) ¹Bei börsennotierten Gesellschaften, für die das Mitbestimmungsgesetz, das Montan-Mitbestimmungsgesetz oder das Mitbestimmungsergänzungsgesetz gilt, setzt sich der Aufsichtsrat zu mindestens 30 Prozent aus Frauen und zu mindestens 30 Prozent aus Männern zusammen. ²Der Mindestanteil ist vom Aufsichtsrat insgesamt zu erfüllen. ³Widerspricht die Seite der Anteilseigner- oder Arbeitnehmervertreter auf Grund eines mit Mehrheit gefassten Beschlusses vor der Wahl der Gesamterfüllung gegenüber dem Aufsichtsratsvorsitzenden, so ist der Mindestanteil für diese Wahl von der Seite der Anteilseigner und der Seite der Arbeitnehmer getrennt zu erfüllen. ⁴Es ist in allen Fällen auf volle Personenzahlen mathematisch auf- beziehungsweise abzurunden. ⁵Verringert sich bei Gesamterfüllung der höhere Frauenanteil einer Seite nachträglich und widerspricht sie nun der Gesamterfüllung, so wird dadurch die Besetzung auf der anderen Seite nicht unwirksam. ⁶Eine Wahl der Mitglieder des Aufsichtsrats durch die Hauptversammlung und eine Entsendung in den Aufsichtsrat unter Verstoß gegen das Mindestanteilsgebot ist nichtig. ⁷Ist eine Wahl aus anderen Gründen für nichtig erklärt, so verstoßen zwischenzeitlich erfolgte Wahlen insoweit nicht gegen das Mindestanteilsgebot. ⁸Auf die Wahl der Aufsichtsratsmitglieder der Arbeitnehmer sind die in Satz 1 genannten Gesetze zur Mitbestimmung anzuwenden.

(3) ¹Bei börsennotierten Gesellschaften, die aus einer grenzüberschreitenden Verschmelzung hervorgegangen sind und bei denen nach dem Gesetz über die Mitbestimmung der Arbeitnehmer bei einer grenzüberschreitenden Verschmelzung das Aufsichts- oder Verwaltungsorgan aus derselben Zahl von Anteilseigner- und Arbeitnehmervertretern besteht, müssen in dem Aufsichts- oder Verwaltungsorgan Frauen und Männer jeweils mit einem Anteil von mindestens 30 Prozent vertreten sein. ²Absatz 2 Satz 2, 4, 6 und 7 gilt entsprechend.

(4) Nach anderen als den zuletzt angewandten gesetzlichen Vorschriften kann der Aufsichtsrat nur zusammengesetzt werden, wenn nach § 97 oder nach § 98 die in der Bekanntmachung des Vorstands oder in der gerichtlichen Entscheidung angegebenen gesetzlichen Vorschriften anzuwenden sind.

Schrifttum: *Austmann/Rühle,* Wahlverfahren bei mehreren für einen Aufsichtsratssitz vorgeschlagenen Kandidaten, AG 2011, 805; *Bachmann,* Zur Umsetzung einer Frauenquote im Aufsichtsrat, ZIP 2011, 1131; *Bayer,* Der Anwendungsbereich des Mitbestimmungsgesetzes, ZGR 1977, 173; *Bayer,* Mitbestimmung und Konzern, DB 1975, 1167; *Bayer/Hoffmann,* Frauenquote und Zahl der betroffenen Unternehmen, AG 2015, R 4; *Behme,* Die deutsche Mitbestimmung vor dem EuGH – Was bisher geschah und wie es weitergeht, EuZA 2016, 411; *Behme,* Die Berücksichtigung ausländischer Arbeitnehmer für die Berechnung der Schwellenwerte im Recht der Unternehmensmitbestimmung, AG 2018, 1; *Bayer/Schmidt,* BB-Gesetzgebungs- und Rechtsprechungsreport Europäisches Unternehmensrecht 2015/16, BB 2016, 1923; *Boewer/Gaul/Otto,* Zweites Gesetz zur Vereinfachung der Wahl der Arbeitnehmervertreter in den Aufsichtsrat und seine Auswirkungen auf die GmbH, GmbHR 2004, 1065; *Brandes,* Mitbestimmungsfreiheit mittels grenzüberschreitender Verschmelzungen, ZIP 2008, 2193; *Brandt,* Gleichstellungsquote im Aufsichtsrat der Aktiengesellschaft, Diss. Göttingen 2012; *Brandt/Thiele,* Zulässigkeit einer Gleichstellungsquote im Aufsichtsrat unter Berücksichtigung der Rechtsprechung des EuGH, AG 2011, 580; *Bungert/Leyendecker-Langner,* Schwellenwertberechnung für die Arbeitnehmermitbestimmung im Aufsichtsrat eines internationalen Konzerns, DB 2014, 2031; *Bungert/Rogier,* Berücksichtigung von Leiharbeitnehmern bei den Schwellenwerten für die unternehmerische Mitbestimmung nach dem AÜG-Änderungsgesetz, DB 2016, 3022; *Burgi,* Freiheitsgewinn durch Digitalisierung: Zum Schutz der unternehmerischen Berufsausübung, ZHR 181 (2017), 1; *Däubler,* Der Gemeinschaftsbetrieb im Arbeitsrecht, FS Zeuner, 1944, 19; *Deilmann/Albrecht,* Corporate Governance und Diversity – was empfiehlt der neue Kodex?, AG 2010, 727; *Deutscher Anwaltverein,* Stellungnahme zum Referentenentwurf eines Gesetzes für die gleichberechtigte Teilhabe von Frauen und Männern an Führungspositionen in der Privatwirtschaft und im öffentlichen Dienst, NZG 2014, 1214; *Drygala,* Harte Quote, weiche Quote und die Organpflichten von Vorstand und Aufsichtsrat, NZG 2015, 1129; *Duden,* Zur Mitbestimmung in Konzernverhältnissen nach dem Mitbestimmungsgesetz, ZHR 141 (1977), 145; *Engels,* Gesetz zur Änderung des Montan-Mitbestimmungsgesetzes und des Mitbestimmungsergänzungsgesetzes – Sicherungsgesetz oder Sterbeklausel?, BB 1981, 1349; *Fischer,* Europaweite Wahl zum mitbestimmten Aufsichtsrat, NZG 2014, 737; *François-Poncet/Deilmann/Otte,* Frauenquote in französischen Aufsichts- und Verwaltungsräten – ist eine Quote auch in Deutschland zulässig?, NZG 2011, 450; *Friauf,* Verfassungsmäßigkeit des Gesetzes zur Sicherung der Montan-Mitbestimmung, Forschungsbericht Nr. 172 des Bundesministers für Arbeit und Sozialordnung, 1988; *Grobe,* Die Geschlechterquote für Aufsichtsrat und Vorstand, AG 2015, 289; *Habersack,* Grundsatzfragen der Mitbestimmung in SE und SCE sowie bei grenzüberschreitender Verschmelzung, ZHR 171 (2007), 613; *Habersack,* Staatliche und halbstaatliche Eingriffe in die Unternehmensführung – Gutachten E, Verhandlungen des 69. Deutschen Juristentages, Band I, 2012; *Habersack,* „Germany First"? Kritische Bemerkungen zum EuGH-Urteil in Sachen „Erzberger ./. TUI AG", NZG 2017, 1021; *Hellwig/Behme,* Gemeinschaftsrechtliche Probleme der deutschen Unternehmensmitbestimmung, AG 2009, 261; *Hellwig/Behme,* Zur grenzüberschreitenden Dimension der deutschen Konzernmitbestimmung und ihrer rechtspraktischen Konsequenzen, AG 2015, 333 *Henssler,* Freiwillige Vereinbarungen über die Unternehmensmitbestimmung, FS Westermann, 2008, 1019; *Herb,* Gesetz für die gleichberechtigte Teilhabe an Führungspositionen – Umsetzung in der Praxis; *Hirte,* Geschlechterquote in Aufsichtsrat und Vorstand, Der Konzern 2011, 519; *Hoffmann-Becking,* Zehn kritische Thesen zum Deutschen Corporate Governance Kodex, ZIP 2011, 1173; *Hohenstatt/Schramm,* Der Gemeinschaftsbetrieb im Recht der Unternehmensmitbestimmung, NZA 2010, 846; *Hohenstatt/Seibt,* Geschlechter- und Frauenquote in der Privatwirtschaft, 2015; *Hommelhoff,* Die OECD-Principles on Corporate Governance – ihre Chancen und Risiken aus dem Blickwinkel der deutschen corporate governance-Bewegung, ZGR 2001, 238; *v. Hoyningen-Huene,* Der Konzern im Konzern, ZGR 1978, 515; *Huke/Prinz,* Das Drittelbeteiligungsgesetz löst das Betriebsverfassungsgesetz 1952 ab, BB 2004, 2633; *Jung,* Herausforderung Frauenquote, DStR 2014, 960; *Junker/Schmidt-Pfitzner,* Quoten und Zielgrößen für Frauen (und Männer) in Führungspositionen – Die neue Gesetzeslage und Handlungsempfehlungen, NZG 2015, 929; *Knoll/Lochner,* Diskriminierung durch Quote?, DB 2014, 495; *Konzen,* Paritätische Mitbestimmung im Montanbereich, AG 1983, 289; *Kort,* Corporate Governance-Fragen der Größe und Zusammensetzung des Aufsichtsrats bei AG, GmbH und SE, AG 2008, 137; *Kraack/Steiner,* Der Widerspruch gegen die Gesamterfüllung der festen Geschlechterquote im Aufsichtsrat, ZIP 2018, 49; *Kraft/Redenius-Hövermann,* Zur Einführung einer gesetzlichen Geschlechterquote im Aufsichts- oder Verwaltungsrat einer SE, AG 2012, 28; *Krause,* Zur Bedeutung des Unionsrechts für die unternehmerische Mitbestimmung, AG 2012, 485; *Krause,* Anm. zu LG Frankfurt a.M., Beschl. v. 16.2.2015 – 3-16 O 1/14, ZIP 2015, 636; *Kruchen,* Alea iacta est – oder doch nicht? Kommentar zu EuGH, Schlussanträge des Generalanwalts Hendrik Saugmansgard Oe v. 4.5.2017 – C-566/15, ECLI:EU:C:2017:347 – Konrad Erzberger ./. TUI AG, AG 2017, 385; *Künast,* Geschlechtergerechte Besetzung von Aufsichtsräten, ZRP 2011, 11; *Küster/Zimmermann,* Die Frauenquote – Gesetzliche Vorgaben und Fragen der praktischen Umsetzung, ArbRAktuell 2015, 264; *Langenbucher,* Frauenquote und Gesellschaftsrecht, JZ 2011, 1038; *Lerche/v. Pestalozza,* Verfassungsrechtliche Fragen der Montan-Mitbestimmung, 1988; *Löwisch,* Unternehmensmitbestimmung im Mehrmütterkonzern, FS Schlechtriem, 2003, 833; *Lutter,* Der Anwendungsbereich des Mitbestimmungsgesetzes, ZGR 1977, 195; *Lutter,* Vergleichende Corporate-Governance – Die deutsche Sicht, ZGR 2001, 224; *Lutter,* Mitbestimmung im Konzern, 1975; *Lutter/Uwe H. Schneider,* Mitbestimmung im mehrstufigen Konzern, BB 1977, 553; *Melot de Beauregard,* Das Zweite Gesetz zur Vereinfachung der Wahl der Arbeitnehmervertreter in den Aufsichtsrat, DB 2004, 1430; *Mense/Klie,* HV-Saison 2016: Aktuelle Trends und rechtliche Entwicklungen für die Vorbereitung und Durchführung von Hauptversammlungen, GWR 2016, 111;*Mense/Klie,* Die Quote kommt – aber wie? Konturen der geplanten Neuregelunen zur Frauenquote, GWR 2015, 1; *Mense/ Klie,* Update zur Frauenquote – Wie die Besetzungsziele für Aufsichtsrat, Geschäftsleitung und Führungsebenen in der Praxis umzusetzen sind, GWR 2015, 441; *Nagel,* Mitbestimmung im Montankonzern und Grundgesetz, 1992; *Oetker,* Das Recht der Unternehmensmitbestimmung im Spiegel der neueren Rechtsprechung, ZGR 2000, 19; *ders.,* Die zwingende Geschlechterquote für den Aufsichtsrat – vom historischen Schritt zur Kultivierung einer juristischen terra incognita, ZHR 179 (2015), 707; *Ott/Goette,* Zur Frage der Berücksichtigung von im Ausland beschäftigten Arbeitnehmern bei Ermittlung der mitbestimmungsrechtlichen Schwellenwerte, NZG 2018, 281; *Papier/Heidebach,* Die Einführung einer gesetzlichen Frauenquote für die Aufsichtsräte deutscher Unternehmen unter verfassungsrechtlichen Aspekten, ZGR 2011, 305; *Peltzer,* Der Bericht der Corporate Governance Kommission an die Bundesregierung, NZG 2011, 281; *Preis,* Verfassungsrechtliche Fragen zur Neuregelung der Montan-Mitbestimmung, AuR 1983, 161; *Raiser,* Geklärte und ungeklärte Fragen der Konzernmitbestimmung, FS Kropff, 1997, 243; *Raiser,* Gestaltungsfreiheit im Mitbestimmungsrecht, FS Westermann, 2008, 1295; *Redenius-Hövermann,* Zur Frauenquote im Aufsichtsrat, ZIP 2010, 660; *Richardi,* Arbeitnehmerbeteiligung im Aufsichtsrat einer arbeitnehmerlosen Aktiengesellschaft, FS Zeuner, 1994, 147; *Richardi,* Konzernzugehörigkeit eines Gemeinschaftsunternehmens nach dem Mitbestimmungsgesetz, 1977; *Rieble,* Tendenz-SE, AG 2014, 224; *Rieble/Latzel,* Inlandsmitbestimmung als Ausländerdiskriminierung bei Standortkonflikten, EuZA 2011, 145; *Röder/Arnold,* Geschlechterquoten und Mitbestimmungsrecht – Offene Fragen der Frauenförderung, NZA 2015, 279; *Röder/ Arnold,* Zielvorgaben zur Förderung des Frauenanteils in Führungspositionen, NZA 2015, 1281; *Röder/Gneiting,* Besetzung des Aufsichtsrats nach dem Betriebsverfassungsgesetz 1952 bei der Gründung von Aktiengesellschaften, DB 1993, 1618; *Rotsch/Weninger,* Geschlechterquote – Umsetzungsfragen in der Praxis, Der Konzern 2015, 298; *Rüthers,* Mitbestimmungsprobleme in Betriebsführungsaktiengesellschaften, BB 1977, 605; *Sagan,* Eine deutsche Geschlechterquote für die europäische Aktiengesellschaft, RdA 2015, 255; *Schäfer,* Mitbestimmung in kommunalen Eigengesellschaften, Diss. Bochum 1988; *Schanze,* Die Pluralität der Mitbestimmungslösungen in Europa – Kommentar zu EuGH v. 18.7.2017 – C-566/15 ECLI:EU:C:2017:562 – Konrad Erzberger ./. TUI, AG 2017, 573; *Schladebach/Stefanopoulou,* Frauenquote in Aufsichtsräten, BB 2010, 1042; *Schleuser,* Diskriminierungsfreie Einstellung zwischen AGG und Frauenförderungsgesetz, NZA-Beilage 2016, 50; *Schulz,* Die Zielbenennung zur Zusammensetzung des Aufsichtsrats nach dem DCGK 2010, BB 2010, 2390; *Schulz/Ruf,* Zweifelsfragen der neuen Regelungen über die Geschlechterquote im Aufsichtsrat und die Zielgrößen für die Frauenbeteiligung, BB 2015, 1155; *Schwalbach,* Effizienz des Aufsichtsrats, AG 2004, 186; *Seibert,* Frauenförderung durch Gesellschaftsrecht – Die Entstehung des Frauenförderungsgesetzes, NZG 2016, 16; *Seibert,* Die Dialektik der Frauenquote, FS Baums, 2017, 1133; *Seibt,* Drittelbeteiligungsgesetz und Fortsetzung der Reform des Unternehmensmitbestimmungsrechts, NZA 2004, 767;*Seibt,* Geschlechterquote im Aufsichtsrat und Zielgrößen für die Frauenbeteiligung, ZIP 2015, 1193; *Sieg/Siebels,* Arbeitnehmervertreter im Aufsichtsrat – Vereinheitlichung des Wahlverfahrens, NZA 2002, 697; *Spindler,* Die Montanmitbestimmung auf dem Prüfstand des Verfassungsrechts, AG 1994, 258; *Spindler/*

Brandt, Verfassungsrechtliche Zulässigkeit einer Gleichstellungsquote im Aufsichtsrat der börsennotierten AG, NZG 2011, 401; *Stüber,* Gender Diversity – So setzen DAX- und MDAX-Gesellschaften die Frauen- und Geschlechterquote um, Studie, 2017;*Stüber,* Die Frauenquote ist da – Das Gesetz zur gleichberechtigten Teilhabe und die Folgen für die Praxis, DStR 2015, 947;*Stüber,* Regierungsentwurf zur sog. „Frauenquote" – Eine Übersicht der Neuerungen, CCZ 2015, 38; *Stüber,* Der Referentenentwurf zum Gesetz für die gleichberechtigte Teilhabe von Frauen und Männern an Führungspositionen in der Privatwirtschaft und im öffentlichen Dienst im Überblick, CCZ 2014, 261; *Teichmann,* Europäisierung der deutschen Mitbestimmung, Beilage zu ZIP 48/2009, 10; *Teichmann/Rüb,* Die gesetzliche Geschlechterquote in der Privatwirtschaft, BB 2015, 898; *Teichmann/Rüb,* Regierungsentwurf zur Geschlechterquote Aufsichtsrat und Vorstand, BB 2015, 259; *Thüsing/Forst,* Der Gemeinschaftsbetrieb im Recht der Unternehmensmitbestimmung, FS Kreutz, 2010, 867; *Ulmer,* Zur Berechnung der für die Anwendung des MitbestG auf Kapitalgesellschaften maßgebenden Arbeitnehmerzahl, FS Heinsius, 1991, 855; *Velte,* Förderung der Gender Diversity bei der Zusammensetzung des Aufsichtsrats – Zur potentiellen Einführung einer gesetzlichen Frauenquote, Der Konzern 2012, 1; *Wansleben,* Zur Europarechtswidrigkeit der unternehmerischen Mitbestimmung NZG 2014, 213; *Wasmann/Rothenburg,* Praktische Tipps zm Umgang mit der Frauenquote, DB 2015, 291; *Weber/Kiefner/Jobst,* Die Nichtberücksichtigung ausländischer Arbeitnehmer bei der Berechnung der mitbestimmungsrechtlichen Schwellenwerte im Lichte von Art. 3 GG, AG 2018, 140; *Weller,* Wind of Change im Gesellschaftsrecht: Von den „cosed" zu den „framed open societies", ZEuP 2016, 53; *Weller/Harms/Rentsch/Thomale,* Der internationale Anwendungsbereich der Geschlechterquote für Großunternehmen, ZGR 2015, 361; *Windbichler,* Arbeitsrecht im Konzern, Habil. München 1989; *Winter/Marx/De Decker,* Zählen und wählen Arbeitnehmer im Ausland nach deutschem Mitbestimmungsrecht?, NZA 2015, 1111; *Wißmann,* Neue Gesetze zur Sicherung der Montan-Mitbestimmung, DB 1989, 426;*Wißmann,* Das Montan-Mitbestimmungsänderungsgesetz – Neuer Schritt zur Sicherung der Montan-Mitbestimmung, NJW 1982, 423; *Wlotzke,* Das neue Gesetz zur Sicherung der Montan-Mitbestimmung, FS Fabricius, 1989, 165; *Wlotzke/Wißmann,* Die Gesetzesinitiative der Bundesregierung zur Montan-Mitbestimmung, DB 1981, 632; *Wolff,* Wahl der Arbeitnehmervertreter in den Aufsichtsrat, DB 2002, 790.

Übersicht

	Rn.		Rn.
I. Überblick	1–4a	3. Änderungen der Aufsichtsratszusammensetzung durch Vereinbarung	24–30
II. Aufsichtsratssysteme	5–44	4. Geschlechterquote	31–44
1. Mitbestimmungsfreie Gesellschaften	5	a) Inhalt und Anwendungsbereich	31–31b
2. Mitbestimmte Gesellschaften	6–23	b) Gesamterfüllung und Trennungslösung	32–34
a) MitbestG 1976	7–11	c) Realisierung der Quoten	35–37
b) Montan-MitbestG	12–14	d) Rechtsfolgen bei Nichteinhalten der Quoten	38–44
c) MontanMitbestErgG	15–17a		
d) DrittelbG	18–21	III. Änderungen der gesetzlichen Grundlagen, § 96 Abs. 4	45, 46
e) MgVG	22, 23		

I. Überblick

1 Die Zusammensetzung des Aufsichtsrats wird von § 96 Abs. 1 für alle Formen der AG geregelt, je nach ihrem mitbestimmungsrechtlichen Status. Allerdings verweist § 96 auf die jeweiligen Mitbestimmungsgesetze und integriert diese in das Aktiengesetz,[1] so dass die konkrete Zusammensetzung der Arbeitnehmerseite und die Vorschriften für die Bestellung der Arbeitnehmervertreter sich allein nach den jeweils einschlägigen Mitbestimmungsgesetzen richten.[2] Diese Regelungsmethodik der dynamischen Verweisung wurde bei der Aktienrechtsreform 1965 zum einen gewählt, um diese Reform nicht durch die Widerstände gegen die damals noch relativ junge und umstrittene Unternehmensmitbestimmung zu gefährden[3] und zum anderen um bei einer Änderungen der Mitbestimmungsgesetze nicht stets auch eine Änderung des AktG vornehmen zu müssen.[4]

2 § 96 Abs. 4 dient im Interesse der Rechtssicherheit der Beseitigung von Zweifelsfragen hinsichtlich der für die Zusammensetzung des Aufsichtsrats anzuwendenden gesetzlichen Grundla-

---

[1] MüKoAktG/*Habersack* Rn. 1; Kölner Komm AktG/*Mertens/Cahn* Rn. 2; Großkomm AktG/*Hopt/Roth* Rn. 4; Hüffer/Koch/*Koch* Rn. 1; K. Schmidt/Lutter/*Drygala* Rn. 1; NK-AktR/*Breuer/Fraune* Rn. 1; Bürgers/Körber/*Israel* Rn. 1; Wachter/*Schick* Rn. 1; Henssler/Strohn/*Henssler* Rn. 1.

[2] MHdB AG/*Hoffmann-Becking* § 28 Rn. 44; MüKoAktG/*Habersack* Rn. 1; Großkomm AktG/*Hopt/Roth* Rn. 2; Kölner Komm AktG/*Mertens/Cahn* Rn. 14; Hölters/*Simons* Rn. 1; *Beuthien* ZHR 148 (1984), 95, 112 ff.; *Hommelhoff* ZHR 148 (1984), 118 (133 ff.); aA *Fabricius* FS Hilger/Stumpf, 1983, 155 (158 ff.) für § 76 BetrVG 1952.

[3] *Thoelke* AG 2014, 137 (141).

[4] MüKoAktG/*Habersack* Rn. 1; Hüffer/Koch/*Koch* Rn. 1.

gen.[5] Diese können nur im sog. Statusverfahren nach §§ 97–99 geklärt werden. Bis zur rechtskräftigen Entscheidung wird der status quo aufrechterhalten. Die Gültigkeit der Beschlüsse eines Aufsichtsrats, der nicht ordnungsgemäß zusammengesetzt war, zB wegen unrichtig angenommenen Mitbestimmungsstatus (etwa Drittelbeteiligung statt Mitbestimmung nach dem MitbestG), wird daher nicht berührt.[6]

Kontrovers diskutiert wurde die Einführung einer gesetzlichen Geschlechterquote in Leitungsorganen, insb. in Aufsichtsräten.[7] Bislang enthielt lediglich Ziff. 5.4.1 Abs. 2 S. 2 DCGK eine Empfehlung bzgl. der angemessenen Beteiligung von Frauen im Aufsichtsrat.[8] Die Einhaltung des DCGK verpflichtete den Aufsichtsrat zur Vorgabe konkreter Ziele für die Frauenbeteiligung, welche dann jährlich zusammen mit dem Stand der Umsetzung im Corporate Governance-Bericht zu veröffentlichen und zu begründen waren. Es wurde bewusst zugunsten der Flexibilität im Aufsichtsrat von einer starren Quote abgesehen.[9] Auch im Koalitionsvertrag 2009 verzichteten die Regierungsparteien noch auf die Einführung einer fixen Geschlechterquote.[10] Sowohl der Gesetzesentwurf der Fraktion Bündnis 90/DIE GRÜNEN[11] als auch der Gesetzesantrag des Landes Nordrhein-Westfalen[12] zur Einführung einer gesetzlichen Geschlechterquote scheiterten in jener Legislaturperiode. Erst im Rahmen der Koalitionsverhandlungen 2013 konnten sich CDU, CSU und SPD auf die Einführung einer gesetzlichen Geschlechterquote einigen.[13] Entsprechend dem Koalitionsvertrag sieht § 96 Abs. 2 für börsennotierte, der paritätischen Mitbestimmung unterfallenden Gesellschaften vor, dass Aufsichtsräte, die ab 2016 neu besetzt werden, eine Geschlechterquote von mindestens 30 % aufweisen sollen. Gleiches gilt nach Abs. 3 für börsennotierten Gesellschaften, die aus einer grenzüberschreitenden Verschmelzung hervorgegangen sind und bei denen nach dem Gesetz über die Mitbestimmung der Arbeitnehmer bei einer grenzüberschreitenden Verschmelzung das Aufsichts- oder Verwaltungsorgan aus derselben Zahl von Anteilseigner- und Arbeitnehmervertretern besteht. Dies gibt der DCGK in seiner Fassung ab dem 7.2.2017 in Ziff. 5.4.1 Abs. 3 DCGK wieder.[14] Zum 31.12.2015 – also noch vor dem in § 25 Abs. 2 S. 1 EGAktG bezeichneten Zeitpunkt – haben nach einer Studie von *Stüber*[15] bereits 69,2 % der befragten DAX-Unternehmen aber erst 4 % der befragten MDAX-Unternehmen die Geschlechterquote vollständig erfüllt.[16] Darüber hinaus werden nach § 111 Abs. 5 börsennotierte oder mitbestimmungspflichtige Unternehmen gesetzlich verpflichtet

---

[5] Ganz hM, Hüffer/*Koch* Rn. 1; Großkomm AktG/*Hopt/Roth* Rn. 5; Kölner Komm AktG/*Mertens/Cahn* Rn. 2; MüKoAktG/*Habersack* Rn. 1; Wachter/*Schick* Rn. 1; Henssler/Strohn/*Henssler* Rn. 9.

[6] BegrRegE *Kropff* S. 126; OLG Düsseldorf AG 1996, 87 f. = ZIP 1995, 1752: Fortbestand des Stimmrechts der Arbeitnehmervertreter im Statusverfahren; *Oetker* ZGR 2001, 19 (20 f.); MHdB AG/*Hoffmann-Becking* § 28 Rn. 54; Großkomm AktG/*Hopt/Roth* Rn. 5; Wachter/*Schick* Rn. 9; Hölters/*Simons* Rn. 3; Großkomm AktG/*Oetker* MitbestG § 1 Rn. 39; UHH/*Ulmer/Habersack* MitbestG § 6 Rn. 12, 79.

[7] Zur derzeitigen Debatte über die Zulässigkeit einer Geschlechterquote im Aufsichtsrat s. *Brandt*, Gleichstellungsquote im Aufsichtsrat der Aktiengesellschaft, 2012, 15 ff.; ausf. Darstellung der gesellschaftspolitischen Diskussion *Seibert* FS Baums, 2017, 1133 passim; statistisches Material zur Beteiligung von Frauen in Leitungsorganen der Top-200-Unternehmen in Deutschland s. *Holst/Schimeta*, Wochenbericht des Deutschen Instituts für Wirtschaftsforschung (DIW Berlin) Nr. 3 2013, 3 ff.; zur Einführung einer gesetzlichen Geschlechterquote im Aufsichtsrat bzw. Verwaltungsrat einer SE, s. *Kraft/Redenius-Hövermann* AG 2012, 28 (30 ff.).

[8] Das Verhältnis von Frauen und Männern in der Belegschaft kann als Anknüpfungspunkt für die Angemessenheit der Beteiligung von Frauen im Aufsichtsrat herangezogen werden, *Deilmann/Albrecht* AG 2010, 727 (730). Kritisch zur Verwendung des unbestimmten Rechtsbegriffs „angemessen": *Schulz* BB 2010, 2390 (2391): unklarer Auslegungsmaßstab sowie unzureichende Kontrollmöglichkeiten; zustimmend *Spindler/Brandt* NZG 2011, 401 (403). Zur Aufnahme dieser Regelung in den Kodex kritisch, *Hoffmann-Becking* ZIP 2011, 1173 (1176).

[9] *Bachmann* ZIP 2011, 1131 (1132); *François-Poncet/Deilmann/Otte* NZG 2011, 450 (453); *Velte* Der Konzern 2012, 1 (5); *Habersack*, Gutachten zum 69. DJT, 2012, E 34 f.

[10] „Wachstum. Bildung. Zusammenhalt.", Koalitionsvertrag zw. CDU, CSU und FDP (17. Legislaturperiode), S. 74.

[11] Entwurf eines Gesetzes zur geschlechtergerechten Besetzung von Aufsichtsräten v. 13.10.2010, BT-Drs. 17/3296. Dieser sah auf Kapitalseite eine Mindestquote für beide Geschlechter in Höhe von 40% und auf Arbeitnehmerseite die Ausweitung der bereits bestehenden Regelungen zur geschlechtergerechten Besetzung vor, wurde aber vom Bundestag abgelehnt. Zur Motivation und Ausgestaltung des Gesetzesentwurfs, *Künast* ZPR 2011, 11 f.

[12] Entwurf eines Gesetzes zur Förderung der Gleichberechtigung von Frauen und Männern in Aufsichtsräten börsennotierter Unternehmen (FöGAbUG) v. 11.2.2011, BR-Drs. 87/11. Zur Vereinbarkeit des Gesetzesantrags mit der Rspr. des EuGH s. *Brandt/Thiele* AG 2011, 580 (581 ff.).

[13] Zum Gesetzgebungsverfahren *Seibert* NZG 2016, 16; zum Praxisleitfaden des BMFSFJ für die Umsetzung des Gesetzes https://www.bmfsfj.de/blob/83970/b4dad0318495566f9d4d6d78e50b1bc5/praxisleitfaden-data.pdf, zuletzt abgerufen am 9.3.2017.

[14] KBLW/*Kremer* DCGK Rn. 1341.

[15] Der Studie lagen in diesem Zusammenhang die Angaben von 43,3% der DAX-Unternehmen und 32 % der MDAX-Unternehmen zu Grunde, vgl. *Stüber*, Gender Diversity, 2017, 33.

[16] *Stüber*, Gender Diversity, 2017, 33.

werden, ab 2015 verbindliche Zielgrößen für die Erhöhung des Frauenanteils im Aufsichtsrat, Vorstand und in den obersten Management-Ebenen festzulegen und zu veröffentlichen und hierüber transparent zu berichten.[17]

4 Gegen eine gesetzliche Gleichstellungsquote werden jedoch etliche **rechtspolitische** und **verfassungsrechtliche Bedenken** erhoben: Die zahlreichen rechtspolitischen Einwände, wie etwa der Mangel an geeigneten Kandidatinnen,[18] die Unvereinbarkeit von Familie und Beruf auf Grund unzureichender Kinderbetreuung sowie unflexibler Arbeitszeiten oder eine zu befürchtende Stigmatisierung als „Quotenfrau", relativieren sich jedoch bei genauerer Betrachtung und lassen eine gesetzliche Gleichstellungsquote nicht per se als ungeeignet erscheinen.[19] Verfassungsrechtliche Bedenken werden insbesondere hinsichtlich der Vereinbarkeit mit der Eigentumsgarantie des Art. 14 Abs. 1 GG geäußert, welche nach der Rspr. des BVerfG auch das Anteilseigentum umfasst.[20] Allerdings betonte das BVerfG stets die gesellschaftliche Prägung sowie die besondere Sozialbindung des Aktieneigentums, welche auch den Eingriff durch die Regelungen zur (quasi-) paritätischen Mitbestimmung im Aufsichtsrat rechtfertigten.[21] In der Mitbestimmung ist aber ein weitaus gravierenderer Eingriff in die Eigentumsfreiheit der Anteilseigner zu sehen, als in einer gesetzlichen Frauenquote, die allein ergebnisbezogen ist, zumal Art. 3 Abs. 2 S. 2 GG dem Gesetzgeber ausdrücklich einen Förderauftrag hinsichtlich der tatsächlichen Gleichstellung von Mann und Frau gibt. Ein Verstoß gegen Art. 14 Abs. 1 GG liegt demnach nicht vor.[22] Aber auch ein Verstoß gegen die Berufsfreiheit des Art. 12 Abs. 1 GG[23] sowie gegen die Vereinigungsfreiheit des Art. 9 Abs. 1 GG scheiden aus: Auch für sie gelten entsprechend der Rspr. des BVerfG vergleichbare Maßstäbe wie zu Art. 14 GG, so dass entscheidend ist, ob der Einfluss der Anteilseigner noch gewahrt bleibt. Bei einer ergebnisbezogenen Quote bleibt aber der Einfluss weitgehend bestehen, zumal sich die vorliegenden Referenzmodelle zum einen nur auf börsennotierte und mitbestimmungspflichtige Unternehmen beziehen.[24]

4a In **europarechtlicher Hinsicht** wäre nach der Rspr. des EuGH eine gesetzliche Gleichstellungsquote insoweit rechtlich bedenklich, wenn Frauen bei ausreichender Qualifikation einen leistungsunabhängigen Vorrang erhielten und keinerlei Öffnungsklausel für mögliche Härtefälle vorgesehen wären, also ein Automatismus der Bevorzugung daraus resultieren würde.[25] Relevant wären hier zumindest die Niederlassungsfreiheit gemäß Art. 49 AEUV und die Kapitalverkehrsfreiheit gemäß Art. 69 AEUV, wobei teilweise auch Art. 21 Abs. 1 und Art. 23 EU-GrCh angesprochen werden.[26] In Art. 4 Nr. 3 des Richtlinienvorschlags zur Gewährleistung einer ausgewogenen Vertretung von Männern und Frauen[27] ist ebenfalls die Rede davon, dass lediglich bei gleicher Qualifikation das

---

[17] „Deutschlands Zukunft gestalten", Koalitionsvertrag zw CDU, CSU und SPD (18. Legislaturperiode), S. 102 f.; zu den in diesem Zusammenhang am 25.3.2014 erlassenen „Leitlinien" s. *Jung* DStR 2014, 960.

[18] *Drygala* NZG 2015, 1129 (1130); So andeutend *Teichmann/Rüb* BB 2015, 259 (261); vgl. *Blümle/Müller* BC 2016, 173, die weder Vor- noch Nachteile der Geschlechterquote eindeutig belegt sehen; abl. ggü. diesbezüglichen Bedenken: *Grobe* AG 2015, 289 (295 f.).

[19] *Spindler/Brandt* NZG 2011, 401 (403); *Bachmann* ZIP 2011, 1131 (1134); aA *Redenius-Hövermann* ZIP 2010, 660 (665); *Peltzer* NZG 2011, 281 (283); *Habersack*, Gutachten zum 69. DJT, 2012, E 36 f.; der Einfluss von Geschlechterquoten auf die Qualität der Finanzberichterstattung sei nicht eindeutig positiv oder negativ: *Blümle* IRZ 2016, 515; neutral *Teichmann/Rüb* BB 2015, 259 (259 f.).

[20] BVerfGE 100, 289 (301); 50, 290 (341); Überblick bei *Knoll/Lochner* DB 2014, 495 (496 f.).

[21] BVerfGE 50, 290 (340 ff.).

[22] *Papier/Heidebach* ZGR 2011, 305 (323 ff.); *Bachmann* ZIP 2011, 1131 (1134); *Velte* Der Konzern 2012, 1 (6); aA *Redenius-Hövermann* ZIP 2010, 660 (665) (ohne nähere Begründung); *Habersack*, Gutachten zum 69. DJT, 2012, E 37 f.: Die kumulierende Wirkung von Frauenquote, Mitbestimmung und Unabhängigkeitsregeln werde verkannt.

[23] Zur Differenzierung zwischen Berufswahl- und Berufsausübungsregelung *Burgi* ZHR 181 (2017), 1 (4).

[24] *Grobe* AG 2015, 289 (300 f.); *Papier/Heidebach* ZGR 2011, 305 (327 ff.); *Bachmann* ZIP 2011, 1131 (1134 f.); *Velte* Der Konzern 2012, 1 (6); aA *François-Poncet/Deilmann/Otte* NZG 2011, 450 (454); *Hirte* Der Konzern 2011, 519 (523 Fn. 30, 529); *Knoll/Lochner* DB 2014, 495 (498 ff.) für Umkehrdiskriminierungen bei Neubestellungen von Aufsichtsratsmitgliedern. Ausführlich zur Vereinbarkeit mit Art. 12 Abs. 1 GG, s. *Spindler/Brandt* NZG 2011, 401.

[25] EuGH v. 28.3.2000 – Rs C-158/97, Slg. 2000, 1-1875 = NJW 2000, 1549 (1551) Rn. 23 (zusammenfassend) – Badeck; ferner EuGH v. 17.10.1995 – Rs C-450/93, Slg. 1995, 1-3051 = ZIP 1995, 1692 – Kalanke; EuGH v. 11.11.1997 – Rs 409/95, Slg. 1997, 1-6363 = NJW 1997, 3429 – Marschall; *Drygala* NZG 2015, 1129 (1130).

[26] *Schleusener* NZA-Beilage 2016, 50 (53 f.).

[27] Vorschlag für eine Richtlinie des Europäischen Parlaments und des Rates zur Gewährleistung einer ausgewogenen Vertretung von Frauen und Männern unter den nicht geschäftsführenden Direktoren/Aufsichtsratsmitgliedern börsennotierter Gesellschaften und über damit zusammenhängende Maßnahmen vom 14.11.2012, COM(2012) 614 final.

unterrepräsentierte Geschlecht bevorzugt wird. Daraus folgern einige eine europarechtliche Unzulässigkeit fixer Quoten.[28] Indes gelten diese Leitlinien nur für eine Auswahlsituation im Sinne einer direkten Gegenüberstellung einzelner Bewerber, nicht aber bei der Gremienbesetzung.[29] Auch hat der EuGH für die Gremienbesetzung eine Regelung des hessischen Gleichberechtigungsgesetzes (HGlG), wonach bei der Besetzung von Verwaltungs- und Aufsichtsräten das Ziel einer hälftigen Beteiligung von Frauen Berücksichtigung finden soll, für europarechtskonform erachtet.[30] Zwar kann diese Entscheidung nicht vollständig übertragen werden, da sich die hessische Regelung nicht auf durch Wahlen gebildete Gremien bezieht und zudem lediglich eine Sollvorschrift darstellt. Jedoch ist ihr deutlich zu entnehmen, dass die im Rahmen der Berufszugangsregelung entwickelten strengen Kriterien nicht ohne weiteres übertragen werden können, so dass eine Quotenregelung hinsichtlich der Besetzung von Gremien möglich ist, wenn es sich um eine Ergebnisquote handelt.[31] Da eine Anwendung der in § 96 Abs. 2 S. 2, 4, 6 und § 7 AktG geregelten Modifikationen der fixen Quote (insbesondere Gesamterfüllung und Auf- bzw. Abrundung) gemäß § 96 Abs. 3 AktG-E[32] auf aus grenzüberschreitender Verschmelzung hervorgegangenen börsennotierten Gesellschaften zunächst nicht vorgesehen war, hätte hierin eine europarechtswidrige Diskriminierung gegenüber nationalen Gesellschaften liegen können.[33] Durch die Ergänzung des § 96 Abs. 3 AktG-E durch einen S. 2, in dem die entsprechende Anwendung des Abs. 2 S. 2, 4, 6 und 7 angeordnet wird, ist dieser Missstand jedoch behoben worden.[34]

II. Aufsichtsratssysteme

1. Mitbestimmungsfreie Gesellschaften. Die Mitglieder des Aufsichtsrats einer AG, die keinem Mitbestimmungsgesetz unterliegt, (was für börsennotierte Gesellschaften eher die Ausnahme sein dürfte) werden nach § 101 von der Hauptversammlung bestellt. Der Aufsichtsrat kann, muss aber nicht ausschließlich aus Aktionärsvertretern zusammengesetzt sein.

2. Mitbestimmte Gesellschaften. Mitbestimmungsfreie Aktiengesellschaften sind die Ausnahme, das Eingreifen eines Mitbestimmungsregimes die Regel.[35] Die Palette reicht von der Mitbestimmung bei einer grenzüberschreitenden Verschmelzung (MgVG), der Drittelbeteiligung nach dem gleichnamigen Gesetz über die (fast-) paritätische Mitbestimmung nach dem MitbestG 1976 bis hin zur Montanmitbestimmung (Montan-MitbestG und MontanMitbestErgG). Allein nach den Voraussetzungen dieser Mitbestimmungsgesetze beurteilt sich die Frage, unter welchen Bedingungen und in welcher Form der Aufsichtsrat zwingend andere Aufsichtsratsmitglieder als Aktionärsvertreter aufnehmen muss.

a) MitbestG 1976. aa) Anwendungsbereich. (1) Arbeitnehmerbegriff. Das MitbestG 1976 erfasst nach § 1 Abs. 1 alle Unternehmen in der Rechtsform der AG oder der KGaA (sowie der GmbH), die in der Regel mehr als 2000 Arbeitnehmer beschäftigen. Der Arbeitnehmerbegriff wird von § 3 Abs. 1 MitbestG und der dortigen Verweisung auf § 5 BetrVG festgelegt. Auch Teilzeitbeschäftigte sind zu berücksichtigen, wenn es sich nicht nur um eine die Eingliederung in das Unternehmen nicht ermöglichende gelegentliche Aushilfstätigkeit handelt.[36] Ob hingegen **Leiharbeitnehmer** im Rahmen des MitbestG 1976 und anderer Mitbestimmungsgesetze hinsichtlich des

---

[28] So *Redenius-Hövermann* ZIP 2010, 660 (665); *Schladebach/Stefanopolou* BB 2010, 1042 (1046); *François-Poncet/Deilmann/Otte* NZG 2011, 450 (454); zumindest für § 104 Abs. 5 *Teichmann/Rüb* BB 2015, 259 (262); offen *Drygala* NZG 2015, 1129 (1130 f.).
[29] So *Langenbucher* JZ 2011, 1038 (1039); *Brandt/Thiele* AG 2011, 580 (583 ff.); *Bachmann* ZIP 2011, 1131 (1135).
[30] EuGH v. 28.3.2000 – Rs C-158/97, Slg. 2000, I-1875 = NJW 2000, 1549 (1553) Rn. 64 ff. – Badeck.
[31] *Langenbucher* JZ 2011, 1038 (1039); *Brandt/Thiele* AG 2011, 580 (583 ff.); *Bachmann* ZIP 2011, 1131 (1135); offener: *Papier/Heidebach* ZGR 2011, 305 (331 ff.): „Bewertung durch den EuGH ist aber schwer vorhersehbar"; *Weller* ZEuP 2016, 53 (73).
[32] BegrRegE-TeilgabeG BT-Drs. 18/3784, 28.
[33] Die zugrundeliegenden Berechnungen finden sich bei *Mutter* AG 2015, R 60.
[34] So auch *Grobe* AG 2015, 289 (297 f.).
[35] Zu den einzelnen Fallgruppen MHdB AG/*Hoffmann-Becking* § 28 Rn. 2 ff.; Kölner Komm AktG/*Mertens/Cahn* Rn. 14; MüKoAktG/*Habersack* Rn. 4 ff.
[36] Kölner Komm AktG/*Mertens/Cahn* Anh. B § 117 MitbestG § 3 Rn. 6; RVJ/*Raiser* MitbestG § 1 Rn. 19; RVJ/*Raiser/Jacobs* MitbestG § 3 Rn. 7; *Ulmer* FS Heinsius, 1991, 855 (866); WKS/*Wißmann* MitbestG § 1 Rn. 36, MitbestG § 3 Rn. 10; weiter MHdB ArbR/*Wißmann* § 279 Rn. 3; MüKoAktG/*Gach* MitbestG § 1 Rn. 17; Schaub/*Koch* ArbR-HdB § 260 Rn. 3; Großkomm AktG/*Oetker* MitbestG § 3 Rn. 7: auch geringfügig Beschäftigte iSd § 8 Abs. 1 SGB IV fallen unter das MitbestG; dagegen UHH/*Henssler* MitbestG § 3 Rn. 21: Einbeziehung geringfügig Beschäftigter stellt sachlich nicht zu rechtfertigende Ungleichbehandlung gegenüber der Stammbelegschaft dar.

Schwellenwerts berücksichtigt werden müssen, war bislang umstritten.[37] Diesen Streit hat nunmehr der Gesetzgeber durch das Gesetz zur Änderung des Arbeitnehmerüberlassungsgesetzes und anderer Gesetze vom 21.2.2017[38] entschieden, indem er § 14 Abs. 2 AÜG um die S. 4 bis 6 erweitert hat, die am 1.4.2017 in Kraft treten. Gem. § 14 Abs. 2 S. 5, 6 AÜG nF sind im Rahmen des Schwellenwertes in § 1 Abs. 1 Nr. 2 MitbestG 1976 nun eindeutig auch Leiharbeitnehmer zu berücksichtigen, sofern ihre Einsatzdauer im Entleiherunternehmen sechs Monate übersteigt.[39] Für das Überschreiten des maßgeblichen Schwellenwertes ist der tatsächliche Personalbestand über einen längeren Zeitraum („in der Regel") nach wie vor entscheidend, ohne dass kurzzeitige oder saisonbedingte Schwankungen Berücksichtigung finden können.[40] Nur so ist ein häufiger Wechsel der Mitbestimmungsform vermeidbar. Die künftige Entwicklung des Personalbestandes unterliegt einer Prognose, die den Beschäftigtenbestand der Vergangenheit berücksichtigt, gleichzeitig aber auch die künftige Entwicklung. Die Rechtsprechung und überwiegende Auffassung in der Literatur legen hier einen Referenzzeitraum von 17 bis 20 Monaten zugrunde,[41] was auch nach der Reform gilt.[42] Diese Zeitspanne erscheint angemessen, da sie sich an der Dauer des beim Übergang zur Mitbestimmung einzuhaltenden Statusverfahrens und des anschließenden Wahlvorgangs orientiert und so vermeidet, dass vor deren Abschluss eine erneute Änderung der Mitbestimmungsform erforderlich wird.[43] Ansatzpunkt, nicht aber alleiniges Prognoseinstrument kann ein im Unternehmen vorhandener Personal- oder Stellenplan sein.[44]

7a In den letzten Jahren hat sich eine Diskussion um die **Europarechtsvereinbarkeit** des deutschen Mitbestimmungsrechts im Hinblick auf die Nichteinbeziehung der im Ausland beschäftigten Arbeitnehmer in die Aufsichtsratswahlen entfacht.[45] Hierbei sind zwei Fragenkreise voneinander zu trennen: Zunächst muss danach gefragt werden, ob die im Ausland beschäftigten Arbeitnehmer iRd. § 1 Abs. 1 Nr. 2 MitbestG 1976 bei der Berechnung der **Schwellenwerte** Berücksichtigung finden, wobei dies nach zutreffender Ansicht insbesondere mit Blick auf die Entstehungsgeschichte des MitbestG 1976[46] und des Territorialitätsprinzips zu verneinen ist.[47] Hiervon zu unterscheiden ist die Frage des aktiven und passiven **Stimmrechts.** Mit Blick auf das Ausschussprotokoll und dem Grundsatz der Kongruenz zwischen der Berücksichtigung im Rahmen des Schwellenwertes und des Wahlrechts ist auch dies jedoch abzulehnen.[48] Hiergegen wurde vorgebracht, dass Arbeitnehmer in ihrer Arbeitnehmerfreizügigkeit beeinträchtigt seien, da sie bei Grenzübergang ihres aktiven und passiven Wahlrechts verlustig werden und das deutsche Mitbestimmungsrecht insofern eine „Wegzugssperre" aufstelle.[49] Darüber hinaus liege eine unmittelbare Diskriminierung der im Ausland

---

[37] Dafür *Schubert/Liesle* NZA 2016, 1297 (1299 ff.); *Hay/Grüneberg* NZA 2014, 814 (815 ff.); zumindest für die Berücksichtigung iRd. § 9 MitbestG 1976 BAG NZA 2016, 559 (563); dagegen OLG Hamburg NZA 2014, 858 (858 ff.); OLG Düsseldorf BeckRS 2004, 07727; OLG Saarbrücken NZG 2016, 941 (944 f.) zu § 3 Abs. 1 DrittelbG.

[38] BGBl. 2017 I 258.

[39] Vgl. hierzu instruktiv *Schubert/Liese* NZA 2016, 1297 (1302 f.); *Neighbour/Schröder* BB 2016, 2869 (2873 f.); *Bungert/Rogier* DB 2016, 3022 ff.

[40] Begr RegE BT-Drs. 7/4845 S. 4 Großkomm AktG/*Oetker* MitbestG § 1 Rn. 14; Kölner Komm AktG/*Mertens/Cahn* MitbestG Anh. § 117 B § 1 Rn. 4; MüKoAktG/*Gach* MitbestG § 1 Rn. 18; UHH/*Henssler* MitbestG § 3 Rn. 61 ff.; s. auch *Bungert/Rogier* DB 2016, 3022 (3026).

[41] OLG Düsseldorf DB 1995, 277 (278) = AG 1995, 328; OLG Saarbrücken NZG 2016, 941 (942); ebenso Großkomm AktG/*Oetker* MitbestG § 1 Rn. 14; *Rittner* AG 1983, 99 (102); MHdB ArbR/*Wißmann* § 279 Rn. 10: Referenzperiode von über einem Jahr; Kölner Komm/*Mertens/Cahn* Anh.B § 117 MitbestG § 1 Rn. 4: etwa 20 Monate; abweichend *Ulmer* FS Heinsius, 1991, 855 (863 f.): 6–12 Monate; offen LG Nürnberg-Fürth DB 1983, 2675; MüKoAktG/*Gach* MitbestG § 1 Rn. 18: überschaubarer Zeitraum.

[42] *Bungert/Rogier* DB 2016, 3022 (3026 f.).

[43] OLG Düsseldorf DB 1995, 277 (278) = AG 1995, 328.

[44] Großkomm AktG/*Oetker* MitbestG § 1 Rn. 16; UHH/*Henssler* MitbestG § 3 Rn. 62; RVJ/*Raiser* MitbestG § 1 Rn. 20; *Ulmer* FS Heinsius, 1991, 855 (861); MüKoAktG/*Gach* MitbestG § 1 Rn. 18.

[45] UHH/*Henssler* MitbestG § 3 Rn. 43 ff. mwN.

[46] Ausschussbericht zum RegE. MitbestG 1976, BT-Drs. 7/4845, 4; s. auch *Ott/Goette*. NZG 2018, 281 (284).

[47] OLG München ZIP 2017, 476; LG Frankfurt ZIP 2018, 128; LG Düsseldorf DB 1979, 1451; *Winter/Marx/de Decker* NZA 2015, 1111 (1112 f.); *Ott/Goette* NZG 2018, 281 (282 f.); *Behme* EuZA 2016, 411 (419); *Behme* AG 2018, 1 (4 f.); MüKoAktG/*Gach* MitbestG § 3 Rn. 19; K. Schmidt/Lutter/*Drygala* Rn. 3; Semler/v. Schenck/*Gittermann* Rn. 25; NK-AktR/*Wichert* MitbestG § 1 Rn. 22; Hüffer/Koch/*Koch* Rn. 4a; *Krause* AG 2012, 485 ff.; abl. *Kruchen* AG 2017, 385 (386); LG Frankfurt ZIP 2015, 634.

[48] *Behme* EuZA 2016, 411 (413); K. Schmidt/Lutter/*Drygala* Rn. 3; NK-AktR/*Wichert* MitbestG § 1 Rn. 22; Hüffer/Koch/*Koch* Rn. 4a.

[49] UHH/*Henssler* MitbestG § 3 Rn. 43; *Wansleben* NZG 2014, 213 ff.; *Rieble/Latzel* EuZA 2011, 155 ff.; *Hellwig/Behme* AG 2009, 263 ff.; *Hellwig/Behme* FS Hommelhoff, 2012, 343 (355); *Habersack* AG 2007, 648; ablehnend: LG München I ZIP 2015, 1929 (1931).

beschäftigten Arbeitnehmer vor, da diese von der Aufsichtsratsmitbestimmung ausgeschlossen seien, ferner eine mittelbare Diskriminierung, weil die deutschen Arbeitnehmervertreter vor diesem Hintergrund ihren Einfluss bei Verteilungskonflikten zugunsten der im Inland tätigen Belegschaft einsetzen würden.[50] Dieser Sichtweise hat sich 2011 auch die Reflection Group on the Future of EC Company Law angeschlossen.[51] Die instanzgerichtliche Rechtsprechung schwankte: Während insbesondere das LG Frankfurt a.M. annahm, das MitbestG sei derart auszulegen, dass es auch die im europäischen Ausland beschäftigte Arbeitnehmer erfasse,[52] lehnten das LG Berlin und das LG München I eine Unionsrechtswidrigkeit bzw. eine Erstreckung des MitbestG auf Arbeitnehmer im europäischen Ausland ab.[53] Das KG hat daraufhin die Problematik dem EuGH vorgelegt.[54]

Die Annahme einer Europarechtswidrigkeit vermag nicht zu überzeugen, was der **EuGH** 7b in Übereinstimmung mit den Schlußanträgen des Generalanwalts[55] nunmehr festgestellt hat.[56] Für die Berücksichtigung im Rahmen des Schwellenwertes kann schon keine Diskriminierung vorliegen, da hier Arbeitnehmer im In- und Ausland nicht unterschiedlich behandelt werden, denn der Anwendungsbereich des Mitbestimmungs- und des Drittelbeteiligungsgetzes erstreckt sich lediglich auf das Inland.[57] Zwar können Auswirkungen auf die Art der Mitbestimmung und die Größe des Aufsichtsrats eintreten, in jedem Fall werden aber keine an die Nationalität bzw. den Dienstort anknüpfenden Rechtsfolgen für die Arbeitnehmer selbst gesetzt. Die Situation der außerhalb Deutschlands beschäftigten Arbeitnehmer fällt grundsätzlich nicht unter die Arbeitnehmerfreizügigkeit, da diese nur denjenigen Arbeitnehmern Rechte verleihe, die von ihr tatsächlich Gebrauch machen, dies beabsichtigen oder bereits getan haben, was mit hoher Wahrscheinlichkeit nicht auf viele der in Rede stehenden Arbeitnehmer zutreffe.[58] Darüber hinaus ist das Verbot der Diskriminierung aus Gründen der Staatsangehörigkeit nicht auf rein innerstaatliche Sachverhalte anzuwenden.[59] Ferner ist der Verlust eines bestimmten Schutzniveaus für die Arbeitnehmer letztlich Ausdruck der unterschiedlichen Regelungsrahmen der Mitgliedstaaten und kann deshalb nicht als rechtfertigungsbedürftig angesehen werden; die unterschiedlichen Mitbestimmungsmöglichkeiten in der EU werden nicht durch die Grundfreiheiten quasi harmonisiert.[60] Die Mitgliedstaaten sind beim derzeitigen Stand des Unionsrechts nicht verpflichtet, Arbeitnehmern, die ihr Hoheitsgebiet verlassen, dieselben Mitwirkungsrechte einzuräumen, die im Inland beschäftigten Arbeitnehmern eingeräumt werden.[61] Somit wäre die Oktroyierung der deutschen Mitbestimmung in andere Mitgliedstaaten ein Eingriff in deren Rechtssetzungsbefugnis.[62] Zudem können ausländischen Arbeitgebern (Tochtergesellschaften) nicht Pflichten des deutschen Rechts aufgebürdet werden, wenn ihr nationales Recht keine vergleichbaren Pflichten vorsieht.[63]

---

[50] K. Schmidt/Lutter/*Drygala* Rn. 28.

[51] Bericht abrufbar unter http://ec.europa.eu/internal_market/company/docs/modern/reflectiongroup_report_en.pdf (zuletzt abgerufen am 15.5.2017); vgl. insb. S. 53 f.

[52] LG Frankfurt NZG 2015, 683 (684 f.) (jetzt abweichend LG Frankfurt ZIP 2018, 128); ähnlich auch OLG Zweibrücken NZG 2014, 740 (740), das zumindest nicht davon ausgeht, dass der Wortlaut des § 7 MitbestG einem Wahlrecht der im Ausland beschäftigten Arbeitnehmer entgegensteht; allgemein zur richtlinienkonformen Auslegung des MitbestG auch *Bayer/Schmidt* BB 2016, 1923 (1933) mwN, die darüber hinaus für eine Novelle des Mitbestimmungsrechts plädieren.

[53] LG Berlin ZIP 2015, 1291; LG München I NZG 2015, 1275 = ZIP 2015, 1929.

[54] KG Berlin NJW 2016, 192 = NZG 2015, 1311; das OLG Frankfurt a. M. hat im Anschluss ein Verfahren, das einen ähnlichen Sachverhalt betraf, bis zur Entscheidung des EuGH gem. § 21 FamFG ausgesetzt, OLG Frankfurt a.M. NZG 2016, 1186.

[55] Schlussanträge des Generalanwalts in der Rechtssache C-556/15 Konrad Erzberger / TUI AG vom 4.5.2017, Rn. 113; s. dazu *Kruchen* AG 2017, 385 (386 f.).

[56] EuGH v. 18.7.2017 – C-566/15 = NZA 2017, 1000 – Konrad Erzberger / TUI AG; krit. dazu *Habersack* NZG 2017, 1021 ff.

[57] *Bungert/Leyendecker-Langner* DB 2014, 2031 (2031 f.); *Winter/Marx/De Decker* NZA 2015, 1111 (1114); *Hellwig/Behme* AG 2015, 333 (339 f.); *Krause* ZIP 2015, 636 (636 f.); *Behme* EuZA 2016, 411 (420).

[58] EuGH v. 18.7.2017 – C-566/15, NZA 2017, 1000 – Konrad Erzberger / TUI AG, Rn. 29 f.; Schlussanträge des Generalanwalts in der Rechtssache C-556/15 Konrad Erzberger / TUI AG vom 4.5.2017, Rn. 48 ff.

[59] EuGH v. 18.7.2017 – C-566/15 = NZA 2017, 1000 – Konrad Erzberger / TUI AG, Rn. 28; Schlussanträge des Generalanwalts in der Rechtssache C-556/15 Konrad Erzberger / TUI AG vom 4.5.2017, Rn. 44, 68.

[60] Dem EuGH folgend *Schanze* AG 2017, 573 (577); *Krause* JZ 2017, 1003 (1004 f.); s. zuvor LG Landau NZG 2014, 229 f.; *Krause* AG 2012, 485 (489 ff., 493); *Krause* ZIP 2015, 636 (637); *Teichmann* Beilage zu ZIP 48/2009, 10 (11 f.); krit. eher *Habersack* NZG 2017, 1021 ff.

[61] EuGH v. 18.7.2017 – C-566/15 = NZA 2017, 1000 – Konrad Erzberger / TUI AG, Rn. 34; Schlussanträge des Generalanwalts in der Rechtssache C-556/15 Konrad Erzberger / TUI AG vom 4.5.2017, Rn. 70 ff.

[62] *Schanze* AG 2017, 573 (577); zuvor LG Berlin ZIP 2015, 1291 (1293 ff.); LG München I ZIP 2015, 1929 (1930 f.).

[63] LG Landau NZG 2014, 229 f.; *Krause* AG 2012, 485 (493 f.); aA *Fischer* NZG 2014, 737 (739).

7c Von der Frage der Europarechtswidrigkeit ist die verfassungsrechtliche Zulässigkeit der Ungleichbehandlung von Gesellschaften mit hoher inländischer Arbeitnehmerzahl (und Mitbestimmungspflicht) und hoher ausländischer Arbeitnehmerzahl (und Entfallen oder Reduzierung der Mitbestimmungspflicht) zu unterscheiden. Mit beachtlichen Gründen wird hierin eine ungerechtfertigte Ungleichbehandlung nach Art. 3 Abs. 1 GG gesehen.[64] Allerdings spricht gegen eine Ungleichbehandlung, dass die Auswirkungen auf die Arbeitnehmer und damit die Notwendigkeit ihrer Vertretung im Inland wesentlich bedeutsamer sein dürften, schon allein aufgrund der nur für Deutschland geltenden Sozialbindung in Art. 14 Abs. 1, 2 GG, als für ausländische Arbeitnehmer für die jeweils deren verfassungsrechtliche Ordnungen Bindungen vorsehen. Daher hält sich der Gesetzgeber noch im Rahmen eines Beurteilungsspielraums, wenn für die Schwellenwerte nur auf die deutschen Arbeitnehmer abgestellt wird.[65]

8 Ausnahmen gelten für **Tendenzunternehmen,** etwa im Pressebereich, sowie Religionsgemeinschaften und deren Einrichtungen.[66] Eine selbst die Tendenzvoraussetzungen nicht erfüllende Holding, die an der Spitze einer überwiegend tendenzbestimmten Unternehmensgruppe steht, bleibt mitbestimmungsfrei, damit der Schutz des abhängigen Unternehmens nicht unterlaufen wird.[67] Weiterhin besteht ein Vorrang der Montanmitbestimmung, soweit deren Voraussetzungen vorliegen (§ 1 Abs. 2 MitbestG).

9 (2) Konzernangehörige Unternehmen (§ 5 MitbestG). Der Anwendungsbereich des MitbestG wird durch die Zurechnung der Arbeitnehmer in **konzernangehörigen Unternehmen** nach § 5 MitbestG erweitert, indem diese der beherrschenden AG bei der Berechnung der Arbeitnehmerzahl zugeschlagen werden und an den Wahlen zu deren Aufsichtsrat teilnehmen, ohne dass dadurch ihre Mitbestimmungsrechte im eigenen Unternehmen tangiert wären.[68] Dabei ist zu berücksichtigen, dass der spezifische Schutzzweck des MitbestG eine andere Auslegung des Konzernbegriffs und der einheitlichen Leitung bedingen kann als im Aktienrecht.[69] Im Bereich der Konzernmitbestimmung existieren zahlreiche nicht abschließend geklärte Zweifelsfragen:

9a Kontroversen bestehen bezüglich der Behandlung von **Gemeinschaftsunternehmen.** Richtigerweise sind deren Arbeitnehmer sämtlichen Muttergesellschaften zuzurechnen,[70] auch wenn dadurch Mehrfachwahlrechte entstehen.[71] Entscheidend ist der § 5 MitbestG zugrunde liegende Gedanke der Orientierung der Mitbestimmung an den tatsächlichen Leitungsstrukturen der Unter-

---

[64] Ausführlich *Behme* AG 2018, 1 (8 ff.) mwN; gegen die Annahme einer Ungleichbehandlung *Weber/Kiefner/Jobst* AG 2018, 140 (141 f.).
[65] Im Ergebnis ebenso *Ott/Goette* NZG 2018, 281 (286 f.), die aber im Wesentlichen auf das Territorialitätsprinzip und eine sinnwidrige Ausdehnung der Mitbestimmung abstellen; ähnlich *Weber/Kiefner/Jobst* AG 2018, 140 (147 f.), die zudem auf die völkerrechtswidrige Ausdehnung der Mitbestimmung im Ausland verweisen (148 f.).
[66] Zum Tendenzschutz ErfK/*Oetker* MitbestG § 1 Rn. 11; MüKoAktG/*Gach* MitbestG § 1 Rn. 25 ff.; Kölner Komm AktG/*Mertens/Cahn* Anh. B § 117 MitbestG § 1 Rn. 5 ff.; Hölters/*Simons* Rn. 12, 50; MHdB ArbR/*Wißmann* § 279 Rn. 21 ff.; Schaub/*Koch* ArbR-HdB § 260 Rn. 4.
[67] MüKoAktG/*Gach* MitbestG § 1 Rn. 38; RVJ/*Raiser* MitbestG § 5 Rn. 19; UHH/*Ulmer/Habersack* MitbestG § 5 Rn. 60; Kölner Komm AktG/*Mertens/Cahn* Anh. B § 117 MitbestG § 1 Rn. 38; ErfK/*Oetker* MitbestG § 5 Rn. 16; *Rieble* AG 2014, 224 (229); grds. auch LG Hamburg AG 2001, 98 und OLG Hamburg DB 1980, 635, die § 1 Abs. 4 MitbestG aber unmittelbar anwenden; aA OLG Stuttgart BB 1989, 1005; LG Stuttgart AG 1989, 445 (446); LG Hamburg DB 1979, 2279; *Wiedemann* DB 1978, 5 (10).
[68] MüKoAktG/*Gach* MitbestG § 5 Rn. 1; MHdB ArbR/*Wißmann* § 279 Rn. 11; ErfK/*Oetker* MitbestG § 5 Rn. 7; Kölner Komm AktG/*Mertens/Cahn* Anh. B § 117 MitbestG § 5 Rn. 1; *Wachter/Schick* Rn. 5.
[69] Insoweit ähnlich Hüffer/Koch/*Koch* Rn. 4; BAG WM 1981, 595 (596 f.) – *Bergmann* zu § 54 BetrVG; OLG Hamburg ZIP 2017, 1621; OLG Stuttgart BB 1989, 1005 (1006); LG Stuttgart AG 1989, 445 (446); UHH/*Ulmer/Habersack* MitbestG § 5 Rn. 11; *Martens* ZHR 148 (1984), 183 (191 f.); Kölner Komm AktG/*Koppensteiner* Vor § 15 Rn. 31.
[70] So auch BAG WM 1987, 1551 (1554 f.) = ZIP 1987, 1407– *Gildemeister* zu §§ 54 f. BetrVG 1972; BAG NZG 2005, 512 (514 f.) = AG 2005, 533; BAG DB 1970, 1595 = AP BetrVG 1952 § 76 Nr. 20; LAG Hamm DB 1977, 2052; BAG AG 1996, 367 (368); LG Hamburg ZIP 2008, 2364 (2366); ErfK/*Oetker* MitbestG § 5 Rn. 10 ff.; MüKoAktG/*Gach* MitbestG § 5 Rn. 28; RVJ/*Raiser* MitbestG § 5 Rn. 26; *Raiser* FS Kropff, 1997, 243 (255 f.); *Löwisch* FS Schlechtriem, 2003, 833 (843 ff.); Kölner Komm AktG/*Mertens/Cahn* Anh. B § 117 MitbestG § 5 Rn. 35; UHH/*Ulmer/Habersack* MitbestG § 5 Rn. 47 ff.; aA *Richardi*, Konzernzugehörigkeit eines Gemeinschaftsunternehmens nach dem Mitbestimmungsgesetz, 1977; 24 ff.; *Windbichler*, Arbeitsrecht im Konzern, 1989, 522 ff.; *Duden* ZHR 141 (1977), 145 (162 f.); *Bayer* ZGR 1977, 173 (187 ff.); offen MHdB AG/*Hoffmann-Becking* § 28 Rn. 21 f.
[71] Auf die Gefahr der Majorisierung der Arbeitnehmer der herrschenden Unternehmen durch die Arbeitnehmer des Gemeinschaftsunternehmens weisen *Richardi* S. 63 ff.; *Bayer* ZGR 1977, 173 (189); *Duden* ZHR (141), 1977, 145 (163); *Ahrens* AG 1975, 151 (154 f) hin; dagegen UHH/*Ulmer/Habersack* MitbestG § 5 Rn. 49; *Windbichler*, Arbeitsrecht im Konzern, 1989, 523; LAG Hamm DB 1977, 2052 (2053).

nehmensverbindung.⁷² Insbesondere ist eine zwischen den Müttern gebildete Gesellschaft bürgerlichen Rechts nicht die Konzernspitze,⁷³ da diese Gesellschaft nur Instrument der internen Willensbildung und gemeinsamen Ausübung der Leitung ist, diese aber nicht in Form einer Außengesellschaft ausübt.⁷⁴ Die mehrfache Konzernzugehörigkeit ist begründet, wenn die einheitliche Leitungsmacht tatsächlich von allen Muttergesellschaften gemeinsam ausgeübt wird.⁷⁵ Dies setzt regelmäßig durch den Abschluss einer zwischen den Müttern bestehenden Konsortialvereinbarung gesicherte Leitungsmacht voraus.⁷⁶ Der durch die gleich hohe Beteiligung zweier Mütter hervorgerufene faktische Kooperationszwang ist hingegen nicht ausreichend.⁷⁷ Er eröffnet lediglich die Möglichkeit zur Verhinderung von Entscheidungen, macht eine Abstimmung aber nicht erforderlich.⁷⁸

Scheitert die Zurechnung zur Obergesellschaft an deren fehlenden Mitbestimmungspflichtigkeit, kommt unter den Voraussetzungen des § 5 Abs. 3 MitbestG eine Zurechnung zu dem der Obergesellschaft am nächsten stehenden abhängigen Unternehmen, welches in einer mitbestimmungspflichtigen Rechtsform betrieben wird, in Betracht (sog. **Teilkonzernregelung**).⁷⁹ Die Obergesellschaft muss das andere Unternehmen gerade über die ihr am nächsten stehende Zwischengesellschaft beherrschen. Besteht zwischen Kapitalverflechtung und den tatsächlichen Leitungswegen kein Gleichlauf, so entscheidet die Kapitalverflechtung.⁸⁰ Konsequenterweise kommt auch eine als reine **Zwischenholding** ohne eigene Leitungsmacht fungierende Tochter als Zurechnungssubjekt in Betracht,⁸¹ und es kann im Einzelfall zu rein formaler Mitbestimmung in der Zwischengesellschaft kommen.⁸² Dieses Ergebnis entspricht aber dem Charakter des § 5 Abs. 3 MitbestG als reine Fiktion und kommt auch in der Wahl der Formulierung „Beherrschen" und gerade nicht „Leiten" zum Ausdruck.⁸³ Die Gegenauffassung, die die Ausübung von Konzernleitungsmacht durch die Zwischengesellschaft als maßgeblich ansieht, führt zudem zu erheblichen Abgrenzungsschwierigkeiten. Denn Zweck des § 5 Abs. 3 MitbestG ist es, eine Regelung für die Fälle zu finden, in denen ein mitbestimmter Aufsichtsrat bei der Konzernspitze, wo er am effektiv-

9b

---

⁷² UHH/*Ulmer/Habersack* MitbestG § 5 Rn. 48; RVJ/*Raiser* MitbestG § 5 Rn. 27; WKS/*Wißmann* MitbestG § 5 Rn. 39.

⁷³ So *Bayer* ZGR 1977, 173 (189); *Richardi*, Konzernzugehörigkeit eines Gemeinschaftsunternehmens nach dem Mitbestimmungsgesetz, 1977, 35 (66 f.); *Windbichler*, Arbeitsrecht im Konzern, 1989, 523.

⁷⁴ Zutr. BAG NZG 2005, 512 (514 ff.) = AG 2005, 533; UHH/*Ulmer/Habersack* MitbestG § 5 Rn. 48; LAG Hamm DB 1977, 2052 (2053); Kölner Komm AktG/*Mertens/Cahn* Anh. B § 117 MitbestG § 5 Rn. 35.

⁷⁵ ErfK/*Oetker* MitbestG § 5 Rn. 10; Kölner Komm AktG/*Mertens/Cahn* Anh. B § 117 MitbestG § 5 Rn. 35; UHH/*Ulmer/Habersack* MitbestG § 5 Rn. 47.

⁷⁶ RVJ/*Raiser* MitbestG § 5 Rn. 27; UHH/*Ulmer/Habersack* MitbestG § 5 Rn. 51; Kölner Komm AktG/*Mertens/Cahn* Anh. B § 117 MitbestG § 5 Rn. 35; HWK/*Seibt* MitbestG § 5 Rn. 10; abweichend ErfK/*Oetker* MitbestG § 5 Rn. 11 f.: Konsortialvereinbarung bei einer Beteiligung von mehr als zwei Müttern erforderlich; ebenso WKS/*Wißmann* MitbestG § 5 Rn. 36 ff.; wohl auch MHdB ArbR/*Wißmann* § 279 Rn. 16; Schaub/*Koch* ArbR-HdB § 260 Rn. 1b; *Löwisch* FS Schlechtriem, 2003, 833 (845 ff.).

⁷⁷ Anders wohl LG Hamburg ZIP 2008, 2364 (2366): faktisches gemeinsames Leitungssystem reicht, rechtlich verbundene gemeinsame Leitung irrelevant.

⁷⁸ UHH/*Ulmer/Habersack* MitbestG § 5 Rn. 51; *Böttcher/Liekefett* NZG 2003, 701 (703); OLG Hamm AG 1998, 588; zum Stand der Rechtsprechung s. *Raiser* FS Kropff, 1997, 245 (255 f.); zum Fall einer Minderheitsbeteiligung s. *Löwisch* FS Schlechtriem, 2003, 833 (845).

⁷⁹ OLG Düsseldorf/ZIP 2014, 517 (522); OLG Hamburg ZIP 2017, 1621 (Vorinstanz: LG Hamburg GWR 2017, 79 – mit Anm. *Wettich*); zu den einzelnen Fallgruppen: MHdB ArbR/*Wißmann* § 279 Rn. 17; ErfK/*Oetker* MitbestG § 5 Rn. 18; MHdB AG/*Hoffmann-Becking* § 28 Rn. 9; RVJ/*Raiser* MitbestG § 5 Rn. 36 f.; siehe dazu auch E. *Vetter* in Marsch-Barner/Schäfer Börsennotierte AG-HdB Rn. 24.17.

⁸⁰ OLG Stuttgart AG 1995, 380 = ZIP 1995, 1004 – Vögele; OLG Düsseldorf ZIP 2006, 2375; OLG Frankfurt a. M. ZIP 2008, 880; OLG Frankfurt a. M. ZIP 2008, 878; RVJ/*Raiser* MitbestG § 5 Rn. 41; *Bayer* DB 1975, 1167 (1169); *Lutter* ZGR 1977, 195 (213); *Lutter/U. H. Schneider* BB 1977, 553 (555); Kölner Komm AktG/*Mertens/Cahn* Anh. B § 117 MitbestG § 5 Rn. 47; aA LG Stuttgart BB 1993, 1541 (1542) – Vögele; *Romeikat*, Konzernmitbestimmung auf nachgeordneten Konzernstufen, 1989, 164 f.; Lutter/Bayer/*Wackerbarth* Holding-HdB Rn. 12.106; *Duden* ZHR 141 (1977), 145 (157); *Hölters* RdA 1979, 335 (339 ff.); ErfK/*Oetker* MitbestG § 5 Rn. 19, 21; WKS/*Wißmann* MitbestG § 5 Rn. 58 ff.; UHH/*Ulmer/Habersack* MitbestG § 5 Rn. 70; OLG Celle BB 1993, 957 (959); offen BayObLG NZA 2002, 691 (694).

⁸¹ OLG Hamburg ZIP 2017, 1621; OLG Stuttgart AG 1995, 380 = ZIP 1995, 1006 – Vögele; OLG Frankfurt a. M. ZIP 2008, 878 (879); KG Berlin NZG 2016, 349 = ZIP 2016, 369 (370); zustimmend *Raiser* FS Kropff, 1997, 243 (257); dagegen ErfK/*Oetker* MitbestG § 5 Rn. 21.

⁸² ErfK/*Oetker* MitbestG § 5 Rn. 21; UHH/*Ulmer/Habersack* MitbestG § 5 Rn. 70.

⁸³ OLG Stuttgart AG 1995, 380 (381) = ZIP 1995, 1006 – Vögele: Gefahr der Umgehung der Mitbestimmung durch entsprechende Gestaltung; Kölner Komm AktG/*Mertens/Cahn* Anh. B § 117 Rn. 47; MüKoAktG/*Gach* MitbestG § 5 Rn. 38.

sten wäre, nicht bestellt werden könne.⁸⁴ Daher bedarf es keiner tatsächlichen Ausübung einer irgendwie gearteten Leitung.⁸⁵ Auch das Bestehen mehrerer Leitungsstränge wie z.B. bei einer Konzernmatrixorganisation macht die Mitbestimmung in einem der Leitungsstränge nicht obsolet.⁸⁶ Eine Ausnahme von der Fiktion des § 5 Abs. 3 MitbestG kann nur gemacht werden, wenn auch die Muttergesellschaft keine Leitungsmacht ausübt oder ein Entherrschungsvertrag mit der Zwischenholding geschlossen wurde.⁸⁷

9c Davon zu unterscheiden ist der **Konzern im Konzern bei einer Zwischengesellschaft (Holding).**⁸⁸ Die hM in Rechtsprechung⁸⁹ und Schrifttum⁹⁰ erkennt die Zurechnung der Arbeitnehmer zu einer Zwischengesellschaft an, wenn die Konzernmutter diesen Teilbereich des Konzerns völlig selbständig arbeiten lässt und nicht ihre Konzernleitung aktiv ausübt,⁹¹ ohne dass die Voraussetzungen des § 5 Abs. 3 MitbestG vorliegen. Die Teilkonzernregelung des § 5 Abs. 3 MitbestG steht dem nicht entgegen, da sie lediglich eine Fiktion für Konstellationen, in denen anderenfalls jegliche Konzernmitbestimmung abgeschnitten wäre, darstellt.⁹² Der Einwand, die einheitliche Leitung sei bereits begrifflich unteilbar, so dass die Zwischengesellschaft keine originäre Leitungsmacht ausüben könne,⁹³ wird durch die Unternehmensrealität, in der die Delegation von Leitungsbefugnissen auf untere Ebenen nicht ungewöhnlich ist, widerlegt.⁹⁴ Schwerer wiegt der Einwand, die rein tatsächliche Ausübung der Konzernleitung könne sich jederzeit ändern.⁹⁵ Die unternehmerische Mitbestimmung auf Aufsichtsratsebene soll den Arbeitnehmervertretern gerade keinen Anspruch auf Teilhabe an unternehmerischen Entscheidungen, sondern nur die Chance darauf geben.⁹⁶ Ebenso wenig verlieren die Arbeitnehmervertreter ihr Recht auf Beteiligung im Aufsichtsrat, wenn dieser sich weitgehend auf die Überwachung des Vorstandes und dessen Auswahl beschränkt; die Abhängigkeit der Mitbestimmung von der Intensität der Einflussnahme oder der Leitung bedarf somit einer besonderen Rechtfertigung, die aber durch das in § 5 MitbestG zum Ausdruck gekommene gesetzgeberische Anliegen, die Mitbestimmung am Ort der tatsächlichen Ausübung der Leitungsmacht anzusiedeln, gegeben ist.⁹⁷

9d Nicht vergleichbar mit den soeben erörterten Konstellationen ist die Situation bei **Gemeinschaftsbetrieben.**⁹⁸ Entgegen der wohl hM, wonach im Rahmen der Berechnung der Schwellenwerte eine Zurechnung sämtlicher im Gemeinschaftsbetrieb beschäftigten Arbeitnehmer zu jedem

---

⁸⁴ OLG Frankfurt ZIP 2008, 880; OLG Düsseldorf AG 2007, 170; KG ZIP 2016, 369; OLG Hamburg ZIP 2017, 1621.
⁸⁵ KG ZIP 2016, 369; OLG Hamburg ZIP 2017, 1621.
⁸⁶ OLG Hamburg ZIP 2017, 1621 unter Verweis auf OLG Düsseldorf AG 2007, 170.
⁸⁷ KG ZIP 2016, 369; OLG Hamburg ZIP 2017, 1621.
⁸⁸ *Lutter* ZGR 1977, 195 (213).
⁸⁹ OLG Düsseldorf DB 1979, 699; LAG Düsseldorf DB 1978, 987 (988); OLG Zweibrücken DB 1984, 107 = AG 1984, 80; OLG Frankfurt a. M. DB 1986, 2658 = OLGZ 87, 44; BAG DB 1981, 895 für das BetrVG 1972; offen OLG Düsseldorf ZIP 1997, 546 (547) = AG 1997, 129; OLG Celle AG 1994, 131 (133); zum Stand der Rechtsprechung s. auch *Oetker* ZGR 2000, 19 (32 ff.).
⁹⁰ *Geßler* BB 1977, 1313 (1316 ff.); *Bayer* ZGR 1977, 173 (184 ff.); Kölner Komm AktG/*Mertens/Cahn* Anh. B § 117 MitbestG § 5 Rn. 32; ErfK/*Oetker* MitbestG § 5 Rn. 8; UHH/*Ulmer/Habersack* MitbestG § 5 Rn. 38 ff.; RVJ/*Raiser* MitbestG § 5 Rn. 32; WKS/*Wißmann* MitbestG § 5 Rn. 31; Schaub/*Koch* ArbR-HdB § 260 Rn. 1b; *Duden* ZHR 141 (1977), 145 (158 ff.); aA *Lutter* ZGR 1977, 195 (212); *Lutter/U. H. Schneider* BB 1977, 553 (555 f.); *Schilling* ZHR 140 (1976), 528 (534); *Semler* DB 1977, 805 (810 f.); *Birk* ZGR 1984, 23 (56); *v. Hoyningen-Huene* ZGR 1978, 515 (536 ff.); *Meilicke/Meilicke* BB 1978, 406 (409).
⁹¹ OLG Düsseldorf ZIP 1997, 546 (547) = AG 1997, 129; OLG Zweibrücken DB 1984, 107; OLG München ZIP 2008, 2414 (2415), wobei dies der eingehenden Feststellung im Einzelfall bedürfe und die Vermutung des § 18 Abs. 1 S. 3 nicht auf die Konzernzwischengesellschaft anzuwenden sei; ErfK/*Oetker* MitbestG § 5 Rn. 9; MüKoAktG/*Gach* MitbestG § 5 Rn. 26; MHdB ArbR/*Wißmann* § 279 Rn. 15; zum Stand der Rechtsprechung *Raiser* FS Kropff, 1997, 243 (251 ff.).
⁹² Kölner Komm AktG/*Mertens/Cahn* Anh. B § 117 MitbestG § 5 Rn. 32; *Bayer* ZGR 1977, 173 (186); UHH/*Ulmer/Habersack* MitbestG § 5 Rn. 40; *Duden* ZHR 141 (1977), 145 (159); aA *Lutter* S. 12; *Hoffmann* BB 1974, 1276 (1277); *Meilicke/Meilicke* BB 1978, 406 (409).
⁹³ *Schilling* ZHR 141 (1976), 528 (534); *Hoffmann/Lehmann/Weinmann* MitbestG § 5 Rn. 41 f.; *v. Hoyningen-Huene* ZGR 1978, 515 (529); *Lutter* ZGR 1977, 195 (212).
⁹⁴ Kölner Komm AktG/*Mertens/Cahn* Anh. B § 117 MitbestG § 5 Rn. 32; RVJ/*Raiser* MitbestG § 5 Rn. 23; UHH/*Ulmer/Habersack* MitbestG § 5 Rn. 38; OLG Zweibrücken DB 1984, 107 stellt zu Recht auf Umfang und Inhalt der Leitungsmacht und nicht auf ihren Ursprung ab.
⁹⁵ *Hoffmann/Lehmann/Weinmann* MitbestG § 5 Rn. 43; *Bayer* ZGR 1977, 174 (185).
⁹⁶ *Lutter/U. H. Schneider* BB 1977, 553 (557); *v. Hoyningen-Huene* ZGR 1978, 515 (537).
⁹⁷ OLG Düsseldorf DB 1979, 699 (700); OLG Frankfurt a. M. DB 1986, 2658; OLG München NZG 2009, 112; Kölner Komm AktG/*Mertens/Cahn* Anh. B § 117 MitbestG § 5 Rn. 34; ErfK/*Oetker* MitbestG § 5 Rn. 8; *Geßler* BB 1977, 1313 (1317); RVJ/*Raiser* MitbestG § 5 Rn. 23; BAG DB 1981, 895 (896) für das BetrVG 1952.
⁹⁸ Gleiches gilt im Rahmen des DrittelbG.

beteiligten Unternehmen erfolgen soll,[99] sind hier nur die Arbeitnehmer zu berücksichtigen, die in einem Arbeitsverhältnis zu dem jeweiligen Trägerunternehmen stehen.[100] In Unternehmen die in der Regel mehr als 2000 Arbeitnehmer beschäftigen, haben diese ein Mitbestimmungsrecht, § 1 Abs. 1 Nr. 2 MitbestG. Wer Arbeitnehmer iSd MitbestG ist, richtet sich nach § 5 BetrVG, auf den § 3 MitbestG verweist. Nach dem von Rspr und Literatur zu § 5 BetrVG entwickelten einheitlichen Arbeitnehmerbegriff sind das die auf Grund privatrechtlichen Vertrages im Dienst eines andern zur Arbeit verpflichteten Personen.[101] Ferner ist Ziel der Unternehmensmitbestimmung, über die Beteiligung im Aufsichtsrat eine Mitwirkung der Arbeitnehmer an unternehmensrelevanten Entscheidungsprozessen derjenigen Gesellschaft sicherzustellen, bei der die für sie wesentlichen Entscheidungen getroffen werden.[102] Diese Entscheidungskompetenzen verbleiben allerdings regelmäßig bei dem jeweiligen Trägerunternehmen.[103] Gemeinschaftsbetriebe sind vielmehr gekennzeichnet durch eine einheitliche Leitung der Trägerunternehmen hinsichtlich Entscheidungen in sozialen und personellen Angelegenheiten sowie durch die zusammenfassende Steuerung der eingesetzten Betriebsmittel zur Verfolgung des angestrebten arbeitstechnischen Zwecks.[104] In diesen Angelegenheiten findet die betriebliche Mitbestimmung aber bereits durch den für sämtliche Arbeitnehmer des Gemeinschaftsbetriebs zuständigen Betriebsrat statt. Sowohl Gesetzeswortlaut als auch Sinn und Zweck der Unternehmensmitbestimmung streiten daher gegen eine Mehrfachzurechnung.[105]

bb) Zusammensetzung des Aufsichtsrats. Nach § 7 Abs. 1 MitbestG setzt sich der Aufsichtsrat je nach der Arbeitnehmerzahl des Unternehmens aus 12, 16 oder 20 Mitgliedern zusammen (→ § 95 Rn. 9 ff.).[106] Auch durch Satzungsbestimmungen kann die Zahl von 20 Mitgliedern nicht überschritten werden.[107] Die Größe des Aufsichtsrats hat insbesondere aufgrund der in Frage gestellten Arbeitsfähigkeit erhebliche rechtspolitische Kritik hervorgerufen.[108] Jedoch sind verschiedene Anläufe zur Reform und Absenkung der Arbeitnehmerzahl gescheitert.[109] Jeweils die Hälfte des Aufsichtsrats besteht aus Vertretern, die von den Aktionären gewählt werden, und aus Vertretern der Arbeitnehmer, die sich wiederum nach § 7 Abs. 2 MitbestG aufteilen in zwei bzw. drei Gewerkschaftsvertreter, einen Vertreter der leitenden Angestellten und die übrigen Arbeitnehmervertreter. Für die leitenden Angestellten enthält § 15 Abs. 1 S. 2 MitbestG eine Sitzgarantie.[110] Das vom BVerfG geforderte und wegen Art. 14 Abs. 1 GG gebotene leichte Übergewicht der Anteilseignerseite[111] wird durch das **Doppelstimmrecht** des Aufsichtsratsvorsitzenden bei Stimmgleichheit gem. § 29 Abs. 2 S. 1 Mit-

---

[99] LG Hamburg, ZIP 2008, 2364; *Thüsing/Forst* FS Kreutz, 2010, 867 (868 ff.); *Däubler* FS Zeuner, 1994, 19 (31); *Kohte* RdA 1992, 302 (307); Zurechnung differenzierend nach Arbeitspensum: BAG Beschl. v. 1.12.1961 – 1 ABR 15/60 = DB 1962, 306; ausdrücklich offen lassend BAG NZG 2013, 876 (878).
[100] LG Hannover BeckRS 2013, 1244; LG Bremen BeckRS 2010, 17611; *Hohenstatt/Schramm* NZG 2010, 846 (847 ff.); zust. MüKoAktG/*Gach* MitbestG § 3 Rn. 38a, DrittelbG § 2 Rn. 7.
[101] *Hueck/Nipperdey,* Lehrbuch des Arbeitsrechts, Bd. I, 1. Aufl. 1927, S. 33 (6. Aufl. 1959, S. 34 und 7. Aufl. 1963, S. 34f jeweils mit der Ergänzung: „oder eines ihm gleichgestellten Rechtsverhältnisses"); st Rspr.: BAG NJOZ 2011, 88 (89 f.); NZA-RR 2010, 172 (173); NZA-RR 2007, 424 (425); NZA 2000, 385 (387); NZA 1996, 33 (34); NZA 1991, 856 (857); *Richardi* BetrVG § 5 Rn. 11 mwN.
[102] UHH/*Ulmer/Habersack* MitbestG § 5 Rn. 1.
[103] *Hohenstatt/Schramm* NZG 2010, 846 (848).
[104] BAG NZA 1990, 977 (978); MüKoAktG/*Gach* MitbestG § 3 Rn. 36.
[105] *Hohenstatt/Schramm* NZG 2010, 846 (847 ff.).
[106] Auch in der zwingend mitbestimmten GmbH kann nicht von der in § 7 Abs. 1 MitbestG angeordneten Höchstzahl von 20 Aufsichtsratsmitgliedern abgewichen werden, etwa durch Aufnahme nicht stimmberechtigter ständiger Mitglieder BGH NZG 2012, 347 (348).
[107] Für den BGH NZG 2012, 347 (348).
[108] *Hommelhoff* ZGR 2001, 238 (251 f.); *Lutter* ZGR 2001, 224 (236); *Schwalbach* AG 2004, 186 (187); *Kort* AG 2008, 137 (140).
[109] Für eine Mindestgröße von 12 Aufsichtsräten vorbehaltlich abweichender Satzungsbestimmung: Art. 5 Ziff. 1 RefE KonTraG, abgedr. in ZIP 1996, 2193 (2197); *Seibert* WM 1997, 1, 4; *Baums* AG 1997 Sonderheft S. 26 (27); *Adams* AG 1997 Sonderheft S. 9; *Hüffer/Koch/Koch* Rn. 5; für eine Verkleinerung auch Beschluss des 61. DJT, Wirtschaftsrecht, abgedr. in AG 1996, R 513 (514) = DB 1996, 2096; *Lutter* ZHR 159 (1995), 287 (297); *Schiessl* AG 2002, 593 (595); *Scheffler* ZGR 1993, 63 (73); *Lüderitz* FS Steindorff, 1990, 113 (120, 123): „Verantwortungsverwässerung". Der Vorschlag des RefE KonTraG scheiterte an der ablehnenden Haltung der Gewerkschaftsseite, s. zB die Stellungnahme des DGB-Vorsitzenden *Schulte,* Die Mitbestimmung 1995, Heft 6, 6; dazu Großkomm AktG/*Oetker* Vor Rn. 19 und *Claussen* DB 1998, 177 (182).
[110] Ausführlich zur Zusammensetzung im Hinblick auf die Arbeitnehmervertreter RVJ/*Raiser/Jacobs* MitbestG § 7 Rn. 8 ff.; Großkomm AktG/*Oetker* MitbestG § 7 Rn. 1, 9 ff.; MüKoAktG/*Gach* MitbestG § 7 Rn. 18 ff.; s. auch UHH/*Henssler* MitbestG § 7 Rn. 18 ff.; MHdB ArbR/*Wißmann* § 280 Rn. 4 ff., die aber die durch das BetrVerf-ReformG v. 23.7 2001 (BGBl. 2001 I 1852) aufgehobene Differenzierung zwischen Arbeitern und Angestellten noch berücksichtigen.
[111] Zur verfassungsrechtlichen Problematik des MitbestG BVerfGE 50, 290 = NJW 1979, 699.

bestG gewährleistet, wobei das Doppelstimmrecht im Zweifel auf die Anteilseignerbank entfällt, da dieser bei der Wahl des Aufsichtsratsvorsitzenden gem. § 27 Abs. 2 MitbestG ein Letztentscheidungsrecht zukommt. Im Fall der Bestellung und Abberufung des Vorstands hat der Aufsichtsratsvorsitzende erst nach erfolgloser Anrufung des Vermittlungsausschusses im dritten Wahlgang das Doppelstimmrecht, § 31 Abs. 4 MitbestG. Im Fall der Abwesenheit des Vorsitzenden steht dem Stellvertreter (der im Zweifelsfall von der Arbeitnehmerbank gewählt wird, § 27 Abs. 2 S. 2 MitbestG) hingegen kein Doppelstimmrecht zu, § 27 Abs. 2 S. 3, § 31 Abs. 4 S. 3 MitbestG.

10a Der durch das Teilhabegesetz (→ Rn. 4; → Rn. 31 ff.) in § 7 MitbestG neu eingefügte Abs. 3 sieht im Falle der Trennungslösung gemäß § 96 Abs. 2 S. 3 für die unter das MitbestG fallenden Gesellschaften eine Geschlechterquote von jeweils mindestens 30 % Frauen- und Männeranteil an den Aufsichtsratsposten vor. (weiterführend → Rn. 38) Bei ungeraden Zahlen ist auf die nächste volle Personenanzahl auf- bzw. abzurunden.[112] Es handelt sich hierbei um die Parallelvorschrift zu § 5a MontanMitbestG und § 5a MontanMitbestErgG.

11 Die **Wahl der Arbeitnehmervertreter** richtet sich nach §§ 9 ff. MitbestG sowie den Wahlordnungen (erste Wahlordnung zum Mitbestimmungsgesetz v. 27.5.2002, BGBl. 2002 I 1682; Zweite Wahlordnung zum Mitbestimmungsgesetz v. 27.5.2002, BGBl. 2002 I 1708; Dritte Wahlordnung zum Mitbestimmungsgesetz v. 27.5.2002, BGBl. 2002 I 1741).[113] Alle Aufsichtsräte der Arbeitnehmer einschließlich der Gewerkschaftsvertreter werden durch die Belegschaft des Unternehmens gewählt. Das Gesetz sieht für Unternehmen mit einer 8000 Arbeitnehmer regelmäßig nicht überschreitenden Beschäftigtenzahl die Urwahl als Regelverfahren vor (§ 9 Abs. 2 MitbestG iVm § 18 MitbestG), bei einer höheren Zahl die Delegiertenwahl (§ 9 Abs. 1 MitbestG iVm §§ 10–17 MitbestG). In einem Vorabstimmungsverfahren können die Arbeitnehmer den Wechsel zur jeweils anderen Wahlart beschließen (§ 9 Abs. 3 MitbestG).[114] Die Hauptversammlung bestellt gem. § 101 Abs. 1 die **Vertreter der Anteilseigner,** sofern nicht einzelnen Aktionären dieses Entsenderecht durch die Satzung eingeräumt wurde, wobei maximal ein Drittel der Sitze für die Anteilseigner auf diese Weise vergeben werden dürfen – § 8 Abs. 2 MitbestG und § 101 Abs. 2.

12 **b) Montan-MitbestG. aa) Anwendungsbereich.** Nach § 1 Montan-MitbestG werden Unternehmen in der Rechtsform der AG mit einer regelmäßig über 1000 Arbeitnehmern[115] liegenden Beschäftigtenzahl erfasst, deren überwiegender Betriebszweck[116] in der Förderung oder Verarbeitung von Stein- oder Braunkohle sowie Eisenerz liegt und die der Bergaufsicht unterstehen. Weiterhin werden Unternehmen der Eisen und Stahl erzeugenden Industrie sowie deren Tochterunternehmen unter gewissen Voraussetzungen in den Anwendungsbereich einbezogen. Die Bezugnahme auf das sog. AHK-Gesetz (Gesetz Nr. 27 der Alliierten Hohen Kommission v. 16.5.1950 [ABl. der Alliierten Hohen Kommission für Deutschland, S. 299]) ist als „zeitgemäßer Definitionsersatz" für Unternehmen der Eisen und Stahl erzeugenden Industrie zu „verstehen und will nicht nur die Mitbestimmung der in der Anlage zu diesem Gesetz genannten Unternehmen sichern, sondern auch später gegründete Gesellschaften erfassen, die die Kennzeichen der katalogisierten Unternehmen aufweisen. Demnach ist für das Eingreifen der Montanmitbestimmung allein das Überwiegen der Stahl- und Eisenerzeugung ausschlaggebend.[117] Die Gegenauffassung[118] wirft verfassungsrechtliche Bedenken auf, da keine sachlichen Gründe für eine Ungleichbehandlung von vor oder nach Erlass des AHK-Gesetzes gegründeten Unternehmen mit vergleichbarem Betriebszweck erkennbar sind.[119] Eisen- und Stahler-

---

[112] BegrRegE BT-Drs. 18/3784, 129.
[113] Zum Wahlverfahren RVJ/*Raiser/Jacobs* MitbestG Vor, MitbestG §§ 9 ff.; *Wolff* DB 2002, 790; *Sieg/Siebels* NZA 2002, 697; MHdB ArbR/*Wißmann* § 280 und *Wlotzke* ZGR 1977, 355, die allerdings die Änderungen durch das am 27.3.2002 in Kraft getretene VereinfachungsG (BGBl. 2002 I 1130) nicht berücksichtigen.
[114] Dazu RVJ/*Raiser/Jacobs* MitbestG § 9 Rn. 7 ff.; ErfK/*Oetker* MitbestG § 9 Rn. 3; MüKoAktG/*Gach* MitbestG § 9 Rn. 14 ff.; *E. Vetter* in Marsch-Barner/Schäfer Börsennotierte AG-HdB Rn. 24.17.
[115] Es findet auch hier der Arbeitnehmerbegriff des BetrVG Anwendung, vgl. ErfK/*Oetker* MontanMitbestG § 1 Rn. 14, 1; zur Reichweite des Arbeitnehmerbegriffs insb. hinsichtlich Leiharbeitnehmer → Rn. 7.
[116] Zur Ermittlung des überwiegenden Betriebszwecks s. MHdB ArbR/*Wißmann* § 283 Rn. 3; *Kötter* MitbestG § 1 Anm. 8; Großkomm AktG/*Oetker* MontanMitbestG § 1 Rn. 10.
[117] So BGHZ 87, 52 (54 ff.) = NJW 1983, 1617 – Böhler; OLG Düsseldorf ZIP 1982, 1207 (1208 ff.) – Böhler; OLG Düsseldorf AG 1989, 63 – Böhler II; *Konzen* AG 1983, 289; MHdB AG/*Hoffmann-Becking* § 28 Rn. 26; *Wiesner* AuR 1978, 73; Kölner Komm AktG/*Mertens/Cahn* Anh. C § 117 Rn. 7; MHdB ArbR/*Wißmann* § 283 Rn. 4; Großkomm AktG/*Oetker* MontanMitbestG § 1 Rn. 13; Schaub/*Koch* ArbR-HdB § 259 Rn. 1; wohl auch *Wlotzke/Wißmann* DB 1981, 623 (629).
[118] OLG Karlsruhe DB 1976, 1871 – Korf Stahl; LG Mannheim AG 1975, 302; UHH/*Ulmer/Habersack* MitbestG § 1 Rn. 11.
[119] BGH BGHZ 87, 52 (57)= NJW 1983, 1617 – Böhler; ErfK/*Oetker* MontanMitbestG § 1 Rn. 8; iErg zustimmend *Konzen* AG 1983, 289 (292).

zeugung ist nach der so genannten Walzwerkklausel (§ 1 Abs. 1 S. 2 und 3 Montan-MitbestG) auch die erzeugungsnahe Weiterverarbeitung dieser Stoffe.[120]

bb) Zusammensetzung des Aufsichtsrats. Entsprechend § 4 Montan-MitbestG ist der Aufsichtsrat eines montanmitbestimmten Unternehmens aus elf Mitgliedern zusammengesetzt, von denen jeweils vier Mitglieder und ein weiteres Mitglied (§ 4 Abs. 2 Montan-MitbestG enthält für die weiteren Mitglieder zusätzliche, ihre Unabhängigkeit vom Unternehmen und ihrer Bank gewährleistende Wählbarkeitsvoraussetzungen) von der Anteilseigner- und der Arbeitnehmerseite bestimmt werden. Die Gruppe der Arbeitnehmer des 11-köpfigen Aufsichtsrats setzt sich aus zwei belegschaftsangehörigen Vertretern, zwei Gewerkschaftsvertretern sowie dem weiteren Mitglied zusammen. Hinzu kommt ein keiner Seite zuzurechnendes weiteres **„neutrales" Mitglied,** das auf Vorschlag aller Aufsichtsratsmitglieder von der Hauptversammlung gewählt wird. Gelingt die Besetzung mangels Vorschlags oder abgelehnter Wahl nicht, so wird ein paritätisch besetzter Vermittlungsausschuss eingesetzt (§ 8 Abs. 2 MontanMitbestG).[121] Benennt dieser binnen einer Monatsfrist nicht drei wählbare Kandidaten oder lehnt die Hauptversammlung diese aus wichtigem Grunde ab, so wählt die Hauptversammlung das elfte Mitglied nach eigenem Ermessen (§ 8 Abs. 3 S. 7 MontanMitbestG). Bei Uneinigkeit über die Berechtigung der Ablehnung kann der Vermittlungsausschuss eine Überprüfung der Entscheidung durch das OLG herbeiführen. Bestätigt dieses die Einschätzung des Vermittlungsausschusses, so hat das Wahlorgan einen der vorgeschlagenen Kandidaten zu wählen, anderenfalls ist ein nochmaliges Tätigwerden des Ausschusses erforderlich (§ 8 Abs. 3 S. 4–6 MontanMitbestG).[122]

Durch das Teilhabegesetz (→ Rn. 4; → Rn. 31 ff.) wurde der § 5a MontanMitbestG eingefügt. Dieser sieht im Falle der Trennungslösung nach § 96 Abs. 2 S. 3 für die unter das MontanMitbestG fallenden Aktiengesellschaften eine Geschlechterquote von jeweils mindestens 30 % Frauen- und Männeranteil an den Aufsichtsratsposten vor. (weiterführend → Rn. 38) Bei ungeraden Zahlen ist auf die nächste volle Personenanzahl auf- bzw. abzurunden.[123] Es handelt sich hierbei um die Parallelvorschrift zu § 7 Abs. 3 MitbestG und § 5a MontanMitbestErgG.

Die **Satzung** kann in Abhängigkeit vom Grundkapital auch einen größeren Aufsichtsrat mit 15 oder 21 Mitgliedern vorsehen (§ 9 MontanMitbestG). Beim 15-köpfigen Aufsichtsrat erhöht sich die Zahl der Anteilseigner- und der Arbeitnehmervertreter jeweils auf sechs, wobei sich die Bank aus jeweils drei belegschaftsangehörigen Vertretern und drei Gewerkschaftern zusammensetzt. Beim 21-köpfigen Aufsichtsrat erhöht sich die Zahl der Anteilseigner- und der Arbeitnehmervertreter jeweils auf acht und die der weiteren Mitglieder jeweils auf zwei. Die Zahl der Belegschafts- und der Gewerkschaftsvertreter wächst auf jeweils vier an.

c) MontanMitbestErgG. aa) Anwendungsbereich. Das MontanMitbestErgG erfasst im Wesentlichen solche Unternehmen, die an der Spitze eines Montankonzerns stehen, ohne dabei die Voraussetzungen des allein Produktionsgesellschaften erfassenden Montan-MitbestG zu erfüllen. Nach § 1 MontanMitbestErgG unterliegen die herrschenden Unternehmen in der Rechtsform der AG solange der Montanmitbestimmung, wie der gesamte Konzern durch mindestens ein Unternehmen geprägt ist, das der Montanmitbestimmung noch unterliegt. Den Wechsel aus dem Anwendungsbereich des Montan-MitbestG in den des MontanMitbestErgG regelt § 16 Abs. 1 Nr. 2 iVm §§ 1–3 dieses Gesetzes.[124] § 3 Abs. 2 MontanMitbestErgG legt die Kriterien für die Prägung des Konzerns durch Montanunternehmen fest. Ein ausreichender Montanbezug besteht, wenn die Wertschöpfungsquote der abhängigen montanmitbestimmten Unternehmen mehr als 20 % des Gesamtkonzernumsatzes ausmacht (§ 3 Abs. 2 S. 1 Nr. 1 MontanMitbestErgG).[125] Alternativkriterium ist die Beschäftigtenzahl, wobei nach der gesetzlichen Neuregelung in den montanmitbestimmten Konzernunternehmen eine Quote von in der Regel mehr als 20 % der Gesamtbelegschaft erreicht werden

---

[120] Dazu Kölner Komm AktG/*Mertens/Cahn* Anh. C § 117 C Rn. 9; *Wißmann* NJW 1982, 423, (424 f.); *Wlotzke/Wißmann* DB 1981, 623 (630); *Engels* BB 1981, 1349 (1355 ff.); zur verfassungsrechtlichen Beurteilung *Preis* AuR 1983, 161 (168).

[121] Zu Besetzung und Verfahren s. Kölner Komm AktG/*Mertens/Cahn* Anh. C § 117 C Rn. 23; *Kötter* NJW 1951, 417 ff.; MHdB ArbR/*Wißmann* § 283 Rn. 17; *Müller/Lehmann* MontanMitbestG Rn. 10 ff.; s. auch *Rittner* FS R. Fischer, 1979, 627 f. zu Funktion und Wesen des Ausschusses.

[122] Ausführlich dazu ErfK/*Oetker* MontanMitbestG § 8 Rn. 8 ff.; *Kötter* MitbestG § 8 Anm. 17 ff.; MHdB ArbR/*Wißmann* § 283 Rn. 17.

[123] BegrRegE BT-Drs. 18/3784, 125.

[124] OLG Düsseldorf AG 1994, 281; zustimmend *Spindler* AG 1994, 258 (259); *Wißmann* DB 1989, 426 (427); MHdB ArbR/*Wißmann* § 284 Rn. 5; Großkomm AktG/*Oetker* MontanMitbestErgG § 16 Rn. 6; Kölner Komm AktG/*Mertens/Cahn* Anh. D § 117 Rn. 7.

[125] Zur Berechnung der Montanquote s. MHdB ArbR/*Wißmann* § 284 Rn. 4; Großkomm AktG/*Oetker* MontanMitbestErgG § 3 Rn. 10 ff.

muss (§ 3 Abs. 2 S. 1 Nr. 2 MontanMitbestErgG; BDA, Stellungnahme zum Entwurf eines Zweiten Gesetzes zur Wahl der Arbeitnehmervertreter in den Aufsichtsrat v. 20.10.2003 S. 3).[126] Diese Verhältniszahl löst die ursprünglich normierte absolute Beschäftigtenzahl von 2000 Arbeitnehmern, die vom Bundesverfassungsgericht mit Urteil vom 2.3.1999 aufgrund ihres fehlenden Montanbezugs für verfassungswidrig erklärt wurde, ab.[127] Eine bislang nicht montanmitbestimmte Obergesellschaft tritt in den Anwendungsbereich des MontanMitbestErgG ein, wenn in sechs aufeinander folgenden Jahren über 50 % des Konzernumsatzes auf die Montanunternehmen entfallen.[128] Die Mitbestimmung nach dem MontanMitbestErgG endet für ein Unternehmen, wenn es in sechs aufeinander folgenden Geschäftsjahren die Voraussetzungen des § 3 MontanMitbestErgG nicht mehr erfüllt (§ 16 Abs. 2 Nr. 1 MontanMitbestErgG).[129] Die richtige Ermittlung des Umsatzverhältnisses kann gem. § 98 Abs. 3 auf Antrag durch das Gericht überprüft werden (→ § 98 Rn. 13).

16 Infolge der Bedeutungsverluste des Montansektors und der dort stattfindenden Umstrukturierungen war die Anzahl der montanmitbestimmten Unternehmen auch nach Erlass des MontanMitbestErgG stark rückläufig. Der Gesetzgeber reagierte durch eine umfangreiche Sicherungsgesetzgebung:[130]

– Das Änderungsgesetz vom 27.4.1967 (Lex Rheinstahl) (BGBl 1967 I 505) verlängerte den Übergangszeitraum, in dem das MontanMitbestErgG trotz ununterbrochenen Unterschreitens der maßgeblichen Montanquote fort gilt, von zwei auf fünf Jahre.[131]
– Das Mitbestimmungsfortgeltungsgesetz vom 29.11.1971 (BGBl. 1971 I 1857) normierte befristet auf den 31.12.1975 weitere Erschwerungen für das Ausscheiden aus dem MontanMitbestErgG.[132]
– Das Änderungsgesetz vom 21.5.1981 (BGBl. 1981 I 441) verlängerte die Übergangsfrist des § 16 MontanMitbestErgG für das Ausscheiden um ein weiteres Jahr auf sechs Jahre.[133]
– Das Sicherungsgesetz vom 20.12.1988 (BGBl. 1988 I 2312) schaffte für die Beibehaltung des MontanMitbestErgG in einem Unternehmen Erleichterungen, indem es die Montanquote von 50 % auf 20 % herabsenkte und daneben das Kriterium der Beschäftigtenzahl einfügte. Für den Eintritt eines bislang nicht montanmitbestimmten Unternehmens in den Anwendungsbereich des MontanMitbestErgG bleibt es hingegen bei der höheren Quote.[134]

17 **bb) Zusammensetzung des Aufsichtsrats.** Der Aufsichtsrat ist zwingend nach § 5 Abs. 1 S. 1 MontanMitbestErgG aus 15 Mitgliedern zusammengesetzt. Diese teilen sich paritätisch in je sieben

---

[126] Dazu *Seibt* NZA 2004, 767 (774); *Boewer/Gaul/Otto* GmbHR 2004, 1065 (1069); *Melot de Beauregard* DB 2004, 1430 (1431); kritisch zur Verfassungsmäßigkeit der Neuregelung: *Huke/Prinz* BB 2004, 2633 (2638).

[127] BVerfG RdA 1999, 389 (393 f.) mit Anm. *Raiser* = NZA 1999, 435 – Mannesmann; Besprechung bei *Oetker* ZGR 2000, 19 (26 ff.); zuvor *Spindler* AG 1994, 258 (262 f.); aA noch *Nagel*, Mitbestimmung im Montankonzern und Grundgesetz, 1992, 41 f.; *Wlotzke* FS Fabricius, 1989, 165 (180;) *Friauf*, Verfassungsmäßigkeit des Gesetzes zur Sicherung der Montan-Mitbestimmung, Forschungsbericht Nr. 172 des Bundesministers für Arbeit und Sozialordnung, 1988, 93 f.; grundlegend zu verfassungsrechtlichen Aspekten der Mitbestimmung im Montankonzern: *Krüger* FS Friauf, 1996, 611.

[128] OLG Celle AG 1994, 131 (133 f.); OLG Düsseldorf AG 1994, 281 (282); Besprechung bei *Oetker* ZGR 2000, 19 (24) f.; Großkomm AktG/*Oetker* MontanMitbestErgG § 16 Rn. 5.

[129] Zu den weiteren Fallgruppen des Ausscheidens s. Großkomm AktG/*Oetker* MontanMitbestErgG § 16 Rn. 7 ff. Die Spanne der Ein- und Austrittskriterien von 30% hielt das Bundesverfassungsgericht aus Gründen der Kontinuitätswahrung für verfassungsrechtlich unbedenklich; BVerfG RdA 1999, 389 (394) = NZA 1999, 435 – Mannesmann mit Anm. *Raiser*; Großkomm AktG/*Oetker* Einl. MontanMitbestErgG Rn. 8; MHdB ArbR/*Wißmann* § 284 Rn. 5; *Wißmann* DB 1989, 426 (428); *Wlotzke* FS Fabricius, 1989, 165 (180); *Nagel*, Mitbestimmung im Montankonzern und Grundgesetz, 1992, 34 ff.; *Friauf*, Verfassungsmäßigkeit des Gesetzes zur Sicherung der Montan-Mitbestimmung, Forschungsbericht Nr. 172 des Bundesministers für Arbeit und Sozialordnung, 1988, 90 ff.; aA *Spindler* AG 1994, 258 (259 ff.); Kölner Komm AktG/*Mertens/Cahn* Anh. D § 117 D Rn. 8; s. auch OLG Düsseldorf AG 1994, 281 – Mannesmann.

[130] Nach dem Urteil des BVerfG v. 2.3.1999 entfielen die Voraussetzungen für die Anwendung des Gesetzes auf die letzten beiden der unter das Gesetz fallenden Unternehmen (vgl. Großkomm AktG/*Oetker* MontanMitbestErgG Einl. Rn. 10; MHdB ArbR/*Wißmann* § 284 Rn. 1). Ob demnächst die ThyssenKrupp Steel AG und die Salzgitter AG in den Anwendungsbereich des MontanMitbestErgG hineinwachsen, bleibt abzuwarten; s. dazu *Seibt* NZA 2004, 767 (774) und HWK/*Seibt*, 2. Aufl. 2006, MontanMitbestG § 1 Rn. 23.

[131] Dazu Großkomm AktG/*Oetker* MontanMitbestErgG Einl. Rn. 5; MHdB AG/*Hoffmann-Becking* § 28 Rn. 37; *Preis* AuR 1983, 161 (162 f.); *Wlotzke/Wißmann* DB 1981, 623 (625).

[132] Dazu *Wlotzke/Wißmann* DB 1981, 623 (625 f.); *Preis* AuR 1983, 161 (163); MHdB AG/*Hoffmann-Becking* § 28 Rn. 37.

[133] Gleichzeitig wurde in das MontanMitbestG eine Regelung über das Ausscheiden aus der Montanmitbestimmung eingeführt. Im Gleichlauf zu § 16 MontanMitbestErgG beträgt diese sechs Jahre (§ 1 Abs. 3 MontanMitbestG). S. auch *Wlotzke/Wißmann* DB 1981, 623 (627 ff.); *Engels* BB 1981, 1349; *Preis* AuR 1983, 161 (163).

[134] Ausführlich *Wlotzke* FS Fabricius, 1989, 165 (170 ff.); *Wißmann* DB 1989, 426; Kölner Komm AktG/*Mertens/Cahn* Anh. D § 117 Rn. 2.

Anteilseignervertreter und Arbeitnehmervertretern sowie ein weiteres Mitglied auf. Bei Gesellschaften mit einem Grundkapital von mehr als 25 Mio. Euro kann die Satzung auch einen Aufsichtsrat aus 21 Mitgliedern vorsehen, wobei sich die Zahl der Anteilseigner- und Arbeitnehmervertreter auf jeweils 10 erhöht (§ 5 Abs. 1 S. 3, 4 MontanMitbestErgG). Im 15-köpfigen Aufsichtsrat entfallen 5 Sitze auf die Belegschafts- und 2 auf die Gewerkschaftsvertreter, im 21-köpfigen sind es jeweils 7 und 3 (§ 6 Abs. 1 MontanMitbestErgG). Die Anteilseignervertreter werden entsprechend § 5 Abs. 2 MontanMitbestErgG iVm § 5 Montan-MitbestG durch die Hauptversammlung nach § 101 Abs. 1 bestellt, die Arbeitnehmervertreter durch Delegierte nach §§ 7 Abs. 1, 8–10f, 10h MontanMitbestErgG oder unmittelbar nach §§ 7 Abs. 2, 10g, 10h MontanMitbestErgG (das Wahlverfahren nach dem MontanMitbestErgG wurde durch das Sicherungsgesetz v. 20.12.1988 im Wesentlichen an das Verfahren nach dem MitbestG angeglichen. Da das MontanMitbestErgG allerdings keine Sitzgarantie für die leitenden Angestellten kennt, entfallen die diesbzgl. Vorschriften. Die durch das VereinfachungsG v. 27.3.2002 für das MitbestG vorgenommenen Änderungen wurden durch das 2. VereinfachungsG v. 18.5.2004 für das MontanMitbestErgG und die dazu ergangene Wahlordnung nachvollzogen).[135] Das weitere (neutrale) Mitglied ist im Verfahren nach § 8 Montan-MitbestG mit Modifizierungen durch § 5 Abs. 3 MontanMitbestErgG zu bestellen (→ Rn. 11).

§ 5a MontanMitbestErgG wurde durch das Teilhabegesetz (→ Rn. 4; → Rn. 31 ff.) neu eingefügt. Dieser sieht im Falle des § 96 Abs. 2 S. 3 (Trennungslösung) für die unter das MontanMitbestErgG fallenden Aktiengesellschaften eine Geschlechterquote von jeweils mindestens 30 % Frauen- und Männeranteil an den Aufsichtsratsposten vor. (weiterführend → Rn. 38) Bei Dezimalzahlen ist auf die nächste volle Personenanzahl auf- bzw. abzurunden.[136] Es handelt sich hierbei um die Parallelvorschrift zu § 7 Abs. 3 MitbestG und § 5a MontanMitbestG.

d) DrittelbG. aa) Anwendungsbereich. Das Drittelbeteiligungsgesetz (Gesetz über die Drittelbeteiligung der Arbeitnehmer im Aufsichtsrat – Drittelbeteiligungsgesetz [DrittelbG] vom 18. Mai 2004, BGBl. 2004 I 974)[137] führt im Wesentlichen die früheren §§ 76 ff. BetrVG 1952 fort. Aktiengesellschaften und KGaA, die weder unter das Montan-MitbestG oder MontanMitbestErgG noch das MitbestG fallen (§ 1 Abs. 2 S. 1 Nr. 1 DrittelbG), also weniger als 2000 Arbeitnehmer haben, und keine Religionsgemeinschaften oder karitative oder erzieherische Einrichtungen einer solchen oder ein Tendenzunternehmen nach § 1 Abs. 2 S. 1 Nr. 2 DrittelbG sind (in der Neufassung des § 1 Abs. 2 Nr. 2 DrittelbG wird anders als bei der Vorgängervorschrift § 81 Abs. 1 BetrVG ausdrücklich verlangt, dass die betroffenen Unternehmen „unmittelbar und überwiegend" Tendenzschutzzwecken dienen müssen, ohne dass damit inhaltliche Änderungen beabsichtigt wären; BegrRegE 2. VereinfachungsG BT-Drs. 15/2542, 11),[138] unterliegen der sog. Drittelbeteiligung der Arbeitnehmer im Aufsichtsrat, wenn sie in der Regel mehr als 500 Arbeitnehmer[139] beschäftigen. Für Aktiengesellschaften, die vor dem 10.8.1994 ins Handelsregister eingetragen wurden, gilt diese Grenze nicht, so dass sie bei einer unterhalb dieses Schwellenwerts liegenden Arbeitnehmerzahl mitbestimmungspflichtig sind, außer wenn sie Familiengesellschaften im Sinne des § 1 Abs. 1 Nr. 1 S. 3 DrittelbG sind. Als solche sieht das Gesetz nur Gesellschaften an, deren Aktionär eine einzelne natürliche Person ist oder deren Aktionäre nach § 15 Abs. 1 Nr. 2–8, Abs. 2 AO verschwägert oder verwandt sind. Dennoch ist auch für die vor dem Stichtag eingetragenen Altgesellschaften eine Mindestbeschäftigungszahl zu verlangen. Die insoweit bestehende Regelungslücke ist durch den für die Anwendbarkeit des BetrVG geltenden Schwellenwert von fünf Arbeitnehmern zu schließen. Erst bei Unternehmen dieser Größenordnung ist eine sachgerechte Ausübung kollektiver Beteiligungsrechte möglich.[140] Es erscheint auch wenig

---

[135] Weitere Einzelheiten bei Kölner Komm AktG/*Mertens/Cahn* Anh. D § 117 Rn. 11; Großkomm AktG/*Oetker* MontanMitbestErgG §§ 7 ff. und MHdB ArbR/*Wißmann* § 284 Rn. 8 ff. S. dazu *Seibt* NZA 2004, 767 (774); *Huke/Prinz* BB 2004, 2633 (2638); *Melot de Beauregard* DB 2004, 1430 (1431).
[136] BegrRegE BT-Drs. 18/3784, 126.
[137] Zur Gesetzgebungsgeschichte ErfK/*Oetker* DrittelbG Einführung Rn. 2; *Boewer/Gaul/Otto* GmbHR 2004, 1065.
[138] Hölters/*Simons* Rn. 33, 50; *Seibt* NZA 2004, 767 (769); FKKV DrittelbG Rn. 32 f.; *Huke/Prinz* BB 2004, 2633 (2634); *Boewer/Gaul/Otto* GmbHR 2004, 1065 (1066).
[139] Hinsichtlich des Arbeitnehmerbegriffs verweist die Legaldefinition in § 3 DrittelbG im Wesentlichen auf das BetrVG, wobei leitende Angestellte iSd § 5 Abs. 3 BetrVG ausgenommen sind; zur Reichweite des Arbeitnehmerbegriffs insb. hinsichtlich Leiharbeitnehmer → Rn. 7.
[140] BGH NZG 2012, 421; OLG Jena NZG 2011, 906; LG Frankfurta. M. NJW 1956, 598; ArbG Frankfurt a. M. NJW 1954, 656; HWK/*Seibt* DrittelbG § 1 Rn. 12; *Richardi* FS Zeuner, 1994, 147 (148); *Röder/Gneiting* DB 1993, 1618 (1619); *Rüthers* BB 1977, 605 (606); wohl auch MHdB AG/*Hoffmann-Becking* § 28 Rn. 5; jetzt auch ErfK/*Oetker* DrittelbG § 1 Rn. 8; MüKoAktG/*Habersack* Rn. 25, 18; unter ausdrücklicher Aufgabe der noch in der Vorausfl. vertretenen Ansicht (3 Arbeitnehmer): UHH/*Habersack* DrittelbG § 1 Rn. 17; aA (3 Arbeitnehmer): MüKoAktG/*Gach* DrittelbG § 1 Rn. 13; für einen Arbeitnehmer: WKS/*Kleinsorge* DrittelbG § 1 Rn. 7 ff.; MHdB ArbR/*Wißmann* § 285 Rn. 3.

sachgerecht, dass die Mitglieder des in der Regel dreiköpfigen Wahlvorstandes sich selbst in das Aufsichtsorgan wählen, so dass die teilweise geforderte Mindestzahl von drei Arbeitnehmern nicht ausreicht.[141] Dies gilt erst recht für Unternehmen, die nur einen einzigen Arbeitnehmer beschäftigen.[142] Das Gesetz verlangt eine Bestellung der Arbeitnehmervertreter durch Wahl und lässt das Einrücken des einzigen Beschäftigten nicht zu. Eine arbeitnehmerlose und somit mitbestimmungsfreie Gesellschaft liegt solange vor, wie die Beschäftigtenzahl von vier Arbeitnehmern nicht überschritten wird.[143]

19   Der **Stichtag** 10.8.1994 resultiert aus der mit dem Gesetz für kleine Aktiengesellschaften und zur Deregulierung des Aktienrechts intendierten Gleichstellung mit GmbHs (Gesetz für kleine Aktiengesellschaften und zur Deregulierung des Aktienrechts v. 2.8.1994, BGBl. 1994 I 1961).[144] Der Stichtag gilt nicht nur für Neugründungen, sondern auch für rechtsformwechselnde Umwandlungen in die Form der AG.[145] Nach dem eindeutigen Gesetzeswortlaut ist aus Gründen der Rechtssicherheit allein der Formalakt der Eintragung maßgeblich.[146] Die Umwandlung einer Altgesellschaft in eine GmbH und der spätere Rückwechsel stellt keinen Gestaltungsmissbrauch, sondern eine zulässige Flucht aus der Mitbestimmung dar. Bei der Rückumwandlung in die Rechtsform der AG lebt die Mitbestimmung somit nicht wieder auf.[147] Die unterschiedlichen Regelungen für Neu- und Altgesellschaften verstoßen auch nicht gegen Art. 3 Abs. 1 GG.[148] Das BVerfG hat bereits in seiner Montanmitbestimmungsentscheidung[149] klargestellt, dass eine unterschiedliche Behandlung von Neu- und Alt-Fällen auch vor dem Hintergrund des Art. 3 Abs. 1 GG gerechtfertigt sein kann. Zumal hier – im Gegensatz zu dem vom BVerfG entschiedenen Fall – auch nur eine drittelparitätische Arbeitnehmerbeteiligung im Raum steht.[150] Jüngst bestätigte das BVerfG die Verfassungsmäßigkeit des § 1 Abs. 1 Nr. 1 S. 2 DrittelbG, indem es die Vereinbarkeit mit dem Grundrecht aus Art. 14 GG und dem Gleichheitssatz aus Art. 3 Abs. 1 GG feststellte.[151] § 1 Abs. 1 Nr. 1 S. 2 DrittelbG führe nur eine bereits vor dem Stichtag bereits geltende Rechtslage fort, sodass ein weitergehender Eingriff in das Anteilseigentum nicht vorliege. Im Übrigen hätte der Gesetzgeber im Rahmen der gleichheitsgerechten Ausgestaltung nicht den strengen Bindungen an Verhältnismäßigkeitserfordernisse unterlegen, da das personale Element des Anteilseigentums bei Aktiengesellschaften gering sei. Vor diesem Hintergrund seien die bei der Differenzierung der Kontinuitätswahrung angestellten Erwägungen tragfähig.

20   Auch im Anwendungsbereich des DrittelbG findet nach Maßgabe von dessen § 2 **Konzernmitbestimmung** statt. Abs. 1 sieht für die Wahl der Arbeitnehmervertreter zum Aufsichtsrat des herrschenden Unternehmens die aktive und passive Wahlberechtigung der Arbeitnehmer aller Konzernunternehmen vor. Die Nachfolgeregelung des § 76 Abs. 4 BetrVG 1952 verweist umfassend auf die Konzernvermutung des § 18 Abs. 1 und stellt dadurch in Übereinstimmung mit der Lage nach dem MitbestG den faktischen Unterordnungs- dem Vertragskonzern gleich.[152] Der die Geltung des § 18 Abs. 1 S. 3 im Anwendungsbereich des BetrVG ablehnenden Rechtsprechung des BAG[153] ist somit

---

[141] So aber: MüKoAktG/*Gach* DrittelbG § 1 Rn. 13; UHH/*Habersack* DrittelbG § 1 Rn. 17; dagegen zutreffend für § 76 BetrVG: *Richardi* § 76 BetrVG 1952 Rn. 8.
[142] So aber WKS/*Kleinsorge* DrittelbG § 1 Rn. 7 ff.; *Fuchs/Köstler/Pütz* Aufsichtsratswahl-HdB Rn. 45; MHdB ArbR/*Wißmann* § 285 Rn. 3.
[143] So auch zu § 76 BetrVG: GK-BetrVG/*Kraft* BetrVG 1952 § 76 Rn. 6; *Rüthers* BB 1977, 605 (606).
[144] BegrRegE BT-Drs. 12/6721, 11; *Hahn* DB 1994, 1659 (1665); *Planck* GmbHR 1994, 501 (504 f.).
[145] *Lutter* AG 1994, 429 (445); *Henssler* ZfA 2000, 241 (258 f.); Hüffer/Koch/*Koch* Rn. 12; MüKoAktG/*Habersack* Rn. 25; ErfK/*Oetker* DrittelbG § 1 Rn. 5; MHdB AG/*Hoffmann-Becking* § 28 Rn. 2.
[146] *Lutter* AG 1994, 429 (445); *Kindler* NJW 1994, 3041 (3046); ErfK/*Oetker* DrittelbG § 1 Rn. 5; MüKoAktG/ *Gach* DrittelbG § 1 Rn. 5; WKS/*Kleinsorge* DrittelbG § 1 Rn. 5.
[147] So auch *Seibt* NZA 2004, 767 (768 f.); einschränkend aber HWK/*Seibt* DrittelbG § 1 Rn. 13: in extremen Fällen rechtsmissbräuchlich; *Seibt* in Willemsen/Hohenstatt/Schweibert/Seibt, Umstrukturierung und Übertragung im Unternehmen, 2003, F 68 a: Gestaltungsmissbrauch in extremen Einzelfällen, wenn die Gesamtheit der Anteilseigner nachweisbar die Umstrukturierung ausschließlich zur Vermeidung der Mitbestimmung vornehmen will oder wenn Rückumwandlung in engem zeitlichen Zusammenhang ohne sachlichen Grund erfolgt; aA *Henssler* ZfA 2000, 241 (258 f.): Gestaltungsmissbrauch, wenn Rückumwandlung von vornherein beabsichtigt war.
[148] OLG Düsseldorf NZG 2011, 1152.
[149] BVerfGE 99, 367 = BVerfG NJW 1999, 1535 – Mannesmann.
[150] OLG Düsseldorf NZG 2011, 1153 f.
[151] BVerfG AG 2014, 279 ff; kritisch *Latzel* AG 2014, 395.
[152] BAG NZG 2012, 754 (757); *Deilmann* NZG 2005, 659 (663 f.) mit Überlegungen zur Widerlegung der Vermutung des § 18 Abs. 1 S. 3 AktG; *Boewer/Gaul/Otto* GmbHR 2004, 1065 (1066); *Seibt* NZA 2004, 767 (770); MüKoAktG/*Gach* DrittelbG § 2 Rn. 2; UHH/*Habersack* DrittelbG § 2 Rn. 4; kritisch *Huke/Prinz* BB 2004, 2633 (2635); s. auch Beschlussempfehlung und Bericht des Ausschusses für Wirtschaft und Arbeit vom 23.3.2004 zum RegE 2. VereinfachungsG BT-Drs. 15/2739, 3.
[153] So noch BAG NZA 1996, 274 f. = ZIP 1996, 292.

die rechtliche Basis entzogen. Demgegenüber werden bei der Erweiterung des Wahlkörpers der Obergesellschaft die Beschäftigten faktisch abhängiger Unternehmen weiterhin nicht berücksichtigt, § 2 Abs. 2 DrittelbG,[154] so dass ein Gleichlauf beider Vorschriften nur vorliegt, wenn kein Fall des faktischen Konzerns gegeben ist. Für Altgesellschaften stellt sich unverändert die Frage nach der Mitbestimmung in der arbeitnehmerlosen Konzernspitze. Scheidet eine Zurechnung nach Abs. 2 mangels Vorliegen der engen Voraussetzungen aus, so kommt eine Wahl der Arbeitnehmer der abhängigen Unternehmen zum Aufsichtsrat der Konzernspitze nur in Betracht, soweit man die dort in Umgehungsabsicht unterbliebene, aber gebotene Beschäftigung eigener Arbeitnehmer als Zurechnungstatbestand ausreichen lässt.[155] Im Ergebnis bleibt die Konzernmitbestimmung nach dem DrittelbG hinter der generellen Zurechnung nach § 5 Abs. 1 MitbestG zurück. Vergleichbare Probleme wie im MitbestG stellen sich insbesondere bei der mehrfachen Konzernzugehörigkeit von Gemeinschaftsunternehmen, für die die Rechtsprechung auch bei Mehrmütterorganschaft für jedes der herrschenden Unternehmen eine Wahlberechtigung der Arbeitnehmer der Tochtergesellschaft zutreffend annimmt (→ Rn. 9).[156] Auch die Figur des Konzerns im Konzern beurteilt sich nach den bereits für das MitbestG aufgezeigten Grundsätzen (→ Rn. 9).[157] Liegen dessen Voraussetzungen allerdings nicht vor und ist die Obergesellschaft zB als Auslandsgesellschaft mitbestimmungsfrei, bleiben die Arbeitnehmer der Konzerntöchter mangels einer § 5 Abs. 3 MitbestG vergleichbaren Zurechnungsnorm ohne Beteiligungsrechte, soweit nicht die Voraussetzungen eines Mitbestimmungsregimes bei ihr erfüllt werden. Schließlich gelten auch die für das MitbestG entwickelten Kriterien hinsichtlich der Problematik der Zurechnung von Arbeitnehmern zur Bestimmung des Schwellenwertes im Gesamtbetrieb (→ Rn. 9). Laut Rechtsprechung gehören zu den wahlberechtigten „Arbeitnehmern des Unternehmens" in § 5 Abs. 2 DrittelbG auch Arbeitnehmer, die in einem Gemeinschaftsbetrieb zweier Unternehmen arbeiten, aber arbeitsvertraglich nicht mit dem Unternehmen verbunden sind, in dem die Aufsichtsratswahl stattfindet.[158] Dem ist jedoch aus den gleichen Gründen nicht zu folgen, die gegen die Mehrfachzählung der Arbeitnehmer zum Erreichen der Mitbestimmungsschwelle sprechen, → Rn. 9.[159] Insoweit muss ein Gleichlauf von Zurechnung und Wahlrecht bestehen.[160]

bb) Zusammensetzung des Aufsichtsrats. Unterliegt die AG dem DrittelbG, muss **ein Drittel** der Aufsichtsratsmitglieder aus Vertretern der Arbeitnehmer iSd § 5 Abs. 1 BetrVG bestehen, § 4 Abs. 1. Sind mehr als zwei Arbeitnehmer in den Aufsichtsrat zu wählen, so erlaubt § 4 Abs. 2 DrittelbG die Wahl von Personen, die diese Voraussetzungen nicht erfüllen, soweit nur die Mindestbesetzung mit zwei unternehmensangehörigen Arbeitnehmern gewahrt wird. Externen Gewerkschaftsvertretern und leitenden Angestellten räumt das DrittelbG keinen Sonderstatus ein, sie können aber ebenso wie die Belegschaftsvertreter ausländischer Töchter als weitere Arbeitnehmervertreter in den Aufsichtsrat gewählt werden.[161] § 4 Abs. 3 DrittelbG regelt erstmalig die persönlichen Wählbarkeitsvoraussetzungen der unternehmensangehörigen Arbeitnehmer und stellt dabei einen Gleichlauf mit der Regelung des § 7 Abs. 3 MitbestG her.[162] Über die Zahl der Aufsichtsratsmitglieder

---

[154] OLG Zweibrücken NZG 2006, 31 (32) = AG 2005, 928 (929); Deilmann NZG 2005, 659 (660 ff.) mit Überlegungen zur Vermeidung der Zurechnung; Seibt NZA 2004, 767 (770); Huke/Prinz BB 2004, 2633 (2634); ErfK/Oetker DrittelbG § 2 Rn. 18; FKKV DrittelbG Rn. 39; Boewer/Gaul/Otto GmbHR 2004, 1065 (1067) gehen unserer von einem Redaktionsversehen aus. Bereits für die Rechtslage nach dem BetrVG 1952: OLG Düsseldorf ZIP 1997, 546 (548); BayObLG ZIP 1993, 263 f. = AG 1993, 177; Richardi FS Zeuner, 1994, 147 (151 f.); Großkomm AktG/Oetker BetrVG 1952 § 77a Rn. 5; Kölner Komm AktG/Mertens/Cahn Anh. E § 117 Rn. 16; MüKoAktG/Habersack Rn. 19; Röder/Gneiting DB 1993, 1618 (1620).
[155] So ErfK/Oetker DrittelbG § 2 Rn. 7; Zurechnung bei Unterlassen einer gebotenen Beteiligung; s. schon früher BAG AP § 76 Nr. 7 = DB 1957, 1021 (zu § 76 BetrVG 1952); für eine Zurechnung nur nach Maßgabe des § 2 Abs. 2 DrittelbG; MüKoAktG/Gach DrittelbG § 2 Rn. 14; Röder/Gneiting DB 1993, 1618 (1619 f.); GK-BetrVG/Kraft BetrVG 1952 § 76 Rn. 5; Richardi FS Zeuner, 1994, 147 (150 f.); wohl auch MHdB ArbR/Wißmann § 285 Rn. 3; Fuchs/Köstler/Pütz Aufsichtsratswahl-HdB Rn. 145.
[156] Vgl. WKS/Kleinsorge DrittelbG § 2 Rn. 21; MüKoAktG/Gach DrittelbG § 2 Rn. 7; UHH/Habersack DrittelbG § 2 Rn. 9; ErfK/Oetker DrittelbG § 2 Rn. 10.
[157] Vgl. ErfK/Oetker DrittelbG § 2 Rn. 9; RVJ/Veil DrittelbG § 2 Rn. 9; UHH/Habersack MitbestG § 2 Rn. 9; WKS/Kleinsorge DrittelbG § 2 Rn. 19.
[158] BAG GmbHR 2013, 990 mwN; BAG BeckRS 2013, 73496; zust. MüKoAktG/Gach DrittelbG § 2 Rn. 7; UHH/Ulmer/Habersack MitbestG § 10 Rn. 21: Wahlberechtigt in allen Unternehmen, deren Weisungsrecht der Arbeitnehmer unterworfen ist.
[159] Zust. Hohenstatt/Schramm NZG 2010, 846 (850).
[160] Thüsing/Forst FS Kreutz, 2010, 867 (878).
[161] ErfK/Oetker DrittelbG § 4 Rn. 10; Seibt NZA 2004, 767 (771); FKKV DrittelbG Rn. 50, 55; MüKoAktG/Gach DrittelbG § 4 Rn. 4; UHH/Henssler DrittelbG § 4 Rn. 13; Boewer/Gaul/Otto GmbHR 2004, 1065 (1067).
[162] Zu den Einzelheiten BegrRegE 2. VereinfachungsG BT-Drs. 15/2542, 12; ErfK/Oetker DrittelbG § 4 Rn. 9; Huke/Prinz BB 2004, 2633 (2635); Boewer/Gaul/Otto GmbHR 2004, 1065 (1067 f.); Seibt NZA 2004, 767 (771).

trifft das DrittelbG schon wie § 76 BetrVG 1952 keine Aussage, so dass die allgemeinen Grundsätze des § 95 Anwendung finden. Daneben gelten die aktienrechtlichen Wählbarkeitsvoraussetzungen der §§ 100, 105 mit Ausnahme von § 100 Abs. 4, da die Möglichkeit weitergehender persönlicher Anforderungen in der Satzung zu einer unzulässigen Beeinträchtigung der Mitbestimmungsrechte führen würde (→ § 100 Rn. 40).[163] Die Wahl der Arbeitnehmervertreter richtet sich nach §§ 5 ff. DrittelbG sowie der zum DrittelbG ergangenen Wahlordnung (Rechtsverordnung zur Wahl der Aufsichtsratsmitglieder der Arbeitnehmer nach dem Drittelbeteiligungsgesetz [Wahlordnung zum Drittelbeteiligungsgesetz – WODrittelbG] v. 9.6.2004, BGBl. 2004 I 1393).[164] Die Arbeitnehmervertreter werden ausschließlich im Verfahren der Urwahl gewählt. Die von § 76 Abs. 4 S. 2 BetrVG vorgesehene Möglichkeit der Delegiertenwahl in Konzernunternehmen ist nach der Neuregelung entfallen.[165]

22 **e) MgVG. aa) Anwendungsbereich.** Das auf der Richtlinie über die Verschmelzung von Kapitalgesellschaften aus verschiedenen Mitgliedstaaten[166] beruhende MgVG[167] gilt nach dessen § 3 Abs. 1 Satz 1 für eine aus einer grenzüberschreitenden Verschmelzung hervorgehende Gesellschaft mit Sitz im Inland. Befindet sich der Sitz der Gesellschaft nicht im Inland, so gilt das MgVG nach § 3 Abs. 1 S. 2 unabhängig davon für die im Inland beschäftigten Arbeitnehmer, inländische beteiligte Gesellschaften, betroffene Tochtergesellschaften und betroffene Betriebe. § 4 MgVG legt demgegenüber fest, dass die Regelungen über die Mitbestimmung der Arbeitnehmer in den Unternehmensorganen des Mitgliedstaats, in dem diese Gesellschaft ihren Sitz hat, anzuwenden sind. Etwas anderes kann jedoch unter den Voraussetzungen des § 5 MgVG nach § 22 MgVG vereinbart werden oder nach §§ 23 ff. MgVG gelten (s. zB → Rn. 23).

23 **bb) Zusammensetzung des Aufsichtsrats.** Die Zusammensetzung des Aufsichtsrats ist im MgVG nur zum Teil geregelt. In § 7 MgVG findet sich lediglich die Zusammensetzung eines besonderen Verhandlungsgremiums, welches die erworbenen Mitbestimmungsrechte der Arbeitnehmer der an der Verschmelzung beteiligten Gesellschaften bündeln soll. Hinsichtlich der Zusammensetzung des Aufsichtsrats als einer Regelung über die Mitbestimmung der Arbeitnehmer verweist § 4 MgVG auf das jeweilige Recht des Mitgliedstaats, in dem diese Gesellschaft ihren Sitz hat (→ Rn. 22). Danach sind die genannten Vorschriften des MitbestG, Montan-MitbestG, MontanMitbestErgG bzw. des DrittelbG anzuwenden. Nach §§ 5, 22 Abs. 1 Nr. 3 MgVG kann jedoch zwischen den Leitungen (geschäftsführendes, vertretungsberechtigtes Organ der unmittelbar an der Verschmelzung beteiligten Gesellschaften oder der aus einer grenzüberschreitenden Verschmelzung hervorgehenden Gesellschaft selbst, § 2 Abs. 5 MgVG) und dem besonderen Verhandlungsgremium eine andere **Vereinbarung über die Mitbestimmung** getroffen werden. Mit dem aus den Arbeitnehmern bestehenden (§ 7 Abs. 1 MgVG) besonderen Verhandlungsgremium sind an diesen Vereinbarungen die Arbeitnehmer auch nach der Verschmelzung beteiligt. Dadurch ist nunmehr auch für nationale Gesellschaftsformen gesetzlich die Möglichkeit eröffnet, die eigentlich zwingenden mitbestimmungsrechtlichen Regelungen zu vermeiden und durch ein aus Verhandlungen mit den Arbeitnehmern hervorgegangenes abweichendes Mitbestimmungsmodell zu ersetzen – ein Novum.[168] Ergänzt wird diese vorrangige Mitbestimmung kraft Vereinbarung durch die gesetzliche **Auffangregelung** der §§ 23 ff. MgVG.[169] Nach § 23 Abs. 1 S. 1 Nr. 1–3 MgVG findet diese Auffangregelung bei entsprechender Vereinbarung zwischen dem besonderen Verhandlungsgremium und den Leitungen der an der Verschmelzung beteiligten Gesellschaften Anwendung sowie bei dem Scheitern der Verhandlungen über die Mitbestimmung und schließlich auch bei der Entscheidung der Leitungen ohne vorherige Verhandlung. Gem. §§ 5, 24 Abs. 1 S. 2 MgVG bemisst sich die Zahl der Arbeitnehmervertreter im Aufsichts- oder Verwaltungsorgan der aus der grenzüberschreitenden Verschmelzung hervorgehenden Gesellschaft nach dem höchsten Anteil an Arbeitnehmervertretern, der in den Organen der beteiligten

---

[163] BGH AP BetrVG 1952 § 76 Nr. 12; MüKoAktG/*Gach* DrittelbG § 4 Rn. 5; WKS/*Kleinsorge* DrittelbG § 4 Rn. 35; UHH/*Henssler* DrittelbG § 4 Rn. 15.
[164] Ausführliche Darstellung bei *FKKV* DrittelbG Rn. 59 ff.
[165] BegrRegE 2. VereinfachungsG BT-Drs. 15/2542, 11 f.; *Melot de Beauregard* DB 2004, 1430; *Huke/Prinz* BB 2004, 2633 (2635); ErfK/*Oetker* DrittelbG § 2 Rn. 1, DrittelbG § 5 Rn. 2; *FKKV* DrittelbG Rn. 40, 71.
[166] Richtlinie 2005/56/EG des Europäischen Parlaments und des Rates vom 26.10.2005, ABl. EG 2005 L 310, 1 ff.; aufgehoben durch die Richtlinie (EU) 2017/1132 des Europäischen Parlaments und des Rates vom 14. Juni 2017 über bestimmte Aspekte des Gesellschaftsrechts, ABl. EU 2017 Nr. L 169, 46 ff.
[167] Gesetz über die Mitbestimmung der Arbeitnehmer bei einer grenzüberschreitenden Verschmelzung vom 21.12.2006, BGBl. 2006 I 3332.
[168] MüKoAktG/*Habersack* Rn. 23; ausführlich *Henssler* FS Westermann, 2008, 1019 (1035 ff.) und *Habersack* ZHR 171 (2007), 613 ff. mit Bezug zu der vergleichbaren Rechtslage bei SE und SCE.
[169] MüKoAktG/*Habersack* Rn. 24; *Brandes* ZIP 2008, 2193 (2194 ff.); *Henssler* FS Westermann, 2008, 1019 (1035 f.).

Gesellschaften vor der Eintragung der aus der grenzüberschreitenden Verschmelzung hervorgehenden Gesellschaft bestanden hat. Die Zahl der Sitze wird nach § 25 Abs. 1 S. 1 MgVG auf die Mitgliedstaaten, in denen Mitglieder zu wählen oder zu bestellen sind, verteilt. Dabei richtet sich die Verteilung gem. S. 2 nach dem jeweiligen Anteil der in den einzelnen Mitgliedstaaten beschäftigten Arbeitnehmern. Nach § 25 Abs. 3 S. 2, § 8 Abs. 2 MgVG können Arbeitnehmer (§ 2 Abs. 1 MgVG) und Gewerkschaftsvertreter gewählt werden. Hinsichtlich der persönlichen Wählbarkeitsvoraussetzungen trifft das MgVG selbst keine Aussage, sodass diesbezüglich das Recht des Sitzstaats anzuwenden ist (§ 4 MgVG).

3. Änderungen der Aufsichtsratszusammensetzung durch Vereinbarung.

Schrifttum: *Beuthien,* Mitbestimmung unternehmerischer Sachentscheidungen kraft Tarif- oder Betriebsautonomie?, Teil I und II, ZfA 1983, 141 und ZfA 1984, 1; *Beuthien,* Mitbestimmungsvereinbarungen nach geltendem und künftigem Recht, ZHR 148 (1984), 95; *Fabricius,* Erweiterung der Arbeitnehmer-Beteiligung im Aufsichtsrat einer Aktiengesellschaft gem. § 76 BetrVG 1952 auf rechtsgeschäftlicher Grundlage, FS Hilger/Stumpf, 1983, 155; *Hanau,* Das Verhältnis des Mitbestimmungsgesetzes zum kollektiven Arbeitsrecht, ZGR 1977, 397; *Hanau,* Sicherung unternehmerischer Mitbestimmung, insbesondere durch Vereinbarung, ZGR 2001, 75; *Hensche,* Erweiterung der Mitbestimmung durch privatautonome Regelung, insbesondere in Unternehmen der öffentlichen Hand, AuR 1971, 33; *Henssler,* Freiwillige Vereinbarungen über die Unternehmensmitbestimmung, FS Westermann, 2008, 1019; *Hommelhoff,* Vereinbarte Mitbestimmung, ZHR 148 (1984), 118; *Ihrig/Schlitt,* Vereinbarungen über eine freiwillige Einführung oder Erweiterung der Mitbestimmung, NZG 1999, 333; *Mertens,* Zur Gültigkeit von Mitbestimmungsvereinbarungen, AG 1982, 141; *Peus,* Die Praxis privatautonomer Mitbestimmungsvereinbarungen – ein historischer Überblick, AG 1982, 206; *Püttner,* Mitbestimmung über Verträge und Verfassungsrecht, BB 1987, 1122; *Raiser,* Mitbestimmungsvereinbarungen de lege ferenda, FS Werner, 1984, 681; *Raiser,* Paritätische Mitbestimmung der Arbeitnehmer in wirtschaftlichen Unternehmen der Gemeinde, RdA 1972, 65; *Raiser,* Privatautonome Mitbestimmungsregelungen, BB 1977, 1461; *Raiser,* Mitbestimmungsvereinbarungen im Konzern, FS Hopt, 2010, 1167; *Raiser,* Unternehmensmitbestimmung vor dem Hintergrund europarechtlicher Entwicklungen, Gutachten B zum 66. Deutschen Juristentag 2006, insbes. S. 67 ff.; *Raiser,* Gestaltungsfreiheit im Mitbestimmungsrecht, FS Westermann, 2008, 1295; *Schmeidel,* Arbeitnehmervertreter im Aufsichtsrat durch Aktionärsbeschluss?, JZ 1973, 343; *Schöpfe,* Gewillkürte Unternehmensmitbestimmung, Diss. Mannheim 2003; *Seibt,* Privatautonome Mitbestimmungsvereinbarungen: Rechtliche Grundlage und Praxishinweise, AG 2005, 413; *Wißmann,* Der Anwendungsbereich der Unternehmensmitbestimmung als Dauerpatient, FS Däubler, 1999, 385; *Zachert,* Zur Erweiterung der Mitbestimmung durch Tarifvertrag, AuR 1985, 201; *Zehkorn,* Zur Rechtswirksamkeit der Mitbestimmungsregelung des „Lüdenscheider Abkommens", AG 1960, 243 und 267.

§ 96 Abs. 1 kann weder durch die Satzung noch durch einen **Tarifvertrag** oder eine **Betriebsvereinbarung** geändert oder ergänzt werden.[170] Gegenstände der Unternehmensverfassung sind de lege lata nicht von der tarifrechtlichen Regelungsbefugnis nach § 1 Abs. 1 TVG gedeckt, was auch nicht durch die Zulassung einer nicht-normativ wirkenden tarifvertraglichen Vereinbarung umgangen werden darf.[171] Mitbestimmungserweiterung kann somit nicht durch Arbeitskampf erzwungen werden.[172] In Ermangelung einer speziellen Kompetenznorm des Betriebsverfassungsgesetzes können Änderungen der Unternehmensverfassung auch nicht im Wege einer Betriebsvereinbarung herbeigeführt werden.[173] Für einen mitbestimmungsrechtlichen Unternehmensvertrag fehlt die Rechtsgrund-

---

[170] *Hüffer/Koch/Koch* Rn. 1; Kölner Komm AktG/*Mertens/Cahn* Rn. 15; *Lutter* ZGR 1977, 195 (197); MHdB AG/*Hoffmann-Becking* § 28 Rn. 45; MüKoAktG/*Habersack* Rn. 26 ff.; K. Schmidt/Lutter/*Drygala* Rn. 26; Grigoleit/*Grigoleit/Tomasic* Rn. 10; Wachter/*Schick* Rn. 2; *Henssler* FS Westermann, 2008, 1019 (1023); ausführlich Großkomm AktG/*Hopt/Roth* Rn. 22 ff., 37, 38 ff.; *Beuthien* ZHR 148 (1984), 95 (99 ff.); UHH/*Ulmer/Habersack* MitbestG § 1 Rn. 20; RVJ/*Raiser* MitbestG § 1 Rn. 57; *Hommelhoff* ZHR 148 (1984), 118 (133); für eine flexiblere Handhabung der Mitbestimmung durch die Stärkung von „Verhandlungslösungen" de lege ferenda, *Raiser,* Gutachten B zum 66. Dt. Juristentag 2006, S. 67 ff.

[171] *Hanau* ZGR 1977, 397 (419 ff.); RVJ/*Raiser* MitbestG § 1 Rn. 57; MHdB AG/*Hoffmann-Becking* § 28 Rn. 45; *Beuthien* ZHR 148 (1984), 95 (99 ff.); WKS/*Wißmann* Vorb. Rn. 8; *Koberski* aaO MitbestG § 1 Rn. 4; *Konzen* AG 1983, 289 (295 f.); abweichend für die Zulässigkeit nichtnormativer Tarifverträge: *Fabricius* FS Hilger/Stumpf, 1983, 155 (165 f.); *Zachert* AuR 1985, 201 (207); dagegen *Schöpfe,* Gewillkürte Unternehmensmitbestimmung, 2003, 225 ff.

[172] *Seibt* AG 2005, 413 (417); *Hanau* ZGR 2001, 75 (80); *Hanau* ZGR 1977, 397 (419 ff.); *Raiser* FS Werner, 1984, 681 (692); in der rechtspolitischen Debatte werden de lege ferenda zu schaffende Tariföffnungsklauseln gefordert: *Wißmann* FS Däubler, 1999, 385 (397 f.); *Hanau* ZGR 2001, 75 (109), der Tariföffnungsklauseln unter der Voraussetzung einer staatlichen Genehmigung und einer satzungsändernden Mehrheit der Gesellschafter befürwortet; weitere Nachweise bei *Raiser* FS Werner, 1984, 681 (683). Problematisch erweist sich hier die fehlende Tariffähigkeit der Gesellschafter; dazu *Beuthien* ZHR 148 (1984), 95 (101 f.); *Hanau* ZGR 2001, 75 (84 ff.); *Zachert* AuR 1985, 209 zieht die Vorschriften über Unternehmensverträge (§§ 291 ff. AktG) entsprechend heran.

[173] MHdB AG/*Hoffmann-Becking* § 28 Rn. 45; *Raiser* FS Werner, 1984, 681 (684); *Beuthien* ZfA 1984, 1, 25 ff.; *Beuthien* ZHR 148 (1984), 95 (103 f. und 112 f.); *Fabricius* FS Hilger/Stumpf, 1983, 155 (165); *Raiser* BB 1977, 1461 (1464).

lage.[174] Derartige Bedenken stehen aber dem Rückgriff auf eine privatautonom geschlossene schuldrechtliche Absprache nicht entgegen.[175] Einigkeit besteht insoweit, dass Verschlechterungen des mitbestimmungsrechtlichen Besitzstandes der Arbeitnehmer nicht in Betracht kommen.[176] Vereinbarungen, die auf eine Überparität der Arbeitnehmerseite abzielen, begegnen im Hinblick auf den grundrechtlich gewährleisteten Eigentumsschutz der Anteilseigner Bedenken.[177] Der vertraglich vereinbarte Wechsel eines dem MitbestG unterliegenden Unternehmens in das Modell der Montanmitbestimmung ist somit ausgeschlossen.[178]

25 Das MgVG eröffnet im Fall der grenzüberschreitenden Verschmelzung die Möglichkeit, die eigentlich zwingenden mitbestimmungsrechtlichen Regelungen zu vermeiden und durch ein aus Verhandlungen mit den Arbeitnehmern hervorgegangenes abweichendes Mitbestimmungsmodell zu ersetzen.[179] Eine **europäische mitbestimmungsrechtliche Verhandlungslösung** liegt auch der SE im SE-Beteiligungsgesetz zugrunde (SEBG).[180] Diese Tendenz hat sich auch im Rahmen der rechtspolitischen Diskussion bezüglich der Mitbestimmung bei Gesellschaften mit rein nationalem Bezug niedergeschlagen.[181] Ein entscheidender Schwachpunkt, der die Vorschläge vor allem aus Arbeitnehmersicht bislang als wenig reizvoll erscheinen lässt, ist indes die fehlende „fall-back-position", ohne die die freiwillige Mitbestimmungsvereinbarung nicht durchsetzbar erscheint.[182]

26 Nach wie vor umstritten sind jedoch die zulässigen Inhalte privatautonomer Vereinbarungen zur Änderung des Beteiligungsniveaus **(statusändernde Mitbestimmungsvereinbarungen)**. Scheidet ein Unternehmen aus dem Geltungsbereich eines Mitbestimmungsstatuts aus, stellt sich die Frage nach der Zulässigkeit einer Fortgeltungsvereinbarung etwa zur Schließung der neben § 1 MitbestBeiG und § 325 UmwG verbleibenden Lücken.[183] Nach der zutreffenden überwiegenden Auffassung scheitern derartige Vereinbarungen am gesetzlich zwingenden Charakter des § 96.[184] Dagegen kann jedenfalls nicht vorgebracht werden, dass § 23 Abs. 5 sich nur auf das AktG bezöge;[185] denn AktG und MitbestG werden als zwei sich ergänzende, miteinander verzahnte Materien betrachtet,[186] was sich etwa auch bei der inneren Organisation des Aufsichtsrats niederschlägt, indem zB das Zweit-

---

[174] *Beuthien* ZHR 148 (1984), 95 (102 f.); aA *Hensche* AuR 1971, 33 (38 f.); *Raiser* FS Werner, 1984, 681 (692) plädiert für die Schaffung eines derartigen Vertragstyps de lege ferenda.

[175] UHH/*Ulmer/Habersack* MitbestG Einl. Rn. 46 ff.; *Beuthien* ZHR 148 (1984), 95 (105); *Seibt* AG 2005, 413 ff.; *Konzen* AG 1983, 289 (296); MüKoAktG/*Habersack* Rn. 28; MHdB ArbR/*Wißmann* § 278 Rn. 11. Zu den Fallgruppen mit Unterschieden im Detail: *Hanau* ZGR 2001, 75 (77); *Raiser* BB 1977, 1461 (1466 ff.); *Mertens* AG 1982, 141 ff.

[176] *Ihrig/Schlitt* NZG 1999, 333 Fn. 6; *Seibt* AG 2005, 413 (416); *Hanau* ZGR 2001, 75 (79); RVJ/*Raiser* MitbestG § 1 Rn. 57; auch nicht für den Aufsichtsrat einer Einpersonen-Gesellschaft: *Widmann*, Der Aufsichtsrat in der mitbestimmten Einpersonen-Gesellschaft, 2004, 133 f. Für eine de lege ferenda zu schaffende Öffnungsklausel zur Minderung der Mitbestimmung *Raiser* FS Werner, 1984, 681 (691).

[177] *Seibt* AG 2005, 413 (416); *Lutter* ZGR 1977, 194 (203).

[178] *Hanau* ZGR 2001, 75 (79 und 96 f.); WKS/*Wißmann* MitbestG § 1 Rn. 4; *Hommelhoff* ZHR 148 (1984), 118 (132); UHH/*Ulmer/Habersack* MitbestG § 1 Rn. 16; *Ihrig/Schlitt* NZG 1999, 333 (336); aA *Seibt* AG 2005, 413 (421).

[179] → Rn. 20 f.; ausführlich *Henssler* FS Westermann, 2008, 1019 (1035 ff.), der sich aufgrund dessen für die generelle Öffnung aller mitbestimmungsrechtlichen Vorschriften für Verhandlungslösungen ausspricht.

[180] Gesetz über die Beteiligung der Arbeitnehmer in einer Europäischen Gesellschaft vom 22.12.2004, BGBl. 2004 I 3675 (3686); *Kraushaar* AG 2008, 809; *Teichmann* AG 2008, 797 (800 ff.). Zum SEBG sowie zu etwaigen weiteren Reformen s. auch Hüffer/Koch/*Koch* Rn. 5a; zur Beteiligungsvereinbarung nach § 21 SEBG s. *Forst*, Die Beteiligungsvereinbarung nach § 21 SEBG, 2010.

[181] S. Bericht der *Kommission zur Modernisierung der deutschen Unternehmensmitbestimmung* S. 12 ff.; konkreter Reformvorschlag für das MitbestG Arbeitskreis „Unternehmerische Mitbestimmung" ZIP 2009, 885 ff.; dazu *Hommelhoff* ZIP 2009, 1785 ff.; *Hellwig/Behme* AG 2009, 261; *Hellwig/Behme* ZIP 2009, 1791; *Habersack* ZIP-Beil. Heft 48/2009, 1 ff.; *Hanau* ZIP-Beil. Heft 48/2009, 6 ff.; *Teichmann* ZIP-Beil. Heft 48/2009, 10 ff.; *Jacobs* ZIPBeil. Heft 48/2009, 18 ff.; *Veil* ZIPBeil. Heft 48/2009, 26 ff.; s. zur Diskussion auch *Henssler* FS Westermann, 2008, 1019 (1035 ff.); *Raiser* FS Westermann, 2008, 1295 (1304); *Raiser* FS Hopt, 2010, 1167 ff.; *Kraushaar* AG 2008, 809; Hüffer/Koch/*Koch* Rn. 5a.

[182] Dazu *Raiser* FS Westermann, 2008, 1295 (1304 f.).

[183] Wegen denkbarer Fallkonstellationen s. RVJ/*Raiser* MitbestG § 1 Rn. 62; *Ihrig/Schlitt* NZG 1999, 333 f.

[184] So UHH/*Ulmer/Habersack* MitbestG Einl. Rn. 49; Kölner Komm AktG/*Mertens/Cahn* Rn. 15 (18); *Seibt* AG 2005, 413 (415); *Hommelhoff* ZHR 148 (1984), 118 (134); *Hanau* ZGR 2001, 75 (88 ff.); Hüffer/Koch/*Koch* Rn. 3; RVJ/*Raiser* MitbestG § 1 Rn. 62; *Raiser* BB 1977, 1461 (1467 f.); *Lutter* ZGR 1977, 195 (197); MüKo-AktG/*Habersack* Rn. 29; *Schöpfle*, Gewillkürte Unternehmensmitbestimmung, 2003, 44 f.; MHdB AG/*Hoffmann-Becking* § 28 Rn. 53; rechtspolitische Bedenken erhebt *Beuthien* ZHR 148 (1984), 95 (115 ff.).

[185] So aber *Fabricius* FS Hilger/Stumpf, 1983, 155 (158 ff.); *Zachert* AuR 1985, 201 (208); für die Drittelbeteiligung nach dem BetrVG 1952; dagegen *Konzen* AG 1983, 289 (298 f.); *Hommelhoff* ZHR 148 (1984), 118 (134).

[186] Im Ergebnis ebenso Hüffer/Koch/*Koch* Rn. 3.

stimmrecht des Aufsichtsratsvorsitzenden und die Stellung des Stellvertreters ebenfalls nicht zur Disposition des Satzungsgebers stehen (→ § 107 Rn. 41, 59). Probleme bereitet auch die Kompetenz zum Abschluss einer mitbestimmungserweiternden Vereinbarung. Auf Seiten der Arbeitnehmer begegnet die Zuständigkeit des Betriebsrats oder einer Gewerkschaft rechtlichen Bedenken, da diese beim Abschluss einer Mitbestimmungsvereinbarung außerhalb ihres gesetzlich festgelegten Kompetenzbereichs tätig werden.[187] Vertreten wird die Zuständigkeit der Belegschaft[188] bzw. der Arbeitnehmervertreter im Aufsichtsrat, wobei die Vereinbarung im zweiten Fall der Ratifikation durch die Belegschaft bedarf.[189] Auf Seiten der Anteilseigner kommt eine Vertretung durch den Vorstand nicht in Frage, da dieser in die interne Organisation eingreifen und die ihm nach §§ 97 ff. obliegende Pflicht zur Sorge für einen gesetzesmäßig zusammengesetzten Aufsichtsrat verletzen würde.[190] Ausnahmen können im Rahmen von § 23 Abs. 5 aber dann zugelassen werden, wenn die Hauptversammlung einer entsprechenden Vereinbarung mit satzungsändernder Mehrheit und entsprechenden Austrittsrechten gegen Abfindung zustimmt[191] – in Anlehnung den zum in der Übernahmerichtlinie vorgesehenen Sell-Out Regelungen (Art. 16 Richtlinie 2004/25/EG des Europäischen Parlaments und des Rates vom 21.4.2004 betreffend Übernahmeangebote ABl. EG 2004 L 142, 12).[192]

Im Bereich des DrittelbG kommt eine Mitbestimmungserweiterung unproblematisch durch die **freiwillige Zuwahl** weiterer Belegschaftsvertreter oder Gewerkschafter durch die Hauptversammlung in Betracht. Die Wahlfreiheit der Hauptversammlung aus § 101 Abs. 1 wird insoweit nicht durch entgegenstehende Vorschriften des AktG eingeschränkt. Zu beachten sind lediglich die Inkompatibilitätsvorschrift des § 105 Abs. 1 sowie die Erfordernisse des § 100 Abs. 1 und 2. Die auf diese Weise in den Aufsichtsrat gewählten Arbeitnehmer werden nicht auf die Zahl der Arbeitnehmervertreter angerechnet, sondern gehören zur Gruppe der Anteilseigner.[193] Ihre Abberufung richtet sich nach § 103.[194]

Demgegenüber sind mit einem Großaktionär geschlossene unbefristete **Stimmbindungsverträge**, die auf die dauerhafte Abweichung von dem gesetzlich begründeten Mitbestimmungsstatus abzielen, als unzulässige faktische Satzungsänderung zu qualifizieren.[195] Eine abweichende Beurteilung ergibt sich nur bei einer auf eine unmittelbar bevorstehende Wahl beschränkten Verpflichtung, da hier mit Ablauf der Amtsperiode die automatische Rückkehr zum gesetzlich vorgesehenen Statut erfolgt und dem Unternehmen machtpolitische Auseinandersetzungen über das Beteiligungsniveau erspart bleiben.[196] Für Unternehmen der öffentlichen Hand sind des Weiteren die sich aus dem

---

[187] *Beuthien* ZHR 148 (1984), 95 (113 f.); *Raiser* BB 1977, 1461 (1464) (für die Gewerkschaften); abweichend *Hanau* ZGR 2001, 75 (106 f.); *Seibt* AG 2005, 413 (417 f.); *Mertens* AG 1982, 141 (150); Großkomm AktG/ *Oetker* MitbestG Vorb. Rn. 109 ff.

[188] So UHH/*Ulmer*/*Habersack* MitbestG § 5 Rn. 76; dagegen Kölner Komm AktG/*Mertens*/*Cahn* Rn. 18.

[189] So *Raiser* BB 1971, 1461 (1464) der eine Abstimmung in Anlehnung an das Verfahren nach § 9 Abs. 3 MitbestG, § 10 Abs. 2 MitbestG, § 15 Abs. 3 MitbestG befürwortet; *Raiser* FS Werner, 1984, 694 ff.; dagegen Kölner Komm AktG/*Mertens*/*Cahn* Rn. 18; *Raiser* AG 1982, 141 (149); *Ihrig*/*Schlitt* NZG 1999, 333 (335, insb. Fn. 18).

[190] Kölner Komm AktG/*Mertens*/*Cahn* Rn. 18; *Mertens*/*Cahn* AG 1982, 141 (149); *Beuthien* ZHR 148 (1984), 95 (105); *Raiser* BB 1977, 1461 (1464): Vorstand ist kein Repräsentant der Anteilseigner; *Raiser* FS Werner, 1984, 681 (694); *Ihrig*/*Schlitt* NZG 1999, 333 (335); *Seibt* AG 2005, 413 (417).

[191] *Hommelhoff* ZHR 148 (1984), 118 (148): höhere Beschlussmehrheiten als für normale Satzungsänderung und gesetzlich fixiertes Austrittsrecht; eine satzungsändernde Mehrheit fordern *Seibt* AG 2005, 413 (417); *Raiser* FS Werner, 1984, 681 (693); *Hanau* ZGR 2001, 75 (106 f.); *Wißmann* FS Däubler, 1999, 385 (397): Heranziehen des § 293 AktG.

[192] Dazu *Mülbert* NZG 2004, 633; *Maul* NZG 2005, 151; *Maul*/*Muffat-Jeandet* AG 2004, 221 und 306; *Wiesner* ZIP 2004, 343.

[193] BGH AG 1975, 242 (244 f.) = NJW 1975, 1657 mit zust. Anm. *Mertens* AG 1975, 245; . Kölner Komm AktG/*Mertens* Rn. 15; MüKoAktG/*Habersack* Rn. 31; Großkomm AktG/*Hopt*/*Roth* Rn. 27; *Fabricius* FS Hilger/ Stumpf, 1983, 155 (156 f.); MHdB AG/*Hoffmann-Becking* § 28 Rn. 46; *Ihrig*/*Schlitt* NZG 1999, 333 (334 f.); *Schöpfe*, Gewillkürte Unternehmensmitbestimmung, 2003, 48 ff.; *Lutter* ZGR 1977, 195 (202 f.); *Hommelhoff* ZHR 148 (1984), 118 (136 f.): keine Gefahr der „Zementierung" der erweiterten Mitbestimmungsniveaus.

[194] *Hanau* ZGR 2001, 75 (90 f.); kritisch *Hommelhoff* ZHR 148 (1984), 118 (136 f.); *Seibt* AG 2005, 413 (415).

[195] Kölner Komm AktG/*Mertens*/*Cahn* Rn. 17; *Mertens*/*Cahn* AG 1975, 245; *Schmiedel* JZ 1973, 343 (348); *Hommelhoff* ZHR 48 (1984), 118 (140); *Schöpfe*, Gewillkürte Unternehmensmitbestimmung, 2003, 64 ff.; Henssler FS Westermann, 2008, 1019 (1024); so jetzt auch UHH/*Ulmer*/*Habersack* MitbestG § 1 Rn. 21 unter ausdrücklicher Aufgabe der in der Vorauflage *Ulmer Hanau/Ulmer*, 1. Aufl. 1981, MitbestG § 1 Rn. 11 vertretenen aA; MüKoAktG/*Habersack* Rn. 27; aA Großkomm AktG/*Hopt*/*Roth* Rn. 31; *Bürgers*/*Körber*/*Israel* Rn. 10; *Raiser* ZGR 1976, 105 (108); *Fabricius* FS Hilger/Stumpf, 1983, 155 (157); *Konzen* AG 1983, 289 (299 f.); *Hensche* AuR 1971, 33 (39 ff.); *Ihrig*/*Schlitt* NZG 1999, 333 (335); *Wahlers* ZIP 2008, 1897 (1902 f.) mit Hinweisen zur Ausgestaltung des Stimmbindungsvertrags; offen BGH AG 1975, 242 (245); MHdB ArbR/*Wißmann* § 278 Rn. 11; MHdB AG/*Hoffmann-Becking* § 28 Rn. 39; zum Meinungsstand *Hanau* ZGR 2001, 75 (91 f.).

[196] *Hommelhoff* ZHR 148 (1984), 118 (140).

Demokratie- und Rechtsstaatsprinzip sowie den Vorschriften des Gemeinderechts ergebenden Grenzen zu beachten.[197]

29 Eine weitere Fallgruppe schuldrechtlicher Absprachen bilden die so genannten **Rationalisierungs- und Anpassungsvereinbarungen** zur Vereinfachung und Anpassung gesetzlicher Mitbestimmungsregeln an die Bedürfnisse des Unternehmens.[198] Unzulässig sind Vereinbarungsinhalte, die qualitative Veränderungen des gesetzlich geltenden Mitbestimmungsregimes bewirken.[199] So kommt eine Verlagerung der Mitbestimmung aus dem nach § 5 Abs. 3 MitbestG mitbestimmten Unternehmen in die an sich mitbestimmungsfreie Konzernspitze nicht in Betracht.[200] Absprachen über die Ausschussbesetzung und sonstige Aspekte der inneren Ordnung des Aufsichtsrats verstoßen bereits gegen dessen Organisationsautonomie.[201] Einer Regelung zugänglich sind hingegen Modalitäten des Wahlverfahrens ohne materiellen Gehalt, wie die Erweiterung der Zuständigkeit eines Wahlvorstandes auf mehrere kleine Betriebe.[202] Mangels korporativen Charakters derartiger Absprachen liegt die Abschlusskompetenz beim Vorstand.[203] Für die Arbeitnehmerseite ergeben sich die → Rn. 26 dargestellten Schwierigkeiten, wobei in der Praxis regelmäßig die im Unternehmen vertretenen Gewerkschaften im Zusammenwirken mit dem Betriebsrat tätig werden.[204]

30 Grundsätzlich unbedenklich sind auch **Vergleichsvereinbarungen**[205] zur Bereinigung eines Streits.[206] Diese Abreden stehen im Spannungsverhältnis zwischen öffentlichen Interessen und wünschenswerter Friedenssicherung auf Kosten gesetzlich vorgesehener Organisationsregelungen. Relevant sind zunächst Absprachen über den Geltungsbereich der Montan-Mitbestimmung etwa bei Unklarheiten über den Montanbezug eines Unternehmens[207] oder Festlegungen im Rahmen der Konzernmitbestimmung, etwa bei Zweifeln über das Vorliegen der tatsächlichen Voraussetzungen eines Konzerns im Konzern oder der Mitbestimmungspflichtigkeit von Gemeinschaftsunternehmen.[208] Hält man wie hier Vereinbarungen über den Mitbestimmungsstatus außerhalb eines Statusverfahrens nur für zulässig, wenn die Hauptversammlung der Vereinbarung zugestimmt hat, muss dies auch für vergleichsweise getroffene Vereinbarungen gelten, selbst dann, wenn dieser Vergleich im Rahmen eines gerichtlichen Verfahrens zwischen Gewerkschaften bzw. Betriebsräten und dem Vorstand der AG getroffen wird. Denn auch ein solcher Vergleich greift in die grundlegenden Verwaltungsstrukturen der AG und damit in die Mitgliedschaftsrechte der Aktionäre ein. Allerdings

---

[197] Für die Zulässigkeit der Bindung öffentlich-rechtlicher Anteilseigner insb. *Fabricius* FS Hilger/Stumpf, 1983, 155 (169 ff.); *Schöpfe*, Gewillkürte Unternehmensmitbestimmung, 2003, 191 ff.; *Raiser* RdA 1972, 65 ff.; Großkomm AktG/*Hopt*/*Roth* Rn. 43 f. jeweils mwN; ablehnend hingegen Kölner Komm AktG/*Mertens*/*Cahn* Rn. 17; offen MHdB ArbR/*Wißmann* § 278 Rn. 11.

[198] MHdB AG/*Hoffmann-Becking* § 28 Rn. 52; *Raiser* BB 1977, 1461 (1467); *Raiser* FS Werner, 1984, 681 (687); *Seibt* AG 2005, 413 (415); *Ihrig/Schlitt* NZG 1999, 333 (334); Großkomm AktG/*Hopt*/*Roth* Rn. 47; Bürgers/Körber/*Israel* Rn. 9.

[199] MHdB AG/*Hoffmann-Becking* § 28 Rn. 52; Großkomm AktG/*Hopt*/*Roth* Rn. 47; Kölner Komm AktG/*Mertens*/*Cahn* Rn. 21; MüKoAktG/*Habersack* Rn. 28; WKS/*Wißmann* MitbestG § 1 Rn. 4; *Ihrig/Schlitt* NZG 1999, 333 (334); *Seibt* AG 2005, 413 (415); aA *Raiser* BB 1977, 1461 (1466 f.); für die generelle Unzulässigkeit von Rationalisierungsabreden UHH/*Ulmer*/*Habersack* MitbestG Einl. Rn. 49; Hüffer/Koch/*Koch* Rn. 3.

[200] MHdB AG/*Hoffmann-Becking* § 28 Rn. 52; Großkomm AktG/*Hopt*/*Roth* Rn. 47; Großkomm AktG/*Oetker* Vorb. Rn. 107; *Mertens* AG 1982, 141 (151); UHH/*Ulmer*/*Habersack* MitbestG § 1 Rn. 17; aA *Raiser* BB 1977, 1461 (1467).

[201] So auch *Seibt* AG 2005, 413 (416 f.); näher Großkomm AktG/*Oetker* Vorb. MitbestG Rn. 104; ähnlich Großkomm AktG/*Hopt*/*Roth* Rn. 51, die eine solche Absprache erst für verbindlich halten, wenn sie in die Satzung oder die Geschäftsordnung aufgenommen wurde.

[202] MHdB AG/*Hoffmann-Becking* § 28 Rn. 52; Großkomm AktG/*Hopt*/*Roth* Rn. 47; ähnlich *K. Schmidt*/*Lutter*/*Drygala* Rn. 27, wobei Vereinbarungen als zulässig erachtet werden, die konkretisierungsbedürftige Normen lediglich ausfüllen; *Raiser* BB 1977, 1461 (1466 f.); aA UHH/*Ulmer*/*Habersack* MitbestG Einl. Rn. 48; Hüffer/Koch/*Koch* Rn. 3.

[203] Kölner Komm AktG/*Mertens*/*Cahn* Rn. 18; Großkomm AktG/*Oetker* Vorb. MitbestG Rn. 107; *Seibt* AG 2005, 413 (417): Zustimmungserfordernis der Hauptversammlung ist durch Gesellschaftsvertrag oder Geschäftsordnung begründbar.

[204] So *Seibt* AG 2005, 413 (417 f.).

[205] Abzugrenzen hiervon sind rein informelle Absprachen etwa über die Handhabung der Wahlvorschriften; vgl. *Mertens* AG 1982, 141 (145 f.); *Raiser* BB 1977, 1461 (1466).

[206] UHH/*Ulmer*/*Habersack* MitbestG Einl. Rn. 47; Großkomm AktG/*Hopt*/*Roth* Rn. 45 ff.; Kölner Komm AktG/*Mertens*/*Cahn* Rn. 21; MüKoAktG/*Habersack* Rn. 28; *Raiser* BB 1977, 1461 (1466 f.); Großkomm AktG/*Oetker* Vorb. MitbestG Rn. 107; MHdB AG/*Hoffmann-Becking* § 28 Rn. 50; *Ihrig/Schlitt* NZG 1999, 333 (334); zweifelnd hingegen Hüffer/Koch/*Koch* Rn. 3.

[207] So zB der Fall BGH NJW 1983, 1617 – *Böhler*; *Raiser* FS Werner, 1984, 681 (688 f.); *Peus* AG 1982, 206 (207 f.); *Konzen* AG 1983, 289 ff.; *Mertens* AG 1982, 141 ff.

[208] MHdB AG/*Hoffmann-Becking* § 28 Rn. 50; Großkomm AktG/*Hopt*/*Roth* Rn. 45; UHH/*Ulmer*/*Habersack* MitbestG Einl. Rn. 47; *Raiser* BB 1977, 1461 (1466); *Seibt* AG 2005, 413 (419).

kann auch durch eine ordnungsgemäß zustande gekommene Vergleichsvereinbarung allenfalls ein Stillhalteabkommen, nicht aber ein endgültiger Klageverzicht mit rechtlicher Verbindlichkeit begründet werden.[209] Der Vorstand kann sich seiner Pflicht zur Sorge für die ordnungsgemäße Zusammensetzung des Aufsichtsrats (§§ 97 ff.) nicht entäußern,[210] und ein Vergleichsprivileg ist für zwingende Vorschriften über die innere Struktur einer Aktiengesellschaft nicht anzuerkennen.[211] Weniger Bedenken hingegen werfen Vereinbarungen über das Wahlverfahren ohne Auswirkungen auf den Mitbestimmungsstatus auf. Einer Regelung zugänglich sind insbesondere die Zuordnung wahlberechtigter Arbeitnehmer zu einem bestimmten Betrieb, die Einstufung einzelner Arbeitnehmer oder Arbeitnehmergruppen als leitende Angestellte sowie die Auslegung von Wahlordnungsvorschriften.[212] Allerdings wird der Wahlvorstand nicht wirksam für alle nach § 22 Abs. 2 MitbestG Anfechtungsberechtigten auf deren Klagerecht verzichten können.[213]

4. Geschlechterquote. a) Inhalt und Anwendungsbereich. Für alle **börsennotierten, den** 31 **paritätischen Mitbestimmungsregelungen** unterfallenden Gesellschaften – nach Zählung von *Bayer* und *Hoffmann* dürften dies ca. 110 Gesellschaften sein[214] – gilt nach dem neu in § 96 eingefügten Abs. 2,[215] dass der Aufsichtsrat jeweils mindestens zu 30 % aus Männern sowie Frauen zusammengesetzt sein muss,[216] wobei hiergegen zwar verfassungs- und europarechtliche Vorbehalte geäußert wurden, diese jedoch nicht zu treffen vermögen (→ Rn. 4 f.). Dass die Aktiengesellschaft tatsächlich einem der Mitbestimmungsgesetze unterfällt, muss erst nach den §§ 97 ff. festgestellt werden; es kommt insofern nicht darauf an, dass die Gesellschaft nach ihrer Beschaffenheit bloß unter den Anwendungsbereich der Mitbestimmungsgesetze fällt.[217] Vorher unter Nichtbeachtung der Quote besetzte Positionen bleiben bestehen; erst bei Nachrücken von Aufsichtsratsmitgliedern muss der Geschlechterproporz beachtet werden, § 25 Abs. 2 S. 3 EGAktG.[218] Hierbei kommt es nicht auf den Zeitpunkt der Amtsübernahme, sondern auf den der Wahl an.[219] Gesellschaften, die nicht börsennotiert sind, unterliegen damit nicht der zwingenden Quotenregelung. Ebenso wenig gilt die Quotenregelung für Gesellschaften, die zwar börsennotiert aber nicht paritätisch mitbestimmt sind – auch nicht für Gesellschaften, die nach dem DrittelbG oder „freiwillig"[220] mitbestimmt sind.[221]

Die Pflicht zur Erfüllung der Quote gilt auch für **börsennotierte Gesellschaften, die aus einer** 31a **grenzüberschreitenden Verschmelzung** hervorgegangen sind (Abs. 3).[222] Ohne Relevanz ist dabei, ob die Gesellschaft schon vor der Verschmelzung existierte (Verschmelzung zur Aufnahme) oder nicht existierte (Verschmelzung zur Neugründung).[223] Auch spielt es keine Rolle, ob es sich um eine monistische oder dualistische Gesellschaft handelt, auch differenziert das Gesetz nicht danach, ob es sich um geschäftsführende oder nicht-geschäftsführende Direktoren handelt. Das MgVG gilt gem. § 3 Abs. 1 MgVG nicht nur für inländische Gesellschaften, sondern auch für solche mit Sitz im europäischen Ausland, sofern eine relevante Anzahl von Arbeitnehmern im Inland beschäftigt ist. Vor diesem Hintergrund findet

---

[209] *Raiser* FS Werner, 1984, 681 (689).
[210] Kölner Komm AktG/*Mertens/Cahn* Rn. 18; MHdB AG/*Hoffmann-Becking* § 28 Rn. 51; aA *Raiser* BB 1977, 1461 (1466) unter Berufung auf BGHZ 65, 147 = GRUR 1976, 323 – Heilquelle mit Anm. *Utescher*.
[211] So auch *Konzen* AG 1983, 289 (302 f.); *Mertens* AG 1982, 141 (149).
[212] *Seibt* AG 2005, 413 (418 f.); UHH/*Ulmer/Habersack* MitbestG Einl. Rn. 47; *Raiser* BB 1977, 1461 (1466); *Raiser* FS Werner, 1984, 681 (688 ff.); Großkomm AktG/*Hopt/Roth* Rn. 45; *E. Vetter* in Marsch-Barner/Schäfer Börsennotierte AG-HdB Rn. 24.21.
[213] *Raiser* FS Werner, 1984, 681 (689); *Seibt* AG 2005, 413 (415): keine Beschränkung der Rechte Dritter; aA, aber ohne Bestimmung der Abschlusskompetenz Großkomm AktG/*Hopt/Roth* Rn. 45.
[214] *Bayer/Hoffmann* AG 2015, R4 (R4 f.).
[215] Eingefügt wurden Abs. 2 und 3 durch Art. 3 FührPosGleichberG, G v. 24.4.2015, am 1.5.2015 in Kraft getreten, BGBl. 2015 I 642.
[216] Ein denkbarer Maßnahmenkatalog zur Umsetzung der Quote: *Junker/Schmidt-Pfitzner*, NZG 2015, 929 (938).
[217] So auch *Oetker* ZHR 179 (2015), 707 (711) mit Verweis auf den Wortlaut von § 96 Abs. 2 S. 1 („gilt"); *Röder/Arnold* NZA 2015, 1281 (1283); *Seibt* ZIP 2015, 1193 (1194); *Seibt/Kraack* in Hohenstatt/Seibt Geschlechter- und Frauenquoten Rn. 72; aA *Mense/Klie* GWR 2015, 441 (442).
[218] BegrRegE BT-Drs. 18/3784, 122; so auch *Mense/Klie* GWR 2016, 111 (112); *Stüber* DStR 2015, 947 (950).
[219] *Rotsch/Weninger* Der Konzern 2015, 298 (299).
[220] Bspw. in Form der Wahl von Arbeitnehmern in den Aufsichtsrat durch die Anteilseigner, ohne dass die Gesellschaft unter eines der Mitbestimmungsgesetze fiele; *Junker/Schmidt-Pfitzner* NZG 2015, 929 (930).
[221] *Küster/Zimmermann* ArbRAktuell 2015, 264 (264); so auch hinsichtlich der Pflicht zur Zielgrößenbestimmung *Röder/Arnold* NZA 2015, 1281 (1283).
[222] Für die europäische Aktiengesellschaft *Sagan* RdA 2015, 255; *Löw/Stolzenberg* BB 2017, 245.
[223] *K. Schmidt/Lutter/Drygala* Rn. 57.

Abs. 3 nicht bloß auf Gesellschaften mit inländischem Satzungssitz Anwendung, wobei dies vor dem Hintergrund der europäischen Niederlassungsfreiheit nicht unbedenklich ist.[224] Die Bedenken bestehen vor allem bei ausländischen monistischen Gesellschaften: wenn beispielsweise eine ausländische monistische Gesellschaft im Wege einer Verschmelzung eine deutsche AG übernimmt, ist Abs. 3 auf die ausländische Gesellschaft anwendbar, sofern eine relevante Anzahl der Arbeitnehmer in Deutschland beschäftigt sind. Aufgrund des monistischen Modells verfügt die ausländische Gesellschaft über kein separates Aufsichtsgremium, sodass die fixe Geschlechterquote auf das Verwaltungsgremium Anwendung findet. Dies ist jedoch eine Schlechterstellung der ausländischen Gesellschaft gegenüber einer deutschen Gesellschaft, deren Vorstand nur der Zielgrößenbestimmung des § 111 Abs. 5 unterliegt, wobei auch eine monistische SE mit Satzungssitz in Deutschland dieser Schlechterstellung unterliegt. Mit dem im Rechtsausschuss eingeführten Abs. 3 S. 2 hat der Gesetzgeber jedoch klargestellt, dass aufgrund der vereinbarten Mitbestimmung die Widerspruchsregelung des Abs. 2 S. 3 nicht eingreifen kann.[225]

31b Daraus, dass der Gesetzgeber **grenzüberschreitende Sachverhalte** diesbezüglich in Abs. 3 geregelt hat, zu anderen Belangen jedoch schweigt,[226] lässt sich der abschließende Charakter von § 96 ableiten; Gesellschaften nach ausländischem Recht mit Sitz oder Zweigstelle in Deutschland sollen von Abs. 2 nicht erfasst sein.[227] Demgegenüber ist die Herkunft der Aufsichtsratsmitglieder selbst irrelevant.[228] Auch soll irrelevant sein, ob die Gesellschaft an einer deutschen Börse notiert ist, vielmehr ist auch eine vergleichbare Auslandsnotierung ausreichend.[229]

32 **b) Gesamterfüllung und Trennungslösung. aa) Grundsatz: Gesamterfüllung.** Für die Erfüllung der geschlechtsbezogenen Quote werden Anteilseigner- und Arbeitnehmervertreter im Grundsatz zusammen gerechnet – Grundsatz der **Gesamterfüllung** (Abs. 2 S. 2). Das Gesetz lässt den Fall zu, dass die Geschlechterquote in einer Gruppe übererfüllt wird und damit Defizite in der anderen Gruppe ausgeglichen werden.[230] Bei nachträglichem Wegfall der Übererfüllung seitens einer Seite haben die durch die andere Seite besetzten Positionen Bestand – des gilt zumindest bis zum Ablauf der Wahlperiode auch dann, wenn nachträglich die Erfüllung der Quote nicht mehr realisiert wird.[231] Es spielt auch keine Rolle, ob ein Aufsichtsratsmitglied (der Anteilseignerseite) gewählt oder gem. § 101 Abs. 2 entsandt wird; auch das entsandte Mitglied unterliegt den Berechnungsregeln im Aufsichtsrat.[232] Das Gesetz trifft keine Aussage darüber, ob die Wahl oder die Entsendung eines Aufsichtsratsmitglieds vorgeht; vielmehr kommt es allein auf die **zeitliche Priorität** an, so dass bei fehlender Erfüllung der Quote aufgrund vorangegangener Entsendung (oder Wahl) die Hauptversammlung (bzw. umgekehrt der Entsendende) auf ein bestimmtes Geschlecht bei der Wahl zum Aufsichtsratsmitglied (bzw. Entsendung) festgelegt ist. Der Gesetzgeber hat dieses „Windhundrennen" billigend in Kauf genommen, eröffnet aber den Anteilseignervertreten die Möglichkeit, die Ausgewogenheit in der Satzung zu regeln.[233] Um derartige Situationen zu vermeiden, sollten in der Satzung Regelungen getroffen werden, um eine gleichmäßige Verteilung der Geschlechter zwischen entsandten und gewählten Aufsichtsratsmitgliedern sicherzustellen.[234] Während Abstimmungsprozesse in der Hauptversammlung und den entsendungsberechtigten Anteilseignern häufig nicht praktikabel sein dürften, da schon allein die Zeitpunkte der Wahl und der Entsendung nicht übereinstimmen müssen, erst recht, wenn nur einige Aufsichtsratssitze zu besetzen sind, dürfte sich in der Regel eine Art Rotationsregel empfehlen dergestalt, dass der durch das „Windhundprinzip" Begünstigte bei der nächsten Wahl oder Entsendung das jeweils andere Geschlecht berücksichtigen muss. Eine Satzungsklausel, die den Entsendeberechtigten eine gleichmäßige Berücksichtigung der Geschlechter vorgibt, wird in der Regel daran scheitern, dass die Zahl der Aufsichtsratssitze für einen Entsendungs-

---

[224] Kritisch auch *Teichmann/Rüb* BB 2015, 259 (265); *Grobe* AG 2015, 289 (298); K. Schmidt/Lutter/*Drygala* Rn. 60; Hüffer/Koch/*Koch* Rn. 27.
[225] Rechtsausschuss BT-Drs. 18/4227, 25; *Junker/Schmidt-Pfitzner* NZG 2015, 929 (932 f.).
[226] BegrRegE BT-Drs. 18/3784, 122; ausführlich: *Seibt* ZIP 2015, 1193 (1201 ff.).
[227] Zust. *Seibt* ZIP 2015, 1193 (1195); *Grobe* AG 2015, 289 (290 f.); *Stüber* DStR 2015, 947 (947); *Teichmann/Rüb* BB 2015, 898 (898); differenzierend *Weller/Harms/Rentsch/Thomale* ZGR 2015, 361 (369).
[228] *Stüber* DStR 2015, 947 (947 Fn. 11).
[229] RegBegr. KonTraG BT-Drs.13/9712, 12; K. Schmidt/Lutter/*Drygala* Rn. 33; → § 3 Rn. 5; Hüffer/Koch/*Koch* § 3 Rn. 6.
[230] Zu praktischen Bedenken dahingehend, dass die Arbeitnehmerseite bei Übererfüllung widersprechen wird, um der Anteilseignerseite die Erfüllung der Quote nicht abzunehmen *Mense/Klie* GWR 2016, 111 (112); *Herb* DB 2015, 964 (965).
[231] BegrRegE BT-Drs. 18/3784, 120 f.
[232] BegrRegE BT-Drs. 18/3784, 121.
[233] So explizit BegrRegE BT-Drs. 18/3784, 121.
[234] Zust. *Junker/Schmidt-Pfitzner* NZG 2015, 929 (931).

berechtigten nicht genügen dürfte. Auch begegnet eine Klausel Bedenken, die die Verteilung der Geschlechter fest an die Hauptversammlung oder an einen Entsendeberechtigten knüpft (etwa indem der Entsendungsberechtigte stets ein weibliches Mitglied zu entsenden hätte); hierfür gäbe es keinen sachlichen Rechtfertigungsgrund, da stets nur die Erfüllung der Gesamtquote maßgeblich ist.

bb) Trennungslösung nach Widerspruch. Das Prinzip der Gesamterfüllung steht allerdings 33 zur Disposition der Gruppen (Bänke) im Aufsichtsrat. Denn das Gesetz erlaubt (auf Betreiben der Arbeitnehmerseite im Gesetzgebungsverfahren[235]) jeweils einer Bank der Gesamterfüllung aufgrund eines innerhalb der Bank zu fassenden **Mehrheitsbeschlusses zu widersprechen,** so dass jeweils für die Anteilseigner- und Arbeitnehmerseite getrennt die jeweiligen Quoten erfüllt werden müssen.[236] Jede Seite kann vor ihrer eigenen Wahl und vor der Wahl der anderen Seite der Gesamterfüllung widersprechen.[237] Unabhängig davon liegt für die Praxis die Vermutung nahe, dass häufiger die Bank, deren Wahl zuletzt stattfindet, von ihrem Widerspruchsrecht Gebrauch macht: Hat sich die zuerst wählende Bank auf die Gesamterfüllung dergestalt verlassen, als sie weniger Positionen an das unterrepräsentierte Geschlecht vergeben hat und diesen Mangel durch die zuletzt wählende Bank ausgleichen lassen wollte, kann die zuletzt wählende Bank zumindest vor ihrer eigenen Wahl Aufschluss darüber gewinnen, ob sie die geforderte Quote erfüllen kann oder eben Widerspruch gegen die Gesamterfüllung erheben will.[238]

Für den Beschluss gelten die üblichen Kriterien der Beschlussfassung im Aufsichtsrat, ein Individu- 33a alrecht einzelner Mitglieder besteht hingegen nicht.[239] Allerdings können weder **Satzung** noch **Geschäftsordnung** die Mehrheitserfordernisse abändern, diese sind nach dem Willen des Gesetzgebers zwingend.[240] Allein aufgrund des jeweiligen Geschlechts besteht kein Stimmverbot bei der Beschlussfassung. Der Widerspruch ist dem Aufsichtsratsvorsitzenden gegenüber zu erklären.[241] Auf den Widerspruch kann im Vorhinein für die nächste Wahl verzichtet werden.[242] Der Widerspruch muss jedoch nach dem gesetzgeberischen Willen für jede Wahl neu ausgesprochen werden.[243] Sowohl Widerspruch als auch Verzicht sind gestaltende Erklärungen und damit nach dem Willen des Gesetzgebers unwiderruflich.[244] Vereinbarungen über den Verzicht zwischen den Bänken sollen möglich sein,[245] wobei unklar bleibt, ob damit Intraorganvereinbarungen anerkannt werden sollen; sinnvollerweise werden Aufsichtsratsvorsitzender und stellvertretender Aufsichtsratsvorsitzender für ihre Bänke derartige Vereinbarungen schließen können, da aufgrund des Mehrheitsprinzips bereits eine allseitige Vereinbarung zwischen allen Aufsichtsratsmitglieder ausscheidet. Eine **generelle Regelung zum Widerspruch** oder zum Verzicht zB durch die Satzung ist nach dem Willen des Gesetzgebers nicht möglich, da der Mehrheitsbeschluss als zwingender Beschluss eingeführt wurde. Ebenso wenig kann eine Geschäftsordnung vorab regeln, ob stets ein Widerspruch oder ein Verzicht eingreift; zwar gilt im Prinzip die Autonomie des Aufsichtsrats, doch steht der Mehrheitsbeschluss für eine Bank nicht zur Disposition des gesamten Aufsichtsrats.[246]

Dem Gesetzentwurf nicht eindeutig zu entnehmen[247] und noch ungeklärt ist die Frage, bis zu 33b welchem Zeitpunkt von **„vor der Wahl"** gesprochen werden kann.[248] Der federführende Ausschuss für Familie, Senioren, Frauen und Jugend plädiert in seiner Beschlussempfehlung in Bezug auf die Frist, Form und Vertretung des Widerspruchs für eine „Selbstorganisation" der jeweiligen Bank und schlägt sogar vor, dass sich die einzelnen Bänke eine eigene Geschäftsordnung geben können um sich selbst zu organisieren.[249] Die Bezugnahme auf die einzelnen **Aufsichtsratsbänke** an sich in § 96 Abs. 2 S. 3 ist ein Novum, da an diese in der bisherigen Konzeption des AktG lediglich faktische

---

[235] *DGB*, Stellungnahme zum Entwurf eines Gesetzes für die gleichberechtigte Teilhabe von Frauen und Männern an Führungspositionen in der Privatwirtschaft und im öffentlichen Dienst, 2015, 32.
[236] Zur separaten Berechnung *Schulz/Ruf* BB 2015, 1155 (1156 f.).
[237] BegrRegE BT-Drs. 18/3784, 120; *Seibt* ZIP 2015, 1193 (1198); *Grobe* AG 2015, 289 (292); *Stüber* DStR 2015, 947 (948).
[238] Vgl. auch *Schulz/Ruf* BB 2015, 1155 (1157).
[239] K. Schmidt/Lutter/*Drygala* Rn. 47; Hüffer/Koch/*Koch* Rn. 15.
[240] Rechtsausschuss BT-Drs. 18/4227, 25.
[241] BegrRegE BT-Drs. 18/3784, 120.
[242] Rechtsausschuss BT-Drs. 18/4227, 25.
[243] RegE BT-Drs. 18/3784, 120.
[244] Rechtsausschuss BT-Ds. 18/4227, 25.
[245] So Rechtsausschuss BT-Drs. 18/4227, 25.
[246] Ähnlich *Junker/Schmidt-Pfitzner* NZG 2015, 929 (930).
[247] BegrRegE BT-Drs. 18/3784, 120.
[248] Tendenziell für einen frühen Zeitpunkt, spricht sich jedoch für eine Festlegung in der Geschäftsordnung aus *Herb* DB 2015, 964 (965); iE der Zeitpunkt der Beschlussfeststellung durch den Versammlungsleiter *Stüber* CCZ 2015, 38 (39 Fn. 11); offen *Rotsch/Weninger* Der Konzern 2015, 298 (299).
[249] BT-Drs. 18/4227, 24 f.

Folgen geknüpft, ihnen jetzt aber eine ausdrückliche Befugnis erteilt wurde, zudem das AktG eine Geschäftsordnung nur für den Aufsichtsrat insgesamt kennt.[250] Hiermit wurde die Stellung der Aufsichtsratsbänke (in der Terminologie des § 96 Abs. 2 S. 3: „Seiten" des Aufsichtsrats) als Teilorgan hervorgehoben. Zwar sind die Bänke organisatorische Zusammenschlüsse von Interessen, jedoch sind sie nicht einzelnen Partikularinteressen, sondern dem Unternehmensinteresse gegenüber verpflichtet.[251] Aus diesem Konkurrenzverhältnis der beiden Bänke und dem daraus resultierenden Konfliktpotential heraus erklärt sich auch die Möglichkeit des Widerspruchs durch die Aufsichtsratsbänke.[252] Da der Gesetzgeber den Bänken hierdurch die Qualität eines Teilorgans[253] zugesprochen hat, verwundert es demnach nicht, dass ihnen in der Folge auch die Befugnis zur Selbstorganisation zuerkannt wurde als dessen Ausfluss die Möglichkeit zur Schaffung von separaten Geschäftsordnungen der einzelnen Aufsichtsratsbänke zu sehen ist.[254]

33c Anteilseigner- und Arbeitnehmerseite können auf die Erhebung des Widerspruchs unwiderruflich verzichten.[255] Da der Gesetzgeber die Regelungen zur Form und Frist des Widerspruchs insgesamt der Selbstorganisation der Bänke überlassen wollte,[256] ist als Minus zum Widerspruchsverzicht auch eine in die Geschäftsordnung des gesamten Aufsichtsrats aufgenommene Absprache zwischen den Bänken hinsichtlich des letztmöglichen Zeitpunktes zur Geltendmachung des Widerspruchs zulässig und bindend.[257] Zur Vermeidung von Unsicherheiten in Bezug auf die **Widerspruchsfrist** und die Realisierung der Gesamterfüllung bietet sich eine solche Absprache auch an.[258]

33d Für die Fälle einer **fehlenden unternehmensinternen Absprache** ist der zeitliche Rahmen der Widerspruchserhebung umstritten. Einige wollen einen Widerspruch bis zur ersten Wahlvorbereitung einer Seite, hier meist der Arbeitnehmer zulassen,[259] mit Unterschieden hinsichtlich des relevanten Zeitpunkts.[260] Teilweise wird vertreten, dass für die Arbeitnehmerbank die Mitteilung der Mandatsanzahl[261] und für die Anteilseignerbank der Wahlvorschlag[262] die maßgeblichen Ereignisse zur Verfristung des Widerspruchs sind. Für die Anteilseignerbank wird dies aus § 124 Abs. 2 S. 2 Nr. 1 hergeleitet, für die Arbeitnehmerbank aus den betreffenden Wahlordnungen. Zudem soll hierfür sprechen, dass der Gesetzgeber mit der Schaffung des § 124 Abs. 2 S. 2 Nr. 1 den Aktionären eine „sachgemäße Vorbereitung auf die quotierte Aufsichtsratswahl"[263] in der Hauptversammlung ermöglichen wollte, die jedoch nur möglich ist, wenn bereits zum Zeitpunkt der Bekanntmachung der Tagesordnung feststeht, ob der Gesamterfüllung widersprochen wurde. Andere stellen für die Anteilseignerbank auf den Zeitpunkt der Beschlussfeststellung durch den Versammlungsleiter und für die Arbeitnehmerbank auf die Verkündung des Wahlergebnisses durch den Wahlvorstand ab.[264] Der erstgenannten Ansicht stehen insbesondere bezüglich der Herleitung aus § 124 Abs. 2 S. 2 Nr. 1 insofern Bedenken gegenüber, als lediglich davon die Rede ist, dass anzugeben ist, „ob der Gesamter-

---

[250] *Grobe* AG 2015, 289 (291); K. Schmidt/Lutter/*Drygala* Rn. 47.
[251] MüKoAktG/*Habersack* § 116 Rn. 46; *Seibt* ZIP 2015, 1193 (1192); *Scholderer* NZG 2012, 168 (168); Missverständlich insoweit *Grobe* AG 2015, 289 (291).
[252] K. Schmidt/Lutter/*Drygala* Rn. 44; *Grobe* AG 2015, 289 (292).
[253] So auch *Grobe* AG 2015, 289 (292); *Seibt* ZIP 2015, 1193 (1197); Hüffer/Koch/*Koch* Rn. 15; K. Schmidt/Lutter/*Drygala* Rn. 47 spricht von „ausschussartigen Rechten"; *Herb* DB 2015, 964 (965) spricht insofern von einer „Quasi-Gremienqualität".
[254] BT-Drs. 18/4227, 24 f.; *Seibt/Kraack* in Hohenstatt/Seibt Geschlechter- und Frauenquoten Rn. 111, 114; *Seibt* ZIP 2015, 1193 (1198); im Ergebnis auch K. Schmidt/Lutter/*Drygala* Rn. 47.
[255] Familienausschuss Beschlussempfehlung und Bericht zum RegE-Teilhabegesetz BT-Drs. 18/4227, 25; Hüffer/Koch/*Koch* Rn. 16.
[256] Familienausschuss Beschlussempfehlung und Bericht zum RegE-Teilhabegesetz BT-Drs. 18/4227, 25; so auch *Herb* DB 2015, 964 (965).
[257] *Herb* DB 2015, 964 (965); Hüffer/Koch/*Koch* Rn. 16; angedeutet wird dies auch in Familienausschuss Beschlussempfehlung und Bericht zum RegE-Teilhabegesetz BT-Drs. 18/4227, 24 f.
[258] Familienausschuss Beschlussempfehlung und Bericht zum RegE-Teilhabegesetz BT-Drs. 18/4227, 25; Junker/Schmidt-Pfitzner NZG 2015, 929 (930); Hüffer/Koch/*Koch* Rn. 16; *Herb* DB 2015, 964 (965).
[259] *Wißmann* in Wißmann/Kleinsorge/Schubert, MitbestR, 5. Aufl. 2017, § 6 Rn. 70; K.Schmidt/Lutter/*Drygala* § 96 Rn. 46; ErfK/*Oetker* § 96 Rn. 8; *Oetker* ZHR 179 (2015), 707 (722 f.).
[260] Für Anknüpfung an die Wahlbekanntmachung durch die Arbeitnehmer nach § 2 Dritte WahlO MitbestG sowohl für die Arbeitnehmer- als auch Anteilseignerseite *Wißmann* in Wißmann/Kleinsorge/Schubert, MitbestR, 5. Aufl. 2017, § 6 Rn. 70; für die erste Bekanntmachung, einerlei ob Arbeitnehmer oder Anteilseigner dagegen *Oetker* ZHR 179 (2015), 707 (722 f.).
[261] *Grobe* AG 2015, 289 (292 f.); K. Schmidt/Lutter/*Drygala* Rn. 46 spricht hier lediglich davon, dass der Widerspruch „rechtzeitig vor der Wahl der zunächst wählenden Seite erklärt" werden muss.
[262] K. Schmidt/Lutter/*Drygala* Rn. 45; *Fuchs/Köstler/Pütz* Aufsichtsratswahl-HdB Rn. 737.
[263] RegBegr. BT-Drs. 18/3784, 124.
[264] *Seibt/Kraack* in Hohenstatt/Seibt Geschlechter- und Frauenquoten Rn. 131; *Seibt* ZIP 2015, 1193 (1198); *Röder/Arnold* NZA 2015, 279 (284); *Schulz/Ruf* BB 2015, 1155 (1158).

füllung [...] widersprochen wurde". Dass der Widerspruch ausgeschlossen ist, sofern er zu diesem Zeitpunkt nicht ausgesprochen wurde, kann dem Wortlaut nicht entnommen werden und widerspräche zudem der Gesetzessystematik: In § 96 ist die Zusammensetzung des Aufsichtsrates geregelt, dieser ist im Abschnitt zum Aufsichtsrat verortet – § 124 ist Teil des Abschnitts über die Hauptversammlung. Rückschlüsse über die Zusammensetzung des Aufsichtsrates anhand des § 124 zu ziehen, erscheint daher systemwidrig. Zudem erscheint der Begriff „vor der Wahl" als zu extensiv ausgelegt, wenn der Widerspruch bereits ab dem Zeitpunkt der Mitteilung der Mandatszahl bzw. des Wahlvorschlags verfristet wäre. Daher entspricht die gegenteilige Auffassung – Zeitpunkt der Beschlussfeststellung durch den Versammlungsleiter und für die Arbeitnehmerbank die Verkündung des Wahlergebnisses durch den Wahlvorstand – am ehesten dem Willen des Gesetzgebers, einen weiten Spielraum für die Erhebung des Widerspruchs zu gewähren. Dies wird durch die offene Formulierungsweise der Gesetzesmaterialien[265] sowie die Tatsache, dass auch nach erfolgtem Wahlakt der jeweiligen Bank noch der Widerspruch möglich sein soll, deutlich,[266] auch wenn sie eine gewisse Missbrauchsgefahr in sich birgt.[267] Dem nötigen Vertrauensschutz kann durch das Erfordernis von sachlichen Gründen für einen Widerspruch nach erfolgter Wahl der Gegenseite als Ausfluss der Treuepflicht der Organmitglieder bzw. Teilorgane Rechnung getragen werden.[268]

Die bei Aufgabe des Gesamterfüllungsprinzips **getrennte Wahrung der Quote** wird durch § 7 Abs. 3 MitbestG flankiert, der für die Arbeitnehmervertreter dann eine Quote von 30 % von Männern und Frauen vorschreibt – was unabhängig davon gilt, ob es sich um Gewerkschaftsvertreter oder unmittelbar gewählte Arbeitnehmervertreter handelt, § 18a Abs. 1 MitbestG. Auch im Fall des Nachrückens eines Aufsichtsratsmitglieds der Arbeitnehmervertreter muss nach § 17 Abs. 3 MitbestG die Quotenverteilung gewahrt bleiben, andernfalls ist das Nachrücken ausgeschlossen. 34

c) Realisierung der Quoten. Da es im Hinblick auf die unterschiedlichen Aufsichtsratsgrößen zu mathematischen Brüchen kommen kann, bestimmt das Gesetz, dass jeweils **auf die volle Personenzahl auf- bzw. abzurunden** ist; unterhalb der Grenze von 0,5 ist abzurunden, darüber aufzurunden, etwa bei 2,41 auf 2 ab- oder bei 2,5 auf 3 aufzurunden.[269] Dies gilt bei getrennter Erfüllung auch für jede Seite gesondert.[270] Der Gesetzgeber hat für die mitbestimmten Gesellschaften selbst entsprechende Rechnungen dargelegt: „Zum Beispiel setzt sich der Aufsichtsrat einer dem MitbestG unterliegenden Gesellschaft aus zwölf, 16 oder 20 Mitgliedern zusammen und besteht hälftig aus Arbeitnehmer- und Anteilseignervertretern. Beim 12er-Aufsichtsrat hat jede Bank sechs Mitglieder. 30 Prozent davon ergibt 1,8. Das heißt unter Anwendung der Rundungsregel müssen in jeder Bank mindestens zwei Frauen und zwei Männer Mitglied sein. Beim 16er-Aufsichtsrat hat jede Bank acht Mitglieder. 30 Prozent davon ergibt 2,4 – aufgrund der Rundungsregel sind also mindestens zwei Frauen und zwei Männer zwingend. Beim 20er-Aufsichtsrat hat jede Bank zehn Mitglieder. 30 Prozent davon sind drei Mitglieder."[271] 35

Handelt es sich um eine nach dem **MontanMitbestG** oder MitbestErgG mitbestimmte Gesellschaft, gelten die Quotenregelungen nur für die jeweilige Seite (Arbeitnehmer- oder Anteilseignervertreter), nicht dagegen für das „neutrale" Mitglied, dieses wird – zumindest nach erfolgtem Widerspruch – keiner Seite zugerechnet, kann daher auch nicht an den jeweiligen Berechnungsregeln teilhaben.[272] Ob das gleiche für den Fall der Gesamterfüllung gelten soll, ist aus den Gesetzgebungsmaterialien nicht eindeutig zu entnehmen, darüber hinaus besteht auch teleologisch kein Grund für die Nicht-Einbeziehung des neutralen Mitglieds in diesem Fall.[273] Für montanmitbestimmte Gesellschaften sind die Betriebsräte, die bindende Wahlvorschläge für die Hauptversammlung machen, entsprechend an die Quotenvorgaben gebunden, s. § 5a MontanMitbestG nF. 36

Da sich die Besetzung des Aufsichtsrats ändern kann, etwa durch **Rücktritt** oder **Abberufung**, stellt sich die Frage nach den Auswirkungen auf die Gesamterfüllung insgesamt. Auch kann eine Seite die Quote übererfüllt haben, später dann aber über einen freiwerdenden Sitz im Aufsichtsrat verfügen. In diesem Fall stellt der Gesetzgeber ausdrücklich fest, dass die übererfüllende Seite nicht 37

---

[265] „vor der Wahl" RegE BT-Drs. 18/3784, 120; „Zeitpunkt der Beschlussfassung [...] ist der Selbstorganisation der Bänke überlassen" Rechtsausschuss BT-Drs. 18/4227, 24 f.
[266] *Röder/Arnold* NZA 2015, 279 (284 f.); Hüffer/Koch/*Koch* Rn. 16.
[267] So Hüffer/Koch/*Koch* Rn. 16.
[268] Näher *Kraack/Steiner* ZIP 2018, 49 (57 ff.).
[269] Zur Berechnung der Quoten: *Seibt* ZIP 2015, 1193 (1195 ff.); *Grobe* AG 2015, 289 (293 f.).
[270] BegrRegE BT-Drs. 18/3784, 121; *Junker/Schmidt-Pfitzner* NZG 2015, 929 (932); *Schulz/Ruf* BB 2015, 1155 (1155 f.).
[271] BegrRegE BT-Drs. 18/3784, 121.
[272] BegrRegE BT-Drs. 18/3784, 121.
[273] *Stüber* CCZ 2015, 38 (39); *Grobe* AG 2015, 289 (294); K. Schmidt/Lutter/*Drygala* Rn. 51; Hüffer/Koch/*Koch* Rn. 17; wohl auch *Seibt* ZIP 2015, 1193 (1196).

an das vorherige Verhältnis gebunden ist, sondern **Widerspruch gegen die Gesamterfüllung** einlegen kann und entsprechend seine Übererfüllung durch Berufung bzw. Wahl eines anderen Geschlechts verringern kann.[274] Verringert sich der Frauenanteil daher insgesamt unter die vom Gesetz geforderte Quote von 30 %, hat dies nach Abs. 2 S. 5 nicht die Unwirksamkeit der Besetzung der anderen Seite zur Folge; der Aufsichtsrat kann nach wie vor ordnungsgemäß Beschlüsse fassen. Allerdings greift bei jeder Neuwahl oder Entsendung, egal für welche Gruppe, wieder die Pflicht zur Erreichung der gesamten Quote ein.[275] Das Gesetz stellt nach seinem Wortlaut allein auf den Frauenanteil ab; dies wäre indes verfassungsrechtlich im Hinblick auf Art. 3 Abs. 3 GG bedenklich, da (theoretisch zur Zeit) auch der Männeranteil absinken könnte. Die Norm muss daher verfassungskonform auf das Absinken der Quote unter 30 % für beide Geschlechter gelten.

38 **d) Rechtsfolgen bei Nichteinhalten der Quoten.** Das Gesetz **sanktioniert** die Nichteinhaltung der Quote mit der **Nichtigkeit der Wahl** oder der Entsendung der Anteilseignervertreter gemäß § 96 Abs. 2 S. 6 (sog. „leerer Stuhl");[276] gleiches gilt bei Gesamterfüllung analog für die Wahlen der Arbeitnehmervertreter.[277] Dadurch ist die Wahl ex-tunc nichtig, „unabhängig davon, ob eine Nichtigkeitsklage erhoben oder die Nichtigkeit ‚auf andere Weise' (§ 250 Abs. 3 S. 3 AktG) geltend gemacht wird".[278] Allerdings konnten bisher sämtliche neu zu besetzenden Positionen gesetzeskonform besetzt werden, sodass bisher die Rechtsfolge des „leeren" Stuhls nicht eingetreten ist.[279] Für die Trennungslösung gilt bezüglich der Arbeitnehmerbank gemäß § 10f Abs. 2 MontanMitbestErgG bzw. § 18a Abs. 2 MitbestG[280] die Unwirksamkeit der Wahl der Bewerber des überrepräsentierten Geschlechts mit den wenigsten Stimmen („vorübergehend leere[r] Stuhl").[281] Ergibt sich also nach einer Wahl, dass Männer überrepräsentiert sind, gilt die Wahl desjenigen Mannes als nichtig, der die niedrigste Stimmenzahl erzielt hat; dafür rückt die nicht gewählte Frau im Wege der gerichtlichen Bestellung oder der Nachwahl an seine Stelle. Für Aktiengesellschaften, die unter das Montanmitbestimmungsgesetz fallen, können gemäß § 6 Abs. 6 MontanMitbestG lediglich Vorschläge (des Betriebsrates) an das Wahlorgan erfolgen, die die Vorgaben des § 5a MontanMitbestG erfüllen. Da das Wahlorgan gemäß § 6 Abs. 7 MontanMitbestG an diese Vorschläge gebunden und eine Wahl, die nicht den Vorgaben entspricht, zu wiederholen ist,[282] ist keine weitergehende Sanktion notwendig und ein „leerer Stuhl" im Nachklang auch nicht möglich.[283] Für **die leitenden Angestellten** gelten die Regelungen nicht, da sie nur mit einer Person vertreten sind und daher per se Quotenregelungen ausscheiden.[284] Der Gesetzgeber räumt dem **Versammlungsleiter** die Befugnis ein, Wahlvorschläge als offensichtlichen Rechtsverstoß zurückzuweisen bzw. nicht zur Abstimmung zuzulassen, die erkennbar die erforderliche Quote verletzen,[285] etwa in dem Fall in dem bereits feststeht, dass genügend Männer und kaum Frauen gewählt wurden und erneut ein Mann zur Wahl gestellt wird, so dass die Quote von 30 % nicht mehr erfüllt werden kann. Allerdings ist wegen der Möglichkeit der Gesamterfüllung hier Vorsicht geboten; zwar wird in der Regel die Wahl der Arbeitnehmervertreter nicht zur selben Zeit wie diejenige der Anteilseignervertreter stattfinden, so dass meist im Vorhinein feststeht, wie hoch die Quote auf einer Bank sein muss. Zwingend ist dies indes nicht, auch sieht das Gesetz nicht per se die Berechnung der Quote nur pro Bank vor, sondern geht als Regelfall von der Gesamterfüllung aus. Bei gleichzeitigen Wahlen (die tunlichst zu vermeiden sind) kann damit der Fall eintreten, dass sich eine Nichtigkeit wegen Verletzung der Quote erst ex post herausstellt. Bei einer **Blockwahl** geht der Gesetzgeber davon aus, dass die Wahl derjenigen Aufsichtsratsmitglieder mit dem überrepräsentierten Geschlecht unwirksam bzw. nichtig ist, wohl aber diejenige der

---

[274] BegrRegE BT-Drs. 18/3784, 120 f.
[275] BegrRegE BT-Drs. 18/3784, 121.
[276] Ausführlich: *Mense/Klie* GWR 2015, 1 (2 f.); *Grobe* AG 2015, 289 (294 f.); zu den Pflichten des Abschlussprüfers bei Verletzung der Geschlechterquote *Seidler* BB 2016, 939.
[277] Zust. *Junker/Schmidt-Pfitzner* NZG 2015, 929 (931); siehe auch *Schleuser* NZA-Beilage 2015, 50; die Nichtigkeit über § 134 BGB herleitend *Seibt* ZIP 2015, 1193 (1201 f.); vgl. auch *Schulz/Ruf* BB 2015, 1155 (1159), die eine analoge Anwendung des § 96 Abs. 2 S. 6 gar nicht in Betracht ziehen, sondern lediglich eine analoge Anwendung von § 10f Abs. 2 MontanMitbestErgG und § 18a Abs. 2 MitbestG verneinen und dann auf die Rechtsfolgenlosigkeit einer quotenwidrigen Arbeitnehmerwahl im Falle der Gesamtlösung verweisen.
[278] BegrRegE BT-Drs. 18/3784, 121.
[279] *Stüber*, Gender Diversity, 2017, 32; *Seibert* FS Baums, 2017, 1133 (1133 f.).
[280] § 18a Abs. 1 MitbestG und § 10f Abs. 1 MontanMitbestErgG nehmen jeweils auf § 96 Abs. 3 S. 3 und damit auf den erfolgten Widerspruch, also auf die Trennungslösung Bezug.
[281] BegrRegE BT Drs. 18/3784, 130.
[282] BegrRegE BT-Drs. 18/3784, 125.
[283] Ausführlich: *Schulz/Ruf* BB 2015, 1155 (1158).
[284] S. auch BegrRegE BT-Drs. 18/3784, 45; *Seibt* ZIP 2015, 1193 (1201).
[285] BegrRegE BT-Drs. 18/3784, 121.

unterrepräsentierten Aufsichtsratsmitglieder, die ebenfalls in dem gewählten Block aufgeführt wurden.[286] Hierfür bietet indes der Wortlaut des Gesetzes keine Stütze, eine entsprechende Regelung hätte nahegelegen; denn die Verknüpfung der zu wählenden Aufsichtsratsmitglieder in einer Liste bzw. einem Block kann nicht ignoriert werden, vielmehr ist dann die gesamte Blockwahl nichtig. In der Praxis sollte daher die Einzelwahl verwandt werden.[287] Bei **Einzelwahl** ist derjenige Wahlbeschluss (bzw. Entsendungsakt) nichtig, der **chronologisch**[288] gesehen der erste ist, der die Quote im Aufsichtsrat verletzt; dies gilt erst recht für alle nachfolgenden die Quote verletzenden Beschlüsse.[289]

39 Als **maßgebliche Bezugspunkte für die Festlegung der chronologischen Abfolge** kommen (insbesondere bei Simultanwahlen) eine Festlegung durch den Versammlungsleiter,[290] die Reihenfolge der Beschlussverkündung durch den Versammlungsleiter[291] und eine Vorgabe durch den Aufsichtsrat[292] in Betracht. Im Hinblick auf Rechtssicherheit und die praktische Relevanz der Reihenfolge erscheint eine Vorgabe durch den Aufsichtsrat vorzugswürdig. Teilweise wird bei Fehlen entsprechender Vorgaben auch die Gesamtnichtigkeit der Wahl für möglich gehalten.[293] Dagegen spricht jedoch, dass die Nichtigkeit der gesamten Wahl (und auch dort nur für das überrepräsentierte Geschlecht) lediglich für die Blockwahl vorgesehen ist. Infolgedessen wird in der Gesetzesbegründung die Einzelwahl empfohlen.[294] Würde unter den o.g. Umständen auch bei der Einzelabstimmung die gleiche Rechtsfolge der Wahlnichtigkeit eingreifen, wäre diese Empfehlung sinnlos und führte zudem zu weiteren Rechtsunsicherheiten. Auch dem Vorschlag, die Abfolge generell nach den jeweils auf die Kandidaten entfallenen Stimmen festzulegen,[295] ist zu widersprechen: Dieses Prozedere ist allein und abschließend für die Arbeitnehmerseite vorgesehen (→ Rn. 38). Insofern fehlt es an einer planwidrigen Regelungslücke. Führt ein nachfolgender Wahlbeschluss dann wieder zur Erfüllung der Quote, lebt der vorhergehende Wahlbeschluss nicht automatisch wieder auf; vielmehr bedarf es eines erneuten Wahlaktes, da die Anordnung der Nichtigkeit einer „schwebenden Unwirksamkeit" entgegenstünde.

40 Ist die Wahl eines Aufsichtsratmitglieds dagegen **aus anderen Gründen nichtig** und führt dies dazu, dass die Quote nicht mehr eingehalten wird, führt dies nicht zur Nichtigkeit der Wahlen der übrigen Aufsichtsratsmitglieder, § 96 Abs. 2 S. 7, wenn zum Zeitpunkt der nichtigen Wahl des betroffenen Aufsichtsratmitglieds die Quote eingehalten worden war;[296] allerdings muss bei dem nächsten Wahl- oder Entsendeakt wieder die Quote hergestellt werden.[297]

41 Auch für **Ersatzmitglieder** gelten über die Verweisung des § 101 Abs. 3 S. 4 die Pflichten zur Erfüllung der Quote. Führt etwa das Nachrücken eines männlichen Aufsichtsratsmitglieds für ein ausscheidendes weibliches Aufsichtsratsmitglied dazu, dass die Quote nicht mehr erfüllt ist, ist der Wahlbeschluss für das Ersatzmitglied nach dem Willen des Gesetzgebers als ex tunc nichtig anzusehen.[298] Dies führt zu der vom Gesetzgeber allerdings bewusst in Kauf genommenen relativen Nichtigkeit des Beschlusses (was eher einer schwebenden Unwirksamkeit entspricht), da die Frage, ob die Quote insgesamt (!) eingehalten wird, erst im Zeitpunkt des Nachrückens entscheidet.[299]

42 Die Nichtigkeit kann nach § 250 entweder durch **Nichtigkeitsklage** oder „auf andere Weise" festgestellt werden (→ § 250 Rn. 22), dies gilt auch für die Entsendung. Aber auch der Vorstand und der Aufsichtsratsvorsitzende sind gehalten, die Nichtigkeit geltend zu machen.[300] Der Vorstand muss zudem bei einer Beschlussunfähigkeit des Aufsichtsrats auf eine gerichtliche Ersatzbestellung gem. § 104 Abs. 1 S. 2 hinwirken. Verletzungen dieser Pflichten führen nach §§ 93, 116 AktG zur Schadensersatzpflicht,[301] wobei allerdings die Berechnung des Schadens auf praktische Probleme stoßen kann.

---

[286] BegrRegE BT-Drs. 18/3784, 121; so auch *Junker/Schmidt-Pfitzner* NZG 2015, 929 (931).
[287] So denn auch die Empfehlung des Gesetzgebers BegrRegE BT-Drs. 18/3784, 121; ebenso des DCGK in Ziff. 5.4.3, S. 1.
[288] Zur strittigen Frage, wie sich die chronologische Abfolge insbes. Bei Simultanwahlen gestaltet: *Herb* DB 2015, 964 (966); für die Festlegung durch den Versammlungsleiter.
[289] BegrRegE BT-Drs. 18/3784, 121; veranschaulicht: *Junker/Schmidt-Pfitzner* NZG 2015, 929 (931).
[290] MüKoAktG/*Habersack* § 101 Rn. 25; *Austmann/Rühle* AG 2011, 805 (806).
[291] *Röder/Arnold* NZA 2015, 279 (280); *Wasmann/Rothenburg* DB 2015, 291 (293); *DAV* NZG 2014, 1214 (1224); *Stüber* CCZ 2014, 261 (263).
[292] *Herb* DB 2015, 964 (966).
[293] *Herb* DB 2015, 964 (966).
[294] BegrRegE BT-Drs. 18/3784, 121 f.
[295] *Herb* DB 2015, 964 (966).
[296] Rechtsausschuss BT-Drs. 18/4227, 25; *Stüber* DStR 2015, 947 (950).
[297] S. zum Ganzen auch *Höpfner* ZGR 2016, 505 (536 f.).
[298] So BegrRegE BT-Drs. 18/3784, 122.
[299] So ausdrücklich BegrRegE BT-Drs. 18/3784, 122: Erst im Zeitpunkt des Nachrückens.
[300] BegrRegE BT-Drs. 18/3784, 122.
[301] BegrRegE BT-Drs. 18/3784, 122.

§ 97

43 Ist ein Aufsichtsratsmitglied nicht wirksam bestellt worden, so greifen die allgemeinen Regeln über die **Beschlussfähigkeit** des Aufsichtsrats (→ § 108) und die dort erläuterten Regeln zu den Auswirkungen auf Beschlüsse unter Mitwirkung eines nichtig bestellten Aufsichtsratsmitglieds ein.[302] In diesem Zusammenhang erscheint es zweifelhaft, einen Verstoß gegen die Quotenregelung automatisch einem höherrangigen allgemeinen Interesse gleichzustellen mit der Konsequenz, dass alle Beschlüsse des Aufsichtsrats nichtig wären, sofern sie auf der Stimme des fehlerhaft bestellten Mitglieds beruhen, sodass diese Stimme relevant geworden ist;[303] abgesehen davon, dass fraglich ist, ob diese Lehre noch fort gilt (→ § 108) greift auch bei Arbeitnehmervertretern, die fehlerhaft in das Organ gewählt worden sind, keine vergleichbare Regelung ein, obwohl hier nicht im minderen Maße Allgemeininteressen berührt sind.

44 Die Regelungen sind nach dem ebenfalls neu gefassten § 25 Abs. 2 S. 1 EGAktG **erstmals ab dem 1. Januar 2016** auf Aufsichtsratswahlen oder Entsendungen anwendbar. Werden nur einzelne Aufsichtsratssitze neu besetzt und ist der Mindestanteil der Geschlechter noch nicht erreicht, so dürfen nach § 25 Abs. 2 S. 2 EGAktG nur Aufsichtsratsmitglieder aus dem unterrepräsentierten Geschlecht gewählt oder entsendet werden. Dementsprechend kann der Fall eintreten, dass über Jahre hinweg nur Personen eines Geschlechts in den Aufsichtsrat gewählt werden dürfen. Dies soll nach dem Willen des Gesetzgebers[304] offenbar auch für Ersatzmitglieder gelten, die schon vor Inkrafttreten des Gesetzes gewählt wurden, aber erst nach Inkrafttreten nachrücken.

III. Änderungen der gesetzlichen Grundlagen, § 96 Abs. 4

45 § 96 Abs. 4 dient der Rechtssicherheit, indem nach der sog. Kontinuitäts- oder Status-Quo-Prinzip der Aufsichtsrat solange als rechtmäßig konstituiert gilt, bis das in § 97 oder §§ 98, 99 festgelegte Statusverfahren abgeschlossen ist.[305] Die Klärung des anwendbaren Aufsichtsratsmodells und die Überleitung auf den neuen Rechtszustand folgen den tatsächlichen Entwicklungen mit zeitlicher Verzögerung nach.[306] Die in dem formalisierten Verfahren getroffene Entscheidung entfaltet keine Rückwirkung.[307] Damit bleibt der einmal gewählte Aufsichtsrat in seiner konkreten Zusammensetzung rechtmäßig bestehen, auch wenn sich der Mitbestimmungsstatus der Gesellschaft ändert, zB wenn die Zahl der Arbeitnehmer unter 2000 sinkt.[308] § 96 Abs. 4 greift aber auch ein, wenn sich die gesetzlichen Grundlagen des Aufsichtsrats auf andere Weise ändern, etwa wenn innerhalb eines Mitbestimmungsmodells wegen einer Änderung des Grundkapitals oder der Arbeitnehmerzahl die Aufsichtsratsgröße nicht mehr im Einklang mit den zwingenden gesetzlichen Vorschriften steht (→ § 97 Rn. 13 ff.).

46 Da das Statusverfahren nicht nur der verbindlichen Festlegung der künftig anzuwendenden gesetzlichen Vorschriften dient, sondern auch die Funktionsfähigkeit des Unternehmens im Zeitraum zwischen Eintritt der tatsächlichen Änderungen und Anpassung der Aufsichtsratszusammensetzung sichert, kann das Einvernehmen aller Beteiligten über die Änderung des Mitbestimmungsstatus die Zusammensetzung des Aufsichtsrats tatsächlich nicht ändern.[309]

§ 97 Bekanntmachung über die Zusammensetzung des Aufsichtsrats

(1) ¹Ist der Vorstand der Ansicht, daß der Aufsichtsrat nicht nach den für ihn maßgebenden gesetzlichen Vorschriften zusammengesetzt ist, so hat er dies unverzüglich in den Gesellschaftsblättern und gleichzeitig durch Aushang in sämtlichen Betrieben der Gesellschaft und ihrer Konzernunternehmen bekanntzumachen. ²In der Bekanntma-

---

[302] BegrRegE BT-Drs. 18/3784, 122; vgl. auch *Junker/Schmidt-Pfitzner* NZG 2015, 929 (932).
[303] So aber *Weller* in seiner Stellungnahme vom 20.1.2015 vor dem Rechtsausschuss, S. 4 f. abrufbar unter: https://www.bundestag.de/blob/361122/677d56af9348d87bbba396abbc7a4dc3/18-13-43k-data.pdf, abgerufen am 06.03.2018; kritisch hierzu auch K. Schmidt/Lutter/*Drygala* Rn. 54.
[304] BegrRegE BT-Drs. 18/3784, 122 trifft hier keine Unterscheidungen.
[305] BVerfG NZG 2014, 460 (462); BGH NJW 2015, 1449 (1450); K. Schmidt/Lutter/*Drygala* Rn. 66; MüKo-AktG/*Habersack* Rn. 32; *Oetker* ZGR 2000, 19 (21).
[306] OLG Düsseldorf AG 1996, 87 = ZIP 1995, 1752; MHdB AG/*Hoffmann-Becking* § 28 Rn. 54.; Kölner Komm AktG/*Mertens/Cahn* Rn. 23; *Oetker* ZGR 2001, 19 (20 f.); *Mertens/Cahn* ZHR 149 (1985), 575 (576 f.).
[307] MüKoAktG/*Habersack* Rn. 32; Kölner Komm AktG/*Mertens/Cahn* Rn. 23.
[308] OLG Düsseldorf AG 1996, 87 = ZIP 1995, 1752; *E. Vetter* in Marsch-Barner/Schäfer Börsennotierte AG-HdB Rn. 24.21; MHdB AG/*Hoffmann-Becking* § 28 Rn. 54; Kölner Komm AktG/*Mertens/Cahn* Rn. 23; Grigoleit/*Grigoleit/Tomasic* Rn. 14; Henssler/Strohn/*Henssler* Rn. 9; *Oetker* ZGR 2001, 19 (20 f.); *Oetker* ZHR 149 (1985), 575 (576 f.).
[309] *Oetker* ZHR 149 (1985), 575 (576 f.); Großkomm AktG/*Hopt/Roth* Rn. 54; MHdB AG/*Hoffmann-Becking* § 28 Rn. 54 f.; Hüffer/Koch/*Koch* Rn. 28; Henssler/Strohn/*Henssler* Rn. 9.

chung sind die nach Ansicht des Vorstands maßgebenden gesetzlichen Vorschriften anzugeben. ³Es ist darauf hinzuweisen, daß der Aufsichtsrat nach diesen Vorschriften zusammengesetzt wird, wenn nicht Antragsberechtigte nach § 98 Abs. 2 innerhalb eines Monats nach der Bekanntmachung im Bundesanzeiger das nach § 98 Abs. 1 zuständige Gericht anrufen.

(2) ¹Wird das nach § 98 Abs. 1 zuständige Gericht nicht innerhalb eines Monats nach der Bekanntmachung im Bundesanzeiger angerufen, so ist der neue Aufsichtsrat nach den in der Bekanntmachung des Vorstands angegebenen gesetzlichen Vorschriften zusammenzusetzen. ²Die Bestimmungen der Satzung über die Zusammensetzung des Aufsichtsrats, über die Zahl der Aufsichtsratsmitglieder sowie über die Wahl, Abberufung und Entsendung von Aufsichtsratsmitgliedern treten mit der Beendigung der ersten Hauptversammlung, die nach Ablauf der Anrufungsfrist einberufen wird, spätestens sechs Monate nach Ablauf dieser Frist insoweit außer Kraft, als sie den nunmehr anzuwendenden gesetzlichen Vorschriften widersprechen. ³Mit demselben Zeitpunkt erlischt das Amt der bisherigen Aufsichtsratsmitglieder. ⁴Eine Hauptversammlung, die innerhalb der Frist von sechs Monaten stattfindet, kann an Stelle der außer Kraft tretenden Satzungsbestimmungen mit einfacher Stimmenmehrheit neue Satzungsbestimmungen beschließen.

(3) Solange ein gerichtliches Verfahren nach §§ 98, 99 anhängig ist, kann eine Bekanntmachung über die Zusammensetzung des Aufsichtsrats nicht erfolgen.

Schrifttum: *Arnold/Lumpp,* Statusverfahren: Ab welchem Zeitpunkt gilt das neue Mitbestimmungsregime?, AG-Report 2010, 156; *Bayer/Scholz,* Der Verzicht auf die Dreiteilbarkeit der Mitgliederzahl des Aufsichtsrats nach der Neufassung des § 95 S. 3 AktG, ZIP 2016, 193; *Butzke,* Die Hauptversammlung der Aktiengesellschaft, 5. Aufl. 2011; *Götz,* Statusverfahren bei Änderungen in der Zusammensetzung des Aufsichtsrats, ZIP 1998, 1523; *Hellwig/Behme,* Die Verpflichtung von Vorstand und Aufsichtsrat zur Einleitung des Statusverfahrens (§§ 97, 98 AktG), FS Hommelhoff, 2012, 343; *Kainer,* Die unternehmerische Mitbestimmung im Fokus des Unionsrechts, IWRZ 2016, 57; *Kauffmann-Lauven/Lenze,* Auswirkungen der Verschmelzung auf den mitbestimmten Aufsichtsrat, AG 2010, 532; *Kiem/Uhrig,* Der umwandlungsbedingte Wechsel des Mitbestimmungsstatuts – am Beispiel der Verschmelzung durch Aufnahme zwischen AGs, NZG 2001, 680; *Kuhlmann,* Die Mitbestimmungsfreiheit im ersten Aufsichtsrat einer AG gemäß § 30 II AktG, NZG 2010, 46; *Künzel/Schmid,* Sie zählen!? Unternehmensmitbestimmung – mitbestimmt von der Leiharbeit, NZA 2016, 531; *Löw/Stolzenberg,* Arbeitnehmerbeteiligungsverfahren bei der SE-Gründung – Potentiele Fehler und praktische Folgen, NZA 2016,1489; *Martens,* Das aktienrechtliche Statusverfahren und der Grundsatz der Amtskontinuität, DB 1978, 1065; *Oetker,* Der Anwendungsbereich des Statusverfahrens nach §§ 97 ff. AktG, ZHR 149 (1985), 575; *Oetker,* Das Recht der Unternehmensmitbestimmung im Spiegel der neueren Rechtsprechung, ZGR 2000, 19; *Oetker,* Die zwingende Geschlechterquote für den Aufsichtsrat – vom historischen Schritt zur Kultivierung einer terra icognita, ZHR 179 (2015), 707; *Rittner,* §§ 96–99 AktG 1965 und das Bundesverfassungsgericht, DB 1969, 2165; *Röder/Arnold,* Zielvorgaben zur Förderung des Frauenanteils in Führunspositionen, NZA 2015, 1281; *Rosendahl,* Unternehmensumgliederungen und ihre Auswirkungen auf die Arbeitnehmervertreter im Aufsichtsrat, AG 1985, 325; *Schilha,* Neues Anforderungsprofil, mehr Aufgaben und erweiterte Haftung für den Aufsichtsrat nach Inkrafttreten der Abschlussprüfungsreform, ZIP 2016, 1316; *Staake,* Der unabhängige Finanzexperte im Aufsichtsrat, ZIP 2010, 1013; *Thoelke,* Der erste Aufsichtsrat hat überlebt!, AG 2014, 137; *Velten,* Anfechtung der Wahl der Arbeitnehmervertreter im Aufsichtsrat, NZA-RR 2016, 623.

Übersicht

	Rn.		Rn.
I. Überblick und Zweck	1, 1a	d) Änderungen im Kreis der wahlberechtigten Arbeitnehmer	17
II. Entstehungsgeschichte	2	2. Verfahren der Bekanntmachung	18–23
III. Pflicht des Vorstands zur Bekanntmachung	3–35	3. Rechtsfolgen	24–35
1. Änderungen in der Zusammensetzung	6–17	a) Kein Antrag binnen Monatsfrist	25–32
a) Änderungen der Satzung und Aufsichtsratszusammensetzung	8–11	b) Antrag auf gerichtliche Entscheidung	33–35
b) Änderungen des Grundkapitals	12–15	**IV. Sperrwirkung anhängiger Verfahren (Abs. 3)**	36
c) Änderungen beim Gruppenproporz (mitbestimmte Gesellschaften)	16	**V. Schadensersatzansprüche**	37

I. Überblick und Zweck

§ 97 ist Teil des Status- oder Überleitungsverfahrens der §§ 97–99 und dient der Rechtssicherheit hinsichtlich der Zusammensetzung des Aufsichtsrats und der auf ihn anwendbaren Vorschrif- 1

§ 97   1a, 2   Erstes Buch. Aktiengesellschaft

ten.¹ Die Zusammensetzung des Aufsichtsrats kann ausschließlich in diesem von §§ 97–99 vorgesehenen formellen Verfahren geklärt werden; weder Vorstand noch Hauptversammlung können in anderer Weise die Zusammensetzung des Aufsichtsrats klären lassen.² Es kann lediglich festgestellt werden, nach welchen gesetzlichen Vorschriften sich der Aufsichtsrat zusammenzusetzen hat – die Frage, ob die anwendbaren Vorschriften auch tatsächlich erfüllt werden, wird im Statusverfahren hingegen nicht geprüft.³ Bei einer Wahl ohne das erforderliche Statusverfahren gemäß §§ 97–99 kann die Aufsichtsratswahl nichtig sein.⁴ Das Verfahren findet nicht nur auf die AG Anwendung, sondern auf alle mitbestimmten Gesellschaften gem. § 6 Abs. 2 MitbestG, § 1 Abs. 1 S. 1 Nr. 5 S. 2 DrittelbG sowie gem. § 278 Abs. 3 auf die (nicht mitbestimmte) KGaA sowie die GmbH gem. § 27 EGAktG.⁵ Ebenfalls angewandt wird es nach Art. 9 Abs. 1 lit. c (ii) SE-VO, § 17 Abs. 3 S. 1 SEAG auf die dualistisch verfasste SE.⁶

1a Das von § 97 geregelte Überleitungsverfahren ist in zwei Phasen gegliedert, zunächst der Bekanntmachung durch den Vorstand und gegebenenfalls der gerichtlichen Entscheidung nach § 98, die die anwendbaren Vorschriften klärt, sodann der Anpassung des Aufsichtsrats an die Vorgaben dieser Vorschriften.⁷ Während des für die Anpassung erforderlichen Übergangszeitraums sichert das Gesetz der Gesellschaft ihre Handlungsfähigkeit, indem zunächst die bisher geltenden Vorschriften maßgeblich bleiben.⁸ Für den ersten Aufsichtsrat greifen die §§ 30, 31 ausschließlich ein, so dass die Mitbestimmungsregeln auf die Zusammensetzung keine Anwendung finden (§ 30 Abs. 2).⁹ Bei Ende der Amtszeit des ersten Aufsichtsrats hat der Vorstand nach § 30 Abs. 3 S. 2 bekannt zu geben, nach welchem Aufsichtsratsmodell der nächste Aufsichtsrat zu bilden ist. Hat die neu gegründete Aktiengesellschaft 500 oder mehr Arbeitnehmer, ist die Arbeitnehmerseite deshalb auf den Ablauf der in § 30 Abs. 3 S. 1 genannten Frist angewiesen, bevor sie ihrerseits ein Statusverfahren erzwingen kann. Hat die Aktiengesellschaft weniger als 500 Arbeitnehmer und kommt der Vorstand seiner Pflicht aus § 30 Abs. 3 S. 2 nicht nach, bleibt die Missachtung letztlich völlig sanktionslos.¹⁰ Die Festsetzung eines Zwangsgeldes ist – auch außerhalb von Gründungsvorgängen – nicht möglich, vgl. § 407.¹¹ Rechtsänderungen treten entsprechend dem Status-Quo- oder Kontinuitäts-Prinzip erst mit erfolgtem Statusverfahren ein.¹²

II. Entstehungsgeschichte

2   Das AktG 1937 kannte noch kein Statusverfahren, auch nicht nach Einführung der Montanmitbestimmung oder der Drittelbeteiligung des BetrVG 1952. Erst mit der Novellierung des AktG im

---

¹ AllgM, BegrRegE *Kropff* S. 126; Großkomm AktG/*Hopt/Roth/Peddinghaus* Rn. 3 f.; Hüffer/Koch/*Koch* Rn. 1 und § 96 Rn. 1; MüKoAktG/*Habersack* Rn. 1; Kölner Komm AktG/*Mertens/Cahn* §§ 97–99 Rn. 2; MHdB AG/*Hoffmann-Becking* § 28 Rn. 54; K. Schmidt/Lutter/*Drygala* Rn. 1; NK-AktR/*Breuer/Fraune* Rn. 1; Bürgers/Körber/*Israel* Rn. 1; Grigoleit/*Tomasic* Rn. 1; Wachter/*Schick* Rn. 1; Henssler/Strohn/*Henssler* Rn. 1; Bayer/Scholz ZIP 2016, 193 (194).
² Vgl. MüKoAktG/*Habersack* Rn. 1; Großkomm AktG/*Hopt/Roth/Peddinghaus* Rn. 4; Kölner Komm AktG/*Mertens/Cahn* §§ 97–99 Rn. 2; Henssler/Strohn/*Henssler* Rn. 2; *Butzke* Die Hauptversammlung der AG J Rn. 17 (S. 378).
³ *Schilha* ZIP 2016, 1316 (1324).
⁴ *Velten* NZA-RR 2016, 623 (624).
⁵ MüKoAktG/*Habersack* Rn. 4; Großkomm AktG/*Hopt/Roth/Peddinghaus* Rn. 5; K. Schmidt/Lutter/*Drygala* Rn. 4; NK-AktR/*Breuer/Fraune* Rn. 1; *Götz* ZIP 1998, 1523 (1523); zu § 27 EGAktG BVerfG AG 2014, 247 (249).
⁶ Hinsichtlich der Zusammensetzung des Aufsichtsrats einer SE ist die Beteiligungsvereinbarung maßgeblich, welche an die Stelle der Mitbestimmungsgesetze tritt, LG Nürnberg-Fürth NZG 2010, 547.
⁷ Vgl. MHdB AG/*Hoffmann-Becking* § 28 Rn. 56; Großkomm AktG/*Hopt/Roth/Peddinghaus* Rn. 2; Hüffer/Koch/*Koch* Rn. 1; MüKoAktG/*Habersack* Rn. 2; K. Schmidt/Lutter/*Drygala* Rn. 2 f.; UHH/*Ulmer/Habersack* MitbestG § 6 Rn. 13; Hölters/*Simons* Rn. 1 ff.; Henssler/Strohn/*Henssler* Rn. 2; *Oetker* ZHR 149 (1985), 575 (576); *Rittner* DB 1969, 2165 (2168); *Kauffmann-Lauven/Lenze* AG 2010, 532 f.
⁸ *Oetker* ZHR 149 (1985), 575 (576 f.); *Rittner* DB 1969, 2165 (2168); Großkomm AktG/*Hopt/Roth/Peddinghaus* Rn. 4.
⁹ S. auch MüKoAktG/*Habersack* Rn. 5; Großkomm AktG/*Hopt/Roth/Peddinghaus* Rn. 7, 25 f.; Grigoleit/*Tomasic* Rn. 3; *Kowalski/Schmidt* DB 2009, 551; zur Mitbestimmungsfreiheit des ersten Aufsichtsrats gem. § 30 Abs. 2, s. *Kuhlmann* NZG 2010, 46 ff.
¹⁰ *Thoelke* AG 2014, 137 (142 f.).
¹¹ BVerfG AG 2014, 247 (249).
¹² BVerfG NZG 2014, 460 (462); BGH NJW 2015, 1449 (1450); *Kainer* IWRZ 2016, 57 (62); K. Schmidt/Lutter/*Drygala* Rn. 66; MüKoAktG/*Habersack* Rn. 32; *Oetker* ZHR 179 (2015), 707 (711); *Löw/Stolzenberg* NZA 2016, 1489 (1495); *Röder/Arnold* NZA 2015, 1281 (1283); *Seibt* ZIP 2015, 1193 (1194); *Oetker* ZGR 2000, 19 (21); *Seibt/Kraack* in Hohenstatt/Seibt Geschlechter- und Frauenquoten Rn. 72; aA *Mense/Klie* GWR 2015, 441 (442).

Jahre 1965 wurde das Statusverfahren in das Aktienrecht aufgenommen. Hauptbeweggrund des Gesetzgebers war die Erhaltung der Funktionsfähigkeit des Aufsichtsrats, selbst wenn Streit über die Rechtmäßigkeit seiner Zusammensetzung besteht.[13] Hinsichtlich der Rechtmäßigkeit der getroffenen Aufsichtsratsbeschlüsse sollten keine Zweifel bestehen. Zugleich wollte der Gesetzgeber mit dem förmlichen Verfahren der §§ 97 ff. notwendige Wechsel in der Zusammensetzung des Aufsichtsrats – in einem bestimmten zeitlichen Rahmen – sicherstellen und die Verfestigung einer gesetzeswidrigen Zusammensetzung verhindern.[14]

III. Pflicht des Vorstands zur Bekanntmachung

Der Vorstand muss nach § 97 Abs. 1 S. 1 die Bekanntmachung veranlassen, wenn er zu der **3** Auffassung gelangt, dass der Aufsichtsrat nicht den einschlägigen gesetzlichen Vorschriften gemäß zusammengesetzt ist. Er kann aber auch nach § 98 Abs. 1 sofort ohne vorherige Bekanntmachung das Gericht anrufen, wobei die Entscheidung über die Vorgehensweise im Ermessen des Vorstands liegt. Das gerichtliche Verfahren ist insbesondere dann sofort einzuleiten, wenn mit dem Widerspruch eines nach § 98 Abs. 2 Antragsberechtigten zu rechnen ist oder die Rechtslage zweifelhaft ist.[15]

Grundlage der Bekanntmachung muss ein mit der nötigen **Mehrheit,** mangels anderer Satzungs- **4** oder Geschäftsordnungsbestimmungen gemäß § 77 Abs. 1 S. 1 einstimmig zu fassender **Vorstandsbeschluss** sein, da es sich um eine Pflicht des Organs als Leitungsentscheidung insgesamt handelt.[16] Der Gesamtvorstand muss entscheiden, eine Delegation ist unzulässig.[17] Nur der Vorstand ist zuständig, der Hauptversammlung kann die Entscheidung nicht übertragen werden, auch nicht dem Aufsichtsrat.[18] Der Aufsichtsrat kann die Entscheidung des Vorstandes nicht unter den Vorbehalt einer Zustimmung stellen, da ein öffentliches Interesse an der richtigen Zusammensetzung des Aufsichtsrats besteht.[19]

Anlass hierfür können sowohl rechtliche Fehlbeurteilungen als auch tatsächliche Veränderungen **5** sein. Bei Gesellschaften, die nicht mitbestimmt sind, kann daher nur eine Änderung, die die Mitbestimmung auslöst, ein Statusverfahren erforderlich machen, nicht dagegen etwa reine Grundkapitaländerungen, die die zulässige Höchstgrenze der Mitgliederzahl des Aufsichtsrats ändern (→ Rn. 12).[20]

1. Änderungen in der Zusammensetzung. Das Verfahren nach § 97 Abs. 1 bezieht sich nur **6** auf Änderungen, die für **gesetzliche Vorgaben** relevant sind. Erfasst werden Änderungen des mitbestimmungsrechtlichen Status der AG und dadurch bedingte Änderungen im Aufsichtsratssystem sowie Änderungen der Arbeitnehmerzahl und dadurch ausgelöste Änderungen bei der Zusammensetzung des Aufsichtsrats.[21] In Betracht kommen daher:
– Änderungen der Arbeitnehmerzahl und dadurch bedingte andere Mitbestimmungsformen (bei über 2000 Arbeitnehmern nach dem MitbestG, darunter bis 500 Arbeitnehmer nach dem DrittelbG)
– Auch der Fall des Eintritts von Mitbestimmungsfreiheit aufgrund dauerhaften Absinkens der Arbeitnehmerzahl unter 500 wird von § 97 erfasst, so dass das Statusverfahren einzuleiten ist,[22]
– Änderungen der Tätigkeit des Unternehmens (Montanbereich)

---

[13] BegrRegE *Kropff* S. 126; *Oetker* ZHR 149 (1985), 575 (576); *Kiem/Uhrig* NZG 2001, 680 (681); Kölner Komm AktG/*Mertens/Cahn* §§ 97–99 Rn. 2; Großkomm AktG/*Hopt/Roth/Peddinghaus* Rn. 4.
[14] MHdB AG/*Hoffmann-Becking* § 28 Rn. 54; Großkomm AktG/*Hopt/Roth/Peddinghaus* Rn. 3; *Kiem/Uhrig* NZG 2001, 680 (681).
[15] MüKoAktG/*Habersack* Rn. 16; Großkomm AktG/*Hopt/Roth/Peddinghaus* Rn. 29 f.; Bürgers/Körber/*Israel* Rn. 2; Grigoleit/*Tomasic* Rn. 4; BegrRegE *Kropff* S. 127 (130); Hensslre/Strohn/*Henssler* Rn. 1; auch *Hellwig/Behme* FS Hommelhoff, 2012, 343 (353), die sich aber aufgrund der mit dem gerichtlichen Verfahren verbundenen Kosten für die Gesellschaft nur für den Fall eines zu erwartenden Widerspruchs für die sofortige Einleitung aussprechen.
[16] MüKoAktG/*Habersack* Rn. 17 f.; Großkomm AktG/*Hopt/Roth/Peddinghaus* Rn. 32 f.; Hüffer/Koch/*Koch* Rn. 2; Kölner Komm AktG/*Mertens/Cahn* §§ 97–99 Rn. 9; NK-AktR/*Breuer/Fraune* Rn. 2; Wachter/*Schick* Rn. 2; Hölters/*Simons* Rn. 19.
[17] Kölner Komm AktG/*Mertens/Cahn* §§ 97–99 Rn. 9; Großkomm AktG/*Hopt/Roth/Peddinghaus* Rn. 32; MüKoAktG/*Habersack* Rn. 17; Henssler/Strohn/*Henssler* Rn. 3.
[18] MüKoAktG/*Habersack* Rn. 19; Großkomm AktG/*Hopt/Roth/Peddinghaus* Rn. 34.
[19] MüKoAktG/*Habersack* Rn. 19; Großkomm AktG/*Hopt/Roth/Peddinghaus* Rn. 34.
[20] OLG Hamburg ZIP 1988, 1191 (1192); MüKoAktG/*Habersack* Rn. 11; Kölner Komm AktG/*Mertens/Cahn* § 95 Rn. 23, 25; aA *Oetker* ZHR 149 (1985), 575 (580); *Götz* ZIP 1998, 1523 (1525).
[21] OLG Düsseldorf DB 1978, 1358; *Oetker* ZHR 149 (1985), 575 (577 ff.); MHdB AG/*Hoffmann-Becking* § 28 Rn. 60; aA *Götz* ZIP 1998, 1523 (1525 f.); *E. Vetter* in Marsch-Barner/Schäfer Börsennotierte AG-HdB Rn. 24.22.
[22] OLG Frankfurt a. M. NZG 2011, 353 (354 f.) mwN (für eine GmbH).

- Änderungen hinsichtlich der von den Mitbestimmungsgesetzen vorgesehenen Tendenzausnahmen mit Auswirkung auf die Zusammensetzung des Aufsichtsrats[23]
- Änderungen eines Mitbestimmungsgesetzes, die zur Absenkung oder Heraufsetzung der relevanten Schwellenwerte führen und somit zu einer Änderung der gesetzlichen Bestimmungen über die Zusammensetzung des Aufsichtsrats iSd § 97 Abs. 1.
- Herabsetzungen des Grundkapitals mit Auswirkung auf die Aufsichtsratsgröße und damit auf die Zusammensetzung des Aufsichtsrats (DrittelbG, MontanMitbestG, MontanMitbestErgG) (diese Gesetze sehen keine bestimmte Mitgliederzahl des Aufsichtsrats vor, so dass das AktG Anwendung findet).
- Änderungen der rechtlichen Rahmenbedingungen für die Zusammensetzung des Aufsichtsrats.[24]

7 Dem Statusverfahren sind auf jeden Fall Änderungen des mitbestimmungsrechtlichen Status der Gesellschaft und dadurch bedingte Wechsel des Aufsichtsratssystems iSd § 96 Abs. 1 unterworfen.[25] Gemeint sind Fälle, in denen eine Gesellschaft erstmalig der Mitbestimmung unterfällt oder sich die nach § 96 Abs. 1 einschlägige Art der Mitbestimmung ändert, weil die Gesellschaft zB nicht mehr im Montanbereich tätig ist. Da das deutsche Mitbestimmungsrecht auch vereinbar mit dem Unionsrecht ist (→ § 96 Rn. 7a), ist der Vorstand in dieser Hinsicht nicht zur Einleitung des Statusverfahrens verpflichtet.[26]

7a Obwohl die Vorschriften über das Statusverfahren direkt nur für den Wechsel der bislang angewandten gesetzlichen Vorschriften gelten, sind die §§ 97 ff. analog auch hinsichtlich **§ 100 Abs. 5** anwendbar.[27] Das Erfordernis für kapitalmarktorientierte Gesellschaften, den Aufsichtsrat mit mindestens einem Mitglied, das über Sachverstand auf den Gebieten Rechnungslegung und/oder Abschlussprüfung verfügt, zu besetzen, stellt entgegen seiner systematischen Stellung eine organbezogene Besetzungsregelung dar (→ § 100 Rn. 50.), sodass eine vergleichbare Interessenlage in Bezug auf die mitbestimmungsrechtlichen Besetzungsregeln besteht. Zudem ist die Möglichkeit der Anfechtungsklage mit ihrer kurzen Anfechtungsfrist von einem Monat vor dem Hintergrund der Dauerhaftigkeit des Bestellungsbeschlusses und dem sich mitunter erst später herausstellende Mangel ungenügend.[28] Ferner belastet das Statusverfahren die Gesellschaft weniger stark, da in diesem Fall nicht das Damoklesschwert der etwaigen Ungültigkeit der Wahl über der Bestellung schwebt, sodass die Notwendigkeit einer analogen Anwendung besteht.[29]

8 **a) Änderungen der Satzung und Aufsichtsratszusammensetzung.** Keine Anwendung findet § 97 dagegen nach seinem klaren Wortlaut, der auf gesetzliche Änderungen bezogen ist, auf freiwillige **Satzungsänderungen**.[30] Die gegenteilige Auffassung, die § 97 analog hier anwenden möchte, begründet dies mit der Regelung des § 23 Abs. 5.[31] Die danach der Hauptversammlung verliehene uneingeschränkte Befugnis zur Satzungsänderung sei nur dann gewahrt, wenn die satzungsmäßige Veränderung der Aufsichtsratsgröße sogleich umgesetzt würde und nicht erst bei der ordentlichen Neuwahl.[32] Von dieser Erkenntnis ausgehend sei ein Überleitungsverfahren nötig, für das die Regelung der §§ 97 ff. die geeignete Lösung böten.[33] Nach Auffassung des Bundesarbeitsgerichts ist sogar §§ 97 ff., unter Hinweis auf Art. 2 EGBGB, § 12 EGZPO und § 2 EGKO direkt anwendbar.[34]

---

[23] MüKoAktG/*Habersack* Rn. 12 f.
[24] OLG Hamburg WM 1988, 1487 (1488); OLG Düsseldorf DB 1978, 1358; Kölner Komm AktG/*Mertens/Cahn* §§ 97–99 Rn. 44; MHdB AG/*Hoffmann-Becking* § 28 Rn. 60; aA *Götz* ZIP 1998, 1523 (1525); *Rosendahl* AG 1985, 325 (327).
[25] OLG Hamburg ZIP 1988, 1191 (1191 f.); Hüffer/Koch/*Koch* Rn. 3; *Götz* ZIP 1998, 1523 (1524); Kölner Komm AktG/*Mertens/Cahn* §§ 97–99 Rn. 44; MüKoAktG/*Habersack* Rn. 12.
[26] AA *Hellwig/Behme* FS Hommelhoff, 2012, 343 (355 f.); Hüffer/Koch/*Koch* Rn. 3; selbst wenn Unionsrechtswidrigkeit besteht, die Arbeitnehmeranzahl jedoch keine Auswirkung auf Aufsichtsratszusammensetzung hat, besteht keine derartige Pflicht vgl. OLG Zweibrücken NZG 2014, 740.
[27] *Staake* ZIP 2010, 1013 (1021); K. Schmidt/Lutter/*Drygala* Rn. 7.
[28] *Staake* ZIP 2010, 1013 (1021).
[29] K. Schmidt/Lutter/*Drygala* Rn. 7.
[30] OLG Hamburg AG 1989, 64 (65); Kölner Komm AktG/*Mertens/Cahn* §§ 97–99 Rn. 44; MüKoAktG/*Habersack* Rn. 14; Hüffer/Koch/*Koch* Rn. 3; Wachter/*Schick* Rn. 3; MHdB AG/*Hoffmann-Becking* § 28 Rn. 61; *Götz* ZIP 1998, 1523 (1526); *Rosendahl* AG 1985, 325 (329 f.); E. *Vetter* in Marsch-Barner/Schäfer Börsennotierte AG-HdB Rn. 24.22; RVJ/*Raiser/Jacobs* MitbestG § 7 Rn. 5.
[31] *Oetker* ZHR 149 (1985), 575 (584 f.); *Oetker* ZGR 2000, 19 (21 f); *Peterhoff* WuB II A § 97 AktG 1.90.
[32] So auch Anm. *Peterhoff* OLG Hamburg ZIP 1988, 1191 in WuB IX C 3 § 7 MitbestG 1.89.
[33] *Oetker* ZHR 149 (1985), 575 (584 f.); WKS/*Wißmann* MitbestG § 7 Rn. 10 ff.
[34] BAG WM 1990, 633 (636); ähnlich MHdB ArbR/*Wißmann* § 280 Rn. 2 mwN, da § 7 Abs. 1 S. 2 MitbestG nur die Anwendung anderer Regelungen des § 7 MitbestG durch die Satzung erlaube.

Damit wird indes verkannt, dass der Zweck des Statusverfahrens primär die Schaffung von Rechts- 9
sicherheit ist. Diesem Ziel dient aber bereits das Verfahren nach § 181 Abs. 3, wonach die Eintragung
der Satzungsänderung im Handelsregister konstitutive Wirkung hat. Demgemäß besteht keine Regelungslücke und damit auch kein Bedürfnis für eine Analogie der §§ 97 ff.[35] Wie § 97 Abs. 2 S. 2
zeigt, sind Gesetz und Satzung nicht gleichrangig. Daher geht der Grundsatz der Amtskontinuität
der Satzungsregelung vor.[36]

Wird der **Aufsichtsrat im Zuge einer Satzungsänderung vergrößert,** haben demnach auf- 10
grund der Amtskontinuität **Ergänzungswahlen** stattzufinden,[37] hilfsweise eine gerichtliche Ersatzbestellung nach § 104.[38] Eine Neuwahl und Auflösung des alten Aufsichtsrats findet gerade nicht
statt.[39] Es ist nicht einsichtig, warum eine Vergrößerung des Gremiums zum Amtsverlust bei den
bisherigen Aufsichtsräten führen soll.[40] Ebenso wenig plausibel und mit der Satzungsautonomie nur
schwer vereinbar erscheint es, den Aufsichtsrat erst bei den nächsten turnusgemäßen Wahlen den
neu festgelegten Größenverhältnissen anzupassen. Bei einer **Verkleinerung** bleibt der Aufsichtsrat
nach richtiger und heute gefestigter Ansicht zum Schutz der Unabhängigkeit seiner gewählten
Mitglieder bis zum Ende der Amtsperiode weiterhin so zusammengesetzt wie zuvor.[41]

Bei einer Satzungsbestimmung, die im Falle eines der Mitbestimmung unterliegenden Unterneh- 11
mens für den Fall, dass die Mitarbeiterzahl unter den bisher nach § 7 Abs. 1 MitbestG maßgeblichen
Schwellenwert von 10 000 bzw. 20 000 Arbeitnehmer absinkt, vorschreibt, dass die bisherige Mitgliederzahl des Aufsichtsrats beibehalten werden soll, findet kein Statusverfahren statt.[42] Eine solche
Regelung lässt § 7 Abs. 1 S. 2 und 3 ausdrücklich zu, sodass die gesetzlich zulässige Zusammensetzung
nicht betroffen wird.

b) Änderungen des Grundkapitals. Soweit sich bei einer Gesellschaft, die nicht der Mitbestim- 12
mung unterliegt, das Grundkapital in der Weise verändert, dass es Auswirkungen auf die nach
§ 95 zulässige Höchstzahl von Aufsichtsratsmitgliedern hat, findet kein Statusverfahren statt.[43] Alle
Mitglieder des Aufsichtsrats bleiben bis zum regulären Ende der Wahlperiode im Amt.[44]

Anders bei Unternehmen, die der **Mitbestimmung** unterliegen. Hier muss zweifach differenziert 13
werden, zum einen nach der Art der Mitbestimmung, zum anderen nach der Art der Kapitaländerung:

Bei Unternehmen, die einen nach dem MitbestG zusammengesetzten Aufsichtsrat haben, kommt 14
es hinsichtlich der Zahl der Aufsichtsräte auf die Anzahl der Arbeitnehmer im Unternehmen an und
nicht auf die Höhe des Grundkapitals.[45] Nur bei den Gesellschaften, die dem DrittelbG (am 1. Juli
2004 trat durch Art. 6 Abs. 2 des BGBl. 2004 I 25, 974 das BetrVG außer Kraft. Gleichzeitig trat
das Drittelbeteiligungsgesetz [DrittelbG] in Kraft), dem MontanMitbestG oder dem MontanMitbestErgG unterliegen, ist für die Zahl der Aufsichtsräte die Höhe des Grundkapitals von Bedeutung
(§ 4 Abs. 1 DrittelbG iVm § 95; § 9 MontanMitbestG; § 12 MontanMitbestErgG).

Hinsichtlich der Art der Kapitalveränderung ist wie folgt zu unterscheiden: Bei **Herabset-** 15
zungen des Grundkapitals ist im Falle der Mitbestimmung nach dem DrittelbG oder dem
MontanMitbestG bzw. MontanMitbestErgG ein Statusverfahren erforderlich, wenn sich dadurch
die gemäß § 4 Abs. 1 DrittelbG iVm § 95 AktG, § 9 MontanMitbestG bzw. § 12 MontanMitbestErgG zulässige Höchstzahl der Aufsichtsratsmitglieder verringert, denn dann richtet sich die

---

[35] Ebenso OLG Hamburg ZIP 1988, 1191 (1192); Großkomm AktG/*Hopt/Roth/Peddinghaus* Rn. 11; *Götz* ZIP 1998, 1523 (1526); UHH/*Ulmer/Habersack* MitbestG § 6 Rn. 15; Hüffer/Koch/*Koch* Rn. 3.

[36] OLG Hamburg ZIP 1988, 1191 (1192); Großkomm AktG/*Hopt/Roth/Peddinghaus* Rn. 11; *Martens* DB 1978, 1065 (1069); *Götz* ZIP 1998, 1523 (1526).

[37] RVJ/*Raiser/Jacobs* MitbestG § 7 Rn. 5; *Oetker* ZHR 149 (1985), 575 (583); UHH/*Ulmer/Habersack* MitbestG § 6 Rn. 15; *Götz* ZIP 1998, 1523 (1527); Hüffer/Koch/*Koch* Rn. 3; Kölner Komm AktG/*Mertens/Cahn* § 95 Rn. 24.

[38] *Götz* ZIP 1998, 1523 (1527); *E. Vetter* in Marsch-Barner/Schäfer Börsennotierte AG-HdB Rn. 24.22; *Kauffmann-Lauven/Lenze* AG 2010, 534 f.

[39] Anders WKS/*Wißmann* MitbestG § 7 Rn. 10 ff.; wiederum anders *Martens* DB 1978, 1065 (1069): Vergrößerung erst bei den nächsten AR-Wahlen.

[40] UHH/*Henssler* MitbestG § 7 Rn. 17, 29.

[41] OLG Hamburg ZIP 1988, 1191; OLG Dresden ZIP 1997, 589 (590 f.); *Martens* DB 1978, 1065 (1069); UHH/*Henssler* MitbestG § 7 Rn. 26 f.; *E. Vetter* in Marsch-Barner/Schäfer Börsennotierte AG-HdB Rn. 24.22; MHdB AG *Hoffmann-Becking* § 28 Rn. 61; Hüffer/Koch/*Koch* Rn. 3; *Götz* ZIP 1988, 1523 (1527); anders noch *Dietz/Richardi* BetrVG 1952, 6. Aufl. 1982, § 76 Rn. 125.

[42] MHdB AG/*Hoffmann-Becking* § 28 Rn. 60; MüKoAktG/*Habersack* Rn. 14; *Götz* ZIP 1998, 1523 (1526).

[43] OLG Hamburg ZIP 1988, 1191 (1192); MüKoAktG/*Habersack* Rn. 11; *Hüffer* AktG § 95 Rn. 5; *Götz* ZIP 1998, 1523 (1525); aA *Oetker* ZHR 149 (1985), 575 (580 f.); Großkomm AktG/*Hopt/Roth/Peddinghaus* Rn. 11.

[44] Kölner Komm AktG/*Mertens/Cahn* § 95 Rn. 25.

[45] MüKoAktG/*Habersack* Rn. 13; RVJ/*Raiser/Jacobs* MitbestG § 7 Rn. 3.

Zusammensetzung fortan nach anderen gesetzlichen Vorschriften als bislang, so dass § 97 einschlägig ist.[46] Eine Mindermeinung will unter Hinweis auf die Kontinuität des Aufsichtsratsmandats eine Verkleinerung während der laufenden Amtszeit nicht zulassen und lehnt das Statusverfahren daher ab.[47] Dies verstößt jedoch gegen den klaren Wortlaut des § 97. Bei **Erhöhungen des Grundkapitals,** die zu einer Erweiterung des Aufsichtsrats führen, ist dagegen ein Statusverfahren entbehrlich.[48] Stattdessen ist eine Ergänzungswahl durchzuführen, um die zusätzlichen Aufsichtsratsmandate zu vergeben. Zwar soll auch hier das Statusverfahren angewandt werden.[49] Da jedoch Ziel des Statusverfahrens in erster Linie die Schaffung von Rechtssicherheit ist und anders als bei einer Verkleinerung im Rahmen einer Kapitalherabsetzung im Rahmen einer Kapitalerhöhung nicht die Gefahr von Rechtsunsicherheit besteht, vielmehr sich bei einer Vergrößerung eine Nachwahl ohne weiteres anbietet, bedarf es eines Statusverfahrens nach Sinn und Zweck der §§ 97 ff. nicht.

16 c) **Änderungen beim Gruppenproporz (mitbestimmte Gesellschaften).** Änderungen bei den für die Verteilung der Aufsichtsratssitze der Arbeitnehmerseite zwischen leitenden und sonstigen Angestellten maßgeblichen Verhältnissen, dem sog. Gruppenproporz nach § 15 Abs. 2 MitbestG, sollen dagegen **nicht** erfasst werden.[50] Ebenfalls nicht dem Statusverfahren unterfällt die Verteilung der Arbeitnehmer-Aufsichtsratssitze zwischen unternehmensangehörigen Angestellten und Gewerkschaftern, wie sie in § 7 Abs. 2 MitbestG bestimmt ist.[51] Die Besetzung der Arbeitnehmerseite, insbesondere das Verhältnis von Arbeitnehmer- zu Gewerkschaftsvertretern, sei allein Sache der Arbeitnehmerseite und beträfe nicht die Zusammensetzung des Aufsichtsrats iSd § 96.[52] Das Statusverfahren diene vielmehr der Kontrolle der von § 96 festgelegten Sitzverteilung zwischen Anteilseignervertretern und Arbeitnehmervertretern.[53] Gegen diese Ansicht und für die Anwendbarkeit der §§ 97 ff. spricht zwar, dass es sich für die Unternehmen, die dem MitbestG unterfallen, auch bei dem Verhältnis der Gruppen zueinander um gesetzliche Vorschriften über die Zusammensetzung des Aufsichtsrats handelt und der Wortlaut des § 97 Abs. 1 erfüllt ist. Doch kann gegen diese Bedenken für die Ansicht der herrschenden Lehre zu Recht auf die Wertung des § 24 Abs. 2 MitbestG verwiesen werden, wonach das Arbeitnehmermandat im Aufsichtsrat trotz Wechsel der Gruppenzugehörigkeit (vom leitenden Angestellten zum regulären Arbeitnehmer – oder umgekehrt) bestehen bleibt.[54] Damit hat der Gesetzgeber deutlich gemacht, dass eine Veränderung des Gruppenproporzes während der laufenden Amtsperiode unbeachtlich ist.

17 d) **Änderungen im Kreis der wahlberechtigten Arbeitnehmer.** Bei **Änderungen des Kreises der wahlberechtigten Arbeitnehmer,** insbesondere bei Hinzutreten oder Wegfall von Gesellschaften im **Konzernbereich,** findet kein Statusverfahren statt, sofern sich die relevante Arbeitnehmerzahl zur Berechnung der Aufsichtsratsgröße nicht ändert.[55]

18 2. **Verfahren der Bekanntmachung.** Der Vorstand muss **unverzüglich,** dh ohne schuldhaftes Zögern gem. § 121 Abs. 1 S. 1 BGB, tätig werden.[56] Allerdings handelt er nicht schuldhaft und noch fristgemäß, wenn er zuvor den Aufsichtsrat konsultiert,[57] ggf. auch nach § 98 Antragsberechtigte oder anderweitig Rechtsrat einholt.[58] Er ist jedoch nicht verpflichtet, vor der Bekanntgabe eine Einigung mit den anderen Antragsberechtigten herzustellen.[59]

---

[46] Hüffer/Koch/*Koch* § 95 Rn. 5; Kölner Komm AktG/*Mertens/Cahn* § 95 Rn. 25; *Oetker* ZHR 149 (1985), 575 (580).
[47] *Götz* ZIP 1998, 1523 (1525); *Rosendahl* AG 1985, 325 (327).
[48] Kölner Komm AktG/*Mertens/Cahn* § 95 Rn. 23, §§ 97–99 Rn. 44.
[49] *Oetker* ZHR 149 (1985), 575 (578 ff.).
[50] OLG Zweibrücken NZG 2014, 740; *Martens* DB 1978, 1065 (1069); Hölters/*Simons* Rn. 16; *E. Vetter* in Marsch-Barner/Schäfer Börsennotierte AG-HdB Rn. 24.22; ausführlich *Oetker* ZHR 149 (1985), 575 (587 f.).
[51] UHH/*Ulmer/Habersack* MitbestG § 6 Rn. 15.
[52] So noch in *Hüffer*, 10. Aufl. 2012, Rn. 3; *E. Vetter* in Marsch-Barner/Schäfer Börsennotierte AG-HdB Rn. 24.22.
[53] So ausdrücklich noch MüKoAktG/*Semler*, 2. Aufl. 2004, Rn. 26.
[54] *Martens* DB 1978, 1065 (1069); *Oetker* ZHR 149 (1985), 575 (587 f.).
[55] Großkomm AktG/*Hopt/Roth/Peddinghaus* Rn. 9 f.; UHH/*Ulmer/Habersack* MitbestG § 6 Rn. 16; einschränkend *Martens* DB 1978, 1065 (1069 f.).
[56] AllgM, MHdB AG/*Hoffmann-Becking* § 28 Rn. 66; Großkomm AktG/*Hopt/Roth/Peddinghaus* Rn. 43; Hüffer/Koch/*Koch* Rn. 4; MüKoAktG/*Habersack* Rn. 20; Henssler/Strohn/*Henssler* Rn. 3.
[57] Hüffer/Koch/*Koch* Rn. 4; Großkomm AktG/*Hopt/Roth/Peddinghaus* Rn. 43; NK-AktR/*Breuer/Fraune* Rn. 5; Hölters/*Simons* Rn. 20.
[58] *Hellwig/Behme* FS Hommelhoff, 2012, 343 (358).
[59] Großkomm AktG/*Hopt/Roth/Peddinghaus* Rn. 28.

Die Bekanntmachung muss in den **Gesellschaftsblättern** erfolgen, zumindest im Bundesanzei- 19
ger[60] gem. § 25, zudem durch Aushang in allen inländischen Betrieben der Aktiengesellschaft einschließlich der inländischen konzernzugehörigen Gesellschaften.[61] Eine Bekanntmachung im Ausland ist nicht erforderlich, da Arbeitnehmer ausländischer Gesellschaften nicht wahlberechtigt sind, wobei auch eine freiwillige Einräumung des Wahlrechts nicht möglich ist.[62] Erst die Bekanntmachung im Bundesanzeiger, unabhängig von der Veröffentlichung in den anderen Gesellschaftsblättern oder vom Aushang in den Betrieben, führt zur Wirksamkeit der Bekanntmachung, um die nötige Rechtssicherheit für die Antragsfristberechnung zu gewährleisten.[63] Hinsichtlich der übrigen Bekanntmachungen müssen diese in angemessener Zeit erfolgen, da sonst trotz Publikation im Bundesanzeiger keine ordnungsgemäße Bekanntmachung vorliegt.[64]

Der **Aushang** selbst muss deutlich den Charakter als Bekanntmachung nach § 97 erkennen lassen. 20
Aufgrund der mit der Bekanntmachung ausgelösten Fristen ist zu dokumentieren, wann der Aushang erfolgte.[65]

Der **Inhalt** der Bekanntmachung richtet sich nach § 97 Abs. 1 S. 2 und 3. Demgemäß muss 21
der Vorstand zunächst festhalten, dass der Aufsichtsrat nicht mehr ordnungsgemäß zusammengesetzt ist. Ferner müssen genau diejenigen nach Auffassung des Vorstandes maßgeblichen gesetzlichen Vorschriften angegeben werden, die die erforderliche Zusammensetzung regeln, so dass eine eindeutige Bestimmung der Aufsichtsratszusammensetzung möglich ist.[66] Schließlich muss der Hinweis darauf erfolgen, dass der Aufsichtsrat nach diesen Vorschriften zusammengesetzt werden wird, wenn nicht binnen eines Monats nach der Bekanntgabe im Bundesanzeiger die nach § 98 Antragsberechtigten das gerichtliche Verfahren nach § 98 einleiten. Das Gesetz verlangt jedoch nicht, dass der Vorstand das zuständige Gericht benennt und im Stile einer Rechtsmittelbelehrung Hinweise für die Antragstellung, etwa zur Fristberechnung, gibt.[67] Andererseits sind derartige Hinweise auch unschädlich, wobei der Vorstand dann allerdings die besonderen Vorschriften über die Zuständigkeit nach § 98 Abs. 1 S. 2 zu beachten hat. Ebenso wenig muss die Bekanntmachung Angaben über die Antragsberechtigten oder über die Anzahl der im Unternehmen bzw. im Konzern beschäftigten Arbeitnehmer enthalten.[68] Die gegenteilige Auffassung, die sich auf die Gewährleistung einer sachgerechten Ausübung des Widerspruchsrechts beruft,[69] verkennt, dass das Gesetz solche Angaben in diesem im Übrigen streng formalen Verfahren gerade nicht verlangt.[70]

---

[60] Durch das Gesetz zur Änderung von Vorschriften über Verkündung und Bekanntmachungen sowie der Zivilprozessordnung, des Gesetzes betreffend die Einführung der Zivilprozessordnung und der Abgabenordnung vom 22.12.2011 (BGBl. 2011 I 3044) wurde der elektronische Bundesanzeiger mit Wirkung zum 1.4.2012 zum einzigen Bundesanzeiger bestimmt (§§ 5, 12 VkBkmG) und daraufhin in Abs. 1 S. 3 und Abs. 2 S. 1 das Wort „elektronischen" vor dem Wort „Bundesanzeiger" gestrichen.
[61] MüKoAktG/*Habersack* Rn. 21; Kölner Komm AktG/*Mertens/Cahn* §§ 97–99 Rn. 14; Großkomm AktG/*Hopt/Roth/Peddinghaus* Rn. 47; NK-AktR/*Breuer/Fraune* Rn. 6; Bürgers/Körber/*Israel* Rn. 5; Wachter/*Schick* Rn. 4; Hölters/*Simons* Rn. 21; Henssler/Strohn/*Henssler* Rn. 4; *E. Vetter* in Marsch-Barner/Schäfer Börsennotierte AG-HdB Rn. 24.25.
[62] Kölner Komm AktG/*Mertens/Cahn* §§ 97–99 Rn. 15; Großkomm AktG/*Hopt/Roth/Peddinghaus* Rn. 46; MüKoAktG/*Habersack* Rn. 21; UHH/*Ulmer/Habersack* MitbestG § 5 Rn. 55; WKS/*Wißmann* MitbestG § 3 Rn. 27 ff.; so im Grundsatz auch RVJ/*Raiser* MitbestG § 5 Rn. 29, der aber die freiwillige Einräumung eines Wahlrechts zulassen will.
[63] Kölner Komm AktG/*Mertens/Cahn* §§ 97–99 Rn. 17; MüKoAktG/*Habersack* Rn. 25.
[64] *E. Vetter* in Marsch-Barner/Schäfer Börsennotierte AG-HdB Rn. 24.26; aA Großkomm AktG/*Hopt/Roth/Peddinghaus* Rn. 49, wonach eine unterbliebene Bekanntmachung durch Aushang in den Betrieben die Wirksamkeit der Bekanntmachung insgesamt nicht hindern soll. Auch nach dieser Auffassung sollen aber die durch die fehlerhafte Bekanntmachung nicht Informierten jederzeit einen Antrag nach § 98 stellen können, so dass beide Auffassungen im Ergebnis wohl übereinstimmen.
[65] Hüffer/Koch/*Koch* Rn. 4 rät zur Datierung des Aushangs; ebenso Großkomm AktG/*Hopt/Roth/Peddinghaus* Rn. 45.
[66] MüKoAktG/*Habersack* Rn. 23; Hüffer/Koch/*Koch* Rn. 4; näher Großkomm AktG/*Hopt/Roth/Peddinghaus* Rn. 36 ff.; s. auch *Oetker* ZHR 149 (1985), 575 (592), der auf die Bedeutung für den Wahlvorstand bei der Arbeitnehmerwahl hinweist.
[67] Kölner Komm AktG/*Mertens/Cahn* §§ 97–99 Rn. 12; MüKoAktG/*Habersack* Rn. 24; Hüffer/Koch/*Koch* Rn. 4; Großkomm AktG/*Hopt/Roth/Peddinghaus* Rn. 40 ff.; Bürgers/Körber/*Israel* Rn. 6; Henssler/Strohn/*Henssler* Rn. 4; so auch *E. Vetter* in Marsch-Barner/Schäfer Börsennotierte AG-HdB Rn. 24.26 der die Angabe des zuständigen Gerichts aber für empfehlenswert hält.
[68] Großkomm AktG/*Hopt/Roth/Peddinghaus* Rn. 40; Kölner Komm AktG/*Mertens/Cahn* §§ 97–99 Rn. 12; MüKoAktG/*Habersack* Rn. 24; Hüffer/Koch/*Koch* Rn. 4.
[69] *Oetker* ZHR 149 (1985), 575 (592 f.).
[70] Großkomm AktG/*Hopt/Roth/Peddinghaus* Rn. 40.

22 Der Vorstand kann die Bekanntmachung innerhalb der Frist zur Anrufung des Gerichts **widerrufen**.[71] Denn weder sperrt das Gesetz eine Rücknahme der Bekanntmachung, noch haben die übrigen Antragsberechtigten vor Anrufung des Gerichts ein schützenswertes Interesse, dass die Bekanntmachung aufrechterhalten wird.

23 Für die **Wirksamkeit der Bekanntmachung** müssen alle Voraussetzungen vorliegen. Ist eine Voraussetzung nicht erfüllt, etwa fehlende Bekanntmachung im Bundesanzeiger oder mangelnder bzw. unpräziser Inhalt, ist die Bekanntmachung unwirksam; es treten keine Auswirkungen auf die Zusammensetzung des Aufsichtsrats ein.[72] Zum Teil wird vorgeschlagen, nach der Schwere des Mangels zu differenzieren, und in bestimmten Fällen für eine „Nachholbarkeit" im Widerspruchsverfahren plädiert.[73] Aus Gründen der Rechtssicherheit, deren Herstellung primäres Ziel des Statusverfahrens ist, und auf Grund fehlender Anhaltspunkte im Gesetz ist eine solche Differenzierung aber abzulehnen. Die Kategorisierung als schwere oder weniger schwere Mängel wäre willkürlich und dem streng formalen Verfahren der §§ 97 ff. fremd. Werden trotz unwirksamer Bekanntmachung neue Aufsichtsratsmitglieder bestellt, so bleiben diese im Amt. Dieses verlieren sie erst bei einer neuen, wirksamen Bekanntmachung; § 250 Abs. 1 Nr. 1 ist nicht anwendbar.[74]

24 **3. Rechtsfolgen.** Die Rechtsfolgen einer ordnungsgemäßen Bekanntmachung hängen davon ab, ob die Antragsberechtigten das Verfahren nach § 98 einleiten:

25 **a) Kein Antrag binnen Monatsfrist.** Wird kein Antrag nach § 98 Abs. 1 innerhalb der Monatsfrist gestellt, kann die Auffassung des Vorstandes in der Bekanntmachung nicht mehr angegriffen werden und entfaltet grundsätzlich Bindungswirkung für die künftige Zusammensetzung des Aufsichtsrats, § 97 Abs. 2 S. 1. Der Vorstand kann seine Beurteilung innerhalb der laufenden Fristen und bis zur Neubestellung des Aufsichtsrats nicht mehr ändern.[75] Stattdessen kann er aber eine erneute Bekanntmachung vornehmen,[76] denn dieses ist ihm gem. § 97 Abs. 3 nur während eines gerichtlichen Verfahrens versagt. Wirksam würde diese neue Bekanntmachung freilich erst nach einem erneuten Ablauf der Frist.[77] Ein Widerspruch oder eine Remonstration an den Vorstand ist zwar möglich, aber rechtlich bedeutungslos;[78] allein die Antragstellung bei Gericht lässt die Bindungswirkung der Bekanntmachung entfallen.[79]

26 Ein Antrag auf gerichtliche Entscheidung kann auch nach Ablauf der Monatsfrist jederzeit gestellt werden.[80] Die früher vertretene gegenteilige Auffassung,[81] nach der ein nach diesem Zeitpunkt gestellter Antrag nur zulässig ist, wenn neue Tatsachen oder zwischenzeitliche rechtliche Änderungen eingetreten sind, stellt darauf ab, dass mit Ablauf der Frist feststehe, wie sich der Aufsichtsrat zusammensetze und es demnach dem Zweck der Bekanntmachung widerspräche bzw. die in § 97 Abs. 2 vorgesehene Frist sinnlos wäre, wenn auch nach deren Ablauf noch ein Antrag bei Gericht gestellt werden könnte; tatbestandlich sei die Zusammensetzung des Aufsichtsrats nun nicht mehr streitig oder ungewiss iSv § 98 Abs. 1 S. 1. Diese Begründung verkennt hingegen, dass die Frist des § 97 Abs. 2 auch bei Zulassung eines jederzeit möglichen Antrags keinesfalls funktionslos werden würde, da deren Ablauf den Zeitpunkt markiert, ab dem der Aufsichtsrat grundsätzlich nach den vom Vorstand angegebenen Vorschriften gebildet wird und diese Zusammensetzung nur bei einer späteren

---

[71] Großkomm AktG/*Hopt/Roth/Peddinghaus* Rn. 48; MüKoAktG/*Habersack* Rn. 27; Kölner Komm AktG/ *Mertens/Cahn* §§ 97–99 Rn. 18.
[72] Kölner Komm AktG/*Mertens/Cahn* §§ 97–99 Rn. 13; MüKoAktG/*Habersack* Rn. 26; *E. Vetter* in Marsch-Barner/Schäfer Börsennotierte AG-HdB Rn. 24.26; wohl auch Großkomm AktG/*Hopt/Roth/Peddinghaus* Rn. 50, denn die dort beispielhaft genannten Angaben, die die Wirksamkeit der Bekanntmachung nicht hindern sollen, sind keine Pflichtangaben und berühren schon deshalb die Wirksamkeit der Bekanntmachung nicht.
[73] Einzelheiten bei *Oetker* ZHR 149 (1985), 575 (594 f.).
[74] MüKoAktG/*Habersack* Rn. 26; Kölner Komm AktG/*Mertens/Cahn* §§ 97–99 Rn. 13; aA Großkomm AktG/ *Hopt/Roth/Peddinghaus* Rn. 52, die einen Verstoß gegen § 96 Abs. 4 (Abs. 2 a.F.) annehmen wollen. Dagegen spricht aber, dass eine Bekanntmachung des Vorstands durchaus vorliegt. Ob bzw. dass diese unwirksam ist, richtet sich lediglich nach § 97 Abs. 1, der in § 250 Abs. 1 Nr. 1 gerade nicht genannt ist.
[75] Hüffer/Koch/*Koch* Rn. 5.
[76] Großkomm AktG/*Hopt/Roth/Peddinghaus* Rn. 48.
[77] Großkomm AktG/*Hopt/Roth/Peddinghaus* Rn. 48.
[78] BegrRegE *Kropff* S. 127, 128; Großkomm AktG/*Hopt/Roth/Peddinghaus* Rn. 55; MüKoAktG/*Habersack* Rn. 29.
[79] LG Nürnberg-Fürth AG 1972, 21.
[80] MüKoAktG/*Habersack* Rn. 30; Kölner Komm AktG/*Mertens/Cahn* §§ 97–99 Rn. 29; Großkomm AktG/ *Hopt/Roth/Peddinghaus* Rn. 67; MHdB AG/*Hoffmann-Becking* § 28 Rn. 63; UHH/*Ulmer/Habersack* MitbestG § 6 Rn. 30; *Götz* ZIP 1998, 1523.
[81] MüKoAktG/*Semler*, 2. Aufl. 2004, Rn. 62.

entgegenstehenden rechtskräftigen gerichtlichen Entscheidung zu ändern wäre. Der Gegenansicht wohnt umgekehrt gewendet also die Gefahr der Perpetuierung einer dauerhaften Falschzusammensetzung des Aufsichtsrates inne, die – verglichen mit dem Problem der Rechtssicherheit – ungleich schwerer wiegt, zumal der Rechtssicherheit bereits durch den Kontinuitätsgrundsatz des § 96 Abs. 4 hinreichend Genüge getan ist.

Die **Monatsfrist** des § 97 Abs. 2 S. 1 knüpft allein an die Bekanntmachung im Bundesanzeiger 27 an, nicht dagegen an den Aushang in den Betrieben oder anderen Konzernunternehmen. Gemäß dem Rechtsgedanken der § 99 Abs. 1 AktG, § 2 Abs. 3 FamFG (früher: § 7 FGG) gilt nach ganz hM die Frist selbst dann als gewahrt, wenn ein örtlich unzuständiges Gericht angerufen wird.[82] Dies ergibt sich entgegen einer vereinzelt vertretenen Ansicht, die das nicht zuständige Gericht nicht für verpflichtet hält, den Antrag entgegenzunehmen,[83] aus dem Zusammenspiel von § 99 Abs. 1 AktG, § 2 Abs. 3 FamFG (früher: § 7 FGG) mit § 17a GVG nF.

Ist die Bekanntmachung bindend geworden, muss der Aufsichtsrat innerhalb der von § 97 28 Abs. 2 S. 2, 3 bestimmten **Frist** entsprechend den in der Bekanntmachung bezeichneten Vorschriften neu bestellt werden, da mit Ablauf dieser Frist die bisherigen Aufsichtsratsmandate erlöschen. Bei erstmaliger Beteiligung von Arbeitnehmern am Aufsichtsrat leitet der Vorstand das Wahlverfahren unverzüglich ein.[84] Stehen Vorschriften der **Satzung** der neuen Zusammensetzung entgegen, treten diese nach § 97 Abs. 2 S. 2 ebenfalls mit Ablauf der ersten Hauptversammlung, spätestens aber nach 6 Monaten nach Ablauf der Anrufungsfrist von Gesetzes wegen außer Kraft; die Satzung ist dann später zu ändern, ansonsten greifen die gesetzlichen Bestimmungen ein.[85]

Die **Frist** für die **Neubestellung** des **Aufsichtsrats** und einer etwaigen Satzungsänderung 29 beginnt mit dem Ende der ersten Hauptversammlung, die nach Ablauf der Monatsfrist der Bekanntmachung einberufen wird. Ob die Hauptversammlung tatsächlich stattfindet, ist dagegen nach dem Gesetzeswortlaut unerheblich.[86] Wird die Hauptversammlung nicht einberufen, treten die Satzungsbestimmungen spätestens sechs Monate nach Ablauf der Monatsfrist außer Kraft; ebenso erlöschen die Aufsichtsratsmandate, § 97 Abs. 2 S. 2.

Die **Aufsichtsratsmandate** erlöschen auf jeden Fall, unabhängig davon, ob neue Aufsichtsrats- 30 mitglieder bestellt werden,[87] allerdings nicht schon mit Ende der Anrufungsfrist, sondern erst mit Ablauf der ersten Hauptversammlung nach der Bekanntmachung, längstens nach 6 Monaten. In dem Fall der fehlenden Neubestellung muss das gerichtliche Ersatzbestellungsverfahren nach § 104 durchgeführt werden. Jedes Aufsichtsratsmitglied muss neu bestellt werden, auch diejenigen, die im Aufsichtsrat verbleiben sollen.[88]

Musste ein **Aufsichtsratsmitglied innerhalb der Anrufungsfrist** bestellt werden, bleibt 31 es gemäß der bisher geltenden Vorschriften im Amt. Allerdings nur bis zum Ende der ersten Hauptversammlung nach Ablauf der Anrufungsfrist.[89] Zwar sollen die alten Vorschriften auch während der noch laufenden Anrufungsfrist nicht für die Wahl neuer Aufsichtsräte zugrunde gelegt werden dürfen.[90] Für diese Annahme findet sich allerdings keinerlei Stütze im Gesetz und sie widerspricht der Regierungsbegründung. Wird die gesamte Aufsichtsrat vor Ablauf der Anrufungsfrist neu gewählt, kann entgegen Semler, der die zukünftig geltenden Vorschriften zugrunde legen will, nichts anderes gelten, denn bis zum Ablauf der Anrufungsfrist bleiben die alten Regelungen maßgeblich.[91]

Für die **Satzungsänderung** ist nicht wie in § 179 Abs. 2 eine qualifizierte Mehrheit erforderlich; 32 vielmehr genügt innerhalb der Frist von sechs Monaten nach § 97 Abs. 2 S. 4 die einfache Mehrheit, um der Gesellschaft die Anpassung an die neuen Vorgaben zu erleichtern, und zwar für jede Haupt-

---

[82] MüKoAktG/*Habersack* Rn. 36; Großkomm AktG/*Hopt/Roth/Peddinghaus* Rn. 70; Kölner Komm AktG/ *Mertens/Cahn* §§ 97–99 Rn. 22; im Ergebnis ebenso Hüffer/Koch/*Koch* Rn. 6.
[83] *Falkenhausen* AG 1967, 309 (314).
[84] Kölner Komm AktG/*Mertens/Cahn* §§ 97–99 Rn. 27; MHdB AG/*Hoffmann-Becking* § 28 Rn. 66; WKS/ *Wißmann* MitbestG § 6 Rn. 25, MitbestG Vor § 9 Rn. 13.
[85] MüKoAktG/*Habersack* Rn. 34; Hüffer/Koch/*Koch* Rn. 5; Großkomm AktG/*Hopt/Roth/Peddinghaus* Rn. 64.
[86] Hüffer/Koch/*Koch* Rn. 5; Großkomm AktG/*Hopt/Roth/Peddinghaus* Rn. 61.
[87] Hüffer/Koch/*Koch* Rn. 5; Großkomm AktG/*Hopt/Roth/Peddinghaus* Rn. 61.
[88] MüKoAktG/*Habersack* Rn. 31; Hüffer/Koch/*Koch* Rn. 5; Großkomm AktG/*Hopt/Roth/Peddinghaus* Rn. 61 f.
[89] BegrRegE *Kropff* S. 128; zust. MüKoAktG/*Habersack* Rn. 32.
[90] Kölner Komm AktG/*Mertens/Cahn* §§ 97–99 Rn. 25.
[91] OLG Düsseldorf WM 1996, 65 (65); Großkomm AktG/*Hopt/Roth/Peddinghaus* Rn. 63; Fuchs/Köstler/Pütz Aufsichtsratswahl-HdB Rn. 165; *Arnold/Lumpp* AG 2010 R 156 (157).

versammlung innerhalb dieser Zeit.[92] Die Absenkung des Quorums bezieht sich allein auf die nötigen Satzungsanpassungen über die Zusammensetzung des Aufsichtsrats, über die Zahl der Aufsichtsratsmitglieder sowie über die Wahl, Abberufung und Entsendung von Aufsichtsratsmitgliedern, nicht jedoch für andere gleichzeitig zu beschließende Satzungsänderungen; für diese ist nach wie vor die ¾ Mehrheit des § 179 Abs. 2 erforderlich.[93] Die **Satzung** kann hiervon auch nicht abweichen und höhere Mehrheiten vorsehen.

33 **b) Antrag auf gerichtliche Entscheidung.** Die Bindungswirkung der Bekanntmachung tritt nicht ein, wenn innerhalb der Monatsfrist die gerichtliche Entscheidung nach §§ 98, 99 beantragt wird. In diesem Fall ist allein die gerichtliche Entscheidung maßgeblich, die Bekanntmachung wird unwirksam.[94] Um die Bekanntmachung außer Kraft zu setzen, genügt bereits ein Antrag auch an ein örtlich unzuständiges Gericht (→ Rn. 27). Der Antrag selbst ist formfrei.[95] Im Übrigen muss der Antrag von einem nach § 98 Abs. 2 Antragsberechtigten gestellt sein.

34 Bis zur gerichtlichen Entscheidung bleibt der Aufsichtsrat wie zuvor zusammengesetzt.[96]

35 Wird der Antrag **zurückgenommen** oder kommt es aus anderen Gründen nicht zu einer Entscheidung, lebt die Bekanntmachung des Vorstandes nicht wieder auf. Hierfür spricht bereits, dass die genaue Fristberechnung, die für das Erlöschen der Aufsichtsratsmandate und des Außerkrafttretens der Satzung erforderlich ist, erheblich erschwert wird und damit das Ziel der Rechtssicherheit verfehlt würde; eine neue Bekanntmachung ist daher erforderlich.[97]

IV. Sperrwirkung anhängiger Verfahren (Abs. 3)

36 Sind Anträge nach §§ 98, 99 gestellt worden, ist der Vorstand gehindert, Bekanntmachungen durchzuführen. Andernfalls käme es zu doppelten Verfahren und Widersprüchen.[98] Missachtet der Vorstand die Sperre nach § 97 Abs. 3, bleibt die Bekanntmachung ohne rechtliche Wirkung.[99] Eine Entscheidung des Gerichts entfaltet gem. § 45 FamFG Rechtskraft[100] und damit auch Bindungswirkung für den Vorstand für die Zeit nach der Entscheidung. Ob die rechtskräftige gerichtliche Entscheidung eine **erneute Bekanntmachung** durch den Vorstand ausschließt, ist umstritten. Eine früher vertretene Ansicht will eine neue Bekanntmachung nur zulassen, wenn sie sich auf neue, nach der gerichtlichen Entscheidung eingetretene Tatsachen stützen.[101] Eine andere Auffassung in der Lehre möchte zwar aus Gründen der Rechtssicherheit eine erneute Bekanntmachung auch unabhängig vom Eintritt neuer Tatsachen zulassen, doch sollen in einem neuen Gerichtsverfahren alle die Tatsachen präkludiert sein, die schon im ersten Verfahren hätten vorgebracht werden können.[102] Vereinzelt wird sogar ein erneutes Bekanntmachungsrecht des Vorstands ohne Einschränkungen angenommen.[103] Die von §§ 97 ff. bezweckte Rechtssicherheit (und auch die Rechtskraft) gebietet es jedoch, nicht stets unabhängig davon, ob Tatsachen bereits gewürdigt wurden, ein Bekanntmachungsrecht anzunehmen, da sonst der Vorstand stets aufs Neue die Verfahren in Gang setzen könnte – was in der Praxis allerdings kaum jemals vorkommen dürfte.

---

[92] BegrRegE *Kropff* S. 128 ff.; Großkomm AktG/*Hopt/Roth/Peddinghaus* Rn. 65; MüKoAktG/*Habersack* Rn. 35; Bürgers/Körber/*Israel* Rn. 9; Grigoleit/*Tomasic* Rn. 8.
[93] MüKoAktG/*Habersack* Rn. 35; Hüffer/Koch/*Koch* Rn. 5; Großkomm AktG/*Hopt/Roth/Peddinghaus* Rn. 65.
[94] Hüffer/Koch/*Koch* Rn. 6; Großkomm AktG/*Hopt/Roth/Peddinghaus* Rn. 71; E. *Vetter* in Marsch-Barner/Schäfer Börsennotierte AG-HdB Rn. 24.27.
[95] Kölner Komm AktG/*Mertens/Cahn* §§ 97–99 Rn. 23; Großkomm AktG/*Hopt/Roth/Peddinghaus* Rn. 71; E. *Vetter* in Marsch-Barner/Schäfer Börsennotierte AG-HdB Rn. 24.27; MüKoAktG/*Habersack* Rn. 36.
[96] LG Nürnberg-Fürth AG 1972, 21; BegrRegE *Kropff* S. 128 ff.; Großkomm AktG/*Hopt/Roth/Peddinghaus* Rn. 71; UHH/*Ulmer/Habersack* MitbestG § 6 Rn. 24; Hüffer/Koch/*Koch* Rn. 5; MüKoAktG/*Habersack* Rn. 36; NK-AktR/*Breuer/Fraune* Rn. 11; E. *Vetter* in Marsch-Barner/Schäfer Börsennotierte AG-HdB Rn. 24.27.
[97] Zutr. Hüffer/Koch/*Koch* Rn. 6; Großkomm AktG/*Hopt/Roth/Peddinghaus* Rn. 72; MüKoAktG/*Habersack* Rn. 37.
[98] BegrRegE *Kropff* S. 128; MüKoAktG/*Habersack* Rn. 38; Hüffer/Koch/*Koch* Rn. 7.
[99] Hüffer/Koch/*Koch* Rn. 7; Großkomm AktG/*Hopt/Roth/Peddinghaus* Rn. 73; NK-AktR/*Breuer/Fraune* Rn. 12.
[100] Keidel/*Engelhardt* FamFG § 45 Rn. 1, 3 ff.; Bumiller/Harders/Schwamb FamFG § 45 Rn. 2 ff.; Prütting/Helms/*Abramenko* FamFG § 45 Rn. 2 f.
[101] GHEK/*Geßler* Rn. 35; MüKoAktG/*Semler*, 2. Aufl. 2004, § 99 Rn. 51 Fn. 130.
[102] MüKoAktG/*Habersack* Rn. 39; Kölner Komm AktG/*Mertens/Cahn* §§ 97–99 Rn. 20; Großkomm AktG/*Hopt/Roth/Peddinghaus* Rn. 75; UHH/*Ulmer/Habersack* MitbestG § 6 Rn. 25; Henssler/Strohn/*Henssler* Rn. 7.
[103] Hüffer/Koch/*Koch* Rn. 7, der dies ebenso mit der erstrebten Rechtssicherheit begründet.

V. Schadensersatzansprüche

Kommt der Vorstand seinen Pflichten nicht nach, ist er der Gesellschaft im Prinzip schadensersatzpflichtig.[104] Jedoch wird oftmals kein messbarer Schaden bestehen.[105] Gegenüber Dritten, auch nicht gegenüber den Antragsberechtigten, besteht indes keine Pflicht des Vorstands, sondern nur gegenüber der Gesellschaft; die Antragsberechtigten sind ausreichend durch ihre eigene Antragsbefugnis geschützt.[106] Auch stellt die Pflicht, einen gesetzeskonformen Aufsichtsrat einzurichten, kein Schutzgesetz iSd § 823 Abs. 2 BGB dar.[107]

37

§ 98 Gerichtliche Entscheidung über die Zusammensetzung des Aufsichtsrats

(1) Ist streitig oder ungewiss, nach welchen gesetzlichen Vorschriften der Aufsichtsrat zusammenzusetzen ist, so entscheidet darüber auf Antrag ausschließlich das Landgericht, in dessen Bezirk die Gesellschaft ihren Sitz hat.

(2) ¹Antragsberechtigt sind
1. der Vorstand,
2. jedes Aufsichtsratsmitglied,
3. jeder Aktionär,
4. der Gesamtbetriebsrat der Gesellschaft oder, wenn in der Gesellschaft nur ein Betriebsrat besteht, der Betriebsrat,
5. der Gesamt- oder Unternehmenssprecherausschuss der Gesellschaft oder, wenn in der Gesellschaft nur ein Sprecherausschuss besteht, der Sprecherausschuss,
6. der Gesamtbetriebsrat eines anderen Unternehmens, dessen Arbeitnehmer nach den gesetzlichen Vorschriften, deren Anwendung streitig oder ungewiß ist, selbst oder durch Delegierte an der Wahl von Aufsichtsratsmitgliedern der Gesellschaft teilnehmen, oder, wenn in dem anderen Unternehmen nur ein Betriebsrat besteht, der Betriebsrat,
7. der Gesamt- oder Unternehmenssprecherausschuss eines anderen Unternehmens, dessen Arbeitnehmer nach den gesetzlichen Vorschriften, deren Anwendung streitig oder ungewiss ist, selbst oder durch Delegierte an der Wahl von Aufsichtsratsmitgliedern der Gesellschaft teilnehmen, oder, wenn in dem anderen Unternehmen nur ein Sprecherausschuss besteht, der Sprecherausschuss,
8. mindestens ein Zehntel oder einhundert der Arbeitnehmer, die nach den gesetzlichen Vorschriften, deren Anwendung streitig oder ungewiß ist, selbst oder durch Delegierte an der Wahl von Aufsichtsratsmitgliedern der Gesellschaft teilnehmen,
9. Spitzenorganisationen der Gewerkschaften, die nach den gesetzlichen Vorschriften, deren Anwendung streitig oder ungewiß ist, ein Vorschlagsrecht hätten,
10. Gewerkschaften, die nach den gesetzlichen Vorschriften, deren Anwendung streitig oder ungewiß ist, ein Vorschlagsrecht hätten.

²Ist die Anwendung des Mitbestimmungsgesetzes oder die Anwendung von Vorschriften des Mitbestimmungsgesetzes streitig oder ungewiß, so sind außer den nach Satz 1 Antragsberechtigten auch je ein Zehntel der wahlberechtigten in § 3 Abs. 1 Nr. 1 des Mitbestimmungsgesetzes bezeichneten Arbeitnehmer oder der wahlberechtigten leitenden Angestellten im Sinne des Mitbestimmungsgesetzes antragsberechtigt.

(3) Die Absätze 1 und 2 gelten sinngemäß, wenn streitig ist, ob der Abschlußprüfer das nach § 3 oder § 16 des Mitbestimmungsergänzungsgesetzes maßgebliche Umsatzverhältnis richtig ermittelt hat.

(4) ¹Entspricht die Zusammensetzung des Aufsichtsrats nicht der gerichtlichen Entscheidung, so ist der neue Aufsichtsrat nach den in der Entscheidung angegebenen gesetzli-

---

[104] Eingehend auch *Hellwig/Behme* FS Hommelhoff, 2012, 343 (363 f.), insbesondere zur Legalitätspflicht und der Anwendung von § 93 Abs. 1 S. 2.

[105] Ebenso MüKoAktG/*Habersack* Rn. 28; K. Schmidt/Lutter/*Drygala* Rn. 10; *Hellwig/Behme* FS Hommelhoff, 2012, 343 (363); siehe aber auch Großkomm AktG/*Hopt/Roth/Peddinghaus* Rn. 53, die als Beispiel für einen Schaden die Zahlung von Bezügen an bei Anwendung der richtigen gesetzlichen Vorschriften überzählige Aufsichtsratsmitglieder anführen, wenn die Gesellschaft durch die Satzung erkennbar nur das Mindestmaß an Aufsichtsratsmitgliedern beschäftigen will; so auch Hölters/*Simons* Rn. 45.

[106] Kölner Komm AktG/*Mertens/Cahn* §§ 97–99 Rn. 8; MüKoAktG/*Habersack* Rn. 28; Großkomm AktG/*Hopt/Roth/Peddinghaus* Rn. 54.

[107] Kölner Komm AktG/*Mertens/Cahn* §§ 97–99 Rn. 8; K. Schmidt/Lutter/*Drygala* Rn. 10; Grigoleit/*Tomasic* Rn. 5.

chen Vorschriften zusammenzusetzen. ²§ 97 Abs. 2 gilt sinngemäß mit der Maßgabe, daß die Frist von sechs Monaten mit dem Eintritt der Rechtskraft beginnt.

Schrifttum: *Jänig/Leißring*, FamFG: Neues Verfahrensrecht für Streitigkeiten in AG und GmbH, ZIP 2010, 101; *Preuß/Leuering*, Das Spruchverfahren unter dem Regime des FamFG, NJW-Spezial 2009, 671; *Rieble*, Tendenz-SE, AG 2014, 224; *Simons*, Ungeklärte Zuständigkeitsfragen bei gesellschaftsrechtlichen Auseinandersetzungen, NZG 2012, 609; *Simons*, Die Änderungen des Aktiengesetzes durch das 2. Kostenrechtsmodernisierungsgesetz; *Staake*, Der unabhängige Finanzexperte im Aufsichtsrat, ZIP 2010, 1013.

Übersicht

	Rn.		Rn.
I. Überblick und Normzweck	1, 2	1. Antragserfordernis	6
II. Entstehungsgeschichte	3	2. Streit oder Ungewissheit	7
		3. Antragsberechtigung	8–12
III. Zuständiges Gericht, Abs. 1	4, 5	4. Streit über Umsatzverhältnis, Abs. 3	13
IV. Zulässigkeit	6–13	V. Rechtsfolgen, Abs. 4	14–16

I. Überblick und Normzweck

1 § 98 enthält besondere Bestimmungen zum Statusverfahren, insbesondere zur Antragsbefugnis, zur örtlichen Zuständigkeit sowie zur Durchführung.[1] Die besondere Regelung im Aktienrecht resultiert aus dem Bestreben, im Hinblick auf mitbestimmte Gesellschaften unterschiedliche Entscheidungen in verschiedenen Gerichtszweigen der ordentlichen Gerichtsbarkeit und der Arbeitsgerichtsbarkeit zu vermeiden und schnelle Entscheidungen herbeizuführen.[2] Daher schließt § 98 andere Verfahrensarten aus;[3] andere als die in § 98 bezeichneten Gerichte dürfen nicht über den Status bzw. die Zusammensetzung des Aufsichtsrats entscheiden; sie müssen bis zu einer Entscheidung im Statusverfahren davon ausgehen, dass der jetzige Aufsichtsrat richtig zusammengesetzt ist.[4]

2 Das Gericht kann aber nur über Größe und Zusammensetzung des Aufsichtsrats entscheiden, einschließlich damit zusammenhängender arbeitsrechtlicher Fragen, von deren Klärung die Entscheidung abhängt.[5] Keine Entscheidungsbefugnis hat das Landgericht jedoch für andere gesellschafts- und konzernrechtliche Vorfragen, die etwa die aktive und passive Wahlberechtigung der Arbeitnehmer oder die personelle Zusammensetzung des Aufsichtsrats betreffen.[6] Hier verbleibt es bei der Zuständigkeit der Arbeitsgerichte nach § 2a Abs. 1 Nr. 3, § 80 ArbGG.[7] Der weit gefasste Wortlaut des § 98 Abs. 2 S. 2, der auch die Streitigkeiten über die Anwendung von Vorschriften des MitbestG erwähnt, kann nicht zur Begründung einer extensiven Zuständigkeit der ordentlichen Gerichte herangezogen werden. Die Vorschrift erweitert lediglich den Kreis der antragsberechtigten Arbeitnehmer im Statusverfahren und kann bereits aufgrund ihrer systematischen Stellung bei den Regelungen über das Antragsrecht keine Aussagen über den Umfang der Entscheidungszuständigkeiten der

---

[1] Zur Durchführung des Statusverfahrens bei formwechselnder Umwandlung s. *Finken/Decher* AG 1989, 381 (396 ff.).
[2] BegrReg *Kropff* S. 129; Großkomm AktG/*Hopt/Roth/Peddinghaus* Rn. 1; MüKoAktG/*Habersack* Rn. 1; Kölner Komm AktG/*Mertens/Cahn* §§ 97–99 Rn. 2; Hüffer/Koch/*Koch* Rn. 1; Henssler/Strohn/*Henssler* Rn. 1.
[3] Hüffer/Koch/*Koch* Rn. 1; MHdB AG/*Hoffmann-Becking* § 28 Rn. 54; Großkomm AktG/*Hopt/Roth/Peddinghaus* Rn. 13; NK-AktR/*Breuer/Fraune* Rn. 2.
[4] BegrRegE *Kropff* S. 129; Großkomm AktG/*Hopt/Roth/Peddinghaus* Rn. 13; MüKoAktG/*Habersack* Rn. 10 f.; UHH/*Ulmer/Habersack* MitbestG § 6 Rn. 79; *Rieble* AG 2014, 224, 226; dagegen ebenfalls Großkomm AktG/ *Hopt/Roth/Peddinghaus* Rn. 13.
[5] *Schröder* FS Geßler, 1971, 171; Großkomm AktG/*Hopt/Roth/Peddinghaus* Rn. 14, 17; MüKoAktG/*Habersack* Rn. 11; *Schwab* AuR 1981, 33 (34); *Martens* DB 1978, 1065 (1068 ff.).
[6] OLG Zweibrücken ZIP 2014, 1224; LG Frankfurt a.M. NZG 2015, 683; *Klein* jurisPR-ArbR 42/2016 Anm. 4; dagegen zulassend unter Anknüpfung an mögliche Europarechtswidrigkeit des dt. Mitbestimmungssystems KG NJW 2016, 192, LG Berlin ZIP 2015, 1291, LG München I ZIP 2015, 1929, bzw. zulassend wegen möglicherweise anderem Mitbestimmungsregime LG Frankfurt a.M. NZG 2015, 683; zur Problematik siehe § 96 Rn. 7a.
[7] BAG NJW 1967, 75 (76) = DB 1966, 1973 = AP BetrVG 1952 § 76 Nr. 15; BAG DB 1970, 1595 = AP BetrVG 1952 § 76 Nr. 20; UHH/*Ulmer/Habersack* MitbestG § 6 Rn. 84; Kölner Komm AktG/*Mertens/Cahn* §§ 97–99 Rn. 45; RVJ/*Raiser* MitbestG § 6 Rn. 62; MüKoAktG/*Habersack* Rn. 11; Henssler/Strohn/*Henssler* Rn. 2; wohl auch Großkomm AktG/*Hopt/Roth/Peddinghaus* Rn. 14, 16; s. aber dagegen OLG Düsseldorf DB 1978, 1358; LAG Düsseldorf DB 1978, 987; *Hoffmann/Lehmann/Weinmann* MitbestG § 5 Rn. 26; *Hoffmann/ Neumann* GmbHR 1978, 56 (59 f.); *Martens* ZGR 1977, 385 (388 ff.); *Martens* DB 1978, 1065 (1066 ff.).

ordentlichen Gerichte treffen.[8] Eine Beschränkung der Arbeitsgerichte auf die Beurteilung des Wahlverfahrens hätte einer ausdrücklichen gesetzlichen Klarstellung bedurft.[9]

II. Entstehungsgeschichte

Im Rahmen der Einführung des Statusverfahrens im AktG 1965 wurde auch § 98 neu geschaffen und damit erstmals ein einheitliches Verfahren für Streitigkeiten über die Bildung des Aufsichtsrats zur Verfügung gestellt. Unter Geltung des alten Rechts war die Zuständigkeit zwischen Arbeits- und Zivilgerichten verteilt, wodurch schnelle und klare Entscheidungen verhindert wurden.[10] Änderungen erfuhr § 98 – abgesehen von redaktionellen Änderungen ohne inhaltliche Modifizierungen[11] – durch das MitbestG, welches eine Neufassung des Abs. 2 S. 1 Nr. 4 und 5 brachte sowie Abs. 2 S. 1 Nr. 8 und S. 2 einführte und dadurch insbesondere für die vorschlagsberechtigten Gewerkschaften eine erweiterte Antragsberechtigung schuf (Gesetz über die Mitbestimmung der Arbeitnehmer vom 4.5.1976, BGBl. 1976 I 1153). Mit dem Gesetz zur Vereinfachung der Wahl der Arbeitnehmervertreter in den Aufsichtsrat (vom 23.3.2002, BGBl. 2002 I 1130, Art. 2 Nr. 1a) wurden ferner in Abs. 2 eine neue Nr. 5 und 7 eingefügt, um die Sprecherausschüsse als Vertretungsgremium der leitenden Angestellten mit den Arbeitnehmervertretungen nach dem BetrVG in ihren Antragsrechten gleichzustellen. Die bisherigen Nr. 6–8 wurden zu Nr. 8–10.[12] Zuletzt wurde Abs. 1 durch das FGG-RG (vom 22.12.2008, BGBl. 2008 I 2586, 2731, Art. 74 Nr. 6) neu gefasst; die einzelgesetzlichen Zuständigkeitsregelungen wurden aufgehoben und im Wege einer systematischen Neuordnung ins GVG aufgenommen.

III. Zuständiges Gericht, Abs. 1

Nach § 98 Abs. 1 ist örtlich und sachlich ausschließlich das Landgericht zuständig, in dessen Bezirk die AG ihren satzungsgemäßen Sitz nach § 5 hat. Eine andere Zuständigkeit ist demnach nicht gegeben.[13] Der durch das UMAG eingefügte 2. HS aF legte die vorrangige Zuständigkeit der Kammer für Handelssachen fest und hob die vormals geltende ausschließliche Zuständigkeit der Zivilkammer auf.[14] Diese Zuständigkeit ergibt sich nun aus § 71 Abs. 2 Nr. 4 lit. b GVG, §§ 94, 95 Abs. 2 Nr. 2 GVG.[15] Die Zivilkammer ist nach § 94 GVG nur zur Entscheidung berufen, wenn eine Kammer für Handelssachen nicht gebildet ist; die Zuständigkeit ist insofern ausschließlich.[16] Der Gesetzgeber hat damit offenbar die früher geäußerten Bedenken hinsichtlich des Anscheins einer Befangenheit der oftmals von der Arbeitgeberseite gestellten Beisitzer[17] endgültig abgelegt. Hat die Gesellschaft einen Doppelsitz, sind beide Gerichte an den jeweiligen Sitzen zuständig.[18] Wegen § 2 Abs. 1 FamFG wird allerdings dasjenige Gericht allein zuständig, das zuerst in der Sache tätig wird.

Nach § 98 Abs. 1 S. 2, 3 aF konnten die **Länder** die Verfahren auf bestimmte Gerichte im Wege der Verordnung konzentrieren; diese Konzentrationsermächtigung ist nunmehr in § 71 Abs. 4 GVG[19] niedergelegt, wobei auch solche Verordnungen weiter Geltung behalten, die noch unter der Vorgän-

---

[8] LG Düsseldorf DB 1978, 988 (989); *Wiesner* DB 1977, 1747 (1749); Kölner Komm AktG/*Mertens*/*Cahn* §§ 97–99 Rn. 45; aA OLG Düsseldorf DB 1978, 1358; *Martens* DB 1978, 1065 (1066): authentische Interpretation des Abs. 1 unter Heranziehen des Abs. 2 S. 2.
[9] BAG DB 1966, 1973 = AP BetrVG 1952 § 76 Nr. 15.
[10] BegrRegE *Kropff* S. 129 f.; Großkomm AktG/*Hopt*/*Roth*/*Peddinghaus* Rn. 1; Kölner Komm AktG/*Mertens*/*Cahn* §§ 97–99 Rn. 2.
[11] Dazu Kölner Komm AktG/*Mertens*/*Cahn* §§ 97–99 Rn. 2.
[12] BegrRegE BT-Drs. 14/8214, 12; s. auch *Sieg*/*Siebels* NZA 2002, 699 (700).
[13] BegrRegE *Kropff* S. 129; OLG Saarbrücken NZG 2016, 941; Großkomm AktG/*Hopt*/*Roth*/*Peddinghaus* Rn. 13; Hüffer/Koch/*Koch* Rn. 2; Hölters/*Simons* Rn. 2, 7; *Wachter*/*Schick* Rn. 4; UHH/*Ulmer*/*Habersack* MitbestG § 6 Rn. 33; Henssler/Strohn/*Henssler* Rn. 1.
[14] Großkomm AktG/*Hopt*/*Roth*/*Peddinghaus* Rn. 19; Kölner Komm AktG/*Mertens*/*Cahn* §§ 97–99 Rn. 43; MüKoAktG/*Habersack* Rn. 9; *Jänig*/*Leißring* ZIP 2010, 110 (113); Hölters/*Simons* Rn. 7; *Simons* NZG 2012, 609 (610).
[15] § 71 Abs. 2 GVG, § 95 Abs. 2 GVG neu gefasst durch FGG-RG v. 22.12.2008, BGBl. 2008 I 2586 (2695 f.), Art. 22 Nr. 11 lit. a), Nr. 13.
[16] Wohl auch MüKoAktG/*Habersack* Rn. 9; aA Hölters/*Simon* Rn. 7; Hüffer/Koch/*Koch* Rn. 2.
[17] Kölner Komm AktG/*Mertens* §§ 97–99 Rn. 39; Großkomm AktG/*Hopt*/*Roth*/*Peddinghaus* Rn. 19; MüKoAktG/*Habersack* Rn. 9, jeweils unter Berufung auf Ausschuss *Kropff* S. 130.
[18] MüKoAktG/*Habersack* Rn. 7; Großkomm AktG/*Hopt*/*Roth*/*Peddinghaus* Rn. 20; NK-AktR/*Breuer*/*Fraune* Rn. 3; *Grigoleit*/*Tomasic* Rn. 5; Hölters/*Simons* Rn. 7; Hüffer/Koch/*Koch* Rn. 2; Henssler/Strohn/*Henssler* Rn. 3.
[19] Abs. 4 eingefügt durch FGG-RG v. 22.12.2008, BGBl. 2008 I 2586 (2695), Art. 22 Nr. 11 lit. b.

gerregelung des § 98 Abs. 1 S. 2, 3 aF erlassen wurden.[20] Von der Ermächtigung haben bisher Gebrauch gemacht:
- Baden-Württemberg mit den Landgerichten Mannheim und Stuttgart (ZuVOJu v. 20.11.1998, BWGBl. 1998, 680, 687)
- Hessen mit dem Landgericht Frankfurt a. M. (JustizzuständigkeitsVO v. 3.6.2013, HessGVBl. 2013, 386, 400 f.)
- Sachsen mit dem Landgericht Leipzig (SächsJOrgVO v. 7.3.2016, SächsGVBl. 2016, 103, 108 f.) sowie:
- Niedersachsen mit dem Landgericht Hannover (ZustVO-Justiz v. 18.12.2009, NdsGVBl. 2009, 506)
- Nordrhein-Westfalen mit den Landgerichten Dortmund, Düsseldorf und Köln (Konzentrations-VO Gesellschaftsrecht v. 8.6.2010, GV NRW 2010, 350); für die Beschwerdeinstanz ist das OLG Düsseldorf zuständig
- Bayern mit den Landgerichten München I und Nürnberg-Fürth (GZVJu v. 11.6.2012, BayGVBl. 2012, 295, 301); für die Beschwerdeinstanz ist das OLG München zuständig.

IV. Zulässigkeit

6 1. **Antragserfordernis.** Das Gericht wird nur auf Antrag tätig, nicht von Amts wegen. Der Antrag ist formlos möglich.[21] Er braucht nicht begründet[22] und auch nicht notwendig als solcher bezeichnet zu werden; eine entsprechende Auslegung durch das Gericht bei einer Bezeichnung als Klage ist möglich.[23] Anwaltszwang besteht nicht.[24] Ist keine Bekanntmachung nach § 97 erfolgt, kann der Antrag jederzeit und ohne Fristbindung gestellt werden.[25]

7 2. **Streit oder Ungewissheit.** Die Einleitung des Verfahrens auf gerichtliche Entscheidung setzt nach § 98 Abs. 1 S. 1 **Streit** oder **Ungewissheit** über die gesetzlichen Vorschriften voraus, nach welchen der Aufsichtsrat zusammenzusetzen ist.[26] Kann der Antragsteller keine Tatsachen vorbringen, aus denen sich diese Voraussetzung ergibt, so besteht kein **Rechtsschutzbedürfnis** für die Inanspruchnahme der Gerichte, zumal die Durchführung des gerichtlichen Verfahrens mit erheblichen Belastungen für die Gesellschaft verbunden sein kann. Ungewissheit liegt vor, wenn entweder der Vorstand Zweifel an der Richtigkeit der Zusammensetzung des Aufsichtsrats hegt oder Streit mit Antragsberechtigten droht, mithin zumindest die konkrete Möglichkeit zukünftiger Streitigkeiten besteht.[27] Nur dann ist der Antrag nach dem eindeutigen Wortlaut des § 98 zulässig.[28] Andernfalls könnten auch missbräuchliche Anträge nur schwer verhindert werden.[29] Ziel des Antrags muss es sein, eine veränderte Aufsichtsratszusammensetzung festzustellen; die Bestätigung der bestehenden

---

[20] K. Schmidt/Lutter/*Drygala* Rn. 3; Hüffer/Koch/*Koch* Rn. 2; *Preuß/Leuering* NJW-Spezial 2009, 671 (671) bzgl. der Fortgeltung der Verordnungen, die aufgrund § 2 Abs. 4 SpruchG erlassen wurden und jetzt ebenfalls von § 71 Abs. 4 GVG erfasst sind; a.A. *Simons* NZG 2012, 609 (612).

[21] MüKoAktG/*Habersack* Rn. 3; Großkomm AktG/*Hopt/Roth/Peddinghaus* Rn. 8; *E. Vetter* in Marsch-Barner/Schäfer Börsennotierte AG-HdB Rn. 24.27; Kölner Komm AktG/*Mertens/Cahn* §§ 97–99 Rn. 31; K. Schmidt/Lutter/*Drygala* Rn. 4; Bürgers/Körber/*Israel* Rn. 3; Grigoleit/*Tomasic* Rn. 7; Hölters/*Simons* Rn. 5; Wachter/*Schick* Rn. 2.

[22] Großkomm AktG/*Hopt/Roth/Peddinghaus* Rn. 6.

[23] BGH NJW-RR 1995, 1183 f.; Großkomm AktG/*Hopt/Roth/Peddinghaus* Rn. 8.

[24] Kölner Komm AktG/*Mertens/Cahn* §§ 97–99 Rn. 31; Großkomm AktG/*Hopt/Roth/Peddinghaus* Rn. 8; MüKoAktG/*Habersack* Rn. 3; *v. Falkenhausen* AG 1967, 309 (314).

[25] MüKoAktG/*Habersack* Rn. 3; Großkomm AktG/*Hopt/Roth/Peddinghaus* Rn. 10; UHH/*Ulmer/Habersack* MitbestG § 6 Rn. 30; K. Schmidt/Lutter/*Drygala* Rn. 4.

[26] OLG Saarbrücken NZG 2016, 941; LAG Düsseldorf AG 1989, 66 (67); UHH/*Ulmer/Habersack* MitbestG § 6 Rn. 30; MüKoAktG/*Habersack* Rn. 5; Wachter/*Schick* Rn. 3; im Fall der GmbH ist das Statusverfahren darüber hinaus auch durchzuführen, wenn ungewiss ist, ob bei der Gesellschaft überhaupt ein Aufsichtsrat zu bilden ist, BAG AG 2008, 708 (709); LAG Hessen Der Konzern 2011, 72 (75).

[27] MüKoAktG/*Habersack* Rn. 5; Großkomm AktG/*Hopt/Roth/Peddinghaus* Rn. 7; Kölner Komm AktG/*Mertens/Cahn* §§ 97–99 Rn. 3; Hüffer/Koch/*Koch* Rn. 3; Bürgers/Körber/*Israel* Rn. 3; Henssler/Strohn/*Henssler* Rn. 4.

[28] MüKoAktG/*Habersack* Rn. 5; anders unter Berufung auf BegrRegE *Kropff* S. 127: Kölner Komm AktG/*Mertens/Cahn* §§ 97–99 Rn. 4: Antrag auch dann zulässig, wenn das neue Aufsichtsratsmodell zweifelsfrei feststeht; *v. Falkenhausen* AG 1967, 309 (311 f.); ähnlich Großkomm AktG/*Hopt/Roth/Peddinghaus* Rn. 7: der Frage, in wieweit Streit oder Ungewissheit gegeben ist, kommt für die Zulässigkeit des Antrages grundsätzlich keine eigene Bedeutung zu.

[29] Das übersehen Großkomm AktG/*Hopt/Roth/Peddinghaus* Rn. 7, die meinen, dass es kaum vorstellbar sei, dass ein Antrag gestellt wird, obwohl die richtige Zusammensetzung offenkundig bei allen Beteiligten unstreitig ist; vgl. auch MüKoAktG/*Habersack* Rn. 5: keine praktische Bedeutung.

Zusammensetzung darf nicht begehrt werden.³⁰ Wählt der Vorstand ohne Sachgründe das aufwendige und mit hohen Kosten verbundene gerichtliche Verfahren nach § 98, kann darin eine Pflichtverletzung liegen.³¹ Genügender Anlass zur Stellung eines Antrags besteht, wenn sich gegensätzliche Standpunkte über das anzuwendende Normenregime im Rahmen einer Vorbesprechung mit dem Aufsichts- und Betriebsrat ergeben.

3. Antragsberechtigung. Das Gesetz gewährt Organen, Organmitgliedern, Aktionären, institutionalisierten Vertretungen der Arbeitnehmer, Gruppen von Arbeitnehmern sowie Gewerkschaften ein Antragsrecht. Ob zuvor eine Bekanntmachung nach § 97 stattgefunden hat, ist für die Einleitung des Verfahrens nach § 98 unerheblich.³² Das Gesetz unterscheidet zwischen zwei Gruppen: Denjenigen, die ohne nähere Begründung ihres Interesses stets antragsberechtigt sind (Nr. 1–5), und denen, die nur bei zu wahrenden Belangen (Nr. 6–10) antragsberechtigt sind. 8

Der **Vorstand** ist nach § 98 Abs. 2 S. 1 Nr. 1 antragsberechtigt, gleichviel, ob er zuvor ein Bekanntmachungsverfahren durchgeführt hat. Damit kann der Vorstand zwischen beiden Verfahren wählen, ist er allerdings während der Dauer des gerichtlichen Verfahrens an die Bekanntmachungssperre nach § 97 Abs. 3 gebunden, um ein Nebeneinander beider Verfahren zu verhindern.³³ Der Vorstand ist verpflichtet, die richtige Zusammensetzung des Aufsichtsrats stets zu prüfen.³⁴ Der Antrag wird vom Vorstand als Organ gestellt, so dass – wie im Fall der Bekanntmachung – ein gem. § 77 Abs. 1 S. 1 einstimmiger oder mit der von der Satzung oder Geschäftsordnung bestimmten Mehrheit gefasster Vorstandsbeschluss vorliegen muss.³⁵ Da es sich um eine Leitungsentscheidung handelt,³⁶ kann der Beschluss auch nicht anderen Organen überlassen oder übertragen werden, ebenso wenig kann er unter einen Zustimmungsvorbehalt des Aufsichtsrats gestellt werden. Einzelne Vorstandsmitglieder sind nicht antragsberechtigt.³⁷ 9

Das Antragsrecht der **Aufsichtsratsmitglieder** ist nicht von einem Beschluss des Gesamtorgans abhängig (Nr. 2). Jedes Aufsichtsratsmitglied – auch das gerichtlich bestellte – hat ein eigenes Antragsrecht, nicht aber das (noch nicht dem Aufsichtsrat angehörende) Ersatzmitglied.³⁸ Darüber hinaus ist aber jedes Aufsichtsratsmitglied, ebenso wie der Vorstand, nach zutreffender Auffassung auch dazu verpflichtet, die richtige Zusammensetzung des Aufsichtsrats zu prüfen und gegebenenfalls einen Antrag nach § 98 Abs. 1 zu stellen.³⁹ Die Gegenauffassung macht zwar geltend, dass in § 97 zum Ausdruck komme, dass der Gesetzgeber eine Pflicht zur richtigen Organisation des Aufsichtsrats nur dem Vorstand auferlegen wollte. Die Aufsichtsratsmitglieder würden durch eine solche Pflicht als die von einer Änderung des Aufsichtsratsmodels gegebenenfalls unmittelbar Betroffenen in eine Konfliktsituation gebracht werden, die besser vermieden werden sollte.⁴⁰ Dem ist aber entgegenzuhalten, dass es zu den grundlegenden Pflichten der Aufsichtsratsmitglieder gehört, für eine ordnungsgemäße Organisation der Aufsichtsratsarbeit zu sorgen.⁴¹ Dabei kann es ebenso zu Konfliktsituationen kommen (siehe etwa § 103 Abs. 3, wonach der Gesetzgeber den Aufsichtsrat sogar für befähigt hält, über das Vorliegen eines wichtigen Grundes zur Abberufung bei einem seiner Mitglieder zu entscheiden). Hinzu kommt, dass jedes Aufsichtsratsmitglied wegen seiner Überwachungspflicht gegenüber dem Vorstand bei Verletzungen der Geschäftsführungspflicht des Vorstands tätig werden muss. Da zur Geschäftsführungspflicht des Vorstands aber auch die Überprüfung der richtigen Organisation des Aufsichtsrats gehört (→ Rn. 9), trifft diese somit auch die Aufsichtsratsmitglieder. Man wird deshalb aus § 97 nicht entnehmen können, dass der Gesetzgeber die Aufsichtsratsmitglieder von dieser Pflicht ausnehmen wollte.⁴² 10

---

³⁰ OLG Saarbrücken NZG 2016, 941; MüKoAktG/*Habersack* Rn. 4; Großkomm AktG/*Hopt/Roth/Peddinghaus* Rn. 5.
³¹ So auch Kölner Komm AktG/*Mertens/Cahn* §§ 97–99 Rn. 5 ff.
³² BegrRegE *Kropff* S. 128; Großkomm AktG/*Hopt/Roth/Peddinghaus* Rn. 9; Hüffer/Koch/*Koch* Rn. 3; UHH/*Ulmer/Habersack* MitbestG § 6 Rn. 30; MHdB AG/*Hoffmann-Becking* § 28 Rn. 67.
³³ Hüffer/Koch/*Koch* Rn. 3.
³⁴ UHH/*Ulmer/Habersack* MitbestG § 6 Rn. 17, 31; MüKoAktG/*Habersack* Rn. 13; Großkomm AktG/*Hopt/Roth/Peddinghaus* Rn. 23, 38; K. Schmidt/Lutter/*Drygala* Rn. 6; *Rittner* DB 1969, 2165 (2166).
³⁵ MüKoAktG/*Habersack* Rn. 13; Großkomm AktG/*Hopt/Roth/Peddinghaus* Rn. 23; Kölner Komm AktG/*Mertens/Cahn* §§ 97–99 Rn. 34, 9.
³⁶ Hüffer/Koch/*Koch* § 77 Rn. 17; Happ/Groß/*Happ* AktienR 8.01 Rn. 11.1; Kölner Komm AktG/*Mertens/Cahn* §§ 97–99 Rn. 34.
³⁷ Kölner Komm AktG/*Mertens/Cahn* §§ 97–99 Rn. 34; Großkomm AktG/*Hopt/Roth/Peddinghaus* Rn. 23.
³⁸ MüKoAktG/*Habersack* Rn. 14; Großkomm AktG/*Hopt/Roth/Peddinghaus* Rn. 26; Kölner KommAktG/*Mertens/Cahn* §§ 97–99 Rn. 35; K. Schmidt/Lutter/*Drygala* Rn. 7.
³⁹ Großkomm AktG/*Hopt/Roth/Peddinghaus* Rn. 39; *Staake* ZIP 2010, 1013 (1021 f.); aA MüKoAktG/*Habersack* Rn. 14; Kölner Komm AktG/*Mertens/Cahn* §§ 97–99 Rn. 33; K. Schmidt/Lutter/*Drygala* Rn. 7.
⁴⁰ Kölner Komm AktG/*Mertens/Cahn* §§ 97–99 Rn. 33; MüKoAktG/*Habersack* Rn. 13.
⁴¹ Großkomm AktG/*Hopt/Roth/Peddinghaus* Rn. 39.
⁴² Großkomm AktG/*Hopt/Roth/Peddinghaus* Rn. 39.

11 Ferner haben jeder **Aktionär** (Nr. 3) sowie die **betriebsverfassungsrechtlichen Organe** der Gesellschaft (Gesamtbetriebsrat, Betriebsrat, Nr. 4)[43] sowie der Gesamt- oder Unternehmenssprecherausschuss bzw. der Sprecherausschuss (Nr. 5) eine Antragsbefugnis, die nicht vom Vorliegen weiterer Voraussetzungen abhängig ist.

12 Betriebsverfassungsrechtliche Organe sowie die Vertretungsorgane der leitenden Angestellten von konzernabhängigen Unternehmen, deren Arbeitnehmer an der Wahl teilnehmen (Nr. 6, 7), Arbeitnehmergruppen (Nr. 8, Abs. 2 S. 2) oder Gewerkschaften (Nr. 10) haben dem gegenüber nur dann eine Antragsbefugnis, wenn sich der Streit oder die Ungewissheit über die Zusammensetzung des Aufsichtsrats auf das Wahl- bzw. Vorschlagsrecht auswirken kann und sie insoweit eigene Belange wahrnehmen. Der Betriebsrat eines Konzernunternehmens verliert sein Antragsrecht jedoch, wenn in dem Konzern ein Gesamtbetriebsrat gebildet wurde.[44] Eine Pflicht zur Antragsstellung lässt sich für die Betriebsräte nicht begründen, da sie keine Verantwortung für die Zusammensetzung der Gesellschaftsorgane tragen.[45] Die Spitzenorganisationen der Gewerkschaften sind nur antragsberechtigt (Nr. 9), wenn ihnen nach den in Rede stehenden Vorschriften überhaupt ein Vorschlagsrecht zustehen kann, mithin nicht im Bereich des MitbestG, da § 16 Abs. 2 S. 1 MitbestG das Vorschlagsrecht für die Gewerkschaftsvertreter allein den im Unternehmen vertretenen Gewerkschaften und gerade nicht den Spitzenorganisationen einräumt. Nur im Montanbereich besteht noch ein Vorschlagsrecht nach § 6 Abs. 3 MontanMitbestG. Dieses gilt allerdings nur gegenüber den Betriebsräten und gerade nicht gegenüber der Hauptversammlung als Wahlorgan.[46] Da der Gesetzgeber § 98 Abs. 2 S. 1 Nr. 9 aber nicht aufgehoben hat, ist wie bei der Parallelregelung in § 104 Abs. 1 S. 3 Nr. 6 (→ § 104 Rn. 19) davon auszugehen, dass den Spitzenorganisationen ein Antragsrecht zusteht, wenn die Anwendung von § 6 Abs. 3 Montan-MitbestG streitig oder ungewiss ist.[47]

13 **4. Streit über Umsatzverhältnis, Abs. 3.** Das Umsatzverhältnis ist gem. § 3 Abs. 2 S. 1 Nr. 1 Montan-MontanMitbestErgG für diejenigen Konzernobergesellschaften maßgeblich, die selbst keinen der in § 1 Abs. 1 MontanMitbestG aufgeführten Unternehmenszwecke mehr erfüllen, aber an der Spitze eines durch montanmitbestimmte Unternehmen geprägten Konzerns stehen. Erreichen die montanmitbestimmten Unternehmen insgesamt eine Wertschöpfungsquote von mindestens 20 % des Gesamtkonzernumsatzes, unterfällt die Konzernspitze selbst der Montanmitbestimmung. Für den Übergang eines bislang nicht montanmitbestimmten Unternehmens in den Anwendungsbereich des Montan-MontanMitbestErgG liegt die Quote gem. § 16 Abs. 1 Nr. 1 Montan-MontanMitbestErgG bei über 50 %.[48] Der Abschlussprüfer des herrschenden Unternehmens muss im Verfahren nach § 4 Montan-MontanMitbestErgG[49] das Umsatzverhältnis ermitteln; bei Streitigkeiten über die Richtigkeit seiner Ermittlungen können die in § 98 Abs. 2 genannten Antragsberechtigten das Verfahren zur Entscheidung über die Zusammensetzung einleiten. Voraussetzung ist allerdings, dass der Streit über die Umsatzhöhe sich tatsächlich auf die Zusammensetzung auswirken kann, da nur insoweit ein Rechtsschutzbedürfnis für den Antrag besteht.[50] Das Gericht prüft die tatsächlichen Feststellungen des Abschlussprüfers und seine Berechnungen, nicht dagegen andere Fragen.[51] Unsicherheit besteht bezüglich der Anwendung der in § 99 Abs. 6 enthaltenen Kostenregelung, einschließlich des Verweises auf das GNotKG. Selbst § 98 Abs. 1 und 2 sollen schließlich nur „sinngemäß" gelten. Nach dem Wortlaut der Begründung im 2. Kostenrechtsmodernisierungsgesetz zu § 23 Nr. 10 GNotKG sollten zwar „alle Verfahren nach den §§ 98 und 99 AktG" erfasst sein, im Blick waren

---

[43] S. auch OLG Saarbrücken NZG 2016, 941.
[44] OLG Frankfurt WM 1987, 237 (238) = BB 1986, 2288; LG Frankfurt/Oder BeckRS 2010, 24169; Großkomm AktG/*Hopt/Roth/Peddinghaus* Rn. 30; Kölner Komm AktG/*Mertens/Cahn* §§ 97–99 Rn. 39; MüKoAktG/*Habersack* Rn. 18.
[45] Großkomm AktG/*Hopt/Roth/Peddinghaus* Rn. 40; Kölner Komm AktG/*Mertens/Cahn* §§ 97–99 Rn. 33.
[46] Das Gesetz zur Änderung des MontanMitbestG und des Montan-MontanMitbestErgG v. 21.5.1981, BGBl. 1981 I 441 hat das Entsendungsrecht der Spitzenorganisationen beseitigt und ihren Einfluss auf die Wahl der Arbeitnehmervertreter insoweit geschwächt, da nur die Betriebsräte bindende Wahlvorschläge gegenüber der Hauptversammlung aussprechen können (§ 6 Abs. 6 MontanMitbestG), vgl. Großkomm AG/*Hoffmann-Becking* § 28 Rn. 67; MüKoAktG/*Habersack* Rn. 21; MHdB ArbR/*Wißmann* § 283 Rn. 12.
[47] Großkomm AktG/*Hopt/Roth/Peddinghaus* Rn. 34; MüKoAktG/*Habersack* Rn. 21.
[48] → § 96 Rn. 13. Zur verfassungsrechtlichen Unbedenklichkeit der Spanne von 30% zwischen Ein- und Austrittskriterium s. ebenda Fn. 81.
[49] Wegen der Einzelheiten s. Großkomm AktG/*Oetker* § 4 MontanMitbestErgG; MHdB ArbR/*Wißmann* § 284 Rn. 4; *Forster/Müller* WPg 1956, 520 und 546.
[50] BegrRegE *Kropff* S. 131; Großkomm AktG/*Hopt/Roth/Peddinghaus* Rn. 43; MüKoAktG/*Habersack* Rn. 25; Hüffer/Koch/*Koch* Rn. 5; K. Schmidt/Lutter/*Drygala* Rn. 16; Grigoleit/*Tomasic* Rn. 12; Hensler/Strohn/*Hensler* Rn. 8.
[51] BegrRegE *Kropff* S. 131; Großkomm AktG/*Hopt/Roth/Peddinghaus* Rn. 42; Kölner Komm AktG/*Mertens/Cahn* §§ 97–99 Rn. 59; MüKoAktG/*Habersack* Rn. 25.

dabei aber nur die Statusverfahren auch anderer Gesellschaften.⁵² Der Sache nach rechtfertigt sich jedoch keine andere Beurteilung, denn der Streit nach § 98 Abs. 3 ist strukturell ähnlich wie der nach § 98 Abs. 1. Deshalb ist nicht recht einzusehen, wieso für diese Zwecke eine andere als die in § 99 Abs. 6 allgemein angelegte Kostenregelung gelten sollte.⁵³

V. Rechtsfolgen, Abs. 4

Weist das Gericht den Antrag **zurück** und erwächst die Entscheidung in Rechtskraft, bleibt der Aufsichtsrat in seiner bisherigen Zusammensetzung erhalten. Der Vorstand kann nicht auf der Grundlage unveränderter Tatsachen eine Bekanntmachung nach § 97 mit dem gleichen Ziel der Änderung der Zusammensetzung des Aufsichtsrats durchführen (→ § 97 Rn. 36). 14

Gibt das Gericht dem **Antrag statt,** muss der Aufsichtsrat aufgrund der vom Gericht rechtskräftig festgestellten Vorschriften neu bestellt werden. § 98 Abs. 4 S. 2 verweist hierfür auf die Fristen und das Verfahren nach § 97 Abs. 2, mit der Maßgabe, dass anstelle der Fristberechnung des § 97 Abs. 2 die 6-Monats-Frist mit dem Eintritt der Rechtskraft der Entscheidung beginnt. Dementsprechend muss der Vorstand die Hauptversammlung einberufen und Satzungsanpassungen vorschlagen. Anderenfalls treten die alten Bestimmungen nach Ablauf der 6-Monats-Frist außer Kraft.⁵⁴ Innerhalb dieser Frist muss auch die Neubestellung des Aufsichtsrats vollzogen sein. Eine Bestellung entgegen den gerichtlichen Vorgaben oder nach anderen gesetzlichen Vorschriften ohne zuvor ein Statusverfahren durchgeführt zu haben ist nach § 250 Abs. 1 Nr. 1 **nichtig.** Dies gilt auch für Arbeitnehmervertreter, die nicht durch die Hauptversammlung bestellt werden,⁵⁵ auch wenn eine dem § 250 Abs. 1 Nr. 1 vergleichbare Vorschrift in den Mitbestimmungsgesetzen fehlt. Eine andere Auslegung steht nicht im Einklang mit dem Gebot der Gleichbehandlung aller Aufsichtsratsmitglieder.⁵⁶ 15

Der Vorstand muss die rechtskräftige Entscheidung unverzüglich dem **Handelsregister** gem. § 99 Abs. 5 S. 3 **einreichen.**⁵⁷ 16

§ 99 Verfahren

(1) Auf das Verfahren ist das Gesetz über das Verfahren in Familiensachen und in den Angelegenheiten der freiwilligen Gerichtsbarkeit anzuwenden, soweit in den Absätzen 2 bis 5 nichts anderes bestimmt ist.

(2) ¹Das Landgericht hat den Antrag in den Gesellschaftsblättern bekanntzumachen. ²Der Vorstand und jedes Aufsichtsratsmitglied sowie die nach § 98 Abs. 2 antragsberechtigten Betriebsräte, Sprecherausschüsse, Spitzenorganisationen und Gewerkschaften sind zu hören.

(3) ¹Das Landgericht entscheidet durch einen mit Gründen versehenen Beschluss. ²Gegen die Entscheidung des Landgerichts findet die Beschwerde statt. ³Sie kann nur auf eine Verletzung des Rechts gestützt werden; § 72 Abs. 1 Satz 2 und § 74 Abs. 2 und 3 des Gesetzes über das Verfahren in Familiensachen und in den Angelegenheiten der freiwilligen Gerichtsbarkeit sowie § 547 der Zivilprozessordnung gelten sinngemäß. ⁴Die Beschwerde kann nur durch die Einreichung einer von einem Rechtsanwalt unterzeichneten Beschwerdeschrift eingelegt werden. ⁵Die Landesregierung kann durch Rechtsverordnung die Entscheidung über die Beschwerde für die Bezirke mehrerer Oberlandesgerichte einem der Oberlandesgerichte oder dem Obersten Landesgericht übertragen, wenn dies der Sicherung einer einheitlichen Rechtsprechung dient. ⁶Die Landesregierung kann die Ermächtigung auf die Landesjustizverwaltung übertragen.

(4) ¹Das Gericht hat seine Entscheidung dem Antragsteller und der Gesellschaft zuzustellen. ²Es hat sie ferner ohne Gründe in den Gesellschaftsblättern bekanntzumachen. ³Die Beschwerde steht jedem nach § 98 Abs. 2 Antragsberechtigten zu. ⁴Die Beschwerde-

---

⁵² BegrRegE Drs. 517/12, 230.
⁵³ *Simons* AG 2014, 182 (184).
⁵⁴ § 97 Abs. 2 S. 2; Großkomm AktG/*Hopt*/*Roth*/*Peddinghaus* Rn. 52; *E. Vetter* in Marsch-Barner/Schäfer Börsennotierte AG-HdB Rn. 24.29.
⁵⁵ So bei den Wahlen nach §§ 15 f., 18 MitbestG, § 5 DrittelbG; §§ 7, 10c, d, g Montan-MontanMitbestErgG.
⁵⁶ Für die GmbH: BAG AG 2008, 708 (710 f.); Großkomm AktG/*Hopt*/*Roth*/*Peddinghaus* Rn. 53; RVJ/*Raiser* MitbestG § 6 Rn. 7; UHH/*Ulmer*/*Habersack* MitbestG § 6 Rn. 80; WKS/*Wißmann* MitbestG § 22 Rn. 10; aA noch MüKoAktG/*Hüffer*, 3. Aufl. 2011, § 251 Rn. 5; *Hüffer*, 10. Aufl. 2012, § 251 Rn. 2; *Schröder*, Mängel und Heilung der Wählbarkeit bei Aufsichtsrats- und Betriebsratswahlen, 1979, 22 ff.
⁵⁷ Vgl. § 99 Rn. 13; *E. Vetter* in Marsch-Barner/Schäfer Börsennotierte AG-HdB Rn. 24.28; Großkomm AktG/*Hopt*/*Roth*/*Peddinghaus* Rn. 49; NK-AktR/*Breuer*/*Fraune* Rn. 9; Wachter/*Schick* Rn. 9.

§ 99 1

frist beginnt mit der Bekanntmachung der Entscheidung im Bundesanzeiger, für den Antragsteller und die Gesellschaft jedoch nicht vor der Zustellung der Entscheidung.

(5) ¹Die Entscheidung wird erst mit der Rechtskraft wirksam. ²Sie wirkt für und gegen alle. ³Der Vorstand hat die rechtskräftige Entscheidung unverzüglich zum Handelsregister einzureichen.

(6) ¹Die Kosten können ganz oder zum Teil dem Antragsteller auferlegt werden, wenn dies der Billigkeit entspricht. ²Kosten der Beteiligten werden nicht erstattet.

Schrifttum: *v. Falkenhausen*, Das Verfahren der freiwilligen Gerichtsbarkeit im Aktienrecht, AG 1967, 309; *Jänig/Leißring*, FamFG: Neues Verfahrensrecht für Streitigkeiten nach AktG und GmbHG, ZIP 2010, 110; *Kollhosser*, Probleme konkurrierender aktienrechtlicher Gerichtsverfahren, AG 1977, 117; *Lindacher*, Verfahrensgrundsätze in der Freiwilligen Gerichtsbarkeit, JuS 1978, 577; *Simons*, Die Änderungen des Aktiengesetzes durch das 2. Kostenrechtsmodernisierungsgesetz, AG 2014, 182.

Übersicht

	Rn.		Rn.
I. Überblick und Normzweck	1	1. Bekanntmachung und Anhörung, Abs. 2	9, 10
II. Entstehungsgeschichte	2, 3	2. Entscheidung und Rechtsmittelverfahren, Abs. 3, 4	11–17
III. Anwendung des FamFG, Abs. 1	4–8	3. Entscheidungswirkung, Abs. 5	18–20
IV. Besondere Verfahrensprinzipien, Abs. 2–5	9–20	V. Kosten, Abs. 6	21–23

I. Überblick und Normzweck

1 Die Norm überträgt weitgehend das Verfahren der freiwilligen Gerichtsbarkeit und dessen prägende Prinzipien wie den Amtsermittlungsgrundsatz in das Statusverfahren nach §§ 97 ff.[1] Das Verfahren nach § 99 findet zwar unmittelbar nur auf die von § 97 erfassten Streitigkeiten Anwendung,[2] mithin auf Streit und Ungewissheit über die gesetzliche Zusammensetzung des Aufsichtsrats, nicht dagegen, wenn die Auswirkungen einer Satzungsänderung in Frage stehen (→ § 97 Rn. 8).[3] Doch verweisen andere Normen des AktG mit einigen Modifikationen auch auf § 99, so etwa § 31 Abs. 3 S. 2 für Streitigkeiten über die Zusammensetzung des ersten Aufsichtsrats bei Einbringung eines Unternehmens, § 30 Abs. 3 S. 2 für Streitigkeiten über die Zusammensetzung des zweiten Aufsichtsrats oder § 132 Abs. 3 für Streitigkeiten über das Auskunftsrecht des Aktionärs. Des Weiteren ordnet § 260 Abs. 3 ein Verfahren nach § 99 an, wenn es nach Durchführung der Sonderprüfung (§§ 258 f.)[4] zu einer abschließenden Streitentscheidung über die Feststellungen der Sonderprüfer zur Unterbewertung kommt. Eine weitgehende Verweisung auf § 99 enthielt auch der durch Art. 2 Nr. 4 des Gesetzes zur Neuordnung des gesellschaftsrechtlichen Spruchverfahrens vom 12.6.2003 (BGBl. 2003 I 838) aufgehobene § 306 Abs. 2. Das Streitverfahren über Ausgleichs- und Abfindungsfragen – sog. Spruchverfahren – ist nunmehr in ein eigenes Gesetz ausgegliedert worden (SpruchG). Danach ist das Verfahren nach wie vor den Grundsätzen der freiwilligen Gerichtsbarkeit unterworfen, wobei im Interesse der Verfahrensbeschleunigung zahlreiche Neuerungen vorgenommen wurden.[5] Für Streitigkeiten zwischen AG und Abschlussprüfer war in § 324 HGB ein ebenfalls den Vorschriften der freiwilligen Gerichtsbarkeit unterliegendes, ähnlich aufgebautes Verfahren normiert;[6] § 324 HGB wurde aber mangels praktischer Bedeutung durch das BilMoG aufgehoben.[7]

---

[1] BegrRegE *Kropff* S. 133; Großkomm AktG/*Hopt/Roth/Peddinghaus* Rn. 5; Hüffer/Koch/*Koch* Rn. 1; Kölner Komm AktG/*Mertens/Cahn* §§ 97–99 Rn. 46; Grigoleit/*Tomasic* Rn. 1; Wachter/*Schick* Rn. 1; Henssler/Strohn/ *Henssler* Rn. 1.
[2] MüKoAktG/*Habersack* Rn. 2; Großkomm AktG/*Hopt/Roth/Peddinghaus* Rn. 1.
[3] OLG Hamburg AG 1989, 64 (65) = WuB IX C 3 § 7 MitbestG 1.89 mit Anm. *Peterhoff*; Hüffer/Koch/*Koch* Rn. 1.
[4] *Jänig/Leißring* ZIP 2010, 110 (112): FamFG ist trotz fehlender Zuweisung (iSd § 145 Abs. 1 FGG aF) anwendbar.
[5] Dazu Hüffer/Koch/*Koch* Anh. § 305, § 1 SpruchG Rn. 3; *Tomson/Hammerschmitt* NJW 2003, 2572 (2573 ff.); *Meilicke/Heidel* DB 2003 (2267); *v. Kann/Hirschmann* DStR 2003, 1488; *Bilda* NZG 2000, 296. Insbesondere gilt das Prinzip der Amtsermittlung im Anwendungsbereich des SpruchG nur eingeschränkt; vgl. BegrRegE SpruchG BT-Drs. 15/371, 16.
[6] Dazu Staub/*Habersack/Schürnbrand* HGB § 324 Rn. 1; Staub/*Zimmer*, 4. Aufl. 2002, HGB § 324 Rn. 10 ff.; Baumbach/Hopt/*Hopt/Merkt*, 33. Aufl. 2008, HGB § 324 Rn. 1; BeckBilKomm/*Winkeljohann/Hellwege*, 6. Aufl. 2006, HGB § 324 Rn. 50.
[7] BegrRegE BR-Drs. 344/08, 200.

II. Entstehungsgeschichte

Ein vergleichbares Verfahren war dem AktG 1937 (§ 135 Abs. 3 iVm §§ 27 ff. 1. DVO AktG 1937 **2** [1. Durchführungsverordnung vom 29.9.1937, RGBl.1937 I 1026]; sog. Spruchstellenverfahren) nur hinsichtlich von Meinungsunterschieden zwischen Abschlussprüfer und Vorstand bei der Aufstellung des Jahresabschlusses und der Auslegung der einschlägigen Vorschriften bekannt. Demgegenüber kommt der Regelung des § 99 aufgrund der zahlreichen Bezugnahmen (→ Rn. 1) allgemeine Bedeutung zu.[8]

1988 (Art. 4 Abs. 2 Nr. 2 des Gesetzes zur Änderung des Betriebsverfassungsgesetzes, über Spre- **3** cherausschüsse der leitenden Angestellten und zur Sicherung der Montan-Mitbestimmung vom 20.12.1988, BGBl. 1988 I 2312) wurde in Abs. 2 S. 2 das Anhörungsrecht der Gewerkschaften eingefügt, dessen ursprüngliche Nichterwähnung auf einem Redaktionsversehen beruhte.[9] Abs. 6 S. 7 wurde durch Art. 6 Nr. 23 UmwBerG 1994 (Gesetz zur Bereinigung des Umwandlungsrechts vom 28.10.1994, BGBl.1994 I 3210) gestrichen, und die vormals geltende Befreiung von der Vorschusspflicht für die Gerichtskosten zurückgenommen, um den Gerichten so den Weg zu der allgemeinen kostenrechtlichen Vorschrift des § 8 KostO zu eröffnen und die Staatskasse vom Beitreibungsrisiko in dem kostenträchtigen Verfahren zu entlasten.[10] Die Zivilprozessreform vom 27.7.2001 (Gesetz zur Reform des Zivilprozesses vom 27.7.2001, BGBl. 2001 I 1887) führte zur Änderung des Verweises auf die ZPO-Vorschriften über die Revision, ohne dass damit inhaltliche Neuerungen verbunden wären. Im Zusammenhang mit der Erweiterung der Antragsberechtigung auf die Sprecherausschüsse (§ 98 Abs. 2 Nr. 5, 7) wurde diesen durch Art. 2 Nr. 2 des Gesetzes zur Vereinfachung der Wahl der Arbeitnehmervertreter in den Aufsichtsrat (vom 23.3.2002, BGBl. 2002 I 1130) auch ein Anhörungsrecht eingeräumt. Schließlich wurde durch Art. 5 Nr. 3c) des zweiten Gesetzes zur Vereinfachung der Wahl der Arbeitnehmervertreter den Aufsichtsrat (vom 18.5.2004, BGBl. 2004 I 974) in Abs. 4 S. 4 entsprechend der Neufassung von § 25 der Bundesanzeiger durch den elektronischen Bundesanzeiger ersetzt. Durch das FGG-RG (vom 22.12.2008, BGBl. 2008 I 2586, 2731, Art. 74 Nr. 7) wurde die Norm im Wesentlichen an die Neuordnung des Beschwerderechts durch das FamFG angepasst. Im Jahr 2012 wurde der elektronische Bundesanzeiger durch das Gesetz zur Änderung von Vorschriften über Verkündung und Bekanntmachungen sowie der Zivilprozessordnung, des Gesetzes betreffend die Einführung der Zivilprozessordnung und der Abgabenordnung (vom 22.12.2011, BGBl. 2011 I 3044) mit Wirkung zum 1.4.2012 zum einzigen Bundesanzeiger bestimmt (§§ 5, 12 VkBkmG[11]) und daraufhin in Abs. S. 4 das Wort „elektronischen" vor dem Wort „Bundesanzeiger" gestrichen. Durch das Zweite Gesetz zur Modernisierung des Kostenrechts vom 23.7.2013 (BGBl. 2013 I 2586) wurden die S. 1–7 des Abs. 6 aufgehoben, da die Gebühren für das gerichtliche Verfahren über die Zusammensetzung des Aufsichtsrats nun unmittelbar nach dem GNotKG[12] erhoben werden (§ 1 Abs. 2 Nr. 1 GNotKG) und die bisher in Abs. 6 S. 5 vorgesehene Wertfestsetzung von Amts wegen jetzt in § 79 Abs. 1 S. 1 GNotKG geregelt ist.[13] In der Folge wurden die bisherigen S. 8 und 9 zu den S. 1 und 2, sowie dementsprechend das Wort „jedoch" in S. 8 gestrichen.

III. Anwendung des FamFG, Abs. 1

Das Verfahren wird primär nach § 99 geregelt, subsidiär nach dem FamFG und kraft Verweisungs- **4** normen des FamFG teilweise auch durch die ZPO.[14] Es handelt sich um ein echtes Streitverfahren der freiwilligen Gerichtsbarkeit.[15]

Nach § 99 Abs. 1 finden vorbehaltlich der Abs. 2–5 grundsätzlich das FamFG und die dort **5** geschriebenen und ungeschriebenen Verfahrensgrundsätze Anwendung, insbesondere der **Amtser-**

---

[8] BegrRegE *Kropff* S. 132 f.; Großkomm AktG/*Hopt*/*Roth*/*Peddinghaus* Rn. 3; Kölner Komm AktG/*Mertens*/ *Cahn* §§ 97–99 Rn. 56.
[9] UHH/*Ulmer*/*Habersack* MitbestG § 6 Rn. 34; Großkomm AktG/*Hopt*/*Roth*/*Peddinghaus* Rn. 1; Hüffer/ Koch/*Koch* Rn. 6; *Fitting*/*Wlotzke*/*Wißmann*, 2. Aufl. 1978, MitbestG § 6 Rn. 21.
[10] BegR FraktionsE UmwBerG, BT-Drs. 12/6699, 170 f., 177.
[11] Gesetz über die Verkündung von Rechtsverordnungen und Bekanntmachungen in der Fassung durch Artikel 1 des Änderungsgesetzes vom 22.12.2011 (BGBl. 2011 I 3044).
[12] Gesetz über Kosten der freiwilligen Gerichtsbarkeit für Gerichte und Notare vom 23.7.2013 (BGBl. 2013 I 2586), zuletzt geändert durch Art. 26 des Gesetzes zur Einführung der elektronischen Akte in der Justiz und zur weiteren Förderung des elektronischen Rechtsverkehrs vom 5. Juli 2017 BGBl. I S. 2208.
[13] BegrRegE BT-Drs. 17/11471, 287.
[14] MüKoAktG/*Habersack* Rn. 6; Hüffer/Koch/*Koch* Rn. 3; Großkomm AktG/*Hopt*/*Roth*/*Peddinghaus* Rn. 10; Hölters/*Simons* Rn. 1, 3; zum Verfahren nach § 99 s. insb. *v. Falkenhausen* AG 1967, 309 (314).
[15] Kölner Komm AktG/*Mertens*/*Cahn* §§ 97–99 Rn. 46.

mittlungsgrundsatz nach § 26 FamFG. Demgemäß muss das Gericht bei der Feststellung des Sachverhalts von Amts wegen die Wahrheit ermitteln, ohne dass die Beteiligten den Tatsachenstoff durch ihr Vorbringen oder ihre Beweisangebote festlegen können.[16] Das Gericht ist nicht an die Anträge der Parteien gebunden, soweit diese keinen Anlass zu weiteren Ermittlungen geben und ein die Entscheidung beeinflussendes Beweisergebnis nicht zu erwarten ist.[17] Andererseits darf das Gericht auch nicht auf Vortrag und Beweisangebote warten.[18] Die Ermittlungspflicht des Gerichts endet erst mit der Entscheidungsreife der Sache, so dass der Sachstand im Zeitpunkt der Entscheidung maßgeblich ist.[19] Als weitere Konsequenz des Amtsermittlungsgrundsatzes darf eine Entscheidung nicht aufgrund von Säumnis oder Anerkenntnis ergehen.[20] Ein Anerkenntnis kann aber je nach Fallgestaltung ein Nichtbestreiten bedeuten.[21]

6 Im Gegensatz zu der die freiwillige Gerichtsbarkeit ursprünglich dominierenden Amtsverfahren unterliegt das Verfahren nach § 99 der Einleitung durch Antrag, mithin in gewissem Ausmaß der **Disposition** der Beteiligten.[22] Demgemäß kann der das Verfahren betreibende Beteiligte seinen Antrag jederzeit zurücknehmen, selbst nach ergangener Entscheidung bis zu deren Rechtskraft. Das FamFG schließt an dieser Stelle Regelungslücken des FGG und regelt nunmehr die Fragen im Zusammenhang mit der Antragsrücknahme. Bis zum Erlass der Endentscheidung unterliegt die Rücknahme keiner Zustimmungspflicht,[23] erst nach Erlass der Entscheidung ist gem. § 22 Abs. 1 FamFG für die Rücknahme eine Zustimmung der übrigen Beteiligten erforderlich.[24] Damit haben sich an dieser Stelle die Überlegungen zur analogen Anwendung des § 269 Abs. 1 ZPO[25] erledigt. Wird die Sache von den Beteiligten übereinstimmend für erledigt erklärt, so ist dem Gericht gem. § 22 Abs. 3 FamFG eine Entscheidung in der Sache entzogen und es entscheidet nur noch über die Kosten gem. §§ 80 ff. FamFG.[26] Schließt sich der Antragsgegner der Erledigungserklärung nicht an, muss das Gericht eine Feststellung über den Fortfall des Verfahrensgegenstandes und die Sinnlosigkeit der Fortführung des Verfahrens treffen.[27] Darüber hinaus ist es auch ohne entsprechenden Antrag des Antragstellers in jeder Lage des Verfahrens von Amts wegen zur Prüfung der Hauptsacheerledigung verpflichtet.[28] Hält der Antragsteller seinen Sachantrag trotz eines entsprechenden Hinweises des Gerichts aufrecht, ist dieser zurückzuweisen.[29]

---

[16] OLG Saarbrücken NZG 2016, 941; Keidel/*Sternal* FamFG § 26 Rn. 10; *Bumiller/Harders/Schwamb* FamFG § 26 Rn. 1 f.; *Jänig/Leißring* ZIP 2010, 110 (114); zum insoweit inhaltsgleichen § 12 FGG: BegrRegE *Kropff* S. 133; MüKoAktG/*Habersack* Rn. 12; Kölner Komm AktG/*Mertens/Cahn* §§ 97–99 Rn. 46; Bürgers/Körber/*Israel* Rn. 2; Hölters/*Simons* Rn. 6; Wachter/*Schick* Rn. 4.

[17] BGHZ 40, 54 (57) = NJW 1963, 1972; OLG Frankfurt a. M. NJWE-FER 1998, 32 = FGPrax 1998, 24; BayObLG NJW-RR 1997, 7 (8) = FamRZ 1997, 123; *Bumiller/Harders/Schwamb* FamFG § 26 Rn. 6; Keidel/*Sternal* FamFG § 26 Rn. 22; Großkomm AktG/*Hopt/Roth/Peddinghaus* Rn. 11.

[18] BGH NJW 1982, 1463 (1464) = MDR 1982, 739; Keidel/*Sternal* FamFG § 26 Rn. 12; *Habscheid*, Freiwillige Gerichtsbarkeit, 1983, § 19 II 2; *v. Falkenhausen* AG 1967, 309 (316); Großkomm AktG/*Hopt/Roth/Peddinghaus* Rn. 11; s. aber auch OLG Düsseldorf NZG 2000, 1074 (1075) – DAT/Altana II: Mitwirkungspflicht der Beteiligten.

[19] OLG Düsseldorf AG 1989, 63 (64); Großkomm AktG/*Hopt/Roth/Peddinghaus* Rn. 11; Kölner Komm AktG/*Mertens/Cahn* §§ 97–99 Rn. 46; MüKoAktG/*Habersack* Rn. 12.

[20] BayObLG NJWE-MietR 1997, 14 = WuM 1996, 661; BegrRegE *Kropff* S. 133; Großkomm AktG/*Hopt/Roth/Peddinghaus* Rn. 13; Hüffer/Koch/*Koch* Rn. 3; MüKoAktG/*Habersack* Rn. 12; Keidel/*Sternal* FamFG § 26 Rn. 9; *Lindacher* JuS 1978, 577 (580); Prütting/Helms/*Prütting* FamFG § 26 Rn. 13.

[21] BayObLG WE 1989, 209.

[22] MüKoAktG/*Habersack* Rn. 7; Hüffer/Koch/*Koch* Rn. 4; Großkomm AktG/*Hopt/Roth/Peddinghaus* Rn. 12; K. Schmidt/Lutter/*Drygala* Rn. 3; NK-AktR/*Ammon* Rn. 3; Hölters/*Simons* Rn. 4; Grigoleit/*Tomasic* Rn. 3; *Bumiller/Harders/Schwamb* FamFG § 26 Rn. 1, FamFG § 23 Rn. 1; Keidel/*Sternal* FamFG § 26 Rn. 8 f.; Prütting/Helms/*Prütting* FamFG § 26 Rn. 12.

[23] Keidel/*Sternal* FamFG § 22 Rn. 13; iE auch *Bumiller/Harders/Schwamb* FamFG § 22 Rn. 4; Prütting/Helms/*Ahn-Roth* FamFG § 22 Rn. 13.

[24] Keidel/*Sternal* FamFG § 22 Rn. 7, FamFG § 26 Rn. 9; *Bumiller/Harders/Schwamb* FamFG § 22 Rn. 1 ff., 4.

[25] OLG Frankfurt a. M. NZG 2009, 1185 f.; MüKoAktG/*Habersack* Rn. 9; sowie hier in der 1. Auflage Rn. 6; Hölters/*Simons* Rn. 5.

[26] Keidel/*Sternal* FamFG § 22 Rn. 29; *Bumiller/Harders/Schwamb* FamFG § 22 Rn. 9 f.; Prütting/Helms/*Ahn-Roth* FamFG § 22 Rn. 19 f.; zur aktien Gesetzeslage: BayObLG NZG 2001, 608 (609); Großkomm AktG/*Hopt/Roth/Peddinghaus* Rn. 12; Zöller/*Vollkommer* ZPO § 91a Rn. 58 Stichwort „Freiwillige Gerichtsbarkeit und Fam-Sachen".

[27] BGH NJW 1975, 931; OLG Bamberg FamRZ 1982, 398; Keidel/*Sternal* FamFG § 22 Rn. 30.

[28] OLG Hamm FGPrax 1999, 48 (49); BayObLG NJW-RR 1993, 149; BayObLG NZM 1999, 320; OLGR Köln 2002, 318; Keidel/*Sternal* FamFG § 22 Rn. 31.

[29] BayObLGZ 1993, 348 (349); BayObLG NZM 1999, 320; Keidel/*Sternal* FamFG § 22 Rn. 31; Prütting/Helms/*Ahn-Roth* FamFG § 83 Rn. 9; abweichend OLG Braunschweig OLGZ 1975, 434 (435 f.).

Der **Antrag** nach § 98 muss zumindest die Behauptung enthalten, dass **Streit** oder **Ungewissheit** 7
über die Zusammensetzung des Aufsichtsrats herrscht oder das maßgebliche Umsatzverhältnis nach
§§ 3, 16 MontanMitbestErgG streitig ist; nur dann ist der Antrag zulässig und in den Gesellschaftsblättern
bekanntzumachen.[30] Der Antrag ist weder form- noch fristgebunden.[31] Die nach § 98 Antragsbefugten
müssen ihr Antragsrecht durch Vorlage entsprechender Urkunden oder Unterlagen belegen, zB der
Aktionär durch seine Aktienurkunde oder Depotbescheinigung[32] oder der Vorstand – soweit der
Antrag nicht von sämtlichen Vorstandsmitgliedern gestellt wird – durch Vorlage der Niederschrift über
den Vorstandsbeschluss zur Antragstellung.[33] Das Gericht hat die Antragsberechtigung aber erst im
Rahmen der Zulässigkeit nach der Bekanntmachung im Bundesanzeiger nach § 99 Abs. 2 zu prüfen,
da diese die sonst erforderliche Zustellung der Klage ersetzt und andernfalls auch der Zweck der
Bekanntmachung – die Unterrichtung aller Beteiligten – nicht hinreichend erfüllt werden könnte.[34]

Ein **Anwaltszwang** besteht nicht; lediglich für das Rechtsmittelverfahren ergeben sich Besonder- 8
heiten (→ Rn. 14).[35]

IV. Besondere Verfahrensprinzipien, Abs. 2–5

1. Bekanntmachung und Anhörung, Abs. 2. § 99 Abs. 2 S. 1 ist in gewisser Weise das Spiegel- 9
bild zu § 97: Denn das Gericht hat den Antrag in den Gesellschaftsblättern, zumindest nach § 25 im
Bundesanzeiger, bekanntzumachen. Damit wird der ähnliche Effekt wie in der Bekanntmachung
nach § 97 erreicht: Die Öffentlichkeit wird über die Streitigkeit informiert und die Antragsberechtigten und Beteiligten erhalten Gelegenheit zur Stellungnahme.[36] Voraussetzung für die Bekanntmachung ist, dass der Antrag sich auf Streit oder Ungewissheit über die gesetzliche Zusammensetzung
des Aufsichtsrats bezieht oder das für das MontanMitbestErgG bedeutsame Umsatzverhältnis entschieden werden muss.[37] Andere Voraussetzungen, insbesondere die Schlüssigkeit des Antrags, sind
dem Gesetz nicht zu entnehmen (für die Antragsberechtigung → Rn. 7). Zudem wäre die Parallelität
zu § 97 nicht mehr gewahrt und der Informationszweck der Bekanntmachung verfehlt. Eine Ausnahme von der Bekanntmachungspflicht ist allerdings dann anzunehmen, wenn der Antrag evident
unzulässig ist, da in diesem Fall das Interesse des Unternehmens, vor Nachteilen durch die Bekanntmachung geschützt zu werden, das Informationsbedürfnis der Beteiligten überwiegt.[38] Evident unzulässig ist der Antrag aber nicht schon dann, wenn die Antragsberechtigung nicht schlüssig nachgewiesen wurde,[39] da das Gericht die Bekanntmachung nach richtiger Auffassung nicht davon abhängig
machen kann (→ Rn. 7). Gegen eine Weigerung des Landgerichts, den Antrag bekannt zu machen,
ist die Beschwerde an das OLG zulässig.[40]

Die **Anhörung** nach § 99 Abs. 2 S. 2 gibt (fast) spiegelbildlich zur Antragsbefugnis den dort 10
Genannten das Recht auf Anhörung, mithin dem Vorstand als Organ, jedem Aufsichtsratsmitglied,
den nach § 98 Abs. 2 antragsberechtigten Betriebsräten, Sprecherausschüssen, Spitzenorganisationen
und Gewerkschaften. Nicht anhörungspflichtig sind dagegen nach § 99 Abs. 2 die gem. § 98 Abs. 2
S. 1 Nr. 3 und 8 sowie S. 2 antragsberechtigten Anteilseigner und Arbeitnehmer. Dennoch werden
andere Anhörungen durch § 99 Abs. 2 nicht ausgeschlossen, sondern können durch den in Art. 103
Abs. 1 GG verankerten Anspruch auf rechtliches Gehör geboten sein; demzufolge sind alle potentiell
unmittelbar in ihren rechtlichen Interessen Betroffenen als Beteiligte anzuhören (materiell Beteiligte).[41]

---

[30] Kölner Komm AktG/*Mertens/Cahn* §§ 97–99 Rn. 47; Großkomm AktG/*Hopt/Roth/Peddinghaus* Rn. 15.
[31] Kölner Komm AktG/*Mertens/Cahn* §§ 97–99 Rn. 31.
[32] MüKoAktG/*Habersack* Rn. 8; Großkomm AktG/*Hopt/Roth/Peddinghaus* Rn. 9.
[33] MüKoAktG/*Habersack* Rn. 8; Großkomm AktG/*Hopt/Roth/Peddinghaus* Rn. 9.
[34] Hüffer/Koch/*Koch* Rn. 5; Großkomm AktG/*Hopt/Roth/Peddinghaus* Rn. 16; aA Kölner Komm AktG/ *Mertens/Cahn* §§ 97–99 Rn. 47: Antragsberechtigung muss sich im konkreten Fall bereits vor Bekanntmachung schlüssig ergeben.
[35] OLG Düsseldorf AG 1995, 85 (86); *v. Falkenhausen* AG 1967, 309 (315); Hüffer/Koch/*Koch* Rn. 3; MüKo-AktG/*Habersack* Rn. 11.
[36] BegrRegE *Kropff* S. 133; Großkomm AktG/*Hopt/Roth/Peddinghaus* Rn. 14; MüKoAktG/*Habersack* Rn. 13; K. Schmidt/Lutter/*Drygala* Rn. 4.
[37] Kölner Komm AktG/*Mertens/Cahn* §§ 97–99 Rn. 47; Hüffer/Koch/*Koch* Rn. 5; MüKoAktG/*Habersack* Rn. 13.
[38] Kölner Komm AktG/*Mertens/Cahn* §§ 97–99 Rn. 47; Großkomm AktG/*Hopt/Roth/Peddinghaus* Rn. 15.
[39] AA Kölner Komm AktG/*Mertens/Cahn* §§ 97–99 Rn. 47.
[40] Kölner Komm AktG/*Mertens/Cahn* §§ 97–99 Rn. 47; MüKoAktG/*Habersack* Rn. 13; Großkomm AktG/ *Hopt/Roth/Peddinghaus* Rn. 17.
[41] OLG Düsseldorf NJW 1971, 1567 (1568) = AG 1971, 122 (Einzelgewerkschaften); OLG Düsseldorf AG 1992, 200 (201) (zu § 306 aF); UHH/*Ulmer/Habersack* MitbestG § 6 Rn. 34; Großkomm AktG/*Hopt/Roth/ Peddinghaus* Rn. 19; Hüffer/Koch/*Koch* Rn. 6; Kölner Komm AktG/*Mertens/Cahn* §§ 97–99 Rn. 48; aA *Kollhosser* AG 1977, 117 (128 f.); K. Schmidt/Lutter/*Drygala* Rn. 5; Grigoleit/*Tomasic* Rn. 5.

Auch den **Arbeitnehmern** ist Gelegenheit zur Stellungnahme zu geben, denn sie sind materiell Beteiligte,[42] da die Mitbestimmung gerade ihren Interessen dient. Eine gesonderte Benachrichtigung und Aufforderung zur Stellungnahme der Arbeitnehmer kommt hingegen bereits aus praktischen Gründen nicht in Betracht. Das Gericht muss nicht für die Beiladung der materiell Beteiligten sorgen, sodass eine gesonderte Benachrichtigung an sie nicht erforderlich ist.[43] Die Anhörung kann vielmehr durch Aufforderung zur Stellungnahme in den Gesellschaftsblättern binnen einer angemessenen Frist im Rahmen der Bekanntmachung erfolgen, da dadurch die ausreichende Gewähr gegeben ist, dass jeder materiell Beteiligte vom Verfahren erfährt.[44] Entsprechendes gilt für die **Anteilseigner**; sie sind ebenfalls materiell Beteiligte.[45] Da das Gesetz keine besondere Form vorgibt, kann die Anhörung mündlich oder schriftlich erfolgen, sowohl zum Sachverhalt als auch zu Rechtsfragen.[46]

11 **2. Entscheidung und Rechtsmittelverfahren, Abs. 3, 4.** Nach § 71 Abs. 2 Nr. 4 lit. b GVG entscheidet das Landgericht durch Beschluss, der zu begründen ist (§ 99 Abs. 3 S. 1). Gegen den Beschluss ist die Beschwerde binnen einer Frist von einem Monat gem. § 63 Abs. 1 S. 1 FamFG zum Oberlandesgericht möglich (§ 119 Abs. 1 Nr. 2 GVG), die jedoch beim Beschlussgericht einzulegen ist (§ 64 Abs. 1 FamFG). Die **Beschwerdebefugnis** richtet sich gem. Abs. 4 S. 3 nach der in § 98 Abs. 2 bestimmten Antragsbefugnis. Dabei ist es nicht erforderlich, dass der Beschwerdeführer auch gleichzeitig Verfahrensbeteiligter war, sofern er nur selbst antragsbefugt ist.[47] Obwohl die AG Antragsgegnerin ist, ist sie also mangels Antragsbefugnis nach § 98 Abs. 2 selbst beschwerdebefugt. Zwar sollte nach neuerdings vertretener Auffassung § 99 Abs. 4 Satz 3 nicht abschließend und folglich ein Rückgriff auf die allgemeine Vorschrift des § 20 Abs. 1 FGG (jetzt § 59 Abs. 1 FamFG) möglich sein, so dass dann auch die Gesellschaft als Antragsgegnerin als beschwerdebefugt angesehen werden könnte.[48] Richtigerweise wird man jedoch § 99 Abs. 4 S. 3 trotz fehlender ausdrücklicher Festlegung im Gesetz[49] als abschließend betrachten müssen, denn anderenfalls wäre eine ausdrückliche Festlegung der Beschwerdebefugnis überhaupt überflüssig gewesen, weil sich diese dann ohnehin schon aus § 59 Abs. 1 FamFG ergeben würde. Der Vorstand kann allein als Organ im eigenen Namen Beschwerde einlegen (→ § 98 Rn. 9).[50] Die Anschlussbeschwerde ist unter Beseitigung der früheren Unsicherheiten aufgrund der Regelung des § 66 FamFG allgemein statthaft.[51]

12 Die **Beschwerdefrist** beginnt für Antragsteller und Vorstand[52] frühestens mit der Zustellung der Entscheidung gem. § 99 Abs. 4 S. 4. Die Zustellung an die AG setzt die Frist auch für den Vorstand in Lauf.[53] Für andere Beschwerdeberechtigte beginnt die Frist mit der Bekanntmachung der Entscheidung im Bundesanzeiger, auch wenn diese schon vorher in anderen Gesellschaftsblättern oder anderweitig veröffentlicht wurde.[54]

13 § 99 Abs. 3 S. 3 legt fest, dass mit der Beschwerde nur **Rechtsfehler** angegriffen werden können, die Tatsachenfeststellungen sind demgemäß für die Beschwerdeinstanz bindend.[55] Die Rechtsbeschwerde- bzw. Revisionsvorschriften der § 72 Abs. 1 S. 2 FamFG und § 74 Abs. 2 und 3 FamFG, § 547 ZPO sind für die Frage der Beachtlichkeit einer Rechtsverletzung anwendbar. Tatsachenvorbringen der Parteien kann grundsätzlich nur berücksichtigt werden, sofern es im Tatbestand des

---

[42] Großkomm AktG/*Hopt/Roth/Peddinghaus* Rn. 22.
[43] Großkomm AktG/*Hopt/Roth/Peddinghaus* Rn. 22; Kölner Komm AktG/*Mertens/Cahn* §§ 97–99 Rn. 48.
[44] OLG Düsseldorf NZG 2011, 1152 (1153) = ZIP 2011, 1564 (1565); LG Mannheim AG 2003, 51 (52) = ZIP 2001, 2150; zust. Hüffer/Koch/*Koch* Rn. 6; Kölner Komm AktG/*Mertens/Cahn* §§ 97–99 Rn. 48; MüKoAktG/ *Habersack* Rn. 15; Großkomm AktG/*Hopt/Roth/Peddinghaus* Rn. 20 f.; Henssler/Strohn/*Henssler* Rn. 3.
[45] Großkomm AktG/*Hopt/Roth/Peddinghaus* Rn. 22.
[46] OLG Düsseldorf NZG 2011, 1152 (1153) = ZIP 2011, 1564 (1565); OLG Frankfurt a. M. EWiR 1985, 607 mit Anm. *Semler*; MüKoAktG/*Habersack* Rn. 15; Großkomm AktG/*Hopt/Roth/Peddinghaus* Rn. 21; Hölters/ *Simons* Rn. 9.
[47] BegrRegE *Kropff* S. 133; Großkomm AktG/*Hopt/Roth/Peddinghaus* Rn. 26; MüKoAktG/*Habersack* Rn. 19; Hüffer/Koch/*Koch* Rn. 8; Kölner Komm AktG/*Mertens/Cahn* §§ 97–99 Rn. 50; Hölters/*Simons* Rn. 13.
[48] Großkomm AktG/*Hopt/Roth/Peddinghaus* Rn. 27.
[49] So das Argument von Großkomm AktG/*Hopt/Roth/Peddinghaus* Rn. 27.
[50] Hüffer/Koch/*Koch* Rn. 8.
[51] BegrRegE FGG-RG, BT-Drs. 16/6308, 206; Prütting/Helms/*Abramenko* FamFG § 66 Rn. 1.
[52] Nur dieser kann hier gemeint sein, denn die Gesellschaft selbst ist nicht beschwerdebefugt: Hüffer/Koch/ *Koch* Rn. 8; Kölner Komm AktG/*Mertens/Cahn* §§ 97–99 Rn. 50; aA folgerichtig Großkomm AktG/*Hopt/Roth/ Peddinghaus* Rn. 30.
[53] Hüffer/Koch/*Koch* Rn. 8; Großkomm AktG/*Hopt/Roth/Peddinghaus* Rn. 30; Kölner Komm AktG/*Mertens/ Cahn* §§ 97–99 Rn. 50.
[54] MüKoAktG/*Habersack* Rn. 20; Großkomm AktG/*Hopt/Roth/Peddinghaus* Rn. 30.
[55] OLG Hamburg ZIP 2017, 1621; OLG Saarbrücken NZG 2016, 941; OLG Zweibrücken AG 2005, 928; OLG Zweibrücken WM 1983, 1347 (1348); Großkomm AktG/*Hopt/Roth/Peddinghaus* Rn. 25; MüKoAktG/ *Habersack* Rn. 21; s. auch BegrRegE *Kropff* S. 133: Tatsachen sind oftmals in der Erstinstanz ausreichend festgestellt.

erstinstanzlichen Beschlusses aufgenommen wurde (§ 559 Abs. 1 S. 1 ZPO). Sofern allerdings Tatsachen unstreitig sind und schützenswerte Belange der Gegenpartei nicht entgegenstehen, können auch Tatsachen berücksichtigt werden, die erst nach der erstinstanzlichen Entscheidung entstanden sind.[56]

Im **Rechtsmittelverfahren** besteht **Anwaltszwang** gem. § 99 Abs. 3 S. 4 nur für die Unterzeichnung der Beschwerdeschrift, nicht jedoch für das übrige Verfahren; andernfalls hätte die Vorschrift nicht nur auf die Beschwerdeschrift Bezug nehmen dürfen.[57] Dieses Erfordernis entspricht der Bedeutung und Tragweite der auf die Beschwerde hin ergehenden, mit inter-omnes-Wirkung versehenen gerichtlichen Entscheidung.[58] Als Beschwerdeinstanz ist nach § 119 Abs. 1 Nr. 2 GVG das Oberlandesgericht zuständig. Während die Entscheidung des OLG früher endgültig war, weil die weitere Beschwerde ausgeschlossen war, kann jetzt die Rechtsbeschwerde nach §§ 70 ff. FamFG zugelassen werden.[59]

Nach § 99 Abs. 3 S. 5, 6 können die Länder bzw. bei entsprechender Ermächtigung die Landesjustizverwaltungen ein Oberlandesgericht bestimmen, das für mehrere Oberlandesgerichtsbezirke zuständig ist. Von dieser Möglichkeit haben bisher Gebrauch gemacht: Rheinland-Pfalz, indem das OLG Zweibrücken für alle Bezirke des Landes zuständig ist (ZivilZustV v. 22.11.1985, in der durch das Landesgesetz zur Anpassung des Landesrechts an das FGG-Reformgesetz v. 22.12.2009 geänderten Fassung, RhPfGVBl. 1985, 413, 414); in Bayern mit dem OLG München (GZVJu v. 11.6.2012, BayGVBl. 2012, 295, 301); in Nordrhein-Westfalen mit dem OLG Düsseldorf (Konzentrations-VO Gesellschaftsrecht v. 8.6.2010, GV NRW 2010, 350).

Die Entscheidung des Landgerichts oder des Oberlandesgerichts ist nach § 99 Abs. 4 S. 1 zum einen der AG und dem Antragsteller **zuzustellen,** aber auch mit Rubrum und Tenor (nicht: die gesamte Begründung) in den durch die Satzung bestimmten Gesellschaftsblättern, zumindest nach § 25 im Bundesanzeiger, bekanntzumachen. Anderen Beschwerdeberechtigten oder Angehörten ist der Beschluss nur zuzustellen, wenn sie sich dem Antrag formell angeschlossen haben; ihre Kenntnisnahme und damit ihre Möglichkeit zur Beschwerde ist durch die Bekanntmachung gesichert.[60]

Gegen die Entscheidung des Oberlandesgerichts ist nach neuer Gesetzeslage das Rechtsmittel der Rechtsbeschwerde statthaft, die allerdings zulassungsabhängig ist. Wird der Anspruch eines Beteiligten auf rechtliches Gehör in entscheidungserheblicher Weise verletzt, kann er durch Erhebung der Anhörungsrüge nach § 44 FamFG[61] eine Fortführung des Verfahrens vor dem Landgericht erreichen. Eine auf die greifbare Gesetzeswidrigkeit der Entscheidung gestützte außerordentliche Beschwerde genügt hingegen nicht den an die Rechtsmittelklarheit zu stellenden Anforderungen und ist somit nicht statthaft.[62]

3. Entscheidungswirkung, Abs. 5. Mit Rechtskraft wird die Entscheidung gem. § 99 Abs. 5 S. 1 wirksam, wobei S. 2 die **materielle Rechtskraft** auf jedermann (**inter-omnes**) erstreckt.[63] Dies gilt auch für andere Gerichte, insbesondere bei Nichtigkeitsklagen nach § 250.[64] Der Beschluss

---

[56] OLG Saarbrücken NZG 2016, 941; OLG Düsseldorf AG 2000, 45 – Mannesmann unter Bezugnahme auf BGH NJW 1998, 2972 (2974) zu § 561 Abs. 1 S. 1 aF ZPO; zust. Großkomm AktG/*Hopt/Roth/Peddinghaus* Rn. 25; ebenso BGHZ 53, 128 (130 ff.) = NJW 1970, 1007; BGH NJW 1996, 3006; Zöller/*Heßler* ZPO § 559 Rn. 7; offen lassend OLG Zweibrücken AG 2005, 928.

[57] Großkomm AktG/*Hopt/Roth/Peddinghaus* Rn. 29; Kölner Komm AktG/*Mertens/Cahn* §§ 97–99 Rn. 51; K. Schmidt/Lutter/*Drygala* Rn. 6; Hölters/*Simons* Rn. 12; *Hoffmann/Lehmann/Weinmann* MitbestG § 5 Rn. 25; jetzt auch Hüffer/Koch/*Koch* Rn. 7; aA Bürgers/Körber/*Israel* Rn. 5; Henssler/Strohn/*Henssler* Rn. 1.

[58] BayObLGZ 1978, 278 (280).

[59] S. auch BegrRegE FGG-RG, BT-Drs. 16/6308, 353.

[60] BegrRegE *Kropff* S. 133; MüKoAktG/*Habersack* Rn. 17; Großkomm AktG/*Hopt/Roth/Peddinghaus* Rn. 24.

[61] Die Vorschrift übernimmt mit leichten redaktionellen Anpassungen § 29a FGG, der durch Art. 4 des Gesetzes über die Rechtsbehelfe bei Verletzung des Anspruchs auf rechtliches Gehör (Anhörungsrügengesetz) vom 9.12.2004, BGBl. 2004 I 3220 eingefügt wurde; zu den Entwicklungen der außerordentlichen Rechtsbehelfe s. *Sternal* FGPrax 2004, 170; *Bloching/Kettinger* NJW 2005, 860; *Fölsch* SchlHA 2005, 68.

[62] KG FGPrax 2005, 66; OLG Köln FGPrax 2005, 114 (115 f.); grundlegend BVerfG NJW 2003, 1924 (1926 ff.); zur vergleichbaren Lage nach der ZPO BGH NJW 2002, 1577; BGH NJW 2003, 3137; OLG Celle NJW 2002, 3715; OLG Naumburg ZIP 2006, 1316 (1317); offen für Lage vor Inkrafttreten des Anhörungsrügengesetzes BGH AG 2004, 610.

[63] Der Wegfall der Mitbestimmungspflichtigkeit nach rechtskräftigem Abschluss des gerichtlichen Verfahrens hat erledigende Wirkung auf eine anhängige, auf die Durchsetzung mitbestimmungsrechtlicher Positionen gerichtete, Klage. S. dazu den Fall OLG Frankfurt a. M. BB 1985, 1286 = WuB IX C 3 §§ 1, 6, 33 MitbestG 1.86 mit Anm. *Pohle*; K. Schmidt/Lutter/*Drygala* Rn. 11; *E. Vetter* in Marsch-Barner/Schäfer Börsennotierte AG-HdB Rn. 24.28.

[64] BegrRegE *Kropff* S. 133; Großkomm AktG/*Hopt/Roth/Peddinghaus* Rn. 35 f.; MüKoAktG/*Habersack* Rn. 25; Kölner Komm AktG/*Mertens/Cahn* §§ 97–99 Rn. 53.

stellt im Statusverfahren nach §§ 97 ff. fest, welches die für die Zusammensetzung des Aufsichtsrats maßgeblichen gesetzlichen Vorschriften sind. Demgegenüber können in anderen im Verfahren nach § 99 ausgetragenen Streitigkeiten (→ Rn. 1) Entscheidungen ohne Feststellungswirkung ergehen. Dies gilt zB für Streitigkeiten über das Auskunftsrecht des Aktionärs (§ 132), wo das Gericht nur zur Leistung verurteilt und die Rechtskraftwirkung auf die Verfahrensbeteiligten beschränkt bleibt. Hier fehlt die inter-omnes-Wirkung.[65] Zur Bindung des Vorstands hinsichtlich erneuter Bekanntmachungen → § 97 Rn. 36.

19 Die Entscheidung des Landgerichts kann aufgrund der Beschwerdefrist von einem Monat frühestens nach Verstreichen dieser Frist nach Bekanntmachung im Bundesanzeiger rechtkräftig werden.[66] Demgegenüber entfaltet die Entscheidung des Oberlandesgerichts mit ihrem Erlass (nicht: Zustellung) Rechtswirkung, da keine Rechtsmittel gegen sie möglich sind.[67]

20 Ist die **Rechtskraft eingetreten**, muss der Vorstand nach § 99 Abs. 5 S. 3 die Entscheidung unverzüglich, iE ohne schuldhaftes Zögern (§ 121 BGB), dem Handelsregister einreichen, um jedermann die Einsicht zu ermöglichen (§ 9 HGB) und so der inter-omnes-Wirkung gerecht zu werden.[68] Einzureichen ist die Entscheidung mit Begründung; die Entscheidungsformel ist nicht ausreichend.[69] Das Registergericht nimmt die Entscheidung in den besonderen Aktenband auf, der für jedes Registerblatt geführt wird (§ 8 Abs. 2 S. 1 HRV) (Verordnung über die Einrichtung und Führung des Handelsregisters vom 12.8.1938, RMBl. 1937, 515). Kommt der Vorstand seiner Einreichungspflicht nicht nach, so ist er durch die Festsetzung eines Zwangsgeldes nach § 14 HGB dazu anzuhalten.[70] Der Aufsichtsrat ist innerhalb von 6 Monaten gem. § 98 Abs. 4 nach den vom Gericht festgestellten Vorschriften neu zusammenzusetzen.

V. Kosten, Abs. 6

21 Seit der Aufhebung von § 99 Abs. 6 S. 1–7 durch das 2. Kostenmodernisierungsgesetz vom 23.7.2013 (BGBl. 2013 I 2586) werden die Kosten und Geschäftswerte nach dem GNotKG festgesetzt (§ 1 Abs. 2 Nr. 1 GNotKG). Abweichend von § 36 Abs. 3 GNotKG ist nach § 75 GNotKG von einem Geschäftswert von 50 000 Euro auszugehen, wenn sich sonst keine genügenden Anhaltspunkte für eine Bestimmung des Werts ergeben.[71] Der wichtigste Grundsatz findet sich aber immer noch in § 99 Abs. 6 S. 2 (vorher S. 9): Kosten der Beteiligten werden nicht erstattet.[72] Erfasst werden nur prozessuale Kostenerstattungsansprüche, etwaige materiell-rechtliche Kostenerstattungsansprüche bleiben hingegen unberührt.[73] Demgemäß geht es nur um die Gerichtskostenverteilung.

22 **Schuldnerin der Kosten** ist in der Regel die Gesellschaft gem. § 23 Nr. 10 GNotKG, da sie als juristische Person ein Interesse an der Feststellung der richtigen Zusammensetzung ihrer Organe hat.[74] Davon kann ausnahmsweise nach § 99 Abs. 6 S. 1(vorher Satz 8) aus Billigkeitsgründen abgewichen werden, wenn es sich um offensichtlich unbegründete oder unzulässige Anträge handelt.[75] Ob eine Abweichung vom Grundsatz des § 23 Nr. 10 GNotKG auch geboten erscheint, wenn der

---

[65] Vgl. Hüffer/Koch/*Koch* Rn. 10, der auf den fehlenden Verweis des § 132 Abs. 3 S. 1 auf § 99 Abs. 5 S. 2 hinweist; ebenso Großkomm AktG/*Hopt/Roth/Peddinghaus* Rn. 35, Fn. 117; MüKoAktG/*Kubis* § 132 Rn. 46; Grigoleit/*Tomasic* AG 1967, 309 (311); *v. Falkenhausen* AG 1967, 309 (311).
[66] MüKoAktG/*Habersack* Rn. 24; Wachter/*Schick* Rn. 9; Henssler/Strohn/*Henssler* Rn. 6; zu den Voraussetzungen der formellen Rechtskraft Keidel/*Engelhardt* FamFG § 45 Rn. 3; *Bumiller/Harders/Schwamb* FamFG § 45 Rn. 2 ff.
[67] MüKoAktG/*Habersack* Rn. 24 unter Bezugnahme auf BGH NJW 1955, 503 (504); Großkomm AktG/*Hopt/Roth/Peddinghaus* Rn. 34; Kölner Komm AktG/*Mertens/Cahn* §§ 97–99 Rn. 52.
[68] Ausschuss *Kropff* S. 134; Großkomm AktG/*Hopt/Roth/Peddinghaus* Rn. 38; Wachter/*Schick* Rn. 10; *E. Vetter* in Marsch-Barner/Schäfer Börsennotierte AG-HdB Rn. 24.28.
[69] Großkomm AktG/*Hopt/Roth/Peddinghaus* Rn. 38; MüKoAktG/*Habersack* Rn. 26.
[70] EBJS/*Schaub* HGB § 14 Rn. 6, 9; Baumbach/Hopt/*Hopt* HGB § 14 Rn. 1; Großkomm AktG/*Hopt/Roth/Peddinghaus* Rn. 38.
[71] *Simons* AG 2014, 182 (183); das GNotKG kennt keinen Regelwert von 3000 € mehr (vgl. § 30 II KostO), wohl aber einen Ausgangswert von 5000€ (§ 36 Abs. 3 GNotKG); Sikora/Tiedtke NJW 2013, 2310 (2311).
[72] *Simons* AG 2014, 182 (183).
[73] ErfK/*Oetker* § 99 AktG Rn. 9; LAG Schleswig-Holstein LAGE § 40 BetrVG 1972 Nr. 53; für einen Aufwendungsersatzanspruch der Aufsichtsratsmitglieder gegen die AG *Dänzer-Vanotti* DB 1985, 1632 (1633).
[74] BegrRegE *Kropff* S. 134; Großkomm AktG/*Hopt/Roth/Peddinghaus* Rn. 41; MüKoAktG/*Habersack* Rn. 27; Hüffer/Koch/*Koch* Rn. 12; K. Schmidt/Lutter/*Drygala* Rn. 13; für eine analoge Anwendung der Kostenregelung im Organstreit *Bork* ZGR 1989, 1 (28 f.).
[75] ErfK/*Oetker* § 99 AktG Rn. 9; BegrRegE *Kropff* S. 134; Großkomm AktG/*Hopt/Roth/Peddinghaus* Rn. 41; MüKoAktG/*Habersack* Rn. 27; K. Schmidt/Lutter/*Drygala* Rn. 13; Bürgers/Körber/*Israel* Rn. 7; NK-AktR/*Ammon* Rn. 19; teilw. abw. Kölner Komm AktG/*Mertens/Cahn* §§ 97–99 Rn. 55: nicht bei Vorstandsmitgliedern, da sie für die Gesellschaft handeln.

Antragsteller mit dem gerichtlichen Verfahren eigene Interessen verfolgt,[76] erscheint hingegen fraglich, da gerade auch das Antragsrecht nach § 98 Abs. 2 S. 1 Nr. 6–10 die Wahrung eigener Belange voraussetzt. Eine – früher vorgesehene – Befreiung von der Pflicht zum Vorschuss der Gerichtskosten ist bereits 1994 im Rahmen des UmwBerG gestrichen worden, da ein zu hohes Risiko für die Staatskasse, vor allem im Zusammenhang mit anderen Verfahren, hier den Spruchverfahren, in denen regelmäßig hohe Kosten für Sachverständige anfallen, befürchtet wurde.[77] Mit Inkrafttreten des 2. Kostenmodernisierungsgesetzes ist die Vorschusspflicht im Rahmen des Statusverfahrens im Ergebnis entfallen.[78] Nach § 13 S. 1 GNotKG kann ein Vorschuss nur in gerichtlichen Verfahren verlangt werden, in denen der Antragsteller die Kosten schuldet (§ 22 GNotKG). Im Statusverfahren ist jedoch grundsätzlich die Gesellschaft Kostenschuldnerin (s.o.). Demnach gilt allein § 13 GNotKG, der dem Gericht eine flexible Entscheidung über die Erhebung des Vorschusses ermöglicht. Soweit der Kostenschuldner bei Antragstellung bereits erkennbar ist, besteht eine Vorschusspflicht nach § 13 S. 1 GNotKG.[79] In Anbetracht der grundsätzlichen Kostentragungspflicht der AG wird das Gericht den Vorschuss nicht ohne weiteres von einem anderen Antragsteller einfordern können.[80]

Die Überlegungen zur analogen Heranziehung des § 99 Abs. 6 S. 7 aF für den Fall, dass eine Gewerkschaft die Ergänzung des Aufsichtsrats nach § 104 beantragt, dürften sich mit der Regelung des § 23 Nr. 10 GNotKG auch erledigt haben, da die Norm die Kostentragungspflicht der Gesellschaft ausdrücklich auf Verfahren nach §§ 98, 99 beschränkt. Zumal in Anbetracht der detailreichen Regelung des Verfahrens über die gerichtliche Bestellung in § 104 von einer Regelungslücke keine Rede sein kann. Hinzu kommt, dass die grundsätzliche Kostentragungspflicht der AG eine nur begrenzt analogiefähige Ausnahme vom Veranlasserprinzip des § 22 Abs. 1 GNotKG darstellt (→ § 104 Rn. 29 mwN auch zur Gegenauffassung).[81] 23

§ 100 Persönliche Voraussetzungen für Aufsichtsratsmitglieder

(1) ¹Mitglied des Aufsichtsrats kann nur eine natürliche, unbeschränkt geschäftsfähige Person sein. ²Ein Betreuter, der bei der Besorgung seiner Vermögensangelegenheiten ganz oder teilweise einem Einwilligungsvorbehalt (§ 1903 des Bürgerlichen Gesetzbuchs) unterliegt, kann nicht Mitglied des Aufsichtsrats sein.

(2) ¹Mitglied des Aufsichtsrats kann nicht sein, wer
1. bereits in zehn Handelsgesellschaften, die gesetzlich einen Aufsichtsrat zu bilden haben, Aufsichtsratsmitglied ist,
2. gesetzlicher Vertreter eines von der Gesellschaft abhängigen Unternehmens ist,
3. gesetzlicher Vertreter einer anderen Kapitalgesellschaft ist, deren Aufsichtsrat ein Vorstandsmitglied der Gesellschaft angehört, oder
4. in den letzten zwei Jahren Vorstandsmitglied derselben börsennotierten Gesellschaft war, es sei denn, seine Wahl erfolgt auf Vorschlag von Aktionären, die mehr als 25 Prozent der Stimmrechte an der Gesellschaft halten.

²Auf die Höchstzahl nach Satz 1 Nr. 1 sind bis zu fünf Aufsichtsratssitze nicht anzurechnen, die ein gesetzlicher Vertreter (beim Einzelkaufmann der Inhaber) des herrschenden Unternehmens eines Konzerns in zum Konzern gehörenden Handelsgesellschaften, die gesetzlich einen Aufsichtsrat zu bilden haben, innehat. ³Auf die Höchstzahl nach Satz 1 Nr. 1 sind Aufsichtsratsämter im Sinne der Nummer 1 doppelt anzurechnen, für die das Mitglied zum Vorsitzenden gewählt worden ist.

(3) Die anderen persönlichen Voraussetzungen der Aufsichtsratsmitglieder der Arbeitnehmer sowie der weiteren Mitglieder bestimmen sich nach dem Mitbestimmungsgesetz, dem Montan-Mitbestimmungsgesetz, dem Mitbestimmungsergänzungsgesetz, dem Drittelbeteiligungsgesetz und dem Gesetz über die Mitbestimmung der Arbeitnehmer bei einer grenzüberschreitenden Verschmelzung.

---

[76] *Simons* AG 2014, 182 (183): ganz überwiegende eigennützige Interessenverfolgung; so noch zu § 99 Abs. 6 S. 7: OLG Düsseldorf AG 1994, 424.
[77] BegrFraktionsE § 312 UmwBerG BT-Drs. 12/6699, 170 f., 177; Großkomm AktG/*Hopt/Roth/Peddinghaus* Rn. 39; Kölner Komm AktG/*Mertens/Cahn* §§ 97–99 Rn. 55; → Rn. 3.
[78] *Simons* AG 2014, 182 (184).
[79] *Hartmann* Kostengesetze GNotKG § 13 Rn. 3.
[80] OLG Saarbrücken AG 2004, 217; OLG Düsseldorf AG 1998, 525 jeweils für die vergleichbare Lage im Spruchstellenverfahren.
[81] OLG Düsseldorf AG 1994, 424; zust. MüKoAktG/*Habersack* Rn. 27; Großkomm AktG/*Hopt/Roth/Peddinghaus* Rn. 41.

§ 100

Erstes Buch. Aktiengesellschaft

(4) Die Satzung kann persönliche Voraussetzungen nur für Aufsichtsratsmitglieder fordern, die von der Hauptversammlung ohne Bindung an Wahlvorschläge gewählt oder auf Grund der Satzung in den Aufsichtsrat entsandt werden.

(5) Bei Gesellschaften, die kapitalmarktorientiert im Sinn des § 264d des Handelsgesetzbuchs, die CRR-Kreditinstitute im Sinne des § 1 Absatz 3d Satz 1 des Kreditwesengesetzes, mit Ausnahme der in § 2 Absatz 1 Nummer 1 und 2 des Kreditwesengesetzes genannten Institute, oder die Versicherungsunternehmen im Sinne des Artikel 2 Absatz 1 der Richtlinie 91/674/EWG des Rates vom 19. Dezember 1991 über den Jahresabschluß und den konsolidierten Abschluß von Versicherungsunternehmen (Abl. L 374 vom 31.12.1991, S. 7), die zuletzt durch die Richtlinie 2006/46/EG (Abl. L 224 vom 16.8.2006, S. 1) geändert worden ist, sind, muss mindestens ein Mitglied des Aufsichtsrats über Sachverstand auf den Gebieten Rechnungslegung oder Abschlussprüfung verfügen; die Mitglieder müssen in ihrer Gesamtheit mit dem Sektor, in dem die Gesellschaft tätig ist, vertraut sein.

Schrifttum: *Annuß/Theusinger,* Das VorstAG – Praktische Hinweise zum Umgang mit dem neuen Recht, BB 2009, 2434; *Bachmann,* Reform der Corporate Governance in Deutschland, AG 2012, 565; *Bahreini,* Der unabhängige Finanzexperte i.S.v. § 100 Abs. 5 AktG, Diss. Marburg 2012; *Bartz/v. Werder,* Unabhängigkeit von Kandidaten für den Aufsichtsrat – Empirische Befunde zur tatsächlichen Anwendung der Kodexempfehlungen zur Beziehungstransparenz NZG 2014, 841; *Bayer,* Grundsatzfragen der Regulierung der aktienrechtlichen Corporate Governance, NZG 2013, 1; *Behme/Zickgraf,* Anforderungen an die Qualifikation von Aufsichtsratsmitgliedern nach dem Abschlussprüferreformgesetz (AReG), AG 2016, R 132; *Berker,* Technische Kompetenzen im Aufsichtsrat – Praxiserfahrungen zur Umsetzung von Diversity-Anforderungen im Rahmen der Besetzung des Aufsichtsratsgremiums, ZCG 2011, 110; *Beyer,* Die Unabhängigkeit des Aufsichtsratsmitglieds, 2009; *Bihr/Philippsen,* Qualitätsaspekte bei der Arbeit von Aufsichtsratsgremien – Grundsätze ordnungsgemäßer Überwachung für Aufsichtsräte, DStR 2011, 1133; *Bokelmann,* Personelle Verflechtungen über Aufsichtsräte, 2000; *Bollweg,* Die Wahl des Aufsichtsrats in der Hauptversammlung der Aktiengesellschaft, 1997; *Bosse/Malchow,* Unterstützung und Kostentragung für die Aus- und Fortbildung von Aufsichtsratsmitgliedern – Der Kodex bezieht Stellung, NZG 2010, 972; *Bröcker/Mosel,* Der unabhängige Finanzexperte – Neue Herausforderungen bei der Besetzung des Aufsichtsrates durch das BilMoG, GWR 2009, 132; *Bürgers/Schilha,* Die Unabhängigkeit des Vertreters des Mutterunternehmens im Aufsichtsrat der Tochtergesellschaft, AG 2010, 221; *Bungert/Wansleben,* Wechsel eines Vorstandsmitglieds in den Aufsichtsrat, DB 2012, 2617; *Bürkle,* Die Neuregelungen zur Abschlussprüfung bei Versicherungsunternehmen aus Sicht des Aufsichtsrats, VersR 2016, 1145; *Butzke,* Interessenkonflikte als Thema der Hauptversammlung, FS Hoffmann-Becking, 2013, 229; *v. Caemmerer,* Aufsichtsrat und Auslandsverbindungen, FS Geßler, 1971, 81; *Cahn,* Professionalisierung des Aufsichtsrats in Veil, Unternehmensrecht in der Reformdiskussion, 139; *Deilmann/Albrecht,* Corporate Governance und Diversity – was empfiehlt der neue Kodex?, AG 2010, 727; *Diekmann/Bidmon,* Das „unabhängige" Aufsichtsratsmitglied nach dem BilMoG – insbesondere als Vertreter des Hauptaktionärs, NZG 2009, 1087; *Diekmann/Fleischmann,* Umgang mit Interessenkonflikten in Aufsichtsrat und Vorstand der Aktiengesellschaft, AG 2013, 141; *Dreher,* Personelle Verflechtungen zwischen den Leistungsorganen von (Versicherungs-)Unternehmen nach Gesellschafts-, Konzern- und Versicherungsaufsichtsrecht, FS Lorenz, 1994, 175; *Dreher,* Die Qualifikation der Aufsichtsratsmitglieder, FS Boujong, 1996, 71; *Dreher,* Die Gesamtqualifikation des Aufsichtsrats, FS Hoffmann-Becking, 2013, 313; *Drygala,* Der Finanzexperte im Aufsichtsrat als Plausibilitätsprüfer, Der Aufsichtsrat 2010, 104; *Drygala,* Aufsichtsratsbericht und Vertraulichkeit im System der Corporate Governance, AG 2007, 381; *Ehlers/Nohlen,* Unabhängiger Finanzexperte und Prüfungsausschuss nach dem Bilanzrechtsmodernisierungsgesetz, GS Gruson, 2009, 107; *Ehren/Gros,* Anmerkungen zur Professionalisierung der Aufsichtsratstätigkeit, Der Konzern 2011, 277; *Emde/Dreibus,* Der Regierungsentwurf für ein Kapitalanlagegesetzbuch, BKR 2013, 89; *Ernst/Seidler,* Der Regierungsentwurf eines Gesetzes zur Modernisierung des Bilanzrechts, ZGR 2008, 631; *v. Falkenhausen/Kocher,* Wie wird der unabhängige Finanzexperte in den Aufsichtsrat gewählt?, ZIP 2009, 1601; *Fett/Theusinger,* Die gerichtliche Bestellung von Aufsichtsratsmitgliedern – Einsatzmöglichkeiten und Fallstricke, AG 2010, 425; *Fischer,* Die Verantwortung des Aufsichtsrats bei Interessenkollisionen, GS Duden 1982, 55; *Florstedt,* Die Unabhängigkeit des Aufsichtsratsmitglieds vom kontrollierenden Aktionär, ZIP 2013, 337; *Gach,* Eignungsvoraussetzungen für Arbeitnehmervertreter im Aufsichtsrat, FS Bauer, 2010, 327; *Gaul,* Cooling-off nach § 100 Abs. 2 Nr. 4 AktG – Streit ohne Ende?, AG 2015, 742; *Gesell,* Prüfungsausschuss und Aufsichtsrat nach dem BilMoG, ZGR 2011, 361; *Gros/Velte,* Corporate Governance Reporting zum Prüfungsausschuss – Eine empirische Untersuchung im DAX und MDAX für das Geschäftsjahr 2011 unter besonderer Berücksichtigung der Finanzexpertise im Prüfungsausschuss, DStR 2012, 2243; *Gruber,* Der unabhängige Finanzexperte im Aufsichtsrat nach dem Referentenentwurf des Bilanzrechtsmodernisierungsgesetzes, NZG 2008, 12; *Habersack,* Aufsichtsrat und Prüfungsausschuss nach dem BilMoG, AG 2008, 98; *Habersack,* „Kirch/Deutsche Bank" und die Folgen – Überlegungen zu § 100 Abs. 5 AktG und Ziff. 5.4, 5.5 DCGK –, FS Goette, 2011, 121; *Habersack,* Staatliche und halbstaatliche Eingriffe in die Unternehmensführung, Gutachten E zum 69. Deutschen Juristentag 2012; *Hakelmacher,* Die labile Seitenlage der Wirtschaftsprüfer, WPg 2013, 109; *Handelsrechtsausschuss des DAV,* Stellungnahme zu den Änderungsvorschlägen der Regierungskommission Deutscher Corporate Governance Kodex vom 1.2.2012, NZG 2012, 335; *Hasselbach/Jakobs,* Die Unabhängigkeit von Aufsichtsratsmitgliedern, BB 2013, 643; *Häuser,* Interessenkollision durch Wahrnehmung des Aufsichtsratsmandats in der unabhängigen Aktiengesellschaft, 1985; *P. Häuser,* Unabhängigkeit des Aufsichtsratsmitglieds im internationalen Vergleich mit der Schweiz, Großbritannien und den USA, Diss. Frankfurt 2011; *Hersch,* Neue Anforderungen an die Aufsichtsräte von Versicherungsunternehmen durch das Abschlussprüferreformgesetz, VersR 2017, 257; *Hoffmann-Becking*, Unabhängigkeit im Aufsichtsrat, NZG 2014, 801; *Hönsch*, Die Auswirkungen des BilMoG auf den Prüfungsausschuss, Der Konzern 2009, 553; *Hommelhoff*, Unabhängige Aufsichtsratsmitglieder in börsennotierten Familienunternehmen, ZIP 2013, 953; *Hoppmann*, Fit-and-proper-Test für die Aufsichtsräte von Versicherungsunternehmen, VersR 2001, 561; *Hüffer*, Die Unabhängigkeit von Aufsichtsratsmitgliedern nach Ziff. 5.4.2 DCGK, ZIP 2006, 637; *Hüffer*, Zur Wahl von Beratern des Großaktionärs in den Aufsichtsrat der Gesellschaft, ZIP 2010, 1979; *Hupka*, Die Unabhängigkeit des Aufsichtsrats nach dem DCGK 2012, Der Aufsichtsrat 2012, 128; *Huwer*, Der Prüfungsausschuss des Aufsichtsrats, Diss. Darmstadt 2008; *Ihrig*, Gestaltungsfreiheit und -grenzen beim Wechsel vom Vorstand in den Aufsichtsrat, FS Hoffmann-Becking, 2013, 617; *Ihrig/Meder*, Der Mehrheitsaktionär als abhängiges Aufsichtsratsmitglied?, FS Hellwig, 2010, 163; *Ihrig/Meder*, Die Zuständigkeitsordnung bei Benennung der Ziele für die Zusammensetzung des Aufsichtsrats gem. Ziff. 5.4.1 DCGK n. F. in mitbestimmten Gesellschaften, ZIP 2010, 1577; *Ihrig/Meder*, Zweifelsfragen bei der Zielbenennung zur Zusammensetzung des Aufsichtsrats nach dem Kodex, ZIP 2012, 1210; *Jaspers*, Voraussetzungen und Rechtsfolgen der Unabhängigkeit eines Aufsichtsratsmitglieds nach dem BilMoG, AG 2009, 607; *Jaspers*, Höchstgrenzen für Aufsichtsratsmandate nach Aktienrecht und DCGK, AG 2011, 154; *Kämpfer/Hönsch*, Zur Entwicklung der Aufsichtsratsregulierung, FS Herzig, 2010, 531; *Kehler*, Die Unabhängigkeit des Aufsichtsrats als aktienrechtliches Erfordernis (AktG und DCGK), Diss. Mannheim, 2007; *Keiluweit*, Die aktuellen Änderungen des Deutschen Corporate Governance Kodex im Lichte aktienrechtlicher Vorgaben, DStR 2010, 2251; *Klein*, Die Änderungen des DCGK 2012 aus Sicht der Unternehmenspraxis, AG 2012, 805; *Koch*, Begriff und Rechtsfolgen von Interessenkonflikten und Unabhängigkeit im Aktienrecht, ZGR 2014, 697; *Kocher*, Die Diversty-Empfehlung des neuen Corporate-Governance-Kodex, BB 2010, 264; *Konow*, Das Verbot der Überkreuzverflechtung, DB 1966, 849; *Krasberg*, Der Prüfungsausschuss des Aufsichtsrats einer Aktiengesellschaft nach dem BilMoG, Diss. Freiburg 2009; *Krebs*, Interessenkonflikte bei Aufsichtsratsmandaten in der Aktiengesellschaft, 2002; *Kremer/v. Werder*, Unabhängigkeit von Aufsichtsratsmitgliedern: Konzept, Kriterien und Kandidateninformationen, AG 2013, 340; *Krieger*, Der Wechsel vom Vorstand in den Aufsichtsrat, FS Hüffer, 2010, 521; *Kropff*, Zur Vinkulierung, zum Vollmachtstimmrecht und zur Unternehmensaufsicht im deutschen Recht, ZGR-Sonderheft 12/1994, 3; *Kropff*, Der unabhängige Finanzexperte in der Gesellschaftsverfassung, FS K. Schmidt, 2009, 1023; *Kumpan*, Staatliche und halbstaatliche Eingriffe in die Unternehmensführung, AnwBl. 2012, 704; *Lammers*, Der Prüfungsausschuss des Aufsichtsrats nach dem Sarbanes-Oxley Act und dem BilMoG, Diss. Frankfurt 2011; *Lanfermann/Röhricht*, Pflichten des Prüfungsausschusses nach dem BilMoG, BB 2009, 887; *Langenbucher*, Zentrale Akteure der Corporate Governance: Zusammensetzung des Aufsichtsrats, ZGR 2012, 314; *Lehrl*, Sachkunde – Zuverlässigkeit – persönliche Ausschlussgründe von Aufsichtsräten gemäß § 36 Abs. 3 KWG, BKR 2010, 485; *Leimkühler/Velte*, Cooling Off beim Wechsel aus dem Vorstand in den Aufsichtsrat, Board 2011, 145; *Leyens*, Information des Aufsichtsrats, Diss. Hamburg 2006; *Löbbe/Fischbach*, Wechsel von Vorstandsmitgliedern in den Aufsichtsrat auf Initiative der Verwaltungsorgane der Gesellschaft, AG 2012, 580; *Lüer*, Effizientere Aufsichtsräte durch die Bestellung eines unabhängigen Finanzexperten nach §§ 100 Abs. 5, 107 Abs. 3, 4 AktG, FS Maier-Reimer, 2010, 385; *Lutter*, Auswahlpflichten und Auswahlverschulden bei der Wahl von Aufsichtsratsmitgliedern, ZIP 2003, 417; *Lutter*, Defizite für eine effiziente Aufsichtsratstätigkeit und gesetzliche Möglichkeiten der Verbesserung, ZHR 159 (1995), 287; *Lutter*, Interessenkonflikte durch Bankenvertreter im Aufsichtsrat, (öst) RdW 1987, 314; *Mader*, Die internationale Besetzung des Aufsichtsrats einer deutschen Aktiengesellschaft, ZGR 2014, 430; *Marsch-Barner*, Zur Anfechtung der Wahl von Aufsichtsratsmitgliedern, FS K. Schmidt, 2009, 1109; *Meder*, Die persönliche Unabhängigkeit der Aufsichtsratsmitglieder und Directors in börsennotierten Aktiengesellschaften, Diss. Frankfurt 2009; *Meier*, Inkompatibilität und Interessenwiderstreit von Verwaltungsangehörigen in Aufsichtsräten, NZG 2003, 54; *Mense/Klie*, Deutscher Corporate Governance Kodex 2017 – Auswirkungen der aktuellen Änderungen für die Praxis, BB 2017, 771; *Mense/Rosenhäger*, Mehr Vielfalt wagen – Zu den jüngsten Änderungen des Deutschen Corporate Governance Kodex, GWR 2010, 311; *Merkt*, Die Zusammenarbeit von Aufsichtsrat und Abschlussprüfer nach der EU-Reform: Mut zur Erwartungslücke, ZHR 179 (2015), 601; *Meyer*, Der unabhängige Finanzexperte im Aufsichtsrat, Diss. Köln 2012; *Mickel/Fleischmann*, Die Höchstmandatszahl für Aufsichtsräte – Einbeziehung des ausländischen Mandats, NZG 2010, 54; *Mutter/Kruchen*, Wie viele Ämter dürfen Aufsichtsräte haben?, VersR 2011, 488; *Nebendahl*, Inkompatibilität zwischen Ministeramt und Aufsichtsratsmandat, DÖV 1988, 961; *Nikoleyczik/Graßl*, Überarbeitung des Deutschen Corporate Governance Kodex (DCGK) – Die Änderungsvorschläge der Regierungskommission aus der Plenarsitzung vom 13.10.2016, NZG 2017, 161; *Nodoushani*, Das neue Anforderungsprofil für Aufsichtsräte von Unternehmen von öffentlichem Interesse, AG 2016, 381; *Nodoushani*, Der unabhängige Finanzexperte und die Belange der Marktteilnehmer, NZG 2015, 1186; *Nowak*, Wahl des unabhängigen Finanzexperten nach BilMoG: Praxistipps für den Umgang mit dem neuen § 100 Abs. 5 AktG, BB 2010, 2423; *Nowak*, Die Unabhängigkeit des Aufsichtsratsmitglied nach § 100 Abs. 5 AktG, Diss. Darmstadt 2010; *Paschos/Goslar*, Unabhängigkeit von Aufsichtsratsmitgliedern nach den neuesten Änderungen des Deutschen Corporate Governance Kodex, NZG 2012, 1361; *Peltzer*, Für einen schlankeren Kodex!, NZG 2012, 368; *Pikó*, Entwicklung der Aufsichtsratstätigkeit in den Jahren 2016, 2017, WPg 2016, 1383; *Priester*, Interessenkonflikte im Aufsichtsrat – Offenlegung versus Vertraulichkeit, ZIP 2011, 2081; *Reese-Lange*, Kunde, Lieferant und Kreditgeber als unabhängige Mitglieder des Aufsichtsrats – Überlegungen zu Ziff. 5.4.2 DCGK bei Doppelfunktionen, AG 2014, 417; *Redenius-Hövermann*, Zur Frauenquote im Aufsichtsrat, ZIP 2010, 660; *Redenius-Hövermann*, Zusammenarbeit zwischen Aufsichtsrat und Abschlussprüfer im Sinne guter Corporate Governance, WPg 2017, 349; *Rieder*, Anfechtbarkeit von Aufsichtsratswahlen bei unrichtiger Entsprechenserklärung?, NZG 2010, 737; *Rieder/Holzmann*, Brennpunkte der Aufsichtsratsregulierung in Deutschland und den USA, AG 2010, 570; *Ringleb/Kremer/Lutter/v. Werder*, Die Kodex-Änderungen vom Mai 2010, NZG 2010, 1161; *Ringleb/Kremer/Lutter/v. Werder*, Die Kodex-Änderungen vom Mai 2012, NZG 2012, 1081; *Rode*, Der Wechsel eines Vorstandsmitglieds in den Aufsichtsrat – eine gute Corporate Governance?,

BB 2006, 341; *Roth,* Deutscher Corporate Governance Kodex 2012, WM 2012, 1985; *Roth,* Unabhängige Aufsichtsratsmitglieder, ZHR 175 (2011), 605; *Roth,* Entwicklung des Aktienrechts und des Aufsichtsrats – Aktiengesetz und Deutscher Corporate Governance Kodex im internationalen Vergleich, FS Baums, 2017, 1023; *Rothärmel,* Die Familien-AG – die zehn wichtigsten Gestaltungsinstrumente, BB 2012, 716; *Roundtable des Berlin Center of Corporate Governance (BCCG),* Berücksichtigung von Frauen bei der Besetzung von Unternehmensorganen, DB 2010, 2786 *Rubner,* Unabhängigkeit des Aufsichtsrats nach Corporate Governance Kodex, NJW-Spezial 2012, 399; *Rubner/Fischer,* Erneut: Professionalisierung des Aufsichtsrats, Zu den Änderungen des DCGK 2015, NZG 2015, 782; *Rummel,* Das aktienrechtliche Verbot der Überkreuzverpflichtung und Kapitalgesellschaft mit freiwillig gebildetem Aufsichtsrat, DB 1970, 2257; *Säcker,* Behördenvertreter im Aufsichtsrat, FS Rebmann, 1989, 781; *Schilha,* Neues Anforderungsprofil, mehr Aufgaben und erweiterte Haftung für den Aufsichtsrat nach Inkrafttreten der Abschlussprüferreform, ZIP 2016, 1316; *Schneider,* Interessenkonflikte des abhängigen Unternehmens im Konzern, FS Raiser, 2005, 341; *Schneider,* Interessenkonflikte im Aufsichtsrat, FS Goette, 2011, 475; *Schneider/Nowak,* Der Aufsichtsrat im Rampenlicht eine Reform jagt die andere!, FS zum 50-jährigen Jubiläum der DVFA, 2010, 394; *Scholderer,* Unabhängigkeit und Interessenkonflikte der Aufsichtsratsmitglieder, NZG 2012, 168; *Schubert/Jacobsen,* Personelle Vielfalt als Element guter Unternehmensführung – die Empfehlung des Corporate Governance Kodex und die Rechtsfolgen ihrer unzureichenden Berücksichtigung, WM 2011, 726; *Schüppen,* Wirtschaftsprüfer und Aufsichtsrat – alte Fragen und aktuelle Entwicklungen, ZIP 2012, 1317; *Schulenburg/Brosius,* Ausgewählte aktien- und wertpapierrechtliche Fragen zu § 100 Abs. 2 S. 1 Nr. 4 AktG, WM 2011, 58; *Schulz,* Die Zielbenennung zur Zusammensetzung des Aufsichtsrats nach dem DCGK 2010, BB 2010, 2390; *Schüppen,* Die europäische Abschlussprüfungsreform und ihre Implementierung in Deutschland – Vom Löwen zum Bettvorleger?, NZG 2016, 247; *Schütze,* Die Berücksichtigung ausländischer Aufsichtsratsmandate im Rahmen von § 100 Abs. 1 Nr. 1 AktG, AG 1967, 342; *Seibt,* Interessenkonflikte im Aufsichtsrat, FS Hopt, 2010, 1363; *Semler,* Eignungsvoraussetzungen für ein Aufsichtsratsmitglied, FS 100 Jahre Wirtschaftsuniversität Wien, 1998, 93; *Semler,* Anforderungen an die Befähigung eines Aufsichtsratsmitglieds, FS K. Schmidt, 2009, 1489; *Spindler,* Die Empfehlungen der EU für den Aufsichtsrat und ihre deutsche Umsetzung im Corporate Governance Kodex, ZIP 2005, 2033; *Spindler,* Vorstandsgehälter auf dem Prüfstand – das Gesetz zur Angemessenheit der Vorstandsvergütung (VorstAG), NJOZ 2009, 3282: *Spindler/Seidel,* Die Zustimmungspflicht bei Related Party Transactions in der konzernrechtlichen Diskussion – Ein Plädoyer für die Zuständigkeit des Aufsichtsrats, AG 2017, 169; *Staake,* Der unabhängige Finanzexperte im Aufsichtsrat, ZIP 2010, 1013; *Staake,* Arbeitnehmervertreter als unabhängige Aufsichtsratsmitglieder?, NZG 2016, 853; *Stephanblome,* Empfehlungen des DCGK zur Unabhängigkeit von Aufsichtsratsmitgliedern, ZIP 2013, 1411; *Strenger,* Unabhängigkeit des Aufsichtsrats – mehr denn je relevant, Der Konzern 2012, 10; *Strenger,* Wichtige Neuerungen im Deutschen Corporate Governance Kodex aus Sicht institutioneller Investoren, NZG 2010, 1401; *Strenger,* Prüfungsausschuss zunehmend gefordert, WPg 2016, 313; *Sünner,* Die Wahl von ausscheidenden Vorstandsmitgliedern in den Aufsichtsrat, AG 2010, 111; *Sünner,* Diversity bei den Organen einer Aktiengesellschaft, CCZ 2009, 185; *Sünner,* Die Bestellung des Finanzexperten im Aufsichtsrat, FS Schneider, 2011, 1301; *Theisen,* Ein guter Geist im Aufsichtsrat – Der Financial Expert, Der Aufsichtsrat 2009, 81; *Veen,* Die Vereinbarkeit von Regierungsamt und Aufsichtsratsmandat in Wirtschaftsunternehmen, 1996; *Velte,* Wechsel vom Vorstand in den Aufsichtsrat mit oder ohne Cooling Off als „gute" Corporate Governance?, WM 2012, 537; *Velte,* Der Referentenentwurf für ein Abschlussprüfungsreformgesetz – Wie wirken sich die geplanten Änderungen auf das Verhältnis zwischen Aufsichtsrat bzw. Prüfungsausschuss und Abschlussprüfer aus?, WPg 2015, 482; *E. Vetter,* Neue Vorgaben für die Wahl des Aufsichtsrats durch die Hauptversammlung nach § 100 Abs. 2 Satz 1 Nr. 4 und Abs. 5 AktG, FS Maier-Reimer, 2010, 795; *E. Vetter,* Aufsichtsratswahlen durch die Hauptversammlung und § 161 AktG, FS Schneider, 2010, 1345; *E. Vetter,* Der Prüfungsausschuss in der AG nach dem BilMoG, ZGR 2010, 751; *Wais,* Gefahr von Interessenkollisionen bei gleichzeitiger Wahrnehmung eines öffentlichen Amts und eines Aufsichtsratsmandats?, NJW 1982, 1263; *Wardenbach,* Interessenkonflikte und mangelnde Sachkunde als Bestellungshindernisse zum Aufsichtsrat der AG, 1996; *Wardenbach/Wojtek,* Ist die Aufsichtsratswahl bei fehlendem „Financial Expert" anfechtbar?, GWR 2010, 207; *Wasse,* Die Internationalisierung des Aufsichtsrats – Herausforderungen in der Praxis, AG 2011, 685; *Weber-Rey,* Der Aufsichtsrat in der europäischen Perspektive – Vorschläge und Ideen für eine wirksame Corporate Governance, NZG 2013, 766; *Weber-Rey,* Corporate Governance in Aufsichtsräten von öffentlichen Unternehmen und die Rolle von Public Corporate Governance Kodizes, ZHR 177 (2013), 13; *Weber-Rey,* Gesamtverantwortung und Sonderzuständigkeiten. Der Finanzexperte im Spannungsfeld Corporate Governance, in: Orth/Ruter/Schichold (Hrsg.), Der unabhängige Finanzexperte im Aufsichtsrat, 2013, 3; *Weber-Rey/Handt,* Vielfalt/Diversity im Kodex – Selbstverpflichtung, Bemühungspflicht und Transparenz, NZG 2011, 1; *Weller,* Höchstmandatszahl für Aufsichtsräte – Anrechnung von Board-Mitgliedschaften in Auslandsgesellschaften?, Board 2011, 148; *v. Werder/Bartz,* Die aktuellen Änderungen des Corporate Governance Kodex, DB 2017, 769; *Widmann,* Das Fehlen des Finanzexperten nach dem BilMoG – Worst Case Szenario für den Aufsichtsrat?, BB 2009, 2602; *Wiedemann,* Organverantwortung in der Aktiengesellschaft – Doppel- und Mehrfachorgane, ZIP 1997, 1565; *Wilsing/von der Linden,* Unabhängigkeit, Interessenkonflikte und Vergütung von Aufsichtsratsmitgliedern – Gedanken zur Kodexnovelle 2012, DStR 2012, 1391; *Wilsing/von der Linden,* Compliance-Management, Investorengespräche, Unabhängigkeit und ein moralischer Imperativ – Gedanken zur Kodexnovelle 2017, DStR 2017, 1046; *Wind/Klie,* Der unabhängige Finanzexperte nach dem BilMoG – Rechtsfolgen eines abweichend von § 100 Abs. 5 AktG besetzten Aufsichtsrats, DStR 2010, 1339; *Wind/Klie,* Beziehungen zum Mehrheitsaktionär als unabhängigkeitsgefährdender Interessenkonflikt von Aufsichtsratsmitgliedern?, NZG 2010, 1413; *Windbichler,* Dienen staatliche Eingriffe guter Unternehmensführung?, NJW 2012, 2625; *Wirth,* Anforderungsprofil und Inkompatibilitäten für Aufsichtsratsmitglieder, ZGR 2005, 327; *Ziemons,* Was müssen Aktiengesellschaften nach Inkrafttreten des BilMoG beachten?, GWR 2009, 106.

Übersicht

	Rn.		Rn.
I. Überblick	1–4	VI. Aufsichtsratsmitglieder der Arbeitnehmer, Abs. 3	44, 45
II. Entstehungsgeschichte	5–8	VII. Anforderungen durch die Satzung, Abs. 4	46–48
III. Persönliche Voraussetzungen, Abs. 1	9–11	VIII. Zusätzliche Anforderungen an Gesellschaften von öffentlichem Interesse, Abs. 5	49–60a
IV. Hinderungsgründe, Abs. 2	12–42	1. Allgemeines	49–51
1. Höchstzahl, S. 1 Nr. 1	12–22	2. Persönlicher Anwendungsbereich	52
a) Nur Handelsgesellschaften mit zwingendem Aufsichtsrat	13, 14	3. Sachverstand auf den Gebieten der Rechnungslegung oder der Abschlussprüfung	53
b) Ausländische Gesellschaften; Europäische AG	15, 16	4. Unabhängigkeit	54–59a
c) Konzernprivileg	17–21	5. Sektorkenntnis	60, 60a
d) Doppelzählung von Aufsichtsratsvorsitzenden	22	IX. Weitere Anforderungen an das Aufsichtsratsmitglied; Corporate Governance Kodex	61–68
2. Gesetzlicher Vertreter abhängiger Unternehmen, S. 1 Nr. 2 (Organisationsgefälle)	23, 24	1. Sach- und Fachkunde	61–64
3. Überkreuzverflechtung, S. 1 Nr. 3	25–29	2. Dauerhafte Interessenkollisionen, Unabhängigkeit	65–66a
4. Wechsel vom Vorstand in den Aufsichtsrat, S. 1 Nr. 4	30–37	3. Weitere Empfehlungen des Deutschen Corporate Governance Kodex	67, 68
5. Andere öffentlich-rechtliche Hinderungsgründe	38	X. Rechtsfolgen	69–75
6. Ungeschriebene Hinderungsgründe	39–41		
7. Gründe ohne Einfluss	42		
V. Maßgeblicher Zeitpunkt	43		

I. Überblick

§ 100 stellt ein wesentliches Element der Sicherung guter Corporate Governance dar, indem **1** persönliche Voraussetzungen für die Mitgliedschaft im Aufsichtsrat aufgestellt werden. Die fachliche Eignung und persönliche Integrität von Aufsichtsratsmitgliedern ist, allgemein anerkannt, für eine effektive Überwachungstätigkeit des Aufsichtsrats unabdingbar.[1] Auch § 100 Abs. 5 trägt diesem Umstand Rechnung. Durch eine zahlenmäßige Beschränkung der Aufsichtsratsmandate wird gleichzeitig einem früheren Missstand im deutschen Recht entgegengewirkt.[2] § 100 wird ferner durch § 105 flankiert, wonach eine Personalunion zwischen Vorstands- und Aufsichtsratsmitglied ausgeschlossen ist, was ebenso für Prokuristen oder Generalhandlungsbevollmächtigte gilt (→ § 105 Rn. 22 ff.). § 100 Abs. 2 S. 1 Nr. 4 geht indes noch weiter, indem nicht nur die Mandatskonzentration unterbunden werden soll, sondern darüber hinaus der Wechsel vom Vorstand in den Aufsichtsrat bei börsennotierten Gesellschaften erst nach einer Karenzzeit („Cooling-Off-Periode") zugelassen wird.[3] Letztlich soll damit die objektive und unabhängige Überwachung des Vorstands gewährleistet werden.

Mit § 100 Abs. 4 schiebt der Gesetzgeber im Hinblick auf die Mitbestimmung im Aufsichtsrat **2** Versuchen einen Riegel vor, mit Hilfe der Satzung besondere Anforderungen an Arbeitnehmervertreter aufzustellen.

Aber auch sonst gilt, dass § 100 satzungsfest ist und durch die **Satzung** weder abbedungen noch **3** erweitert werden kann.[4]

Neben § 100 können weitere aus anderen **Fachgesetzen** stammende persönliche Anforderungen **4** zu berücksichtigen sein, zB § 24 Abs. 1 VAG, (Vorgängervorschrift war § 7a Abs. 4 VAG-aF), § 189 Abs. 3 S. 1 VAG (§ 35 Abs. 3 S. 1 VAG-aF) für Versicherungen,[5] § 18 Abs. 4 S. 1 KAGB, § 119 Abs. 3

---

[1] Ähnlich Hüffer/Koch/*Koch* Rn. 1; Großkomm AktG/*Hopt/Roth* Rn. 9 f.; K. Schmidt/Lutter/*Drygala* Rn. 1; Henssler/Strohn/*Henssler* Rn. 1; Wachter/*Schick* Rn. 1; *E. Vetter* in Marsch-Barner/Schäfer Börsennotierte AG-HdB Rn. 25. 2.
[2] BegrRegE und AusschBer *Kropff* S. 136.
[3] Der DCGK blieb bis zu seiner Fassung vom 18.6.2009 in Ziff. 5.4.4 dahinter zurück; *Hecker* BB 2009, 1654 (1657); *Weber-Rey* WM 2009, 2255 (2262 f.); s. noch die Empfehlung in Ziff. 5.4.4 in der Fassung vom 6.6.2008; dazu RKLW/*Kremer*, 3. Aufl. 2008, DKGK Rn. 1061 ff.
[4] Hüffer/Koch/*Koch* Rn. 1.
[5] S. auch *Hoppmann* VersR 2001, 561 ff., der einen „fit-and-proper" Test für Aufsichtsräte von Versicherungsunternehmen diskutiert, letztlich aber selbst ablehnt.

S. 1 KAGB, § 147 Abs. 3 S. 1 KAGB für externe Kapitalverwaltungsgesellschaften und Investmentaktiengesellschaften oder § 25d Abs. 1, 3 KWG für Institute, Finanzholding-Gesellschaften oder gemischte Finanzholding-Gesellschaften. Auch Genehmigungsvoraussetzungen für Nebentätigkeiten sind gegebenenfalls zu beachten, etwa nach § 99 BBG.

II. Entstehungsgeschichte

5 § 100 Abs. 1 S. 1 entspricht § 86 Abs. 2 S. 1 AktG 1937 mit dem einzigen Unterschied, dass nunmehr positiv geregelt ist, wer Aufsichtsratsmitglied sein kann.[6] § 100 Abs. 2 Nr. 1 geht bereits auf Art. VIII Abs. 4 der Verordnung des Reichspräsidenten vom 19. September 1931 zurück, der die maximale Mandatszahl auf 20 beschränkte.[7] Durch § 86 Abs. 2 S. 2 AktG 1937 wurde die Mandatshöchstzahl weiter eingeschränkt, nunmehr auf lediglich 10 Mandate in Aktiengesellschaften oder KGaA. Grund dieser Verschärfung war die Erwägung, dass die fach- und pflichtgemäße Ausübung von Aufsichtsratsämtern unter einer Vielzahl von Mandaten leidet und die hohe Verantwortlichkeit der Aufsichtsratsmitglieder durch eine Beschränkung gewährleistet werden sollte.[8] Davon konnte uU nach einer Durchführungsverordnung zum Aktiengesetz aus dem Jahre 1937 aus wirtschaftlichen Belangen abgewichen werden, wobei die absolute Obergrenze bei 20 Aufsichtsratssitzen lag.[9] Erneut verschärft wurde diese Begrenzung durch § 100 Abs. 2 Nr. 1 AktG 1965, indem die Möglichkeit des Dispenses ganz abgeschafft wurde und nun auch Aufsichtsratsmandate in Handelsgesellschaften mit gesetzlich verpflichtendem Aufsichtsrat mitgezählt wurden.[10] Zunächst sollten nach dem Regierungsentwurf 15 Aufsichtsratssitze zulässig sein; dies änderte der Bundestag jedoch ab und setzte die Zahl auf zehn Mandate fest.[11] Abs. 2 Nr. 2 und Nr. 3 sowie Abs. 2 S. 2 waren im Regierungsentwurf zum AktG 1965 noch nicht enthalten und wurden erst durch den Bundestag eingefügt.[12] Dadurch sollten zwei weitere Fälle gesetzlich geregelt werden, die die Tätigkeit als Aufsichtsratsmitglied ausschließen: die Mitgliedschaft eines gesetzlichen Vertreters einer abhängigen Gesellschaft im Aufsichtsrat der Obergesellschaft entgegen dem Organisationsgefälle im Konzern einerseits und andererseits Fälle der Überkreuzverflechtung.[13] Die Abs. 3, 4 des § 100 AktG 1965 kodifizierten dagegen nur Auffassungen, die vorher schon zu § 86 AktG 1937 weitgehend anerkannt[14] waren.[15]

6 **Nach Verabschiedung des AktG 1965** hat § 100 durch das WahlvereinfG 2[16] und das MgVG[17] Änderungen erfahren, indem § 100 Abs. 3 um den Verweis auf das DrittelbG und das MgVG ergänzt wurde. Weitere Veränderungen erfolgten durch das KonTraG, indem § 100 Abs. 2 S. 1 Nr. 1 und 3 sowie S. 2 geändert und S. 3 angefügt wurde.[18] Die noch in § 100 Abs. 2 S. 1 Nr. 1, 3, Abs. 2 S. 2 aF vorgesehenen bergrechtlichen Gewerkschaften sind mit deren Abschaffung durch Art. 1 Nr. 10 KonTraG aus dem Gesetz gestrichen worden.[19] § 100 Abs. 2 S. 3 wurde angefügt, um der erhöhten zeitlichen Belastung von Aufsichtsratsvorsitzenden Rechnung zu tragen, die herausgehobene Position des Aufsichtsratsvorsitzenden zu unterstreichen und das Amt dadurch aufzuwerten.[20] Dies soll durch die eingeführte doppelte Anrechnung von Mandaten als Aufsichtsratsvorsitzender erreicht werden. Ferner führte das Betreuungsgesetz zur Änderung des § 100 Abs. 1.[21]

---

[6] BegrRegE *Kropff* S. 135; MüKoAktG/*Habersack* Rn. 2.
[7] Art. VIII Abs. 4 der Verordnung des Reichspräsidenten über Aktienrecht, Bankenaufsicht und über eine Steueramnestie vom 19. September 1931, RGBl. 1931 I 493; dazu *Ebke/Geiger* ZVglRwiss 93 (1994), 38 (51 f.).
[8] *Schlegelberger/Quassowski* AktG 1937 § 86 Rn. 1.
[9] Alle Einzelheiten finden sich in Art. IV § 18 der 1. Durchführungsverordnung zum Aktiengesetz vom 29. September 1937, 1937 RGBl. I 1026.
[10] BegrRegE *Kropff* S. 135.
[11] BegrRegE und AusschussBer *Kropff* S. 135 f.
[12] AusschussBer *Kropff* S. 136.
[13] S. AusschussBer *Kropff* S. 136; dazu *Ebke/Geiger* ZVglRwiss 93 (1994), 38 (54 ff.).
[14] *Schlegelberger/Quassowski* AktG 1937 § 86 Rn. 10 ff. mwN.
[15] BegrRegE *Kropff* S. 135 ff.; MüKoAktG/*Habersack* Rn. 2; Großkomm AktG/*Hopt/Roth* Rn. 9.
[16] Art. 5 Nr. 3 Buchstabe b des Zweiten Gesetzes zur Vereinfachung der Wahl der Arbeitnehmervertreter in den Aufsichtsrat vom 18.5.2004 BGBl. 2004 I 974 (2769).
[17] Art. 3 Nr. 2 des Gesetzes zur Umsetzung der Regelungen über die Mitbestimmung der Arbeitnehmer bei einer Verschmelzung von Kapitalgesellschaften aus verschiedenen Mitgliedstaaten vom 21.12.2006, BGBl. 2006 I 3332.
[18] Art. 1 Nr. 10 des Gesetzes zur Kontrolle und Transparenz im Unternehmensbereich (KonTraG) vom 27.4.1998, BGBl. 1998 I 786.
[19] BegrRegE BT-Drs. 13/9712, 16 (KonTraG).
[20] BegrRegE BT-Drs. 13/9712, 16 (KonTraG).
[21] Gesetz zur Reform des Rechts der Vormundschaft und Pflegschaft für Volljährige (Betreuungsgesetz – BtG) vom 12.9.1990, BGBl. 1990 I 2002.

Persönliche Voraussetzungen für Aufsichtsratsmitglieder 7, 8 § 100

Das Bemühen um eine Professionalisierung und Stärkung des Aufsichtsrats schlägt sich in den 7
jüngsten Reformen nieder: So wurde durch das **BilMoG**[22] in Umsetzung von Art. 41 der Abschlussprüferrichtlinie a.F.[23] ein neuer Abs. 5 eingeführt, der für kapitalmarktorientierte Kapitalgesellschaften die Pflicht begründete, über mindestens ein unabhängiges und sachverständiges Aufsichtsratsmitglied zu verfügen. Das **VorstAG**[24] hat Abs. 2 Satz 1 um Nr. 4 erweitert, der bei börsennotierten
Gesellschaften einen Wechsel vom Vorstand in den Aufsichtsrat innerhalb von zwei Jahren nach Ende
des Mandats untersagt, soweit die Wahl nicht auf Vorschlag von Aktionären mit mehr als 25 Prozent
der Stimmrechte erfolgt. Durch das **AReG**,[25] welches der Umsetzung der durch die Abschlussprüfer-
Reform-RL[26] modifizierten Abschlussprüfer-RL[27] dient, die Mitgliedstaaten eine entsprechende
Option einräumt, wurde das Unabhängigkeitserfordernis in Abs. 5 aufgegeben und der Anwendungsbereich auf bestimmte CRR-Kreditinstitute und Versicherungsunternehmen erweitert. Die Unabhängigkeit des Prüfungsausschusses ist nach der Gesetzesbegründung bereits durch dessen institutionelle Trennung von der Geschäftsleitung gemäß § 105 Abs. 1 gewährleistet, weshalb ein unabhängiger
Finanzexperte nicht (mehr) als erforderlich erachtet wird (→ Rn. 59a).[28] Zudem ist im selben Absatz
nun das Erfordernis normiert, dass der Aufsichtsrat in Gänze mit dem Tätigkeitsfeld der Gesellschaft
vertraut sein muss (sog. Sektorkenntnis → Rn. 60). Dies geht auf Erwägungsgrund 24 der AbschlussprüferReform-RL zurück, nach dem eine höhere Qualifikation des Prüfungsausschusses bezweckt
ist.[29]

Verschiedene weitere **Reformbestrebungen** haben bislang keinen Widerhall bzw. Niederschlag 8
im Gesetz gefunden. So konnten sich für Gesetz oder Corporate Governance Kodex Vorschläge zur
weiteren **Begrenzung der Aufsichtsratsmandate** nicht durchsetzen, da die Arbeitsbelastung als
unterschiedlich eingeschätzt wurde.[30] Allerdings empfiehlt Ziff. 5.4.5 Abs. 1 S. 2 DCGK den Vorständen einer börsennotierten Gesellschaft neuerdings, dass sie nicht mehr als drei Aufsichtsratsmandate in konzernexternen börsennotierten Gesellschaften oder in Aufsichtsgremien von konzernexternen nicht börsennotierten Gesellschaften, die vergleichbare Anforderungen stellen, wahrnehmen
sollen; Abweichungen hiervon sind gem. § 161 AktG zu begründen („comply or explain"). Auch
Ansätze, Aufsichtsratsmandate in konkurrierenden Unternehmen zu untersagen,[31] fanden keine Entsprechung im Gesetz, wohl aber im Corporate Governance Kodex.[32] Die Offenlegung der Qualifikationen der Aufsichtsratsmitglieder, etwa im Geschäftsbericht, wird ebenso wenig vom Gesetz gefordert. Ziff. 5.4.1 DCGK verlangt, dass bei Vorschlägen zur Wahl von Aufsichtsratsmitgliedern darauf
zu achten ist, dass der Aufsichtsrat als Ganzes in der Lage ist, die Aufgaben ordnungsgemäß wahrzunehmen, sowohl hinsichtlich der Fähigkeiten (Kenntnisse und fachliche Erfahrungen)[33] als auch der
zeitlichen Ressourcen seiner Mitglieder, s. Ziff. 5.4.5 S. 1 DCGK. Das Erfordernis der hinreichenden
Qualifikation des Aufsichtsrates wurde nun auch in dem neuen § 100 Abs. 5 Hs. 2 AktG normiert.
Ebenso sollen potentielle Interessenkonflikte und die Ausrichtung des Unternehmens beachtet werden.[34]

---

[22] Gesetz zur Modernisierung des Bilanzrechts (Bilanzrechtsmodernisierungsgesetz – BilMoG) vom 25.5 2009, BGBl. 2009 I 1102.
[23] Richtlinie 2006/43/EG des Europäischen Parlaments und des Rates vom 17.5.2006, ABl. EG 2006 L 157, 87.
[24] Gesetz zur Angemessenheit der Vorstandsvergütung (VorstAG) vom 31.7.2009, BGBl. 2009 I 2509.
[25] Gesetz zur Umsetzung der prüfungsbezogenen Regelungen der Richtlinie 2014/56/EU sowie zur Ausführung der entsprechenden Vorgaben der Verordnung (EU) Nr. 537/2014 im Hinblick auf die Abschlussprüfung
bei Unternehmen von öffentlichem Interesse (Abschlussprüfungsreformgesetz – AReG) vom 10.5.2016, BGBl.
2016 I 1142; zur Entstehungsgeschichte *Schilha* ZIP 2016, 1316 (1316 f.); *Schüppen* NZG 2016, 247 (247 f.).
[26] Richtlinie 2014/56/EU des Europäischen Parlaments und des Rates vom 16. April 2014 zur Änderung der
Richtlinie 2006/43/EG über Abschlussprüfungen von Jahresabschlüssen und konsolidierten Abschlüssen, Text
von Bedeutung für den EWR, ABl. EU 2014 L 158, 196 ff vom 27.5.2014.
[27] Richtlinie 2006/43/EG des Europäischen Parlaments und des Rates vom 17. Mai 2006 über Abschlussprüfungen von Jahresabschlüssen und konsolidierten Abschlüssen, zur Änderung der Richtlinien 78/660/EWG und
83/349/EWG des Rates und zur Aufhebung der Richtlinie 84/253/EWG des Rates, Text von Bedeutung für
den EWR, ABl. 2006 L 157, 87 vom 9.6.2006.
[28] BegrRegE AReG BT-Drs. 18/7219, 56.
[29] Erwägungsgrund 24 AbschlussprüferReform-RL; BegrRegE AReG BT-Drs. 18/7219, 56.
[30] Vgl. Antrag SPD-Fraktion BT-Drs. 13/367, Antrag Rheinland-Pfalz BR-Drs. 561/97; dazu *Lutter* NJW
1995, 1133 f.; *Baums* Bericht der Regierungskommission Rn. 52; *Bokelmann,* Personelle Verflechtungen über
Aufsichtsräte, 2000, 84 f.
[31] *Baums* Bericht der Regierungskommission Rn. 54; s. dazu auch *Bokelmann,* Personelle Verflechtungen über
Aufsichtsräte, 2000, 139 f.
[32] Ziff. 5.4.2 DGCK (ebenfalls eine „comply or explain"-Empfehlung), dazu *Peltzer* Deutsche Corporate
Governance Rn. 283 f.; KBLW/*Kremer* DCGK Rn. 1395 ff.
[33] *Peltzer* Deutsche Corporate Governance Rn. 272 ff.; KBLW/*Kremer* DCGK Rn. 1314 ff.
[34] S. dazu näher KBLW/*Kremer* DCGK Rn. 1360; *Peltzer* Deutsche Corporate Governance Rn. 278 f.

III. Persönliche Voraussetzungen, Abs. 1

9 § 100 Abs. 1 schließt alle anderen als natürliche, unbeschränkt geschäftsfähige Personen von der Mitgliedschaft im Aufsichtsrat aus. Damit können juristische Personen, aber auch andere Gesellschaftsformen, nicht Mitglied im Aufsichtsrat sein, auch wenn ihre Organvertreter selbst etwa freiberuflich tätig sind.[35] Wohl aber können die Organmitglieder von juristischen Personen als natürliche Personen Mitglied im Aufsichtsrat sein.[36]

10 § 100 Abs. 1 verlangt ferner **unbeschränkte Geschäftsfähigkeit,** also Volljährigkeit nach § 2 BGB sowie die volle Geschäftsfähigkeit im Umkehrschluss aus §§ 104 ff. BGB. Wie das Gesetz in § 100 Abs. 1 S. 2 klarstellt, können auch Betreute nach §§ 1896 ff. BGB nicht bestellt werden, auch wenn sie nur teilweise einem Einwilligungsvorbehalt nach § 1903 BGB unterliegen sollten. Der Gesetzgeber bezweckte mit der Beschränkung auf natürliche, geschäftsfähige Personen die Sicherstellung der persönlichen Verantwortlichkeit und Amtswahrnehmung des Aufsichtsratsmitglieds.[37] Darüber hinaus ist für die Übernahme eines Aufsichtsratsmandats nach dem AktG eine Geschlechterquote[38] zu beachten. Eine bestimmte Altersgrenze ist hingegen nicht vorgesehen. Gleichwohl verlangt der **DCGK** in Ziff. 5.4.1 Abs. 2, dass eine **Altersgrenze** für Aufsichtsratsmitglieder festgelegt wird; darüber hinaus soll auf „Vielfalt" der Aufsichtsratsmitglieder („Diversity") geachtet werden (→ Rn. 68).

11 In diesem Zusammenhang sind auch die **Diskriminierungsverbote des AGG** zu beachten: Zwar ist das Aufsichtsratsmandat ein Nebenamt, doch ist es letztlich als selbstständige Erwerbstätigkeit zu qualifizieren, zumal die Aufzählung in § 6 Abs. 3 AGG nicht abschließend ist.[39] Das AGG erlaubt die Festlegung eines Mindestalters, § 10 S. 3 Nr. 2 AGG, sowie eines **Höchstalters** im Zusammenhang mit dem Renteneintrittsalter, ohne dass es hierfür auf die sozialversicherungsrechtliche Qualifikation der Rentenversicherungspflicht ankäme.[40] Bei der Festlegung einer Altersgrenze unterhalb des Renteneintrittsalters bedarf es jedoch einer besonderen Rechtfertigung, etwa aufgrund intensiver Belastung des Aufsichtsratsmitglieds etc. Denkbar ist hier etwa eine Altersgrenze von 60 Jahren bei der Wahl.[41] Eine an das Geschlecht anknüpfende Satzungsklausel wird zumindest dann keinen Verstoß gegen § 7 Abs. 1 S. 1 AGG darstellen, wenn sie ein bestimmtes Geschlecht nicht als starre Voraussetzung für den Zugang zum Aufsichtsrat festlegt, sondern vielmehr nur eine allgemeine Quote aufstellt oder die Bevorzugung eines bestimmten Geschlechts nur bei ansonsten gleicher Eignung anordnet.[42]

IV. Hinderungsgründe, Abs. 2

12 **1. Höchstzahl, S. 1 Nr. 1.** Im Hinblick auf frühere Missstände legt der Gesetzgeber eine Höchstzahl für die auf eine Person entfallenden Aufsichtsratsmandate fest. Nach § 100 Abs. 2 Nr. 1 können gleichzeitig nicht mehr als zehn Mandate ausgeübt werden. Reformbestrebungen, die Zahl herabzusetzen, etwa auf fünf oder drei Mandate,[43] haben sich nicht durchsetzen können, da die Vielgestaltigkeit der Verhältnisse dem entgegenstünde.[44] Lediglich die spezialgesetzlichen Sonderregelungen der § 25d Abs. 3 S. 1 Nr. 4 KWG, § 24 Abs. 4 S. 2 VAG (§ 7a Abs. 4 S. 4 VAG-aF) versagen die Mitgliedschaft im Aufsichtsrat in einer der dort genannten Unternehmen,[45] wenn das fragliche Mitglied

---

[35] AllgM, Hüffer/Koch/*Koch* Rn. 2; MüKoAktG/*Habersack* Rn. 9; K. Schmidt/Lutter/*Drygala* Rn. 2; s. dazu mit kurzem historischem Überblick *Bokelmann,* Personelle Verflechtungen über Aufsichtsräte, 2000, 31 ff.
[36] MüKoAktG/*Habersack* Rn. 9; Hüffer/Koch/*Koch* Rn. 2; Hölters/*Simons* Rn. 6; Henssler/Strohn/*Henssler* Rn. 2; K. Schmidt/Lutter/*Drygala* Rn. 2; Großkomm AktG/*Hopt/Roth* Rn. 16.
[37] BegrRegE *Kropff* S. 135; Hüffer/Koch/*Koch* Rn. 2; Bürgers/Körber/*Israel* Rn. 2.K. Schmidt/Lutter/*Drygala* Rn. 2; aA Großkomm AktG/*Hopt/Roth* Rn. 17: nur persönliche Amtswahrnehmung.
[38] Zur Geschlechterquote im Aufsichtsrat → § 96 Rn. 3 f., 31 ff.
[39] Zutr. *Lutter* BB 2007, 725 (730) sowie *Eckert* DStR 2006, 1987 (1989).
[40] *Lutter* BB 2007, 725 (729, 730).
[41] So der Vorschlag von *Lutter* BB 2007, 725 (730); zum AGG in der Praxis s. *Eckert* DStR 2006, 1987 ff.
[42] *Redenius-Hövermann* ZIP 2010, 660 (664); MüKoAktG/*Habersack* Rn. 15.
[43] *Lutter* ZHR 159 (1995), 287 (302); *Lutter* NJW 1995, 1133 f.; *Raiser* NJW 1996, 2257 (2259 f.); *Bender* DB 1994, 1965; *Bea/Scheurer* DB 1994, 2145 (2148); für eine Reduktion auf maximal drei externe Mandate für aktive Top-Manager von börsennotierten AG, *Arbeitskreis „Externe und Interne Überwachung der Unternehmung"* der Schmalenbach-Gesellschaft für Betriebswirtschaft e. V., DB 2006, 1625 (1626).
[44] So BegrRegE BT-Drs. 13/9712, 15 f.; Hüffer/Koch/*Koch* Rn. 9; *Kropff* ZGR-Sonderheft 12/1994, 3 (21 f.); *Mertens* AG-Sonderheft 1997, 70 (71); *Hopt* AG-Sonderheft 1997, 42 (43); *Dörner/Oser* DB 1995, 1085 (1086 f.); *Seibert* WM 1997, 1 (3).
[45] Zu den Unternehmen zählen nach § 25d Abs. 1 S. 1 KWG Institute, Finanzholding-Gesellschaften und gemischte Finanzholding-Gesellschaften, sowie nach § 24 Abs. 1 VAG (§ 7a Abs. 4 S. 1 VAG-aF) Versicherungsunternehmen, Pensionsfonds, Versicherungs-Holdinggesellschaften im Sinne des § 7 Nr. 31 VAG und gemischte Finanzholding-Gesellschaften im Sinne des § 7 Nr. 10 VAG.

bereits drei bzw. fünf Kontrollmandate bei unter der Aufsicht der BaFin stehenden Unternehmen ausübt. Hintergrund der Höchstzahlregelung ist zum einen das Bestreben des Gesetzgebers, die Konzentration von wirtschaftlichem Einfluss in den Händen weniger zu unterbinden, zum anderen sicherzustellen, dass das Aufsichtsratsmitglied genügend Zeit für das Mandat aufbringt.[46] Zugleich bringt die Vorschrift den Charakter des Aufsichtsratsamts als Nebenamt zum Ausdruck.[47]

a) Nur Handelsgesellschaften mit zwingendem Aufsichtsrat. In die Berechnung der Zahl der Mandate fließen nur **Handelsgesellschaften** ein. Andere Gesellschaften wie zB Genossenschaften oder Versicherungsvereine auf Gegenseitigkeit sowie Stiftungen finden keine Berücksichtigung.[48]   13

Nur Mandate in Gesellschaften mit **gesetzlich zwingend vorgeschriebenem** Aufsichtsrat werden berücksichtigt, wie bei der AG, der KGaA oder der mitbestimmten GmbH.[49] Auch Mandate in externen Kapitalverwaltungsgesellschaften in der Rechtsform einer GmbH, die nach § 18 Abs. 2 S. 1 KAGB einen Aufsichtsrat zu bilden haben, werden mitgezählt.[50] Dabei ist unerheblich, aus welchem Rechtsgrund das Aufsichtsratsmitglied sein Mandat erhalten hat, ob gewählt, entsandt oder vom Gericht bestellt; im Falle der gerichtlichen Bestellung ist bei Überschreitung der Höchstzahl die Bestellung nichtig,[51] denn andernfalls könnte § 100 Abs. 2 durch Verstreichenlassen der Rechtsmittelfrist umgangen werden. **Fakultativ gebildete Aufsichtsräte** oder andere aufsichtsratsähnliche Gremien, wie Beiräte, zählen nicht.[52] Der nach § 18 Abs. 2 S. 2 KAGB obligatorisch zu bildende Beirat einer Kapitalverwaltungsgesellschaft in der Rechtsform einer GmbH & Co. KG ist dagegen zu berücksichtigen, zumal § 18 Abs. 4 S. 2 KAGB für den Beirat weitgehend auf die Vorschriften des AktG verweist.[53]   14

b) Ausländische Gesellschaften; Europäische AG. Mandate in Aufsichtsorganen **ausländischer Gesellschaften,** zB outside director in boards von corporations, sind nach einer vor allem anfangs der siebziger Jahre des letzten Jahrhunderts begründeten hM ebenfalls nicht zu berücksichtigen;[54] nur Sitze in Aufsichtsräten von Gesellschaften mit Sitz in Deutschland werden gezählt. Diese Einschränkung ist zwar nicht ausdrücklich in das Gesetz aufgenommen worden,[55] soll sich aber aus dem Zweck der Vorschrift, aus Praktikabilitätsgesichtspunkten wie auch der Gesetzesgeschichte ergeben. § 100 Abs. 2 dient demnach dem wirtschaftspolitischen Zweck, eine Konzentration von Macht- und Führungsbefugnissen in Händen einer kleinen Gruppe einzelner Personen zu verhindern.[56] Diesem Zweck stehe die Mitgliedschaft in den Aufsichtsrats- oder Verwaltungsorganen ausländischer Gesellschaften nicht entgegen, da es dabei zu keiner Machtkonzentration in der deutschen Wirtschaft kommen könne; allein die rechtspolitisch gewollte Kooperation mit ausländischen Gesellschaften durch die Beteiligung deutscher Führungspersönlichkeiten werde ermöglicht.[57] Daran sind   15

---

[46] AusschussBer *Kropff* S. 136; *v. Caemmerer* FS Geßler, 1971, 81 (84); *Weller* Board 2011, 148 (148); Kölner Komm AktG/*Mertens/Cahn* Rn. 25; MüKoAktG/*Habersack* Rn. 17; Henssler/Strohn/*Henssler* Rn. 5; Großkomm AktG/*Hopt/Roth* Rn. 32.
[47] MüKoAktG/*Habersack* Rn. 17; *Marsch-Barner* in Semler/v. Schenck AR-HdB § 13 Rn. 82.
[48] AllgM, *Jaspers* AG 2011, 154 (155); MüKoAktG/*Habersack* Rn. 18; Großkomm AktG/*Hopt/Roth* Rn. 33; Hüffer/Koch/*Koch* Rn. 9; MHdB AG/*Hoffmann-Becking* § 30 Rn. 14; K. Schmidt/Lutter/*Drygala* Rn. 5; krit. *Zwingmann* DB 2002, 231.
[49] Hüffer/Koch/*Koch* Rn. 9; MüKoGmbHG/*Spindler* § 52 Rn. 143; UHL/*Heermann* GmbHG § 52 Rn. 177; *E. Vetter* in Marsch-Barner/Schäfer Börsennotierte AG-HdB Rn. 25. 5; Großkomm AktG/*Hopt/Roth* Rn. 34; K. Schmidt/Lutter/*Drygala* Rn. 5.
[50] MüKoAktG/*Habersack* Rn. 18.
[51] A.A. Kölner Komm AktG/*Mertens/Cahn* Rn. 28; MüKoAktG/*Habersack* Rn. 20; Großkomm AktG/*Hopt/Roth* Rn. 35, 111, aber jeweils ohne nähere Begr; unter Verweis auf den Grundsatz der Rechtssicherheit Hölters/*Simons* Rn. 46.
[52] MüKoAktG/*Habersack* Rn. 18; Großkomm AktG/*Hopt/Roth* Rn. 34; Hüffer/Koch/*Koch* Rn. 9; MHdB AG/*Hoffmann-Becking* § 30 Rn. 14; *E. Vetter* in Marsch-Barner/Schäfer Börsennotierte AG-HdB Rn. 25.5; krit. *Zwingmann* DB 2002, 231 (232).
[53] MüKoAktG/*Habersack* Rn. 18.
[54] HM, s. dazu *v. Caemmerer* FS Geßler, 1971, 81 (83 ff.); *Jaspers* AG 2011, 154 (155 f.); Kölner Komm AktG/*Mertens/Cahn* Rn. 29; MHdB AG/*Hoffmann-Becking* § 30 Rn. 14; Hüffer/Koch/*Koch* Rn. 10; Hölters/*Simons* Rn. 20; Henssler/Strohn/*Henssler* Rn. 5; Wachter/*Schick* Rn. 5; *Bollweg*, Die Wahl des Aufsichtsrats in der Hauptversammlung der Aktiengesellschaft, 1997, 106; NK-AktR/*Breuer/Fraune* Rn. 4a; aA *Schütze* AG 1967, 342 (343); Großkomm AktG/*Hopt/Roth* Rn. 37 ff., MüKoAktG/*Habersack* Rn. 19, Grigoleit/*Grigoleit/Tomasic* Rn. 4; krit. *Zwingmann* DB 2002, 231 (232); K. Schmidt/Lutter/*Drygala* Rn. 6.
[55] Schlegelberger/Quassowski AktG 1937 § 86 Rn. 17; *v. Caemmerer* FS Geßler, 1971, 81 (83).
[56] BegrRegE *Kropff* S. 135 f.;. *Caemmerer* FS Geßler, 1971, 81 (84); MHdB AG/*Hoffmann-Becking* § 30 Rn. 14; Kölner Komm AktG/*Mertens/Cahn* Rn. 25.
[57] *v. Caemmerer* FS Geßler, 1971, 81 (84, 87); s. auch BegrRegE *Kropff* S. 136 f., wo nur auf die Anrechenbarkeit der Mandatswahrnehmung in deutschen Gesellschaften eingegangen wird.

gerade unter dem Vorzeichen grenzüberschreitender Konzentrationsprozesse und extraterritorialer Wirkungen des Kartellrechts inzwischen allerdings **Zweifel** anzumelden. Insbesondere ist zu beachten, dass durch die Entscheidungen des EuGH zur Niederlassungsfreiheit in Sachen Centros,[58] Überseering[59] und Inspire Art[60] Gesellschaften aus anderen EU-Mitgliedstaaten in Deutschland so anzuerkennen sind, wie sie dort gegründet worden sind. Deshalb sollten sie dann auch im Rahmen von § 100 Abs. 2 S. 1 Nr. 1 berücksichtigt werden.[61] Für eine Ausweitung spräche auch, dass die Vorschrift daneben auch die Verhinderung der Gefahr einer Überlastung durch die Übernahme einer zu großen Zahl von Aufsichtsratsposten bezweckt.[62] Zwar kann es zu neuen Abgrenzungsschwierigkeiten bei der Anrechnung kommen, da nur Mandate hinzugerechnet werden dürfen, die der Tätigkeit eines deutschen Aufsichtsratsmitglieds entsprächen; diese Feststellung ist bei der Vielgestaltigkeit ausländischer Körperschaften nicht leicht zu treffen.[63] Auch greift das Argument der Überlastung auch bei freiwilligen Aufsichts- bzw. Beiräten;[64] doch gibt der Gesetzgeber eindeutig zu erkennen, dass die Tätigkeit dem zwingenden Aufsichtsrat entsprechen muss. Im Hinblick auf die europarechtliche Anerkennung ausländischer Rechtsformen muss bei einer Vergleichbarkeit zwingender Überwachungsorgane eine Zählung erfolgen, etwa bei einer französischen AG mit einer dualistischen Struktur.

16 Das Mandat im Aufsichtsrat einer **Europäischen Aktiengesellschaft** mit dualistischer Struktur ist bei der Berechnung zu berücksichtigen, da es strukturell weitgehend dem Aufsichtsratsmandat in der AG vergleichbar ist und daher keine Abgrenzungsschwierigkeiten auftreten;[65] das Mandat im Verwaltungsrat in der Europäischen Aktiengesellschaft mit monistischer Struktur dagegen nur, sofern das Mitglied eine dem Aufsichtsrat vergleichbare Funktion hat, also insbesondere nicht zum geschäftsführenden Direktor bestellt worden ist.[66] § 27 Abs. 1 S. 1 Nr. 1 SEAG steht dem nicht entgegen, obwohl der Gesetzgeber dort die Inkompatibilität parallel zu § 100 Abs. 2 S. 1 Nr. 1 geregelt und auf den Verwaltungsrat insgesamt erstreckt hat.[67] Denn der Gesetzgeber hat die weite Fassung von § 27 Abs. 1 S. 1 Nr. 1 SEAG damit begründet, dass die Mitglieder des Verwaltungsrats gegenüber den geschäftsführenden Direktoren eine ähnliche Aufsichtsfunktion hätten wie die Mitglieder des Aufsichtsrats in der Aktiengesellschaft.[68] Das ist aber für Mitglieder des Verwaltungsrats, die zugleich geschäftsführende Direktoren sind (§ 40 Abs. 1 S. 2 SEAG), offensichtlich nicht richtig.

17 c) **Konzernprivileg**. Bei der Berechnung ist ferner nach § 100 Abs. 2 S. 2 zu berücksichtigen, ob es sich um Mandate in Aufsichtsräten von konzernabhängigen Unternehmen handelt (sog. **Konzernprivileg**). Denn die Steuerung von Konzernen erfolgt oftmals durch Geschäftsführungsmitglieder der Konzernspitze im Aufsichtsrat der abhängigen Gesellschaft in Personalunion;[69] ferner sollte ein Zwang zur Delegation auf die der Geschäftsleitung nachgeordnete Ebene vermieden werden.[70] Auf die Höchstzahl von zehn Mandaten werden daher bis zu 5 Mandate in Aufsichtsräten nicht angerechnet, die ein gesetzlicher Vertreter, bei einzelkaufmännischen Konzernspitzen der Inhaber, in den Aufsichtsräten der konzernierten abhängigen Gesellschaften wahrnimmt. Auch hier muss es sich um gesetzlich zwingend vorgesehene Aufsichtsräte handeln.

---

[58] EuGH Slg. 1999, I–1459 = NZG 1999, 298 = NJW 1999, 2027.
[59] EuGH Slg. 2002, I-9919 = NZG 2002, 1164 = NJW 2002, 3614.
[60] EuGH Slg. 2003, I-10 155 = NZG 2003, 1064 = NJW 2003, 3331.
[61] So mit Recht *Windbichler* NJW 2012, 2625 (2628); *Weller* Board 2011, 148 (151); Großkomm AktG/*Hopt/Roth* Rn. 38; MüKoAktG/*Habersack* Rn. 19.
[62] Darauf stellt maßgeblich *Schütze* AG 1967, 342 (343) ab; ebenso Großkomm AktG/*Hopt/Roth* Rn. 39; MüKoAktG/*Habersack* Rn. 19; K. Schmidt/Lutter/*Drygala* Rn. 6; *Mickel/Fleischmann* NZG 2010, 54 (55); aA Kölner Komm AktG/*Mertens/Cahn* Rn. 29; Hölters/*Simons* Rn. 20.
[63] Ausführlich *v. Caemmerer* FS Geßler, 1971, 81 (84 ff.), in diesem Sinne und unter Verweis auf die hM zum AktG 1937 Großkomm AktG/*Meyer-Landrut*, 3. Aufl. 1973, Anm. 3; *Bokelmann*, Personelle Verflechtungen über Aufsichtsräte, 2000, 75 f.; *Bollweg*, Die Wahl des Aufsichtsrats in der Hauptversammlung der Aktiengesellschaft, 1997, 106; s. dazu schon Schlegelberger/*Quassowski* AktG 1937 § 86 Rn. 17; aA Großkomm AktG/*Hopt/Roth* Rn. 39: nicht unüberwindbar; MüKoAktG/*Habersack* Rn. 19.
[64] Darauf weisen insoweit zu Recht Kölner Komm AktG/*Mertens/Cahn* Rn. 29 und Hölters/*Simons* Rn. 20 hin.
[65] Insoweit zust. Hüffer/Koch/*Koch* Rn. 10; Großkomm AktG/*Hopt/Roth* Rn. 37, 34 iVm Fn. 116.
[66] Ebenso MüKoAktG/*Habersack* Rn. 19; Grigoleit/*Grigoleit/Tomasic* Rn. 4; aA Großkomm AktG/*Hopt/Roth* Rn. 37, 34 iVm Fn. 116: Geltung für alle Mitglieder des Verwaltungsrats.
[67] So aber Großkomm AktG/*Hopt/Roth* Rn. 37, 34 iVm Fn. 116.
[68] BegrRegE BT-Drs. 15/3405, 37.
[69] Kölner Komm AktG/*Mertens/Cahn* Rn. 30; Großkomm AktG/*Hopt/Roth* Rn. 40; MüKoAktG/*Habersack* Rn. 21; MHdB AG/*Hoffmann-Becking* § 30 Rn. 15 f.; K. Schmidt/Lutter/*Drygala* Rn. 7.
[70] BegrRegE BT-Drs. 13/9712, 16; Großkomm AktG/*Hopt/Roth* Rn. 40; MHdB AG/*Hoffmann-Becking* § 30 Rn. 15; Hüffer/Koch/*Koch* Rn. 11.

Da das Gesetz ausdrücklich vom Konzern spricht, genügt reine Abhängigkeit nach § 17 nicht;[71] **18** erforderlich ist für die Anwendung des Konzernprivilegs daher die einheitliche Leitung, die indes nach § 18 Abs. 1 S. 3 vermutet wird. Auf welcher Grundlage das Konzernverhältnis dagegen beruht (Vertragskonzern, faktischer Konzern etc), ist unerheblich.[72]

Privilegiert werden nur gesetzliche Vertreter des herrschenden Unternehmens, mithin bei der **19** AG die Vorstandsmitglieder, bei der GmbH die Geschäftsführer, bei der KGaA die Komplementäre und bei der SE die geschäftsführenden Direktoren, nicht aber deren Aufsichtsratsmitglieder.[73] Ebenso wenig findet § 100 Abs. 2 S. 2 Anwendung auf leitende Angestellte, Prokuristen des herrschenden Unternehmens oder nicht-vertretungsberechtigte Gesellschafter einer herrschenden Personengesellschaft, da die Konzernführung nicht zu ihrem originären Aufgabenkreis gehört.[74]

Das Konzernprivileg muss auch auf die gesetzlichen Vertreter eines abhängigen Unternehmens im **20** Rahmen eines mehrstufigen Konzerns Anwendung finden (sog. **Teilkonzernspitze**).[75] Dem wird zwar entgegengehalten, dass der Gesetzgeber lediglich bezweckt hätte, die Besetzung der Aufsichtsräte mit Führungskräften des herrschenden Unternehmens zu ermöglichen,[76] und der Beweggrund sich nur auf Vorstände der Obergesellschaft beziehen würde, da diesen sonst auf Grund mehrerer zum Aufgabenbereich gehörender Tochtergesellschaften die Zahl der Aufsichtsratsmandate außerhalb des Konzerns beschnitten würde.[77] Doch ist zu berücksichtigen, dass auch die gesetzlichen Vertreter der Teilkonzernspitze gegenüber ihnen nachgeordneten Unternehmen (Enkelgesellschaften) Führungsaufgaben wahrnehmen. Mit dem Aufsichtsratsmandat ist daher – wie auch bei den Vorständen der Konzernobergesellschaft[78] – weder eine nennenswerte zusätzliche Belastung noch ein besonderer zusätzlicher Einfluss verbunden.[79] Vielmehr ist der Grundgedanke des Konzernprivilegs auch hier einschlägig,[80] so dass kein Grund ersichtlich ist, warum nicht auch diesen Personen die Wahrnehmung der ihnen übertragenen Führungsaufgabe durch Mitgliedschaft im Aufsichtsrat der abhängigen Gesellschaft ohne weiteren zehn Aufsichtsratsmandaten außerhalb des Konzerns möglich sein soll. Denn auch hier gilt es zu vermeiden, dass das Kontrollorgan der Enkelgesellschaft mit Führungskräften zweiter Garnitur besetzt wird.[81] Die für eine analoge Anwendung[82] erforderliche Lücke besteht also.[83]

Ob das herrschende Unternehmen seinen **Sitz in Deutschland** hat, ist dagegen unerheblich. **21** Maßgeblich ist allein, dass die wahrgenommenen Aufsichtsratsmandate zu konzernabhängigen Gesellschaften gehören, so dass deren Ausübung sich als Teil der Konzernführung darstellt.

d) Doppelzählung von Aufsichtsratsvorsitzenden. Während § 100 Abs. 2 S. 2 die Mitglied- **22** schaft in konzernabhängigen Aufsichtsräten privilegiert, werden nach § 100 Abs. 2 S. 3 umgekehrt diejenigen Mandate in Aufsichtsräten doppelt gezählt, in denen das Mitglied den Vorsitz inne hat.[84] Damit soll der Tatsache Rechnung getragen werden, dass das Amt des **Aufsichtsratsvorsitzenden** zeitintensiv ist und unter entsprechend herausgehobener Vergütung professionell geführt werden muss.[85] Die Stell-

---

[71] MüKoAktG/*Habersack* Rn. 23; Großkomm AktG/*Hopt*/*Roth* Rn. 43.
[72] MüKoAktG/*Habersack* Rn. 23; Großkomm AktG/*Hopt*/*Roth* Rn. 43; Bürgers/Körber/*Israel* Rn. 4.
[73] AllgM, Hüffer/Koch/*Koch* Rn. 11; Großkomm AktG/*Hopt*/*Roth* Rn. 42; MüKoAktG/*Habersack* Rn. 22; E. *Vetter* in Marsch-Barner/Schäfer Börsennotierte AG-HdB Rn. 25. 7; K. Schmidt/Lutter/*Drygala* Rn. 7.
[74] MüKoAktG/*Habersack* Rn. 22; Hüffer/Koch/*Koch* Rn. 13; E. *Vetter* in Marsch-Barner/Schäfer Börsennotierte AG-HdB Rn. 25.7; insoweit zust. Großkomm AktG/*Hopt*/*Roth* Rn. 42.
[75] Kölner Komm AktG/*Mertens*/*Cahn* Rn. 30; Hölters/*Simons* Rn. 22; Grigoleit/*Grigoleit*/*Tomasic* Rn. 5; MHdB AG/*Hoffmann-Becking* § 30 Rn. 16; Kölner Komm AktG/*Koppensteiner* § 18 Rn. 33; dagegen aber Großkomm AktG/*Hopt*/*Roth* Rn. 44; MüKoAktG/*Habersack* Rn. 23; Hüffer/Koch/*Koch* Rn. 11; NK-AktR/*Breuer*/*Fraune* Rn. 7; Henssler/Strohn/*Henssler* Rn. 6; E. *Vetter* in Marsch-Barner/Schäfer/*Vetter* Börsennotierte AG-HdB Rn. 25.7.
[76] Großkomm AktG/*Hopt*/*Roth* Rn. 44; v. Hoyningen-Huene ZGR 1978, 515 (532).
[77] v. *Hoyningen-Huene* ZGR 1978, 515 (532); MüKoAktG/*Habersack* Rn. 23: Kein praktisches Bedürfnis für Erstreckung des § 100 Abs. 2 S. 2 auf die gesetzlichen Vertreter von Konzerngesellschaften.
[78] MHdB AG/*Hoffmann-Becking* § 30 Rn. 15.
[79] Kölner Komm AktG/*Koppensteiner* § 18 Rn. 33.
[80] MHdB AG/*Hoffmann-Becking* § 30 Rn. 16; Kölner Komm AktG/*Koppensteiner* § 18 Rn. 33.
[81] Kölner Komm AktG/*Koppensteiner* § 18 Rn. 33.
[82] Gegen die direkte Anwendung zutr. Großkomm AktG/*Hopt*/*Roth* Rn. 44.
[83] Für Analogie auch Kölner Komm AktG/*Mertens*/*Cahn* Rn. 30; E. *Vetter* in Marsch-Barner/Schäfer Börsennotierte AG-HdB Rn. 25.7; MHdB AG/*Hoffmann-Becking* in § 30 Rn. 16; aA Großkomm AktG/*Hopt*/*Roth* Rn. 44; MüKoAktG/*Habersack* Rn. 23.
[84] *Mutter*/*Kruchen* VersR 2011, 48 (49) wenden § 100 Abs. 2 S. 3 analog auf die Höchstzahlregelung des § 7a Abs. 4 S. 4 VAG-aF (jetzt § 24 Abs. 4 S. 2 VAG) an.
[85] BegrRegE BT-Drs. 13/9712, 16; Großkomm AktG/*Hopt*/*Roth* Rn. 45; Hüffer/Koch/*Koch* Rn. 12; MünKoAktG/*Habersack* Rn. 24; Bürgers/Körber/*Israel* Rn. 5; *Hopt* AG-Sonderheft 1997, 42 (43); E. *Vetter* in Marsch-Barner/Schäfer Börsennotierte AG-HdB Rn. 25.8; *Kübler* AG-Sonderheft 1997, 48 f.; *Feddersen* AG 2000, 385 (386); *Götz* AG 1995, 337 (345); *Seibert* WM 1997, 1 (3); K. Schmidt/Lutter/*Drygala* Rn. 8.

vertreterposition hingegen führt nach dem Willen des Gesetzgebers nicht zu einer Doppelzählung, auch dann nicht, wenn er den Vorsitzenden vertritt.[86] Entgegen dem insoweit verunglückten Wortlaut kommt es nicht nur auf die Wahl, sondern auch auf die Ausübung des Mandates als Aufsichtsratsvorsitzender an; denn Grund der Doppelzählung ist die Funktion des Vorsitzenden, nicht allein seine Wahl.[87] Die Konzernprivilegierung nach § 100 Abs. 2 Satz 2 hat Vorrang vor Satz 3, so dass Aufsichtsratsvorsitzmandate im Konzern nicht doppelt gezählt werden, da ihre Mandate von vornherein aus der Berechnung herausgelassen werden.[88]

23 **2. Gesetzlicher Vertreter abhängiger Unternehmen, S. 1 Nr. 2 (Organisationsgefälle).** Mit § 100 Abs. 2 S. 1 Nr. 2 will der Gesetzgeber verhindern, dass der Vorstand eines herrschenden Unternehmens oder eines abhängigen Unternehmens sich mittelbar selbst kontrolliert, indem gesetzliche Vertreter einer abhängigen Gesellschaft nicht Aufsichtsratsmitglied in der herrschenden AG sein dürfen. Damit soll dem „natürlichen Organisationsgefälle" Rechnung getragen werden.[89]

24 Wie in S. 2 sind gesetzliche Vertreter die Vorstandsmitglieder oder Geschäftsführer eines abhängigen Unternehmens[90] bzw. beim Einzelkaufmann der Inhaber,[91] bei OHG und KG[92] sowie bei der KGaA[93] die persönlich haftenden Gesellschafter etc. Zu den von Nr. 2 erfassten gesetzlichen Vertretern gehören auf Grund des Gesetzeszwecks[94] auch die geschäftsführenden Organmitglieder **ausländischer abhängiger Unternehmen,** da hier die Gefahr der gegenseitigen Einflussnahme im gleichen Maße besteht,[95] und im Übrigen auch im Rahmen von § 17 der Begriff des abhängigen Unternehmens nicht auf inländische Unternehmen beschränkt ist.[96] Wählbar bleiben damit die nicht geschäftsführenden non-executive directors zumindest dann, wenn Sie Ihre Vertretungsmacht unter Ausschluss der eigenen vollständig auf die geschäftsführenden Direktoren übertragen haben.[97] Ebenso sollen **leitende Angestellte** des abhängigen Unternehmens nicht erfasst sein und daher als Aufsichtsratsmitglieder im herrschenden Unternehmen bestellt werden können.[98]

25 **3. Überkreuzverflechtung, S. 1 Nr. 3.** Dem Ausschluss gegenseitiger Einflussnahme ist auch der Verbotstatbestand des § 100 Abs. 2 S. 1 Nr. 3 gewidmet,[99] der verhindern soll, dass als Aufsichtsratsmitglied ein gesetzlicher Vertreter einer anderen Kapitalgesellschaft bestellt wird, deren Aufsichtsrat seinerseits ein Vorstandsmitglied der AG angehört.

---

[86] BegrRegE BT-Drs. 13/9712, 16; Großkomm AktG/*Hopt/Roth* Rn. 46; MüKoAktG/*Habersack* Rn. 26; Hüffer/Koch/*Koch* Rn. 12.

[87] Großkomm AktG/*Hopt/Roth* Rn. 45; Hüffer/Koch/*Koch* Rn. 12.

[88] BegrRegE BT-Drs. 13/9712, 16; Großkomm AktG/*Hopt/Roth* Rn. 45; MüKoAktG/*Habersack* Rn. 25; Hüffer/Koch/*Koch* Rn. 12; *E. Vetter* in Marsch-Barner/Schäfer Börsennotierte AG-HdB Rn. 25.8.

[89] AusschBer *Kropff* S. 136; *U. H. Schneider* FS Raiser, 2005, 341 (344 ff.); *E. Vetter* in Marsch-Barner/Schäfer Börsennotierte AG-HdB Rn. 25.9; Bürgers/Körber/*Israel* Rn. 6; Wachter/*Schick* Rn. 8.

[90] LG München I AG 2006, 762 (765); DB 2004, 1090 (1091); 2005, 1617 (1620); Großkomm AktG/*Hopt/Roth* Rn. 52; Hüffer/Koch/*Koch* Rn. 13; MüKoAktG/*Habersack* Rn. 22, 28; MHdB AG/*Hoffmann-Becking* § 30 Rn. 20; einschränkend *Martens* FS Hilger/Stumpf, 1983, 437 (464 ff.), der § 6 Abs. 2 S. 1 MitbestG analog anwenden will und folglich die Inkompatibilität auf die gesetzlichen Vertreter beschränken will, die dem herrschenden Unternehmen unmittelbar unterstellt sind, also insbesondere von Tochtergesellschaften, dagegen nicht von Enkelgesellschaften.

[91] Kölner Komm AktG/*Mertens/Cahn* Rn. 33; MüKoAktG/*Habersack* Rn. 22, 28.

[92] MüKoAktG/*Habersack* Rn. 22, 28.

[93] MüKoAktG/*Habersack* Rn. 22, 28.

[94] Großkomm AktG/*Hopt/Roth* Rn. 53; Kölner Komm AktG/*Mertens/Cahn* Rn. 33; *Bollweg*, Die Wahl des Aufsichtsrats in der Hauptversammlung der Aktiengesellschaft, 1997, 107.

[95] Engert/Herschlein NZG 2004, 459 (461); Kölner Komm AktG/*Mertens/Cahn* Rn. 33; Hüffer/Koch/*Koch* Rn. 13; Hölters/*Simons* Rn. 23; MHdB AG/*Hoffmann-Becking* § 30 Rn. 20, § 33 Rn. 8; MüKoAktG/*Habersack* Rn. 28; *Stein* AG 1983, 49 f.; *K. Caemmerer* FS Geßler, 1971, 81 (87 ff.); *E. Vetter* in Marsch-Barner/Schäfer Börsennotierte AG-HdB Rn. 25.9; aA Großkomm AktG/*Meyer-Landrut*, 3. Aufl. 1973, Anm. 5; *Grasmann*, System des internationalen Gesellschaftsrechts, 1970, Rn. 1044 wg. einer internationalen Kooperation.

[96] Kölner Komm AktG/*Mertens/Cahn* Rn. 33; *Stein* AG 1983, 49 f.; zur Auslandsberührung iRd § 17 AktG vgl. Hüffer/Koch/*Koch* § 15 Rn. 7.

[97] So zutr. *Engert/Herschlein* NZG 2004, 459 (461).

[98] Großkomm AktG/*Hopt/Roth* Rn. 51; *Marsch-Barner* in Semler/v. Schenck AR-HdB § 13 Rn. 133; MüKoAktG/*Habersack* Rn. 29; wohl auch Hüffer/Koch/*Koch* Rn. 13.

[99] AusschussBer *Kropff* S. 136; Hüffer/Koch/*Koch* Rn. 14; MüKoAktG/*Habersack* Rn. 30; K. Schmidt/Lutter/*Drygala* Rn. 10; *Ebke/Geiger* ZVglRwiss 93 (1994), 38 (54 f.); NK-AktR/*Breuer/Fraune* Rn. 10; zur aufsichtsrechtlichen Kontrolle von personellen Verflechtungen bei Versicherungsunternehmen nach VAG vgl. *Dreher* FS Lorenz, 1994, 175 (189 ff.).

Es muss sich um Aufsichtsräte von Kapitalgesellschaften handeln (AG, KGaA, GmbH). Genossenschaften oder Stiftungen fallen nicht darunter.[100]   **26**

Ob von dem Verbot der Überkreuzverflechtung auch der **fakultative Aufsichtsrat** auszunehmen ist, mithin als einzige in Betracht kommende Möglichkeit eine GmbH mit weniger als 500 Arbeitnehmern, bleibt nach wie vor ungeklärt. Nach dem klaren Wortlaut des § 52 GmbHG und der fehlenden Verweisung auf § 100 Abs. 2 S. 1 Nr. 3 gilt das Verbot der Überkreuzverflechtung nicht für den fakultativen Aufsichtsrat einer GmbH.[101] Daraus möchte ein Teil der Literatur ableiten, dass § 100 Abs. 2 S. 1 Nr. 3 auch für die Zusammensetzung des Aufsichtsrats einer AG keine Anwendung findet, wenn die Verflechtung durch die Mitgliedschaft in einem freiwillig gebildeten Aufsichtsrat einer GmbH besteht.[102] Ferner können die Gesellschafter einer GmbH dem fakultativen Aufsichtsrat jederzeit Kompetenzen entziehen bzw. diesen auflösen,[103] so dass auf den ersten Blick der Schutzzweck des § 100 Abs. 2 S. 1 Nr. 3 – der Ausschluss gegenseitiger Einflussnahme – nicht tangiert wird. Andererseits handelt es sich um eine aktienrechtliche Frage, die nicht von der Verweisungstechnik des § 52 GmbHG beeinflusst wird, und im Übrigen auch von der Frage zu unterscheiden ist, ob ein entsprechendes Verbot für den Geschäftsführer der GmbH gilt.[104] Zudem spricht der Wortlaut des § 100 Abs. 2 S. 1 Nr. 3, der im Gegensatz zur Formulierung in Nr. 1 gerade keinen Bezug auf einen gesetzlich zu bildenden Aufsichtsrat nimmt, für die Berücksichtigung fakultativer Aufsichtsräte.[105] Auch besagt die reine Möglichkeit der Gesellschafter, die Kompetenzen eines fakultativen Aufsichtsrats zu beschneiden oder diesen ganz entfallen zu lassen, nichts darüber, dass die Gefahr einer gegenseitigen Einflussnahme ausgeschlossen wäre. Solange ein fakultativer Aufsichtsrat existiert, der nicht nur ein – falsch benannter – Beirat ohne eigenständige Überwachungsfunktionen ist, muss der Schutzzweck der Überkreuzverflechtung durchschlagen, so dass auch der fakultative Aufsichtsrat einzubeziehen ist.[106] Um Rechtsunsicherheiten zu vermeiden, kann dies allerdings nicht auf andere fakultative Organe, wie Beiräte oder Ausschüsse, übertragen werden.[107]   **27**

Erfasst werden nur gesetzliche Vertreter einer Kapitalgesellschaft, nicht leitende Angestellte, auch nicht andere Aufsichtsratsmitglieder. Zu den gesetzlichen Vertretern zählen auch solche von **ausländischen Kapitalgesellschaften**,[108] wenn in gleicher Weise die Gefahr einer gegenseitigen Einflussnahme besteht. Dies ist allerdings nur der Fall, wenn das Vorstandsmitglied der deutschen AG in dem Gremium der ausländischen Kapitalgesellschaft eine Überwachungsfunktion gegenüber dem gesetzlichen Vertreter hat, etwa als outside director oder als Mitglied im audit committee einer stock corporation. Allein auf die formale Unterscheidung, ob ein zweigliedriges System deutscher Prägung (two-tier-System) vorhanden ist,[109] kann nicht abgestellt werden, da viele boards angelsächsischer Gesellschaften in out- und inside directors mit einer entsprechenden Aufgabenteilung in Überwachung und Geschäftsführung aufgespalten sind.[110] Dagegen kann das Verbot des § 100 Abs. 2   **28**

---

[100] Großkomm AktG/*Hopt*/*Roth* Rn. 59; *E. Vetter* in Marsch-Barner/Schäfer Börsennotierte AG-HdB Rn. 25.10; *Rummel* DB 1970, 2257.

[101] UHL/*Heermann* GmbHG § 52 Rn. 32; Baumbach/Hueck/*Zöllner*/*Noack* GmbHG § 52 Rn. 38; Scholz/ *U. H. Schneider* GmbHG § 52 Rn. 262; MHLS/*Giedinghagen* GmbHG § 52 Rn. 55; HK-GmbHG/*Peres* GmbHG § 52 Rn. 39.

[102] Großkomm AktG/*Hopt*/*Roth* Rn. 63; *Hüffer*, 10. Aufl. 2012, Rn. 7; *Bollweg*, Die Wahl des Aufsichtsrats in der Hauptversammlung der Aktiengesellschaft, 1997, 108.

[103] Ähnlich Großkomm AktG/*Hopt*/*Roth* Rn. 63, die darauf hinweisen, dass der fakultative Aufsichtsrat nicht entsprechend dem Aufsichtsrat der AG organisiert sein muss; *Bollweg*, Die Wahl des Aufsichtsrats in der Hauptversammlung der Aktiengesellschaft, 1997, 108 verweist darauf, dass die Funktionen von der Gesellschafterversammlung delegiert sind und nicht zwingend die Überwachung umfassen.

[104] Vgl. auch MüKoAktG/*Habersack* Rn. 34.

[105] MHdB AG/*Hoffmann-Becking* § 30 Rn. 22; MüKoAktG/*Habersack* Rn. 34; Großkomm AktG/*Hopt*/*Roth* Rn. 63; *Bollweg*, Die Wahl des Aufsichtsrats in der Hauptversammlung der Aktiengesellschaft, 1997, 108; *Rummel* DB 1970, 2257 f.

[106] Kölner Komm AktG/*Mertens*/*Cahn* Rn. 36; *Grigoleit*/*Grigoleit*/*Tomasic* Rn. 7; Hüffer/Koch/*Koch* Rn. 15; MHdB AG/*Hoffmann-Becking* § 30 Rn. 22; *Rummel* DB 1970, 2257 f.

[107] Kölner Komm AktG/*Mertens*/*Cahn* Rn. 39; MüKoAktG/*Habersack* Rn. 34; *Konow* DB 1966, 849 (850).

[108] Wie hier K. Schmidt/Lutter/*Drygala* Rn. 11; Großkomm AktG/*Hopt*/*Roth* Rn. 62; aA die hM *v. Caemmerer* FS Geßler, 1971, 81 (89 ff.); Kölner Komm AktG/*Mertens*/*Cahn* Rn. 37; Hüffer/Koch/*Koch* Rn. 14; Hölters/ *Simons* Rn. 25; *Bollweg*, Die Wahl des Aufsichtsrats in der Hauptversammlung der Aktiengesellschaft, 1997, 108 aus den gleichen Gründen wie schon oben bei → § 100 Abs. 2 S. 1 Nr. 1 (→ Rn. 15). Das ist hier aus den gleichen Gründen abzulehnen.

[109] So aber MüKoAktG/*Semler*, 2. Aufl. 2004, Rn. 43 f.; dagegen zutr. Großkomm AktG/*Hopt*/*Roth* Rn. 62.

[110] *Windbichler* ZGR 1985, 50 (67); *Kessler* RIW 1998, 602 (609 f.); *Engert*/*Herschlein* NZG 2004, 459 (460); *Ringe*/*Otte* in Triebel/Illmer/Ringe/Vogenauer/Ziegler, Englisches Handels- und Wirtschaftsrecht, 3. Aufl. 2012, Rn. 207 ff.; *Thorne*/*Prentice*, Butterworths, Company Law Guide, 2002, 202; *Mayson*/*French*/*Ryan*, Company Law, 2004, 457; *Cheffins*, Company Law: Theory, Structure, and Operation, 2006, 602 ff.; *Davies*/*Worthington*, Gower and Davies' Principles of Modern Company Law, 2012, 383 ff.

S. 1 Nr. 3 nicht auf die Gremien ausländischer Gesellschaften erstreckt werden; dies richtet sich allein nach dem Recht des Staates, der nach dem Gesellschaftsstatut befugt ist, die Gremienzugehörigkeit zu regeln.[111]

29 Das Verbot der Überkreuzverflechtung gilt auch für **Abwickler** einer Kapitalgesellschaft, da diese einem gesetzlichen Vertreter gleich stehen. Die Gefahr einer gegenseitigen Einflussnahme besteht auch hier.[112]

30 **4. Wechsel vom Vorstand in den Aufsichtsrat, S. 1 Nr. 4.** Der durch Art. 1 Nr. 3 VorstAG[113] eingeführte § 100 Abs. 2 S. 1 Nr. 4 untersagt bei börsennotierten Gesellschaften den Wechsel vom Vorstand in den Aufsichtsrat innerhalb von zwei Jahren nach Ende des Mandats, soweit die Wahl nicht auf Vorschlag von Aktionären mit mehr als 25 Prozent der Stimmrechte erfolgt. Diese allgemeine **Karenzzeit („Cooling-off-Periode")** von zwei Jahren soll möglichen Interessenkonflikten bei der Wahrnehmung der Aufsichtsratstätigkeit aufgrund der vorherigen Vorstandstätigkeit vorbeugen sowie insbesondere eine Einflussmöglichkeit des ehemaligen Vorstands auf den neuen Vorstand bei der Bereinigung von Fehlern oder Aufdeckung von Unregelmäßigkeiten aus der eigenen Vorstandszeit vermeiden.[114] Mit der Einführung der Karenzzeit hat sich der Gesetzgeber für mehr Unabhängigkeit und damit gleichzeitig gegen eine Professionalisierung der Kontrolltätigkeit durch den Einsatz unternehmerisch erfahrener Kandidaten im Aufsichtsrat entschieden.[115] In seinem Anwendungsbereich beschränkt sich Abs. 2 S. 1 Nr. 4 auf börsennotierte Gesellschaften, denn nur dort besteht nach Ansicht des Gesetzgebers ein systematisches Kontrolldefizit durch die Eigentümergesamtheit.[116] Die Berechnung der zweijährigen Cooling-off-Periode erfolgt nach §§ 186 ff. BGB.[117] Ein Verstoß gegen das Bestellungshindernis des Abs. 2 S. 1 Nr. 4 liegt indes nicht vor, wenn der Bestellungsakt noch innerhalb der zweijährigen Sperrfrist erfolgt; nach dem Normzweck kommt es vielmehr darauf an, dass die tatsächliche Amtszeit erst nach Ablauf der Karenzzeit beginnt, denn erst dann besteht für das ehemalige Vorstandsmitglied die Möglichkeit die Kontrollarbeit des Aufsichtsrats zu beeinflussen.[118]

31 Der Einhaltung der Karenzzeit bedarf es allerdings dann nicht, wenn die Wahl des Aufsichtsratsmitglieds **auf Grundlage eines Wahlvorschlags von Aktionären** mit mehr als 25 Prozent der Stimmrechte, wobei mehrere Aktionäre zusammenwirken können, erfolgt.[119] Diese Ausnahmeregelung lässt sich damit begründen, dass die Kenntnisse und Erfahrungen eines ehemaligen Vorstands weiterhin für das Unternehmen genutzt werden sollen[120] und bei Vorliegen des 25 Prozent-Quorums eine

---

[111] Großkomm AktG/*Hopt/Roth* Rn. 62; MüKoAktG/*Habersack* Rn. 33; Kölner Komm AktG/*Mertens/Cahn* Rn. 38.

[112] Großkomm AktG/*Hopt/Roth* Rn. 60; Kölner Komm AktG/*Mertens/Cahn* Rn. 40; MüKoAktG/*Habersack* Rn. 32; aA *Konow* DB 1966, 849 f.

[113] Gesetz zur Angemessenheit der Vorstandsvergütung vom 31.7.2009, BGBl. 2009 I 2509.

[114] Siehe dazu Bericht des Rechtsausschusses BT-Drs. 16/13 433, 17 f.; sowie schriftliche Stellungnahmen zum VorstAG vor dem Rechtsausschuss *Goette* Die GmbH, 7; ebenso bereits *Berrar* NZG 2001, 1113 (1119); *Wirth* ZGR 2005, 327 (342); *Lange* NZG 2004, 265 (267 f.); *Rode* BB 2006, 341 (342); *Hüffer* ZIP 2006, 637 (638, 642); *Lieder* NZG 2005, 569 (572 f.); vgl. auch schriftliche Stellungnahmen der Sachverständigen zum VorstAG *Hirte* S. 8 f.; *Kempter* S. 16.

[115] Kritisch sehen dies *Habersack* Gutachten 69. DJT E 82; *Krieger* FS Hüffer, 2010, 521 (521); *Strenger* NZG 2010, 1401 (1402); *Sünner* AG 2010, 111 (111 ff.), (unverhältnismäßiger Eingriff in Art. 12 GG); *Kumpan* AnwBl. 2012, 704 (706); sowie *Hohenstatt* ZIP 2009, 1349 (1355); *Möllers/Christ* ZIP 2009, 2278 (2279 f.) denen zufolge diese Regelung eine unzureichende Umsetzung der Empfehlungen der Europäischen Kommission sowie einen Widerspruch zu der internationalen Rechtslage und dem Prinzip des Selbstprüfungsverbots darstellt; s. auch DAI-Kurzstudie 04/2011, S. 3, wonach der Anteil ehemaliger Vorstandsmitglieder in Aufsichtsräten von Unternehmen des HDAX nur 5,5 Prozent beträgt und zudem rückläufig ist; *Gaul* AG 2015, 742 (744), nach dem der deutsche Gesetzgeber sich für die größtmögliche Unabhängigkeit des Aufsichtsrates auf Kosten der Professionalisierung entschieden habe.

[116] Bericht des Rechtsausschusses BT-Drs. 16/13 433, 11.

[117] Hölters/*Simons* Rn. 26; MüKoAktG/*Habersack* Rn. 40.

[118] MüKoAktG/*Habersack* Rn. 40; Hüffer/Koch/*Koch* Rn. 16; *Ihrig* FS Hoffmann-Becking, 2013, 617 (625 ff.); *E. Vetter* FS Maier-Reimer, 2010, 795 (805).

[119] Siehe dazu *Spindler* NJOZ 2009, 3282 (3288); *Bungert/Wansleben* DB 2012, 2617 (2618); *Schulenburg/Brosius* WM 2011, 58 (61); *Seibert* WM 2009, 1489 (1492); *Thüsing* AG 2009, 517 (528); *Krieger* FS Hüffer, 2010, 521 (529); *Hoffmann-Becking/Krieger* NZG- Beil. Heft 26/2009, 1 (8); Hüffer/Koch/*Koch* Rn. 17; krit. *Velte* WM 2012, 537 (538 ff.); *Sünner* AG 2010, 111 (115).

[120] Bericht des Rechtsausschusses BT-Drs. 16/13 433, 17 f.; s. auch *Leimkühler/Velte* Board 2011, 145 (145 f.); *Seibert* WM 2009, 1489 (1492); *Thüsing* AG 2009, 517 (528); so auch schon *Berrar* NZG 2001, 1113 (1118); *Wirth* ZGR 2005, 327 (342); *Lange* NZG 2004, 265 (266); *Rode* BB 2006, 341 (342); *Hüffer* ZIP 2006, 637 (642); *Frühauf* ZGR 1998, 407 (417); *Kort* AG 2008, 137 (146 f.); *Schäfer* ZGR 2004, 416 (417 f.).

hinreichende Kontrolle der Aufsichtsratsbesetzung durch die Aktionäre gewährleistet ist.[121] Der Wahlvorschlag der Aktionäre hat getrennt vor dem Wahlbeschluss der Hauptversammlung zu erfolgen, kann aber auch noch auf der Hauptversammlung gefasst werden.

Art und Weise des Aktionärsvorschlags sind gesetzlich nicht geregelt. Es kann sich um einen Tagesordnungserweiterungsantrag nach § 122 Abs. 2 oder um einen Gegenantrag zum Wahlvorschlag des Aufsichtsrats nach §§ 127, 126 handeln.[122] Soweit die Aktionäre für einen solchen Gegenantrag nicht das notwendige Quorum erreichen, muss auch der Beschluss über den Wahlvorschlag zur Abstimmung gestellt werden, um zu ermitteln, ob er von mehr als 25 % der stimmberechtigten Aktionäre getragen wird.[123] Zudem besteht die Möglichkeit, dass die Aktionäre ihren Vorschlag an den Aufsichtsrat richten, welcher sich den Vorschlag sodann zu eigen macht und das entsprechende ehemalige Vorstandsmitglied nach § 124 Abs. 3 S. 1 selbst vorschlägt.[124] 32

Kontrovers beurteilt wird die Situation, in welcher der **Aufsichtsrat** ein noch in der Karenzzeit befindliches Vorstandsmitglied **auf eigene Initiative** ohne einen vorherigen Aktionärsvorschlag mit der Maßgabe vorschlägt (§ 124 Abs. 3 S. 1), dass die Hauptversammlung noch vor der eigentlichen Wahl einen „Vorschlag" nach Abs. 2 S. 1 Nr. 4 herbeiführt. Teilweise wird dieses Vorgehen als ausreichend erachtet, um die Cooling-off-Periode zu überwinden.[125] Denn die Organisation des Aktionärsvorschlag vor allem in Publikumsgesellschaften sei ansonsten nur schwer durchzuführen; zudem könne die Initiative des Aufsichtsrats jene Schwierigkeiten beim Wechsel des ehemaligen Vorstandsmitglieds in den Aufsichtsrat ausräumen.[126] Zudem sei auch für die übrigen Bestellungshindernissen anerkannt, dass der Aufsichtsrat trotz des Hindernisses einen Wahlvorschlag unterbreiten und selbst auf die Beseitigung der Mängel hinwirken dürfe.[127] Auch werde der Gesetzeszweck gewahrt, denn die Aktionäre könnten noch immer frei entscheiden, ob sie die Kompetenz des ehemaligen Vorstandsmitglieds im Aufsichtsrats nutzen wollen oder sich gegen den Wahlvorschlag des Aufsichtsrats aussprechen.[128] Indes liegt bei einem Wahlvorschlag des Aufsichtsrats schon rein begrifflich kein initiierter „Vorschlag" der Aktionäre mehr vor.[129] Zudem besteht die Gefahr, dass sich die Aktionäre nicht mehr kritisch mit dem Wahl des ehemaligen Vorstands auseinandersetzen, sondern dem Wahlanliegen des Aufsichtsrats unreflektiert nachgeben. Mit dem originären Aktionärsvorschlag soll den Aktionären die Möglichkeit gegeben werden, die Vor- und Nachteile des Wechsels eines Vorstandsmitglieds in den Aufsichtsrat abzuwägen und sich bewusst für oder gegen die Wahrung der Karenzzeit zu entscheiden. Das schlichte Nachholen des „Vorschlags" auf Empfehlung des Aufsichtsrats führt zu einem unkritischen und routinemäßigen Abnicken des Aufsichtsratsvorschlags, wodurch das Vorschlagserfordernis zu einem bloßen Formalismus ohne sachliche Bedeutung verkommen würde.[130] Ein entsprechender Wahlvorschlag des Aufsichtsrats verstößt mangels vorangehendem Aktionärsvorschlag gegen das Gesetz und ist damit nichtig.[131] 33

Maßgeblicher **Bezugspunkt für das Ausnahmequorum** ist die absolute Zahl der Stimmrechte an der Gesellschaft, wobei für die Ermittlung der Gesamtzahl auch solche Stimmrechte mitgezählt werden, deren Ausübung im Einzelfall ausgeschlossen ist, zB gem. § 44 WpHG, § 59 WpÜG, § 71b AktG.[132] Für das Erreichen des 25 Prozent-Quorums selbst können diese ausgeschlossenen Stimm- 34

---

[121] Bericht des Rechtsausschusses BT-Drs. 16/13 433, 17 f. „systematische Kontrolldefizite bei Gesellschaften im Streubesitz und die faktische Kooptation der Aufsichtsratsbesetzung durch den Vorstand"; siehe auch *Seibert* WM 2009, 1489 (1492); *Thüsing* AG 2009, 517 (528). Diese Argumentation als unschlüssig ablehnend *Sünner* AG 2010, 111 (115); kritisch zur Differenzierung zwischen Unternehmen mit wenigen Aktionären und Unternehmen im Streubesitz *Gaul* AG 2015, 742 (745 f.).
[122] Kölner Komm AktG/*Mertens*/*Cahn* Rn. 43; MüKoAktG/*Habersack* Rn. 43; Hölters/*Simons* Rn. 28 f.; K. Schmidt/Lutter/*Drygala* Rn. 19.
[123] Kölner Komm AktG/*Mertens*/*Cahn* Rn. 43; MüKoAktG/*Habersack* Rn. 43; *Sünner* AG 2010, 111 (117).
[124] S. dazu Bericht des Rechtsausschusses BT-Drs. 16/13 433, 18; Hüffer/Koch/*Koch* Rn. 18; MüKoAktG/*Habersack* Rn. 43; Kölner Komm AktG/*Mertens*/*Cahn* Rn. 43; Hölters/*Simons* Rn. 30; *Krieger* FS Hüffer, 2010, 521 (525 ff.); *Annuß*/*Theusinger* BB 2009, 2434 (2442); *Hoffmann-Becking*/*Krieger* NZG-Beil. Heft 26/2009, 1 (8).
[125] K. Schmidt/Lutter/*Drygala* Rn. 19; Hölters/*Simons* Rn. 32a; *Krieger* FS Hüffer, 2010, 521 (530 ff.); *Löbbe*/*Fischbach* AG 2012, 580 (581 ff.); *Bungert*/*Wansleben* DB 2012, 2617 (2620 f.); *Sünner* AG 2010, 111 (116 f.).
[126] *Löbbe*/*Fischbach* AG 2012, 580 (581).
[127] *Löbbe*/*Fischbach* AG 2012, 580 (581 f.); *Hoffmann-Becking*/*Krieger* NZG-Beil. Heft 26/2009, 1 (8).
[128] *Krieger* FS Hüffer, 2010, 521 (531); *Bungert*/*Wansleben* DB 2012, 2617 (2621).
[129] Kölner Komm AktG/*Mertens*/*Cahn* Rn. 43; MüKoAktG/*Habersack* Rn. 43; *Schulenburg*/*Brosius* WM 2011, 58 (61); *E. Vetter* FS Maier-Reimer, 2010, 795 (806).
[130] Kölner Komm AktG/*Mertens*/*Cahn* Rn. 43; Hüffer/Koch/*Koch* Rn. 18; *Schulenburg*/*Brosius* WM 2011, 58 (61).
[131] MüKoAktG/*Habersack* Rn. 43; *E. Vetter* FS Maier-Reimer, 2010, 795 (806 f.).
[132] *Bungert*/*Wansleben*, DB 2012, 2617 (2619); *Krieger* FS Hüffer, 2010, 521 (529 f); *E. Vetter* FS Maier-Reimer, 2010, 795 (805); *Hoffmann-Becking*/*Krieger* NZG-Beil. Heft 26/2009, 1 (8); MüKoAktG/*Habersack* Rn. 42; Hölters/*Simons* Rn. 27; aA Kölner Komm AktG/*Mertens*/*Cahn* Rn. 42.

rechte hingegen nicht berücksichtigt werden.[133] Stimmrechtslose Vorzugsaktien sind bei der Gesamtzahl der Stimmrechte nur zu berücksichtigen, wenn das Stimmrecht nach § 140 Abs. 2 Satz 1 aufgelebt ist.[134] Das im Einzelfall bedingte Zusammenwirken mehrerer Aktionäre zur Erreichung des Quorums muss keine allgemeine Zurechnung der Stimmrechte nach § 34 Abs. 2 WpHG bzw. § 30 Abs. 2 WpÜG (**acting in concert**) bewirken.[135] Für den Bestellungsbeschluss selbst ist weiterhin die einfache Mehrheit erforderlich.[136] Die Überwindung des Bestellungshindernisses durch einen qualifizierten Wahlvorschlag der Aktionäre ist nicht auf die Bestellung in Form der Wahl durch die Hauptversammlung beschränkt, sondern greift auch bei der gerichtlichen Bestellung und bei Entsendungsrechten.[137]

35 Auf **Konzernkonstellationen,** wie etwa die Wahl eines Vorstandsmitglieds einer abhängigen AG in den Aufsichtsrat der herrschenden AG, findet § 100 Abs. 2 S. 1 Nr. 4 keine Anwendung, da Gegenstand der Überwachungstätigkeit dann nicht die eigene Vorstandszeit ist (→ § 111 Rn. 81 ff.) und insoweit die dargestellten Interessenkonflikte und Einflussmöglichkeiten nicht auftreten, vielmehr andere Ausschlusstatbestände eingreifen.[138] Ebenso wenig kommt § 100 Abs. 2 S. 1 Nr. 4 zum Tragen, wenn es um den Wechsel eines Aufsichtsratsmitglieds in den Vorstand geht; dieser bleibt unter Berücksichtigung des § 105 auch weiterhin ohne die Einhaltung einer Karenzzeit möglich.[139] Gleiches gilt für den Wechsel eines Prokuristen oder Generalhandlungsbevollmächtigten in den Vorstand.[140]

36 § 100 Abs. 2 S. 1 Nr. 4 wird flankiert durch Ziff. 5.4.4 S. 1 **Deutscher Corporate Governance Kodex,** wonach gesetzeswiederholend festgestellt wird, dass Vorstandsmitglieder vor Ablauf von zwei Jahren nach dem Ende ihrer Bestellung nicht Mitglied des Aufsichtsrats der Gesellschaft werden dürfen, es sei denn ihre Wahl erfolgt auf Vorschlag von Aktionären, die mehr als 25 % der Stimmrechte an der Gesellschaft halten. Hinsichtlich des unmittelbaren Wechsels in den Aufsichtsratsvorsitz ohne Karenzzeit geht der Kodex indes insofern über die gesetzliche Regelung hinaus, als dies nach Ziff. 5.4.4 S. 2 DCGK eine der Hauptversammlung zu begründende Ausnahme sein soll.[141] Darüber hinaus sollen gem. Ziff. 5.4.2 S. 3 DCGK generell nur zwei ehemalige Vorstandsmitglieder gleichzeitig dem Aufsichtsrat angehören.[142] Nach Ziff. 5.3.2 Abs. 3 S. 2 DCGK soll zudem der Vorsitzende des Prüfungsausschusses kein ehemaliges Vorstandsmitglied sein, dessen Bestellung vor weniger als zwei Jahren endete.

37 **Spezialgesetzliche Sonderregelungen** für Kreditinstitute, Versicherungsunternehmen und ähnliche Unternehmen finden sich in § 25d Abs. 3 S. 1 Nr. 3 KWG, § 24 Abs. 4 S. 1 VAG (§ 7a Abs. 4 S. 3 VAG-aF). Danach darf ein ehemaliger Geschäftsleiter nicht zum Mitglied des Aufsichtsrats des von ihm geleiteten Unternehmens bestellt werden, wenn bereits zwei ehemalige Geschäftsleiter des Unternehmens Mitglied des Aufsichtsrats sind.

38 **5. Andere öffentlich-rechtliche Hinderungsgründe.** Dem Aufsichtsrat dürfen ferner nicht angehören: der Bundespräsident nach Art. 55 Abs. 2 GG für auf Erwerb ausgerichtete Unternehmen, der Bundeskanzler und die Bundesminister nach Art. 66 GG und § 5 Abs. 1 S. 2 BMinG, sofern der Bundestag nicht eine Ausnahme gestattet,[143] Landesminister nach den jeweiligen Landesverfassungen,[144] oftmals unter Vorbehalt der Zustimmung des Landesparlaments,[145] die Mitglie-

---

[133] *Krieger* FS Hüffer, 2010, 521 (529 f.); *Hoffmann-Becking/Krieger* NZG-Beil. Heft 26/2009, 1 (8).
[134] Kölner Komm AktG/*Mertens/Cahn* Rn. 42; MüKoAktG/*Habersack* Rn. 42.
[135] → § 101 Rn. 27 ff.; *Bungert/Wansleben* DB 2012, 2617 (2619); *Schulenburg/Brosius* WM 2011, 58 (62); MüKoAktG/*Habersack* Rn. 42; Hüffer/Koch/*Koch* Rn. 17; Grigoleit/*Grigoleit/Tomasic* Rn. 8.
[136] Bericht des Rechtsausschusses BT-Drs. 16/13 433, 17; Hüffer/Koch/*Koch* Rn. 18; Bürgers/Körber/*Israel* Rn. 6a.
[137] MüKoAktG/*Habersack* Rn. 39; K. Schmidt/Lutter/*Drygala* Rn. 20; Hölters/*Simons* § 104 Rn. 28; Fett/ *Theusinger* AG 2010, 425 (432).
[138] *Spindler* NJOZ 2009, 3282 (3288).
[139] K. Schmidt/Lutter/*Drygala* Rn. 23; MüKoAktG/*Habersack* Rn. 38.
[140] MüKoAktG/*Habersack* Rn. 38.
[141] S. dazu auch *Gaul* AG 2015, 742 (747 f.); *Hecker* BB 2009, 1654 (1657); *Weber-Rey* WM 2009, 2255 (2262 f.).
[142] Dazu eingehend *Peltzer* Deutsche Corporate Governance Rn. 282; KBLW/*Kremer* DCGK Rn. 1392; Großkomm AktG/*Hopt/Roth* Rn. 188 f.
[143] Dazu *Veen* S. 82 ff.; *Nebendahl* DÖV 1988, 961 ff.; für eine Ausweitung des Zustimmungsvorbehalts auch auf erst kürzlich ausgeschiedene Amtsträger: K. Schmidt/Lutter/*Drygala* Rn. 26.
[144] Art. 64 Abs. 3 LV Nordrhein-Westfalen; Art. 62 Abs. 2 LV Sachsen; Art. 53 Abs. 2 LV Baden-Württemberg; Art. 72 Abs. 2 LV Thüringen; Art. 40 LV Hamburg; Art. 57 LV Bayern; Art. 34 Abs. 2 LV Niedersachsen; Art. 34 LV Schleswig-Holstein; Art. 45 LV Mecklenburg-Vorpommern; s. dazu detailliert *Veen*, Die Vereinbarkeit von Regierungsamt und Aufsichtsratsmandat in Wirtschaftsunternehmen, 1996, 158 ff.
[145] Einzelheiten dazu bei *Meier* NZG 2003, 54 (56); *Wais* NJW 1982, 1263 ff.; *Wolfram* NZBau 2000, 545 ff.

der des Bundeskartellamtes nach § 51 Abs. 5 GWB, nach § 99 Abs. 1 BBG der Beamte, sofern er keine Genehmigung erhält sowie die Behördenangehörigen, die in einem die AG betreffenden Verwaltungsverfahren tätig werden, § 20 Abs. 1 Nr. 5 VwVfG.[146] Dagegen besteht für Richter zumindest in privatrechtlichen Unternehmen kein Hinderungsgrund für die Zugehörigkeit zum Aufsichtsrat des Unternehmens.[147]

6. Ungeschriebene Hinderungsgründe. Das AktG selbst sieht außer § 100 keine besonderen Anforderungen an ein Aufsichtsratsmitglied vor. Dennoch herrscht zu Recht Einigkeit darüber, dass Aufsichtsratsmitglieder schon auf Grund ihrer allgemeinen Sorgfalts- und Treuepflicht nach §§ 116, 93 grundlegende Kriterien der Sach- und Fachkunde[148] sowie (im gewissen Maße) ihrer Unabhängigkeit und Verpflichtung gegenüber der AG (→ § 116 Rn. 84 ff.) zu erfüllen haben. Ist das Aufsichtsratsmitglied bereits bestellt, ist es in der Regel verpflichtet, bei dauerhaften Interessenkonflikten oder Nichterfüllung der grundlegenden fachlichen Anforderungen sein Mandat niederzulegen;[149] hiervon geht auch der Corporate Governance Kodex (Ziff. 5.5.3 DCGK) aus.[150]

Ungeklärt ist jedoch bislang, welche Folgen sich ergeben, wenn bereits **vor der Bestellung** absehbar und evident ist, dass ein Aufsichtsratsmitglied auf Dauer diesen Anforderungen nicht gerecht wird. Das AktG selbst enthält keine über § 100 hinausgehende Hinderungsgründe. Im Falle des Vorliegens eines **dauerhaften Interessenkonflikts** durch Aufsichtsratsmandate bei konkurrierenden Unternehmen wird deshalb teilweise ein Bestellungshindernis analog § 100 Abs. 2, § 105 Abs. 1, § 250 angenommen.[151] Zwar ist nicht von der Hand zu weisen, dass die Bestellung von Aufsichtsratsmitgliedern, die auf Grund einer Konkurrenzsituation nicht in der Lage sind, ihr Aufsichtsratsmandat korrekt auszuüben, ein kaum tolerabler Zustand ist und daher an sich in Heranziehung der allgemeinen Vorschriften zur Inkompatibilität ein allgemeines Bestellungshindernis mit der Folge der Nichtigkeit der Bestellung nach § 250 angenommen werden müsste. Andernfalls könnte die vertrauensvolle Zusammenarbeit im Aufsichtsrat gefährdet sein, wenn und weil die anderen Aufsichtsratsmitglieder nicht sicher sein können, ob das betreffende Aufsichtsratsmitglied trotz seiner Zugehörigkeit zum Konkurrenzunternehmen loyal gegenüber der Gesellschaft ist.[152] Für diesen Fall ein allgemeines Bestellungshindernis anzunehmen, macht schon deshalb Sinn, weil das Aufsichtsratsmitglied andernfalls verpflichtet sein kann, sein Amt sofort nach Amtsantritt niederzulegen, wie dies im Falle des Auftretens eines dauerhaften Interessenkonflikts nach Amtsantritt allgemein angenommen wird (→ Rn. 33).[153] Auch kann der Einwand der dadurch entstehenden Rechtsunsicherheit[154] dadurch entkräftet werden, dass die Inkompatibilität auf Fälle eines dauerhaften Interessenkonflikts beschränkt

---

[146] Zur Notwendigkeit einer restriktiven Auslegung von § 20 VwVfG siehe *Wais* NJW 1982, 1263 ff.; Einzelheiten bei *Veen*, Die Vereinbarkeit von Regierungsamt und Aufsichtsratsmandat in Wirtschaftsunternehmen, 1996, 210 ff.; *Häuser*, Interessenkollision durch Wahrnehmung des Aufsichtsratsmandats in der unabhängigen Aktiengesellschaft, 1985, 150 ff.

[147] Allenfalls kann man aus § 4 Abs. 1 DRiG eine Inkompatibilität bei Aufsichtsräten öffentlich-rechtlicher Unternehmen herleiten. Dazu näher VG Aachen Urteil vom 25.8.2005 – 1 K 550/05; *vom Stein/Weber* DÖV 2003, 278 (284 ff.). Zu beachten ist aber, dass unter Umständen landesrechtliche Genehmigungserfordernisse greifen können, dazu ebenfalls VG Aachen Urteil vom 25.8.2005 – 1 K 550/05.

[148] Ausführlicher → Rn. 43 ff. → § 116 Rn. 14 ff.; s. auch *Semler* FS 100 Jahre Wirtschaftsuniversität Wien, 1998, 93 (98 ff.) sowie *Hoppmann* VersR 2001, 849; K. *Schmidt/Lutter/Drygala* Rn. 30.

[149] → § 116 Rn. 85; MüKoAktG/*Habersack* Rn. 46; *Diekmann/Fleischmann* AG 2013, 141 (147); *Seibt* FS Hopt, 2010, 1363 (1383).

[150] *Peltzer* Deutsche Corporate Governance Rn. 318 f.; KBLW/*Kremer* DCGK Rn. 1481 f.

[151] So vor allem *Lutter* FS Beusch, 1993, 409 (515 ff.); *Lutter* ZHR 159 (1995), 287 (303); *Schneider* FS Goette, 2011, 475 (479 ff.); *Lutter/Krieger/Verse* Rechte und Pflichten des Aufsichtsrats Rn. 21 ff.; dem folgend *Reichert/Schlitt* AG 1995, 241 (245 ff.); *Wardenbach*, Interessenkonflikte und mangelnde Sachkunde als Bestellungshindernisse zum Aufsichtsrat der AG, 1996, 61; *Bollweg*, Die Wahl des Aufsichtsrats in der Hauptversammlung der Aktiengesellschaft, 1997, 109 ff.; s. auch schon *Säcker* FS Rebmann, 1989, 781 (788); *Thannheiser* AiB 2003, 735 (737); tendenziell auch OLG Schleswig NZG 2004, 669 (670); zust. *Krupp/Sieg* WuB II A. § 104 AktG 1.05; de lege ferenda *Raiser* NJW 1996, 2257 (2260); *Wiedemann* ZIP 1997, 1565 (1567); *Berrar* NZG 2001, 1113 (1117 f.); *Lenz* EWiR 2005, 949 (950); zur versicherungsaufsichtsrechtlichen Zulässigkeit von Doppelmandaten siehe *Dreher* FS Lorenz, 1994, 175 (187 ff.).

[152] *Lutter* FS Beusch, 1993, 509 (517); *Lutter* ZHR 145 (1981), 224 (234, 236); *Wardenbach*, Interessenkonflikte und mangelnde Sachkunde als Bestellungshindernisse zum Aufsichtsrat der AG, 1996, 77 ff.

[153] Darauf verweist OLG Schleswig NZG 2004, 669 (670).

[154] So vor allem Großkomm AktG/*Hopt/Roth* Rn. 80; *Semler/Stengel* NZG 2003, 1 (5); K. Schmidt/Lutter/*Drygala* Rn. 28; *Kübler* FS Claussen, 1997, 239 (242 f.); *Marsch-Barner* in Semler/v. Schenck AR-HdB § 13 Rn. 146; Kölner Komm AktG/*Mertens/Cahn* Rn. 14; *Deckert* NZG 1998, 710 (713); *Deckert* DZWir 1996, 406 f.; *Krebs*, Interessenkonflikte bei Aufsichtsratsmandaten in der Aktiengesellschaft, 2002, 291 ff.; *Bollweg*, Die Wahl des Aufsichtsrats in der Hauptversammlung der Aktiengesellschaft, 1997, 110; *Veen*, Die Vereinbarkeit von Regierungsamt und Aufsichtsratsmandat in Wirtschaftsunternehmen, 1996, 241.

wird und der Gesetzgeber auch in den anderen Fällen der Inkompatibilität die andauernde Unsicherheit hingenommen hat.[155] In Betracht käme auch, in diesem Fall nur die Anfechtbarkeit nach § 251 und nicht die Nichtigkeit nach § 250 als Rechtsfolge anzunehmen, weil dann nach einem Monat (§ 246 Abs. 1) Rechtssicherheit eintreten würde.[156]

41 Doch kann dies alles nicht darüber hinwegtäuschen, dass der Gesetzgeber bei **Verabschiedung des KonTraG** die Einführung entsprechender Normen im Zusammenhang mit einem Verbot der Aufsichtsratsmitgliedschaft bei Konkurrenzunternehmen erwogen,[157] letztlich aber verworfen hat,[158] was eindeutig **gegen die Annahme einer Regelungslücke** und ungeschriebener Hinderungsgründe bei Bestellung eines Aufsichtsratsmitglieds spricht.[159] Auch ist fraglich, ob das Aufsichtsratsmitglied bei einem dauerhaften Interessenkonflikt wirklich nicht in der Lage ist, sein Aufsichtsratsamt korrekt auszuüben. Zwar ist es durchaus so, dass das Aufsichtsratsmitglied bei seiner Tätigkeit für das Konkurrenzunternehmen Sonderwissen erhält, über das die anderen Aufsichtsratsmitglieder nicht verfügen. Doch muss das Aufsichtsratsmitglied nicht etwa auf Grund seiner Treue- und Förderpflicht dieses Wissen den anderen Aufsichtsratsmitgliedern zugänglich machen.[160] Denn die Treuepflicht des Aufsichtsratsmitglieds reicht nicht so weit wie die des Vorstandsmitglieds; insbesondere die aktiven Förderpflichten eines Vorstandes sind wesentlich umfassender als die des Aufsichtsratsmitglieds.[161] Um seine Verschwiegenheitspflicht bei dem Konkurrenzunternehmen nicht zu verletzen, muss und kann das Aufsichtsratsmitglied also das Sonderwissen vor den übrigen Aufsichtsratsmitgliedern geheim halten.[162] Das mag schwierig sein,[163] unmöglich ist es aber nicht. Es wird daher bei Aufsichtsratsämtern in konkurrierenden Unternehmen kaum jemals der Fall sein, dass ein Aufsichtsratsmitglied auf Grund seiner Tätigkeit bei dem Konkurrenzunternehmen wirklich nicht in der Lage ist, seine Tätigkeit auszuüben. Zu beachten ist in diesem Zusammenhang auch, dass das Aufsichtsratsmitglied anerkanntermaßen keinem Wettbewerbsverbot unterliegt,[164] sodass die Förderpflicht schon aus diesem Grund nicht so weit reichend sein kann. Schließlich wird auch die vertrauensvolle Zusammenarbeit im Aufsichtsrat durch die Bestellung eines Mitglieds aus einem Konkurrenzunternehmen zumindest dann nicht gestört sein, wenn diese Tätigkeit von Anfang an bekannt war. Denn dann kann der Aufsichtsrat durch sein Vorschlagsrecht nach § 124 Abs. 3 Satz 1 mitbestimmen, ob die jeweilige Person gewählt werden soll, so dass es widersprüchlich ist, wenn man ihn dann vor dieser Person wieder bewahren will.[165] Damit verbleibt als Konflikt nur die Gefahr, dass das Aufsichtsratsmitglied möglicherweise

---

[155] *Reichert/Schlitt* AG 1995, 241 (246); *Wardenbach*, Interessenkonflikte und mangelnde Sachkunde als Bestellungshindernisse zum Aufsichtsrat der AG, 1996, 26 f., 44 f., 88 ff.

[156] Das erwägen *Semler/Stengel* NZG 2003, 1 (5); so in der Tat noch *Lutter* ZHR 145 (1981), 224 (237); *Lutter* RdW 1987, 314 (319).

[157] Entwurf der SPD-Fraktion, BT-Drs. 13/367, der die Einführung eines § 25a GWB vorsah, wonach die Kartellbehörde die Tätigkeit in einem in Wettbewerb stehenden Unternehmen untersagen sollte; *Reichert/Schlitt* AG 1995, 241 (253 f.).

[158] BegrRegE BT-Drs. 13/9712, 15 f., s. die Stellungnahme des Bundesrates BT-Drs. 13/9712, 33 und die Entgegnung der BReg S. 37.

[159] Insoweit zutr. Großkomm AktG/*Hopt*/*Roth* Rn. 82; MüKoAktG/*Habersack* Rn. 82; *Semler/Stengel* NZG 2003, 1 (5 f.); *Marsch-Barner* in Semler/v. Schenck AR-HdB § 13 Rn. 145; *Krebs*, Interessenkonflikte bei Aufsichtsratsmandaten in der Aktiengesellschaft, 2002, 283 ff., 295 f.; *Mense*, Interessenkonflikte bei Mehrfachmandaten im Aufsichtsrat der AG, 2007, 100; aA *Lutter/Krieger/Verse* Rechte und Pflichten des Aufsichtsrats Rn. 21 ff.

[160] So aber wohl *Lutter* FS Beusch, 1993, 509 (516): umfassende Loyalitäts- und Förderpflicht; ebenso *Lutter* RdW 1987, 314 (318 f.); *Lutter* ZHR 145 (1981), 224 (234, 236); *Lutter/Krieger/Verse* Rechte und Pflichten des Aufsichtsrats Rn. 22; *Thannheiser* AiB 2003, 735 (737); ähnlich *Wardenbach*, Interessenkonflikte und mangelnde Sachkunde als Bestellungshindernisse zum Aufsichtsrat der AG, 1996, 15 ff., 75 ff.; *Bollweg*, Die Wahl des Aufsichtsrats in der Hauptversammlung der Aktiengesellschaft, 1997, 109.

[161] Zutr. *Bokelmann*, Personelle Verflechtungen über Aufsichtsräte, 2000, 141; siehe auch *Ulmer* NJW 1980, 1603 (1605 f.); *Fischer* GS Duden 1982, 55 (71 f.); zu dem geringeren Umfang der Treuepflicht des Aufsichtsratsmitglieds § 116 Rn. 55 ff.; MüKoAktG/*Habersack* § 116 Rn. 43 ff.; Kölner Komm AktG/*Mertens*/*Cahn* § 116 Rn. 24 ff.

[162] *Werner* ZHR 145 (1981), 252 (265); *Decher* ZIP 1990, 277 (279, 287); *Fischer* GS Duden 1982, 55 (64); *Häuser*, Interessenkollision durch Wahrnehmung des Aufsichtsratsmandats in der unabhängigen Aktiengesellschaft, 1985, 92; ähnlich *Matthießen*, Stimmrecht und Interessenkollision im Aufsichtsrat, 1989, 202.

[163] Negativbeispiel bei *Lutter* ZHR 145 (1981), 224 (234).

[164] Das folgt aus § 105 Abs. 2 S. 2: *Kübler* FS Claussen, 1997, 239 (242); *U. H. Schneider* BB 1995, 365 (367); *Wirth* ZGR 2005, 327 (345); *Marsch-Barner* in Semler/v. Schenck AR-HdB § 13 Rn. 145; *Bokelmann*, Personelle Verflechtungen über Aufsichtsräte, 2000, 141 f.; MüKoAktG/*Habersack* § 116 Rn. 47 f.; Großkomm AktG/*Hopt*/*Roth* Rn. 81; *Krebs*, Interessenkonflikte bei Aufsichtsratsmandaten in der Aktiengesellschaft, 2002, 285 f.

[165] *Bokelmann*, Personelle Verflechtungen über Aufsichtsräte, 2000, 143; *Häuser*, Interessenkollision durch Wahrnehmung des Aufsichtsratsmandats in der unabhängigen Aktiengesellschaft, 1985, 91 f.

seine Verschwiegenheitspflicht nicht wahren wird. Zur Lösung dieses Konfliktes erscheint ein Bestellungshindernis mit der Folge der Nichtigkeit der Bestellung aber als zu schwerwiegend[166] und zu pauschal,[167] zumal noch die Abberufungsmöglichkeiten nach § 103 bleiben.[168]

7. Gründe ohne Einfluss. Die Voraussetzungen für die Zugehörigkeit zum Aufsichtsrat sind 42 weniger eng als diejenigen vom Vorstand nach § 76 Abs. 3[169] – wenngleich rechtspolitisch fragwürdig.[170] So kann auch ein rechtskräftig wegen §§ 283 ff. StGB Verurteilter Mitglied eines Aufsichtsrats werden, ebenso ein Mitglied, über dessen Vermögen die Insolvenz eröffnet worden ist.[171] Ebenso wenig schädlich ist die enge verwandtschaftliche Beziehung zu einem Vorstandsmitglied[172] oder die fehlende deutsche Staatsbürgerschaft. Auch der Wohnsitz außerhalb der Bundesrepublik bzw. außerhalb der EU oder die fehlende Beherrschung der deutschen Sprache stehen der Übernahme des Aufsichtsratsmandats nicht entgegen.[173] Ferner ist die verweigerte Entlastung als Vorstands- oder als Aufsichtsratsmitglied in früheren Perioden unerheblich.[174]

V. Maßgeblicher Zeitpunkt

Maßgeblicher Zeitpunkt für die Berechnung und das Vorliegen der Voraussetzungen nach § 100 43 Abs. 1, 2 ist gem. § 250 Abs. 1 Nr. 4 der geplante Amtsantritt.[175]

VI. Aufsichtsratsmitglieder der Arbeitnehmer, Abs. 3

§ 100 Abs. 3 stellt im Wesentlichen nur klar, was sich bereits aus den Mitbestimmungsgesetzen 44 ergibt, nämlich, dass die weiteren persönlichen Anforderungen für die Arbeitnehmervertreter sich nach diesen spezifischen Gesetzen richten. Davon betroffen sind hauptsächlich die Anforderungen nach § 7 Abs. 2–4 MitbestG, die § 4 Abs. 2, § 6 Abs. 1 MontanMitbestG, §§ 5, 6 MontanMitbestErgG, § 4 DrittelbG ggf. über die Verweisung des § 4 MgVG. In der Praxis bedeutsam ist vor allem die Zugehörigkeit eines Arbeitnehmervertreters als Arbeitnehmer zum Unternehmen sowie der Umstand, dass Gewerkschaften in einem Unternehmen vertreten sind (§ 7 Abs. 2, 4 MitbestG).

Neben die spezifischen mitbestimmungsrechtlichen Anforderungen treten uneingeschränkt die 45 aktienrechtlichen Anforderungen, positiv die unbeschränkte Geschäftsfähigkeit, negativ die Ausschlussgründe des § 100 Abs. 2, die auch auf Arbeitnehmer- und insbesondere Gewerkschaftsvertreter anwendbar sind, die mehreren Aufsichtsräten angehören.[176]

VII. Anforderungen durch die Satzung, Abs. 4

Für Aufsichtsratsmitglieder, die durch die Hauptversammlung ohne Bindung gewählt werden, 46 kann die Satzung persönliche Anforderungen aufstellen, nicht jedoch für Arbeitnehmervertreter, um die mitbestimmungsrechtlichen Regelungen nicht zu unterlaufen.[177] Für die sog. weiteren Mitglieder nach § 4 Abs. 1 S. 2a und c, § 9 Abs. 2 S. 2 MontanMitbestG, § 5 Abs. 1 S. 2c MontanMitbestErgG

---

[166] *Decher* ZIP 1990, 277 (287).
[167] Die drohende Pauschalisierung war wohl auch der Grund, warum der Gesetzgeber auf die Einführung eines Bestellungshindernisses verzichtet hat, siehe Gegenäußerung der BReg BT-Drs. 13/9712, 37.
[168] Darauf verweist die hM zu Recht: *Semler/Stengel* NZG 2003, 1 (6); *Kübler* FS Claussen, 1997, 239 (242); *Dreher* JZ 1990, 896 (898 ff.); *Deckert* DZWir 1996, 406 f.; Großkomm AktG/*Hopt/Roth* Rn. 82; Kölner Komm AktG/*Mertens/Cahn* Rn. 14; *Marsch-Barner* in Semler/v. Schenck AR-HdB § 13 Rn. 148; MHdB AG/*Hoffmann-Becking* § 30 Rn. 3; *Krebs*, Interessenkonflikte bei Aufsichtsratsmandaten in der Aktiengesellschaft, 2002, 291 f.; aA *Reichert/Schlitt* AG 1995, 241 (246): Schutz durch § 103 Abs. 3 nicht ausreichend.
[169] Darauf weisen zu Recht Großkomm AktG/*Hopt/Roth* Rn. 19 hin; s. auch MHdB AG/*Hoffmann-Becking* § 30 Rn. 2.
[170] Krit. auch Großkomm AktG/*Hopt/Roth* Rn. 19.
[171] OLG München HRR 1939, Nr. 1107; Großkomm AktG/*Hopt/Roth* Rn. 19; MüKoAktG/*Habersack* Rn. 47.
[172] So schon *Schlegelberger/Quassowski* AktG 1937 § 86 Rn. 14; s. auch Kölner Komm AktG/*Mertens/Cahn* Rn. 7; MüKoAktG/*Habersack* Rn. 47; MHdB AG/*Hoffmann-Becking* § 30 Rn. 3.
[173] *Wasse* AG 2011, 685 (685 f.).
[174] MüKoAktG/*Habersack* Rn. 47; Großkomm AktG/*Hopt/Roth* Rn. 19 mit weiteren Bsp.
[175] *Dreher* FS Boujong, 1996, 71 (76;) *Stein* AG 1983, 49 (50); *E. Vetter* in Marsch-Barner/Schäfer Börsennotierte AG-HdB Rn. 25.8; MüKoAktG/*Habersack* Rn. 55; Hölters/*Simons* Rn. 18.
[176] AG Bremen Beschluss vom 29.4.1980 – 4 TaBV 3/79; Großkomm AktG/*Hopt/Roth* Rn. 96; Hüffer/Koch/*Koch* Rn. 19; *Marienhagen* BB 1973, 293 (294); *Wolff* DB 2002, 790 (793); *Stein* AG 1983, 49 (50).
[177] Großkomm AktG/*Hopt/Roth* Rn. 100; MüKoAktG/*Habersack* Rn. 52; *E. Vetter* in Marsch-Barner/Schäfer Börsennotierte AG-HdB Rn. 25.14; *Gach* FS Bauer, 2010, 327 (328); *Semler* FS 100 Jahre Wirtschaftsuniversität Wien, 1998, 93 (97); NK-AktR/*Breuer/Fraune* Rn. 17.

kann die Satzung ebenfalls Voraussetzungen aufstellen, sofern die Hauptversammlung nicht an Wahlvorschläge gebunden ist.[178] Bei der Wahl der weiteren Mitglieder nach § 4 Abs. 1 S. 2a, § 9 Abs. 2 S. 2 MontanMitbestG ist eine Bindung an Wahlvorschläge ausweislich von § 5 MontanMitbestG nicht vorgesehen,[179] sodass die Satzung die durch § 4 Abs. 2 MontanMitbestG zusätzlich vorgesehenen Wählbarkeitsvoraussetzungen noch weiter einschränken kann. Dagegen ist bei der Wahl des weiteren Mitglieds nach § 4 Abs. 1 S. 2c MontanMitbestG, § 5 Abs. 1 S. 2c MontanMitbestErgG eine Bindung an Wahlvorschläge nur für den Fall des § 8 Abs. 3 S. 7 MontanMitbestG, der wegen § 5 Abs. 3 S. 2 MontanMitbestErgG auch für dieses gilt, nicht vorgesehen[180] mit der Folge, dass nur für diesen Ausnahmefall die Satzung Wählbarkeitsvoraussetzungen vorsehen kann.

47 Allerdings darf die Satzung für zu wählende Anteilseignervertreter nicht derart enge Anforderungen aufstellen, dass de facto ein Entsenderecht statuiert wird.[181] Zulässig sind daher Voraussetzungen wie die deutsche Staatsangehörigkeit, eine bestimmte Konfessionszugehörigkeit[182] oder geordnete Vermögensverhältnisse, nicht jedoch Zugehörigkeit zu einer bestimmten Familie, da das selbst bei großen Familien de facto auf ein Entsenderecht hinauslaufen wird.[183] Ausgeschlossen ist auch die Forderung, dass nur Inhaber bestimmter Aktiengattungen gewählt werden können, da dies ebenfalls auf ein Entsenderecht hinausläuft.[184] Zulässig sind dagegen bestimmte Anforderungen an die Sachkunde des Aufsichtsratsmitglieds oder Altersgrenzen.[185] Ebenso kann die Satzung die Hinderungsgründe des § 100 Abs. 2 verschärfen, etwa die zulässige Zahl von anderweitigen Mandaten herabsetzen,[186] die Zahl der Wahlperioden begrenzen[187] oder die Inkompatibilität mit Mandaten bei Aufsichtsräten konkurrierender Unternehmen anordnen.[188]

48 Für zu **entsendende Aufsichtsratsmitglieder** kann die Satzung dagegen völlig frei Voraussetzungen aufstellen, da es dem Satzungsgeber auch frei steht, überhaupt Entsenderechte zu statuieren.[189]

VIII. Zusätzliche Anforderungen an Gesellschaften von öffentlichem Interesse, Abs. 5

49 **1. Allgemeines.** § 100 Abs. 5 geht ursprünglich auf die Abschlussprüferrichtlinie aF[190] zurück[191] und wurde nun durch die AbschlussprüferReform-RL modifiziert.[192] Nach dem durch das Bilanzrechtsmodernisierungsgesetz (**BilMoG**)[193] eingeführten Abs. 5 musste bis zum 16.6.2016 dem Aufsichtsrat einer kapitalmarktorientierten Kapitalgesellschaften iSd § 264d HGB kraft Gesetzes mindestens

---

[178] Einzelheiten bei Kölner Komm AktG/*Mertens/Cahn* Anh. C § 117 Rn. 17 ff.
[179] Großkomm AktG/*Oetker* MontanMitbestG § 5 Rn. 1; *Kötter* MontanMitbestG § 5 Anm. 3; *Müller/Lehmann* MontanMitbestG § 5 Rn. 2.
[180] Großkomm AktG/*Oetker* MontanMitbestG § 8 Rn. 18; *Kötter* MontanMitbestG § 8 Anm. 26; *Müller/Lehmann* MontanMitbestG § 8 Rn. 32 ff.
[181] RGZ 133, 90 (94); ausführlich *Bollweg*, Die Wahl des Aufsichtsrats in der Hauptversammlung der Aktiengesellschaft, 1997, 113 ff.; Großkomm AktG/*Hopt/Roth* Rn. 103, 105; MüKoAktG/*Habersack* Rn. 54; Kölner Komm AktG/*Mertens/Cahn* Rn. 46; Hüffer/Koch/*Koch* Rn. 20; K. Schmidt/Lutter/*Drygala* Rn. 36; *Assmann/Bozenhardt* ZGR-Sonderheft 9/1990, 1 (140).
[182] Dazu *Meier* VR 2004, 53 (54).
[183] Hüffer/Koch/*Koch* Rn. 20; MüKoAktG/*Habersack* Rn. 54; Großkomm AktG/*Hopt/Roth* Rn. 105; Kölner Komm AktG/*Mertens/Cahn* Rn. 46; einschränkend *Rothärmel* BB 2012, 716 (718), (Entscheidungsspielraum entscheidend); aA Lutter/Krieger/*Verse* Rechte und Pflichten des Aufsichtsrats Rn. 24; *Wälzholz* DStR 2004, 1819 (1822); offen gelassen von MHdB AG/*Hoffmann-Becking* § 30 Rn. 33.
[184] MüKoAktG/*Habersack* Rn. 54; Großkomm AktG/*Hopt/Roth* Rn. 105; MHdB AG/*Hoffmann-Becking* § 30 Rn. 33; *Bollweg*, Die Wahl des Aufsichtsrats in der Hauptversammlung der Aktiengesellschaft, 1997, 114.
[185] Großkomm AktG/*Hopt/Roth* Rn. 104; MüKoAktG/*Habersack* Rn. 54; Wachter/*Schick* Rn. 12; *E. Vetter* in Marsch-Barner/Schäfer Börsennotierte AG-HdB Rn. 25.15; *Bollweg*, Die Wahl des Aufsichtsrats in der Hauptversammlung der Aktiengesellschaft, 1997, 114.
[186] Kölner Komm AktG/*Mertens/Cahn* Rn. 46; Großkomm AktG/*Hopt/Roth* Rn. 104; MüKoAktG/*Habersack* Rn. 54; *Bollweg*, Die Wahl des Aufsichtsrats in der Hauptversammlung der Aktiengesellschaft, 1997, 114.
[187] Großkomm AktG/*Hopt/Roth* Rn. 104.
[188] *Reichert/Schlitt* AG 1995, 241 (248 f.); *Wirth* ZGR 2005, 327 (346 f.); MüKoAktG/*Habersack* Rn. 54; Großkomm AktG/*Hopt/Roth* Rn. 104; *Bollweg*, Die Wahl des Aufsichtsrats in der Hauptversammlung der Aktiengesellschaft, 1997, 114; *Bokelmann*, Personelle Verflechtungen über Aufsichtsräte, 2000, 139.
[189] Großkomm AktG/*Hopt/Roth* Rn. 102; Kölner Komm AktG/*Mertens/Cahn* Rn. 46; MüKoAktG/*Habersack* Rn. 53; Hüffer/Koch/*Koch* Rn. 20; Hölters/*Simons* Rn. 40; MHdB AG/*Hoffmann-Becking* § 30 Rn. 49.
[190] Richtlinie 2006/43/EG des Europäischen Parlaments und des Rates vom 17. Mai 2006 über Abschlussprüfungen von Jahresabschlüssen und konsolidierten Abschlüssen, zur Änderung der Richtlinien 78/660/EWG und 83/349/EWG des Rates und zur Aufhebung der Richtlinie 84/253/EWG des Rates, ABl. EG 2006 L 157, 87.
[191] BegrRegE BilMoG BT-Drs. 16/10067, 101; *Habersack* AG 2008, 98 (98 ff.).
[192] BegrRegE AReG BT-Drs. 18/7219,1.
[193] Gesetz zur Modernisierung des Bilanzrechts vom 25.5.2009, BGBl.2009 I 1102.

ein unabhängiges Aufsichtsratsmitglied angehören, das über Sachverstand auf den Gebieten Rechnungslegung oder Abschlussprüfung verfügt. In Folge der Umsetzung der AbschlussprüferReform-RL ist am 17.6.2016 nunmehr das **AReG** in Kraft getreten, das zum einen den persönlichen Anwendungsbereich des Abs. 5 erweitert hat und zum anderen neben das Erfordernis eines sachverständigen Mitglieds nun auch an die Gesamtheit der Aufsichtsratsmitglieder die Anforderung stellt, mit dem Sektor, in dem die Gesellschaft tätig ist, vertraut zu sein. Darüber hinaus ist durch das AReG das Unabhängigkeitserfordernis entfallen. Soweit die Gesellschaft einen Prüfungsausschuss eingerichtet hat, findet Abs. 5 mit der Regelung in § 107 Abs. 4 dahingehend eine Ergänzung, dass das sachverständige Aufsichtsratsmitglied im Prüfungsausschuss zu sein hat (→ § 107 Rn. 146). Zwar sieht Art. 39 Abs. 1 der Abschlussprüfer-RL vor, dass jedes Unternehmen von öffentlichem Interesse einen Prüfungsausschuss einzurichten hat, dem mindestens ein sachverständiges Mitglied angehört. Allerdings eröffnet Art. 39 Abs. 2 UAbs. 2 der Richtlinie den Mitgliedstaaten die Möglichkeit, festzulegen, dass die dem Prüfungsausschuss zugewiesenen Aufgaben auch durch das Aufsichtsratsplenum wahrgenommen werden können. Dem folgte der deutsche Gesetzgeber, sodass die Einrichtung eines Prüfungsausschusses in § 107 Abs. 3 S. 2 entsprechend fakultativ ausgestaltet ist (→ § 107 Rn. 83, 139 ff.).[194]

Entgegen der systematischen Stellung handelt es sich bei Abs. 5 allerdings nicht um eine persönliche Voraussetzung für die einzelnen Aufsichtsratsmitglieder, sondern vielmehr um eine **objektive Besetzungsregel** für das Aufsichtsratsgremium als Ganzes.[195] 50

In zeitlicher Hinsicht ordnet die **Übergangsvorschrift** des **§ 12 Abs. 5 EGAktG** an, dass § 100 Abs. 5 keine Anwendung findet, solange alle Mitglieder des Aufsichtsrats vor dem 17.6.2016 bestellt worden sind. Die Wahl eines sachverständigen Mitglieds auf den Gebieten der Rechnungslegung und Abschlußprüfung hat dann erst bei den nächsten turnusgemäßen Wahlen bzw. bei vorzeitigem Ausscheiden eines Mitglieds zu erfolgen. Eine Einschränkung von § 12 Abs. 5 EGAktG muss auch dann vorgenommen werden, wenn ein Aufsichtsratsmitglied, für welches nach § 101 Abs. 3 S. 2 bereits ein Ersatzmitglied bestellt wurde, ausscheidet, denn dann steht bereits fest welches Mitglied die entsprechende Lücke füllt und eine erneute Entscheidung unter Berücksichtigung der Voraussetzungen des Abs. 5 kann nicht mehr vorgenommen werden.[196] § 12 Abs. 4 EGAktG, der eine Übergangsregelung für Abs. 5 in der Fassung des BilMoG enthält, bleibt auch weiterhin in Kraft. 51

2. Persönlicher Anwendungsbereich. Der persönliche **Anwendungsbereich** des Abs. 5 ist zunächst für **kapitalmarktorientierte Gesellschaften** im Sinne des § 264d HGB eröffnet. Es muss sich mithin um eine Gesellschaft handeln, die einen organisierten Markt im Sinne des § 2 Abs. 11 WpHG durch von ihr ausgegebene Wertpapiere im Sinne des § 2 Abs. 1 WpHG in Anspruch nimmt oder die Zulassung solcher Wertpapiere zum Handel an einem organisierten Markt beantragt hat. Auf die Börsennotierung nach § 3 Abs. 2 kommt es demnach nicht an.[197] Durch das AReG wurde der Anwendungsbereich jedoch erweitert, sodass nun auch nicht-kapitalmarktorientierte Unternehmen von öffentlichem Interesse, namentlich **CRR-Kreditinstitute** im Sinne des § 1 Abs. 3d S. 1 KWG (mit Ausnahme der in § 2 Abs. 1 Nr. 1 und 2 KWG genannten Institute) und **Versicherungsunternehmen** im Sinne des Art. 2 Abs. 1 der Richtlinie 91/674/EWG des Rates vom 19.12.1991 über den Jahresabschluss und den konsolidierten Abschluss von Versicherungsunternehmen (ABl. 1991 L 374, 7 vom 31.12.1991), die zuletzt durch die Richtlinie 2006/46/EG (ABl. 2006 L 224, 1 vom 16.8.2006) geändert worden ist, den Voraussetzungen des Abs. 5 unterliegen. Diese Erweiterung des persönlichen Anwendungsbereichs ist auf die Neufassung des Art. 39 Abs. 1 UAbs. 1 S. 1 Abschlussprüfer-RL iVm Art. 2 Nr. 13 Abschlussprüfer-RL[198] zurückzuführen, der nunmehr kein Wahlrecht bezüglich der Einbeziehung von nicht-kapitalmarktorientierten Unternehmen vorsieht.[199] 52

---

[194] Vgl. BegrRegE BT-Drs. 18/7219,30; Zur Richtlinienkonformität des § 107 Abs. 3 S. 2 s. *Ehlers/Nohlen* FS Gruson, 2009, 106 (121); *Ernst/Seidler* ZGR 2008, 631 (662); *Habersack* FS Goette, 2011, 121 (126); *Ernst/Seidler* ZGR 2008, 631 (662); krit. hingegen *Nowak*, Die Unabhängigkeit des Aufsichtsratsmitglied nach § 100 Abs. 5 AktG, 2010, 129 ff.

[195] MüKoAktG/*Habersack* Rn. 65; Hölters/*Simons* Rn. 55; *Kropff* FS K. Schmidt, 2009, 1023 (1033); *Staake* ZIP 2010, 1013 (1118); aA LG München IP 2010, 2098 (2101) (persönliche Voraussetzung); *Nowak* BB 2010, 2423 (2425) (Sorgfaltsanforderung an den Aufsichtsrat für die Erstellung des Wahlvorschlags).

[196] BegrRegE AReG BT-Drs. 18/7219, 58; *v. Falkenhausen/Kocher* ZIP 2009, 1601 (1601); *Gesell* ZGR 2011, 361 (392); *Hönsch* Der Konzern 2009, 553 (556).

[197] Hölters/*Simons* Rn. 8b; Kölner Komm AktG/*Mertens/Cahn* Rn. 57.

[198] Richtlinie 2014/56/EU des Europäischen Parlaments und des Rates vom 16. April 2014 zur Änderung der Richtlinie 2006/43/EG über Abschlussprüfungen von Jahresabschlüssen und konsolidierten Abschlüssen Text von Bedeutung für den EWR, ABl. 2014 L 158, 196 ff vom 27.5.2014.

[199] Die Abschlussprüfer-RL a.F. sah noch in Art. 39 ein solches Wahlrecht vor; vgl. RegBegr. BT-Drs. 18/7219, 56; *Nodoushani* AG 2016, 381 (383).

53 **3. Sachverstand auf den Gebieten der Rechnungslegung oder der Abschlussprüfung.**
Nach der Regierungsbegründung setzt der erforderliche **Sachverstand** voraus, dass das Mitglied des Aufsichtsrats beruflich mit Rechnungslegung und/oder Abschlussprüfung befasst ist oder war, was nicht nur bei Angehörigen der steuerberatenden oder wirtschaftsprüfenden Berufe oder einer speziellen beruflichen Ausbildung der Fall sein soll, sondern beispielsweise auch für Finanzvorstände, fachkundige Angestellte aus den Bereichen Rechnungslegung und Controlling, Analysten sowie langjährige Mitarbeiter in Prüfungsausschüssen oder Betriebsräten, die sich die Fähigkeit im Zuge ihrer Tätigkeit durch Weiterbildung angeeignet haben, angenommen werden kann.[200] Obgleich nach dem Gesetzeswortlaut Sachverstand nur alternativ auf dem Gebiet Rechnungslegung oder Abschlussprüfung vorliegen muss, kann angesichts der engen Verbindung beider Gebiete kaum davon ausgegangen werden, dass nur Fachkenntnisse in einem Gebiet genügen werden.[201] Der Beispielskatalog ist allerdings weder verbindlich, noch abschließend, sodass auch andere Kriterien für die Beurteilung des erforderlichen Sachverstands eine Rolle spielen können, bzw. die Indizien durch tatsächliche Anhaltspunkte widerlegt werden können.[202] Nicht verlangt werden dagegen Kenntnisse über interne Kontrollverfahren.[203] Die erforderlichen Kenntnisse müssen dabei nicht notwendigerweise durch eine schwerpunktmäßige Tätigkeit in diesem Bereich, geschweige denn durch eine vorherige Funktion als Organ in einer Kapitalgesellschaft erlangt worden sein.[204] Es genügt nicht, wenn das Aufsichtsratsmitglied nur zum Zeitpunkt der Wahl über den erforderlichen Sachverstand verfügt; vielmehr muss dieser durch geeignete Fort- und Weiterbildungsmaßnahmen dauerhaft aufrechterhalten werden.[205]

54 **4. Unabhängigkeit.** Die Abschlussprüfer-RL aF sah vor, dass das sachverständige Aufsichtsratsmitglied zudem auch **unabhängig** sein muss. Da dieses Erfordernis gemäß § 12 Abs. 5 EGAktG noch für alle Aufsichtsräte gilt, die vor dem 17.6.2016 bestellt wurden (→ Rn. 51), hat die nachfolgende Diskussion kaum an Brisanz verloren. Der Aufsichtsrat selbst musste in seinen Wahlvorschlägen nach § 124 Abs. 3 S. 1 dieses Gebot berücksichtigen.[206] Wie der unbestimmte Rechtsbegriff der Unabhängigkeit im Sinne von Abs. 5 auszulegen ist, ist nach wie vor umstritten. Einigkeit besteht darüber, dass Unabhängigkeit jedenfalls über die ohnehin bestehende funktionale Trennung von Vorstand und Aufsichtsrat (§ 105 Abs. 1) hinausgehen muss.[207] Die **Regierungsbegründung** konkretisiert den Begriff dahingehend, dass nicht nur die aktuelle Zugehörigkeit zur Geschäftsführung, sondern auch andere Gesichtspunkte, insbesondere unmittelbare oder mittelbare geschäftliche, finanzielle oder persönliche Beziehungen zur Geschäftsführung eine Besorgnis der Befangenheit begründen können, die der Wahrnehmung der Aufsichtsfunktion entgegensteht.[208] Zudem verweist der Gesetzgeber auf die Definition der Unabhängigkeit in **Ziff. 5.4.2 S. 2 DCGK** in der Fassung vom 14.6.2007.[209] Danach ist ein Aufsichtsratsmitglied als unabhängig anzusehen, wenn es in keiner geschäftlichen oder persönlichen Beziehung zu der Gesellschaft oder deren Vorstand steht, die einen Interessenkonflikt begründet. Gleichzeitig verweisen sowohl die Abschlussprüferrichtlinie, als auch die Regierungsbegründung auf die Definition der **Kommissionsempfehlung** aus dem Jahr 2005,[210]

---

[200] BegrRegE BilMoG BT-Drs. 16/10067, 102; eine kritische Würdigung findet sich bei *Hakelmacher* WPg 2013, 109 (113 f.).
[201] *Gros/Velte* DStR 2012, 2243 (2244); *Habersack* AG 2008, 98 (103 f.); *E. Vetter* FS Maier-Reimer, 2010, 795 (798); *E. Vetter* ZGR 2010, 751 (786).
[202] *Staake* ZIP 2010, 1013 (1015); *Hölters/Simons* Rn. 11.
[203] *Lanfermann/Röhricht* BB 2009, 887 (888); *Habersack* AG 2008, 98 (103 f.).
[204] OLG München ZIP 2010, 1082 (1083 f.) mit Anm. *Mense* EWiR 2010, 591; *Nikoleyczik/Olk* GWR 2010, 298; *Paul* BB 2010, 1783 (1784 f.); *Gudlich* BKR 2010, 336 (338 f.); zustimmend auch *Hölters/Simons* Rn. 11; NK-AktR/*Breuer/Fraune* Rn. 21; Henssler/Strohn/*Henssler* Rn. 15; *Drygala* Der Aufsichtsrat 2010, 104 (105); zur grundsätzlichen Möglichkeit diese Erfahrungen auch im Ausland zu sammeln *Wasse* AG 2011, 685 (687); aA *Nowak* BB 2010, 2423 (2424), die nicht nur theoretische Kenntnisse, sondern auch praktische Erfahrungen durch eine vorangegangene schwerpunktmäßige Tätigkeit fordert.
[205] *Kämpfer/Hönsch* FS Herzig, 2010, 531 (539); *Bahreini,* Der unabhängige Finanzexperte i.S.v. § 100 Abs. 5 AktG, 2012, 175.
[206] *Habersack* AG 2008, 98 (104 f.); *Widmann* BB 2009, 2602 (2604 f.); zur Rolle des unabhängigen Finanzexperten im Aufsichtsrat *Nodoushani* NZG 2015, 1186.
[207] BegrRegE BT-Drs. 16/10 067, 101; *Ihrig/Meder* FS Hellwig, 2010, 163 (169); *Staake* ZIP 2010, 1013 (1015); NK-AktR/*Breuer/Fraune* Rn. 19; wobei eben diese „institutionelle Trennung des Prüfungsausschusses von der Geschäftsleitung" ein hohes und ausreichendes Maß an Unabhängigkeit gewährleistet, sodass auf das Erfordernis der Unabhängigkeit in Abs. 5 verzichtet wurde, BegrRegE BT-Drs. 18/7219, 56.
[208] BegrRegE BilMoG BT-Drs. 16/10067, 102.
[209] Diese Definition findet sich auch in der aktuellen Version des DCGK vom 7.2.2017 wieder, http://www.dcgk.de/de/kodex/aktuelle-fassung/aufsichtsrat.html, zuletzt abgerufen am 9.5.2017.
[210] Empfehlung der Kommission vom 15.2.2005 zu den Aufgaben von nicht geschäftsführenden Direktoren/Aufsichtsratsmitgliedern börsennotierter Gesellschaften sowie zu den Ausschüssen des Verwaltungs-/Aufsichtsrats, ABl. EG 2005 L 51, 51; dazu eingehend *Spindler* ZIP 2005, 2033.

wonach ein Mitglied des Aufsichtsrat als unabhängig anzusehen ist, wenn es in keiner geschäftlichen, familiären oder sonstigen Beziehung zu der Gesellschaft, ihrem Mehrheitsaktionär oder deren Geschäftsführung steht, die einen Interessenkonflikt begründet, der sein Urteilsvermögen beeinflussen könnte.[211] In der Empfehlung werden die Mitgliedsstaaten zudem angehalten, auf einzelstaatlicher Ebene Kriterien für die Beurteilung der Unabhängigkeit festzulegen,[212] wovon der Gesetzgeber des BilMoG allerdings keinen Gebrauch gemacht hat. Obgleich mit der Inbezugnahme des deutschen Gesetzgebers[213] keine unmittelbare Wirkung der Empfehlung begründet wird, muss diese dennoch bei der Auslegung von Abs. 5 Berücksichtigung finden, allerdings nicht im Sinne einer bindenden Regel, sondern als leitende Gesichtspunkte im Rahmen einer Einzelfallprüfung.[214] So können zB Arbeitnehmervertreter von vornherein angesichts ihres latenten Interessenkonflikts nicht als unabhängig gelten,[215] ohne dass dies bedeuten würde, dass sie keinem Prüfungsausschuss angehören dürften. Die Tatsache, dass Arbeitnehmervertreter nicht das Profil eines unabhängigen Finanzexperten erfüllen können,[216] kann in paritätisch mitbestimmten Gesellschaften allerdings zu einer verfassungsrechtlich bedenklichen Verschiebung des Kräfteverhältnisses führen, wenn die Anteilseignerbank nunmehr zwingend mit einem unabhängigen Mitglied besetzt sein muss.[217] Zu beachten sind ferner die weiteren Kriterien in Anhang II der Kommissionsempfehlung, welche eine nicht abschließende Aufzählung von Situationen, Beziehungen und Umständen widerspiegeln, die typischerweise Interessenkonflikte mit sich bringen, wozu auch die vorherige Wahrnehmung von Vorstandsfunktionen vor Ablauf einer „cooling off"-Periode von fünf Jahren gehört. Entsprechendes gilt bei Wahrnehmung von Führungsfunktionen in der Gesellschaft innerhalb einer Periode von drei Jahren vor Bestellung zum Aufsichtsratsmitglied, wozu auch Arbeitnehmervertreter gehören sollen.

Abhängigkeitsbegründend sollen sich zudem zusätzliche **Vergütungen** in bedeutendem 55 Umfang von der Gesellschaft oder einer verbundenen Gesellschaft, wie zB Aktienoptionen oder sonstige erfolgsbezogene Vergütungen auswirken. Aber auch Geschäftsverhältnisse in bedeutendem Umfang zur Gesellschaft oder einer verbundenen Gesellschaft, die Position als Partner oder Angestellter des Abschlussprüfers der Gesellschaft, die Zugehörigkeit zum Aufsichtsrat für mehr als drei Amtszeiten sowie enge verwandtschaftliche Beziehungen zum Vorstand stehen der Unabhängigkeit entgegen.

Von besonderer Brisanz in Hinblick auf das deutsche Konzernrecht und vor allem Doppelmandate 56 ist die **Abhängigkeitsvermutung für einen Großaktionär** und die mit ihm in Verbindung stehenden Personen.[218] Die ausdrückliche Zulassung von Doppelmandaten und der Begründung bzw. Festigung der Beeinflussung über den Aufsichtsrat muss auch im Rahmen der Frage der Unabhängigkeit berücksichtigt werden, so dass das Kriterium der Unabhängigkeit bei Aufsichtsräten von abhängigen Aktiengesellschaften teleologisch zu reduzieren ist. Schließlich geht die EU-Empfehlung nur von einer Vermutung der Abhängigkeit aus und überlässt es letztlich den Mitgliedsstaaten, auf einzelstaatlicher Ebene Kriterien festzulegen, die den einzelstaatlichen Gegebenheiten entsprechen und vom Aufsichtsrat bei seiner Prüfung herangezogen werden.[219]

Wenngleich entsprechende gesetzliche Kriterien auf nationaler Ebene fehlen, muss letztlich der 57 gesamte Aufsichtsrat (!) entscheiden, ob das betreffende Mitglied als unabhängig einzustufen ist, wobei

---

[211] Abschn. III Nr. 13.1 der Empfehlung der EU.
[212] Abschn. III Nr. 13.1 der Empfehlung der EU.
[213] BegrRegE BT-Drs. 16/10 067, 101 f.
[214] Grigoleit/*Grigoleit/Tomasic* Rn. 13; *Lanfermann/Röhricht* BB 2009, 887 (888); *Gruber* NZG 2008, 12 (13); *Kropff* FS K. Schmidt, 2009, 1023 (1025 f.).
[215] *Staake* ZIP 2010, 1013 (1016); *Lüer* FS Maier-Reimer, 2010, 385 (395); *Gach* FS Bauer, 2010, 327 (334); Grigoleit/*Grigoleit/Tomasic* Rn. 13; *Bahreini*, Der unabhängige Finanzexperte i.S.v. § 100 Abs. 5 AktG, 2012, 131 ff.; aA Hölters/*Simons* Rn. 8; *Wardenbach/Wojtek* GWR 2010, 207 (208).
[216] Ausführlich *Staake* NZG 2016, 853.
[217] *Bürgers/Schilha* AG 2010, 221 (228); *Ehlers/Nohlen* GS Gruson, 2009, 107 (118 ff.); *Marsch-Barner* in Semler/v. Schenck AR-HdB § 13 Rn. 93; MüKoAktG/*Habersack* Rn. 68; eine ähnliche Problemlage sieht *Hommelhoff* ZIP 2013, 953 (954 ff.) in mitbestimmten börsennotierten Familienunternehmen; aA *Langenbucher* ZGR 2012, 314 (332); *Lüer* FS Maier-Reimer, 2010, 385 (398).
[218] Näher dazu *Spindler* ZIP 2005, 2033 ff.; *Jaspers* AG 2009, 607 (609 ff.); *Ihrig/Meder* FS Hellwig, 2010, 163 (173 ff.); *Kropff* FS K. Schmidt, 2009, 1023 (1026 f.); *Meyer*, Der unabhängige Finanzexperte im Aufsichtsrat, 2012, 326 ff.; *Bürgers/Schilha* AG 2010, 221 (228 f.), (konzernrechtliche Auslegung des § 100 Abs. 5 AktG); *Schneider/Nowak* FS zum 50-jährigen Jubiläum der DVFA, 2010, 394 (402), lehnen die Unabhängigkeit nur im faktischen Konzern ab; s. auch LG Hannover NZG 2010, 744 (Continental/Schaeffler), wonach bei Beziehungen zum Mehrheitsaktionär die Gefahr dauerhafter Interessenkollisionen besteht; krit. dazu *Wind/Klie* NZG 2010, 1413 (1414 ff.); *Hüffer* ZIP 2010, 1979 (1982 ff.); *Bürgers/Schilha* AG 2010, 221 (224 ff.).
[219] Anhang II Abs. 1 S. 4, 5 der Empfehlung der EU; ein europäischer Vergleich zur Auslegung der Unabhängigkeit findet sich bei *Diekmann/Bidmon* NZG 2009, 1987 (1089 f.).

dem Aufsichtsrat ein weiter Beurteilungsspielraum zusteht.[220] Der Aufsichtsrat kann die relevanten Kriterien auch in seiner Geschäftsordnung konkretisieren.[221] Er hat hier allerdings kein freies Ermessen; die Frage der Unabhängigkeit unterliegt der gerichtlichen Kontrolle.[222] Allerdings ist anders als nach der EU-Empfehlung der deutsche Aufsichtsrat nicht gehalten, seine Gründe für eine Entscheidung offen zu legen; als **Sanktionsmöglichkeit** bleibt daher nur die Haftung nach §§ 116, 93.[223] Die Aktionäre haften jedenfalls nicht für die Bestellung eines nicht unabhängigen Aufsichtsratsmitglieds.[224]

58 Ferner muss **nur ein** Aufsichtsratsmitglied bzw. Prüfungsausschussmitglied unabhängig sein; fällt bei einem anderen Mitglied diese Eigenschaft weg, liegt kein Grund zur Annahme einer **Abberufungspflicht** nach § 103 vor.[225]

59 Das unabhängige Mitglied hat **keinen Anspruch auf Wahl in den Prüfungsausschuss;** allerdings liegt eine Verletzung des Auswahlmessens des Aufsichtsrats bei einer nicht sachgerechten Besetzung des Prüfungsausschusses nahe, hier müssen besondere sachliche Gründe vorliegen, um den unabhängigen Experten zu übergehen.[226] Hinsichtlich Rechte, Pflichten und Haftung hat das unabhängige Mitglied die gleiche Stellung wie die übrigen Aufsichtsratsmitglied und hat demgemäß für besondere Kenntnisse einzustehen (→ § 116 Rn. 18 f.).[227]

59a Durch Art. 39 Abs. 5 Abschlussprüfer-RL iVm. Abs. 1 UAbs. 4 Abschlussprüfer-RL wurde den Mitgliedstaaten die Möglichkeit eröffnet, auf das Unabhängigkeitserfordernis für den Finanzexperten in § 100 Abs. 5 AktG zu verzichten, die der deutsche Gesetzgeber mit dem AReG genutzt hat. Dabei sieht der europäische Richtliniengeber die Option vor, das Erfordernis der Unabhängigkeit im Prüfungsausschuss zu tilgen, sofern alle Mitglieder des Prüfungsausschusses gleichzeitig Aufsichts- oder Verwaltungsratsmitglieder sind. Der deutsche Gesetzgeber hat die **Streichung des Unabhängigkeitserfordernisses,** das erst 2009 durch das BilMoG eingeführt wurde, unter Verweis auf die institutionelle Trennung von Geschäftsführung und Aufsichtsrat gem. § 105 Abs. 1 begründet, die bereits ein hohes Maß an Unabhängigkeit garantiere.[228] Ausweislich der Gesetzesbegründung soll mit dieser Entscheidung auch sichergestellt werden, dass Arbeitnehmervertreter sachverständige Mitglieder sein können.[229] Dieser Argumentation stehen jedoch (rechtspolitische) Zweifel entgegen:[230] In der Gesetzesbegründung des BilMoG ging der Gesetzgeber schließlich noch davon aus, dass dem Unabhängigkeitserfordernis in § 100 Abs. 5 einen über das Trennungsprinzip des § 105 Abs. 1 hinausgehende Bedeutung zukommt.[231] Dies wird bereits deutlich, wenn man sich das Spektrum der Unabhängigkeit (→ Rn. 54 ff.) im Gegensatz zur Aufzählung in § 105 Abs. 1 anschaut. Auch konnte in verbundenen Unternehmen dem Unabhängigkeitserfordernis eine große Bedeutung zukommen.[232] Auch wenn die Streichung Rechtssicherheit schafft und insbesondere eine Klarstellung in Bezug auf die Möglichkeit, Arbeitnehmervertreter als sachverständiges Mitglied zu zählen, hätte dies – etwa durch eine Definierung der Unabhängigkeit, die ohnehin wünschenswert gewesen wäre – auch auf andere Weise erreicht werden können. Darüber hinaus soll der Finanzexperte, der über Sachverstand auf den Gebieten der Rechnungslegung oder Abschlussprüfung verfügen muss, auf Augenhöhe mit dem Finanzvorstand, dem Abschlussprüfer und den in der Rechnungslegung eingebundenen Abteilungen und Beratern zu diskutieren,[233] wobei diese spezifischen Fachkenntnisse Arbeitnehmervertretern häufig fehlen dürften, sodass zu bezweifeln ist, dass sich die Anzahl der Finanzexperten in den Reihen der Arbeitnehmervertretern signifikant erhöhen wird.[234] Zudem

---

[220] Abschn. III Nr. 13 der Empfehlung der EU; *Gesell* ZGR 2011, 361 (385); *Spindler* ZIP 2005, 2033 (2039 f.); ferner *Jaspers* AG 2009, 607 (611); *Gruber* NZG 2008, 12 (13); *Hönsch* Der Konzern 2009, 553 (558); *Kämpfer/Hönsch* FS Herzig, 2010, 531 (538); *Wachter/Schick* Rn. 14; aA *Hüffer/Koch/Koch* Rn. 24.
[221] *Lanfermann/Röhricht* BB 2009, 887 (888).
[222] *Kropff* FS K. Schmidt, 2009, 1023 (1027) gegen *Gruber* NZG 2008, 12 (15).
[223] *Kropff* FS K. Schmidt, 2009, 1023 (1035 f.); *Widmann* BB 2009, 2602 (2605).
[224] *Kropff* FS K. Schmidt, 2009, 1023 (1032).
[225] *Kropff* FS K. Schmidt, 2009, 1023 (1034 f.); *Gruber* NZG 2008, 12 (14); *Widmann* BB 2009, 2602 (2605).
[226] Ähnlich *Kropff* FS K. Schmidt, 2009, 1023 (1037).
[227] *Kropff* FS K. Schmidt, 2009, 1023 (1038 f.); zum erhöhten Haftungsmaßstab bei beruflich erworbenen Spezialkenntnissen siehe BGH NZG 2011, 1271 (1274) mit Anm. *Schubert* CCZ 2012, 76 (79 f.); *Weng* DStR 2011, 2362 (2363); *Stengel* WuB A. § 93 AktG 1.12., 151 (153 f.).
[228] BegrRegE BT-Drs. 18/7219, 56; so auch *DAV-Handelsrechtsausschuss* NZG 2015, 752 (752).
[229] BegrRegE BT-Drs. 18/7219, 56.
[230] Kritisch hierzu *Nodoushani* AG 2016, 381 (383 f.); *Redenius-Hövermann* WPg 2017, 349 (351); K. *Schmidt/Lutter/Drygala* Rn. 40; *Strenger* WPg 2016, 313 (313); *Velte* WPg 2015, 482 (489); darstellend *Schilha* ZIP 2016, 1316 (1318 f.).
[231] BegrRegE BT-Drs. 16/10067, 101 f.; *Nodoushani* AG 2016, 381 (383): „Rolle rückwärts".
[232] Vgl. hierzu *Spindler/Seidel* AG 2017, 169 (171 f.).
[233] OLG München NZG 2010, 784 (784); MüKoAktG/*Habersack* Rn. 69.
[234] So auch *Nodoushani* AG 2016, 381 (384).

steht zu befürchten, dass künftig auch Bereichsleiter der Gesellschaft aus den Bereichen Bilanzen, Finanzen oder Controlling – die jedenfalls den nötigen Sachverstand nachweisen könnten – im Hinblick auf das sachverständige Mitglied iSd § 100 Abs. 5 in den Aufsichtsrat gewählt werden, sofern keine Inkompatibilität iSd. § 105 Abs. 1 besteht, und somit aufgrund der finanziellen Abhängigkeit und der Weisungsgebundenheit an die Geschäftsleitung Interessenkonflikte kaschiert werden.[235] In Zukunft spricht nur noch Ziff. 5.4.2 **DCGK** die Empfehlung aus, dass dem Aufsichtsrat eine angemessene Zahl unabhängiger Mitglieder angehören soll[236] und hierbei die Eigentümerstruktur berücksichtigt wird.[237] Ziff. 5.4.1 Abs. 4 S. 3 DCGK empfiehlt zudem, dass der Aufsichtsrat unabhängige Mitglieder der Anteilseignerbank identifiziert und über diese informiert.[238] Hierbei handelt es sich um „comply or explain"-Empfehlungen, deren Nichtbefolgung gem. § 161 erklärt werden muss.

5. Sektorkenntnis. Durch das AReG neu eingeführt wurde das in Abs. 5 HS. 2 normierte **60** Anforderungsprofil der **Sektorkenntnis** für die Gesamtheit der Aufsichtsratsmitglieder.[239] Unter Sektor ist dabei der Oberbegriff des jeweiligen Geschäftsmodells eines Unternehmens zu verstehen, sodass der Aufsichtsrat eines Automobilherstellers bspw Kenntnisse des Geschäftsfeldes Automobiltechnik und -vertrieb haben muss.[240] Zum Erwerb der Sektorkenntnis ist nicht erforderlich, dass jedes einzelne Mitglied bereits im Vorhinein unmittelbare praktische Erfahrungen in dem jeweiligen Sektor gesammelt hat.[241] Vielmehr können auch intensive Weiterbildungen oder berufliche Erfahrungen, bspw. als Berater, bei denen mittelbar ein umfassender Einblick in den Sektor gewährt wurde, einzelner Aufsichtsratsmitglieder ausreichend sein.[242] Unter intensiver Weiterbildung ist in diesem Zusammenhang idR die Teilnahme an Schulungen, Veranstaltungen und Tagungen über einen längeren Zeitraum zu verstehen.[243] Hier ist jedoch im Einzelfall anhand der Vorkenntnisse zu beurteilen, welche Wissensdefizite ausgeglichen werden müssen, um die insgesamt erforderliche Sektorkenntnis des Aufsichtsrates zu gewährleisten. Da es nicht auf die Kenntnisse jedes einzelnen Mitglieds, sondern des Aufsichtsrats als Gremium ankommt (→ Rn. 60a), ist auch der in der Praxis wohl aber eher seltene Fall der Bestellung eines einzelnen Aufsichtsratsmitglieds dahingehend geringeren Hürden unterworfen, als der Aufsichtsrat bei hoher Gesamtqualifikation dem Erfordernis der Sektorkenntnis auch dann gerecht wird, wenn das neu bestellte Mitglied noch vergleichsweise unerfahren ist. Angesichts des Erwägungsgrundes 24 AbschlussprüferReform-RL, nach dem die Vorschrift der Erhöhung der fachlichen Kompetenz des Prüfungsausschusses dient, ist auch dieses Aufsichtsratsmitglied dazu angehalten, sich durch og Fortbildungsmaßnahmen auf einen adäquaten Kenntnisstand zu bringen, wobei hier neben den notwendigen Grundkenntnissen der Unternehmensbranche Spezialkenntnisse des jeweiligen Aufsichtsratsmitglieds in einzelnen Bereichen wie Rechnungslegung oder Recht notwendig aber auch ausreichend sein dürften. Demgegenüber muss die Gesamtqualifikation des Aufsichtsrates bereits bei Amtsantritt den Anforderungen des Abs. 5 HS. 2 entsprechen.[244]

Dabei scheint im Rahmen der Sektorenkenntnis der Wortlaut **„Mitglieder in ihrer Gesamt- 60a heit"** dafür zu sprechen, dass jedes einzelne Aufsichtsratsmitglied mit dem Sektor, in dem die Gesellschaft tätig ist, vertraut sein muss.[245] Indes führt weder der europäische Richtlinengeber noch der deutsche Gesetzgeber aus, was unter die Wendung „Gesamtheit der Mitglieder" zu verstehen ist, vielmehr lässt sich die Regierungsbegründung zum AReG in beiderlei Richtungen interpretieren, wenn sie einerseits erlaubt, dass nicht „jedes Mitglied" über Praxiserfahrung im Sektor verfügen muss, andererseits jedoch nur davon spricht, dass es im Einzelfall auch möglich sei, dass die Kenntnisse durch Weiterbildungen und nicht durch praktische Erfahrung gesammelt wurden, demnach nur die

---

[235] *Nodoushani* AG 2016, 381 (384).
[236] Vgl. zur Übertragung des Problems der Unabhängigkeit von § 100 Abs. 5 AktG auf Ziff. 5.4.2 DCGK *Staake* NZG 2016, 853; *M. Roth* FS Baums, 2017, 1023 (1035).
[237] Dies begrüßen *Mense/Klie* BB 2019, 771 (775); *Bartz/v. Werder* DB 2017, 769 (772).
[238] Krit. hierzu *Nikoleyczik/Graßl* NZG 2017, 161 (167); *Wilsing/v. der Linden* DStR 2017, 1046 (1048 f.).
[239] Krit. Zu diesem Erfordernis *Schüppen* NZG 2016, 247 (254); zu weitergehenden Anforderungen an die Sachkunde der Aufsichtsratsmitglieder nach VAG und KWG *Redenius-Hövermann* WPg 2017, 349 (351).
[240] BegrRegE BT-Drs. 18/7219, 56; *Pikó* WPg 2016, 1383 (1384); *Redenius-Hövermann* WPg 2017, 349 (350 f.); ausführlich hierzu *Hersch* VersR 2017, 257 (262).
[241] BegrRegE BT-Drs. 18/7219, 56; *Redenius-Hövermann* WPg 2017, 349 (350).
[242] BegrRegE BT-Drs. 18/7219, 56.
[243] Vgl. *Pikó* WPg 2016, 1383 (1385).
[244] Dies ergibt sich aus der in der Gesetzesbegründung gewählten Vergangenheitsform: „Sektorkenntnisse erworben, [...] Einblick [...] gewonnen haben", BegrRegE BT-Drs. 18/7219, 56; so auch *Bürkle* VersR 2016, 1145 (1147).
[245] So *Velte* WPg 2015, 482 (488) zum RefE zum AReG.

§ 100 61   Erstes Buch. Aktiengesellschaft

Frage des „wie" und nicht des „ob" geklärt wurde.[246] Lediglich Erwägungsgrund 24 der AbschlussprüfungsReform-RL gibt mittelbar Auskunft, indem die Kompetenz- und Qualitätssteigerung des Gremiums als Zweck dieses Erfordernisses angegeben wird.[247] Eine solche Kompetenzsteigerung ist jedoch auch möglich, wenn nicht jedes einzelne Mitglied die Sektorenkenntnis nachweisen kann, sondern bereits, wenn in Zusammenschau aller Mitglieder von einer „gemeinsamen Sektorenkenntnis" gesprochen werden kann.[248] Dies entspricht auch der Konzeption des Aufsichtsrats als Kollegialorgan, das gemeinsam in der Lage sein muss, die Aufgaben zu bewältigen.[249] Somit ist gem. § 100 Abs. 5 HS. 2 lediglich erforderlich – gleichsam aber auch notwendig – dass das Gremium insgesamt über das nötige Fachwissen aus dem Sektor verfügt, um seine Aufgaben erfüllen und „ein sachkundiges Gegengewicht zum Vorstand bilden" zu können, nicht jedoch dass jedes einzelne Aufsichtsratsmitglied über diese Kenntnis verfügt.[250] Die Vorgabe der Sektorenkenntnis wird durch das in Ziff. 5.4.1 DCGK empfohlene Kompetenzprofil ergänzt (→ Rn. 64).[251]

IX. Weitere Anforderungen an das Aufsichtsratsmitglied; Corporate Governance Kodex

61   **1. Sach- und Fachkunde.** Das AktG stellt seit der Einführung des Abs. 5 Hs. 2 durch das AReG die Anforderung der Sektorenkenntnis an den Aufsichtsrat als Gremium (→ Rn. 60). Darüber hinaus finden sich lediglich in einigen Fachgesetzen besondere Voraussetzungen für Aufsichtsratsmitglieder.[252] Einigkeit besteht zudem darüber, dass jedes Aufsichtsratsmitglied – auch Arbeitnehmervertreter – im Rahmen der von ihm verlangten Sorgfaltspflicht nach §§ 116, 93 eigenständig und persönlich in der Lage sein muss, sich auch ohne fremde Hilfe über die Geschäftsvorgänge im Unternehmen ein Bild zu machen.[253] Übernimmt das Aufsichtsratsmitglied das Mandat, ohne hierzu in der Lage zu sein, muss es sich ein Übernahmeverschulden vorwerfen lassen.[254] Zudem kommt bei nicht ausreichender Mindestqualifikation eine Abberufung aus wichtigem Grund nach § 103 Abs. 3 S. 1 in Betracht.[255] Dagegen bleibt die Wahl unberührt, nur in krassen Ausnahmefällen ist die Wahl anfechtbar[256] – was jedenfalls in rechtspolitischer Hinsicht kaum folgerichtig erscheint. Auch bei der gerichtlichen Bestellung nach § 104 muss der Richter die erforderlichen Fähigkeiten und Kennt-

---

[246] BegrRegE BT-Drs. 18/7219, 56.
[247] ErwG 24 Richtlinie RL 2014/56/EU.
[248] So auch *Schilha* ZIP 2016, 1316 (1322).
[249] *Dreher* FS Hoffmann-Becking, 2013, 313 (315 f.); MüKoAktG/*Habersack* § 116 Rn. 24, 28; GroßKomm AktG/*Hopt/Roth* § 116 Rn. 44; Kölner Komm AktG/*Mertens/Cahn* § 116 Rn. 5; *Leyens*, Information des Aufsichtsrats, 2006, 292.
[250] *Hersch* VersR 2017, 257 (263); *Schilha* ZIP 2016, 1316 (1322); vgl. auch *Nodoushani* AG 2016, 381 (385); *Merkt* ZHR 179 (2015), 601 (619); *Pikó* WPg 2016, 1383 (1384); *Hersch* VersR 2017, 257 (263); zust. *Bürkle* VersR 2016, 1145 (1147); schwankend *Behme/Zickgraf* AG 2016, R 32 (R 134); diese gesetzlichen Vorgaben finden sich in Ziff. 5.4.1 S. 1 DCGK wieder, wobei hier explizit die Qualifikation in der Gesamtheit hervorgehoben wird.
[251] KBLW/*Kremer* DCGK Rn. 1340a.
[252] *Semler* FS K. Schmidt, 2009, 1489 (1490); Großkomm AktG/*Hopt/Roth* Rn. 20; Hüffer/Koch/*Koch* Rn. 2; *Hüffer* ZIP 2006, 637 (638); MHdB AG/*Hoffmann-Becking* § 30 Rn. 4; *Wirth* ZGR 2005, 327 (331); *E. Vetter* in Marsch-Barner/Schäfer Börsennotierte AG-HdB Rn. 25.2; aA *Wardenbach*, Interessenkonflikte und mangelnde Sachkunde als Bestellungshindernisse zum Aufsichtsrat der AG, 1996, 262 ff.: Inkompatibilität analog §§ 100, 105, 250, wenn das Aufsichtsratsmitglied Mindestkenntnisse nicht besitzt; siehe auch *Gotzen* VR 2001, 163 ff. zu § 113 GO NW, der die gesetzliche Vorgabe mit Mindestqualifikationen fordert.
[253] BGHZ 85, 293 (295 f.) = NJW 1983, 991 – Hertie; öOGH AG 1983, 81 (82) mit Anm. *Semler* öOGH GesRZ 2002, 86; *Pikó* WPg 2016, 1383 (1384); *Gach* FS Bauer, 2010, 327 (328 ff.); Kölner Komm AktG/*Mertens/Cahn* Rn. 10; Großkomm AktG/*Hopt/Roth* Rn. 28; Grigoleit/*Grigoleit/Tomasic* Rn. 16; *Hommelhoff* ZGR 1983, 551 (553 ff., 559 ff.) („Autarkiegebot"); *Semler* FS K. Schmidt, 2009, 1489 (1501 f.); *Dreher* FS Boujong, 1996, 71 (75); *Weber-Rey* NZG 2013, 766 (768); *Feddersen* AG 2000, 385 (389); *Wirth* ZGR 2005, 327 (334); *Hommelhoff/Mattheus* AG 1998, 249 (255 f.); *Bollweg*, Die Wahl des Aufsichtsrats in der Hauptversammlung der Aktiengesellschaft, 1997, 111; *E. Vetter* in Marsch-Barner/Schäfer Börsennotierte AG-HdB Rn. 25.2; ebenso für Aufsichtsräte in Unternehmen der öffentlichen Hand *Thümmel* DB 1999, 1891 (1893).
[254] *Semler* FS K. Schmidt, 2009, 1489 (1499); *Weber-Rey* ZHR 177 (2013), 13 (32); *Götz* AG 1995, 337 (345); *Feddersen* AG 2000, 385 (389); *Bollweg*, Die Wahl des Aufsichtsrats in der Hauptversammlung der Aktiengesellschaft, 1997, 111, 116; *Huwer*, Der Prüfungsausschuss des Aufsichtsrats, 2008, 216; MüKoAktG/*Habersack* § 116 Rn. 22; Großkomm AktG/*Hopt/Roth* Rn. 29; Hölters/*Simons* Rn. 13.
[255] *Krasberg*, Der Prüfungsausschuss des Aufsichtsrats einer Aktiengesellschaft nach dem BilMoG, 2009, 91; MüKoAktG/*Habersack* Rn. 13; Hölters/*Simons* Rn. 13.
[256] *Semler* FS K. Schmidt, 2009, 1489 (1496); weitergehend *Bollweg*, Die Wahl des Aufsichtsrats in der Hauptversammlung der Aktiengesellschaft, 1997, 116, der die Wahl immer für anfechtbar halten will; anders Großkomm AktG/*Hopt/Roth* Rn. 116 nur Abberufung gem. § 103 Abs. 3 möglich.

nisse in Rechnung stellen und danach das zu bestellende Mitglied auswählen.[257] Zudem darf der Aufsichtsrat bei seinen Wahlvorschlägen nach § 124 Abs. 3 S. 1 Hs. 1 nur solche Kandidaten berücksichtigen, die die entsprechenden Qualitätskriterien und Anforderungen aufweisen.[258] Andernfalls trifft auch die übrigen Mitglieder des Aufsichtsrats ein Auswahlverschulden, wenn sie in ihren Wahlvorschlägen keine hinreichend qualifizierten Kandidaten vorschlagen.[259] Das Gesetz verlangt in § 100 Abs. 5, dass mindestens ein Aufsichtsratsmitglied über Sachverstand auf den Gebieten Rechnungslegung oder Abschlussprüfung verfügen muss. Dies gilt für kapitalmarktorientierte Kapitalgesellschaften iSd § 264d HGB, bestimmte CRR-Kreditinstitute und Versicherungsunternehmen (→ Rn. 52), jedoch ausdrücklich nur für mindestens ein Aufsichtsratsmitglied, sprich nicht für alle. Hingegen gilt die Erfordernis der Sektorkenntnis für den gesamten Aufsichtsrat.

Zu den **nötigen Kenntnissen** (→ § 116 Rn. 15 ff.) gehören die grundlegenden Zusammenhänge 62 der Finanzierung eines Unternehmens, die Berichte des Vorstandes und die Jahres- sowie Konzernabschlüsse, der Marktstellung des Unternehmens und der aktienrechtlichen Grundsätze im Verhältnis der Organe zueinander und im Aufsichtsrat selbst. Auch muss das Aufsichtsratsmitglied Personalentscheidungen treffen sowie die Angemessenheit bei der Vorstandsvergütung beurteilen können und über Erfahrung in der Wirtschaft, gleich in welcher Position, verfügen.[260] Zudem sind die Aufsichtsratsmitglieder gehalten, ihre Kenntnisse durch laufende Aus- und Weiterbildungsmaßnahmen aufrecht zu erhalten.[261] Diese Anforderungen gelten ohne Rücksicht darauf, von wem das Aufsichtsratsmitglied gewählt oder entsandt wurde, gleich ob Arbeitnehmer- oder Gewerkschaftsvertreter, ob Banken- oder Anteilseignervertreter, ob Verbraucher- oder Umweltschützer.

Besondere Anforderungen an die Sachkunde können sich in regulierten Branchen, insbeson- 63 dere im Finanzsektor, ergeben. So müssen etwa die Aufsichtsratsmitglieder eines Instituts, einer Finanzholding-Gesellschaft oder gemischten Finanzholding-Gesellschaft nach **§ 25d Abs. 1 S. 1 KWG** zuverlässig sein und die zur Wahrnehmung der Kontrollfunktion sowie zur Beurteilung und Überwachung der Geschäfte, die das Unternehmen betreibt, erforderliche Sachkunde besitzen und der Wahrnehmung der Aufgaben ausreichend Zeit widmen.[262] Eine Parallelregelung für die Mitglieder des Aufsichtsrats von Versicherungsunternehmen, Pensionsfonds, Versicherungs-Holdinggesellschaften oder Finanzholding-Gesellschaften findet sich in § 24 Abs. 1 VAG (Vorgängervorschrift war § 7a Abs. 4 Satz 1 VAG-aF). Die Gesetze stellen hier nicht auf das gesamte Organ ab, sondern auf jedes einzelne Mitglied. Und auch die Ausnahmevorschriften der **§ 18 Abs. 4 S. 1 KAGB, § 119 Abs. 3 S. 1 KAGB, § 147 Abs. 3 S. 1 KAGB** verlangen von den Mitgliedern des Aufsichtsrats einer externen Kapitalverwaltungsanlagegesellschaft, einer Investmentaktiengesellschaft mit veränderlichem Kapital und einer Investmentaktiengesellschaft mit fixem Kapital, dass ihre Persönlichkeit und Sachkunde Gewähr dafür bieten müssen, dass die Interessen der Aktionäre gewahrt werden, wobei dieses Erfordernis nach § 18 Abs. 5 KAGB, § 119 Abs. 3 S. 4 KAGB, § 147 Abs. 3 S. 4 KAGB nicht für die Arbeitnehmervertreter gilt.[263]

Auch der **Deutsche Corporate Governance Kodex** greift die Thematik der fachlichen Qualifi- 64 kation von Aufsichtsratsmitgliedern auf. Entsprechend § 100 Abs. 5 Hs. 2 wiederholt **Ziff. 5.4.1 DCGK,** dass der Aufsichtsrat so zusammenzusetzen ist, dass seine Mitglieder insgesamt über die zur ordnungsgemäßen Wahrnehmung der Aufgaben erforderlichen Kenntnisse, Fähigkeiten und fachlichen Erfahrungen verfügen. Allerdings steht hier nicht die individuelle Fachkompetenz eines jeden Aufsichtsratsmitglieds im Vordergrund, sondern vielmehr das Vorhandensein der Sachkunde und fachlichen Erfahrung im Aufsichtsorgan insgesamt.[264] Internationaler Best Practice entsprechend[265] wird dies durch das Erfordernis eines **Kompetenzprofils** für den Aufsichtsrat flankiert.[266] Ziff. 5.4.1

---

[257] OLG Schleswig NZG 2004, 669; LG Hannover AG 2009, 341 (342); *Semler* FS K. Schmidt, 2009, 1489 (1497); → § 104 Rn. 21.

[258] *Lutter* ZIP 2003, 417 (419); *Semler* FS K. Schmidt, 2009, 1489 (1495).

[259] MüKoAktG/*Habersack* Rn. 5, 13; Hölters/*Simons* Rn. 13.

[260] *Semler* FS K. Schmidt, 2009, 1489 (1501 ff.); *Cahn* in Veil, Unternehmensrecht in der Reformdiskussion, S. 139, 141 ff. Großkomm AktG/*Hopt*/*Roth* Rn. 22 ff.

[261] Kölner Komm AktG/*Mertens*/*Cahn* § 116 Rn. 7; *Strenger* Der Konzern 2012, 10 (15); *Bihr*/*Philippsen* DStR 2011, 1133 (1136).

[262] Dazu *Lehrl* BKR 2010, 485 (493 ff.); *Hingst*/*Himmelreich*/*Krawinkel* WM 2009, 2016, die aber keine Änderung zur früheren Rechtslage sehen.

[263] S. dazu *Emde*/*Dreibus* BKR 2013, 89 ff.

[264] KBLW/*Kremer* DCGK Rn. 1316; Hölters/*Simons* Rn. 13; *Lutter* ZIP 2003, 417 (418); *Dreher* FS Hoffmann-Becking, 2013, 313 (320 f.).

[265] Erl. der Änderungsvorschläge S. 8 f., http://www.dcgk.de/de/kommission/die-kommission-im-dialog/detailansicht/vorschlaege-fuer-kodexaenderungen-2017.html, zuletzt abgerufen am 19.3.2018.

[266] *Mense*/*Klie* BB 2017, 771 (774 f.); *Bartz*/*v. Werder* DB 2017, 769 (771 f.); abl. Gegenüber der Erweiterung *Nikoleyczik*/*Graßl* NZG 2017, 161 (166); allg. zu Erfolgsfaktoren eines Aufsichtsrats *v. Werder* DB 2017, 977 passim.

Abs. 2 S. 1 DCGK empfiehlt die Erarbeitung eines Kompetenzprofils für den Aufsichtsrat, auf dessen Ausfüllung gemäß Ziff. 5.4.1 Abs. 4 S. 1 DCGK durch das Gesamtgremium bei Wahlvorschlägen an die Hauptversammlung hingewirkt werden soll. Das Kompetenzprofil soll der Aufsichtsrat selbst erarbeiten. Kann ein solches Kompetenzprofil auch die Anstellung von einschlägig bewanderten Experten notwendig machen,[267] bricht der DCGK doch nicht mit der Maßgabe, die Kompetenz des Gremiums insgesamt in den Vordergrund zu stellen.[268] Dies entspricht dem eindeutigen Wortlaut von Ziff. 5.4.1 Abs. 2 S. 1 DCGK („Gesamtgremium") und der Konvergenz mit der Konzeption der Sektorkenntnis,[269] deren Ergänzung die Empfehlung eines Kompetenzprofils dienen soll.[270] Der erweiterten Publizität der Aufsichtsratskompetenz dient Ziff. 5.4.1 Abs. 5 S. 2 DCGK,[271] welcher eine Veröffentlichung des jeweiligen Lebenslaufes zu jedem Kandidatenvorschlag (Halbs. 1) sowie eine jährlich zu aktualisierende Übersicht über die „wesentlichen Tätigkeiten neben dem Aufsichtsratsmandat" (Halbs. 2) vorsieht.[272] Hierdurch sollen insbesondere Aktionäre und sonstige Investoren informiert werden.[273] Die regelmäßige Überprüfung soll gewährleisten, dass nicht lediglich bei neu gewählten Aufsichtsratsmitgliedern den Transparenzerwartungen der Investoren entsprochen wird, sondern dies auch für bereits etablierte Mitglieder gilt.[274] Bei dem gesamten Komplex handelt es sich um Comply-or-explain-Empfehlungen. Im Hinblick auf die drohende Haftung wegen mangelnder Sachkunde nach §§ 116, 93 stellt der Kodex in **Ziff. 5.4.5 Abs. 2 S. 1 DCGK** zudem klar, dass die Mitglieder des Aufsichtsrates die für ihre Aufgaben erforderlichen Aus- und Fortbildungsmaßnahmen eigenverantwortlich wahrnehmen. Dabei sollen sie von der Gesellschaft angemessen unterstützt werden, wobei neben einer finanziellen Unterstützung[275] auch die praktische Ermöglichung der Teilnahme an Weiterbildungsmaßnahmen – zB durch die Gewährung von Bildungsurlaub – oder aber das Unterbreiten aktiver Fortbildungsvorschläge in Betracht kommt.[276] Bleibt die angemessene Unterstützung aus, ist dies gem. § 161 zu erklären („comply or explain").

65 **2. Dauerhafte Interessenkollisionen,**[277] **Unabhängigkeit.** Das Gesetz enthält für die Aufsichtsratsmitglieder keine konkreten Anforderungen im Hinblick auf die Freiheit von Interessenkonflikten oder die Unabhängigkeit. Zur Vermeidung von **Interessenkollisionen** empfiehlt der Deutsche **Corporate Governance Kodex** allerdings zu Recht, dass Aufsichtsratsmitglieder nicht aus Organen wesentlicher Wettbewerber stammen sollen oder bei diesen beratend tätig sind, zudem, dass derartige Interessenkonflikte gegenüber dem Aufsichtsrat offengelegt werden (Ziff. 5.5.2 DCGK).[278] Diese Offenlegung hat nicht nur präventive Wirkung, sondern dient auch dazu, dass der Konflikt bei der Willensbildung im Aufsichtsrat berücksichtigt werden kann.[279] Darüber hinaus soll der Aufsichtsrat auch in seinem Bericht an die Hauptversammlung über aufgetretene Interessenkonflikte und deren Behandlung informieren (Ziff. 5.5.3 S. 1 DCGK).[280] Als ultima ratio ist nach Ziff. 5.5.3 S. 2 DCGK die Beendigung des Mandats wegen dauerhafter Interessenkollision vorgesehen.[281] Hat die Gesellschaft sich jedoch nicht der Empfehlung angeschlossen, scheidet eine Anfechtung der Wahl

---

[267] KBLW/*Kremer* DCGK Rn. 1340a.
[268] *E. Vetter* in Marsch-Barner/Schäfer Börsennotierte AG-HdB Rn. 25.3; aA und insoweit unzutr. Hölters/*Simons* Rn. 25 aE.
[269] Auch bei der Sektorkenntnis kommt es auf das Gremium Aufsichtsrat als solches an → Rn. 60a.
[270] KBLW/*Kremer* DCGK Rn. 1340a; *Wilsing/v. der Linde* DStR 2017, 1046 (1048).
[271] KBLW/*Kremer* DCGK Rn. 1340a.
[272] *Wilsing/v. der Linden* DStR 2017, 1046 (1049); *Bartz/v. Werder* DB 2017, 769 (771 f.).
[273] Erl. der Änderungsvorschläge S. 8, http://www.dcgk.de/de/kommission/die-kommission-im-dialog/deteilansicht/vorschlaege-fuer-kodexaenderungen-2017.html, zuletzt abgerufen am 19.3.2018.
[274] Erl. der Änderungsvorschläge S. 9, http://www.dcgk.de/de/kommission/die-kommission-im-dialog/deteilansicht/vorschlaege-fuer-kodexaenderungen-2017.html, zuletzt abgerufen am 19.3.2018.
[275] *Ehren/Gros* Der Konzern 2011, 277 (284); *Strenger* NZG 2010, 1401 (1402); restriktiv *Bosse/Malchow* NZG 2010, 972 (973 f.) (Kostenerstattung nur für Maßnahmen, die der Erlangung von Spezialkenntnissen dienen).
[276] *Keilweit* DStR 2010, 2251 (2252); *Mense/Rosenhäger* GWR 2010, 311 (313 f.).
[277] Ausführlich zu Interessenkollisionen → § 116 Rn. 65 ff.
[278] → Rn. 40 ff.; *Hoffmann-Becking* NZG 2014, 801 (804, 808): Offenlegung gegenüber Aufsichtsratsvorsitzenden.
[279] KBLW/*Kremer* DCGK Rn. 1462 f.; *Priester* ZIP 2011, 2081 (2082); *Peltzer* Deutsche Corporate Governance Rn. 317; *Knapp*, Die Treuepflicht der Aufsichtsratsmitglieder von Aktiengesellschaften und Directors von Corporations, 2004, 259 f.
[280] Kritisch zu dem dadurch entstehenden Spannungsverhältnis zwischen einer Offenlegung gem. Ziff. 5.5.3 S. 1 DCGK und der Verschwiegenheitspflicht des Aufsichtsrats nach § 116 S. 1 *Butzke* FS Hoffmann-Becking, 2013, 229 (241 ff.); *Hoffmann-Becking* NZG 2014, 801 (808); *Priester* ZIP 2011, 2081 (2083 f.); *Drygala* AG 2007, 381 (383 ff.).
[281] KBLW/*Kremer* DCGK Rn. 1480 f.; *Knapp*, Die Treuepflicht der Aufsichtsratsmitglieder von Aktiengesellschaften und Directors von Corporations, 2004, 331.

zum Aufsichtsrat eines Angehörigen eines Konkurrenzunternehmens aus, da das AktG keine generelle Inkompatibilitätsvorschriften jedenfalls bei der Bestellung kennt.[282] Aber auch wenn die Gesellschaft sich der Empfehlung angeschlossen hat, dennoch aber unter deren Verletzung entsprechende Aufsichtsratsmitglieder wählt, scheidet eine Anfechtung aus, da es sich nur um eine Verletzung der Pflichten nach § 161 handelt, die aber keinen Anfechtungsgrund begründen.[283] Auch bei den hier genannten Empfehlungen des DCGK handelt es sich um „comply or explain"- Empfehlungen. Deren Nichtbefolgung ist zu erklären, § 161.

Abgesehen von den Altfällen zu Abs. 5 (→ Rn. 54 ff.) ist auch die **persönliche Unabhängigkeit** 66 der Aufsichtsratsmitglieder vom Vorstand oder aber vom Mehrheitsaktionär keine aktiengesetzlich normierte Voraussetzung für die Übernahme des Aufsichtsratsmandats.[284] Lediglich die spezialgesetzlichen § 18 Abs. 3 S. 1 KAGB, § 119 Abs. 3 S. 2, § 147 Abs. 3 S. 2 KAGB verlangen für die Besetzung des Aufsichtsrats einer externen Kapitalverwaltungsgesellschaft, einer Investmentaktiengesellschaft mit veränderlichem oder fixem Kapital, dass mindestens ein Mitglied gewählt werden muss, welches von den Aktionären, den mit ihnen verbundenen Unternehmen und den Geschäftspartnern der Gesellschaft unabhängig ist.

In Umsetzung der – für den nationalen Rechtsanwender unverbindlichen – Empfehlung der EG- 66a Kommission vom 15.2.2005 zu den Aufgaben von Aufsichtsmitgliedern[285] sieht **Ziff. 5.4.2 S. 1 DCGK** vor, dass dem Aufsichtsrat eine nach seiner Einschätzung ausreichende Anzahl unabhängiger Mitglieder angehören soll.[286] Die Kodexempfehlung ist bislang nicht geändert worden, auch nicht im Hinblick auf das AReG.[287] Nicht unabhängig ist ein Aufsichtsratsmitglied gem. der nunmehr verschärften Definition in Ziff. 5.4.2 S. 2 DCGK insbesondere, wenn es in einer persönlichen oder einer geschäftlichen Beziehung zu der Gesellschaft, deren Organen, einem kontrollierenden Aktionär oder einem mit diesem verbundenen Unternehmen steht, die einen wesentlichen und nicht nur vorübergehenden Interessenkonflikt begründen kann. Im Einzelfall kann es schwierig sein, zu beurteilen, welcher Grad der persönlichen Beziehung die Unabhängigkeit bereits ausschließt.[288] Durch die Bezugnahme auf das Verhältnis zum Mehrheitsaktionär nähert sich der DCGK damit Ziff. 13.1 der Kommissionsempfehlung an und will damit einen zusätzlichen Schutz der Minderheitsaktionäre gewährleisten.[289] Wer Mehrheitsaktionär ist, orientiert sich an den zu § 17 entwickelten Kriterien.[290] Da die im DCGK getroffene Aufzählung nicht mehr abschließend ist, stellt sich auch die Frage nach der Unabhängigkeit bei – im Kodex nicht ausdrücklich genannten – Beziehungen des Aufsichtsratsmitglieds zu Dritten, die ihrerseits mit der AG in Kontakt stehen (Lieferanten, Kreditgeber etc). Dehnt man mit dem Kodex das Erfordernis der Unabhängigkeit derart aus, kommt es im Grundsatz nur noch auf einen möglichen Interessenkonflikt in der Person des Aufsichtsratsmitglieds an, der durch jegliche Beziehung zu Unternehmen oder Personen begründet werden kann, die ihrerseits mit der AG in Kontakt stehen.[291] Da der DCGK aber mit seiner Aufzählung in erster Linie unmittelbar gesellschaftsbezogene Abhängigkeiten im Blick hat und die effektive Überwachung des Vorstands sowie den Schutz von Minderheitsaktionären stärken will, ist Zurückhaltung bei der Annahme einer Abhängigkeit infolge Beziehungen zu einem Dritten, der seinerseits in Kontakt mit der AG steht,

---

[282] → Rn. 34; *Knapp*, Die Treuepflicht der Aufsichtsratsmitglieder von Aktiengesellschaften und Directors von Corporations, 2004, 289.
[283] *Marsch-Barner* FS K. Schmidt, 2009, 1109 (1112 f.); *Schubert/Jacobsen* WM 2011, 726 (731 ff.).
[284] Zur internationalen Unabhängigkeitsdebatte ausführlich *Roth* ZHR 175 (2011), 605 (609 ff.); rechtsvergleichend auch *Häuser*, Interessenkollision durch Wahrnehmung des Aufsichtsratsmandats in der unabhängigen Aktiengesellschaft, 1985, 45 ff.; *Meder*, Die persönliche Unabhängigkeit der Aufsichtsratsmitglieder und Directors in börsennotierten Aktiengesellschaften, 2009, 61 ff.
[285] Empfehlung der Kommission vom 15.2.2005 zu den Aufgaben von nicht geschäftsführenden Direktoren/ Aufsichtsratsmitgliedern börsennotierter Gesellschaften sowie zu den Ausschüssen des Verwaltungs-/Aufsichtsrats (2005/162/EG), ABl EU 2005 L 52, 51 ff.; ausführlich dazu *Spindler* ZIP 2005, 2033 (2039 ff.).
[286] *Spindler* ZIP 2005, 2033, (2039 ff.); *Lieder* NZG 2005 569, (570); *Hüffer* ZIP 2006, 637 ff. jeweils mwN; s. auch die ausführliche Auseinandersetzung im Rechtsvergleich bei *Beyer*, Die Unabhängigkeit des Aufsichtsratsmitglieds: Unter besonderer Berücksichtigung des US-amerikanischen Rechts, Diss Trier 2009, 49 ff.
[287] So auch explizit Erl. der Änderungsvorschläge S. 8, http://www.dcgk.de/de/kommission/die-kommission-im-dialog/deteilansicht/vorschlaege-fuer-kodexaenderungen-2017.html, zuletzt abgerufen am 20.3.2018; *Mense/ Klie* BB 2017, 771 (775).
[288] *Hoffmann-Becking* NZG 2014, 801, (803 f.); *Hüffer/Koch/Koch* Rn. 5.
[289] *Bachmann* AG 2012, 565 (573) befürwortet die Verschärfung; kritisch hingegen *Hüffer/Koch/Koch* Rn. 4; *Wilsing/von der Linden* DStR 2012, 1391 f.; *Rubner/Fischer* NJW-Spezial 2012, 339; *Handelsrechtsausschuss des DAV* NZG 2012, 335 (337); *Peltzer* NZG 2012, 368 (370); *Paschos/Goslar* NZG 2012, 1361 (1362 f.); *Reese/Ronge* AG 2014, 417 (419); *Hoffmann-Becking* NZG 2014, 801 (806).
[290] *Hüffer/Koch/Koch* Rn. 4 mwN.
[291] *Hoffmann-Becking* NZG 2014, 801 (804); *Bartz/v. Werder* NZG 2014, 841 (842 f.); aA *Florstedt* ZIP 2013, 337 (339).

geboten.[292] Es muss sich jedoch um einen dauerhaften Interessenkonflikt handeln; vorübergehenden Konflikten ist mit einem Stimmrechtsverbot bzw. Verbot der Teilnahme an der Sitzung zu begegnen, → § 108 Rn. 27 ff., → § 109 Rn. 7 ff. Im Gegensatz zur Fassung des Kodex vom 26.5.2010 ist es für das Bestehen einer Abhängigkeitslage seit der Fassung vom 15.5.2012 laut Ziff. 5.4.2 nicht mehr erforderlich, dass ein Interessenkonflikt tatsächlich besteht, vielmehr genügt jetzt schon ein potenzieller Interessenkonflikt.[293] Allerdings hat die nationale Regierungskommission Corporate Governance bislang kaum Einzelfallkriterien zur Beurteilung der Unabhängigkeit aufgestellt,[294] wie sie in Anhang II der EG-Empfehlung enthalten sind.[295] So bestimmt Ziff. 5.4.2 S. 3 DCGK lediglich, dass dem Aufsichtsrat nicht mehr als zwei ehemalige Vorstandsmitglieder angehören sollen; schließlich sollen Aufsichtsratsmitglieder gem. Ziff. 5.4.2 S. 4 DCGK weder Organfunktionen noch Beratungsaufgaben bei Wettbewerbern wahrnehmen. Aufgrund der fehlenden Unabhängigkeit der Arbeitnehmervertreter können die unabhängigen Mitglieder nur aus den Reihen der Anteilseignervertreter kommen.[296] Welche Anzahl letztlich angemessen ist, hat der Aufsichtsrat selbst anhand der Besonderheiten des Unternehmens, insbesondere anhand der Art der Mitbestimmung, der Größe des Aufsichtsrats und der Anteilseignerstruktur,[297] festzulegen – ihm kommt dabei ein Beurteilungsspielraum zu.[298] Die Abkehr von dem Begriff der „ausreichenden" Anzahl unabhängiger Mitglieder hat der DCGK mit der Neufassung jedenfalls zum Ausdruck gebracht, dass der Anteil unabhängiger Mitglieder auf ein höheres Niveau angehoben werden soll.[299] Nach Ansicht einiger Instanzgerichte soll die Wahl zum Aufsichtsrat anfechtbar sein, wenn entgegen der Erklärung nach § 161 keine ausreichende Anzahl unabhängiger Mitglieder vorhanden ist.[300] Dem ist jedoch mit der obigen Argumentation (→ Rn. 65) nicht zu folgen. Ferner soll der Aufsichtsrat nach Ziff. 5.4.1 Abs. 6 DCGK bei seinen Wahlvorschlägen an die Hauptversammlung die persönlichen und die geschäftlichen Beziehungen eines jeden Kandidaten zum Unternehmen, den Organen der Gesellschaft und einem wesentlich an der Gesellschaft beteiligten Aktionär offenlegen, wobei Aktionäre dann als wesentlich beteiligt gelten, wenn sie mehr als 10 % der stimmberechtigten Aktien der Gesellschaft halten.[301] Allerdings ist die Offenlegung nur auf solche Umstände beschränkt, die ein objektiv urteilender Aktionär für seine Wahlentscheidung als maßgebend ansehen würde (Ziff. 5.4.1 Abs. 7 DCGK) – es kommt also darauf an, dass die Umstände praktisch als mitentscheidend für die Wahl angesehen werden.[302] Zur Beurteilung, was ein objektiv urteilender Aktionär als maßgebend ansehen würde, kann eine Orientierung an den Regeln der §§ 131, 243 Abs. 4 hilfreich sein.[303]

67   **3. Weitere Empfehlungen des Deutschen Corporate Governance Kodex.** Ziff. 5.4.5 Abs. 1 S. 2 DCGK empfiehlt die **Beschränkung der Anzahl der Aufsichtsratsmandate von Vorständen** börsennotierter Gesellschaften auf drei in konzernexternen börsennotierten Gesellschaften oder in Aufsichtsgremien von konzernexternen nicht börsennotierten Gesellschaften, die ver-

---

[292] *Reese/Ronge* AG 2014, 417 (420 ff.) ordnen Drittbeziehungen jedenfalls als mittelbare Beziehungen des Aufsichtsratsmitglieds zur Gesellschaft ein und sprechen sich für eine Orientierung an §§ 114, 115 aus.
[293] Dazu allgemein *Hasselbach/Jakobs* BB 2013, 643; KBLW/*Kremer* DCGK Rn. 1387; *Ihrig/Meder* ZIP 2012, 1210 (1214) sehen diese Neuerung kritisch.
[294] In den Änderungsvorschlägen der Kodexkommission vom 17.1.2012 war in Ziff. 5.4.2 DCGK noch ein detaillierter Katalog von abhängigkeitsbegründenden Regelbeispielen vorgesehen, der in der endgültigen Fassung allerdings wieder verworfen wurde; DCGK mit Änderungsvorschlägen abrufbar unter: http://www.corporate-governance-code.de/ger/download/aenderungen_2012/Kodexaenderungen_final_2012_02_01.pdf.
[295] *Spindler* ZIP 2005, 2033 (2039 ff.); *Lieder* NZG 2005, 569 (570), der darauf hinweist, dass sich die richterliche Interpretation von 5.4.2 DCGK durchaus an den europäischen Unabhängigkeitsstandards orientieren kann; ähnlich *Kehler*, Die Unabhängigkeit des Aufsichtsrats als aktienrechtliches Erfordernis (AktG und DCGK), 2007, 81 ff.; *Hüffer* ZIP 2006, 637 (643).
[296] *Roth* ZHR 175 (2011), 605 (636); *Hüffer/Koch/Koch* Rn. 5; MüKoAktG/*Habersack* Rn. 80; *Habersack*, Gutachten 69. DJT E 75 f.
[297] *Florstedt* ZIP 2013, 337 (342); nach *Roth* ZHR 175 (2911), 605 (629 f.) sollen zB für Familienunternehmen daher erleichterte Anforderungen an die Unabhängigkeit gelten.
[298] *Stephanblome* ZIP 2013, 1411 (1412); *Florstedt* ZIP 2013, 337 (339); *Reese/Ronge* AG 2014, 417 (426 f.); *Kremer/v. Werder* AG 2013, 340 (346); *Ringleb/Kremer/Lutter/v. Werder* NZG 2012, 1081 (1087); *Klein* AG 2012, 805 (806); *Roth* WM 2012, 1985 (1988); *Hupka* Der Aufsichtsrat 2012, 128 (130); MüKoAktG/*Habersack* Rn. 80; *Hüffer/Koch/Koch* Rn. 7.
[299] *Bayer* NZG 2013, 1 (10); *Ringleb/Kremer/Lutter/v. Werder* NZG 2012, 1081 (1087); *Scholderer* NZG 2012, 168 (174) geht von einem Minimum von zwei unabhängigen Anteilseignervertretern aus.
[300] LG Hannover NZG 2010, 744 (748); OLG München NZG 2008, 508 (510 f.); ebenso *E. Vetter* FS Schneider, 2010, 1345 (1356 ff.); kritisch *Rieder* NZG 2010, 737 (738 f.).
[301] Ausführlich *Bartz/v. Werder* NZG 2014, 841 ff.
[302] *Ringleb/Kremer/Lutter/v. Werder* NZG 2012, 1081 (1087); *Kremer/v. Werder* AG 2013, 340 (346 f.).
[303] *Florstedt* ZIP 2013, 337 (339).

gleichbare Anforderungen stellen. Im Gegensatz zu der Höchstmandatszahl nach dem AktG richtet sich Ziff. 5.4.5 Abs. 1 S. 2 DCGK nicht an Berufsaufsichtsräte, die zwar eine größere Anzahl von Aufsichtsratsmandaten wahrnehmen aber keine zusätzliche Vorstandstätigkeit in einer börsennotierten Gesellschaft ausüben, wodurch der DCGK gerade für diesen zeitlich besonders belasteten Personenkreis eine sachgerechte Aufgabenwahrnehmung gewährleisten möchte.[304] Keine Aussage trifft der Kodex hingegen darüber, ob Mandate in ausländischen börsennotierten Gesellschaften mitzuzählen sind. Dieses kann mit der hier zu Abs. 2 S. 1 Nr. 1 vertretenen Argumentation (→ Rn. 15) bejaht werden.[305] Zur Umsetzung dieser Empfehlung des DCGK wird eine entsprechende Regelung in der Satzung der Gesellschaft erforderlich sein.[306]

Darüber hinaus empfiehlt der DCGK in Ziff. 5.4.1 Abs. 2 DCGK neben der Erarbeitung eines **68** Kompetenzprofils für das Gesamtgremium (→ Rn. 64), dass der Aufsichtsrat für seine Zusammensetzung **konkrete Ziele benennen** soll, die unter Beachtung der unternehmensspezifischen Situation die internationale Tätigkeit des Unternehmens, potentielle Interessenkonflikte, die Anzahl der unabhängigen Aufsichtsratsmitglieder, eine festzulegende Altersgrenze für Aufsichtsratsmitglieder und Vielfalt (Diversity) berücksichtigen. Ferner wird eine festzulegende Regelgrenze für die Zugehörigkeitsdauer zum Aufsichtsrat empfohlen.[307] Mit der Kodex-Änderung 2015 hat die Kommission die gesetzlichen Formulierung zur Quotenregelung im Aufsichtsrat in Ziff. 5.4.1. Abs. 2 Satz 2 und 3 übernommen, wodurch die vorherige Empfehlung des DCGK zur angemessenen Beteiligung von Frauen überflüssig geworden ist; eine weitergehende Empfehlung oder Anregung ist ausgeblieben Hierdurch soll u.a. eine größere Internationalität im Aufsichtsrat erreicht werden.[308] Adressat der Empfehlung ist nach dem eindeutigen Wortlaut der gesamte Aufsichtsrat; eine Beschränkung auf Anteilseignervertreter kommt in mitbestimmten Gesellschaften daher nicht in Betracht.[309] Zur Einführung und Festlegung ist ein Beschluss des Aufsichtsrates oder eine Verankerung in dessen Geschäftsordnung empfehlenswert, von einer satzungsmäßigen Festsetzung ist auf Grund der nur eingeschränkten Veränderungsmöglichkeiten durch satzungsändernden Beschluss abzuraten.[310]

X. Rechtsfolgen

Liegen die Voraussetzungen des § 100 Abs. 1 zum Antritt des Aufsichtsratsmandats[311] nicht vor **69** oder sind Hinderungsgründe eingetreten, ist der Wahlbeschluss gem. § 250 Abs. 1 Nr. 4 nichtig. Dies kann auch der Fall sein, wenn zurzeit des Wahlbeschlusses alle Voraussetzungen gegeben waren, aber erst später vor Amtsantritt entfallen sind.[312] Bei Verstößen, die bis zum Amtsantritt noch beseitigt werden können, zB fehlende Geschäftsfähigkeit, liegt dagegen schwebende Unwirksamkeit vor.[313]

Verstößt der Beschluss gegen die Anforderungen, die in der **Satzung** aufgestellt sind, ist dieser ledig- **70** lich innerhalb der Monatsfrist gem. § 251 Abs. 1, § 251 Abs. 3, § 246 Abs. 1 anfechtbar.[314] Die Anfechtungsbefugnis droht allerdings leerzulaufen, wenn der Wahlbeschluss nach Ablauf der Monatsfrist aber noch vor dem tatsächlichen Amtsantritt in Bestandskraft erwächst. Für den Fall, dass das Fehlen der satzungsmäßigen Voraussetzungen im Zeitpunkt der Wahl noch nicht eindeutig feststeht, sollte die Anfechtungsfrist daher erst mit Amtsantritt beginnen.[315] Steht erst nach Ablauf der Anfechtungsfrist fest, dass

---

[304] *Jaspers* AG 2011, 154 (157); KBLW/*Kremer* DCGK Rn. 1419.
[305] So auch *Roth/Wörle* ZGR 2004, 565 (592f.); Großkomm AktG/*Hopt/Roth* Rn. 183.
[306] *Seibt* AG 2002, 249 (258); Großkomm AktG/*Hopt/Roth* Rn. 183.
[307] Näher hierzu: *Peters/Hecker* BB 2015 1859 (1864); *Rubner/Fischer* NZG 2015 782 (783f.); *Mense/Klie* GWR 2015 92 (93).
[308] *Hecker* BB 2009, 1654 (1657); *Weber-Rey* WM 2009, 2255 (2262) jew. mwN; die Unbestimmtheit der Vorschrift kritisch bewertend *Kocher* BB 2010, 264ff.
[309] Hüffer/Koch/*Koch* Rn. 2; *Ringleb/Kremer/Lutter/v. Werder* NZG 2010, 1161 (1165); *Mense/Rosenhäger* GWR 2010, 311 (312); kritisch *Ihrig/Meder* ZIP 2010, 1577 (1577f.).
[310] Ebenso Großkomm AktG/*Hopt/Roth* Rn. 187; KBLW/*Kremer* DCGK Rn. 1323.
[311] Kölner Komm AktG/*Mertens/Cahn* Rn. 48: Mängel können noch bis Amtsantritt behoben werden; MüKoAktG/*Habersack* Rn. 55; Großkomm AktG/*Hopt/Roth* Rn. 108; *E. Vetter* in Marsch-Barner/Schäfer Börsennotierte AG-HdB Rn. 25.8; *Stein* AG 1983, 49 (50); *Bollweg*, Die Wahl des Aufsichtsrats in der Hauptversammlung der Aktiengesellschaft, 1997, 115.
[312] Großkomm AktG/*Hopt/Roth* Rn. 112; Hüffer/Koch/*Koch* Rn. 27.
[313] MüKoAktG/*Habersack* Rn. 55; *Bollweg*, Die Wahl des Aufsichtsrats in der Hauptversammlung der Aktiengesellschaft, 1997, 115.
[314] Großkomm AktG/*Hopt/Roth* Rn. 117; MüKoAktG/*Habersack* Rn. 57; K. Schmidt/Lutter/*Drygala* Rn. 38; *Bollweg* S. 117.
[315] Kölner Komm AktG/*Mertens/Cahn* Rn. 49; MüKoAktG/*Habersack* Rn. 57; aA Hölters/*Simons* Rn. 48; Hüffer/Koch/*Koch* Rn. 27; K. Schmidt/Lutter/*Drygala* Rn. 38 Fn. 116.

der Gewählte nicht die satzungsmäßigen Anforderungen erfüllt, kann der Wahlbeschluss nicht mehr angefochten werden; hier steht nur noch die Möglichkeit der Abberufung offen.[316]

71 Fallen **nach Amtsantritt** Voraussetzungen des § 100 Abs. 1 weg (das Aufsichtsratsmitglied wird geschäftsunfähig) oder treten gesetzliche Hinderungsgründe nach § 100 Abs. 2 ein, erlischt die Mitgliedschaft des Aufsichtsratsmitglieds kraft Gesetzes.[317] Allerdings ist zuvor zu prüfen, ob nicht der Rechtsakt, der an sich zum Eintreten der Hinderungsgründe führen würde, bereits nichtig ist: So kann dieser Fall bei einer Überschreitung der zulässigen Mandatszahl nach § 100 Abs. 2 S. 1 Nr. 1 nicht eintreten, da schon die Wahl zu dem neuen Mandat in einer anderen AG nichtig ist,[318] ebenso bei der Wahl zum Aufsichtsratsvorsitzenden nach § 100 Abs. 2 S. 3 und dadurch sonst eintretender Doppelzählung. Bei Bestellung zum gesetzlichen Vertreter eines abhängigen Unternehmens verliert das Aufsichtsratsmitglied sein Aufsichtsratsmandat; gleiches gilt, wenn das Unternehmen, in dem das Aufsichtsratsmitglied gesetzlicher Vertreter ist, abhängig wird von dem Unternehmen, in dessen Aufsichtsrat das fragliche Mandat besteht.[319]

72 Fallen nachträglich **von der Satzung aufgestellte Anforderungen** weg, erlischt das Amt nicht von Amts wegen; vielmehr ist das Aufsichtsratsmitglied nach § 103 abzuberufen.[320] Für eine gerichtliche Abberufung nach § 103 Abs. 3 ist ein wichtiger Grund erforderlich. Die Satzungswidrigkeit stellt in der Regel einen wichtigen Grund dar, es sei denn durch Auslegung ergibt sich, dass es sich bei der Satzungsbestimmung nicht um eine Dauervoraussetzung handelt, sondern vielmehr um ein Erfordernis, welches nur bei der Wahl bzw. bei Amtsantritt vorliegen sollte.[321] Eine Satzungsbestimmung, die ein automatisches Ausscheiden des Aufsichtsratsmitglieds bei Wegfall der satzungsmäßigen Voraussetzungen oder ein Abberufungsrecht der Hauptversammlung mit einfacher Mehrheit vorsieht ist wegen der abschließenden Regelung des § 103 unzulässig.[322] Demgegenüber kann die Bestellung von vornherein auf das Erreichen eines bestimmten Höchstalters beschränkt werden.[323]

73 Nach wie vor nicht zweifelsfrei geklärt sind die Rechtsfolgen bei **Fehlen eines Finanzexperten** oder mangelnder Gesamtqualifikation im Aufsichtsrat. Einigkeit besteht darüber, dass die Missachtung der Vorgaben des § 100 Abs. 5 nicht den Tatbestand eines gesetzlichen Nichtigkeitsgrundes erfüllt und der Wahlbeschluss der Hauptversammlung daher nicht nichtig ist.[324] Außerdem führt die Besetzung des Aufsichtsrats entgegen Abs. 5 nicht zur Beschlussunfähigkeit oder aber zur Nichtigkeit der Beschlüsse; es handelt sich insofern nicht um Wirksamkeitsvoraussetzungen für die Aufsichtsratswahl, sondern um eine Besetzungsregel (→ Rn. 50).[325] Nach zutreffender Ansicht ist ein **Wahlbeschluss,** der den Anforderungen des § 100 Abs. 5 nicht genügt, indes gemäß § 251 Abs. 1 S. 1 **anfechtbar.**[326] Bei der Bestimmung des Anfechtungsgegenstandes kommt es entscheidend auf die

---

[316] MüKoAktG/*Habersack* Rn. 57; Großkomm AktG/*Hopt/Roth* Rn. 118; *E. Vetter* in Marsch-Barner/Schäfer Börsennotierte AG-HdB Rn. 25.15.

[317] Großkomm AktG/*Hopt/Roth* Rn. 119; MüKoAktG/*Habersack* Rn. 60; Hüffer/Koch/*Koch* Rn. 27.

[318] MüKoAktG/*Habersack* Rn. 60; Großkomm AktG/*Hopt/Roth* Rn. 121; Hüffer/Koch/*Koch* Rn. 27.

[319] MüKoAktG/*Habersack* Rn. 61; Großkomm AktG/*Hopt/Roth* Rn. 122.

[320] Kölner Komm AktG/*Mertens/Cahn* Rn. 54; Großkomm AktG/*Hopt/Roth* Rn. 128 f.; MüKoAktG/*Habersack* Rn. 63; Hölters/*Simons* Rn. 48; Hüffer/Koch/*Koch* Rn. 27; K. Schmidt/Lutter/*Drygala* Rn. 39; *E. Vetter* in Marsch-Barner/Schäfer Börsennotierte AG-HdB Rn. 25.15; NK-AktR/*Breuer/Fraune* Rn. 22.

[321] Großkomm AktG/*Hopt/Roth* Rn. 129; Kölner Komm AktG/*Mertens/Cahn* Rn. 54; MüKoAktG/*Habersack* Rn. 63.

[322] Großkomm AktG/*Hopt/Roth* Rn. 130; Kölner Komm AktG/*Mertens/Cahn* Rn. 54; MüKoAktG/*Habersack* Rn. 63.

[323] Großkomm AktG/*Hopt/Roth* Rn. 130; Kölner Komm AktG/*Mertens/Cahn* Rn. 54; MüKoAktG/*Habersack* Rn. 63.

[324] LG München ZIP 2010, 2098 (2101); *Hersch* VersR 2017, 257 (259); *Redenius/Hövermann* WPg 2017, 349 (354); MüKoAktG/*Habersack* Rn. 71; Kölner Komm AktG/*Mertens/Cahn* Rn. 79; *Nowak* BB 2010, 2423 (2425); *Wardenbach/Wojtek* GWR 2010, 207 (207 f.); *Widmann* BB 2009, 2602 (2603); *Diekmann/Bidmon* NZG 2009, 1087 (1091).

[325] *Hersch* VersR 2017, 257 (259 f., 264); *Kropff* FS K. Schmidt, 2009, 1023 (1035); *Wind/Klie* DStR 2010, 1339 (1341); *Bahreini,* Der unabhängige Finanzexperte i.S.v. § 100 Abs. 5 AktG, 2012, 223 f.; *Lammers,* Der Prüfungsausschuss des Aufsichtsrats nach dem Sarbanes-Oxley Act und dem BilMoG, 2011, 87 f.

[326] *Gesell* ZGR 2011, 361 (392); NK-AktR/*Breuer/Fraune* Rn. 22; Henssler/Strohn/*Henssler* Rn. 19; *Habersack* AG 2008, 99 (102); *Kropff* FS K. Schmidt 2009, 1023 (1032 f.); *Nowak,* Die Unabhängigkeit des Aufsichtsratsmitglied nach § 100 Abs. 5 AktG, 2010, 226 ff.; *v. Falkenhausen/Kocher* ZIP 2009, 1601 (1602 f.); wohl auch LG München IP 2010, 2098 (2101); *Jaspers* AG 2009, 607 (612) unter Verweis auf BGH NJW 2009, 2207 (2210 f.) zur Anfechtbarkeit von Entlastungsbeschlüssen bei Verstößen gegen § 161 AktG; s. aber auch *Bröcker/Mosel* GWR 2009, 132 (134), die das Anfechtungsrisiko auf ein Mitglied beschränken wollen, indem jenes in dem Wahlvorschlag ausdrücklich als unabhängiger Finanzexperte benannt wird; weitergehend *Staake* ZIP 2010, 1021 (1021 f.), der neben der Anfechtung auch im Statusverfahren analog §§ 97–99 zulassen möchte; ähnlich *Sünner* FS Schneider, 2011, 1301 (1308 ff.) (nur Statusverfahren); einschränkend *Wardenbach/Wojtek* GWR 2010, 207 (208 ff.), die in mitbestimmten Gesellschaften und bei Entsendungsrechten keine Anfechtung zulassen wollen; gegen eine Anfech-

Art und Weise der Wahl und den potentiellen Anfechtungsgrund an: Verfügt der Aufsichtsrat über keinen Finanzexperten und wird nur ein einziger Kandidat neu gewählt, welcher den Anforderungen des Abs. 5 Hs. 1 nicht genügt, so ist dessen Wahl anfechtbar.[327] Im Rahmen der Einzelwahl mehrerer nicht qualifizierter Kandidaten ergibt sich erst mit der Wahl des letzten Kandidaten ein Verstoß gegen Abs. 5 Hs. 1, sodass es sinnvoll ist – ähnlich wie bei § 250 Abs. 1 Nr. 3 – die letzte Einzelwahl als Anknüpfungspunkt für die Anfechtung anzusehen,[328] es sei denn der Aufsichtsrat benennt in seinem Wahlvorschlag einen Kandidaten ausdrücklich als Finanzexperten; dann ist nur dessen Wahl anfechtbar.[329] Werden mehrere Kandidaten hingegen per Listenwahl gewählt und weist keiner von ihnen die notwendigen Anforderungen auf, so ist der Wahlbeschluss insgesamt anfechtbar.[330] Entgegen der Empfehlung der EU muss der Finanzexperte im Beschlussvorschlag des Aufsichtsrats nach § 124 Abs. 3 S. 1 nicht identifiziert werden.[331] Dies ändert indes nichts daran, dass der Aufsichtsrat im Rahmen seines pflichtgemäßen Ermessens bei der Aufstellung des Wahlvorschlags die Sachkunde wenigstens eines vorgeschlagenen Kandidaten sicherstellen muss. Der Wegfall des Unabhängigkeitserfordernisses ändert an den genannten Rechtsfolgen für einen Verstoß gegen Abs. 5 Hs. 1 nichts.[332] Da hinsichtlich der Sektorkenntnis nicht jedes einzelne Aufsichtsratsmitglied, sondern der Aufsichtsrat als Gremium die erforderliche Qualifikation aufweisen muss und es sich daher bei Abs. 5 Hs. 2 im Verhältnis zu Abs. 5 Hs. 1 erst recht um eine Besetzungsregel und nicht um eine Wirksamkeitsvoraussetzung handelt, kann lediglich die Wahl des gesamten Aufsichtsrates angefochten werden.[333] Dass die Wahl bei einem Verstoß gegen Abs. 5 nicht nichtig ist, ergibt sich zudem aus dem Umkehrschluss zu § 250 Abs. 1 Nr. 4.

Der Finanzexperte muss nicht nach § 285 Nr. 10 HGB im Anhang als solcher bezeichnet werden.[334] Allerdings muss er im Rahmen der **Erklärung zur Unternehmensführung** nach **§ 289a Abs. 2 Nr. 3 HGB** offengelegt werden.[335] Die Sektorkenntnis trifft den gesamten Aufsichtsrat, hat daher keinen direkten Einfluss auf die Besetzung und muss dementsprechend auch nicht nach § 285 Nr. 10, § 289a Abs. 2 Nr. 3 HGB erwähnt werden.

Verliert der Finanzexperte nachträglich seine Sachkunde und ist damit auch kein anderes Mitglied im Aufsichtsrat zugleich sachkundig, oder weist der Aufsichtsrat nicht die erforderliche Sektorkenntnis vor, so liegt dennoch kein wichtiger Grund zur **Abberufung** im Sinne von **§ 103 Abs. 3** vor, denn das Defizit ist nicht bei einem bestimmten Mitglied vorhanden, sondern das Organ ist insgesamt fehlerhaft besetzt.[336] Teilweise wird im Fall eines entgegen Abs. 5 besetzten Aufsichtsrats auch eine gerichtliche Abänderung der Besetzung nach § 104 vorgeschlagen.[337] Dem ist jedoch nicht zu folgen, denn auch wenn der Aufsichtsrat über keinen Finanzexperten verfügt (Hs. 1) oder insgesamt die notwendige Qualifikation vermissen lässt (Hs. 2), so ist er zahlenmäßig nicht unterbesetzt und ein Einschreiten nach § 104 ist nicht möglich.[338] Mithin verbleibt es auch in diesem Fall bei der Anfechtbarkeit gemäß § 251 Abs. 1 S. 1 (→ Rn. 73).

---

tung *Lüer* FS Maier-Reimer, 2010, 385 (400 ff.); *Hüffer/Koch/Koch* Rn. 28; *Hölters/Simons* Rn. 56; *Wachter/Schick* Rn. 17; *Grigoleit/Grigoleit/Tomasic* Rn. 26; *Gruber* NZG 2008, 12 (14).

[327] *Langenbucher* ZGR 2012, 314 (334); *Wind/Klie* DStR 2010, 1339 (1341); *Gesell* ZGR 2011, 361 (393 f.); *Ehlers/Nohlen* GS Gruson 2009, 107 (117 f.); *Jaspers* AG 2009, 607 (613).

[328] *Jaspers* AG 2009, 607 (613); *Langenbucher* ZGR 2012, 314 (335); *Wind/Klie* DStR 2010, 1339 (1341); *Bahreini*, Der unabhängige Finanzexperte i.S.v. § 100 Abs. 5 AktG, 2012, 201.

[329] *MüKoAktG/Habersack* Rn. 72; *Kölner Komm AktG/Mertens/Cahn* Rn. 79; *Bröcker/Mosel* GWR 2009, 132 (134).

[330] *Langenbucher* ZGR 2012, 314 (335); *Wind/Klie* DStR 2010, 1339 (1341); *Ehlers/Nohlen* GS Gruson, 2009, 107 (118); *Jaspers* AG 2009, 607 (613); *Bahreini*, Der unabhängige Finanzexperte i.S.v. § 100 Abs. 5 AktG, 2012, 200; *Meyer*, Der unabhängige Finanzexperte im Aufsichtsrat, 2012, 402.

[331] *Hölters/Simons* Rn. 8; *v. Falkenhausen/Kocher* ZIP 2009, 1601.

[332] Vgl. hierzu die insofern unveränderten §§ 250 und 251 sowie BegrRegE BT-Drs. 18/7219, 56, die lediglich auf das Kriterium der Unabhängigkeit Bezug nimmt und keine Veränderung der Rechtsfolgen andeutet.

[333] Ähnlich *Hersch* VersR 2017, 257 (264).

[334] *MüKoAktG/Habersack* Rn. 70; *Kölner Komm AktG/Mertens/Cahn* Rn. 78; aA *E. Vetter* ZGR 2010, 751 (790); *Lanfermann/Röhricht* BB 2009, 887 (888).

[335] *Gesell* ZGR 2011, 361 (389); *Staake* ZIP 2010, 1013 (1017); *Kropff* FS K. Schmidt, 2009, 1023 (1036); *Widmann* BB 2009, 2602 (2605); *Rieder/Holzmann* AG 2010, 570 (574); *Hüffer/Koch/Koch* Rn. 26; *MüKoAktG/Habersack* Rn. 70; *Kölner Komm AktG/Mertens/Cahn* Rn. 78.

[336] Zutr. *Gesell* ZGR 2011, 361 (394); *v. Falkenhausen/Kocher* ZIP 2009, 1601 (1602); *Gruber* NZG 2008, 12 (14); *Hölters/Simons* Rn. 57; *Grigoleit/Grigoleit/Tomasic* Rn. 27; für eine Abberufung hingegen *Nowak* BB 2010, 2423 (2426); *Meyer*, Der unabhängige Finanzexperte im Aufsichtsrat, 2012, 411 ff.; *Kropff* FS K. Schmidt, 2009, 1023 (1034 f.).

[337] *Theisen* Der Aufsichtsrat 2009, 81 (81).

[338] *v. Falkenhausen/Kocher* ZIP 2009, 1601 (1602); *Hölters/Simons* Rn. 57.

§ 101 Bestellung der Aufsichtsratsmitglieder

(1) ¹Die Mitglieder des Aufsichtsrats werden von der Hauptversammlung gewählt, soweit sie nicht in den Aufsichtsrat zu entsenden oder als Aufsichtsratsmitglieder der Arbeitnehmer nach dem Mitbestimmungsgesetz, dem Mitbestimmungsergänzungsgesetz, dem Drittelbeteiligungsgesetz oder dem Gesetz über die Mitbestimmung der Arbeitnehmer bei einer grenzüberschreitenden Verschmelzung zu wählen sind. ²An Wahlvorschläge ist die Hauptversammlung nur gemäß §§ 6 und 8 des Montan-Mitbestimmungsgesetzes gebunden.

(2) ¹Ein Recht, Mitglieder in den Aufsichtsrat zu entsenden, kann nur durch die Satzung und nur für bestimmte Aktionäre oder für die jeweiligen Inhaber bestimmter Aktien begründet werden. ²Inhabern bestimmter Aktien kann das Entsendungsrecht nur eingeräumt werden, wenn die Aktien auf Namen lauten und ihre Übertragung an die Zustimmung der Gesellschaft gebunden ist. ³Die Aktien der Entsendungsberechtigten gelten nicht als eine besondere Gattung. ⁴Die Entsendungsrechte können insgesamt höchstens für ein Drittel der sich aus dem Gesetz oder der Satzung ergebenden Zahl der Aufsichtsratsmitglieder der Aktionäre eingeräumt werden.

(3) ¹Stellvertreter von Aufsichtsratsmitgliedern können nicht bestellt werden. ²Jedoch kann für jedes Aufsichtsratsmitglied mit Ausnahme des weiteren Mitglieds, das nach dem Montan-Mitbestimmungsgesetz oder dem Mitbestimmungsergänzungsgesetz auf Vorschlag der übrigen Aufsichtsratsmitglieder gewählt wird, ein Ersatzmitglied bestellt werden, das Mitglied des Aufsichtsrats wird, wenn das Aufsichtsratsmitglied vor Ablauf seiner Amtszeit wegfällt. ³Das Ersatzmitglied kann nur gleichzeitig mit dem Aufsichtsratsmitglied bestellt werden. ⁴Auf seine Bestellung sowie die Nichtigkeit und Anfechtung seiner Bestellung sind die für das Aufsichtsratsmitglied geltenden Vorschriften anzuwenden.

§ 17 MitbestG

(1) ¹In jedem Wahlvorschlag kann zusammen mit jedem Bewerber für diesen ein Ersatzmitglied des Aufsichtsrats vorgeschlagen werden. ²Für einen Bewerber, der Arbeitnehmer nach § 3 Abs. 1 Nr. 1 ist, kann nur ein Arbeitnehmer nach § 3 Abs. 1 Nr. 1 und für einen leitenden Angestellten nach § 3 Abs. 1 Nr. 2 nur ein leitender Angestellter als Ersatzmitglied vorgeschlagen werden. ³Ein Bewerber kann nicht zugleich als Ersatzmitglied vorgeschlagen werden.

(2) Wird ein Bewerber als Aufsichtsratsmitglied gewählt, so ist auch das zusammen mit ihm vorgeschlagene Ersatzmitglied gewählt.

Schrifttum: *Austmann*, Globalwahl zum Aufsichtsrat, FS Sandrock, 1995, 277; *Barth*, Die Nominierung von Aufsichtsratsmitgliedern, 2013; *Barz*, Listenwahl zum Aufsichtsrat, FS Hengeler, 1972, 14; *Bayer/Lieder*, Die Lehre vom fehlerhaften Bestellungsverhältnis, NZG 2012, 1; *Bollweg*, Die Wahl des Aufsichtsrats in der Hauptversammlung der Aktiengesellschaft, 1997; *Buckel/Vogel*, Die angegriffene Wahl des Aufsichtsrats – Gutglaubensschutz statt Rechtsfigur des fehlerhaften Organs – Zugleich Besprechung BGH v. 19.2.2013 – II ZR 56/12, ZIP 2014, 58; *Butzke*, Interessenkonflikte von Aufsichtsratsmitgliedern als Thema der Hauptversammlung, FS Hoffmann-Becking, 2013, 229; *Cziupka*, Beschlüsse fehlerhaft bestellter Aufsichtsratsmitglieder – Zugleich Anmerkung zum Urteil des BGH v. 19.2.2013 – II ZR 56/12, DNotZ 2013, 579; *Cziupka/Pitz*, Rechtsschutzbedürfnis für Wahlanfechtungsklage nach Rücktritt des Aufsichtsratsmitglieds, NJW 2013, 1539; *de Raet*, Die Angaben bei den Wahlvorschlägen zum Aufsichtsrat gem. Ziff. 5.4.1 Abs. 4–6 des Deutschen Corporate Governance Kodex, AG 2013, 488; *Döser*, Anm. zu BGH Urt. v. 19.2.2013 – II ZR 56/12, LMK 2013, 346570; *Drygala/Gehling*, Die nichtige Aufsichtsratswahl – Überlegungen zur rechtspolitischen Korrektur, ZIP 2014, 1253; *Erle*, Die Vorschläge zur Wahl des Aufsichtsrats nach dem Mitbestimmungsgesetz und nach dem Aktiengesetz, AG 1970, 31; *Fischer*, Das Entsendungs- und Weisungsrecht öffentlich-rechtlicher Körperschaften beim Aufsichtsrat einer Aktiengesellschaft, AG 1982, 85; *Florstedt*, Zur Anfechtung der Wahl des Aufsichtsratsmitglieds, NZG 2014, 681; *Gacht*, Eignungsvoraussetzungen für Arbeitnehmervertreter im Aufsichtsrat, FS Bauer, 2010, 327; *Gayk/Arnold*, Auswirkungen der fehlerhaften Bestellung von Aufsichtsratsmitgliedern – Handlungsempfehlungen für die Unternehmenspraxis, DB 2013, 1830; *Grundei/Zaumseil*, Der Aufsichtsrat im System der Corporate Governance, 2012; *Goette*, Anm zu BGH Beschl. v. 8.6.2009 – II ZR 111/08, DStR 2009, 2547; *Grunewald*, Die Auswahl von Aufsichtsratsmitgliedern insbesondere bei Unternehmen mit maßgeblicher Beteiligung der öffentlichen Hand, NZG 2015, 609; *Habersack*, „Kirch/Deutsche Bank" und die Folgen – Überlegungen zu § 101 Abs. 5 AktG und Nummern 5.4, 5.5 DCGK, FS Goette, 121; *Happ*, Zur Wirksamkeit von Rechtshandlungen eines fehlerhaft bestellten Aufsichtsrats, FS Hüffer, 2010, 293; *Hecker/Peters*, Die Änderungen des DCGK im Jahr 2010, BB 2010, 2251; *Heitmann*, Anforderungen an die Arbeitnehmervertreter im Aufsichtsrat, 2013; *Höpfner*, Fehlerhafte Aufsichtsratswahl, ZGR 2016, 505; *Hoffmann-Becking*, Der Aufsichtsrat der AG und sein Vorsitzender in der Hauptversammlung, NZG 2017, 281; *Hoppe*, Hauptversammlungssaison 2017: Rechte und Pflichten des Versammlungsleiters bei Wahlentscheidungen der Hauptversammlung, NZG 2017, 361; *Hüffer*, Die Unabhängigkeit von Aufsichtsratsmitgliedern nach Ziff. 5.4.2 DCGK, ZIP 2006, 637; *Jacklofsky*, Arbeitnehmerstellung und Aufsichtsratsamt, 2001; *Kiefner*, Fehlerhafte Entsprechenserklärungen und Anfechtbarkeit von Hauptversammlungsbeschlüssen, NZG 2011, 201; *Kiefner/Seibl*, Der potentiell rechtswidrig bestellte Aufsichtsrat als fehlerhaftes Organ – probates Mittel zur Überwindung von

Bestellung der Aufsichtsratsmitglieder § 101

Rechtsunsicherheit?, Der Konzern 2013, 310; *Kießling/Johannsen-Roth,* Das Amt des Ehrenvorsitzenden des Aufsichtsrats, NZG 2013, 972; *Kloppenburg,* Mitverwaltungsrechte der Aktionäre, 1982; *Klöhn,* Kann die Hauptversammlung in der Eigenverwaltung der Aktiengesellschaft nicht den Aufsichtsrat wählen?, DB 2013, 41; *Klöhn,* Gesellschaftsrecht in der Eigenverwaltung: Die Grenzen des Einflusses auf die Geschäftsführung gemäß § 276a Satz 1 InsO, NZG 2013, 81; *Knapp,* Die Entwicklung des Rechts des Aufsichtsrats im Jahr 2012 – Aktuelles für die Praxis aus Gesetzgebung und Rechtsprechung, DStR 2013, 865; *Knapp,* Die Entwicklung des Rechts des Aufsichtsrats im Jahr 2011, DStR 2012, 364; *Kocher,* Offenlegungspflichten nach DCGK bei der Aufsichtsratswahl, GWR 2013, 509; *Kocher,* BB-Kommentar zu BGH Urt. v. 19.2.2013 – II ZR 56/12 – „Die Hoffnungen, Klagen gegen Aufsichtsratswahlen über das Instrument des faktischen Organs zu entschärfen, haben sich weitgehend zerschlagen", BB 2013, 1170; *Kort,* Das fehlerhaft bestellte Aufsichtsratsmitglied, Der Aufsichtsrat 2011, 84; *Krauel/Fackler,* Die Ersetzung eines dauerhaft verhinderten Aufsichtsratsmitglieds, AG 2009, 686; *Kuthe/Brockhaus,* Anm. zum Urt. des OLG München v. 27.4.2005 – 7 U 2792/04, DB 2005, 1266; *Leuering/Rubner,* Die Abwahl des Versammlungsleiters durch die Hauptversammlung, NJW-Spezial 2016, 335; *Lieder,* Staatliche Sonderrechte in Aktiengesellschaften, ZHR 172 (2008), 306; *Lieder,* Die Rechtsstellung von Aufsichtsratsmitgliedern bei fehlerhafter Wahl, ZHR 178 (2014), 282; *Lippert,* Die Globalwahl zum Aufsichtsrat im Lichte der Rechtsprechung des BGH zur Blockwahl in politischen Parteien, AG 1976, 239; *Louven,* Anm. zum Urt. des OLG München v. 27.4.2005 – 7 U 2792/04, BB 2005, 1414; *Lutter,* Blockabstimmungen im Aktien- und GmbH-Recht, FS Odersky 1996, 845; *Maier,* Beamte als Aufsichtsratsmitglieder der öffentlichen Hand in der Aktiengesellschaft: weisungsgebundene Werkzeuge des öffentlichen Gesellschafters?, 2005; *Martens,* Die Leitungskompetenzen auf der Hauptversammlung einer Aktiengesellschaft, WM 1981, 1010; *Marsch-Barner,* Zur Anfechtung der Wahl von Aufsichtsratsmitgliedern, FS K. Schmidt, 2009, 1109; *Max,* Die Leitung der Hauptversammlung, AG 1991, 77; *Meier,* Inkompatibilität und Interessenwiderstreit von Verwaltungsangehörigen in Aufsichtsräten, NZG 2003, 54; *Natzel,* Die Bestellung von Aufsichtsratsmitgliedern, insbesondere von Arbeitnehmervertretern, AG 1959, 93; *Natzel,* Das Rechtsverhältnis zwischen Aufsichtsratsmitglied und Gesellschaft unter besonderer Berücksichtigung des Mitbestimmungsrechts, DB 1959, 171 und 201; *Neumann/Ogorek,* Das Aktienrechtliche Entsendungsrecht auf dem Prüfstand der Kapitalverkehrsfreiheit, NZG 2008, 892; *Obermüller,* Einzel- oder Gesamtabstimmung bei Aufsichtsratswahlen?, DB 1969, 2025; *Orth/Ruter/Schichold,* Der unabhängige Finanzexperte im Aufsichtsrat, 2013; *Overrath,* Minderheitsvertreter im Aufsichtsrat?, AG 1970, 219; *Pentz,* Acting in Concert – Ausgewählte Einzelprobleme zur Zurechnung und zu den Rechtsfolgen, ZIP 2003, 1478; *Priester,* Beschlusswirkung fehlerhaft bestellter Aufsichtsratsmitglieder, GWR 2013, 175; *Quack,* Zur „Globalwahl" von Aufsichtsratsmitgliedern der Anteilseigner, FS Rowedder, 1994, 387; *Ramm,* Gegenantrag und Vorschlagsliste – Zur Gestaltung des aktienrechtlichen Verfahrens für die Wahlen zum Aufsichtsrat, NJW 1991, 2753; *Rieckers,* Fortsetzung der Anfechtungsklage gegen Aufsichtsratswahlen nach Rücktritt des Aufsichtsrates, AG 2013, 383; *Rieder,* Anfechtbarkeit von Aufsichtsratswahlen bei unrichtiger Entsprechungserklärung, NZG 2010, 737; *Rothärmel,* Die Familien-AG – die zehn wichtigsten Gestaltungsinstrumente, DB 2012, 716; *Schatz/Schödel,* Anm. zu BGH Urt. v. 19.2.2013, EWiR 2013, 333; *Scheibner,* Stellung der Gesellschaftsorgane einer juristischen Person in der Eigenverwaltung nach InsO, DZWIR 2013, 279; *Schilha,* Neues Anforderungsprofil, mehr Aufgaben und erweiterte Haftung, ZIP 2016, 1316; *Schilling,* Die Rechtsstellung des Aufsichtsratsmitglieds in unternehmensrechtlicher Sicht, FS Fischer, 1979, 679; *Scholderer,* Unabhängigkeit und Interessenkonflikte der Aufsichtsratsmitglieder, NZG 2012, 168; *Schürnbrand,* Das fehlerhaft bestellte Aufsichtsratsmitglied, NZG 2013, 481; *Schwab,* Die Freigabe der angefochtenen Aufsichtsratswahl analog § 104 Abs. 2 AktG, AG 2015, 195; *Schwintowski,* Gesellschaftsrechtliche Bindungen für entsandte Aufsichtsratsmitglieder in öffentlichen Unternehmen, NJW 1995, 1316; *Segna,* Blockabstimmung und Bestellungshindernisse bei der Aufsichtsratswahl, DB 2004, 1135; *Sieg/Siebels,* Arbeitnehmervertreter im Aufsichtsrat – Vereinfachung des Wahlverfahrens, NZA 2002, 697; *Spindler,* Zur Zukunft der Corporate Governance Kommission im Rahmen des § 161 AktG, NZG 2011, 1007; *Struck,* Mandatsunfähigkeit von Aufsichtsratsmitgliedern einer deutschen Aktiengesellschaft, 2009; *Stützle/Walgenbach,* Leitung der Hauptversammlung und Mitspracherechte der Aktionäre in Fragen der Versammlungsleitung, ZHR 155 (1991), 516; *Theusinger/Schilha,* Die Leitung der Hauptversammlung – eine Aufgabe frei von Haftungsrisiken?, BB 2015, 131; *Tielmann/Struck,* Empfehlungen zur Sicherung der Handlungsfähigkeit des Aufsichtsrats bei des Anfechtung der Wahl von Aufsichtsratsmitgliedern, BB 2013, 1548; *E. Vetter,* Anfechtung der Wahl der Aufsichtsratsmitglieder, Bestandsschutzinteresse der AG und die Verantwortung der Verwaltung, ZIP 2012, 701; *Weiler/Meyer,* „Abgestimmtes Verhalten" gemäß § 30 WpÜG: Neue Ansätze der Bundesanstalt für Finanzdienstleistungsaufsicht?, NZG 2003, 909; *Zöllner,* Die Konzentration des Abstimmungsvorgänge auf großen Hauptversammlungen, ZGR 1974, 1.

Übersicht

	Rn.		Rn.
I. Überblick	1–4	a) Keine Bindung an Wahlvorschläge	16–20
II. Entstehungsgeschichte	5–7	b) Bindung an die Wahlvorschläge gem. §§ 6, 8 MontanMitbestG (Abs. 1 Satz 2)	21, 22
III. Rechtsverhältnis zwischen Aufsichtsratsmitglied und Gesellschaft	8–14	2. Wahlabreden	23–29
1. Bestellung und Anstellung	8, 9	3. Erster Aufsichtsrat	30
2. Annahme der Bestellung	10–14	4. Wahlart	31–38
IV. Bestellung der Aufsichtsratsmitglieder (Abs. 1)	15–48	5. Durchführung der Wahl	39–47
		a) Tagesordnung und Bekanntmachung	39
1. Die Wahl von Aufsichtsratsmitgliedern durch die Hauptversammlung	16–22	b) Wahlvorschläge	40–42
		c) Stimmenmehrheit	43, 44

	Rn.		Rn.
d) Wahlverfahren	45–47	3. Rechtsstellung des Ersatzmitglieds	90
6. Wahl der Arbeitnehmervertreter	48	4. Nachrücken des Ersatzmitglieds	91–93
V. Entsendung von Aufsichtsratsmitgliedern der Anteilseigner (Abs. 2)	49–81	5. Erlöschen der Bestellung als Ersatzmitglied	94
1. Satzungsrechtliche Grundlage	49–63	6. Erlöschen des Mandats im Aufsichtsrat	95–99
a) Entsendungsrecht für bestimmte Personen	55–59	7. Mehrheit von Aufsichtsratsmitgliedern und/oder Ersatzmitgliedern	100–103
b) Entsendungsrecht für bestimmte Aktien	60–62	8. Mitbestimmungsrecht	104–106
c) Koppelung von Entsendungsrechten	63	VII. Fehlerhafte Bestellung	107–116
2. Inhalt des Entsendungsrechts	64	1. Nichtigkeitsgründe	108
3. Höchstzahl der Entsendungsrechte	65–68	2. Anfechtbarkeit	109
4. Ausübung des Entsendungsrechts	69–81	3. Arbeitnehmervertreter	110
VI. Ersatzmitglieder (Abs. 3 S. 2–4)	82–106	4. Folgen für die Rechtsstellung des Aufsichtsratsmitglieds	111, 112
1. Wegfall des Aufsichtsratsmitglieds	83		
2. Bestellung	84–89	5. Folgen für Beschlüsse des Aufsichtsrats	113–116

I. Überblick

1 Die Norm regelt das Bestellungsverfahren für die Aufsichtsratsmitglieder einschließlich des Entsendungsrechts. Darüber hinaus bildet § 101 die Schnittstelle zum mitbestimmungsrechtlichen Wahlverfahren,[1] sofern die Hauptversammlung über Vorschläge der Arbeitnehmer abstimmen muss (Abs. 2). Zudem werden die Bestellung und die Rechtsstellung von Ersatzmitgliedern geregelt, da das Gesetz echte Stellvertreter für die Aufsichtsratsmitglieder explizit verbietet, Abs. 3 S. 1.

2 Die Anteilseignervertreter werden durch die Hauptversammlung gewählt. Die Wahl der Arbeitnehmervertreter hingegen ist nicht im Aktiengesetz, sondern in dem jeweils anzuwendenden Mitbestimmungsgesetz und den dazugehörigen Wahlordnungen geregelt. Bei Gesellschaften, die unter die Montanmitbestimmung fallen, werden nach §§ 6, 8 MontanMitbestG die Arbeitnehmervertreter auf Grund verbindlicher Wahlvorschläge von der Hauptversammlung gewählt. Bei Gesellschaften, die ihren Aufsichtsrat nach dem MitbestG, dem MontanMitbestErgG oder dem DrittelbG bilden müssen, werden die Arbeitnehmervertreter unmittelbar oder mittelbar von den Arbeitnehmern gewählt.

3 Die Wahl der Aufsichtsratsmitglieder durch die Hauptversammlung kann keinem anderen Organ übertragen werden. § 101 Abs. 1 ist **zwingendes Recht** und darf durch die Satzung weder geändert noch ergänzt werden.[2]

4 § 101 ist **nicht abschließender Natur**. So ist subsidiär eine gerichtliche Bestellung nach § 104 möglich. Ferner wird der erste Aufsichtsrat gem. § 30 Abs. 1 durch die Gründungsmitglieder bestellt. Teilweise wird angenommen, dass im Falle der Eröffnung des Insolvenzverfahrens bei Anordnung der Eigenverwaltung das Recht der Hauptversammlung zur Wahl des Aufsichtsrats gem. § 276a S. 1 InsO ausgeschlossen ist.[3] Zwar ordnet § 276a InsO an, dass im Falle der Eigenverwaltung der Aufsichtsrat und andere Organe keinen Einfluss auf die Geschäftsführung der Gesellschaft haben. Indes soll nach § 276 InsO ein „Gleichlauf der Einflussmöglichkeiten"[4] für die unterschiedlichen Fälle der Fremd- und Eigenverwaltung bewirkt werden.[5] Da die Hauptversammlung auch in der Fremdverwaltung den Aufsichtsrat wählt,[6] ist nicht ersichtlich, warum dies im Rahmen der Eigenverwaltung unter Berücksichtigung des Normzwecks von § 276a InsO anders zu beurteilen ist.[7]

II. Entstehungsgeschichte

5 § 101 geht auf die §§ 87, 88 AktG 1937 zurück. Während die Bestellung von Stellvertretern für ein Aufsichtsratsmitglied unter Geltung des AktG 1937 noch für zulässig erachtet wurde,[8] untersagte der Gesetzgeber im AktG 1965 diese rechtlich umstrittene Praxis explizit, zumal mit § 108 Abs. 3

---

[1] Großkomm AktG/*Hopt*/*Roth* Rn. 6; K. Schmidt/Lutter/*Drygala* Rn. 1; Hüffer/Koch/*Koch* Rn. 1.
[2] MüKoAktG/*Habersack* Rn. 3; Großkomm AktG/*Hopt*/*Roth* Rn. 6.
[3] So AG Montabaur ZIP 2012, 1307; aA *Klöhn* DB 2013, 41; *Schreibner* DZWIR 2013, 279 (280).
[4] *Klöhn* DB 2013, 41.
[5] BegrRegE ESUG BT-Drs. 17/5712, 63; *Klöhn* DB 2013, 41; allgemein zu § 276 InsO: *Klöhn* NZG 2013, 81.
[6] Hölters/*Simons* Rn. 52a; OLG Düsseldorf ZIP 2013, 1022 (1023 f.).
[7] *Klöhn* DB 2013, 41; MüKoAktG/*J. Koch* § 264 Rn. 80.
[8] *Kohler* NJW 1955, 205 ff.; Schlegelberger/*Quassowski* AktG 1937 § 86 Rn. 20.

die Möglichkeit der schriftlichen Stimmabgabe für verhinderte Aufsichtsratsmitglieder geschaffen wurde.[9] Das AktG 1965 regelt allerdings in Abs. 3 S. 2 AktG 1965 erstmals die Bestellung von Ersatzmitgliedern, um bei Wegfall eines Aufsichtsratsmitglieds eine kostenverursachende Nachwahl zu vermeiden.[10] Nachdem die Aktiennovelle 1884 die Wahl der Aufsichtsratsmitglieder noch ausschließlich der Generalversammlung anvertraut hatte, erlaubte es § 88 Abs. 1–3 AktG 1937, der bis zum heutigen Zeitpunkt inhaltlich unverändert als § 101 Abs. 2 Satz 1–4 fortgilt, in Folge gewandelter Rechtspraxis erstmals ausdrücklich, dass die Satzung Entsendungsrechte zugunsten bestimmter Aktionäre bzw. Inhaber bestimmter Aktien begründete.[11]

Nach der Verabschiedung des AktG 1965 wurde durch das MitbestG 1976 § 101 Abs. 1 S. 1 **6** und S. 2 geändert. Das früher in § 7 MontanMitbestErgG aF vorgesehene Entsendungsrecht für Spitzenorganisationen der Gewerkschaften wurde 1981 gestrichen.[12] In der Folge wurde Abs. 1 zuletzt das WahlvereinfG 2[13] und das MgVG[14] geändert, indem der Verweis auf das DrittelbG und das MgVG eingefügt wurde.

§ 4 Abs. 1 VolkswagenwerkG, wonach das Land Niedersachen berechtigt war, zwei Aufsichtsrats- **7** mitglieder zu entsenden, wurde vom EuGH für europarechtswidrig deklariert,[15] was nach der Golden-Shares Rechtsprechung des Gerichtshof[16] zu erwarten war.[17] Am 11.12 2008 ist in Umsetzung der Entscheidung nunmehr das geänderte VW-Gesetz in Kraft getreten.[18] Mit diesem wurden § 4 Abs. 1 des VolkswagenwerkG-aF sowie die Kombination von Stimmrechtsbeschränkung aus § 2 Abs. 1 VolkswagenwerkG-aF und Sperrminorität aus § 4 Abs. 3 VolkswagenwerkG-aF und dementsprechend auch § 101 Abs. 2 S. 5 aufgehoben.

III. Rechtsverhältnis zwischen Aufsichtsratsmitglied und Gesellschaft

1. Bestellung und Anstellung. Ähnlich wie beim Vorstand ist auch für das Aufsichtsratsmitglied **8** zwischen dem organschaftlichen bzw. korporationsrechtlichen Rechtsverhältnis zur Gesellschaft und dem schuldrechtlichen Rechtsverhältnis zu unterscheiden. Durch die Bestellung und deren Annahme durch das Aufsichtsratsmitglied entsteht nach allgemeiner Auffassung ein organschaftliches bzw. **korporationsrechtliches Verhältnis** zwischen dem Aufsichtsratsmitglied und der Gesellschaft. Dieses Rechtsverhältnis wird durch die Rechte und Pflichten, die dem Aufsichtsratsmitglied in seiner Organeigenschaft zustehen bzw. obliegen, umrissen.[19] Das Aufsichtsratsmitglied übt seine überwachende Tätigkeit eigenverantwortlich – also frei von Weisungen – allein im Unternehmensinteresse aus;[20] entgegenstehende Weisungen von Personen oder Gruppen, denen das Aufsichtsratsmitglied

---

[9] BegrRegE *Kropff* S. 139.
[10] BegrRegE *Kropff* S. 139.
[11] Lieder, Der Aufsichtsrat im Wandel der Zeit, 2006, 371; zur Entstehungsgeschichte des Entsendungsrechts siehe ausführlich R. Fischer AG 1982, 85 ff.; Großkomm AktG/*Hopt/Roth* Rn. 3.
[12] Gesetz zur Änderung des Montan-Mitbestimmungsgesetzes und des Mitbestimmungsergänzungsgesetzes vom 21.5.1981, BGBl. 1981 I 441 f.
[13] Art. 5 Nr. 3 Buchstabe b des Zweiten Gesetzes zur Vereinfachung der Wahl der Arbeitnehmervertreter in den Aufsichtsrat vom 18.5.2004, BGBl. 2004 I 974, 2769.
[14] Art. 3 Nr. 3 des Gesetzes zur Umsetzung der Regelungen über die Mitbestimmung der Arbeitnehmer bei einer Verschmelzung von Kapitalgesellschaften aus verschiedenen Mitgliedstaaten vom 21.12.2006, BGBl. 2006 I 3332.
[15] EuGH Slg. 2007, I-8995 = NZG 2007, 942 ff.; s. zur Entwicklung des VW- Gesetzes *Werner* Der Konzern 2009, 336 (339, 340) sowie *Rapp-Jung/Bartosch* BB 2009, 2210 ff. Zur Zulässigkeit des deutschen aktienrechtlichen Entsendungsrechts sowie staatlichen Sonderrechten im Hinblick auf das europäische Gemeinschaftsrecht s. *Lieder* ZHR 172 (2008), 306 (322 ff.).
[16] EuGH Slg. 2002, I-4809 – Kommission/Belgien = NJW 2002, 2303; EuGH Slg. 2002, I-4781 – Kommission/Frankreich = NJW 2002, 2305; EuGH Slg. 2002, I-4731 = BKR 2002, 783 – Kommission/Portugal; EuGH Slg. 2003, I-4581 = NJW 2003, 2663 – Kommission/Spanien; EuGH Slg. 2003, I-4641 = NJW 2003, 2666 – Kommission/Großbritannien.
[17] Dazu und auch zum Streit um die europarechtliche Wirksamkeit der Vorschrift Großkomm AktG/*Hopt/Roth* Rn. 171 ff. mwN; *Spindler* RIW 2003, 850 ff.; *Grundmann/Möslein* ZGR 2003, 317 ff.
[18] Gesetz zur Änderung des Gesetzes über die Überführung der Anteilsrechte an der Volkswagenwerk-Gesellschaft mit beschränkter Haftung in private Hand vom 8.12.2008, BGBl. 2008 I 2369; zur Bewertung des neuen VW-Gesetzes mit dem Ergebnis der Europarechtskonformität s. *Rapp-Jung/Bartosch* BB 2009, 2210 (2211 ff.); *Bayer/Schmidt* BB 2010, 387 (394).
[19] Hüffer/Koch/*Koch* Rn. 2; MüKoAktG/*Habersack* Rn. 67; Großkomm AktG/*Hopt/Roth* Rn. 92; K. Schmidt/Lutter/*Drygala* Rn. 2; *Theusinger/Schilha* BB 2015, 131.
[20] BGHZ 36, 296 (306) = NJW 1962, 864; BGHZ 85, 293 (295 f.) – Hertie (Zur Eigenverantwortlichkeit); *Hoffmann/Preu* Der Aufsichtsrat Rn. 108; *Lutter/Krieger/Verse* Rechte und Pflichten des Aufsichtsrats Rn. 821 f.; *Säcker* FS Rebmann, 1989, 781 (786); für ein Weisungsrecht des Alleingesellschafters gegenüber den Anteilseignervertretern im Aufsichtsrat einer Einpersonen-Gesellschaft; *Widmann*, Der Aufsichtsrat in der mitbestimmten Einpersonen-Gesellschaft, 2004, 83 f.

9 seine Wahl verdankt, dürfen daher nicht beachtet werden.[21] Das Amt des Ehrenvorsitzenden des Aufsichtsrats, dessen Zulässigkeit grundsätzlich anerkannt ist,[22] begründet keine Mitgliedschaft im Aufsichtsrat; es handelt sich nur um einen Ehrentitel (→ § 107 Rn. 62).[23]

9 Anders als im Recht des Vorstandes ist jedoch nach wie vor umstritten, ob neben das korporationsrechtliche Rechtsverhältnis ein **Anstellungsverhältnis** tritt. Während die früher hM neben der Bestellung noch ein Anstellungsverhältnis auf vertraglicher Grundlage annahm,[24] setzt sich zunehmend zu Recht die Auffassung durch, dass die Rechtsstellung des Aufsichtsratsmitglieds allein durch dessen Organeigenschaft bestimmt wird.[25] Denn gegen die Annahme eines Anstellungs- oder sonstigen Vertrages sprechen schon die deutlichen systematischen Unterschiede zu den Regelungen im Vorstandsrecht, insbesondere existiert für den Aufsichtsrat keine dem § 84 vergleichbare Regelung.[26] Ein Dienstvertrag kommt schon deshalb nicht zustande, weil das Gesetz kein vertretungsberechtigtes Organ der Gesellschaft bezeichnet, anders als § 112 für die Vertretung gegenüber dem Vorstand.[27] Dennoch abgeschlossene Verträge sind auf Grund fehlender Vertretungsbefugnis des Vorstands nichtig.[28] Auch die Begründung eines zwar schuldrechtlichen, aber nicht vertraglichen Anstellungsverhältnisses ohne (konkludente) Willenserklärungen allein auf Grund der Bestellung und deren Annahme[29] kommt nicht in Betracht; denn diese Lösung bezweckt erkennbar nur die Herbeiführung der vertraglichen Rechtsfolgen, ohne die Voraussetzungen der allgemeinen Rechtsgeschäftslehre (§§ 145 ff. BGB) hinreichend zu beachten.

10 **2. Annahme der Bestellung.** Die Bestellung durch Wahlbeschluss oder Entsendung stellt ein korporationsrechtliches Rechtsgeschäft dar, das nur wirksam wird, wenn der Gewählte die Wahl **annimmt**;[30] die Annahme kann schon vor der Wahl erklärt werden, so dass schon mit der Wahl die Bestellungswirkung eintritt.[31] Bis zur Wahl kann die vorab erklärte Annahme widerrufen werden.[32] Der anwesende Bestellte kann das Amt in der Hauptversammlung durch Erklärung gegenüber der Versammlung annehmen,[33] in anderen Fällen durch Erklärung gegenüber dem Vorstand als Vertreter der AG.[34] Eine Erklärung gegenüber dem Aufsichtsratsvorsitzenden ist mangels innergesellschaftlicher Vertretungsmacht nicht ausreichend;[35] allerdings ist der Aufsichtsratsvorsitzende gehalten, die Erklärung unverzüglich dem Vorstand weiterzuleiten, worauf das potenzielle Aufsichtsratsmitglied auch vertrauen darf;[36] die Annahme wird erst mit Zugang beim Vorstand wirksam.[37] Auch kann die Annahme konkludent durch Aufnahme der Tätigkeit erfol-

---

[21] *Hoffmann/Preu*, Der Aufsichtsrat, Rn. 108; *Säcker* FS Rebmann, 1989, 781 (786).
[22] Henssler/Strohn/*Henssler*, § 107 Rn. 15; MüKoAktG/*Habersack* § 107 Rn. 71; *Kießling/Johannsen-Roth* NZG 2013, 972 (973); → § 107 Rn. 62.
[23] Bürgers/Körber/*Israel* § 107 Rn. 11; Großkomm AktG/*Hopt/Roth* § 107 Rn. 168; *Kießling/Johannsen-Roth* NZG 2013, 972 (973).
[24] RGZ 123, 351 (353 f.); RGZ 146, 145 (152); Großkomm AktG/*Meyer-Landrut*, 3. Aufl. 1973, Anm. 6: Vertrag eigener Art; *Säcker* FS Rebmann, 1989, 781 (783); *Schlegelberger/Quassowski* AktG 1937 § 87 Rn. 10.
[25] *Natzel* DB 1959, 171 und 201 (206 f.); *Natzel* AG 1959, 93 (96); *Natzel* DB 1965, 1429 (1432); *Schilling* FS R. Fischer, 1979, 679 (691); Großkomm AktG/*Hopt/Roth* Rn. 92; MüKoAktG/*Habersack* Rn. 67 mwN; wiederum anders Hüffer/Koch/*Koch* Rn. 2: Verhältnis mit korporations- und schuldrechtlichem Inhalt.
[26] Ähnlich Großkomm AktG/*Hopt/Roth* Rn. 92; MüKoAktG/*Habersack* Rn. 67.
[27] MüKoAktG/*Habersack* Rn. 67; Großkomm AktG/*Hopt/Roth* Rn. 92.
[28] Großkomm AktG/*Hopt/Roth* Rn. 92, 95; teilw. aA Kölner Komm AktG/*Mertens/Cahn* Rn. 6.
[29] So Jacklofsky, Arbeitnehmerstellung und Aufsichtsratsamt, 2001, 65; Kölner Komm AktG/*Mertens/Cahn* Rn. 5.
[30] MHdB AG/*Hoffmann-Becking* § 30 Rn. 51; Hüffer/Koch/*Koch* Rn. 8; *Jacklofsky*, Arbeitnehmerstellung und Aufsichtsratsamt, 2001, 48; MKoAktG/*Habersack* Rn. 61, 67; Kölner Komm AktG/*Mertens/Cahn* Rn. 36; Großkomm AktG/*Hopt/Roth* Rn. 82; *Natzel* DB 1965, 1429 (1433); *Natzel* AG 1959, 93 (98 f.); NK-AktR/*Breuer/Fraune* Rn. 8; Wachter/*Schick* Rn. 7.
[31] Hüffer/Koch/*Koch* Rn. 8; Kölner Komm AktG/*Mertens/Cahn* Rn. 36; MüKoAktG/*Habersack* Rn. 61; Großkomm AktG/*Hopt/Roth* Rn. 83; Bürgers/Körber/*Israel* Rn. 7.
[32] MüKoAktG/*Habersack* Rn. 61.
[33] MHdB AG/*Hoffmann-Becking* § 30 Rn. 51; Hüffer/Koch/*Koch* Rn. 8; Kölner Komm AktG/*Mertens/Cahn* Rn. 36; Großkomm AktG/*Hopt/Roth* Rn. 83; *Schilling* FS R. Fischer, 1979, 679 (687); MüKoAktG/*Habersack* Rn. 62.
[34] MüKoAktG/*Habersack* Rn. 62; MHdB AG/*Hoffmann-Becking* § 30 Rn. 51; Hüffer/Koch/*Koch* Rn. 8, 12; Kölner Komm AktG/*Mertens/Cahn* Rn. 36, 66; Großkomm AktG/*Hopt/Roth* Rn. 83; *Schilling* FS R. Fischer, 1979, 679 (687).
[35] Hüffer/Koch/*Koch* Rn. 8; Großkomm AktG/*Hopt/Roth* Rn. 83; MüKoAktG/*Habersack* Rn. 62.
[36] So im vergleichbaren Fall der Amtsniederlegung: BGH BB 2010, 2397; bzgl. Amtsniederlegung siehe auch → § 103 Rn. 62 ff.
[37] MüKoAktG/*Habersack* Rn. 62; K. Schmidt/Lutter/*Drygala* Rn. 13.

gen.³⁸ Die Erklärung ist bedingungsfeindlich.³⁹ Ein Vertrag kommt durch die Annahme nicht zustande.⁴⁰

Die **Satzung** kann Regelungen über die Annahme treffen, insbesondere angemessene Annahmefristen vorschreiben.⁴¹ In Ermangelung von Satzungsbestimmungen hat der Kandidat die Wahl unverzüglich anzunehmen, um Unsicherheiten über die Besetzung des Aufsichtsrats zu vermeiden; einer Bedenkzeit wird es in der Regel nicht bedürfen, da die Vorgeschlagenen über die Kandidatur unterrichtet sind.⁴² Der Vorstand kann dem Gewählten eine Annahmefrist setzen,⁴³ bei deren Ablauf der Wahlbeschluss bzw. die Entsendungsmitteilung die Wirksamkeit verliert.⁴⁴ 11

Der Gewählte muss die Wahl nicht annehmen **(keine Verpflichtung zur Annahme der Wahl)**.⁴⁵ Auch die Satzung kann eine solche Pflicht für Anteilseigner nicht begründen, da die Nebenverpflichtungen eines Aktionärs in § 55 abschließend geregelt sind.⁴⁶ Davon abzugrenzen ist die vorherige vertragliche Verpflichtung des Gewählten zur Mandatsannahme, deren Verletzung einen Schadensersatzanspruch begründen kann.⁴⁷ Der Gewählte darf sich gegenüber Dritten – auch vertragsstrafenbewehrt – zu einer Nichtannahme der Wahl verpflichten, wodurch die Wirksamkeit einer dennoch erfolgten Annahme aber nicht berührt wird.⁴⁸ 12

Die **Amtszeit** beginnt in Ermangelung einer besonderen Satzungsbestimmung mit Annahme der Wahl bzw. der Entsendung.⁴⁹ Auch im Wahlbeschluss der Hauptversammlung kann ein späterer Zeitpunkt für den Amtsantritt vorgesehen werden, allerdings kein vor der Annahme liegender Amtsbeginn. 13

Der **Anspruch auf Vergütung** richtet sich nach § 113. Das Mitglied erwirbt einen Vergütungsanspruch nur für den Fall, dass Satzung oder Hauptversammlung eine Vergütung festlegen.⁵⁰ Da sich die Vergütungshöhe gem. § 113 Abs. 1 S. 3 nicht nur an der Lage der Gesellschaft, sondern auch an den Aufgaben der Aufsichtsratsmitglieder orientieren soll, sind unterschiedliche Vergütungen der einzelnen Mitglieder entsprechend der übernommenen Funktionen zulässig, insbesondere höhere Vergütungen für den Aufsichtsratsvorsitzenden und dessen Stellvertreter, aber auch für besondere Mitarbeit, zB in Ausschüssen.⁵¹ Eine Differenzierung anhand anderer Kriterien – wie des Marktwertes⁵² oder der Eigenschaft als Aktionärs- bzw. Arbeitnehmervertreter⁵³ – ist hingegen unzulässig. 14

IV. Bestellung der Aufsichtsratsmitglieder (Abs. 1)

Die Bestellung der Aufsichtsratsmitglieder ist der korporationsrechtliche Rechtsakt, der mit der Annahme durch das Aufsichtsratsmitglied zur Begründung des Rechtsverhältnisses zur Gesellschaft führt (→ Rn. 10 ff.). Die Bestellung umfasst sowohl die Wahl durch die Hauptversammlung, als 15

---

³⁸ MüKoAktG/*Habersack* Rn. 61; MHdB AG/*Hoffmann-Becking* § 30 Rn. 51; Hüffer/Koch/*Koch* Rn. 8; Kölner Komm AktG/*Mertens*/*Cahn* Rn. 36; Großkomm AktG/*Hopt*/*Roth* Rn. 83.
³⁹ MüKoAktG/*Habersack* Rn. 61.
⁴⁰ → Rn. 9; Hüffer/Koch/*Koch* Rn. 7; MüKoAktG/*Habersack* Rn. 67.
⁴¹ Kölner Komm AktG/*Mertens*/*Cahn* Rn. 37; Großkomm AktG/*Hopt*/*Roth* Rn. 85; MüKoAktG/*Habersack* Rn. 63.
⁴² Anders Großkomm AktG/*Hopt*/*Roth* Rn. 85: zu weitgehend, angemessene Bedenkzeit notwendig; MüKoAktG/*Habersack* Rn. 63: Abgabe der Erklärung innerhalb angemessener Zeit.
⁴³ MHdB AG/*Hoffmann-Becking* § 30 Rn. 51; Großkomm AktG/*Hopt*/*Roth* Rn. 85; Kölner KommAktG/*Mertens*/*Cahn* Rn. 38; MüKoAktG/*Habersack* Rn. 63.
⁴⁴ MüKoAktG/*Habersack* Rn. 63; teilweise abw. Großkomm AktG/*Hopt*/*Roth* Rn. 85, die zwar auch die Wahl als hinfällig betrachten, jedoch unzutreffend dem Schweigen des Gewählten den Erklärungswert einer Ablehnung zuweisen wollen.
⁴⁵ Kölner Komm AktG/*Mertens*/*Cahn* Rn. 39; Großkomm AktG/*Hopt*/*Roth* Rn. 87; MüKoAktG/*Habersack* Rn. 64; K. Schmidt/Lutter/*Drygala* Rn. 13.
⁴⁶ Kölner Komm AktG/*Mertens*/*Cahn* Rn. 39; Großkomm AktG/*Hopt*/*Roth* Rn. 88; MüKoAktG/*Habersack* Rn. 64.
⁴⁷ Kölner Komm AktG/*Mertens*/*Cahn* Rn. 39; Großkomm AktG/*Hopt*/*Roth* Rn. 88; MüKoAktG/*Habersack* Rn. 64.
⁴⁸ Kölner Komm *Mertens*/*Cahn* Rn. 40; Großkomm AktG/*Hopt*/*Roth* Rn. 89; MüKoAktG/*Habersack* Rn. 64.
⁴⁹ Kölner Komm AktG/*Mertens*/*Cahn* Rn. 41, 66; Großkomm AktG/*Hopt*/*Roth* Rn. 90; MüKoAktG/*Habersack* Rn. 65; Bürgers/Körber/*Israel* Rn. 7.
⁵⁰ → § 113 Rn. 22 ff., 25 f.; s. auch MüKoAktG/*Habersack* § 113 Rn. 27; *Wagner* in Semler/v. Schenck ARHdB § 11 Rn. 1 f.
⁵¹ → § 113 Rn. 29; Hüffer/Koch/*Koch* § 113 Rn. 4; MüKoAktG/*Habersack* § 113 Rn. 39.
⁵² Kölner Komm AktG/*Mertens*/*Cahn* § 113 Rn. 10; *Roller*, Vergütung des Aufsichtsrats in Abhängigkeit des Aktienkurses, S. 73; *Säcker* NJW 1979, 1521 (1525); MüKoAktG/*Habersack* § 113 Rn. 39.
⁵³ MüKoAktG/*Habersack* § 113 Rn. 39; *Wellkamp* WM 2001, 489 (495).

auch die Entsendung eines Aufsichtsratsmitglieds oder die Wahl durch Arbeitnehmervertreter oder Delegierte.⁵⁴

16 **1. Die Wahl von Aufsichtsratsmitgliedern durch die Hauptversammlung. a) Keine Bindung an Wahlvorschläge.** Die Wahl der **Anteilseignervertreter** erfolgt durch Beschluss der Hauptversammlung nach den allgemeinen Vorschriften.⁵⁵ Die Hauptversammlung kann die von ihr zu wählenden Aufsichtsratsmitglieder frei und unabhängig wählen. An Wahlvorschläge ist die Hauptversammlung gemäß Abs. 1 S. 2 außerhalb mitbestimmungsrechtlicher Sondervorschriften nicht gebunden;⁵⁶ ebenso wenig gibt es gesetzliche Regelungen, die eine Minderheitenbeteiligung oder eine proportionale Beteiligung der verschiedenen Aktionärsgruppen im Aufsichtsrat vorschreiben.⁵⁷ Auch die **faktische Konzernierung** durch Wahl von dem herrschenden Unternehmen nahe stehenden Personen in den Aufsichtsrat der Tochtergesellschaft ist zulässig (→ Rn. 43). Eine Pflicht zur Besetzung des Aufsichtsrats mit unabhängigen Mitgliedern auch bei konzernierten Gesellschaften besteht entgegen einer vereinzelten Auffassung in der Rechtsprechung⁵⁸ nicht, da der Gesetzgeber gerade keine entsprechenden Verbote in § 100 aufgenommen hat.⁵⁹ Allerdings empfiehlt Ziff. 5.4.2 **DCGK** für börsennotierte Gesellschaften, dass dem Aufsichtsrat eine nach seiner Einschätzung ausreichende Anzahl unabhängiger Mitglieder angehören soll, die in keiner geschäftlichen oder persönlichen, einen Interessenkonflikt begründenden Beziehung zur Gesellschaft oder zum Vorstand stehen (näher → § 100 Rn. 39 f.).

16a Ebenso wenig müssen im Aufsichtsrat Vertreter von Aktionärsminderheit repräsentiert sein; das AktG enthält keine derartigen Vorgaben.⁶⁰

17 An **Wahlvorschläge des Aufsichtsrats** nach § 124 Abs. 3 oder der Aktionäre ist die Hauptversammlung nicht gebunden.⁶¹ Sie kann die Wahlvorschläge durch andere ersetzen, wobei nur bei Verlangen einer qualifizierten Minderheit nach § 137 hierüber abgestimmt werden muss. Der Aufsichtsrat hat auf Grund der ihm obliegenden Sorgfaltspflicht bei Wahlvorschlägen die Eignungsvoraussetzungen für Aufsichtsratsmitglieder zu prüfen. Demgegenüber trifft Aktionären keine besondere Sorgfaltspflicht für ihre Wahlvorschläge; auch bei der Wahl selbst kann der Aktionär eigene Interessen verfolgen, solange er nicht gegen seine gesellschaftsrechtliche **Treuepflicht** verstößt, indem er gesellschaftsfremde Sondervorteile erlangen will.⁶²

18 Eine **Zustimmung zu Vorschlägen Dritter** ist dagegen keine Bestellung; ein solches – gesetzlich nicht vorgesehenes – Vorschlagsrecht wäre eine unzulässige Einschränkung der Wahlfreiheit der Hauptversammlung, zumal das Gesetz als statuarische Einflussmöglichkeit das Entsendungsrecht vorsieht.⁶³ Auch kommt keine Deutung als konkludente Wahl in Betracht.⁶⁴

19 Die **Satzung** darf die Wahlfreiheit der Hauptversammlung nicht einschränken; dies zeigt der Vergleich mit dem Entsendungsrecht nach Abs. 2.⁶⁵ Aus der Abgrenzung zum Entsendungsrecht folgt zudem, dass die Satzung die persönlichen Anforderungen an das Aufsichtsratsmitglied nach § 100 Abs. 4 nicht derart eng umreißen darf, dass die Hauptversammlung de facto keine andere Möglichkeit hat, als bestimmte Personen in den Aufsichtsrat zu wählen.⁶⁶

---

⁵⁴ Hüffer/Koch/*Koch* Rn. 3; MüKoAktG/*Habersack* Rn. 1; Großkomm AktG/*Hopt*/*Roth* Rn. 13.
⁵⁵ MüKoAktG/*Habersack* Rn. 7; K. Schmidt/Lutter/*Drygala* Rn. 9; Henssler/Strohn/*Henssler* Rn. 2; zur Organisation von Wahlen in der Hauptversammlung *Hoppe* NZG 2017, 361 (364 ff.).
⁵⁶ Hüffer/Koch/*Koch* Rn. 4; Großkomm AktG/*Hopt*/*Roth* Rn. 20; Bürgers/Körber/*Israel* Rn. 4; Grigoleit/Grigoleit/*Tomasic* Rn. 2; *Schilha* ZIP 2016, 1316 (1324).
⁵⁷ BegrRegE *Kropff* S. 138; Hüffer/Koch/*Koch* Rn. 4; Kölner Komm AktG/*Mertens*/*Cahn* Rn. 25; MüKoAktG/*Habersack* Rn. 7; *Timm* NJW 1987, 977 (986); zu den gesetzgeberischen Bestrebungen zur Schaffung einer Frauenquote im Aufsichtsrat → § 96 Rn. 3 mwN.
⁵⁸ OLG Hamm NJW 1987, 1030 (1031) = AG 1987, 38, um einen unmerklichen Übergang von der einfachen zur qualifizierten faktischen Konzernierung zu vermeiden.
⁵⁹ → § 100 Rn. 33 ff.; *Mertens* AG 1987, 38 zu OLG Hamm NJW 1987, 1030.
⁶⁰ OLG Stuttgart WM 2017, 1860; MüKoAktG/*Habersack* Rn. 28; Hüffer/Koch/*Koch* Rn. 4.
⁶¹ MüKoAktG/*Habersack* Rn. 7; Großkomm AktG/*Hopt*/*Roth* Rn. 20; Wachter/*Schick* Rn. 3.
⁶² Kölner Komm AktG/*Mertens*/*Cahn* Rn. 25; Großkomm AktG/*Hopt*/*Roth* Rn. 23; K. Schmidt/Lutter/*Drygala* Rn. 4.
⁶³ Kölner Komm AktG/*Mertens*/*Cahn* Rn. 24; Großkomm AktG/*Hopt*/*Roth* Rn. 21; MüKoAktG/*Habersack* Rn. 11.
⁶⁴ Kölner Komm AktG/*Mertens*/*Cahn* Rn. 24; Großkomm AktG/*Hopt*/*Roth* Rn. 21; aA Großkomm AktG/*Meyer-Landrut*, 3. Aufl. 1973, Anm. 1.
⁶⁵ Großkomm AktG/*Hopt*/*Roth* Rn. 21; Kölner Komm AktG/*Mertens*/*Cahn* Rn. 24; MüKoAktG/*Habersack* Rn. 10.
⁶⁶ MHdB AG/*Hoffmann-Becking* § 30 Rn. 33; MüKoAktG/*Habersack* Rn. 10; Großkomm AktG/*Hopt*/*Roth* Rn. 21; K. Schmidt/Lutter/*Drygala* Rn. 4.

Die gesetzliche **Mitbestimmung** darf weder durch die Satzung noch durch eine Mitbestimmungsvereinbarung zwischen Gesellschaft und Dritten **erweitert** werden; denn auf Grund der Satzungsstrenge, § 23 Abs. 5, ist die Zusammensetzung des Aufsichtsrats der Aktiengesellschaft gem. § 96 ebenso zwingendes Recht wie die freie Wahl der Anteilseignervertreter durch die Hauptversammlung gem. § 101 Abs. 1.[67] Die Hauptversammlung ist aber nicht daran gehindert, für die von ihr zu besetzenden Aufsichtsratsmandate freiwillig Arbeitnehmer zu wählen.[68] Die auf diese Weise von der Hauptversammlung bestellten Arbeitnehmer sind Vertreter der Anteilseigner, nicht der Arbeitnehmer.[69]

b) Bindung an die Wahlvorschläge gem. §§ 6, 8 MontanMitbestG (Abs. 1 Satz 2). In Unternehmen, die der Montanmitbestimmung unterliegen, ist die Hauptversammlung bei der Wahl der Aufsichtsratsmitglieder der Arbeitnehmer gem. § 6 Abs. 6 MontanMitbestG an die Vorschläge der Betriebsräte gebunden;[70] die Wahl anderer Personen wäre gem. § 250 Abs. 1 Nr. 2 nichtig. Streitig ist, ob die Hauptversammlung die Wahl vorgeschlagener Personen ablehnen kann.[71] Eine systematische Auslegung spricht gegen die Annahme eines Ablehnungsrechts, denn anders als § 8 Abs. 3 S. 2 MontanMitbestG für die Wahl des weiteren (neutralen) Aufsichtsratsmitglieds enthält § 6 MontanMitbestG gerade kein solches Recht. Allerdings wäre eine Verurteilung der Hauptversammlung zu einem Wahlbeschluss nicht gem. § 894 ZPO vollstreckbar.[72]

Zum neutralen Aufsichtsratsmitglied gem. § 8 MontanMitbestG darf die Hauptversammlung ebenfalls nur eine – allerdings von den Aufsichtsratsmitgliedern – vorgeschlagene Person wählen.[73] Im Gegensatz zu § 6 MontanMitbestG besteht ein gerichtlich überprüfbares Ablehnungsrecht aus wichtigem Grund, insbesondere wenn der Vorgeschlagene nicht die Gewähr für eine gedeihliche Zusammenarbeit im Unternehmen bietet, § 8 Abs. 3 S. 2 MontanMitbestG.[74]

2. Wahlabreden. Wahlabreden unter Aktionären (sog. Konsortial- oder Poolverträge) sind als Ausdruck der Abstimmungsfreiheit des Aktionärs ebenso grundsätzlich zulässig[75] wie Stimmbindungsverträge zwischen Aktionären und Dritten. Auch Letztere verstoßen als rein schuldrechtliche Vereinbarungen – entgegen anders lautender Stimmen in der Literatur[76] – weder gegen das aktien-

---

[67] OLG Bremen NJW 1977, 1153 (1154); OLG Hamburg AG 1972, 183 (184); *Hensche* AuR 1971, 33 (34 f., 39); MHdB AG/*Hoffmann-Becking* § 28 Rn. 44; *Hommelhoff* ZHR 148 (1984), 118 (133 f.) mwN; Hüffer/Koch/*Koch* § 96 Rn. 3; *Mertens* AG 1975, 245; *Raiser* RdA 1972, 65 (68); MüKoAktG/*Habersack* § 96 Rn. 26 ff.; Stellungnahme v. 23.9.1970 des Parlamentarischen Staatssekretärs im Bundesinnenministerium, abgedruckt in RdA 1971, 223 (224 unter 8. a); offen lassend BGH AG 1975, 242 mit zust. Anm. *Mertens*; aA *Fabricius* FS Hilger/Stumpf, 1983, 155 (157 ff.); *Gach* FS Bauer, 2010, 327 (328).

[68] BGH AG 1975, 242 mit zust. Anm. *Mertens*; ausführlich OLG Hamburg *Fabricius* FS Hilger/Stumpf, 1983, 155 (156 f.); *Hensche* AuR 1971, 33 (41); *Konzen* AG 1983, 289 (299 f.); *Raiser* RdA 1972, 65 (67 f.); Kölner Komm AktG/*Mertens/Cahn* § 96 Rn. 16; Stellungnahme v. 23.9.1970 des Parlamentarischen Staatssekretärs im Bundesinnenministerium, abgedruckt in RdA 1971, 223 (224 unter 8.a); zust. iE auch *Hommelhoff* ZHR 148 (1984), 118 (136 ff.); einschränkend MüKoAktG/*Habersack* § 96 Rn. 31, der die Zulässigkeit für zweifelhaft hält, wenn dadurch eine faktische Überparität der Arbeitnehmer entsteht und eine Aktionärsminderheit der Wahl bzw. der Entsendung widerspricht.

[69] GH AG 1975, 242 mit zust. Anm. *Mertens*; OLG Bremen NJW 1977, 1153 (1155); *Raiser* RdA 1972, 65 (68); Stellungnahme v. 23.9.1970 des Parlamentarischen Staatssekretärs im Bundesinnenministerium, abgedruckt in RdA 1971, 223 (224 unter 8. a).

[70] Kölner Komm AktG/*Mertens/Cahn* Anh. C § 117 Rn. 21; Großkomm AktG/*Oetker* MontanMitbestG § 6 Rn. 12; MüKoAktG/*Habersack* Rn. 9; Henssler/Strohn/*Henssler* Rn. 4.

[71] So *Erle* AG 1970, 31; Kölner Komm AktG/*Mertens/Cahn* Anh. C § 117 Rn. 21; MüKoAktG/*Habersack* Rn. 9; *Hoffmann/Preu* Der Aufsichtsrat Rn. 704, die aber darauf verweisen, eine Ablehnung sei wegen der Schadensfolgen für das Unternehmen noch nicht vorgekommen; aA Großkomm AktG/*Oetker* MontanMitbestG § 6 Rn. 12.

[72] Kölner Komm AktG/*Mertens/Cahn* Anh. C § 117 Rn. 21; Großkomm AktG/*Oetker* MontanMitbestG § 6 Rn. 12.

[73] Großkomm AktG/*Oetker* MontanMitbestG § 8 Rn. 13, Fn. 30.

[74] Vgl. hierzu Großkomm AktG/*Oetker* MontanMitbestG § 8 Rn. 13.

[75] BegrRegE *Kropff* S. 139; RGZ 133, 90 (93 ff.); RG DNotZ 1936, 564 (568); Großkomm AktG/*Grundmann* § 136 Rn. 68; *Böttcher/Beinert/Hennerkes* DB 1971, 1998 (2000); *Lutter/Grunewald* AG 1989, 109 (111); Kölner Komm AktG/*Mertens/Cahn* Rn. 26; Großkomm AktG/*Hopt/Roth* Rn. 26; MüKoAktG/*Arnold* § 136 Rn. 63; MüKoAktG/*Habersack* Rn. 13; K. Schmidt/Lutter/*Drygala* Rn. 6; Bürgers/Körber/*Israel* Rn. 9; Henssler/Strohn/*Henssler* Rn. 3.

[76] *Flume* JurPers S. 242 ff.; *Hüffer*, 10. Aufl. 2012, § 133 Rn. 27: Unzulässigkeit von Stimmrechtsvereinbarungen mit Dritten mit Ausnahme von Treuhandbeteiligungen; einschränkend *Lutter/Grunewald* AG 1989, 109 (111): Stimmrechtsbindung nur hinsichtlich wesentlicher Satzungsänderungen und Strukturmaßnahmen wegen Eingriffs in den Kern der Verbandsautonomie unzulässig; Scholz/*K. Schmidt* GmbHG § 47 Rn. 42 für die GmbH: Stimmrechtsbindung grundsätzlich bei strukturändernden Beschlüssen unzulässig, in den übrigen Fällen bedürfe es einer Rechtfertigung und der Begrenzung der Stimmrechtsbindung auf das berechtigte Interesse des Dritten.

rechtliche Verbot der Abspaltung der Stimmrechtsausübung vom Mitgliedschaftsrecht, noch gegen die gesellschaftsrechtliche Treuepflicht.[77]

24 **Wahlvereinbarungen zwischen Aktionären und der Gesellschaft** sind hingegen gem. §§ 134 BGB, 136 Abs. 2 nichtig, sei es, dass die Wahl bestimmter Aufsichtsratsmitglieder nach Weisung der Gesellschaft, des Vorstands, des Aufsichtsrats oder eines abhängigen Unternehmens erfolgen soll, sei es, dass sich der Aktionär verpflichtet, für die Wahlvorschläge des Vorstands oder des Aufsichtsrats zu stimmen.[78] Das Nichtigkeitsverdikt sichert den Einfluss der Kapital gebenden Aktionäre gegenüber der Verwaltung der Gesellschaft[79] und wirkt im Falle von Abreden mit dem Vorstand der Gesellschaft einer drohenden Selbstkontrolle entgegen. Ebenfalls nichtig sind Wahlabreden, die sich als Stimmenkauf darstellen, § 134 BGB iVm § 405 Abs. 3 Nr. 6, 7.[80] Als Stimmenkauf ist nicht nur das Versprechen pekuniärer Gegenleistungen für die Stimmabgabe,[81] sondern auch die wechselseitige Stimmverpflichtung in unterschiedlichen Gesellschaften zu qualifizieren.[82]

25 **Grenzen der Zulässigkeit für Wahlabreden** ergeben sich nicht nur aus § 138 BGB und zwingenden aktienrechtlichen Vorschriften,[83] sondern auch aus der gesellschaftsrechtlichen Treuepflicht.[84] Dementsprechend soll der Aktionär weder an eine Abrede gebunden sein, die ihn zur Wahl einer objektiv für den Aufsichtsrat ungeeigneten Person verpflichtet,[85] noch eine Vereinbarung befolgen müssen, auf Grund derer er auch verpflichtet wäre, das gewählte Mitglied nach den Weisungen des Berechtigten abzuberufen.[86] Es soll lediglich der gegen die **Treuepflicht** verstoßende Teil einer umfassenden Wahlabrede (zB die Pflicht zur Wahl eines einzelnen ungeeigneten Aufsichtsratsmitglieds), nicht dagegen die gesamte Abrede nichtig sein.[87] Allerdings ist bei der Annahme eines derartigen Verstoßes Zurückhaltung geboten. Denn die Bindung der Wahlabrede an die gesellschaftsrechtliche Treuepflicht kann nicht weitergehen als die den Aktionär selbst treffende Treuepflicht; wenn dieser aber bis zur Grenze der Verfolgung gesellschaftsfremder Sondervorteile in seiner Entscheidung frei ist (→ Rn. 17), kann für Wahlabreden und Stimmrechtspool-Verträge nichts Anderes gelten.

26 Eine Wahlabrede, die einen Aktionär zur **Wahl von Arbeitnehmervertretern** über das mitbestimmungsrechtliche Quorum hinaus verpflichtet, ist nichtig, wenn sie die Umgehung zwingender **mitbestimmungsrechtlicher Vorschriften** zur Zusammensetzung des Aufsichtsrats zum Ziel hat. Da allerdings nicht die freiwillige Zuwahl von Arbeitnehmervertretern durch die Hauptversammlung,[88] sondern nur die Mitbestimmungserweiterung durch Satzung oder Mitbestimmungsvereinbarung zwischen Gesellschaft und Dritten unzulässig ist,[89] umgehen Stimmrechtsbindungsverträge

---

[77] Großkomm AktG/*Grundmann* § 136 Rn. 71 ff.; Hüffer/Koch/*Koch* § 133 Rn. 27; *Konzen* AG 1983, 289 (300) der als Beispiel eine Stimmvereinbarung zwischen dem Hauptaktionär und einer Gewerkschaft nennt; MüKoAktG/*Arnold* § 136 Rn. 69 ff.; *Zöllner* ZHR 155 (1991), 168 (180 ff.); Großkomm AktG/*Hopt*/*Roth* Rn. 26; für die grundsätzliche Zulässigkeit von Stimmbindungsvereinbarungen (außerhalb des Gesellschaftsvertrags) bei der GmbH: HK-GmbHG/*Bergjan* GmbHG § 47 Rn. 10.
[78] Großkomm AktG/*Hopt*/*Roth* Rn. 28; MüKoAktG/*Habersack* Rn. 14; K. Schmidt/Lutter/*Drygala* Rn. 6; aA dagegen noch RGZ 119, 386 (388).
[79] Hüffer/Koch/*Koch* § 136 Rn. 25; ähnlich Großkomm AktG/*Hopt*/*Roth* Rn. 22 f.
[80] Großkomm AktG/*Hopt*/*Roth* Rn. 29; Hüffer/Koch/*Koch* § 133 Rn. 28; MüKoAktG/*Arnold* § 136 Rn. 68; K. Schmidt/Lutter/*Drygala* Rn. 6.
[81] *Lübbert*, Abstimmungsvereinbarungen in den Aktien- und GmbH-Rechten der EWG-Staaten, der Schweiz und Großbritanniens, 1971, 152 f.: Restriktive Auslegung des § 405 Abs. 3 Nr. 6, 7 in dem Sinne, dass nur der offene Stimmenverkauf als Kernbereich anstößigen Stimmenhandels erfasst werde; für restriktive Auslegung auch Großkomm AktG/*Hopt*/*Roth* Rn. 29.
[82] Kölner Komm AktG/*Mertens*/*Cahn* Rn. 29; dagegen Großkomm AktG/*Hopt*/*Roth* Rn. 29, die nur Verträge mit Geld als Gegenleistung erfassen wollen.
[83] RGZ 133, 90 (94); MüKoAktG/*Arnold* § 136 Rn. 66 ff.; Großkomm AktG/*Hopt*/*Roth* Rn. 30: bei Fehlen von gesetzlichen oder satzungsmäßigen Voraussetzungen in der Person des Kandidaten oder bei Ungeeignetheit.
[84] Großkomm AktG/*Hopt*/*Roth* Rn. 30: Verstoß bei rein eigensüchtigen Bestrebungen zum Schaden des Unternehmens und der Minderheit; Hüffer/Koch/*Koch* § 133 Rn. 28; Kölner Komm AktG/*Mertens*/*Cahn* Rn. 30; MüKoAktG/*Arnold* § 136 Rn. 66; MüKoAktG/*Habersack* Rn. 13; *Zöllner* ZHR 155 (1991), 168 (173 ff., 178); Kölner Komm AktG/*Tröger* § 136 Rn. 123; K. Schmidt/Lutter/*Drygala* Rn. 6.
[85] RGZ 133, 90 (95 f.); Großkomm AktG/*Hopt*/*Roth* Rn. 30; Kölner Komm AktG/*Mertens*/*Cahn* Rn. 30; zust. MüKoAktG/*Habersack* Rn. 13.
[86] *Konzen* AG 1983, 289 (300).
[87] RGZ 133, 90 (96); Hüffer/Koch/*Koch* § 133 Rn. 28; Kölner Komm AktG/*Mertens*/*Cahn* Rn. 30.
[88] BGH AG 1975, 242 (244 f.) mit zust. Anm. *Mertens*; ausführlich OLG Hamburg *Fabricius* FS Hilger/Stumpf, 1983, 155 (156 f.); *Konzen* AG 1983, 289 (299 f.); Kölner Komm AktG/*Mertens*/*Cahn* § 96 Rn. 16; zust. iE *Hommelhoff* ZHR 148 (1984), 118 (136 f.).
[89] Ausführlich → Rn. 19; MHdB AG/*Hoffmann-Becking* § 28 Rn. 46; *Hommelhoff* ZHR 148 (1984), 118 (133 f.) mwN; Hüffer/Koch/*Koch* § 96 Rn. 3; *Mertens* AG 1975, 245; aA *Fabricius* FS Hilger/Stumpf, 1983, 155 (157 ff.).

Bestellung der Aufsichtsratsmitglieder 27, 28 § 101

zwingendes Recht nur dann, wenn sie faktisch einer vom Gesetz abweichenden Satzungsbestimmung entsprechen.[90] Demnach ist eine Wahlabrede nur dann unzulässig, wenn sie eine dauerhafte bzw. unbefristete Verpflichtung eines Großaktionärs oder mehrerer Aktionäre, die zusammen die Stimmenmehrheit in der Hauptversammlung repräsentieren, zum Inhalt hat.[91]

Bei börsennotierten Gesellschaften sind **kartellrechtliche Grenzen** sowie **kapitalmarktrechtliche** 27 **Konsequenzen** einer Stimmrechtsbindung zwischen Aktionären – nicht aber zwischen Aktionären und Dritten[92] – zu beachten: In der Stimmrechtsbindung kann eine Abstimmung des Verhaltens gegenüber der Gesellschaft über den Einzelfall hinaus („**acting in concert**") gem. § 34 Abs. 2 S. 1 WpHG, § 30 Abs. 2 S. 1 WpÜG liegen, mit der Folge, dass zu addierende Stimmanteile gegebenenfalls die Meldepflicht gem. §§ 33 ff. WpHG oder die Pflicht zur Abgabe eines Übernahmeangebots gem. §§ 35 ff. WpÜG auslösen. Während nach der Rechtsprechung früher nur solche Vereinbarungen erfasst wurden, die sich auf die Ausübung von Stimmrechten aus Aktien der Zielgesellschaft, dh nur des Stimmrechtsausübung in der Hauptversammlung, bezogen,[93] hat das am 19.8.2008 in Kraft getretene Risikobregrenzungsgesetz die Zurechnung jetzt verschärft und § 34 Abs. 2 WpHG sowie § 30 Abs. 2 WpÜG entsprechend erweitert. Nunmehr genügt auch ein Zusammenwirken in sonstiger Weise mit dem Ziel einer dauerhaften und erheblichen Änderung der unternehmerischen Ausrichtung des Emittenten.[94] Somit kann auch das Zusammenwirken außerhalb der Hauptversammlung zur Zurechnung von Stimmrechten führen, sofern eine nicht unerhebliche Eingriffsintensität gegeben ist. Auswirken kann sich dies zB bei der unter den Aktionären zuvor abgestimmten Wahl eines Aufsichtsratsvorsitzenden, welcher sich für eine neue unternehmerische Ausrichtung der Gesellschaft ausgesprochen hat. Die konzertierte Wahl eines oder mehrerer Aufsichtsratsmitglieder geht indes nur dann über eine Verhaltensabstimmung im Einzelfall hinaus, wenn die Koordination der Stimmabgabe in Zukunft nachhaltig fortgesetzt werden soll,[95] die Stimmrechtsbindung also zusätzlich zumindest die Wahl von Aufsichtsratsmitgliedern für die nachfolgende Amtsperiode oder die Abstimmung in weiteren wesentlichen Fragen umfasst.[96] Als Rechtsfolge eines „acting in concert" werden alle Stimmenanteile bei dem aus der Vereinbarung Berechtigten addiert. Poolvereinbarungen, die auf eine gemeinsame Verständigung der Vertragspartner vor der Abstimmung abzielen, bewirken de lege lata sogar die wechselseitige Zurechnung der Stimmenanteile, es sei denn, ein Aktionär übt die Stimmenmehrheit innerhalb des Pools aus.[97] Der Wortlaut der § 34 Abs. 2 S. 1 WpHG, § 30 Abs. 2 S. 1 WpÜG („oder in sonstiger Weise abstimmt") erfasst nicht nur schuldrechtliche Vereinbarungen zwischen Aktionären, sondern auch bloße „gentlemen's agreements".[98]

Die Wahlabrede zwischen Aktionären begründet eine **BGB-Innengesellschaft,** deren Zweck 28 die gemeinsame Stimmrechtsausübung ist.[99] Beendet wird die Wahlabrede nach den allgemeinen

---

[90] *Hommelhoff* ZHR 148 (1984), 118 (139 ff.); Kölner Komm AktG/*Mertens/Cahn* § 96 Rn. 16; offen lassend BGH AG 1975, 242 (245); aA Stimmbindungsverträge stets zulässig *Fabricius* FS Hilger/Stumpf, 1983, 155 (157) mwN; aA MüKoAktG/*Habersack* Rn. 14: Stimmbindungsvereinbarungen mit Nichtaktionären sind grundsätzlich unwirksam.
[91] → § 96 Rn. 28 mwN; *Hommelhoff* ZHR 148 (1984), 118 (140); so auch MüKoAktG/*Habersack* Rn. 14, § 96 Rn. 27.
[92] Schwark/Zimmer/*Noack/Zetzsche* WpÜG § 30 Rn. 19.
[93] BGH BB 2006, 2432 (2434); so auch hM *Kuthe/Brockhaus* DB 2005, 1266 (1267); *Louven* BB 2005, 1414 (1415); *Pentz* ZIP 2003, 1478 (1481); *Weiler/Meyer* NZG 2003, 909 (910); aA Vorinstanz OLG München BB 2005, 1411 (1413).
[94] S. Stellungnahme des Bundesrates zum RegE zum Risikobegrenzungsgesetz BT-Drs. 16/7438, 17; Baums/Thoma/*Diekmann* WpÜG § 30 Rn. 72; *Schockenhoff/Wagner* NZG 2008, 361 (362); *Diekmann/Merkner* NZG 2007, 921 (923) sowie *Spindler* WM 2007, 2357 (2358) allerdings noch zum Regierungsentwurf; Angerer/Geibel/Süßmann *WpÜG* § 30 Rn. 35.
[95] So auch Angerer/Geibel/Süßmann/*Süßmann* WpÜG § 30 Rn. 38 f., der jedoch auf Beweisschwierigkeiten hinweist; Haarmann/Schüppen/*Schüppen/Walz* WpÜG § 30 Rn. 80; *Spindler* WM 2007, 2357 (2358); allgemein *Liebscher* ZIP 2002, 1005 (1008): Regelmäßige Interessenkoordination mit spürbarer Beeinflussung der Zielgesellschaft; siehe auch Schwark/Zimmer/*Schwark* WpHG § 22 Rn. 22.
[96] Haarmann/Schüppen/*Schüppen/Walz* WpÜG § 30 Rn. 80; Schwark/Zimmer/*Noack/Zetsche* WpÜG § 30 Rn. 46; weitergehend Assmann/Schneider/*U. H. Schneider* WpHG § 22 Rn. 200 f. und Assmann/Pötzsch/Schneider/*U. H. Schneider* WpÜG § 30 Rn. 111: Stimmrechtszurechnung auch dann, wenn mit der – zunächst – einmaligen Wahl in Bezug auf die Gesellschaft weitergehende Ziele verfolgt werden (Gesamtplan).
[97] Schwark/Zimmer/*Noack/Zetsche* WpÜG § 30 Rn. 37; Assmann/Pötzsch/Schneider/*U. H. Schneider* WpÜG § 30 Rn. 112.
[98] *Liebscher* ZIP 2002, 1005 (1006 f.); *Hopt* ZHR 166 (2002), 383 (411); Assmann/Schneider/*U. H. Schneider* WpHG § 22 Rn. 173; Schwark/Zimmer/*Schwark* WpHG § 22 Rn. 23; *Witt* AG 2001, 233 (238).
[99] RG JW 1938, 2833; Großkomm AktG/*Hopt/Roth* Rn. 34; Hüffer/Koch/*Koch* § 133 Rn. 26; *Lübbert,* Abstimmungsvereinbarungen in den Aktien- und GmbH-Rechten der EWG-Staaten, der Schweiz und Großbritanniens, 1971, 142 f.; Bürgers/Körber/*Israel* Rn. 9; enger MüKoAktG/*Arnold* § 136 Rn. 62: eine BGB Gesellschaft entsteht nur bei dauerhaften auf Gleichberechtigung ausgelegten Stimmbindungsverträgen.

Vorschriften über die BGB-Gesellschaft, mithin in der Regel durch Kündigung, Ablauf einer Befristung oder Zweckerreichung.[100] Unbefristete Wahlabreden sind jederzeit von jedem beteiligten Aktionär ordentlich kündbar, § 723 Abs. 1 S. 1 BGB,[101] befristete Vereinbarungen hingegen nur außerordentlich aus wichtigem Grund, § 723 Abs. 1 S. 2 BGB.[102] Der aus dieser schuldrechtlichen Vereinbarung resultierende Erfüllungsanspruch ist vollstreckbar[103] durch Fiktion der Stimmabgabe gem. § 894 ZPO.[104] Eine entgegen einer Wahlabrede abgegebene Stimme bleibt zwar nach allgemeiner Auffassung wirksam,[105] der gegen eine (zulässige) Vereinbarung verstoßende Aktionär macht sich aber gegenüber seinem Vertragspartner schadensersatzpflichtig[106] und verwirkt eine gegebenenfalls vereinbarte Vertragsstrafe.[107]

29 Wahlabreden können zwar **in die Satzung aufgenommen** werden, auf Grund ihres lediglich schuldrechtlichen Charakters stellen sie aber keine materiellen, sondern nur formelle Satzungsbestimmungen dar, deren Aufhebung bzw. Änderung sich außerhalb des gem. § 179 vorgeschriebenen Verfahrens allein zwischen den Vertragsparteien vollzieht.[108] Die Untersagung von Wahlabreden durch die Satzung wäre indes eine unzulässige Einschränkung der Privatautonomie und ein nicht hinzunehmender Eingriff in die Willensbildungsfreiheit des stimmberechtigten Aktionärs, die gerade auch das Recht zum Abschluss von Stimmbindungsverträgen umfasst.[109]

30 **3. Erster Aufsichtsrat.** Der erste Aufsichtsrat wird gem. § 30 Abs. 1 von den Gründern bestellt. Ansonsten wählt die Hauptversammlung die Anteilseignervertreter, soweit nicht Entsendungsrechte bestehen.[110]

31 **4. Wahlart.** Das Gesetz enthält in § 101 keine Vorschriften zum Wahlverfahren. Zu differenzieren ist insbesondere zwischen der Einzelwahl, der Blockwahl – auch Global- oder Listenwahl genannt – sowie der Simultanwahl.[111] Bei einer Listenwahl werden nicht die einzelnen Aufsichtsratsmitglieder zur Wahl gestellt, sondern nur eine gesamte Liste, während bei der Einzelwahl jedes Aufsichtsratsmitglied in einem gesonderten Wahlgang einzeln und nacheinander bestellt wird. Gem. Ziff. 5.4.3 S. 1 DCGK sollen die Aufsichtsratsmitglieder einzeln gewählt werden.

32 Fraglich ist, ob der **Versammlungsleiter**[112] autonom **über die Wahlart entscheiden** kann, solange kein Hauptversammlungsbeschluss entgegensteht; dies ist zu bejahen, da der Versammlungs-

---

[100] Großkomm AktG/*Hopt/Roth* Rn. 34.
[101] MüKoAktG/*Arnold* § 136 Rn. 62; Großkomm AktG/*Hopt/Roth* Rn. 83; MHdB AG/*Hoffmann-Becking* § 39 Rn. 46; aA *Lübbert,* Abstimmungsvereinbarungen in den Aktien- und GmbH-Rechten der EWG-Staaten, der Schweiz und Großbritanniens, 1971, 143 f.: Ordentliche Kündigung widerspreche dem Wesen und Ziel eines Konsortialvertrages.
[102] MüKoAktG/*Arnold* § 136 Rn. 62; Großkomm AktG/*Hopt/Roth* Rn. 34.
[103] BGHZ 48, 163 (169 ff.) – zur Vollstreckbarkeit einer Stimmrechtsvereinbarung in der GmbH; OLG Köln WM 1988, 974 (976) ebenfalls zur Vollstreckbarkeit in der GmbH; *R. Fischer* GmbHR 1953, 65 (68); Großkomm AktG/*Hopt/Roth* Rn. 36; *Zöllner* ZHR 155 (1991), 168 (185 f.); kritisch Hüffer/Koch/*Koch* § 133 Rn. 29 mwN; MüKoAktG/*Arnold* § 136 Rn. 94.; Kölner Komm AktG/*Tröger* § 136 Rn. 154 f.; aA Keine Vollstreckbarkeit, sondern Beschränkung auf Schadensersatzansprüche, noch RGZ 112, 273 (279 f.) – Zur Stimmrechtsvereinbarung in der GmbH; RGZ 119, 386 (389 f.) – Unter dem Gesichtspunkt unzulässiger Naturalrestitution; GZ 133, 90 (95 f.); RGZ 160, 257 (262).
[104] BGHZ 48, 163 (173 f.) – Zur Vollstreckbarkeit einer Stimmrechtsvereinbarung in der GmbH; OLG Köln WM 1988, 974 (976) (ebenfalls zur Vollstreckbarkeit in der GmbH); Hüffer/Koch/*Koch* § 133 Rn. 30; Großkomm AktG/*Hopt/Roth* Rn. 36; differenzierend MüKoAktG/*Arnold* § 136 Rn. 94; aA *Peters* AcP 156 (1957), 311 (341) (§ 887 ZPO); *R. Fischer* GmbHR 1953, 65 (69 f.); Kölner Komm AktG/*Tröger* § 136 Rn. 154 (§ 888 ZPO).
[105] RGZ 119, 386 (388 f.); Großkomm AktG/*Hopt/Roth* Rn. 35; Hüffer/Koch/*Koch* § 133 Rn. 26; *Lübbert,* Abstimmungsvereinbarungen in den Aktien- und GmbH-Rechten der EWG-Staaten, der Schweiz und Großbritanniens, 1971, 168 mwN; Kölner Komm AktG/*Mertens/Cahn* Rn. 33; MüKoAktG/*Arnold* § 136 Rn. 90.
[106] Hierzu instruktiv *Zöllner* ZHR 155 (1991), 168 (175 ff.).
[107] Großkomm AktG/*Hopt/Roth* Rn. 35; Kölner Komm AktG/*Mertens/Cahn* Rn. 34; *Zöllner* ZHR 155 (1991), 168 (185).
[108] Hüffer/Koch/*Koch* § 133 Rn. 26; in diesem Sinne wohl auch Kölner Komm AktG/*Mertens/Cahn* Rn. 32, demzufolge Wahlabreden nicht den Charakter einer (materiellen) Satzungsbestimmung erlangen dürfte; wohl ebenso Großkomm AktG/*Hopt/Roth* Rn. 27, wonach Wahlvereinbarungen nicht Inhalt der Satzung sein können.
[109] So iE – allerdings ohne Begründung – auch Kölner Komm AktG/*Mertens/Cahn* Rn. 32; Großkomm AktG/*Hopt/Roth* Rn. 27.
[110] MüKoAktG/*Habersack* Rn. 7; Großkomm AktG/*Hopt/Roth* Rn. 16.
[111] Ausführlich zu den Wahlsystemen: *Oppermann* ZIP 2017, 1406 f.; *Bollweg,* Die Wahl des Aufsichtsrats in der Hauptversammlung der Aktiengesellschaft, 1997, 176 ff.; Hüffer/Koch/*Koch* Rn. 6; MüKoAktG/*Habersack* Rn. 19 ff.
[112] Zu den organisatorischen Rechten und Pflichten des Versammlungsleiters *Hoppe* NZG 2017, 361; zur Person des Versammlungsleiters *Hoffmann-Becking* NZG 2017, 281; zur Abwahl durch Hauptversammlung *Leuering/Rubner* NJW-Spezial 2016, 335.

leiter im Rahmen pflichtgemäßen Ermessens (Sachdienlichkeit des Wahlverfahrens) die Kompetenz zur Leitung des Verfahrens innehat und die Hauptversammlung jederzeit über ein anderes Verfahren beschließen kann, sofern der Leiter sie zuvor hinreichend über die Bedeutung des gewählten Wahlverfahrens informiert.[113] Der Versammlungsleiter kann aber auch zunächst als Geschäftsordnungsfrage darüber abstimmen lassen, ob eine Einzel- oder Listenwahl durchgeführt werden soll.[114] Die Hauptversammlung muss als Herrin des Verfahrens jederzeit die Möglichkeit haben, auf Antrag eines Teilnehmers über einen Geschäftsordnungsbeschluss die Wahlart festzulegen; dem Versammlungsleiter kann hier keine die Versammlung endgültig bindende Entscheidungsbefugnis zukommen, zumal § 137 diese Frage nicht regelt.[115] Allerdings ist die Verfahrenswahl des Versammlungsleiters bindend, solange nicht die Hauptversammlung entgegenstehend beschließt. Da Ziff. 5.4.3 S. 1 DCGK die Einzelwahl für börsennotierte AG empfiehlt und bei einer Abweichung der Entsprechenserklärung gemäß § 161 zu erfolgen hat, ist die Einzelwahl mittlerweile aber die Regel.[116]

Bei der **Simultanwahl** werden alle Einzelabstimmungen organisatorisch zusammengefasst, aber 33 nicht zu einer gemeinsamen Liste verbunden.[117] Übersteigt die Zahl der Kandidaten die zu besetzenden Aufsichtsratsmandate, kann der Hauptversammlungsleiter unter Zusammenfassung mehrerer Wahlvorschläge eine Simultanwahl ansetzen, bei der diejenigen Kandidaten gewählt sind, die die meisten Stimmen auf sich vereinigen.[118] Die Wahlberechtigten dürfen höchstens so viele Ja-Stimmen abgeben wie Mandate zu besetzen sind.[119]

Eine **Verhältniswahl** ist gesetzlich nicht vorgesehen und soll selbst durch Satzung nicht eingeführt 34 werden können.[120] Die Wahlfreiheit der Hauptversammlung wird nicht dadurch eingeschränkt, dass die Mehrheit der Hauptversammlung nicht mehr alle Sitze der Aktionärsvertreter besetzen kann, denn auch bei paritätischer Mitbestimmung lässt das Gesetz die Einräumung eines Entsendungsrechts zu.[121] Dann muss aber auch die Verhältniswahl von § 133 Abs. 2 erfasst und damit zulässig sein.[122] Schließlich können durch die Satzung auch persönliche Eignungsvoraussetzungen eines Aufsichtsratsmitglieds nach § 100 Abs. 4 (in Grenzen) aufgestellt werden.

Auch wenn in der Praxis zumindest früher die **Listenwahl** (Blockwahl) wohl weithin üblich 35 war[123] und von der bislang hM als zulässig angesehen wird,[124] bleibt nach der Konzeption des

---

[113] *Austmann* FS Sandrock, 1995, 277 (282, 289); *Hoffmann/Preu* Der Aufsichtsrat Rn. 121: Gewohnheitsrecht; *Quack* FS Rowedder, 1994, 387 (395) für die Blockwahl; Großkomm AktG/*Hopt/Roth* Rn. 74; weitergehend *Bollweg*, Die Wahl des Aufsichtsrats in der Hauptversammlung der Aktiengesellschaft, 1997, 199 ff., der einen Eingriff in die gesetzliche Regelungskompetenz des Hauptversammlungsleiters zur Festlegung der Abstimmung sowohl durch Satzung als auch durch Hauptversammlungsbeschluss ablehnt; aA für die Blockwahl *Lippert* AG 1976, 239 (240): Wegen angeblicher Abweichung der Blockwahl von dem in § 133 Abs. 1 statuierten Mehrheitsprinzip sei eine Satzungsregelung zu ihrer Einführung erforderlich.
[114] MüKoAktG/*Habersack* Rn. 23.
[115] Ebenso Hüffer/Koch/*Koch* Rn. 7; *Lutter* FS Odersky, 1996, 845 (853) (bezogen auf die Blockabstimmung im Allgemeinen); aA Originäre Kompetenz der Hauptversammlungsleiters; *Barz* FS Hengeler, 1972, 14 (21); *Bollweg*, Die Wahl des Aufsichtsrats in der Hauptversammlung der Aktiengesellschaft, 1997, 201 f.: MHdB AG/*Hoffmann-Becking* § 30 Rn. 42 f; Kölner Komm AktG/*Mertens/Cahn* Rn. 16; *Quack* FS Rowedder, 1994, 387 (395 f.).
[116] *Hoppe* NZG 2017, 361 (365).
[117] *Austmann* FS Sandrock, 1995, 277 f.; MüKoAktG/*Habersack* Rn. 20; Großkomm AktG/*Hopt/Roth* Rn. 43; *Volhard* in Semler/Volhard/Reichert HV-HdB § 17 Rn. 20.
[118] *Bollweg*, Die Wahl des Aufsichtsrats in der Hauptversammlung der Aktiengesellschaft, 1997, 276 ff.; Großkomm AktG/*Hopt/Roth* Rn. 43; Kölner Komm AktG/*Tröger* § 133 Rn. 88; *Austmann* FS Sandrock, 1995, 277 f., der allerdings für eine getrennte Auszählung der verschiedenen Wahlvorschläge plädiert.
[119] *Bollweg*, Die Wahl des Aufsichtsrats in der Hauptversammlung der Aktiengesellschaft, 1997, 278; Großkomm AktG/*Hopt/Roth* Rn. 43.
[120] MHdB AG/*Hoffmann-Becking* § 30 Rn. 41; Kölner Komm AktG/*Mertens/Cahn* Rn. 22; für die Zulässigkeit der Verhältniswahl auch Hüffer/Koch/*Koch* § 133 Rn. 33; Großkomm AktG/*Hopt/Roth* Rn. 64 ff.; MHdB AG/ *Austmann* § 40 Rn. 90; *Timm* NJW 1987, 977 (986); Kölner Komm AktG/*Tröger* § 133 Rn. 174 ff.
[121] Großkomm AktG/*Hopt/Roth* Rn. 65.
[122] Großkomm AktG/*Hopt/Roth* Rn. 65; Hölters/*Simons* Rn. 13.
[123] Nach *E. Vetter* soll heute die Einzelwahl vorherrschen *E. Vetter* in Marsch-Barner/Schäfer Börsennotierte AG-HdB Rn. 25.24 f.
[124] LG Dortmund AG 1968, 390 (391); LG München I NZG 2004, 626 (obiter dictum) mit krit. Anm. *Linnerz* BB 2004, 963; *Austmann* FS Sandrock, 1995, 277 (290); *Barz* FS Hengeler, 1972, 14 (18 ff., 26); *Bollweg*, Die Wahl des Aufsichtsrats in der Hauptversammlung der Aktiengesellschaft, 1997, 191; *Dietz* BB 2004, 452 (454 f.); *Gerber/Wernicke* DStR 2004, 1138 (1139); *Hoffmann/Preu*, Aufsichtsrat, Rn. 702; MHdB AG/*Hoffmann-Becking* § 30 Rn. 42; *Hoffmann-Becking* FS Havermann, 1995, 221 (235); Hüffer/Koch/*Koch* Rn. 6; *Lutter* FS Odersky, 1996, 845 (851 f.); *Max* AG 1991, 77 (89); Kölner Komm AktG/*Mertens/Cahn* Rn. 16; *Quack* FS Rowedder, 1994, 387 (397); MüKoAktG/*Habersack* Rn. 21; Kölner Komm AktG/*Tröger* § 133 Rn. 88; Großkomm AktG/*Hopt/Roth* Rn. 44; *Butzke* FS Hoffmann-Becking, 2013, 229 (237): auch bei Listenwahl individuelle Überzeugung der Aktionäre erforderlich; aA *Lippert* AG 1976, 239 (240).

Gesetzgebers, der eine Blockabstimmung gem. § 120 Abs. 1 S. 1 nur bei der Entlastung der Mitglieder des Vorstands und des Aufsichtsrats ausdrücklich vorsieht, die Einzelwahl der Regelfall.[125] Bestätigt wird dies durch Ziff. 5.4.3 S. 1 DCGK, wonach Wahlen zum Aufsichtsrat als Einzelwahlen durchgeführt werden sollen. Eine Listenwahl vereinfacht zwar das Verfahren, doch darf nicht verkannt werden, dass sie den Aktionär bzw. die Hauptversammlung der Möglichkeit beraubt, einzelne Kandidaten, etwa wegen Zweifeln an ihrer persönlichen Eignung, abzulehnen.[126] Einigkeit besteht darüber, dass das Gesetz keine Vorgaben über die Art der Wahl trifft, sofern nur dem in § 133 Abs. 1 verankerten, gegebenenfalls durch die Satzung gem. § 133 Abs. 2 modifizierten Mehrheitsprinzip Rechnung getragen wird.[127] Aus der Tatsache, dass eine Blockabstimmung lediglich in § 120 Abs. 1 für die Entlastung des Vorstands, nicht jedoch in § 101 für die Wahl des Aufsichtsrats, ausdrücklich gesetzlich vorgegeben ist, lässt sich nicht ableiten, dass diese Art der Abstimmung bei der Aufsichtsratswahl unzulässig wäre.[128] Im Rahmen der Zulässigkeit einer Listenwahl sind zwei Fragen entsprechend einem verfahrensrechtlichen und einem inhaltlichen Minderheitenschutz zu trennen, nämlich zum einen die nach der Kompetenz für die Festlegung der Wahlart und zum anderen die nach dem Schutz von Minderheiten.

36   Gegen die Zulässigkeit einer **Listenwahl (Blockwahl)** bestehen keine Bedenken, wenn der Versammlungsleiter die Hauptversammlungsteilnehmer vor der Abstimmung darauf hinweist, dass, wer eine Einzelwahl herbeiführen will, gegen die gesamte Liste stimmen muss.[129] Ein gesonderter Geschäftsordnungsbeschluss ist in diesem Fall nicht erforderlich. Den **Antrag** eines anwesenden Aktionärs **auf Durchführung einer Einzelwahl** muss die Hauptversammlung aber in jedem Fall durch gesonderten Beschluss ablehnen, bevor sie die Aufsichtsratsmitglieder blockweise wählt; andernfalls verstieße die Wahl des Aufsichtsrats gegen § 101.[130] Dementsprechend genügt es nicht, wenn der Versammlungsleiter sogleich über die Liste abstimmen lässt und ausdrücklich darauf hinweist, dass im Fall der Annahme des Listenvorschlags auch der Antrag eines Aktionärs auf Einzelabstimmung inzident abgelehnt ist.[131] Wird der Antrag auf Einzelwahl abgelehnt, kann der unterliegende Aktionär indes keine Einzelwahl verlangen, denn das Gesetz sieht kein entsprechendes Minderheiten-Vetorecht vor.[132] Ebenso wenig kann eine Minderheit von zehn Prozent des Grundkapitals die Einzelwahl verlangen.[133] Selbstverständlich kann aber auch diese Minderheit

---

[125] LG München I NZG 2004, 626; *Bollweg,* Die Wahl des Aufsichtsrats in der Hauptversammlung der Aktiengesellschaft, 1997, 192; *Lutter* FS Odersky, 1996, 845 (847); *Segna* DB 2004, 1135 f.; Großkomm AktG/Hopt/Roth Rn. 42.

[126] *Bollweg,* Die Wahl des Aufsichtsrats in der Hauptversammlung der Aktiengesellschaft, 1997, 194; *Lippert* AG 1976, 239 (240 f.); Großkomm AktG/*Meyer-Landrut* 3. Aufl. 1973, Anm. 4.

[127] *Bollweg,* Die Wahl des Aufsichtsrats in der Hauptversammlung der Aktiengesellschaft, 1997, 192; *Gerber/Wernicke* DStR 2004, 1138 (1139); Großkomm AktG/Hopt/Roth Rn. 48; MHdB AG/Hoffmann-Becking § 30 Rn. 42; *Just* EWiR 2004, 521 (522); Kölner Komm AktG/Mertens/Cahn Rn. 16; *Quack* FS Rowedder, 1994, 387 (389).

[128] *Bollweg,* Die Wahl des Aufsichtsrats in der Hauptversammlung der Aktiengesellschaft, 1997, 192; *Gerber/Wernicke* DStR 2004, 1138 (1139); *Lutter* FS Odersky, 1996, 845 (847); Großkomm AktG/Hopt/Roth Rn. 48; weitergehend *Max* AG 1991, 77 (89), der die Listenwahl schon deshalb für zulässig erachtet, weil die Entlastung dieselbe Qualität wie die Wahl der Aufsichtsratsmitglieder habe.

[129] So LG München I NZG 2004, 626 mit krit. Anm. *Linnerz* BB 2004, 963 unter Berufung auf BGHZ NZG 2003, 1023 zur Zulässigkeit einer Sammelabstimmung über Sachfragen; vgl. zuvor schon KG AG 2003, 99 (100) ebenfalls zur Zulässigkeit einer Sammelabstimmung über Sachfragen; *Austmann* FS Sandrock, 1995, 277 (285, 286 f.); *Barz* FS Hengeler, 1972, 14 (18 ff., 22); *Dietz* BB 2004, 452 (454 f.); Hüffer/Koch/Koch Rn. 6; Bürgers/Körber/Israel Rn. 7; Wachter/Schick Rn. 6; *Quack* FS Rowedder, 1994, 387 (396), Großkomm AktG/Hopt/Roth Rn. 51; *E. Vetter* in Marsch-Barner/Schäfer Börsennotierte AG-HdB, 2. Auflage 2009, § 25 Rn. 24 f.; einschränkend MHdB AG/Hoffmann-Becking § 30 Rn. 42: Soll-Hinweis des Versammlungsleiters.

[130] LG München I NZG 2004, 626 mit krit. Anm. *Linnerz* BB 2004, 963 unter Berufung auf BGH NZG 2003, 1023 für die Zulässigkeit einer Sammelabstimmung über verschiedene Sachfragen; *Lutter* FS Odersky, 1996, 845 (853); aA *Bollweg,* Die Wahl des Aufsichtsrats in der Hauptversammlung der Aktiengesellschaft, 1997, 201 Fn. 149 aE, demzufolge die Zustimmung zur Wahlliste inzident die Ablehnung der Einzelwahl enthalte; ebenso Großkomm AktG/Hopt/Roth Rn. 53 f.

[131] AA *Dietz* BB 2004, 452 (455); MHdB AG/Hoffmann-Becking § 30 Rn. 43; Großkomm AktG/Hopt/Roth Rn. 53 f.

[132] *Segna* DB 2004, 1135 (1136 f.) deutet aber an, dass die Entscheidung des LG München I (NZG 2004, 626) evtl. sogar so zu verstehen sei, dass ein Einzelaktionär nicht nur die Abstimmung über das Wahlverfahren herbeiführen, sondern eine Listenwahl schon durch sein Veto verhindern könne; in diesem Sinne auch *Gerber/Wernicke* DStR 2004, 1138 (1139 f.), die diesen (fälschlichen) Eindruck allerdings auf eine verkürzte Kausalitätsprüfung des Gerichts zurückführen.

[133] AA Großkomm AktG/Hopt/Roth Rn. 55, die eine erweiternde Auslegung des § 120 Abs. 1 S. 2, § 137 befürworten und daraus ein Minderheitenrecht auf Einzelwahl ableiten wollen.

einen Antrag auf Einzelwahl stellen, über den dann die Hauptversammlung vorab abstimmen muss.[134]

Davon zu trennen ist die Frage, ob eine Listenwahl nicht aus Gründen des **Minderheitenschutzes** 37 unzulässig ist. Zwar spricht § 120 Abs. 1 S. 2, der einer Minderheit das Recht einräumt, die für die Entlastung des Vorstands und des Aufsichtsrats gesetzlich vorgesehene Globalabstimmung durch eine Einzelabstimmung zu ersetzen, für eine derartige Annahme. Doch sieht § 133 Abs. 1 für Wahlen weder eine Verhältniswahl, noch ein „cumulative voting", sondern grundsätzlich das Mehrheitsprinzip vor, welches Minderheitenvoten naturgemäß unberücksichtigt lässt.[135] Solange sie nicht treuwidrig zur Behinderung der Minderheit eingesetzt wird, ist eine Listen- bzw. Blockwahl daher grundsätzlich zulässig.

Möglich ist auch eine **Satzungsregelung**, die die Art der Abstimmung vorgibt. Da das AktG 38 hierzu keine zwingenden Bestimmungen enthält, wird § 23 Abs. 5 nicht verletzt.

5. Durchführung der Wahl. a) Tagesordnung und Bekanntmachung. Die Wahl ist als 39 **Gegenstand der Tagesordnung**[136] gem. § 124 Abs. 1 S. 1 mit dem in § 124 Abs. 2 vorgeschriebenen besonderen Inhalt bekannt zu machen. Bei Verstößen kann nach § 124 Abs. 4 S. 1 nicht gewählt werden.[137] Zugleich ist bekanntzugeben, nach welchen Vorschriften sich der Aufsichtsrat zusammensetzt und ob die Hauptversammlung an Wahlvorschläge gebunden ist.[138]

b) Wahlvorschläge. Wahlvorschlagsberechtigt, aber auch verpflichtet, ist der **Aufsichtsrat** nach 40 § 124 Abs. 3. Ohne Wahlvorschlag des Aufsichtsrats liegt keine ordnungsgemäße Bekanntgabe der Tagesordnung vor, so dass dennoch gefasste Hauptversammlungsbeschlüsse anfechtbar sind.[139] Den Wahlvorschlag muss der Aufsichtsrat nur begründen, wenn die Satzung dies verlangt;[140] allerdings wird es zu Recht als Bestandteil guter Corporate Governance angesehen, dass Wahlvorschläge erläutert werden.[141] In mitbestimmten Aufsichtsräten bestimmen allein die Anteilseignervertreter über Wahlvorschläge nach § 124 Abs. 3 S. 4, auch wenn die Arbeitnehmervertreter entsprechend dem Wortlaut, der nur das Mehrheitserfordernis beim Beschluss beschränkt, bei der Beschlussfassung mit beraten dürfen.[142] Die Einflussnahmemöglichkeiten der Arbeitnehmervertreter sind dabei nicht derart groß, dass hierdurch eine andere Beurteilung gerechtfertigt wäre.[143]

Der Aufsichtsrat darf für jedes neu zu besetzende Mandat mehrere Kandidaten alternativ zur Wahl 41 vorschlagen, da die Willensbildung der Hauptversammlung hierdurch nicht behindert wird.[144] Bei der Aufstellung des Wahlvorschlags hat der Aufsichtsrat die gebotene Sorgfalt bei der Auswahl der Kandidaten walten zu lassen, insbesondere hinsichtlich der persönlichen und fachlichen Eignung der vorgeschlagenen Bewerber, einschließlich etwaiger Interessenkonflikte und der zeitlichen Verfügbarkeit (s. auch § 125 Abs. 1 S. 3; Ziff. 5.4.1 Abs. 5 DCGK[145]).[146] Insbesondere empfiehlt der Corporate Governance Kodex bei börsennotierten Gesellschaften, dass der Aufsichtsrat die persönlichen und geschäflichen Beziehungen des Kanditaten zum Unternehmen, den Organen der Gesellschaft und wesentlich beteiligten Aktionären ermittelt und offen legt (Ziff. 5.4.1 Abs. 6 DCGK);[147] Abweichun-

---

[134] Insofern zutr. Großkomm AktG/*Hopt*/*Roth* Rn. 56.
[135] BegrRegE *Kropff* S. 138; OLG Hamm NJW 1987, 1030 (1031); MHdB AG/*Hoffmann-Becking* § 30 Rn. 42; Kölner Komm AktG/*Mertens*/*Cahn* Rn. 17 ff.
[136] Zur Organisation der Tagesordnung *Hoppe* NZG 2017, 361 (362 ff.).
[137] *Hüffer*/*Koch*/*Koch* Rn. 4; *E. Vetter* in Marsch-Barner/Schäfer Börsennotierte AG-HdB Rn. 25.22.
[138] MüKoAktG/*Habersack* Rn. 15; *Wachter*/*Schick* Rn. 4.
[139] MHdB AG/*Hoffmann-Becking* § 30 Rn. 36; MüKoAktG/*Habersack* Rn. 15.
[140] MHdB AG/*Hoffmann-Becking* § 30 Rn. 36; *Hoffmann-Becking* FS Havermann, 1995, 229 (235); Großkomm AktG/*Hopt*/*Roth* Rn. 67; Kölner Komm AktG/*Mertens*/*Cahn* Rn. 10.
[141] Großkomm AktG/*Hopt*/*Roth* Rn. 67; MüKoAktG/*Habersack* Rn. 17 f.; *Butzke* FS Hoffmann-Becking, 2013, 229 (244).
[142] MHdB AG/*Hoffmann-Becking* § 30 Rn. 37; *E. Vetter* in Marsch-Barner/Schäfer Börsennotierte AG-HdB Rn. 25.23; MüKoAktG/*Habersack* Rn. 16; aA Großkomm AktG/*Hopt*/*Roth* Rn. 67 ohne Begründung; MüKoAktG/*Kubis* § 124 Rn. 39.
[143] AA MüKoAktG/*Kubis* § 124 Rn. 39.
[144] *Einmahl* DB 1968, 1936 f.; *Hoffmann-Becking* FS Havermann, 1995, 229 (234 f.); Großkomm AktG/*Hopt*/*Roth* Rn. 68; aA *Laabs* DB 1968, 1014.
[145] Es handelt sich hierbei um eine „complay or explain"-Empfehlung; Abweichungen sind gem. § 161 AktG zu erklären.
[146] KBLW/*Kremer* DCGK Rn. 1357 ff.; MüKoAktG/*Habersack* Rn. 18; *v. Schenck* in Semler/v. Schenck AR-HdB § 1 Rn. 26 ff.; *Knothe* in Orth/Ruthe/Schichold, Der unabhängige Finanzexperte im Aufsichtsrat, 2013, 197 (203); *Heitmann*, Anforderungen an die Arbeitnehmervertreter im Aufsichtsrat, 2013, 126; für eine empirische Untersuchung der Auswahlprozesse im Aufsichtsrat bei Aufstellung eines Wahlvorschlags unter Berücksichtigung der Empfehlungen des deutschen Corporate Governance Kodex siehe *Barth*, passim.
[147] KBLW/*Kremer* DCGK Rn. 1360 ff.; *de Raet* AG 2013, 488; *Knapp* DStR 2013, 865; *Kocher* GWR 2013, 509.

gen sind zu erklären („complay or explanin"). Als „wesentliche Beteiligung" ist hierbei gem. Ziff. 5.4.1 Abs. 8 DCGK das direkte oder indirekte Halten von mehr als 10 % der stimmberechtigten Aktien zu verstehen. Zudem schränkt Ziff. 5.4.1 Abs. 7 DCGK die Pflicht dahingehend ein, dass nur solche Aspekte offen zu legen sind, die ein objektiver Aktionär nach Einschätzung des Aufsichtsrats für seine Wahlentscheidung als maßgeblich ansehen würde,[148] → § 100 Rn. 66a.

42 Daneben kann auch **jeder einzelne Aktionär** gem. §§ 127, 137 Wahlvorschläge unterbreiten, ohne dazu verpflichtet zu sein.[149] Nicht vorschlagsberechtigt ist dagegen gem. § 124 Abs. 3 Satz 1 der **Vorstand,** auch nicht einzelne Vorstandsmitglieder, um zu verhindern, dass Einfluss auf das Überwachungsorgan genommen wird.[150] Eine Verletzung dieses Verbots führt zur Anfechtbarkeit der Wahl,[151] und zwar auch für den Fall, dass der Vorschlag des Vorstands gar nicht zur Abstimmung gestellt worden ist.[152] Ist das Vorstandsmitglied indes gleichzeitig Anteilseigner, kann es in dieser Eigenschaft Wahlvorschläge unterbreiten, da das Gesetz nicht die Personalunion zwischen Aktionär und Vorstandsmitglied verbietet.

43 c) **Stimmenmehrheit.** Es gilt nach § 133 Abs. 1 das **Mehrheitswahlrecht,** wonach derjenige gewählt ist, der die meisten Stimmen auf sich vereinigt. Grundsätzlich genügt demnach die einfache Stimmenmehrheit.[153] Das Gesetz verlangt nicht, dass alle Aktionäre oder eine Mehrheit der Aktionäre nach Köpfen den Beschluss fassen; die kapitalmäßige Mehrheit genügt. Die erforderliche Stimmenmehrheit ist auch dann erreicht, wenn die Aktien nur von einem Aktionär gehalten werden, denn das AktG kennt keinen institutionalisierten Minderheitenschutz im Bereich der Aufsichtsratswahl.[154] Dies gilt auch für die Begründung oder Stärkung des Einflusses eines beherrschenden Aktionärs durch die Wahl von Personen seines Vertrauens in den Aufsichtsrat **(Konzern).**[155] Denn der aktienrechtliche Konzernschutz knüpft prinzipiell nur an die Ausübung des beherrschenden Einflusses auf die AG bei Nachteilsentstehung an (§ 311), nicht aber bereits an die Begründung oder Stärkung eines beherrschenden Einflusses.[156] Bei börsennotierten Gesellschaften ist zudem nach den Vorschriften des WpÜG oftmals bereits ein Übernahmeangebot zu unterbreiten.

44 Die **Satzung** kann gem. § 133 Abs. 2 von dem Prinzip der einfachen Mehrheit abweichen, insbesondere das Mehrheitserfordernis verschärfen[157] oder auch die relative Mehrheit genügen lassen.[158] Bleiben Aufsichtsratsmandate unbesetzt, weil nicht genügend Kandidaten die erforderliche Mehrheit erhalten, verbleibt subsidiär der Weg der gerichtlichen Bestellung gem. § 104.[159]

45 d) **Wahlverfahren.** Sofern weder Satzung (vgl. § 134 Abs. 4) noch Hauptversammlung eine entgegenstehende Regelung treffen, entscheidet der Leiter der Hauptversammlung über das Wahlverfah-

---

[148] Siehe zu den sich daraus ergebenden Rechtsunsicherheiten und Anfechtungsrisiken: *de Raet* AG 2013, 488; *Kocher* GWR 2013, 509.
[149] *Bollweg,* Die Wahl des Aufsichtsrats in der Hauptversammlung der Aktiengesellschaft, 1997, 129; MüKoAktG/*Habersack* Rn. 8, 15.
[150] OLG Hamm AG 1986, 260 (261) (für die Genossenschaft); Großkomm AktG/*Hopt/Roth* Rn. 71; MHdB AG/*Hoffmann-Becking* § 30 Rn. 36; Kölner Komm AktG/*Mertens/Cahn* Rn. 10; kritisch zur in der Praxis häufig sehr starken Einbeziehung des Vorstands(vorsitzenden) auch MüKoAktG/*Habersack* Rn. 18, 32.
[151] Großkomm AktG/*Hopt/Roth* Rn. 71; Bürgers/Körber/*Israel* Rn. 5.
[152] BGH BGHZ 153, 32 (35 ff.) = NJW 2003, 970; Großkomm AktG/*Hopt/Roth* Rn. 71 jeweils mwN zur Gegenmeinung.
[153] Hüffer/Koch/*Koch* Rn. 4; Großkomm AktG/*Hopt/Roth* Rn. 78; MüKoAktG/*Habersack* Rn. 27; *E. Vetter* in Marsch-Barner/Schäfer Börsennotierte AG-HdB Rn. 25.23.
[154] BegrRegE *Kropff* S. 138; Großkomm AktG/*Hopt/Roth* Rn. 57; MHdB AG/*Hoffmann-Becking* § 30 Rn. 41; Hüffer/Koch/*Koch* Rn. 4; MüKoAktG/*Habersack* Rn. 28; *Timm* NJW 1987, 977 (985 f.); grds. auch OLG Hamm NJW 1987, 1030 (1031) = AG 1987, 38, nicht aber bei drohender qualifiziert faktischer Konzernierung.
[155] MüKoAktG/*Habersack* Rn. 28; Großkomm AktG/*Hopt/Roth* Rn. 59; *Timm* NJW 1987, 977 (985 f.); aA OLG Hamm NJW 1987, 1030 (1031) = AG 1987, 38 mit abl. Anm. *Mertens*: Um einen unmerklichen Übergang von der einfachen zur qualifizierten faktischen Konzernierung zu vermeiden, müsse zumindest eine von der herrschenden Gesellschaft unabhängige Person Mitglied im Aufsichtsrat der Tochtergesellschaft sein.
[156] *Timm* NJW 1987, 977 (983); Großkomm AktG/*Hopt/Roth* Rn. 59 verweisen darauf, dass ein neutrales Mitglied nicht in das Aufsichtsratssystem passt, weil es nicht Repräsentant der Aktionäre ist und folglich seine Funktion unklar ist.
[157] BGHZ 76, 191 (193 f.) mwN = NJW 1980, 1465; zust. *Emmerich* JuS 1980, 681 (682); Großkomm AktG/*Hopt/Roth* Rn. 79; *E. Vetter* in Marsch-Barner/Schäfer Börsennotierte AG-HdB Rn. 25.23; MHdB AG/*Hoffmann-Becking* § 30 Rn. 41; Hüffer/Koch/*Koch* Rn. 4; Kölner Komm AktG/*Mertens/Cahn* Rn. 20; MüKoAktG/*Habersack* Rn. 27; *Zöllner* ZGR 1982, 623 (631 f.).
[158] *Caesar* JA 1981, 51; Großkomm AktG/*Hopt/Roth* Rn. 78; MüKoAktG/*Habersack* Rn. 27; MHdB AG/*Hoffmann-Becking* § 30 Rn. 41; Hüffer/Koch/*Koch* Rn. 4; Kölner Komm AktG/*Mertens/Cahn* Rn. 20; *E. Vetter* in Marsch-Barner/Schäfer Börsennotierte AG-HdB Rn. 25.23.
[159] *Caesar* JA 1981, 51 (52); *Emmerich* JuS 1980, 681 (682); Großkomm AktG/*Hopt/Roth* Rn. 79.

ren, zB ob durch Handaufheben oder Stimmkarten abgestimmt wird.[160] Ebenso legt er, wenn mehrere Wahlvorschläge vorliegen, unter Beachtung der Sachdienlichkeit die Wahlreihenfolge fest.[161] Eine Ausnahme besteht nur für den Fall des rechtzeitigen Wahlvorschlags eines Aktionärs gem. § 137, der in jedem Fall vor dem Wahlvorschlag des Aufsichtsrats zur Abstimmung zu stellen ist, wenn 10 % des in der Hauptversammlung vertretenen Grundkapitals dies verlangen.

Grenzen dieser Leitungsbefugnis ergeben sich jedoch aus Beschlüssen der Hauptversammlung über die Geschäftsordnung, an die der Leiter gebunden ist, insbesondere wenn eine bestimmte Abstimmungsreihenfolge festgelegt wird.[162] Auf das – an sich im Verbandsrecht selbstverständliche – Primat der Mitgliederversammlung auch in Geschäftsordnungsfragen deutet ferner § 137 hin, wonach schon dann über einen Aktionärsvorschlag zuerst abgestimmt werden muss, wenn dies eine Minderheit von 10 % des vertretenen Grundkapitals verlangt.[163] Eine eigenständige Kompetenz des Versammlungsleiters, die unabhängig vom Organ Hauptversammlung wäre, sieht das Gesetz nicht vor.[164]

Ermittelt wird das **Ergebnis** entweder durch die Additionsmethode, bei der die Ja- und Nein-Stimmen gesondert ausgezählt werden, oder durch die Subtraktionsmethode, bei der die Nein-Stimmen und Stimmenthaltungen zusammengezählt und von der Zahl der Abstimmungsteilnehmer abgezogen werden.[165] Bei großen Hauptversammlungen ist die zulässige[166] und zeitsparende Subtraktionsmethode zu empfehlen, wobei aber zur Vermeidung relevanter Beschlussanfechtungsgründe fortlaufend eine zuverlässige Präsenzliste aller Teilnehmer zu führen ist.[167] Zu den Anforderungen der Richtigkeit der Stimmauszählung, → § 130 Rn. 46; zu Reichweite und Grenzen des über das Auskunftsrecht der Aktionäre zu erlangenden Informationen bzgl. der Aufsichtsratsmitglieder, → § 131 Rn. 31.

6. Wahl der Arbeitnehmervertreter. Setzt sich der Aufsichtsrat nach dem Montan-MitbestG zusammen, wählt die Hauptversammlung auch die Arbeitnehmervertreter, wobei sie aber an die von den Betriebsräten des Unternehmens gemachten Wahlvorschläge nach § 6 Abs. 1 S. 2, Abs. 6 MontanMitbestG gebunden ist.[168] Die Wahl nach dem MitbestG vollzieht sich nach §§ 9 ff. MitbestG und den dazugehörigen Wahlordnungen, bei weniger als 8000 Mitarbeitern unmittelbar durch die Arbeitnehmer, bei mehr als 8000 Mitarbeitern durch Delegierte. Die Arbeitnehmer können für das jeweils andere Wahlverfahren optieren. Gleiches gilt für Gesellschaften nach dem MontanMitbestErgG (§§ 5, 7 MontanMitbestErG). Im Bereich des DrittelbG wählen die Arbeitnehmer die Aufsichtsratsmitglieder unmittelbar auf Grund von Wahlvorschlägen der Betriebsräte oder eines Arbeitnehmerquorums von 10 % der Wahlberechtigten (mindestens 100 Wahlberechtigte), §§ 5 Abs. 1, 6 DrittelbG. Entsprechendes gilt über die Verweisung des § 4 MgVG auf die Regelungen über die Mitbestimmung des Mitgliedstaats, in dem die aus einer grenzüberschreitenden Verschmelzung hervorgehende Gesellschaft ihren Sitz hat. Zu beachten sind jedoch die das Wahlverfahren regelnden §§ 5, 22 Abs. 1 Nr. 4 MgVG, wonach die Regelungen iSd § 4 MgVG abbedungen werden können.

V. Entsendung von Aufsichtsratsmitgliedern der Anteilseigner (Abs. 2)

1. Satzungsrechtliche Grundlage. Nach § 101 Abs. 2 kann allein Aktionären ein Entsendungsrecht unter bestimmten Voraussetzungen eingeräumt werden, und zwar nur durch die Sat-

---

[160] Hüffer/Koch/*Koch* Rn. 5; Großkomm AktG/*Hopt/Roth* Rn. 74; MüKoAktG/*Habersack* Rn. 24; *Stützle/Walgenbach* ZHR 155 (1991), 516 (534); Kölner Komm AktG/*Zöllner* § 119 Rn. 59.
[161] LG Hamburg DB 1995, 1756; LG München I NZG 2016, 985; MHdB AG/*Hoffmann-Becking* § 30 Rn. 45; Hüffer/Koch/*Koch* Rn. 5; *Max* AG 1991, 77 (85); Großkomm AktG/*Hopt/Roth* Rn. 74; *Ramm* NJW 1991, 2753; MüKoAktG/*Habersack* Rn. 25; *Stützle/Walgenbach* ZHR 155 (1991), 516 (532).
[162] Hüffer/Koch/*Koch* Rn. 5; MüKoAktG/*Habersack* Rn. 25; Großkomm AktG/*Hopt/Roth* Rn. 73 mit weiteren Beispielen.
[163] Darauf weisen zu Recht Hüffer/Koch/*Koch* Rn. 5 sowie *E. Vetter* in Marsch-Barner/Schäfer Börsennotierte AG-HdB Rn. 25.25 und MüKoAktG/*Habersack* Rn. 25 hin.
[164] AA *Butzke* J Rn. 58; Großkomm AktG/*Meyer-Landrut*, 3. Aufl. 1973, Anm. 4; *Stützle/Walgenbach* ZHR 155 (1991), 516 (533); früher schon *Jacobs* BB 1958, 726.
[165] Hüffer/Koch/*Koch* § 133 Rn. 23 f.; *Max* AG 1991, 77 (87 f.); Großkomm AktG/*Hopt/Roth* Rn. 67; MHdB AG/*Austmann* § 40 Rn. 36.
[166] OLG Frankfurt a. M. AG 1999, 231 (232); Hüffer/Koch/*Koch* § 133 Rn. 24; *Max* AG 1991, 77 (87 f.); für die Zulässigkeit aber Empfehlung eines anderen Verfahrens MHdB AG/*Austmann* § 40 Rn. 36; *Zöllner* ZGR 1974, 1 (5 f.); aA *Brox* DB 1965, 731 (732 f.).
[167] Hüffer/Koch/*Koch* § 133 Rn. 24; *Max* AG 1991, 77 (87 f.); MHdB AG/*Austmann* § 40 Rn. 36; *Zöllner* ZGR 1974, 1 (5 f.).
[168] → Rn. 20 f.; Hüffer/Koch/*Koch* Rn. 4; Grigoleit/*Grigoleit/Tomasic* Rn. 22.

zung. Andere Personen, wie bis 1981 etwa die Spitzenorganisationen der Gewerkschaften gem. § 7 MontanMitbestErgG aF, besitzen kein Entsendungsrecht, ebenso wenig Aufsichtsrats- oder Vorstandsmitglieder, sofern sie nicht zugleich Anteilseigner sind;[169] entgegenstehende Satzungsbestimmungen sind nichtig.[170] Das Entsendungsrecht bleibt bestehen, wenn der Berechtigte Mitglied des Aufsichtsrats oder des Vorstands wird.[171] Das Entsendungsrecht kann jeder Rechtsperson eingeräumt werden, mithin auch juristischen Personen. Mit dem Entsendungsrecht kann bestimmten Personen mit großem Interesse an der Gesellschaft eine besondere Einflussmöglichkeit eröffnet werden, indem sie Personen ihres Vertrauens in den Aufsichtsrat entsenden dürfen.[172] Hauptanwendungsfall in der Praxis dürften nach wie vor Unternehmen sein, an denen die öffentliche Hand beteiligt ist;[173] aber auch anderen Aktiengesellschaften steht die Einführung eines Entsendungsrechts offen.[174]

50 Das Entsendungsrecht bedarf auf jeden Fall einer satzungsmäßigen Grundlage, sei es in der ursprünglichen Satzung oder durch spätere Satzungsänderung; eine schuldrechtliche Vereinbarung ist nicht ausreichend. Demgemäß handelt es sich bei dem Entsendungsrecht um ein **Sonderrecht** nach § 35 BGB,[175] das dem Berechtigten nur mit seiner Zustimmung entzogen werden kann. Da das Entsendungsrecht zuvor gem. § 101 Abs. 2 S. 1 durch die Satzung begründet wurde, bedarf es zu seiner Aufhebung einer Satzungsänderung,[176] die auch dann erforderlich ist, wenn der Entsendungsberechtigte auf sein Recht verzichten sollte.[177]

51 Die **Satzung** kann zahlreiche Bestimmungen treffen, die das Sonderrecht ausgestalten oder unter Vorbehalt stellen,[178] zB das Recht der Hauptversammlung, die Zahl der Aufsichtsratssitze zu verringern, ohne dass der Entsendungsberechtigte hiergegen Veto einlegen könnte (→ Rn. 67). Das Entsendungsrecht kann an bestimmte persönliche Voraussetzungen für das entsandte Mitglied geknüpft werden, zB an die Zugehörigkeit zu einer Familie oder Berufsgruppe.[179] Eine Bedingung, die das Entsendungsrecht des Aktionärs von der Zugehörigkeit zum Vorstand oder Aufsichtsrat abhängig macht, ist dagegen rechtsmissbräuchlich, da sie die Wahlfreiheit der Hauptversammlung und das Bestellungsrecht des Aufsichtsrats beeinträchtigt, indem sie Druck auf die Hauptversammlung bzw. den Aufsichtsrat ausübt, dem betroffenen Aktionär mit der Mitgliedschaft im Vorstand bzw. Aufsichtsrat auch das Entsendungsrecht zu verschaffen.[180]

52 Als **sachliche Voraussetzung** für das Entsendungsrecht kann die Satzung verlangen, dass der Entsendungsberechtigte eine bestimmte Mindestanzahl an Aktien hält.[181] Die Satzung kann das Entsendungsrecht aber auch befristen sowie Regelungen zu einem Ruhen treffen, wenn der Entsendungsberechtigte in den Vorstand oder Aufsichtsrat gewählt wird.[182] Auch kann sie eine Pflicht zur Entsendung vorsehen (→ Rn. 71). Unzulässig sind dagegen Zustimmungsvorbehalte der Hauptversammlung, des Aufsichtsrats oder des Vorstands gegenüber dem Entsendungsberechtigten, da dessen

---

[169] MüKoAktG/*Habersack* Rn. 32; Großkomm AktG/*Hopt/Roth* Rn. 109.
[170] MüKoAktG/*Habersack* Rn. 32.
[171] MüKoAktG/*Habersack* Rn. 32; aA Großkomm AktG/*Hopt/Roth* Rn. 109: Ruhen des Entsendungsrechts während des Vorstandsamtes, weil der Vorstand sonst über die Person seines eigenen Kontrolleurs entscheiden könne. Ohne Zustimmung des Entsendungsberechtigten ist das aber mangels gesetzlicher Grundlage nur schwer begründbar, zumal auch die Möglichkeit besteht, die Bestellung von dieser Zustimmung abhängig zu machen.
[172] BGHZ 36, 296 (307) = NJW 1962, 864; Großkomm AktG/*Hopt/Roth* Rn. 102.
[173] S. schon BegrRegE *Kropff* S. 138; BGHZ 36, 296 (307) = NJW 1962, 864; Großkomm AktG/*Hopt/Roth* Rn. 102 f.
[174] Kölner Komm AktG/*Mertens/Cahn* Rn. 49; Großkomm AktG/*Hopt/Roth* Rn. 102.
[175] MHdB AG/*Hoffmann-Becking* § 30 Rn. 49; Hüffer/Koch/*Koch* Rn. 10; Kölner Komm AktG/*Mertens/Cahn* Rn. 52; Großkomm AktG/*Hopt/Roth* Rn. 108; MüKoAktG/*Habersack* Rn. 31; K. Schmidt/Lutter/*Drygala* Rn. 14; *E. Vetter* in Marsch-Barner/Schäfer Börsennotierte AG-HdB Rn. 25.27; Hölters/*Simons* Rn. 24; Wachter/*Schick* Rn. 8; Henssler/Strohn/*Henssler* Rn. 11; zur Vereinbarkeit nationaler staatlicher Sonderrechte mit europäischem Gemeinschaftsrecht s. *Lieder* ZHR 172 (2008), 306 (322 ff.).
[176] MHdB AG/*Hoffmann-Becking* § 30 Rn. 49; Großkomm AktG/*Hopt/Roth* Rn. 108; Hüffer/Koch/*Koch* Rn. 10; Kölner Komm AktG/*Mertens/Cahn* Rn. 51; MüKoAktG/*Habersack* Rn. 31.
[177] Kölner Komm AktG/*Mertens/Cahn* Rn. 51; MüKoAktG/*Habersack* Rn. 31.
[178] MHdB AG/*Hoffmann-Becking* § 30 Rn. 33, 49; Kölner Komm AktG/*Mertens/Cahn* Rn. 58; Großkomm AktG/*Hopt/Roth* Rn. 122; MüKoAktG/*Habersack* Rn. 46.
[179] MHdB AG/*Hoffmann-Becking* § 30 Rn. 33, 49; Großkomm AktG/*Hopt/Roth* Rn. 123 f., 129; MüKoAktG/*Habersack* Rn. 58; *Rothärmel* BB 2012, 716 (718).
[180] Kölner Komm AktG/*Mertens/Cahn* Rn. 58; Großkomm AktG/*Hopt/Roth* Rn. 125; MüKoAktG/*Habersack* Rn. 59; K. Schmidt/Lutter/*Drygala* Rn. 14.
[181] Kölner Komm AktG/*Mertens/Cahn* Rn. 58; Großkomm AktG/*Hopt/Roth* Rn. 123; MüKoAktG/*Habersack* Rn. 59.
[182] Kölner Komm AktG/*Mertens/Cahn* Rn. 58; Großkomm AktG/*Hopt/Roth* Rn. 124; MüKoAktG/*Habersack* Rn. 59.

Recht damit entwertet werden würde und Aufsichtsrat oder Vorstand Einfluss auf ihre eigene Zusammensetzung nehmen könnten.[183]

Im Zusammenhang mit möglicherweise überproportionierter Einflussnahme bzw. Stimmrechts- 53 verteilung steht auch die **europarechtliche Diskussion um das satzungsrechtliche Entsendungsrecht.** Dieses könnte dazu führen, dass selbst ein Mehrheitsaktionär – wenn nicht das Entsenderecht gerade zu seinen Gunsten besteht – nur begrenzt Einfluss auf die Besetzung des Aufsichtsrats und damit Einfluss auf den Vorstand nehmen kann.[184] Ob eine derartige Satzungsfestlegung mit einhergehendem Entsendungsrecht möglicherweise internationale Investoren abschreckt, Aktien der Gesellschaft zu erwerben, da selbst bei einer Mehrheitsbeteiligung kein entsprechender Einfluss ausgeübt werden kann und damit ein Verstoß gegen Art. 63 AEUV (früher: Art. 56 Abs. 1 EGV) Kapitalverkehrsfreiheit vorliegt,[185] erscheint indes fragwürdig. Der EuGH hat zwar wiederholt festgestellt, dass eine die Kapitalverkehrsfreiheit beschränkende Maßnahme auch in der Begründung von Entsendungsrechten liegen kann,[186] allerdings galt diese Rechtsprechung unmittelbar staatlichen Eingriffen in Form von Gesetzesvorschriften[187] bzw. richtete sich gegen staatliche Akteure.[188] Das Entsenderecht aufgrund der in § 101 Abs. 2 eröffneten Satzungsklausel räumt jedoch nur privaten Aktionären Sonderrechte ein. Ebenso wie das Grundgesetz primär den Staat in die Verantwortung nimmt und daher zwischen Privaten nur mittelbar wirkt,[189] ist Verpflichtungsadressat der Grundfreiheiten des AEUV (früher: EGV) prinzipiell nur ein Träger von Hoheitsgewalt.[190] In dem Rechtsverhältnis zwischen Gesellschaft, Entsendeberechtigten und Aktionären geht es jedoch um die Ausübung von Verbands- und daher Privatautonomie. In diesem Bereich ist jedenfalls hinsichtlich der unmittelbaren Anwendung von Grundfreiheiten und mithin eines Verstoßes gegen Art. 63 Abs. 1 AEUV (früher: Art. 56 Abs. 1 EGV) Vorsicht geboten.[191] Schließlich darf nicht übersehen werden, dass das Entsenderecht von den Aktionären selbst per Satzung geschaffen wurde, mithin auch zur Disposition einer entsprechenden satzungsändernden Mehrheit steht.

Da das Entsendungsrecht an eine bestimmte Aktie oder eine bestimmte Person gebunden ist, 54 muss diese in der Satzung **bezeichnet** werden, nach § 101 Abs. 2 S. 1 entweder durch namentliche Nennung oder durch nähere Bestimmung der Aktien, mit denen das Entsendungsrecht verknüpft ist.[192] Die Aktien des Entsendungsberechtigten gelten kraft der Fiktion des § 101 Abs. 2 S. 3 nicht als besondere Gattung iSd § 11, so dass die Notwendigkeit einer besonderen Abstimmung entfällt.[193]

a) Entsendungsrecht für bestimmte Personen. Ein an eine **bestimmte Person** geknüpftes 55 Entsendungsrecht ist nicht übertragbar.[194] Die Satzung kann bestimmte persönliche Voraussetzungen vorsehen, die für die Ausübung des Entsendungsrechts vorliegen müssen. Die Bestellung des Entsandten bleibt auch bei Wegfall der persönlichen Voraussetzungen beim Entsendungsberechtigten erhalten.[195]

---

[183] Teilw. abw. Kölner Komm AktG/*Mertens/Cahn* Rn. 58 und Großkomm AktG/*Hopt/Roth* Rn. 126 sowie MüKoAktG/*Habersack* Rn. 60, die für Hauptversammlung und Aufsichtsrat ein Vetorecht zulassen.
[184] Zu dieser Problematik BGH AG 2009, 694; OLG Hamm NZG 2008, 914 (916, 917); *Goette* DStR 2009, 2547; Kölner Komm AktG/*Mertens/Cahn* Rn. 50; *Neumann/Ogorek* NZG 2008, 892 ff.
[185] *Möslein* AG 2007, 770 (774, 775).
[186] Vergleiche nur EuGH Slg. 2007, I-8995 = NZG 2007, 942 ff. – VW- Gesetz; EuGH Slg. 2006, I-9141 = NZG 2006, 942 ff. – KPN/TPG; EuGH Slg. 2007, I-10 419 = WM 2008, 634 ff. – Italienischer Codice civile.
[187] EuGH Urt. v. 23.10.2007 – Rs C-112/05 Slg. 2007, I-8995 = NZG 2007, 942 ff. – VW-Gesetz; EuGH WM 2008, 634 ff. – Italienischer Codice civile.
[188] EuGH Slg. 2006, I-9141 = NZG 2006, 942 ff. – KPN/TPG; EuGH Slg. 2007, I-10 419 = WM 2008, 634 ff. – Italienischer Codice civile.
[189] Beispielhaft für die allgemeine Auffassung BVerfGE 7, 198 (205) – Lüth-Urteil; *Loschelders/Roth* JZ 1995, 1034 ff.; Jarass/Pieroth/*Jarass* GG Vor Art. 1 Rn. 13; Sachs/*Sachs*, Grundgesetz: GG, 8. Aufl. 2018, Vor Art. 1 Rn. 32; *Stern*, Das Staatsrecht der Bundesrepublik Deutschland Band III/1: Allgemeine Lehren der Grundrechte, 1988, S. 1511, 1543, 1572.
[190] EuGH Slg. 2007, I-8995 = NZG 2007, 942 ff. – VW-Gesetz hierbei qualifizierte der Gerichtshof die Rechte zur Benennung von Organmitgliedern im VW- Gesetz als Behinderung der Kapitalverkehrsfreiheit.
[191] So in seiner Urteilsbegründung auch OLG Hamm NZG 2008, 914, (916, 917); bestätigt durch BGH ZIP 2009, 1566 = DStR 2009, 2547 mit zust. Anm. *Goette*; sowie *Verse* ZIP 2008, 1754 (1760, 1761); *Neumann/Ogorek* NZG 2008, 892 (896); *Bayer/Schmidt* BB 2008, 454 (460); *Seeling/Zwickel* BB 2008, 622 (623); für eine gebotene Umsicht hinsichtlich der unmittelbaren Wirkung der Grundfreiheiten auch *Körber*, Grundfreiheiten und Privatrecht, 2004, 828 (829).
[192] Hüffer/Koch/*Koch* Rn. 10; MüKoAktG/*Habersack* Rn. 34, 39; Großkomm AktG/*Hopt/Roth* Rn. 109.
[193] Siehe hierzu Hüffer/Koch/*Koch* Rn. 8, § 11 Rn. 7; *Loges/Distler* ZIP 2002, 467 (468); Großkomm AktG/*Hopt/Roth* Rn. 121; MüKoAktG/*Habersack* Rn. 44.
[194] MHdB AG/*Hoffmann-Becking* § 30 Rn. 49; Hüffer/Koch/*Koch* Rn. 10; Kölner Komm AktG/*Mertens/Cahn* Rn. 52; Großkomm AktG/*Hopt/Roth* Rn. 110; MüKoAktG/*Habersack* Rn. 34; Hölters/*Simons* Rn. 25.
[195] MüKoAktG/*Habersack* Rn. 58; K. Schmidt/Lutter/*Drygala* Rn. 24.

56 Die Satzung kann vorsehen, dass das Entsendungsrecht **mehreren Personen** oder mehreren Aktien zur gemeinschaftlichen Ausübung, gegebenenfalls durch einen gemeinsamen Vertreter, zusteht.[196] In diesem Fall wird mangels weiterer Satzungsbestimmungen zwischen den Entsendungsberechtigten eine Gemeinschaft nach Bruchteilen gem. §§ 741 ff. BGB begründet,[197] denn für eine BGB-Gesellschaft fehlt es an einem Vertragsschluss und auch am gemeinsamen Zweck. Die Berechtigten entscheiden demzufolge in Ermangelung einer Satzungsregelung gem. § 745 Abs. 1 BGB durch Stimmenmehrheit über die Ausübung des Entsendungsrechts.[198] Sieht die Satzung persönliche Voraussetzungen vor, müssen diese im Zweifel bei allen gemeinschaftlich zur Entsendung Berechtigten vorliegen; fehlen einigen Berechtigten diese Voraussetzungen, dürfen sie im Zweifel nicht an der Entsendung mitwirken.[199]

57 Das Entsendungsrecht ist an den Besitz der Aktien gebunden und **erlischt,** wenn die Aktien veräußert werden.[200] Ob der nur vorübergehende Verlust der Aktien und der spätere Rückerwerb das Entsendungsrecht wieder aufleben lassen, hängt von den Satzungsbestimmungen ab. Mangelt es an einer Regelung, ist im Zweifel davon auszugehen, dass die Satzung aus Gründen der Rechtssicherheit das Entsendungsrecht nur den derzeitigen Anteilseignern einräumen will; anders kann dies bei Familiengesellschaften zu beurteilen sein.[201] Die Hauptversammlung kann das Entsendungsrecht ohne Zustimmung des Berechtigten aufheben, wenn es ruhen sollte, da dieser ohne Aktien kein Sonderrecht mehr innehat.[202] Ebenso können entsandte Aufsichtsratsmitglieder nach § 103 Abs. 2 abberufen werden.[203]

58 Ob das Entsendungsrecht im Todesfall **vererbt** oder an einen Dritten übertragen werden soll, kann die Satzung regeln.[204] Wegen der besonderen Bindung an die Person müssen der Erbe bzw. der Dritte jedoch namentlich bezeichnet sein.[205] Mangels anderweitiger Satzungsregelungen ist das Entsendungsrecht nicht vererblich oder übertragbar und erlischt mit dem Tod des Berechtigten, da die Gesellschaft das Recht nur unter Ansehung der Person des Berechtigten verleiht.[206]

59 Bei **juristischen Personen** geht das Entsendungsrecht abgesehen von der Veräußerung der Aktien nur unter, wenn deren Rechtspersönlichkeit erlischt, etwa durch Verschmelzung, nicht aber bei rein formwechselnder Umwandlung.[207]

60 b) **Entsendungsrecht für bestimmte Aktien.** Bei der Bindung des Entsendungsrechts an bestimmte Aktien müssen nach Abs. 2 S. 2 zum einen die Aktien auf den Namen lauten, zum anderen muss die Übertragung der Aktien nach der Satzung an die Zustimmung der Gesellschaft gem. § 68 Abs. 2 gebunden sein **(vinkulierte Namensaktien).** Der Zustimmung der Gesellschaft bedarf es nicht im Fall einer Gesamtrechtsnachfolge (zB im Erbfall gem. §§ 1922 ff. BGB).[208] Das Entsendungsrecht geht mit der jeweiligen Aktie auf den neuen Inhaber über.[209] Die Zustimmung

---

[196] MHdB AG/*Hoffmann-Becking* § 30 Rn. 51; Kölner Komm AktG/*Mertens/Cahn* Rn. 57; Großkomm AktG/*Hopt/Roth* Rn. 118 f.; MüKoAktG/*Habersack* Rn. 44; K. Schmidt/Lutter/*Drygala* Rn. 19.
[197] Großkomm AktG/*Hopt/Roth* Rn. 119; Kölner Komm AktG/*Mertens/Cahn* Rn. 57; MüKoAktG/*Habersack* Rn. 35, 40.
[198] Großkomm AktG/*Hopt/Roth* Rn. 119; MüKoAktG/*Habersack* Rn. 35, 40; K. Schmidt/Lutter/*Drygala* Rn. 19; aA Großkomm AktG/*Meyer-Landrut*, 3. Aufl. 1973, Anm. 14: Einstimmigkeit.
[199] Kölner Komm AktG/*Mertens/Cahn* Rn. 57; Großkomm AktG/*Hopt/Roth* Rn. 120; MüKoAktG/*Habersack* Rn. 35.
[200] AllgM, MüKoAktG/*Habersack* Rn. 36; Großkomm AktG/*Hopt/Roth* Rn. 113; Bürgers/Körber/*Israel* Rn. 11.
[201] Ähnlich Kölner Komm AktG/*Mertens/Cahn* Rn. 56; Großkomm AktG/*Hopt/Roth* Rn. 113; MüKoAktG/*Habersack* Rn. 36.
[202] Kölner Komm AktG/*Mertens/Cahn* Rn. 56; Großkomm AktG/*Hopt/Roth* Rn. 113; MüKoAktG/*Habersack* Rn. 36.
[203] Kölner Komm AktG/*Mertens/Cahn* Rn. 56; Großkomm AktG/*Hopt/Roth* Rn. 113; MüKoAktG/*Habersack* Rn. 36.
[204] Kölner Komm AktG/*Mertens/Cahn* Rn. 53, 54: Satzung kann aber nicht abstrakt rechtsgeschäftliche Übertragung des Entsendungsrechts zulassen; MüKoAktG/*Habersack* Rn. 37; Großkomm AktG/*Hopt/Roth* Rn. 111; K. Schmidt/Lutter/*Drygala* Rn. 17; Hölters/*Simons* Rn. 25.
[205] AA Großkomm AktG/*Hopt/Roth* Rn. 111 iVm Fn. 478 ohne Begründung; differenzierend MüKoAktG/*Habersack* Rn. 37: keine namentliche Nennung des Erben, wohl aber des Dritten.
[206] Kölner Komm AktG/*Mertens/Cahn* Rn. 53, 54; MüKoAktG/*Habersack* Rn. 37; Großkomm AktG/*Hopt/Roth* Rn. 111.
[207] MüKoAktG/*Habersack* Rn. 38; teilweise aA Fortbestehen des Entsendungsrechts bei Verschmelzung; Kölner Komm AktG/*Mertens/Cahn* Rn. 55; Großkomm AktG/*Hopt/Roth* Rn. 112 iVm Fn. 482.
[208] MüKoAktG/*Bayer* § 68 Rn. 52; Hüffer/Koch/*Koch* § 68 Rn. 11; Kölner Komm AktG/*Lutter/Drygala* § 68 Rn. 107.
[209] Vgl. Hüffer/Koch/*Koch* Rn. 10; Kölner Komm AktG/*Mertens/Cahn* Rn. 52; MüKoAktG/*Habersack* Rn. 39; Großkomm AktG/*Hopt/Roth* Rn. 115.

zur Übertragung der Aktien wird gem. § 68 Abs. 2 S. 2 vom Vorstand für die Gesellschaft ausgeübt. Obwohl der Vorstand dadurch mittelbar Einfluss auf die Zusammensetzung des Aufsichtsrats nehmen kann, sieht das Gesetz hier keine Einschränkungen vor.[210] Statt den Vorstand kann die Satzung jedoch gem. § 68 Abs. 2 S. 3 entweder den Aufsichtsrat oder die Hauptversammlung zur Zustimmung ermächtigen,[211] was den mittelbaren Einfluss des Vorstands auf die Besetzung des Aufsichtsrats verhindern und somit guter Corporate Governance entsprechen würde.[212]

Eine **Personenmehrheit** übt die Rechte an einer Aktie, die mit einem Entsendungsrecht verbunden ist, durch einen gemeinschaftlichen Vertreter nach § 69 Abs. 1 aus. Die Satzung kann nähere Bestimmungen darüber treffen, wie die Beteiligten im Innenverhältnis ihre Rechte ausüben, insbesondere über nötige Quoren für Beschlüsse.[213] In Ermangelung besonderer Satzungsbestimmungen finden die Regelungen über die Bruchteilsgemeinschaft Anwendung, indem Stimmenmehrheit gem. § 745 BGB genügt.[214]

Das Entsendungsrecht **erlischt** mit dem Wegfall der Voraussetzungen des § 101 Abs. 2 S. 2, zB indem die Namensaktien in Inhaberaktien umgewandelt werden; da es sich um Sonderrechte handelt, bedarf es zum Erlöschen allerdings stets der Zustimmung des Entsendungsberechtigten.[215]

c) **Koppelung von Entsendungsrechten.** Das Gesetz verbietet nicht eine von der Satzung vorgesehene Verbindung von personen- und aktienbezogenem Entsendungsrecht. In diesem Fall muss der Entsendungsberechtigte eine bestimmte Aktie halten. Die Satzung kann ferner die Hinterlegung verlangen und die Abtretbarkeit des Rücknahmeanspruchs ausschließen.[216] Da sich das Sonderrecht nach § 35 BGB nur auf das Entsendungsrecht als solches, nicht aber auf seine Art und Ausgestaltung bezieht, kann die Hauptversammlung im Wege der Satzungsänderung die Koppelung wieder aufheben und das Erfordernis des Innehabens bestimmter Aktien unbeschadet des persönlichen Entsendungsrechts beseitigen.[217]

2. **Inhalt des Entsendungsrechts.** Der Entsendungsberechtigte darf mit bindender Wirkung für die anderen Organe der AG ein Aufsichtsratsmitglied bestellen. Einer weiteren Wahl oder Zustimmung bedarf es nicht. Mit der Bestellung erschöpft sich das Entsendungsrecht. Andere Bestandteile des Aufsichtsratsverhältnisses kann der Berechtigte nicht festlegen; so bleibt zB die Festsetzung der Vergütung gem. § 113 allein der Satzung und Hauptversammlung vorbehalten.[218]

3. **Höchstzahl der Entsendungsrechte.** Der Besetzung des Aufsichtsrats durch entsandte Aufsichtsratsmitglieder setzt § 101 Abs. 2 S. 4 eine Höchstgrenze, um zu verhindern, dass der Aufsichtsrat von Vertretern des Entsendungsberechtigten dominiert wird, ohne dass dem ein gleichwertiger Aktienbesitz entspricht.[219] Demnach darf nur ein Drittel der Aufsichtsratsmandate der Anteilseigner mit entsandten Aufsichtsratsmitgliedern besetzt werden. Maßgeblich ist die Höchstzahl der Aufsichtsratsmitglieder bzw. Anteilseignervertreter nach § 96 (ohne die „weiteren Mitglieder") zum Zeitpunkt der Einräumung des Entsendungsrechts.[220] Das Gesetz stellt ausdrücklich auf die Sollzahl der Anteilseignervertreter ab, nicht auf die Zahl der tatsächlich gewählten Mitglieder; hat die Hauptversammlung daher Sitze unbesetzt gelassen, kann der Anteil der entsandten Mitglieder an den tatsächlich besetzten Anteilseignervertretern durchaus mehr als ein Drittel betragen.[221]

Die **Satzung** kann nichts anderes bestimmen, so dass Entsendungsrechte zugunsten mehrerer Personen, die die gesetzliche Höchstzahl überschreiten, insgesamt nichtig sind.[222] Etwas anderes gilt,

---

[210] Wie hier kritisch MüKoAktG/*Habersack* Rn. 39; abw. Großkomm AktG/*Hopt/Roth* Rn. 115, die hier die Unvereinbarkeit des Zustimmungsrechts des Vorstandes mit dem Wesen der AG für vorstellbar halten.
[211] MüKoAktG/*Bayer* § 68 Rn. 65; MüKoAktG/*Habersack* Rn. 39; Kölner Komm AktG/*Lutter/Drygala* § 68 Rn. 67,75; Großkomm AktG/*Hopt/Roth* Rn. 115.
[212] MüKoAktG/*Habersack* Rn. 39; Großkomm AktG/*Hopt/Roth* Rn. 115.
[213] MüKoAktG/*Habersack* Rn. 40.
[214] MüKoAktG/*Habersack* Rn. 40.
[215] → Rn. 50; MüKoAktG/*Habersack* Rn. 41; Großkomm AktG/*Hopt/Roth* Rn. 117.
[216] Kölner Komm AktG/*Mertens/Cahn* Rn. 52; zust. MüKoAktG/*Habersack* Rn. 42; Großkomm AktG/*Hopt/Roth* Rn. 114, 117.
[217] MüKoAktG/*Habersack* Rn. 42; wohl aA Großkomm AktG/*Hopt/Roth* Rn. 117: fraglich.
[218] Kölner Komm AktG/*Mertens/Cahn* Rn. 51; MüKoAktG/*Habersack* Rn. 31; K. Schmidt/Lutter/*Drygala* Rn. 24.
[219] Hüffer/Koch/*Koch* Rn. 11; MüKoAktG/*Habersack* Rn. 53; ähnlich Großkomm AktG/*Hopt/Roth* Rn. 130; keine Herrschaft in der Aktiengesellschaft allein auf Grund des Entsendungsrechts; ebenso K. Schmidt/Lutter/*Drygala* Rn. 21; Grigoleit/*Grigoleit/Tomasic* Rn. 16.
[220] MüKoAktG/*Habersack* Rn. 54; Großkomm AktG/*Hopt/Roth* Rn. 131.
[221] MüKoAktG/*Habersack* Rn. 54; Großkomm AktG/*Hopt/Roth* Rn. 131.
[222] Hüffer/Koch/*Koch* Rn. 11; Kölner Komm AktG/*Mertens/Cahn* Rn. 60; Großkomm AktG/*Hopt/Roth* Rn. 131; MüKoAktG/*Habersack* Rn. 55; Bürgers/Körber/*Israel* Rn. 14.

wenn das Entsendungsrecht nur einem Anteilseigner zusteht: In diesem Fall reduzieren sich die Entsendungsrechte auf die gesetzlich zulässige Höchstzahl.[223] Über die zulässige Zahl hinaus entsandte Aufsichtsratsmitglieder sind nicht bestellt worden. Ein Hauptversammlungsbeschluss zur Erweiterung bzw. Satzungsänderung ist nichtig.[224]

67 Kommt es zu einer **Änderung** der gesetzlichen Zusammensetzung des Aufsichtsrats (zB infolge Kapitalerhöhungen und -herabsetzungen, Erhöhung bzw. Verringerung der Arbeitnehmeranzahl, Satzungsänderung), muss auch die Höchstzahl für den Entsendungsberechtigten angepasst werden. Bei einer Verringerung der Aufsichtsratsmandate (zB infolge einer Kapitalherabsetzung) erlöschen alle Entsendungsrechte, wenn sie unterschiedlichen Berechtigten zustehen. Diese auf den ersten Blick schwer verständliche Rechtsfolge beruht darauf, dass eine Ungleichbehandlung der Entsendungsberechtigten unzulässig ist. Eine Reduzierung der Entsendungsrechte ist nur möglich, wenn die Satzung regelt, in welcher Reihenfolge die Rechte bei einer Verringerung der Aufsichtsratssitze entfallen. Bestehen hingegen ausschließlich Entsendungsrechte eines einzelnen Anteilseigners, erlöschen diese nur insoweit wie sie die nunmehr geltende Höchstzahl von Aufsichtsratssitzen übersteigen.[225] Die Entsendungsrechte entfallen bzw. reduzieren sich, ohne dass eine ausdrückliche Anpassung durch die Satzung erforderlich ist.[226] Für die satzungsmäßige Herabsetzung der Zahl der Aufsichtsratssitze – und zu dem damit verbundenen Wegfall von Entsendungsrechten – benötigt die Hauptversammlung auf Grund des Sonderrechtscharakters des Entsendungsrechts nach § 35 BGB die Zustimmung der Berechtigten.[227] Allerdings kann die Satzung die Entsendungsrechte von vornherein unter den Vorbehalt der Anpassung der Zahl der Aufsichtsratssitze durch die Hauptversammlung stellen; in diesem Fall bedarf es nicht der Zustimmung.[228]

68 Da die Hauptversammlung auch durch eine **Kapitalherabsetzung** mittelbar Entsendungsrechte entziehen könnte, ist in der Regel ebenfalls die Zustimmung des Berechtigten erforderlich. Dies gilt nicht, wenn für die Kapitalherabsetzung eine wirtschaftliche Notwendigkeit besteht und der Entsendungsberechtigte auf Grund seiner Treuepflicht zur Zustimmung verpflichtet ist.[229]

69 **4. Ausübung des Entsendungsrechts.** Mit der Benennung des Aufsichtsratsmitglieds durch den Entsendungsberechtigten wird das Recht ausgeübt. Empfänger der Erklärung über die Entsendung ist die AG, vertreten durch den Vorstand nach § 78 Abs. 1, denn der Entsendungsberechtigte ist in der Regel nicht Mitglied des Organs Aufsichtsrat.[230]

70 In der **Wahl der Person** des entsandten Aufsichtsratsmitglieds ist der Entsendungsberechtigte in den Grenzen der gesellschaftsrechtlichen Treuepflicht[231] grundsätzlich frei, sofern die persönlichen Anforderungen an die Aufsichtsratsmitglieder nach § 100 sowie die satzungsrechtlichen Vorgaben (→ Rn. 51) eingehalten werden. Ein mögliches Auswahlverschulden des Entsendungsberechtigten hierbei sollte jedoch nicht weiter reichen als das für alle Aufsichtsratsmitglieder geltende Übernahmeverschulden (→ § 100 Rn. 47, → § 116 Rn. 14). Der Entsendungsberechtigte kann auch einen Arbeitnehmer in den Aufsichtsrat entsenden, der dann zu den Anteilseignervertretern gezählt wird.[232]

---

[223] Kölner Komm AktG/*Mertens/Cahn* Rn. 60; Großkomm AktG/*Hopt/Roth* Rn. 131; MüKoAktG/*Habersack* Rn. 55.
[224] Kölner Komm AktG/*Mertens/Cahn* Rn. 60; MüKoAktG/*Habersack* Rn. 55; Großkomm AktG/*Hopt/Roth* Rn. 131.
[225] Kölner Komm AktG/*Mertens/Cahn* Rn. 63; MüKoAktG/*Habersack* Rn. 56; so auch Großkomm AktG/*Hopt/Roth* Rn. 133 unter Berufung auf die Rechtsklarheit.
[226] Insofern missverständlich Kölner Komm AktG/*Mertens/Cahn* Rn. 63, der von „Anpassung" spricht; zust. MüKoAktG/*Habersack* Rn. 56 f.
[227] → Rn. 50; Großkomm AktG/*Hopt/Roth* Rn. 134; Kölner Komm AktG/*Mertens/Cahn* Rn. 61; MüKoAktG/*Habersack* Rn. 57; K. Schmidt/Lutter/*Drygala* Rn. 22.
[228] Kölner Komm AktG/*Mertens/Cahn* Rn. 61; Großkomm AktG/*Hopt/Roth* Rn. 134; MüKoAktG/*Habersack* Rn. 57.
[229] K. Schmidt/Lutter/*Drygala* Rn. 22; so auch Großkomm AktG/*Hopt/Roth* Rn. 135, die allerdings analog § 5 Abs. 3, 4 EGAktG eine Ausgleichspflicht annehmen wollen, weil es dem Aktionär nicht zumutbar erscheine, ohne weiteres auf sein Entsendungsrecht zu verzichten; aA Kölner Komm AktG/*Mertens/Cahn* Rn. 61 (aber ohne nähere Begr.): generell keine Zustimmung notwendig, ebenso MüKoAktG/*Habersack* Rn. 57, weil ohnehin vielfach eine Notwendigkeit zur Kapitalherabsetzung bestünde und aus Gründen der Rechtssicherheit auf eine Unterscheidung zwischen nicht notwendigen und notwendigen Kapitalherabsetzungen zu verzichten sei.
[230] MHdB AG/*Hoffmann-Becking* § 30 Rn. 51, 46; Kölner KommAktG/*Mertens/Cahn* Rn. 66; MüKoAktG/*Habersack* Rn. 44; Hüffer/*Koch* Rn. 12; Großkomm AktG/*Hopt/Roth* Rn. 136.
[231] Ebenso Großkomm AktG/*Hopt/Roth* Rn. 162; MüKoAktG/*Habersack* Rn. 45, 48.
[232] Zur freiwilligen Zuwahl von Arbeitnehmern → Rn. 20; OLG Hamburg AG 1972, 183; VG Gelsenkirchen NJW 1974, 378; MüKoAktG/*Habersack* Rn. 32; Großkomm AktG/*Hopt/Roth* Rn. 132.

Wie die Aktionäre im Fall des § 101 Abs. 1 kann auch der Entsendungsberechtigte durch schuldrechtliche Abreden in der Ausübung seines Rechts gebunden werden.[233]

Das AktG sieht **keine Pflicht zur Ausübung des Entsendungsrechts** vor.[234] Die **Satzung** **71** kann jedoch eine solche Pflicht begründen.[235] Wird von dem Entsendungsrecht kein Gebrauch gemacht, darf die Hauptversammlung nicht einfach das fehlende Aufsichtsratsmitglied hinzuwählen, sondern muss den Weg der gerichtlichen Bestellung nach § 104 beschreiten.[236] Für den Fall, dass der Entsendungsberechtigte ausdrücklich erklärt, dass er – zumindest vorübergehend – sein Recht nicht ausüben werde, kann die Hauptversammlung das fehlende Aufsichtsratsmitglied nach allgemeinen Grundsätzen wählen.[237] Allerdings geht das Entsendungsrecht nicht etwa auf die Hauptversammlung über; vielmehr handelt es sich um eine Wahl nach § 101 Abs. 1, so dass auch die Abberufung durch die Hauptversammlung und nicht durch den Entsendungsberechtigten erfolgen muss.[238]

Aus dem jederzeitigen Abberufungsrecht des Entsendungsberechtigten ergibt sich, dass dieser die **72** **Amtsdauer** des entsandten Aufsichtsratsmitglieds im Rahmen der gesetzlichen (vgl. § 102) und satzungsmäßigen Höchstdauer bestimmen kann.[239] Im Falle der Abberufung nach § 103 Abs. 2 braucht der Entsendungsberechtigte nicht gleichzeitig ein neues Aufsichtsratsmitglied zu benennen, es sei denn, die Satzung enthält eine Pflicht zur Entsendung.[240]

Der Entsendungsberechtigte **haftet** weder nach § 278 BGB noch nach § 831 BGB für das ent- **73** sandte Aufsichtsratsmitglied, denn weder steht der Entsendende zur Gesellschaft in einem Schuldverhältnis, noch ist der Entsandte weisungsgebundener Verrichtungsgehilfe des Berechtigten;[241] dies gilt auch für Aufsichtsratsmitglieder, die von einer öffentlich-rechtlichen Gebietskörperschaft entsandt werden.[242] Die Annahme einer haftungsbegründenden vertragsähnlichen Vertrauensbeziehung zwischen dem Entsendungsberechtigten und der Gesellschaft[243] verkennt die Stellung des Entsandten als voll berechtigtes und verpflichtetes Aufsichtsratsmitglied, welches nicht bloßer „verlängerter Arm" des Entsendungsberechtigten ist und insbesondere nicht den Weisungen des Berechtigten unterliegt.[244] Ebenso wenig besteht eine Schadensersatzpflicht der entsendenden Körperschaft gem. § 31 BGB, da eine Pflichtverletzung der entsandten Person ausschließlich in organschaftlicher Eigenverantwortung erfolgt und nicht zugleich eine Handlung in Ausführung der ihr bei der entsendenden Körperschaft zustehenden Verrichtungen darstellt.[245] Da der Gesetzgeber von der Einführung einer allgemeinen Haftung des Entsendungsberechtigten für den Entsandten ausdrücklich abgesehen hat,[246] haftet der Entsendungsberechtigte der Gesellschaft nur unter den engen Voraussetzungen des § 117

---

[233] Zu Stimmrechtsvereinbarungen → Rn. 23; Großkomm AktG/*Hopt/Roth* Rn. 170; Kölner Komm AktG/ *Mertens/Cahn* Rn. 82; MüKoAktG/*Habersack* Rn. 45.

[234] Großkomm AktG/*Hopt/Roth* Rn. 106, 167; MHdB AG/*Hoffmann-Becking* § 30 Rn. 51; Hüffer/Koch/ *Koch* Rn. 12; Kölner Komm AktG/*Mertens/Cahn* Rn. 80; MüKoAktG/*Habersack* Rn. 44; Hölters/*Simons* Rn. 24, 31.

[235] Großkomm AktG/*Hopt/Roth* Rn. 167; MHdB AG/*Hoffmann-Becking* § 30 Rn. 51; Hüffer/Koch/*Koch* Rn. 12; Kölner Komm AktG/*Mertens/Cahn* Rn. 58, 81; MüKoAktG/*Habersack* Rn. 44, 60.

[236] MHdB AG/*Hoffmann-Becking* § 30 Rn. 51; Hüffer/Koch/*Koch* Rn. 12; Kölner Komm AktG/*Mertens/Cahn* Rn. 80; Großkomm AktG/*Hopt/Roth* Rn. 106, 168; MüKoAktG/*Habersack* Rn. 44, 60.

[237] Kölner Komm AktG/*Mertens/Cahn* Rn. 80; Großkomm AktG/*Hopt/Roth* Rn. 168; aA wohl MüKoAktG/ *Habersack* Rn. 44.

[238] Darauf weist zutr. MüKoAktG/*Semler* 2. Aufl. 2004, Rn. 69 hin; siehe auch Großkomm AktG/*Hopt/Roth* Rn. 168: keine Bindung an Satzungsbestimmungen für entsandte Aufsichtsratsmitglieder; missverständlich Kölner Komm AktG/*Mertens/Cahn* Rn. 80, der von einem Übergang des Besetzungsrechts spricht.

[239] MHdB AG/*Hoffmann-Becking* § 30 Rn. 76; Großkomm AktG/*Hopt/Roth* Rn. 151 (153); Kölner Komm AktG/*Mertens/Cahn* Rn. 71; MüKoAktG/*Habersack* Rn. 52.

[240] Kölner Komm AktG/*Mertens/Cahn* Rn. 81; MüKoAktG/*Habersack* Rn. 44; Großkomm AktG/*Hopt/Roth* Rn. 151, 167.

[241] BGHZ 36, 296 (309) = NJW 1962, 864; Kölner Komm AktG/*Mertens/Cahn* Rn. 78; insofern auch Großkomm AktG/*Hopt/Roth* Rn. 164; MüKoAktG/*Habersack* Rn. 48 f.; Hölters/*Simons* Rn. 32.

[242] BGHZ 36, 296 (309) = NJW 1962, 864; Hüffer/Koch/*Koch* Rn. 12; Kölner Komm AktG/*Mertens/Cahn* Rn. 69; Großkomm AktG/*Hopt/Roth* Rn. 164.

[243] Für ein vertragsähnliches Vertrauensverhältnis Kölner Komm AktG/*Mertens/Cahn* Rn. 77 f.

[244] BGHZ 36, 296 (306) = NJW 1962, 864; BGHZ 90, 381 (398) = NJW 1984, 1893; MHdB AG/*Hoffmann-Becking* § 30 Rn. 51; Hüffer/Koch/*Koch* Rn. 12; Kölner Komm AktG/*Mertens/Cahn* Rn. 69; Großkomm AktG/ *Hopt/Roth* Rn. 164; MüKoAktG/*Habersack* Rn. 48 f.; so im Ansatz bereits RGZ 165, 68 (79).

[245] Zur eigenverantwortlichen, weisungsfreien Amtsausübung ausführlich → Rn. 76; BGHZ 36, 296 (309 ff.) = NJW 1962, 864; BGHZ 90, 381 (397 f.) = NJW 1984, 1893; aA Kölner Komm AktG/*Mertens/Cahn* Rn. 78, § 76 Rn. 86, wonach die entsendende Körperschaft hafte, wenn das entsandte Mitglied vorsätzlich die Interessen der entsendungsberechtigten Körperschaft dem Interesse der aufnehmenden Gesellschaft überordne; dem folgend Großkomm AktG/*Hopt/Roth* Rn. 164.

[246] BGHZ 36, 296 (312); Schlegelberger/Quassowski AktG 1937 § 88 Anm. 28; Großkomm AktG/*Hopt/Roth* Rn. 164.

bzw. des § 826 BGB auf Schadensersatz.[247] Das entsandte Aufsichtsratsmitglied kann im Fall der persönlichen Inanspruchnahme durch die Gesellschaft gem. §§ 116, 93 gegebenenfalls im Rahmen eines schuldrechtlichen Innenverhältnisses Regress beim Entsendungsberechtigten nehmen.[248]

74 Die Bestellung bedarf wie sonst auch der **Annahme** durch das Aufsichtsratsmitglied, hier gegenüber der AG.[249] Die Amtszeit (→ Rn. 72) endet nicht mit dem Übergang des Entsendungsrechts auf einen neuen Berechtigten, da diesem das jederzeitige Abberufungsrecht gem. § 103 Abs. 2 S. 1 offen steht.[250]

75 Aufsichtsratsmitglieder, die auf Grund von Entsendungsrechten ihr Mandat ausüben, haben die **gleichen Rechte und Pflichten** wie andere Aufsichtsratsmitglieder.[251] Aus dem Gleichbehandlungsgrundsatz folgt auch, dass eine unterschiedliche Vergütungshöhe von gewählten und entsandten Mitgliedern unzulässig ist.[252]

76 Zum Entsendungsberechtigten kann auf **schuldrechtlicher Ebene** ein Auftragsverhältnis bzw. – wenn der Entsendungsberechtigte dem Entsandten eine Vergütung zusagt – ein Geschäftsbesorgungsvertrag vorliegen.[253] Derartige Verträge unterfallen nicht (auch nicht analog) § 114; denn es handelt sich nicht um außerorganschaftliche Verträge zwischen Aufsichtsratsmitglied und Gesellschaft, so dass die von § 114 erfassten Interessenkollisionen nicht entstehen können. Bei **Beamten,** die von ihren Körperschaften in Aufsichtsräte entsandt werden, bleibt das hoheitliche Verhältnis bestehen. Die Satzung kann das Innenverhältnis zwischen entsandtem Aufsichtsratsmitglied und Entsendungsberechtigtem regeln, zB Weisungen, die Zahlung von Vergütungen oder sogar ein Schuldverhältnis zwischen Entsendungsberechtigtem und Entsandtem insgesamt untersagen.[254] Streng genommen handelt es sich hierbei aber um Voraussetzungen für die Ausübung des Entsendungsrechts, da die Satzung nicht unmittelbar in die vertraglichen Verhältnisse zwischen Entsendungsberechtigtem und Entsandten eingreifen kann.

77 Die entsandten Aufsichtsratsmitglieder müssen das **Unternehmensinteresse,** nicht das Interesse des Entsendungsberechtigten wahren.[255] Bei Interessenkonflikten müssen sie dem Interesse des Unternehmens den Vorrang einräumen.[256] Dies gilt auch für Aufsichtsratsmitglieder, die von einer Gebietskörperschaft entsandt werden.[257] Allerdings können Belange (vor allem gemeinwirtschaftlicher) Anteilseigner auch vom Unternehmensinteresse erfasst sein.[258]

78 Entsandte Aufsichtsratsmitglieder unterliegen grundsätzlich der **Verschwiegenheitspflicht,** auch gegenüber dem Entsendungsberechtigten.[259] Dies gilt gem. § 394 S. 1 nicht, wenn ein entsandtes Mitglied kraft Gesetzes[260] verpflichtet ist, der entsendenden Gebietskörperschaft Bericht zu erstatten.

---

[247] BGHZ 36, 296 (312); Großkomm AktG/*Hopt*/*Roth* Rn. 164.
[248] MüKoAktG/*Habersack* Rn. 47; Großkomm AktG/*Hopt*/*Roth* Rn. 161.
[249] Hüffer/Koch/*Koch* Rn. 12; MüKoAktG/*Habersack* Rn. 61 f.; Großkomm AktG/*Hopt*/*Roth* Rn. 138 f.
[250] Kölner Komm AktG/*Mertens*/*Cahn* Rn. 71; MüKoAktG/*Habersack* Rn. 66.
[251] BGHZ 36, 296 (306) = NJW 1962, 864; MHdB AG/*Hoffmann-Becking* § 30 Rn. 51; Hüffer/Koch/*Koch* Rn. 12; Kölner Komm AktG/*Mertens*/*Cahn* Rn. 69; *E. Vetter* in Marsch-Barner/Schäfer Börsennotierte AG-HdB Rn. 25.28; Großkomm AktG/*Hopt*/*Roth* Rn. 145; MüKoAktG/*Habersack* Rn. 50; K. Schmidt/Lutter/*Drygala* Rn. 24; Wachter/*Schick* Rn. 9.
[252] Großkomm AktG/*Hopt*/*Roth* Rn. 142 f.; MüKoAktG/*Habersack* Rn. 50.
[253] Kölner Komm AktG/*Mertens*/*Cahn* Rn. 72; Großkomm AktG/*Hopt*/*Roth* Rn. 155; MüKoAktG/*Habersack* Rn. 46.
[254] Kölner Komm AktG/*Mertens*/*Cahn* Rn. 73; Großkomm AktG/*Hopt*/*Roth* Rn. 157; MüKoAktG/*Habersack* Rn. 46.
[255] OLG Hamburg AG 1990, 218 (219); *Hoffmann*/*Preu*, Aufsichtsrat, Rn. 108, 702; *Lutter*/*Grunewald* WM 1984, 385 (394); MüKoAktG/*Habersack* Rn. 51; Großkomm AktG/*Hopt*/*Roth* Rn. 146; *E. Vetter* in Marsch-Barner/Schäfer Börsennotierte AG-HdB Rn. 25.28.
[256] BGHZ 36, 296 (306) = NJW 1962, 864; OLG Hamburg AG 1990, 218 (219); *Hoffmann*/*Preu*, Aufsichtsrat, Rn. 702; *Lutter*/*Grunewald* WM 1984, 385 (394 f.); Großkomm AktG/*Hopt*/*Roth* Rn. 146; Kölner Komm AktG/*Mertens*/*Cahn* Rn. 69; *Raiser* ZGR 1978, 391 (400 f.); *Säcker* FS Rebmann, 1989, 781 (791); *Schwintowski* NJW 1995, 1316 (1318); MüKoAktG/*Habersack* Rn. 51; K. Schmidt/Lutter/*Drygala* Rn. 24.
[257] BGHZ 36, 296 (306 f.) = NJW 1962, 864; *Hoffmann*/*Preu* Der Aufsichtsrat, Rn. 108; Hüffer/Koch/*Koch* § 394 Rn. 27; *Lutter*/*Grunewald* WM 1984, 385 (395); *Mann*, Die öffentlich-rechtliche Gesellschaft, 2002, 204 f.; *Säcker* FS Rebmann, 1989, 781 (791); Großkomm AktG/*Hopt*/*Roth* Rn. 149; aA NJW 1976, 333, 335; *v. Danwitz* AöR 120 (1995), 595 (620 f.): Praktische Konkordanz von Unternehmens- und öffentlichem Interesse.
[258] BGHZ 69, 334 (339) = NJW 1978, 104; *v. Danwitz* AöR 120 (1995), 595 (611 f.); Hüffer/Koch/*Koch* § 394 Rn. 27, 31 f.; *Lutter*/*Grunewald* WM 1984, 385 (395); *Schwintowski* NJW 1990, 1009 (1014); *Schwintowski* NJW 1995, 1316 (1318); Großkomm AktG/*Hopt*/*Roth* Rn. 149.
[259] Kölner Komm AktG/*Mertens*/*Cahn* Rn. 74; MüKoAktG/*Habersack* Rn. 47; Großkomm AktG/*Hopt*/*Roth* Rn. 158.
[260] Für eine allgemeine gesetzliche Grundlage auch Hüffer/Koch/*Koch* § 394 Rn. 37 f.; *Lutter*/*Grunewald* WM 1984, 385 (397); *Lutter*/*Krieger*/*Verse* Rechte und Pflichten des Aufsichtsrats Rn. 1432; *Martens* AG 1984, 29 (33); *Schwintowski* NJW 1990, 1009 (1014), der allerdings anmerkt, es gebe keine entsprechenden Gesetze; einschränkend (Spezialgesetzliche Grundlage) *Mann*, Die öffentlich-rechtliche Gesellschaft, 2002, 242 f.; *Zöllner* AG 1984, 147 (148).

Vertraglich können Berichtspflichten iSd § 394 S. 1 hingegen nicht wirksam begründet werden, denn andernfalls könnten Gebietskörperschaften die gesellschaftsrechtliche Verschwiegenheitspflicht nach Belieben abbedingen.[261] In jedem Fall bleibt die Pflicht zur Verschwiegenheit gem. § 394 S. 2 erhalten, wenn die Kenntnis von Betriebs- oder Geschäftsgeheimnissen für die Berichtszwecke nicht von Bedeutung ist; dem entsandten Aufsichtsratsmitglied (nicht dem Berichtsempfänger) ist insofern ein Beurteilungsspielraum nach pflichtgemäßem Ermessen einzuräumen.[262] Hat das entsandte Aufsichtsratsmitglied Informationen an die Gebietskörperschaft weitergegeben, die der Verschwiegenheitspflicht unterliegen, erstreckt sich diese gem. § 395 auch auf den Berichtsempfänger der Gebietskörperschaft.[263] Dementsprechend darf das entsandte Aufsichtsratsmitglied nicht an öffentlich-rechtliche Gremien berichten, die die Geheimhaltung schon auf Grund des ihnen angehörenden großen Personenkreises und ihrer Organisation nicht gewährleisten können (zB Landesparlamente oder Gemeindevertretungen).[264]

Da auch entsandte Aufsichtsratsmitglieder ihr kontrollierendes Mandat eigenverantwortlich und allein im Unternehmensinteresse ausüben, unterliegen sie keinerlei **Weisungen** des Berechtigten.[265] Dies gilt auch für Beamte und Mitglieder des öffentlichen Dienstes, die von **Gebietskörperschaften** in den Aufsichtsrat entsandt werden, unabhängig davon, ob sie im öffentlich-rechtlichen Innenverhältnis – zB auf Grund der § 37 BRRG, § 55 S. 2 BBG – weisungsabhängig sind.[266] Meinungen im Schrifttum, wonach öffentlich-rechtliche Weisungen stets[267] oder jedenfalls dann bindend seien, wenn ihre Befolgung keine nachteiligen Auswirkungen für die Gesellschaft hätten,[268] ist nicht zuzustimmen. Zum einen nehmen alle Aufsichtsratsmitglieder ihr Mandat gleichermaßen in eigener Verantwortung war; die Befolgung von Weisungen würde die effektive Überwachung des Vorstandes durch jedes einzelne Aufsichtsratsmitglied gefährden.[269] Zum anderen ist für die Etablierung eines „Sonderrechts" der öffentlichen Hand neben den gesetzlichen Regelungen der §§ 394, 395 kein Raum, da sich die öffentlich-rechtliche Gebietskörperschaft mit der Beteiligung an einer privatrechtlich verfassten Gesellschaft freiwillig auf die Ebene des Privatrechts begibt und demnach die dort

---

[261] *Mann*, Die öffentlich-rechtliche Gesellschaft, 2002, 242; aA *Maier*, Beamte als Aufsichtsratsmitglieder der öffentlichen Hand in der Aktiengesellschaft: weisungsgebundene Werkzeuge des öffentlichen Gesellschafters?, 2005, 81 ff., der darauf verweist, dass das Erfordernis einer gesetzlichen Grundlage im Gesetz nicht vorgesehen sei und dafür auch kein Bedürfnis bestehe, weil der Personenkreis durch das Tatbestandsmerkmal der Veranlassung genügend eingeschränkt werde und durch § 394 S. 2 die zulässigen Berichtsinhalte bzw. Berichtszwecke vorgegeben werden.

[262] *Hüffer*, 10. Aufl. 2012, § 394 Rn. 44; aA *Hüffer/Koch/Koch* § 394 Rn. 44.

[263] *Lutter/Krieger/Verse* Rechte und Pflichten des Aufsichtsrats Rn. 1430; *Mann*, Die öffentlich-rechtliche Gesellschaft, 2002, 246: Ungeschriebenes Tatbestandsmerkmal des § 395.

[264] *Hüffer/Koch/Koch* § 394 Rn. 43; *Lutter/Krieger/Verse* Rechte und Pflichten des Aufsichtsrats Rn. 1432; *Mann*, Die öffentlich-rechtliche Gesellschaft, 2002, 245 ff. für die Gemeinde und den Hauptausschuss der Gemeinde; *Schwintowski* NJW 1990, 1009 (1014).

[265] BGHZ 36, 296 (306) = NJW 1962, 864; MHdB AG/*Hoffmann-Becking* § 30 Rn. 51; *Hoffmann/Preu*, Aufsichtsrat, Rn. 108, 702; *Hüffer/Koch/Koch* Rn. 12; *Meier* NZG 2003, 56; Kölner Komm AktG/*Mertens/Cahn* Rn. 69; MüKoAktG/*Habersack* Rn. 51; *Raiser* ZGR 1978, 391 (400); *Säcker* FS Rebmann, 1989, 781 (783 ff.); ausführlich *Maier*, Beamte als Aufsichtsratsmitglieder der öffentlichen Hand in der Aktiengesellschaft: weisungsgebundene Werkzeuge des öffentlichen Gesellschafters?, 2005, 23 ff.; nur bezüglich Weisungen, die dem Unternehmensinteresse zuwiderlaufen ebenso Großkomm AktG/*Hopt/Roth* Rn. 147.

[266] BGHZ 36, 296 (306 f.) = NJW 1962, 864; *R. Fischer* AG 1982, 85 (90 f.); MüKoAktG/*Habersack* Rn. 51; *Hoffmann/Preu* Der Aufsichtsrat Rn. 108, 279; *Hüffer/Koch/Koch* Rn. 12, § 394 Rn. 27 ff.; *Janitschek* VR 1993, 115 (119, 120 f.); *Lutter/Grunewald* WM 1984, 385 (396); *Mann*, Die öffentlich-rechtliche Gesellschaft, 2002, 206; *Meier* NZG 2003, 54 (56); *Raiser* RdA 1972, 65 (71); *Raiser* ZGR 1978, 391 (402 f.); *Säcker* FS Rebmann, 1989, 781 (792 f.); *R. Schmidt* ZGR 1996, 345 (353 f.); ausführlich dazu *Maier*, Beamte als Aufsichtsratsmitglieder der öffentlichen Hand in der Aktiengesellschaft: weisungsgebundene Werkzeuge des öffentlichen Gesellschafters?, 2005, 89 ff.; für die fehlende Weisungsgebundenheit von Aufsichtsratsmitgliedern, die von Gebietskörperschaft entsandt werden, im Grundsatz ebenso Kölner Komm AktG/*Mertens/Cahn* Rn. 69; Großkomm AktG/*Hopt/Roth* Rn. 147 f., die allerdings die Befolgung von Weisungen, die im Unternehmensinteresse stehen, für zulässig erachten (siehe Fn. 254).

[267] So insbesondere NJW 1976, 333 (335) mit zust. Anm. *Röper* DVBl. 1977, 54 (55); *Ipsen* JZ 1955, 593 (597); *Stober* NJW 1984, 449 (455), der im Rahmen einer Abwägung zu dem Ergebnis gelangt, dass mit der Beteiligung der öffentlichen Hand letztlich im Interessen der Angehörigen der Gebietskörperschaft verfolgt würden, die höheren Verfassungsrang genössen als das Unternehmensinteresse.

[268] So Großkomm AktG/*Hopt/Roth* Rn. 147 f.; Kölner Komm AktG/*Mertens/Cahn* Rn. 69; *Schwintowski* NJW 1990, 1009 (1015); *Schwintowski* NJW 1995, 1316 (1319); aA MüKoAktG/*Schürnbrand* Vor §§ 394, 395 Rn. 40 ff., 40 f.: keine Weisungsgebundenheit, da sich der Gesetzgeber bewusst gegen ein „Sondergesellschaftsrecht der öffentlichen Hand" entschieden habe.

[269] *Maier*, Beamte als Aufsichtsratsmitglieder der öffentlichen Hand in der Aktiengesellschaft: weisungsgebundene Werkzeuge des öffentlichen Gesellschafters?, 2005, 23 ff.

geltenden Rechtsgrundsätze uneingeschränkt zu beachten hat.[270] Das entsandte Mitglied kann aber die Interessen der öffentlichen Gebietskörperschaft in eigenverantwortlicher – also weisungsfreier – Weise berücksichtigen, soweit das Unternehmensinteresse das öffentliche Interesse der entsendungsberechtigten Körperschaft umfasst.[271] Aufsichtsratsmitglieder, die gesellschaftswidrige Weisungen befolgen, haften der Gesellschaft gem. §§ 116, 93, wobei das Aufsichtsratsmitglied nach den Vorschriften der Gemeindeordnungen der Länder jedoch regelmäßig Freistellungsansprüche gegenüber dem Weisungsgeber geltend machen kann.[272] Daneben kann die Gesellschaft den Entsendungsberechtigten unter den Voraussetzungen des § 117 bzw. des § 826 BGB auf Schadensersatz in Anspruch nehmen (→ Rn. 73). Eine Haftung der Gebietskörperschaft als herrschendes Unternehmen gem. §§ 311, 317 kommt ebenfalls in Betracht,[273] vor allem wenn das entsandte Mitglied angewiesen wird, im Rahmen eines Zustimmungsbeschlusses gem. § 111 Abs. 4 gesellschaftswidrig abzustimmen.[274]

80 Bei der **Entlastung** des entsandten Aufsichtsratsmitglieds unterliegt der Entsendungsberechtigte keinem **Stimmverbot** gem. § 136 Abs. 1 S. 1;[275] denn ein Interessenkonflikt besteht nicht allein auf Grund der Möglichkeit, dass das entsandte Aufsichtsratsmitglied gesellschaftswidrige Weisungen des Berechtigten befolgen könnte.[276] Obwohl die Entlastung keinen Verzicht auf Ersatzansprüche beinhaltet, sondern bloße Billigung des organschaftlichen Handelns und Vertrauenskundgabe für die Zukunft ist,[277] besteht ein Stimmverbot, wenn konkrete Anhaltspunkte vorliegen, dass der Entsendungsberechtigte möglicherweise selbst für die pflichtwidrige Beeinflussung des Entsandten gem. § 117 BGB bzw. § 826 BGB haftet.[278]

81 Hat die **Satzung** besondere Voraussetzungen für das entsandte Mitglied aufgestellt und fallen diese später bei dem Mitglied weg, zB die Zugehörigkeit zu einer Familie, behält das Aufsichtsratsmitglied dennoch sein Mandat.[279] Das Mitglied kann nicht von der Hauptversammlung mit einfacher Mehrheit nach § 103 Abs. 2 S. 2 abberufen werden (→ § 103 Rn. 24 ff.), wohl aber nach § 103 Abs. 3 oder nach § 103 Abs. 2 S. 1.[280]

VI. Ersatzmitglieder (Abs. 3 S. 2–4)

Schrifttum: *Bommert*, Probleme bei der Gestaltung der Rechtsstellung von Ersatzmitgliedern der Aktionärsvertreter im Aufsichtsrat, AG 1986, 315; *Damm*, Ersatzmitglieder für Arbeitnehmervertreter im Aufsichtsrat nach § 101 Abs. 3 AktG und § 17 MitbestG, AG 1977, 44; *v. Gleichenstein*, Können Ersatzmitglieder nur „gleichzeitig" mit den ordentlichen Aufsichtsratsmitgliedern gewählt werden?, AG 1970, 1; *Heinsius*, Zur Bestellung von Ersatzmitgliedern für den Aufsichtsrat durch die Hauptversammlung, ZGR 1982, 232; *Lehmann*, Zur Wahl von Ersatzmitgliedern zum Aufsichtsrat, DB 1983, 485; *Neu*, Rechtsprobleme bei der Bestellung von Ersatzmitgliedern für die Anteilseignervertreter im Aufsichtsrat der Aktiengesellschaft, WM 1988, 481; *Rellermeyer*, Ersatzmitglieder des Aufsichtsrats, ZGR 1987, 563; *Roussos*, Ziele und Grenzen bei der Bestellung von Ersatzmitgliedern des Aufsichtsrates, AG 1987, 239.

82 Das Amt des Aufsichtsratsmitglieds ist höchstpersönlicher Natur.[281] Dies bringt auch § 101 Abs. 3 zum Ausdruck, indem die Bestellung von Stellvertretern explizit untersagt wird, auch um die ungeteilte Verantwortlichkeit sicherzustellen.[282] Da andererseits ein Bedürfnis nach Vorsorge für Ausfälle von Aufsichtsratsmitgliedern nicht bestritten werden kann, lässt § 101 Abs. 3 die Bestellung von Ersatzmitgliedern ausdrücklich zu. Das Ersatzmitglied rückt im Gegensatz zu einem Stellvertreter bei Wegfall des Aufsichtsratsmitglieds für dessen Rest-Amtszeit vollständig nach und

---

[270] *R. Fischer* AG 1982, 85 (90 f.); *Raiser* RdA 1972, 65 (71); *Säcker* FS Rebmann, 1989, 781 (790 f.); siehe auch *Maier*, Beamte als Aufsichtsratsmitglieder der öffentlichen Hand in der Aktiengesellschaft: weisungsgebundene Werkzeuge des öffentlichen Gesellschafters?, 2005, 123 ff.: kein Bedürfnis für Weisungsrecht wegen Möglichkeit entsprechender Zustimmungsvorbehalte gem. § 111 Abs. 4 S. 2 oder Abschluss eines Beherrschungsvertrags.
[271] → Rn. 77; weitergehend Hüffer/Koch/*Koch* § 394 Rn. 32, der sogar eine Verpflichtung zur Berücksichtigung des öffentlichen Interesses bei Gleichlauf mit dem Unternehmensinteresse annimmt.
[272] Vgl. die bei *Mann*, Die öffentlich-rechtliche Gesellschaft, 2002, 206 aufgeführten Normen.
[273] *Lutter/Grunewald* WM 1984, 385 (396 f.); *Meier* NZG 2003, 54 (57).
[274] *Lutter/Grunewald* WM 1984, 385 (397).
[275] BGHZ 36, 296 (307 ff.) = NJW 1962, 864; MüKoAktG/*Habersack* Rn. 49.
[276] BGHZ 36, 296 (306 ff.) = NJW 1962, 864.
[277] → § 120 Rn. 24; vgl. auch BGHZ 36, 296 (306) = NJW 1962, 864.
[278] Hüffer/Koch/*Koch* § 136 Rn. 20; offen lassend BGHZ 36, 296 (309) = NJW 1962, 864.
[279] MHdB AG/*Hoffmann-Becking* § 30 Rn. 49; MüKoAktG/*Habersack* Rn. 58.
[280] MüKoAktG/*Habersack* Rn. 58.
[281] MüKoAktG/*Habersack* Rn. 1; *E. Vetter* in Marsch-Barner/Schäfer Börsennotierte AG-HdB Rn. 25.29; Großkomm AktG/*Hopt/Roth* Rn. 176.
[282] Hüffer/Koch/*Koch* Rn. 13; Großkomm AktG/*Hopt/Roth* Rn. 176; NK-AktR/*Breuer/Fraune* Rn. 15.

nimmt dessen Platz endgültig ein.²⁸³ Sowohl für entsandte Aufsichtsratsmitglieder²⁸⁴ als auch für die Arbeitnehmervertreter²⁸⁵ können Ersatzmitglieder bestellt werden. Lediglich für das so genannte „weitere Mitglied" nach § 4 Abs. 1 S. 2 lit. c MontanMitbestG bzw. § 5 Abs. 1 S. 2 lit. c MitbestErgG ist gem. § 101 Abs. 3 S. 2 keine Ersatzbestellung möglich.²⁸⁶ Zudem kann Rechtsunsicherheiten bei der Anfechtung einer Aufsichtsratswahl durch eine analoge Anwendung des § 101 Abs. 3 begegnet werden. Ebenso wie im Falle des Ausfalls eines Aufsichtsratsmitglieds, besteht für den Schwebezeitraum zwischen Bestellung des Aufsichtsratsmitglieds und rückwirkender Feststellung der Unwirksamkeit der Wahl das Bedürfnis ein fehlerfrei bestelltes Aufsichtsratsmitglied sicherzustellen.²⁸⁷ Es muss daher möglich sein auch in diesen Fällen ein Ersatzmitglied zu benennen, dass im Falle der erfolgreichen Wahlanfechtung ex tunc in die Position des fehlerhaft bestellten Mitglieds einrückt.²⁸⁸

1. Wegfall des Aufsichtsratsmitglieds. Das Verbot der Stellvertretung gem. § 101 Abs. 3 S. 1 **83** hat zur Folge, dass ein Ersatzmitglied nur bei vollständigem Wegfall eines ordentlichen Mitglieds in den Aufsichtsrat eintritt. Sowohl die Niederlegung des Amtes, die Abberufung nach § 103, der Tod als auch eine **dauerhafte Verhinderung** (zB Krankheit) des Aufsichtsratsmitglieds kommen in Betracht. Dabei ist auf eine vernünftige medizinische Prognose abzustellen.²⁸⁹ Sollte die Prognose sich später als falsch erweisen, etwa da Aufsichtsratsmitglied wieder gesunden, erlischt das Mandat des Ersatzmitglieds nicht etwa analog zu § 104 Abs. 5;²⁹⁰ denn es ist von der Hauptversammlung als zwar nachrückendes, aber vollwertiges und nicht nur vorübergehendes Aufsichtsratsmitglied bestimmt worden, was es von dem durch das Gericht für einen Notfall bestimmten Aufsichtsratsmitglied unterscheidet. Eine vorübergehende Verhinderung der Mandatsausübung – zB durch Stimmverbote – genügt dagegen nicht.²⁹¹

2. Bestellung. Die Bestellung von Ersatzmitgliedern liegt ausschließlich im Ermessen des jeweili- **84** gen Wahlorgans (Hauptversammlung, Entsendungsberechtigter, Arbeitnehmer etc.).²⁹² Eine **Pflicht** zu ihrer Bestellung besteht **nicht**,²⁹³ sie kann auch nicht durch die Satzung begründet werden.²⁹⁴ Ebenso wenig darf die Satzung die Bestellung von Ersatzmitgliedern untersagen.²⁹⁵

Die Bestellung erfolgt nach § 101 Abs. 3 S. 4 nach denselben Regeln, die für das Aufsichtsratsmit- **85** glied gelten, für das das Ersatzmitglied nachrücken soll. Bei Wahl nach Abs. 1 müssen demnach auch Ersatzmitglieder von der Hauptversammlung bzw. durch die Arbeitnehmervertreter gewählt werden, bei Entsendung kann der Berechtigte das Ersatzmitglied benennen.²⁹⁶

---

²⁸³ Hüffer/Koch/*Koch* Rn. 13; Großkomm AktG/*Hopt/Roth* Rn. 177; Hölters/*Simons* Rn. 35.
²⁸⁴ Hüffer/Koch/*Koch* Rn. 13; Großkomm AktG/*Hopt/Roth* Rn. 177; *E. Vetter* in Marsch-Barner/Schäfer Börsennotierte AG-HdB Rn. 25.30; Kölner Komm AktG/*Mertens/Cahn* Rn. 87.
²⁸⁵ BayObLG AG 2001, 50 (51); Großkomm AktG/*Hopt/Roth* Rn. 178; MHdB AG/*Hoffmann-Becking* § 30 Rn. 53; *Marienhagen* BB 1973, 293 (296); Kölner Komm AktG/*Mertens/Cahn* Rn. 84; *E. Vetter* in Marsch-Barner/Schäfer Börsennotierte AG-HdB Rn. 25.30.
²⁸⁶ Vgl. BegrRegE *Kropff* S. 139; *E. Vetter* in Marsch-Barner/Schäfer Börsennotierte AG-HdB Rn. 25.30; Großkomm AktG/*Hopt/Roth* Rn. 180.
²⁸⁷ Umso mehr in Anbetracht der neusten Rspr. des BGH NJW 2013, 1535, der ein fehlerhaft bestelltes Aufsichtsratsmitglied als Nichtmitglied betrachtet; → Rn. 114.
²⁸⁸ Das AG Bonn ZIP 2011, 177 lehnt eine Analogie insoweit ab, als dass das fehlerhaft bestellte Aufsichtsratsmitglied selbst als Ersatzmitglied (für sich selbst) bestellt werden soll; betreffend die aufschiebend bedingte gerichtliche Bestellung von Aufsichtsratsmitgliedern → § 104 Rn. 34.
²⁸⁹ Ähnlich *Krauel/Fackler* AG 2009, 686 (687 f.), die darüber hinaus von einer widerlichen Vermutung des Wegfalls ausgehen wollen.
²⁹⁰ So aber *Krauel/Fackler* AG 2009, 686 (690).
²⁹¹ MHdB AG/*Hoffmann-Becking* § 30 Rn. 53; Hüffer/Koch/*Koch* Rn. 13; MüKoAktG/*Habersack* Rn. 75; *Stadler/Berner* AG 2004, 27 (29) für den Fall des Stimmverbots eines Aufsichtsratsmitglieds.
²⁹² BayObLG AG 2001, 50 (51); Großkomm AktG/*Hopt/Roth* Rn. 181; Kölner Komm AktG/*Mertens/Cahn* Rn. 85; MüKoAktG/*Habersack* Rn. 75; K. Schmidt/Lutter/*Drygala* Rn. 30; Bürgers/Körber/*Israel* Rn. 16.
²⁹³ BegrRegE *Kropff* S. 140; BayObLG AG 2001, 50 (51); Großkomm AktG/*Hopt/Roth* Rn. 181; MHdB AG/*Hoffmann-Becking* § 30 Rn. 53; *Lutter/Krieger/Verse* Rechte und Pflichten des Aufsichtsrats Rn. 1051; Kölner Komm AktG/*Mertens/Cahn* Rn. 85.
²⁹⁴ *Damm* AG 1977, 44 (45); Großkomm AktG/*Hopt/Roth* Rn. 181; MHdB AG/*Hoffmann-Becking* § 30 Rn. 53; Hüffer/Koch/*Koch* Rn. 13; *Lutter/Krieger/Verse* Rechte und Pflichten des Aufsichtsrats Rn. 1051; Kölner Komm AktG/*Mertens/Cahn* Rn. 85; MüKoAktG/*Habersack* Rn. 75; NK-AktR/*Breuer/Fraune* Rn. 16.
²⁹⁵ BegrRegE *Kropff* S. 140; Großkomm AktG/*Hopt/Roth* Rn. 181; *Damm* AG 1977, 44 (45); MHdB AG/*Hoffmann-Becking* § 30 Rn. 53; Hüffer/Koch/*Koch* Rn. 13; *Lutter/Krieger/Verse* Rechte und Pflichten des Aufsichtsrats Rn. 1051; Kölner Komm AktG/*Mertens/Cahn* Rn. 85; MüKoAktG/*Habersack* Rn. 75.
²⁹⁶ Hüffer/Koch/*Koch* Rn. 14; Großkomm AktG/*Hopt/Roth* Rn. 181; *Lutter/Krieger/Verse* Rechte und Pflichten des Aufsichtsrats Rn. 1052; MüKoAktG/*Habersack* Rn. 77.

86 Die Bestellung muss nach § 101 Abs. 3 S. 3 **gleichzeitig** mit derjenigen des Aufsichtsratsmitglieds erfolgen, mithin bei einer Wahl in derselben Hauptversammlung bzw. derselben Delegiertenversammlung und bei einer Entsendung in demselben Entsendungsvorgang,[297] ohne dass deswegen ein einheitlicher Abstimmungsvorgang erforderlich wäre; die Wahl in einer gesonderten Versammlung ist unzulässig.[298] Allerdings sind Ersatzmitglieder der Arbeitnehmer gem. § 17 Abs. 2 MitbestG, § 7 Abs. 2 DrittelbG in demselben Wahlgang zu wählen und auch nur zusammen wählbar (→ Rn. 101). Die **nachträgliche Wahl eines Ersatzmitglieds** kommt auch dann nicht in Betracht, wenn das zuvor bestellte Ersatzmitglied weggefallen ist und eine erneute gleichzeitige Wahl von Aufsichtsrats- und Ersatzmitglied folglich gar nicht stattfinden kann;[299] denn die Ersatzbestellung soll nach dem Willen des Gesetzgebers gerade der Vermeidung mehrerer Wahlgänge dienen.[300]

87 Das Ersatzmitglied muss den **gesetzlichen Voraussetzungen nach § 100 Abs. 1, 2** nicht bereits bei seiner Wahl genügen, vielmehr kommt es auf den Zeitpunkt des Nachrückens an.[301] Dies resultiert aus der Regelung des § 250 Abs. 1 Nr. 4 zur Nichtigkeit der Wahl, die vom Beginn der Amtszeit und nicht vom Zeitpunkt der Wahl zum Ersatzmitglied spricht.[302] Auch den satzungsmäßig fixierten Voraussetzungen muss das Ersatzmitglied bei Amtsantritt entsprechen,[303] denn das nachrückende Ersatzmitglied muss wie alle anderen Aufsichtsratsmitglieder sämtliche Voraussetzungen bei Beginn seiner Amtsausübung erfüllen.[304] Ein anderes Aufsichtsratsmitglied kann nicht zum Ersatzmitglied bestellt werden, da im Fall des Nachrückens dieses Mandat vakant werden würde.[305]

88 Bei Bestellung eines neuen Aufsichtsratsmitglieds wird das für das ausgeschiedene Mitglied bestellte Ersatzmitglied nicht automatisch wiederum Ersatzmitglied. Die Bestellung als Ersatzmitglied muss jedes Mal aufs Neue vollzogen werden. Auch die Satzung kann nichts anderes vorsehen.[306]

89 Auch die Bestellung zum Ersatzmitglied bedarf der **Annahme** und wird erst mit dieser wirksam.[307]

90 **3. Rechtsstellung des Ersatzmitglieds.** Während seiner Amtszeit hat das nachrückende Ersatzmitglied dieselbe Rechtsstellung wie die ordentlich bestellten Mitglieder.[308] Es kann in gleicher Weise abberufen werden wie die übrigen Aufsichtsratsmitglieder. Vor dem Amtsantritt genießt das Ersatzmitglied zwar nach hM einen „besonderen Status",[309] doch hat es nicht die Rechte und Pflichten eines ordentlichen Aufsichtsratsmitglieds, insbesondere keine Informationsansprüche gegenüber der Gesellschaft und dem (zu ersetzenden) ordentlichen Aufsichtsratsmitglied.[310] Sind dem Ersatzmitglied entgegen der Verschwiegenheitspflicht Informationen erteilt worden, ist es auf Grund seines besonderen Status ebenfalls zur Verschwiegenheit verpflichtet.[311]

---

[297] Hüffer/Koch/*Koch* Rn. 14; Großkomm AktG *Hopt/Roth* Rn. 186; *Lutter/Krieger/Verse* Rechte und Pflichten des Aufsichtsrats Rn. 1052; Kölner Komm AktG/*Mertens/Cahn* Rn. 88; MüKoAktG/*Habersack* Rn. 78; *E. Vetter* in Marsch-Barner/Schäfer Börsennotierte AG-HdB Rn. 25.31; krit. *v. Gleichenstein* AG 1970, 1 f.

[298] *Rellermeyer* ZGR 1987, 563 (568 f.); Großkomm AktG/*Hopt/Roth* Rn. 186.

[299] *Damm* AG 1977, 44 (47); Großkomm AktG/*Hopt/Roth* Rn. 188; aA *v. Gleichenstein* AG 1970, 1 (2); MüKoAktG/*Habersack* Rn. 78.

[300] BegrRegE *Kropff* S. 140; LG Heidelberg AG 1986, 81 (83); *Rellermeyer* ZGR 1987, 563 (567 ff.); Großkomm AktG/*Hopt/Roth* Rn. 186; K. Schmidt/Lutter/*Drygala* Rn. 31; MüKoAktG/*Habersack* Rn. 78.

[301] BGHZ 99, 211 (219 f.) = NJW 1987, 902; *Neu* WM 1988, 481 (482); Großkomm AktG/*Hopt/Roth* Rn. 193; MüKoAktG/*Habersack* Rn. 76, 80.

[302] BGHZ 99, 211 (219 f.) = NJW 1987, 902; Großkomm AktG/*Hopt/Roth* Rn. 193; MüKoAktG/*Habersack* Rn. 80.

[303] MüKoAktG/*Habersack* Rn. 76, 80; aA Kölner Komm AktG/*Mertens/Cahn* Rn. 101; Großkomm AktG/ *Hopt/Roth* Rn. 194, wonach es einer betreffenden Satzungsregelung nicht ohne weiteres zu entnehmen sei, dass der Amtsantritt unter der auflösenden Bedingung des Wegfalls satzungsmäßiger Voraussetzungen stehe.

[304] MüKoAktG/*Habersack* Rn. 80, 76.

[305] Kölner Komm AktG/*Mertens/Cahn* Rn. 90; MüKoAktG/*Habersack* Rn. 82, 91.

[306] BGHZ 99, 211 (221) = NJW 1987, 902; Großkomm AktG/*Hopt/Roth* Rn. 188; *Bommert* AG 1986, 315 (320); Kölner Komm AktG/*Mertens/Cahn* Rn. 94; MüKoAktG/*Habersack* Rn. 91.

[307] Hüffer/Koch/*Koch* Rn. 14; Großkomm AktG/*Hopt/Roth* Rn. 191.

[308] Hüffer/Koch/*Koch* Rn. 14; Großkomm AktG/*Hopt/Roth* Rn. 196; Wachter/*Schick* Rn. 10; *E. Vetter* in Marsch-Barner/Schäfer Börsennotierte AG-HdB Rn. 25.37; Henssler/Strohn/*Henssler* Rn. 15.

[309] So OLG Karlsruhe AG 1986, 168 (169); Großkomm AktG/*Hopt/Roth* Rn. 207; Kölner Komm AktG/ *Mertens/Cahn* Rn. 91; *Rellermeyer* ZGR 1987, 563 (571); MüKoAktG/*Habersack* Rn. 86.

[310] Kölner Komm AktG/*Mertens/Cahn* Rn. 92; MüKoAktG/*Habersack* Rn. 86; *E. Vetter* in Marsch-Barner/ Schäfer Börsennotierte AG-HdB Rn. 25.36; Großkomm AktG/*Hopt/Roth* Rn. 207.

[311] Kölner Komm AktG/*Mertens/Cahn* Rn. 92; MüKoAktG/*Habersack* Rn. 86; *E. Vetter* in Marsch-Barner/ Schäfer Börsennotierte AG-HdB Rn. 25.36; Großkomm AktG/*Hopt/Roth* Rn. 207: Vorwirkung der Verschwiegenheitspflicht.

4. Nachrücken des Ersatzmitglieds. Fällt das Aufsichtsratsmitglied weg (zB durch Tod, Abberufung oder Amtsniederlegung), rückt das Ersatzmitglied in der Regel automatisch nach; einer erneuten Bestellung bedarf es nicht.[312]

Grundsätzlich bedarf es auch keiner **erneuten Annahme des Aufsichtsratsmandats** durch das Ersatzmitglied, denn die Annahme wurde bereits mit der Annahme der Wahl zum Ersatzmitglied (gegebenenfalls konkludent) erklärt.[313] In Fällen, in denen ein Ersatzmitglied bestellt wird, ohne dass die persönlichen Eignungsvoraussetzungen schon vorliegen, soll eine gesonderte Annahmeerklärung im Zeitpunkt der tatsächlichen Amtsübernahme erforderlich sein.[314]

Für eine gesonderte Annahmeerklärung besteht jedoch kein Bedürfnis: Erfüllt das Ersatzmitglied bei Wegfall des ordentlichen Aufsichtsratsmitglieds nicht die Anforderungen der §§ 100, 105 bzw. der Satzung, darf es nicht in den Aufsichtsrat nachrücken. In allen anderen Fällen liegt bereits in der Annahme der Wahl zum Ersatzmitglied die antizipierte Annahme auch der Bestellung zum Aufsichtsratsmitglied.[315] Ist das Ersatzmitglied zum Zeitpunkt des Nachrückens der Auffassung, dass es nicht mehr in der Lage ist, das Aufsichtsratsmandat in der gebotenen Weise zu übernehmen, kann es das Mandat sofort niederlegen.[316] Ob dem Ersatzmitglied die Möglichkeit eingeräumt wird, bei der Annahme zur Bestellung als Ersatzmitglied einen Vorbehalt für das spätere Einrücken zu erklären, etwa hinsichtlich der Erfüllung der persönlichen Voraussetzungen,[317] erscheint zweifelhaft, da die persönlichen Voraussetzungen schon von Gesetzes wegen zu erfüllen sind und die Annahme grundsätzlich bedingungsfeindlich ist, um die Besetzung der Organe eindeutig zu regeln.

5. Erlöschen der Bestellung als Ersatzmitglied. Die Bestellung als Ersatzmitglied endet gem. § 102 Abs. 2 spätestens mit Ablauf der Amtszeit des zu ersetzenden Aufsichtsratsmitglieds.[318] Das Ersatzmitglied kann sein Amt niederlegen, aber auch schon vor der tatsächlichen Aufnahme eines Aufsichtsratsmandats abberufen werden.[319]

6. Erlöschen des Mandats im Aufsichtsrat. Das Mandat des Ersatzmitglieds im Aufsichtsrat endet spätestens mit Ablauf der Amtszeit des weggefallenen Aufsichtsratsmitglieds.[320] Die **Satzung** kann aber auch ein früheres Ende als auflösende Bedingung bestimmen, etwa den Zeitpunkt, in dem ein ordentlicher Nachfolger für das weggefallene Aufsichtsratsmitglied wirksam bestellt wird.[321] Damit wird das Ersatzmitglied zwar nur zur kurzfristigen Überbrückung einer Vakanz Mitglied des Aufsichtsrats; doch verlangt das Gesetz nicht, dass das Ersatzmitglied sein Amt für die gesamte verbleibende Amtsperiode des weggefallenen Aufsichtsratsmitglieds ausüben muss.[322] Eine analoge Anwendung von § 104 Abs. 5 kommt nicht in Betracht.[323] Bei einer Satzungsklausel, die bestimmt,

---

[312] *Bommert* AG 1986, 315 (319); Großkomm AktG/*Hopt/Roth* Rn. 193; MüKoAktG/*Habersack* Rn. 88; MHdB AG/*Hoffmann-Becking* § 30 Rn. 56; Hüffer/Koch/*Koch* Rn. 15; Kölner Komm AktG/*Mertens/Cahn* Rn. 100; aA *Lehmann* DB 1983, 485 (487); *Rellermeyer* ZGR 1987, 563 (576); *Krauel/Fackler* AG 2009, 686 (687).

[313] *Bommert* AG 1986, 315 (319); MüKoAktG/*Habersack* Rn. 80, 88; Großkomm AktG/*Hopt/Roth* Rn. 195; MHdB AG/*Hoffmann-Becking* § 30 Rn. 56; Hüffer/Koch/*Koch* Rn. 15; Kölner Komm AktG/*Mertens/Cahn* Rn. 100; aA *Lehmann* DB 1983, 485 (487): die Annahme der Bestellung zum Ersatzmitglied bringe lediglich die prinzipielle Bereitschaft zum Ausdruck, nicht aber die konkrete Bereitschaft gerade bei Amtsantritt; *Rellermeyer* ZGR 1987, 563 (576) wegen langen Zeitraums; iE ebenso *Lutter/Krieger/Verse* Rechte und Pflichten des Aufsichtsrats Rn. 1054; für die Annahmeerklärung, aber nicht eindeutig gegen eine konkludente Erklärung K. Schmidt/Lutter/*Drygala* Rn. 32.

[314] So *Lutter/Krieger/Verse* Rechte und Pflichten des Aufsichtsrats Rn. 1054.

[315] Zutr. MHdB AG/*Hoffmann-Becking* § 30 Rn. 53; Hüffer/Koch/*Koch* Rn. 15; Großkomm AktG/*Hopt/Roth* Rn. 195.

[316] Großkomm AktG/*Hopt/Roth* Rn. 195; MüKoAktG/*Habersack* Rn. 80.

[317] So aber Hüffer/Koch/*Koch* Rn. 15; Großkomm AktG/*Hopt/Roth* Rn. 195; NK-AktR/*Breuer/Fraune* Rn. 19.

[318] OLG Karlsruhe AG 1986, 168 (169); Großkomm AktG/*Hopt/Roth* Rn. 197; Kölner Komm AktG/*Mertens/Cahn* Rn. 95; MüKoAktG/*Habersack* Rn. 85; K. Schmidt/Lutter/*Drygala* Rn. 32; *E. Vetter* in Marsch-Barner/Schäfer Börsennotierte AG-HdB Rn. 25.33; Hölters/*Simons* Rn. 46.

[319] MHdB AG/*Hoffmann-Becking* § 30 Rn. 59; Großkomm AktG/*Hopt/Roth* Rn. 208; MüKoAktG/*Habersack* Rn. 89 f.

[320] Hüffer/Koch/*Koch* Rn. 16; MüKoAktG/*Habersack* Rn. 88; Großkomm AktG/*Hopt/Roth* Rn. 197; K. Schmidt/Lutter/*Drygala* Rn. 32; Bürgers/Körber/*Israel* Rn. 18; Wachter/*Schick* Rn. 10.

[321] BGHZ 99, 211 (214 ff.) = NJW 1987, 902; BGH AG 1989, 87 (88); OLG Karlsruhe AG 1986, 168 (169); LG Heidelberg AG 1986, 81 (82); *Lutter/Krieger/Verse* Rechte und Pflichten des Aufsichtsrats Rn. 1056; Kölner Komm AktG/*Mertens/Cahn* Rn. 103; Großkomm AktG/*Hopt/Roth* Rn. 199; gegen die Zulässigkeit solcher „Überbrückungsmitgliedschaften" allgemein *Roussos* AG 1987, 239 (244).

[322] *Bommert* AG 1986, 315 (318); Hüffer/Koch/*Koch* Rn. 16; aA *Roussos* AG 1987, 239 (243 f.), der Überbrückungsmitgliedschaften allgemein wegen angeblich inhomogener Zusammensetzung des Aufsichtsrats und Störung seiner Überwachungsaufgabe für unzulässig erachtet.

[323] → Rn. 83 auch zur abweichenden Auffassung.

dass das Amt des Ersatzmitglieds mit der nächsten ordentlichen Hauptversammlung nach Amtsantritt endet, handelt es sich um eine – von vornherein bestimmbare – zulässige Befristung gem. § 102 Abs. 2.[324] Die **Mandatsbeendigung des Ersatzmitglieds durch Nachwahl** ist hingegen keine Befristung, sondern entspricht als von der Hauptversammlung herbeigeführte auflösende Bedingung einer Abberufung des Ersatzmitglieds.[325] Daraus ergeben sich zwei Probleme: Zum einen besitzt eine solche Nachwahl eine Doppelnatur, denn sie beinhaltet sowohl die Wahl eines neuen Aufsichtsratsmitglieds als auch die Abberufung des Ersatzmitglieds; da sich Neuwahl und Abberufung „uno acto" vollziehen, bedürfen sie derselben Stimmenmehrheit. Zum anderen dürfen die Bestimmungen über eine Nachwahl und ein Erlöschen des Aufsichtsratsmandats nicht zu einer Ungleichbehandlung des Ersatzmitglieds gegenüber anderen Aufsichtsratsmitgliedern, insbesondere nicht zu einer de facto erleichterten Abberufung, führen, denn das Ersatzmitglied hat dieselben Rechte und Pflichten wie jedes andere Aufsichtsratsmitglied.[326]

96 Dementsprechend ist ein Ausscheiden des Ersatzmitglieds durch Nachwahl nur denkbar, wenn die **Satzung** für die Bestellung *und* Abberufung *aller* Aufsichtsratsmitglieder **dieselbe Stimmenmehrheit** vorschreibt.[327] Sieht die Satzung für die Abberufung keine andere als die gesetzliche ¾-Mehrheit, § 103 Abs. 1 S. 2, vor, muss sie gem. § 133 Abs. 2 bestimmen, dass das nachrückende Aufsichtsratsmitglied von der Hauptversammlung ebenfalls mit ¾-Mehrheit zu wählen ist.[328] Geringere Mehrheiten sind nur zulässig, wenn sie die Satzung gem. § 103 Abs. 1 S. 3, Abs. 5 für die Abberufung aller Aufsichtsratsmitglieder gleichermaßen bestimmt.[329] Satzungsändernde Beschlüsse, die die Abberufung von Ersatzmitgliedern mit einfacher Mehrheit ermöglichen, obwohl im Übrigen die Abberufung von Aufsichtsratsmitgliedern an eine ¾-Mehrheit gebunden ist, sind nicht nur anfechtbar, sondern nichtig.[330]

97 **Allein durch** einen **Hauptversammlungsbeschluss** kann **nicht wirksam** bestimmt werden, dass mit einer Nachwahl das Mandat des Ersatzmitglieds erlischt; zusätzlich zu einem entsprechenden Beschluss bedarf es in jedem Fall einer Satzungsregelung, die für die Bestellung und Abberufung aller Aufsichtsratsmitglieder dieselbe Stimmenmehrheit vorschreibt.[331] Dies beruht darauf, dass nur die Satzung die gem. § 133 Abs. 2 grundsätzlich ausreichende einfache Mehrheit für die Wahl der Aufsichtsratsmitglieder erschweren bzw. die gem. § 103 Abs. 1 S. 2 grundsätzlich erforderliche qualifizierte Mehrheit für die Abberufung von Aufsichtsratsmitgliedern erleichtern kann.

98 Ist der Wegfall eines ordentlichen Aufsichtsratsmitglieds bereits absehbar, kann die Nachwahl ohne Weiteres so ausgestaltet werden, dass der Wegfall des bisherigen und der Amtsbeginn des neuen Aufsichtsratsmitglieds zusammenfallen (so genannte **überholende Nachwahl**).[332] Es ergibt sich keine Vakanz, da das Ersatzmitglied nicht nachrückt, auch nicht für eine logische Sekunde.[333] Obwohl mit der Neuwahl auch die Stellung des Ersatzmitglieds erlischt (→ Rn. 94), handelt es sich nicht um eine Abberufung, so dass die in → Rn. 92 f. aufgeführten Voraussetzungen nicht vorliegen müssen.

99 Das nachrückende Aufsichtsratsmitglied kann **abberufen** werden nach § 103 Abs. 5. Die Abberufung ist nicht davon abhängig, dass ein Nachfolger gewählt wird.[334]

---

[324] *Bommert* AG 1986, 315 (318).
[325] BGHZ 99, 211 (214 ff.) = NJW 1987, 902; Großkomm AktG/*Hopt/Roth* Rn. 199.
[326] BGHZ 99, 211 (214 f.) = NJW 1987, 902; BGH AG 1987, 348 (349) = NJW 1988, 260; BGH NJW 1988, 1214; BGH AG 1989, 87 (88); Großkomm AktG/*Hopt/Roth* Rn. 200; Kölner Komm AktG/*Mertens/Cahn* Rn. 105.
[327] BGHZ 99, 211 (216) = NJW 1987, 902; BGH NJW 1988, 1214; Großkomm AktG/*Hopt/Roth* Rn. 200 f.
[328] BGH NJW 1988, 1214; BGHZ 99, 211 (214 f.) = NJW 1987, 902; anders noch die Berufungsinstanz OLG Karlsruhe AG 1986, 168 (169) (zur Kollision mit § 103 Abs. 1 Satz 2 gar nicht Stellung nehmend) und die Eingangsinstanz LG Heidelberg AG 1986, 81 (82), der zufolge eine zulässige Befristung iSd § 102 vorliege; wie BGH hingegen *Bommert* AG 1986, 315 (319); Großkomm AktG/*Hopt/Roth* Rn. 201; Hüffer/Koch/*Koch* Rn. 16; *Lutter/Krieger/Verse* Rechte und Pflichten des Aufsichtsrats Rn. 1056; Kölner Komm AktG/*Mertens/Cahn* in Rn. 105.
[329] BGHZ 99, 211 (216) = NJW 1987, 902; BGH AG 1989, 87 (88); Großkomm AktG/*Hopt/Roth* Rn. 201; *Lutter/Krieger/Verse* Rechte und Pflichten des Aufsichtsrats Rn. 1056; Kölner Komm AktG/*Mertens/Cahn* Rn. 105.
[330] BGH AG 1987, 348 (349) = NJW 1988, 260; Großkomm AktG/*Hopt/Roth* Rn. 200.
[331] BGH NJW 1988, 1214; Hüffer/Koch/*Koch* Rn. 16; Großkomm AktG/*Hopt/Roth* Rn. 201.
[332] BGH AG 1987, 348 (349) = NJW 1988, 260; LG Mannheim WM 1986, 104 (105); Großkomm AktG/*Hopt/Roth* Rn. 192; *Lutter/Krieger/Verse* Rechte und Pflichten des Aufsichtsrats Rn. 1058; Kölner Komm AktG/*Mertens/Cahn* in Rn. 102; *Neu* WM 1988, 481 (485); MüKoAktG/*Habersack* Rn. 84.
[333] BGH AG 1987, 348 (349) = NJW 1988, 260; Großkomm AktG/*Hopt/Roth* Rn. 192; MHdB AG/*Hoffmann-Becking* § 30 Rn. 56; Hüffer/Koch/*Koch* Rn. 16; *Lutter/Krieger/Verse* Rechte und Pflichten des Aufsichtsrats Rn. 1058; MüKoAktG/*Habersack* Rn. 84.
[334] Kölner Komm AktG/*Mertens/Cahn* Rn. 106; Großkomm AktG/*Hopt/Roth* Rn. 208.

7. Mehrheit von Aufsichtsratsmitgliedern und/oder Ersatzmitgliedern. Das Gesetz verlangt nicht die eindeutige Zuordnung nur eines Ersatzmitglieds zu einem bestimmten Aufsichtsratsmitglied, vielmehr lässt es auch die Bestellung eines Ersatzmitglieds für mehrere Aufsichtsratsmitglieder zu. Dementsprechend kann selbst das Ersatzmitglied, dessen Amtsausübung durch Nachwahl eines ordentlichen Aufsichtsratsmitglieds endet, wieder für ein anderes weggefallenes Aufsichtsratsmitglied nachrücken.[335] Die zu ersetzenden Aufsichtsratsmitglieder müssen allerdings derselben Gruppe (entsandte Mitglieder, von der Hauptversammlung oder von den Arbeitnehmern gewählte Mitglieder) wie die Ersatzmitglieder angehören.[336] Zudem muss bestimmt sein, für wen das Ersatzmitglied nachrückt, wenn gleichzeitig mehrere Aufsichtsratsmitglieder wegfallen.[337] Ein Ersatzmitglied kann nicht für gewählte und entsandte Aufsichtsratsmitglieder gleichermaßen bestellt werden.[338]

Entsprechende Regelungen können sowohl in der **Satzung** als auch im Bestellungsbeschluss (Hauptversammlungswahl oder Entsendung) festgelegt werden.[339] Ob auch ohne ausdrückliche Regelung ein **mehrfaches Nachrücken** anzunehmen ist, muss durch Auslegung der Satzung oder des Beschlusses festgestellt werden.[340] Im Zweifel wird eine derartige Regelung gewollt sein, da die Bestellung eines Ersatzmitglieds eine Vakanz sowie ein gerichtliches Bestellungsverfahren nach § 104 verhindern soll und nicht nur für die Ersetzung eines bestimmten Aufsichtsratsmitglieds gilt.[341] Vereinzelt wird hiergegen vorgebracht, dass dann die Reihenfolge des Nachrückens nicht mehr hinreichend sicher bestimmt wäre, weil nicht klar wäre, ob ein bereits aus dem Aufsichtsrat wieder ausgeschiedenes Ersatzmitglied oder ein noch nicht eingerücktes Mitglied nachrücken soll.[342] Doch wird man davon ausgehen können, dass das ausgeschiedene Mitglied wieder an die Position rückt, die es vorher hatte, und also gegebenenfalls auch wieder vor den anderen Ersatzmitgliedern nachrückt. Da das für mehrere Aufsichtsratsmitglieder bestellte Ersatzmitglied mehrere Ämter nebeneinander ausübt, ist die Ersatzmitgliedschaft lediglich hinsichtlich derjenigen Aufsichtsratsmitglieder „verbraucht", für die das Ersatzmitglied bereits in den Aufsichtsrat nachgerückt war; die übrigen Ersatzmitgliedschaften bestehen weiterhin.[343] Allerdings kann das Ersatzmitglied erst dann für das zweite Aufsichtsratsmitglied nachrücken, wenn es hinsichtlich der ersten Aufsichtsratsmitgliedschaft ordnungsgemäß abberufen wurde oder die Amtszeit des ersten weggefallenen Aufsichtsratsmitglieds abgelaufen ist; denn ein Ersatzmitglied darf nicht zwei Aufsichtsratsmandate gleichzeitig besetzen.[344] Ebenso wenig kann es sein Amt niederlegen, um für das zweite Mitglied nachzurücken.[345] Auch darf das Verhältnis zwischen den verschiedenen Statusgruppen (Arbeitnehmer, leitende Angestellte, Gewerkschaftsvertreter) nicht verändert werden, so dass nicht ein Ersatzmitglied für mehrere oder alle Gruppen bestellt werden darf.[346]

Umgekehrt können auch **mehrere Ersatzmitglieder für ein** oder **mehrere Aufsichtsratsmitglieder der Anteilseignervertreter** bestellt werden **(Ersatzliste)**.[347] In diesem Fall muss allerdings

---

[335] AllgM: BGHZ 99, 211 (213 f.) = NJW 1987, 902; OLG Karlsruhe AG 1986, 168 (169); LG Heidelberg AG 1986, 81 (82 f.); LG Mannheim WM 1986, 104 (105); *Heinsius* ZGR 1982, 232 (234); Großkomm AktG/*Hopt/Roth* Rn. 202; MHdB AG/*Hoffmann-Becking* § 30 Rn. 54; *Hoffmann/Preu*, Aufsichtsrat, Rn. 707; Hüffer/Koch/*Koch* Rn. 17; *Lutter/Krieger/Verse* Rechte und Pflichten des Aufsichtsrats Rn. 1053; Kölner Komm AktG/*Mertens/Cahn* Rn. 86, 94; *Rellermeyer* ZGR 1987, 563 (569 f.); MüKoAktG/*Habersack* Rn. 82.

[336] MHdB AG *Hoffmann-Becking* § 30 Rn. 54; Großkomm AktG/*Hopt/Roth* Rn. 183; Kölner Komm AktG/*Mertens/Cahn* Rn. 86; MüKoAktG/*Habersack* Rn. 81.

[337] MüKoAktG/*Habersack* Rn. 82; Großkomm AktG/*Hopt/Roth* Rn. 183.

[338] MHdB AG/*Hoffmann-Becking* § 30 Rn. 54; Großkomm AktG/*Hopt/Roth* Rn. 183; Hüffer/Koch/*Koch* Rn. 17; Kölner Komm AktG/*Mertens/Cahn* Rn. 86; für die Vertreter der Arbeitnehmer ergibt sich dieses aus § 17 Abs. 1 S. 2 MitbestG.

[339] BGHZ 99, 211 (220) = NJW 1987, 902; Großkomm AktG/*Hopt/Roth* Rn. 202.

[340] BGHZ 99, 211 (220) = NJW 1987, 902; ebenso die Vorinstanz OLG Karlsruhe AG 1986, 168 (169).

[341] Eingehend *Bommert* AG 1986, 315 (320); *Heinsius* ZGR 1982, 232 (239); MHdB AG/*Hoffmann-Becking* § 30 Rn. 58; Hüffer/Koch/*Koch* Rn. 17; *Lehmann* DB 1983, 485 (486 f.); Kölner Komm AktG/*Mertens/Cahn* Rn. 94; *Rellermeyer* ZGR 1987, 563 (571 ff.); offen gelassen in BGHZ 99, 211 (220) = NJW 1987, 902; aA (zumindest Hauptversammlungsbeschluss erforderlich) offenbar LG Heidelberg AG 1986, 81 (82 f.).

[342] So Großkomm AktG/*Hopt/Roth* Rn. 204.

[343] Sog. „Theorie der Ämterbündelung": *Lehmann* DB 1983, 485 (486); Kölner Komm AktG/*Mertens/Cahn* Rn. 94; *Rellermeyer* ZGR 1987, 563 (569 f., 573); von „Ämterbündelung" spricht auch BGHZ 99, 211 (220) = NJW 1987, 902, wobei die Satzungsbestimmung im dort entschiedenen Fall allerdings ausdrücklich anordnete, dass die Ersatzmitgliedschaft bei Nachwahl zurückerlangt werden solle.

[344] *Bommert* AG 1986, 315 (320); Kölner Komm AktG/*Mertens/Cahn* Rn. 94; MüKoAktG/*Habersack* Rn. 82.

[345] Großkomm AktG/*Hopt/Roth* Rn. 209; Kölner Komm AktG/*Mertens/Cahn* Rn. 90; MüKoAktG/*Habersack* Rn. 82.

[346] MüKoAktG/*Habersack* Rn. 81; Großkomm AktG/*Hopt/Roth* Rn. 183.

[347] BGHZ 99, 211 (LS c) = NJW 1987, 902; LG Mannheim WM 1986, 104 (105); *Heinsius* ZGR 1982, 232 (234); Großkomm AktG/*Hopt/Roth* Rn. 182, 184; Hüffer/Koch/*Koch* Rn. 18; *Lutter/Krieger/Verse* Rechte und Pflichten des Aufsichtsrats Rn. 1053; *Rellermeyer* ZGR 1987, 563 (566); MüKoAktG/*Habersack* Rn. 83; aA *Damm* AG 1977, 44 (47); *Roussos* AG 1987, 239 (240 f.).

im Bestellungsbeschluss bzw. in der Entsendung eine eindeutige Reihenfolge des Nachrückens festgelegt werden.[348]

103 Sind mehrere Ersatzmitglieder für mehrere Aufsichtsratsmitglieder bestellt, endet die **Amtszeit** der nicht nachgerückten Mitglieder erst mit der längsten Amtszeit aller Aufsichtsratsmitglieder, für die sie als Ersatzmitglieder bestellt wurden.[349] Ist zB A als Ersatzmitglied für die Aufsichtsratsmitglieder B (Amtszeit: 3 Jahre), C (Amtszeit: 4 Jahre) und D (Amtszeit: 5 Jahre) bestellt, endet seine Amtszeit erst nach fünf Jahren, sofern D nicht früher – zB durch Tod, Amtsniederlegung oder Abberufung – ausscheidet. Die Gesamtzahl der Ersatzvertreter darf die Zahl der amtierenden Aufsichtsratsmitglieder nicht übersteigen.[350] Bei einer gesetzlichen oder satzungsmäßigen Verringerung der Anzahl der ordentlichen Aufsichtsratsmitglieder muss auch die Zahl der Ersatzmitglieder entsprechend reduziert werden, wobei für den Fall der Aufstellung einer Ersatzliste die zuletzt genannten Ersatzmitglieder zuerst ausscheiden.[351] Das Ersatzmitglied kann sein Amt jederzeit niederlegen; ist ein Ersatzmitglied für mehrere Aufsichtsratsmitglieder bestellt, bestehen mehrere rechtlich voneinander unabhängige Ersatzmitgliedschaften, so dass eine Amtsniederlegung auf einzelne Mitglieder beschränkt werden kann.[352]

104 **8. Mitbestimmungsrecht.** Auch für Arbeitnehmervertreter können Ersatzmitglieder bestellt werden. Allerdings darf im Falle der Anwendbarkeit des Mitbestimmungsgesetzes für einen Bewerber der Arbeitnehmer nur ein anderer Arbeitnehmer, für einen Bewerber der leitenden Angestellten nur ein anderer leitender Angestellter als Ersatzmitglied vorgeschlagen werden, § 17 Abs. 1 S. 2 MitbestG. Ersatzmitglieder müssen getrennt auf Aufsichtsratsmitglieder der Aktionäre und der Arbeitnehmer bezogen werden.[353] § 17 MitbestG, § 7 DrittelbG modifizieren das Verfahren der Bestellung von Ersatzmitgliedern der Arbeitnehmer: Da gem. § 17 Abs. 1 MitbestG, § 7 Abs. 1 DrittelbG ein Ersatzmitglied (nur) in jedem Wahlvorschlag zusammen mit dem Bewerber vorgeschlagen werden kann, dürfen für Arbeitnehmervertreter nicht mehrere Ersatzmitglieder bestellt werden.[354] Aus § 17 Abs. 2 MitbestG, § 7 Abs. 2 DrittelbG folgt, dass das Ersatzmitglied und das ordentliche Aufsichtsratsmitglied in demselben Wahlgang zu wählen und nur zusammen wählbar sind.[355]

105 Nur für das so genannte weitere Mitglied nach § 4 Abs. 1 S. 2 lit. c MontanMitbestG und § 5 Abs. 1 S. 2 lit. c MontanMitbestErgG kann nach § 101 Abs. 3 S. 2 kein Ersatzmitglied bestellt werden.

106 Entsprechendes gilt über die Verweisung des § 4 MgVG auf die Regelungen über die Mitbestimmung des Mitgliedstaats, in dem die aus einer grenzüberschreitenden Verschmelzung hervorgehende Gesellschaft ihren Sitz hat.

VII. Fehlerhafte Bestellung

107 Die Bestellung von Aufsichtsratmitgliedern kann fehlerhaft sein. Zu differenzieren ist grundsätzlich zwischen nichtiger (§ 250) und anfechtbarer (§ 251) Bestellung. Die **fehlerhafte Entsendung** hat im AktG keine Regelung erfahren; die Vorschriften über die Anfechtungs- und Nichtigkeitsklage sind mangels einer Wahl nicht anzuwenden, vielmehr greifen insoweit die allgemeinen zivilprozessualen Grundsätze ein, vor allem die allgemeine Feststellungsklage nach § 256 Abs. 1 ZPO.[356]

108 **1. Nichtigkeitsgründe.** Die Bestellung eines Aufsichtsratsmitglieds ist gem. § 250 Abs. 1 nur dann nichtig, wenn sie gegen die gesetzlichen Vorschriften über die Zusammensetzung des Aufsichtsrats verstößt (Nr. 1), wenn sich die Hauptversammlung nicht an die Wahlvorschläge des MontanMitbestG hält (Nr. 2) oder wenn die gesetzliche Höchstzahl von Aufsichtsratsmitgliedern durch die Wahl

---

[348] BGHZ 99, 211 (213 f.) = NJW 1987, 902; OLG Karlsruhe AG 1986, 168 (169); LG Heidelberg AG 1986, 81 (83); LG Mannheim WM 1986, 104 (105); Großkomm AktG/*Hopt/Roth* Rn. 184; Hüffer/Koch/*Koch* Rn. 18; *Lutter/Krieger/Verse* Rechte und Pflichten des Aufsichtsrats Rn. 1053; Kölner Komm AktG/*Mertens/Cahn* Rn. 86; *Rellermeyer* ZGR 1987, 563 (566); MüKoAktG/*Habersack* Rn. 83; *Wagner* in Semler/v. Schenck AR-HdB § 2 Rn. 63.
[349] Großkomm AktG/*Hopt/Roth* Rn. 197; MüKoAktG/*Habersack* Rn. 87.
[350] Kölner KommAktG/*Mertens/Cahn* Rn. 95; Großkomm AktG/*Hopt/Roth* Rn. 182; MüKoAktG/*Habersack* Rn. 87.
[351] Kölner Komm AktG/*Mertens/Cahn* Rn. 95; Großkomm AktG/*Hopt/Roth* Rn. 182; MüKoAktG/*Habersack* Rn. 87.
[352] LG Mannheim WM 1986, 104 (105); Großkomm AktG/*Hopt/Roth* Rn. 209.
[353] Hüffer/Koch/*Koch* Rn. 19; Großkomm AktG/*Hopt/Roth* Rn. 183.
[354] UHH/*Henssler* MitbestG § 17 Rn. 7 f.; RVJ/*Raiser/Jacobs* MitbestG § 17 Rn. 3; Großkomm AktG/*Oetke* MitbestG § 17 MitbestG Rn. 5; MüKoAktG/*Habersack* Rn. 83; Großkomm AktG/*Hopt/Roth* Rn. 190.
[355] *Damm* AG 1977, 44 (46); UHH/*Henssler* MitbestG § 17 Rn. 16 f.; RVJ/*Raiser/Jacobs* MitbestG § 17 Rn. 4 f.; Großkomm AktG/*Oetker* MitbestG § 17 Rn. 8.
[356] BGH NJW 2006, 510 (511) mit zust. Anm. *Ek/Schiemzik* BB 2006, 456 f.; ferner MüKoAktG/*Habersack* Rn. 58, 45.

Bestellung der Aufsichtsratsmitglieder 109, 110 **§ 101**

überschritten wird (Nr. 3). Nichtig ist gem. § 250 Abs. 1 Nr. 4 auch die Bestellung von Personen, die die persönlichen Voraussetzungen für eine Mitgliedschaft im Aufsichtsrat iSd §§ 100, 105 von Beginn an nicht erfüllen.[357] Schließlich sind die allgemeinen Nichtigkeitsgründe für Hauptversammlungsbeschlüsse gem. § 241 Nr. 1, 2, 5 zu beachten.

2. Anfechtbarkeit. Die Bestellung zum Aufsichtsratsmitglied kann zudem anfechtbar sein, insbesondere bei einer Verletzung von Verfahrensvorschriften, etwa zu den Wahlvorschlägen von Aktionären nach § 127 oder zur Abstimmung nach § 137. Eine Einschränkung gilt nur dann, wenn der Fehler für das Mitgliedschaftsrecht der Aktionäre im konkreten Einzelfall nicht relevant ist. Entscheidend dafür ist die Frage, ob ein objektiv urteilender Aktionär bei Beachtung der Verfahrensvorschrift anders abgestimmt hätte.[358] Im Sinne dieser Relevanzlehre ist beispielsweise die unzutreffende oder nicht ausreichende Angabe des Berufs einer zur Wahl vorgeschlagenen Person regelmäßig zu marginal.[359] Weiterhin kann die Wahl eines Aufsichtsratsmitglieds nicht allein mit der Begründung angefochten werden, die Wahl verstoße gegen Grundsätze des **Deutschen Corporate Governance Kodex**, welche sich so im Gesetz nicht wiederfinden, da dieser keine gesetzesgleiche Wirkung entfaltet.[360] Jedoch ist die Anfechtung der Wahl eines Aufsichtsratsmitglieds dann möglich, wenn der Wahlvorschlag des Aufsichtsrates an die Hauptversammlung auf einem nichtigen Aufsichtsratsbeschluss infolge eines Verstoßes gegen § 161 beruht, insbesondere „wenn Vorstand und Aufsichtsrat entgegen ihrer Entsprechungserklärung durch einen der Hauptversammlung zur Entscheidung vorgelegten Beschlussvorschlag eine Kodexempfehlung missachten, ohne die geänderte Absicht bekannt zu machen".[361] Zwar steht es den Organen im Rahmen von § 161 grundsätzlich frei, den Empfehlungen zu folgen, jedoch legen sie sich mit der abgegebenen Entsprechungserklärung fest, ob und inwieweit dem DCGK gefolgt wird, → § 161 Rn. 36 ff.

3. Arbeitnehmervertreter. Für **Arbeitnehmervertreter** enthalten die **mitbestimmungsrechtlichen Vorschriften** besondere Vorgaben. So regeln die § 22 MitbestG, § 11 DrittelbG die Anfechtung von Aufsichtsratswahlen der Arbeitnehmer vor dem Arbeitsgericht im Falle des Verstoßes gegen wesentliche Vorschriften über das Wahlrecht, die Wählbarkeit oder das Wahlverfahren, also insbesondere bei Verstößen gegen die zwingenden §§ 9–18 MitbestG, §§ 4–7 DrittelbG und die entsprechenden Vorschriften der Wahlordnungen.[362] Die Wahl ist binnen zwei Wochen nach Veröffentlichung im Bundesanzeiger von den in § 22 Abs. 2 MitbestG, § 11 Abs. 2 DrittelbG genannten Gruppen, insbesondere von mindestens drei wahlberechtigten Arbeitnehmern und vom (Gesamt-)Betriebsrat, anfechtbar, es sei denn, das Wahlergebnis konnte durch den Verstoß objektiv nicht geändert oder beeinflusst werden oder der Fehler wurde nachträglich berichtigt. Die Anfechtung einer vorgelagerten Delegiertenwahl vollzieht sich nach § 21 MitbestG, wobei nach der Systematik der §§ 21, 22 MitbestG Fehler bei der Delegiertenwahl nicht im Rahmen einer Anfechtung der Aufsichtsratswahl geltend gemacht werden können.[363] Die **Nichtigkeitsgründe des § 250** sind **auf die Wahl von Arbeitnehmervertretern entsprechend anwendbar:** Erfüllt ein Arbeitnehmervertreter entweder die aktienrechtlichen Wählbarkeitsvoraussetzungen, §§ 100, 105 AktG, § 6 Abs. 2 S. 1 MitbestG, oder die besonderen mitbestimmungsrechtlichen Wählbarkeitsvoraussetzungen, § 7 Abs. 2, 3 MitbestG, § 4 Abs. 2, 3 DrittelbG von Beginn an nicht, ist seine Wahl demnach gem.

---

[357] Großkomm AktG/*Hopt/Roth* Rn. 211; MüKoAktG/*Habersack* Rn. 72; *Mimberg* in Marsch-Barner/Schäfer Börsennotierte AG-HdB Rn. 37.152.
[358] *Marsch-Barner* FS K. Schmidt, 2009, 1109 (1111); zur Relevanztheorie s. BGHZ 149, 158 (164 ff.).
[359] OLG Frankfurt ZIP 2007, 232 (233); aA wohl LG München, Der Konzern 2007, 448 (452).
[360] *Grunewald* NZG 2015, 609 (612); zust. *Seibt* AG 2002, 249 (250); *Marsch-Barner* FS K. Schmidt, 2009, 1109 (1112).
[361] OLG München NZG 2009, 508; dieser Auffassung folgte auch das LG Hannover: LG Hannover NZG 2010, 744, der BGH entschied hierüber nicht, da im vorliegendem Fall die Entsprechungserklärung schon nicht fehlerhaft war: BGH, Beschluss vom 9.11.2009, Az II ZR 14/09; siehe auch *Kiefner* NZG 2011, 201 (207); *Spindler* NZG 2011, 1007 (1011); *Hecker/Peters* BB 2010, 2251; *Scholderer* NZG 2012, 168 (175); *Rieder* NZG 2010, 737; *Struck*, Mandatsunfähigkeit von Aufsichtsratsmitgliedern einer deutschen Aktiengesellschaft, 2010, 142 f.; anders als noch die Vorinstanz LG München NZG 2008, 150 (152); einschränkend *Müller-Michaelis* in Grundei/Zaumseil, Der Aufsichtsrat im System der Corporate Governance, 2012, S. 58: Anfechtung des Wahlbeschlusses bei Verstoß gegen § 161 dann zulässig, wenn „durch den Verstoß die informationelle Entscheidungsgrundlage für diesen Beschluss wesentlich beeinträchtigt wurde".
[362] LAG Köln AE 2013, 22; RVJ/*Raiser/Jacobs* MitbestG § 22 Rn. 6; Großkomm AktG/*Oetker* MitbestG § 22 Rn. 4 iVm MitbestG § 21 Rn. 4; UHH/*Henssler* MitbestG § 22 Rn. 10 f.
[363] Großkomm AktG/*Oetker* MitbestG § 22 Rn. 6; UHH/*Henssler* MitbestG § 22 Rn. 2 einschränkend RVJ/*Raiser/Jacobs* MitbestG § 22 Rn. 3, der den Klageberechtigten, die nicht nach § 21 MitbestG klageberechtigt sind, ein Berufen auf die Anfechtungsgründe des § 21 MitbestG im Verfahren nach § 22 MitbestG zugesteht.

§ 250 Abs. 1 Nr. 4 nichtig.[364] Ungeregelt geblieben ist die fehlerhafte Entsendung von Aufsichtsratsmitgliedern; die §§ 250 ff. können nicht analog angewandt werden.[365] Stattdessen ist die allgemeine Feststellungsklage gem. § 256 Abs. 1 ZPO einschlägig.[366] Entsprechendes gilt über die Verweisung des § 4 MgVG auf die Regelungen über die Mitbestimmung des Mitgliedstaats, in dem die aus einer grenzüberschreitenden Verschmelzung hervorgehende Gesellschaft ihren Sitz hat. Zu beachten sind jedoch die die Anfechtung regelnden §§ 5, 26 Abs. 2 MgVG, welche sich jedoch nur hinsichtlich der Anfechtungsberechtigung von den § 22 MitbestG, § 11 DrittelbG inhaltlich unterscheiden. Anfechtungsberechtigt sind nach § 26 Abs. 2 S. 2 die Leitung der aus der grenzüberschreitenden Verschmelzung hervorgegangenen Gesellschaft (§ 2 Abs. 5 MgVG); die Arbeitnehmervertretungen, die das Wahlgremium gebildet haben (§ 26 Abs. 2 S. 2, Abs. 1 S. 2 Nr. 1); in den Fällen der Urwahl mindestens drei wahlberechtigte Arbeitnehmer (Nr. 2); für ein Mitglied nach § 8 Abs. 3 (Gewerkschaftsmitglied) nur die Gewerkschaft, die das Mitglied vorgeschlagen hat (Nr. 3) bzw. für ein Mitglied nach § 8 Abs. 4 (leitender Angestellter) nur der Sprecherausschuss, der das Mitglied vorgeschlagen hat (Nr. 4).

111 **4. Folgen für die Rechtsstellung des Aufsichtsratsmitglieds.** Solange das Anfechtungsurteil keine Rechtskraft besitzt, hat das anfechtbar bestellte Aufsichtsratsmitglied – im Gegensatz zum nichtig bestellten Mitglied – dieselben Rechte und Pflichten wie die übrigen Aufsichtsratsmitglieder.[367] Wird das nichtig oder anfechtbar bestellte Aufsichtsratsmitglied tatsächlich tätig, muss es die Pflichten nach §§ 116, 93 einhalten und bei Verstoß Schadensersatz leisten.[368] Als Korrelat der umfassenden Haftung hat auch das fehlerhaft bestellte Aufsichtsratsmitglied Anspruch auf eine Vergütung, wenn diese von der Hauptversammlung festgesetzt wurde; insoweit wird ein fehlerhaft bestelltes Aufsichtsratsmitglied nicht anders behandelt als ein fehlerhaft bestelltes Vorstandsmitglied.[369] Das Bestehen eines Vergütungs- (nicht Aufwendungsersatz-)anspruchs gem. §§ 683, 670 BGB wegen Geschäftsführung ohne Auftrag erscheint zweifelhaft, da das Aufsichtsratsmandat nur als Nebenamt ausgeführt wird.

112 Die Gesellschaft, vertreten durch den Vorstand, kann das fehlerhaft bestellte Aufsichtsratsmitglied jederzeit von der weiteren Mitarbeit im Aufsichtsrat ausschließen; einer **Abberufung bedarf** es **nicht.**[370] Der Vorstand ist ebenso wie der Aufsichtsratsvorsitzende verpflichtet, die Nichtigkeit der Bestellung geltend zu machen.[371] Zudem muss der Vorstand auf die baldige ordnungsgemäße Zusammensetzung des Aufsichtsrats hinwirken.[372]

113 **5. Folgen für Beschlüsse des Aufsichtsrats.** Zwar tritt die Nichtigkeit des Wahlbeschlusses – auch bei rechtskräftiger Anfechtung[373] – **rückwirkend** ein,[374] sodass der Aufsichtsrat als von Anfang an fehlerhaft bestellt anzusehen ist. In diesen Fällen ist jedoch umstritten, ob und wenn ja, unter

---

[364] RVJ/*Raiser/Jacobs* MitbestG § 22 Rn. 8; Großkomm AktG/*Oetker* MitbestG § 22 G Rn. 5; Großkomm AktG/*Hopt/Roth* Rn. 212; aA UHH/*Henssler* MitbestG § 22 Rn. 12: bei Fehlen der mitbestimmungsrechtlichen Wählbarkeitsvoraussetzungen nur Anfechtbarkeit.
[365] BGH DStR 2006, 241 (242) = ZIP 2006, 177 (178); Hüffer/Koch/*Koch* § 250 Rn. 2; Kölner Komm AktG/*Kiefner* § 250 Rn. 1.
[366] BGH DStR 2006, 241 (242) = ZIP 2006, 177 (178); Großkomm AktG/*Hopt/Roth* Rn. 128, 213.
[367] Großkomm AktG/*Hopt/Roth* Rn. 22; MüKoAktG/*Habersack* Rn. 69 f.; *Schürnbrand* NZG 2013, 481 (483); *Schürnbrand* NZG 2009, 609 (610); *Marsch-Barner* FS K. Schmidt, 2009, 1109 (1125); aA *Stein*, Das faktische Organ, 1984, 151; K. Schmidt/Lutter/*Drygala* Rn. 33 f.
[368] Eindeutig: BGH NJW 2013, 1535 (1537); aber auch schon BGHZ 168, 188; → § 116 Rn. 12; RGZ 152, 273 (278 ff.). Ein faktisches Aufsichtsratsmitglied, das sich auf die Unwirksamkeit seiner Bestellung berufe, sei dem Einwand unzulässiger Rechtsausübung ausgesetzt; Hüffer/Koch/*Koch* Rn. 20; Kölner Komm AktG/*Kiefner* § 252 Rn. 23; Kölner Komm AktG/*Mertens/Cahn* Rn. 108; Großkomm AktG/*Hopt/Roth* Rn. 218; MüKoAktG/*Habersack* Rn. 70, § 116 Rn. 10; aA *Stein*, Das faktische Organ, 1984, 149 ff. (183 ff.): Haftung des faktischen Organs ziele über den notwendigen Schluss von Haftungslücken hinaus, da sie unabhängig davon eintrete, ob wirksam bestellte Organe oder Dritte hafteten.
[369] So auch BGH NJW 2013, 1535 (1537): bzgl. Pflichten, Haftung und Vergütung finden die Grundsätze der fehlerhaften Bestellung Anwendung; BGH NZG 2006, 712 (715); Kölner Komm AktG/*Kiefner* § 252 Rn. 17; MüKoAktG/*Habersack* Rn. 69 f.: kein Grund ersichtlich warum andere Behandlung des fehlerhaft bestellten Aufsichtsratsmitglieds im Vergleich zum fehlerhaft bestellten Vorstand erfolgen soll; Großkomm AktG/*Hopt/Roth* Rn. 219; Kölner Komm AktG/*Mertens/Cahn* Rn. 109.
[370] Großkomm AktG/*Hopt/Roth* Rn. 217; Kölner Komm AktG/*Mertens/Cahn* Rn. 110.
[371] Großkomm AktG/*Hopt/Roth* Rn. 214 f.
[372] Großkomm AktG/*Hopt/Roth* Rn. 214 f.: unverzüglich, gegebenenfalls durch eine gerichtliche Ersatzbestellung nach § 104.
[373] MüKoAktG/*J. Koch* § 252 Rn. 10; Hüffer/Koch/*Koch* § 252 Rn. 8; Großkomm AktG/*Hopt/Roth* Rn. 228.; mit dem Hinweis, dass es bei Annahme der Lehre vom faktischen Organ auf eine ex nunc oder ex tunc Wirkung nicht ankomme: MüKoAktG/*Habersack* Rn. 71.
[374] Allerdings weist der BGH in seinem Urteil vom 19.2.3013, BGH NJW 2013, 1535 (1537), darauf hin, dass wenn der fehlerhaft bestellte Aufsichtsrat de facto wie ein wirksam bestelltes Organ behandelt wird, die Wahlanfechtung tatsächlich ex nunc wirkt; so auch: Kölner Komm AktG/*Mertens/Cahn* Rn. 107.

welchen Umständen bei Beschlüssen des Aufsichtsrats eine Einschränkung der Nichtigkeitsfolge vorzunehmen ist.

Der BGH geht in einem Grundsatzurteil vom 19.2.2013[375] von der sog. **Einzelnormtheorie** aus.[376] Demnach entfaltet ein nichtiger bzw. für nichtig erklärter Wahlbeschluss im Grundsatz keine Rechtswirkungen; ein Aufsichtsratsbeschluss des derart fehlerhaft bestellten Aufsichtsrats muss daher im Einzelfall genau geprüft werden, da das Aufsichtsratsmitglied, dessen Wahl nichtig ist oder für nichtig erklärt wird, grundsätzlich wie ein **Nichtmitglied** zu behandeln ist, womit auch die Stimmabgabe und die Beschlussfassung betroffen sind.[377] Dabei ist zunächst zu klären, ob sich die Stimmabgabe des fehlerhaft bestellten Aufsichtsratsmitglieds überhaupt auf den Beschluss auswirken konnte, dieser also ohne die Stimme des fehlerhaft bestellten Mitglieds rechnerisch nicht zustande gekommen wäre[378] oder ob die Fehlerhaftigkeit der Wahl dazu führen würde, dass der Aufsichtsrat nicht beschlussfähig gewesen wäre. In diesen Fällen ist der Aufsichtsratsbeschluss unwirksam, da er ohne das Mitwirken des fehlerhaft bestellten Aufsichtsratsmitglieds nicht zustande gekommen wäre. Allerdings kann der Beschluss ausnahmsweise aufgrund besonderer Wertungen dennoch Wirkung entfalten, insbesondere unter Berücksichtigung des Sinns und Zwecks der jeweiligen Norm, etwa wenn der Vertrauensschutz unbeteiligter Dritter vorgeht.[379]

Demgegenüber geht die sog. Lehre vom **fehlerhaften Organverhältnis** davon aus, dass Aufsichtsratsbeschlüsse, an denen ein unwirksam bestelltes Aufsichtsratsmitglied mitwirkt, im Grundsatz wirksam sind, wenn das Amt tatsächlich angetreten und ausgeübt wird und keine höherrangigen Interessen der Allgemeinheit bzw besonders schutzwürdiger Personen entgegenstehen.[380] Allerdings sind immer dann alle Aufsichtsratsbeschlüsse nichtig, wenn der Aufsichtsrat insgesamt nichtig bestellt wurde.[381] Es ist jedoch unerheblich, ob das fehlerhaft bestellte Mitglied die Stimmabgabe anderer Mitglieder beeinflusst hat.[382]

Die Entscheidung des BGH wirft indes nach wie vor **Zweifel** auf. Denn auch die Rechtsprechung geht weiterhin davon aus, dass das fehlerhaft bestellte Aufsichtsratsmitglied im Hinblick auf seine Pflichten und Rechte wie ein wirksam bestelltes Mitglied behandelt wird, insbesondere auch hinsichtlich seiner Haftung.[383] Dann ist es aber nicht recht einsichtig, warum Beschlüsse, die von dem fehlerhaft bestellten Aufsichtsratsmitglied mit gefasst wurden, unwirksam sein sollten, außer bei überwiegenden allgemeinen Interessen, etwa Verstößen gegen gesetzliche Verbote oder gegen die guten Sitten.[384] Zu Problemen der Wahrung der Parität kann es zudem bei der angenommenen

---

[375] BGH NJW 2013, 1535; anknüpfend an BGH NJW 1954, 385 (387); BGH ZIP 1994, 1171 (1172); siehe auch Anmerkungen von ua *Tielmann/Struck* BB 2013, 1548; *Kocher* BB 2013, 1170; *Schatz/Schödel* EWiR 2013, 333; *Rickers* AG 2013, 383; *Schürnbrand* NZG 2013, 481; *Arnold/Gayk* DB 2013, 1830; *Kiefner/Seibl* Der Konzern 2013, 310; *Döser* LMK 2013, 346570; *Priester* GWR 2013, 175; *Cziupka/Pitz* NJW 2013, 1539; *Cziupka* DNotZ 2013, 579; *Buckel/Vogel* ZIP 2014, 58 mwN.

[376] Großkomm AktG/*Hopt/Roth* Rn. 217 betreffend die Nichtigkeitsklage; NK-AktR/*Breuer/Fraune* Rn. 24; MüKoAktG/*J. Koch* § 250 Rn. 22 f.; Kölner Komm AktG/*Mertens/Cahn* Rn. 110; → § 252 Rn. 6; *Tielmann/Struck* BB 2013, 1548 (1549); *E. Vetter* ZIP 2012, 701 (703 ff.).

[377] BGH NJW 2013, 1535.

[378] BGH NJW 2013, 1535 (1537); ausführlich: Kölner Komm AktG/*Kiefner* § 252 Rn. 18 mwN; → § 108 Rn. 70; BGHZ 47, 341 (345 f.) = NJW 1967, 1711; Großkomm AktG/*Hopt/Roth* Rn. 222; Hüffer/Koch/*Koch* Rn. 20; Kölner Komm AktG/*Mertens/Cahn* Rn. 111; *Marsch-Barner* FS K. Schmidt, 2009, 1109 (1123); *Happ* FS Hüffer, 2010, 293 (296).

[379] BGH NJW 2013, 1535 (1537): zB, wenn Aufsichtsratsbeschlüsse gegenüber außenstehenden Dritten vollzogen werden; hierzu auch *Buckel/Vogel* ZIP 2014, 58 (61): Gutglaubenschutz des Vorstands; *Döser* LMK 2013, 346570.

[380] So die im Schrifttum und teils in der Insatzrechtsprechung vorherrschende Lehre vom fehlerhaften Organverhältnis: OLG Frankfurt a. M. WM 2011, 221 (226); wohl auch OLG Köln WM 2011, 1174 (1178); Kölner Komm AktG/*Kiefner* § 252 Rn. 25 ff.; Großkomm AktG/*Bezzenberger* § 256 Rn. 189; MüKoAktG/*Goette* § 161 Rn. 93; *Kiefner/Seibl* Der Konzern 2013, 310 (313 ff.); K. Schmidt/Lutter/*Drygala* § 101 Rn. 35; *Habersack* FS Goette, 2011, 121 (132 f.); *Happ* FS Hüffer, 2010, 293 (305); MüKoAktG/*Habersack* Rn. 69 f.; *Priester* GWR 2013, 175 (176;) *Rieckers* AG 2013, 383 (385); *Schürnbrand* NZG 2013, 481 ff.; *Bayer/Lieder* NZG 2012, 1 (16 f.); *Cziupka/Pitz* NJW 2013, 1535 (1539); *Kort* Der Aufsichtsrat 2011, 84; *Knapp* DStR 2012, 364; *Lieder* ZHR 178 (2014), 282 (290 ff.).

[381] BGHZ 11, 231 (246) = NJW 1954, 385 für die Bestellung des Aufsichtsrats einer GmbH in nicht ordnungsgemäßeinberufener Gesellschafterversammlung; Großkomm AktG/*Hopt/Roth* Rn. 222; Hüffer/Koch/*Koch* Rn. 20; krit. *Happ* FS Hüffer, 2010, 293 (296 ff.).

[382] BGHZ 47, 341 (345 f.) = NJW 1967, 1711; Großkomm AktG/*Hopt/Roth* Rn. 222; anders noch BGHZ 12, 327 (330 f.) = NJW 1954, 797: Nichtigkeit von Aufsichtsratsbeschlüssen schon dann, wenn ein fehlerhaft bestelltes Mitglied durch seine Stimmabgabe die Willensbildung des Aufsichtsrats beeinflusst haben könnte.

[383] Deutlich BGH NJW 2013, 1535 (1537).

[384] Eingehend *Happ* FS Hüffer, 2010, 293 (304 ff., 307 f.); *Höpfner* ZGR 2016, 505 (523 f.) MüKoAktG/*Habersack* Rn. 70; *Schürnbrand*, Organschaft im Recht der privaten Verbände, 2007, 286 ff.; *Schürnbrand* NZG 2013, 481 ff.;*Schürnbrand* NZG 2008, 609 ff.; Kölner Komm AktG/*Kiefner* § 252 Rn. 25 ff.; Hüffer/Koch/*Koch* Rn. 22.

Nichtigkeit bei mitbestimmten Aufsichtsräten kommen.[385] Dennoch ist der Rechtsprechung zuzugeben, dass bei strikter Anwendung der Lehre vom fehlerhaften Organverhältnis Anfechtungsklagen gegen die Wahl von Aufsichtsratsmitgliedern praktisch ohne jede Folgen wären: Bis rechtskräftig über eine solche Anfechtung entschieden wäre, würde das angegriffene Aufsichtsratsmitglied mit allen Befugnissen im Aufsichtsrat agieren können. Bedenkt man, dass eine endgültige Entscheidung öfter mehrere Jahre in Anspruch nimmt, sich auf jeden Fall aber über verschiedene Hauptversammlungen hinweg zieht, wäre eine Anfechtungsklage gegen die Wahl bedeutungslos. Schließlich werden die Interessen Dritter durch einen entsprechenden Vertrauensschutz geschützt.[386] Auch der gewählte Vorstand bleibt trotz nichtig besetzten Aufsichtsrats im Amt, da hier die Grundsätze des fehlerhaften Organverhältnisses zur Anwendung gelangen; allerdings kann der Vorstand dann jederzeit abberufen werden und nicht erst bei wichtigem Grund.[387] Eines besonderen, darüber hinausgehenden Vertrauensschutzes für den Vorstand bedarf es in der Regel nicht, da er die Anfechtungsgründe kennen dürfte.[388] Zudem wird für diesen Sonderfall zur Vermeidung von Ungewissheiten über die Zusammensetzung des Aufsichtsrats bei anhängigen Anfechtungs- und Nichtigkeitsklagen die Möglichkeit einer (aufschiebend bedingten) gerichtlichen Ersatzbestellung nach § 104 Abs. 2 diskutiert (→ § 104 Rn. 34).[389] Teilweise wird auch die Einführung eines gesonderten Zwischenverfahrens gefordert.[390]

§ 102 Amtszeit der Aufsichtsratsmitglieder

(1) ¹Aufsichtsratsmitglieder können nicht für längere Zeit als bis zur Beendigung der Hauptversammlung bestellt werden, die über die Entlastung für das vierte Geschäftsjahr nach dem Beginn der Amtszeit beschließt. ²Das Geschäftsjahr, in dem die Amtszeit beginnt, wird nicht mitgerechnet.

(2) Das Amt des Ersatzmitglieds erlischt spätestens mit Ablauf der Amtszeit des weggefallenen Aufsichtsratsmitglieds.

Schrifttum: *Blasche,* Satzungsregelungen zur Amtszeit der Aufsichtsratsmitglieder, AG 2017, 112; *Bosse/Hinderer,* Vorzeitige Wiederbestellung des Vorstands auf dem Prüfstand, NZG 2011, 605; *Bürgers/Theusinger,* Die Zulässigkeit einvernehmlicher Aufhebung der Bestellung eines Vorstandsmitglieds bei gleichzeitiger Neubestellung – Der BGH schafft Rechtssicherheit, NZG 2012, 1218; *Dornhegge,* Niederlegung von Aufsichtsratsmandaten, NJW-Spezial 2011, 143; *Fastrich,* Zur vorzeitigen Neubestellung von Vorstandsmitgliedern vor dem Hintergrund der 5-Jahres-Frist des § 84 Abs. 1 Satz 3 AktG, FS Buchner, 2009, 209; *Fleischer,* Vorzeitige Wiederbestellung von Vorstandsmitgliedern: Zulässige Gestaltungsmöglichkeit oder unzulässige Umgehung des § 84 Abs. 1 Satz 3 AktG?, DB 2011, 861; *Gärtner,* Endet das Aufsichtsratsmandat bei Erreichen der gesetzlichen Höchstdauer auch vor Abschluss der Rechnungslegung automatisch?, NZG 2013, 652; *Götz,* Die vorzeitige Wiederwahl von Vorständen, AG 2002, 305; *Macht,* Voraussetzungen und Folgen fehlerhafter Entlastungsbeschlüsse am Beispiel des nicht fristgemäßen Entlastungsbeschlusses, MittBayNot 2004, 81; *Pötter,* Zum Ende der Amtszeit eines Aufsichtsratsmitglieds, EWiR 2003, 45; *Selter,* Neufestsetzung der Amtszeit von Vorstandsmitgliedern, NZG 2011, 897; *Wedemann,* Vorzeitige Wiederbestellung von Vorstandsmitgliedern: Gesetzesumgehung, Rechtsmissbrauch und intertemporale Organtreue auf dem Prüfstand, ZGR 2013, 316; *Wilsing/Paul,* Generelle Zulässigkeit der vorzeitigen Wiederbestellung von Vorstandsmitgliedern, BB 2012, 2455.

Übersicht

	Rn.		Rn.
I. Überblick und Normzweck	1–3	3. Abweichende Regelungen	10–14
II. Entstehungsgeschichte	4	4. Arbeitnehmervertreter	15–17
III. Amtszeit des Aufsichtsratsmitglieds	5–17	IV. Wiederbestellung	18, 19
1. Amtszeit für Aufsichtsratsmitglied	5, 6	V. Amtszeit der Ersatzmitglieder, Abs. 2	20
2. Höchstdauer	7–9		

---

[385] *Höpfner* ZGR 2016, 505 (522), der hier für eine Ausnahme plädiert.
[386] Für umfassende Anwendung der Lehre vom fehlerhaften Organ *Höpfner* ZGR 2016, 505 (525 f.), der einen generellen Vertrauensschutz fordert.
[387] Siehe hierzu MüKoAkt/*Spindler* § 84 Rn. 245; *Lieder* ZHR 178 (2014), 282 (301 ff.), insb 314 ff. will dieses Ergebnis auch für die Lehre vom fehlerhaften Organverhältnis konstruieren; ähnlich *Höpfner* ZGR 2016, 505 (526 f.).
[388] *Buckel/Vogel* ZIP 2014, 58 (64): Wissensvorsprung gegenüber Dritten.
[389] *E. Vetter* ZIP 2012, 701 (703 ff.); *Gayk/Arnold* DB 2013, 1830 (1836); *Buckel/Vogel* ZIP 2014, 58 (60); *Kocher* BB 2013, 1170; *Schwab* AG 2015, 195. s. auch OLG München BeckRS 2007, 4374; LG München I AG 2006, 762.; abl. OLG Köln NZG 2011, 508 (509) – IVG *Florstedt* NZG 2014, 681; *Drygala/Gehling* ZIP 2014, 1253; *Höpfner* ZGR 2016, 505 (532).
[390] *Drygala/Gehling* ZIP 2014, 1253; abl. *Florstedt* NZG 2014, 681.

I. Überblick und Normzweck

§ 102 regelt die Amtszeiten der Aufsichtsratsmitglieder und enthält mittelbar die Aussage, dass für die Amtsperiode nicht das Organ insgesamt, sondern die Wahl des jeweiligen Aufsichtsratsmitglieds maßgeblich ist (→ Rn. 5).[1] Daraus folgt, dass etwa der Grundsatz der Diskontinuität, wie ihn das Verfassungsrecht kennt, auf den Aufsichtsrat nicht anwendbar ist, so dass zB die Geschäftsordnung des Aufsichtsrats auch bei Neuwahlen bestehen bleibt.[2]

Das Aufsichtsratsamt kann, abgesehen vom Erreichen der Höchstdauer, auch durch Amtsniederlegung[3] (→ § 103 Rn. 62 ff.) oder Abberufung (→ § 103 Rn. 5), Eintritt von gesetzlichen Hinderungsgründen oder Verschmelzung und Formwechsel mit Ausnahme der Fälle des § 203 UmwG eintreten. Hierdurch soll eine übermäßig lange Bindung an ein Aufsichtsratsmitglied verhindert werden.[4] Bei Auflösung oder Insolvenz bleibt dagegen das Aufsichtsratsmandat bestehen;[5] lediglich die Befugnisse des Organs werden beschnitten. Zu den Auswirkungen des neu geschaffenen § 276a InsO auf die Aufsichtsratswahl im Falle der Eigenverwaltung in der Insolvenz → § 101 Rn. 4.

Für den **ersten Aufsichtsrat** trifft § 30 Abs. 3 gesonderte Bestimmungen für die von den Gründern bestellten Aktionärsvertreter. Ihre Amtszeit endet nach § 30 Abs. 3 S. 1 spätestens mit Beendigung der Hauptversammlung, die über die Entlastung für das erste Rumpf- oder Vollgeschäftsjahr nach § 120 beschließt.[6] Besonderheiten gelten nach § 31 Abs. 3, 5 für die Bestellung der Aufsichtsratsmitglieder, wenn die AG durch Einbringung oder Übernahme eines Unternehmens oder Unternehmensteils gegründet wurde (§ 31).

II. Entstehungsgeschichte

Schon im AktG 1937 fanden sich in § 87 Abs. 1 AktG 1937 weitgehend vergleichbare Vorschriften. § 102 stellt durch die Änderung des Wortlauts in „bestellt" klar, dass die Norm für alle Aufsichtsratsmitglieder gilt, nicht nur für die gewählten; zudem wird daraus ersichtlich, dass die Amtszeit ab der Bestellung und nicht bereits mit der Wahl beginnt.[7] Die Bestimmungen über den ersten Aufsichtsrat, die noch in § 87 AktG 1937 enthalten waren, hat das AktG 1965 in §§ 30 f. überführt. Abs. 2 wurde mit dem AktG 1965 neu eingefügt. Mit dieser Änderung wurde erreicht, dass die Amtszeit des Ersatzmitglieds die Amtszeit des weggefallenen Mitglieds nicht übersteigt.[8] Nach dem AktG 1965 ist die Norm nicht mehr geändert worden.

III. Amtszeit des Aufsichtsratsmitglieds

1. Amtszeit für Aufsichtsratsmitglied. Die Regelung des Gesetzes zur Höchstdauer bezieht sich nur auf die Amtsperiode des Aufsichtsratsmitglieds, nicht auf diejenige des Aufsichtsrats als Organ insgesamt. Daher gibt es keine Amtsperiode des Aufsichtsrats selbst, sondern nur für die Aufsichtsratsmitglieder.[9]

Die Höchstdauer gilt für **alle Aufsichtsratsmitglieder,** gleichviel aus welchem Rechtsgrund sie das Aufsichtsratsmandat innehaben, etwa gerichtlich bestellte oder entsandte Aufsichtsratsmitglieder.[10]

2. Höchstdauer. Die Frist endet gem. § 102 Abs. 1 S. 1 mit der Beendigung der Hauptversammlung, die über Entlastung für das vierte Geschäftsjahr nach **Beginn der Amtszeit** beschließt. Maßgeblich ist der Zeitpunkt der Begründung des korporationsrechtlichen Verhältnisses zur Gesellschaft,

---

[1] MüKoAktG/*Habersack* Rn. 1; Wachter/*Schick* Rn. 2.
[2] Großkomm AktG/*Hopt/Roth/Peddinghaus* Rn. 25; Kölner Komm AktG/*Mertens/Cahn* Rn. 9; MHdB AG/ *Hoffmann-Becking* § 30 Rn. 72; in diesem Sinne auch MüKoAktG/*Habersack* Rn. 1; aA *Säcker*, Aufsichtsratsausschüsse, 1979, 39 f., der für eine Parallele zu den Regelungen für den Bundestag eintritt.
[3] S. allgemein zur Niederlegung von Aufsichtsratsmandaten *Dornhegge* NJW-Spezial 2011, 143.
[4] Ausführlich: *Blasche* AG 2017, 112 (112).
[5] In der Insolvenz bleibt die Organstruktur während des Verfahrens erhalten, s. etwa OLG München AG 1995, 232; zum Spannungsverhältnis Hüffer/Koch/*Koch* § 264 Rn. 8 mwN.
[6] DNotI-Report 2008, 137 (138) (Gutachten 18/2008).
[7] BegrRegE zu § 102 AktG, abgedr. bei BegrRegE *Kropff* S. 141; MüKoAktG/*Habersack* Rn. 16.
[8] BegrRegE zu § 102 AktG, abgedr. bei BegrRegE *Kropff* S. 141; Großkomm AktG/*Hopt/Roth/Peddinghaus* Rn. 2.
[9] AllgM, OLG Frankfurt a. M. WM 1986, 1437 (1438); MüKoAktG/*Habersack* Rn. 1; Hüffer/Koch/*Koch* Rn. 2; K. Schmidt/Lutter/*Drygala* Rn. 4; Hölters/*Simons* Rn. 4.
[10] Hüffer/Koch/*Koch* Rn. 2; MüKoAktG/*Habersack* Rn. 3.

§ 102   8

mithin der Annahme der Wahl nach Bestellung (Entsendung etc.) durch das Aufsichtsratsmitglied.[11] Dabei wird nach § 102 Abs. 1 Satz 2 nicht das Geschäftsjahr des Beginns der Amtszeit mitgerechnet, so dass die Frist mit dem ersten Geschäftsjahr nach einer Wahl oder einer anderweitigen Bestellung (Entsendung, gerichtliche Bestellung etc.) beginnt. Wurde etwa das Aufsichtsratsmitglied in der Hauptversammlung am 30.4.2000 gewählt, beginnt die Frist am 1.1.2001 zu laufen und endet mit der Hauptversammlung am 30.4.2005, die über die Entlastung für das vierte Geschäftsjahr (2004) beschließt. Rumpfgeschäftsjahre werden wie volle Geschäftsjahre gerechnet.[12]

8   Das Gesetz koppelt die Höchstdauer der Amtszeit eindeutig an einen **Entlastungsbeschluss** der Hauptversammlung. Dabei kommt es nicht darauf an, ob die Entlastung erteilt oder verweigert wird.[13] Jedoch muss der Beschluss sich auf die Entlastung des Aufsichtsrats beziehen; die Entlastung des Vorstandes ist nicht ausreichend.[14] Wird die Beschlussfassung selbst verzögert, etwa durch nicht rechtzeitige Einberufung oder Vertagung, würde im Prinzip die Amtszeit des Aufsichtsratsmitglieds verlängert, da die Höchstdauer von 5 Jahren vom Wortlaut des Gesetzes her keine absolute Schranke setzt.[15] Bereits diese Wortlautauslegung ist nicht frei von jedem Zweifel, ließe sich § 102 mit Blick auf die Formulierung von § 120 Abs. 1 S. 1 auch in dem Sinne verstehen, dass die Verpflichtung zur Beschlussfassung gemeint ist. Jedenfalls könnte bei konsequenter Fortführung dieser Sichtweise eine unbeschränkte Verlängerung der Amtszeit durch Unterlassen entsprechender Entlastungsbeschlüsse eintreten, was dem Sinn und Zweck des § 102 Abs. 1 evident zuwider liefe, der eine kontinuierliche Neuwahl der Aufsichtsratsmitglieder und damit auch eine Art Selbstevaluierung der Erfüllung der Überwachungspflicht bezweckt. Es ist daher nicht sachgerecht, das Amtszeitende von einem (positiven oder negativen) Entlastungsbeschluss der Hauptversammlung abhängig zu machen.[16] Rechtsklarheit und Rechtssicherheit[17] und ein verändertes Verständnis des Instituts Entlastung, das nach § 120 Abs. 2 S. 2 keinen Verzicht[18] mehr auf Ersatzansprüche enthält,[19] gebieten bei fehlender Einberufung der Hauptversammlung spätestens nach 8 Monaten seit Beginn des Geschäftsjahres, § 120 Abs. 1, ein Ende der Amtszeit des Aufsichtsratsmitglieds.[20] Ist die Hauptversammlung vorher einberufen worden, unterlässt sie aber einen Beschluss, sei es wegen fehlender Berücksichtigung auf der Tagesordnung oder wegen anderer Gründe, zB Vertagung, ist die Amtszeit mit Ablauf dieser Hauptversammlung beendet.[21] Der dagegen vorgebrachte Einwand, dass der Gesellschaft die gerichtliche Ersatzbestellung von Aufsichtsratsmitgliedern bei geringfügiger Fristüberschreitung nicht zumutbar sei,[22] verfängt nicht. Da das Ende der Amtszeit eines Aufsichtsratsmitglieds klar und eindeutig absehbar ist, besteht kein Schutzbedürfnis.[23] Insofern unterscheidet sich der unterbliebene Entlastungsbeschluss von der Ersatzbestellung bei Beschlussunfähigkeit des Aufsichtsrats (§ 104 Abs. 2), die in der Regel kaum vorhersehbar ist.

---

[11] MüKoAktG/*Habersack* Rn. 6, 16; Großkomm AktG/*Hopt/Roth/Peddinghaus* Rn. 9; Hüffer/Koch/*Koch* Rn. 3; NK-AktR/*Breuer/Fraune* Rn. 6; MHdB AG/*Hoffmann-Becking* § 30 Rn. 67; Grigoleit/*Grigoleit/Tomasic* Rn. 7; Wachter/*Schick* Rn. 3.
[12] MHdB AG/*Hoffmann-Becking* § 30 Rn. 68; Großkomm AktG/*Hopt/Roth/Peddinghaus* Rn. 9; Kölner Komm AktG/*Mertens/Cahn* Rn. 4; MüKoAktG/*Habersack* Rn. 6; Henssler/Strohn/*Henssler* Rn. 2.
[13] AllgM, Hüffer/Koch/*Koch* Rn. 3; Kölner Komm AktG/*Mertens/Cahn* Rn. 5; Großkomm AktG/*Hopt/ Roth/Peddinghaus* Rn. 10; K. Schmidt/Lutter/*Drygala* Rn. 6; NK-AktR/*Breuer/Fraune* Rn. 7; *Gärtner* NZG 2013, 652 (653 f.).
[14] Hüffer/Koch/*Koch* Rn. 3.
[15] So noch AG Essen MDR 1970, 336 wg. Wortlaut („beschließt" statt „stattfindet"); mit unterschiedlichen Lösungsvorschlägen: MHdB AG/*Hoffmann-Becking* § 30 Rn. 68; RVJ/*Raiser* MitbestG § 6 Rn. 33; UHH/*Ulmer/ Habersack* MitbestG § 6 Rn. 67; zweifelnd wohl Hüffer/Koch/*Koch* Rn. 3.
[16] *Pötter* EWiR 2003, 45; Hüffer/Koch/*Koch* Rn. 3 mwN.
[17] BGH NZG 2002, 916 = ZIP 2002, 1618; ebenso OLG München NZG 2009, 1430 (1431); zustimmend *Pötter* EWiR 2003, 45; *Meyer-Landrut* WuB II A § 102 AktG 1.03; umfangreich *Macht* MittBayNot 2004, 81 ff.
[18] So noch § 243 Abs. 3 HGB aF vom 10.5.1897 (RGBl. 1897 S. 219).
[19] Kölner Komm AktG/*Mertens/Cahn* Rn. 5.
[20] BGH NZG 2002, 916 = ZIP 2002, 1618; ebenso OLG München NZG 2009, 1430 (1431); MüKoAktG/ *Habersack* Rn. 18; Großkomm AktG/*Hopt/Roth/Peddinghaus* Rn. 12; Kölner Komm AktG/*Mertens/Cahn* Rn. 5; Hüffer/Koch/*Koch* Rn. 3; hierzu auch OLG Frankfurt a. M. NZG 2010, 1034 (1035): Auslegung des BGH zur Höchstdauer der Amtszeit eines Aufsichtsrats findet aufgrund erheblicher struktureller Unterschiede zur AG auf das Kuratorium einer Stiftung öffentlichen Rechts keine Anwendung.
[21] BGH NZG 2002, 916 = ZIP 2002, 1618; Kölner Komm AktG/*Mertens/Cahn* Rn. 5; K. Schmidt/Lutter/ *Drygala* Rn. 6; aA Hüffer/Koch/*Koch* Rn. 3: Amtsende mit Ablauf der acht Monate des § 120 Abs. 1 S. 2; wiederum anders RVJ/*Raiser* MitbestG § 6 Rn. 33: Ende des fünften Geschäftsjahres nach dem Beginn der Amtszeit; wiederum anders *Gärtner* NZG 2013, 652 (653 f.): Verknüpfung der Amtszeit mit der Vorlage der Rechnungslegung, um Pflichten auch für das letzte Amtsjahr erfüllen zu können.
[22] So vor allem *Hüffer*, 10. Aufl. 2012, Rn. 3.
[23] Großkomm AktG/*Hopt/Roth/Peddinghaus* Rn. 12 bezeichnen die gerichtliche Ersatzbestellung als „normale Folge der Fristüberschreitung".

Ist die Höchstdauer erreicht, scheidet das Aufsichtsratsmitglied **von Gesetzes wegen** aus dem Amt 9 aus.[24] Weder Aufsichtsratsvorsitzender noch Stellvertreter können zur Wahrung der Kontinuität länger amtieren.[25] Ist das Aufsichtsratsmitglied mit einer längeren als der gesetzlich zulässigen Höchstdauer bestellt worden, bleibt seine Bestellung wirksam; es scheidet aber mit Erreichen der Höchstdauer aus.[26]

3. Abweichende Regelungen. Weder **Satzung** noch **Hauptversammlungsbeschluss oder** 10 **Entsendung** können die Amtszeit des Aufsichtsratsmitglieds verlängern.[27] Allerdings kann die Satzung die Amtszeit gegenüber der gesetzlichen Höchstdauer verkürzen, und zwar sowohl für Anteilseigner- als auch für Arbeitnehmervertreter.[28] Die Hauptversammlung kann die Amtszeit in dem von der Satzung vorgegebenen Rahmen gestalten.[29]

Die Amtszeit für Aufsichtsratsmitglieder, die aus verschiedenen Rechtsgründen bestellt wurden, 11 kann – ebenso wie die Berechnungsmethoden – unterschiedlich geregelt werden.[30] Dies folgt aus der Tatsache, dass nicht die Amtszeit für den Aufsichtsrat als solche geregelt wird, sondern die Amtszeit der einzelnen Aufsichtsratsmitglieder, die rechtlich voneinander unabhängig sind – mag in der Praxis auch überwiegend eine zeitgleiche Amtsperiode gewählt werden.[31] Eine Differenzierung hat aber den **Gleichbehandlungsgrundsatz** zu berücksichtigen. Es müssen sachliche Gründe für eine Ungleichbehandlung vorliegen, so dass zB kürzere Amtszeiten allein für Arbeitnehmervertreter im Aufsichtsrat nicht möglich sind.[32] Zulässig ist eine Verkürzung der Amtszeit allenfalls zu dem Zweck, einen Gleichlauf der Amtsperioden von Anteilseigner- und Arbeitnehmervertretern herzustellen; dies betrifft Fälle, in denen die Arbeitnehmervertreter erst zu einem späteren Zeitpunkt gewählt werden, etwa im folgenden Geschäftsjahr wegen Einbringung eines Betriebes.[33] Der Entsendungsberechtigte kann die Amtszeit der von ihm entsandten Mitglieder unter Beachtung der gesetzlichen Höchstdauer frei bestimmen; diese Befugnis ergibt sich daraus, dass der Entsendungsberechtigte die entsandten Mitglieder ohnehin jederzeit abberufen kann (§ 103 Abs. 2 S. 1).[34] Ein unzulässiger Eingriff in das Entsendungsrecht ist anzunehmen, wenn die Satzung die Amtsdauer allein für entsandte Aufsichtsratsmitglieder verkürzt.[35] Der Entsendungsberechtigte ist auch nicht an eine satzungsmäßig festgelegte Höchstdauer für alle Aufsichtsratsmitglieder gebunden,[36] es sei denn, die betreffende Regelung ist unzweifelhaft auch als (konkludente) Beschränkung des Entsendungsrechts auszulegen.

Für die **Berechnung** wird das Jahr, in dem die Amtszeit beginnt, nicht einbezogen, auch wenn 12 die Satzung eine kürzere Amtszeit vorsieht.[37] Die Satzung kann auch einen späteren Zeitpunkt für den Beginn der Amtszeit festlegen, etwa um die Kontinuität im Aufsichtsrat zu wahren, wenn die Amtsdauer der noch amtierenden Mitglieder nicht mit einer Hauptversammlung endet.[38] Teilweise wird auch eine aufschiebende Bedingung als zulässig erachtet, deren Eintritt allerdings jederzeit für jedermann feststellbar sein solle.[39] An die Eindeutigkeit einer solchen Bedingung müssten hohe Anforderungen gestellt werden.

---

[24] S. bereits RGZ 73, 234 (237); MüKoAktG/*Habersack* Rn. 17.
[25] RGZ 73, 234 (237); MüKoAktG/*Habersack* Rn. 17; Kölner Komm AktG/*Mertens/Cahn* Rn. 16.
[26] MüKoAktG/*Habersack* Rn. 2; Kölner Komm AktG/*Mertens/Cahn* Rn. 14.
[27] MüKoAktG/*Habersack* Rn. 2; Bürgers/Körber/*Israel* Rn. 4.
[28] BGHZ 99, 211 (215) = NJW 1987, 902; OLG Frankfurt a. M. WM 1986, 1437; Kölner Komm AktG/*Mertens/Cahn* Rn. 14; Großkomm AktG/*Hopt/Roth/Peddinghaus* Rn. 14; MüKoAktG/*Habersack* Rn. 8; K. Schmidt/Lutter/*Drygala* Rn. 7; RVJ/*Raiser* MitbestG § 6 Rn. 34; NK-AktR/*Breuer/Fraune* Rn. 4; Henssler/Strohn/*Henssler* Rn. 4; zu verschiedenen Möglichkeiten der Satzungsregelung über die Amtszeit von Aufsichtsratsmitgliedern *Blasche* AG 2017, 112 (113 ff.).
[29] MHdB AG/*Hoffmann-Becking* § 30 Rn. 69.
[30] BGHZ 99, 211 (215) = NJW 1987, 902; OLG Frankfurt a.M. AG 1987, 159 (160); Großkomm AktG/*Hopt/Roth/Peddinghaus* Rn. 14; K. Schmidt/Lutter/*Drygala* Rn. 7; Hüffer/Koch/*Koch* Rn. 4.
[31] MHdB AG/*Hoffmann-Becking* § 30 Rn. 72.
[32] Hüffer/Koch/*Koch* Rn. 4; Großkomm AktG/*Hopt/Roth/Peddinghaus* Rn. 26, 59; *Lutter/Krieger/Verse* Rechte und Pflichten des Aufsichtsrats Rn. 32; K. Schmidt/Lutter/*Drygala* Rn. 7; *E. Vetter* in Marsch-Barner/Schäfer Börsennotierte AG-HdB Rn. 25.48; Henssler/Strohn/*Henssler* Rn. 4.
[33] Kölner Komm AktG/*Mertens/Cahn* Rn. 8; MHdB AG/*Hoffmann-Becking* § 30 Rn. 74.
[34] Kölner Komm AktG/*Mertens/Cahn* Rn. 12; MHdB AG/*Hoffmann-Becking* § 30 Rn. 75; K. Schmidt/Lutter/*Drygala* Rn. 9.
[35] AA wohl MüKoAktG/*Habersack* Rn. 9, 14.
[36] Kölner Komm AktG/*Mertens/Cahn* Rn. 12; MHdB AG/*Hoffmann-Becking* § 30 Rn. 75; aA Großkomm AktG/*Hopt/Roth/Peddinghaus* Rn. 21.
[37] MüKoAktG/*Habersack* Rn. 6; *E. Vetter* in Marsch-Barner/Schäfer Börsennotierte AG-HdB Rn. 25.45; Kölner Komm AktG/*Mertens/Cahn* Rn. 18, der § 102 Abs. 1 S. 2 als allg. Auslegungsregel versteht.
[38] So MüKoAktG/*Habersack* Rn. 16; MHdB AG/*Hoffmann-Becking* § 30 Rn. 67; Kölner Komm AktG/*Mertens/Cahn* § 101 Rn. 41.
[39] So MüKoAktG/*Habersack* Rn. 16; einschränkend aber zulässig MHdB AG/*Hoffmann-Becking* § 30 Rn. 67 wenn Eintritt aus Sicht der Gesellschaft eindeutig feststellbar.

13 Die Satzung kann auch ein **turnusmäßiges, zeitlich gestaffeltes Ausscheiden** sowohl für Anteilseigner- wie auch für Arbeitnehmervertreter vorsehen.[40] Der Turnus von Anteilseigner- und Arbeitnehmervertretern darf aber nicht unterschiedlich lang bemessen sein, es muss eine einheitliche Regelung getroffen werden.[41] Eine derartige Gestaltung ist in den USA als „staggered board" bekannt und wurde vom Deutschen Corporate Governance Kodex bis 2008 in Ziff. 5.4.6 empfohlen.[42] Der Vorteil liegt hier zum einen in der Erschwerung von feindlichen Übernahmen, da dem „raider" die Neubesetzung des boards auf einen Schlag unmöglich gemacht wird.[43] Zum anderen ist es leichter, den Aufsichtsrat bei Bedarf Schritt für Schritt zu erneuern.[44] Eine **nachträgliche Amtszeitverkürzung** durch die Satzung kann nur für die Anteilseignervertreter erfolgen, da ansonsten das in § 23 MitbestG geregelte Abberufungsverfahren für Arbeitnehmervertreter umgangen werden würde.[45]

14 Mangels entgegenstehender Satzungsbestimmung können abweichende Regelungen auch im Bestellungsakt, etwa dem Wahlbeschluss der **Hauptversammlung**[46] oder der Entsendung,[47] enthalten sein. Für einen oder mehrere Anteilseignervertreter kann die Hauptversammlung zudem unterschiedliche Amtszeiten vorsehen,[48] wobei aber auch hier der Gleichbehandlungsgrundsatz zu beachten ist.

15 **4. Arbeitnehmervertreter.** Die Regelung des § 102 greift kraft der Verweisung in den Mitbestimmungsgesetzen (§ 15 Abs. 1 MitbestG, § 10c Abs. 1 MontanMitbestErgG) auch für Arbeitnehmervertreter im Aufsichtsrat ein. Für Arbeitnehmervertreter, die durch die Hauptversammlung gewählt werden müssen (Montanmitbestimmung), ergibt sich dies schon aus deren Wahlzuständigkeit.[49]

16 Abweichende Regelungen kann die **Satzung** wegen des vollständigen Verweises der mitbestimmungsrechtlichen Vorschriften auf § 102 auch für Arbeitnehmervertreter treffen, wobei allerdings der Gleichbehandlungsgrundsatz zu beachten ist (→ Rn. 11).[50] Dies bedeutet, dass beispielsweise bei unterschiedlicher Amtszeit die Arbeitnehmervertreter auf die Dauer der längsten in der Satzung vorgesehenen Amtszeit der Mitglieder gewählt werden.[51] Die Hauptversammlung kann dagegen nur im Rahmen ihrer Wahlzuständigkeit die Amtszeit anderweitig regeln, da sie etwa für den Bereich des MitbestG nicht die Arbeitnehmervertreter bestellt.[52] Ebenso wenig besteht eine Regelungsbefug-

---

[40] Kölner Komm AktG/*Mertens/Cahn* Rn. 9; Großkomm AktG/*Hopt/Roth/Peddinghaus* Rn. 28, 60 mwN; MHdB AG/*Hoffmann-Becking* § 30 Rn. 44; *E. Vetter* in Marsch-Barner/Schäfer Börsennotierte AG-HdB Rn. 25.48; aA RVJ/*Raiser* MitbestG § 6 Rn. 34: unzweckmäßig und kostenintensiv; MüKoAktG/*Habersack* Rn. 13: turnusmäßiger Wechsel nur für Anteilseignervertreter.

[41] Kölner Komm AktG/*Mertens/Cahn* Rn. 9; aA MüKoAktG/*Habersack* Rn. 9: unterschiedliche Amtszeiten zulässig, Amtszeit der Arbeitnehmervertreter müsse aber zumindest der längsten Amtszeit eines Anteilseignervertreters entsprechen.

[42] Da die Empfehlung in der Unternehmenspraxis kaum berücksichtigt wurde, beschloss die Regierungskommission DCGK diese zu streichen, vgl. Presseinformation v. 6.6.2008, S. 3, abrufbar unter: http://www.dcgk.de/de/presse/deteilansicht/pressemitteilung-40.html, abgerufen am 06.03.2018; Hölters/*Simons* Rn. 2.

[43] *Peltzer* Deutsche Corporate Governance 110; RKLW/*Kremer*, 3. Aufl. 2008, Rn. 1075; Hüffer/Koch/*Koch* Rn. 4; Großkomm AktG/*Hopt/Roth/Peddinghaus* Rn. 29, wonach das „staggered board" zur „Immunisierung gegenüber öffentlichen Übernahmeangeboten" beitrage.

[44] Zu diesem Aspekt *Peltzer* Deutsche Corporate Governance 110; ähnlich RKLW/*Kremer*, 3. Aufl. 2008, Rn. 1074.

[45] Zutr. UHH/*Ulmer/Habersack* MitbestG § 6 Rn. 64 für alle Mitglieder; beschränkt auf Arbeitnehmervertreter Großkomm AktG/*Hopt/Roth/Peddinghaus* Rn. 16, 61; WKS/*Wißmann* MitbestG § 15 Rn. 148; RVJ/*Raiser* MitbestG § 6 MitbestG Rn. 34; Kölner Komm AktG/*Mertens/Cahn* Rn. 10; aA MüKoAktG/*Habersack* Rn. 11, der die Amtszeit weder von (amtierenden) Anteilseigner- noch von (amtierenden) Arbeitnehmervertretern verkürzen lassen will.

[46] Hüffer/Koch/*Koch* Rn. 4; Großkomm AktG/*Hopt/Roth/Peddinghaus* Rn. 18.

[47] Großkomm AktG/*Hopt/Roth/Peddinghaus* Rn. 21; MüKoAktG/*Habersack* Rn. 9, 14; Kölner Komm AktG/*Mertens/Cahn* Rn. 12; Hüffer/Koch/*Koch* Rn. 4; MHdB AG/*Hoffmann-Becking* § 30 Rn. 75.

[48] MüKoAktG/*Habersack* Rn. 9, 12; MHdB AG/*Hoffmann-Becking* § 30 Rn. 73; Kölner Komm AktG/*Mertens/Cahn* Rn. 8.

[49] Großkomm AktG/*Hopt/Roth/Peddinghaus* Rn. 58; Hüffer/Koch/*Koch* Rn. 5; Grigoleit/*Grigoleit/Tomasic* Rn. 8.

[50] MüKoAktG/*Habersack* Rn. 9.

[51] Kölner Komm AktG/*Mertens/Cahn* Rn. 8; aA Henssler/Strohn/*Henssler* Rn. 8: Mindestamtszeit der Arbeitnehmervertreter muss (bei unterschiedlich langen Amtszeiten der Anteilseignervertreter) mindestens die durchschnittliche Amtszeit der Anteilseignervertreter betragen.

[52] MHdB AG/*Hoffmann-Becking* § 30 Rn. 73; Großkomm AktG/*Hopt/Roth/Peddinghaus* Rn. 62; UHH/*Ulmer/Habersack* MitbestG § 6 Rn. 65; Hüffer/Koch/*Koch* Rn. 5; MüKoAktG/*Habersack* Rn. 12; Kölner Komm AktG/*Mertens/Cahn* Rn. 11; aA *Fitting* MitbestG § 15 Rn. 104: Geltung auch für Arbeitnehmervertreter.

nis der Hauptversammlung für gem. § 5 MontanMitbestG bestellte Aufsichtsratsmitglieder, da das Gesetz hier nur die Wahl nach „Maßgabe der Satzung" vorsieht.[53]

Die Amtszeit der Arbeitnehmervertreter wird zudem durch die **persönlichen Voraussetzungen** 17 nach den Mitbestimmungsgesetzen bedingt, insbesondere durch die Unternehmenszugehörigkeit (§ 24 Abs. 1 MitbestG, § 7 Abs. 2 MitbestG), so dass deren Wegfall auch zum Mandatsende führt (→ § 100 Rn. 39 f.).[54] Gleiches ist der Fall, wenn bei einem Arbeitnehmervertreter, der über § 5 Abs. 1 MitbestG dem Aufsichtsrat der Obergesellschaft eines Konzerns angehört, das diesen betreffende, abhängige Unternehmen aus dem Konzernverbund ausscheidet.[55] Die Hauptversammlung kann nicht beschließen, dass der gewählte und bestellte Nachfolger nur für die restliche Amtszeit bestellt wird; es handelt sich nicht um ein Ersatzmitglied.[56]

IV. Wiederbestellung

Die Höchstdauer nach § 102 Abs. 1 bezieht sich nur auf eine Amtsperiode, nicht dagegen auf die 18 Aufsichtsratstätigkeit des Mitglieds insgesamt, so dass eine wiederholte Bestellung ohne weiteres zulässig ist.[57] Wie im Fall des Vorstands auch, ist eine vorzeitige Wiederwahl zulässig, da der Schutzzweck der Norm nicht einer vorzeitigen Wiederbestellung entgegensteht;[58] es sind keine Gründe ersichtlich, warum die Rechtslage bei der Vorstandsbestellung von der Bestellung eines Aufsichtsratsmitglieds abweichen sollte. Denn die Fünf-Jahres-Frist soll nur sicherstellen, dass die Hauptversammlung einen neuen Beschluss über die Besetzung des Vorstands fassen muss, um langfristige Bindungen der AG zu vermeiden und die Eignung der Aufsichtsratsmitglieder aufs Neue geprüft wird.[59] Eine erneute Festsetzung der Amtszeit vor Ablauf der Frist widerspricht diesem Ziel aber nicht, da die AG nicht über die Höchstdauer hinaus gebunden ist und die Hauptversammlung sich auch im Zeitpunkt der Wiederbestellung vergewissern muss, ob das Aufsichtsratsmitglied nach wie vor geeignet ist.[60]

Das früher vorgebrachte Argument, dass eine Wiederwahl nicht zur Umgehung der gesetzlichen 19 Höchstdauer dienen dürfe und erst aufgrund einer Beobachtung der Amtstätigkeit des Aufsichtsratsmitglieds erfolgen solle,[61] verfängt nicht, da die Eignungsprüfung stets erfolgen muss. Sieht die Satzung allerdings eine bestimmte Höchstdauer vor, von der die Hauptversammlung in dem Wahlbeschluss abweicht,[62] muss der Beschluss mit der nötigen Mehrheit für Satzungsänderungen gefasst werden.

V. Amtszeit der Ersatzmitglieder, Abs. 2

§ 102 Abs. 2 koppelt die Höchstdauer der Amtszeit der Ersatzmitglieder klar und deutlich an die 20 Restamtszeit des ersetzten Aufsichtsratsmitglieds. Dabei unterscheidet das Gesetz nicht danach, ob das ersetzte Aufsichtsratsmitglied bis zur gesetzlichen Höchstdauer im Aufsichtsrat verbleiben kann oder ob es aufgrund von Satzungs- oder Wahlbeschlussbestimmungen eine geringere Amtszeit innehat.[63] Weder Satzung noch Hauptversammlungsbeschluss oder Entsendung können die Höchstdauer der Bestellung von Ersatzmitgliedern abweichend regeln.[64] Dagegen dürfen Satzung bzw. Hauptver-

---

[53] Hüffer/Koch/*Koch* Rn. 5.
[54] BAG AG 2001, 313: hiernach ist ein Arbeitnehmer mit Beginn der Freistellungsphase einer Altersteilzeit im sog. Blockmodell nicht mehr beschäftigt iSd § 76 Abs. 2 BetrVG 1952; UHH/*Henssler* MitbestG § 24 Rn. 7 f.; Großkomm AktG/*Hopt/Roth/Peddinghaus* Rn. 71 ff. mit zahlreichen Beispielen.
[55] UHH/*Henssler* MitbestG § 24 Rn. 8; Großkomm AktG/*Hopt/Roth/Peddinghaus* Rn. 72.
[56] Kölner Komm AktG/*Mertens/Cahn* Rn. 11; MüKoAktG/*Habersack* Rn. 13.
[57] AllgM, MüKoAktG/*Habersack* Rn. 20; Großkomm AktG/*Hopt/Roth/Peddinghaus* Rn. 42; Kölner Komm AktG/*Mertens/Cahn* Rn. 20; Hüffer/Koch/*Koch* Rn. 6; MHdb AG/*Hoffmann-Becking* § 30 Rn. 43; *E. Vetter* in Marsch-Barner/Schäfer Börsennotierte AG-HdB Rn. 25.49; K. Schmidt/Lutter/*Drygala* Rn. 12; Bürgers/Körber/*Israel* Rn. 5; Hölters/*Simons* Rn. 13.
[58] Für den Vorstand: BGH NZG 2012, 1027; s. dazu zust. MüKoAktG/*Spindler* § 84 Rn. 50; *Wilsing/Paul* BB 2012, 2455 (2458 f.); *Bürgers/Theusinger* NZG 2012, 1218 (1220 f.); *Wedemann* ZGR 2013, 316 (319 f.) je mwN.
[59] Für den Vorstand: BGH NZG 2012, 1027 (1029).
[60] BGH NZG 2012, 1027 (1029); Hüffer/*Bosse/Hinderer* NZG 2011, 605 (607); *Fleischer* DB 2011, 861 (863); *Selter* NZG 2011, 897 (898); *Fastrich* FS Buchner 2009, 209 (214 f.); aA OLG Zweibrücken NZG 2011, 433 (435); *Götz* AG 2002, 305 (306); Hüffer/Koch/*Koch* Rn. 6; Kölner Komm AktG/*Mertens/Cahn* Rn. 20; Großkomm AktG/*Kort* Rn. 114; BeckHdb AG/*Liebscher* § 6 Rn. 28.
[61] RGZ 129, 180 (183 f.); ähnlich RGZ 166, 175 (187); dazu auch MüKoAktG/*Habersack* Rn. 20; Kölner Komm AktG/*Mertens/Cahn* Rn. 20.
[62] S. den Fall RGZ 129, 180 (183 f.) mit Hinweisen auf die Entstehungsgeschichte des § 243 Abs. 2 HGB aF.
[63] OLG Karlsruhe NJW-RR 1986, 710; hierzu *Heinsius* WuB II A §§ 101, 102 AktG 1.86; Hüffer/Koch/*Koch* Rn. 7; NK-AktR/*Breuer/Fraune* Rn. 9.
[64] Großkomm AktG/*Hopt/Roth/Peddinghaus* Rn. 51; MüKoAktG/*Habersack* Rn. 19, § 101 Rn. 85; Wachter/*Schick* Rn. 7.

§ 103

sammlungsbeschluss anordnen, dass die Amtszeit eines Ersatzmitglieds mit der Neubestellung eines ordentlichen Mitglieds endet.[65]

§ 103 Abberufung der Aufsichtsratsmitglieder

(1) ¹Aufsichtsratsmitglieder, die von der Hauptversammlung ohne Bindung an einen Wahlvorschlag gewählt worden sind, können von ihr vor Ablauf der Amtszeit abberufen werden. ²Der Beschluß bedarf einer Mehrheit, die mindestens drei Viertel der abgegebenen Stimmen umfaßt. ³Die Satzung kann eine andere Mehrheit und weitere Erfordernisse bestimmen.

(2) ¹Ein Aufsichtsratsmitglied, das auf Grund der Satzung in den Aufsichtsrat entsandt ist, kann von dem Entsendungsberechtigten jederzeit abberufen und durch ein anderes ersetzt werden. ²Sind die in der Satzung bestimmten Voraussetzungen des Entsendungsrechts weggefallen, so kann die Hauptversammlung das entsandte Mitglied mit einfacher Stimmenmehrheit abberufen.

(3) ¹Das Gericht hat auf Antrag des Aufsichtsrats ein Aufsichtsratsmitglied abzuberufen, wenn in dessen Person ein wichtiger Grund vorliegt. ²Der Aufsichtsrat beschließt über die Antragstellung mit einfacher Mehrheit. ³Ist das Aufsichtsratsmitglied auf Grund der Satzung in den Aufsichtsrat entsandt worden, so können auch Aktionäre, deren Anteile zusammen den zehnten Teil des Grundkapitals oder den anteiligen Betrag von einer Million Euro erreichen, den Antrag stellen. ⁴Gegen die Entscheidung ist die Beschwerde zulässig.

(4) Für die Abberufung der Aufsichtsratsmitglieder, die weder von der Hauptversammlung ohne Bindung an einen Wahlvorschlag gewählt worden sind noch auf Grund der Satzung in den Aufsichtsrat entsandt sind, gelten außer Absatz 3 das Mitbestimmungsgesetz, das Montan-Mitbestimmungsgesetz, das Mitbestimmungsergänzungsgesetz, das Drittelbeteiligungsgesetz, das SE-Beteiligungsgesetz und das Gesetz über die Mitbestimmung der Arbeitnehmer bei einer grenzüberschreitenden Verschmelzung.

(5) Für die Abberufung eines Ersatzmitglieds gelten die Vorschriften über die Abberufung des Aufsichtsratsmitglieds, für das es bestellt ist.

§ 23 MitbestG Abberufung von Aufsichtsratsmitgliedern der Arbeitnehmer

(1) ¹Ein Aufsichtsratsmitglied der Arbeitnehmer kann vor Ablauf der Amtszeit auf Antrag abberufen werden. ²Antragsberechtigt sind für die Abberufung eines
1. Aufsichtsratsmitglieds der Arbeitnehmer nach § 3 Abs. 1 Nr. 1 drei Viertel der wahlberechtigten Arbeitnehmer nach § 3 Abs. 1 Nr. 1,
2. Aufsichtsratsmitglieds der leitenden Angestellten drei Viertel der wahlberechtigten leitenden Angestellten,
3. Aufsichtsratsmitglieds, das nach § 7 Abs. 2 Vertreter einer Gewerkschaft ist, die Gewerkschaft, die das Mitglied vorgeschlagen hat.

(2) ¹Ein durch Delegierte gewähltes Aufsichtsratsmitglied wird durch Beschluß der Delegierten abberufen. ²Dieser Beschluss wird in geheimer Abstimmung gefasst; er bedarf einer Mehrheit von drei Vierteln der abgegebenen Stimmen.

(3) ¹Ein von den Arbeitnehmern unmittelbar gewähltes Aufsichtsratsmitglied wird durch Beschluß der wahlberechtigten Arbeitnehmer abberufen. ²Dieser Beschluss wird in geheimer, unmittelbarer Abstimmung gefasst; er bedarf einer Mehrheit von drei Vierteln der abgegebenen Stimmen.

(4) Die Absätze 1–3 sind für die Abberufung von Ersatzmitgliedern entsprechend anzuwenden.

§ 11 MontanMitbestG [Abberufung eines Aufsichtsratsmitglieds]

(1) Auf die in § 5 bezeichneten Mitglieder des Aufsichtsrats findet § 103 des Aktiengesetzes Anwendung.

(2) ¹Auf die Abberufung eines in § 6 bezeichneten Mitglieds des Aufsichtsrats durch das Wahlorgan findet Absatz 1 entsprechende Anwendung mit der Maßgabe, daß die Abberufung auf Vorschlag der Betriebsräte der Betriebe des Unternehmens erfolgt. ²Die Abberufung eines in § 6 Abs. 3 oder 4 bezeichneten Mitglieds kann nur auf Antrag der Spitzenorganisation, die das Mitglied vorgeschlagen hat, von den Betriebsräten vorgeschlagen werden.

---

[65] OLG Karlsruhe NJW-RR 1986, 710 (711); Großkomm AktG/*Hopt/Roth/Peddinghaus* Rn. 52 f; Grigoleit/ *Grigoleit/Tomasic* Rn. 9.

(3) Eine Abberufung des in § 8 bezeichneten Mitglieds des Aufsichtsrats kann auf Antrag von mindestens drei Aufsichtsratsmitgliedern durch das Gericht aus wichtigem Grunde erfolgen.

§ 10n MontanMitbestErgG [Abberufung eines Aufsichtsratsmitglieds]

(1) ¹Ein Aufsichtsratsmitglied der Arbeitnehmer kann vor Ablauf der Amtszeit auf Antrag abberufen werden. ²Antragsberechtigt für die Abberufung eines Aufsichtsratsmitglieds, das nach
1. § 6 Abs. 1 Arbeitnehmer eines Konzernunternehmens ist, sind drei Viertel der wahlberechtigten Arbeitnehmer,
2. § 6 Abs. 1 Vertreter einer Gewerkschaft ist, ist die Gewerkschaft, die das Mitglied vorgeschlagen hat.

(2) ¹Ein durch Delegierte gewähltes Aufsichtsratsmitglied wird durch Beschluss der Delegierten abberufen. ²Dieser Beschluss wird in geheimer Abstimmung gefasst und bedarf einer Mehrheit von drei Vierteln der abgegebenen Stimmen.

(3) ¹Ein von den Arbeitnehmern unmittelbar gewähltes Aufsichtsratsmitglied wird durch Beschluss der wahlberechtigten Arbeitnehmer abberufen. ²Dieser Beschluss wird in geheimer, unmittelbarer Abstimmung gefasst und bedarf einer Mehrheit von drei Vierteln der abgegebenen Stimmen.

(4) Die Absätze 1 bis 3 sind für die Abberufung von Ersatzmitgliedern entsprechend anzuwenden.

§ 12 DrittelbG Abberufung von Aufsichtsratsmitgliedern der Arbeitnehmer

(1) ¹Ein Aufsichtsratsmitglied der Arbeitnehmer kann vor Ablauf der Amtszeit auf Antrag eines Betriebsrats oder von mindestens einem Fünftel der Wahlberechtigten durch Beschluss abberufen werden. ²Der Beschluss der Wahlberechtigten wird in allgemeiner, geheimer, gleicher und unmittelbarer Abstimmung gefasst; er bedarf einer Mehrheit von drei Vierteln der abgegebenen Stimmen. ³Auf die Beschlussfassung findet § 2 Abs. 1 Anwendung.

(2) Absatz 1 ist für die Abberufung von Ersatzmitgliedern entsprechend anzuwenden.

Schrifttum: *Baums,* Unabhängige Aufsichtsratsmitglieder, ZHR 180 (2016), 697; *Bayer/Lieder,* Die Lehre vom fehlerhaftem Bestellungsverhältnis, NZG 2012, 1; *Beuthien/Gätsch,* Einfluß Dritter auf die Organbesetzung und Geschäftsführung bei Vereinen, Kapitalgesellschaften und Genossenschaften, ZHR 157 (1993), 483; *Boesebeck,* Rechtsbehelfe der AG gegenüber untragbaren Arbeitnehmervertretern im Aufsichtsrat, AG 1961, 117; *Brandi/Gieseler,* Der Aufsichtsrat in Kreditinstituten – Persönliche Voraussetzungen, Sanktionen und Ausschüsse nach geltendem Recht und CRD IV, NZG 2012, 1321; *Buckel,* Die unterjährige Herabsetzung der Aufsichtsratsvergütung, AG 2013, 451; *Butzke,* Interessenkonflikte von Aufsichtsratsmitgliedern als Thema der Hauptversammlung, FS Hoffmann-Becking, 2013, 229; *Dreher,* Interessenkonflikte bei Aufsichtsratsmitgliedern von Aktiengesellschaften, JZ 1990, 896; *Döring/Grau,* Verfahren und Mehrheitserfordernisse für die Bestellung und Abwahl des Aufsichtsratsvorsitzenden in mitbestimmten Unternehmen, NZG 2010, 1328; *Eckardt,* Abberufung von Aufsichtsratsmitgliedern durch das Gericht (§ 103 Abs. 3 AktG), NJW 1967, 1010; *v. Falkenhausen/Kocher,* Wie wird der unabhängige Finanzexperte in den Aufsichtsrat gewählt? – Praktische Fragen der Umsetzung des BilMoG, ZIP 2009, 1601; *Gach,* Eignungsvoraussetzungen für Arbeitnehmervertreter im Aufsichtsrat, FS Bauer, 2010, S. 327; *Gaumann/Schafft,* Auswirkungen eines Arbeitskampfs auf die Rechtsstellung der Arbeitnehmervertreter im Aufsichtsrat, DB 2000, 1514; *Heinze,* Wen trifft die Vorschlagspflicht bei der Abberufung von Aufsichtsratsmitgliedern?, AG 2011, 540; *Heller,* Richten in eigener Sache – Stimmrechtsausschluß bei der Abberufung von Aufsichtsratsmitgliedern, NZG 2009, 1170; *Henssler/Beckmann,* Arbeitnehmervertreter im Aufsichtsrat: Außerordentliche Kündigung des Arbeitsverhältnisses bei Verstoß gegen die Verschwiegenheitspflicht, SAE 2010, 60; *Hoffmann/Kirchhoff,* Zur Abberufung von Aufsichtsratsmitgliedern durch das Gericht nach § 103 Abs. 3 Satz 1 AktG, FS Beusch, 1993, 377; *Hofmann,* Zum wichtigen Grund in § 103 Abs. 3 Satz 1 AktG, FS Westenberger, 1973, 57; *Hofmann,* Der wichtige Grund für die Abberufung von Aufsichtsratsmitgliedern, BB 1973, 1081; *Jehner,* Zur gerichtlichen Abberufung eines Aufsichtsratsmitglieds nach § 103 Abs. 3 Aktiengesetz, Diss. Augsburg 1992; *Keilich/Brummer,* Reden ist Silber, Schweigen ist Gold – Geheimhaltungspflichten auch für die Arbeitnehmervertreter im Aufsichtsrat, BB 2012, 897; *Keusch/Rotter,* Wirksamer Beschluss über einen Abberufungsantrag gem. §§ 103 III, 108 AktG durch dreiköpfigen Aufsichtsrat?, NZG 2003, 71; *Kocher,* Anm. zu BGH Beschl. v. 21.6.2010 – II ZR 166/09, BB 2010, 2398; *Krauel/Fackler,* Die Ersetzung eines dauerhaft verhinderten Aufsichtsratsmitglieds, AG 2009, 686; *Krebs,* Interessenkonflikte bei Aufsichtsratsmandaten in der Aktiengesellschaft, 2002; *Kübler,* Aufsichtsratsmandate in konkurrierenden Unternehmen, FS Claussen, 1997, 239; *Lehrl,* Sachkunde – Zuverlässigkeit – persönliche Ausschlussgründe von Aufsichtsräten gemäß § 36 Abs. 3 KWG, BKR 2010, 485; *Leyendecker-Langner,* Rechte und Pflichten des Vorstands bei Kompetenzüberschreitungen des Aufsichtsratsvorsitzenden, NZG 2012, 721; *Lutter,* Die Unwirksamkeit von Mehrfachmandaten in den Aufsichtsräten von Konkurrenzunternehmen, FS Beusch, 1993, 509; *Mattießen,* Stimmrecht und Interessenkollision im Aufsichtsrat, 1989; *Mertens,* Aufsichtsratsmandat und Arbeitskampf, AG 1977, 306; *Munzig,* Rechtsprechungsübersicht zum Handels- und Registerrecht (Teil II), FGPrax 2011, 211; *Redenius-Hövermann,* Zusammenarbeit zwischen Aufsichtsrat und Abschlussprüfer im Sinne guter Corporate Governance, WPg 2017, 349; *Rieckers/Leyendecker-Langner,* Neubesetzung des Aufsichtsrats bei öffentlichen Übernahmen, NZG 2013, 167; *Rubner/Fischer,* Erneut: Professionalisierung des Aufsichtsrats, NZG 2015, 782; *Ruzik,* Zum Streit über den Streik – Aufsichtsratsmandat und Gewerkschaftsführung im Arbeitskampf, NZG 2004, 455; *Säcker,* Aktuelle Probleme der Verschwiegenheitspflicht der Aufsichtsratsmitglieder, NJW 1986, 803; *Schneider/Nietsch,* Die Abberufung von Aufsichtsratsmitgliedern bei der Aktiengesellschaft, FS Westermann, 2008, 1447; *Spindler,* Rechtsfolgen einer unangemessenen Vorstandsvergütung, AG 2011, 725;

§ 103 1, 2   Erstes Buch. Aktiengesellschaft

Stadler/Berner, Die gerichtliche Abberufung von Aufsichtsmitgliedern im dreiköpfigen Aufsichtsrat, NZG 2003, 49; *Struck,* Mandatsunfähigkeit von Aufsichtsratsmitgliedern einer deutschen Aktiengesellschaft, 2010; *Tielmann/Struck,* Handlungspflichten einer börsennotierten Aktiengesellschaft bei Verurteilung eines Aufsichtsratsmitglieds wegen eines (privaten) Steuerstrafdelikts?, DStR 2013, 1191; *Ulmer,* Aufsichtsratsmandat und Interessenkollision, NJW 1980, 1603; *E. Vetter,* Abberufung eines gerichtlich bestellten Aufsichtsratsmitglieds ohne wichtigen Grund?, DB 2005, 875; *Wagner/Spemann,* Organhaftungs- und Strafbarkeitsrisiken für Aufsichtsräte, NZG 2015, 945; *Wind/Klie,* Der unabhängige Finanzexperte nach dem BilMoG – Rechtsfolgen eines abweichend von § 100 Abs. 5 besetzten Aufsichtsrats, DStR 2010, 1339; *Zimmermann,* Vertrauensentzug durch die Hauptversammlung und Stimmrechtsausübung, FS Rowedder, 1994, 593.

Übersicht

	Rn.		Rn.
I. Überblick	1	1. Erfasste Aufsichtsratsmitglieder	27
II. Entstehungsgeschichte	2–4	2. Antragsberechtigung	28–32
III. Von Hauptversammlung gewählte Aufsichtsratsmitglieder (Abs. 1)	5–18	3. Wichtiger Grund	33–39
		4. Verfahren	40–43
1. Freie Abrufbarkeit	5–7	**VI. Mitbestimmungsrechtliche Vorschriften (Abs. 4)**	44–59
2. Beschlusserfordernis	8–10		
3. Satzungsregelungen	11–14	1. § 23 MitbestG	45–48
4. Wirkung des Beschlusses	15–18	2. § 11 MontanMitbestG	49–51
IV. Entsandte Aufsichtsratsmitglieder (Abs. 2)	19–26	3. § 10m MontanMitbestErgG	52
		4. § 12 DrittelbG	53–56
1. Abberufung durch den Entsendungsberechtigten	19–23	5. § 37 SEBG	57
		6. §§ 4, 5, 26 MgVG	58
2. Abberufung durch die Hauptversammlung	24, 25	7. Verhältnis zur Abberufung nach § 103 Abs. 3 AktG	59
3. Rechtsfolgen	26	**VII. Ersatzmitglieder (Abs. 5)**	60, 61
V. Abberufung aus wichtigem Grund (Abs. 3)	27–43	**VIII. Anderweitige Amtsbeendigung**	62–67

I. Überblick

1   Die Abberufung von Aufsichtsratsmitgliedern in § 103 ist das Pendant zu deren Wahl in § 101, zur Entsendung sowie (teilweise) zur Wahl nach den mitbestimmungsrechtlichen Vorschriften, ist aber keineswegs abschließend.[1] Das Aufsichtsratsmandat kann auch aus anderen Gründen als denjenigen nach § 103 beendet werden, etwa durch Amtsniederlegung (→ Rn. 62 ff.).

II. Entstehungsgeschichte

2   § 103 fasst die früher verstreuten Regelungen zur Abberufung von Aufsichtsratsmitgliedern zusammen.[2] Das AktG 1937 kannte bereits die Abberufung durch die Hauptversammlung (§ 87 Abs. 2 AktG 1937) ebenso wie durch den Entsendungsberechtigten (§ 88 Abs. 4 S. 1 AktG 1937). Gegenüber dem früheren Recht hat das AktG 1965 die Rechte der Hauptversammlung erweitert, indem nunmehr auch das sog. „weitere Mitglied", das nach §§ 4 Abs. 1c MontanMitbestG bzw. § 5 Abs. 1c MontanMitbestErgG gewählt wird, abberufen werden kann, sofern keine Bindung an einen Wahlvorschlag besteht.[3] Neben der Zusammenfassung der alten Regelungen führte das AktG 1965 vor allem die gerichtliche Abberufung aus wichtigem Grund in Abs. 3 neu ein, um untragbar gewordene Aufsichtsratsmitglieder vorzeitig entfernen zu können.[4] Anlass der Regelung war ursprünglich wohl die Überlegung des Gesetzgebers, dass ein Aufsichtsratsmitglied nicht im Aufsichtsrat verbleiben könne, wenn es durch einen in seiner Person liegenden Grund untragbar geworden ist.[5] Damit können jetzt auch Aufsichtsratsmitglieder ohne Zustimmung des eigentlich Abberufungsberechtigten

---

[1] AllgM, MüKoAktG/*Habersack* Rn. 3; Hüffer/Koch/*Koch* Rn. 1; s. insbes. für die Abberufung des Aufsichtsratsvorsitzenden: *Döring/Grau* NZG 2010, 1328 (1329).
[2] BegrRegE *Kropff* S. 142; K. Schmidt/Lutter/*Drygala* Rn. 1.
[3] Vgl. BegrRegE *Kropff* S. 142.
[4] AusschussBer *Kropff* S. 142 f.; s. dazu auch *Hofmann* BB 1973, 1081 (1082 f.); *Hofmann* FS Westenberger, 1973, 57 (65 ff.); *Jehner,* Zur gerichtlichen Abberufung eines Aufsichtsratsmitglieds nach § 103 Abs. 3 Aktiengesetz, 1992, 11 ff.; *Lieder,* Der Aufsichtsrat im Wandel der Zeit, 2006, 447 f.
[5] *Hofmann* BB 1973, 1081 (1083); *Hofmann* FS Westenberger, 1973, 57 (68).

aus dem Aufsichtsrat entfernt werden,[6] also insbesondere – aber nicht nur – die Arbeitnehmervertreter ohne Zustimmung der Arbeitnehmer. Der Gesetzgeber griff damit eine Entwicklung unter dem AktG 1937 auf, auch ohne ausdrückliche Regelung eine solche Abberufungskompetenz für besonders eklatante Fälle des Pflichtenverstoßes anzunehmen.[7] Die Vorschrift wurde bewusst neutral formuliert, um nicht nur bestimmte Aktionärsgruppen im Aufsichtsrat zu treffen.[8] Auch der Antrag auf gerichtliche Abberufung eines auf Grund der Satzung entsandten Aufsichtsratsmitglieds durch eine Minderheit wurde im AktG 1965 gegenüber dem AktG 1937 erleichtert, indem nun neben dem früher allein vorgesehenen Quorum von 10 % des Grundkapitals (§ 88 Abs. 4 S. 2 AktG 1937) auch der anteilige Betrag von 1 Mio. Euro (bzw. nach dem AktG 1965: 2 Mio. DM) genügt.[9] Im Zuge der erstmals normierten Bestellung eines Ersatzmitgliedes in § 101 Abs. 3 S. 2, wurde dessen Abberufung in § 103 Abs. 5 geregelt.

Später wurde § 103 geändert, indem mit Art. 1 Nr. 16 StückAG das Wort „Nennbetrag" durch 3 „anteiligen Betrag" ersetzt und in Art. 3 § 1 Nr. 6 EuroEG die Umstellung von DM auf Euro erfolgte, dh „zwei Millionen Deutsche Mark" wurde durch „einer Million Euro" ersetzt.[10] Hinzu kamen Änderungen des Abs. 4 durch das WahlvereinfG[11] hinsichtlich der Geltung des DrittelbG und das MgVG[12] hinsichtlich der Geltung des SE-Beteiligungsgesetzes und des Gesetzes über die Mitbestimmung der Arbeitnehmer bei einer grenzüberschreitenden Verschmelzung.

Auch die Mitglieder des **ersten Aufsichtsrats** werden von § 103 nach Eintragung der Gesellschaft 4 erfasst.[13] Durch das FGG-RG (vom 22.12.2008, BGBl. 2008 I 2586, 2731, Art. 74 Nr. 9) wurde die Norm an das durch das FamFG neugeordnete Beschwerderecht angepasst.

III. Von Hauptversammlung gewählte Aufsichtsratsmitglieder (Abs. 1)

1. Freie Abrufbarkeit. Die Hauptversammlung kann die von ihr gewählten Mitglieder jederzeit – auch ohne sachlichen oder wichtigen Grund – nach freiem Ermessen abberufen,[14] sofern es sich nicht um einen bindenden Wahlvorschlag für das „neutrale" bzw. „weitere Mitglied" nach § 4 Abs. 1c MontanMitbestG bzw. § 5 Abs. 1c MontanMitbestErgG handelt. Allein das hohe Quorum nach § 103 Abs. 1 S. 2 (→ Rn. 10) trägt bereits die Rechtfertigung in Form eines Vertrauensentzugs in sich; der Nennung eines besonderen Grundes bedarf es daher im Abberufungsbeschluss nicht.[15] Die Arbeitnehmervertreter kann die Hauptversammlung nicht abberufen, ebenso wenig gerichtlich bestellte Aufsichtsratsmitglieder.

Der Grundsatz der freien Abberufung von Aufsichtsratsmitgliedern wird nur durch die **Treue-** 6 **pflichten von Aktionären** eingeschränkt, wie sie in Ausnahmefällen untereinander und gegenüber der AG bestehen können.[16] So kann ein Aktionär seine Treuepflicht gegenüber der Gesellschaft verletzen, wenn die Abberufung eines Aufsichtsratsmitglieds der Einsetzung eines neuen Vorstands dient, der eine vom bisherigen Vorstand abgelehnte, mit überwiegender Wahrscheinlichkeit gesell-

---

[6] *Rewolle* BUV 1971, 25 (28); Hüffer/Koch/*Koch* Rn. 1.
[7] *Leo* AG 1963, 234 (236); *Leo* AG 1963, 267 (269 ff.); *Boesebeck* AG 1961, 117 (120 f.) allerdings jeweils mit der Besonderheit, dass der einzelne Aktionär nicht durch den Aufsichtsrat gefasst werden sollte, sondern dass die Aktionäre das Antragsrecht haben sollten; offen dagegen BGHZ 39, 116 (121, 123 f.) = NJW 1963, 905.
[8] S. dazu *Eckardt* NJW 1970, 1010 f.; *Hofmann* BB 1973, 1081 (1083); *Hofmann* FS Westenberger, 1973, 57 (68).
[9] S. dazu auch *Kübler* FS Claussen, 1997, 241 (249).
[10] Gesetz zur Einführung des Euro (Euro-Einführungsgesetz – EuroEG) vom 9.6.1998, BGBl. 1998 I 1242.
[11] Art. 5 Nr. 3 Buchstabe b des Zweiten Gesetzes zur Vereinfachung der Wahl der Arbeitnehmervertreter in den Aufsichtsrat vom 18.5.2004, BGBl. 2004 I 974, 2769.
[12] Art. 3 Nr. 4 des Gesetzes zur Umsetzung der Regelungen über die Mitbestimmung der Arbeitnehmer bei einer Verschmelzung von Kapitalgesellschaften aus verschiedenen Mitgliedstaaten vom 21.12.2006, BGBl. 2006 I 3332.
[13] Kölner Komm AktG/*Mertens*/*Cahn* Rn. 5; Hüffer/Koch/*Koch* Rn. 2; K. Schmidt/Lutter/*Drygala* Rn. 2.
[14] AllgM, KG Der Konzern 2003, 140 (147); MüKoAktG/*Habersack* Rn. 8, 12; Bürgers/Körber/*Israel* Rn. 1, 4; E. *Vetter* in Marsch-Barner/Schäfer Börsennotierte AG-HdB Rn. 25.55; E. *Vetter* DB 2005, 875 (876); Grigoleit/ Grigoleit/*Tomasic* Rn. 1; *Lehrl* BKR 2010, 485 (492); Hölters/*Simons* Rn. 6, der jedoch darauf hinweist, dass es bei börsennotierten Gesellschaften u.a. aus Transparenzerwägungen empfehlenswert ist, die Gründe der Abberufung in der Einberufung der Hauptversammlung kurz zu nennen; vgl. auch *Baums* ZHR 180 (2016), 697 (705), nach dem potentiell abzuberufende Aufsichtsratsmitglieder gar nicht erst in den Aufsichtsrat gewählt werden dürften.
[15] Hüffer/Koch/*Koch* Rn. 3; Großkomm AktG/*Hopt*/*Roth* Rn. 13; *Natzel* DB 1964, 1143 (1145); K. Schmidt/ Lutter/*Drygala* Rn. 4; Wachter/*Schick* Rn. 5; *Heinze* AG 2011, 540 (542), der sich auch intensiv mit der Frage befasst, ob und inwieweit die Vorschlagspflicht des § 124 Abs. 3 S. 1 auch auf die Abberufung von Aufsichtsratsmitgliedern Anwendung findet.
[16] → § 53a Rn. 49 f.; BGHZ 129, 136 = NJW 1995, 1739 – Girmes.

schaftsschädigende Maßnahme umsetzen soll.[17] Umgekehrt können die Aktionäre verpflichtet sein, einen Abberufungsbeschluss zu fassen, wenn sich ein Aufsichtsratsmitglied als absolut unhaltbar und untragbar erwiesen hat und evidentermaßen die Interessen der Gesellschaft gefährdet.[18] Allerdings resultiert hieraus **keine Klagemöglichkeit der AG auf Leistung** gegen die Aktionäre, da der Vorstand hier als Kläger agieren müsste und Anreize bestehen, nicht genehme Aufsichtsratsmitglieder mittelbar unter Druck zu setzen;[19] vielmehr bleibt die AG auf Schadensersatzansprüche beschränkt.

7   Die Abberufung kann **allein durch die Hauptversammlung** erfolgen, die dieses Recht auch nicht an einen Dritten oder an ein anderes Organ übertragen kann,[20] weder durch Satzungsbestimmungen noch durch Vertrag.[21] Ist ein Abberufungsrecht einem Dritten eingeräumt worden und stimmt die Hauptversammlung einer solchen „Abberufung" zu, so kann diese Zustimmung als eigenständiger Abberufungsbeschluss der Hauptversammlung angesehen werden, sofern der Beschluss bzw. die Zustimmung die Voraussetzungen des § 103 Abs. 1, insbesondere das nötige Quorum, erfüllt.[22] Dieser Beschluss kann dann aber nur Wirkung für die Zukunft entfalten, da eine rückwirkende Abberufung durch die Hauptversammlung aus Rechtssicherheitsgründen abzulehnen ist.[23]

8   2. **Beschlusserfordernis.** Die Abberufung bedarf eines **ausdrücklichen Beschlusses.**[24] Dies gilt jedoch nicht in der Weise, dass der Beschluss stets das Wort „Abberufung" verwenden muss. Erforderlich – aber auch ausreichend – ist es, wenn der Beschluss deutlich die Abberufung erkennen lässt.[25] Deshalb ist eine reine **Verweigerung der Entlastung nicht ausreichend,** auch wenn die Entlastung in Einzelabstimmung verweigert wurde.[26] Eine Abberufung eines Aufsichtsratsmitglieds auf Grund einer entsprechenden Satzungsregelung durch Wahl eines neuen (das alte Mitglied ersetzenden) Aufsichtsratsmitglieds wird man dagegen für zulässig erachten können,[27] weil aufgrund der zu Grunde liegenden Satzungsregelung deutlich erkennbar ist, dass die neue Wahl eines Mitglieds das Ausscheiden des vorhergehenden Mitglieds zur Folge haben soll. Dadurch ist sowohl der Rechtssicherheit als auch dem Schutz der Aktionäre genüge getan.

9   Ein **Widerruf der Abberufung** ist **nicht möglich,** nur eine Neuwahl des zuvor abberufenen Aufsichtsratsmitglieds.[28]

10 Der Beschluss muss nach § 103 Abs. 1 S. 2 mit einer **qualifizierten Mehrheit** von mindestens drei Vierteln der abgegebenen Stimmen gefasst werden. Wie viel Stimmanteile des Grundkapitals vertreten sind bzw. ihre Stimmen abgegeben haben, ist unerheblich.[29] Ein **Stimmrechtsausschluss** des **abzuberufenden Aufsichtsratsmitglieds,** das gleichzeitig Aktionär ist, greift nicht ein, da § 136 Abs. 1 diesen Fall nicht erfasst.[30] Auch eine analoge Anwendung wird man ablehnen müssen, weil die Beschränkung auf die in § 136 Abs. 1 genannten Fälle vom Gesetzgeber bewusst gewählt wurde.[31] Außerdem wird auch bei dem insoweit gleichen § 47 Abs. 4 GmbHG ein Stimmverbot bei Abberufung von der Organstellung abgelehnt, weil es sich dabei um sog. Sozialakte handelt.[32]

---

[17] KG AG 2003, 500 (505).
[18] Im Grundsatz ebenso, allerdings beschränkt auf den Entsendungsberechtigten Kölner Komm AktG/*Mertens/Cahn* Rn. 24; MüKoAktG/*Habersack* Rn. 12, 26; MHdB AG/*Hoffmann-Becking* § 30 Rn. 85.
[19] Bezogen auf den entsendungsberechtigten Aktionär: MüKoAktG/*Habersack* Rn. 26; MHdB AG/*Hoffmann-Becking* § 30 Rn. 85; aA Großkomm AktG/*Hopt/Roth* Rn. 13, wonach insbesondere ein Mehrheitsaktionär bei Vorliegen eines wichtigen Grundes zur Abberufung auf Stimmabgabe verklagt werden könne.
[20] Großkomm AktG/*Hopt/Roth* Rn. 11; MüKoAktG/*Habersack* Rn. 10; Kölner Komm AktG/*Mertens/Cahn* Rn. 10; *Notthoff* WiB 1997, 848; K. Schmidt/Lutter/*Drygala* Rn. 3.
[21] *Beuthien/Gätsch* ZHR 157 (1993), 483 (503); Kölner Komm AktG/*Mertens/Cahn* Rn. 18; MüKoAktG/*Habersack* Rn. 10; Bürgers/Körber/*Israel* Rn. 4.
[22] Großkomm AktG/*Hopt/Roth* Rn. 11; MüKoAktG/*Habersack* Rn. 10; Hüffer/Koch/*Koch* Rn. 3; Kölner Komm AktG/*Mertens/Cahn* Rn. 18; aA insoweit *Notthoff* WiB 1997, 848.
[23] Großkomm AktG/*Hopt/Roth* Rn. 11; MüKoAktG/*Habersack* Rn. 10.
[24] Hüffer/Koch/*Koch* Rn. 3; aA wohl Kölner Komm AktG/*Mertens/Cahn* Rn. 18: konkludenter Beschluss möglich.
[25] Großkomm AktG/*Hopt/Roth* Rn. 12; K. Schmidt/Lutter/*Drygala* Rn. 4.
[26] Großkomm AktG/*Hopt/Roth* Rn. 12; Hüffer/Koch/*Koch* Rn. 3; *E. Vetter* in Marsch-Barner/Schäfer Börsennotierte AG-HdB Rn. 25.58.
[27] BGHZ 99, 211 (215) = NJW 1987, 902; BGH ZIP 1989, 163 (164); BGH AG 1987, 348 (349) = NJW 1988, 260 = DB 1987, 2036; *Immenga* WuB II A. § 102 AktG 2.87; Kölner Komm AktG/*Mertens/Cahn* Rn. 51; Hüffer/Koch/*Koch* Rn. 15.
[28] Großkomm AktG/*Hopt/Roth* Rn. 15; zum alten Recht: KGJ 29 A 98; *Natzel* DB 1964, 1180 (1181).
[29] MüKoAktG/*Habersack* Rn. 13; Großkomm AktG/*Hopt/Roth* Rn. 14; Hüffer/Koch/*Koch* Rn. 4.
[30] Kölner Komm AktG/*Mertens/Cahn* Rn. 10; MüKoAktG/*Habersack* Rn. 13; Großkomm AktG/*Hopt/Roth* Rn. 14; Hüffer/Koch/*Koch* Rn. 4; *Zimmermann* FS Rowedder, 1994, 59 (604); K. Schmidt/Lutter/*Drygala* Rn. 4.
[31] Hüffer/Koch/*Koch* § 136 Rn. 18; *Zimmermann* FS Rowedder, 1994, 593 (598 f.), 602; aA *Heller* NZG 2009, 1170 (1171).
[32] Dazu Lutter/Hommelhoff/*Bayer* § 47 Rn. 44 mwN.

Eine Ausnahme wird man nur für den Fall machen können, dass in der Person des Aktionärs bzw. Aufsichtsratsmitglied selbst ein wichtiger Grund vorliegt, der ein Festhalten an seiner Person für die Gesellschaft unzumutbar macht.[33] Schließlich bleibt auch noch die Abberufung aus wichtigem Grund nach § 103 Abs. 3, bei der ein Stimmverbot unter dem Gesichtspunkt des Richtens in eigener Sache eher in Betracht kommt.[34]

3. Satzungsregelungen. Das Mehrheitserfordernis des § 103 Abs. 1 S. 2 ist nach § 103 Abs. 1 S. 3 weitgehend **satzungsdispositiv.** Demgemäß kann die Satzung sowohl schärfere Quoren vorsehen, etwa sowohl Stimmen- als auch Kapitalmehrheit,[35] als auch mildere Quoren, wie einfache Stimmenmehrheit.[36] Die Satzung muss nicht ausdrücklich auf die Abberufung Bezug nehmen, eine allgemeine Änderung der für einen Beschluss erforderlichen Mehrheiten für die im AktG zugelassenen Fälle genügt.[37] Möglich sind auch weitere verfahrensmäßige Regelungen, wie zur Beschlussfähigkeit.[38] Ausgeschlossen ist es dagegen, bereits einer Minderheit das Recht zur Abberufung einzuräumen; dies gilt auch dann, wenn ein wichtiger Grund zur Abberufung vorliegt.[39] Dies ergibt sich bereits aus dem Wortlaut, der von einer „anderen Mehrheit" spricht.[40]

Entsprechend dem allgemeinen Grundsatz der **Gleichbehandlung** aller Aufsichtsratsmitglieder kann die Satzung für die Mehrheitserfordernisse nicht zwischen einzelnen Aufsichtsratsgruppen oder -vertretern differenzieren,[41] zB bei verschiedenen Familienstämmen.

Grundsätzlich kann die Satzung die erforderliche Mehrheit nicht davon abhängig machen, ob das Aufsichtsratsmitglied nachträglich nicht mehr die Wählbarkeitsvoraussetzungen erfüllt.[42] Dagegen kann die Satzung ein geringeres Mehrheitserfordernis bei wichtigem Grund vorsehen, im Übrigen aber ein qualifiziertes Quorum verlangen;[43] denn die Gesellschaft muss im Falle eines wichtigen Grundes die Möglichkeit haben, das untragbare Aufsichtsratsmitglied schnell abzuberufen. Zwar wird hiergegen eingewandt, dass Rechtsunsicherheit erzeugt werde.[44] Doch ist nicht einzusehen, warum die Rechtsunsicherheit nicht ebenso wie im Fall des § 84 bei Abberufung des Vorstands aus wichtigem Grund hinzunehmen ist, zumal es der Satzungsgeber selbst in der Hand hat, eine Konkretisierung des wichtigen Grundes vorzunehmen.

Umgekehrt kann die Satzung die **freie Abberufbarkeit** eines Aufsichtsratsmitglieds durch die Hauptversammlung **nicht einschränken,** etwa durch Beschränkung auf einen wichtigen Grund. Entgegenstehende Satzungsregelungen sind nichtig.[45]

4. Wirkung des Beschlusses. Mit dem Hauptversammlungsbeschluss selbst tritt noch nicht das **Amtsende des Aufsichtsratsmitglieds** ein, da die Abberufung – entsprechend der Bestellung – die Bekanntgabe bzw. Erklärung gegenüber dem betroffenen Aufsichtsratsmitglied benötigt.[46] Bei in der Hauptversammlung anwesenden Aufsichtsratsmitgliedern erfolgt die Bekanntgabe mit der Feststellung des Beschlussergebnisses,[47] bei abwesenden Aufsichtsratsmitgliedern mit der Erklärung

---

[33] *Heller* NZG 2009, 1170 (1171); K. Schmidt/Lutter/*Spindler* § 136 Rn. 30.
[34] Dazu etwa Kölner Komm AktG/*Mertens/Cahn* Rn. 30.
[35] Kölner Komm AktG/*Mertens/Cahn* Rn. 14; MüKoAktG/*Habersack* Rn. 15; Großkomm AktG/*Hopt/Roth* Rn. 23; Hüffer/Koch/*Koch* Rn. 4; K. Schmidt/Lutter/*Drygala* Rn. 5; Bürgers/Körber/*Israel* Rn. 5; *E. Vetter* in Marsch-Barner/Schäfer Börsennotierte AG-HdB Rn. 25.55.
[36] Kölner Komm AktG/*Mertens/Cahn* Rn. 14; MüKoAktG/*Habersack* Rn. 15; Großkomm AktG/*Hopt/Roth* Rn. 23; Hüffer/Koch/*Koch* Rn. 4; K. Schmidt/Lutter/*Drygala* Rn. 5; *E. Vetter* in Marsch-Barner/Schäfer Börsennotierte AG-HdB Rn. 25.55; Henssler/Strohn/*Henssler* Rn. 4.
[37] BGHZ 99, 211 (215) = NJW 1987, 902; MüKoAktG/*Habersack* Rn. 15.
[38] Kölner Komm AktG/*Mertens/Cahn* Rn. 17; *Doralt* in Semler/v. Schenck AR-HdB § 12 Rn. 56; K. Schmidt/Lutter/*Drygala* Rn. 5.
[39] Kölner Komm AktG/*Mertens/Cahn* Rn. 15; MüKoAktG/*Habersack* Rn. 15; Großkomm AktG/*Hopt/Roth* Rn. 23; Hüffer/Koch/*Koch* Rn. 4; MHdB AG/*Hoffmann-Becking* § 30 Rn. 83; *Kort* EWiR 1997, 145.
[40] Kölner Komm AktG/*Mertens/Cahn* Rn. 15; Großkomm AktG/*Hopt/Roth* Rn. 23.
[41] BGHZ 99, 211 (215 f.) = NJW 1987, 902; BGH ZIP 1989, 163 (164); zust. MüKoAktG/*Habersack* Rn. 16; Kölner Komm AktG/*Mertens/Cahn* Rn. 14; *E. Vetter* in Marsch-Barner/Schäfer Börsennotierte AG-HdB Rn. 25.55; Großkomm AktG/*Hopt/Roth* Rn. 25; Hüffer/Koch/*Koch* Rn. 4; K. Schmidt/Lutter/*Drygala* Rn. 5; Grigoleit/*Grigoleit/Tomasic* Rn. 8.
[42] Großkomm AktG/*Hopt/Roth* Rn. 24; Kölner Komm AktG/*Mertens/Cahn* Rn. 19.
[43] AA die wohl hM: MHdB AG/*Hoffmann-Becking* § 30 Rn. 83; MüKoAktG/*Habersack* Rn. 17; Großkomm AktG/*Hopt/Roth* Rn. 24; Hüffer/Koch/*Koch* Rn. 4; Kölner Komm AktG/*Mertens/Cahn* Rn. 16.
[44] So MüKoAktG/*Habersack* Rn. 17; Großkomm AktG/*Hopt/Roth* Rn. 24; Hüffer/Koch/*Koch* Rn. 4.
[45] Kölner Komm AktG/*Mertens/Cahn* Rn. 8, 14, 17; Großkomm AktG/*Hopt/Roth* Rn. 27.
[46] Großkomm AktG/*Hopt/Roth* Rn. 17; K. Schmidt/Lutter/*Drygala* Rn. 6; *E. Vetter* in Marsch-Barner/Schäfer Börsennotierte AG-HdB Rn. 25.57.
[47] Großkomm AktG/*Hopt/Roth* Rn. 17.

durch den Vorstand nach § 78 in Vertretung der AG.[48] Denn das Aufsichtsratsmitglied steht in einer organschaftlichen Beziehung zur AG und nicht nur zur Hauptversammlung, so dass es der Vertretung durch das Organ Vorstand bedarf.[49] Eine Mitwirkung des Aufsichtsratsvorsitzenden ist nicht erforderlich, aber auch unschädlich.

16 Das **Amtsende** tritt nach hM erst mit der Unanfechtbarkeit des Beschlusses der Hauptversammlung ein.[50] Dagegen spricht jedoch, dass ein Beschluss mangels Nichtigkeit grundsätzlich bis zur rechtskräftigen Entscheidung wirksam ist,[51] so dass bei reiner Anfechtbarkeit das Amtsende mit Bekanntgabe an das Aufsichtsratsmitglied eintritt. Mit dem Amtsende **verliert** das Aufsichtsratsmitglied **sämtliche Rechte und Ansprüche** aus dem Organschaftsverhältnis. Bis auf die nachwirkenden Treuepflichten, wie die Verschwiegenheitspflicht, erlöschen auch alle Pflichten.[52] Allerdings hat das Aufsichtsratsmitglied alle ihm überlassenen Gesellschaftsunterlagen nach Mandatsende zurückzugeben, da sich eine derartige Verpflichtung bereits aus §§ 675, 666, 667 BGB ergibt.[53] Insbesondere die Vergütungsansprüche erlöschen mit der Bekanntgabe der Abberufung an das Aufsichtsratsmitglied,[54] da diese nach § 113 an die Organstellung geknüpft sind.[55] Durch Vertrag oder Satzung kann hiervon nicht abgewichen werden, da sonst die Abberufungskompetenz der Hauptversammlung eingeschränkt würde.[56]

17 Im Falle der **rechtswidrigen Abberufung**, die häufig die nicht ordnungsgemäße Besetzung des Aufsichtsrats zur Folge hat,[57] ist umstritten, ob die Lehre vom fehlerhaften Organ auf den Aufsichtsrat sowohl auf die Begründung als auch auf die Beendigung der Organstellung im Grundsatz Anwendung findet.[58] So vertrat die frühere hM, dass eine **rechtswidrige Abberufung, die einen fehlerhaften Aufsichtsrat bewirken würde,** entsprechend § 84 Abs. 3 S. 4 zugunsten der Rechtssicherheit **vorläufige Wirksamkeit entfaltet.**[59] Anderenfalls wäre der Aufsichtsrat stets mit dem Risiko konfrontiert, dass unwirksame Beschlüsse für die Dauer eines möglicherweise langjährigen Rechtsstreits mit einem abberufenen Aufsichtsratsmitglied gefasst worden wären. Dieser Auffassung erteilt der BGH jedoch in seinem Urteil vom 19.2.2013[60] eine klare Absage für den Fall des fehlerhaft bestellten Aufsichtsrats, indem die auf den Vorstand bezogenen Vorschriften bzw. die für den Vorstand geltende Lehre vom fehlerhaften Organ nicht ohne weiteres auf den Aufsichtsrat anzuwenden sind → § 101 Rn. 114 ff. Spiegelbildlich muss dies im Prinzip auch für die fehlerhafte Abberufung gelten (zB aufgrund eines angefochtenen Abberufungsbeschlusses der Hauptversammlung). Zwar ergeben sich hier Unterschiede: So wird das fehlerhaft abberufene Aufsichtsratsmitglied nicht mehr im Aufsichtsrat tätig, so dass es schlechterdings nicht wie ein Nichtmitglied behandelt werden kann; auch kann es mangels tatsächlicher Mitwirkungsmöglichkeiten nicht mehr den Pflichten eines Aufsichtsratsmitglieds unterliegen. Umgekehrt muss die Neuwahl eines Aufsichtsratsmitglieds nicht demselben Mangel wie der Abberufungsbeschluss unterliegen, so dass dessen Bestellung wirksam wäre. Doch verfangen die Gründe, die den BGH bewogen haben, auf die jeweilige Norm, insbesondere etwaigen Drittschutz abzustellen, auch für den aufgrund rechtswidriger Abberufung fehlerhaft besetzten Aufsichtsrat; auch hier haben andere Organe in der Regel Kenntnis von den etwaigen Mängeln der Abberufung. Allerdings kann hier nicht die Konstruktion einer gerichtlichen Ersatzbestellung unter aufschiebender Bedingung helfen; allenfalls

---

[48] Hüffer/*Koch* Rn. 5; *E. Vetter* in Marsch-Barner/Schäfer Börsennotierte AG-HdB Rn. 25.57; zust. bei entsprechender Anwendung des § 78 MüKoAktG/*Habersack* Rn. 19; aA Großkomm AktG/*Hopt/Roth* Rn. 17; Kölner Komm AktG/*Mertens/Cahn* Rn. 11; MHdB AG/*Hoffmann-Becking* § 30 Rn. 84; *Natzel* DB 1964, 1180 (1181); Henssler/Strohn/*Henssler* Rn. 6.
[49] Zutr. Hüffer/Koch/*Koch* Rn. 5; *E. Vetter* in Marsch-Barner/Schäfer Börsennotierte AG-HdB Rn. 25.57; aA MHdB AG/*Hoffmann-Becking* § 30 Rn. 84; Kölner Komm AktG/*Mertens/Cahn* Rn. 11.
[50] Kölner Komm AktG/*Mertens/Cahn* Rn. 6 f.; Großkomm AktG/*Hopt/Roth* Rn. 18 Fn. 90; wie hier kritisch MüKoAktG/*Habersack* Rn. 22; Hüffer/Koch/*Koch* Rn. 6.
[51] Statt vieler Hüffer/Koch/*Koch* § 248 Rn. 6 mwN.
[52] MüKoAktG/*Habersack* Rn. 20; Großkomm AktG/*Hopt/Roth* Rn. 20; Hüffer/Koch/*Koch* Rn. 6; *Natzel* DB 1964, 1143 (1145); K. Schmidt/Lutter/*Drygala* Rn. 7; s. näher zur nachwirkenden Verschwiegenheitspflicht → § 116 Rn. 89.
[53] Seine Rechtsauffassung erneut bestätigend BGH WM 2008, 743; so auch schon BGH WM 1963, 161 f.
[54] RGZ 68, 223 (225 ff.); MüKoAktG/*Habersack* Rn. 21; Großkomm AktG/*Hopt/Roth* Rn. 20; K. Schmidt/Lutter/*Drygala* Rn. 7; *Buckel* AG 2013, 451 (453).
[55] → § 113 Rn. 60 f.; MüKoAktG/*Habersack* Rn. 21; Hüffer/Koch/*Koch* Rn. 6; zu Beratungsverträgen → § 114.
[56] Kölner Komm AktG/*Mertens/Cahn* Rn. 6; MüKoAktG/*Habersack* Rn. 21; differenzierend Großkomm AktG/*Hopt/Roth* Rn. 20 f., die eine Satzungsbestimmung zur Weiterzahlung der Vergütung für zulässig erachten.
[57] MüKoAktG/*Habersack* Rn. 22.
[58] Zust. MüKoAktG/*Habersack* Rn. 22.
[59] *Schürnbrand*, Organschaft im Recht der privaten Verbände, 2007, 285 ff.; MüKoAktG/*Habersack* Rn. 22; aA Kölner Komm AktG/*Mertens/Cahn* Rn. 7; offen Scholz/*Schneider* GmbHG § 52 Rn. 290.
[60] BGH NJW 2013, 1535 (1537), → § 101 Rn. 114 ff. mwN.

ist an die **gerichtliche Abberufung** nach § 103 Abs. 3 ebenfalls unter einer aufschiebenden Bedingung zu denken, die aber anders als die Ersatzbestellung von einem wichtigen Grund abhängig ist – allein die Tatsache eines mit 3/4 Mehrheit gefassten, aber angefochtenen Abberufungsbeschlusses bzw. ein **Vertrauensentzug** kann diesen wichtigen Grund nicht darstellen, da das Gesetz dies sonst zum Ausdruck gebracht hätte, wie dies für den Vorstand in § 84 Abs. 3 S. 2 geregelt ist. Daher kann allenfalls der Hauptversammlungsbeschluss wiederholt werden.

Ein **neues Aufsichtsratsmitglied** kann bereits in derselben Hauptversammlung gewählt werden, auch wenn das Amtsende des abberufenen (abwesenden) Aufsichtsratsmitglieds noch nicht herbeigeführt wurde; die Bestellung steht dann unter der aufschiebenden Bedingung des Amtsendes des anderen Aufsichtsratsmitglieds.[61] 18

IV. Entsandte Aufsichtsratsmitglieder (Abs. 2)

1. Abberufung durch den Entsendungsberechtigten. Ähnlich wie im Fall der Abberufung der von der Hauptversammlung gewählten Aufsichtsratsmitglieder kann auch der zur Entsendung Berechtigte (§ 101 Abs. 2) das von ihm entsandte Aufsichtsratsmitglied jederzeit gem. § 103 Abs. 2 abberufen. Eines wichtigen oder eines sachlichen Grundes bedarf es dazu nicht.[62] Wie bei der Hauptversammlung genügt der Vertrauensentzug durch den Entsendungsberechtigten. Es ist nicht maßgeblich, ob durch die Abberufung eine Unterbesetzung bzw. Beschlussunfähigkeit des Aufsichtsrats entsteht.[63] Hat das entsandte Aufsichtsratsmitglied mit dem Entsendungsberechtigten vereinbart, dass eine Abberufung nur aus **wichtigem Grund** erfolgen könne, entfaltet dies nur im Innenverhältnis Wirkung und kann zu Schadensersatzansprüchen – natürlich mit Ausnahme der Naturalrestitution (Wiedereinsetzung in das Amt)[64] – führen; eine Abberufung ohne wichtigen Grund bleibt im Außenverhältnis wirksam.[65] 19

Wie die übrigen Aktionäre, kann auch der Entsendungsberechtigte Bindungen aus seiner **Treuepflicht** unterliegen, so dass in Ausnahmefällen eine Pflicht zur Abberufung eines völlig untragbar gewordenen Aufsichtsratsmitglieds besteht.[66] Auch hier sind indes die Klagemöglichkeiten der AG eingeschränkt (→ Rn. 6). 20

Das Abberufungsrecht des Entsendungsberechtigten kann nicht durch **Satzung** entzogen, auf einen wichtigen Grund beschränkt oder durch einen Vertrag zwischen Gesellschaft und Entsendungsberechtigtem abbedungen werden.[67] Ein gleichwohl erklärter Verzicht entfaltet indes Wirkung im Innenverhältnis, so dass der Entsendungsberechtigte bei vertragswidriger Abberufung zum Schadensersatz ohne Anspruch auf Wiedereinsetzung in das Amt verpflichtet ist. Die Rechtslage entspricht dem in → Rn. 19 dargestellten Fall, in dem der Entsendungsberechtigte mit dem Entsandten vereinbart, dass eine Abberufung nur aus wichtigem Grund erfolgen soll. Insofern kann es keinen Unterschied machen, dass es sich hier um die Vereinbarung eines Verzichts handelt, der gegenüber der Gesellschaft erklärt wird. 21

Die Abberufung muss – wie bei den von der Hauptversammlung gewählten Mitgliedern – dem Aufsichtsratsmitglied gegenüber **erklärt** werden (→ Rn. 15). 22

Die Abberufung ist nach § 101 Abs. 2 an die **Person des Entsendungsberechtigten** geknüpft. Allerdings kann die Stellung als Entsendungsberechtigter gem. § 101 Abs. 2 S. 2 im Fall von vinkulierten Namensaktien nach § 68 Abs. 2 übertragen werden, so dass ein anderer Aktionär als der ursprünglich Entsendungsberechtigte das Aufsichtsratsmitglied abberufen kann. Die Hauptversammlung kann das entsandte Aufsichtsratsmitglied mit Ausnahme des in § 103 Abs. 2 S. 2 geregelten Falles nicht abberufen, auch nicht mit einer Dreiviertel- oder gar größeren Mehrheit.[68] 23

---

[61] MüKoAktG/*Habersack* Rn. 19; Großkomm AktG/*Hopt/Roth* Rn. 18; Kölner Komm AktG/*Mertens/Cahn* Rn. 11; Hüffer/Koch/*Koch* Rn. 5.
[62] VG Gelsenkirchen NJW 1974, 378 (379); Großkomm AktG/*Hopt/Roth* Rn. 29; Kölner Komm AktG/*Mertens/Cahn* Rn. 20; MüKoAktG/*Habersack* Rn. 23; E. Vetter in Marsch-Barner/Schäfer Börsennotierte AG-HdB Rn. 25.59; Hüffer/Koch/*Koch* Rn. 7; K. Schmidt/Lutter/*Drygala* Rn. 8; NK-AktR/*Breuer/Fraune* Rn. 9; Hölters/*Simons* Rn. 20; Grigoleit/*Grigoleit/Tomasic* Rn. 10.
[63] Großkomm AktG/*Hopt/Roth* Rn. 31; MüKoAktG/*Habersack* Rn. 23; Kölner Komm AktG/*Mertens/Cahn* Rn. 20.
[64] AllgM, Großkomm AktG/*Hopt/Roth* Rn. 38; MüKoAktG/*Habersack* Rn. 27; Kölner Komm AktG/*Mertens/Cahn* Rn. 22.
[65] Kölner Komm AktG/*Mertens/Cahn* Rn. 22; Großkomm AktG/*Hopt/Roth* Rn. 36, 38; Hüffer/Koch/*Koch* Rn. 7; MHdB AG/*Hoffmann-Becking* § 30 Rn. 85.
[66] MüKoAktG/*Habersack* Rn. 26; Großkomm AktG/*Hopt/Roth* Rn. 39; Kölner Komm AktG/*Mertens/Cahn* Rn. 24; MHdB AG/*Hoffmann-Becking* § 30 Rn. 85.
[67] Großkomm AktG/*Hopt/Roth* Rn. 37; Kölner Komm AktG/*Mertens/Cahn* Rn. 22; MüKoAktG/*Habersack* Rn. 24; K. Schmidt/Lutter/*Drygala* Rn. 9.
[68] Kölner Komm AktG/*Mertens/Cahn* Rn. 25; Hüffer/Koch/*Koch* Rn. 7; K. Schmidt/Lutter/*Drygala* Rn. 10.

24 **2. Abberufung durch die Hauptversammlung.** Zwar ist grundsätzlich nur der Entsendungsberechtigte zur Abberufung berechtigt; wohl aber kann die Satzung der Hauptversammlung ein Abberufungsrecht neben dem Abberufungsrecht des Entsendungsberechtigten einräumen,[69] da sie schon die Entsendung von der Zustimmung der Hauptversammlung abhängig machen kann. Zudem räumt § 103 Abs. 2 S. 2 der **Hauptversammlung** zwingend ein Abberufungsrecht ein, wenn das satzungsmäßig geregelte Entsendungsrecht entfallen ist, da dann auch die Voraussetzungen für die Sonderstellung des entsandten Aufsichtsratsmitglieds weggefallen sind. Dies ist insbesondere dann der Fall, wenn der Entsendungsberechtigte seine Aktien veräußert hat oder gestorben ist, sofern das Entsendungsrecht an die Person und nicht an ein bestimmtes Aktienpaket gebunden ist.[70] Auch wenn das Entsendungsrecht ruht, besteht die Abberufungskompetenz der Hauptversammlung.[71]

25 Die Abberufung kann mit **einfacher Mehrheit** beschlossen werden und muss dem Aufsichtsratsmitglied gegenüber erklärt werden. Eine höhere Mehrheit oder die Mehrheit des Grundkapitals können nicht in der **Satzung** bestimmt werden.[72]

26 **3. Rechtsfolgen.** Bis zur Abberufung behält das entsandte Aufsichtsratsmitglied sein Mandat; das Erlöschen des Entsendungsrechts führt nicht automatisch zum Wegfall des Aufsichtsratsmandats.[73]

V. Abberufung aus wichtigem Grund (Abs. 3)

27 **1. Erfasste Aufsichtsratsmitglieder.** Die mit dem AktG 1965 eingeführte Regelung (→ Rn. 2) erfasst sämtliche Aufsichtsratsmitglieder, sowohl Anteilseigner- als auch Arbeitnehmervertreter (s. § 103 Abs. 4), auch entsandte Aufsichtsratsmitglieder.[74]

28 **2. Antragsberechtigung.** Antragsberechtigt sind entweder der Aufsichtsrat oder (allerdings nur bei der Abberufung entsandter Mitglieder, Abs. 3 S. 3) eine Minderheit von Aktionären mit 10 % des Grundkapitals oder dem anteiligen Betrag von 1 Mio. Euro. Der Vorstand kann keinen Antrag stellen.[75] Der Antrag kann unabhängig davon gestellt werden, ob ein anderer Abberufungsberechtigter, sei es die Hauptversammlung oder der Entsendungsberechtigte, das Aufsichtsratsmitglied abberufen will oder sich dagegen geäußert hat.[76]

29 Die Antragsberechtigung des **Aufsichtsrats** betrifft alle Aufsichtsratsmitglieder, sowohl Anteilseigner- als auch Arbeitnehmervertreter, auch sonstige bzw. weitere oder entsandte Mitglieder.[77] Der Antrag bedarf eines Beschlusses mit einfacher Mehrheit der abgegebenen Stimmen; Satzung oder Geschäftsordnung können keine höheren Anforderungen vorsehen.[78] Der Beschluss kann auch nicht an einen Ausschuss delegiert werden, weil es sich um eine grundlegende Frage der Zusammensetzung des Aufsichtsrats handelt.[79]

30 Vom **Stimmrecht ausgeschlossen** ist entsprechend § 34 BGB das von der Abberufung selbst betroffene Aufsichtsratsmitglied, weil es sich hierbei um die Einleitung eines Rechtsstreits iSv § 34 BGB handelt.[80] Allerdings ist anerkannt, dass bei so genannten korporationsrechtlichen Rechtsge-

---

[69] Kölner Komm AktG/*Mertens/Cahn* Rn. 26; Großkomm AktG/*Hopt/Roth* Rn. 44; Hüffer/Koch/*Koch* Rn. 8; MHdB AG/*Hoffmann-Becking* § 30 Rn. 86; K. Schmidt/Lutter/*Drygala* Rn. 11; *E. Vetter* in Marsch-Barner/Schäfer Börsennotierte AG-HdB Rn. 25.59.
[70] MüKoAktG/*Habersack* Rn. 30; Hüffer/Koch/*Koch* Rn. 8.
[71] Großkomm AktG/*Hopt/Roth* Rn. 40; Kölner Komm AktG/*Mertens/Cahn* Rn. 25.
[72] Großkomm AktG/*Hopt/Roth* Rn. 42; Kölner Komm AktG/*Mertens/Cahn* Rn. 26; MüKoAktG/*Habersack* Rn. 32; K. Schmidt/Lutter/*Drygala* Rn. 11.
[73] MüKoAktG/*Habersack* Rn. 31; Großkomm AktG/*Hopt/Roth* Rn. 42; Hüffer/Koch/*Koch* Rn. 8.
[74] MüKoAktG/*Habersack* Rn. 33; Hüffer/Koch/*Koch* Rn. 9; *Kirschner* DB 1971, 2063 (2067); *E. Vetter* in Marsch-Barner/Schäfer Börsennotierte AG-HdB Rn. 25.61; K. Schmidt/Lutter/*Drygala* Rn. 12; Grigoleit/*Grigoleit/Tomasic* Rn. 14; Henssler/Strohn/*Henssler* Rn. 10.
[75] AllgM, Großkomm AktG/*Hopt/Roth* Rn. 47; Kölner KommAktG/*Mertens/Cahn* Rn. 29; MüKoAktG/*Habersack* Rn. 33; Hüffer/Koch/*Koch* Rn. 12; MHdB AG/*Hoffmann-Becking* § 3 Rn. 87; NK-AktR/*Breuer/Fraune* Rn. 13.
[76] Kölner Komm AktG/*Mertens/Cahn* Rn. 28; Großkomm AktG/*Hopt/Roth* Rn. 46; *Eckhardt* NJW 1967, 1010 (1011 f.).
[77] AllgM, MüKoAktG/*Habersack* Rn. 33 f.
[78] Großkomm AktG/*Hopt/Roth* Rn. 48; MHdB AG/*Hoffmann-Becking* § 30 Rn. 87; MüKoAktG/*Habersack* Rn. 34; *E. Vetter* in Marsch-Barner/Schäfer Börsennotierte AG-HdB Rn. 25.63.
[79] Kölner Komm AktG/*Mertens/Cahn* Rn. 29; Großkomm AktG/*Hopt/Roth* Rn. 48; *Lutter/Krieger/Verse* Rechte und Pflichten des Aufsichtsrats Rn. 931; MüKoAktG/*Habersack* Rn. 34; *E. Vetter* in Marsch-Barner/Schäfer Börsennotierte AG-HdB Rn. 25.63.
[80] BayObLG AG 2003, 427 (428 f.) = BayObLGZ 2003, 89; *Keusch/Rotter* NZG 2003, 671 (672 f.); Kölner Komm AktG/*Mertens/Cahn* Rn. 30; Großkomm AktG/*Hopt/Roth* Rn. 49; Hüffer/Koch/*Koch* Rn. 12; MüKoAktG/*Habersack* Rn. 35; UHH/*Ulmer/Habersack* MitbestG § 6 Rn. 70; RVJ/*Raiser* § 6 MitbestG Rn. 36; *Lutter/Krieger/Verse* Rechte und Pflichten des Aufsichtsrats Rn. 931; *Matthießen,* Stimmrecht und Interessenkollision im

schäften bzw. Sozialakten kein Stimmverbot besteht, wozu insbesondere Wahlen zu Organen oder bestimmten Ämtern zu zählen sind (→ § 108 Rn. 30).[81] Dass auch die Abberufung einen solchen Sozialakt darstellen kann, ist bereits in → Rn. 10 dargelegt worden. Demnach könnte auch hier ein Stimmverbot ausscheiden. Ebenso anerkannt ist jedoch, dass das Aufsichtsratsmitglied nicht Richter in eigener Sache sein darf.[82] Das Aufsichtsratsmitglied kann nicht dazu befugt sein, darüber zu entscheiden, ob ihm ein Fehlverhalten zur Last fällt. Genau das wäre aber wegen der Notwendigkeit eines wichtigen Grundes der Fall. Deswegen muss ein Stimmverbot trotz Vorliegens eines korporationsrechtlichen Rechtsgeschäfts angenommen werden. Der Beschluss des Aufsichtsrats über das Vorliegen eines wichtigen Grundes stellt insofern eine Gegenausnahme dar. Dies gilt unabhängig davon, ob der wichtige Grund tatsächlich vorliegt, da hierüber erst das Gericht entscheidet.[83] Die Gegenauffassung, die für den Bereich des MitbestG auf die Gefahr des Druckmittels eines Antragsverfahrens und auf die wegen der einfachen Mehrheit ohnehin schon niedrige Schwelle verweist, die mit dem Stimmverbot noch weiter herabgesetzt würde,[84] ist mit dem Gesetz nicht vereinbar, das gerade eine Fast-Parität vorgesehen hat, die nicht bei Stimmrechtsverboten geändert wird. Beschließt der Aufsichtsrat, den Antrag zu stellen, ist das betroffene Aufsichtsratsmitglied nicht stimmberechtigt. Zwar wird dem entgegengehalten, dass der Beschluss selbst noch nicht das Mitglied betreffe, sondern erst die gerichtliche Entscheidung;[85] doch setzt die gerichtliche Entscheidung den entsprechenden Antrag voraus, so dass das Aufsichtsratsmitglied unmittelbar von dem Beschluss betroffen wird. Betrifft der wichtige Grund mehrere Aufsichtsratsmitglieder einheitlich, kommt es für die Frage, ob ein einheitlicher Beschlussgegenstand vorliegt, nicht darauf an, ob „gegen alle Beteiligten in einem Akt oder gegen jeden getrennt abgestimmt wird", sondern nur auf den sachlichen Zusammenhang.[86] Hieraus ergibt sich die Möglichkeit, nur einen Beschluss zu fassen, bei dem alle betroffenen Aufsichtsratsmitglieder vom Stimmrecht ausgeschlossen sind.[87] Auch bei einem dreiköpfigen Aufsichtsrat kann der Antrag trotz des Stimmverbots gestellt werden, § 108 Abs. 2 S. 3 steht dem nicht entgegen (→ § 108 Rn. 39).[88]

Im Falle eines **entsandten Aufsichtsratsmitglieds** kann neben dem Aufsichtsrat auch eine **31** Minderheit der Aktionäre den Antrag stellen, deren Anteile mindestens 10 % des Grundkapitals oder den anteiligen Betrag von 1 Mio. Euro (seit 1.1.1999) (Art. 3 § 1 Nr. 6 EuroEG) erreichen. Letzterer wird durch die Division des Grundkapitals durch die Anzahl der Aktien infolge der Änderung durch das StückAG ermittelt. Bei Nennbetragsaktien ersetzt der Nennbetrag den anteiligen Betrag. Das Quorum muss während des gesamten Verfahrens bestehen.[89]

Der **Vorstand** kann **nicht** mit der **Durchführung des Verfahrens** beauftragt werden.[90] Erst **32** recht kann die Antragsberechtigung nicht übertragen werden, selbst dann nicht, wenn eine Mehrheit von Aktionären den Antrag stellen will.[91]

Aufsichtsrat, 1989, 268 f.; *U. H. Schneider/Nietsch* FS Westermann, 2008, 1447 (1458); *Ulmer* NJW 1980, 1603 (1605); *Säcker* NJW 1986, 803 (810); *Mertens* AG 1977, 306 (318); mit abw. Begr. *Stadler/Berner* NZG 2003, 49 (50); aA *Hoffmann/Kirchhoff* FS Beusch, 1993, 377 (380 f.); MHdB AG/*Hoffmann-Becking* § 30 Rn. 87; *Hoffmann/Preu* Der Aufsichtsrat Rn. 366; K. Schmidt/Lutter/*Drygala* Rn. 13.

[81] Hüffer/Koch/*Koch* § 108 Rn. 9; Kölner Komm AktG/*Mertens/Cahn* § 108 Rn. 67; MHdB AG/*Hoffmann-Becking* § 31 Rn. 70.
[82] AllgM, BayObLG AG 2003, 427 (428) = BayObLGZ 2003, 89 (92); Kölner Komm AktG/*Mertens/Cahn* § 108 Rn. 65; MüKoAktG/*Habersack* Rn. 35; UHH/*Ulmer/Habersack* MitbestG § 25 Rn. 27; *Keusch/Rotter* NZG 2003, 671 (672); *E. Vetter* in Marsch-Barner/Schäfer Börsennotierte AG-HdB Rn. 25.63; *Matthießen*, Stimmrecht und Interessenkollision im Aufsichtsrat, 1989, 280.
[83] *Matthießen*, Stimmrecht und Interessenkollision im Aufsichtsrat, 1989, 270 f.; MüKoAktG/*Habersack* Rn. 35: Das Vorliegen des wichtigen Grunds muss aber substantiiert behauptet werden.
[84] *Hoffmann/Kirchhoff* FS Beusch, 1993, 377 (381).
[85] So *Hoffmann/Kirchhoff* FS Beusch, 1993, 377 (380).
[86] BGHZ 97, 28 (34) = NJW 1986, 2051 zu § 47 GmbHG.
[87] Implizit BGHZ 97, 28 (34) = NJW 1986, 2051 zu § 47 GmbHG; so auch Kölner Komm AktG/*Mertens/Cahn* Rn. 30; Großkomm AktG/*Hopt/Roth* Rn. 49; MüKoAktG/*Habersack* Rn. 36; *Matthießen*, Stimmrecht und Interessenkollision im Aufsichtsrat, 1989, 271.
[88] BGH NJW-RR 2007, 1483 (1485); zust. Anm. *U. H. Schneider* WuB II A § 108 AktG 1.07; so auch Großkomm AktG/*Hopt/Roth* § 108 Rn. 63, 84; *Stadler/Berner* NZG 2003, 49 (51 ff.); *Stadler/Berner* AG 2004, 27 ff.; *Kuthe* BB 2003, 2143 f.; K. Schmidt/Lutter/*Drygala* Rn. 13; aA BayObLG AG 2003, 427 (429) = BayObLGZ 2003, 89; OLG Frankfurt a. M. NZG 2006, 29 (31) = ZIP 2005, 2322 (2324) ausdrücklich offen lassend die Revisionsinstanz BGH NJW 2007, 2049 (300); *Keusch/Rotter* NZG 2003, 671 (673); Kölner Komm AktG/*Mertens/Cahn* Rn. 30; MüKoAktG/*Habersack* Rn. 35.
[89] Großkomm AktG/*Hopt/Roth* Rn. 68; Kölner KommAktG/*Mertens/Cahn* Rn. 46; MüKoAktG/*Habersack* Rn. 37.
[90] Großkomm AktG/*Hopt/Roth* Rn. 51; Kölner KommAktG/*Mertens/Cahn* Rn. 48; MüKoAktG/*Habersack* Rn. 38.
[91] MüKoAktG/*Habersack* Rn. 38.

33 **3. Wichtiger Grund.** Der wichtige Grund in der Person des Aufsichtsratsmitglieds ist in gleicher Weise wie in § 84 Abs. 3 S. 2 auszulegen.[92] Zwar wurde früher angenommen, dass nur bei „krass gesellschaftswidrigem Verhalten" eine Abberufung aus wichtigem Grund wegen Untragbarkeit des Aufsichtsratsmitglieds möglich sei.[93] Doch ist nicht ersichtlich, warum an die Abberufung von Vorstandsmitgliedern geringere Anforderungen als an diejenige von Aufsichtsratsmitgliedern gestellt werden sollten. Wie in § 84 Abs. 3 müssen daher alle Umstände des Einzelfalls abgewogen werden, ob eine Fortsetzung des Aufsichtsratsmandats für die AG noch zumutbar ist.[94] Dabei sind vor allem das Gewicht der verletzten Pflichten, die Häufigkeit eines Verstoßes und das Ausmaß des möglichen Schadens der Gesellschaft einzubeziehen; auf eine Unzumutbarkeit für andere Aufsichtsratsmitglieder oder Anteilseigner kommt es nicht an.[95] Andererseits wiegt das Interesse des Aufsichtsratsmitglieds, sein Amt beizubehalten, angesichts der Tatsache, dass es sich nur um ein Nebenamt handelt, nicht derart schwer wie das eines Vorstandsmitglieds. Auf ein Verschulden des Aufsichtsratsmitglieds kommt es nicht an,[96] wenngleich im Rahmen der Abwägung hartnäckige, nachhaltige Verstöße gegen Organpflichten ein erhebliches Gewicht haben werden.[97] In Betracht kommt aber auch dauernde Verhinderung durch Krankheit, deren Ende bei vernünftiger medizinischer Prognose nicht absehbar ist.[98] Selbst ein Verhalten im **privaten Bereich** kann grundsätzlich einen wichtigen Grund zur Abberufung darstellen, jedoch muss ein Zusammenhang mit der Aufsichtsratstätigkeit erkennbar sein.[99] Auch die **Verletzung der gesetzlichen Bestellvoraussetzungen** nach § 100 Abs. 2, § 105 stellen einen wichtigen Grund dar,[100] hingegen **nicht die Verletzung der Anforderungen des § 100 Abs. 5,** da es sich nicht um persönliche Voraussetzungen handelt.[101] Ebenso wenig kann sich der Aufsichtsrat auf einen Beschluss der **Hauptversammlung** zur Abberufung berufen, der aber angefochten wurde; **allein** der **Vertrauensentzug** genügt nach dem Gesetz **nicht,** selbst wenn der Beschluss nur unter formellen Mängeln leiden sollte.

34 Hauptanwendungsfall des § 103 Abs. 2 ist die **Verletzung** der **Verschwiegenheitspflicht,** was angesichts der hier erforderlichen Abwägung im Rahmen des Unternehmensinteresses[102] nahe liegt. So ist von der Rechtsprechung die heimliche Information des Bundeskartellamts und die ablehnende Stellungnahme zu einem Fusionsvorhaben unter Beteiligung von Arbeitnehmervertretern im Aufsichtsrat als wichtiger Grund qualifiziert worden,[103] dagegen – zu Unrecht[104] – nicht die Bekanntgabe von geplanten Dividendenerhöhungen einschließlich des Abstimmungsverhaltens der Arbeitnehmervertreter in einer Betriebsversammlung.[105] Es gibt indes keine Rechtfertigung der Durchbrechung der Vertraulichkeit der Beratungen im Aufsichtsrat wegen einer (vermeintlich notwendigen) demo-

---

[92] MHdB AG/*Hoffmann-Becking* § 30 Rn. 88; Hüffer/Koch/*Koch* Rn. 10; *Spindler* AG 2011, 725; *Lehrl* BKR 2010, 485 (492).
[93] BGHZ 39, 116 (123) = NJW 1963, 905; ebenso noch AG München ZIP 1985, 1139 = WM 1986, 974.
[94] OLG Hamburg WM 1990, 311 (314); OLG Frankfurt a. M. NJW 1987, 506; Kölner Komm AktG/*Mertens/Cahn* Rn. 33; Großkomm AktG/*Hopt/Roth* Rn. 54, 57; MüKoAktG/*Habersack* Rn. 40; Hüffer/Koch/*Koch* Rn. 10; *Lutter/Krieger/Verse* Rechte und Pflichten des Aufsichtsrats Rn. 933; *Redenius/Hövermann* WPg 2017, 349 (354); E. *Vetter* DB 2005, 875 (876); U. H. *Schneider/Nietsch* FS Westermann, 2008, 1447 (1461); *Hoffmann/Kirchhoff* FS Beusch, 1993, 377 (381 ff.); *Hofmann* FS Westenberger, 1973, 72 ff. (86); *Säcker* NJW 1986, 803 (810); *Jehner,* Zur gerichtlichen Abberufung eines Aufsichtsratsmitglieds nach § 103 Abs. 3 Aktiengesetz, 1992, 38; *Butzke* FS Hoffmann-Becking, 2013, 245; *Wachter/Schick* Rn. 12.
[95] Kölner Komm AktG/*Mertens/Cahn* Rn. 37; MüKoAktG/*Habersack* Rn. 40.
[96] *Hofmann* BB 1973, 1081 (1086); *Werner* WuB II A. § 103 Abs. 3 AktG 1.86; MüKoAktG/*Habersack* Rn. 40; Großkomm AktG/*Hopt/Roth* Rn. 53; *Jehner,* Zur gerichtlichen Abberufung eines Aufsichtsratsmitglieds nach § 103 Abs. 3 Aktiengesetz, 1992, 39; *Lutter* FS Beusch, 1993, 509 (522); *RVJ/Raiser* MitbestG § 6 Rn. 40; K. *Schmidt/Lutter/Drygala* Rn. 14.
[97] Großkomm AktG/*Hopt/Roth* Rn. 53; MüKoAktG/*Habersack* Rn. 40; Kölner Komm AktG/*Mertens/Cahn* Rn. 36; MHdB AG/*Hoffmann-Becking* § 30 Rn. 88; insoweit auch *Säcker* NJW 1986, 803 (810).
[98] *Krauel/Fackler* AG 2009, 686 (687).
[99] *Tielmann/Struck* DStR 2013, 1191 (1192).
[100] *Bayer/Lieder* NZG 2012, 1 (7); ausführlich: *Struck,* Mandatsunfähigkeit von Aufsichtsratsmitgliedern einer deutschen Aktiengesellschaft, 2010, 93 ff.
[101] *Wind/Klie* DStR 2010, 1339 (1340); *v. Falkenhausen/Kocher* ZIP 2009, 1601 (1602).
[102] → § 116 Rn. 21 ff. sowie MüKoAktG/*Spindler* § 93 Rn. 119; E. *Vetter* in Marsch-Barner/Schäfer Börsennotierte AG-HdB Rn. 25.61; MüKoAktG/*Habersack* Rn. 41; *Tielmann/Struck* DStR 2013, 1191 (1192); zur Frage inwieweit die Verletzung der Verschwiegenheitspflicht bei einem Arbeitnehmervertreter im Aufsichtsrat auch zu einer Kündigung des Arbeitsverhältnisses aus wichtigem Grund gem. § 626 Abs. 1 BGB führen kann siehe BAG DB 2009, 1131 Rn. 24 f.; *Henssler/Beckmann* SAE 2010, 60; *Keilich/Brummer* BB 2012, 897 (900).
[103] LG Frankfurt a. M. NJW 1987, 505; zust. Kölner Komm AktG/*Mertens/Cahn* Rn. 34; Hüffer/Koch/*Koch* Rn. 11; *Wiesner* EWiR 1985, 933 (934); E. *Vetter* in Marsch-Barner/Schäfer Börsennotierte AG-HdB Rn. 25.61.
[104] Hüffer/Koch/*Koch* Rn. 11; *Werner* WuB II. A. § 103 Abs. 3 AktG 1.86.
[105] AG München ZIP 1985, 1139 = WM 1986, 974; zust. *Wiesner* EWiR 1985, 631 (632).

kratischen Legitimation gegenüber der Belegschaft (→ § 116 Rn. 104, 113). Lediglich dann, wenn das Aufsichtsratsmitglied kein Mittel mehr sieht, um einem rechtswidrigen Verhalten des Vorstands oder des Aufsichtsrats zu begegnen, kann es ihm in besonders gelagerten Ausnahmefällen gestattet sein, sich unmittelbar an die Öffentlichkeit oder an Aufsichtsbehörden zu wenden (ultima ratio) (→ § 116 Rn. 116).

Aber auch **andere Pflichtverletzungen** können einen wichtigen Grund darstellen, um das Aufsichtsratsmitglied abzuberufen, etwa wenn es sich hinter dem Rücken des Vorstands Informationen von Repräsentanten der Muttergesellschaft besorgt,[106] bei Überwachungsdefiziten,[107] das Vertrauensverhältnis zwischen den Organen oder die Zusammenarbeit im Aufsichtsrat durch intrigantes Verhalten zerstört,[108] Kontrollbefugnisse die dem gesamten Aufsichtsrat obliegen, an sich reißt[109] und somit eine schwerwiegende Kompetenzüberschreitung begeht,[110] seine Organpflichten nachhaltig verletzt, zB unentschuldigt Sitzungen fernbleibt[111] oder sich an rechtswidrigen Streiks beteiligt.[112]

Ein wichtiger Grund ist in aller Regel gegeben, wenn das Aufsichtsratsmitglied dauerhaft einer **Pflichtenkollision** unterliegt. Eine solche Pflichtenkollision ist etwa angenommen worden, wenn ein Aufsichtsratsmitglied als Vertreter einer Aufsichtsbehörde eine Änderung des Unternehmensgegenstands auf politischer Ebene (Ausstieg aus der Kernenergie bei einem Stromunternehmen) zu erreichen sucht.[113] In die Kategorie der Pflichtenkollision gehört auch die heftig umstrittene Frage, ob im Aufsichtsrat Wettbewerber vertreten sein dürfen – allerdings handelt es sich letztlich nicht um die Konkretisierung des „wichtigen Grundes" auf Grund einer einmaligen oder wiederholten Pflichtverletzung, sondern um das grundlegende Problem, ob dauerhafte Pflichtenkollisionen, die in der Person des Aufsichtsratsmitglieds und nicht in seinem Verhalten begründet sind, von vornherein ein Aufsichtsratsmandat verhindern. Diese Frage ist im Rahmen der Befähigung zum Aufsichtsratsamt zu behandeln (→ § 100 Rn. 39 f., → § 100 Rn. 65). Demnach führt die **Tätigkeit im Aufsichtsrat eines Konkurrenzunternehmens** nicht zu einer unlösbaren Pflichtenkollision. Das Aufsichtsratsmitglied kann und muss vielmehr seinen Pflichten dadurch gerecht werden, dass es den anderen Aufsichtsratsmitgliedern das in dem Konkurrenzunternehmen gewonnene Wissen verschweigt.[114] Diese Bewertung muss dann aber im Rahmen der Frage, ob ein wichtiger Grund vorliegt, ebenso gelten. Folgerichtig kann die Tätigkeit im Konkurrenzunternehmen allein nicht dazu führen, dass ein wichtiger Grund zur Abberufung vorliegt.[115] Anderenfalls würde dem Aufsichtsratsmitglied jede Möglichkeit genommen, sich korrekt zu verhalten. Die Tätigkeit im Aufsichtsrat eines Konkurrenzunternehmens begründet immer die abstrakte Gefahr, dass das Aufsichtsratsmitglied sich nicht an seine Verschwiegenheitspflicht

---

[106] OLG Zweibrücken AG 1991, 70; AG Pirmasens WM 1990, 1387 (1388); zust. *Theisen* AG 1993, 49 (57); aA aber *Altmeppen* EWiR 1990, 631 (632).
[107] *Wagner/Spemann* NZG 2015, 945 (947).
[108] *Säcker* NJW 1986, 803 (811); zust. MüKoAktG/*Habersack* Rn. 41; Bürgers/Körber/*Israel* Rn. 12; ähnlich Großkomm AktG/*Hopt/Roth* Rn. 66, die einen wichtigen Grund annehmen, wenn die Kooperationsbasis mit dem betreffenden Aufsichtsratsmitglied so schwer und nachhaltig gestört ist, dass eine sachliche Zusammenarbeit nicht mehr erwartet werden kann.
[109] OLG Frankfurt a. M. ZIP 2008, 1382.
[110] *Leyendecker/Langner* NZG 2012, 721 (722); *Munzig* FGPrax 2011, 211 (214).
[111] MüKoAktG/*Habersack* Rn. 41; s. auch *Bender* DB 1994, 1965 (1965); einen „insgesamt [...] (offensichtlich) krass unzureichenden zeitlichen Einsatz" fordernd *Rubner/Fischer* NZG 2015, 782 (787).
[112] *Gaumann/Schafft* DB 2000, 1514 (1518); *Mertens* AG 1977, 306 (318); RVJ/*Raiser* MitbestG § 25 Rn. 141 ff.; MüKoAktG/*Habersack* Rn. 41; *Lutter/Krieger/Verse* Rechte und Pflichten des Aufsichtsrats Rn. 933; ebenso *Ruzik* NZG 2004, 455 (458 f.) für den Fall der Streikinitiierung und -leitung; weitergehend Großkomm AktG/*Hopt/Roth* § 100 Rn. 160, die wohl auch in der organisatorischen Beteiligung an einem rechtmäßigen Streik einen Abberufungsgrund sehen.
[113] OLG Hamburg WM 1990, 311 = AG 1990, 218; ebenso die Vorinstanz LG Hamburg WM 1989, 1934; zust. Großkomm AktG/*Hopt/Roth* Rn. 66; s. auch *Fervers* WuB II A. § 103 AktG 1.90; Hüffer/Koch/*Koch* Rn. 11; Kölner Komm AktG/*Mertens/Cahn* Rn. 34; mit anderer Begr. auch *Hirte* EWiR 1990, 115 f. und *Decher* ZIP 1990, 277 (282 ff.).
[114] AA *Semler/Stengel* NZG 2003, 1 (6) speziell zu § 103 Abs. 3, die meinen, dass ein Aufsichtsratsmitglied, das auf Grund seiner Mitgliedschaft in der Verwaltung eines Wettbewerbers über sensibles Wissen verfügt, sein Aufsichtsratsmandat nicht unvoreingenommen ausüben könne; so auch *Jehner*, Zur gerichtlichen Abberufung eines Aufsichtsratsmitglieds nach § 103 Abs. 3 Aktiengesetz, 1992, 93 (95); *Krebs* Interessenkonflikte bei Aufsichtsratsmandaten in der Aktiengesellschaft, 2002, 271 f.; zum Diskussionsstand: K. Schmidt/Lutter/*Drygala* Rn. 17.
[115] Großkomm AktG/*Hopt/Roth* Rn. 59; Kölner Komm AktG/*Mertens/Cahn* Rn. 35; *E. Vetter* in Marsch-Barner/Schäfer Börsennotierte AG-HdB Rn. 25.62; *Decher* ZIP 1990, 277 (282); *Dreher* JZ 1990, 896 (898 f.); aA *Semler/Stengel* NZG 2003, 1 (6); MüKoAktG/*Habersack* Rn. 42; *Jehner*, Zur gerichtlichen Abberufung eines Aufsichtsratsmitglieds nach § 103 Abs. 3 Aktiengesetz, 1992, 97; *Krebs*, Interessenkonflikte bei Aufsichtsratsmandaten in der Aktiengesellschaft, 2002, 299 ff., allerdings alle beschränkt auf eine Konkurrenz im Kernbereich der Geschäftstätigkeit des Unternehmens.

hält. Bei der Abberufung aus wichtigem Grund stellt sich dabei das besondere Problem, dass es für die jeweilige Gesellschaft sehr schwierig sein wird nachzuprüfen, ob das Aufsichtsratsmitglied bei seiner Tätigkeit in dem Konkurrenzunternehmen die Verschwiegenheitspflicht beachtet, denn gerade auf Grund der Verschwiegenheitspflicht darf über die Beratungen des Aufsichtsrats nichts nach außen dringen. Deshalb wird man es in diesem Fall für die Abberufung aus wichtigem Grund für ausreichend erachten können, wenn sich **konkrete Anhaltspunkte** dafür ergeben, dass sich das Aufsichtsratsmitglied bei der Amtsausübung nicht allein vom Gesellschaftsinteresse leiten lässt, zB die konkrete Gefahr einer Verletzung der Verschwiegenheitspflicht besteht.[116] Ein solch konkreter Anlass kann sich beispielsweise daraus ergeben, dass das Aufsichtsratsmitglied im Aufsichtsrat Wissen aus dem Konkurrenzunternehmen preisgibt, denn in diesem Fall besteht die Gefahr, dass es bei dem Konkurrenzunternehmen in gleicher Weise verfährt.[117] Diese Beurteilung ist zur Wahrung der vertrauensvollen Zusammenarbeit im Aufsichtsrat geboten, denn dazu müssen sich die Aufsichtsratsmitglieder darauf verlassen können, dass die Verschwiegenheit gewahrt wird. Erst recht ist ein wichtiger Grund zur Abberufung gegeben, wenn sich (nachweisbare) Verschwiegenheitspflichtverletzungen auf Grund der Interessenkollision ergeben.[118] Gleiches gilt, wenn das Aufsichtsratsmitglied seine Tätigkeit bei einem Konkurrenzunternehmen von Anfang an verschwiegen hat.[119]

37 Ein weiterer möglicher Abberufungsgrund lässt sich aus Ziff. 5.4.1 DKGK herleiten. Dieser empfiehlt eine bestimmte **Altersgrenze** für Aufsichtsratsmitglieder und deren Amtsausübung festzulegen. Daraus ergibt sich, spiegelbildlich zur Bestellung, ein Spannungsverhältnis zu dem in § 7 AGG enthaltenem Benachteiligungsverbot. Das AGG findet gem. § 6 Abs. 3 AGG auch auf Aufsichtsratsmitglieder Anwendung.[120] Allerdings betreffen die Antidiskriminierungsregelungen grundsätzlich allein den Zugang zum Amt nicht jedoch das satzungsmäßig festgelegte Ausscheiden aus Altersgründen bzw. die in Rede stehende Abberufung.[121] Dies wiederum führt zum absurden Ergebnis, dass die Festlegung einer Altersgrenze für den Zugang möglicherweise gegen AGG verstoßen würde und daher unzulässig, eine Abberufung jedoch zulässig wäre, da der Anwendungsbereich des AGG nicht eröffnet ist. Dies könnte praktisch zu einem widersinnigen „Hin-und-Her" zwischen Bestellung und Abberufung führen, was so vom Gesetzgeber aus Gründen der Rechtssicherheit nicht gewollt sein kann.[122] Da der Gesetzgeber selbst in § 10 S. 3 Nr. 5 AGG (Renteneintrittsalter) bzw. § 10 S. 3 Nr. 3 AGG (Höchstalter) eine Rechtfertigung der Altersbenachteiligung vorsieht, spricht vieles dafür, der Abberufung aus Altersgründen und entsprechenden allgemeinen Regelungen den Vorrang einzuräumen. Nur so verbleibt der Gesellschaft zudem die Möglichkeit, eine ausgewogene Altersstruktur zu schaffen.

38 Der Aufsichtsrat genießt bei der Frage, ob ein wichtiger Grund vorliegt, wie im Rahmen von § 84[123] **keinen Beurteilungsspielraum**, ebenso wenig die qualifizierte Minderheit im Fall eines entsandten Aufsichtsratsmitglieds; der wichtige Grund ist als unbestimmter Rechtsbegriff **im vollem Umfang gerichtlich nachprüfbar**.[124] Denn das Aufsichtsratsmitglied hat nicht zuletzt auch im Hinblick auf seine mögliche Haftung ein Interesse daran, dass nur bei tatsächlich gewichtigen Gründen seine Organstellung beendet werden kann, zumal sonst eine Aufsichtsratsmehrheit ihr missliebige Mitglieder einfacher entfernen könnte. Liegt ein wichtiger Grund vor, obliegt es auf einer zweiten Stufe dem **pflichtgemäßen Ermessen des Aufsichtsrats**, ob ein Antrag auf Abberufung gestellt wird. Aus gewichtigen Gründen des Unternehmenswohls kann er – wie in Fällen der Anspruchsverfolgung gegen den Vorstand – von der Stellung eines Antrags absehen. Bei gravierenden Pflichtverletzungen wird aber eine **Abberufungspflicht** anzunehmen sein.[125]

39 U.a. durch das FMVAStärkG[126] wurden der BaFin im Zuge der Finanzkrise[127] für den Bereich der **Banken und Versicherungen** besondere Befugnisse eingeräumt. So kann die BaFin gem. § 36

---

[116] Ebenso Kölner Komm AktG/*Mertens/Cahn* Rn. 35; Großkomm AktG/*Hopt/Roth* Rn. 59; Hüffer/Koch/*Koch* Rn. 13b.
[117] Beispiel von *Lutter* ZHR 145 (1981), 224 (234).
[118] *Semler/Stengel* NZG 2003, 1 (6); *Lutter* FS Beusch, 1993, 509 (512 ff.); Kölner Komm AktG/*Mertens/Cahn* Rn. 35.
[119] *Kübler* FS Claussen, 1997, 239 (248 f.); Großkomm AktG/*Hopt/Roth* Rn. 59 f.; K. Schmidt/Lutter/*Drygala* Rn. 17.
[120] *Lutter* BB 2007, 725 (730); *Eckert* DStR 2006, 1987 (1988).
[121] So auch *Willemsen/Schweibert* NJW 2006, 2583 (2584), die eine andere Auffassung als nicht vertretbar bezeichnen; *Lutter* BB 2007, 725 (728, 730); *Eckert* DStR 2006, 1987 (1988); ferner auch *Bauer/Göpfert/Krieger* DB 2005, 595 (596 f.) zur Antidiskriminierungsrichtlinie.
[122] Wie hier *Lutter* BB 2007, 725 (728, 729).
[123] Vgl. MüKoAktG/*Spindler* § 84 Rn. 127 mwN.
[124] Großkomm AktG/*Hopt/Roth* Rn. 56.
[125] *Tielmann/Struck* DStR 2013, 1191 (1192).
[126] Gesetz zur Stärkung der Finanzmarkt- und der Versicherungsaufsicht (FMVAStärkG) vom 29.7.2009, BGBl. 2009 I 2305; K. Schmidt/Lutter/*Drygala* Rn. 20.
[127] *Gach* FS Bauer, 2010, 327 (333).

Abs. 3 S. 1 Nr. 1, 2 KWG, § 24 Abs. 1 VAG (§ 7a Abs. 4 VAG-aF) im Falle der Unzuverlässigkeit oder nicht ausreichenden Qualifikation die Abberufung von Aufsichtsratsmitgliedern verlangen. Auch in den Weiteren in § 36 Abs. 3 S. 1 KWG aufgelisteten Fällen, wie zB wenn das Aufsichtsratsmitglied wesentliche Verstöße des Unternehmens gegen die Grundsätze einer ordnungsgemäßen Geschäftsführung wegen sorgfaltswidriger Ausübung seiner Überwachungs- und Kontrollfunktion verborgen geblieben sind und das sorgfaltswidrige Verhalten trotz Verwarnung fortgesetzt wird (§ 36 Abs. 3 S. 1 Nr. 4 KWG), steht der BaFin dieses Recht zu. Grundsätzlich kann verlangt werden, dass die Gesellschaft selbst einen Abberufungsantrag stellt, kommt diese dem jedoch nicht nach, ist eine Stellung des Antrags durch die BaFin selbst vor Gericht möglich.[128] Die Begründetheit des Antrags ist durch das Vorliegen der in § 36 Abs. 3 S. 1 KWG genannten Voraussetzungen indiziert.[129]

4. Verfahren. Zuständig ist das Amtsgericht, in dessen Bezirk das Landgericht seinen Sitz hat, 40 wiederum für den Landgerichtsbezirk, in dem die Gesellschaft ihren Sitz hat (§ 23a Abs. 1 Nr. 2 GVG, § 376 Abs. 1 FamFG iVm § 375 Nr. 3 FamFG, § 377 Abs. 1 FamFG). Das Amtsgericht entscheidet durch den Richter (§ 17 Nr. 2a RPflG, § 375 Nr. 3 FamFG) über den Abberufungsantrag. Die Organmitgliedschaft des Aufsichtsratsmitglieds wird mit rechtskräftigem, gestaltendem Beschluss beendet, der Wechsel im Aufsichtsrat ist vom Vorstand nach § 106 unverzüglich bekannt zu geben.

Das Gericht wird im **Verfahren der freiwilligen Gerichtsbarkeit** tätig und ermittelt von Amts 41 wegen gem. § 26 FamFG. Beteiligte des Verfahrens sind der Antragsteller, also der Aufsichtsrat bzw. (im Fall der Abberufung eines entsandten Mitglieds) die Aktionäre, sowie das abzuberufende Aufsichtsratsmitglied als Antragsgegner. Der Aufsichtsrat kann sich durch seinen Vorsitzenden oder einen anderen Bevollmächtigten vertreten lassen.[130] Die Gesellschaft[131] ist ebenso wenig wie der Vorstand[132] am Verfahren beteiligt. Die Kosten des Verfahrens tragen die Beteiligten selbst, die beantragenden Aufsichtsratsmitglieder können jedoch bei der Gesellschaft Regress nehmen, da sie in deren Interesse gehandelt haben.[133]

Die Entscheidung ergeht im Wege des Beschlusses (§ 38 FamFG). Mit dem Gesetz über das 42 Verfahren in Familiensachen und in den Angelegenheiten der freiwilligen Gerichtsbarkeit (FamFG)[134] wurde das Rechtsmittelverfahren völlig neu strukturiert. Der Beschluss ist nun mit der **Beschwerde** zum Beschlussgericht, das die Beschwerde im Falle der Nichtabhilfe dem Oberlandesgericht als Beschwerdegericht vorlegt, angreifbar (§ 103 Abs. 3 S. 3 AktG, §§ 58 ff. FamFG iVm § 119 Abs. 1 Nr. 1 lit. b GVG). Die Beschwerde ist binnen Monatsfrist ab Bekanntgabe an den Beschwerdeberechtigten einzulegen.[135] Die Statthaftigkeit der Rechtsbeschwerde zum BGH ist abhängig von einer Zulassung in dem Beschwerdebeschluss des OLG (§ 70 Abs. 1 und 2 FamFG, § 133 GVG) – früher: weitere Beschwerde zum Oberlandesgericht zulassungsunabhängig, §§ 27 ff. FGG. Hat der Aufsichtsrat seinen Vorsitzenden zum Verfahrensbevollmächtigten ernannt, kann dieser auch ohne besondere Ermächtigung zur Einlegung von Rechtsmitteln die Beschwerde erheben.[136] Grundsätzlich hat die Beschwerde keine Suspensivwirkung (vgl. § 40 Abs. 1 FamFG, aber auch § 64 Abs. 3 FamFG); das hat zur Folge, dass das abberufene Aufsichtsratsmitglied mit Bekanntgabe der Entscheidung der ersten Instanz, nicht erst mit Eintritt der formellen Rechtskraft, sein Amt verliert, welches aber durch eine anders lautende Entscheidung des Beschwerdegerichts wieder hergestellt werden kann.[137] Unterliegt das Aufsichtsratsmitglied mit seiner Beschwerde, kann es in einem späteren Verfahren auf Grund Präklusionswirkung infolge materieller Rechtskraft keine Tatsachen mehr vorbringen, die in diesem Verfahren hätten geltend gemacht werden können.[138] Obsiegt das Aufsichts-

---

[128] *Lehrl* BKR 2010, 485 (486); K. Schmidt/Lutter/*Drygala* Rn. 20; *Brandi/Gieseler* NZG 2012, 1321 (1322).
[129] K. Schmidt/Lutter/*Drygala* Rn. 20.
[130] MüKoAktG/*Habersack* Rn. 44; Großkomm AktG/*Hopt/Roth* Rn. 73.
[131] Großkomm AktG/*Hopt/Roth* Rn. 73; MüKoAktG/*Habersack* Rn. 44; aA Kölner Komm AktG/*Mertens/Cahn* Rn. 39; K. Schmidt/Lutter/*Drygala* Rn. 22.
[132] Großkomm AktG/*Hopt/Roth* Rn. 73; Kölner Komm AktG/*Mertens/Cahn* Rn. 39; MüKoAktG/*Habersack* Rn. 44; K. Schmidt/Lutter/*Drygala* Rn. 22; Bürgers/Körber/*Israel* Rn. 13.
[133] Großkomm AktG/*Hopt/Roth* Rn. 74; MüKoAktG/*Habersack* Rn. 45.
[134] Eingeführt durch FGG-RG v. 22.12.2008, BGBl. 2008 I 2586 ff.
[135] Keidel/*Sternal* FamFG § 63 Rn. 20; *Bumiller/Harders/Schwab* FamFG § 63 Rn. 4; Prütting/Helms/*Abramenko* FamFG § 63 Rn. 3; *Jänig/Leißring* ZIP 2010, 110 (117).
[136] Kölner Komm AktG/*Mertens/Cahn* Rn. 41; Großkomm AktG/*Hopt/Roth* Rn. 75; MüKoAktG/*Habersack* Rn. 46.
[137] BayObLG AG 2003, 427 (428) = BayObLGZ 2003, 89; Keidel/*Sternal* FamFG § 64 Rn. 57; Keidel/Meyer-Holz FamFG § 40 Rn. 17; Prütting/Helms/*Abramenko* FamFG § 40 Rn. 8; *Hoffmann/Kirchhoff* FS Beusch, 1993, 377 (386 ff.); Großkomm AktG/*Hopt/Roth* Rn. 76; MüKoAktG/*Habersack* Rn. 46 f.; Kölner Komm AktG/*Mertens/Cahn* Rn. 42.
[138] Kölner Komm AktG/*Mertens/Cahn* Rn. 44.

ratsmitglied in der Beschwerdeinstanz, stellt sich die Frage, ob der Beschluss des Rechtsmittelgerichts Rückwirkung entfaltet[139] oder nur ex nunc wirkt.[140] Zwar muss das Aufsichtsratsmitglied grundsätzlich so behandelt werden, als wenn nie eine Abberufung stattgefunden hätte, da diese rechtswidrig erfolgte; doch wären alle Beschlüsse des Aufsichtsrats, die mit dem zu Unrecht neu besetzten Aufsichtsratsmandat gefasst wurden, potenziell unwirksam, so dass eine erhebliche Rechtsunsicherheit einträte.[141] Ob das Aufsichtsratsmitglied seinen Sitz im Aufsichtsrat wieder erlangen kann, hängt davon ab, ob und auf welche Weise das Mandat neu besetzt wurde, denn eine Besetzung während des schwebenden Verfahrens ist mangels gegenteiliger einstweiliger Anordnung des Beschwerdegerichts (→ Rn. 40) zulässig.[142] Rückte für das Aufsichtsratsmitglied ein zuvor bestelltes Ersatzmitglied in den Aufsichtsrat nach, entfällt der Rechtsgrund für das Ersatzmitglied mit der rechtskräftigen Abweisung des Abberufungsantrags, so dass das Aufsichtsratsmitglied wieder seinen Platz einnehmen kann.[143] Bei einer Wahl eines neuen Aufsichtsratsmitglieds dagegen kann das frühere Mitglied das Mandat nicht mehr beanspruchen, da das neue Aufsichtsratsmitglied ordnungsgemäß gewählt und der Aufsichtsrat vollständig besetzt ist. Die Neubesetzung des Mandats hat die Erledigung der Hauptsache zur Folge, so dass die Beschwerde für unzulässig zu erklären ist.[144]

43 Um die Schaffung vollendeter Tatsachen zu verhindern, kann das abzuberufende Aufsichtsratsmitglied aber auch beim Beschwerdegericht eine **einstweilige Anordnung** gegen die Neuwahl beantragen (§ 64 Abs. 3 FamFG).[145] Ein Verbot der Neuwahl bedeutet keine unzulässige Beschränkung des Stimmrechts der Hauptversammlung oder des Wahlorgans der Arbeitnehmer,[146] da keine endgültige Regelung der Stimmrechtsausübung eintritt und sonst kein effektiver Rechtsschutz für das schutzlose Aufsichtsratsmitglied gewährleistet werden könnte. Antragsgegner sind die jeweiligen Bestellungsberechtigten (Hauptversammlung, Entsendungsberechtigter oder Wahlorgan der Arbeitnehmer).

VI. Mitbestimmungsrechtliche Vorschriften (Abs. 4)

44 Arbeitnehmervertreter im Aufsichtsrat, die nicht von der Hauptversammlung frei gewählt oder auf Grund einer Satzungsregelung entsandt wurden, können nur aus wichtigem Grund auf Antrag des Aufsichtsrats (§ 103 Abs. 3 S. 1, 2, Abs. 4) oder durch die zur Wahl Berechtigten nach den jeweiligen mitbestimmungsrechtlichen Sonderregelungen abberufen werden, wie § 23 MitbestG, § 11 MontanMitbestG, § 10m MontanMitbestErgG sowie § 12 DrittelbG (zuvor § 76 Abs. 5 BetrVG 1952).

45 1. § 23 MitbestG. Das Abberufungsverfahren nach § 23 MitbestG ist **Spiegelbild des Wahlverfahrens**[147] und wird durch die Ausführungsbestimmungen in den Wahlordnungen ergänzt.[148] Nach § 23 Abs. 1 S. 1 MitbestG bedarf es dafür eines **Antrags.** Die Antragsberechtigung nach § 23 Abs. 1 S. 2 MitbestG folgt dabei – entsprechend dem Grundsatz, dass das Abberufungsverfahren Spiegelbild des Wahlverfahrens ist – der Vorschlagsberechtigung für die Wahl nach § 15 Abs. 2, § 16 MitbestG. Diese Festlegung der Antragsberechtigung ist zwingend,[149] so dass ein Aufsichtsratsmitglied der Arbeitnehmer nur auf Antrag der Arbeitnehmer (Nr. 1), ein Aufsichtsratsmitglied der leitenden Angestellten nur auf Antrag der leitenden Angestellten (Nr. 2) und der Gewerkschaftsvertreter nur auf Antrag der Gewerkschaft, die das Mitglied vorgeschlagen hat (Nr. 3), abberufen werden kann.[150]

---

[139] Hierfür grundsätzlich Kölner Komm AktG/*Mertens/Cahn* Rn. 43.
[140] So *Hoffmann/Kirchhoff* FS Beusch, 1993, 377 (387); zust. MüKoAktG/*Habersack* Rn. 48.
[141] Zutr. *Hoffmann/Kirchhoff* FS Beusch, 1993, 377 (387); MüKoAktG/*Habersack* Rn. 48.
[142] OLG Köln DB 1988, 2628; *Winkler* EWiR 1989, 167 (168); Kölner Komm AktG/*Mertens/Cahn* Rn. 43; Großkomm AktG/*Hopt/Roth* Rn. 76; MüKoAktG/*Habersack* Rn. 47.
[143] MüKoAktG/*Habersack* Rn. 47; aA Kölner Komm AktG/*Mertens/Cahn* Rn. 43; Großkomm AktG/*Hopt/Roth* Rn. 76.
[144] OLG Köln DB 1988, 2628; *Winkler* EWiR 1989, 167 (168); Großkomm AktG/*Hopt/Roth* Rn. 76; MüKoAktG/*Habersack* Rn. 48.
[145] Prütting/Helms/*Abramenko* FamFG § 64 Rn. 20; vgl. noch zur alten Rechtslage (§ 24 Abs. 3 FGG): OLG Köln DB 1988, 2628 (2629); Kölner Komm AktG/*Mertens/Cahn* Rn. 43; MüKoAktG/*Habersack* Rn. 47; aA *Hoffmann/Kirchhoff* FS Beusch, 1993, 377 (389) wegen möglichen Verlustes des stimmenmäßigen Übergewichts der Anteilseigner in mitbestimmten Gesellschaften.
[146] So aber *Hoffmann/Kirchhoff* FS Beusch, 1993, 377 (389).
[147] MüKoAktG/*Gach* MitbestG § 23 Rn. 6; UHH/*Henssler* MitbestG § 23 Rn. 3; Großkomm AktG/*Oetker* MitbestG § 23 Rn. 9; RVJ/*Raiser* MitbestG § 23 Rn. 5; MHdB ArbR/*Wißmann* 280 Rn. 43.
[148] S. §§ 82–91 1. WOMitbestG; §§ 88–97, 108–113 2. und 3. WOMitbestG; BGBl. 2002 I 1682 ff. (1708 ff., 1741 ff.).
[149] MüKoAktG/*Gach* MitbestG § 23 Rn. 7; Großkomm AktG/*Oetker* MitbestG § 23 Rn. 6; RVJ/*Raiser* MitbestG § 23 Rn. 3.
[150] MüKoAktG/*Gach* MitbestG § 23 Rn. 7; Großkomm AktG/*Oetker* MitbestG § 23 Rn. 6; RVJ/*Raiser* MitbestG § 23 Rn. 4.

Für den Antrag ist ebenso wie für die Abberufung durch die Hauptversammlung nach § 103 Abs. 1 kein sachlicher Grund erforderlich.[151] Stattdessen ist aber nach Nr. 1 und 2 eine Dreiviertelmehrheit notwendig, für die anders als nach § 103 Abs. 1 auch keine Öffnungsklausel vorgesehen ist, so dass die Mehrheit nach § 23 Abs. 1 S. 2 Nr. 1 und 2 MitbestG zwingend auf drei Viertel festgelegt ist.[152] Der Antrag auf Abberufung ist je nach Geltungsbereich der Wahlordnungen beim Betriebsrat bzw. beim Gesamt- oder Konzernbetriebsrat zu stellen, § 82 Abs. 1 WOMitbestG, § 88 Abs. 1 WOMitbestG. Danach wird gem. § 82 Abs. 2 WOMitbestG, § 88 Abs. 1 WOMitbestG, § 89 Abs. 1 WOMitbestG der Betriebs-, Unternehmens- bzw. Hauptwahlvorstand gebildet, sofern die Voraussetzungen für die Antragsberechtigung nicht offensichtlich fehlen.

Wenn der Antrag den gesetzlichen Anforderungen genügt, was der jeweilige Wahlvorstand nach §§ 84 Abs. 1 S. 1 WOMitbestG, § 89 Abs. 1 S. 1 WOMitbestG zu überprüfen hat, muss über ihn **Beschluss** gefasst werden. Entsprechend dem Grundsatz, dass das Abberufungsverfahren das Spiegelbild des Wahlverfahrens ist, unterscheidet § 23 Abs. 2 und 3 MitbestG danach, ob das abzuberufende Aufsichtsratsmitglied durch Delegierte oder unmittelbar durch die Arbeitnehmer gewählt wurde.[153] Ein **durch Delegierte** gewähltes Aufsichtsratsmitglied muss gem. § 23 Abs. 2 MitbestG durch Beschluss der Delegierten abberufen werden. Das ist problematisch, wenn einer oder mehrere Delegierte nicht mehr amtieren, also insbesondere im Falle des § 13 Abs. 2 MitbestG. Hierfür wird teilweise vertreten, dass die Abberufung auch in diesem Fall unmittelbar durch die Arbeitnehmer erfolgen müsse.[154] Dagegen spricht jedoch, dass dies mit dem Grundsatz der Spiegelbildlichkeit des Abberufungsverfahrens zum Wahlverfahren nicht vereinbar ist.[155] Nach anderer Auffassung soll eine Nachwahl der Delegierten erfolgen.[156] Damit würde das Abberufungsverfahren aber unnötig erschwert.[157] Vielmehr ist § 23 Abs. 2 MitbestG in diesem Fall als lex specialis anzusehen und den Delegierten für den Fall eines Abberufungsantrages trotz der Amtsbeendigung ein Restmandat zuzusprechen.[158] Nur im Falle des § 13 Abs. 4 MitbestG ist in dem jeweiligen Betrieb eine neue Wahl der Delegierten vorzunehmen,[159] denn einem Delegierten, der die Voraussetzungen des § 14 Abs. 1 MitbestG nicht mehr erfüllt, ist kein Restmandat zuzubilligen.[160] Ebenso wenig ist es hinnehmbar, eine nicht mehr vollständig besetzte Delegiertenversammlung amtieren zu lassen. Wurde das Aufsichtsratsmitglied **unmittelbar durch die Arbeitnehmer** gewählt, ist gem. § 23 Abs. 3 MitbestG ein Beschluss der wahlberechtigten Arbeitnehmer zur Abberufung erforderlich. Gem. § 23 Abs. 2 S. 2, Abs. 3 S. 2 MitbestG muss der Beschluss jeweils in geheimer Abstimmung erfolgen und bedarf einer Mehrheit von drei Vierteln der abgegebenen Stimmen. Es zählen nur die gültigen Stimmen, eine Mindestbeteiligung an der Abstimmung ist nicht notwendig.[161] Die Einzelheiten zu beiden Verfahren sind in den Wahlordnungen näher dargelegt.[162]

Die **Amtsbeendigung** tritt mit Bekanntgabe des Beschlusses durch den jeweiligen Wahlvorstand an das Aufsichtsratsmitglied ein.[163] Die Abberufung kann zwar analog § 22 MitbestG angefochten werden.[164] Diese Anfechtung kann aber nur für die Zukunft Wirkung entfalten,[165] wie das für § 22

---

[151] MüKoAktG/*Gach* MitbestG § 23 Rn. 6; Großkomm AktG/*Oetker* MitbestG § 23 Rn. 4; UHH/*Henssler* MitbestG § 23 Rn. 1.
[152] MüKoAktG/*Gach* MitbestG § 23 Rn. 7; Großkomm AktG/*Oetker* MitbestG § 23 Rn. 7; RVJ/*Raiser* MitbestG § 23 Rn. 3.
[153] UHH/*Henssler* MitbestG § 23 Rn. 19.
[154] GK-MitbestG/*Matthes* MitbestG § 23 Rn. 53.
[155] MüKoAktG/*Gach* MitbestG § 23 Rn. 11; Großkomm AktG/*Oetker* MitbestG § 23 Rn. 11; aA auch hier GK-MitbestG/*Matthes* MitbestG § 23 Rn. 51.
[156] So noch *Fitting/Wlotzke/Wißmann*, 2. Aufl. 1978, MitbestG § 23 Rn. 18, die diese Auffassung in den neueren Auflagen WKS/*Wißmann* MitbestG § 23 Rn. 22 ausdrücklich aufgeben und nunmehr von einem Restmandat der Delegierten ausgehen.
[157] MüKoAktG/*Gach* MitbestG § 23 Rn. 11; Großkomm AktG/*Oetker* MitbestG § 23 Rn. 11.
[158] So auch MüKoAktG/*Gach* MitbestG § 23 Rn. 11; Großkomm AktG/*Oetker* MitbestG § 23 Rn. 11; UHH/*Henssler* MitbestG § 23 Rn. 19.
[159] MüKoAktG/*Gach* MitbestG § 13 Rn. 12; Großkomm AktG/*Oetker* MitbestG § 13 Rn. 6; RVJ/*Raiser* MitbestG § 13 Rn. 13; UHH/*Henssler* MitbestG § 13 Rn. 56; Kölner Komm AktG/*Mertens/Cahn* Anh. B § 117 MitbestG § 13 Rn. 6.
[160] Ebenso UHH/*Henssler* MitbestG § 23 Rn. 19.
[161] Großkomm AktG/*Oetker* MitbestG § 23 Rn. 10; RVJ/*Raiser* MitbestG § 23 Rn. 5; MHdB ArbR/*Wißmann* § 280 Rn. 43; UHH/*Henssler* MitbestG § 23 Rn. 21.
[162] S. §§ 86–90 1. WOMitbestG, §§ 92–96, 109–113 2. und 3. WOMitbestG.
[163] MüKoAktG/*Gach* MitbestG § 23 Rn. 13; Großkomm AktG/*Oetker* MitbestG § 23 Rn. 13; RVJ/*Raiser* MitbestG § 23 Rn. 6; UHH/*Henssler* MitbestG § 23 Rn. 25; MHdB ArbR/*Wißmann* § 280 Rn. 43.
[164] MüKoAktG/*Gach* MitbestG § 23 Rn. 15; Großkomm AktG/*Oetker* MitbestG § 23 MitbestG Rn. 13; Raiser/Veil/*Raiser* § 23 MitbestG Rn. 8; UHH/*Henssler* MitbestG § 23 Rn. 26; MHdB ArbR/*Wißmann* § 280 Rn. 43.
[165] So auch UHH/*Henssler* MitbestG § 23 Rn. 27.

MitbestG der ganz herrschenden Meinung entspricht.[166] Zuständig sind dafür nach § 2a Abs. 1 Nr. 3 ArbGG die Arbeitsgerichte.[167] Sofern vorhanden rückt dann das jeweilige Ersatzmitglied nach, andernfalls findet eine Nachwahl oder eine gerichtliche Ersatzbestellung nach § 104 AktG statt.[168]

48 Die Abberufung der nach § 17 MitbestG gewählten **Ersatzmitglieder** erfolgt gem. § 23 Abs. 4 MitbestG genauso.

49 2. § 11 MontanMitbestG. § 11 Abs. 1 MontanMitbestG regelt die Abberufung der Anteilseignervertreter im Aufsichtsrat. Die Verweisung auf § 103 Abs. 1 hat allerdings für Aktiengesellschaften keine eigenständige Bedeutung, sondern nur für die mitbestimmte GmbH.[169]

50 Auch für die Abberufung der **Arbeitnehmervertreter** ist nach § 11 Abs. 2 MontanMitbestG die Hauptversammlung zuständig, weil § 11 Abs. 2 MontanMitbestG auf § 11 Abs. 1 MontanMitbestG und damit auf § 103 Abs. 1 verweist.[170] Erforderlich ist demnach auch hier eine Dreiviertelmehrheit der abgegebenen Stimmen in der **Hauptversammlung.** Der Einflussbereich der bei der Wahl nach § 6 MontanMitbestG vorschlagsberechtigten Betriebsräte wird dadurch gesichert, dass auch die Abberufung nur auf ihren Vorschlag hin erfolgen darf, § 11 Abs. 2 S. 1 MontanMitbestG. Sofern bei der Wahl des Mitglieds den Spitzenorganisationen nach § 6 Abs. 3 MontanMitbestG oder § 4 MontanMitbestG ein **Vorschlagsrecht** gegenüber den Betriebsräten zustand, bedarf es für das Vorschlagsrecht der Betriebsräte zur Abberufung nach § 11 Abs. 2 S. 2 MontanMitbestG eines Antrags der Spitzenorganisation, die das Mitglied vorgeschlagen hat. Die Hauptversammlung kann also die Arbeitnehmervertreter nur abberufen, wenn ein entsprechender Vorschlag der Betriebsräte und gegebenenfalls auch ein Antrag der Spitzenorganisation vorliegen.[171] Es stellt sich allerdings die Frage, ob die Hauptversammlung dann an den Vorschlag gebunden ist, das Aufsichtsratsmitglied also abberufen muss, oder ob sie die Abberufung auch ablehnen kann. Nach einer Auffassung soll hier § 6 Abs. 6 MontanMitbestG analog angewendet werden, die Hauptversammlung also zur Abberufung verpflichtet sein.[172] Dagegen kann man zwar einwenden, dass eine entsprechende Regelung in § 11 MontanMitbestG gerade nicht aufgenommen wurde und dass deshalb das Aufsichtsratsmitglied im Amt bleiben müsse, wenn der Vorschlag in der Hauptversammlung keine entsprechende Mehrheit findet.[173] Allerdings würde damit den Arbeitnehmern die Möglichkeit genommen, ihre Vertreter aus dem Aufsichtsrat zu entfernen, wenn diese nicht mehr ihr Vertrauen genießen.[174] Man wird kaum annehmen können, dass der Gesetzgeber mit § 11 Abs. 2 MontanMitbestG den Anteilseignern die Möglichkeit geben wollte, insoweit über das Schicksal der Arbeitnehmervertreter zu entscheiden. Es erscheint deshalb überzeugender, § 6 Abs. 6 MontanMitbestG analog anzuwenden und so die Hauptversammlung auch bei der Abberufung an den Willen der durch die Arbeitnehmer legitimierten Betriebsräte zu binden.

51 Das sog. „**neutrale Mitglied**" kann nach § 11 Abs. 3 MontanMitbestG nur auf Antrag von drei Aufsichtsratsmitgliedern durch das Gericht aus wichtigem Grund abberufen werden. Der wichtige Grund ist dabei genauso zu bestimmen wie bei § 103 Abs. 3 (→ Rn. 33 ff.).[175] Anders als bei § 103 Abs. 3 ist allerdings kein Beschluss des Aufsichtsrats erforderlich, sondern es genügt ausweislich des Wortlauts der Antrag von drei Aufsichtsratsmitgliedern.[176] Mangels abweichender gesetzlicher Regelung erhöht sich diese Zahl auch nicht für den nach § 9 MontanMitbestG gebildeten größeren Aufsichtsrat.[177]

---

[166] MüKoAktG/*Gach* MitbestG § 22 Rn. 16; Großkomm AktG/*Oetker* MitbestG § 22 Rn. 12; RVJ/*Raiser* MitbestG § 22 MitbestG Rn. 19; UHH/*Henssler* MitbestG § 22 Rn. 18; Kölner Komm AktG/*Mertens*/*Cahn* Anh. B § 117 MitbestG § 22 Rn. 11.
[167] MüKoAktG/*Gach* MitbestG § 23 Rn. 14; RVJ/*Raiser* MitbestG § 23 Rn. 8.
[168] MüKoAktG/*Gach* MitbestG § 23 Rn. 13; Großkomm AktG/*Oetker* MitbestG § 23 Rn. 13; RVJ/*Raiser* MitbestG § 23 Rn. 6.
[169] Großkomm AktG/*Oetker* MontanMitbestG § 11 Rn. 1.
[170] Großkomm AktG/*Oetker* MontanMitbestG § 11 Rn. 2; Kölner Komm AktG/*Mertens*/*Cahn* Anh. C § 117 Rn. 26; MHdB ArbR/*Wißmann* § 283 Rn. 15.
[171] Großkomm AktG/*Oetker* MontanMitbestG § 11 Rn. 2; Kölner Komm AktG/*Mertens*/*Cahn* Anh. C § 117 Rn. 26; MHdB ArbR/*Wißmann* § 283 Rn. 15.
[172] Großkomm AktG/*Oetker* MontanMitbestG § 11 Rn. 2; MHdB ArbR/*Wißmann* § 283 Rn. 15.
[173] Baumbach/Hueck/*Zöllner*/*Noack* GmbHG § 52 Rn. 196; Kölner Komm AktG/*Mertens*/*Cahn* Anh. C § 117 Rn. 26; *Kötter* MontanMitbestG § 11 Anm. 5; *Müller*/*Lehmann* MontanMitbestG § 11 Rn. 7.
[174] Ähnlich Großkomm AktG/*Oetker* MontanMitbestG § 11 Rn. 2.
[175] Großkomm AktG/*Oetker* MontanMitbestG § 11 Rn. 3.
[176] Großkomm AktG/*Oetker* MontanMitbestG § 11 Rn. 3; Kölner Komm AktG/*Mertens*/*Cahn* Anh. C § 117 Rn. 26; MHdB ArbR/*Wißmann* § 283 Rn. 18.
[177] Großkomm AktG/*Oetker* MontanMitbestG § 11 Rn. 3; Kölner Komm AktG/*Mertens*/*Cahn* Anh. C § 117 Rn. 26; MHdB ArbR/*Wißmann* § 283 Rn. 18; *Müller*/*Lehmann* MontanMitbestG § 11 Rn. 13; aA *Kötter* MontanMitbestG § 11 Anm. 6.

Abberufung der Aufsichtsratsmitglieder   52–55 § 103

Zuständig ist dafür nicht das Oberlandesgericht sondern das Registergericht; § 8 Abs. 3 S. 4 MontanMitbestG gilt nicht analog.[178]

3. § 10m MontanMitbestErgG. Die Vorschrift entspricht § 23 MitbestG, sodass auf die dortigen 52 Ausführungen verwiesen werden kann (→ Rn. 45 ff.). Lediglich ein Antragsrecht für die leitenden Angestellten fehlt, weil für diese bei der Wahl, anders als nach § 15 Abs. 2 S. 2 Nr. 2 MitbestG, wegen § 10 Abs. 1, § 10d Abs. 2 MontanMitbestErgG auch kein Vorschlagsrecht besteht.

4. § 12 DrittelbG. Wie § 23 MitbestG unterscheidet § 12 DrittelbG zwischen Antrag und Abbe- 53 fungsbeschluss. Die **Antragsberechtigung** ist in § 12 Abs. 1 S. 1 DrittelbG abschließend festgelegt.[179] Demnach sind ein Betriebsrat oder ein Fünftel der Wahlberechtigten antragsberechtigt. Für die Vorgängervorschrift des § 76 Abs. 5 S. 1 BetrVG 1952 war umstritten, ob ein einzelner **Betriebsrat** nur dann antragsberechtigt sein sollte, wenn er die Mehrheit der Wahlberechtigten repräsentiert.[180] Aufgrund des umformulierten Wortlauts („Antrag eines Betriebsrats" statt „Antrag der Betriebsräte" in § 76 Abs. 5 S. 1 BetrVG 1952) ist diese Auffassung allerdings überholt; für eine Einschränkung der Antragsberechtigung auf einen Betriebsrat, der die Mehrheit der Wahlberechtigten repräsentiert, bietet der Wortlaut keinen Anhaltspunkt mehr, so dass jetzt jeder Betriebsrat antragsberechtigt sein muss. Umstritten war auch, ob der Gesamt- oder Konzernbetriebsrat antragsberechtigt sein sollte.[181] Mit der Neufassung hat der Gesetzgeber jedoch beabsichtigt, die Antragsberechtigung auch auf den Gesamt- und den Konzernbetriebsrat auszudehnen.[182] Deshalb sollte § 12 Abs. 1 S. 1 DrittelbG auch so ausgelegt werden.[183] Der Kreis der **Wahlberechtigten** bestimmt sich nach § 5 Abs. 2 DrittelbG, wobei es für die Zugehörigkeit zum Unternehmen auf den Zeitpunkt der Antragsstellung ankommt.[184] Das für einen gültigen Antrag erforderliche Quorum ist mit 20 Prozent deutlich niedriger als das nach § 23 Abs. 1 MitbestG.

Die **Abberufung** als solche erfolgt dann gem. § 12 Abs. 1 S. 2 DrittelbG erst durch **Beschluss** 54 **der Wahlberechtigten**. Die Einzelheiten des Verfahrens sind in der zugehörigen Wahlordnung näher dargelegt.[185] Wie nach § 23 Abs. 3 MitbestG ist eine Mehrheit von drei Vierteln der abgegebenen Stimmen erforderlich. Ungültige Stimmen zählen nicht mit.[186] Der Grundsatz der Unmittelbarkeit schließt eine Wahl durch Delegierte aus.[187] Dies gilt, anders als nach alter Rechtslage (siehe § 76 Abs. 5 S. 3 iVm Abs. 4 S. 2 BetrVG 1952), auch bei der Abberufung eines Aufsichtsratsmitglieds des herrschenden Unternehmens eines Konzerns.[188] Zwar verweist § 12 Abs. 1 S. 3 DrittelbG für die Beschlussfassung auf § 2 Abs. 1 DrittelbG, so dass in diesem Fall die Arbeitnehmer der übrigen Konzernunternehmen mitstimmen dürfen. Allerdings enthält § 2 Abs. 1 DrittelbG keine dem § 76 Abs. 4 S. 2 BetrVG 1952 entsprechende Regelung mehr.

Die **Amtsbeendigung** tritt ein, wenn der Wahlvorstand dem Aufsichtsratsmitglied das Abstim- 55 mungsergebnis gem. § 37 Abs. 2 WODrittelbG iVm § 21 Abs. 2 WODrittelbG mitgeteilt hat.[189] Es entsprach schon zu § 76 Abs. 5 BetrVG 1952 allgemeiner Auffassung, dass die Abberufung unter

---

[178] Großkomm AktG/*Oetker* MontanMitbestG § 11 Rn. 3; Kölner Komm AktG/*Mertens/Cahn* Anh. C § 117 Rn. 26.
[179] ErfK/*Oetker* DrittelbG § 12 Rn. 4; WKS/*Kleinsorge* DrittelbG § 12 Rn. 7.
[180] So *Fitting/Kaiser/Heither/Engels*, 21. Aufl. 2002, BetrVG 1952 § 76 Rn. 135; gegen die hM Großkomm AktG/*Oetker* BetrVG 1952 § 76 Rn. 73; MüKoAktG/*Gach* BetrVG 1952 § 76 Rn. 77; MHdB ArbR/*Wißmann* § 285 Rn. 27; GK-BetrVG/*Kraft* BetrVG 1952 § 76 Rn. 106; Baumbach/Hueck/*Zöllner*, 17. Aufl. 2000, GmbHG § 52 Rn. 111.
[181] Bejahend Großkomm AktG/*Oetker* BetrVG 1952 § 76 Rn. 73; MüKoAktG/*Gach* BetrVG 1952 § 76, 2. Aufl 2004, Rn. 77; MHdB ArbR/*Wißmann* § 285 Rn. 27; Baumbach/Hueck/*Zöllner*, 17. Aufl. 2000, GmbHG § 52 Rn. 111; verneinend *Fitting/Kaiser/Heither/Engels*, 21. Aufl. 2002, BetrVG 1952 § 76 Rn. 135; GK-BetrVG/*Kraft* BetrVG 1952 § 76 Rn. 106.
[182] BegrRegE BT-Drs. 15/2542, 14.
[183] Ebenso MüKoAktG/*Gach* DrittelbG § 12 Rn. 2; WKS/*Kleinsorge* DrittelbG § 12 Rn. 33; UHH/*Henssler* DrittelbG § 12 Rn. 5; aA ErfK/*Oetker* DrittelbG § 12 Rn. 4, der dem Konzernbetriebsrat nur dann die Antragsberechtigung zugestehen will, wenn Arbeitnehmer abhängiger Konzernunternehmen nach § 2 Abs. 1 DrittelbG bei der Wahl teilnehmen. Es ist jedoch kein Grund ersichtlich, warum der Konzernbetriebsrat nicht auch bei der Abberufung von Aufsichtsratsmitgliedern der Tochtergesellschaft antragsberechtigt sein sollte, zumal die eigentliche Abberufung gem. § 12 Abs. 1 S. 2 DrittelbG erst durch Beschluss der Wahlberechtigten erfolgt.
[184] ErfK/*Oetker* DrittelbG § 12 Rn. 5.
[185] S. §§ 32–41, 46–49 WODrittelbG; BGBl. 2004 I 1393.
[186] ErfK/*Oetker* DrittelbG § 12 Rn. 7; MHdB ArbR/*Wißmann* § 285 Rn. 27; WKS/*Kleinsorge* DrittelbG § 12 Rn. 25; RVJ/*Veil* DrittelbG § 12 Rn. 8; UHH/*Henssler* DrittelbG § 12 Rn. 11.
[187] ErfK/*Oetker* DrittelbG § 12 Rn. 7; zustimmend UHH/*Henssler* DrittelbG § 12 Rn. 10.
[188] ErfK/*Oetker* DrittelbG § 12 Rn. 7.
[189] ErfK/*Oetker* DrittelbG § 12 Rn. 8; UHH/*Henssler* DrittelbG § 12 Rn. 12; WKS/*Kleinsorge* DrittelbG § 12 Rn. 28; RVJ/*Veil* DrittelbG § 12 Rn. 9.

§ 103   56–61   Erstes Buch. Aktiengesellschaft

56   den gleichen Voraussetzungen wie die Wahl **angefochten** werden kann.[190] Da die Wahlanfechtung jetzt in § 11 DrittelbG geregelt ist, kann diese Vorschrift analog herangezogen werden.[191] Die nach § 7 DrittelbG gewählten **Ersatzmitglieder** können gem. § 12 Abs. 2 DrittelbG in gleicher Weise abberufen werden.

57   **5. § 37 SEBG.** Die Abberufung der Arbeitnehmervertreter wird in § 37 Abs. 1 SEBG geregelt. Dafür ist wie in Abs. 1 kein sachlicher Grund erforderlich. Der Beschluss muss jedoch nach § 37 Abs. 1 SEBG, §§ 8, 10 SEBG mit einer Mehrheit von drei Vierteln der abgegebenen Stimmen gefasst werden.

58   **6. §§ 4, 5, 26 MgVG.** Entsprechendes gilt über die Verweisung des § 4 MgVG auf die Regelungen über die Mitbestimmung des Mitgliedstaats, (→ Rn. 44 ff.) in dem die aus einer grenzüberschreitenden Verschmelzung hervorgehende Gesellschaft ihren Sitz hat. Zu beachten sind jedoch die die Abberufung regelnden §§ 5, 26 Abs. 1 MgVG. Danach ist ein sachlicher Grund für die Abberufung nicht erforderlich. Der Beschluss muss jedoch nach § 26 Abs. 1 MgVG, §§ 10, 12 MgVG mit einer Mehrheit von drei Vierteln der abgegebenen Stimmen erfolgen.

59   **7. Verhältnis zur Abberufung nach § 103 Abs. 3 AktG.** Die Abberufungsmöglichkeiten sind unabhängig voneinander, es besteht keine Präklusionswirkung eines erfolglosen gerichtlichen Abberufungsantrags nach § 103 Abs. 3 gegenüber den mitbestimmungsrechtlichen Abberufungsnormen.[192]

VII. Ersatzmitglieder (Abs. 5)

60   Ersatzmitglieder können nach § 103 Abs. 5 abberufen werden, auch bevor sie im Aufsichtsrat durch Nachrücken Mitglied werden. Da § 103 Abs. 5 auf die ersten Absätze verweist, kommt es für das Verfahren der Abberufung des Ersatzmitglieds darauf an, ob es von der Hauptversammlung gewählt wurde – dann Abs. 1 – oder entsandt wurde – dann Abs. 2. Darüber hinaus können Ersatzmitglieder unabhängig von der Art ihrer Wahl nach Abs. 3 aus wichtigem Grund abberufen werden.[193]

61   Rückt ein Aufsichtsmitglied nach, so kann die Satzung vorsehen, dass es mit **Wahl des Nachfolgers** für das ausgeschiedene Aufsichtsratsmitglied wieder ausscheidet. In diesem Fall stellt die Wahl zugleich die Abberufung des nachgerückten Mitglieds dar. Zum Erfordernis eines ausdrücklichen Beschlusses für die Abberufung → Rn. 8. Allerdings ist zu beachten, dass die Abberufung eines Aufsichtsratsmitglieds gem. § 103 Abs. 1 eine Mehrheit von drei Vierteln der abgegebenen Stimmen erfordert, sofern die Satzung nichts anderes vorsieht. Dagegen ist die Wahl von Aufsichtsratsmitgliedern nach der allgemeinen Vorschrift des § 133 Abs. 1 schon mit einfacher Mehrheit möglich. Wenn aber mit der Wahl eines Aufsichtsratsmitglieds zugleich ein anderes abberufen werden soll, so muss folglich auch für die Wahl das Mehrheitserfordernis des § 103 Abs. 1 eingehalten werden.[194] Anderenfalls könnten die Aufsichtsratsmitglieder, die durch Wahl eines Nachfolgers aus dem Amt scheiden sollen, mit einer geringeren Mehrheit abberufen werden, als die, für die eine solche Nachwahl nicht vorgesehen ist. Das wäre aber mit dem Grundsatz der Gleichberechtigung der Aufsichtsratsmitglieder nicht vereinbar.[195]

VIII. Anderweitige Amtsbeendigung

Schrifttum: *Dornhegge,* Niederlegung von Aufsichtsratsmandaten, NJW-Spezial 2011, 143; *Heinsius,* Die Amtszeit des Aufsichtsrats mitbestimmter Gesellschaften mit beschränkter Haftung und mitbestimmter Aktiengesellschaften bei formwechselnder Umwandlung, FS Stimpel, 1985, 571; *Henssler,* Umstrukturierung von mitbestimmten Unternehmen, ZfA 2000, 241; *Hoffmann-Becking,* Amtszeit und Vergütung des Aufsichtsrats nach formwechselnder Umwandlung einer GmbH in eine AG, AG 1980, 269; *Natzel,* Amtsniederlegung von Aufsichtsratsmitgliedern, insbesondere von Arbeitnehmervertretern, RdA 1960, 256; *Scholderer/v. Werder,* Dissens im Aufsichtsrat, ZGR 2017, 865; *Semler/Stengel,* Interessenkonflikte bei Aufsichtsratsmitgliedern von Aktiengesellschaften

---

[190] Großkomm AktG/*Oetker* BetrVG 1952 § 76 Rn. 77; MüKoAktG/*Gach*, 2. Aufl. 2004, BetrVG 1952 § 76 Rn. 79; MHdB ArbR/*Wißmann* § 285 Rn. 27; *Fitting/Kaiser/Heither/Engels*, 21. Aufl. 2002, BetrVG 1952 § 76 Rn. 141; GK-BetrVG/*Kraft* BetrVG 1952 § 76 Rn. 102.
[191] ErfK/*Oetker* DrittelbG § 12 Rn. 7.
[192] Kölner Komm AktG/*Mertens/Cahn* Rn. 50; MüKoAktG/*Habersack* Rn. 53; K. Schmidt/Lutter/*Drygala* Rn. 24.
[193] Kölner Komm AktG/*Mertens/Cahn* Rn. 51; MüKoAktG/*Habersack* Rn. 55; Hüffer/Koch/*Koch* Rn. 15; K. Schmidt/Lutter/*Drygala* Rn. 25; Hölters/*Simons* Rn. 51.
[194] BGHZ 99, 211 (215) = NJW 1987, 902; BGH ZIP 1989, 163 (164); BGH AG 1987, 348 (349) = NJW 1988, 260 = DB 1987, 2036; Großkomm AktG/*Hopt/Roth* Rn. 81; Kölner Komm AktG/*Mertens/Cahn* Rn. 51; MüKoAktG/*Habersack* Rn. 54; Hüffer/Koch/*Koch* Rn. 15; insoweit auch *Neu* WM 1988, 481 (483).
[195] BGHZ 99, 211 (215) = NJW 1987, 902; BGH ZIP 1989, 163 (164); BGH AG 1987, 348 (349) = NJW 1988, 260 = DB 1987, 2036.

am Beispiel von Konflikten bei Übernahme, NZG 2003, 1; *Singhof,* Die Amtsniederlegung durch das Aufsichtsratsmitglied einer Aktiengesellschaft, AG 1998, 318; *Wardenbach,* Niederlegung des Aufsichtsratsmandats bei Interessenkollisionen, AG 1999, 74; *Zöllner,* Amtsverlust und Amtskontinuität des Aufsichtsrats bei formwechselnder Umwandlung, DB 1973, 2077.

Auch andere Gründe als die Abberufung können zur Beendigung des Aufsichtsratsmandats führen, 62 entweder Gründe in der Person des Aufsichtsratsmitglieds oder gesellschaftsrechtliche Änderungen. Zu den **persönlichen Gründen** zählen der Tod des Aufsichtsratsmitglieds, da es sich um ein höchstpersönliches Amt handelt,[196] ferner der Eintritt der nach § 100 vorgesehenen Hinderungsgründe. Sieht dagegen die Satzung bestimmte Voraussetzungen vor, die erst nachträglich wegfallen, erlischt das Aufsichtsratsmandat nicht, außer wenn sie von Anfang an nicht vorlagen.[197] Schließlich wird das Aufsichtsratsmandat durch die erfolgreiche Anfechtung der Aufsichtsratswahl beendet.

Das Aufsichtsratsmitglied kann auch ohne wichtigen Grund[198] sein **Amt niederlegen** – in der 63 Praxis der häufigste Grund für die Amtsbeendigung.[199] Zwar ist das Aufsichtsratsmitglied verpflichtet, die Interessen der Gesellschaft zu wahren, doch kann dies nicht dazu führen, dass das Aufsichtsratsmitglied gegen seinen Willen an seinem Amt festgehalten wird. Ein nicht zur Mitarbeit bereites Aufsichtsratsmitglied, das gegebenenfalls sogar nicht lösbaren Interessenkollisionen unterliegen mag, dient nicht den Interessen der Gesellschaft, wenn es im Aufsichtsrat verbleibt.[200] Ein Aufsichtsratsmitglied mit **dauerhaften Interessenkollisionen** ist auf Grund seiner Treuepflichten gehalten, das Mandat niederzulegen;[201] eine entsprechende Empfehlung sieht Ziff. 5.5.3 DCGK vor.[202] Im Falle der Tätigkeit im Aufsichtsrat eines Konkurrenzunternehmens gilt das in → Rn. 36 Gesagte entsprechend. Die Zulässigkeit der Amtsniederlegung gilt für alle Aufsichtsratsmitglieder, gleichviel aus welchem Rechtsgrund sie ihren Aufsichtsratssitz erhalten haben. Auch entsandte Aufsichtsratsmitglieder können ihr Mandat niederlegen.[203]

Die Amtsniederlegung darf auf Grund der Treuepflichten des Aufsichtsratsmitglieds **nicht zur** 64 **Unzeit** erfolgen,[204] etwa wenn der Vorstand über Unstimmigkeiten im Aufsichtsrat und eventuelle Pflichtwidrigkeiten nicht vom Aufsichtsratsmitglied unterrichtet wird.[205] Ein Verstoß führt zwar nicht zur Unwirksamkeit der Amtsniederlegung, löst aber Schadensersatzpflichten aus.[206] Die Satzung kann allerdings Einzelheiten des Verfahrens regeln, insbesondere ob eine Frist zu beachten ist.[207] Das Auf-

---

[196] Hüffer/Koch/*Koch* Rn. 16; K. Schmidt/Lutter/*Drygala* Rn. 26.
[197] Hüffer/Koch/*Koch* Rn. 16.
[198] Kölner Komm AktG/*Mertens/Cahn* Rn. 57; Großkomm AktG/*Hopt/Roth* Rn. 85; MüKoAktG/*Habersack* Rn. 59; Hüffer/Koch/*Koch* Rn. 17; RVJ/*Raiser* MitbestG § 6 Rn. 34; *Lutter/Krieger/Verse* Rechte und Pflichten des Aufsichtsrats Rn. 35; *Singhof* AG 1998, 318 (321 f.); im Ergebnis auch *Wardenbach* AG 1999, 74 (76); für Fehlen oder Abschaffung einer D&O-Versicherung anders wohl *Deilmann* NZG 2005, 54 (56); aA *Link,* Die Amtsniederlegung durch Gesellschaftsorgane, 2003, 158 f., der einen wichtigen Grund fordert, wobei sich die strenge der Anforderungen unter anderem danach richten soll, ob ein Ersatzmitglied bestimmt ist (dann geringere Anforderungen) oder nicht; offen *Mertens* AG 1977, 306 (317 f.); MHdB AG/*Hoffmann-Becking* § 30 Rn. 80.
[199] Großkomm AktG/*Hopt/Roth* Rn. 82; MüKoAktG/*Habersack* Rn. 59; Kölner Komm AktG/*Mertens/Cahn* Rn. 56; K. Schmidt/Lutter/*Drygala* Rn. 27; NK-AktR/*Breuer/Fraune* Rn. 23.
[200] Ähnlich Großkomm AktG/*Raiser/Heermann* GmbHG § 52 Rn. 59 f.; MüKoAktG/*Habersack* Rn. 59; zust. Hüffer/Koch/*Koch* Rn. 17; *Singhof* AG 1998, 318 (322); *Wardenbach* AG 1999, 74 (76); restriktiver *Dreher* JZ 1990, 896 (902).
[201] → § 100 Rn. 30 f.; *Semler/Stengel* NZG 2003, 1 (6); *Herkenroth* AG 2001, 33 (38); *Wardenbach* AG 1999, 74 (76); *Ruzik* NZG 2004, 455 (458); Großkomm AktG/*Hopt/Roth* Rn. 96; MüKoAktG/*Habersack* Rn. 60; *Marsch-Barner* in Semler/v. Schenck AR-HdB § 13 Rn. 105; restriktiver *Dreher* JZ 1990, 896 (902); *Deckert* DZWir 1996, 406 (409) und *Singhof* AG 1998, 318 (323 f.); restriktiver *Möllers* ZIP 2006, 1615 (1619): Nur bei unlösbaren Konfliktsituationen; s. auch *Rickers/Leyendecker-Langner* NZG 2013, 167 (169), die insbesondere auf die Problematik der Neubesetzung des Aufsichtsrats bei öffentlichen Übernahmen eingehen.
[202] S. KBLW/*Kremer* DCGK Rn. 1480 f.; *E. Vetter* in Marsch-Barner/Schäfer Börsennotierte AG-HdB Rn. 25.67; ausführlich auch Großkomm AktG/*Hopt/Roth* Rn. 101 ff.; MüKoAktG/*Habersack* Rn. 60.
[203] MüKoAktG/*Habersack* Rn. 59 f.; Großkomm AktG/*Hopt/Roth* Rn. 95; MHdB AG/*Hoffmann-Becking* § 30 Rn. 80.
[204] HM, OLG Düsseldorf BeckRS 2012, 08418: Zwar kann sich aus einer allgemeinen Treuepflicht die Pflicht zum zumindest vorübergehenden Verbleib im Amt ergeben, jedoch nur, wenn dies „zum Wohle der Gesellschaft zwingend erforderlich ist"; Kölner Komm AktG/*Mertens/Cahn* Rn. 57; Großkomm AktG/*Hopt/Roth* Rn. 85; MüKoAktG/*Habersack* Rn. 60; MHdB AG/*Hoffmann-Becking* § 30 Rn. 80; *Singhof* AG 1998, 318 (323); *Wardenbach* AG 1999, 74 (76); K. Schmidt/Lutter/*Drygala* Rn. 27; s. schon *Natzel* RdA 1960, 256 (262); Baumbach/Hueck/*Zöllner/Noack* GmbHG § 52 Rn. 52; HK-GmbHG/*Peres* GmbHG § 52 Rn. 54.
[205] *Scholderer/v.Werder,* ZGR 2017, 865 (898 f.).
[206] *Singhof* AG 1998, 318 (323); Großkomm AktG/*Hopt/Roth* Rn. 85, 94; Hüffer/Koch/*Koch* Rn. 17; MüKoAktG/*Habersack* Rn. 60; im Ergebnis auch *Lutter/Krieger/Verse* Rechte und Pflichten des Aufsichtsrats Rn. 35.
[207] Großkomm AktG/*Hopt/Roth* Rn. 90; Kölner Komm AktG/*Mertens/Cahn* Rn. 58; MüKoAktG/*Habersack* Rn. 62; *Wardenbach* AG 1999, 74 (76).

sichtsratsmitglied hat aber stets das Recht, bei wichtigem Grund sein Amt sofort niederzulegen; auch kann die Satzung nicht bindend die wichtigen Gründe für eine sofortige Amtsniederlegung bestimmen.[208]

65 Die Amtsniederlegung muss **gegenüber der Gesellschaft,** vertreten durch den Vorstand, **erklärt** werden.[209] Erhält der Aufsichtsratsvorsitzende die Erklärung, so muss er diese dem Vorstand unverzüglich übersenden;[210] die Amtsniederlegung wird erst mit Zugang beim Vorstand wirksam.[211] Ferner soll die Hauptversammlung zuständig sein, wenn sie das Aufsichtsratsmitglied gewählt hat.[212] Parallel zu dem in → Rn. 15 Gesagten kann das jedoch nur gelten, wenn die Amtsniederlegung während der Hauptversammlung erfolgt, sonst ist allein der Vorstand zuständig.

66 Das Aufsichtsratsmandat kann auch durch **Änderung der Gesellschaftsverhältnisse** enden: Durch Fusion oder endgültige Abwicklung der AG erlischt das Aufsichtsratsmandat, nicht dagegen durch die Eröffnung des Insolvenzverfahrens oder die Auflösung, da das Liquidationsverfahren zunächst durchgeführt werden muss.[213] Bei einer formwechselnden **Umwandlung** ist der durch das UmwBerG geschaffene § 203 UmwG zu beachten. Gemäß dessen Satz 1 führt eine formwechselnde Umwandlung dann nicht zur Amtsbeendigung, wenn bei dem neuen Rechtsträger in gleicher Weise ein Aufsichtsrat gebildet und zusammengesetzt wird, dh in diesen Fällen besteht das Aufsichtsratsamt trotz der Umwandlung fort.[214] Das erfasst aber nur den Fall, bei dem auch für den neuen Rechtsträger das gleiche Mitbestimmungsmodell greift.[215] In allen anderen Fällen der formwechselnden Umwandlung folgt dann aus dem Umkehrschluss, dass das Aufsichtsratsmandat mit dem Eintritt der neuen Gesellschaftsform beendet wird.[216] § 203 UmwG ist als Ausnahmevorschrift nicht analogiefähig.[217]

67 Ob etwa in Übernahmesituationen eine Niederlegungsverpflichtung zwischen Bieter und Aufsichtsratsmitglied vereinbart werden kann, wird in der kapitalgesellschaftsrechtlichen Literatur kaum diskutiert. Richtig ist zwar, dass das Aufsichtsratsmitglied insofern eine aus seiner freien Amtsausübung folgende Entscheidung lediglich zeitlich vorverlagert,[218] gewichtiger ist jedoch der Umstand, dass sich das Aufsichtsratsmitglied bei einem nach eingegangener Verpflichtung geänderten Willen gezwungen sieht, der Vereinbarung nachzukommen und insofern der aktienrechtliche Grundsatz aus § 111 Abs. 5 verletzt wird.[219] Bedenken könnten auch deswegen angeführt werden, weil möglicherweise nach eingegangener Verpflichtung das Unternehmensinteresse nicht mehr im gleichen Maße verfolgt wie zuvor.[220] Erfolgt die rechtliche Umsetzung der Amtsniederlegung im Wege einer aufschiebenden Bedingung, ist sie ohnehin unzulässig.[221]

---

[208] Großkomm AktG/*Hopt/Roth* Rn. 90; Kölner Komm AktG/*Mertens/Cahn* Rn. 58; MüKoAktG/*Habersack* Rn. 62; *Dornhegge* NJW-Spezial 2011, 143.
[209] MHdB AG/*Hoffmann-Becking* § 30 Rn. 80; MüKoAktG/*Habersack* Rn. 61; Hüffer/Koch/*Koch* Rn. 17; K. Schmidt/Lutter/*Drygala* Rn. 27.
[210] Zutr. Hüffer/Koch/*Koch* Rn. 17; MHdB AG/*Hoffmann-Becking* § 30 Rn. 81; *Singhof* AG 1998, 318 (326); MüKoAktG/*Habersack* Rn. 61; aA Kölner Komm AktG/*Mertens/Cahn* Rn. 59; *Lutter/Krieger/Verse* Rechte und Pflichten des Aufsichtsrats Rn. 37; LG Flensburg DB 2004, 1253 (1254 f.): Sowohl Vorstand als auch Aufsichtsratsvorsitzende empfangszuständig; sehr weitgehend OLG Schleswig DB 2006, 146 (149 f.): Zugang beim Aufsichtsratsvorsitzenden per Fax ausreichend, selbst wenn ein anderes Mitglied des Aufsichtsrats adressiert war.
[211] BGH BB 2010, 2397; Großkomm AktG/*Hopt/Roth* Rn. 89: Aufsichtsratsvorsitzende zwar empfangsberechtigt, für die Berechnung der Frist kommt es aber auf den Zugang der Erklärung beim Vorstand an; *Kocher* BB 2010, 2398; aA noch OLG Stuttgart DB 2009, 1521 (1523); für den vergleichbaren Fall der Annahme der Bestellung → § 101 Rn. 10.
[212] *Singhof* AG 1998, 326; zust. Hüffer/Koch/*Koch* Rn. 17; Großkomm AktG/*Hopt/Roth* Rn. 89; MüKoAktG/*Habersack* Rn. 61; Kölner Komm AktG/*Mertens/Cahn* Rn. 59.
[213] BGHZ 32, 114 (117) = NJW 1960, 1006 für die Genossenschaft.
[214] *Wagner* in *Wagner/v. Schenck* AR-HdB § 2 Rn. 56; Hüffer/Koch/*Koch* Rn. 16; K. Schmidt/Lutter/*Drygala* Rn. 26; dazu ausführlicher etwa Lutter/*Decher* UmwG § 203 Rn. 3 ff.; Semler/Stengel/*Simon* UmwG § 203 Rn. 3 ff.; Kallmeyer/*Meister/Klöcker* UmwG § 203 Rn. 6 ff.
[215] *Henssler* ZfA 2000, 241 (248); Semler/Stengel/*Simon* UmwG § 203 Rn. 3; Kallmeyer/*Meister/Klöcker* UmwG § 203 Rn. 7, 10; Beispiele bei Lutter/*Decher* UmwG § 203 Rn. 4.
[216] Lutter/*Decher* UmwG § 203 Rn. 3, 8 ff.; so für die Varianten der formwechselnden Umwandlung vor der Einführung des § 203 UmwG *Hoffmann-Becking* AG 1980, 269 f.; *Zöllner* DB 1973, 2077 (2078 ff.); Großkomm AktG/*Raiser Heermann* GmbHG § 52 Rn. 57; aA *Heinsius* FS Stimpel, 1985, 571 (575 ff.).
[217] *Henssler* ZfA 2000, 241 (255 f.).
[218] *Rieckers/Leyendecker-Langner* NZG 2013, 167 (169).
[219] Zurückhaltender Hüffer/Koch/*Koch* Rn. 18.
[220] AA *Rieckers/Leyendecker-Langner* NZG 2013, 167 (169).
[221] Hüffer/Koch/*Koch* Rn. 18; aA *Rieckers/Leyendecker-Langner* NZG 2013, 167 (170 f.).

§ 104 Bestellung durch das Gericht

(1) ¹Gehört dem Aufsichtsrat die zur Beschlußfähigkeit nötige Zahl von Mitgliedern nicht an, so hat ihn das Gericht auf Antrag des Vorstands, eines Aufsichtsratsmitglieds oder eines Aktionärs auf diese Zahl zu ergänzen. ²Der Vorstand ist verpflichtet, den Antrag unverzüglich zu stellen, es sei denn, daß die rechtzeitige Ergänzung vor der nächsten Aufsichtsratssitzung zu erwarten ist. ³Hat der Aufsichtsrat auch aus Aufsichtsratsmitgliedern der Arbeitnehmer zu bestehen, so können auch den Antrag stellen
1. der Gesamtbetriebsrat der Gesellschaft oder, wenn in der Gesellschaft nur ein Betriebsrat besteht, der Betriebsrat, sowie, wenn die Gesellschaft herrschendes Unternehmen eines Konzerns ist, der Konzernbetriebsrat,
2. der Gesamt- oder Unternehmenssprecherausschuss der Gesellschaft oder, wenn in der Gesellschaft nur ein Sprecherausschuss besteht, der Sprecherausschuss sowie, wenn die Gesellschaft herrschendes Unternehmen eines Konzerns ist, der Konzernsprecherausschuss,
3. der Gesamtbetriebsrat eines anderen Unternehmens, dessen Arbeitnehmer selbst oder durch Delegierte an der Wahl teilnehmen, oder, wenn in dem anderen Unternehmen nur ein Betriebsrat besteht, der Betriebsrat,
4. der Gesamt- oder Unternehmenssprecherausschuss eines anderen Unternehmens, dessen Arbeitnehmer selbst oder durch Delegierte an der Wahl teilnehmen, oder, wenn in dem anderen Unternehmen nur ein Sprecherausschuss besteht, der Sprecherausschuss,
5. mindestens ein Zehntel oder einhundert der Arbeitnehmer, die selbst oder durch Delegierte an der Wahl teilnehmen,
6. Spitzenorganisationen der Gewerkschaften, die das Recht haben, Aufsichtsratsmitglieder der Arbeitnehmer vorzuschlagen,
7. Gewerkschaften, die das Recht haben, Aufsichtsratsmitglieder der Arbeitnehmer vorzuschlagen.

⁴Hat der Aufsichtsrat nach dem Mitbestimmungsgesetz auch aus Aufsichtsratsmitgliedern der Arbeitnehmer zu bestehen, so sind außer den nach Satz 3 Antragsberechtigten auch je ein Zehntel der wahlberechtigten in § 3 Abs. 1 Nr. 1 des Mitbestimmungsgesetzes bezeichneten Arbeitnehmer oder der wahlberechtigten leitenden Angestellten im Sinne des Mitbestimmungsgesetzes antragsberechtigt. ⁵Gegen die Entscheidung ist die Beschwerde zulässig.

(2) ¹Gehören dem Aufsichtsrat länger als drei Monate weniger Mitglieder als die durch Gesetz oder Satzung festgesetzte Zahl an, so hat ihn das Gericht auf Antrag auf diese Zahl zu ergänzen. ²In dringenden Fällen hat das Gericht auf Antrag den Aufsichtsrat auch vor Ablauf der Frist zu ergänzen. ³Das Antragsrecht bestimmt sich nach Absatz 1. ⁴Gegen die Entscheidung ist die Beschwerde zulässig.

(3) Absatz 2 ist auf einen Aufsichtsrat, in dem die Arbeitnehmer ein Mitbestimmungsrecht nach dem Mitbestimmungsgesetz, dem Montan-Mitbestimmungsgesetz oder dem Mitbestimmungsergänzungsgesetz haben, mit der Maßgabe anzuwenden,
1. daß das Gericht den Aufsichtsrat hinsichtlich des weiteren Mitglieds, das nach dem Montan-Mitbestimmungsgesetz oder dem Mitbestimmungsergänzungsgesetz auf Vorschlag der übrigen Aufsichtsratsmitglieder gewählt wird, nicht ergänzen kann,
2. daß es stets ein dringender Fall ist, wenn dem Aufsichtsrat, abgesehen von dem in Nummer 1 genannten weiteren Mitglied, nicht alle Mitglieder angehören, aus denen er nach Gesetz oder Satzung zu bestehen hat.

(4) ¹Hat der Aufsichtsrat auch aus Aufsichtsratsmitgliedern der Arbeitnehmer zu bestehen, so hat das Gericht ihn so zu ergänzen, daß das für seine Zusammensetzung maßgebende zahlenmäßige Verhältnis hergestellt wird. ²Wenn der Aufsichtsrat zur Herstellung seiner Beschlußfähigkeit ergänzt wird, gilt dies nur, soweit die zur Beschlußfähigkeit nötige Zahl der Aufsichtsratsmitglieder die Wahrung dieses Verhältnisses möglich macht. ³Ist ein Aufsichtsratsmitglied zu ersetzen, das nach Gesetz oder Satzung in persönlicher Hinsicht besonderen Voraussetzungen entsprechen muß, so muß auch das vom Gericht bestellte Aufsichtsratsmitglied diesen Voraussetzungen entsprechen. ⁴Ist ein Aufsichtsratsmitglied zu ersetzen, bei dessen Wahl eine Spitzenorganisation der Gewerkschaften, eine Gewerkschaft oder die Betriebsräte ein Vorschlagsrecht gehabt hätten, so soll das Gericht Vorschläge dieser Stellen berücksichtigen, soweit nicht überwiegende Belange der Gesellschaft oder der Allgemeinheit der Bestellung des Vorgeschlagenen entgegenstehen; das gleiche

§ 104

gilt, wenn das Aufsichtsratsmitglied durch Delegierte zu wählen wäre, für gemeinsame Vorschläge der Betriebsräte der Unternehmen, in denen Delegierte zu wählen sind.

(5) Die Ergänzung durch das Gericht ist bei börsennotierten Gesellschaften, für die das Mitbestimmungsgesetz, das Montan-Mitbestimmungsgesetz oder das Mitbestimmungsergänzungsgesetz gilt, nach Maßgabe des § 96 Absatz 2 Satz 1 bis 5 vorzunehmen.

(6) Das Amt des gerichtlich bestellten Aufsichtsratsmitglieds erlischt in jedem Fall, sobald der Mangel behoben ist.

(7) ¹Das gerichtlich bestellte Aufsichtsratsmitglied hat Anspruch auf Ersatz angemessener barer Auslagen und, wenn den Aufsichtsratsmitgliedern der Gesellschaft eine Vergütung gewährt wird, auf Vergütung für seine Tätigkeit. ²Auf Antrag des Aufsichtsratsmitglieds setzt das Gericht die Auslagen und die Vergütung fest. ³Gegen die Entscheidung ist die Beschwerde zulässig; die Rechtsbeschwerde ist ausgeschlossen. ⁴Aus der rechtskräftigen Entscheidung findet die Zwangsvollstreckung nach der Zivilprozeßordnung statt.

Schrifttum: *Bayer/Lieder*, Die Lehre vom fehlerhaften Bestellungsverhältnis, NZG 2012, 1; *Beyer*, Neue Grenzen bei der gerichtlichen Bestellung von Aufsichtsratsmitgliedern, NZG 2014, 61; *Brock*, Die Bestellung nach § 104 AktG bei rechtshängiger Wahlbeschlussmängelklage, NZG 2014, 641; *Drehsen*, Massenhafte Beteiligung bei gerichtlicher Bestellung von Aufsichtsratsmitgliedern nach § 104 Abs. 1 AktG, AG 2015, 775; *Drygala/Gehling*, Die nichtige Aufsichtsratswahl – Überlegungen zur rechtspolitischen Korrektur, ZIP 2014, 1253; *Fett/Theusinger*, Die gerichtliche Bestellung von Aufsichtsratsmitgliedern – Einsatzmöglichkeiten und Fallstricke, AG 2010, 425; *Flege*, Die Bestellung eines Aufsichtsratsmitglieds durch das Gericht nach § 104 AktG bei der AG, KGaA, GmbH und der eGen, 2003; *Florstedt*, Zur Anfechtung der Wahl des Aufsichtsratsmitglieds, NZG 2014, 681; *Grobe*, Die Geschlechterquote für Aufsichtsrat und Vorstand, AG 2015, 289; *Happ*, Zur Wirksamkeit von Rechtshandlungen eines fehlerhaft bestellten Aufsichtsrates, FS Hüffer, 2010, 293; *Herb*, Gesetz für die gleichberechtigte Teilhabe an Führungspositionen – Umsetzung in der Praxis, DB 2015, 964; *Hoffmann-Becking*, Unabhängigkeit im Aufsichtsrat, NZG 2014, 801; *Jänig/Leißring*, FamFG: Neues Verfahrensrecht für Streitigkeiten nach AktienG und GmbHG, ZIP 2010, 110; *Küster/Zimmermann*, Die Frauenquote – Gesetzliche Vorgaben und Fragen der praktischen Umsetzung, ArbRAktuell 2015, 264; *Marsch-Barner*, Zur Anfechtung der Wahl von Aufsichtsratsmitgliedern, FS K. Schmidt, 2009, 1109; *Nedden-Boeger*, Die Anwendung des Allgemeinen Teils des FamFG in Registersachen und in unternehmensrechtlichen Verfahren, FGPrax 2010, 1; *Niewiarra/Servatius*, Die gerichtliche Ersatzbestellung im Aufsichtsrat, FS Semler, 1993, 217; *Oetker*, Das Recht der Unternehmensmitbestimmung im Spiegel der neueren Rechtsprechung, ZGR 2000, 19; *Paudtke/Glauer*, Das registergerichtliche Ermessen bei der Aufsichtsratsbestellung, NJW-Spezial 2013, 719; *Petrovicki*, Rückwirkung der Anfechtung einer Aufsichtsratswahl kann nicht durch gerichtliche Bestellung umgangen werden, GWR 2011, 112; *Plagemann/Rahlmeyer*, Vier Corporate Governance Trends für 2015, NZG 2015, 895; *Reichard*, Gerichtliche Aufsichtsratsergänzung bei Beschlussboykott, AG 2012, 359; *Schroeder/Paussner*, Aufsichtsräte: Unsichere Gremienentscheidungen nach Wahlanfechtung, BB 2011, 1930; *Schürnbrand*, Noch einmal: Das fehlerhaft bestellte Aufsichtsratsmitglied, NZG 2013, 481; *Schwab*, Die Freigabe der angefochtenen Aufsichtsratswahl analog § 104 Abs. 2 AktG, AG 2015, 195; *Teichmann/Rüb*, Die gesetzliche Geschlechterquote in der Privatwirtschaft, BB 2015, 898; *Teichmann/Rüb*, Regierungsentwurf zur Geschlechterquote in Aufsichtsrat und Vorstand, BB 2015, 259; *E. Vetter*, Abberufung eines gerichtlich bestellten Aufsichtsratsmitglieds ohne wichtigen Grund?, DB 2005, 875; *E. Vetter*, Anfechtung der Wahl der Aufsichtsratsmitglieder, Bestandsschutzinteresse der AG und die Verantwortung der Verwaltung, ZIP 2012, 701; *Wandt*, Der Antrag auf gerichtliche Bestellung eines Aufsichtsratsmitglieds bei AG und SE, AG 2016, 877.

Übersicht

	Rn.
I. Zweck	1–4
II. Entstehungsgeschichte	5–8
III. Ergänzung wegen Beschlussunfähigkeit, Abs. 1	9–32
1. Beschlussunfähigkeit	10–13
2. Antragsberechtigung	14–22a
a) Vorstand	15–18
b) Aufsichtsratsmitglied	19
c) Aktionär	20
d) Antragsberechtigung bei mitbestimmten Gesellschaften	21, 22
e) Antragsberechtigung für die KGaA	22a
3. Verfahren	23–31
4. Deutscher Corporate Governance Kodex	32
IV. Unterschreiten der Mitgliederzahl, Abs. 2, 3	33–43
1. Überblick	33–36
2. Dringender Fall	37
3. Mitbestimmte Gesellschaften	38, 39
4. Besonderheiten beim ersten Aufsichtsrat und Umwandlung	40, 41
a) Erster Aufsichtsrat	40
b) Umwandlung	41
5. Verfahren	42
6. Analoge Anwendung auf fehlenden Aufsichtsratsvorsitzenden	43
V. Einschränkung der gerichtlichen Auswahl, Abs. 4	44–47
VI. Bindung an geschlechterbezogene Quoten (Abs. 5)	47a

	Rn.		Rn.
VII. Amtsdauer, Abs. 6	48–57	4. Abberufung durch andere Organe	56
1. Behebung des Mangels	48–52	5. Niederlegung des Amtes	57
2. Ablauf der Amtszeit gem. § 102 Abs. 1	53	VIII. Vergütung, Auslagenersatz,	
3. Gerichtliche Abberufung	54, 55	Abs. 7	58, 59

I. Zweck

Mit § 104 soll die Handlungs- und Funktionsfähigkeit des Aufsichtsrats im Wege der gerichtlichen 1 Bestellung von Mitgliedern sichergestellt werden.[1] Das Gericht wird nur als Ersatz für die Wahl- bzw. Entsendungsberechtigten der AG tätig.[2] Dieser Zweck kann sich jedoch nur auf den zwingend vom Gesetz vorgesehenen Aufsichtsrat (Aktiengesellschaften, Gesellschaften nach den mitbestimmungsrechtlichen Vorschriften) beziehen, da für fakultative Aufsichtsräte in anderen Gesellschaftsformen kein Bedürfnis für eine derartige gerichtliche Bestellung besteht; hier können die Gesellschafter selbst die nötigen Entscheidungen herbeiführen (GmbH, KG etc.).[3] Die Insolvenz der Gesellschaft hindert die Ersatzbestellung von Aufsichtsratsmitgliedern nach § 104 dagegen nicht.[4]

Die Norm kann weder durch Satzung noch Geschäftsordnung modifiziert werden.[5] § 29 BGB 2 ist nicht neben § 104 anwendbar, § 104 ist abschließend.[6]

Das gerichtlich bestellte Aufsichtsratsmitglied hat die gleichen Rechte und Pflichten wie ein 3 ordentliches Aufsichtsratsmitglied. Die Satzung kann nicht danach differenzieren, ob es sich um ein gerichtlich bestelltes Mitglied handelt, etwa bei der Besetzung von Aufsichtsratsausschüssen.[7] Die Bestellung richtet sich aber nur auf das Aufsichtsratsmandat als solches, nicht auf die von dem weggefallenen und ersetzten Mitglied zuvor wahrgenommenen Funktionen wie Aufsichtsratsvorsitze etc.[8]

§ 104 sieht zwei Fälle der gerichtlichen Ersatzbestellung vor: die Beschlussunfähigkeit (Abs. 1) 4 und die mehr als drei Monate andauernde Unterbesetzung (Abs. 2).

II. Entstehungsgeschichte

Schon im AktG 1937 fand sich in § 89 AktG 1937 ein Vorläufer des § 104. In § 89 Abs. 1 S. 1 5 AktG 1937 war lediglich eine gerichtliche Ergänzung zur Herstellung der Beschlussfähigkeit des Aufsichtsrats vorgesehen, die allerdings erst nach einer Frist von drei Monaten erfolgen durfte. Nach § 89 Abs. 1 S. 2 AktG 1937 war der Vorstand verpflichtet, den Antrag zu stellen. In § 89 Abs. 2 AktG 1937 befand sich dann nur noch die Vorläuferregelung des heutigen § 104 Abs. 5. Anders als heute mussten die bestellten Aufsichtsratsmitglieder aber bei Wegfall der Voraussetzungen vom Gericht wieder abberufen werden. Das Amt endete also nicht automatisch. Demnach konnte der Aufsichtsrat nur zur Wiederherstellung der Beschlussfähigkeit gerichtlich ergänzt werden, nicht jedoch zum Ausgleich einer Unterbesetzung.

§ 89 wurde mit Einführung der Mitbestimmung im BetrVG 1952 und durch die Montanmitbe- 6 stimmung völlig verändert.[9] In Abs. 1 wurde die Beschlussfähigkeit entsprechend dem heutigen § 108 Abs. 2 geregelt. Die Absätze 2–5 wurden überwiegend entsprechend dem heutigen § 104 Abs. 1–4 verändert. Lediglich § 89 Abs. 2 S. 3 und 4 sah eine andere Antragsberechtigung vor, als das heute in § 104 Abs. 1 S. 3 und 4 der Fall ist. S. 3 sah vor, dass auch der Betriebsrat eines jeden Betriebes,

---

[1] AllgM, BGH AG 2002, 676 (677); LG Berlin AG 1986, 52 (53); MüKoAktG/*Habersack* Rn. 1; Großkomm AktG/*Hopt/Roth* Rn. 8; Kölner Komm AktG/*Mertens/Cahn* Rn. 3; Hüffer/Koch/*Koch* Rn. 1; *E. Vetter* in Marsch-Barner/Schäfer Börsennotierte AG-HdB Rn. 25.38; *Niewarra/Servatius* FS Semler, 1993, 217; *Birth* BetrR 1998, 29; K. Schmidt/Lutter/*Drygala* Rn. 1; Hölters/*Simons* Rn. 2.
[2] BayObLG DB 2000, 1655; MüKoAktG/*Habersack* Rn. 2; Großkomm AktG/*Hopt/Roth* Rn. 1.
[3] OLG Hamm AG 2000, 476 (477); OLG Hamm AG 2001, 145 (145 f.) = FGPrax 2000, 122 f.; *Schaaf* EWiR 2000, 463 (464); MüKoAktG/*Habersack* Rn. 3 f.; Hüffer/Koch/*Koch* Rn. 1; Wachter/*Schick* Rn. 1; Hölters/*Simons* Rn. 2; Henssler/Strohn/*Henssler* Rn. 1; aA noch *Schmatz* WM 1955, 642 (643) zu § 89 AktG 1937.
[4] KG ZIP 2005, 1553 (1554 f.); Henssler/Strohn/*Henssler* Rn. 1; Grigoleit/*Grigoleit/Tomasic* Rn. 2; so auch *Oechsler* AG 2006, 606 (612 f.), der darüber hinaus über eine teleologische Reduktion des § 104 Abs. 1 dem für die Neubesetzung des Aufsichtsrats zuständigen Gericht in Einzelfällen die Möglichkeit einer (zumindest zeitweisen) Aussetzung des Neubestellungsverfahrens zugestehen will.
[5] *Meier* NZG 2000, 190 (191).
[6] Kölner Komm AktG/*Mertens/Cahn* Rn. 3; Hüffer/Koch/*Koch* Rn. 1; MüKoAktG/*Habersack* Rn. 1; *Meier* NZG 2000, 190 (191); Großkomm AktG/*Hopt/Roth* Rn. 11.
[7] MüKoAktG/*Habersack* Rn. 53.
[8] MüKoAktG/*Habersack* Rn. 53.
[9] Gesetz zur Änderung von Vorschriften des Aktienrechts und des Mitbestimmungsrechts vom 18.7.1957, BGBl. 1957 I 714; s. dazu auch *Auffarth* NJW 1957, 1702 ff.; *Radke* NJW 1958, 973 (975).

dessen Arbeitnehmer an der Wahl der Arbeitnehmervertreter im Aufsichtsrat teilnehmen, ein Zehntel dieser Arbeitnehmer oder aber mindestens 100 von ihnen antragsberechtigt waren. S. 4 sah schließlich ein Antragsrecht für Spitzenorganisationen der Gewerkschaften vor, die ein Vorschlags- oder Entsendungsrecht hatten. Den Abschluss bildete ein Abs. 6, der wie der heutige Abs. 6 das Erlöschen des Amtes vorsah, allerdings anders als die heutige Regelung dann, wenn das fehlende Aufsichtsratsmitglied gewählt oder entsandt worden war. Abgeschafft wurde dagegen die Strafandrohung gegenüber dem Vorstand bei unterlassener Antragstellung (§ 297 Nr. 1 AktG 1937). Stattdessen wurde die Möglichkeit einer Ordnungsstrafe in § 303 Abs. 1 AktG 1937 eingefügt (jetzt § 407 Abs. 1 AktG: Zwangsgeld).

7   Mit dem AktG 1965 erfuhr § 104 weitere Änderungen: Klargestellt wurden verfahrensrechtliche Fragen, etwa die Aufführung der sofortigen Beschwerde als zulässiges Rechtsmittel. Auch der das Erlöschen des Amtes regelnde § 104 Abs. 5 wurde neu gefasst, indem erst der Amtsantritt des neu bestellten Mitglieds zum Ende des gerichtlich bestellten Aufsichtsratsmitglieds führt, um Schwierigkeiten nach der alten Rechtslage zu vermeiden, wonach das Amtsende bereits eintrat mit Wahlbeschluss der Hauptversammlung bzw. Entsendung – ohne Rücksicht auf die Annahme des Mandats des neu bestellten Mitglieds.[10] Neu war ebenfalls der in § 104 Abs. 7 nunmehr ausdrücklich geregelte Anspruch auf Ersatz angemessener barer Auslagen sowie der Zahlung einer Vergütung. Vorbild der Regelung waren § 27 Abs. 2 AktG 1937, § 136 Abs. 5 AktG 1937,[11] die Entsprechendes für die Gründungsprüfer bzw. die Abschlussprüfer vorsahen. Die Vergütungspflicht in § 104 Abs. 7 wurde jedoch davon abhängig gemacht, dass auch den anderen Aufsichtsratsmitgliedern eine Vergütung gewährt wurde, um so die Gleichbehandlung der Aufsichtsratsmitglieder sicherzustellen.[12]

8   Spätere Änderungen resultierten vor allem aus der nötigen Anpassung an die jeweiligen Mitbestimmungsgesetze, indem die Antragsberechtigungen sowie die Vorgaben für Vorschlagsrechte und die Einhaltung des Gruppenproporzes in § 104 Abs. 4 neu gefasst wurden (Gesetz über die Mitbestimmung der Arbeitnehmer (Mitbestimmungsgesetz – MitbestG) v. 4.5.1976, BGBl. 1976 I 1153, hier § 35 Abs. 1 Nr. 8; Gesetz zur Änderung des Betriebsverfassungsgesetzes, über Sprecherausschüsse der leitenden Angestellten und zur Sicherung der Montan-Mitbestimmung v. 20.12.1988, BGBl. 1988 I 2312, hier Art. 4 Abs. 2 Nr. 3). Ferner wurde 2001 die Differenzierung von Arbeitern und Angestellten aufgegeben und die Antragsrechte entsprechend angepasst (Gesetz zur Reform des Betriebsverfassungsgesetzes v. 23.7.2001, BGBl. 2001 I 1852, hier Art. 1 Nr. 5; Anpassung des AktG durch das Gesetz zur Vereinfachung der Wahl der Arbeitnehmervertreter in den Aufsichtsrat v. 23.3.2002, BGBl. 2002 I 1130, hier Art. 2 Nr. 3), 2002 die Antragsberechtigung für Sprecherausschüsse eingeführt (Gesetz zur Vereinfachung der Wahl der Arbeitnehmervertreter in den Aufsichtsrat v. 23.3.2002, BGBl. 2002 I 1130, hier Art. 2 Nr. 3). Im Dezember 2008 wurde schließlich durch das FGG-ReformG[13] der Wortlaut von Abs. 1 S. 5, Abs. 2 S. 4 und Abs. 6 S. 3 durch die jeweilige Streichung des Wortes „sofortige" geändert und durch die Neufassung des Abs. 6 S. 3 Hs. 2, in dem Abs. 6 S. 4 aF aufgegangen ist, die Rechtsbeschwerde ausgeschlossen.[14] Seit der Reform gelten für das § 104 AktG zugrundeliegende Verfahren die allgemeinen Vorschriften im ersten Abschnitt des FamFG sowie die § 375 Nr. 3 FamFG, §§ 376, 377 FamFG.[15] Schließlich wurde § 104 Abs. 5 aufgrund der in § 96 Abs. 2 neuen Quotenregelung für die Gleichstellung der Geschlechter (Gesetz für die gleichberechtigte Teilhabe von Frauen und Männern an Führungspositionen in der Privatwirtschaft und im öffentlichen Dienst)[16] eingefügt, um einen Gleichlauf von Wahlen und gerichtlicher Ersatzbestellung zu erreichen.

III. Ergänzung wegen Beschlussunfähigkeit, Abs. 1

9   § 104 Abs. 1 erlaubt die gerichtlich verfügte Ergänzung des beschlussunfähigen Aufsichtsrats um das fehlende Aufsichtsratsmitglied. Voraussetzungen sind ein beschlussunfähiger Aufsichtsrat und ein entsprechender Antrag des Vorstands, eines Aufsichtsratsmitglieds oder eines Aktionärs.

---

[10] BegrRegE *Kropff* S. 144 f.; Großkomm AktG/*Hopt/Roth* Rn. 5.
[11] BegrRegE *Kropff* S. 145.
[12] BegrRegE *Kropff* S. 145.
[13] Gesetz zur Reform des Verfahrens in Familiensachen und in den Angelegenheiten der freiwilligen Gerichtsbarkeit vom 17.12.2008, BGBl. 2008 I 2586.
[14] MüKoAktG/*Habersack* Rn. 7.
[15] Kölner Komm AktG/*Mertens/Cahn* Rn. 24.
[16] BegrRegE BT-Drs. 18/3784, Rechtsausschuss BT-Drs. 18/4227; zum Praxisleitfaden des BMFSFJ für die Umsetzung des Gesetzes https://www.bmfsfj.de/blob/83970/b4dad0318495566f9d4d6d78e50b1bc5/praxisleitfaden-data.pdf, zuletzt abgerufen am 9.3.2017.

1. Beschlussunfähigkeit. Die Beschlussunfähigkeit des Aufsichtsrats, die eintritt, wenn dem 10
Aufsichtsrat weniger Mitglieder angehören als von Gesetz oder Satzung vorgesehen, richtet sich
zunächst für nicht mitbestimmte Aktiengesellschaften sowie für nach dem DrittelbG mitbestimmte
Gesellschaften nach § 108 Abs. 2 (Einzelheiten bei → § 108 Rn. 37 ff.). Demnach müssen mindestens
die Hälfte der nach Gesetz oder Satzung erforderlichen Mitglieder bei der Beschlussfassung mitwirken, auf jeden Fall aber drei Mitglieder. Bei mitbestimmten Gesellschaften nach dem MitbestG greift
§ 28 MitbestG als lex specialis ein, bei montanmitbestimmten Gesellschaften § 10 MontanMitbestG
bzw. § 11 MontanMitbestErgG: Danach muss die Hälfte der Mitglieder an der Beschlussfassung
teilnehmen, ohne Rücksicht auf die Gruppenparität und den Proporz.

Zur Beschlussunfähigkeit führt auch eine **dauerhafte Amtsverhinderung,** wenn das Aufsichts- 11
ratsmitglied nicht einmal schriftlich seine Stimme abgeben kann, da die Funktionsfähigkeit des
Aufsichtsrats aufrechterhalten werden muss.[17] Hingegen liegt keine Beschlussunfähigkeit im Sinne
von § 104 Abs. 1 vor, wenn trotz ausreichender Mitgliederzahl der Aufsichtsrat aus einem anderen
Grund im Einzelfall beschlussunfähig ist, etwa aufgrund von Stimmverboten.[18] Insoweit steht der
Aufsichtsrat grundsätzlich selbst in der Pflicht, sich rechtmäßig zu organisieren.[19]

In diesem Zusammenhang nimmt ein die Teilnahme und Beschlüsse **boykottierendes Aufsichts-** 12
ratsmitglied allerdings eine Sonderstellung ein, insbesondere bei einem dreiköpfigen Aufsichtsrat,
der dadurch beschlussunfähig wird gem. § 108 Abs. 2 S. 3 iVm S. 2. Damit läge es in der Hand des
boykottierenden Mitglieds, einen dreiköpfigen Aufsichtsrats bis auf weiteres lahm zu legen, da mangels Beschlussfähigkeit der Aufsichtsrat noch nicht einmal einen Antrag auf gerichtliche Abberufung
gem. § 103 Abs. 3 S. 1, 2 stellen könnte.[20] Die Alternative einer Abberufung durch einen Hauptversammlungsbeschluss gem. § 103 Abs. 1 S. 1, 2 verbunden mit der Wahl eines Nachfolgers, kommt –
unabhängig von dem damit verbundenen Anfechtungs- und Nichtigkeitsklagerisiko – jedenfalls für
Gesellschaften, die nach einer zügigen Lösung suchen, aufgrund der nötigen Vorbereitung einer
solchen Hauptversammlung und der zu beachtenden Einberufungsfristen kaum in Betracht.[21] Sofern
es sich nicht um einen einmaligen, sondern um einen längere Zeit andauernden Boykott handelt,
spricht der Telos des § 104 Abs. 1 S. 1, die Handlungsfähigkeit des Aufsichtsrates zu sichern, für
eine entsprechende Anwendung der Norm.[22] Notwendig ist allerdings, dass beim boykottierenden
Mitglied auch der Boykottwille festgestellt werden kann. Dabei stellt die wiederholte Nichtteilnahme
an einer ordnungsgemäß initiierten Beschlussfassung ein objektives Indiz für einen solchen Willen
dar, erst recht natürlich ein ausdrücklich angekündigter Boykott.[23]

Vertritt das Aufsichtsratsmitglied nach § 105 Abs. 2 vorübergehend ein **Vorstandsmitglied,** 13
ist es zwingend von der Ausübung seines Amtes für die Zeit der Zugehörigkeit zum Vorstand
ausgeschlossen. Zwar handelt es sich auch in diesem Fall um einen vorübergehenden Zustand, doch da eine Funktionsfähigkeit des Aufsichtsrats auch in diesem Fall aufrecht zu erhalten ist, muss davon ausgegangen werden, dass eine gerichtliche Ersatzbestellung zulässig ist, zumal das gerichtlich bestellte Aufsichtsratsmitglied automatisch mit Rückkehr
des alten Mitglieds ausscheidet.[24] Es kommt auch hier nicht darauf an, ob eine Vakanz eintritt,[25]
sondern nur auf die Gewährleistung der dauerhaften Funktionsfähigkeit des Aufsichtsrats.

2. Antragsberechtigung. Die gerichtliche Ergänzung findet nur auf Antrag statt; von Amts 14
wegen darf das Gericht nicht tätig werden. Antragsberechtigt sind der Vorstand, Mitglieder des
Aufsichtsrats, Aktionäre sowie Vertreter der Arbeitnehmer bzw. diese selbst, nicht dagegen die Gesellschaft oder Dritte.[26]

a) Vorstand. Der Vorstand ist nach § 104 Abs. 1 S. 2 gehalten, den Antrag unverzüglich, dh ohne 15
schuldhaftes Zögern,[27] zu stellen. Im Sinne der Rechtssicherheit beginnt die Überlegungsfrist des

---

[17] Großkomm AktG/*Hopt/Roth* Rn. 18 f.; MüKoAktG/*Habersack* Rn. 12 f.; Kölner Komm AktG/*Mertens/Cahn* Rn. 5; Hüffer/Koch/*Koch* Rn. 2; Hölters/*Simons* Rn. 4; UHH/*Ulmer/Habersack* MitbestG § 6 Rn. 56; K. Schmidt/Lutter/*Drygala* Rn. 3; Bürgers/Körber/*Israel* Rn. 2.
[18] MüKoAktG/*Habersack* Rn. 9; Hüffer/Koch/*Koch* Rn. 2; Hölters/*Simons* Rn. 7.
[19] Hölters/*Simons* Rn. 7; → § 108 Rn. 52.
[20] *Reichard* AG 2012, 359.
[21] *Reichard* AG 2012, 359 f.
[22] So auch *Reichard* AG 2012, 359 (360, 362).
[23] *Reichard* AG 2012, 359 (362 f.).
[24] Großkomm AktG/*Hopt/Roth* Rn. 22; Kölner Komm AktG/*Mertens/Cahn* Rn. 5; MüKoAktG/*Habersack* Rn. 13.
[25] So aber MHdB AG/*Hoffmann-Becking* § 29 Rn. 14, § 30 Rn. 58.
[26] MüKoAktG/*Habersack* Rn. 18 ff.; Großkomm AktG/*Hopt/Roth* Rn. 27, 29, 39; Hölters/*Simons* Rn. 22 ff.; K. Schmidt/Lutter/*Drygala* Rn. 4 ff.; *E. Vetter* in Marsch-Barner/Schäfer Börsennotierte AG-HdB Rn. 25.41.
[27] Großkomm AktG/*Hopt/Roth* Rn. 30; Hüffer/Koch/*Koch* Rn. 3; K. Schmidt/Lutter/*Drygala* Rn. 4; Wachter/*Schick* Rn. 2.

Vorstands mit dem Eintritt der Beschlussunfähigkeit.[28] Nur dann, wenn der Vorstand vernünftigerweise erwarten kann, dass eine Ergänzung rechtzeitig vor der nächsten Aufsichtsratssitzung zu erwarten ist, kann er gem. § 104 Abs. 1 S. 2 Hs. 2 von der Antragstellung absehen. Dies setzt eine vorherige Kontaktaufnahme mit den bestellberechtigten Organen (Hauptversammlung, Wahlorgane der Arbeitnehmer, Entsendungsberechtigter) voraus.[29] Die Pflicht besteht aber nur bei Beschlussunfähigkeit des Aufsichtsrats, nicht bereits, wenn der Aufsichtsrat zwar nicht die erforderliche Mitgliederanzahl aufweist, aber noch beschlussfähig ist.[30]

16 Der Vorstand muss nach vorheriger Beschlussfassung den Antrag entsprechend § 78 in **vertretungsberechtigter Zahl** und Zusammensetzung stellen, bei unechter Gesamtvertretung auch durch ein Vorstandsmitglied gemeinsam mit einem Prokuristen.[31] Da der Vorstand als Organ antragsberechtigt ist und nicht die Gesellschaft, muss er den Antrag im eigenen Namen stellen.[32]

17 Eine **Verletzung der Pflicht** führt zur Schadensersatzpflicht gem. § 93 Abs. 2 und stellt gegebenenfalls einen wichtigen Grund zur Abberufung nach § 84 Abs. 3 dar.[33] Zudem kann der Vorstand gem. § 407 Abs. 1 S. 1 iVm § 104 Abs. 1 durch Zwangsgeld zur Antragstellung angehalten werden.

18 Auch den **Abwickler** einer AG trifft gem. § 268 Abs. 2 S. 1, § 269 Abs. 1 die Antragspflicht.[34]

19 **b) Aufsichtsratsmitglied.** Der Antrag auf Ergänzung des Aufsichtsrats kann auch durch jedes Aufsichtsratsmitglied gestellt werden, da der Aufsichtsrat als Organ selbst beschlussunfähig ist. Zwar schreibt § 104 Abs. 1 keine Pflicht für das Aufsichtsratsmitglied zur Antragstellung vor, doch kann sich eine solche Pflicht aus der allgemeinen Treue- und Fürsorgepflicht zur Sicherstellung eines funktionsfähigen Aufsichtsrats ergeben; zumindest ist der Vorstand zur Antragstellung zu veranlassen.[35] Bei Verstößen gegen die Antragspflicht besteht ggf. eine Schadensersatzpflicht der Aufsichtsratsmitglieder gem. §§ 116, 93.

20 **c) Aktionär.** Antragsberechtigt ist ferner jeder Aktionär, unabhängig von der Höhe seiner Beteiligung,[36] wobei insbesondere aktivistische Aktionäre ihre Antragsberechtigung zur Einflussnahme auf die Gesellschaft geltend machen können.[37] Eine Pflicht der Aktionäre zur Antragstellung besteht nicht.[38]

21 **d) Antragsberechtigung bei mitbestimmten Gesellschaften.** Darüber hinaus verleiht § 104 Abs. 1 S. 3 für mitbestimmte Gesellschaften den aufgeführten Organen und Arbeitnehmergruppen sowie Organisationen der Gewerkschaften Antragsrechte. Auch die Arbeitnehmer haben ein eigenes Antragsrecht nach § 104 Abs. 1 S. 3 Nr. 5 bei Erreichen des Quorums, im Bereich des MitbestG die einzelnen Gruppen, § 104 Abs. 1 S. 4. Die Spitzenorganisationen der Gewerkschaften wie DGB oder DAG haben zwar kein eigenes Vorschlagsrecht mehr gegenüber der Hauptversammlung, wie es noch im früheren MontanMitbestG bzw. MontanMitbestErgG bestanden hatte (vgl. die Änderung mit dem Gesetz zur Änderung des MontanMitbestG und des MontanMitbestErgG vom 21.5.1981, BGBl. 1981 I 441); ebenso wenig kennt das MitbestG ein eigenes Vorschlagsrecht für die Spitzenorganisationen, sondern nur für die Einzelgewerkschaften. Allerdings besteht im Rahmen des MontanMitbestG immer noch ein Vorschlagsrecht der Spitzenorganisationen gegenüber den Betriebsräten, § 6 Abs. 3 MontanMitbestG. Dieses ist nur nicht mehr bindend für die Hauptversammlung, denn erst an die Vorschläge der Betriebsräte ist die Hauptversammlung nach § 6 Abs. 6 MontanMitbestG gebunden. Man könnte der Auffassung sein, dass mangels Vorschlagsrechts auch keine Antragsberech-

---

[28] Großkomm AktG/*Hopt/Roth* Rn. 30; K. Schmidt/Lutter/*Drygala* Rn. 4.
[29] MüKoAktG/*Habersack* Rn. 17; Großkomm AktG/*Hopt/Roth* Rn. 31.
[30] MüKoAktG/*Habersack* Rn. 14; MHdB AG/*Hoffmann-Becking* § 30 Rn. 63.
[31] MüKoAktG/*Habersack* Rn. 16; Großkomm AktG/*Hopt/Roth* Rn. 28; Kölner Komm AktG/*Mertens/Cahn* Rn. 8; Hüffer/Koch/*Koch* Rn. 3; K. Schmidt/Lutter/*Drygala* Rn. 4; *Schmatz* WM 1955, 642 (645).
[32] KG OLGZ 1966, 596 (597 f.); MüKoAktG/*Habersack* Rn. 16; Henssler/Strohn/*Henssler* Rn. 3; Großkomm AktG/*Hopt/Roth* Rn. 29; Hüffer/Koch/*Koch* Rn. 3; Hölters/*Simons* Rn. 21, die aber ggf. mit Umdeutung helfen wollen; ähnlich *Wandt* AG 2016, 877 (878); aA Kölner Komm AktG/*Mertens/Cahn* Rn. 8, „praktisch ohne Bedeutung", ob der Vorstand in Vertretung der Aktiengesellschaft oder im eigenen Namen handelt.
[33] Großkomm AktG/*Hopt/Roth* Rn. 32; MüKoAktG/*Habersack* Rn. 15; Hölters/*Simons* Rn. 21; Henssler/Strohn/*Henssler* Rn. 4.
[34] MüKoAktG/*Habersack* Rn. 15; Großkomm AktG/*Hopt/Roth* Rn. 28.
[35] Kölner Komm AktG/*Mertens/Cahn* Rn. 10; Großkomm AktG/*Hopt/Roth* Rn. 33; MüKoAktG/*Habersack* Rn. 18; strenger: *Wagner* in Semler/v. Schenck AR-HdB § 2 Rn. 41, nach der jedes Aufsichtsratsmitglied aufgrund seiner Sorgfaltspflicht den Antrag stellen muss; wohl auch *Wandt* AG 2016, 877 (879).
[36] MüKoAktG/*Habersack* R 18; Großkomm AktG/*Hopt/Roth* Rn. 34; Hüffer/Koch/*Koch* Rn. 4; K. Schmidt/Lutter/*Drygala* Rn. 6; Wachter/*Schick* Rn. 3.
[37] *Plagemann/Rahlmeyer* NZG 2015, 895 (896).
[38] *Wandt* AG 2016, 877 (879).

tigung der Spitzenorganisationen mehr besteht.[39] Doch hat der Gesetzgeber die Änderungen der mitbestimmungsrechtlichen Gesetze nicht zum Anlass genommen, § 104 Abs. 1 S. 3 Nr. 6 aufzuheben, obwohl gerade § 104 im Zuge der Änderung der mitbestimmungsrechtlichen Gesetze häufig modifiziert wurde, so dass im Rahmen der Montan-Mitbestimmung nach wie vor von einem rechtlichen Interesse der Spitzenorganisationen und einem eigenen Antragsrecht auszugehen ist.[40] Das Vorschlagsrecht gegenüber den Betriebsräten nach § 6 Abs. 3 MontanMitbestG muss dann für die Antragsberechtigung gem. § 104 Abs. 1 S. 3 Nr. 6 genügen, weil ansonsten kein Vorschlagsrecht der Spitzenorganisationen mehr bestünde und die Vorschrift des § 104 Abs. 1 S. 3 Nr. 6 gegenstandslos wäre. Im Bereich der anderen mitbestimmungsrechtlichen Gesetze besteht dagegen kein Vorschlagsrecht der Spitzenorganisationen, so dass auch ein Antragsrecht nach § 104 Abs. 1 S. 3 Nr. 6 ausscheidet.

Die Antragsberechtigung **beschränkt sich nicht auf den Wegfall eines Arbeitnehmervertreters** oder des Vertreters einer bestimmten Gruppe, sondern betrifft die Beschlussunfähigkeit allgemein, mithin alle Aufsichtsratsmitglieder.[41] § 104 Abs. 1 S. 4 erstreckt die Antragsberechtigung aus Gründen der Parität auf die vom MitbestG erfassten Arbeitnehmergruppen. Maßgeblich ist die zum Zeitpunkt der Antragstellung bestehende Zusammensetzung des Aufsichtsrats.[42] 22

e) Antragsberechtigung für die KGaA. Für die KGaA steht die Berechtigung zur Antragstellung gem. § 104 Abs. 1 und Abs. 2 dem persönlich haftenden Gesellschafter und nicht der Gesellschaft selbst zu.[43] 22a

3. Verfahren. Das angerufene Gericht entscheidet über die Person des zu bestellenden Aufsichtsratsmitglieds **nach pflichtgemäßem Ermessen** (§ 37 Abs. 1 FamFG) ohne Bindung an den Vorschlag des Antragstellers.[44] Bei der Auswahl hat das Gericht vor allem die hinreichende Qualifikation des zu Bestellenden zur pflichtgemäßen Mandatsausübung sowie das Fehlen eines Interessenkonflikts zu berücksichtigen; im Allgemeinen dürfen der Bestellung keine überwiegenden Belange der Gesellschaft und/oder der Allgemeinheit entgegenstehen.[45] Dies gilt auch bei gerichtlicher Bestellung zur Wahrung der Geschlechterquote gemäß § 96 Abs. 2. (→ Rn. 47a) Das Gericht darf bei seiner Entscheidung auch Wertungen, auf denen Kodex-Vorgaben beruhen, berücksichtigen und kann sich so auch zur Bestellung eines neutralen Mitglieds entscheiden, etwa um die Bildung unterschiedlicher Lager zu verhindern und Streitigkeiten vorzubeugen.[46] Auch können gesellschaftspolitische Themen, wie die Förderung der Frauenquote, vom Gericht berücksichtigt werden,[47] etwa entsprechend der „comply or explain"-Empfehlung der Ziff. 5.4.1 Abs. 2 DCGK (→ § 96 Rn. 3). Die Amtsdauer des gerichtlich bestellten Aufsichtsratsmitglieds kann vom Gericht befristet werden, auch wenn der Antragsteller keine Befristung beantragt hat, wobei in der Regel die Frist bis zur nächsten möglichen Wahl (Hauptversammlung, Belegschaftswahl) zu bestimmen ist, nicht aber darunter.[48] Auch wenn das Gericht nicht an den Antrag gebunden ist, empfiehlt es sich doch in der Praxis, im Antrag mögliche Kandidaten genau zu benennen, insbesondere ihre Qualifikation und Stellung.[49] 23

Die Entscheidung ergeht im **Verfahren der freiwilligen Gerichtsbarkeit** als Beschluss (§ 38 ff. FamFG). Das Gericht wird **nur auf Antrag** tätig, nicht von Amts wegen. Der Antrag muss schlüssig erkennen lassen, dass der zu bestellende Kandidat im Hinblick auf seine Kenntnisse, Fähigkeiten und 24

---

[39] So noch MHdB AG/*Hoffmann-Becking*, 2. Aufl. 1999, § 30 Rn. 33, inzwischen aufgegeben MHdB AG/*Hoffmann-Becking* § 30 Rn. 63.
[40] Großkomm AktG/*Hopt/Roth* Rn. 36, Fn. 133.
[41] Kölner Komm AktG/*Mertens/Cahn* Rn. 9; Großkomm AktG/*Hopt/Roth* Rn. 35; UHH/*Ulmer/Habersack* MitbestG § 6 Rn. 59; *Auffarth* NJW 1957, 1702 (1703).
[42] MüKoAktG/*Habersack* Rn. 19.
[43] OLG Frankfurt a. M. NZG 2015, 1154; MüKoAktG/*Perlitt* § 287 Rn. 25; Großkomm AktG/*Assmann/Sethe* § 287 Rn. 12.
[44] OLG Bamberg AG 2014, 452 (453); OLG Hamm NZG 2013, 1099 (1100); OLG München NZG 2009, 1149 (1150); OLG Schleswig NZG 2004, 669; BayObLG NZG 1998, 69 = NJW-RR 1998, 330; LG Wuppertal BB 1978, 1380; Kölner Komm AktG/*Mertens/Cahn* Rn. 19; Großkomm AktG/*Hopt/Roth* Rn. 83 ff.; MüKoAktG/*Habersack* Rn. 31; Hüffer/Koch/*Koch* Rn. 5; Wachter/*Schick* Rn. 4; Hölters/*Simons* Rn. 27; *E. Vetter* in Marsch-Barner/Schäfer Börsennotierte AG-HdB Rn. 25.42; K. Schmidt/Lutter/*Drygala* Rn. 9; MHdB AG/*Hoffmann-Becking* § 30 Rn. 64; *Meier* NZG 2000, 190 (191).
[45] OLG Braunschweig Beschl. v. 24.5.2016 – 1 W 92/15, BeckRS 2016, 15591; ausführlich zu den Ermessenskriterien bei der Auswahl Großkomm AktG/*Hopt/Roth* Rn. 83 ff.
[46] Hüffer/Koch/*Koch* Rn. 5; OLG Hamm NZG 2013, 1099 (1100); zu diesem Urteil s. auch *Beyer* NZG 2014, 61 ff.
[47] *Paudtke/Glauer* NJW-Spezial 2013, 719; krit. *Hoffmann-Becking* NZG 2014, 801.
[48] OLG Frankfurt NZG 2017, 1187; OLG München AG 2010, 87.
[49] Eingehend *Wandt* AG 2016, 877 (882); s. auch *Fett/Theusinger*, AG 2010, 425 (432).

Erfahrungen einem Mindestmaßstab genügt.⁵⁰ Das Gericht bestellt nur die zur Beschlussfassung erforderliche Anzahl von Mitgliedern (§ 104 Abs. 1 S. 1: „auf diese Zahl"). Soll der Aufsichtsrat darüber hinaus wieder vollständig aufgefüllt werden, so sollte neben dem Antrag wegen Beschlussunfähigkeit auch ein entsprechender Antrag wegen Unterbesetzung nach Abs. 2 gestellt werden.⁵¹

25 **Zuständig** ist das Amtsgericht, in dessen Bezirk das Landgericht seinen Sitz hat, wiederum für den Landgerichtsbezirk, in dem die Gesellschaft ihren Sitz hat; es entscheidet gem. § 376 Abs. 1 FamFG iVm § 375 Nr. 3 FamFG, § 377 FamFG, durch den Richter (§ 17 Nr. 2a RPflG) über den Bestellungsantrag; eine Übertragung auf den Rechtspfleger ist nicht statthaft.

26 Gem. § 34 Abs. 1 FamFG sind die Beteiligten nur unter der Voraussetzung der Gewährleistung des rechtlichen Gehörs oder aufgrund gesetzlicher Vorschriften **anzuhören** (früher: grundsätzliche Anhörung des Antragsgegners gem. § 146 Abs. 1 FGG). Beteiligte sind gemäß § 7 Abs. 2 Nr. 1 FamFG alle nach § 104 Abs. 1 Antragsberechtigten, auch wenn sie keinen Antrag gestellt haben.⁵² Da im Rahmen des Eilverfahrens die Hauptversammlung in der Regel nicht gehört werden kann, sind nur der Vorstand und die amtierenden Aufsichtsratsmitglieder zu beteiligen.⁵³ Die übrigen in § 104 genannten Antragsberechtigten können, müssen aber nicht vom Gericht beteiligt werden, da ihre Interessen zum einen durch ihre Antragsrechte, zum anderen durch die Aufsichtsratsmitglieder, die ihre Interessen im Aufsichtsrat repräsentieren, ausreichend gewahrt sind.⁵⁴ Erforderlich ist ferner, dass das Gericht den zu Bestellenden vor der Entscheidung anhört, um sich einen Eindruck von seiner Eignung für das Amt zu verschaffen.⁵⁵

27 Der Beschluss wird **wirksam**, wenn er demjenigen bekannt gegeben wird, für den er seinem Inhalt nach bestimmt ist (§ 40 Abs. 1 FamFG);⁵⁶ ein anfechtbarer Beschluss ist demjenigen zuzustellen, dessen erklärtem Willen er widerspricht (§ 41 Abs. 1 S. 2 FamFG). Im Vergleich zur alten Rechtslage wurde das Zustellungserfordernis erheblich eingeschränkt (vgl. §§ 16 Abs. 1, Abs. 2 S. 1 FGG, §§ 166 ff. ZPO).⁵⁷ Während es früher zur Wirksamkeit des Beschlusses gem. § 16 Abs. 1 und 2 S. 1 FGG noch der förmlichen **Zustellung** an den Antragsteller und bei erfolgreichem Antrag auch an das bestellte Aufsichtsratsmitglied bedurfte,⁵⁸ hat sich die Rechtslage mit Einführung des FamFG geändert. Es genügt im Grundsatz die schriftliche Bekanntgabe (vgl. § 63 Abs. 3 S. 1 FamFG). Grundsätzlich steht die Wahl zwischen förmlicher Zustellung und einfacher Aufgabe zur Post im pflichtgemäßen Ermessen des Gerichts (§ 15 Abs. 2 FamFG);⁵⁹ nur bei Abweichung des Beschlusses vom entäußerten Willen der Beteiligten ist jetzt noch eine förmliche Zustellung erforderlich (vgl. § 41 Abs. 1 S. 2 FamFG).⁶⁰ Der Beschluss wird also mit schriftlicher Bekanntmachung an den gerichtlich Bestellten wirksam, bei Ablehnung des Antrags mit Zustellung an den Antragsteller.⁶¹ Mitglied des Aufsichtsrats wird die bestellte Person allerdings erst mit der Annahme des Mandats.⁶² Es liegt

---

⁵⁰ OLG Schleswig NZG 2004, 669.
⁵¹ Hölters/*Simons* Rn. 10.
⁵² Zum Problem der massenhaften Beteiligung bei großen Publikumsgesellschaften *Drehsen* AG 2015, 775.
⁵³ OLG Dresden NJW-RR 1998, 830 (831); MHdB AG/*Hoffmann-Becking* § 30 Rn. 64; MüKoAktG/*Habersack* Rn. 38; unklar OLG Stuttgart WM 2017, 1860, das wegen der Neuregelung im FamFG die frühere Rechtsauffassung jetzt als „unhaltbar" bezeichnet, dennoch aber von einer notwendigen rechtlichen Gehör ausgeht.
⁵⁴ MüKoAktG/*Habersack* Rn. 38; auf Eilbedürftigkeit verweisen BayVGH NZG 2006, 25 (26); anders *Drehsen* AG 2015, 775 (775 ff.), der grundsätzlich alle Aktionäre beteiligen will, dafür aber analog §§ 6 Abs. 1 und 2, 11 Abs. 3, 14 SpruchG einen besonderen Vertreter bestellen will.
⁵⁵ Zutr. MüKoAktG/*Habersack* Rn. 38; aA Großkomm AktG/*Hopt/Roth* Rn. 90, die eine Anhörung des zu Bestellenden lediglich für sinnvoll, nicht aber für notwendig erachten, da das Gericht sich auch anderweitig über die Eignung informieren könne.
⁵⁶ Allgemeine Auffassung in der Literatur zum FGG, zB Keidel/Kuntze/Winkler/*Schmidt*, Freiwillige Gerichtsbarkeit, 15. Aufl. 2003, § 16 Rn. 10, 14; *Jansen* FGG § 16 Rn. 11, 16; *Bumiller/Winkler*, Freiwillige Gerichtsbarkeit, 8. Aufl. 2006, § 16 FGG Rn. 3; so auch zum FamFG statt vieler K. Schmidt/Lutter/*Drygala* Rn. 10.
⁵⁷ Vgl. zur alten Rechtslage: Keidel/Kuntze/Winkler/*Schmidt*,Freiwillige Gerichtsbarkeit, 15. Aufl. 2003, § 16 Rn. 10, 14; *Jansen* FGG § 16 Rn. 11, 16; *Bumiller/Winkler*, Freiwillige Gerichtsbarkeit, 8. Aufl. 2006, § 16 FGG Rn. 3.
⁵⁸ BGHZ 6, 232 (234 ff.) = NJW 1952, 1009; für einen Verzicht auf förmliche Zustellung an das bestellte Aufsichtsratsmitglied bei dessen Einverständnis mit gerichtlicher Bestellung: LG München I AG 2006, 762 (766) (nrkr).
⁵⁹ Keidel/*Meyer-Holz* FamFG § 41 Rn. 6; Keidel/*Sternal* FamFG § 15 Rn. 8, *Bumiller/Harders/Schwab* FamFG § 41 Rn. 3; Prütting/Helms/*Ahn-Roth* FamFG § 15 Rn. 23.
⁶⁰ Keidel/*Meyer-Holz* FamFG § 41 Rn. 8; Prütting/Helms/*Abramenko* FamFG § 41 Rn. 8 ff.
⁶¹ So auch bereits zur alten Rechtslage Großkomm AktG/*Hopt/Roth* Rn. 91, nach deren Ansicht die Bestellung in jedem Fall mit der formlosen Bekanntgabe an die vom Gericht ausgesuchte Ersatzperson wirksam wird.
⁶² Kölner Komm AktG/*Mertens/Cahn* Rn. 27; Großkomm AktG/*Hopt/Roth* Rn. 91; Hüffer/Koch/*Koch* Rn. 6; MüKoAktG/*Habersack* Rn. 39; UHH/*Ulmer/Habersack* MitbestG § 6 MitbestG Rn. 62; *Birth* BetrR 1998, 29 (30).

im Ermessen des gerichtlich Bestellten, das Amt anzunehmen oder abzulehnen.[63] Da das Gericht sich in der Praxis im Vorhinein über die Bereitschaft zur Annahme informiert, nimmt das gerichtlich bestellte Mitglied das Mandat in der Regel bereits vor Erlass der gerichtlichen Verfügung an. Ein dem Willen widersprechender Beschluss ist sämtlichen Beteiligten förmlich zuzustellen (vgl. § 41 Abs. 1 S. 2 FamFG).[64] Insbesondere spielt es keine Rolle, ob die Aktionäre von ihrer Möglichkeit der Verfahrensbeteiligung Gebrauch gemacht haben; durch eine Bestellung ist ein Eingriff in die Rechte nicht aktiv Beteiligter nicht per se ausgeschlossen, weshalb sie als Beteiligte iSd § 7 Abs. 2 Nr. 1 FamFG anzusehen sind.[65] Konsequenterweise muss auch ihnen der Beschluss zugestellt werden. Das sich hieraus ergebende praktische Umsetzungsproblem der Zustellung bei Publikumsgesellschaften, kann bis zu einer etwaigen Gesetzeskorrektur durch eine Anwendung der §§ 185 ff. ZPO umgangen werden.[66]

Der Beschluss wird mit Ablauf der Rechtsmittelfrist von einem Monat ab schriftlicher Bekanntgabe an die Beteiligten **rechtskräftig** (§ 63 Abs. 1 FamFG iVm § 45 FamFG). Eine stattgebende Verfügung wird hingegen in der Regel erst zwei Wochen nach Bekanntmachung in den Gesellschaftsblättern wirksam (→ § 106 Rn. 1),[67] da in diesem Fall auch nicht am Verfahren beteiligte Personen, denen die Verfügung nicht zugestellt wird, beschwerdebefugt sind (→ Rn. 26. Dies sind insbesondere Aktionäre, die keine gerichtliche Bestellung beantragt haben). Die Bestellung ist damit wirksam, ungeachtet, ob das Gericht Fehler im Rahmen seines Ermessens begangen hat, zB satzungsmäßige Vorgaben für die Qualifikation übersehen hat.[68]

Die Kostenentscheidung ist anders als in § 99 Abs. 6 nicht explizit geregelt; auch hat der Gesetzgeber keinen Verweis auf diese Regelung in das Gesetz aufgenommen. Für Angelegenheiten der freiwilligen Gerichtsbarkeit gilt seit Inkrafttreten des 2. Kostenrechtsmodernisierungsgesetzes vom 23.7.2013 (BGBl. 2013 I 2586) das Gesetz über Kosten der freiwilligen Gerichtsbarkeit für Gerichte und Notare, § 1 Abs. 1 GNotKG. Zur Anwendung gelangt das Veranlasserprinzip des § 22 Abs. 1 Nr. 1 GNotKG, so dass primär der Antragsteller – nicht die Gesellschaft – **Kostenschuldner** ist; allerdings kann der Antragsteller gegenüber der Gesellschaft nach dem Rechtsgedanken der §§ 683, 670 BGB die Erstattung der Kosten in der Regel verlangen, da er im Gesellschaftsinteresse gehandelt hat.[69] Hat eine Gewerkschaft einen Antrag auf Ergänzung des Aufsichtsrats gestellt, fallen ihr die Kosten eines Verfahrens zur Last.[70] Für die **Höhe der Kosten** ist nach § 3 Abs. 1 GNotKG der Geschäftswert maßgeblich, der für nicht vermögensrechtliche Angelegenheiten nach billigem Ermessen des Gerichts bestimmt wird, § 36 Abs. 2 GNotKG; auf 5000 EUR (§ 36 Abs. 3 GNotKG), falls nicht genügend Anhaltspunkte für eine Bestimmung des Werts bestehen, höchstens auf eine Millionen EUR (§ 36 Abs. 3 GNotKG).[71] Als Leitlinie – nicht analog – sollte hier § 75 GNotKG herangezogen werden, der den Geschäftswert für den Regelfall abweichend von § 36 Abs. 3 GNotKG auf 50 000 EUR festsetzt.[72] § 36 Abs. 3 GNotKG bleibt daneben anwendbar, wobei der Geschäftswert nach Lage des Falles auch höher oder niedriger liegen kann.[73] Die Kostenerhebung verstößt auch nicht gegen Art. 10 Buchst c EG-Gesellschaftssteuerrichtlinie (Richtlinie 69/335/EWG des Rates vom 17.7.1969 betreffend die indirekten Steuern auf die Ansammlung von Kapital), wonach die Mitgliedstaaten zwar keine Steuern oder Abgaben auf eine „sonstige Formalität, der eine Gesellschaft, Personenvereinigung oder juristische Person mit Erwerbszweck aufgrund ihrer Rechtsform unterworfen werden kann" erheben

---

[63] Großkomm AktG/*Hopt*/*Roth* Rn. 91; so auch *E. Vetter* in Marsch-Barner/Schäfer Börsennotierte AG-HdB Rn. 25.43.
[64] K. Schmidt/Lutter/*Drygala* Rn. 10; MüKoAktG/*Habersack* Rn. 39.
[65] *Fett*/*Theusinger* AG 2010, 425 (435); *Drehsen* AG 2015, 775; *Nedden-Boeger* FGPrax 2010, 1 (3); Kölner Komm AktG/*Mertens*/*Cahn* Rn. 25; so bereits OLG Schleswig FGPrax 2004, 244 (245); ebenfalls zur alten Rechtslage, wonach jeder Aktionär Beteiligter des Verfahrens ist OLG Dresden NJW-RR 1998, 830.
[66] Kölner Komm AktG/*Mertens*/*Cahn* Rn. 25; K. Schmidt/Lutter/*Drygala* Rn. 8a; MüKoAktG/*Habersack* Rn. 39; *Fett*/*Theusinger* AG 2010, 425 (435 f.); *Nedden-Boeger* FGPrax 2010, 1 (3); *Drehsen* AG 2015, 775 (776).
[67] Großkomm AktG/*Hopt*/*Roth* Rn. 102.
[68] MüKoAktG/*Habersack* Rn. 39, 42 f.; Kölner Komm AktG/*Mertens*/*Cahn* Rn. 29.
[69] In diesem Sinne Großkomm AktG/*Hopt*/*Roth* Rn. 105, Anspruch auf Auslagenersatz, wenn Aufsichtsratsmitglied Kosten für erforderlich ansehen durfte; iE auch MüKoAktG/*Habersack* Rn. 44.
[70] Hüffer/Koch/*Koch* Rn. 4; für die alte Rechtslage OLG Düsseldorf AG 1994, 424.
[71] Für die alte Rechtslage noch im Regelfall 3000 EUR, maximal 500 000 EUR, § 30 Abs. 2 KostO; dazu BayObLG NZG 2005, 405 (406) = AG 2005, 352 = BB 2004, 2094; BayObLG AG 1996, 469; OLG Frankfurt a. M. BB 1976, 810 (811) mit zust. Anm. *Pfeiffer*.
[72] Noch zur alten Rechtslage, bei der als Leitlinie § 99 Abs. 5 S. 6 herangezogen werden konnte. BayObLG DB 2000, 1655 = BayObLGZ 2000, 87; BayObLG NZG 1998, 69 (71) = ZIP 1997, 1883 = BayObLGZ 1997, 262; MüKoAktG/*Habersack* Rn. 44.
[73] BayObLG NZG 2005, 405 (406) = AG 2005, 352; BayObLG DB 2000, 1655 = BayObLGZ 2000, 87; BayObLG NZG 1998, 69 (71) = ZIP 1997, 1883.

dürfen.[74] Der EuGH legt die Vorschrift jedoch so aus, dass nur Formalitäten, die die Gesellschaft aufgrund ihrer Rechtsform zwingend treffen und ohne die die Gesellschaft nicht tätig sein darf, von dem Verbot erfasst werden.[75] Bei dem Verfahren nach § 104 ist das aber nicht der Fall. Dieses Verfahren muss nicht zwingend durchgeführt werden, damit die Gesellschaft tätig sein kann. Vielmehr kann das Verfahren durch die normale Wahl von Aufsichtsratsmitgliedern abgewendet werden. Da es sich also nicht um ein zwingendes Verfahren handelt, kann folglich das Verbot des Art. 10 Buchst c der Gesellschaftssteuerrichtlinie nicht einschlägig sein.[76]

30 Gegen den Beschluss ist nach § 104 Abs. 1 S. 5 bzw. Abs. 2 S. 4 iVm § 402 Abs. 1 FamFG, § 375 Nr. 3 FamFG die **Beschwerde** statthaft; diese ist bei dem Gericht einzulegen, dessen Beschluss angefochten wird, § 64 Abs. 1 FamFG. Das Gericht kann abhelfen oder muss die Beschwerde anderenfalls dem **zuständigen Oberlandesgericht** vorlegen, § 68 Abs. 1 FamFG iVm § 119 Abs. 1 Nr. 1 lit. b GVG. Die Beschwerde muss binnen eines Monats ab Zustellung des Beschlusses an den Beschwerdeberechtigten eingelegt werden, § 63 Abs. 1, 3 FamFG; hilfsweise beginnt der Fristlauf spätestens mit Bekanntmachung der Bestellung in den Gesellschaftsblättern (§ 106) bzw. im elektronischen Bundesanzeiger (§ 25 S. 1).[77] Das Oberlandesgericht ist eine weitere Tatsacheninstanz, so dass es in vollem Umfang sein Ermessen an die Stelle des erstentscheidenden Gerichts setzen kann.[78] Die **Beschwerdebefugnis** ergibt sich aus § 59 Abs. 1 FamFG, wonach einzige Voraussetzung die Beeinträchtigung des Beschwerdeführers durch den Beschluss (Beschwer) ist. Bei einer ablehnenden Entscheidung, aber auch bei der Bestellung einer anderen als der vom Antragsteller vorgeschlagenen Person, ist auf jeden Fall der Antragsteller in seinen Rechten beeinträchtigt.[79] Die früher umstrittene Frage, ob auch Antragsberechtigte **beschwerdebefugt** sind, die **keinen Antrag auf gerichtliche Bestellung** gestellt haben, ist mit dem im Vergleich zu § 20 FGG nahezu wortgleichen § 59 Abs. 1 und 2 FamFG noch nicht entschieden. Hier entfaltet sich ein bunter Strauß an Meinungen: Nach einer Auffassung sollen sämtliche Antragsberechtigte beschwerdebefugt sein,[80] während andere die Beschwerdebefugnis nach § 59 Abs. 2 FamFG auf den Antragsteller beschränken,[81] wiederum andere bei einem ablehnenden Beschluss nur den Antragsteller als beschwerdebefugt ansehen, bei stattgebendem Beschluss jedoch jeden anderen Antragsberechtigten.[82] Nach einer Ansicht sollen die nach § 104 Abs. 1 S. 1 antragsberechtigten Aktionäre nur beschwerdebefugt sein, wenn die rechtzeitige Ergänzung des Aufsichtsrats vor der nächsten Aufsichtsratssitzung zu erwarten gewesen wäre (§ 104 Abs. 1 S. 2 Hs. 2).[83] Schließlich wird vertreten, dass sich die Beschwerdebefugnis der Aktionäre wie auch der Arbeitnehmer auf die ihnen jeweils zuzuordnenden Aufsichtsratsmitglieder beschränkt.[84] Richtigerweise steht **bei einem stattgebenden Beschluss jedem Antragsberechtigten** die Beschwerdebefugnis zu. Da jeder Antragsberechtigte Zweifel an der Qualifikation des Bestellten hegen kann, muss die Beschwerdebefugnis unabhängig von einer vorherigen Antragstellung bestehen. Ferner sind die Antragsberechtigten **hinsichtlich aller bestellten Personen beschwerdebefugt,** also zB auch Aktionäre bei der Bestellung von Arbeitnehmervertretern und umgekehrt, denn auch das Antragsrecht zur gerichtlichen Bestellung setzt nur die Beschlussunfähigkeit des Aufsichtsrats voraus, wird also hinsichtlich aller weggefallenen Aufsichtsratsmitglieder gewährt (zum Kreis der Antragsberechtigten → Rn. 20). Insbesondere gegen die Beschränkung der Beschwerdebefugnis der Aktionäre auf den Fall des § 104 Abs. 1 S. 2 Hs. 2 spricht, dass diese durch die gerichtliche Bestellung schon deshalb in ihren Rechten beeinträchtigt sind, wie es § 59 Abs. 1 FamFG fordert, weil sie nach § 119 Abs. 1 Nr. 1 die eigentlich Bestellungsberechtigten sind. **Bei einem ablehnenden Beschluss** sind aus Gründen der Verfahrensökonomie auch diejenigen beschwerdeberechtigt, die den Antrag zwar nicht gestellt haben, ihn aber hätten stellen können, und nicht nur der Antragsteller selbst.[85]

---

[74] So auch BayObLG DB 2000, 1655 = BayObLGZ 2000, 87; *Müller* EWiR 2001, 33 (34).
[75] EuGH Slg. 1999, I-6427 = NZG 1999, 1049 (1050) Nr. 26.
[76] Mit ähnlicher Begründung für das Verfahren nach § 104 Abs. 2 BayObLG DB 2000, 1655 = BayObLGZ 2000, 87; im Ergebnis auch *Müller* EWiR 2001, 33 (34).
[77] OLG Stuttgart WM 2017, 1860; OLG München AG 2006, 590 (592); LG Berlin AG 1980, 139 (140) = WM 1980, 123; MHdB AG/*Hoffmann-Becking* § 30 Rn. 65 Fn. 98.
[78] OLG Dresden NJW-RR 1998, 830 = NZG 1998, 108; MüKoAktG/*Habersack* Rn. 40.
[79] OLG Dresden NJW-RR 1998, 830 = NZG 1998, 108; Kölner Komm AktG/*Mertens/Cahn* Rn. 28.
[80] OLG Schleswig NZG 2004, 669 = AG 2004, 453; OLG Dresden NJW-RR 1998, 830 = NZG 1998, 108; zust. *Lutter/Kirschbaum* ZIP 2005, 103 (104); Hüffer/Koch/*Koch* Rn. 7; im Grundsatz auch Großkomm AktG/ Hopt/Roth Rn. 97.
[81] KG OLGZ 1966, 596 (597).
[82] So MüKoAktG/*Habersack* Rn. 41; Kölner Komm AktG/*Mertens/Cahn* Rn. 28.
[83] *Hüffer*, 10. Aufl. 2012, Rn. 5.
[84] Großkomm AktG/*Hopt/Roth* Rn. 98, die weitergehend sogar eine Beschränkung der Beschwerdebefugnis von Arbeitern auf Arbeitervertreter und von Angestellten auf Angestelltenvertreter befürworten.
[85] BGH NJW 1993, 662; KG NJW-RR 1990, 1292; Keidel/*Meyer-Holz* FamFG § 59 Rn. 41; *Bumiller/Harders/ Schwamb* FamFG § 59 Rn. 8; *Jänig/Leißring* ZIP 2010, 110 (117).

Bestellung durch das Gericht   31–34 § 104

Nach alter Rechtslage war die Entscheidung des Landgerichts mit der **weiteren Beschwerde** 31
zum Oberlandesgericht gem. §§ 27 ff. FGG nochmals überprüfbar. Diese Möglichkeit besteht mit
der Ausschließlichkeit der Beschwerde (§§ 58 ff. FamFG) gem. § 104 Abs. 7 S. 3 AktG nun nicht
mehr.

4. Deutscher Corporate Governance Kodex. Nach Ziff. 5.4.3 S. 2 DCGK soll im Sinne 32
der Comply-or-Explain-Erkläung ein Antrag auf gerichtliche Bestellung eines Aufsichtsrats bis zur
nächsten Hauptversammlung befristet sein. Da das gerichtlich bestellte Ersatzmitglied ansonsten bis
zur Behebung des Mangels nach § 104 Abs. 6 im Amt bleiben würde, bezweckt diese Empfehlung
die Stärkung des Aktionärsrechts auf Wahl der Anteilseignervertreter im Aufsichtsrat.[86] Ein Antrag
auf Bestellung eines Aufsichtsrats bis zur übernächsten Hauptversammlung läuft dieser Empfehlung
allerdings nicht zu wider, wenn die aktienrechtlichen Einberufungs- und Bekanntmachungsfristen
aufgrund der unmittelbar bevorstehenden (nächsten) Hauptversammlung nicht eingehalten werden
können.[87] Insgesamt soll damit der verbreiteten Praxis entgegengewirkt werden, nach der die Mitglieder des Aufsichtsrats dauerhaft gerichtlich bestellt werden.[88] Gibt das Gericht dem Antrag allerdings
nicht statt, ist dies keine nach § 161 Abs. 1 S. 1 offenlegungspflichtige Abweichung.[89]

IV. Unterschreiten der Mitgliederzahl, Abs. 2, 3

1. Überblick. Anders als im Verfahren nach § 104 Abs. 1 kann das Gericht den Aufsichtsrat auch 33
bei Beschlussfähigkeit[90] ergänzen, wenn die gesetzlich oder satzungsmäßig festgelegte Mitgliederzahl
länger als drei Monate unterschritten wird. Eine Unterbesetzung kommt infolge des Ausscheidens
von Aufsichtsratsmitgliedern in Betracht, aber auch bei Erweiterung des Aufsichtsrats[91] oder bei
Umwandlungen. Hingegen führt die Anfechtung der Wahl einzelner Aufsichtsratsmitglieder bis
zur rechtskräftigen Entscheidung über die Anfechtungsklage nicht zu einer Unterbesetzung des
Aufsichtsrats.[92] Denn auch wenn die stattgegebene Anfechtungsklage grundsätzlich ex tunc wirkt,
so entfaltet sie bezüglich der Pflichten, Haftung und Vergütung der Aufsichtsratsmitglieder aufgrund
der Grundsätze über die beschränkte rechtliche Anerkennung fehlerhafter Dauerverhältnisse im
Ergebnis nur eine **ex-nunc Wirkung**.[93] Hinsichtlich der Stimmabgabe und Beschlussfassung verbleibt es indes bei der ex-tunc Wirkung.[94] Die Grundsätze über die beschränkte rechtliche Anerkennung fehlerhafter Dauerschuldverhältnisse gelten hier nicht zwingend, da häufig kein schutzwürdiges
Vertrauen unbeteiligter Dritter oder Rückabwicklungsschwierigkeiten entgegenstehen.[95] Ob der
von Anfang an als nichtig zu betrachtenden Beschluss ausnahmsweise rückabgewickelt wird, muss
anhand der Interessenlage der Beteiligten im Einzelfall beurteilt werden.[96]

Umstritten ist, ob in Konstellationen, in denen eine **Anfechtungsklage anhängig** ist, eine 34
aufschiebend bedingte gerichtliche Bestellung für den Fall möglich ist, dass die Klage erfolgreich
ist. Eine solche Bestellung verstößt nicht gegen das Rückwirkungsverbot, da die Bedingung erst in
der Zukunft eintritt.[97] Ein praktisches Bedürfnis hierfür ist dadurch entstanden, dass der BGH in

---
[86] KBLW/*Kremer* DCGK Rn. 1404; Kölner Komm AktG/*Mertens/Cahn* Rn. 4.
[87] Wilsing/*Wilsing* DCGK Ziff. 5.4.3 Rn. 7; Hölters/*Simons* Rn. 32; MüKoAktG/*Habersack* Rn. 8 unter ausdrücklicher Aufgabe der in der Vorauflage vertretenen Gegenauffassung.
[88] K. Schmidt/Lutter/*Drygala* Rn. 5; MüKoAktG/*Habersack* Rn. 8.
[89] MüKoAktG/*Habersack* Rn. 8; Wilsing/*Wilsing* DCGK Ziff. 5.4.3 Rn. 5; KBLW/*Kremer* DCGK Rn. 1404.
[90] Zur analogen Anwendbarkeit des Abs. 2, um eine Beschlussunfähigkeit des Aufsichtsrats zu vermeiden *Schwab* AG 2015, 195.
[91] So für den mitbestimmten Aufsichtsrat *Meier* NZG 2000, 190 (191).
[92] OLG Köln NZG 2011, 508 (509); zustimmend *Petrovicki* GWR 2011, 112; s. auch AG Bonn AG 2011, 99 f.; K. Schmidt/Lutter/*Drygala* Rn. 16; Hüffer/Koch/*Koch* Rn. 8; *E. Vetter* ZIP 2012, 701 (706); *Happ* FS Hüffer, 2010, 293 (301 ff.).
[93] BGH NJW 2013, 1535 (1537 Rn. 19); OLG Frankfurt a. M. AG 2011, 36 Rn. 107; *Bayer/Lieder* NZG 2012, 1 (6 f.); *Happ* FS Hüffer, 2010, 293 (305 ff.); *Marsch-Barner* FS K. Schmidt, 2009, 1109 (1128); → § 101 Rn. 113 ff.
[94] BGH NJW 2013, 1535 (1537 Rn. 20).
[95] BGH NJW 2013, 1535 (1537 Rn. 21).
[96] BGH NJW 2013, 1535 (1537 Rn. 21); krit. hierzu mit Vorschlag eines klarstellenden Zwischenverfahrens *Drygala/Gehling* ZIP 2014, 1253 (1255 ff.).
[97] *E. Vetter* ZIP 2012, 701 (706); *Fett/Theusinger* AG 2010, 425 (429 f.); *Lutter/Krieger/Verse* Rechte und Pflichten des Aufsichtsrats Rn. 19; wohl auch *Schürnbrand* NZG 2013, 481 (484), der diese Lösung allerdings nur als „zweitbeste Lösung" gegenüber der Lehre vom fehlerhaften Organverhältnis sieht; *Schroeder/Passar* BB 2011, 1930, die Bestellung bis zur nächsten Hauptversammlung befristen wollen; grds. zwar ablehnend, die befristete Lösung allerdings für „erwägenswert" haltend *Marsch-Barner* FS K. Schmidt, 2009, 1109 (1121 f.); aA hingegen OLG Köln NZG 2011, 508 (509 f.); Kölner Komm AktG/*Kiesner* § 252 Rn. 22; Hüffer/Koch/*Koch* Rn. 8; *Florstedt* NZG 2014, 681 (685); *Drygala/Gehling* ZIP 2014, 1253 (1254 ff.); *Höpfner* ZGR 2016, 505 (532 f.); für einen Ergänzungsbeschluss unter auflösender Bedingung *Schwab* AG 2015, 195 (199 ff.).

seinem Urteil vom 19.2.2013 die Anwendbarkeit der Grundsätze der fehlerhaften Bestellung auf die Aufsichtsratswahl hinsichtlich Stimmabgabe und Beschlussfassung ablehnt,[98] so dass bei einer erfolgreichen Anfechtungsklage zumindest bis zum Zeitpunkt der nächsten Hauptversammlung ein Vakuum entstehen kann (→ § 101 Rn. 113 ff.). Mit Hilfe eines solchen Antrags könnte dann das Risiko abgesichert werden, dass die Wahl des betroffenen Aufsichtsratsmitglieds wirksam angefochten wird. Allerdings setzt dies voraus, dass zum einen genau dieses Aufsichtsratsmitglied vom Gericht auch bestellt wird, zum anderen die Bestellungswirkung mit Eintritt der Bedingung ex tunc bezogen auf den Beschluss des Gerichts (und nicht der Bedingung) eingreift. Das Aufsichtsratsmitglied ist in diesem Fall gerichtlich bestellt, kein gewähltes.[99] Beide Voraussetzungen bzw. Annahmen begegnen allerdings erheblichen **Zweifeln:** Das Gericht kann nicht an den Vorschlag gebunden werden, allenfalls kann an eine Art Ermessensreduktion für diesen besonderen Fall gedacht werden, sofern der Antrag entsprechend deutlich auf diesen Sonderfall zugeschnitten ist. Falls keine Bindung hergestellt werden kann, bleiben die Auswahlkriterien für das Gericht offen; Zweifel an diesem Lösungsvorschlag werden dann insbesondere dadurch hervorgerufen, dass nicht das Prozessgericht entscheidet, sondern das Amtsgericht im FamFG Verfahren. Auch ergeben sich Bedenken im Hinblick auf das damit tendenziell verbundene Unterlaufen der Anfechtungsklage.[100] Beschränkt man indes diese Form der gerichtlichen Bestellung auf den beschriebenen Sonderfall, kann sich letztlich auch aus verfassungsrechtlicher Sicht bei mitbestimmten Gesellschaften eine Notwendigkeit ergeben, um den Einfluss der Anteilseigner zu sichern.

35 Das Gericht wird **nur auf Antrag** der nach § 104 Abs. 1 Berechtigten (→ Rn. 14 ff.) tätig. Eine Ergänzung von Amts wegen ist – auch in dringenden Fällen – ausgeschlossen. Das Gericht muss grundsätzlich die **3-Monats-Frist** abwarten; damit soll den bestellberechtigten Organen bzw. Personen die Möglichkeit belassen werden, selbst für die nötige Bestellung zu sorgen.[101] Außer in dringenden Fällen kann das Gericht Ersatzmitglieder daher erst bestellen, wenn diese Frist verstrichen ist.[102] Allerdings soll weder einem Aktionär noch einem Aufsichtsratsmitglied ein Beschwerderecht gegen eine Entscheidung zustehen, die vor Ablauf der Frist eine Bestellung eines Mitglieds vornimmt;[103] dies erscheint im Hinblick auf den Schutzzweck der Norm, den Mitgliedern selbst die nötige Bestellung zu ermöglichen, zweifelhaft.

36 Die Frist beginnt mit dem Wegfall des Aufsichtsratsmitglieds zu laufen, bei mehreren Aufsichtsratsmitgliedern mit dem Wegfall des ersten Mitglieds.[104] Die Ersatzbestellung ist unabhängig davon, ob der Aufsichtsrat überhaupt einmal vollzählig besetzt war, zB bei nicht durchgeführten oder nichtigen Wahlen.[105] Selbst, wenn sämtliche Arbeitnehmervertreter fehlen sollten, kann das Gericht diese unter Beachtung von § 104 Abs. 4 bestellen.[106]

37 **2. Dringender Fall.** Eine drohende Beschlussunfähigkeit allein genügt nicht, da sonst die Voraussetzungen des § 104 Abs. 1 unterlaufen würden.[107] Maßgeblich für die Dringlichkeit sind die Umstände des Einzelfalls.[108] Als wichtige Gründe können grundlegende Entscheidungen für die AG qualifiziert werden,[109] insbesondere die dringend erforderliche Auswechslung des Vorstandes, wenn gleichzeitig die Gefahr der einseitigen Durchsetzung von Interessen einer Aufsichtsratsgruppe besteht.[110] Ferner kann die bevorstehende Umwandlung wegen der damit einhergehenden Änderun-

---

[98] BGH NJW 2013, 1535 (1537 Rn. 19 f.).
[99] OLG München BeckRS 2017, 04374.
[100] *Florstedt* NZG 2014, 681 (685); gegen die ex-tunc-Wirkung *Brock* NZG 2014, 641 (645 f.).
[101] Großkomm AktG/*Hopt/Roth* Rn. 51, 53; MüKoAktG/*Habersack* Rn. 25; K. Schmidt/Lutter/*Drygala* Rn. 14.
[102] Hüffer/Koch/*Koch* Rn. 8; Großkomm AktG/*Hopt/Roth* Rn. 53; K. Schmidt/Lutter/*Drygala* Rn. 19; E. *Vetter* in Marsch-Barner/Schäfer Börsennotierte AG-HdB Rn. 25.40.
[103] OLG Hamm ZIP 2011, 372 (374); Hüffer/Koch/*Koch* Rn. 9.
[104] MüKoAktG/*Habersack* Rn. 25; Großkomm AktG/*Hopt/Roth* Rn. 53.
[105] Kölner Komm/*Mertens/Cahn* Rn. 7; MüKoAktG/*Habersack* Rn. 5; UHH/*Ulmer/Habersack* MitbestG § 6 Rn. 58; RVJ/*Raiser* MitbestG § 6 Rn. 46; dazu auch LG München I AG 2006, 762 (766) (nkr), das § 104 bereits im Fall einer sich aus der vorläufig geäußerten Rechtsauffassung des Gerichts ergebenden Nichtigkeitsgefahr für die Aufsichtsratswahl anwenden will.
[106] MHdB ArbR/*Wißmann* § 280 Rn. 42, § 285 Rn. 25.
[107] MüKoAktG/*Habersack* Rn. 26; Hüffer/Koch/*Koch* Rn. 10; Hölters/*Simons* Rn. 14; *Niewiarra/Servatius* FS Semler, 1993, 217 (220); aA Großkomm AktG/*Hopt/Roth* Rn. 60; *Wandt* AG 2016, 877 (880).
[108] Großkomm AktG/*Hopt/Roth* Rn. 56; *Wandt* AG 2016, 877 (880).
[109] Überzeugend Kölner Komm AktG/*Mertens/Cahn* Rn. 17; Hüffer/Koch/*Koch* Rn. 10; K. Schmidt/Lutter/*Drygala* Rn. 19; Großkomm AktG/*Hopt/Roth* Rn. 58; MüKoAktG/*Habersack* Rn. 27; AG Wuppertal DB 1971, 764; E. *Vetter* in Marsch-Barner/Schäfer Börsennotierte AG-HdB Rn. 25.40; enger ohne Begr. *Haase* NZA 2004, 1138 (1139): nur wenn AG in ihrem Bestand gefährdet; aA auch *Niewiarra/Servatius* FS Semler, 1993, 217 (220 ff.).
[110] MüKoAktG/*Habersack* Rn. 27; Hüffer/Koch/*Koch* Rn. 10; E. *Vetter* in Marsch-Barner/Schäfer Börsennotierte AG-HdB Rn. 25.40.

Bestellung durch das Gericht 38–40 § 104

gen für die Gesellschaftsstruktur einen dringenden Fall begründen,[111] ebenso ein Übernahmeangebot oder eine drohende Insolvenz.[112] Allein eine bevorstehende Aufsichtsratssitzung, bei der der Aufsichtsrat nicht voll besetzt sein wird, genügt dagegen nicht; das Gesetz stellt allein auf die 3-Monats-Frist ab.[113] Nach einer Ansicht soll ein dringender Fall vorliegen, wenn bei einem nicht mitbestimmten Aufsichtsrat infolge der Unvollständigkeit Repräsentanten einer Minderheit wichtige Beschlüsse fassen können, oder wenn bei mitbestimmten Gesellschaften das zahlenmäßige Verhältnis von Anteilseigner- und Arbeitnehmervertretern nicht den gesetzlichen Vorschriften entspricht.[114] Dem ist nicht zuzustimmen. Denn zum einen hat ein Aufsichtsratsmitglied das Mandat ohne Rücksicht auf die hinter ihm stehende Gruppe allein im Gesellschaftsinteresse auszuüben und keine Weisungen zu befolgen, so dass die strikte Trennung nach Interessengruppen keinesfalls dem gesetzlichen Leitbild entspricht (→ § 101 Rn. 8). Zum anderen bleibt es der unterrepräsentierten Gruppe unbenommen, fehlende Aufsichtsratsmitglieder im Rahmen des hierfür bestimmten ordentlichen Verfahrens nachzuwählen. Schließlich besteht immer die Möglichkeit, Ersatzmitglieder im Vorhinein zu bestellen.

3. Mitbestimmte Gesellschaften. Bei mitbestimmten Gesellschaften – außer in den Fällen des Drittelbeteiligungsgesetzes (früher: BetrVG 1952) – ist bei Unterbesetzung des Aufsichtsrats gem. § 104 Abs. 3 Nr. 2 **stets ein dringender Fall** gegeben, um die nötige Parität wiederherzustellen.[115] Ein Antrag ist aber auch hier erforderlich, wenngleich er keiner besonderen Begründung bedarf;[116] denn die Einhaltung des Gruppenproporzes liegt im öffentlichen Interesse und ist verfassungsrechtlich geboten. 38

Auf keinen Fall kann gem. § 104 Abs. 3 Nr. 1 vom Gericht das sog. **„neutrale" Mitglied** nach § 8 MontanMitbestG, § 5 Abs. 2 MontanMitbestErgG bestellt werden, selbst wenn an sich ein dringender Fall nach § 104 Abs. 2 vorliegt. Denn das neutrale Mitglied muss von allen Beteiligten gemeinsam getragen werden; eine gerichtliche Ersatzbestellung vermag dies nicht zu gewährleisten.[117] Eine Ersatzbestellung bei Beschlussunfähigkeit (§ 104 Abs. 1) kommt schon deshalb nicht in Betracht, weil das weitere Mitglied gem. § 10 MontanMitbestG, § 11 MontanMitbestErgG keinen Einfluss auf die Beschlussfähigkeit hat.[118] 39

4. Besonderheiten beim ersten Aufsichtsrat und Umwandlung. a) Erster Aufsichtsrat. § 104 Abs. 2 und 3 gelten grundsätzlich auch für den ersten Aufsichtsrat.[119] Hinsichtlich der gerichtlichen Bestellung von Arbeitnehmervertretern ist zu unterscheiden: Bei einer reinen **Bargründung** oder einer **Sachgründung ohne Einbringung eines Unternehmens** besteht der erste Aufsichtsrat gem. § 30 nur aus Anteilseignervertretern, unabhängig davon, ob die Gesellschaft der Mitbestimmung unterliegt (→ § 30 Rn. 13); die Mitbestimmung greift erst mit der Hauptversammlung ein, die gem. § 30 Abs. 3 S. 1 über die Entlastung des ersten Geschäftsjahres beschließt. Demgemäß kommt nur eine gerichtliche Ersatzbestellung von Anteilseignervertretern in Betracht.[120] Bei **Einbringung eines Unternehmens** in die AG liegt dagegen ein Arbeitnehmerstamm vor, aus dem Arbeitnehmervertreter gewählt werden können, so eine gerichtliche Ersatzbestellung in Betracht kommt; zudem liegt nach § 104 Abs. 3 Nr. 2 ein dringender Fall vor, so dass ab Einbringung der Sacheinlage nicht 40

---

[111] AG Wuppertal DB 1971, 764 (765); MüKoAktG/*Habersack* Rn. 27; K. Schmidt/Lutter/*Drygala* Rn. 19; Großkomm AktG/*Hopt*/*Roth* Rn. 58; krit. dazu aber *Niewiarra*/*Servatius* FS Semler, 1993, 217 (221 f.), die allerdings auf S. 228 auch insgesamt für die Abschaffung des dringenden Falles plädieren.
[112] AG Detmold AG 1983, 24 (25) mit Anm. *Paefgen*; MüKoAktG/*Habersack* Rn. 27; Hüffer/Koch/*Koch* Rn. 10; K. Schmidt/Lutter/*Drygala* Rn. 19.
[113] Großkomm AktG/*Hopt*/*Roth* Rn. 57; E. *Vetter* in Marsch-Barner/Schäfer Börsennotierte AG-HdB Rn. 25.40; MüKoAktG/*Habersack* Rn. 26.
[114] Hüffer/Koch/*Koch* Rn. 10: Dringender Fall nur dann, wenn die Unvollständigkeit Auswirkungen auf das Abstimmungsergebnis eines wichtigen Beschlusses hat; ohne diese Einschränkung Großkomm AktG/*Hopt*/*Roth* Rn. 59; so auch E. *Vetter* in Marsch-Barner/Schäfer Börsennotierte AG-HdB Rn. 25.40; Grigoleit/*Grigoleit*/*Tomasic* Rn. 8. Für nach dem MitbestG, MontanMitbestG oder dem MontanMitbestErgG mitbestimmte Gesellschaften ergibt sich der dringende Fall ohnehin aus § 104 Abs. 3 Nr. 2.
[115] Hüffer/Koch/*Koch* Rn. 10 f.; K. Schmidt/Lutter/*Drygala* in Rn. 20.
[116] MüKoAktG/*Habersack* Rn. 29; Hüffer/Koch/*Koch* Rn. 11.
[117] Hüffer/Koch/*Koch* Rn. 28; MüKoAktG/*Habersack* Rn. 28; Kölner Komm AktG/*Mertens*/*Cahn* Rn. 23; Henssler/Strohn/*Henssler* Rn. 13; iE auch Großkomm AktG/*Hopt*/*Roth* Rn. 63, wonach dem Staat bereits die Kompetenz fehle, durch die Bestellung eines „neutralen" Mitglieds in Konflikte zwischen Arbeitnehmer- und Anteilseignervertretern bei unternehmerischen Entscheidungen einzugreifen.
[118] MüKoAktG/*Habersack* Rn. 28; Kölner Komm AktG/*Mertens*/*Cahn* Rn. 23.
[119] LG Hof AG 1993, 434; *Birth* BetrR 1998, 29; *Meißner* BetrR 1993, 8; offen BayObLGZ 2000, 173 (176); aA *Theisen* AG 1993, 153 (160 f.); *Stengel* WuB II A. § 31 AktG 1.93.
[120] Großkomm AktG/*Hopt*/*Roth* Rn. 45; MüKoAktG/*Habersack* § 97 Rn. 5 f.

die 3-Monats-Frist abzuwarten ist.[121] Streitig ist, ob eine Ersatzbestellung von Arbeitnehmervertretern erst nach der im Statusverfahren vorgesehenen Übergangszeit von sechs Monaten erfolgen darf (vgl. § 31 Abs. 3 S. 2, § 97 Abs. 2 S. 2 und 3, § 98 Abs. 4),[122] wobei die Übergangsfrist entweder einen Monat nach der Bekanntmachung der Zusammensetzung des Aufsichtsrats durch den Vorstand oder – im Fall der Durchführung des gerichtlichen Verfahrens – mit dem Eintritt der Rechtskraft der gerichtlichen Entscheidung über die Zusammensetzung zu laufen beginnt. Die Unanwendbarkeit von § 104 Abs. 2 und 3 vor Ablauf der Übergangsfrist wird damit begründet, dass § 104 Abs. 2 nur die Ergänzung in Fällen regele, in denen die Bildung des Aufsichtsrats nicht gesetzmäßig war oder die gesetzlich erforderliche Mitgliederzahl nachträglich weggefallen ist.[123] Es gebe für die Arbeitnehmer ein auch vom Gesetzgeber anerkanntes Recht auf ein ordnungsgemäßes Wahlverfahren zur Besetzung des ersten Aufsichtsrats.[124] Außerdem bestehe die Gefahr, dass die vorher gestellten Arbeitnehmervertreter bei der ersten ordnungsgemäß durchgeführten Wahl einen Platzierungsvorteil haben.[125] Der Ausschluss des Ersatzbestellungsverfahrens während der Übergangszeit nach § 97 Abs. 2 S. 2 und 3, § 98 Abs. 4 soll deshalb bestehen, weil sich aus diesen Vorschriften entnehmen lasse, dass der Aufsichtsrat in der davor liegenden Zeit ordnungsgemäß zusammengesetzt gewesen sei bzw. rechtmäßig amtiert habe.[126] Dem ist jedoch **entgegenzuhalten,** dass sich dem Wortlaut von § 104 Abs. 2 nicht entnehmen lässt, dass die Vorschrift nur im Falle der nicht gesetzmäßigen Bildung oder bei nachträglichem Wegfall der erforderlichen Mitgliederzahl anwendbar sein soll. Gerade § 104 Abs. 2 und 3 zeigt, dass es für die Arbeitnehmer kein uneingeschränktes Recht auf ein ordnungsgemäßes Wahlverfahren gibt. Auch die mögliche Gefahr eines Platzierungsvorteils kann für die Anwendbarkeit von § 104 Abs. 2 und 3 nicht erheblich sein, weil es sich dabei nicht um ein rechtlich relevantes Kriterium handelt, es nicht sicher ist, dass es zu einem solchen Vorteil überhaupt kommt und diese Gefahr bei jeder neuen Aufsichtsratswahl wieder besteht. Schließlich ergibt sich aus § 97 Abs. 2 S. 2 und 3, § 98 Abs. 4 auch nicht, dass der Aufsichtsrat während dieser Übergangszeit ordnungsgemäß zusammengesetzt war oder rechtmäßig amtiert hat. Diese Vorschriften ordnen nur das Erlöschen des Aufsichtsratsamts an und sagen über die vorhergehende Rechtmäßigkeit oder ordnungsgemäße Zusammensetzung gar nichts. Im Falle der Sachgründung durch Einbringung eines Unternehmens muss es daher bei der uneingeschränkten Anwendbarkeit der Abs. 2 und 3 bleiben.

41 b) **Umwandlung.** Im Falle einer Umwandlung in eine Aktiengesellschaft sind die Vorschriften über den ersten Aufsichtsrat nicht anwendbar gem. § 197 S. 2 UmwG. Streitig ist deshalb, nach welchen Vorschriften der Aufsichtsrat dann zu bestellen ist. Bei einer mitbestimmten AG könnte die Umwandlung durch das umfangreiche Bestellungsverfahren der Arbeitnehmer lange verzögert werden.[127] Eine Auffassung will für diesen Fall das Statusverfahren nach §§ 97 ff. durchführen und die fehlenden Arbeitnehmervertreter gegebenenfalls nach § 104 bestellen lassen.[128] Die Gegenauffassung will stattdessen § 197 S. 2 UmwG teleologisch reduzieren und die Vorschriften über den ersten Aufsichtsrat gleichwohl anwenden.[129] Allerdings ist auch dann § 104 für den ersten Aufsichtsrat anwendbar (→ Rn. 40), so dass letztlich nach beiden Auffassungen § 104 eingreift.[130] Für den Aufsichtsrat einer GmbH, die nach Umwandlung entstanden ist und der Mitbestimmung unterliegt, besteht die Besonderheit, dass der Aufsichtsrat als Organ nicht zwingend vor der Eintragung erforderlich ist, da ihm in diesem Stadium keine Aufgaben übertragen sind.[131]

42 5. **Verfahren.** Das Verfahren richtet sich nach den auch für § 104 Abs. 1 geltenden Grundsätzen (→ Rn. 23 ff.), ohne dass jedoch der Vorstand zur Antragstellung verpflichtet wäre oder nach § 407

---

[121] LG Hof AG 1993, 434; MüKoAktG/*Habersack* § 97 Rn. 6; bzgl. des dringenden Falles auch *Theisen* AG 1998, 153 (160 f.); Großkomm AktG/*Oetker* MitbestG § 6 Rn. 10; *Oetker* ZGR 2000, 19 (42); aA *Stengel* WuB II A. § 31 AktG 1.93, der die darin liegende Kompetenzverlagerung zum Registergericht kritisiert. Das ist aber mit der Einführung von § 104 Abs. 3 Nr. 2 zwangsläufig der Fall und deshalb hinzunehmen.
[122] So Großkomm AktG/*Hopt/Roth* Rn. 46; aA Großkomm AktG/*Oetker* MitbestG § 6 Rn. 10; *Oetker* ZGR 2000, 19 (41 f.).
[123] *Stengel* WuB II A. § 31 AktG 1.93.
[124] *Theisen* AG 1993, 153 (160 f.).
[125] *Theisen* AG 1993, 153 (161).
[126] Großkomm AktG/*Oetker* MitbestG § 6 Rn. 10; *Oetker* ZGR 2000, 19 (41).
[127] AA *Hergeth/Mingau* DStR 1999, 1948 (1950 f.), die eine Beteiligung der Arbeitnehmervertreter an der Umwandlung für entbehrlich halten, indem sie § 222 UmwG restriktiv auslegen; ähnlich Lutter/*Decher* UmwG § 197 Rn. 49f, § 203 Rn. 21.
[128] Lutter/*Decher* UmwG § 197 Rn. 50, § 203 Rn. 21; Großkomm AktG/*Hopt/Roth* Rn. 47.
[129] *Joost* FS Claussen, 1997, 187 (194 ff.).
[130] Lutter/*Decher* UmwG § 197 Rn. 50, UmwG § 203 Rn. 21; *Joost* FS Claussen, 1997, 187 (193).
[131] BayObLG BB 2000, 1538 (1539) = BayObLGZ 2000, 173 (175 f.) mwN; *Eisenbeis/Ueckert* FA 2002, 167 ff.; *Halm* BB 2000, 1849 ff.; sehr str.

durch Zwangsgelder dazu angehalten werden könnte.[132] Wie § 104 Abs. 2 S. 4 festhält, ist auch hier das Rechtsmittel dasjenige der Beschwerde. Die Beschwerdebefugnis für Aktionäre besteht im Fall des § 59 FamFG nicht nur bei Unterschreitung der Dreimonatsfrist,[133] sondern sie sind bei einer gerichtlichen Bestellung stets in ihren Rechten beeinträchtigt und deshalb auch stets beschwerdebefugt (dazu schon das parallele Problem bei § 104 Abs. 1 S. 2 Hs. 2 → Rn. 30). In einem dringenden Fall muss der Antrag die Gründe erkennen lassen, die aus Sicht der Antragssteller einen dringenden Fall nahelegen; allein der unsubstantiierte Hinweis auf die nötige Funktionsfähigkeit des Aufsichtsrats ist nicht genügend.[134]

6. Analoge Anwendung auf fehlenden Aufsichtsratsvorsitzenden. § 104 Abs. 2 ist analog 43 auf den Fall anzuwenden, dass kein Aufsichtsratsvorsitzender (oder Stellvertreter) bestimmt wurde (ausführlicher → § 107 Rn. 28).[135] Meist wird sogar ein dringender Fall anzunehmen sein, da der Aufsichtsratsvorsitzende Dreh- und Angelpunkt der Organisation der Aufsichtsratstätigkeit ist und zudem die Schnittstelle der Kommunikation mit dem Vorstand bildet.[136] Dagegen kann auch nicht eingewandt werden, dass allein die Aufsichtsratsmitglieder für die Wahl des Vorsitzenden zuständig seien;[137] denn auch für die Wahl der Aufsichtsratsmitglieder bestimmt das Gesetz die Zuständigkeit von Organen, gibt aber gleichzeitig in § 104 und allgemein in § 29 BGB zu erkennen, dass die Funktionsfähigkeit der Organe gesichert werden muss.

V. Einschränkung der gerichtlichen Auswahl, Abs. 4

Das Gericht hat auf jeden Fall nach § 104 Abs. 4 S. 3 die von der Satzung und vom Gesetz 44 (§ 100) festgelegten Voraussetzungen für ein Aufsichtsratsmitglied zu beachten, insbesondere bei Arbeitnehmervertretern deren Zugehörigkeit zum Unternehmen nach § 7 Abs. 3 MitbestG, § 4 Abs. 2 und 3 DrittelbG.[138] Die von § 100 geforderten fachlichen Voraussetzungen müssen in der Person des zu Bestellenden erfüllt sein (→ § 100 Rn. 61 ff.).[139] Dazu gehört u.a. auch die zweijährige cooling-off Zeit nach § 100 Abs. 2 S. 1 Nr. 4.[140] Die satzungsmäßigen Voraussetzungen können jedoch nur bei Anteilseignervertretern eine Rolle spielen; für Arbeitnehmervertreter entfaltet die Satzung keine Bindungswirkung (→ § 100 Rn. 46).[141] Keine zwingende Rolle spielen dagegen Vorgaben aus dem DCGK, da es sich nicht um bindendes Recht handelt;[142] wohl kann sich das Gericht aber an ihnen orientieren.[143]

Da bei mitbestimmten Gesellschaften Aufsichtsratsmitglieder nicht beliebig ohne Rücksicht auf 45 ihre **Gruppenzugehörigkeit** ausgewählt werden können, um die schon verfassungsrechtlich gebotene **Parität** nicht zu stören, engt § 104 Abs. 4 ferner die an sich freie gerichtliche Auswahl für diese Gesellschaften ein: Bei Unterschreitung der Mitgliederzahl muss demnach das für den Aufsichtsrat nötige zahlenmäßige Verhältnis wiederhergestellt werden, wobei der Gruppenproporz einzuhalten ist, § 104 Abs. 4 S. 1.[144] Bei Beschlussunfähigkeit kann nach § 104 Abs. 4 S. 2 auch nur dasjenige Aufsichtsratsmitglied ersetzt werden, das zum Ausgleich der benachteiligten Seite bestellt werden muss.[145] Über die zur Beschlussfähigkeit erforderliche Anzahl hinaus wird dagegen kein Ausgleich

---

[132] BayObLG DB 2000, 1655.
[133] So aber OLG Frankfurt a. M. NJW 1955, 1929; Hüffer/Koch/*Koch* Rn. 9; MüKoAktG/*Habersack* Rn. 41.
[134] AG Detmold AG 1983, 24 (25) mit Anm. *Paefgen*.
[135] S. ferner MüKoAktG/*Habersack* Rn. 5, 27, § 107 Rn. 25; Kölner Komm AktG/*Mertens/Cahn* Rn. 3; Grigoleit/*Grigoleit/Tomasic* Rn. 4.
[136] S. auch MüKoAktG/*Habersack* § 107 Rn. 25; Kölner Komm AktG/*Mertens/Cahn* § 107 Rn. 23 f.
[137] So aber *Niewiarra/Servatius* FS Semler, 1993, 217 (225 f.); Lutter/Krieger/*Verse* Rechte und Pflichten des Aufsichtsrats Rn. 660.
[138] OLG Stuttgart WM 2017, 1860; s. auch Hüffer/Koch/*Koch* Rn. 13; Großkomm AktG/*Hopt/Roth* Rn. 66, 69; K. Schmidt/Lutter/*Drygala* Rn. 23.
[139] OLG Stuttgart WM 2017, 1860; MüKoAktG/*Habersack* Rn. 33; Großkomm AktG/*Hopt/Roth* Rn. 68; aA in Bezug auf § 100 Abs. 2 Satz 1 Nr. 4 Grigoleit/*Grigoleit/Tomasic* Rn. 8.
[140] OLG Braunschweig v. 24.5.2016 – 1 W 92/15, BeckRS 2016, 15591; *Wandt* AG 2016, 877 (882 f.).
[141] MüKoAktG/*Habersack* Rn. 33; Großkomm AktG/*Hopt/Roth* Rn. 71.
[142] *Wandt* AG 2016, 877 (883); *Fett/Theusinger*, AG 2010, 423 (432); MüKoAktG/*Habersack* Rn. 33; aA noch, aber ohne nähere Begründung MüKoAktG/*Semler* 2. Aufl. 2004, Rn. 84; LG Hannover v. 12.3.2009 – 21 T 2109, AG 2009, 341 (342); Großkomm AktG/*Hopt/Roth*, Rn 68
[143] OLG Hamm AG 2013, 927; dagegen *Wandt* AG 2016, 877 (885), der aber zu sehr die Unverbindlichkeit des DCGK betont – es geht aber nur um Kriterien für die Ermessensausübung durch das Gericht.
[144] BayObLG NZG 1998, 69 (70) mit Anm. *Jäger* = BayObLGZ 1997, 262 (264) = ZIP 1997, 1883 (1884); MüKoAktG/*Habersack* Rn. 32; Hüffer/Koch/*Koch* Rn. 12; K. Schmidt/Lutter/*Drygala* Rn. 22; UHH/*Ulmer/Habersack* MitbestG § 6 Rn. 61; Hölters/*Simons* Rn. 29.
[145] MüKoAktG/*Habersack* Rn. 32; Hüffer/Koch/*Koch* Rn. 12; Henssler/Strohn/*Henssler* Rn. 15.

vorgenommen, auch wenn dies zur Herstellung der Parität erforderlich wäre; § 104 Abs. 4 S. 2 befreit insofern von dem Erfordernis des § 104 Abs. 4 S. 1.[146]

46 Schließlich soll das Gericht gem. § 104 Abs. 4 S. 4 von Amts wegen **Vorschläge** von betriebsverfassungsrechtlichen Organen sowie Gewerkschaften oder deren Spitzenorganisationen berücksichtigen, soweit diese selbst ein Vorschlagsrecht nach den einschlägigen mitbestimmungsrechtlichen Vorschriften hätten. Das Gericht darf allerdings von dem Vorschlag abweichen, wenn überwiegende Belange der Gesellschaft oder der Allgemeinheit entgegenstehen, was das Gericht von Amts wegen prüfen muss; in diesem Fall muss das Gericht eine andere Person bestellen. Als entgegenstehende Belange kommen insbesondere Zweifel an der Verfassungstreue eines Kandidaten oder an seiner Bereitschaft, dem Interesse des Unternehmens zu dienen, in Betracht, aber auch ungenügende Fähigkeiten oder Qualifikationen.[147] Gem. § 104 Abs. 4 Hs. 2 soll das Gericht zudem bei der Ersetzung von Aufsichtsratsmitgliedern, die durch Delegierte zu wählen wären, die gemeinsamen Vorschläge der Betriebsräte der Unternehmen berücksichtigen, in denen Delegierte zu wählen sind.

47 Liegen **verschiedene Vorschläge** vor, kann das Gericht zwischen diesen Vorschlägen frei wählen,[148] ohne dass es auf das Kräfteverhältnis der Gewerkschaften im Unternehmen ankäme.[149] Bei verschiedenen Vorschlägen von Gewerkschaften und Betriebsräten muss das Gericht denjenigen Vorschlag heranziehen, der von der benennungsberechtigten Organisation bzw. dem benennungsberechtigten Organ stammt.[150] Es gibt bei der Ersatzbestellung von Gewerkschaftsvertretern auch keinen Vorrang von unternehmensinternen Vertretern gegenüber externen Gewerkschaftskandidaten.[151]

VI. Bindung an geschlechterbezogene Quoten (Abs. 5)

47a Mit dem neu eingefügten Verweis in § 104 Abs. 5 beabsichtigt der Gesetzgeber die Bindung des Gerichts, das die Ersatzbestellung für eine börsennotierte paritätisch mitbestimmte Gesellschaft[152] vornimmt, an die entsprechenden Quotenvorgaben, vergleichbar mit den schon für mitbestimmte Gesellschaften geltenden Grundsätzen.[153] Demgemäß muss das Gericht bei Antragstellung und vor seiner Entscheidung prüfen, ob durch die Ersatzbestellung die Gesamterfüllung der Quoten bzw. bei einem vorher erfolgten Widerspruch einer der „Bänke" im Aufsichtsrat (Anteilseigner- oder Arbeitnehmervertreter) die Quote auf der jeweiligen Bank eingehalten wird. Im Falle der Arbeitnehmervertreter unterliegt das Gericht zusätzlich den Bindungen nach § 10f MitbestErgG bzw. § 18a MitbestG, so dass der bzw. die Kandidatin bestellt werden muss, die als nächste gewählt worden wäre, wenn das Verhältnis der Geschlechter bzw. die Quote berücksichtigt worden wäre.[154] Die hinreichende Qualifikation des zu bestellenden Mitglieds muss entsprechend den Grundsätzen der ordnungsgemäßen Besetzung von Aufsichtsratspositionen gewahrt sein.[155] Hierzu ist es insbesondere im Kontext mit Art. 4 Nr. 3 des Richtlinienvorschlags zur Gewährleistung einer ausgewogenen Vertretung von Frauen und Männern[156] denkbar, dass die gerichtliche Ergänzung des Aufsichtsrates gemäß § 104 Abs. 5 durch eine Person des unterrepräsentierten Geschlechts – der Geschlechterquote des § 96 Abs. 2 entsprechend – unter den Vorbehalt der gleichen Qualifikation gestellt wird. Dies könnte

---

[146] MüKoAktG/*Habersack* Rn. 32; Hüffer/Koch/*Koch* Rn. 12; Kölner Komm AktG/*Mertens/Cahn* Rn. 19.

[147] LG Hannover ZIP 2009, 761 (762); s. auch MüKoAktG/*Habersack* Rn. 36; Großkomm AktG/*Hopt/Roth* Rn. 74; Henssler/Strohn/*Henssler* Rn. 17.

[148] OLG München WM 2009, 1748 (1750); LG Hannover ZIP 2009, 761 (762); BayObLG AG 2005, 350 (351); BayObLG NZG 1998, 69 (70) mit Anm. *Jäger* = BayObLGZ 1997, 262 (265) = ZIP 1997, 1883; LG Wuppertal BB 1978, 1380; *Junker/Schnelle* EWiR 1998, 97 (98); MüKoAktG/*Habersack* Rn. 35; MHdB AG/*Hoffmann-Becking* § 30 Rn. 64; *Birth* BertR 1998, 29 (30); NK-AktR/*Breuer/Fraune* Rn. 12.

[149] OLG Stuttgart WM 2017, 1860; RVJ/*Raiser* MitbestG § 6 Rn. 47; zust. MüKoAktG/*Habersack* Rn. 35; aA LG Saarbrücken BB 1967, 1042 (1043) mit zust. Anm. *Spieker*; MHdB ArbR/*Wißmann* § 280 Rn. 42; Großkomm AktG/*Hopt/Roth* Rn. 78, wonach grundsätzlich die Person zu bestellen sei, die voraussichtlich vom zuständigen Gremium gewählt worden wäre.

[150] BayObLG NZG 1998, 69 (70) mit Anm. *Jäger* = BayObLGZ 1997, 262 (265) = ZIP 1997, 1883; *Junker/Schnelle* EWiR 1998, 97 (98).

[151] OLG Stuttgart WM 2017, 1860.

[152] So die ausdrückliche Klarstellung durch den Rechtsausschuss BT-Drs. 18/4227, 25.

[153] Eine Ausnahmeregelung für die gerichtliche Bestellung ablehnend *Grobe* AG 2015, 289 (297).

[154] BegrRegE BT-Drs. 18/3784, 127, 130.

[155] *Küster/Zimmermann* ArbRAktuell 2015, 264 (265); zweifelnd hinsichtlich der Kompetenz der Gerichte zum Finden geeigneter Kandidaten *Teichmann/Rüb* BB 2015, 898 (901); *Teichmann/Rüb* BB 2015, 259 (261).

[156] Vorschlag für eine Richtlinie des Europäischen Parlaments und des Rates zur Gewährleistung einer ausgewogenen Vertretung von Frauen und Männern unter den nicht geschäftsführenden Direktoren/Aufsichtsratsmitgliedern börsennotierter Gesellschaften und über damit zusammenhängende Maßnahmen vom 14.11.2012, COM(2012) 614 final.

in teleologischer Erweiterung des § 104 Abs. 5 im Hinblick auf die hohen Anforderungen an die einzelnen Aufsichtsratsmitglieder geschehen. Jedoch ist in § 96 Abs. 2 ein solcher Vorbehalt explizit nicht vorgesehen. Durch eine divergierende Auslegung im Rahmen der Rechtsfortbildung würde der Zweck des Gesetzes konterkariert, durch „repräsentative Teilhabe von Frauen [...] Maßstäbe für die gesamte Privatwirtschaft" zu setzen.[157] Insofern muss notfalls die Qualifikation und Funktionsfähigkeit des Aufsichtsrates hinter dem rechtspolitisch gewollten Vorhaben der Förderung des unterrepräsentierten Geschlechts[158] zurückstehen.[159] Maßgeblicher Zeitpunkt ist die **letzte mündliche Verhandlung** bzw. ihr Äquivalent. Würde das beantragte Mitglied zu einem Verstoß gegen die Quote führen, muss das Gericht den Antrag als unzulässig wegen Rechtsverstoßes ablehnen; allerdings kann durch Veränderungen im Aufsichtsrat die beabsichtigte Ersatzbestellung später wieder zulässig werden, wenn durch andere Aufsichtsratsmitglieder das Quotenverhältnis wieder hergestellt wird. Der Antrag muss dann aber neu gestellt werden. Wird die Quote dagegen durch die Ersatzbestellung nicht berührt, ist das Gericht im Rahmen seines pflichtgemäßen Ermessens frei, welches Geschlecht das zu bestellende Aufsichtsratsmitglied haben soll. Für den gerichtlichen Beschluss kann nicht die in § 96 Abs. 2 vorgesehene Sanktion der Nichtigkeit gelten, da damit das System der **Rechtsbehelfe** in Frage gestellt würde. Der Gesetzgeber hat dies durch die Beschränkung des Verweises auf § 96 Abs. 2 S. 1–5 verdeutlicht, indem nicht auf die Nichtigkeitsfolgen Bezug genommen wird. Wohl aber kann auch gegen die im Rahmen von § 104 gerichtlich bestellten Aufsichtsratsmitglieder der Gesamterfüllung widersprochen werden.[160]

VII. Amtsdauer, Abs. 6

1. Behebung des Mangels. Anders als normal gewählte Aufsichtsratsmitglieder verlieren die durch das Gericht bestellten Mitglieder automatisch ihr Aufsichtsratsmandat, wenn der Mangel behoben ist; einer Abberufung durch das Gericht bedarf es nicht.[161] Auch soll – wie in § 85 Abs. 2 BGB und § 29 BGB – sichergestellt werden, dass das Aufsichtsratsmandat nur endet, wenn der Bestellte die Wahl oder Entsendung annimmt.[162] Ab dem Zeitpunkt der Annahme der Wahl durch das betreffende Mitglied endet die Verfahrenshoheit der Gerichte; eine Entscheidung im Beschwerdeverfahren darüber, ob eine vorige gerichtliche Bestellung zu Recht erfolgt war, kann wegen Erledigung der Hauptsache nicht mehr ergehen.[163]

Sobald der Aufsichtsrat durch normale Bestellung eines Mitglieds beschlussfähig ist oder die Unterbesetzung entfallen ist, endet die gerichtliche Bestellung kraft Gesetzes; der Abberufung bedarf es nicht.[164] Das Amt des gerichtlich bestellten Mitglieds erlischt auch dann, wenn das neutrale Mitglied noch fehlt, da das Gericht dieses ohnehin nicht bestellen kann.[165] Die Beschlussunfähigkeit kann etwa durch Änderung der von der Satzung festgelegten Quoren beseitigt werden, vor allem aber durch Zuwahl oder Entsendung von Aufsichtsratsmitgliedern.[166] Dabei kommt es nicht darauf an, welcher Seite das vom Gericht bestellte Aufsichtsratsmitglied angehört, ob Anteilseigner- oder Arbeitnehmervertreter, und ob bei Wegfall des Bestellungsgrundes die Parität gewahrt wird: So kann bei Beschlussunfähigkeit durch Ausfall sowohl eines Anteilseigner- als auch eines Arbeitnehmervertreters das Gericht einen Arbeitnehmervertreter bestellen, so dass Beschlussfähigkeit wieder eintritt. Wählt die Hauptversammlung den Anteilseignervertreter neu, erlischt automatisch das Amt des Arbeitnehmervertreters, sofern der Aufsichtsrat dadurch wieder beschlussfähig wird. Bezieht sich die Bestellung entsprechend dem Antrag sowohl auf die Beschlussfähigkeit als auch auf die Unterbesetzung, bleibt das gerichtlich bestellte Mitglied jedoch solange im Amt, wie nicht auch die Unterbesetzung beseitigt ist.[167] Bezog sich der Antrag aber nur auf die Beschlussunfähigkeit, so scheidet das Ersatzmitglied aus, wenn zwar die Unterbesetzung fortdauert, die Beschlussfähigkeit aber wiederher-

---

[157] BegrRegE BT-Drs. 18/3784, 120.
[158] „faktisch sind heute Frauen davon betroffen" BegrRegE BT-Drs. 18/3784, 120.
[159] aA *Teichmann/Rüb* BB 2015, 259 (262).
[160] K. Schmidt/Lutter/*Drygala* § 96 Rn. 49; *Seibt* ZIP 2015, 1193 (1198 f.); *Herb* DB 2015, 964 (967).
[161] BayObLG NZG 2005, 405 (406) = AG 2005, 352 = BB 2004, 2094; OLG München AG 2006, 590 (591); *E. Vetter* in Marsch-Barner/Schäfer Börsennotierte AG-HdB Rn. 25.44.
[162] BegrRegE *Kropff* S. 108 (145); MüKoAktG/*Habersack* Rn. 45, 47; Großkomm AktG/*Hopt/Roth* Rn. 107; K. Schmidt/Lutter/*Drygala* Rn. 26; Wachter/*Schick* Rn. 14.
[163] OLG München AG 2006, 590 (591).
[164] Hüffer/Koch/*Koch* Rn. 15; Großkomm AktG/*Hopt/Roth* Rn. 110; K. Schmidt/Lutter/*Drygala* Rn. 26.
[165] Hüffer/Koch/*Koch* Rn. 15; Großkomm AktG/*Hopt/Roth* Rn. 109; MüKoAktG/*Habersack* Rn. 50.
[166] OLG Frankfurt a. M. AG 1987, 159; BayObLG AG 1987, 210 (212); Großkomm AktG/*Hopt/Roth* Rn. 108; MüKoAktG/*Habersack* Rn. 49.
[167] Zutr. MüKoAktG/*Habersack* Rn. 49; Großkomm AktG/*Hopt/Roth* Rn. 108; Kölner Komm AktG/*Mertens/Cahn* Rn. 33.

gestellt ist.¹⁶⁸ Möglich bleibt in diesem Fall der nachträgliche Antrag nach § 104 Abs. 2, um das gerichtlich bestellte Mitglied zum Ausgleich einer Unterbesetzung im Aufsichtsrat zu halten.¹⁶⁹

50   Bei Bestellung im Falle der (dauerhaften) **Verhinderung eines Aufsichtsratsmitglieds** erlischt das Amt bei Wegfall des Hinderungsgrundes automatisch, ohne dass es einer gerichtlichen Abberufung bedarf.¹⁷⁰ Zwar ist einzuräumen, dass oft nicht feststellbar ist, zu welchem Zeitpunkt das verhinderte Aufsichtsratsmitglied wieder amtsfähig ist;¹⁷¹ doch hat sich der Gesetzgeber mit der Einführung des AktG 1965 nochmals bewusst für den § 104 Abs. 6 in der geltenden Fassung entschieden.¹⁷² Deshalb ist es mangels einer bestehenden Regelungslücke nicht zulässig, die früher nach § 89 Abs. 2 AktG 1937 bestehende Pflicht zur Abberufung durch das Gericht wieder einzuführen, sei es auch nur für einzelne Fallkonstellationen. Es mag dadurch zwar schwieriger sein, den Zeitpunkt der Amtsfähigkeit genau festzulegen, unmöglich ist es aber nicht; bei Streitigkeiten steht zudem die Feststellungsklage offen.

51   Die bloße **Anfechtbarkeit des Wahlbeschlusses** der Hauptversammlung soll nicht die Beseitigung des Mangels und damit auch nicht die automatische Beendigung des Mandats des gerichtlich bestellten Aufsichtsratsmitglieds hindern,¹⁷³ wohl aber eine offensichtlich begründete Anfechtungsklage.¹⁷⁴ Dagegen wird vorgebracht, dass die Nichtigkeit des Wahlbeschlusses erst mit der Rechtskraft des den Beschluss kassierenden Urteils eintrete, § 252 Abs. 1.¹⁷⁵ In der Tat ist aus Gründen der Rechtssicherheit eine auf formale Kriterien abstellende Perspektive vorzugswürdig, da sonst unklar bliebe, unter welchen Umständen von einer offensichtlich begründeten Anfechtungsklage auszugehen wäre, mit entsprechenden Folgen für die richtige Besetzung des Aufsichtsrats.

52   Problematisch ist die Situation, wenn durch das Wahlorgan **weniger Mitglieder neu bestellt wurden, als zuvor durch das Gericht nach § 104 bestellt** wurden, also etwa, wenn das Gericht zwei Anteilseignervertreter bestellt hat und später durch die Hauptversammlung nur ein neues Mitglied bestellt wird. Wenn sich dann auch nicht anhand des Zahlenverhältnisses zwischen Anteilseigner- und Arbeitnehmervertretern feststellen lässt, welches Mitglied auszuscheiden hat, bleibt offen, wie das auszuscheidende Mitglied zu ermitteln ist. Nach wohl herrschender Meinung bedarf es hier einer Abberufung durch das Gericht.¹⁷⁶ Allerdings ist eine solche Abberufung durch das Gericht in § 104 gerade nicht mehr vorgesehen, zumal das Gericht keine Kriterien hat, nach denen es entscheiden kann, welches Mitglied abberufen werden soll. Vielmehr muss das Wahlorgan bei der Wahl bestimmen, welches Mitglied ausscheiden soll. Versäumt es dies, muss § 250 Abs. 1 bzw. § 251 Abs. 1 direkt oder analog eingreifen, dh die Wahl ist unter den dort genannten Voraussetzungen nichtig oder anfechtbar, so dass die Aufsichtsratsmitglieder im Amt bleiben, da der Mangel nicht iSv § 104 Abs. 6 behoben ist.

53   **2. Ablauf der Amtszeit gem. § 102 Abs. 1.** Gerichtlich bestellte Aufsichtsratsmitglieder verlieren ferner mit **Ablauf der gesetzlichen maximalen Amtszeit** gem. § 102 Abs. 1 ihr Amt, gleichviel ob dadurch der Zustand der Beschlussunfähigkeit oder Unterbesetzung wieder eintritt.¹⁷⁷ Das Gesetz stellt die gerichtlich bestellten Aufsichtsratsmitgliedern weitgehend den ordentlich gewählten bzw. entsandten Aufsichtsratsmitgliedern gleich, zumal bei zeitlich unbegrenzter Amtsdauer die gerichtliche Ersatzbestellung ihren Notcharakter verlöre.¹⁷⁸ Auch wenn das Gericht die Amtszeit von vornherein befristet hat, erlischt das Amt mit Ablauf der Frist.¹⁷⁹

54   **3. Gerichtliche Abberufung.** Eine **gerichtliche Abberufung** des Aufsichtsratsmitglieds kann nur unter den Voraussetzungen des § 103 Abs. 3 erfolgen. Auch wenn das Gericht ex post ein

---

[168] Großkomm AktG/*Hopt/Roth* Rn. 108; MüKoAktG/*Habersack* Rn. 49; Kölner Komm AktG/*Mertens/Cahn* Rn. 33.
[169] Großkomm AktG/*Hopt/Roth* Rn. 108; Kölner Komm AktG/*Mertens/Cahn* Rn. 33.
[170] MüKoAktG/*Habersack* Rn. 48; Großkomm AktG/*Hopt/Roth* Rn. 116; Grigoleit/*Grigoleit/Tomasic* Rn. 24; aA Kölner Komm AktG/*Mertens/Cahn* in Rn. 34.
[171] Darauf weist insbesondere Kölner Komm AktG/*Mertens/Cahn* Rn. 34 hin, der eine gerichtliche Abberufung für erforderlich hält.
[172] BegrRegE *Kropff* S. 144 f.
[173] So BayObLG NZG 2005, 405 (406) = AG 2005, 352; OLG Frankfurt a. M. AG 1987, 159 (160); Großkomm AktG/*Hopt/Roth* Rn. 107; Hüffer/Koch/*Koch* Rn. 16; MüKoAktG/*Habersack* Rn. 47.
[174] BegrRegE *Kropff* S. 144; Henssler/Strohn/*Henssler* Rn. 18; s. auch K. Schmidt/Lutter/*Drygala* Rn. 26.
[175] So Hüffer/Koch/*Koch* Rn. 16; zust. MüKoAktG/*Habersack* Rn. 47.
[176] MüKoAktG/*Habersack* Rn. 46; Großkomm AktG/*Hopt/Roth* Rn. 108, 115; Kölner Komm AktG/*Mertens/Cahn* Rn. 35.
[177] BGH AG 2002, 676 (677) = DB 2002, 1928; OLG Hamburg AG 2003, 643 (644); MüKoAktG/*Habersack* Rn. 51; Hüffer/Koch/*Koch* Rn. 16; K. Schmidt/Lutter/*Drygala* Rn. 28; NK-AktR/*Breuer/Fraune* Rn. 19.
[178] Zutr. Hüffer/Koch/*Koch* Rn. 16.
[179] MüKoAktG/*Habersack* Rn. 51; MHdB AG/*Hoffmann-Becking* § 30 Rn. 65.

anderes Aufsichtsratsmitglied für befähigter hält, ist es nicht Herr des Verfahrens, sondern kann die Abberufung nur im Verfahren nach § 103 Abs. 3 aussprechen.[180] Allerdings ist eine Abberufung durch das Gericht nur bei Vorliegen eines wichtigen Grundes in der Person des Aufsichtsratsmitglieds zulässig.[181] Zwar soll nach der gegenteiligen Auffassung keine Bindung an einen wichtigen Grund bestehen und die Abberufung jederzeit erfolgen dürfen,[182] da die Entscheidung nach § 104 ausschließlich der Lückenfüllung diene und bis zur Schließung der Vakanz nach § 104 Abs. 5 nur vorübergehend sei.[183] Auch wird vorgebracht, dass bei Antragstellung nach § 104 durch den Vorstand die Gefahr bestünde, dass ein dem Vorstand genehmes Aufsichtsratsmitglied im Amt bleiben müsse, wodurch die sachgerechte Erfüllung der Überwachungsaufgabe des Aufsichtsrats in Frage gestellt werden könne.[184] Gerade § 104 Abs. 6 zeigt, dass eine Beendigung des Amtes des gerichtlich bestellten Aufsichtsratsmitglieds erst eintreten soll, wenn der Mangel behoben, also ein neues Aufsichtsratsmitglied gewählt ist.[185] § 104 sieht gerade nicht vor, dass das Gericht seine Entscheidung einfach ändern kann, weil es jetzt eine andere Person für geeigneter hält.[186] Daher bleibt es bei der gerichtlichen Abberufung eines nach § 104 bestellten Aufsichtsratsmitglieds allein bei den allgemeinen Regeln gem. § 103 Abs. 3.[187] Allenfalls könnte bei § 103 Abs. 3 für das vom Gericht bestellte Aufsichtsratsmitglied auf das **Antragserfordernis** der Vorschrift verzichtet werden, da das Gericht sonst trotz Kenntnis eines wichtigen Grundes in der Person des Aufsichtsratsmitglieds auf einen Antrag nach § 103 Abs. 3 warten müsste.[188] Dies ist zwar zutreffend, gilt aber für die anderen Aufsichtsratsmitglieder ebenso, so dass kein Grund ersichtlich ist, bei dem gerichtlich bestellten Aufsichtsratsmitglied auf das Antragserfordernis zu verzichten. Im Ergebnis ist daher eine gerichtliche Abberufung des gerichtlich bestellten Aufsichtsratsmitglieds nur nach § 103 Abs. 3 und damit nur auf Antrag des Aufsichtsrats[189] und nur bei Vorliegen eines wichtigen Grundes möglich.[190] Die Vorschrift braucht also nicht analog angewendet werden, da sie in vollem Umfang auch für das gerichtlich bestellte Aufsichtsratsmitglied gilt.[191]

Gegen eine gerichtliche Abberufung steht dem gerichtlich bestellten Aufsichtsratsmitglied das **55** gleiche **Rechtsmittel** wie den ordentlichen Aufsichtsratsmitgliedern zur Verfügung, mithin die einfache Beschwerde beim Beschlussgericht (→ § 103 Rn. 42).

4. Abberufung durch andere Organe. Eine **Abberufung durch andere Organe,** also nach **56** § 103 Abs. 1 und 2 und nach den Mitbestimmungsgesetzen, ist nicht möglich.[192] Denn zum einen spricht der Wortlaut von § 103 Abs. 1, 2 dagegen, der die Abberufung mit der Wahl bzw. Entsendung verbindet. Auch besteht hierfür kein Bedürfnis, weil das jeweilige Wahlorgan das vom Gericht bestellte Aufsichtsratsmitglied nach § 104 Abs. 6 einfach dadurch „abberufen" kann, indem es ein neues Aufsichtsratsmitglied bestellt.[193] Zudem verstärkt eine Abberufung durch das jeweilige Wahlorgan den Mangel, anstatt ihn zu beheben, was mit § 104 Abs. 6 schwerlich vereinbar ist.[194] Zwar kann man im Hinblick auf den Grundsatz der Gleichbehandlung aller Aufsichtsratsmitglieder daran zweifeln, ob nicht alle Aufsichtsratsmitglieder der Abberufung durch das Wahlorgan unterliegen

---

[180] Hüffer/Koch/*Koch* Rn. 15; K. Schmidt/Lutter/*Drygala* Rn. 29.
[181] MHdB AG/*Hoffmann-Becking* § 30 Rn. 66; Bürgers/Körber/*Israel* Rn. 12; aA Kölner Komm AktG/*Mertens/Cahn* Rn. 36; MüKoAktG/*Habersack* Rn. 46, 52.
[182] AG Berlin-Charlottenburg AG 2005, 133 f.; Kölner KommAktG/*Mertens/Cahn* Rn. 36; UHH/*Ulmer/Habersack* MitbestG § 6 Rn. 63.
[183] AG Berlin-Charlottenburg AG 2005, 133.
[184] AG Berlin-Charlottenburg AG 2005, 133 (134).
[185] *E. Vetter* DB 2005, 875 (877).
[186] *E. Vetter* DB 2005, 875 (877).
[187] *E. Vetter* DB 2005, 875 (877); Hüffer/Koch/*Koch* Rn. 15; *Schmatz* WM 1955, 642 (648); MHdB AG/*Hoffmann-Becking* § 30 Rn. 66.
[188] So *Flege* S. 117 ff.
[189] So auch Hüffer/Koch/*Koch* Rn. 15; NK-AktR/*Breuer/Fraune* Rn. 17; *E. Vetter* DB 2005, 875 (877); aA dagegen MüKoAktG/*Habersack* Rn. 46, 52 sowie Kölner Komm AktG/*Mertens/Cahn* Rn. 36; offenbar auch UHH/*Ulmer/Habersack* MitbestG § 6 Rn. 63.
[190] *E. Vetter* DB 2005, 875 (877); Hüffer/Koch/*Koch* Rn. 12; *Schmatz* WM 1955, 642 (648); MHdB AG/*Hoffmann-Becking* § 30 Rn. 66.
[191] AA Kölner Komm AktG/*Mertens/Cahn* Rn. 37, die § 104 Abs. 1 S. 5 bzw. Abs. 2 S. 4 analog anwenden wollen.
[192] Kölner Komm AktG/*Mertens/Cahn* Rn. 38; Großkomm AktG/*Hopt/Roth* Rn. 113; MüKoAktG/*Habersack* Rn. 52; MHdB AG/*Hoffmann-Becking* § 30 Rn. 66.
[193] *Flege,* Die Bestellung eines Aufsichtsratsmitglieds durch das Gericht nach § 104 AktG bei der AG, KGaA, GmbH und der eGen, 2003, 115; Großkomm AktG/*Hopt/Roth* Rn. 113.
[194] *Flege,* Die Bestellung eines Aufsichtsratsmitglieds durch das Gericht nach § 104 AktG bei der AG, KGaA, GmbH und der eGen, 2003, 115.

§ 105

müssen (→ Rn. 3 und auch → § 103 Rn. 27). Doch würde eine reine Abberufung ohne Neubestellung genau zu der Situation zurückführen, die § 104 gerade vermeiden will.

57 **5. Niederlegung des Amtes.** Das gerichtlich bestellte Aufsichtsratsmitglied kann schließlich – wie alle anderen Aufsichtsratsmitglieder – das Amt niederlegen, sofern es nicht zur Unzeit geschieht (→ § 103 Rn. 63 f.). Satzungsbestimmungen zum Verfahren bei Niederlegung hat auch das gerichtlich bestellte Aufsichtsratsmitglied zu beachten.[195]

VIII. Vergütung, Auslagenersatz, Abs. 7

58 Wie andere Aufsichtsratsmitglieder auch, hat das gerichtlich bestellte Aufsichtsratsmitglied Anspruch gegen die AG – nicht gegen die Staatskasse oder gegen den Antragsteller –[196] auf Erstattung seiner Auslagen, insbesondere Reisekosten. Zudem kann das Aufsichtsratsmitglied eine Vergütung beanspruchen, wenn die übrigen Aufsichtsratsmitglieder ebenfalls unter den Voraussetzungen des § 113 eine Vergütung erhalten.[197] Auf Antrag des betroffenen Aufsichtsratsmitglieds kann das zuständige Gericht (→ Rn. 23) gem. § 104 Abs. 7 S. 2 den Auslagenersatz und die Vergütung festsetzen, deren Höhe sich nach § 113 Abs. 1 Satz 3 bemisst, um dem Aufsichtsratsmitglied den ordentlichen Prozessweg zu ersparen.[198] Das Gericht wird aber erst über den Antrag entscheiden, wenn sich die Gesellschaft geweigert hat, die Auslagen zu erstatten bzw. die Tätigkeit zu vergüten.[199] Unter baren Auslagen sind sämtliche entgeltlichen Auslagen des Aufsichtsratsmitglieds zu verstehen, nicht aber eigene Leistungen des Aufsichtsratsmitglieds, mögen sie auch geldwerter Natur sein.[200] Da auch für das gerichtlich bestellte Aufsichtsratsmitglied der Gleichbehandlungsgrundsatz aller Aufsichtsratsmitglieder gilt, ist die Höhe der Vergütung in der Regel nach der Satzung oder den entsprechenden Hauptversammlungsbeschlüssen zu bestimmen.[201] Die Vergütung kann auch variable Bestandteile umfassen, wenn andere Aufsichtsratsmitglieder diese erhalten,[202] auch die Teilnahme an Aktienoptionsprogrammen, wenn diese zulässig sind (→ § 113 Rn. 49 ff.). Auch können aufgaben- und funktionsbezogene Differenzierungen vorgenommen werden, zB für den Aufsichtsratsvorsitzenden (→ § 113 Rn. 29).[203]

59 Die Entscheidung des Gerichts über die gerichtliche Festsetzung von Auslagen und Vergütung ergeht im Wege des Beschlusses, gegen den nach § 104 Abs. 7 S. 3 das Rechtsmittel der Beschwerde zum OLG (§ 119 Abs. 1 Nr. 1 lit. b GVG) statthaft ist, nicht aber die Rechtsbeschwerde zum BGH. Beschwerdeberechtigt ist nur der Antragsteller, nicht die AG. Im Beschluss ist die AG als Schuldnerin zu bezeichnen, da er gleichzeitig Vollstreckungstitel für das Aufsichtsratsmitglied gegen die AG ist.[204]

§ 105 Unvereinbarkeit der Zugehörigkeit zum Vorstand und zum Aufsichtsrat

(1) Ein Aufsichtsratsmitglied kann nicht zugleich Vorstandsmitglied, dauernd Stellvertreter von Vorstandsmitgliedern, Prokurist oder zum gesamten Geschäftsbetrieb ermächtigter Handlungsbevollmächtigter der Gesellschaft sein.

(2) [1]Nur für einen im voraus begrenzten Zeitraum, höchstens für ein Jahr, kann der Aufsichtsrat einzelne seiner Mitglieder zu Stellvertretern von fehlenden oder verhinderten Vorstandsmitgliedern bestellen. [2]Eine wiederholte Bestellung oder Verlängerung der Amtszeit ist zulässig, wenn dadurch die Amtszeit insgesamt ein Jahr nicht übersteigt. [3]Während ihrer Amtszeit als Stellvertreter von Vorstandsmitgliedern können die Aufsichtsratsmitglieder keine Tätigkeit als Aufsichtsratsmitglied ausüben. [4]Das Wettbewerbsverbot des § 88 gilt für sie nicht.

---

[195] MüKoAktG/*Habersack* Rn. 51.
[196] Hüffer/Koch/*Koch* Rn. 17; Großkomm AktG/*Hopt/Roth* Rn. 123; Hölters/*Simons* Rn. 36; MüKoAktG/*Habersack* Rn. 54; K. Schmidt/Lutter/*Drygala* Rn. 31.
[197] MüKoAktG/*Habersack* Rn. 55; Hüffer/Koch/*Koch* Rn. 17; K. Schmidt/Lutter/*Drygala* Rn. 31.
[198] Großkomm AktG/*Hopt/Roth* Rn. 125; MüKoAktG/*Habersack* Rn. 56.
[199] BegrRegE *Kropff* S. 145; MüKoAktG/*Habersack* Rn. 56; K. Schmidt/Lutter/*Drygala* Rn. 32; Hölters/*Simons* Rn. 37.
[200] MüKoAktG/*Habersack* Rn. 54; Bürgers/Körber/*Israel* Rn. 14; Hölters/*Simons* Rn. 38.
[201] Kölner Komm AktG/*Mertens/Cahn* Rn. 40; Großkomm AktG *Hopt/Roth* Rn. 124; MüKoAktG/*Habersack* Rn. 55.
[202] MüKoAktG/*Habersack* Rn. 55; Hölters/*Simons* Rn. 37.
[203] MüKoAktG/*Habersack* Rn. 55.
[204] Großkomm AktG/*Hopt/Roth* Rn. 127; MüKoAktG/*Habersack* Rn. 56; Hüffer/Koch/*Koch* Rn. 17; NK-AktR/*Breuer/Fraune* Rn. 21; Hölters/*Simons* Rn. 37.

§ 6 MitbestG Grundsatz

(1) Bei den in § 1 Abs. 1 bezeichneten Unternehmen ist ein Aufsichtsrat zu bilden, soweit sich dies nicht schon aus anderen gesetzlichen Vorschriften ergibt.

(2) ¹Die Bildung und die Zusammensetzung des Aufsichtsrats sowie die Bestellung und die Abberufung seiner Mitglieder bestimmen sich nach den §§ 7 bis 24 dieses Gesetzes und, soweit sich dies nicht schon aus anderen gesetzlichen Vorschriften ergibt, nach § 96 Absatz 4, den §§ 97 bis 101 Abs. 1 und 3 und den §§ 102 bis 106 des Aktiengesetzes mit der Maßgabe, daß die Wählbarkeit eines Prokuristen als Aufsichtsratsmitglied der Arbeitnehmer nur ausgeschlossen ist, wenn dieser dem zur gesetzlichen Vertretung des Unternehmens befugten Organ unmittelbar unterstellt und zur Ausübung der Prokura für den gesamten Geschäftsbereich des Organs ermächtigt ist. ²Andere gesetzliche Vorschriften und Bestimmungen der Satzung (des Gesellschaftsvertrags, des Statuts) über die Zusammensetzung des Aufsichtsrats sowie über die Bestellung und die Abberufung seiner Mitglieder bleiben unberührt, soweit Vorschriften dieses Gesetzes dem nicht entgegenstehen.

(3) ¹Auf Genossenschaften sind die §§ 100, 101 Abs. 1 und 3 und die §§ 103 und 106 des Aktiengesetzes nicht anzuwenden. ²Auf die Aufsichtsratsmitglieder der Arbeitnehmer ist § 9 Abs. 2 des Genossenschaftsgesetzes nicht anzuwenden.

Schrifttum: *Baums,* Unabhängige Aufsichtsratsmitglieder, ZHR 180 (2016), 697; *Brox,* Erteilung, Widerruf und Niederlegung von Prokura und Handlungsvollmacht im neuen Aktienrecht, NJW 1967, 801; *Brox,* Leitende Angestellte als Aufsichtsratsmitglieder des Unternehmens, FS Ficker, 1967, 95; *Fischer,* Der Rückgewähranspruch bei Beraterverträgen mit Aufsichtsratsmitgliedern, BB 2015, 1411; *Heidbüchel,* Das Aufsichtsratsmitglied als Vorstandsvertreter, WM 2004, 1317; *Kahler,* Die Rechtsfolgen von Verstößen gegen § 105 AktG, BB 1983, 1382; *Krieger,* Personalentscheidungen des Aufsichtsrats, 1981; *Lange,* Der Wechsel aus dem Vorstand in den Aufsichtsrat, NZG 2004, 265; *Schäuble/Lindemann,* Prokuristen als Aufsichtsratsmitglied der Arbeitnehmer in mitbestimmten Gesellschaften – nur mit Zustimmung des Unternehmens möglich?, GWR 2015, 155; *Spitzbarth,* Vollmachten im modernen Management, 1989.

Übersicht

	Rn.		Rn.
I. Überblick	1–3	IV. Aufsichtsratsmitglieder als Stellvertreter von Vorstandsmitgliedern (Abs. 2)	22–38
II. Entstehungsgeschichte	4, 5	1. Fehlen oder Verhinderung des Vorstandsmitglieds	23–26
III. Unvereinbarkeit des Aufsichtsratsamts mit leitenden Funktionen	6–21	2. Zeitliche Begrenzung	27–29
1. Vorstandsamt	6, 7	3. Bestellung	30–33
2. Prokurist	8–11	4. Mitgliedschaft im Vorstand	34–38
3. Handlungsbevollmächtigter	12, 13	a) Gleiche Rechtsstellung wie Vorstandsmitglieder	34–36
4. Andere leitende Angestellte	14	b) Wettbewerbsverbot	37
5. Andere Rechts- und Vertragsverhältnisse	15	c) Bekanntgabe und Eintragung ins Handelsregister	38
6. Rechtsfolgen	16–21		

I. Überblick

Die im deutschen Recht strikt ausgeprägte Trennung zwischen Überwachungs- und Leitungsorgan[1] flankiert § 105 Abs. 1, indem er eine Inkompatibilität für die gleichzeitige Zugehörigkeit zum Vorstand und Aufsichtsrat ausspricht.[2] Nur für eine gewisse Zeit und unter gewissen Voraussetzungen nach § 105 Abs. 2 dürfen Aufsichtsratsmitglieder dem Vorstand angehören.[3] **1**

Die Vorschrift betrifft die häufig anzutreffende Praxis, dass (ehemalige) **Vorstandsmitglieder in den Aufsichtsrat wechseln** und häufig dort sogar Aufsichtsratsvorsitzender werden.[4] Eine analoge Anwendung kommt nicht in Betracht, da keine planwidrige Regelungslücke **2**

---

[1] MüKoAktG/*Habersack* Rn. 1; Großkomm AktG/*Hopt/Roth* Rn. 6; MHdB AG/*Hoffmann-Becking* § 30 Rn. 9 f.; Kölner Komm AktG/*Mertens/Cahn* Rn. 2; K. Schmidt/Lutter/*Drygala* Rn. 1; *Arnold* in Marsch-Barner/Schäfer Börsennotierte AG-HdB Rn. 19.4; Wachter/*Schick* Rn. 1; Grigoleit/*Grigoleit/Tomasic* Rn. 1; allg. zur Unabhängigkeit der Aufsichtsratsmitglieder *Baums* ZHR 180 (2016), 697 f.; *Schäuble/Lindemann* GWR 2015, 155.
[2] Vgl. BegrRegE *Kropff* S. 146; K. Schmidt/Lutter/*Drygala* Rn. 1; Bürgers/Körber/*Israel* Rn. 1; Wachter/*Schick* Rn. 3; Hölters/*Simons* Rn. 1.
[3] Zur Problematik möglicher Abfindungen in diesem Zusammenhang s. *Dreher* FS Schmidt, 2009, 233 ff.
[4] → § 100 Rn. 30; LG München I AG 2005, 623 (624 f.) – HypoVereinsbank; *Baums,* Bericht der Regierungskommission „Corporate Governance" BT-Drs. 14/7515 Rn. 55; MüKoAktG/*Habersack* Rn. 9; Großkomm AktG/*Hopt/Roth* Rn. 19 (23); Wachter/*Schick* Rn. 4.

besteht.[5] Versteht man § 105 nicht personen- sondern gegenstandsbezogen, wäre zwar eine analoge Anwendung denkbar, da das frühere Vorstandsmitglied seine eigene Tätigkeit als Vorstandsmitglied jetzt im Aufsichtsrat zu beurteilen hat.[6] Da sich diese Inkompatibilität aber nur auf einzelne Beschlussgegenstände bezöge, erscheint es überzeugender, in diesen Fällen von einem Stimmrechtsverbot analog § 34 BGB auszugehen.[7] Eine Inkompatibilität von ehemaligem Vorstandsamt und Aufsichtsratsmandat kann sich daher nach geltendem Recht nur aus Vorgaben des Corporate Governance Kodex und einer entsprechenden Compliance-Erklärung der Gesellschaft ergeben (→ § 100 Rn. 30). So empfiehlt Ziff. 5.4.2 S. 3 **DCGK** im Sinne von comply-or-explain gem. § 161, dass dem Aufsichtsrat nicht mehr als zwei ehemalige Vorstandsmitglieder angehören sollen. Ziff. 5.4.4 DCGK bestimmt sogar, dass Vorstandsmitglieder vor Ablauf von zwei Jahren nach dem Ende ihrer Bestellung nicht Mitglied des Aufsichtsrats werden dürfen, es sei denn, ihre Wahl erfolge auf Vorschlag von Aktionären, die mehr als 25 % der Stimmrechte der Gesellschaft halten. In diesem Falle muss aber ein dann stattfindender Wechsel in den Aufsichtsratsvorsitz gem. Ziff. 5.4.4 S. 2 DCGK eine der Hauptversammlung zu begründende Ausnahme sein – dies mit gutem Grund, da der Aufsichtsratsvorsitz eine der zentralen Schalt- und Schnittstellen zwischen Aufsichtsrat und Vorstand ist.

3 § 105 Abs. 1 ist **zwingender Natur;** weder Satzung noch Geschäftsordnung können von ihm abweichen oder ihn ergänzen.[8] § 105 Abs. 2 kann hinsichtlich der zugelassenen Ausnahmen nicht von der Satzung erweitert werden; ebenso wenig zulässig ist eine Verlängerung der gesetzlichen Entsendungshöchstdauer.[9] Umgekehrt kann die Satzung nicht das Recht des Aufsichtsrats zur Bestellung eines Mitglieds als Stellvertreter für ein Vorstandsmitglied ausschließen.[10] Denn weder sieht § 105 Abs. 2 die Möglichkeit einer Abweichung vor noch handelt es sich um eine Ergänzung im Sinne von § 23 Abs. 5 S. 2.[11] Auch würden dem Aufsichtsrat mit einem Satzungsverbot die Mittel beschnitten, unverzüglich auf Notlagen zu reagieren, die einen handlungsfähigen Vorstand erfordern.[12]

II. Entstehungsgeschichte

4 § 105 ist seit seiner Einführung in das AktG 1965 unverändert geblieben. Schon in § 248 Abs. 1 HGB aF war vorgesehen, dass Aufsichtsratsmitglieder nicht zugleich Mitglieder des Vorstands oder dauernd Stellvertreter von Vorstandsmitgliedern sein durften. Außerdem war dem Aufsichtsratsmitglied gem. § 248 Abs. 1 Hs. 2 HGB aF untersagt, als „Beamter" die Geschäfte zu führen. Diesen Grundgedanken nahm das AktG 1937 in § 90 Abs. 1 S. 2 aF auf, indem Aufsichtsratsmitglieder nicht zugleich als Angestellte die Geschäfte führen durften. Die schrittweise Ausdehnung der Mitbestimmung führte zur Einschränkung des § 90 AktG 1937 auf leitende Angestellte, um die Wählbarkeit von Arbeitnehmervertretern nicht auszuschließen.[13] Die damit einhergehenden Abgrenzungsprobleme, was unter „leitenden Angestellten" zu verstehen war, veranlassten den Gesetzgeber des AktG 1965, stattdessen auf die formale Rechtsstellung als Prokurist oder General-Handlungsbevollmächtigter abzustellen.[14] Diese Einschränkung wurde später im MitbestG weiter verengt auf solche Personen, die unmittelbar dem Vorstand nachgeordnet sind, um auch die Wahl von Prokuristen etc. als leitende Angestellte zu ermöglichen.[15]

5 Auch § 105 Abs. 2 erfuhr im AktG 1965 Modifizierungen: So wurde der Zeitraum für die zulässige Abordnung auf ein Jahr insgesamt begrenzt.[16] In § 90 Abs. 2 S. 1 AktG 1937 war dagegen wie in § 248 Abs. 2 S. 1 HGB aF nur vorgesehen, dass die Bestellung nur für einen im Voraus begrenzten Zeitraum vorgenommen werden durfte. Die Begrenzung auf maximal ein Jahr wurde eingeführt, damit sich der

---

[5] LG München I AG 2005, 623 (624 f.) – HypoVereinsbank; LG München I DB 2005, 1617 (1619 f.); LG München I AG 2004, 330 (331 ff.) = DStR 2004, 1138 mit Anm. *Gerber/Wernicke; Wirth* ZGR 2005, 327 (341 f.); *Rode* BB 2006, 341 (343).
[6] Das erwägt *Lange* NZG 2004, 265 (268).
[7] So auch *Lange* NZG 2004, 265 (269).
[8] Ganz hM, MüKoAktG/*Habersack* Rn. 3; Großkomm AktG/*Hopt/Roth* Rn. 12; Hüffer/Koch/*Koch* Rn. 1; K. Schmidt/Lutter/*Drygala* Rn. 2, 3.
[9] *Heidbüchel* WM 2004, 1317; *Kahler* BB 1983, 1382; Großkomm AktG/*Hopt/Roth* Rn. 12; Hüffer/Koch/*Koch* Rn. 1; Grigoleit/*Grigoleit/Tomasic* Rn. 2.
[10] So aber Großkomm AktG/*Hopt/Roth* Rn. 12, wonach aus dem Fehlen einer gerichtlichen Ersatzbestellungsmöglichkeit von Vorstandsmitgliedern nicht folge, dass eine Entsendung von Aufsichtsratsmitgliedern in den Vorstand zwingend erforderlich sei, denn der Aufsichtsrat könne auch anderweitig auf die Vakanz im Vorstand reagieren; iE auch Kölner Komm AktG/*Mertens/Cahn* Rn. 3, allerdings ohne Begründung.
[11] *Krieger*, Personalentscheidungen des Aufsichtsrats, 1981, 225; zust. MüKoAktG/*Habersack* Rn. 3.
[12] Zutr. *Krieger*, Personalentscheidungen des Aufsichtsrats, 1981, 225; MüKoAktG/*Habersack* Rn. 3.
[13] *Brox* FS Ficker, 1967, 95 (102); Großkomm AktG/*Hopt/Roth* Rn. 3.
[14] AusschussBer *Kropff* S. 146; *Brox* FS Ficker, 1967, 95 (98); Großkomm AktG/*Hopt/Roth* Rn. 4; MüKoAktG/*Habersack* Rn. 6.
[15] BegrMitbestG BT-Drs. 7/2172, 21 f.
[16] BegrRegE *Kropff* S. 146.

Aufsichtsrat nicht dauerhaft seiner Pflicht zur Bestellung eines neuen Vorstandsmitglieds nach § 84 entziehen kann.[17] Die Bestellung von Stellvertretern nach § 105 Abs. 2 S. 1 soll nur der Lückenfüllung dienen, damit der Aufsichtsrat nicht überstürzt ein neues Vorstandsmitglied bestellt.[18] Auch wurde klargestellt, dass § 105 Abs. 2 nicht nur bei Verhinderungen des Vorstandsmitglieds, sondern auch bei dessen Fehlen eingreift.[19] Zuvor war die Bestellung nur bei Verhinderung eines Vorstandsmitglieds vorgesehen, was aber allgemein als zu eng angesehen und deshalb auf den Fall des Fehlens ausgedehnt wurde.[20] Ferner wurde die Unwirksamkeit von Rechtshandlungen des Aufsichtsratsmitglieds bei Abordnung durch die Ersetzung des Wortes „dürfen" durch „können" festgehalten (§ 105 Abs. 2 S. 3).[21]

III. Unvereinbarkeit des Aufsichtsratsamts mit leitenden Funktionen

1. Vorstandsamt. § 105 Abs. 1 enthält ein absolutes Verbot der *gleichzeitigen* Zugehörigkeit zum Überwachungsorgan Aufsichtsrat und zum Vorstand, da niemand Richter in eigener Sache sein soll. Bis auf die in Abs. 2 vorgesehenen Ausnahmen kann ein Aufsichtsratsmitglied daher auch nicht stellvertretendes Vorstandsmitglied nach § 94 sein, ebenso wenig Abwickler nach § 268 Abs. 2.[22] Es kommt allein darauf an, dass eine Zugehörigkeit zu beiden Organen besteht; welchem Organ die betroffene Person zuerst angehört, ist nach dem Sinn und Zweck des § 105 Abs. 1, die Trennung von Geschäftsführung und Überwachung zu garantieren, unerheblich. Daher werden – über den Wortlaut des § 105 Abs. 1 hinaus – auch Vorstandsmitglieder erfasst, die in den Aufsichtsrat gewählt werden.[23]

Aus § 105 Abs. 1 folgt **kein Verbot von Doppelmandaten im Konzern.** Nicht erfasst ist demnach der Fall, dass das Aufsichtsratsmitglied einer abhängigen AG dem Vorstand der beherrschenden AG angehört; denn hier wird weder die Überwachungsfunktion gegenüber dem Vorstand der beherrschten AG noch die Leitungsfunktion des Vorstands der herrschenden AG beeinträchtigt.[24] Bedenken können sich hier allerdings aus den mit der Personalunion verbundenen Interessenkollisionen ergeben, da das betroffene Mitglied gehalten ist, als Vorstandsmitglied der herrschenden AG deren Interessen zu wahren, gleichzeitig aber auch die Interessen der beherrschten Gesellschaft fördern muss. Umgekehrt darf gem. § 100 Abs. 2 S. 1 Nr. 2 dem Aufsichtsrat der beherrschenden Gesellschaft kein gesetzlicher Vertreter eines abhängigen Unternehmens angehören, da dieses Mitglied sich (mittelbar) selbst beaufsichtigen würde und Einfluss auf den Vorstand der beherrschenden AG nehmen könnte.[25]

2. Prokurist. Ebenso unvereinbar mit einem Aufsichtsratsmandat ist die Stellung als Prokurist gem. §§ 48 ff. HGB. Unerheblich ist es dabei, welche Kompetenzen der Prokurist tatsächlich intern inne hat, insbesondere ob er Leitungsbefugnisse besitzt. Erfasst werden alle Arten der Prokura, Einzel- wie Gesamtprokura, auch die sog. Filialprokura nach § 50 Abs. 3 HGB. Es genügt, dass der Person formal die Stellung als Prokurist eingeräumt wurde.[26] Deshalb wird auch der so genannte Titularprokurist erfasst,[27] der im Innenverhältnis zum Geschäftsherrn nicht berechtigt ist, von der Prokura Gebrauch zu machen.[28] Der Schein-Prokurist, sei es durch Rechtsschein oder Registerpublizität,

---

[17] BegrRegE *Kropff* S. 146.
[18] BegrRegE *Kropff* S. 146; Großkomm AktG/*Hopt*/*Roth* Rn. 11.
[19] BegrRegE *Kropff* S. 146.
[20] S. KGJ 20 A 164; KG Recht 1927 Nr. 57; Großkomm AktG/*Schmidt*/*Meyer-Landrut*, 2. Aufl. 1961, § 90 Anm. 7; *Schlegelberger*/*Quassowski* AktG 1937 § 90 Anm. 7.
[21] BegrRegE *Kropff* S. 146; Großkomm AktG/*Hopt*/*Roth* Rn. 5.
[22] Hüffer/*Koch*/*Koch* Rn. 2; Kölner Komm AktG/*Mertens*/*Cahn* Rn. 2, 17; K. Schmidt/Lutter/*Drygala* Rn. 4; Grigoleit/*Grigoleit*/*Tomasic* Rn. 3.
[23] BGH NJW 1975, 1657 (1658); MüKoAktG/*Habersack* Rn. 9; Kölner Komm AktG/*Mertens*/*Cahn* Rn. 7; Hüffer/*Koch*/*Koch* Rn. 2; K. Schmidt/Lutter/*Drygala* Rn. 4; die faktische Mitgeschäftsführung eines Aufsichtsratsmitgliedes durch Beratervertrag wird teilweise als ausreichend betrachtet: *Fischer* BB 2015, 1411 (1414).
[24] Hüffer/*Koch*/*Koch* Rn. 2; Großkomm AktG/*Hopt*/*Roth* Rn. 27; Wachter/*Schick* Rn. 5; Henssler/Strohn/*Henssler* Rn. 2.
[25] → § 100 Rn. 23 f. auf die Inkompatibilität gem. § 100 Abs. 2 S. 1 Nr. 2 machen auch Hüffer/*Koch*/*Koch* Rn. 2 und Großkomm AktG/*Hopt*/*Roth* Rn. 27 aufmerksam; ebenso E. *Vetter* in Marsch-Barner/Schäfer Börsennotierte AG-HdB Rn. 25.10.
[26] *Brox* FS Ficker, 1967, 95 (108); zust. MüKoAktG/*Habersack* Rn. 11; Großkomm AktG/*Hopt*/*Roth* Rn. 31; Kölner Komm AktG/*Mertens*/*Cahn* Rn. 12; Hüffer/*Koch*/*Koch* Rn. 3; K. Schmidt/Lutter/*Drygala* Rn. 6; NK-AktR/*Breuer*/*Fraune* Rn. 6.
[27] *Brox* FS Ficker, 1967, 95 (108); zust. MüKoAktG/*Habersack* Rn. 13; Großkomm AktG/*Hopt*/*Roth* Rn. 31; Kölner Komm AktG/*Mertens*/*Cahn* Rn. 12; Hüffer/*Koch*/*Koch* Rn. 3; K. Schmidt/Lutter/*Drygala* Rn. 6; Bürgers/*Körber*/*Israel* Rn. 3; Hölters/*Simons* Rn. 4; Henssler/Strohn/*Henssler* Rn. 3.
[28] Zur Begriffsbestimmung s. etwa *Müller* DB 1983, 1597 (1601).

unterfällt dagegen nicht der Regelung, da es auf die mögliche Ausübung seiner Kompetenzen und eine damit hervorgerufene Interessenkollisionen ankommt.

9 § 6 Abs. 2 S. 1 MitbestG enthält von dieser Regelung eine **Ausnahme** für nach dem MitbestG mitbestimmte Gesellschaften. Die Ausnahme ist vor dem Hintergrund der Beteiligung der Arbeitnehmervertreter, insbesondere aber der leitenden Angestellten und ihres Sonderstatus zu verstehen,[29] aber nicht auf leitende Angestellte beschränkt. Sie gilt allerdings ausweislich des Wortlauts nur, wenn der Prokurist zum **Aufsichtsratsmitglied der Arbeitnehmer** bestellt werden soll; soll er für die Anteilseigner in den Aufsichtsrat gewählt werden, gilt § 105 AktG.[30] Gem. § 6 Abs. 2 S. 1 MitbestG ist nur derjenige Prokurist als Aufsichtsratsmitglied der Arbeitnehmer ausgeschlossen, der unmittelbar dem Vorstand untergeordnet ist und Prokura für den gesamten Geschäftsbereich des Vorstands ausüben darf. Dabei kommt es auf die formale Unternehmenshierarchie an, dh der Prokurist muss in der vertikalen Gliederung des Unternehmens an zweitoberster Stelle stehen, direkt unter dem Vorstand.[31] Reine Berichtsbeziehungen sind nicht ausschlaggebend, vielmehr muss der Vorstand dem Prokuristen bindende Weisungen direkt erteilen können. Die Ausübung der Prokura muss sich auf den gesamten Geschäftsbereich beziehen und sich nicht nur auf einzelne Filialen oder Bereiche beschränken;[32] ausreichend für die Wählbarkeit ist eine Beschränkung der Prokura im **Innenverhältnis,** da der Kreis der wählbaren Angestellten, insbesondere der leitenden Angestellten, möglichst weit gefasst werden sollte.[33] Bei Streitigkeiten über die Wirksamkeit der Wahl eines Prokuristen zum Aufsichtsratsmitglied der Arbeitnehmer sind nach §§ 22 MitbestG, § 80 ArbGG, § 2a Abs. 1 Nr. 3 ArbGG die Arbeitsgerichte im Beschlussverfahren zuständig.[34]

10 **Andere Dienstbezeichnungen** wie **Vice President,** Senior Executive President und ähnliche Benennungen sind rechtlich unerheblich, entscheidend ist nur die formale unmittelbare Unterstellung unter den Vorstand.

11 Die **anderen Mitbestimmungsgesetze** (DrittelbG, MontanMitbestG, MontanMitbestErgG) enthalten keine entsprechenden Sonderregelungen, da sie keine besonderen Vertretungsbestimmungen für leitende Angestellte enthalten. Hier gilt § 105 uneingeschränkt.[35]

12 **3. Handlungsbevollmächtigter.** Neben dem Prokuristen erfasst § 105 Abs. 1 ferner den Handlungsbevollmächtigten, sofern er für den gesamten Geschäftsbetrieb der Gesellschaft ermächtigt ist, also den sog. Generalhandlungsbevollmächtigten im Sinne von § 54 Abs. 1 1. Fall HGB im Gegensatz zum Art- oder Einzelhandlungsbevollmächtigten nach der zweiten bzw. dritten Alternative des § 54 Abs. 1 HGB.[36] Ähnlich wie für den Prokuristen kommt es aus Gründen der Rechtssicherheit nur auf die Kompetenzen des Bevollmächtigten im Außenverhältnis an, nicht auf interne Beschränkungen.[37] Auf Generalhandlungsbevollmächtigte der Arbeitnehmerseite ist die Ausnahmevorschrift des § 6 Abs. 2 S. 1 MitbestG entsprechend anzuwenden (→ Rn. 9), da, wenn selbst Prokuristen nur bei einer besonderen funktionalen Stellung nicht wählbar sind, dieses erst Recht auch für Generalhandlungsbevollmächtigte zu gelten hat.[38] Demgemäß ist auch keine weitergehende Generalvollmacht erforderlich.[39] Mit der Wortwahl sollte eine Vermengung mit dem in der Wirtschaft gerne gebrauchten Begriff des „Generalbevollmächtigten" vermieden werden, der in seinen Befugnissen noch über den Prokuristen hinausgeht;

---

[29] BegrMitbestG BT-Drs. 7/2172, 21 f.; Großkomm AktG/*Hopt/Roth* Rn. 35; UHH/*Ulmer/Habersack* MitbestG § 6 Rn. 52; *Schäuble/Lindemann* GWR 2015, 155 (155 f.).

[30] Großkomm AktG/*Oetker* MitbestG § 6 Rn. 14; RVJ/*Raiser* MitbestG § 6 Rn. 55; UHH/*Ulmer/Habersack* MitbestG § 6 Rn. 49, 52; MüKoAktG/*Gach* MitbestG § 6 Rn. 7; Kölner Komm AktG/*Mertens/Cahn* Anh. B § 117 MitbestG § 6 Rn. 3; krit. zur Ungleichbehandlung von Anteilseigner- und Arbeitnehmervertretern Großkomm AktG/*Hopt/Roth* Rn. 37.

[31] Großkomm AktG/*Hopt/Roth* Rn. 35; MüKoAktG/*Habersack* Rn. 16; MüKoAktG/*Gach* MitbestG § 6 Rn. 9; RVJ/*Raiser* MitbestG § 6 Rn. 55.

[32] Großkomm AktG/*Hopt/Roth* Rn. 35; K. Schmidt/Lutter/*Drygala* Rn. 7; *E. Vetter* in Marsch-Barner/Schäfer Börsennotierte AG-HdB Rn. 25.12; MüKoAktG/*Habersack* Rn. 16; UHH/*Ulmer/Habersack* MitbestG § 6 Rn. 52; Hölters/*Simons* Rn. 5.

[33] BegrMitbestG BT-Drs. 7/2172, 21 f.; Großkomm AktG/*Oetker* MitbestG § 6 Rn. 15; RVJ/*Raiser* MitbestG § 6 Rn. 53; UHH/*Ulmer/Habersack* MitbestG § 6 Rn. 52; Großkomm AktG/*Hopt/Roth* Rn. 35.

[34] Großkomm AktG/*Oetker* MitbestG § 6 Rn. 18; MüKoAktG/*Gach* MitbestG § 6 Rn. 15; Kölner Komm AktG/*Mertens/Cahn* Anh. B § 117 MitbestG § 6 Rn. 3.

[35] MHdB AG/*Hoffmann-Becking* § 30 Rn. 11; Kölner Komm AktG/*Mertens/Cahn* Rn. 12; MüKoAktG/*Habersack* Rn. 17.

[36] Großkomm AktG/*Hopt/Roth* Rn. 32; Kölner Komm AktG/*Mertens/Cahn* Rn. 13; MüKoAktG/*Habersack* Rn. 14; *E. Vetter* in Marsch-Barner/Schäfer Börsennotierte AG-HdB Rn. 25.12; Hüffer/Koch/*Koch* Rn. 4; K. Schmidt/Lutter/*Drygala* Rn. 8; NK-AktR/*Breuer/Fraune* Rn. 8.

[37] MüKoAktG/*Habersack* Rn. 11; Großkomm AktG/*Hopt/Roth* Rn. 32; Kölner Komm AktG/*Mertens/Cahn* Rn. 13; Hüffer/Koch/*Koch* Rn. 4; K. Schmidt/Lutter/*Drygala* Rn. 8.

[38] Hüffer/Koch/*Koch* Rn. 4; K. Schmidt/Lutter/*Drygala* Rn. 8; UHH/*Ulmer/Habersack* MitbestG § 6 Rn. 52a.

[39] MüKoAktG/*Habersack* Rn. 14; Großkomm AktG/*Hopt/Roth* Rn. 32; Hüffer/Koch/*Koch* Rn. 4.

stattdessen wird eindeutig auf § 54 Abs. 1 1. Fall HGB abgestellt. Umgekehrt bedarf es keiner über § 54 Abs. 1 1. Fall HGB hinausgehenden Befugnisse, wie zur Belastung von Grundstücken etc. nach § 54 Abs. 2 HGB.[40] Eine solche Einschränkung ist dem Gesetz nicht zu entnehmen und angesichts dessen, dass es hier nicht um die Wählbarkeit von Arbeitnehmervertretern geht (→ Rn. 13), ist sie auch nicht erforderlich.

Für nach dem MitbestG **mitbestimmte Gesellschaften** enthält § 6 Abs. 2 S. 2 MitbestG keine 13 den Prokuristen vergleichbare Ausnahme, so dass Handlungsbevollmächtigte nach § 105 Abs. 1 nicht wählbar wären, auch wenn sie nicht unmittelbar dem Vorstand unterständen. Es wäre allerdings vom Sinn und Zweck der Norm her nicht verständlich, warum Prokuristen mit einem gesetzlich festgelegten Kompetenzbereich bereits wählbar sind, solange sie nicht unmittelbar dem Vorstand unterstehen, Handlungsbevollmächtigte trotz tendenziell schwächerer Rechtsstellung dagegen nicht. § 6 Abs. 2 S. 1 2. Hs. MitbestG ist daher hier analog anzuwenden.[41]

4. Andere leitende Angestellte. Neben Prokuristen oder Generalbevollmächtigten erfasst § 105 14 Abs. 1 keine anderen Angestellten, auch wenn sie in herausgehobener bzw. leitender Stellung tätig sind.[42] Dies gilt ohne Rücksicht darauf, ob die Angestellten dem Aufsichtsrat als Anteilseigner- oder Arbeitnehmervertreter angehören.[43] Eine Erstreckung der Inkompatibilität auf leitende Angestellte fand sich noch in § 90 AktG 1937 und würde auch in den Beratungen zum AktG 1965 zunächst vorgesehen, dann jedoch aus Gründen der Rechtssicherheit zugunsten der heutigen Regelung aufgegeben.[44] Diese Entscheidung des Gesetzgebers ist zu respektieren, so dass auch nicht von einer planwidrigen Regelungslücke gesprochen werden kann. Gerechtfertigt ist diese Eingrenzung zudem durch die bekannten, entsprechenden Abgrenzungsschwierigkeiten in anderen Rechtsgebieten, zB zu den „director's dealings" in Art. 19 der Marktmissbrauchsverordnung[45] (ex-§ 15a WpHG).[46] Schließlich wird durch eine entsprechende Begrenzung die Wählbarkeit von Arbeitnehmervertretern erleichtert.[47] Auch eine Wahl von Arbeitnehmern durch die Hauptversammlung als Anteilseignervertreter ist ohne weiteres zulässig, ohne dass diese bei mitbestimmten Gesellschaften der Arbeitnehmerseite zugerechnet würden.[48]

5. Andere Rechts- und Vertragsverhältnisse. Sonstige Rechts- oder Vertragsverhältnisse mit 15 der AG – zB eine Tätigkeit als Wirtschafts- oder Rechtsberater – führen vorbehaltlich § 114 und dauerhaften Interessenkollisionen nicht zur Inkompatibilität mit dem Aufsichtsratsamt.[49]

6. Rechtsfolgen. Grundsätzlich gilt heute der sog. **Grundsatz der Priorität:**[50] Demnach 16 schließt das bestehende Rechtsverhältnis das neue aus.[51] Daraus ergibt sich:

Wird ein **Aufsichtsratsmitglied** zum Vorstandsmitglied, zu dessen Stellvertreter, zum Prokuris- 17 ten oder Handlungsbevollmächtigten bestellt, verstößt diese Bestellung gegen § 105 Abs. 1 und ist

---

[40] So aber noch Großkomm AktG/*Meyer-Landrut,* 3. Aufl. 1973, Anm. 3; dagegen zutr. *Brox* FS Ficker, 1967, 95 (109); Großkomm AktG/*Hopt/Roth* Rn. 32; Kölner Komm AktG/*Mertens/Cahn* Rn. 13; MüKoAktG/*Habersack* Rn. 14.
[41] Zutr. Hüffer/Koch/*Koch* Rn. 4; MüKoAktG/*Habersack* Rn. 16; MüKoAktG/*Gach* MitbestG § 6 Rn. 8; Großkomm AktG/*Hopt/Roth* Rn. 36; Kölner Komm AktG/*Mertens/Cahn* Rn. 13; Großkomm AktG/*Oetker* MitbestG § 6 Rn. 17; RVJ/*Raiser* MitbestG § 6 Rn. 54; UHH/*Ulmer/Habersack* MitbestG § 6 Rn. 52a; so jetzt auch WKS/*Wißmann* MitbestG § 6 Rn. 51.
[42] AllgM, ausf. Großkomm AktG/*Hopt/Roth* Rn. 33, 41 ff.
[43] Großkomm AktG/*Hopt/Roth* Rn. 42 f.
[44] BegrRegE und AusschussBer *Kropff* S. 146; zur Gesetzgebungsgeschichte → Rn. 4 f.
[45] Verordnung VO (EU) Nr. 596/2014 des Europäischen Parlaments und des Rates vom 16.4.2014 über Marktmissbrauch und zur Aufhebung der Richtlinie 2003/6/EG des Europäischen Parlaments und des Rates und der Richtlinien 2003/124/EG, 2003/125/EG und 2004/72/EG der Kommission.
[46] Dazu *Erkens* Der Konzern 2005, 29 (32 f.); *Dreyling* Der Konzern 2005, 1 (3); *Koch* DB 2005, 267 (273); *Pluskat* BKR 2004, 467 (470 f.); *Diekmann/Sustmann* NZG 2004, 929 (936 f.); *Ziemons* NZG 2004, 537 (541); *Bürgers* BKR 2004, 424 (327 f.); *Spindler* NJW 2004, 3449 (3452); *Holzborn/Israel* WM 2004, 1948 (1953); *Kuthe* ZIP 2004, 883 (886); *Buttlar* BB 2003, 2133 (2135 f.).
[47] S. auch Hüffer/Koch/*Koch* Rn. 5; MüKoAktG/*Habersack* Rn. 15.
[48] BGH NJW 1975, 1657 (1658); OLG Hamburg AG 1972, 183 (184 ff.); *Biedenkopf/Säcker* ZfA 1971, 211 (262 ff.); *Henssler* ZfA 2000, 241 (260 f.); *Raiser* RdA 1972, 65 (67); MüKoAktG/*Habersack* Rn. 15.
[49] Großkomm AktG/*Hopt/Roth* Rn. 49; Hüffer/Koch/*Koch* Rn. 5; Kölner Komm AktG/*Mertens/Cahn* Rn. 15; mit etwas anderem dogmatischen Ansatz auch *Vollmer/Maurer* BB 1993, 591 (592).
[50] Zum früher angenommenen Vorrang des Aufsichtsratsamts s. MüKoAktG/*Habersack* Rn. 18 mwN.
[51] *Brox* FS Ficker, 1967, 95 (119); Hüffer/Koch/*Koch* Rn. 6; K. Schmidt/Lutter/*Drygala* Rn. 9; Großkomm AktG/*Hopt/Roth* Rn. 38; Kölner Komm AktG/*Mertens/Cahn* Rn. 7; MüKoAktG/*Habersack* Rn. 18; MHdB AG/*Hoffmann-Becking* § 30 Rn. 10; NK-AktR/*Breuer/Fraune* Rn. 10; Wachter/*Schick* Rn. 6; Henssler/Strohn/*Henssler* Rn. 6.

gem. § 134 BGB grundsätzlich nichtig, wenn die Verknüpfung gewollt ist.[52] Ist dagegen die Aufgabe des Aufsichtsratsmandats zugunsten der neuen Funktion gewollt, bleibt die Bestellung schwebend unwirksam, bis das Aufsichtsratsmitglied sein Amt niedergelegt hat.[53] In der Übernahme des Vorstandsmandates kann konkludent die Niederlegung des Aufsichtsratsamts liegen.[54] Das ehemalige Aufsichtsratsmitglied rückt dann in seine neue Stellung ein (bzw. die Bestellung wird wirksam) mit der endgültigen Aufgabe des Aufsichtsratsmandats.[55]

18   Wird dagegen eine der **in § 105 Abs. 1 genannten Personen** zum Aufsichtsratsmitglied gewählt, ist die Wahl entsprechend § 250 Abs. 1 Nr. 4 nichtig, sofern Funktionsverknüpfung beabsichtigt ist.[56] Zwar regelt das Gesetz diesen Fall nicht explizit; doch ist es angesichts der Bedeutung der Trennung von Leitung und Überwachung nicht hinnehmbar, dass ein Vorstandsmitglied bei fehlender Anfechtung eines Wahlbeschlusses gleichzeitig im Aufsichtsrat amtieren könnte.[57] Ist dies nicht der Fall, ist die Bestellung zum Aufsichtsratsmitglied schwebend unwirksam; diese wird endgültig unwirksam, wenn das prospektive Mitglied seine Funktion mit Amtsantritt nicht aufgibt, umgekehrt endgültig wirksam, wenn es seine Funktion rechtzeitig niederlegt.[58] Handelt es sich um einen **Prokuristen,** ist allerdings problematisch, ob eine solche Niederlegung überhaupt möglich ist. Zwar ist nach § 52 Abs. 1 HGB der Widerruf der Prokura jederzeit möglich. Diese Vorschrift erfasst jedoch nur den Geschäftsherrn.[59] Für die Niederlegung der Prokura durch den Prokuristen enthält das Gesetz keine Vorschrift. Aus § 168 BGB folgt vielmehr, dass eine Niederlegung der Prokura unabhängig vom zu Grunde liegenden Rechtsverhältnis gerade nicht möglich ist.[60] Dies ist auch durch die Interessenlage gerechtfertigt, denn der Geschäftsherr wird in aller Regel kein Interesse mehr an der Fortführung des zu Grunde liegenden Rechtsverhältnisses haben, wenn die Prokura nicht mehr besteht.[61] Wenn keine abweichende vertragliche Regelung besteht (etwa ein Vorbehalt der Niederlegung), ist der Prokurist auch zur Ausübung der Prokura verpflichtet und kann sich deshalb nicht einfach von ihr lösen, ohne das Grundverhältnis zu kündigen.[62] Eine Ausnahme wird man allenfalls dann zulassen können, wenn es dem Geschäftsherrn nicht entscheidend auf die Prokura, sondern vielmehr auf das Grundverhältnis ankommt.[63] Im Regelfall ist damit aber eine Niederlegung der Prokura ohne

---

[52] Hüffer/Koch/*Koch* Rn. 6; K. Schmidt/Lutter/*Drygala* Rn. 10; Henssler/Strohn/*Henssler* Rn. 6; *E. Vetter* in Marsch-Barner/Schäfer Börsennotierte AG-HdB Rn. 25.13; teilw. abw. Großkomm AktG/*Hopt/Roth* Rn. 21, 39, wonach eine Heilung des Bestellungsmangels in Betracht komme, wenn das Aufsichtsratsmitglied sein Mandat vor dem tatsächlichen Amtsantritt als Vorstandsmitglied niederlege; abw. auch MüKoAktG/*Habersack* Rn. 20: unerheblich, ob Verknüpfung der Ämter gewollt ist; in diesem Sinne auch Kölner Komm AktG/*Mertens/Cahn* Rn. 9; *Fischer* BB 2015, 1411 (1417).

[53] *E. Vetter* in Marsch-Barner/Schäfer Börsennotierte AG-HdB Rn. 25.13; Großkomm AktG/*Hopt/Roth* Rn. 21; *Brox* FS Ficker, 1967, 95 (119); Hüffer/Koch/*Koch* Rn. 6; MHdB AG/*Hoffmann-Becking* § 30 Rn. 10; NK-AktR/*Breuer/Fraune* Rn. 11; Bürgers/Körber/*Israel* Rn. 4; so wohl auch MüKoAktG/*Habersack* Rn. 20; Kölner Komm AktG/*Mertens/Cahn* Rn. 7 ff.

[54] Kölner Komm AktG/*Mertens/Cahn* Rn. 10; MüKoAktG/*Habersack* Rn. 20; weitergehend Großkomm AktG/*Hopt/Roth* Rn. 22, wonach das Aufsichtsratsmandat in der Regel konkludent niedergelegt werde, es sei denn äußere Umstände gäben ausnahmsweise zu erkennen, dass der Betreffende rechtsirrig der Ansicht sei, er dürfe eine Doppelfunktion innehaben.

[55] Großkomm AktG/*Hopt/Roth* Rn. 25; Hüffer/Koch/*Koch* Rn. 6; MHdB AG/*Hoffmann-Becking* § 30 Rn. 10; K. Schmidt/Lutter/*Drygala* Rn. 10.

[56] MüKoAktG/*Habersack* Rn. 19; Hüffer/Koch/*Koch* Rn. 6; *Kübler* FS Claussen, 1997, 239 (241); *Säcker* FS Rebmann, 1989, 781 (789); für die analoge Anwendung von § 250 auch Kölner Komm AktG/*Mertens/Cahn* Rn. 8; *E. Vetter* in Marsch-Barner/Schäfer Börsennotierte AG-HdB Rn. 25.13; Großkomm AktG/*Hopt/Roth* Rn. 25, wobei der Beschluss aber nicht schon bei gewollter Funktionsverknüpfung nichtig sein soll, sondern erst, wenn das Vorstandsmitglied sein Mandat nicht rechtzeitig vor Amtsantritt als Aufsichtsratsmitglied niederlegt (vgl. obige Fn. 50); *Schäuble/Lindemann* GWR 2015, 155 (156 f.).

[57] S. auch Kölner Komm AktG/*Mertens/Cahn* Rn. 8.

[58] Hüffer/Koch/*Koch* Rn. 6; Großkomm AktG/*Hopt/Roth* Rn. 25; *Brox* NJW 1967, 801 (802 f.); *Hergenröder* AR-Blattei SD 880.5 Rn. 59.

[59] Denn der Widerruf ist der actus contrarius zur Bestellung: Statt vieler MüKoHGB/*Krebs* HGB § 52 Rn. 8; EBJS/*Weber* HGB § 52 Rn. 6 jeweils mwN.

[60] *Brox* NJW 1967, 801 (804 f.); Kölner Komm AktG/*Mertens/Cahn* Rn. 16; EBJS/*Weber* HGB § 52 Rn. 26 jeweils mwN; aA *Spitzbarth*, Vollmachten im modernen Management, 1989, 95. Die Gegenauffassung wird damit begründet, dass es unbillig sei, nur dem Geschäftsherrn das Recht zum Widerruf zuzugestehen aber nicht auch dem Prokuristen. Mit dem Zweck von § 52 Abs. 1 HGB, den Kaufmann vor den Gefahren der Prokura zu schützen bzw. ein Korrektiv zur Unbeschränkbarkeit der Prokura nach § 50 HGB zu bilden (s. nur MüKoHGB/*Krebs* HGB § 52 Rn. 1), ist das indes kaum vereinbar.

[61] *Brox* NJW 1967, 801 (805).

[62] *Brox* NJW 1967, 801 (805).

[63] Beispiel bei *Brox* NJW 1967, 801 (805); aA *Spitzbarth*, Vollmachten im modernen Management, 1989, 108 f., wonach im Falle des geplanten Wechsels in den Aufsichtsrat immer ein wichtiger Grund zur Niederlegung der Prokura gegeben sein soll. Auch diese Einschränkung ist allerdings nicht mit § 168 S. 1 BGB vereinbar.

Kündigung des Grundverhältnisses ausgeschlossen;[64] will der Prokurist also Aufsichtsratsmitglied werden, so muss er zunächst sein Anstellungsverhältnis beenden, wodurch dann auch gem. § 168 S. 1 BGB die Prokura erlischt.[65] Die Bestellung zum Aufsichtsratsmitglied berechtigt zur außerordentlichen, fristlosen Kündigung des Grundverhältnisses gem. § 626 BGB.[66] Gleiches gilt auch für den von § 105 Abs. 1 erfassten Handlungsbevollmächtigten.[67]

In der Wahl zum Aufsichtsrat kann für das **Vorstandsmitglied** ein wichtiger Grund zur Amtsniederlegung liegen.[68] Damit wird allerdings auch ermöglicht, dass ein Vorstandsmitglied „auf Termin" zum Aufsichtsratsmitglied gewählt wird.

Die bloß **faktische Aufnahme von Geschäftsführungstätigkeiten** durch ein Aufsichtsratsmitglied wird von § 105 Abs. 1 nicht erfasst. Wegen § 111 Abs. 4 S. 1 stellt die Übernahme solcher Tätigkeiten durch ein Aufsichtsratsmitglied aber eine Pflichtverletzung dar.[69] Wird dieses Aufsichtsratsmitglied dann von der Hauptversammlung wiedergewählt, so ist diese Wahl anfechtbar (§ 250 Abs. 1 iVm § 241 Abs. 1 Nr. 5), wenn das Aufsichtsratsmitglied die Fortsetzung dieser Tätigkeit beabsichtigt und die Aktionäre davon wissen.[70] Ein solches Vorgehen wäre ein Verstoß gegen das aktienrechtliche Trennungsprinzip, was eine Gesetzesverletzung darstellt und deshalb die Anfechtbarkeit begründet.[71]

Gegenüber Dritten sind die **Grundsätze über die fehlerhafte Bestellung von Organmitgliedern** anzuwenden, mit der Folge, dass die AG grundsätzlich Rechtshandlungen des fehlerhaft Bestellten gegen sich gelten lassen muss, da der Dritte keinen Einblick in die Verhältnisse der AG haben kann.[72] Voraussetzung ist allerdings das Eingreifen allgemeiner Rechtsscheingrundsätze bzw. von § 15 Abs. 3 HGB.[73]

IV. Aufsichtsratsmitglieder als Stellvertreter von Vorstandsmitgliedern (Abs. 2)

In Durchbrechung des Grundsatzes des Abs. 1 erlaubt § 105 Abs. 2 die vorübergehende Bestellung von Aufsichtsratsmitgliedern zu Stellvertretern eines fehlenden oder verhinderten Vorstandsmitglieds. Es handelt sich um eine Notmaßnahme, die keinen dauerhaften Charakter erlangen darf. § 105 Abs. 2 gilt auch für stellvertretende Vorstandsmitglieder gem. § 94, da diese grundsätzlich zum Vorstand gehören.[74]

1. Fehlen oder Verhinderung des Vorstandsmitglieds. Ein Vorstandsmitglied **fehlt**, wenn die nach Gesetz gem. § 76 Abs. 2 S. 2 oder nach Satzung oder Geschäftsordnung erforderliche Mitgliederzahl nicht erreicht wird. Dies ist aber auch der Fall, wenn eine Höchstzahl festgelegt wurde, aber nicht ausgeschöpft wird; auch hier „fehlen" Vorstandsmitglieder;[75] es ist nicht ausgeschlossen, dass kurzfristig die Notwendigkeit besteht, die noch nicht besetzten Vorstandspositionen mit Aufsichtsratsmitgliedern zu ergänzen. Das Vorliegen einer praktischen Zwangslage ist somit denkbar. Der Missbrauchsgefahr dieser Regelung wird dabei durch die zeitliche Begrenzung[76] und das pflichtgemäße Ermessen begegnet. Ist nur eine Mindestzahl festgelegt, so wird man ein „Fehlen" immer dann annehmen können, wenn ein vorhandenes Vorstandsmitglied aus dem Vorstand ausscheidet, auch wenn dadurch die Mindestzahl nicht unterschritten wird.[77] § 105 Abs. 2 ist entgegen teilweise vertretener Auffassung auch

---

[64] *Brox* NJW 1967, 801 (805); *Hergenröder* AR-Blattei SD 880.5 Rn. 59 iVm Rn. 118.
[65] *Hergenröder* AR-Blattei SD 880.5 Rn. 63.
[66] Großkomm AktG/*Hopt/Roth* Rn. 40.
[67] *Hergenröder* AR-Blattei SD 880.5 Rn. 118; Großkomm AktG/*Hopt/Roth* Rn. 40.
[68] Kölner Komm AktG/*Mertens/Cahn* Rn. 10; Großkomm AktG/*Hopt/Roth* Rn. 24.
[69] So für den insoweit gleichen § 90 Abs. 1 S. 1 des österreichischen AktG OGH Beschluss v. 10.10.2002 – 6 Ob 97/02 m.
[70] ÖOGH Beschluss v. 10.10.2002–6 Ob 97/02 m; MüKoAktG/*Kalss* Rn. 39.
[71] ÖOGH Beschluss v. 10.10.2002–6 Ob 97/02 m; MüKoAktG/*Kalss* Rn. 39.
[72] Zutr. MüKoAktG/*Habersack* Rn. 21; Großkomm AktG/*Hopt/Roth* Rn. 28 f.; aA *Kahler* BB 1983, 1382 (1383) unter Hinweis auf die Bekanntmachungspflichten der Aktiengesellschaft nach §§ 81, 106. Damit würden aber die Anforderungen an einen Dritten, bei dem es sich nicht notwendig um einen Kaufmann handeln muss, überspannt.
[73] MüKoAktG/*Spindler* § 84 Rn. 239 ff. mwN; aA K. Schmidt/Lutter/*Drygala* Rn. 12, Schutz zwar nach § 15 Abs. 3 HGB bzw. allgemeinen Rechtsscheingrundsätzen aber keine Anerkennung der Lehre vom fehlerhaften Organ wegen „Evidenz des Rechtsverstoßes".
[74] *Fleischer* → § 94 Rn. 2; Großkomm AktG/*Hopt/Roth* Rn. 53 f.; Kölner Komm AktG/*Mertens/Cahn* Rn. 20; MüKoAktG/*Habersack* Rn. 23; K. Schmidt/Lutter/*Drygala* Rn. 14; Bürgers/Körber/*Israel* Rn. 6.
[75] Hüffer/Koch/*Koch* Rn. 7; MüKoAktG/*Habersack* Rn. 24; Großkomm AktG/*Hopt/Roth* Rn. 50; Kölner Komm AktG/*Mertens/Cahn* Rn. 20; MHdB AG/*Wiesner* § 24 Rn. 29; K. Schmidt/Lutter/*Drygala* Rn. 14; aA Hölters/*Simons* Rn. 13.
[76] BegrRegE *Kropff* S. 146.
[77] So auch *Heidbüchel* WM 2004, 1317 (1318).

dann anwendbar, wenn ein Vorstandsmitglied nach Ablauf seiner gem. § 84 Abs. 1 S. 1 befristeten Amtszeit aus dem Amt scheidet.[78] Der Zweck von § 105 Abs. 2, den Aufsichtsrat vor einer überstürzten Bestellung des Vorstands zu bewahren (→ Rn. 5), greift auch hier, denn es kann durchaus möglich sein, dass der Aufsichtsrat noch Zeit benötigt, um ein neues Vorstandsmitglied zu bestimmen.

24 **Verhinderung** eines Vorstandsmitglieds liegt vor, wenn es längere Zeit an der Ausübung seines Amtes gehindert ist, insbesondere bei Krankheit, nicht jedoch bei nur vorübergehender Verhinderung.[79]

25 Für die Ermittlung der Zahl der vorhandenen Vorstandsmitglieder sind in beiden Tatbestandsalternativen des § 105 Abs. 2, also sowohl beim Fehlen als auch bei der Verhinderung eines Vorstandsmitglieds, die **vorhandenen Stellvertreter** nicht mitzuzählen.[80] Zwar könnte § 94, aus dem sich entnehmen lässt, dass die Stellvertreter von Vorstandsmitgliedern echte Vorstandsmitglieder sind,[81] dafür sprechen, sie mitzuzählen.[82] Das würde jedoch voraussetzen, dass diese bei Ausfall von Vorstandsmitgliedern (Fehlen oder Verhinderung) wie die Ersatzmitglieder von Aufsichtsratsmitgliedern nach § 101 Abs. 3 an deren Stelle treten müssten. Das ist jedoch gerade nicht der Fall. Den Stellvertretern von Vorstandsmitgliedern ist vielmehr zumeist ein eigener Aufgabenbereich zugewiesen, den sie auch nach Ausfall eines Vorstandsmitglieds noch erfüllen müssen.[83] Die Stellvertreter nach § 94 sind eben gerade nicht mit den Ersatzmitgliedern des Aufsichtsrats nach § 101 Abs. 3 vergleichbar und rücken deshalb bei Ausfall eines Vorstandsmitglieds auch nicht automatisch an dessen Stelle.[84] Somit können Sie aber auch bei der Ermittlung der Vorstandsmitglieder nach § 105 Abs. 2 nicht berücksichtigt werden.

26 Eine Art **Vorratsbestellung von Aufsichtsratsmitgliedern** ist nicht möglich;[85] es muss stets festgestellt werden, welches Vorstandsmitglied durch einen Stellvertreter ersetzt werden soll.[86] Das zu ersetzende Vorstandsmitglied muss zum Zeitpunkt des Beschlusses bereits verhindert sein oder die Verhinderung unmittelbar bevorstehen.[87]

27 **2. Zeitliche Begrenzung.** Die Bestellung darf auf jeden Fall nur für einen begrenzten Zeitraum erfolgen, der im Vorhinein festgelegt werden muss. Eine Bestellung für die Zeit der Verhinderung des Vorstandsmitglieds ist nicht konkret genug und daher unzulässig.[88]

28 Die **Höchstdauer** beträgt nach § 105 Abs. 2 ein Jahr, auch wenn die Bestellung wiederholt erfolgt bzw. verlängert wird; in diesem Fall werden die Zeiten zusammengerechnet, § 105 Abs. 2 S. 2. Die Zusammenrechnung erfolgt jedoch immer nur bezogen auf ein Vorstandsmitglied und auf einen Verhinderungsgrund; demgemäß kann das Aufsichtsratsmitglied für ein anderes Vorstandsmitglied wieder bestellt werden, ebenso wenn ein erneuter Verhinderungsfall eintritt.[89]

---

[78] AA *Heidbüchel* WM 2004, 1317 (1318).
[79] *Heidbüchel* WM 2004, 1317 (1318); Hüffer/Koch/*Koch* Rn. 7; Großkomm AktG/Hopt/*Roth* Rn. 52; MüKoAktG/*Habersack* Rn. 25; MHdB AG/*Wiesner* § 24 Rn. 29; K. Schmidt/Lutter/*Drygala* Rn. 14; Bürgers/Körber/*Israel* Rn. 7; Hölters/*Simons* Rn. 14.
[80] *Krieger*, Personalentscheidungen des Aufsichtsrats, 1981, 226 f.; teilw. abw. (Nichteinbeziehung der stellvertretenden Vorstandsmitglieder nur für den Fall der Behinderung) *Heidbüchel* WM 2004, 1317 (1318); Großkomm AktG/Hopt/*Roth* Rn. 51; K. Schmidt/Lutter/*Drygala* Rn. 14; Kölner Komm AktG/Mertens/*Cahn* Rn. 21; unklar Großkomm AktG/Hopt/*Roth* Rn. 50 f., 54, die für den Fall des Fehlens eines Vorstandsmitglieds zwar einerseits stellvertretende Vorstandsmitglieder in die Berechnung der Mitgliederzahl einbeziehen wollen, andererseits aber die Bestellung eines Aufsichtsratsmitglieds zum Stellvertreter eines fehlenden Vorstandsmitglieds auch dann zulassen, wenn genügend dauernde Stellvertreter iSd § 94 vorhanden sind.
[81] Näher MüKoAktG/*Spindler* § 94 Rn. 1.
[82] So offenbar Hüffer/Koch/*Koch* Rn. 7; NK-AktR/Breuer/*Fraune* Rn. 14.
[83] *Krieger*, Personalentscheidungen des Aufsichtsrats, 1981, 226 f.; *Heidbüchel* WM 2004, 1317 (1318).
[84] Wenn ein Stellvertreter die Position eines Vorstandsmitglieds übernehmen soll, muss er nach allgemeiner Auffassung vielmehr vom Aufsichtsrat entsprechend ernannt werden. S. etwa MüKoAktG/*Spindler* § 94 Rn. 9; Großkomm AktG/*Habersack* § 94 Rn. 13; MHdB AG/*Wiesner* § 24 Rn. 27; *Krieger*, Personalentscheidungen des Aufsichtsrats, 1981, 221; aA nunmehr Kölner Komm AktG/Mertens/*Cahn* § 94 Rn. 7: kein Bestellungsakt durch Gesamtaufsichtsrat.
[85] *Kahler* BB 1983, 1382.
[86] MüKoAktG/*Habersack* Rn. 28.
[87] KGJ 15, 30; *Heidbüchel* WM 2004, 1317 (1318 f.); *Kahler* BB 1983, 1382; Kölner Komm AktG/Mertens/*Cahn* Rn. 23; Großkomm AktG/Hopt/*Roth* Rn. 48, 51; MüKoAktG/*Habersack* Rn. 29; MHdB AG/*Wiesner* § 24 Rn. 28; aA *Krieger*, Personalentscheidungen des Aufsichtsrats, 1981, 240 f., der auch eine aufschiebend bedingte Bestellung zulassen will. Im Ergebnis dürften sich beide Auffassungen aber nicht unterscheiden.
[88] *Heidbüchel* WM 2004, 1317 (1319); Großkomm AktG/Hopt/*Roth* Rn. 57; Kölner Komm AktG/Mertens/*Cahn* Rn. 24; MüKoAktG/*Habersack* Rn. 29; K. Schmidt/Lutter/*Drygala* Rn. 17.
[89] *Heidbüchel* WM 2004, 1317 (1319); Großkomm AktG/Hopt/*Roth* Rn. 58; Lutter/Krieger/*Verse* Rechte und Pflichten des Aufsichtsrats Rn. 461; MüKoAktG/*Habersack* Rn. 30 f.; MHdB AG/*Wiesner* § 24 Rn. 30; Kölner Komm AktG/Mertens/*Cahn* Rn. 25.

Wird die Bestellung über die von § 105 Abs. 2 S. 2 vorgesehene Jahresfrist hinaus vorgenommen, endet das Amt des Aufsichtsratsmitglieds von Gesetzes wegen mit dem Ende des Jahres ab Bestellung.[90] Zwar ist die Bestellung bei Verstoß gegen die Voraussetzungen des § 105 Abs. 2 grundsätzlich nichtig,[91] bei Überschreiten der Höchstfrist wird man die Bestellung jedoch gem. § 140 BGB[92] dahingehend umdeuten können, dass nur die Bestellung bis zu einem Jahr gewollt ist. Ist die Höchstfrist für ein Aufsichtsratsmitglied überschritten, kann auch kein anderes Aufsichtsratsmitglied mehr an seiner Stelle für den gleichen Verhinderungsfall bestellt werden.[93] Zwar lässt der Wortlaut das durchaus zu.[94] Zweck der Jahresfrist des § 105 Abs. 2 ist es aber zu verhindern, dass der Aufsichtsrat sich seiner Pflicht zur Bestellung eines Vorstandsmitglieds nach § 84 dadurch entzieht, dass er ein Aufsichtsratsmitglied alljährlich zum Stellvertreter eines Vorstandsmitglieds bestellt.[95] Nur deshalb hat der Gesetzgeber diese Frist mit dem AktG 1965 eingeführt.[96] Die Bestellung von Aufsichtsratsmitgliedern zu Stellvertretern des Vorstands soll nur dazu dienen, dass der Aufsichtsrat eine vorübergehende Lücke im Vorstand schließen kann, um ohne Überstürzung ein neues Vorstandsmitglied auszuwählen.[97] Aus diesem Grund unterbricht auch die Wiederwahl eines Aufsichtsratsmitglieds, das in der vorhergehenden Amtsperiode bereits zum stellvertretenden Vorstandsmitglied bestellt worden war, nicht die Jahresfrist; wird das wieder gewählte Aufsichtsratsmitglied erneut zum stellvertretenden Vorstandsmitglied bestellt, werden die beiden Amtszeiten vielmehr zusammengerechnet.[98]

Entfällt die **Verhinderung** des Vorstandsmitglieds (zB durch Genesung) fällt auch der rechtliche 29 Grund für die Bestellung des Aufsichtsratsmitglieds als stellvertretendes Vorstandsmitglied weg. Allerdings entfällt damit nicht per se das Vorstandsamt für das Aufsichtsratsmitglied;[99] vielmehr bedarf es eines Abberufungsbeschlusses des Aufsichtsrats, wobei der Wegfall der Verhinderung ein wichtiger Grund iSd § 84 Abs. 3 ist.[100]

3. Bestellung. Die Bestellung bedarf des ausdrücklichen **Beschlusses** des Aufsichtsrats gem. 30 § 108. In der Regel genügt einfache Mehrheit, sofern keine besonderen Mehrheitsanforderungen vorgesehen sind.[101] Das zu bestellende Mitglied darf an der Beschlussfassung mitwirken, da es sich um ein korporationsrechtliches Rechtsgeschäft handelt.[102]

Die Bestellung kann einem **Ausschuss** nicht überlassen werden, obwohl § 107 Abs. 3 S. 3 31 kein entsprechendes Verbot vorsieht.[103] § 107 Abs. 3 S. 3 ist auf die Bestellung nach § 105 Abs. 2

---

[90] *Heidbüchel* WM 2004, 1317 (1319); MüKoAktG/*Habersack* Rn. 30; *Lutter/Krieger/Verse* Rechte und Pflichten des Aufsichtsrats Rn. 461; MHdB AG/*Wiesner* § 24 Rn. 31; Kölner Komm AktG/*Mertens/Cahn* Rn. 24; Großkomm AktG/*Hopt/Roth* Rn. 59.
[91] *Heidbüchel* WM 2004, 1317 (1319); MHdB AG/*Wiesner* § 24 Rn. 31.
[92] AA *Lutter/Krieger/Verse* Rechte und Pflichten des Aufsichtsrats Rn. 461, die auf § 139 BGB verweisen. Die Teilnichtigkeit führt jedoch nicht dazu, dass der nichtige Teil aufrechterhalten werden kann, indem er auf das maximal gesetzlich Zulässige reduziert wird. Das kann nur mit der Umdeutung (§ 140 BGB) erreicht werden; wiederum anders Großkomm AktG/*Hopt/Roth* Rn. 59, die eine Bestellung bei Überschreitung der Höchstfrist zwar für wirksam erachten, aber trotzdem das Erlöschen des Mandats mit dem Ablauf der gesetzlichen Höchstfrist annehmen.
[93] BegrRegE *Kropff* S. 146; *Krieger,* Personalentscheidungen des Aufsichtsrats, 1981, 227 f.; *Heidbüchel* WM 2004, 1317 (1319); *Lutter/Krieger/Verse* Rechte und Pflichten des Aufsichtsrats Rn. 461; MHdB AG/*Wiesner* § 24 Rn. 30; MüKoAktG/*Habersack* Rn. 31; aA Kölner Komm AktG/*Mertens/Cahn* Rn. 25; Großkomm AktG/*Hopt/Roth* Rn. 58.
[94] Darauf berufen sich auch Kölner Komm AktG/*Mertens/Cahn* Rn. 25.
[95] BegrRegE *Kropff* S. 146; *Krieger,* Personalentscheidungen des Aufsichtsrats, 1981, 227 f.
[96] BegrRegE *Kropff* S. 146.
[97] BegrRegE *Kropff* S. 146.
[98] Großkomm AktG/*Hopt/Roth* Rn. 58; MüKoAktG/*Habersack* Rn. 30; Kölner Komm AktG/*Mertens/Cahn* Rn. 25.
[99] In diesem Sinne aber MüKoAktG/*Habersack* Rn. 36; Großkomm AktG/*Hopt/Roth* Rn. 72 mw Hinweisen auf ältere Lit.
[100] MHdB AG/*Wiesner* § 24 Rn. 32; Kölner Komm AktG/*Mertens/Cahn* Rn. 33; offen *Heidbüchel* WM 2004, 1317 (1320). Teilw. wird auch ganz auf das Erfordernis eines wichtigen Grundes nach § 84 Abs. 3 zur Abberufung der Aufsichtsratsmitglieder aus dem Vorstand verzichtet: *Lutter/Krieger/Verse* Rechte und Pflichten des Aufsichtsrats Rn. 463; *Krieger* Personalentscheidungen des Aufsichtsrats, 1981, 232 f., → Rn. 36.
[101] *Heidbüchel* WM 2004, 1317 (1319).
[102] K. Schmidt/Lutter/*Drygala* Rn. 16; aA Großkomm AktG/*Hopt/Roth* Rn. 56; MüKoAktG/*Habersack* Rn. 28.
[103] *Krieger,* Personalentscheidungen des Aufsichtsrats, 1981, 231; K. Schmidt/Lutter/*Drygala* Rn. 16; *Heidbüchel* WM 2004, 1317 (1319 f.); *Lutter/Krieger/Verse* Rechte und Pflichten des Aufsichtsrats Rn. 462; zust. MüKoAktG/*Habersack* Rn. 28; Großkomm AktG/*Hopt/Roth* Rn. 56; aA MHdB AG/*Wiesner* § 24 Rn. 31; Hüffer/Koch/*Koch* Rn. 9; Kölner Komm AktG/*Mertens/Cahn* Rn. 18; NK-AktR/*Breuer/Fraune* Rn. 15.

analog anzuwenden.[104] Dafür spricht, dass die Bestellung eines Vorstandsmitglieds, mag sie auch temporär sein, so bedeutsam ist, dass sie ähnlich wie die Bestellung eines ordentlichen Vorstandsmitglieds des Beschlusses durch den gesamten Aufsichtsrat bedarf.[105] Dagegen mag man zwar einwenden, dass die Bestellung eines nur kurzfristig, maximal für ein Jahr zu bestellenden Vorstandsmitglieds nicht vergleichbar ist mit der Berufung eines ordentlichen, üblicherweise für fünf Jahre bestellten Vorstandsmitglieds. Zu beachten ist jedoch, dass mit der Bestellung eines Aufsichtsratsmitglieds zum Stellvertreter eines Vorstandsmitglieds die innere Organisation des Aufsichtsrats tangiert wird.[106] Denn während der Tätigkeit als Stellvertreter eines Vorstandsmitglieds kann das Aufsichtsratsmitglied gem. § 105 Abs. 2 S. 3 nicht im Aufsichtsrat tätig sein. Es ist aber allgemein anerkannt, dass Beschlüsse, die die Organisation des Aufsichtsrats betreffen, nicht einem Ausschuss übertragen werden dürfen, obwohl das in § 107 Abs. 3 S. 3 nicht vorgesehen ist.[107] Davon ist auch der Gesetzgeber ausgegangen.[108] Demnach muss Gleiches auch für den Beschluss nach § 105 Abs. 2 gelten.

32 In nach dem MitbestG **mitbestimmungspflichtigen Gesellschaften** richtet sich die Beschlussfassung des Aufsichtsrats nach **§ 29 MitbestG** und nicht nach § 31 MitbestG.[109] Zwar wird das Aufsichtsratsmitglied durch den Beschluss nach § 105 Abs. 2 S. 1 zum Vorstandsmitglied bestellt, wie es § 31 Abs. 1 S. 1 MitbestG fordert.[110] Dagegen spricht jedoch schon, dass § 105 Abs. 2 in § 31 MitbestG anders als § 84 und § 85 nicht genannt ist, obwohl § 105 Abs. 2 eine eigenständige Bestellungsbefugnis enthält.[111] Vor allem aber spricht der Zweck von § 105 Abs. 2 gegen die Anwendung von § 31 MitbestG: das sehr umfangreiche und zeitaufwändige Verfahren des § 31 MitbestG widerspricht der Funktion des § 105 Abs. 2 als Notmaßnahme zur kurzzeitigen Lückenfüllung, denn dies erfordert eine schnelle Entscheidung.[112] Aber auch der Zweck von § 31 MitbestG verlangt keine Anwendung auf den Fall des § 105 Abs. 2, denn die Bestellung nach § 105 Abs. 2 hat im Gegensatz zur Bestellung nach § 84 nur vorübergehenden Charakter, wodurch das umfangreiche Verfahren des § 31 MitbestG erst ermöglicht wird, und ist durch die Mitglieder des Aufsichtsrats auch auf einen sehr kleinen Personenkreis beschränkt.[113]

33 Das Aufsichtsratsmitglied wird mit Bekanntgabe des Beschlusses und der Annahme Mitglied des Vorstands.[114] Ob der Aufsichtsrat mit der Bestellung des Mitglieds zum Vorstandsmitglied beschlussunfähig ist, ist unerheblich, da die Handlungsfähigkeit der Gesellschaft Vorrang hat und der Aufsichtsrat über die gerichtliche Ersatzbestellung nach § 104 wieder beschlussfähig werden kann.[115]

34 **4. Mitgliedschaft im Vorstand. a) Gleiche Rechtsstellung wie Vorstandsmitglieder.** Mit der Annahme der Bestellung zum Stellvertreter des Vorstandsmitglieds wird das Aufsichtsratsmitglied Mitglied im Vorstand. Sein Aufsichtsratsmandat verliert es dadurch nicht;[116] für die Dauer der Mitgliedschaft im Vorstand ruht dieses Mandat nach § 105 Abs. 2 S. 3 lediglich. Bei dennoch ausgeübtem Stimmrecht ist die Stimmabgabe nichtig.[117]

---

[104] *Krieger*, Personalentscheidungen des Aufsichtsrats, 1981, 231; *Lutter/Krieger/Verse* Rechte und Pflichten des Aufsichtsrats Rn. 462.
[105] *Krieger*, Personalentscheidungen des Aufsichtsrats, 1981, 231; K. Schmidt/Lutter/*Drygala* Rn. 16; iE auch MüKoAktG/*Habersack* Rn. 28.
[106] Darauf weist zutr. *Krieger*, Personalentscheidungen des Aufsichtsrats, 1981, 231 hin.
[107] MüKoAktG/*Habersack* Rn. 28; *Lutter/Krieger/Verse* Rechte und Pflichten des Aufsichtsrats Rn. 744; MHdB AG/*Hoffmann-Becking* § 32 Rn. 4f; Kölner Komm AktG/*Mertens/Cahn* § 107 Rn. 168; *Semler* AG 1988, 60 (61); *Rellermeyer*, Aufsichtsratsausschüsse, 1986, 17 f.
[108] BegrRegE *Kropff* S. 150.
[109] *Heidbüchel* WM 2004, 1317 (1319); *Krieger*, Personalentscheidungen des Aufsichtsrats, 1981, 228 ff.; K. Schmidt/Lutter/*Drygala* Rn. 16a; MHdB AG/*Wiesner* § 24 Rn. 31; Kölner Komm AktG/*Mertens/Cahn* Rn. 18.
[110] *Heidbüchel* WM 2004, 1317 (1319); *Krieger*, Personalentscheidungen des Aufsichtsrats, 1981, 228; in der mitbestimmungsrechtlichen Literatur wird auch teilweise § 105 Abs. 2 S. 1 bei § 31 MitbestG mitgenannt: *Hoffmann/Lehmann/Weinmann* MitbestG § 31 Rn. 41; WKS/*Schubert* MitbestG § 31 Rn. 41 f.
[111] *Heidbüchel* WM 2004, 1317 (1319); *Krieger*, Personalentscheidungen des Aufsichtsrats, 1981, 229.
[112] *Heidbüchel* WM 2004, 1317 (1319); *Krieger*, Personalentscheidungen des Aufsichtsrats, 1981, 230; zur Funktion von § 105 Abs. 2 → Rn. 5, 22.
[113] *Heidbüchel* WM 2004, 1317 (1319); *Krieger*, Personalentscheidungen des Aufsichtsrats, 1981, 230.
[114] Hüffer/Koch/*Koch* Rn. 9.
[115] Zutr. *Heidbüchel* WM 2004, 1317 (1320); Großkomm AktG/*Hopt/Roth* Rn. 55; Kölner Komm AktG/*Mertens/Cahn* Rn. 26; MüKoAktG/*Habersack* Rn. 26; zum alten Recht: KG JW 1930, 1413.
[116] Großkomm AktG/*Hopt/Roth* Rn. 60; MüKoAktG/*Habersack* Rn. 35; Hüffer/Koch/*Koch* Rn. 10; K. Schmidt/Lutter/*Drygala* Rn. 21.
[117] *Heidbüchel* WM 2004, 1317 (1321); Großkomm AktG/*Hopt/Roth* Rn. 60; MüKoAktG/*Habersack* Rn. 35; K. Schmidt/Lutter/*Drygala* Rn. 21.

Das Aufsichtsratsmitglied unterliegt den gleichen Pflichten wie die anderen Vorstandsmitglieder, **35** hat aber auch die gleichen Rechte.[118] Sofern der Bestellungsbeschluss nichts anderes vorsieht, **tritt es hinsichtlich des Umfangs der Geschäftsführungsbefugnis und der Vertretungsmacht in die Rechtsstellung des fehlenden oder verhinderten Vorstandsmitglieds ein.**[119] Dies gilt auch für die Vergütung, die sich nach derjenigen des Vorstandsmitglieds und seiner Funktion bemisst, während die Aufsichtsratsvergütung ruht.[120] Dagegen wird zwar geltend gemacht, dass das Aufsichtsratsmitglied sein Mandat im Aufsichtsrat nicht verliere und deshalb auch Anspruch auf die Vergütung haben müsse.[121] Soll das Aufsichtsratsmitglied eine besondere Vergütung für seine Tätigkeit als Vorstandsmitglied erhalten, so müsse das in der Satzung oder durch Vereinbarung mit dem Aufsichtsratsmitglied festgelegt werden.[122] Diese Auffassung übersieht jedoch, dass die Vergütung des Aufsichtsratsmitglieds nach § 113 Abs. 1 S. 1 an seine Tätigkeit gebunden ist; gerade diese Tätigkeit kann das Aufsichtsratsmitglied aber gem. § 105 Abs. 2 S. 3 nicht mehr ausüben. Außerdem erscheint es nicht angemessen, für eine dem Vorstandsmitglied entsprechende Vergütung eine Satzungsregelung oder eine Vereinbarung mit dem Aufsichtsratsmitglied zu fordern, denn hierdurch würde die Bestellung des Aufsichtsratsmitglieds zum Vorstandsmitglied verzögert. Das widerspräche aber dem Zweck des § 105 Abs. 2, der gerade eine schnelle Ersatzbestellung für eine Übergangszeit ermöglichen soll.[123]

Das entsandte Aufsichtsratsmitglied kann unter den gleichen Bedingungen wie ein Vorstandsmit- **36** glied sein (Vorstands-)Amt **niederlegen**.[124] Aber auch die Abberufung aus wichtigem Grund nach § 84 Abs. 3 ist gegenüber einem in den Vorstand entsandten Aufsichtsratsmitglied möglich;[125] ohne wichtigen Grund ist eine solche Abberufung dagegen nicht möglich, ähnlich § 85.[126] Denn auch das in den Vorstand abgeordnete Aufsichtsratsmitglied muss die eigenverantwortliche Leitungsfunktion des Vorstands wahrnehmen, wozu auch eine gewisse Unabhängigkeit seines Amtes gehört.[127] Dem kann auch nicht entgegengehalten werden, dass die Tätigkeit des in den Vorstand entsandten Aufsichtsratsmitglieds von vornherein auf maximal ein Jahr beschränkt ist, dass es jederzeit mit dem Wegfall des Anlasses der Entsendung und damit mit dem vorzeitigen Widerruf rechnen muss oder dass das Aufsichtsratsamt nach § 103 Abs. 1 frei widerruflich ist.[128] Solange die Bestellungszeit von maximal einem Jahr läuft und der Anlass der Entsendung nicht weggefallen ist, muss dem in den Vorstand entsandten Aufsichtsratsmitglied vielmehr das Privileg der Abberufung nur aus wichtigem Grund zugestanden werden; es darf nicht vom Aufsichtsrat abberufen werden, nur weil dieser mit der Amtsausübung nicht zufrieden ist. Dies bietet die Gewähr, dass ein entsandtes Aufsichtsratsmitglied seine Aufgabe als Vorstandsmitglied angemessen erfüllen kann. Ob eine Abberufung nach § 103 Abs. 1 als Aufsichtsratsmitglied mit der Folge auch der Abberufung aus dem Vorstand möglich ist, erscheint ebenfalls zweifelhaft, weil dadurch die besonderen Voraussetzungen, die für den Widerruf der Bestellung zum Vorstand vorgesehen sind,[129] unterlaufen werden könnten.

b) Wettbewerbsverbot. Das Prinzip der gleichen Pflichtenstellung wie bei Vorstandsmitgliedern **37** wird gem. § 105 Abs. 2 S. 4 durchbrochen für das Wettbewerbsverbot nach § 88. Hintergrund dürfte der Charakter des Aufsichtsratsamtes als Nebenamt sein, das dem Aufsichtsratsmitglied die Tätigkeit bei anderen Unternehmen erlaubt; andererseits ist nicht recht einzusehen, warum das abgeordnete Aufsichtsratsmitglied für die Dauer seiner Vorstandmitgliedschaft eine bessere Rechtsstellung als die anderen Vorstandsmitglieder genießen soll.[130] Zumindest für die Begründung eines Konkurrenzver-

---

[118] *Heidbüchel* WM 2004, 1317 (1321); Kölner Komm AktG/*Mertens*/*Cahn* Rn. 29; Großkomm AktG/*Hopt*/*Roth* Rn. 68; MüKoAktG/*Habersack* Rn. 34; Bürgers/Körber/*Israel* Rn. 11.
[119] *Heidbüchel* WM 2004, 1317 (1320 f.); MHdB AG/*Wiesner* § 24 Rn. 33; Großkomm AktG/*Hopt*/*Roth* Rn. 65; Kölner Komm AktG/*Mertens*/*Cahn* Rn. 29; MüKoAktG/*Habersack* Rn. 34; Henssler/Strohn/*Henssler* Rn. 11.
[120] Großkomm AktG/*Hopt*/*Roth* Rn. 70; MüKoAktG/*Habersack* Rn. 34; Bürgers/Körber/*Israel* Rn. 11; aA Kölner Komm AktG/*Mertens*/*Cahn* Rn. 31.
[121] *Heidbüchel* WM 2004, 1317 (1321); Kölner Komm AktG/*Mertens*/*Cahn* Rn. 31.
[122] *Heidbüchel* WM 2004, 1317 (1321); Kölner Komm AktG/*Mertens*/*Cahn* Rn. 31.
[123] → Rn. 5, 27 f.; s. auch Fonk in Semler/v. Schenck AR-HdB § 10 Rn. 73.
[124] Großkomm AktG/*Hopt*/*Roth* Rn. 71; Kölner Komm AktG/*Mertens*/*Cahn* Rn. 33; MüKoAktG/*Habersack* Rn. 36.
[125] Großkomm AktG/*Hopt*/*Roth* Rn. 71; MüKoAktG/*Habersack* Rn. 36; Kölner Komm AktG/*Mertens*/*Cahn* Rn. 33.
[126] *Fleischer* § 85 Rn. 16; Kölner Komm AktG/*Mertens*/*Cahn* § 85 Rn. 18.
[127] MüKoAktG/*Habersack* Rn. 36; MHdB AG/*Wiesner* § 24 Rn. 32; Kölner Komm AktG/*Mertens*/*Cahn* Rn. 33; aA *Krieger*, Personalentscheidungen des Aufsichtsrats, 1981, 232 f.; Lutter/Krieger/*Verse* Rechte und Pflichten des Aufsichtsrats Rn. 463.
[128] So aber *Krieger*, Personalentscheidungen des Aufsichtsrats, 1981, 232 f.
[129] Großkomm AktG/*Hopt*/*Roth* Rn. 71.
[130] Großkomm AktG/*Hopt*/*Roth* Rn. 68; die Streichung von § 105 Abs. 2 S. 4 erwägt *Heidbüchel* WM 2004, 1317 (1321); *U. H. Schneider* BB 1995, 365 (367); wohl auch MüKoAktG/*Habersack* Rn. 34.

hältnisses nach Abordnung in den Vorstand wird daher eine Verletzung der Organpflichten anzunehmen sein.[131]

38 **c) Bekanntgabe und Eintragung ins Handelsregister.** Die Bestellung muss vom Vorstand gem. § 81 zur Eintragung in das Handelsregister angemeldet werden. Die Bestellungsdauer ist nicht mit einzutragen.[132] Zwar kann man dem entgegenhalten, dass sie für den Geschäftsverkehr wichtig ist, um Vertretungsverhältnisse einschätzen zu können. Das gilt jedoch ebenso für die Bestellungsdauer der übrigen Vorstandsmitglieder. Die Bestellung nach § 105 Abs. 2 unterscheidet sich aber von der Bestellung der übrigen Vorstandsmitglieder hinsichtlich der vorher festgelegten Bestellungsdauer nur dadurch, dass die zulässige Bestellungsdauer bei den übrigen Vorstandsmitgliedern länger ist, § 84 Abs. 1 S. 1. Es ist deshalb nicht zutreffend, dass bei der Bestellung nach § 105 Abs. 2 eine engere Verbindung zwischen dem Zeitraum der Bestellung und der Bestellung selbst besteht.[133] Bei der Bestellung der übrigen Vorstandsmitglieder ist aber anerkannt, dass die Bestellungsdauer nicht ins Handelsregister eingetragen werden kann.[134] Gleiches muss dann auch für die nach § 105 Abs. 2 zu stellvertretenden Vorstandsmitgliedern bestellten Aufsichtsratsmitglieder gelten. Entgegen teilweise vertretener Auffassung muss der Registerrichter neben den übrigen Voraussetzungen des § 105 Abs. 2 auch prüfen, ob das Vorstandsmitglied tatsächlich verhindert ist, wenn der diesbezügliche Vortrag Anlass zu Zweifeln gibt.[135] Andernfalls wäre der Registerrichter gezwungen, die Bestellung einzutragen, auch wenn er weiß, dass gar kein Verhinderungsgrund vorliegt. Ist der Zeitraum der Bestellung abgelaufen, muss der Vorstand das Erlöschen der Stellvertretung unverzüglich zum Handelsregister anmelden, da das Aufsichtsratsmitglied ansonsten gegenüber gutgläubigen Dritten weiterhin als Vorstandsmitglied gilt (§ 15 Abs. 1 HGB).[136]

§ 106 Bekanntmachung der Änderungen im Aufsichtsrat

Der Vorstand hat bei jeder Änderung in den Personen der Aufsichtsratsmitglieder unverzüglich eine Liste der Mitglieder des Aufsichtsrats, aus welcher Name, Vorname, ausgeübter Beruf und Wohnort der Mitglieder ersichtlich ist, zum Handelsregister einzureichen; das Gericht hat nach § 10 des Handelsgesetzbuchs einen Hinweis darauf bekannt zu machen, dass die Liste zum Handelsregister eingereicht worden ist.

Übersicht

	Rn.		Rn.
I. Überblick	1–3	IV. Einreichungspflicht	10
II. Entstehungsgeschichte	4	V. Bekanntmachungspflicht des Gerichts	11
III. Pflicht zur Erstellung einer Liste der Mitglieder des Aufsichtsrats	5–9	VI. Publizität nach dem WpHG	12

I. Überblick

1 § 106 stellt wie die für den ersten Aufsichtsrat geltenden § 37 Abs. 4 Nr. 3, § 39 Abs. 1 sicher, dass die Zusammensetzung des Aufsichtsrats und personelle Veränderungen publik gemacht werden. Darüber hinaus dient er seit der ab dem 1.1.2007 geltenden Fassung der Offenlegung der Personalien, wie es die EU-Publizitätsrichtlinie vorsah[1] und die nachfolgende Richtlinie (EU) 2017/1132 inhaltlich im Wesentlichen unverändert vorsieht.[2] § 106 gilt kraft Verweisung auch für alle mitbestimmten

---

[131] *Heidbüchel* WM 2004, 1317, 1321; Großkomm AktG/*Hopt/Roth* Rn. 68; Kölner Komm AktG/*Mertens/Cahn* Rn. 30; MüKoAktG/*Habersack* Rn. 34.
[132] Kölner Komm AktG/*Mertens/Cahn* Rn. 28; MüKoAktG/*Habersack* Rn. 33; aA BGH AG 1998, 137 (138); *Heidbüchel* WM 2004, 1317 (1320); MHdB AG/*Wiesner* § 24 Rn. 34; Hüffer/Koch/*Koch* Rn. 10; Großkomm AktG/*Hopt/Roth* Rn. 62.
[133] So aber *Heidbüchel* WM 2004, 1317 (1320).
[134] MüKoAktG/*Spindler* § 81 Rn. 6.
[135] KGJ 15, 30, 34; *Heidbüchel* WM 2004, 1317 (1320); Kölner Komm AktG/*Mertens/Cahn* Rn. 28; MHdB AG/*Wiesner* § 24 Rn. 34; Großkomm AktG/*Hopt/Roth* Rn. 63.
[136] Zutr. *Heidbüchel* WM 2004, 1317 (1320); Großkomm AktG/*Hopt/Roth* Rn. 64.
[1] Art. 3, Art. 2 Abs. 1 Buchst. d ii Richtlinie 68/151/EWG des Rates Bezug auf die Offenlegungspflichten von Gesellschaften bestimmter Rechtsformen, geändert durch Richtlinie 2003/58/EG des Europäischen Parlaments und des Rates vom 15. Juli 2003 (mittlerweile außer Kraft); RegE BT-Drs. 16/960, 66, 65.
[2] Art. 3 lit. e Richtlinie (EU) 2017/1132 des Europäischen Parlaments und des Rates vom 14. Juni 2017 über bestimmte Aspekte des Gesellschaftsrechts (Text von Bedeutung für den EWR) ABl. EU L 169, 46; dementsprechend blieb auch § 106 AktG unverändert.

Unternehmen, außer für mitbestimmte Genossenschaften gem. § 6 Abs. 2 S. 1, Abs. 3 S. 1 MitbestG. Im Fall des Eintritts – nicht des Ausscheidens[3] – von Aufsichtsratsmitgliedern ist in **mitbestimmten Gesellschaften** nicht nur die Bekanntmachung im elektronischen Bundesanzeiger erforderlich, denn der Vorstand hat die Namen der Mitglieder auch unverzüglich nach ihrer Bestellung in den Betrieben des Unternehmens bekanntzumachen (vgl. § 19 S. 1 MitbestG, § 8 S. 1 DrittelbG). Zudem ist ein Aushang in den Betrieben eines anderen Unternehmens erforderlich, wenn die Arbeitnehmer dieses Unternehmens an der Wahl der Aufsichtsratsmitglieder teilnehmen (§ 19 S. 2 MitbestG, § 8 S. 2 DrittelbG). Zwar bestimmt § 106 nicht (mehr), dass ein Wechsel der Aufsichtsratsmitglieder in den Gesellschaftsblättern bekannt zu machen ist, sodass nach § 25 S. 1 eine solche nicht in den elektronischen Bundesanzeiger eingerückt werden muss. Eine Bekanntgabe muss jedoch weiterhin gem. § 19 S. 1 MitbestG, § 8 S. 1 DrittelbG erfolgen.

Die Erstellung der Aufsichtsratsmitgliederliste und deren Einreichung wirken sich nicht auf die **Rechtsstellung der Aufsichtsratsmitglieder** aus. Schon der deklaratorischen Bekanntmachung und Einreichung iSd § 106 aF wurde eine solche Wirkung nicht beigemessen,[4] bezweckt wird die Publizität der Zusammensetzung des Aufsichtsrats.[5] Die Aufsichtsratsmitglieder werden nicht im Handelsregister eingetragen, so dass auch § 15 HGB nicht für sie eingreift.[6] Allenfalls können in Ausnahmefällen gegenüber Dritten die Grundsätze der Rechtsscheinhaftung eingreifen, allerdings nicht gegenüber dem Vorstand, da dieser über die Zusammensetzung des Aufsichtsrats informiert ist.[7]

Für die Wahl des **Aufsichtsratsvorsitzenden** und seiner Stellvertreter durch den Aufsichtsrat gilt § 106 nicht; der Vorstand ist jedoch nach § 107 Abs. 1 S. 2 gehalten, formlos zum Handelsregister anzumelden, wer gewählt ist, ohne die Wahl in den Gesellschaftsblättern bekannt machen zu müssen.[8]

II. Entstehungsgeschichte

§ 106 ist durch § 91 AktG 1937 eingeführt worden. Eine sachlich gleiche Fassung war bereits in § 244 HGB aF enthalten. § 106 hat seitdem erst durch das EHUG eine Änderung erfahren, indem die Formulierung „Bekanntmachung" gestrichen wurde, stattdessen eine in Hs. 1 inhaltlich definierte Liste der Aufsichtsratsmitglieder zum Handelsregister einzureichen ist und das Gericht nach § 10 HGB einen Hinweis auf die Einreichung bekannt zu machen hat.[9]

III. Pflicht zur Erstellung einer Liste der Mitglieder des Aufsichtsrats

Jede Änderung in den Personen der Aufsichtsratsmitglieder muss mittels einer (aktualisierten[10]) Liste der Mitglieder des Aufsichtsrats publik gemacht werden. Dies erlaubt – im Gegensatz zu den Einzelmeldungen des § 106 aF – einen Blick auf die gesamte Zusammensetzung des aktuellen Aufsichtsrats. Damit soll den Schwierigkeiten begegnet werden, die sich insb. bei größeren Räten oder häufigen Wechseln durch das Zusammensuchen der Einzelmeldungen ergeben. Spricht § 106 von „Änderung", so wird deutlich, dass damit nicht nur das Ausscheiden unter gleichzeitigem Eintritt neuer Aufsichtsratsmitglieder erfasst wird, sondern auch das Ausscheiden ohne einen Nachfolger, zB wenn ein Ersatzmitglied nicht bestellt wurde.[11] Aus welchem Rechtsgrund sich die Zusammensetzung geändert hat, ob durch Wahl durch die Hauptversammlung, durch Arbeitnehmervertreter, durch Niederlegung oder durch gerichtliche Bestellung, ist unerheblich.[12] Ein solches Erfordernis hätte angesichts der Inhaltsangaben der Aufsichtsratsmitgliederliste in Halbs. 1 ebenfalls Niederschlag im Wortlaut gefunden.

---

[3] In diesem Fall ist nur § 106 anzuwenden, s. RVJ/*Raiser/Jacobs* MitbestG § 19 Rn. 3 mwN; Großkomm AktG/*Oetker* MitbestG § 19 Rn. 3.
[4] Großkomm AktG/*Hopt/Roth* Rn. 22.
[5] → Rn. 1; Hüffer/Koch/*Koch* Rn. 1; MüKoAktG/*Habersack* Rn. 1.
[6] MüKoAktG/*Habersack* Rn. 13; Kölner Komm AktG/*Mertens/Cahn* Rn. 10; Henssler/Strohn/*Henssler* Rn. 5; Grigoleit/*Tomasic* Rn. 2; Großkomm AktG/*Hopt/Roth* Rn. 22; Schlegelberger/*Quassowski* § 91 Anm. 5.
[7] MüKoAktG/*Habersack* Rn. 13; Großkomm AktG/*Hopt/Roth* Rn. 23.
[8] → § 107 Rn. 61; KG JW 1938, 2281; Großkomm AktG/*Hopt/Roth* Rn. 4; MüKoAktG/*Habersack* Rn. 4.
[9] Art. 9 Nr. 8 EHUG v. 10.11.2006, BGBl. 2006 I 2553.
[10] RegE BT-Drs. 16/960, 66.
[11] K. Schmidt/Lutter/*Drygala* Rn. 2; Bürgers/Körber/*Bürgers/Israel* Rn. 2; Wachter/*Schick* Rn. 3.
[12] So zu § 106 aF Großkomm AktG/*Hopt/Roth* Rn. 7; jetzt auch MüKoAktG/*Habersack* Rn. 6; Kölner Komm AktG/*Mertens/Cahn* Rn. 4; MHdB AG/*Hoffmann-Becking* § 30 Rn. 90; K. Schmidt/Lutter/*Drygala* Rn. 2; Henssler/Strohn/*Henssler* Rn. 2.

6 Erfolgt **eine Wiederwahl eines Aufsichtsratsmitglieds,** ist eine Erstellung der Liste nicht erforderlich,[13] schließlich liegt darin keine Änderung in den Personen der Aufsichtsratsmitglieder.

7 Aus dem Wortlaut des § 106 ergibt sich, dass aus der Liste **Name, Vorname, ausgeübter Beruf und Wohnort** der Mitglieder ersichtlich ist, sodass auf eine entsprechende Anwendung des § 40 Abs. 1 Nr. 4 nicht mehr zurückgegriffen werden braucht. Die Frage, ob der Nachname genügt, sofern keine Verwechslungsgefahr besteht, stellt sich nicht mehr. Auch bei ausscheidenden Mitgliedern, welche auf der neu einzureichenden Liste nicht stehen, erübrigt sich eine Diskussion, ob nach Sinn und Zweck die Nennung des Namens ausreichend ist. Ebenso findet sich auf einer Liste aktueller Aufsichtsratsmitglieder kein Platz dafür, aus welchem Grund ehemalige Aufsichtsratsmitglieder ausgeschieden sind. Angesichts ausdrücklicher Nennung des Inhalts der Liste in Halbs. 1, muss auch die Art der Bestellung nicht gelistet werden.

8 Die Erstellung der Liste der Aufsichtsratsmitglieder hat grundsätzlich **unverzüglich** zu erfolgen, was sich schon notwendigerweise aus der Pflicht zur unverzüglichen Einreichung (→ Rn. 10) ergibt. Die Einreichung der Liste hat gem. § 12 Abs. 2 S. 1 HGB in elektronischer Form zu erfolgen. Eine „Bekanntgabe in den Gesellschaftsblättern" sieht § 106 nicht mehr vor und ist angesichts der Pflicht zur Veröffentlichung im elektronischen Bundesanzeiger (§ 19 S. 1 MitbestG, § 8 DrittelbG), als allein zwingendem Gesellschaftsblatt[14] auch nicht erforderlich. Die Pflicht zur Erstellung der Liste und deren Einreichung im Handelsregister entfällt nicht, wenn Aufsichtsratsmitglieder im Rahmen anderweitig vorgeschriebener Bekanntmachungen bezeichnet werden; nicht den Anforderungen des § 106 genügt daher zB die Angabe aller Aufsichtsratsmitglieder im Anhang des Jahresabschlussberichts (§§ 325 ff., 285 S. 1 Nr. 10 HGB).[15] Zum einen kann eine anderweitige Bekanntmachung leicht übersehen werden, weshalb es nicht die Transparenz schafft, die durch § 106 gerade sichergestellt werden soll. Zum anderen ergibt sich das Erfordernis der gesonderten Bekanntmachung schon aus dem Wortlaut des § 106, wonach die Änderung im Aufsichtsrat in jedem Fall *unverzüglich* bekannt zu machen ist. § 106 spricht auch nicht mehr von Bekanntmachungen in Gesellschaftsblättern; die Erstellung einer Aufsichtsratsmitgliederliste unterscheidet sich schon sprachlich von anderweitig vorgeschriebenen Bekanntmachungen.

9 Verpflichtet zur Erstellung der Liste ist der Vorstand, der gem. § 78 in vertretungsberechtigter Zahl handeln muss.

IV. Einreichungspflicht

10 Der Vorstand ist nach § 106 ferner verpflichtet, die Liste zum Handelsregister unverzüglich, dh ohne schuldhaftes Zögern (§ 121 Abs. 1 S. 1 BGB) einzureichen. Damit muss die Unverzüglichkeit der Einreichung im Unterschied zu § 106aF nicht erst aus dem Sinn und Zweck[16] hergeleitet werden. Allerdings hat die Einreichung, etwa im Fall der Amtsniederlegung oder der Abberufung, erst zu erfolgen, wenn die Änderung in der Zusammensetzung wirksam ist.[17] Den Vorstand trifft diesbezüglich eine Prüfungspflicht.[18] Zuständig ist das Registergericht des Gesellschaftssitzes gem. § 14 AktG, § 376 f. FamFG. Aufgrund des weggefallenen § 13c Abs. 4 HGB ist es nicht mehr erforderlich, dass so viele Exemplare eingereicht werden, wie Zweigniederlassungen bestehen. Für den **ersten Aufsichtsrat** sind die Bestellungsurkunden einzureichen (→ § 37 Rn. 22), schließlich besteht dieses Erfordernis auch nach der Änderung des § 37 durch das EHUG fort. Die Einreichung und damit mittelbar auch die Erstellung der Liste können durch Zwangsgeld gem. § 14 HGB durchgesetzt werden.[19] Das Zwangsgeld

---

[13] Henssler/Strohn/*Henssler* Rn. 2; Hölters/*Simons* Rn. 4; so zu § 106 aF hinsichtlich der Erforderlichkeit einer Bekanntgabe Kölner Komm AktG/*Mertens/Cahn* Rn. 4; Großkomm AktG/*Hopt/Roth* Rn. 10; s. auch MüKo-AktG/*Habersack* Rn. 6.

[14] Seit der Neufassung des § 25 S. 1 zum 1.1.2003 durch das TransPuG (Gesetz zur weiteren Reform des Aktien- und Bilanzrechts, zu Transparenz und Publizität v. 19.7.2002, BGBl. 2002 I 2681) ist allein der elektronische Bundesanzeiger zwingendes Gesellschaftsblatt der AG; daneben kann die Satzung gem. § 25 S. 2 andere Blätter oder elektronische Informationsmedien als Gesellschaftsblätter bezeichnen, zB die Printausgabe des Bundesanzeigers. Zur Rechtslage nach dem TransPuG *Deilmann/Messerschmidt* NZG 2003, 616 (618;) *Noack* DB 2002, 620; *Noack* AG 2003, 537 (538); Großkomm AktG/*Hopt/Roth* Rn. 1, 14 f.

[15] Großkomm AktG/*Hopt/Roth* Rn. 19; aA KG DR 1943, 812 (813) m. Anm. *Groschuff; Hoffmann/Lehmann/ Weinmann* MitbestG § 6 Rn. 65 jeweils ohne Begründung; s. auch zu § 106 nF MüKoAktG/*Habersack* Rn. 11.

[16] Hüffer/Koch/*Koch* Rn. 3; Großkomm AktG/*Hopt/Roth* Rn. 20.

[17] So auch MüKoAktG/*Habersack* Rn. 8; zu § 106 aF hinsichtlich der Bekanntmachung KG RJA 12, 40; Großkomm AktG/*Hopt/Roth* Rn. 9.

[18] So zu § 106 aF Großkomm AktG/*Hopt/Roth* Rn. 9.

[19] MüKoAktG/*Habersack* Rn. 14; Kölner Komm AktG/*Mertens/Cahn* Rn. 11; Wachter/*Schick* Rn. 5; zu § 106 aF MHdB AG/*Hoffmann-Becking*, 3. Aufl. 2007, § 30 Rn. 64; Großkomm AktG/*Hopt/Roth* Rn. 25; anders Hüffer/Koch/*Koch* Rn. 2, der nur für die Bekanntmachung auf das Zwangsgeldverfahren verweist. Aus § 14 S. 1 HGB ergibt sich aber gerade, dass nur die Einreichung durch Zwangsgeld erzwungen werden kann. Nur mittelbar wurde davon auch die Bekanntmachung erfasst, weil sie notwendige Voraussetzung für die Einreichung ist. Nichts anderes gilt hinsichtlich der Erstellung der **Aufsichtsratsmitgliederliste**.

kann gegen jedes einzelne Vorstandsmitglied verhängt werden, darf aber nicht dazu dienen, die Bestellung von Aufsichtsratsmitgliedern am Verfahren nach § 104 vorbei zu erzwingen.[20]

V. Bekanntmachungspflicht des Gerichts

Das Gericht ist nach § 106 2. Hs. verpflichtet, nach § 10 HGB einen Hinweis darauf bekannt zu machen, dass die Liste zum Handelsregister eingereicht worden ist. Zuständig ist das Registergericht des Gesellschaftssitzes gem. § 14 AktG, § 376 f. FamFG. 11

VI. Publizität nach dem WpHG

Eine Pflicht zur sofortigen Bekanntmachung ohne Rücksicht auf das Procedere nach § 106 kann die AG und damit den Vorstand nach Art. 17 Abs. 1 Marktmissbrauchsverordnung (MMVO)[21] und dem ergänzenden[22] § 15 Abs. 1 WpHG treffen, wenn der Wechsel im Aufsichtsrat eine kursrelevante Information darstellt. Da oftmals die Struktur des Aufsichtsrats, mitunter auch einzelne Personen erheblichen Einfluss auf die Geschäftspolitik des Unternehmens haben können, kann eine solche Pflicht zur ad-hoc-Publizität anzunehmen sein.[23] Diese Pflicht kann sich bei einem zeitlich gestreckten Vorgang, bei dem ein bestimmtes Ereignis herbeigeführt werden soll, je nach Eintrittswahrscheinlichkeit und der zu erwartenden Auswirkungen des möglichen Ausgangs nicht nur auf dieses selbst, sondern auch auf die Zwischenschritte des Vorgangs, der mit der Verwirklichung des Ereignisses verknüpft ist, erstrecken.[24] 12

§ 107 Innere Ordnung des Aufsichtsrats

(1) ¹Der Aufsichtsrat hat nach näherer Bestimmung der Satzung aus seiner Mitte einen Vorsitzenden und mindestens einen Stellvertreter zu wählen. ²Der Vorstand hat zum Handelsregister anzumelden, wer gewählt ist. ³Der Stellvertreter hat nur dann die Rechte und Pflichten des Vorsitzenden, wenn dieser verhindert ist.

(2) ¹Über die Sitzungen des Aufsichtsrats ist eine Niederschrift anzufertigen, die der Vorsitzende zu unterzeichnen hat. ²In der Niederschrift sind der Ort und der Tag der Sitzung, die Teilnehmer, die Gegenstände der Tagesordnung, der wesentliche Inhalt der Verhandlungen und die Beschlüsse des Aufsichtsrats anzugeben. ³Ein Verstoß gegen Satz 1 oder Satz 2 macht einen Beschluß nicht unwirksam. ⁴Jedem Mitglied des Aufsichtsrats ist auf Verlangen eine Abschrift der Sitzungsniederschrift auszuhändigen.

(3) ¹Der Aufsichtsrat kann aus seiner Mitte einen oder mehrere Ausschüsse bestellen, namentlich, um seine Verhandlungen und Beschlüsse vorzubereiten oder die Ausführung seiner Beschlüsse zu überwachen. ²Er kann insbesondere einen Prüfungsausschuss bestellen, der sich mit der Überwachung des Rechnungslegungsprozesses, der Wirksamkeit des internen Kontrollsystems, des Risikomanagementsystems und des internen Revisionssystems sowie der Abschlussprüfung, hier insbesondere der Auswahl und der Unabhängigkeit des Abschlussprüfers und der vom Abschlussprüfer zusätzlich erbrachten Leistungen, befasst. ³Der Prüfungsausschuss kann Empfehlungen oder Vorschläge zur Gewährleistung der Integrität des Rechnungslegungsprozesses unterbreiten. ⁴Die Aufgaben nach Absatz 1 Satz 1, § 59 Abs. 3, § 77 Abs. 2 Satz 1, § 84 Abs. 1 Satz 1 und 3, Abs. 2 und Abs. 3 Satz 1, § 87 Abs. 1 und Abs. 2 Satz 1 und 2, § 111 Abs. 3, §§ 171, 314 Abs. 2 und 3 sowie Beschlüsse, daß bestimmte Arten von Geschäften nur mit Zustimmung des Aufsichtsrats vorgenom-

---

[20] Zutr. MüKoAktG/*Habersack* Rn. 14.
[21] Verordnung (EU) Nr. 596/2014 des Europäischen Parlaments und des Rates vom 16. April 2014 über Marktmissbrauch und zur Aufhebung der Richtlinie 2003/6/EG des Europäischen Parlaments und des Rates und der Richtlinien 2003/124/EG, 2003/125/EG und 2004/72/EG der Kommission, ABl. EU 2014 L 173, 1.
[22] Zum Verhältnis von § 15 WpHG und Art. 17 MMVO: BegrRegE-1. FiMaNoG BT-Drs. 17/7482, 60 f.
[23] EuGH ZIP 2012, 1282 (1284); BGH ZIP 2013, 1165 (1167); MüKoAktG/*Habersack* Rn. 4; Köln Komm WpHG/*Klöhn* § 13 Rn. 95 ff.; Fuchs/*Fuchs*, Wertpapierhandelsgesetz (WpHG), 2. Aufl. 2016, WpHG § 13 Rn. 74 f.; zu § 106 aF Großkomm AktG/*Hopt*/*Roth* Rn. 4; siehe hierzu den Emittentenleitfaden der BaFin, https://www.bafin.de/SharedDocs/Downloads/DE/Leitfaden/WA/dl_emittentenleitfaden_2013.pdf.jsessionid= 8907926752177BFDC26469A634DB4FD3.2_cid290?__blob=publicationFile&v=4, zuletzt abgerufen am 4.9.2017, S. 57, wonach es auf überraschende Veränderungen in Schlüsselpositionen des Unternehmens (zB Aufsichtsratsvorsitzender) ankommen soll.
[24] Vgl. zum vorzeitigen Ausscheiden des Vorstandsvorsitzenden EuGH ZIP 2012 (1282 ff.); BGH ZIP 2013, 1165 (1167); BGH ZIP 2011, 72 ff.; Kölner Komm WpHG/*Klöhn* § 13 Rn. 95 ff.; Fuchs/*Fuchs*, Wertpapierhandelsgesetz (WpHG), 2. Aufl. 2016, WpHG § 13 Rn. 74 f; s. dazu auch *Klöhn* ZIP 2012, 1885 ff.

men werden dürfen, können einem Ausschuß nicht an Stelle des Aufsichtsrats zur Beschlußfassung überwiesen werden. [5]Dem Aufsichtsrat ist regelmäßig über die Arbeit der Ausschüsse zu berichten.

(4) Richtet der Aufsichtsrat einer Gesellschaft, die kapitalmarktorientiert im Sinne des § 264d des Handelsgesetzbuchs, die CRR-Kreditinstitut im Sinne des § 1 Absatz 3d Satz 1 des Kreditwesengesetzes, mit Ausnahme der in § 2 Absatz 1 Nummer 1 und 2 des Kreditwesengesetzes genannten Institute, oder die Versicherungsunternehmen im Sinne des Artikels 2 Absatz 1 der Richtlinie 91/674/EWG ist, einen Prüfungsausschuss im Sinn des Absatzes 3 Satz 2 ein, so müssen die Voraussetzungen des § 100 Absatz 5 erfüllt sein.

§ 27 MitbestG Vorsitz im Aufsichtsrat

(1) Der Aufsichtsrat wählt mit einer Mehrheit von zwei Dritteln der Mitglieder, aus denen er insgesamt zu bestehen hat, aus seiner Mitte einen Aufsichtsratsvorsitzenden und einen Stellvertreter.

(2) [1]Wird bei der Wahl des Aufsichtsratsvorsitzenden oder seines Stellvertreters die nach Absatz 1 erforderliche Mehrheit nicht erreicht, so findet für die Wahl des Aufsichtsratsvorsitzenden und seines Stellvertreters ein zweiter Wahlgang statt. [2]In diesem Wahlgang wählen die Aufsichtsratsmitglieder der Anteilseigner den Aufsichtsratsvorsitzenden und die Aufsichtsratsmitglieder der Arbeitnehmer den Stellvertreter jeweils mit der Mehrheit der abgegebenen Stimmen.

(3) Unmittelbar nach der Wahl des Aufsichtsratsvorsitzenden und seines Stellvertreters bildet der Aufsichtsrat zur Wahrnehmung der in § 31 Abs. 3 Satz 1 bezeichneten Aufgabe einen Ausschuß, dem der Aufsichtsratsvorsitzende, sein Stellvertreter sowie je ein von den Aufsichtsratsmitgliedern der Arbeitnehmer und von den Aufsichtsratsmitgliedern der Anteilseigner mit der Mehrheit der abgegebenen Stimmen gewähltes Mitglied angehören.

Schrifttum: *Geitner,* Offene Fragen im Mitbestimmungsgesetz, AG 1976, 210; *Hommelhoff/Mattheus,* Corporate Governance nach dem KonTraG, AG 1998, 249; *Luther,* Die innere Organisation des Aufsichtsrats, ZGR 1977, 306; *Lutter,* Aufsichtsrat und Sicherung der Legalität im Unternehmen, FS Hüffer, 2010, 615; *Martens,* Mitbestimmungsrechtliche Bausteine in der Rechtsprechung des Bundesgerichtshofs, ZGR 1983, 237; *Paefgen,* Struktur und Aufsichtsratsverfassung der mitbestimmten AG: zur Gestaltung der Satzung und der Geschäftsordnung des Aufsichtsrats, Diss. Bielefeld 1981; *Rellermeyer,* Aufsichtsratsausschüsse, Diss. Bonn 1986; *Schaub,* Die innere Organisation des Aufsichtsrats, ZGR 1977, 293; *Spindler,* Die Empfehlungen der EU für den Aufsichtsrat und ihre deutsche Umsetzung im Corporate Governance Kodex, ZIP 2005, 2033; *Winter,* Die Verantwortlichkeit des Aufsichtsrats für Corporate Compliance, FS Hüffer, 2010, 1001.

Eingehende Schrifttumsnachweise zum Aufsichtsratsvorsitzenden → Rn. 17, zu Ausschüssen → Rn. 81 und 138 zur Geschäftsordnung → Rn. 10.

Übersicht

	Rn.		Rn.
I. Zweck der Regelung	1	4. Ehrenvorsitzender	62–64
II. Entstehungsgeschichte	2–4	V. Sitzungsniederschriften (Abs. 2)	65–80
III. Innere Ordnung des Aufsichtsrats	5–16	1. Anfertigung des Protokolls durch Aufsichtsratsvorsitzenden	66–71
1. Überblick; Verhältnis zur Satzung	5	2. Rechtswirkungen des Protokolls	72, 73
2. Modifizierung durch MitbestG	6	3. Abschriften der Protokolle	74–77
3. Empfehlungen des Deutschen Corporate Governance Kodex; Empfehlungen der EU	7–9	4. Beschlagnahme der Protokolle	78–80
		VI. Aufsichtsratsausschüsse (Abs. 3)	81–156
		1. Bestellung; Verhältnis zur Satzung	85–89
4. Geschäftsordnungen	10–16	2. Verhältnis zum Gesamtaufsichtsrat und Delegationsverbote	90–97
IV. Der Aufsichtsratsvorsitzende und Stellvertreter (Abs. 1)	17–64	3. Mitgliederzahl	98
1. Der Aufsichtsratsvorsitzende	17–52	4. Besetzung	99–104
a) Bestellung	17–29	a) Sachliche und persönliche Kriterien	99
b) Ende des Mandats	30–38	b) Mitbestimmte Gesellschaften	100, 101
c) Rechtsstellung	39–52	c) Wahlverfahren	102
2. Stellvertreter	53–60	d) Satzung und Geschäftsordnung	103
a) Wahl nach dem AktG	54	e) Rechtsfolgen bei Mängeln	104
b) Wahl nach dem MitbestG	55	5. Rechtsstellung des Ausschussmitglieds	105, 106
c) Beendigung der Amtszeit	56		
d) Rechtsstellung	57–60		
3. Anmeldung zum Handelsregister	61	6. Innere Ordnung der Ausschüsse	107–117

	Rn.		Rn.
7. Berichte	118–121	d) Prüfungsausschuss, § 107 Abs. 3	
a) Berichte gegenüber dem Gesamtaufsichtsrat	118–120	S. 2 und 3, Abs. 4 und Audit Committees; Finanzausschuss; Sondervorgaben für Kreditinstitute	139–150f
b) Berichtsansprüche des Ausschusses	121	e) Sonstige Ausschüsse	151, 152
8. Arten von Ausschüssen	122–156	f) Aufsichtsratsausschüsse von Kreditinstituten gem. § 25d KWG	153–156
a) Aufsichtsratspräsidium	123–125	**VII. Delegation auf ein einzelnes Aufsichtsratsmitglied**	157
b) Personalausschuss; Nominierungsausschuss	126–134	**VIII. Europarechtliche Entwicklungen und Reformvorhaben**	158, 159
c) Ausschüsse bei mitbestimmten Gesellschaften: Vermittlungsausschuss und Beteiligungsausschuss	135–138		

I. Zweck der Regelung

§ 107 ist die zentrale Regelung für die innere Ordnung des Aufsichtsrats, die im Übrigen vom Gesetz nur in Bruchstücken geregelt wird; außerhalb von § 107 finden sich ansonsten überwiegend nur Verfahrensregelungen, etwa in § 108 (Beschlussfassung), § 109 (Teilnahme an Sitzungen) sowie § 110 (Einberufung). Die Regeln zur inneren Organisation sind nur teilweise zwingend und stehen der ergänzenden Regelung durch die Satzung weitgehend offen, in Ermangelung entsprechender Bestimmungen der Geschäftsordnung durch den Aufsichtsrat. Sind weder Satzungs- noch Geschäftsordnungsregelungen oder andere verfahrensleitende Beschlüsse des Aufsichtsrats vorhanden, erfolgt die **Lückenfüllung durch allgemeine gesellschaftsrechtliche Grundsätze**.[1] Zwar setzt die deutsche unternehmensbezogene Mitbestimmung am Aufsichtsrat an, so dass es nicht verwunderlich ist, dass § 107 in den Mittelpunkt der Diskussion und Auseinandersetzungen um die Beteiligung der Arbeitnehmervertreter im Aufsichtsrat geriet und staatsrechtlich-parlamentarische Grundsätze auf den Aufsichtsrat angewandt wurden. Doch ist spätestens seit Einsetzen der Corporate Governance-Debatte deutlich geworden, dass die Funktionsfähigkeit des Aufsichtsrats und seiner Überwachungstätigkeit, wiederum im Hinblick auch auf die innere Ordnung, im Vordergrund steht.[2]

1

II. Entstehungsgeschichte

Das HGB enthielt noch kaum Regelungen zur inneren Organisation des Aufsichtsrats und überließ die Art und Weise der Aufsichtsratstätigkeit vollständig der Satzung.[3] Diese enthielt üblicherweise ausführliche Regelungen hinsichtlich der Befugnisse des Vorsitzenden, der Sitzungsniederschrift und der Ausschusstätigkeit.[4] § 92 AktG 1937 schuf das Vorbild für den heutigen § 107. Geändert wurde mit der **AktG-Novelle 1965** in § 107 Abs. 1 das Wort „Vorsitzer" durch „Vorsitzender", ohne dass damit inhaltliche Veränderungen angestrebt wurden.[5] Demgegenüber wurde in Übereinstimmung mit der zuvor herrschenden Meinung[6] klargestellt, dass der Stellvertreter nur im Behinderungsfall des Vorsitzenden dessen Rechte und Pflichten ausübt.[7] Aufmerksamkeit schenkte der Gesetzgeber auch den Sitzungsniederschriften, für die eine Pflicht zur Anfertigung im Gegensatz zur Soll-Bestimmung in § 92 Abs. 2 AktG 1937 aufgenommen sowie der Inhalt der Protokolle näher umrissen wurde.[8] Neu war auch der Anspruch der Aufsichtsratsmitglieder auf Aushändigung der Protokolle.[9] Die schon nach § 92 Abs. 4 AktG 1937 mögliche Ausschussbildung wurde in § 107 Abs. 3 beibehalten und verfeinert, indem einerseits die Delegation der Beschlussfassung auf einen Ausschuss anerkannt

2

---

[1] Zutr. MüKoAktG/*Semler*, 2. Aufl. 2004, Rn. 3.
[2] *Scheffler* ZGR 1993, 63 (74 f.); *Scheffler* DB 2000, 433 (436); *Arbeitskreis „Externe und Interne Überwachung der Unternehmung" der Schmalenbach-Gesellschaft für Betriebswirtschaft e. V*, Grundsätze ordnungsgemäßer Aufsichtsratstätigkeit – ein Diskussionspapier Ziff. III, abgedr. in DB 1995, 1; *Lutter* ZHR 159 (1995), 287 (298 f.); *Feddersen* AG 2000, 385 (393 ff.); *Deckert* NZG 1998, 710 (711 f.); *E. Vetter* in Marsch-Barner/Schäfer Börsennotierte AG-HdB Rn. 27.1.
[3] Großkomm HGB/*Staub*, 14. Aufl. 1933, § 246 Anm. 14; ausführlich *Lieder*, Der Aufsichtsrat im Wandel der Zeit, 2006, 161 ff.
[4] Großkomm HGB/*Staub*, 14. Aufl. 1933, § 246 Anm. 12, 14, 14 a; *Koenige* HGB, 2. Aufl. 1929, § 246 2 a); *Flechtheim/Wolff/Schmulewitz*, Die Satzung der deutschen Aktiengesellschaften, 1929, 248 ff.; *Frankenburger* HGB, 4. Aufl. 1914, § 246 Abs. 1.
[5] Kölner Komm AktG/*Mertens/Cahn* Rn. 1; ausführlich *Bosebeck* AG 1967, 39.
[6] Vgl. *v. Godin/Wilhelmi*, 2. Aufl. 1950, § 95 Anm. 14e; *Schlegelberger/Quassowski*, 3. Aufl. 1939, AktG 1937 § 92 Anm. 10.
[7] BegrRegE *Kropff* S. 147; Kölner Komm AktG/*Mertens/Cahn* Rn. 1.
[8] BegrRegE *Kropff* S. 148; Kölner Komm AktG/*Mertens/Cahn* Rn. 2.
[9] Kölner Komm AktG/*Mertens/Cahn* Rn. 2; MüKoAktG/*Habersack* Rn. 5; ausführlich zur Entstehungsgeschichte des Abs. 2 *Brinkschmidt*, Die Protokolle des Aufsichtsrats und seiner Ausschüsse, Diss. Kiel 1992, 5 ff.

wurde, andererseits aber auch Delegationsverbote aufgenommen wurden.[10] Die Vorschrift über die Beschlussfassung durch schriftliche Stimmabgabe des § 92 Abs. 3 AktG 1937 wurde in die neu geschaffene, zusammenfassende Vorschrift über die Beschlussfassung des Aufsichtsrats (§ 108 Abs. 4) übernommen.[11]

3 Spätere Novellierungen haben die ursprünglich in § 107 Abs. 3 S. 2 aF zwingend der Zustimmung des Aufsichtsrats unterworfenen Zwischenabschlüsse von einbezogenen Gesellschaften aufgehoben.[12] Schließlich wurde § 107 Abs. 3 S. 2 aF, der heutige Satz 3, durch das TransPuG nach Vorschlägen der Regierungskommission Corporate Governance[13] eingefügt, um die Kommunikation innerhalb des Aufsichtsrats zu verbessern.[14]

4 § 107 hat auch durch die jüngsten Reformen Änderungen erfahren. Die durch das **BilMoG**[15] eingeführten § 107 Abs. 3 S. 2 und Abs. 4 beinhalten erstmals eine gesetzlich ausdrückliche Kodifikation von Prüfungsausschüssen. Die Einrichtung von Prüfungsausschüssen wurde bereits vom Deutschen Corporate Governance Kodex (DCGK) empfohlen und hat sich auch in der Praxis größerer börsennotierter Gesellschaften etabliert.[16] Ferner kann nach dem durch das **VorstAG**[17] erweiterten § 107 Abs. 3 S. 3 die Fest- und Herabsetzung der Bezüge von Vorstandsmitgliedern nicht mehr an einen Ausschuss an Stelle des Aufsichtsrats zur Beschlussfassung überwiesen werden. Mit dem **AReG**,[18] welches der Umsetzung der durch die AbschlussprüferReform-RL[19] modifizierten Abschlussprüfer-RL[20] dient, wurde der Umfang der Aufgaben des Prüfungsausschusses entsprechend Art. 39 Abs. 6 lit. b und lit. f Abschlussprüfer-RL in Abs. 3 S. 2 ausgeweitet.[21] In Umsetzung von Art. 39 Abs. 6 lit. b Abschlussprüfer-RL kann der Prüfungsausschuss zudem nun gemäß Abs. 3 S. 3 „Empfehlungen oder Vorschläge zur Gewährleistung der Integrität des Rechnungslegungsprozesses unterbreiten". Die Einführung des unabhängigen Mitglieds im Prüfungsausschuss nach § 100 Abs. 5 wird schließlich wieder rückgängig gemacht, indem der Gesetzgeber sich Art. 39 Abs. 5 EU-AbschlussprüferRL zu Nutze machte, die den Mitgliedstaaten die Option gewährte, dass ein Verzicht auf die Unabhängigkeit möglich ist, wenn alle Mitglieder des Prüfungsausschusses Mitglieder des Aufsichtsrats sind.[22] Die Verweisung auf § 100 Abs. 5 wurde den erweiterten Anforderungen an die Gesamtheit des Aufsichtsrates (→ § 100 Rn. 60a) entsprechend ausgedehnt.

III. Innere Ordnung des Aufsichtsrats

5 **1. Überblick; Verhältnis zur Satzung.** § 107 regelt nur die Rechtsstellung des Aufsichtsratsvorsitzenden, der Ausschüsse sowie die Pflichten zur Niederschrift über die Sitzungen. Alle anderen Fragen stehen zur Disposition der Satzung oder der Geschäftsordnung bzw. eines Beschlusses des Aufsichtsrats. Die in § 107 aufgeführten Fragen sind jedoch überwiegend zwingend und abschließend

---

[10] BegrRegE *Kropff* S. 149; *Rellermeyer*, Aufsichtsratsausschüsse, 1986, 5 ff.; Kölner Komm AktG/*Mertens/Cahn* Rn. 7; *Maasch-Feisel*, Die Kompetenz zur Bildung von Aufsichtsratsausschüssen, 1992, 98 ff.; *Lieder*, Der Aufsichtsrat im Wandel der Zeit, 2006, 448 f.; zum früheren Recht *Frels* AG 1959, 44.
[11] BegrRegE *Kropff* S. 151.
[12] Bilanzrichtliniengesetz – Gesetz zur Durchführung der Vierten, Siebenten und Achten Richtlinie des Rates der Europäischen Gemeinschaften zur Koordinierung des Gesellschaftsrechts v. 19.12.1985, BGBl. 1985 I 2355, Art. 2 Nr. 13 und 75.
[13] *Baums*, Bericht der Regierungskommission „Corporate Governance" BT-Drs. 14/7515 Rn. 56.
[14] BegrRegE BT-Drs. 14/8769, 16.
[15] Gesetz zur Modernisierung des Bilanzrechts (Bilanzrechtsmodernisierungsgesetz – BilMoG) vom 25.5.2009, BGBl. 2009 I 1102.
[16] S. Ziff. 5.3.2 S. 1 DCGK; *Nonnenmacher/Pohle/v. Werder* DB 2009, 1447; *Nonnenmacher/Wemmer/v. Werder* DB 2016, 2816; *v. Werder/Talaulicar* DB 2009, 689 (693).
[17] Gesetz zur Angemessenheit der Vorstandsvergütung (VorstAG) v. 31.7.2009, BGBl. 2009 I 2509.
[18] Gesetz zur Umsetzung der prüfungsbezogenen Regelungen der Richtlinie 2014/56/EU sowie zur Ausführung der entsprechenden Vorgaben der Verordnung (EU) Nr. 537/2014 im Hinblick auf die Abschlussprüfung bei Unternehmen von öffentlichem Interesse (Abschlussprüfungsreformgesetz – AReG) vom 10.5.2016, BGBl. 2016 I 1142; zur Entstehungsgeschichte *Schüppen* NZG 2016, 247 (247 f.); *Schilha* ZIP 2016, 1316 (1316 f.).
[19] Richtlinie 2014/56/EU des Europäischen Parlaments und des Rates vom 16. April 2014 zur Änderung der Richtlinie 2006/43/EG über Abschlussprüfungen von Jahresabschlüssen und konsolidierten Abschlüssen, Text von Bedeutung für den EWR, ABl. EU 2014 L 158, 196 ff, vom 27.5.2014.
[20] Richtlinie 2006/43/EG des Europäischen Parlaments und des Rates vom 17. Mai 2006 über Abschlussprüfungen von Jahresabschlüssen und konsolidierten Abschlüssen, zur Änderung der Richtlinien 78/660/EWG und 83/349/EWG des Rates und zur Aufhebung der Richtlinie 84/253/EWG des Rates, Text von Bedeutung für den EWR, ABl. EU 2006 L 157, 87, vom 9.6.2006.
[21] Vgl. auch *Schüppen* NZG 2016, 247 (254).
[22] BT-Drs 18/7219, 56.

im Sinne von § 23 Abs. 5 S. 1 geregelt, so dass sie gemäß dem Grundsatz der Satzungsstrenge nicht durch die Satzung modifiziert oder ergänzt werden können.[23]

2. Modifizierung durch MitbestG. Für Gesellschaften, die dem MitbestG unterfallen, gehen die besonderen Regelungen der §§ 27–29, 31, 32 MitbestG dem § 107 vor, insbesondere zur Wahl des Aufsichtsratsvorsitzenden sowie zum Abstimmungsverfahren. Darüber hinaus gibt es jedoch keinen über das AktG hinausgehenden satzungsfesten Bereich; die Grenzen werden allein durch § 23 Abs. 5 gezogen.[24] Ebenso wenig wird der Bereich, in dem die Satzung Regelungen treffen kann, über § 23 Abs. 5 hinaus wegen der Mitbestimmung und der nötigen Sicherung des Einflusses der Anteilseigner erweitert.[25] Es genügen die bereits bestehenden Regelungen.

3. Empfehlungen des Deutschen Corporate Governance Kodex; Empfehlungen der EU. Der Deutsche Corporate Governance Kodex[26] enthält zahlreiche Empfehlungen zur Arbeitsweise und Struktur des Aufsichtsrats, die bei entsprechender Erklärung nach § 161 für den Aufsichtsrat verbindlich werden (→ § 161 Rn. 10, 34 f.). Im Einzelnen handelt es sich um folgende Empfehlungen: Ziff. 5.1.1 DCGK (Beratung und Überwachung des Vorstands), Ziff. 5.1.2 DCGK (Bestellung, Zusammensetzung und Entlassung des Vorstands), Ziff. 5.1.3 DCGK (Geschäftsordnung), Ziff. 5.2 Abs. 1 S. 2 DCGK (Aufgaben des Aufsichtsratsvorsitzenden), Ziff. 5.2 Abs. 2 DCGK (Gespräche mit Investoren), Ziff. 5.2 Abs. 3 DCGK (Zusammenarbeit mit Vorstand), Ziff. 5.3.1 DCGK (Ausschussbildung), Ziff. 5.3.2 DCGK (Prüfungsausschuss), Ziff. 5.3.3 DCGK (Nominierungsausschuss), Ziff. 5.4.1 DCGK (Fachliche Qualifikation von Aufsichtsratsmitgliedern), Ziff. 5.4.2 DCGK (Unabhängigkeit des Aufsichtsrates), Ziff. 5.4.3 DCGK (Aufsichtsratswahlen), Ziff. 5.4.4 DCGK (Wechsel vom Vorstand in den Aufsichtsrat), Ziff. 5.4.5 DCGK (Zeitmanagement), Ziff. 5.4.6 DCGK (Vergütung), Ziff. 5.4.7 DCGK (Teilnahme an Aufsichtsratssitzungen), Ziff. 5.5.1 DCGK (Treuepflicht), Ziff. 5.5.2 DCGK (Offenlegung von Interessenkonflikten), Ziff. 5.5.3 DCGK (Information über Interessenkonflikte), Ziff. 5.5.4 DCGK (Zustimmungsvorbehalt für weitere Verträge mit Gesellschaft), Ziff. 5.6 DCGK (Effizienzprüfung).

Ob sich alle Empfehlungen bewähren werden, wird abzuwarten bleiben. Zweifel ruft etwa die nach Ziff. 5.6 DCGK geforderte **Effizienzprüfung durch Selbstevaluation** hervor, die entgegen der gewählten Formulierung wohl eher als Anregung zu verstehen ist, da sie inhaltlich nicht konkretisiert wird.[27] Da Ziff. 5.6 DCGK ausdrücklich von einer Selbstevaluation spricht, handelt es sich nicht um eine Prüfung durch Dritte, die aber selbstverständlich durch den Aufsichtsrat herangezogen werden können.[28] Prüfungsgegenstand ist die Arbeitsweise[29] und interne Organisation des gesamten Aufsichtsrats, wohl auch die Effizienz seiner Überwachung. Einzelne Aufsichtsratsmitglieder können ebenfalls evaluiert werden, sofern ihre Arbeit maßgeblich für das Gesamtergebnis war,[30] etwa der Aufsichtsratsvorsitzende oder Aufsichtsratsmitglieder, die bestimmte Prüfungsaufträge wahrnehmen.

Im Februar 2005 sind von der EU-Kommission **Empfehlungen** zu den **Aufgaben von nicht geschäftsführenden Direktoren/Aufsichtsratsmitgliedern börsennotierter Gesellschaften**

---

[23] Hüffer/Koch/*Koch* Rn. 1; MHdB AG/*Hoffmann-Becking* § 31 Rn. 2; NK-AktR/*Breuer/Fraune* Rn. 1; Henssler/Strohn/*Henssler* Rn. 1.
[24] So bereits BVerfGE 50, 290 (324) = NJW 1979, 699; BGHZ 83, 106 (118 f.) = NJW 1982, 1525 – Siemens; BGHZ 83, 144 (148) = NJW 1982, 1528 – Dynamit Nobel; UHH/*Ulmer/Habersack* MitbestG § 25 Rn. 10; *Lutter/Krieger/Verse* Rechte und Pflichten des Aufsichtsrats Rn. 651; MüKoAktG/*Gach* MitbestG § 25 Rn. 2 f., 7; *Paefgen*, Struktur und Aufsichtsratsverfassung der mitbestimmten AG: zur Gestaltung der Satzung und der Geschäftsordnung des Aufsichtsrats, 1981, 144 ff.; Kölner Komm AktG/*Mertens/Cahn* Anh. B § 117 Mitbest G § 25 Rn. 6.
[25] Richtlinie 2014/56/EU des Europäischen Parlaments und des Rates vom 16. April 2014 zur Änderung der Richtlinie 2006/43/EG über Abschlussprüfungen von Jahresabschlüssen und konsolidierten Abschlüssen, Text von Bedeutung für den EWR, ABl. EU 2014 L 158, 196 ff, vom 27.5.2014.
[26] In der Fassung vom 7.2.2017, http://www.dcgk.de//files/dcgk/usercontent/de/download/kodex/170424_Kodex.pdf, zuletzt abgerufen am 16.8.2017.
[27] Zutr. Hüffer/Koch/*Koch* Rn. 3; Großkomm AktG/*Hopt/Roth* § 111 Rn. 830; K. Schmidt/Lutter/*Drygala* Rn. 3; *Petersen*, Unternehmensführung und Unternehmenskontrolle in Aktiengesellschaften, 2005, 143 f.; Anwendungshinweise bei *Seibt* DB 2003, 2107 (2109 ff.); *v. Werder* DB 2002, 801 (809); für eine Empfehlung: KBLW/*v. Werder* DCGK Rn. 1496; *Peltzer* Deutsche Corporate Governance Rn. 320 jeweils mit weiteren Vorschlägen für das Verfahren.
[28] So auch *Seibt* DB 2003, 2107 (2110); KBLW/*v. Werder* DCGK Rn. 1498; K. Schmidt/Lutter/*Drygala* Rn. 3.
[29] K. Schmidt/Lutter/*Drygala* Rn. 3; Hüffer/Koch/*Koch* Rn. 3 spricht nur von „Verfahrensweise"; *Roth* ZGR 2012, 343 (375); *Seibt* DB 2003, 2107 (2109): Aufsichtsratstätigkeit in formal-organisatorischer und material-inhaltlicher Sicht.
[30] Vgl. Hüffer/Koch/*Koch* Rn. 3; befürwortend auch *Seibt* DB 2003, 2107 (2109) unter Hinweis auf die in den USA geführte Debatte; dazu auch KBLW/*v. Werder* DCGK Rn. 1499.

sowie zu den **Ausschüssen des Verwaltungs-/Aufsichtsrats**[31] verabschiedet worden. Daneben stehen die Empfehlungen der Kommission zur Einführung einer angemessenen Regelung für die Vergütung von Mitgliedern der Unternehmensleitung börsennotierter Gesellschaften.[32] Die Entwicklung wurde schließlich durch die im April 2009 verabschiedeten Ergänzungen fortgeführt.[33] Die Empfehlungen sehen zahlreiche Vorgaben für die innere Struktur des Aufsichtsrats, insbesondere seiner Ausschüsse sowie deren Besetzung einschließlich der Frage der Unabhängigkeit seiner Mitglieder vor.[34] Im Hinblick auf Vergütungsregelungen und Aufgaben des Aufsichtsrats ist der gemeinsame Schnittpunkt in den Empfehlungen der Kommission zu den Vergütungsausschüssen zu verorten. Hinsichtlich der Selbstevaluation enthält die EU-Empfehlung wesentlich striktere Vorgaben als der Deutsche Corporate Governance Kodex, vor allem hinsichtlich der Veröffentlichung der vom Aufsichtsrat sich selbst gesteckten Ziele und deren Erfüllung.[35]

4. Geschäftsordnungen.

Schrifttum: *Heim*, Vorrang der Satzung gegenüber der Geschäftsordnung des Aufsichtsrats?, AG 1972, 229; *Hommelhoff*, Die Geschäftsordnungsautonomie des Aufsichtsrats – Fragen zur Gestaltungsmacht des Satzungsgebers, BFuP 1977, 507; *Obermüller*, Gültigkeitsdauer der Geschäftsordnung für den Vorstand und Aufsichtsrat, DB 1971, 952; *Säcker*, Die Geschäftsordnung für den Aufsichtsrat eines mitbestimmten Unternehmens, DB 1977, 2031; *Ulmer*, Zur Satzungsautonomie des Aufsichtsrats in der mitbestimmten Gesellschaft, BB 1979, 1368.

10   Zu dem Recht des Aufsichtsrats, seine innere Ordnung zu regeln, gehört auch der Erlass einer Geschäftsordnung, für die das Gesetz zwar keine besonderen Bestimmungen enthält, die aber in § 82 Abs. 2 vorausgesetzt wird.[36] Dies gilt auch für die dem MitbestG unterfallenden Gesellschaften (§ 25 Abs. 2, 2. Alt MitbestG). Ob der Aufsichtsrat sich eine Geschäftsordnung gibt, steht in seinem pflichtgemäßen Ermessen. Bei größeren Aufsichtsräten indes wird umso eher eine Pflicht zur Verabschiedung einer Geschäftsordnung anzunehmen sein, je komplexer die Zusammenarbeit sich gestaltet.[37] Auf jeden Fall muss ein die sachgerechte Aufgabenerfüllung gewährleistender Organisationsrahmen vorhanden sein, wobei dem Prinzip der Arbeitsteilung besondere Bedeutung zukommt.[38] In erster Linie ist es Sache des Satzungsgebers, ausreichende Vorgaben über Organisation und Arbeitsweise des Aufsichtsrats zu treffen. Verbleibende Lücken muss der Aufsichtsrat schließen.[39] Nach Ziff. 5.1.3 DCGK wird zur Förderung der Transparenz der Entscheidungsprozesse im Aufsichtsrat die Verabschiedung einer Geschäftsordnung empfohlen.[40] Zahlreiche Empfehlungen und Anregungen des Kodex, wie beispielsweise die Einrichtung von Prüfungsausschüssen (Ziff. 5.3.2 DCGK) und Ausgestaltung der Selbstevaluation (Ziff. 5.6 DCGK), können hier umgesetzt werden.[41]

11   Demgemäß bedarf es auch keiner ausdrücklichen Ermächtigung durch die **Satzung**.[42] Die Satzung kann aber Fragen der Geschäftsordnung regeln, sofern nicht damit in die Organisationsautonomie des Aufsichtsrats, zB hinsichtlich der Einsetzung der Ausschüsse,[43] eingegriffen wird;[44]

---

[31] ABl. EG 2005 L 52, 51 ff.
[32] ABl. EG 2004 L 385, 55 ff.
[33] ABl. EU 2009 L 120, 28 ff.
[34] Näher dazu *Spindler* ZIP 2005, 2033 ff.; *Maul* BB-Beil. Heft 9/2005, 2 ff.
[35] Ziff. 8, 11.3 DCGK, dazu *Spindler* ZIP 2005, 2033 (2044).
[36] BGHZ 64, 325 (327 f.) = NJW 1975, 1412 – Bayer; Hüffer/Koch/*Koch* Rn. 34; Henssler/Strohn/*Henssler* Rn. 36.
[37] Zutr. Bürgers/Körber/*Israel* Rn. 27; *Hommelhoff/Mattheus* AG 1998, 249 (254); Grigoleit/*Tomasic* Rn. 48; Hölters/*Hambloch-Gesinn/Gesinn* Rn. 2.
[38] Lutter/Krieger/*Verse* Rechte und Pflichten des Aufsichtsrats Rn. 654: „Selbstorganisationspflicht".
[39] MHdB AG/*Hoffmann-Becking* § 31 Rn. 3; Hölters/*Hambloch-Gesinn/Gesinn* Rn. 181; Hüffer/Koch/*Koch* Rn. 2; E. Vetter in Marsch-Barner/Schäfer Börsennotierte AG-HdB Rn. 27.2; anders Großkomm AktG/*Hopt/Roth* Rn. 205 f., die außerhalb der Organisationsautonomie des Aufsichtsrats (dazu sogleich → Rn. 11) eine Bestimmung des Regelungsortes nach Zweckmäßigkeitserwägungen für legitim befinden bzw. sogar grds. eine zusammenhängende Regelung in der Geschäftsordnung vorziehen.
[40] Dazu auch KBLW/*Kremer* DCGK Rn. 1257 ff.; *Peltzer* Deutsche Corporate Governance Rn. 221; E. Vetter in Marsch-Barner/Schäfer Börsennotierte AG-HdB Rn. 27.4.
[41] *Lutter* ZHR 166 (2002), 521 (537 f.); KBLW/*Kremer* DCGK Rn. 1261; *Semler/Wagner* NZG 2003, 553 (557 f.); *Seibt* AG 2002, 249 (258 f.); Hölters/*Hambloch-Gesinn/Gesinn* Rn. 188.
[42] *Heim* AG 1972, 229; Großkomm AktG/*Hopt/Roth* Rn. 6, 209; Kölner Komm AktG/*Mertens/Cahn* Rn. 5; MüKoAktG/*Habersack* Rn. 173; Hüffer/Koch/*Koch* Rn. 34.
[43] Hölters/*Hambloch-Gesinn/Gesinn* Rn. 182.
[44] Für eine vollständige Zuständigkeit des Aufsichtsrats dagegen *Schädel*, Organisationsautonomie und Geschäftsordnung des Aufsichtsrats, 2005, 86; Henssler/Strohn/*Henssler* Rn. 36.

der Erlass einer vollständigen Geschäftsordnung durch die Satzung ist ausgeschlossen.[45] Soweit jedoch eine Satzungsregelung zulässig ist, verdrängt sie die Geschäftsordnung oder einen entsprechenden Beschluss des Aufsichtsrats.[46] Auch wenn eine Satzungsregelung erst nach Erlass einer Geschäftsordnung durch den Aufsichtsrat getroffen wird, verdrängt sie insoweit die Geschäftsordnung.[47]

Dieses Verhältnis zwischen Satzung und Geschäftsordnung gilt auch für **mitbestimmte** **Gesellschaften,** so dass sich weder eine ausgedehntere Kompetenz des Satzungsgebers, etwa zur Sicherung des verfassungsrechtlich gebotenen Einflusses der Anteilseigner, noch eine eingeschränktere Kompetenz, etwa auf Grund der Arbeitnehmerbeteiligung, ergibt.[48] Indem § 25 Abs. 1 S. 1 Nr. 1 MitbestG auf die aktienrechtlichen Regelungen über den Aufsichtsrat unter Einschluss der Satzungsermächtigungen der § 109 Abs. 3, § 111 Abs. 4 S. 2 und § 113 Abs. 1 S. 2 verweist, bringt der Gesetzgeber zum Ausdruck, dass die Satzungskompetenz der Hauptversammlung grundsätzlich auch im Bereich des MitbestG Geltung haben soll.[49] Eine über die in §§ 27–29, 31 und 32 MitbestG enthaltenen Regelungen hinausgehende Verschiebung der Satzungsautonomie zugunsten der Organisationszuständigkeit des Aufsichtsrats lässt sich dem Gesetz nicht entnehmen.[50] Auch die Forderung nach einer uneingeschränkten Geschäftsordnungsautonomie des Aufsichtsrats lässt sich mangels gesetzlicher Anknüpfungspunkte nicht mit der Vermeidung von Beeinträchtigungen der „labilen Entscheidungsprozesse"[51] oder der Entwicklung des Aufsichtsrats zu einem auch die Arbeitnehmerschaft umfassenden Unternehmensorgan[52] begründen. Konflikte zwischen Satzungsautonomie und Mitbestimmungsgedanken können durch die vom Mitbestimmungsgesetz selbst vorgegebenen Gestaltungsschranken gelöst werden.[53]

Inhaltlich kann die Geschäftsordnung alle Fragen bezüglich der Arbeitsweise des Aufsichtsrats regeln, sofern das Gesetz dies zulässt und die Satzung keine abweichenden Regelungen in den ihr zugänglichen Bereichen vorsieht.[54] Üblich[55] sind Regeln über die Sitzungseinladung, Fristen für Tagesordnungspunkte, den Sitzungsablauf oder die in den Grenzen des § 107 Abs. 3 zulässige Einsetzung, Besetzung und Arbeitsweise von Ausschüssen,[56] schließlich – allerdings rechtlich nicht verbindliche – Hinweise zur Verschwiegenheitspflicht.[57] Während die Satzung nur Verfahrensmodalitäten der Ausschussarbeit regeln kann, steht es dem Aufsichtsrat frei, Bestimmungen über die Bildung und Besetzung von Aufsichtsratsausschüssen zu treffen.[58]

---

[45] MHdB AG/*Hoffmann-Becking* § 31 Rn. 2; Hüffer/Koch/*Koch* Rn. 34; Kölner Komm AktG/*Mertens/Cahn* Rn. 182.
[46] BGHZ 64, 325 (327 f.) = NJW 1975, 1412 – Bayer; Hüffer/Koch/*Koch* Rn. 34; MüKoAktG/*Habersack* Rn. 171; Henssler/Strohn/*Henssler* Rn. 36; *Hommelhoff* BFuP 1977, 507 (508); *v. Schenck* in Semler/v. Schenck AR-HdB § 5 Rn. 67; Kölner Komm AktG/*Mertens/Cahn* Rn. 182; *Hoffmann/Preu* Der Aufsichtsrat Rn. 403.
[47] Hüffer/Koch/*Koch* Rn. 35.
[48] Ganz hM, BGHZ 83, 144 (148) = NJW 1982, 1528 – Dynamit Nobel mit krit. Anm. *Wendeling-Schröder* AuR 1982, 198; BGHZ 83, 106 (118 f.) = NJW 1982, 1525 – Siemens; *Hommelhoff* BFuP 1977, 507 (513 ff.); MüKoAktG/*Habersack* Rn. 171; Hüffer/Koch/*Koch* Rn. 34; Grigoleit/*Tomasic* Rn. 48; Lutter/Krieger/*Verse* Rechte und Pflichten des Aufsichtsrats Rn. 652; Großkomm AktG/*Oetker* MitbestG § 25 Rn. 11 f.; RVJ/*Raiser* MitbestG § 25 Rn. 17 (unter Aufgabe der in der 1. Aufl. vertretenen Auffassung); *Schwab* AuR 1981, 33 (42); UHH/*Ulmer/Habersack* MitbestG § 25 Rn. 10 und *Rehbinder* ZGR 1979, 471 (488) unter Berufung auf das Mitbestimmungsurteil des Bundesverfassungsgerichts (BVerfGE 50, 290 (323 f.).
[49] So auch UHH/*Ulmer/Habersack* MitbestG § 25 Rn. 10; *E. Vetter* in Marsch-Barner/Schäfer Börsennotierte AG-HdB Rn. 27.2.
[50] So ausdrücklich auch BGHZ 83, 106 (119) = NJW 1982, 1525 – Siemens.
[51] *Hommelhoff* BFuP 1977, 507 (514); GK-MitbestG/*Naendrup* § 27 Rn. 13 f. und *Naendrup* AuR 1977, 268 (270 ff.), der den Ausschluss der Satzungskompetenz auf den Geltungsanspruch der Mitbestimmungsidee stützt.
[52] So *Raiser*, 1. Aufl. 1977, MitbestG § 25 Rn. 15 (ab der 2. Aufl. aber aufgegeben); in diese Richtung auch WKS/*Schubert* MitbestG § 25 Rn. 11: Wandlung des Aufsichtsrats in gemeinsames Organ der Anteilseigner und Arbeitnehmer.
[53] In diesem Sinne auch *Ulmer* ZHR 141 (1977), 490 (496 ff.): Gleichbehandlung und Funktionsfähigkeit; *Mertens* ZGR 1977, 270 (287).
[54] Großkomm AktG/*Hopt/Roth* Rn. 217; Henssler/Strohn/*Henssler* Rn. 39.
[55] S. dazu die Muster bei BeckFormB/*Hoffmann-Becking* X.17, 18 sowie *Happ* AktienR 9.01, 9.02; ferner MüKoAktG/*Habersack* Rn. 175 und MVHdB I GesR/*Hölters* V.72.
[56] Kölner Komm AktG/*Mertens/Cahn* Rn. 186; Großkomm AktG/*Hopt/Roth* Rn. 220; Hüffer/Koch/*Koch* Rn. 36.
[57] S. dazu BGHZ 64, 325 (328 ff.) = NJW 1975, 1412 – Bayer: Eine Satzungs- oder Geschäftsordnungsregelung würde eine unzulässige Verschiebung der in § 93 Abs. 1 S. 2 vorgenommenen Abwägung zwischen Geheimhaltungsinteresse und Bewegungsfreiheit des Aufsichtsratsmitgliedes bedeuten.
[58] Kölner Komm AktG/*Mertens/Cahn* Rn. 96 ff.; UHH/*Ulmer/Habersack* MitbestG § 25 Rn. 13; Hüffer/Koch/*Koch* Rn. 34; MüKoAktG/*Habersack* Rn. 172; → Rn. 109.

14 Der Erlass einer Geschäftsordnung setzt einen **Beschluss** nach § 108 Abs. 1 mit **einfacher Stimmenmehrheit**, gegebenenfalls mit der Zweitstimme des Aufsichtsratsvorsitzenden bei mitbestimmten Gesellschaften voraus, Einstimmigkeit nach § 77 Abs. 2 S. 3 analog ist nicht erforderlich, da das für den Vorstand gültige Prinzip der gemeinsamen Geschäftsführung für den Aufsichtsrat nicht einschlägig ist.[59] Auch die Änderung und die Aufhebung der Geschäftsordnung erfolgt mit einfacher Mehrheit; weder Satzung noch Aufsichtsrat können hierfür besondere Mehrheiten vorsehen, auch nicht bei nicht mitbestimmten Gesellschaften.[60] In mitbestimmten Gesellschaften kann der Vorsitzende seine Zweitstimme einsetzen.[61]

15 Die Geschäftsordnung ist hinsichtlich ihrer **Geltungsdauer** nicht an die **Amtsperiode** des Aufsichtsrats gekoppelt, der sie erlassen hat.[62] Es gibt keine Diskontinuität des Organs Aufsichtsrat und somit auch keine Diskontinuität der Geschäftsordnung. Ein Bestätigungsbeschluss des neuen Aufsichtsrats bedarf es daher nicht. Sie gilt solange, bis der Aufsichtsrat sie durch einen neuen Mehrheitsbeschluss modifiziert oder aufhebt.[63] Eine Rangordnung zwischen einem Geschäftsordnungsbeschluss, der auf die Festlegung abstrakter Regelungen zielt, und einem nur den Einzelfall betreffenden Beschluss gibt es nicht.[64]

16 **Verletzt** ein Aufsichtsratsbeschluss eine in der Satzung enthaltene **Geschäftsordnungsbestimmung**, so liegt darin ein Verstoß gegen höherrangiges Recht, der zur Nichtigkeit des Beschlusses führen kann. Setzt sich der Aufsichtsrat über eine von ihm selbst beschlossene Regelung hinweg, ohne dass damit eine Änderung der Geschäftsordnung verbunden ist, so hat dies keinen Einfluss auf die Wirksamkeit des Beschlusses.[65] Aus Gründen der Rechtsklarheit ist es allerdings wünschenswert, dass der Aufsichtsrat deutlich macht, ob sein Beschluss eine Änderung der Geschäftsordnung beinhalten soll oder lediglich eine Einzelfallabweichung darstellt.[66]

IV. Der Aufsichtsratsvorsitzende und Stellvertreter (Abs. 1)

Schrifttum: *Bachmann,* Doppelspitze in Vorstand und Aufsichtsrat, FS Baums, 2017, 107; *Boesebeck,* Der Aufsichtsratsvorsitze ist tot – es lebe der Aufsichtsratsvorsitzende!, AG 1967, 39; *Börsig/Löbbe,* Die gewandelte Rolle des Aufsichtsrats – 7 Thesen zur Corporate Governance Entwicklung in Deutschland, FS Hoffmann-Becking, 2013, 125; *v. Braunbehrens,* Ehrenmitglied des Aufsichtsrats, BB 1981, 2100; *Döring/Grau,* Verfahren und Mehrheitserfordernisse für die Bestellung und Abwahl des Aufsichtsratsvorsitzenden in mitbestimmten Unternehmen,

---

[59] Hüffer/Koch/*Koch* Rn. 34; MüKoAktG/*Habersack* Rn. 173; *Lutter/Krieger/Verse* Rechte und Pflichten des Aufsichtsrats Rn. 653; MHdB AG/*Hoffmann-Becking* § 31 Rn. 4; für mitbestimmte Gesellschaften: UHH/*Ulmer/Habersack* MitbestG § 25 Rn. 14; WKS/*Schubert* MitbestG § 25 Rn. 21; *E. Vetter* in Marsch-Barner/Schäfer Börsennotierte AG-HdB Rn. 27.5; Hölters/*Hambloch-Gesinn/Gesinn* Rn. 183.
[60] Kölner Komm AktG/*Mertens/Cahn* Rn. 185; MüKoAktG/*Habersack* Rn. 173; teilweise abw. MHdB AG/*Hoffmann-Becking* § 31 Rn. 4 und *Lutter/Krieger/Verse* Rechte und Pflichten des Aufsichtsrats Rn. 653: Zulässigkeit abweichender (qualifizierte Mehrheit) Satzungsregelungen bei nicht mitbestimmten Gesellschaften; noch weitgehender Großkomm AktG/*Hopt/Roth* Rn. 215, die sogar eine Einstimmigkeitsregelung in der Satzung in gewissen Fällen für zulässig halten.
[61] UHH/*Ulmer/Habersack* MitbestG § 25 Rn. 14; *E. Vetter* in Marsch-Barner/Schäfer Börsennotierte AG-HdB Rn. 27.5; MHdB AG/*Hoffmann-Becking* § 31 Rn. 4; *Lutter/Krieger/Verse* Rechte und Pflichten des Aufsichtsrats Rn. 653; abw.: Reich-Lewerenz AuR 1976, 269 (271).
[62] OLG Hamburg WM 1982, 1090 (1092 f.); MHdB AG/*Hoffmann-Becking* § 31 Rn. 5; *Hoffmann-Becking* ZGR 1998, 497 (500); Hüffer/Koch/*Koch* Rn. 35; MüKoAktG/*Habersack* Rn. 174; Kölner Komm AktG/*Mertens/Cahn* Rn. 184; *E. Vetter* in Marsch-Barner/Schäfer Börsennotierte AG-HdB Rn. 27.6; *Lutter/Krieger/Verse* Rechte und Pflichten des Aufsichtsrats Rn. 653; *Rellermeyer,* Aufsichtsratsausschüsse, 1986, 144 ff.; *Obermüller* DB 1971, 952; aA *Säcker* DB 1977, 2031 (2035 f.); WKS/*Schubert* MitbestG § 25 Rn. 24: Fortgeltung der Geschäftsordnung nur, wenn der neugewählte Aufsichtsrat auf der Grundlage der alten Geschäftsordnung seine Arbeit aufnimmt, ohne Änderungsantrag zu stellen; so auch MHdB ArbR/*Wißmann* § 282 Rn. 3.
[63] OLG Hamburg WM 1982, 1090 (1093); *Hoffmann-Becking* ZGR 1998, 497 (500); MHdB AG/*Hoffmann-Becking* § 31 Rn. 5; *Rellermeyer,* Aufsichtsratsausschüsse, 1986, 145; *E. Vetter* in Marsch-Barner/Schäfer Börsennotierte AG-HdB Rn. 27.6; Hölters/*Hambloch-Gesinn/Gesinn* Rn. 185; unzutreffend ist daher die von *Säcker* DB 1977, 2031 (2035 f.) gezogene Parallele zur Geschäftsordnung des Bundestages.
[64] MHdB AG/*Hoffmann-Becking* § 31 Rn. 4; Hüffer/Koch/*Koch* Rn. 35; OLG Hamburg WM 1982, 1090 (1093), das aber einen besonderen Verfahrensbeschluss verlangt, da der Geschäftsordnung anderenfalls jegliche Regelungsverbindlichkeit fehlt; → Rn. 106.
[65] OLG Hamburg NJW 1989, 1865 (1866); Kölner Komm AktG/*Mertens/Cahn* Rn. 190; *Lutter/Krieger/Verse* Rechte und Pflichten des Aufsichtsrats Rn. 653; aA OLG Hamburg WM 1982, 1090; Hölters/*Hambloch-Gesinn/Gesinn* Rn. 187; MüKoAktG/*Habersack* Rn. 176; Henssler/Strohn/*Henssler* Rn. 40; differenzierend WKS/*Schubert* MitbestG § 25 Rn. 23: Verletzung einer in der Satzung niedergelegten Geschäftsordnungsregelung ist folgenlos, wenn Verstoß Bestimmung betrifft, die Aufsichtsrat auch selbst hätte aufstellen können; gegen dieses Differenzierungskriterium wiederum Großkomm AktG/*Hopt/Roth* Rn. 223: Entscheidend sei, ob die betreffende Geschäftsordnungsbestimmung eine bloße Ordnungsvorschrift darstellt.
[66] Zutr. Großkomm AktG/*Hopt/Roth* Rn. 226.

NZG 2010, 1328; *Drinhausen/Marsch-Barner,* Die Rolle des Aufsichtsratsvorsitzenden in der börsennotierten Aktiengesellschaft, AG 2014, 337; *Fleischer/Bauer/Wansleben,* Investorenkontakte des Aufsichtsrats: Zulässigkeit und Grenzen, DB 2015, 360; *Grunewald,* Der Einfluss des Aufsichtsrats auf die Geschäftsführung – was ist erwünscht, was ist erlaubt?, ZIP 2016, 2009; *Hennerkes/Schiffer,* Ehrenvorsitzender oder Ehrenmitglied eines Aufsichtsrats – Ernennung und Kompetenzen, DB 1992, 875; *Johannsen-Roth/Kießling,* Das Amt des Ehrenvorsitzenden des Aufsichtsrats – Rechtsrahmen und praktische Gestaltung, NZG 2013, 972; *Jüngst,* Der „Ehrenvorsitzende" in der Aktiengesellschaft, BB 1984, 1583; *Koch,* Investorengespräche des Aufsichtsrats, AG 2017, 129; *Krause,* Berücksichtigung ausländischer Arbeitnehmer bei Schwellenwerten der Mitbestimmung („Deutsche Börse"), ZIP 2015, 634; *Leuering,* Die Zurückweisung von einseitigen Rechtsgeschäften des Aufsichtsrats gem. § 174 BGB, NZG 2004, 120; *Leyendecker-Langner,* Rechte und Pflichten des Vorstands bei Kompetenzüberschreitungen des Aufsichtsratsvorsitzenden, NZG 2012, 721; *Leyendecker-Langner,* Kapitalmarktkommunikation durch den Aufsichtsratsvorsitzenden, NZG 2015, 44; *Louven/Weng,* Das Stichentscheidrecht des Aufsichtsratsvorsitzenden nach grenzüberschreitenden Verschmelzungen, BB 2008, 797; *Luther/Rosga,* Praktische Fragen und Probleme der Rechtsstellung des Aufsichtsratsvorsitzenden und seines Stellvertreters einer AG oder GmbH, FS Meilicke, 1985, 80; *Lutter,* Ehrenämter im Aktien- und GmbH-Recht, ZIP 1984, 645; *Martens,* Organisationsprinzipien und Präsidialregelung des mitbestimmten Aufsichtsrats, DB 1980, 1381; *Mense/Klie,* Deutscher Corporate Governance Kodex 2017 – Auswirkungen der aktuellen Änderungen für die Praxis, BB 2017, 771; *Messer,* Der Vertreter des verhinderten Leiters der Hauptversammlung in der mitbestimmten AG, FS Kellermann, 1991, 299; *Meyer-Landrut,* Wahl, Nachwahl und Abwahl des Aufsichtsratsvorsitzenden und seines Stellvertreters nach dem MitbestG 1976, DB 1978, 443; *Obermüller/Werner/Winden,* Wahl eines Ehrenvorsitzenden des Aufsichtsrates, DB 1964, 1327; *Peus,* Der Aufsichtsratsvorsitzende: Seine Rechtsstellung nach dem Aktiengesetz und dem Mitbestimmungsgesetz, Diss. Bochum 1983; *Philipp,* Zum Wegfall des Aufsichtsratsvorsitzenden oder seines Stellvertreters bei mitbestimmten Unternehmen, ZGR 1978, 60; *Säcker,* Die Abberufung des Aufsichtsratsvorsitzenden im mitbestimmten Unternehmen, BB 2008, 2252; *v. Schenck,* Der Aufsichtsrat und sein Vorsitzender – Eine Regelungslücke, AG 2010, 649; *S. H. Schneider,* Der stellvertretende Vorsitzende des Aufsichtsorgans der dualistischen SE, AG 2008, 887; *Servatius,* Ordnungsgemäße Vorstandskontrolle und vorbereitende Personalauswahl durch den Aufsichtsratsvorsitzenden, AG 1995, 223; *Siebel,* Der Ehrenvorsitzende – Anmerkungen zum Thema Theorie und Praxis im Gesellschaftsrecht, FS Peltzer, 2001, 519; *E. Vetter,* Zur Compliance-Verantwortung des Aufsichtsrats in eigenen Angelegenheiten, Liber Amicorum Winter, 2011, 701; *E. Vetter,* Zur Compliance-Verantwortung des Vorstands und zu den Compliance-Aufgaben des Aufsichtsrats, FS Graf von Westphalen, 2010, 719; *E. Vetter,* Shareholder Communication – Wer spricht mit den institutionellen Investoren?, AG 2016, 873; *Wank,* Weitere Stellvertreter des Aufsichtsratsvorsitzenden in der mitbestimmten Aktiengesellschaft, AG 1980, 148; *H. P. Westermann,* Bestellung und Funktion „weiterer" Stellvertreter des Aufsichtsratsvorsitzenden in mitbestimmten Gesellschaften, FS R. Fischer, 1979, 835; *Wilsing/von der Linden,* Compliance-Management, Investorengespräche, Unabhängigkeit und ein moralischer Imperativ – Gedanken zur Kodexnovelle 2017, DStR 2017, 1046.

1. Der Aufsichtsratsvorsitzende. a) Bestellung. aa) Grundsätze nach AktG. Das AktG **17** sieht zwingend und nicht satzungsdispositiv[67] gem. § 107 Abs. 1 einen[68] Aufsichtsratsvorsitzenden und mindestens einen Stellvertreter vor. Die Öffnung zugunsten von **Satzungsregeln** in § 107 Abs. 1 S. 1 bezieht sich allein auf das Wahlverfahren des Aufsichtsratsvorsitzenden und seines Stellvertreters. Der Aufsichtsrat muss einen Vorsitzenden und einen Stellvertreter wählen, eine unterlassene Wahl kann zu **Schadensersatzansprüchen** führen.[69] Die Kandidatenvorschläge sollen der Hauptversammlung vor der Durchführung der Wahl bekannt gegeben werden (Ziff. 5.4.3 S. 3 DCGK).[70]

Der Aufsichtsratsvorsitzende ist aus der Mitte des Aufsichtsrats zu wählen, muss also Aufsichtsrats- **18** mitglied sein. Andererseits ist jedes Mitglied des Aufsichtsrats wählbar, unabhängig davon, welcher Gruppe es angehört.[71] Hiervon können weder die Satzung noch die Geschäftsordnung abweichen, etwa indem für die **Wählbarkeit** die Zugehörigkeit zu einem Familienstamm, zu einer Kommunalbehörde oder zur Gruppe der Anteilseignervertreter zwingend vorgesehen würde.[72] Die Wahl kann auch nicht an die Zustimmung der Hauptversammlung, des Vorstands oder eines Großaktionärs gebunden werden.[73] Die tragenden Grundsätze der Wahlfreiheit und der Gleichbehandlung der

---

[67] AllgM vgl. nur MüKoAktG/*Habersack* Rn. 16; Kölner Komm AktG/*Mertens/Cahn* Rn. 11; Hüffer/Koch/ *Koch* Rn. 4; Bürgers/Körber/*Israel* Rn. 3; Grigoleit/*Tomasic* Rn. 4.
[68] „einen" ist in diesem Kontext auch wörlich zu nehmen, sodass im Aufsichtsrat kein Doppelvorsitz installiert werden kann, Bachmann FS Baums, 2017, 107 (110 f., 124 f.).
[69] MüKoAktG/*Habersack* § 116 Rn. 17; Großkomm AktG/*Hopt/Roth* Rn. 16.
[70] Dazu E. *Vetter* BB 2005, 1689 (1692 f.); *Lieder* NZG 2005, 569 (573); Großkomm AktG/*Hopt/Roth* Rn. 469.
[71] AusschussB *Kropff* S. 148; BGHZ 83, 106 (112 f.) = NJW 1982, 1525 – Siemens; *Martens* ZGR 1983, 239 (246 ff.): „Homogenitätsprinzip"; Lutter/Krieger/*Verse* Rechte und Pflichten des Aufsichtsrats Rn. 662; Hüffer/ Koch/*Koch* Rn. 4; MüKoAktG/*Habersack* Rn. 19; MHdB AG/*Hoffmann-Becking* § 31 Rn. 9; K. Schmidt/Lutter/ *Drygala* Rn. 8; Hölters/Hambloch-Gesinn/*Gesinn* Rn. 7, 9.
[72] MüKoAktG/*Habersack* Rn. 19; für die Unzulässigkeit abweichender Satzungsregelungen auch MHdB AG/ *Hoffmann-Becking* § 31 Rn. 9; Hüffer/Koch/*Koch* Rn. 4; Lutter/Krieger/*Verse* Rn. 662; Kölner Komm AktG/*Mertens/Cahn* Rn. 12; E. *Vetter* in Marsch-Barner/Schäfer Börsennotierte AG-HdB Rn. 27.19; NK-AktR/*Breuer/ Fraune* Rn. 2; Hölters/Hambloch-Gesinn/*Gesinn* Rn. 9.
[73] *v. Schenck* in Semler/v. Schenck AR-HdB § 4 Rn. 19; Kölner Komm AktG/*Mertens/Cahn* Rn. 14; MHdB AG/*Hoffmann-Becking* § 31 Rn. 8; K. Schmidt/Lutter/*Drygala* Rn. 9.

Aufsichtsratsmitglieder dürfen nicht verletzt werden.[74] Ebenso wenig kann eine besondere Sachkunde, besondere Kenntnis oder eine längere Zugehörigkeit zum Aufsichtsrat verlangt werden.[75] Andererseits hat der Aufsichtsrat bei seiner Wahl sein **Ermessen pflichtgemäß auszuüben,** so dass keine ungeeigneten Kandidaten gewählt werden dürfen, was allerdings wegen der Anforderungen an die persönlichen Voraussetzungen als Aufsichtsratsmitglied eher selten der Fall sein wird. Nach § 100 Abs. 2 S. 1 Nr. 4 ist bei börsennotierten Gesellschaften der Wechsel vom Vorstand in den Aufsichtsrat grundsätzlich erst nach Ablauf einer Karenzzeit (**"Cooling-Off-Periode"**) von zwei Jahren möglich. Eine Ausnahme gilt dann, wenn die Wahl auf Vorschlag von Aktionären mit mehr als 25 Prozent der Stimmrechte erfolgt (→ § 100 Rn. 30 ff.). Wird der **Wechsel vom Vorstand in den Aufsichtsratsvorsitz** nach dieser Ausnahmeregelung vollzogen, geht der **Deutsche Corporate Governance Kodex** nunmehr in Ziff. 5.4.4 S. 2 über die Vorgaben des Gesetzgebers hinaus. Danach soll der Wechsel in den Aufsichtsratsvorsitz eine der Hauptversammlung gegenüber zu begründende Ausnahme sein. Da der Aufsichtsrat allein das Recht hat, den Vorsitzenden zu bestimmen, muss diese Begründung auch allein vom Aufsichtsrat gegeben werden.[76] Vereinbarungen über das Abstimmungsverhalten bei der Wahl des Aufsichtsratsvorsitzenden können nach neuer Rechtslage je nach Einzelfall und länger beabsichtigter Beeinflussung der Unternehmenspolitik den Tatbestand der Zurechnungsnorm des § 30 Abs. 2 S. 1 WpÜG **(acting in concert)** erfüllen.[77]

19 Die Wahl erfolgt nach § 108 Abs. 1 durch **einfache Stimmenmehrheit,**[78] wobei der Kandidat selbst mitstimmen darf. Das für Aufsichtsratsmitglieder entsprechend geltende **Stimmverbot** des § 34 BGB und § 47 Abs. 4 GmbHG greift nicht bei korporationsrechtlichen Rechtsgeschäften und ist somit nicht für die Wahl eines Aufsichtsratsmitglieds zum Vorsitzenden oder in eine sonstige Funktion des Aufsichtsrats heranzuziehen.[79] Ist die Amtszeit des Vorsitzenden noch nicht abgelaufen und hat dieser ein Stichentscheidsrecht, darf er dies bei seiner eigenen Wiederwahl einsetzen.[80] Die Auszählung der Stimmen folgt den allgemeinen Regeln nach § 108 Abs. 1, so dass Stimmenthaltungen nicht gezählt werden,[81] bei Stimmengleichheit kein Beschluss zustande gekommen ist. Ob die Wahl des Vorsitzenden und Stellvertreters nach Entscheidung des Sitzungsleiters auch **geheim** erfolgen kann, ist zweifelhaft.[82] Denn bei einer geheimen Wahl lassen sich die einzelnen Stimmbeiträge der Aufsichtsratsmitglieder nicht mehr feststellen, was grundsätzlich ihrer individuellen Pflicht nach §§ 116, 93 zuwiderläuft.[83] Die Wahl kann gem. § 107 Abs. 3 Satz 4 nicht einem Ausschuss überlassen werden.

20 § 107 Abs. 1 S. 1 lässt **abweichende Satzungsregelungen** für die Wahl zu; so kann etwa die relative Mehrheit vorgesehen werden.[84] Auch eine qualifizierte Mehrheit ist zulässig, um eine breite

---

[74] BGHZ 83, 106 (112) = NJW 1982, 1525 – Siemens; Großkomm AktG/*Hopt/Roth* Rn. 27.
[75] Großkomm AktG/*Hopt/Roth* Rn. 27; aA *Drinhausen/Marsch-Barner* AG 2014, 337 (343 f.): Die Sachkunde des Aufsichtsratsvorsitzenden auf dem Gebiet der Rechnungslegung müsse über bloße Mindestkenntnisse hinausgehen.
[76] Offen *Hecker* BB 2009, 1654 (1657).
[77] → § 101 Rn. 27; nur bei „Gesamtplan" und hierfür Beweisprobleme sehend: Angerer/Geibel/Süßmann/ *Süßmann* WpÜG § 30 Rn. 38; Haarmann/Schüppen/*Schüppen/Walz* WpÜG § 30 Rn. 80; *Spindler* WM 2007, 2357 (2358); anders noch für das alte Recht: BGH AG 2006, 883 = NZG 2006, 945 – WMF; zustimmend *Kocher* BB 2006, 2436; anders noch die Vorinstanz OLG München AG 2005, 482 = NZG 2005, 848.
[78] MHdB AG/*Hoffmann-Becking* § 31 Rn. 9; *Lutter/Krieger/Verse* Rechte und Pflichten des Aufsichtsrats Rn. 664; *E. Vetter* in Marsch-Barner/Schäfer Börsennotierte AG-HdB Rn. 27.17; differenzierend Kölner Komm AktG/*Mertens/Cahn* Rn. 18; MüKoAktG/*Habersack* Rn. 21 f.; *Wachter/Schick* AktG Rn. 2; Henssler/Strohn/ *Henssler* Rn. 4; Grigoleit/*Tomasic* Rn. 5; aA K. Schmidt/Lutter/*Drygala* Rn. 10: absolute Mehrheit.
[79] Ausführlich → § 108 Rn. 30; ferner: MüKoAktG/*Habersack* Rn. 18 und § 108 Rn. 32; Hüffer/Koch/*Koch* Rn. 4; MHdB AG/*Hoffmann-Becking* § 31 Rn. 9, 70; *Lutter/Krieger/Verse* Rechte und Pflichten des Aufsichtsrats Rn. 664; Kölner Komm AktG/*Mertens/Cahn* Rn. 14.
[80] Kölner Komm AktG/*Mertens/Cahn* Rn. 21; MüKoAktG/*Habersack* Rn. 21; K. Schmidt/Lutter/*Drygala* Rn. 10: „[Abs.] dem bisherigen Vorsitzenden steht in keinem Fall ein Stichentscheid zu".
[81] *Ulmer* ZHR 141 (1977), 490 (507) bei Fn. 74; Hüffer/Koch/*Koch* § 108 Rn. 6; Kölner Komm AktG/ *Mertens/Cahn* § 108 Rn. 59; → § 108 Rn. 23 mwN. Die Satzung kann die Enthaltungen die Neutralität nehmen; so auch Kölner Komm AktG/*Mertens/Cahn* Rn. 15 und § 108 Rn. 59 f. dem zustimmend MüKoAktG/*Habersack* Rn. 21. Dies gilt auch für dem MitbestG unterliegende Gesellschaften: So auch RVJ/*Raiser* MitbestG § 29 Rn. 6; WKS/*Schubert* MitbestG § 29 Rn. 9; Kölner Komm AktG/*Mertens/Cahn* § 108 Rn. 59 und Anh. B § 117 MitbestG§ 29 Rn. 3; *Ulmer* ZHR 141 (1977), 490 (507) bei Fn. 74; UHH/*Ulmer/Habersack* MitbestG § 29 Rn. 6.
[82] Bejahend MüKoAktG/*Habersack* Rn. 22; K. Schmidt/Lutter/*Drygala* Rn. 10 und § 108 Rn. 20 f.; ebenso Großkomm AktG/*Hopt/Roth* Rn. 38, allerdings unter dem Vorbehalt eines abw. Beschlusses; zweifelnd dagegen MHdB AG/*Hoffmann-Becking* § 31 Rn. 12; → § 108 Rn. 18.
[83] Abl. auch Kölner Komm AktG/*Mertens/Cahn* Rn. 14 und → § 108 Rn. 52.
[84] MüKoAktG/*Habersack* Rn. 22; *E. Vetter* in Marsch-Barner/Schäfer Börsennotierte AG-HdB Rn. 27.17; Kölner Komm AktG/*Mertens/Cahn* Rn. 14; *Lutter/Krieger/Verse* Rechte und Pflichten des Aufsichtsrats Rn. 664; Hüffer/Koch/*Koch* Rn. 4; MHdB AG/*Hoffmann-Becking* § 31 Rn. 9; K. Schmidt/Lutter/*Drygala* Rn. 10; NK-AktR/*Breuer/Fraune* Rn. 3.

Vertrauensbasis für den Aufsichtsratsvorsitzenden zu sichern,[85] sofern die Bestimmung Vorkehrungen dafür enthält, wie beim Verfehlen des Quorums zu verfahren ist, ohne dass ein weiteres Mal eine qualifizierte Mehrheit erforderlich wäre;[86] andernfalls könnte der Aufsichtsrat eine zwingend gesetzlich vorgesehene Funktion nicht besetzen.[87] Keine Regelungsmöglichkeiten bestehen für die passive Wählbarkeit (→ Rn. 18). Die Satzung kann ferner nicht vorsehen, dass der Aufsichtsratsvorsitzende Anteilseigner- und der Stellvertreter Arbeitnehmervertreter sein muss, da dadurch der Grundsatz der Gleichbehandlung aller Aufsichtsratsmitglieder verletzt würde;[88] ein entsprechender Vorschlag wurde im Gesetzgebungsverfahren abgelehnt.[89] Auch können einzelnen Aufsichtsratsmitgliedern nicht Veto-, Bestimmungs- oder Mehrfachstimmrechte eingeräumt werden. Die Stimmen aller Aufsichtsratsmitglieder sind kraft zwingenden Rechts gleichwertig.[90] Die Gefahr eines faktischen Vetorechts einzelner Aufsichtsratsmitglieder bei einer qualifizierten Mehrheit[91] besteht nicht, wenn man mit zutreffender Ansicht fordert, dass die betreffende Bestimmung für den Fall des Verfehlens des vorgesehenen Quorums zugleich eine Vorgehensweise festlegt, die keine qualifizierte Mehrheit mehr voraussetzt.

Umstritten ist, ob die Öffnungsklausel in § 107 Abs. 1 S. 1 auch Regelungen in der Geschäftsordnung zulässt: Da das Gesetz zu erkennen gibt, dass auch abweichende Wahlbestimmungen zulässig sein sollen, muss auch in einer **Geschäftsordnung** etwa ein besonderes Mehrheitserfordernis vorgesehen werden können, da der Aufsichtsrat sich nicht über das zulässige Maß hinaus selbst bindet; er kann jederzeit die Geschäftsordnung wieder aufheben bzw. durchbrechen.[92]

Da mit dem Amt des Aufsichtsratsvorsitzenden zahlreiche Pflichten verbunden sind, wird die Bestellung entsprechend allgemeinen Grundsätzen erst wirksam, wenn der Gewählte die **Wahl angenommen** hat.[93]

Im Falle einer **Klage** auf **Feststellung der Unwirksamkeit** der Wahl des Aufsichtsratsvorsitzenden durch einen Aufsichtsratsbeschluss steht dessen zwischenzeitlicher Amtsführung, bspw. in Form der Hauptversammlungsleitung, erst die Rechtskraft eines stattgebenden Urteils entgegen.[94]

bb) Modifizierung in der mitbestimmten AG. Das Wahlverfahren wird für diejenigen AG, die unter das MitbestG 1976 fallen,[95] auf Grund der herausragenden Stellung des Aufsichtsratsvorsitzenden und dessen verfassungsrechtlicher Bedeutung für die Sicherung des Einflusses der Anteilseigner auf die Tätigkeit des Aufsichtsrats und ihr Übergewicht bei der Beschlussfassung erheblich modifiziert.[96] Demgemäß sind die in § 27 Abs. 1 und 2 MitbestG enthaltenen Vorschriften einer privatautonomen Gestaltung in Satzung, Geschäftsordnung oder auf Grund von Absprachen zwischen Vertretern beider Seiten nur insoweit zugänglich, als sie keine Auswirkungen auf die Struktur des austarierten Verfahrens haben und die beiden Seiten eingeräumten Chancen nicht beeinflussen.[97] Zulässig sind demnach nur Regelungen über marginale Verfahrensmodalitäten, wie eine an objektiven Kriterien orientierte Bestimmung des Wahlleiters,[98] oder die Festlegung von Zeit und Ort der

---

[85] MüKoAktG/*Habersack* Rn. 22; MHdB AG/*Hoffmann-Becking* § 31 Rn. 9; *E. Vetter* in Marsch-Barner/Schäfer Börsennotierte AG-HdB Rn. 27.17; Lutter/Krieger/*Verse* Rechte und Pflichten des Aufsichtsrats Rn. 664; aA Kölner Komm AktG/*Mertens/Cahn* Rn. 14.
[86] Gegen diesen Vorbehalt Großkomm AktG/*Hopt/Roth* Rn. 32; sowie nunmehr MüKoAktG/*Habersack* Rn. 22 unter Aufgabe der von *Semler* in der Voraufl. vertretenen Ansicht.
[87] Insoweit zu Recht die Kritik von Kölner Komm AktG/*Mertens/Cahn* Rn. 14.
[88] BGHZ 83, 106 (112) = NJW 1982, 1525 – Siemens; *Martens* ZGR 1983, 239 (246 f.); Lutter/Krieger/*Verse* Rechte und Pflichten des Aufsichtsrats Rn. 662; Hüffer/Koch/*Koch* Rn. 4; MüKoAktG/*Habersack* Rn. 19; MHdB AG/*Hoffmann-Becking* § 31 Rn. 9.
[89] AusschussB *Kropff* S. 148.
[90] MüKoAktG/*Habersack* Rn. 18; Kölner Komm AktG/*Mertens/Cahn* Rn. 14 und § 108 Rn. 64.
[91] Diese Gefahr sehen Großkomm AktG/*Hopt/Roth* Rn. 32.
[92] AA Großkomm AktG/*Hopt/Roth* Rn. 34, anders noch *Meyer-Landrut* in Voraufl. Anm. 1; ablehnend auch Kölner Komm AktG/*Mertens/Cahn* Rn. 19 und MüKoAktG/*Habersack* Rn. 22.
[93] MüKoAktG/*Habersack* Rn. 26; Hüffer/Koch/*Koch* Rn. 4; K. Schmidt/Lutter/*Drygala* Rn. 10; Bürgers/Körber/*Israel* Rn. 3; Wachter/*Schick* Rn. 2; Henssler/Strohn/*Henssler* Rn. 4.
[94] OLG Frankfurt a. M. AG 2009, 549 (550) – Kirch/Deutsche Bank II.
[95] Das DrittelbG, das MontanMitbestG und MontanMitbestErgG enthalten keine besonderen Vorschriften für die Wahl des Aufsichtsratsvorsitzenden, hier gilt § 107 uneingeschränkt.
[96] Zur Entstehungsgeschichte des § 27 MitbestG und seiner Vorläufer (BT-Drs. 6/334, 22) vgl. RVJ/*Raiser* MitbestG § 27 Rn. 2 ff.; MüKoAktG/*Gach* MitbestG § 27 Rn. 2 f.; WKS/*Wißmann* MitbestG Vorbem. Rn. 21 ff.; Hoffmann/Lehmann/Weinmann MitbestG § 27 Rn. 5 ff.; Kölner Komm AktG/*Mertens/Cahn* Anh. B § 117 MitbestG § 27 Rn. 3; Döring/Grau NZG 2010, 1328.
[97] Großkomm AktG/*Oetker* MitbestG § 27 Rn. 1 f.; MüKoAktG/*Gach* MitbestG § 27 Rn. 1; RVJ/*Raiser* MitbestG § 27 Rn. 14; UHH/*Ulmer/Habersack* MitbestG § 27 Rn. 5.
[98] WKS/*Schubert* MitbestG § 27 Rn. 7; GK-MitbestG/*Naendrup* § 27 Rn. 23.

Wahl.[99] Eine Bestimmung, die einen turnusgemäßen Wechsel in den Ämtern des Vorsitzenden und des Stellvertreters vorsieht oder das Amt des Vorsitzes oder des Stellvertreters fest der Arbeitgeber- oder Arbeitnehmerseite zuweist, stellt hingegen einen zu weitgehenden Eingriff in die Organisation der Gesellschaft dar.[100]

25 Im **ersten Wahlgang** können gem. § 27 Abs. 1 MitbestG Vorsitzender und Stellvertreter gemeinsam, aber auch getrennt,[101] mit einer qualifizierten Mehrheit von zwei Dritteln der Sollstärke des Aufsichtsrates gewählt werden. Dieses Erfordernis soll gewährleisten, dass der Vorsitzende und sein Stellvertreter im Interesse der Arbeitsfähigkeit und der reibungslosen Zusammenarbeit des Aufsichtsrats das Vertrauen einer möglichst großen Zahl der Vertreter beider Seiten genießen.[102] Die Sonderregelung des § 27 MitbestG gilt nicht für den ersten nach § 31 Abs. 1 teilbestellten Aufsichtsrat. Hier wählen die bereits bestellten Vertreter der Anteilseigner den Aufsichtsratsvorsitzenden nach den Vorschriften des AktG, da sie das Erfordernis von zwei Dritteln der Sollstärke allein regelmäßig nicht erfüllen können, der erste Aufsichtsrat nur eine kurze Amtszeit hat und eine Vakanz des Amtes in Anbetracht seiner zentralen Rolle nicht haltbar wäre.[103] Obwohl nach der gesetzlichen Konzeption das Amt des Aufsichtsratsvorsitzenden den Anteilseignern zustehen soll,[104] kann jedes Mitglied unabhängig von seiner Gruppenzugehörigkeit in dieses Amt gewählt werden. Auch die Besetzung beider Ämter durch Arbeitnehmervertreter ist gesetzlich möglich, soweit diese Verteilung nur von der erforderlichen Anzahl der Aufsichtsratsmitglieder getragen wird.[105] Der erste Wahlgang kann beliebig oft **wiederholt** werden, sofern alle Wahlteilnehmer einverstanden sind.[106] Zwar ist eine entsprechende Satzungsregelung unwirksam, da § 27 MitbestG nicht zur Disposition des Satzungsgebers steht.[107] Einer Wiederholungsvereinbarung der Wahlteilnehmer steht aber nichts entgegen. Zum einen handelt es sich bei den Wahlvorschriften nur um ein Regelungsangebot an den Aufsichtsrat, zum anderen wird dadurch dem Interesse an einer möglichst harmonischen und effektiven Zusammenarbeit im Aufsichtsrat Rechnung getragen,[108] da sie dazu beiträgt, dem Vorsitzenden und seinem Stellvertreter eine breite Basis zu verschaffen. Entschließen sich die Aufsichtsratsmitglieder freiwillig im Interesse einer harmonischen Zusammenarbeit zu einem erneuten Versuch einer möglichst einvernehmlichen Bestellung des Vorsitzenden, so geschieht dies vor dem Hintergrund einer tatsächlich vorhandenen Konsensbereitschaft. Wäre der Aufsichtsrat durch die Satzung zu einem erneuten Einigungsversuch gezwungen, so wäre die erneute Durchführung des ersten Wahlgangs unter Umständen nur eine zeitraubende Förmelei. Nur die Aufsichtsratsmitglieder können darüber entscheiden, ob die nötige Konsensbereitschaft bei ihnen vorhanden ist.

26 Gelingt es im ersten Wahlgang nicht, beide oder auch nur eines der beiden Ämter zu besetzen, wird im **zweiten Wahlgang** getrennt nach Gruppen der Aufsichtsratsvorsitzende durch die Anteilseigner und der Stellvertreter durch die Arbeitnehmervertreter (einschließlich Gewerkschaftsvertreter und Vertreter der leitenden Angestellten) mit je einfacher Mehrheit gewählt. Die beiden Wahlen können in einer gemeinsamen Plenarsitzung zeitgleich oder nacheinander oder in getrennten Sitzungen durchgeführt werden.[109] Die Beschlussfähigkeit der beiden Wahlkörper ist in entsprechender

---

[99] UHH/*Ulmer*/*Habersack* MitbestG § 27 Rn. 5; *Hoffmann*/*Lehmann*/*Weinmann* MitbestG § 27 Rn. 18.
[100] RVJ/*Raiser* MitbestG § 27 Rn. 14; *Hoffmann*/*Lehmann*/*Weinmann* MitbestG § 27 Rn. 17; UHH/*Ulmer*/*Habersack* MitbestG § 27 Rn. 5; Großkomm AktG/*Oetker* MitbestG § 27 Rn. 3; *S.H. Schneider* AG 2008, 887 (888).
[101] MüKoAktG/*Gach* MitbestG § 27 Rn. 7; RVJ/*Raiser* MitbestG § 27 Rn. 12; *Lutter*/*Krieger*/*Verse* Rechte und Pflichten des Aufsichtsrats Rn. 670; Großkomm AktG/*Oetker* MitbestG § 27 Rn. 5; *E. Vetter* in Marsch-Barner/Schäfer Börsennotierte AG-HdB Rn. 27.19; K. Schmidt/Lutter/*Drygala* Rn. 11.
[102] RegBegR zu § 24 MitbestG, BT-Drs. 7/2172, 27; RVJ/*Raiser* MitbestG § 27 Rn. 11; *Hoffmann*/*Lehmann*/*Weinmann* MitbestG § 27 Rn. 9; GK-MitbestG/*Naendrup* § 27 Rn. 13.
[103] Zu diesem Sonderfall MHdB AG/*Hoffmann-Becking* § 31 Rn. 27.
[104] Dazu *Hoffmann*/*Lehmann*/*Weinmann* MitbestG § 27 Rn. 5.
[105] RVJ/*Raiser* § 27 MitbestG Rn. 11; UHH/*Ulmer*/*Habersack* MitbestR § 27 MitbestG Rn. 7; WKS/*Schubert* MitbestR § 27 MitbestG R 9; MüKoAktG/*Gach* § 27 MitbestG Rn. 6; aA wohl *Martens* ZGR 1979, 493 (512 f.); kritisch *Lutter*/*Krieger*/*Verse* Rechte und Pflichten des Aufsichtsrats Rn. 672, die ein Abweichen von der gesetzlichen Konzeption in Sonderfällen als treuwidrig ansehen.
[106] Kölner Komm AktG/*Mertens*/*Cahn* Anh. § 117 B § 27 MitbestG Rn. 6; UHH/*Ulmer*/*Habersack* MitbestR § 27 MitbestG Rn. 6; Hüffer/*Koch* Rn. 5; MHdB AG/*Hoffmann-Becking* § 31 Rn. 28; *Lutter*/*Krieger*/*Verse* Rechte und Pflichten des Aufsichtsrats Rn. 671; RVJ/*Raiser* MitbestG § 27 Rn. 12; MüKoAktG/*Gach* MitbestG § 27 Rn. 7; WKS/*Schubert* MitbestG § 27 Rn. 11; K. Schmidt/Lutter/*Drygala* Rn. 11.
[107] WKS/*Schubert* MitbestG § 27 Rn. 11.
[108] So auch *Hoffmann*/*Lehmann*/*Weinmann* MitbestG § 27 Rn. 13; GK-MitbestG/*Naendrup* § 27 Rn. 13.
[109] MüKoAktG/*Gach* MitbestG § 27 Rn. 9; RVJ/*Raiser* MitbestG § 27 Rn. 13; Großkomm AktG/*Oetker* MitbestG § 27 Rn. 8; *Lutter*/*Krieger*/*Verse* Rechte und Pflichten des Aufsichtsrats Rn. 671; anders GK-MitbestG/*Naendrup* § 27 Rn. 14: Zeitgleichheit der Wahlakte erforderlich.

Anwendung des § 28 MitbestG bei Teilnahme der Hälfte ihrer gesetzlichen Mitglieder gegeben.[110] Gelingt die Besetzung eines oder beider Ämter auch in diesem Wahlgang nicht, besteht auch hier die Möglichkeit einer einvernehmlichen Wiederholung. Im ersten Fall beschränkt sich diese auf das noch unbesetzte Amt.[111]

Ein **Ersatz-Aufsichtsratsvorsitzender** oder Ersatz-Stellvertreter, der dauerhaft in das Amt eines nicht nur vorübergehend verhinderten Vorsitzenden oder seines Stellvertreters einrückt, kann weder in der Satzung noch in einem Wahlbeschluss vorgesehen werden.[112] Eine derartige Regelung würde das Recht der Aufsichtsratsmitglieder, die Entscheidung über die Eignung des Nachfolgers auf Grundlage seiner bisherigen Arbeit zu treffen, verletzen[113] und dazu führen, dass unter Umständen ein ungeeigneter Nachfolger, der nicht vom Vertrauen des Plenums getragen wird, das vakante Amt besetzt. Die vorzeitige Selbstbindung kann auch nicht mit dem Interesse der Anteilseigner, bei Wegfall des Vorsitzenden einen zeitweiligen Verlust ihrer Stichstimme zu vermeiden, gerechtfertigt werden.[114] Demnach werden allein die jeweiligen Stellvertreter gewählt. Dies gilt auch für nicht dem MitbestG unterliegende Gesellschaften.[115] 27

cc) Gerichtliche Bestellung. Können sich die Aufsichtsratsmitglieder nicht auf einen Vorsitzenden einigen oder unterlassen sie die Wahl ganz, ist fraglich, ob eine Ersatzbestellung in Frage kommt, entweder durch die Hauptversammlung oder durch das Gericht. Das Gesetz trifft hierzu keine Aussage. Eine ersatzweise Zuständigkeit der Hauptversammlung kommt jedenfalls nicht in Betracht.[116] Die Bestellung eines Vorsitzenden ist internes Organisationsrecht des Organs Aufsichtsrat, und dem Aktienrecht ist ein Eintrittsrecht der Organe füreinander fremd.[117] Im Anwendungsbereich des MitbestG scheidet die Möglichkeit einer Ersatzbestellung von vornherein aus.[118] Den Gesellschaftern bleibt dort nur die Möglichkeit, die Situation durch den Austausch von Mitgliedern, Ergänzungswahlen oder andere geeignete und gesetzlich sowie satzungsmäßig zugelassene Maßnahmen aufzulösen.[119] Aus Praktikabilitätsgründen abzulehnen ist auch eine ersatzweise Verlagerung der Pflichten des Vorsitzenden auf jedes einzelne Aufsichtsratsmitglied.[120] Zuzulassen ist vielmehr eine gerichtliche Bestellung analog § 104 Abs. 2. Die Vorschrift ist gerade für Fälle konzipiert, in denen das für die Wahl an sich vorgesehene Organ versagt und ist – wie sich auch im Vergleich mit § 29 BGB, § 85 AktG ergibt – Ausfluss eines allgemeinen Rechtsgedankens.[121] Das Amt des Aufsichtsratsvorsitzenden ist von § 107 Abs. 1 zwingend vorgesehen, und er erfüllt – auch in nicht-mitbestimmten Gesellschaften – wichtige Funktionen, die für die Arbeitsfähigkeit und den reibungslosen Geschäftsgang des Organs Aufsichtsrat unbedingt ausgeübt werden müssen.[122] Dagegen kann auch nicht eingewandt werden, dass allein die Aufsichtsratsmitglieder für die Wahl des Vorsitzenden zuständig seien;[123] denn auch für die Wahl der Aufsichtsratsmitglieder bestimmt das Gesetz die Zuständigkeit von Organen, gibt aber gleichzei- 28

---

[110] MüKoAktG/*Gach* MitbestG § 27 Rn. 11; *Lutter/Krieger/Verse* Rechte und Pflichten des Aufsichtsrats Rn. 671; *E. Vetter* in Marsch-Barner/Schäfer Börsennotierte AG-HdB Rn. 27.19; UHH/*Ulmer/Habersack* MitbestG § 27 Rn. 8; RVJ/*Raiser* MitbestG § 27 Rn. 13; GK-MitbestG/*Naendrup* § 27 Rn. 11; Großkomm AktG/ *Oetker* MitbestG § 27 Rn. 7; anders *Hoffmann/Lehmann/Weinmann* MitbestG § 27 Rn. 15: § 25 Abs. 1 Nr. 2 MitbestG iVm § 108 Abs. 2; *Döring/Grau* NZG 2010, 1328.
[111] Kölner Komm AktG/*Mertens/Cahn* Anh. B § 117 Rn. 7; MüKoAktG/*Gach* MitbestG § 27 Rn. 10.
[112] *Säcker* BB 2008, 2252; MHdB AG/*Hoffmann-Becking* § 31 Rn. 33; MüKoAktG/*Habersack* Rn. 36; UHH/ *Ulmer/Habersack* MitbestG § 27 Rn. 11; *Lutter/Krieger/Verse* Rechte und Pflichten des Aufsichtsrats Rn. 677; RVJ/ *Raiser* MitbestG § 27 Rn. 21; Großkomm AktG/*Oetker* MitbestG § 27 Rn. 17; aA *Hoffmann/Lehmann/Weinmann* MitbestG § 27 Rn. 26, die Nachrücken eines Ersatzmannes bei Wegfall des Amtsinhabers zulassen; noch weiter *Philipp* ZGR 1978, 60 (74 f.): auch bei bloßer Verhinderung vorübergehendes Nachrücken.
[113] *Säcker* BB 2008, 2252; *Säcker* DB 1977, 1791 (1796) bei Fn. 38; *Peus*, Der Aufsichtsratsvorsitzende: Seine Rechtsstellung nach dem Aktiengesetz und dem Mitbestimmungsgesetz, 1983, 409 f.
[114] So aber *Philipp* ZGR 1978, 60 (74 f.).
[115] Kölner Komm AktG/*Mertens/Cahn* Rn. 22.
[116] So noch KG DR 1941, 502 (503); *Dietrich* DR 1941, 478 (482 f.); Baumbach/Hueck/Zöllner/Noack GmbHG § 52 Rn. 7; Henssler/Strohn/*Henssler* Rn. 5.
[117] Kölner Komm AktG/*Mertens/Cahn* Rn. 23; ebenso ohne Begründung *Lutter/Krieger/Verse* Rechte und Pflichten des Aufsichtsrats Rn. 660 und WKS/*Schubert* MitbestG § 27 Rn. 15.
[118] Kölner Komm AktG/*Mertens/Cahn* Rn. 23; Großkomm AktG/*Hopt/Roth* Rn. 20 („insbesondere").
[119] LG Mainz AG 1991, 33 (34) (zur GmbH); Großkomm AktG/*Hopt/Roth* Rn. 20.
[120] So aber LG Mainz AG 1991, 33; dagegen UHH/*Ulmer/Habersack* MitbestG § 27 Rn. 4; Kölner Komm AktG/*Mertens/Cahn* Rn. 23.
[121] Großkomm AktG/*Hopt/Roth* Rn. 21; Kölner Komm AktG/*Mertens/Cahn* Rn. 23; MüKoAktG/*Habersack* Rn. 25.
[122] Kölner Komm AktG/*Mertens/Cahn* Rn. 23; MüKoAktG/*Habersack* Rn. 25; Hüffer/Koch/*Koch* Rn. 6, 8.
[123] So aber *Niewiarra/Servatius* FS Semler, 1993, 217 (225 f.).

§ 107 29–32

29 tig in § 104 und allgemein in § 29 BGB zu erkennen, dass die Funktionsfähigkeit der Organe gesichert werden muss.

29 Dies gilt insbesondere auch für **mitbestimmte Gesellschaften,** da der Vorsitzende hier umso mehr eine herausgehobene Funktion in Gestalt seines Zweitstimmrechts genießt.[124] In Anbetracht dieser zentralen Funktionen kann die gerichtliche Einflussnahme auch nicht als unverhältnismäßiger Eingriff in die gruppenspezifische Ausgestaltung des Wahlverfahrens bezeichnet werden.[125]

30 **b) Ende des Mandats. aa) Amtszeit.** Das Amt des Aufsichtsratsvorsitzenden ist notwendigerweise mit seinem Mandat als Aufsichtsratsmitglied verknüpft (§ 107 Abs. 1 S. 1: „aus seiner Mitte"). Enthält der Wahlbeschluss des Aufsichtsrats keine abweichenden Bestimmungen, ist der Vorsitzende für die Dauer der Amtszeit gewählt.[126] Die Amtszeit des Vorsitzenden verlängert sich auch im Fall seiner Wiederwahl zum Aufsichtsratsmitglied nur, wenn die Satzung, Geschäftsordnung oder der Wahlbeschluss ihr Andauern über die laufende Amtsperiode als Aufsichtsratsmitglied hinaus vorsieht.[127] Allerdings kann auch eine kürzere Wahlperiode vorgesehen werden, auch von der Satzung oder der Geschäftsordnung, üblicherweise für ein Kalender- oder ein Geschäftsjahr[128] – was auf Grund der Konstituierung des Aufsichtsrats nach der jährlichen Hauptversammlung als sinnvolle und praktikable Regelung erscheint.[129]

31 **Scheidet** der Vorsitzende **aus dem Aufsichtsrat aus,** erlischt automatisch sein Amt.[130] Auch die Satzung kann nicht vorsehen, dass der Vorsitzende ohne Zugehörigkeit zum Aufsichtsrat im Amt bleibt.[131] Fraglich kann nur sein, ob die **Wiederwahl zum Aufsichtsrat** auch die Wiederwahl zum Vorsitzenden bedingt. Das ist abzulehnen, da das Organ Aufsichtsrat selbst seinen Vorsitzenden bestimmen soll und eine automatische Fortsetzung des Amtes bei geänderter Besetzung des Aufsichtsrats mit dem unentziehbaren Bestellungsrecht kollidiert.[132] Auch die Satzung kann keine automatische Wiederwahl zum Vorsitzenden vorsehen, da der entsprechende, allein dem Aufsichtsrat zugewiesene Bestellungsakt fehlt und dem Aufsichtsrat das Bestellungsrecht zugunsten der Hauptversammlung entzogen würde.[133]

32 **Ändert** sich lediglich die **Zusammensetzung des Aufsichtsrats,** bleibt das Amt des Vorsitzenden unberührt, auch bei mitbestimmten Gesellschaften.[134] Allerdings können sowohl Satzung als auch Geschäftsordnung vorsehen, dass stets eine Neuwahl bei Änderung der Zusammensetzung des Aufsichtsrats stattzufinden hat.[135]

---

[124] Hüffer/Koch/*Koch* Rn. 5; MüKoAktG/*Habersack* Rn. 25; MüKoAktG/*Gach* MitbestG § 27 Rn. 4; Großkomm AktG/*Oetker* MitbestG § 27 Rn. 9; Kölner Komm AktG/*Mertens/Cahn* Anh. B § 117 MitbestG § 27 Rn. 12; RVJ/*Raiser* MitbestG § 27 Rn. 8; *Lutter/Krieger/Verse* Rechte und Pflichten des Aufsichtsrats Rn. 674; UHH/*Ulmer/Habersack* MitbestG § 27 Rn. 4; Hölters/*Hambloch-Gesinn/Gesinn* Rn. 15.

[125] Nach geänderter Auffassung dafür WKS/*Schubert* MitbestG § 27 Rn. 15; nach wie vor dagegen GK-MitbestG/*Naendrup* § 27 Rn. 22; MHdB ArbR/*Wißmann* § 282 Rn. 2.

[126] MüKoAktG/*Habersack* Rn. 28; Kölner Komm AktG/*Mertens/Cahn* Rn. 31; *Lutter/Krieger/Verse* Rechte und Pflichten des Aufsichtsrats Rn. 666; MHdB AG/*Hoffmann-Becking* § 31 Rn. 15; für mitbestimmte Aufsichtsräte: *Lutter/Krieger/Verse* Rechte und Pflichten des Aufsichtsrats Rn. 675; UHH/*Ulmer/Habersack* MitbestG § 27 Rn. 10; Kölner Komm AktG/*Mertens/Cahn* Anh. B § 117 MitbestG § 27 MitbestG Rn. 8; MüKoAktG/*Gach* MitbestG § 27 Rn. 12; K. Schmidt/Lutter/*Drygala* Rn. 16; Großkomm AktG/*Oetker* MitbestG § 27 Rn. 16; NK-AktR/*Breuer/Fraune* Rn. 8; *Wachter/Schick* Rn. 7.

[127] *Lutter/Krieger/Verse* Rechte und Pflichten des Aufsichtsrats Rn. 666; Hüffer/Koch/*Koch* Rn. 7; Kölner Komm AktG/*Mertens/Cahn* Rn. 31; MüKoAktG/*Habersack* Rn. 29; *E. Vetter* in Marsch-Barner/Schäfer Börsennotierte AG-HdB Rn. 27.22; MHdB AG/*Hoffmann-Becking* § 31 Rn. 15; NK-AktR/*Breuer/Fraune* Rn. 8; Hölters/*Hambloch-Gesinn/Gesinn* Rn. 16.

[128] MüKoAktG/*Habersack* Rn. 29; *Lutter/Krieger/Verse* Rechte und Pflichten des Aufsichtsrats Rn. 666; Großkomm AktG/*Hopt/Roth* Rn. 48; *Wachter/Schick* AktG Rn. 7.

[129] So schon *v. Godin/Wilhelmi* Anm. 2.

[130] So bereits RGZ 73, 234 (237); Hüffer/Koch/*Koch* Rn. 7; Kölner Komm AktG/*Mertens/Cahn* Rn. 29; *Lutter/Krieger/Verse* Rechte und Pflichten des Aufsichtsrats Rn. 666; für mitbestimmte Gesellschaften s. auch MüKoAktG/*Gach* MitbestG § 27 Rn. 13; K. Schmidt/Lutter/*Drygala* Rn. 16; Großkomm AktG/*Oetker* MitbestG § 27 Rn. 17; RVJ/*Raiser* MitbestG § 27 Rn. 10; *Lutter/Krieger/Verse* Rechte und Pflichten des Aufsichtsrats Rn. 675; *E. Vetter* in Marsch-Barner/Schäfer Börsennotierte AG-HdB Rn. 27.22.

[131] MüKoAktG/*Habersack* Rn. 29; Großkomm AktG/*Hopt/Roth* Rn. 49; Kölner Komm AktG/*Mertens/Cahn* Rn. 29; *Lutter/Krieger/Verse* Rechte und Pflichten des Aufsichtsrats Rn. 666.

[132] *Lutter/Krieger/Verse* Rechte und Pflichten des Aufsichtsrats Rn. 666; Großkomm AktG/*Hopt/Roth* Rn. 47; Hüffer/Koch/*Koch* Rn. 7; MHdB AG/*Hoffmann-Becking* § 31 Rn. 15; Bürgers/Körber/*Israel* Rn. 6.

[133] Großkomm AktG/*Hopt/Roth* Rn. 49, anders wohl in Rn. 47; s. auch Hüffer/Koch/*Koch* Rn. 7, der eine automatische Wiederwahl zum Vorsitzenden einerseits bei entsprechender Satzungsregelung zulässt, andererseits aber die Übertragbarkeit des Bestellungsrechts auf die Hauptversammlung ablehnt; MHdB AG/*Hoffmann-Becking* § 31 Rn. 15.

[134] MüKoAktG/*Habersack* Rn. 28; Großkomm AktG/*Hopt/Roth* Rn. 46; K. Schmidt/Lutter/*Drygala* Rn. 16.

[135] K. Schmidt/Lutter/*Drygala* Rn. 16; MüKoAktG/*Habersack* Rn. 29.

Die Amtszeit des Vorsitzenden kann in der mitbestimmten Aktiengesellschaft[136] wegen der Einheitlichkeit des Wahlverfahrens nicht unabhängig von der des Stellvertreters bestimmt werden – und umgekehrt. Abweichende Amtszeiten würden die Akzeptanz des gefundenen Wahlkompromisses in Frage stellen. Die Einheitlichkeit reicht aber nicht soweit, dass die **Amtszeit** des Aufsichtsratsvorsitzenden bei **mitbestimmten Gesellschaften** und gemeinsamer Wahl nach § 27 Abs. 1 MitbestG **an die Amtszeit des Stellvertreters gekoppelt wäre.** Weder der Aufsichtsratsvorsitzende noch der Stellvertreter müssen daher ihr Amt zurückgeben, wenn der andere sein Amt verliert. Vielmehr ist der jeweilige Nachfolger wiederum entsprechend den Wahlgängen des MitbestG zu wählen, um eine kontinuierliche Besetzung dieser Position zu gewährleisten.[137] Die Gegenauffassung, die das Amt des verbliebenen Kollegen nur dann fortbestehen lässt, wenn der in das vakante Amt nachfolgende eine Mehrheit von Zwei-Dritteln auf sich vereinigen kann (**„Tandem-Theorie"**),[138] verkennt die große Bedeutung der ständigen Ausübung der zentralen Leitungsposition für die Funktionsfähigkeit des Aufsichtsrats, wie sie gerade auch in der in § 107 Abs. 1 S. 3 angeordneten Reservefunktion des Stellvertreters zum Ausdruck kommt. Hängt der Fortbestand beider Ämter voneinander ab, kann der Stellvertreter seine Rolle als – von der Ausübung des Zweitstimmrechts abgesehen – vollwertiger Ersatz des Vorsitzenden nicht erfüllen.[139] Insofern konterkariert eine Wahlkopplung die gesetzliche Reservefunktion des Stellvertreters im Verhinderungsfall und ist daher mit dem Telos des § 107 Abs. 1 S. 3 schwer vereinbar. Ebenso sinnwidrig scheint es, bei Wegfall des Stellvertreters den gesamten Aufsichtsrat führungslos werden zu lassen und es in die Macht des Stellvertreters zu stellen, durch seinen Rücktritt den Anteilseignern zeitweilig die Stichstimme zu entziehen.[140] Vielmehr erfordert die Aufsichtsfunktion des Aufsichtsrats gerade eine durchgehende Kontroll- und Funktionsfähigkeit, die angesichts der exponierten Stellung (zu Rechtsstellung und Aufgaben → Rn. 39 ff.) des Vorsitzenden (sowie die des Stellvertreters im Verhinderungsfall) durch eine schicksalhafte Verknüpfung beider Positionen beeinträchtigt werden kann. In Anbetracht dieser klaren gesetzlichen Struktur kann auch nicht vorgebracht werden, die Legitimation des verbleibenden Amtsinhabers werde bei Wegfall seines im Rahmen eines „Personalpakets" gewählten Kollegen in Frage gestellt.[141] Auch in der Satzung, der Geschäftsordnung oder in einem Wahlbeschluss sind Kopplungsregelungen, die dem gesetzlichen Konzept der ständigen Wahrnehmung der Leitungsposition im Aufsichtsrat die tatsächliche Grundlage entziehen, unzulässig.[142] Insbesondere handelt es sich dabei nicht um eine der Gestaltung zugängliche Amtszeitregelung.[143] Wurden beide Ämter im Verfahren nach § 27 Abs. 2 MitbestG besetzt, so besteht Einigkeit, dass nur das jeweils frei gewordene Amt neu zu besetzen ist.[144] In beiden Fällen ist zunächst ein Wahlgang nach § 27 Abs. 1 MitbestG durchzuführen.[145]

---

[136] Zur abw. Lage bei mitbestimmungsfreien Gesellschaften s. *Lutter/Krieger/Verse* Rechte und Pflichten des Aufsichtsrats Rn. 666; MHdB AG/*Hoffmann-Becking* § 31 Rn. 18; MüKoAktG/*Habersack* Rn. 28 f.; Kölner Komm AktG/*Mertens/Cahn* Anh. B § 117 MitbestG § 27 Rn. 8.

[137] *Säcker* BB 2008, 2252; *Philipp* ZGR 1978, 60 (63 ff.); Großkomm AktG/*Oetker* MitbestG § 27 Rn. 17; *Lutter/Krieger/Verse* Rechte und Pflichten des Aufsichtsrats Rn. 677; *Meyer-Landrut* DB 1978, 443; MHdB AG/*Hoffmann-Becking* § 31 Rn. 32; *E. Vetter* in Marsch Barner/Schäfer Börsennotierte AG-HdB 27.22 MüKoAktG/*Habersack* Rn. 40; *Hüffer/Koch/Koch* Rn. 7; *Säcker* DB 1977, 1791 (1796) bei Fn. 38; MHdB ArbR/*Wißmann* § 282 Rn. 2; Kölner Komm AktG/*Mertens/Cahn* Anh. B § 117 MitbestG § 27 Rn. 8; so grundsätzlich auch RVJ/ *Raiser* MitbestG § 27 Rn. 22, der eine Kopplung aber bejaht, wenn der ausgeschiedene Vorsitzende von den Arbeitnehmern gestellt wurde; zustimmend UHH/*Ulmer/Habersack* MitbestG § 27 Rn. 12 und MüKoAktG/*Gach* MitbestG § 27 Rn. 13.

[138] GK-MitbestG/*Naendrup* MitbestG § 27 Rn. 18; sowie noch *Fitting/Wlotzke/Wißmann*, 2. Aufl. 1978, MitbestG § 27 Rn. 15 ff., die aber stärker auf die Umstände des Einzelfalls abstellten und diese Auffassung in Neuauflage WKS/*Schubert* MitbestG § 27 Rn. 21 ausdrücklich aufgeben; GK-MitbestG/*Naendrup* MitbestG § 27 Rn. 18.

[139] UHH/*Ulmer/Habersack* MitbestG § 27 Rn. 12; *Philipp* ZGR 1978, 60,(63 ff.): „Sicherheitsmechanismus".

[140] *Hoffmann/Lehmann/Weinmann* MitbestG § 27 Rn. 22.

[141] So aber GK-MitbestG/*Naendrup* MitbestG § 27 Rn. 18; sowie noch *Fitting/Wlotzke/Wißmann*, 2. Aufl. 1978, MitbestG § 27 Rn. 17, die dieses in Neuauflage WKS/*Schubert* MitbestG § 27 Rn. 22 ausdrücklich aufgeben; kritisch gegenüber der Feststellbarkeit von Personalabsprachen *Philipp* ZGR 1978, 60 (67).

[142] *Lutter/Krieger/Verse* Rechte und Pflichten des Aufsichtsrats Rn. 677; Kölner Komm AktG/*Mertens/Cahn* Anh. B § 117 MitbestG § 27 Rn. 8; *Paefgen,* Struktur und Aufsichtsratsverfassung der mitbestimmten AG: zur Gestaltung der Satzung und der Geschäftsordnung des Aufsichtsrats, 1981, 271; aA RVJ/*Raiser* MitbestG § 27 Rn. 25; *Philipp* ZGR 1978, 60 (69); *Hoffmann/Lehmann/Weinmann* MitbestG § 27 Rn. 26.

[143] So auch *Paefgen,* Struktur und Aufsichtsratsverfassung der mitbestimmten AG: zur Gestaltung der Satzung und der Geschäftsordnung des Aufsichtsrats, 1981, 271.

[144] So auch die Anhänger der „Tandem-Theorie": *Fitting/Wlotzke/Wißmann*, 2. Aufl. 1978, MitbestG § 27 Rn. 18; GK-MitbestG/*Naendrup* MitbestG § 27 Rn. 19.

[145] *Philipp* ZGR 1978, 60 (69); Großkomm AktG/*Oetker* MitbestG § 27 Rn. 17; UHH/*Ulmer/Habersack* MitbestG § 27 Rn. 11; *Paefgen,* Struktur und Aufsichtsratsverfassung der mitbestimmten AG: zur Gestaltung der Satzung und der Geschäftsordnung des Aufsichtsrats, 1981, 274 f.

34 bb) Abberufung. Der Aufsichtsratsvorsitzende kann jederzeit und ohne Gründe[146] durch Beschluss des Aufsichtsrats und dessen Bekanntgabe an den Vorsitzenden[147] unbeschadet seiner Zugehörigkeit zum Aufsichtsrat abberufen werden. Der Beschluss bedarf im Zweifel derselben Mehrheit wie die Bestellung, soweit die Satzung keine abweichenden Mehrheitserfordernisse für die Abberufung vorsieht; auch kann die Satzung hier gegenüber der Bestellung differenzieren.[148] Satzung oder Geschäftsordnung können für die Abberufung höhere Voraussetzungen festlegen oder diese auf die Abberufung aus wichtigem Grund beschränken.[149] Die Abberufung kann wie der spiegelbildliche Akt der Wahl nicht einem Ausschuss überlassen werden, da Fragen der Selbstorganisation zur Zuständigkeit des Plenums gehören.[150]

35 Das **Erfordernis der gleichen Mehrheiten** für Bestellung und Abberufung gilt auch für **mitbestimmte Gesellschaften,** indem ein mit ⅔-Mehrheit gewählter Vorsitzender nur mit dieser Mehrheit abberufen werden kann, um zu verhindern, dass die jeweils Unterlegenen mit einfacher Mehrheit ihn wieder abberufen.[151] Bei Wahl in getrennten Gruppen ist jeweils die einfache Mehrheit der Gruppe erforderlich, die den Vorsitzenden bzw. Stellvertreter gewählt hat.[152] Der Widerruf bedeutet in der Sache den Entzug des dem Amtsinhaber bei der Wahl ursprünglich entgegengebrachten Vertrauens, was sich in der Abwahlentscheidung niederschlagen muss. Ob das die Amtsfortdauer rechtfertigende Vertrauen noch besteht, kann nur bei Berücksichtigung der Unterschiede der Vertrauensgrundlagen zutreffend beurteilt werden.[153] Trotz der insofern weitgehend bestehenden Einigkeit ist umstritten, ob bei einem mit einfacher Mehrheit gewählten Amtsinhaber die zusätzliche Möglichkeit der Abberufung mit einer Mehrheit von zwei Dritteln der Sollstärke des Gesamtaufsichtsrats besteht.[154] Die zusätzliche Abwahlmöglichkeit ist abzulehnen, da anderenfalls die Gefahr droht, dass die knapp unterlegene Minderheit einer Gruppe mit Hilfe der Stimmen der anderen Gruppe eine Bestellung sofort widerruft und das Verfahren nach § 27 Abs. 2 faktisch blockiert.[155] Dem kann auch nicht entgegengehalten werden, dass der Amtsinhaber Repräsentant des Gesamtaufsichtsrats ist und die Fortführung des Amtes bei einem Verlust des Vertrauens der überwiegenden Zahl der Aufsichtsratsmitglieder nicht sinnvoll erscheint.[156] Der anderen Gruppe bleibt es aber unbenommen, die gerichtliche Abberufung des Amtsinhabers als Aufsichtsratsmitglied zu betreiben.[157] Mit Blick auf die vorgenannten Gründe

---

[146] MüKoAktG/*Habersack* Rn. 30; *Lutter/Krieger/Verse* Rechte und Pflichten des Aufsichtsrats Rn. 667; Kölner Komm AktG/*Mertens/Cahn* Rn. 33; *E. Vetter* in Marsch-Barner/Schäfer Börsennotierte AG-HdB Rn. 27.22; Wachter/*Schick* AktG Rn. 8; Hölters/*Hambloch-Gesinn/Gesinn* Rn. 18; Henssler/Strohn/*Henssler* Rn. 7.
[147] Die Annahme der Abberufung bedarf es nicht, vgl. MüKoAktG/*Habersack* Rn. 32.
[148] MüKoAktG/*Habersack* Rn. 30; MHdB AG/*Hoffmann-Becking* § 31 Rn. 16; Kölner Komm AktG/*Mertens/Cahn* Rn. 33; Hüffer/Koch/*Koch* Rn. 4; Großkomm AktG/*Hopt/Roth* Rn. 54, 55; *Döring/Grau* NZG 2010, 1328 (1329).
[149] MHdB AG/*Hoffmann-Becking* § 31 Rn. 16; K. Schmidt/Lutter/*Drygala* Rn. 17; MüKoAktG/*Habersack* Rn. 30; Kölner Komm AktG/*Mertens/Cahn* Rn. 36; Henssler/Strohn/*Henssler* Rn. 7; Hölters/*Hambloch-Gesinn/Gesinn* Rn. 18; *E. Vetter* in Marsch-Barner/Schäfer Börsennotierte AG-HdB Rn. 27.22; *v. Schenck* in Semler/*v. Schenck* AR-HdB § 5 Rn. 77.
[150] Hüffer/Koch/*Koch* Rn. 7, 27; *Rellermeyer,* Aufsichtsratsausschüsse, 1986, 17; Kölner Komm AktG/*Mertens/Cahn* Rn. 172; *Lutter/Krieger/Verse* Rechte und Pflichten des Aufsichtsrats Rn. 744.
[151] UHH/*Ulmer/Habersack* MitbestG § 27 Rn. 13; K. Schmidt/Lutter/*Drygala* Rn. 17; RVJ/*Raiser* MitbestG § 27 Rn. 41; MüKoAktG/*Habersack* Rn. 41; Kölner Komm AktG/*Mertens/Cahn* Anh. B § 117 MitbestG § 27 Rn. 9; *Lutter/Krieger/Verse* Rechte und Pflichten des Aufsichtsrats Rn. 676; MHdB AG/*Hoffmann-Becking* § 31 Rn. 34; Großkomm AktG/*Oetker* MitbestG § 27 Rn. 12; für eine Verfahrensweise entsprechend § 27 Abs. 1 und 2 MitbestG: *Säcker* BB 2008, 2252 (2253 f.) unter Verweis auf die verfassungsrechtliche Sicherung der Anteilseignerinteressen; *Meyer-Landrut* DB 1978, 443 (444); *Hoffmann/Lehmann/Weinmann* MitbestG § 27 Rn. 23 f.; für eine Drittelmehrheit *Reuter* AcP 179 (1979), 509 (531 f.).
[152] *Lutter/Krieger/Verse* Rechte und Pflichten des Aufsichtsrats Rn. 676; UHH/*Ulmer/Habersack* MitbestG § 27 Rn. 13; WKS/*Schubert* MitbestG § 27 Rn. 27; Großkomm AktG/*Oetker* MitbestG § 27 Rn. 15; MHdB AG/*Hoffmann-Becking* § 31 Rn. 34.
[153] MüKoAktG/*Gach* MitbestG § 27 Rn. 16; WKS/*Schubert* MitbestG § 27 Rn. 25.
[154] Befürwortend: Kölner Komm AktG/*Mertens/Cahn* Anh. B § 117 MitbestG § 27 Rn. 9; MüKoAktG/*Gach* MitbestG § 27 Rn. 15 f.; RVJ/*Raiser* MitbestG § 27 Rn. 18; *Paefgen,* Struktur und Aufsichtsratsverfassung der mitbestimmten AG: zur Gestaltung der Satzung und der Geschäftsordnung des Aufsichtsrats, 1981, 279 f.; wiederum anders GK-MitbestG/*Naendrup* MitbestG § 27 Rn. 20: ¾-Mehrheit der Gruppe.
[155] Großkomm AktG/*Oetker* MitbestG § 27 Rn. 15; WKS/*Schubert* MitbestG § 27 Rn. 25; UHH/*Ulmer/Habersack* MitbestG § 27 Rn. 13.
[156] MüKoAktG/*Gach* MitbestG § 27 Rn. 16; *Paefgen,* Struktur und Aufsichtsratsverfassung der mitbestimmten AG: zur Gestaltung der Satzung und der Geschäftsordnung des Aufsichtsrats, 1981, 279 f.
[157] UHH/*Ulmer/Habersack* MitbestG § 27 Rn. 13a; WKS/*Schubert* MitbestG § 27 Rn. 26.

kann die **Satzung** eine Abberufung nicht ohne wichtigen Grund auch bei geringeren Mehrheitserfordernissen zulassen,[158] wohl aber höhere Quoren vorsehen.[159]

Bei dem Beschluss kann der **Vorsitzende mitstimmen**.[160]   36

Eine **Abberufung aus wichtigem Grund** dagegen ist immer mit einfacher Mehrheit möglich,   37
auch wenn die Satzung für die Bestellung eine qualifizierte Mehrheit vorgesehen hat[161] und auch bei mitbestimmten Gesellschaften.[162] Der Aufsichtsrat kann nicht gezwungen werden, weiterhin von einem Vorsitzenden geleitet zu werden, der durch sein Verhalten untragbar geworden ist. Als wichtiger Grund kommen analog zu § 84 Abs. 3, § 103 Abs. 3 vor allem eine Unfähigkeit, das Amt mit der nötigen Qualifikation auszufüllen, ohne dass es des Nachweises einer schweren schuldhaften Pflichtverletzung bedürfte.[163] Den Vorsitzenden trifft bei seiner eigenen Abberufung aus wichtigem Grund – anders als bei der normalen Abberufung – entsprechend allgemeinen gesellschaftsrechtlichen Grundsätzen ein **Stimmrechtsverbot**.[164] Dieses Stimmverbot darf aber bei einem dreiköpfigen Aufsichtsrat nicht zur Handlungsunfähigkeit gegenüber dem Vorsitzenden führen. Dieser ist gehalten, an der Stimmabgabe mit einer Enthaltung teilzunehmen.[165] Die bloße Anwesenheit bei der Beschlussfassung dürfte hingegen nicht ausreichend sein.[166] Während bei der normalen Abberufung der korporationsrechtliche Charakter im Vordergrund steht, überwiegt hier das Verbot des Richtens in eigener Sache.[167] Das Stimmrechtsverbot und der Verlust der Sitzungsleitung treten mit dem Zeitpunkt ein, in dem der Abberufungsantrag gestellt und der wichtige Grund genannt wird.[168] Stellt sich nachträglich heraus, dass der wichtige Grund nicht vorlag, bleibt die Abberufung als organschaftlicher Akt ähnlich wie der Abberufung eines Vorstandsmitglieds wirksam, da der Vorsitzende zahlreiche Funktionen, auch gegenüber Dritten, erfüllt, für die eine Rechtsunsicherheit unerträglich wäre;[169] unberührt davon bleiben Möglichkeiten zur Geltendmachung der **Beschlussmängel**, ebenso wie Ansprüche des Vorsitzenden auf eine erhöhte Vergütung.[170]

Ähnlich der Bestellung stellt sich auch für die Abberufung die Frage, ob diese **durch gerichtlichen Beschluss im Falle eines wichtigen Grundes** bewirkt werden kann. Wie schon zuvor,   37a
schweigt auch hierzu das Gesetz. Trotz der Bedeutung des Amtes und der wichtigen Rolle, die der Aufsichtsratsvorsitzende einnimmt, verbietet sich jedoch eine Analogie zu § 103 Abs. 3; denn wie die Vorschrift selbst schon nahe legt, bedarf es für eine Antragstellung bei Gericht einer einfachen Mehrheit des Aufsichtsrats, anders als für den Antrag auf Ersatzbestellung nach § 104, bei dem ua

---

[158] WKS/*Schubert* MitbestG § 27 Rn. 28; Großkomm AktG/*Oetker* MitbestG § 27 Rn. 13; MüKoAktG/*Habersack* Rn. 41; MüKoAktG/*Gach* MitbestG § 27 Rn. 15; RVJ/*Raiser* MitbestG § 27 Rn. 20; entgegen der Vorauflage so jetzt auch UHH/*Ulmer/Habersack* MitbestG § 27 Rn. 13; aA *Philipp* ZGR 1978, 60 (72 f.); Kölner Komm AktG/*Mertens/Cahn* Rn. 14.

[159] *Reuter* AcP 179 (1979), 509 (532); *Lutter/Krieger/Verse* Rechte und Pflichten des Aufsichtsrats Rn. 676; RVJ/*Raiser* MitbestG § 27 Rn. 20; *Paefgen*, Struktur und Aufsichtsratsverfassung der mitbestimmten AG: zur Gestaltung der Satzung und der Geschäftsordnung des Aufsichtsrats, 1981, 286; aA *Hoffmann/Lehmann/Weinmann* MitbestG § 27 Rn. 25; MüKoAktG/*Gach* MitbestG § 27 Rn. 15.

[160] MüKoAktG/*Habersack* Rn. 30; Hüffer/Koch/*Koch* Rn. 4; *Lutter/Krieger/Verse* Rechte und Pflichten des Aufsichtsrats Rn. 667; NK-AktR/*Breuer/Fraune* Rn. 8.

[161] BGHZ 102, 172 (179) = NJW 1988, 969 (971) für Gesellschafter- Geschäftsführer einer GbR; BGHZ 86, 177 (179) = NJW 1983, 938 – GmbH-Geschäftsführer; MüKoAktG/*Habersack* Rn. 31; *Lutter/Krieger/Verse* Rechte und Pflichten des Aufsichtsrats Rn. 667; Kölner Komm AktG/*Mertens/Cahn* Rn. 33, 36; Hüffer/Koch/*Koch* Rn. 7; Bürgers/Körber/*Israel* Rn. 7; K. Schmidt/Lutter/*Drygala* Rn. 17 hält nun auch eine einfache Mehrheit für ausreichend.

[162] MüKoAktG/*Habersack* Rn. 31; Hüffer/Koch/*Koch* Rn. 7; aA Kölner Komm AktG/*Mertens/Cahn* Anh. B § 117 MitbestG § 27 Rn. 10 und Großkomm AktG/*Oetker* MitbestG § 27 Rn. 14: erfolgte die Bestellung nach § 27 Abs. 1 MitbestG, so ist auch für die Abberufung aus wichtigem Grund ⅔-Mehrheit erforderlich.

[163] *Säcker* BB 2008, 2252 (2253).

[164] Ebenso *Säcker* BB 2008, 2252 (2253); Hölters/*Hambloch-Gesinn/Gesinn* Rn. 19.

[165] Großkomm AktG/*Hopt/Roth* Rn. 54; Kölner Komm AktG/*Mertens/Cahn* § 108 Rn. 74 (→ aber auch § 107 Rn. 34); abw. BayObLG ZIP 2003, 1194 (1195 ff.); *Keusch/Rotter* NZG 2003, 671 (672 f.); MüKoAktG/*Habersack* Rn. 31; → § 108 Rn. 33.

[166] So aber *Stadler/Berner* NZG 2003, 49 (51): bloße Anwesenheit bei der Beschlussfassung ist ausreichend; ausführlich → § 108 Rn. 33.

[167] *Matthießen*, Stimmrecht und Interessenkollisionen im Aufsichtsrat, 1989, 280; *Ulmer* NJW 1980, 1603 (1605); *Rotter/Keusch* NZG 2003, 671 (672); K. Schmidt/Lutter GesR § 21 II 2; Kölner Komm AktG/*Mertens/Cahn* Rn. 34; zum Stimmrechtsausschluss nach § 34 BGB Staudinger/*Weik*, 2005, BGB § 34 Rn. 14 f.; MüKoBGB/*Arnold* BGB § 34 Rn. 10; Soergel/*Hadding* BGB § 34 Rn. 4 f.

[168] Kölner Komm AktG/*Mertens/Cahn* Rn. 34.

[169] Großkomm AktG/*Hopt/Roth* Rn. 56; MüKoAktG/*Habersack* Rn. 32; Kölner Komm AktG/*Mertens/Cahn* Rn. 35.

[170] Eine Minderung der Vergütung der anderen Aufsichtsratsmitglieder kommt dadurch nicht in Betracht, s. MüKoAktG/*Semler*, 2. Aufl. 2004, Rn. 47.

jedes Aufsichtsratsmitglied antragsbefugt ist. Dies erscheint vor dem Hintergrund der grundsätzlich geschützten Autonomie des Aufsichtsrats im Hinblick auf seine Organisation gerechtfertigt, da sonst Minderheiten stets durch gerichtliche Anträge versuchen könnten, dem Vorsitzenden das Amt zu entziehen. Findet sich aber bereits eine einfache Mehrheit, kann diese – vorbehaltlich anderer Mehrheitserfordernisse – auch den Vorsitzenden per Beschluss abberufen.

38   **cc) Niederlegung.** Der Vorsitzende darf sein Amt entsprechend den Grundsätzen zur Niederlegung des Aufsichtsratsmandats (→ § 103 Rn. 62 ff.) und vorbehaltlich von Satzungsregelungen[171] niederlegen, ohne dass hierfür ein wichtiger Grund erforderlich wäre.[172] Es ist der Amtsausübung nicht dienlich, den Amtsträger, der sich regelmäßig auf Grund eines Interessenkonflikts zur Fortführung des Mandats nicht in der Lage sieht, im Amt festzuhalten.[173] Weiterhin spricht bereits im Falle eines einfachen Aufsichtsratsmitglieds die Ausgestaltung des Amts als Nebenamt dafür, dass der Mandatsträger es jederzeit aufgeben können muss, wenn seine Haupttätigkeit der verantwortungsvollen Amtsführung entgegensteht.[174] Dieses Argument wiegt für den Vorsitzenden, dessen Belastung die der übrigen Aufsichtsratsmitglieder übersteigt, umso stärker. Schließlich würde es Rechtsunsicherheit bedeuten, wenn das Vorliegen eines die Kündigung allein rechtfertigenden, wichtigen Grundes streitig ist. Ebenso wenig muss die Niederlegung des Amtes mit der Niederlegung des Aufsichtsratsmandats verknüpft sein. Allerdings darf in Anwendung allgemeiner Grundsätze die Niederlegung nicht zur Unzeit erfolgen.[175] Dennoch bleibt auch eine nicht gerechtfertigte Niederlegung wirksam;[176] der Vorsitzende macht sich in diesem Fall aber schadensersatzpflichtig nach §§ 116, 93.[177] Die **Niederlegungserklärung** muss dem Aufsichtsrat zugehen, hier dem Stellvertreter des Vorsitzenden; die Erklärung gegenüber dem Vorstand genügt nicht, dieser hat sie aber weiterzuleiten.[178]

39   **c) Rechtsstellung. aa) Überblick.** Das Gesetz hebt die Rolle des Aufsichtsratsvorsitzenden in zahlreichen Einzelvorschriften hervor. So ist er als Repräsentant des Aufsichtsrats auch in der Öffentlichkeit[179] der **primäre Ansprechpartner für den Vorstand**[180] und hat nach § 90 Abs. 1 S. 2 in

---

[171] Die Satzung, nicht aber die Geschäftsordnung, soll hierfür Fristen oder andere Modalitäten vorsehen können, vgl. MüKoAktG/*Habersack* Rn. 34; für die Zulässigkeit von Satzungsregelungen auch *Lutter/Krieger/Verse* Rechte und Pflichten des Aufsichtsrats Rn. 668; Henssler/Strohn/*Henssler* Rn. 7; Kölner Komm AktG/*Mertens/Cahn* Rn. 37, schließen aber Geschäftsordnungsregelungen nicht ausdrücklich aus.
[172] MüKoAktG/*Habersack* Rn. 34; K. Schmidt/Lutter/*Drygala* Rn. 18; *v. Schenck* in Semler/v. Schenck AR-HdB § 4 Rn. 35; Hüffer/Koch/*Koch* Rn. 7; Kölner Komm AktG/*Mertens/Cahn* Rn. 37; *Lutter/Krieger/Verse* Rechte und Pflichten des Aufsichtsrats Rn. 668; MHdB AG/*Hoffmann-Becking* § 31 Rn. 16; zur Niederlegung des Aufsichtsratsmandats *Singhof* AG 1998, 318 (321 f.); *Wardenbach* AG 1999, 74 (75); UHH/*Ulmer/Habersack* MitbestG § 6 Rn. 72; RVJ/*Raiser* MitbestG § 6 Rn. 36; aA für die Bestellung auf bestimmte Zeit: Baumbach/Hueck/*Zöllner/Noack* GmbHG § 52 Rn. 52 denenzufolge dann eine Amtsniederlegung nur aus wichtigem Grund zulässig sei.
[173] *Wardenbach* AG 1999, 74 (75); *Singhof* AG 1998, 318 (322); Hüffer/Koch/*Koch* § 103 Rn. 17; RVJ/*Raiser* MitbestG § 6 Rn. 36; Scholz/*Schneider* GmbHG § 52 Rn. 301.
[174] *Singhof* AG 1998, 318 (322); Scholz/*Schneider* GmbHG § 52 Rn. 301 und UHL/*Heermann* GmbHG § 52 Rn. 59.
[175] AllgM, widersprüchlich aber Hüffer/Koch/*Koch* Rn. 7, § 103 Rn. 17; MHdB AG/*Hoffmann-Becking* § 31 Rn. 16; Hölters/*Hambloch-Gesinn/Gesinn* Rn. 21; *Lutter/Krieger/Verse* Rechte und Pflichten des Aufsichtsrats Rn. 668; Kölner Komm AktG/*Mertens/Cahn* Rn. 37; → § 103 Rn. 57 mit weiteren Nachweisen.
[176] *Singhof* AG 1998, 318 (323); Großkomm AktG/*Hopt/Roth* Rn. 51; Kölner Komm AktG/*Mertens/Cahn* Rn. 37; MüKoAktG/*Habersack* Rn. 34; Hüffer/Koch/*Koch* Rn. 7 iVm § 103 Rn. 17; MHdB AG/*Hoffmann-Becking* § 31 Rn. 16 iVm § 30 Rn. 80.
[177] *Singhof* AG 1998, 318 (323); Großkomm AktG/*Hopt/Roth* Rn. 51; MüKoAktG/*Habersack* Rn. 34; Bürgers/*Körber/Israel* Rn. 7.
[178] MüKoAktG/*Habersack* Rn. 34; *v. Schenck* in Semler/v. Schenck AR-HdB § 4 Rn. 35; Kölner Komm AktG/*Mertens/Cahn* Rn. 37; Hölters/*Hambloch-Gesinn/Gesinn* Rn. 21; so nun auch MHdB AG/*Hoffmann-Becking* § 31 Rn. 16;t; weiter: *Lutter/Krieger/Verse* Rechte und Pflichten des Aufsichtsrats Rn. 668, die Zugang bei einem beliebigen Aufsichtsratsmitglied ausreichen lassen.
[179] Kölner Komm AktG/*Mertens/Cahn* Rn. 61; Hüffer/Koch/*Koch* Rn. 8; *Peus*, Der Aufsichtsratsvorsitzende: Seine Rechtsstellung nach dem Aktiengesetz und dem Mitbestimmungsgesetz, 1983, 176; aA *Lutter/Krieger/Verse* Rechte und Pflichten des Aufsichtsrats Rn. 683, die ein repräsentatives Tätigwerden des Aufsichtsrates unter Hinweis auf dessen innerorganschaftliche Stellung nur in Ausnahmefällen (zB drohende erhebliche Nachteile für die Gesellschaft) für zulässig erachten.
[180] AllgM *Lutter/Krieger/Verse* Rechte und Pflichten des Aufsichtsrats Rn. 678, 680; *E. Vetter* in Marsch-Barner/Schäfer Börsennotierte AG-HdB Rn. 27.14; MüKoAktG/*Habersack* Rn. 45; K. Schmidt/Lutter/*Drygala* Rn. 22; *Peus*, Der Aufsichtsratsvorsitzende: Seine Rechtsstellung nach dem Aktiengesetz und dem Mitbestimmungsgesetz, 1983, 161 f.; Grigoleit/*Tomasic* Rn. 12; Hüffer/Koch/*Koch* Rn. 8; Hölters/*Hambloch-Gesinn/Gesinn* Rn. 43; *v. Schenck* in Semler/v. Schenck AR-HdB § 4 Rn. 152 ff.; MHdB AG/*Hoffmann-Becking* § 31 Rn. 20; *Börsig/Löbbe* FS Hoffmann-Becking, 2013, 125 (144); *Drinhausen/Marsch-Barner* AG 2014, 337 (341); *v. Schenck* AG 2010, 649 (650); *Servatius* AG 1995, 223 (224).

dringenden Fällen die Berichte des Vorstandes entgegenzunehmen. Idealerweise sollte der Aufsichtsratsvorsitzende die Arbeit des Vorstandes ständig begleiten und ihn beraten; zumindest in Bezug auf den Kontakt zum Vorstandsvorsitzenden wird man insoweit sogar eine entsprechende Pflicht des Aufsichtsratsvorsitzenden annehmen können.[181] Der **Deutsche Corporate Governance Kodex** betont die Funktion des Vorsitzenden als Bindeglied zwischen Vorstand und Aufsichtsrat und empfiehlt in Ziff. 5.2 Abs. 3 S. 1 zwischen den Sitzungen einen regelmäßigen Meinungsaustausch zwischen Aufsichtsrats- und Vorstandsvorsitzendem bzw. Sprecher zu Strategie, Geschäftsentwicklung und Risikomanagement des Unternehmens.[182] S. 2 hebt hervor, dass der Vorsitzende über wichtige Ereignisse, die für die Beurteilung der Lage und Entwicklung sowie für die Leitung des Unternehmens von wesentlicher Bedeutung sind, unverzüglich zu informieren ist. Dem Vorsitzenden erwächst aus dieser Mitteilung die Pflicht zur Unterrichtung der Aufsichtsratsmitglieder bzw. zur Einberufung einer außerordentlichen Aufsichtsratssitzung.[183] Im Zusammenhang mit der engen Zusammenarbeit des Vorstands mit dem Aufsichtsratsvorsitzenden (vgl. § 90 Abs. 1 S. 2) hat dieser sowohl die allgemeine aktienrechtliche Kompetenzordnung zu beachten[184] als auch zur Vermeidung eventueller Haftungsrisiken die unverzügliche Informationsversorgung des restlichen Aufsichtsrats sicherzustellen.

Eine besonders kontroverse Diskussion ist in den vergangenen Jahren im Bereich der **Investor-** **40** **Relations** geführt worden. Ausgangspunkt dieser Kontroverse ist die Frage, ob dem Aufsichtsrat, bzw. dem Aufsichtsratsvorsitzenden die Kompetenz für informelle Gespräche mit institutionellen Investoren zusteht oder zugestanden werden sollte oder ob dies allein dem Vorstand als Vertretungsorgan obliegt. Ersteres wird von einer Ansicht in der Literatur bestritten, die sich teilweise bereits gegen die Anerkennung einer solchen Kompetenz richtet[185] und teilweise gegen eine Verengung dieser Kompetenz nur auf den Aufsichtsratsvorsitzenden.[186] Richtigerweise ist dem Aufsichtsrat jedoch eine beschränkte Kompetenz zur Kommunikation mit institutionellen Investoren über aufsichtsratsspezifische Themen zuzugestehen.[187] Zwar liegt die Kompetenz zur Investorenkommunikation zunächst grundsätzlich beim Vorstand, doch wäre es widersinnig, diesem die Kommunikationshoheit über Themen zu überlassen, die seiner Kompetenz in der Sache ohnehin entzogen sind.[188] Dafür spricht auch, dass dem Aufsichtsratsvorsitzenden gegenüber der Öffentlichkeit kein absolutes Kommunikationsverbot obliegt,[189] Somit kann dem Aufsichtsratsvorsitzenden erst Recht nicht der informelle Kontakt zu Gesellschaftern versagt werden. Die Kompetenz des Aufsichtsrats zur Kommunikation über die ihn betreffenden Themen stellt ein Annex zu seiner aktienrechtlichen Aufgabenzuweisung dar.[190] Die Außenkommunikation

---

[181] Wie hier *Servatius* AG 1995, 223 (224) und Großkomm AktG/*Hopt*/*Roth* Rn. 68, 83; ferner *Lutter*/*Krieger*/ *Verse* Rechte und Pflichten des Aufsichtsrats Rn. 680 („hat zu"); bzgl. der Annahme einer Pflicht zurückhaltender Hüffer/Koch/*Koch* Rn. 8; *Peus*, Der Aufsichtsratsvorsitzende: Seine Rechtsstellung nach dem Aktiengesetz und dem Mitbestimmungsgesetz, 1983, 162 f.; MüKoAktG/*Habersack* Rn. 45; Kölner Komm AktG/*Mertens*/*Cahn* Rn. 38; *Hoffmann-Becking* FS Havermann, 1995, 229 (237 f.); *Hoffmann*/*Preu* Der Aufsichtsrat Rn. 437.

[182] Dazu *Peltzer* Deutsche Corporate Governance Rn. 266 unter Hinweis auf die gesteigerte Haftungsgefahr des Aufsichtsratsvorsitzenden; KBLW/*Kremer* DCGK Rn. 1271 ff.; *E. Vetter* in Marsch-Barner/Schäfer Börsennotierte AG-HdB Rn. 27.14; *Roth* ZGR 2012, 343 (366).

[183] Die Gefahr einer „Informationsmonopolisierung" betont *Peltzer* NZG 2002, 593 (596); *Peltzer* Deutsche Corporate Governance Rn. 266; ausführlich zu den damit einhergehenden Haftungsrisiken: *v. Schenck* AG 2010, 649 (653) ebenso *Drinhausen*/*Marsch-Barner* AG 2014, 337 (342).

[184] Ausführlich zu dem Fall der Kompetenzüberschreitung durch den Aufsichtsratsvorsitzenden: *Leyendecker-Langner* NZG 2012, 721.

[185] *Selter* Die Beratung des Aufsichtsrats und seiner Mitglieder, Rn. 332; *Lutter* Information und Vertraulichkeit im Aufsichtsrat Rn. 401 ff; *Lutter*/*Krieger*/*Verse* Rechte und Pflichten des Aufsichtsrats Rn. 284; *E. Vetter* AG 2016, 873; *Weber-Rey* NZG 2013, 766 (768); *Hexel* Der Aufsichtsrat 2014, 121; eingehend zur derzeitigen Rechtslage: *Koch* AG 2017, 129: „Für einen institutionellen Dialog zwischen Investor und Aufsichtsrat ist de lege lata kein Raum".

[186] Hüffer/Koch/*Koch* § 111 Rn. 34; *Hexel* Der Aufsichtsrat 2014, 121.

[187] *Bommer*/*Steinbach* BOARD 2013, 219 (222); *Bortenlänger* BOARD 2014, 71 (72); *Drinhausen*/*Marsch-Barner* AG 2014, 337; *Fleischer*/*Bauer*/*Wansleben* DB 2015, 360; *Hirt*/*Hopt*/*Mattheus* AG 2016, 725; *Grunewald* ZIP 2016, 2009 (2010 f.); *Roth* ZGR 2012, 343 (368); K. Schmidt/Lutter/*Drygala* Rn. 25.

[188] Ähnlich auch *Grunewald* ZIP 2016, 2009 (2010 f.); *Leyendecker-Langner* NZG 2015, 44 (45); Kölner Komm AktG/*Mertens*/*Cahn* § 107 Rn. 61.

[189] Kölner Komm AktG/*Mertens*/*Cahn* Rn. 61; Großkomm AktG/*Hopt*/*Roth* Rn. 119; *Lutter*/*Krieger*/*Verse* Rechte und Pflichten des Aufsichtsrats Rn. 561; *Peus*, Der Aufsichtsratsvorsitzende: Seine Rechtsstellung nach dem Aktiengesetz und dem Mitbestimmungsgesetz, 1983, 176; gleichwohl fordern Großkomm AktG/*Hopt*/*Roth* Rn. 119 Zurückhaltung bei repräsentativen Auftritten des Aufsichtsratsvorsitzenden gegenüber bzw. in der Öffentlichkeit.

[190] *Hirt*/*Hopt*/*Mattheus* AG 2016, 725 (733); *Leyendecker-Langner* NZG 2015, 44 (45); *Bachmann* VGR 22 (2016), 135 (155); *Fleischer*/*Bauer*/*Wansleben* DB 2015, 360 ff.; grundsätzlich auch *Koch* AG 2017, 129 (133 f.): Rechtsfortbildung.

obliegt dabei dem Aufsichtsratsvorsitzenden,[191] ohne dass diesem damit eine eigene (Entscheidungs-)Kompetenz über die Kommunikation zukäme; diese obliegt nach wie vor dem Aufsichtsratsplenum.[192] Dieses Vorgehen hat sich darüber hinaus bereits in der Praxis bewährt[193] und nun auch Eingang in den Ziff. 5.2 DCGK gefunden[194] – auch wenn es sich nicht um eine Comply-or-Explain-Empfehlung, sondern um eine reine Anregung handelt.[195] Sinnvoll erscheint hier auch die teilweise angeregte Schaffung einer Kommunikationsordnung.[196] Die von der Initiative „Developing Shareholder Communication" entwickelten „Leitsätze für den Dialog zwischen Investor und Aufsichtsrat" können zudem als Basis zur Gestaltung einer Errichtung einer entsprechenden Ordnung dienen. Dabei sollen die Themen der Kommunikation ausschließlich die der allgemeinen Aufsichtsratszuständigkeit sein.[197] Allerdings zählt die Überwachung des Vorstandes nicht zu den Gegenständen, über die sich der Aufsichtsrat mit Investoren austauschen darf, ebenso wenig die Beratung des Vorstands in Strategiefragen, auch wenn dies eine seiner Kernkompetenzen darstellt; denn hier ist unmittelbar die Leitung durch den Vorstand betroffen, mithin die Außendarstellung der Gesellschaft.[198] Auch die Gewinnverwendung oder die Unternehmensfinanzierung gehören nicht zu den Bereichen, in denen der Aufsichtsrat eigenständig mit Investoren Gespräche führen kann.[199]

41 bb) **Sitzungsleitung.** Ferner obliegt ihm die Vorbereitung, Einberufung und **Leitung der Sitzungen** des Aufsichtsrats,[200] die Koordination der Arbeit der Ausschüsse, die Einbringung der Ergebnisse in das Plenum sowie die Wahrnehmung der Belange des Aufsichtsrats nach außen.[201] Eine entsprechende Empfehlung enthält auch Ziff. 5.2 Abs. 1 DCGK.

42 cc) **Mitbestimmte Gesellschaften.** Für die Rechtsstellung des Vorsitzenden in mitbestimmten Gesellschaften gelten kraft Verweisung des § 25 Abs. 1 S. 1 Nr. 1 MitbestG die Vorschriften des Aktiengesetzes.[202] Vor allem hat der Aufsichtsratsvorsitzende bei **mitbestimmten Gesellschaften** die zur Sicherung des Anteilseignereinflusses wichtige **Zweitstimme** bei Pattsituationen nach § 29 Abs. 2 MitbestG, § 31 Abs. 4 S. 1, 2 MitbestG, die dem Stellvertreter nach § 31 Abs. 4 S. 3 MitbestG nicht zusteht, auch nicht den weiteren Stellvertretern. Dies ist in Anbetracht der starren Stimmrechtsregelung der § 29 Abs. 2 S. 2 MitbestG, § 108 Abs. 3 AktG **satzungsfest.**[203] Das berechtigte Interesse

---

[191] *Roth* ZGR 2012, 343 (368); *Drinhausen/Marsch-Barner* AG 2014, 337 (349 f.); *Hirt/Hopt/Mattheus* AG 2016, 725 (734 f.); *Fleischer/Bauer/Wansleben* DB 2015, 360 (367); *Leyendecker-Langer* NZG 2015, 44 (45).

[192] Insoweit zu Recht kritisch gegenüber der Zuweisung von Kompetenzen an den Aufsichtsratsvorsitzenden *Koch* AG 2017, 129 (136).

[193] *Hirt/Hopt/Mattheus* AG 2016, 725 (728 f.); Erläuterungen der Änderungsvorschläge der Regierungskommission Deutscher Corporate Governance Kodex aus der Plenarsitzung vom 13.10.2016, S. 6.

[194] *Mense/Klie* BB 2017, 771 (772 ff.).

[195] Zu der Aufnahme in den DCGK: *E. Vetter* AG 2016, 873; *Wilsing/von der Linden* DStR 2017, 1046 (1047); *Koch* AG 2017, 129; *Mense/Klie* GWR 2017, 1; *Mense/Klie* BB 2017, 774; *Nikoleyczik/Graßl* NZG 2017, 161; Stellungnahme des DAV-Handelsrechtsausschusses NZG 2017, 57.

[196] *Koch* in 50 Jahre Aktiengesetz, 65 (92); Hüffer/Koch/*Koch* § 111 Rn. 34; krit. *Hirt/Hopt/Mattheus* AG 2016, 725 (735).

[197] DAI, Leitsätze für den Dialog zwischen Investor und Aufsichtsrat, Fassung vom 5.7.2016, Präambel, S. 3; *Bommer/Steinbach* BOARD 2013, 219 (222).

[198] Ebenso *Koch* AG 2017, 129 (133 f.).

[199] *Koch* AG 2017, 129 (134).

[200] Ausführlicher zur Sitzungseinberufung und -leitung → § 110 Rn. 7 ff.; MüKoAktG/*Habersack* Rn. 49 ff.; *v. Schenck* in Semler/v. Schenck AR-HdB § 4 Rn. 46 ff.; Hüffer/Koch/*Koch* Rn. 8; Lutter/Krieger/*Verse* Rechte und Pflichten des Aufsichtsrats Rn. 679; *Peus,* Der Aufsichtsratsvorsitzende: Seine Rechtsstellung nach dem Aktiengesetz und dem Mitbestimmungsgesetz, 1983, 38 ff.; Kölner Komm AktG/*Mertens/Cahn* Rn. 40; MHdB AG/*Hoffmann-Becking* § 31 Rn. 36 ff.; Henssler/Strohn/*Henssler* Rn. 9; *Börsig/Löbbe* FS Hoffmann-Becking, 2013, 125 (144); *Hoffmann/Preu* Der Aufsichtsrat Rn. 440; RVJ/*Raiser* MitbestG § 27 Rn. 28; K. Schmidt/Lutter/*Drygala* Rn. 19; *E. Vetter* in Marsch-Barner/Schäfer Börsennotierte AG-HdB Rn. 27.8; *Roth* ZGR 2012, 343 (370); *Drinhausen/Marsch-Barner* AG 2014, 337 (338); zu der abweichenden Rechtslage in der GmbH: HK-GmbHG/*Peres* § 52 Rn. 63.

[201] MüKoAktG/*Habersack* Rn. 46 ff.; *Peus,* Der Aufsichtsratsvorsitzende: Seine Rechtsstellung nach dem Aktiengesetz und dem Mitbestimmungsgesetz, 1983, 135 ff.; Kölner Komm AktG/*Mertens/Cahn* Rn. 40; MHdB AG/*Hoffmann-Becking* § 31 Rn. 19; *E. Vetter* BB 2005, 1689 (1694).

[202] RVJ/*Raiser* MitbestG § 27 Rn. 27; Großkomm AktG/*Oetker* MitbestG § 27 Rn. 18; Kölner Komm AktG/*Mertens/Cahn* Anh. B § 117 MitbestG § 27 Rn. 12; zum Stichentscheid durch den Aufsichtsratsvorsitzenden in der SE: *Louven/Weng* BB 2008, 797 (798).

[203] Kölner Komm AktG/*Mertens/Cahn* Rn. 66, Anh. B § 117 MitbestG § 29 Rn. 9; MüKoAktG/*Habersack* Rn. 42, 67; UHH/*Ulmer/Habersack* MitbestG § 27 Rn. 19; RVJ/*Raiser* MitbestG § 27 Rn. 31, 33; *Schaub* ZGR 1977, 293 (296); *Martens* DB 1980, 1381 (1386); aA aber *Paefgen,* Struktur und Aufsichtsratsverfassung der mitbestimmten AG: zur Gestaltung der Satzung und der Geschäftsordnung des Aufsichtsrats, 1981, 302; *Canaris* DB-Beil. Heft 14/1981, 1 (12 f.); *H. P. Westermann* FS R. Fischer, 1979, 835 (842, 848 f.).

der Anteilseigner an der Ausübung des Zweitstimmrechts bei Verhinderung des Vorsitzenden kann nur durch den Einsatz eines Stimmboten gewahrt werden, auch wenn diese Option nicht die Vorzüge einer aus der konkreten Verhandlungssituation heraus gebildeten Überzeugung aufweist (→ Rn. 58). Ferner gehört der Aufsichtsratsvorsitzende kraft Amtes zum Vermittlungsausschuss nach § 27 Abs. 3 MitbestG; hier gebührt ihm kein Zweitstimmrecht, da dieses allein der Funktionstüchtigkeit des Aufsichtsrats als Gesellschaftsorgan dient.[204]

dd) Vertretung. Demgegenüber **vertritt** der Aufsichtsratsvorsitzende die Gesellschaft Dritten **43** und dem Vorstand gegenüber auch **nicht** in Ausnahmefällen, sondern nur der Aufsichtsrat; denn der Vorsitzende hat keine organschaftliche Vertretungsmacht, auch nicht bei der Vertretung gegenüber dem Vorstand insbesondere gem. § 112 beim Abschluss der Anstellungsverträge mit Vorstandsmitgliedern.[205] In der Phase der Willensbildung kommt stets nur die Tätigkeit des Gesamtaufsichtsrats oder eines Ausschusses in Frage (→ § 108 Rn. 5). Nur dann, wenn bei Ausführungs- und Durchführungshandlungen mit einem begrenzten Ermessen ein einzelnes Aufsichtsratsmitglied bevollmächtigt werden kann, ist auch die Bevollmächtigung des Vorsitzenden möglich. Typischerweise kommen **Erklärungsbevollmächtigungen** in Betracht, wenn ein Aufsichtsratsbeschluss einem Dritten, insbesondere dem Vorstand gegenüber erklärt und bekannt gegeben werden soll.[206] Der Aufsichtsratsbeschluss enthält konkludent mangels anderweitiger Bestimmung die Übertragung der Erklärungsvertretungsmacht auf den Vorsitzenden.[207] Die Satzung kann dem Aufsichtsrat auf Grund dessen Organisationsautonomie nicht bindend vorschreiben, dass der Vorsitzende Beschlüsse auszuführen oder bekannt zu geben hat.[208] Gleiches gilt für die **passive Vertretungsmacht;** auch sie reicht nur so weit, wie der Aufsichtsratsbeschluss dem Vorsitzenden Vollmacht einräumt.[209]

Eine ungeschriebene Vertretungsmacht hat der Aufsichtsratsvorsitzende schließlich für **Hilfsge- 44 schäfte,** die für die Durchführung der Sitzung und seiner Aufgaben erforderlich sind. Mangels anderweitiger Beschlüsse hat der Vorsitzende konkludent die Vertretungsmacht für solche Hilfsgeschäfte, die die Sitzungsdurchführung betreffen, insbesondere die Hinzuziehung von Sachverständigen und Auskunftspersonen sowie deren Reisekostenerstattung. Auch die vorherige Einholung von Rechtsrat, um eine Sitzung vorzubereiten, unterfällt dieser Kompetenz.[210] Allerdings besteht diese Kompetenz nur im Rahmen des Verkehrsüblichen, so dass etwa besondere Honorarvereinbarungen

---

[204] BGHZ 83, 144 (147 ff.) = NJW 1982, 1528 (1529) – Dynamit Nobel; BGHZ 83, 106 (117 ff.) = NJW 1982, 1525 – Siemens; MüKoAktG/*Habersack* Rn. 123; Hüffer/Koch/*Koch* Rn. 30; RVJ/*Raiser* MitbestG § 27 Rn. 36; UHH/*Ulmer/Habersack* MitbestG § 27 Rn. 24; *Immenga* ZGR 1977, 249 (256 f.); Großkomm AktG/ *Oetker* MitbestG § 27 Rn. 27; Kölner Komm AktG/*Mertens/Cahn* Anh. B § 117 MitbestG § 27 Rn. 18; *Theisen/ Säcker* AG 1980, 29 (41); für weitere Nachweise → Rn. 125.

[205] AllgM, vgl. BGHZ 41, 282 (285) = NJW 1964, 1367; OLG Stuttgart BB 1992, 1669; für die Genossenschaft BGH AG 2008, 894 (895); MüKoAktG/*Habersack* Rn. 58; K. Schmidt/Lutter/*Drygala* Rn. 23; UHH/*Ulmer/ Habersack* MitbestG § 25 Rn. 22; *E. Vetter* in Marsch-Barner/Schäfer Börsennotierte AG-HdB Rn. 27.10; Kölner Komm AktG/*Mertens/Cahn* Rn. 52; Grigoleit/*Tomasic* Rn. 13; WKS/*Schubert* MitbestG § 27 Rn. 33; Hölters/ Hambloch-Gesinn/*Gesinn* Rn. 47.

[206] Vgl. *Werner* ZGR 1989, 369 (387); *Leuering* NZG 2004, 120 (122); MüKoAktG/*Habersack* Rn. 59; K. Schmidt/Lutter/*Drygala* Rn. 23; MHdB AG/*Hoffmann-Becking* § 31 Rn. 100 f.; Hüffer/Koch/*Koch* § 112 Rn. 8; *Lutter/Krieger/Verse* Rechte und Pflichten des Aufsichtsrats Rn. 682; *Semler* FS Rowedder, 1994, 441 (451); *Luther/Rosga* FS Meilicke, 1985, 80 (86); für Bevollmächtigung zur Äußerung von Aufsichtsratsbeschlüssen bereits kraft Amtsstellung Kölner Komm AktG/*Mertens/Cahn* Rn. 51 f. und § 112 Rn. 39 (Aufsichtsratsvorsitzende ist „der geborene Erklärungsvertreter"); OLG Düsseldorf NZG 2004, 141: Der Aufsichtsratsvorsitzende könne auf Grundlage einer vom Aufsichtsratsplenum abgeleiteten, organschaftlichen Vertretungsmacht für den AR handeln; kritische Anm. hierzu *Leuering* NZG 2004, 120.

[207] *Mertens* AG 1981, 216 (218); Kölner Komm AktG/*Mertens/Cahn* Rn. 52; MüKoAktG/*Habersack* Rn. 59; *v. Schenck* in Semler/v. Schenck AR-HdB § 4 Rn. 141; *Peus,* Der Aufsichtsratsvorsitzende: Seine Rechtsstellung nach dem Aktiengesetz und dem Mitbestimmungsgesetz, 1983, 175; *Lutter/Krieger/Verse* Rechte und Pflichten des Aufsichtsrats Rn. 682.

[208] MüKoAktG/*Habersack* Rn. 59; *Semler* FS Rowedder, 1994, 441 (451 f.); *Peus,* Der Aufsichtsratsvorsitzende: Seine Rechtsstellung nach dem Aktiengesetz und dem Mitbestimmungsgesetz, 1983, 174 f.; Großkomm AktG/ Hopt/*Roth* Rn. 113.

[209] Kölner Komm AktG/*Mertens/Cahn* Rn. 59: keine besondere Bevollmächtigung erforderlich; WKS/*Schubert* MitbestG § 27 Rn. 33: § 78 Abs. 2 S. 2 BGB und § 28 Abs. 2 BGB analog; MHdB AG/*Hoffmann-Becking* § 31 Rn. 104: Jedes Aufsichtsratsmitlied ist berechtigt gem. § 116 S. 2; wieder anders Großkomm AktG/Hopt/*Roth* Rn. 118: passiv vertretungsberechtigt kraft Gewohnheitsrecht.

[210] MüKoAktG/*Habersack* Rn. 58; *Lutter/Krieger/Verse* Rechte und Pflichten des Aufsichtsrats Rn. 681; Kölner Komm AktG/*Mertens/Cahn* Rn. 53; Hölters/Hambloch-Gesinn/*Gesinn* Rn. 50; *Börsig/Löbbe* FS Hoffmann-Becking, 2013, 125 (145); *v. Schenck* AG 2010, 649 (654).

oder die Einholung umfangreicher Rechtsgutachten der vorhergehenden Beschlussfassung des Aufsichtsrats bedürfen.[211]

45 **Überschreitet** der Vorsitzende seine **Vertretungsmacht,** hält er sich aber noch im Rahmen der Vertretungsmacht des Aufsichtsrates, haftet er nach § 179 BGB; ansonsten ist die Willenserklärung nur nichtig, eine Haftung nach § 179 BGB kommt bei fehlender Vertretungskompetenz des Aufsichtsrats nicht in Betracht.[212] Im ersten Fall liegt insbesondere keine unzulässige Übertragung der organschaftlichen Willensbildung auf den Vorsitzenden vor. Das Aufsichtsorgan ist durch die Möglichkeit, sich gegen eine Genehmigung des geschlossenen Vertrages zu entscheiden, ausreichend geschützt und erhält die Möglichkeit, dem Geschäft von Vorteil der Gesellschaft zur Wirksamkeit zu verhelfen.[213] Im zweiten Fall hingegen ist das Verhältnis verschiedener Organe betroffen. Hier wird in die zwingende gesetzliche Kompetenzverteilung eingegriffen und ein vom Gesetz nicht gewolltes und somit die Nichtigkeit des Geschäftes rechtfertigendes Ergebnis herbeigeführt.[214]

46 Ist die Willenserklärung **formbedürftig,** muss nur die Abgabe der Willenserklärung der Form entsprechen, nicht der Beschluss, der nur Akt der Willensbildung nicht aber Erklärungstatbestand ist, so dass etwa die Beglaubigung der Unterschrift des Vorsitzenden genügt.[215]

47 Die **Wissenszurechnung** dagegen folgt anderen Regeln: In Anbetracht der gesetzlichen Konzeption des Aufsichtsrats als Innen- und Kollegialorgan kommt eine Zurechnung des Wissens des Vorsitzenden entsprechend § 28 Abs. 2 BGB nicht in Betracht. Der Aufsichtsrat tritt nur in eng umgrenzten Ausnahmefällen und überwiegend mit Vorstandsmitgliedern in rechtsgeschäftlichen Kontakt, so dass ein umfassender Verkehrsschutz nicht geboten ist.[216] Dies wird insbesondere bei Kenntnis des Vorsitzenden zB von einem wichtigen Grund, der zur Abberufung und fristlosen Kündigung eines Vorstandsmitglieds berechtigen würde, im Hinblick auf die kurze Frist des § 626 Abs. 2 BGB (zwei Wochen) bedeutsam. Die Frist beginnt erst, wenn der Vorsitzende den zur Kündigung berechtigenden Sachverhalt in einer Aufsichtsratssitzung, zu der die Mitglieder ordnungsgemäß geladen und in beschlussfähiger Anzahl erschienen sind, vorträgt.[217] Nicht einmal die außerhalb der Sitzung erlangte Kenntnis sämtlicher Mitglieder kann ausreichen.[218] Erlangt der Vorsitzende Kenntnis von dem wichtigen Grund, ist er aber zur Einberufung und Information des Gesamtorgans und zur Herbeiführung der Beschlussfassung in angemessener Frist verpflichtet. Kommt er dem nicht nach, läuft die Frist ab dem Tag, an welchem eine Information und Beschlussfassung des Plenums möglich gewesen wäre.[219]

---

[211] So auch *Peus,* Der Aufsichtsratsvorsitzende: Seine Rechtsstellung nach dem Aktiengesetz und dem Mitbestimmungsgesetz, 1983, 182 ff.: Versuch, Entscheidung des Plenums zumindest nach § 108 Abs. 4 herbeizuführen, erforderlich; *Lutter/Krieger/Verse* Rechte und Pflichten des Aufsichtsrats Rn. 681; anders MüKoAktG/*Habersack* Rn. 58; Kölner Komm AktG/*Mertens/Cahn* Rn. 53.

[212] → § 112 Rn. 43; OLG München AG 1986, 234 (235); OLG Karlsruhe WM 1996, 161 (164 ff.); Kölner Komm AktG/*Mertens/Cahn* Rn. 55; teilweise abweichend MüKoAktG/*Habersack* Rn. 61: Anwendung der §§ 177 ff. BGB auch bei Überschreitung der organschaftlichen Vertretungsmacht des Aufsichtsrats; aA stets Nichtigkeit nach § 134 BGB: OLG Stuttgart BB 1992, 1669; differenzierend *Stein* AG 1999, 28 (37 ff.): Genehmigung ist möglich, wenn sich der Mangel der Vertretungsmacht auf den Delegationsakt beschränkt; offen für die Genossenschaft BGH AG 2008, 894 (895); vgl. auch → § 112 Rn. 43.

[213] OLG Karlsruhe WM 1996, 161 (164 f.).

[214] Zustimmend Hölters/*Hambloch-Gesinn/Gesinn* Rn. 51; OLG Stuttgart BB 1992, 1669 erstreckt diese Argumentation zu Unrecht auch auf die erste Konstellation.

[215] Kölner Komm AktG/*Mertens/Cahn* Rn. 56 f.; MüKoAktG/*Habersack* Rn. 60; *Peus,* Der Aufsichtsratsvorsitzende: Seine Rechtsstellung nach dem Aktiengesetz und dem Mitbestimmungsgesetz, 1983, 173 f.; *Luther/Rosga* FS Meilicke, 1985, 80 (87 f.); Hölters/*Hambloch-Gesinn/Gesinn* Rn. 52.

[216] *Buck,* Wissen und juristische Person: Wissenszurechnung und Herausbildung zivilrechtlicher Organisationspflichten, 2001, 288; *Wiesner* DB 1991, 1533 (1537).

[217] BGHZ 139, 89 (92 f.) = ZIP 1998, 1269 – GmbH-Gesellschafterversammlung; BGH NZG 2002, 46 (47 f.) – Aufsichtsrat einer GmbH; BGH DB 1980, 1984; LG Berlin AG 2002, 682 (684); OLG Jena NZG 1999, 1069 – Verwaltungsrat; MHdB AG/*Wiesner* § 21 Rn. 116; Hüffer/Koch/*Koch* § 84 Rn. 54; *Lutter/Krieger/Verse* Rechte und Pflichten des Aufsichtsrats Rn. 430; MüKoAktG/*Spindler* § 84 Rn. 171; *Grumann/Gillmann* DB 2003, 770 (774); die Zurechenbarkeit der Kenntnis des Vorsitzenden bejahen hingegen: Kölner Komm AktG/*Mertens/Cahn* § 84 Rn. 176; Großkomm AktG/*Hopt/Roth* Rn. 118 und § 112 Rn. 78; *v. Schenck* in Semler/v. Schenck AR-HdB § 4 Rn. 146; dagegen: *Brandes* WM 1997, 2281 (2282); die Zurechenbarkeit des Wissens jedes beliebigen Mitglieds bejahen: BGHZ 41, 282 (287) = NJW 1964, 1367; BAG WM 1985, 305; OLG Stuttgart WM 1979, 1296 (1297); dagegen aber: BGH NJW 1981, 166; LG Berlin AG 2002, 682 (684); Hüffer/Koch/*Koch* § 84 Rn. 54; *Lutter/Krieger/Verse* Rechte und Pflichten des Aufsichtsrats Rn. 430.

[218] MüKoAktG/*Spindler* § 84 Rn. 171 (zur Kenntniserlangung durch einzelne Mitglieder); *Lutter/Krieger/Verse* Rechte und Pflichten des Aufsichtsrats Rn. 430 (zur Kenntniserlangung durch alle Mitglieder); so aber noch BGH WM 1980, 957.

[219] BGHZ 139, 89 (92 f.) = ZIP 1998, 1269; KG NZG 2000, 101 (102 f.); OLG Karlsruhe AG 2005, 210 (212); MHdB AG/*Wiesner* § 21 Rn. 116; Hüffer/Koch/*Koch* § 84 Rn. 54; *Stein* ZGR 1999, 264 (275 ff.); *Grumann/Gillmann* DB 2003, 770 (774); *Buck,* Wissen und juristische Person: Wissenszurechnung und Herausbildung zivilrechtlicher Organisationspflichten, Habil Tübingen 2001, 290 f.; Großkomm AktG/*Hopt/Roth* § 112 Rn. 79.

ee) Satzung und Geschäftsordnungsregelungen. Die Satzung und die Geschäftsordnung können die Rechtstellung des Vorsitzenden im Rahmen des zwingenden Organisationsrechts des Aufsichtsrats ergänzen.[220] Häufig überträgt die Satzung dem Aufsichtsratsvorsitzenden die **Leitung der Hauptversammlung,** da er schon von Gesetzes wegen gem. § 176 Abs. 1 S. 2 den Bericht des Aufsichtsrats über den Jahresabschluss, den Lagebericht und den Gewinnverwendungsvorschlag erläutern muss. Damit ist kein Eingriff in die Autonomie des Aufsichtsrats verbunden, da die Leitung der Hauptversammlung nicht mit der Funktion des Vorsitzes verbunden ist, sondern eine zusätzliche Aufgabe darstellt.[221] Demgemäß kann die Satzung sogar vorsehen, dass der Leiter ein Anteilseignervertreter sein muss, ohne dass darin eine Diskriminierung der Arbeitnehmervertreter zu sehen ist.[222] Von Gesetzes wegen steht ihm diese Funktion allerdings nicht zu.[223] Schließlich kann die Satzung dem Vorsitzenden auch das Recht zur einmaligen Vertagung einer Aufsichtsratssitzung nach pflichtgerechtem Ermessen einräumen. Die Grenze ist dort zu ziehen, wo gegen den Grundsatz der Gleichbehandlung aller Aufsichtsratsmitglieder verstoßen wird.[224] Einen unzulässigen Eingriff in das Selbstorganisationsrecht des Aufsichtsrats stellen hingegen Regelungen über die Zugehörigkeit des Vorsitzenden zu bestimmten Ausschüssen dar.[225]

Bei Gesellschaften, die nicht dem MitbestG unterliegen,[226] kann die **Satzung** dem Vorsitzenden ein **Stichentscheidrecht** übertragen und dieses auch auf den Vorsitzenden beschränken, also Stellvertreter davon ausschließen. Auch wenn die Rechtsstellung des Vorsitzenden verändert wird, ist damit kein Eingriff in die Selbstorganisation des Aufsichtsrats verbunden, da es hier nicht um die Regelung einer reinen Verfahrensfrage, sondern um die Verstärkung der Rechtsposition des Vorsitzenden geht, die nur von der Hauptversammlung als übergeordneter Organisationsinstanz vorgenommen werden kann.[227] Die Geschäftsordnung vermag deshalb einen derartigen Stichentscheid nicht einzuführen.[228] Dagegen kann eingewandt werden, die Regelungskompetenz der Satzung sei im Hinblick auf die Organisationsautonomie gerade auf reine Verfahrensfragen beschränkt, weshalb auch die Geschäftsordnung den Stichentscheid einführen können müsse.[229] Eine solche Sichtweise verkennt, dass es sich hier nicht um eine dem üblichen Rahmen entsprechende Aufsichtsratskompetenz wie zB die Einsetzung der Ausschüsse, sondern um eine vorgelagerte Frage von übergeordneter Bedeutung handelt, die außerhalb der Selbstorganisation eines Gremiums liegt.[230] Abw. ist die Lage bei den Aufsichtsratsausschüssen, für die die Organisationsautonomie dem Aufsichtsrat zugewiesen ist. Hier kann auch die Geschäftsordnung einen Stichentscheid einräumen.[231]

Über die genannten Kompetenzen hinaus hat der Vorsitzende jedoch **weder Weisungsrechte noch disziplinarische Befugnisse,**[232] und solche können ihm auch nicht durch die Satzung oder

---

[220] Kölner Komm AktG/*Mertens*/*Cahn* Rn. 62; MüKoAktG/*Habersack* Rn. 62; Großkomm AktG/*Hopt*/*Roth* Rn. 128; Hölters/*Hambloch-Gesinn*/*Gesinn* Rn. 63.
[221] MüKoAktG/*Habersack* Rn. 57; Großkomm AktG/*Hopt*/*Roth* Rn. 145 f. verweisen darauf, dass § 130 Abs. 1 S. 3 von der Regel der Leitung der Hauptversammlung durch den Aufsichtsratsvorsitzenden ausgeht.
[222] *Messer* FS Kellermann, 1991, 299 (302 ff.); Kölner Komm AktG/*Mertens*/*Cahn* Rn. 67; MüKoAktG/*Habersack* Rn. 65; *E. Vetter* in Marsch-Barner/Schäfer Börsennotierte AG-HdB Rn. 27.11; UHH/*Ulmer*/*Habersack* MitbestG § 27 Rn. 15.
[223] MüKoAktG/*Habersack* Rn. 57; Hüffer/Koch/*Koch* § 129 Rn. 18; *v. Schenck* in Semler/v. Schenck AR-HdB § 4 Rn. 15.
[224] Für mitbestimmte Gesellschaften Kölner Komm AktG/*Mertens*/*Cahn* Anh. B § 117 MitbestG § 28 Rn. 3; *Paefgen,* Struktur und Aufsichtsratsverfassung der mitbestimmten AG: zur Gestaltung der Satzung und der Geschäftsordnung des Aufsichtsrats, 1981, 199 ff.; RVJ/*Raiser* MitbestG § 28 Rn. 4; LG Hamburg NJW 1980, 235; Großkomm AktG/*Oetker* MitbestG § 28 Rn. 10; *Lutter*/*Krieger*/*Verse* Rechte und Pflichten des Aufsichtsrats Rn. 724; → § 108 Rn. 46.
[225] *Lutter*/*Krieger*/*Verse* Rechte und Pflichten des Aufsichtsrats Rn. 768; Kölner Komm AktG/*Mertens*/*Cahn* Rn. 62 und 96; → Rn. 123; Henssler/Strohn/*Henssler* Rn. 11.
[226] Für dem MitbestG unterliegende Gesellschaften s. MüKoAktG/*Habersack* Rn. 67.
[227] Kölner Komm AktG/*Mertens*/*Cahn* Rn. 65; MüKoAktG/*Habersack* Rn. 66; einschränkend Großkomm AktG/*Hopt*/*Roth* Rn. 139, die bei einem stets eingreifenden Stichentscheidungsrecht die Gefahr von Blockaden sehen.
[228] MüKoAktG/*Habersack* Rn. 66; *v. Schenck* in Semler/v. Schenck AR-HdB § 4 Rn. 86; MHdB AG/*Hoffmann-Becking* § 31 Rn. 68; Kölner Komm AktG/*Mertens*/*Cahn* Rn. 65; Hüffer/Koch/*Koch* § 108 Rn. 8; *Lutter*/*Krieger*/*Verse* Rechte und Pflichten des Aufsichtsrats Rn. 734 unter Aufgabe der in der Vorauflage vertretenen abw. Auffassung; aA *E. Vetter* in Marsch-Barner/Schäfer Börsennotierte AG-HdB Rn. 27.9.
[229] So aber Großkomm AktG/*Hopt*/*Roth* Rn. 139 iVm Rn. 243.
[230] So ausdrücklich Kölner Komm AktG/*Mertens*/*Cahn* Rn. 65.
[231] Kölner Komm AktG/*Mertens*/*Cahn* Rn. 65; MüKoAktG/*Habersack* Rn. 66 f. für mitbestimmte Gesellschaften; *Lutter*/*Krieger*/*Verse* Rechte und Pflichten des Aufsichtsrats Rn. 775; Hüffer/Koch/*Koch* Rn. 32; → Nachweise Rn. 108.
[232] AllgM, s. nur MüKoAktG/*Habersack* Rn. 56; Kölner Komm AktG/*Mertens*/*Cahn* Rn. 40; Bürgers/Körber/*Israel* Rn. 9; Grigoleit/*Tomasic* Rn. 16; Hölters/*Hambloch-Gesinn*/*Gesinn* Rn. 60.

die Geschäftsordnung eingeräumt werden.[233] Er kann auch keine abstrakten Regelungen etwa einer Geschäftsordnung treffen.[234] Ebenso wenig kann ihm die **Satzung** entsprechende Befugnisse zusprechen, wohl aber vorsehen, dass ein Aufsichtsratsmitglied Rücksprache mit dem Vorsitzenden zu halten hat, zB bei der Weitergabe von Informationen, ohne dass damit eine Untersagungsbefugnis verbunden werden kann.[235] Generell können dem Vorsitzenden keine Befugnisse per Satzung oder Geschäftsordnung übertragen werden, die zwingend dem Gesamtaufsichtsrat zustehen.[236] Dies bedingt auch, dass dem Vorsitzenden kein Vetorecht gegen Beschlüsse durch Satzung oder Geschäftsordnung eingeräumt werden kann.[237]

51 ff) **Kontrolle der Recht- und Ordnungsmäßigkeit.** Im Rahmen seiner kraft Sachzusammenhangs als Leiter eines Kollegiums zustehenden Kompetenzen hat der Vorsitzende auch die **Recht- und Ordnungsmäßigkeit** der Verfahren sicherzustellen und bei Rechtsmängeln auf deren Abhilfe zu drängen. Dazu gehört insbesondere die Rechtmäßigkeit der Beschlüsse und des Beschlussverfahrens, aber auch die Kontrolle der Berichtspflichten des Vorstands.[238] Insofern kommt dem Aufsichtsratsvorsitzenden, ungeachtet der fehlenden Disziplinarbefugnisse, gegenüber den restlichen Aufsichtsratsmitgliedern eine herausragende Rolle in der aufsichtsratsinternen Compliance- bzw. Regelbefolgung zu.[239] Hinsichtlich dieser Fragen unterliegt der Vorsitzende auch nicht der Kontrolle durch das Plenum, indem dieses seine Auffassung an die Stelle des Vorsitzenden durch Beschluss setzen könnte.[240] Dies gilt insbesondere für das Vorliegen eines Stimmverbots, das allein der Vorsitzende feststellt;[241] allein per Feststellungsklage kann die Unwirksamkeit der Entscheidung geltend gemacht werden.

52 Schließlich hat der Aufsichtsratsvorsitzende bei **Anmeldungen zum Handelsregister** mitzuwirken, etwa nach § 184 Abs. 1 S. 1, § 188 Abs. 1, § 195 Abs. 1, § 207 Abs. 2 S. 1, §§ 223, 229 Abs. 3, § 237 Abs. 2 S. 1.

53 **2. Stellvertreter.** Nach § 107 Abs. 1 ist neben dem Aufsichtsratsvorsitzenden zwingend auch ein Stellvertreter zu wählen. Die Norm lässt jedoch ausdrücklich auch **mehrere Stellvertreter** zu („mindestens").[242] Da §§ 27 ff. MitbestG keine besonderen Regelungen hierzu enthalten und es sich bei der in § 27 Abs. 1 MitbestG gewählten Formulierung „*einen Stellvertreter*" um einen unbestimmten Artikel und nicht um ein Zahlwort handelt, gilt dies auch für mitbestimmte Gesellschaften. Dies zumal der Stellvertreter nach dem MitbestG nicht durch die weiteren Stellvertreter übergangen werden kann und das Kräfteverhältnis innerhalb der Führung des Aufsichtsrats unberührt bleibt.[243]

---

[233] RVJ/*Raiser* MitbestG § 27 Rn. 30; Kölner Komm AktG/*Mertens/Cahn* Rn. 64; Henssler/Strohn/*Henssler* Rn. 11.
[234] Kölner Komm AktG/*Mertens/Cahn* Rn. 40.
[235] → § 116 Rn. 97; Kölner Komm AktG/*Mertens/Cahn* Rn. 64; *Werner* ZGR 1977, 236 (238); *Peus*, Der Aufsichtsratsvorsitzende: Seine Rechtsstellung nach dem Aktiengesetz und dem Mitbestimmungsgesetz, 1983, 388 ff.
[236] AllgM, s. nur Kölner Komm AktG/*Mertens/Cahn* Rn. 62; UHH/*Ulmer/Habersack* MitbestG § 27 Rn. 15; RVJ/*Raiser* MitbestG § 27 Rn. 30.
[237] Kölner Komm AktG/*Mertens/Cahn* Rn. 65; Hüffer/Koch/*Koch* § 108 Rn. 8; MHdB AG/*Hoffmann-Becking* § 31 Rn. 68; MüKoAktG/*Habersack* Rn. 66; *E. Vetter* in Marsch-Barner/Schäfer Börsennotierte AG-HdB Rn. 27.9.
[238] MüKoAktG/*Habersack* Rn. 54; *v. Schenck* in Semler/v. Schenck AR-HdB § 4 Rn. 157 f.; *Peus*, Der Aufsichtsratsvorsitzende: Seine Rechtsstellung nach dem Aktiengesetz und dem Mitbestimmungsgesetz, 1983, 65.
[239] *E. Vetter* Liber Amicorum Winter, 2011, 701 (704); *E. Vetter* FS Graf von Westphalen, 2010, 719 (736).
[240] MüKoAktG/*Habersack* Rn. 52; Kölner Komm AktG/*Mertens/Cahn* Rn. 42, der allerdings in Rn. 63 abw. Satzungs- oder Geschäftsordnungsregelungen zulässt; aA *Peus*, Der Aufsichtsratsvorsitzende: Seine Rechtsstellung nach dem Aktiengesetz und dem Mitbestimmungsgesetz, 1983, 114 f. und Großkomm AktG/*Hopt/Roth* Rn. 108 iVm Rn. 94.
[241] Kölner Komm AktG/*Mertens/Cahn* Rn. 49; MHdB AG/*Hoffmann-Becking* § 31 Rn. 58 f.; MüKoAktG/*Habersack* Rn. 52; *E. Vetter* in Marsch-Barner/Schäfer Börsennotierte AG-HdB Rn. 27.38.
[242] MüKoAktG/*Habersack* Rn. 27; Kölner Komm AktG/*Mertens/Cahn* Rn. 11; Hölters/*Hambloch-Gesinn/Gesinn* Rn. 23; MHdB AG/*Hoffmann-Becking* § 31 Rn. 17; Lutter/Krieger/*Verse* Rechte und Pflichten des Aufsichtsrats Rn. 660; Bürgers/Körber/*Israel* Rn. 10; zur Rechtsstellung des Vertreters in der dualistischen SE: *S.H. Schneider* AG 2008, 887.
[243] Heute weitgehend unstreitig: BGHZ 83, 106 (111 f.) = NJW 1982, 1525 – Siemens mit Anm. *Pulte* EzA MitbestG §§ 25–29, Nr. 3; OLG Hamburg AG 1983, 21 (22); Hüffer/Koch/*Koch* Rn. 10; MüKoAktG/*Habersack* Rn. 27; MüKoAktG/*Gach* MitbestG § 27 Rn. 17; so jetzt auch WKS/*Schubert* MitbestG § 27 Rn. 17; Lutter/Krieger/*Verse* Rechte und Pflichten des Aufsichtsrats Rn. 673; Kölner Komm AktG/*Mertens/Cahn* Anh. B § 117 MitbestG § 27 Rn. 14; Großkomm AktG/*Oetker* MitbestG § 27 Rn. 19; RVJ/*Raiser* MitbestG § 27 Rn. 6 f.; *Paefgen*, Struktur und Aufsichtsratsverfassung der mitbestimmten AG: zur Gestaltung der Satzung und der Geschäftsordnung des Aufsichtsrats, 1981, 286 ff.; *Wank* AG 1980, 148 (149 ff.); aA noch *Meyer-Landrut* DB 1978, 443; GK-MitbestG/*Naendrup* § 27 Rn. 9, die unter Bezugnahme auf die in § 27 Abs. 2 S. 1 und Abs. 3 verwendete Formulierung „seines Stellvertreters" von einem Zahlwort ausgehen.

Insbesondere kommt den weiteren Stellvertretern unter keinen Umständen ein Zweitstimmrecht zu, und sie gehören auch dem Vermittlungsausschuss nicht kraft Gesetzes an (→ Rn. 136). Auch eine Minderung der politischen Bedeutung und des Ansehens der der Arbeitnehmerseite gewährten Stellvertreterposition ist durch die Zulassung weiterer Stellvertreter nicht zu befürchten.[244] Einer Satzungsermächtigung für die Wahl weiterer Stellvertreter bedarf es nicht; der Aufsichtsrat kann sie auch von sich aus wählen. Die Satzung kann indes die Zahl der Stellvertreter bestimmen oder bis auf einen begrenzen.[245]

a) Wahl nach dem AktG. Die Wahl des oder der Stellvertreter richtet sich nach denselben Regeln wie für den Aufsichtsratsvorsitzenden.[246] Die Satzung kann indes Abweichungen vorsehen und zwischen der Wahl des Aufsichtsratsvorsitzenden und des Stellvertreters differenzieren. Hinsichtlich der passiven Wählbarkeit kann die Satzung allerdings nicht festlegen, dass der Stellvertreter aus einer bestimmten Gruppe von Aufsichtsratsmitgliedern stammen muss, insbesondere aus dem Kreis der Anteilseignervertreter.[247] Dies gilt auch für die weiteren Stellvertreter.[248] Etwas anderes ist mit der gesetzlich garantierten Wahlfreiheit („*aus der Mitte des Aufsichtsrats*" – § 107 Abs. 1 S. 1 AktG und § 27 Abs. 1 MitbestG) unvereinbar. Die gesetzliche Konzeption geht von der gleichberechtigten Teilnahme aller Aufsichtsratsmitglieder an den Entscheidungen des Aufsichtsrats aus, wozu auch das gleiche aktive und passive Wahlrecht gehört.[249] Gleiches gilt für die Geschäftsordnung, die auf Grund der überragenden Bedeutung des vorgenannten Grundsatzes für das Organisationsrecht des Aufsichtsrats ebenso wenig die passive Wählbarkeit auf bestimmte Gruppen beschränken kann.[250] 54

b) Wahl nach dem MitbestG. Die Wahl des Stellvertreters des Aufsichtsratsvorsitzenden richtet sich nach § 27 Abs. 1, 2 MitbestG. Im ersten Wahlgang ist eine ⅔-Mehrheit der Sollstärke des Aufsichtsrats erforderlich, im zweiten Wahlgang ist für den Stellvertreter die einfache Mehrheit der abgegebenen Stimmen der Arbeitnehmervertreter ausreichend. Für weitere Stellvertreter sieht das MitbestG keine gesonderten Regelungen vor, so dass sich die Wahl nach den aktienrechtlichen Normen sowie den Satzungsbestimmungen richtet. Die Wahl erfolgt demnach mit einfacher Mehrheit, und in Pattsituationen gibt die Stichstimme des Vorsitzenden (§ 29 Abs. 2 MitbestG) den Ausschlag.[251] 55

c) Beendigung der Amtszeit. Die Beendigung der Amtszeit des Stellvertreters folgt denselben Regeln wie für den Aufsichtsratsvorsitzenden (→ Rn. 30 ff.). Er verliert sein Amt ebenfalls bei Ausscheiden aus dem Aufsichtsrat (§ 107 Abs. 1 S. 1 AktG und § 27 Abs. 1 MitbestG: „aus der Mitte des Aufsichtsrats"). Sein Amt ist nicht gekoppelt an die Amtszeit des Aufsichtsratsvorsitzenden, auch nicht bei mitbestimmten Gesellschaften und gemeinsamer Wahl mit dem Aufsichtsratsvorsitzenden zusammen.[252] 56

d) Rechtsstellung. Der Fall der Stellvertretung tritt ein, wenn der Aufsichtsratsvorsitzende verhindert ist. Der Grund der Verhinderung ist unerheblich; auch Terminkollisionen sind ein Verhinde- 57

---

[244] *Martens* DB 1980, 1381 (1385).
[245] MüKoAktG/*Habersack* Rn. 27; Hüffer/Koch/*Koch* Rn. 10; *Lutter/Krieger/Verse* Rechte und Pflichten des Aufsichtsrats Rn. 660; MHdB AG/*Hoffmann-Becking* § 31 Rn. 17; Kölner Komm AktG/*Mertens/Cahn* Rn. 11.
[246] MHdB AG/*Hoffmann-Becking* § 31 Rn. 18; MüKoAktG/*Habersack* Rn. 27; → Rn. 24; Grigoleit/*Tomasic* Rn. 17.
[247] S. schon AusschussB *Kropff* S. 148; *Lutter/Krieger/Verse* Rechte und Pflichten des Aufsichtsrats Rn. 662; Hüffer/Koch/*Koch* Rn. 4; MüKoAktG/*Habersack* Rn. 19; *E. Vetter* in Marsch-Barner/Schäfer Börsennotierte AG-HdB Rn. 27.16; Hölters/*Hambloch-Gesinn/Gesinn* Rn. 23.
[248] BGHZ 83, 106 (112 f.) = NJW 1982, 1525 – Siemens; Hüffer/Koch/*Koch* Rn. 10; *Lutter/Krieger/Verse* Rechte und Pflichten des Aufsichtsrats Rn. 662; *E. Vetter* in Marsch-Barner/Schäfer Börsennotierte AG-HdB Rn. 27.16; aA die Vorinstanz OLG München NJW 1981, 2201 (2202); dagegen *Raiser* NJW 1981, 2166 (2167 f.).
[249] BGH BGHZ 83, 106 (112 f.) = NJW 1982, 1525 – Siemens; MüKoAktG/*Gach* MitbestG § 27 Rn. 18; Großkomm AktG/*Oetker* MitbestG § 27 Rn. 21; UHH/*Ulmer/Habersack* MitbestG § 27 Rn. 19; *Lutter/Krieger/Verse* Rechte und Pflichten des Aufsichtsrats Rn. 678; *Martens* ZGR 1983, 237 (246 f.).
[250] Hüffer/Koch/*Koch* Rn. 10.
[251] So auch OLG Hamburg AG 1983, 21 (22); MüKoAktG/*Gach* MitbestG § 27 Rn. 19; Großkomm AktG/*Oetker* MitbestG § 27 Rn. 20; UHH/*Ulmer/Habersack* MitbestG § 27 Rn. 19 f.; *Lutter/Krieger/Verse* Rechte und Pflichten des Aufsichtsrats Rn. 673; MHdB AG/*Hoffmann-Becking* § 31 Rn. 30; K. Schmidt/Lutter/*Drygala* Rn. 21; Kölner Komm AktG/*Mertens/Cahn* Rn. 13 und Anh. B § 117 MitbestG § 27 Rn. 5; *Hoffmann/Lehmann/Weinmann* MitbestG § 27 Rn. 41; für ein Verfahren entsprechend § 27 Abs. 1 und 2: RVJ/*Raiser* MitbestG § 27 Rn. 15 und *Raiser* NJW 1981, 2166 (2168); *Martens* DB 1980, 1381 (1384 f.); wiederum anders: *Wank* AG 1980, 148 (153), der nur § 27 Abs. 1 entsprechend heranziehen will; offen: BGHZ 83, 106 (111 f.) = NJW 1982, 1525 – Siemens.
[252] *Säcker* BB 2008, 2252; MHdB AG/*Hoffmann-Becking* § 31 Rn. 33; UHH/*Ulmer/Habersack* MitbestG § 27 Rn. 12; Hüffer/Koch/*Koch* Rn. 7; *E. Vetter* in Marsch-Barner/Schäfer Börsennotierte AG-HdB Rn. 27.22; → Rn. 32.

rungsfall[253] ebenso wie vorübergehende Verhinderungen.[254] In der Regel genügt die Erklärung des Vorsitzenden, dass er verhindert sei, um keine Rechtsunsicherheit eintreten zu lassen; der Stellvertreter muss nicht damit einverstanden sein.[255] Dies soll nach einer Auffassung nicht gelten, wenn der Vorsitzende sein Amt lediglich nicht ausüben will, obwohl er dazu in der Lage ist.[256] Dem ist aber das auf Grund der hervorgehobenen Stellung des Vorsitzenden bestehende Bedürfnis nach klaren Zuständigkeiten entgegenzuhalten. Die gesetzlich vorgesehene ununterbrochene Erfüllung der Funktion des Vorsitzenden gebietet, jegliche in Grenzbereichen auftretenden Unsicherheiten zu vermeiden.[257] Die Gegenauffassung misst demgegenüber der subjektive Elemente nicht berücksichtigenden Formulierung des § 107 Abs. 1 S. 3 zu große Bedeutung bei und verkennt, dass S. 3 lediglich ein gleichzeitiges Handeln von Vorsitzendem und Stellvertreter vermeiden will.[258] Schwerer ins Gewicht fällt hingegen, dass mit der hier vertretenen Subjektivierung dem Vorsitzenden die Befugnis zur Delegation seiner Aufgaben an den Stellvertreter eingeräumt wird.[259] Dies ist aber in Anbetracht der anderweitig drohenden gefährlichen Vakanzen hinnehmbar. Demgemäß ist spätestens bis zur nächsten Möglichkeit der Abberufung des Vorsitzenden zur Sicherung der Handlungsfähigkeit der Stellvertreter zur Ausübung des Amtes berufen. Satzung oder Geschäftsordnung können nur Beispiele für Verhinderungsfälle aufzählen, aber keine abschließende Regelung treffen.[260]

58 Bei **mehreren Stellvertretern** kann die Satzung deren **Reihenfolge** im Falle der Verhinderung des Aufsichtsratsvorsitzenden festlegen.[261] Für **mitbestimmte Gesellschaften** indes würde es dem besonderen Gewicht, dass dem Stellvertreter durch die Wahl in dem gesonderten Wahlgang durch die Arbeitnehmervertreter verliehen wird, nicht gerecht werden, wenn die Satzung vorsähe, dass dieser Stellvertreter im Fall der Verhinderung des Vorsitzenden übergegangen würde.[262] Die gleichberechtigte Teilhabe beider Seiten an der Leitungsfunktion wäre nicht gewährleistet, wenn der dem nach § 27 Abs. 2 MitbestG gewählten Stellvertreter vorgehende Stellvertreter von der Anteilseignerseite gestellt wird.[263] Fehlt es an einer Festlegung, kann der Aufsichtsrat dies in seinem Wahlbeschluss oder sinnvollerweise in seiner Geschäftsordnung regeln. Mangelt es auch hier an Bestimmungen, ist im Hinblick auf die Sicherung der Funktionsfähigkeit des Aufsichtsrats der dienstälteste – nicht der lebensälteste[264] – Stellvertreter zur Vertretung berufen, soweit der Aufsichtsrat nicht ad hoc eine andere Regelung trifft.[265]

59 Ist **kein weiterer Stellvertreter** bestellt, und sind Vorsitzender und Stellvertreter weggefallen, ist auch hier das dienstälteste Aufsichtsratsmitglied bis zur nächsten Möglichkeit der Wahl eines Vorsitzenden zur vorübergehenden Sitzungsleitung berufen. Die **Satzung** ist auf Grund der Autono-

---

[253] *Luther/Rosga* FS Meilicke, 1985, 80 (93); WKS/*Schubert* MitbestG § 27 Rn. 35; zust. Großkomm AktG/*Hopt/Roth* Rn. 154; MüKoAktG/*Habersack* Rn. 70.
[254] Hüffer/Koch/*Koch* Rn. 10; MüKoAktG/*Habersack* Rn. 70.
[255] MüKoAktG/*Habersack* Rn. 70; Kölner Komm AktG/*Mertens/Cahn* Rn. 72: Erklärung der Verhinderung des Vorsitzenden „in der Regel" ausreichend; aA *Peus*, Der Aufsichtsratsvorsitzende: Seine Rechtsstellung nach dem Aktiengesetz und dem Mitbestimmungsgesetz, 1983, 204: einvernehmliche Feststellung der Verhinderung durch Vorsitzenden und Stellvertreter erforderlich.
[256] So schon BegrRegE *Kropff* S. 147 f.; *Lutter/Krieger/Verse* Rechte und Pflichten des Aufsichtsrats Rn. 684; Hüffer/Koch/*Koch* Rn. 10; K. Schmidt/Lutter/*Drygala* Rn. 26; MüKoAktG/*Habersack* Rn. 70; MHdB AG/*Hoffmann-Becking* § 31 Rn. 24; Großkomm AktG/*Hopt/Roth* Rn. 155; *E. Vetter* in Marsch-Barner/Schäfer Börsennotierte AG-HdB Rn. 27.15; Hölters/*Hambloch-Gesinn/Gesinn* Rn. 68.
[257] So auch WKS/*Schubert* MitbestG § 27 Rn. 35; UHH/*Ulmer/Habersack* MitbestG § 27 Rn. 16; *Peus*, Der Aufsichtsratsvorsitzende: Seine Rechtsstellung nach dem Aktiengesetz und dem Mitbestimmungsgesetz, 1983, 203 f.
[258] So zutreffend auch noch GHEK/*Geßler* Rn. 23.
[259] So *v. Schenck* in Semler/v. Schenck AR-HdB § 4 Rn. 29.
[260] Kölner Komm AktG/*Mertens/Cahn* Rn. 72; RVJ/*Raiser* MitbestG § 27 Rn. 35; WKS/*Schubert* MitbestG § 27 Rn. 25.
[261] So wie hier noch MüKoAktG/*Semler*, 2. Aufl. 2004, Rn. 169; anders Großkomm AktG/*Hopt/Roth* Rn. 165; Kölner Komm AktG/*Mertens/Cahn* Rn. 71; K. Schmidt/Lutter/*Drygala* Rn. 27; Hüffer/Koch/*Koch* Rn. 10: Denenzufolge es vorrangig auf die Festlegung der Reihenfolge in Satzung und Geschäftsordnung ankommt.
[262] UHH/*Ulmer/Habersack* MitbestG § 27 Rn. 20; MüKoAktG/*Habersack* Rn. 27; RVJ/*Raiser* MitbestG § 27 Rn. 32; Kölner Komm AktG/*Mertens/Cahn* Rn. 74.
[263] Auf das Erfordernis der gleichberechtigten Teilhabe beider Seiten an der Leitungsfunktion verweisen auch WKS/*Schubert* MitbestG § 27 Rn. 7.
[264] So aber *Lutter/Krieger/Verse* Rechte und Pflichten des Aufsichtsrats Rn. 684; Hüffer/Koch/*Koch* Rn. 10; MHdB AG/*Hoffmann-Becking* § 31 Rn. 17; Hölters/*Hambloch-Gesinn/Gesinn* Rn. 23.
[265] MüKoAktG/*Habersack* Rn. 27, s. aber auch Rn. 170: Sitzung zur Beschlussfassung über Festlegung der Reihenfolge stets erforderlich, wobei jeder Stellvertreter Einberufungsrecht hat; ebenso Kölner Komm AktG/*Mertens/Cahn* Rn. 71, der aber zusätzlich eine Absprache der konkurrierenden Stellvertreter zulässt; für die Möglichkeit einer Absprache auch Großkomm AktG/*Hopt/Roth* Rn. 166, die aber gegen eine grundsätzliche Rangfolge nach Dienstalter sind.

mie des Aufsichtsrats zur Wahl eines Vorsitzenden nicht zu entsprechenden Regelungen befugt.²⁶⁶ Dem mit der **interimsweisen Führung** der Geschäfte des Vorsitzenden beauftragten Aufsichtsratsmitglied stehen aber nicht die organisationsrechtlichen Befugnisse des Vorsitzenden zu. Dies gilt insbesondere für eine satzungsmäßig eingeräumte Stichstimme.²⁶⁷ Unterlässt der Aufsichtsrat es, den Vorsitzenden zu wählen, obliegen dem Gesamtaufsichtsrat bis zu einer gerichtlichen Bestellung des Vorsitzenden (→ Rn. 28) dessen Aufgaben und Pflichten.²⁶⁸

Der Vertreter tritt im Verhinderungsfall in **alle Rechte und Pflichten des Vorsitzenden** ein. **60** Ob dies auch für die satzungsmäßig übertragenen Rechte und Pflichten gilt, muss allerdings im Wege der Auslegung ermittelt werden.²⁶⁹ Dies gilt auch bei **mitbestimmten Gesellschaften,** auch wenn der Stellvertreter dem Kreis der Arbeitnehmervertreter entstammt. Allerdings hat er nicht das **Zweitstimmrecht** des Aufsichtsratsvorsitzenden, das diesem gem. § 29 Abs. 2 S. 3, § 31 Abs. 4 S. 3 MitbestG allein zusteht.²⁷⁰ Der Vorsitzende kann ihm die Zweitstimme nicht zur Ausübung überlassen²⁷¹ und auch die satzungsmäßige Einräumung eines Stichentscheids kommt nicht in Betracht.²⁷² Da schon dem Stellvertreter nach dem MitbestG nicht das Zweitstimmrecht zusteht, kann es auch nicht durch Satzung oder Geschäftsordnung den **weiteren Stellvertretern** verliehen werden.²⁷³ Zwar sprechen für die Stimmrechtsübertragung auf einen weiteren Stellvertreter materielle Gesichtspunkte: Im Gegensatz zu der gesetzlich vorgesehenen Möglichkeit der Ausübung der Stichstimme durch einen Stimmrechtsboten (§ 29 Abs. 2 S. 2 MitbestG iVm § 108 Abs. 3) gewährleistet die Ausübung des Zweitstimmrechts durch einen in der Sitzung anwesenden weiteren Stellvertreter eine situationsbezogene, unter dem Eindruck der aktuellen Diskussion stehende Entscheidung.²⁷⁴ Auch das der Übertragung der Stichstimme auf den ersten Stellvertreter entgegenstehende Argument, die Stichstimme sei ein Instrument der verfassungsrechtlich gebotenen Sicherung des Übergewichts der Anteilseigner, greift zumindest für einen aus den Reihen der Arbeitgeber stammenden weiteren Stellvertreter nicht.²⁷⁵ Allerdings lässt die de lege lata geltende Gesetzeslage keine Berücksichtigung dieser Aspekte zu. Der Gesetzgeber hat im Interesse eindeutiger Verhältnisse auf eine flexible Regelung verzichtet und eine starre Lösung bevorzugt.²⁷⁶ Das Institut der Stimmrechtsübertragung konnte sich im Gesetzgebungsverfahren gerade nicht durchsetzen.²⁷⁷ Weiterhin läge in der satzungsmäßigen

---

²⁶⁶ Die Zulässigkeit einer Satzungsregelung ebenfalls bezweifelnd MüKoAktG/*Semler,* 2. Aufl. 2004, Rn. 26; aA hingegen MüKoAktG/*Habersack* Rn. 23; Kölner Komm AktG/*Mertens/Cahn* Rn. 17 und Großkomm AktG/ *Hopt/Roth* Rn. 23: Satzungs- oder Geschäftsordnungsregelung möglich; ebenso Hölters/*Hambloch-Gesinn/Gesinn* Rn. 72.

²⁶⁷ *v. Schenck* in Semler/v. Schenck AR-HdB § 4 Rn. 30; MüKoAktG/*Habersack* Rn. 23; Kölner Komm AktG/ *Mertens/Cahn* Rn. 75.

²⁶⁸ MüKoAktG/*Habersack* Rn. 23.

²⁶⁹ Kölner Komm AktG/*Mertens/Cahn* Rn. 70; dagegen nimmt *E. Vetter* in Marsch-Barner/Schäfer Börsennotierte AG-HdB Rn. 27.15 an, dass im Zweifel auch satzungsmäßige Rechte und Pflichten auf den Vertreter übergehen.

²⁷⁰ MüKoAktG/*Habersack* Rn. 69; *E. Vetter* in Marsch-Barner/Schäfer Börsennotierte AG-HdB Rn. 27.16; Luther/Rosga FS Meilicke, 1985, 80 (92); Kölner Komm AktG/*Mertens/Cahn* Rn. 70; MHdB AG/*Hoffmann-Becking* § 31 Rn. 35; Hölters/*Hambloch-Gesinn/Gesinn* Rn. 70; *Hoffmann/Preu* Der Aufsichtsrat Rn. 435; *Lutter/Krieger/Verse* Rechte und Pflichten des Aufsichtsrats Rn. 684; RVJ/*Raiser* MitbestG § 27 Rn. 31.

²⁷¹ Großkomm AktG/*Oetker* MitbestG § 29 Rn. 17; Kölner Komm AktG/*Mertens/Cahn* Rn. 66 und Anh. B § 117 MitbestG § 29 Rn. 10; UHH/*Habersack* MitbestG § 29 Rn. 17; *H. P. Westermann* FS R. Fischer, 1979, 835 (845).

²⁷² UHH/*Ulmer/Habersack* MitbestG § 27 Rn. 19; *Martens* DB 1980, 1381 (1386); MüKoAktG/*Habersack* Rn. 69.

²⁷³ UHH/*Ulmer/Habersack* MitbestG § 27 Rn. 20; Hüffer/Koch/*Koch* Rn. 10; MüKoAktG/*Habersack* Rn. 69; Hoffmann/Preu Der Aufsichtsrat Rn. 435; *Schaub* ZGR 1977, 293 (296); *Martens* DB 1980, 1381 (1386); *Wank* AG 1980, 148 (152); aA *Canaris* DB-Beil. Heft 14/1981, 1 (12f.); *H. P. Westermann* FS R. Fischer, 1979, 835 (844 ff., 848): Ausübung der Zweitstimme durch weiteren Stellvertreter nur bei Verhinderung des Vorsitzenden und des ersten Stellvertreters möglich; *Paefgen,* Struktur und Aufsichtsratsverfassung der mitbestimmten AG: zur Gestaltung der Satzung und der Geschäftsordnung des Aufsichtsrats, 1981, 302: Ausübung der Zweitstimme durch weiteren Stellvertreter auch bei Sitzungsleitung durch ersten Stellvertreter möglich.

²⁷⁴ *Martens* DB 1980, 1381 (1386); *Canaris* DB-Beil. Heft 14/1981, 12f.; *Paefgen,* Struktur und Aufsichtsratsverfassung der mitbestimmten AG: zur Gestaltung der Satzung und der Geschäftsordnung des Aufsichtsrats, 1981, 300f.; *H. P. Westermann* FS R. Fischer, 1979, 835 (847 f.): „ferngesteuerte Abstimmungsmaschine".

²⁷⁵ *Paefgen,* Struktur und Aufsichtsratsverfassung der mitbestimmten AG: zur Gestaltung der Satzung und der Geschäftsordnung des Aufsichtsrats, 1981, 299.

²⁷⁶ *Martens* DB 1980, 1381 (1386); UHH/*Ulmer/Habersack* MitbestG § 27 Rn. 19.

²⁷⁷ Die CDU/CSU- Fraktion hatte sich vergeblich um die Einführung dieses Instituts bemüht; dazu *Paefgen,* Struktur und Aufsichtsratsverfassung der mitbestimmten AG: zur Gestaltung der Satzung und der Geschäftsordnung des Aufsichtsrats, 1981, 301 f.; WKS/*Schubert* MitbestG § 29 Rn. 36; Bericht des Ausschusses für Arbeits- und Sozialordnung, BT-Drs. 7/4845, 8 f.

Übertragung der Zweitstimme auf einen weiteren Stellvertreter auch eine mit dem Grundsatz der Gleichbehandlung aller Aufsichtsratsmitglieder nicht zu vereinbarende Bevorzugung der von der Arbeitnehmerseite gestellten Aufsichtsratsmitglieder, da nur sie mit der Wahrnehmung der Zweitstimme betraut werden können.[278] Außerhalb des Verhinderungsfalls soll der Stellvertreter dagegen – abgesehen von seiner Mitgliedschaft im Vermittlungsausschuss – als einfaches Aufsichtsratsmitglied behandelt werden und insbesondere kein umfassendes Informationsrecht gegenüber dem Vorsitzenden haben;[279] dies erscheint indes zur Sicherung der Funktionsfähigkeit des Aufsichtsrats und der gesetzlich angeordneten Kontinuität des Aufsichtsratsvorsitzes kaum sinnvoll, da der Stellvertreter mangels Information kurzfristig das Amt des Vorsitzenden kaum ausfüllen kann.[280] Dies gilt insbesondere auch für mitbestimmte Gesellschaften, wo zur Verwirklichung des Paritätsgedankens eine enge Zusammenarbeit und der gleiche Informationsstand beider Amtsinhaber geboten ist.[281]

61   **3. Anmeldung zum Handelsregister.** Nach § 107 Abs. 1 S. 2 hat der Vorstand dem Handelsregister anzumelden, wer als Aufsichtsratsvorsitzender gewählt wurde, auch dann, wenn das Wahlverfahren bzw. der Beschluss wegen Mängeln gerügt wird. Denn bis zur Feststellung der Nichtigkeit benötigt die AG einen handlungsfähigen Aufsichtsratsvorsitzenden.[282] Es erscheint allerdings zweckmäßig, wenn der Vorstand dem Aufsichtsrat vor der Anmeldung nochmals Gelegenheit gibt, sich mit der Angelegenheit zu befassen.[283] Da es sich nicht um eine Anmeldung „zur Eintragung" handelt, **genügt** die **Schriftform** ohne öffentliche Beglaubigung.[284] Die Vertretung durch den Vorstand richtet sich nach § 78. Angemeldet werden müssen die Namen und Anschriften des Aufsichtsratsvorsitzenden und seiner Stellvertreter,[285] ohne dass deswegen diese Angaben im Handelsregister eingetragen oder in den Gesellschaftsblättern bekannt gemacht würden, da der Vorsitzende nicht gegenüber Dritten (mit Ausnahme des Vorstandes) vertretungsberechtigt ist.[286] Um die Anmeldung durchzusetzen – nicht die Wahl – ist ein Zwangsgeldverfahren nach § 14 HGB möglich.[287]

62   **4. Ehrenvorsitzender.** In der Praxis ist die Ernennung eines Ehrenvorsitzenden des Aufsichtsrats häufig vorzufinden. Aktienrechtlich hat der Ehrenvorsitzende keine organschaftliche Funktion und demnach auch keine Kompetenzen kraft Amtes, sondern ist im Verhältnis zur AG bzw. zum Aufsichtsrat Dritter. Der Ehrenvorsitzende ist demnach lediglich ein Titel, der verliehen wird,[288] entweder von der Hauptversammlung oder auch vom Aufsichtsrat selbst.[289] Die Zuständigkeit kann durch eine abschließende Satzungsregelung begründet werden.[290] Fehlt eine entsprechende Bestimmung –

---

[278] *Martens* DB 1980, 1381 (1386); dagegen *Paefgen*, Struktur und Aufsichtsratsverfassung der mitbestimmten AG: zur Gestaltung der Satzung und der Geschäftsordnung des Aufsichtsrats, 1981, 302.
[279] Kölner Komm AktG/*Mertens/Cahn* Rn. 75; MüKoAktG/*Habersack* R 68; *v. Schenck* in Semler/v. Schenck AR-HdB § 4 Rn. 27; Großkomm AktG/*Hopt/Roth* Rn. 159.
[280] Zutr. *Peus*, Der Aufsichtsratsvorsitzende: Seine Rechtsstellung nach dem Aktiengesetz und dem Mitbestimmungsgesetz, 1983, 205 ff.
[281] WKS/*Schubert* MitbestG § 27 Rn. 35; aA UHH/*Ulmer/Habersack* MitbestG § 27 Rn. 17.
[282] So im Erg. auch Großkomm AktG/*Hopt/Roth* Rn. 41; MüKoAktG/*Habersack* Rn. 37.
[283] Zutr. Großkomm AktG/*Hopt/Roth* Rn. 41.
[284] KG JW 1938, 2281; Kölner Komm AktG/*Mertens/Cahn* Rn. 26; *Lutter/Krieger/Verse* Rechte und Pflichten des Aufsichtsrats Rn. 665; MüKoAktG/*Habersack* Rn. 37; Hüffer/Koch/*Koch* Rn. 11; MHdB AG/*Hoffmann-Becking* § 31 Rn. 14; *E. Vetter* in Marsch-Barner/Schäfer Börsennotierte AG-HdB Rn. 27.23; anders noch LG Frankfurt a. M. JW 1938, 1397 mit zust. Anm. *Dietrich*: Anmeldung unter Wahrung der Form des § 12 HGB.
[285] Hüffer/Koch/*Koch* Rn. 11; *v. Schenck* in Semler/v. Schenck AR-HdB § 4 Rn. 25; MüKoAktG/*Habersack* Rn. 37; Großkomm AktG/*Oetker* Rn. 10.
[286] *Lutter/Krieger/Verse* Rechte und Pflichten des Aufsichtsrats Rn. 665; Kölner Komm AktG/*Mertens/Cahn* Rn. 26; MHdB AG/*Hoffmann-Becking* § 31 Rn. 14.
[287] Hüffer/Koch/*Koch* Rn. 11; Kölner Komm AktG/*Mertens/Cahn* Rn. 25; MüKoAktG/*Habersack* Rn. 37; WKS/*Schubert* MitbestG § 27 Rn. 16.
[288] AllgM Hüffer/Koch/*Koch* Rn. 12; MüKoAktG/*Habersack* Rn. 71; K. Schmidt/Lutter/*Drygala* Rn. 29; Siebel FS Peltzer, 2001, 519, 526; *Johannsen-Roth/Kießling* NZG 2013, 972; *v. Braunbehrens* BB 1981, 2100.
[289] HM, Siebel FS Peltzer, 2001, 519 (528); Kölner Komm AktG/*Mertens/Cahn* Rn. 76 und Vor § 76 Rn. 19, der aber einen Hauptversammlungsbeschluss empfiehlt, um Ehrung das angemessene Gewicht zu verleihen; Hölters/*Hambloch-Gesinn/Gesinn* Rn. 25; Henssler/Strohn/*Henssler* Rn. 15; MHdB AG/*Hoffmann-Becking* § 31 Rn. 26; Hüffer/Koch/*Koch* Rn. 12; Grigoleit/*Tomasic* Rn. 19; *E. Vetter* in Marsch-Barner/Schäfer Börsennotierte AG-HdB Rn. 27.25; MüKoAktG/*Habersack* Rn. 73: Abweichende Satzungsregelung möglich; für reine Hauptsammlungskompetenz, aber satzungsdispositiv: Hennerkes/Schiffer DB 1992, 875; *Lutter* ZIP 1984, 645 (648 ff.); vgl. auch Bürgers/Körber/*Israel* Rn. 11; für eine ausschließliche Zuständigkeit des Aufsichtsrats: *Jüngst* BB 1984, 1583 (1584); *Johannsen-Roth/Kießling* NZG 2013, 972 (973 f.) mit Verweis auf das Selbstorganisationsrecht des Aufsichtsrats; *Lutter/Krieger/Verse* Rechte und Pflichten des Aufsichtsrats Rn. 685.
[290] *Jüngst* BB 1984, 1583 (1584); Hüffer/Koch/*Koch* Rn. 12; *Lutter/Krieger/Verse* Rechte und Pflichten des Aufsichtsrats Rn. 685; Siebel FS Peltzer, 2001, 519 (528); *Lutter* ZIP 1984, 645 (648).

was in der Praxis den Regelfall darstellt[291] – kann zumindest eine ausschließliche Kompetenz der Hauptversammlung nicht angenommen werden.[292] Zwar sprechen Praktikabilitätserwägungen dafür, nur der Hauptversammlung diese Kompetenz zu überantworten, um dem Titel zusätzliches Gewicht zu verleihen. Anders als beim Ehrenvorsitzenden der (gesamten) Gesellschaft[293] kann beim Ehrenvorsitzenden des Aufsichtsrats auch die sachliche Nähe zu der in § 101 verankerten Kompetenz zur Bestellung des Aufsichtsrats nicht geleugnet werden.[294] Doch kann auch der Aufsichtsrat als herausgehobenes Organ verdienstvolle Mitglieder des Aufsichtsrats ernennen, zumal durch die Bestellung eines Ehrenvorsitzenden auch die innere Ordnung des Aufsichtsrats und somit auch dessen Selbstorganisationsrecht tangiert ist.[295] Auch in mitbestimmten Gesellschaften ist die Wahl eines Ehrenvorsitzenden möglich.[296] Der Ehrenvorsitzende kann von dem jeweiligen Organ auch **abberufen** werden, auch von der Hauptversammlung, wenn der Aufsichtsrat den Ehrenvorsitzenden ernannt hat. Der Ehrenvorsitzende ist seinerseits zur Niederlegung des Titels ohne Fristwahrung und Angabe von Gründen berechtigt.[297]

Da der **Ehrenvorsitzende nicht Teil des Organs Aufsichtsrat** wird, kann er an Sitzungen des Aufsichtsrats nur im Rahmen des § 109 Abs. 1 S. 2 teilnehmen.[298] Denn § 109 will die Vertraulichkeit der Beratung und die Beschränkung auf die Organmitglieder erreichen, was mit einer regelmäßigen Teilnahme eines Dritten an sich nicht mehr gewährleistet wäre (→ § 109 Rn. 1). Jedoch kann sich der Aufsichtsrat die Sachkenntnis seines ehemaligen Mitglieds entsprechend einem Sachverständigen zu Nutze machen, allerdings nicht nur aus reinen Prestigegründen. Aus der fehlenden Organmitgliedschaft folgt auch, dass dem Ehrenvorsitzenden keine Informationen weitergegeben werden dürfen, die der Verschwiegenheitspflicht unterfallen; da er lediglich in den Grenzen des § 109 an den Aufsichtsratssitzungen teilnehmen darf, unterliegt er indes hinsichtlich der im Zuge dessen erhaltenen Informationen seinerseits der Verschwiegenheitspflicht.[299] Ebenso wenig hat der Ehrenvorsitzende ein Recht auf die Kenntnisnahme der internen Berichte des Aufsichtsrats.[300] **63**

Möglich ist aber, dass die Satzung den Ehrenvorsitzenden zum **Leiter der Hauptversammlung** bestimmt.[301] Zulässig sind auch Beratungsverträge, für deren Abschluss nach § 78 der Vorstand zuständig ist; bei Verträgen mit einem ehemaligen Aufsichtsratsmitglied sollte wegen § 114 aber auch die Zustimmung des Aufsichtsrates eingeholt werden.[302] Eine Vergütung in Form eines „Ehrensolds" **64**

---

[291] *Siebel* FS Peltzer, 2001, 519 (528); *Lutter* ZIP 1984, 645 (648); *Jüngst* BB 1984, 1583 (1584).
[292] MüKoAktG/*Kubis* § 119 Rn. 9; Hüffer/Koch/*Koch* § 119 Rn. 1; *Johannsen-Roth/Kießling* NZG 2013, 972 (973).
[293] Dazu MüKoAktG/*Spindler* § 76 Rn. 3.
[294] *Lutter* ZIP 1984, 645 (649); *Hennerkes/Schiffer* DB 1992, 875: „Annex-Kompetenz zu § 101"; dagegen *Jüngst* BB 1984, 1583 (1584).
[295] So auch *Jüngst* BB 1984, 1583 (1584), der aber die parallele Zuständigkeit der Hauptversammlung verkennt; grundsätzlich auch *Lutter* ZIP 1984, 645 (650).
[296] *v. Schenck* in Semler/v. Schenck AR-HdB § 4 Rn. 173; *Hoffmann/Lehmann/Weinmann* MitbestG § 27 Rn. 43.
[297] MüKoAktG/*Habersack* Rn. 73; *v. Schenck* in Semler/v. Schenck AR-HdB § 4 Rn. 175; Hölters/*Hambloch-Gesinn/Gesinn* Rn. 26.
[298] *Kindl*, Die Teilnahme an der Aufsichtsratssitzung, 1993, 46; Lutter/Krieger/*Verse* Rechte und Pflichten des Aufsichtsrats Rn. 703; *Hennerkes/Schiffer* DB 1992, 875 (876); MHdB AG/*Hoffmann-Becking* § 31 Rn. 26; MüKoAktG/*Habersack* Rn. 71; Hüffer/Koch/*Koch* Rn. 12; K. Schmidt/Lutter/*Drygala* Rn. 29; Obermüller/Winden/*Werner* DB 1964, 1327; *v. Braunbehrens* BB 1981, 2100; Hölters/*Hambloch-Gesinn/Gesinn* Rn. 27; Grigoleit/*Tomasic* Rn. 19; E. *Vetter* in Marsch-Barner/Schäfer Börsennotierte AG-HdB Rn. 27.25; NK-AktR/*Breuer/Fraune* Rn. 17; aA *Jüngst* BB 1984, 1583 (1584 f.): Sitzungsleiter entscheidet über Teilnahme des Ehrenvorsitzenden und schließt ihn bei entsprechendem Mehrheitsbeschluss oder bei Gefährdung der ordnungsgemäßen Durchführung der Sitzung aus; zustimmend *Siebel* FS Peltzer, 2001, 519 (533 f.). Nach *Johannsen-Roth/Kießling* NZG 2013, 972 (975 ff.) müsse für den Ehrenvorsitzenden in teleologischer Auslegung des § 109 Abs. 1 S. 1 ein dauerhaftes Teilnahmerecht bestehen.
[299] Lutter/Krieger/*Verse* Rechte und Pflichten des Aufsichtsrats Rn. 686; *Hennerkes/Schiffer* DB 1992, 875 (876); MHdB AG/*Hoffmann-Becking* § 31 Rn. 26; *v. Braunbehrens* BB 1981, 2100 (2101); *Lutter* ZIP 1984, 645 (651, 653); aA *Jüngst* BB 1984, 1583 (1584 f.): Kein Anspruch des Ehrenvorsitzenden, aber freiwillige Unterrichtung durch Vorstand oder Aufsichtsratsvorsitzenden ist auch nicht pflichtwidrig; Hüffer/Koch/*Koch* Rn. 12; offen: *Siebel* FS Peltzer, 2001, 519 (535).
[300] *Lutter* ZIP 1984, 645 (652); MüKoAktG/*Habersack* Rn. 71; MHdB AG/*Hoffmann-Becking* § 31 Rn. 26; Hüffer/Koch/*Koch* Rn. 12; Lutter/Krieger/*Verse* Rechte und Pflichten des Aufsichtsrats Rn. 686; *Hennerkes/Schiffer* DB 1992, 875 (876); anders unter Hinweis auf nachwirkende Treuepflichten *Jüngst* BB 1984, 1583 (1585); ebenso *Johannsen-Roth/Kießling* NZG 2013, 972 (976 f.); zust. wohl *Siebel* FS Peltzer, 2001, 519 (535); die gegenteilige Auffassung in MüKoAktG/*Spindler* § 76 Rn. 3 wird aufgegeben.
[301] *Lutter* ZIP 1984, 645 (651); K. Schmidt/Lutter/*Drygala* Rn. 29; MHdB AG/*Hoffmann-Becking* § 31 Rn. 26; *Siebel* FS Peltzer, 2001, 519 (534).
[302] Hüffer/Koch/*Koch* Rn. 12.

erhält der Ehrenvorsitzende nur, wenn die Satzung dies festlegt.³⁰³ Hierfür sprechen die Nähe des Ehrenvorsitzenden des Aufsichtsrats zur Vergütung nach § 113 und die grundsätzlich fehlende Kompetenz des Aufsichtsrats, selbstständig dauerhaft bestimmte Vergütungen festzusetzen.³⁰⁴

V. Sitzungsniederschriften (Abs. 2)

Schrifttum: *Brinkschmidt,* Die Protokolle des Aufsichtsrats und seiner Ausschüsse, Diss. Kiel 1992; *Glanz,* Die ordnungsgemäße Unterzeichnung des Verwaltungs-/Aufsichtsratsprotokolls – Sitzungsleitung, Stellvertretung und Mandatswechsel, LKV 2010, 213; *Hauptmann,* Rechte und Pflichten des ausgeschiedenen Aufsichtsratsmitglieds, AG 2017, 329; *Hersch,* Die Niederschrift der Beschlussfassung des Aufsichtsrats, NZG 2017, 854; *Peus,* Der Aufsichtsratsvorsitzende: Seine Rechtsstellung nach dem Aktiengesetz und dem Mitbestimmungsgesetz, Diss. Bochum 1983; *Peus,* Besitz an Aufsichtsratprotokollen und deren Beschlagnahme, ZGR 1987, 545; *Roth/Schoneweg,* Einsicht in Aufsichtsratsprotokolle als due diligence defense, NZG 2004, 206;

65 Das Protokoll jeder³⁰⁵ Aufsichtsratssitzung hat in praxi eine erhebliche Bedeutung, auch wenn es sich auf den ersten Blick nur um eine formale Frage handelt.³⁰⁶ Denn wenn es um Schadensersatzforderungen gegen Aufsichtsratsmitglieder, die Wirksamkeit von Beschlüssen oder andere streitige Fragen geht, hat das Protokoll eine hohe Beweisfunktion (→ Rn. 72). Aber auch um Sicherheit über die Beschlusslage zu haben, ist ein Protokoll unabdingbar.

66 **1. Anfertigung des Protokolls durch Aufsichtsratsvorsitzenden.** Nach § 107 Abs. 2 S. 1 hat der Aufsichtsratsvorsitzende, im Verhinderungsfall sein Stellvertreter oder hilfsweise der Sitzungsleiter, die Niederschrift zu unterzeichnen, wovon ihn weder Satzung noch Geschäftsordnung befreien können.³⁰⁷ Die Anfertigung des Protokolls wird dagegen von § 107 Abs. 2 nicht geregelt. Zwar kann der Unterzeichner auch selbst das Protokoll anfertigen, doch wird er oft einen Protokollführer heranziehen, der weder zum Aufsichtsrat noch zum Vorstand gehört, sondern meist eine gehobene Stellung auf der Führungsebene der Gesellschaft einnehmen wird, zB einen Syndikus. Sofern kein Aufsichtsratsmitglied widerspricht, kann der Aufsichtsratsvorsitzende trotz § 109 den **Protokollführer** zur Sitzung hinzuziehen, da es sich um eine nötige Hilfsfunktion handelt.³⁰⁸ Ein Recht des Aufsichtsratsvorsitzenden, den weder dem Aufsichtsrat noch dem Vorstand angehörenden Protokollführer auch gegen den Widerspruch einzelner hinzuziehen zu können, wird man jedoch wegen § 109 Abs. 1 nicht annehmen können.³⁰⁹ Die Auswahl des Protokollführers obliegt dem pflichtgemäßen Ermessen des Vorsitzenden, insbesondere hinsichtlich der nötigen Verschwiegenheit, worüber sich allerdings das Plenum per Mehrheitsbeschluss hinwegsetzen kann.³¹⁰ Auch bei Zuziehung eines Protokollführers bleibt es jedoch dabei, dass der Aufsichtsratsvorsitzende selbst das Protokoll unterzeichnen muss und für dessen Richtigkeit allein verantwortlich zeichnet.³¹¹ Sofern alle Aufsichtsratsmitglieder einverstanden sind, kann auch ein Tonbandmitschnitt angefertigt werden.³¹²

67 Die Pflicht zur Protokollerstellung bezieht sich dem Wortlaut des § 107 Abs. 2 S. 1 nach nur auf Sitzungen des Aufsichtsrats, nicht dagegen auf Beschlussfassungen, die im schriftlichen Umlaufverfahren, im Wege der **Telefon- oder Telekonferenz** stattfinden. Abgesehen vom schriftlichen Verfahren liegt es jedoch auf der Hand, dass auch für Telefon- und Telekonferenzen die Flüchtigkeit des Wortes und des gefassten Beschlusses eine entsprechende Anwendung von § 107 Abs. 2 erfordern.³¹³

---

³⁰³ MüKoAktG/*Habersack* Rn. 72; *v. Schenck* in Semler/v. Schenck AR-HdB § 4 Rn. 176; *Johannsen-Roth/Kießling* NZG 2013, 972 (974); *Lutter* ZIP 1984, 645 (653); *Hennerkes/Schiffer* DB 1992, 875 (876 f.).
³⁰⁴ MüKoAktG/*Habersack* Rn. 73; *v. Schenck* in Semler/v. Schenck AR-HdB § 4 Rn. 175; Hölters/*Hambloch-Gesinn/Gesinn* Rn. 26; anders *Siebel* FS Peltzer, 2001, 519 (535 f.): Hauptversammlung und Aufsichtsrat parallel zuständig; ähnlich Kölner Komm *Mertens/Cahn* Vor § 76 Rn. 19.
³⁰⁵ Auch für die erste Sitzung ist ein Protokoll zu fertigen, MüKoAktG/*Habersack* Rn. 75; Bürgers/Körber/*Israel* Rn. 14; Wachter/*Schick* Rn. 10.
³⁰⁶ Zur faktischen Bedeutung der Protokolle iRe Unternehmenskaufs: *Roth/Schoneweg* NZG 2004, 206.
³⁰⁷ MüKoAktG/*Habersack* Rn. 78; Hüffer/Koch/*Koch* Rn. 13; WKS/*Schubert* MitbestG § 25 Rn. 100; Wachter/*Schick* Rn. 10; Hölters/*Hambloch-Gesinn/Gesinn* Rn. 80.
³⁰⁸ Kölner Komm AktG/*Mertens/Cahn* Rn. 80; K. Schmidt/Lutter/*Drygala* Rn. 31; Hüffer/Koch/*Koch* Rn. 13; MHdB AG/*Hoffmann-Becking* § 31 Rn. 51; NK-AktR/*Breuer/Fraune* Rn. 22.
³⁰⁹ Hüffer/Koch/*Koch* Rn. 13; Kölner Komm AktG/*Mertens/Cahn* Rn. 80; RVJ/*Raiser* MitbestG § 25 Rn. 19; aA MHdB AG/*Hoffmann-Becking* § 31 Rn. 54; UHH/*Ulmer/Habersack* MitbestG § 25 Rn. 23, die hier für Teilnahme bis zum entgegenstehenden Mehrheitsbeschluss plädieren; so auch Großkomm AktG/*Hopt/Roth* Rn. 175; MüKoAktG/*Habersack* Rn. 76 und Henssler/Strohn/*Henssler* Rn. 17.
³¹⁰ Vgl. MHdB AG/*Hoffmann-Becking* § 31 Rn. 54.
³¹¹ Hüffer/Koch/*Koch* Rn. 13; MHdB AG/*Hoffmann-Becking* § 31 Rn. 108; *E. Vetter* in Marsch-Barner/Schäfer Börsennotierte AG-HdB Rn. 27.75.
³¹² MüKoAktG/*Habersack* Rn. 77; Großkomm AktG/*Hopt/Roth* Rn. 176.
³¹³ Kölner Komm AktG/*Mertens/Cahn* Rn. 90; MHdB AG/*Hoffmann-Becking* § 31 Rn. 112; *Lutter/Krieger/Verse* Rechte und Pflichten des Aufsichtsrats Rn. 707.

Die Sitzungsniederschrift muss **inhaltlich** nach § 107 Abs. 2 S. 2 auf jeden Fall Tag und Ort **68** der Sitzung, die Teilnehmer, die gefassten Beschlüsse genau in ihrem Wortlaut einschließlich der Anträge, das Abstimmungsverhalten unter Aufführung der Zustimmungen, Ablehnungen und Enthaltungen sowie die Beratungen in ihren wesentlichen Grundzügen, die zum Verständnis der Beschlüsse erforderlich sind, festhalten.[314] Auch ein Ergebnisprotokoll, das die Beschlüsse sowie die wesentlichen Punkte der Diskussion zusammenfasst, ist zulässig,[315] ein Ergebnisprotokoll, welches lediglich die Beschlussergebnisse beinhaltet, genügt hingegen nicht.[316] Sind **Unterlagen** dem Aufsichtsrat vorgelegt worden, müssen diese nicht dem Protokoll beigefügt werden, außer wenn Beschlüsse sich unmittelbar auf diese Unterlagen beziehen und sonst nicht verständlich sind.[317] Andernfalls kann später nicht mehr der Inhalt der Beschlüsse nachvollzogen werden.[318] Zum wesentlichen Inhalt der Verhandlungen gehört aber nicht die detaillierte Wiedergabe dessen, was zu einzelnen Fragen geäußert worden ist. Sollte eine wörtliche Protokollierung erwünscht sein, ist zu fordern, dass dieses bereits in der Sitzung verlangt wird, da ansonsten keine Protokollierung zu erwarten ist.[319] Differenziert wird teilweise danach, ob allgemeine Erklärungen oder nur Widersprüche protokolliert werden müssen. So sollen einzelne Mitglieder nicht das Recht auf wörtliche Protokollierung der von ihnen abgegebenen Erklärungen haben.[320] Dies erscheint indes vor dem Hintergrund der persönlichen Haftung des Aufsichtsratsmitglieds zweifelhaft, da auch die Gründe, warum ein Mitglied Widerspruch erhebt, ausschlaggebend sein können.[321] Gleiches gilt für das persönliche Abstimmungsverhalten.[322]

Die **Schriftform** oder eine äquivalente elektronische Form (§ 126a BGB) ist ausreichend. Auch **69** kann das Protokoll vorbehaltlich eines Widerspruchs eines Aufsichtsratsmitglieds in einer **Fremdsprache** gehalten sein.[323] Allein der Vorsitzende hat die Niederschrift zu unterzeichnen, eine zusätzliche **Unterschrift des Protokollführers** ist grds. nicht erforderlich,[324] kann aber in Satzung oder Geschäftsordnung festgelegt werden.[325]

Eine förmliche Genehmigung des Protokolls bei der nächsten Sitzung ist von § 107 Abs. 2 nicht **70** vorgesehen, kann aber durch die Geschäftsordnung vorgeschrieben werden, auch dergestalt, dass bei fehlendem Widerspruch innerhalb einer bestimmten Frist ab Erhalt der Niederschrift diese als genehmigt gilt.[326] Bei **unterschiedlichen Auffassungen** über den Verlauf der Sitzung ist allein die Wahrnehmung des Aufsichtsratsvorsitzenden maßgeblich, nicht diejenige des Protokollführers.[327] Das schließt nicht aus, dass in einem Streit über die Richtigkeit des Protokolls der Protokollführer als Zeuge gehört werden kann. Über **Berichtigungswünsche** von anderen Aufsichtsrats-

---

[314] Hüffer/Koch/*Koch* Rn. 14; K. Schmidt/Lutter/*Drygala* Rn. 32; MüKoAktG/*Habersack* Rn. 79; Kölner Komm AktG/*Mertens*/*Cahn* Rn. 78; *Brinkschmidt*, Die Protokolle des Aufsichtsrats und seiner Ausschüsse, 1992, 71; Wachter/*Schick* Rn. 11.
[315] Kölner Komm AktG/*Mertens*/*Cahn* Rn. 78; MüKoAktG/*Habersack* Rn. 79; *Brinkschmidt*, Die Protokolle des Aufsichtsrats und seiner Ausschüsse, 1992, 62 ff.
[316] E. *Vetter* in Marsch-Barner/Schäfer Börsennotierte AG-HdB Rn. 27.73; MüKoAktG/*Habersack* Rn. 79.
[317] Zutr. *Lutter*/*Krieger*/*Verse* Rechte und Pflichten des Aufsichtsrats Rn. 708; Großkomm AktG/*Hopt*/*Roth* Rn. 182; krit. Kölner Komm AktG/*Mertens*/*Cahn* Rn. 78.
[318] Zutr. *Lutter*/*Krieger*/*Verse* Rechte und Pflichten des Aufsichtsrats Rn. 708; aA aber Kölner Komm AktG/*Mertens*/*Cahn* Rn. 78; MüKoAktG/*Habersack* Rn. 80.
[319] OLG München ZIP 1981, 293 (295).
[320] *Lutter*/*Krieger*/*Verse* Rechte und Pflichten des Aufsichtsrats Rn. 709; MHdB AG/*Hoffmann-Becking* § 31 Rn. 107; UHH/*Ulmer*/*Habersack* MitbestG § 25 Rn. 23; so wohl auch WKS/*Schubert* MitbestG § 25 Rn. 101.
[321] Zutr. Großkomm AktG/*Hopt*/*Roth* Rn. 185, die ein solches Recht konsequent ablehnen, wenn eine Haftung nach §§ 93, 116 eindeutig ausgeschlossen ist.
[322] S. auch Kölner Komm AktG/*Mertens*/*Cahn* Rn. 79; Großkomm AktG/*Hopt*/*Roth* Rn. 182; MüKoAktG/*Habersack* Rn. 80; UHH/*Ulmer*/*Habersack* MitbestG § 25 Rn. 23; E. *Vetter* in Marsch-Barner/Schäfer Börsennotierte AG-HdB Rn. 27.73; teilweise aA *Lutter*/*Krieger*/*Verse* Rechte und Pflichten des Aufsichtsrats Rn. 708 f., wonach nur das Abstimmungsverhältnis protokolliert werden muss.
[323] Kölner Komm AktG/*Mertens*/*Cahn* Rn. 84; MüKoAktG/*Habersack* Rn. 77; Bürgers/Körber/*Israel* Rn. 14; Hölters/*Hambloch-Gesinn*/*Gesinn* Rn. 79; v. Schenck in Semler/v. Schenck AR-HdB § 5 Rn. 158 ff.; *Brinkschmidt*, Die Protokolle des Aufsichtsrats und seiner Ausschüsse, 1992, 45.
[324] Kölner Komm AktG/*Mertens*/*Cahn* Rn. 82; Hüffer/Koch/*Koch* Rn. 13; MüKoAktG/*Habersack* Rn. 78; *Lutter*/*Krieger*/*Verse* Rechte und Pflichten des Aufsichtsrats Rn. 710; E. *Vetter* in Marsch-Barner/Schäfer Börsennotierte AG-HdB Rn. 27.75.
[325] Großkomm AktG/*Hopt*/*Roth* Rn. 178; v. Schenck in Semler/v. Schenck AR-HdB § 5 Rn. 158.
[326] MHdB AG/*Hoffmann-Becking* § 31 Rn. 110 f.; *Vetter* in Marsch-Barner/Schäfer Börsennotierte AG-HdB Rn. 27.75; Großkomm AktG/*Hopt*/*Roth* Rn. 189; Kölner Komm AktG/*Mertens*/*Cahn* Rn. 83: Pflicht des Aufsichtsratsvorsitzenden zur Berücksichtigung des Widerspruchs nur, wenn dieser bis spätestens zur nächsten Sitzung erfolgt.
[327] MüKoAktG/*Habersack* Rn. 76; Kölner Komm AktG/*Mertens*/*Cahn* Rn. 83; Hüffer/Koch/*Koch* Rn. 13.

mitgliedern entscheidet der Aufsichtsratsvorsitzende allein, nicht der Aufsichtsrat per Beschluss, da das Gesetz ihm diese Aufgabe zuweist und nicht dem gesamten Aufsichtsrat.[328] Der Vorsitzende ist für die inhaltliche Richtigkeit verantwortlich.[329] Dem Aufsichtsratsmitglied ist jedoch das Recht einzuräumen, einen Widerspruch gegen die Richtigkeit des Protokolls zur Niederschrift abzugeben. Ausgeschiedene Aufsichtsratsmitglieder haben keinen Anspruch auf Berichtigung des Protokolls.[330]

71 Die Protokolle sind vom Vorsitzenden zu **verwahren,** der nach hM als Besitzdiener der Gesellschaft fungiert. Die Gegenansicht sieht den Aufsichtsratsvorsitzenden nicht als Besitzdiener. Sollte der Aufsichtsratsvorsitzende als Besitzdiener nach § 855 BGB gesehen werden, würde dieses Weisungsgebundenheit des Aufsichtsrates zur Folge haben. Der Besitzdiener müsste derart untergeordnet sein, dass er die Weisungen des Besitzherrn schlechthin zu befolgen hat und dieser notfalls selbst eingreifen kann.[331] Dieses würde bedeuten, dass der Aufsichtsratsvorsitzende den Weisungen des Vorstandes, der dann als Organbesitzer der AG fungiert, unterworfen wäre. Der Aufsichtsratsvorsitzende der AG ist daher im Gegensatz zu Arbeitnehmern nicht als Besitzdiener zu qualifizieren. Vielmehr übt der Aufsichtsratsvorsitzende den Besitz für die AG als Organbesitzer aus.[332] Der Vorsitzende kann die Verwahrung aber auch in die Hände des Vorstandes geben,[333] sofern die Protokolle keine vertraulichen Angaben enthalten, die nicht für den Vorstand bestimmt sind. Dementsprechend darf der Aufsichtsrat dem Vorstand auch Einsicht in die Protokolle gewähren, sofern kein besonderes Interesse an der Vertraulichkeit des Protokolls gegenüber dem Vorstand besteht.[334] Ein Einsichtsrecht steht dem Vorstand deshalb aber nicht zu.[335] Denn ein Recht des Vorstandes besteht auch bei der Teilnahme an den Sitzungen des Aufsichtsrates nicht (→ § 109 Rn. 14). Für die Frage der Einsicht in die Protokolle sollte gleiches gelten, weil die Gefahr des Zugangs zu vertraulichen Angaben hier in gleicher Weise besteht.[336]

72 **2. Rechtswirkungen des Protokolls.** Die Niederschrift hat keinerlei konstitutive Wirkung für Aufsichtsratsbeschlüsse, die auch ohne entsprechende Niederschrift gelten, wie § 107 Abs. 2 S. 3 ausdrücklich festhält. Dagegen entfaltet die Niederschrift **Beweisfunktion,** indem das ordnungsgemäße Protokoll die Vermutung dafür begründet, dass die protokollierten Beschlüsse tatsächlich so gefasst und in der beschriebenen Weise beraten wurden.[337] Umgekehrt kann das Protokoll auch Hinweise darauf geben, dass etwa der Aufsichtsrat sich nicht ausreichend mit Vorgängen befasst hat.[338]

---

[328] Kölner Komm AktG/*Mertens/Cahn* Rn. 83; MHdB AG/*Hoffmann-Becking* § 31 Rn. 110; Hüffer/Koch/*Koch* Rn. 14; K. Schmidt/Lutter/*Drygala* Rn. 33; *Drinhausen/Marsch-Barner* AG 2014, 337 (339).

[329] OLG München ZIP 1981, 293 (294); *E. Vetter* in Marsch-Barner/Schäfer Börsennotierte AG-HdB Rn. 27.75; Kölner Komm AktG/*Mertens/Cahn* Rn. 82; MHdB AG/*Hoffmann-Becking* § 31 Rn. 108; Hüffer/Koch/*Koch* Rn. 13.

[330] *Hauptmann,* AG 2017, 329 (331 f.).

[331] Palandt/*Herrler* BGB § 855 Rn. 1; MüKoBGB/*Joost* § 855 Rn. 3 ff.; Erman/*A. Lorenz* BGB § 855 Rn. 2.

[332] *Peus* ZGR 1987, 545 (546 f.); Hüffer/Koch/*Koch* Rn. 16; aA Henssler/Strohn/*Henssler* Rn. 21.

[333] Kölner Komm AktG/*Mertens/Cahn* Rn. 94; MüKoAktG/*Habersack* Rn. 89; Hölters/*Hambloch-Gesinn/Gesinn* Rn. 87; *Peus,* Der Aufsichtsratsvorsitzende: Seine Rechtsstellung nach dem Aktiengesetz und dem Mitbestimmungsgesetz, Diss. 1983, 134: Pflicht des Vorstands zur personellen und sachlichen Unterstützung.

[334] *Brinkschmidt,* Die Protokolle des Aufsichtsrats und seiner Ausschüsse, 1992, 132; Großkomm AktG/*Hopt/Roth* Rn. 192; Kölner Komm AktG/*Mertens/Cahn* Rn. 89; *Matthießen,* Stimmrecht und Interessenkollisionen im Aufsichtsrat, 1989, 254; *E. Vetter* in Marsch-Barner/Schäfer/Börsennotierte AG-HdB Rn. 27.76; aA *Peus,* Der Aufsichtsratsvorsitzende: Seine Rechtsstellung nach dem Aktiengesetz und dem Mitbestimmungsgesetz, 1983, 134 (181), der die Einsichtgewährung insgesamt für unzulässig hält. Dabei übersieht Peus jedoch, dass der Aufsichtsrat auch beratend tätig werden kann und dann mit dem Vorstand zusammenarbeitet. In diesem Fall sollte er dem Vorstand dann aber auch Einsicht in die Protokolle gewähren.

[335] Zutr. *Brinkschmidt,* Die Protokolle des Aufsichtsrats und seiner Ausschüsse, 1992, 132; insofern auch *Peus,* Der Aufsichtsratsvorsitzende: Seine Rechtsstellung nach dem Aktiengesetz und dem Mitbestimmungsgesetz, 1983, 134, 181; *Peus* ZGR 1987, 545 (546 f.).

[336] Auch *Brinkschmidt,* Die Protokolle des Aufsichtsrats und seiner Ausschüsse, 1992, 131 f. betont den Zusammenhang der Einsichtnahme in die Protokolle mit der Teilnahme des Vorstands an den Aufsichtsratssitzungen.

[337] KG AG 2005, 205 (206); OLG Hamburg AG 1992, 197 (198); *Glanz* LKV 2010, 213 (215); *E. Vetter* in Marsch-Barner/Schäfer Börsennotierte AG-HdB Rn. 27.72; Hüffer/Koch/*Koch* Rn. 15; MüKoAktG/*Habersack* Rn. 85; UHH/*Ulmer/Habersack* MitbestG § 25 Rn. 23; *v. Schenck* in Semler/v. Schenck AR-HdB § 5 Rn. 162; einschränkend Kölner Komm AktG/*Mertens/Cahn* Rn. 85: nur wenn keine offensichtlichen Mängel vorhanden sind; ebenso Großkomm AktG/*Hopt/Roth* Rn. 191, die jedoch darüber hinaus verlangen, dass kein Widerspruch eingelegt wurde; aA GK-MitbestG/*Naendrup* MitbestG § 25 Rn. 77; Hölters/*Hambloch-Gesinn/Gesinn* Rn. 82; *Peus,* Der Aufsichtsratsvorsitzende: Seine Rechtsstellung nach dem Aktiengesetz und dem Mitbestimmungsgesetz, 1983, 129 ff.: nur der tatsächlich gefasste Beschluss gilt; *Brinkschmidt,* Die Protokolle des Aufsichtsrats und seiner Ausschüsse, 1992, 113 ff. Rechtsvergleichend mit US-Recht: *Roth/Schoneweg* NZG 2004, 206.

[338] BAG NZG 2017, 69 Rn. 82; *Hersch* NZG 2017, 854 (857).

Verstöße gegen Form oder Inhalts des Protokolls, zB die fehlende Unterschrift des Vorsitzenden 73 oder ein ungenügender Inhalt, führen gem. § 107 Abs. 2 S. 3 nicht zur Beschlussunwirksamkeit.[339] Unberührt davon bleiben etwaige Schadensersatzansprüche gegen den Vorsitzenden.

3. Abschriften der Protokolle. Angesichts der möglichen Beweiswirkungen der Protokolle 74 räumt § 107 Abs. 2 S. 4 jedem – auch dem bei der Sitzung nicht anwesenden – Aufsichtsratsmitglied zwingend und nicht satzungsdispositiv[340] einen Anspruch auf Aushändigung des Protokolls ein. Eine Aushändigung bedeutet nicht bloße Einsichtsgewährung[341] sondern einmalige, nicht wiederholte Übergabe eines **Vervielfältigungsstücks**.[342] Die **Satzung** kann auch vorsehen, dass der Vorsitzende jedem Aufsichtsratsmitglied von sich aus eine Abschrift zukommen lassen muss.[343]

Das **ausscheidende Aufsichtsratsmitglied** hat die ihm im Rahmen seiner Amtstätigkeit überlas- 75 senen Geschäftsunterlagen nach dem Grundgedanken der §§ 666 f. BGB zurückzugeben;[344] sofern das Aufsichtsratsmitglied befürchtet, später auf Schadensersatz in Anspruch genommen zu werden, hat es einen entsprechenden Anspruch auf Auskunft oder Einsicht in die Unterlagen der AG.[345] Aus § 107 Abs. 2 S. 4 ergibt sich dabei nicht, dass die Aufsichtsratsprotokolle in seinem Besitz zu verbleiben haben.[346] Die Geschäftsordnung kann hierzu Näheres bestimmen.[347]

Der **Anspruch** auf Aushändigung der Niederschrift **entfällt** allerdings, wenn dadurch der Zweck 76 eines Teilnahmeausschlusses nach § 109 Abs. 2 unterlaufen würde.[348] Ferner gilt der Anspruch nur für Niederschriften während der Zeit der Mitgliedschaft des Aufsichtsratsmitglieds; für frühere Perioden genügt eine Einsichtnahme in die Protokolle.[349]

Umstritten ist jedoch, in welcher Weise das Aufsichtsratsmitglied seinen Anspruch durchsetzen 77 kann und gegen wen. Da das Gesetz die Aushändigung als Anspruch des Mitglieds ausgestaltet, ist von einem eigenen **Klagerecht** auszugehen.[350] Andernfalls ginge der Anspruch oft ins Leere. Da der Aufsichtsratsvorsitzende die Niederschriften unterzeichnet und ausfertigt, ist er als Teil-Organ passiv legitimiert.[351] So wird die AG zwar grundsätzlich vom Vorstand vertreten, sinnvoll kann aber nur sein, dasjenige Organ als Besitzorgan zu qualifizieren, das nach der Kompetenzordnung der AG zuständig ist. Im Protokoll schlägt sich zwar das Organhandeln des gesamten Aufsichtsrates nieder, aber gerade durch den Anspruch des Aufsichtsratsmitglieds auf Aushändigung einer Abschrift des Originalprotokolls kann nur der Aufsichtsratvorsitzende als passivlegitimiert anzusehen sein.[352] Die wohl hM will dagegen die durch den Vorstand vertretene AG als passiv legitimiert ansehen, da sie den Anspruch erfüllen könne.[353] Dies ändert jedoch nichts daran, dass die AG zur Erfüllung des Anspruchs wiederum den Aufsichtsratsvorsitzenden heranziehen muss, demgegenüber nur schwer durchsetzbare Sanktionsmittel bestehen, da eine gerichtliche Abberufung wegen einer fehlenden Aushändigung eines Protokolls nicht in Betracht kommen dürfte. Problematisch bei einer Klage gegen die Gesellschaft ist ferner, dass der Vorstand als Vertreter der Gesellschaft eine Position zu verteidigen hat, die nicht die eigene ist und die er eventuell selbst gar nicht verteidigen will.

---

[339] AG Ingolstadt AG 2002, 110 (111); *Peus*, Der Aufsichtsratsvorsitzende: Seine Rechtsstellung nach dem Aktiengesetz und dem Mitbestimmungsgesetz, 1983, S. 52; MüKoAktG/*Habersack* Rn. 84; *E. Vetter* in Marsch-Barner/Schäfer Börsennotierte AG-HdB Rn. 27.72.
[340] Hüffer/Koch/*Koch* Rn. 16; *Lutter/Krieger/Verse* Rechte und Pflichten des Aufsichtsrats Rn. 711; K. Schmidt/Lutter/*Drygala* Rn. 34; UHH/*Ulmer/Habersack* MitbestG § 25 Rn. 23a; RVJ/*Raiser* MitbestG § 25 Rn. 19.
[341] Zutr. Hüffer/Koch/*Koch* Rn. 16; zust. MüKoAktG/*Habersack* Rn. 86; MHdB AG/*Hoffmann-Becking* § 31 Rn. 109; *E. Vetter* in Marsch-Barner/Schäfer Börsennotierte AG-HdB Rn. 27.76; Bürgers/Körber/*Israel* Rn. 16.
[342] Kölner Komm AktG/*Mertens/Cahn* Rn. 86.
[343] MüKoAktG/*Habersack* Rn. 86; Großkomm AktG/*Hopt/Roth* Rn. 194.
[344] BGH AG 2008, 743.
[345] S. auch *Hauptmann* AG 2017, 329 (330).
[346] BGH AG 2008, 743 (744).
[347] BGH AG 2008, 743 (744).
[348] → § 109 Rn. 9; Kölner Komm AktG/*Mertens/Cahn* Rn. 86; MüKoAktG/*Habersack* Rn. 87; *Brinkschmidt*, Die Protokolle des Aufsichtsrats und seiner Ausschüsse, 1992, 128.
[349] MüKoAktG/*Habersack* Rn. 87; *Brinkschmidt*, Die Protokolle des Aufsichtsrats und seiner Ausschüsse, 1992, 125 f.; *Lutter/Krieger/Verse* Rechte und Pflichten des Aufsichtsrats Rn. 712; *E. Vetter* in Marsch-Barner/Schäfer Börsennotierte AG-HdB Rn. 27.76; Kölner Komm AktG/*Mertens/Cahn* Rn. 87; K. Schmidt/Lutter/*Drygala* Rn. 34.
[350] Ebenso Hüffer/Koch/*Koch* Rn. 16; MüKoAktG/*Habersack* Rn. 88; wohl auch UHH/*Ulmer/Habersack* MitbestG § 25 Rn. 23a: „Recht jedes Aufsichtsratsmitglieds".
[351] *Peus* ZGR 1987, 545 (546 ff.).
[352] *Peus* ZGR 1987, 545 (546 ff.); aA Hüffer/Koch/*Koch* Rn. 17; Henssler/Strohn/*Henssler* Rn. 21.
[353] Hüffer/Koch/*Koch* Rn. 16; Großkomm AktG/*Hopt/Roth* Rn. 195; Kölner Komm AktG/*Mertens/Cahn* Rn. 86; MüKoAktG/*Semler*, 2. Aufl. 2004, Rn. 211.

78 **4. Beschlagnahme der Protokolle.** Die Aufsichtsratsprotokolle haben aber auch in anderer Hinsicht Bedeutung, insbesondere, wenn staatliche Organe zur Aufklärung von Wirtschaftsskandalen und Straftaten sowie Steuerhinterziehungen Zugriff auf die Niederschriften des Aufsichtsrats nehmen wollen. An wen die entsprechende Verfügung zu richten ist, ist in gleicher Weise wie im Falle des Einzelanspruchs des Aufsichtsratsmitglieds zu beurteilen, mithin an den Aufsichtsratsvorsitzenden als das das Protokoll anfertigende Teil-Organ.[354] Die hM sieht hingegen die AG, vertreten durch den Vorstand, als Gegner einer entsprechenden Verfügung.[355]

79 Es steht im **Ermessen** der Finanzämter, in welchem Umfang sie die Vorlage der Protokolle im Einzelfall verlangen,[356] wobei der verfassungsrechtliche Grundsatz der Verhältnismäßigkeit beachtet werden muss, der eine sorgfältige Abwägung zwischen privaten und öffentlichen Interessen erfordert.[357] Eine pauschale Aufforderung, alle Protokolle oder alle aus einem bestimmten Zeitraum vorzulegen, wäre unzulässig.[358] Eine Vorlage aller Protokolle kommt nur dann in Betracht, wenn der Verdacht für einen längeren Zeitraum besteht und sich schon aus den Tagesordnungen ergibt, dass die für die Untersuchung relevanten Fragen behandelt wurden. Ansonsten muss sich aber der Betriebsprüfer auf die glaubhafte Versicherung des Aufsichtsratsvorsitzenden verweisen lassen, dass keine relevanten Inhalte behandelt wurden, wenn im Übrigen keine Verdachtsmomente bestehen.[359] Bloße Vermutungen oder nicht substantiierte Zweifel an der Versicherung reichen nicht aus.[360] Gegenüber Abschlussprüfern kann die Vorlage der Aufsichtsratsprotokolle auf die prüfungsrelevanten Gegenstände beschränkt werden.[361] Auch die Beschlagnahme nach strafprozessualen Grundsätzen gem. §§ 94 ff. StPO ist möglich, entsprechend auch für einen parlamentarischen Untersuchungsausschuss.[362] Die Protokolle müssen zumindest vor Offenlegung daraufhin überprüft werden, ob sie für die gewünschten Themen überhaupt von Bedeutung sind und grundrechtlich geschützte Daten enthalten.[363]

80 Im **Zivilprozess** kommt dagegen eine Vorlage der Protokolle nicht in Betracht, da der Aktionär keinen Auskunftsanspruch gegen den Aufsichtsrat hat. Dies gilt auch im Hinblick auf § 131 Abs. 1, der sich nicht auf die Besprechungen des Aufsichtsrats bezieht, da sonst die Vertraulichkeit nicht mehr gewährleistet wäre.[364]

VI. Aufsichtsratsausschüsse (Abs. 3)

Schrifttum: *Altmeppen*, Arbeitnehmerbeteiligung im Personalausschuss des Aufsichtsrats, FS Brandner, 1996, 3; *Apfelbach/Metzner*, Mitglied im Aufsichtsorgan eines Kreditinstituts im Jahr 2013 – Aktuelle Rechtsentwicklungen bei den Anforderungen an die interne Organisation, die Qualifikation und die Überwachungsfunktion der Mitglieder des Aufsichtsorgans von Kreditinstituten, AG 2013, 773; *Arbeitskreis Bilanzrecht Hochschullehrer Rechtswissenschaft*, Stellungnahme zu den Vorschlägen der Europäischen Kommission zur Reform der Abschlussprüfung, NZG 2012, 294; *Arbeitskreis „Unternehmerische Mitbestimmung"*, Entwurf einer Regelung für Mitbestimmungsvereinbarung sowie zur Größe des mitbestimmten Aufsichtsrats, ZIP 2009, 885; *Bachmann*, Der Verwaltungsrat der monistischen SE, ZGR 2008, 779; *Bachmann*, Aufsichtsratsautonomie, FS Hopt, 2010, Bd. 1, 337; *Bachmann*, Reform der Corporate Governance in Deutschland, AG 2012, 565; *Behme/Zickgraf*, Rechtspflichten des Aufsichtsrats bei der Auswahl geeigneter Mitglieder von Vorstand und Aufsichtsrat, AG

---

[354] *Peus* ZGR 1987, 545 (549 ff.); *Brinkschmidt*, Die Protokolle des Aufsichtsrats und seiner Ausschüsse, 1992, 138 f.
[355] BVerfGE 74, 7 = EuGRZ 1987, 558 – Neue Heimat; BFHE 91, 351 = BStBl. II 1968, 365 – Neue Heimat; BFHE 92, 354 = BStBl. II 1968, 592; Hüffer/Koch/*Koch* Rn. 17; MüKoAktG/*Habersack* Rn. 90; Kölner Komm AktG/*Mertens/Cahn* Rn. 94.
[356] BFHE 91, 351 = BStBl. II 1968, 365 – Neue Heimat; *Mattern* BB 1968, 921 (925); Klein/*Rätke*, Abgabenordnung: AO, 13. Aufl. 2016, AO § 97 Rn. 8.
[357] BFHE 92, 354 (360 ff.) = BStBl. II 1968, 592 – Neue Heimat; *Tipke* StBP 1968, 1 (3); *Mattern* BB 1968, 921 (924).
[358] BFHE 91, 351 (357) = BStBl. II 1968, 365 – Neue Heimat; BFHE 92, 354 (358 ff.) = BStBl. II 1968, 592 – Neue Heimat; s. dazu *Bellstedt* FR 1968, 401 (404); *Mattern* BB 1968, 921 (924 ff.); *Hanke* BB 1968, 163 (165); Hölters/*Hambloch-Gesinn/Gesinn* Rn. 88.
[359] BFHE 92, 354 (359) = BStBl. II 1968, 592 – Neue Heimat; zuvor BFHE 91, 351 (357) = BStBl. II 1968, 365 – Neue Heimat; *Mattern* BB 1968, 921 (925); Kölner Komm AktG/*Mertens/Cahn* Rn. 92; MüKoAktG/*Habersack* Rn. 90.
[360] *Mattern* BB 1968, 921 (925).
[361] MüKoAktG/*Habersack* Rn. 90; weitergehend wohl Großkomm AktG/*Hopt/Roth* Rn. 198.
[362] S. das Verfahren BVerfGE 77, 1 (48) – Neue Heimat; BVerfGE 74, 7 = EuGRZ 1987, 558 – Neue Heimat; LG Frankfurt a. M. NJW 1987, 787 – Neue Heimat.
[363] BVerfG BVerfGE 77, 1 (55); BVerfGE 74, 7 = EuGRZ 1987, 558; LG Frankfurt a. M. NJW 1987, 787 – Neue Heimat; Kölner Komm AktG/*Mertens/Cahn* Rn. 93; *Sachs* JuS 1988, 809 (811 ff.).
[364] BVerfG NJW 2000, 349 (351) = AG 2000, 74 mit Anm. *Hergeth* DStR 1999, 1866; Bespr. bei *Grüner* NZG 2000, 770; Bürgers/Körber/*Israel* Rn. 17; Grigoleit/*Tomasic* Rn. 21.

2015, 841; *Beuthien,* Zur Zulässigkeit beschließender Aufsichtsratsausschüsse – Am Beispiel des Personalauschusses, NZG 2010, 333; *Börsig/Löbbe,* Die gewandelte Rolle des Aufsichtsrats – 7 Thesen zur Corporate Governance Entwicklung in Deutschland, FS Hoffmann-Becking, 2013, 125; *Bosse,* TransPuG: Änderungen zu den Berichtspflichten des Vorstands und zur Aufsichtsratstätigkeit, DB 2002, 1592; *Brandi/Gieseler,* Der Aufsichtsrat in Kreditinstituten – Persönliche Voraussetzungen, Sanktionen und Ausschüsse nach geltendem Recht und CRD IV, NZG 2012, 1321; *Cahn,* Vorstandsvergütung als Gegenstand rechtlicher Regelung, FS Hopt, 2010, Bd. 1, 431; *Dose,* Zivilrechtliche Haftung und Aufgabendelegation auf Ausschüsse im Aufsichtsrat der AG, ZGR 1973, 300; *Dreher,* Die Qualifikation der Aufsichtsratsmitglieder, FS Boujong, 1996, 71; *Fickel,* Aufsichtsratsausschüsse nach dem Mitbestimmungsgesetz 1976, AG 1977, 134; *Fleischer,* Aufsichtsratsverantwortlichkeit für die Vorstandsvergütung und Unabhängigkeit der Vergütungsberater, BB 2010, 67; *Fonk,* Was bleibt dem Personalausschuss des Aufsichtsrats der AG nach dem VorstAG?, FS Hoffmann-Becking, 2013, 347; *Freidank/Dürr/Sassen,* Entwicklung eines Haftungsmanagementsystems für den Aufsichtsrat, BB 2013, 2238; *Gaul/Janz,* Gesetzliche Begrenzung der Vorstandsvergütung und Änderungen der Aufsichtsratstätigkeit, NZA 2009, 809; *Habersack,* VorstAG und mitbestimmte GmbH – eine unglückliche Beziehung!, ZHR 174 (2010), 2; *Habersack,* Staatliche und halbstaatliche Eingriffe in die Unternehmensführung, Verhandlungen des 69. Deutschen Juristentages, München 2012, Gutachten E; *Hasselbach,* Überwachungs- und Beratungspflichten des Aufsichtsrats in der Krise, NZG 2012, 41; *Hasselbach/Seibel,* Ad-hoc-Ausschüsse des Aufsichtsrats, AG 2012, 114; *Hoffmann-Becking/Krieger,* Leitfaden zur Anwendung des Gesetzes zur Angemessenheit der Vorstandsvergütung (VorstAG), NZG-Beil. 2009, 1; *Hommelhoff,* Der Zusatzbericht des Abschlussprüfers und dessen Rollen im EU-Reformprozess zur Corporate Governance (Teil 1), DB 2012, 389; *Hönsch,* Die Auswirkungen des BilMoG auf den Prüfungsausschuss, Der Konzern 2009, 553; *Hönsch/Kaspar,* Der Nominierungsschuss nach § 25d Abs. 11 KWG, AG 2014, 297; *Hrubesch,* Die persönliche Haftung von Mitgliedern des Aufsichtsrats einer AG – unter besonderer Berücksichtigung der Haftung bei Kreditvergaben, BB 2004, 725; *Jaeger,* Aufsichtsratsausschüsse ohne Arbeitnehmervertreter?, ZIP 1995, 1735; *Kämpfer/Hönsch,* Zur Entwicklung Aufsichtsratsregulierung, FS Herzig, 2010, 53; *Kirsten,* Deutscher Corporate Governance Kodex: Die rechtmäßige Besetzung von Aufsichtsratsausschüssen am Beispiel des Prüfungsausschusses, BB 2004, 173; *Köstler,* Besetzung des Personalausschusses des Aufsichtsrats ohne Arbeitnehmervertreter?, BB 1985, 554; *Krieger,* Zum Aufsichtsratspräsidium, ZGR 1985, 338; *Krieger,* Personalentscheidungen des Aufsichtsrats, Diss. Bonn 1981; *Langenbucher,* Bausteine eines Bankgesellschaftsrechts – Zur Stellung des Aufsichtsrats in Finanzinstituten, ZHR 176 (2012), 652; *Lehmann,* Aufsichtsratsausschüsse, DB 1979, 2117; *Lehmann,* Die Zusammensetzung von Aufsichtsratsausschüssen in Gesellschaften, für die das MitbestG gilt, AG 1977, 14; *Lehmann,* Zur rechtlichen Beurteilung von Vorstandsverträgen mit nicht beschlussfähigem Aufsichtsratsausschuss, FS Barz, 1974, 189; *Leyens/Schmidt,* Corporate Governance durch Aktien-, Bankaufsichts- und Versicherungsaufsichtsrecht – Ausgewählte Einflüsse, Impulse und Brüche, AG 2013, 533; *Maasch-Feisel,* Die Kompetenz zur Bildung von Aufsichtsratsausschüssen, Diss. Hagen 1982; *Meder,* Der Nominierungsausschuss in der AG – Zur Änderung des DCGK 2007, ZIP 2007, 1538; *Mertens,* Aufsichtsratsausschüsse, Mitbestimmung und Methodenlehre, AG 1981, 113; *Möllers,* Professionalisierung des Aufsichtsrats, ZIP 1995, 1725; *Nagel,* Zusammensetzung mitbestimmter Aufsichtsratsausschüsse und Unternehmensinteresse, DB 1982, 2677; *Prühs,* Aufgaben- und Entscheidungsdelegation im Aufsichtsrat, DB 1970, 1524; *Raiser,* Personalausschuss des Aufsichtsrats – zum Ausschluss von Arbeitnehmervertretern aus Aufsichtsratsausschüssen, DZWiR 1993, 510; *Rellermeyer,* Aufsichtsratsausschüsse, Diss. Bonn 1986; *Rittner,* Vakanzen im Ausschuss nach § 27 Abs. 3 MitbestG, FS R. Fischer, 1979, 627; *Roth,* Information und Organisation des Aufsichtsrats, ZGR 2012, 343; *Roth,* Unabhängige Aufsichtsratsmitglieder, ZHR 175 (2011), 605; *Roth/Wörle,* Die Unabhängigkeit des Aufsichtsrats – Recht und Wirklichkeit, ZGR 2004, 565; *Säcker,* Aufsichtsratsausschüsse nach dem Mitbestimmungsgesetz 1976, 1979; *Schiessl,* Deutsche Corporate Governance post Enron, AG 2002, 593; *Scholderer,* Beschließende Aufsichtsratsausschüsse und Zuständigkeit für die Vorstandsvergütung von eingetragenen Genossenschaften, NZG 2011, 528; *Schüppen,* Wirtschaftsprüfer und Aufsichtsrat – alte Fragen und aktuelle Entwicklungen, ZIP 2012, 1317; *Schwark,* Sorgfaltspflicht und Verantwortlichkeit von Mitgliedern des Kreditauschusses einer Bank, FS Canaris Bd II, 2007, 389; *Seebach,* Ausgestaltung und Handhabung von Zustimmungsvorbehalten des Aufsichtsrats, AG 2012, 70; *Seibert,* Das VorstAG – Regelungen zur Angemessenheit der Vorstandsvergütung und zum Aufsichtsrat, WM 2009, 1489; *Seibt,* Arbeitsrechtliche Aspekte des Wertpapiererwerbs- und Übernahmegesetzes, DB 2002, 529; *Selter,* Die Pflicht von Aufsichtsratsmitgliedern zur eigenständigen Risikoanalyse, NZG 2012, 660; *Semler,* Ausschüsse des Aufsichtsrats, AG 1988, 60; *Servatius,* Ordnungsgemäße Vorstandskontrolle und vorbereitende Personalauswahl durch den Aufsichtsratsvorsitzenden, AG 1995, 223; *Sünner,* Genügt der Deutsche Corporate Governance Kodex seinen Ansprüchen?, AG 2012, 265; *Sünner,* Die Bestellung des Finanzexperten im Aufsichtsrat, FS Schneider, 2011, 1301; *Velte/Buchholz,* Regulierung der Aufsichtsratstätigkeit durch das CRD IV-Umsetzungsgesetz, ZBB 2013, 400; *E. Vetter,* Der Prüfungsausschuss in der AG nach dem BilMoG – Aufgaben und Zusammensetzung, ZGR 2010, 751; *E. Vetter,* Zur Compliance-Verantwortung des Aufsichtsrats in eigenen Angelegenheiten, Liber Amicorum Winter, 2011, 701; *v. Werder/Wieczorek,* Anforderungen an Aufsichtsratsmitglieder und ihre Nominierung, DB 2007, 297; *Wettich,* Vorstandsvergütung: Bonus-Malus-System mit Rückforderungsmöglichkeit (claw back) und Reichweite des Zuständigkeitsvorbehalts zugunsten des Aufsichtsratsplenums, AG 2013, 374; *Zöllner,* Die Besetzung von Aufsichtsratsausschüssen nach dem MitbestG 1976, FS Zeuner, 1994, 161.

Ausschüsse erfüllen eine wichtige Funktion, die gerade in jüngster Zeit im Lichte der Corporate Governance Debatte und durch die Reformen rund um das BilMoG noch akzentuiert wurde. Ziff. 5.3.1 DCGK empfiehlt (im Sinne einer Comply-or-Explain-Erklärung) eine von den spezifischen Gegebenheiten des Unternehmens und der Mitgliederanzahl abhängige Ausschussbildung.

Tendenziell soll die Aufsichtsratsarbeit verstärkt in den Ausschüssen stattfinden, während das Plenum auf eine Kontrollfunktion beschränkt wird.³⁶⁵ Denn der Aufsichtsrat ist selbst bei größerer Professionalisierung nicht in dem gleichen Maße arbeits- und spezialisierungsfähig, wie dies bei einem kleineren, auf bestimmte Aufgaben zugeschnittenen Ausschuss, der zudem noch mit besonders sachkundigen Personen besetzt ist, der Fall ist.³⁶⁶ Dieser Gedanke der **Effizienzsteigerung** war auch bei der Kodifikation des Prüfungsausschusses in § 107 Abs. 3 S. 2 durch das BilMoG ein tragendes Argument, womit letztlich auch eine Steigerung der Qualität der Aufsichtstätigkeit einhergehen soll.³⁶⁷ Erst recht schreibt die **EU-Empfehlung zum Aufsichtsrat** die Einrichtung dreier Ausschüsse vor: eines Nominierungs-, eines Vergütungs- sowie eines Prüfungsausschusses.³⁶⁸ Kritische Stimmen betonen demgegenüber die mit der Ausschussbildung verbundenen Gefahren der Segmentierung und Aushöhlung der Arbeit des Plenums³⁶⁹ und der Entstehung einer „Zwei-Klassen-Gesellschaft" im Aufsichtsrat mit unterschiedlichem Informationsstand.³⁷⁰

82 Zwingend vorgeschrieben ist **für mitbestimmte Gesellschaften** der Vermittlungsausschuss nach § 27 Abs. 3 MitbestG. Zur Erleichterung der Aufsichtsratstätigkeit, insbesondere des Aufsichtsratsvorsitzenden, sind in der Praxis aber auch das sog. Aufsichtsratspräsidium als Ausschuss aus Aufsichtratsvorsitzendem, Stellvertretern und einem weiteren Aufsichtsratsmitglied,³⁷¹ der Personalausschuss sowie Finanz- und Investitionsausschüsse oder in der Finanzbranche Kreditausschüsse³⁷² vorzufinden (→ Rn. 151).

83 Fakultativ ist nach § 107 Abs. 3 S. 2 die Einrichtung eines dem anglo-amerikanischen Audit Committee nachempfundenen Prüfungsausschusses. Dem **Prüfungsausschuss** (→ Rn. 139 ff.) ist in § 107 Abs. 3 S. 2 ein möglicher Aufgabenkatalog an die Hand gegeben, der die Überwachung des Rechnungslegungsprozesses, der Wirksamkeit des internen Kontrollsystems, des Risikomanagementsystems und des internen Revisionssystems sowie der Abschlussprüfung umfasst. Die Einrichtung von Prüfungsausschüssen wurde bereits vor der gesetzlichen Kodifikation durch das BilMoG im Deutschen Corporate Governance Kodex empfohlen und hat sich aufgrund dessen auch in der Praxis börsennotierter Gesellschaften etabliert.³⁷³ Zur nun grundsätzlichen Entrichtungspflicht nach der Abschlussprüfer-Richtlinie → Rn. 160.

84 Daneben regt der Kodex in Ziff. 5.3.3 **DCGK** die Bildung eines **Nominierungsausschusses** (→ Rn. 132) an. Im Gegensatz dazu nimmt der DCGK ab der Fassung vom 13.5.2013 mit der ersatzlosen Streichung von Ziff. 5.3.4 DCGK Abstand von der Empfehlung, weitere Ausschüsse für die Unternehmensstrategie, die Vergütung der Vorstandsmitglieder, Investitionen und Finanzierung einzurichten. Die **EU-Empfehlung** verlangt zudem einen dem Personalausschuss verwandten Nominierungs- sowie Vergütungsausschuss und einen Prüfungsausschuss.³⁷⁴ Zur Steigerung der Effizienz der Aufsichtsratsarbeit wird auch eine an den Vorstandsressorts orientierte Ausschussbildung im Aufsichtsrat vorgeschlagen.³⁷⁵

85 **1. Bestellung; Verhältnis zur Satzung.** § 107 Abs. 3 S. 1 gibt dem Aufsichtsrat ausdrücklich die Befugnis, Ausschüsse zu bilden, gleichviel ob sie Beschlüsse oder Tätigkeiten des Aufsichtsrats vorbereiten oder erledigend tätig sind bzw. selbst Beschlüsse fassen, vorbehaltlich dem Delegationsver-

---

³⁶⁵ KBLW/*Kremer* DCGK Rn. 1278; *Peltzer* Deutsche Corporate Governance Rn. 223; *Petersen*, Unternehmensführung und Unternehmenskontrolle in Aktiengesellschaften, 2005, 139 f.; Grigoleit/*Tomasic* Rn. 23.
³⁶⁶ *Gittermann* in Semler/v. Schenck AR-HdB § 6 Rn. 1; *E. Vetter* ZGR 2010, 751 (754); *Westerfelhaus* DB 1998, 2078 (2079); *Möllers* ZIP 1995, 1725 (1730 f.); *Lutter* ZHR 159 (1995), 287 (298); *Servatius* AG 1995, 223; *Heidemann*, Das Verhältnis zwischen Management und Aktionären beim Management Buyout in den USA und Deutschland – unter besonderer Berücksichtigung der Treuepflichten des Managements, 1994, 262 f.
³⁶⁷ So explizit BegrRegE BT-Drs. 16/10067, 102.
³⁶⁸ Ziff. 5 Empfehlung der Kommission vom 15. Februar 2005 zu den Aufgaben von nicht geschäftsführenden Direktoren/Aufsichtsratsmitgliedern/börsennotierter Gesellschaften sowie zu den Ausschüssen des Verwaltungs-/Aufsichtsrats (Text von Bedeutung für den EWR) EUABl. L 52/51.
³⁶⁹ *Peltzer* Deutsche Corporate Governance Rn. 226 f., 234; *Sünner* AG 2000, 492 (496): „Zuständigkeits-Wirrwarr" und Zusatzbelastung einzelner Aufsichtsratsmitglieder; K. Schmidt/Lutter/*Drygala* Rn. 37; differenzierend: *Claussen/Bröcker* AG 2000, 481 (491): Ausschussbildung nur bei großen und mittelgroßen AGs sinnvoll; Gegenüberstellung des Für und Wider der Ausschussbildung bei *Schwark* ZHR 71 (2002), 75 (110 f.).
³⁷⁰ *Sünner* AG 2000, 492 (496); *Peltzer* Deutsche Corporate Governance Rn. 226; andeutend *Hönsch* Der Konzern 2009, 553 (554).
³⁷¹ *Krieger* ZGR 1985, 338; *E. Vetter* in Marsch-Barner/Schäfer Börsennotierte AG-HdB Rn. 28.32.
³⁷² *Hommelhoff* FS Werner, 1984, 315.
³⁷³ S. Ziff. 5.3.2 S. 1 DCGK; *Nonnenmacher/Pohle/v. Werder* DB 2009, 1447; *v. Werder/Talaulicar* DB 2009, 889 (693); *Lanfermann/Röhricht* BB 2009, 887; Hüffer/Koch/*Koch* Rn. 22.
³⁷⁴ Ziff. 5 Empfehlung der Kommission, dazu *Spindler* ZIP 2005, 2033 (2036 ff.).
³⁷⁵ Arbeitskreis „Externe und Interne Überwachung der Unternehmung" der Schmalenbach-Gesellschaft für Betriebswirtschaft e. V. DB 2006, 1625 (1627 f.).

bot für beschlussfassende Ausschüsse in § 107 Abs. 3 S. 4. Zur Bildung von Unterausschüssen → Rn. 112.

Die dem Aufsichtsrat zugestandene Befugnis, Ausschüsse zu bilden, ist satzungsfest (→ Rn. 109). **86** Aufgrund seiner Organisationsautonomie kann der Aufsichtsrat weder von der **Satzung**[376] noch durch Beschluss der **Hauptversammlung**[377] zur Bildung von Ausschüssen verpflichtet („kann"), noch daran gehindert werden. Dies gilt aber nicht für Aufgaben, die dem Aufsichtsrat nicht kraft Gesetzes, sondern erst durch die Satzung zugewiesen sind.[378] Zwar soll im Rahmen der guten Corporate Governance die Organisationsautonomie hinsichtlich der Frage der Ausschussbildung zulasten des Aufsichtsrats einzuschränken sein, indem die Ausschussbildung auch in der Satzung geregelt werden könne.[379] So sollen die Aktionäre in die Lage versetzt werden, die Bildung bestimmter Ausschüsse dem Aufsichtsrat verpflichtend vorzuschreiben, wobei die personelle Zusammensetzung weiterhin im Ermessen des Aufsichtsrats verbleiben soll.[380] Der Aufsichtsrat müsse sich bestimmten Organisationsvorgaben des Satzungsgebers iSe „best pratcice" beugen (zB in Form der Bildung eines audit committee).[381] Zwar ist de lege ferenda eine weitgehende Abkehr von der Satzungsstrenge wünschenwert; dennoch müssen de lege lata die Vorgaben des Gesetzgebers eingehalten werden. § 107 Abs. 3 S. 1 enthält keinerlei Satzungsvorbehalt; auch handelt es sich nicht um eine ergänzende Regelung, wenn Ausschüsse zwingend zu bilden sind.[382] Der zur Ausschussbildung berechtigte Adressat dieser Regelung ist allein der Aufsichtsrat. Auch liegt keine ungeschriebene Hauptversammlungszuständigkeit vor. Ob der Aufsichtsrat Ausschüsse einrichtet, steht somit allein in seinem **pflichtgemäß auszuübenden Ermessen**.[383]

Ebenso wenig kann die Satzung für die Bildung oder die Auflösung von Ausschüssen **besondere** **87** **Mehrheitserfordernisse** vorschreiben.[384] Für mitbestimmte Gesellschaften ergibt sich dies bereits aus der zwingenden Natur des § 29 MitbestG.[385] Dies gilt auch für die Dauer und für den Umfang an Aufgaben, für die die Ausschüsse eingesetzt werden. Maßgebend ist hier die Pflicht des Aufsichtsrats zur sachgerechten Organisation seiner Tätigkeit. Bei großen Aufsichtsräten kann sich daher unter Umständen eine Pflicht ergeben, Ausschüsse einzurichten.[386] Insbesondere werden Einsetzungs-

---

[376] BGHZ 83, 106, (115) = NJW 1982, 1525 – Siemens; BGHZ 122, 342 (355) = NJW 1993, 2307 (2010); *Brandes* WM 1994, 2177 (2182); Hüffer/Koch/*Koch* Rn. 18; *Lutter/Krieger/Verse* Rechte und Pflichten des Aufsichtsrats Rn. 761; *E. Vetter* in Marsch-Barner/Schäfer Börsennotierte AG-HdB Rn. 28.7; Kölner Komm AktG/*Mertens/Cahn* Rn. 96; MHdB AG/*Hoffmann-Becking* § 32 Rn. 34; RVJ/*Raiser* MitbestG § 25 Rn. 49; NK-AktR/*Breuer/Fraune* Rn. 28; Hölters/*Hambloch-Gesinn/Gesinn* Rn. 94; Wachter/*Schick* Rn. 12; zu der Möglichkeit, Ausschüsse in der GmbH einzurichten HK-GmbHG/*Peres* GmbHG § 52 Rn. 69.

[377] BGHZ 122, 342 (355) = NJW 1993, 2307; Hüffer/Koch/*Koch* Rn. 18; *Gittermann* in Semler/v. Schenck AR-HdB § 6 Rn. 6; *Brandes* WM 1994, 2177 (2182); *E. Vetter* in Marsch-Barner/Schäfer Börsennotierte AG-HdB Rn. 28.7; *E. Vetter* ZGR 2010, 751 (758); NK-AktR/*Breuer/Fraune* Rn. 28; Wachter/*Schick* Rn. 12.

[378] *Lutter/Krieger/Verse* Rechte und Pflichten des Aufsichtsrats Rn. 761; UHH/*Ulmer/Habersack* MitbestG § 25 Rn. 132; *Janberg* AG 1966, 1; aA Großkomm AktG/*Hopt/Roth* Rn. 247 f.

[379] *Bachmann* FS Hopt, 2010, 337 (349); *Bachmann* AG 2012, 565 (575); *Habersack* in: Verhandlungen des 69. DJT München 2012, Bd. 1, Gutachten E 85; für die monistische SE: *Bachmann* ZGR 2008, 779 (791 f.).

[380] Diese Empfehlung de lege ferenda aussprechend: *Habersack* in Verhandlungen des 69. DJT München 2012, Bd. 1, Gutachten E 85; anders jedoch *Arbeitskreis „Unternehmerische Mitbestimmung"*, ZIP 2009, 885 (887), der für den Fall des mitbestimmten Aufsichtsrat hinsichtlich der personellen Zusammensetzung von Ausschüssen einen gewissen Verhandlungsspielraum vorschlägt.

[381] *Bachmann* FS Hopt, 2010, Bd. 1, 337 (349); *Bachmann* AG 2012, 565 (575).

[382] *Habersack* in: Verhandlungen des 69. DJT München 2012, Bd. 1, Gutachten E 85 merkt zutreffend an, dass diese Erweiterung der Satzungsautonomie zugunsten der Hauptversammlung erst einer Gesetzesänderung bedarf.

[383] BGHZ 83, 106 (115) = NJW 1982, 1525 – Siemens; MüKoAktG/*Habersack* Rn. 93; Hüffer/Koch/*Koch* Rn. 18; *Langenbucher/Blaum* DB 1994, 2197 (2200); *E. Vetter* in Marsch-Barner/Schäfer Börsennotierte AG-HdB Rn. 28.4; Henssler/Strohn/*Henssler* Rn. 23; Grigoleit/*Tomasic* Rn. 23 f.; Brandi/*Gieseler* NZG 2012, 1321 (1328).

[384] Kölner Komm AktG/*Mertens/Cahn* Rn. 97; MüKoAktG/*Habersack* Rn. 95; MHdB AG/*Hoffmann-Becking* § 32 Rn. 34; *Lutter/Krieger/Verse* Rechte und Pflichten des Aufsichtsrats Rn. 762; *Rellermeyer*, Aufsichtsratsausschüsse, 1986, 75 f.; Großkomm AktG/*Hopt/Roth* Rn. 249; *Janberg* AG 1966, 1.

[385] *Lutter/Krieger/Verse* Rechte und Pflichten des Aufsichtsrats Rn. 762; Kölner Komm AktG/*Mertens/Cahn* Rn. 97; RVJ/*Raiser* MitbestG § 25 Rn. 49 und MitbestG § 29 Rn. 7; Großkomm AktG/*Hopt/Roth* Rn. 249.

[386] *Lutter/Krieger/Verse* Rechte und Pflichten des Aufsichtsrats Rn. 743; *Krieger* ZGR 1985, 338 (361 f.); *Rellermeyer*, Aufsichtsratsausschüsse,1986, 14 f.; Grigoleit/*Tomasic* Rn. 23; Hölters/*Hambloch-Gesinn/Gesinn* Rn. 119; Großkomm AktG/*Hopt/Roth* Rn. 262, die sich aber von den drei erstgenannten insofern distanzieren, als sie nicht von einer regelmäßigen Pflicht bei größeren Gesellschaften ausgehen wollen, → Rn. 359; K. Schmidt/Lutter/*Drygala* Rn. 35: Zwang zur Ausschussbildung aufgrund der Verpflichtung zu sachgerechter Organisation; MüKoAktG/*Habersack* Rn. 93; Kölner Komm AktG/*Mertens/Cahn* Rn. 114; *Lutter* ZGR 2001, 224 (229 f.): Pflicht zur Einrichtung von mindestens drei Ausschüssen in börsennotierten Unternehmen; Berliner Initiativkreis German Code of Corporate Governance „German Code of Corporate Governance" Ziff. IV 3.4, abgedr. in DB 2000, 1573: im Regelfall sind Geschäftsausschuss, Personalausschuss, Vermittlungsausschuss, Investitions- und Finanzausschuss, Audit Committee und Corporate Governance Ausschuss zu bilden; zur Selbstorganisationspflicht des Aufsichtsrats *Hommelhoff* ZHR 143 (1979), 288 (298 ff.); vgl. auch Ziff. 5.3.1 S. 1 DCGK.

pflichten für Prüfungsausschüsse diskutiert.[387] Der Gesetzgeber hat in § 107 Abs. 3 S. 2 allerdings ausdrücklich von der zwingenden Einrichtung eines Prüfungsausschusses abgesehen und diesbezüglich die Organisationsautonomie des Aufsichtsrats unangetastet gelassen, so dass jedenfalls von einer generellen rechtlichen Pflicht nach dem AktG zur Einsetzung eines solchen Ausschusses nicht ausgegangen werden kann.[388]

88 Demgegenüber kann die **Geschäftsordnung** des Aufsichtsrats vorsehen, dass bestimmte Ausschüsse eingerichtet werden und Festlegungen hinsichtlich der Mitgliederzahl und des Vorsitzes treffen. Zulässig sind entgegen einer weit verbreiteten Meinung auch Regelungen, die die Mitgliedschaft des Aufsichtsratsvorsitzenden und seines Stellvertreters oder eine der personellen Zusammensetzung des Plenums entsprechende Ausschussbesetzung vorsehen.[389] Insbesondere werden hierdurch nicht einzelne Aufsichtsratsmitglieder endgültig aus dem Kreis der potentiellen Ausschussmitglieder ausgegrenzt und dadurch in ihrem passiven Wahlrecht unzulässig beschränkt.[390] Da der Aufsichtsrat die Geschäftsordnung jederzeit durch einfachen Mehrheitsbeschluss ändern kann, bleibt er Herr des Verfahrens.[391]

89 Im Regelfall werden Aufsichtsratsausschüsse als **ständige Ausschüsse** (→ Rn. 92: Diskontinuitätsprinzip) mit fest definiertem Zuständigkeitsbereich durch Beschluss eingesetzt. Dem Aufsichtsrat steht es aber frei, bei unerwartet auftauchenden Sachverhalten, wie zB großen Investitionsvorhaben, behördlichen Untersuchungen oder Übernahmesituationen iSd § 27 WpÜG,[392] **Ad hoc-** bzw. **Sonderausschüssen** einzusetzen. Im Rahmen des Gestaltungsermessens und der damit einhergehenden Organisationsautonomie (→ Rn. 10) kann der Aufsichtsrat über die Bildung, Größe, Zusammensetzung sowie den Zuständigkeitsbereich von Ausschüssen auch ad hoc entscheiden, um gerade das ungeprüfte „Durchwinken" kritischer und eiliger Vorstandsentscheidungen zu verhindern.[393] Für diesen Fall kann die Geschäftsordnung konkretisierende Regelungen, wie Vorschriften bzgl. der abstrakten Bildung von Ausschüssen „auf Vorrat", enthalten (→ Rn. 86).[394] Die Einsetzung von Ad-hoc- bzw. Sonderausschüssen unterliegt den allgemeinen gesetzlichen Anforderungen, so dass der allgemeine Gleichbehandlungsgrundsatz, das Erfordernis der fachlichen Qualifikation (→ Rn. 96) sowie die Delegationsverbote (→ Rn. 90) auch hier volle Beachtung verlangen.

90 **2. Verhältnis zum Gesamtaufsichtsrat und Delegationsverbote.** Ausschüsse können grundsätzlich sowohl zur Vorbereitung und Überwachung von Beschlüssen des Gesamtaufsichtsrats als auch – wie sich im Umkehrschluss aus § 107 Abs. 3 S. 3 ergibt – selbst zur Beschlussfassung anstelle des Aufsichtsrats gebildet werden.[395] Indes kann der Aufsichtsrat nicht alle Beschlüsse erledigend auf Ausschüsse delegieren; § 107 Abs. 3 S. 3 bezeichnet abschließend diejenigen Beschlüsse, die zwingend dem Plenum verbleiben müssen. Einen allgemeinen Vorbehalt zugunsten des Plenums, nach dem alle wesentlichen Entscheidungen dem Gesamtaufsichtsrat vorbehalten wären, ist dem Gesetz im Hinblick auf das vom Gesetzgeber gewählte Enumerationsprinzip aber nicht zu entnehmen.[396] Als ungeschriebenen Grundsatz darf der Aufsichtsrat nicht insgesamt seine **Kernaufgabe**, die Überwa-

---

[387] So *Hommelhoff* ZGR 2001, 238 (257 f.): Prüfungsausschuss bei börsennotierten Unternehmen unverzichtbar; *Scheffler* ZGR 2003, 236 (246): Pflicht bei Aufsichtsräten mit mehr als sechs Mitgliedern; *Arbeitskreis „Externe und Interne Überwachung der Unternehmung" der Schmalenbach-Gesellschaft für Betriebswirtschaft e. V*, Tz. 10 abgedr. DB 2000, 2281; *Lutter* ZGR 2001, 224 (229).
[388] BegrRegE BT-Drs. 16/10067, 102; dagegen begründet § 324 Abs. 1 S. 1 HGB für kapitalmarktorientierte Kapitalgesellschaften, die über keinen der AG entsprechenden Aufsichtsrat verfügen, die Pflicht zur Einrichtung eines Prüfungsausschusses; s. auch *Habersack*, AG 2008, 98 (101).
[389] *Rellermeyer*, Aufsichtsratsausschüsse, 1986, 136 f.; MHdB AG/*Hoffmann-Becking* § 32 Rn. 37; Großkomm AktG/*Hopt/Roth* Rn. 258; aA Kölner Komm AktG/*Mertens/Cahn* Rn. 98; Hüffer/Koch/*Koch* Rn. 31; *Lutter/Krieger/Verse* Rechte und Pflichten des Aufsichtsrats Rn. 770.
[390] So OLG Hamburg WM 1982, 1090 (1092), das aber entgegen der hier vertretenen Auffassung (→ Rn. 105) die Abänderung der Geschäftsordnung nur durch besonderen Verfahrensbeschluss zulässt.
[391] MHdB AG/*Hoffmann-Becking* § 32 Rn. 7; *Hoffmann/Lehmann/Weinmann* MitbestG § 25 Rn. 24.
[392] *Hasselbach/Seibel* AG 2012, 114; *Hasselbach* NZG 2012, 41 (45); *Seibt* DB 2002, 529 (531).
[393] *Hasselbach* NZG 2012, 41 (45); *Hasselbach/Seibel* AG 2012, 114 (116); *Selter* NZG 2012, 660 (661); MüKoAktG/*Habersack* Rn. 98 und 101; MHdB AG/*Hoffmann-Becking* § 32 Rn. 34; Kölner Komm WpÜG/*Hirte* § 33 Rn. 87.
[394] *Hasselbach/Seibel* AG 2012, 114 (119); MHdB AG/*Hoffmann-Becking* § 32 Rn. 34; Kölner Komm WpÜG/*Hirte* § 33 Rn. 87; ebenso *Dreher* FS Boujong, 1996, 71 (94 f.); Hüffer/Koch/*Koch* Rn. 19; Kölner Komm AktG/*Mertens/Cahn* Rn. 95.
[395] *Lutter/Krieger/Verse* Rechte und Pflichten des Aufsichtsrats Rn. 744; Kölner Komm AktG/*Mertens/Cahn* Rn. 95; *Beuthien* NZG 2010, 333.
[396] Kölner Komm AktG/*Mertens/Cahn* Rn. 169; MüKoAktG/*Habersack* Rn. 142; *Lutter/Krieger/Verse* Rechte und Pflichten des Aufsichtsrats Rn. 744; ausführlich *Rellermeyer*, Aufsichtsratsausschüsse, 1986, 23 ff.; aA *Dose* ZGR 1973, 301 (312 f.): § 107 Abs. 3 S. 2 trifft keine generalisierende Regelung, sondern regelt nur den „Normfall", so dass eine an der Bedeutung des Geschäfts für die jeweilige Gesellschaft orientierte Einzelfallbetrachtung vorzunehmen ist.

chung nach § 111 Abs. 1, einem Ausschuss überweisen. Die unterbliebene Aufnahme des § 111 Abs. 1 in den Katalog der Delegationsverbote steht dem nicht entgegen, da sich die Norm nur mit den Entscheidungsbefugnissen des Aufsichtsrats befasst, während die Überwachungsaufgabe in erster Linie auf tatsächlichem Gebiet wahrgenommen wird. Vorbereitende Tätigkeiten und konkrete, auf einzelne Geschäftsführungsmaßnahmen bezogene Überwachungsaufgaben können einem Ausschuss übertragen werden.[397] Orientierungsmaßstab des nicht delegierbaren Kerns der Überwachungstätigkeit bilden die Berichtspflichten des § 90 Abs. 1.[398] Demnach ist auch die Entgegennahme der Vorstandsberichte, insbesondere bei wichtigem Anlass durch den Aufsichtsratsvorsitzenden, und die Stellungnahme dazu delegationsfest. Das schließt aber nicht die Delegation einzelner Fragen zur Stellungnahme an einen Ausschuss aus.[399]

Das **Delegationsverbot** des § 107 Abs. 3 S. 3 gilt nur für Ausschüsse, die Beschlüsse anstelle des 91 Gesamtaufsichtsrat fassen, **nicht** jedoch für lediglich **vorbereitende** oder einen Beschluss ausführende **Ausschüsse**.[400] Nur der dem Aufsichtsrat nach Abs. 3 Satz 3 aufgetragene Rechtsakt selbst ist der Delegation entzogen.[401] Der Ausschuss ist nicht auf das reine Sammeln von Informationen beschränkt.[402] Das einzelne Aufsichtsratsmitglied ist trotz einer gewissen Präjudizierung der Meinungsbildung durch das Ausschussergebnis zur Bildung einer eigenen Meinung verpflichtet, so dass sich der endgültige Beschluss nicht als reine Formalie darstellt.[403] Dies zumal der Aufsichtsrat im Rahmen der ihm vom Vorstand zu erstattenden Berichte ausreichend Kenntnis von sämtlichen Vorgängen erlangt.[404]

Ebenso wenig kann die **Satzung** die in § 107 Abs. 3 S. 3 genannten Beschlüsse auf einen Ausschuss 92 übertragen. Dazu gehören vor allem die Bestellung und Abberufung des Vorstandes nach § 84 Abs. 1, die Festsetzung der Bezüge der Vorstandsmitglieder nach § 87 Abs. 1 sowie die Bestellung eines Vorstandsvorsitzenden, der Erlass einer Geschäftsordnung für den Vorstand.

Im Rahmen der Änderungen durch das **VorstAG**[405] beschränkt sich das Delegationsverbot des 93 § 107 Abs. 3 S. 4 iVm § 87 Abs. 1 in sachlicher Hinsicht allein auf vergütungsrelevante Fragestellungen (hierzu die Ausführungen zum Personalausschuss in → Rn. 126).[406] Aufgrund dessen und infolge der fehlenden Nennung des § 85 Abs. 1 S. 5 in § 107 Abs. 3 S. 4 bleiben Fragen der Anstellung, des damit verbundenen Anstellungsvertrages[407] sowie der Kreditgewährung nach § 89 Abs. 1 vom Delegationsverbot unberührt.[408]

Demgegenüber ist die Festlegung der **Zustimmungsvorbehalte** nach § 111 Abs. 4 nicht auf 94 einen Ausschuss delegierbar, wohl aber die Erteilung der Zustimmung selbst.[409] (→ Rn. 94 f., zur Prüfung des Jahresabschlusses durch den Aufsichtsrat nach §§ 171, 314 Abs. 2, Abs. 3 → Rn. 144 ff.).

---

[397] So bereits BegrRegE *Kropff* S. 149 f.; OLG Hamburg ZIP 1995, 1673 (1675); *Rellermeyer*, Aufsichtsratsausschüsse, 1986, 28 ff.; *Westerfelhaus* DB 1998, 2078; *Hommelhoff* FS Werner, 1984, 315 (324); *Lutter/Krieger/Verse* Rechte und Pflichten des Aufsichtsrats Rn. 746; *Möllers* ZIP 1995, 1725 (1731); MüKoAktG/*Habersack* Rn. 143; → § 111 Rn. 30 f.
[398] OLG Hamburg ZIP 1995, 1673 (1675 f.) mit Anm. *Jaeger* ZIP 1995, 1735 (1737); *Rellermeyer*, Aufsichtsratsausschüsse, 1986, S. 36 ff.; *E. Vetter* in Marsch-Barner/Schäfer Börsennotierte AG-HdB Rn. 28.11.
[399] MüKoAktG/*Habersack* Rn. 143; Kölner Komm AktG/*Mertens/Cahn* Rn. 146.
[400] AllgM, vgl. Kölner Komm AktG/*Mertens/Cahn* Rn. 176; MüKoAktG/*Habersack* Rn. 154; *Lutter/Krieger/Verse* Rechte und Pflichten des Aufsichtsrats Rn. 745; Bürgers/Körber/*Israel* Rn. 22; *Rellermeyer*, Aufsichtsratsausschüsse, 1986, 45 f. (48 f.); RVJ/*Raiser* MitbestG § 25 Rn. 63; kritisch *Dose* ZGR 1973, 300 (311 f.): Aufbereitung muss beim Plenum verbleiben; *Prühs* DB 1970, 1524 (1528): Auswertung der bereitgestellten Information liegt beim Plenum; detailliert für die Tätigkeit von Personalausschüssen: *Krieger*, Personalentscheidungen des Aufsichtsrats, 1981, 61 ff.
[401] Kölner Komm AktG/*Mertens/Cahn* Rn. 176; *Mertens* ZGR 1983, 189 (195).
[402] *Rellermeyer*, Aufsichtsratsausschüsse, 1986, 46 ff.; *Lutter/Krieger/Verse* Rechte und Pflichten des Aufsichtsrats Rn. 745.
[403] *Mertens* ZGR 1983, 189 (199); *Gittermann* in Semler/v. Schenck AR-HdB § 6 Rn. 76; Pflicht der Aufsichtsratsmitglieder zur Urteilsbildung: OLG Düsseldorf WM 1984, 1080 (1084 ff.) (Publikums-KG); *Lutter/Krieger/Verse* Rechte und Pflichten des Aufsichtsrats Rn. 887.
[404] *Rellermeyer*, Aufsichtsratsausschüsse, 1986, 46 ff.
[405] Gesetz zur Angemessenheit der Vorstandsvergütung („VorstAG") v. 31.7.2009, BGBl. 2009 I 2509 ff.
[406] MüKoAktG/*Habersack* Rn. 150; Hüffer/Koch/*Koch* Rn. 28; Kölner Komm AktG/*Mertens/Cahn* Rn. 162; Hölters/*Hambloch-Gesinn/Gesinn* Rn. 100; *Wettich* AG 2013, 374 (378); *Seibert* WM 2009, 1489 (1491).
[407] BGHZ 41, 282 (285) = NJW 1964, 1367; BGHZ 65, 190 (191) = NJW 1976, 145; BGHZ 83, 144 (150) = NJW 1982, 1528 (1530) – Dynamit Nobel; BGHZ 79, 38 (42) = NJW 1981, 757 (758); Hüffer/Koch/*Koch* § 84 Rn. 15 sowie § 107 Rn. 28; → § 84 Rn. 34; MüKoAktG/*Spindler* § 84 Rn. 17 f.; MüKoAktG/*Habersack* Rn. 150; Henssler/Strohn/*Henssler* § 84 Rn. 15; *Habersack* ZHR 174 (2010), 2 (10); *Wettich* AG 2013, 374 (378); *Scholderer* NZG 2011, 528.
[408] BGH AG 1991, 398; Hüffer/Koch/*Koch* Rn. 28; MHdB AG/*Wiesner* § 21 Rn. 134; MüKoAktG/*Spindler* § 89 Rn. 36; Kölner Komm AktG/*Mertens/Cahn* Rn. 163; → § 89 Rn. 12.
[409] OLG Hamburg AG 1996, 84; Großkomm AktG/*Hopt/Roth* § 111 Rn. 592, 660; Kölner Komm AktG/*Mertens/Cahn* § 111 Rn. 110; *Seebach* AG 2012, 70 (74).

95 Der Aufsichtsrat kann die Ausschüsse jederzeit ihres Amtes entheben und ihnen die Behandlung bestimmter Themen entziehen; der Aufsichtsrat bleibt **Herr des Verfahrens**.[410] Auch bei beschließenden Ausschüssen kann der Aufsichtsrat jederzeit die Beschlussfassung wieder an sich ziehen[411] und gefasste Beschlüsse abändern.[412] Ausschussbeschlüsse mit Wirkung gegenüber anderen Organen, insbesondere die Erteilung von Zustimmungen gegenüber dem Vorstand nach § 111 Abs. 4, können nicht mehr rückwirkend aufgehoben werden, außer wenn die zustimmungsbedürftige Maßnahme noch nicht vorgenommen wurde.[413] Einschränkungen können sich ferner in den seltenen Fällen ergeben, in denen durch den Beschluss eines Ausschusses Rechte Dritter begründet wurden.[414]

96 Die **Amtszeit des Ausschusses** ist nicht von der Amtszeit der Aufsichtsratsmitglieder abhängig, auch wenn er in der Geschäftsordnung festgeschrieben ist (Diskontinuitätsprinzip). Ferner muss die Besetzung des Ausschusses nicht mit jeder Änderung der Mitglieder des Aufsichtsrats neu erfolgen.[415] Der Aufsichtsrat kann sowohl Dauerausschüsse als auch ad hoc (→ Rn. 59) zur Erledigung bestimmter Aufgaben gebildete Ausschüsse jederzeit durch einen Mehrheitsbeschluss auflösen.[416] Ein zur Erledigung einer bestimmten Aufgabe gebildeter Ausschuss löst sich nach deren Erledigung jedoch auch ohne besonderen Beschluss auf.[417] Der **Ausschuss** darf sich jedoch auf keinen Fall **selbst auflösen, da die Auflösung als actus contrarius zur Einsetzung dem Plenum vorbehalten ist**.[418]

97 Die Arbeit des Ausschusses ist ferner durch das **Gebot der Rücksichtnahme** auf das Plenum bestimmt, so dass eine Präjudizierung von Beschlüssen des Plenums durch den Ausschuss unzulässig ist.[419] So darf ein Personalausschuss nicht Vorentscheidungen beim Anstellungsvertrag mit einem Vorstand schaffen, der dem Aufsichtsrat bei der Bestellung praktisch keine andere Wahl mehr lässt.[420] Zur gegenseitigen Vertrauensbildung zulässig ist es, den Anstellungsvertrag unter der aufschiebenden Bedingung der späteren Bestellung abzuschließen.[421] Dementsprechend ist es auch erlaubt, den Anstellungsvertrag bereits vor der Bestellung als rechtlich unverbindliche Grundlage im Einzelnen auszuformulieren.[422] Auch die Abberufung nach § 84 Abs. 3 darf nicht durch Kündigungen oder

---

[410] OLG Hamburg AG 1996, 84 (85 f.) = EWiR 1995, 1147 mit Anm. *Fleck*; K. Schmidt/Lutter/*Drygala* Rn. 41; *Meier/Pech* DStR 1995, 1195; *Semler* AG 1988, 60 (63); *Hoffmann-Becking* FS Stimpel, 1985, 589 (594); MüKoAktG/*Habersack* Rn. 94; *Lutter/Krieger/Verse* Rechte und Pflichten des Aufsichtsrats Rn. 747; *Fonk* FS Hoffmann-Becking, 2013, 347 (348); Hüffer/Koch/*Koch* Rn. 19; Grigoleit/*Tomasic* Rn. 24; UHH/*Ulmer/Habersack* MitbestG § 25 Rn. 131.

[411] Kölner Komm AktG/*Mertens/Cahn* Rn. 139; Großkomm AktG/*Hopt/Roth* Rn. 404; RVJ/*Raiser* MitbestG § 25 Rn. 64; OLG Hamburg WM 1982, 1090 (1093): besonderer Verfahrensbeschluss erforderlich; zustimmend: Hüffer/Koch/*Koch* Rn. 27; *Semler* AG 1988, 60 (63); MüKoAktG/*Habersack* Rn. 94; differenzierend: *Rellermeyer*, Aufsichtsratsausschüsse, 1986, 81 ff.: bei außergewöhnlichen Verhältnissen oder Ankündigung vor der maßgeblichen Plenarsitzung ist Umverteilung auch durch Durchbrechung der Geschäftsordnung möglich.

[412] BGHZ 89, 48 (55 f.) = AG 1984, 48 (50) – Aufsichtsrat einer GmbH; Kölner Komm AktG/*Mertens/Cahn* Rn. 139; MüKoAktG/*Habersack* Rn. 94; UHH/*Ulmer/Habersack* MitbestG § 25 Rn. 131; RVJ/*Raiser* MitbestG § 25 Rn. 64; *Paefgen*, Struktur und Aufsichtsratsverfassung der mitbestimmten AG: zur Gestaltung der Satzung und der Geschäftsordnung des Aufsichtsrats, 1981, 310.

[413] Kölner Komm AktG/*Mertens/Cahn* Rn. 140; *Säcker*, Aufsichtsratsausschüsse nach dem Mitbestimmungsgesetz 1976, 1979 44 f.

[414] So *Rellermeyer*, Aufsichtsratsausschüsse, 1986, 61; *Paefgen*, Struktur und Aufsichtsratsverfassung der mitbestimmten AG: zur Gestaltung der Satzung und der Geschäftsordnung des Aufsichtsrats, 1981, 310.

[415] MüKoAktG/*Habersack* Rn. 130; *Rellermeyer*, Aufsichtsratsausschüsse, 1986, 145 f.; *Gittermann* in Semler/v. Schenck AR-HdB § 6 Rn. 61; aA Kölner Komm AktG/*Mertens/Cahn* Rn. 98: jede Amtsperiode ist der Ausschuss neu zu besetzen.

[416] MüKoAktG/*Habersack* Rn. 170.

[417] *Gittermann* in Semler/v. Schenck AR-HdB § 6 Rn. 62; MüKoAktG/*Habersack* Rn. 170.

[418] Kölner Komm AktG/*Mertens/Cahn* Rn. 115; Hölters/*Hambloch-Gesinn/Gesinn* Rn. 177; *Rellermeyer*, Aufsichtsratsausschüsse, 1986, 140 f.; *Gittermann* in Semler/v. Schenck AR-HdB § 6 Rn. 113; *Sünner* FS Schneider, 2011, 1301 (1303).

[419] Kölner Komm AktG/*Mertens/Cahn* Rn. 141; *Lutter/Krieger/Verse* Rechte und Pflichten des Aufsichtsrats Rn. 747; *Rellermeyer*, Aufsichtsratsausschüsse, 1986, 43 f.

[420] BGHZ 79, 38 (42 f.) = NJW 1981, 757 (758); BGHZ 83, 144 (150) = NJW 1982, 1528 (1530) – Dynamit Nobel; BGHZ 89, 48 (56) = NJW 1984, 733; *Krieger*, Personalentscheidungen des Aufsichtsrats, 1981, 169; *Bauer* DB 1992, 1413; *Baums*, Der Geschäftsleitervertrag, 1987, 75; MüKoAktG/*Habersack* Rn. 106; Kölner Komm AktG/*Mertens/Cahn* Rn. 153; MüKoAktG/*Spindler* § 84 Rn. 69; einschränkend *Götz* AG 1995, 337 (348): keine Präjudizierung, wenn Kandidat eindeutig allen anderen überlegen ist.

[421] *Krieger*, Personalentscheidungen des Aufsichtsrats, 1981, 170; *Baums*, Der Geschäftsleitervertrag, 1987,76; MüKoAktG/*Spindler* § 84 Rn. 69; *Thüsing* in Fleischer Vorstands-HdB § 4 Rn. 65; MHdB AG/*Wiesner* § 21 Rn. 15.

[422] *Thüsing* in Fleischer VorstandsR-HdB § 4 Rn. 65; *Baums*, Der Geschäftsleitervertrag, 1987, 79; MHdB AG/*Wiesner* § 21 Rn. 15; wenn *Krieger*, Personalentscheidungen des Aufsichtsrats, 1981, 170, von einem Vorvertrag spricht, so kann nur ein solcher gemeint sein, der nur einseitig das zukünftige Vorstandsmitglied bindet, weil ansonsten eine Präjudizierung ja gerade doch gegeben wäre.

andere Maßnahmen vom Personalausschuss (zum Personalausschuss → Rn. 126) vorweggenommen werden.[423] Da die Kündigung als einseitige Gestaltungserklärung bedingungsfeindlich ist, kann sie nicht bedingt auf den noch vom Plenum zu beschließenden Widerruf ausgesprochen werden; der Ausschuss kann die Kündigung nur mit der Maßgabe des Widerrufs beschließen und ein Mitglied bevollmächtigen, die Kündigung nach erfolgtem Widerruf zu erklären.[424] Möglich ist dagegen ein bedingter Aufhebungsvertrag.[425]

3. Mitgliederzahl. Wieviele Mitglieder ein Ausschuss enthalten muss, besagt das Gesetz nicht. Schon der Wortlaut „Ausschuss" legt aber nahe, dass es keinen Einmann-Ausschuss geben kann, sondern der Ausschuss mindestens aus 2 Mitgliedern bestehen muss.[426] Für beschließende Ausschüsse muss zudem § 108 Abs. 2 S. 3 beachtet werden, der sonst durch eine Ausschussbildung unterlaufen werden könnte, so dass mindestens 3 Mitglieder in einen beschließenden Ausschuss entsandt werden müssen.[427] Nur vorbereitend tätig werdende Ausschüsse können dagegen auf 2 Mitglieder beschränkt bleiben, da sie keine Beschlüsse fassen.[428] Innerhalb dieser Grenzen kann die Geschäftsordnung die Zahl der Mitglieder bestimmen;[429] auf Grund der Organisationsautonomie aber nicht die Satzung.[430]

4. Besetzung. a) Sachliche und persönliche Kriterien. Dem **Prüfungsausschuss** nach § 107 Abs. 3 S. 2 muss bei einer kapitalmarktorientierten Kapitalgesellschaft iSd § 264d HGB gem. § 107 Abs. 4 mindestens ein Mitglied angehören, das die Voraussetzungen von § 100 Abs. 5 erfüllt (→ § 100 Rn. 43 f.). Das Mitglied muss demnach unabhängig sein sowie Sachverstand auf den Gebieten Rechnungslegung oder Abschlussprüfung vorweisen (→ § 100 Rn. 49 ff.). Vorbehaltlich des Prüfungsausschusses iSd § 107 Abs. 3 S. 2 steht bei allen anderen Ausschüssen damit die personelle Auswahl allein im pflichtgemäßen Ermessen des Aufsichtsrats. Leitlinien der Ermessensausübung müssen dabei der Grundsatz der **Gleichberechtigung aller Aufsichtsratsmitglieder** und die jeweilige Funktion des Ausschusses sein, insbesondere die konkrete **Eignung** der ausgewählten Ausschussmitglieder.[431]

b) Mitbestimmte Gesellschaften. Grundsätzlich scheiden Differenzierungen allein nach der Zugehörigkeit zu einer bestimmten Gruppe, insbesondere nach Anteilseigner- und Arbeitnehmervertretern, aus.[432] Gewählt werden können nur Aufsichtsratsmitglieder („aus seiner Mitte"). Diese aktienrechtlichen Grundsätze gelten sowohl für mitbestimmungsfreie Gesellschaften als auch für solche, die **der Montanmitbestimmung, dem DrittelbG oder dem MitbestG** unterliegen.

---

[423] BGHZ 79, 38 (40) = NJW 1981, 757; BGHZ 83, 144 (150) = NJW 1982, 1528 – Dynamit Nobel; *Krieger*, Personalentscheidungen des Aufsichtsrats, 1981, 175; MüKoAktG/*Spindler* § 84 Rn. 163; Kölner Komm AktG/*Mertens/Cahn* Rn. 160; *Lutter/Krieger/Verse* Rechte und Pflichten des Aufsichtsrats Rn. 426; *Hoffmann-Becking* FS Stimpel, 1985, 589 (595).
[424] *Thüsing* in Fleischer/VorstandsR-HdB § 5 Rn. 54; Kölner Komm AktG/*Mertens/Cahn* Rn. 160; MüKoAktG/*Spindler* § 84 Rn. 163.
[425] *Thüsing* in Fleischer VorstandsR-HdB § 5 Rn. 54; Kölner Komm AktG/*Mertens/Cahn* § 84 Rn. 104; *Hoffmann-Becking* FS Stimpel, 1985, 589 (599).
[426] MHdB AG/*Hoffmann-Becking* § 32 Rn. 36; Hüffer/Koch/*Koch* Rn. 21; MüKoAktG/*Habersack* Rn. 133; *E. Vetter* in Marsch-Barner/Schäfer Börsennotierte AG-HdB Rn. 28.15; *Wachter/Schick* Rn. 13.
[427] BGHZ 65, 190 (192 f.) = NJW 1976, 145 mit Anm. *Werner* AG 1976, 43; BGH NJW 1989, 1928 (1929) = AG 1989, 129; BGH AG 1991, 398 (399) = ZIP 1991, 869; *Lutter/Krieger/Verse* Rechte und Pflichten des Aufsichtsrats Rn. 764, 775; *Rellermeyer*, Aufsichtsratsausschüsse, 1986, 90 ff.; MHdB AG/*Hoffmann-Becking* § 32 Rn. 36; MüKoAktG/*Habersack* Rn. 133; Hüffer/Koch/*Koch* Rn. 21; *E. Vetter* in Marsch-Barner/Schäfer Börsennotierte AG-HdB Rn. 28.16; Bürgers/Körber/*Israel* Rn. 23; Henssler/Strohn/*Henssler* Rn. 30; aA noch *Schäfer* BB 1966, 229 (232); *Lehmann* FS Barz, 1974, 189.
[428] Ganz hM, Kölner Komm AktG/*Mertens/Cahn* Rn. 116; Hüffer/Koch/*Koch* Rn. 21; MHdB AG/*Hoffmann-Becking* § 32 Rn. 36; *Rellermeyer*, Aufsichtsratsausschüsse, 1986, 88 ff.; *Langenbucher/Blaum* DB 1994, 2197 (2200).
[429] MüKoAktG/*Habersack* Rn. 133.
[430] Großkomm AktG/*Hopt/Roth* Rn. 268.
[431] MHdB AG/*Hoffmann-Becking* § 32 Rn. 39; Großkomm AktG/*Hopt/Roth* Rn. 274; Hölters/Hambloch-Gesinn/*Gesinn* Rn. 128; Hüffer/Koch/*Koch* Rn. 26; *Lutter* Information und Vertraulichkeit Rn. 357; *Reuter* AcP 179 (1979), 509 (533): möglichst sachverständige Besetzung; *E. Vetter* in Marsch-Barner/Schäfer Börsennotierte AG-HdB Rn. 28.17; aA Kölner Komm AktG/*Mertens/Cahn* Rn. 121, keine Pflicht zur Auswahl nach Eignung, aber sinnvolle Organisation der Ausschussarbeit.
[432] BGHZ 122, 342 (358) = NJW 1993, 2307 mit Anm. *Raiser* DZWir 1993, 510 sowie *Heidenhain* LM AktG 1965 § 107 Nr. 7 und *Henssler/Fischer* AP MitbestG § 25 Nr. 4; OLG Hamburg WM 1982, 1090 (1092 f.); *Lehmann* AG 1977, 14 (15); *Oetker* ZGR 2000, 19 (53); *E. Vetter* in Marsch-Barner/Schäfer Börsennotierte AG-HdB Rn. 28.18; Grigoleit/*Tomasic* Rn. 28; Hüffer/Koch/*Koch* Rn. 31; MHdB AG/*Hoffmann-Becking* § 32 Rn. 37; ausführlich *Köstler* BB 1985, 554 (556); *E. Vetter* Liber Amicorum Winter, 2011, 701 (713).

Für letztere besteht insbesondere kein Gebot der paritätischen Besetzung der Ausschüsse,[433] da die wichtigsten Entscheidungen nach § 107 Abs. 3 S. 3 dem Plenum vorbehalten sind und einer Diskriminierung durch den Grundsatz der Gleichberechtigung vorgebeugt wird. § 27 Abs. 3 MitbestG ist eine Sonderregelung, die keine Rückschlüsse auf die Besetzung sonstiger Ausschüsse zulässt.[434] Im Hinblick auf die durch den Paritätsgedanken gebotene stärkere Berücksichtigung der Arbeitnehmervertreter wird aber regelmäßig eine unzulässige Diskriminierung vorliegen, wenn sie in den Ausschüssen erheblich unterrepräsentiert sind und dies nicht sachlich zu rechtfertigen ist.[435] Die gänzliche Nichtberücksichtigung einer Gruppe bei der Besetzung eines wichtigen Ausschusses (insbesondere beschließender Personalausschuss) kann nur durch erhebliche sachliche Gründe getragen werden.[436] Allerdings gibt es keinen Grundsatz, dass in jedem Ausschuss mindestens ein Arbeitnehmervertreter beteiligt sein müsste.[437] Die Ausschussmitglieder müssen demgemäß ihrer Sachkunde nach für die jeweiligen Ausschüsse ausgewählt werden, wobei etwa Arbeitnehmervertretern nicht pauschal ihre Sachkunde für bestimmte Ausschüsse, wie zB Finanzausschüsse, abgesprochen werden kann. Allein ein **Missbrauchsverbot** würde indes dem pflichtgemäß auszuübenden Ermessen und der gebotenen Orientierung an der zu erfüllenden Funktion nicht gerecht.[438] Bei einem nur mit Anteilseignervertretern besetzten Ausschuss streitet für die Diskriminierung ohne sachlichen Grund eine widerlegliche Vermutung.[439] Die Anforderungen an einen sachlichen Grund zum Ausschluss von Arbeitnehmervertretern sind umso höher, je bedeutsamer der Ausschuss für die Aufsichtsratstätigkeit ist, insbesondere bei erledigend beschließenden Ausschüssen.[440] In **Personalausschüssen** (→ Rn. 176), etwa wird in der Regel ein Arbeitnehmervertreter zu beteiligen sein,[441] da eine reine Teilnahme nicht ausreicht, um an den essentiellen Entscheidungen der Vorstandskandidatenauswahl teilzuhaben, zumal der Aufsichtsratsvorsitzende nach § 109 Abs. 2 ihre Teilnahme untersagen

---

[433] *E. Vetter* in Marsch-Barner/Schäfer Börsennotierte AG-HdB Rn. 28.18; WKS/*Schubert* MitbestG § 27 Rn. 37 f.; für paritätische Besetzung aber: GK-MitbestG/*Naendrup* § 25 Rn. 35; *Wachter/Schick* Rn. 13; *Köstler/Müller/Sick* AR-Praxis Rn. 405 ff.; *Reich/Lewerenz* AuR 1976, 261 (271); *Geitner* AG 1976, 210 (211 f.); nur verfahrensmäßige Sicherstellung der Parität durch at § 27 Abs. 1 und 2 MitbestG orientiertem Wahlverfahren mit der Möglichkeit abw. Gestaltungen: *Säcker*, Aufsichtsratsausschüsse nach dem Mitbestimmungsgesetz 1976, 1979 56 ff., zurückhaltend aber in ZHR 148 (1984), 153 (177); *Nagel* DB 1982, 2677 (2678 f.); *Reuter* AcP 179 (1979), 509 (533 f.).

[434] So bereits BGHZ 83, 144 (148) = NJW 1982, 1528 – Dynamit Nobel; OLG Hamburg AG 1992, 197 (199 f.) mit Besprechung bei *Theisen* AG 1998, 153 (165); WKS/*Schubert* MitbestG § 27 Rn. 39.

[435] BGHZ 122, 342 (355 und 357 f.) = NJW 1993, 2307 (2310); LG Hamburg WM 1980, 1399 (1401); MHdB AG/*Hoffmann-Becking* § 32 Rn. 40; *Fickel* AG 1977, 134 (135); *Lehmann* AG 1977, 14 (17 f.): kein Recht zur Willkür; *Zöllner* AG 1981, 13 (15); Kölner Komm AktG/*Mertens/Cahn* Rn. 126; Henssler/Strohn/*Henssler* Rn. 30; UHH/*Ulmer/Habersack* MitbestG § 25 Rn. 127; RVJ/*Raiser* MitbestG § 25 Rn. 56; Grigoleit/*Tomasic* Rn. 29; enger *Rellermeyer*, Aufsichtsratsausschüsse, 1986, 114 ff.; für eine freie Entscheidung des Aufsichtsrats über die Ausschussbesetzung wohl *Luther* ZGR 1977 306 (314) und *Schaub* ZGR 1977, 293 (302).

[436] BGHZ 122, 342 (355 ff.) = NJW 1993, 2307; OLG München AG 1995, 466 (467) = ZIP 1995, 1753 mit Anm. *Wank* EWiR 1995, 605; Hüffer/Koch/*Koch* Rn. 31; MüKoAktG/*Habersack* Rn. 138; *Brandes* WM 1994, 2177 (2182); *Zöllner* FS Zeuner, 1994, 161 (165 ff.); *Lutter/Krieger/Verse* Rechte und Pflichten des Aufsichtsrats Rn. 766; *E. Vetter* in Marsch-Barner/Schäfer Börsennotierte AG-HdB Rn. 28.18; nach Großkomm AktG/*Hopt/Roth* Rn. 282 hat das Unternehmen die ausnahmsweise eine Besetzung ohne Arbeitnehmervertreter rechtfertigenden Sachgründe darzulegen und zu beweisen.

[437] So aber *Paefgen*, Struktur und Aufsichtsratsverfassung der mitbestimmten AG: zur Gestaltung der Satzung und der Geschäftsordnung des Aufsichtsrats, 1981, 329 ff., 352; *Krieger* Personalentscheidungen des Aufsichtsrats, 1981, 83 f.; UHH/*Ulmer/Habersack* MitbestG § 25 Rn. 127a; MHdB ArbR/*Wißmann* § 282 Rn. 12; so jetzt auch WKS/*Schubert* MitbestG § 27 Rn. 40; dagegen *Zöllner* FS Zeuner, 1994, 161 (177); *Altmeppen* FS Brandner, 1996, 3 (4 ff., 8 f.); Großkomm AktG/*Hopt/Roth* Rn. 281; offen BGHZ 122, 342 (358) = NJW 1993, 2307; für das DrittelbG K. *Schmidt/Lutter/Drygala* Rn. 49.

[438] So aber *Canaris* DB-Beil. Heft 14/1981, 15; *Martens* ZGR 1983, 237 (252 ff.).

[439] BGHZ 122, 342 (361 ff.) = NJW 1993, 2307; OLG München WM 1995, 978 (979) = AG 1995, 466; *Rellermeyer*, Aufsichtsratsausschüsse, 1986, 125 ff.; ausdrücklich nur für mit dem Plenarvorbehalt unterliegenden Gegenständen befasste Ausschüsse: *Oetker* ZGR 2000, 19 (53 f.); *Jaeger* ZIP 1995, 1735 (1736 f.); *E. Vetter* in Marsch-Barner/Schäfer Börsennotierte AG-HdB Rn. 28.18; differenzierend nach Zahl der Fachausschüsse: *Kirsten* DB 2004, 173 (175); Vermutung auch bei unparitätischer Besetzung: Kölner Komm AktG/*Mertens/Cahn* Rn. 126; MüKoAktG/*Habersack* Rn. 138; *Kindl* DB 1993, 2065 (2069 f.); enger dagegen *Zöllner* FS Zeuner, 1994, 161 (182 ff.); abw. auch Großkomm AktG/*Hopt/Roth* Rn. 282: Diskriminierungsvermutung bei Nichtberücksichtigung in allen Ausschüssen.

[440] Ausführlich zu vorbereitenden Ausschüssen: Kölner Komm AktG/*Mertens/Cahn* Rn. 127.

[441] BGHZ 122, 342 (358 ff.) = NJW 1993, 2307 mit zust. Anm. *Heidenhain* LM AktG 1965 § 107 Nr. 7; Hüffer/Koch/*Koch* Rn. 31; RVJ/*Raiser* MitbestG § 25 Rn. 59 f.; *Köstler* BB 1985, 554 (560); *Kindl* DB 1993, 2065 (2069 f.); *Raiser* DZWiR 1993, 510 (512); für Vetorecht der Arbeitnehmervertreter MHdB ArbR/*Wißmann* § 282 Rn. 12; *E. Vetter* in Marsch-Barner/Schäfer Börsennotierte AG-HdB Rn. 28.18; enger *Zöllner* FS Zeuner, 1994, 161 (178 ff.): keine Sonderlage bei Personalausschüssen gegenüber anderen Ausschüssen; offen MHdB AG/*Hoffmann-Becking* § 32 Rn. 40 und *Lehmann* AG 1977, 14 (18 f.).

kann.⁴⁴² Das OLG München sieht auch die Nichtberücksichtigung von Arbeitnehmervertretern in einem Ausschuss, der im großen Umfang Zustimmungsvorbehalte nach § 111 Abs. 4 S. 2 ausübt, regelmäßig als rechtsmissbräuchlich an.⁴⁴³ Im Übrigen ist zu berücksichtigen, dass die Anforderungen an eine Berichterstattung des Ausschusses (→ Rn. 118 ff.) umso strenger werden, je mehr die personelle Besetzung auf eine bestimmte Gruppe von Aufsichtsratsmitgliedern konzentriert wird. Selbstverständlich scheidet eine Diskriminierung aus, wenn die Besetzung des Ausschusses einstimmig erfolgt oder die Arbeitnehmervertreter zustimmen.⁴⁴⁴ Für die Rechtslage im Bereich der Montanmitbestimmung ergeben sich keine Besonderheiten.⁴⁴⁵

101 Der aktienrechtliche Grundsatz, dass die Ausschusszusammensetzung allein Sache des Aufsichtsrats ist, gilt umso mehr im Geltungsbereich des im Vergleich zu den übrigen Mitbestimmungsregimen eine geringere Beteiligung der Arbeitnehmervertreter vorsehenden **DrittelbG**. Die Arbeitnehmerseite hat weder einen Anspruch auf proportionale Berücksichtigung in den Ausschüssen,⁴⁴⁶ noch auf Repräsentation durch mindestens einen Vertreter.⁴⁴⁷ Eine unzulässige Diskriminierung ist aber jedenfalls dann gegeben, wenn die Arbeitnehmervertreter ohne sachlichen Grund in keinem Ausschuss berücksichtigt werden.⁴⁴⁸ Die fehlende Präsenz von Arbeitnehmern in einem Personalausschuss stellt regelmäßig eine Diskriminierung dar.⁴⁴⁹ Auch bei einem mit sozialpolitischen Fragen befassten Ausschuss sind unter dem Gesichtspunkt der Sachnähe Arbeitnehmervertreter regelmäßig zu berücksichtigen.⁴⁵⁰

102 c) **Wahlverfahren.** Sowohl in mitbestimmungsfreien wie mitbestimmten Gesellschaften werden die Ausschussmitglieder daher mit **einfacher Mehrheit der abgegebenen Stimmen** gewählt,⁴⁵¹ wobei Listen- oder Einzelwahl möglich sind.⁴⁵² Der Aufsichtsratsvorsitzende kann von seiner Stichstimme Gebrauch machen.⁴⁵³

103 d) **Satzung und Geschäftsordnung.** Ebenso wie die Einrichtung von Ausschüssen allein der Entscheidung des Aufsichtsrats überantwortet ist und der **Satzung** keine Regelungskompetenzen

---

⁴⁴² Köstler BB 1985, 554 (560); Henssler/Fischer AP MitbestG § 25 Nr. 4; anders OLG Hamburg ZIP 1984, 819 (824 f.).
⁴⁴³ OLG München ZIP 1995, 1753 (1754) = AG 1995, 466 für eine dem BetrVG 1952 (heute DrittelbG) unterliegende Gesellschaft; Besprechung bei Theisen AG 1998, 153 (165); E. Vetter in Marsch-Barner/Schäfer Börsennotierte AG-HdB Rn. 28.18; ablehnend Jaeger ZIP 1995, 1735 (1738); zum Zusammenhang zwischen Ausschussbeteiligung und Information s. Rellermeyer, Aufsichtsratsausschüsse, 1986, 121 ff.
⁴⁴⁴ Nagel DB 1982, 2677 (2681); MüKoAktG/Habersack Rn. 139; Oetker ZGR 2000, 19 (54); UHH/Ulmer/Habersack MitbestG § 25 Rn. 127b; RVJ/Raiser MitbestG § 25 Rn. 57; Rellermeyer, Aufsichtsratsausschüsse, 1986, 116 ff.: dies gilt auch bei fehlender Auswahlmöglichkeit.
⁴⁴⁵ MHdB ArbR/Wißmann § 283 Rn. 21; Kölner Komm AktG/Mertens/Cahn Rn. 128.
⁴⁴⁶ Kölner Komm AktG/Mertens/Cahn Rn. 124; UHH/Habersack DrittelbG § 1 Rn. 32 unter Verweis auf die Ausführungen zum MitbestG in § 25 MitbestG Rn. 122 ff.; MHdB AG/Hoffmann-Becking § 32 Rn. 39.
⁴⁴⁷ Kölner Komm AktG/Mertens/Cahn Rn. 122; Lutter/Krieger/Verse Rechte und Pflichten des Aufsichtsrats Rn. 767; MHdB AG/Hoffmann-Becking § 32 Rn. 39; Zöllner FS Zeuner, 1994, 161 (165); GK-BetrVG/Kraft BetrVG 1952 § 76 Rn. 123, 125 unter Hinweis auf die Ablehnung einer entsprechenden Regelung im Gesetzgebungsverfahren; Kirschner DB 1971, 2063 (2065 f.); Hueck RdA 1965, 321 (323); aA Fitting/Kaiser/Heither/Engels, 21. Aufl. 2002, BetrVG 1952, § 76 Rn. 165; MHdB ArbR/Wißmann § 286 Rn. 6; Köstler/Müller/Sick AR-Praxis Rn. 409.
⁴⁴⁸ Kölner Komm AktG/Mertens/Cahn Rn. 124; MHdB AG/Hoffmann-Becking § 32 Rn. 39; aA Großkomm AktG/Hopt/Roth Rn. 278: von der Unzulässigkeit eines rein mit Anteilseignervertretern besetzten Personalausschusses könne keine Rede sein, gleichwohl eine Arbeitnehmerbeteiligung naheliegend sei.
⁴⁴⁹ Kölner Komm AktG/Mertens/Cahn Rn. 125; LG Frankfurt a. M. ZIP 1996, 1661 (1663 f.); zurückhaltender: Altmeppen FS Brandner, 1996, 3 (10 ff.); E. Vetter in Marsch-Barner/Schäfer Börsennotierte AG-HdB Rn. 28.18; aA wohl MHdB AG/Hoffmann-Becking § 32 Rn. 39.
⁴⁵⁰ Kölner Komm AktG/Mertens/Cahn Rn. 124; Lutter/Krieger/Verse Rechte und Pflichten des Aufsichtsrats Rn. 767; Rellermeyer, Aufsichtsratsausschüsse, 1986, 106 f.; MHdB AG/Hoffmann-Becking § 32 Rn. 39; insoweit zustimmend auch Großkomm AktG/Hopt/Roth Rn. 278; E. Vetter in Marsch-Barner/Schäfer Börsennotierte AG-HdB Rn. 28.18.
⁴⁵¹ BGHZ 122, 342 (355) = NJW 1993, 2307; MüKoAktG/Habersack Rn. 127; Mertens AG 1981, 113 (113 f.); Rellermeyer, Aufsichtsratsausschüsse, 1986, 98; aA Säcker Aufsichtsratsausschüsse nach dem Mitbestimmungsgesetz 1976, 1979; 56 ff.; Reuter AcP 179 (1979), 509 (533 f.); Nagel DB 1982, 2677 (2678 f.): am Gedanken des § 27 Abs. 1, 2 MitbestG orientiertes Verfahren; E. Vetter in Marsch-Barner/Schäfer Börsennotierte AG-HdB Rn. 28.18.
⁴⁵² Gittermann in Semler/v. Schenck AR-HdB § 6 Rn. 38; Rellermeyer, Aufsichtsratsausschüsse, 1986, 99 f.
⁴⁵³ Kölner Komm AktG/Mertens/Cahn Anh. B § 117 MitbestG § 25 Rn. 9; MHdB AG/Hoffmann-Becking § 32 Rn. 38; E. Vetter in Marsch-Barner/Schäfer Börsennotierte AG-HdB Rn. 28.14; UHH/Ulmer/Habersack MitbestG § 25 Rn. 127; MüKoAktG/Gach MitbestG § 25 Rn. 13; aA WKS/Schubert MitbestG § 27 Rn. 42: bei Entscheidung über nichtparitätische Ausschussbesetzung bestehen erhebliche Bedenken gegen den Einsatz der Stichstimme.

zustehen, so ist auch die Besetzung der Ausschüsse satzungsfest, sowohl hinsichtlich der Kriterien für die Aufsichtsratsmitglieder[454] als auch für die erforderlichen Mehrheiten. Das satzungsmäßige Erfordernis einer qualifizierten Mehrheit würde ebenso wie bei der Einsetzungsentscheidung einen unzulässigen Eingriff in die Organisationsautonomie des Aufsichtsrats bedeuten.[455] Besetzungsregeln können aber in der **Geschäftsordnung** festgelegt werden, auch bei mitbestimmten Gesellschaften, da stets der Gesamtaufsichtsrat entscheiden muss und so die Beteiligung der Arbeitnehmervertreter bei der Entscheidung sichergestellt ist.[456] Aber auch für die Geschäftsordnung gelten die unter → Rn. 100 dargestellten Grundsätze.

104 e) **Rechtsfolgen bei Mängeln.** Verstößt der Aufsichtsrat gegen das Gebot der Gleichberechtigung der Aufsichtsratsmitglieder, sei es in Form eines Geschäftsordnungsbeschlusses oder eines einfachen Beschlusses, so ist dieser **nichtig**[457] mit der Konsequenz, dass auch alle Beschlüsse des Ausschusses nichtig sind. Der Diskriminierungsschutz gegen einen Einsetzungsbeschluss ist allerdings verzichtbar und unterliegt den Grundsätzen der Verwirkung.[458] In dem Umstand, dass kein Aufsichtsratsmitglied über längere Zeit hinweg die Nichtigkeit geltend macht, kann ein konkludenter Verzicht auf die Einhaltung der Besetzungsregeln liegen, so dass die Diskriminierung entfällt.

105 5. **Rechtsstellung des Ausschussmitglieds.** Das in den Ausschuss gewählte Mitglied muss sein **Amt annehmen.** Die Ablehnung kann die Pflicht zur Mitwirkung im Aufsichtsrat verletzen und damit Schadensersatzansprüche auslösen.[459] Teilweise wird ein Recht zur Ablehnung bei Vorliegen sachlicher Gründe wie mangelnder Eignung oder Interessenkonflikten angenommen.[460] In der Annahme des Amtes durch einen ungeeigneten Kandidaten wird ein Übernahmeverschulden gesehen.[461] Dem ist jedenfalls zu folgen, soweit der Gewählte von einem bestehenden Ablehnungsrecht keinen Gebrauch macht. Das Plenum wird in Anbetracht der an die Ausschussmitglieder zu stellenden höheren Sorgfaltsanforderungen Spezialkenntnisse der Kandidaten bei seiner Auswahlentscheidung berücksichtigen müssen.[462]

106 **Scheidet** ein Aufsichtsratsmitglied aus dem Aufsichtsrat **aus,** erlischt auch sein Amt im Ausschuss; der Ausschuss selbst bleibt davon unberührt, vielmehr bedarf es einer Nachwahl, auch bei einem für das ausgeschiedene Aufsichtsratsmitglied nachrückenden Ersatzmitglied.[463] Das Ausschussmitglied kann aus dem Ausschuss durch Beschluss des Plenums **abberufen** werden, wobei das betroffene Mitglied stimmberechtigt ist, außer wenn es sich um einen wichtigen Grund handelt.[464] Die **Haftung** des Aufsichtsratsmitglieds ändert sich dahingehend, dass es eine gesteigerte Verantwortung gegenüber dem Plenum hat, gleich ob es sich um einen erledigenden, beschlussfassenden oder nur vorbereitenden Ausschuss handelt.[465]

107 6. **Innere Ordnung der Ausschüsse.** Die innere Ordnung und Verfahrensweise der Ausschüsse ist im Gesetz nur in Ansätzen geregelt. Die meisten Verfahrensregeln für den Gesamtaufsichtsrat können jedoch sinngemäß auf den Ausschuss als vom Aufsichtsrat abgeleitetes Teil-Organ übertragen

---

[454] BGHZ 83, 106 (112 f.) = NJW 1982, 1525 – Siemens; Kölner Komm AktG/*Mertens/Cahn* Rn. 96; Hüffer/Koch/*Koch* Rn. 31; *Lutter/Krieger/Verse* Rechte und Pflichten des Aufsichtsrats Rn. 768.
[455] *Rellermeyer,* Aufsichtsratsausschüsse, 1986, 98; Großkomm AktG/*Hopt/Roth* Rn. 264; für mitbestimmte Gesellschaften: RVJ/*Raiser* MitbestG § 29 Rn. 7; Kölner Komm AktG/*Mertens/Cahn* Anh. B § 117 MitbestG § 29 Rn. 3.
[456] Hüffer/Koch/*Koch* Rn. 31; *Rellermeyer,* Aufsichtsratsausschüsse, 1986, 136; MHdB AG/*Hoffmann-Becking* § 32 Rn. 37; aA Kölner Komm AktG/*Mertens/Cahn* Rn. 98.
[457] BGHZ 122, 342 (351 f.) = NJW 1993, 2307; *E. Vetter* Marsch-Barner/Schäfer Börsennotierte AG-HdB Rn. 28.18; differenzierend MüKoAktG/*Habersack* Rn. 141; Kölner Komm AktG/*Mertens/Cahn* Rn. 121 und § 108 Rn. 104 sowie Großkomm AktG/*Hopt/Roth* Rn. 277: nur Geschäftsordnungsbeschluss ist nichtig, Einsetzungsbeschluss hingegen nur vernichtbar.
[458] Kölner Komm AktG/*Mertens/Cahn* Rn. 121.
[459] Kölner Komm AktG/*Mertens/Cahn* Rn. 115; Hölters/*Hambloch-Gesinn/Gesinn* Rn. 122; Semler AG 1988, 60 (63); s. auch *Hommelhoff/Mattheus* AG 1998, 249 (255 f.); gegen eine grds. Pflicht zur Annahme Großkomm AktG/*Hopt/Roth* Rn. 267.
[460] *Gittermann* in Semler/v. Schenck AR-HdB § 6 Rn. 49; *Semler* AG 1988, 60 (63).
[461] *Hommelhoff/Mattheus* AG 1998, 249 (256); *Kirsten* BB 2004, 173 (174).
[462] So auch *Kirsten* BB 2004, 173 (174 f.).
[463] *Lutter/Krieger/Verse* Rechte und Pflichten des Aufsichtsrats Rn. 769; Kölner Komm AktG/*Mertens/Cahn* Rn. 118; MüKoAktG/*Habersack* Rn. 130.
[464] Kölner Komm AktG/*Mertens/Cahn* Rn. 115; MüKoAktG/*Habersack* Rn. 130; Großkomm AktG/*Hopt/Roth* Rn. 354.
[465] Großkomm AktG/*Hopt/Roth* Rn. 448; *Doralt/Doralt* in Semler/v. Schenck AR-HdB § 14 Rn. 155; *Schwark* FS Werner, 1984, 841 (848).

werden.⁴⁶⁶ Hinsichtlich der **Beschlussfassung** kann § 108 angewandt werden, so dass entsprechend § 108 Abs. 2 S. 3 nur bei mindestens drei anwesenden Mitgliedern ein Beschluss möglich ist.⁴⁶⁷ In Anbetracht der uneinheitlichen Regelungstechnik des Gesetzes kann aus dem Umstand, dass sich nur § 108 Abs. 3 und 4 und § 109 Abs. 1 und 3 ausdrücklich Geltung für die Ausschüsse beimessen, nichts anderes hergeleitet werden.⁴⁶⁸ Bei mitbestimmten Gesellschaften ist § 28 MitbestG nicht entsprechend auf Ausschüsse anzuwenden, so dass es nicht mindestens der Hälfte der Ausschussmitglieder für die Beschlussfassung bedarf; denn diese Regelung ist ersichtlich auf eine Flankierung der ausgewogenen Abstimmung im Plenum ausgerichtet.⁴⁶⁹ Die Beschlussunfähigkeit des Gesamtaufsichtsrats tangiert nicht die Beschlussfähigkeit des Ausschusses, auch wenn das Plenum dadurch zeitweilig nicht mehr die Aufgaben des Ausschusses an sich ziehen kann.⁴⁷⁰ Beschlussmängel richten sich nach den allgemeinen Regeln zu § 108.⁴⁷¹

Anders als im Plenum kann das Ausschussmitglied durch ein anderes Aufsichtsratsmitglied **vertreten** werden, nicht aber im Vermittlungsausschuss.⁴⁷² Die Stellvertretung kann in der Geschäftsordnung geregelt werden, der Ausschuss oder einzelne Ausschussmitglieder können hingegen keine Stellvertreter benennen.⁴⁷³ Möglich sind aber **schriftliche Stimmabgaben** wie für den Gesamtaufsichtsrat nach § 108 Abs. 3, oder die Beschlussfassung im schriftlichen Umlaufverfahren unter Verzicht auf eine Sitzung, sofern kein Ausschussmitglied widerspricht nach § 108 Abs. 4.⁴⁷⁴ Ein Beschluss muss jedoch aus Gründen der Rechtssicherheit ausdrücklich gefasst werden, nicht stillschweigend.⁴⁷⁵ Mangels anders lautender Satzungsregelung⁴⁷⁶ werden Beschlüsse im Ausschuss mit einfacher Mehrheit sowohl in mitbestimmten wie nicht mitbestimmten Gesellschaften gefasst.⁴⁷⁷ Es handelt sich hier um eine vom Satzungsgeber regelbare Frage der inneren Ordnung. Auch wenn die durch ein höheres Mehrheitserfordernis erschwerte Beschlussfassung den Aufsichtsrat im Einzelfall von der Aufgabenübertragung auf einen Ausschuss abhalten mag, so ist dieser allenfalls mittelbare Einfluss jedenfalls nicht so groß, dass von einem Eingriff in die Einsetzungsentscheidung des Aufsichtsrats die Rede sein könnte.⁴⁷⁸

Über die Verhandlungen und Beschlüsse des Ausschusses ist entsprechend § 107 Abs. 2 ein **Protokoll** anzufertigen und durch den Ausschussvorsitzenden zu unterzeichnen.⁴⁷⁹ Die Verwahrung erfolgt

---

⁴⁶⁶ *Lutter/Krieger/Verse* Rechte und Pflichten des Aufsichtsrats Rn. 770; MHdB AG/*Hoffmann-Becking* § 32 Rn. 45; *Rellermeyer*, Aufsichtsratsausschüsse, 1986, 161; *E Vetter* in Marsch-Barner/Schäfer Börsennotierte AG-HdB Rn. 28.19.
⁴⁶⁷ KG AG 2005, 205 (206); K. Schmidt/Lutter/*Drygala* Rn. 52; *E. Vetter* in Marsch-Barner/Schäfer Börsennotierte AG-HdB Rn. 28.22; Grigoleit/*Tomasic* Rn. 32; klarstellend Großkomm AktG/*Hopt/Roth* Rn. 414: nur bei Ausschüssen, denen Entscheidungsbefugnisse übertragen wurden.
⁴⁶⁸ BGHZ 65, 190 (192 ff.) = NJW 1976, 145; BGH AG 1991, 398 (399); BGH NJW 1989, 1928 (1929); MüKoAktG/*Habersack* Rn. 161; Kölner Komm AktG/*Mertens/Cahn* Rn. 132; Hüffer/Koch/*Koch* Rn. 29; *Lutter/ Krieger/Verse* Rechte und Pflichten des Aufsichtsrats Rn. 775; *Rellermeyer* ZGR 1993, 77 (100 f.).
⁴⁶⁹ UHH/*Ulmer/Habersack* MitbestG § 28 Rn. 1; Großkomm AktG/*Oetker* MitbestG § 28 Rn. 15; aA Kölner Komm AktG/*Mertens/Cahn* Rn. 132; Großkomm AktG/*Hopt/Roth* Rn. 413; *Säcker*, Aufsichtsratsausschüsse nach dem Mitbestimmungsgesetz 1976, 1979, 50; *E. Vetter* in Marsch-Barner/Schäfer Börsennotierte AG-HdB Rn. 28.22; jetzt auch *Gittermann* in Semler/v. Schenck AR-HdB § 6 Rn. 169 allerdings ohne Begründung; offen *Lehmann* DB 1979, 2117 (2121).
⁴⁷⁰ Kölner Komm AktG/*Mertens/Cahn* Rn. 133: Beschlussunfähigkeit wird regelmäßig schnell wieder behoben; MüKoAktG/*Habersack* Rn. 162; Großkomm AktG/*Hopt/Roth* Rn. 415; aA *Rellermeyer*, Aufsichtsratsausschüsse, 1986, 143: handlungsunfähiges Gremium kann nicht durch Untereinheit tätig werden; → § 108 Rn. 47.
⁴⁷¹ KG AG 2005, 205 (206); → § 108 Rn. 48.
⁴⁷² Kölner Komm AktG/*Mertens/Cahn* Rn. 119; MüKoAktG/*Habersack* Rn. 128; zweifelnd Großkomm AktG/*Hopt/Roth* Rn. 293 f.
⁴⁷³ Kölner Komm AktG/*Mertens/Cahn* Rn. 119; MüKoAktG/*Habersack* Rn. 128; für die Zulässigkeit der Bestellung von Ersatzausschussmitgliedern: *Gittermann* in Semler/v. Schenck AR-HdB § 6 Rn. 42; Großkomm AktG/*Hopt/Roth* Rn. 294.
⁴⁷⁴ Hüffer/Koch/*Koch* Rn. 29; *Gittermann* in Semler/v. Schenck AR-HdB § 6 Rn. 173.
⁴⁷⁵ BGH NJW 1989, 1928 (1929); *Rellermeyer* ZGR 1993, 77 (100); Hüffer/Koch/*Koch* Rn. 29.
⁴⁷⁶ Etwa eine qualifizierte Mehrheit: MüKoAktG/*Habersack* Rn. 163; Kölner Komm AktG/*Mertens/Cahn* Rn. 136; MHdB AG/*Hoffmann-Becking* § 32 Rn. 51; UHH/*Ulmer/Habersack* MitbestG § 25 Rn. 136; Großkomm AktG/*Oetker* MitbestG § 29 Rn. 20 f.; aA *Lutter/Krieger/Verse* Rechte und Pflichten des Aufsichtsrats Rn. 776; *Rellermeyer*, Aufsichtsratsausschüsse, 1986, 169 f.
⁴⁷⁷ Kölner Komm AktG/*Mertens/Cahn* Rn. 134; MüKoAktG/*Habersack* Rn. 163; MHdB AG/*Hoffmann-Becking* § 32 Rn. 51; UHH/*Ulmer/Habersack* MitbestG § 25 Rn. 136; RVJ/*Raiser* MitbestG § 25 Rn. 66; *E. Vetter* in Marsch-Barner/Schäfer Börsennotierte AG-HdB Rn. 28.22; *Paefgen*, Struktur und Aufsichtsratsverfassung der mitbestimmten AG: zur Gestaltung der Satzung und der Geschäftsordnung des Aufsichtsrats, 1981, 357.
⁴⁷⁸ So aber *Rellermeyer*, Aufsichtsratsausschüsse, 1986, 169 f.
⁴⁷⁹ Kölner Komm AktG/*Mertens/Cahn* Rn. 77 und 135; MüKoAktG/*Habersack* Rn. 164; Hölters/*Hambloch-Gesinn/Gesinn* Rn. 142; MHdB AG/*Hoffmann-Becking* § 32 Rn. 53; *Lutter/Krieger/Verse* Rechte und Pflichten des Aufsichtsrats Rn. 778.

durch den Vorsitzenden des Aufsichtsrats, zumal Ausschüsse unter Umständen nur zeitweilig eingesetzt sind.[480] Die Niederschrift ist bei Fehlen eines Ausschussvorsitzenden von allen Ausschussmitgliedern zu unterzeichnen.[481]

110 Ein **Vorsitzender des Ausschusses** muss indes in der Regel nicht bestimmt werden,[482] da dieser für die Arbeitsweise nicht unerlässlich ist; allerdings steht dies im pflichtgemäßen Ermessen des Aufsichtsrats. Bei wichtigen Ausschüssen wird eine Pflicht zur Bestellung eines Ausschussvorsitzenden anzunehmen sein. Besteht der Ausschuss nur aus zwei Personen, ist die Bestellung eines Vorsitzenden dagegen nicht zulässig.[483] Wen der Aufsichtsrat als Vorsitzenden des Ausschusses auswählt, steht in seinem pflichtgemäßen Ermessen.

111 Der Vorsitzende des Ausschusses sowie ein etwaiger Stellvertreter wird auch in **mitbestimmten Gesellschaften** entweder im Aufsichtsrat oder im Ausschuss mit einfacher Mehrheit und nicht in einem an § 27 Abs. 1 und 2 MitbestG orientierten Verfahren gewählt.[484] Denn es besteht weder ein Zwang zur Wahl eines Vorsitzenden oder Stellvertreters noch zur paritätischen Besetzung, so dass die Ausgangslage in den Ausschüssen nicht mit der im Gesamtaufsichtsrat vergleichbar ist.[485] In einer **Geschäftsordnung** können jedoch Kriterien für die Wahl des Vorsitzenden vorgesehen werden, da der Aufsichtsrat die Geschäftsordnung jederzeit durch Mehrheitsbeschluss durchbrechen kann und daher keine unzulässige Bindungswirkung eintritt.[486] Insbesondere ist kein besonderer Verfahrensbeschluss zu ihrer Änderung erforderlich, so dass die passive Wahlfreiheit der nicht berücksichtigten Mitglieder unberührt bleibt.[487]

112 Ist ein **Vorsitzender** bestimmt worden, hat dieser entsprechend für den Ausschuss die dem Aufsichtsratsvorsitzenden sonst zustehenden **Befugnisse**, insbesondere der Sitzungsleitung oder der Organisation des Berichtswesens.[488] Fehlt ein Vorsitzender, kann der Aufsichtsratsvorsitzende[489] oder jedes Ausschussmitglied entsprechend § 110 Abs. 1 und 2[490] den Ausschuss einberufen. Der Einberufungsbefugnis des Aufsichtsratsvorsitzenden kann auch nicht seine fehlende unmittelbare Verantwortung für die Ausschussarbeit entgegengehalten werden. Das ergibt sich schon daraus, dass der Aufsichtsratsvorsitzende jederzeit den Gesamtaufsichtsrat zu einem dem Ausschuss übertragenen Gebiet einberufen könnte.[491] Der Aufsichtsrat bleibt Herr des Verfahrens und ist für die ordnungsgemäße Erfüllung der ihm zugewiesenen Aufgaben auch bei Delegation an einen Ausschuss verantwortlich. Die Einberufungsbefugnis ist als Minus im Auflösungsrecht enthalten und nicht nur Ausfluss entspre-

---

[480] *E. Vetter* in Marsch-Barner/Schäfer Börsennotierte AG-HdB Rn. 28.20; aA *Peus* ZGR 1987, 545 (548); *Rellermeyer*, Aufsichtsratsausschüsse, 1986, 190 f.: Aufbewahrung durch Aufsichtsratsvorsitzenden führt zu Unsicherheiten hinsichtlich der Einsichtsrechte der Aufsichtsratsmitglieder.

[481] Hüffer/Koch/*Koch* Rn. 29; MüKoAktG/*Habersack* Rn. 163; *Gittermann* in Semler/v. Schenck AR-HdB § 6 Rn. 175.

[482] *Peus*, Der Aufsichtsratsvorsitzende: Seine Rechtsstellung nach dem Aktiengesetz und dem Mitbestimmungsgesetz, 1983, 136 bei Fn. 206; MüKoAktG/*Habersack* Rn. 131; *Lutter/Krieger/Verse* Rechte und Pflichten des Aufsichtsrats Rn. 771; *Rellermeyer*, Aufsichtsratsausschüsse, 1986, 162 f.; differenzierend MHdB AG/*Hoffmann-Becking* § 32 Rn. 46 und Kölner Komm AktG/*Mertens/Cahn* Rn. 120: Ausschussvorsitzender nur bei Ausschüssen mit vier oder mehr Mitgliedern unentbehrlich; die Wahl eines Ausschussvorsitzenden stets für erforderlich halten hingegen *Paefgen*, Struktur und Aufsichtsratsverfassung der mitbestimmten AG: zur Gestaltung der Satzung und der Geschäftsordnung des Aufsichtsrats, 1981, 359 f.; wiederum anders *Säcker*, Aufsichtsratsausschüsse nach dem Mitbestimmungsgesetz 1976, 1979, 60 ff.

[483] Kölner Komm AktG/*Mertens/Cahn* Rn. 120 („unstatthaft"); Großkomm AktG/*Hopt/Roth* Rn. 417.

[484] Kölner Komm AktG/*Mertens/Cahn* Rn. 120; *Lutter/Krieger/Verse* Rechte und Pflichten des Aufsichtsrats Rn. 771; MüKoAktG/*Habersack* Rn. 131; MHdB AG/*Hoffmann-Becking* § 32 Rn. 51; *Rellermeyer*, Aufsichtsratsausschüsse, 1986, 163; *E. Vetter* in Marsch-Barner/Schäfer Börsennotierte AG-HdB Rn. 28.21; aA *Säcker*, Aufsichtsratsausschüsse nach dem Mitbestimmungsgesetz 1976, 1979, 60 ff.; *Reuter* AcP 179 (1979), 509 (533 f.).

[485] *Rellermeyer*, Aufsichtsratsausschüsse, 1986, S. 163.

[486] *Gittermann* in Semler/v. Schenck AR-HdB § 6 Rn. 60; *Säcker*, Aufsichtsratsausschüsse nach dem Mitbestimmungsgesetz 1976, 1979, 41; Kölner Komm AktG/*Mertens/Cahn* Rn. 120; aA *Lutter/Krieger/Verse* Rechte und Pflichten des Aufsichtsrats Rn. 768; OLG Hamburg AG 1984, 1567: Gefahr der Fraktionierung im Aufsichtsrat; zur Satzung → Rn. 109.

[487] AA OLG Hamburg WM 1982, 1090 (1092).

[488] Hüffer/Koch/*Koch* Rn. 29.

[489] Kölner Komm AktG/*Mertens/Cahn* Rn. 129; aA MHdB AG/*Hoffmann-Becking* § 32 Rn. 47; *Lutter/Krieger/Verse* Rechte und Pflichten des Aufsichtsrats Rn. 772; *Rellermeyer*, Aufsichtsratsausschüsse, 1986, 165.

[490] Kölner Komm AktG/*Mertens/Cahn* Rn. 129; MüKoAktG/*Habersack* Rn. 159; *Rellermeyer*, Aufsichtsratsausschüsse, 1986, 164 f.; *Gittermann* in Semler/v. Schenck AR-HdB § 6 Rn. 153; zum sog. Selbsthilferecht → § 110 Rn. 36 ff.

[491] S. Großkomm AktG/*Hopt/Roth* Rn. 417, die auf Grund dieser Tatsache weitergehend ein Einberufungsrecht auch neben dem eines existierenden Ausschussvorsitzenden annehmen.

chender Mitwirkungsrechte im Ausschuss.[492] Auch wenn der Ausschussvorsitzende verhindert ist und der Ausschuss nicht nach § 110 Abs. 2 analog durch die Ausschussmitglieder einberufen wird, kann der Aufsichtsratsvorsitzende in Ausnahmefällen, etwa bei Eilfällen, den Ausschuss einberufen, um Entscheidungen herbeizuführen, anstatt das Plenum einberufen zu müssen.[493] Die Zuständigkeit des Aufsichtsratsvorsitzenden ergibt sich hier aus seiner allgemeinen Koordinierungsfunktion. Die formalen Anforderungen, wie Mitteilung der Beschlussgegenstände und Einberufungsfristen, richten sich nach § 110 Abs. 1 und 2, die analog anwendbar sind.

Dem Ausschussvorsitzenden kann – außer im Vermittlungsausschuss (→ Rn. 135) – durch die Satzung[494] oder den Aufsichtsrat[495] ein **Zweitstimmrecht** für Beschlüsse des Ausschusses zugewiesen werden, was insbesondere bei Besetzung mit einer geraden Zahl sinnvoll ist. Dies gilt für alle Aktiengesellschaften, gleich ob sie dem MitbestG unterfallen oder nicht, da es sich nur um eine die Einsetzungsentscheidung nicht tangierende Frage der inneren Ordnung des Ausschusses handelt. Der Grundsatz der Gleichbehandlung der Aufsichtsratsmitglieder wird ebenfalls nicht verletzt, da die Zweitstimmenregelung an die Funktion und nicht an die Person anknüpft und der Sicherung der Funktionsfähigkeit des Ausschusses gerade auch in wichtigen Angelegenheiten dient. Ob der Ausschussvorsitzende gleichzeitig Aufsichtsratsvorsitzender ist und nach dem MitbestG über ein Zweitstimmrecht verfügt, ist dabei unerheblich. Die gesetzliche Konzeption des MitbestG räumt den Anteilseignern ein leichtes Übergewicht ein, das durch die Zweitstimmenregelung nicht unzulässig verstärkt wird.[496] Die Ausgestaltung des Zweitstimmrechts muss sich auch in mitbestimmten Gesellschaften nicht zwingend an § 29 MitbestG orientieren.[497] Wird der Aufsichtsratsvorsitzende zum Ausschussvorsitzenden gewählt, ist durch Auslegung des Wahlbeschlusses zu ermitteln, ob dem Vorsitzenden konkludent auch ein Zweitstimmrecht eingeräumt werden soll; von vornherein kann nicht davon ausgegangen werden, dass der Aufsichtsratsvorsitzende ein „geborenes" Zweitstimmrecht haben soll. Der Ausschuss selbst soll nicht durch seine eigene Geschäftsordnung bestimmen können, dass der Vorsitzende ein Zweitstimmrecht hat;[498] angesichts der Möglichkeit, die Geschäftsordnung jederzeit zu ändern, besteht jedoch kein Grund, dem Ausschuss eine entsprechende Regelung zu verweigern.

Die **Satzung** kann die innere Ordnung der Ausschüsse regeln, allerdings nur, wenn nicht in die Autonomie des Aufsichtsrats eingegriffen wird. § 107 Abs. 3 garantiert dem Aufsichtsrat nur Freiheit hinsichtlich der Einsetzung und der Personalwahl und stellt nur insoweit, nicht aber hinsichtlich des Verfahrens in den Ausschüssen, eine abschließende Regelung iSd § 23 Abs. 5 S. 2 dar.[499] In Anbetracht dieser klaren Gesetzeslage ist der Schluss, dass der Aufsichtsrat als Herr der Einsetzung der Ausschüsse auch Herr ihres Verfahrens ist, unzutreffend.[500] Nur wenn eine Verfahrensregelung erhebliche mittel-

---

[492] So aber *Rellermeyer*, Aufsichtsratsausschüsse, 1986, 165; *Peus*, Der Aufsichtsratsvorsitzende: Seine Rechtsstellung nach dem Aktiengesetz und dem Mitbestimmungsgesetz, 1983, 135 ff.
[493] Kölner Komm AktG/*Mertens*/*Cahn* § 110 Rn. 3; aA MüKoAktG/*Semler*, 2. Aufl. 2004, § 110 Rn. 37, 107; s. auch *Lutter*/*Krieger*/*Verse* Rechte und Pflichten des Aufsichtsrats Rn. 772; *Rellermeyer*, Aufsichtsratsausschüsse, 1986, 165; MHdB AG/*Hoffmann-Becking* § 32 Rn. 47; weitergehend Großkomm AktG/*Hopt*/*Roth* Rn. 417.
[494] BGHZ 83, 106 (117 ff.) = NJW 1982, 1525 – Siemens mit Anm. *Pulte* EzA MitbestG §§ 25–29 Nr. 3; OLG München NJW 1981, 2201 (2202 f.); MHdB AG/*Hoffmann-Becking* § 32 Rn. 51; K. Schmidt/Lutter/*Drygala* Rn. 53; Kölner Komm AktG/*Mertens*/*Cahn* Anh. § 117 B § 29 Rn. 13; *E. Vetter* in Marsch-Barner/Schäfer Börsennotierte AG-HdB Rn. 28.20; Großkomm AktG/*Oetker* MitbestG § 29 Rn. 19; aA *Geitner* AG 1982, 212 (215 f.): Einsetzungsentscheidung wird durch Zweitstimmrecht beeinflusst.
[495] BGHZ 83, 144 (146 ff.) = NJW 1982, 1528 – Dynamit Nobel mit Anm. *Pulte* EzA MitbestG §§ 25–29 Nr. 3; MHdB AG/*Hoffmann-Becking* § 32 Rn. 51; Großkomm AktG/*Oetker* MitbestG § 29 Rn. 19; *Rellermeyer*, Aufsichtsratsausschüsse, 1986, 172.
[496] BGHZ 83, 106 (117 ff.) = NJW 1982, 1525 – Siemens; BGHZ 83, 144 (146 ff.) = NJW 1982, 1528 – Dynamit Nobel; OLG Köln WM 1981, 413 (414 ff.) = NJW 1981, 1380; OLG München NJW 1981, 2201 (2202 f.); *Gittermann* in Semler/v. Schenck AR-HdB § 6 Rn. 172; MüKoAktG/*Gach* MitbestG § 29 Rn. 15; UHH/*Ulmer*/*Habersack* MitbestG § 25 Rn. 136; Hüffer/Koch/*Koch* Rn. 32; Kölner Komm AktG/*Mertens*/*Cahn* Rn. 134 und Anh. B § 117 MitbestG § 29 Rn. 13; WKS/*Schubert* MitbestG § 27 Rn. 43; enger *Pulte* EzA MitbestG §§ 25–29 Nr. 3.
[497] MHdB AG/*Hoffmann-Becking* § 32 Rn. 51; Kölner Komm AktG/*Mertens*/*Cahn* Rn. 136; UHH/*Ulmer*/*Habersack* MitbestG § 25 Rn. 136.
[498] Kölner Komm AktG/*Mertens*/*Cahn* Rn. 170.
[499] BGHZ 83, 106 (118) = NJW 1982, 1525 – Siemens; BGHZ 83, 144 (146 f.) = NJW 1982, 1525 – Dynamit Nobel; ausführlich *Rellermeyer*, Aufsichtsratsausschüsse, 1986, 150 ff.; Kölner Komm AktG/*Mertens*/*Cahn* Rn. 136; MüKoAktG/*Habersack* Rn. 97; für mitbestimmte Gesellschaften: UHH/*Ulmer*/*Habersack* MitbestG § 25 Rn. 133; MüKoAktG/*Gach* MitbestG § 25 Rn. 8; *Paefgen*, Struktur und Aufsichtsratsverfassung der mitbestimmten AG: zur Gestaltung der Satzung und der Geschäftsordnung des Aufsichtsrats, 1981, 319 ff.
[500] So aber *Säcker* Aufsichtsratsausschüsse nach dem Mitbestimmungsgesetz 1976, 1979, 32; GK-MitbestG/*Naendrup* MitbestG § 25 Rn. 39.

bare Auswirkungen auf die unantastbare Einsetzungs- oder Personalwahlautonomie hat, kann sie bei wertender Betrachtung unwirksam sein.[501] So können Regeln über die Beschlussfähigkeit abw. von § 108 für den Ausschuss festgelegt werden, zB eine Mindestzahl von Ausschussmitgliedern oder die Teilnahme aller Ausschussmitglieder.[502] Die unantastbare Entscheidung über die Aufsichtsratsgröße wird erst tangiert, wenn die Bestimmung an eine absolute Zahl von Ausschussmitgliedern anknüpft und den Aufsichtsrat zur Berücksichtigung einer Mindestgröße zwingt.[503] Eine Satzungsklausel, wonach der Aufsichtsratsvorsitzende einer mitbestimmten Gesellschaft der geborene Ausschussvorsitzende ist, ist unzulässig, da dem Aufsichtsrat damit die eigene Auswahl eines Vorsitzenden entgegen dem Rechtsgedanken des § 107 Abs. 1 S. 1 aus der Hand geschlagen wird.[504] Dagegen soll eine Satzungsklausel, wonach bei Wahl des Aufsichtsratsvorsitzenden in einen Ausschuss dieser dann auch der Ausschussvorsitzende **(Personalunion)** ist, zulässig sein.[505] Eine solche Bestimmung beschränkt jedoch die dem Aufsichtsrat vorbehaltene Freiheit der Personalwahl unzulässig auf den Fall, dass der Vorsitzende nicht Ausschussmitglied ist, und greift in die Besetzungsautonomie des Aufsichtsrats ein.[506] Auch die Bestimmung, dass Ausschüsse einen Vorsitzenden haben müssen, wird als Eingriff in die Besetzungsautonomie des Aufsichtsrats qualifiziert.[507] Die vielfältigen Einsatzbereiche und Erscheinungsformen von Ausschüssen können auch vorsitzlose Ausschüsse gebieten.[508] Zulässig soll dagegen eine Klausel sein, wonach dem Ausschussvorsitzenden ein **Zweitstimmrecht** zusteht.[509] Dies erscheint indes wenig konsistent, da beide Fragen die Arbeitsweise der Ausschüsse betreffen und nicht unterschiedlich beantwortet werden können. Vielmehr kann auch hier die Satzung die Arbeitsweise der Ausschüsse näher regeln, so dass sowohl Klauseln über Zweitstimmrechte als auch über die Notwendigkeit eines Vorsitzenden statthaft sind.

115 Demgegenüber kann der Aufsichtsrat in seiner **Geschäftsordnung** alle Fragen der Verfahrensweise der Ausschüsse regeln, da er jederzeit durch Mehrheitsbeschluss die Geschäftsordnung abändern kann (→ Rn. 13).

116 Der **Ausschuss** kann sich auch eine **eigene Geschäftsordnung** geben, die aber stets der Satzung und der Geschäftsordnung des Gesamtaufsichtsrats nachrangig ist.[510] Darin können im Prinzip alle Fragen geregelt werden, die auch der Geschäftsordnung des Plenums offen stehen, sofern sie sich nur auf den Ausschuss beziehen, nicht aber auf Fragen des Zweitstimmrechts.[511]

117 Schließlich kann der Ausschuss zur Zeit- und Kostenersparnis seinerseits aus seiner Mitte **Unterausschüsse** bilden und besetzen. Allerdings kann diesen Unterausschüssen keine Beschlusskompetenz übertragen werden,[512] da § 107 Abs. 3 nur die Delegation an einen Ausschuss gestattet, nicht an weitere Unterausschüsse. Zwar findet die Berichterstattung nur an den Ausschuss statt, doch kann der Aufsichtsrat jederzeit die Berichte des Unterausschusses anfordern.[513]

---

[501] So auch *Rellermeyer,* Aufsichtsratsausschüsse, 1986, S. 157.
[502] Kölner Komm AktG/*Mertens/Cahn* Rn. 136; MüKoAktG/*Habersack* Rn. 161; MHdB AG/*Hoffmann-Becking* § 32 Rn. 50.
[503] *Rellermeyer,* Aufsichtsratsausschüsse, 1986, S. 168.
[504] Hüffer/Koch/*Koch* Rn. 29; *Säcker,* Aufsichtsratsausschüsse nach dem Mitbestimmungsgesetz 1976, 1979, 60 f.; *Ulmer,* Die Anpassung der Satzung mitbestimmter Aktiengesellschaften an das MitbestG 1976, 35, 66 f.; Kölner Komm AktG/*Mertens/Cahn* Rn. 96; *Paefgen,* Struktur und Aufsichtsratsverfassung der mitbestimmten AG: zur Gestaltung der Satzung und der Geschäftsordnung des Aufsichtsrats, 1981, 369 f.; Großkomm AktG/*Hopt/Roth* Rn. 416.
[505] Kölner Komm AktG/*Mertens/Cahn* Rn. 120; *Paefgen,* Struktur und Aufsichtsratsverfassung der mitbestimmten AG: zur Gestaltung der Satzung und der Geschäftsordnung des Aufsichtsrats, 1981, 369 f.; *Hoffmann/Preu* Der Aufsichtsrat Rn. 432.
[506] *Rellermeyer,* Aufsichtsratsausschüsse, 1986, 164; ablehnend auch Großkomm AktG/*Hopt/Roth* Rn. 418 mit der Begr., dass es gerade in Fachausschüssen angezeigt sein kann, dass der Vorsitz von einem Spezialisten geführt wird.
[507] Hüffer/Koch/*Koch* Rn. 29; MHdB AG/*Hoffmann-Becking* § 32 Rn. 46; Großkomm AktG/*Hopt/Roth* Rn. 256; MüKoAktG/*Habersack* Rn. 96; *Rellermeyer,* Aufsichtsratsausschüsse, 1986, 163 f.; *Säcker* Aufsichtsratsausschüsse nach dem Mitbestimmungsgesetz 1976, 1979, 60 f.; dagegen *Lehmann* DB 1979, 2118 (2121); *Paefgen,* Struktur und Aufsichtsratsverfassung der mitbestimmten AG: zur Gestaltung der Satzung und der Geschäftsordnung des Aufsichtsrats, 1981,. 370.
[508] *Rellermeyer,* Aufsichtsratsausschüsse, 1986, 163 f.
[509] BGHZ 83, 106 (118 f.) = NJW 1982, 1525 – Siemens; OLG München NJW 1981, 2201 (2202 f.); Hüffer/Koch/*Koch* Rn. 32; MüKoAktG/*Habersack* Rn. 132; MHdB AG/*Hoffmann-Becking* § 32 Rn. 51; aA *Geitner* AG 1982, 212 (215 f.); vgl. auch Rn. 108.
[510] Kölner Komm AktG/*Mertens/Cahn* Rn. 183; MüKoAktG/*Habersack* Rn. 158; *Rellermeyer,* Aufsichtsratsausschüsse, 1986, 161; *Gittermann* in Semler/v. Schenck AR-HdB § 6 Rn. 60.
[511] Kölner Komm AktG/*Mertens/Cahn* Rn. 170; Hölters/Hambloch-Gesinn/*Gesinn* Rn. 170.
[512] MüKoAktG/*Habersack* Rn. 158; Kölner Komm AktG/*Mertens/Cahn* Rn. 171; *Gittermann* in Semler/v. Schenck AR-HdB § 6 Rn. 12; MHdB AG/*Hoffmann-Becking* § 32 Rn. 4.
[513] MüKoAktG/*Habersack* Rn. 158; *Gittermann* in Semler/v. Schenck AR-HdB § 6 Rn. 12.

7. Berichte. a) Berichte gegenüber dem Gesamtaufsichtsrat.
Bis zum TransPuG fehlte eine **118** Regelung zur **Informationsordnung zwischen dem Plenum und den Ausschüssen**. Eine Berichtspflicht war aber auch ohne ausdrückliche gesetzliche Regelung anerkannt, da die Bestellung eines Ausschusses den Gesamtaufsichtsrat nicht von seiner allgemeinen Überwachungspflicht befreit.[514] Nunmehr ist gem. § 107 Abs. 3 S. 5 dem Plenum regelmäßig über die Arbeit der Ausschüsse zu berichten, um Informationsdefizite des Plenums zu vermeiden.[515] Auch Ziff. 5.3.1 S. 2 DCGK sieht – vor dem Hintergrund seiner Tendenz zur Verlagerung der Aufsichtsratsarbeit in die Ausschüsse[516] – regelmäßige Berichte des Ausschussvorsitzenden an den Aufsichtsrat vor. Wie die Berichterstattung erfolgt und auszugestalten ist, bleibt dem pflichtgemäßen Ermessen des Aufsichtsrats überlassen; sinnvoll ist es, bei jeder Sitzung des Aufsichtsrats einen entsprechenden Tagesordnungspunkt aufzunehmen.[517] Eine besondere **Form** ist für den Bericht nicht vorgesehen,[518] kann aber vom Aufsichtsrat in seiner Geschäftsordnung geregelt werden.

Der **Inhalt** der Berichte muss die wesentliche Arbeit des Ausschusses erfassen, wofür auch ein **119** knapper Ergebnisbericht genügt.[519] Er wird bei beschließenden Ausschüssen, die an Stelle des Gesamtaufsichtsrats handeln, umso umfangreicher sein müssen, je weniger flankierende Informationsrechte den übrigen Aufsichtsratsmitgliedern noch zustehen, da sie zB keine Berichte vom Vorstand nach § 90 verlangen können, wenn der Ausschuss diese bereits angefordert hatte. Ein **beschließender** Ausschuss ist nicht gehalten, die ihm erstatteten Vorstandsberichte von sich aus an das Plenum weiterzuleiten oder diesem detaillierte Berichte über die Ausschussarbeit zu erstatten.[520] Allerdings ist es dem Plenum unbenommen, von seinen Ausschüssen umfassende Informationen zu verlangen, da es jederzeit die delegierten Aufgaben wieder an sich ziehen kann.[521] Bei **vorbereitenden** Ausschüssen versteht es sich von selbst, dass die Berichte alle für die weitere Beschlussfassung des Aufsichtsrats wesentlichen Informationen enthalten müssen, da anderenfalls die Möglichkeit des Plenums zu einer abweichenden Entscheidung erheblich eingeschränkt wäre.[522] Der Ausschuss ist zur Unterrichtung über mündliche und zur Weiterleitung schriftlicher Vorstandsberichte verpflichtet.[523] Darüber hinaus muss er zusätzliche Berichte erstellen, wenn dem Aufsichtsrat nur auf diesem Wege die volle Entscheidungsgrundlage zugänglich gemacht werden kann.[524] Der Bericht wird in der Regel vom Ausschussvorsitzenden vorgetragen, kann jedoch auch einem anderen Ausschussmitglied oder dem Aufsichtsratsvorsitzenden übertragen werden.

Der **Aufsichtsrat selbst** hat den Bericht nur zur Kenntnis zu nehmen, Beschlüsse müssen diesbe- **120** züglich nicht gefasst werden.[525] Bestehen im Plenum unterschiedliche Auffassungen über die Ergeb-

---

[514] OLG Hamburg ZIP 1995, 1673 (1676); *E. Vetter* in Marsch-Barner/Schäfer Börsennotierte AG-HdB Rn. 28.25; MHdB AG/*Hoffmann-Becking* § 32 Rn. 41 ff.; *Lutter/Krieger/Verse* Rechte und Pflichten des Aufsichtsrats Rn. 748; Kölner Komm AktG/*Mertens/Cahn* Rn. 142 (so auch schon in alter Auflage vor Bestehen einer gesetzlichen Regelung); *Rellermeyer*, Aufsichtsratsausschüsse, 1986, 204 ff.

[515] BegrRegE BT-Drs. 14/8769, 16; *Schwark* ZHR 71 (2002), 75 (110 f.); *Bosse* DB 2002, 1592 (1593); krit. *Peltzer* Rn. 227; K. Schmidt/Lutter/*Drygala* Rn. 56; *E. Vetter* in Marsch-Barner/Schäfer Börsennotierte AG-HdB Rn. 28.26; *E. Vetter* Liber amicorum Winter, 2011, 701 (714); Grigoleit/*Tomasic* Rn. 34.

[516] Dazu KBLW/*Kremer* DCGK Rn. 1278.

[517] BegrRegE BT-Drs. 14/8769, 16; Hüffer/Koch/*Koch* Rn. 33; *Lutter/Krieger/Verse* Rechte und Pflichten des Aufsichtsrats Rn. 748; strenger Großkomm AktG/Hopt/*Roth* Rn. 437: „erforderlich".

[518] Hüffer/Koch/*Koch* Rn. 33; K. Schmidt/Lutter/*Drygala* Rn. 56; Bürgers/Körber/*Israel* Rn. 25.

[519] BegrRegE BT-Drs. 14/8769, 16; Hüffer/Koch/*Koch* Rn. 33; *Lutter/Krieger/Verse* Rechte und Pflichten des Aufsichtsrats Rn. 748; *E. Vetter* in Marsch-Barner/Schäfer Börsennotierte AG-HdB Rn. 28.26; MHdB AG/*Hoffmann-Becking* § 32 Rn. 42; *Gittermann* in Semler/v. Schenck AR-HdB § 6 Rn. 100: sachgerechte, umfassende Berichterstattung.

[520] LG München I BB 2007, 2473 (2474); ausführlich *Lutter* Information und Vertraulichkeit Rn. 372 ff.; *Lutter/Krieger/Verse* Rechte und Pflichten des Aufsichtsrats Rn. 784; *Semler* AG 1988, 60 (64); *E. Vetter* in Marsch-Barner/Schäfer Börsennotierte AG-HdB Rn. 28.28.

[521] LG München I BB 2007, 2473 (2474); *Lutter* Information und Vertraulichkeit Rn. 376; *Lutter/Krieger/Verse* Rechte und Pflichten des Aufsichtsrats Rn. 784; *Hoffmann-Becking* FS Stimpel, 1985, 589 (601 f.); Kölner Komm AktG/*Mertens/Cahn* Rn. 142; *Rellermeyer*, Aufsichtsratsausschüsse, 1986, 204 ff. mit Ausführungen zu denkbaren Einschränkungen des Berichtsanspruchs.

[522] *Lutter/Krieger/Verse* Rechte und Pflichten des Aufsichtsrats Rn. 784; MüKoAktG/*Habersack* Rn. 166; K. Schmidt/Lutter/*Drygala* Rn. 56; *Semler* AG 1988, 60 (65); *Rellermeyer*, Aufsichtsratsausschüsse, 1986, 207 ff.; Kölner Komm AktG/*Mertens/Cahn* Rn. 142; *Gittermann* in Semler/v. Schenck AR-HdB § 6 Rn. 103.

[523] *Rellermeyer*, Aufsichtsratsausschüsse, 1986, 207 f.; *Lutter/Krieger/Verse* Rechte und Pflichten des Aufsichtsrats Rn. 784.

[524] *Rellermeyer*, Aufsichtsratsausschüsse, 1986, 208 ff.; *Semler* AG 1988, 60 (65); *Lutter/Krieger/Verse* Rechte und Pflichten des Aufsichtsrats Rn. 784; Kölner Komm AktG/*Mertens/Cahn* Rn. 142: Formalisierung der Berichterstattungspflicht ist nicht angebracht; ausführlich für den Bilanzausschuss: *Hommelhoff* BB 1981, 944 (947 f.).

[525] Hüffer/Koch/*Koch* Rn. 33.

nisse der Ausschusssitzung, kann der Aufsichtsrat das erneute Tätigwerden des Ausschusses mehrheitlich beschließen.[526] Einzelne Aufsichtsratsmitglieder können nur vorbehaltlich einer anderweitigen Entscheidung des Aufsichtsratsvorsitzenden an den Ausschusssitzungen gem. § 109 Abs. 2 teilnehmen (Einzelheiten → § 109 Rn. 29). **Berichtsansprüche einzelner Mitglieder** entsprechend § 90 Abs. 3 S. 2 bestehen gegenüber abschließend tätigen Ausschüssen nur, soweit die allgemeine Überwachungsaufgabe betroffen ist;[527] gegenüber vorbereitenden Ausschüssen vor Abschluss der Tätigkeit nur mit Zustimmung des Aufsichtsratsvorsitzenden.[528] Ein uneingeschränkter Informationsanspruch jedes einzelnen Mitglieds wäre mit dem Recht des Aufsichtsratsvorsitzenden zur Aussprache eines Teilnahmeverbots nach § 109 Abs. 2 unvereinbar. Für einen der wichtigsten Ausschüsse, dem Personalausschuss, sind die meisten Fragen (§ 87 AktG) inzwischen ohnehin zwingend dem Plenum überantwortet. Schließlich kann keine Vertraulichkeit innerhalb des Aufsichtsrats für Angelegenheiten gelten, die sowieso der Publizität und Offenlegung unterliegen.[529] Mit der Teilnahme ist auch das Recht auf Einsichtnahme in alle **Protokolle und Unterlagen des Ausschusses** verbunden. Ein vom Teilnahmerecht unabhängiges Recht auf Einsicht und Aushändigung aller Unterlagen des Ausschusses besteht nicht[530] auch nicht analog § 107 Abs. 2 S. 4 oder zu § 90 Abs. 3 S. 2, da das Informationsbedürfnis durch § 107 Abs. 3 S. 5 abgedeckt ist.[531]

121 b) **Berichtsansprüche des Ausschusses.** Der Berichtsanspruch nach § 90 Abs. 3 steht in entsprechender Anwendung auch einem Ausschuss, der für den Gesamtaufsichtsrat tätig wird, zu. Der Berichtsanspruch muss durch Beschluss geltend gemacht werden und kann sich nur auf das Aufgabengebiet des Ausschusses beziehen.[532] Einsichts- und Prüfungsrechte nach § 111 Abs. 2 S. 1 stehen grundsätzlich nur dem Gesamtaufsichtsrat zu, der diese aber generell oder für den Einzelfall dem Ausschuss übertragen kann.[533] Die selbstständigen Berichtspflichten des Vorstandes nach § 90 Abs. 1 S. 1 bleiben unabhängig von Berichten an die Ausschüsse bestehen.[534] Wird der Ausschuss erledigend an Stelle des Gesamtaufsichtsrats tätig, erfüllt der Vorstand seine Berichtspflicht durch Berichterstattung an den Ausschuss, wobei der Aufsichtsratsvorsitzende eine Abschrift erhalten muss,[535] nicht dagegen bei rein vorbereitenden Ausschüssen.[536]

122 8. **Arten von Ausschüssen.** Gebräuchlich sind in der Praxis das Aufsichtsratspräsidium und der Personalausschuss. Auch die Bildung eines Prüfungsausschusses war bereits vor dessen gesetzlicher Regelung durch das BilMoG etabliert, wobei dessen Einrichtung nach wie vor fakultativ ist.[537]

---

[526] Teilw. abw. Hüffer/Koch/*Koch* Rn. 33 und Großkomm AktG/*Hopt/Roth* Rn. 446: Ausschuss muss nochmals tätig werden.

[527] *Hoffmann-Becking* FS Stimpel, 1985, 589 (602); *Lutter/Krieger/Verse* Rechte und Pflichten des Aufsichtsrats Rn. 787; *Rellermeyer,* Aufsichtsratsausschüsse, 1986, 224 f.; *Semler* AG 1988, 60 (65); MHdB AG/*Hoffmann-Becking* § 32 Rn. 43 lässt Berichterstattung an einzelnes Mitglied bei Einverständnis des Aufsichtsratsvorsitzenden entsprechend § 109 Abs. 2 zu; aA LG Frankfurt a. M. ZIP 1996, 1661 (1664); Grigoleit/*Tomasic* Rn. 35 mit weiteren Nachweisen; offen LG Düsseldorf AG 1988, 386.

[528] *Lutter/Krieger/Verse* Rechte und Pflichten des Aufsichtsrats Rn. 787; grds. auch *Semler* AG 1988, 60 (65); anders *Rellermeyer,* Aufsichtsratsausschüsse, 1986, 225: Berichtsanspruch bereits vor Abschluss der Ausschussarbeiten; ihm folgend Großkomm AktG/*Hopt/Roth* Rn. 443.

[529] Zutr. *Hoffmann-Becking* ZIP 2007, 2101 (2107) für die Offenlegung der Vorstandsbezüge.

[530] *Lutter/Krieger/Verse* Rechte und Pflichten des Aufsichtsrats Rn. 788; Hüffer/Koch/*Koch* § 109 Rn. 6; Kölner Komm AktG/*Mertens/Cahn* § 109 Rn. 36; *Lehmann* DB 1979, 2117 (2123); *Mertens* AG 1980, 67 (73); *Mertens* ZGR 1983, 189 (200); Nachweise bei → § 109 Rn. 37 ff.

[531] Für ein unabhängig vom Teilnahmerecht bestehendes Einsichtsrecht soweit kein besonderes Geheimhaltungsinteresse besteht aber *Rellermeyer,* Aufsichtsratsausschüsse, 1986, 242 ff.; *Semler* AG 1988, 60 (65 f.).

[532] MüKoAktG/*Habersack* Rn. 167; *Lutter/Krieger/Verse* Rechte und Pflichten des Aufsichtsrats Rn. 783; Kölner Komm AktG/*Mertens/Cahn* Rn. 137 f.; *Semler* AG 1988, 60 (64); *Rellermeyer,* Aufsichtsratsausschüsse, 1986, 179 ff.; K. Schmidt/Lutter/*Drygala* Rn. 54; Hölters/*Hambloch-Gesinn/Gesinn* Rn. 174.

[533] Kölner Komm AktG/*Mertens/Cahn* Rn. 137; *Lutter/Krieger/Verse* Rechte und Pflichten des Aufsichtsrats Rn. 781; K. Schmidt/Lutter/*Drygala* Rn. 55; *Rellermeyer,* Aufsichtsratsausschüsse, 1986, 200; *Lutter* Information und Vertraulichkeit Rn. 187; UHH/*Ulmer/Habersack* MitbestG § 25 Rn. 130; MüKoAktG/*Habersack* Rn. 167; *Semler* AG 1988, 60 (64): abw. *Lehmann* DB 1979, 2117 (2123) bei Fn. 57: die Rechte aus § 111 Abs. 2 sind als Folgerechte des § 111 Abs. 1 nicht delegierbar.

[534] *Gittermann* in Semler/v. Schenck AR-HdB § 6 Rn. 13, 100 ff.; Grigoleit/*Tomasic* Rn. 36.

[535] *Semler* AG 1988, 60 (64); MüKoAktG/*Habersack* Rn. 167; Hölters/*Hambloch-Gesinn/Gesinn* Rn. 174; Grigoleit/*Tomasic* Rn. 36; *Rellermeyer,* Aufsichtsratsausschüsse, 1986, 188 ff.; umgekehrt *Lutter/Krieger/Verse* Rechte und Pflichten des Aufsichtsrats Rn. 780; Kölner Komm AktG/*Mertens/Cahn* Rn. 137: Bericht an Aufsichtsratsvorsitzenden und Weiterleitung an Ausschuss.

[536] *Semler* AG 1988, 60 (64 f.); *Rellermeyer,* Aufsichtsratsausschüsse, 1986, 192 ff.; *Lutter/Krieger/Verse* Rechte und Pflichten des Aufsichtsrats Rn. 783: für schriftlichen Berichte Pflicht bereits durch Berichterstattung an den Ausschuss erfüllt, bei mündlichern Berichte evtl. Wiederholung.

[537] *Nonnenmacher/Pohle/v. Werder* DB 2009, 1447; *Lanfermann/Röhricht* BB 2009, 887.

Innere Ordnung des Aufsichtsrats 123–125 § 107

Entscheidet sich der Aufsichtsrat für die Bildung eines Prüfungsausschusses, enthält das Gesetz nunmehr in § 107 Abs. 3 S. 2 eine Regelung über dessen mögliches Aufgabenspektrum. Gesetzlich vorgeschrieben ist für der Montanmitbestimmung oder dem MitbestG unterliegende Gesellschaften der Vermittlungsausschuss.

a) Aufsichtsratspräsidium. In der Praxis häufig, vom Gesetz aber nicht vorgesehen ist die 123 Bildung eines Aufsichtsratspräsidiums,[538] auch ohne den Willen des Vorsitzenden.[539] Auf das Präsidium finden die allgemeinen Regeln zu Ausschüssen ohne weiteres Anwendung, so dass es praktisch bedeutungslos[540] ist, ob man das Präsidium als Ausschuss[541] oder im Hinblick darauf, dass es Aufgaben des Aufsichtsratsvorsitzenden und nicht solche des Plenums erfüllt, als Gremium sui generis[542] qualifiziert. Insbesondere gelten auch für das Präsidium die bereits in → Rn. 90 f. dargestellten Delegationsverbote.[543] Die Geschäftsordnung – nicht die Satzung[544] – kann die Bildung eines Präsidiums bindend vorsehen.[545] Ist das Präsidium nicht beschließend tätig, genügt eine Besetzung mit 2 Mitgliedern.[546]

Das Präsidium wird regelmäßig mit dem Vorsitzenden und seinen Stellvertretern als „geborene" 124 Mitglieder,[547] aber auch mit weiteren Ausschussmitgliedern besetzt. Vorsitzender und Stellvertreter sind verpflichtet, ihr Amt als Ausschussmitglieder anzunehmen, da sie sonst die Bildung des Präsidiums verhindern könnten.[548] Bei der **personellen Besetzung** darf der Aufsichtsrat nicht zwischen den verschiedenen Gruppen diskriminieren, so dass nur ausnahmsweise eine Besetzung ausschließlich mit Anteilseignervertretern in Betracht kommt.[549] Die Beteiligung mindestens eines Arbeitnehmers wird insbesondere bei einem Präsidialausschuss, der im großen Umfang über Zustimmungsvorbehalte nach § 111 Abs. 4 S. 2 zu entscheiden hat, zu verlangen sein.[550]

Der **Aufgabenbereich** des Präsidiums bestimmt sich nach dem Einsetzungsbeschluss des Aufsichts- 125 rats, in Ermangelung näherer Bestimmungen hat das Präsidium den Vorsitzenden bei der Erfüllung seiner Aufgaben zu unterstützen, insbesondere Vorbereitung der Sitzungen, Koordination der Aufsichtsratstätigkeit und des Kontaktes mit dem Vorstand[551] oder der Öffentlichkeitsarbeit.[552] Aber auch als beschließender Ausschuss kann das Präsidium tätig werden, zB für Eilfälle, etwa bei zustimmungspflichtigen Geschäften.[553] Diese Aufgabenzuweisung ist zulässig, da nur die Festsetzung von Zustimmungsvorbehalten, nicht aber deren Ausübung, im Einzelfall dem Delegationsverbot unterliegt.[554]

---

[538] Zu anderen Bezeichnungen in der Praxis MüKoAktG/*Semler*, 2. Aufl. 2004, Rn. 250: Arbeitsausschuss, Präsidialausschuss.
[539] Kölner Komm AktG/*Mertens*/*Cahn* Rn. 115; MüKoAktG/*Habersack* Rn. 105; *Krieger* ZGR 1985, 338 (361).
[540] Zutr. Großkomm AktG/*Hopt*/*Roth* Rn. 346.
[541] So die hM: BGH BGHZ 83, 106 (114) = NJW 1982, 1525 – Siemens; Kölner Komm AktG/*Mertens*/*Cahn* Rn. 103; *Hoffmann*/*Preu* Der Aufsichtsrat Rn. 112; MüKoAktG/*Habersack* Rn. 104.
[542] So aber *Krieger* ZGR 1985, 338 (346 f.): Anwendbarkeit der für einen Ausschuss geltenden Regeln ist einzelfallbedingt zu entscheiden; *Lutter*/*Krieger*, 3. Aufl. 1993, Rn. 276, zurückhaltender in der aktuellen Auflage *Lutter*/*Krieger*/*Verse*, Rn. 751: keine praktischen Unterschiede zwischen beiden Sichtweisen.
[543] OLG Düsseldorf BeckRS 2013, 12051; OLG Düsseldorf NZG 2004, 141 (142).
[544] → Rn. 85; *Krieger* ZGR 1985, 338 (361); aA *Rellermeyer*, Aufsichtsratsausschüsse, 1986, 74 (78 f.): nur Regelung der Befugnisse des Aufsichtsratsvorsitzenden; dagegen wiederum *Semler* AG 1988, 60 (63).
[545] BGH BGHZ 83, 106 (114 f.) = NJW 1982, 1525 – Siemens; *Krieger* ZGR 1985, 338 (361); *Semler* AG 1988, 60 (63).
[546] Kölner Komm AktG/*Mertens*/*Cahn* Rn. 104; MHdB AG/*Hoffmann-Becking* § 32 Rn. 16; *Krieger* ZGR 1985, 338 (362 f.); aA *Semler* AG 1988, 60 (66 f.): Dreierbesetzung, da Präsidium zumindest Beschlüsse mit interner Wirkung fasst; anders *Säcker*, Aufsichtsratsausschüsse nach dem Mitbestimmungsgesetz 1976, 1979, 34: Funktion des Präsidiums fällt in die Zuständigkeit des Viererausschusses nach § 27 Abs. 3 MitbestG.
[547] MHdB AG/*Hoffmann-Becking* § 32 Rn. 16; Großkomm AktG/*Hopt*/*Roth* Rn. 345; *E. Vetter* in Marsch-Barner/Schäfer Börsennotierte AG-HdB Rn. 28.32; *Lutter*/*Krieger*/*Verse* Rechte und Pflichten des Aufsichtsrats Rn. 752; *Krieger* ZGR 1985, 338, (363).
[548] Kölner Komm AktG/*Mertens*/*Cahn* Rn. 115.
[549] → Rn. 95; so auch *Gittermann* in Semler/v. Schenck AR-HdB § 6 Rn. 114; UHH/*Ulmer*/*Habersack* MitbestG § 25 Rn. 129; aA WKS/*Schubert* MitbestG § 27 Rn. 43 und *Säcker* Aufsichtsratsausschüsse nach dem Mitbestimmungsgesetz 1976, 1979, 35: paritätische Besetzung erforderlich.
[550] OLG München ZIP 1995, 1753 (1754 f.) mit krit. Anm. *Jaeger* ZIP 1995, 1735 (1737 f.); *Wank* EWiR 1995, 605.
[551] Kölner Komm AktG/*Mertens*/*Cahn* Rn. 103; MüKoAktG/*Habersack* Rn. 104; MHdB AG/*Hoffmann-Becking* § 32 Rn. 16; *E. Vetter* in Marsch-Barner/Schäfer Börsennotierte AG-HdB Rn. 28.31; *Krieger* ZGR 1985, 338 (340 ff., 349 ff., 357 ff.).
[552] Dazu *Gittermann* in Semler/v. Schenck AR-HdB § 6 Rn. 118; *Roth* ZGR 2012, 343 (362).
[553] Kölner Komm AktG/*Mertens*/*Cahn* Rn. 104; MHdB AG/*Hoffmann-Becking* § 32 Rn. 17; *Lehmann* DB 1979, 2117; zum Zustimmungsvorbehalt und der Delegation auf einen Ausschuss → § 111 Rn. 71 f.
[554] BGH AG 1991, 398 = ZIP 1991, 869; OLG Hamburg AG 1996, 84 = ZIP 1995, 1673; *Gittermann* in Semler/v. Schenck § 6 Rn. 120; *Rellermeyer*, Aufsichtsratsausschüsse, 1986, 26 (35); Kölner Komm AktG/*Mertens*/*Cahn* § 111 Rn. 110; Hüffer/Koch/*Koch* Rn. 27.

126 **b) Personalausschuss; Nominierungsauschuss.** Der Personalausschuss – häufig in Union mit dem Präsidium[555] – nimmt typischerweise (aber je nach Einsetzungsbeschluss) im Wesentlichen die Vorbereitung der Personalentscheidungen des Aufsichtsrats vor. Allerdings hat der Gesetzgeber mit dem VorstAG die Festlegung der Vergütung und die übrigen vergütungsrelevanten Konditionen im Rahmen von § 87 AktG nunmehr zwingend dem Plenum zugewiesen. Eine Delegation auf Ausschüsse, die nicht nur vorbereitend tätig werden, sondern auch anstelle des Plenums Beschlüsse fassen können, wie dies nach bisherigem Recht möglich war,[556] ist damit unzulässig. Dies schließt eine vorbereitende Tätigkeit nicht aus,[557] doch hat das letzte Wort nunmehr zwingend das Plenum, um eine größere Transparenz herzustellen. Eine vorgeschlagene Beschränkung auf das Vergütungssystem hat der Gesetzgeber nicht aufgenommen.[558] Damit fallen jegliche Details, auch „appreciation awards"[559] als nachträgliche Bonizahlungen in die Zuständigkeit des Plenums. In Anbetracht der Vergütungsrelevanz erfasst die alleinige Beschlusszuständigkeit des Plenums ebenso die Festlegung der Aktivbezüge, Fragen der Altersversorgung, Karenzentschädigungen, Abfindungszahlungen, Zusagen für den Eintritt außerordentlicher Entwicklungen sowie vergütungsrelevante Zielvereinbarungen.[560] Auch wenn Zahlungen, die auf **Beratungsverträgen** mit ehemaligen Vorstandsmitgliedern basieren, nicht der Vergütung für eine aktive Vorstandstätigkeit gleichzustellen sind, spricht der Entgeltcharakter sowie der enge sachliche Zusammenhang mit der früheren Vorstandstätigkeit auch hier für eine ausschließliche Zuständigkeit des Aufsichtsratsplenum für den Abschluss solcher Verträge, nicht zuletzt um Umgehungen bzw. faktische Änderungen für Ruhegehaltszusagen zu verhindern.[561]

127 Unberührt von der zwingenden Zuständigkeit des Plenums bleiben aber nach wie vor die übrigen, **nicht vergütungsrelevanten Komplexe** eines Anstellungsvertrages, weil der Gesetzgeber sich nur auf den Verweis auf § 87 Abs. 1, Abs. 2 S. 1 und 2 beschränkt hat. Hierfür kann nach wie vor ein Personalausschuss anstelle des Plenums den Anstellungsvertrag abschließen;[562] die Delegation dieser Befugnisse ist nach wie vor zulässig,[563] da § 107 Abs. 3 S. 4 nicht § 84 Abs. 3 S. 5 nennt.[564]

128 Auch bei **Änderungen des Anstellungsvertrages,** die vergütungsrelevante Aspekte umfassen, greift der Plenumsvorbehalt ein.[565] Angesichts von Ziff. 9.2 der Empfehlung der Kommission vom 30. April 2009 zur Regelung der Vergütung der Unternehmensleitung börsennotierter Gesellschaften bleibt es dem Personalausschuss ebenso im Rahmen der Vorbereitungshandlungen unbenommen, sich der Hilfe und Expertise eines sog. Vergütungsberaters zu bedienen.[566]

129 Damit ergibt sich eine **unübersichtliche Gemengelage;** daher kann theoretisch zunächst die Vergütung dem Plenum vorgelegt werden, damit dann bei einer verdrängenden Delegation der Personalausschuss den Anstellungsvertrag schließen kann, ohne hier allerdings noch Spielraum zu genießen, also nicht im Sinne einer Vertretungsmacht nach § 112 AktG, sondern nur einer Ermächtigung, wie sie etwa

---

[555] MHdB AG/*Hoffmann-Becking* § 32 Rn. 15; MüKoAktG/*Habersack* Rn. 106; Grigoleit/*Tomasic* Rn. 40; *Krieger* ZGR 1985, 338 (339).

[556] MüKoAktG/*Habersack* Rn. 106 mwN.

[557] *Fleischer* NZG 2009, 801 (804); *Thüsing* AG 2009, 517 (524); *van Kann/Keiluweit* DStR 2009, 1587 (1590); Hölters/*Hambloch-Gesinn/Gesinn* Rn. 100; Grigoleit/*Tomasic* Rn. 40.

[558] Vgl. Stellungnahme des Handelsrechtsausschusses DAV NZG 2009, 612 (615) Rn. 22 ff. in Anlehnung an Ziff. 4.2.2 DCGK; dem Gesetzgeber zust. *Wagner/Wittgens* BB 2009, 906 (909); krit. dagegen *Hohenstatt* ZIP 2009, 1349 (1355); *Nikolay* NJW 2009, 2640 (2644).

[559] Hierzu näher MüKoAktG/*Spindler* § 87 Rn. 113 ff.; Hüffer/Koch/*Koch* § 87 Rn. 7; *Brauer* NZG 2004, 502.

[560] MüKoAktG/*Habersack* Rn. 150; Hüffer/Koch/*Koch* Rn. 28; Hölters/*Hambloch-Gesinn/Gesinn* Rn. 100; *Wettich* AG 2013, 374 (378); *Habersack* ZHR 174 (2010), 2 (10); detailliert *Fonk* FS Hoffmann-Becking, 2013, 347 (351 f.); s. zu den unterschiedlichen Vergütungsbestandteilen: MüKoAktG/*Spindler* § 87 Rn. 94 ff.

[561] *Fonk* FS Hoffmann-Becking, 2013, 347 (355).

[562] Zur möglichen Delegation der Aushandlung und des Abschlusses des Anstellungsvertrages auf einen Ausschuss → MüKoAktG/*Habersack* § 84 Rn. 34 ff.; MüKoAktG/*Spindler* § 84 Rn. 69; *Thüsing* in Fleischer VorstandsR-HdB § 4 Rn. 64 ff.; Hüffer/Koch/*Koch* § 84 Rn. 15; *Fonk* FS Hoffmann-Becking, 2013, 347 (352); *Seibert* WM 2009, 1489 (1491); *Hoffmann-Becking/Krieger* NZG-Beil. 2009, 1 (9); einschränkend: MüKoAktG/*Habersack* Rn. 150, Kölner Komm AktG/*Mertens/Cahn* Rn. 162; *Cahn* FS Hopt, 2010, Bd. 1, 431 (437), wonach im Falle der Erstbestellung das Aufsichtsratsplenum über den Anstellungsvertrag entscheiden soll; Delegation kategorisch ablehnend *Beuthien* NZG 2010, 333 (334); so auch schon vor Inkrafttreten des VorstAG: *Altmeppen* FS Brandner, 1996, 3 (7).

[563] Anders anscheinend *Gaul/Janz* NZA 2009, 809 (813), die von einer alleinigen Vertretungskompetenz des Plenums ausgehen.

[564] KG AG 2005, 205 (206); *Scholderer* NZG 2011, 528; s. auch MüKoAktG/*Spindler* § 84 Rn. 17 mwN.

[565] *Wettich* AG 2013, 374 (378); Hüffer/Koch/*Koch* Rn. 28.

[566] Empfehlung der Kommission vom 30.4.2009 zur Ergänzung der Empfehlung 2004/913/EG und 2005/162/EG zur Regelung der Vergütung von Mitgliedern der Unternehmensleitung börsennotierter Gesellschaften, 2009/385/EG, ABl. EG L 120, 28; hierzu *Fleischer* BB 2010, 67.

dem Aufsichtsratsvorsitzenden auch erteilt werden kann. Sinnvoller ist jedoch die Vertretung durch das Plenum hinsichtlich des Vertrages insgesamt, da die übrigen Regelungen des Vertrages in der Regel kaum ins Gewicht fallen werden. Auch Ziff. 5.1.2 S. 4 **DCGK** regt die Bildung von vorbereitenden Personalausschüssen an, deren Vorsitz jedoch infolge der ersatzlosen Streichung des Ziff. 5.2. Abs. 2 S. 1 DCGK nicht mehr der Aufsichtsratsvorsitzende übernehmen muss.

130 Der Personalausschuss darf allerdings im Rahmen seiner Entscheidungen über den Anstellungsvertrag nicht diejenigen des Plenums über Bestellung oder Abberufung präjudizieren, zB durch Festlegung des Ressorts des Vorstandsmitglieds.[567]

131 Bei der **Besetzung** sind grundsätzlich auch Arbeitnehmervertreter zu berücksichtigen, außer bei einem erheblichen sachlichen Grund.[568] Dies gilt unabhängig von der Mitbestimmungsform, da es sich um einen aktienrechtlich abgeleiteten Grundsatz des Diskriminierungsverbots handelt.[569] Die EU-Empfehlung verlangt zudem, dass die Mehrheit der Ausschussmitglieder unabhängig[570] sein solle (Anhang I Ziff. 3.1.2).

132 Darüber hinaus sieht die **EU-Empfehlung** zwingend einen **Nominierungs-** und einen **Vergütungsausschuss** vor, der weitgehend dem Personalausschuss vergleichbare Kompetenzen innehaben soll.[571] Der Nominierungsausschuss soll auch dazu ermächtigt werden, dem Aufsichtsratsplenum Vorschläge für vakante Vorstandsposten zu unterbreiten sowie dem Plenum fortlaufend Bericht über die Qualifikation der Vorstandsmitglieder zu erstatten.[572]

133 Ebenfalls empfiehlt der **DCGK** in Ziff. 5.3.3 DCGK die Einrichtung eines Nominierungsausschusses, der ausschließlich mit Vertretern der Anteilseigner besetzt sein und dem Aufsichtsrat für dessen Wahlvorschläge an die Hauptversammlung iSd § 124 Abs. 3 AktG geeignete Kandidaten vorschlagen soll.[573] Im Gegensatz zum allgemein anerkannten und in Ziff. 5.1.2 DCGK festgelegten vorstandsbezogenen Pflichtenkanon des Personalausschusses (→ Rn. 126) ist der Nominierungsausschuss allein für die Personalpolitik des Aufsichtsrats verantwortlich.[574] Gerade hinsichtlich der besonderen Sensitivität der zu behandelnden Personalfragen, bspw. durch Evaluation der fachlichen Qualifiaktion und der persönlichen Einsatzbereitschaft, sowie der faktischen Dominanz des Vorstands(vorsitzenden), ist die Einsetzung eines Nominierungsausschusses zur effizienten und diskreten Vorschlagsvorbereitung und zur Verringerung des systemwidrigen Einflusses des Vorstands(vorsitzenden) geboten.[575]

134 Bei Einrichtung eines Nominierungsausschusses, der einzig die Nachfolgeregelung der Kapitalseite bezweckt und damit originär auf die Beachtung der Anteilseignerbelange abzielt, erscheint ein **völliger Auschluss von Arbeitnehmervertretern** bei der Besetzung gerechtfertigt.[576] In Einklang

---

[567] BGH BGHZ 79, 38 (42 ff.) = NJW 1981, 757; BGH BGHZ 122, 324 (359 ff.) = NJW 1993, 2307; näher MüKoAktG/*Spindler* § 84 Rn. 69; *Fonk* FS Hoffmann-Becking, 2013, 347 (355); → Rn. 92.
[568] → Rn. 94; BGH BGHZ 122, 342 (358) = NJW 1993, 2307 mit zust. Anm. *Henssler/Fischer* AP MitbestG § 25 Nr. 4 und *Heidenhain* LM AktG 1965 § 107 Nr. 7 (11/1993); *Behme/Zickgraf* AG 2015, 841 (843); *Theisen* AG 1998, 153 (166); MüKoAktG/*Habersack* Rn. 108; *Raiser* DZWir 1993, 510 (512); ausführlich *Köstler* BB 1985, 554; auf die Gefahr der „gruppenspezifischen" Diskriminierung der Arbeitnehmervertreter hinweisend: *Altmeppen* FS Brandner, 1996, 3 (9).
[569] LG Frankfurt a. M. ZIP 1996, 1661 (1663) zur Rechtslage unter dem alten BetrVG 1952; mit Anm. *Theisen* AG 1998, 153 (166); *E. Vetter* in Marsch-Barner/Schäfer Börsennotierte AG-HdB Rn. 28.30; aA MHdB AG/*Hoffmann-Becking* § 32 Rn. 39; *Hoffmann-Becking* FS Havermann, 1995, 229 (239): fehlende Berücksichtigung hier möglich; zurückhaltend auch *Altmeppen* FS Brandner, 1996, 3 (10 ff.).
[570] Eingehend zum Begriff der Unabhängigkeit nach der EU-Empfehlung *Spindler* ZIP 2005, 2033 (2039) und → § 100 Rn. 45.
[571] Empfehlung der EU-Kommission vom 15. Februar 2005 zu den Aufgaben von nicht geschäftsführenden Direktoren/Aufsichtsratsmitgliedern/börsennotierter Gesellschaften sowie zu den Ausschüssen des Verwaltungs-/Aufsichtsrats, ABl. EG 2005 L 52, 51, Anh. I Ziff. 2.2.1 vom 25.2.2005.
[572] Empfehlung der EU-Kommission vom 15. Februar 2005 zu den Aufgaben von nicht geschäftsführenden Direktoren/Aufsichtsratsmitgliedern/börsennotierter Gesellschaften sowie zu den Ausschüssen des Verwaltungs-/Aufsichtsrats, ABl. EG 2005 L 52, 51, Anh. I Ziff. 2.2.1 S. 1 und 2 vom 25.2.2005; zutreffend auf die Unterschiede hinweisend Kölner Komm AktG/*Mertens/Cahn* Rn. 102; MüKoAktG/*Habersack* Rn. 108; *Meder* ZIP 2007, 1538 (1539); nicht differenzierend Großkomm AktG/*Hopt/Roth* Rn. 328; *Roth* ZGR 2012, 343 (358).
[573] MüKoAktG/*Habersack* Rn. 107; Kölner Komm AktG/*Mertens/Cahn* Rn. 102; *Langenbucher* ZHR 176 (2012), 652 (659); *Schiessl* AG 2002, 593 (599); *Kämpfer/Hönsch* FS Herzig, 2010, 531 (541).
[574] HM: MüKoAktG/*Habersack* Rn. 107; KBLW/*Kremer* DCGK Rn. 1311; *Sünner* AG 2012, 265 (268); *Sünner* FS Schneider, 2011, 1301; *Schiessl* AG 2002, 593 (599); *Meder* ZIP 2007, 1538; aA *Roth* ZGR 2012, 343 (358); Großkomm AktG/*Hopt/Roth* Rn. 328.
[575] *Schiessl* AG 2002, 593 (599); *Meder* ZIP 2007, 1538 (1539 f.); Großkomm AktG/*Hopt/Roth* Rn. 329; MüKoAktG/*Habersack* Rn. 107; *Roth/Wörle* ZGR 2004, 565 (578), die den faktischen Einfluss des Vorstandes bei der Bestellung von Aufsichtsratsmitgliedern als „Auswahlverfahren contra legem" bezeichnen.
[576] *Sünner* AG 2012, 265 (268); *Meder* ZIP 2007, 1538 (1541); MüKoAktG/*Habersack* Rn. 139; Kölner Komm AktG/*Mertens/Cahn* Rn. 102.

mit den in → Rn. 93 dargestellten Grundsätzen und der Kommissionsempfehlung, die eine mehrheitliche Besetzung mit unabhängigen Aufsichtsratsmitgliedern befürwortet, sollte die **Anzahl der Auschussmitglieder** mindestens drei betragen.[577] Entgegen dem scheinbar eindeutigen Wortlaut der Ziff. 5.3.3 DCGK („vorschlägt"), kann der Nominierungsausschuss nach wohl herrschender Ansicht über die bloße Vorbereitung hinaus auch mit der finalen Beschlusskompetenz über die der Hauptversammlung vorzulegenden Personalvorschläge ausgestattet werden.[578]

135 **c) Ausschüsse bei mitbestimmten Gesellschaften: Vermittlungsausschuss und Beteiligungsausschuss.** Für Gesellschaften, die dem MitbestG 1976 unterfallen, muss gem. § 27 Abs. 3 MitbestG zwingend ein sog. **Vermittlungsausschuss** gebildet werden, dessen praktische Bedeutung aber als gering eingeschätzt wird.[579] Gleiches gilt für die Bedeutung eines nach § 8 Abs. 2 Montan-MitbestG zur Erarbeitung eines Vorschlags für die Wahl des neutralen Mitglieds iSd § 4 Abs. 1 S. 2 lit. c Montan-MitbestG eingesetzten **Vermittlungsausschusses**.[580] Eines Beschlusses zur Bildung des Ausschusses bedarf es nicht.[581] Seine einzige vom Gesetz vorgesehene Aufgabe ist es gem. § 31 Abs. 3 S. 1, Abs. 5 MitbestG, dem Gesamtaufsichtsrat Vorschläge für Bestellung oder Abberufung von Vorstandsmitgliedern zu unterbreiten, wenn die nach § 31 Abs. 2, Abs. 5 MitbestG erforderliche Zweidrittelmehrheit nicht erreicht worden ist. Andere Aufgaben, insbesondere auch die Funktionen des **Präsidiums**, können dem Ausschuss vom Aufsichtsrat übertragen werden,[582] nicht dagegen in Anwendung aktienrechtlicher Grundsätze von der Satzung.[583] In diesem zusätzlich übertragenen Aufgabenkreis gelten die allgemeinen Regeln über Aufsichtsratsausschüsse.[584]

136 Dem Vermittlungsausschuss gehören der Aufsichtsratsvorsitzende, sein erster Stellvertreter und je ein Aufsichtsratsmitglied der Anteilseigner- als auch der Arbeitnehmervertreter an. Die Vertreter der jeweiligen Gruppe werden in ihrer Gruppe mit einfacher Mehrheit gewählt. Der Aufsichtsratsvorsitzende hat jedoch trotz der **paritätischen Besetzung** kein Zweitstimmrecht,[585] da dieses allein der hier nicht beeinträchtigten Funktionsfähigkeit des Aufsichtsrats als Gesellschaftsorgan dient. Der vom Vermittlungsausschuss vorgelegte Vorschlag ist für den Aufsichtsrat unverbindlich und schließt weitere Vorschläge des Aufsichtsrats gem. § 31 Abs. 3 S. 1, 2. Hs. MitbestG nicht aus. Liegt nach Ablauf der in § 31 Abs. 3 S. 1 MitbestG für das Vermittlungsverfahren vorgesehenen Monatsfrist kein Vorschlag vor, so ist der Aufsichtsrat an der weiteren Beschlussfassung nicht gehindert, so dass keine Blockade droht.[586] Darüber hinaus kann die angestrebte Verständigung der Gruppen nur durch eine streng paritätische Ausgestaltung des Verfahrens erreicht werden[587] und § 31 Abs. 4 MitbestG sieht den Einsatz der Zweitstimme des Aufsichtsratsvorsitzenden erst im dritten Wahlgang vor.[588] Auch die Satzung kann dem Aufsichtsratsvorsitzenden ein Zweitstimmrecht nicht wirksam einräumen.[589] In Anbetracht der fehlenden rechtlichen Auswirkungen von Störungen im Vermittlungsverfahren

---

[577] *Meder* ZIP 2007, 1538 (1541); MüKoAktG/*Habersack* Rn. 108; KBLW/*Kremer* DCGK Rn. 1313.
[578] So *Sünner* AG 2012, 265 (268); *v. Werder/Wieczorek* DB 2007, 297 (303); KBLW/*Kremer* DCGK Rn. 1311; aA: *Meder* ZIP 2007, 1538 (1541), der mit Hinweis auf den hohen Stellenwert des Vorschlages und dessen Vorentscheidungswirkung in der Hauptversammlung die finale Beschlusskompetenz beim Aufsichtsratsplenum verortet.
[579] So MüKoAktG/*Semler*, 2. Aufl. 2004, Rn. 261; ebenfalls *E. Vetter* Liber amicorum Winter, 2011, 701 (709); Hölters/*Hambloch-Gesinn/Gesinn* Rn. 101; Grigoleit/*Tomasic* Rn. 45.
[580] Ausführlich zum Vermittlungsausschuss nach § 8 Abs. 2 MontanMitbestG: Großkomm AktG/*Oetker* MontanMitbestG § 8 Rn. 6 ff.; Kölner Komm AktG/*Mertens/Cahn* Anh. C § 117 Rn. 23 f.; Grigoleit/*Tomasic* Rn. 45; *Rittner* FS R. Fischer, 1979, 627.
[581] MüKoAktG/*Semler*, 2. Aufl. 2004, Rn. 287.
[582] Kölner Komm AktG/*Mertens/Cahn* Anh. B § 117 MitbestG § 27 Rn. 17; *Lutter/Krieger/Verse* Rechte und Pflichten des Aufsichtsrats Rn. 789; MüKoAktG/*Gach* MitbestG § 27 Rn. 24; *Rellermeyer*, Aufsichtsratsausschüsse, 1986, 134 ff.; UHH/*Ulmer/Habersack* MitbestG § 27 Rn. 25; *Martens* DB 1980, 1381 (1387); Hüffer/Koch/*Koch* Rn. 30.
[583] Anders offenbar, aber ohne nähere Begr.: MüKoAktG/*Gach* MitbestG § 27 Rn. 24; RVJ/*Raiser* MitbestG § 27 Rn. 37; dagegen zutreffend UHH/*Ulmer/Habersack* MitbestG § 27 Rn. 25, MitbestG § 25 Rn. 124: Eingriff in Einsetzungsautonomie.
[584] Großkomm AktG/*Oetker* MitbestG § 27 Rn. 17; *Lutter/Krieger/Verse* Rechte und Pflichten des Aufsichtsrats Rn. 789; RVJ/*Raiser* MitbestG § 27 Rn. 37.
[585] BGH BGHZ 83, 144 (147 f.) = NJW 1982, 1528 – Dynamit Nobel; UHH/*Ulmer/Habersack* MitbestG § 27 Rn. 24; RVJ/*Raiser* MitbestG § 27 Rn. 36; Großkomm AktG/*Oetker* MitbestG § 27 Rn. 27; *Immenga* ZGR 1977, 249 (256 f.).
[586] *Immenga* ZGR 1977, 249 (256 f.); UHH/*Ulmer/Habersack* MitbestG § 27 Rn. 24; Großkomm AktG/*Oetker* MitbestG § 27 Rn. 25; Kölner Komm AktG/*Mertens/Cahn* Anh. B § 117 MitbestG § 31 Rn. 6.
[587] Großkomm AktG/*Oetker* MitbestG § 27 Rn. 27; RVJ/*Raiser* MitbestG § 27 Rn. 36.
[588] Großkomm AktG/*Oetker* MitbestG § 27 Rn. 27.
[589] BGHZ 83, 144 (147 f.) = NJW 1982, 1528 – Dynamit Nobel; *Gittermann* in Semler/v. Schenck AR-HdB § 6 Rn. 132; UHH/*Ulmer/Habersack* MitbestG § 27 Rn. 24; RVJ/*Raiser* MitbestG § 27 Rn. 36.

kommt eine gerichtliche Notbestellung analog § 104 Abs. 2 nicht in Betracht, wenn der Ausschuss unvollständig besetzt ist, zB durch Ausscheiden eines Mitglieds ohne Nachwahl.[590]

Die **Beschlussfassung** über den Vermittlungsvorschlag bedarf der Anwesenheit aller vier Mitglieder, da der Zweck des Ausschusses, einen paritätisch zustande gekommenen Vorschlag unter Mitwirkung des Aufsichtsratsvorsitzenden und seines Stellvertreters zu unterbreiten, sonst verfehlt würde.[591] Dagegen wird zwar eingewandt, dass die im Ausschuss unterlegene Seite ihrerseits einen anderen Vorschlag als Vermittlungsvorschlag zur Abstimmung stellen könne. Der Ausschuss sei insoweit zumindest handlungsfähig.[592] Doch wird damit verkannt, dass der Ausschuss gerade die Konfliktsituation im Aufsichtsrat überwinden helfen soll, was durch die Einigung zwischen den Gruppen im kleinen Rahmen erreicht werden soll. Ein „obsiegender" Vorschlag kann kaum noch als Vermittlung bezeichnet werden, so dass der Ausschuss seinen Zweck verfehlen würde. 137

Zur Wahrnehmung der Beteiligungsrechte in der Untergesellschaft kann der Aufsichtsrat auch einen **Beteiligungsausschuss** bilden[593] der mit Anteilseignervertretern zu besetzen ist, da diese allein über die Ausübung der Beteiligungsrechte entscheiden und § 32 MitbestG gerade einer Potenzierung des Mitbestimmungseinflusses vorbeugen will. Eine Beteiligung von Arbeitnehmervertretern kann sich lediglich vor dem Hintergrund der Information über Angelegenheiten im Zusammenhang mit den Beteiligungsrechten stellen; diesem Bedürfnis wird aber schon durch das Teilnahmerecht nach § 109 sowie durch die Berichtpflicht des Ausschusses Genüge getan.[594] Für die **Ausschussgröße** kommt es wegen § 32 Abs. 1 S. 2 MitbestG, der Beschlüsse nur mit der „*Mehrheit der Stimmen der Aufsichtsratsmitglieder der Anteilseigner*" zulässt, allein auf die Mehrheit der tatsächlich abgegebenen Stimmen an, so dass die Besetzung des Beteiligungsausschusses mit drei Anteilseignervertretern ausreichend ist.[595] Für die Berechnung der maßgebenden Mehrheit tritt an die Stelle des Plenums die Bank der dem Ausschuss angehörenden Anteilseignervertreter. Die gegenteilige Auffassung verlangt eine Mindestbesetzung, die der Ist-Stärke der Anteilseignerbank entspricht, da nur so das Mehrheitserfordernis des § 32 Abs. 1 S. 2 MitbestG auch im Beteiligungsausschuss erreicht werden könne.[596] Zur Begründung wird darauf verwiesen, dass das MitbestG an anderen Stellen (§ 27 Abs. 2 und 3 und § 29 Abs. 1) nur von der „*Mehrheit der abgegebenen Stimmen*" spricht.[597] Indes kann hieraus kein systematisches Argument abgeleitet werden, da § 32 Abs. 1 S. 2 MitbestG, § 15 Abs. 1 S. 2 Montan-MitbestGErgG nachgebildet wurde, hier aber anerkannt ist, dass sämtliche Beschlüsse mit der Mehrheit der abgegebenen Stimmen zu treffen sind. Bei Übernahme dieser Regelung in das MitbestG ist nicht erkennbar, dass der Gesetzgeber einen anderen Zweck als im Montan-MitbestGErgG verfolgt hat.[598] 138

---

[590] Kölner Komm AktG/*Mertens/Cahn* Anh. B § 117 MitbestG § 27 Rn. 16; MüKoAktG/*Habersack* Rn. 123; MüKoAktG/*Gach* MitbestG § 27 Rn. 23; UHH/*Ulmer/Habersack* MitbestR MitbestG § 27 Rn. 22; RVJ/*Raiser* MitbestG § 27 Rn. 35 und § 31 Rn. 15; Hüffer/Koch/*Koch* Rn. 30; aA *Rittner* FS R. Fischer, 1979, 627 (632 f.).

[591] MHdB AG/*Hoffmann-Becking* § 32 Rn. 33; UHH/*Ulmer/Habersack* MitbestG § 27 Rn. 23; Kölner Komm AktG/*Mertens/Cahn* Anh. B § 117 MitbestG § 27 Rn. 18; RVJ/*Raiser* MitbestG § 27 Rn. 36; WKS/*Schubert* MitbestG § 27 Rn. 2.

[592] So *Rittner* FS R. Fischer, 1979, 627 (631); zust. Hüffer/Koch/*Koch* Rn. 30; *Weiss* Der Konzern 2004, 590 (597 f.).

[593] UHH/*Ulmer/Habersack* MitbestG § 32 Rn. 28; Kölner Komm AktG/*Mertens/Cahn* Anh. B § 117 MitbestG § 32 Rn. 20; MüKoAktG/*Gach* MitbestG § 32 Rn. 27; Großkomm AktG/*Oetker* MitbestG § 32 Rn. 19; Grigoleit/*Tomasic* Rn. 46; *Lutter/Krieger/Verse* Rechte und Pflichten des Aufsichtsrats Rn. 500; *Paefgen*, Struktur und Aufsichtsratsverfassung der mitbestimmten AG: zur Gestaltung der Satzung und der Geschäftsordnung des Aufsichtsrats, 1981, 379 f.; *Rellermeyer*, Aufsichtsratsausschüsse, 1986, 18 f.; aA *Philipp* DB 1976, 1622 (1628).

[594] Kölner Komm AktG/*Mertens/Cahn* Anh. B § 117 MitbestG § 32 Rn. 22; MHdB AG/*Hoffmann-Becking* § 29 Rn. 69; *Paefgen*, Struktur und Aufsichtsratsverfassung der mitbestimmten AG: zur Gestaltung der Satzung und der Geschäftsordnung des Aufsichtsrats, 1981, 384; *Weiss* Der Konzern 2004, 590 (598); Mitgliedschaft von Arbeitnehmervertretern ist zulässig, aber nicht geboten: *Lutter/Krieger/Verse* Rechte und Pflichten des Aufsichtsrats Rn. 500; gegen eine Notwendigkeit auch Großkomm AktG/*Hopt/Roth* Rn. 350; grundsätzlich Beteiligung mindestens eines Arbeitnehmervertreters: UHH/*Ulmer/Habersack* MitbestG § 32 Rn. 28; RVJ/*Raiser* MitbestG § 32 Rn. 21; WKS/*Schubert* MitbestG § 32 Rn. 24; *Gittermann* in Semler/v. Schenck AR-HdB § 6 Rn. 47.

[595] Kölner Komm AktG/*Mertens/Cahn* Anh B § 117 MitbestG § 32 Rn. 18; *Paefgen*, Struktur und Aufsichtsratsverfassung der mitbestimmten AG: zur Gestaltung der Satzung und der Geschäftsordnung des Aufsichtsrats, 1981, 382 f.; *Weiss* Der Konzern 2004, 590 (598 f.).

[596] Großkomm AktG/*Oetker* MitbestG § 32 Rn. 19; *Lutter/Krieger/Verse* Rechte und Pflichten des Aufsichtsrats Rn. 500; UHH/*Ulmer/Habersack* MitbestG § 32 Rn. 28; MHdB AG/*Hoffmann-Becking* § 29 Rn. 69; WKS/*Schubert* MitbestG § 32 Rn. 22.

[597] Insb. *Philipp* DB 1976, 1622 (1627 f.); WKS/*Schubert* MitbestG § 32 Rn. 22.

[598] *Paefgen*, Struktur und Aufsichtsratsverfassung der mitbestimmten AG: zur Gestaltung der Satzung und der Geschäftsordnung des Aufsichtsrats, 1981, 379 ff.; Kölner Komm AktG/*Mertens/Cahn* Anh B § 117 MitbestG § 32 Rn. 18.

§ 107

d) Prüfungsausschuss, § 107 Abs. 3 S. 2 und 3, Abs. 4 und Audit Committees; Finanzausschuss; Sondervorgaben für Kreditinstitute.

Schrifttum: *Altmeppen,* Der Prüfungsausschuss – Arbeitsteilung im Aufsichtsrat, ZGR 2004, 390; *Arbeitskreis Bilanzrecht Hochschullehrer Rechtswissenschaft,* Stellungnahme zu den Vorschlägen der Europäischen Kommission zur Reform des Rechts der Abschlussprüfung, NZG 2012, 294; *Arbeitskreis „Externe und Interne Überwachung der Unternehmung"* der Schmalenbach-Gesellschaft für Betriebswirtschaft e. V., Dokumentation und Berichterstattung durch die interne Revision, DB 2012, 1281; *Arbeitskreis „Externe und Interne Überwachung der Unternehmung"* der Schmalenbach-Gesellschaft für Betriebswirtschaft e. V., Anforderungen an die Überwachungsaufgaben von Aufsichtsrat und Prüfungsausschuss nach § 107 Abs. 3 Satz 2 AktG i. d. F. des Bilanzrechtsmodernisierungsgesetzes, DB 2009, 1279; *Arbeitskreis „Externe und Interne Überwachung der Unternehmung"* der Schmalenbach-Gesellschaft für Betriebswirtschaft e. V., Der Prüfungsausschus nach der 8. EU-Richtlinie: Thesen zur Umsetzung in deutsches Recht, DB 2007, 2129; *Arbeitskreis „Externe und Interne Überwachung der Unternehmung"* der Schmalenbach-Gesellschaft für Betriebswirtschaft e. V., Prüfungsausschüsse in deutschen Aktiengesellschaften, DB 2000, 2281; *Behme/Zickgraf,* Anforderungen an die Qualifikation von Aufsichtsratsmitgliedern nach dem Abschlussprüferreformgesetz (AReG), AG 2016, R 132; *Binding,* Der Aufsichtsrat von Kreditinstituten nach dem Regulierungstsunami, ZGR 2018, 88; *Blöink/Kumm,* AReG-RefE:neue Pflichten zur Verbesserung der Qualität und Steigerung der Aussagekraft der Abschlussprüfung, BB 2015, 1067; *Böcking/Gros/Wallek,* Unternehmensüberwachung und Interne Revision – eine empirische Bestandsaufnahme, DB 2013, 709; *Börsig/Löbbe,* Die gewandelte Rolle des Aufsichtsrats – 7 Thesen zur Corporate Governance Entwicklung in Deutschland, FS Hoffmann-Becking, 2013, 125; *Coenenberg/Reinhart/Schmitz,* Audit Committees – ein Instrument zur Unternehmensüberwachung? – Reformdiskussion im Spiegel einer Befragung der Vorstände deutscher Unternehmen, DB 1997, 989; *Dittmar,* Informationsrechte des Prüfungsausschusses, NZG 2014, 210; *Dreher,* Die Gesamtqualifikation des Aufsichtsrats, FS Hoffmann-Becking, 2013, 313; *Eibelshäuser/Stein,* Modifikation der Zusammenarbeit des Prüfungsausschusses mit dem Abschlussprüfer durch den Gesetzentwurf des BilMoG, Der Konzern 2008, 486; *Erchinger/Melcher,* Zur Umsetzung der HGB-Modernisierung durch das BilMoG: Neuerungen im Hinblick auf die Abschlussprüfung und die Einrichtung eines Prüfungsausschusses, DB Beil. 5/2009, 91; *Gerdemann,* Transatlantic Whistleblowing – Rechtliche Entwicklung, Funktionsweise und Status quo des Whistleblowings in den USA und seine Bedeutung für Deutschland, Diss. Göttingen 2018; *Gesell,* Prüfungsausschuss und Aufsichtsrat nach dem BilMoG, ZGR 2011, 361; *Girnghuber,* Das US-amerikanische Audit-Committee als Instrument zur Vermeidung von Defiziten bei der Überwachungstätigkeit deutscher Aufsichtsräte, Diss. Berlin 1998; *Goerdeler,* Das Audit Committee in den USA, ZGR 1987, 219; *Görtz,* Prüfung von Compliance-Management-Systemen – Anwendung und Erfahrungen mit IDW PS 980, BB 2012, 178; *Gros/Velte,* Corporate Governance Reporting zum Prüfungsausschuss – Eine empirische Untersuchung in DAX und MDAX für das Geschäftsjahr 2011 unter besonderer Berücksichtigung der Finanzexpertise im Prüfungsausschuss, DStR 2012, 2243; *Haasen,* Die Bedeutung der Audit Committees – Ein Beispiel für die Zusammenarbeit der Überwachungsträger?, Zfbf 40 (1988), 370; *Habersack,* Grund und Grenzen der Compliance-Verantwortung des Aufsichtsrats der AG, AG 2014, 1; *Habersack,* Aufsichtsrat und Prüfungsausschuss nach dem BilMoG, AG 2008, 98; *Hasselbach,* Überwachungs- und Beratungspflichten des Aufsichtsrats in der Krise, NZG 2012, 41; *Hauptmann/Rust/Schröder,* Inwiefern kann die erweiterte Abschlussprüfung nach § 53 HGrG den Aufsichtsrat bei seinen Überwachungspflichten nach § 107 Abs. 3 AktG unterstützen?, WPg 2011, 408; *Henning/Gissing,* Die neuen Leitlinien der Europäischen Bankenaufsichtsbehörde zur internen Governance von Instituten und der Eignungsprüfung, AG 2018, 93; *Hennrichs,* Corporate Governance und Abschlussprüfung – Zuständigkeiten, Interaktionen und Sorgfaltsanforderungen, FS Hommelhoff, 2012, 383; *Hersch,* Neue Anforderungen an die Aufsichtsräte von Versicherungsunternehmen durch das Abschlussprüfergesetz, VersR 2017, 257; *Hoffmann,* Europarechtliche Umsetzungsdefizite bei der fakultativen Ausgestaltung des Prüfungsausschusses nach § 107 III 2 AktG, NNG 2016, 441; *Hommelhoff,* Die neue Position des Abschlussprüfers im Kraftfeld der aktienrechtlichen Organisationsverfassung, BB 1998, 2567; *Hommelhoff,* Der Zusatzbericht des Abschlussprüfers und dessen Rollen im EU-Reformprozess zur Corporate Governance (Teil 1), DB 2012, 389; *Hönsch,* Die Auswirkungen des BilMoG auf den Prüfungsausschuss, Der Konzern 2009, 553; *Kelm/Naumann,* Neue (?) Anforderungen an den Prüfungsausschuss nach der EU-Abschlussprüfungsreform, WPg 2016, 653; *Kersting,* Das Audit Committee nach dem Sarbanes-Oxley-Gesetz – Ausnahmeregelungen für ausländische Emittenten, ZIP 2003, 2010; *Kirsten,* Deutscher Corporate Governance-Kodex: Die rechtmäßige Besetzung von Aufsichtsratsausschüssen am Beispiel des Prüfungsausschusses, DB 2004, 173; *Klöckner,* Prüfungsausschuss und Finanzexperte – Eine (weitere) Annäherung der dualistischen und monistischen Gesellschaftsstruktur mit dem BilMoG?, DAJV Newsletter 2011, 13; *Kompenhans/Buhleier/Splinter,* Festlegung von Prüfungsschwerpunkten durch Aufsichtsrat und Abschlussprüfer, WPg 2013, 59; *Krasberg,* Der Prüfungsausschuss des Aufsichtsrats einer Aktiengesellschaft nach dem BilMoG, Diss. Freiburg 2009; *Lanfermann/Maul,* Audit Committees im Fokus des EU-Verordnungsvorschlags zur Abschlussprüfung, BB 2012, 627; *Lanfermann/Maul,* EU-Prüferrichtlinie: Neue Pflichtanforderungen für Audit Committees, DB 2006, 1505; *Lanfermann/Röhricht,* Pflichten des Prüfungsausschusses nach dem BilMoG, BB 2009, 887; *Langenbucher/Blaum,* Audit Committees-Ein Weg zur Überwindung der Überwachungskrise, DB 1994, 2197; *Leyens,* Information des Aufsichtsrats, Diss. Hamburg 2006; *Link/Vogt,* Professionalisierung von Aufsichtsräten: Auch ein Thema für die GmbH?, BB 2011, 1899; *Lutter,* Aufsichtsrat und Sicherung der Legalität im Unternehmen, FS Hüffer, 2010, 615; *Lück,* Audit Committees – Prüfungsausschüsse zur Sicherung und Verbesserung der Unternehmensüberwachung in deutschen Unternehmen, DB 1999, 441; *Maushake,* Audit Committees – Prüfungsausschüsse im US-amerikanischen und deutschen Recht, Diss. Bonn 2009; *Maushake,* Audit Committees und Prüfungsausschüsse: Ein Überblick über die US-amerikanische und deutsche Rechtslage, DAJV Newsletter 2010, 177; *Merkt,* Die Zusammenarbeit von Aufsichtsrat und Abschlussprüfer nach der EU-Reform: Mut zur Erwartungslücke?, ZHR 179 (2015), 601; *Meyer/Matthues,* Das Abschlussprüfungsreformgesetz (AReG) – Neuerungen für Prüfungsausschüsse, DB 2016, 695; *Niehus,* Reform des Audit-Committees gemäß den US-Börsenbestimmungen, DB 1999, 1765; *Nodoushani,* Das neue Anforderungsprofil für Aufsichtsräte von Unternehmen von öffentlichem Interesse, AG 2016, 381; *Nonnenmacher/Pohle/v. Werder,* Aktuelle Anforderungen an Prüfungsausschüsse, DB 2009, 1447; *Nonnenmacher/Wemmer/v.Werder,* Aktuelle Anforderungen an Prüfungsausschüsse, DB 2016, 2816; *Peemöller/Wrancke,* Prüfungsausschüsse deutscher Aktiengesellschaften, DB 2005, 401; *Pikó,* Entwicklungen der Aufsichtsratstätigkeit in den Jahren 2016/2017, WPg 2016, 1383; *Pohle/v. Werder,* Leitfaden „Best Practice" von Bilanzprüfungsausschüssen (Audit Committees), DB 2005, 237; *Preußner,* Risikomanagement und Compliance in der aktienrechtlichen Verantwortung des Aufsichtsrats unter Berücksichtigung des Gesetzes zur Modernisierung des Bilanzrechts (BilMoG), NZG 2008, 574; *Ranzinger/Blies,* Audit Committees im internationalen Kontext, AG 2001, 455; *Redenius-Hövermann,* Zusammenarbeit zwischen Aufsichtsrat und Abschlussprüfer im Sinne guter Corporate Governance, WPg 2017, 349; *Roth,* Information und Organisation des Aufsichtsrates, ZGR 2012, 343; *Rössler,* Das Audit Committee als Überwachungsinstrument des Aufsichtsrats, Diss. Hamburg 2001; *Schäfer,* Der Prüfungsausschuss – Arbeitsteilung im Aufsichtsrat, ZGR 2004, 416; *Scheffler,* Aufgaben und Zusammensetzung von Prüfungsausschüssen (Audit Committees), ZGR 2003, 236; *Schilha,* Neues Anforderungsprofil, mehr Aufgaben und erweiterte Haftung für den Aufsichtsrat nach Inkrafttreten der Abschlussprüfungsreform, ZIP 2016, 1316; *Schüppen,* Die europäische Abschlussprüfungsreform und ihre Implementierung in Deutschland – vom Löwen zum Bettvorleger?, NZG 2016, 247; *Schürnbrand,* Rechtsfolgen von Verstößen gegen die EU-Verordnung zur Abschlussprüfung, AG 2016, 70; *Strunk,* Der Prüfungsausschuss des Aufsichtsrats der börsennotierten Aktiengesellschaft, Diss. Hamburg 2009; *Thormann,* Enforcement: Möglichkeiten und Grenzen des Informationsaustauschs zwischen Aufsichtsrat und DPR, BB 2013, 2475; *Veit,* Verbreitung von Bilanzprüfungsausschüssen in Deutschland, DB 2003, 2021; *Velte,* Erteilung des Prüfungsauftrags und Überwachung durch den Prüfungsausschus – vorbereitende oder ersetzende Tätigkeit?, NZG 2011, 771; *Velte,* Direktzugriff des Aufsichtsrats auf die Interne Revision – Ausnahme- oder Regelfall?, NZG 2011, 1401; *Velte,* Prüfung der Buchführung durch den Aufsichtsrat – Recht oder Pflicht?, NZG 2010, 930; *Velte,* Der Regierungsentwurf für ein Abschlussprüfungsreformgesetz (AReG) – künftiges Zusammenspiel von Aufsichtsrat und Abschlussprüfer, WPg 2016, 125; *E. Vetter,* Der Prüfungsausschuss in der AG nach dem BilMoG – Aufgaben und Zusammensetzung, ZGR 2010, 751; *Warnke,* Prüfungsausschuss und Corporate Governance – Einrichtung, Organisation und Überwachungsaufgabe, Diss. Erlangen-Nürnberg 2010; *Weber-Rey,* Gesellschafts- und aufsichtsrechtliche Herausforderungen an die Unternehmensorganisation – aktuelle Entwicklungen im Bereich Corporate Governance, Compliance und Risikomanagement, AG 2008, 345; *Winter,* Die Verantwortlichkeit des Aufsichtsrats für Corporate Compliance, FS Hüffer, 2010, 1101; *Withus,* Zur Umsetzung der HGB-Modernisierung durch das BilMoG: Wirksamkeitsüberwachung interner Kontroll- und Risikomanagementsystem durch Aufsichtsorgane kapitalmarktorientierter Gesellschaften, DB 2009, Beil. 5, 82; *Wolf,* Der IDW Prüfungsstandard 980 zur ordnungsgemäßen Prüfung von Compliance Management Systemen, DStR 2011, 997; *Zieske/Zenkic,* Neuausrichtung der Internen Revision und die Anforderungen des § 107 Abs. 3 AktG an die Wirksamkeitsüberwachungsaufgaben des Prüfungsausschusses, Der Konzern 2011, 163.

aa) Allgemeines. Das aus dem anglo-amerikanischen Rechtskreis kommende Audit Committee[599] wird in Deutschland häufig als **Prüfungsausschuss** (oder auch **Bilanzausschuss**) bezeichnet,[600] auch wenn erhebliche Unterschiede zur anglo-amerikanischen Praxis bestehen, da das Audit Committee innerhalb des Board direkt das interne Kontrollsystem des Unternehmens prüft und kontrolliert.[601] Trotz dieser Systemunterschiede lässt sich das Audit Committee als Koordinationsinstrument des betrieblichen Überwachungssystems in das deutsche Aufsichtsratssystem integrieren.[602]

---

[599] Zum Audit Committee anglo-amerikanischer Prägung *Goerdeler* ZGR 1987, 219; *Langenbucher/Blaum* DB 1994, 2197 (2198 f.); *Coenberg/Reinhart/Schmitz* DB 1997, 989; *Windbichler* ZGR 1985, 50 (59 f.); *Scheffler* ZGR 2003, 236 (238 ff.); *Lück* DB 1999, 441; *Girnghuber,* Das US-amerikanische Audit-Committee als Instrument zur Vermeidung von Defiziten bei der Überwachungstätigkeit deutscher Aufsichtsräte, 1998, 23 ff.; zur detaillierten Auseinandersetzung mit Audit Committees nach US-amerikanischem Recht siehe auch *Maushake,* 2009, 57 ff.; zu dessen Entwicklungsgeschichte *Gerdemann,* Transatlantic Whistleblowing, 2018, Rn. 94 ff.; empirische Ergebnisse bzgl. Prüfungsausschüssen bei *Peemöller/Warncke* DB 2005, 401.

[600] *Maushake* DAJV Newsletter 2010, 177 (178): Prüfungsausschuss als klassisches „Rechtstransplantat"; *Forster* AG 1995, 1 (6); zur Verbreitung von Bilanzprüfungsausschüssen in Deutschland: *Veit* DB 2003, 2021; German Code of Corporate Governance des Berliner Initiativkreises Ziff. IV 3.4, abgedr. in AG 2001, 6 (11): Einsetzung von Audit Committees ist regelmäßig geboten; *Schwark* ZHR 71 (2002), 75 (112): Internationalisierung des Finanzplatzes Deutschland gebietet Einrichtung von Audit Committees; so auch *Hommelhoff* ZGR 2001, 239 (257 f.).

[601] S. dazu Cadbury-Committee, Report of the Committee on the Financial Aspects of Corporate Governance, London 1992; *Baums* ZIP 1995, 11 (16); *Ranzinger/Blies* AG 2001, 455 (457 f.); *Forster* AG 1995, 1 (5 f.); *Götz* AG 1995, 337 (347 f.); *Kersting* ZIP 2003, 2010 (2011); *KBLW/Kremer* DCGK Rn. 1291; *Girnghuber,* Das US-amerikanische Audit-Committee als Instrument zur Vermeidung von Defiziten bei der Überwachungstätigkeit deutscher Aufsichtsräte, 1998, 190 f.; *Pohle/v. Werder* DB 2005, 237; *Börsig/Löbbe* FS Hoffmann-Becking, 2013, 125 (148); *E. Vetter* ZGR 2010, 751 (759); *Maushake* DAJV Newsletter 2010, 177 (178); auf die geringeren Kompetenzen des Prüfungsausschusses im dualistischen System hinweisend *Velte* NZG 2011, 1401 (1402).

[602] *Langenbucher/Blaum* DB 1994, 2197 (2198 ff.) und *Ranzinger/Blies* AG 2001, 455 (458 ff.) jeweils mit Hinweisen zu organisatorischen Regelungen; *Forster* AG 1995, 1 (5 f.); *Lück* DB 1999, 441 (442 f.); *Rössler* Das Audit Committee als Überwachungsinstrument des Aufsichtsrats, 2001, 255 ff.; *Börsig/Löbbe* FS Hoffmann-Becking, 2013, 125 (148); Maushake, Audit Commitees – Prüfungsausschüsse im US-amerikanischen und deutschen Recht, 2009, 435 ff.; zu organisatorischen Mindestanforderungen für am U.S.-Kapitalmarkt aktive Unternehmen aus Deutschland *Gerdemann,* Transatlantic Whistleblowing, 2018, Rn. 139 ff., 231 ff. m.w.N.

Seine Kompetenzen sind jedoch auf die Überwachungs- und Beratungsfunktion des Aufsichtsrats gegenüber dem Vorstand begrenzt, ohne dass weitergehende Organisations-, Personal- und Informationskompetenzen des Vorstands auf ihn übergingen.[603] Schon der **Deutsche Corporate Governance Kodex** hatte seit der ersten Kodexfassung von 2002 in Ziff. 5.3.2 den börsennotierten Gesellschaften die Einrichtung eines solchen Audit Committees[604] empfohlen, das sich mit Fragen der Rechnungslegung und der Unabhängigkeit des Abschlussprüfers sowie der Erteilung des Prüfungsauftrags und dem Risikomanagement befassen soll, sodass börsennotierte Gesellschaften eine Abweichung nach § 161 begründen mussten.[605] Darüber hinaus sah die EU-Abschlussprüfer-RL 2006/43/EG (Abschlussprüfer-RL aF)[606] in Art. 41 Abs. 1 vor, dass alle Unternehmen von öffentlichem Interesses zwingend ein Audit Committee einzurichten haben. Die börsennotierte AG war davon in jedem Fall betroffen.[607] Dieser Einrichtungszwang bestand jedoch nicht uneingeschränkt: Ein Unternehmen von öffentlichem Interesse war nicht verpflichtet einen Prüfungsausschuss einzurichten, wenn gem. Art. 41 Abs. 5 Abschlussprüfer-RL a.F. der Mitgliedstaat beschließt, dass eine Einrichtungspflicht für Unternehmen mit einem dem nationalen Bestimmungen entsprechenden Gremium, das die dem Prüfungsausschuss obliegenden Aufgaben erfüllt, nicht besteht. Erwägungsgrund Nr. 24 der ursprünglichen Richtlinie bezog sich hierbei ausdrücklich auf den Aufsichtsrat als Gesamtorgan nach deutschem Verständnis.[608] Ebenso gewährte Art. 41 Abs. 6 Abschlussprüfer-RL aF den Mitgliedstaaten einen Ermessensspielraum bei der Frage, ob das nationale Recht eine Einrichtungspflicht für Prüfungsausschüsse vorsehen muss (zu der grundsätzlichen Einrichtungspflicht der aktuellen Abschlussprüfer-Richtlinie → Rn. 160). Für am U.S.-amerikanischen Kapitalmarkt aktive Unternehmen sahen zuvor bereits die Zulassungsbedingungen der nationalen Börsen die regelmäßige Einrichtung eines Audit Committee vor, später dann (jedenfalls de facto) auch das U.S.-Kapitalmarktrecht in Gestalt von sec. 301 SOA.[609]

140 Der deutsche Gesetzgeber hat durch das **BilMoG**[610] in Umsetzung der Abschlussprüfer-RL aF § 107 Abs. 3 S. 2 sowie Abs. 4 aF eingeführt und damit erstmals auch gesetzliche Regelungen über den Prüfungsausschuss geschaffen. Gleichwohl verzichtete das Gesetz im Gegensatz zu der zugrundeliegenden Abschlussprüfer-RL aF darauf, die Einrichtung eines Prüfungsausschusses für Aktiengesellschaften zwingend vorzuschreiben. Diese Regelungen, die durch das AReG nicht vollständig aufgehoben, sondern nur modifiziert wurden (→ Rn. 140b), bleiben auch ohne Auswirkung auf die Organisationsautonomie des Aufsichtsrats, so dass sowohl das Ermessen hinsichtlich der Einrichtung eines Prüfungsausschusses beim Gesamtaufsichtsrat verbleibt als auch dessen Letztverantwortung für die Erfüllung der Aufsichtstätigkeit.[611] Die **Satzung** kann dem Aufsichtsrat weder die Einrichtung des Ausschusses vorschreiben noch ihn ausschließen (→ Rn. 86).[612] Dabei bleibt es dem Gesamtauf-

---

[603] Ausführlich *Langenbucher/Blaum* DB 1994, 2197 (2204); zur zutreffenden Informationsversorgung durch Mitarbeiter *Gerdemann*, Transatlantic Whistleblowing, 2018, Rn. 139 ff., 231 ff., 263 ff.; zu den Zuständigkeitsbereichen eines Audit Committees: *Rössler*, Das Audit Committee als Überwachungsinstrument des Aufsichtsrats, 2001, 284 ff.

[604] Auf die Verwendung des Begriffs wird auch aufgrund der strukturellen Unterschiede zwischen Prüfungsausschuss und monistischem Audit Committee indes seit 2015 mit Recht verzichtet (→ Rn. 143).

[605] Zur zweckmäßigen Ausgestaltung der Prüfungsausschüsse, s. Berliner Center of Corporate Governance, Leitfaden zur Best Practice von Bilanzprüfungsausschüssen (Audit Committees), dargestellt bei *Pohle/v. Werder* DB 2005, 237.

[606] Richtlinie 2006/46/EG des Europäischen Parlaments und des Rates vom 14.6.2006 zur Änderung der Richtlinien des Rates 78/660/EWG, 83/349/EWG, 86/635 EWG und 91/674/EWG, ABl. EG 2006 L 224, 1, und in der Richtlinie 2006/43/EG des Europäischen Parlaments und des Rates vom 17.5.2006 über Abschlussprüfungen von Jahresabschlüssen und konsolidierten Abschlüssen, zur Änderung der Richtlinien 78/660/EWG und 83/349/EWG des Rates und zur Aufhebung der Richtlinie 84/253/EWG des Rates, ABl. EG 2006 L 157, 87.

[607] Siehe zur Definition des Unternehmens des öffentlichen Interesses Art. 2 Abs. 13 Richtlinie; zum möglichen Kreis der durch die Richtlinie betroffenen Gesellschaftsformen bzw. Unternehmen siehe *Lanfermann/Maul* DB 2006, 1505.

[608] *Gesell* ZGR 2011, 361 (365); *Habersack* AG 2008, 98 (100 f.); *Lanfermann/Maul* DB 2006, 1505 (1507).

[609] Sec. 301 Sarbanes-Oxley-Act vom 30.7.2002, im Internet abrufbar unter https://legcounsel.house.gov/Comps/Sarbanes-oxley%20Act%20Of%202002.pdf, zuletzt abgerufen am 16.3.2018; Während in den U.S.A. aktiven Unternehmen die Einrichtung eines Audit Committee dringend zu empfehlen ist, ergibt sich aus § 301 SOA insoweit allerdings keine zwingende Einrichtungspflicht. *Gerdemann*, Transatlantic Whistleblowing, 2018, Rn. 94, 121; *Donald*, WM 2003, 705, 710; anders wohl *Kersting*, ZIP 2003, 233 (234); *Gruson/Kubicek* AG 2003, 337 (340); *Maushake*, Audit Commitees – Prüfungsausschüsse in US-amerikanischen und deutschen Recht, 2009, 58 f.

[610] Gesetz zur Modernisierung des Bilanzrechts (Bilanzrechtsmodernisierungsgesetz – BilMoG) vom 25.5.2009, BGBl. 2009 I 1102.

[611] BegrRegE BT-Drs. 16/10067, 102; *Lanfermann/Röhricht* BB 2009, 887; *Grigoleit/Tomasic* Rn. 42; *Gesell* ZGR 2011, 361 (369).

[612] *Lanfermann/Röhricht* BB 2009, 887; *Hönsch* Der Konzern 2009, 553 (555).

sichtsrat auch unbenommen, dem Prüfungsausschuss das in § 107 Abs. 3 S. 2 konkretisierte Aufgabenspektrum nur teilweise zu übertragen und einzelne Aufgaben dem Plenum zu belassen.[613] Die Einrichtung des Prüfungsausschusses als kleines spezialisiertes Gremium soll letztlich zu einer Steigerung von Professionalität und Effizienz der Aufsichtstätigkeit führen.[614] Flankiert wird § 107 Abs. 3 S. 2 von § 324 Abs. 1 S. 1 HGB, der für kapitalmarktorientierte Kapitalgesellschaften iSd § 264d HGB, die über keinen dem Aktienrecht entsprechenden Aufsichtsrat verfügen, die Pflicht statuiert, einen Prüfungsausschuss einzurichten. Relevanz hat dies damit vor allem für die kapitalmarktorientierte und mitbestimmungsfreie GmbH.

In Folge der globalen Finanzkrise[615] wurde das Recht der Abschlussprüfung noch einmal reformiert. Durch die **EU-Abschlussprüferreform 2014** wurde sowohl die ursprüngliche Abschlussprüfer-RL (RL 2006/43/EG) durch die Abschlussprüferreform-RL (RL 2014/56/EU)[616] geändert als auch die Abschlussprüfer-VO (VO (EU) 537/2014)[617] geschaffen; beide Rechtsakte sind zum 16.4.2014 in Kraft getreten. Die **Abschlussprüferverordnung**[618] (Abschlussprüfer-VO) bezweckt eine intensivere, unionsweit unmittelbar geltende Regulierung von Abschlussprüfern bzw. Prüfungsgesellschaften mit dem Ziel, die Qualität, Integrität und Wirksamkeit der Abschlussprüfung zu stärken.[619] Die Abschlussprüfer-RVO, die gem. Art. 44 der Verordnung seit dem 17.6.2016 als unmittelbar geltendes Recht anzuwenden ist, wird zugleich von einer Novellierung der **Abschlussprüfer-RL** flankiert,[620] welche in Bezug auf den Prüfungsausschuss und dessen Stellung im aktienrechtlichen Kompetenzgefüge wesentliche Auswirkungen zur Folge hat. Gemäß Art. 39 Abs. 1 S. 1 Abschlussprüfer-RL nF und Art. 2 Abs. 1 Abschlussprüfer-VO[621] gelten die Anforderungen weiterhin lediglich für „Unternehmen von öffentlichem Interesse" iSv Art. 2 Nr. 13 lit. a-lit. d Abschlussprüfer-RL nF. Sah der ursprüngliche Entwurf zur Abschlussprüfer-RVO[622] neben der branchenspezifischen Regulierung von Abschlussprüfern und Prüfungsgesellschaften noch in Art. 31 RVO-E eine grundsätzliche Pflicht zur Einrichtung von Prüfungsausschüssen für Unternehmen von öffentlichem Interesse vor, wurde diese aus der nun inkraftgetretenen Abschlussprüfer-RVO ersatzlos gestrichen und in die novellierte Abschlussprüfer-RL überführt. Hiermit ging in Art. 39 Abs. 1 Abschlussprüfer-RL nF der an die Mitgliedstaaten gerichtete Regelungsauftrag einher, sicherzustellen, dass jedes Unternehmen von öffentlichem Interesse einen Prüfungsausschuss hat, sofern nicht nach Abs. 2 nF besondere Ausnahmetatbestände zugunsten der betroffenen Gesellschaften eingreifen. Mit Inkrafttreten der Abschlussprüfer-RL schlägt die Wahlmöglichkeit des § 107 Abs. 3 S. 2 AktG für die erfassten Unternehmen jedoch nicht automatisch in eine Einrichtungspflicht um. Den Mitgliedstaaten steht es beispielsweise in den Fällen des Art. 39 Abs. 3 Abschlussprüfer-RL nF frei, bestimmte Unternehmen, wie bspw. als OGAW oder AIF aufgelegte Investmentvermögen, von der Einrichtungspflicht zu befreien. Ebenso besteht nach Art. 39 Abs. 4 Abschlussprüfer-RL nF die Möglichkeit, dass Mitgliedstaaten den Aufsichtsrat dann von der Einrichtungspflicht zu befreien, wenn dieser ausdrücklich beschließt und bekanntmacht, als Aufsichtsratsplenum alleinverantwortlich die dem Prüfungsausschuss obliegenden Aufgaben wahrzunehmen.[623]

---

[613] BegrRegE BT-Drs. 16/10067, 102; *Lanfermann/Röhricht* BB 2009, 887 (888); K. Schmidt/Lutter/*Drygala* Rn. 60.

[614] BegrRegE BT-Drs. 16/10067, 102; *Link/Vogt* BB 2011, 1899 (1901).

[615] Vgl. hierzu schon das Grünbuch der Europäischen Kommission vom 13.10.2010: „Weiteres Vorgehen im Bereich der Abschlussprüfung: Lehren aus der Krise", KOM (2010), 561 final; vgl. auch *Schilha*, ZIP 2016, 1316 (1317).

[616] Richtlinie 2014/56/EU des Europäischen Parlaments und des Rates vom 16. April 2014 zur Änderung der Richtlinie 2006/43/EG über Abschlussprüfungen von Jahresabschlüssen und konsolidierten Abschlüssen, Text von Bedeutung für den EWR, Abl. EU 2014 L 158, 196 ff, vom 27.5.2014.

[617] Verordnung (EU) Nr. 537/2014 des Europäischen Parlaments und des Rates vom 16. April 2014 über spezifische Anforderungen an die Abschlussprüfung bei Unternehmen von öffentlichem Interesse und zur Aufhebung des Beschlusses 2005/909/EG der Kommission, ABl. EU 2014 L 158, 77 ff, vom 27.5.2014.

[618] Verordnung Nr. 537/2014 des Europäischen Parlaments und des Rates vom 16. April 2014 über spezifische Anforderungen an die Abschlussprüfung bei Unternehmen von öffentlichem Interesse und zur Aufhebung des Beschlusses 2005/909/EG der Kommission, ABl. EU 2014 L 158, 77.

[619] Erwägungsgrund 5.

[620] Richtlinie 2014/56/EU des Europäischen Parlaments und des Rates vom 16. April 2014 zur Änderung der Richtlinie 2006/43/EG über Abschlussprüfungen von Jahresabschlüssen und konsolidierten Abschlüssen, ABl. 2014 EU L 158, 196; hinsichtlich des Prüfungsausschusses *Schilha* ZIP 2016, 1316 (1324 ff.).

[621] Gemäß Art. 3 Abschlussprüver-VO sind die Begriffsbestimmungen von Art. 2 Abschlussprüfer-RL maßgeblich.

[622] Vorschlag vom 30.11.2011 für eine Verordnung des europäischen Parlaments und des Rates über spezifische Anforderungen bei Unternehmen im öffentlichen Interesse, KOM (2011) 779.

[623] *Hommelhoff* DB 2012, 389 f.

140b Durch das **AReG**,[624] das am 17.6.2016 in Kraft getreten ist, wurden die prüfungsbezogenen Regelungen der novellierten Abschlussprüfer-RL und damit auch ihr Art. 39 nF in nationales Recht umgesetzt. Hierdurch wurde der Umfang der Aufgaben des Prüfungsausschusses in § 107 Abs. 2 S. 2 und 3 erweitert (→ Rn. 141 ff.). Zudem wurde der Verweis in § 107 Abs. 4 auf § 100 Abs. 5 hinsichtlich des personellen Anwendungsbereichs erweitert: Nun müssen nicht mehr bloß bei Gesellschaften iSd § 24d HGB, sondern zusätzlich auch bei **CRR-Kreditinstitute** iSe § 1 Abs. 3d S. 1 KWG mit Ausnahme der in § 2 Abs. 1 Nr. 1 und 2 KWG genannten Institute und bei Versicherungsunternehmen iSd Art. 2 Abs. 1 RL 91/674/EWG – sofern sie einen Prüfungsausschuss einrichten – die Voraussetzungen des § 100 Abs. 5 erfüllt sein. Da jedoch das Unabhängigkeitserfordernis in § 100 Abs. 5 durch das AReG gestrichen wurde, entfällt auch im Hinblick auf § 107 Abs. 4 die Pflicht, dass der Prüfungsausschuss mit unabhängigen Aufsichtsratsmitglied besetzt werden muss. Die Inbezugnahme der Anforderungen aus § 100 Abs. 5 bezieht sich nunmehr auf das sachkundige Aufsichtsratsmitglied auf den Gebieten der Rechnungslegung oder Abschlussprüfung sowie der Sektorenkenntnis für die Gesamtheit der Mitglieder (→ § 100 Rn. 60a). Damit wurde zwar das Recht der Prüfungsausschüsse modifiziert, jedoch nicht vollkommen umgestaltet; so bleibt es vor allem bei der fakultativen Einrichtungsmöglichkeit eines Prüfungsausschusses, welche selbst für Unternehmen von öffentlichem Interesse gilt,[625] und dem Fortgelten der meisten Aufgabenbereiche des Prüfungsausschusses.

140c Von den Änderungen der prüfungsbezogenen Regelungen durch das AReG, die die materiell-rechtlichen Anforderungen der EU-Abschlussprüfer-RL 2014 an den Aufsichtsrat insgesamt und den Prüfungsausschuss im Besonderen umgesetzt haben, ist das **Abschlussprüferaufsichtsreformgesetz (APAReG)**[626] zu unterscheiden, dass das Berufsaufsichtsrecht der Wirtschaftsprüfer sowie die Organisation der Aufsicht über Abschlussprüfer angepasst hat, indem es insbesondere die WPO (Wirtschaftsprüferordnung) geändert und das Gesetz zur Einrichtung einer Abschlussprüferaufsichtsstelle beim BAFA (Bundesamt für Wirtschaft und Ausfuhrkontrolle) eingeführt hat.

140d Auch wenn der zweite europäische Rechtsetzungsakt im Zuge der Abschlussprüferefrom 2014, die **Abschlussprüfer-VO,** als EU-Verordnung ohne Transformation in nationales Recht in allen Mitgliedstaaten der Europäischen Union unmittelbar anzuwendendes Recht darstellt, war es zu Ausführungszwecken notwendig, dass einige Normen der Abschlussprüfer-VO durch das AReG und das APAReG mit dem deutschen nationalen Recht verzahnt werden.[627] Zum einen wurde den Mitgliedstaaten in der VO (EU) 537/2014 an einigen Stellen wie etwa in Art. 11 Abs. 1 UAbs. 1 S. 2 (→ Rn. 141b) ein Wahlrecht eingeräumt, das der deutsche Gesetzgeber durch nationale Gesetzgebungsakte wie insbesondere dem AReG ausgeübt hat. Zum anderen sind die Rechtsfolgen bei Verstößen gegen die materiell-rechtlichen Vorgaben in der Verordnung nur fragmentarisch geregelt, wobei dies einer traditionellen Enthaltsamkeit des europäischen Normgebers entspricht, zwar materielle Vorgaben zu erlassen, die Normdurchsetzung bzw. den Vollzug jedoch den Mitgliedstaaten zu überantworten.[628] Dieses traditionelle Verständnis wurde auch in der Abschlussprüfer-VO durchgehalten, sodass zwar Mindestanforderungen für verwaltungsrechtliche Sanktionen und teilweise auch zivilrechtliche Rechtsfolgen durch den Verordnungsgeber geregelt wurden, abseits hiervon die Mitgliedstaaten jedoch einen weiten Gestaltungsspielraum bezüglich der Rechtsdurchsetzung haben, welcher indes durch den Grundsatz der loyalen Zusammenarbeit (Art. 4 Abs. 3 EUV, effet utile) begrenzt ist.[629] Diese Schaffung von Mitgliedstaatenwahlrechten und die fragmentarische Regelung der Normdurchsetzung machte es – neben der Notwendigkeit der Umsetzung der Abschlussprüfer-RL – unvermeidbar, die Abschlussprüfer-VO durch das AReG und das APAReG mit dem deutschen Recht zu verzahnen.[630] Hiervon unberührt bleibt jedoch die Tatsache, dass der deutsche Gesetzgeber

---

[624] Gesetz zur Umsetzung der prüfungsbezogenen Regelungen der Richtlinie 2014/56/EU sowie zur Ausführung der entsprechenden Vorgaben der Verordnung (EU) Nr. 537/2014 im Hinblick auf die Abschlussprüfung bei Unternehmen von öffentlichem Interesse (Abschlussprüfungsreformgesetz – AReG) vom 10.5.2016, BGBl. 2016 I 1142; zur Entstehungsgeschichte *Schüppen* NZG 2016, 247 (247 f.); *Schilha* ZIP 2016, 1316 (1316 f.).

[625] *Nodoushani*, AG 2016, 381 (381); kritisch zur fakultativen Einrichtungsmöglichkeit *Hoffmann*, NZG 2016, 441 (445 ff.).

[626] Gesetz zur Umsetzung der aufsichts- und berufsrechtlichen Regelungen der Richtlinie 2014/56/EU sowie zur Ausführung der entsprechenden Vorgaben der Verordnung (EU) Nr. 537/2014 im Hinblick auf die Abschlussprüfung bei Unternehmen von öffentlichem Interesse (Abschlussprüferaufsichtsreformgesetz – APAReG) vom 31. März 2016, BGBl. 2016 I 518.

[627] Vgl. ausführlich *Schürnbrand* AG 2016, 70 (70 ff.).

[628] *Schürnbrand* AG 2016, 70 (71): „traditionelle Unterscheidung zwischen europäischer Normsetzung auf der einen und mitgliedstaatlicher Normdurchsetzung auf der anderen Seite"; *Poelzig*, Normdurchsetzung durch Privatrecht, 2012, 258.

[629] *Schürnbrand* AG 2016, 70 (71, 78).

[630] *Nodoushani* AG 2016, 381 (381); *Schürnbrand* AG 2016, 70 (70 f.).

nicht zur Auslegung der Abschlussprüfer-VO berechtigt ist, sondern in den Fällen nötiger Präzisierung des Verordnungstextes erst der EuGH für eine verbindliche Auslegung sorgen kann.[631]

bb) Aufgabenbereich. Der **Aufgabenbereich des Prüfungsausschusses** hat durch die Richt- **141** linie RL 2006/43/EG und die Neufassung durch die Richtlinie RL 2014/56/EU über die Empfehlungen in Ziff. 5.3.2 DCGK hinaus Präzisierungen und Erweiterungen erfahren.[632] Art. 39 Abs. 6 Abschlussprüfer-RL 2014 und damit auch § 107 Abs. 3 S. 2 und S. 3 zählen namentlich die Überwachung des Rechnungslegungsprozesses, der Wirksamkeit des internen Kontrollsystems, desinternen Revisionssystems, der Abschlussprüfung (insbesondere der Auswahl und der Unabhängigkeit des Abschlussprüfers, sowie der von diesem zusätzlich erbrachten Leistungen) und des Risikomanagementsystem (→ § 91 Rn. 29 ff.) auf.[633]

Dabei wurde durch das AReG der Aufgabenbereich des Prüfungsausschusses nur marginal geändert. In Abs. 3 S. 2 wurde lediglich die **Überwachung der Abschlussprüfung** auch auf die Auswahl des Abschlussprüfers als Aufgabe ausgedehnt, wobei jedoch auch schon nach der Regierungsbegründung zum BilMoG zur Überwachungstätigkeit die Auswahl hinzugezählt wurde.[634] Zusätzlich wurde, um Art. 39 Abs. 6 lit. b Abschlussprüfer-RL umzusetzen, in Abs. 3 S. 3 dem Aufsichtsrat die Möglichkeit übertragen, dass der Prüfungsausschuss **Empfehlungen** oder Vorschläge zur Gewährleistung der Integrität des Rechnungslegungsprozesses dem Gesamtgremium unterbreitet. Darüber hinaus hat die Aufgabe der Auswahl des Abschlussprüfers dahingehend eine Konkretisierung erfahren, dass durch Art. 39 Abs. 6 lit. f RL 56/2014/EU der eingesetzte Prüfungsausschuss auch Empfehlungen für die Wahl des Abschlussprüfers abzugeben hat. Diese Aufgabe wurde zwar nicht explizit durch das AReG in Abs. 3 verankert, sondern lediglich vage in Abs. 3 S. 2 mit „Auswahl [...] des Abschlussprüfers" umschrieben, ist jedoch nach der Regierungsbegründung des AReG ausdrücklich vom gesetzgeberischen Willen mitumfasst.[635] Auch die Empfehlung der EU-Kommission von 2005 enthält in Ziff. 4.2 des Anhangs I darüber hinaus weitere Anhaltspunkte zur Konkretisierung des Aufgabenkreises.[636]

Durch die Neufassung der Abschlussprüfer-RL sollte verschärfend die **Pflicht zur Selbstevaluation** zum Aufgabenbereich des Prüfungsausschusses hinzutreten, da sich dieser gegenüber dem Plenum nun auch über den eigenen Beitrag zur Integrität der Rechnungslegung und über die eigene Rolle in diesem Prozess offenbaren soll, vgl. Art. 39 Abs. 6 lit. a Abschlussprüfer-RL. Diese hat der Gesetzgeber jedoch durch die allgemeine Berichterstattungspflicht des Prüfungsausschusses gemäß Abs. 3 S. 5 als bereits für den Aufsichtsrat umgesetzt gehalten, sodass in dieser Hinsicht keine Neufassung des § 107 nötig war.[637] Gleichwohl wird damit durch das AReG die Berichtspflicht in Abs. 3 S. 5 konkretisiert.

In Bezug auf den Aufgabenbereich des Prüfungsausschusses wurde die (erweiterte) Aufgabenzu- **141a** weiseung des § 107 Abs. 3 S. 2 f. **verzahnt mit den Vorgaben der unmittelbar geltenden Abschlussprüfer-VO.** Dies galt vor allem für Art. 31 Abs. 5 des Kommissionsvorschlages für die

---

[631] *Schürnbrand* AG 2016, 70 (71).
[632] S. Art. 41 Abs. 2 RL 2006/43/EG (aF) sowie Art. 39 Abs. 6 RL 2014/56/EU (nF); s. dazu *Nonnenmacher/Wemmer/v. Werder* DB 2016, 2826 (2829 ff.); zum Überwachungsbereich des Ausschusses vor Inkrafttreten der Richtlinie s. *Freiling* FS Otte, 1992, 17 (25, 28 ff.); *Götz* AG 1995, 337 (347); *Ranzinger/Blies* AG 2001, 455 (459); *Rellermeyer*, Aufsichtsratsausschüsse, 1986, 4; K. *Schmidt/Lutter/Drygala* Rn. 58; *Scheffler* ZGR 2003, 236 (252 ff.); zu dem Aufgabenfeld des Prüfungsausschusses nach dem DCGK siehe auch *Krasberg*, Der Prüfungsausschuss des Aufsichtsrats einer Aktiengesellschaft nach dem BilMoG, 2009, 120.
[633] Näher *Lanfermann/Röhricht* BB 2009, 887 (889); *Hönsch* Der Konzern 2009, 553 (559); *Arbeitskreis „Externe und Interne Unternehmensrechnung" der Schmalenbach-Gesellschaft für Betriebswirtschaft e. V.* DB 2009, 1279 (1281 f.); *Arbeitskreis „Externe und Interne Unternehmensrechnung" der Schmalenbach-Gesellschaft für Betriebswirtschaft e. V.* DB 2012, 1281 (1286); *Withus* DB-Beil. Heft 5/2009, 82 ff.; *Nonnenmacher/Pohle/v. Werder* DB 2009, 1447 (1450); *Nonnenmacher/Wemmer/v. Werder*, DB 2016, 2826 (2829 ff.); *Eibelshäuser/Stein* Der Konzern 2008, 486 (489 f.); *Hölters/Hambloch-Gesinn/Gesinn* Rn. 104; K. *Schmidt/Lutter/Drygala* Rn. 59; zur Rolle des Prüfungsausschusses/Aufsichtsrats bei der Durchsetzung der Rechnungslegungsvorschriften: *Thormann* BB 2013, 2475; umfangreiche empirische Untersuchung hinsichtlich der Ausgestaltung der Internen Revision: *Böcking/Gros/Wallek* DB 2013, 709.
[634] RegBegr. BilMoG, BT-Drs. 16/10067, 103.
[635] RegBegr. AReG, BT-Drs. 18/7219, 56.
[636] Empfehlung der EU-Kommission zu den Aufgaben von nicht-geschäftsführenden Direktoren und Aufsichtsratsmitgliedern sowie zu den Ausschüssen des Verwaltungs-/Aufsichtsrats vom 15.2.2005, Empfehlung 2005/162/EG, ABl. EG 2005 L52 52, 51 ff.; näher dazu *Spindler* ZIP 2005, 2033 ff.; den Empfehlungen weitgehend folgend *Nonnenmacher/Pohle/v. Werder* DB 2009, 1447 (1450 f.).
[637] Beschlussempfehlung AReG BT-Drs. 18/7902, 57 f.; in der Gesetzesbegründung ist diese Thematik dann ausgelassen.

Abschlusprüfer-VO von 2011,[638] der einen Aufgabenkanon enthielt, der die Vorgaben der Abschlussprüfer-RL flankieren sollte.[639] Art. 31 ist jedoch im Laufe des Rechtsetzungsprozesses ersatzlos gestrichen worden, sodass nunmehr diese Verzahnung insbesondere am **formalisierten Auswahlverfahren** der Abschlussprüfer nach Art. 16 Abschlussprüfer-VO deutlich wird. Der Prüfungsausschuss ist nicht nur verpflichtet, den Rechnungslegungsprozess ununterbrochen überwachend zu begleiten, sondern auch im Vorfeld der Bestellung ein formalisiertes Auswahlverfahren nach Art. 16 Abs. 3 Abschlussprüfer-RVO durchzuführen.[640] Auch wenn Art. 16 Abs. 3 lit. c Abschlussprüfer-VO dem geprüften Unternehmen und damit dem Prüfungsausschuss einen weiten Ermessensspielraum bei der Durchführung des Auswahlprozesses gewährt, werden konkrete Anforderungen an die Auswahlverfahren vorangehende Ausschreibung gestellt (vgl. Art. 16 Abs. 3 lit. b Abschlussprüfer-VO). Auch wird der Prüfungsausschuss verpflichtet, nachweisen zu können, „dass das Auswahlverfahren auf faire Weise durchgeführt wurde", Art. 16 Abs. 3 lit. f Abschlussprüfer-VO. Nach Abschluss des Auswahlverfahrens muss der Prüfungsausschuss dem Aufsichtsratsplenum eine Empfehlung für die Bestellung eines Abschlussprüfers/Prüfungsgesellschaft vorlegen und diese nach Maßgabe des Art. 16 Abs. 2 UAbs. 2 Abschlussprüfer-VO begründen. Weiterhin ist der Prüfungsausschuss bei der Auswahl und anschließenden Empfehlung eines Abschlussprüfers durch die in Art. 17 Abs. 1 Abschlussprüfer-VO grundsätzlichen zwingenden Mandatslaufzeiten beschränkt. Dem hiermit einhergehenden **Rotationsprinzip**[641] kann sich der Prüfungsausschuss im Rahmen des Auswahlprozesses nicht entziehen.

141b Die Abschlussprüfer-VO trifft zugleich wesentliche, den Prüfungsausschuss betreffende **Strukturvorgaben**, die neben der Zusammensetzung und der fachlichen Anforderungen (→ Rn. 151) auch die Kommunikation des Prüfungsausschusses sowohl mit dem Aufsichtsratsplenum als auch mit dem Abschlussprüfer zum Gegenstand haben und somit auch den Aufgabenbereich des Prüfungsausschusses erweitert haben. Mit Einführung des **Zusatzberichts** in Art. 11 Abschlussprüfer-VO verfolgt die Kommission das Ziel, den Dialog zwischen Abschlussprüfer bzw. Prüfungsgesellschaften und Prüfungsausschuss zu stärken.[642] Der zwingend schriftlich zu verfassende Zusatzbericht soll den Prüfungsausschuss als zusätzliches Informationsmittel in die Lage versetzen, dem Aufsichtsrat einen kohärenten und abschließenden Überblick über den Rechnungslegungsprozess zu vermitteln.[643] Mit Einführung dieses neuen Informationsmediums geht die Schaffung einer **direkten Vorlagepflicht des Abschlussprüfers** ggü. dem Prüfungsausschuss unter Ausschluss des Vorstands in Anlehnung an § 321 Abs. 5 S. 2 HGB einher, vgl. Art. 11 Abs. 1 Abschlussprüfer-VO.[644] Jedoch hat der deutsche Gesetzgeber durch das AReG das Mitgliedstaatenwahlrecht gem. Art. 11 Abs. 1 UAbs. 1 S. 2 Abschlussprüfer-VO dahingehend ausgeübt, dass gem. § 321 Abs. 5 S. 3 HGB der Zusatzbericht unverzüglich nach Vorlage an den Prüfungsausschuss dem Geschäftsführungsorgan mit Gelegenheit zur Stellungnahme zuzuleiten ist.

141c Der **Inhalt des Zusatzberichts** setzt sich aus den in Art. 11 Abs. 2 S. 2 a) – p) Abschlussprüfer-VO enthaltenen Mindestangaben zusammen.[645] Trotz erkennbarer Anleihen besteht keine Deckungsgleichheit mit dem von § 321 Abs. 1 HGB umfassten Berichtsinhalt.[646]

141d Hinsichtlich einer weiteren Aufgabenübertragung kann der Aufsichtsrat von seinem Organisationsermessen (→ Rn. 86) Gebrauch machen und dem Prüfungsausschuss bspw. auch Themenkomplexe wie Steuerpolitik, Währungsmanagement, Finanzplanung[647] oder die Prüfung der vom Vorstand vorgesehenen Ergebnisverwendung nach § 58 Abs. 2, Abs. 2a, § 170 Abs. 2 übertragen.[648] Diese Aufgaben ließen sich bisher nur aus der allgemeinen Überwachungspflicht des § 111 Abs. 1 (iVm § 91 Abs. 2) ableiten (→ § 111 Rn. 13 ff.).[649] Entschließt sich der Aufsichtsrat zur Einrichtung eines

---

[638] Vorschlag für eine Verordnung des Europäischen Parlaments und des Rates über spezifische Anforderungen an die Abschlussprüfung bei Unternehmen von öffentlichem Interesse, KOM (2011) 779 (endg.).

[639] Vgl. zum Aufgabenkanon nach dem Kommissionsentwurf zur Abschlussprüfer-VO von 2011 *Schüppen* ZIP 2012, 1317 (1320).

[640] *Schilha* ZIP 2016, 1316 (1326 ff.); *Schüppen* NZG 2016, 247 (251).

[641] *Velte* WPg 2016, 125 (126 f.); *Schilha* ZIP 2016, 1316 (1327 f.); *Schüppen* NZG 2016, 247 (250 f.); *Blöink/Kumm* BB 2015, 1067 (1069 f.); *Lanfermann/Maul* BB 2012, 627 (631).

[642] Erwägungsgrund 14; *Arbeitskreis Bilanzrecht Hochschullehrer Rechtswissenschaft* NZG 2012, 294 (296); *Hommelhoff* DB 2012, 389 (390).

[643] Erwägungsgrund 14; *Hommelhoff* DB 2012, 389 (390).

[644] *Hommelhoff* DB 2012, 389 (392); vgl. auch *Maushake*, Audit Comitees – Prüfungsausschüsse im US-amerikanischen und deutschen Recht, 2009, 508 ff; kritisch: *Arbeitskreis Bilanzrecht Hochschullehrer Rechtswissenschaft* NZG 2012, 294 (296) mit Verweis auf die originäre Zuständigkeit des Gesamtaufsichtsrats für diese Aufgabe.

[645] Vertiefend zu den einzelnen Bestandteilen des Zusatzberichts: *Hommelhoff* DB 2012, 389 (390 ff.).

[646] *Lanfermann/Maul* BB 2012, 627 (630).

[647] Kölner Komm AktG/*Mertens/Cahn* Rn. 107; *Gesell* ZGR 2011, 361 (370); *E. Vetter* ZGR 2010, 751 (762).

[648] *E. Vetter* ZGR 2010, 751 (753).

[649] Ebenso *Arbeitskreis „Externe und Interne Unternehmensrechnung" der Schmalenbach-Gesellschaft für Betriebswirtschaft e. V.* DB 2009, 1279 (1280).

Prüfungsausschusses, kommt diesem jedoch nach § 124 Abs. 3 S. 2 die zwingende gesetzliche Aufgabe zu, dem Aufsichtsratsplenum eine (nicht bindende) Empfehlung für den Beschlussvorschlag zur Bestellung des Abschlussprüfers durch die Hauptversammlung zu unterbreiten.[650] Im Gegensatz zum früheren Verständnis muss der Ausschuss (bzw. Aufsichtsrat) jetzt auch den **Rechnungslegungsprozess** als solchen überwachen, nicht nur die Recht- und Zweckmäßigkeit des Jahres- und Konzernabschlusses.[651] Auch fällt die Überwachung jetzt intensiver aus, da ausdrücklich die **Wirksamkeit** des Systems zu prüfen ist.[652]

Die **Prüfung des Jahresabschlusses und des Prüfungsberichts** sind indes zwingend dem Gesamtaufsichtsrat nach § 107 Abs. 3 S. 4 vorbehalten.[653] Bezüglich dieser Vorbehaltsaufgaben kommt allenfalls eine vorbereitende Ausschusstätigkeit in Betracht.[654] Bringt der Prüfungsausschuss diesbezüglich keine Bedenken vor, kann das Plenum auf eine eigene weitergehende Prüfung verzichten.[655] Die Auftragserteilung, die Konkretisierung des Prüfungsauftrages sowie die den Rechnungslegungsprozess begleitende Überwachung des Abschlussprüfers können dagegen dem Prüfungsausschuss übertragen werden, da § 111 Abs. 2 bei Änderung des Gesetzes nicht in den Katalog der **delegationsfesten** Fragen aufgenommen wurde[656] und die Überwachung durch den mit fachlich qualifizierten Mitgliedern besetzten Prüfungsausschus letztendlich auch der Vorbereitung der finalen Rechnungslegungsprüfung durch das Plenum dient.[657]

Zu den Aufgaben des Prüfungsausschusses gehört – auch im Lichte von Ziff. 5.3.2 DCGK, die als „comply or explain"-Empfehlung formuliert ist – ferner die **Überwachung des Compliance-Systems,** sofern zu diesem Zweck kein eigenständiger Complianceausschuss gebildet worden ist.[658] Der Aufsichtsrat selbst hat indes grundsätzlich nicht selbst für die Einhaltung der Compliance- bzw. Legalitätspflicht im gesamten Unternehmen zu sorgen – dies bleibt Aufgabe des Vorstandes.[659] Zur Überwachung zählt hier die Vorlage der Dokumentation zum Compliance-System, aber auch der Vergütungsstrukturen für Angestellte sowie Sanktionen im Hinblick auf die Einhaltung von Rechtsnormen.[660] Grundsätzlich ist der Aufsichtsrat nicht verpflichtet – und auch nicht in der Lage – alle in Betracht kommenden Verstöße gegen Rechtsvorschriften bzw. Abweichungen von der Compliance zu überwachen; im Prinzip kann er sich auf die **Prüfung und Überwachung des Systems**

---

[650] *E. Vetter* ZGR 2010, 751 (772); Kölner Komm AktG/*Mertens/Cahn* Rn. 107 ohne explizit von Pflicht zu sprechen; ebenso *Hennrichs* FS Hommelhoff, 2012, 383 (387).

[651] *Kompenhans/Buhleier/Splinter* WPg 2013, 59 (62); *Gesell* ZGR 2011, 361 (370); *Lanfermann/Röhricht* BB 2009, 887 zu den genauen Anforderungen an ein solches Kontrollsystem sowie zu etwaigen Parallelitäten zu den Internal Control over Financial Reporting gemäß Sarbanes Oxley Act s. *Wolf* DStR 2009, 920 ff.

[652] *Zieske/Zenkic* Der Konzern 2011, 163 (166); *Preußner* NZG 2008, 574 (575); eingehend zu den betriebswirtschaftlichen Anforderungen *Withus* DB-Beil. Heft 5/2009, 82 ff. zu etwaigen Parallelitäten zu den Internal Control over Financial Reporting gemäß Sarbanes Oxley Act s. *Wolf* DStR 2009, 920 ff.; *Gros/Velte* DStR 2012, 2243 ff.: Empirische Untersuchung zum Corporate Governance Reporting des Aufsichtsrats zu Einrichtung, Größe, Tagungshäufigkeit und Anforderungsprofil bezogen auf DAX- und MDAX-Unternehmen für das Geschäftsjahr 2011.

[653] *E. Vetter* ZGR 2010, 751 (764); *Rürup* FS Budde, 1995, 543 (546); zur Prüfung des Abschlussberichts durch den Aufsichtsrat: *Velte* NZG 2010, 930.

[654] *Mielke,* Defizite in der Unternehmenskontrolle, 2005, 208; *E. Vetter* ZGR 2010, 751 (764); *Langenbucher/Blaum* DB 1994, 2197 (2200); *Ranzinger/Blies* AG 2001, 455 (458); *Scheffler* ZGR 2003, 236 (248 f.); → § 111 Rn. 48; zum Prüfungsumfang des Jahresabschlusses siehe auch *Krasberg,* Der Prüfungsausschuss des Aufsichtsrats einer Aktiengesellschaft nach dem BilMoG, 2009, 129 ff.; ferner *Maushake,* Audit Committees – Prüfungsausschüsse im US-amerikanischen und deutschen Recht, 2009, 438 ff.

[655] *Götz* AG 1995, 337 (347); *Ranzinger/Blies* AG 2001, 455 (459); *Langenbucher/Blaum* DB 1994, 2197 (2204).

[656] → § 111 Rn. 53 f.; *E. Vetter* ZGR 2010, 751 (775); *Velte* NZG 2011, 771 (772); *Arbeitskreis „Externe und Interne Überwachung der Unternehmung"* der Schmalenbach-Gesellschaft für Betriebswirtschaft eV DB 2007, 2129 (2133); *Altmeppen* ZGR 2004, 390 (405 f.); MüKoAktG/*Habersack* § 111 Rn. 86; Großkomm AktG/*Hopt/Roth* Rn. 320 (390); Bürgers/Körber/*Israel* § 111 Rn. 16; *Hennrichs* FS Hommelhoff, 2012, 383 (391); aA *Hommelhoff* BB 1998, 2567 (2570); K. Schmidt/Lutter/*Drygala* § 111 Rn. 40; *Velte* NZG 2011, 771 (772); *Klöckner* DAJV Newsletter 2011, 13 (14).

[657] So auch *Maushake,* Audit Committees – Prüfungsausschüsse im US-amerikanischen und deutschen Recht, 2009, 457 ff.; *Strunk,* Der Prüfungsausschuss des Aufsichtsrats der börsennotierten Aktiengesellschaft, 2009, 185 f.; *Link/Vogt* BB 2011, 1899 (1901); Großkomm AktG/*Hopt/Roth* Rn. 320, 390.

[658] Zur compliancebezogenen Aufgabe des Aufsichtsrats im Allgemeinen und des Prüfungsausschusses im Speziellen ausführlich *Lutter* FS Hüffer, 2010, 615 (619); *Winter* FS Hüffer, 2010, 1101 (1122 f.); *Nonnenmacher/Pohle/v. Werder* DB 2009, 1447 (1451); *Weber-Rey* AG 2008, 345 (348).

[659] *Lutter* FS Hüffer, 2010, 615 (615 f.); *Winter* FS Hüffer, 2010, 1101 (1106 f.); *Habersack* AG 2014, 1 (3); *Kort* FS Hopt, 2010, 983 (997 ff.); *Gerdemann,* Transatlantic Whistleblowing, 2018, Rn. 263; *Klöckner* DAJV Newsletter 2011, 13 (14); *Hauptmann/Rust/Schröder* WPg 2011, 408 (409); *E. Vetter* ZGR 2010, 751 (778); *Fleischer* → § 91 Rn. 67 ff.; Hüffer/Koch/*Koch* Rn. 25.

[660] *Lutter* FS Hüffer, 2010, 615 (617 f.).

beschränken.[661] Dies schließt nicht aus, dass er in gravierenden Fällen auch einzelne konkrete Compliance-Verstöße überwacht und sich hierüber vom Vorstand berichten lässt. Auch kann er sich mangels besonderer Verdachtsmomente auf die Diskussion der Vorstandsberichte und die Einholung ergänzender Informationen beschränken.[662] Jedoch ist auch im Rahmen der Ausübung der Compliance-Überwachung der Prüfungsausschuss an die allgemeine Informationsordnung der §§ 111, 90 gebunden, deren Suspendierung nur dann gerechtfertigt ist, wenn gerade die Rechtmäßigkeit des Vorstandshandeln in Frage steht (→ Rn. 143).

143   Nicht abschließend geklärt ist, ob durch die ausdrückliche Zuweisung der Überwachung von Risikomanagement und interner Kontrolle an den Prüfungsausschuss auch **der Umfang und die Reichweite der Überwachungskompetenz** des Aufsichtsrates als Gesamtorgan auf diesen Gebieten erweitert wurden;[663] dies zumal die Richtlinie ausdrücklich auch auf die bezweckte Wirksamkeit der Überwachung eingeht. Es kann jedoch anders als in der anglo-amerikanischen Praxis dem Audit Committee im deutschen dualistischen System **kein direkter Zugriff auf das Interne Kontrollsystem oder die Interne Revision** gewährt werden, da Ansprechpartner für Überwachungsmaßnahmen stets der Vorstand ist;[664] nur wenn der Vorstand sein – jederzeit widerrufbares – Einverständnis erteilt, kann der Prüfungsausschuss unmittelbar Zugriff auf die Daten des Internen Kontrollsystems nehmen.[665] Gleiches gilt für Gespräche mit Mitarbeitern ohne Beteiligung des Vorstandes,[666] auch nicht für den Leiter der Internen Revision,[667] sowie die eigeninitiative Information des Prüfungsausschusses durch Mitarbeiter im Falle rechnungslegungsbezogener Unregelmäßigkeiten und Gesetzesverstöße („internes Whistleblowing").[668] Derlei Direktkontakte wird man lediglich in Ausnahmefällen und nur unter der zusätzlichen Bedingung für zulässig erachten können, dass unmittelbare (Rechnungslegungs-)Verstöße des Vorstands in Rede stehen, für zulässig erachten können.[669] Zu Recht sieht daher auch der DCGK mittlerweile davon ab, den dualistischen Prüfungsausschuss mit einem Audit Committee anglo-amerikanischer Prägung gleichzusetzen.[670] Obwohl dieser Grundsatz teilweise durch das direkte Reporting des Abschlussprüfers an den Prüfungsausschuss bzw. den Aufsichtsrat (→ Rn. 141b) durchbrochen wird, bedarf es einer diesbezüglichen Klarstellung durch den deutschen Gesetzgeber die generelle Kompetenzverteilung im Rahmen der Compliance betreffend auch nach der EU-Prüfrichtlinie nicht,[671] so dass die in den §§ 111, 90 festgelegte Informationsordnung nicht durch die Bildung eines

---

[661] Hierzu ausführlich K. Schmidt/Lutter/*Drygala* Rn. 74 ff.; *Habersack* AG 2014, 1 (3); zur Überprüfung des Compliance-Management-Systems durch den Prüfungsausschuss nach IDW PS 980 *Görtz* BB 2012, 178 (180); ebenso *Wolf* DStR 2011, 997 (999).

[662] *Winter* FS Hüffer, 2010, 1101 (1117 f.); *Habersack* AG 2014, 1 (4); Hölters/*Hambloch-Gesinn/Gesinn* Rn. 111.

[663] S. dazu *Lanfermann/Maul* DB 2006, 1505 (1509), die die Frage aufwerfen, ob sich die Überwachung der internen Kontrolle nur auf die rechnungslegungsbezogenen Teile oder auf das Interne Kontrollsystem insgesamt bezieht.

[664] *E. Vetter* ZGR 2010, 751 (771); *Velte* NZG 2011, 1401 (1402); *Lanfermann/Röhricht* BB 2009, 887 (890); *Sünner* CCZ 2008, 56 (57, 59); *Hauptmann/Rust/Schröder* WPg 2011, 408 (411); iE auch *Dittmar* NZG 2014, 210 (211); wohl auch *Kompenhans/Buhleier/Splinter* WPg 2013, 59 (62); aA: *Habersack* AG 2014, 1 (6 f.); K. Schmidt/Lutter/*Drygala* Rn. 75, der den direkten Kontakt für eine ordnungsgemäße Überwachung durch den Prüfungsausschuss für erforderlich hält; ebenso *Roth* ZGR 2012, 343 (357) mit Hinweis auf die etablierte Praxis von Großunternehmen.

[665] *Scheffler* ZGR 2003, 236 (254 f.); Kölner Komm AktG/*Mertens/Cahn* Rn. 108; *Gittermann* in Semler/v. Schenck AR-HdB § 6 Rn. 84 f.; Großkomm AktG/*Hopt/Roth* Rn. 318; *Dittmar* NZG 2014, 210 (211); wohl auch *Zieske/Zenkic* Der Konzern 2011, 163 (169 f.), → Rn. 129; die empirische Untersuchung von *Böcking/Gros/Wallek* DB 2013, 709 (713) (Abb. 12 und 13) weisen auf einen regen informativen Kontakt zwischen Interner Revision und Aufsichtsrat in der Praxis hin.

[666] Zurückhaltend auch *Arbeitskreis „Externe und Interne Unternehmensrechnung" der Schmalenbach-Gesellschaft für Betriebswirtschaft* DB 2009, 1279 (1282); demgegenüber geht *Gesell* ZGR 2011, 361 (373) ohne weiteres von der direkten Kontaktmöglichkeit aus.

[667] Anders anscheinend *Nonnenmacher/Pohle/v. Werder* DB 2009, 1447 (1451); zur Zusammenarbeit mit dem Abschlussprüfer näher *Eibelshäuser/Stein* Der Konzern 2008, 486 ff.

[668] Hierzu allgemein *Gerdemann*, Transatlantic Whistleblowing, 2018, Rn. 3 ff., 91 ff., 255 ff.; *Schemmel/Ruhmannseder/Witzigmann*, Hinweisgebersysteme, 2012, 3 ff., 69 ff.; *Sänger*, Whistleblowing in der börsennotierten Aktiengesellschaft, 2010, 23 ff., 217 ff.

[669] S. im Einzelnen → § 111 Rn. 36.

[670] Ziff. 5.3.2 DCGK idF ab dem 5.5.2015. Zur Begründung wurde freilich auf einen gestiegenen Bekanntheitsgrad des Prüfungsausschusses ggü. seinem anglo-amerikanischen Vorild verwiesen. S. Kodexänderungen Beschlüsse 2015, S. 9, abrufbar unter http://www.dcgk.de/de/kommission/die-kommission-im-dialog/deteilansicht/kodexaenderungen-2015-beschlossen.html, zuletzt abgerufen am 16.3.2018.

[671] Abw. *Lanfermann/Maul* DB 2006, 1505 (1509) zur Innenrevision (Klarstellung der „eigentlichen Herrschaft" erforderlich).

Prüfungsausschusses suspendiert wird. Dies gilt umso mehr als dass diese Durchbrechung durch das direkte Reporting durch die Weiterleitung an das Geschäftsführungsorgan gem. § 321 Abs. 5 S. 3 HGB abgemildert wurde. Erst recht kann der Aufsichtsrat nicht verpflichtet sein, die (dem Vorstand allein obliegende) Optimierung und Effizienz der genannten Systeme zu gewährleisten.[672] Der Vorstand soll sich gleichwohl der in Ziff. 3.4 Abs. 1 S. 3 DCGK empfohlenen Informationsordnung (als besonderen Teil der Geschäftsordnung)[673] bedienen, sofern nicht der Aufsichtsrat von seiner primären Erlasskompetenz nach § 77 Abs. 2 AktG Gebrauch gemacht hat, und dem für den Aufsichtsrat handelnden Prüfungsausschuss punktuell direkte Zugriffsrechte gewährt.[674] Auch sofern dies nicht der Fall ist, muss der Prüfungsausschuss freilich in jedem Fall einschreiten bzw. weitere Nachforschungen anstellen, soweit er von Umstände Kenntnis erhält, aus welchen sich konkrete Rechnungslegungs- bzw. Complianceverstöße ableiten lassen[675] – und zwar unabhängig davon, aus welcher Quelle er diese Kenntnis erlangt hat.[676]

Neben einer informationellen Kompetenzverschiebung stellt sich zudem die Frage, ob die Aufgabenzuweisungen der Richtlinie zu einer Verschiebung der **Verteilung des Umfangs der Aufgaben zwischen Plenum und Ausschuss** geführt hat. Eine solche Verschiebung ist indes nur als Möglichkeit, dem Ausschuss im größeren Umfang vorbereitende und unterstützende Tätigkeiten zuzuweisen, anzusehen; die Richtlinie ändert nichts an der grundsätzlichen Kompetenzverteilung (Art. 39 Abs. 6 Abschlussprüfer-RL).[677] Des Weiteren nennen die Richtlinie und § 107 Abs. 3 S. 2 die Überwachung der Abschlussprüfung und die damit zusammenhängenden Fragen der Wahl des Abschlussprüfers und der Sicherstellung dessen Unabhängigkeit;[678] wobei insbesondere die Erbringung von Nicht-Prüfungsleistungen genannt wird (s. Art. 39 Abs. 6 (e) Abschlussprüfer-RL). Die dadurch bewirkte weitere Intensivierung der Kommunikation zwischen Abschlussprüfer und Aufsichtsrat darf nicht als Misstrauensbeurkundung gegenüber dem Vorstand missverstanden werden.[679]

Die oben dargestellten Strukturvorgaben und Aufgabenzuweisungen (→ Rn. 141 ff., insb. Rn. 141 b) greifen unzweifelhaft in das Gestaltungsermessen und damit in die **Organisationsautonomie** sowohl zulasten des Aufsichtsrats als auch zulasten des Prüfungsausschusses selbst ein.[680] Während die Anforderungen an die personelle Zusammensetzung die allgemeine Meinung widerspiegeln, stellt der neu eingeführte Aufgabenkanon eine Ermessensbeschränkung zulasten des Aufsichtsratsplenums und zugleich eine Kompetenzerweiterung zugunsten des Prüfungsausschusses dar. Dessen Arbeitsweise wird durch die teilweise streng formalisierten Pflichten (vgl. das Auswahl- sowie das Ausschreibungsverfahren nach Art. 16 Abs. 3 Abschlussprüfer-VO) in enge Bahnen gelenkt. In gleichem Maße verkürzt die zwingende Rotation der Abschlussprüfer das Auswahlermessen des Prüfungsausschusses. Die Abschlussprüfer-VO hat nicht nur unmittelbaren Einfluss auf das Entscheidungsermessen des Prüfungsausschusses, sondern im gleichen Maße auf das Verständnis des Prüfungsausschusses innerhalb des **dualistischen Systems.**[681] Sie vollzieht damit eine tendenziell ähnliche Entwicklung wie das U.S.-amerikanische Kapitalmarktrecht, in welchem sich das Audit

---

[672] *Arbeitskreis „Externe und Interne Unternehmensrechnung" der Schmalenbach-Gesellschaft für Betriebswirtschaft e. V.* DB 2009, 1279 (1280).

[673] Es handelt sich hierbei um eine „comply or explain"-Empfehlung; Abweichungen sind gem. § 161 zu erklären.

[674] *Velte* NZG 2011, 1401 (1403); *Hasselbach* NZG 2012, 41 (43); allg. zur Informationsordnung: MüKoAktG/ *Spindler* § 90 Rn. 9; Großkomm AktG/*Kort* § 90 Rn. 33; KBLW/*Lutter* DCGK Rn. 533. Ebenso empfehlen der *Arbeitskreis „Externe und Interne Überwachung der Unternehmung" der Schmalenbach-Gesellschaft für Betriebswirtschaft eV* DB 2012, 1281 (1286); *Hauptmann/Rust/Schröder* WPg 2011, 408 (411); *Zieske/Zenkic* Der Konzern 2011, 163 (169 f.) ein kooperatives Zusammenwirken im Bereich der Informationsversorgung des Prüfungsausschusses durch die Geschäftsleitung.

[675] Für den (Gesamt-)Aufsichtsrat OLG Karlsruhe WM 2009, 1147; s. bereits BGH NJW 1991, 1830 (1831).

[676] Das gilt selbst für jene Fälle, in denen ein Informationsmittler gegen geltende (Kompetenz-)Vorschriften verstoßen hat, *Gerdemann*, Transatlantic Whistleblowing, 2018, Rn. 266.

[677] Hierzu auch *Velte* WPg 2016, 125 (128).

[678] Die Anforderungen an die inhaltliche Ausgestaltung der Unabhängigkeit des Abschlussprüfers durch die Mitgliedstaaten werden in Art. 22 der Richtlinie konkretisiert, → § 111 Rn. 50; zur Rechtslage vor der Richtlinie s. *Ranzinger/Blies* AG 2001, 455 (458); *Rellermeyer*, Aufsichtsratsausschüsse, 1986, 4; *Langenbucher/Blaum* DB 1994, 2197 (2204).

[679] S. *Langenbucher/Blaum* DB 1994, 2197 (2201 f.); *Ranzinger/Blies* AG 2001, 455 (462).

[680] Kritisch *Lanfermann/Maul* BB 2012, 627 (631); sowie *Hommelhoff* DB 2012, 389 (392).

[681] Nach *Lanfermann/Maul* BB 2012, 627 (628) zielt das Leitbild des europäischen Gesetzgebers auf die Ausgestaltung des Prüfungsausschusses als eigenständiges Unternehmensorgan ab; in die gleiche Richtung gehend: *Schüppen* ZIP 2012, 1317 (1320), nach dem der Prüfungsausschuss eine unternehmensinterne exklusive Stellung besitzt; kritisch: *Börsig/Löbbe* FS Hoffmann-Becking, 2013, 125 (149).

Committee mittlerweile als de facto separates Unternehmensorgan etabliert hat.[682] Infolge des unmittelbaren Vorlagezwangs des Abschlussprüfers sowie des neu geschaffenen Zusatzberichts erlangt der Prüfungsausschuss hierzulande eine hervorgehobene Stellung sowohl gegenüber dem Aufsichtsratsplenum als auch gegenüber dem Vorstand. Aufgrund dieser Informationskonzentration und der damit einhergehenden Informationshoheit kommt den Empfehlungen des Prüfungsausschusses in Zukunft eine noch stärkere Rolle zu.

144 Diese, dem Prüfungsausschuss durch die Abschlussprüfer-RL übertragene Aufgabe in Bezug auf die Empfehlungen für die Auswahl von Prüfern, konnte zwar gem. Art. 16 Abs. 8 Abschlussprüfer-VO durch die Mitgliedstaaten **auf den Nominierungsausschuss übertragen** werden. Jedoch hat der deutsche Gesetzgeber dieses Mitgliedstaatenwahlrecht nicht ausgeübt,[683] sodass auch diese Aufgabe beim Prüfungsausschuss verbleibt, der sich durch eine größere Sachnähe und Kompetenz in Fragen der Belange der Abschlussprüfung auszeichnet.

145 cc) Besetzung. (1) Allgemeines. Bei der **Besetzung und internen Organisation des Prüfungsausschusses** sind gewisse Besonderheiten zu beachten.[684] Grundsätzlich gelten auch hier die für Ausschüsse einschlägigen Grundsätze der **Bildung und Besetzung,** so dass vorrangig die Ausschussmitglieder nach Sachkunde auszuwählen sind (vgl. auch die „comply or explain"-Empfehlung in Ziff. 5.3.1 S. 1 DCGK). Die Empfehlung der EU-Kommission v. 15.2.2005 verlangt im Bereich Finanzen und Rechnungslegung börsennotierter Gesellschaften „zeitnahe, einschlägige Kenntnisse" der Ausschussmitglieder.[685] Gerade für die Mitglieder dieses Ausschusses sollen von der Gesellschaft regelmäßige Schulungen durchgeführt werden (Anhang I Ziff. 4.3.1 der Kommissionsempfehlung v. 15.2.2005). Auch hier soll die Mehrheit der Mitglieder unabhängig sein (Anhang I Ziff. 4.1 der Kommissionsempfehlung v. 15.2.2005). Die EU-Abschlussprüfer-RL (→ Rn. 129) enthält weder hinsichtlich der Sachkunde noch hinsichtlich der Unabhängigkeit darüber hinaus gehende Konkretisierungen.[686]

146 Dabei darf **Arbeitnehmervertretern** nicht von vornherein ohne nähere Prüfung ihre Sachkunde abgesprochen werden; eine analoge Besetzung zum Gesamtaufsichtsrat ist dagegen auch bei nach dem MitbestG 1976 mitbestimmten Gesellschaften nicht erforderlich sowie mangels Regelungslücke auch nicht möglich.[687] Allerdings ist der Prüfungsausschuss in stärkerem Maße als der Personalausschuss ein Fachausschuss, der von seinen Mitgliedern betriebswirtschaftliche und rechtliche Grundkenntnisse verlangt, so dass jedenfalls das Fehlen dieser Kenntnisse bei den Arbeitnehmervertretern einen sachlichen Grund für ihre Nichtberücksichtigung bei der Ausschussbesetzung darstellen kann.[688] Allein eine – unterstellte – Stärkung des Anlegervertrauens kann indes kaum als sachlicher Grund für die Bildung eines Prüfugnsausschusses ohne Arbeitnehmervertreter anerkannt werden.[689]

---

[682] S. *Gerdemann*, Transatlantic Whistleblowing, 2018, Rn. 91 ff. („three tier system").
[683] Begr. RegE, BT-Drs. 18/7219, 56.
[684] Zu Einzelheiten s. *Altmeppen* ZGR 2004, 390 (409 f.); *Hönsch* Der Konzern 2009, 553 (555); *Scheffler* ZGR 2003, 236 (258 f.) S. dazu aber auch den Leitfaden „Best Practice" von Bilanzprüfungsausschüssen des Berliner Center of Corporate Governance, dieser ist zu finden bei *Pohle/v. Werder* DB 2005, 237 (238 f.); umfassend zur Besetzung des Prüfungsausschusses vgl. *Krasberg*, Der Prüfungsausschuss des Aufsichtsrats einer Aktiengesellschaft nach dem BilMoG, 2009, 64 ff.
[685] Ziff. 11.2 und Erw.Gr. Nr. 16 S. 2 ff. Empfehlung der Kommission v. 15.2.2015 zu den Aufgaben von nicht geschäftsführenden Direktoren/Aufsichtsratsmitgliedern/börsennotierter Gesellschaften sowie zu den Ausschüssen des Verwaltungs-/Aufsichtsrats (Empf 2005/162/EG), ABl. EG 2005 L 52, 51; s. auch für das US-amerikanische Recht § 407 (a) Sarbanes-Oxley-Act, SEC Disclosure Required by Sections 406, 407 of the Sarbanes-Oxley Act of 2002 SEC-Release 33–8177, 34–47235 abrufbar unter http://www.sec.gov/rules/final/33-8177.htm, abgerufen am 06.03.2018; s. dazu auch *Altmeppen* ZGR 2004, 390 (397 f.); *Gruson/Kubicek* AG 2003, 337 (351); *Mutter/Gayk* ZIP 2003, 1773 (1775); ferner *Arbeitskreis „Externe und Interne Überwachung der Unternehmung" der Schmalenbach-Gesellschaft für Betriebswirtschaft* DB 2006, 1625 f.; *Nonnenmacher/Pohle/v. Werder* DB 2009, 1447 (1449): möglichst nur Mitglieder mit Kenntnissen in Fragen der Rechnungslegung und internen Kontrollverfahren.
[686] Bezüglich des letzteren wird in der Richtlinie in Erwägungsgrund 24 schlicht auf die EU-Empfehlung verwiesen.
[687] → § 107 Rn. 125 f.; BGHZ 83, 144 (148); BGHZ 122, 342 (355 ff.) – NJW 1993, 2307; speziell für den Prüfungsausschuss: *Warnke*, Prüfungsausschuss und Corporate Governance – Einrichtung, Organisation und Überwachungsaufgabe, 2010, 116; *Altmeppen* ZGR 2004, 390 (401); *Scheffler* ZGR 2003, 236 (259 f.); *Kersting* ZIP 2003, 2010 (2012); *Kersting* ZIP 2003, 233 (238); *Krause* WM 2003, 762 (770); *Schiessel* AG 2002, 593 (601).
[688] *Krause* WM 2003, 762 (770 f.); *Kirsten* BB 2004, 173; *Altmeppen* ZGR 2004, 390 (401 und 410); *Schiessel* AG 2002, 593 (601); *Schäfer* ZGR 2004, 416 (420); *Kersting* ZIP 2003, 233 (238 f.): börsenrechtliche Anforderungen können sachlicher Grund für Nichtberücksichtigung von Arbeitnehmern bei Ausschussbesetzung sein. Empirische Erkenntnisse zur Arbeitnehmerbeteiligung in Prüfungsausschüssen bei *Peemöller/Warncke* DB 2005, 401 (402): nur 7% sehen keine Arbeitnehmermitwirkung vor; → § 111 Rn. 51.
[689] So aber *Krause* WM 2003, 762 (771).

Ebenso wenig kann eine Besetzung des Ausschusses mit Arbeitnehmervertretern mit der Begründung verweigert werden, dass hierdurch die Mitbestimmung auf Grund der mit der Ausschussarbeit verbundenen Kenntniserlangung zusätzlicher teils sensitiver Unternehmensinformationen ausgeweitet würde.[690] Derartige Argumente verkennen, dass allein nach § 109 Abs. 2 ein Ausschluss der Aufsichtsratsmitglieder – gleich welcher Gruppe – möglich ist und grundsätzlich jedes Aufsichtsratsmitglied gleichberechtigt an den Informationen des gesamten Organs teilhaben darf.

Hinsichtlich der Besetzung des **Ausschussvorsitzes** des Prüfungsausschusses durch den Aufsichtsratsvorsitzenden hat der DCGK auch in der aktuellen Fassung nicht der vielfach in der Literatur geäußerten Kritik[691] nachgegeben und empfiehlt weiterhin die Trennung von Ausschuss- und Aufsichtsratsvorsitz: Nach der Empfehlung in Ziff. 5.3.2 Abs. 3 S. 3 DCGK soll der **Aufsichtsratsvorsitzende nicht zugleich Ausschussvorsitzender** des Prüfungsausschusses sein. Eine Nichtbefolgung ist gem. § 161 AktG zu erklären („comply or explain"). Diese Empfehlung wird jedoch zu Recht als nicht sachgerecht empfunden, da der Aufsichtsratsvorsitzende auf Grund seines ständigen Kontaktes zum Vorstand einen vertieften Einblick in die Vorgänge des Unternehmens besitzt.[692] Ziff. 5.3.2 Abs. 3 S. 1 DCGK empfiehlt für den **Ausschussvorsitzenden** neben seiner Unabhängigkeit (Ziff. 5.3.2 Abs. 3 S. 2DCGK) besondere Kenntnisse und Erfahrungen in der Anwendung von Rechnungslegungsgrundsätzen und internen Kontrollverfahren.[693] Ferner soll nach Ziff. 5.3.2 Abs. 3 S. 2 DGCK ein **ehemaliges Vorstandsmitglied, dessen Bestellung vor weniger als zwei Jahren endete,** nicht den Vorsitz im Ausschuss erhalten.[694] Dem ist im Gegensatz zu Stimmen im Schrifttum zuzustimmen: Nur eine längere **cooling-off-period,** etwa mehr als eine Aufsichtsratsamtsperiode, kann für das ehemalige Vorstandsmitglied wegen seiner ehemaligen Nähe zum vom ihm geführten Unternehmen Interessenkollisionen vermeiden.[695]

Hinsichtlich der **Mitgliederzahl** sehen weder Gesetz noch Kodex Vorgaben vor; damit eine effektive Arbeit möglich ist, sollte je nach den tatsächlichen Gegebenheiten als Höchstgrenze die Zahl von 6 Mitgliedern nicht überschritten werden.[696]

Der artverwandte **Finanzausschuss** befasst sich mit der Finanzplanung und der Bilanzierung der Gesellschaft,[697] insbesondere, indem er den Jahresabschluss einschließlich seiner Lageberichte vorprüft;[698] die abschließenden Entscheidungen und die eigentliche Prüfung obliegen jedoch zwingend als Kern der Überwachungstätigkeit dem Plenum gem. § 107 Abs. 3 S. 4.[699]

(2) Zusätzliche Anforderungen an Unternehmen von öffentlichem Interesse, Abs. 4. Vor Inkrafttreten des AReG verlangte § 107 Abs. 4 a.F. für börsennotierte bzw. kapitalmarktorientierte Gesellschaften im Sinne von § 264d HGB[700] zudem, dass mindestens ein Mitglied im Prüfungsausschuss ein **unabhängiger Finanzexperte** im Sinne des § 100 Abs. 5 a.F. war (→ § 100 Rn. 49).[701] Dieses Erfordernis hat der Gesetzgeber nunmehr mit Umsetzung von Art. 39 Abs. 5 der EU-Abschlussprüfer-RL aufgehoben; es genügt, dass alle Mitglieder des Prüfungsausschusses

---

[690] *Deckert* ZIP 1996, 987 (989 f.); *Ranzinger/Blies* AG 2001, 455 (461 f.); *Langenbucher/Blaum* DB 1994, 2197 (2201).

[691] Dazu KBLW/*Kremer* DCGK Rn. 1269; *Peltzer* Deutsche Corporate Governance Rn. 232; *E. Vetter* in Marsch-Barner/Schäfer Börsennotierte AG-HdB Rn. 28.36.

[692] *Scheffler* ZGR 2003, 236 (261); *Rössler,* Das Audit Committee als Überwachungsinstrument des Aufsichtsrats, 2001, 263; *Coenenberg/Reinhart/Schmitz* DB 1997, 989 (993): Verbesserung des Informationsflusses; aA *Peltzer* Deutsche Corporate Governance Rn. 232; *Altmeppen* ZGR 2004, 390 (405); Großkomm AktG/*Hopt/Roth* Rn. 457.

[693] *Lieder* NZG 2005, 569 (573 f.); *Kirschbaum* DB 2005, 1473; auch hierbei handelt es sich jeweils um „comply or explain"-Empfehlungen.

[694] Dazu KBLW/*Kremer* DCGK Rn. 1299; ähnlich wie der Kodex *Arbeitskreis „Externe und Interne Überwachung der Unternehmung" der Schmalenbach-Gesellschaft für Betriebswirtschaft e. V.,* Prüfungsausschüsse in deutschen Aktiengesellschaften Ziff. 34, abgedr. DB 2000, 2281: nicht mehrheitlich Mitglieder aus dem früherem Vorstand; kritisch *Schäfer* ZGR 2004, 416 (417 f.); Grigoleit/*Tomasic* Rn. 44; ebenfalls eine „comply or explain"-Empfehlung.

[695] S. auch *Altmeppen* ZGR 2004, 390 (404).

[696] Ähnlich *Altmeppen* ZGR 2004, 390 (404); KBLW/*Kremer* DCGK Rn. 1305 ff.; *Kort* AG 2008, 137 (140).

[697] Eingehend *Hommelhoff* BB 1981, 944 (947 f.).

[698] Teilweise werden Finanz- und Prüfungsausschuss auch synonym verwendet, der Aufgabenbereich bleibt indes gleich: MüKoAktG/*Habersack* Rn. 111 f.; Kölner Komm AktG/*Mertens/Cahn* Rn. 106.

[699] MüKoAktG/*Semler,* 2. Aufl. 2004, Rn. 266; aA *Möllers* ZIP 1995, 1725 (1733); *Hommelhoff* BB 1981, 944 (947 f.): umfassende Prüfung durch Bilanzausschuss und schriftliche Berichterstattung an übrige Ausschussmitglieder ist ausreichend.

[700] Hierzu zählen nicht nur die an der Börse mit ihren Aktien notierten Gesellschaften, sondern auch diejenigen, die etwa handelbare Schuldverschreibungen ausgegeben haben, etc. Näher dazu Baumbach/Hopt/*Merkt* HGB § 264d Rn. 1.

[701] Hierzu die BegrRegE BilMoG BT-Drs. 16/10067, 102.

gleichzeitig Mitglieder des Aufsichtsrats sind.[702] Für nicht am Kapitalmarkt tätige Gesellschaften bestand dagegen diese Pflicht schon zuvor nicht – jedoch bleibt der Aufsichtsrat verpflichtet, den Ausschuss mit sachkundigen Personen zu besetzen.

150a Das AReG, durch welches das Unabhängigkeitserfordernis gestrichen wurde, hat den persönlichen Anwendungsbereich des § 107 Abs. 4 nF erweitert. Fortan gelten die zusätzlichen Voraussetzungen für alle **Unternehmen von öffentlichem Interesse** (Public Interest Entities, PIE). Neben kapitalmarktorientierten Gesellschaften iSd. § 264d HGB fallen nun **auch CRR-Kreditinstitute** iSd. § 1 Abs. 3d S. 1 KWG mit Ausnahme der in § 2 Abs. 1 Nr. 1, 2 KWG genannten Institute und Versicherungsunternehmen iSd. Art. 2 Abs. 1 RL 91/674/EWG unter den Anwendungsbereich des Abs. 4. Dabei muss jedoch beachtet werden, dass auch für Unternehmen von öffentlichem Interesse – auch weiterhin **kein Einrichtungszwang** in Bezug auf den Prüfungsausschuss besteht. Die Voraussetzungen des Abs. 4 treffen die Gesellschaft nur dann, wenn tatsächlich ein Prüfungsausschuss eingerichtet wurde.

150b In § 107 Abs. 4 nF wird nun nicht mehr bloß auf den unabhängigen Finanzexperten Bezug genommen, sondern die **Besetzungsvorschriften des § 100 Abs. 5** insgesamt auch auf den Prüfungsausschuss übertragen. Dies wurde nötig, da fortan nicht nur ein Mitglied die Voraussetzungen des § 100 Abs. 5 aF erfüllen mus, sondern § 100 Abs. 5 nF nun auch die Besetzung der Gesamtheit des Aufsichtsrates – bzw. durch die Inbezugnahme in § 107 Abs. 4 der Gesamtheit des Prüfungsausschusses – regelt.[703]

150c Auch nach der Änderung durch das AReG ist dasjenige Aufsichtsratsmitglied, das über Sachverstand auf den Gebieten der Rechtnungslegung oder Abschlussprüfung verfügt (sog. **Finanzexperte,** → § 100 Rn. 53), aufgrund der Verweisung in § 107 Abs. 4 in den (gebildeten) Prüfungsausschuss zu entsenden. Insofern setzt Art. 39 Abs. 1 UAbs. 1 Abschlussprüfer-RL die bereits bestehende Tradition des § 107 Abs. 4, § 100 Abs. 5 aF fort. Dagegen hat der europäische Gesetzgeber von der ursprünglichen Forderung in Art. 31 Abs. 1 des ersten Entwurfs zur Abschlussprüfer-VO[704] nach einem zusätzlichen, ebenfalls mit Sachverstand im Bereich der Rechnungslegung und/oder Abschlussprüfung ausgestatteten Mitglied Abstand genommen; sofern nicht der Aufsichtsrat die Aufgaben des Prüfungsausschusses erfüllt, steht der Gesamtaufsichtsrat nicht mehr vor der schwierigen Herausforderung, den Prüfungsausschuss mit zwei fachlich qualifizierten Finanzexperten zu besetzen.

150d Auch wenn das Erfordernis eines zusätzlichen, zweiten Finanzexperten zu Gunsten der Aufsichtsräte im Laufe der Gesetzesentstehung fallen gelassen worden war, verlangt die Abschlussprüfer-RL in Art. 39 Abs. 1 UAbs. 3 gleichwohl von allen Mitgliedern ein **branchenspezifisches Grundverständnis** und formuliert somit, ungeachtet des nach Art. 39 Abs. 1 UAbs. 2 Abschlussprüfer-RL erforderlichen Finanzexperten, erstmals explizit fachliche Anforderungen an die restlichen Ausschussmitglieder. Jedoch stellt Art. 39 Abs. 1 UAbs. 3 Abschlussprüfer-RL einzig für Ausschussmitglieder das Erfordernis eines branchentypischen Know-Hows auf und schweigt über die fachlichen Anforderungen der Aufsichtsratsmitglieder für den Fall, dass der Aufsichtsrat von der Ausnahmeregelung des Art. 39 Abs. 4 Abschlussprüfer-RL Gebrauch macht, um der Einrichtungspflicht zu entgehen. Diesen Unwägbarkeiten ist der deutsche Gesetzgeber aus dem Weg gegangen, indem er die objektive Besetzungsregel der Sektorenkenntnis auf den Gesamtaufsichtsrat von Unternehmen von öffentlichem Interesse gem. § 100 Abs. 5 bezogen hat und dieses Erfordernis durch den Verweis in § 107 Abs. 4 lediglich auf den Prüfungsausschuss im Besonderen übertragen hat. Dadurch macht es der Verweis auf § 100 Abs. 5 in § 107 Abs. 4 neben dem Erfordernis der Berufung des sog. Finanzexperten in den Prüfungsausschuss notwendig, dass die Gesamtheit des Prüfungsausschusses mit dem Sektor vertraut sein muss, in dem die Gesellschaft tätig ist (sog. **Sektorkenntnis,** → § 100 Rn. 60 f.). Hierdurch soll die Kompetenz des Prüfungsausschusses gestärkt werden.[705] Dabei ist zwar nicht erforderlich, dass jedes einzelne Mitglied, sondern lediglich, dass alle Mitglieder in ihrer Gesamtheit über eine solche Kenntnis verfügen.[706] Dies entspricht auch der Konzeption des Aufsichtsrates und seiner Ausschüsse als Kollegialorgan, das gemeinsam fähig sein muss, die Aufgaben zu bewältigen.[707] Im

---

[702] BegrRegE AReG BT-Drs. 18/7219, 56; vertiefend *Schilha* ZIP 2016, 1316; *Bürkle* VersR 2016, 1145 (1145 f.); *Nodoushani* AG 2016, 381; *Hersch* VersR 2017, 257; *Pikó* WPg 2016, 1383 (1384); *Meyer/Mattheus*, DB 2016, 695 (695); *Kelm/Naumann* WPg 2016, 653 (654).

[703] Begr. RegE AReG, BT-Drs. 18/7219, 57.

[704] COM 2011(779) final.

[705] BegrRegE AReG BT-Drs. 18/7219, 56 f.; Erwägungsgrund 24 AbschlussprüferReform-RL.

[706] Ausführlich → § 100 Rn. 60a; vgl. auch *Schilha* ZIP 2016, 1316 (1322); *Nodoushani* AG 2016, 381 (385); *Merkt* ZHR 179 (2015), 601 (619); *Pikó* WPg 2016, 1383 (1384); *Hersch* VersR 2017, 257 (263); *Bürkle* VersR 2016, 1145 (1147); schwankend *Behme/Zickgraf* AG 2016, R 132 (R 134).

[707] *Dreher* FS Hoffmann-Becking, 2013, 313 (315 f.); MüKoAktG/*Habersack* § 116 Rn. 24, 28; GroßKomm AktG/*Hopt/Roth* § 116 Rn. 44; Kölner Komm AktG/*Mertens/Cahn* § 116 Rn. 5; *Leyens*, Information des Aufsichtsrats, 2006, 292.

Hinblick auf die Sektorenkenntnis als solche ist nicht erforderlich, das die Ausschussmitglieder bereits im Vorhinein praktische Erfahrungen im jeweiligen Sektor gesammelt haben, vielmehr ist auch denkbar, dass durch intensive Weiterbildungen etwa in Form von Schulungen, Veranstaltungen oder Tagungen über einen längeren Zeitraum diese Vertrautheit hergestellt werden kann.[708] Hier ist jedoch im Einzelfall anhand der Vorkenntnisse zu beurteilen, welche Wissensdefizite ausgeglichen werden müssen, um die insgesamt erforderliche Sektorkenntnis des Prüfungsausschusses zu gewährleisten.

Art. 39 Abs. 1 UAbs. 4 Abschlussprüfer-RL sieht in persönlicher Hinsicht vor, dass der ggf verpflichtend einzusetzende Prüfungsausschuss **mehrheitlich mit unabhängigen Aufsichtsratsmitgliedern** besetzt sein muss. Erwägungsgrund 24 Abschlussprüfer-RL hebt dieses Erfordernis hervor und bezieht sich dabei auf die Kommissionsempfehlung vom 25. Februar 2005.[709] Insofern reiht sich dieser Vorschlag in die Bemühungen einer verstärkten Etablierung von mit einer Mehrzahl unabhängiger Mitglieder besetzter Nominierungs-, Vergütungs- und Prüfungsausschüsse ein.[710] Gleichwohl nimmt Art. 39 Abs. 5 Abschlussprüfer-RL diesem aus deutscher Sicht regulatorischen Vorstoß teilweise wieder die Spitze, indem er den Mitgliedstaaten die Möglichkeit gewährt, den Prüfungsausschuss von den Unabhängigkeitsanforderungen zu befreien. Genau dies hat der deutsche Gesetzgeber im Rahmen des AReG durch Modifizierung des § 100 Abs. 5 getan, sodass der Prüfungsausschuss – genauso wie der Gesamtaufsichtsrat – nicht mehr mehrheitlich unabhängig besetzt sein muss (krit. → § 100 Rn. 59a).[711]

Art. 39 Abs. 1 UAbs. 4 S. 2 Hs. 2 Abschlussprüfer-RL sieht zudem grds. vor, dass der **Ausschussvorsitzende** zwingend unabhängig zu sein hat. Da jedoch der deutsche Gesetzgeber das Mitgliedstaatenwahlrecht gem. Art. 39 Abs. 5 Abschlussprüfer-RL hinsichtlich der Streichung des Unabhängigkeitserfordernis ausgeübt hat (→ Rn. 150e), entfällt in der Konsequenz auch die Voraussetzung der Besetzung des Ausschussvorsitzenden mit einem unabhängigen Aufsichtsratsmitglied. Zusätzlich ermöglicht es die Abschlussprüfer-RL den Mitgliedstaaten auch, den Ausschussvorsitzenden alljährlich von der Gesellschafter- bzw. Aktionärshauptversammlung der geprüften Gesellschaft wählen zu lassen, vgl. Art. 39 Abs. 1 UAbs. 4 S. 3 Abschlussprüfer-RL. Diese Wahlmöglichkeit durch die Aktionärsversammlung ist kritisch zu bewerten; verkürzt sie doch entscheidend die Fähigkeit des Gesamtaufsichtsrats, in pflichtgemäßer, aber freier Ermessensausübung selbst seine inneren Angelegenheiten regeln zu können (→ Rn. 110). Es erscheint zweifelhaft, ob die Übertragung dieser wesentlichen Personalkompetenz auf Kosten des Aufsichtsratsermessens geeignet ist, die Qualität der Abschlussprüfung zu stärken. Es steht vielmehr zu befürchten, dass institutionelle Investoren hierdurch in die Lage versetzt werden, sowohl die innere Ordnung des Aufsichtsrats als auch die Abschlussprüfung selbst zu beeinflussen. Die Kompetenzordnung der deutschen AG sieht allein die Wahl des Aufsichtsrates durch die Hauptversammlung vor; könnte diese den Ausschussvorsitzenden wählen und damit entscheidend in die innere Ordnung des Aufsichtsrats eingreifen, würde die gesetzlich fein ziselierte Kompetenzordnung Gefahr laufen, gesprengt zu werden. Einzig und allein dem Plenum sollte als sachnäherem Organ die Wahl über diese entscheidende Personalie vorbehalten sein. Angesichts dessen sollte der deutsche Gesetzgeber im Rahmen der Umsetzung von dem ihm zustehenden Ermessensspielraum Gebrauch machen und von dieser unnötigen Beschneidung der Aufsichtsratskompetenzen absehen. Da sich der deutsche Gesetzgeber indes der Möglichkeit aus Art. 39 Abs. 2 UAbs. 2 Abschlussprüfer-RL bedient hat, sodass der Aufsichtsrat eines Unternehmens von öffentlichem Interesse die Aufgaben des Prüfungsausschusses wahrnehmen kann,[712] und für Unternehmen, die keinen Aufsichts- oder Verwaltungsrat haben, § 324 Abs. 2 S. 1 HGB gilt,[713] bedurfte es keiner

---

[708] Begr. RegE AReG, BT-Drs. 18/7219, 56; *Redenius-Hövermann* WPg 2017, 349 (350); *Pikó* WPg 2016, 1383 (1385).
[709] So ausdrücklich Erwägungsgrund 24; vgl. auch *Hommelhoff* DB 2012, 389.
[710] S. hierzu auch Bericht der hochrangigen Gruppe von Experten auf dem Gebiet des Gesellschaftsrechts über moderne gesellschaftsrechtliche Rahmenbedingungen in Europa v 4.11.2002, abrufbar unter: http://ec.europa.eu/internal_market/company/docs/modern/report_de.pdf, zuletzt abgerufen am 16.3.2018; Europäische Kommission, Mitteilung an den Rat und das Europäische Parlament, Modernisierung des Gesellschaftsrechts und Verbesserung der Corporate Governance in der Europäischen Union – Aktionsplan, 21.5.2003, KOM (2003) 284 endg, abgedr in NZG 2003, Sonderbeil zu Heft 13; dazu *Habersack* NZG 2004, 1; *Bayer* BB 2004, 1 (5 ff.); *Hopt* ZIP 2005, 461 (463 ff.); *v. Hulle/Maul* ZGR 2005, 485 (486 ff.); kritisch *Lieder* NZG 2005, 569 (570).
[711] BegrRegE AReG BT-Drs. 18/7219, 56, wonach die institutionalisierte Trennung von Aufsichtsrat und Vorstand ausreiche, um den Anforderungen an die Unabhängigkeit zu genügen; vertiefend *Schilha* ZIP 2016, 1316; *Bürkle* VersR 2016, 1145 (1145 f.); *Nodoushani* AG 2016, 381: „Rolle rückwärts"; *Pikó* WPg 2016, 1383 (1384); *Hersch* VersR 2017, 257; *Redenius-Hövermann* WPg 2017, 349 (351); K. Schmidt/Lutter/*Drygala* § 100 Rn. 40 zum RegE AReG.
[712] BegrRegE AReG BT-Drs. 18/7219, 30.
[713] BegrRegE AReG BT-Drs. 18/7219, 47.

weiteren Umsetzung des Art. 39 Abs. 1 UAbs. 4 S. 3 ins deutsche Recht, sodass die aufgezeigte Thematik an Brisanz verliert.

151 **e) Sonstige Ausschüsse.** In Anbetracht des dem Aufsichtsrat in den Grenzen des § 107 Abs. 3 S. 2 AktG zustehenden Ermessensspielraums kann sich dieser für die sich nach der individuellen Gesellschaft(slage) richtenden Überwachungs- und Kontrollaufgaben der Ausschussbildung bedienen. Das Aufsichtsratsplenum kann bspw. einen Ausschuss mit der vorbereitenden Prüfung von Investitionsvorhaben, deren Vornahme nach § 111 Abs. 4 S. 2 AktG zustimmungsbedürftig sind, betrauen (sog. **Investitionsausschuss**).[714] **Kreditausschüsse** bieten Aufsichtsräte von Bankgesellschaften die Möglichkeit, Risiken des gesamten Kreditengagements sowie die Kreditvergabepolitik präventiv zu überwachen und ggf. sich über die Einhaltung von aufsichtsrechtlichen Kreditvergabeanforderungen zu vergewissern.[715] **Anlageausschüsse** können insbesondere bei Versicherungsgesellschaften und Hypothekenbanken zum Einsatz kommen, um die Anlagestrategie sowie -politik des Vorstandes zu kontrollieren und ggf diesem beratend zur Seite zu stehen.[716]

152 Darüber hinaus kann der Aufsichtsrat auf eine Vielzahl anderer Ausschussarten mit unterschiedlichen Zuständigkeiten zurückgreifen: **Sozialauschüsse**, im Falle von Übernahmeangeboten idR ad hoc eingesetzte **Übernahmeausschüsse**, **Strategieausschüsse** für sachlich begrenzte Themenfelder, spezielle **Complianceausschüsse** zur Überwachung des internen Compliance-Systems, **Ausschüsse für Aktienübertragungen** im Falle der Ausgabe vinkulierter Aktien,[717] sowie **Haftungsausschüsse** (sog. litigation comittees), deren Einsetzung mit unabhängigen Aufsichtsratsmitgliedern die haftungsrechtliche Absicherung der Aufsichtsratsmitglieder im Falle eines möglichen schwerwiegenden Fehlverhaltens durch den Vorstand bezwecken soll.[718]

153 **f) Aufsichtsratsausschüsse von Kreditinstituten gem. § 25d KWG.** Während dem § 107 Abs. 3 keine allgemeinen gesetzlichen Vorgaben hinsichtlich der Einrichtung und Organisation von Aufsichtsratsauschüssen entnommen werden können und dem Aufsichtsrat daher einen weiter Gestaltungsspielraum zugebilligt wird (Organisationsautonomie des Aufsichtsrats → Rn. 85 f.), stellt die Implementierung der besonderen, sektorspezifischen Vorgaben der CRD IV-Richtlinie[719] eine wesentliche Zäsur für Aufsichtsratsausschüsse von Kreditinstituten dar und kann als weiterer Baustein eines besonderen „Bankgesellschaftsrechts" gesehen werden.[720] § 25d Abs. 7 KWG nF sieht vor, dass der Aufsichtsrat eines Kreditinstituts in Abhängigkeit von der Größe, der internen Organisation und der Art, des Umfangs, der Komplexität und dem Risikogehalt der Geschäfte aus seiner Mitte die näher in den Abs. 8 bis 12 beschriebenen Ausschüsse einzurichten hat. Ausnahmsweise soll diese **grundsätzliche Einrichtungspflicht**, die durch die Möglichkeit eines von der BaFin angeordneten Einrichtungszwangs (§ 25d Abs. 7 S. 5 KWG) flankiert wird, laut Gesetzesbegründung nicht bestehen, wenn der Aufsichtsrat nicht mehr als 10 Mitglieder umfasst.[721] Darüber hinaus stellt Abs. 7 allgemeine Regeln für die Bildung von Risikoausschüssen (Abs. 8), Prüfungsausschüssen (Abs. 9), Nominierungsausschüssen (Abs. 11) sowie Vergütungskontrollausschüssen (Abs. 12) auf.[722] Die den jeweiligen Ausschusstyp betreffenden Organisationsvorgaben weisen eine besondere Regelungsdichte auf und zielen mittels klar definierter Aufgaben- und Zuständigkeitsbereiche auf die Überwachung besonders risikoträchtiger Themenkomplexe ab. Dem Bankaufsichtsrat wird das Überwachungsermessen für diese Fragestellungen de facto entzogen oder zumindest erheblich eingegrenzt. Als Bei-

---

[714] Kölner Komm AktG/*Mertens/Cahn* Rn. 112; MüKoAktG/*Habersack* Rn. 121; Großkomm AktG/*Hopt/Roth* Rn. 236.
[715] *Hrubesch* BB 2004, 725 (729); *Schwark* FS Canaris Bd. II, 2007, 389 (394 f., 400); Hölters/*Hambloch-Gesinn/Gesinn* Rn. 116; Kölner Komm AktG/*Mertens/Cahn* Rn. 112.
[716] Großkomm AktG/*Hopt/Roth* Rn. 236; Kölner Komm AktG/*Mertens/Cahn* Rn. 112.
[717] Hölters/*Hambloch-Gesinn/Gesinn* Rn. 117; MüKoAktG/*Habersack* Rn. 125.
[718] *Roth* ZGR 2012, 343, (360); *Roth* ZHR 175 (2011), 605, (615); *Freidank/Dürr/Sassen* BB 2013, 2283 empfehlen in personeller Hinsicht den Haftungsausschusses mit dem Financial Expert iSd § 100 Abs. 5 zu besetzen, um sich dessen besonderen Sachverstand für das aufsichtsratsbezogene Haftungscontrolling zu bedienen.
[719] Richtlinie 2013/36/EU des Europäischen Parlaments und des Rates vom 26.6.2013 über den Zugang zur Tätigkeit von Kreditinstituten und die Beaufsichtigung von Kreditinstituten und Wertpapierfirmen zur Änderung der Richtlinie 2002/87/EG und zur Aufhebung der Richtlinien 2006/48/EG und 2006/49/EG, ABl. EU 2013 L 176, 338.
[720] Zu den aufsichtsratsbezogenen Auswirkungen der CRD IV-Umsetzung: *Velte/Buchholz* ZBB 2013, 400 (401); *Brandi/Gieseler* NZG 2012, 1321; *Apfelbacher/Metzner* AG 2013, 773 (774); *Leyens/Schmidt* AG 2013, 533; *Langenbucher* ZHR 176 (2012), 652.
[721] S. BegrRegE, BT-Drs. 17/10974, 88; detailliert zu den Unterschieden von CRD IV und nationalem Umsetzungsgesetz: *Brandi/Gieseler* NZG 2012, 1321 (1328 ff.).
[722] S. BegrRegE, BT-Drs. 17/10974, 87 f.; zusammenfassend zu den einzelnen Ausschusstypen: *Velte/Buchholz* ZBB 2013, 400 (403 ff.); sowie *Langenbucher* ZHR 176 (2012), 652 (657 ff.); *Hönsch/Kaspar* AG 2014, 297.

spiele hierfür können insbesondere die weitreichenden Kompetenzen des Risikoausschusses gem. § 25d Abs. 8 KWG (insbesondere Überwachung der Vereinbarkeit von Kundenkonditionen mit Geschäftsmodell und Risikostruktur, § 25d Abs. 8 S. 4 KWG, sowie die Prüfung der Frage, ob die durch das Vergütungssystem gesetzten Anreize die Risiko-, Kapital- und Liquiditätsstruktur des Unternehmens berücksichtigen, vgl. § 25d Abs. 8 S. 5 KWG) sowie die des Vergütungskontrollausschusses gem. § 25d Abs. 12 KWG angeführt werden.

Ausgehend von der in § 25d Abs. 7 S. 1 KWG postulierten Beratungs- und Unterstützungsfunktion stellt sich die Frage, ob die in § 25d Abs. 3–12 KWG genannten Ausschüsse lediglich **vorbereitend** oder auch **endgültig beschließend** tätig werden können. Hierzu schweigen sowohl der Gesetzeswortlaut als auch die zugrunde liegenden Gesetzesmaterialien, so dass in Anlegung der allgemeinen Grundsätze (Delegationsverbote → Rn. 90) als Unterstützungshandlungen auch erledigende Ausschussbeschlüsse in Betracht kommen können. Da dem Gesetzeswortlaut des § 25d KWG diesbezüglich keine einheitliche Antwort entnommen werden kann (§ 25d Abs. 8 S. 10 KWG spricht von „Bestimmen" während § 25d Abs. 8 S. 2 Hs 1 KWG bloß eine „Beratung" fordert), ist im Einzelfall zu entscheiden, ob eine Aufgabe durch die in den Abs. 8–12 genannten Ausschüsse vorbereitend oder erledigend vorgenommen werden kann.[723] **154**

Im gleichen Maße beschränken die § 25d Abs. 7–12 KWG das Gestaltungsermessen des Plenums im Hinblick auf die **personelle Besetzung** der jeweiligen Ausschusstypen. Jedes einzelne Ausschussmitglied muss nach § 25d Abs. 7 S. 3 KWG die zur Erfüllung der jeweiligen Ausschussaufgaben erforderlichen Kenntnisse, Fähigkeiten und Erfahren besitzen. Bei isolierter Betrachtung stellt das Erfordernis nach **ausreichender persönlicher Qualifikation** kein besonderes Novum dar, sondern entspricht vielmehr dem in der Literatur herrschenden Eignungsprinzip. Die Verknüpfung gerade dieser Pflicht mit der Pflicht zur Einrichtung unterschiedlicher Ausschussarten mit klar umrissenen, hoch spezialisierten Kompetenzbereichen wird jedoch die Aufsichtsräte bei der Ausschussbesetzung vor nicht unerhebliche Probleme stellen. Zusätzlich kommt erschwerend die Forderung nach einer **personellen Verflechtung zwischen den besonderen Ausschussarten** hinzu, vgl. § 25d Abs. 7 S. 4 KWG: Mindestens ein Ausschussmitglied soll auch einem anderen Ausschuß angehören, um den fachlichen Austausch zu gewährleisten. Auf der anderen Seite sehen die Leitlinien der EBA vor, dass die Ausschüsse nicht personell identisch sein dürfen.[724] Die **EBA-Leitlinien** sehen darüber hinaus eine Reihe von weiteren Empfehlungen und Anforderungen vor,[725] wie etwa die Rotation der Vorsitzende der Ausschüsse und ihrer Mitglieder. Auch müssen die unabhängigen Mitglieder des Aufsichtsrats an den Ausschüssen beteiligt werden (EBA Nr. 46). Die Leitlinien versuchen zudem ausführlich in Nr. 91 Regelbeispiele für die Eignung bzw. **Unabhängigkeit** zu definieren, wobei zwischen Unvoreingenommenheit und Unabhängigkeit getrennt wird – was weitgehend den Empfehlungen der EU-Kommission (→ § 100 Rn. 54), aber nicht vollständig entspricht.[726] Auch die **Cooling-Off-Perioden** sind strenger als im sonstigen Aktienrecht geregelt. Das Kreditinstitut kann allerdings auch unabhängig von den Regelbeispielen die Unabhängigkeit darlegen.[727] Ferner verlangen die EBA-Leitlinien vom Aufsichtsrat bzw. den Ausschüssen die Erarbeitung von **vier** verschiedenen **Policies:**[728] eine Eignungs-Policy (suitability),[729] die Amtseinführungs- und Trainingspolicy (introduction and training),[730] eine Diversity-Policy[731] sowie eine Richtlinie über Interessenkonflikte.[732] **155**

Die zwingenden CRD IV-Vorgaben (sowie deren Umsetzung in Gestalt des § 25d KWG) stellen eine wesentliche **Abkehr** von den zunächst unverbindlichen, branchenübergreifend auf alle börsennotierten Gesellschaften bezogenen **Empfehlungen der Kommision** vom 15.2.2005 dar. Im gleichen Maße geht die nationale Umsetzung gerade in Bezug auf die Einrichtungspflicht[733] und den **156**

---

[723] Zutreffend *Apfelbacher/Metzner* AG 2013, 773 (779); *Velte/Buchholz* ZBB 2013, 400 (403); *Hönsch/Kaspar* AG 2014, 297 (300).
[724] Nr. 48 *Guidelines on Internal Governance under Directive 2013/36/EU* vom 26.9.2017, abrufbar unter: https://www.eba.europa.eu/documents/10180/1972987/Final+Guidelines+on+Internal+Governance+%28EBA-GL-2017-11%29.pdf/eb859955-614a-4afb-bdcd-aaa664994889.
[725] Ausführlich dazu *Henning/Gissing* AG 2018, 93 ff.; *Binder* ZGR 2018, 88 (115 ff.).
[726] Näher *Henning/Gissing* AG 2018, 93 (98); *Binder* ZGR 2018, 88 (105 f.).
[727] *Henning/Gissing* AG 2018, 93 (99).
[728] S. dazu auch *Henning/Gissing* AG 2018, 93 (101).
[729] Kapitel 13 EBA-Richtlinien.
[730] Kapitel 11 EBA-Richtlinien.
[731] Kapitel 12 EBA-Richtlinien.
[732] Rn. 84, 82b EBA-Richtlinien.
[733] Nach Ziff. 14.6 sollte der Aufsichtsrat unter Berücksichtigung der Größe und Komplexität des Instituts die Einrichtung von Fachausschüssen lediglich in Betracht ziehen, EBA-Leitlinien zur Internen Governance, GL 44, Ziff. 14.6. Abrufbar unter:https://www.eba.europa.eu/documents/10180/103861/EBA_2012_00210000_DE_COR.pdf, zuletzt abgerufen am 16.3.2018.

§ 108

persönlichen Anforderungen der Ausschussmitglieder[734] über die Leitlinien der EBA vom 27.9.2011 hinaus. Aus deutscher Sicht ist diese Betonung von Ausschüssen keineswegs selbstverständlich, erklärt sich aus europäischer Sicht aber im Hinblick auf das in zahlreichen Ländern vorherrschende monistische System, in welchem ein Zwang zur Ausschußbildung die Überwachungselemente stärkt.

VII. Delegation auf ein einzelnes Aufsichtsratsmitglied

157 Das AktG regelt nicht die Übertragung von Aufgaben auf ein einzelnes Aufsichtsratsmitglied, sondern lässt nur in § 111 Abs. 2 S. 2 erkennen, dass eine solche Delegation möglich ist.[735] Dem Aufsichtsratsmitglied können indes nur vorbereitende Tätigkeiten übertragen werden.[736] Der Aufsichtsrat muss aber den Handlungsspielraum des einzelnen Mitglieds begrenzen und darf ihm insbesondere nicht in einem Mantelbeschluss wesentliche Entscheidungen überlassen. Es bestehen gesteigerte Kontroll- und Organisationspflichten des Plenums, da im Gegensatz zur Lage bei den Ausschüssen keine wechselseitige Kontrolle durch die Mitglieder stattfindet.[737]

VIII. Europarechtliche Entwicklungen und Reformvorhaben

158 Die **Regierungskommission Corporate Governance** hatte über das TransPuG hinaus erwogen, ob die Entscheidungsbefugnisse von Aufsichtsratsausschüssen auf Personalangelegenheiten beschränkt werden sollen, diese Erwägung schließlich aber wegen der Notwendigkeit effizienter Aufgabenerledigung durch Ausschüsse verworfen.[738] Für Ausschüsse wurde angeregt, dass der Aufsichtsrat diese einrichten soll und sich entlasten muss, wenn er keine Delegation vornimmt.[739] Dies wird allerdings der Vielfalt der Aktiengesellschaften mit ihren höchst unterschiedlichen Gestaltungen ihrer Aufsichtsräte, insbesondere bei Familiengesellschaften, nicht gerecht;[740] allenfalls kann für börsennotierte Gesellschaften an eine entsprechende Soll-Vorschrift gedacht werden.

159 Detaillierte Vorstellungen über die Besetzung, Arbeitsweise und Tätigkeit dieser Ausschüsse äußert die EU-Kommission insbesondere in ihrer Empfehlung zu den Aufgaben von nicht geschäftsführenden Direktoren bzw. Aufsichtsratsmitgliedern.[741] Die europäischen Papiere tragen den nationalen Gegebenheiten insoweit Rechnung, als sie auf das Erfordernis einer ausschließlichen Besetzung der Ausschüsse mit unabhängigen Mitgliedern verzichten. Demnach können auch Arbeitnehmer, die auf Grund ihres Arbeitsverhältnisses mit der Gesellschaft nicht als unabhängig gelten können, an der Kontrolltätigkeit in den sensiblen und konfliktträchtigen Bereichen beteiligt werden.[742]

§ 108 Beschlußfassung des Aufsichtsrats

(1) Der Aufsichtsrat entscheidet durch Beschluß.

(2) ¹**Die Beschlußfähigkeit des Aufsichtsrats kann, soweit sie nicht gesetzlich geregelt ist, durch die Satzung bestimmt werden.** ²**Ist sie weder gesetzlich noch durch die Satzung geregelt, so ist der Aufsichtsrat nur beschlußfähig, wenn mindestens die Hälfte der Mitglieder, aus denen er nach Gesetz oder Satzung insgesamt zu bestehen hat, an der Beschlußfassung teilnimmt.** ³**In jedem Fall müssen mindestens drei Mitglieder an der Beschlußfassung teilnehmen.** ⁴**Der Beschlußfähigkeit steht nicht entgegen, daß dem Aufsichtsrat weniger Mitglieder als die durch Gesetz oder Satzung festgesetzte Zahl angehören, auch wenn das für seine Zusammensetzung maßgebende zahlenmäßige Verhältnis nicht gewahrt ist.**

---

[734] Nach Ziff. 14.7 sollte ein Fachausschuss lediglich über eine „optimale Mischung" aus Fachkenntnissen, Kompetenzen und Erfahrung verfügen, EBA-Leitlinien zur Internen Governance, GL 44, Ziff. 14.7.
[735] *Gittermann* in Semler/v. Schenck AR-HdB § 6 Rn. 28; Großkomm AktG/*Hopt/Roth* Rn. 452.
[736] AllgM, s. nur Hüffer/Koch/*Koch* Rn. 21; Kölner Komm AktG/*Mertens* Rn. 181; aA für das AktG 1937 noch *Frels* AG 1957, 9 und AG 1958, 232: auch Überweisung von Entscheidungsbefugnissen an einzelnes Aufsichtsratsmitglied zulässig.
[737] Kölner Komm AktG/*Mertens/Cahn* Rn. 181; Großkomm AktG/*Hopt/Roth* Rn. 452.
[738] *Baums*, Bericht der Regierungskommission „Corporate Governance" BT-Drs. 14/7515 Rn. 56.
[739] So *Möllers* ZIP 1995, 1725 (1731 f.); s. auch *Kleindiek* ZGR-Sonderheft 12/1994, 57 (61); anders *Lutter* AG 1994, 176 (177): gesetzlicher Zwang zur Einrichtung eines Personal-, Finanz- und Bilanzausschusses/Audit Committees bei „großen" Aufsichtsräten.
[740] *Götz* AG 1995, 337 (347), der aber Ausnahme für Bilanz- und Prüfungsausschüsse bei Gesellschaften einer gewissen Größenordnung macht; ablehnend auch *Kropff* ZGR-Sonderheft 12/1994, 3 (21).
[741] Empfehlung der Kommission vom 15.2.2005 zu den Aufgaben von nicht geschäftsführenden Direktoren/ Aufsichtsratsmitgliedern börsennotierter Gesellschaften sowie zu den Ausschüssen des Verwaltungs-/Aufsichtsrats, ABl. EG 2005 L 52, 51; dazu *Maul/Lanfermann* BB 2004, 1861; *Hopt* ZIP 2005, 461 (467 f.).
[742] Vgl. insb. Ziff. III 4.1 a) des Berichts der Hochrangigen Expertengruppe (Nachweis Großkomm AktG/ *Oetker* MitbestG § 27 Rn. 27); *Hopt* ZIP 2005, 461 (473); *Habersack* ZHR 168 (2004), 373 (376 f.).

(3) ¹Abwesende Aufsichtsratsmitglieder können dadurch an der Beschlußfassung des Aufsichtsrats und seiner Ausschüsse teilnehmen, daß sie schriftliche Stimmabgaben überreichen lassen. ²Die schriftlichen Stimmabgaben können durch andere Aufsichtsratsmitglieder überreicht werden. ³Sie können auch durch Personen, die nicht dem Aufsichtsrat angehören, übergeben werden, wenn diese nach § 109 Abs. 3 zur Teilnahme an der Sitzung berechtigt sind.

(4) Schriftliche, fernmündliche oder andere vergleichbare Formen der Beschlussfassung des Aufsichtsrats und seiner Ausschüsse sind vorbehaltlich einer näheren Regelung durch die Satzung oder eine Geschäftsordnung des Aufsichtsrats nur zulässig, wenn kein Mitglied diesem Verfahren widerspricht.

Schrifttum: *Axhausen,* Anfechtbarkeit aktienrechtlicher Aufsichtsratsbeschlüsse, 1986; *Baltzer,* Der Beschluß als rechtstechnisches Mittel organschaftlicher Funktion im Privatrecht, 1965; *Baums,* Der fehlerhafte Aufsichtsratsbeschluß, ZGR 1983, 300; *Böttcher,* Unzulässige Besetzung von Aufsichtsräten, NZG 2012, 809; *Busche,* Zur Rechtsnatur und Auslegung von Beschlüssen, FS Säcker, 2011, 45; *Busekist/Keuten,* Zur Einrichtung eines Compliance-Ausschusses im Aufsichtsrat, CCZ 2016, 119; *Cahn,* Die Vertretung der Aktiengesellschaft durch den Aufsichtsrat, FS Hoffmann-Becking, 2013, 247; *Deilmann,* Beschlussfassung im Aufsichtsrat: Beschlussfähigkeit und Mehrheitserfordernisse, BB 2012, 2191; *Dreher,* Interessenkonflikte bei Aufsichtsratsmitgliedern von Aktiengesellschaften, JZ 1990, 896; *Ernst,* Der Beschluss als Organakt, Liber Amicorum für D. Leenen, 2012, 1; *Feldmann,* Zulässigkeit von Satzungsbestimmungen zur Beschlußfähigkeit des mitbestimmten Aufsichtsrats, DB 1986, 29; *Fleischer,* Fehlerhafte Aufsichtsratsbeschlüsse: Rechtsdogmatik – Rechtsvergleichung – Rechtspolitik, DB 2013, 160 (Teil 1), 217 (Teil 2); *Fündling/Sorber,* Arbeitswelt 4.0 – Benötigt des BetrVG ein Update in Sachen digitalisierte Arbeitsweise des Betriebsrates?, NZA 2017, 552; *Goedecke,* NaStraG: Erster Schritt zur Öffnung des Aktienrechts für moderne Kommunikationstechniken, BB 2001, 369; *Götz,* Rechtsfolgen fehlerhafter Aufsichtsratsbeschlüsse – Analoge Anwendung der §§ 241 ff. AktG?, FS Lüke, 1997, 167; *Habersack,* Aktienrecht und Internet, ZHR 165 (2001), 172; *Happ,* Namensaktiengesetz – NaStraG oder: Der Einzug der Informationstechnologie in das Aktienrecht, WM 2000, 1795; *Heinsius,* Satzungsvorschriften über die Beschlußfähigkeit des Aufsichtsrats nach dem Mitbestimmungsgesetz, AG 1977, 281; *Hildebrandt,* Die telefonische Abstimmung im Aufsichtsrat, AG 1957, 5; *Hoffmann-Becking,* Schriftliche Beschlußfassung des Aufsichtsrats und schriftliche Stimmabgabe abwesender Aufsichtsratsmitglieder, Liber amicorum Happ, 2006, 81; *Hüffer,* Beschlußmängel im Aktienrecht und im Recht der GmbH – eine Bestandsaufnahme unter Berücksichtigung der Beschlüsse von Leitungs- und Überwachungsorganen, ZGR 2001, 833; *Jürgenmeyer,* Satzungsklauseln über qualifizierte Beschlussmehrheiten im Aufsichtsrat der Aktiengesellschaft, ZGR 2007, 112; *Keusch/Rotter,* Wirksamer Beschluß über einen Abberufungsantrag gem. §§ 103 Abs. 3, 108 AktG durch dreiköpfigen Aufsichtsrat?, NZG 2003, 671; *Kindl,* Analoge Anwendung der §§ 241 ff. AktG auf aktienrechtliche Beschlüsse, AG 1993, 153; *Kindl,* Die Teilnahme an der Aufsichtsratssitzung, Diss. Augsburg 1993; *Kindl,* Beschlußfassung des Aufsichtsrats und neue Medien – Zur Änderung des § 108 Abs. 4 AktG, ZHR 166 (2002), 335; *Knapp,* Die Entwicklung des Rechts des Aufsichtsrats im Jahr 2010, DStR 2011, 225; *Köhler,* Fehlerhafte Vorstandsverträge, NZG 2008, 161; *Lemke,* Der fehlerhafte Aufsichtsratsbeschluß, 1994; *Luther,* § 23 Abs. 5 AktG im Spannungsfeld von Gesetz, Satzung und Einzelentscheidungen der Organe der Aktiengesellschaft, FG Hengeler, 1972, 167; *Lutter,* Der Stimmbote, FS Duden, 1977, 269; *Matthießen,* Stimmrecht und Interessenkollision im Aufsichtsrat, 1989; *Mertens,* Stimmabgabe abwesender Aufsichtsratsmitglieder nach § 108 Abs. 3, AG 1977, 210; *Miettinen/Villeda,* Abstimmungsformen des Aufsichtsrats, AG 2007, 346; *Noack,* Fehlerhafte Beschlüsse in Gesellschaften und Vereinen, 1989; *Oetker,* Die zwingende Geschlechterquote für den Aufsichtsrat – vom historischen Schritt zur Kultivierung einer juristischen terra incognita, ZHR 179 (2015), 707; *Paefgen,* Struktur und Aufsichtsratsverfassung der mitbestimmten AG, Diss. Bielefeld 1981; *Peus,* Der Aufsichtsratsvorsitzende: Seine Rechtsstellung nach dem Aktiengesetz und dem Mitbestimmungsgesetz, Diss. Bochum, 1983; *Preusche,* Nochmals: Zur Zulässigkeit ergänzender Satzungsbestimmungen für die Beschlußfähigkeit des Aufsichtsrats mitbestimmter Aktiengesellschaften, AG 1980, 125; *Priester,* Beschlusswirkung fehlerhaft bestellter Aufsichtsratsmitglieder, GWR 2013, 175; *Priester,* Stimmverbot beim dreiköpfigen Aufsichtsrat, AG 2007, 190; *Raiser,* Satzungsvorschriften über Beschlußfähigkeit und Vertagung eines mitbestimmten Aufsichtsrats, NJW 1980, 209; *Reichard,* Gerichtliche Aufsichtsratsergänzung bei Beschlussboykott, AG 2012, 359; *Reichard/Kaubisch,* Sitzungsgeld für Telefon- und Videokonferenzen des Aufsichtsrats?, AG 2013, 150; *Riegger,* Die schriftliche Stimmabgabe, BB 1980, 130; *Säcker,* Die Anpassung der Satzung der Aktiengesellschaft an das Mitbestimmungsgesetz, DB 1977, 1791; *Säcker,* Zur Beschlußfähigkeit des mitbestimmten Aufsichtsrats, JZ 1980, 82; *Schmidt,* Videokonferenzen als Aufsichtsratssitzungen, 2012; *Schneider,* Interessenkonflikte im Aufsichtsrat, FS Goette, 2011, 475; *Schultz,* Die Behebung einzelner Mängel von Organisationsakten in Kapitalgesellschaften 1997; *Seibt,* Interessenkonflikte im Aufsichtsrat, FS Hopt, Band 1, 2010, 1363; *Simons,* Aufsichtsratssitzungen – Aufsichtsratsbeschlüsse – Sitzungsgeld, AG 2013, 547; *Stadler/Berner,* Die gerichtliche Abberufung von Aufsichtsratsmitgliedern im dreiköpfigen Aufsichtsrat – ein bisher ungelöstes Problem, NZG 2003, 49; *Thoelke,* Der erste Aufsichtsrat hat sich überlebt, AG 2014, 137; *Ulmer,* Stimmrechtsschranken für Aufsichtsratsmitglieder bei eigener Kandidatur zum Vorstand, NJW 1982, 2288; *Wagner,* Aufsichtsratssitzung in Form der Videokonferenz: gegenwärtiger Stand und mögliche Änderungen durch das Transparenz- und Publizitätsgesetz, NZG 2002, 57; *Wasse,* Die Internationalisierung des Aufsichtsrats – Herausforderungen in der Praxis, AG 2011, 685; *Weber,* Der Eintritt des Aktienrechts in das Zeitalter der elektronischen Medien – das NaStraG in seiner verabschiedeten Fassung, NZG 2001, 337; *Werner,* Vertagungsklauseln in den Satzungen mitbestimmter Aktiengesellschaften, AG 1979, 330; *Wilhelm,* Selbstwahl eines Aufsichtsratsmitglieds in den Vorstand, NJW 1983, 912.

Übersicht

	Rn.		Rn.
I. Überblick	1	a) Aktienrechtliche Grenzen	45
II. Entstehungsgeschichte	2–4	b) Klauseln bei mitbestimmten Gesellschaften	46–48
III. Entscheidung durch Beschlussfassung	5–36	c) Vertagungsklauseln	49, 50
1. Grundlagen	5–13	d) Ausschüsse	51
2. Verfahren der Beschlussfassung, insbesondere geheime Abstimmung	14–21	e) Beschlussunfähigkeit und Pflichten des Aufsichtsratsmitglieds	52
a) Grundlagen	14, 15	V. Schriftliche Stimmabgabe, Abs. 3	53–59
b) Antrag	16	VI. Beschlüsse ohne Sitzung, Abs. 4	60–67
c) Abstimmungsverfahren; geheime Abstimmung	17–21	VII. Fehlerhafte Aufsichtsratsbeschlüsse	68–85
3. Mehrheitserfordernis	22–24	1. Beschlussmängel	69–75
4. Stimmrecht, Stimmrechtsverbot und ungültige Stimmen	25–35	2. Geltendmachung	76–83
		a) Klageart	77, 78
a) Grundsätze des Stimmrechtsausschlusses	27, 28	b) Aktivlegitimation	79
b) Anwendungsfälle	29–31	c) Passivlegitimation	80
c) Mitbestimmte Gesellschaften	32	d) Frist	81, 82
d) Entsandte Aufsichtsratsmitglieder	33	e) Rechtskrafterstreckung	83
e) Auswirkungen	34, 35	3. Rechtsfolge des Mangels	84, 85
5. Feststellung des Beschlusses und des Abstimmungsergebnisses	36	VIII. Prozessuale Fragen	86–91
		1. Interorganstreit	86–90
		a) Geltendmachung von Befugnissen eines Organs gegenüber einem anderen	86–88
IV. Beschlussfähigkeit, Abs. 2	37–52	b) Geltendmachung von Befugnissen eines Organmitglieds gegenüber einem anderen Organ	89, 90
1. Gesetzliche Regel	37–44		
2. Regelungen in der Satzung	45–52	2. Intraorganstreit	91

I. Überblick

1 § 108 ist die zentrale Norm für Fragen im Zusammenhang mit der Fassung von Beschlüssen im Aufsichtsrat. Die Form, in der der Aufsichtsrat über Fragen entscheidet, ist der ausdrücklich gefasste Beschluss, § 108 Abs. 1.[1] Die Norm regelt zahlreiche, aber keineswegs abschließend alle Fragen im Zusammenhang mit dem Beschlussverfahren. Die in § 108 geregelten Voraussetzungen für eine Beschlussfassung des Aufsichtsrats gelten auch für Aufsichtsratsausschüsse.[2]

II. Entstehungsgeschichte

2 Das AktG 1937 enthielt verstreut einzelne Regelungen zur Beschlussfassung im Aufsichtsrat, § 89 Abs. 1 AktG 1937, § 92 Abs. 3 AktG 1937, § 93 Abs. 3 S. 2 AktG 1937, die das AktG 1965 in § 108 zusammenfasste. Die Regelung zur Beschlussfähigkeit nach § 108 Abs. 2 geht auf die Vorläufervorschrift des § 89 Abs. 1 AktG 1937 zurück, die im Wesentlichen erst 1957 zur Klärung von Streitfragen[3] zur Beteiligung der Arbeitnehmervertreter nach dem BetrVG 1952 eingefügt wurde.[4] Bis dahin enthielt das AktG 1937 keine Vorschrift zur Beschlussfähigkeit.

3 Die schriftliche Stimmabgabe ist gegenüber § 93 Abs. 3 AktG 1937 einerseits erleichtert worden, da nunmehr auch ohne Satzungsermächtigung die Bestellung eines Stimmboten für jedes Aufsichtsratsmitglied[5] möglich ist,[6] andererseits aber auch erschwert worden, da Dritte anders als in § 93 Abs. 3 S. 3 AktG 1937[7] nicht mehr generell ohne Satzungsermächtigung zur Teilnahme an der

---

[1] Zur Anpassung der Formerfordernisse an die Globalisierung, *Fündling/Sorber* NZA 2017, 552 (555 f.).
[2] MüKoAktG/*Habersack* Rn. 4; → § 107 Rn. 80 ff.
[3] So vertraten das BayObLG NJW 1954, 1001 f.; OLG Frankfurt a. M. NJW 1954, 1569 f. die Auffassung, dass bei Ausscheiden eines Aufsichtsratsmitglieds der Aufsichtsrat mangels ordnungsgemäßer Zusammensetzung nicht mehr beschlussfähig sei.
[4] Gesetz zur Änderung der Vorschriften des Aktienrechts und des Mitbestimmungsrechts vom 15.7.1957, BGBl. 1957 I 714; dazu *Auffarth* NJW 1957, 1702 ff.
[5] § 93 Abs. 3 S. 3 AktG 1937 sah noch ein Verbot der schriftlichen Stimmabgabe für den Aufsichtsratsvorsitzenden und dessen Stellvertreter vor, s. dazu *Schlegelberger/Quassowski* AktG 1937 § 93 Anm. 7 f.
[6] Zu § 93 Abs. 3 AktG 1937 s. *Schlegelberger/Quassowski* AktG 1937 § 93 Anm. 6 ff.
[7] Dazu *Schlegelberger/Quassowski* AktG 1937 § 93 Anm. 8.

Sitzung berechtigt sind und dort die Stimme des abwesenden Aufsichtsratsmitglieds übergeben dürfen.[8]

Die letzte Novellierung hat § 108 durch die Neufassung des § 108 Abs. 4 auf Grund von Art. 1 Nr. 7 NaStraG[9] erfahren, um moderne Kommunikationsmittel auch für Aufsichtsratssitzungen im Interesse der zunehmend international besetzten Aufsichtsräte besser einsetzen zu können.[10] Zuvor ließen sowohl § 92 Abs. 3 AktG 1937[11] als auch § 108 Abs. 4 aF die schriftliche, telegrafische oder fernmündliche Beschlussfassung nur zu, wenn kein Aufsichtsratsmitglied widersprach. Im Gegensatz zum alten Recht beschränkt das Gesetz nunmehr die Formen der Beschlussfassungen nicht, sondern ist technologieneutral gehalten; zugleich erlaubt es Satzung oder Geschäftsordnung, sich über den Widerspruch eines Aufsichtsratsmitglieds hinwegzusetzen. 4

III. Entscheidung durch Beschlussfassung

1. Grundlagen. Ein Beschluss muss nur gefasst werden, wenn der Aufsichtsrat eine Entscheidung 5 fällen will und daher ein Organwille gebildet werden muss.[12] Jede Willenserklärung auf Grund eines gemeinsam im Aufsichtsrat gebildeten Willens, dem durch Gesetz oder Satzung Rechtsfolgen zugewiesen werden, bedarf daher als Entscheidung eines Beschlusses.[13] Anwendungsfälle sind die Abgabe von Erklärungen für die AG, zB bei Bestellung oder Anstellung von Vorstandsmitgliedern[14] genauso wie bei der durch § 112 vorgeschriebenen Prozessführung gegenüber dem Vorstand,[15] oder als Organ, zB bei der Anforderung von Berichten oder der Zustimmung zu Maßnahmen des Vorstands nach § 111 Abs. 4. Aber auch jeder Antrag eines Aufsichtsratsmitglieds muss durch Beschluss entschieden werden, auch wenn er nur Teile oder Vorfragen einer Maßnahme betrifft.[16] Der Aufsichtsratsvorsitzende kann den Aufsichtsrat aber niemals in seiner Willensbildung, etwa gegenüber dem Vorstand, vertreten; die durch Beschluss erfolgende Willensbildung fehlt, wenn ein Mitglied alleine tätig wird.[17] Die Beschlussfassung über den Anstellungsvertrag kann einem einzelnen Aufsichtsratsmitglied nicht überlassen werden.[18] Möglich ist hingegen eine auf Grundlage eines bereits gefassten Beschlusses erfolgende Bevollmächtigung einzelner Mitglieder zur Vertretung, also zur Umsetzung der internen Willensbildung durch Abgabe von Willenserklärungen,[19] (§ 112) gegenüber dem Vorstand, die sonst der Aufsichtsrat als Gesamtorgan bzw. die den Beschluss tragende Mehrheit im Aufsichtsrat[20] wahrzunehmen hätte.[21] Zwar kann auch die Satzung eine entsprechende Vertretungsberechtigung des Aufsichtsratsvorsitzenden gegenüber Dritten enthalten, ob aber tatsächlich gerichtlich gegen die Vorstandsmitglieder vorgegangen werden soll, fällt in die Entschließungskompetenz des Aufsichtsrats; dementsprechend kann auch nicht die ohne entsprechende Willensbildung des Aufsichtsrats erfolgende Beauftragung eines Rechtsanwalts zur Einlegung einer Berufung in einem gegen Mitglieder des Vorstandes geführten Rechtsstreit wirksam erfolgen.[22] Eine die Vertretungsberechtigung des Vorsitzenden statuierende Satzungsbestimmung kann auch keine wirksame Einzelvertretungsmacht des Aufsichtsratsvorsitzenden dergestalt begründen, dass er die Gesellschaft wirksam vertreten könnte, ohne dass zuvor ein Beschluss gefasst wurde.[23]

Dabei kann die **interne Beschlussfassung** auch **zugleich** die diesen Beschluss **eigentlich** 6 **umsetzende Willenserklärung** enthalten, insbesondere wenn keine Umformulierung des Beschlussinhalts mehr nötig ist.[24] In diesen Fällen bedarf es nur noch der Bekanntgabe, zu der der

---

[8] S. auch MüKoAktG/*Habersack* Rn. 2.
[9] Gesetz zur Namensaktie und zur Erleichterung der Stimmrechtsausübung (NaStraG) vom 18.1.2001, BGBl. 2001 I 123.
[10] BegrRegE BT-Drs. 14/4051, 12; *Wagner* NZG 2002, 57; *Kindl* ZHR 166 (2002), 336.
[11] S. dazu noch *Hildebrandt* AG 1957, 5 f.
[12] AllgM, s. nur MüKoAktG/*Habersack* Rn. 8; Hüffer/Koch/*Koch* Rn. 2; K. Schmidt/Lutter/*Drygala* Rn. 2.
[13] MüKoAktG/*Habersack* Rn. 8; Hüffer/Koch/*Koch* Rn. 2.
[14] *Köhler* NZG 2008, 161 f.
[15] BGH AG 2013, 562 (564); BGH WM 2013, 467 (468).
[16] Hüffer/Koch/*Koch* Rn. 2; K. Schmidt/Lutter/*Drygala* Rn. 2; MüKoAktG/*Habersack* Rn. 9; s. auch Kölner Komm AktG/*Mertens/Cahn* Rn. 10.
[17] BGHZ 41, 282 (285); BGH WM 2013, 467 (468) Rn. 11; Hüffer/Koch/*Koch* Rn. 8; für den Aufsichtsrat einer Genossenschaft NJW-RR 2008, 1488 (1489).
[18] BGHZ 41, 282 (295).
[19] *Cahn* FS Hoffmann-Becking, 2013, 247 (249).
[20] *Cahn* FS Hoffmann-Becking, 2013, 247 (252).
[21] *Köhler* NZG 2008, 161 f.; aA *Drinhausen/Marsch-Barner* AG 2014, 337 (348 f.): Aufsichtsratsvorsitzender sei aufgrund seiner Stellung berechtigt.
[22] OLG Zweibrücken AG 2010, 918; zust. *Knapp* DStR 2011, 225 (227).
[23] LG München I NZG 2013, 260 (261).
[24] *Cahn* FS Hoffmann-Becking, 2013, 247 (252 f.).

Vorsitzende von Amts wegen berufen ist oder zu der man einen Boten einschaltet. Aber auch die Abgabe einer darauffolgenden Willenserklärung kann aus praktischen Gründen, etwa bei Abschluss eines Anstellungsvertrages, geboten sein, auch wenn dem Vertreter kein Spielraum bei der Willenserklärung eingeräumt ist. Der die Willenserklärung Abgebende handelt dann als Erklärungsvertreter. Da es hier nur noch um die Übermittlung der gesellschaftsinternen Entscheidungsfindung geht, ist es irrelevant, wer dem Adressaten das Ergebnis kundgibt, sodass dies auch ein organexterner Dritter tun kann.[25] Aber auch die anders gelagerte Situation, in der dem Vertreter ein gewisser Spielraum zukommt, ist zulässig und macht eine erneute Beschlussfassung des Gesamtaufsichtsrats über die ausgehandelten Konditionen überflüssig, wenn der Vertreter, der nur ein Aufsichtsratsmitglied sein darf, im Rahmen der Vertretungsmacht (Beschlussgrenzen) handelt.[26]

7 Schließlich ist ein Beschluss auch dann erforderlich, wenn der Aufsichtsrat sich zwar im Rahmen seiner Aufgaben nur **tatsächlich äußern** muss, etwa für die Gesellschaft gerichtlich oder außergerichtlich abzugebende Erklärungen oder Erklärungen gegenüber der Öffentlichkeit, hierfür aber eine Vorentscheidung im Aufsichtsrat nötig ist.[27] Die Äußerung selbst führt dann nur den Beschluss durch.[28]

8 **Keines Beschlusses** bedürfen dagegen die **tatsächlichen Handlungen** oder Stellungnahmen des Aufsichtsrats, insbesondere im Rahmen der Überwachung und Beratung des Vorstandes nach § 111 Abs. 1, da sie nicht auf Rechtsfolgen gerichtet sind.[29]

9 Der Beschluss ist **rechtsgeschäftlicher, mehrseitiger Akt sui generis**[30] **und kein Sozialakt**.[31,] Allerdings muss aus einem Willensmangel noch nicht die Anfechtbarkeit eines Beschlusses insgesamt folgen (→ Rn. 69 ff.). Ein Rechtsgeschäft vertraglichen Charakters liegt indes nicht vor, da keine Bindung der Aufsichtsratsmitglieder an den Beschluss durch korrespondierende Willenserklärungen, sondern durch die Mehrheit erreicht wird;[32] auch die überstimmten Aufsichtsratsmitglieder sind – anders als bei einem Vertrag – an den Beschluss rechtlich gebunden.[33] Dies ergibt sich auch aus der Geltung des organschaftlichen Prinzips, bei dem die tatsächliche Urheberschaft durch die beteiligten Aufsichtsratsmitglieder hinter die rechtliche Bewertung – Zurechnung zum Organ Aufsichtsrat – zurücktritt.[34]

10 Der Beschluss muss **ausdrücklich gefasst werden**,[35] nicht aber durch konkludentes Handeln, wenn er Rechtsfolgen herbeiführen will, um für die nötige Rechtssicherheit auch gegenüber dem Vorstand zu sorgen.[36] Die für einen Beschluss notwendigen Voraussetzungen wie Beschlussfähigkeit

---

[25] *Cahn* FS Hoffmann-Becking, 2013, 247 (254 f.); Hüffer/Koch/*Koch* § 112 Rn. 8.
[26] *Cahn* FS Hoffmann-Becking, 2013, 247 (255 ff.); Hüffer/Koch/*Koch* § 112 Rn. 8.
[27] Kölner Komm AktG/*Mertens/Cahn* Rn. 10; Grigoleit/*Tomasic* Rn. 3.
[28] Kölner Komm AktG/*Mertens/Cahn* Rn. 9.
[29] AllgM, Kölner Komm AktG/*Mertens/Cahn* Rn. 12; K. Schmidt/Lutter/*Drygala* Rn. 2.
[30] Ganz hM, Kölner Komm AktG/*Mertens/Cahn* Rn. 7; MüKoAktG/*Habersack* Rn. 11; Hüffer/Koch/*Koch* Rn. 3; K. Schmidt/Lutter/*Drygala* Rn. 3; *Axhausen*, Anfechtbarkeit aktienrechtlicher Aufsichtsratsbeschlüsse, 1986; 11 f.; *E. Vetter* in Marsch-Barner/Schäfer Börsennotierte AG-HdB Rn. 27.47; NK-AktG/*Breuer/Fraune* Rn. 3; Bürgers/Körber/*Israel* Rn. 2; Wachter/*Schick* Rn. 3; Hölters/Hambloch-Gesinn/*Gesinn* Rn. 3; eingehend *Baltzer*, Der Beschluß als rechtstechnisches Mittel organschaftlicher Funktion im Privatrecht, 1965, 42 ff.; *Lemke*, Der fehlerhafte Aufsichtsratsbeschluß, 1994, 59 ff.; Großkomm AktG/*Hopt/Roth* Rn. 12 sowie zu davon zu unterscheidenden Rechtsnatur der Abstimmung des einzelnen Aufsichtsratsmitglieds Großkomm AktG/*Hopt/Roth* Rn. 13; ausführlich *Busche* FS Säcker, 2011, 45 ff., insb. 52; aA *Ernst*, Liber Amicorum Leenen, 2012, 1 (39): einseitiger Rechtsakt.
[31] So noch BGHZ 52, 316 (318); s. dagegen BGHZ 124, 111 (122) = NJW 1994, 520: rechtsgeschäftlicher Charakter des Beschlusses, wenn gerichtet auf Begründung, Änderung oder Aufhebung sozial- oder individualrechtlicher Befugnisse oder Pflichten.
[32] Kölner Komm AktG/*Mertens/Cahn* Rn. 7.
[33] MüKoAktG/*Habersack* Rn. 11; Hüffer/Koch/*Koch* Rn. 3; zu den dogmatischen Grundlagen *Axhausen*, Anfechtbarkeit aktienrechtlicher Aufsichtsratsbeschlüsse, 1986, 11 f. (14 f.); *Baltzer*, Der Beschluß als rechtstechnisches Mittel organschaftlicher Funktion im Privatrecht, 1965, 42 ff.; *Ernst*, Liber Amicorum Leenen, 2012, 1 (25 f.).
[34] Ausführlich: *Baltzer*, Der Beschluß als rechtstechnisches Mittel organschaftlicher Funktion im Privatrecht, 1965, 91 ff.; *Lemke*, Der fehlerhafte Aufsichtsratsbeschluß, 1994, 59 f.
[35] BegrRegE *Kropff* S. 151 f.; BGHZ 10, 187 (194); BGHZ 41, 282 (286) = NJW 1964, 1367; BGHZ 47, 341 (343 ff.) = NJW 1967, 1711; BGH ZIP 2010, 1437 Rn. 14; BGH WM 2016, 327 Rn. 28; OLG Köln ZIP 1994, 1773 (1774); MüKoAktG/*Habersack* Rn. 12; Hüffer/Koch/*Koch* Rn. 1, 4; *Matthießen*, Stimmrecht und Interessenkollisionen im Aufsichtsrat, 1989, 215; K. Schmidt/Lutter/*Drygala* Rn. 4; NK-AktR/*Breuer/Fraune* Rn. 4; Lutter/Krieger/*Verse* Rechte und Pflichten des Aufsichtsrats Rn. 714.
[36] BGHZ 41, 282 (286) = NJW 1964, 1367; BGHZ 65, 190 = NJW 1976, 145 (195); BGH AG 1991, 398; BGH ZIP 2002, 216; BGH AG 2009, 327 (328); BGH AG 2010, 632 (633 f.); OLG Schleswig ZIP 2001, 71 (73); OLG Dresden ZIP 1999, 1632 (1634); OLG Köln ZIP 1994, 1773 (1774); Kölner Komm AktG/*Mertens/Cahn* Rn. 14; MüKoAktG/*Habersack* Rn. 12; Bürgers/Körber/*Israel* Rn. 2; *Baums* ZGR 1983, 300 (334 ff.); *Rellermeyer* ZGR 1993, 77 (101 f.); *Axhausen*, Anfechtbarkeit aktienrechtlicher Aufsichtsratsbeschlüsse, 1986, 41.

und Abstimmverhalten lassen sich bei konkludentem Verhalten nicht feststellen.[37] Dies gilt auch für Ausschüsse.[38] Das liegt für Fragen wie der Anstellung und Bestellung des Vorstandes, der Befreiung von einem Wettbewerbsverbot oder der Erteilung der Zustimmung zu einer Maßnahme des Vorstandes, die unter Zustimmungsvorbehalt nach § 111 Abs. 4 steht, auf der Hand.[39] Ebenso wenig kann der Aufsichtsrat konkludent einen Kredit an Vorstandsmitglieder gewähren.[40] Selbst wenn der gesamte Aufsichtsrat mit der ohne Beschluss abgegebenen Erklärung einverstanden sein sollte, ändert dies nichts daran, dass die Erklärung mangels Beschlusses nichtig ist.[41] Möglich ist aber eine Genehmigung durch einen weiteren Beschluss, dem im Wege der Auslegung ein entsprechender Inhalt zugebilligt werden kann.[42] Natürlich kann der Aufsichtsrat auch informell seine Auffassung zum Ausdruck bringen, doch erzeugt dies keine Rechtsfolgen.

Auch wenn der Beschluss ausdrücklich gefasst werden muss, können die Stimmenabgabe selbst **11** oder die Feststellung des Abstimmungsergebnisses konkludent erfolgen, zB durch einvernehmliches Klopfen als Zeichen der Zustimmung zu einem Antrag, solange der Beschlussinhalt ausdrücklich festgelegt ist.[43] Das Gebot der Rechtssicherheit und -klarheit wird davon nicht berührt.

Das Gebot der ausdrücklichen Beschlussfassung schließt nicht völlig aus, dass ein Beschluss des **12** Aufsichtsrats **ausgelegt** werden kann.[44] Für die Beschlussauslegung können auch sogar außerhalb des Beschlusstextes zum Ausdruck kommende Umstände einbezogen werden, nicht aber aus Gründen der Rechtssicherheit nicht geäußerte bloße Vorstellungen der Aufsichtsratsmitglieder.[45] Jedoch steht die Auslegung im Spannungsverhältnis zu dem hinter dem Erfordernis der ausdrücklichen Beschlussfassung stehenden Ziel der Rechtssicherheit und -klarheit, so dass bei der Annahme konkludenter Erklärungen im Rahmen eines Beschlusses sehr enge Grenzen zu ziehen sind, zB hinsichtlich des Beschlusses über die Bestellung eines Vorstandsmitglieds, der nicht per se auch den Beschluss über die Anstellung enthält.[46] Hier ist wegen der Trennung von Bestellung und Anstellung jeweils ein Aufsichtsratsbeschluss erforderlich; eine Folgerung von der Bestellung auf eine wirksame Anstellung ist ebenso unzulässig wie die Annahme eines konkludent abgeschlossenen Anstellungsvertrages neben der erfolgten Bestellung.[47]

Die Notwendigkeit, Rechtssicherheit durch ausdrückliche Beschlüsse zu schaffen, steht auch einer **13** **Rechtsscheinhaftung** des Aufsichtsrats entgegen, zumal Interessen des Rechtsverkehrs mangels Vertretungsmacht des Aufsichtsrats nicht berührt werden und der Vorstand sich über die Beschlüsse des Aufsichtsrats Gewissheit verschaffen kann.[48] Im Einzelfall kann allerdings ein Aufsichtsratsmitglied, das etwa Beschlüsse falsch übermittelt, zB bei Eilentscheidungen im Rahmen eines Zustimmungsvorbehalts, nach §§ 116, 93 haften.

2. Verfahren der Beschlussfassung, insbesondere geheime Abstimmung.

Schrifttum: *Meier*, Zulässigkeit geheimer Abstimmungen in GmbH-Aufsichtsräten, DStR 1996, 385; *Mertens*, Verfahrensfragen bei Personalentscheidungen des mitbestimmten Aufsichtsrats, ZGR 1983, 189; *Peus*, Geheime Abstimmung im Aufsichtsrat und Stimmabgabe des Vorsitzenden, DStR 1996, 1656; *U. H. Schneider*, Geheime Abstimmungen im Aufsichtsrat von Aktiengesellschaften?, FS R. Fischer, 1979, 727; *Ulmer*, Geheime Abstimmungen im Aufsichtsrat von Aktiengesellschaften, AG 1982, 300.

---

[37] AllgM, BGHZ 41, 282 (286) = NJW 1964, 1367; BGH NJW 1989, 1928 (1929); BGH AG 2010, 632 (634); OLG Frankfurt a. M. AG 2011, 790 (791); OLG Schleswig ZIP 2001, 71 (73); *Baums* ZGR 1983, 300 (334 ff.); K. Schmidt/Lutter/*Drygala* Rn. 4.
[38] BGH NJW 1989, 1928 (1929); Kölner Komm AktG/*Mertens/Cahn* Rn. 14; MüKoAktG/*Habersack* Rn. 12; → § 107 Rn. 102.
[39] BegrRegE *Kropff* S. 151 f.
[40] BGH AG 1991, 398 f.; Kölner Komm AktG/*Mertens/Cahn* Rn. 14.
[41] MüKoAktG/*Habersack* Rn. 12.
[42] BGH AG 2010, 632 (634); OLG München AG 2015, 402 = NZG 2015, 706.
[43] Kölner Komm AktG/*Mertens/Cahn* Rn. 14; zust. MüKoAktG/*Habersack* Rn. 13.
[44] BGH NJW 1989, 1928 (1929); BGH AG 2009, 327 (328); BGHZ 207, 190 = NJW 2016, 1236 Rn. 28; OLG München AG 2013, 136; OLG Schleswig ZIP 2001, 71 (73 f.); Kölner Komm AktG/*Mertens/Cahn* Rn. 15; MHdB AG/*Hoffmann-Becking* § 31 Rn. 65; MüKoAktG/*Habersack* Rn. 13; Hüffer/Koch/*Koch* Rn. 4; K. Schmidt/Lutter/*Drygala* Rn. 4; ausführlich *Busche* FS Säcker, 2011, 45 (53 ff.): Auslegung anhand eines objektiven Maßstabes.
[45] BGHZ 207, 190 = NJW 2016, 1236 Rn. 28; s. auch BGH NJW 1989, 1928; BGH ZIP 2002, 216 (217).
[46] OLG München AG 2013, 136; OLG Schleswig ZIP 2001, 71 (73); allg. Kölner Komm AktG/*Mertens/Cahn* Rn. 15.
[47] BGHZ 41, 282 (285) = NJW 1964, 1367; BGHZ 47, 341 (343) = NJW 1967, 1711; BGHZ 113, 237 (247 f.) = NJW 1991, 1727 – Verein; BGH WM 1991, 804 (808) – Verein; OLG Frankfurt AG 2011, 790 (791); OLG Schleswig ZIP 2001, 71 (73 f.); Hüffer/Koch/*Koch* § 84 Rn. 12, 27; aA wohl *Baums* ZGR 1993, 141 (144).
[48] MüKoAktG/*Habersack* Rn. 14; Kölner Komm AktG/*Mertens/Cahn* Rn. 16.

14 **a) Grundlagen.** Das Verfahren der Beschlussfassung ist im AktG nur zum Teil geregelt. Allgemein können Satzung und Geschäftsordnung ergänzende Bestimmungen für die Beschlussfassung vorsehen, sofern die zwingenden aktienrechtlichen Regelungen damit nicht konterkariert werden. Fehlen sowohl gesetzliche als auch satzungsrechtliche Regelungen können die Vorschriften des Vereinsrechts zur Lückenfüllung zumindest analog angewandt werden, hier vor allem über Beschlüsse des Vereinsvorstands.[49]

15 Über das Abstimmungsverfahren entscheidet der Sitzungsleiter, in der Regel der Aufsichtsratsvorsitzende, nach seinem pflichtgemäßen Ermessen (→ § 107 Rn. 47); die Mehrheit kann jedoch ein anderes Abstimmungsverfahren durch Mehrheitsbeschluss erzwingen.[50]

16 **b) Antrag.** Der Beschluss bezieht sich auf einen Antrag, der zur Diskussion gestellt und über den dann abgestimmt wird. Jedes Aufsichtsratsmitglied ist berechtigt, Anträge zu stellen, die sich auf einen Tagesordnungspunkt beziehen. Auch Verfahrensanträge (Anträge zur Geschäftsordnung oder zur Tagesordnung) können von jedem Mitglied gestellt werden, über die dann abgestimmt werden muss. Die Abstimmung über Anträge, die keinen Bezug zur Tagesordnung aufweisen, muss vom Aufsichtsratsvorsitzenden bei Widerspruch eines Aufsichtsratsmitglieds abgelehnt werden; nur wenn alle Teilnehmer anwesend sind und zustimmen, kann abw. von der Tagesordnung ein anderer Antrag behandelt und hierüber abgestimmt werden.[51] Ebenso wenig darf über einen Antrag abgestimmt werden, dessen Inhalt rechtswidrig wäre.[52] Die entsprechende Feststellung fällt in die Sitzungsleitungskompetenz des Aufsichtsratsvorsitzenden.

17 **c) Abstimmungsverfahren; geheime Abstimmung.** Nach hM entscheidet der Aufsichtsratsvorsitzende über die **Art der Abstimmung.** Die Entscheidung des Aufsichtsratsvorsitzenden kann durch die Mehrheit des Plenums geändert werden.[53] Als eine mögliche Abstimmungsvariante hält die überwiegende Meinung **geheime Abstimmungen** im Aufsichtsrat für zulässig,[54] da die Qualität der Entscheidungsfindung im Vordergrund stehe, zB um Gruppeneffekte zu vermeiden oder die Vertraulichkeit bei Personalentscheidungen zu wahren. Zudem werde die Verfolgung von Ersatzansprüchen und die Verteidigung gegen sie nicht zwingend beeinträchtigt;[55] denn auch die Aufsichtsratsmitglieder, die überstimmt wurden, sich der Stimme enthalten oder nicht an der Abstimmung teilgenommen haben, sollen für die fehlerfreie und sorgfältige Wahrnehmung der Aufsichtsratsaufgaben haften, so dass es auf die Zuordnung der abgegebenen Stimme zum jeweiligen Aufsichtsratsmitglied gar nicht ankomme; zu ihrer Exkulpation müssten die Aufsichtsratsmitglieder in diesen Fällen aktiv gegen die Maßnahme vorgehen.[56] Auch gehe die pflichtgemäße Stimmabgabe als Erfüllung einer Primärpflicht des Aufsichtsratsmitglieds der Beweissicherung zur Vermeidung der individuellen Haftung als bloßer Sekundärpflicht vor, was gegen das Haftungsargument spräche.[57] Jedem Aufsichtsratsmitglied stehe es zudem frei, sein Abstimmungsverhalten nach der geheimen Beschlussfassung offenzulegen, um sich gegen eine Inanspruchnahme zu schützen.[58] Auch handle es sich bei der möglichen Haftung von Aufsichtsratsmitgliedern um Grenzfälle, die ein die Funktionsfähigkeit des Aufsichtsrats sicherstellendes Verfahren nicht ausschließen könnten.[59]

---

[49] Kölner Komm AktG/*Mertens/Cahn* Rn. 17; MüKoAktG/*Habersack* Rn. 15; *Meilicke* FS W. Schmidt, 1959, 71 (77); *Axhausen*, Anfechtbarkeit aktienrechtlicher Aufsichtsratsbeschlüsse, 1986, 39; aA *Baums* ZGR 1983, 300 (305); *Lemke*, Der fehlerhafte Aufsichtsratsbeschluß, 1994, 81 ff., aber wohl nur bezogen auf die Anfechtung von Beschlüssen.
[50] Hüffer/Koch/*Koch* Rn. 5a.
[51] MüKoAktG/*Habersack* Rn. 17; K. Schmidt/Lutter/*Drygala* Rn. 7.
[52] Kölner Komm AktG/*Mertens/Cahn* Rn. 18; MüKoAktG/*Habersack* Rn. 17.
[53] Kölner Komm AktG/*Mertens/Cahn* Rn. 23; MHdB AG/*Hoffmann-Becking* § 31 Rn. 59; K. Schmidt/Lutter/*Drygala* Rn. 19; Bürgers/Körber/*Israel* Rn. 9; Hölters/Hambloch-Gesinn/*Gesinn* Rn. 15.
[54] *Lutter/Krieger/Verse* Rechte und Pflichten des Aufsichtsrats Rn. 722; UHH/*Ulmer/Habersack* MitbestG § 25 Rn. 26; MüKoAktG/*Habersack* Rn. 18; Hüffer/Koch/*Koch* Rn. 5; Grigoleit/*Tomasic* Rn. 9; Hölters/Hambloch-Gesinn/*Gesinn* Rn. 14; *U. H. Schneider* FS R. Fischer, 1979, 727 (734 ff.); *Ulmer* AG 1982, 300 (301 ff.); *Meier* DStR 1996, 385 (386); *Peus*, Der Aufsichtsratsvorsitzende: Seine Rechtsstellung nach dem Aktiengesetz und dem Mitbestimmungsgesetz, 1983, 120 ff.; *Peus* DStR 1996, 1656; Großkomm AktG/*Hopt/Roth* Rn. 40 ff. mit ausführlicher Diskussion; MHdB AG/*Hoffmann-Becking* § 31 Rn. 59.
[55] *Ulmer* AG 1982, 300 (302); *Peus* DStR 1996, 1656; zust. Hüffer/Koch/*Koch* Rn. 5; so auch K. Schmidt/Lutter/*Drygala* Rn. 20.
[56] → § 116 Rn. 41; MüKoAktG/*Habersack* Rn. 18; Scholz/*Schneider* GmbHG § 52 Rn. 427; UHH/*Ulmer/Habersack* MitbestG § 25 Rn. 26; *U. H. Schneider* FS R. Fischer, 1979, 727 (742); *Peus*, Der Aufsichtsratsvorsitzende: Seine Rechtsstellung nach dem Aktiengesetz und dem Mitbestimmungsgesetz, 1983, 122; *Ulmer* AG 1982, 300 (302); *Meier* DStR 1996, 385.
[57] *Peus*, Der Aufsichtsratsvorsitzende: Seine Rechtsstellung nach dem Aktiengesetz und dem Mitbestimmungsgesetz, 1983, 121 f.; *Peus* DStR 1996, 1656.
[58] K. Schmidt/Lutter/*Drygala* Rn. 20; *Ulmer* AG 1982, 300 (302).
[59] *U. H. Schneider* FS R. Fischer, 1979, 727 (742).

Folgt man der hM, kann es das Unternehmensinteresse gebieten, gerade bei Personalentscheidun- **18** gen eine geheime Abstimmung anzuordnen.[60] Neben einer Mehrheit im Aufsichtsrat soll auch eine **Minderheit von zwei Aufsichtsratsmitgliedern** eine geheime Abstimmung verlangen können, nicht jedoch ein einzelnes Mitglied.[61] Abgesehen davon, dass die Berufung auf § 90 Abs. 3 S. 2, § 110 Abs. 2[62] gerade auf Grund deren Änderungen dahingehend, dass auch das Verlangen eines Einzelnen genügt, fehlgeht, ist dem Gesetz ein derartiges Minderheitsrecht für verfahrensleitende Entscheidungen nicht zu entnehmen,[63] so dass es bei der Befugnis des Sitzungsleiters bzw. des Aufsichtsratsvorsitzenden vorbehaltlich einer abw. Mehrheitsentscheidung des Plenums bleibt. Auch bezüglich anderer sitzungsleitender Entscheidungen, zB Vertagungen, kommen entsprechende Einzelrechte nicht in Betracht (→ § 107 Rn. 48).

Gegen die hM, dass geheime Abstimmungsverfahren zulässig sind, bestehen indes nach wie vor **19** erhebliche **Zweifel:** Durch eine geheime Abstimmung wird das Abstimmverhalten des einzelnen Aufsichtsratsmitglieds verdeckt, das eine entscheidende Rolle für dessen individuelle Haftung spielt.[64] Stets könnte sich ein Aufsichtsratsmitglied auf die nicht feststellbare Tatsache berufen, dass es gegen einen Beschluss gestimmt habe;[65] es kann dann nicht gesamtschuldnerisch für den mehrheitlich gefassten Beschluss verantwortlich gemacht werden.[66] Dies lässt sich nur mit einer Offenlegung und Protokollierung des Abstimmverhaltens erreichen. Auch kann nicht darauf verwiesen werden, dass das Aufsichtsratsmitglied mehr tun müsse, als nur gegen einen Antrag zu stimmen, so dass es sich gerade bei geheimer Abstimmung zwangsläufig äußern müsse; denn wird vom Aufsichtsratsmitglied verlangt, einen Widerspruch zu Protokoll zu geben, ist letztlich die geheime Abstimmung aufgehoben, da doch das Stimmverhalten aufgedeckt würde. Nicht feststellen ließe sich zudem, ob das Aufsichtsratsmitglied zunächst in geheimer Abstimmung für die Annahme des Beschlusses votierte, um anschließend vom Vorverhalten abw. Widerspruch zu Protokoll zu erklären. Mit dem Hinweis auf die Möglichkeit der Aufdeckung des Abstimmungsverhaltens zur Vermeidung der Haftung wird die Geheimhaltung konterkariert. Stünde die Offenlegung des Abstimmungsverhaltens zudem jedem Aufsichtsratsmitglied zur Vermeidung der Haftung frei, wäre damit auch das Geheimhaltungsinteresse der anderen beeinträchtigt.[67] Die Diskussion und Abstimmung im Aufsichtsrat sollte vielmehr vom Prinzip der vertrauensvollen, sachbezogenen und offenen Auseinandersetzung geprägt sein.[68]

Wird dennoch eine geheime Abstimmung durchgeführt, führt dies bei fehlendem Widerspruch **20** eines Aufsichtsratsmitglieds gegen dieses Abstimmungsverfahren nicht zur Nichtigkeit, da alle Mitglieder auf die Einhaltung der Verfahrensvorschrift verzichtet haben.[69]

Bei **mitbestimmten Gesellschaften** müssen auf Grund des Zweitstimmrechts des Aufsichtsrats- **21** vorsitzenden diesem zwei Stimmkarten zugeteilt werden.[70] Bei Gesellschaften, in denen die Satzung ein Stichentscheidsrecht des Aufsichtsratsvorsitzenden vorschreibt (→ § 107 Rn. 49), muss für die richtige Stimmengewichtung die Stimme des Aufsichtsratsvorsitzenden offengelegt oder zumindest gekennzeichnet werden.[71]

3. Mehrheitserfordernis. Damit ein Beschluss zustande kommt, bedarf es entsprechend § 32 **22** Abs. 1 S. 3 BGB grundsätzlich der **einfachen Mehrheit** bzw. der Mehrheit der abgegebenen Stim-

---

[60] *Ulmer* AG 1982, 300 (304 f.); zust. Hüffer/Koch/*Koch* Rn. 5a.
[61] So *Ulmer* AG 1982, 300 (305 f.); UHH/*Ulmer/Habersack* MitbestG § 25 Rn. 26; aA Hüffer/Koch/*Koch* Rn. 5a; *Peus* DStR 1996, 1656 f. Verlangen eines Mitglieds ausreichend.
[62] So Hüffer/Koch/*Koch* Rn. 5a unter Verweis auf den – zum früheren Recht – geschriebenen Beitrag von *Ulmer* AG 1982, 300 (305 f.).
[63] S. auch Großkomm AktG/*Hopt/Roth* Rn. 43, der sich auch gegen eine Analogiebildung ausspricht, eine Regelung durch Satzung oder Geschäftsordnung aber für möglich hält.
[64] Zutr. Kölner Komm AktG/*Mertens/Cahn* Rn. 52; *Mertens* AG 1975, 245; *Mertens* ZGR 1983, 189 (206 ff.); UHL/*Heermann* § 52 Rn. 225; RVJ/*Raiser* MitbestG § 25 Rn. 21; Baumbach/Hueck/Zöllner/Noack GmbHG § 52 Rn. 208; WKS/*Schubert* MitbestG § 25 Rn. 55; MHdB ArbR/*Wißmann* § 282 Rn. 5; Köstler/Müller/Sick AR-Praxis Rn. 461; *Säcker/Theisen* AG 1980, 29 (40); GK-MitbestG/*Naendrup* § 25 Rn. 76; siehe dazu auch grundlegend *Spieker* AuR 1961, 209 (210 f.); offenbar auch Henssler/Strohn/*Henssler* Rn. 4.
[65] *Mertens* ZGR 1983, 189 (208): Gefahr von Falschangaben.
[66] So schon *Spieker* AuR 1961, 209 (211); ebenso *Mertens* ZGR 1983, 189 (208).
[67] *Mertens* ZGR 1983, 189 (208).
[68] So *Mertens* ZGR 1983, 189 (208 f.); Kölner Komm AktG/*Mertens/Cahn* Rn. 52; Großkomm GmbHG/*Raiser/Heermann* § 52 Rn. 225.
[69] Kölner Komm AktG/*Mertens/Cahn* Rn. 52, 94.
[70] *Peus* DStR 1996, 1657; zust. Hüffer/Koch/*Koch* Rn. 5a; MüKoAktG/*Habersack* Rn. 19.
[71] *Meier* DStR 1996, 385 (386); *Peus* DStR 1996, 1656 (1657); MüKoAktG/*Habersack* Rn. 19; Hüffer/Koch/*Koch* Rn. 5a.

men.⁷² Andere Mehrheiten werden teilweise vom Gesetz vorgesehen, insbesondere in mitbestimmten Gesellschaften.⁷³ So werden der Aufsichtsratsvorsitzende und sein Stellvertreter nach § 27 Abs. 1 MitbestG mit einer Mehrheit von zwei Dritteln der Mitglieder, aus denen der Aufsichtsrat insgesamt zu bestehen hat, gewählt (Sollstärke). Bei einem etwaigen zweiten Wahlgang wird der Aufsichtsratsvorsitzende durch die Aktionärsvertreter und der Stellvertreter durch die Arbeitnehmervertreter jeweils mit der Mehrheit der abgegebenen Stimmen bestimmt, § 27 Abs. 2 S. 2 MitbestG. Im Nachgang zu dieser Wahl wird jeweils ein Aufsichtsratsmitglied der Arbeitnehmer und eins der Anteilseigner mit der einfachen Mehrheit der abgegebenen Stimmen in den gem. § 27 Abs. 3 MitbestG zu bildenden Ausschuss gewählt. In mitbestimmten Gesellschaften ist im ersten Wahlgang für die Bestellung eines Vorstandsmitglieds eine Zwei-Drittel-Mehrheit der Stimmen der Mitglieder erforderlich (Ist-Stärke), § 31 Abs. 2 MitbestG. Bei einem zweiten Wahlgang wäre die Mehrheit der Stimmen der Mitglieder nötig (Ist-Stärke), § 31 Abs. 3 MitbestG. Beschlüsse nach § 32 MitbestG und § 15 MitbestErgG bedingen die Mehrheit der Stimmen der Aufsichtsratsmitglieder der Aktionäre. Hierbei kommt es nur auf die Stimmen der an der Abstimmung teilnehmenden Aufsichtsratsmitglieder an.⁷⁴ Gleiches gilt für den Wahlvorschlag in mitbestimmten Gesellschaften, § 124 Abs. 3 S. 5.

23 Die **Satzung** kann nur in den Fällen, in denen das Gesetz es zulässt, höhere Quoren für einen Aufsichtsratsbeschluss vorsehen,⁷⁵ insbesondere wenn erst die Satzung dem Aufsichtsrat eine Aufgabe überträgt.⁷⁶ Ausgeschlossen ist dagegen ein höheres Quorum als die einfache Mehrheit, wenn Selbstorganisationsprozesse des Aufsichtsrats in Rede stehen oder gesetzlich vorgesehene Beschlüsse, insbesondere für die Einrichtung eines Zustimmungsvorbehalts nach § 111 Abs. 4 S. 2.⁷⁷ Dann gilt, auch wenn im Gesetz selbst nicht ausdrücklich angeordnet, die einfache Mehrheit. Für die Beschlussfassung über die Zustimmung selbst kann indes die Satzung eine qualifizierte Mehrheit zumindest dann statuieren, sofern es sich um einen kraft Satzung eingerichteten Zustimmungsvorbehalt handelt, da diese Aufgabe insoweit dem Aufsichtsrat qua Satzung übertragen wird.⁷⁸

24 Die Mehrheit ist erreicht, wenn die Anzahl der gültigen Zustimmungen die der gültigen Ablehnungen um mindestens eine Stimme übertreffen. **Stimmenthaltungen** gelten entsprechend § 32 Abs. 1 S. 3 BGB nicht als Ablehnungen, sondern werden nicht mitgezählt.⁷⁹ Nur wenn ein bestimmter Beschluss geboten ist, kann die Stimmenthaltung eine Pflichtwidrigkeit des Aufsichtsratsmitglieds enthalten.⁸⁰ Allerdings soll die Satzung vorsehen können, dass die Stimmenthaltungen wie Ja- oder Nein-Stimmen zu werten sind.⁸¹ Bei **Stimmengleichheit** ist der Beschluss abgelehnt.⁸² Zum Stichentscheidsrecht durch Satzung → § 107 Rn. 49. Die Satzung kann bei nicht-mitbestimmten oder nach dem DrittelbG mitbestimmten Gesellschaften einen Losentscheid bei Stimmengleichheit vorsehen.⁸³

---

⁷² Kölner Komm AktG/*Mertens*/*Cahn* Rn. 57; MüKoAktG/*Habersack* Rn. 20; Hüffer/Koch/*Koch* Rn. 6; K. Schmidt/Lutter/*Drygala* Rn. 30; MHdB AG/*Hoffmann-Becking* § 31 Rn. 66; NK-AktR/*Breuer*/*Fraune* Rn. 7; Wilsing/von der Linde DStR 2015, 1980 (1981); zur Beschlussfähigkeit → Rn. 36 ff.
⁷³ *Deilmann* BB 2012, 2191 (2195); Kölner Komm AktG/*Mertens*/*Cahn* Rn. 58.
⁷⁴ Kölner Komm AktG/*Mertens*/*Cahn* Rn. 58; aA Ist-Stärke: *Deilmann* BB 2012, 2191 (2195) mwN, der diese Ansicht als hM bezeichnet.
⁷⁵ In diesem Sinne wohl auch Großkomm AktG/*Hopt*/*Roth* Rn. 34; sowie K. Schmidt/Lutter/*Drygala* Rn. 31; ebenso Bürgers/Körber/*Israel* Rn. 10; siehe vertiefend auch *Jürgenmeyer* ZGR 2007, 112 (118 ff.).
⁷⁶ Hüffer/Koch/*Koch* Rn. 8; MüKoAktG/*Habersack* Rn. 24; Kölner Komm AktG/*Mertens*/*Cahn* Rn. 62; MHdB AG/*Hoffmann-Becking* § 31 Rn. 69.
⁷⁷ MüKoAktG/*Habersack* Rn. 24; Kölner Komm AktG/*Mertens*/*Cahn* Rn. 62; Hüffer/Koch/*Koch* Rn. 8; Großkomm AktG/*Hopt*/*Roth* Rn. 36; MHdB AG/*Hoffmann-Becking* § 31 Rn. 69; → § 111 Rn. 75; aA *Jüngermeyer* ZGR 2007, 112 (141), der hierdurch keine Befugnisse des Aufsichtsrats eingeschränkt sieht.
⁷⁸ Wie hier Großkomm AktG/*Hopt*/*Roth* Rn. 37; MHdB AG/*Hoffmann-Becking* § 31 Rn. 69; *E. Vetter* in Marsch-Barner/Schäfer Börsennotierte AG-HdB Rn. 27.58; *Jüngermeyer* ZGR 2007, 112 (141 f.); wohl auch Hüffer/Koch/*Koch* Rn. 8; aA Kölner Komm AktG/*Mertens*/*Cahn* Rn. 62.
⁷⁹ BGHZ 83, 35 (36 f.) = NJW 1982, 1585 (für § 32 BGB); Kölner Komm AktG/*Mertens*/*Cahn* Rn. 59; MüKoAktG/*Habersack* Rn. 20; Hüffer/Koch/*Koch* Rn. 6; Hölters/Hambloch-Gesinn/*Gesinn* Rn. 23; MHdB AG/*Hoffmann-Becking* § 31 Rn. 66; UHH/*Habersack* MitbestG § 29 Rn. 6; anderes gilt für die Ermittlung der Beschlussfähigkeit, → Rn. 36.
⁸⁰ → § 116 Rn. 34; Kölner Komm AktG/*Mertens*/*Cahn* Rn. 59, § 116 Rn. 25; aA MüKoAktG/*Habersack* § 116 Rn. 31, § 100 Rn. 71.
⁸¹ So Lutter/Krieger/*Verse* Rechte und Pflichten des Aufsichtsrats 733 f.; MüKoAktG/*Habersack* Rn. 25; Kölner Komm AktG/*Mertens*/*Cahn* Rn. 60; → § 107 Rn. 23; zweifelnd wegen Abweichung vom Prinzip der einfachen Mehrheit Hüffer/Koch/*Koch* Rn. 8; aaK K. Schmidt/Lutter/*Drygala* Rn. 32; UHH/*Habersack* MitbestG § 29 Rn. 6 für mitbestimmte Gesellschaften; zur Bewertung der Enthaltung bei Stimmrechtsausschluss → Rn. 33.
⁸² Hüffer/Koch/*Koch* Rn. 6; MüKoAktG/*Habersack* Rn. 25; zu den abw. Gestaltungsmöglichkeiten durch Satzung etc. siehe ausführlich Großkomm AktG/*Hopt*/*Roth* Rn. 33.
⁸³ Auch bei nach DrittelbG mitbestimmtem Aufsichtsrat zulässig: MüKoAktG/*Habersack* Rn. 25 Kölner Komm AktG/*Mertens*/*Cahn* Rn. 61.

4. Stimmrecht, Stimmrechtsverbot und ungültige Stimmen. Jedem Aufsichtsratsmitglied 25 steht das **gleiche Stimmrecht** zu, Mehrfachstimmrechte oder Vetorechte lässt das Gesetz – mit Ausnahme des Aufsichtsratsvorsitzenden – nicht zu, auch nicht durch Satzung.[84]

Die Stimme muss bei der Abstimmung abgegeben werden, eine **nachträgliche Stimmabgabe** 26 **ist grundsätzlich unwirksam. Bedenken bestehen deswegen, weil das Aufsichtsratsmitglied nun in Kenntnis der vorherigen Abstimmung seine Stimme abgeben könnte.** Etwas anderes gilt dann, wenn ein einstimmiger Beschluss des Aufsichtsrats den nicht anwesenden Aufsichtsratsmitgliedern diese Möglichkeit über den Weg des § 108 Abs. 3 eröffnet, sofern nicht Satzung oder Geschäftsordnung dieses Vorgehen verbieten.[85]

a) Grundsätze des Stimmrechtsausschlusses. Eine spezifisch aktienrechtliche Regelung zum 27 **Stimmrechtsausschluss** von Aufsichtsratsmitgliedern wegen Interessenkollision besteht anerkanntermaßen nicht.[86] Im Deutschen Corporate Governance Kodex finden sich unter Ziff. 5.5 DCGK. lediglich Regelungen im Vorfeld der Beschlussfassung, die die Aufsichtsratsmitglieder präventiv zur Offenlegung von Interessenkonflikten anhalten, Ziff. 5.5.2 DCGK. Zusätzlich soll nach Ziff. 5.5.3 DCGK der Aufsichtsrat in seinem Bericht an die Hauptversammlung über aufgetretene Interessenkonflikte und deren Behandlung informieren. Welche Auswirkungen der offengelegte Sachverhalt hat, ist vom Aufsichtsratsvorsitzenden zu prüfen; ob das Aufsichtsratsmitglied einem Stimmverbot unterliegt, ergibt sich nicht aus dem Kodex, sondern aus allgemeinen Rechtsgrundsätzen.[87] Da es sich bei einer Abstimmung um einen körperschaftlichen, rechtsgeschäftlichen Akt handelt, ist für Stimmrechtsausschlüsse § 34 BGB entsprechend anwendbar,[88] nicht jedoch § 181 BGB[89] oder § 136 AktG.[90] Denn anders als § 181 BGB bezieht sich § 34 BGB explizit auf Beschlüsse von Gesellschaftsorganen auch über Rechtsgeschäfte, so dass die spezifische Interessenkollisionslage besser erfasst wird.[91] Tatbestand wie Rechtsfolge des § 181 BGB sind nicht auf die Konstellation bei Abstimmungen in Gesellschaftsorganen wie im Aufsichtsrat zugeschnitten.[92] § 34 BGB weist die größeren Berührungspunkte zu dem hier fraglichen Bereich auf.[93] § 136 AktG scheidet wiederum aus, weil er nur im Hinblick auf Beschlüsse über die Entlastung des Stimmberechtigten oder seiner Befreiung von einer Verbindlichkeit eingreift.[94] § 136 AktG enthält gerade kein Stimmverbot für Beschlüsse über Rechtsgeschäfte der Gesellschaft mit dem Stimmberechtigten oder über Insichgeschäfte.[95]

Zwar wird **gegen die Anwendung des Stimmrechtsausschlusses** geltend gemacht, dass 28 eine automatische Entscheidungsblockade in Fällen des gesetzlich vorgesehenen Grundtyps eines dreiköpfigen Aufsichtsrats bestehe, § 95 Abs. 1 S. 1, § 108 Abs. 2 S. 3. Es bestehe keine durch Analogie auszufüllende Lücke, sondern das Fehlen sei als legislative Grundentscheidung gegen formale Stimmverbote im Aufsichtsrat zu verstehen; etwaige Interessenkonflikte seien auszutragen,[96] wobei die Verpflichtung des persönlich betroffenen Aufsichtsratsmitglieds auf das Unter-

---

[84] AllgM, MüKoAktG/*Habersack* Rn. 28; Hüffer/Koch/*Koch* Rn. 9; *Matthießen*, Stimmrecht und Interessenkollisionen im Aufsichtsrat, 1989, 218.

[85] Kölner Komm AktG/*Mertens/Cahn* Rn. 24.

[86] BayObLG AG 2003, 427 (428) = BayObLGZ 2003, 89 (92); Lutter/Krieger/*Verse* Rechte und Pflichten des Aufsichtsrats Rn. 731; Kölner Komm AktG/*Mertens/Cahn* Rn. 65; Bürgers/Körber/*Israel* Rn. 11; *K. Schmidt* GesR § 28 III 4 a; *Ulmer* NJW 1982, 2288 (2289); *Dreher* JZ 1990, 896 (898); *Stadler/Berner* NZG 2003, 49 (50); *Keusch/Rotter* NZG 2003, 671 (672).

[87] Zum Verhältnis der Regelungen von Interessenkonflikten im DCGK zur Beschlussfassung nach § 108 s. KBLW/*Kremer* DCGK Rn. 1470; sowie *Peltzer* Deutsche Corporate Governance Rn. 317.

[88] BayObLG AG 2003, 427 (428) = BayObLGZ 2003, 89 (92); Lutter/Krieger/*Verse* Rechte und Pflichten des Aufsichtsrats Rn. 730; MHdB AG/*Hoffmann-Becking* § 31 Rn. 21; Hüffer/Koch/*Koch* Rn. 9; K. Schmidt/Lutter/*Drygala* Rn. 16; MüKoAktG/*Habersack* Rn. 29; Großkomm AktG/*Hopt/Roth* Rn. 54; Kölner Komm AktG/*Mertens/Cahn* Rn. 65; *v. Schenck* in Semler/v. Schenck AR-HdB § 5 Rn. 127; *Schneider* FS Goette, 2011, 475 (482); *Ulmer* NJW 1982, 2288 (2289); *Lemke*, Der fehlerhafte Aufsichtsratsbeschluß, 1994, 139; *Jäger* NZG 2003, 1033 (1036); *E. Vetter* in Marsch-Barner/Schäfer Börsennotierte AG-HdB Rn. 27.61; NK-AktR/*Breuer/Fraune* Rn. 10.

[89] So aber *Wilhelm* NJW 1983, 912 (913) bei Selbstwahl eines Aufsichtsratsmitglieds in den Vorstand.

[90] Dagegen auch K. Schmidt/Lutter/*Drygala* Rn. 16.

[91] Anders *Meilicke* FS Schmidt, 1959, 71 (85 f.): §§ 34, 181 BGB als Ausfluss eines allgemeinen Grundsatzes; *Ulmer* NJW 1982, 2288 (2293): Ergebnisse identisch; s. auch *Wilhelm* NJW 1983, 912 (913), der § 181 BGB dem § 34 BGB weitgehend gleichstellt.

[92] *Matthießen*, Stimmrecht und Interessenkollisionen im Aufsichtsrat, 1989, 62; *Dreher* JZ 1990, 896 (902) (Fn. 75).

[93] Umfassend *Hübner*, Interessenkollision und Vertretungsmacht, 1977, 265 ff. (285).

[94] MHdB AG/*Hoffmann-Becking* § 39 Rn. 41, keine Analogiefähigkeit wegen Ausnahmecharakter des § 136.

[95] *Ulmer* NJW 1982, 2288 (2289); *Stadler/Berner* NZG 2003, 49 (50); aA wohl *Behr* AG 1984, 281 (284 f.): keine Notwendigkeit von Stimmrechtsausschlüssen.

[96] *Behr* AG 1984, 281 (285).

nehmensinteresse ausreiche,[97] ebenso wie die im AktG bereits vorgesehenen präventiven, Interessenkollisionen vermeidenden §§ 112, 88 sowie die strikte Funktionentrennung.[98] Insbesondere bei Rechtsgeschäften sei kein Stimmverbot notwendig, weil der Aufsichtsrat den Vorstand nicht verbindlich anweisen könne, diese Geschäfte abzuschließen.[99] Dagegen spricht, dass es sich bei dem Fehlen einer Stimmverbotsregelung für den Aufsichtsrat nicht um eine bewusste und vom Gesetzgeber gewollte Regelungslücke handelt. Vielmehr war die Notwendigkeit einer solchen Regelung dem Gesetzgeber nicht ersichtlich.[100] Der bloße Verweis auf eine strikte Funktionentrennung und die Verpflichtung auf das Unternehmensinteresse reicht angesichts dessen Unbestimmtheit nicht, um eine adäquate Sicherung gegen die Verfolgung von Eigeninteressen durch die Aufsichtsratsmitglieder zu erreichen.[101] Schon die Gefahr der Verfolgung eigener Interessen soll durch ein Stimmverbot ausgeschlossen werden.[102] Besteht ein satzungsmäßiger Zustimmungsvorbehalt nach § 111 Abs. 4 S. 2, erhält die Zustimmung durch den Aufsichtsrat einen weisungsähnlichen Charakter. Der Vorstand wird sich in diesen Fällen für verpflichtet halten, das zustimmungsbedürftige Geschäft durchzuführen, wenn schon der Aufsichtsrat als Überwachungsorgan seine Zustimmung erteilt hat. Schließlich droht keine Entscheidungsblockade, wenn man das dem Stimmverbot unterfallende Aufsichtsratsmitglied für verpflichtet hält, sich an der Beschlussfassung im dreiköpfigen Aufsichtsrat mit einer Stimmenthaltung zu beteiligen (→ Rn. 33, 39). Die besseren Gründe sprechen daher für die Anerkennung von Stimmverboten im Aufsichtsrat.

29 **b) Anwendungsfälle.** Der **Stimmrechtsausschluss greift ein,** wenn der Beschluss auf die Vornahme eines Rechtsgeschäfts oder die Einleitung bzw. Erledigung eines Rechtsstreits zwischen der Gesellschaft und dem Aufsichtsratsmitglied gerichtet ist.[103] Eine unmittelbare Betroffenheit[104] des Aufsichtsratsmitglieds – und damit ein Stimmrechtsausschluss – wird auch dann vermutet, wenn auf beiden Seiten zweier Gesellschaften dasselbe Organmitglied handelt; dies aber nur, wenn neben der Personenidentität auch nahezu vollständige Übereinstimmung der Interessen besteht, etwa bei Beherrschung der juristischen Person oder **wirtschaftlicher Identität.**[105] Ferner darf das Aufsichtsratsmitglied nicht in eigener Sache richten.[106] Davon unberührt soll indes die Abstimmung über die Stellungnahme zu einem Antrag auf die **gerichtliche Bestellung von Sonderprüfern** sein, wenn damit auch die Prüfung eigenen Fehlverhaltens verbunden ist.[107] Hiergegen bestehen erhebliche Zweifel, da die Stellungnahme des Aufsichtsrats durchaus Gewicht haben kann. Kein Fall des Stimmrechtsausschluss ist zudem die Teilnahme an einem Beschluss zur Genehmigung der Prozessführung in einem Verfahren über die Abberufung eines Vorstandsmitglieds, wenn das betroffene Aufsichtsratsmitglied zuvor gegen die Abberufung gestimmt hatte. Das Mitglied ist nach wie vor frei, sich gegen die Abberufung auszusprechen, auch wenn es implizit im Rahmen eines Genehmigungsbeschlusses erfolgt.[108]

---

[97] *Matthießen*, Stimmrecht und Interessenkollisionen im Aufsichtsrat, 1989, 387 ff., 489; *Behr* AG 1984, 281 (285).
[98] So *Matthießen*, Stimmrecht und Interessenkollisionen im Aufsichtsrat, 1989, 197 ff.
[99] *Matthießen*, Stimmrecht und Interessenkollisionen im Aufsichtsrat, 1989, 149 ff., 160 ff., 305 ff., 487 f.
[100] *Ulmer* NJW 1982, 2288 (2289); *Stadler/Berner* NZG 2003, 49 (50).
[101] *Kindl*, Die Teilnahme an der Aufsichtsratssitzung, 1993, 134 f., offener Begriff ohne feststehenden Verhaltensmaßstab; *Dreher* JZ 1990, 896 (897).
[102] So *Keusch/Rotter* NZG 2003, 671 (672).
[103] BayObLG AG 2003, 427 (428) = BayObLGZ 2003, 89 (92); MüKoAktG/*Habersack* Rn. 29; Kölner Komm AktG/*Mertens/Cahn* Rn. 65; MHdB AG/*Hoffmann-Becking* § 31 Rn. 70; UHH/*Ulmer/Habersack* MitbestG § 25 Rn. 27; *Lutter/Krieger/Verse* Rechte und Pflichten des Aufsichtsrats Rn. 730; *Seibt* FS Hopt, 2010, 1363 (1375 ff.); *Keusch/Rotter* NZG 2003, 671 (672); abw. *Behr* AG 1984, 281 (284 ff.); *Matthießen*, Stimmrecht und Interessenkollisionen im Aufsichtsrat, 1989, 51 ff., 189 ff., 483 ff.; *E. Vetter* in Marsch-Barner/Schäfer Börsennotierte AG-HdB Rn. 27.61.
[104] Zum Stimmrechtsverbot bei mittelbarer Betroffenheit siehe ausführlich Großkomm AktG/*Hopt/Roth* Rn. 60 f.
[105] BGHZ 56, 47 (53) zur Erbengemeinschaft; Kölner Komm AktG/*Mertens/Cahn* Rn. 68; MüKoAktG/*Habersack* Rn. 30; *Meilicke* FS Schmidt, 1959, 71 (86); wohl auch Großkomm AktG/*Hopt/Roth* Rn. 60.
[106] AllgM, BGH AG 2013, 562 (565); BayObLG AG 2003, 427 (428) = BayObLGZ 2003, 89 (92); Kölner Komm AktG/*Mertens/Cahn* Rn. 65; MüKoAktG/*Habersack* Rn. 32; Großkomm AktG/*Hopt/Roth* Rn. 55; UHH/*Ulmer/Habersack* MitbestG § 25 Rn. 27; *Keusch/Rotter* NZG 2003, 671 (672); *Matthießen*, Stimmrecht und Interessenkollisionen im Aufsichtsrat, 1989, 280; *E. Vetter* in Marsch-Barner/Schäfer Börsennotierte AG-HdB Rn. 27.62; für den GmbH-Geschäftsführer: BGH NJW 2009, 2300 (2303) = DB 2009, 1227 (1230).
[107] *Lutter/Krieger/Verse* Rechte und Pflichten des Aufsichtsrats Rn. 731; MüKoAktG/*Habersack* Rn. 32; Kölner Komm AktG/*Mertens/Cahn* Rn. 65.
[108] BGH AG 2013, 562 (565); zustimmend *Fischer/Hoffmann* NZG 2013, 1419 (1420).

Das Aufsichtsratsmitglied muss **persönlich betroffen** sein, eine Erstreckung auf Angelegenheiten 30 von Ehegatten oder Verwandten findet nicht statt.[109] Eine solche Erstreckung müsste gesetzlich angeordnet sein.[110] Alles andere würde zu einer nicht gewollten Rechtsunsicherheit führen.[111] Zudem bietet die Lösung dieser Fälle über die Figur des Stimmrechtsmissbrauchs ausreichenden Schutz.[112] Ein Erst-Recht-Schluss aus § 115 Abs. 2 und damit eine Erstreckung des Stimmrechtsausschlusses auf den dort genannten Personenkreis mit der Begründung, dass sich ein Aufsichtsratsmitglied, bei dem vermutet wird, dass es sich für diese Personen gegenüber dem Vorstand für einen Kredit einsetzt, auch versuchen wird, Nachteile von diesen bei Beschlüssen im Aufsichtsrat abzuwenden,[113] erscheint fraglich. § 115 Abs. 2 ist als Ausnahmevorschrift eng auszulegen.

Kein Stimmrechtsausschluss besteht hingegen bei **korporationsrechtlichen Rechtsge-** 31 **schäften**, wenn Wahlen zu Organen oder bestimmten Ämtern anstehen.[114] Denn das aus der Amtsträgerschaft folgende Interesse an einer Organbestellung verdient Schutz.[115] Zudem ist die Bestellung des Vorstands in der AG vergleichbar mit der Bestellung eines Vorstandsmitglieds durch die Mitgliederversammlung des Vereins oder durch die Mitgliederversammlung bei der GmbH, was gegen ein Stimmverbot des betroffenen Aufsichtsratsmitglieds spricht.[116] Es besteht hier – bei innergesellschaftlichen Akten – gerade nicht die typische Interessenkollision wie bei gegenseitigen Verträgen zwischen Mitglied und Gesellschaft.[117] Aus § 105 Abs. 2 lässt sich folgern, dass der Gesetzgeber Aufsichtsratsmitglieder als potentielle Vorstandsmitglieder ansieht.[118] Gerade die Auswahl des Managements hat der Gesetzgeber dem wirtschaftlich erfahrenen Aufsichtsrat überantwortet, was ein Stimmverbot bei den Organwahlen ausschließt.[119] Auch die zwingende Zuweisung bestimmter Zuständigkeiten – wie die Bestellung der Vorstandsmitglieder nach § 84 Abs. 1 – an den Aufsichtsrat ohne Möglichkeit einer Delegation an andere Gesellschaftsorgane spricht gegen ein Stimmverbot.[120] Die Wahl als Akt körperschaftlicher Willensbildung verträgt daher keine Stimmverbote.[121] So kann das Aufsichtsratsmitglied auch bei der eigenen Wahl zum Aufsichtsratsvorsitzenden mitwirken,[122] ebenso nach hM bei seiner **Wahl zum Vorstandsmitglied**.[123] Letzteres kann allerdings mit Fug und Recht bezweifelt werden: Denn hier will sich das Aufsichtsratsmitglied gerade aus dem Organ hinauswählen lassen, so dass eine Konfliktlage mit seiner Kandidatur und seinem eigenen Amt als Überwachungsorgan vorliegt.[124] Auch fehlt die Vergleichbarkeit mit den typischen Fällen kooperationsrechtlicher Rechtsgeschäfte, da Gesellschaftsinteresse und persönliches Interesse nicht gleichlaufen müssen, anders als etwa für den Gesellschafter einer GmbH, der sich zum Geschäftsführer wählt.[125] Auch das Trennungsprinzip aus § 105 Abs. 2 spricht eher für die Geltung des Stimmverbots, weil sich daraus ergibt, dass eine klare Abgrenzbarkeit zwischen Geschäftsführungs- und Kontrollfunktionen intendiert ist.[126]

---

[109] BGHZ 56, 47 (54) – Erbengemeinschaft; BGHZ 80, 69 (71) = NJW 1981, 1512 – GmbH; Kölner Komm AktG/*Mertens*/*Cahn* Rn. 68; MüKoAktG/*Habersack* Rn. 30; aA *Matthießen*, Stimmrecht und Interessenkollisionen im Aufsichtsrat, 1989, 338 ff.: alle in § 115 Abs. 2 genannten Personen.
[110] BGHZ 56, 47 (54) zur Erbengemeinschaft.
[111] BGHZ 80, 69 (71) = NJW 1981, 1512.
[112] BGHZ 80, 69 (71) = NJW 1981, 1512.
[113] *Matthießen*, Stimmrecht und Interessenkollisionen im Aufsichtsrat, 1989, 338 ff.
[114] Hüffer/Koch/*Koch* Rn. 9; Kölner Komm AktG/*Mertens*/*Cahn* Rn. 67; MHdB AG/*Hoffmann-Becking* § 31 Rn. 70; Lutter/Krieger/*Verse* Rechte und Pflichten des Aufsichtsrats Rn. 347, 731; *Mertens* ZGR 1983, 189 (203 ff.); *Wilhelm* NJW 1983, 912 (915); *Matthießen*, Stimmrecht und Interessenkollisionen im Aufsichtsrat, 1989, 238 ff.; gegen jeglichen Stimmrechtsausschluss, *Behr* AG 1984, 281 (284 ff.).
[115] So Hüffer/Koch/*Koch* Rn. 9; *Hüffer* FS Heinsius, 1991, 337 (346).
[116] *Matthießen*, Stimmrecht und Interessenkollisionen im Aufsichtsrat, 1989, 244.
[117] BGHZ 51, 209 (215 f.) – GmbH.
[118] *Matthießen*, Stimmrecht und Interessenkollisionen im Aufsichtsrat, 1989, 246.
[119] *Wilhelm* NJW 1983, 912 (914).
[120] *Matthießen*, Stimmrecht und Interessenkollisionen im Aufsichtsrat, 1989, 243 f.
[121] MHdB AG/*Hoffmann-Becking* § 31 Rn. 70; *Wilhelm* NJW 1983, 912 (914).
[122] → § 107 Rn. 18; MHdB AG/*Hoffmann-Becking* § 31 Rn. 70; Lutter/Krieger/*Verse* Rechte und Pflichten des Aufsichtsrats Rn. 731; Hüffer/Koch/*Koch* Rn. 9; K. Schmidt/Lutter/*Drygala* Rn. 16; so auch *Ulmer* NJW 1982, 2288 (2291).
[123] MHdB AG/*Hoffmann-Becking* § 31 Rn. 70; Lutter/Krieger/*Verse* Rechte und Pflichten des Aufsichtsrats Rn. 731; Bürgers/Körber/*Israel* Rn. 11; *Matthießen*, Stimmrecht und Interessenkollisionen im Aufsichtsrat, 1989, 230 ff. (238 ff.); *Wilhelm* NJW 1983, 912 (915); aA *Ulmer* NJW 1982, 2288 (2293); UHH/*Ulmer*/*Habersack* MitbestG § 31 Rn. 18a; unter Berufung auf MHdB AG/*Wiesner* § 20 Rn. 20.
[124] Hüffer/Koch/*Koch* Rn. 9; *Hüffer* FS Heinsius, 1991, 337 (346 ff.).
[125] *Ulmer* NJW 1982, 2288 (2291).
[126] So *Ulmer* NJW 1982, 2288 (2291), der aber selbst einräumt, dass keine Verletzung des Trennungsprinzips bei der Eigenwahl aus dem Aufsichtsrat in den Vorstand vorliegt.

32 c) **Mitbestimmte Gesellschaften.** In **mitbestimmten Aufsichtsräten** unterliegen auch **Arbeitnehmervertreter** einem Stimmrechtsausschluss, dessen Reichweite nach wie vor ungeklärt ist. Auch wenn die Arbeitnehmervertreter die Interessen der Arbeitnehmer im Rahmen des Unternehmensinteresses, das von allen Aufsichtsratsmitgliedern zu wahren ist (→ § 116 Rn. 22 ff.), besonders berücksichtigen dürfen, beeinflussen doch auch die verfassungsrechtlichen Vorgaben im Hinblick auf die Gegnerunabhängigkeit der Gesellschaft nach Art. 9 Abs. 3 GG die Konkretisierung des Unternehmensinteresses. Insbesondere bei tarif-, arbeitskampf- und betriebsverfassungspolitischen Beschlüssen wird den Arbeitnehmervertretern daher kein Stimmrecht zukommen.[127]

33 d) **Entsandte Aufsichtsratsmitglieder.** Für **entsandte Aufsichtsratsmitglieder** greift nach hM ebenfalls kein Stimmrechtsausschluss bei Rechtsgeschäften oder -streitigkeiten der Gesellschaft mit dem Entsender, da diese Aufsichtsratsmitglieder primär die Interessen der AG zu wahren haben.[128] Es wird hier genau darauf zu achten sein, inwiefern die entsandten Aufsichtsratsmitglieder beim Entsender Vorteile durch das zu beschließende Rechtsgeschäft genießen würden; ansonsten bestünde ein Wertungswiderspruch zum Stimmrechtsausschluss im Falle der Zurechnung des Organmitglieds zu seiner Körperschaft (→ Rn. 28).

34 e) **Auswirkungen.** Der Stimmrechtsausschluss wirkt sich nicht auf die **Beschlussfähigkeit** aus, solange das Aufsichtsratsmitglied überhaupt nur seine Stimme abgegeben hat.[129] Droht eine Beschlussunfähigkeit, wenn das mit seinem Stimmrecht ausgeschlossene Aufsichtsratsmitglied nicht teilnimmt, ist es gehalten, an der Stimmabgabe mit einer Enthaltung teilzunehmen;[130] ansonsten macht es sich schadensersatzpflichtig gem. §§ 116, 93.[131] Daher bedarf es auch nicht einer gerichtlichen Ersatzbestellung eines Aufsichtsratsmitgliedes.[132] Zur Feststellung der Beschlussfähigkeit reicht, anders als zur Feststellung der erforderlichen Mehrheit der abgegebenen Stimmen (zu den Mehrheitserfordernissen bei Stimmenthaltungen → Rn. 24), eine bloße Stimmenthaltung aus.[133] Die Stimmenthaltung wird zur Ermittlung der Beschlussfähigkeit mitgezählt.[134] Sie zählt – auch wenn durch Satzung Enthaltungen die Neutralität genommen wurde und diese dann normalerweise als Ja- oder Nein-Stimmen gewertet werden (zu dieser Möglichkeit → Rn. 24, sowie → § 107 Rn. 19) – im Falle eines Stimmverbots nicht als Stimmabgabe, sondern bewirkt allein die Herstellung der Beschlussfähigkeit.[135] Zum dreiköpfigen Aufsichtsrat und Stimmrechtsausschluss → Rn. 41.

35 Der Aufsichtsratsvorsitzende stellt sowohl fest, ob ungültige Stimmen als auch ob unberechtigte Stimmen (Stimmrechtsverbot) abgegeben wurden. Da es sich um eine Rechtsfrage handelt, kann das betroffene Aufsichtsratsmitglied sich nur mit der **Feststellungsklage** gegen die Beurteilung des Vorsitzenden wehren; der Aufsichtsrat selbst kann hierüber nicht per Mehrheitsbeschluss entscheiden.[136] Lässt der Vorsitzende trotz Stimmrechtsausschluss die Stimme zu, ist die Stimmabgabe nichtig und der Beschluss fehlerhaft, wenn er auf der abgegebenen Stimme beruht.[137]

36 5. **Feststellung des Beschlusses und des Abstimmungsergebnisses.** Das Abstimmungsergebnis und den gefassten Beschluss stellt der Aufsichtsratsvorsitzende im Rahmen seiner Sitzungsleitungskompetenz fest,[138] nicht nur während einer gewöhnlichen Präsenzsitzung, sondern auch im Nachgang zu einer Beschlussfassung außerhalb der Sitzung oder wenn trotz bestehender Einigkeit über das Abstimmungsergebnis im Nachhinein Zweifel zB an der Stimmberechtigung einzelner Mitglieder

---

[127] So auch Großkomm AktG/*Hopt/Roth* Rn. 62; *Hanau* ZGR 1977, 397 (403 f.); *Seiter* FS Müller, 1981, 589 (603); GK-MitbestG/*Naendrup* § 25 Rn. 214; *Säcker* DB 1977, 1791 (1794); zurückhaltender dagegen Kölner Komm AktG/*Mertens/Cahn* Rn. 70; gegen ein Stimmverbot: *Matthießen*, Stimmrecht und Interessenkollisionen im Aufsichtsrat, 1989, 417 ff., 456 ff.; MüKoAktG/*Habersack* Rn. 31: auch für arbeits- oder tarifpolitische Entscheidungen besteht kein Stimmrechtsausschluss.
[128] BGHZ 36, 296 (307); MüKoAktG/*Habersack* Rn. 31; Kölner Komm AktG/*Mertens/Cahn* Rn. 69; *Grigoleit/Tomasic* Rn. 29; *Engfer*, Der Ausschluss des organschaftlichen Stimmrechts bei Interessenkollision, 1970, 146 f.; *Dreher* JZ 1990, 896 (897).
[129] MüKoAktG/*Semler*, 2. Aufl. 2004, Rn. 148; → Rn. 38.
[130] So auch Großkomm AktG/*Hopt/Roth* Rn. 63 mit Begr.
[131] Kölner Komm AktG/*Mertens/Cahn* Rn. 66; s. auch *Stadler/Berner* NZG 2003, 49 (51 f.); auch → Rn. 39.
[132] So aber BayObLGZ 2003, 89 (92 ff.); Hüffer/Koch/*Koch* Rn. 16; *Keusch/Rotter* NZG 2003, 671 (673); ein dennoch getroffener Abberufungsbeschluss sei nichtig, vgl. BayObLGZ 2003, 89 (92 ff.).
[133] Hüffer/Koch/*Koch* Rn. 6 und 15.
[134] MüKoAktG/*Semler*, 2. Aufl. 2004, Rn. 34.
[135] Kölner Komm AktG/*Mertens/Cahn* Rn. 59 f., 65; *v. Schenck* in Semler/v. Schenck AR-HdB § 5 Rn. 130.
[136] Kölner Komm AktG/*Mertens/Cahn* Rn. 71, § 107 Rn. 42, 49; MHdB AG/*Hoffmann-Becking* § 31 Rn. 58; → § 107 Rn. 50; dagegen aber Großkomm AktG/*Hopt/Roth* Rn. 66; *Peus*, Der Aufsichtsratsvorsitzende: Seine Rechtsstellung nach dem Aktiengesetz und dem Mitbestimmungsgesetz, 1983, 127 f.
[137] Kölner Komm AktG/*Mertens/Cahn* Rn. 71; MüKoAktG/*Habersack* Rn. 33; → Rn. 65.
[138] Ausführlich zur Feststellung des Beschlussergebnisses Großkomm AktG/*Hopt/Roth* Rn. 45 ff.

aufkommen.[139] Die Sitzungsniederschrift (zur Niederschrift → § 107 Rn. 65 ff.) begründet aus Gründen der Rechtssicherheit die Vermutung dafür, dass der protokollierte Beschluss so gefasst worden ist,[140] jedoch hat die förmliche Beschlussfeststellung selbst keine konstitutive Wirkung.[141]

IV. Beschlussfähigkeit, Abs. 2

1. Gesetzliche Regel. Nach § 108 Abs. 2 S. 2 ist der Aufsichtsrat grundsätzlich beschlussfähig, wenn wenigstens die Hälfte seiner Mitglieder aktiv an der Abstimmung teilnimmt, wozu auch die Mitglieder gehören, die ihre Stimme schriftlich abgeben.[142] Ein Schweigen des Aufsichtsratsmitglieds auf die Aufforderung hin, seine Stimme schriftlich abzugeben, darf nicht als Stimmenthaltung gewertet werden, sondern ist Nichtteilnahme an der Beschlussfassung.[143] Gleiches gilt, wenn das Aufsichtsratsmitglied erklärt oder zu erkennen gibt, dass es an der Abstimmung nicht teilnehmen will.[144] Reine Anwesenheit ist nicht ausreichend.[145] Unerheblich ist ferner, ob das Mitglied zur Teilnahme an der Sitzung berechtigt war, ob es eine gültige Stimme abgegeben hat, ob es einem Stimmrechtsausschluss unterlag (→ Rn. 34) oder mit Enthaltung votiert hat.[146] Entscheidend ist für die Beschlussfähigkeit nur die Tatsache der Stimmabgabe selbst. Die Mitglieder müssen nicht an der Präsenzsitzung teilnehmen, es **genügt die Teilnahme an der Abstimmung.** 37

Für die Teilnahme an der Sitzung selbst sieht das Gesetz hingegen **keine Mindestteilnehmerzahl** vor, so dass auch die alleinige Anwesenheit des Sitzungsleiters genügt, wegen der besonderen Bedeutung der Pflichtsitzungen aber nicht für § 110 Abs. 3.[147] Die für die Beschlussfähigkeit erforderliche Anzahl an Mitgliedern kann auch durch die schriftliche Stimmabgabe nach Abs. 3 bei gleichzeitiger Botenfunktion des Sitzungsleiters erreicht werden.[148] Keine Beschlussvoraussetzung ist ferner die **Teilnahme des Aufsichtsratsvorsitzenden** oder eines Aufsichtsratsmitglieds jeder Gruppe (Anteilseigner-, Arbeitnehmervertreter). Das nichtig gewählte Mitglied oder auch das Aufsichtsratsmitglied, dessen Wahl erfolgreich angefochten wird, ist für die Stimmabgabe und die Beschlussfassung wie ein **Nichtmitglied** zu behandeln (→ § 101 Rn. 114).[149] 38

Für die Berechnung der erforderlichen Mitglieder hinsichtlich der Beschlussfähigkeit ist die **Sollstärke des Aufsichtsrats** maßgeblich, nicht diejenige der Mehrheit der tatsächlich vorhandenen Mitglieder.[150] 39

Eine **absolute Untergrenze** legt § 108 Abs. 2 S. 3 mit drei Mitgliedern fest, die auch dann gilt, wenn die Hälfte der Sollstärke des Aufsichtsrats erreicht ist.[151] Auch ist es unerheblich für die Beschlussfähigkeit, wenn eine Gruppe von Vertretern im Aufsichtsrat, seien es Anteilseigner- oder Arbeitnehmervertreter, vollständig ausfällt.[152] 40

---

[139] Kölner Komm AktG/*Mertens/Cahn* Rn. 53, 55.
[140] → § 107 Rn. 71; s. auch OLG Hamburg AG 1992, 197 (198); Kölner Komm AktG/*Mertens/Cahn* § 107 Rn. 85; *v. Schenck* in Semler/v. Schenck AR-HdB § 5 Rn. 162; Hüffer/Koch/*Koch* § 107 Rn. 15; *Baums* ZGR 1983, 300 (321 f.): Konstitutive Wirkung der Ergebnisfeststellung durch Aufsichtsratsvorsitzenden; *Schockenhoff/ Topf* DB 2005, 539 (544): Spezifisch aktienrechtliche Vermutungswirkung; *Axhausen*, Anfechtbarkeit aktienrechtlicher Aufsichtsratsbeschlüsse, 1986, 124 ff.; offen BGHZ 122, 342 (347 f.) = NJW 1993, 2307.
[141] AA *Ernst*, Liber Amicorum Leenen, 2012, 1 (9) Beschlussfeststellung konstitutiv für das Zustandekommen des Beschlusses.
[142] MüKoAktG/*Habersack* Rn. 34, 49; K. Schmidt/Lutter/*Drygala* Rn. 11, 12; Hüffer/Koch/*Koch* Rn. 16; NK-AktR/*Breuer/Fraune* Rn. 11; zur schriftlichen Stimmabgabe Rn. 50 ff.
[143] Kölner Komm AktG/*Mertens/Cahn* Rn. 74; MüKoAktG/*Semler*, 2. Aufl. 2004, Rn. 37 unter Hinweis auf *Baltzer*, Der Beschluß als rechtstechnisches Mittel organschaftlicher Funktion im Privatrecht, 1965, 137 ff., dort zur Unterscheidung von Nichtteilnahme und Stimmenthaltung.
[144] Kölner Komm AktG/*Mertens/Cahn* Rn. 74, 81; MHdB AG/*Hoffmann-Becking* § 31 Rn. 61; MüKoAktG/ *Habersack* Rn. 37; *Ulmer* ZHR 141 (1977), 490 (504); GK-MitbestG/*Naendrup* § 28 Rn. 6.
[145] MüKoAktG/*Habersack* Rn. 37; Hüffer/Koch/*Koch* Rn. 15 f.; K. Schmidt/Lutter/*Drygala* Rn. 12; NK-AktR/*Breuer/Fraune* Rn. 11; aA Stadler/*Berner* NZG 2003, 49 (51 f.); → Rn. 33.
[146] OLG Karlsruhe NJW 1980, 2137; MüKoAktG/*Habersack* Rn. 36; Hüffer/Koch/*Koch* Rn. 6, 15; s. auch die weite Auslegung des Teilnahmebegriffs bei Stadler/*Berner* NZG 2003, 49 (51); zu Satzungsklauseln → Rn. 33.
[147] Kölner Komm AktG/*Mertens/Cahn* Rn. 19.
[148] Kölner Komm AktG/*Mertens/Cahn* Rn. 37.
[149] BGH AG 2013, 387 (388) Rn. 17, 20; BGH AG 2013, 562 (565) Rn. 26; anders noch OLG Frankfurt a. M. AG 2011, 631 (634 f.); krit. *Priester* GWR 2013, 175 (176 f.).
[150] Hüffer/Koch/*Koch* Rn. 16; MüKoAktG/*Habersack* Rn. 43.
[151] LG München I AG 2013, 473 (474); Art. 50 Abs. 1 SE-VO kennt diese Untergrenze nicht Lutter/Kollmorgen/*Feldhaus* BB 2007, 509 (513); diese Regelung darf auch nicht durch geringere Mitgliederanzahl in Ausschüssen, die aus dem Aufsichtsrat heraus gebildet werden, unterlaufen werden, *Busekist/Keuten* CCZ 2016, 119 (123 f.).
[152] MüKoAktG/*Habersack* Rn. 45; *Meilicke* FS Schmidt, 1959, 71 (84); für eine Abkehr von Abs. 2 S. 3 im Falle des § 96 Abs. 2 S. 3, *Oetker* ZHR 179 (2015), 707 (721).

41 Umstritten ist die Rechtslage bei einem **dreiköpfigen Aufsichtsrat:** Hier genügen zwei Mitglieder bei einem dreiköpfigen Aufsichtsrat nicht, um die Beschlussfähigkeit herzustellen.[153] Bei **Stimmrechtsausschlüssen** soll darüber hinaus das betroffene Aufsichtsratsmitglied nicht für die Beschlussfähigkeit zählen;[154] unterliege ein Aufsichtsratsmitglied einem Stimmrechtsausschluss, sei der dreiköpfige Aufsichtsrat nicht mehr beschlussfähig bezüglich der konkreten Angelegenheit, die Anlass für den Ausschluss ist.[155] Dies ergebe sich aus der zwingenden Regel des § 108 Abs. 2 S. 3; um die Beschlussfähigkeit wiederherzustellen, müsse dann in entsprechender Anwendung des § 104 Abs. 1 der Aufsichtsrat im Wege einer Neubestellung durch das Gericht ergänzt werden, was auch in der gebotenen Eile möglich sei.[156] Dieses Ergebnis erscheint formal und unpraktikabel,[157] da ein dreiköpfiger Aufsichtsrat in allen Fällen eines Stimmrechtsausschlusses eines Mitglieds nicht mehr beschlussfähig wäre. Um die Funktionsfähigkeit trotz Stimmverbots zu erhalten, ist der Weg über die Verpflichtung des dem Stimmverbots unterliegenden Aufsichtsratsmitglieds zur Abgabe einer Stimmenthaltung geeigneter. Ein Aufsichtsratsmitglied kann daher sehr wohl dem Stimmrechtsverbot nach § 34 BGB unterliegen, ohne dass aber der Aufsichtsrat beschlussunfähig würde.[158] Zu den Pflichten des Aufsichtsratsmitglieds gehört insbesondere auch die Verhinderung der Beschlussunfähigkeit, zumal sonst der dreiköpfige Aufsichtsrat nie in der Lage wäre, Handlungen gegen ein stimmberechtigtes Aufsichtsratsmitglied, etwa das Betreiben des Abberufungsverfahrens aus § 103, vorzunehmen.[159] Eine gerichtliche Ersatzbestellung nach § 104 Abs. 1 Satz 1 scheidet in der Regel aus, da keine dauerhafte Amtsverhinderung des dem Stimmverbot unterliegenden Aufsichtsratsmitglieds vorliegt.[160] Zudem verstößt die Bestellung eines vierten – wenn auch nur vorübergehenden – Aufsichtsratsmitglieds gegen § 95 S. 3, da die Zahl der Aufsichtsratsmitglieder stets durch drei teilbar sein muss.[161] Eine andere Frage ist, ob § 108 Abs. 2 S. 3 auch einschränkungslos zur Anwendung gelangt, wenn es für die Beschlussfassung nur auf die Stimmen einer Gruppe, etwa der Anteilseigner vgl. **§ 124 Abs. 3 S. 5 AktG und § 32 Abs. 1 S. 2 MitbestG,** ankommt. Da § 124 Abs. 3 S. 5 auch für den DrittelbG-Aufsichtsrat gilt, der als Dreier-Aufsichtsrat gebildet werden kann, kann § 108 Abs. 2 S. 3 nicht eingehalten werden, sodass sich an dieser Stelle eine teleologische Reduktion anbietet.[162] Bei § 32 MitbestG stellt sich dieses Problem nicht, weil der mitbestimmte Aufsichtsrat aus mindestens sechs Anteilseignervertretern besteht (§ 7 Abs. 1 Nr. 1 MitbestG).

42 Auch für den **Boykott** der Beschlussfassung eines dreiköpfigen Aufsichtsrats durch ein einzelnes Aufsichtsratsmitglied gelten die gleichen Kriterien (abgesehen von der Pflichtwidrigkeit nach § 116 iVm § 93): Ein einmaliges Fehlen bei der Beschlussfassung kann nicht den Anwendungsbereich des § 104 Abs. 1 S. 1 eröffnen; vielmehr ist eine dauerhafte Beschlussblockade nötig, die sich einerseits

---

[153] BGH NZG 1999, 68; LG Karlsruhe AG 1994, 87; LG Düsseldorf AG 1999, 134 (135); siehe in diesem Zusammenhang schon BGHZ 4, 224 (228 f.) – Genossenschaft; MüKoAktG/*Habersack* Rn. 44; Hüffer/Koch/*Koch* Rn. 16; K. Schmidt/Lutter/*Drygala* Rn. 9; *Meilicke* FS Schmidt, 1959, 71 (84 f.).
[154] BayObLG AG 2003, 427 (428 f.); Hüffer/Koch/*Koch* Rn. 16; aA Kölner Komm AktG/*Mertens/Cahn* Rn. 65 (74).
[155] BayObLG AG 2003, 427 (429); OLG Frankfurt a. M. AG 2005, 925 (927); *Keusch/Rotter* NZG 2003, 671 (672 f.); *Werner* DB 2006, 935 (937); Hüffer/Koch/*Koch* Rn. 16; dagegen *Stadler/Berner* NZG 2003, 49 (51 f.); *Krüger/Thonfeld* OLG Frankfurt a. M. EWiR 2006, 385 (386).
[156] BayObLG AG 2003, 427 (429); OLG Frankfurt a. M. AG 2005, 925 (927); *Keusch/Rotter* NZG 2003, 671 (673).
[157] *Kuthe* BB 2003, 2143 f.; *Stadler/Berner* AG 2004, 27 f.; selbst das BayObLG räumt dies ein, BayObLG AG 2003, 427 (429).
[158] BGH NJW-RR 2007, 1483 (1485); zust. Anm. *U. H. Schneider* WuB II A § 108 AktG 1.07; ebenso Großkomm AktG/*Hopt/Roth* Rn. 63, 84; Kölner Komm AktG/*Mertens/Cahn* Rn. 65, 74; Hölters/*Hambloch-Gesinn/Gesinn* Rn. 38; *E. Vetter* AG 2006, 173 (179); *E. Vetter* in Marsch-Barner/Schäfer Börsennotierte AG-HdB Rn. 27.66; *Bosse* NZG 2007, 172 (175); ebenso schon *Duden* BB 1950, 803 zu § 86 AktG aF; im Ergebnis für Beschlussfähigkeit auch *Priester* AG 2007, 190 (191 ff.): Der Stimmenthaltung allerdings als Nichtteilnahme wertet, jedoch eine aktive Teilnahme an der Beratung vor der Stimmgabe für § 108 Abs. 2 S. 3 ausreichen lässt; kritisch Hüffer/Koch/*Koch* Rn. 16, gegen die Beschlussfähigkeit hingegen BayObLG NZG 2003, 691 = AG 2003, 427; zust. *Leuering* EWiR 2003, 847 (848); OLG Frankfurt a. M. NZG 2006, 29 (31) = ZIP 2005, 2322 (2324); ausdrücklich offenlassend noch die Revisionsinstanz BGH NJW 2007, 298 (300); MüKoAktG/*Habersack* Rn. 44, 33 § 103 Rn. 35: keine wirksame Stimmenthaltung bei Stimmrechtsausschluss; ebenso *Keusch/Rotter* NZG 2003, 671 (673); *Behr* AG 1984, 281 (285).
[159] Kölner Komm AktG/*Mertens/Cahn* Rn. 65; *Reichard* AG 2012, 359.
[160] Zu diesem Erfordernis *Reichard* AG 2012, 359 (360 ff.); dagegen auch *Stadler/Berner* AG 2004, 27 (28 f.); → § 104 Rn. 11; Kölner Komm AktG/*Mertens/Cahn* § 104 Rn. 5; aufgeschlossen gegenüber einer Ersatzbestellung bei wichtigen Entscheidungen wohl Großkomm AktG/*Hopt/Roth* Rn. 64.
[161] *Kuthe* BB 2003, 2143.
[162] *Deilmann* BB 2012, 2191 (2194).

indiziell aus einem wiederholten, unentschuldigten Fernbleiben ergeben kann, wenn nicht für die nächsten Sitzungen mit einem Ende des Boykotts zu rechnen ist, spätestens aber mit dem Ablauf der Drei-Monats-Frist in § 104 Abs. 2 vorliegt. Dann reicht aber auch schon die bloße Ankündigung, dass das Aufsichtsratsmitglied bis auf Weiteres nicht mehr an der Beschlussfassung teilnehmen wird,[163] → § 104 Rn. 33.

Keine Auswirkungen auf die Beschlussfähigkeit hat nach § 108 Abs. 2 S. 4, dass dem Aufsichtsrat **43** weniger Mitglieder angehören als sie von Gesetz oder Satzung vorgesehen sind (**Unterbesetzung**).[164] Wie das Gesetz klarstellt, ändern daran auch die Mitbestimmungsregeln nichts, da eine Änderung des „für seine Zusammensetzung maßgebende(n) zahlenmäßige(n) Verhältnis" die Beschlussfähigkeit nicht tangiert, selbst wenn eine Gruppe – Anteilseigner- oder Arbeitnehmervertreter – vollständig ausfallen sollte.[165] § 108 Abs. 2 S. 4 ist gerade keine Ausnahmevorschrift für den Fall, dass Aufsichtsratsmitglieder nach ihrer Wahl zurücktreten oder zur Abstimmung verhindert sind, sondern erklärt auch den Fall für unbeachtlich, bei dem die Hälfte der nach der Satzung vorhergesehenen Posten nicht besetzt ist.[166]

Für Gesellschaften nach dem **MitbestG**[167] sieht § 28 MitbestG zwingend vor, dass der Aufsichtsrat **44** nur beschlussfähig ist, wenn mindestens die Hälfte der Mitglieder, aus denen er gesetzlich zusammengesetzt ist (maßgebend ist die Sollstärke nach § 7 Abs. 1 MitbestG[168]), an der Beschlussfassung teilnimmt, ohne Rücksicht auf die Verhältnisse der Gruppen zueinander.[169] Für die Ausübung von Beteiligungsrechten weicht § 32 MitbestG von dieser Grundregel ab, indem der Aufsichtsrat beschlussfähig ist, wenn mindestens die Hälfte der Sollstärke[170] der Aufsichtsratsmitglieder der Anteilseigner an der Abstimmung teilnehmen, da hier die Mehrheit der Stimmen der Anteilseigner ausschlaggebend ist.[171] Gleiches gilt für § 15 MitbestErgG. Nach § 10 **MontanMitbestG**, § 11 MontanMitbestErgG ist der Aufsichtsrat beschlussfähig, wenn mindestens die Hälfte der Mitglieder, aus denen er nach Gesetz oder Satzung zu bestehen hat (Sollstärke), an der Beschlussfassung teilnimmt; auch hier ist das Verhältnis der Gruppen zueinander irrelevant.[172]

2. Regelungen in der Satzung. a) Aktienrechtliche Grenzen. Anders als für die Mehrheits- **45** erfordernisse räumt § 108 Abs. 2 ausdrücklich der **Satzung** die Befugnis ein, die Beschlussfähigkeit abweichend von § 108 zu regeln, zB durch höhere, aber auch geringere Anforderungen als der Hälfte der Sollstärke.[173] Ebenso kann die Satzung für die Berechnung der Hälfte der Aufsichtsratsmitglieder als Beschlussvoraussetzung nicht nur auf die Sollstärke,[174] sondern auf die tatsächlich vorhandenen Aufsichtsratsmitglieder abstellen.[175] Das **Mindesterfordernis von drei Aufsichtsratsmitgliedern** nach § 108 Abs. 2 S. 3 sowie die Regel des § 108 Abs. 2 S. 4 sind dagegen **zwingender Natur,** so dass eine Klausel, die die Teilnahme aller Aufsichtsratsmitglieder vorsieht, aus der der Aufsichtsrat zu bestehen hat, unzulässig wäre.[176] Andernfalls wäre die Funktionsfähigkeit des Aufsichtsrats gefährdet, da faktisch jedem einzelnen Mitglied ein Vetorecht gegen Beschlüsse eingeräumt würde. Unzulässig ist auch eine Satzungsklausel, die die Beschlussfähigkeit von der Teilnahme eines bestimmten Aufsichtsratsmitglieds, etwa des Aufsichtsratsvorsitzenden

---

[163] Reichard AG 2012, 359 (362).
[164] Siehe hierzu ausführlich Großkomm AktG/*Hopt/Roth* Rn. 85 ff.
[165] MüKoAktG/*Habersack* Rn. 45; Hüffer/Koch/*Koch* Rn. 16.
[166] OLG München AG 2011, 840 (842).
[167] Ausführlich zur Beschlussfähigkeit des AR in mitbestimmten Gesellschaften Großkomm AktG/*Hopt/Roth* Rn. 71 ff.
[168] UHH/*Ulmer/Habersack* MitbestG § 28 Rn. 2.
[169] OLG Frankfurt a. M. ZIP 2011, 21 (23); UHH/*Ulmer/Habersack* MitbestG § 28 Rn. 1; Großkomm AktG/ *Oetker* MitbestG § 28 Rn. 1.
[170] Insoweit ist § 28 MitbestG auch im Rahmen von § 32 MitbestG entsprechend anzuwenden, s. UHH/ *Ulmer/Habersack* MitbestG § 32 Rn. 26; Großkomm AktG/ *Oetker* MitbestG § 32 Rn. 16.
[171] S. auch Kölner Komm AktG/*Mertens/Cahn* Rn. 78; MüKoAktG/*Habersack* Rn. 35; UHH/*Ulmer/Habersack* MitbestG § 32 Rn. 26; Großkomm AktG/ *Oetker* MitbestG § 32 Rn. 16; MüKoAktG/*Gach* MitbestG § 32 Rn. 26.
[172] Kölner Komm AktG/*Mertens/Cahn* Rn. 78; Hüffer/Koch/*Koch* Rn. 17; MüKoAktG/*Habersack* Rn. 35; Lutter/Krieger/*Verse* Rechte und Pflichten des Aufsichtsrats Rn. 718.
[173] S. auch MüKoAktG/*Habersack* Rn. 38; sowie K. Schmidt/Lutter/*Drygala* Rn. 31 f.; NK-AktR/*Breuer/ Fraune* Rn. 14.
[174] v. Schenck in Semler/v. Schenck AR-HdB § 5 Rn. 120.
[175] MüKoAktG/*Habersack* Rn. 34.
[176] Kölner Komm AktG/*Mertens/Cahn* Rn. 80; MüKoAktG/*Habersack* Rn. 38; E. Vetter in Marsch-Barner/ Schäfer Börsennotierte AG-HdB Rn. 27.49; aA MHdB AG/*Hoffmann-Becking* § 31 Rn. 60; Hüffer/Koch/*Koch* Rn. 15: Satzungsklausel hinsichtlich Teilnahmepflicht aller Aufsichtsratsmitglieder zulässig; *Deilmann* BB 2012, 2191 (2193).

oder seines Vertreters, abhängig macht.[177] Dies widerspricht dem Grundsatz der Gleichbehandlung aller Aufsichtsratsmitglieder und gewährt den betreffenden Mitgliedern, von denen die Beschlussfähigkeit abhängen soll, ein nicht zu rechtfertigendes Vetorecht.[178] Umgekehrt kann die Satzung nicht die Beschlussfähigkeit bei nur zwei anwesenden Aufsichtsratsmitgliedern vorsehen.[179] Ebenso wenig kann die Satzung eine **Stimmenthaltung** als Nichtteilnahme an der Sitzung werten, da sonst die Beschlussfähigkeit vom Abstimmverhalten abhängen und erst nach der Abstimmung festgestellt werden könnte.[180]

46 **b) Klauseln bei mitbestimmten Gesellschaften.** Für nach dem MitbestG **mitbestimmte Gesellschaften** kann die **Satzung** keine geringeren Voraussetzungen für die Beschlussfähigkeit als die von § 28 MitbestG **geforderte** Hälfte der Sollstärke vorsehen.[181] Von größerem Interesse vor allem für die Anteilseignerseite ist jedoch die Frage, ob die Satzung **höhere Anforderungen** vorsehen kann, um das leichte Übergewicht der Anteilseignerseite abzusichern.[182] Strengere Anforderungen durch die Satzung sind nicht zulässig, wenn sie der Gegenseite im Aufsichtsrat die Chance nehmen sollen, eine ihr günstige Entscheidung herbeizuführen. Dabei ist das von dem MitbestG verfolgte Ziel der gleichmäßigen Beteiligung der Gruppen an der Entscheidungsfindung zu berücksichtigen.[183] Insbesondere, wenn die Satzung zur wirksamen Beschlussfassung die Teilnahme des Vorsitzenden vorschreibt,[184] wird der Bereich des leichten Übergewichts der Anteilseignerseite überschritten.[185] Unzulässig sind Klauseln, die allein auf die Anwesenheit nur einer Gruppe von Aufsichtsratsmitgliedern, etwa den **Anteilseignervertretern,** oder auf die Anwesenheit des Aufsichtsratsvorsitzenden abstellen, da das Prinzip der Gleichberechtigung der Aufsichtsratsmitglieder damit verletzt wird und ansonsten einer Gruppe oder einer Person ein Vetorecht eingeräumt würde.[186] Auf eine solche Sonderrolle läuft auch eine Klausel hinaus, die bei **Abwesenheit des Aufsichtsratsvorsitzenden** höhere Anforderungen an die Beschlussfähigkeit stellt, so dass gegen sie erhebliche Bedenken bestehen.[187] Dem Aufsichtsratsvorsitzenden wird durch diese Klausel nicht nur ein zulässiges leichtes Übergewicht für die Anteilseignerseite verliehen.[188] Vielmehr wird seine Stellung bei Bestehen gewisser Quoren unzulässig verstärkt.[189] Es stünde dann in seinem Belieben, durch ein Verlassen der Sitzung die Beschlussunfähigkeit des Aufsichtsrats herbeizuführen, was die Funktionsfähigkeit beeinträchtigt.[190] Eine Rechtfertigung dieser Satzungsklausel damit, dass der Aufsichtsratsvorsitzende über besondere Erkenntnisse und Erfahrungen verfügt, die

---

[177] So auch Bürgers/Körber/*Israel* Rn. 6; ebenso Großkomm AktG/*Hopt/Roth* Rn. 75 mwN, auch zur Gegenauffassung.
[178] BGHZ 83, 151 (156 f.) = NJW 1982, 1530 – Bilfinger & Berger; MHdB AG/*Hoffmann-Becking* § 31 Rn. 60; Kölner Komm AktG/*Mertens/Cahn* Rn. 80.
[179] OLG Nürnberg AG 2018, 166 (169).
[180] *Ulmer* ZHR 141 (1977), 490 (504); zust. MüKoAktG/*Habersack* Rn. 36; Hölters/*Hambloch-Gesinn/Gesinn* Rn. 45; Kölner Komm AktG/*Mertens/Cahn* Rn. 81, differenzierend und fortführend Großkomm AktG/*Hopt/Roth* Rn. 84; s. zur Stimmenthaltung → Rn. 23.
[181] AllgM, s. Hüffer/Koch/*Koch* Rn. 18; MüKoAktG/*Habersack* Rn. 40.
[182] Offen gelassen von BGHZ 83, 151 (153 f.) = NJW 1982, 1530 – Bilfinger & Berger; Satzungsbeispiele bei *Paefgen,* Struktur und Aufsichtsratsverfassung der mitbestimmten AG: zur Gestaltung der Satzung und der Geschäftsordnung des Aufsichtsrats, 1981, 167 ff.; *Peus,* Der Aufsichtsratsvorsitzende: Seine Rechtsstellung nach dem Aktiengesetz und dem Mitbestimmungsgesetz, 1983, 357 ff.
[183] Im Ergebnis ebenso OLG Karlsruhe NJW 1980, 2137 (2139); UHH/*Ulmer/Habersack* MitbestG § 28 Rn. 4; RVJ/*Raiser* MitbestG § 28 Rn. 3; *Martens* ZGR 1983, 237 (255); *Geitner* AG 1982, 212 (217); *Säcker/Theisen* AG 1980, 29 (35 ff.); *Säcker* JZ 1980, 82 (85); *Wank* AG 1980, 148 (151 ff.); *Lemke,* Der fehlerhafte Aufsichtsratsbeschluß, 1994, 137; Hüffer/Koch/*Koch* Rn. 18.
[184] *Säcker* JZ 1980, 82 (86); *Säcker/Theisen* AG 1980, 29 (35 f.); *Raiser* NJW 1980, 209 (211); *Geitner* AG 1982, 212 (217); *Oetker* DB 1984, 1766 (1770); *Paefgen,* 1981, S. 175 ff.
[185] *Geitner* AG 1982, 212 (217); *Paefgen,* Struktur und Aufsichtsratsverfassung der mitbestimmten AG: zur Gestaltung der Satzung und der Geschäftsordnung des Aufsichtsrats, 1981, 180.
[186] BGHZ 83, 151 (154 f.) = NJW 1982, 1530 – Bilfinger & Berger; OLG Karlsruhe NJW 1980, 2137 (2139); Lutter/Krieger/*Verse* Rechte und Pflichten des Aufsichtsrats Rn. 720; K. Schmidt/Lutter/*Drygala* Rn. 14; Großkomm AktG/*Hopt/Rot* Rn. 75; MHdB AG/*Hoffmann-Becking* § 31 Rn. 60; Kölner Komm AktG/*Mertens/Cahn* Rn. 80; MüKoAktG/*Habersack* Rn. 39; *Säcker* JZ 1980, 82 (86); *Geitner* AG 1982, 212 (217); aA noch LG Mannheim NJW 1980, 236; *Rittner* DB 1980, 2493 (2501 ff.); *Steindorff/Joch* ZHR 146 (1982), 336 (342).
[187] Für Zulässigkeit aber OLG Hamburg AG 1984, 246 (248); *Feldmann* DB 1986, 29 (31); wie hier (abl.) dagegen *Oetker* BB 1984, 1766 (1770 f.); MüKoAktG/Habersack Rn. 39; krit. auch Kölner Komm AktG/*Mertens/Cahn* Rn. 80.
[188] So aber *Feldmann* DB 1986, 29 (31).
[189] *Oetker* BB 1984, 1766 (1770); Großkomm AktG/*Oetker* MitbestG § 28 Rn. 9.
[190] In diese Richtung auch Kölner Komm AktG/*Mertens/Cahn* Rn. 80; wie hier *Oetker* BB 1984, 1766 (1768, 1770).

in seiner Abwesenheit durch ein Mindestquorum auszugleichen seien,[191] ist nicht möglich. Gleiches gilt nämlich auch für den stellvertretenden Aufsichtsratsvorsitzenden.[192] Diesem müsste dann durch die Satzung die der Position des Aufsichtsratsvorsitzenden entsprechenden Befugnisse eingeräumt werden.[193] Ansonsten läge in dieser Differenzierung ein Verstoß gegen das Gleichbehandlungsprinzip sowie gegen § 107 Abs. 1 S. 3.[194] Auch eine zulässige Ausgestaltung des Zweitstimmrechts des Aufsichtsratsvorsitzenden durch derartige Satzungsklauseln liegt darin nicht mehr. Das Zweitstimmrecht besteht nicht bei allen Abstimmungen und nur in den gesetzlich vorgesehenen Fällen, zB §§ 29 Abs. 2 S. 1 MitbestG, § 31 Abs. 4 S. 1 MitbestG. Nur in diesen Fällen ist eine Ungleichbehandlung der Aufsichtsratsmitglieder durch das Zweitstimmrecht zulässig.[195] Sieht man in § 28 MitbestG eine zwingende und auch nach abschließende Regel,[196] verstoßen Satzungsbestimmungen, die höhere Anforderungen als § 28 MitbestG statuieren, notwendig hiergegen und sind unzulässig.[197] Auch aktienrechtlich bestehen Bedenken, da die Funktionsfähigkeit des Aufsichtsrats erschwert[198] und der Gleichbehandlungsgrundsatz verletzt wird.[199] Die gegenteilige Auffassung, die eine strengere Regelung der Satzung für zulässig hält,[200] führt dazu, dass es praktisch ausgeschlossen ist, dass sich die Arbeitnehmerseite gegenüber der Anteilseignerseite durchsetzen kann.

Es besteht daher zumindest Einigkeit darüber, dass die Beschlussfähigkeit nicht an die **Wahrung eines Gruppenverhältnisses** geknüpft werden darf.[201] Nach anderer Ansicht soll aber die Satzung vorschreiben können, dass bei Teilnahme jeweils einer gewissen Mindestzahl von Anteilseigner- und Arbeitnehmervertretern die Beschlussfähigkeit gegeben sein soll.[202] Daran bestehen aber vor allem im Hinblick auf den satzungsfesten § 108 Abs. 2 S. 4 Zweifel, der gerade bestimmt, dass das zahlenmäßige Verhältnis der Zusammensetzung keine Rolle für die Beschlussfähigkeit spielen darf.

Für Gesellschaften, die nach dem **MontanMitbestG** und dem **MontanMitbestErgG** mitbestimmt sind, lassen die § 10 MontanMitbestG und § 11 MontanMitbestErgG keinerlei abw. Regelungen der Beschlussfähigkeit durch Satzung zu.[203] Dies soll indes im Interesse einer sachgerechten Ausschussarbeit nicht für **Aufsichtsratsausschüsse** gelten.[204] Nur für den Gesamtaufsichtsrat schließen demnach § 10 MontanMitbestG und § 11 MontanMitbestErgG anderweitige Satzungsregelungen aus.[205]

c) **Vertagungsklauseln.** Die Vertagung von Sitzungen im Sinne des Abbruchs der bereits begonnenen Sitzung und der Einberufung einer neuen Sitzung unter Wahrung der erforderlichen Form und Fristen[206] ist weder im AktG noch in den Mitbestimmungsgesetzen geregelt. Als Verfahrensfrage können sowohl Satzung als auch Geschäftsordnung die Frage der Vertagung regeln; in Ermangelung entsprechen-

---

[191] *Feldmann* DB 1986, 29 (31).
[192] BGHZ 83, 151 (157); *Oetker* BB 1984, 1766 (1770 f.).
[193] Kölner Komm AktG/*Mertens*/*Cahn* Rn. 80.
[194] *Paefgen*, Struktur und Aufsichtsratsverfassung der mitbestimmten AG: zur Gestaltung der Satzung und der Geschäftsordnung des Aufsichtsrats, 1981, 174.
[195] BGHZ 83, 151 (155) = NJW 1982, 1530 – Bilfinger & Berger; *Peus, Der Aufsichtsratsvorsitzende: Seine Rechtsstellung nach dem Aktiengesetz und dem Mitbestimmungsgesetz*, 1983, 374 f.
[196] WKS/*Schubert* MitbestG § 28 Rn. 7; UHH/*Ulmer*/*Habersack* Mitbest § 28 Rn. 4a; GK-MitbestG/*Naendrup* § 28 Rn. 11; RVJ/*Raiser* MitbestG § 28 Rn. 3; MüKoAktG/*Habersack* Rn. 40; Wiesner AG 1979, 205; *Säcker* JZ 1980, 82 (85); *Geitner* AG 1982, 212 (217); *Oetker* BB 1984, 1766 (1769); aA LG Frankfurt a. M. NJW 1978, 2398 (2399); LG Mannheim NJW 1980, 236 f.; *Lutter*/*Krieger*/*Verse* Rechte und Pflichten des Aufsichtsrats Rn. 718; Kölner Komm AktG/*Mertens*/*Cahn* Rn. 79; *Heinsius* AG 1977, 281 (282 f.); *Preusche* AG 1980, 125 (126 f.); *Feldmann* DB 1986, 29 f.
[197] Zu diesem Ergebnis kommen auch Großkomm AktG/*Hopt*/*Roth* Rn. 89; offengelassen durch BGHZ 83, 151 (153) = NJW 1982, 1530 – Bilfinger & Berger.
[198] *Martens* ZGR 1983, 237 (255); aA *Peus, Der Aufsichtsratsvorsitzende: Seine Rechtsstellung nach dem Aktiengesetz und dem Mitbestimmungsgesetz*, 1983, 376.
[199] BGHZ 83, 151 (154 f.) = NJW 1982, 1530 – Bilfinger & Berger; *Geitner* AG 1982, 212 (217).
[200] OLG Hamburg BB 1984, 1763 (1765 ff.) = AG 1984, 307; LG Frankfurt a. M. NJW 1978, 2398 f.; LG Hamburg NJW 1980, 235; LG Mannheim NJW 1980, 236; *Lutter*/*Krieger*/*Verse* Rechte und Pflichten des Aufsichtsrats Rn. 718; MHdB AG/*Hoffmann-Becking* § 31 Rn. 63; *Canaris* DB-Beil. Heft 14/1981, 1 (6); *Rittner* DB 1980, 2493 (2503); *Heinsius* AG 1977, 281 (282).
[201] Ebenso Kölner Komm AktG/*Mertens*/*Cahn* Rn. 75, unter Verweis auf den aktienrechtlichen Grundsatz des § 108 Abs. 2 S. 4; s. auch RVJ/*Raiser* MitbestG § 28 Rn. 3.
[202] So Kölner Komm AktG/*Mertens*/*Cahn* Rn. 82; zust. MüKoAktG/*Habersack* Rn. 39; Großkomm AktG/*Hopt*/*Roth* Rn. 88.
[203] MüKoAktG/*Habersack* Rn. 40.
[204] So Kölner Komm AktG/*Mertens*/*Cahn* Rn. 79; *Rellermeyer*, Aufsichtsratsausschüsse, 1986, 167 f.
[205] *Rellermeyer*, Aufsichtsratsausschüsse, 1986, 168.
[206] Zum Begriff UHH/*Ulmer*/*Habersack* MitbestG § 25 Rn. 34; MüKoAktG/*Habersack* Rn. 41.

der Bestimmungen kann die Aufsichtsratsmehrheit über Vertagungsanträge mehrheitlich beschließen. Das einzelne Aufsichtsratsmitglied kann eine Vertagung nur verlangen, wenn Anträge zur Tagesordnung nicht rechtzeitig bei der Einberufung angekündigt wurden oder die Einberufung selbst fehlerhaft erfolgte.[207] Dem Aufsichtsratsvorsitzenden steht demgegenüber ein Recht zur einmaligen[208] Vertagung nach seinem Ermessen nur bei entsprechender Regelung in der Satzung oder Geschäftsordnung zu, um diesem nicht ein Vetorecht einzuräumen.[209] Bei in der Satzung vorgesehenem Vorbehalt kann die Aufsichtsratsmehrheit eine durch den Vorsitzenden ergangene Vertagung durch Beschluss aufheben.[210]

50 Daraus ergeben sich **allgemeine Grenzen für Vertagungsklauseln:** Sie dürfen nicht dazu führen, dass die Arbeit des Aufsichtsrats blockiert werden kann; ebenso wenig dürfen Einzelnen entsprechende Blockaderechte eingeräumt oder Satzungsbestimmungen, die höhere Anforderungen an die Beschlussfähigkeit stellen, überspielt werden.[211] Dementsprechend kann die Satzung nicht vorsehen, dass die Sitzung per se vertagt wird, wenn der Aufsichtsratsvorsitzende oder ein bestimmtes Quorum an Anteilseignervertretern nicht an der Sitzung teilnimmt.[212] Andererseits soll eine Klausel zulässig sein, die Zufallsmehrheiten verhindert, indem eine Vertagung vorgesehen wird, wenn Anteilseigner- und Arbeitnehmervertreter nicht in gleicher Anzahl anwesend sind.[213] Dies erscheint im Lichte des § 108 Abs. 2 S. 4 zweifelhaft, der gerade das zahlenmäßige Verhältnis für irrelevant erklärt.[214] Ebenso bedenklich erscheint schon wegen der Verletzung aktienrechtlicher Prinzipien eine Klausel, die die Vertagung daran anknüpft, dass nicht alle Aufsichtsratsmitglieder anwesend sind;[215] eine solche Klausel läuft ähnlich wie die entsprechende Beschlussfähigkeitsklausel de facto darauf hinaus, dass einzelne Aufsichtsratsmitglieder die Beschlussfassung durch Fernbleiben verhindern können, obwohl das Gesetz die Hälfte der Sollstärke ausreichen lassen will.

51 **d) Ausschüsse.** Die Voraussetzungen für eine Beschlussfassung gelten auch für einen **Ausschuss,** so dass ein für den Gesamtaufsichtsrat tätiger, beschließender Ausschuss mindestens drei Mitglieder haben muss.[216] Die Beschlussunfähigkeit des Plenums berührt indes nicht die Beschlussfähigkeit des Ausschusses.[217]

52 **e) Beschlussunfähigkeit und Pflichten des Aufsichtsratsmitglieds.** Bei einem beschlussunfähigen Aufsichtsrat kann der Aufsichtsrat zwar nicht mehr seine Befugnisse durch Beschlüsse umsetzen; doch ändert dies nichts daran, dass er weiterhin seinen Pflichten, die von Beschlüssen unabhängig sind, nachkommen muss, insbesondere der Überwachung nach § 111 Abs. 1.[218] Auch die Berichtspflicht des Vorstandes kann gem. § 90 Abs. 3 S. 2 selbst durch ein einzelnes Aufsichtsratsmitglied durchgesetzt werden. Die verbleibenden Aufsichtsratsmitglieder sind ihrerseits gehalten, schnellstmöglich für eine Ergänzung des Aufsichtsrats zu sorgen, insbesondere durch Antragstellung beim Gericht auf Ersatzbestellung oder Einwirken auf den Vorstand zur entsprechenden Antragstellung,[219] → Rn. 33, 35.

---

[207] UHH/*Ulmer/Habersack* MitbestG § 25 Rn. 34; MüKoAktG/*Habersack* Rn. 41; WKS/*Schubert* MitbestG § 28 Rn. 14.

[208] Nicht zur mehrmaligen Vertagung, Kölner Komm AktG/*Mertens/Cahn* Rn. 83, RVJ/*Raiser* MitbestG § 28 Rn. 4; zweifelnd, aber im Grds. zustimmend Großkomm AktG/*Hopt/Roth* Rn. 78.

[209] Kölner Komm AktG/*Mertens/Cahn* Rn. 83; *Lutter/Krieger/Verse* Rechte und Pflichten des Aufsichtsrats Rn. 724; MHdB AG/*Hoffmann-Becking* § 31 Rn. 86; *Paefgen*, Struktur und Aufsichtsratsverfassung der mitbestimmten AG: zur Gestaltung der Satzung und der Geschäftsordnung des Aufsichtsrats, 1981, 204 f.; aA für mitbestimmte Gesellschaften WKS/*Schubert* MitbestG § 28 Rn. 14 sowie GK-MitbestG/*Naendrup* § 25 Rn. 80.

[210] Kölner Komm AktG/*Mertens/Cahn* Rn. 83.

[211] MHdB AG/*Hoffmann-Becking* § 31 Rn. 87; *Raiser* NJW 1980, 209 (212).

[212] Kölner Komm AktG/*Mertens/Cahn* Rn. 84; *Paefgen*, Struktur und Aufsichtsratsverfassung der mitbestimmten AG: zur Gestaltung der Satzung und der Geschäftsordnung des Aufsichtsrats, 1981, 200 (203 f.); *Steindorff/Joch* ZHR 146 (1982), 336 (342).

[213] LG Hamburg NJW 1980, 235; zust. *Ulmer* BB 1979, 1367 f.; *Werner* AG 1979, 330 ff.; *Raiser* NJW 1980, 209 (212); *Rittner* DB 1980, 2493 (2501); Großkomm AktG/*Hopt/Roth* Rn. 78; MüKoAktG/*Habersack* Rn. 42; MHdB AG/*Hoffmann-Becking* § 31 Rn. 87; RVJ/*Raiser* MitbestG § 28 Rn. 4; *Paefgen*, Struktur und Aufsichtsratsverfassung der mitbestimmten AG: zur Gestaltung der Satzung und der Geschäftsordnung des Aufsichtsrats, 1981, 201 f.

[214] *Kindl*, Die Teilnahme an der Aufsichtsratssitzung, 1993, 99 ff.; WKS/*Schubert* MitbestG § 28 Rn. 11; GK-MitbestG/*Naendrup* § 25 Rn. 80, § 28 Rn. 10 f.; die Relevanz des § 108 Abs. 2 S. 4 verneinend *Werner* AG 1979, 330 (331 f.).

[215] Für zulässig halten dies jedoch Kölner Komm AktG/*Mertens/Cahn* Rn. 83; MüKoAktG/*Habersack* Rn. 42.

[216] → § 107 Rn. 107; MüKoAktG/*Habersack* Rn. 4; *Rellermeyer*, Aufsichtsratsausschüsse, 1986, 90 ff.; für den Prüfungsausschuss *Nonnenmacher/Pohle/v. Werder* DB 2009, 1447 (1449).

[217] MüKoAktG/*Habersack* Rn. 47; Kölner Komm AktG/*Mertens/Cahn* Rn. 76; Großkomm AktG/*Hopt/Roth* Rn. 94.

[218] Kölner Komm AktG/*Mertens/Cahn* Rn. 77; MüKoAktG/*Habersack* Rn. 48.

[219] RGZ 161, 129 (136); MüKoAktG/*Habersack* Rn. 48.

V. Schriftliche Stimmabgabe, Abs. 3

Mit der Möglichkeit der schriftlichen Stimmabgabe und deren Überreichung durch einen 53 Stimmboten, will das Gesetz einen Ausgleich dafür schaffen, dass das Aufsichtsratsmitglied keinen Stellvertreter hat.[220] Die schriftliche Stimmabgabe steht jedem Aufsichtsratsmitglied offen, auch dem Aufsichtsratsvorsitzenden oder dessen Stellvertreter.[221] Auch die Zweitstimme des Aufsichtsratsvorsitzenden in mitbestimmten Gesellschaften kann schriftlich überbracht werden, § 29 Abs. 2 S. 2 MitbestG, § 31 Abs. 4 S. 2 MitbestG.[222] Die Zweitstimme geht bei Verhinderung des Aufsichtsratsvorsitzenden gerade nicht auf dessen Stellvertreter über, § 29 Abs. 2 S. 3 MitbestG, § 31 Abs. 4 S. 3 MitbestG. Dagegen kann der gegebenenfalls per Satzung dem Aufsichtsratsvorsitzenden eingeräumte Stichentscheid nicht im Vorhinein schriftlich abgegeben werden, da er nur bei Pattsituationen und ad hoc eingreift. Auch das Stichentscheidsrecht geht bei Verhinderung nicht auf den Stellvertreter des Aufsichtsratsvorsitzenden über, da es ausschließlich an die Person des Aufsichtsratsvorsitzenden geknüpft ist.

Die **Satzung** kann die schriftliche Stimmabgabe nicht ausschließen, da das Gesetz jedem Auf- 54 sichtsratsmitglied diese Möglichkeit – entgegen früherem Recht (→ Rn. 3) – zugesteht.[223] Ebenso wenig bedarf es der Ermächtigung durch die Satzung.

Die schriftliche Stimmabgabe setzt eine **Präsenzsitzung** voraus, wie der Vergleich zu § 108 55 Abs. 4 zeigt.[224] Die Stimmabgabe eröffnet die Möglichkeit, schriftliche Erklärungen, Stimmenthaltungen oder Anträge überbringen zu lassen.[225] Aus der schriftlichen Erklärung muss klar hervorgehen, auf welchen Tagesordnungspunkt und Antrag sie sich bezieht und wie abgestimmt werden soll.[226]

Als Stimmbote können alle Personen fungieren, in erster Linie andere anwesende Aufsichtsratsmit- 56 glieder gem. § 108 Abs. 3 S. 2. Für Nicht-Aufsichtsratsmitglieder ist eine Stimmbotenschaft nur dann möglich, wenn ihre Teilnahme an der Sitzung per Satzung gem. § 108 Abs. 3 S. 3, § 109 Abs. 3 zugelassen wurde.[227] Der Bote muss entsprechend den allgemeinen zivilrechtlichen Regeln nicht geschäftsfähig sein.[228] In der Regel wird die schriftlich fixierte Stimmabgabe dem Aufsichtsratsvorsitzenden übersandt werden.[229] Kann das beauftragte Aufsichtsratsmitglied seinerseits nicht teilnehmen, ist es verpflichtet, mangels anderweitiger Weisungen, etwa die Übergabe an ein anderes näher bestimmtes Aufsichtsratsmitglied, die schriftliche Stimmabgabe dem Vorsitzenden zu übersenden.[230]

Ferner muss es sich um einen **Boten** handeln und nicht um einen Vertreter, so dass der Stimmbote 57 **keinen eigenen Ermessensspielraum** bei der Stimmabgabe besitzen darf.[231] Eine Stimmabgabe, die der Bote selbst nach exakten Weisungen in der Sitzung erst vornimmt, erfüllt diese Vorgaben nicht **(kein Blankett)**.[232] Zwar wird dem entgegengehalten, dass § 108 Abs. 3 die Urheberschaft

---

[220] → § 111 Rn. 78; BegrRegE *Kropff* S. 152; ebenso bei der Societas Europaea (SE) siehe *Schumacher* NZG 2009, 697 (698) oder *Lutter/Kollmorgen/Feldhaus* BB 2007, 509 (513 f.); das Stiftungsrecht verbietet vorbehaltlich einer Satzungsregelung eine Stimmrechtsvertretung sowie die Stimmbotenschaft im Rahmen der Beschlussfassung in einer Versammlung DNotI-Report 2007, 115 f.
[221] BegrRegE *Kropff* S. 152; Kölner Komm AktG/*Mertens/Cahn* Rn. 4; MüKoAktG/*Habersack* Rn. 49 (51); K. Schmidt/Lutter/*Drygala* Rn. 22.
[222] Großkomm AktG/*Oetker* MitbestG § 29 Rn. 17.
[223] So MüKoAktG/*Habersack* Rn. 49.
[224] MüKoAktG/*Habersack* Rn. 51; K. Schmidt/Lutter/*Drygala* Rn. 26.
[225] K. Schmidt/Lutter/*Drygala* Rn. 22.
[226] MHdB AG/*Hoffmann-Becking* § 31 Rn. 89; K. Schmidt/Lutter/*Drygala* Rn. 24.
[227] K. Schmidt/Lutter/*Drygala* Rn. 25; Hüffer/Koch/*Koch* Rn. 19; MüKoAktG/*Habersack* Rn. 54, der zudem eine entsprechende Ermächtigung des verhinderten Aufsichtsratsmitglieds verlangt.
[228] MüKoBGB/*Schramm*, 6. Aufl. 2012, BGB Vor § 164 Rn. 46; Staudinger/*Schilken* BGB Vor § 164 Rn. 78; Soergel/*Leptien* BGB Vor § 164 Rn. 43.
[229] Kölner Komm AktG/*Mertens/Cahn* Rn. 35; MüKoAktG/*Habersack* Rn. 55; *Lutter* FS Duden, 1977, 269 (271); *Riegger* BB 1980, 130 (132); *Paefgen*, Struktur und Aufsichtsratsverfassung der mitbestimmten AG: zur Gestaltung der Satzung und der Geschäftsordnung des Aufsichtsrats, 1981, 222; zur Frage, ob die Übersendung der schriftlichen Stimmabgabe direkt an den Aufsichtsratsvorsitzenden genügt, Großkomm AktG/*Hopt/Roth* Rn. 111.
[230] MüKoAktG/*Habersack* Rn. 55.
[231] Hüffer/Koch/*Koch* Rn. 19; K. Schmidt/Lutter/*Drygala* Rn. 25; MüKoAktG/*Habersack* Rn. 56; UHH/Ulmer/Habersack MitbestG § 25 Rn. 32; *E. Vetter* in Marsch-Barner/Schäfer Börsennotierte AG-HdB Rn. 27.70; NK-AktR/*Breuer/Fraune* Rn. 17; zustimmend Großkomm AktG/*Hopt/Roth* Rn. 112; Grigoleit/*Tomasic* Rn. 5.
[232] So aber Kölner Komm AktG/*Mertens/Cahn* Rn. 33 f.; Großkomm AktG/*Hopt/Roth* Rn. 112; MHdB AG/*Hoffmann-Becking* § 31 Rn. 90; *Lutter/Krieger/Verse* Rechte und Pflichten des Aufsichtsrats Rn. 726; *Lutter* FS Duden, 1977, 269 (281 f.); *Riegger* BB 1980, 130; *Paefgen*, Struktur und Aufsichtsratsverfassung der mitbestimmten AG: zur Gestaltung der Satzung und der Geschäftsordnung des Aufsichtsrats, 1981, 217 f.; *Hoffmann/Preu* Der Aufsichtsrat Rn. 420.

des abwesenden Aufsichtsratsmitglieds nicht mit absoluter Sicherheit, sondern nur mit hoher Wahrscheinlichkeit gewährleisten wolle,[233] und jedes Aufsichtsratsmitglied der zu Unrecht abgegebenen, weil gefälschten Stimme, widersprechen könne, wenn diese Stimme für den gefassten Beschluss entscheidend war; die Mängel der Urheberschaft seien daher rasch und einfach zu beseitigen.[234] Doch ist zum einen kaum zu überprüfen, welche Weisungen der Bote erhalten hat und ob er diese befolgt, zum anderen würde der Bote damit letztlich dem Vertreter angenähert, da das Stimmverhalten dem Verlauf der Sitzung noch angepasst werden könnte; der Aufsichtsrat würde „zum bloßen Abstimmungsorgan".[235] Damit gerät ein solches Verfahren in Konflikt mit dem Grundsatz der höchstpersönlichen Amtsführung aus § 111 Abs. 5. Zudem gilt der Grundsatz, dass die Vorsorge vor Verfälschungen der nachträglichen Fehlerbehebung vorgeht. Die Stimmabgabe muss daher vollständig ausgefüllt sein und vom abwesenden Aufsichtsratsmitglied stammen, um Verfälschungen von vorneherein zu verhindern.[236] Möglich ist aber, dass der Bote verschiedene, bereits ausgefüllte Stimmen erhält, die er nach klaren Bedingungen abzugeben hat.[237] Dadurch wird ein ausreichendes Maß an Flexibilität gewährleistet, ohne jedoch die möglichen Probleme einer Blanketterteilung und die dagegen vorgebrachten Bedenken einzugehen. Der Stimmbote ist nicht auf die Übergabe der Stimme beschränkt, sondern kann für das abwesende Aufsichtsratsmitglied Erklärungen zur Stimmabgabe abgeben.[238] Der Stimmbote darf die schriftliche Stimmabgabe nicht zurückhalten. Ein pflichtwidriges Zurückhalten macht indes den dennoch gefassten Beschluss nicht fehlerhaft.[239]

58 Die Stimme muss **schriftlich** abgegeben werden, andere Formen, insbesondere fernmündliche Übertragung, genügen nicht.[240] Die elektronische Übermittlung, sofern sie die Schriftform nach § 126a BGB substituiert, genügt.[241]

59 Teilweise wird für die wirksame Abgabe der Stimme die **eigene Namensunterschrift** als Teil der Schriftform gem. § 126 BGB gefordert.[242] Zur Begründung wird angeführt, dass die anderen Aufsichtsratsmitglieder hier der schriftlichen Stimmabgabe nicht widersprechen könnten, während bei anderen Formen der Beschlussfassung, etwa der telegraphischen, nach § 108 Abs. 4 schon der Widerspruch eines Aufsichtsratsmitglieds genüge. Zudem sei die schriftliche Stimmabgabe nur ein Notbehelf.[243] Entscheidend ist die Funktion der Schriftform in § 108 Abs. 3: Sie dient im Wesentlichen der Dokumentation und dem Beweis, was von den anderen Formen der Übermittlung der Stimme ebenfalls erfüllt werden kann.[244] Inhalt und Absender der Stimme können eindeutig festgestellt werden. Der Verweis auf das Widerspruchsrecht aus § 108 Abs. 4 zur Begründung der Erforderlichkeit der Namensunterschrift verfängt nicht, weil bei § 108 Abs. 4 nicht die einzelne Stimmabgabe, sondern die Beschlussfassung insgesamt gemeint ist und auch diejenige im Wege der (rein) schriftlichen Beschlussfassung erfasst ist. In Fällen des § 108 Abs. 3 nimmt das abwesende Aufsichtsratsmitglied mit der Stimmübergabe hingegen an einer Präsenzsitzung teil, in der sich die anwesenden Teilnehmer austauschen können und ein Widerspruchsrecht daher nicht vonnöten ist. Es kommt hier allein auf die Zwecke des Schriftformerfordernisses namentlich der Individualisierbarkeit und Zuordnungsfähigkeit der übergebenen Stimme an. Demgemäß ist auch die Übergabe einer per Telefax, Telex,

---

[233] *Lutter* FS Duden, 1977, 269 (281 f.); so auch *Kindl*, Die Teilnahme an der Aufsichtsratssitzung, 1993, 34 f.
[234] *Lutter* FS Duden, 1977, 269 (281 f.); in diese Richtung auch *Mertens* AG 1977, 210 (213).
[235] S. auch UHH/*Ulmer*/*Habersack* MitbestG § 25 Rn. 30, 32; Hüffer/Koch/*Koch* Rn. 19; *Ulmer* ZHR 141 (1977), 490 (505).
[236] Hüffer/Koch/*Koch* Rn. 19.
[237] Insoweit auch Kölner Komm AktG/*Mertens*/*Cahn* Rn. 34; Hölters/*Hambloch-Gesinn*/*Gesinn* Rn. 52; *Paefgen*, Struktur und Aufsichtsratsverfassung der mitbestimmten AG: zur Gestaltung der Satzung und der Geschäftsordnung des Aufsichtsrats, 1981, 217 f.; *Lutter* FS Duden, 1977, 269 (276 f.); *Mehl*, Die Stimmbotenschaft bei Beschlüssen des Aufsichtsrats, 1990, 54; enger MüKoAktG/*Habersack* Rn. 57, hiernach muss in der Urkunde selbst die Stimmabgabe unter eine hinreichend klare Bedingung gestellt sein oder entsprechende Alternativen zum Ausdruck gebracht werden, damit jegliches Ermessen des Stimmboten ausgeschlossen ist.
[238] MüKoAktG/*Habersack* Rn. 56; UHH/*Ulmer*/*Habersack* MitbestG § 25 Rn. 32.
[239] Kölner Komm AktG/*Mertens*/*Cahn* Rn. 36; MüKoAktG/*Habersack* Rn. 58.
[240] MüKoAktG/*Habersack* Rn. 52; *Lutter*/*Krieger*/*Verse* Rechte und Pflichten des Aufsichtsrats Rn. 725; K. Schmidt/Lutter/*Drygala* Rn. 23.
[241] So auch *Horn*, Die Virtualisierung von Unternehmen als Rechtsproblem, 2005, 124 mit dem Hinweis, dass eine Stimmabgabe per Email grundsätzlich dem Schriftformerfordernis nicht genügt. Eine Ausnahme bilden Fallgestaltungen, in denen ein unterschriebenes Dokument elektronisch eingelesen und daraufhin per Email versandt wird. Hüffer/Koch/*Koch* Rn. 20.
[242] MHdB AG/*Hoffmann-Becking* § 31 Rn. 90; Hüffer/Koch/*Koch* Rn. 20; K. Schmidt/Lutter/*Drygala* Rn. 23; MüKoAktG/*Habersack* Rn. 53; *Mehl*, Die Stimmbotenschaft bei Beschlüssen des Aufsichtsrats, 1990, 15 ff.
[243] Hüffer/Koch/*Koch* Rn. 20.
[244] Vgl. auch *E. Vetter* in Marsch-Barner/Schäfer Börsennotierte AG-HdB Rn. 27.70, der darauf hinweist, dass das Schriftformerfordernis keine Schutz- und Warnfunktion gegenüber dem verhinderten Aufsichtsratsmitglied habe, sondern ausschließlich Beweiszwecken diene.

Telegramm oder gem. § 126a BGB digital signierter (eine einfache E-Mail genügt hierfür auf Grund der Sicherheitsprobleme nicht) E-Mail fixierten Stimme zulässig, solange die Identität und Authentizität der Nachricht gewährleistet ist.[245]

VI. Beschlüsse ohne Sitzung, Abs. 4

Das Gesetz sieht als Normalfall die Präsenzsitzung vor,[246] nicht dagegen die Beschlussfassung ohne Sitzung in Gestalt eines schriftlichen Umlaufverfahrens oder durch andere Mittel. In Ermangelung eines Widerspruchs können neben der vom Gesetz erwähnten schriftlichen[247] oder fernmündlichen Beschlussfassung (Telefonkonferenz) auch andere Formen der Nicht-Präsenzsitzung durchgeführt werden.[248] Es war das erklärte Ziel der Reform durch das NaStraG, dass die modernen Kommunikationsmittel auch im Aktienrecht genutzt werden können.[249] Ferner kommt die Stimmenabgabe per Telegramm oder Telefax in Betracht.[250] 60

In diesem Rahmen ist fraglich, was das Gesetz unter der schriftlichen oder fernmündlich vergleichbaren Form der Beschlussfassung versteht. Insbesondere für **Videokonferenzen**,[251] aber auch für **Internetkonferenzen** mit Bildübertragung erscheint es nahe liegend, diese der Präsenzsitzung gleichzustellen, können die Aufsichtsratsmitglieder doch wie in der Präsenzsitzung sowohl Gestik und Mimik als auch Inhalt der Beiträge ihrer Kollegen verfolgen,[252] so dass der Widerspruch eines Aufsichtsratsmitglieds unbeachtlich und eine Satzungsregelung nicht erforderlich wäre.[253] Auch wenn für eine Gleichstellung einiges spricht, bestehen doch nach wie vor einige Unterschiede zur Präsenzsitzung, insbesondere im Hinblick auf gruppendynamische Effekte oder der direkten, spontanen Kommunikation der Aufsichtsratsmitglieder untereinander.[254] Diese Unterschiede schlagen sich schließlich in der Begründung des NaStraG nieder, das gerade die neuen Kommunikationsformen unter § 108 Abs. 4 fassen wollte.[255] Der Gesetzgeber hat sich dafür entschieden, Videokonferenzen als der fernmündlichen Beschlussfassung vergleichbare Form nicht der Präsenzsitzung gleichzustellen.[256] Demgemäß unterfallen auch diese Konferenzarten § 108 Abs. 4, so dass – auch unter Berücksichtigung der Zahlung eines Sitzungsgeldes[257] – eine Satzungsregelung ratsam erscheint.[258] Erst recht können solche Sitzungen (Internet-, Video-, Telefonkonferenzen) **nicht der Regelfall** sein: Zwar hat der Gesetzgeber hier keine 61

---

[245] S. bereits grundlegend KG JW 1938, 1824: Zulässigkeit der Abstimmung durch Telegramm wegen Bedürfnisse des modernen Wirtschaftsverkehrs; *Kindl*, Die Teilnahme an der Aufsichtsratssitzung, 1993, 30 ff., 33; *Meilicke* FS Schmidt, 1959, 71 (84); *Lutter* FS Duden, 1977, 269 (280); *Riegger* BB 1980, 130 (131); Kölner Komm AktG/*Mertens/Cahn* Rn. 25; Großkomm AktG/*Hopt/Roth* Rn. 109; enger *E. Vetter* in Marsch-Barner/Schäfer Börsennotierte AG-HdB Rn. 27.70, der sich gegenüber Telex und Telegramm kritisch äußert; nur für Telefax dagegen *Lutter/Krieger/Verse* Rechte und Pflichten des Aufsichtsrats Rn. 725; MHdB AG/*Hoffmann-Becking* § 31 Rn. 90; *Hoffmann/Preu* Der Aufsichtsrat Rn. 420.
[246] *Kindl* ZHR 166 (2002), 335 (340); *Wagner* NZG 2002, 57 (58); darauf hinweisend, dass in der Praxis überwiegend Beschlüsse außerhalb der Sitzung gefasst werden *Miettinen/Villeda* AG 2007, 346 (348); so auch § 35 SEAG *Lutter/Kollmorgen/Feldhaus* BB 2007, 509 (513).
[247] „Schriftlichkeit" ist wie im Sinne von Abs. 3 zu verstehen Kölner Komm AktG/*Mertens/Cahn* Rn. 39.
[248] Kölner Komm AktG/*Mertens/Cahn* Rn. 39: E-Mail, Online-Chat-Konferenz, SMS.
[249] BegrRegE BT-Drs. 14/4051, 12; dazu auch: *Happ* WM 2000, 1795; *Goedecke* BB 2001, 369 (373); *Habersack* ZHR 165 (2001), 172 (179); *Weber* NZG 2001, 337 (345).
[250] MHdB AG/*Hoffmann-Becking* § 31 Rn. 95, 96; Hüffer/Koch/*Koch* Rn. 21; K. Schmidt/Lutter/*Drygala* Rn. 26.
[251] *Schmidt*, Videokonferenzen als Aufsichtsratssitzungen, 2012, 198 ff.
[252] Wegen visueller und auditiver Wahrnehmbarkeit kommen Großkomm AktG/*Hopt/Roth* Rn. 117; *Horn*, Die Virtualisierung von Unternehmen als Rechtsproblem, 2005, 125 f. zumindest für die Videokonferenz zum gleichen Ergebnis; *Wasse* AG 2011, 685 (689) mwN.
[253] Für Gleichstellung Kölner Komm AktG/*Mertens/Cahn* Rn. 20 f.; Hüffer/Koch/*Koch* Rn. 22; Hölters/ Hambloch-Gesinn/*Gesinn* Rn. 9; *Kindl* ZHR 166 (2002), 335 (344 ff.), insbesondere im Hinblick auf § 110 Abs. 3; Großkomm AktG/*Hopt/Roth* Rn. 117 stimmen im Grundsatz zu, empfehlen aber eine Regelung in Satzung oder Geschäftsordnung; für Videokonferenzen *Schmidt*, Videokonferenzen als Aufsichtsratssitzungen, 2012, 201 f.
[254] S. auch *Reichard/Kaubisch* AG 2013, 150 (153); *Kindl* ZHR 166 (2002), 335 (339); *Wagner* NZG 2002, 57 (58); *Grigoleit/Tomasic* Rn. 8.
[255] BegrRegE BT-Drs. 14/4051, 12.
[256] *Wagner* NZG 2002, 57 (58); *Hoffmann-Becking*, Liber amicorum Happ, 2006, 81 (86 f.); ohne Begründung, aber iE so auch *E. Vetter* in Marsch-Barner/Schäfer Börsennotierte AG-HdB Rn. 27.54; aA *Kindl* ZHR 166 (2002), 335 (345), der aber den Gesellschaften dann doch rät, Videokonferenzen nicht als Präsenzsitzung einzuordnen (348).
[257] *Reichard/Kaubisch* AG 2013, 150 (157); aA *Simons* AG 2013, 547; → Rn. 62.
[258] Henssler/Strohn/*Henssler* Rn. 16; Möglichkeiten der Satzungsausgestaltung bei *Kindl* ZHR 166 (2002), 335 (338).

Einschränkung getroffen;²⁵⁹ doch bleibt es dabei, dass solche Sitzungen nicht die gleiche Qualität und Intensität wie eine Präsenzsitzung erreichen, so dass der Aufsichtsrat nicht dazu übergehen kann, die Präsenzsitzung generell durch die Tele-Konferenz zu ersetzen.²⁶⁰ Andererseits gibt es **kein Verbot der Tele-Konferenz für** bestimmte Sitzungen, etwa der **Bilanzsitzung**.²⁶¹ Der Aufsichtsrat muss stets abwägen, ob die gewählte Konferenzart den Anforderungen an die Beratungsintensität gerecht wird.

62 Ob für Video- und Telefonkonferenzen in Ermangelung einer spezifischen, differenzierenden Satzungsklausel **Sitzungsgeld** von der an der Konferenz teilnehmenden Aufsichtsratsmitglieder verlangt werden darf,²⁶² insbesondere wenn die Satzung nur von „Sitzungen" spricht, ist umstritten. So soll der allgemeine Sprachgebrauch das Element der körperlichen Zusammenkunft in den Vordergrund stellen.²⁶³ Indes spielt § 108 Abs. 4 für die Frage der Auslegung des Begriffs „Sitzung" in einer Satzungsklausel keine Rolle, da es nur um die Beschlussfassung geht.²⁶⁴ Maßgeblich ist nur die (objektive) Auslegung der jeweiligen Satzungsklausel: Berücksichtigt man, dass oftmals Sitzung als generischer Oberbegriff für alle Formen der Beschlussfassung verwandt wird, unterfallen die meisten allgemein Klauseln diesem Verständnis, so dass auch für Nicht-Präsenzsitzungen Sitzungsgeld verlangt werden kann.²⁶⁵

63 **Satzung** oder Geschäftsordnung können generell derartige Beschlussfassungen zulassen, auch Umlaufbeschlüsse,²⁶⁶ so dass dann auch der Widerspruch eines Aufsichtsratsmitglieds daran nichts ändern kann.²⁶⁷ Der Ausschluss des Widerspruchsrechts muss ausdrücklich erfolgen; allein die Zulassung einer Video- oder Internetkonferenz in der Satzung enthält dies noch nicht die Regelung.²⁶⁸ Auch kann ein qualifizierter Widerspruch, zB von mindestens zwei Aufsichtsratsmitgliedern,²⁶⁹ oder eine Widerspruchsfrist²⁷⁰ durch die Satzung eingeführt werden.²⁷¹ Die Satzung kann Beschlussfassungen ohne Sitzung ganz ausschließen oder an besondere Voraussetzungen (etwa eine Zweidrittelmehrheit) knüpfen.²⁷² Für die Wirksamkeit des Beschlusses müssen die satzungsgemäßen Vorgaben eingehalten werden.²⁷³

64 Mangels entsprechender Satzungsbestimmung ist Voraussetzung für eine Beschlussfassung ohne Sitzung, dass jedes Aufsichtsratsmitglied über die Beschlussfassung und die Anträge informiert wird, um rechtzeitig sein Widerspruchsrecht ausüben zu können.²⁷⁴ Der Widerspruch muss ausdrücklich erklärt werden; Schweigen ist kein Widerspruch.²⁷⁵

65 Das **Verfahren der Abstimmung**, insbesondere der Übermittlung der Stimme und die einzuhaltenden Fristen, wird vom Aufsichtsratsvorsitzenden – vorbehaltlich einer Satzungsbestimmung – festgelegt. Eine einheitliche Form der Stimmabgabe (schriftlich, fernmündlich etc.) ist nicht erforderlich.²⁷⁶ Für die Beschlussfähigkeit zählen nur die abgegebenen Stimmen.²⁷⁷ Auch eine schriftliche Stimmabgabe durch Stimmboten gemäß § 108 Abs. 3 soll in einer Videokonferenz-Sitzung zulässig

---

²⁵⁹ S. dazu *Götz* NZG 2002, 599 (601 f.).
²⁶⁰ Ebenso: *Neuling* AG 2002, 610 (611); *Lutter/Krieger/Verse* Rechte und Pflichten des Aufsichtsrats Rn. 690, 728.
²⁶¹ AA *Neuling* AG 2002, 610 (614); einschränkend MüKoAktG/*Habersack* § 110 Rn. 45: der ausnahmsweise eine Videokonferenz für zulässig hält; ebenso *Miettinen/Villeda* AG 2007, 346 (351 f.).
²⁶² Laut *Reichard/Kaubisch* AG 2013, 150 (151) differenzieren lediglich drei der 26 DAX-Gesellschaften, die überhaupt ein Sitzungsgeld regeln; die Deutsche Bank AG hat das Sitzungsgeld aber im Mai 2013 – nach Veröffentlichung des Aufsatzes – abgeschafft *Simons* AG 2013, 547 Fn. 3.
²⁶³ *Reichard/Kaubisch* AG 2013, 150 (153).
²⁶⁴ So aber *Reichard/Kaubisch* AG 2013, 150 (154); dagegen zu Recht *Simons* AG 2013, 547 (549).
²⁶⁵ AA Hüffer/Koch/*Koch* Rn. 24.
²⁶⁶ *Kort* LG Frankfurt a. M. EWiR 2004, 625.
²⁶⁷ *Kindl* ZHR 166 (2002), 335 (338 ff.); *Wagner* NZG 2002, 57 (58).
²⁶⁸ AA Kölner Komm AktG/*Mertens/Cahn* Rn. 48; einschr. MüKoAktG/*Habersack* Rn. 67 und *Wagner* NZG 2002, 57 (58), die ein Ausschluss des Widerspruchsrechts nur für Satzungsbestimmungen aus dem Zeitraum nach Inkrafttreten des NaStraG annehmen; ebenso *Kindl* ZHR 166 (2002), 335 (338 f.) für die Satzungsbestimmung „Beschlussfassungen gemäß § 108 Abs. 4 sind zulässig".
²⁶⁹ Kölner Komm AktG/*Mertens/Cahn* Rn. 48.
²⁷⁰ *Luther* FS Hengeler, 1972, 167 (174).
²⁷¹ MüKoAktG/*Habersack* Rn. 68; *Kindl* ZHR 166 (2002), 335 (338).
²⁷² Kölner Komm AktG/*Mertens/Cahn* Rn. 38; Hüffer/Koch/*Koch* Rn. 23; MüKoAktG/*Habersack* Rn. 68; MHdB AG/*Hoffmann-Becking* § 31 Rn. 97; *Hoffmann-Becking* Liber amicorum Happ, 2006, 81 (85 f.); *Lutter/Krieger/Verse* Rechte und Pflichten des Aufsichtsrats Rn. 728; *Ulmer* ZHR 141 (1977), 490 (506 f.).
²⁷³ LG Frankfurt EWiR § 124 AktG 1/04.
²⁷⁴ Kölner Komm AktG/*Mertens/Cahn* Rn. 38; MüKoAktG/*Habersack* Rn. 61; K. Schmidt/Lutter/*Drygala* Rn. 27.
²⁷⁵ *Lutter/Krieger/Verse* Rechte und Pflichten des Aufsichtsrats Rn. 728; Kölner Komm AktG/*Mertens/Cahn* Rn. 40; MüKoAktG/*Habersack* Rn. 61.
²⁷⁶ Kölner Komm AktG/*Mertens/Cahn* Rn. 43; MüKoAktG/*Habersack* Rn. 64.
²⁷⁷ MHdB AG/*Hoffmann-Becking* § 31 Rn. 88; *Lutter/Krieger/Verse* Rechte und Pflichten des Aufsichtsrats Rn. 728; MüKoAktG/*Habersack* Rn. 63.

sein.²⁷⁸ Dagegen spricht, dass sich § 108 Abs. 3 systematisch und seiner Stellung nach nur auf § 108 Abs. 1 und Abs. 2 bezieht und das dort im Gesetz vorgesehene Regel- und Ausnahmeverhältnis zwischen Beschlussfassung in der Sitzung als die Regel und Beschlussfassung außerhalb der Sitzung als die Ausnahme dadurch durchbrochen würde.²⁷⁹ Auch wäre eine schriftliche Stimmabgabe in einer Videokonferenz nicht praktikabel.²⁸⁰ Über das Beschlussergebnis ist eine Niederschrift gem. § 107 Abs. 2 anzufertigen, insbesondere bei telefonischen Konferenzen über den Wortlaut der Anträge und das Abstimmverhalten.²⁸¹ Eine besondere Anordnung diesbezüglich in Satzung oder Geschäftsordnung ist nicht erforderlich.²⁸²

Möglich soll auch eine **kombinierte Beschlussfassung**²⁸³ sein, indem ein Teil der Stimmen während einer Präsenzsitzung abgegeben wird, die übrigen aber entsprechend § 108 Abs. 4 in einem anderen Verfahren abgegeben werden, wenn kein Aufsichtsratsmitglied widerspricht.²⁸⁴ Die abwesenden Mitglieder werden dann nach der Präsenzsitzung zur Stimmabgabe aufgefordert.²⁸⁵ 66

§ 108 Abs. 4 erlaubt vergleichbare Regelungen für **Ausschüsse**. Zu Recht wird darauf hingewiesen, dass es einer ausdrücklichen Satzungs- oder Geschäftsordnungsbestimmung bedarf, da gerade Ausschüsse auf eine effiziente, präsenzorientierte Arbeitsweise angewiesen sind.²⁸⁶ 67

VII. Fehlerhafte Aufsichtsratsbeschlüsse

Das Gesetz regelt weder das Verfahren noch die Rechtsfolge eines mangelbehafteten Aufsichtsratsbeschlusses.²⁸⁷ Da ein rechtlich nicht wirksam zustande gekommener Beschluss oder ein gesetzes- bzw. satzungswidriger Beschluss keine Rechtsfolgen entfalten kann und eine Heilung durch Ablauf von Fristen nicht vorgesehen ist, ist ein solcherart mangelhafter Aufsichtsratsbeschluss nichtig. Als Fehler kommen sowohl inhaltliche Verstöße gegen Gesetz oder Satzung als auch verfahrensrechtliche Verstöße in Betracht. 68

1. Beschlussmängel. Ein mangelhafter Beschluss führt grundsätzlich zur Nichtigkeit des Beschlusses, nicht aber zu dessen Anfechtbarkeit (→ Rn. 73 ff.).²⁸⁸ Daraus folgt neben prozessualen Konsequenzen vor allem, dass keine Rechtswirkungen durch den Beschluss eintreten können, so dass es keiner entsprechenden Anfechtungsklage bedarf.²⁸⁹ Demgemäß muss stets die Wirksamkeit eines Beschlusses geprüft werden, auch als Vorfrage etwa bei Kündigungserklärungen.²⁹⁰ 69

Ist lediglich die **einzelne Stimmabgabe** unwirksam, kommt es trotz des rechtsgeschäftlichen Charakters des Beschlusses darauf an, ob sich dieser Mangel im Abstimmungsergebnis und damit im Beschluss auswirkt.²⁹¹ Bleibt es daher trotz der unwirksamen Stimme bei einem mehrheitlich gefassten Beschluss, ist der Mangel der einzelnen Stimmabgabe unbeachtlich.²⁹² Auf die unwirksame Stimmabgabe kommt es nur an, wenn diese rechnerisch für das Beschlussergebnis ausschlaggebend 70

---

²⁷⁸ *Wagner* NZG 2002, 57 (60); ähnlich *Kindl* ZHR 166 (2002), 335 (347 f.).
²⁷⁹ Dies räumt auch *Wagner* NZG 2002, 57 (60) ein.
²⁸⁰ Für unzulässig haltend Kölner Komm AktG/*Mertens*/*Cahn* Rn. 35.
²⁸¹ → § 107 Rn. 66; *Hoffmann-Becking* Liber amicorum Happ, 2006, 81 (83); Kölner Komm AktG/*Mertens*/*Cahn* Rn. 45; MüKoAktG/*Habersack* Rn. 65.
²⁸² So auch Großkomm AktG/*Hopt*/*Roth* Rn. 123.
²⁸³ Ausführlicher zur kombinierten Beschlussfassung Kölner Komm AktG/*Mertens*/*Cahn* Rn. 50; Großkomm AktG/*Hopt*/*Roth* Rn. 129; K. Schmidt/Lutter/*Drygala* Rn. 28; *Miettinen*/*Villeda* AG 2007, 346 (347).
²⁸⁴ *Kindl* ZHR 166 (2002), 335 (342 f.); *Lutter*/*Krieger*/*Verse* Rechte und Pflichten des Aufsichtsrats Rn. 729; UHH/*Ulmer*/*Habersack* MitbestG § 25 Rn. 33; MHdB AG/*Hoffmann-Becking* § 31 Rn. 93 *Hoffmann-Becking* Liber amicorum Happ, 2006, 81 (87 f.); *Wagner* NZG 2002, 57 (58 f.); *E. Vetter* in Marsch-Barner/Schäfer Börsennotierte AG-HdB Rn. 27.56; zweifelnd aber Hüffer/Koch/*Koch* Rn. 23, der Satzungsermächtigung verlangt; Wachter/*Schick* Rn. 18 rät ebenso zur Satzungsermächtigung.
²⁸⁵ MüKoAktG/*Habersack* Rn. 72; *Hoffmann*/*Preu* Der Aufsichtsrat Rn. 419.
²⁸⁶ Hüffer/Koch/*Koch* Rn. 23; aA Kölner Komm AktG/*Mertens*/*Cahn* Rn. 47.
²⁸⁷ Zum Streit über die Lückenfüllung siehe Großkomm AktG/*Hopt*/*Roth* Rn. 132 mwN; für eine Kodifikation *Fleischer* DB 2013, 217 (223).
²⁸⁸ BGHZ 122, 342 (346 ff.); BGHZ 135, 244 (247); KG Berlin AG 2005, 205 (206); BAG NZG 2017, 69 (78 f.); zust. Hüffer/Koch/*Koch* Rn. 26; K. Schmidt/Lutter/*Drygala* Rn. 42; Henssler/Strohn/*Henssler* Rn. 23; ausführlich *Fleischer* DB 2013, 160 ff.
²⁸⁹ *Hüffer* ZGR 2001, 833 (869).
²⁹⁰ KG AG 2005, 205 (206); Kölner Komm AktG/*Mertens*/*Cahn* Rn. 111.
²⁹¹ BGH AG 2013, 387 (388 Rn. 21); allgemein zur Berücksichtigung einer Rechtsverletzung im Rahmen der Entscheidung über die Aufhebung des Beschlusses *Ernst* Liber Amicorum Leenen, 2012, 1 (34).
²⁹² BGH AG 2013, 387 (388 Rn. 21); BGHZ 12, 327 (331 f.); s. bereits RGZ 106, 258 (263); Kölner Komm AktG/*Mertens*/*Cahn* Rn. 91; Hüffer/Koch/*Koch* Rn. 25; MüKoAktG/*Habersack* Rn. 75; *Lutter*/*Krieger*/*Verse* Rechte und Pflichten des Aufsichtsrats Rn. 739; *Meilicke* FS Schmidt, 1959, 71 (90 f.); *Baums* ZGR 1983, 300 (320); eingehend *Lemke*, Der fehlerhafte Aufsichtsratsbeschluß, 1994, 140 ff.

war.[293] Ein Festhalten am ursprünglichen Abstimmungsergebnis, obwohl die mangelbehaftete Stimme für das Ergebnis nicht kausal war, mit der Folge einer dann notwendigen erneuten Abstimmung, wäre reiner Formalismus. Die Teilnahme Dritter und die nichtige Stimmabgabe eines Nichtberechtigten führen zu keiner Beeinträchtigung der Teilhabe-, Informations- und Mitwirkungsrechte der übrigen stimmberechtigten Aufsichtsratsmitglieder.[294]

71 Die Stimmabgabe kann auf Grund von **Willensmängeln** entsprechend den allgemein bürgerlich-rechtlichen Vorschriften angefochten werden, insbesondere bei falschen Informationen über den Beschlussgegenstand,[295] ohne dass jedoch das Aufsichtsratsmitglied nach § 122 BGB haften würde.[296] Die Anfechtungserklärung hat gegenüber dem Aufsichtsratsvorsitzenden (bzw. dem Sitzungsleiter) zu erfolgen.[297] In Fällen unzureichender Informationen im Vorfeld eines Beschlusses lässt sich jedoch nicht als Umkehrschluss aus § 93 Abs. 1 S. 2, § 116 S. 1 ableiten, dass eine Entscheidung die nicht „auf der Grundlage angemessener Information" getroffen wurde, als Verletzung der Business Judgement Rule in jedem Fall eine objektive Pflichtverletzung darstelle und ein derartiger Beschluss in jedem Fall nichtig sei.[298]

72 Die Nichtigkeit greift bei Beachtlichkeit des Mangels (s. zu Ausnahmen der Nichtigkeitsfolge bei Unbeachtlichkeit → Rn. 73) grundsätzlich bei Verstößen gegen **wesentliche Verfahrensvorschriften** oder bei inhaltlichen Verstößen gegen Gesetz oder Satzung.[299] Bei nicht so gravierenden Verfahrensverstößen dagegen kann es ausnahmsweise zu einer Korrektur der Nichtigkeitsfolge kommen, etwa bei an sich unzulässiger Teilnahme eines Dritten an Sitzungen.[300] Generell keine Nichtigkeit tritt allein bei der Nichtbeachtung der Ordnungsvorschriften des § 107 Abs. 2 ein, wie dies § 107 Abs. 2 S. 3 ausdrücklich anordnet.

73 Als **schwerwiegende Verfahrensmängel** gelten die Beschlussunfähigkeit[301] oder die fehlerhafte Zusammensetzung des Aufsichtsrats,[302] die Beschlussfassung über nicht zuvor angekündigte Anträge[303] sowie die Nichtladung einzelner Mitglieder.[304] Ferner gehört der Beschluss ohne erforderliche Mehrheit bzw. fehlerhafter Beschlussfeststellung und Stimmenauszählung[305] und die Verletzung der Vorschriften über die schriftliche Stimmabgabe oder der Beschlussfassung ohne Sitzung[306] zu den

---

[293] BGHZ 47, 341 (346) = NJW 1967, 1711: die bloße Beeinflussung ist nicht ausschlaggebend; Großkomm AktG *Hopt/Roth* Rn. 145; *Baums* ZGR 1983, 300 (320); *Lemke*, Der fehlerhafte Aufsichtsratsbeschluß, 1994, 141; aA *Meilicke* FS Schmidt, 1959, 90 f.

[294] *Lemke*, Der fehlerhafte Aufsichtsratsbeschluß, 1994, 141.

[295] Kölner Komm AktG/*Mertens/Cahn* Rn. 90; *Baltzer*, Der Beschluß als rechtstechnisches Mittel organschaftlicher Funktion im Privatrecht, 1965, 152 f.; *Axhausen*, Anfechtbarkeit aktienrechtlicher Aufsichtsratsbeschlüsse, 1986, 18; *Lemke*, Der fehlerhafte Aufsichtsratsbeschluß, 1994, 62, 139 (141).

[296] MüKoAktG/*Habersack* Rn. 74; aA *Ernst* Liber Amicorum Leenen, 2012, 1 (38).

[297] Kölner Komm AktG/*Mertens/Cahn* Rn. 90; MüKoAktG/*Habersack* Rn. 74; *Meilicke* FS Schmidt, 1959, 71 (91).

[298] OLG München ZIP 2017, 372.

[299] StRspr, BGHZ 135, 244 (247) = NJW 1997, 1926 – ARAG/Garmenbeck; BGHZ 122, 342 (351) = NJW 1993, 2307; BGH NZG 2000, 945 (946) für Sparkassenverwaltungsrat; BayObLG AG 2003, 427 (428) = BayObLGZ 2003, 89 (95); LG Düsseldorf AG 1995, 333; LG Mühlhausen AG 1996, 527; MüKoAktG/*Habersack* Rn. 73; *Hüffer/Koch/Koch* Rn. 26; *Hüffer* ZGR 2001, 833 (872); *E. Vetter* in Marsch-Barner/Schäfer Börsennotierte AG-HdB Rn. 27.79; differenzierend nach Art und Schwere des Mangels auch K. Schmidt/Lutter/*Drygala* Rn. 37 f.; differenzierend auch *Panetta* NJOZ 2008, 4294 (4295); Übersicht auch bei *Fleischer* DB 2013, 217 (218).

[300] BGHZ 47, 341 (346, 349 f.) = NJW 1967, 1711; zust. Großkomm AktG/*Hopt/Roth* Rn. 158; allgemein: *Meilicke* FS Schmidt, 1959, 71 (103); *Lemke*, Der fehlerhafte Aufsichtsratsbeschluß, 1994, 140 ff.; zur aA s. Nachweise auf *Fleischer* DB 2013, 217 (219).

[301] BGHZ 4, 224 (228 f.) – Genossenschaft; BGH NJW 1989, 1928 (1929) – Ausschüsse; KG AG 2005, 205 (206); LG Karlsruhe AG 1994, 87; BayObLG AG 2003, 427 (428 f.) = BayObLGZ 2003, 89 (91); MHdB AG/*Hoffmann-Becking* § 31 Rn. 1116, 117; Kölner Komm AktG/*Mertens/Cahn* Rn. 89; *Lutter/Krieger/Verse* Rechte und Pflichten des Aufsichtsrats Rn. 739; *Meilicke* FS Schmidt, 1959, 71 (84); *Baums* ZGR 1983, 300 (317 ff.); *Lemke*, Der fehlerhafte Aufsichtsratsbeschluß, 1994, 138; DNotI-Report 2008, 137 (139) mit der Anerkennung einer ex-nunc wirkenden Heilungsmöglichkeit durch Neuvornahme.

[302] OLG Köln ZIP 2008, 1767 (1768); s. auch Kölner Komm Akt/*Mertens/Cahn* Rn. 86; MüKoAktG/*Habersack* Rn. 76, allerdings zu Recht mit Hinweis auf das zuvor durchzuführende Statusverfahren nach §§ 97–99.

[303] *Lutter/Krieger/Verse* Rechte und Pflichten des Aufsichtsrats Rn. 739; *Meilicke* FS Schmidt, 1959, 71 (83).

[304] MüKoAktG/*Habersack* Rn. 76, MHdB AG/*Hoffmann-Becking* § 31 Rn. 117; so auch *Lemke*, Der fehlerhafte Aufsichtsratsbeschluß, 1994, 122 ff.; anders *Lutter/Krieger/Verse* Rechte und Pflichten des Aufsichtsrats Rn. 739, *Baums* ZGR 1983, 300 (309 ff.); *Schulz*, Die Behebung einzelner Mängel von Organisationsakten in Kapitalgesellschaften, 1997, 254; *Götz* FS Lüke, 1997, 167 (183); aA *Fleischer* DB 2013, 217 (218 f.) mwN: nur minderschwerer Fall in Analogie zu § 242 Abs. 4 S. 2 AktG.

[305] MHdB AG/*Hoffmann-Becking* § 31 Rn. 117; Kölner Komm AktG/*Mertens/Cahn* Rn. 54, 90 (92); Hölters/Hambloch-Gesinn/*Gesinn* Rn. 63, 68.

[306] *Lemke*, Der fehlerhafte Aufsichtsratsbeschluß, 1994, 133 f.

gravierenden Verfahrensmängeln. Ein Beschluss ist auch dann nicht mit der erforderlichen Mehrheit zustande gekommen, wenn ein **Nichtmitglied** ursächlich an der Beschlussfassung oder an der Ablehnung des Beschlusses mitgewirkt hat.[307] Als ein solches Nichtmitglied wird auch das Aufsichtsratsmitglied behandelt, dessen Wahl nichtig ist oder für nichtig erklärt wird (→ Rn. 38 und → § 101 Rn. 114).[308] Nichtmitglieder sind auch solche Aufsichtsratsmitglieder, die mit einer an § 102 Abs. 1 orientierten Amtszeit neu in den Gründeraufsichtsrat bestellt werden, obwohl ihre Amtszeit wegen des auch für sie geltenden, in § 30 Abs. 3 S. 1 genannten Zeitpunktes, schon wesentlich früher ändert.[309] Als nur **leichte Verfahrensmängel** dagegen werden Verstöße gegen Fristen zur Einberufung der Sitzung oder zur Ankündigung von Anträgen qualifiziert,[310] ebenso die Zulassung nicht berechtigter Personen zur Aufsichtsratssitzung.[311] Allgemein werden Verstöße gegen Verfahrensvorschriften dann als leichte Verfahrensfehler anzusehen sein, wenn sie zur Disposition der Aufsichtsratsmitglieder stehen.[312] Wurde der Aufsichtsrat fehlerhaft bestellt und hat dadurch eine nicht berechtigte Person ihre Stimme abgegeben, führt dies nur zu einem Beschlussmangel, wenn das Abstimmungsergebnis hierauf beruht bzw. die Aufsichtsratsbestellung insgesamt nichtig ist.[313] Bei leichten Verfahrensmängel können die jeweils betroffenen Aufsichtsratsmitglieder, aber auch der Aufsichtsrat – da die Ordnungsvorschriften nicht nur der individuellen Mitwirkung dienen[314] – auf die Einhaltung der Verfahrensvorschriften verzichten und damit de facto den Verfahrensverstoß **heilen**.[315]

Für Inhaltsverstöße lässt sich diese **Differenzierung nicht** anwenden, da das Gesetz keine **74** Unterscheidung in „schwere" und „leichte" Verbotsgesetze kennt.[316] Solche Verstöße führen zur Nichtigkeit des Beschlusses.

Strittig bleibt die Behandlung von **Pflichtverstößen** des Aufsichtsrats, wenn **Ersatzansprüche 75 gegen Vorstandsmitglieder** pflichtwidrig nicht geltend gemacht werden (→ § 116 Rn. 59 ff., → § 111 Rn. 27 f.): Nach Auffassung der Rechtsprechung ist der Beschluss des Aufsichtsrats, Ansprüche nicht geltend zu machen, in diesem Falle nichtig.[317] Die Nichtigkeit ergibt sich dabei aus der Verletzung der rechtlichen Schranken des Ermessens durch den Aufsichtsrat.[318] Dem wird entgegengehalten, dass der Verstoß gegen die Pflichten nach §§ 116, 93 zwar selbst Schadensersatzansprüche zu begründen vermag, nicht aber einem Verstoß gegen Gesetz oder Satzung im Sinne eines Verbotsgesetzes gleichkäme.[319] Auch bildeten §§ 116, 93 keinen Maßstab für die rechtlichen Anforderungen

---

[307] BGHZ 47, 341 (346) = NJW 1967, 1711.
[308] BGH AG 2013, 387 (388 Rn. 17 ff.); BGH AG 2013, 562 (565 Rn. 26).
[309] *Thoelke* AG 2014, 137 (143).
[310] *Götz* FS Lüke, 1997, 167 (183); wohl auch *Lemke*, Der fehlerhafte Aufsichtsratsbeschluß, 1994, 127 f., 130 ff., der hier Anfechtbarkeit annimmt.
[311] BGHZ 47, 341 (349 f.) = NJW 1967, 1711; Hüffer/Koch/*Koch* Rn. 27, 29; MüKoAktG/*Habersack* Rn. 76; Lutter/Krieger/*Verse* Rechte und Pflichten des Aufsichtsrats Rn. 740; *Böttcher* NZG 2012, 809 (811 f.).
[312] Kölner Komm AktG/*Mertens/Cahn* Rn. 101; *Götz* FS Lüke, 1997, 167 (183); zu der Frage wie ein Beschluss zu behandeln ist, bei dem alle abgegebenen Stimmen nichtig sind s. *Casper* FS Hüffer, 2009, 111 ff.; s. auch OLG München AG 2017, 750 (751): keine Rüge bei fehlender korrekter Einladung.
[313] → § 101 Rn. 110 ff.; s. auch BGHZ 47, 341 (349 f.) = NJW 1967, 1711; BGHZ 11, 231 (246) = NJW 1954, 385; OLG Köln ZIP 2008, 1767 (1768) dazu abl. Bespr. *Schürnbrand* NZG 2008, 609 (610); Kölner Komm AktG/*Mertens/Cahn* Rn. 93; *Lemke*, Der fehlerhafte Aufsichtsratsbeschluß, 1994, 141.
[314] Kölner Komm AktG/*Mertens/Cahn* Rn. 96; aA *Kindl*, Die Teilnahme an der Aufsichtsratssitzung, 1993, 180 f.: nur das betroffene Mitglied; ähnlich *Lemke*, Der fehlerhafte Aufsichtsratsbeschluß, 1994, 126.
[315] Kölner Komm AktG/*Mertens/Cahn* Rn. 96; MüKoAktG/*Habersack* Rn. 77 f.; *v. Schenck* in Semler/v. Schenck AR-HdB § 1 Rn. 210; noch weitergehender die Heilungsmöglichkeiten bejahend *Kindl* AG 1993, 153 (160); siehe ausführlich zur Heilung Großkomm AktG/*Hopt/Roth* Rn. 167 ff.
[316] Ähnlich MüKoAktG/*Habersack* Rn. 80, 83; Großkomm AktG/*Hopt/Roth* Rn. 137; *Axhausen*, Anfechtbarkeit aktienrechtlicher Aufsichtsratsbeschlüsse, 1986, 174; wohl auch *E. Vetter* in Marsch-Barner/Schäfer Börsennotierte AG-HdB Rn. 27.78; K. Schmidt/Lutter/*Drygala* Rn. 39; einschränkend Lutter/Krieger/*Verse* Rechte und Pflichten des Aufsichtsrats Rn. 738: Einschränkung der Nichtigkeit bei Einverständnis aller Aufsichtsratsmitglieder; aA aber *Baums* ZGR 1983, 300 (327 ff.) für Zustimmungsbeschlüsse des Aufsichtsrats zu einer Kapitalerhöhung aus genehmigtem Kapital bei gleichzeitigem Bezugsrechtsausschluss ohne sachlichen Grund; Kölner Komm AktG/*Mertens/Cahn* Rn. 104 nur Vernichtbarkeit, sofern Vorschrift zur Disposition der Aufsichtsratsmitglieder steht; „ausnahmsweise" *Fleischer* DB 2013, 217 (219).
[317] BGHZ 135, 244 (251 ff.) = NJW 1997, 1926 – ARAG/Garmenbeck; anders noch BGHZ 106, 54 (67) = NJW 1989, 979.
[318] *Horn* ZIP 1997, 1129 (1138); Lutter/Krieger/*Verse* Rechte und Pflichten des Aufsichtsrats Rn. 738; Hüffer/Koch/*Koch* Rn. 27 siehe hierzu auch Großkomm AktG/*Hopt/Roth* Rn. 154.
[319] So *Kindler* ZHR 162 (1998), 101 (115 f.); zust. noch *Hüffer*, 10. Aufl. Rn. 18; ähnlich *Götz* FS Lüke, 1997, 167 (184); unabhängig von der ARAG/Garmenbeck-Konstellation halten Kölner Komm AktG/*Mertens/Cahn* Rn. 99 f. einen Beschluss auf Basis offensichtlich unzureichender Tatsachengrundlage, je nach Bedeutung der Fehlinformation, wegen Überschreitung der Grenzen pflichtgemäßen Ermessens – also wegen Verletzung von §§ 116, 93 – für fehlerhaft; mittlerweile aA Hüffer/*Koch* Rn. 27.

§ 108   76, 77   Erstes Buch. Aktiengesellschaft

an die Rechtmäßigkeit von Aufsichtsratsbeschlüssen.[320] Damit wird indes die Nähe eines solchen Aufsichtsratsbeschluss zu § 93 Abs. 4 S. 3 verkannt, der ausdrücklich Vergleiche oder einen Verzicht auf Schadensersatzforderungen gegenüber dem Vorstand verbietet.[321]

76   **2. Geltendmachung.** Umstritten ist bis heute, mit welcher Klageart Beschlussmängel des Aufsichtsrats vor Gericht geltend gemacht werden können.

77   **a) Klageart.** Vor allem die Differenzierung nach der Wesentlichkeit eines Verfahrensverstoßes hat im Zusammenhang mit dem Bedürfnis nach möglichst baldiger Rechtssicherheit über die Wirksamkeit eines Beschlusses Überlegungen ausgelöst, das **System der Nichtigkeits- und Anfechtungsklage** für Beschlüsse der Hauptversammlung auf den Aufsichtsrat zu übertragen. So geht ein Teil der instanzgerichtlichen Rechtsprechung unter Beifall des Schrifttums davon aus, dass § 243 analog im Sinne einer Anfechtungsklage gegen Aufsichtsratsbeschlüsse anwendbar ist, so dass nicht angefochtene Beschlüsse Gültigkeit erlangen.[322] Nur Beschlüsse, die analog zu § 241 schwerwiegende Verstöße gegen Gesetze oder Grundsätze des Aktienrechts enthalten, wären demnach nichtig. Diese analoge Anwendung der §§ 241, 243 ist jedoch mehrfach vom BGH verworfen worden, da die Abgrenzung der Nichtigkeits- und Anfechtungsgründe in §§ 241, 243 nicht auf den Aufsichtsrat übertragbar sei.[323] In der Tat ist eine pauschale, wenn auch sinnentsprechende Anwendung der §§ 241 ff. nicht der geeignete Weg, auch wenn Einschränkungen aus Gründen der Rechtssicherheit in persönlicher, sachlicher und zeitlicher Hinsicht für die Nichtigkeit geltend machenden Personenkreis im Rahmen des Feststellungsinteresses bei der Feststellungsklage anzuerkennen sind.[324] Es geht bei Aufsichtsratsbeschlüssen nicht darum, das Vertrauen der Öffentlichkeit oder zumindest der Anleger in die Wirksamkeit der Beschlüsse zu schützen, weil dem Aufsichtsrat grundsätzlich nur Funktionen mit Innenwirkung zukommen.[325] Damit **fehlt die für die Analogie notwendige Gleichheit** der Interessenlage.[326] Die auf Hauptversammlungsbeschlüsse zugeschnittenen Regelungen der §§ 241 ff. werden den Besonderheiten von Aufsichtsratsbeschlüssen nicht gerecht; insbesondere sind auch die Vertreter der Gegenauffassung dazu gezwungen, eigenständige Neuabgrenzungen zu bilden.[327] Zudem könnte es bei Anerkennung der analogen Anwendbarkeit zu einer zu weitreichenden Heilungswirkung von nichtigen Aufsichtsratsbeschlüssen entsprechend § 242 kommen, was insbesondere bei der fehlerhaften Be- und Anstellung von Vorstandsmitgliedern zu nicht tragbaren Ergebnissen (keine sofortige Kündigungsmöglichkeit) führt.[328] Auch hat der Gesetzgeber in § 256 Abs. 2 eine eigenständige Norm für Nichtigkeitsgründe für den Aufsichtsratsbeschluss über die Billigung des Jahresabschlusses geschaffen sowie mit weitgehender Bestandskraft ausgestattet und dabei bewusst keine weiteren Nichtigkeitsgründe aufgenommen.[329] Schließlich ist eine Rechtsfortbildung nicht erforderlich, weil die Rechtsprechung mit der allgemeinen Nichtigkeits-

---

[320] *Götz* FS Lüke, 1997, 167 (184); kritisch hierzu auch *Hüffer* ZGR 2001, 833 (873).
[321] *Jaeger/Trölitsch* ZIP 1995, 1157 (1160 f.), die aus dem Rechtsgedanken des § 93 Abs. 4 eine Ermessensreduzierung im Regelfall herleiten.
[322] OLG Hamburg AG 1992, 197 f.; OLG Hamburg WM 1982, 1090 (1095); OLG Hamburg WM 1984, 965 (967); LG Hannover AG 1989, 448 (449); bezogen auf einen „freiwilligen" Aufsichtsrat in der GmbH OLG Schleswig, ZIP 2003, 1703 (mit Anm. *Triebel* ZIP 2004, 156); Kölner Komm AktG/*Mertens/Cahn* Rn. 101 ff. differenzieren zwischen Nichtigkeit und Vernichtbarkeit, halten vernichtbare Aufsichtsratsbeschlüsse aber nur über eine Anfechtungsklage nach dem Vorbild der §§ 243 ff. für anfechtbar (sondern nach eigenen Regeln); *Baums* ZGR 1983, 300 (305 ff.); *Rellermeyer* ZGR 1993, 77 (103); *Axhausen* Anfechtbarkeit aktienrechtlicher Aufsichtsratsbeschlüsse, 1986, 157 ff.; *Lemke,* Der fehlerhafte Aufsichtsratsbeschluß, 1994, 94 ff.
[323] BGHZ 122, 342 (347 ff., 349) = NJW 1993, 2307; BGHZ 124, 111 (115) = NJW 1994, 520; BGHZ 135, 244 (247) = NJW 1997, 1926 – ARAG/Garmenbeck; BayObLG AG 2003, 427 (429) = BayObLGZ 2003, 89 (95); KG AG 2005, 205 (206); OLG München AG 2017, 750 (751); LG Frankfurt a. M. ZIP 1996, 1661 (1662); zust. Hüffer/Koch/*Koch* Rn. 28; *Fleischer* DB 2013 (217); Grigoleit/*Tomasic* Rn. 38; *Raiser* DZWiR 1993, 510 f.; *Brandes* WM 1994, 2177 (2182); *Schulz,* Die Behebung einzelner Mängel von Organisationsakten in Kapitalgesellschaften, 1997, 251; *Hüffer* ZGR 2001, 833 (870); ähnlich *Götz* FS Lüke, 1997, 167 (178 f.); UHH/*Ulmer/Habersack* MitbestG § 25 Rn. 36 ff.; MHdB AG/*Hoffmann-Becking* § 31 Rn. 114, § 33 Rn. 91; *Lutter/Krieger/Verse* Rechte und Pflichten des Aufsichtsrats Rn. 737; dem BGH folgend für den GmbH-Aufsichtsrat Scholz/*Schneider* GmbHG § 52 Rn. 437 ff.; allg. zur Nichtigkeit bei schwerwiegendem Verfahrensverstoß: MHLS/*Giedinghagen* GmbHG § 52 Rn. 376; gegen Analogie zu §§ 241 ff. AktG Baumbach/Hueck/*Zöllner/Noack* GmbHG § 52 Rn. 95.
[324] BGHZ 122, 342 (347 f.) = NJW 1993, 2307; *Brandes* WM 1994, 2177 (2182); → Rn. 75.
[325] BGHZ 122, 342 (347 f.) = NJW 1993, 2307; *Kindl* AG 1993, 153 (156); *Götz* FS Lüke, 1997, 167 (178 f.).
[326] So schon *Meilicke* FS Schmidt, 1959, 71 (77 f.); auch so *Kindl* DB 1993, 2065 (2066).
[327] BGHZ 122, 342 (349) = NJW 1993, 2307; *Kindl* DB 1993, 2065 (2066); *Götz* FS Lüke, 1997, 167 (179); dies wird deutlich bei *Axhausen,* Anfechtbarkeit aktienrechtlicher Aufsichtsratsbeschlüsse, 1986, 159 ff.; ebenso Großkomm AktG/*Hopt/Roth* Rn. 135 ff. mit zusätzlichen Überlegungen zur Relevanz des Meinungsstreits.
[328] So BGHZ 122, 342 (348 f.) = NJW 1993, 2307.
[329] *Götz* FS Lüke, 1997, 167 (179).

folge und der allgemeinen Feststellungsklage alle notwendigen Mittel zur Behandlung von fehlerhaften Aufsichtsratsbeschlüssen zur Hand hat.[330]

Die Geltendmachung der Nichtigkeit erfolgt somit durch **normale Feststellungsklage**.[331] Eine Übertragung von Nichtigkeits- und Anfechtungsklage nach §§ 241 ff. ist nicht möglich. Eine Feststellungsklage soll dagegen nicht in Betracht kommen, wenn eine Stimmenmehrheit nicht zustande kam, zB auf Grund von Erklärungsmängeln bei der Stimmabgabe, da dann überhaupt kein Beschluss (sog. Nichtbeschluss) vorliege, selbst wenn der Aufsichtsratsvorsitzende das Ergebnis unzutreffend feststelle.[332] Dies verkennt indes, dass ein Bedürfnis nach Rechtssicherheit auch in diesen Fällen besteht und auch die negative Feststellungsklage ohne weiteres anwendbar ist.

b) Aktivlegitimation. Welcher Personenkreis die Feststellungsklage erheben kann, richtet sich danach, ob ein **Feststellungsinteresse** besteht. Jedes Aufsichtsrats- und Vorstandsmitglied kann auf Grund seiner Organstellung[333] – aber auch die AG selbst[334] – die Nichtigkeit im Wege der Feststellungsklage gegenüber der AG,[335] vertreten durch den Vorstand, geltend machen.[336] Das Feststellungsinteresse ist bei diesen Beteiligten stets gegeben, auch dann, wenn die noch Wirkung entfaltenden Beschlüsse bereits vor ihrer Bestellung gefasst worden sind,[337] sich das Aufsichtsratsmitglied bei der Beschlussfassung der Stimme enthalten hat[338] oder es bereits ausgeschieden ist.[339] Jedes Aufsichtsrats-, aber auch jedes Vorstandsmitglied[340] ist daher kraft seiner Organmitgliedschaft und -stellung aktivlegitimiert.[341] Von diesem Grundsatz sollen Ausnahmen gemacht werden, wenn das Aufsichtsratsmitglied dem Beschluss in Kenntnis des Mangels zugestimmt habe[342] oder wenn bei einem Verfahrensfehler nur ein Mitglied betroffen sei.[343] Indes umfasst eine Zustimmung zu einem bestimmten Beschluss bzw. dessen Inhalt nicht auch das Einverständnis mit Verfahrensfehlern. Zudem ist der Aufsichtsrat insgesamt und auch jedes einzelne Mitglied für die Rechtmäßigkeit der Beschlüsse einschließlich der verfahrensrechtlichen Vorschriften verantwortlich; Verfahrensvorschriften dienen auch nicht nur der individuellen Mitwirkung, sondern sichern auch die Ordnungsmäßigkeit des Verfahrens ab (→ Rn. 72 f.).[344] Auch das Vorliegen des **Feststellungsinteresses eines Vorstandsmitglieds** wegen angeblichen Verstoßes gegen die aktienrechtliche Zuständigkeitsordnung hängt vom Beschlussinhalt ab, so etwa wenn die Kompetenzen des Vorstandes betroffen sind, aber auch das Vorstandsmitglied individuell betroffen sein kann, etwa bei einer Entscheidung nach § 89.[345] Aus Gründen der Rechtssicherheit ist von allen anderen möglichen Klägern, insbesondere den Aktionä-

---

[330] *Hüffer* ZGR 2001, 833 (870).
[331] BGHZ 122, 342 (350f.) = NJW 1993, 2307; BGHZ 135, 244 (247) = NJW 1997, 1926 – ARAG/ Garmenbeck; BGH AG 2012, 677; BGH WM 2013, 467 Rn. 13; OLG Düsseldorf AG 1995, 416; OLG München AG 2017, 750 (751); LG Düsseldorf AG 1995, 333; OLG Naumburg AG 1998, 430; zust. *Hüffer/Koch/Koch* Rn. 26; MüKoAktG/*Habersack* Rn. 85; *Schultz*, Die Behebung einzelner Mängel von Organisationsakten in Kapitalgesellschaften, 1997, 252; *Hüffer* ZGR 2001, 833 (869); *Bürgers/Körber/Israel* Rn. 21; so auch schon *Meilicke* FS Schmidt, 1959, 71 (109 ff.); krit. *Fleischer* DB 2013, 217.
[332] So *Hüffer/Koch/Koch* Rn. 25, 26.
[333] BGHZ 135, 244 (248) = NJW 1997, 1926; BGH AG 2012, 677 (678); BGH WM 2013, 467 Rn. 13; OLG Düsseldorf AG 1995, 416 f.; Kölner Komm AktG/*Mertens/Cahn* Rn. 112; MüKoAktG/*Habersack* Rn. 85; MHdB AG/*Hoffmann-Becking* § 33 Rn. 91; Großkomm AktG/*Hopt/Roth* Rn. 171; *Lutter/Krieger/E. Vetter* Rn. 741; K. Schmidt/Lutter/*Drygala* Rn. 44.
[334] BGHZ 122, 342 (352) = NJW 1993, 2307.
[335] Zur Frage des richtigen Adressaten für die Geltendmachung der Nichtigkeit Großkomm AktG/*Hopt/Roth* Rn. 179 ff.
[336] Dagegen für Rechtsfortbildung durch Anerkennung eines formlosen Anfechtungsrechts von Aufsichtsratsmitgliedern und Wirksamkeit des Beschlusses bis zur Anfechtung: *Kindl* AG 1993, 153 (158 ff.); *Götz* FS Lüke, 1997, 167 (182 ff.).
[337] BGH AG 2012, 677 (678).
[338] *Fleischer* DB 2013, 217 (219).
[339] *Fleischer* DB 2013, 217 (219); MüKoAktG/*Habersack* Rn. 85.
[340] Gegen eine grundsätzliche Klagebefugnis des Vorstands wohl Großkomm AktG/*Hopt/Roth* Rn. 178.
[341] BGHZ 135, 244 (247 f.) = NJW 1997, 1926 – ARAG/Garmenbeck; BGHZ 122, 342 (350) = NJW 1993, 2307; OLG Düsseldorf AG 1995, 416; *Hüffer/Koch/Koch* Rn. 26; Kölner Komm AktG/*Mertens/Cahn* Rn. 88, 101; MüKoAktG/*Habersack* Rn. 85; K. Schmidt/Lutter/*Drygala* Rn. 39.
[342] *Fleischer* DB 2013, 217 (219); *Hüffer/Koch/Koch* Rn. 30; aA MüKoAktG/*Habersack* Rn. 85.
[343] Für den Fall, dass das unmittelbar betroffene Mitglied dem Beschluss in oder nach der Sitzung zustimmt, *Fleischer* DB 2013, 217 (219) mwN auch zur (überwiegenden) Gegenansicht; aA *Hüffer/Koch/Koch* Rn. 30; Kölner Komm AktG/*Mertens/Cahn* Rn. 116 in Bezug auf die Anfechtungsberechtigung.
[344] Kölner Komm AktG/*Mertens/Cahn* Rn. 96, 116; *Axhausen*, Anfechtbarkeit aktienrechtlicher Aufsichtsratsbeschlüsse, 1986, 219 f.; *Kindl* AG 1993, 153 (160 f.); *Baums* ZGR 1983, 300 (339); zweifelnd *Fleischer* DB 2013, 217 (219).
[345] *Fleischer* DB 2013, 217 (220) mwN.

ren der Gesellschaft, ein besonderes Feststellungsinteresse zu fordern, was jeweils eine spezifische Betroffenheit durch den Aufsichtsratsbeschluss, zB die Verletzung ihrer Vermögensinteressen, voraussetzt.[346] Diese kann auch vorliegen, wenn ein Aufsichtsratsbeschluss das Vermögen der Gesellschaft in erheblicher Weise gefährdet oder beeinträchtigt;[347] allerdings muss hier besonders darauf geachtet werden, ob andere Instrumente, wie Sonderprüfungen, Schadensersatzansprüche etc. nicht vorrangig sind. Eine allgemeine Rechtmäßigkeitskontrolle durch die Aktionäre ist allerdings abzulehnen, schließlich stehen ihnen andere Schutzinstrumente zur Verfügung.[348]

80   c) **Passivlegitimation.** Die Klage richtet sich gegen die AG, vertreten durch den Vorstand.[349] Die Passivlegitimation der Gesellschaft ergibt sich aus dem Gleichlauf von Rechtsfähigkeit und Parteifähigkeit (§ 50 ZPO).[350]

81   d) **Frist.** Ob eine bestimmte **Frist** zur Erhebung der Feststellungsklage zu fordern ist, insbesondere das Aufsichtsratsmitglied den Beschlussmangel innerhalb einer Frist von einem Monat nach der nächsten Aufsichtsratssitzung gegenüber dem Aufsichtsratsvorsitzenden zu rügen hat, erscheint fraglich.[351] Dagegen spricht vor allem, dass § 246 Abs. 1 keine Leitbildfunktion nach hier vertretener Ansicht zukommt,[352] weil eine Analogie zu den §§ 241 ff. ausscheidet und bei Annahme einer Ausschlussfrist von einem Monat Druck auf die Aufsichtsratsmitglieder ausgeübt würde, Klage zu erheben; dasjenige Mitglied, das Bedenken gegen den Beschluss hat, würde einseitig in die Rolle des Klägers gedrängt und Meinungsverschiedenheiten innerhalb des Aufsichtsrats würden unnötigerweise durch Erhebung der Klage in die Öffentlichkeit getragen, bevor sämtliche Einigungsmöglichkeiten im Aufsichtsrat erschöpft wurden.[353] Eine Frist zur Erhebung der Feststellungsklage besteht daher nicht.[354]

82   Es besteht auch ohne ausdrückliche Klagefrist eine ausreichende Korrekturmöglichkeit für die Schaffung von Rechtssicherheit. Dieses Ziel wird durch **Verwirkung** des Rechts eines Aufsichtsratsmitglieds, die Nichtigkeit eines Beschlusses festzustellen, erreicht;[355] allerdings bleibt der Beschluss bis zur Verwirkung wirkungslos, da die Nichtigkeit solange fortbesteht.[356] Welcher Beschluss nicht der Verwirkung anheimfällt und welche Fehler nach wie vor die Nichtigkeit begründen, bleibt in Rechtsprechung und Literatur meist offen.[357] Allerdings kann die **Schwere des Beschlussmangels** im Rahmen der Verwirkung, insbesondere beim Zeitmoment, berücksichtigt werden.[358] Bei leichten Verfahrensmängeln kann daher die zeitnahe Rüge der Fehlerhaftigkeit gegenüber dem Aufsichtsrats-

---

[346] BGHZ 164, 249 (255 f.) = AG 2006, 38; Kölner Komm AktG/*Mertens*/Cahn Rn. 88, 112; *Lutter/Krieger/Verse* Rechte und Pflichten des Aufsichtsrats Rn. 741; *Fleischer* DB 2013, 160 (162); Hüffer/Koch/*Koch* Rn. 30.
[347] Kölner Komm AktG/*Mertens/Cahn* Rn. 112; aA *Fleischer* DB 2013, 217 (220).
[348] *Fleischer* DB 2013, 217 (220); *Zöllner* ZGR 1988, 392 (398).
[349] BGHZ 83, 144 (146) = NJW 1982, 1528; BGHZ 85, 293 (295) = NJW 1983, 991; BGHZ 122, 342 (344 f.) = NJW 1993, 2307; OLG Düsseldorf AG 1995, 416; OLG Hamburg AG 1992, 197; Kölner Komm AktG/*Mertens/Cahn* Rn. 113; Bürgers/Körber/*Israel* Rn. 21; *Fleischer* DB 2013, 217 (222): Entsprechende Anwendung von § 246 Abs. 2 S. 1; abw. (Aufsichtsrat ist passivlegitimiert): *Raiser* ZGR 1989, 44 (56, 66 ff.); *Stodolkowitz* ZHR 154 (1990), 1 (18); *Bork* ZIP 1991, 137 (144).
[350] BGHZ 122, 342 (344 f.) = NJW 1993, 2307; aA *Bork* ZIP 1991, 137 (139 ff., 144 f.), der die Organe der AG als zumindest teilrechtsfähig und damit auch als parteifähig ansieht.
[351] So noch *Hüffer*, 10. Aufl. Rn. 20; mittlerweile nur noch nicht festgelegte Klagefrist für minderschwere Mängel, Hüffer/*Koch* Rn. 30; anders, nämlich unbefristete Geltendmachung bei der Nichtigkeitsfeststellungsklage Rn. 277; in diese Richtung auch *Kindl* AG 1993, 153 (161) für Verfristung des formlosen Rügerechts.
[352] So auch Großkomm AktG/*Hopt/Roth* Rn. 182 f.; K. Schmidt/Lutter/*Drygala* Rn. 43; Hüffer/Koch/*Koch* Rn. 30; *Fleischer* DB 2013, 217 (222) Anlehnung an § 246 Abs. 1 nur für den Rechtsschutz von Aktionären.
[353] BGHZ 122, 342 (350) = NJW 1993, 2307; zust. *Fleischer* DB 2013, 217 (221); *Kindl* AG 1993, 153 (157); *Götz* FS Lüke, 1997, 167 (177).
[354] OLG Düsseldorf AG 1995, 416 (418); MHdB AG/*Hoffmann-Becking* § 31 Rn. 113; s. hierzu schon *Scheuffler*, Fehlerhafte Aufsichtsratsbeschlüsse, 1962, 48 f.
[355] BGHZ 122, 342 (351 f.) = NJW 1993, 2307; OLG Zweibrücken AG 2011, 304 (305); OLG Düsseldorf AG 1995, 416 (418); OLG Hamm NJW-RR 1997, 989 Verwirkung des Klagerechts gegen Entscheidung eines Vereinsgerichts; *Meilicke* FS Schmidt, 1959, 71 (78 f.); teilweise zust. Hüffer/Koch/*Koch* Rn. 20, allgemein zur Verwirkung bei fehlerhaften Mitgliederbeschlüssen *Noack* S. 75 f.; Großkomm AktG/*Hopt/Roth* Rn. 183 gehen zwar von einer Frist aus, an diese sollen jedoch keine allzu strengen Maßstäbe zulegen sein; aA *Axhausen*, Anfechtbarkeit aktienrechtlicher Aufsichtsratsbeschlüsse, 1986, 100 f.; *Götz* FS Lüke, 1997, 167 (180 f.); krit. auch *Fleischer* DB 2013, 217 (218).
[356] *Fleischer* DB 2013, 217.
[357] Vgl. BGHZ 122, 342 (351 f.) = NJW 1993, 2307; ebenso offen letztlich Hüffer/Koch/*Koch* Rn. 29.
[358] BGHZ 122, 342 (351 f.) = NJW 1993, 2307; OLG Düsseldorf AG 1995, 416 (418) – ARAG AG; *Lutter/Krieger/Verse* Rechte und Pflichten des Aufsichtsrats Rn. 741; zu gleichen Ergebnissen mit anderer Begründung kommt Kölner Komm AktG/*Mertens/Cahn* Rn. 101.

vorsitzenden geboten sein.³⁵⁹ Ein Verschweigen auf der nächsten Aufsichtsratsvorsitzung trotz Kenntnis von der Beschlussfassung und dem Beschlussmangel kann das für die Verwirkung erforderliche Umstandsmoment begründen.³⁶⁰ Eine Konkretisierung dieses allgemein gehaltenen Zeitfensters ist und kann aufgrund der gebotenen Einzelfallbeurteilung nicht eintreten.³⁶¹ Jedoch muss eine entsprechende **Satzungsregelung** als Ausprägung des vom BGH angesprochenen Verwirkungsgedankens zulässig sein.³⁶² In der Rechtsprechung sind bislang **Zeiträume** von drei Monaten,³⁶³ fünf Monaten³⁶⁴ und im Fall von nach der Beschlussfassung geführten Verhandlungen sogar zwei Jahre als unschädlich angesehen worden.³⁶⁵ Erfolgt die Rüge nicht, ist im Interesse der Rechtssicherheit von einer Verwirkung des Klagerechts auszugehen. Da der Beschluss grundsätzlich nichtig ist,³⁶⁶ kann das Aufsichtsratsmitglied aber nicht allein auf ein sanktionsloses Rügerecht gegenüber dem Aufsichtsrat verwiesen werden.³⁶⁷ Dies insbesondere auch deshalb, da einer etwaigen Mangelfeststellung durch den Aufsichtsrat nicht die dem § 248 Abs. 1 Satz 1 entsprechende Wirkung inter omnes zukommt und somit keine Rechtssicherheit erreicht wird (→ Rn. 83). Auszugehen ist deshalb davon, dass schwerwiegende Verfahrensmängel immer zur Nichtigkeit führen und allein bei leichten Verfahrensmängeln eine Verwirkung möglich ist. Insofern wird die getroffene **Differenzierung zwischen leichten und schwerwiegenden Verfahrensfehlern** hier relevant (→ Rn. 73). Auch diejenigen, die vom Grundmodell der Anfechtung ausgehen, kommen vom zeitlichen Aspekt her zu dem gleichen Ergebnis, wenn sie eine an § 246 Abs. 1 orientierte Frist ablehnen und vielmehr eine vorherige, alsbald vorzunehmende Beanstandung verlangen, die der Aufsichtsratsvorsitzende mit der Tagesordnung für die nächste Sitzung bekannt geben und der der Aufsichtsrat sodann abhelfen kann.³⁶⁸ Täte letzterer dies nicht oder bliebe der Aufsichtsratsvorsitzende untätig oder wollte er vielmehr den angegriffenen Beschluss umsetzen, müsse auch hier die Klage in einer zumutbaren Frist erhoben werden.³⁶⁹

e) Rechtskrafterstreckung. Die Rechtskraft eines Feststellungsurteils erstreckt sich in analoger Anwendung des § 248 Abs. 1 S. 1 auf jedermann,³⁷⁰ schon allein, weil der Beschluss ein mehrseitiges Rechtsgeschäft darstellt und deshalb aus Gründen der Rechtssicherheit und -klarheit nur eine einheitliche Streitentscheidung möglich ist.³⁷¹

3. Rechtsfolge des Mangels. § 139 BGB ist auf nichtige Aufsichtsratsbeschlüsse unmittelbar anwendbar. Wirkt sich ein Mangel nur auf einen abgrenzbaren Teil eines Beschlusses aus, so ist lediglich eine **Teilnichtigkeit des Aufsichtsratsbeschlusses** anzunehmen,³⁷² **wenn der Beschluss auch ohne den nichtigen Teil gefasst worden wäre. Bilden beide jedoch eine untrennbare Einheit, greift als Folge die Gesamtnichtigkeit.** Wegen dem rechtsgeschäftlichen Charakter von Aufsichtsratsbeschlüssen (→ Rn. 8) ist § 139 BGB auf sämtliche Aufsichtsratsbeschlüsse anwendbar.³⁷³

---

³⁵⁹ BGHZ 124, 111 (115); *Meilicke* FS Schmidt, 1959, 71 (78 f.); *v. Schenck* in Semler/v. Schenck AR-HdB § 1 Rn. 221.
³⁶⁰ *Fleischer* DB 2013, 217 (222); Hüffer/Koch/*Koch* Rn. 29.
³⁶¹ *Fleischer* DB 2013, 217 (221 f.).
³⁶² BayObLG Beschl. v. 28.3.2003 – 3Z BR 199/02, NZG 2003, 691 (694); zust. *Fleischer* DB 2013, 217 (222).
³⁶³ LG Frankfurt a. M. ZIP 1996, 1661 (1663).
³⁶⁴ BGHZ 124, 111 (115).
³⁶⁵ BGHZ 122, 342 ff.
³⁶⁶ So schon *Meilicke* FS Schmidt, 1959, 71 (78).
³⁶⁷ So aber Kölner Komm AktG/*Mertens/Cahn* Rn. 88: bloße Beanstandung; *Lutter/Krieger/Verse* Rechte und Pflichten des Aufsichtsrats Rn. 742; einschränkend *Kindl* DB 1993, 2065 (2067), der neben der Anfechtung zur Klärung ihrer Wirksamkeit die Feststellungsklage für möglich hält; wie hier: OLG Hamburg AG 1992, 197 (198); *Noack* DZWiR 1994, 341 (342); *Baums* ZGR 1983, 300 (337 ff.); *Lemke,* Der fehlerhafte Aufsichtsratsbeschluß, 1994, 179; *Axhausen,* Anfechtbarkeit aktienrechtlicher Aufsichtsratsbeschlüsse, 1986, 212 ff.
³⁶⁸ Kölner Komm AktG/*Mertens/Cahn* Rn. 117.
³⁶⁹ Kölner Komm AktG/*Mertens/Cahn* Rn. 117.
³⁷⁰ So auch *Fleischer* DB 2013, 217 (223); Großkomm AktG/*Hopt/Roth* Rn. 186 mit Einschränkungen in Rn. 187; Kölner Komm AktG/*Mertens/Cahn* Rn. 114; ebenso auch Bürgers/Körber/*Israel* Rn. 21, der eine interomnes-Wirkung bei einem stattgebenden Feststellungsurteil bejaht.
³⁷¹ Hüffer/Koch/*Koch* Rn. 30; BGH DB 1992, 1568 (1569) für Klage gegen Vereinsbeschluss; wohl auch BGHZ 122, 342 (350 f.) = NJW 1993, 2307; Kölner Komm AktG/*Mertens/Cahn* Rn. 114; RVJ/*Raiser* MitbestG § 25 Rn. 44; *Meilicke* FS Schmidt, 1959, 71 (112 f.); *Baums* ZGR 1988, 300 (308); *Kindl* AG 1993, 153 (157 f.); *Kindl* DB 1993, 2065 (2066); *Noack,* Fehlerhafte Beschlüsse in Gesellschaften und Vereinen, 1989, 86.
³⁷² Kölner Komm AktG/*Mertens/Cahn* Rn. 107; MüKoAktG/*Habersack* Rn. 84; aA *Schnorr,* Teilfehlerhafte Gesellschaftsbeschlüsse, 1997, 14 (113 ff.): der § 139 BGB für unanwendbar hält und grds. von einer Gesamtnichtigkeit ausgeht.
³⁷³ Einschränkend BGHZ 124, 111 (122) = NJW 1994, 520, § 139 BGB anwendbar, wenn Beschluss gerichtet auf Begründung, Änderung oder Aufhebung sozial- oder individualrechtlicher Befugnisse oder Pflichten.

85 Ein nichtiger Aufsichtsratsbeschluss kann von Anfang an (**ex tunc**) keine Rechtsfolgen entfalten. Ein nichtiger Aufsichtsratsbeschluss führt allerdings nicht immer dazu, dass auch **keine Vertretungsmacht des Aufsichtsrats nach** § 112 besteht, → § 112 Rn. 44. Bei Erklärungen bzw. Beschlüssen im rein innergesellschaftlichen Verhältnis zu anderen Organen, bei denen auch keine Verkehrsschutzinteressen Dritter oder der anderen Organe in Betracht kommen, zB bei zustimmungspflichtigen Geschäften nach § 111 Abs. 4 oder der Feststellung des Jahresabschlusses, entfällt aber die Wirkung des Beschlusses insgesamt, auch im Hinblick auf die Abgabe der Willenserklärung. Zur Wirkung bei § 111 Abs. 4 → § 111 Rn. 61 ff. Auch bei der **Bestellung eines Vorstandsmitglieds** oder dessen Widerruf schlägt der Beschlussmangel auf die Wirksamkeit der abgegebenen Erklärung durch, da ansonsten die in § 84 Abs. 3 S. 4 abgesteckten Grenzen überdehnt würden, wenn man den Geltungsbereich dieser Vorschrift auch auf jegliche Beschlussmängel erstreckt.[374] Dann besteht grundsätzlich die Möglichkeit sich jederzeit für die Zukunft vom Vorstandsmitglied zu trennen.[375] Ausnahmen hierzu – keine jederzeitige sofortige Loslösung – könnten sich aus dem Grundsatz von Treu und Glauben ergeben, sofern das Vorstandsmitglied auf seine wirksame Be- und Anstellung vertrauen durfte.[376] Dies kann der Fall sein, wenn sich die Unwirksamkeit des Anstellungsvertrages erst aus einer Rechtsprechungsänderung ergibt, sich die Beteiligten aber auf die vorherige Rechtsprechung eingestellt hatten,[377] oder wenn der unwirksame Vertrag über einen längeren Zeitraum als wirksam angesehen und praktiziert worden ist.[378] Auch der fehlerhafte Aufsichtsratsbeschluss, mit dem der bisherige Aufsichtsratsvorsitzende abgewählt und ein neuer in das Amt berufen wird, führt dazu, dass der „neue" Aufsichtsratsvorsitzende nur bloßer Scheinaufsichtsratsvorsitzender wird.[379] Zwar gilt für die fehlerhafte Wahl eines Aufsichtsratsmitglied nunmehr die Einzelnormtheorie (→ § 101 Rn. 114) und nicht mehr die Lehre vom faktischen Organverhältnis; doch gelten deren Grundsätze für die fehlerhafte Bestellung eines Vorstandsmitglieds fort.[380] Beschlüsse einer Hauptversammlung, die auf der Einberufung durch einen nichtigen Aufsichtsratsbeschluss basieren, sind lediglich anfechtbar.[381]

VIII. Prozessuale Fragen

Schrifttum: *Bauer*, Organklagen zwischen Vorstand und Aufsichtsrat der Aktiengesellschaft, 1986; *Bork*, Materiell-rechtliche und prozessrechtliche Probleme des Organstreits zwischen Vorstand und Aufsichtsrat einer Aktiengesellschaft, ZGR 1989, 1; *Brücher*, Ist der Aufsichtsrat einer Gesellschaft befugt, gegen den Vorstand oder die Geschäftsführung zu klagen?, AG 1989, 190; *Häsemeyer*, Der interne Rechtsschutz zwischen Organen, Organmitgliedern und Mitgliedern der Kapitalgesellschaft als Problem der Prozessführungsbefugnis, ZHR 144 (1980), 265; *Hommelhoff*, Der aktienrechtliche Organstreit, ZHR 143 (1979), 288; *Kort*, Die Klagebefugnisse der Arbeitnehmervertreter im Aufsichtsrat der AG, AG 1987, 193; *Lewerenz*, Leistungsklagen zwischen Organen und Organmitgliedern der Aktiengesellschaft, 1977; *Mertens*, Organstreit in der Aktiengesellschaft?, ZHR 154 (1990), 24; *Pflugradt*, Leistungsklagen zur Erzwingung rechtmäßigen Vorstandsverhaltens in der Aktiengesellschaft, 1990; *Raiser*, Organklagen zwischen Aufsichtsrat und Vorstand, AG 1989, 185; *Raiser*, Klagebefugnisse einzelner Aufsichtsratsmitglieder, ZGR 1989, 44; *Schmidt*, „Insichprozesse" durch Leistungsklagen in der Aktiengesellschaft?, ZZP 92 (1979), 212; *Steinbeck*, Überwachungspflicht und Einwirkungsmöglichkeiten des Aufsichtsrats in der Aktiengesellschaft, 1992; *Stodolkowitz*, Gerichtliche Durchsetzung von Organpflichten in der Aktiengesellschaft, ZHR 154 (1990), 1.

86 **1. Interorganstreit. a) Geltendmachung von Befugnissen eines Organs gegenüber einem anderen.** Überschreiten andere Organe ihre Kompetenzen, stellt sich die Frage, ob der Aufsichtsrat in seiner Gesamtheit und gegebenenfalls auch einzelne Aufsichtsratsmitglieder oder eine Minderheit die Rechte des Aufsichtsrats im Wege einer Klage geltend machen können. Die höchstrichterliche Rechtsprechung hat dies bislang offen gelassen, hält eine „actio pro socio" aber für unzulässig, wenn sie dazu diene, „die zwischen Mehrheit und Minderheit im Aufsichtsrat auftretenden Konflikte über den Umweg einer gerichtlichen Inanspruchnahme der durch den Vorstand vertretenen Gesellschaft

---

[374] BGHZ 41, 282 (287) = NJW 1964, 1367; BGHZ 113, 237 (249) = NJW 1991, 1727 Vorstandsmitgliedsbestellung bei einem Verein; BGH ZIP 2000, 1442 (1443) – GmbH-Geschäftsführervertrag; Kölner Komm AktG/*Mertens/Cahn* Rn. 108; *Cahn* FS Hoffmann-Becking, 2013, 247 (281); MHdB AG/*Wiesner* § 20 Rn. 34 ff.; *Lemke*, Der fehlerhafte Aufsichtsratsbeschluß, 1994, 35 f.; so auch *Götz* FS Lüke, 1997, 167 (186 f.), der hier auf § 179 BGB verweist.
[375] BGHZ 41, 282 (287) = NJW 1964, 1367; zu formellen Wirksamkeitsanforderungen an die Abberufung siehe *Schockenhoff/Topf* DB 2005, 539 ff.
[376] OLG Schleswig ZIP 2001, 71 (74).
[377] BGHZ 65, 190 (194 f.) = NJW 1976, 145.
[378] BGH WM 1973, 506 (507).
[379] *Heller* AG 2009, 278 (279).
[380] BGH AG 2013, 387 (389) Rn. 24.
[381] Kölner Komm AktG/*Mertens/Cahn* Rn. 108.

auszutragen".[382] Die wohl hM hält einen solchen Interorganstreit grundsätzlich für möglich,[383] wobei allerdings danach differenziert wird, ob es sich um im Gesetz niedergelegte Rechte des Aufsichtsrats, Kompetenzschutzrechte oder nur um eine allgemeine Verhaltenskontrolle handelt.[384] Nur im Falle einer allgemeinen Verhaltenskontrolle, dh wenn der Aufsichtsrat allgemein gegen rechtswidrige Geschäftsführungsmaßnahmen vorgehen will, wird die Möglichkeit eines Organstreits abgelehnt; wenn es sich dagegen um im Gesetz niedergelegte Rechte des Aufsichtsrats handelt (zB § 90 Abs. 1–3) oder um Kompetenzschutz, etwa wenn der Vorstand einen Zustimmungsvorbehalt des Aufsichtsrats nach § 111 Abs. 4 S. 2 nicht beachtet, soll dagegen der Aufsichtsrat berechtigt sein, seine Rechte im Wege eines Organstreits geltend zu machen.[385]

Dem kann jedoch nicht gefolgt werden. Dagegen spricht zunächst schon, dass es sich bei der Einräumung eines solchen Organstreits um Rechtsfortbildung handeln würde, denn das AktG sieht eine solche Klagemöglichkeit nicht vor.[386] Zwar meinen die Befürworter eines Organstreits, dass es sich bei den im Gesetz festgelegten Rechten des Aufsichtsrats um subjektive Rechte beziehungsweise um sogenannte Organrechte handeln würde, so dass sich dann ein Klagerecht bereits aus der ZPO ergeben könne.[387] Gleiches wird teilweise auch im Falle einer Kompetenzüberschreitung angenommen.[388] Allerdings ist der Aufsichtsrat nur ein Organ mit rein innenrechtlich ausgestalteten Befugnissen, so dass sich seine Rechtsstellung nicht mit der allgemeinen zivilrechtlichen Anspruchsstruktur, von der die ZPO ausgeht, vergleichen lässt.[389] Dabei liegt der Unterschied nicht nur darin, dass der Aufsichtsrat kein eigenes Interesse an der Erfüllung hat, sondern zu Geltendmachung verpflichtet ist.[390] Vielmehr besteht der Unterschied gerade darin, dass beide Organe letztlich dem Unternehmensinteresse verpflichtet sind und deshalb gar keine gegenläufigen Interessen bestehen.[391] Für eine solche Rechtsfortbildung besteht aber kein Bedürf-

---

[382] BGHZ 106, 54 (60 ff.) = NJW 1989, 979 – Opel; bejahend noch die Vorinstanz LG Darmstadt AG 1987, 218 (219); zust. OLG Stuttgart NZG 2007, 549.

[383] *Pflugradt*, Leistungsklagen zur Erzwingung rechtmäßigen Vorstandsverhaltens in der Aktiengesellschaft, 1990, 103 ff.; *Bauer*, Organklagen zwischen Vorstand und Aufsichtsrat der Aktiengesellschaft, 1986, 93 ff.; *Lewerenz*, Leistungsklagen zwischen Organen und Organmitgliedern der Aktiengesellschaft, 1977, 95 ff.; *Steinbeck*, Überwachungspflicht und Einwirkungsmöglichkeiten des Aufsichtsrats in der Aktiengesellschaft, 1992, 173 ff.; *Bork* ZGR 1989, 1 (6 ff.); *Häsemeyer* ZHR 144 (1980), 265 (275 ff.); *Schmidt* ZZP 92 (1979), 212 (224 ff.); *Hommelhoff* ZHR 143 (1979), 288 (302 ff.); *Raiser* AG 1989, 185 (188 f.); ZGR 1989, 44 (57 ff., 63 ff.); aA *Brücher* AG 1989, 190 (191 f.); Kölner Komm AktG/*Mertens/Cahn* Vor § 76 Rn. 4; *Hüffer/Koch/Koch* § 111 Rn. 16, § 90 Rn. 18 f.; *Werner* AG 1990, 1 (16).

[384] So ausdrücklich *Pflugradt*, Leistungsklagen zur Erzwingung rechtmäßigen Vorstandsverhaltens in der Aktiengesellschaft, 1990, 103 ff.; *Bauer*, Organklagen zwischen Vorstand und Aufsichtsrat der Aktiengesellschaft, 1986, 93 ff.; *Lewerenz*, Leistungsklagen zwischen Organen und Organmitgliedern der Aktiengesellschaft, 1977, 95 ff.; *Steinbeck*, Überwachungspflicht und Einwirkungsmöglichkeiten des Aufsichtsrats in der Aktiengesellschaft, 1992, 188 ff.; *Bork* ZGR 1989, 1 (15 ff.); im Ergebnis aber auch *Häsemeyer* ZHR 144 (1980), 265 (275 ff.); *Schmidt* ZZP 92 (1979), 212 (224 ff.); *Hommelhoff* ZHR 143 (1979), 288 (302 ff.).

[385] *Pflugradt*, Leistungsklagen zur Erzwingung rechtmäßigen Vorstandsverhaltens in der Aktiengesellschaft, 1990, 103 ff.; *Bauer*, Organklagen zwischen Vorstand und Aufsichtsrat der Aktiengesellschaft, 1986, 93 ff.; *Lewerenz*, Leistungsklagen zwischen Organen und Organmitgliedern der Aktiengesellschaft, 1977, 95 ff.; *Steinbeck*, Überwachungspflicht und Einwirkungsmöglichkeiten des Aufsichtsrats in der Aktiengesellschaft, 1992, 188 ff.; *Bork* ZGR 1989, 1 (15 ff.); im Ergebnis aber auch *Häsemeyer* ZHR 144 (1980), 265 (275 ff.); *Schmidt* ZZP 92 (1979), 212 (224 ff.); *Hommelhoff* ZHR 143 (1979), 288 (302 ff.); noch weitergehender *Raiser* AG 1989, 185 (188 f.); ZGR 1989, 44 (57 ff., 63 ff.), der allgemein eine Klage gegen rechtswidrige Geschäftsführungsmaßnahmen zulassen will.

[386] *Pflugradt*, Leistungsklagen zur Erzwingung rechtmäßigen Vorstandsverhaltens in der Aktiengesellschaft, 1990, 49 ff.; *Brücher* AG 1989, 190 (191 f.); Kölner Komm AktG/*Mertens/Cahn* Vor § 76 Rn. 4; *Hüffer/Koch/Koch* § 111 Rn. 4, § 90 Rn. 18, 23.

[387] Für subjektive Rechte *Bork* ZGR 1989, 1 (6 ff., 15 ff.); für Organrechte mit teilweise unterschiedlicher Terminologie *Bauer*, Organklagen zwischen Vorstand und Aufsichtsrat der Aktiengesellschaft, 1986, 49 ff.; *Lewerenz*, Leistungsklagen zwischen Organen und Organmitgliedern der Aktiengesellschaft, 1977, 62 ff.; *Steinbeck*, Überwachungspflicht und Einwirkungsmöglichkeiten des Aufsichtsrats in der Aktiengesellschaft, 1992, 173 ff.; *Häsemeyer* ZHR 144 (1980), 265 (275 ff.); *Schmidt* ZZP 92 (1979), 212 (224 ff.); *Hommelhoff* ZHR 143 (1979), 288 (302 ff.).

[388] *Bork* ZGR 1989, 1 (17 ff.) bzw. für Organrechte *Bauer*, Organklagen zwischen Vorstand und Aufsichtsrat der Aktiengesellschaft, 1986, 49 ff.; *Lewerenz*, Leistungsklagen zwischen Organen und Organmitgliedern der Aktiengesellschaft, 1977, 62 ff.; *Steinbeck*, Überwachungspflicht und Einwirkungsmöglichkeiten des Aufsichtsrats in der Aktiengesellschaft, 1992, 173 ff.; *Häsemeyer* ZHR 144 (1980), 265 (275 ff.); *Schmidt* ZZP 92 (1979), 212 (224 ff.); *Hommelhoff* ZHR 143 (1979), 288 (302 ff.).

[389] MüKoAktG/*Spindler* Vor § 76 Rn. 55; *Hüffer/Koch/Koch* § 90 Rn. 19; *Zöllner* ZGR 1988, 392 (423 f.).

[390] Darauf stellt *Hommelhoff* ZHR 143 (1979), 288 (302 f.) ab; dagegen *Bork* ZGR 1989, 1 (7 ff.).

[391] So auch *Raiser* AG 1989, 185 (187).

nis, da der Aufsichtsrat über wesentlich effektivere Sanktionen gegenüber dem Vorstand verfügt, insbesondere Schadensersatzansprüche geltend zu machen, den Vorstand abzuberufen oder verschiedene Maßnahmen unter Zustimmungsvorbehalt zu stellen.[392] Insbesondere im Falle des Informationsrechts nach § 90 Abs. 1–3 kann dem Informationsbedürfnis des Aufsichtsrats dadurch Rechnung getragen werden, dass man in diesem Fall eine Klage der Gesellschaft, vertreten durch den Aufsichtsrat gem. § 112 zulässt.[393] Im Übrigen mag es zwar zutreffen, dass sich die Höhe des Schadensersatzes nicht immer genau bestimmen lässt, dass der Aufsichtsrat nicht alle Fragen unter Zustimmungsvorbehalt stellen kann und dass die Abberufung nur aus wichtigem Grund, dh nur bei grober Pflichtverletzung erfolgen kann.[394] Dennoch kann es dem Aufsichtsrat nicht gestattet werden, die verbleibenden Fragen einfach mit einem Organstreitverfahren vor Gericht zu klären. In diesem Bereich wird von Vorstand und Aufsichtsrat vielmehr erwartet, dass sie etwas Kooperationsbereitschaft zeigen, denn andernfalls ist eine Zusammenarbeit ohnehin nicht möglich. Insofern kann man durchaus davon sprechen, dass eine solche Klage mit der aktienrechtlichen Verfassungsordnung unvereinbar wäre.[395] Erst recht kann deshalb keine Möglichkeit bestehen, das Organ allgemein auf Erfüllung seiner Pflichten zu verklagen.[396]

88 Auch einzelne Aufsichtsratsmitglieder haben demnach kein entsprechendes Klagerecht im Wege der actio pro socio,[397] auch wenn ihrer Meinung nach der Aufsichtsrat dadurch seine Pflichten verletzen sollte. Nach der hier vertretenen Auffassung folgt das schon daraus, dass dem Aufsichtsrat selbst ein solches Klagerecht nicht zusteht, denn die Aufsichtsratsmitglieder können nur solche Befugnisse des Organs geltend machen, die dem Organ auch selbst zustehen.[398] Aber selbst wenn man ein Klagerecht des Aufsichtsrats, egal in welchem Umfang, anerkennt, kann eine Geltendmachung der Rechte des Aufsichtsrats jedenfalls erst nach Ausschöpfung der Rechtsmittel gegen den ablehnenden Beschluss des Aufsichtsrats möglich sein.[399] Denn dem Bedürfnis der einzelnen Mitglieder nach Entlastung von ihrer Haftung gem. § 116 genügt es, wenn sie ihre gegenteilige Auffassung dokumentieren, da sie nicht für die Beschlüsse der Mehrheit oder deren Untätigbleiben verantwortlich gemacht werden können (→ § 116 Rn. 51).

---

[392] MüKoAktG/*Spindler* § 90 Rn. 61; *Stodolkowitz* ZHR 154 (1990), 1 (8 ff.); *Brücher* AG 1989, 190 (191 f.); Kölner Komm AktG/*Mertens/Cahn* Vor § 76 Rn. 5; Hüffer/Koch/*Koch* § 111 Rn. 16, 49, § 90 Rn. 18 f., 24 f.; *Werner* AG 1990, 1 (16); aA *Pflugradt*, Leistungsklagen zur Erzwingung rechtmäßigen Vorstandsverhaltens in der Aktiengesellschaft, 1990, 53 ff.; *Bauer*, Organklagen zwischen Vorstand und Aufsichtsrat der Aktiengesellschaft, 1986, 16 ff.; *Lewerenz*, Leistungsklagen zwischen Organen und Organmitgliedern der Aktiengesellschaft, 1977, 26 ff.; *Steinbeck*, Überwachungspflicht und Einwirkungsmöglichkeiten des Aufsichtsrats in der Aktiengesellschaft, 1992, 180 ff.; *Bork* ZGR 1989, 1 (18 f.); *Schmidt* ZZP 92 (1979), 212 (230); *Raiser* ZGR 1989, 44 (59); *Hommelhoff* ZHR 143 (1979), 288 (309).
[393] Dazu näher MüKoAktG/*Spindler* § 90 Rn. 61; *Stodolkowitz* ZHR 154 (1990), 1 (7 ff.).
[394] So die Argumente der Gegenauffassung, siehe für subjektive Rechte *Bork* ZGR 1989, 1 (6 ff., 15 ff.); für Organrechte mit teilweise unterschiedlicher Terminologie *Bauer*, Organklagen zwischen Vorstand und Aufsichtsrat der Aktiengesellschaft, 1986, 49 ff.; *Lewerenz*, Leistungsklagen zwischen Organen und Organmitgliedern der Aktiengesellschaft, 1977, 62 ff.; *Steinbeck*, Überwachungspflicht und Einwirkungsmöglichkeiten des Aufsichtsrats in der Aktiengesellschaft, 1992, 173 ff.; *Häsemeyer* ZHR 144 (1980), 265 (275 ff.); *Schmidt* ZZP 92 (1979), 212 (224 ff.); *Hommelhoff* ZHR 143 (1979), 288 (302 ff.).
[395] So Kölner Komm AktG/*Mertens/Cahn* Vor § 76 Rn. 5; zust. *Brücher* AG 1989, 190 (192); *Werner* AG 1990, 1 (16).
[396] Insoweit in Übereinstimmung mit der herrschenden Meinung, siehe BGHZ 122, 342 (347 ff., 349) = NJW 1993, 2307; BGHZ 124, 111 (115) = NJW 1994, 520; BGHZ 135, 244 (247) = NJW 1997, 1926 – ARAG/Garmenbeck; BayObLG AG 2003, 427 (429) = BayObLGZ 2003, 89 (95); KG AG 2005, 205 (206); OLG München AG 2017, 750 (751); LG Frankfurt a. M. ZIP 1996, 1661 (1662); zust. Hüffer/Koch/*Koch* Rn. 28; *Fleischer* DB 2013 (217); *Grigoleit/Tomasic* Rn. 38; *Raiser* DZWiR 1993, 510 f.; *Brandes* WM 1994, 2177 (2182); *Schulz*, Die Behebung einzelner Mängel von Organisationsakten in Kapitalgesellschaften, 1997, 251; *Hüffer* ZGR 2001, 833 (870); ähnlich *Götz* FS Lüke, 1997, 167 (178 f.); UHH/*Ulmer/Habersack* MitbestG § 25 Rn. 36 f.; MHdB AG/*Hoffmann-Becking* § 31 Rn. 114, § 33 Rn. 91; *Lutter/Krieger/Verse* Rechte und Pflichten des Aufsichtsrats Rn. 737; denn BGH folgend für GmbH-Aufsichtsrat *Scholz/Schneider* GmbHG § 52 Rn. 437 ff.; gegen Analogie zu §§ 241 ff. AktG Baumbach/Hueck/*Zöllner/Noack* GmbHG § 52 Rn. 95.
[397] BGHZ 106, 54 (66 f.) = NJW 1989, 979 – Opel; OLG Celle NJW 1990, 582 (583) – Pelikan; Hüffer/Koch/*Koch* § 111 Rn. 16, § 90 Rn. 20; *Raiser* AG 1989, 185 (190); *Stodolkowitz* ZHR 154 (1990), 1 (18 ff.); *Steinbeck*, Überwachungspflicht und Einwirkungsmöglichkeiten des Aufsichtsrats in der Aktiengesellschaft, 1992, 218 ff.; *Lewerenz*, Leistungsklagen zwischen Organen und Organmitgliedern der Aktiengesellschaft, 1977, 131; *Bork* ZGR 1989, 1 (40 ff.); aA *Hommelhoff* ZHR 143 (1979), 288 (314); *Hommelhoff/Timm* AG 1976, 330 (333).
[398] *Bork* ZGR 1989, 1 (39 f.); Kölner Komm AktG/*Mertens/Cahn* Vor § 76 Rn. 7; MüKoAktG/*Spindler* Vor § 76 Rn. 56; Hüffer/Koch/*Koch* § 90 Rn. 19; *Kort* AG 1987, 193 (199).
[399] BGHZ 106, 54 (62 ff.) = NJW 1989, 979 – Opel; OLG Celle NJW 1990, 582 (583) – Pelikan; *Raiser* AG 1989, 185 (190).

b) Geltendmachung von Befugnissen eines Organmitglieds gegenüber einem anderen Organ. Teilweise weist das AktG auch dem einzelnen Aufsichtsratsmitglied eigene Rechte gegenüber einem anderen Organ, hier dem Vorstand, zu, etwa hinsichtlich der Anforderung von Berichten gem. § 90 Abs. 3 Satz 2. In diesem Fall steht dem Aufsichtsratsmitglied nach allgemeiner Auffassung ein Klagerecht gegen das andere Organ zu.[400] Dies mag zunächst überraschen, da doch dem Aufsichtsrat ein entsprechendes Klagerecht nach richtiger Auffassung nicht eingeräumt wird (→ Rn. 83). Die Besonderheit besteht hier aber darin, dass das Aufsichtsratsmitglied anders als der Aufsichtsrat keine Möglichkeit hat, auf die Pflichtverletzung des anderen Organs mit entsprechenden Mitteln (Klage durch Vertretung der Gesellschaft, Zustimmungsvorbehalt, Schadensersatz, Abberufung) zu reagieren. Deshalb besteht auch ein Bedürfnis für die Rechtsfortbildung.[401]

Zu beachten ist allerdings, dass es sich dabei um Rechte des Organmitglieds und nicht um Rechte des Organs handeln muss. Die einzelnen Aufsichtsratsmitglieder können daher eine Kompetenzüberschreitung auch nicht als eigenes Recht geltend machen,[402] auch wenn ihrer Meinung nach der Aufsichtsrat dadurch, dass er nicht einschreitet, seine Pflichten verletzen sollte. Denn das Recht, gegen Kompetenzüberschreitungen des Vorstands vorzugehen, steht dem Aufsichtsrat nur als Kollegialorgan zu.[403] Und dem Bedürfnis der einzelnen Mitglieder nach Entlastung von ihrer Haftung gem. § 116 genügt es, wenn sie ihre gegenteilige Auffassung dokumentieren, da sie nicht für die Beschlüsse der Mehrheit oder deren Untätigbleiben verantwortlich gemacht werden können.[404] Etwas anderes ergibt sich auch nicht aus § 245 Nr. 5, denn diese Vorschrift soll nur verhindern, dass die Mitglieder des Aufsichtsrats dadurch in eine unzumutbare Zwangslage gedrängt werden, dass sie einerseits verpflichtet sind, den Hauptversammlungsbeschluss auszuführen, andererseits aber nicht von ihnen verlangt werden kann, dass sie dafür eine strafbare Handlung oder Ordnungswidrigkeit begehen oder sich schadensersatzpflichtig machen.[405] Diese Gefahr besteht hier jedoch nicht, weil der Aufsichtsrat die Beschlüsse des Vorstands nicht ausführt.[406]

2. Intraorganstreit. Innerhalb des Aufsichtsrats sind ebenfalls Streitigkeiten möglich. Nach dem oben zum Interorganstreit Gesagten, ist ein Vorgehen im Wege der Klage allerdings nur von einzelnen Aufsichtsratsmitgliedern und nur dann möglich, wenn diesen selbst Rechte gegen den Aufsichtsrat zustehen. Solche Intraorganrechte finden sich etwa in § 90 Abs. 5 auf Kenntnisnahme der Vorstandsberichte oder in § 107 Abs. 2 S. 4 (→ § 107 Rn. 73 ff.) auf Aushändigung eines Protokolls.[407] In diesem Fall ist dann allerdings die Klagbarkeit wiederum allgemein anerkannt.[408]

---

[400] BGHZ 106, 54 (62) = NJW 1989, 979 – Opel; Hüffer/Koch/*Koch* § 90 Rn. 22 f.; Kölner Komm AktG/ Mertens/Cahn Vor § 76 Rn. 6; MüKoAktG/*Spindler* Vor § 76 Rn. 57; *Bork* ZGR 1989, 1 (31 ff.); *Kort* AG 1987, 193 (197); *Pflugradt,* Leistungsklagen zur Erzwingung rechtmäßigen Vorstandsverhaltens in der Aktiengesellschaft, 1990, 126 f.; *Hommelhoff* ZHR 143 (1979), 288 (315 f.); *Schmidt* ZZP 92 (1979), 212 (224 ff.); *Häsemeyer* ZHR 144 (1980), 265 (283); *Lewerenz,* Leistungsklagen zwischen Organen und Organmitgliedern der Aktiengesellschaft, 1977, 101 ff. (129 ff.); *Steinbeck,* Überwachungspflicht und Einwirkungsmöglichkeiten des Aufsichtsrats in der Aktiengesellschaft, 1992, 212; *Säcker* NJW 1979, 1521 (1526); *Westermann* FS Bötticher, 1969, 369 (379).

[401] Zutr. *Pflugradt,* Leistungsklagen zur Erzwingung rechtmäßigen Vorstandsverhaltens in der Aktiengesellschaft, 1990, 57 f.; *Lewerenz,* Leistungsklagen zwischen Organen und Organmitgliedern der Aktiengesellschaft, 1977, 28 ff. (33); nach Auffassung von *Bork* ZGR 1989, 1 (31 ff.) folgt das Klagerecht wiederum daraus, dass den Aufsichtsratsmitgliedern insoweit ein subjektives Recht zusteht. Das ist jedoch aus den oben → Rn. 82 genannten Gründen auch hier abzulehnen.

[402] BGHZ 106, 54 (62 ff.) = NJW 1989, 979 – Opel; OLG Celle NJW 1990, 582 f. – Pelikan; Hüffer/Koch/ *Koch* § 90 Rn. 21; *Kort* AG 1987, 193 (194, 197).

[403] BGHZ 106, 54 (63) = NJW 1989, 979 – Opel; OLG Celle NJW 1990, 582 (583) – Pelikan; Hüffer/ Koch/*Koch* § 90 Rn. 21; *Kort* AG 1987, 193 (194, 197); *Raiser* AG 1989, 185 (189 f.).

[404] OLG Frankfurt a. M. NJW-RR 1988, 1115 (1116); → § 116 Rn. 41.

[405] BGHZ 106, 54 (63 f.) = NJW 1989, 979 – Opel; zust. *Raiser* AG 1989, 185 (189).

[406] BGHZ 106, 54 (64) = NJW 1989, 979 – Opel; zust. *Raiser* AG 1989, 185 (189); aA *Pflugradt,* Leistungsklagen zur Erzwingung rechtmäßigen Vorstandsverhaltens in der Aktiengesellschaft, 1990, 127 ff., der allerdings übersieht, dass die Aufsichtsratsmitglieder hier gerade nicht in die gleiche Zwangslage wie im Falle des § 245 Nr. 5 kommen können, denn der Aufsichtsrat kann von den ihm zustehenden Mitteln (vor allem Abberufung oder Zustimmungsvorbehalt) Gebrauch machen und eine Minderheit der Aufsichtsratsmitglieder wird von der Haftung schon dadurch frei, dass sie ihre gegenteilige Auffassung dokumentieren. Damit besteht aber für eine analoge Anwendung des § 245 Nr. 5 kein Bedürfnis mehr.

[407] Weitere Beispiele bei *Bork* ZGR 1989, 1 (32); *Säcker* NJW 1979, 1521 (1522 f.).

[408] BGHZ 106, 54 (62) = NJW 1989, 979 – Opel; Kölner Komm AktG/*Mertens/Cahn* Vor § 76 Rn. 6; MüKoAktG/*Spindler* Vor § 76 Rn. 57; *Bork* ZGR 1989, 1 (31 ff.); *Kort* AG 1987, 193 (197); *Hommelhoff* ZHR 143 (1979), 288 (315); *Schmidt* ZZP 92 (1979), 212 (226 f.); *Häsemeyer* ZHR 144 (1980), 265 (283); *Lewerenz,* Leistungsklagen zwischen Organen und Organmitgliedern der Aktiengesellschaft, 1977, 95 ff. (132 ff.); *Steinbeck,* Überwachungspflicht und Einwirkungsmöglichkeiten des Aufsichtsrats in der Aktiengesellschaft, 1992, 212; *Säcker* NJW 1979, 1521 (1526); *Stodolkowitz* ZHR 154 (1990), 1 (15 ff.); *Westermann* FS Bötticher, 1969, 369 (380 f.).

§ 109 Teilnahme an Sitzungen des Aufsichtsrats und seiner Ausschüsse

(1) ¹An den Sitzungen des Aufsichtsrats und seiner Ausschüsse sollen Personen, die weder dem Aufsichtsrat noch dem Vorstand angehören, nicht teilnehmen. ²Sachverständige und Auskunftspersonen können zur Beratung über einzelne Gegenstände zugezogen werden.

(2) Aufsichtsratsmitglieder, die dem Ausschuß nicht angehören, können an den Ausschußsitzungen teilnehmen, wenn der Vorsitzende des Aufsichtsrats nichts anderes bestimmt.

(3) Die Satzung kann zulassen, daß an den Sitzungen des Aufsichtsrats und seiner Ausschüsse Personen, die dem Aufsichtsrat nicht angehören, an Stelle von verhinderten Aufsichtsratsmitgliedern teilnehmen können, wenn diese sie hierzu in Textform ermächtigt haben.

(4) Abweichende gesetzliche Vorschriften bleiben unberührt.

Schrifttum: *Bettenburg/Weirauch*, Transparenz nicht um jeden Preis?, DÖV 2012, 352; *Böttcher*, Unzulässige Besetzung von Aufsichtsräten, NZG 2012, 809; *Gelhausen*, Reform der externen Rechnungslegung und ihrer Prüfung durch den Wirtschaftsprüfer, AG Sonderheft August 1997, 73; *Hasselbach/Seibel*, Ad-hoc-Ausschüsse des Aufsichtsrats, AG 2012, 114; *Hoffmann-Becking*, Das Recht des Aufsichtsrats zur Prüfung durch Sachverständige nach § 111 Abs. 2 Satz 2 AktG, ZGR 2011, 136; *Johannsen-Roth/Kießling*, Das Amt des Ehrenvorsitzenden des Aufsichtsrats, NZG 2013, 972; *Kindl*, Die Teilnahme an der Aufsichtsratssitzung, Diss. Augsburg 1993; *Lohner/Zieglmeier*, Die Besetzung des Aufsichtsrats einer kommunalen GmbH und der Verbandsversammlung eines Zweckverbands, BayVBl. 2007, 581; *Meier*, Minderheitenschutz in Aufsichtsräten kommunaler Beteiligungsgesellschaften in der Rechtsform der GmbH aus gesellschaftsrechtlicher Sicht – strikte Abgrenzung zwischen Mitgliedschaft und Gaststatus, ZKF 2010, 104; *Meiski*, Die Nichtöffentlichkeit der Aufsichtsratssitzung einer kommunalen GmbH und das Öffentlichkeitsprinzip der kommunalen Selbstverwaltung, NVwZ 2007, 1355; *Plagemann*, Überlegungen zur Einrichtung und Ausgestaltung eines Aufsichtsratsbüros, NZG 2016, 211; *Ringleb/Kremer/Lutter/v. Werder*, Die Kodex-Änderungen vom Mai 2012, NZG 2012, 1081; *Schneider*, Die Teilnahme von Vorstandsmitgliedern an Aufsichtsratssitzungen, ZIP 2002, 873; *Schneider*, Gemeinsame Sitzungen und gemeinsame Beschlussfassung von Aufsichtsräten im Konzern?, FS Konzen, 2006, 881; *Schnorbus/Ganzer*, Gemeinsame Sitzungen von Aufsichtsorganen innerhalb eines Konzerns, AG 2013, 445; *Spindler*, Kommunale Mandatsträger in Aufsichtsräten – Verschwiegenheitspflicht und Weisungsgebundenheit, ZIP 2011, 689; *E. Vetter*, Die Teilnahme des Vorstands an den Sitzungen des Aufsichtsrats und die Corporate Governance, VersR 2002, 951. Siehe auch Schrifttum zu § 107.

Übersicht

	Rn.		Rn.
I. Überblick; Entstehungsgeschichte	1–3	1. Entscheidungsbefugnis	30
II. Anwendungsbereich	4	2. Ausschlussgründe	31–36
III. Zwingender Charakter	5	3. Stimmrecht und Beteiligung im Ausschuss	37
IV. Teilnahme an Sitzungen	6–28	4. Anspruch auf Einsichtnahme in Unterlagen	38–42
1. Aufsichtsratsmitglieder	6–13	VI. Teilnahme für verhinderte Aufsichtsratsmitglieder, Abs. 3	43–47
2. Vorstandsmitglieder	14–19	VII. Abweichende Rechtsvorschriften, Abs. 4	48
3. Sachverständige und Auskunftspersonen	20–27	VIII. Verstöße und Rechtsschutz	49–51
4. Dritte	28		
V. Teilnahme an Ausschusssitzungen, Abs. 2	29–42		

I. Überblick; Entstehungsgeschichte

1   Die Norm soll sicherstellen, dass nur Aufsichtsrats- und Vorstandsmitglieder an den Sitzungen des Aufsichtsrats teilnehmen, nicht dagegen andere Personen wie Aktionäre, deren Vertreter oder Beiratsmitglieder. Nur solchen Personen, die als Organmitglieder auch Verantwortung tragen und haftbar gemacht werden können, soll Einfluss auf die Unternehmensgeschicke eingeräumt werden.¹ Aus dem grundsätzlichen Verbot der Teilnahme anderer Personen als der Mitglieder des Aufsichtsrats und des Vorstands folgt unmittelbar, dass die Sitzungen nicht-öffentlich sind.² Ferner dient die

---
¹ *Kindl*, Die Teilnahme an der Aufsichtsratssitzung, 1993, 12 f. (15); Hüffer/Koch/*Koch* Rn. 1; K. Schmidt/Lutter/*Drygala* Rn. 2; Grigoleit/*Tomasic* Rn. 1; zur Frage inwieweit bei der kommunalen GmbH aufgrund des Öffentlichkeitsgrundsatzes etwas anderes gelten muss s. *Wilhelm* DB 2009, 944 ff.
² S. dazu auch *Spindler* ZIP 2011, 689 (691); *Bettenburg/Weirauch* DÖV 2012, 352 (353).

Vorschrift der Sicherung der Vertraulichkeit zwischen den Organen[3] sowie der Abgrenzung zu gesetzlich nicht vorgesehenen Organen, wie zB Beiräten, indem diesen die Möglichkeit der Einflussnahme via Teilnahme an Aufsichtsratssitzungen beschnitten wird.[4] Mittelbar dient die Vorschrift dazu, die in § 95 gesetzlich festgelegte Höchstzahl der Aufsichtsratsmitglieder gegen Umgehungen abzusichern und damit die effiziente Aufgabenerfüllung durch einen überschaubaren Kreis teilnehmender Personen an den Aufsichtsratssitzungen sicherzustellen.[5]

Daneben regelt § 109 Abs. 2 Teilaspekte der inneren Organisation des Aufsichtsrats im Hinblick auf das Verhältnis von Ausschüssen zum Plenum, indem Aufsichtsratsmitglieder, die nicht Ausschüssen angehören, ein Recht zur Teilnahme an diesen Ausschüssen haben, allerdings vorbehaltlich der Entscheidung des Aufsichtsratsvorsitzenden. Mittelbar beschreibt § 109 Abs. 2 daher auch Kompetenzen des Aufsichtsratsvorsitzenden.

Der Vorläufer der Vorschrift sah bereits in § 93 Abs. 1 AktG 1937 das Teilnahmerecht für Aufsichtsratsmitglieder, sowie das Ausschlussrecht des Aufsichtsratsvorsitzenden für nicht dem Ausschuss angehörende Aufsichtsratsmitglieder vor (auch § 109 Abs. 4 ist identisch mit § 93 Abs. 4 AktG 1937), räumte aber auch der Satzung entsprechende Regelungskompetenzen ein. Ziel des § 93 Abs. 2 AktG 1937 war daher nicht, die Position der Plenumsmitglieder durch ein ständiges Teilnahmerecht an den Ausschusssitzungen zu verstärken, sondern die allgemein vollzogene Praxis, den Ausschüssen nicht angehörige Aufsichtsratsmitglieder von der Teilnahme ausschließen zu können, gesetzlich zu regeln.[6] Da im Rahmen der Beratungen zum AktG 1965 die Rechte der Aufsichtsratsmitglieder gestärkt werden sollten und insbesondere dem Teilnahmerecht an Ausschusssitzungen ein höherer Stellenwert zukommen sollte, beschränkte man die Entscheidungsbefugnis zum Ausschluss auf den Aufsichtsratsvorsitzenden.[7] Dem Vorschlag einer Einschränkung des Teilnahmeausschlusses auf den Einzelfall folgte der Gesetzgeber jedoch nicht.[8] § 109 Abs. 3 wurde schließlich hinsichtlich der früher vorgesehenen Schriftform durch das Formanpassungsgesetz geändert, indem die Textform eingeführt wurde.[9]

II. Anwendungsbereich

Neben der **AG** erfasst § 109 auch die KGaA (§ 278 Abs. 3), die **mitbestimmte GmbH** (§ 25 Abs. 1 S. 1 Nr. 2 MitbestG, § 3 Abs. 2 MontanMitbestG, § 3 Abs. 1 MitbestErgG, § 1 Abs. 1 Nr. 3 DrittelbG, § 24 Abs. 2 S. 2 MgVG) sowie die **dualistisch verfasste SE** (Art. 9 Abs. 1 lit. c (ii) SE-VO). Für die monistisch verfasste SE finden sich in § 36 SEAG entsprechende Regelungen. Für die GmbH mit fakultativem Aufsichtsrat ist die Anwendung von § 109 umstritten, da § 109 in § 52 GmbHG nicht genannt ist. Dennoch ist mit der hM davon auszugehen, dass das Teilnahmerecht nach § 109 auch für den fakultativen Aufsichtsrat gilt, wenngleich in diesem Fall Abweichungen durch die Satzung zulässig sind (→ Rn. 5).[10]

III. Zwingender Charakter

Die Norm ist trotz des insoweit irreführenden Wortlauts („soll") zwingend und abschließend, soweit sie nicht selbst in § 109 Abs. 3 der Satzung einen Spielraum überlässt.[11] Dies ergibt sich auch

---

[3] BGH NZG 2012, 347 (348); VG Berlin BeckRS 2013, 58291; *Böttcher* NZG 2012, 809 (809); *Kindl,* Die Teilnahme an der Aufsichtsratssitzung, 1993, 3 (12 f.); *Lutter* Information und Vertraulichkeit Rn. 559; Kölner Komm AktG/*Mertens/Cahn* Rn. 9; MüKoAktG/*Habersack* Rn. 2; Henssler/Strohn/*Henssler* Rn. 1.
[4] Hüffer/Koch/*Koch* Rn. 1; K. Schmidt/Lutter/*Drygala* Rn. 2; Kölner Komm AktG/*Mertens/Cahn* Rn. 9; MüKoAktG/*Habersack* Rn. 2; *Kindl,* Die Teilnahme an der Aufsichtsratssitzung, 1993, 12 f.; NK-AktG/*Breuer/Fraune* Rn. 2.
[5] *Kindl,* Die Teilnahme an der Aufsichtsratssitzung, 1993, 13 (15 f.); s. dazu auch BegrRegE AktG 1937 *Klausing* S. 79.
[6] *Rellermeyer,* Aufsichtsratsausschüsse, 1986, 227 f.
[7] BegrRegE *Kropff* S. 153; *Rellermeyer,* Aufsichtsratsausschüsse, 1986, 228.
[8] BegrRegE *Kropff* S. 153.
[9] Art. 27 Nr. 1 Formanpassungsgesetz vom 13.7.2001, BGBl. 2001 I 1548.
[10] *Spindler* ZIP 2011, 689 (691); *Schnorbus/Ganzer* AG 2013, 445 (449); *Lohner/Zieglmeier* BayVBl. 2007, 581 (583); MüKoGmbHG/*Spindler* GmbHG § 52 Rn. 526; Großkomm GmbHG/*Raiser/Heermann* GmbHG § 52 Rn. 62 f.; Henssler/Strohn/*Henssler* GmbHG § 52 Rn. 9; gegen eine Anwendung von § 109 auf den fakultativen Aufsichtsrat der GmbH: *Meiski* NVwZ 2007, 1355 (1357 f.); MHLS/*Giedinghagen* GmbHG § 52 Rn. 394.
[11] S. dazu BegrRegE AktG 1937 *Klausing* S. 79; *Kindl,* Die Teilnahme an der Aufsichtsratssitzung, 1993, 15; BGH NZG 2012, 347 (348); *Schnorbus/Ganzer* AG 2013, 445 (446); MüKoAktG/*Habersack* Rn. 3; Kölner Komm AktG/*Mertens/Cahn* Rn. 5; Bürgers/Körber/*Israel* Rn. 1; Hölters/*Hambloch-Gesinn/Gesinn* Rn. 1, 21; Hennerkes/*Schiffer* DB 1992, 875 (876); NK-AktR/*Breuer/Fraune* Rn. 1; dagegen *Jüngst* BB 1984, 1583 (1584) im Hinblick auf den Wortlaut des § 109 Abs. 1 („soll") und die Teilnahmemöglichkeit des Ehrenvorsitzenden.

deutlich aus dem Umkehrschluss zu § 109 Abs. 3, dessen es nicht bedurft hätte, wenn die Satzung die Teilnahmevorschriften ergänzen könnte. Die Formulierung als Sollvorschrift ist nach ganz hM als Ausschluss möglicher Beschlussmängel zu verstehen.[12] Nur für die GmbH mit fakultativem Aufsichtsrat sind abweichende Satzungsregelungen möglich.[13]

IV. Teilnahme an Sitzungen

6 **1. Aufsichtsratsmitglieder.** Aufsichtsratsmitglieder sind zur Teilnahme an den Aufsichtsratssitzungen nicht nur berechtigt, sondern auch verpflichtet; andernfalls verletzt das Mitglied seine Sorgfaltspflichten nach § 116.[14] § 109 setzt diese Rechte und Pflichten, die sich aus der Organmitgliedschaft des Aufsichtsratsmitglieds ergeben, voraus.[15] Nur solche Aufsichtsratsmitglieder, die auch der jeweiligen Gesellschaft angehören, sind teilnahmeberechtigt; Aufsichtsratsmitglieder von **Konzerngesellschaften** sind daher als Dritte zu qualifizieren und außer im Fall von § 109 Abs. 1 S. 2 (→ Rn. 20) nicht zur Teilnahme befugt (zur Teilnahme von Dritten → Rn. 28).[16]

7 Nur in Ausnahmefällen kann einem Aufsichtsratsmitglied die **Teilnahme** an einer Sitzung **untersagt** werden, da das Gesetz die Teilnahme des Aufsichtsratsmitglieds an den Sitzungen des Aufsichtsrats als einen Kernbereich seiner Rechte als Organmitglied ausgestaltet hat, die mit der Verantwortlichkeit des Aufsichtsratsmitglieds korrespondiert. Das Gesetz selbst sieht keine Ausschlussgründe vor; lediglich für die Teilnahme an Sitzungen der Ausschüsse wird dem Aufsichtsratsvorsitzenden eine solche Kompetenz eingeräumt. Aus einem etwaig bestehenden Stimmrechtsverbot (→ § 108 Rn. 26 ff.) darf nicht auf ein Teilnahmeverbot des betroffenen Aufsichtsratsmitglieds geschlossen werden; es besteht kein Gleichlauf zwischen Stimmrecht und Teilnahmerecht.[17] Dennoch ist anerkannt, dass in gewichtigen Fällen auch der Ausschluss der Teilnahme an den Plenumssitzungen möglich sein muss, wenn anders der ordnungsgemäße Verlauf der Sitzungen nicht gewährleistet ist oder gewichtige Gründe gegen die Teilnahme sprechen.[18]

8 Als materielle Gründe, die nicht den ordnungsgemäßen Verlauf der Sitzung betreffen, kommen vor allem **Gefährdungen des Unternehmenswohls** und die Beeinträchtigung der vertraulichen Beratung und Beschlussfassung im Aufsichtsrat in Betracht. Der Ausschluss der Teilnahme darf sich aber nur auf einen konkreten Beschlusspunkt beziehen,[19] nicht auf die gesamte Teilnahme an einer Sitzung. So können tiefgreifende Interessenkollisionen[20] eines Aufsichtsratsmitglieds nicht allein mit einem Stimmrechtsausschluss (→ § 108 Rn. 27 ff.) oder anders behoben werden, zB bei Beschlussfassungen über Geschäfte eines Aufsichtsratsmitglieds mit der Gesellschaft einschließlich der Verfolgung von Ansprüchen gegen ein Aufsichtsratsmitglied, Kandidatur eines Aufsichtsratsmitglieds zum Vorstand, tarifpolitische Auseinandersetzungen (hinsichtlich der Arbeitnehmervertreter).[21] Es kann auch nicht pauschal davon ausgegangen werden, dass bei bloßen Interessenkollisionen bei einzelnen Beratungsgegenständen kein Teilnahmeausschluss wegen Verstoß gegen das Übermaßverbot zulässig sei,

---

[12] BGHZ 47, 341 (349 f.) = NJW 1967, 1711; *Lutter* ZIP 1984, 645 (652); *Hennerkes/Schiffer* DB 1992, 875 (876); *Kindl*, Die Teilnahme an der Aufsichtsratssitzung, 1993, 15; MüKoAktG/*Habersack* Rn. 3; K. Schmidt/Lutter/*Drygala* Rn. 1; allerdings lassen sich der Gesetzgebungsgeschichte hierfür keine Anhaltspunkte entnehmen.

[13] *Spindler* ZIP 2011, 689 (691); *Schnorbus/Ganzer* AG 2013, 445 (449); MüKoGmbHG/*Spindler* § 52 Rn. 526; offengelassen von BGH NZG 2012, 347 (349).

[14] AllgM, Hüffer/Koch/*Koch* Rn. 2; K. Schmidt/Lutter/*Drygala* Rn. 3; MüKoAktG/*Habersack* Rn. 7; *Lutter/Krieger/Verse* Rechte und Pflichten des Aufsichtsrats Rn. 700; Kölner Komm AktG/*Mertens/Cahn* Rn. 10; *Kindl*, Die Teilnahme an der Aufsichtsratssitzung, 1993, 5 ff.; einschränkend Großkomm AktG/*Hopt/Roth* Rn. 16.

[15] MüKoAktG/*Habersack* Rn. 7; K. Schmidt/Lutter/*Drygala* Rn. 3; Kölner Komm AktG/*Mertens/Cahn* Rn. 10; *Behr* AG 1984, 281 (282); *Kindl*, Die Teilnahme an der Aufsichtsratssitzung, 1993, 7.

[16] *Schnorbus/Ganzer* AG 2013, 445 (447); MüKoAktG/*Habersack* Rn. 8; Kölner Komm AktG/*Mertens/Cahn* Rn. 25; Henssler/Strohn/*Henssler* Rn. 2; aA *Schneider* FS Konzen, 2006, 881 (887 ff.); zur Verschwiegenheitspflicht im Rahmen von Konzerndoppelmandaten → § 116 Rn. 111.

[17] *Kindl*, Die Teilnahme an der Aufsichtsratssitzung, 1993, 117 ff.; MüKoAktG/*Habersack* Rn. 10; *Matthießen*, Stimmrecht und Interessenkollision im Aufsichtsrat, 1989, 348 ff.; *E. Vetter* in Marsch-Barner/Schäfer Börsennotierte AG-HdB Rn. 27.66.

[18] MüKoAktG/*Habersack* Rn. 9 f.; Hüffer/Koch/*Koch* Rn. 2; K. Schmidt/Lutter/*Drygala* Rn. 4; Kölner Komm AktG/*Mertens/Cahn* Rn. 12 f.; *Lutter/Krieger/Verse* Rechte und Pflichten des Aufsichtsrats Rn. 700; *Kindl*, Die Teilnahme an der Aufsichtsratssitzung, 1993, 111 ff.; *Semler/Stengel* NZG 2003, 1 (4 f.).

[19] Zur Zulässigkeit des Ausschlusses bei einzelnen Tagesordnungspunkten Großkomm AktG/*Hopt/Roth* Rn. 21.

[20] Ausführlich zur Problematik des Ausschlusses wegen Interessenkollisionen siehe auch Großkomm AktG/*Hopt/Roth* Rn. 18 ff.

[21] Kölner Komm AktG/*Mertens* Rn. 14; *Lutter/Krieger/Verse* Rechte und Pflichten des Aufsichtsrats Rn. 700; zustimmend bzgl. tarifpolitischer Auseinandersetzungen Großkomm AktG/*Hopt/Roth* Rn. 24.

sondern nur ein Abstimmungsverbot als milderes Mittel.[22] Ob ein reiner Stimmrechtsausschluss ausreichend ist, um eine Interessenkollision zu bewältigen, kann nur im Einzelfall entschieden werden; dauerhafte oder tiefgreifende Interessenkollisionen, die auch einen Vertrauensbruch zumindest möglich erscheinen lassen, lassen sich nur durch Trennung der Informationskreise bewältigen. Dies kann man auch nicht völlig der Eigenverantwortlichkeit der Aufsichtsratsmitglieder überlassen, um die sie treffenden Interessenkollisionen zu einem Ausgleich zu bringen.[23] Bei der Beratung über den Abschluss von Geschäften mit einem Aufsichtsratsmitglied ist die strikte Trennung der Pflichtenkreise durch dieses selbst unmöglich.[24] Vielmehr trifft gerade auch den Aufsichtsratsvorsitzenden die Verantwortung, Interessenkollisionen zu erkennen und wirksame Schutzvorkehrungen zum Wohle der Gesellschaft zu treffen. Nur die Nichtteilnahme der betroffenen Mitglieder an der Beratung kann die Geheimhaltung sicherstellen.[25] So kann es notwendig werden, Arbeitnehmervertreter von der Beratung über die Abwehrmaßnahmen des Unternehmens bei einem Arbeitskampf auszuschließen. Ein bloßer Stimmrechtsausschluss kann in einem solchen Fall nicht verhindern, dass die Abwehrmaßnahmen des Unternehmens den Arbeitnehmervertretern bei Teilnahme an der Aufsichtsratssitzung offenbart werden. Die Niederlegung des Mandats oder die gerichtliche Abberufung allein vermögen die Fälle der einfachen Pflichtenkollision nicht befriedigend zu lösen. Gerade wenn die **Verletzung der Verschwiegenheitspflicht** auf Grund konkreter Anhaltspunkte ernsthaft befürchtet werden muss, kommt der Ausschluss der Teilnahme in Betracht.[26]

Der alleinige Ausschluss von der Teilnahme an Sitzungen zu bestimmten Beschlusspunkten verfängt jedoch nicht bei Aufsichtsratsmitgliedern, die einem **konkurrierenden Unternehmen** angehören, und die einem dauerhaften Interessenkonflikt unterliegen; hier kommt nur eine Mandatsniederlegung in Betracht, da bei der Tätigkeit des Aufsichtsrats kaum danach unterschieden werden kann, ob bestimmte Beratungsgegenstände nicht das konkurrierende Unternehmen betreffen.[27] Nur wenn sich die Geschäftsfelder in wenigen Bereichen überlappen, kann der Teilnahmeausschluss genügen.[28] Dies entspricht den Empfehlungen des Corporate Governance Kodex (Ziff. 5.4.2; 5.5.3 DCGK).

Der Teilnahmeausschluss ist an enge Voraussetzungen geknüpft. Stets darf **kein milderes Mittel** zur Verfügung stehen. Auch muss dem Aufsichtsratsmitglied Gelegenheit zur vorherigen Stellungnahme gegeben werden.[29] Die Entscheidung obliegt bei materiellen Ausschlussgründen auf Grund des tiefgehenden Eingriffs in die Rechte des Aufsichtsratsmitglieds dem Aufsichtsrat als Plenum mit einfacher Mehrheit nach § 108 Abs. 1; nur dieser kann etwa bei befürchteten Interessenkollisionen des Aufsichtsratsmitglieds im Hinblick auf den grundlegenden Charakter des Teilnahmerechts solche Ausschlussentscheidungen treffen.[30]

Ferner kann der **Aufsichtsratsvorsitzende** im Rahmen seiner Kompetenz zur **Sitzungsleitung** ein Aufsichtsratsmitglied die weitere Sitzungsteilnahme untersagen, zB wenn das Aufsichtsratsmitglied fortgesetzt die Sitzung stört,[31] wenn nur dadurch der ordnungsgemäße Sitzungsablauf gewährleistet bleibt. Wiederum muss es sich jedoch um das letzte Mittel handeln, um den ordnungsgemäßen

---

[22] So aber *Kindl*, Die Teilnahme an der Aufsichtsratssitzung, 1993, 123 ff. (156).
[23] In diese Richtung aber *Kindl*, Die Teilnahme an der Aufsichtsratssitzung, 1993, 148 ff. (157 f.).
[24] *Semler/Stengel* NZG 2003, 1 (4); allgemein *Lutter/Krieger/Verse* Rechte und Pflichten des Aufsichtsrats Rn. 926 f.
[25] *Lutter/Krieger/Verse* Rechte und Pflichten des Aufsichtsrats Rn. 908; gegen das Erfordernis eines wichtigen Grundes iSv § 103 Abs. 3 für einen Ausschluss Großkomm AktG/*Hopt/Roth* Rn. 20.
[26] LG München I NZG 2008, 348 (350), mit Anm. *Peus* EWiR 2008, 193; *Lutter/Krieger/Verse* Rechte und Pflichten des Aufsichtsrats Rn. 700; Hüffer/Koch/*Koch* Rn. 2; K. Schmidt/Lutter/*Drygala* Rn. 4; MüKoAktG/*Habersack* Rn. 10; Kölner Komm AktG/*Mertens/Cahn* Rn. 14; zweifelnd *Behr* AG 1984, 281 (283 f.); s. aber auch *Kindl*, Die Teilnahme an der Aufsichtsratssitzung, 1993, 161 ff. (164).
[27] → § 100 Rn. 30 f., 44, sowie → § 116 Rn. 68 ff.; OLG Schleswig NZG 2004, 669 (670); MüKoAktG/*Habersack* § 100 Rn. 82 f.; *Marsch-Barner* in Semler/v. Schenck AR-HdB § 13 Rn. 149; *Singhof* AG 1998, 318 (324); *Ulmer* NJW 1980, 1603 (1605); *Dreher* JZ 1990, 896 (901); *Kindl*, Die Teilnahme an der Aufsichtsratssitzung, 1993, 157; *Lutter/Krieger/Verse* Rechte und Pflichten des Aufsichtsrats Rn. 927 sowie Rn. 20 ff. bejahen hier Amtsunfähigkeit; insoweit anders *Semler/Stengel* NZG 2003, 1 (4); → § 100 Rn. 34 f.
[28] Insoweit wie hier *Semler/Stengel* NZG 2003, 1 (5).
[29] MüKoAktG/*Habersack* Rn. 10; *Behr* AG 1984, 281 (283); *Kindl*, Die Teilnahme an der Aufsichtsratssitzung, 1993, 84 fordert eine vorherige Abmahnung.
[30] MüKoAktG/*Habersack* Rn. 9; Hüffer/Koch/*Koch* Rn. 2; *Semler/Stengel* NZG 2003, 1 (4); teilweise abw. Kölner Komm AktG/*Mertens/Cahn* Rn. 15 sowie Großkomm AktG/*Hopt/Roth* Rn. 23: Entscheidung des Aufsichtsratsvorsitzenden mit Möglichkeit der Revision durch Plenum.
[31] MüKoAktG/*Habersack* Rn. 9; Hüffer/Koch/*Koch* Rn. 2; K. Schmidt/Lutter/*Drygala* Rn. 4; *Kindl*, Die Teilnahme an der Aufsichtsratssitzung, 1993, 83 (88 f.); Kölner Komm AktG/*Mertens* Rn. 12; *Lutter/Krieger/Verse* Rechte und Pflichten des Aufsichtsrats Rn. 700; *E. Vetter* in Marsch-Barner/Schäfer Börsennotierte AG-HdB Rn. 27.42; restriktiver *Behr* AG 1984, 281 (284): Verankerung in Geschäftsordnung erforderlich – dies findet indes keine Stütze im Wortlaut, so auch Großkomm AktG/*Hopt/Roth* Rn. 26.

Ablauf der Sitzung sicherzustellen.³² Allerdings hat der Aufsichtsratsvorsitzende keine Kompetenz zur abschließenden Entscheidung; das Plenum kann einen anderslautenden Beschluss fassen und das Aufsichtsratsmitglied zur Sitzung zulassen; das Aufsichtsratsmitglied kann durch einen Antrag zur Geschäftsordnung einen solchen Beschluss herbeiführen.³³

12 Aufsichtsratsmitglieder, die von der Teilnahme ausgeschlossen wurden, verlieren nicht ihren Anspruch auf Aushändigung des **Protokolls**, sofern nicht die Gründe, die zum Ausschluss des Mitglieds führten, auch gegen die nachträgliche Information des Aufsichtsratsmitglieds sprechen, wie zB zu befürchtende Verletzungen der Verschwiegenheitspflicht (→ Rn. 40, sowie → § 107 Rn. 73 f.).

13 Keine Aufsichtsratsmitglieder und damit nicht zur generellen Teilnahme berechtigt sind dagegen der **Ehrenvorsitzende** bzw. Ehrenmitglieder.³⁴ Allein die gelegentliche Teilnahme bei einzelnen Tagesordnungspunkten als Auskunftsperson oder Sachverständiger ist zulässig; darüber hinaus – sofern durch die Satzung bestimmt – ist die Teilnahme für verhinderte Aufsichtsratsmitglieder möglich.³⁵ Dies gilt auch für künftige Aufsichtsratsmitglieder,³⁶ da sie weder per se Auskunftspersonen sind noch sonst vom Gesetz privilegiert werden. So sinnvoll eine Teilnahme schon vor ihrer Organmitgliedschaft sein mag, führt doch kein Weg am eindeutigen Wortlaut des Gesetzes vorbei.

14 **2. Vorstandsmitglieder.** Vorstandsmitglieder können als Organmitglieder gem. § 109 Abs. 1 sowohl an Sitzungen des Aufsichtsrats als auch seiner Ausschüsse teilnehmen, ohne jedoch darauf einen Anspruch zu haben.³⁷ Auch eine regelmäßige Teilnahme von Vorstandsmitgliedern bei Aufsichtsratssitzungen ist zulässig.³⁸ Dies lässt sich einem Umkehrschluss zu Ziff. 3.6 Abs. 2 DCGK entnehmen, der von der regelmäßigen Teilnahme des Vorstands an den Aufsichtsratssitzungen ausgeht und Aufsichtsratssitzungen ohne den Vorstand Ausnahmecharakter beimisst.³⁹ Zu beachten ist dabei, dass es sich bei Ziff. 3.6 Abs. 2 DCGK nicht um eine bloße Anregung, sondern um eine Soll-Empfehlung handelt.⁴⁰ Der Kodex geht zwar von einer offenen Diskussionskultur zwischen Vorstand und Aufsichtsrat aus bzw. strebt diese an, Ziff. 3.5. DCGK.⁴¹ Dem widerspricht indes nicht, dass der Ausschluss eines Teilnahmerechts des Vorstands dazu dient, die Unbefangenheit und Vertraulichkeit der Aufsichtsratsberatungen zu sichern.⁴² Gerade wenn es um die Beurteilungen der Leistungen der Vorstandsmitglieder geht oder aber organinterne Angelegenheiten zu besprechen sind, gibt es gute Gründe dafür die Sitzung ohne die Teilnahme von Vorstandsmitgliedern abzuhalten.⁴³ Letztlich steht es im Ermessen des Aufsichtsrats, ob er den Vorstand zu den Sitzungen hinzuzieht.⁴⁴ Teilnahmeberechtigt sind wiederum nur Vorstandsmitglieder der eigenen Gesellschaft, sodass konzernangehörige Vorstandsmitglieder nur nach Maßgabe des § 109 Abs. 1 S. 2 als Sachverständige oder Auskunftspersonen hinzugezogen werden können.⁴⁵

---

³² BGHZ 44, 245 (255) zum Ausschluss des Aktionärs bei der Hauptversammlung als ultima ratio.
³³ MüKoAktG/*Habersack* Rn. 9; *Kindl*, Die Teilnahme an der Aufsichtsratssitzung, 1993, 89 (104 f.).
³⁴ Hüffer/Koch/*Koch* Rn. 4; *Lutter* ZIP 1984, 645 (651 f.); *Lutter/Krieger/Verse* Rechte und Pflichten des Aufsichtsrats Rn. 685 f. (703); Großkomm AktG/*Hopt/Roth* Rn. 43; NK-AktR/*Breuer/Fraune* Rn. 5; *Lutter* Information und Vertraulichkeit Rn. 559; *Hennerkes/Schiffer* DB 1992, 875 (876); *Johannsen-Roth/Kießling* NZG 2013, 972 (975).
³⁵ *Lutter* ZIP 1984, 645 (652); Hüffer/Koch/*Koch* Rn. 5.
³⁶ *Böttcher* NZG 2012, 809 (810); Kölner Komm AktG/Mertens/Cahn Rn. 25; *Kindl*, Die Teilnahme an der Aufsichtsratssitzung, 1993, 48; *Lutter/Krieger/Verse* Rechte und Pflichten des Aufsichtsrats Rn. 703.
³⁷ AllgM, Hüffer/Koch/*Koch* Rn. 3; K. Schmidt/Lutter/*Drygala* Rn. 5, 6; MüKoAktG/*Habersack* Rn. 11; Kölner Komm AktG/*Mertens/Cahn* Rn. 16 f.; Grigoleit/*Tomasic* Rn. 7; MHdB AG/*Hoffmann-Becking* § 31 Rn. 52; *Lutter/Krieger/Verse* Rechte und Pflichten des Aufsichtsrats Rn. 702; Bürgers/Körber/*Israel* Rn. 3; *Kindl*, Die Teilnahme an der Aufsichtsratssitzung, 1993, 8; U. H. Schneider ZIP 2002, 873 (874); E. Vetter VersR 2002, 951; E. Vetter in Marsch-Barner/Schäfer Börsennotierte AG-HdB Rn. 27.44.
³⁸ MüKoAktG/*Habersack* Rn. 14; *Lutter/Krieger/Verse* Rechte und Pflichten des Aufsichtsrats Rn. 702; § 111 Rn. 185; Seibt/Wunsch Der Konzern 2009, 195 (205).
³⁹ *Peltzer*, Deutsche Corporate Governance Rn. 210; *Lutter/Krieger/Verse* Rechte und Pflichten des Aufsichtsrats Rn. 702; Seibt/Wunsch Der Konzern 2009, 195 (205).
⁴⁰ S. zur alten Fassung von Ziff. 3.6 Abs. 2 DCGK RKLW/*v. Werder*, 4. Aufl., Rn. 410; *Peltzer* Deutsche Corporate Governance Rn. 210; E. Vetter VersR 2002, 951 (952).
⁴¹ U. H. Schneider ZIP 2002, 873 (875); KBLW/*v. Werder* DCGK Rn. 541.
⁴² MüKoAktG/*Habersack* Rn. 14 f.; Kölner Komm AktG/*Mertens/Cahn* Rn. 17; *Lutter/Krieger/Verse* Rechte und Pflichten des Aufsichtsrats Rn. 702; *Kindl*, Die Teilnahme an der Aufsichtsratssitzung, 1993, 8; ausführlich zur Frage der Teilnahme von Vorstandsmitgliedern Großkomm AktG/*Hopt/Roth* Rn. 94 ff.
⁴³ Ringleb/Kremer/Lutter/*v. Werder* NZG 2012, 1081 (1083).
⁴⁴ *Lutter/Krieger/Verse* Rechte und Pflichten des Aufsichtsrats Rn. 702.
⁴⁵ Schneider FS Konzen, 2006, 881 (886); Kölner Komm AktG/*Mertens/Cahn* Rn. 19; Hüffer/Koch/*Koch* Rn. 5.

Verlangt der Aufsichtsrat die Teilnahme der Vorstandsmitglieder, sind diese hierzu **verpflichtet,** da 15
der Vorstand den Aufsichtsrat umfassend über seine Tätigkeit unterrichten muss.[46] Dies gilt auch dann,
wenn das Vorstandsmitglied schon zuvor schriftlich den Aufsichtsrat informiert hat; denn dem Aufsichtsrat steht das Recht zu Nachfragen zu; das Vorstandsmitglied muss sich dazu äußern.[47] Die Pflicht zur
Teilnahme bezieht sich auf Plenums- oder Ausschusssitzungen, nicht aber auf Sitzungen der Fraktionen
(Anteilseigner- bzw. Arbeitnehmervertreter).[48] Einzelne Vorstandsmitglieder kann der Aufsichtsrat nur
laden, wenn diese für den Beratungsgegenstand im Vorstand zuständig sind; denn die Berichts- und Auskunftspflicht trifft den Vorstand als **Organ** und muss von diesem insgesamt erfüllt werden,[49] sofern nicht
eine Delegation dieser Aufgaben innerhalb des Organs vorgenommen wurde.[50] Eine Alleinentscheidungsbefugnis des Vorstandsvorsitzenden über die Auswahl der Themen besteht nicht.[51] Aus diesen
Gründen kann auch ein einzelnes Aufsichtsratsmitglied nicht die Teilnahme eines Vorstandsmitglieds
oder des Vorstandes erzwingen, auch wenn es nach § 90 Abs. 3 S. 2 berechtigt ist, Berichte vom Vorstand
zu verlangen. Zum einen hat der Gesetzgeber auf eine weitergehende Flankierung des Berichtsverlangens verzichtet, zum anderen richtet sich das Berichtsverlangen gegen den Vorstand als Organ.[52]

Über die Teilnahme sowie über die Hinzuziehung **entscheidet der Aufsichtsratsvorsitzende,** 16
da er die Kompetenz zur Sitzungsleitung inne hat; allerdings kann seine Entscheidung vom Plenum
revidiert werden.[53]

In der Sitzung dürfen die Vorstandsmitglieder das Wort ergreifen und können auch verlangen, 17
dass ihre Äußerungen im Protokoll der Sitzung vermerkt werden.[54] Sie können aber weder Anträge
stellen noch über Beschlussgegenstände abstimmen.[55]

Die **Satzung** soll nach einer verbreiteten Auffassung eine Teilnahmebefugnis des Vorstands mit 18
der Maßgabe begründen können, dass der Aufsichtsrat oder Aufsichtsratsvorsitzende im Einzelfall
anders entscheiden kann.[56] Dies widerspricht im Grundsatz jedoch dem zwingenden und abschließenden Charakter des § 109, wie die Öffnungsklausel in § 109 Abs. 3 zeigt. Zwar ist einzuräumen,
dass eine gemeinsame Beratung von Vorstand und Aufsichtsrat unter Umständen die Kommunikation
verbessern kann;[57] andererseits darf jedoch nicht verkannt werden, dass die Beratung ohne Beisein
des Vorstands eine unbefangenere und offenere Aussprache erst ermöglichen wird,[58] erst recht,
wenn es sich um mitbestimmte Aufsichtsräte handelt. Entscheidend ist, ob die Satzung nur eine
Empfehlung an den Aufsichtsrat ausspricht oder ein Recht sowie eine Pflicht des Vorstands auf
Teilnahme an den Aufsichtsratssitzungen vorsieht; denn in diesem Fall liegt die Begründungslast

---

[46] MüKoAktG/*Habersack* Rn. 12; Hüffer/Koch/*Koch* Rn. 3; K. Schmidt/Lutter/*Drygala* Rn. 6; MHdB AG/
Hoffmann-Becking § 31 Rn. 52; *Lutter/Krieger/Verse* Rechte und Pflichten des Aufsichtsrats Rn. 702; Wachter/
Schick Rn. 4; *Kindl,* Die Teilnahme an der Aufsichtsratssitzung, 1993, 8 f.; U. H. Schneider ZIP 2002, 873 (874);
E. *Vetter* in Marsch-Barner/Schäfer Börsennotierte AG-HdB Rn. 27.44; NK-AktR/*Breuer/Fraune* Rn. 4.
[47] MüKoAktG/*Habersack* Rn. 12; Kölner Komm AktG/*Mertens/Cahn* Rn. 20; *Kindl,* Die Teilnahme an der
Aufsichtsratssitzung, 1993, 9.
[48] Kölner Komm AktG/*Mertens/Cahn* Rn. 20; MüKoAktG/*Habersack* Rn. 12.
[49] Kölner Komm AktG/*Mertens/Cahn* § 90 Rn. 20; ausführlich MüKoAktG/*Spindler* § 90 Rn. 6f.; zum
Berichterstattungsrecht einzelner Vorstandsmitglieder siehe Großkomm AktG/*Hopt/Roth* Rn. 35.
[50] Im Ergebnis ähnlich MüKoAktG/*Habersack* Rn. 12; *Semler* Leitung und Überwachung Rn. 171; s. auch
Kölner Komm AktG/*Mertens/Cahn* Rn. 20; zurückhaltend *Lutter* Information und Vertraulichkeit Rn. 213; aA
Dose, Rechtsstellung der Vorstandsmitglieder, 1975, 97 f., der die Ressortverteilung für maßgeblich hält.
[51] *Lutter* Information und Vertraulichkeit Rn. 216.
[52] Im Ergebnis ebenso *Kindl,* Die Teilnahme an der Aufsichtsratssitzung, 1993, 9; Großkomm AktG/*Hopt/
Roth* Rn. 36; aA *Peus,* Der Aufsichtsratsvorsitzende: Seine Rechtsstellung nach dem Aktiengesetz und dem Mitbestimmungsgesetz, 1983, 110.
[53] *Lutter/Krieger/Verse* Rechte und Pflichten des Aufsichtsrats Rn. 702; MHdB AG/*Hoffmann-Beckin* § 31
Rn. 52; MüKoAktG/*Habersack* Rn. 13; *Kindl,* Die Teilnahme an der Aufsichtsratssitzung, 1993, 9; *Peus,* Der
Aufsichtsratsvorsitzende: Seine Rechtsstellung nach dem Aktiengesetz und dem Mitbestimmungsgesetz, 1983, 111.
[54] MüKoAktG/*Habersack* Rn. 13; Kölner Komm AktG/*Mertens/Cahn* Rn. 22; Hölters/*Hambloch/Gesinn/
Gesinn* Rn. 6; *Seibt/Wunsch* Der Konzern 2009, 195 (205).
[55] *Säcker/Theisen* AG 1980, 29 (38); Kölner Komm AktG/*Mertens/Cahn* Rn. 22; MüKoAktG/*Habersack*
Rn. 13; Henssler/Strohn/*Henssler* Rn. 4.
[56] So Hüffer/Koch/*Koch* Rn. 3; MüKoAktG/*Habersack* Rn. 14; *Lutter/Krieger/Verse* Rechte und Pflichten des
Aufsichtsrats Rn. 702; Kölner Komm AktG/*Mertens/Cahn* Rn. 17; Bürgers/Körber/*Israel* Rn. 3; differenzierend
Großkomm AktG/*Hopt/Roth* Rn. 30, 97, der eine derartige Regelung zwar als zulässig erachtet, sich jedoch aus
praktischen Gründen dagegen ausspricht.
[57] Darauf stellen maßgeblich MüKoAktG/*Habersack* Rn. 15, *Lutter/Krieger/Verse* Rechte und Pflichten des
Aufsichtsrats Rn. 702; E. *Vetter* VersR 2002, 951 (952), U. H. Schneider ZIP 2002, 873 (875) ab.
[58] In diese Richtung das Bundesaufsichtsamt für Versicherungswesen (heute BaFin) VerBAV 2002, 67; dazu
aber aA *Lutter/Krieger/Verse* Rechte und Pflichten des Aufsichtsrats Rn. 702; E. *Vetter* VersR 2002, 951 (953);
U. H. Schneider ZIP 2002, 873 (874 f.).

beim Aufsichtsrat und dessen Vorsitzenden, ob ein Vorstandsmitglied zugelassen wird.[59] Demgemäß kann auch nicht davon ausgegangen werden, dass Vorstandsmitglieder nur in begründeten Einzelfällen, zB bei persönlicher Betroffenheit, nicht an den Aufsichtsratssitzungen teilnehmen dürften. Einigkeit besteht jedenfalls darüber, dass die Satzung weder ein uneingeschränktes Teilnahmerecht noch einen generellen Ausschluss des Vorstands von den Sitzungen des Aufsichtsrats vorsehen kann.[60]

19   Auch an **Ausschusssitzungen** kann der Vorstand teilnehmen; allerdings können der Aufsichtsrats- und auch der Ausschussvorsitzende die Teilnahme untersagen.[61] Eine Satzungsbestimmung, die ein Teilnahmerecht vorsähe, ist unzulässig.

20   **3. Sachverständige und Auskunftspersonen.** Sachverständige und Auskunftspersonen können im Einzelfall und nur für konkrete Beratungsgegenstände, für die sie den nötigen Sachverstand besitzen, zu den Sitzungen des Aufsichtsrats hinzugezogen werden.[62] Beide Begriffe sind eher **weit** auszulegen.[63] **Sachverständige** sind daher nicht nur Personen nach §§ 402 ff. ZPO, sondern alle Personen, die besondere Sachkunde im Hinblick auf den Beratungsgegenstand besitzen.[64] Die Hinzuziehung eines Sachverständigen kommt auch dann in Betracht, wenn im Aufsichtsrat ein Mitglied selbst über die nötige Sachkunde verfügt; denn der Aufsichtsrat ist nicht gezwungen, sich nur auf die Sachkunde eines Mitglieds zu verlassen, sondern kann sich selbst ein Bild über die Beratungs- und Beschlussgegenstände machen.[65] Unter Umständen[66] kann der Aufsichtsrat zur Hinzuziehung von Sachverständigen und Auskunftspersonen verpflichtet sein, zB wenn aufgeworfene Fragen nicht aus der Mitte des Gremiums beantwortet werden können, um nicht aus §§ 116, 93 wegen fehlerhaft getroffener Entscheidungen haftbar zu sein.[67] § 109 Abs. 1 S. 2 regelt ausschließlich die Teilnahme von Sachverständigen an den Sitzungen des Aufsichtsrats; über Grund und Umfang der zulässigen Beauftragung eines Sachverständigen (§ 111 Abs. 2 S. 2) sagt die Norm hingegen nichts aus.[68]

21   Eine **dauerhafte Teilnahme** eines Sachverständigen zur Unterstützung eines Aufsichtsratsmitglieds ist **unzulässig**;[69] das Aufsichtsratsmitglied ist verpflichtet, sich selbst die nötige Sachkunde zu verschaffen. Dies schließt ein unterstützendes Aufsichtsratsbüro nicht aus, solange das Aufsichtsratsmitglied sich selbst die Sachkunde aneignen kann.[70]

22   Als **Auskunftspersonen** kommen alle Personen in Betracht, die über bestimmte Ereignisse berichten können, insbesondere aus ihrer Tätigkeit für die Gesellschaft.[71] Dazu zählen sowohl Arbeitnehmer als auch externe Berater, Gewerkschaftsvertreter, aber auch Großaktionäre, sofern deren Haltung zu bestimmten geplanten Maßnahmen wesentlich für die Überwachungstätigkeit des Aufsichtsrats ist. Eine ständige oder regelmäßige Teilnahme des Großaktionärs lässt sich daraus allerdings nicht ableiten, da sonst das Ziel des Gesetzgebers – die Ermöglichung einer unbefangenen Beratung innerhalb des Gremiums – unterlaufen würde.[72] **Angestellte** können ebenfalls als Auskunftspersonen geladen werden,[73] nur im Ausnahmefall allerdings ohne Vermittlung des Vorstands, etwa wenn sonst

---

[59] Ähnlich *E. Vetter* VersR 2002, 951.
[60] Kölner Komm AktG/*Mertens/Cahn* Rn. 17; *Kindl*, Die Teilnahme an der Aufsichtsratssitzung, 1993, 10 f.; *U. H. Schneider* ZIP 2002, 873 (876).
[61] Kölner Komm AktG/*Mertens/Cahn* Rn. 21.
[62] Hüffer/Koch/*Koch* Rn. 5; K. Schmidt/Lutter/*Drygala* Rn. 8; *Lutter/Krieger/Verse* Rechte und Pflichten des Aufsichtsrats Rn. 703; NK-AktR/*Breuer/Fraune* Rn. 7; detailliert *Kindl*, Die Teilnahme an der Aufsichtsratssitzung, 1993, 18.
[63] MüKoAktG/*Habersack* Rn. 17; Kölner Komm AktG/*Mertens/Cahn* Rn. 23; Wachter/*Schick* Rn. 5; abwägend, aber im Ergebnis zustimmend Großkomm AktG/*Hopt/Roth* Rn. 46.
[64] Kölner Komm AktG/*Mertens/Cahn* Rn. 23; K. Schmidt/Lutter/*Drygala* Rn. 9; MüKoAktG/*Habersack* Rn. 17; Hüffer/Koch/*Koch* Rn. 5; *Lutter/Krieger/Verse* Rechte und Pflichten des Aufsichtsrats Rn. 703; *Kindl*, Die Teilnahme an der Aufsichtsratssitzung, 1993,16.
[65] Kölner Komm AktG/*Mertens/Cahn* Rn. 23; *Kindl*, Die Teilnahme an der Aufsichtsratssitzung, 1993, 16 f.; MüKoAktG/*Habersack* Rn. 17.
[66] Gegen eine verallgemeinerte Hinzuziehungspflicht Großkomm AktG/*Hopt/Roth* Rn. 54.
[67] *Kindl*, Die Teilnahme an der Aufsichtsratssitzung, 1993, 20 ff.; *Lutter* Information und Vertraulichkeit Rn. 513.
[68] *Hoffmann-Becking* ZGR 2011, 136 (140); → § 111 Rn. 46.
[69] BGHZ 85, 293 (295 f.) = NJW 1983, 991; *Böttcher* NZG 2012, 809 (810); *Lutter/Krieger/Verse* Rechte und Pflichten des Aufsichtsrats Rn. 703; K. Schmidt/Lutter/*Drygala* Rn. 8; Großkomm AktG/*Hopt/Roth* Rn. 41; *Lutter* Information und Vertraulichkeit Rn. 554; *Kindl*, Die Teilnahme an der Aufsichtsratssitzung, 1993, 18 f.; *Lutter* ZIP 1984, 645 (652).
[70] *Plagemann* NZG 2016, 211 (212 f.).
[71] Kölner Komm AktG/*Mertens/Cahn* Rn. 23; MüKoAktG/*Habersack* Rn. 18; Bürgers/Körber//*Israel* Rn. 4; *Kindl*, Die Teilnahme an der Aufsichtsratssitzung, 1993, 17.
[72] Kölner Komm AktG/*Mertens/Cahn* Rn. 23; *Kindl*, Die Teilnahme an der Aufsichtsratssitzung, 1993, 47; gegen eine dauerhafte Hinzuziehung von Auskunftspersonen auch Großkomm AktG/*Hopt/Roth* Rn. 42.
[73] K. Schmidt/Lutter/*Drygala* Rn. 10 ff.; ausführlich hierzu Großkomm AktG/*Hopt/Roth* Rn. 49.

die Ermittlung eines Sachverhaltes gefährdet wäre (→ § 111 Rn. 36).[74] Insbesondere kann eine unmittelbare Beauftragung und Hinzuziehung von Angestellten durch den Aufsichtsrat nicht mit einem Vergleich von § 109 Abs. 1 S. 2 und § 111 Abs. 2 S. 2 hergeleitet werden,[75] denn der Regelungsgehalt des § 111 Abs. 2 S. 2 betrifft ausschließlich die Beauftragung von Sachverständigen und nicht die Hinzuziehung von Angestellten als Auskunftspersonen; andernfalls würde die Vorstandsautorität untergraben und die vertrauensvolle Zusammenarbeit zwischen Vorstand und Aufsichtsrat gefährdet.[76]

Die **Kosten** für Sachverständige oder Auskunftspersonen hat die Gesellschaft zu tragen, die bei deren Hinzuziehung vom Aufsichtsrat vertreten wird.[77] 23

Gegen eine Teilnahme der Mitglieder des **Vorstands** als Sachverständige oder Auskunftspersonen an den Beratungen des Aufsichtsrats bestehen keine Bedenken, wenn der Aufsichtsratsvorsitzende oder die (einfache) Mehrheit des Aufsichtsrats dies vorher beschlossen hat. Dies gilt auch für frühere Mitglieder des Vorstands, sofern es um Vorgänge aus ihrer Amtszeit geht.[78] Ebenso können frühere Aufsichtsratsmitglieder als Auskunftspersonen zu den Sitzungen über Fragen aus ihrer Amtszeit eingeladen werden.[79] 24

Abschlussprüfer sind nach § 171 Abs. 1 S. 2 zur Teilnahme an den entsprechenden Bilanzprüfungssitzungen verpflichtet.[80] Klarstellend bringt auch Ziff. 7.2.4 DCGK zum Ausdruck, dass der Abschlussprüfer an den Beratungen des Aufsichtsrats über den Jahres- und Konzernabschluss teilnimmt und über die wesentlichen Ergebnisse seiner Prüfung berichtet. Aber auch für andere auf den Jahresabschluss und das Rechnungswesen bzw. Prüfungsgegenstände bezogene Tagesordnungspunkte können Abschlussprüfer hinzugezogen werden.[81] § 171 Abs. 1 S. 2 statuiert zudem für den Aufsichtsrat eine Hinzuziehungspflicht, sodass dieser pflichtwidrig handelt (§ 116), wenn er den Abschlussprüfer von der Teilnahme ausschließt.[82] 25

Andere Personen können als Hilfspersonen hinzugezogen werden, etwa als Protokollführer des Aufsichtsratsvorsitzenden,[83] die zur Teilnahme kraft Natur der Sache befugt sind, wenn kein Aufsichtsratsmitglied widerspricht, selbst wenn der Protokollführer kein Organmitglied, aber zur Verschwiegenheit verpflichtet ist.[84] Auch Dolmetscher können hinzugezogen werden.[85] 26

Über die Hinzuziehung von Sachverständigen und Auskunftspersonen entscheidet der Aufsichtsratsvorsitzende als Sitzungsleiter, wobei jedoch das Plenum anders entscheiden kann,[86] da die Sitzungsleitungskompetenz wegen der möglichen Beeinflussung materieller Beschlüsse grundsätzlich unter dem Vorbehalt eines anderslautenden oder entgegengesetzten Plenumsbeschlusses steht.[87] Die **Satzung** kann die Entscheidung von vornherein dem Plenum zuweisen.[88] Die Auf- 27

---

[74] Kölner Komm AktG/*Mertens/Cahn* Rn. 23; *Kindl*, Die Teilnahme an der Aufsichtsratssitzung, 1993, 42 ff.; *Lutter* Information und Vertraulichkeit Rn. 319; *Semler* Leitung und Überwachung Rn. 172; weitergehend MüKoAktG/*Habersack* Rn. 19, Befragung von Angestellten ohne Einschaltung des Vorstands; so auch (mit Unterschieden im Detail) Großkomm AktG/*Hopt/Roth* Rn. 49; *Dreher* FS Ulmer, 2003, 87 (92 ff.); *Forster* AG 1995, 1 (6); *Kropff* NZG 2003, 346 (349 ff.); *Kropff* FS Raiser, 2005, 225 (237 ff.); *Roth* AG 2004, 1 (8 ff.).
[75] So aber *Dreher* FS Ulmer, 2003, 87 (98).
[76] Kölner Komm AktG/*Mertens/Cahn* Rn. 24.
[77] MüKoAktG/*Habersack* Rn. 20; Kölner Komm AktG/*Mertens/Cahn* Rn. 29.
[78] Hüffer/Koch/*Koch* Rn. 5.
[79] Hüffer/Koch/*Koch* Rn. 5.
[80] S. dazu *Kindl*, Die Teilnahme an der Aufsichtsratssitzung, 1993, 35 ff. sowie *Lutter/Krieger/Verse* Rechte und Pflichten des Aufsichtsrats Rn. 182 ff.; *v. Schenck* in Semler/v. Schenck AR-HdB § 5 Rn. 89 (153); Großkomm AktG/*Hopt/Roth* Rn. 51.
[81] Hüffer/Koch/*Koch* Rn. 5.
[82] Kölner Komm AktG/*Mertens/Cahn* Rn. 26; Hüffer/Koch/*Koch* § 171 Rn. 14; Henssler/Strohn/*E. Vetter* § 171 Rn. 6; aA *Gelhausen* AG Sonderheft August 1997, 73 (79).
[83] Aufgeschlossen hierzu auch Großkomm AktG/*Hopt/Roth* Rn. 44.
[84] → § 107 Rn. 65; Hüffer/Koch/*Koch* Rn. 5; *Lutter* Information und Vertraulichkeit Rn. 555; MHdB AG/*Hoffmann-Becking* § 31 Rn. 54; *Kindl*, Die Teilnahme an der Aufsichtsratssitzung, 1993, 40.
[85] MüKoAktG/*Habersack* Rn. 21; *Lutter/Krieger/Verse* Rechte und Pflichten des Aufsichtsrats Rn. 703; MHdB AG/*Hoffmann-Becking* § 31 Rn. 50; *Grigoleit/Tomasic* Rn. 10; *v. Schenck* in Semler/v. Schenck AR-HdB § 5 Rn. 154; K. Schmidt/Lutter/*Drygala* Rn. 14.
[86] Hüffer/Koch/*Koch* Rn. 5; MüKoAktG/*Habersack* Rn. 20; Hölters/Hambloch-Gesinn/*Gesinn* Rn. 9; *Kindl*, Die Teilnahme an der Aufsichtsratssitzung, 1993, 22 f.; restriktiver *Peus*, Der Aufsichtsratsvorsitzende: Seine Rechtsstellung nach dem Aktiengesetz und dem Mitbestimmungsgesetz, 1983, 111: bereits Widerspruch eines Aufsichtsratsmitglieds genügt – dies ist vom Wortlaut allerdings nicht gedeckt.
[87] *Lutter/Krieger/Verse* Rechte und Pflichten des Aufsichtsrats Rn. 702, 584; MHdB AG/*Hoffmann-Becking* § 31 Rn. 49; *Kindl*, Die Teilnahme an der Aufsichtsratssitzung, 1993, 104 f.; *Peus*, Der Aufsichtsratsvorsitzende: Seine Rechtsstellung nach dem Aktiengesetz und dem Mitbestimmungsgesetz, 1983, 79 ff.; → Rn. 10, 15.
[88] *Kindl*, Die Teilnahme an der Aufsichtsratssitzung, 1993, 23.

sichtsratsmitglieder haften für die Kosten eines sorgfaltswidrig unnötig hinzugezogenen Sachverständigen.

28   **4. Dritte.** Dritte sind nicht zur Teilnahme an den Aufsichtsratssitzungen befugt.[89] Als Dritte gelten alle Personen, die nicht dem Aufsichtsrat oder dem Vorstand angehören. Auch Aktionäre oder deren Vertreter, genauso wie Ehrenmitglieder oder -vorsitzende des Aufsichtsrats, sind Dritte, die nicht ohne weiteres zu den Sitzungen zugelassen werden können.[90] Ihre Teilnahme ist nur innerhalb der Grenzen von § 109 Abs. 1 S. 2 – als Sachverständige oder Auskunftspersonen – möglich;[91] Dies gilt auch für sog. Wahlkandidaten, also potentielle zukünftige Aufsichtsratsmitglieder, die noch gewählt werden müssen.[92] In diesen Fällen haben sowohl der Vorsitzende als auch jedes einzelne Mitglied des Aufsichtsrats besonders Augenmerk auf die Sicherung und Wahrung der Vertraulichkeit zu legen, ggf. durch besondere Verpflichtungserklärungen.[93] Sofern durch die Satzung vorgesehen, ist zudem ihre Teilnahme im Rahmen des § 109 Abs. 3 möglich (→ Rn. 42 ff.). Anderslautende Satzungsklauseln, die generelle Teilnahmerechte für Dritte vorsehen, sind unzulässig.[94] So verstößt zB eine Satzungeregelng, in welcher die ständige Sitzungsteilnahme von Beratern oder eines sog. ständigen Gastes vorgesehen ist, gegen § 109 Abs. 1.[95]

V. Teilnahme an Ausschusssitzungen, Abs. 2

29   Auch Aufsichtsratsmitglieder, die nicht einem Ausschuss angehören, haben ein Recht auf Teilnahme an den Ausschusssitzungen. Zwar sind sie keine ordentlichen Ausschussmitglieder, so dass sie nicht förmlich zu den Sitzungen geladen werden müssen;[96] ihr Teilnahmerecht bedingt aber, dass sie von der Durchführung der Sitzung, deren Ort und genauer Zeit benachrichtigt werden müssen.[97] Eine unaufgeforderte Benachrichtigung und Information über die jeweilige Sitzung ist jedoch nur dann erforderlich, wenn das Aufsichtsratsmitglied bei Konstituierung des Ausschusses ein entsprechendes Begehren zu Protokoll gegeben hat, da dem Aufsichtsratsmitglied zugemutet werden kann, von vornherein sein Interesse an der Wahrung seiner Rechte bekannt zu geben. Die Geschäftsordnung kann die Einzelheiten des Verfahrens regeln, andernfalls entscheidet der Aufsichtsratsvorsitzende kraft seiner Sitzungsleitungskompetenz vorbehaltlich eines anderen Plenarbeschlusses.

30   **1. Entscheidungsbefugnis. Entscheidungsbefugt** über den Ausschluss der Teilnahme von nicht dem Ausschuss angehörenden Aufsichtsratsmitglieder ist nach dem klaren Wortlaut des § 109 Abs. 2 allein der **Aufsichtsratsvorsitzende,** nicht dagegen der Ausschussvorsitzende, aber auch nicht das Plenum oder ein anderes Organ der Gesellschaft.[98] Dieses Recht des Aufsichtsratsvorsitzenden fließt aus seiner Kompetenz, die Arbeit des Aufsichtsrats und damit auch der Ausschüsse zu

---

[89] K. Schmidt/Lutter/*Drygala* Rn. 7; für eine Zulässigkeit von Aufsichtsratsassistenten Großkomm AktG/*Hopt*/ *Roth* Rn. 2, 44.
[90] Hüffer/Koch/*Koch* Rn. 4; *Kindl*, Die Teilnahme an der Aufsichtsratssitzung, 1993, 45 ff.; Wachter/*Schick* Rn. 4; *Lutter* ZIP 1984, 645 (652); *Lutter/Krieger/Verse* Rechte und Pflichten des Aufsichtsrats Rn. 685 f., 702; *Lutter* Information und Vertraulichkeit Rn. 559; MHdB AG/*Hoffmann-Becking* § 31 Rn. 50; *Hennerkes/Schiffer* DB 1992, 875 (876); aA *Jüngst* BB 1984, 1583 (1584 f.).
[91] Im Einzelnen → Rn. 12; *Kindl*, Die Teilnahme an der Aufsichtsratssitzung, 1993, 46 ff.; MHdB AG/*Hoffmann-Becking* § 31 Rn. 26.
[92] Hierzu *Seibt/Scholz* AG 2016, 739 (743 ff.): nur als Auskunftspersonen bezüglich Wahlvorschlags.
[93] *Lutter* Information und Vertraulichkeit Rn. 559.
[94] Hüffer/Koch/*Koch* Rn. 4; *Lutter* ZIP 1984, 645 (652); ferner *Lutter* Information und Vertraulichkeit Rn. 559.
[95] BGH NZG 2012, 347 (349) (für die mitbestimmte GmbH), mit Anm.: *Stoffels* LMK 2012, 333919; *Masuch* GWR 2012, 128; *Winstel* DStR 2012, 762 (765); *Otte* BB 2012, 667; *Mückl* ArbRAktuell 2012, 150; s. auch *Meier* ZKF 2010, 104 (105); aA *Johannsen-Roth/Kießling* NZG 2013, 972 (975 ff.), die die Einräumung eines dauerhaften Teilnahmerechts den Ehrenvorsitzenden für zulässig halten.
[96] Hüffer/Koch/*Koch* Rn. 6.
[97] *Rellermeyer*, Aufsichtsratsausschüsse, 1986, 228; *Lehmann* DB 1979, 2117 (2123); *Lutter/Krieger/Verse* Rechte und Pflichten des Aufsichtsrats Rn. 773; einschränkend MüKoAktG/*Habersack* Rn. 22 Mitteilung auf Verlangen.
[98] LG München I NZG 2008, 348 ff.; Kölner Komm AktG/*Mertens/Cahn* Rn. 31; MüKoAktG/*Habersack* Rn. 25; Hüffer/Koch/*Koch* Rn. 6; K. Schmidt/Lutter/*Drygala* Rn. 16; *Gittermann* in Semler/v. Schenck ARHdB § 6 Rn. 161; *Säcker*, Aufsichtsratsausschüsse nach dem Mitbestimmungsgesetz 1976, 1979, 47; aA (für Plenumskompetenz zur Revision der Entscheidungen des Aufsichtsratsvorsitzenden) *Lutter/Krieger/Verse* Rechte und Pflichten des Aufsichtsrats Rn. 774; *Peus*, Der Aufsichtsratsvorsitzende: Seine Rechtsstellung nach dem Aktiengesetz und dem Mitbestimmungsgesetz, 1983, 58 ff.; *Rellermeyer*, Aufsichtsratsausschüsse, 1986, 231 ff.; *E. Vetter* in Marsch-Barner/Schäfer Börsennotierte AG-HdB Rn. 28.23; hiergegen argumentierend Großkomm AktG/*Hopt*/ *Roth* Rn. 62.

koordinieren.⁹⁹ Zwar kann das Plenum jederzeit den Aufsichtsratsvorsitzenden abberufen oder den Ausschuss auflösen,¹⁰⁰ doch ändert dies nichts an der klaren Kompetenzzuweisung an den Vorsitzenden. Da die Entscheidungsbefugnis an die Stellung und Person des Aufsichtsratsvorsitzenden gebunden ist, kommt auch eine Delegation, zB an den Ausschussvorsitzenden nicht in Betracht.¹⁰¹ Nach dem eindeutigen Gesetzeswortlaut kann der Aufsichtsratsvorsitzende selbst nicht von der Teilnahme an Ausschusssitzungen ausgeschlossen werden.¹⁰²

2. Ausschlussgründe. Da das Gesetz den Aufsichtsratsmitgliedern grundsätzlich das Recht zur **31** Teilnahme einräumt, kann der Aufsichtsratsvorsitzende **nur im Einzelfall**¹⁰³ aus **Gründen,** die im Unternehmensinteresse liegen, das Mitglied von der Teilnahme ausschließen.¹⁰⁴ Zwar wurde im Gesetzgebungsverfahren zum AktG 1965 ein entsprechender Vorschlag verworfen;¹⁰⁵ doch widerspricht ein generelles Verbot ebenso wie ein weites, nicht überprüfbares Ermessen¹⁰⁶ dem Prinzip der gleichberechtigten Stellung der Aufsichtsratsmitglieder und ihrer gemeinsamen Verantwortung, die grundsätzlich eine gleichberechtigte Teilhabe an den Informationen bedingt.

Eine **Diskriminierung** einzelner Aufsichtsratsmitglieder ist unzulässig. Dies gilt auch für eine **32** Differenzierung danach, welcher „Bank" sie angehören, ob Arbeitnehmer- oder Anteilseignervertreter; die Ungleichbehandlung bedarf stets eines sachlichen Grundes.¹⁰⁷ Eine mögliche Diskriminierung kann der Aufsichtsratsvorsitzender dadurch beseitigen, dass er alle ausschussfremden Aufsichtsratsmitglieder von der Teilnahme ausschließt, sofern anders die Ungleichbehandlung nicht zu beseitigen wäre – allerdings sind an einen solchen Ausschluss sehr hohe Anforderungen zu stellen, wenn die ausgeschlossene Gruppe gleichzeitig keinen Vertreter im Ausschuss hat, etwa bei Arbeitnehmervertretern im Personalausschuss, da sie sonst weitgehend von den Beratungen ausgeschlossen sind.

Die **Arbeitsfähigkeit eines Ausschusses** kann ein sachlicher Grund zum Ausschluss eines Auf- **33** sichtsratsmitglieds sein,¹⁰⁸ etwa wenn alle Vertreter einer Gruppe die Teilnahme an einem Ausschuss verlangen und dieser auf Grund seiner Größe nicht mehr die ihm zugedachten Aufgaben effizient erledigen kann. Daher stellt es auch kein milderes Mittel dar, dem Aufsichtsratsmitglied zwar die Teilnahme an Ausschusssitzungen zu gestatten, nicht aber die Einsichtnahme in die Unterlagen;¹⁰⁹ denn gerade die effiziente Ausschussarbeit ist ein wesentlicher Grund für den Ausschluss von Aufsichtsratsmitgliedern.¹¹⁰ Dieses Ziel würde durch die Zulassung der Sitzungsteilnahme – und damit einer Erhöhung der Teilnehmerzahl – unter Ausschluss des Einsichtnahmerechts konterkariert und ist abzulehnen. Auch der Ausschluss aus Vertraulichkeitsgesichtspunkten kann in Einzelfällen – sofern in der Sitzung tatsächlich vertrauliche Themen behandelt werden – einen geeigneten Grund darstellen.¹¹¹ Dies kommt etwa in Betracht, wenn gegen ein **ehemaliges Vorstandsmitglied,** das nunmehr dem Aufsichtsrat (zulässigerweise, → § 100 Rn. 30 f.) angehört, Schadensersatzansprüche geprüft und vor-

---

⁹⁹ Großkomm AktG/*Hopt/Roth* Rn. 61 begründet dies vielmehr durch die Entscheidung des Gesetzgebers in Abs. 2.
¹⁰⁰ Darauf stellen *Peus,* Der Aufsichtsratsvorsitzende: Seine Rechtsstellung nach dem Aktiengesetz und dem Mitbestimmungsgesetz, 1983, 58 ff. und *Rellermeyer,* Aufsichtsratsausschüsse, 1986, 231 ff. ab.
¹⁰¹ MüKoAktG/*Habersack* Rn. 25; *Gittermann* in Semler/v. Schenck AR-HdB § 6 Rn. 161; Bürgers/Körber/*Israel* Rn. 6; Hölters/*Hambloch-Gesinn/Gesinn* Rn. 15.
¹⁰² *Hasselbach/Seibel* AG 2012, 114 (121) halten einen Ausschluss allerdings de lege ferenda unter Verweis auf die Gleichbehandlung der Aufsichtsratsmitglieder für vorzugswürdig.
¹⁰³ LG München I NZG 2008, 348 (349); siehe hierzu ausführlich Großkomm AktG/*Hopt/Roth* Rn. 63; *Hasselbach/Seibel* AG 2012, 114 (120).
¹⁰⁴ Hüffer/Koch/*Koch* Rn. 6; K. Schmidt/Lutter/*Drygala* Rn. 17; *Säcker* NJW 1979, 1521 (1523); *Säcker,* Aufsichtsratsausschüsse nach dem Mitbestimmungsgesetz 1976, 1979, 47; *Hanau/Wackerbarth,* Unternehmensmitbestimmung und Koalitionsfreiheit, 2004, 47.
¹⁰⁵ BegrRegE *Kropff* S. 153; s. dazu auch *Rellermeyer,* Aufsichtsratsausschüsse, 1986, 228.
¹⁰⁶ Hierfür *Lehmann* DB 1979, 2117 (2122): freies Belieben; Kölner Komm AktG/*Mertens/Cahn* Rn. 32 f.; *Gittermann* in Semler/v. Schenck AR-HdB § 6 Rn. 178; so im Ergebnis auch Großkomm AktG/*Hopt/Roth* Rn. 65.
¹⁰⁷ BGHZ 122, 342 (357 ff.) = NJW 1993, 2307; dazu *Hasselbach/Seibel* AG 2012, 114 (121); *Raiser* DZWir 1993, 510 (511 f.); *Kind*/DB 1993, 2065 (2067 ff.); OLG Hamburg AG 1984, 248 (250 f.); OLG München AG 1995, 466 (467); *Rellermeyer,* Aufsichtsratsausschüsse, 1986, 233; *Säcker,* Aufsichtsratsausschüsse nach dem Mitbestimmungsgesetz 1976, 1979, 45 f.; Kölner Komm AktG/*Mertens/Cahn* Rn. 32; Hüffer/Koch/*Koch* Rn. 6; MüKoAktG/*Habersack* Rn. 26; Lutter/Krieger/*Verse* Rechte und Pflichten des Aufsichtsrats Rn. 774.
¹⁰⁸ So auch Großkomm AktG/*Hopt/Roth* Rn. 66 mit weiteren Beispielen von Ausschlussgründen.
¹⁰⁹ So aber Potthoff/*Trescher* Aufsichtsratsmitglied Rn. 1153, 1155.
¹¹⁰ *Rellermeyer,* Aufsichtsratsausschüsse, 1986, 249.
¹¹¹ So auch LG München I NZG 2008, 348 (350): Grund der Vertraulichkeit ist generell geeignet den Ausschluss im Einzelfall zu rechtfertigen; *Hasselbach/Seibel* AG 2012, 114 (121).

bereitet werden oder aber wenn im Rahmen einer Übernahmesituation ein Repräsentant des Bieters als Aufsichtsratsmitglied der Verteidigungsstrategie der Zielgesellschaft gefährden kann.[112]

34 Ein **generelles Verbot der Teilnahme** an einem Ausschuss kann allenfalls und nur ausnahmsweise dann ausgesprochen werden, wenn ein dauerhafter Grund für die besondere Geheimhaltung der Beratungen in einem Ausschuss vorliegt sowie die effiziente Ausschussarbeit auf Dauer behindert werden würde.[113] Der Aufsichtsratsvorsitzende ist aber verpflichtet, stets zu prüfen, ob die Ausschlussgründe noch vorliegen.

35 Soll eine Entscheidung des Aufsichtsratsvorsitzenden angegriffen werden, die dieser im Rahmen seiner eingeräumten Befugnisse getroffen hat, ist die Klage nicht etwa gegen ihn, sondern die Gesellschaft zu richten, da insoweit Organhandeln vorliegt.[114]

36 Der **ausdrücklichen Zulassung der Teilnahme** an der Ausschusssitzung bedarf es **nicht**, auch keines Antrags eines Aufsichtsratsmitglieds an den Aufsichtsratsvorsitzenden; dies folgt aus dem eindeutigen Wortlaut des § 109 Abs. 2, der dem Aufsichtsratsvorsitzenden nur das Recht zum Ausschluss gibt, nicht aber umgekehrt eine vorherige Zulassung fordert.

37 **3. Stimmrecht und Beteiligung im Ausschuss.** Macht ein Aufsichtsratsmitglied von seinem Recht zur Teilnahme an Ausschusssitzungen Gebrauch, ist es **nicht stimmberechtigt;** wohl aber kann es angehört werden, seine Meinung zum Ausdruck bringen und seine Erklärungen zu Protokoll geben.[115] Die aktive Teilnahme ausschussfremder Aufsichtsratsmitglieder an der Sacharbeit des Ausschussplenums steht im Ermessen des Ausschusses und seines Vorsitzenden. Wenn es sich nicht um einen beratenden Ausschuss als eine Art Diskussionsforum handelt, kann der zügigen Ausschussarbeit durchaus Vorrang vor der Beteiligung des ausschussfremden Aufsichtsratsmitglieds an der Ausschussarbeit eingeräumt werden.[116] Selbstverständlich hat es den Anordnungen des sitzungsleitenden Ausschussvorsitzenden, wie alle anderen Ausschussmitglieder auch, Folge zu leisten.

38 **4. Anspruch auf Einsichtnahme in Unterlagen.** Das ausschussfremde Aufsichtsratsmitglied hat einen Anspruch auf Einsichtnahme in die Unterlagen und deren vorherige Zuleitung, die für die Sitzung des Ausschusses relevant sind, an denen es teilnehmen möchte, da die Kenntnis solcher Unterlagen für die Beratungen unabdingbar ist.[117] Ein Recht, auch die früheren bzw. alle Protokolle einzusehen, hat das Aufsichtsratsmitglied dagegen grundsätzlich nur in dem Rahmen, in dem der Ausschuss dem Plenum berichtspflichtig ist.[118]

39 Darüber hinaus hat das ausschussfremde Aufsichtsratsmitglied jedoch keinen Anspruch auf Einsichtnahme, ebenso wenig darauf, die Protokolle ausgehändigt zu bekommen – eine freiwillige Aushändigung ist jedoch zulässig.[119] Dies ist eine Folge der Delegation einzelner Tätigkeitsbereiche auf die verschiedenen Ausschüsse. Eine umfassende Kontrolle, die die Aushändigung sämtlicher Unterlagen voraussetzen würde, soll gerade nicht stattfinden. Ausreichend sind die jeweiligen Ausschuss an das Plenum zu erstattenden Berichte. Nur bei dem Verdacht auf Unregelmäßigkeiten haben das Plenum und damit auch die ausschussfremden Aufsichtsratsmitglieder ein Recht auf umfassende Einsichtnahme.[120] Das ausschussfremde Aufsichtsratsmitglied hat dagegen im Rahmen der Berichtspflicht gegenüber dem Gesamtaufsichtsrat gem. § 107 Abs. 3 S. 4 das Recht auf Auskunft über die vom Ausschuss gefassten Beschlüsse sowie zur Einsichtnahme in die vom Ausschuss erstatteten Berichte.[121]

---

[112] Hasselbach/Seibel AG 2012, 114 (121).
[113] Ähnlich Hüffer/Koch/*Koch* Rn. 6; MüKoAktG/*Habersack* Rn. 28; *Rellermeyer*, Aufsichtsratsausschüsse, 1986, 237 ff.; MHdB AG/*Hoffmann-Becking* § 32 Rn. 51; *Lutter/Krieger/Verse* Rechte und Pflichten des Aufsichtsrats Rn. 774.
[114] Zur Passivlegitiamtion der Gesellschaft in derartigen Fällen grundlegend BGH NJW 1993, 2307 ff.; LG München I NZG 2008, 348 ff.; *Jäger* NZG 2009, 570 (571).
[115] OLG Hamburg AG 1984, 248 (251); Kölner Komm AktG/*Mertens/Cahn* Rn. 30; *Rellermeyer*, Aufsichtsratsausschüsse, 1986, 230; *Lutter/Krieger/Verse* Rechte und Pflichten des Aufsichtsrats Rn. 773; MüKoAktG/*Habersack* Rn. 22; *Gittermann* in Semler/v. Schenck AR-HdB § 6 Rn. 160; K. Schmidt/Lutter/*Drygala* Rn. 16.
[116] *Rellermeyer*, Aufsichtsratsausschüsse, 1986, 230.
[117] OLG Hamburg AG 1984, 248 (251); *Kindl*, Die Teilnahme an der Aufsichtsratssitzung, 1993, 57 f.; *Rellermeyer*, Aufsichtsratsausschüsse, 1986, 229; Hasselbach/Seibel AG 2012, 114 (120); *Lutter/Krieger/Verse* Rechte und Pflichten des Aufsichtsrats Rn. 773; MüKoAktG/*Habersack* Rn. 29; *E. Vetter* in Marsch-Barner/Schäfer Börsennotierte AG-HdB Rn. 28.24.
[118] → § 107 Rn. 116; *Lutter/Krieger/Verse* Rechte und Pflichten des Aufsichtsrats Rn. 773; Hüffer/Koch/*Koch* Rn. 6; weitergehender dagegen: *Rellermeyer*, Aufsichtsratsausschüsse, 1986, 242 ff.: generelles Einsichtsrecht.
[119] *Potthoff/Trescher* Aufsichtsratsmitglied Rn. 1158.
[120] OLG Hamburg AG 1996, 84 (85).
[121] Kölner Komm AktG/*Mertens/Cahn* Rn. 36; *Lutter/Krieger/Verse* Rechte und Pflichten des Aufsichtsrats Rn. 683; MüKoAktG/*Habersack* Rn. 29, § 107 Rn. 155; *Lehmann* DB 1979, 2117 (2123).

Zur **Durchsetzung dieser Rechte** hat das Aufsichtsratsmitglied zunächst einen entsprechenden **40** Antrag im Plenum zu stellen, bevor es Klage auf Einsicht bzw. Auskunft erheben kann.[122] Zur Verschwiegenheitspflicht zwischen Ausschussmitgliedern und ausschussfremden Aufsichtsratsmitgliedern → § 116 Rn. 103 ff.

Dem **wirksam ausgeschlossenen Aufsichtsratsmitglied** ist dagegen auch das Recht auf Einsichtnahme in die Ausschussunterlagen und die Vorstandsberichte an den Ausschuss verwehrt; es **41** hat lediglich einen Einsichtsanspruch in die Ausschussberichte an den Gesamtaufsichtsrat.[123] Der Teilnahmeausschluss soll den ungehinderten Informationsfluss an das betroffene Mitglied wirksam unterbinden. Dieser Zweck würde durch ein generelles Einsichtnahmerecht in die Ausschussunterlagen vereitelt. Zudem korrespondieren Teilnahme- und Einsichtsrecht, so dass bei Ausschluss der Teilnahme auch das Einsichtsrecht in die Unterlagen mit ausgeschlossen wird.[124] Ebenso wenig kann allein die Einsichtnahme in die Unterlagen ausgeschlossen werden;[125] wenn das Aufsichtsratsmitglied zur Teilnahme an der Sitzung zugelassen wird, hat es auch einen Anspruch auf die Einsichtnahme. Es gibt kein Bedürfnis für eine Vertraulichkeit durch Ausschluss der Einsichtnahme, wenn das Aufsichtsratsmitglied zuvor an der Sitzung teilnehmen konnte, zumal die Einsichtnahme nicht das Recht auf Anfertigung von Kopien beinhaltet.[126]

Die **Satzung** kann weder die Gründe für den Ausschluss der Teilnahme festlegen noch ein **42** generelles Verbot oder die generelle Befugnis zur Teilnahme für bestimmte Ausschüsse aussprechen, ebenso wenig die Entscheidungsbefugnis dem Ausschussvorsitzenden einräumen.[127] Denn der Gesetzgeber des AktG 1965 hat bewusst die Regelung durch Satzung ausgeschlossen und das Ausschlussrecht allein dem Aufsichtsratsvorsitzenden zugewiesen (→ Rn. 2 f.).

VI. Teilnahme für verhinderte Aufsichtsratsmitglieder, Abs. 3

Die Satzung kann vorsehen, dass objektiv verhinderte[128] Aufsichtsratsmitglieder dritte Personen, **43** die nicht dem Aufsichtsrat angehören, zur Teilnahme ermächtigen können. Diese Ermächtigung zur Teilnahme ist Voraussetzung dafür, dass dritte Personen[129] als Stimmboten gem. § 108 Abs. 3 auftreten können.[130] Die Satzung kann nach dem eindeutigen Willen des Gesetzgebers nicht das Plenum oder den Aufsichtsratsvorsitzenden ermächtigen, einen Sitzungsvertreter zuzulassen.[131] Eine Satzungsregelung dergestalt, dass diese dann dem Aufsichtsratsvorsitzenden, dem Ausschussvorsitzenden oder dem Plenum die Entscheidung über die Ermächtigung zur Teilnahme überträgt, setzt sich daher in klaren Widerspruch zur gesetzlich zwingenden Regelung und ist unzulässig.[132] Die Satzung kann aber Anforderungen an den Grund der Verhinderung des Aufsichtsratsmitglieds stellen, ebenso wie an die Qualifikation bzw. Person des Vertreters.[133] Allerdings darf die Satzung nicht zu einer Ungleichbehandlung der Aufsichtsratsmitglieder führen,[134] etwa indem für Arbeitnehmervertreter andere

---

[122] BGHZ 49, 396 (398) = WM 1968, 532 – Geschäftsausschuss eines Vereins; Großkomm AktG/*Hopt/Roth* Rn. 72.
[123] *Hasselbach/Seibel* AG 2012, 114 (120); Kölner Komm AktG/*Mertens/Cahn* Rn. 36; MüKoAktG/*Habersack* Rn. 30; *Säcker*, Aufsichtsratsausschüsse nach dem Mitbestimmungsgesetz 1976, 1979, 47.
[124] *Lutter/Krieger/Verse* Rechte und Pflichten des Aufsichtsrats Rn. 774; MHdB AG/*Hoffmann-Becking* § 32 Rn. 53; teilweise aA *Brinkschmidt*, Protokolle des Aufsichtsrats und seiner Ausschüsse, 1992, 127 f.
[125] So aber *Rellermeyer*, Aufsichtsratsausschüsse, 1986, 247 ff.; Großkomm AktG/*Hopt/Roth* Rn. 68; diesem sich anschließend ohne nähere Begründung *Lutter/Krieger/Verse* Rechte und Pflichten des Aufsichtsrats Rn. 788: *Potthoff/Trescher* Aufsichtsratsmitglied Rn. 1153; *Deckert* ZIP 1996, 985 (992).
[126] Wie hier MüKoAktG/*Habersack* Rn. 29.
[127] *Hüffer/Koch/Koch* Rn. 6; MüKoAktG/*Habersack* Rn. 32; Kölner Komm AktG/*Mertens/Cahn* Rn. 35; Großkomm AktG/*Hopt/Roth* Rn. 75.
[128] *K. Schmidt/Lutter/Drygala* Rn. 18; Großkomm AktG/*Hopt/Roth* Rn. 80: keine hohen Anforderungen bei einer Verhinderung wegen anderweitiger beruflicher Pflichten.
[129] Eine Beauftragung des Vorstands ist hingegen nicht möglich, Großkomm AktG/*Hopt/Roth* Rn. 79.
[130] MüKoAktG/*Habersack* Rn. 34; *Hüffer/Koch/Koch* Rn. 7; *K. Schmidt/Lutter/Drygala* Rn. 18; MHdB AG/ *Hoffmann-Becking* § 31 Rn. 51; ausführlich zur Stimmbotenschaft § 108 Rn. 53 f.; zu der Vertretung in Organsitzungen bei der SE s. *Schumacher* NZG 2009, 697 ff.
[131] *Luther* FS Hengeler, 1972, 167 (176); *Kindl*, Die Teilnahme an der Aufsichtsratssitzung, 1993,25; MüKoAktG/*Habersack* Rn. 40; zweifelnd, aber im Ergebnis zustimmend Großkomm AktG/*Hopt/Roth* Rn. 82; aA Kölner Komm AktG/*Mertens/Cahn* Rn. 40; *Behr* AG 1984, 281 (282).
[132] So aber Kölner Komm AktG/*Mertens/Cahn* Rn. 40; ähnlich *Behr* AG 1984, 281 (282), beide aber ohne nähere Begr.
[133] *Kindl*, Die Teilnahme an der Aufsichtsratssitzung, 1993, 24; Kölner Komm AktG/*Mertens/Cahn* Rn. 40.
[134] Weitere Verstöße gegen den Gleichbehandlungsgrundsatz finden sich bei Großkomm AktG/*Hopt/Roth* Rn. 81.

Maßstäbe als für Anteilseignervertreter gelten. Ferner kann die Satzung die Teilnahme des Vertreters auf bestimmte Sitzungen oder bestimmte Ausschüsse beschränken.[135]

44 Entgegen des missverständlichen Wortlauts erhalten die Dritten jedoch nicht alle Rechte des Aufsichtsratsmitglieds, für das sie teilnehmen; sie agieren vielmehr als Bote,[136] insbesondere haben sie über die Stimmbotenschaft und die Abgabe von Erklärungen im Namen des vertretenen Aufsichtsratsmitglieds hinaus kein eigenes Rede-, Antrags-[137] oder Stimmrecht.[138] Eine Vertretung von Aufsichtsratsmitgliedern ist wegen des Prinzips der persönlichen Amtsausübung unzulässig. Denn die Einflussnahme auf die Sitzung ist allein das höchstpersönliche Recht des Organmitglieds, flankiert von seiner Verantwortlichkeit nach § 116. § 109 Abs. 3 schafft somit nur die Voraussetzungen für die Ermöglichung einer Stimmbotenschaft nach § 108 Abs. 3. Weitergehende Rechte neben der Stimmbotenschaft und dem Anwesenheitsrecht des teilnehmenden Dritten werden nicht begründet.[139]

45 Mangels Organstellung unterliegen die ermächtigten Dritten nicht der **Verschwiegenheitspflicht** nach §§ 116, 93; vielmehr ist das Aufsichtsratsmitglied verpflichtet, für eine derartige Verschwiegenheit vertraglich zu sorgen, was auch stillschweigend geschehen kann. Eine derartige Vereinbarung wirkt zugunsten der Gesellschaft.[140] Der Stimmbote selbst haftet der Gesellschaft nicht aus §§ 116, 93; dafür aber aus der Verletzung seiner vertraglichen Pflichten gegenüber dem Aufsichtsratsmitglied (Geschäftsbesorgungsvertrag).[141] Dem abwesenden Aufsichtsratsmitglied wird das Verhalten des Stimmboten zugerechnet.

46 **Schweigt** die **Satzung** zur Möglichkeit der Teilnahme Dritter an Stelle von verhinderten Aufsichtsratsmitgliedern, ist eine Ermächtigung zur Sitzungsteilnahme nicht zulässig. Auch der Aufsichtsratsvorsitzende hat keine Befugnis, einzelnen Aufsichtsratsmitgliedern eine solche Ermächtigung zu gestatten oder sie selbst auszuüben.[142] Ebenso wenig kann die Geschäftsordnung des Aufsichtsrats eine solche Ermächtigung vorsehen. Der Wortlaut ist an dieser Stelle eindeutig und abschließend.

47 Die Ermächtigung kann in der **Textform** gem. § 126b BGB erteilt werden, mithin ohne Unterschrift, etwa durch Telefax oder per E-Mail.[143] Die Ermächtigung muss sich auf die konkrete Sitzung beziehen und den Namen des Beauftragten enthalten;[144] eine Blankett-Ermächtigung ist unzulässig. Anträge, die vom Stimmboten gestellt werden sollen, müssen vorformuliert sein.[145]

VII. Abweichende Rechtsvorschriften, Abs. 4

48 Abs. 4 bezieht sich auf sondergesetzlich vorgesehene Teilnahmerechte von Dritten, insbesondere auf die in aufsichtsrechtlichen Bestimmungen vorgesehenen Rechte von Angehörigen der Überwachungsbehörden, etwa der BaFin, § 44 Abs. 4 KWG oder § 305 Abs. 2 VAG (§ 83 Abs. 1 Nr. 5, Nr. 5a VAG-aF).

VIII. Verstöße und Rechtsschutz

49 Verstößt der Aufsichtsrat gegen § 109, indem er Dritte zur Teilnahme an den Aufsichtsratssitzungen zulässt, begründet dies per se noch **keinen Beschlussmangel,** da es sich bei § 109 Abs. 1 nur um

---

[135] Kölner Komm AktG/*Mertens/Cahn* Rn. 40; MüKoAktG/*Habersack* Rn. 40.

[136] *Lutter/Krieger/Verse* Rechte und Pflichten des Aufsichtsrats Rn. 701; K. Schmidt/Lutter/*Drygala* Rn. 19; Kölner Komm AktG/*Mertens/Cahn* Rn. 41; MüKoAktG/*Habersack* Rn. 38; *Kindl,* Die Teilnahme an der Aufsichtsratssitzung, 1993, 27; UHH/*Ulmer/Habersack* MitbestG § 25 Rn. 32; *E. Vetter* in Marsch-Barner/Schäfer Börsennotierte AG-HdB Rn. 27.46; zu der Vertretung in Organsitzungen bei der SE s. *Schumacher* NZG 2009, 697 ff.

[137] So auch Großkomm AktG/*Hopt/Roth* Rn. 87; K. Schmidt/Lutter/*Drygala* Rn. 19.

[138] Hüffer/Koch/*Koch* Rn. 7; *Lutter/Krieger/Verse* Rechte und Pflichten des Aufsichtsrats Rn. 701; Kölner Komm AktG/*Mertens/Cahn* Rn. 41; MüKoAktG/*Habersack* Rn. 38; aA auf Grund des Wortlauts *Behr* AG 1984, 281 (282) und *Kindl,* Die Teilnahme an der Aufsichtsratssitzung, 1993, 26 f.

[139] Restriktiv wie hier auch Hüffer/Koch/*Koch* Rn. 7; *Lutter/Krieger/Verse* Rechte und Pflichten des Aufsichtsrats Rn. 701; K. Schmidt/Lutter/*Drygala* Rn. 19.

[140] Kölner Komm AktG/*Mertens/Cahn* Rn. 41; MüKoAktG/*Habersack* Rn. 39.

[141] AA Bürgers/Körber/*Israel* Rn. 7, die eine Haftung nur nach dem Recht der unerlaubten Handlung und wegen schädigender Einflussnahme nach § 117 AktG bejahen.

[142] *Kindl,* Die Teilnahme an der Aufsichtsratssitzung, 1993, 25; Hüffer/Koch/*Koch* Rn. 7.

[143] BegrRegE BT-Drs. 14/4987, 18 ff.; MüKoBGB/*Einsele* § 126b Rn. 9; Bamberger/Roth/*Wendtland* BGB § 126b Rn. 1, 5; Hüffer/Koch/*Koch* Rn. 7; MüKoAktG/*Habersack* Rn. 37; Henssler/Strohn/*Henssler* Rn. 11; Hölters/Hambloch-Gesinn/*Gesinn* Rn. 19; *Lutter/Krieger/Verse* Rechte und Pflichten des Aufsichtsrats Rn. 701; K. Schmidt/Lutter/*Drygala* Rn. 18; NK-AktR/*Breuer/Fraune* Rn. 13.

[144] MüKoAktG/*Habersack* Rn. 37; *Lutter/Krieger/Verse* Rechte und Pflichten des Aufsichtsrats Rn. 701; K. Schmidt/Lutter/*Drygala* Rn. 18.

[145] MHdB AG/*Hoffmann-Becking* § 31 Rn. 51; *Lutter/Krieger/Verse* Rechte und Pflichten des Aufsichtsrats Rn. 701; MüKoAktG/*Habersack* Rn. 38; K. Schmidt/Lutter/*Drygala* Rn. 19.

eine Form- bzw. Ordnungsvorschrift handelt.[146] Als leichter Verfahrensmangel ist ein solcher Verstoß nur maßgeblich, wenn der Beschluss hierauf beruht; zudem ist er einer Heilung durch die Aufsichtsratsmitglieder zugänglich (→ § 108 Rn. 68 f.).

Gegen Entscheidungen des Aufsichtsrats zum Entzug des Teilnahmerechts gegenüber einem Aufsichtsratsmitglied stehen diesem die gegen Beschlüsse möglichen Rechtsbehelfe zur Verfügung (→ § 108 Rn. 68 ff.). Entscheidet der Aufsichtsratsvorsitzende im Rahmen seiner Sitzungsleitungskompetenz oder nach § 109 Abs. 2, kann das Aufsichtsratsmitglied im Rahmen der Feststellungsklage hiergegen vorgehen (→ § 107 Rn. 51).[147] Auch Entscheidungen des Aufsichtsrats oder Aufsichtsratsvorsitzenden, Dritte entgegen der Vorschrift des § 109 zu Sitzungen zuzulassen, können im Wege der Feststellungsklage nach § 256 ZPO überprüft werden. 50

Andere Personen als Aufsichtsratsmitglieder haben keinen Anspruch auf Teilnahme an den Sitzungen des Aufsichtsrats und damit auch keine Klagebefugnisse gegen ablehnende Entscheidungen des Aufsichtsrats. 51

§ 110 Einberufung des Aufsichtsrats

(1) ¹Jedes Aufsichtsratsmitglied oder der Vorstand kann unter Angabe des Zwecks und der Gründe verlangen, daß der Vorsitzende des Aufsichtsrats unverzüglich den Aufsichtsrat einberuft. ²Die Sitzung muß binnen zwei Wochen nach der Einberufung stattfinden.

(2) Wird dem Verlangen nicht entsprochen, so kann das Aufsichtsratsmitglied oder der Vorstand unter Mitteilung des Sachverhalts und der Angabe einer Tagesordnung selbst den Aufsichtsrat einberufen.

(3) ¹Der Aufsichtsrat muss zwei Sitzungen im Kalenderhalbjahr abhalten. ²In nichtbörsennotierten Gesellschaften kann der Aufsichtsrat beschließen, dass eine Sitzung im Kalenderhalbjahr abzuhalten ist.

Schrifttum: *Bosse,* TransPuG: Änderungen an den Berichtspflichten des Vorstands und zur Aufsichtsratstätigkeit, DB 2002, 1592; *Burgard/Heimann,* Information des Aufsichtsrats, AG 2014, 360; *Götz,* Rechte und Pflichten des Aufsichtsrats nach dem Transparenz- und Publizitätsgesetz, NZG 2002, 599; *Heller,* Die Einberufung von Aufsichtsratssitzungen – ein Risikofaktor? AG 2008, 160; *Lutter,* Professionalisierung des Aufsichtsrats, DB 2009, 775; *Miettinen/Villeda,* Abstimmungsformen des Aufsichtsrats, AG 2007, 346; *Neuling,* Präsenzpflicht in der Bilanzsitzung des Aufsichtsrats, AG 2002, 610; *Noack,* Moderne Kommunikationsformen vor den Toren des Unternehmensrechts, ZGR 1998, 592; *Noack,* Gesellschaftsrecht und Informationstechnik, FS Druey 2002, 869; *Reichard/Kaubisch,* Sitzungsgeld für Telefon- und Videokonferenzen des Aufsichtsrats?, AG 2013, 150; *Schmidt,* Videokonferenzen als Aufsichtsratssitzungen, Diss. Heidelberg, 2011; *Simons,* Aufsichtsratssitzungen – Aufsichtsratsbeschlüsse – Sitzungsgeld, AG 2013, 547; *Wagner,* Aufsichtsratssitzung in Form der Videokonferenz; Gegenwärtiger Stand und mögliche Änderungen durch das Transparenz- und Publizitätsgesetz, NZG 2002, 57.

Übersicht

	Rn.		Rn.
I. Zweck der Norm	1, 2	6. Sitzungseinberufung, -leitung und -vorbereitung durch den Aufsichtsratsvorsitzenden	28–35
II. Entstehungsgeschichte	3, 4	a) Einberufung der Sitzung durch den Aufsichtsratsvorsitzenden	28–31
III. Verhältnis zur Satzung und zur Geschäftsordnung	5, 6	b) Vorbereitung der Sitzung	32
IV. Einberufung durch Aufsichtsratsvorsitzenden, Abs. 1	7–35	c) Leitung der Sitzung	33, 34
		d) Präsenzsitzungen	35
1. Zuständigkeit und Recht auf Einberufung	7–14	V. Einberufung durch Aufsichtsratsmitglieder oder Vorstand, § 110 Abs. 2	36–44
2. Rechtsnatur	15	VI. Sitzungsturnus, Abs. 3	45–51
3. Form der Einberufung	16, 17	VII. Erster Aufsichtsrat; neugewählter Aufsichtsrat	52, 53
4. Inhalt und Tagesordnung	18–22		
5. Frist	23–27	VIII. Rechtsschutz	54, 55

---

[146] BGHZ 47, 341 (349 f.) = NJW 1967, 1711; *Kindl,* Die Teilnahme an der Aufsichtsratssitzung, 1993, 15; Hüffer/Koch/*Koch* Rn. 4; MüKoAktG/*Habersack* Rn. 3; Kölner Komm AktG/*Mertens/Cahn* Rn. 5; Wachter/*Schick* Rn. 5; → Rn. 4.

[147] MüKoAktG/*Habersack* Rn. 31; MHdB AG/*Hoffmann-Becking* § 33 Rn. 91; Großkomm AktG/*Hopt/Roth* Rn. 70; s. auch BGHZ 49, 396 (398 f.) = WM 1968, 532 zum Feststellungsinteresse und der Frage des Organinnenstreits bei einem Geschäftsausschuss eines Vereins.

I. Zweck der Norm

1 Die Einberufung des Aufsichtsrats wird durch § 110 nur unvollkommen geregelt, indem das Einberufungsrecht und Notbehelfe sowie die Sitzungsfrequenz in Ansätzen festgelegt werden. Die in § 110 geregelten Rechte des Vorstands und einzelner Aufsichtsratsmitglieder, die Einberufung zu verlangen, dienen nicht nur der Durchsetzung der Rechte der Organe und ihrer Mitglieder, sondern sind auch ein wichtiges Element der Corporate Governance.[1] Dies ergibt sich auch aus der comply-or-explain-Empfehlung in Ziff. 5.2 Abs. 3 S. 2 DCGK, der eine Berichtspflicht des Vorstands über wichtige und für die Unternehmensleitung wesentliche Ereignisse gegenüber dem Aufsichtsratsvorsitzenden statuiert; der Aufsichtsratsvorsitzende hat daran anschließend den Aufsichtsrat zu unterrichten oder gegebenenfalls eine außerordentliche Aufsichtsratssitzung einzuberufen.[2] Weder die Aufsichtsratsmitglieder noch der Vorstand können sich darauf berufen, dass der Aufsichtsratsvorsitzende es unterlassen habe, eine Sitzung einzuberufen.[3] Mit den Rechten, die § 110 den Aufsichtsratsmitgliedern und dem Vorstand verleiht, korrespondieren daher unter Umständen auch entsprechende Pflichten gem. §§ 116, 93, wenn es die Überwachungstätigkeit des Aufsichtsrats gebietet.

2 Zu den unabdingbaren Voraussetzungen einer effektiven Überwachung gehört ferner eine **regelmäßige Zusammenkunft,** wie sie § 110 Abs. 3 vorsieht. Ob die von § 110 Abs. 3 vorgesehene Mindestzahl von zwei Sitzungen pro Kalenderhalbjahr für börsennotierte Gesellschaften in rechtspolitischer Sicht genügt, kann allerdings mit Fug und Recht bezweifelt werden.[4] Zumindest hat sie die früher noch geringere Zahl an Aufsichtsratssitzungen erhöht.[5] Zu berücksichtigen ist allerdings, dass das Gesetz zum einen keine Höchstzahl an Sitzungen festlegt, so dass sich je nach Lage der Gesellschaft die Pflicht ergeben kann, weitere Sitzungen einzuberufen, zum anderen, dass die Überwachungsaufgabe nicht nur durch das Plenum, sondern auch durch die Ausschüsse und den Aufsichtsratsvorsitzenden erfüllt wird, an die bei geringer Sitzungsfrequenz höhere Anforderungen zu stellen sind.

II. Entstehungsgeschichte

3 Bereits vor dem AktG 1937 gab es seit 1931[6] eine weitgehend vergleichbare Vorgängerregelung des heutigen § 110 AktG in § 244a HGB (Verordnung des Reichspräsidenten über Aktienrecht, Bankenaufsicht und eine Steueramnestie v. 19.9.1931 (RGBl. 1931 I 493)), die jedem Mitglied des Aufsichtsrats das Recht verlieh, unter Angabe des Zwecks und der Gründe zu verlangen, dass der Vorsitzende unverzüglich den Aufsichtsrat einberuft. Die Sitzung musste spätestens zwei Wochen nach der Einberufung stattfinden. Auch das Selbsteinberufungsrecht einer Minderheit von zwei Aufsichtsratsmitgliedern war schon in § 244a Abs. 2 vorgesehen.

4 Im AktG 1937 wurde in § 94 das Recht weiter präzisiert; der heutige § 110 Abs. 1 ist damit identisch. § 110 Abs. 2 entspricht § 94 Abs. 2 AktG 1937 mit dem Unterschied, dass nun durch Änderung nach dem TransPuG schon einem Aufsichtsratsmitglied allein und nicht mehr zwei gemeinsam handelnden Aufsichtsratsmitgliedern das Selbsteinberufungsrecht zusteht und damit den Aufsichtsratsmitgliedern ein subjektives Recht auf Einberufung zugestanden wird.[7] § 110 Abs. 3 hat seinen Ursprung in § 84 Nr. 4 BetrVG 1952, der die Mitbestimmung der Arbeitnehmer im Rahmen

---

[1] Dazu KBLW/*Kremer* DCGK Rn. 1275, der im Hinblick auf Ziff. 5.2 Abs. 3 S. 3 DCGK einen offensiveren und regelmäßigen Gebrauch des Einberufungsermessens einfordert.
[2] MüKoAktG/*Habersack* Rn. 5; KBLW/*Kremer* DCGK Rn. 1275.; *Peltzer* Deutsche Corporate Governance Rn. 267.
[3] MüKoAktG/*Habersack* Rn. 22.
[4] Dazu *Pelzer* Deutsche Corporate Governance Rn. 203, 206 f.; *Frey* DStR 1995, 1320 (1323); *Götz* AG 1995, 337 (347); zweifelnd auch *Bihr/Blättchen* BB 2007, 1285 (1288) sowie *Lutter* DB 2009, 775 (777).
[5] Nach *Bleicher,* Der Aufsichtsrat im Wandel – Studie im Auftrag der Bertelsmann Stiftung, 1987, 41 hielten sich nur 48% der Gesellschaften an die frühere Soll-Bestimmung von 4 Aufsichtsratssitzungen, 24% tagten lediglich dreimal und der Durchschnitt lag bei 3,80 Sitzungen pro Jahr; s. auch *Bremeier/Mülder/Schilling,* Praxis der Aufsichtsratstätigkeit in Deutschland, 1994, 68 f., 93, 123; *Potthoff/Trescher* Aufsichtsratsmitglied Rn. 1930 ff.; KPMG Survey 2001/02, Corporate Governance in Europe, S. 20: Ca 50% der deutschen Aufsichtsräte treten viermal zusammen und halten sich damit nur an die gesetzlichen Mindestvoraussetzungen, weitere 45% halten 5–6 Aufsichtsratssitzungen ab und nur 5% treffen sich häufiger; nach einer neueren empirischen Studie von *Ruhwedel/Epstein* BB 2003, 161 (162 f.) wird die gesetzlich vorgeschriebene Mindestzahl in fast 40% der DAX 100-Gesellschaften nicht überschritten; für ausreichend hält die gesetzliche Sitzungsfrequenz *Schiessl* AG 2002, 593 (599); eine weitere Erhöhung der Sitzungszahl hält *Deckert* NZG 1998, 710 (711) wegen des hohen Aufwands für unrealistisch; ebenso *Hommelhoff/Mattheus* AG 1998, 249 (255); bedauert wird ferner die fehlende Sanktionsmöglichkeit bei Unterschreitung der gesetzlichen Zahl der Mindestsitzungen, *Knigge* WM 2002, 1729 (1732).
[6] Im HGB vor 1931 bestanden keine vergleichbaren Regelungen.
[7] BegrRegE BT-Drs. 14/8769, 16; *Lutter/Krieger/Verse* Rechte und Pflichten des Aufsichtsrats Rn. 696; *Knigge* WM 2002, 1729 (1731 f.); *Bosse* DB 2002, 1592 (1593).

der Aufsichtsratssitzungen sichern sollte; es bestand die Befürchtung, dass weitestmöglich von der Abhaltung von Aufsichtsratssitzungen abgesehen werden würde, um die Arbeitnehmervertreter nicht an der Aufsichtsratsarbeit teilhaben zu lassen.[8] Während das AktG 1965 die Regelungen der Abs. 1 und 2 weitestgehend in Wortlaut und Struktur beließ, wurde § 110 Abs. 3 durch Art. 1 Nr. 11 KonTraG und schließlich durch Art. 1 Nr. 8 TransPuG geändert. Die im KonTraG bereits für börsennotierte Gesellschaften aus Gründen der Verbesserung der Überwachungstätigkeit vorgesehene Mindestzahl an Sitzungen[9] wurde auch auf nicht börsennotierte Gesellschaften, verbunden mit der Möglichkeit der Abweichung, übertragen. Aufgegeben wurde dagegen die sanktionslose Soll-Vorschrift, dass die Sitzungen nicht im selben Kalendervierteljahr abgehalten werden sollen.[10] Klargestellt wurde ferner im TransPuG, dass die Sitzungen abgehalten werden können (statt des „Zusammentretens"), so dass die physische Präsenz der Aufsichtsratsmitglieder nicht mehr unbedingt erforderlich ist.[11]

III. Verhältnis zur Satzung und zur Geschäftsordnung

§ 110 enthält Mindestanforderungen, über die die Satzung hinausgehen kann. So kann die Satzung 5 den Sitzungsturnus erhöhen[12] oder leichtere Einberufungsvoraussetzungen regeln, nicht aber die Einberufung erschweren (→ Rn. 14). Auch kann sie weitere Modalitäten, wie Formfragen etc., der Einberufung bestimmen. Auch die Geschäftsordnung des Aufsichtsrats kann diese Fragen regeln. Dagegen können weder das Initiativrecht nach § 110 Abs. 1 noch das Selbsteinberufungsrecht 6 nach § 110 Abs. 2 durch Satzung oder Geschäftsordnung modifiziert oder beschränkt werden.[13]

IV. Einberufung durch Aufsichtsratsvorsitzenden, Abs. 1

1. Zuständigkeit und Recht auf Einberufung.
§ 110 Abs. 1 geht implizit davon aus, dass 7 dem Aufsichtsratsvorsitzenden die Kompetenz zur Einberufung des Aufsichtsrats zusteht. Ist der Vorsitzende verhindert, hat sein Stellvertreter gem. § 107 Abs. 1 S. 3 die Sitzung einzuberufen. Sind weder Vorsitzender noch Stellvertreter berufen, besitzt nach dem Grundgedanken des § 110 Abs. 2 jedes Aufsichtsratsmitglied oder der Vorstand das Recht, aber auch die Pflicht, den Aufsichtsrat einzuberufen, um die Handlungsfähigkeit des Organs und die nötige Überwachung des Vorstands herzustellen.[14]

Das **Recht, die Einberufung** vom Aufsichtsratsvorsitzenden zu verlangen, steht jedem einzelnen 8 Aufsichtsratsmitglied, gleich welcher Gruppe es angehört (Arbeitnehmer- oder Anteilseignervertreter), ob gewählt, entsandt oder vom Gericht bestellt,[15] oder dem Vorstand insgesamt als Organ zu – nicht aber einzelnen Vorstandsmitgliedern oder dem Vorstandsvorsitzenden und auch nicht allein in vertretungsberechtigter Zahl nach § 78.[16] Das Einberufungsverlangen ist kein Vertretungsakt; daher ist ein mehrheitlicher Beschluss des Vorstands über die Einberufung erforderlich.[17] Denn das Gesetz bezieht sich hier nicht auf Rechtsakte im Außenverhältnis der Gesellschaft, sondern auf Kompetenzen der Organe und Organmitglieder untereinander, so dass es sich hier um ein Recht des Organs „Vorstand" insgesamt handelt.

Damit der Aufsichtsratsvorsitzende beurteilen kann, ob das Einberufungsverlangen nicht miss- 9 bräuchlich erfolgt, und mit welcher Tagungsordnung einberufen werden soll, zB wegen schriftlicher Stimmenabgabe durch andere Aufsichtsratsmitglieder, muss der **Zweck der Sitzung** durch Angabe der Beschluss- oder Beratungsgegenstände dargelegt werden, wobei das Aufsichtsratsmitglied keine ausformulierte Tagesordnung vorschlagen muss.[18] Die Gründe der Einberufung, welche die Sitzung

---

[8] Dazu MüKoAktG/*Habersack* Rn. 6; *Bettermann* BB 1952, 806; *Hueck* DB 1952, 781 (782).
[9] BegrRegE BT-Drs. 13/9712, 16; dazu auch *Deckert* NZG 1998, 710 (711); *Schiessl* AG 2002, 593 (599).
[10] BegrRegE BT-Drs. 14/8769, dazu *Götz* NZG 2002, 599 (601); für weitgehend bedeutungslos hält diese Änderung *Feddersen* AG 2000, 385 (387).
[11] BegrRegE BT-Drs. 14/8769, 17.
[12] MüKoAktG/*Habersack* Rn. 4; Kölner Komm AktG/*Mertens*/*Cahn* Rn. 32; Wachter/*Schick* Rn. 2; MHdB AG/*Hoffmann-Becking* § 31 Rn. 36; K. Schmidt/Lutter/*Drygala* Rn. 2; NK-AktR/*Breuer*/*Fraune* Rn. 2.
[13] AllgM, Kölner Komm AktG/*Mertens*/*Cahn* Rn. 28; MüKoAktG/*Habersack* Rn. 4; *Kindl*, Die Teilnahme an der Aufsichtsratssitzung, 1993, 76; s. bereits auch KG HRR 1933, Nr. 835; OLG Stuttgart HRR 1933, Nr. 1446.
[14] Lutter/Krieger/*Verse* Rechte und Pflichten des Aufsichtsrats Rn. 692; Hüffer/Koch/*Koch* Rn. 2; v. Schenck in Semler/v. Schenck AR-HdB § 5 Rn. 26; K. Schmidt/Lutter/*Drygala* Rn. 2; Bürgers/Körber/*Israel* Rn. 3.
[15] AllgM, MüKoAktG/*Habersack* Rn. 22; Großkomm AktG/*Hopt*/*Roth* Rn. 22.
[16] AllgM, Kölner Komm AktG/*Mertens*/*Cahn* Rn. 8; Hüffer/Koch/*Koch* Rn. 6; MüKoAktG/*Habersack* Rn. 23; *E. Vetter* in Marsch-Barner/Schäfer Börsennotierte AG-HdB Rn. 27.31; NK-AktR/*Breuer*/*Fraune* Rn. 3.
[17] Kölner Komm AktG/*Mertens*/*Cahn* Rn. 8; MüKoAktG/*Habersack* Rn. 23.
[18] MüKoAktG/*Habersack* Rn. 27; Kölner Komm AktG/*Mertens*/*Cahn* Rn. 9; Hüffer/Koch/*Koch* Rn. 6; K. Schmidt/Lutter/*Drygala* Rn. 4; Bürgers/Körber/*Israel* Rn. 5.

des Aufsichtsrats nach Meinung des beantragenden Aufsichtsratsmitglieds erforderlich machen, sind darzulegen, etwa wegen wichtiger Personalentscheidungen, zB einer fristlosen Kündigung und Abberufung des Vorstandsmitglieds.[19]

10 Das Verlangen ist **an den Aufsichtsratsvorsitzenden,** hilfsweise an dessen Stellvertreter[20] oder im Falle, dass weder Vorsitzender noch Stellvertreter erreichbar sind, an das dienstälteste Aufsichtsratsmitglied oder ein sonstiges Mitglied,[21] zu richten und kann **formlos** gestellt werden,[22] sollte jedoch dokumentiert werden. Satzung oder Geschäftsordnung können indes eine bestimmte Form vorschreiben.[23] Der Vorsitzende muss dem Verlangen ohne schuldhaftes Zögern nachkommen und hat eine Sitzung einzuberufen, nicht etwa nur eine Beschlussfassung im Umlaufverfahren, da das Gesetz hier keinen Spielraum einräumt – außer das beantragende Aufsichtsratsmitglied regt eine solche Beschlussfassung an oder ist mit ihr einverstanden.[24] Der Antrag, lediglich eine schriftliche Beschlussfassung durchzuführen, stellt keine Einberufung im Rahmen des Initiativrechts der Aufsichtsratsmitglieder dar, da dann gerade keine dem Wortlaut des § 110 Abs. 1 entsprechende Sitzung stattfindet.[25] Ob der Aufsichtsratsvorsitzende jedoch eine Präsenzsitzung oder eine Sitzung in Form der Video- oder Internetkonferenz einberuft, steht in seinem pflichtgemäßen Ermessen.[26] Dies gilt insbesondere dann, wenn durch die Satzung das Widerspruchsrecht der Aufsichtsratsmitglieder gegen diese Sitzungsformen wirksam ausgeschlossen wurde (§ 108 Abs. 4); ist dies nicht der Fall, kann jedes Aufsichtsratsmitglied der Durchführung einer virtuellen Sitzung widersprechen.[27] Eine Anordnung in der Satzung, dass die Mindestsitzungen nur in Form von Präsenzsitzungen stattfinden dürfen, ist mit der Änderung des § 110 Abs. 3 überholt und in dieser Absolutheit nunmehr unzulässig.[28] Es sollte wegen der zunehmenden und rechtspolitisch gewollten Internationalisierung die Möglichkeit virtueller Sitzungen eröffnet werden (→ Rn. 48 sowie → § 108 Rn. 58); dieses vom Gesetzgeber anerkannte Anliegen würde mit solchen Satzungsbestimmungen umgangen werden. Hielte man auch das Einberufungsverlangen nach § 110 Abs. 1 in jedem Fall auf die Abhaltung einer Präsenzsitzung bezogen, gelte Gleiches.[29] Anders als bei der rein schriftlichen Stimmabgabe findet in Fällen virtueller Sitzungen eine Sitzung im Sinne des § 110 Abs. 1 statt;[30] diese sind dann auch auf die Mindestsitzungen anrechenbar.[31] Mit der unverzüglichen Einberufung ist nicht die Frist nach § 110 Abs. 1 zu verwechseln, die den Beginn der Sitzung nach der Einberufung, also die eigentliche Ladungsfrist, bezeichnet.

11 Das Aufsichtsratsmitglied kann auch analog § 110 Abs. 1 eine **Beschlussfassung nach § 108 Abs. 4** beantragen; es steht dann im Ermessen des Vorsitzenden, eine Präsenzsitzung einzuberufen oder eine Beschlussfassung nach § 108 Abs. 4 einzuleiten. Die Beschlussfassung nach § 108 Abs. 4 hat zu unterbleiben, wenn ein Aufsichtsratsmitglied widerspricht (→ § 108 Rn. 60). Allerdings kann sie dennoch stattfinden, wenn das Widerspruchsrecht wirksam durch die Satzung ausgeschlossen worden ist (→ § 108 Rn. 63). Das beantragende Aufsichtsratsmitglied kann dann bei zulässigem Widerspruch – auch im Falle der Weigerung des Vorsitzenden – nur nach § 110 Abs. 2 eine Präsenzsitzung einberufen.[32]

---

[19] Kölner Komm AktG/*Mertens/Cahn* Rn. 9; MüKoAktG/*Habersack* Rn. 27.
[20] Gegen die Einberufungsbefugnis des Stellvertreters bei Weigerung des Vorsitzenden Großkomm AktG/*Hopt/Roth* Rn. 12.
[21] Wie hier allerdings zur alten Rechtslage und damit sinngemäßen Anwendung des § 110 Abs. 2 aF (Selbsteinberufung durch zwei Aufsichtsratsmitglieder) Kölner Komm AktG/*Mertens/Cahn* Rn. 10: zwei Aufsichtsratsmitglieder als Antragsadressaten; ähnlich Großkomm AktG/*Hopt/Roth* Rn. 13 f.: direkte Einberufung mangels Adressaten eines Einberufungsverlangens; zu einer ähnlich gelagerten Problematik auch → Rn. 7.
[22] Hüffer/Koch/*Koch* Rn. 6; Kölner Komm AktG/*Mertens/Cahn* Rn. 9; K. Schmidt/Lutter/*Drygala* Rn. 4.
[23] AA (keine Verschärfung, insbesondere keine Schriftform) MüKoAktG/*Habersack* Rn. 24; Großkomm AktG/*Hopt/Roth* Rn. 30.
[24] Vgl. Hüffer/Koch/*Koch* Rn. 7; K. Schmidt/Lutter/*Drygala* Rn. 6; zur Frage der Zulässigkeit einer Forderung nach einer Beschlussfassung außerhalb der Sitzung Großkomm AktG/*Hopt/Roth* Rn. 38.
[25] Großkomm AktG/*Hopt/Roth* Rn. 52; Kölner Komm AktG/*Mertens/Cahn* Rn. 25; einschränkend MüKoAktG/*Habersack* Rn. 13 der dies für zulässig hält, wenn Satzung oder Geschäftsordnung das Recht zum Widerspruch nach § 108 Abs. 4 ausschließt.
[26] *Wagner* NZG 2002, 57 (62), → Rn. 35.
[27] Ähnlich *Lutter/Krieger/Verse* Rechte und Pflichten des Aufsichtsrats Rn. 695; MüKoAktG/*Habersack* Rn. 13.
[28] Dazu *Lutter/Krieger/Verse* Rechte und Pflichten des Aufsichtsrats Rn. 690 die unter Hinweis auf § 108 Abs. 4 trotz erheblicher Vorbehalte solche Satzungsbestimmungen weiterhin für zulässig erachten.
[29] *Wagner* NZG 2002, 57 (62).
[30] Dies deckt sich auch mit dem allgemeinen Begriff „Sitzung" in § 110 Abs. 1 S. 2, der nicht durch das NaStraG abgeändert wurde; dazu *Wagner* NZG 2002, 57 (62).
[31] So für Videokonferenzen *v. Schenck* in Semler/v. Schenck AR-HdB § 5 Rn. 146 f.; *Wagner* NZG 2002, 57 (61 f.).
[32] Kölner Komm AktG/*Mertens/Cahn* Rn. 16, 25; Großkomm AktG/*Hopt/Roth* Rn. 52; einschränkend MüKoAktG/*Habersack* Rn. 13: siehe Fn. 25.

Der Aufsichtsratsvorsitzende kann **missbräuchliche Ansinnen** zur Einberufung einer Aufsichts- 12
ratssitzung ablehnen,[33] wobei zu Recht darauf verwiesen wird, dass ein missbräuchliches Begehren
nur in Ausnahmefällen angenommen werden darf, keinesfalls schon dann, wenn der Vorsitzende der
Meinung ist, dass das Begehren keine Aussicht auf Erfolg haben wird.[34] Typische Fälle sind das
Verlangen nach Erörterung eines bereits abschließend behandelten Tagesordnungspunkts (ohne dass
neue Anhaltspunkte vorlägen) oder von nicht zu den Angelegenheiten der Gesellschaft oder zu den
Zuständigkeiten des Aufsichtsrats zählenden Fragen.[35] Allein die Erwartung, dass sich bei erneuter
Beratung andere Mehrheitsverhältnisse ergeben könnten, genügt nicht.[36] Lehnt der Aufsichtsratsvorsitzende
zu Unrecht das Einberufungsverlangen eines Aufsichtsratsmitglieds oder des Vorstands ab,
kann er sich gem. §§ 116, 93 schadensersatzpflichtig machen;[37] das Recht zur Selbsthilfe nach § 110
Abs. 2 bleibt davon unberührt. Auch in der Situation einer Krise ist er verpflichtet, eine Sitzung
einzuberufen, um Maßnahmen zu deren Behebung zu ermöglichen. Tut er dies nicht, so ist er zum
Ersatz des entstehenden Schadens verpflichtet.[38] Umgekehrt kann das missbräuchlich handelnde
Aufsichtsratsmitglied mit den Kosten der Sitzung nach §§ 116, 93 belastet werden.[39] Zum Rechtsschutz
→ Rn. 54 f.

Ob der Aufsichtsrat auf seiner Sitzung, die durch das Verlangen des Aufsichtsratsmitglieds einberufen 13
wurde, **beschlussfähig** ist, kommt es nicht an. Das Begehren des Aufsichtsratsmitglieds ist mit
der Einberufung erledigt, es kann allenfalls ein erneutes Begehren auf Einberufung stellen.[40]

Die **Satzung** oder die **Geschäftsordnung** können das Initiativrecht des Aufsichtsratsmitglieds 14
erleichtern und von der an sich nach § 110 Abs. 1 bestehenden Pflicht dispensieren, die Gründe für
die Einberufung anzugeben.[41] Für die Pflicht zur Mitteilung des Zwecks gilt dies jedoch nicht, da
der Aufsichtsratsvorsitzende die Sitzung mit einer Tagesordnung einberufen muss und die anderen
Aufsichtsratsmitglieder über den Anlass der Sitzung in Kenntnis gesetzt werden müssen, um sich
gegebenenfalls darauf vorbereiten zu können.[42] Ebenso wenig kann dem Aufsichtsratsvorsitzenden
die ihm vom Gesetz zugewiesene Kompetenz zur Einberufung genommen werden; ein durch Satzung
geschaffenes Recht der Aufsichtsratsmitglieder oder des Vorstands zur Einberufung wäre unzulässig.[43]
Einzelnen Vorstandsmitgliedern kann die Satzung dagegen nicht das Recht nach § 110 Abs. 1
einräumen, da das Gesetz dem Vorstand als Organ diese Kompetenz zuweist.[44]

2. Rechtsnatur. Die Einberufung ist kein Rechtsgeschäft. Auch handelt der Aufsichtsratsvorsitzende 15
nicht als Vertreter der AG, sondern im eigenen Namen als Organ im Sinne einer innergesellschaftlichen
Verfahrenshandlung.[45] Der Aufsichtsratsvorsitzende kann die Einberufung auch durch
Gehilfen anfertigen und versenden lassen („im Auftrag"), sei es durch sein Sekretariat oder den
Vorstand.[46]

3. Form der Einberufung. § 110 enthält keine Vorgaben für die einzuhaltende Form der Einbe- 16
rufung. Sie kann daher **formlos** erfolgen, auch mündlich oder telefonisch oder per E-Mail (Textform

---

[33] MHdB AG/*Hoffmann-Becking* § 31 Rn. 44; *Lutter/Krieger/Verse* Rechte und Pflichten des Aufsichtsrats Rn. 695; MüKoAktG/*Habersack* Rn. 32; Hüffer/Koch/*Koch* Rn. 7; Henssler/Strohn/*Henssler* Rn. 9; K. Schmidt/Lutter/*Drygala* Rn. 5; Kölner Komm AktG/*Mertens/Cahn* Rn. 11; *Kindl*, Die Teilnahme an der Aufsichtsratssitzung, 1993, 70 f.; *E. Vetter* in Marsch-Barner/Schäfer Börsennotierte AG-HdB Rn. 27.31; teilweise anders *Bosse* DB 2002, 1592 (1593): Der Aufsichtsrat muss der missbräuchlichen Einberufung durch eines seiner Mitglieder keine Folge leisten.
[34] MüKoAktG/*Habersack* Rn. 32; Kölner Komm AktG/*Mertens/Cahn* Rn. 12; Hüffer/Koch/*Koch* Rn. 7; K. Schmidt/Lutter/*Drygala* Rn. 5; Bürgers/Körber/*Israel* Rn. 6; aA KG DNotZ 1935, 592 f. zum Selbsteinberufungsrecht einer Generalversammlung durch den Aktionär.
[35] Bürgers/Körber/*Israel* Rn. 6; *Kindl*, Die Teilnahme an der Aufsichtsratssitzung, 1993, 71.
[36] Zutr. MüKoAktG/*Habersack* Rn. 32.
[37] *v. Schenck* in Semler/v. Schenck AR-HdB § 4 Rn. 53; *Peus*, Der Aufsichtsratsvorsitzende: Seine Rechtsstellung nach dem Aktiengesetz und dem Mitbestimmungsgesetz, 1983, 46 f.
[38] LG München I AG 2007, 827.
[39] MüKoAktG/*Habersack* Rn. 40.
[40] MüKoAktG/*Habersack* Rn. 33.
[41] KG HRR 1933, Nr. 835; MüKoAktG/*Habersack* Rn. 29; Kölner Komm AktG/*Mertens/Cahn* Rn. 29; Hüffer/Koch/*Koch* Rn. 1.
[42] MüKoAktG/*Habersack* Rn. 29; Kölner Komm AktG/*Mertens/Cahn* Rn. 29; *Kindl*, Die Teilnahme an der Aufsichtsratssitzung, 1993, 77; aA ohne Begründung KG HRR 1933, Nr. 835.
[43] Kölner Komm AktG/*Mertens/Cahn* Rn. 29; MüKoAktG/*Habersack* Rn. 29; Bürgers/Körber/*Israel* Rn. 11.
[44] Ebenso MüKoAktG/*Habersack* Rn. 29; Bürgers/Körber/*Israel* Rn. 11.
[45] BGHZ 100, 264 (267) = NJW 1987, 2580 zu § 51 GmbHG; MüKoAktG/*Habersack* Rn. 15; Hüffer/Koch/*Koch* Rn. 2; Wachter/*Schick* Rn. 3; *v. Schenck* in Semler/v. Schenck AR-HdB § 4 Rn. 49.
[46] Hölters/*Hambloch-Gesinn/Gesinn* Rn. 7; *E. Vetter* in Marsch-Barner/Schäfer Börsennotierte AG-HdB Rn. 27.30.

gem. § 126b BGB).⁴⁷ Ist dem Aufsichtsratsvorsitzenden oder dem Einberufenden jedoch bekannt, dass ein Aufsichtsratsmitglied nicht über die entsprechenden Anschlussmöglichkeiten verfügt, kann eine derartige Form rechtsmissbräuchlich sein.

17 Die **Satzung** oder die Geschäftsordnung können jedoch die Formmodalitäten festlegen, etwa durch Schriftform oder durch eingeschriebenen Brief.⁴⁸ Da sowohl dem Aufsichtsrat als auch den Gesellschaftern hier die Möglichkeit eingeräumt wird, etwaigen Zustellungsfragen von vornherein abzuhelfen, besteht auch **keine Notwendigkeit, § 121 Abs. 4 S. 1 AktG analog** anzuwenden.⁴⁹

18 **4. Inhalt und Tagesordnung.** Die Einberufung muss für das Aufsichtsratsmitglied erkennen lassen, wo und wann (Tag und Uhrzeit) die Sitzung stattfindet und wer sie einberuft.⁵⁰ Auch sollte die Gesellschaft mit Firma und Sitz angegeben werden, wenngleich das Gesetz dies anders als in § 121 Abs. 3 S. 2 nicht zwingend vorschreibt.⁵¹ Da das AktG das Aufsichtsratsamt als Nebenamt⁵² begreift und mehrere Mandate zulässt, muss dem Aufsichtsratsmitglied möglichst schnell in der Einberufung erkennbar sein, welche Gesellschaft betroffen ist.

19 Anzugeben ist indes, über welche Gegenstände abzustimmen und zu beraten ist.⁵³ Allerdings ist dies nicht im Sinne der Mitteilung einer **förmlichen Tagesordnung** zu verstehen, von deren Tagesordnungspunkten und der mitgeteilten Reihenfolge auch in der Sitzung nicht mehr abgewichen werden darf,⁵⁴ sondern nur als Angabe von Beschlussgegenständen, da dies auch im allgemeinen Vereinsrecht (§ 32 Abs. 1 S. 2 BGB)⁵⁵ oder im GmbH-Recht (§ 51 Abs. 4 GmbHG)⁵⁶ genügt. Zumeist werden die Begriffe Tagesordnung und Mitteilung der Beschlussgegenstände synonym verwandt.⁵⁷ Diese Angabe der Beschlussgegenstände bzw. die Mitteilung der Tagesordnung ist indes unabdingbar, muss das Aufsichtsratsmitglied doch wissen, ob es für den Fall seiner Verhinderung eine Stimmbotenschaft bestimmt (zu der näheren Ausgestaltung der Stimmbotenschaft und der Unzulässigkeit der Blankettermächtigung → § 108 Rn. 56 f.). Leitlinie muss stets sein, dass dem Aufsichtsratsmitglied ausreichend Gelegenheit gegeben wird, sich auf die Sitzung vorzubereiten und einzustellen.⁵⁸ Andererseits müssen die Beschlussanträge nicht im Wortlaut wiedergegeben werden, vor allem wenn besonders vertrauliche Angelegenheiten, wie Personalfragen, behandelt werden sollen.⁵⁹ Dies entspricht der allgemein geübten Praxis. Dabei muss allerdings beachtet werden, dass bei Widerspruch eines Aufsichtsratsmitglieds die Beschlussfassung verhindert oder der dennoch gefasste Beschluss nichtig werden kann, wenn der Beschlussgegenstand zu ungenau bezeichnet wurde.⁶⁰ Entscheidend ist, ob das Aufsichtsratsmitglied selbständig die Bedeutung eines Beschlusspunktes einschätzen kann, um sich auf die Sitzung vorzubereiten.⁶¹ Vor Überraschungen in der Sitzung soll das Aufsichtsratsmitglied geschützt werden.⁶² Die Abhandlung der Beschlussgegenstände in der Sit-

---

⁴⁷ Hüffer/Koch/*Koch* Rn. 3; MüKoAktG/*Habersack* Rn. 15; Wachter/*Schick* Rn. 4; Lutter/Krieger/*Verse* Rechte und Pflichten des Aufsichtsrats Rn. 692; Kindl, Die Teilnahme an der Aufsichtsratssitzung, 1993, 69; K. Schmidt/Lutter/*Drygala* Rn. 8; Bürgers/Körber/*Israel* Rn. 4; *Heller* AG 2008, 160.
⁴⁸ MüKoAktG/*Habersack* Rn. 15; K. Schmidt/Lutter/*Drygala* Rn. 8; Hüffer/Koch/*Koch* Rn. 3 unter Verweis auf § 51 Abs. 1 GmbHG.
⁴⁹ So aber *Heller* AG 2008, 160 (162).
⁵⁰ KG NJW 1965, 2157 (2159); Hüffer/Koch/*Koch* Rn. 4; MüKoAktG/*Habersack* Rn. 16; K. Schmidt/Lutter/*Drygala* Rn. 10.
⁵¹ Hüffer/Koch/*Koch* Rn. 4; Hölters/Hambloch-Gesinn/*Gesinn* Rn. 7.
⁵² Zur Möglichkeit der Professionalisierung des Aufsichtsratsmandats Großkomm AktG/Hopt/*Roth* Rn. 5.
⁵³ MHdB AG/*Hoffmann-Becking* § 31 Rn. 41; UHH/Ulmer/*Habersack* MitbestG § 25 Rn. 17; RVJ/*Raiser* MitbestG § 25 Rn. 36; Lutter/Krieger/*Verse* Rechte und Pflichten des Aufsichtsrats Rn. 693; *E. Vetter* in Marsch-Barner/Schäfer Börsennotierte AG-HdB Rn. 27.35.
⁵⁴ Ebenso Hüffer/Koch/*Koch* Rn. 4 und ausführl. UHL/Hüffer/*Schürnbrand* GmbHG § 51 Rn. 18, 22 sowie Rowedder/Schmidt-Leithoff/*Koppensteiner*/Gruber GmbHG § 51 Rn. 9 und Scholz/K. Schmidt/*Seibt* GmbHG § 51 Rn. 19 ff.
⁵⁵ Bamberger/Roth/*Schöpflin* BGB § 32 Rn. 15; MüKoAktG/*Pentz* § 32 Rn. 18; Staudinger/*Weick* BGB § 32 Rn. 12; Soergel/*Hadding* BGB § 32 Rn. 12; Erman/H. P. Westermann BGB § 32 Rn. 3.
⁵⁶ Lutter/Hommelhoff/*Bayer* GmbHG § 51 Rn. 21; Roth/Altmeppen/*Roth* GmbHG § 51 Rn. 9; Baumbach/Hueck/*Zöllner* GmbHG § 51 Rn. 16, 21 ff.; UHL/Hüffer/*Schürnbrand* GmbHG § 51 Rn. 22.
⁵⁷ So für die Einberufung der Mitgliederversammlung der GmbH Scholz/K. Schmidt/*Seibt* GmbHG § 51 Rn. 19.
⁵⁸ Aus diesem Grund werden auch gruppenintensive Vorbesprechungen auf die Sitzung von der ganz hM generell bejaht s. dazu ausführlich und mwN *Velter* FS Hüffer 2010, 1015 (1020).
⁵⁹ Ähnlich Hüffer/Koch/*Koch* Rn. 4; MHdB AG/*Hoffmann-Becking* § 31 Rn. 42; Großkomm AktG/Hopt/*Roth* Rn. 22; *Baums* ZGR 1983, 300 (316); Kölner Komm AktG/Mertens/*Cahn* Rn. 4; Hölters/Hambloch-Gesinn/*Gesinn* Rn. 14.
⁶⁰ Einschränkend *Baums* ZGR 1983, 300 (316 f.).
⁶¹ In diesem Sinne auch Großkomm AktG/Hopt/*Roth* Rn. 22.
⁶² BGHZ 99, 119 (123) = NJW 1987, 1811: für Satzungsänderungen im Rahmen der Mitgliederversammlung eines Vereins; *Baums* ZGR 1983, 300 (315).

zung muss sich nicht strikt an die vorher mitgeteilte Reihenfolge halten, sondern kann durch den Vorsitzenden dem Sitzungsverlauf angepasst werden. Ein Tagesordnungspunkt „Verschiedenes" ist keinesfalls ausreichend,[63] ebenso wenig die Angabe „Vorstandsangelegenheiten", wenn sich dahinter Zustimmungs- oder Personalbeschlüsse verbergen.[64] Derart allgemein gehaltene Beschlussgegenstände widersprechen dem Zweck der vorherigen Mitteilung, da gerade keine ordnungsgemäße Vorbereitung ermöglicht wird. Dieser Zweck kann als Vorbereitungs- und Dispositionsschutz bezeichnet werden.[65] Die Bestimmtheitsvoraussetzungen richten sich nach dem jeweiligen Einzelfall, müssen dem Aufsichtsratsmitglied die Vorbereitung ermöglichen und Missverständnissen entgegenwirken.[66] Maßgeblich dabei ist eine Auslegung nach dem Empfängerhorizont.[67] Geheimhaltungsinteressen rechtfertigen keine unzureichende Bezeichnung sensibler Beschlussgegenstände.[68] Die Pflicht des Vorsitzenden zur unverzüglichen Mitteilung der Beschlussanträge[69] ändert daran nichts, da sie weitgehend sanktionslos bleibt und für das Aufsichtsratsmitglied nicht die ursprüngliche Situation wiederherzustellen vermag. Verstöße lösen bei Rüge dieses leichten Verfahrensmangels die Nichtigkeit des Beschlusses aus (→ § 108 Rn. 71 f., 81), da ohne Mitteilung der Beschlussanträge den Aufsichtsratsmitgliedern die Möglichkeit der schriftlichen Stimmabgabe unmöglich gemacht wird (→ Rn. 54).[70]

Aufsichtsratsmitglieder oder der Vorstand können **Änderungen oder Ergänzungen der Tagesordnung** vor und sogar während der Sitzung beantragen, insbesondere neue Beschlussgegenstände – sofern die anderen Aufsichtsratsmitglieder vor der Sitzung ausreichend Gelegenheit hatten, sich auf die Beschlussgegenstände vorzubereiten.[71] Der Aufsichtsratsvorsitzende entscheidet über die form- und fristgerechte Antragstellung nach pflichtgemäßem Ermessen. Im Prinzip sollte der Vorsitzende diese Anträge zulassen. Anträge in einer laufenden Sitzung sind dagegen grundsätzlich nur dann zulässig, wenn die anderen Aufsichtsratsmitglieder nicht widersprechen.[72] Lehnt der Vorsitzende den Antrag auf Ergänzung der Tagesordnung ab oder kommt er dem Begehren nicht unverzüglich nach, so kann das Aufsichtsratsmitglied analog § 110 Abs. 2 die anderen Aufsichtsratsmitglieder über die Ergänzung unterrichten, allerdings nur innerhalb der Einberufungsfrist, um den anderen Aufsichtsratsmitgliedern eine ausreichende Vorbereitung zu ermöglichen;[73] andernfalls bedarf es der Zustimmung aller anderen Aufsichtsratsmitglieder.[74]

Von diesen Grundsätzen, insbesondere von der Ankündigung der Beschlussgegenstände innerhalb ausreichender Frist vor der Sitzung, kann nur in besonders gelagerten Ausnahmefällen abgesehen werden, wenn eine **Eilentscheidung** unabweisbar und für jedermann ersichtlich im Unternehmensinteresse geboten ist.[75] Die Anforderungen an eine solche Situation sind jedoch streng, um ein Unterlaufen der vorherigen Information der Aufsichtsratsmitglieder zu vermeiden.

Von den Anträgen auf Änderung oder Ergänzung der Tagesordnung sind **Anträge zu den einzelnen Tagesordnungspunkten** zu unterscheiden, die auf jeden Fall vom Aufsichtsratsvorsitzenden zuzulassen und den anderen Mitgliedern mitzuteilen sind, selbst innerhalb der laufenden Aufsichtsratssitzung, da sie sich auf bereits mitgeteilte Beschlussgegenstände beziehen.[76]

---

[63] Kölner Komm AktG/*Mertens/Cahn* Rn. 5; MüKoAktG/*Habersack* Rn. 19; *Kindl,* Die Teilnahme an der Aufsichtsratssitzung, 1993, 54; Roth/Altmeppen/*Roth* GmbHG § 51 Rn. 9; HK-GmbHG/*Bergjan* GmbHG § 51 Rn. 15; Rowedder/Schmidt-Leithoff/*Koppensteiner/Gruber* GmbHG § 51 Rn. 9; MHLS/*Römermann* GmbHG § 51 Rn. 86; Lutter/Hommelhoff/*Bayer* § 51 Rn. 24.
[64] OLG Stuttgart BB 1985, 879 (880); Hölters/*Hambloch-Gesinn/Gesinn* Rn. 14; Wachter/*Schick* Rn. 5.
[65] So Lutter/Hommelhoff/*Bayer* § 51 Rn. 1.
[66] Für das Vereinsrecht so Soergel/*Hadding,* 13. Aufl., BGB § 32 Rn. 12; für die GmbH exemplarisch Baumbach/Hueck/*Zöllner* GmbHG § 51 Rn. 21 ff.; Scholz/*K. Schmidt/Seibt* GmbHG § 51 Rn. 21.
[67] MHLS/*Römermann* GmbHG § 51 Rn. 69.
[68] *Burgard/Heimann* AG 2014, 360 (367) mwN; aA offenbar OLG Frankfurt a. M. AG 2014, 373 (375); nachvollziehbare Bedenken.
[69] Darauf abstellend Hüffer/*Koch/Koch* Rn. 4; MHdB AG/*Hoffmann-Becking* § 31 Rn. 42; *Lutter/Krieger/Verse* Rechte und Pflichten des Aufsichtsrats Rn. 693 f.; Kölner Komm AktG/*Mertens/Cahn* Rn. 4.
[70] Wie hier MüKoAktG/*Habersack* Rn. 21; *v. Schenck* in Semler/v. Schenck AR-HdB § 4 Rn. 66; aA *Lutter/Krieger/Verse* Rechte und Pflichten des Aufsichtsrats Rn. 694; Kölner Komm AktG/*Mertens/Cahn* Rn. 4; Hüffer/*Koch/Koch* Rn. 5.
[71] MüKoAktG/*Habersack* Rn. 26.
[72] *Drinhausen/Marsch-Barner* AG 2014, 337 (338); MHdB AG/*Hoffmann-Becking* § 31 Rn. 43.
[73] MüKoAktG/*Habersack* Rn. 26; *Lutter/Krieger/Verse* Rechte und Pflichten des Aufsichtsrats Rn. 693; Kölner Komm AktG/*Mertens/Cahn* Rn. 4; MHdB AG/*Hoffmann-Becking* § 31 Rn. 43.
[74] *Baums* ZGR 1983, 300 (316); Kölner Komm AktG/*Mertens/Cahn* Rn. 5; MHdB AG/*Hoffmann-Becking* § 31 Rn. 41.
[75] *Baums* ZGR 1983, 300 (316); dies auf ergänzende Satzungsbestimmungen einschränkend Kölner Komm AktG/*Mertens/Cahn* Rn. 5.
[76] MüKoAktG/*Habersack* Rn. 26.

23 **5. Frist.** Auch zu den einzuhaltenden Fristen enthält § 110 nur in Abs. 1 eine Aussage, indem zwischen Einberufung und Sitzung höchstens zwei Wochen liegen dürfen;[77] eine Mindestfrist legt § 110 nicht fest. Daher greift der allgemeine Rechtsgrundsatz ein, dass die Ladungsfrist bis zum Sitzungstag angemessen sein muss.[78] Bei Eilentscheidungen[79] können auch Fristen von drei Tagen ausreichend sein.[80] Die Frist von zwei Wochen soll im Interesse des beantragenden Aufsichtsratsmitglieds verhindern, dass der Vorsitzende den Termin der Sitzung so weit verlegt, dass sich der Grund für die Sitzung dann erledigt hat.[81]

24 Die **Frist** beginnt entsprechend den im Gesellschaftsrecht geltenden Grundsätzen[82] ab dem Zeitpunkt zu **laufen,** in dem üblicherweise mit dem Zugang der Einberufung gerechnet werden kann.[83] Auf den Zugang nach § 130 BGB kommt es nicht an, auch nicht auf die Aufgabe zur Post.[84] Daher ist anders als bei § 130 BGB die Fristwahrung ohne Zugang möglich.[85] Es handelt sich bei der Einberufung nicht um eine rechtsgeschäftliche Willenserklärung, sondern um einen innergesellschaftlichen Akt.[86] Allein maßgeblich ist die **Hinzurechnung der** üblicherweise zu erwartenden **Zustellungszeit** nach Aufgabe zur Post, die bei Zustellung innerhalb der BRD bei zwei Tagen, außerhalb bei etwa vier Tagen, anzusetzen ist;[87] auf die Möglichkeit der Kenntnisnahme kommt es gerade nicht an, um Rechtssicherheit bei der Fristberechnung zu gewährleisten.[88]

25 Die Frist bezieht sich an sich nur auf die Einberufung zur Aufsichtsratssitzung, nicht auch auf die Bekanntgabe der **Tagesordnung.** Dennoch muss auch die Tagesordnung mit einem angemessenen zeitlichen Abstand vor der eigentlichen Sitzung übermittelt werden, damit jedes Aufsichtsratsmitglied genügend Zeit erhält, sich auf die Sitzung vorzubereiten, gegebenenfalls schriftliche Stimmabgaben vorbereiten kann.[89]

26 Von der Einhaltung der Frist kann unter besonderen Bedingungen abgesehen werden, wenn innerhalb der Frist sowieso **eine andere Aufsichtsratssitzung** einberufen war.[90] In diesem Fall genügt es, die Tagesordnung dieser Aufsichtsratssitzung entsprechend zu ergänzen, sofern den Aufsichtsratsmitgliedern noch genügend Vorbereitungszeit für die neuen Beschlussgegenstände zur Verfügung steht. Das Beharren des Aufsichtsratsmitglieds auf einer gesonderten Sitzung wäre dann rechtsmissbräuchlich.

27 Ob die **Satzung** die **Einberufungsfrist** regeln kann, ist umstritten.[91] Fest steht, dass die Frist nach § 110 Abs. 1 nicht verlängert werden kann, da das Gesetz keine Abweichungsmöglichkeit vorsieht.[92] Das Gesetz spricht in § 110 Abs. 1 aber auch nicht davon, dass die Frist verkürzt werden könnte. Dennoch können hier sowohl Satzung als auch Geschäftsordnung kürzere Fristen vorsehen, sofern die Vorbereitungszeit für die Aufsichtsratsmitglieder nicht unangemessen verkürzt wird, in der Regel nicht unter einer Woche.

28 **6. Sitzungseinberufung, -leitung und -vorbereitung durch den Aufsichtsratsvorsitzenden. a) Einberufung der Sitzung durch den Aufsichtsratsvorsitzenden.** § 110 regelt nur das

---

[77] K. Schmidt/Lutter/*Drygala* Rn. 9; Großkomm AktG/*Hopt*/*Roth* Rn. 18 schließen aus dieser Höchstfrist und den Grundsätzen über die Einberufung der GmbH-Gesellschafterversammlung, dass eine einwöchige Vorbereitungszeit ausreichend sei.
[78] Hüffer/Koch/*Koch* Rn. 3; K. Schmidt/Lutter/*Drygala* Rn. 9; MüKoAktG/*Habersack* Rn. 16; *Peus,* Der Aufsichtsratsvorsitzende: Seine Rechtsstellung nach dem Aktiengesetz und dem Mitbestimmungsgesetz, 1983, 91 f.; E. *Vetter* in Marsch-Barner/Schäfer Börsennotierte AG-HdB Rn. 27.34: Einberufungsfrist sollte nicht unter einer Woche liegen.
[79] So zum Beispiel bei Fragen der Ad-hoc-Publizität, Großkomm AktG/*Hopt*/*Roth* Rn. 18.
[80] MüKoAktG/*Habersack* Rn. 16.
[81] MüKoAktG/*Habersack* Rn. 30; Hölters/*Hambloch-Gesinn*/*Gesinn* Rn. 2; Grigoleit/*Tomasic* Rn. 5.
[82] *Lutter/Krieger/Verse* Rechte und Pflichten des Aufsichtsrats Rn. 692; Hüffer/Koch/*Koch* Rn. 3 unter Berufung auf die zum GmbHG ergangene Entscheidung BGHZ 100, 264 (267 f.) = NJW 1987, 2580; Großkomm AktG/*Hopt*/*Roth* Rn. 20 plädieren aus Klarstellungsgründen für die Regelung des Fristbeginns in der Satzung.
[83] MüKoAktG/*Habersack* Rn. 30.
[84] BGHZ 100, 264 (267 f.) = NJW 1987, 2580; Hüffer/Koch/*Koch* Rn. 3.
[85] Scholz/K. Schmidt/*Seibt* GmbHG § 51 Rn. 14.
[86] BGHZ 100, 264 (267) = NJW 1987, 2580.
[87] Scholz/K. Schmidt/*Seibt* GmbHG § 51 Rn. 14; MHLS/*Römermann* GmbHG § 51 Rn. 44.
[88] Darauf abstellend BGHZ 100, 264 (267) = NJW 1987, 2580.
[89] MüKoAktG/*Habersack* Rn. 18; Kölner Komm AktG/*Mertens*/*Cahn* Rn. 4; s. auch BGHZ 99, 119 (122 f.) = NJW 1987, 1811; *Lutter/Krieger/Verse* Rechte und Pflichten des Aufsichtsrats Rn. 693; UHH/*Ulmer*/*Habersack* MitbestG § 25 Rn. 17.
[90] MüKoAktG/*Habersack* Rn. 31; nach Großkomm AktG/*Hopt*/*Roth* Rn. 19 auch für den Fall, dass alle Aufsichtsratsmitglieder den Termin der nächsten Sitzung gemeinsam beschließen.
[91] Dies ohne weitere Begründung befürwortend Großkomm AktG/*Hopt*/*Roth* Rn. 19.
[92] *Lutter/Krieger/Verse* Rechte und Pflichten des Aufsichtsrats Rn. 692; MüKoAktG/*Habersack* Rn. 30; wohl insoweit auch Hüffer/Koch/*Koch* Rn. 3.

Recht eines jeden Aufsichtsratsmitglieds oder des Vorstands, eine Einberufung des Aufsichtsrats zu verlangen,[93] nur mittelbar jedoch, wem die Aufgabe der Sitzungsvorbereitung und -leitung zusteht. § 110 Abs. 1 lässt sich aber entnehmen, dass der Aufsichtsratsvorsitzende die Sitzungen einzuberufen hat, so dass ihm als Vorsitzendem des Kollegiums auch alle mit der Sitzung zusammenhängenden Rechte und Pflichten zugewiesen sind.[94] Auch der Deutsche Corporate Governance Kodex sieht die entsprechende Zuweisung dieser Aufgaben gem. Ziff. 5.2 vor.[95] Ist der Aufsichtsratsvorsitzende verhindert, obliegt die Einberufung seinem **Stellvertreter,** gegebenenfalls seinen weiteren Stellvertretern, nicht jedoch allen Stellvertretern gemeinsam, auch nicht per Satzung, da das Gesetz in § 107 Abs. 1 S. 3 eine Rangfolge bestimmt hat, erst recht nicht bei mitbestimmten Gesellschaften.[96] Ist noch kein Aufsichtsratsvorsitzender oder Stellvertreter gewählt, kann das dienstälteste Aufsichtsratsmitglied das Organ einberufen, ansonsten analog zu § 110 Abs. 2 jedes Aufsichtsratsmitglied oder der Vorstand. Möglich ist ebenso die informelle Absprache des Aufsichtsrats zur Zusammenkunft unter Verzicht auf die Einhaltung von Form und Frist.

Der Aufsichtsratsvorsitzende entscheidet **nach pflichtgemäßem Ermessen** auch darüber, wie 29 oft und wann der Aufsichtsrat einberufen wird,[97] ebenso darüber, ob eine Beschlussfassung ohne Sitzung gem. § 108 Abs. 4 stattfinden soll. Allerdings muss er eine Sitzung anstelle einer Beschlussfassung nach § 108 Abs. 4 einberufen, wenn ein Mitglied des Aufsichtsrats widerspricht, es sei denn, dass durch die Satzung dieses Widerspruchsrecht wirksam ausgeschlossen wurde.[98] Erfährt der Aufsichtsratsvorsitzende vom Vorstand von für die Entwicklung und Leitung des Unternehmens wesentlichen Ereignissen, ist in der Regel der Aufsichtsratsvorsitzende gehalten, eine – auch außerordentliche – Sitzung einzuberufen.[99] Dies kann etwa der Fall sein, wenn er von einem wichtigen Grund erfährt, der die Abberufung eines Vorstandsmitglieds rechtfertigt, und für die fristlose Kündigung die 2-Wochen-Frist des § 626 Abs. 2 BGB zu wahren ist.[100] Das gleiche gilt, wenn der Aufsichtsrat von Compliance-Verstößen des Vorstands Kenntnis erlangt; in diesem Fall hat der Aufsichtsratsvorsitzende und nach Abs. 2 auch jedes einzelne Aufsichtsratsmitglied (zum Selbsthilferecht → Rn. 36 ff.) den Aufsichtsrat einzuberufen, um einen Beschluss des Aufsichtsrats zu erwirken, welcher den Vorstand zur Änderung der rechtswidrigen Vorgehensweise anhält – andernfalls kommt nach der Rechtsprechung unter Umständen eine strafrechtliche Haftung durch Unterlassen in Betracht.[101]

Umgekehrt darf der Aufsichtsratsvorsitzende den Aufsichtsrat **nicht ohne Grund** oder ohne 30 Anlass **einberufen.**[102] Er kann sich mit der gesetzlich vorgeschriebenen Zahl an Sitzungen begnügen, wenn das Organ seine Aufgabe erfüllt hat.[103] Allerdings ist mit dieser Annahme der bereits erfolgten Durchführung aller Aufgaben Vorsicht geboten, da im Prinzip stets mögliche Besprechungs- und Beratungsgegenstände vorliegen können; der Aufsichtsratsvorsitzende genießt hier einen Beurteilungsspielraum.

Der Aufsichtsratsvorsitzende kann aufgrund seiner Leitungs- und Einberufungskompetenz auch 31 ohne entsprechende Satzungsermächtigung eine bereits begonnene Sitzung **vertagen** oder die anberaumte, aber noch nicht angefangene Sitzung ganz **aufheben,**[104] nicht jedoch wenn ein Aufsichtsratsmitglied oder der Vorstand die Einberufung verlangt hat;[105] hier ist die 2-Wochen-Frist bindend.

---

[93] Zu den Anforderungen an das Einberufungsverlangen siehe Großkomm AktG/*Hopt/Roth* Rn. 28.
[94] AllgM, vgl. nur MüKoAktG/*Habersack* Rn. 29, § 107 Rn. 49 ff.; K. Schmidt/Lutter/*Drygala* Rn. 7; sowie *Peus,* Der Aufsichtsratsvorsitzende: Seine Rechtsstellung nach dem Aktiengesetz und dem Mitbestimmungsgesetz, 1983, 43 ff.
[95] S. dazu KBLW/*Kremer* DCGK Rn. 1262, 1266 f.; *Peltzer* Dt. CG Rn. 260 ff.
[96] *v. Schenck* in Semler/v. Schenck AR-HdB § 5 Rn. 27; MüKoAktG/*Habersack* Rn. 9.
[97] *Drinhausen/Marsch-Barner* AG 2014, 337 (338). MüKoAktG/*Habersack* Rn. 7, § 107 Rn. 50; Kölner Komm AktG/*Mertens/Cahn* Rn. 2 und § 107 Rn. 44; Henssler/Strohn/*Henssler* Rn. 3; *v. Schenck* in Semler/v. Schenck AR-HdB § 4 Rn. 50 f.
[98] → § 108 Rn. 59 f.; MüKoAktG/*Habersack* Rn. 13, § 108 Rn. 67; Bürgers/Körber/*Israel* § 108 Rn. 15 f.
[99] S. auch die Empfehlung Ziff. 5.2 DCGK, dazu KBLW/*Kremer* DCGK Rn. 1275; *Peltzer* Dt. CGRn. 260 ff.
[100] *Schumacher-Mohr* ZIP 2002, 2245 (2246 ff.); s. auch MüKoAktG/*Spindler* § 84 Rn. 171 f.
[101] OLG Braunschweig NZG 2012, 1196 (1197) mit Anm. *Mutter/Kruchen* CCZ 2012, 123 (125 f.); *Grützner* BB 2013, 212 (213).
[102] So Kölner Komm AktG/*Mertens/Cahn* Rn. 2; Hölters/*Hambloch-Gesinn/Gesinn* Rn. 6.
[103] MüKoAktG/*Habersack* Rn. 8.
[104] Kölner Komm AktG/*Mertens/Cahn* § 107 Rn. 44; Lutter/Krieger/*Verse* Rechte und Pflichten des Aufsichtsrats Rn. 698; MüKoAktG/*Habersack* Rn. 17; aA jedoch ohne weitere Begründung E. *Vetter* in Marsch-Barner/Schäfer Börsennotierte AG-HdB Rn. 27.33.
[105] MHdB AG/*Hoffmann-Becking* § 31 Rn. 47; MüKoAktG/*Habersack* Rn. 33; Hölters/*Hambloch-Gesinn/Gesinn* Rn. 22; *Kindl,* Die Teilnahme an der Aufsichtsratssitzung, 1993, 73; aA Kölner Komm AktG/*Mertens/Cahn* Rn. 12, der auch in einem solchen Fall dem Aufsichtsratsvorsitzenden ein Verlegungs- oder Aufhebungsrecht zugesteht, was dann allerdings zur Auslösung des Selbsthilferechts nach Abs. 2 führen soll; E. *Vetter* in Marsch-

Allenfalls kann der Vorsitzende innerhalb dieser Frist die Sitzung verlegen.[106] Für die vom Aufsichtsratsvorsitzenden selbst einberufenen, aber noch nicht begonnenen Sitzungen besteht die Möglichkeit der Aufhebung oder Verlegung über die 2-Wochen-Frist hinaus. Eine **Vertagung** kommt entsprechend § 227 ZPO begrifflich nur dann in Betracht, wenn die Sitzung bereits begonnen hat.[107] Eine mehrfache Vertagungsmöglichkeit, die dem Vorsitzenden durch Satzung oder Geschäftsordnung eingeräumt wird, ist unzulässig, da sie die Sitzungen de facto in das Belieben des Vorsitzenden stellt.[108]

32   **b) Vorbereitung der Sitzung.** Zu den Kompetenzen und Pflichten des Aufsichtsratsvorsitzenden aufgrund Sachzusammenhangs gehört auch die Sitzungsvorbereitung. Dazu zählen insbesondere Entscheidungen über den Kreis der Teilnehmer außerhalb der Aufsichtsratsmitglieder, etwa der Teilnahme von Vorstandsmitgliedern, der Hinzuziehung von Sachverständigen oder anderen Auskunftspersonen (→ § 109 Rn. 14 ff., 20 ff.). Sämtliche Entscheidungen können indes von der Mehrheit des Plenums revidiert werden.[109]

33   **c) Leitung der Sitzung.** Die Sitzungsleitung obliegt dem Aufsichtsratsvorsitzenden, der den Ablauf der Sitzung und die Reihenfolge der Tagesordnung, der Redner und der Anträge festlegt und gegebenenfalls abändert, allerdings vorbehaltlich einer abweichenden Mehrheitsentscheidung des Aufsichtsrats, soweit es um Ermessensentscheidungen geht.[110] Der Vorsitzende prüft auch, ob die Stimmabgabe ordnungsgemäß verlief und stellt das Abstimmungsergebnis fest.[111] Sofern man von der Zulässigkeit einer geheimen Abstimmung ausgeht (→ § 108 Rn. 17 ff.), steht auch deren Anordnung im Ermessen des Vorsitzenden, was wiederum vom Aufsichtsrat per Mehrheitsbeschluss revidiert werden kann.[112]

34   Zur Sitzungsleitung gehört auch das Recht und die Pflicht, für einen **ordnungsgemäßen Sitzungsablauf** zu sorgen, wozu die Befugnis zur Begrenzung der Redezeit oder zur Entziehung des Wortes sowie im Extremfall auch der Verweis aus dem Sitzungssaal zählt.[113] Unter diese disziplinarischen Maßnahmen fallen ferner die Verweigerung der Sitzungsteilnahme nach § 109 (→ § 109 Rn. 11), der Entzug des Stimmrechts nach § 108 sowie der Ausschluss von der Empfangnahme von Berichten nach § 90 Abs. 5 oder der Sitzungsniederschrift nach § 107 Abs. 2 S. 4. Soweit das Gesetz nur dem Vorsitzenden eine Befugnis einräumt, wie im Falle von § 109 Abs. 2, kann auch die Mehrheit des Aufsichtsrats die Entscheidung des Vorsitzenden nicht aufheben.[114]

35   **d) Präsenzsitzungen.** Das AktG spricht nicht mehr davon, dass der Aufsichtsrat zusammentreten muss. Vielmehr bringt der Gesetzgeber durch den Wortlaut „abhalten" zum Ausdruck, dass er in Ausnahmefällen auch andere Formen als die der **Präsenzkonferenz** zulassen wollte, etwa Telefon-, Video-, aber auch Internetkonferenzen (→ Rn. 48).[115] Dies gilt ausdrücklich nach dem Willen des Gesetzgebers auch für die Pflichtsitzungen.[116] Damit sollte auch der zunehmenden Internationalisie-

---

Barner/Schäfer Börsennotierte AG-HdB Rn. 27.33, der aber eine Pflichtwidrigkeit auf Seiten des Aufsichtsratsvorsitzenden annimmt, wenn dieser nicht zugleich unverzüglich eine neue Sitzung mit einer Frist von zwei Wochen nach § 110 Abs. 1 S. 2 AktG einberuft.
[106] Insoweit zu Recht MüKoAktG/*Habersack* Rn. 33.
[107] MHdB AG/*Hoffmann-Becking* § 31 Rn. 47; MüKoAktG/*Habersack* § 108 Rn. 41; *v. Schenck* in Semler/v. Schenck AR-HdB § 4 Rn. 74, 85.
[108] → § 108 Rn. 49; MHdB AG/*Hoffmann-Becking* § 31 Rn. 86 f.; Kölner Komm AktG/*Mertens/Cahn* § 107 Rn. 41; MüKoAktG/*Habersack* § 108 Rn. 42; *Drinhausen/Marsch-Barner* AG 2014, 337 (338 f.).
[109] Kölner Komm AktG/*Mertens/Cahn* § 107 Rn. 45, 47; MüKoAktG/*Habersack* § 107 Rn. 52; *v. Schenck* in Semler/v. Schenck AR-HdBB § 4 Rn. 75, 79.
[110] MüKoAktG/*Habersack* § 107 Rn. 52 ff.; Kölner Komm AktG/*Mertens/Cahn* § 107 Rn. 41, 43; MHdB AG/*Hoffmann-Becking* § 31 Rn. 55; *Lutter/Krieger/Verse* Rechte und Pflichten des Aufsichtsrats Rn. 705 f.; *Peus*, Der Aufsichtsratsvorsitzende: Seine Rechtsstellung nach dem Aktiengesetz und dem Mitbestimmungsgesetz, 1983, 102 f.; *E. Vetter* in Marsch-Barner/Schäfer Börsennotierte AG-HdB Rn. 27.38 f.
[111] MüKoAktG/*Habersack* § 108 Rn. 26; *v. Schenck* in Semler/v. Schenck AR-HdB § 4 Rn. 87.
[112] MüKoAktG/*Habersack* § 107 Rn. 55.
[113] MüKoAktG/*Habersack* § 107 Rn. 56; *v. Schenck* in Semler/v. Schenck AR-HdB § 4 Rn. 162; Bürgers/Körber/*Israel* § 109 Rn. 2; aA Kölner Komm AktG/*Mertens/Cahn* § 107 Rn. 50: nur bei entsprechenden Rechtsgründen, wozu die konkrete Gefährdung wichtiger Gesellschaftsbelange zählt, s. aber auch Mertens/Cahn aaO § 109 Rn. 12, dort Ausschluss bei Störung angenommen.
[114] MüKoAktG/*Habersack* § 107 Rn. 52; Bürgers/Körber/*Israel* § 109 Rn. 6.
[115] BegrRegE BT-Drs. 14/8769, 17; *Schmidt*, Videokonferenzen als Aufsichtsratssitzungen, 2011, 195 ff.; Bürgers/Körber/*Israel* Rn. 3; s. auch *Simons* AG 2013, 547 (550 f.); *Wagner* NZG 2002, 57 (61 ff.); *Miettinen/Villeda* AG 2007, 346 (348); allgemein zum Einsatz neuer Medien im Bereich des Gesellschaftsrechts *Noack* ZGR 1998, 592 (595 f.).
[116] BegrRegE BT-Drs. 14/8769, 17; *Götz* NZG 2002, 599 (601 f.); *Knigge* WM 2002, 1729 (1732 f.); *Neuling* AG 2002, 610; *Noack* FS Druey, 2002, 869 (873); Hüffer/Koch/*Koch* Rn. 11.

rung der Aufsichtsratstätigkeit Rechnung getragen werden.[117] Insbesondere kann über eilbedürftige Angelegenheiten kurzfristig beraten werden, auch wenn eine physische Zusammenkunft kurzfristig kaum möglich wäre; ferner bietet die Telefon- oder Videokommunikation mehr Flexibilität und dient zugleich der Kostenersparnis, indem sich Raummieten oder Reisekosten erübrigen.[118] Der Aufsichtsrat darf indes nicht jegliche Sitzung als Telefon- oder Videokonferenz abhalten; vielmehr muss nach pflichtgemäßem Ermessen und im Rahmen der von § 108 Abs. 4 vorgezeichneten Verfahren und Grenzen (→ § 108 Rn. 60 ff.) der Aufsichtsrat, insbesondere der Aufsichtsratsvorsitzende, entscheiden, ob andere Formen als die Präsenzsitzung die Überwachungsaufgabe des Aufsichtsrats erfüllen können.[119] Anknüpfungspunkt für die Verpflichtung zur Präsenzsitzung könnte die Bedeutung der zu treffenden Sachentscheidung sein.[120] Lässt der Aufsichtsrat die virtuelle Konferenz zur Regel werden, verletzt er seine Sorgfaltspflichten.[121] Zutreffend wird daher wenigstens eine Präsenzsitzung im Jahr gefordert.[122] Grundsätzlich sollte auch die Bilanzsitzung in Form einer Präsenzsitzung erfolgen, da nach Wortlaut sowie Sinn und Zweck von § 171 Abs. 1 S. 2 der Abschlussprüfer an den Verhandlungen des Aufsichtsrats teilzunehmen und dort zu berichten hat und es zu einem persönlichen Austausch zwischen den Aufsichtsratsmitgliedern und dem Abschlussprüfer sowie einer intensiven Kommunikation kommen soll, was grundsätzlich wohl nur in Form einer Präsenzsitzung gewährleistet ist.[123] Zulässig sind im Einzelfall aber auch Video- und Internetkonferenzen; ein Verbot der Telekonferenz für die Bilanzsitzung besteht nicht.[124] Soweit virtuelle Konferenzen in Ausnahmefällen für zulässig erachtet werden können, stellt sich die Frage, ob an die Aufsichtsratsmitglieder in diesen Fällen auch **Sitzungsgelder** gezahlt werden dürfen. Enthält die Satzung lediglich eine undifferenzierte Bestimmung, wonach ein Sitzungsgeld für die „Teilnahme an den Sitzungen des Aufsichtsrats" gewährt wird, so wird man einen Zahlungsanspruch der Aufsichtsratsmitglieder nur für Präsenzsitzungen annehmen können; für Sitzungen mittels moderner Kommunikationsmittel ist vielmehr eine gesonderte Satzungsbestimmung notwendig (→ § 113 Rn. 10).[125]

V. Einberufung durch Aufsichtsratsmitglieder oder Vorstand, § 110 Abs. 2

Das Selbsthilferecht zur eigenständigen Einberufung steht jeweils demjenigen Aufsichtsratsmitglied zu, das zuvor vergeblich den Aufsichtsratsvorsitzenden um Einberufung ersucht hat.[126] Anders als das frühere Recht steht seit dem TransPuG (Art. 1 Nr. 8a) ausdrücklich jedem einzelnen Mitglied dieses Recht zu, um seine Stellung innerhalb des Aufsichtsrats und damit die Corporate Governance zu stärken.[127] Haben mehrere Aufsichtsratsmitglieder die Einberufung begehrt, so kann jedes von ihnen die Einberufung betreiben, wobei allerdings das zuerst handelnde Aufsichtsratsmitglied die Fristen in Gang setzt.[128] Der **Vorstand** dagegen muss wiederum als ganzes Organ und nicht nur in Zahl der vertretungsberechtigten Vorstandsmitglieder handeln.[129] Für den Vorstand kann die

---

[117] *Noack* FS Druey, 2002, 869 (871 ff.) mit rechtsvergleichenden Nachweisen.
[118] *Reichard/Kaubisch* AG 2013, 150 (151); *Schmidt,* Videokonferenzen als Aufsichtsratssitzungen, 2011, 53 ff.
[119] Dies betont auch die Regierungskommission Corporate Governance, die wegen der Bedeutung des Aufsichtsratsamtes, außer in begründeten Ausnahmefällen, ein persönliches Erscheinen der Aufsichtsratsmitglieder zu den Pflichtsitzungen fordert, siehe *Baums* Bericht der Regierungskommission Rn. 57; a.A für eine Entbehrlichkeit der Präsenzsitzung *Götz,* NZG 2013, 601 f.; in diese Richtung auch *Simons,* AG 2013, 547 (551).
[120] So geregelt im französischen Recht in Art. L 225–37 Code de Commerce, dazu *Noack* FS Druey, 2002, 869 (872 f.).
[121] *Lutter/Krieger/Verse* Rechte und Pflichten des Aufsichtsrats Rn. 690.
[122] *Hüffer/Koch/Koch* Rn. 11; DAV Handelsrechtsausschuss NZG 2002, 115 (116 f.); *Bosse* DB 2002, 1592 (1593); *E. Vetter* in Marsch-Barner/Schäfer Börsennotierte AG-HdB Rn. 27.27: Regelfall sollen Präsenzsitzungen sein, Video- oder Telefon-Konferenz sind im begründeten Ausnahmefall als Pflichtsitzungen zu berücksichtigen; noch restriktiver *Lutter/Krieger/Verse* Rechte und Pflichten des Aufsichtsrats Rn. 690: Die Mindestsitzungen sollten als Präsenzsitzung stattfinden.
[123] Ausführlich *Neuling* AG 2002, 610 (612 ff.), der nur die Präsenzsitzung für zulässig erachtet; sowie schon Beschlussempfehlung und Bericht des Rechtsausschusses BT-Drs. 14/9079, 17 f.; für eine Einzelfallbetrachtung *Wagner* NZG 2002, 57 (63).
[124] *MüKoAktG/Hennrichs/Pöschke* § 171 Rn. 129; *Wagner* NZG 2002, 57 (63); → § 108 Rn. 58.
[125] *Reichard/Kaubisch* AG 2013, 150 (152 f.); aA *Simons* AG 2013, 547 (548 ff.).
[126] *Bürgers/Körber/Israel* Rn. 8; zur Forderung einer Beschlussfassung außerhalb der Sitzung Großkomm AktG/*Hopt/Roth* Rn. 52; zur Einberufung auf Verlangen der Aufsichtsbehörde Großkomm AktG/*Hopt/Roth* Rn. 56 ff.
[127] BegrRegE BT-Drs. 14/8769, 16; des Weiteren *Schüppen* ZIP 2002, 1269 (1274); *Götz* NZG 2002, 599 (601); *Knigge* WM 2002, 1729 (1732).
[128] Dazu MüKoAktG/*Habersack* Rn. 35; Kölner Komm AktG/*Mertens/Cahn* Rn. 19.
[129] *Hüffer/Koch/Koch* Rn. 8; K. Schmidt/Lutter/*Drygala* Rn. 13; MüKoAktG/*Habersack* Rn. 34; Wachter/*Schick* Rn. 9; *Wagner* NZG 2002, 57 (63); *E. Vetter* in Marsch-Barner/Schäfer Börsennotierte AG-HdB Rn. 27.31; NK-AktR/*Breuer/Fraune* Rn. 8.

Einberufung vor allem zur Herbeiführung von Beschlüssen für Maßnahmen, die unter einem Zustimmungsvorbehalt stehen, relevant sein.[130]

37 Eine **missbräuchliche Einberufung** soll unbeachtlich sein.[131] Allerdings setzt dies einen evidenten Missbrauch voraus. In der Regel werden die Aufsichtsratsmitglieder daher gut beraten sein, dem Einberufungsverlangen zu folgen,[132] da die Teilnahme an einer Sitzung ihre Amtspflicht ist und sie keinen Beurteilungsspielraum genießen, ob ein Einberufungsverlangen missbräuchlich ist.

38 Das Selbsthilferecht setzt voraus, dass ein **vorheriges Verlangen** gegenüber dem Aufsichtsratsvorsitzenden **fruchtlos** blieb. Der Antragsteller muss daher eine angemessene Zeit, innerhalb derer der Vorsitzende die Einberufung ohne schuldhaftes Zögern vornehmen kann, abwarten, erst recht eine vom Antragsteller selbst gesetzte Frist.[133] Erfolglos ist das Verlangen auch geblieben, wenn der Vorsitzende zwar eine Sitzung einberufen hat, jedoch mit einem anderen als dem verlangten Beschlussgegenstand.[134] Das Aufsichtsratsmitglied kann aber auch in besonderen Fällen nach §§ 116, 93 sogar verpflichtet sein, die Einberufung des Aufsichtsrats innerhalb kürzester Zeit zu betreiben, etwa wenn die Säumnis der 2-Wochen-Frist des § 626 Abs. 2 BGB droht, wenn ein wichtiger Grund zur fristlosen Kündigung und Abberufung eines Vorstandsmitglieds vorliegt.[135] Nach Ablehnung des Verlangens muss das Aufsichtsratsmitglied selbst ohne schuldhaftes Zögern die Einberufung betreiben.[136]

39 Die Einberufung durch Selbsthilfe ist ferner unabhängig davon, ob der dann zusammentretende Aufsichtsrat **beschlussfähig** ist; Blockadeverhalten von Aufsichtsratsmitgliedern oder -gruppen kann deren Haftung auslösen, da die Teilnahme an Aufsichtsratssitzungen zu den Amtspflichten des Aufsichtsratsmitglieds gehört.[137]

40 Die Einberufung unterliegt den gleichen **Form- und Fristanforderungen** wie die normale Einberufung nach § 110 Abs. 1. Sie hat jedoch die Voraussetzungen des Selbsthilferechts darzulegen, insbesondere das vergebliche Einberufungsverlangen, dessen Inhalt und das Untätigbleiben des Vorsitzenden.[138] Die mangelnde Angabe der Einberufungsgründe führt zur Unwirksamkeit der Beschlüsse, da die anderen Aufsichtsratsmitglieder sich nicht zuvor ein Bild über das Einberufungsverlangen machen konnten; allerdings kann der Verfahrensmangel durch rügeloses Einlassen aller Aufsichtsratsmitglieder im Rahmen der Sitzung oder Nachholen der Begründung vor der Sitzung geheilt werden.[139]

41 Entgegen der hM[140] hat der Einberufende auch die **Zweiwochenfrist** des § 110 Abs. 1 einzuhalten, da das Selbsthilferecht auf § 110 Abs. 1 verweist und der Einberufende nur an die Stelle des untätigen Aufsichtsratsvorsitzenden rückt. Es ist auch kein Grund ersichtlich, warum hier keine angemessene Ladungsfrist gelten sollte, für die das Gesetz eine eindeutige Regelung enthält.[141]

42 Eine nach § 110 Abs. 2 einberufene Aufsichtsratssitzung kann nicht durch den Aufsichtsratsvorsitzenden verlegt werden, um damit das Selbsthilferecht zu unterlaufen. Allein das Plenum kann eine solche Verlegung beschließen.[142]

43 Ob die **Satzung** die **Einberufungsfrist** regeln kann, ist umstritten. Fest steht, dass die Frist nach § 110 Abs. 1 nicht verlängert werden kann, da das Gesetz keine Abweichungsmöglichkeit vorsieht.[143]

---

[130] *v. Schenck* in Semler/v. Schenck AR-HdB § 5 Rn. 64.
[131] BegrRegE BT-Drs. 14/8769, 16 schikanösen oder querulatorischen Einberufungsverlangen muss nicht gefolgt werden; MüKoAktG/*Habersack* Rn. 36; Hüffer/Koch/*Koch* Rn. 8; Bürgers/Körber/*Israel* Rn. 8; *Knigge* WM 2002, 1729 (1732).
[132] S. auch *Götz* NZG 2002, 599 (601).
[133] BGHZ 87, 1 (3) = NJW 1983, 1677 (für GmbH); zust. MüKoAktG/*Habersack* Rn. 35; Hüffer/Koch/*Koch* Rn. 9; K. Schmidt/Lutter/*Drygala* Rn. 14.
[134] BGH WM 1985, 567 (568) zur GmbH; Hüffer/Koch/*Koch* Rn. 9; K. Schmidt/Lutter/*Drygala* Rn. 14.
[135] MüKoAktG/*Habersack* Rn. 31, 39; *Schuhmacher-Mohr* ZIP 2002, 2245 (2247); allg. Kölner Komm AktG/ *Mertens/Cahn* Rn. 26; Hüffer/Koch/*Koch* Rn. 6; → § 116 Rn. 42.
[136] MHdB AG/*Hoffmann-Becking* § 31 Rn. 46; Kölner Komm AktG/*Mertens/Cahn* Rn. 20; MüKoAktG/ *Habersack* Rn. 36; Lutter/Krieger/*Verse* Rechte und Pflichten des Aufsichtsrats Rn. 697.
[137] Kölner Komm AktG/*Mertens/Cahn* Rn. 23; MüKoAktG/*Habersack* Rn. 38.
[138] MüKoAktG/*Habersack* Rn. 37; Hüffer/Koch/*Koch* Rn. 9; Lutter/Krieger/*Verse* Rechte und Pflichten des Aufsichtsrats Rn. 697; Bürgers/Körber/*Israel* Rn. 9; *Kindl*, Die Teilnahme an der Aufsichtsratssitzung, 1993, 73.
[139] MüKoAktG/*Habersack* Rn. 37.
[140] Lutter/Krieger/*Verse* Rechte und Pflichten des Aufsichtsrats Rn. 697 Fn. 1; Hüffer/Koch/*Koch* Rn. 9; K. Schmidt/Lutter/*Drygala* Rn. 15; MüKoAktG/*Habersack* Rn. 36; Hölters/Hambloch-Gesinn/*Gesinn* Rn. 31; Grigoleit/*Tomasic* Rn. 6.
[141] *Kindl*, Die Teilnahme an der Aufsichtsratssitzung, 1993, 73; aA die wohl hM (Fn. 135).
[142] Lutter/Krieger/*Verse* Rechte und Pflichten des Aufsichtsrats Rn. 698; *Kindl*, Die Teilnahme an der Aufsichtsratssitzung, 1993, 73; MüKoAktG/*Habersack* Rn. 38; Kölner Komm AktG/*Mertens/Cahn* Rn. 22; *E. Vetter* in Marsch-Barner/Schäfer Börsennotierte AG-HdB Rn. 27.33.
[143] Lutter/Krieger/*Verse* Rechte und Pflichten des Aufsichtsrats Rn. 692; wohl insoweit auch Hüffer/Koch/ *Koch* Rn. 3.

Fraglich kann daher nur sein, ob in den Fällen des § 110 Abs. 2 andere Fristen als in § 110 Abs. 1 vorgesehen werden können. Zwar ist nicht zu leugnen, dass kurze Fristen wie diejenigen in § 110 Abs. 1 zu Problemen bei der Rechtzeitigkeit der Einberufung führen können. Jedoch dient die kurze Frist des § 110 Abs. 1 auch dem Schutz der Aufsichtsrats- und Vorstandsmitglieder auf schnelle Herbeiführung von Entscheidungen. Gerade die Verzahnung von § 110 Abs. 2 mit Abs. 1, indem Abs. 2 eine Art Selbsthilferecht des Aufsichtsratsmitglieds oder des Vorstands statuiert, spricht dafür, dass die Frist des § 110 Abs. 1 satzungs- und geschäftsordnungsfest ist und damit auch hier zwei Wochen nach der Einberufung beträgt.[144] Da das Selbsteinberufungsrecht an die Stelle der Einberufung nach § 110 Abs. 1 S. 1 tritt, ist eine entsprechende Anwendung des § 110 Abs. 1 S. 2 auch auf § 110 Abs. 2 gerechtfertigt.[145]

Die **Kosten** der Sitzung trägt die AG, sofern die Einberufung rechtmäßig war; andernfalls hat die AG einen Schadensersatzanspruch gegen das rechtswidrig einberufende Aufsichtsratsmitglied nach §§ 116 iVm 93.[146]

VI. Sitzungsturnus, Abs. 3

Die Zahl der Aufsichtsratssitzungen war und ist oft Gegenstand rechtspolitischer Diskussion im Rahmen der Corporate Governance deutscher Aktiengesellschaften.[147] Doch auch nach der Reform des § 110 Abs. 3 im TransPuG (Art. 1 Nr. 8 TransPuG) hat es der Gesetzgeber bei der Zahl von zwei Aufsichtsratssitzungen im Kalenderhalbjahr für die börsennotierte Gesellschaft sowie einer dispositiven Regel bei der nicht börsennotierten Gesellschaft (§ 110 Abs. 3 S. 2) belassen. Zwar wollte der Gesetzgeber damit die Vorstandsüberwachung verbessern,[148] was aber immer noch als zu gering erscheint, um einer Funktion des Aufsichtsrats als professioneller Überwacher des Vorstands gerecht zu werden.[149]

In **nicht börsennotierten**[150] **Aktiengesellschaften** kann der Aufsichtsrat mit einfacher Mehrheit beschließen, dass nur eine Sitzung im Kalenderhalbjahr stattfindet.[151] Für **börsennotierte Gesellschaften** gem. § 3 Abs. 2 ist die Regelung dagegen zwingend und kann auch nicht durch die Satzung abbedungen oder herabgesetzt werden.[152] Zulässig ist dagegen, dass die Satzung häufigere Sitzungen des Aufsichtsrats vorschreibt, da hiermit die Überwachungsfunktion des Aufsichtsrats nur gestärkt werden kann.[153]

Die Zahl der Sitzungen ist jeweils auf **ein Kalenderhalbjahr** bezogen, kann innerhalb dieses Zeitraums aber im Rahmen des pflichtgemäßen Ermessens des Aufsichtsrats frei verteilt werden,[154] wobei sinnvollerweise auf einen angemessenen Zeitabstand zu achten ist. In der Praxis hat sich die Übung eingebürgert, eine Sitzung vor der Hauptversammlung, eine Bilanzsitzung und eine

---

[144] Wie hier *Kindl*, Die Teilnahme an der Aufsichtsratssitzung, 1993, 73; aA aber ohne nähere Begr. Hüffer/Koch/*Koch* Rn. 3, 9; *Lutter/Krieger/Verse* Rechte und Pflichten des Aufsichtsrats Rn. 697 Fn. 1; MüKoAktG/*Habersack* Rn. 30; Kölner Komm AktG/*Mertens/Cahn* Rn. 20; für eine Erweiterung des Einberufungsrechts durch Satzung ausführlich Großkomm AktG/*Hopt/Roth* Rn. 54.

[145] *Kindl*, Die Teilnahme an der Aufsichtsratssitzung, 1993, 73.

[146] AllgM, Hüffer/Koch/*Koch* Rn. 9; K. Schmidt/Lutter/*Drygala* Rn. 16; MüKoAktG/*Habersack* Rn. 40; Kölner Komm AktG/*Mertens/Cahn* Rn. 22; so auch schon BegrRegE AktG 1937 *Klausing* S. 80.

[147] S. etwa *Baums* Bericht der Regierungskommission Rn. 57.

[148] BegrRegE BT-Drs. 14/8769, 16.

[149] Nach der Studie von *Ruhwedel/Epstein* BB 2003, 161 (162 f.) halten fast 40% der DAX 100-Unternehmen nur den gesetzlichen Mindestturnus an Sitzungen ein; krit. *Potthoff/Trescher* Aufsichtsratsmitglied Rn. 1928 ff.; *Bihr/Blättchen* BB 2007, 1285 (1288) sowie *Lutter* DB 2009, 775 (777); diese Sitzungszahl halten für ausreichend *Deckert* NZG 1998, 710 (711); *Schiessl* AG 2002, 593 (599); *Hommelhoff/Mattheus* AG 1998, 249 (255); gegen die Erhöhung der Sitzungsfrequenz ausdrücklich *Lutter* NJW 1995, 1133 sowie ZHR 159 (1995), 287 (298); *Baums* ZIP 1995, 11 (17) hält die Erhöhung der Frequenz wegen der Größe der mitbestimmten Aufsichtsräte für unpraktikabel; wie hier für eine Erhöhung der Sitzungshäufigkeit *Frey* DStR 1995, 1320 (1323) (Verdoppelung); diff. *Götz* AG 1995, 337 (347) Erhöhung der Sitzungszahl und -dauer, aber nicht gesetzlich zwingend; ähnlich Arbeitskreis „Externe und Interne Überwachung der Unternehmung" der Schmalenbach-Gesellschaft für Betriebswirtschaft e. V., DB 2006, 1625 (1628): Häufigkeit und Dauer der Aufsichtsratssitzungen anhand spezifischer Bedingungen des jeweiligen Unternehmens.

[150] Zum Merkmal der Börsennotiertheit siehe Großkomm AktG/*Hopt/Roth* Rn. 61.

[151] Hüffer/Koch/*Koch* Rn. 10; K. Schmidt/Lutter/*Drygala* Rn. 18; *Bosse* DB 2002, 1592 (1593); s. die noch anderslautenden Vorschläge der Corporate-Governance-Kommission *Baums* Bericht der Regierungskommission Rn. 57.

[152] Hüffer/Koch/*Koch* Rn. 10; K. Schmidt/Lutter/*Drygala* Rn. 18.

[153] MüKoAktG/*Habersack* Rn. 4, 42; Kölner Komm AktG/*Mertens/Cahn* Rn. 32; MHdB AG/*Hoffmann-Becking* § 31 Rn. 36; *Lutter/Krieger/Verse* Rechte und Pflichten des Aufsichtsrats Rn. 689; K. Schmidt/Lutter/*Drygala* Rn. 17.

[154] Ebenso *Lutter/Krieger/Verse* Rechte und Pflichten des Aufsichtsrats Rn. 688.

Zusatzsitzung abzuhalten, was indes nur noch bei nicht börsennotierten Aktiengesellschaften dem Gesetz entspricht.[155]

48 Als Sitzungen nach § 110 Abs. 3 können **nicht reine Beschlussfassungen nach § 108 Abs. 4** gelten, ebenso wenig informelle Zusammenkünfte, da Zweck des Gesetzes die Beratung des Aufsichtsrats über die Angelegenheiten der Gesellschaft, insbesondere die Diskussion über die Vorstandsberichte ist.[156] Demgegenüber ist eine **Präsenzsitzung nicht erforderlich**,[157] es genügt grundsätzlich auch eine Video-, Internet- oder Telefonkonferenz, auch wenn eine Abhaltung sämtlicher Aufsichtsratssitzungen via Telefon- oder Videokonferenz nicht zulässig ist, sondern vielmehr nach pflichtgemäßem Ermessen die Entscheidung getroffen werden muss, ob eine physische Zusammenkunft opportun ist (→ Rn. 35).[158] Voraussetzung dafür ist jedoch, dass die Aufsichtsratsmitglieder selbst per Video an dem gesamten Sitzungsgeschehen beteiligt sind, anderenfalls sind die Voraussetzungen einer Präsenzsitzung nicht erfüllt.[159]

49 Die Sitzungen müssen tatsächlich stattgefunden haben („abhalten"); eine einberufene und darauf folgend abgesetzte Sitzung zählt nicht als Sitzung nach § 110 Abs. 3, was die Änderung des Wortlauts klarstellt.[160]

50 Da der Gesetzgeber nicht mehr als zwei Sitzungen pro Kalenderhalbjahr für börsennotierte Gesellschaften bzw. eine pro Kalenderhalbjahr für nicht-börsennotierte Gesellschaften als Mindeststandard vorgesehen hat, kann dem Aufsichtsrat grundsätzlich nicht mehr abverlangt werden.[161] Indes muss die Frequenz der Aufsichtsratssitzungen in **Korrelation mit den Pflichten des Aufsichtsratsvorsitzenden, der Aufsichtsratsausschüsse und seiner Mitglieder** sowie dem Berichtswesen des Vorstandes gesehen werden; je seltener der Aufsichtsrat als Plenum zusammentritt, um so intensiver treten die Pflichten des Aufsichtsratsvorsitzenden und der besonderen Ausschüsse, die häufiger tagen, hervor, um die nötige Überwachung zu gewährleisten. Das Gesetz limitiert auch keineswegs die Zahl der Aufsichtsratssitzungen; vielmehr hängt es von der Lage der Gesellschaft und damit den Pflichten der Aufsichtsratsmitglieder ab, wie oft der Aufsichtsrat zusammentreten muss.[162] Befindet sich die Gesellschaft in einer Krise, wird der Aufsichtsrat sich öfter treffen müssen, um nötigen Maßnahmen zuzustimmen und die Lage mit dem Vorstand zu besprechen.

51 Eine unmittelbare **Sanktion** für die Unterschreitung des gesetzlich vorgesehenen Sitzungsturnus sieht das AktG zwar nicht vor;[163] doch können Aufsichtsratsmitglieder, insbesondere der Aufsichtsratsvorsitzende[164] aufgrund des Zusammenhangs zwischen Sitzungsturnus und Überwachung nach §§ 116 iVm 93 auf Schadensersatz in Anspruch genommen werden, wenn sie die Einberufung des Aufsichtsrats trotz krisenhafter Lage der Gesellschaft unterlassen haben.

VII. Erster Aufsichtsrat; neugewählter Aufsichtsrat

52 Für den **ersten Aufsichtsrat** fehlen besondere Bestimmungen über dessen Einberufung. Einigkeit besteht jedoch darüber, dass die Einberufung nach der Gründung der AG durch die Gründer erfolgt, da keine anderen Organe bestehen.[165]

53 Den **neu gewählten Aufsichtsrat** beruft der bisherige Aufsichtsratsvorsitzende ein, da er noch bis zur Konstituierung des neuen Aufsichtsrats amtiert, unabhängig davon, ob er selbst noch dem Aufsichtsrat in Zukunft angehört.[166] Die Satzung kann vorsehen, dass der neu gewählte Aufsichtsrat unmittelbar nach der Wahl in der Hauptversammlung ohne gesonderte Einladung bzw. Einberufung

---

[155] *Bernhardt* ZHR 159 (1995), 310 (311); MüKoAktG/*Habersack* Rn. 41; Hüffer/Koch/*Koch* Rn. 10.
[156] MüKoAktG/*Habersack* Rn. 44; *Götz* NZG 2002, 599 (601); Kölner Komm AktG/*Mertens/Cahn* Rn. 33; Hüffer/Koch/*Koch* Rn. 10.
[157] Ähnlich aber enger auch E. *Vetter* in Marsch-Barner/Schäfer Börsennotierte AG-HdB Rn. 27.27, wonach eine Video- oder Telefon-Konferenz im begründeten Ausnahmefall als Pflichtsitzungen zu berücksichtigen ist; aA K. Schmidt/Lutter/*Drygala* Rn. 20; für zumindest eine Sitzung mit körperlicher Anwesenheit pro Kalenderjahr: Großkomm AktG/*Hopt/Roth* Rn. 71.
[158] → § 108 Rn. 58; für die Zulässigkeit einer Telefon- oder Videokonferenz: MüKoAktG/*Habersack* Rn. 45; NK-AktR/*Breuer/Fraune* Rn. 11; Wachter/*Schick* Rn. 12; Grigoleit/*Tomasic* Rn. 8; einschränkend Kölner Komm AktG/*Mertens/Cahn* Rn. 33 (nur Videokonferenz zulässig); dagegen Großkomm AktG/*Hopt/Roth* Rn. 59, 70f.
[159] *Miettinen/Villeda* AG 2007, 346 (349); *Wagner* NZG 2002, 57 (59).
[160] BegrRegE BT-Drs. 15/3174, 16.
[161] Darauf verweisen MHdB AG/*Hoffmann-Becking* § 31 Rn. 36; Hüffer/Koch/*Koch* Rn. 10.
[162] MHdB AG/*Hoffmann-Becking* § 31 Rn. 36; *Hommelhoff/Mattheus* AG 1998, 249 (255); *Schiessl* AG 2002, 593 (599).
[163] *Knigge* WM 2002, 1729 (1732); Hüffer/Koch/*Koch* Rn. 10.
[164] LG München I AG 2007, 827; K. Schmidt/Lutter/*Drygala* Rn. 21; dazu MüKoAktG/*Habersack* Rn. 43.
[165] Kölner Komm AktG/*Mertens/Cahn* Rn. 2; MüKoAktG/*Habersack* Rn. 11; Bürgers/Körber/*Israel* Rn. 3; Henssler/Strohn/*Henssler* Rn. 6.
[166] Ähnlich MüKoAktG/*Habersack* Rn. 11; Kölner Komm AktG/*Mertens/Cahn* Rn. 2.

zusammentritt. Fehlt eine solche Regelung und beruft auch der noch amtierende Aufsichtsratsvorsitzende nicht den neu gewählten Aufsichtsrat ein, so hat der Vorstand den Aufsichtsrat nach § 110 Abs. 2 einzuberufen.[167]

VIII. Rechtsschutz

Erweist sich die **Einberufung** als **mangelhaft**, liegt ein Verfahrensfehler vor, der aber nur dann zur Nichtigkeit des Beschlusses führt, wenn er schwerwiegend war (siehe zur Unterscheidung zwischen leichten und schwerwiegenden Verfahrensmängeln → § 108 Rn. 73 f.). Leichte Verfahrensverstöße können geheilt werden, wenn alle Aufsichtsratsmitglieder erschienen sind und den Mangel nicht gerügt haben.[168] Dies gilt nach hier vertretener Auffassung insbesondere für die fehlende Mitteilung der Beschlussanträge,[169] die bei hierauf bezogener Rüge durch ein Aufsichtsratsmitglied zur Nichtigkeit des Beschlusses führt (→ Rn. 19). Ob gleiches auch für schwerwiegende Verfahrensverstöße angenommen werden kann, erscheint zweifelhaft (→ § 108 Rn. 72 f.). Möglich ist dann allerdings die erneute fehlerfreie Beschlussfassung. Andernfalls kommt die Feststellung der Nichtigkeit mittels Feststellungsklage in Betracht (→ § 108 Rn. 78). Als Nichtigkeitsgründe werden von der hM zu Recht eine zu kurze Ladungsfrist,[170] die fehlende Angabe von Zeit oder Ort der Sitzung[171] sowie der Beschlussgegenstände,[172] nicht aber einer förmlichen Tagesordnung (zur Unterscheidung zwischen förmlicher Tagesordnung und Mitteilung der Beschlussgegenstände → Rn. 19) angesehen. Gerade für eine zu kurz bemessene Einberufungsfrist kommt die Nichtigkeit in Betracht, da sie nicht nur eine reine Ordnungsvorschrift ist, sondern der angemessenen Vorbereitung der Aufsichtsratsmitglieder dient.[173]

54

Lehnt der Aufsichtsratsvorsitzende zu Unrecht die Einberufung einer Sitzung ab, so könnte das einzelne Aufsichtsratsmitglied oder der Vorstand zwar theoretisch den Aufsichtsratsvorsitzenden im Wege des Organstreits zur Einberufung zwingen;[174] doch ist dies angesichts des Selbsthilferechts nach § 110 Abs. 2 entbehrlich.[175]

55

§ 111 Aufgaben und Rechte des Aufsichtsrats

(1) Der Aufsichtsrat hat die Geschäftsführung zu überwachen.

(2) ¹Der Aufsichtsrat kann die Bücher und Schriften der Gesellschaft sowie die Vermögensgegenstände, namentlich die Gesellschaftskasse und die Bestände an Wertpapieren und Waren, einsehen und prüfen. ²Er kann damit auch einzelne Mitglieder oder für bestimmte Aufgaben besondere Sachverständige beauftragen. ³Er erteilt dem Abschlußprüfer den Prüfungsauftrag für den Jahres- und den Konzernabschluß gemäß § 290 des Handelsgesetzbuchs. ⁴Er kann darüber hinaus eine externe inhaltliche Überprüfung der nichtfinanziellen Erklärung oder des gesonderten nichtfinanziellen Berichts (§ 289b des Handelsgesetzbuchs), der nichtfinanziellen Konzernerklärung oder des gesonderten nichtfinanziellen Konzernberichts (§ 315b des Handelsgesetzbuchs) beauftragen.

(3) ¹Der Aufsichtsrat hat eine Hauptversammlung einzuberufen, wenn das Wohl der Gesellschaft es fordert. ²Für den Beschluß genügt die einfache Mehrheit.

(4) ¹Maßnahmen der Geschäftsführung können dem Aufsichtsrat nicht übertragen werden. ²Die Satzung oder der Aufsichtsrat hat jedoch zu bestimmen, daß bestimmte Arten von Geschäften nur mit seiner Zustimmung vorgenommen werden dürfen. ³Verweigert

---

[167] Kölner Komm AktG/*Mertens/Cahn* Rn. 2; MüKoAktG/*Habersack* Rn. 11; Bürgers/Körber/*Israel* Rn. 3.
[168] → § 108 Rn. 69; OLG München AG 2017, 750 (751); Großkomm AktG/*Hopt/Roth* Rn. 24 fordern zudem eine Kausalität des Verfahrensfehlers sowie eine Heilungsmöglichkeit; Hüffer/Koch/*Koch* Rn. 5.
[169] In diesem Sinne wohl auch Großkomm AktG/*Hopt/Roth* Rn. 24.
[170] *v. Schenck* in Semler/v. Schenck AR-HdB § 5 Rn. 47; Hüffer/Koch/*Koch* Rn. 5; MüKoAktG/*Habersack* Rn. 21 bei Rüge durch das AR-Mitglied; *Kindl*, Die Teilnahme an der Aufsichtsratssitzung, 1993, 199 und MHdB AG/*Hoffmann-Becking* § 31 Rn. 117: Anfechtbarkeit; aA Lutter/Krieger/*Verse* Rechte und Pflichten des Aufsichtsrats Rn. 739.
[171] MüKoAktG/*Habersack* Rn. 21 nimmt Nichtigkeit bei Rüge durch ein AR-Mitglied an; aA Lutter/Krieger/*Verse* Rechte und Pflichten des Aufsichtsrats Rn. 736.
[172] Hüffer/Koch/*Koch* Rn. 5; *Kindl*, Die Teilnahme an der Aufsichtsratssitzung, 1993, 198 f.; Lutter/Krieger/*Verse* Rechte und Pflichten des Aufsichtsrats Rn. 739: Beschlussfassung außerhalb der Tagesordnung.
[173] Kölner Komm AktG/*Mertens/Cahn* Rn. 5; MüKoAktG/*Habersack* Rn. 21 bei Rüge durch das AR-Mitglied; *Kindl*, Die Teilnahme an der Aufsichtsratssitzung, 1993, 199 befürwortet in diesem Fall die Anfechtbarkeit.
[174] K. Schmidt/Lutter/*Drygala* Rn. 22.
[175] MüKoAktG/*Habersack* Rn. 28; Kölner Komm AktG/*Mertens/Cahn* Rn. 17 keine gerichtliche Erzwingbarkeit.

§ 111

der Aufsichtsrat seine Zustimmung, so kann der Vorstand verlangen, daß die Hauptversammlung über die Zustimmung beschließt. ⁴Der Beschluß, durch den die Hauptversammlung zustimmt, bedarf einer Mehrheit, die mindestens drei Viertel der abgegebenen Stimmen umfaßt. ⁵Die Satzung kann weder eine andere Mehrheit noch weitere Erfordernisse bestimmen.

(5) ¹Der Aufsichtsrat von Gesellschaften, die börsennotiert sind oder der Mitbestimmung unterliegen, legt für den Frauenanteil im Aufsichtsrat und im Vorstand Zielgrößen fest. ²Liegt der Frauenanteil bei Festlegung der Zielgrößen unter 30 Prozent, so dürfen die Zielgrößen den jeweils erreichten Anteil nicht mehr unterschreiten. ³Gleichzeitig sind Fristen zur Erreichung der Zielgrößen festzulegen. ⁴Die Fristen dürfen jeweils nicht länger als fünf Jahre sein. ⁵Soweit für den Aufsichtsrat bereits eine Quote nach § 96 Absatz 2 gilt, sind die Festlegungen nur für den Vorstand vorzunehmen.

(6) Die Aufsichtsratsmitglieder können ihre Aufgaben nicht durch andere wahrnehmen lassen.

Schrifttum: *Adolff/Tieves*, Über den rechten Umgang mit einem entschlusslosen Gesetzgeber: Die aktienrechtliche Lösung des BGH für den Rückzug von der Börse, BB 2003, 797; *Albach*, Strategische Unternehmensplanung und Aufsichtsrat, ZGR 1997, 32; Arbeitskreis „Externe und interne Überwachung der Unternehmung" der Schmalenbach-Gesellschaft/Deutsche Gesellschaft für Betriebswirtschaft e. V., Grundsätze ordnungsmäßiger Aufsichtsratstätigkeit – ein Diskussionspapier, DB 1995, 1; *Arnold*, Mitwirkungsbefugnisse der Aktionäre nach Gelatine und Macroton, ZIP 2005, 1573; *Arnold*, Verantwortung und Zusammenwirken der Vorstands und Aufsichtsrats bei Compliance Untersuchungen, ZfR 2014, 76; *Arnold/Rothenburg*, BGH-Entscheidung zum Delisting: Alle Fragen geklärt?, DStR 2014, 150; *Baltzer*, Krisenerkennung durch den Aufsichtsrat, 1983; *Bayer/Hoffmann*, Frauenquote und Zahl der betroffenen Unternehmen, AG 2015, R4; *Bea/Scheurer*, Die Kontrollfunktion des Aufsichtsrats, DB 1994, 2145; *Berg*, Zustimmungsvorbehalte gegen den Willen (der Mehrheit) des Aufsichtsrats?, WiB 1994, 382; *Bieder*, Grund und Grenzen der Verfolgungspflicht des Aufsichtsrats bei pflichtwidrigem Vorstandshandeln, NZG 2015, 1178; *Blassl*, Compliance-Aufgaben des Aufsichtsrats – Ein Beitrag zur akzessorischen Legalitätskontrolle durch den Aufsichtsrat, WM 2017, 992; *Börsig/Löbbe*, Die gewandelte Rolle des Aufsichtsrats – 7 Thesen zur Corporate Governance Entwicklung in Deutschland, FS Hoffmann-Becking, 2013, 125; *Bosse*, TransPuG: Änderungen zu den Bereichspflichten des Vorstands und zur Aufsichtsratstätigkeit, DB 2002, 1592; *Boujong*, Rechtliche Mindestanforderungen an eine ordnungsgemäße Vorstandskontrolle und -beratung, AG 1995, 203; *Brandi*, Ermittlungspflicht des Aufsichtsrates über die wirtschaftliche Situation des Unternehmens „am Vorstand vorbei"?, ZIP 2000, 173; *Bürgers*, Compliance in Aktiengesellschaften, ZHR 179 (2015), 173; *Bürkle*, Corporate Compliance als Standard guter Unternehmensführung des Deutschen Corporate Governance Kodex BB 2007, 1797; *v. Busekist/Hein*, Der IDW PS 980 und die allgemeinen rechtlichen Mindestanforderungen an ein wirksames Compliance Management System (1) – Grundlagen, Kultur und Ziele, CCZ 2012, 41; *v. Busekist/Keuten*, Zur Einrichtung eines Compliance-Ausschusses im Aufsichtsrat, CCZ 2016, 119; *Claussen/J. Semler*, Abgestufte Überwachungspflicht des Aufsichtsrats, FS Lutter, 2000, 327; *Clemm/Dürrschmidt*, Gedanken zur Schadensersatzpflicht von Vorstands- und Aufsichtsratsmitgliedern der Aktiengesellschaft für verlustverursachende Fehlentscheidungen, FS Welf Müller, 2001, 67; *Cromme*, Die Konvergenz der Corporate Governance in ein- und zweigliedrigen Board-Systemen, FS Hoffmann-Becking, 2013, 283; *Dreher*, Antikorruptionsuntersuchungen durch den Aufsichtsrat – Compliance und Bildung eines Antikorruptionsausschusses, FS Goette, 2011, 43; *Dreher*, Direktkontakte des Aufsichtsrats in der Aktiengesellschaft zu dem Vorstand nachgeordneten Mitarbeitern, FS Ulmer, 2003, 87; *Dreher*, Nochmals: Das unternehmerische Ermessen des Aufsichtsrats, ZIP 1995, 628; *Dreher*, Das Ermessen des Aufsichtsrats, ZHR 158 (1994), 614; *Dreist*, Die Überwachungsfunktion des Aufsichtsrats bei Aktiengesellschaften, 1980; *Dreyer*, Entwicklung und Beurteilung aufsichtsratsorientierter Informationskonzeptionen, 1980; *Drinhausen*, Unabhängige Untersuchung durch Sachverständige, ZHR 179 (2015), 226; *Drygala*, Harte Quote, weiche Quote und die Organpflichten für Vorstand und Aufsichtsrat, NZG 2015, 1129; *Elsing/M. Schmidt*, Individuelle Informationsrechte von Aufsichtsratsmitgliedern einer Aktiengesellschaft, BB 2002, 1705; *Feddersen*, Nochmals: Die Pflichten des Vorstands zur Unternehmensplanung, ZGR 1993, 114; *Fleischer*, Gestaltungsgrenzen für Zustimmungsvorbehalte des Aufsichtsrats nach § 111 Abs. 4 S. 2 AktG, BB 2013, 835; *Fleischer*, Kartellrechtsverstöße und Vorstandsrecht, BB 2008, 1070; *Fleischer*, Vorstandsverantwortlichkeit und Fehlverhalten von Unternehmensangehörigen – Von der Einzelüberwachung zur Errichtung einer Compliance-Organisation, AG 2003, 291; *Fleischer*, Gestaltungsgrenzen für Zustimmungsvorbehalte des Aufsichtsrats nach § 111 Abs. 4 S. 2 AktG, BB 2013, 835; *Fonk*, Zustimmungsvorbehalte des AG-Aufsichtsrats, ZGR 2006, 841; *Fromholzer/Simons*, Die Festlegung von Zielgrößen für den Frauenanteil in Aufsichtsrat, Geschäftsleitung und Führungspositionen, AG 2015, 457; *Geibel*, Anmerkung zum Urteil des BGH vom 1.12.2008 – MPS, ZJS 2009, 190; *Gerdemann*, Transatlantic Whistleblowing – Rechtliche Entwicklung, Funktionsweise und Status quo des Whistleblowings in den USA und seine Bedeutung für Deutschland, Diss. Göttingen 2018; *Goerdeler*, Das Audit Committee in den USA, ZGR 1987, 219; *Göpfert/Rottmeier*, Frauenquote aus arbeitsrechtlicher Sicht, ZIP 2015, 670; *Göppert*, Die Reichweite des Business Judgment Rule bei unternehmerischen Entscheidungen des Aufsichtsrats der Aktiengesellschaft, Diss. Augsburg 2009; *Götz*, Rechte und Pflichten des Aufsichtsrats nach dem Transparenz- und Publizitätsgesetz, NZG 2002, 599; *Götz*, Leitungssorgfalt und Leitungskontrolle der Aktiengesellschaft hinsichtlich abhängiger Unternehmen, ZGR 1998, 524; *Götz*, Die Pflicht des Aufsichtsrats zur Haftbarmachung von Vorstandsmitgliedern, NJW 1997, 3275; *Götz*, Rechte und Pflichten des Aufsichtsrats nach dem Transparenz- und Publizitätsgesetz,

NZG 2002, 599; *Grage*, Notarrelevante Regelungen des Transparenz- und Publizitätsgesetzes im Überblick, RNotZ 2002, 326; *Grothe*, Unternehmensüberwachung durch den Aufsichtsrat, 2006; *Grooterhorst*, Pflichten und Haftung des Aufsichtsrats bei zustimmungsbedürftigen Geschäften des Vorstands, NZG 2011, 921; *Grunewald*, Der Einfluss des Aufsichtsrats auf die Geschäftsführung – was ist erwünscht, was ist erlaubt?, ZIP 2016, 2009; *Habersack*, Grund und Grenzen der Compliance-Verantwortung des Aufsichtsrats der AG, AG 2014, 1; *Habersack*, Mitwirkungsrechte der Aktionäre nach Macrotron und Gelatine, AG 2005, 137; *Habersack*, Aufsteigende Kredite im Lichte des MoMiG und des „Dezember"-Urteils des BGH, ZGR 2009, 347; *Habersack*, Zur Aufklärung gesellschaftsinternen Fehlverhaltens durch den Aufsichtsrat der AG, FS Stilz, 2014, 191; *Habersack*, Corporate Governance-Belange und Arbeitnehmerbelange im Rahmen des § 111 IV S. 2 AktG, ZHR 178 (2014), 131; *Harbarth*, Zustimmungsvorbehalt im faktischen Aktienkonzern, FS Hoffmann-Becking, 2013, 457; *Hasselbach*, Überwachungs- und Beratungspflichten des Aufsichtsrats in der Krise, NZG 2012, 41; *Hennrichs*, CSR-Umsetzung – Neue Pflichten für Aufsichtsräte NZG 2017, 841; *Hennrichs/Pöschke*, Die Pflicht des Aufsichtsrats zur Prüfung des „CSR-Berichts", NZG 2017, 121; *Henze*, Neuere Rechtsprechung zu Rechtstellung und Aufgaben des Aufsichtsrats, BB 2005, 165; *Henze*, Prüfungs- und Kontrollaufgaben des Aufsichtsrats in der Aktiengesellschaft, NJW 1998, 3309; *Henze*, Leitungsverantwortung des Vorstands – Überwachungspflicht des Aufsichtsrats, BB 2000, 209; *Hoffmann*, Urteilsbildungs- und Verhinderungspflichten des Aufsichtsrats AG 2012, 478; *Hoffmann-Becking*, Das Recht des Aufsichtsrats zur Prüfung durch Sachverständige nach § 111 Abs. 2 S. 2 AktG ZGR 2011, 136; *Hoffmann-Becking*, Der Aufsichtsrat im Konzern, ZHR 159 (1995), 325; *Hofmann*, Intensität und Effizienz der Überwachung der Führungskräfte von Kapitalgesellschaften, DB 1990, 2333; *Hohenstatt/Seibt*, Geschlechter- und Frauenquoten in der Privatwirtschaft, 2015; *Hommelhoff*, Zur Kreditüberwachung im Aufsichtsrat, FS Werner, 1984, 315; *ders.*, CSR-Vorstands- und -Aufsichtsratspflichten, NZG 2017, 1361; *Hopt*, Vergleichende Corporate Governance – Forschung und internationale Regulierung – ZHR 175 (2011), 444; *Hönsch*, Die Auswirkungen des BilMoG auf den Prüfungsausschuss, Der Konzern 2009, 553; *Hüffer*, Compliance im Innen- und Außenrecht der Unternehmen, FS Roth, 2011, 299; *Hüffer*, Die leistungsbezogene Verantwortung des Aufsichtsrats, NZG 2007, 47; *Jaeger/Trölitzsch*, Unternehmerisches Ermessen des Aufsichtsrats bei der Geltendmachung von Schadensersatzansprüchen gegenüber Vorstandsmitgliedern, ZIP 1995, 1157; *J. Hüffer*, Vorstandspflichten beim Zustimmungsvorbehalt für M&A-Transaktionen, FS Hoffmann-Becking, 2010, 365; *Jäger*, Die Beratung des Vorstands als Teil der Überwachungsaufgabe des Aufsichtsrats, DStR 1996, 671; *Jaschke*, Die betriebswirtschaftliche Überwachungsfunktion aktienrechtlicher Aufsichtsräte, 1989; *Junker/Schmidt-Pfitzner*, Quoten und Zielgrößen für Frauen (und Männer) in Führungspositionen – Die neue Gesetzeslage und Handlungsempfehlungen, NZG 2015, 929; *Kämpfer/Lönsch*, Zur Entwicklung der Aufsichtsratsregulierung, FS Herzig, 2010, 531; *Kindler*, Pflichtverletzung und Schaden bei der Vorstandshaftung wegen unzureichender Compliance, FS Roth, 2011, 367; *Kindler*, Unternehmerisches Ermessen und Pflichtenbindung, ZHR 162 (1998), 101; *Kort*, Compliance-Pflichten von Vorstandsmitgliedern und Aufsichtsratsmitgliedern, FS Hopt, 2010, 983; *Korte*, Die Information des Aufsichtsrats durch die Mitarbeiter, Diss. Frankfurt 2009; *Krämer/Theiß*, Delisting nach der Macroton-Entscheidung des BGH AG 2003, 225; *Kremer/Klahold*, Compliance-Programme in Industriekonzernen ZGR 2010, 113; *Kromschröder/Lück*, Grundsätze risikoorientierter Unternehmensüberwachung, DB 1998, 1573; *Kropff*, Informationspflichten des Aufsichtsrats, FS Raiser, 2005, 225; *Kropff*, Zur Information des Aufsichtsrats über das interne Überwachungssystem, NZG 2003, 346; *Kropff*, Die Unternehmensplanung im Aufsichtsrat, NZG 1998, 613; *Kropff*, Einlagenrückgewähr und Nachteilsausgleich im faktischen Konzern, NJW 2009, 814; *Krug/Skoupil*, Befragungen im Rahmen von internen Untersuchungen – Vorbereitung, Durchführung und Umgang mit den Ergebnissen, NJW 2017, 2374; *Lange*, Zustimmungsvorbehaltspflicht und Kataloghaftung des Aufsichtsrats nach neuem Recht, DStR 2003, 376; *Lenz/Krag*, Strategische Kontrolle durch den Aufsichtsrat und haftungsrechtliche Sorgfaltspflichten, ZCG 2008, 161; *Leyens*, Information des Aufsichtsrats – Ökonomisch-funktionale Analyse und Rechtsvergleich zum englischen Board, Diss. Hamburg 2006; *Lippert*, Überwachungspflicht, Informationsrecht und gesamtschuldnerische Haftung des Aufsichtsrates nach dem Aktiengesetz 1965, 1976; *Löbbe*, Unternehmenskontrolle im Konzern, 2003; *Lutter*, Aufsichtsrat und Sicherung der Legalität im Unternehmen, FS Hüffer, 2010, 615; *Lutter*, Professionalisierung des Aufsichtsrats, DB 2009, 775; *Lutter*, Der Aufsichtsrat im Konzern, AG 2006, 517; *Lutter*, Der Aufsichtsrat: Kontrolleur oder Mit-Unternehmer?, FS Albach, 2001, 225; *Lutter*, Unternehmensplanung und Aufsichtsrat, FS Albach, 1991, 345 und AG 1991, 249; *Lutter*, Information und Vertraulichkeit im Aufsichtsrat, 3. Aufl. 2006; *Lutter/Drygala*, Die besondere sachverständige Beratung des Aufsichtsrats durch seine Mitglieder, FS Ulmer, 2003, 381; *Lutter/Kremer*, Die Beratung der Gesellschaft durch Aufsichtsratsmitglieder, ZGR 1992, 87; *Lutter/Krieger*, Hilfspersonen von Aufsichtsratsmitgliedern, DB 1995, 257; *Manger*, Das Informationsrecht des Aufsichtsrats gegenüber dem Vorstand – Umfang und Grenzen, NZG 2010, 1255; *Mense/Klie*, Deutliche Erleichterungen beim Delisting – Aufgabe der „Macrotron"-Rechtsprechung durch den BGH, GWR 2013, 505; *Mense/Klie*, HV-Saison 2016: Aktuelle Trends und rechtliche Entwicklungen für die Vorbereitung und Durchführung von Hauptversammlungen, GWR 2016, 111; *Mense/Klie*, Update zur Frauenquote – Wie die Besetzungsziele für Aufsichtsrat, Geschäftsleitung und Führungsebenen in der Praxis umzusetzen sind, GWR 2015, 441; *Merkt/Köhrle*, Zur vorstandsunabhängigen Information des Aufsichtsrats durch die Interne Revision, Interne Revision 2004, 222; *Müller/Leuschner*, Aufsteigende Darlehen im Kapitalerhaltungs- und Konzernrecht – Gesetzgeber und BGH haben gesprochen, NZG 2009, 281; *Oetker*, Die zwingende Geschlechterquote für den Aufsichtsrat – vom historischen Schritt zur Kultivierung einer juristischen terra incognita, ZHR 179 (2015), 707; *Paefgen*, „Compliance" als gesellschaftsrechtliche Organpflicht?, WM 2016, 433; *Pellens/Hillebrandt*, Umsetzung von Corporate-Governance-Richtlinien in der Praxis, BB 2001, 1243; *Plagemann*, Überlegungen zur Einrichtung und Ausgestaltung eines Aufsichtsratsbüros, NZG 2016, 211; *Probst/Theisen*, Herausforderungen und Grenzen „mitunternehmerischer" Entscheidungen im Aufsichtsrat, DB 2010, 1573; *Rack*, Die Verantwortung des Aufsichtsrats für das Compliance-Management-System im Unternehmen – Teil 1, CB 2017, 59; *Reichert*, Corporate Compliance und der Grundsatz der Verhältnismäßigkeit, FS Hoffmann-Becking, 2013, 943; *Reicher/Ott*, Die Zuständigkeit von Vorstand und Aufsichtsrat zur Aufklärung von Non Compliance in der AG, NZG 2014, 241; *Reuter*, Rückbau oder Ausbau der Managerhaftung? Eine Befundung im Licht der neueren Rechtsprechung und der Unternehmenspraxis, ZIP 2016, 597; *Roth*, Möglichkeiten vorstandsunabhängiger Information des Aufsichtsrats, AG 2004, 1; *Säcker*, Rechtliche Anforderungen an die Qualifikation und die Unabhängigkeit von Aufsichtsratsmitgliedern, AG 2004, 180; *Säcker/Rehm*, Grenzen der Mitwirkung des Aufsichtsrats an unternehmerischen Entscheidungen in der Aktiengesellschaft, DB 2008, 2814; *Salzberger*, Die Überwachung des Risikomanagementsystems durch den Aufsichtsrat, DBW 60 (2000), 756; *Sänger*, Whistleblowing in der börsennotierten Aktiengesellschaft, Diss. Frankfurt (Main) 2010; *Schlömer*, Das aktienrechtliche Überwachungssystem unter Berücksichtigung der Besonderheiten von Unternehmenskrisen, 1985; *S. H. Schneider*, Informationspflichten und Informationssystemeinrichtungspflichten im Aktienkonzern, Diss. Mainz 2005; *U. H. Schneider*, Der Aufsichtsrat des herrschenden Unternehmens im Konzern – Ein Beitrag zum Konzernverfassungsrecht –, FS Hadding 2004, 621; *U. H. Schneider/S. H. Schneider*, Der Aufsichtsrat zwischen Kontinuität und Veränderung, AG 2015, 621; *Schönberger*, Der Zustimmungsvorbehalt des Aufsichtsrates bei Geschäftsführungsmaßnahmen des Vorstands, Diss. Jena 2005; *Schubert*, Anmerkung zu BGH, Beschl. v. 6.11.2012 – II ZR 111/12, CCZ 2013, 175; *Schulz/Ruf*, Zweifelsfragen der neuen Regelungen über die Geschlechterquote im Aufsichtsrat, BB 2015, 1155; *Schwark*, Corporate Governance: Vorstand und Aufsichtsrat, in: Corporate Governance, ZHR-Beiheft 71 (2002), 257; *Seebach*, Kontrollpflicht und Flexibilität – Zu den Möglichkeiten des Aufsichtsrats bei der Ausgestaltung und Handhabung von Zustimmungsvorbehalten, AG 2012, 70; *Seibert*, Frauenförderung durch Gesellschaftsrecht – Die Entstehung des Frauenförderungsgesetzes, NZG 2016, 16; *Selter*, Die Pflicht von Aufsichtsratsmitgliedern zur eigenständigen Risikoanalyse, NZG 2012, 660; *Semler*, Leitung und Überwachung der Aktiengesellschaft, 2. Aufl. 1996; *Semler*, Grundsätze ordnungsgemäßer Überwachung?, FS Peltzer, 2001, 489; *Semler*, Die Überwachung des Risikomanagementsystems durch den Aufsichtsrat, DBW 61 (2001), 391; *Semler*, Rechtsvorgabe und Realität der Organzusammenarbeit in der Aktiengesellschaft, FS Lutter, 2000, 721; *Semler*, Aufgaben und Funktionen des aktienrechtlichen Aufsichtsrats in der Unternehmenskrise, AG 1983, 141; *Semler*, Unternehmensplanung in der Aktiengesellschaft, ZGR 1983, 1; *Semler*, Die Effizienzprüfung des Aufsichtsrats, FS Raiser, 2005, 399; *Spindler*, Compliance im Gesellschaftsrecht, RW 2013, 292; *Steinbeck*, Überwachungspflicht und Einwirkungsmöglichkeiten des Aufsichtsrats in der Aktiengesellschaft, 1992; *Steinmann/Klaus*, Der Aufsichtsrat: Beratungs- oder Kontrollorgan des Vorstands, DBW 46 (1986), 526; *Stüber*, Gender Diversity – So setzen DAX- und MDAX-Gesellschaften die Frauen- und Geschlechterquote um, Studie, 2017; *Stüber*, Die Frauenquote ist da – Das Gesetz zur gleichberechtigten Teilhabe und die Folgen für die Praxis, DStR 2015, 947; *Teichmann/Rüb*, Regierungsentwurf zur Geschlechterquote in Aufsichtsrat und Vorstand, BB 2015, 259; *Theisen*, Gesetzliche versus funktionsgerechte Informationsversorgung – Eine Einladung zur interdisziplinären Diskussion, ZGR 2013, 1; *Theisen*, Die Überwachung der Unternehmensführung, 1987; *Theisen*, Grundsätze einer ordnungsmäßigen Information des Aufsichtsrats, 3. Aufl. 2002; *Theisen*, Grundsätze ordnungsmäßiger Überwachung (GoÜ), ZfbF Sonderheft 36 (1996), 75; *Theisen*, Grundsätze ordnungsgemäßer Kontrolle und Beratung der Geschäftsführung durch den Aufsichtsrat, AG 1995, 193; *Theisen*, Überwachungsfunktion und -aufgabe des Aufsichtsrats und seiner einzelnen Mitglieder, DB 1989, 311; *Thiessen*, Zustimmungsvorbehalte des Aufsichtsrats zwischen Pflicht und Kür, AG 2013, 573; *Thümmel*, Zu den Pflichten des Aufsichtsrats bei der Verfolgung von Haftungsansprüchen gegenüber dem Vorstand der AG, DB 1997, 1117; *Timm*, Die Mitwirkung des Aufsichtsrats bei unternehmensstrukturellen Entscheidungen, DB 1980, 1201; *E. Vetter*, Zur Compliance-Verantwortung des Vorstands und zu den Compliance-Aufgaben des Aufsichtsrats, FS v. Westphalen, 2010, 719; *Wand/Tillmann/Heckenthaler*, Aufsteigende Darlehen und Sicherheiten bei Aktiengesellschaften nach dem MoMiG und der MPS-Entscheidung des BGH, AG 2009, 148; *v. Werder/Talaulicar/Kolat*, Kodex Report 2004, DB 2004, 1377; *v. Werder*, Grundsätze ordnungsmäßiger Unternehmensleitung in der Arbeit des Aufsichtsrats, DB 1999, 2221; *v. Werder*, Management: Mythos oder regelgeleitete Kunst des Möglichen?, DB 1995, 2177;; *Wieneke*, Aktien- und kapitalmarktrechtlicher Schutz beim Delisting nach dem FRoSTA-Beschluss des BGH, NZG 2014, 22; *Winter*, Die Verantwortlichkeit des Aufsichtsrats für „Corporate Compliance" FS Hüffer, 2010, 1001; *Witte/Indenhuck*, Wege aus der Haftung – die Beauftragung externer Berater durch den Aufsichtsrat, BB 2014, 2563; *M. Zimmermann*, Kartellrechtliche Bußgelder gegen Aktiengesellschaft und Vorstand: Rückgriffsmöglichkeiten, Schadensumfang und Verjährung, WM 2008, 433.

Übersicht

	Rn.		Rn.
I. Überblick	1–3	a) Überwachungsmaßstäbe	14–21a
II. Entstehungsgeschichte	4	b) Grundsätze ordnungsgemäßer Überwachung	22–24
III. Verhältnis zur Satzung	5	c) Abstufungen der Überwachungspflicht	25, 26
IV. Die Überwachung der Geschäftsführung durch den Aufsichtsrat (Abs. 1)	6–33	d) Geltendmachung von Ersatzansprüchen gegen Vorstandsmitglieder	27
1. Gegenstand der Überwachung	6–9	4. Information des Vorstands und Sanktionen	28, 29
2. Überwachung und Beratung des Vorstands	10–12	5. Organpflicht des Aufsichtsrats	30–33
3. Inhaltliche Anforderungen an die Überwachung	13–27	**V. Informationsrechte und Einsichtnahme in Bücher und Schriften; Prüfungsaufträge (Abs. 2)**	34–56a

	Rn.		Rn.
1. Einsichtsrecht	37–42	f) Ersetzung durch Hauptversammlungs-Beschluss	74
2. Beauftragung von Aufsichtsratsmitgliedern und Sachverständigen	43–46a	g) Wirkungen des Zustimmungsvorbehalts	75, 76
3. Aufsichtsrat und Abschlussprüfer	47–56	h) Mitbestimmungsrechtliche Besonderheiten	77
4. Beauftragung externer Überprüfung nichtfinanzieller Berichte und Erklärungen (Corporate Social Responsibility – CSR)	56a	**VIII. Zielvorgaben für gleichgewichtete Geschlechterbeteiligung (Abs. 5)**	77a–77c
VI. Die Einberufung der Hauptversammlung (Abs. 3)	57–60	**IX. Persönliche Amtswahrnehmung (Abs. 6)**	78–80
VII. Verbot der Geschäftsführung; Zustimmungsvorbehalte (Abs. 4)	61–77	**X. Überwachungsaufgabe im Konzern**	81–89
1. Keine Geschäftsführung durch Aufsichtsrat	61	1. Aufsichtsrat der Obergesellschaft	81–88
		a) Überwachungsgegenstand im Konzern	81–83
2. Zustimmungsvorbehalte	62–77		
a) Pflicht zur Statuierung von Zustimmungsvorbehalten	63	b) Untersuchungsbefugnisse	84
b) Inhalt des Zustimmungsvorbehalts	64–68	c) Aufsichtsrat und Konzernabschlussprüfer	85
c) Verhältnis von Satzung und Aufsichtsratsbeschluss	69, 70	d) Zustimmungsvorbehalt im Konzern	86–88
d) Beschluss über die Einrichtung von Zustimmungsvorbehalten	71	2. Aufsichtsrat der abhängigen Gesellschaft	89
e) Beschluss über die Zustimmung selbst	72, 73	**XI. Aufsichtsrat und Insolvenzverfahren**	90, 91

I. Überblick

§ 111 ist in erster Linie das Pendant zu § 76, indem die Aufgaben und die Befugnisse des Aufsichtsrats als Organ der AG umrissen werden. Die Norm ist zwar nicht abschließend in dem Sinne, dass sämtliche Befugnisse des Aufsichtsrats aufgeführt würden; vielmehr finden sich in einzelnen Normen des AktG weitere Kompetenzen des Aufsichtsrats.[1] Doch bezeichnet sie eine neben der Bestellung des Vorstands wichtigsten Aufgaben des Aufsichtsrats, die ständige Kontrolle des von ihm ausgewählten Leitungsorgans.[2] Das Gesetz hebt die Bedeutung der Aufsichtsratstätigkeit hervor, indem § 111 Abs. 6 klarstellt, dass die Aufgabe für jedes Aufsichtsratsmitglied höchstpersönlicher Natur ist und nicht delegiert werden kann. 1

Neben der Kernaussage des § 111, dass der Aufsichtsrat die Überwachung wahrzunehmen hat und nach § 111 Abs. 4 S. 1 die Geschäftsführung strikt dem Vorstand zu überlassen hat, wird diese Aufgabe flankiert durch wichtige Einzelbefugnisse, wie dem Einsichts- und Prüfungsrecht in die Unterlagen nach § 111 Abs. 2, das neben den vom Vorstand zu erstattenden Berichten die nötige Informationsbasis für den Aufsichtsrat schafft, sowie dem Zustimmungsvorbehalt nach § 111 Abs. 4 S. 2, der dem Aufsichtsrat eine unmittelbare Korrekturmöglichkeit für Fehlentwicklungen verschafft, ohne sogleich den Vorstand abberufen zu müssen. Schließlich steht dem Aufsichtsrat auch das Recht der Einberufung der Hauptversammlung nach § 111 Abs. 3 zu. 2

Aufsichtsrat und **Vorstand** stehen sich als **gleichberechtigte Organe** gegenüber, auch wenn in der Realität häufig eine Dominanz des einen Organs gegenüber dem anderen zu beobachten ist.[3] Auch wenn der Vorstand auf den ersten Blick abhängig gegenüber dem Aufsichtsrat zu sein scheint, darf doch nicht verkannt werden, dass auf Grund der größeren Ressourcen und der ständigen Befassung mit der Unternehmenspolitik der Vorstand einen erheblichen Informationsvorsprung gegenüber dem Aufsichtsrat genießt. Rechtlich schlägt sich dies in der Zuweisung der entsprechenden Kompetenzen nieder, die einen Ausgleich bewirken sollen. 3

II. Entstehungsgeschichte

Schon im ADHGB und im HGB (Art. 225 ADHGB sowie § 246 HGB aF[4]) fand sich die Bestimmung, dass der Aufsichtsrat die Geschäftsführung der Gesellschaft in allen Zweigen zu 4

---

[1] *Rellermeyer* ZGR 1993, 77 (78 ff.); Großkomm AktG/*Hopt/Roth* Rn. 25; K. Schmidt/Lutter/*Drygala* Rn. 2; NK-AktR/*Breuer/Fraune* Rn. 1 f.; Bürgers/Körber/*Israel* Rn. 1.
[2] MüKoAktG/*Habersack* Rn. 1; Großkomm AktG/*Hopt/Roth* Rn. 25; K. Schmidt/Lutter/*Drygala* Rn. 1.
[3] *Semler* FS Lutter, 2000, 721 (722 ff.); MüKoAktG/*Habersack* Rn. 13; Großkomm AktG/*Hopt/Roth* Rn. 83.
[4] Dazu *Lieder*, Der Aufsichtsrat im Wandel der Zeit, 2006, 82 (193 f.).

überwachen habe. Im Rahmen der Wirtschaftsskandale der Weimarer Republik und der Einsicht, dass eine Überwachung in allen Zweigen unmöglich ist, wurde die Überwachungspflicht durch Streichung des Bezugs auf „alle Zweige der Verwaltung" auf wesentliche Fragen beschränkt,[5] andererseits aber auch die Stellung des Aufsichtsrats durch eine klare Trennlinie zum Vorstand im AktG 1937 gestärkt.[6] Der heutige § 111 geht hauptsächlich auf § 95 AktG 1937 zurück, der bereits fast alle Elemente des heutigen § 111 enthielt, da mit dem AktG 1937 die strenge Trennung zwischen Aufsichtsrat und Vorstand eingeführt wurde.[7] Mit der Verabschiedung des AktG 1965 wurde die Pflicht zur Einberufung der Hauptversammlung modifiziert, indem bereits das Verlangen der einfachen Mehrheit des Aufsichtsrates genügt. Gleichzeitig wurde für den Vorstand die Möglichkeit der Anrufung der Hauptversammlung geschaffen. Erst 1998 folgten weitere Änderungen im Zuge der anhaltenden Corporate Governance Debatte: § 111 Abs. 2 S. 3 wurde durch Art. 1 Nr. 12 KonTraG eingefügt, um die Hilfsfunktion des Abschlussprüfers für den Aufsichtsrat bei der Bewältigung seiner Kontrollaufgabe zu verdeutlichen und um die Unabhängigkeit der Abschlussprüfer vom Vorstand zu sichern; damit ist nun nicht mehr der Vorstand, sondern der Aufsichtsrat für den Abschluss des Vertrags mit dem Abschlussprüfer zuständig.[8] Eine weitere Stärkung des Aufsichtsrats im Hinblick auf seine Überwachungsaufgabe bezweckt schließlich der mit Art. 1 Nr. 9 TransPuG geschaffene § 111 Abs. 4 S. 2, indem die vorherige Möglichkeit, Zustimmungsvorbehalte für bestimmte Geschäfte auszusprechen, nunmehr zwingend für Entscheidungen und Maßnahmen, die die Ertragsaussichten der Gesellschaft oder ihre Risikoexposition grundlegend verändern, vorgesehen ist.[9] Auch wenn hiermit eine gewisse Verschränkung mit den Geschäftsführungsaufgaben des Vorstands verbunden ist, ginge es zu weit, den Aufsichtsrat nach gegenwärtiger Rechtslage als mitunternehmerisches Organ zu bezeichnen.[10] Die anhaltenden Reformen stehen vielmehr unter dem Zeichen der internationalen Corporate Governance Diskussion und dienen der Professionalisierung des Aufsichtsrats durch Intensivierung seiner (präventiven) Überwachungsmöglichkeiten.[11] Durch Art. 3 des Gesetzes für die gleichberechtigte Teilhabe von Frauen und Männern an Führungspositionen in der Privatwirtschaft und im öffentlichen Dienst (FührPosGleichberG)[12] ist ein neuer Abs. 5 in § 111 eingefügt worden. Dieser ordnet die Festlegung von Zielgrößen für den Frauenanteil in Aufsichtsrat und Vorstand von börsennotierten oder mitbestimmten Unternehmen an. Art. 8 des am 19.4.2017 in Kraft getretenen CSR-Richtlinie-Umsetzungsgesetzes[13] erweitert die Befugnisse des Aufsichtsrates in Abs. 2 um die Beauftragung externer Überprüfung bestimmter nichtfinanzieller Berichte und Erklärungen, um der ebenfalls durch Art. 8 des CSR-Richtlinie-Umsetzungsgesetzes in § 171 Abs. 1 S. 4 eingefügten Pflicht, den gesonderten nichtfinanziellen Bericht iSd § 289b HGB und den gesonderten nichtfinanziellen Konzernbericht iSd § 315b HGB zu prüfen, nachkommen zu können.[14] In Art. 6 des Regierungsentwurfs[15] fand sich lediglich die erweiterte Prüfungspflicht des Aufsichtsrates gemäß § 171 Abs. 1 S. 4. Erst nach entsprechender Anregung eines Sachverständigen während der Anhörung im Gesetzgebungsverfahren hat der federführende Ausschuss für Recht und Verbraucherschutz die erweiterte Befugnis des Aufsichtsrats in seine

---

[5] Für § 246 HGB s. noch Großkomm HGB/*Staub*, 11. Aufl. 1921, § 246 Anm. 2; für das AktG 1937 *Schlegelberger/Quassowski* § 95 AktG 1937 Anm. 5 für den geänderten Wortlaut findet sich aber keine amtl. Begr., *Klausing* AktG 1937, 81. Schon die Entwürfe von 1930 und 1931 sahen die Beseitigung vor, dazu *Wiethölter*, Interessen und Organisation der Aktiengesellschaft, 1961, 290 f. mwN.
[6] *Klausing* AktG 1937, 56.
[7] *Klausing* AktG 1937, 81; *Schlegelberger/Quassowski* § 95 AktG 1937 Anm. 1; so auch *Lieder*, Der Aufsichtsrat im Wandel der Zeit, 2006, 387.
[8] BegrRegE BT-Drs. 13/9712, 16; s. dazu auch *Gelhausen* AG-Sonderheft 1997, 73 ff.
[9] BegrRegE BT-Drs. 14/8769, 17 f. → Rn. 62 ff.
[10] So aber MüKoAktG/*Habersack* Rn. 13; K. Schmidt/Lutter/*Drygala* Rn. 5; Wachter/*Schick* Rn. 4; *Lutter* FS Albach, 2001, 225 (231): „Mit-Unternehmer"; *Säcker/Rehm* DB 2008, 2814 (2815) „unternehmerisches Führungsorgan"; ähnlich auch *Lenz/Krag* ZCG 2008, 161 (162); *Göppert*, Die Reichweite des Business Judgment Rule bei unternehmerischen Entscheidungen des Aufsichtsrats der Aktiengesellschaft, 2009, 67; hingegen wie hier Köln Komm AktG/*Mertens/Cahn* Rn. 14; Großkomm AktG/*Hopt/Roth* Rn. 285; Hüffer/Koch/*Koch* Rn. 13; *Hasselbach* NZG 2012, 41.
[11] Eingehend zu den Entwicklungen der letzten Jahre *Börsig/Löbbe* FS Hoffmann-Becking 2013, 125; *Kämpfer/Lönsch* FS Herzig, 2010, 531; *Lutter* DB 2009, 775; zum Wettbewerb des dualistischen Systems mit dem Board-Modell *Hopt* ZHR 175 (2011), 444 (466 ff.); *Cromme* FS Hoffmann-Becking, 2013, 283.
[12] G v. 24.4.2015, am 1.5.2015 in Kraft getreten, BGBl. 2015 I 642.
[13] Gesetz zur Stärkung der nichtfinanziellen Berichterstattung der Unternehmen in ihren Lage- und Konzernlageberichten (CSR-Richtlinie-Umsetzungsgesetz) vom 11.4.2017, BGBl. 2017 I 802.
[14] Beschlussempfehlung BT-Drs. 18/11450, 47.
[15] BegrRegE BT-Drs. 18/9982, 22.

Beschlussempfehlung aufgenommen und eine Ergänzung des Abs. 2 durch Satz 4 vorgeschlagen.[16] Die Beschlussempfehlung wurde diesbezüglich unverändert in das CSR-Richtlinie-Umsetzungsgesetz übernommen.[17]

III. Verhältnis zur Satzung

§ 111 ist eine abschließende und zwingende Norm im Sinne von § 23 Abs. 5 und damit nicht satzungsdispositiv, sofern § 111 selbst nicht entsprechende Satzungsregelungen zulässt, wie zB hinsichtlich des Zustimmungsvorbehalts in § 111 Abs. 4 S. 2.[18] Denn § 111 regelt das vom AktG grundsätzlich als zwingend verstandene Kompetenzgefüge zwischen den Organen, so dass die Satzung dem Aufsichtsrat hinsichtlich seiner Überwachung Kompetenzen weder absprechen noch zusätzlich übertragen könnte.[19] Für ausnahmsweise zulässig wird allerdings eine Satzungsregelung gehalten, die einem Vorstandsmitglied bei Meinungsverschiedenheiten im Vorstand das Recht gibt, eine unverbindliche Meinungsäußerung des Aufsichtsrats einzuholen.[20]

IV. Die Überwachung der Geschäftsführung durch den Aufsichtsrat (Abs. 1)

1. Gegenstand der Überwachung. Das Gesetz spricht in § 111 Abs. 1 lediglich davon, dass der Aufsichtsrat „die Geschäftsführung" überwacht.[21] Damit bezieht das AktG die Tätigkeit des Aufsichtsrats auf den ersten Blick nur auf die im Wesentlichen vom Vorstand ausgeübte Funktion der Leitung, nicht jedoch auf die Tätigkeit des Vorstands als Organ. Da aber auch die Hauptversammlung nach § 119 Abs. 2 über Fragen der Geschäftsführung beschließen kann, würde eine nur auf die Geschäftsführung als Funktion gerichtete Überwachung dem Aufsichtsrat auch im Verhältnis zur **Hauptversammlung** eine Überwachungsfunktion zuschreiben, die ersichtlich von § 111 als einer kompetenzabgrenzenden und -begründenden Norm nicht gewollt ist, zumal der Aufsichtsrat keine Einwirkungsrechte gegenüber der Hauptversammlung hat; die Hauptversammlung wird nicht vom Aufsichtsrat überwacht.[22] Dementsprechend ist § 111 Abs. 1 als **organbezogen** zu verstehen.[23]

Was im Einzelnen vom Aufsichtsrat zu überwachen ist, wird vom Gesetz nicht weiter konkretisiert. Der Begriff der Geschäftsführung, wie ihn § 111 verwendet, ist nicht weiterführend, da er nicht mit demjenigen in § 77 gleichzusetzen ist. Er ist vielmehr jedenfalls tendenziell mit dem der Leitung aus § 76 gleichzusetzen,[24] der allerdings seinerseits unscharf ist.[25]

Ausgangspunkt muss jedoch der Zweck des § 111 sein, die Tätigkeit des Vorstands insgesamt der Kontrolle durch den Aufsichtsrat zu unterwerfen. Die Konzentration der Überwachungspflicht auf die Leitung als einem besonders hervorgehobenen Teil der Geschäftsführung schließt ein darüber hinausgehendes Kontrollrecht des Aufsichtsrates daher nicht grundsätzlich aus. Insofern bleibt der Unterschied zwischen Geschäftsführung und Leitung auch iRv § 111 Abs. 1 bestehen.[26] Es bestehen deshalb **keine** von vornherein „**überwachungsfreien Räume**".[27] Andererseits kann sich die Überwachungstätigkeit des Aufsichtsrats nicht auf alle Vorgänge im

---

[16] Beschlussempfehlung BT-Drs. 18/11450, 47.
[17] Bericht vom 9.3.2017, Plenarprotokoll 18/221, S. 22262 (A).
[18] Hüffer/Koch/*Koch* Rn. 1; K. Schmidt/Lutter/*Drygala* Rn. 3.
[19] So grundsätzlich auch Kölner Komm AktG/*Mertens*/*Cahn* Rn. 10, der jedoch eine Ausnahme für solche Befugnisse vorsieht, die dem Aufsichtsrat zusätzlich zugewiesen werden und deren Ausübung für die AG selbst keinerlei rechtliche Relevanz hat; zustimmend auch Großkomm AktG/*Hopt*/*Roth* Rn. 40.
[20] MüKoAktG/*Habersack* Rn. 97.
[21] Zur Kontrolle des Aufsichtsrats durch den Vorstand für Haftungsansprüche gemäß § 116 iVm § 93 *Koch* ZHR 180 (2016), 578.
[22] HM, MüKoAktG/*Habersack* Rn. 26; *Semler* Leitung und Überwachung Rn. 128 ff.; Hüffer/Koch/*Koch* Rn. 2; Kölner Komm AktG/*Mertens*/*Cahn* Rn. 27; *Timm* DB 1980, 1201 f.; aA *Duden* FS R. Fischer, 1979, 95 (96 f.).
[23] Offen Großkomm AktG/*Hopt*/*Roth* Rn. 160; ähnlich *Lutter*/*Krieger*/*Verse* Rechte und Pflichten des Aufsichtsrats Rn. 65 und auch MüKoAktG/*Habersack* Rn. 20, anders *Semler* Leitung und Überwachung Rn. 112; enger: Hüffer/*Koch* Rn. 2 f.: auf Leitungsmaßnahmen und wesentliche Einzelmaßnahmen beschränkt; *Rack* CB 2017, 59 (61); vgl. auch *Bürgers* ZHR 179 (2015), 173 (185 ff.).
[24] Hüffer/Koch/*Koch* Rn. 2; Großkomm AktG/*Hopt*/*Roth* Rn. 160; zur Beschränkung der Kontrollfähigkeit auf die Leistungsfähigkeit des Vorstands vgl. *Göppert*, Die Reichweite des Business Judgment Rule bei unternehmerischen Entscheidungen des Aufsichtsrats der Aktiengesellschaft, 2009, 57 f.
[25] Vgl. MüKoAktG/*Spindler* § 76 Rn. 15 ff.; anders noch *Semler* Leitung und Überwachung Rn. 3, ohne dass damit indes inhaltliche Abweichungen verbunden wären; ein flexibles, offenes Wertungssystem schlägt *Bieder* NZG 2015, 1178 (1185 f.) vor.
[26] Großkomm AktG/*Hopt*/*Roth* Rn. 161, die insofern die Unterscheidung zwischen Kontrollpflichten und Kontrollrechten hervorheben.
[27] K. Schmidt/Lutter/*Drygala* Rn. 13.

Unternehmen beziehen, da eine derart intensive Kontrolle schnell der Kompetenzabgrenzung der Organe zueinander zuwiderliefe und den Aufsichtsrat zum eigentlichen Leitungsorgan werden ließe.[28] Daher legt die hM den Begriff der Geschäftsführung zu Recht restriktiv aus, indem nur Leitungsmaßnahmen und wesentliche Einzelmaßnahmen des Vorstands der Überwachung unterliegen.[29] Vor allem die in § 90 genannten Berichtspflichten geben einen Anhalt, welche Maßnahmen des Vorstands in erster Linie der Überwachung durch den Aufsichtsrat unterliegen sollen.[30] In erster Linie werden die Personal- und Finanzentscheidungen des Vorstands, die strategische Ausrichtung des Unternehmens in den Märkten und die Festlegung und Umsetzung der Unternehmensziele bedeutsame Überwachungsfelder sein.

9 Wer die der Überwachung unterliegenden Maßnahmen beschlossen oder umgesetzt hat, ist unerheblich. Der Überwachung unterliegt der gesamte Vorstand, nicht nur als Organ, sondern auch die **einzelnen Vorstandsmitglieder,**[31] wobei der Aufsichtsrat insbesondere auf die Zusammenarbeit der Vorstandsmitglieder untereinander zu achten hat.[32] Die Überwachung einzelner ist bedeutsam, weil Unternehmenskrisen ihre Ursache nicht selten im Zuständigkeitsbereich nur eines Vorstandsmitglieds haben.[33] Auch die Tätigkeiten der **dem Vorstand nachgeordneten Ebenen** unterliegen der Überwachung nach § 111,[34] da der Vorstand für sämtliche Aktivitäten im Unternehmen als Organ verantwortlich zeichnet.[35] Ebenso wenig beschränkt sich die Überwachung nur auf die erste Führungsebene, die dem Vorstand nachgeordnet ist. Entscheidend ist vielmehr, welche Tätigkeiten auf der jeweiligen Ebene ausgeübt oder welche Maßnahmen getroffen werden;[36] stets bleibt der Vorstand jedoch derjenige, der für die Maßnahmen nachgelagerter Ebenen verantwortlich ist. Betraut der Vorstand – meist leitende – Angestellte mit Geschäftsführungsaufgaben, so hat sich der Aufsichtsrat im Rahmen seiner Überwachungsaufgabe in erster Linie damit zu befassen, ob diese Delegation insgesamt einer zweckmäßigen Organisation der Geschäftsführung entspricht.[37] Hierbei prüft er unter anderem, ob die eingesetzten Personen entsprechend geeignet sind und vom Vorstand ausreichend überwacht werden.[38] Die Überwachung der delegierten Maßnahmen bezieht sich auch hier nur auf solche, die der Leitungskompe-

---

[28] S. auch MüKoAktG/*Habersack* Rn. 19 f., unter Hinweis auf die bereits von *W. Rathenau*, Vom Aktienwesen, 1917, 5 entsprechend getroffenen Feststellungen); s. vertiefend zu den Grenzen der Mitwirkung des Aufsichtsrats an unternehmerischen Entscheidungen *Säcker/Rehm* DB 2008, 2814 ff.; für eine intensivere Auseinandersetzung des Aufsichtsrats mit der gesamten Unternehmensplanung *Lenz/Krag* ZCG 2008, 161 (162).
[29] BGHZ 69, 207 (213) = NJW 1977, 2311 (2312); OLG München ZIP 2009, 2001 (2002); OLG Stuttgart ZIP 2012, 1965 (1967 f.); MüKoAktG/*Habersack* Rn. 20 ff.; *K. Schmidt/Lutter/Drygala* Rn. 13; Kölner Komm AktG/*Mertens/Cahn* Rn. 16; Hüffer/Koch/*Koch* Rn. 2; *Lutter/Krieger/Verse* Rechte und Pflichten des Aufsichtsrats Rn. 65 ff.; *Henze* BB 2000, 209 (213); *Henze* NJW 1998, 3309;*E. Vetter* in Marsch-Barner/Schäfer Börsennotierte AG-HdB Rn. 26.3. Zu den wichtigsten Überwachungsaufgaben s. auch *Emde* DB 1999, 1486. Für den Bereich des Risikomanagements s. *Claussen/Korth* FS Lutter, 2000, 327 (328 ff.); *Kromschröder/Lück* DB 1998, 1573 (1576) sowie *Lenz/Krag* ZCG 2008, 161 ff. welche für mehr zukunftsorientierte Überwachung der gesamten Unternehmensplanung plädieren.
[30] *Semler* Leitung und Überwachung Rn. 103 ff.; MüKoAktG/*Habersack* Rn. 22; Hüffer/Koch/*Koch* Rn. 3; *K. Schmidt/Lutter/Drygala* Rn. 12; UHH/*Ulmer/Habersack* MitbestG § 25 Rn. 50; *Krieger* in Lutter/Bayer Holding-HdB Rn. 7.8; *Henze* NJW 1998, 3309; Großkomm AktG/*Hopt/Roth* Rn. 162 sprechen strenger von aus § 90 ableitbaren Überwachungspflichten in den dort genannten Bereichen.
[31] Kölner Komm AktG/*Mertens/Cahn* Rn. 24; MüKoAktG/*Habersack* Rn. 23 f.; *Lutter/Krieger/Verse* Rechte und Pflichten des Aufsichtsrats Rn. 69; *K. Schmidt/Lutter/Drygala* Rn. 6; *E. Vetter* in Marsch-Barner/Schäfer Börsennotierte AG-HdB Rn. 26.6.
[32] Zur Ressortaufteilung und den daraus resultierenden Pflichten *Fleischer* → § 93 Rn. 191; MüKoAktG/*Spindler* § 77 Rn. 64 f., § 93 Rn. 163.
[33] Großkomm AktG/*Hopt/Roth* Rn. 249.
[34] BGHZ 75, 120 (133) = NJW 1979, 1879; iE auch Hüffer/Koch/*Koch* Rn. 4; *Grigoleit/Grigoleit/Tomasic* Rn. 12; *Scholz/Schneider* GmbHG § 52 Rn. 90; *Biener* BfuP 1977, 489 (491 f.); *Martens* ZfA 1980, 611 (634); *U. H. Schneider* BB 1981, 249 (252); aA OLG Köln AG 1978, 17 (21); *Lutter* ZHR 159 (1995), 287 (290); MHdB AG/*Hoffmann-Becking* § 29 Rn. 29; *Lutter/Krieger/Verse* Rechte und Pflichten des Aufsichtsrats Rn. 70. S. aber auch *Semler* Leitung und Überwachung Rn. 115 ff. der eine unmittelbare Überwachung ausschließt.
[35] Nicht damit gleichzusetzen ist die Frage der ordnungsgemäßen Unternehmensorganisation und der Möglichkeit für den Vorstand, sich durch den Nachweis sorgfältiger Delegation von Aufgaben nach § 93 Abs. 2 AktG zu exkulpieren. S. dazu MüKoAktG/*Spindler* § 93 Rn. 148 f.
[36] Gegen eine personelle Bestimmung des Überwachungsgegenstandes auch Großkomm AktG/*Hopt/Roth* Rn. 255.
[37] BGHZ 75, 120 (133) = NJW 1979, 1879; Großkomm AktG/*Hopt/Roth* Rn. 256; Kölner Komm AktG/*Mertens/Cahn* Rn. 26; *Lutter/Krieger/Verse* Rechte und Pflichten des Aufsichtsrats Rn. 68; *v. Schenck* in Semler/v. Schenck AR-HdB § 7 Rn. 34; *Henze* NJW 1998, 3309 (3312).
[38] Kölner Komm AktG/*Mertens/Cahn* Rn. 26; Großkomm AktG/*Hopt/Roth* Rn. 256; *K. Schmidt/Lutter/Drygala* Rn. 13.

tenz des Vorstands entsprechen;³⁹ insbesondere bei der Sparten- oder der Matrixorganisation wird damit eine indirekte Überwachung auch der dem Vorstand nachgelagerten Ebenen in Betracht kommen.⁴⁰ Dies ändert jedoch nichts daran, dass Verantwortlicher im Sinne des AktG und Ansprechpartner für den Aufsichtsrat allein der Vorstand als Organ und seine Mitglieder bleiben.⁴¹ Der Aufsichtsrat beschäftigt sich mit dem Gang der Geschäfte insgesamt; zeigen sich hierbei Hinweise auf erhebliche Mängel, so hat er diesen nachzugehen und entsprechende **Maßnahmen gegenüber dem Vorstand** zu ergreifen, unabhängig davon, ob die Mängel durch den Vorstand oder durch nachgeordnete Angestellte im Rahmen der Geschäftsführung veranlasst wurden. Eine gesonderte und unmittelbare Überwachung nachgeordneter Ebenen findet dagegen nicht statt, da der Aufsichtsrat hier keine rechtlichen Einwirkungsmöglichkeiten hat.⁴²

2. Überwachung und Beratung des Vorstands. Nach § 111 Abs. 4 S. 1 sind Fragen der Geschäftsführung ausdrücklich dem Aufsichtsrat entzogen. Dennoch kann die zukunftsbezogene Beratung des Vorstands nicht vollständig von einer vergangenheitsorientierten Überwachung getrennt werden, da die Kontrolle auch die Prüfung von Maßnahmen impliziert, die der Vorstand vorsieht, um erkannte Defizite oder Schieflagen zu bewältigen.⁴³ Demgemäß ist weithin anerkannt, dass der Aufsichtsrat den Vorstand im Rahmen der Überwachung auch beraten kann.⁴⁴ Darauf deutet auch seit dem TransPuG die Neufassung des § 90 Abs. 1 S. 1 Nr. 1 hin, der den Vorstand zur Berichterstattung über die Geschäftspolitik und die Abweichung von den zuvor gesetzten Zielen verpflichtet. Die Beratung im Rahmen der Überwachung bezieht sich auch hier nur auf die wesentlichen Leitungsmaßnahmen und nicht auf das laufende operative Geschäft.⁴⁵ Durch die Beratung wird der Austausch von Argumenten zwischen dem Aufsichtsrat und Vorstand gefördert; dieser ermöglicht es, eventuelle Fehler auch in der Zukunftsgestaltung des Unternehmens so frühzeitig zu erkennen, dass rechtzeitig eine schadensbegrenzende Korrektur durch den Vorstand vorgenommen werden kann.⁴⁶ Beratung und Überwachung schließen sich daher auch nicht bereits funktionell aus.⁴⁷ Davon geht auch Ziff. 5.1.1 DCGK aus, der neben der Überwachung die Beratung und die Einbindung

---

³⁹ BGHZ 75, 120 (133) = NJW 1979, 1879; Hüffer/Koch/*Koch* Rn. 4; Kölner Komm AktG/*Mertens/Cahn* Rn. 16; MHdB AG/*Hoffmann-Becking* § 29 Rn. 23; *Hofmann* DB 1990, 2333 (2337); für den mitbestimmten Aufsichtsrat: UHH/*Ulmer/Habersack* MitbestG § 25 Rn. 50; UHL/*Heermann* GmbHG § 52 Rn. 86; aA Großkomm AktG/*Hopt/Roth* Rn. 255; anders auch *Semler* Leitung und Überwachung Rn. 115 ff. und *v. Schenck* in Semler/v. Schenck AR-HdB § 7 Rn. 34; die leitende Angestellte nicht zum Überwachungsobjekt zählen, aber eine mittelbare Überwachung partiell zulassen; aA *Lutter/Krieger/Verse* Rechte und Pflichten des Aufsichtsrats Rn. 70 die sich gegen eine Ausweitung der Überwachung aussprechen und fordern, dem Rückzug des Vorstands aus seinen Leitungsaufgaben entgegenzuwirken.
⁴⁰ K. Schmidt/Lutter/*Drygala* Rn. 13; für eine ausnahmsweise direkte Überwachung der Angestelltentätigkeit in diesen Fällen Großkomm AktG/*Hopt/Roth* Rn. 257.
⁴¹ OLG Köln AG 1978, 17 (21); *Lutter* ZHR 159 (1995), 287 (290); MHdB AG/*Hoffmann-Becking* § 29 Rn. 30; *Lutter/Krieger/Verse* Rechte und Pflichten des Aufsichtsrats Rn. 70; UHL/*Heermann* GmbHG § 52 Rn. 86; dazu aus betriebswirtschaftlicher Sicht *Hofmann* DB 1990, 2333 (2337 ff.).
⁴² Ebenso MüKoAktG/*Habersack* Rn. 25 f.; *Semler* Leitung und Überwachung Rn. 116; *Lutter/Krieger/Verse* Rechte und Pflichten des Aufsichtsrats Rn. 71.
⁴³ BGHZ 114, 127 (130) = NJW 1991, 1830; BGH ZIP 2007, 1056; OLG Hamm BeckRS 2008, 06654; MüKoAktG/*Habersack* Rn. 12; MHdB AG/*Hoffmann-Becking* § 29 Rn. 44; Kölner Komm AktG/*Mertens/Cahn* Rn. 40; Hüffer/Koch/*Koch* Rn. 13; *Hüffer* ZGR 1980, 320 (324); *Lutter* ZHR 159 (1995), 287 (289 ff.); *Lutter/ Kremer* ZGR 1992, 87 (89); *Peltzer* NZG 2002, 10 (15); *Feddersen* ZGR 1993, 114 (117); *Säcker/Rehm* DB 2008, 2814, 2816 (2817); *Busekist/Keuten* CCZ 2016, 119 (120).
⁴⁴ BGHZ 114, 127 (130) = NJW 1991, 1830; *Rellermeyer* ZGR 1993, 77 (85); *Lutter/Drygala* FS Ulmer, 2003, 381; *Lutter* FS Albach, 2001, 225 (227); *Lutter* ZHR 159 (1995), 287 (289 ff.); *Lutter/Kremer* ZGR 1992, 87 (88 ff.); MHdB AG/*Hoffmann-Becking* § 29 Rn. 44; *Lutter/Krieger/Verse* Rechte und Pflichten des Aufsichtsrats Rn. 103 ff.; Großkomm AktG/*Hopt/Roth* Rn. 290, krit. aber in Rn. 265; *Henze* BB 2005, 165; *Henze* NJW 1998, 3309 f.; *Steinmann/Klaus* DBW 46 (1986), 526 (527); *Hüffer* ZGR 1980, 320 (323 f.); *E. Vetter* in Marsch-Barner/Schäfer Börsennotierte AG-HdB Rn. 26.15; weitergehend *Mielke*, Defizite in der Unternehmenskontrolle durch den Aufsichtsrat und Ansätze zu ihrer Bewältigung, 2005, 218 („entscheidender"), aA das vorwiegend betriebswirtschaftliche Schrifttum: *Theisen*, Die Überwachung der Unternehmensführung, 1987, 20 f.; *Theisen* AG 1995, 193 (199); *Theisen* AG 1993, 49 (64 f.); *Steinmann/Klaus* AG 1987, 29 (30 f.); s. aber auch *Bea/Scheurer* DB 1994, 2145 (2146 f.) die die Überwachungsaufgabe primär auf die Inanspruchnahme von Informationsrechten beschränken.
⁴⁵ *Boujong* AG 1995, 203 (205); abw. Großkomm AktG/*Hopt/Roth* Rn. 291: „in erster Linie"; zum Gegenstand der Überwachung → Rn. 6 ff.
⁴⁶ BGHZ 114, 127 (129 ff.) = NJW 1991, 1830; *Lutter/Kremer* ZGR 1992, 87 (89); *Lutter/Krieger/Verse* Rechte und Pflichten des Aufsichtsrats Rn. 106; K. Schmidt/Lutter/*Drygala* Rn. 4, 18 f.; *Steinmann/Klaus* DBW 46 (1986), 526 (527).
⁴⁷ *Jäger* DStR 1996, 671 (676); aA *Theisen*, Die Überwachung der Unternehmensführung, 1987, 20; *Theisen* AG 1995, 193 (199); AG 1993, 49 (64 f.); *Steinmann/Klaus* AG 1987, 29 (30 f.).

des Aufsichtsrats in grundlegende Entscheidungen besonders hervorhebt. Da auch der Aufsichtsrat dem Unternehmensinteresse verpflichtet ist, erfolgt die Beratung des Vorstands durch den Aufsichtsrat zumindest auch im Interesse der Gesellschaft, so dass eine Beratung grundsätzlich nicht nur im Interesse des Ratsuchenden erfolgt und deshalb auch im Rahmen der Überwachung eine Beratung möglich ist.[48]

11 Eine **eigenständige, von der Überwachung unabhängige Beratungspflicht** hat der Aufsichtsrat jedoch nicht; er kann nicht ohne Weiteres dem Vorstand seine Vorstellungen über die Unternehmenspolitik aufdrängen.[49] Dies ist einerseits im Hinblick auf die Sorgfaltspflichten des Aufsichtsrats nach § 116 von Bedeutung – der Aufsichtsrat muss nicht, auch nicht teilweise, die Aufgaben des Vorstands übernehmen,[50] andererseits im Hinblick auf die Abgrenzung von eigenständigen Beratungsverträgen, die der Genehmigung nach § 114 bedürfen, gegenüber der Überwachungs- und Beratungstätigkeit des Aufsichtsrats.

12 Eine **Beratung durch einzelne Aufsichtsratsmitglieder** ist ohne entsprechenden Beschluss des Aufsichtsrats im Bereich der Aufsichtsratstätigkeit unzulässig, unabhängig davon, ob dem Aufsichtsratsmitglied ein Entgelt gezahlt wird.[51] Die Gefahr der Interessenkollisionen und der Verquickung von Beratung und Überwachung (Richter in eigener Sache) liegen auf der Hand. Zudem ist das Aufsichtsratsmitglied schon auf Grund seiner Organzugehörigkeit verpflichtet, sein Wissen in den Dienst der Gesellschaft zu stellen.[52] Selbst dann, wenn der Aufsichtsrat das Mitglied mit Prüf- und Einsichtsrechten nach § 111 Abs. 2 S. 2 beauftragen könnte und der Aufsichtsrat hinsichtlich der Beratung einen entsprechenden Beschluss fasst, bestehen gegen diesen schwere Bedenken.[53] Denn ähnlich wie bei der Abschlussprüfung besteht die Gefahr, dass das Aufsichtsratsmitglied kaum gegen seine eigenen Ratschläge votieren wird. Auch wenn die Beratung zur Überwachungsaufgabe zählen soll, darf doch nicht verkannt werden, dass die Grenzen zur Mitwirkung in der Geschäftsführung und die Kompetenzabgrenzung zwischen den Organen leicht überschritten werden können. Hält man dennoch eine solche Beratungstätigkeit nach einem Beschluss des Aufsichtsrats für zulässig, kann das Aufsichtsratsmitglied keine gesonderte Vergütung beanspruchen, da diese Tätigkeit der Überwachung schon mit der Aufwandsentschädigung abgegolten ist. Außerhalb der Aufsichtsratstätigkeit ist das Aufsichtsratsmitglied jedoch frei, Beratungsverträge unter den Voraussetzungen des § 114 Abs. 1 (→ § 114 Rn. 21 ff.) mit dem Vorstand abzuschließen.[54]

13 **3. Inhaltliche Anforderungen an die Überwachung.** Die Überwachung bezieht sich in erster Linie auf die Kontrolle der Tätigkeiten des Vorstands in der Vergangenheit,[55] da der Aufsichtsrat nur eingeschränkt an den zukunftsorientierten Planungen teilhaben (→ Rn. 10) und auch nicht eine Überwachung in „Echt-Zeit" durchführen kann. Häufig werden die Berichte nach § 90 Abs. 1 S. 1 das Rückgrat für die Überwachung des Vorstands sein und Anlass für weitere Kontrollmaßnahmen bieten.

14 **a) Überwachungsmaßstäbe.** Die Geschäftsführung ist durch den Aufsichtsrat auf die Einhaltung der wesentlichen Grundsätze für eine ordnungsmäßige Geschäftsführung, nämlich hinsichtlich ihrer **Rechtmäßigkeit, Ordnungsmäßigkeit, Zweckmäßigkeit** und **Wirtschaftlichkeit**,[56] hin zu

---

[48] So aber *Theisen* AG 1995, 193 (199); AG 1993, 49 (64 f.).
[49] *Mertens* AG 1980, 67 (68); UHH/*Ulmer*/*Habersack* MitbestG § 25 Rn. 49; Großkomm AktG/*Hopt*/*Roth* Rn. 288; Kölner Komm AktG/*Mertens*/*Cahn* Rn. 14; *Lutter* FS Albach, 2001, 225 (231); *Lutter* ZHR 159 (1995), 287 (289 ff.); *Lutter*/*Kremer* ZGR 1992, 87 (90 f.); *Hoffmann*/*Kirchhoff* WPg 1991, 592 (596); *Lutter*/*Krieger*/*Verse* Rechte und Pflichten des Aufsichtsrats Rn. 103; ebenso Hüffer/*Koch*/*Koch* Rn. 13; aA *Druey* FS Wiedemann, 2002, 809 (824); *Jäger* DStR 1996, 671 (676) die ein eigenes Initiativrecht des Aufsichtsrats vorschlagen.
[50] S. aber auch Hüffer/*Koch*/*Koch* Rn. 13, der eine Unterscheidung zwischen einer eigenständigen Beratungskompetenz und der Beratung im Rahmen der Überwachung für unerheblich hält („kaum weiterführende Frage").
[51] → § 114 Rn. 15 ff.; *Mertens* FS Steindorff, 1990, 173 (176 ff.); *Semler* Leitung und Überwachung Rn. 261 ff.
[52] Semler/v. Schenck/*Schütz* § 111 Rn. 358.
[53] *Mertens* FS Steindorff, 1990, 173 (183 f.).
[54] BGHZ 114, 127 = NJW 1991, 1830; *Hoffmann*/*Kirchhoff* WPg 1991, 592 (596 f.); *Vollmer*/*Maurer* BB 1993, 591 (592); *Semler* Leitung und Überwachung Rn. 264; *Lutter*/*Krieger*/*Verse* Rechte und Pflichten des Aufsichtsrats Rn. 858 ff.; Großkomm AktG/*Hopt*/*Roth* Rn. 300; *Rellermeyer* ZGR 1993, 77 (85 f.); s. auch *Lutter*/*Drygala* FS Ulmer, 2003, 381 (382 ff.).
[55] So auch Hüffer/*Koch*/*Koch* Rn. 5; K. Schmidt/Lutter/*Drygala* Rn. 14; aA Bürgers/Körber/*Israel* Rn. 4: zukunftsbezogen sei Schwerpunkt.
[56] BGHZ 75, 120 (133) = NJW 1979, 1879; BGHZ 114, 127 (129 f.) = NJW 1991, 1830; Kölner Komm AktG/*Mertens*/*Cahn* Rn. 14; MüKoAktG/*Habersack* Rn. 42; Hüffer/*Koch*/*Koch* Rn. 14; K. Schmidt/Lutter/*Drygala* Rn. 20 f.; Grigoleit/*Grigoleit*/*Tomasic* Rn. 15; *Lutter*/*Krieger*/*Verse* Rechte und Pflichten des Aufsichtsrats Rn. 73 ff.; *E. Vetter* in Marsch-Barner/Schäfer Börsennotierte AG-HdB Rn. 26.9; *Lutter* AG 2008, 1 (2); *Säcker*/*Rehm* DB 2008, 2814 (2817); *Busekist*/*Keuten* CCZ 2016, 119 (120); *Rack* CB 2017, 59 (61).

überwachen. Zu den zu überwachenden Gegenständen zählen aber auch die in § 289c Abs. 2, 3 HGB aufgeführten Belange im Rahmen der Corporate Social Responsbility wie Belange der Arbeitnehmer, der Umwelt etc.[57]

Der Aufsichtsrat hat insbesondere darüber zu wachen, dass der Vorstand **keine rechtswidrigen** 15 **Maßnahmen** durchführt,[58] wozu auch die Einhaltung ausländischer Rechtsnormen[59] und der Grenzen des satzungsmäßigen Unternehmensgegenstandes[60] gehören können. Kennt der Aufsichtsrat Umstände, aus denen sich Rechtsverstöße ergeben, so muss er einschreiten.[61] Ansonsten kann er gegebenenfalls nicht nur zivilrechtlich, sondern auch strafrechtlich in die Verantwortung zu nehmen sein.[62] Diese Funktion des Aufsichtsrats weist eine lange Tradition auf und geht letztlich bis auf den Wechsel des Octroi-Systems der staatlichen Konzessionierung von Aktiengesellschaften auf das Normativsystem zurück, in dem der Aufsichtsrat die Kontrolle über die AG ausüben sollte.[63] Zur Überwachung der Rechtmäßigkeit gehört auch, dass der Aufsichtsrat sich Gewissheit darüber verschafft, dass **alle Vorstandsmitglieder gleich behandelt** werden.[64] Ebenso muss der Aufsichtsrat darauf achten, dass der Vorstand sich in dem von der Satzung umschriebenen Unternehmensgegenstand hält und nicht unzulässigerweise die Tätigkeiten der Gesellschaft darüber hinaus ausdehnt.[65]

Die Überwachung durch den Aufsichtsrat beschränkt sich von Gesetzes wegen zwar **nicht** auf eine 16 **reine Rechtsaufsicht;** vielmehr muss der Aufsichtsrat auch ständig kontrollieren, ob die Geschäftsführung des Vorstands ordnungsgemäß und zweckmäßig durchgeführt wird.[66] Auch im Hinblick auf künftige Personalauswahlentscheidungen des Aufsichtsrats bei der Vorstandsbesetzung nach § 84 spielt die Kontrolle der Vorstandstätigkeit auf dessen **Zweckmäßigkeit** hin eine gewichtige Rolle. Doch ist andererseits zu berücksichtigen, dass der Vorstand nach § 76 in der Leitung der Gesellschaft eigenverantwortlich handelt und der Aufsichtsrat nach § 111 Abs. 4 S. 1 nicht die Geschäftsführung übernehmen darf. Der Aufsichtsrat muss daher sowohl die Ausübung eines Beurteilungs-[67] als auch eines Ermessensspielraums[68] durch den Vorstand respektieren und darf nicht seine eigene Auffassung an die Stelle des Vorstands setzen, sofern der Vorstand seinerseits die Grenzen beachtet hat, die seinem Beurteilungs- oder Ermessensspielraum gesetzt sind.[69] Insbesondere bei unternehmerischen Entscheidungen muss dem Vorstand ein breiter Spielraum eingeräumt werden, da diese per se das Risiko des Fehlschlags enthalten. Der Gesetzgeber hat diesen Spielraum („business judgment rule")[70] in § 93 Abs. 1 S. 2[71]

---

[57] Näher *Hommelhoff* NZG 2017, 1361 (1365 f.).
[58] *K. Schmidt/Lutter/Drygala* Rn. 20; *Hüffer/Koch/Koch* Rn. 14: „selbstverständlich"; vgl. auch die Aufzählung möglicher Gesetzesverletzungen bei Großkomm AktG/*Hopt/Roth* Rn. 302.
[59] S. dazu MüKoAktG/*Spindler* § 93 Rn. 94; enger Großkomm AktG/*Hopt/Roth* Rn. 303, die eine Überwachung aller in Frage kommenden Gesetzesverletzungen als für den Aufsichtsrat nicht leistbar ansehen.
[60] OLG Düsseldorf AG 2010, 126 (127 ff.); Kölner Komm AktG/*Mertens/Cahn* Rn. 14; Großkomm AktG/*Hopt/Roth* Rn. 304; *Lutter/Krieger/Verse* Rechte und Pflichten des Aufsichtsrats Rn. 74.
[61] OLG Karlsruhe WM 2009, 1147; s. bereits BGH NJW 1991, 1830 (1831).
[62] Zur strafrechtlichen Haftung → § 116 Rn. 205.
[63] *Wiethölter*, Interessen und Organisation der Aktiengesellschaft, 1961, 270 ff.; *Dreist*, Die Überwachungsfunktion des Aufsichtsrats bei Aktiengesellschaften, 1980, 15 ff.; *Spindler*, Recht und Konzern, 1993, 56 f.
[64] MüKoAktG/*Habersack* Rn. 23 f.
[65] MüKoAktG/*Semler*, 2. Aufl. 2004, Rn. 142 ff.
[66] AllgM, BGHZ 75, 120 (133) = NJW 1979, 1879; BGHZ 114, 127 (129 f.) = NJW 1991, 1830; LG Stuttgart AG 2000, 237 (238); *Lutter/Krieger/Verse* Rechte und Pflichten des Aufsichtsrats Rn. 71 ff.; *K. Schmidt/Lutter/Drygala* Rn. 21; *Lutter* AG 2008, 1 (2).
[67] Zum Beurteilungsspielraum bei der Auslegung unbestimmter Rechtsbegriffe durch den Vorstand s. MüKoAktG/*Spindler* § 93 Rn. 36; *Semler* FS Ulmer, 2003, 627 (633 f.).
[68] BGHZ 135, 244 = NJW 1997, 1926 – ARAG/Garmenbeck; *Bürgers/Körber/Israel* Rn. 4; *Fleischer* ZIP 2004, 685 ff.; *Semler* FS Ulmer, 2003, 627 (634 ff.); *Clemm/Dürrschmidt* FS Müller, 2001, 67 (72 ff.); *Kindler* ZHR 162 (1998), 101 (102 ff.); *Jaeger/Trölitzsch* ZIP 1995, 1157 ff.; MüKoAktG/*Spindler* § 93 Rn. 36; Großkomm AktG/*Hopt/Roth* § 93 Rn. 85; *K. Schmidt/Lutter/Drygala* Rn. 22; *E. Vetter* in Marsch-Barner/Schäfer Börsennotierte AG-HdB Rn. 26.13.
[69] MüKoAktG/*Habersack* Rn. 42 f.; *Dreher* ZHR 158 (1994), 614 (629 ff.); abw. Großkomm AktG/*Hopt/Roth* Rn. 306, nach denen der Aufsichtsrat eigene Zweckmäßigkeitserwägungen auch dann vornehmen soll, wenn der Vorstand sich eindeutig innerhalb des Spielraums von § 93 Abs. 1 S. 2 hält und der Aufsichtsrat deshalb auf keinen Fall zum Eingreifen verpflichtet ist; dazu auch → Rn. 20.
[70] Dazu aus rechtsvergleichender Sicht ausf. *Paefgen* AG 2004, 245 ff.; s. zu den Grenzen der Mitwirkung des Aufsichtsrats an unternehmerischen Entscheidungen auch *Säcker/Rehm* DB 2008, 2814 ff.
[71] Zur Rezeption der business judgment rule durch das UMAG ausf. Großkomm AktG/*Hopt/Roth* § 116 Rn. 75 ff.; zum Regierungsentwurf s. noch *Weiss/Buchner* WM 2005, 162 (163 ff.); *Holzborn/Bunnemann* BKR 2005, 51 f.; *Seibert/Schütz* ZIP 2004, 252 ff.; *Diekmann/Leuering* NZG 2004, 249 ff.

anerkannt.[72] Die Einhaltung dieser Grenzen indes unterliegt in vollem Umfang der Kontrolle durch den Aufsichtsrat.

17 Zu diesen Grenzen zählt zunächst vor allem die vollständige und richtige **Ermittlung des Sachverhalts**. Der Aufsichtsrat kann hier im Grundsatz in vollem Umfang nachprüfen, ob der Vorstand den richtigen Sachverhalt festgestellt hat. Sofern er den Informationen des Vorstands nicht vertraut, kann er gegebenenfalls auch eigene Ermittlungen anstellen und den Sachverhalt anders würdigen.[73] Allerdings ist zu berücksichtigen, dass auch die Art und Weise der Tatsachenermittlung eine unternehmerische Entscheidung darüber enthält, mit welchem Aufwand und welcher gewünschten Genauigkeit ein Sachverhalt festgestellt wird.[74] Der Aufsichtsrat muss daher bei seinen eigenen Bemühungen auch die vom Vorstand getroffene Entscheidung über das Ausmaß der Sachverhaltsermittlung prüfen; sofern diese vertretbar ist, darf der Aufsichtsrat nicht sein Ermessen anstelle desjenigen des Vorstands setzen.

18 Ferner darf der Vorstand sich bei seiner Entscheidung **nicht** von **sachfremden Erwägungen** leiten lassen, insbesondere persönlichen Interessen.[75] Der Vorstand hat jegliche **Interessenkollision** bei der Verfolgung der Unternehmensziele zu vermeiden.[76] Der Aufsichtsrat hat im Falle eines Konflikts die notwendigen Maßnahmen zu treffen, damit der Vorstand erneut eine Entscheidung trifft, bei der dieser die sachfremden Erwägungen nicht berücksichtigt und Interessenkollisionen verhindert werden.

19 Hinsichtlich der **Zweckmäßigkeit** besteht die Aufgabe des Aufsichtsrates darin, den Vorstand darin zu überwachen, dass er die Ziele der langfristigen Rentabilität und der Sicherung des Bestandes des Unternehmens umsetzt und erreicht.[77] Damit werden letztlich die sowohl für Vorstand wie Aufsichtsrat geltenden Maßstäbe des Unternehmensinteresses[78] zum Kriterium.[79] Die Wahrnehmung sozialer Interessen oder der Corporate Identity ist dagegen zwar zulässig, aber andererseits auch nicht zwingend erforderlich.[80] Auch kann der Aufsichtsrat nicht beanstanden, dass der Vorstand im Rahmen des Unternehmensinteresses bestimmte Schwerpunkte setzt, zB den **shareholder value** verfolgen will.[81] Dem Aufsichtsrat steht es in diesem Rahmen auch nicht zu, das Unternehmensinteresse zu konkretisieren oder **Leitlinien** hierfür zu verabschieden; abgesehen davon, dass das Unternehmensinteresse als unbestimmter Rechtsbegriff nicht bindend durch die Organe festgelegt werden kann, stünde es allein in der Leitungsmacht des Vorstands, Leitlinien zur Detaillierung der Unternehmenspolitik und -strategie zu verabschieden. Der Aufsichtsrat kann diese jedoch wiederum auf Zweckmäßigkeit hin kontrollieren.

20 In diesen Zusammenhang gehört auch die Frage, ob der Aufsichtsrat hinsichtlich der **Grundsätze der beabsichtigten Geschäftspolitik** als Richtschnur des unternehmerischen Handelns (Ziele und Unternehmensstrategien) nur eine Ermessenskontrolle durchführen darf, auch wenn er selbst diese Ziele und Strategien für unrichtig hält. Der DCGK sieht hierfür in Ziff. 3.2, 4.1.2 DCGK vor, dass der Vorstand die strategische Ausrichtung des Unternehmens mit dem Aufsichtsrat „abstimmt" und den Stand der Strategieumsetzung regelmäßig erörtert.[82] So richtig es jedoch ist, dass ein Konsens zwischen den beiden Organen über die richtige Unternehmenspolitik und eine regelmäßige Erörte-

---

[72] Vgl. Hüffer/Koch/*Koch* § 93 Rn. 8; s. zur business judgment rule BGHZ 135, 244 (253) – ARAG/Garmenbeck; BGHZ 136, 133 (140) = NJW 1997, 2815 – Siemens/Nold; *Fleischer* ZIP 2004, 685 ff.; *Ulmer* DB 2004, 859 ff.; *Westermann/Paefgen* JZ 2003, 138 (139 f.); *Semler* FS Ulmer, 2003, 627 (639 ff.); Großkomm AktG/*Kort* § 76 Rn. 51; Hüffer/Koch/*Koch* § 93 Rn. 11; für die Genossenschaft vgl. BGH NZG 2002, 195 (196 f.); *Fleischer* FS Wiedemann, 2002, 827 ff.; *Roth*, Unternehmerisches Ermessen und Haftung des Vorstands, 2002, 15 ff.
[73] Ausf. zur Selbstverantwortung des Aufsichtsrates: MüKoAktG/*Habersack* Rn. 47 f., 66 ff.
[74] Dazu MüKoAktG/*Spindler* § 93 Rn. 48.
[75] *Fleischer* ZIP 2004, 685 (690 f.); *Semler* FS Ulmer, 2003, 627 (637); *Kindler* ZHR 162 (1998), 101 (106); K. Schmidt/Lutter/*Drygala* Rn. 21.
[76] *Fleischer* ZIP 2004, 685 (690 f.); *Fleischer* FS Wiedemann, 2002, 827 (841 ff.).
[77] MüKoAktG/*Habersack* Rn. 42; Hüffer/Koch/*Koch* Rn. 14; Großkomm AktG/*Hopt/Roth* Rn. 306.
[78] Näher dazu MüKoAktG/*Spindler* § 76 Rn. 63 ff., § 93 Rn. 47.
[79] In diese Richtung LG Stuttgart AG 2000, 237, der Aufsichtsrat hat nur das Wohl des Unternehmens zu berücksichtigen.
[80] Anders offenbar UHL/*Heermann* GmbHG § 52 Rn. 87, der die sozialen Verpflichtungen zumindest von der Kontrollbefugnis des AR umfasst sieht; abl. demgegenüber MüKoAktG/*Habersack* Rn. 42; Hüffer/Koch/*Koch* Rn. 14. Eine Ausnahme von diesem Grundsatz ergibt sich lediglich bei gesetzlich festgeschriebenen, öffentlichen Interessen, denen alle Organe der Gesellschaft unbedingt verpflichtet sind. → Rn. 15; *Fleischer* ZIP 2005, 141 (146 ff.) (kein „efficient breach of public law"); *Gerdemann*, Transatlantic Whistleblowing, 2018, Rn. 262 f. (gesellschaftseigenes „Legalitätsinteresse").
[81] *Henze* BB 2000, 209 (212); *Mülbert* ZGR 1997, 129 (140 ff.); *Semler* FS Ulmer, 2003, 627 (636).
[82] S. hierzu KBLW/*Lutter* DCGK Rn. 510, der Aufsichtsrat soll die strategische Planung mittragen, das Initiativrecht zur Planung hat aber selbstverständlich der Vorstand wie es auch Ziff. 4.1.2 DCGK vorsieht.

rung essentiell ist für das Gedeihen des Unternehmens, kann aus rechtlicher Sicht dem Aufsichtsrat zwar ein Mitsprache-, aber kein Mitentscheidungsrecht zustehen, da die Kompetenz für die unternehmerische Ausrichtung der Gesellschaft allein beim Vorstand liegt.[83] Wenn es richtig ist, dass der Aufsichtsrat die unternehmerische Ermessensausübung des Vorstands respektieren muss, dann muss dies auch für die Festlegung der Ziele und den einzuschlagenden Weg gelten.[84] Der Aufsichtsrat ist daher, entgegen teilweise anderslautender Formulierungen, kein die Unternehmenspolitik unmittelbar gestaltendes Organ,[85] auch wenn die tatsächlichen Machtverhältnisse in der Praxis dies manchmal nahelegen mögen. Seine Beratungsfunktion ist nicht etwa Ausdruck einer systemfremden Geschäftsführungskompetenz, sondern Bestandteil einer präventiv ausgerichteten Überwachung des Vorstands.[86] Dem Aufsichtsrat bleibt es unbenommen, mit personellen Konsequenzen oder Zustimmungsvorbehalten nach § 111 Abs. 4 zu reagieren; dabei darf er allerdings nicht missbräuchlich mit Hilfe von Zustimmungsvorbehalten auf die Durchsetzung seiner Ansichten hinwirken.[87] Letztlich wird diese Frage selten praktisch relevant werden, da ein Vorstand, der nicht mehr die Rückendeckung seines Aufsichtsrats in wichtigen Fragen genießt, auf Dauer nicht die Konfrontation suchen wird.

Zur **Ordnungsmäßigkeit** der Vorstandtätigkeit soll insbesondere eine **sinnvolle Organisation** 21 gehören, hier in erster Linie des Planungs- und Rechnungswesens.[88] Unterstützung findet dies in der nunmehr gesetzlich festgehaltenen Pflicht zur Schaffung eines Risikomanagementsystems nach § 91 Abs. 2.[89] Auch wenn dies ad hoc einleuchten mag, ist die im Einzelfall erforderliche Konkretisierung der „sinnvollen" Organisation außerordentlich schwierig, da es zahlreiche gleichwertige Modelle und kein allgemeingültiges Konzept gibt, das für jedes Unternehmen in gleicher Weise anwendbar wäre.[90] Auch im Rahmen des von § 91 Abs. 2 vorgeschriebenen Risikomanagements lassen sich nur grobe Linien einer ordnungsgemäßen Organisation ziehen.[91] Das gilt auch für die Einrichtung und Ausgestaltung eines **Compliance-Systems** zur Verhinderung von Rechts- und Regelverstößen im Unternehmen. Dem Vorstand steht diesbezüglich ein vergleichsweise weiter Entscheidungsspielraum im Sinne der Business Judgement Rule zu,[92] so dass auch der Aufsichtsrat seine eigenen Zweckmäßigkeitserwägungen nicht einfach anstelle derjenigen des Vorstands setzen kann.[93] Das entbindet den Aufsichtsrat freilich nicht von der Verpflichtung, sich über einzelne Compliance-Maßnahmen und -Vorkommnisse unter Zuhilfenahme der gesetzlich vorgesehenen Instrumente (§§ 90, 107 Abs. 3 S. 2, § 111 Abs. 2, § 171) zu informieren und das Gesamtkonzept des Vorstands

---

[83] Großkomm AktG/*Hopt/Roth* Rn. 85 ff.; K. Schmidt/Lutter/*Drygala* Rn. 22.
[84] Kölner Komm AktG/*Mertens/Cahn* Rn. 14; aA *Deckert* JuS 1999, 736 (738).
[85] Bereits die Nachweise in MüKoAktG/*Habersack* Rn. 13; K. Schmidt/Lutter/*Drygala* Rn. 5; Wachter/*Schick* Rn. 4; *Lutter* FS Albach, 2001, 225 (231): „Mit-Unternehmer"; *Säcker/Rehm* DB 2008, 2814 (2815) „unternehmerisches Führungsorgan"; ähnlich auch *Lenz/Krag* ZCG 2008, 161 (162); *Göppert*, Die Reichweite des Business Judgment Rule bei unternehmerischen Entscheidungen des Aufsichtsrats der Aktiengesellschaft, 2009, 6 ff.; hingegen wie hier Köln Komm AktG/*Mertens/Cahn* Rn. 14; Großkomm AktG/*Hopt/Roth* Rn. 285; Hüffer/Koch/*Koch* Rn. 13; *Hasselbach* NZG 2012, 41.
[86] Dies entspricht auch dem historischen Konzept des Gesetzgebers, s. BegrRegE zu § 90 AktG 1965 bei *Kropff* S. 116, wonach die Unterrichtung über die zukünftige Geschäftspolitik zweckmäßig sei „[…] weil der Aufsichtsrat nicht darauf beschränkt ist, nachträglich zu den vom Vorstand eingegangenen Geschäften Stellung zu nehmen, sondern seine Überwachung [sic] schon vor der Ausführung der vom Vorstand beabsichtigten Maßnahmen einsetzen kann.".
[87] S. Großkomm AktG/*Hopt/Roth* Rn. 85 und → Rn. 65.
[88] So *Semler* ZGR 1983, 1 (16 ff.); zust. Hüffer/Koch/*Koch* Rn. 14; die eigenständige Bedeutung des Begriffs der Ordnungsmäßigkeit idZ bezweifelnd dagegen Großkomm AktG/*Hopt/Roth* Rn. 309.
[89] S. dazu *Salzberger* DBW 60 (2000), 756 (759 ff.) mit zust. Anm. *J. Semler* DBW 61 (2001), 391; *H. Götz* DBW 61 (2001), 393; *Pollanz* DB 2001, 1317; wN bei MüKoAktG/*Spindler* § 91 Rn. 29 ff.; *Fleischer* → § 91 Rn. 29 ff.; für eine zukunftsorientierte umfangreiche Überwachung des strategischen Managements durch den Aufsichtsrats *Lenz/Krag* ZCG 2008, 161 ff.
[90] Ausf. *Spindler*, Unternehmensorganisationspflichten, 2001, 381 ff.
[91] S. → § 91 Rn. 30; MüKoAktG/*Spindler* § 91 Rn. 31; s. auch *Mielke*, Defizite in der Unternehmenskontrolle durch den Aufsichtsrat und Ansätze zu ihrer Bewältigung, 2005, 219 ff. sowie *Lenz/Krag* ZCG 2008, 161 ff.; *Blasche* CCZ 2009, 62 (63 ff.).
[92] *Spindler* RW 2013, 292 (305 ff., 309 ff.); *Kort* FS Hopt, 2010, 983 (991, 995); Großkomm AktG/*Kort* § 91 Rn. 55; *Hüffer* FS Roth, 2011, 299 (305); *Kindler* FS Roth, 2011, 367 (371 f.); *v. Busekist/Hein* CCZ 2012, 41 (44 f.); *Fleischer* BB 2008, 1070 (1072); *Fleischer* AG 2003, 291 (299 f.); *M. Zimmermann* WM 2008, 433 (436); *Hauschka* in Hauschka/Moosmayer/Lösler Corporate Compliance § 1 Rn. 31; MüKoAktG/*Spindler* § 91 Rn. 66; Kölner Komm AktG/*Mertens/Cahn* § 91 Rn. 36; *J. Reichert* FS Hoffmann-Becking 2013, 943 (951 f.); enger insbes. *U. H. Schneider* ZIP 2003, 645 (648 f.), der aus einer Gesamtanalogie zu bereichsspezifischen Compliance-Vorschriften einen konkreten Pflichtenkatalog abzuleiten versucht.
[93] Insoweit tendenziell anders *Lutter* FS Hüffer 2010, 615 (617) (Nachbesserungspflicht des Vorstands, sofern dieser den Aufsichtsrat nicht von seinem System überzeugen konnte).

auf seine Plausibilität und Effizienz zu überprüfen.[94] Damit ist die nicht zuletzt im Nachgang des Siemens/Neubürger Urteils[95] zunehmend intensiv diskutierte Compliance-Verantwortung des Aufsichtsrats[96] in erster Linie eine organbezogene (→ Rn. 6), führt also nicht etwa dazu, dass der Aufsichtsrat anstelle des Vorstands zur letzten Kontrollinstanz rechtmäßigen Mitarbeiterverhaltens würde.[97] Stattdessen hat der Aufsichtsrat in erster Linie zu kontrollieren, ob der Vorstand im Rahmen seines Organisationsermessens geeignete und dauerhaft funktionsfähige Maßnahmen zur Schaffung einer effektiven Compliance-Struktur ergriffen hat.[98] Als Folge der Organisationsverantwortung und Geschäftsführungsbefugnis des Vorstands obliegt es daher auch ausschließlich diesem, die Implementierung der erforderlichen Systemelemente in die Unternehmensstruktur umzusetzen.[99] Die Akzessorietät von Organisation und Überwachung setzt sich entsprechend fort bei **konzerndimensionalen Compliance-Strukturen,**[100] wobei den Vorstand der Muttergesellschaft keine Pflicht zur Erweiterung seiner Einflussmöglichkeiten auf die Tochtergesellschaften trifft,[101] so dass auch die Überwachungsaufgabe des Aufsichtsrats insbesondere im faktischen Konzern entsprechend begrenzt ist.[102]

21a Von der abstrakten Überwachung der Compliance-Organisation zu unterscheiden ist die Durchführung einer **internen Untersuchung ("Internal Investigation")** zur Aufklärung eines konkreten Compliance-Vorfalls.[103] Auch hier trifft den Vorstand grundsätzliche die primäre Aufdeckungszuständigkeit als Teil seiner Geschäftsführungskompetenz, so dass der Aufsichtsrat darauf beschränkt (aber auch verpflichtet) ist, die Untersuchung des Vorstands auf deren Effektivität hin kritisch zu begleiten und sich kontinuierlich über ihren Fortgang zu informieren.[104] Zu Abgrenzungsproblemen in Zuständigkeitsfragen kann es allerdings dann kommen, wenn als Gegenstand der Untersuchung (auch) Fehlverhalten des Vorstands selbst in Rede steht. Richtigerweise wird man den Aufsichtsrat jedenfalls dann für berechtigt und verpflichtet halten müssen, die Untersuchung in eigener Verantwortung zu leiten,[105] wenn hinreichende Anhaltspunkte für die Involvierung einer Mehrheit oder noch unbekannten Zahl von Vorstandsmitgliedern bestehen und eine unbefangene Durchführung einer vorstandseigenen Untersuchung damit nicht mehr möglich erscheint.[106]

22 **b) Grundsätze ordnungsgemäßer Überwachung.** Im Rahmen der Konkretisierung der Anforderungen an die Überwachungstätigkeit des Aufsichtsrats werden vor allem von betriebswirt-

---

[94] *Arnold* ZGR 2014, 76 (86 ff.), *Habersack* FS Stilz, 2014, 191 (194); *Lutter* FS Hüffer, 2010, 615 (617 f.); *Kremer/Klahold* ZGR 2010, 113 (123 f.); *Winter* FS Hüffer, 2010, 1001 (1016 ff.); *Hönsch* Der Konzern 2009, 553 (559 ff.); *Kort* FS Hopt, 2010, 983 (997 f.); *Habersack* AG 2014, 1 (4 f.); *E. Vetter* FS v. Westphalen, 2010, 719 (732 f.); Großkomm AktG/*Hopt/Roth* § 111 Rn. 246; *Bürkle* BB 2007, 1797 (1800).

[95] LG München I NZG 2014, 345; hierzu auch die Kommentierung in § 91.

[96] *Paefgen* WM 2016, 433 (439); *Busekist/Keuten* CCZ 2016, 119 (120); *Bürgers* ZHR 179 (2015), 173 (187 ff.); → § 91 Rn. 67 ff.; *Habersack* AG 2014, 1; *Habersack* FS Stilz, 2014, 191 ff.; *Witte/Indenhuck* BB 2014, 2563 (2564); *Lutter* FS Hüffer, 2010, 615 (616 ff.); *E. Vetter* FS v. Westphalen, 2010, 719 (732 ff.); *Kort* FS Hopt, 2010, 983 (997 ff.).

[97] *Fleischer* → § 91 Rn. 63 (67); *Bürgers* ZHR 179 (2015), 173 (175); *Arnold* ZGR 2014, 76 (86).

[98] → § 107 Rn. 142; *Habersack* AG 2014, 1; *Witte/Indenhuck* BB 2014, 2563 (2564); *Habersack* FS Stilz, 2014, 191 ff; *Paefgen* WM 2016, 433 (439); *Hüffer/Koch/Koch* Rn. 5; *Lutter/Krieger/Verse* Rechte und Pflichten des Aufsichtsrats Rn. 985; *Busekist/Keuten* CCZ 2016, 119 (121); *Schneider* ZIP Beilage 2016, 70 (71 ff.).

[99] Auch sofern einzelne Compliance-Elemente (auch) der Überwachungstätigkeit des Aufsichtsrats zugutekommen, kann dieser sie idR nicht ohne Mitwirkung des Vorstands eigenständig einrichten. Vgl. bzgl. Whistleblowingsystemen *Schemmel/Ruhmannseder/Witzigmann*, Hinweisgebersysteme, 2012, Kap. 5, Rn. 7; *Gerdemann*, Transatlantic Whistleblowing, 2018, Rn. 269; wohl auch *Lutter/Krieger/Verse* Rechte und Pflichten des Aufsichtsrats Rn. 251; aA *S.H. Schneider*, Informationspflichten und Informationssystemeinrichtungspflichten im Aktienkonzern, 2005, 303; *Roth* AG 2004, 1 (8).

[100] Hierzu ausführlich *Bürgers* ZHR 179 (2015), 173 (193 ff.); ähnlich *Habersack* AG 2014, 1 (3): mit konzernweiten Compliance-Verantwortung des Vorstands habe eine entsprechende Überwachungspflicht des Aufsichtsrats einherzugehen.

[101] S. dazu MüKoAktG/*Spindler* § 91 Rn. 73 ff.; *Spindler* RW 2013, 292 (319 ff.).

[102] Abl. zur Frage nach einem verdachtsunabhängigen Befragungsrecht des Aufsichtsrats *Bürgers* ZHR 179 (2015), 173 (195 ff.).

[103] Zur praktischen Durchführung *Krug/Skoupil* NJW, 2017, 2374.

[104] *Arnold* ZGR 2014, 76 (100 ff.); *Reichert/Ott* NZG 2014, 241 (243 ff.); *Habersack* FS Stilz, 2014, 191 (194 ff.); *Hugger* ZHR 179 (2015), 214 (217 f.); *Wagner* CCZ 2009, 8 (10 ff.); ebenso wenig kann selbst bei erheblichen Compliance-Verstößen, auch wegen des Gebots der Wirtschaftlichkeit, der Aufsichtsrat keine zusätzliche „Internal Investigation" neben dem Vorstand anfordern, *Blassl* WM 2017, 992 (998).

[105] Eine bloße Partizipation an einer vom Vorstand geleiteten Untersuchung scheidet in diesen Fällen aus. Insoweit wie hier *Habersack* FS Stilz, 2014, 191 (197). Zu möglichen Durchsuchungsmitteln → Rn. 46a.

[106] Ähnlich *Reichert/Ott* NZG 2014, 241 (249 f.); *Bürgers* ZHR 179 (2015), 173 (200 f.); (jedenfalls bei mehrheitlich betroffenem Vorstand); *Fuhrmann* NZG 2016, 881 (883); *Arnold* ZGR 2014, 76 (100 ff.); *Hugger* ZHR 179 (2015), 214 (217 f.) (praktisch vorzugswürdig bei bereits einem betroffenen Vorstandsmitglied); aA *Arnold* ZGR 2014, 76 (100) (prinzipiell keine Untersuchungskompetenz des Aufsichtsrats).

schaftlicher Seite aus Grundsätze zur ordnungsgemäßen Überwachung des Aufsichtsrats gegenüber dem Vorstand formuliert.[107] Diese Grundsätze werden oft aus allgemeinen betriebswirtschaftlichen Erkenntnissen der Organisations- und Entscheidungstheorie abgeleitet.[108] Nicht vollständig damit gleichzusetzen sind die von verschiedenen Praktikern oder Experten herausgearbeiteten Kodizes oder Grundsätze („codes of best practice"), die als gute Praxis geübte Regeln verallgemeinern sollen. Diese Kodizes greifen lediglich partiell auf die Grundsätze ordnungsgemäßer Überwachung zurück und implementieren diese.[109]

Derartige Grundsätze können nur vorsichtig zur näheren Spezifizierung der vom Aufsichtsrat bzw. seiner Mitglieder geschuldeten Sorgfalt im Rahmen der Überwachung herangezogen werden.[110] Sie sind **keinesfalls Rechtsnormen**,[111] sondern nur von privaten Gremien gesetzte Standards, die allenfalls Indizwirkung entfalten können, wenn sie von breiten Verkehrskreisen anerkannt werden. Selbst mit der von der Rechtsprechung üblicherweise den DIN-Normen beigemessenen Wirkung[112] können sie kaum verglichen werden, da die ordnungsgemäße Überwachung weit mehr auf den jeweiligen Einzelfall bezogen ist[113] und zudem wertende Elemente, insbesondere der Auswahl der zu überwachenden Geschäftstätigkeiten und Kosten und Nutzen einer Überwachungsmaßnahme, enthält. 23

Zu einer ordnungsgemäßen Überwachung gehört auch das Erfordernis einer regelmäßigen **Effizienzprüfung** des Aufsichtsrats seiner eigenen Tätigkeit, wie es die Empfehlung der EG-Kommission[114] und auch der Deutsche Corporate Governance Kodex in Ziff. 5.6 DCGK empfiehlt und in gut geführten Aufsichtsräten, genauso wie in den USA, auch schon vorher gebräuchlich war. Als Effizienzmaßstab kann die Entwicklung des überwachten Unternehmens und seiner Vermögens-, Ertrags- und Finanzlage herangezogen werden, wobei eine Überprüfung durch den betroffenen Aufsichtsrat selbst stattfinden und keine Einschaltung Dritter vorgenommen werden soll.[115] Dabei soll die Prüfung sich nicht nur auf Feststellungen beschränken, sondern auch Verbesserungsvorschläge erarbeitet sowie schriftlich festgehalten werden.[116] 24

c) Abstufungen der Überwachungspflicht. Art und Intensität der erforderlichen und vom Aufsichtsrat geschuldeten Überwachung richten sich danach, in welcher wirtschaftlichen Situation sich die AG befindet.[117] Sofern sich die Rentabilität der Gesellschaft in einem üblichen Rahmen hält, kann sich der Aufsichtsrat darauf beschränken, die regelmäßigen Vorstandsberichte nach § 90 entgegenzunehmen und zu prüfen, sowie in einzelnen besonders wichtigen Geschäftsfeldern stichprobenartig Nachfragen zu stellen.[118] Befindet sich die Gesellschaft dagegen in wirtschaftlichen Schwierigkeiten intensiviert sich die Prüfungspflicht. Das gilt dann auch für die Kontrolle des Jahres- 25

---

[107] In erster Linie Arbeitskreis „*Externe und Interne Überwachung der Unternehmung*" der Schmalenbach-Gesellschaft für Betriebswirtschaft e. V. DB 1995, 1 ff.; *Semler* FS Peltzer, 2001, 489 ff.; *Theisen* ZfbF Sonderheft 36 (1996), 250 ff.; *Jaschke*, Die betriebswirtschaftliche Überwachungsfunktion aktienrechtlicher Aufsichtsräte, 1989, 28 ff.; *Theisen* ZfbF Sonderheft 36/1996, 75 ff.; *Theisen* DBW 53 (1993), 295 (297 f.); *v. Werder* DB 1995, 2177; *Potthoff* DB 1995, 163 (164); *Dörner/Oser* DB 1995, 1085 (1088); krit. hingegen aus betriebswirtschaftlicher Sicht *Scheffler* ZGR 1993, 63 (75).

[108] S. insbesondere *v. Werder* ZfbF Sonderheft 36/1996, 1 ff.; *v. Werder* DB 1995, 2177; *v. Werder* DB 1999, 2221 (2222 f.).

[109] S. dazu zum Deutschen Corporate Governance Kodex KBLW/*v. Werder* DCGK Rn. 602.

[110] Ähnlich Hüffer/Koch/*Koch* Rn. 1; Kölner Komm AktG/*Mertens/Cahn* Rn. 36; *Semler* Leitung und Überwachung Rn. 88; *Semler* FS Peltzer, 2001, 489 (494); *v. Schenck* NZG 2002, 64 (66); weitergehend Großkomm AktG/*Kort* Vor § 76 Rn. 12.

[111] MüKoAktG/*Habersack* Rn. 9; *Semler* FS Peltzer, 2001, 489 (494); zu parallelem Phänomen im Bereich der Unternehmensorganisation s. *Spindler*, Unternehmensorganisationspflichten, 2001, 548 ff.

[112] S. hierzu BGHZ 103, 338 (341 f.) = NJW 1988, 2667; BGHZ 114, 273 (276) = NJW 1991, 2021; BGH NJW 1997, 582 (583); BGH NJW-RR 2002, 525 (526); sowie BeckOK/*Förster* BGB § 823 Rn. 272.

[113] Ebenso MüKoAktG/*Habersack* Rn. 9; 44 ff. und Großkomm AktG/*Hopt/Roth* Rn. 310 mwN.

[114] Art. 8 der Empfehlung der Kommission v. 15.2.2005 zu den Aufgaben von nicht geschäftsführenden Direktoren/Aufsichtsratsmitgliedern/börsennotierter Gesellschaften sowie zu den Ausschüssen des Verwaltungs-/Aufsichtsrats, ABl. EG 2005 L 52, 51 ff.; dazu *Spindler* ZIP 2005, 2033 (2044).

[115] Ähnlich Arbeitskreis „*Externe und Interne Überwachung der Unternehmung*" der Schmalenbach-Gesellschaft für Betriebswirtschaft e. V. DB 2006, 1625 (1630 ff.), der eine extern moderierte Selbstevaluation vorschlägt.

[116] *Semler* FS Raiser, 2005, 399 f., der eine Liste mit zu stellenden Fragen aufstellt.

[117] MüKoAktG/*Habersack* Rn. 44; K. Schmidt/Lutter/*Drygala* Rn. 22, 24; Bürgers/Körber/*Israel* Rn. 6; *Semler* Leitung und Überwachung Rn. 231 ff.; Lutter/Krieger/*Verse* Rechte und Pflichten des Aufsichtsrats Rn. 92 ff.; Hüffer/Koch/*Koch* Rn. 15; *Boujong* AG 1995, 203 (205); *Henze* BB 2000, 209 (214); *Lutter* AG 2008, 1 (3): *E. Vetter* in Marsch-Barner/Schäfer Börsennotierte AG-HdB Rn. 26.14.

[118] OLG Stuttgart AG 2012, 762 (763 f.) = DB 2012, 2332 (2335); MüKoAktG/*Habersack* Rn. 44; Lutter/Krieger/*Verse* Rechte und Pflichten des Aufsichtsrats Rn. 93; Bürgers/Körber/*Israel* Rn. 6; Hüffer/Koch/*Koch* Rn. 15; *Hüffer* ZGR 1980, 320 (335).

abschlusses und des Konzernabschlusses;[119] denn gerade hier ist eine zu optimistische Berichterstattung durch den Vorstand zu befürchten. Gleiches gilt für deutliche Anzeichen treuwidrigen Verhaltens der Geschäftsführung oder unsicheren Rückforderungsansprüchen bei Finanzierungsgeschäften.[120] Die Häufigkeit und Intensität der Überwachung hängt allerdings auch von der jeweiligen Branche, in der das Unternehmen tätig ist und dessen Risikoumfeld ab. So müssen bei Finanzdienstleistern im Derivatengeschäft häufiger Überwachungsinitiativen durchgeführt werden, um dem besonders großen Risiko in diesem Bereich Rechnung zu tragen. Insbesondere im Rahmen der Finanzmarktkrise können diese Fragen für Aufsichtsratsmitglieder im Hinblick auf ihre Überwachungspflicht von besonderer Bedeutung sein.[121]

26 Befindet sich die Gesellschaft in einer **Krise** oder zeichnet sich diese ab, intensivieren sich die Pflichten des Aufsichtsrats zur Überwachung.[122] Dies kann sich in verschiedener Hinsicht äußern, etwa in der häufigeren Anforderung von Berichten, dem Beschluss zusätzlicher Zustimmungsvorbehalte,[123] der Kontrolle vor Ort oder durch die Weitergabe spezifizierter Überwachungsaufträge an Sachverständige. Eine gesteigerte Überwachungspflicht trifft den Aufsichtsrat darüber hinaus bei wichtigen Vorstandsentscheidungen außerhalb der gewöhnlichen Geschäftstätigkeit, deren Risikopotential geeignet ist, im ungünstigsten Fall eine spätere Krise auszulösen. Der Aufsichtsrat darf sich hierbei nicht kritiklos auf die Informationen und Risikobewertungen des Vorstands verlassen, sondern hat eine eigenständige Risikoanalyse vorzunehmen.[124] Allerdings darf die Überwachungstätigkeit nie in eine Geschäftsführung durch den Aufsichtsrat umschlagen, die nach § 111 Abs. 4 S. 1 dem Aufsichtsrat untersagt ist.[125] Auch wenn teilweise vertreten wird, dass insbesondere in einer Lage, in der der Aufsichtsrat die Vorstandsmitglieder auswechseln muss, der Aufsichtsrat temporär die Geschäftsführung übernehmen könne,[126] ist dies nicht mit § 111 Abs. 4 S. 1 vereinbar.[127] Vielmehr muss der Aufsichtsrat dafür sorgen, dass eine Auswechslung des Vorstands rechtzeitig stattfindet; gegebenenfalls muss der Vorstand gemäß § 85 Abs. 1 gerichtlich bestellt werden.[128] Nur in diesem Rahmen kann von abgestuften Überwachungspflichten des Aufsichtsrats gesprochen werden.[129]

---

[119] LG München I AG 2007, 417; OLG Stuttgart AG 2006, 379; zur gerade in diesem Bereich wichtigen Zusammenarbeit zwischen Aufsichtsrat und Abschlussprüfer → Rn. 47 ff.
[120] BGH NJW-RR 2007, 390, OLG Hamm BeckRS 2008, 06654.
[121] So auch *Lutter* DB 2009, 775 (776, 777); zur Bankenkrise und Organhaftung sowie verfehlten Anlagen in amerikanische Wertpapiere, s. auch *Lutter* ZIP 2009, 197.
[122] BGH WM 2009, 851; OLG Stuttgart AG 2012, 298 (300); OLG Brandenburg AG 2009, 662; OLG Düsseldorf ZIP 2012, 2299 (2300); OLG Düsseldorf ZIP 2015, 1586 (1589); OLG Hamburg DB 2001, 583 (584); *Hasselbach* NZG 2012, 41; *Semler* Leitung und Überwachung Rn. 233 f.; *Semler* AG 1983, 141 f.; MüKoAktG/*Habersack* Rn. 45; Großkomm AktG/*Hopt/Roth* Rn. 319; *Lutter/Krieger/Verse* Rechte und Pflichten des Aufsichtsrats Rn. 95 ff.; Bürgers/Körber*Israel* Rn. 6; Hüffer/Koch/*Koch* Rn. 24; K. Schmidt/Lutter/*Drygala* Rn. 24; *E. Vetter* in Marsch-Barner/Schäfer Börsennotierte AG-HdB Rn. 26.14; *Henze* BB 2000, 209 (214); s. darüber hinaus *Claussen* AG 1984, 20 f.; Kölner Komm AktG/*Mertens/Cahn* Rn. 25, die grundsätzlich auch für eine Intensivierung in der Krise sind, die sich aber – zu Recht – gegen eine in der Krise unternehmensführende Überwachung durch den Aufsichtsrat aussprechen. Zur Überwachung in der Krise aus betriebswirtschaftlicher Sicht *Schlömer* Das aktienrechtliche Überwachungssystem unter Berücksichtigung der Besonderheiten von Unternehmenskrisen, 1985, 165 ff.; *Jaschke*, Die betriebswirtschaftliche Überwachungsfunktion aktienrechtlicher Aufsichtsräte, 1989, 208 ff.
[123] Dafür Kölner Komm AktG/*Mertens/Cahn* Rn. 25; *Berg* WiB 1994, 382 (384); OLG Düsseldorf ZIP 2015, 1586 (1589). Zu Zustimmungsvorbehalten → Rn. 62 ff., insbes. → Rn. 67.
[124] OLG Stuttgart AG 2012, 298 (300 ff.) – Piëch/Sardinien-Äußerungen; dazu *Selter* NZG 2012, 660 (661); *Hoffmann* AG 2012, 478 (482 f.); vgl. auch zur Ablehnung der Nichtzulassungsbeschwerde durch BGH NZG 2013, 339 = CCZ 2013, 174 m. Anm. *Schubert*; sowie zur eigenständigen Sachverhaltsermittlung → Rn. 17.
[125] S. OLG Köln AG 2011, 838, wonach bei Einmischung in das operative Geschäft die Entlastung verweigert werden kann; ferner LG Düsseldorf AG 1990, 70 (71).
[126] So wohl Hüffer/Koch/*Koch* Rn. 15; *Semler* Leitung und Überwachung Rn. 234: „gestaltende Überwachung" hinsichtlich der Personalhoheit.
[127] Großkomm AktG/*Hopt* Rn. 318; K. Schmidt/Lutter/*Drygala* Rn. 23; Kölner Komm AktG/*Mertens/Cahn* Rn. 25; *Claussen* AG 1984, 20 (21); *Goerdeler* WPg 1982, 33 (34); *Schilling* AG 1981, 341 (342); MüKoAktG/*Habersack* Rn. 45 f.
[128] Zur gerichtlichen Bestellung von Vorstandsmitgliedern s. *Fleischer* → § 85 Rn. 1 ff.
[129] Für eine abgestufte Überwachungspflicht Hüffer/Koch/*Koch* Rn. 15; *Lutter/Krieger/Verse* Rechte und Pflichten des Aufsichtsrats Rn. 92 ff.; MüKoAktG/*Habersack* Rn. 46; *Henze* BB 2000, 209 (214); *Boujong* AG 1995, 203 (295); *Semler* AG 1984, 21; *Schilling* AG 1981, 341 (342); grundsätzlich ebenso Kölner Komm AktG/*Mertens/Cahn* Rn. 25; *Claussen* AG 1984, 20; die sich darüber hinaus aber gegen eine 3 fache Abstufung aussprechen, da diese keine Grundlage im AktG findet; kritisch zum Begriff der abgestuften Überwachungspflichten auch Großkomm AktG/*Hopt/Roth* Rn. 316, insbes. dessen praktischen Wert bestreitend.

d) Geltendmachung von Ersatzansprüchen gegen Vorstandsmitglieder. Zu der Überwachung des Vorstands gehört auch die Prüfung durch den Aufsichtsrat, ob der AG Ersatzansprüche nach § 93 gegen den Vorstand zustehen.[130] → § 116 Rn. 48 ff.

4. Information des Vorstands und Sanktionen. Der Vorstand darf nicht im Ungewissen darüber gelassen werden, zu welchem Ergebnis die Prüfung und Überwachung seiner Geschäftsführung geführt hat. Ohne dass das Gesetz es gesondert vorsähe, gebietet schon das vom Aufsichtsrat geschuldete Treueverhältnis zwischen den Organen und auch die ordnungsgemäße Überwachung eine solche Information des Vorstands.[131]

Hat die Prüfung Mängel ergeben, muss der Aufsichtsrat darauf hinwirken, dass der Vorstand sich rechtmäßig verhält. Welche Mittel der Aufsichtsrat hierzu wählt, steht in seinem pflichtgemäßen Ermessen, wobei er sich im Wesentlichen von der Schwere des Verstoßes leiten lassen muss. Neben dem informellen Gespräch zwischen Aufsichtsrat und Vorstand kommt insbesondere hierfür die formelle **Beanstandung,** die sich im Jahresbericht des Aufsichtsrats nach § 171 Abs. 2 S. 2 niederschlagen muss, in Betracht.[132] Bei drohenden Schäden verdichtet sich das Ermessen des Aufsichtsrats gegebenenfalls dahin, dass ein Zustimmungsvorbehalt zu beschließen ist,[133] bei Verstößen eines einzelnen Vorstandsmitglieds kann er die Geschäftsordnung des Vorstands ändern oder auch zum äußersten Mittel bei Vorliegen eines wichtigen Grundes greifen, der Abberufung nach § 84 Abs. 3 S. 1. Ferner kann der Aufsichtsrat die Hauptversammlung einberufen nach § 111 Abs. 3, was in praxis allerdings selten in Betracht kommt (→ Rn. 57 f.), oder der Hauptversammlung die Nichtentlastung des Vorstands, insbesondere bei ausgeschiedenen Organmitgliedern, empfehlen, allerdings nur, wenn noch keine Pflicht des Aufsichtsrats entstanden ist, Schadensersatzansprüche gegen die pflichtwidrig handelnden Vorstandsmitglieder geltend zu machen (→ Rn. 27 f.).

5. Organpflicht des Aufsichtsrats. Die Überwachungsaufgabe nach § 111 Abs. 1 ist dem gesamten Organ Aufsichtsrat zugewiesen, so dass eine Delegation der Überwachungstätigkeit insgesamt zB auf Ausschüsse nicht in Betracht kommt.[134] Dass § 107 Abs. 3 S. 3 nicht die Überwachung und § 111 Abs. 1 gesondert erwähnt, führt nicht dazu, dass der Aufsichtsrat diese Aufgabe auf einen Ausschuss delegieren könnte. Denn zum einen ist die Überwachung eine der kardinalen Aufgaben des Aufsichtsrats, derer er sich nicht durch Delegation entziehen kann, zum anderen ist die Überwachung eine tatsächliche Tätigkeit, während § 107 Abs. 3 S. 3 auf Beschlüsse des Aufsichtsrats abstellt.[135] Maßt sich ein Aufsichtsratsmitglied dennoch wiederholt Kontrollbefugnisse an, so kann dies einen wichtigen Grund nach § 103 Abs. 3 S. 1 zur Abberufung darstellen (→ § 103 Rn. 27 ff.).

Dies schließt ähnlich wie in anderen Fällen der zwingenden Zuweisung einer Aufgabe zum Gesamtaufsichtsrat (zB die Bestellung des Vorstands)[136] nicht aus, dass er sich der **Unterstützung eines Ausschusses** oder einzelnen Mitglieds bedient, sofern damit nicht die eigentliche Überwachung durch den Ausschuss vorgenommen wird.[137] Allerdings muss das Plenum sorgsam die Vorlagen des Ausschusses prüfen und sich nicht blindlings auf dessen Arbeit verlassen.[138]

Damit ist es auch ausgeschlossen, dass bestimmte Überwachungsaufgaben abschließend von einem Ausschuss übernommen werden,[139] zB eines financial **audit committee** (ausführlich zu audit committees → § 107 Rn. 139 ff.).

Die Pflicht zur Überwachung schlägt sich auch in den **individuellen Pflichten** des Aufsichtsratsmitglieds nach § 116 nieder. Auch wenn sich der Aufsichtsrat in einem zulässigen Maße der Unterstützung durch Ausschüsse oder einzelne Mitglieder bedient, bleibt es grundsätzlich bei der Gesamt-

---

[130] BGHZ 135, 244 (252) = NJW 1997, 1926 – ARAG/Garmenbeck.
[131] MüKoAktG/*Semler*, 2. Aufl. 2004, Rn. 191 ff. unter dem Hinweis auf frühere Überlegungen im Regierungsentwurf AktG 1965 zur Einführung einer solchen Pflicht nach § 87 Abs. 6 RegE AktG 1965, die nicht übernommen wurden, s. hierzu den AusschussBer bei *Kropff* AktG 1965, 120.
[132] S. dazu auch MüKoAktG/*Habersack* Rn. 32.
[133] S. auch BGHZ 124, 111 (126 f.) = NJW 1994, 520; *Götz* ZGR 1990, 631 (639); *Semler* AG 1983, 141 (142); *Lutter/Krieger/Verse* Rechte und Pflichten des Aufsichtsrats Rn. 114; *Theisen* Überwachung der Unternehmensführung, 1987, 352.
[134] *Busekist/Keuten* CCZ 2016, 119 (121).
[135] → § 107 Rn. 84; BegrRegE *Kropff* S. 149 f.; MüKoAktG/*Habersack* Rn. 49; Hüffer/Koch/*Koch* Rn. 17.
[136] S. dazu *Fleischer* § 84 Rn. 9; MüKoAktG/*Spindler* § 84 Rn. 15, je mwN.
[137] AllgM, BegrRegE *Kropff* S. 150; Hüffer/Koch/*Koch* Rn. 17; → § 107 Rn. 84.
[138] RGZ 93, 338 (340); Hüffer/Koch/*Koch* Rn. 17; K. Schmidt/Lutter/*Drygala* Rn. 6; abw. Großkomm AktG/*Hopt/Roth* Rn. 110, nach denen sich das Plenum auf die Ausschussarbeit verlassen kann, sofern keine Anhaltspunkte für Sorgfaltswidrigkeiten bestehen.
[139] AA offenbar Großkomm AktG/*Hopt/Roth* Rn. 110: „Im Rahmen der Grenzen des § 107 Abs. 3 ist die Entscheidung durch einen Ausschuss möglich".

verantwortung aller Aufsichtsratsmitglieder für die ordnungsgemäße Überwachung (Einzelheiten → § 116 Rn. 55).

V. Informationsrechte und Einsichtnahme in Bücher und Schriften; Prüfungsaufträge (Abs. 2)

34 Eine ausreichende Information und Kontrolle ist Voraussetzung einer wirksamen Überwachung. Dem Berichts- und Informationswesen für den Aufsichtsrat kommt daher eine überragende Bedeutung zu.[140] Das Gesetz regelt die Informationsordnung indes nur bruchstückhaft, indem § 90 zahlreiche Pflichten hinsichtlich der vom Vorstand zu erbringenden Berichte und die korrespondierenden Rechte des Aufsichtsrats festlegt; eine konkretisierende, vom Aufsichtsrat zu erlassende Informationsordnung bietet sich daher an.[141] Ferner flankiert § 111 Abs. 2 die Überwachung durch die Einräumung von eigenständigen Einsichtsrechten vor Ort.

35 Nicht geregelt sind **einfache Fragen** oder Informationswünsche, die der Aufsichtsrat oder ein einzelnes Aufsichtsratsmitglied an den Vorstand richtet, die aber nicht die Qualität eines Verlangens nach einem Bericht nach § 90 erreichen. Derartige Informationsverlangen sind als Minus gegenüber einem Bericht ohne weiteres zulässig, so dass der Vorstand sie auch beantworten muss,[142] unterliegen aber denselben Grenzen wie Berichtsverlangen.[143]

36 **Adressat der Informationsansprüche** ist in erster Linie der gesamte Vorstand als Organ. Nur in Ausnahmefällen kann sich der Informationsanspruch auf ein ganz bestimmtes Vorstandsmitglied beziehen, etwa wenn dieses allein über die nötige Sachkunde verfügt oder Verdachtsmomente wegen ordnungswidrigem Verhalten vorliegen. Gleiches gilt für die Befragung von **Angestellten,** die in gewichtigen Ausnahmefällen nach erfolglosem Hinzuziehen des Vorstands zulässig sein muss, um Vorwürfen konkret nachgehen und den Sachverhalt ermitteln zu können.[144] Würde man ein solches Recht generell verneinen, so würde dies zu einer unzulässigen Verkürzung der Überwachung führen.[145] Jedoch ist stets dabei zu beachten, dass es sich bei einer Befragung der Mitarbeiter im Rahmen des Einsichts- und Prüfungsrechts nicht um ein generelles Auskunftsrecht handelt.[146] Allein das Verlangen nach Berichten oder die Einsichtsrechte in Unterlagen würden für einen Ausnahmefall nicht genügen. Entgegen aktueller Tendenzen in der Literatur[147] lässt sich ein generelles, anlassunabhängiges Befragungsrecht des Aufsichtsrats nicht begründen – und zwar weder auf Basis von § 111 Abs. 2 noch von § 109 Abs. 1 S. 2.[148] Die häufig angenommene Sinnhaftigkeit von Direktkontakten[149] kann nicht darüber hinweghelfen, dass das Informationskonzept des Aktiengesetzes den Vorstand zum primären Ansprechpartner des Aufsichtsrats erkoren hat

---

[140] Ausf. und überblicksartig MüKoAktG/*Semler*, 2. Aufl. 2004, Rn. 266 ff.; ferner *Lutter* Information und Vertraulichkeit Rn. 32 ff.; die hohe Bedeutung guter Informationsversorgung für die Überwachungstätigkeit des Aufsichtsrats betonend von *Hüffer* NZG 2007, 47 (48 f.); ferner *Göppert*, Die Reichweite des Business Judgment Rule bei unternehmerischen Entscheidungen des Aufsichtsrats der Aktiengesellschaft, 2009, 48.

[141] *U. H. Scheider/S. H. Schneider* AG 2015, 621 (622 f.).

[142] MüKoAktG/*Habersack* Rn. 65; Bürgers/Körber/*Israel* Rn. 11; *v. Schenck* in Semler/v. Schenck AR-HdB § 7 Rn. 65; für den Konzern s. Elsing/M. Schmidt BB 2002, 1705 (1708 f.).

[143] → § 90 Rn. 56; MüKoAktG/*Spindler* § 90 Rn. 34, 41.

[144] OLG Düsseldorf ZIP 1984, 825 (829 f.); MüKoAktG/*Habersack* Rn. 68; Kölner Komm AktG/*Mertens/Cahn* Rn. 55; *Semler* Leitung und Überwachung Rn. 172; *Arnold* ZGR 2014, 76 (90 ff.); *Dreher* FS Ulmer, 2003, 87 (96 ff.); Hölters/*Hambloch-Gesinn/Gesinn* Rn. 47; s. auch *Roth* AG 2004, 1 (2); *Brandi* ZIP 2000, 173 f.; *v. Schenck* in Semler/v. Schenck AR-HdB § 7 Rn. 228 ff.; *Lutter* Information und Vertraulichkeit Rn. 311 f.; weitergehend Habersack FS Stilz, 2014, 191 (199); aA *v. Godin/Wilhelmi* § 90 Anm. 9: grds. kein Recht auf Berichterstattung von Angestellten.

[145] Ebenso *v. Schenck* in Semler/v. Schenck AR-HdB § 7 Rn. 229.

[146] *Dreher* FS Ulmer, 2003, 87 (97).

[147] MüKo/*Habersack* Rn. 68; *Habersack* FS Stilz, 2014, 191 (199); Großkomm AktG/*Hopt/Roth* Rn. 511 ff. (anders allerdings → § 109 Abs. 1 S. 2 Rn. 49); K. Schmidt/Lutter/*Drygala* Rn. 43, § 109 Rn. 11 f.; Grigoleit/*Grigoleit/Tomasic* Rn. 27; *Kropff* FS Raiser, 2005, 225 (242 f.); *Roth* AG 2004, 1 (8 ff.); *Leyens*, Information des Aufsichtsrats – Ökonomisch-funktionale Analyse und Rechtsvergleich zum englischen Board, 2006, 159 ff.

[148] So (mit Unterschieden im Detail) auch Kölner Komm AktG/*Mertens/Cahn* Rn. 26, § 109 Rn. 24, Hüffer/Koch/*Koch* AktG § 90 Rn. 11; Bürgers/Körber/*Israel* § 109 Rn. 4; *Arnold* ZGR 2014, 76 (90 ff.); *Hoffmann-Becking* ZGR 2011, 136 (153 f.); MHdB AG/*Hoffmann-Becking* § 29 Rn. 29; *Lutter* AG 2006, 520 f.; *Lutter* Information und Vertraulichkeit Rn. 311 f.; *Steinbeck*, Überwachungspflicht und Einwirkungsmöglichkeiten des Aufsichtsrats in der Aktiengesellschaft, 1992, 128 (136); tendenziell auch *Dreher* FS Ulmer, 2003, 87 (97 f.) „Zweckverfehlung" der gesetzlichen Informationsrechte erforderlich.

[149] Dazu insbes. *Leyens* Information des Aufsichtsrats Ökonomisch-funktionale Analyse und Rechtsvergleich zum englischen Board, 2006, 182 ff.; *S.H. Schneider* Informationspflichten und Informationssystemeinrichtungspflichten im Aktienkonzern, 2005, 102 ff. (202 ff.); *Theisen* ZGR 2013, 1; Großkomm AktG/*Hopt/Roth* Rn. 505, 290.

(vgl. § 90 Abs. 1 AktG) und vorstandsunabhängige Information nur in gewissen, gesetzlich vorgesehenen Fällen vorsieht. Es braucht daher gewichtige Gründe, wenn der Aufsichtsrat ohne Vermittlung durch den Vorstand Angestellte befragen und dadurch in die Geschäftsführungssphäre des Vorstands eindringen will (→ Rn. 21).[150] Entsprechend ist auch der umgekehrte Fall einer Informationsversorgung des Aufsichtsrats durch Initiative der Angestellten (sog. **Internes Whistleblowing**)[151] auf Fälle zu beschränken, in denen eine Meldung an den Vorstand als Dienstvorgesetztem ausnahmsweise ausscheidet bzw. aussichtslos erscheint, bspw. weil der (Gesamt-)Vorstand selbst Rechtsverstöße bzw. Sorgfaltspflichtverletzungen begangen hat.[152] Demgemäß verstößt ein meldender Arbeitnehmer auch nur in diesen Fällen auf arbeitsrechtlicher Ebene nicht gegen seine Pflichten.[153] Unabhängig von den jeweiligen Umständen der Kenntniserlangung ist der Aufsichtsrat allerdings stets verpflichtet, hinreichend konkreten Informationen auf rechts- bzw. pflichtwidriges Verhalten des Vorstands nachzugehen und die insoweit notwendigen Konsequenzen zu ziehen,[154] selbst wenn die jeweilige Art der Kenntniserlangung kompetenzrechtlich nicht zulässig gewesen sein sollte.[155] Mit geltenden Grundsätzen der gesellschaftsinternen Informationsordnung ist jedoch unvereinbar, wenn der Aufsichtsrat Unternehmensangehörige ohne freiwillige Mitwirkung des Vorstands zu unmittelbar an ihn gerichteten Meldungen aufruft oder ein hierauf ausgerichtetes Informationssystem einrichtet,[156] mag ein solches de lege ferenda auch aus mehrerlei Gründen sinnvoll erscheinen.[157] Vor dem Hintergrund des aktienrechtlichen Trennungsprinzips unproblematisch ist hingegen eine Anweisung des Vorstands an leitende Angestellte wie etwa den Compliance Officer, dem Aufsichtsrat eingehend über einen bestimmten Geschäftsführungsbereich Bericht zu erstatten.[158] Gegenüber **Dritten** kann der Aufsichtsrat grundsätzlich keine Fragen stellen, ohne den Vorstand einzuschalten, der die Gesellschaft diesen gegenüber vertritt. Auch hier wird man Ausnahmen nur für den Fall zulassen können, in dem gerade die Klärung von Vorwürfen gegen den Vorstand im Raum steht und der Verdacht besteht, dass nur der unmittelbare Kontakt mit Dritten die nötigen Informationen erbringen wird.[159] Entsprechendes gilt für ein eigeninitiatives, unmittelbares Herantreten Dritter an den Aufsichtsrat, etwa durch einen die Gesellschaft beratenden Rechtsanwalt.[160] Diese Beschränkungen gegenüber Dritten gelten eben-

---

[150] Dies für den Fall, dass andernfalls der Untersuchungszweck gefährdet wäre, bejahend *Drinhausen* ZHR 179 (2015), 226 (234).

[151] Hierzu allgemein *Gerdemann*, Transatlantic Whistleblowing, 2018, Rn. 3 ff., 91 ff., 255 ff.; *Schemmel/Ruhmannseder/Witzigmann*, Hinweisgebersysteme, 2012, 3 ff., 69 ff.; *Sänger*, Whistleblowing in der börsennotierten Aktiengesellschaft, 2010, 23 ff., 217 ff.

[152] Ähnlich *Lutter* Information und Vertraulichkeit § 11 Rn. 319; *Korte*, Die Information des Aufsichtsrats durch die Mitarbeiter, 2009, 137: Entgegennahme durch Aufsichtsrat möglich, sofern Vorstand als Berichtsempfänger ausscheidet; offener *Roth* AG 2004, 1 (8); Großkomm AktG/*Hopt/Roth* Rn. 508: allgemein bei Vorliegen gesetzeswidriger Zustände; *Sänger*, Whistleblowing in der börsennotierten Aktiengesellschaft, 2010, 157 (162): auch Regelverstöße von Mitarbeitern mit erheblichen Gefährdungspotential für das Unternehmen ausreichend; *Gerdemann*, Transatlantic Whistleblowing 2018, Rn. 267: Meldungen mit konkretem Bezug zu möglichen Rechtsverstößen und anderen Pflichtverletzungen des Vorstands.

[153] Vgl. *Gerdemann*, Transatlantic Whistleblowing 2018, Rn. 265 ff. (Inkorporierung gesellschaftsrechtlicher Wertungen in arbeitsrechtliche Interessenabwägung).

[154] Für die AG OLG Karlsruhe WM 2009, 1147; s. bereits BGH NJW 1991, 1830 (1831).

[155] *Gerdemann*, Transatlantic Whistleblowing, 2018, Rn. 266.

[156] *Schemmel/Ruhmannseder/Witzigmann*, Hinweisgebersysteme, 2012, Kap. 5, Rn. 4 ff.; *Sänger*, Whistleblowing in der börsennotierten Aktiengesellschaft, 2010, 151 ff., mit Einschränkung für Systeme gem. sec. 301 des Sarbanes-Oxley Acts; aA *S.H. Schneider*, Informationspflichten und Informationssystemeinrichtungspflichten im Aktienkonzern, 2005, 303: Mitwirkungspflicht des Vorstands; differenzierend *Gerdemann*, Transatlantic Whistleblowing, 2018, Rn. 267 ff.: abstrakter Hinweis auf Melderechte zulässig, konkrete Aufforderung nur in Ausnahmefällen, Systemeinrichtung nur unter Mitwirkung des Vorstands.

[157] Für Gesellschaften von öffentlichem Interesse iSd § 100 Abs. 5 AktG *Gerdemann*, Transatlantic Whistleblowing, 2018, Rn. 273 f. auf Basis rechtsvergleichender Untersuchung; allgemein zur Verbesserung der Informationsversorgung durch direkte Mitarbeiterkontakte *Leyens* S. 182 ff.; *S. H. Schneider*, Informationspflichten und Informationseinrichtungspflichten im Aktienkonzern, 2005, 102 ff.; *Theisen* ZGR 2013, 1; Großkomm-AktG/*Hopt/Roth* § 111 Rn. 505, 290.

[158] Das entspricht auch viel eher den Bedürfnissen der Praxis, der vor allem an einem Informationsanspruch ggü. dem Compliance Officer gelegen ist und weniger an einer umfassenden Informationsversorgung hinter dem Rücken des Vorstands, vgl. die empirische Studie bei *Probst/Theisen* DB 2010, 1573 (1577) (84% der befragten Aufsichtsräte für einen solchen Informationsanspruch).

[159] *v. Schenck* in Semler/v. Schenck AR-HdB § 7 Rn. 231; grds. zurückhaltend auch Großkomm AktG/*Hopt/Roth* Rn. 534 ff.; dies kategorisch abl. MüKoAktG/*Habersack* Rn. 70.

[160] So jedenfalls bei schwerwiegenden Rechtsverstößen des Vorstands *v. Falkenhaus* Liber Amicorum Winter, 2011, 117 (122 ff.); *Fleischer* WM 2012, 1013, 1019; tendenziell liberaler *Gerdemann*, Transatlantic Whistleblowing, 2018, Rn. 267.

falls für konzernverbundene Gesellschaften, da der Aufsichtsrat ihnen gegenüber unmittelbar nicht tätig werden kann (→ Rn. 81 ff.).

37 **1. Einsichtsrecht.** Eine für die Überwachung unerlässliche Befugnis enthält § 111 Abs. 2, indem dem Aufsichtsrat das Recht gegeben wird, in Bücher und Schriften der Gesellschaft[161] Einsicht zu nehmen, ebenso wie die Kasse, Wertpapiere und Waren zu prüfen. Ohne dieses Recht müsste der Aufsichtsrat sich blindlings auf die Berichte des Vorstands nach § 90 verlassen; zu einer effizienten Überwachung gehört indes immer die Kontrolle durch eigene Inaugenscheinnahme vor Ort, vor allem, wenn der Verdacht eines Fehlverhaltens des Vorstands nahe liegt.[162]

38 Die Aufzählung der Gegenstände oder Unterlagen, die der Aufsichtsrat prüfen kann, ist indes nur **beispielhaft,**[163] so dass der an sich überholte Wortlaut des § 111 Abs. 2 unschädlich ist und in der Praxis kompensiert werden kann.[164] Das Einsichtsrecht ist etwa keineswegs beschränkt auf schriftliche Unterlagen, sondern bezieht sich auch und gerade auf elektronische Informationssysteme, aber auch alle anderen in der Gesellschaft dokumentierten Informationen.[165] Ferner besteht das Einsichtsrecht in räumlicher Hinsicht, indem der Aufsichtsrat alle Geschäftsräume der Gesellschaft betreten darf, egal zu welchen Zwecken sie von der Gesellschaft verwandt werden.[166] Unerheblich ist ferner, ob die Räume der Gesellschaft selbst gehören oder angemietet wurden oder wo sie sich befinden, ob im In- oder Ausland.[167] Zu dem Einsichtsrecht gehört auch die Befugnis, sich Kopien der Unterlagen anzufertigen.[168] Alle diese Rechte sind allerdings beschränkt auf die Gesellschaft; ein **konzerndimensionales Einsichts- und Prüfungsrecht** kennt das Gesetz nicht.[169] Der Aufsichtsrat einer Obergesellschaft ist daher ggf. auf eine mittelbare Informationsbeschaffung durch den Vorstand angewiesen, welche wiederum durch dessen Einflussrechte auf die Untergesellschaft beschränkt ist. Zumindest bei konkretem Verdacht auf konzerninterne Unregelmäßigkeiten erwächst aus dieser Situation eine Pflicht des Vorstands, diese Einflussrechte auch zugunsten des Aufsichtsrats auszuschöpfen.[170]

39 Das Einsichtsrecht kann nur der Aufsichtsrat als **gesamtes Organ** ausüben, nicht aber einzelne Ausschüsse oder Aufsichtsratsmitglieder.[171] Dies schließt indes nicht aus, dass per Beschluss durch den Gesamtaufsichtsrat einzelne Mitglieder oder ein Ausschuss mit der Prüfung nach § 111 Abs. 2 S. 2 beauftragt werden; in diesem Fall wird nur das betreffende Aufsichtsratsmitglied, nicht aber andere Mitglieder oder der Aufsichtsratsvorsitzende zur Einsicht berechtigt.[172] Dabei ist in dem Beschluss die Reichweite des Einsichtsrechts durch Begrenzung auf bestimmte Gegenstände und

---

[161] Dazu gehört unter anderem auch der Bericht der internen Revision, s. hierzu *Baums* Bericht der Regierungskommission Rn. 58; *Merkt/Köhrle*, Interne Revision, 2004, 222 (223); *Kropff* NZG 2003, 346 (348).
[162] *Lutter/Krieger/Verse* Rechte und Pflichten des Aufsichtsrats Rn. 241 f.; Kölner Komm AktG/*Mertens/Cahn* Rn. 52; Hüffer/Koch/*Koch* Rn. 19; MüKoAktG/*Habersack* Rn. 60; s. hier aber auch *Roth* AG 2004, 1 (7) der für ein umfangreicheres verdachtsunabhängiges Einsichtsrecht plädiert; *Drinhausen* ZHR 179 (2015), 226 (232 ff.).
[163] AllgM, Hüffer/Koch/*Koch* Rn. 19; MüKoAktG/*Habersack* Rn. 63; K. Schmidt/Lutter/*Drygala* Rn. 32; Bürgers/Körber/*Israel* Rn. 12.
[164] MüKoAktG/*Habersack* Rn. 63.
[165] Ebenso *Roth* AG 2004, 1 (7).
[166] Großkomm AktG/*Hopt/Roth* Rn. 401; Bürgers/Körber/*Israel* Rn. 12.
[167] OLG Düsseldorf ZIP 1984, 825 (829 f.); MüKoAktG/*Habersack* Rn. 63; Großkomm AktG/*Hopt/Roth* Rn. 401.
[168] Ebenso für das US-amerikanische Recht die Principles of corporate governance des ALI, Analysis and Recommendations, 1994, Vol. I S. 94 ff.: § 3.03 (a) Every director has the right, within the limits of § 3.03 (b) to inspect and copy all books, records and documents of every kind; s. auch *Roth* AG 2004, 1 (8).
[169] AllgM *Hoffmann-Becking* ZGR 2011, 136 (150); *Lutter/Krieger/Verse* Rechte und Pflichten des Aufsichtsrats Rn. 245; Kölner Komm AktG/*Mertens/Cahn* Rn. 53; *Grigoleit/Grigoleit/Tomasic* Rn. 25; Hüffer/Koch/*Koch* Rn. 19; für eine Änderung de lege ferenda *Baums* Bericht der Regierungskommission Rn. 22; Großkomm AktG/*Hopt/Roth* Rn. 436; dagegen wiederum *Hoffmann-Becking* ZGR 2011, 136 (151 f.).
[170] Für ein unbedingtes Recht des Aufsichtsrats, die Informationsbeschaffung vom Vorstand verlangen zu können *Löbbe*, Unternehmenskontrolle im Konzern, 2003, 300; Großkomm AktG/*Hopt/Roth* Rn. 435; *Semler* Leitung und Überwachung 422 ff.; *U.H. Schneider* FS Hadding, 2004, 621 (629); gegen ein solche Befugnis Kölner Komm AktG/*Mertens/Cahn* Rn. 54; *Lutter* Information und Vertraulichkeit Rn. 292; *Hoffmann-Becking* ZHR 159 (1995), 325 (338 f.).
[171] BGH BeckRS 2008, 20488 Rn. 16; OLG Stuttgart NZG 2007, 549 (550); BayObLGZ 1968, 118 (121); Kölner Komm AktG/*Mertens/Cahn* Rn. 56; MHdB AG/*Hoffmann-Becking* § 29 Rn. 46; *Lutter/Krieger/Verse* Rechte und Pflichten des Aufsichtsrats Rn. 241; Hüffer/Koch/*Koch* Rn. 20; K. Schmidt/Lutter/*Drygala* Rn. 33; *Semler* Leitung und Überwachung Rn. 168; *Lutter* Information und Vertraulichkeit Rn. 284; *E. Vetter* in Marsch-Barner/Schäfer Börsennotierte AG-HdB Rn. 26.19.
[172] BayObLGZ 1968, 118 (121); *Lutter* Information und Vertraulichkeit Rn. 286; Kölner Komm AktG/*Mertens/Cahn* Rn. 56; *Lutter/Krieger/Verse* Rechte und Pflichten des Aufsichtsrats Rn. 242; *E. Vetter* in Marsch-Barner/Schäfer Börsennotierte AG-HdB Rn. 26.21; Bürgers/Körber/*Israel* Rn. 13; zur Beauftragung → Rn. 43 f.

Unterlagen zu bestimmen,[173] wobei damit nicht konkrete physische Gegenstände und Unterlagen gemeint sein können; ansonsten wäre das Einsichts- und Prüfungsrecht praktisch wertlos, weil der Aufsichtsrat nicht im Vorhinein wissen kann, wonach genauer zu suchen hat.[174] Das Einsichtsrecht kann dabei jederzeit und überall ausgeübt werden.[175]

Ob und wie der Aufsichtsrat sein Prüfungsrecht ausübt, steht in seinem **pflichtgemäßen Ermessen**. Dabei hat er die entsprechenden negativen Konsequenzen für das Verhältnis des Vorstands zu den nachgelagerten Ebenen und entsprechenden Reputationsverlusten mit den Erfordernissen einer wirksamen Kontrolle gegeneinander abzuwägen;[176] wie auch sonst, genießt der Aufsichtsrat aber sowohl einen gewissen Beurteilungs- als auch Ermessensspielraum (→ § 116 Rn. 37 f.).

Der **Vorstand** kann dem Aufsichtsrat gegenüber die **Einsicht in Unterlagen etc. verweigern**, wenn er sich selbst durch die Preisgabe der Informationen **strafbar** machen würde.[177] Allerdings ist auch hier sorgfältig zu prüfen, ob tatsächlich ein Tatbestand des Geheimnisbruchs oder der Offenbarung von geheimzuhaltenden Tatsachen vorliegt, da der Aufsichtsrat wie der Vorstand zur Verschwiegenheit verpflichtet ist. Dementsprechend kann sich der Vorstand zB auch nicht auf datenschutzrechtliche Pflichten berufen, zumal die Informationsrechte des Aufsichtsrats gesetzlich begründet sind und damit berechtigte Interessen im Sinne des Datenschutzes zur Weitergabe von Daten darstellen. Ebenso wenig berechtigen den Vorstand vertragliche Verpflichtungen gegenüber Dritten zur Geheimhaltung, da Aufsichtsrat und Vorstand gleichermaßen die Pflichten der Gesellschaft zu wahren haben und es um innergesellschaftliche Vorgänge geht. Demgemäß kann der Aufsichtsrat beispielsweise auch in Lizenzverträge, Patente etc. Einblick nehmen.[178] **Schuldrechtliche Vereinbarungen** mit Dritten verstoßen nicht grundsätzlich gegen ein gesetzliches Verbot, sondern führen dazu, dass bei deren Verletzung **Schadensersatzansprüche** drohen.[179] Damit entsteht indes ein Dilemma zwischen innergesellschaftlicher Überwachung und Verpflichtung der Gesellschaft, Geheimnisse ggf. auch innerhalb der Gesellschaft zu wahren, woran ein Dritter durchaus ein berechtigtes Interesse haben kann, ohne sich allein auf Schadensersatzansprüche bzw. die Verschwiegenheitspflicht der Aufsichtsratsmitglieder verweisen zu lassen. Dabei kann es nicht genügen, dass der Aufsichtsrat lediglich von der Existenz einer derartigen Vereinbarung unterrichtet wird.[180] Zwar würde es dem Gesamtaufsichtsrat unbenommen bleiben, derartige Vereinbarungen einem Zustimmungsvorbehalt zu unterstellen;[181] doch setzt dies wiederum voraus, dass dem Gesamtaufsichtsrat der Gegenstand der Geheimhaltungsvereinbarung bekannt gemacht wird, was aber gerade nicht dem Sinn und Zweck der Vereinbarung entspräche. Allein die einstimmige Zustimmung würde daher auch nicht weiter führen.[182] Erforderlich ist vielmehr, dass der Aufsichtsratsvorsitzende und ein Ausschuss als Geheimnisträger bestimmt werden; in diesem Rahmen kann nach § 109 Abs. 2 die Vertraulichkeit auch innerhalb der Gesellschaft gewahrt werden, Vorsitzender und Ausschuss sind dem Plenum gegenüber berichtspflichtig, allerdings in die Geheimhaltung wahrender Form.[183]

Die **Kosten** für die Einsichtnahme, auch Reisekosten, hat die Gesellschaft gegen Nachweis der Auslagen zu erstatten.[184]

---

[173] Kölner Komm AktG/*Mertens*/*Cahn* Rn. 56; MHdB AG/*Hoffmann-Becking* § 29 Rn. 45.
[174] Großkomm AktG/*Hopt*/*Roth* Rn. 398.
[175] *Lutter*/*Krieger*/*Verse* Rechte und Pflichten des Aufsichtsrats Rn. 244; MüKoAktG/*Habersack* Rn. 66a; Hüffer/*Koch*/*Koch* Rn. 19; *Roth* AG 2004, 1 (7).
[176] Hüffer/*Koch*/*Koch* Rn. 20; K. Schmidt/Lutter/*Drygala* Rn. 33; Bürgers/Körber/*Israel* Rn. 12; Kölner Komm AktG/*Mertens*/*Cahn* Rn. 52; MüKoAktG/*Habersack* Rn. 66a; strenger *Lutter*/*Krieger*/*Verse* Rechte und Pflichten des Aufsichtsrats Rn. 244; *v. Schenck* in Semler/v. Schenck AR-HdB § 7 Rn. 229; *E. Vetter* in Marsch-Barner/Schäfer Börsennotierte AG-HdB Rn. 26.22; die § 111 Abs. 2 als ultima ratio einstufen. S. aber auch *Roth* AG 2004, 1 (7) der im Sinne von mehr Transparenz für eine weitere Absenkung der Anforderungen und damit für einen verstärkten Einsatz ist; für ein grds. unbeschränktes Einsichts- und Prüfungsrecht Großkomm AktG/*Hopt*/*Roth* Rn. 410, die das Problem des gegenseitigen Misstrauens als durch einen Wandel in der Unternehmenskultur bzw. der Corporate Governance lösbar ansehen (→ Rn. 513).
[177] Bürgers/Körber/*Israel* Rn. 12; weitergehend Großkomm AktG/*Hopt*/*Roth* Rn. 414: Geheimhaltungsrecht auch dann, wenn eine Offenlegung gegen andere Vorschriften des öffentlichen Rechts (zB militärische oder andere Staatsgeheimnisse) verstoßen würde; sich dem anschließend MüKoAktG/*Habersack* Rn. 67.
[178] Allg. dazu auch MüKoAktG/*Habersack* Rn. 67.
[179] MHLS/*Giedinghagen* GmbHG § 52 Rn. 262; Scholz/*Schneider* GmbHG § 52 Rn. 117; *Manger* NZG 2010, 1255 (1257).
[180] So aber *Lutter* Information und Vertraulichkeit Rn. 142; Kölner Komm AktG/*Mertens*/*Cahn* Rn. 20.
[181] Kölner Komm AktG/*Mertens*/*Cahn* Rn. 20.
[182] S. aber Scholz/*Schneider* GmbHG § 52 Rn. 118.
[183] Im Ergebnis ähnlich *Mertens* AG 1980, 67 (73 f.) sowie MüKoAktG/*Habersack* Rn. 67; für die Beauftragung eines zur Berufsverschwiegenheit verpflichteten Sachverständigen bei derartigen Streitfällen Großkomm AktG/*Hopt*/*Roth* Rn. 417.
[184] MüKoAktG/*Habersack* Rn. 67.

43 **2. Beauftragung von Aufsichtsratsmitgliedern und Sachverständigen.** § 111 Abs. 2 S. 2 gestattet dem Aufsichtsrat, einzelne Aufsichtsratsmitglieder oder Sachverständige mit der Ausübung des Prüfungsrechts zu betrauen. Die Beauftragung bedarf eines Beschlusses des Aufsichtsrats nach § 108 Abs. 1,[185] der inhaltlich genau umrissen sein muss, da ein allgemeiner Untersuchungsauftrag die Organisationszuständigkeit des Aufsichtsrats hinsichtlich seiner Prüfungskompetenz verletzt und somit unzulässig wäre.[186] Wird ein Aufsichtsratsmitglied entsprechend beauftragt, schließt dies andere Mitglieder von der Untersuchung aus; eine Anwendung von § 109 Abs. 2 zugunsten ausgeschlossener Mitglieder scheidet aus.[187] Der Beschluss ist vom gesamten Aufsichtsrat zu fassen.

44 Welche Mitglieder oder Sachverständigen vom Aufsichtsrat ausgewählt werden, steht wiederum im pflichtgemäßen **Ermessen des Aufsichtsrats.** Es ist jedoch selbstverständlich, dass nur sachkundige Aufsichtsratsmitglieder bzw. Sachverständige mit der Einsichtnahme beauftragt werden sollten. Zulässig ist es auch, dass der Aufsichtsrat zwar einen Beschluss zur Beauftragung eines Aufsichtsratsmitglieds fasst, die Auswahl des Mitglieds aber dem Aufsichtsratsvorsitzenden überlässt. Bestehen ersichtlich in der Person des zu beauftragenden Aufsichtsratsmitglieds Interessenkollisionen, zB hinsichtlich der Geheimhaltung, hat der Aufsichtsrat unbeschadet der Geheimhaltungspflicht von der Auswahl dieses Mitglieds abzusehen. Zu Prüfungsausschüssen und Audit Committees → § 107 Rn. 139 ff.

45 Dem beauftragten Aufsichtsratsmitglied steht für die Durchführung der Prüfung gem. § 113 ohne entsprechenden Hauptversammlungsbeschluss keine über die normale Vergütung hinausgehende **Sondervergütung** zu.[188]

46 **Sachverständige** können vom Aufsichtsrat ebenfalls zur Prüfung und Einsichtnahme herangezogen werden, sofern es sich um einen konkret umrissenen Prüfungsauftrag handelt. Eine generelle Ausübung des Prüfungsrechts wäre dagegen unzulässig, da sie die Kernaufgabe des Aufsichtsrats betrifft.[189] Die Beauftragung eines Sachverständigen muss dagegen nicht ultima ratio sein, so dass seine Bestellung nicht nur möglich ist, sofern der Aufsichtsrat nicht selbst in der Lage ist, die Prüfung vorzunehmen.[190] Trotz Beauftragung des Sachverständigen bleiben die Einsichtsrechte des Aufsichtsrats – anders als beim beauftragten Aufsichtsratsmitglied – erhalten.[191] Der Sachverständige muss tatsächlich für die betreffende Aufgabe sachkundig sein.[192] Er kann entweder vom gesamten Plenum, von einem Ausschuss oder auch vom Aufsichtsratsvorsitzenden[193] ausgewählt werden, nicht jedoch vom Vorstand.[194] Der Vertrag mit dem Sachverständigen kommt mit der AG, vertreten durch den Aufsichtsrat, zustande.[195] Zwar erwähnt § 112 nur die Vertretung der AG durch den Aufsichtsrat

---

[185] Hüffer/Koch/*Koch* Rn. 22; K. Schmidt/Lutter/*Drygala* Rn. 35.

[186] Kölner Komm AktG/*Mertens*/*Cahn* Rn. 58; MüKoAktG/*Habersack* Rn. 71; *Lutter* Information und Vertraulichkeit Rn. 298; *E. Vetter* in Marsch-Barner/Schäfer Börsennotierte AG-HdB Rn. 26.23; differenzierend Großkomm AktG/*Hopt*/*Roth* Rn. 420 f., die eine Beschränkung der Delegation auf nur ganz konkrete Aufgaben an das einzelne Aufsichtsratsmitglied ablehnen, sofern die Aufgaben auf einen bestimmten Zeitrahmen beschränkt sind, eine Delegation an einen ständigen „Controller" aber mit dem Vorgenannten ausschließen.

[187] MüKoAktG/*Habersack* Rn. 72; Kölner Komm AktG/*Mertens*/*Cahn* Rn. 59.

[188] Hüffer/Koch/*Koch* Rn. 24, § 113 Rn. 5; MüKoAktG/*Habersack* Rn. 73; s. hierzu auch *Lutter*/*Drygala* FS Ulmer, 2003, 388 ff.

[189] BGHZ 85, 293 (296) = NJW 1983, 991 – Hertie; Hüffer/Koch/*Koch* Rn. 23; Großkomm AktG/*Hopt*/ *Roth* Rn. 424; K. Schmidt/Lutter/*Drygala* Rn. 35; MüKoAktG/*Habersack* Rn. 75; *Hoffmann-Becking* ZGR 2011, 136 (148 ff.).

[190] Großkomm AktG/*Hopt*/*Roth* Rn. 424 f.; MüKoAktG/*Habersack* Rn. 76; Bürgers/Körber/*Israel* Rn. 14; aA *Steinbeck,* Überwachungspflicht und Einwirkungsmöglichkeiten des Aufsichtsrats in der Aktiengesellschaft, 1992, 131; Kölner Komm AktG/*Mertens*/*Cahn* Rn. 62 und *Lutter* Information und Vertraulichkeit Rn. 308, plädieren für einen sehr zurückhaltenden Gebrauch von Sachverständigen; differenzierend *Hoffmann-Becking* ZGR 2011, 136 (144 ff.), der die Einordnung als ultima ratio zwar für zu eng hält (S. 142), eine Bestellung aber nur zulassen will, wenn die Vorstandsberichterstattung unzureichend ausfällt (S. 147); zu der Frage, ob Maßnahmen nach § 111 Abs. 2 generell nur ultima ratio sein sollen, → Rn. 40, sowie BGHZ 135, 244 (252) = NJW 1997, 1926 – ARAG/Garmenbeck; so soll auch eine Unterstützung des Prüfungsausschusses bei dem Auswahlverfahren des Abschlussprüfers gemäß Art. 16 EU-Abschlussprüfer-VO möglich sein, *Bode* BB 2016, 1707 (1708).

[191] So auch noch MüKoAktG/*Semler,* 2. Aufl. 2004, Rn. 305 aA nunmehr MüKoAktG/*Habersack* Rn. 74 der eine Beauftragung des Sachverständigen durch den Vorstand auf Bitte des Aufsichtsrats für möglich hält.

[192] Nach Kölner Komm AktG/*Mertens*/*Cahn* Rn. 65 soll bei offensichtlicher Ungeeignetheit des Sachverständigen der ihn einsetzende Beschluss unwirksam sein; zust. Großkomm AktG/*Hopt*/*Roth* Rn. 430; noch strenger *Lutter* Information und Vertraulichkeit Rn. 299, der auch ohne Offensichtlichkeit von der Unwirksamkeit ausgeht.

[193] Nach *Lutter* Information und Vertraulichkeit Rn. 301 wird man den Aufsichtsratsvorsitzenden idR als konkludent zur Beauftragung des Sachverständigen ermächtigt ansehen können; zust. Großkomm AktG/*Hopt*/ *Roth* Rn. 422; dagegen kann der Aufsichtsratsvorsitzende nicht den Beschluss zur Beauftragung selbst ersetzen (Rn. 426), → Rn. 43.

[194] So auch noch MüKoAktG/*Semler,* 2. Aufl. 2004, Rn. 306 f.; aA nunmehr MüKoAktG/*Habersack* Rn. 74.

[195] MHdB AG/*Hoffmann-Becking* § 29 Rn. 47; MüKoAktG/*Habersack* Rn. 74; Hüffer/Koch/*Koch* Rn. 24; Großkomm AktG/*Hopt*/*Roth* Rn. 428; Bürgers/Körber/*Israel* Rn. 13.

Aufgaben und Rechte des Aufsichtsrats 46a § 111

gegenüber dem Vorstand; doch würde die Befugnis des Aufsichtsrats zur Beauftragung eines Sachverständigen ausgehöhlt, wenn der Aufsichtsrat auf das Placet und die (formelle) Beauftragung des Sachverständigen durch den Vorstand angewiesen wäre. Der Vergütungsanspruch richtet sich gegen die AG.[196] Die **Befugnisse** des Sachverständigen richten sich nach dem Vertrag, den er mit der Gesellschaft vertreten durch den Aufsichtsrat geschlossen hat. Er erhält nicht von vornherein die Befugnisse eines Aufsichtsratsmitglieds, sondern muss diese vertraglich eingeräumt erhalten.[197]

Von der Beauftragung eines Sachverständigen zu unterscheiden ist die Durchführung einer **internen Untersuchung** („Internal Investigation") unter der Leitung des Aufsichtsrats zur Aufdeckung von Compliance-Vorfällen, regelmäßig unter Hinzuziehung externer Experten wie bspw. einer hierauf spezialisierten Anwaltskanzlei oder Wirtschaftsprüfungsgesellschaft. Derartige Untersuchungen erfordern regelmäßig eine Vielzahl unterschiedlicher Informationsmittel und fallen mit Rücksicht auf die Geschäftsführungskompetenz des Vorstands prinzipiell nur bei dessen eigener Involvierung in die Verantwortlichkeit des Aufsichtsrats.[198] Sofern der Aufsichtsrat nicht auf Basis einer Informationsordnung oder mit Zustimmung des Vorstands tätig wird, stehen die jeweiligen Informationsmittel ihm bzw. dem von ihm beauftragten Dritten nur unter den jeweils geltenden Voraussetzungen zu.[199]

3. Aufsichtsrat und Abschlussprüfer.

Schrifttum: *Altmeppen,* Der Prüfungsausschuss – Arbeitsteilung im Aufsichtsrat, ZGR 2004, 390; Arbeitskreis „Externe und interne Überwachung der Unternehmung" der Schmalenbach-Gesellschaft für Betriebswirtschaft e. V., Prüfungsausschüsse in deutschen Aktiengesellschaften, DB 2000, 2281; *Baetge/Lutter,* Abschlussprüfung und Corporate Governance, 2003; *Clemm,* Der Abschlussprüfer als Krisenwarner und der Aufsichtsrat, FS Havermann, 1995, 83; *Clemm,* Abschlussprüfer und Aufsichtsrat, ZGR 1980, 455; *Coenenberg/Reinhardt/Schmitz,* Audit Committees – Ein Instrument zur Unternehmensüberwachung, DB 1997, 989; *Escher-Weingart,* Die gewandelte Rolle des Wirtschaftsprüfers als Partner des Aufsichtsrats nach den Vorschriften des KonTraG, NZG 1999, 909; *Forster,* MG, Schneider, Balsam und die Folgen – was können Aufsichtsräte und Abschlussprüfer gemeinsam tun?, AG 1995, 1; *Forster,* Fragen der Prüfung des Jahresabschlusses durch den Aufsichtsrat, FS Kropff, 1997, 72; *Forster,* Abschlussprüfung nach dem Regierungsentwurf des KonTraG, WPg 1998, 41; *Forster,* Zum Zusammenspiel von Aufsichtsrat und Abschlussprüfer nach dem KonTraG, AG 1999, 193; *Fuchs,* Prüfung und Überwachung der unterjährigen Finanzberichte durch den Aufsichtsrat, NZG 2016, 1015; *Girnhuber,* Das US-amerikanische Audit-Committee als Instrument zur Vermeidung von Defiziten bei der Überwachungstätigkeit deutscher Aufsichtsräte, 1998; *Hellwig,* Beratungsverträge des Abschlussprüfers – Genehmigungspflicht analog § 114 AktG und Publizitätspflicht analog § 125 Abs. 1 S. 3 AktG, ZIP 1999, 2117; *Hommelhoff,* Die OECD-Principles on Corporate Governance, ZGR 2001, 238; *Hommelhoff,* Die neue Position des Abschlussprüfers im Kraftfeld der aktienrechtlichen Organisationsverfassung, BB 1998, 2567; *Hopt,* Europäisches Gesellschaftsrecht und deutsche Unternehmensverfassung; ZIP 2005, 461; *van Hulle/Maul,* Aktionsplan zur Modernisierung des Gesellschaftsrechts und Stärkung der Corporate Governance, ZGR 2004, 484; Institut der Wirtschaftsprüfer (IDW), IDW Prüfungsstandard: Beauftragung des Abschlussprüfers (IDW PS 220), Fachnachrichten IDW 2001, 316; *Kersting,* Das Audit Committee nach dem Sarbanes-Oxley-Gesetz, ZIP 2003, 210; *Kersting,* Auswirkungen des Sarbanes-Oxley-Gesetzes in Deutschland, ZIP 2003, 233; *Kirsten,* Deutscher Corporate Governance-Kodex: Die rechtmäßige Besetzung von Aufsichtsratsausschüssen am Beispiel des Prüfungsausschusses, DB 2004, 173; *Kropff,* Der Abschlussprüfer in der Bilanzsitzung des Aufsichtsrats, FS Welf Müller, 2001, 481; *Lutter,* Vergleichende Corporate Governnace, ZGR 2001, 224; *Lutter,* Der Wirtschaftsprüfer als Element der Corporate Governance, 2001; *Lutter,* Defizite für eine effiziente Aufsichtsratstätigkeit und gesetzliche Möglichkeiten der Verbesserung, ZHR 159 (1995), 287; *Mattheus,* Die gewandelte Rolle des Wirtschaftsprüfers als Partner des Aufsichtsrats nach dem KonTraG, ZGR 1999, 682; *Meyer,* Bilanzrechtsreformgesetz (BilReG) und Bilanzkontrollgesetz (BilKoG), DStR 2005, 41; *Neuling,* Die Teilnahmepflicht des Abschlussprüfers an Bilanzsitzungen des Aufsichtsrats im Aktienrecht, BB 2003, 166; *Nonnenmacher,* Möglichkeit zur weiteren Verbesserung der Zusammenarbeit zwischen Aufsichtsrat und Abschlussprüfer, WPg-Sonderheft 2001, 15; *Peemöller/Wrancke,* Prüfungsausschüsse deutscher Aktiengesellschaften, DB 2005, 401; *Pohle/v. Werder,* Leitfaden „Best Practice" von Bilanzprüfungsausschüssen (Audit Committees), DB 2005, 237; *Ranzinger/Blies,* Audit Committees im internationalen Kontext, AG 2001, 455; *Rössler,* Das Audit-Committee als Überwachungsinstrument des Aufsichtsrats, 2001; *Scheffler,* Aufgaben und Zusammensetzung von Prüfungsausschüssen (Audit Committees), ZGR 2003, 236; *Scheffler,* Die Berichterstattung des Abschlussprüfers aus der Sicht des Aufsichtsrats, WPg 2002, 1289; *Schuhknecht,* Die Vertretung der Aktiengesellschaft gegenüber dem Abschlussprüfer bei der Geltendmachung von Schadensersatzansprüchen, GWR 2015, 316; *Schüppen,* Die europäische Abschlussprüfungsreform und ihre Implementierung in Deutschland – Vom Löwen zum Bettvorleger?, NZG 2016, 247; *Söllner,* Informationsprozesse zwischen Abschlussprüfer und Aufsichtsrat in deutschen Aktiengesellschaften, 1988; *Theisen,* Notwendigkeit, Chancen und Grenzen der Zusammenarbeit von Wirtschaftsprüfer und Aufsichtsrat, WPg 1994, 809; *Theisen,* Vergabe und Konkretisierung des WP-Prüfungsauftrags durch den Aufsichtsrat, DB 1999, 341; *Volhard/Weber,* Abschlussprüfung und Interessenkonflikte, FS Ulmer, 2003, 865; *Zie-*

---

[196] MüKoAktG/*Habersack* Rn. 74; Hüffer/Koch/*Koch* Rn. 24.
[197] AA MüKoAktG/*Habersack* Rn. 77.
[198] Eingehend *Krug/Skoupil* NJW 2017, 2374; → Rn. 21a mwN.
[199] Vgl. *Habersack* FS Stilz, 2014, 191 (194 ff.); *Hassler* BB 2017, 1603 (1606 f.); *Drinhausen* ZHR 179 (2015), 226 (232); speziell zum in der Praxis regelmäßig relevanten Direktkontakt zu Mitarbeitern → Rn. 36.

mons, Erteilung des Prüfauftrages an den Abschlussprüfer einer Aktiengesellschaft durch einen Aufsichtsratsausschuss?, DB 2000, 77.

Siehe auch die Schrifttumsangaben zum Prüfungsausschuss bei → § 107 Rn. 139.

47 Mit dem KonTraG wurde die Zuständigkeit für den Abschluss des Prüfungsauftrags vom Vorstand auf den Aufsichtsrat verlagert. Während die Bestellung des Abschlussprüfers von jeher durch die Hauptversammlung gem. § 119 Abs. 1 Nr. 4 per Beschluss erfolgt,[200] war für den Abschluss des Geschäftsbesorgungsauftrags gem. § 675 BGB[201] mit dem Wirtschaftsprüfer bisher der Vorstand zuständig.[202] Die im Rahmen einiger Wirtschaftsskandale aufgetretenen Befürchtungen, dass der Abschlussprüfer keine ausreichende Unabhängigkeit vom Vorstand und damit vom Gegenstand seiner Prüfung aufweisen könne,[203] veranlassten den Gesetzgeber, die Zuständigkeit für den Abschluss des Prüfungsauftrags auf den Aufsichtsrat gem. § 111 Abs. 2 S. 3 zu verlagern.[204] Auch wenn die Vertretung der AG durch den Aufsichtsrat gegenüber dem Wirtschaftsprüfer in Rede steht und damit eher eine Verankerung in § 112 angebracht gewesen wäre,[205] ist der Sache nach jedenfalls diese Änderung zu begrüßen.[206] Diese Kompetenzverteilung zwischen den Organen ist nunmehr im Zuge des AReG dadurch weiter konkretisiert worden, dass die Wahl des Abschlussprüfers konkret dem (fakultativen) Prüfungsausschuss nach § 107 Abs. 3 S. 2 zusteht und der Prüfungsausschuss gemäß § 107 Abs. 3 S. 4 Empfehlungen und Vorschläge zur Gewährleistung der Integrität des Rechnungsprozesses unterbreiten kann.[207] Diese Anordnung findet sich auch in Art. 16 Abs. 2 UAbs. 1 Abschlussprüfer-VO für Unternehmen von öffentlichem Interesse (zu den zusätzlichen inhaltlichen Anforderungen an Prüfungsausschuss und Aufsichtsrat bei Unternehmen von öffentlichem Interesse → § 100 Rn. 49 ff., § 107 Rn. 150 ff.).[208] Nach Art. 16 der Abschlussprüfer-VO muss ein **förmliches Ausschreibungsverfahren** durch den Prüfungsausschuss bei einem Wechsel des Abschlussprüfers durchgeführt werden, wobei gleichzeitig Details des Verfahrens (keine Diskriminierung, Transparenz etc.) festgelegt werden.[209] Dies gilt nicht für kleine und mittlere Unternehmen[210] sowie Unternehmen mit geringer Marktkapitalisierung,[211] Art. 16 Abs. 4 Abschlussprüfer-VO. Daran anschließend muss der Prüfungsausschuss gemäß Art. 16 Abs. 2 UAbs. 2 Abschlussprüfer-VO mindestens zwei Anbieter dem Plenum vorschlagen und die Auswahl sowie die Präferenz begründen.[212] Zudem muss gemäß UAbs. 3 eine Erklärung beigefügt werden, in der der Prüfungsausschuss versichert, frei von ungebührlicher Einflussnahme Dritter zu sein und dass ihm keine die Auswahl des Abschlussprüfers einschränkende Klausel auferlegt wurde. Bei einer Erneuerung des Prüfungsmandats gemäß Art. 17 Abs. 1 und 2 Abschlussprüfer-VO muss weder eine Begründung der Empfehlung,[213] noch das förmliche Auswahlverfahren stattfinden.[214] Der an die Hauptversammlung herangetragene Vorschlag des Aufsichtsrats zur Bestellung des Abschlussprüfers muss die Präferenz des Prüfungsausschusses enthalten[215] und bei

---

[200] Die Bestellungskompetenz der Hauptversammlung bleibt durch das KonTraG unberührt; s. BegrRegE KonTraG BT-Drs. 13/9712, 17; zu den rechtlichen Unterschieden der Vorgänge Bestellung und Beauftragung s. Großkomm AktG/*Hopt/Roth* Rn. 454 f.

[201] Zur vertragstypologischen Einordnung s. EBJS/*Böcking/Gros/Rabenhorst* HGB § 318 Rn. 11; andererseits auch MüKoHGB/*Ebke* § 318 Rn. 19.

[202] Dieser ist wohl auch nach wie vor gemäß § 78 Abs. 1 S. 1 für die Vertretung bei Geltendmachung von Schadensersatzansprüchen gegen den Abschlussprüfer zuständig, vgl. *Schuhknecht* GWR 2015, 316.

[203] S. etwa *Escher-Weingart* NZG 1999, 909 (911); *Forster* AG 1999, 193; *Mattheus* ZGR 1999, 682 (686); *Lutter* ZHR 159 (1995), 287 (299 f.); *Theisen* WPg 1994, 809; *Clemm* FS Havermann, 1995, 83 (97); *Kaminski/Marks* FS Havermann, 1995, 247 (249); *Forster* AG 1995, 1 (2 f.). Zu neueren Entwicklungen *Altmeppen* ZGR 2004, 390 f.; *Roth* AG 2004, 1; *Knorr/Hülsmann* NZG 2003, 567 ff.; *Volhard/Weber* FS Ulmer, 2003, 865 (866 ff.).

[204] BegrRegE BT-Drs. 13/9712, 16 f.

[205] *Gelhausen* AG 1997 August-Sonderheft, 73 (77).

[206] Inzwischen wohl allgM, Hüffer/Koch/*Koch* Rn. 25; MüKoAktG/*Habersack* Rn. 78 f.; *Forster* AG 1999, 193 (198); *Escher-Weingart* NZG 1999, 909 (915).

[207] BegrRegE-AReG BT-Drs. 18/7219 S. 56 f.

[208] Verordnung 537/2014/EU des Europäischen Parlaments und des Rates vom 16.4.2014, ABL. EU 2014 Nr. L 158 S. 77 ff.

[209] Insbesondere Art. 16 Abs. 3 lit. b Abschlussprüfer-VO; *Schüppen* NZG 2016, 247 (251); *Rubner/Leuering* NJW-Spezial 2016, 527.

[210] Art. 2 Abs. 1 lit. f RL 2003/71/EG (Prospekt-RL).

[211] Art. 2 Abs. 1 lit. t RL 2003/71/EG (Prospekt-RL).

[212] *Schüppen* NZG 2016, 247 (251); zum Einfluss von Art. 5 auf das Vorschlagsrecht im Rahmen der Abschlussprüfer-VO: *Hennrichs/Bode* NZG 2016, 1281 (1282 ff.).

[213] Art. 16 Abs. 2 UAbs. 2 Abschlussprüfer-VO.

[214] Art. 16 Abs. 3 Abschlussprüfer-VO; *Schüppen* NZG 2016, 247 (251).

[215] Art. 16 Abs. UAbs. 1 Abschlussprüfer-VO.

einem von der Präferenz abweichenden Vorschlag diese Abweichung begründen.[216] Jedoch ist ein Vorschlag zur Bestellung eines Abschlussprüfers, der nicht an dem förmlichen Auswahlverfahren teilgenommen hat, unzulässig.[217] Sowohl die Begründungspflicht bei einem abweichenden Vorschlag als die Unzulässigkeit eines nicht am Auswahlverfahren teilgenommenen Abschlussprüfers gelten nicht, sofern der Aufsichtsrat die Funktion des Prüfungsausschuss wahrnimmt, Art. 16 Abs. 5 Unter-Abs. 2 S. 3 Abschlussprüfer-VO.[218] Da der Prüfungsausschuss in Deutschland gemäß § 107 Abs. 3 S. 2 fakultativ ist, wird diese Regelung in der Praxis häufig bedeutsam sein (zu den modifizierten Anforderungen an den Aufsichtsrat → § 100 Rn. 49). Die Möglichkeiten, eine Mindestanzahl an Abschlussprüfern festzulegen[219] oder Aufgaben auf einen Nominierungsausschuss zu übertragen,[220] hat der deutsche Gesetzgeber nicht wahrgenommen.[221] Zu den nun weiteren wirksamen europarechtlichen Entwicklungen → § 107 Rn. 160 ff. Weitere Änderungen wie die Verpflichtung des Abschlussprüfers nach § 171 Abs. 1 S. 2 zur Teilnahme an der Bilanzsitzung,[222] die Pflicht zur Information über mögliche Befangenheitsgründe und Leistungen zusätzlich zu den Abschlussprüferleistungen, und beispielsweise die Pflicht zur internen Berichterstattung des Abschlussprüfers gegenüber dem Aufsichtsrat gem. § 321 Abs. 1 S. 2 HGB oder nach § 321 Abs. 1 S. 3 HGB haben zu einer effektiveren Zusammenarbeit und damit zu einer verbesserten Kontrolle des Managements im Rahmen der Überwachungsaufgabe geführt.[223] Neuere Entwicklungen in der Legislative haben durch die Festlegung von weiteren Ausschlusstatbeständen in §§ 319, 319a, 319b HGB die Pflicht zur Unabhängigkeit des Abschlussprüfers verstärkt, die ein wesentlicher Grundpfeiler für die Abschlussprüfung ist.[224]

Nach der Empfehlung des Deutschen **Corporate Governance Kodex** in Ziff. 7.2.1 DCGK soll sich der Aufsichtsrat vor Unterbreitung des Wahlvorschlags für den Aufsichtsprüfer an die Hauptversammlung von diesem eine Erklärung geben lassen, welche Beziehungen zwischen dem Wirtschaftsprüfer und der zu prüfenden Gesellschaft und ihren Organmitgliedern bestehen, die Zweifel an der Unabhängigkeit begründen können.[225] Diese Erklärung soll sich insbesondere auf Verträge zur Beratung erstrecken.

Fraglich ist, ob der Aufsichtsrat auf Grund der noch erforderlichen Bestellung des Abschlussprüfers durch die Hauptversammlung einen **Vorabbeschluss** fassen kann, der zum einen den Wahlvorschlag an die Hauptversammlung umfasst,[226] zum anderen bereits die Auftragserteilung zu den ausgehandelten Konditionen für den Fall enthält, dass die Hauptversammlung dem Wahlvorschlag folgt. Hierfür sprechen bereits erhebliche Praktikabilitätsvorteile, da die Hauptversammlung oft dem Wahlvorschlag des Aufsichtsrats folgt und keine Zeit verloren wird, um die Prüfung durchzuführen und vorherige Kontakte im Hinblick auf das alleinige Vorschlagsrecht des Aufsichtsrats ohnehin notwendig bzw. zur Feststellung der Unabhängigkeit des Abschlussprüfers unumgänglich sind.[227] Da zudem der Aufsichtsrat nach der Hauptversammlung im Falle einer neuen Zusammensetzung und einer Meinungsänderung seinen Beschluss ändern kann, spricht nichts dagegen, einen solchen Beschluss zu fassen.[228]

Umstritten ist, ob der Aufsichtsrat den Beschluss über die Erteilung und Ausgestaltung des Prüfungsauftrags auf einen **Ausschuss** delegieren kann oder zwingend als gesamtes Organ handeln muss.

---

[216] Art. 16 Abs. 5 UAbs. 2 S. 1 Abschlussprüfer-VO; *Rubner/Leuering* NJW-Spezial 2016, 527.
[217] Art. 16 Abs. 5 UAbs. 2 S. 2.
[218] Hierzu auch *Schüppen* NZG 2016, 247 (251 f.).
[219] Art. 16 Abs. 7 Abschlussprüfer-VO.
[220] Art. 16 Abs. 8 Abschlussprüfer-VO.
[221] BegrRegE-AReG BT-Drs. 18/7219 S. 56; vgl. auch § 107 Abs. 3 AktG.
[222] Dazu *Kropff* FS Müller, 2001, 481 ff.; *Neuling* BB 2003, 166 f.; *Forster* AG 1999, 193 (197).
[223] S. hierzu *Mattheus* ZGR 1999, 682 (690 f.); *Forster* AG 1999, 193 (196).
[224] S. hierzu das Gesetz zur Einführung internationaler Rechnungslegungsstandards und zur Sicherung der Qualität der Abschlussprüfung v. 4.12.2004, BGBl. 2004 I 3166 und das Gesetz zur Kontrolle von Unternehmensabschlüssen v. 15.12.2004, BGBl. 2004 I 3408, sowie auch die jeweils einschlägige BegrRegE BT-Drs. 15/3419 (Bilanzrechtsreformgesetz) und die BegrRegE BT-Drs. 15/3421 (Bilanzkontrollgesetz).
[225] Ausf. zum Ganzen KBLW/*Bachmann* DCGK Rn. 1736 ff.; *Peltzer* Deutsche Corporate Governance Rn. 356 ff. je mwN. Zur Unabhängigkeit des Wirtschaftsprüfers s. BGHZ 153, 32 (42 ff.) = NJW 2003, 970; BGHZ 135, 260 (262 ff.) = NJW 1997, 1926 – Allweiler; *Lutter/Ballwieser*, Der Wirtschaftsprüfer als Element der Corporate Governance, 2001, 99 ff.; *Schüppen* WPg 2003, 750 ff.; *Müller* WPg 2003, 741 (742 ff.); *Gelhausen* NZG 2003, 424 ff.; *Lutter* JZ 2003, 566 f.; *Claussen* BB 2003, 466 f.
[226] Nach § 124 Abs. 3 S. 1 ist der Aufsichtsrat für den Wahlvorschlag zuständig, s. dazu MüKoAktG/*Kubis* § 124 Rn. 33; *Altmeppen* ZGR 2004, 390 (405).
[227] S. Großkomm AktG/*Hopt/Roth* Rn. 458, die davon ausgehen, dass der in der Praxis der Prüfungsauftrag auch regelmäßig unter entsprechender aufschiebender Bedingung erteilt wird; zur Sicherstellung der Unabhängigkeit → Rn. 47.
[228] MüKoAktG/*Habersack* Rn. 82.

Im Sinne einer effizienten Überwachung muss die Delegierung der Vorarbeiten zur Ausgestaltung – hier insbesondere die Führung der notwendigen Gespräche zur Sondierung der möglichen Kandidaten – auf einen Ausschuss je nach Lage des Einzelfalls möglich sein.[229] Dafür spricht nunmehr auch § 107 Abs. 3 S. 2, der es ermöglicht, dass alle Fragen der Abschlussprüfung zur Vorbereitung einem (Prüfungs-)Ausschuss überantwortet werden (→ § 107 Rn. 139). Dabei ist die Übertragung auf einen Ausschuss grundsätzlich solange möglich, wie die zwingende Zuständigkeit des gesamten Organs für die Prüfung von Jahresabschluss und Konzernabschluss sowie der Lageberichte nicht verletzt wird.[230] Ferner kann angeführt werden, dass ähnlich wie bei der Anstellung des Vorstands[231] die Ausarbeitung der vertraglichen Einzelheiten in einem Ausschuss oder durch den Aufsichtsratsvorsitzenden sinnvoller erfolgen kann als im Plenum.[232]

51 Der **Beschluss zur Erteilung des Prüfauftrags** kann ebenfalls durch einen Ausschuss gefasst werden. Zwar gehen einige davon aus, dass dieser Beschluss dem Plenum vorbehalten sei;[233] doch dadurch, dass der Gesetzgeber bei der Änderung von § 111 Abs. 2 nicht § 107 Abs. 3 S. 2 gleichzeitig änderte, ist der Aufsichtsrat frei, die Auftragserteilung auf einen Ausschuss zu delegieren.[234] Die Einrichtung eines Prüfungsausschusses, der die Aufgabe der Auftragserteilung übernimmt, wird im Übrigen auch nach Ziff. 5.3.2 DCGK gefordert, damit der Aufsichtsrat unter anderem so selbst die Prüfungsschwerpunkte setzen kann (→ Rn. 48). Auch kann zB der Abschluss des Anstellungsvertrags mit einem Vorstandsmitglied nach der Ausarbeitung der Einzelheiten im Ausschuss durch denselbigen erfolgen.[235] Im Ergebnis ist daher auch der Beschluss zur Erteilung des Auftrags auf einen Ausschuss übertragbar.[236] Schließlich kann die Unterzeichnung des Vertrags einem Aufsichtsratsmitglied – etwa dem Ausschussvorsitzenden – übertragen werden. Zur Besetzung und Organisation des Prüfungsausschusses → § 107 Rn. 139 ff.

52 Die **vertragsrechtliche Ausgestaltung des Prüfungsauftrags** steht im pflichtgemäßen Ermessen des Aufsichtsrats als dem hierfür zuständigen Organ.[237] Die **Führung der Verhandlung** soll kraft Amtsstellung beim Aufsichtsratsvorsitzenden liegen;[238] dem ist jedoch teilweise zu widersprechen, da auch ein Ausschuss (Prüfungsausschuss), der über den Abschluss des Auftrages entscheidet, die Verhandlungen führen kann und dies auf Grund des inneren Zusammenhangs zwischen Auftragserteilung und Ausgestaltung auch tun sollte.[239] Ebenso wenig dürfen dem Vorstand vorbereitende Gespräche überlassen bleiben, da dies der Intention des Gesetzes und der klaren Zuweisung der Ausgestaltung des Prüfungsauftrages zuwiderlaufen kann.[240] Mangels entsprechender Gebührenordnungen werden **Honorarvereinbarungen** bzw. schon vor der Unterbreitung des Wahlvorschlags entsprechende Sondierungen[241] ratsam sein und sind in der Praxis üblich;[242] andernfalls steht dem Prüfer der übliche Stundensatz zu. **Prüfungsschwerpunkte** können ebenfalls durch den Aufsichtsrat

---

[229] AllgM: Kölner Komm AktG/*Noack/Zetsche* § 124 Rn. 71; MüKoAktG/*Kubis* § 124 Rn. 33; *Rodewig* in Semler/v. Schenck AR-HdB § 8 Rn. 217; *Kersting* ZIP 2003, 233 (239); *Schiessel* AG 2002, 593 (601); *Ranzinger/Blies* AG 2001, 455 (458); *Ziemons* DB 2000, 77; *Forster* WPg 1998, 41 (42); *Mattheus* ZGR 1999, 682 (708); *E. Vetter* in Marsch-Barner/Schäfer Börsennotierte AG-HdB Rn. 26.65. Dies ergibt sich auch schon aus der RegBegr BT-Drs. 13/9712, 16.
[230] *Hommelhoff* BB 1998, 2567 (2569 f.); *Mattheus* ZGR 1999, 682 (706 ff.); *Forster* WPg 1998, 41 (42); *Theisen* DB 1999, 341 (344 f.); *Ziemons* DB 2000, 77 (81).
[231] Vgl. *Fleischer* § 84 Rn. 34 f.; MüKoAktG/*Spindler* § 84 Rn. 69 ff.
[232] MüKoAktG/*Habersack* Rn. 86; Hüffer/Koch/*Koch* Rn. 27.
[233] So *Lutter/Krieger/Verse* Rechte und Pflichten des Aufsichtsrats Rn. 174; K. Schmidt/Lutter/*Drygala* Rn. 39; *Ziemons* DB 2000, 77 (81); *Forster* AG 1999, 193 (194); *Theisen* DB 1999, 341 (346); *Mattheus* ZGR 1999, 682 (708); *Hommelhoff* BB 1998, 2567 (2570); *Forster* WPg 1998, 41 (42).
[234] Zutr. Hüffer/Koch/*Koch* Rn. 27; zust. Großkomm AktG/*Hopt/Roth* Rn. 487; aA K. Schmidt/Lutter/*Drygala* Rn. 41.
[235] MüKoAktG/*Spindler* § 84 Rn. 68; allerdings darf der Ausschuss nicht die Entscheidung des Plenums über die Bestellung des Vorstandsmitglieds derart präjudizieren, dass dieses praktisch keine andere Wahl mehr hat, als die Person, mit der kontraktiert wurde, auch zum Vorstandsmitglied zu bestellen. Es gilt das Gebot der Rücksichtnahme, → § 107 Rn. 92.
[236] Ebenso *Baums* Bericht der Regierungskommission Rn. 317; *Beatge/Lutter*, Abschlussprüfung und Corporate Governance, 2003, 3 f.; Hüffer/Koch/*Koch* Rn. 27; *Altmeppen* ZGR 2004, 390 (406); *Kersting* ZIP 2003, 233 (239); *Kersting* ZIP 2003, 2010 (2012); *Schiessel* AG 2002, 593 (600); *E. Vetter* in Marsch-Barner/Schäfer Börsennotierte AG-HdB Rn. 26.65.
[237] BegrRegE BT-Drs. 13/9712, 16.
[238] So Hüffer/Koch/*Koch* Rn. 29, § 107 Rn. 8; K. Schmidt/Lutter/*Drygala* Rn. 40; *Rabenhorst* in Marsch-Barner/Schäfer Börsennotierte AG-HdB Rn. 58.44.
[239] Anders Hüffer/Koch/*Koch* Rn. 29.
[240] *Theisen* DB 1999, 341 (344, 346); Großkomm AktG/*Hopt/Roth* Rn. 474.
[241] Eingehend zum Procedere vor der Hauptversammlung MüKoAktG/*Semler*, 2. Aufl. 2004, Rn. 320 ff.
[242] Hüffer/Koch/*Koch* Rn. 29 („unerlässlich"); Großkomm AktG/*Hopt/Roth* Rn. 458.

oder den Prüfungsausschuss festgelegt werden. Ob dies praktikabel und sinnvoll ist, kann nur im Einzelfall entschieden werden.[243] Wenn in bestimmten Bereichen der Unternehmenstätigkeit Probleme aufgetaucht sind, wird sich die Festlegung solcher Schwerpunkte anbieten. Der Vorstand sollte jedoch nicht an der Festlegung der Schwerpunkte teilnehmen.[244] Die eigene Verantwortlichkeit des Prüfers für die Abschlussprüfung nach den geltenden Standards bleibt davon unberührt.[245] Für **die Vertretung der Gesellschaft gegenüber dem Prüfer** im Rahmen des Prüfungsverfahrens, zB hinsichtlich der Vollständigkeit der Unterlagen oder bei Meinungsverschiedenheiten über die Auslegung von gesetzlichen Vorschriften, ist indes allein der Vorstand zuständig, da er die zu prüfende Gesellschaft gegenüber dem Prüfer vertritt.

Die **Abgabe der Willenserklärung** hingegen erfolgt als Erklärungsvertretung durch ein hierzu 53 bevollmächtigtes Aufsichtsratsmitglied, sinnvollerweise durch den Aufsichtsrats- oder den Ausschussvorsitzenden. Die allgemeinen für die Vertretung durch den Aufsichtsrat geltenden Regeln nach § 112 sind anwendbar (→ § 112 Rn. 32 ff.). Die entsprechende Bevollmächtigung kann (und sollte) vorbehaltlich anderweitiger Regelungen in der Satzung oder der Geschäftsordnung des Aufsichtsrats in dem entsprechenden Beschluss des Ausschusses erteilt werden.[246] Grundsätzlich bedarf der Abschluss des Prüfauftrags keiner Form; jedoch sollten entsprechend dem IDW Prüfungsstandard die wesentlichen Inhalte des Vertrags schriftlich festgehalten werden, um Zweifel hinsichtlich des Prüfumfangs zu vermeiden.[247]

Der Aufsichtsrat hat ferner ein **umfassendes Fragerecht** gegenüber dem Abschlussprüfer hin- 54 sichtlich der Durchführung seines Auftrags; der Prüfer kann sich nicht auf eine Schweigepflicht berufen.[248] Auch darf der Prüfer nicht ohne weiteres dem Vorstand gegenüber von seinen Gesprächen mit dem Aufsichtsrat berichten.[249]

In der Praxis häufig vorzufinden ist der sog. Management Letter, in dem der Prüfer Defizite 55 mitteilt, die ihm während der Prüfung aufgefallen sind, die aber nicht den eigentlichen Abschlussprüfungsauftrag betreffen.[250] Rein schuldrechtlich betrachtet ist dies eine Nebenpflicht des Abschlussprüfers, indem er ihm bekannt gewordene Informationen seinem Auftraggeber weiterleitet, mithin der Gesellschaft, vertreten durch den Aufsichtsrat. Enthält dieser Letter überwachungsrelevante Tatsachen muss der Aufsichtsratsvorsitzende ihn allen Aufsichtsratsmitgliedern bekannt machen. In diesem Zusammenhang empfiehlt als comply-or-explain-Vorschrift Ziff. 7.2.3 Abs. 1 DCGK, mit dem Prüfer zu vereinbaren, dass dem Aufsichtsrat über alle wesentlichen überwachungsrelevanten Tatsachen, von denen der Prüfer bei Durchführung der Abschlussprüfung Kenntnis erlangt, unverzüglich zu berichten ist.

Keine Änderung hat sich dagegen hinsichtlich der **Erteilung von anderen Aufträgen an die** 56 **Prüfer,** insbesondere zur freiwilligen Prüfung oder Beratung, ergeben.[251] Ein entsprechender Vorschlag der Regierungskommission Corporate Governance, in § 111 Abs. 2 klarzustellen, dass der Aufsichtsrat auch hinsichtlich der freiwillig aufgestellten Abschlüsse zuständig ist, wurde bislang nicht umgesetzt.[252] Nach wie vor bleibt der Vorstand zuständig für den Abschluss entsprechender Verträge.[253] Dennoch ist der Aufsichtsrat keineswegs machtlos, da er den Abschluss dieser Verträge unter Zustimmungsvorbehalt stellen kann.[254] Dabei ist an eine Verdichtung des Ermessens des Aufsichtsrats im Rahmen von § 111 Abs. 4 S. 2 zu denken, die dazu führt, dass entsprechende Zustimmungsvorbehalte zur Vermeidung von Interessenkonflikten festgelegt werden müssen.[255] Eine analoge Anwendung des § 114 mit der Folge, dass die Aufträge zur Zustimmung an den Aufsichtsrat durch den Vorstand vorzulegen sind,[256] ist abzulehnen, da ein Zustimmungsvorbehalt grundsätzlich

---

[243] MüKoAktG/*Habersack* Rn. 84; zurückhaltend Hüffer/Koch/*Koch* Rn. 29; grds. bejahend dagegen *Theisen* DB 1999, 341 (344); ihm folgend Großkomm AktG/*Hopt/Roth* Rn. 467 f.
[244] *Feddersen* AG 2000, 385 (387).
[245] Hüffer/Koch/*Koch* Rn. 29; allg. für WP: WP-HdB/*Naumann* Bd. I, 2012 A Rn. 631.
[246] Hüffer/Koch/*Koch* Rn. 28.
[247] Ziff. 2. (7) IDW PS 200 v.2.7.2001, FN-IDW 2001, 316 (317) = WPg 2001, 895 ff.
[248] Dazu *Forster* AG 1999, 193 (197); *Kropff* FS Müller, 2001, 481 (492 ff.); *Scheffler* WPg 2002, 1289 (1290 f.); *Roth* AG 2004, 1 (8).
[249] *Clemm* ZGR 1980, 455 (462 f.); zur Zusammenarbeit zwischen Aufsichtsrat und Wirtschaftprüfer s. auch *Dörner/Oser* DB 1995, 1085.
[250] *Escher-Weingart* NZG 1999, 909 (912); *Scheffler* WPg 2002, 1289 (1290).
[251] Zur Vereinbarkeit von Prüfung und Beratung s. *Volhard/Weber* FS Ulmer, 2003, 865 (872 ff.).
[252] *Baums* Bericht der Regierungskommission Rn. 284.
[253] Hüffer/*Koch* Rn. 26: gesetzliche Zustimmungspflicht erforderlich.
[254] Dies empfiehlt Hüffer/*Koch* Rn. 26.
[255] S. auch *Baums* Bericht der Regierungskommission Rn. 305, der sich grundsätzlich gegen eine gesetzliche Zustimmungspflicht ausspricht.
[256] *Hellwig* ZIP 1999, 2117 (2119 ff.).

im Ermessen des Aufsichtsrats liegt.[257] Schließlich kann der Aufsichtsrat gehalten sein, im Rahmen der Ausgestaltung des Prüfungsauftrages entsprechende Klauseln aufzunehmen, die die Annahme anderweitiger Aufträge und Interessenverflechtungen ausschließen.[258] Sofern in der Vergangenheit häufiger entsprechende Interessensverquickungen zu beobachten waren, kann aus dem pflichtgemäßen Ermessen des Aufsichtsrats auch eine Pflicht zu der beschriebenen Ausgestaltung des Vertrags erwachsen. Unter dem Eindruck der Finanzkrise enthält die EU-Abschlussprüferverordnung eine „Blacklist" prüfungsfremder Leistungen, welche Abschlussprüfer zur Sicherung ihrer Unabhängigkeit künftig für Großunternehmen von öffentlichem Interesse nicht mehr durchführen dürfen.[259] Hierzu zählen insbesondere Steuerberatungs-, Buchhaltungs- und Unternehmensberatungsleistungen.[260]

56a **4. Beauftragung externer Überprüfung nichtfinanzieller Berichte und Erklärungen (Corporate Social Responsibility – CSR).** Die seit Inkrafttreten des CSR-Richtlinie-Umsetzungsgesetzes am 19.4.2017 in Abs. 2 S. 4 normierte Befugnis des Aufsichtsrats zur Beauftragung einer externen inhaltlichen Überprüfung der nichtfinanziellen Erklärung oder des gesonderten nichtfinanziellen Berichts iSd § 289b HGB, der nichtfinanziellen Konzernerklärung oder des gesonderten nichtfinanziellen Konzernberichts iSd § 315b HGB dient der sachgerechten Erfüllbarkeit der ebenfalls durch das CSR-Richtlinie-Umsetzungsgesetz erweiterten Prüfpflichten des Aufsichtsrats aus § 171 Abs. 1 S. 4. § 171 Abs. 1 S. 4 dient der Umsetzung des weitergehenden Pflichtenkanons[261] des durch die CSR-Änderung-RL[262] neu gefassten Art. 33 der modifizierten CSR-RL.[263] Ursprung hierfür sind die neu eingefügten Art. 19a (Nichtfinanzielle Erklärung) und Art. 29a (Konsolidierte nichtfinanzielle Erklärung) der CSR-RL, auf die sich die Berichtspflichten in Art. 33 Abs. 1 lit. a und lit. b CSR-RL nunmehr beziehen.[264] Für diese Berichterstattungspflicht ist nach der Beschlussempfehlung die o.g. Befugnis notwendig.[265] Es wurde bewusst davon abgesehen, die erweiterten Prüfpflichten des Aufsichtsrats seinen allgemeinen Aufgaben zuzuordnen: Dass die Beauftragung eines externen Prüfers möglich, aber eben nicht notwendig ist, um § 171 Abs. 1 S. 4 zu genügen, ergibt sich laut Beschlussempfehlung bereits hinreichend deutlich aus dem Zusammenspiel von Abs. 2 S. 4 und § 289b Abs. 4 HGB.[266] Dies wird durch den eindeutigen Wortlaut (§ 111 Abs. 2 S. 4: „kann") nochmals bekräftigt.[267] Die fakultative Prüfung durch einen externen Prüfer umfasst auch die Prüfungsintensität.[268] Auch darf der Aufsichtsrat für den Fall der Nichtbeauftragung eines externen Prüfers nicht erhöhten Haftungsrisiken aus § 116 iVm § 93 ausgesetzt werden, da daraus ein vom Gesetz nicht vorgesehener mittelbarer Zwang zur Beauftragung entstünde.[269] Daher kann der Aufsichtsrat nur zu einer Art Plausibilitätskontrolle verpflichtet sein (näher → § 171 Rn. 62 ff.).[270]

VI. Die Einberufung der Hauptversammlung (Abs. 3)

57 Der Aufsichtsrat ist nach § 111 Abs. 3 berechtigt, aber auch verpflichtet, die Hauptversammlung einzuberufen, wenn das Wohl der Gesellschaft es gebietet – was in der Praxis allerdings selten der

---

[257] So auch noch *Hüffer*, 10. Aufl. 2012, Rn. 12a, der eine analoge Anwendung weniger überzeugend findet.
[258] In diese Richtung gehen die rechtspolitischen Vorschläge bei *Baums* Bericht der Regierungskommission Rn. 303, 307 f. Danach soll sich der Prüfer über Umstände zur Besorgnis der Befangenheit erklären und Nichtprüfungsaufträge offenlegen. All dies kann aber schon nach geltendem Recht umgesetzt werden; zur Pflicht des Aufsichtsrats zur Prüfung der unterjährigen Finanzberichte *Fuchs* NZG 2016, 1015.
[259] S. Art. 5 VO (EU) Nr. 537/2014 des Europäischen Parlaments und des Rates vom 16. April 2014 über spezifische Anforderungen an die Abschlussprüfung bei Unternehmen von öffentlichem Interesse und zur Aufhebung des Beschlusses 2005/909/EG der Kommission.
[260] Art. 5 Abs. 1 VO (EU) Nr. 537/2014.
[261] Hierzu *Hennrichs/Pöschke* NZG 2017, 121.
[262] Richtlinie 2014/95/EU des Europäischen Parlaments und des Rates vom 22. Oktober 2015 zur Änderung der Richtlinie 2013/34/EU im Hinblick auf die Angabe nichtfinanzieller und die Diversität betreffender Informationen durch bestimmte große Unternehmen und Gruppen, Text von Bedeutung für den EWR, ABl. EU 2014 L 330, 1.
[263] Richtlinie 2013/34/EU des Europäischen Parlaments und des Rates vom 26. Juni 2013 über den Jahresabschluss, den konsolidierten Abschluss und damit verbundene Berichte von Unternehmen bestimmter Rechtsformen und zur Änderung der Richtlinie 2006/43/EG des Europäischen Parlaments und des Rates und zur Aufhebung der Richtlinien 78/660/EWG und 83/349/EWG des Rates, Text von Bedeutung für den EWR, ABl. EU 2013 L 182, 19.
[264] BegrRegE BT-Drs. 18/9982, 65.
[265] BT-Drs. 18/11450, Beschlussempfehlung S. 47.
[266] BT-Drs. 18/11450, Beschlussempfehlung S. 47.
[267] *Hecker/Bröcker* AG 2017, 761 (766 f.) mwN. *Hommelhoff* NZG 2017, 1361 (1365 f.).
[268] *Hennrichs* NZG 2017, 841 (844 f.).
[269] Zutr. *Hennrichs* NZG 2017, 841 (845).
[270] *Hennrichs* NZG 2017, 841 (845).

Fall ist, da der Aufsichtsrat den Vorstand zur entsprechenden Einberufung veranlasst. Anders als im Fall der Einberufung der Hauptversammlung durch den Vorstand nach § 119 Abs. 2 steht demnach zum einen die Einberufung nicht im Ermessen des Aufsichtsrats, zum anderen kann sie sich grundsätzlich nicht auf Fragen der Geschäftsführung beziehen. Denn der Hauptversammlung steht außerhalb von § 119 Abs. 2 keine Beschlusskompetenz über Fragen der Geschäftsführung zu. Das Wohl der Gesellschaft erfordert aber nur dann die Einberufung der Hauptversammlung, wenn diese Interessen der AG dienen kann, was nur bei entsprechender Beschlusskompetenz der Fall ist, insbesondere beim Vertrauensentzug nach § 84 Abs. 3 S. 2.[271] Hierzu gehört aber auch die Missachtung der ungeschriebenen Kompetenzen der Hauptversammlung durch den Vorstand, wenn dieser in Anwendung der sog. **Holzmüller/Gelatine-Rechtsprechung** bei unternehmenswichtigen und strukturändernden Entscheidungen die Hauptversammlung nach § 119 Abs. 2 einberufen müsste,[272] dies aber unterlässt. Denn das Wohl der Gesellschaft umfasst die Unterlassung rechtswidriger Maßnahmen des Vorstands, zumal zu befürchten ist, dass infolge langwieriger gerichtlicher Auseinandersetzungen das Unternehmen erheblichen Schaden nehmen könnte.[273] Demgegenüber führt ein beabsichtigtes **Delisting** entgegen der früheren Macrotron-Doktrin des BGH[274] nicht zu einer Zuständigkeit der Hauptversammlung und damit auch nicht zu einer Einberufungspflicht des Aufsichtsrats. Nachdem das BVerfG zu der zuvor im Wesentlichen auf Art. 14 GG gestützten Begründung des BGH die Grundlage entzogen hat,[275] geht nunmehr auch der BGH in diesen Fällen nicht mehr von einer ungeschriebenen Hauptversammlungskompetenz aus (sog. **FRoSTA-Entscheidung**[276]).[277]

Außerhalb dieser Fälle kommt keine Kompetenz, aber auch keine Pflicht des Aufsichtsrats zur Einberufung in Frage, insbesondere nicht bei Einschaltung der Hauptversammlung zur bloßen **Verschaffung eines Meinungsbildes** zB bei Geschäftsführungsfragen.[278] Die Kompetenz dazu liegt allein beim Vorstand, zumal § 111 Abs. 3 auch nicht von einem Ermessen des Aufsichtsrats ausgeht.

Die Einberufung der Hauptversammlung kann nur durch **Beschluss** gem. § 108 Abs. 1 des gesamten Aufsichtsrats erfolgen, nicht durch einen Ausschuss (§ 107 Abs. 3 S. 3).[279] Für den Beschluss genügt gem. § 111 Abs. 3 S. 2 die einfache Mehrheit (Einzelheiten → § 108 Rn. 22). Nur ein amtierender, gültig gewählter Aufsichtsrat kann einberufen. Bei nichtiger Wahl des Aufsichtsrats sind auch die Beschlüsse der einberufenen Hauptversammlung nichtig, da sie nicht ordnungsgemäß einberufen wurde.[280] Das Procedere der Einberufung richtet sich nach § 121 Abs. 3, Abs. 4, §§ 123 ff. Wie auch bei Einberufungen durch den Vorstand, fallen die **Kosten** der Einberufung der AG zur Last.[281]

Verkennt der Aufsichtsrat die Voraussetzungen des § 111 Abs. 3, insbesondere ob eine Beschlusskompetenz der Hauptversammlung vorliegt und ob das Wohl der Gesellschaft die Einberufung

---

[271] MüKoAktG/*Habersack* Rn. 90; Hüffer/Koch/*Koch* Rn. 30; Bürgers/Körber/*Israel* Rn. 18; im Grundsatz auch *Lutter/Krieger/Verse* Rechte und Pflichten des Aufsichtsrats Rn. 136; K. Schmidt/Lutter/*Drygala* Rn. 45; E. *Vetter* in Marsch-Barner/Schäfer Börsennotierte AG-HdB Rn. 26.87; MHdB AG/*Bungert* § 36 Rn. 12, die aber letztlich auch eine Erweiterung über die entsprechende Beschlusskompetenz hinaus für möglich halten.

[272] BGHZ 83, 122 = NJW 1982, 1703, bekräftigt in BGHZ 159, 30 = NJW 2004, 1860 – Gelatine, dazu *Goette* DStR 2004, 927, *Altmeppen* ZIP 2004, 999; zuvor *Henze* FS Ulmer, 2003, 211; *Hüffer* FS Ulmer, 2003, 279; MüKoAktG/*Habersack* Rn. 90; *Thümmel*, Persönliche Haftung von Managern und Aufsichtsräten, 2008, → Rn. 260.

[273] Ähnlich Hüffer/Koch/*Koch* Rn. 31; Großkomm AktG/*Hopt/Roth* Rn. 545.

[274] BGHZ 153, 47 (53 ff.) = NZG 2003, 280 (281 ff.), zust. u.a. Hüffer/Koch/*Koch* § 119 Rn. 31 ff.; abl. *Adolff/Tieves* BB 2003, 797 (799 f.); speziell gegen das Erfordernis eines Hauptversammlungsbeschlusses *Habersack* AG 2005, 137 (141); *Krämer/Theiß* AG 2003, 225 (236 ff.); *Arnold* ZIP 2005, 1573 (1575 f.).

[275] BVerfGE 132, 99 (100 ff.) = AG 2012, 557 Rn. 1 ff. Die einfachrechtliche Begründung eines Pflichtangebots über eine Gesamtanalogie zu anderen Regelungen gesellschaftsrechter Strukturmaßnahmen hat das BVerfG dabei ausdrücklich als (verfassungsrechtlich) zulässig angesehen (→ Rn. 71 ff. der Entscheidung).

[276] BGH NZG 2013, 1342 Rn. 5 ff. unter Ablehnung gesellschaftsrechtlicher Hilfsbegründungen auf Basis einer entsprechenden Anwendung des § 207 UmwG, § 243 Abs. 2 S. 2 AktG, § 29 Abs. 1 S. 1 UmwG bzw. einer Gesamtanalogie; dazu *Arnold/Rothenburg* DStR 2014, 150 (152 ff.); *Mense/Klie* GWR 2013, 505 (506 ff.); *Wieneke* NZG 2014, 22 (22 ff.), jeweils mwN zu dahingehenden Überlegungen in der Lit.

[277] Ausführlich K. Schmidt/Lutter/*Spindler* § 119 Rn. 50 ff.

[278] Überzeugend Hüffer/Koch/*Koch* Rn. 31; MüKoAktG/*Habersack* Rn. 90; Kölner Komm AktG/*Zöllner* § 119 Rn. 25 f.; MüKoAktG/*Kubis* § 121 Rn. 21; aA MHdB AG/*Bungert* § 36 Rn. 12; K. Schmidt/Lutter/*Drygala* Rn. 44; *Lutter/Krieger/Verse* Rechte und Pflichten des Aufsichtsrats Rn. 136; Großkomm AktG/*Hopt/Roth* Rn. 540 sehen in § 92 Abs. 1 ein weiteres denkbares Anwendungsfeld, halten aber die Existenz darüber hinausgehender Fallgestaltungen für „zweifelhaft" (Rn. 545 f., anders aber offenbar in Rn. 547).

[279] MüKoAktG/*Habersack* Rn. 92 f.; Hüffer/Koch/*Koch* Rn. 32; K. Schmidt/Lutter/*Drygala* Rn. 47; *Wachter/Schick* Rn. 12; *Thümmel*, Persönliche Haftung von Managern und Aufsichtsräten, 2008, Rn. 259.

[280] MüKoAktG/*Habersack* Rn. 94; Großkomm AktG/*Hopt/Roth* Rn. 552.

[281] Hüffer/Koch/*Koch* Rn. 32.

gebietet, können die Mitglieder, die für die Einberufung gestimmt haben, für die Kosten der Einberufung im Wege des **Schadensersatzes** nach § 116 iVm § 93 verantwortlich gemacht werden.[282] Da der Aufsichtsrat nach § 111 Abs. 3 S. 1 verpflichtet ist, die Hauptversammlung einzuberufen, können sich vor allem im Hinblick auf die Frage der Verletzung ungeschriebener Hauptversammlungskompetenzen, deren Einschätzung oftmals fraglich ist, erhebliche Probleme ergeben. Sofern der Aufsichtsrat sich zuvor über die Rechtslage ausführlich Rat eingeholt hat, wird man hier einen gewissen Spielraum einräumen müssen.[283]

VII. Verbot der Geschäftsführung; Zustimmungsvorbehalte (Abs. 4)

Schrifttum: *Altmeppen,* Grenzen der Zustimmungsvorbehalte des Aufsichtsrats und die Folgen ihrer Verletzung durch den Vorstand, FS K. Schmidt, 2009, 23; *Berrar,* Die zustimmungspflichtigen Geschäfte nach § 111 Abs. 4 S. 2 AktG im Lichte der Corporate Governance-Diskussion, DB 2001, 2181; *Dietrich,* Der neue § 111 Abs. 4 S. 2, DStR 2003, 1577; *Fleischer,* Gestaltungsgrenzen für Zustimmungsvorbehalte des Aufsichtsrats nach § 111 Abs. 4 S. 2 AktG, BB 2013, 835; *Fonk,* Zustimmungspflichtige Geschäfte des AG-Aufsichtsrats, ZGR 2006, 841; *Fuhrmann,* Internal Investigations: Was dürfen und müssen die Organe beim Verdacht von Compliance Verstößen tun?, NZG 2016, 881; *Girgensohn,* Die Mitwirkung des Aufsichtsrats bei unternehmenspolitisch relevanten Entscheidungen, DB 1980, 337; *Goette,* Zum Zusammenwirken von Vorstand und Aufsichtsrat im Spannungsfeld von Informationsordnung und Zustimmungsvorbehalte, FS Baums, 2017, 475; *Götz,* Zustimmungsvorbehalte des Aufsichtsrats der Aktiengesellschaft, ZGR 1990, 633; *Grooterhorst,* Pflichten und Haftung des Aufsichtsrats bei zustimmungsbedürftigen Geschäften des Vorstands, NZG 2011, 921; *Grunewald,* Der Einfluss des Aufsichtsrats auf die Geschäftsführung – was ist erwünscht, was ist erlaubt?, ZIP 2016, 2009; *Habersack,* Die Teilhabe des Aufsichtsrats an der Leitungsaufgabe des Vorstands, FS Hüffer, 2010, 259; *Habetha,* Zur Wahlmöglichkeit zwischen beherrschungsvertraglicher Weisung und Zustimmungsbeschluss der Haupt- bzw. Gesellschafterversammlung im Vertragskonzern, ZIP 2017, 652; *Hölters,* Die zustimmungspflichtigen Geschäftsführungsmaßnahmen im Spannungsfeld zwischen Satzungs- und Aufsichtsratsautonomie, BB 1978, 640; *J. Hüffer,* Vorstandspflichten beim Zustimmungsvorbehalt für M&A-Transaktionen, FS Hüffer, 2010, 365; *Köstler,* Zustimmungsvorbehalte des Aufsichtsrates als Realisierung der Sorgfaltspflicht, WiB 1994, 714; *Lange,* Zustimmungsvorbehaltspflicht und Kataloghaftung des Aufsichtsrats nach neuem Recht, DStR 2003, 376; *Lieder,* Zustimmungsvorbehalte nach neuer Rechtslage, DB 2004, 2251; *Mense/Klie,* Geplante Kodex-Änderungen für 2017 – Investorengespräche des Aufsichtsratsvorsitzenden und Compliance im Fokus der Kodex-Kommission, GWR 2017, 1; *Mühl,* Internal Investigations: die ersten 72 Stunden nach dem „Knall", BB 2016, 1992; *v. Rechenberg,* Zustimmungsvorbehalte des Aufsichtsrats für die Unternehmensplanung, BB 1990, 1356; *Redeke,* Zur Corporate Governance zentraler Gegenparteien (Central Counterparties, CCPs), WM 2015, 554; *Schönberger,* Der Zustimmungsvorbehalt des Aufsichtsrates bei Geschäftsführungsmaßnahmen des Vorstandes (§ 111 Abs. 4 S. 2–4 AktG), 2006; *Seebach,* Kontrollpflicht und Flexibilität – Zu den Möglichkeiten des Aufsichtsrats bei der Ausgestaltung und Handhabung von Zustimmungsvorbehalten, AG 2012, 70; *v. Falkenhausen,* Der Aufsichtsrat der Aktiengesellschaft als Geschäftsführungs- und Vertretungsorgan, ZIP 2015, 956.

61 **1. Keine Geschäftsführung durch Aufsichtsrat.** § 111 Abs. 4 S. 1 stellt nochmals spiegelbildlich zu § 111 Abs. 1 klar, dass der Aufsichtsrat nicht die Geschäfte führen darf.[284] Ebenso wenig können ihm durch Satzung oder Delegation des Vorstands die entsprechenden Geschäfte übertragen werden.[285] Zur Frage der Mitentscheidung bei den Grundsätzen beabsichtigter Geschäftspolitik → Rn. 20. Das Verbot richtet sich an das Organ als solches, das insgesamt nicht die Geschäfte des Vorstands führen darf, nicht jedoch an einzelne Aufsichtsratsmitglieder, die zB bei leitenden Angestellten als Arbeitnehmervertreter im mitbestimmten Aufsichtsrat durchaus auf der dem Vorstand unmittelbar nachgeordneten Ebene in die Nähe der Geschäftsführung geraten dürfen. Auch können einzelne Aufsichtsratsmitglieder mit der Ausführung von Geschäften durch den Vorstand beauftragt werden, wenn besondere Gründe hierfür vorliegen, etwa besondere Beziehungen des Aufsichtsratsmitglieds zum Geschäftspartner bestehen, und keine Beeinträchtigung der Überwachungsfunktion zu befürchten ist.[286] Seit der Neufassung der Ziff. 5.2 Abs. 2 DCGK vom 7.2.2017 empfiehlt der

---

[282] Hüffer/Koch/*Koch* Rn. 32; K. Schmidt/Lutter/*Drygala* Rn. 48; auch für den umgekehrten Fall, dass die Hauptversammlungspflicht rechtswidrig nicht einberufen wird, kommt eine Schadensersatzpflicht in Betracht, s. Großkomm AktG/*Hopt/Roth* Rn. 543 (zu der hier erwähnten Konstellation zust. in Rn. 555).

[283] Zutr. Großkomm AktG/*Hopt/Roth* Rn. 555.

[284] Einschränkend punktuelle Bereiche der Vertretung und Geschäftsführung herausstellend *v. Falkenhausen* ZIP 2015, 956; zur Problematik der Internal Investigations: Fuhrmann NZG 2016, 881 (883); *Mühl* BB 2016, 1992; zum Verbot zu sehr konkretisierter Prämien für Vorstände *Grunewald* ZIP 2016, 2009 (2009 f.); dies gilt auch für die nach Abs. 4 S. 2 zu statuierenden Zustimmungskataloge, *Goette* FS Baums, 2017, 475 (482).

[285] AllgM, s. nur MüKoAktG/*Habersack* Rn. 96; Hüffer/Koch/*Koch* Rn. 33; K. Schmidt/Lutter/*Drygala* Rn. 49; Bürgers/Körber/*Israel* Rn. 20; zu einer Klausel über die Anrufung des Aufsichtsrats bei Meinungsverschiedenheiten im Vorstand MüKoAktG/*Habersack* Rn. 97; *Grunewald* ZIP 2016, 2009.

[286] So auch Hölters/*Hambloch-Gesinn/Gesinn* Rn. 70; zust. für dem Aufsichtsrat obliegende Themengebiete *Leyendecker-Langner* NZG 2015, 44; abw. Großkomm AktG/*Hopt/Roth* Rn. 560 (582) („bedenklich").

Kodex rechtsfolgenlos zudem eine Bereitschaft des Aufsichtsrat zur Führung von Investorengesprächen.[287] Unberührt vom Verbot des § 111 Abs. 4 S. 1 bleiben selbstverständlich Geschäftsführungsmaßnahmen, die der Aufsichtsrat im Zusammenhang mit seiner Amtsführung durchführt (**Hilfsgeschäfte**), wie die Inanspruchnahme von Sach-, Personal- und Reisemitteln für Sitzungen und Überwachungsmaßnahmen oder die Reisekostenerstattung für Bewerber bei der Auswahl von Vorstandskandidaten.[288] Verletzt der Aufsichtsrat das Verbot der Geschäftsführung, handelt er pflichtwidrig gem. §§ 116, 93 mit der Folge des Schadensersatzes. Gleiches gilt für den Vorstand, der iRd § 93 nicht geltend machen darf, dass etwaige Schäden auch ohne die kompetenzwidrige Übertragung entstanden wären.[289]

2. Zustimmungsvorbehalte. Eine Einflussmöglichkeit auf die Geschäftsführung eröffnet das Gesetz nur im Wege des Zustimmungsvorbehalts als **Vetorecht**.[290] Weder die Satzung noch der Aufsichtsrat können jedoch vorsehen, dass der weisungsfreie Vorstand zu einem bestimmten Handeln oder Unterlassen veranlasst wird.[291] Zwar wirkt der Zustimmungsvorbehalt nur negativ, er hat keine Auswirkungen auf die Vertretungsbefugnis des Vorstands, sondern wirkt nur nach innen auf dessen Geschäftsführungsbefugnis. Doch ist nicht zu leugnen, dass dem Aufsichtsrat ein nicht unerhebliches Gewicht bei der Beeinflussung der Geschäftsführung eingeräumt wird.[292] Gleichwohl begründen Zustimmungsvorbehalte nicht etwa eine Mitentscheidungskompetenz, sondern sind Teil der Überwachungsaufgabe des Aufsichtsrates.[293] Beachtet jedoch der Vorstand einen Zustimmungsvorbehalt nicht oder handelt er trotz verweigerter Zustimmung, liegt eine Pflichtverletzung vor (§ 82 Abs. 2) und er macht sich dabei unter Umständen schadensersatzpflichtig (→ Rn. 75 ff.).

a) Pflicht zur Statuierung von Zustimmungsvorbehalten. Mit dem TransPuG ist nach entsprechender Empfehlung der Regierungskommission zur Corporate Governance[294] die Pflicht eingeführt worden, Zustimmungsvorbehalte vorzusehen.[295] Ein Katalog gesetzlicher Zustimmungspflichten – wie etwa im niederländischen und österreichischen Recht vorgesehen – wurde jedoch nicht statuiert, unter anderem deshalb, weil ein allgemein gehaltener Katalog schwierig zu formulieren ist.[296] Zweck der Reform war es, dass der Aufsichtsrat zwingend bei wesentlichen Maßnahmen beteiligt und die präventive Überwachung damit gestärkt wird.[297] Ob sich gegenüber dem früheren Recht fundamentale Änderungen – abgesehen von der Pflicht zur Erstellung eines Zustimmungskatalogs – ergeben haben, erscheint zweifelhaft,[298] da sich auch bei einem Ermessen des Aufsichtsrats zur Festlegung von Zustimmungsvorbehalten eine **Ermessensschrumpfung auf null** ergeben konnte[299] und das neue Recht keine inhaltlichen Vorgaben an den Katalog getroffen hat.[300] Das Gesetz regelt damit nur die Frage, ob überhaupt eine Pflicht zur

---

[287] Ausführlich hierzu *Mense/Klie* GWR 2017, 1 (2 ff.); *Grunewald* ZIP 2016, 2009 (2010 f.).
[288] MüKoAktG/*Habersack* Rn. 99.
[289] BFH NWB 2011, 180; allgemein zum Einwand rechtmäßigen Alternativverhaltens bei der Vorstandshaftung MüKoAktG/*Spindler* § 93 Rn. 174 f.
[290] *Habersack* FS Hüffer, 2010, 259; Aufsichtsratsmitglieder sind nicht befugt, gegen rechtswidrige Geschäftsführungsmaßnahmen des Vorstands im Wege der Klage vorzugehen, s. dazu BGHZ 106, 54 = NJW 1989, 979, dazu *Theisen* DB 1989, 311; vgl. auch *Rack* CB 2017, 59 (61), der den Zustimmungsvorbehalt als präventive Überwachung ansieht.
[291] AllgM, Hüffer/Koch/*Koch* Rn. 40 ff.; *Goette* FS Baums, 2017, 475 (483).
[292] *Schönberger*, Der Zustimmungsvorbehalt des Aufsichtsrats bei Geschäftsführungsmaßnahmen des Vorstandes (§ 111 Abs. 4 S. 2–4 AktG), 2006, 61; Hüffer/Koch/*Koch* Rn. 33; NK-AktR/*Breuer/Fraune* Rn. 24; *Huber* GmbHR 2007, 307 (309); *Hüffer* NZG 2007, 47 (52).
[293] *Goette* FS Baums, 2017, 475 (480); *Schönberger*, Der Zustimmungsvorbehalt des Aufsichtsrates bei Geschäftsführungsmaßnahmen des Vorstandes (§ 111 Abs. 4 S. 2–4 AktG), 2006, 62 ff. mN zu beiden Auffassungen, ausf. *Fleischer* BB 2013, 835 unter Darstellung der Regelungsgeschichte der Zustimmungsvorbehalte.
[294] *Baums* Bericht der Regierungskommission Rn. 34.
[295] *Goette* FS Baums, 2017, 475 (480); u.a. eine diesbezügliche strafrechtliche Garantenpflicht des Aufsichtsrats bejahend OLG Braunschweig NJW 2012, 3798; *Reuter* ZIP 2016, 597 (606 f.).
[296] BegrRegE BT-Drs. 14/8769, 17; insoweit den Empfehlungen der Regierungskommission Corporate Governance folgend, s. dazu auch die Stellungnahme des *DAV-Handelsausschusses* NZG 2002, 115 (117); *Götz* NZG 2002, 599 (603); *Berrar* DB 2001, 2181 (2184).
[297] BegrRegE BT-Drs. 14/8769, 17; zuvor *Baums* Bericht der Regierungskommission Rn. 34.
[298] Verneinend Hüffer/Koch/*Koch* Rn. 35 ff.; Großkomm AktG/*Hopt/Roth* Rn. 622.
[299] BGHZ 124, 111 (127) = NJW 1994, 520; LG Bielefeld AG 2000, 136 (138); Kölner Komm AktG/*Mertens/Cahn* Rn. 103; *Köstler* WiB 1994, 714 (716); *Götz* ZGR 1990, 633 (639); → auch Rn. 71; zum Meinungsstand vor der Änderung des Abs. 4 durch das TransPuG s. Großkomm AktG/*Hopt/Roth* Rn. 602 ff.
[300] S. die Kritik des *DAV-Handelsausschusses* NZG 2002, 115 (117); dem zust. Hüffer/Koch/*Koch* Rn. 36 sowie *Altmeppen* FS K. Schmidt, 2009, 23 (24).

Festlegung von Zustimmungsvorbehalten besteht, nicht bzw. kaum aber das „Wie", insbesondere welchen Inhalt dieser Vorbehalt hat. Dem Gesetz und den Vorstellungen des Gesetzgebers würde indes nicht damit Genüge getan, nur formelhaft zB ein einziges Geschäft unter den Zustimmungsvorbehalt zu stellen. Grundsätzlich besteht daher eine Pflicht des Aufsichtsrats zur Statuierung von Zustimmungsvorbehalten im Rahmen eines **Zustimmungskatalogs** aus § 111 Abs. 4.[301] Damit ist auch keine übermäßigen Bürokratisierung und Einengung der Aufsichtsratsarbeit verbunden,[302] solange man den inhaltlichen Ermessensspielraum von Aufsichtsrat und Satzungsgeber hinreichend respektiert (→ Rn. 67). In Übereinstimmung mit den Zielen des TransPuG[303] wird hierdurch sichergestellt, dass sich der Aufsichtsrat eingehend mit der Festlegung von Zustimmungsvorbehalten auseinandersetzt und gleichzeitig in grundlegende Entscheidungsprozesse eingebunden wird.[304] Über die Notwendigkeit von Zustimmungsvorbehalten hat der Aufsichtsrat nach pflichtgemäßem Ermessen (§ 116 iVm § 93) zu entscheiden. Auch ein etwaiges beherrschungsvertragliches Weisungsrecht ändert hieran für den Aufsichtsrat der Tochtergesellschaft nichts.[305]

64 **b) Inhalt des Zustimmungsvorbehalts.** Welche Geschäfte dem Zustimmungsvorbehalt unterworfen werden sollen oder müssen, wird vom Gesetz nicht festgelegt. Sofern die Satzung keine Festlegungen in Form eines Katalogs zustimmungsbedürftiger Geschäfte trifft, muss der Aufsichtsrat im Rahmen seines pflichtgemäßen Ermessens die zustimmungsbedürftigen Geschäfte festlegen. Inhaltlich hat er sich dabei von dem Ziel des TransPuG leiten zu lassen, die grundlegenden unternehmensbedeutsamen Maßnahmen und Geschäfte zu erfassen.[306] Zwar können angesichts der Vielgestaltigkeit des Wirtschaftslebens und der nur im Einzelfall zu beantwortenden Frage, welche Maßnahmen eines Vorstands wesentlich sind, abstrakt kaum nähere Vorgaben über die jeweils erforderlichen Zustimmungsvorbehalte getroffen werden. Doch besteht Einigkeit jedenfalls darüber, dass – entsprechend der Empfehlung des **Corporate Governance Kodex** Ziff. 3.3[307] – nur Geschäfte von grundlegender Bedeutung, insbesondere bei fundamentaler Veränderung der Vermögens-, Finanz- und Ertragslage erfasst werden sollen.[308] Erfasst ist aber stets das gesamte Spektrum der geschäftsführenden Tätigkeit was auch Ziff. 3.3 S. 1 DCGK nahe legt. Von vornherein rein belanglose Geschäfte zur Erfüllung der Pflicht nach § 111 Abs. 4 S. 2 scheiden aus.[309] Die Abhängigkeit von den jeweilig sich ändernden Bedingungen in der Gesellschaft erfordert zudem eine laufende Prüfung des Aufsichtsrats, ob die Zustimmungsvorbehalte noch angemessen und gegebenenfalls zu modifizieren oder zu erweitern sind.[310]

65 Der Zustimmungsvorbehalt muss sich zudem auf **bestimmte Arten von Geschäften** beziehen, um nicht die Geschäftsführungsautonomie des Vorstands durch generalklauselartige Vorbe-

---

[301] Ebenso *Schönberger,* Der Zustimmungsvorbehalt des Aufsichtsrates bei Geschäftsführungsmaßnahmen des Vorstandes (§ 111 Abs. 4 S. 2–4 AktG), 2006, 178; *Lieder* DB 2004, 2251 (2252); *Dietrich* DStR 2003, 1577; *Lange* DStR 2003, 376; *Schiessel* AG 2002, 593 (597); MüKoAktG/*Habersack* Rn. 102, 109; *J. Hüffer* FS Hüffer, 2010, 365 (367); K. Schmidt/Lutter/*Drygala* Rn. 50; Großkomm AktG/*Hopt/Roth* Rn. 627; Grioleit/Grigoleit/*Tomasic* Rn. 42; wohl auch Hüffer/Koch/*Koch* Rn. 36; für ein Beispiel eines solchen Katalogs s. Lutter/Krieger/*Verse* Rechte und Pflichten des Aufsichtsrats Rn. 118; s. auch die Aufzählung typischer Zustimmungsvorbehalte bei *Mielke,* Defizite in der Unternehmenskontrolle durch den Aufsichtsrat und Ansätze zu ihrer Bewältigung, 2005, 227; aA: Kölner Komm AktG/*Mertens/Cahn* Rn. 104; wohl auch *E. Vetter* in Marsch-Barner/Schäfer Börsennotierte AG-HdB Rn. 26.24.
[302] So hingegen die Kritik von Kölner Komm AktG/*Mertens/Cahn* Rn. 104 mit Verweis auf entsprechende Bedenken des Gesetzgebers.
[303] Die BegrRegE BT-Drs. 14/8769, 17 hatte insoweit bemängelt, „[…] dass in vielen Gesellschaften der Aufsichtsrat selbst bei Maßnahmen und Entscheidungen, die die Ertragsaussichten der Gesellschaft oder ihre Risikoexposition grundlegend verändern, nicht hinreichend und nicht rechtzeitig eingebunden, mitunter sogar erst im Nachhinein – nach Verlautbarungen in der Presse – informiert wird.".
[304] *Goette* FS Baums, 2017, 475 (480 f.).
[305] *Habetha* ZIP 2017, 652 (654).
[306] BegrRegE BT-Drs. 14/8769, 17; *Goette* FS Baums, 2017, 475 (482 f.).
[307] S. hierzu *Peltzer* Deutsche Corporate Governance Rn. 198 ff.; KBLW/*Lutter* DCGK Rn. 517 ff.; Großkomm AktG/*Hopt/Roth* Rn. 613.
[308] BegrRegE BT-Drs. 14/8769, 17; *Götz* NZG 2002, 599 (602 f.); *Schwark* ZHR 71 (2002), 75 (92 f.); Lutter/Krieger/*Verse* Rechte und Pflichten des Aufsichtsrats Rn. 121; Hüffer/Koch/*Koch* Rn. 36; *Altmeppen* FS K. Schmidt, 2009, 23 (26); K. Schmidt/Lutter/*Drygala* Rn. 53; *E. Vetter* in Marsch-Barner/Schäfer Börsennotierte AG-HdB Rn. 26.29; ausf. *Schönberger,* Der Zustimmungsvorbehalt des Aufsichtsrates bei Geschäftsführungsmaßnahmen des Vorstandes (§ 111 Abs. 4 S. 2–4 AktG), 2006, 106 ff. mit einem Beispielkatalog grundlegender Geschäfte auf S. 143 ff.; *Goette* FS Baums, 2017, 475 (482 f.).
[309] MüKoAktG/*Habersack* Rn. 107; *Bernhardt* ZHR 159 (1995), 310 (313); Hüffer/Koch/*Koch* Rn. 36.
[310] Zutr. Hüffer/Koch/*Koch* Rn. 36.

halte zu unterminieren.[311] Welcher Art die Geschäfte sind, ist unerheblich, sofern sie bedeutsam sind. Es kommt nicht darauf an, ob sie nach außen hin rechtswirksam sind, auch rein interne Leitungsmaßnahmen unterfallen dem Begriff der Geschäfte nach § 111 Abs. 4 S. 2.[312] Die Geschäfte müssen der Art nach **bestimmbar** und abgrenzbar sein; ein Vorbehalt dergestalt, dass alle wesentlichen Geschäfte der Zustimmung des Aufsichtsrats unterworfen werden, entspricht nicht mehr dem Bestimmtheitsgebot des § 111 Abs. 4 S. 2 und ist unwirksam.[313] Derartigen Zustimmungsvorbehalten stünde darüber hinaus das Geschäftsführungsverbot des S. 1 entgegen.[314] Der Zustimmungsvorbehalt muss **klar erkennen** lassen, welche Geschäfte erfasst werden.[315] So können Vorbehalte für die Erteilung von Prokura, den Erwerb von Beteiligungen (auch ab einer bestimmten Höhe), Grundstücksgeschäfte (auch ab einer bestimmten Summe), Kreditaufnahmen und -vergaben,[316] die Errichtung neuer Betriebsstätten, den Abschluss von Beratungsverträgen mit dem Abschlussprüfer, Geschäfte zwischen der Gesellschaft und Vorstandsmitgliedern bzw. ihnen nahestehenden Personen oder Anstellungsverträgen mit Angestellten aus der Geschäftsführungsebene unterhalb des Vorstands ausgesprochen werden.[317] Der Zustimmungsvorbehalt kann auch bewegliche Grenzen für das Ausmaß der Geschäfte vorsehen, die vom Aufsichtsrat im Wege des Plenarbeschlusses konkretisiert werden können;[318] ohne entsprechende Konkretisierung ist der Zustimmungsvorbehalt jedoch unwirksam, da der Vorstand nicht erkennen kann, welche Geschäfte dem Vetorecht unterfallen. Innerhalb dieser Grenzen ist bei **Interpretationsschwierigkeiten** die Erlassperspektive maßgeblich; also bei Vorbehalten in der Satzung deren objektiver Sinngehalt, bei Zustimmungsvorbehalten des Aufsichtsrats wiederum dessen subjektives Verständnis der jeweiligen Regelung. Einschränkungen im Interesse des Verkehrsschutzes sind auch im letzteren Fall nicht erforderlich, da der Verstoß gegen einen Zustimmungsvorbehalt lediglich gesellschaftsintern wirkt (→ Rn. 75) und der Vorstand durch eine Berücksichtigung des objektiven Sinngehalts bei der Feststellung einer etwaigen Pflichtverletzung ausreichend geschützt ist. Gegenstand eines Zustimmungsvorbehalts dürfen auch für die Arbeitnehmer sensible Angelegenheiten sein, sofern diese auch im Übrigen die Anforderungen des § 111 Abs. 2 S. 4 erfüllen, namentlich für die Gesellschaft wesentliche Bedeutung haben und das Unternehmensinteresse derjenigen Gesellschaft tangieren, deren Aufsichtsrat zur Mitwirkung verpflichtet sein soll.[319] Der Konkretisierungsgrad darf dann auch über eine Anzahl betroffener Arbeitnehmer bestimmt werden.[320] Auch wenn das Gesetz nur von Arten von Geschäften spricht, ist doch anerkannt, dass in Ausnahmefällen auch **einzelne Geschäfte** dem Zustimmungsvorbehalt unterworfen werden können.[321] Auch nach der jetzigen Fassung des § 111 Abs. 4 S. 2 können

---

[311] Kölner Komm AktG/*Mertens/Cahn* Rn. 85; *Lutter/Krieger/Verse* Rechte und Pflichten des Aufsichtsrats Rn. 118; K. Schmidt/Lutter/*Drygala* Rn. 56, 58; *E. Vetter* in Marsch-Barner/Schäfer Börsennotierte AG-HdB Rn. 26.28; Bürgers/Körber/*Israel* Rn. 23; *Wachter*/Schick Rn. 14; zur Auslegung des Begriffes „bestimmte Arten von Geschäft" auch *Altmeppen* FS K. Schmidt, 2009, 23 (29); Empfehlung, Zustimmungsvorbehalte für Änderungen des unternehmensinternen Risikomodells in der Geschäftsordnung zu regeln *Redeke* WM 2015, 554 (558 f.); *Goette* FS Baums, 2017, 475 (482 ff.).

[312] *Lutter/Krieger/Verse* Rechte und Pflichten des Aufsichtsrats Rn. 120; MüKoAktG/*Habersack*, Rn. 106, 112; Hüffer/Koch/*Koch* Rn. 41; *Lange* DStR 2003, 376 ff.; abw. Kölner Komm AktG/*Mertens/Cahn* Rn. 89, der eine Verzerrung des zwingend vorgegeben Kompetenzgefüges befürchtet mit der Folge, dass in die Rollenverteilung zwischen den Organen eingegriffen wird.

[313] MüKoAktG/*Habersack* Rn. 109; Hüffer/Koch/*Koch* Rn. 41; K. Schmidt/Lutter/*Drygala* Rn. 58; Kölner Komm AktG/*Mertens/Cahn* Rn. 85; *Lange* DStR 2003, 376 (379); *E. Vetter* in Marsch-Barner/Schäfer Börsennotierte AG-HdB Rn. 26.28; Großkomm AktG/*Hopt/Roth* Rn. 643; Bürgers/Körber/*Israel* Rn. 23 und ausf. – insbes. im Hinblick auf die RegBegr – Großkomm AktG/*Hopt/Roth* Rn. 608 ff.; *Altmeppen* FS K. Schmidt, 2009, 23 (29); zu den Inhalten zustimmungspflichtiger Geschäfte aus betriebswirtschaftlicher Sicht *Girgensohn* DB 1980, 337 (340).

[314] *Schönberger*, Der Zustimmungsvorbehalt des Aufsichtsrats bei Geschäftsführungsmaßnahmen des Vorstandes (§ 111 Abs. 4 S. 2–4 AktG), 2006, 187, vgl. auch Hüffer/Koch/*Koch* Rn. 29.

[315] Hölters/*Hambloch-Gesinn/Gesinn* Rn. 73; K. Schmidt/Lutter/*Drygala* Rn. 58; *Fleischer* BB 2013, 835 (842 f.).

[316] Näher *Hommelhoff* FS Werner, 1984, 315 (316 ff.); s. zu den in Betracht kommenden Maßnahmen auch *Habersack* FS Hüffer, 2010, 259 (262).

[317] *Habersack* ZHR 178 (2014), 131 (143 f.).

[318] *Hommelhoff* FS Werner, 1984, 315 (318 ff.) für Zustimmungsvorbehalte im Bankenbereich.

[319] *Habersack* ZHR 178 (2014), 131 (146 f.).

[320] *Habersack* ZHR 178 (2014), 131 (146); *Thiessen* AG 2013, 573 (579 f.); aA *Fleischer* BB 2013, 835 (842).

[321] BGHZ 124, 111 (126 f.) = NJW 1994, 520; OLG Stuttgart WM 1979, 1296 (1300 f.); MHdB AG/*Hoffmann-Becking* § 29 Rn. 55; *Kropff* ZGR 1994, 628 (643); Hüffer/Koch/*Koch* Rn. 39; K. Schmidt/Lutter/*Drygala* Rn. 58; *Lutter/Krieger/Verse* Rechte und Pflichten des Aufsichtsrats Rn. 119; *E. Vetter* in Marsch-Barner/Schäfer Börsennotierte AG-HdB Rn. 26.29; *Götz* ZGR 1990, 633 (642 f.); *Lutter* FS Vieregge, 1996, 603 (612 f.).

neben den in dem Zustimmungskatalog erfassten Geschäften weitere Einzelgeschäfte durch Aufsichtsratsbeschluss einem Zustimmungsvorbehalt unterworfen werden.[322] Dies gilt aber wiederum nur für nach Inhalt, Umfang und Risiko besonders bedeutsame Geschäfte.[323] Der Aufsichtsrat darf insgesamt auch **nicht ein Übermaß an Zustimmungsvorbehalten** festlegen, um die Geschäftsführungsautonomie des Vorstands nicht auszuhöhlen,[324] wobei die Grenzen nur im Einzelfall festgestellt werden können und auch von der Situation der Gesellschaft (Krise etc.) abhängen.

66 Dagegen können Geschäfte, die den Kern der Leitungskompetenz des Vorstands insgesamt (und nicht nur einen Teil) umfassen, nicht vom Zustimmungsvorbehalt erfasst werden. So kann entgegen einer vereinzelt vertretenen Auffassung[325] nicht die gesamte **Unternehmensplanung** unter Zustimmungsvorbehalt gestellt werden, schon weil ein derartiger Vorbehalt nicht dem Erfordernis der Bestimmtheit von Arten von Geschäften entspräche.[326] Gleiches wird man für die Mehrjahresplanungen annehmen können.[327] Dies schließt aber nicht aus, dass andere Teile der Unternehmensplanung – wie etwa das jährliche Budget[328] – der vorherigen Zustimmung bedürfen, da sie als bestimmte Arten von Geschäften qualifiziert werden können.[329] Ein Vetorecht gegen die Finanz- und Unternehmensplanung insgesamt käme aber gefährlich in die Nähe eines unzulässigen Übergriffs in die Geschäftsführung des Vorstands.[330]

67 Ist für ein bestimmtes Geschäft oder Art von Geschäften zu befürchten, dass der Vorstand in evident unvertretbarer Weise Maßnahmen durchführen möchte, kann das **Ermessen** des Aufsichtsrats zur Ausgestaltung des Zustimmungsvorbehalts dahingehend **auf null schrumpfen**, dass diese Maßnahmen der vorherigen Zustimmung unterworfen werden.[331] Der „**ad-hoc**"-Beschluss zur Schaffung eines Zustimmungsvorbehalts kann mit der Verweigerung der Zustimmung verbunden werden, um drohenden Schaden abzuwenden.[332] Abgesehen von solch konkreten Gefährdungen des Gesellschaftswohls wird man eine derartige Ermessensreduzierung hingegen nur bei Geschäftsführungsmaßnahmen von existenzieller Bedeutung für die Gesellschaft annehmen können,[333] nicht hingegen bei

---

[322] MüKoAktG/*Habersack* Rn. 102; *Lutter/Krieger/Verse* Rechte und Pflichten des Aufsichtsrats Rn. 114 ff.; *Lieder* DB 2004, 2251 (2253); *Dietrich* DStR 2003, 1577 (1578); jetzt auch Großkomm AktG/*Kort* Vor § 76 Rn. 12 da zust. Geschäfte präventiv zu extensiv bestimmt werden.

[323] OLG Stuttgart WM 1979, 1296 (1300); MHdB AG/*Hoffmann-Becking* § 29 Rn. 55; Kölner Komm AktG/ *Mertens/Cahn* Rn. 83; am Beispiel von M&A-Transaktionen *J. Hüffer* FS Hüffer 2010, 365 (371 ff.).

[324] Großkomm AktG/*Hopt/Roth* Rn. 639; *Rodewig* in Semler/v. Schenck AR-HdB § 8 Rn. 41. *Fleischer* BB 2013, 835 (839 f.); *Seebach* AG 2012, 70 (71).

[325] *Habersack* ZHR 178 (2014), 131, 143; *Habersack* FS Hüffer, 2010, 259 (268) mwN; *Feddersen* ZGR 1993, 114 (117); *Semler* ZGR 1983, 1 (22); s. auch *Kropff* NZG 1998, 613 (615 ff.) der jedoch nur allgemein von Unternehmensplanung spricht und dabei nicht genauer differenziert.

[326] Zutr. Kölner Komm AktG/*Mertens/Cahn* Rn. 86; *v. Rechenberg* BB 1990, 1356 (1359); Grigoleit/*Grigoleit/ Tomasic* Rn. 43; *E. Vetter* in Marsch-Barner/Schäfer Börsennotierte AG-HdB Rn. 26.30; dem zust. Hüffer/Koch/ *Koch* Rn. 41; *Altmeppen* FS K. Schmidt, 2009, 23 (30); aA Großkomm AktG/*Hopt/Roth* Rn. 653.

[327] Kölner Komm AktG/*Mertens/Cahn* Rn. 86; Hüffer/Koch/*Koch* Rn. 41; *v. Rechenberg* BB 1990, 1356 (1359); *E.Vetter* in Marsch-Barner/Schäfer Börsennotierte AG-HdB Rn. 26.30; aA MüKoAktG/*Habersack* Rn. 112; *Habersack* FS Hüffer, 2010, 259 (268); Bürgers/Körber/*Israel* Rn. 24; *Albach* ZGR 1997, 32 (36, 39 f.); *Lutter/Krieger/Verse* Rechte und Pflichten des Aufsichtsrats Rn. 122; *Kropff* NZG 1998, 613 (615 ff.); *Lutter* FS Albach, 1991, 345 (356); *Lutter* AG 1991, 249 (254); *Semler* ZGR 1983, 1 (20 ff.).

[328] Hüffer/Koch/*Koch* Rn. 41; Kölner Komm AktG/*Mertens/Cahn* Rn. 86; *Rodewig* in Semler/v. Schenck AR-HdB § 8 Rn. 30; *Lutter* FS Albach, 1991, 345 (356); *E. Vetter* in Marsch-Barner/Schäfer Börsennotierte AG-HdB Rn. 26.30; *v. Rechenberg* BB 1990, 1356 (1360); *Semler* ZGR 1983, 1 (20 ff.).

[329] Auch für eine Beschränkung auf Einzelfragen Kölner Komm AktG/*Mertens/Cahn* Rn. 86; Hüffer/Koch/ *Koch* Rn. 41; *Rodewig* in Semler/v. Schenck AR-HdB § 8 Rn. 29; im Ergebnis ebenso *E. Vetter* in Marsch-Barner/ Schäfer Börsennotierte AG-HdB Rn. 26.30.

[330] Ähnlich Hüffer/Koch/*Koch* Rn. 41.

[331] BGHZ 124, 111 (126 f.) = NJW 1994, 520; LG Bielefeld AG 2000, 136 (138); Kölner Komm AktG/ *Mertens/Cahn* Rn. 104; Großkomm AktG/*Hopt/Roth* Rn. 624; MüKoAktG/*Habersack* Rn. 115; Hüffer/Koch/ *Koch* Rn. 37; K. Schmidt/Lutter/*Drygala* Rn. 57; *Götz* ZGR 1990, 633 (639); *Dreher* ZHR 158 (1994), 614 (634 f.); *Boujong* AG 1995, 203 (206); *Brandes* WM 1994, 2177 (2183); *Berrar* DB 2001, 2181 (2182).

[332] BGHZ 124, 111 (127) = NJW 1994, 520; *Dietrich* DStR 2003, 1577 (1578); *Brandes* WM 1994, 2177 (2183).

[333] Insoweit auch Kölner Komm AktG/*Mertens/Cahn* Rn. 104 f.: Verdichtung zur Pflicht bei Maßnahmen von existenzieller Bedeutung; ähnlich *Seebach* AG 2012, 70 (71); *Fleischer* BB 2013, 835 (839), die diesbezüglich von einem „Untermaßverbot" sprechen; *Grooterhorst* NZG 2011, 921 (922): Vorbehaltspflicht bei zweifelsfrei grundlegenden Maßnahmen. Als Fingerzeig mag in diesem Zusammenhang die Formulierung in BegrRegE BT-Drs. 14/8769, 17 dienen: „Entscheidungen oder Maßnahmen, die nach den Planungen oder Erwartungen die Ertragsaussichten der Gesellschaft oder ihre Risikoexposition grundlegend verändern und damit von existenzieller Bedeutung für das künftige Schicksal der Gesellschaft sind, müssen vom Votum beider Organe, des Vorstands und des Aufsichtsrats, getragen sein."

sämtlichen „grundlegenden" Geschäften.[334] Die Nichtberücksichtigung von Belangen der Corporate Social Responsibility durch den Vorstand gehört aber dazu, so dass der Aufsichtsrat in aller Regel hier ein Zustimmungsvorbehalt aussprechen muss.[335] Denn weder lässt sich abstrakt für jede Gesellschaft bestimmen, welche Geschäft grundlegender Art sind, noch war es Ziel des Gesetzgebers, das Ermessen von Aufsichtsrat und Hauptversammlung bei der Festlegung der Zustimmungsvorbehalte durch ihre vollständige judikative Reversibilität faktisch aufzuweichen.[336]

Vereinzelt wird die Auffassung vertreten, dass auch ein **Unterlassen** des Vorstands dem Zustimmungsvorbehalt des Aufsichtsrats unterworfen werden könne.[337] Hierfür spricht auf den ersten Blick, dass das Unterlassen bei einer Pflicht des Vorstands zum Handeln überwachungsrelevant sein kann. Entscheidend ist aber, dass bei einer Erstreckung des Zustimmungsvorbehalts auf das Unterlassen der Aufsichtsrat die Geschäftsführung entgegen § 111 Abs. 4 S. 1 übernähme, da Folge einer verweigerten Zustimmung allein die Pflicht des Vorstands sein kann, tätig zu werden, mithin die vom Aufsichtsrat intendierte Maßnahme durchzuführen.[338]

c) Verhältnis von Satzung und Aufsichtsratsbeschluss. Die Satzung kann, muss aber nicht einen Zustimmungsvorbehalt anordnen; schweigt die Satzung hierzu, muss indes der Aufsichtsrat tätig werden und Zustimmungsvorbehalte statuieren.[339] Gleiches gilt, wenn die Satzung sich darauf beschränkt, nur unbedeutende Geschäfte der Zustimmung zu unterwerfen, da damit der Zweck des Gesetzes verfehlt würde. Unterlässt er dies, kann er nicht darauf verweisen, dass der Satzungsgeber tätig werden müsse, da entsprechende Satzungsbeschlüsse der qualifizierten Mehrheit bedürfen und das Gesetz keinen Aufschub bis zu einer entsprechenden Hauptversammlung duldet. Sofern der satzungsmäßigen Festlegung von Zustimmungsvorbehalten Unpraktikabilität bzw. Unflexibilität vorgeworfen wird,[340] ist dem nur teilweise zuzustimmen, weil die Erweiterung von Zustimmungsvorbehalten durch den Aufsichtsrat von der für eine Satzungsänderung nötigen Dreiviertelmehrheit unabhängig ist, → Rn. 70.

Ordnet die Satzung Zustimmungsvorbehalte für bestimmte Arten von Geschäften an, muss der Aufsichtsrat dies respektieren; ein Beschluss, der generell sämtlichen Geschäften die Zustimmung vorab erteilen würde, wäre schon aus diesem Grunde unwirksam,[341] auch dann, wenn es sich aus Sicht des Aufsichtsrats um Bagatellfälle handelte. Andererseits kann die Satzung nicht dem Aufsichtsrat die Kompetenz entziehen, seinerseits weitere Geschäfte der Zustimmung zu unterwerfen.[342] Ebenso wenig kann sie die Festlegung von Zustimmungsvorbehalten erschweren, etwa durch das Erfordernis qualifizierter Mehrheiten.[343] Bei inhaltlichen Überschneidungen ist auf Grund der konkurrierenden Kompetenz von Satzung und Aufsichtsrat der jeweils weitergehende Zustimmungsvorbehalt maßgeblich, zB wenn die Satzung nur eng umgrenzte Arten von Geschäften der Zustimmung unterwirft, der Aufsichtsrat diesen Kreis aber wesentlich weiter zieht und seinem Vetorecht unterstellen will und umgekehrt.

d) Beschluss über die Einrichtung von Zustimmungsvorbehalten. Der Beschluss über die Statuierung von Zustimmungsvorbehalten ist dem gesamten Aufsichtsrat vorbehalten und darf gem.

---

[334] So die nunmehr hL Großkomm AktG/*Hopt/Roth* Rn. 605 ff.; MüKoAktG/*Habersack* Rn. 109; Kölner Komm AktG/*Mertens/Cahn* Rn. 105; *J. Hüffer* FS Hüffer, 2010, 365 (369); *Fonk* ZGR 2006, 841 (846 ff.); Grigoleit/*Grigoleit/Tomasic* Rn. 45; Hüffer/Koch/*Koch* Rn. 36; aA *Lange* DStR 2003, 376 (380); *Götz* NZG 2002, 599 (602 f.); *Bosse* DB 2002, 1592 (1594); wohl auch *Grage* RNotZ 2002, 326 (327 f.).
[335] *Hommelhoff* NZG 2017, 1361 (1365 f.).
[336] BegrRegE BT-Drs. 14/8769, 17.
[337] So *Lange* DStR 2003, 376 (377).
[338] *Dietrich* DStR 2003, 1577 f.; ihm zust. *Schönberger,* Der Zustimmungsvorbehalt des Aufsichtsrates bei Geschäftsführungsmaßnahmen des Vorstandes (§ 111 Abs. 4 S. 2–4 AktG), 2006, 103; sowie Hüffer/Koch/*Koch* Rn. 37; verneinend auch Großkomm AktG/*Hopt/Roth* Rn. 647; sowie K. Schmidt/Lutter/*Drygala* Rn. 60.
[339] Ebenso Hüffer/Koch/*Koch* Rn. 38; Großkomm AktG/*Hopt/Roth* Rn. 593; K. Schmidt/Lutter/*Drygala* Rn. 54; Bürgers/Körber/*Israel* Rn. 21; Habersack ZHR 178 (2014), 131 (137).
[340] So *Schönberger,* Der Zustimmungsvorbehalt des Aufsichtsrates bei Geschäftsführungsmaßnahmen des Vorstandes (§ 111 Abs. 4 S. 2–4 AktG), 2006, 176.
[341] Hüffer/Koch/*Koch* Rn. 38; Kölner Komm AktG/*Mertens/Cahn* Rn. 80; Großkomm AktG/*Hopt/Roth* Rn. 591; *Rodewig* in Semler/v. Schenck AR-HdB § 8 Rn. 51; MHdB AG/*Hoffmann-Becking* § 29 Rn. 59; Lutter/Krieger/*Verse* Rechte und Pflichten des Aufsichtsrats Rn. 114.
[342] MHdB AG/*Hoffmann-Becking* § 29 Rn. 52; MüKoAktG/*Habersack* Rn. 103; Großkomm AktG/*Hopt/Roth* Rn. 590; Hüffer/Koch/*Koch* Rn. 38; Lutter/Krieger/*Verse* Rechte und Pflichten des Aufsichtsrats Rn. 114; K. Schmidt/Lutter/*Drygala* Rn. 54; Bürgers/Körber/*Israel* Rn. 22; *Rodewig* in Semler/v. Schenck AR-HdB § 8 Rn. 21; *Seebach* AG 2012, 70 (71); *Berrar* DB 2001, 2181; *Götz* ZGR 1990, 633 (634 ff.); aA noch *Hölters* BB 1978, 640 (643); *Wiedemann* ZGR 1975, 385 (426 f.).
[343] Kölner Komm AktG/*Mertens/Cahn* Rn. 81; MüKoAktG/*Habersack* Rn. 103; Großkomm AktG/*Hopt/Roth* Rn. 590.

§ 107 Abs. 3 S. 3 nicht auf einen Ausschuss delegiert werden. Der – ausführungsbedürftige – Beschluss ist dem Vorstand bekannt zu machen,[344] solange keine Erklärung gegenüber dem Vorstand vorliegt, kann er durch neuen Beschluss aufgehoben werden.[345] Auch in der Geschäftsordnung des Aufsichtsrats oder des Vorstands, die vom Aufsichtsrat beschlossen wird, können Zustimmungsvorbehalte festgelegt werden.[346]

72 **e) Beschluss über die Zustimmung selbst.** Anders als der Beschluss über die Festlegung von Zustimmungsvorbehalten kann der Beschluss über die Erteilung der Zustimmung selbst auf einen Ausschuss delegiert werden. Denn § 107 Abs. 3 S. 3 bezieht sich nur auf den Beschluss über die Einführung von Zustimmungsvorbehalten.[347] An die Zustimmung eines Dritten außerhalb des Aufsichtsrats, auch eines Aktionärs, kann der Vorbehalt nicht geknüpft werden.[348] Die Mehrheitserfordernisse richten sich nach den allgemeinen Regeln, vgl. § 108. Bei der Erteilung der Zustimmung hat der Aufsichtsrat sein pflichtgemäßes Ermessen auszuüben, er ist hier anders als bei der allgemeinen Überwachung nicht an die Respektierung des Ermessensspielraums des Vorstands gebunden.[349] Dieses Ermessen umfasst auch das Recht eine einzelne Maßnahme durch ad-hoc Beschluss einem Zustimmungsvorbehalt zu unterstellen und kann in bestimmten Fällen auf null zu reduzieren sein, beispielsweise wenn der Aufsichtsrat eine gesetzeswidrige Geschäftsführungsmaßnahme allein hierdurch verhindern kann.[350] Gleiches gilt für deutliche Anzeichen treuwidrigen Verhaltens.[351]

73 Der Antrag selbst auf Zustimmung muss schlüssig begründet sein und die erforderlichen Informationen enthalten. Er sollte zumindest in **Textform** gem. § 126b BGB gehalten sein.

74 **f) Ersetzung durch Hauptversammlungs-Beschluss.** Verweigert der Aufsichtsrat die Zustimmung, kann der Vorstand verlangen, dass die Zustimmung durch einen Beschluss der Hauptversammlung ersetzt wird, indem der Vorstand die Zustimmung zum Tagesordnungspunkt der Hauptversammlung macht. Dabei ist es unerheblich, ob der Zustimmungsvorbehalt auf einem Aufsichtsratsbeschluss oder einer Satzungsbestimmung beruht, da die Erteilung der Zustimmung allein dem Aufsichtsrat vorbehalten ist.[352] Für den Beschluss ist gem. § 111 Abs. 4 S. 4 zwingend eine **Mehrheit** von drei Vierteln der abgegebenen Stimmen erforderlich, eine qualifizierte Kapitalmehrheit ist daher nicht notwendig.[353] Die Satzung kann gem. § 111 Abs. 4 S. 5 hiervon nicht abweichen. Die Vorschrift ist aber offenbar in der Praxis kaum relevant geworden, da ein entsprechendes Begehren des Vorstands endgültig die Zerrüttung des Vertrauensverhältnisses zwischen Aufsichtsrat und Vorstand signalisieren würde.[354]

75 **g) Wirkungen des Zustimmungsvorbehalts.** Vor der Erteilung der Zustimmung darf der Vorstand das Geschäft nicht durchführen. Ansonsten wäre der vom Gesetz gewollte Präventiveffekt einer vorausschauenden Überwachung weitgehend hinfällig.[355] Missachtet ein Vorstandsmitglied ein Zustimmungsvorbehalt nach § 111 Abs. 4, so kann dies eine Pflichtverletzung begründen.[356] Davon unberührt bleibt die Wirksamkeit der vom Vorstand durchgeführten Maßnahme im **Außenverhältnis**; entsprechend allgemeinen Grundsätzen im Kapitalgesellschaftsrecht berührt die Unwirksamkeit

---

[344] Hüffer/Koch/*Koch* Rn. 38; *Rodewig* in Semler/v. Schenck AR-HdB § 8 Rn. 26; K. Schmidt/Lutter/*Drygala* Rn. 52.
[345] Zu ausführungsbedürftigen Beschlüssen s. Scholz/*K. Schmidt* GmbHG § 45 Rn. 29 mwN.
[346] MüKoAktG/*Habersack* Rn. 105.
[347] AllgM, OLG Hamburg AG 1996, 84 (LS); vgl. Hüffer/Koch/*Koch* Rn. 46; K. Schmidt/Lutter/*Drygala* Rn. 61; *E. Vetter* in Marsch-Barner/Schäfer Börsennotierte AG-HdB Rn. 26.39; abw. MüKoAktG/*Habersack* Rn. 125; Kölner Komm AktG/*Mertens/Cahn* Rn. 110 und Großkomm AktG/*Hopt/Roth* Rn. 660, nach denen die allgemeine Überwachungsaufgabe des Aufsichtsrates bei einer Delegation uU berührt sein kann, wenn sich der Zustimmungsvorbehalt auf Gegenstände der Unternehmensplanung bezieht, dazu auch → Rn. 66.
[348] MüKoAktG/*Habersack* Rn. 125.
[349] Kölner Komm AktG/*Mertens/Cahn* Rn. 111; MüKoAktG/*Habersack* Rn. 127; Großkomm AktG/*Hopt/Roth* Rn. 667, 671.
[350] BGHZ 124, 11 (127); *Habersack* FS Hüffer, 2010, 259 (267).
[351] BGH NJW-RR 2007, 390.
[352] BegrRegE *Kropff* S. 155; Hüffer/Koch/*Koch* Rn. 50.
[353] MüKoAktG/*Habersack* Rn. 130; Hüffer/Koch/*Koch* Rn. 50; Großkomm AktG/*Hopt/Roth* Rn. 721.
[354] MüKoAktG/*Habersack* Rn. 130; Bürgers/Körber/*Israel* Rn. 27; *E. Vetter* in Marsch-Barner/Schäfer Börsennotierte AG-HdB Rn. 26.40.
[355] HM, s. nur Lutter/Krieger/*Verse* Rechte und Pflichten des Aufsichtsrats Rn. 124; Hüffer/Koch/*Koch* Rn. 46; auch Großkomm AktG/*Hopt/Roth* Rn. 680 gehen in Abkehr von der Vorauf. davon aus, dass der Vorstand idR nur dann ermessensfehlerfrei handelt, wenn er die Zustimmung vorher einholt; dagegen nur *Hoffmann/Preu* Der Aufsichtsrat Rn. 302, die auch eine Genehmigung für möglich halten.
[356] BGH AG 1998, 519; Großkomm AktG/*Hopt/Roth* Rn. 711; K. Schmidt/Lutter/*Drygala* Rn. 64; *E. Vetter* in Marsch-Barner/Schäfer Börsennotierte AG-HdB Rn. 26.40.

der Maßnahme im Innenverhältnis nicht dessen Rechtsverbindlichkeit gegenüber Dritten.[357] Die fehlende Zustimmung kann nach außen allenfalls hinsichtlich eines Missbrauchs der Vertretungsmacht Bedeutung erlangen.[358] Ebenso wenig beseitigt die Zustimmung des Aufsichtsrats die Verantwortung des Vorstands für das in Rede stehende Geschäft; der Vorstand kann trotz Zustimmung das Geschäft auch unterlassen. Entschließt sich der Vorstand allerdings auf Grund nachträglicher Zweifel an dem gebilligten Geschäft zu inhaltlichen Veränderungen, so hat er erneut die Zustimmung des Aufsichtsrates einzuholen.[359] Ferner ändert die erteilte Zustimmung nichts an etwaigen Schadensersatzansprüchen gegen den Vorstand, falls die Maßnahme der Gesellschaft Schaden zufügen sollte; vielmehr haftet der Aufsichtsrat ebenfalls.[360] Das Vorliegen einer Zustimmung kann allenfalls für das Verschulden des Vorstands relevant sein,[361] es wird dieses aber oftmals nicht ausschließen können.

Weniger klar ist dagegen die Lage bei **eilbedürftigen Geschäften:** Eine Auffassung geht hier davon aus, dass eine nachträgliche Genehmigung den Zwecken des § 111 Abs. 4 S. 2 genügt.[362] Dagegen bestehen jedoch erhebliche Zweifel:[363] Zum einen genügt für den Beschluss der Erteilung der Zustimmung, dass ein Ausschuss diesen fasst, mithin eine wesentlich kleinere Zahl von Personen als das Plenum. Zum anderen erlauben die heutigen Kommunikationsmittel fast ohne Zeitverzögerung die rechtswirksame Beschlussfassung. Nur in Fällen, in denen der Aufsichtsrat, die Ausschussmitglieder oder der Aufsichtsratsvorsitzende[364] nicht erreichbar sein sollten und ein unabwendbares Bedürfnis nach sofortiger Durchführung der Maßnahme besteht, kann man davon absehen, dass zuvor die Zustimmung eingeholt werden muss. Praktisch empfiehlt es sich, in der Satzung, der Geschäftsordnung oder im Beschluss, mit dem der Zustimmungsvorbehalt festgelegt wird, klarzustellen, dass eine Einwilligung iSv § 183 BGB verlangt wird[365] oder – sofern dies für notwendig erachtet wird – dort klare Regelungen über eine Eilzuständigkeit zu treffen.[366]

h) Mitbestimmungsrechtliche Besonderheiten. Bei Gesellschaften, die dem MitbestG unterliegen, geht die Sonderregelung des § 32 MitbestG § 111 Abs. 4 S. 2 vor. Bei einem Beschluss nach § 32 MitbestG ist keine ansonsten nach §§ 111 Abs. 4 iVm 25 MitbestG notwendige Zustimmung des Gesamtaufsichtsrats erforderlich. Demnach kommt es bei der Abstimmung über die Ausübung von Beteiligungsrechten durch den Vorstand allein auf die Anteilseignervertreter im Aufsichtsrat an, nicht aber auf die Arbeitnehmervertreter, selbst wenn das Geschäft an sich unter einen Zustimmungsvorbehalt nach § 111 Abs. 4 S. 2 fallen sollte.[367] Nach dem Willen des Gesetzgebers soll mit § 32 MitbestG die Kumulierung von Mitbestimmungsrechten verhindert werden,[368] dies gebietet es auch, einen zusätzlichen Einfluss der Arbeitnehmervertreter über Zustimmungsvorbehalte zu unterbinden.[369]

VIII. Zielvorgaben für gleichgewichtete Geschlechterbeteiligung (Abs. 5)

Das Gesetz für die gleichberechtigte Teilhabe von Frauen und Männern an Führungspositionen in der Privatwirtschaft und im öffentlichen Dienst[370] weist dem Aufsichtsrat ferner die Aufgabe und Pflicht zu, Zielgrößen[371] für den Frauenanteil – wobei hier eine geschlechterneutrale Formulierung

---

[357] AllgM, MüKoAktG/*Habersack* Rn. 129; Kölner Komm AktG/*Mertens/Cahn* Rn. 112; Großkomm AktG/ *Hopt/Roth* Rn. 702; Hüffer/Koch/*Koch* Rn. 46; K. Schmidt/Lutter/*Drygala* Rn. 64.
[358] Kölner Komm AktG/*Mertens/Cahn* Rn. 112; dazu ausf. Großkomm AktG *Hopt/Roth* Rn. 703 ff.
[359] Kölner Komm AktG/*Mertens/Cahn* Rn. 114; zust. *Schönberger*, Der Zustimmungsvorbehalt des Aufsichtsrates bei Geschäftsführungsmaßnahmen des Vorstandes (§ 111 Abs. 4 S. 2–4 AktG), 2006, 219.
[360] Kölner Komm AktG/*Mertens/Cahn* Rn. 113.
[361] So Großkomm AktG/*Hopt/Roth* Rn. 717.
[362] MHdB AG/*Hoffmann-Becking* § 29 Rn. 58; Kölner Komm AktG/*Mertens/Cahn* Rn. 106; *E. Vetter* in Marsch-Barner/Schäfer Börsennotierte AG-HdB Rn. 26.37: ultima ratio.
[363] Ähnlich Lutter/Krieger/*Verse* Rechte und Pflichten des Aufsichtsrats Rn. 124; *Rodewig* in Semler/v. Schenck AR-HdB § 8 Rn. 56; *Götz* ZGR 1990, 633 (643 f.); Hüffer/Koch/*Koch* Rn. 47.
[364] S. dazu *Rodewig* in Semler/v. Schenck AR-HdB § 8 Rn. 57.
[365] Großkomm AktG/*Hopt/Roth* Rn. 682.
[366] Großkomm AktG/*Hopt/Roth* Rn. 683; *Seebach* AG 2012, 70 (75 f.).
[367] Kölner Komm AktG/*Mertens/Cahn* Anh. B § 117 MitbestG § 32 Rn. 16; Großkomm AktG/*Oetker* MitbestG § 32 Rn. 23; RVJ/*Raiser* MitbestG § 32 Rn. 27; UHH/*Ulmer/Habersack* MitbestG § 32 Rn. 20; Hüffer/ Koch/*Koch* Rn. 34; K. Schmidt/Lutter/*Drygala* Rn. 51.
[368] RegBegr BT-Drs. 7/2172, 28 f.
[369] RVJ/*Raiser* MitbestG § 32 Rn. 27; *Timm*, Die Aktiengesellschaft als Konzernspitze, 1980, 45.
[370] BGBl. 2015 I 642; zum Gesetzgebungsverfahren *Seibert* NZG 2016, 16; zum Praxisleitfaden des BMFSFJ für die Umsetzung des Gesetzes https://www.bmfsfj.de/blob/83970/b4dad0318495566f9d4d6d78e50b1bc5/praxisleitfaden-data.pdf, zuletzt abgerufen am 9.3.2017.
[371] Diese können in Prozentsätzen (BegrRegE BT-Drs. 18/3784, 119, 123) oder absoluten Zahlen *Schulz/Ruf* BB 2015, 1155 (1161) festgelegt werden.

ebenfalls möglich sein dürfte[372] – im Aufsichtsrat und im Vorstand festzulegen. Hiervon betroffen sind nach Zählung von *Bayer* und *Hoffmann* rund 2.400 Gesellschaften, die Zielgrößen für den Aufsichtsrat bestimmen müssen bzw. ca. 2.500 Gesellschaften, die für den Vorstand Zielgrößen festlegen müssen.[373] Anders als für die festen Quotenregelungen nach § 96 Abs. 2 betrifft diese Pflicht börsennotierte oder der Mitbestimmung unterliegende Gesellschaften. Mithin sind auch nicht an der Börse notierte Gesellschaften betroffen, sofern sie nur einem Mitbestimmungsgesetz unterliegen. Dies gilt (erst recht) für Unternehmen, die beide Kriterien erfüllen.[374] Anders als in § 96 Abs. 2 unterfallen auch Aufsichtsräte, die nach dem DrittelbeteiligungsG mitbestimmt sind, dieser Pflicht. Demgegenüber sind Unternehmen, die freiwillig Arbeitnehmer in den Aufsichtsrat wählen, nicht von § 111 Abs. 5 umfasst.[375] Es kommt hierfür nicht bloß darauf an, dass die Aktiengesellschaft ihrer Beschaffenheit nach unter den Anwendungsbereich der Mitbestimmungsgesetze fallen; vielmehr muss nach den §§ 97 ff. festgestellt werden, dass die Gesellschaft tatsächlich mitbestimmt ist.[376] Allein der Aufsichtsrat ist für die Festlegung der Zielgrößen zuständig, die Hauptversammlung kann für den Aufsichtsrat keine Zielgrößen festlegen,[377] ebenso wenig die Satzung. Demgegenüber enthält das Gesetz kein Delegationsverbot innerhalb des Aufsichtsrat; daher kann die Aufgabe, den Frauenanteil festzustellen und zu dokumentieren und anschließend Zielgrößen festzulegen, an einen Ausschuss delegiert werden, der auch entsprechende Beschlüsse hierüber fassen kann. Für dem KWG unterfallende Gesellschaften wird die Beschlussfassung über Zielgrößen gem. § 25d Abs. 11 KWG als lex specialis[378] (und europarechtlich zwingend) ausschließlich dem Nominierungsausschuss überantwortet.[379]

77b Die Vorgaben für die Zielgrößen entsprechen denjenigen nach § 76 Abs. 4, so dass auf die entsprechende Kommentierung verwiesen werden kann (Fleischer § 76 Rn. 141 ff.). Der Gesetzgeber hält hier ausdrücklich fest, dass es keine zwingenden Vorgaben gibt.[380] Nach einer Studie von *Stüber*[381] haben 50 % der befragten DAX-Unternehmen eine Zielgröße von 33 % festgelegt, weitere 25 % haben eine Zielgröße von 30 % gewählt und nur 25 % der DAX-notierten Unternehmen sehen eine Zielgröße von 25 % vor, wobei 25 % der befragten Gesellschaften die Zielgröße über den status quo gesetzt haben.[382] Im Bereich des MDAX fällt die Zielgrößenbestimmung hingegen deutlich zurückhaltender aus: So haben 11,1 % der befragten Unternehmen die Zielgröße null gewählt und nur 44,5 % haben eine Zielgröße von größer-gleich 30 % gewählt.[383] So können beispielsweise auch niedrigere Frauenanteile als die derzeit herrschenden angestrebt werden.[384] Dies gilt nicht, wenn der Frauenanteil unter 30 % liegt, § 111 Abs. 5 S. 2.[385] Entsprechend ergibt sich hieraus auch die Pflicht zur Eruierung des aktuellen Geschlechtsproporzes.[386] Zudem besteht keine Pflicht, jährlich neue Zielgrößen festzulegen, mehrjährige Planungen sind ebenfalls möglich.[387] Umgekehrt können mehrjährig festgelegte Zielgrößen später wieder geändert bzw. aufgehoben werden. Die Zielgrößen gelten für den gesamten Aufsichtsrat; auch für Ausschüsse muss der Aufsichtsrat auf eine entsprechende Einhaltung der Zielgrößen achten. Unterliegt der Aufsichtsrat der Quotenregelung nach

---

[372] *Fromholzer/Simons* AG 2015, 457 (461).
[373] *Bayer/Hoffmann* AG 2015, R4 (R.6); die Divergenz resultiert aus § 96 Abs. 2, 3 AktG, der für börsennotierte, der paritätischen Mitbestimmung unterworfene Gesellschaften im Aufsichtsrat eine fixe Geschlechterquote von 30% vorschreibt.
[374] BegrRegE BT-Drs. 18/3784, 123; *Mense/Klie* GWR 2016, 111 (113).
[375] Zust. *Röder/Arnold* NZA 2015, 1281 (1283); *Junker/Schmidt-Pfitzner* NZG 2015, 929 (930).
[376] So auch *Oetker* ZHR 179 (2015), 707 (711) mit Verweis auf den Wortlaut von § 96 Abs. 2 S. 1 („gilt"); *Röder/Arnold* NZA 2015, 1281 (1283); *Seibt* ZIP 2015, 1193 (1194); *Seibt/Kraack* in Hohenstatt/Seibt Geschlechter- und Frauenquoten Rn. 72; aA *Mense/Klie* GWR 2015, 441 (442).
[377] BegrRegE BT-Drs. 18/3784, 123.
[378] *Junker/Schmidt-Pfitzner* NZG 2015, 929 (934).
[379] BegrRegE BT-Drs. 18/3784, 123.
[380] BegrRegE BT-Drs. 18/3784, 123; ein denkbarer Maßnahmenkatalog zur Umsetzung der Vorgaben zur Zielgrößenfestlegung: *Junker/Schmidt-Pfitzner* NZG 2015, 929 (938).
[381] Die gesammelte Datenlage, die der Studie zugrunde liegt, ist allerdings nicht besonders ergiebig. So wurden nur vier DAX-Unternehmen und 36% der MDAX-Unternehmen befragt, vgl. *Stüber*, Gender Diversity, 2017, 28.
[382] *Stüber*, Gender Diversity, 2017, 28.
[383] *Stüber*, Gender Diversity, 2017, 28.
[384] *Junker/Schmidt-Pfitzner* NZG 2015, 929 (935); zumindest gegen ein „aktives Verbesserungsgebot" *Drygala* NZG 2015, 1129 (1131 f.); *Fromholzer/Simons* AG 2015, 457 (460); K. Schmidt/Lutter/*Drygala* Rn. 67e.
[385] *Fromholzer/Simons* AG 2015, 457 (459); K. Schmidt/Lutter/*Drygala* Rn. 67e.
[386] BegrRegE BT-Drs. 18/3784, 123; *Stüber* DStR 2015, 947 (952); *Mense/Klie* GWR 2015, 441 (443); *Teichmann/Rüb* BB 2015, 259 (263).
[387] So auch *Junker/Schmidt-Pfitzner* NZG 2015, 929 (935).

§ 96 Abs. 2, reduziert sich seine Pflicht auf die Festlegung von Zielgrößen für den Vorstand.[388] Kommt der Aufsichtsrat nicht seinen Pflichten nach, macht er sich nach §§ 116, 93 schadensersatzpflichtig;[389] allerdings ist zur Zeit schwer absehbar, wie ein Schaden aufgrund Verletzung der Pflicht zu berechnen ist.[390] Ob Mitarbeiter in Standorten außerhalb Deutschlands in die Zielgrößenberechnung einzubeziehen sind, lässt sich dem Gesetz nicht entnehmen. Allgemein ist in der Gesetzesbegründung lediglich die Rede davon, dass „die Unternehmen sich die Zielvorgaben selbst setzen und sich dabei an ihren Unternehmensstrukturen ausrichten" können.[391] Zwar wird diese Aussage im Kontext mit dem Geschlechterproporz als solchem und nicht mit der Verteilung von **in- und ausländischen Mitarbeitern** getätigt. Trotzdem kann ihr der grundlegende Gedanke entnommen werden, dass den Unternehmen ein weiter Spielraum bei der Zielgrößenfestlegung zusteht. Es scheint daher möglich und sinnvoll, auch ausländische Mitarbeiter in die Berechnung der Zielgrößen einzubeziehen.[392] Gleiches muss auch für in **Teilzeit** beschäftigte Mitarbeiter gelten. Eine Teilzeitbeschäftigung ist gerade während der Elternzeit ein populäres Modell. Würde Teilzeitarbeit aber nicht in die Zielgrößenerfüllung einberechnet, konterkarierte dies den Zweck der Novellierung zur langfristigen Geschlechterparität;[393] es würden diesbezüglich eben keine zusätzlichen Anreize zur Besetzung von Führungspositionen mit dem jeweils unterrepräsentierten Geschlecht für die Unternehmen geschaffen.

Die Zielvorgaben müssen nach § 25 Abs. 1 EGAktG erstmals zum 30.9.2015 erfolgen. Bei dieser erstmaligen Fristsetzung darf die Frist nicht länger als bis zum 30.6.2017 dauern. Diese Frist wird nach *Stüber* von 75 % der DAX-Unternehmen und von 72,2 % der MDAX-Unternehmen vollkommen ausgeschöpft.[394] **77c**

IX. Persönliche Amtswahrnehmung (Abs. 6)

Das Amt des Aufsichtsratsmitglieds ist höchstpersönlicher Natur, dies gilt für die dem Aufsichtsrat **78** per Gesetz zugeteilten Aufgaben und Entscheidungen (etwa nach §§ 84, 88, 89), insbesondere auch hinsichtlich der Überwachungsaufgabe, diese können nicht durch Dritte ausgeübt oder an diese delegiert werden.[395] Dies gilt auch für die Delegation von Aufgaben des Aufsichtsrats als Gesamtorgans an dessen Vorsitzenden und seinen Stellvertreter.[396] Ebenso wenig gibt es einen „Urlaub" vom Mandat als Aufsichtsratsmitglied. Dem korrespondiert § 101 Abs. 3 S. 1, der keine Bestellung von Stellvertretern vorsieht, weder durch die Hauptversammlung noch durch andere. Einzig für die Sitzungsteilnahme kann nach § 109 Abs. 3 bei Verhinderung des Aufsichtsratsmitglieds ein Dritter entsandt werden sowie für die Abgabe der Stimme ein Stimmbote nach § 108 Abs. 3 eingesetzt werden. Hinsichtlich der Sitzungen ist das Aufsichtsratsmitglied zudem gehalten, andere Verpflichtungen hintenanzusetzen, so dass Terminkollisionen keinen Grund zur Verhinderung darstellen; mehrfaches Fehlen begründet vielmehr einen Grund zur gerichtlichen Abberufung (→ § 103 Rn. 33 ff.).

Die Höchstpersönlichkeit der Amtsausübung bedingt ferner, dass das Aufsichtsratsmitglied **frei** **79** **von Weisungen** ist; dies gilt sowohl für entsandte wie auch gewählte Mitglieder, für Anteilseigneroder Arbeitnehmervertreter, für Gewerkschaftsvertreter ebenso wie für Vertreter der öffentlichen Hand oder der Kommunen, ebenso wie für die von der Obergesellschaft in den Aufsichtsrat der Tochtergesellschaft entsandten Aufsichtsratsmitglieder.[397]

Dritte kann das Aufsichtsratsmitglied demgemäß nur zur Unterstützung und für Hilfsaufgaben **80** heranziehen.[398] Anerkannt ist etwa bei schwierigen Fragestellungen, die sich auch nicht im Aufsichts-

---

[388] Vgl. *Junker/Schmidt-Pfitzner* NZG 2015, 929 (933); *Schulz/Ruf* BB 2015, 1155 (1161).
[389] BegrRegE BT-Drs. 18/3784, 123; *Fromholzer/Simons* AG 2015, 457 (466).
[390] So auch Hüffer/Koch/*Koch* Rn 58.
[391] BegrRegE BT-Drs. 18/3784, 123.
[392] IE ähnlich *Röder/Arnold* NZA 2015, 1281 (1284); für § 76 Abs. 4, in der Sache aber übertragbar *Göpfert/ Rottmeier* ZIP 2015, 670 (672).
[393] BegrRegE BT-Drs. 18/3784, 1.
[394] *Stüber*, Gender Diversity, 2017, 28; zur Datenlage vgl. *Schönberger*, Der Zustimmungsvorbehalt des Aufsichtsrates bei Geschäftsführungsmaßnahmen des Vorstandes (§ 111 Abs. 4 S. 2–4 AktG), 2006, 176.
[395] OLG Karlsruhe AG 1996, 224 (225); *Bürgers/Körber/Israel* Rn. 29.
[396] BGH AG 2005, 475; Großkomm AktG/*Hopt/Roth* Rn. 743.
[397] MHdB AG/*Hoffmann-Becking* § 33 Rn. 7; MüKoAktG/*Habersack* Rn. 136; Großkomm AktG/*Oetker* MitbestG § 25 Rn. 27; UHH/*Ulmer/Habersack* MitbestG § 25 Rn. 78 f; RVJ/*Raiser* MitbestG § 25 Rn. 125; WKS/ *Schubert* MitbestG § 25 Rn. 70 f.; MüKoAktG/*Gach* MitbestG § 25 Rn. 24; speziell zum Bereich der öffentlichen Hand; *Mann*, Die öffentlich-rechtliche Gesellschaft, 2002, 204 ff. sowie *Leisner* GewArch 2009, 337 ff.
[398] So auch *Schlitt* DB 2005, 2007 (2009); K. Schmidt/Lutter/*Drygala* Rn. 69; *E. Vetter* in Marsch-Barner/ Schäfer Börsennotierte AG-HdB Rn. 28.8; NK-AktR/*Breuer/Fraune* Rn. 35.

ratsgremium klären lassen, die Beauftragung von Sachverständigen zur Vorbereitung der eigenen Sitzungsteilnahme.[399] Allerdings kann diese Unterstützung auch nicht generell für sämtliche Sitzungen und Tagesordnungspunkte in Anspruch genommen werden, da ansonsten das Aufsichtsratsmitglied offensichtlich nicht über die nötige Sachkunde verfügt, um selbstständig sich ein Bild von der Lage des Unternehmens und der Vorstandstätigkeit zu verschaffen, was aber die höchstpersönliche Aufgabe des Aufsichtsratsmitglied ist.[400] Hilfsarbeiten zur Wahrnehmung der Aufsichtsratstätigkeit – wie etwa Schreib- oder Bürotätigkeiten – können auf Dritte delegiert werden.[401]

X. Überwachungsaufgabe im Konzern

Schrifttum: *Götz,* Leitungssorgfalt und Leitungskontrolle der Aktiengesellschaft hinsichtlich abhängiger Unternehmen, ZGR 1998, 524; *Hoffmann-Becking,* Der Aufsichtsrat im Konzern, ZHR 159 (1995), 325; *Hommelhoff,* Vernetzte Aufsichtsratsüberwachung im Konzern?, ZGR 1996, 144; *Hommelhoff,* Grundsätze ordnungsgemäßer Kontrolle der Beteiligungsverwaltung des Konzernvorstands durch den Konzernaufsichtsrat, AG 1995, 225; *Hommelhoff,* Zur Anteils- und Beteiligungsüberwachung im Aufsichtsrat, FS Stimpel, 1985, 603; *Lenz,* Zustimmungsvorbehalte im Konzern, AG 1997, 448; *Löbbe,* Unternehmenskontrolle im Konzern, 2003; *Lutter,* Organzuständigkeiten im Konzern, FS Stimpel, 1985, 825; *Lutter,* Zur Wirkung von Zustimmungsvorbehalten nach § 111 Abs. 4 S. 2 AktG auf nahestehende Gesellschaften, FS R. Fischer, 1979, 419; *Lutter,* Der Aufsichtsrat im Konzern, AG 2006, 517; *Rowedder,* Die Rechte des Aufsichtsrats in der beherrschten Gesellschaft, FS Duden, 1977, 501; *M. Schmidt,* Konzernsteuerung über Aufsichtsräte – Ein Beitrag zum Recht der Konzernleitung, FS Imhoff, 1998, 67; *Turner,* Zur Stellung des Aufsichtsrats im beherrschten Unternehmen, DB 1991, 583; *U. H. Schneider,* Das Informationsrecht des Aufsichtsratsmitglieds einer Holding AG, FS Kropff, 1997, 271.

81 **1. Aufsichtsrat der Obergesellschaft. a) Überwachungsgegenstand im Konzern.** Der Aufsichtsrat hat nur die Geschäftsführung des Vorstands zu überwachen, nicht jedoch etwa die Geschäftsführung aller Vorstände oder Geschäftsführungen innerhalb eines Konzerns.[402] Dies ergibt sich bereits aus der fehlenden Anerkennung des Konzerns als rechtliche Einheit; nur soweit der Vorstand im Rahmen seiner Pflicht zur Ausübung der Beteiligungsrechte die Geschäfte führt oder etwa innerhalb eines Vertragskonzerns den Konzern leitet, ist auch der Aufsichtsrat gehalten, diese Tätigkeiten zu überwachen.[403] Die Beteiligungen an den nachgeordneten Unternehmen gehören zum Vermögen der Obergesellschaft, das der Vorstand der Obergesellschaft zu verwalten hat; insoweit hat der Aufsichtsrat die Entwicklungen der Beteiligungen zu beobachten und die Einflussnahme des Vorstands zu überwachen.[404] Diese vor allem quantitative Erweiterung des Überwachungsbereichs gilt allerdings nur, soweit es sich um für die Obergesellschaft wesentliche wirtschaftliche Aktivitäten handelt und soweit es zu beurteilen gilt, ob und wie der Vorstand Einfluss nehmen soll.[405] Da § 111 Abs. 1 als organbezogen zu verstehen ist (→ Rn. 6), überwacht der Aufsichtsrat einer Konzernobergesellschaft daher auch nur deren Vorstand.[406]

82 Eine konzernweite Überwachungspflicht für den Aufsichtsrat der Obergesellschaft ist damit nicht verbunden, demgemäß existiert auch ein „Konzern-Aufsichtsrat" nicht.[407] Zwar können im Ansatz

---

[399] *Lutter/Krieger* DB 1995, 257 (259); *Lutter/Krieger/Verse* Rechte und Pflichten des Aufsichtsrats Rn. 865; Hüffer/Koch/*Koch* Rn. 59; MüKoAktG/*Habersack* Rn. 115.

[400] BGHZ 85, 293 (295 ff.) = NJW 1983, 991 – Hertie; *Hommelhoff* ZGR 1983, 551 (561 f.); s. aber auch *Lutter/Krieger/Verse* Rechte und Pflichten des Aufsichtsrats Rn. 865 und Rn. 486; die Einrichtung eines Aufsichtsratsbüros zur dauerhaften Unterstützung und Vorbereitung des Aufsichtsrates außerhalb seiner Sitzungen soll hingegen nach teilweise vertretener Meinung zulässig sein, *Plagemann* NZG 2016, 211 (212); aA hierzu *Reuter* ZIP 2016, 597 (600).

[401] *Lutter/Krieger* DB 1995, 257 (258); Großkomm AktG/*Hopt/Roth* Rn. 747; MüKoAktG/*Habersack* Rn. 134; Bürgers/Körber/*Israel* Rn. 29; *Schlitt* DB 2005, 2007 (2009).

[402] *Lutter* AG 2006, 517 (518); MüKoAktG/*Habersack* Rn. 52; *Krieger* in Lutter/Bayer Holding-HdB § 6 Rn. 6; *Hoffmann-Becking* ZHR 159 (1995), 325 (331).

[403] Kölner Komm AktG/*Mertens/Cahn* Rn. 28 f.; Großkomm AktG/*Hopt/Roth* Rn. 369; Hüffer/Koch/*Koch* Rn. 18; *Götz* ZGR 1998, 524 (539); *Boujong* AG 1995, 203 (205); *Hoffmann-Becking* ZHR 159 (1995), 325 (331 f.); *Lutter* FS Ahlbach, 1993, 345 (357); *Götz* ZGR 1990, 633 (646); NK-AktR/*Breuer/Fraune* Rn. 7; a*A U. H. Schneider* BB 1981, 249 (252); für den GmbH Konzern Scholz/*Schneider* GmbHG § 52 Rn. 186 ff., der nunmehr seine Rechtsauffassung geändert und Organe nachgeordneter Konzernunternehmen nicht mehr als Überwachungsadressaten qualifiziert.

[404] *Hoffmann-Becking* ZHR 159 (1995), 325 (332); *Lenz* AG 1997, 448 (451).

[405] *Semler* Leitung und Überwachung Rn. 382; *M. Schmidt* FS Imhoff, 1998, 67 (79); *Schwark* ZHR 71 (2002), 75 (93); *Hoffmann-Becking* ZHR 159 (1995), 325 (333); zust. auch Großkomm AktG/*Hopt/Roth* Rn. 371, 373.

[406] AA noch *U. H. Schneider* BB 1981, 249 (252); nunmehr jedoch zust. für die GmbH Scholz/*Schneider* GmbHG § 52 Rn. 187,192.

[407] *Hoffmann-Becking* ZHR 159 (1995), 325 (331 ff.); Großkomm AktG/*Hopt/Roth* Rn. 369; Kölner Komm AktG/*Mertens/Cahn* Rn. 28; MüKoAktG/*Habersack* Rn. 52; *Semler* Leitung und Überwachung Rn. 384; Hüffer/Koch/*Koch* Rn. 18; *E. Vetter* in Marsch-Barner/Schäfer Börsennotierte AG-HdB Rn. 26.8; *Hommelhoff* AG 1995, 225 (227); aA *U. H. Schneider* FS Kropff, 1997, 271 (279).

dieselben Maßstäbe für die Überwachung wie für das Einheitsunternehmen zur Bestimmung der Überwachungsfelder verwandt werden, zB hinsichtlich der Konzernplanung, der Konzernfinanzierung oder der Besetzung von Führungspositionen bei Tochtergesellschaften,[408] doch stets nur soweit der Vorstand tatsächlich Einfluss auf diese Maßnahmen auch bei der Tochtergesellschaft hat.[409] Leitlinie für die Überwachung ist dabei nicht ein Konzerninteresse, sondern nach wie vor das Interesse der Obergesellschaft, da der Aufsichtsrat verpflichtet ist, dieses zu wahren.[410] Die gegenteilige Auffassung, die auf die Schutzbedürftigkeit der Anteilseigner im faktischen Konzern verweist und auch die Arbeitnehmerinteressen aller in- und ausländischen Unternehmen einbeziehen will,[411] verkennt, dass der Schutz von Anteilseignern oder von Arbeitnehmern in abhängigen Unternehmen über die entsprechenden Vorschriften zu gewährleisten ist und nicht über eine Ausdehnung der Aufgaben des Aufsichtsrats der Obergesellschaft erweitert oder ergänzt werden darf. Der Aufsichtsrat der herrschenden Gesellschaft muss den Konzernabschluss und den Konzernlagebericht nach § 171 Abs. 1 prüfen, der Aufsichtsrat der beherrschten Gesellschaft den Abhängigkeitsbericht gem. § 314 Abs. 2.

Ansprechpartner ist und bleibt für den Aufsichtsrat der herrschenden Gesellschaft dessen Vorstand, der für die Leitungsmaßnahmen verantwortlich ist. Der Vorstand hat den Aufsichtsrat im Rahmen seiner Berichtspflicht nach § 90 Abs. 1 S. 2 auch mit den nötigen Informationen zu versorgen, besonders über Vorgänge in verbundenen Unternehmen, die einen erheblichen Einfluss auf die Lage der Gesellschaft haben können. Dem Aufsichtsrat ist es verwehrt, auf Tochtergesellschaften und deren Geschäftsführung oder Aufsichtsorgane unmittelbar einzuwirken.[412]

b) Untersuchungsbefugnisse. Auch wenn sich die Überwachungsaufgabe des Aufsichtsrats auf die Geschäftsführung des Vorstands insgesamt bezieht, mithin auch die Ausübung der Beteiligungsrechte, gewährt das AktG dem Aufsichtsrat keine Einsichtsrechte in die Unterlagen von abhängigen Gesellschaften. Denn § 111 Abs. 2 S. 1 bezieht sich allein auf Informationen und Unterlagen der AG, deren Organ der Aufsichtsrat ist; eine Erweiterung auf den Konzern sieht das AktG nicht vor.[413] Zwar sehen die Vorschläge der Regierungskommission zur Corporate Governance vor, dass der Aufsichtsrat der Obergesellschaft einen zur Berufsverschwiegenheit verpflichteten Sachverständigen mit entsprechenden Befugnissen zur Einsicht und Prüfung bei Tochtergesellschaften bestellen kann;[414] diese Vorschläge sind indes nicht Gegenstand gesetzgeberischer Reformen geworden.[415] Gleiches muss bislang auch für Informationsansprüche des Aufsichtsrats gelten: Zwar sieht § 90 Abs. 1 S. 2, 3 eine Berichtspflicht über verbundene Unternehmen vor, doch bleibt es bei dem Vorstand der herrschenden Gesellschaft als Adressaten dieser Pflicht, ohne dass der Aufsichtsrat direkt auf die Untergesellschaft „durchgreifen" könnte.[416] Dem kann auch nicht entgegenhalten werden, dass es eine reine Formalität wäre, wenn die einzusehenden Unterlagen sich bei der Tochtergesellschaft befänden. Denn die Geschäftsführung der abhängigen Gesellschaft hat selbstständig zu entscheiden, ob durch die Offenbarung gegenüber dem Aufsichtsrat der Obergesellschaft, der nicht im Verhältnis gegenüber der Tochtergesellschaft zur Verschwiegenheit verpflichtet ist, gegebenenfalls die Verschwiegenheitspflicht verletzt würde. So wäre etwa die Einsichtnahme in Patentunterlagen einer Tochtergesellschaft, die nur im Mehrheitsbesitz einer Obergesellschaft steht, geeignet, Nachteile für die Tochtergesellschaft zu erzeugen. Wenn die abhängige Gesellschaft mangels drohender Nachteile mit einem direkten Zugriff auf Informationen einverstanden ist, empfiehlt es sich, dies in einer

---

[408] S. auch die Bsp. bei Großkomm AktG/*Hopt/Roth* Rn. 373 f.; zu Grundsätzen ordnungsgemäßer Konzernüberwachung *Hommelhoff* AG 1995, 225 ff.

[409] Ähnlich *Lutter* AG 2006, 517 (518), der eine Ausweitung der Pflichten des Aufsichtsrats der Obergesellschaft immer nur in Korrelation zu der Ausweitung der jeweiligen Vorstandspflichten im Konzern annimmt.

[410] Kölner Komm AktG/*Mertens/Cahn* Rn. 29; *Hoffmann-Becking* ZHR 159 (1995), 325 (329); *Semler* Leitung und Überwachung Rn. 464; *Marsch-Barner* in Semler/v. Schenck AR-HdB § 13 Rn. 135; offen Großkomm AktG/*Hopt/Roth* Rn. 371; MHdB AG/*Krieger* § 70 Rn. 34; aA *Löbbe*, Unternehmenskontrolle im Konzern, 2003, 58; *Lutter/Krieger* Rechte und Pflichten des Aufsichtsrats Rn. 147.

[411] *Lutter/Krieger/Verse* Rechte und Pflichten des Aufsichtsrats Rn. 147; *Marsch-Barner* in Semler/v. Schenck AR-HdB § 13 Rn. 135.

[412] MüKoAktG/*Habersack* Rn. 52, 56.

[413] *Lutter/Krieger/Verse* Rechte und Pflichten des Aufsichtsrats Rn. 245; Hüffer/Koch/*Koch* Rn. 19; *Krieger* in Lutter/Bayer Holding-HdB § 6 Rn. 27; *Elsing/Schmidt* BB 2002, 1705 (1707 f.).

[414] *Baums* Bericht der Regierungskommission Rn. 22.

[415] Für eine Erweiterung der Befugnisse *Lutter/Krieger/Verse* Rechte und Pflichten des Aufsichtsrats Rn. 245; *Martens* ZHR 159 (1995), 567 (585 f.); *Krieger* in Lutter/Bayer Holding-HdB § 6 Rn. 27; die Vorschläge begrüßend auch Großkomm AktG/*Hopt/Roth* Rn. 436; dagegen *Kohlenbach*, Das Verhältnis der Aufsichtsräte im Aktiengesellschaftskonzern, 2003, 121.

[416] Großkomm AktG/*Hopt/Roth* Rn. 435; *Lutter/Krieger/Verse* Rechte und Pflichten des Aufsichtsrats Rn. 245; Kölner Komm AktG/*Mertens/Cahn* Rn. 54; *Löbbe*, Unternehmenskontrolle im Konzern, 2003, 298 ff.

konzernweiten Informationsordnung festzulegen;[417] allerdings bedarf es stets einer Prüfung im Einzelfall.

85 c) **Aufsichtsrat und Konzernabschlussprüfer.** Nach § 318 Abs. 1 S. 1 2. Hs. HGB wird der Konzernabschlussprüfer durch Beschluss der Gesellschafter des Mutterunternehmens bestellt, im Falle der AG mithin durch die Hauptversammlung.[418] Der Aufsichtsrat schlägt hierfür gemäß § 124 Abs. 3 der Hauptversammlung durch Beschluss einen Abschlussprüfer vor.[419] Ist ein Abschlussprüfer gewählt, so hat der Aufsichtsrat gemäß § 318 Abs. 1 S. 4 HGB unverzüglich dem Abschlussprüfer den Prüfauftrag zu erteilen. Hat der Aufsichtsrat diese Aufgabe auf einen Prüfungsausschuss delegiert (→ Rn. 50 ff.), ist also dieser für den Abschluss zuständig, so kann der Auftrag auch durch ihn erteilt werden. Für den Fall das kein anderer Prüfer bestellt wird, gilt gem. § 318 Abs. 2 S. 1 HGB derjenige als Abschlussprüfer des Konzernabschlusses bestellt, der für den Jahresabschluss des Mutterunternehmens bestellt worden ist.

d) Zustimmungsvorbehalt im Konzern.

Schrifttum: *Harbarth*, Zustimmungsvorbehalt im faktischen Aktienkonzern, FS Hoffmann-Becking, 2013, 457; *Lenz*, Zustimmungsvorbehalte im Konzern, AG 1997, 448; *Lutter*, Zur Wirkung von Zustimmungsvorbehalten nach § 111 Abs. 4 S. 2 AktG auf nahestehende Gesellschaften, FS R. Fischer, 1979, 419; *M. Schmidt*, Konzernsteuerung über Aufsichtsräte – Ein Beitrag zum Recht der Konzernleitung, FS Imhoff, 1998, 67; *Schönberger*, Der Zustimmungsvorbehalt des Aufsichtsrates bei Geschäftsführungsmaßnahmen des Vorstands (§ 111 Abs. 4 S. 2–4), 2006.

86 Entgegen den Vorschlägen der Regierungskommission Corporate Governance[420] wurde im Zuge der Neufassung des Abs. 4 S. 2 kein konzernweiter Zustimmungsvorbehalt eingeführt. Gleichwohl können sich auch die nach § 111 Abs. 4 vorzusehenden Zustimmungsvorbehalte für bestimmte Geschäfte auf den Konzern erstrecken; denn wie bei der Überwachung bezieht sich auch § 111 Abs. 4 auf die Geschäftsführung durch den Vorstand insgesamt, mithin auch auf die Ausübung von Beteiligungsrechten und der Leitungsmacht in einem Konzern.[421] Von einer Erfassung konzernbezogener Sachverhalte durch einen Zustimmungsvorbehalt kann jedoch außer in Fällen, in denen der Konzern explizit einbezogen wird, nicht von vornherein ausgegangen werden. Hierbei ist mit der hM zwischen Zustimmungsvorbehalten, die per Satzung eingeführt wurden, und solchen, die per Aufsichtsratsbeschluss statuiert wurden, zu unterscheiden: Bei Satzungsregelungen muss durch objektive Auslegung ermittelt werden, ob der Zweck des Zustimmungsvorbehalts vereitelt würde, wenn konzernbezogene Sachverhalte nicht erfasst würden. Denn bei der Satzungsgeber kann nicht wie der Aufsichtsrat im Einzelfall auf entsprechende Veränderungen in der Unternehmensstruktur flexibel mit der Erweiterung oder Schaffung neuer Zustimmungsvorbehalte reagieren, so dass hier eine entsprechende Auslegung geboten ist.[422] Insbesondere wenn die Maßnahme des Vorstands bei einem rechtlich unselbständigen Teil der AG zustimmungspflichtig wäre, erstreckt sich der Zustimmungsvorbehalt dann auch auf Maßnahmen bei Tochter- oder weiteren nachgelagerten Gesellschaften.[423] Demgegenüber ist bei Zustimmungsvorbehalten, die durch den Aufsichtsrat per Beschluss eingeführt werden, außer in Ausnahmefällen nicht von einer solchen Erstreckung auch auf Konzerngeschäfte auszugehen.[424] In diesen Fällen kann der Aufsichtsrat selbst, nach eigenem Willen, seine Beschlüsse

---

[417] *Löbbe*, Unternehmenskontrolle im Konzern, 2003, 290 ff.; zust. Großkomm AktG/*Hopt*/*Roth* Rn. 380, 529.

[418] § 318 Abs. 1 S. 1 HGB iVm § 118 Abs. 1, § 119 Abs. 1 Nr. 4 AktG. S. hierzu EBJS/*Wiedmann* HGB § 318 Rn. 5; MüKoHGB/*Ebke* § 318 Rn. 3; Hüffer/Koch/*Koch* Rn. 25; MüKoAktG/*Habersack* Rn. 81.

[419] Hüffer/Koch/*Koch* § 124 Rn. 18; MüKoAktG/*Kubis* § 124 Rn. 60 mwN.

[420] *Baums* Bericht der Regierungskommission Rn. 34 f.

[421] So auch *Lutter* AG 2006, 517 (520).

[422] Kölner Komm AktG/*Mertens*/*Cahn* Rn. 96; MHdB AG/*Hoffmann-Becking* § 29 Rn. 57; Hüffer/Koch/*Koch* Rn. 53; *Krieger* in Lutter/Bayer Holding-HdB § 6 Rn. 44; *Hoffmann-Becking* ZHR 159 (1995), 325 (339 ff.); *Martens* ZHR 159 (1995), 567 (580 f.); *Lenz* AG 1997, 448 (452); *E. Vetter* in Marsch-Barner/Schäfer Börsennotierte AG-HdB Rn. 26.32; aA *M. Schmidt* FS Imhoff, 1998, 67; MüKoAktG/*Habersack* Rn. 119; *K. Schmidt*/Lutter/*Drygala* AktG Rn. 66; gegen die Differenzierung auch Großkomm AktG/*Hopt*/*Roth* Rn. 690, die es für praxisfremd halten, davon auszugehen, dass der Aufsichtsrat jederzeit seine Beschlüsse aktualisieren könne; gegen eine Differenzierung (im Ergebnis) wohl auch *Löbbe* Unternehmenskontrolle im Konzern, 2003, 322 (323 f.).

[423] Kölner Komm AktG/*Mertens*/*Cahn* Rn. 96; MHdB AG/*Hoffmann-Becking* § 29 Rn. 57; § 70 Rn. 31; Hüffer/Koch/*Koch* Rn. 18, 33, 51 ff.; MüKoAktG/*Habersack* Rn. 119; *Krieger* in Lutter/Bayer Holding-HdB § 6 Rn. 44; *Theisen* in Potthoff/Trescher AufsichtsratsmitgliedRn. 563; *Hoffmann-Becking* ZHR 159 (1995), 325 (339 ff.); *Götz* ZGR 1990, 633 (654 f.); s. zur Auslegung im Einzelnen auch Großkomm AktG/*Hopt*/*Roth* Rn. 688.

[424] Kölner Komm AktG/*Mertens*/*Cahn* Rn. 97; *E. Vetter* in Marsch-Barner/Schäfer Börsennotierte AG-HdB Rn. 26.32; Hüffer/Koch/*Koch* Rn. 18; Bürgers/Körber/*Israel* Rn. 28; anders offenbar MüKoAktG/*Habersack* Rn. 119.

jederzeit ergänzen bzw. erweitern, so dass hier eine ergänzende Auslegung nicht nötig ist.[425] Grundsätzlich können auch bei konzernierten Gesellschaften nur bestimmte Geschäfte unter einen Zustimmungsvorbehalt gestellt werden, vor allem solche, die eine erhebliche Bedeutung für die Obergesellschaft haben.[426]

Nicht abschließend geklärt ist, wann von einer **Gleichwertigkeit von Maßnahmen in der Tochtergesellschaft mit solchen im Einheitsunternehmen** auszugehen ist:[427] Hier wird vor allem im Hinblick auf die möglichen Rückwirkungen auf die Obergesellschaft je nach der Konzernierungsform zu differenzieren sein. Bei einem Vertragskonzern ist umso eher von einer konzernweiten Erstreckung des Zustimmungsvorbehalts auszugehen, da jegliche Verluste der Tochtergesellschaft die Obergesellschaft treffen, während bei einem rein faktischen Konzern jedenfalls bei der AG als Tochtergesellschaft wegen §§ 311 ff. größere Vorsicht angebracht ist.[428] Bei einer GmbH als Tochtergesellschaft wiederum hat der Vorstand der Obergesellschaft auf Grund des Weisungsrechts der GmbH-Gesellschafter vergleichbare Rechte wie im aktienrechtlichen Vertragskonzern, so dass sich auch hier in der Regel die Erstreckung der Zustimmungsvorbehalte auf Sachverhalte in der Untergesellschaft rechtfertigt. Bei der Besetzung von Geschäftsführungs- oder Vorstandspositionen ist allerdings danach zu differenzieren, ob die Untergesellschaft dem MitbestG unterliegt, da in diesem Fall die Obergesellschaft nicht unmittelbar und ohne weiteres die Personalauswahl beeinflussen kann, so dass ein entsprechender Zustimmungsvorbehalt unzulässig sein dürfte.[429]

87

Noch größere Unsicherheit besteht hinsichtlich der **Rechtsfolgen** eines konzernbezogenen Zustimmungsvorbehalts. Zunächst muss der Vorstand im Rahmen des je nach Konzernform rechtlich Zulässigen darauf hinwirken, dass in der abhängigen Gesellschaft entsprechende Zustimmungsvorbehalte geschaffen werden;[430] im faktischen AG-Konzern wird dies mehr oder weniger nicht ohne weiteres möglich sein, auch nicht bei mitbestimmten Untergesellschaften. Da die Zustimmung sich nur auf die Geschäftsführung des Vorstands der Obergesellschaft im Rahmen seiner rechtlichen Möglichkeiten beziehen kann, kann der Zustimmungsvorbehalt nur so weit reichen, wie der Vorstand je nach Konzernform auf die Untergesellschaft einwirken kann.[431] Die Maßnahme in der Untergesellschaft hat demgemäß zu unterbleiben, sofern der Vorstand überhaupt rechtlich in der Lage gewesen wäre, auf die Untergesellschaft einzuwirken. Beim Vertrags- oder Eingliederungskonzern ebenso wie in der mehrheitlich beherrschten GmbH kann der Vorstand durch Weisung die Untergesellschaft zur Unterlassung der Maßnahme veranlassen, solange der Aufsichtsrat der Obergesellschaft nicht zugestimmt hat.[432] Im faktischen AG-Konzern dagegen ist der Einfluss des Vorstands auf die Untergesellschaft nur eingeschränkt möglich, sofern die Nachteile ausgeglichen werden.[433] Selbst bei einem möglichen Nachteilsausgleich, dessen Bestimmung erhebliche Probleme aufwirft,[434] besäße der Vorstand der Obergesellschaft jedoch wegen der rechtlichen Trennung zwischen den Gesellschaften keine rechtlich abgesicherte Möglichkeit, den Vorstand der Untergesellschaft tatsächlich zur Unterlassung zu veranlassen.[435] Die Rechtsfolge des Zustimmungsvorbehalts, Maßnahmen zu unterlassen, kann sich aber nur auf das rechtlich Mögliche beziehen, nicht auf nur rein faktisch mögliche Einflussnahmen. Allenfalls kann der Vorstand gehalten sein, auch in der Tochtergesellschaft entsprechende Zustimmungsvorbehalte,

88

---

[425] So Kölner Komm AktG/*Mertens/Cahn* Rn. 97; Bürgers/Körber/*Israel* Rn. 28; aA Hüffer/Koch/*Koch* Rn. 53.

[426] → Rn. 64 f.; die Überwachungsaufgabe im Konzern ist vor allem eine quantitativ andere als in der Einheitsgesellschaft.

[427] S. dazu *Schönberger*, Der Zustimmungsvorbehalt des Aufsichtsrates bei Geschäftsführungsmaßnahmen des Vorstandes (§ 111 Abs. 4 S. 2–4 AktG), 2006, 286.

[428] Ebenso Großkomm AktG/*Hopt/Roth* Rn. 689; i.Erg. auch *Harbarth* FS Hoffmann-Becking, 2013, 457 (462 f.).

[429] Für Zulässigkeit unmittelbar wirkender Zustimmungsvorbehalte wohl Kölner Komm AktG/*Mertens/Cahn* Rn. 28; *Martens* ZHR 159 (1993), 567 (577 f.).

[430] *Schönberger*, Der Zustimmungsvorbehalt des Aufsichtsrates bei Geschäftsführungsmaßnahmen des Vorstandes (§ 111 Abs. 4 S. 2–4 AktG), 2006, 289; Grigoleit/*Grigoleit/Tomasic* Rn. 59; K. Schmidt/Lutter/*Drygala* AktG Rn. 54.

[431] Zutr. *Schönberger*, Der Zustimmungsvorbehalt des Aufsichtsrats bei Geschäftsführungsmaßnahmen des Vorstandes (§ 111 Abs. 4 S. 2–4 AktG), 2006, 296.

[432] S. bereits *Lutter* FS R. Fischer, 1979, 419 (424 f.); *Götz* ZGR 1998, 524 (542); *Lenz* AG 1997, 448 (452 f.); *Götz* ZGR 1990, 633 (647); *M. Schmidt* FS Imhoff, 1998, 67 (87); Hüffer/Koch/*Koch* Rn. 54.

[433] Daher für Rechtsfolge der Unterlassung der entsprechenden Maßnahme in der Untergesellschaft auch im faktischen Konzern *Götz* NZG 2002, 599 (603); *Götz* ZGR 1990, 633 (653); *Götz* ZGR 1998, 524 (543); ebenso Hüffer/Koch → Rn. 18.

[434] Näher dazu → § 311 Rn. 48 ff. S. dazu aber auch *M. Schmidt* FS Imhoff, 1998, 67 (83).

[435] Zweifelnd auch *Lutter* FS R. Fischer, 1979, 419 (428 f.); s. auch *M. Schmidt* FS Imhoff, 1998, 67 (86 f.).

die denjenigen der Obergesellschaft entsprechen, einzuführen.[436] Eine spezielle **konzerndimensionale Pflicht zur Einführung von Zustimmungsvorbehalten existiert nicht**,[437] obgleich konzernbezogene Vorbehalte ein geeignetes Mittel sein können, die Kontrolltiefe des Aufsichtsrats zu steigern.[438] Vielmehr gelten die allgemeinen Grenzen der Ermessensausübung des Aufsichtsrat bei Zustimmungsvorbehalten (→ Rn. 67).

89 **2. Aufsichtsrat der abhängigen Gesellschaft.** In der abhängigen AG hat der Aufsichtsrat seine Überwachungsaufgaben wie in der unabhängigen AG zu erfüllen;[439] seine eigenständige Überwachungsaufgabe wird durch die konzernbedingten Auswirkungen auf die Lage des Unternehmens ergänzt.[440] Besonderes Augenmerk muss er der Einhaltung der rechtlichen Grenzen der Ausübung der Leitungsmacht durch das herrschende Unternehmen sowie durch den Vorstand der abhängigen AG schenken.[441] Dies gilt insbesondere für die Tochtergesellschaft im faktischen Konzern, die nicht wie im Vertragskonzern durch gesetzlich vorgesehene Ausgleichspflichten geschützt ist.[442] Insbesondere wenn der Vorstand der abhängigen AG **Darlehen an den herrschenden Gesellschafter** begibt, muss der Aufsichtsrat prüfen und überwachen, ob der Vorstand sich die notwendigen Informationsrechte gesichert hat und sich über die Bonität vergewissert hat.[443] Dies bedeutet indes nicht, dass der Aufsichtsrat selbst die Bonität des Schuldners zu prüfen hat; seine Überwachung bezieht sich nur auf die Erfüllung der Vorstandspflichten[444] – was nicht entsprechende Rückfragen an den Vorstand ausschließt.

XI. Aufsichtsrat und Insolvenzverfahren

90 Stellt der Aufsichtsrat fest, dass die Gesellschaft insolvenzreif ist, hat er darauf hinzuwirken, dass der Vorstand rechtzeitig einen Insolvenzantrag stellt und keine Zahlungen mehr leistet; verstößt er hiergegen schuldhaft, kann er gegenüber der Gesellschaft zum Schadensersatz verpflichtet sein.[445] Das Zahlungsverbot des § 92 Abs. 2 S. 1 gilt dabei nicht erst nach dem Ende der Insolvenzantragsfrist, sondern vielmehr bereits ab Eintritt der Insolvenzreife.[446]

91 Die Insolvenz bildet zwar einen Auflösungsgrund nach § 262 Abs. 1 Nr. 3, wegen der fehlenden Abwicklung (s. § 264 Abs. 1) bleibt die organschaftliche Struktur der AG aber auch nach Eröffnung des Insolvenzverfahrens erhalten, der Aufsichtsrat besteht weiterhin fort.[447] Dessen Aufgabenbereiche und Kompetenzen werden jedoch weitestgehend durch diejenigen des Insolvenzverwalters verdrängt bzw. überlagert. Differenziert wird diesbezüglich zwischen Verdrängungsbereich, Schuldnerbereich und Überschneidungsbereich.[448] Der Verdrängungsbereich umfasst alle durch

---

[436] Ebenso K. Schmidt/Lutter/*Drygala* Rn. 64.
[437] So auch Großkomm AktG/*Hopt/Roth* Rn. 694; Harbarth FS Hoffmann-Becking, 2013, 457 (458); *Löbbe* Unternehmenskontrolle im Konzern, 2003, 325 ff.; *Berg* WiB 1994, 382 (385); aA, *Semler*, Leitung und Überwachung, 2. Aufl. 1996, Rn. 433; *Schönberger*, Der Zustimmungsvorbehalt des Aufsichtsrates bei Geschäftsführungsmaßnahmen des Vorstandes (§ 111 Abs. 4 S. 2–4 AktG), 2006, 282 ff.; *Götz* NZG 2002, 599 (602).
[438] *Götz* ZGR 1998, 524 (542); Großkomm AktG/*Hopt/Roth* Rn. 686.
[439] Kölner Komm AktG/*Mertens/Cahn* Rn. 29; Großkomm AktG/*Hopt/Roth* Rn. 381; MHdB AG/*Krieger* § 70 Rn. 40; *Krieger* in Lutter/Bayer Holding-HdB § 6 Rn. 6; *Lutter/Krieger/Verse* Rechte und Pflichten des Aufsichtsrats Rn. 163; *Rowedder* FS Duden, 1977, 501 (507); *Hommelhoff* ZGR 1996, 144 (146).
[440] MHdB AG/*Krieger* § 70 Rn. 40; *Scheffler* DB 2000, 433 (436 f.); *Semler* Leitung und Überwachung Rn. 461; *Theisen* in Potthoff/Trescher Aufsichtsratsmitglied Rn. 548.
[441] Kölner Komm AktG/*Mertens/Cahn* Rn. 29; Großkomm AktG/*Hopt/Roth* Rn. 381.
[442] S. auch *Rowedder* FS Duden, 1977, 501 ff.
[443] BGHZ 179, 71 (82) – MPS = ZIP 2009, 70 Rn. 21; zust. *Habersack* ZGR 2009, 347 (363); umfassend zu den Überwachungspflichten der Aufsichtsratsmitglieder *Mülbert/Leuschner* NZG 2009, 281 (286); *Geibel* ZJS 2009, 190 (191); *Kropff* NJW 2009, 814 (816 f.); *Wand/Tillmann/Heckenthaler* AG 2009, 148 (157 f.).
[444] *Habersack* ZGR 2009, 347 (363 f.).
[445] BGH AG 2009, 404 (405, 406); s. zu dieser Entscheidung auch *Lappe/Hartmann* BB 2009, 1209 ff.; OLG Düsseldorf ZIP 2012, 2299 (2300).
[446] BGH AG 2009, 404 (405); s. bereits BGHZ 143, 184 (188); BGHZ 163, 134 (141); OLG Düsseldorf ZIP 2012, 2299 (2299 f.); MüKoAktG/*Spindler* § 92 Rn. 27; *Goette* FS Kreft, 2004, 53 (58 f.); *Lappe/Hartmann* BB 2009, 1209.
[447] HM KG AG 2005, 736; OLG München AG 1995, 232; MüKoAktG/*Habersack* Rn. 58; MüKoAktG/*Koch* § 264 Rn. 43; Hüffer/Koch/*Koch* § 264 Rn. 8; *K. Schmidt* ZGR 1998, 633 (645); *K. Schmidt* AG 2006, 597; ferner → § 264 Rn. 10; anders *Schulz* KTS 1986, 389 (393 f.), der nach Eröffnung des Insolvenzverfahrens von einer faktischen Amtsbeendigung der Organmitglieder ausgeht; zu dem Problem eines nicht bestehenden Vergütungsanspruches der Aufsichtsratsmitglieder gegen die Masse s. *Oechsler* AG 2006, 606 ff.
[448] So die allgA, fußend auf den Überlegungen von *Weber* KTS 1970, 73 (77 ff.); MüKoAktG/*Koch* § 264 Rn. 44; *Oechsler* AG 2006, 606 (608 ff.); *Maesch*, Corporate Governance in der insolventen Aktiengesellschaft, 2005, 21; → § 264 Rn. 11.

§ 80 Abs. 1 InsO dem Insolvenzverwalter zugewiesenen, im Zusammenhang mit der Verwaltung und Verwertung der Insolvenzmasse stehenden Vorgänge. In diesem Bereich ist allein der Insolvenzverwalter zuständig, nicht jedoch eines der Gesellschaftsorgane. Auch ist es nicht Aufgabe des Aufsichtsrates den Insolvenzverwalter zu überwachen;[449] dieses obliegt vielmehr dem Insolvenzgericht (§ 58 InsO) und dem Gläubigerausschuss (§ 69 InsO). Der Schuldnerbereich, dessen Wahrnehmung allein bei den Leitungsorganen der AG liegt, umfasst neben den Rechten und Pflichten, die diesen selbst durch das Insolvenzrecht zugewiesen werden,[450] die Verwaltung des insolvenzfreien Vermögens nach Freigabe durch den Insolvenzverwalter, sowie insolvenzrechtlich neutrale Maßnahmen, die der internen Sphäre der Gesellschaft entstammen. Eine Überwachungsaufgabe kommt dem Aufsichtsrat dementsprechend nur für den Bereich zu, in dem der Vorstand insolvenzfreies Vermögen verwaltet[451] oder den Bereich der Geltendmachung von diesem zugewiesenen Verfahrensrechten zu.[452] Zu den ebenso möglichen insolvenzrechtlich neutralen Maßnahmen des Aufsichtsrats zählen beispielsweise die Abberufung und Bestellung[453] von Vorstandsmitgliedern sowie die Einberufung und Durchführung von Hauptversammlungen inklusive einer evtl. satzungsrechtlich festgelegten Befugnis des Aufsichtsratsvorsitzenden zur Leitung der Hauptversammlung.[454] Endlich sind vom Überschneidungsbereich alle diejenigen Maßnahmen erfasst, deren rechtliche Wirksamkeit nur durch ein Zusammenwirken des zuständigen Gesellschaftsorgans mit dem Insolvenzverwalter erreicht werden kann. Dem Aufsichtsrat verbleiben in diesem Bereich beispielsweise Mitwirkungsrechte/-pflichten wie das Recht zur Anhörung bei Stilllegung durch das Unternehmen (§ 158 Abs. 2 InsO) oder das Antragsrecht ggü. dem Insolvenzgericht, die Veräußerung des Unternehmens an die Zustimmung der Gläubigerversammlung zu binden (§ 163 Abs. 1 InsO).[455]

§ 112 Vertretung der Gesellschaft gegenüber Vorstandsmitgliedern

[1]Vorstandsmitgliedern gegenüber vertritt der Aufsichtsrat die Gesellschaft gerichtlich und außergerichtlich. [2]§ 78 Abs. 2 Satz 2 gilt entsprechend.

Schrifttum: *Bednarz*, Die Kundgabe von Beschlüssen des Aufsichtsrats durch den Aufsichtsratsvorsitzenden – ein Fall des § 174 S. 1 BGB? – zugleich Besprechung von OLG Düsseldorf NZG 2004, 141 ff., NZG 2005, 418; *Behr/Kindl*, Zur Vertretung der Aktiengesellschaft gegenüber ehemaligen Vorstandsmitgliedern, DStR 1999, 119; *Brandner*, Zur gerichtlichen Vertretung der Gesellschaft gegenüber ausgeschiedenen Vorstandsmitgliedern/Geschäftsführern, FS Quack, 1991, 201; *Brauer/Dreier*, Der Fall Mannesmann in der nächsten Runde – Zur Geltendmachung von Ersatzansprüchen gegen die ehemaligen Organmitglieder, NZG 2005, 57; *Braum*, Zur Strafbarkeit des „goldenen Handschlags" wegen Untreue (§ 266 StGB), KritV 2004, 67; *Brinkmann*, Die prozessualen Konsequenzen der Abtretung des Freistellungsanspruchs aus einer D&O-Versicherung, ZIP 2017, 301; *Buchta/v. Kann*, Die Haftung des Aufsichtsrats einer Aktiengesellschaft – aktuelle Entwicklungen in Gesetzgebung und Rechtsprechung, DStR 2003, 1665; *Buck*, Wissen und juristische Person, 2001; *Cahn*, Die Vertretung der Aktiengesellschaft durch den Aufsichtsrat, FS Hoffmann-Becking, 2013, 247; *Commichau*, Grenzen der Anwendbarkeit von § 112 AktG – Zur Wirksamkeit des GmbH-Gesellschafterbeschlusses bei der Abberufung eines Geschäftsführers als Voraussetzung der Handelsregisteranmeldung, Rpfleger 1995, 98; *Cramer*, Die Bestellung von Vorstandsmitgliedern zu Geschäftsführern einer Tochter-GmbH, GmbHR 2012, 765; *Dietz-Vellmer*, Organhaftungsansprüche in der Aktiengesellschaft: Anforderungen an Verzicht oder Vergleich durch die Gesellschaft, NZG 2011, 248; *Ekkenga*, Insichgeschäfte geschäftsführender Organe im Aktien- und GmbH-Recht unter besonderer Berücksichtigung der Einmann-Gesellschaft, AG 1985, 40; *Ellers*, Die Zurechnung von Gesellschafterwissen an die GmbH – insbesondere beim gutgläubigen Erwerb eines Sacheinlagegegenstandes, GmbHR 2004, 934; *Fassbach/Wettich*, Die D&O-Versicherung in der Hauptversammlung, GWR 2016, 199; *Fischer*, Zusammenwirken von § 112 AktG und § 181 BGB im deutschen Aktienrecht, FS Gruson, 2009, 151; *Fischer*, Vertretung einer Aktiengesellschaft durch den Aufsichtsrat, ZNotP 2002, 297; *Fischer/Hoffmann*, Genehmigung einer vom Aufsichtsratsvorsitzenden erteilten Prozessvollmacht, NZG 2013, 1419; *Fleischer/Wedemann*, Zur sogenannten Annexkompetenz im GmbH- und Aktienrecht, GmbHR 2010, 449; *Frels*, Vertretung der AG durch Aufsichtsratsausschüsse bei Rechtsgeschäften mit Vorstandsmitgliedern, AG 1971, 349; *Fuhrmann*, Beraterverträge mit Organmitgliedern in der Aktiengesellschaft, NZG 2017, 291; *Gach/Pfüller*, Die Vertretung der

---

[449] RGZ 76, 244 (248); MüKoAktG/*Koch* § 264 Rn. 46.
[450] Diese (Verfahrensrechte) betreffen allein den Vorstand als Vertreter der AG als Schuldnerin im Insolvenzverfahren, zB sofortige Beschwerde nach § 34 Abs. 2 InsO etc. Für eine ausnahmsweise Erstreckung von § 15 Abs. 2 S. 2 InsO; § 34 Abs. 2 InsO auch auf Mitglieder des Aufsichtsrates *Maesch*, Corporate Governance in der insolventen Aktiengesellschaft, 2005, 124 ff.
[451] MüKoAktG/*Koch* § 264 Rn. 70.
[452] *Maesch*, Corporate Governance in der insolventen Aktiengesellschaft, 2005, 127 f.
[453] S. dazu OLG Nürnberg AG 1991, 446 (447).
[454] MüKoAktG/*Koch* § 264 Rn. 70.
[455] *Oechsler* AG 2006, 606 (609 mit Fn. 36).

§ 112

GmbH gegenüber ihrem Geschäftsführer, GmbHR 1998, 64; *Gehle,* Der Aufsichtsrat als gesetzlicher Vertreter von AG und GmbH – Folgen der Missachtung und Heilungsmöglichkeiten, MDR 2011, 957; *Gehrlein,* Rechtsprechungsübersicht zum GmbH-Recht in den Jahren 2001–2004: Eigenkapitalersatz, Veräußerung des Geschäftsanteils, Gesellschafterbeschluss sowie Rechtsstellung und Haftung des GmbH-Geschäftsführers, BB 2004, 2585; *Götze,* „Selbstkontrahieren" bei der Geschäftsführerbestellung in der GmbH, GmbHR 2001, 152; *Graef,* Vertretungsmacht des Aufsichtsrats gegenüber Vorstandsmitgliedern im Arbeitsgerichtsprozess, BB 2002, 694; *Hager,* Die Vertretung der Aktiengesellschaft im Prozess mit ihren früheren Vorstandsmitgliedern, NJW 1992, 352; *Hasselbach,* Der Verzicht auf Schadensersatzansprüche gegen Organmitglieder, DB 2010, 2037; *Hasselbach,* Haftungsfreistellung für Vorstandsmitglieder, NZG 2016, 890; *Hauschild,* § 181 BGB im Gesellschaftsrecht – eine heilige Kuh auf (international) verlorenem Posten?, ZIP 2014, 954; *Heim,* Ermächtigung des Aufsichtsratsvorsitzenden zur Vertretung gegenüber Vorstandsmitgliedern, AG 1970, 191; *Henze,* Entscheidungen und Kompetenzen der Organe in der AG: Vorgaben der höchstrichterlichen Rechtsprechung, BB 2001, 53; *Hoffmann-Becking,* Das Recht des Aufsichtsrats zur Prüfung durch Sachverständige nach § 111 Abs. 2 Satz 2 AktG, ZGR 2011, 136; *Honert/Schuhknecht,* Vertretung der Aktiengesellschaft bei maßgeblichem Einfluss eines Vorstandsmitglieds auf den anderen Vertragspartner, GWR 2013, 479; *Hueck,* Die Vertretung von Kapitalgesellschaften im Prozess, FS Bötticher, 1969, 197; *Jokisch/Scheibner,* Aufsichtsräte immer zu Vertretungshandlungen „ermächtigt", Rpfleger 2013, 121; *van Kann/Keiluweit,* Beraterverträge mit ausgeschiedenen Vorstandsmitgliedern im Konzern, AG 2010, 805; *Knoll/Zachert,* Budgetrecht und Verfügungsrecht des Aufsichtsrats über Gesellschaftskonten im Interesse der Corporate Governance, AG 2011, 309; *Kort,* Zivilrechtliche Folgen unangemessen hoher Vorstandsvergütungen – eine „Mannesmann"-Spätlese, DStR 2007, 1127; *Köhler,* Fehlerhafte Vorstandsverträge, NZG 2008, 161; *Leuering,* Die Vertretung der Aktiengesellschaft durch Aufsichtsrat und Hauptversammlung, FS Kollhosser, Bd. 2, 2004, 361; *Lim,* Die Vertretungsmacht des Aufsichtsrats einer Aktiengesellschaft, 1986; *Lüders,* Beginn der Zwei-Wochen-Frist des § 626 Abs. 2 BGB bei Kenntniserlangung durch Organmitglieder, BB 1990, 790; *Macht,* Voraussetzungen und Folgen fehlerhafter Aufsichtsratsbeschlüsse am Beispiel des nicht fristgemäßen Entlastungsbeschlusses, MittBayNot 2004, 81; *Meilicke,* Abberufung und Kündigung eines Vorstandsmitglieds: Richtige Klageerhebung bei Unklarheiten über den richtigen Beklagtenvertreter, DB 1987, 1723; *Melchior,* Interessenkllision bei Bestellung und Abberufung von Geschäftsführern, Rpfleger 1997, 505; *Mellert,* Venture Capital auf dem Prüfstand, NZG 2003, 1096; *Mertens,* Rechtsfortbildungsbereinigung bei § 112 AktG?, FS Lutter, 2000, 523; *Nägele,* Praxisrelevante Probleme der Vertretung nach § 112 AktG, BB 2005, 2197; *Peus,* Der Aufsichtsratsvorsitzende, 1983; *Pöschl,* Nachweis der Vertretungsbefugnis des Aufsichtsrats einer AG gegenüber dem Grundbuchamt, BB 1966, 804; *Rellermeyer,* Der Aufsichtsrat – Betrachtungen zur neueren Rechtsprechung des Bundesgerichtshofs, ZGR 1993, 77; *Rupietta,* Die Vertretung der Aktiengesellschaft gegenüber dem Vorstand, NZG 2007, 801; *Schemmann,* Mehrfachbeteiligung von Gesellschaftervertretern bei Organbeschlüssen, NZG 2008, 89; *Schmits,* Die Vertretung der Aktiengesellschaft gegenüber ausgeschiedenen Vorstandsmitgliedern, AG 1992, 149; *Schwab,* Die Vertretung der AG gegenüber ausgeschiedenen Vorstandsmitgliedern im Liquidationsstadium, ZIP 2006, 1478; *Schwarz,* Die Vertretungszuständigkeit des Aufsichtsrats bei Aktivprozessen und Rechtsgeschäften mit Vorstandsmitgliedern, ZfgG 52 (2002), 61; *Semler,* Geschäfte einer Aktiengesellschaft mit Mitgliedern ihres Vorstands, – Gedanken zu § 112 AktG –, FS Rowedder, 1994, 441; *Slabschi,* Die Einhaltung der Frist des § 626 Abs. 2 BGB als Voraussetzung der Wirksamkeit eines Gesellschafterbeschlusses?, ZIP 1999, 391; *Stein,* Die Grenzen vollmachtloser Vertretung der Gesellschaft gegenüber Vorstandsmitgliedern und Geschäftsführern, AG 1999, 28; *Stein,* Die neue Dogmatik der Wissensverantwortung bei der außerordentlichen Kündigung von Organmitgliedern der Kapitalgesellschaften, ZGR 1999, 264; *Steiner,* Die Vertretung der kleinen Aktiengesellschaft durch den Aufsichtsrat, BB 1998, 1910; *Stenzel,* Zwischen Selbstkontrahieren und Mehrfachvertretung – Zur Abgrenzung und kumulativen Anwendung des Insichgeschäfts gemäß § 181 BGB, GmbHR 2011, 1129; *Suttmann,* Insichgeschäfte im Gesellschaftsrecht, MittBayNot 2011, 1; *Theusinger/Wolf,* Mittelbare Geschäfte zwischen Vorstandsmitglied und Aktiengesellschaft, NZG 2012, 901; *Theusinger/Guntermann,* Wann vertritt der Aufsichtsrat die AG? – Neues vom BGH zu § 112 AktG, AG 2017, 798; *E. Vetter,* Die Vertretung der AG mit ihren Aktionären und dem Vorstand nahestehenden Unternehmen, Der Konzern 2012, 437; *E. Vetter,* Die Vertretung der AG gegenüber den Mitgliedern des Vorstands im rechtsgeschäftlichen Verkehr – Anmerkungen zur Anwendung von § 112 AktG –, FS Roth, 2011, 855; *Werner,* Vertretung der Aktiengesellschaft gegenüber Vorstandsmitgliedern – ein Beitrag zur Auslegung des § 112 AktG, ZGR 1989, 369; *Werner,* Die Entwicklung des Rechts des Aufsichtsrats im Jahr 2008, Der Konzern 2008, 639; *Wicke,* Aktuelle Rechtsprechung zum Aktienrecht, DNotZ 2013, 812; *Wiesner,* Zum Beginn der Ausschlussfrist des § 626 Abs. 2 BGB bei Kenntniserlangung durch Organmitglieder, BB 1981, 1533.

Übersicht

	Rn.		Rn.
I. Zweck der Norm	1–5	2. Vertretung der AG	22–25
II. Entstehungsgeschichte	6	3. Erfasster Bereich	26–31
		a) Überblick	26, 27
III. Reichweite der Vertretungsmacht	7–31	b) D&O-Versicherungen	28
1. Gegenüber Vorstandsmitgliedern	7–21	c) Geschäfte des täglichen Lebens; neutrale Geschäfte	29–31
a) Amtierende Vorstandsmitglieder	7–13		
b) Ausgeschiedene Vorstandsmitglieder	14–20		
c) Gegenüber Dritten	21	**IV. Vertretung durch den Aufsichtsrat**	32–46

Vertretung der Gesellschaft gegenüber Vorstandsmitgliedern   1, 2 § 112

	Rn.		Rn.
1. Überblick	32	4. Passive Vertretungsmacht und Wissenszurechnung	40–43
2. Beschlussfassung (Geschäftsführung)	33	a) Passive Vertretungsmacht	40
		b) Wissenszurechnung	41–43
3. Vertretung im engeren Sinne	34–39	5. Mitwirkung eines fehlerhaft bestellten Aufsichtsratsmitglieds; Beschlussmängel	44
a) Aktive Vertretung	34		
b) Gesamt-Aufsichtsrat	35		
c) Ausschüsse	36	6. Satzung und Geschäftsordnung	45, 46
d) Einzelne Aufsichtsratsmitglieder, Aufsichtsratsvorsitzender	37–39	V. Nachweis der Vertretungsmacht	47
		VI. Vertretungsmangel	48–53

I. Zweck der Norm

Die Vorschrift regelt einen wichtigen Bereich der Vertretungsmacht des Aufsichtsrats, um mögliche Interessenkollisionen im Vorstand, der sonst zur Vertretung der AG berufen wäre, zu vermeiden.[1] Auf eine konkrete Interessenkollision kommt es nicht an; vielmehr typisiert § 112 die zu vermeidende Interessenkollision, so dass eine Prüfung im Einzelfall, ob tatsächlich die Interessen des Vorstands mit denjenigen der AG kollidieren, ausscheidet.[2] § 112 gilt sowohl für die Willensbildung in Form der Beschlussfassung als auch der eigentlichen Außenhandlung als Vertretung der AG.   **1**

§ 112 ist **zwingender Natur** und kann nicht durch die Satzung abgeändert werden. Weder die Satzung noch die Geschäftsordnung können die **organschaftliche Vertretungsmacht** auf einzelne Aufsichtsratsmitglieder, den Aufsichtsratsvorsitzenden oder Ausschüsse beschränken;[3] denn die Vertretung ist dem Aufsichtsrat als Gremium zugewiesen, dessen Willensbildung fehlt, sofern lediglich Einzelne handeln. Auch bei Befreiungen des Vorstandes vom Verbot des Insichgeschäfts nach § 181 BGB ist § 112 anwendbar.[4] Dem Verbot des Selbstkontrahierens nach § 112 liegt nicht nur der vorrangige Schutz der Gesellschaft vor möglichen Befangenheiten innerhalb des Vorstandskollegiums zugrunde, sondern im gleichen Maße eine abschließende Entscheidungsbefugnis des Aufsichtsrats ggü. dem Vorstand in den vom Anwendungsbereich des § 112 erfassten Sachverhalten (→ Rn. 1).[5] Innerhalb der Kompetenzordnung stellt § 112 somit eine punktuelle Durchbrechung dar, die einen zu Lasten der Gesellschaft gehenden Interessenkonflikt innerhalb des Vorstands zu vermeiden sucht.[6] Im Anwendungsbereich des § 112 verwehren daher dessen Ausnahmecharakter sowie Wortlaut einen Rückgriff auf § 181 Alt. 1 BGB.[7] Darüber hinaus können hieraus jedoch keine Rückschlüsse auf einen absoluten Ausschluss des § 181 Alt. 1 BGB bei fehlender Einschlägigkeit des § 112 gezogen werden (zu den von § 112 erfassten Rechtsgeschäften → Rn. 7 ff.). Außerhalb des Anwendungsbereichs des § 112 wird somit das allgemeine,   **2**

---
[1] Ganz hM, BGHZ 103, 213 (216) = NJW 1988, 1384; BGHZ 130, 108 (111 f.) = NJW 1995, 2559; BGH NJW 1989, 2055 (2056); BGH AG 1991, 269 (269); BAG AG 2002, 458 (459); OLG Düsseldorf AG 1997, 231 (234); OLG München AG 1996, 86 (86); Kölner Komm AktG/*Mertens*/*Cahn* Rn. 2; MüKoAktG/*Habersack* Rn. 1; Hüffer/Koch/*Koch* Rn. 1, 5; K. Schmidt/Lutter/*Drygala* Rn. 1; Bürgers/Körber/*Israel* Rn. 1; *Mertens* FS Lutter, 2000, 523 (524); Hölters/*Hambloch-Gesinn/Gesinn* Rn. 1; Henssler/Strohn/*Henssler* Rn. 1; *Werner* ZGR 1989, 369 (381 f.); *Werner* Der Konzern 2008, 639; *Jokisch/Scheibner* Rpfleger 2013, 121.
[2] BGH NJW 1997, 318 (2324); OLG Saarbrücken AG 2012, 922 (923); MüKoAktG/*Habersack* Rn. 1; Kölner Komm AktG/*Mertens*/*Cahn* Rn. 2; *Lutter/Krieger/Verse* Rechte und Pflichten des Aufsichtsrats Rn. 442; *Mertens* FS Lutter, 2000, 523 (524); *Rellermeyer* ZGR 1993, 77 (80 f.); *Stein* AG 1999, 28 (39); *Nägele/Böhm/Böhm* BB 2005, 2197; s. auch Fn. 1; *E. Vetter* in Marsch-Barner/Schäfer Börsennotierte AG-HdB Rn. 26.52; anders nur OLG Köln OLGZ 1993, 337 f. für eine Streitigkeit über eine Abfindungsvereinbarung mit einem ausgeschiedenen Vorstandsmitglied; *Maesch*, Corporate Governance der insolventen AG, 2005, 125 ff. sieht eine abstrakte Gefahr der Interessenkollision auch bei einem Antrag auf Insolvenz durch einen Alleinvorstand und spricht dem Aufsichtsrat analog § 112 ein Anhörungsrecht nach § 15 Abs. 2 S. 2 InsO sowie ein Beschwerderecht nach § 34 Abs. 2 InsO zu.
[3] AllgM BGHZ 41, 282 (285); BGH AG 2008, 894 (895); Kölner Komm AktG/*Mertens*/*Cahn* Rn. 9; MüKoAktG/*Habersack* Rn. 3.
[4] *Fischer* FS Gruson, 2009, 151 f.; *Cahn* FS Hoffmann-Becking, 2013, 247 (249); *Ekkenga* AG 1985, 40 (41); zust. *Werner* Der Konzern 2008, 639 sowie *Semler* FS Rowedder, 1994, 441 (445); *Fischer* ZNotP 2002, 297 (298), der jedoch zu bedenken gibt, dass die Fälle des § 181 Alt. 2 BGB gestattungsfähig sind; dazu auch *Hübner*, Interessenkonflikt und Vertretungsmacht, 1977, 250 f.; zum Verhältnis von § 112 AktG zu § 181 BGB s. DNotI-Report 9/2004, 75 (75 f.).
[5] *Cahn* FS Hoffmann-Becking, 2013, 247 (248 f.); *Wicke* DNotZ 2013, 812 (820 f.); *E. Vetter* FS Roth, 2011, 855 (867); → Rn. 1.
[6] OLG München DB 2012, 1143; LG Nürnberg-Fürth AG 2001, 152; Kölner Komm AktG/*Mertens*/*Cahn* Rn. 4; *Wicke* DNotZ 2013, 812 (820 f.); *Schemmann* NZG 2008, 89 (92); so auch schon *Commichau* Rpfleger 1995, 98 f.
[7] OLG Hamburg AG 1986, 259 (260); Hüffer/Koch/*Koch* § 78 Rn. 6; *Hauschild* ZIP 2014, 954 (960); *Fischer* FS Gruson, 2009, 151 (152); *Suttmann* MittBayNot 2011, 1 (9); *Ekkenga* AG 1985, 40 (41).

grundsätzlich im Bereich des Gesellschaftsrechts geltende Verbot des Selbstkontrahierens nach § 181 Alt. 1 BGB nicht verdrängt (→ Rn. 25).[8] Ein Rückgriff auf die individuelle Vertretungsbeschränkung des § 181 Alt. 1 BGB ist, sofern das Rechtsgeschäft nicht dem Anwendungsbereich des § 112 unterliegt, im Hinblick auf die Unterschiede in Wortlaut, Schutzzweck, Reichweite und fehlender Befreiungsmöglichkeit iRd § 112 möglich.[9] Während § 112 der Gefahr des Interessenkonflikts innerhalb des Vorstandsgremiums mit dem ausnahmslosen Ausschluss des gesamten Vorstandes für die jeweiligen Geschäfte begegnet, schließt § 181 Alt. 1 BGB einzig das jeweilige Vorstandsmitglied auf Grundlage individueller Befangenheit von den Vertretungshandlungen aus.[10] Ungeachtet dessen richtet sich auch im Anwendungsbereich des § 112 die Zulässigkeit der Mehrfachvertretung weiterhin nach § 181 Alt. 2 BGB, so dass bspw. die zwingende Natur des § 112 einer Befreiung von der Beschränkung des § 181 Alt. 2 BGB nicht entgegensteht.[11] Die Norm des § 112 beansprucht sogar in den Fällen Geltung, in denen der Vorstand zugleich Alleingesellschafter ist, obwohl hier denkbar wäre, dass der Vorstand die Vornahme des Geschäfts über § 119 Abs. 2 sichern könnte.[12] Eine derartige Kompetenzverlagerung zu Lasten des Aufsichtsrates ist jedoch nicht von § 119 Abs. 2 gedeckt.[13]

3 Allerdings ist § 112 auch **nicht abschließend,** da der Aufsichtsrat auch in anderen Bereichen als **Annexkompetenz** zu seinen Rechten und Pflichten die AG vertreten kann, insbesondere bei seinen Überwachungsaufgaben oder bei der Erteilung des Prüfungsauftrags nach § 111 Abs. 2 S. 3.[14] In Betracht kommen: Hilfsgeschäfte im Rahmen der Personalauswahl, zB die Beschäftigung einer Führungskraftvermittlung („Head-Hunter"), Reisekosten für Auswahlgespräche, Anmietung von Sitzungszimmern und Beauftragung von Sachverständigen für einzelne Überwachungsgegenstände, **nicht aber** eigenständige Beratungsverträge oder die dauernde Einstellung von Hilfskräften oder Anschaffung von Hilfsmitteln, was allein dem Vorstand (für den Aufsichtsrat) obliegt.[15] Ebenso wenig kann auf Grundlage des § 112 ein Verfügungsrecht des Aufsichtsrats über Gesellschaftskonten angenommen werden.[16]

4 Wenn besondere Vertreter zur **Verfolgung von Ersatzansprüchen** bestellt sind, haben allein diese die Vertretungsmacht inne, § 147 Abs. 2 S. 2.[17] Ansonsten vertritt aber der Aufsichtsrat die Gesellschaft bei Schadensersatzansprüchen gegen die Vorstandsmitglieder – dies gilt auch für den Verzicht auf deren Geltendmachung.[18]

5 In **zeitlicher** Hinsicht erfasst § 112 die Entwicklungsstadien der Gesellschaft in unterschiedlicher Weise: In Ansehung des § 30 Abs. 4 sowie aufgrund der auch schon in der **Vorgesellschaft** nicht auszuschließenden abstrakten Gefahr der Interessenkollision gilt § 112 auch in der Gründungsphase.[19] In der **Liquidation** der Gesellschaft wird § 112 hingegen teilweise überlagert: Stehen während der Abwicklung unmittelbar mit dem Anstellungsvertrag oder der Vorstandskündigung verknüpfte Fragen im Raum, bleibt es bei der Geltung des § 112 und der damit einhergehenden Vertretungsbefugnis des Aufsichtsrats.[20] Ist dagegen die AG wegen Vermögenslosigkeit gelöscht und für sie nach § 264

---

[8] BGHZ 112, 339 (341 f.) (GbR); BGHZ 51, 209 (214 f.); Kölner Komm AktG/*Mertens/Cahn* Rn. 4; Großkomm AktG/*Hopt/Roth* Rn. 68; *Cramer* NZG 2012, 765 (768); *Suttmann* MittBayNot 2011, 1 (9); *Fischer* FS Gruson, 2009, 151 (152); *Stenzel* GmbHR 2011, 1129 krit. *Hauschild* ZIP 2014, 954 ff.; Die Bewältigung der durch § 181 BGB erfassten Interessenkonflikte sollte durch eine Stärkung gesellschaftsrechtseigener Instrumentarien erreicht werden.

[9] Kölner Komm AktG/*Mertens/Cahn* Rn. 4; MüKoAktG/*Habersack* Rn. 7; *Cramer* NZG 2012, 765 (768); *Fischer* FS Gruson, 2009, 151 (152).

[10] Zutr. Kölner Komm AktG/*Mertens/Cahn* Rn. 4; *Cramer* NZG 2012, 765 (768).

[11] Hüffer/Koch/*Koch* § 78 Rn. 6; *Suttmann* MittBayNot 2011, 1 (9); *Fischer* FS Gruson, 2009, 151 (152); *Wachter* EWiR 2012, 579; so wohl auch *Cahn* FS Hoffmann-Becking, 2013, 247 (250), der einen tatbestandlichen Gleichlauf nur zwischen § 112 und § 181 Alt. 1 BGB annimmt.

[12] Zu diesem Gedanken *Ekkenga* AG 1985, 40 (41).

[13] Dazu auch BGH WM 1960, 803 (804); *Ekkenga* AG 1985, 40 (41).

[14] *Hoffmann-Becking* ZGR 2011, 136 (140 f.); *Werner* ZGR 1989, 369 (383 f.); MüKoAktG/*Habersack* Rn. 4; Hüffer/Koch/*Koch* Rn. 1; K. Schmidt/Lutter/*Drygala* Rn. 3; → § 111 Rn. 43 ff.; Hölters/*Hambloch-Gesinn/Gesinn* Rn. 3; *Fleischer/Wedemann* GmbHR 2010, 449 (451).

[15] *Werner* ZGR 1989, 369 (383 f.); Kölner Komm AktG/*Mertens/Cahn* Rn. 24; *Semler* FS Rowedder, 1994, 441 (445 f.); → § 107 Rn. 43, → § 111 Rn. 80.

[16] Zutr. *Knoll/Zachert* AG 2011, 309 (313).

[17] *Hueck* FS Bötticher, 1969, 197 (202); Hüffer/Koch/*Koch* Rn. 1; K. Schmidt/Lutter/*Drygala* Rn. 4; Großkomm AktG/*Hopt/Roth* Rn. 53.

[18] BGHZ 135, 244 ff. = WM 1997, 970 = NJW 1997, 1926 – ARAG/Garmenbeck; *Kau/Kukat* BB 2000, 1045 (1046); *Brauer/Dreier* NZG 2005, 57 (59 f.); *Buchta/v. Kann* DStR 2003, 1665 (1666); *Henze* BB 2001, 53 (61); *Hasselbach* NZG 2016, 890 (890 f.).

[19] Kölner Komm AktG/*Mertens/Cahn* Rn. 23; Großkomm AktG/*Hopt/Roth* Rn. 16; MüKoAktG/*Habersack* Rn. 6.

[20] OLG Frankfurt a. M. AG 2009, 335; Kölner Komm AktG/*Mertens/Cahn* Rn. 23.

Abs. 2 ein Abwickler bestellt worden, vertritt dieser die AG.[21] In gleicher Weise wird § 112 im Falle der **Insolvenz** durch § 80 InsO verdrängt.[22]

II. Entstehungsgeschichte

§ 112 wurde durch das AktG 1965 weitgehend neu gestaltet und eingefügt. Unter dem AktG 1937 hatte der Aufsichtsrat lediglich für die Führung von Aktivprozessen, die von der Hauptversammlung beschlossen worden waren, sowie für Rechtsgeschäfte Vertretungsmacht.[23] Diese Vertretungsmacht war jedoch keine alleinige, zwingende des Aufsichtsrates, wie sich aus dem Gesetzeswortlaut, der von „befugt" sprach, und einer Zusammenschau mit § 80 AktG 1937, der die Kreditgewährung an Vorstandsmitglieder regelte und bei einer zwingenden, alleinigen Vertretungsmacht überflüssig gewesen wäre, ergab.[24] Außer für Bestellung und Abberufung, Anstellung und Kündigung konnte der Vorstand bei Rechtsgeschäften mit anderen Vorstandsmitgliedern für die AG tätig werden, soweit der Vorstand aus genügend vertretungsberechtigten Mitgliedern bestand.[25] Nunmehr wurde § 112 im Zuge des Gesetzes zur Modernisierung des GmbH-Rechts und zur Bekämpfung von Missbräuchen (MoMiG) vom 1.11.2008[26] um den zweiten Satz ergänzt, um die Rechtstellung bezüglich der Passivvertretung klarzustellen.[27]

III. Reichweite der Vertretungsmacht

1. Gegenüber Vorstandsmitgliedern. a) Amtierende Vorstandsmitglieder. Der Aufsichtsrat vertritt die AG gegenüber sämtlichen amtierenden Vorstandsmitgliedern, unabhängig davon, ob die Bestellung wirksam war, da die Interessenkollisionslage hier nicht anders ist als bei wirksamer Bestellung.[28] Die Zuständigkeit des Aufsichtsrats gilt auch für Streitigkeiten, die Probleme aus dem Vorfeld der Vorstandsbestellung betreffen, zB wegen Auslagenerstattungen (Reisekosten etc.) im Rahmen der Auswahl der in Betracht kommenden Vorstandsmitglieder.[29] Denn der Aufsichtsrat muss auch hier den nötigen Spielraum im Rahmen des Auswahlverfahrens besitzen, um Interessenkollisionen zwischen bestehendem Vorstand und neu zu bestellenden Mitgliedern zu vermeiden – demgemäß kommt es auch nicht darauf an, ob das jeweilige in Aussicht genommene Vorstandsmitglied nachher auch tatsächlich bestellt wurde.[30] Bei lediglich für die AG rechtlich vorteilhaften Geschäften bedarf es dagegen mangels einer Interessenkollision keiner Vertretung durch den Aufsichtsrat.[31]

Der Aufsichtsrat ist ferner ausschließlich vertretungsbefugt, wenn es sich bei dem Vorstandsmitglied um ein in den Vorstand vorübergehend **entsandtes Aufsichtsratsmitglied** handelt, solange dieses stellvertretend nach § 105 Abs. 2 für das verhinderte Vorstandsmitglied tätig wird.[32] Denn auch hier können Interessenkollisionen eintreten.

---

[21] OLG Köln NZG 2002, 1062 (1063) = AG 2003, 449; Kölner Komm AktG/*Mertens*/*Cahn* Rn. 23; MüKoAktG/*Habersack* Rn. 6.
[22] Kölner Komm AktG/*Mertens*/*Cahn* Rn. 23; Großkomm AktG/*Hopt*/*Roth* Rn. 16; MüKoAktG/*Habersack* Rn. 6.
[23] Siehe § 97 Abs. 1 AktG 1937; dazu *Schlegelberger*/*Quassowski* AktG 1937§ 93 Anm. 2 ff.
[24] *Schlegelberger*/*Quassowski* AktG 1937 § 93 Anm. 3; *Ritter* AktG 1937 § 97, 317; siehe auch *Pöschl* BB 1966, 804; *Schwarz* ZfgG 52 (2002), 61 (67).
[25] *Schlegelberger*/*Quassowski* AktG 1937 § 97 Anm. 3; Großkomm AktG/*Meyer-Landrut* AktG 1937 § 97, Rn. 3; zum Ganzen s. auch *Werner* ZGR 1989, 369 (370); Kölner Komm AktG/*Mertens*/*Cahn* Rn. 1.
[26] Gesetz zur Modernisierung des GmbH- Rechts und zur Bekämpfung von Missbräuchen (MoMiG) vom 1.11.2008, BGBl. 2008 I 2026.
[27] S. zum bisherigen Diskussionsstand und der Bewertung des gesetzlichen Lösungsweges → Rn. 40.
[28] *Werner* ZGR 1989, 369 (376 f.); *Semler* FS Rowedder, 1994, 441 (448 f.); MüKoAktG/*Habersack* Rn. 10; Hüffer/Koch/*Koch* Rn. 2; K. Schmidt/Lutter/*Drygala* Rn. 5; Bürgers/Körber/*Israel* Rn. 2; Großkomm AktG/*Hopt*/*Roth* Rn. 18, 40; Hölters/*Hambloch-Gesinn*/*Gesinn* Rn. 7; Henssler/Strohn/*Henssler* Rn. 4; aA noch zum alten AktG BGHZ 26, 341 (344) = NJW 1967, 1711.
[29] BGHZ 26, 236 (238); LG München I BB 2013, 399 (400); *Werner* ZGR 1989, 369 (376); *Semler* FS Rowedder, 1994, 441 (445); *Schwarz* ZfgG 52 (2002), 61 (69); *Werner* ZGR 1989, 369 (376); Großkomm AktG/*Hopt*/*Roth* Rn. 19; Bürgers/Körber/*Israel* Rn. 2; Kölner Komm AktG/*Mertens*/*Cahn* Rn. 15; MüKoAktG/*Habersack* Rn. 11; Hüffer/Koch/*Koch* Rn. 2; K. Schmidt/Lutter/*Drygala* Rn. 7; Grigoleit/*Grigoleit*/*Tomasic* Rn. 4; so bspw. auch bei einem allein über das Vorstandsamt hinausgehenden Beratervertrag, *Fuhrmann* NZG 2017, 291 (292 f.).
[30] Zutr. MüKoAktG/*Habersack* Rn. 11; *Semler* FS Rowedder, 1994, 441 (445); ihm zustimmend Großkomm AktG/*Hopt*/*Roth* Rn. 20; aA Kölner Komm AktG/*Mertens*/*Cahn* Rn. 15; *Schmits* AG 1992, 149 (150), bei Geltendmachung von Ansprüchen durch abgewiesene Bewerber nach Abschluss der Verhandlungssituation nur § 78, da niemals Mitglied des Vorstands.
[31] *Theusinger*/*Guntermann* AG 2017, 798 (803).
[32] OLG Hamburg WM 1986, 972 (974); Kölner Komm AktG/*Mertens*/*Cahn* Rn. 21; MüKoAktG/*Habersack* Rn. 10; Großkomm AktG/*Hopt*/*Roth* Rn. 41.

9 Bei **Rechtsgeschäften der AG mit einer anderen Gesellschaft, an der das Vorstandsmitglied beteiligt** ist (auch das ausgeschiedene Mitglied) oder in dessen Organen es vertreten ist, ist zu berücksichtigen, dass außer in den Fällen des Missbrauchs der Vertretungsmacht der Verkehrsschutz im Rahmen der Vertretungsmacht (und ihrer Grenzen) eine erhebliche Rolle spielt. Daher kann nur bei einer ganz maßgeblichen, unternehmerischen Einfluss verleihenden Beteiligung § 112 eingreifen,[33] nicht aber bei einer reinen Organmitgliedschaft, sofern das Vorstandsmitglied keinen unmittelbaren wirtschaftlichen Vorteil daraus ziehen könnte.[34] Für einen Verstoß gegen § 112 ist es mithin nicht ausreichend, wenn ein Vorstandsmitglied einer darlehensgebenden AG zugleich Mitgesellschafter der darlehensnehmenden GmbH ist, eine andere dritte juristische Person oder Personengesellschaft aber Mehrheitsgesellschafterin der GmbH mit 80 %igen Anteil am Stammkapital ist, da in diesen Fällen keine wirtschaftliche Identität besteht[35] bzw. es an einem unternehmerischen Einfluss mangelt. Ob ein beherrschender Einfluss vorliegt, kann in der Zukunft durch das IAS 24.9. iVm IFRS 10.05 ff. (s. auch Art. 2 lit. h) RL (EU) 2017/828) beurteilt werden, indem das Vorstandsmitglied Renditen und Risiken in der beherrschten Gesellschaft aufgrund einer Mehrheitsbeteiligung verändern kann.[36] Dagegen gelangt § 112 gerade in Konstellationen der absoluten **wirtschaftlichen Identität**, vor allem bei Ein-Mann-Gesellschaften des (ehemaligen) Vorstandsmitglieds zur Anwendung.[37] Unterhalb dieser Ebene kann § 112 allerdings nur dann eingreifen, wenn es sich um einen Missbrauch der Vertretungsmacht auf der Vorstandsebene handelt. § 89 zeigt, ebenso wie für Aufsichtsratsmitglieder § 115, deutlich, dass der Gesetzgeber selbst für Fälle der Vertragsabschlüsse mit Gesellschaften, die vom Vorstandsmitglied abhängig sind, oder mit Familienangehörigen der Aufsichtsrat einwilligen muss, nicht aber, dass er die Gesellschaft dann auch vertritt. Anders formuliert bringen §§ 89, 115 zum Ausdruck, dass der Gesetzgeber die Lösung im Innenverhältnis sucht, das Außenverhältnis bzw. die Vertretungsmacht aber unberührt bleibt.[38] Zwar ist durchaus einzuräumen, dass § 112 Befangenheiten des Vorstands bei der Vertretung der Gesellschaft gegenüber einzelnen Mitgliedern vorbeugen soll, was auch dann gegeben wäre, wenn der Vorstand die Gesellschaft gegenüber einer Gesellschaft vertreten würde, an der er selbst maßgeblich beteiligt ist, da jede Entscheidung automatisch auch seine persönlichen Interessen tangiert.[39] Allerdings ist demgegenüber zu Recht Kritik erhoben worden, dass das Kriterium des maßgeblichen unternehmerischen Einflusses zu unbestimmt sei und infolge der fehlenden Trennschärfe für außenstehende Dritte zu Rechtsunsicherheit führen würde.[40]

10 Indes genügt für die Mehrzahl der Fälle die Anwendung der Grundsätze des **Missbrauchs der Vertretungsmacht**:[41] Denn ist der Vorstand im Innenverhältnis an die Einwilligung des Aufsichtsrats

---

[33] OLG München ZIP 2012, 1024 (1025); OLG Saarbrücken AG 2012, 922 (923); OLG Saarbrücken AG 2001, 483; KG Berlin AG 2011, 758, das schon eine 60%-Beteiligung für die Annahme des § 112 ausreichen lässt; LG Koblenz ZNotP 2002, 322; Kölner Komm AktG/*Mertens/Cahn* Rn. 18; MüKoAktG/*Habersack* Rn. 9; K. Schmidt/Lutter/*Drygala* Rn. 11; Hensler/Strohn/*Henssler* Rn. 4; NK-AktR/*Breuer/Fraune* Rn. 1c; Bürgers/Körber/*Israel* Rn. 3; Hölters/*Hamblock-Gesinn/Gesinn* Rn. 7; Grigoleit/*Grigoleit/Tomasic* Rn. 6; *E. Vetter* Der Konzern 2012, 437 (443); *E. Vetter* FS Roth, 2011, 855 (861); *Rupietta* NZG 2007, 801 (803); wohl auch *Stenzel* GmbHR 2011, 1129 (1132) mit Verweis auf den Abhängigkeitsbegriff des § 17 AktG; *Theusinger/Wolf* NZG 2012, 901 (902); *Werner* ZGR 1989, 369 (373 f.); dazu auch *Steiner* BB 1998, 1910 (1910 f.); Anwendbarkeit des § 112 auch bei maßgeblicher Beteiligung gänzl. abl.: OLG München EWiR 2009, 397 (398) Anm. *Paul* = GWR 2009, 11; *Fischer* ZNotP 2002, 297 (300 f.); *Honert/Schuhknecht* GWR 2013, 479 (481); *Suttmann* MittBayNot 2011, 1 (9); Hüffer/Koch/*Koch* Rn. 4; sowie Großkomm AktG/*Hopt/Roth* Rn. 43, die stattdessen eine Pflicht des Vorstandsmitglieds, über den Interessenkonflikt zu berichten, annehmen.

[34] Anders zB, wenn das Vorstandsmitglied in der anderen Gesellschaft über Stock Options verfügt.

[35] OLG Saarbrücken AG 2001, 483 (483); s. ausführlich zu den Argumenten für und gegen die Anwendung des § 112 bei wirtschaftlicher Identität *Werner* Der Konzern 2008, 639 (640); abl. OLG München EWiR 2009, 397 (398) Anm. *Paul* = GWR 2009, 11; *Suttmann* MittBayNot 2011, 1 (9); krit. auch *Fischer* ZNotP 2002, 297 (301 f.): keine ausreichende Rechtssicherheit; mit der gleichen Begründung OLG München ZIP 2012, 1024 (1025).

[36] *Theusinger/Guntermann* AG 2017, 798 (804).

[37] OLG Saarbrücken ZIP 2014, 822 (824); OLG München ZIP 2012, 1024 (1025); OLG Saarbrücken AG 2012, 922 (923); MüKoAktG/*Habersack* Rn. 9; Kölner Komm AktG/*Mertens/Cahn* Rn. 18; *Rupietta* NZG 2007, 801 (803 ff.); Hüffer/Koch/*Koch* Rn. 4; Henssler/Strohn/*Henssler* Rn. 4; K. Schmidt/Lutter/*Drygala* Rn. 11; *Theusinger/Wolf* NZG 2012, 901 (902); wohl auch *Fischer* FS Gruson, 2009, 151 (155); *Fuhrmann* NZG 2017, 291 (293); im Grundsatz offengelassen und nur für den Fall einer als Beratervertrag bezeichneten Vorstandsvergütung entschieden: BGH NZG 2015, 792 = GWR 2015, 277 m. Anm. *Schuhknecht*.

[38] So auch *Rupietta* NZG 2007, 801 (803 f.); *Werner* Der Konzern 2008, 639 (641); *Theusinger/Wolf* NZG 2012, 901 (903).

[39] Im Ergebnis auch *E. Vetter* Der Konzern 2012, 437 (443); *E. Vetter* FS Roth, 2011, 855 (861); *Werner* Der Konzern 2008, 639 (641) unter Evaluierung der einzelnen Argumente; *Rupietta* NZG 2007, 801 (803).

[40] OLG München ZIP 2012, 1024 (1025); OLG München EWiR 2009, 397 (398) Anm. *Paul* = GWR 2009, 11; Kölner Komm AktG/*Mertens/Cahn* Rn. 18; *Theusinger/Wolf* NZG 2012, 901 (902); *Fischer* ZNotP 2002, 297 (300 ff.); *Suttmann* MittBayNot 2011, 1 (9).

[41] Zutr. Großkomm AktG/*Hopt/Roth* Rn. 44; *Theusinger/Wolf* NZG 2012, 901 (903).

Vertretung der Gesellschaft gegenüber Vorstandsmitgliedern 11–14 § 112

gebunden, wie etwa in den Fällen des § 89, kann eine dritte Gesellschaft, die von einem Vorstandsmitglied im Sinne von § 17 abhängig ist, in aller Regel kaum einwenden, dass sie hiervon nichts gewusst habe. Damit wird auch der erforderlichen Rechtssicherheit für Dritte Rechnung getragen. Einer generellen Vorverlagerung des Schutzes durch Verlagerung der Vertretungsmacht bedarf es dafür nicht. Dem muss entgegengehalten werden, dass in für den Rechtsverkehr ähnlich uneinsichtigen Sachverhalten – zB Geschäfte mit potentiellen Vorstandsmitgliedern im Vorfeld der Bestellung (→ Rn. 15 f.) – ebenfalls den abstrakten Schutzzwecken des § 112 (→ Rn. 1) Vorrang eingeräumt wird.[42] Auch wird außer Acht gelassen, dass der Aufsichtsrat, angesichts der sowohl materiellen als auch prozessualen nachträglichen Genehmigungsmöglichkeiten (→ Rn. 48 ff.), mögliche Vorteile aus diesen Geschäften zu Gunsten der Gesellschaft sichern kann und nachteiligen Geschäften die Bestandskraft verweigern kann.

Da das Gesetz aber außer in den Fällen des § 89 keine generelle Unzulässigkeit der Rechtsgeschäfte 11 der AG mit einem Vorstandsmitglied kennt, vielmehr bei direkten Geschäften generell § 112 zur Anwendung bringt, ist es für mögliche Interessenkollisionen empfehlenswert, um der Rechtsunsicherheit bei Grenzfällen vorzubeugen, einen allgemeinen **Zustimmungsvorbehalt** für Geschäfte zu erlassen, die mit Personen oder Gesellschaften geschlossen werden, die dem Vorstand nahe stehen. Auf diese Weise könnte der Aufsichtsrat dann auch Geschäfte, in denen nur eine Minderheitsbeteiligung des Vorstandsmitglieds besteht, von seiner Zustimmung abhängig machen.[43]

Ein über den Wortlaut hinausgehendes, auf die Vermeidung potentieller Interessenkonflikte abzie- 12 lendes Verständnis des § 112 findet zudem auf jeden Fall seine Grenzen in Geschäften mit anderen, mehrheitlich von **Vorstandsangehörigen beherrschten Gesellschaften:** In Ermangelung einer vergleichbaren, gerade dem Vorstandskollegium innewohnenden Gefahren- und Konfliktlage scheidet hier die Anwendung des § 112 aus, so dass die Gesellschaft weiterhin durch den Vorstand gem. § 78 vertreten wird.[44] Gleichwohl bietet sich hier in Anlehnung an Ziff. 4.3.4 DCGK die Festsetzung eines entsprechenden Zustimmungsvorbehalts nach § 111 Abs. 4 S. 2 als präventives Instrument zur Vermeidung einer aus dieser geschäftlichen Verflechtung resultierenden Interessenkollision an.[45]

Kein Fall des § 112 mangels zu befürchtender Interessenkollisionen des Vorstands ist dagegen 13 eine **Feststellungsklage von Aktionären,** die sich gegen die Vorstandsbesetzung richtet.[46] Die Gesellschaft hat es in diesen Fällen gerade nicht mit dem betroffenen Vorstandsmitglied, sondern mit einzelnen Aktionären zu tun.[47] Die gerichtliche Entscheidung entfaltet daher keine Rechtskraft für einen etwaigen Prozess zwischen dem betroffenen Vorstandsmitglied und der Gesellschaft.[48] § 112 ist aufgrund etwaiger Interessenkollisionen daher nur in den Konstellationen anzuwenden, in denen das betroffene Vorstandsmitglied die Frage seiner Amts- und Dienststellung in einem gesonderten Prozess mit der Gesellschaft klären lässt.[49]

b) Ausgeschiedene Vorstandsmitglieder. Soweit das Rechtsgeschäft in einem Zusammenhang 14 zu der früheren Organstellung oder deren Beendigung steht,[50] ist auch gegenüber **ausgeschiedenen Vorstandsmitgliedern** allein der Aufsichtsrat vertretungsbefugt,[51] etwa für die Geltendmachung

---

[42] Zutr. *Rupietta* NZG 2007, 801 (803).
[43] Großkomm AktG/*Hopt/Roth* Rn. 43; Kölner Komm AktG/*Mertens/Cahn* Rn. 18; *Theusinger/Wolf* NZG 2012, 90 (903).
[44] Kölner Komm AktG/*Mertens/Cahn* Rn. 17; *E. Vetter* Der Konzern 2012, 437 (443 f.); *E. Vetter* FS Roth, 2011, 855 (862).
[45] KBLW/*Bachmann* DCGK Rn. 1123; *E. Vetter* FS Roth, 2011, 855 (862 f.).
[46] BGH NJW 1997, 318 (318 f.); Hüffer/Koch/*Koch* Rn. 4; Großkomm AktG/*Hopt/Roth* Rn. 70.
[47] BGH NJW 1997, 318 (319); ebenso Hüffer/Koch/*Koch* Rn. 4.
[48] BGH NJW 1997, 318 (319).
[49] Vgl. wiederum BGH NJW 1997, 318 (319) sowie OLG München AG 2006, 337 (338).
[50] BAG NZG 2017, 69 zum Widerruf einer Versorgungszusage nach Insolvenz der AG.
[51] StRspr, BGHZ 130, 108 (111 f.) = NJW 1995, 2559; BGH NJW 1997, 2324; BGH NJW 1999, 3263; BGH AG 1991, 269 f.; BGH AG 2002, 458 (459) = NZG 2002, 393; BGH ZIP 2009, 717 f.; BAG NZG 2017, 69; OLG Hamburg AG 2002, 521 (522); siehe auch BGH AG 1998, 341 OLG Saarbrücken ZIP 2014, 822 zur Genossenschaft; BGH NJW-RR 2003, 983; MüKoAktG/*Habersack* Rn. 12; Großkomm AktG/*Hopt/Roth* Rn. 25 ff.; K. Schmidt/Lutter/*Drygala* Rn. 8; Hüffer/Koch/*Koch* Rn. 2; Bürgers/Körber/*Israel* Rn. 2; Kölner Komm AktG/*Mertens/Cahn* Rn. 16; Lutter/Krieger/*Verse* Rechte und Pflichten des Aufsichtsrats Rn. 442; *E. Vetter* in Marsch-Barner/Schäfer Börsennotierte AG-HdB Rn. 26.52; Hölters/Hambloch-Gesinn/*Gesinn* Rn. 7; Hensler/Strohn/*Henssler* Rn. 4; *E. Vetter* FS Roth, 2011, 855 (858); *van Kann/Keiluweit* AG 2010, 805 (806 f.); *Nägele/Böhm* BB 2005, 2197; *Schwarz* ZfgG 52 (2002), 61 (69); *Werner* ZGR 1989, 369 (377 ff.); *Lim,* Die Vertretungsmacht des Aufsichtsrats einer Aktiengesellschaft, 1986, 9 ff.; *Brandner* FS Quack, 1991, 201 (206 f.); ausführlich zur Entwicklung der Rspr. *Schmits* AG 1992, 149 (153); dies gilt auch für die GmbH mit fakultativem Aufsichtsrat, siehe BGH WM 2004, 227; s. auch OLG München DStR 2003, 1719 mit Anm. *Wälzholz;* OLG Brandenburg NZG 2000, 143 (143 ff.); *Fuhrmann* NZG 2017, 291 (293 f.); *Gehrlein* BB 2004, 2585 (2591 f.); zur KGaA siehe BGH NZG 2005, 276 f.; Grigoleit/*Grigoleit/Tomasic* Rn. 4.

von Schadensersatzansprüchen[52] oder für den Abschluss eines Vergleichsvertrags iSd § 93 Abs. 4.[53] Zwar wird daran kritisiert, dass die Überwachungsfunktion des Aufsichtsrats, ggf. unter Zuhilfenahme der in § 111 Abs. 4 S. 2 niedergelegten Befugnis, ausreiche[54] und die Anwendung des § 112 auf ausgeschiedene Vorstandsmitglieder weder im Gesetzeswortlaut eine klare Stütze finde noch der Zweck des § 112 eine Anwendung in den genannten Konstellationen erfordere.[55] Doch die Gefahr, dass bei einer Vertretung durch den Vorstand nach § 78 Interessenkollisionen auftreten könnten, ist ebenso bei ausgeschiedenen Vorstandsmitgliedern gegeben, sei es, weil ihre ehemaligen Kollegen sie unterstützen wollen, sei es, weil ansonsten Nachahmungseffekte entstünden, zumal für § 112 bereits eine abstrakte Gefährdung der Gesellschaftsinteressen genügt.[56] Die reine Überwachung durch den Aufsichtsrat vermag keinen gleichwertigen Schutz zu gewährleisten, da sie anders als bei einer fehlenden Vertretungsmacht des Vorstandes oft nur ex post eingreift.[57] Nur dann, wenn keine Fragen zu behandeln sind, die mit der früheren Organtätigkeit im Zusammenhang stehen, scheidet § 112 aus, da keine Besorgnis zur Befangenheit besteht.[58] Zu Geschäften des täglichen Lebens mit ausgeschiedenen Vorstandsmitgliedern → Rn. 23.

15 § 112 erfasst insbesondere Streitigkeiten über die **Bestellung und Anstellung eines Vorstandsmitglieds,** zB einen unwirksamen Widerruf der Bestellung. Denn im Falle des Obsiegens des Vorstandsmitglieds würde der Rechtsstreit mit einem amtierenden Vorstandsmitglied geführt. Zudem sind auch hier mögliche Interessenkollisionen des restlichen Vorstands nicht von der Hand zu weisen.[59] Daher kommt es auch nicht darauf an, ob das Vorstandsmitglied noch während des Rechtsstreits auf jeden Fall durch Zeitablauf aus dem Amt scheiden würde.[60] Ebenso wenig kann bei einem Streit über eine Abfindungsvereinbarung mit einem ausgeschiedenen Vorstandsmitglied angenommen werden, dass im Einzelfall keine Interessenkollision bestünde und daher nicht der Aufsichtsrat, sondern der amtierende Vorstand zuständig sei.[61]

16 Auch für den nicht seltenen Fall, dass ein Vorstandsmitglied vor der Bestellung im Unternehmen angestellt war, ist der Aufsichtsrat zuständig, wenn neben Streitigkeiten aus dem Vorstandsverhältnis gleichzeitig auch solche des **ruhenden Arbeitsverhältnisses**[62] in Rede stehen und die Kündigungsgründe in Zusammenhang mit der Vorstandstätigkeit stehen, insbesondere wenn das Vorstandsmitglied Kündigungsschutzklage aus diesem Arbeitsverhältnis erhebt,[63] etwa wenn das Vorstandsmitglied aufgrund schweren Fehlverhaltens von seinen Pflichten entbunden und gleichzeitig das vor dem Wechsel in den Vorstand bestehende Arbeitsverhältnis vorsorglich ebenfalls gekündigt wird.[64] Entscheidend ist das Entstehen möglicher Interessenkonflikte, nämlich ob es um eine Angelegenheit geht, die ihren Ursprung in der Vorstandstätigkeit des Betreffenden hat.[65] Denn auch hier kann nicht ausgeschlossen werden, dass der restliche Vorstand sich von der Überlegung leiten lassen könnte, dem klagenden (ausgeschiedenen) Vorstandsmitglied aus Solidaritätsüberlegungen und eigener Sorge um die Zukunft zur Seite zu stehen.[66] Die (abstrakte)

---

[52] BGH NJW 1989, 2055; OLG Saarbrücken ZIP 2014, 822; *Brandner* FS Quack, 1991, 201 (203); K. Schmidt/Lutter/*Drygala* Rn. 8; Hölters/*Hambloch-Gesinn/Gesinn* Rn. 7.

[53] BGH NZG 2009, 466; LG Frankfurt a. M. GWR 2010, 480; MüKoAktG/*Spindler* § 93 Rn. 251; Kölner Komm AktG/*Mertens/Cahn* Rn. 16; *Dietz-Vellmer* NZG 2011, 248 (249); *Hasselbach* DB 2010, 2037 (2038); *Knapp* DStR 2011, 225 (226).

[54] *Behr/Kindl* DStR 1999, 119 (122 ff.); dezidierte Kritik an den in diesem Beitrag vorgebrachten Argumenten bei Großkomm AktG/*Hopt/Roth* Rn. 27.

[55] Wiederum *Behr/Kindl* DStR 1999, 119 (122 ff.).

[56] BAG NZG 2017, 69; zutr. *Werner* ZGR 1989, 369 (377 ff.); zust. MüKoAktG/*Habersack* Rn. 12; Hüffer/Koch/*Koch* Rn. 2; ebenso *Schmits* AG 1992, 149 (153); *Mellert* NZG 2003, 1096 (1100).

[57] Anders *Behr/Kindl* DStR 1999, 119 (122 ff.).

[58] BAG NZG 2017, 69 (77 f.).

[59] BGHZ 26, 236 (238); BGH NJW 1981, 2748 (2749); BGH ZIP 1986, 1381 f.; OLG Hamburg WM 1986, 972 (974); *Brandner* FS Quack, 1991, 201 (202 ff.); *Semler* FS Rowedder, 1994, 441 (446); *Meilicke* DB 1987, 1723 (1723 ff.); Kölner Komm AktG/*Mertens/Cahn* Rn. 20; Großkomm AktG/*Hopt/Roth* Rn. 24.

[60] BGHZ 103, 213 (216 ff.) = NJW 1988, 1384.

[61] So aber OLG Köln OLGZ 1993, 337 f.; dagegen zu Recht Hüffer/Koch/*Koch* Rn. 5; *Lutter/Krieger/Verse* Rechte und Pflichten des Aufsichtsrats Rn. 442.

[62] Zum ruhenden Arbeitsverhältnis eines Vorstandsmitglieds s. MüKoAktG/*Spindler* § 84 Rn. 58; *Fleischer* → § 84 Rn. 32.

[63] BAG NJW 2002, 1444 = NZA 2002, 401 = NZG 2002, 392 = BB 2002, 692 mit ablehnender Anm. *Graef*; ablehnend auch *Gravenhorst* EzA 355 (2002), 10 (13), der im Rahmen von Arbeitsverhältnissen für die uneingeschränkte Geltung von § 78 AktG plädiert; vor BAG siehe LAG Köln DB 2000, 1084 = NZA 2000, 833 (834).

[64] Zum Sachverhalt siehe LAG Köln NZA 2000, 833 (834) = DB 2000, 1084.

[65] LAG Köln NZA 2000, 833 (834) = DB 2000, 1084; siehe auch Stellungnahme von *Lunk* ARB-RB 2002, 105 (105 f.) zum Urteil des BAG.

[66] BAG NJW 2002, 1444 (1445); LAG Köln NZA 2000, 833 (834).

Interessenkollision ist ferner entscheidend, wenn Arbeitsrechtsstreitigkeiten mit einem ausgeschiedenen Vorstandsmitglied in Rede stehen, das wieder Arbeitnehmer der Gesellschaft geworden ist; wiederum können sachfremde Erwägungen des Vorstands nicht ausgeschlossen werden, sofern die Streitigkeit in Zusammenhang mit der ehemaligen Tätigkeit als Vorstandsmitglied steht. Betrifft das Rechtsgeschäft jedoch allein die vertragliche, nicht die organschaftliche Fortentwicklung des Arbeitsverhältnisses des ehemaligen Organmitglieds, bleibt es bei der Vertretung durch den Vorstand gem. § 78 Abs. 1.[67] Hintergrund dessen ist, dass § 112 Interessenkonflikte des Organmitglieds auch in Ansehung seiner eigenen Zukunft vermeiden will; dieser Telos ist jedoch nach Auffassung des BAG nicht betroffen, soweit die Beschäftigung des (ehemaligen) Vorstandsmitglieds nicht auf einem organschaftlichem, sondern auf einem reinen arbeitsvertraglichen Verhältnis beruht. In der Praxis wird daher genau der Sachverhalt und Streitgegenstand auf mögliche Zusammenhänge zu untersuchen sein.

Beratungsverträge mit früheren Vorstandsmitgliedern unterliegen in aller Regel der Zuständigkeit bzw. Vertretungsbefugnis des Aufsichtsrats, sofern ein Zusammenhang mit der früheren Organtätigkeit besteht;[68] erst recht, wenn sie nur als verkappte Versorgung dienen sollen, da hier bereits § 84 umgangen würde. Weist die Beratung indes keine Bezüge mit der früheren Vorstandstätigkeit auf, ist der Vorstand vertretungsbefugt.[69]

Ist das **Vorstandsmitglied in den Aufsichtsrat gewechselt,** so ist der Aufsichtsrat trotz der innerhalb des Organs bestehenden Interessenkollisionen nach wie vor für alle Rechtsgeschäfte bzw. -Streitigkeiten aus der Zeit des ehemaligen Vorstandsmitglieds vertretungsbefugt und ausschließlich zuständig[70] – rechtspolitisch ein wenig befriedigender Zustand.[71] Der Schutzzweck (→ Rn. 1) des § 112 greift hier nichtsdestoweniger.[72] Möglicherweise bestehende Interessenkonflikte sind insofern zu vermeiden, als das betroffene Aufsichtsratsmitglied infolge analoger Anwendung des § 34 BGB hinsichtlich des konfliktträchtigen Rechtsgeschäfts bzw. Streits nicht stimmberechtigt ist (→ § 108 Rn. 41).[73] Im Falle eines dreiköpfigen Aufsichtsrats muss sich das Stimmverbot in eine Enthaltungspflicht wandeln, um die Beschlussunfähigkeit des Aufsichtsrats zu vermeiden.[74]

Die Vertretungsmacht des Aufsichtsrats gegenüber ausgeschiedenen Vorstandsmitgliedern gilt auch im Fall der **Umwandlung einer GmbH in eine AG** und in diesem Zusammenhang ausgeschiedenen Geschäftsführern der GmbH unabhängig davon, ob die GmbH zuvor über einen Aufsichtsrat verfügt hat, jedoch nicht vor Eintragung der Umwandlung in das Handelsregister bzw. vor dem Rechtsformwechsel, außer das fragliche Rechtsgeschäft betrifft die Bestellung des Vorstands.[75]

Im Rahmen der (Nachtrags-)Abwicklung einer AG jedoch bedarf es nicht der Ausdehnung des § 112 auf ausgeschiedene Vorstandsmitglieder. Denn hier ist eine unbefangene Vertretung der AG sichergestellt, da an die Stelle des Vorstands ein vom Gericht ernannter Abwickler tritt, bei dessen Auswahl bereits auf die Vermeidung von Interessenkollisionen oder mögliche Befangenheitsgründe geachtet wird.[76]

c) Gegenüber Dritten. Umstritten ist demgegenüber, ob der Aufsichtsrat die AG auch **gegenüber dem Vorstandsmitglied nahestehenden Dritten** vertritt. Sofern diese ihre Rechte aus dem Anstellungsverhältnis des Vorstandsmitglieds ableiten, zB **Versorgungsansprüche** einer Witwe eines Vorstandsmitglieds, die auf Versorgungsanwartschaften aus dem Anstellungsvertrag mit dem Vorstand-

---

[67] BAG NZG 2017, 69.
[68] OLG Saarbrücken AG 2012, 922 (923); LG Frankfurt a. M. GWR 2010, 480; gegen die grundsätzliche Zuständigkeit des Aufsichtsrats in diesen Fällen bzw. für eine grundsätzliche Wertung von Beraterverträgen als „neutrale Geschäfte" (→ Rn. 23) Großkomm AktG/*Hopt/Roth* Rn. 35.
[69] MüKoAktG/*Habersack* Rn. 13, 15.
[70] BAG NZG 2017, 69; MüKoAktG/*Habersack* Rn. 14; Kölner Komm AktG/*Mertens/Cahn* Rn. 16.
[71] Ähnlich Großkomm AktG/*Hopt/Roth* Rn. 46 („unvermeidlich").
[72] BAG NZG 2017, 69 (77 f.); MüKoAktG/*Habersack* Rn. 14; Kölner Komm AktG/*Mertens/Cahn* Rn. 16; GroßKomm AktG/*Hopt/Roth* Rn. 37.
[73] BAG NZG 2017, 69 (77 f.); so auch Großkomm AktG/*Hopt/Roth* § 100 Rn. 166, wonach bei nicht unbefangener Willensbildung des betroffenen Aufsichtsratsmitglieds ein Stimmverbot bestehen soll; bei Rechtsgeschäften mit dem Aufsichtsrat selbst: MüKoAktG/*Habersack* § 100 Rn. 94, § 108 Rn. 29.
[74] BAG NZG 2017, 69 (77 f.) mit Verweis auf BGH NJW-RR 2007, 1483 (1485); Großkomm AktG/*Hopt/Roth* § 100 Rn. 167; aA MüKoAktG/*Habersack* § 100 Rn. 95, der für diesen Fall die Abstimmung im Interesse der Gesellschaft bzw. für den Fall, dass sich das Aufsichtsratsmitglied hierzu außer Stande sieht, die Amtsniederlegung fordert.
[75] BAG NZG 2017, 69; MHdB AG/*Wiesner* § 23 Rn. 6 f.; Großkomm AktG/*Hopt/Roth* Rn. 46; MüKoAktG/*Habersack* Rn. 12; *Gehrlein* BB 2004, 2585 (2591 f.); ähnlich BGH BB 1997, 1327 (1328).
[76] Siehe OLG Köln NZG 2002, 1062 (1063); aA *Schwab* ZIP 2006, 1478 (1480 ff.), der auch in diesen Fällen § 112 für anwendbar erachtet.

mitglied resultieren, ist § 112 anwendbar.[77] Dagegen wird vorgebracht, dass ein derartiges Verständnis zum einen nicht mehr vom Wortlaut des § 112, der lediglich auf Vorstandsmitglieder rekurriert, gedeckt sei und zum anderen eine Ausdehnung des Geltungsbereichs der Ausnahmeregelung des § 112 zu Lasten der Grundnorm des § 78 Abs. 1 bedeuten würde.[78] Für Rechte jedenfalls aus dem Anstellungsvertrag verkennt dies jedoch, dass es keinen Unterschied machen kann, ob das Vorstandsmitglied selbst oder ein Dritter, der seine Ansprüche daraus ableitet, Rechte gegenüber der AG geltend macht; die Interessenkollisionslage, in der sich der (amtierende) Vorstand befindet, ist dieselbe, insbesondere vor dem Hintergrund möglicher Rücksichtnahmen auf frühere Kollegen.[79] Auch in dieser Konstellation muss dem Schutzzweck der Norm Rechnung getragen werden. Dies kann allerdings nur in dem engen Bereich des Anstellungsvertrags Geltung beanspruchen: Wie §§ 89, 115 zeigen, wird ansonsten nicht nur die Vertretungsmacht des Vorstands durchbrochen, sondern entsprechende Verträge mit nahestehenden Dritten allenfalls einer lediglich intern wirkenden Einwilligung unterworfen; zu beachten sind indes die Grundsätze über den Missbrauch der Vertretungsmacht, die hier in aller Regel nahe liegen.

22 **2. Vertretung der AG.** Da es Zweck des § 112 ist, mögliche Interessenkonflikte im Vorstand zu lösen (→ Rn. 1), ist es zunächst selbstverständlich, dass der Aufsichtsrat grundsätzlich allein gegenüber dem Vorstand „seine" AG vertritt, dh die Gesellschaft, deren Organ er ist. Eine Erweiterung auf den **Konzern** enthält § 112 **nicht.** Daher ist § 112 auch nicht in Fällen anwendbar, in denen ein Vorstandsmitglied der Obergesellschaft zum Geschäftsführer einer Tochter-GmbH bestellt wird.[80] In diesen Fällen der persönlichen Betroffenheit von Vorstandsmitgliedern als Vertreterin der AG (als Obergesellschaft) bei Organbeschlüssen in der Tochtergesellschaft im Rahmen der **Geschäftsführerbestellung** gilt es zwei Problemkreise voneinander abzuschichten: zum einen die Anwendbarkeit des § 112, zum anderen die Zulässigkeit des Rückgriffs auf § 181 Alt. 1 BGB und dessen Verhältnis zu § 112. Zunächst sind von der Frage der Anwendbarkeit des § 112 Sachverhalte auszuklammern, in denen auf Ebene einer (ggf. mitbestimmten) Tochter-GmbH die Geschäftsführerbestellung einzig durch einen Aufsichtsrat und gerade nicht durch die Gesellschafterversammlung erfolgt[81] sowie in denen § 32 Abs. 1 MitbestG das Stimmrecht der mitbestimmten Obergesellschaft an die Zustimmung des Aufsichtsrats (bzw. der Anteilseignervertreter) der AG knüpft und den § 112 insofern verdrängt.[82] Ebenso wenig ist § 112 einschlägig, wenn die AG und das betroffene Vorstandsmitglied parallele Erklärungen (im Gegensatz zu gegenläufigen Erklärungen bei rechtsgeschäftlichen Handlungen) abgeben.[83]

23 Während das LG Berlin in der obigen Konstellation ausdrücklich die Voraussetzungen des § 112 auf Grundlage eines Interessenkonflikts und daher die Vertretungskompetenz des Aufsichtsrats der Obergesellschaft annimmt,[84] ist nach zutreffender Auffassung § 112 nicht anwendbar.[85] Die Geschäftsführerbestellung betrifft allein den Bereich der körperschaftlichen Willensbildung, für den das Verbot des Selbstkontrahierens keine Geltung hat.[86] Der Bestellungsbeschluss in der Tochter-GmbH betrifft ausschließlich die Rechtsbeziehungen zwischen der Tochtergesellschaft und dem berufenen Geschäftsführer, während § 112 als Ausnahme zu § 78 einzig auf die punktuelle Durchbrechung der Kompetenzordnung der Obergesellschaft abzielt, um einen zu Lasten der Gesellschaft

---

[77] BGH WM 2006, 2308 (2309); LG München I AG 1996, 38; OLG Frankfurt a. M. Urt. v. 20.3.2008 – 12 U 40/07, BeckRS 2008, 09147; zust. MüKoAktG/*Habersack* Rn. 16; Kölner Komm AktG/*Mertens/Cahn* Rn. 17; Hüffer/Koch/*Koch* Rn. 3; K. Schmidt/Lutter/*Drygala* Rn. 10; Bürgers/Körber/*Israel* Rn. 2;*E. Vetter* in Marsch-Barner/Schäfer Börsennotierte AG-HdB Rn. 26.52; *E. Vetter* FS Roth, 2011, 855 (858); *Nägele/Böhm* BB 2005, 2197 (2198); dagegen aber OLG München AG 1996, 328; Grigoleit/*Grigoleit/Tomasic* Rn. 5.
[78] OLG München AG 1996, 328 (329 f.); Grigoleit/*Grigoleit/Tomasic* Rn. 5.
[79] Zutr. Großkomm AktG/*Hopt/Roth* Rn. 38, MüKoAktG/*Habersack* Rn. 16; für die Anwendbarkeit von § 112 auch Hüffer/Koch/*Koch* Rn. 3.
[80] Ebenso Hüffer/Koch/*Koch* Rn. 6; MüKoAktG/*Habersack* Rn. 7; *Theusinger/Guntermann* AG 2017, 798 (803).
[81] BGH NJW 1997, 2324; Kölner Komm AktG/*Mertens/Cahn* Rn. 4; so auch *Graef* BB 2002, 694.
[82] Kölner Komm AktG/*Mertens/Cahn* Rn. 4; MüKoAktG/*Habersack* Rn. 7; UHH/*Ulmer/Habersack* MitbestG § 32 Rn. 24; WKS/*Schubert* MitbestG § 32 Rn. 4.
[83] BGH NZG 2017, 1219 Rn. 34 unter Verweis auf § 181 BGB bzw. BGHZ 50, 8 (10).
[84] LG Berlin NJW-RR 1997, 1534 (1535); zust. BayOLG GmbHR 2001, 72; Grigoleit/*Grigoleit/Tomasic* Rn. 8; ebenso *Melchior* Rpfleger 1997, 505 (508).
[85] OLG München NZG 2012, 710 = AG 2012, 467; LG Nürnberg-Fürth AG 2011, 152; Großkomm AktG/*Hopt/Roth* Rn. 67; Kölner Komm AktG/*Mertens/Cahn* Rn. 4; MüKoAktG/*Habersack* Rn. 7; Hüffer/Koch/*Koch* Rn. 6; Hölters/*Hambloch-Gesinn/Gesinn* Rn. 8; *Cramer* NZG 2012, 765 (766 f.); *Schemmann* NZG 2008, 89 (92); grds. auch *Pluskat/Baßler* Der Konzern 2006, 403 (405).
[86] OLG München NZG 2012, 710 = AG 2012, 467; Großkomm AktG/*Hopt/Roth* Rn. 66; Kölner Komm AktG/*Mertens/Cahn* Rn. 4; beide unter Hinweis auf BGHZ 52, 316 (318); *Cramer* NZG 2012, 765 (766 f.).

gehenden Interessenkonflikt innerhalb des Vorstands zu vermeiden.[87] Das AktG sieht gerade keine generelle (!) Erstreckung der Organkompetenzen der Obergesellschaft auf die Untergesellschaften vor. Darüber hinaus erscheint die Annahme eines Interessenkonflikts[88] zwischen dem Stimmvertreter bzw. Vorstandsmitglied als potentiellem Geschäftsführer und der Muttergesellschaft bei der Bestellung ebenso zweifelhaft. Dass die Anstellung zu Interessenkonflikten zwischen dem potentiellen Geschäftsführer und der Muttergesellschaft als (Allein-) Gesellschafterin führen kann, hat für die Beurteilung des Bestellungsakts außer Betracht zu bleiben.[89] Adressat des Bestellungsbeschlusses ist gerade nicht der Vorstand der AG oder diese selbst, sondern die Tochter-GmbH;[90] diese fällt weder dem Wortlaut nach noch bei Heranziehung des Normzwecks, Vermeidung von abstrakten Interessenkollisionen innerhalb des Vorstandes (→ Rn. 1), in den Anwendungsbereich des § 112. Es geht um den Schutz der jeweiligen Gesellschaft, so dass es bei der Anwendung konzernrechtlicher Schutzvorschriften bleibt, zumal der Aufsichtsrat der Obergesellschaft sich jederzeit über die Auskunftspflichten des Vorstandes Einblick in das Gebaren bei der Tochter verschaffen kann. Im Ergebnis ist eine Anwendbarkeit der Norm in besagten Fällen deshalb abzulehnen.[91]

Ebenso lässt sich aus § 112 (ggf. analog) auch keine Zuständigkeit des Aufsichtsrates einer AG, die als **Kommanditistin einer KG** und alleinige Gesellschafterin von deren Komplementär-GmbH fungiert, für den Abschluss eines zwischen der KG und einem Vorstandsmitglied der AG geschlossenen Geschäftsführer-Anstellungsvertrages begründen.[92]

Schließlich kann auch hier außerhalb des Anwendungsbereichs des § 112 auf **§ 181 Alt. 1 BGB** zurückgegriffen werden,[93] da die Normen im Falle der Geschäftsführerbestellung bei der Tochter-GmbH durch die AG nicht den gleichen Interessenkonflikt regeln (zum Verhältnis von § 112 und § 181 Alt. 1 BGB s. → Rn. 22 f.).[94] Obwohl beide Normen auf die Vermeidung des Selbstkontrahierens abzielen, begegnen sie hier unterschiedlichen Interessenkonflikten, die einen Rückgriff auf § 181 Alt. 1 BGB zulassen: Während § 112 die Gefahr des Interessenkonflikts innerhalb des Vorstandskollegiums auf Ebene der Obergesellschaft zu vermeiden sucht, bezieht sich hiervon losgelöst die Vertretungsbeschränkung des § 181 Alt. 1 BGB auf mögliche Befangenheiten des einzelnen Vorstandsmitglieds allein ggü. der Tochter-GmbH. Auch unterliegt das jeweilige Vorstandsmitglied iRd Bestellungsbeschlusses nicht dem Stimmverbot des § 47 Abs. 4 S. 2 GmbHG (analog). Eine analoge Anwendung des § 47 Abs. 4 S. 2 GmbHG für befangene Vertreter als Nicht-Gesellschafter wird nicht von vornherein ausgeschlossen, wenn diese in der Gesellschafterversammlung das Stimmrecht aus einem fremden Anteil ausüben und einem Stimmverbot nach § 47 Abs. 4 S. 2 GmbHG unterliegen würden, wenn sie selbst Gesellschafter wären.[95] Dem Trennungsprinzip folgend ist jedoch gerade nicht das jeweilige Vorstandsmitglied Gesellschafter der Tochter-GmbH, sondern die von ihm nach § 78 organschaftlich vertretene AG. Ebenso wenig hält das Vorstandsmitglied in einer mit Treuhändern vergleichbaren Art einen „fremden" Anteil, sondern übt als Organ der AG deren Gesellschafterstellung iRd Beschlussfassung aus. Auch liegen § 112 und § 47 Abs. 4 S. 2 GmbHG unterschiedliche Stoßrichtungen zugrunde, die gegen eine Übertragbarkeit des Stimmverbots auf die obige Situation sprechen. Während § 112 durch die Verschiebung der Vertretungskompetenz innerhalb des Vorstandes auftretende und zu Lasten der AG gehende Insichgeschäfte zu verhindern sucht (→ Rn. 1),

---

[87] OLG München DB 2012, 1143; LG Nürnberg-Fürth AG 2001, 152; Kölner Komm AktG/*Mertens/Cahn* Rn. 4; *Wicke* DNotZ 2013, 812 (820 f.); *Schemmann* NZG 2008, 89 (92); so auch schon *Commichau* Rpfleger 1995, 98 f.; aA: BGH NJW 1991, 691 (691) = BGHZ 112, 339 (431 f.); Grigoleit/*Grigoleit/Tomasic* Rn. 8.
[88] So aber LG Berlin NJW-RR 1997, 1534 (1535); Grigoleit/*Grigoleit/Tomasic* Rn. 8.
[89] Zutr. *Pluskat/Baßler* Der Konzern 2006, 403 (405); allerdings mit dem fehlerhaften zusätzlichen Hinweis, dass gerade in Konzernfällen auf einen (zweiten) Anstellungsvertrag häufig verzichtet wird, für § 112 muss gerade kein konkreter Konflikt vorliegen (→ Rn. 1).
[90] LG Nürnberg-Fürth AG 2011, 152; Kölner Komm AktG/*Mertens/Cahn* Rn. 4; *Cramer* NZG 2012, 765 (766 f.).
[91] IE wie hier Großkomm AktG/*Hopt/Roth* Rn. 67; Kölner Komm AktG/*Mertens/Cahn* Rn. 4.
[92] OLG Frankfurt a. M. ZIP 2006, 1904 (1905 f.).
[93] Die Auffassung der Vorauf. wird aufgegeben; wie hier BGHZ 112, 339 (341 f.) (GbR); BGHZ 51, 209 (214 f.); Kölner Komm AktG/*Mertens/Cahn* Rn. 4; Großkomm AktG/*Hopt/Roth* Rn. 68; MüKoAktG/*Habersack* Rn. 7; Lutter/Hommelhoff/*Bayer* GmbHG § 47 Rn. 31 (für die GmbH); *Cramer* NZG 2012, 765 (768); *Wicke* DNotZ 2013, 812 (820 f.); → Rn. 2.
[94] BGHZ 112, 339 (341 f.) (GbR); BGHZ 51, 209 (214 f.); LG Berlin NJW-RR 1997, 1534 (1535); Kölner Komm AktG/*Mertens/Cahn* Rn. 4; Großkomm AktG/*Hopt/Roth* Rn. 68; MüKoAktG/*Habersack* Rn. 7; *Cramer* NZG 2012, 765 (768); *Wicke* DNotZ 2013, 812 (820 f.); *teilweise abweichend Pluskat/Baßler* Der Konzern 2006, 403 (406), die in Anbetracht des Trennungsprinzips für den Anstellungsvertrag, nicht jedoch für die Bestellung, einen Rückgriff auf § 181 Alt. 1 BGB zulassen.
[95] Scholz/K. *Schmidt* GmbHG § 47 Rn. 155; Baumbach/Hueck/Zöllner/*Noack* GmbHG § 47 Rn. 95; *Götze* GmbHR 2001, 152; *Cramer* NZG 2012, 765 (769).

bezweckt § 47 Abs. 4 S. 2 GmbHG die „Richtigkeitsgewähr" der Verbandswillensbildung im Verhältnis der (befangenen) Gesellschafter zur Gesellschaft (=Tochter-GmbH).[96] Letzterer Interessenkonflikt liegt jedoch gerade nicht im Verhältnis des vom Bestellungsbeschluss betroffenen Vorstandsmitglieds der AG zur Tochter-GmbH vor, da dieses eben keine Gesellschafterstellung innehat.

26 **3. Erfasster Bereich. a) Überblick.** § 112 erfasst alle Arten von Geschäften und Rechtsstreitigkeiten mit Vorstandsmitgliedern, unabhängig davon, ob im Einzelfall tatsächlich eine Interessenkollision zu befürchten ist (→ Rn. 1).[97] Ausreichend ist vielmehr, dass nur die abstrakte Gefahr fehlender Unabhängigkeit der Vertretungsorgane besteht, was im Interesse der Rechtssicherheit und Rechtsklarheit aufgrund typisierender Betrachtung festzustellen ist.[98] Hierzu zählen sowohl Aktiv- als auch Passivprozesse einschließlich Schadensersatzansprüche gegen Vorstandsmitglieder (→ § 111 Rn. 27). Es kommt allein darauf an, ob das Rechtsgeschäft oder die Streitigkeit ihren Ursprung in der bestehenden oder vormaligen Vorstandsmitgliedschaft haben.[99] Eine Beschränkung auf wesentliche Rechtsgeschäfte enthält § 112 nicht, so dass auch Bagatellgeschäfte in die Zuständigkeit des Aufsichtsrats fallen.[100] Aber auch andere Rechtshandlungen mit Wirksamkeit gegenüber dem Vorstand, wie zB die Anzeige einer Straftat sowie eine entsprechende Antragstellung (bei Antragsdelikten) unterfallen § 112, so dass allein der Aufsichtsrat gegenüber amtierenden als auch ausgeschiedenen Vorstandsmitgliedern diese Handlungen vornehmen kann.

27 **Typischerweise** unterfallen der Vertretungsmacht des Aufsichtsrats daher Abschluss und Kündigung sämtlicher Anstellungs-, Pensions- oder sonstigen Verträge mit dem Vorstand, einschließlich etwa der Erstattung von Auslagen oder der Zurverfügungstellung von Dienstwagen oder des Abschlusses von Versicherungen zugunsten des Vorstandes.[101] Ebenso zählen die in der Praxis beliebten Beratungsverträge mit ausgeschiedenen Vorstandsmitgliedern zu den zwingend von § 112 erfassten Rechtsgeschäften.[102] Auch eine Prozeßfinanzierung bei der Verfolgung von Schadensersatzansprüchen gehört zu den Geschäften, die der Aufsichtsrat abschließen muss.[103]

28 **b) D&O-Versicherungen.** Eine gewichtige Ausnahme stellen indes **D&O-Versicherungen** dar, die seitens der AG als Versicherungsnehmerin für die Organe Vorstand und Aufsichtsrat als versicherte Personen deren Haftungsrisiken abdecken. Zwar ist nicht zu leugnen, dass im Prinzip die Gefahr einer Interessenkollision besteht, indem der Vorstand die Konditionen der D&O-Versicherung zu seinen Gunsten ausgestaltet. Doch bestehen diese Interessenkollisionen auch im Hinblick auf den Aufsichtsrat, der ebenfalls in den Genuss der D&O-Versicherung kommt, zum anderen gehört die D&O-Versicherung zu den Maßnahmen der laufenden Überwachung und Geschäftsführung, die auch zur Sicherung des Vermögens der Gesellschaft gegenüber dem Insolvenzrisiko des Vorstandsmitglieds dient.[104] Daher ist es nicht erforderlich, dass die **Hauptversammlung** über den Abschluss einer D&O-Versicherung beschließt oder dies gar in die Satzung aufnimmt.[105] Vielmehr spricht viel für eine gemeinsame Vertretung durch Vorstand und Aufsichtsrat bei einem Deckungsprozeß der Gesellschaft gegen die D&O-Versicherung.[106]

29 **c) Geschäfte des täglichen Lebens; neutrale Geschäfte.** Auch **Geschäfte des täglichen Lebens,** zu denen zB der Firmenbezug von Waren und Dienstleistungen durch ein Vorstandsmitglied für den persönlichen Bedarf zählt, gehören zu den von § 112 erfassten Verträgen.[107] Denn § 112 enthält gerade keine Bagatellklausel.[108]

---

[96] Scholz/*K. Schmidt* GmbHG § 47 Rn. 100, 178; *Cramer* NZG 2012, 765 (769); *Schemmann* NZG 2008, 89 (90 f.); teilw. abweichend Roth/Altmeppen/*Roth* GmbHG § 47 Rn. 56.

[97] BGH AG 1991, 269 (270); BGH NJW 1997, 2324 (2325); OLG Stuttgart AG 2013, 599; MüKoAktG/*Habersack* Rn. 17; Hüffer/Koch/*Koch* Rn. 1 (3); Hölters/Hambloch-Gesinn/*Gesinn* Rn. 9; Hensler/Strohn/*Henssler* Rn. 4; Grigoleit/Grigoleit/*Tomasic* Rn. 7; *Kort* DStR 2007, 1127 (1129).

[98] BGH AG 1991, 269 (270); BGH NJW, 2324, 2325; ausführlich dazu *Schmits* AG 1992, 149 (152 f.).

[99] *Werner* ZGR 1989, 369 (380 f.); *Rellermeyer* ZGR 1993, 77 (80 f.); *Lutter/Krieger/Verse* Rechte und Pflichten des Aufsichtsrats Rn. 442; *Kort* DStR 2007, 1127 (1129); Hüffer/Koch/*Koch* Rn. 5.

[100] Statt vieler Hüffer/Koch/*Koch* Rn. 5.

[101] Vgl. auch die Aufzählung in Betracht kommender Geschäfte bei Großkomm AktG/*Hopt/Roth* Rn. 47.

[102] → § 114 Rn. 15; MüKoAktG/*Habersack* Rn. 15; Hölters/Hambloch-Gesinn/*Gesinn* Rn. 9.

[103] *Theusinger/Guntermann* AG 2017, 798 (804).

[104] MüKoAktG/*Habersack* § 113 Rn. 13; MüKoAktG/*Spindler* § 87 Rn. 24 ff.; *Mertens* AG 2000, 447 (451 f.); *Dreher* ZHR 165 (2001), 293 (313, 315 ff.); KBLW/*Kremer* DCGK Rn. 1492; für eine Abschlusskompetenz des Aufsichtsrats, *Fassbach/Wettich* GWR 2016, 199 (200 f.).

[105] Im Ergebnis auch *E. Vetter* FS Roth, 2011, 855 (859); anders noch *Kästner* AG 2000, 113 (117 f.).

[106] Ebenso für Direktprozess zwischen Gesellschaft und (D&O-)Versicherung, *Brinkmann* ZIP 2017, 301 (304).

[107] Hüffer/Koch/*Koch* Rn. 5; K. Schmidt/Lutter/*Drygala* Rn. 6; Großkomm AktG/*Hopt/Roth* Rn. 53; Bürgers/Körber/*Israel* Rn. 2; *Lim* S. 37.

[108] Darauf weist richtigerweise Hüffer/Koch/*Koch* Rn. 5 hin.

Gegenüber **ausgeschiedenen Vorstandsmitgliedern** soll im Gegensatz zu amtierenden Vorstandsmitgliedern der Vorstand bei Geschäften des täglichen Lebens vertretungsberechtigt sein, da in diesem Fall keine gleichgewichtige Interessenkollisionslage bestünde.[109] So richtig es ist, Bagatellfälle schon aus pragmatischen Gründen und mangels gewichtiger Interessenkollisionen von § 112 auszunehmen, muss eine solche Ausnahme doch restriktiv gehandhabt werden, da sonst Gefälligkeitsgeschäfte etc. entgegen der Intention des § 112 erleichtert würden. Abgesehen davon ist der Aufsichtsrat auf jeden Fall solange zuständig, wie ein Rechtsstreit über das Bestehen des Organverhältnisses schwebt, da hier eine Gemengelage von Interessen kaum auszuschließen ist. 30

Ferner soll der § 112 bei sog. **neutralen Geschäften** einschränkend ausgelegt werden.[110] Als neutral werden solche Geschäfte angesehen, die mit der früheren Vorstandstätigkeit des Ausgeschiedenen nichts zu tun haben; das Vorstandsmitglied der Gesellschaft vielmehr wie ein „sonstiger Dritter" gegenüberstehe, so dass die Anwendung des § 112 nicht angezeigt erscheine.[111] Darunter müssten bei konsequenter Weiterentwicklung des Gedankens auch solche Geschäfte fallen, die mitunter von erheblichem Umfang sind; beispielsweise Grundstücksgeschäfte.[112] Im Ergebnis würde bei einer derartig weitgehenden Ausnahme von § 112 der Zweck der Erstreckung auf ausgeschiedene Vorstandsmitglieder, insbesondere Gefälligkeitsgeschäfte und Nachahmungseffekte für die derzeit amtierenden Vorstandsmitglieder und eine abstrakte Gefährdung der Gesellschaft zu unterbinden (→ Rn. 10), verpuffen. Ähnlich wie bei den Geschäften des täglichen Lebens ist daher auch hier eine restriktive Handhabung angebracht.[113] Zumindest sollte für derartige Geschäfte ein Zustimmungsvorbehalt eingeführt werden.[114] 31

IV. Vertretung durch den Aufsichtsrat

1. Überblick. Für die Wahrnehmung und Ausübung der Vertretungsmacht durch den Aufsichtsrat muss zwischen der Willensbildung (der Geschäftsführung) einerseits und der Durchführung bzw. Umsetzung der Willenserklärung (Vertretung im engeren Sinne) unterschieden werden. Während für die Willensbildung die allgemeinen Grundsätze der Beschlussfassung nach § 108 gelten, fehlen für die Durchführung der Beschlüsse nähere Regelungen. 32

2. Beschlussfassung (Geschäftsführung). Die Willensbildung über die Geschäfte, für die Vertretungsmacht nach § 112 besteht, erfolgt durch ausdrücklichen (nicht konkludenten) Beschluss gem. § 108.[115] Die Delegation der Beschlussfassung auf Ausschüsse ist im Rahmen von § 107 Abs. 3 zulässig.[116] Davon zu trennen ist die eigentliche Vertretung im Sinne der unmittelbaren Ausführung der gefassten Beschlüsse und der Abgabe der Willenserklärung. 33

3. Vertretung im engeren Sinne. a) Aktive Vertretung. Das Gesetz enthält keine Aussage darüber, wie die Vertretung durch den Aufsichtsrat zu erfolgen hat. Daher muss grundsätzlich auf die allgemeinen Grundsätze für die Vertretung durch Organe zurückgegriffen werden, wie sie in § 78 Abs. 2 AktG sowie in § 26 BGB niedergelegt sind,[117] sofern die Besonderheiten des Aufsichtsrats als Organ nichts anderes erfordern.[118] Außerhalb der vom AktG vorgesehenen Delegationsmöglich- 34

---

[109] So *Werner* ZGR 1989, 369 (382); K. Schmidt/Lutter/*Drygala* Rn. 8; *E. Vetter* in Marsch-Barner/Schäfer Börsennotierte AG-HdB Rn. 26.52; s. auch Großkomm AktG/*Hopt/Roth* Rn. 32 (Geschäfte des täglichen Lebens immer auch neutrale Geschäfte).
[110] *Fischer* ZNotP 2002, 297 (301); *Werner* ZGR 1989, 369 (382 f.); Hüffer/Koch/*Koch* Rn. 5; Großkomm AktG/*Hopt/Roth* Rn. 31 f.
[111] S. *Fischer* ZNotP 2002, 297 (301); dazu auch *Werner* ZGR 1989, 369 (382).
[112] Zu diesem Beispiel *Fischer* ZNotP 2002, 297 (303) sowie Großkomm AktG/*Hopt/Roth* Rn. 32 unter Hinweis auf OLG Celle AG 2003, 433.
[113] Zurückhaltend auch Großkomm AktG/*Hopt/Roth* Rn. 33.
[114] Zutr. Großkomm AktG/*Hopt/Roth* Rn. 33; Hölters/*Hambloch-Gesinn/Gesinn* Rn. 11.
[115] BGHZ 41, 282 (286); OLG Zweibrücken AG 2010, 918; Kölner Komm AktG/*Mertens/Cahn* Rn. 31, 39; MüKoAktG/*Habersack* Rn. 21; MHdB AG/*Hoffmann-Becking* § 31 Rn. 65; MHdB AG/*Wiesner* § 23 Rn. 6; K. Schmidt/Lutter/*Drygala* Rn. 15; Hölters/*Hambloch-Gesinn/Gesinn* Rn. 13; Henssler/Strohn/*Henssler* Rn. 7; *Knapp* DStR 2011, 225 (226); *Köhler* NZG 2008, 160 (162); einschränkend auf die wesentlichen Punkte des abzuschließenden Vertrags: OLG München NZG 2015, 706.
[116] BGHZ 65, 190 (191) = NJW 1976, 145; MüKoAktG/*Habersack* Rn. 22; Kölner Komm AktG/*Mertens/Cahn* Rn. 36; Hüffer/Koch/*Koch* Rn. 8; Großkomm AktG/*Hopt/Roth* Rn. 87; K. Schmidt/Lutter/*Drygala* Rn. 15; NK-AktR/*Breuer/Fraune* Rn. 5.
[117] Zur Ausformung der Vertretungsmacht nach § 26 BGB siehe MüKoBGB/*Arnold* § 26 Rn. 13 ff.; Soergel/*Hadding*, 13. Aufl., BGB § 26 Rn. 10 ff.; Palandt/*Ellenberger* BGB § 26 Rn. 6 f.
[118] K. Schmidt/Lutter/*Drygala* Rn. 14; so auch Hüffer/Koch/*Koch* Rn. 7.

keiten kann aber nicht einem einzelnen Aufsichtsratmitglied, -vorsitzenden oder -ausschuss eine Willensbildung übertragen werden, sondern allenfalls eine reine Ausführungskompetenz.[119]

35 **b) Gesamt-Aufsichtsrat.** Bei **aktiver Vertretung** durch den Aufsichtsrat wäre an sich in entsprechender Anwendung von § 78 Abs. 2 S. 1 eine Vertretung durch alle Aufsichtsratsmitglieder erforderlich; doch greift der Zweck des § 78 Abs. 2 S. 1 – der Schutz der AG durch gemeinschaftliche Vertretung[120] – nicht ein, da der Vertretung durch den Aufsichtsrat ein Mehrheitsbeschluss nach § 108 Abs. 1 vorangehen muss (zu den Voraussetzungen und Folgen von Beschlussmängeln bei der zugrundeliegenden Willensbildung nach § 108 → § 108 Rn. 64 ff.). Es genügt daher, dass die Mehrheit des Aufsichtsrats diesen nach § 112 gegenüber dem Vorstand vertritt, da andernfalls unnötige Blockaden schon durch ein einzelnes Aufsichtsratmitglied in Betracht kämen.[121] Praktikabler ist dagegen eine Delegation bzw. eine Bevollmächtigung des Gesamtaufsichtsrats an einzelne Aufsichtsratsmitglieder (→ Rn. 30 ff.). Eine derartige Vorgehensweise ist bei der GmbH bei der Anstellung des GmbH-Geschäftsführers bekannt; denn hier wird angenommen, dass die Gesellschaftermehrheit per se gegenüber dem Geschäftsführer im Außenverhältnis keine Vertretungsmacht hat, jedoch mit der einfachen Mehrheit gem. § 47 Abs. 1 GmbHG, soweit im Gesellschaftsvertrag keine abweichenden Regelungen festgelegt sind, einen besonderen Vertreter zur Vornahme des betreffenden Rechtsgeschäfts ermächtigen darf.[122]

36 **c) Ausschüsse.** Der Aufsichtsrat kann die Vertretung auf einen Ausschuss übertragen, sofern dieser abschließend nach § 107 Abs. 3 beschließen kann.[123] Es ist kein Grund ersichtlich, warum der Ausschuss, der bereits bindend Beschlüsse statt des Plenums fassen kann, diese nicht auch ausführen können sollte. Insbesondere Personalausschüsse (→ § 107 Rn. 126 f.) können daher in Anstellungsfragen den Aufsichtsrat bzw. die AG vertreten.

37 **d) Einzelne Aufsichtsratsmitglieder, Aufsichtsratsvorsitzender.** Bei der Geschäftsführung (Willensbildung) vertreten weder das einzelne Aufsichtsratsmitglied noch der Aufsichtsratsvorsitzende die Gesellschaft Dritten und dem Vorstand gegenüber, auch **nicht** in Ausnahmefällen, sondern nur der Aufsichtsrat; denn der Vorsitzende hat keine organschaftliche Vertretungsmacht, auch nicht bei der Vertretung gegenüber dem Vorstand, insbesondere nicht gem. § 112 beim Abschluss der Anstellungsverträge mit Vorstandsmitgliedern.[124] In der Phase der Willensbildung kommt stets nur die Tätigkeit des Gesamtaufsichtsrats oder eines Ausschusses in Frage (→ § 108 Rn. 5).

38 Bei Ausführungs- und Durchführungshandlungen kann dagegen ein einzelnes Aufsichtsratsmitglied vom Gesamtaufsichtsrat (oder vom Ausschuss) bevollmächtigt werden; ebenso ist auch die Bevollmächtigung des Vorsitzenden möglich.[125] Mangels anderweitiger Bestimmung ist in der Regel von einer konkludenten Übertragung der Erklärungsvertretungsmacht auf den Aufsichtsratsvorsitzenden auszugehen.[126] Typischerweise kommen aber nur **Erklärungsbevollmächtigungen**

---

[119] → Rn. 31; BGH WM 1993, 1630 (1632); BGH GmbHR 2005, 681 (681); OLG Stuttgart BB 1992, 1669 f.; *Stein* AG 1999, 28 (39); Kölner Komm AktG/*Mertens*/*Cahn* Rn. 37; MüKoAktG/*Habersack* Rn. 23.

[120] S. dazu MüKoAktG/*Spindler* § 78 Rn. 27 ff.

[121] Ebenso Kölner Komm AktG/*Mertens*/*Cahn* Rn. 31; Großkomm AktG/*Hopt*/*Roth* Rn. 72; MHdB AG/*Wiesner* § 23 Rn. 9; für die GmbH s. OLG Frankfurt a. M. AG 1981, 230 (231); zum Erfordernis des Mehrheitsbeschlusses vgl. allgemein die Ausführungen zu § 26 BGB: Soergel/*Hadding*, 13. Aufl., BGB § 26 Rn. 16; Palandt/*Ellenberger* BGB § 26 Rn. 7; MüKoBGB/*Arnold* § 26 Rn. 16 f.

[122] Lutter/Hommelhoff/*Kleindiek* GmbHG Anh. § 6 Rn. 6; *Gach*/*Pfüller* GmbHR 1998, 64 (66 f.); Henssler/Strohn/*Henssler* Rn. 6.

[123] BegrRegE *Kropff* S. 156; *Frels* AG 1971, 349 (349); Hüffer/Koch/*Koch* Rn. 8; s. auch *Macht* MittBayNot 2004, 81 (89); *van Kann*/*Keiluweit* AG 2010, 805 (810); Grigoleit/*Grigoleit*/*Tomasic* Rn. 9.

[124] AllgM, vgl. BGHZ 41, 282 (285); OLG Stuttgart BB 1992, 1669; LG München I BB 2013, 399 (400) mit Anm. *Stöber*; UHH/*Ulmer*/*Habersack* MitbestG § 25 Rn. 22; Kölner Komm AktG/*Mertens*/*Cahn* § 107 Rn. 52; WKS/*Schubert* MitbestG § 27 Rn. 33; Großkomm AktG/*Hopt*/*Roth* Rn. 89 ff.; K. Schmidt/Lutter/*Drygala* Rn. 15.

[125] BGHZ 41, 282 (285) = NJW 1964, 1367; OLG Karlsruhe WM 1996, 161 (164); OLG Stuttgart BB 1992, 1669; *Stein* AG 1999, 28 (39); *Steiner* BB 1998, 1910 (1911); Kölner Komm AktG/*Mertens*/*Cahn* Rn. 31; MüKoAktG/*Habersack* Rn. 26; Hüffer/Koch/*Koch* Rn. 8; K. Schmidt/Lutter/*Drygala* Rn. 16; *Lutter*/*Krieger*/*Verse* Rechte und Pflichten des Aufsichtsrats Rn. 444; *Bednarz* NZG 2005, 418; *Köhler* NZG 2008, 161 (162).

[126] Siehe zuletzt KG NZG 2004, 1165 (1167) = AG 2005, 205 (206); Kölner Komm AktG/*Mertens*/*Cahn* § 107 Rn. 51, § 112 Rn. 22; *Mertens* AG 1981, 216 (218); MüKoAktG/*Habersack* § 107 Rn. 59, § 112 Rn. 26; *v. Schenck* in Semler/v. Schenck AR-HdB § 4 Rn. 141; *Peus*, Der Aufsichtsratsvorsitzende: Seine Rechtsstellung nach dem Aktiengesetz und dem Mitbestimmungsgesetz, 1983, 175; *Lutter*/*Krieger*/*Verse* Rechte und Pflichten des Aufsichtsrats Rn. 682; Großkomm AktG/*Hopt*/*Roth* Rn. 89 sowie bei § 107 Rn. 112; K. Schmidt/Lutter/*Drygala* Rn. 16; für Bevollmächtigung zur Äußerung von Aufsichtsratsbeschlüssen bereits kraft Amtsstellung *Bednarz* NZG 2005, 418 (421 f.); Kölner Komm AktG/*Mertens*/*Cahn* § 107 Rn. 51 und § 112 Rn. 39; siehe schon *Heim* AG 1970, 191 (191); kritisch hierzu *Leuering* FS Kollhosser, 2004, 361 (368 f.).

in Betracht.[127] Voraussetzung ist, dass der Aufsichtsratsbeschluss derart präzise ist, dass er keinen wesentlichen Spielraum mehr lässt,[128] mithin die Stellung des Bevollmächtigten der eines Boten weitgehend entspricht. Der Grund liegt darin, dass die Grenzen, die der Delegation von Aufgaben gezogen sind, auch hier zu gelten haben.[129] Insbesondere § 108 Abs. 1, der dem Aufsichtsrat die Willensbildung durch Beschluss aufgibt, würde preisgegeben, wenn Vertreter nun den Willen des Aufsichtsrats bilden dürften.[130] Auch der Vorstand oder Angestellte können bevollmächtigt werden, sofern sie keinen nennenswerten Spielraum bei der Abgabe der Willenserklärung haben, insbesondere bei wiederkehrenden Bagatellgeschäften, zB der Besorgung von Hilfsmitteln für den Aufsichtsrat.[131]

Eine andere Vertretung (**Abschlussvertretung**) kommt dagegen nicht in Betracht, insbesondere nicht, wenn der Vertreter einen eigenen Willen abweichend vom Aufsichtsrat bilden könnte.[132] Zwar ergeben sich daraus in der Praxis Schwierigkeiten, da § 112 auch keinen Bagatellvorbehalt kennt und daher ausführliche und präzise Aufsichtsratsbeschlüsse ohne Möglichkeit der flexiblen Reaktion durch den Vertreter nötig sind;[133] doch führt an der klaren Gesetzeslage und der Bindung an den Willen des Aufsichtsrats als Organ kein Weg vorbei.[134] Als Ausnahmen werden daher praktisch unabweisbare Angelegenheiten genannt, Firmenbezug von Waren und Dienstleistungen für den persönlichen Bedarf oder andere im Anstellungsvertrag vorgesehene Leistungen oder die Honorarvereinbarung üblichen Inhalts mit Abschlussprüfern.[135] In zahlreichen Fällen wird aber zur nötigen Flexibilisierung die Delegation an einen beschließenden Aufsichtsratsausschuss helfen können.

4. Passive Vertretungsmacht und Wissenszurechnung. a) Passive Vertretungsmacht. Der Streit, inwiefern die allgemeinen Regeln der § 78 Abs. 2 S. 2 AktG oder § 28 Abs. 2 aF[136] BGB Anwendung finden, mit der Folge, dass die Erklärung gegenüber einem einzelnen Aufsichtsratsmitglied genügt, ist durch die Ergänzung des § 112 S. 2 obsolet.[137] Damit wird die bislang umstrittene Frage der Passivvertretung im Sinne eines Gleichlaufs mit der Rechtslage beim Vorstand entschieden, so dass nunmehr die Erklärung gegenüber einem einzelnen Aufsichtsratsmitglied genügt. Ob der eingeschlagene gesetzliche Lösungsweg indes überzeugt, ist fraglich.[138] Gegen eine Empfangszuständigkeit einzelner Mitglieder spricht insbesondere, dass der Aufsichtsrat überwiegend als Innenorgan konzipiert ist, dass mit Ausnahme der besonderen Rechtsstellung des Aufsichtsratsvorsitzenden keine Kenntnis von Erklärungen nimmt.[139] Die schlichte Übertragung der Rechtsstellung der Geschäftsführungsorgane auf den Aufsichtsrat als Kontrollorgan wird der unterschiedlichen Funktion der

---

[127] Vgl. *Werner* ZGR 1989, 369 (387); MüKoAktG/*Habersack* § 107 Rn. 59, § 112 Rn. 26f; Hüffer/Koch/*Koch* Rn. 8; K. Schmidt/Lutter/*Drygala* Rn. 16; Lutter/Krieger/*Verse* Rechte und Pflichten des Aufsichtsrats Rn. 682; *Cahn* FS Hoffmann-Becking, 2013, 247 (254); *Semler* FS Rowedder, 1994, 441 (451); *Luther/Rosga* FS Meilicke, 1985, 80 (86); kritisch zur Unterscheidung zwischen der Vertretung im Willen und in der Erklärung Großkomm AktG/Hopt/*Roth* Rn. 83 („veraltet").

[128] BGHZ 41, 282 (284 ff.); *Stein* AG 1999, 28 (41); Kölner Komm AktG/Mertens/*Cahn* Rn. 38; s. auch *Semler* FS Rowedder, 1994, 441 (450); *v. Schenck* in Semler/v. Schenck AR-HdB § 4 Rn. 141; Hölters/Hambloch-Gesinn/*Gesinn* Rn. 14; *Bednarz* NZG 2005, 418.

[129] Kölner Komm AktG/Mertens/*Cahn* Rn. 38; vgl. auch MHdB AG/*Hoffmann-Becking* § 31 Rn. 92; Lutter/Krieger/*Verse* Rechte und Pflichten des Aufsichtsrats Rn. 444.

[130] *Stein* AG 1999, 28 (33, 39 f.); *Werner* ZGR 1989, 369 (384 ff.); Hüffer/Koch/*Koch* Rn. 8; Kölner Komm AktG/Mertens/*Cahn* § 108 Rn. 7 ff., § 112 Rn. 38.

[131] Lutter/Krieger/*Verse* Rechte und Pflichten des Aufsichtsrats Rn. 444.

[132] BGHZ 12, 327 (333 ff.); *Heim* AG 1970, 191 (192); *Stein* AG 1999, 28 (39); *Steiner* BB 1998, 1910 (1911); *Hüffer* FS Claussen, 1997, 171 (181 ff.); Hüffer/Koch/*Koch* Rn. 8; s. aber auch *Werner* ZGR 1989, 369 (385 ff.) sowie K. Schmidt/Lutter/*Drygala* Rn. 17, die wohl eher einen weiteren Spielraum zulassen.

[133] Krit. insbes. *Werner* ZGR 1989, 369 (385 f.).

[134] Zutr. Hüffer/Koch/*Koch* Rn. 5; *Stein* AG 1999, 28 (39); aA Bürgers/Körber/*Israel* Rn. 5.

[135] So *Werner* ZGR 1989, 369 (385); Hüffer/Koch/*Koch* Rn. 8; *Lim*, Die Vertretungsmacht des Aufsichtsrats einer Aktiengesellschaft, 1986, 37 ff.; Großkomm AktG/Hopt/*Roth* Rn. 92, die darin allerdings eine ausnahmsweise Übertragung der Vertretung schon bei der Willensbildung sehen, s. auch BGHZ 12, 339 (341 f.) (GbR); BGHZ 51, 209 (214 f.); Kölner Komm AktG/Mertens/*Cahn* Rn. 4; Großkomm AktG/Hopt/*Roth* Rn. 68; MüKoAktG/*Habersack* Rn. 7; Lutter/Hommelhoff/*Bayer* GmbHG § 47 Rn. 31 (für die GmbH); *Cramer* NZG 2012, 765 (768); *Wicke* DNotZ 2013, 812 (820 f.); → Rn. 2.

[136] § 28 Abs. 2 BGB ist nunmehr im Zuge des Gesetzes zur Erleichterung elektronischer Anmeldungen zum Vereinsregister und anderer vereinsrechtlicher Änderungen v. 24.9.2009 gestrichen, s. BGBl. 2009 I 3145.

[137] S. zum damaligen Diskussionsstand BGH NZG 2002, 43 (44); insoweit auch Hüffer/Koch/*Koch* Rn. 10; K. Schmidt/Lutter/*Drygala* Rn. 19; *Peus*, Der Aufsichtsratsvorsitzende: Seine Rechtsstellung nach dem Aktiengesetz und dem Mitbestimmungsgesetz, 1983, 176 ff.; Hölters/Hambloch-Gesinn/*Gesinn* Rn. 17; *Luther/Rosga* FS Meilicke, 1985, 80 (89 f.); *Werner* ZGR 1989, 369 (385).

[138] Dem gesetzlichen Lösungsweg kritisch bewertend auch MüKoAktG/*Habersack* Rn. 2, 24.

[139] So auch MüKoAktG/*Habersack* Rn. 24; Kölner Komm AktG/Mertens/*Cahn* Rn. 33; Bürgers/Körber/*Israel* Rn. 7; *Wiesner* BB 1981, 1533 (1537); aA indes Hüffer/Koch/*Koch* Rn. 10 jedoch ohne jede weitere Begründung.

Organe nicht gerecht; denn zwar wird der Aufsichtsrat in den Fällen des § 112 ebenso wie der Vorstand bei § 78 nach außen tätig, doch sind dem Vorstand als Organ die internen Verhältnisse der Gesellschaft bekannt, so dass er nicht des Verkehrsschutzes der passiven Vertretungsmacht bedarf.[140] Für den **Aufsichtsratsvorsitzenden** bestand indes bereits vor der gesetzlichen Klarstellung Einigkeit, dass dieser aufgrund seiner hervorgehobenen Stellung, zB als Empfänger der Berichte nach § 90 Abs. 1 S. 2, zur Entgegennahme von Willenserklärungen passiv legitimiert sei.[141]

41 b) **Wissenszurechnung.** Auch für die Wissenszurechnung ist umstritten, ob bereits die Kenntnis eines einzelnen Aufsichtsratsmitglieds die Zurechnung zum gesamten Organ bewirkt[142] oder ob hierfür die Kenntnis des gesamten Organs[143] oder zumindest des Aufsichtsratsvorsitzenden erforderlich ist.[144] Die Frage ist von erheblicher praktischer Bedeutung, insbesondere für die rechtzeitige fristlose Kündigung eines Vorstandsmitglieds innerhalb der Zwei-Wochen-Frist des § 626 Abs. 2 BGB nach Kenntnis eines wichtigen Grundes.

42 Trotz der Neuregelung der passiven Vertretungsmacht in § 112 S. 2 sollte hier nach wie vor **nicht die Kenntnis eines einzelnen Organmitglieds genügen,** da der Aufsichtsrat insgesamt über einen Widerruf der Bestellung entscheiden muss, mithin die Kenntnis des gesamten Organs erforderlich ist.[145] Anders als bei der passiven Vertretungsmacht müssen hier die Grundlagen für einen Beschluss geschaffen werden, der die Kenntnis der Umstände durch das gesamte Organs voraussetzt. So muss für die fristlose Kündigung des Anstellungsverhältnisses der Aufsichtsrat oder der hierfür bestellte Ausschuss Kenntnis von den Kündigungsgründen haben, um den Lauf der Frist nach § 626 Abs. 2 BGB in Gang zu setzen.[146] Dafür spricht insbesondere der Umstand, dass auch dem Aufsichtsrat als Vertreter der Gesellschaft wie jedem anderen Dienstherrn die Frist als Überlegungs- und Beratungsfrist in vollem Umfang zustehen muss.[147] Auch findet anders als im Vorstand kein ständiger Informationsaustausch der Aufsichtsratsmitglieder untereinander statt.[148] Der Fristbeginn gem. § 626 Abs. 2 BGB darf aber nicht in jedem Fall an das Zusammentreten und damit die Kenntnis des Aufsichtsrats geknüpft werden, insbesondere nicht in den Fällen, in denen die unangemessene Verzögerung der Einberufung des Kündigungsorgans von der Gesellschaft (bzw. dem Aufsichtsrats- oder Ausschussvorsitzenden) zu vertreten ist.[149] In diesen Fällen muss sich die Gesellschaft so behandeln lassen, als wäre der Aufsichtsrat mit zumutbarer Beschleunigung einberufen worden.[150] Dies lässt sich **dogmatisch** allerdings nicht allein auf die Regelungen in § 90 stützen: Zwar macht § 90 Abs. 3 deutlich, dass dem Aufsichtsratsmitglied zustehende Rechte diesem nur als Rechte als Teil des Gesamtgremiums Aufsichtsrat zustehen,[151] jedoch könnte aufgrund der Regelung des § 90 Abs. 5 S. 3 iVm § 90 Abs. 1 S. 3, der die Empfangszuständigkeit des Aufsichtsratsvorsitzenden vorsieht, angenommen werden, dass an sich die Kenntnis des Aufsichtsratsvorsitzenden genügen müsste.[152]

---

[140] Zu diesem Gesichtspunkt vgl. auch *Wiesner* BB 1981, 1533 (1537).
[141] Kölner Komm AktG/*Mertens/Cahn* Rn. 33, § 107 Rn. 59; *Peus,* Der Aufsichtsratsvorsitzende: Seine Rechtsstellung nach dem Aktiengesetz und dem Mitbestimmungsgesetz, 1983, 176 ff.; *Lutter/Krieger/Verse* Rechte und Pflichten des Aufsichtsrats Rn. 446; Bürgers/Körber/*Israel* Rn. 7; Großkomm AktG/*Hopt/Roth* Rn. 77; *E. Vetter* in Marsch-Barner/Schäfer Börsennotierte AG-HdB Rn. 27.10.
[142] Hierfür BGHZ 41, 282 (287); *Lüders* BB 1990, 790 (793 ff.); *Grunewald* FS Beusch, 1993, 301 (312 ff.).
[143] BGHZ 139, 89 (91 ff.) = ZIP 1998, 1269 (1270); bestätigt in: BGH ZIP 2001, 1957; zur Genossenschaft zuvor bereits BAG DB 1978, 353 (354); *Buck,* Wissen und juristische Person, 2001, 282 ff.
[144] *Wiesner* BB 1981, 1533 (1537 f.); Kölner Komm AktG/*Mertens/Cahn* Rn. 34; *Luther/Rosga* FS Meilicke, 1985, 80 (90); Bürgers/Körber/*Israel* Rn. 7 rechnet die Kenntnis des Aufsichtsratsvorsitzenden dem ganzen Organ zu.
[145] Ebenso *Buck,* Wissen und juristische Person, 2001, 290; Baumbach/Hueck/Zöllner/*Noack* GmbHG § 35 Rn. 225; Hölters/*Hambloch-Gesinn/Gesinn* Rn. 18; abweichend Bürgers/Körber/*Israel* Rn. 7 der die Kenntnis des Aufsichtsratsvorsitzenden dem ganzen Organ zurechnet.
[146] Siehe zunächst zur GmbH BGHZ 139, 89 (92); ebenso für die AG KG NZG 2004, 1165 (1167) = AG 2005, 205 (208); *Stein* ZGR 1999, 264(265 ff.); nur im Ergebnis zustimmend *Slabschi* ZIP 1999, 391 ff.
[147] Zur Situation bei der GmbH wiederum BGHZ 139, 89 (92), m. zust. Anm. *Riegger* BB 1998, 1810, zust. Anm. *Goette* DStR 1998, 1104, zust. Anm. *Rottnauer* NZG 1998, 636; für die AG hingegen KG NZG 2004, 1165 (1167) = AG 2005, 205 (208); *Stein* ZGR 1999, 264 (271); siehe auch *Buck,* Wissen und juristische Person, 2001, 299; *Ellers* GmbHR 2004, 934 (937 f.).
[148] Ebenso zur GmbH siehe *Ellers* GmbHR 2004, 934 (938).
[149] BGHZ 139, 89 (92 f.) m. zust. Anm. *Goette* DStR 1998, 1104; OLG Karlsruhe AG 2005, 210 (211); KG NZG 2004, 1165 (1167) für die AG; *Stein* ZGR 1999, 264 (271 f.); dazu *Ellers* GmbHR 2004, 934 (937 f.); siehe auch *Buck,* Wissen und juristische Person, 2001, 290 f.
[150] Großkomm AktG/*Hopt/Roth* Rn. 79; zur GmbH BGHZ 139, 89 (92 f.); OLG Karlsruhe AG 2005, 210 (211); KG NZG 2004, 1165 (1167) zur AG.
[151] Zu diesen Erwägungen *Buck,* Wissen und juristische Person, 2001, 287; siehe auch *Wiesner* BB 1981, 1533 (1537).
[152] So aber *Wiesner* BB 1981, 1533 (1538); Kölner Komm AktG/*Mertens/Cahn* Rn. 34.

Entscheidend ist vielmehr, dass hier Verkehrsschutzgründe ebenso wenig wie bei der passiven Vertretungsmacht durchschlagen können, da dem Vorstand die Verhältnisse im Aufsichtsrat bekannt sind; im Übrigen wird der Vorstand ausreichend durch die Pflichten des Kenntnis erlangenden Aufsichtsratsmitglieds geschützt, den Aufsichtsrat über den Vorsitzenden bzw. hilfsweise selbst einzuberufen.[153] Dies gilt auch für den Aufsichtsratsvorsitzenden, dessen Kenntnis erst bei Mitteilung an das Kollegialorgan dem Aufsichtsrat zugerechnet werden kann.[154]

Für **ausgeschiedene Vorstandsmitglieder** und ihnen zuzurechnende Personen, die wie Dritte keinen Einblick mehr in die Interna der Gesellschaft haben, schlagen indes wiederum die Verkehrsschutzgründe durch, die bereits für die passive Vertretungsmacht entwickelt wurden, § 112 S. 2.

5. Mitwirkung eines fehlerhaft bestellten Aufsichtsratsmitglieds; Beschlussmängel. Wirkt ein fehlerhaft bestelltes Aufsichtsratsmitglied bei der Vertretungshandlung mit, ist mit der von der Rechtsprechung nunmehr verfolgten Einzelnormtheorie grundsätzlich davon auszugehen, dass im Rahmen des jeweiligen Rechtsgeschäftes nicht die Grundsätze der Lehre vom fehlerhaften Organverhältnis Anwendung finden (detailliert → § 101 Rn. 107 ff.). Generell ist indes fraglich, wie sich **Mängel** eines Aufsichtsratsbeschlusses auf die Vertretungsmacht auswirken: Entsprechend der allgemeinen Dogmatik zum Vertretungsrecht ist auch hier zwischen dem eigentlichen Beschluss und der Vollmacht zu unterscheiden. Obwohl der Vorstand nicht wie ein Dritter dem Aufsichtsrat gegenübersteht und daher an sich nicht die sonst hinsichtlich der Trennung von Mängeln im Innenverhältnis und der Vertretungsmacht im Außenverhältnis geltenden Grundsätze herangezogen werden können, muss für das Durchschlagen von Beschlussmängeln auf die Vertretungsmacht doch differenziert werden: Denn auch der Vorstand wird nicht stets die Gründe erkennen können, die zu einem Beschlussmangel geführt haben, zB Verfahrensmängel. Dies gilt erst recht für die Vertretung gegenüber ausgeschiedenen Vorstandsmitgliedern, die keinen Einblick mehr in die Interna der Gesellschaft haben. Daher erscheint es sinnvoll, auch für § 112 bei Beschlussmängeln nicht grundsätzlich von einem Durchschlagen auf die Vertretungsmacht (und damit deren Wegfall) auszugehen, sondern stattdessen die Grundsätze über den **Missbrauch der Vertretungsmacht** anzuwenden. Nur wenn dem Vorstand die Mängel bei der Willensbildung erkennbar waren, entfällt auch die Vertretungsmacht.[155]

6. Satzung und Geschäftsordnung. Die **Satzung** kann dem Aufsichtsrat aufgrund dessen Organisationsautonomie nicht bindend vorschreiben, dass der Vorsitzende Beschlüsse auszuführen oder bekannt zu geben hat.[156] Zwar wird dagegen vorgebracht, dass entsprechende Regelungen in der Satzung den Nachweis der zur Vertretung befugten Organmitglieder im Rechtsverkehr erleichtern würden.[157] Auch wird angenommen, dass Satzungsbestimmungen, wonach die Willenserklärungen des Aufsichtsrates durch den Aufsichtsratsvorsitzenden abgegeben werden, unbedenklich seien, da dies der gesetzlichen Rechtslage entspreche.[158] Dabei wird jedoch verkannt, dass jede zwingende Festlegung der Vertretungsbefugnis einen Eingriff in die aktienrechtliche Zuständigkeitsverteilung darstellt, obwohl es dem Aufsichtsrat selbst obliegt, die diesbezüglichen Entscheidungen, sei es auch in der Geschäftsordnung, selbst zu treffen.[159] Dem Organ Hauptversammlung darf somit nicht die Befugnis eingeräumt werden, dem gleichberechtigten Organ Aufsichtsrat vorzuschreiben, wie dieser seine Beschlüsse bekannt zu geben hat.[160] Gleiches hat für die **passive Vertretungsmacht** zu gelten; auch sie reicht nur so weit, wie der Aufsichtsratsbeschluss dem Vorsitzenden Vollmacht einräumt.[161]

---

[153] S. auch BGHZ 139, 89 (93 ff.) zur vergleichbaren Situation in der GmbH.
[154] AA *Wiesner* BB 1981, 1533 (1538), weil die Interessen der AG ohne Not einseitig berücksichtigt würden; Bürgers/Körber/*Israel* Rn. 7.
[155] Überzeugend *Cahn* FS Hoffmann-Becking, 2013, 247 (275 ff.).
[156] OLG Frankfurt a. M. AG 1975, 18; MüKoAktG/*Habersack* § 107 Rn. 59, § 112 Rn. 28; Bürgers/Körber/*Israel* Rn. 5; *Semler* FS Rowedder, 1994, 441 (451 f.); *Peus*, Der Aufsichtsratsvorsitzende: Seine Rechtsstellung nach dem Aktiengesetz und dem Mitbestimmungsgesetz, 1983, 174 f.; nur teilweise zustimmend Kölner Komm AktG/*Mertens/Cahn* Rn. 41; Großkomm AktG/*Hopt/Roth* Rn. 10 und 86; aA *Lutter/Krieger/Verse* Rechte und Pflichten des Aufsichtsrats Rn. 682; MHdB AG/*Hoffmann-Becking* § 31 Rn. 101; *Raiser/Veil* KapGesR § 15 Rn. 12.
[157] S. schon *Heim* AG 1967, 4 (5 f.); im Ergebnis zustimmend *Lutter/Krieger/Verse* Rechte und Pflichten des Aufsichtsrats Rn. 682.
[158] So Kölner Komm AktG/*Mertens/Cahn* Rn. 41, § 107 Rn. 51; *Peus*, Der Aufsichtsratsvorsitzende: Seine Rechtsstellung nach dem Aktiengesetz und dem Mitbestimmungsgesetz, 1983, 174 f.
[159] *Semler* FS Rowedder, 1994, 441 (451 f.); Großkomm AktG/*Hopt/Roth* Rn. 11, 86 halten deshalb eine rein deklaratorische Satzungsbestimmung für zulässig bzw. weisen der Bestimmung lediglich einen solchen Charakter zu; aA *Lutter/Krieger/Verse* Rechte und Pflichten des Aufsichtsrats Rn. 682.
[160] *Semler* FS Rowedder, 1994, 441 (451 f.).
[161] Im Ergebnis ebenso Kölner Komm AktG/*Mertens/Cahn* § 107 Rn. 59: Keine besondere Bevollmächtigung erforderlich; WKS/*Schubert* MitbestG § 27 Rn. 33: alle Aufsichtsratsmitglieder sind passiv vertretungsberechtigt; MHdB AG/*Hoffmann-Becking* § 31 Rn. 104: § 78 Abs. 2 S. 2 AktG und § 28 Abs. 2 BGB aus Verweisung in § 116 S. 2 AktG.

Dies ergibt sich nunmehr deutlich aus § 112 S. 2, der die passive Vertretungsmacht regelt, ohne der Satzung hier einen Spielraum zu geben.

46 Demgegenüber kann der Aufsichtsrat in seiner **Geschäftsordnung** entsprechende Regelungen treffen, da er jederzeit die Geschäftsordnung aufheben oder ändern kann.[162] Derartige Regelungen werden in aller Regel auch praktisch geboten und sinnvoll sein, um Klarheit über die Ausführung und Umsetzung von Aufsichtsratsbeschlüssen zu schaffen.

V. Nachweis der Vertretungsmacht

47 Ein besonderer Nachweis der Vertretungsmacht wird vom Gesetz nicht verlangt, so dass die allgemeinen Vorschriften zur Anwendung gelangen. In der Praxis dürfte es genügen, dass das Aufsichtsratsprotokoll oder die Geschäftsordnung vorgelegt wird.[163] Möglich ist auch eine von allen Aufsichtsratsmitgliedern unterzeichnete Vollmacht oder Vertragsurkunde.[164] Bei börsennotierten Gesellschaften lässt sich der Nachweis der Vertretungsmacht für die Mitglieder des Aufsichtsrats problemlos durch die notariell beurkundete Niederschrift der Wahl der einzelnen Aufsichtsratsmitglieder durch die Hauptversammlung führen.[165] Probleme können aber in den Fällen entstehen, in denen das Gesetz kein Beurkundungserfordernis vorsieht, namentlich bei der Wahl der Aufsichtsräte von kleinen Aktiengesellschaften nach § 130 Abs. 1 S. 3 durch die Hauptversammlung oder bei Erklärungsvertretung durch den Aufsichtsratsvorsitzenden.[166] Mangels einer notariellen Beurkundung muss in diesen Fällen die Schriftform und deren Beglaubigung genügen.[167]

VI. Vertretungsmangel

48 Die Rechtsfolgen eines Mangels der Vertretungsmacht bei – unberechtigter – **Vertretung der AG** durch ein Vorstandsmitglied sind umstritten: Nach einer Auffassung tritt bei Verstoß gegen § 112 **Nichtigkeit** gem. § 134 BGB ein, da § 112 auch das Verhältnis der Organe zueinander bestimme und jedenfalls in den Fällen, in denen das Verhältnis Aufsichtsrat-Vorstand tangiert ist, aufgrund des Verstoßes gegen die zwingende aktienrechtliche Zuständigkeitsordnung die Nichtigkeit des Geschäfts zur Folge hat.[168] Zudem zeige der Vergleich mit anderen Normen, wie § 89 Abs. 5 oder § 114 Abs. 1, dass § 112 keine Genehmigungsmöglichkeit enthalte, abgesehen von einer unzulässigen Präjudizierung des Aufsichtsrats.[169] Außerdem sei zu bedenken, dass der Aufsichtsrat bei seiner Genehmigungsentscheidung nicht mehr frei sei, da er dabei zwangsläufig berücksichtige, ob er mit der Ablehnung das Vorstandsmitglied desavouiere.[170] Die höchstrichterliche Rechtsprechung hat sich hierzu noch nicht festgelegt.[171]

49 **Richtigerweise** gelangen die **§§ 177 ff. BGB zur Anwendung,** so dass das Geschäft nur schwebend unwirksam ist und vom Aufsichtsrat nachträglich genehmigt werden kann.[172] Denn die AG

---

[162] S. Großkomm AktG/*Hopt/Roth* Rn. 85.
[163] *Kölner Komm AktG/Mertens/Cahn* Rn. 42; Hüffer/Koch/*Koch* Rn. 11; MüKoAktG/*Habersack* Rn. 29; Bürgers/Körber/*Israel* Rn. 8; *Leuering* FS Kollhosser, 2004, 361 (375); NK-AktR/*Breuer/Fraune* Rn. 6.
[164] *Semler* FS Rowedder, 1994, 441 (452); MüKoAktG/*Habersack* Rn. 29; Großkomm AktG/*Hopt/Roth* Rn. 100; NK-AktR/*Breuer/Fraune* Rn. 6; vgl. auch *Steiner* BB 1998, 1910 (1912).
[165] Vgl. nur MüKoAktG/*Habersack* Rn. 30; kritisch Großkomm AktG/*Hopt/Roth* Rn. 101.
[166] *Steiner* BB 1998, 1910 (1912); Hüffer/Koch/*Koch* Rn. 11; zur Erklärungsvertretung durch den Vorsitzenden siehe auch OLG Düsseldorf AG 2004, 321 (323 f.), das dem Vorstandsmitglied im Falle der Übermittlung einer Widerrufserklärung bzw. Kündigungserklärung gem. § 174 BGB ein Zurückweisungsrecht zugesteht.
[167] *Steiner* BB 1998, 1910 (1912), der dies auch damit begründet, dass für ausländische Kapitalgesellschaften beim Vertretungsnachweis ähnlich vorgegangen wird; zust. Hüffer/Koch/*Koch* Rn. 11.
[168] OLG Stuttgart AG 1993, 85 (86); OLG Hamburg WM 1986, 972 (974) = ZIP 1986, 1249 (1251); OLG Hamburg AG 1986, 259; OLG Frankfurt a. M. Urt. v. 20.3.2008 – 12 U 40/07; OLG Brandenburg Urt. v. 14.1.2015 – 7 U 68/13; Großkomm AktG/*Hopt/Roth* Rn. 109; *Semler* FS Rowedder, 1994, 441 (455 f.); *Lim* Die Vertretungsmacht des Aufsichtsrats einer Aktiengesellschaft, 1986, 47 ff.; unentschlossen *Braum* KritV 2004, 67 (70); ausführliche Darstellung der gegenüberstehenden Argumente *Werner* Der Konzern 2008, 639 (642 f.) sowie *Köhler* NZG 2008, 161 (162, 163).
[169] *Semler* FS Rowedder, 1994, 441 (456); *Stein* AG 1999, 28 (39 ff.); *Ekkenga* AG 1985, 40 (41 f.).
[170] S. *Semler* FS Rowedder, 1994, 441 (456).
[171] BAG NZG 2017, 69 (78 f.).
[172] OLG Celle AG 2003, 433 (433); OLG München ZIP 2008, 220 (222); *E. Vetter* FS Roth, 2011, 855 (867 f.); Pluskat/Baßler Der Konzern 2006, 403 (406); *Leuering* FS Kollhosser, 2004, 361 (373); *Werner* ZGR 1989, 369 (392 ff.); *Macht* MittBayNot 2004, 81 (89); Lutter/Krieger/*Verse* Rechte und Pflichten des Aufsichtsrats Rn. 445; K. Schmidt/Lutter/*Drygala* Rn. 20, 21; NK-AktR/*Breuer/Fraune* Rn. 8; *Mertens* FS Lutter, 2000, 523 (531 f.); Hölters/Hambloch-Gesinn/*Gesinn* Rn. 21; Henssler/Strohn/*Henssler* Rn. 10; DNotI-Report 9/2004, 75 (77); Fischer/*Hoffmann* NZG 2013, 1419; van Kann/*Keiluweit* AG 2010, 805 (810); *Wicke* DNotZ 2013, 812 (813 f.); Jokisch/*Scheibner* Rpfleger 2013, 123; Nägele/*Böhm* BB 2005, 2197 (2199); *Werner* Der Konzern 2008, 639 (644); *Köhler* NZG 2008, 161 (163); (abweichend von Vorauf. nun auch) Kölner Komm AktG/*Mertens/Cahn* Rn. 10 f.; MüKoAktG/*Habersack* Rn. 32; offen gelassen von BGH AG 1994, 35 = WM 1993, 1630; *Fuhrmann* NZG 2017, 291 (297).

kann sich durch den Aufsichtsrat selbst schützen, indem sie dem Geschäft die Genehmigung verweigert.[173] Anders ist nur zu entscheiden, wenn die Überschreitung von Kompetenzen im Vordergrund steht, die originär einem Organ zugewiesen sind, etwa die Bestellung und Anstellung des Vorstandes.[174] Somit gelten die §§ 177 ff. BGB und die damit einhergehende Genehmigungsfähigkeit nur eingeschränkt. Mit Verstoß gegen die zwingende aktienrechtliche Kompetenzordnung sind Geschäfte, über die ipso iure allein der Aufsichtsrat entscheiden kann, nicht mehr genehmigungsfähig, sondern nichtig.[175]

Ähnliche Fragen stellen sich, wenn der **Aufsichtsratsvorsitzende** seine Vertretungsmacht überschreitet: Hält er sich nicht im Rahmen der Vertretungsmacht des Aufsichtsrates, ist die Willenserklärung nichtig, eine Haftung nach § 179 kommt bei fehlender Vertretungskompetenz des Aufsichtsrats nicht in Betracht.[176] Hält er sich jedoch im Rahmen der Vertretungsmacht des Aufsichtsrats nach § 112, handelt er nur als vollmachtloser Vertreter; es liegt keine unzulässige Übertragung der organschaftlichen Willensbildung auf das Vorstandsorgan vor. Gegen die Anwendung der Genehmigungsmöglichkeit in diesen Fällen wird zwar argumentiert, dass sich das Organ faktisch auf diesem Wege die ihm nicht zustehende Delegationsbefugnis verschaffen könnte.[177] Entscheidend ist aber, dass das Aufsichtsorgan durch die Möglichkeit, sich gegen eine Genehmigung des geschlossenen Vertrages zu entscheiden, ausreichend geschützt ist und die Möglichkeit erhält, dem Geschäft zum Vorteil der Gesellschaft zur Wirksamkeit zu verhelfen.[178] Im anderen Fall hingegen ist das Verhältnis verschiedener Organe betroffen. Hier wird in die zwingende gesetzliche Kompetenzverteilung eingegriffen und ein vom Gesetz nicht gewolltes und somit die Nichtigkeit des Geschäftes rechtfertigendes Ergebnis herbeigeführt.[179]

Im **Prozess** ist durch den **Vertretungsmangel** die Klage unzulässig, gleichviel, ob es um die Aktiv- oder Passivlegitimation geht. Die Unzulässigkeit aufgrund Vertretungsmangels ist auch in der Revisionsinstanz zu beachten.[180] Wie schon im materiellen Recht kann aber der Aufsichtsrat als gesetzlicher Vertreter iSd § 51 ZPO nachträglich die Prozessführung bspw. des Aufsichtsratsvorsitzenden – auch konkludent in Form des nachträglichen Prozesseintritts[181] – genehmigen;[182] die bloße Korrektur des Rubrums genügt hingegen nicht, um den Vertretungsmangel zu beheben.[183] Ist die AG verklagt, etwa vom ausgeschiedenen Vorstandsmitglied, und fälschlicherweise der Vorstand als Vertreter benannt worden, kann allenfalls bei fehlendem richterlichem Hinweis eine Zurückweisung

---

[173] Ebenso *Macht* MittBayNot 2004, 81 (89); sowie *Werner* Der Konzern 2009, 336 (338); *Mertens* FS Lutter, 2000, 523 (531).

[174] Im Ergebnis auch Hüffer/Koch/*Koch* Rn. 12; Kölner Komm AktG/*Mertens*/*Cahn* Rn. 11; *Ihrig* BB 2008, 189 (190); gegen jede Differenzierung aus Gründen der Rechtssicherheit *Pluskat*/*Baßler* Der Konzern 2006, 403 (406 f.) sowie *Werner* Der Konzern 2008, 639 (644).

[175] Kölner Komm AktG/*Mertens*/*Cahn* Rn. 11; K. Schmidt/Lutter/*Drygala* Rn. 21; *Mertens* FS Lutter, 2000, 523 (531 f.); *E. Vetter* FS Roth, 2011, 855 (867 f.); demgegenüber bejaht MüKoAktG/*Habersack* Rn. 32 die Genehmigungsfähigkeit uneingeschränkt; ähnlich *Fuhrmann* NZG 2017, 291 (297).

[176] OLG München AG 1986, 234 (235); OLG Karlsruhe WM 1996, 161 (164 ff.); Kölner Komm AktG/*Mertens*/*Cahn* Rn. 11; aA stets Nichtigkeit nach § 134 BGB: OLG Stuttgart BB 1992, 1669; differenzierend *Stein* AG 1999, 28 (37 ff.): Genehmigung ist möglich, wenn sich der Mangel der Vertretungsmacht auf den Delegationsakt beschränkt.

[177] Ausführlich siehe *Stein* AG 1999, 28 (35).

[178] OLG Karlsruhe WM 1996, 161 (164 f.); Kölner Komm AktG/*Mertens*/*Cahn* Rn. 10; Hüffer/Koch/*Koch* Rn. 12; Bürgers/Körber/*Israel* Rn. 10; *Nägele*/*Böhm* BB 2005, 2197 (2199); aA *Stein* AG 1999, 28 (35).

[179] Hüffer/Koch/*Koch* Rn. 12; OLG Stuttgart BB 1992, 1669 erstreckt diese Argumentation zu Unrecht auch auf die erste Konstellation.

[180] BGHZ 130, 108 (111 ff.); BGH NJW 1997, 318 f.; AG 1991, 269 f.; 1990, 359; NJW 1987, 254 (255); BAG AG 2002, 458 (459 f.); OLG Saarbrücken AG 2012, 922 (924); MüKoAktG/*Habersack* Rn. 33; K. Schmidt/Lutter/*Drygala* Rn. 22; NK-AktR/*Breuer*/*Fraune* Rn. 9; Bürgers/Körber/*Israel* Rn. 9; Hölters/*Hambloch-Gesinn*/*Gesinn* Rn. 24.

[181] BGH AG 2009, 327 (328) (AG); ZIP 2009, 717 (718); NJW 1999, 3263 f. (GmbH); 1989, 2055 (2056) (GmbH); OLG Saarbrücken AG 2012, 922 (924) (AG); Kölner Komm AktG/*Mertens*/*Cahn* Rn. 13; Großkomm AktG/*Hopt*/*Roth* Rn. 115; Bürgers/Körber/*Israel* Rn. 9; *Gehle* MDR 2011, 957 (958); *Nägele*/*Böhm* BB 2005, 2197 (2198); *Brandner* FS Quack, 1991, 201 (202).

[182] BGH NZG 2013, 792 (794); NJW 1999, 3263 f.; WM 1998, 308 (309); AG 1991, 269 (270); NJW 1987, 254 (255); ZIP 2009, 717 (718); OLG Frankfurt a. M. ZIP 2011, 2008 (2009); OLG Karlsruhe AG 1996, 224 (225 f.); *Fischer*/*Hoffmann* NZG 2013, 1419; *Gehle* MDR 2011, 957 (958); *Brandner* FS Quack, 1991, 201 (202); *Werner* ZGR 1989, 369 (391 f.); Hüffer/Koch/*Koch* Rn. 13; Bürgers/Körber/*Israel* Rn. 9; Großkomm AktG/*Hopt*/*Roth* Rn. 115; *Nägele*/*Böhm* BB 2005, 2197 (2198); aA *Stein* AG 1999, 28 (40 f.).

[183] BGH ZIP 2009, 717 (718); s. dazu auch *Binder* BB 2009, 1041; teilweise abweichend: *Gehle* MDR 2011, 957 f., wonach ausnahmsweise eine Berichtigung in Betracht kommt, wenn die Verwechslung von Aufsichtsrat und Vorstand lediglich auf einer unrichtigen Bezeichnung beruhe.

in Betracht kommen.[184] Teilweise stößt die Bejahung der **Genehmigungsmöglichkeit** vor dem Hintergrund einer unbefangenen Vertretung der Gesellschaft auf Bedenken, da der Vorstand im Prozess gegen einzelne seiner Mitglieder für die Auswahl der Prozessbevollmächtigten einschließlich der Übermittlung der prozessrelevanten Informationen und sämtlich prozesstaktischer Erwägungen die Verantwortung trägt.[185] Doch verhilft die Möglichkeit zur Genehmigung vor allem der klagenden AG zur Aufrechterhaltung ihrer Klage.[186]

52   Hiervon ist der Fall der **missverständlichen Benennung des Aufsichtsratsvorsitzenden als Vertretungsberechtigter** bzw. als Zustelladressat zu unterscheiden: Wird die Klage gegen die Gesellschaft, „vertreten durch den Aufsichtsratsvorsitzenden", gerichtet, kann die Klage, sofern nicht objektive Anhaltspunkte entgegenstehen, dahin ausgelegt werden, dass die Gesellschaft durch den Aufsichtsrat als Gesamtorgan vertreten werden und die Zustellung der Klageschrift an den Aufsichtsratsvorsitzenden erfolgen soll.[187]

53   Im Zusammenhang mit Vertretungsmängeln stellt sich die Frage der **Vertrauenshaftung** der fehlerhaft vertretenen Gesellschaft ggü. dem Vorstand **gem. § 311 Abs. 2 BGB, § 31 BGB.** Hier kann das Fehlen der Vollmacht unter Umständen eine Haftung begründen, indem die vermeintlich vertretene AG dem Erklärungsempfänger (hier kommen einzig Vorstandsmitglieder in Betracht) für die Folgen der fehlerhaften Vertretungshandlungen auf Ersatz des Vertrauensschadens haftet.[188] Die möglicherweise im Rahmen der organschaftlichen Vertretungsmacht auftretenden Vertretungsmängel sind insofern in das allgemeine Haftungsregime der **culpa in contrahendo** einzuordnen. Als mögliche, eine Haftung aus § 311 Abs. 2, § 31 BGB auslösende Vertretungsmängel kommen bspw. nicht von einem Aufsichtsratsbeschluss gedeckte Verhandlungen eines einzelnen Aufsichtsratsmitglieds (bzw. des Aufsichtsratsvorsitzenden) mit einem potentiellen Vorstandsmitglied sowie inhaltliche Beschlussmängel bei der der Vertretung zugrundeliegenden Willensbildung des Aufsichtsrats nach § 108 in Betracht (→ Rn. 44). Während mangelhafte Beschlüsse in der Regel als taugliche und zurechenbare Vertrauenstatbestände für die Begründung einer Haftung aus § 311 Abs. 2 angenommen werden können,[189] sollen bloße Verhandlungen eines Aufsichtsratsmitglieds ohne entsprechenden Aufsichtsratsbeschluss mit einem potentiellen Vorstandskandidaten im Vorfeld einer An- und Bestellung nicht ohne Weiteres einen zurechenbaren Vertrauenstatbestand zu begründen, sofern nicht besondere weitere Vertrauenstatbestände hinzutreten.[190]

§ 113 Vergütung der Aufsichtsratsmitglieder

(1) ¹**Den Aufsichtsratsmitgliedern kann für ihre Tätigkeit eine Vergütung gewährt werden.** ²Sie kann in der Satzung festgesetzt oder von der Hauptversammlung bewilligt werden. ³Sie soll in einem angemessenen Verhältnis zu den Aufgaben der Aufsichtsratsmitglieder und zur Lage der Gesellschaft stehen. ⁴Ist die Vergütung in der Satzung festgesetzt, so kann die Hauptversammlung eine Satzungsänderung, durch welche die Vergütung herabgesetzt wird, mit einfacher Stimmenmehrheit beschließen.

(2) ¹Den Mitgliedern des ersten Aufsichtsrats kann nur die Hauptversammlung eine Vergütung für ihre Tätigkeit bewilligen. ²Der Beschluß kann erst in der Hauptversammlung gefaßt werden, die über die Entlastung der Mitglieder des ersten Aufsichtsrats beschließt.

(3) ¹Wird den Aufsichtsratsmitgliedern ein Anteil am Jahresgewinn der Gesellschaft gewährt, so berechnet sich der Anteil nach dem Bilanzgewinn, vermindert um einen

---

[184] OLG Saarbrücken AG 2012, 922 (924); *Hager* NJW 1992, 352 (354); *Lutter/Krieger/Verse* Rechte und Pflichten des Aufsichtsrats Rn. 445 mit Fn. 6; Hüffer/Koch/*Koch* Rn. 13; *Brandner* FS Quack, 1991, 201 (202).
[185] S. *Stein* AG 1999, 28 (41).
[186] Hüffer/Koch/*Koch* Rn. 13; siehe auch Kölner Komm AktG/*Mertens/Cahn* Rn. 13.
[187] OLG Stuttgart AG 2013, 599 (601); OLG Hamburg NZG 2001, 898 (899); OLG Saarbrücken AG 2012, 922 (924); MüKoAktG/*Habersack* Rn. 33; Großkomm AktG/*Hopt/Roth* Rn. 112; Kölner Komm AktG/*Mertens/Cahn* Rn. 13.
[188] Vgl. MüKoBGB/*Schubert* § 177 Rn. 58; Staudinger/*Schilken*, 2014, BGB § 177 Rn. 23 (25); *Cahn* FS Hoffmann-Becking, 2013, 247 (265).
[189] *Cahn* FS Hoffmann-Becking, 2013, 247 (265 f.); Kölner Komm AktG/*Mertens/Cahn* § 108 Rn. 16.
[190] LG München I BB 2013, 399 (400) mit zustimmender Anm. *Stöber*, der zutr. die Möglichkeit der persönlichen Haftung des verhandlungsführenden Aufsichtsratsmitglied nach § 311 Abs. 3 BGB, § 241 Abs. 2 BGB, § 280 Abs. 1 BGB annimmt; vgl. auch Kölner Komm AktG/*Mertens/Cahn* § 108 Rn. 16; im konkreten Fall (intensive Verhandlungen mit potentiellem Vorstandsmitglied, Umzug daraufhin nach Deutschland etc.) erscheint die Ansicht des LG München I indes zweifelhaft.

Vergütung der Aufsichtsratsmitglieder § 113

Betrag von mindestens vier vom Hundert der auf den geringsten Ausgabebetrag der Aktien geleisteten Einlagen. ²Entgegenstehende Festsetzungen sind nichtig.

Schrifttum: *Armbrüster,* Interessenkonflikte in der D&O-Versicherung, NJW 2016, 897; *Arnold/Grabolle,* Die Herabsetzung der Aufsichtsratsvergütung im laufenden Geschäftsjahr, AG 2009, R 33; *Aszmans,* Spannungsfeld zwischen Vergütungspflicht und Begünstigungsgefahr, DB 2014, 895; *Beckmann,* D&O-Versicherung, in Beckmann/Matusche-Beckmann, Versicherungsrechts-Handbuch, 3. Aufl. 2016; *Bender/Vater,* D&O-Versicherungen im Visier der Corporate Governance, VersR 2003, 1376; *Bender/Vater,* Lückenhaft und unverbindlich – Der DCGK lässt auch nach der Überarbeitung wichtige Kernprobleme der Unternehmensüberwachung ungelöst, DStR 2003, 1807; *Berger,* Die Kosten der Aufsichtsratstätigkeit in der Aktiengesellschaft, Diss. Tübingen 2000; *Bischof,* Zweckmäßigkeit erfolgsunabhängiger Aufsichtsratsvergütung, BB 2006, 2626; *Böcking/Böhme/Gros,* Wissenschaftliche Studien zum DCGK und die Notwendigkeit der qualitativen Analyse von Abweichungsbegründungen, AG 2012, 615; *Bösl,* Aktienoptionen für den Aufsichtsrat – Überlegungen zur Zweckmäßigkeit und zu Gestaltungsempfehlungen nach dem Urteil des BGH, BKR 2004, 474; *Bosse/Malchow,* Unterstützung und Kostentragung für die Aus- und Fortbildung von Aufsichtsratsmitgliedern – Der Kodex bezieht Stellung, NZG 2010, 972; *Bredol/Schäfer,* Die erfolgsabhängige Vergütung von Aufsichtsratsmitgliedern nach Ziff. 5.4.6 DCGK – Verbot einer gemischten Vergütungsstruktur?, BB 2013, 652; *Buckel,* Die unterjährige Herabsetzung der Aufsichtsratsvergütung, AG 2013, 451; *Bürger,* Keine Aktienoptionen für Aufsichtsräte – Hindernis für die Professionalisierung des Aufsichtsrats?, NJW 2004, 3022; *Burger,* Die Wirksamkeit von Beratungsverträgen zwischen der Aktiengesellschaft und Mitgliedern ihres Aufsichtsrates, insbesondere im Hinblick auf § 113 AktG, Diss. Tübingen 1997; *Claussen,* Aktienoptionen – eine Bereicherung des Kapitalmarktrechts, WM 1997, 1825; *Deilmann/Otte,* D&O-Versicherung – Wer entscheidet über die Höhe des Selbstbehalts?, AG 2010, 323; *Dieckmann/Wurst,* Die Organisation der Aufsichtsratsarbeit, NZW 2014, 121; *Dom,* L'attribution gratuite d'actions – Regard sur l'avant-projet de loi pour le développement de la participation et de l'actionnariat salarié, Revue des Sociétés No. 1/2006, S. 31; *Dreher,* Die Rechtsnatur der D&O-Versicherung, DB 2005, 1669; *Dreher,* Der Abschluß von D&O-Versicherungen und die aktienrechtliche Zuständigkeitsordnung, ZHR 165 (2001), 293; *Dreher,* Die Besteuerung der Prämienleistungen bei gesellschaftsfinanzierten D&O-Versicherungen, DB 2001, 996; *Dreher,* Die Abfindung beim Wechsel vom Vorstand in den Aufsichtsrat einer Aktiengesellschaft, FS Schmidt 2009, 233; *Dreher/Görner,* Der angemessene Selbstbehalt in der D&O-Versicherung, ZIP 2003, 2321; *Dreher/Thomas,* Die D&O-Versicherung nach der VVG-Novelle 2008, ZGR 2009, 31; *Fallgatter,* Die Empfehlungen zur Aufsichtsratsvergütung des Deutschen Aktieninstitutes und von Towers Perrin – Eine Analyse der Anreizwirkungen, BFuP 2004, 452; *v. Falkenhausen,* Sonderleistungen von Aufsichtsratsmitgliedern und deren Vergütung, AG 1966, 379; *Ch. Fischer,* Zur Bedienung aktienbasierter Vergütungsmodelle für Aufsichtsräte mit rückerworbenen Aktien, ZIP 2003, 282; *Fleischer,* Haftungsfreistellung, Prozeßkostenersatz und Versicherung für Vorstandsmitglieder, WM 2005, 909; *Fonk,* Auslagenersatz für Aufsichtsratsmitglieder, NZG 2009, 761; *Fuchs,* Grenzen für eine aktienkursorientierte Vergütung von Aufsichtsratsmitgliedern, WM 2004, 2233; *Gaul,* Ungelöste Fragen des Auslagenersatzes für Aufsichtsratsmitglieder in Zeiten schwindender Vergütungsakzeptanz, AG 2017, 877; *Gehling,* Erfolgsorientierte Vergütung des Aufsichtsrats, ZIP 2005, 549; *Haarmann,* Gleichheit aller Aufsichtsräte, eine sinnvolle Fiktion? Möglichkeiten der differenzierten Vergütung von Aufsichtsräten, FS Hüffer 2010, 243; *Habersack,* Die erfolgsabhängige Vergütung des Aufsichtsrats und ihre Grenzen, ZGR 2004, 721; *ders.,* Vorstands- und Aufsichtsratsvergütung – Grundsatz- und Anwendungsfragen im Lichte der Aktionärsrechterichtlinie, NZG 2018, 127; *Hanau,* Die Verpflichtung zur Abführung von Aufsichtsratsvergütungen an die Hans-Böckler-Stiftung, Hans-Böckler-Stiftung, Arbeitspapier 254, 2012; *Hecker/Peters,* BB-Report zu den Änderungen des DCGK im Jahr 2012, BB 2012, 2639; *Henssler,* D&O-Versicherung in Deutschland, RWS-Forum 2001, 131; *Hoff,* Aktienoptionen für Aufsichtsräte über § 71 Abs. 1 Nr. 8 AktG, WM 2003, 910; *Hoffmann-Becking,* Gestaltungsmöglichkeiten bei Anreizsystemen, NZG 1999, 797; *Hoffmann-Becking,* Rechtliche Anmerkungen zur Vorstands- und Aufsichtsratsvergütung, ZHR 169 (2005), 155; *Hoffmann-Becking,* Beratungsverträge mit Aufsichtsratsmitgliedern – grenzenlose Anwendung des § 114 AktG?, FS K. Schmidt, 2009, 657; *Hoffmann-Becking,* Deutscher Corporate Governance Kodex – Anmerkungen zu Zulässigkeit, Inhalt und Verfahren, FS Hüffer, 2010, 337; *Ihlas,* D&O – Directors & Officers Liability, 2009; *M. Käpplinger/S. Käpplinger,* Möglichkeiten des Repricings von Aktienoptionsplänen, WM 2004, 712; *Kästner,* Aktienrechtliche Probleme der D&O-Versicherung, AG 2000, 113; *Kenntemich,* Zur Bemessungsgrundlage der gewinnabhängigen Vorstands- und Aufsichtsratsvergütungen, WPg 1971, 105; *Kiem,* Drittvergütung von Aufsichtsratsmitgliedern, FS Stilz, 2014, 329; *Klein,* Die Änderungen des Deutschen Corporate Governance Kodex 2012 aus Sicht der Unternehmenspraxis, AG 2012, 805; *Knapp,* Die Entwicklung des Rechts des Aufsichtsrats im Jahr 2012 – Aktuelles für die Praxis aus Gesetzgebung und Rechtsprechung, DStR 2013, 865; *Knoll/Knoesel/Probst,* Aufsichtsratsvergütungen in Deutschland: Empirische Befunde, zfbf 49 (1997), 236; *Koch,* Die Rechtsstellung der Gesellschaft und des Organmitglieds in der D&O-Versicherung (I–III), GmbHR 2004, 288; *Kocher/Lönner,* Unterstützung von Aufsichtsratsmitgliedern bei Aus- und Fortbildungsmaßnahmen, ZCG 2010, 273; *Kort,* Rechtsfragen der Höhe und Zusammensetzung der Vergütung von Mitgliedern des Aufsichtsrats einer AG, FS Hüffer, 2010, 483; *Krieger,* Gewinnabhängige Aufsichtsratsvergütungen, FS Röhricht, 2005, 349; *Krüger,* Nichtigkeit der D&O-Versicherungsverträge bei fehlender Genehmigung durch Hauptversammlung, NVersZ 2001, 8; *Küppers/Dettmeier/Koch,* D&O-Versicherung: Steuerliche Implikationen für versicherte Personen?, DStR 2002, 199; *Lange,* Zulässigkeitsvoraussetzungen einer gesellschaftsfinanzierten Aufsichtsrat-D&O-Versicherung, ZIP 2001, 1524; *Lange,* Praxisfragen der D&O-Versicherung, DStR 2002, 1626; *Lange,* Die D&O-Versicherungsverschaffungsklausel im Manageranstellungsvertrag, ZIP 2004, 2221; *Lehmann,* Zulässigkeit von Satzungsbestimmungen über die Gewährung von Sondervergütungen an Aufsichtsratsmitglieder, DB 1966, 1757; *Leuering/Simon,* Beraterverträge mit Aufsichtsratsmitgliedern, NJW-Spezial 2006, 171; *Leyendecker-Langner/Huthmacher,* Kostentragung für Aus-

und Fortbildungsmaßnahmen von Aufsichtsratsmitgliedern, NZG 2012, 1415; *Lüneborg/Resch,* Ausgewählte Probleme des D&O-Versicherungsschutzes aus Aufsichtsratsperspektive: Versicherungsabschluss, Rückwärtsdeckung, Nachmeldefristen und Umstandsmeldung, AG 2017, 691; *Lutter,* Beraterverträge mit Aufsichtsratsmitgliedern in Gesellschaft und Konzern, FS Westermann, 2008, 1171; *Mäger,* Vergütung des Aufsichtsrats – welchen Spielraum gibt das Aktienrecht?, BB 1999, 1389; *Marsch-Barner,* Aktuelle Rechtsfragen zur Vergütung von Vorstands- und Aufsichtsratsmitgliedern einer AG, FS Röhricht, 2005, 401; *Martinius/Zimmer,* Keine Boni mehr für Aufsichtsräte?, BB 2011, 3014; *Maser/Göttle,* Rechtlicher Rahmen für die Vergütung des Aufsichtsrats, NZG 2013, 201; *Mattout,* Gouvernance, Gouvernance!, Revue des Sociétés No. 1/2006, 79; *Mertens,* Beratungsverträge mit Aufsichtsratsmitgliedern, FS Steindorff, 1990, 173; *Mertens,* Bedarf der Abschluss einer D&O-Versicherung durch die Aktiengesellschaft der Zustimmung der Hauptversammlung?, AG 2000, 447; *Meyer/Ludwig,* Aktienoptionen für Aufsichtsräte ade?, ZIP 2004, 940; *Mutter,* Zur Anpassung der Vergütung von Aufsichtsräten an den Deutschen Corporate Governance Kodex, ZIP 2002, 1230; *Mutter,* Unterstützung der weiteren Aus- und Fortbildung von Aufsichtsratsmitgliedern, AG 2010, R 410; *Notthoff,* Rechtliche Fragestellungen im Zusammenhang mit dem Abschluss einer Director's & Officer's-Versicherung, NJW 2003, 1350; *Paefgen,* Börsenpreisorientierte Vergütung und Überwachungsaufgabe des Aufsichtsrats, WM 2004, 1169; *Pellens* (Hrsg.), Unternehmenswertorientierte Vergütungssysteme, 1998; *Peltzer* Die Vergütung des Aufsichtsrates im Gesellschafts- und Steuerrecht, FS Zimmerer, 1997, 378; *Peltzer,* Keine Aktienoptionen mehr für Aufsichtsratsmitglieder, NZG 2004, 509; *Peltzer,* Reparaturbedarf des Kodex – Kritische Anmerkungen zu kontraproduktiven und änderungsbedürftigen Aussagen des DCGK, FS Priester 2007, 573; *Reimsbach,* Fehlanreize der erfolgsabhängigen Aufsichtsratsvergütung nach DCGK 5.4.6, BB 2011, 940; *Richter,* Aktienoptionen für den Aufsichtsrat?, BB 2004, 949; *Rieble,* Sonderbezahlung von Arbeitnehmervertretern im Aufsichtsrates, AG 2016, 315; *Rieder/Holzmann,* Brennpunkte der Aufsichtsratsregulierung in Deutschland und den USA, AG 2010, 570; *Ringleb/Kremer/Lutter/v Werder,* Die Kodex-Änderungen vom Mai 2010, NZG 2010, 1161; *Ringleb/Kremer/Lutter/v Werder,* Die Kodex-Änderungen vom Mai 2012, NZG 2012, 1081; *Roller,* Die Vergütung des Aufsichtsrats in Abhängigkeit vom Aktienkurs, Diss. Frankfurt a. M. 1999; *v. Rosen* (Hrsg.), Aufsichtsratsvergütung bei deutschen börsennotierten Unternehmen, Studien des deutschen Aktieninstituts, Heft 20 (2003); *v. Rosen/Kramarsch,* Empfehlungen zur Aufsichtsratsvergütung, Studien des deutschen Aktieninstituts, Heft 23 (2003); *Säcker,* Streitfragen zur D&O-Versicherung, VersR 2005, 10; *Säcker,* Die Rechte des einzelnen Aufsichtsratsmitglieds, NJW 1979, 1521; *Schaefer,* Aktuelle Probleme der Mitarbeiterbeteiligung nach Inkrafttreten des KonTraG, NZG 1999, 531; *v. Schenck,* Handlungsbedarf bei der D&O-Versicherung, NZG 2015, 494; *Schmidt/Werner,* Zeitpunkt der Besteuerung von Vergütungen aus Aufsichtsratstätigkeit bei Bilanzierung gem. § 4 Abs. 1 EStG, DStZ 2003, 235; *Schüppen/Sanna,* D&O-Versicherungen – Gute und schlechte Nachrichten!, ZIP 2002, 550; *Semler,* Leistungs- und erfolgsbezogene Vorstandsvergütungen, FS Budde, 1995, 599; *Semler,* Verpflichtungen der Gesellschaft durch den Aufsichtsrat und Zahlungen der Gesellschaft an seine Mitglieder, FS Claussen, 1997, 381; *Siebert,* Die Bemessungsgrundlage der gewinnabhängigen Vorstands- und Aufsichtsratsvergütung und ihre Behandlung im Jahresabschluß der Aktiengesellschaft, WPg 1972, 269; *Spindler,* Organhaftung und Versicherung, in: Die Steuerungsfunktionen der Haftung im Gesellschafts- und Kapitalmarktrecht, 2007, 215; *Spindler,* Die Empfehlungen der EU für den Aufsichtsrat und ihre deutsche Umsetzung im Corporate Governance Kodex, ZIP 2005, 2040; *Spindler/Gerdemann,* Die erfolgsabhängige Vergütung des Aufsichtsrats – Variable Vergütungsbestandteile im Spannungsfeld von Anreiz und Überwachungsfunktion, FS Stilz, 2014, 629; *Sünner,* Genügt der Deutsche Corporate Governance Kodex seinen Ansprüchen?, AG 2012, 265; *Theisen,* Zusammensetzung und Struktur der Vergütungen für den Aufsichtsrat nach dem KonTraG, DB 1999, 1665; *Theisen,* Kostenstelle Aufsichtsrat, FS Säcker, 2011, 487; *Thüsing/Forst,* Abführung von Aufsichtsratsvergütung an gewerkschaftliche Bildungseinrichtungen, FS Graf von Westphalen, 2010, 693; *Thüsing/Veil,* Die Kosten des Aufsichtsrats im aktienrechtlichen Vergütungsregime, AG 2008, 359; *E. Vetter,* Stillschweigender Grundsatzbeschluß der Hauptversammlung zur Bewilligung der Aufsichtsratsvergütung?, BB 1989, 442; *E. Vetter,* Stock Options für Aufsichtsräte – ein Widerspruch? AG 2004, 234; *E. Vetter,* Beraterverträge mit Aufsichtsratsmitgliedern, AG 2006, 173; *E. Vetter,* Aktienrechtliche Probleme der D&O-Versicherung, AG 2000, 453; *E. Vetter,* Aufsichtsratsvergütung und Verträge mit Aufsichtsratsmitgliedern, ZIP 2008, 1; *Weber-Rey,* Aus- und Fortbildung des Aufsichtsrats – gerne intern oder extern!, AG 2011, R 337; *Wellkamp,* Rechtliche Zulässigkeit einer aktienkursorientierten Vergütung von Aufsichtsräten, WM 2001, 489; *Weiß,* Aktienoptionspläne für Führungskräfte, Diss. Tübingen 1998; *Weiß,* Aktienoptionsprogramme nach dem KonTraG, WM 1999, 353; *v. Werder/Bartz,* Corporate Governance Report 2012: Kodexregime und Kodexinhalt im Urteil der Praxis, DB 2012, 869; *v. Werder/Bartz,* Corporate Governance Report 2013: Abweichungskultur und Unabhängigkeit im Lichte der Akzeptanz und Anwendung des aktuellen DCGK, DB 2013, 885; *Wiechers,* Die Beteiligung von Aufsichtsratsmitgliedern am Unternehmenserfolg über die Ausgabe von Wandelschuldverschreibungen und die Bedienung von Aktienbezugsrechten, DB 2003, 595; *Wilsing/von der Linden,* Unabhängigkeit, Interessenkonflikte und Vergütung von Aufsichtsratsmitgliedern – Gedanken zur Kodexnovelle 2012, DStR 2012, 1391; *Wissmann/Ost,* Im Blickpunkt: Der Beratungsvertrag mit der Sozietät eines Aufsichtsratsmitglieds, BB 1998, 1957; *Zimmer,* Die Ausgabe von Optionsrechten an Mitglieder des Aufsichtsrats und externe Berater, DB 1999, 999.

Übersicht

	Rn.		Rn.
I. Überblick	1–3a	**IV. Vergütung der Aufsichtsratsmitglieder, § 113 Abs. 1**	6–38
II. Zweck der Vorschrift	4	1. Rechtsnatur	6–8
III. Entstehungsgeschichte	5	2. Auslagenersatz	9–12

	Rn.		Rn.
3. Vergütungsformen und -bestandteile	13–20	b) Indexorientierte Vergütungen – Phantom Stocks	53–55
4. Voraussetzungen	21–38	VI. Vergütung des ersten Aufsichtsrats, § 113 Abs. 2	56
a) Formale Bedingungen	21–26		
b) Angemessenheit	27–34	VII. In den Vorstand delegierte Aufsichtsratsmitglieder	57
c) Herabsetzung	35–37		
d) Verzicht	38		
V. Variable Vergütungsbestandteile	39–55	VIII. Entstehung, Einreden und Verjährung	58, 59
1. Grundlagen	39–42		
2. Beteiligung am Jahresgewinn, § 113 Abs. 3	43–47	IX. Zwingender Charakter; Rechtsfolgen; Rechtsschutz	60–63
3. Dividenden-Tantiemen	48	X. Konzernrechtliche Fragen	64
4. Vergütungen an Hand des Aktienkurses	49–55	XI. Publizität	65
a) Stock Options	49–52	XII. Steuerrechtliche Behandlung	66–68

I. Überblick

Das Aufsichtsratsamt muss nicht unentgeltlich wahrgenommen werden; vielmehr stellt § 113 klar, 1 dass für die Tätigkeit eines Aufsichtsratsmitglieds eine Vergütung gewährt werden kann, die aber nur von den Aktionären zu beschließen ist, sei es durch die Satzung oder durch einen Hauptversammlungsbeschluss. Die Höhe der Vergütung wird von § 113 nur in Ansätzen geregelt, indem § 113 Abs. 3 Vorgaben für variable Vergütungsbestandteile hinsichtlich des Anteils am Jahresgewinn trifft, der wie für die Aktionäre am Bilanzgewinn auszurichten ist.[1] Im Übrigen sieht das Gesetz in § 113 Abs. 1 S. 2 nur die Angemessenheit der Vergütung im Sinne einer Soll-Vorschrift vor. § 113 bildet auch nicht die Grundlage für den Anspruch auf eine Vergütung, sondern setzt diesen voraus. Er selbst regelt nur das Verfahren der Festsetzung und die Höhe der Vergütung.

Das bis vor einigen Jahren tatsächliche **niedrige Niveau der Vergütungen** für Aufsichtsratsmit- 2 glieder[2] entsprach dem früher verbreiteten Verständnis des Aufsichtsratsamts von einem nobile officium,[3] nicht aber demjenigen eines professionellen Überwachungsorgans. Insgesamt bedarf daher die Vergütung der Aufsichtsratsmitglieder einer ihren Aufgaben angepassten Erhöhung. Zumindest sind für besonders in die Überwachung eingebundene Aufsichtsratsmitglieder – zB die Mitglieder oder der Vorsitzende eines Ausschusses oder der Aufsichtsratsvorsitzende – wesentlich höhere Bezüge angemessen[4] und im Rahmen einer guten Corporate Governance auch erforderlich.[5] Eine besondere Vergütung der Verantwortungsträger wird daher auch in Ziff. 5.4.6 Abs. 1 S. 2 DCGK gefordert. Jedoch soll nur die Mitgliedschaft in Ausschüssen honoriert werden, die auch gearbeitet haben. Die Praxis scheint dem mit langsam ansteigenden Vergütungen Rechnung zu tragen. Die bloße Mitgliedschaft in einem Ausschuss, der im Geschäftsjahr nicht getagt hat, wie es idR beim Vermittlungsausschuss gem. § 27 MitbestG der Fall ist, rechtfertigt jedoch keine höhere Vergütung.[6] Eine Änderung des § 113 wurde auch durch den Gesetzgeber im KonTraG zu Recht für nicht notwendig erachtet,[7] da eine höhere Vergütung des Aufsichtsrats durchaus im Rahmen des § 113 möglich ist.

Seit der Neufassung des **DCGK** im Jahr 2012 empfiehlt Ziff. 5.4.6 Abs. 2 S. 1 DCGK nicht 3 mehr die erfolgsbezogene Vergütung des Aufsichtsrats neben der festen Vergütung;[8] sie wird aber in

---

[1] BegrRegE *Kropff* S. 157; Henssler/Strohn/*Henssler* Rn. 1.
[2] S. Studie von Kramarsch/Filbert bzw. Towers Perrin über die Aufsichtsratsvergütungen der DAX-Unternehmen 2007; *Hoffmann-Becking* ZHR 169 (2005), 155 (174); K. Schmidt/Lutter/*Drygala* Rn. 20; *E. Vetter* in Marsch-Barner/Schäfer Börsennotierte AG-HdB Rn. 29.46.
[3] *Spindler*/Gerdemann FS Stilz, 2014, 629 (630).
[4] *Hoffmann-Becking* FS Havermann, 1995, 229 (245 f.); MHdB AG/*Hoffmann-Becking* § 33 Rn. 29; *Wagner* in Semler/v. Schenck AR-HdB § 11 Rn. 53; MüKoAktG/*Habersack* Rn. 39; *Lutter* ZHR 159 (1995), 287 (303 f.); *Peltzer* FS Zimmerer, 1997, 377 (378 f.); Hüffer/Koch/*Koch* Rn. 4; *Kienbaum* (Fn. 2) spricht sich hier für 5–10% des Vorstandsgehaltsniveaus aus; vgl. aber auch MüKoAktG/*Habersack* Rn. 7, welcher zumindest für die Aufsichtsratsvorsitzenden der DAX-30 Unternehmen die Angemessenheit annimmt.
[5] Vgl. *Lutter* ZHR 159 (1995), 287 (303 f.); *Berrar* NZG 2001, 1113 (1121); *Wagner* NZG 1999, 1092 (1094); *Theisen* DB 1999, 1665 (1670).
[6] *Marsch-Barner* FS Röhricht, 2005, 401 (414).
[7] BegrRegE BT-Drs. 13/9712, 16.
[8] Zu Ziff. 5.4.6 Abs. 2 S. 1 DCGK aF: *Peltzer* Deutsche Corporate Governance Rn. 304; RKLW/*Kremer*, 4. Aufl., Rn. 1092; *Kort* FS Hüffer, 2010, 483 (494 ff.). Hintergrund der Änderung war, dass es sich bei Ziff. 5.4.6 Abs. 2 S. 1 DCGK aF um die am meisten abgelehnte Bestimmung der vorherigen Fassung handelte; vgl. v. Werder/Bartz DB 2012, 869 (876); *Spindler*/Gerdemann FS Stilz 2014, 629 (647 f.).

Ziff. 5.4.6 Abs. 2 S. 2 DCGK weiterhin als zulässig vorausgesetzt. Danach „soll" im Falle der Zusage einer erfolgsbezogenen Vergütung diese auf die nachhaltige Unternehmensentwicklung ausgerichtet sein, entsprechend § 87 Abs. 1. Daraus ergibt sich zugleich, dass jedenfalls eine ausschließlich an kurzfristigen Parametern anknüpfende Vergütung, zB in Form der praxisüblichen Dividendentantiemen, nicht mehr kodexkonform ist.[9] Denkbar ist hingegen die grundsätzliche Koppelung der Aufsichtsratsvergütung an die Struktur der Vorstandsvergütung, wobei aber entsprechend der übernommenen Funktionen (Vorsitz, Ausschussmitgliedschaft etc.) und der tatsächlichen Arbeitsintensität differenziert werden müsste.[10]

3a Neben dem DCGK hat auch die **EU** Empfehlungen zur Einführung einer angemessenen Regelung für die Vergütung von Mitgliedern der Unternehmensleitung börsennotierter Gesellschaften vorgelegt.[11] Diese Vorgaben sind inzwischen in Art. 9a der Aktionärsrechte-RL kodifiziert worden; demnach ergibt sich für das deutsche Recht die Notwendigkeit, nicht nur über die Vergütung als solche, sondern auch über das Vergütungssystem abzustimmen.

II. Zweck der Vorschrift

4 § 113 dient über das Mittel der zwingenden Hauptversammlungskompetenz sowohl dem Gläubigerschutz als auch dem Schutz der Aktionäre vor überhöhten Bezügen. Durch die Hauptversammlung entscheiden diejenigen über die Vergütung, die sie – wirtschaftlich betrachtet – bezahlen müssen.[12] Da sonst allein der Vorstand zuständig wäre, um die Vergütung der Aufsichtsratsmitglieder festzulegen, liegen die potentiellen Interessenkonflikte zwischen Überwachungsorgan und zu überwachendem Organ auf der Hand.[13] Daher darf der Vorstand weder mittelbar auf die Vergütung Einfluss nehmen – etwa wie früher bei Wandelanleihen[14] – noch auf die Verteilung zwischen den Aufsichtsratsmitgliedern (→ Rn. 24). Gleichzeitig wird damit eine gewisse Transparenz hergestellt.[15] Aus diesem Grund sind aber andererseits auch **Abfindungen,** die an ein **ausscheidendes Vorstandsmitglied** gezahlt wurden, für die restliche Vertragszeit im Hinblick auf seinen möglichen Eintritt in den Aufsichtsrat auch nicht nach § 113 zu behandeln, da es hier an einer möglichen Interessenkollision fehlt.[16]

III. Entstehungsgeschichte

5 Schon das AktG 1937 enthielt in § 98 AktG 1937 Regelungen zur Vergütung des Aufsichtsrats, wie etwa in Abs. 1 zur Angemessenheit der Vergütung oder in Abs. 3 zur Beteiligung der Aufsichtsratsmitglieder am Jahresgewinn, ohne dass aber die Hauptversammlung zwingend wie heute die Kompetenz zur Festlegung der Vergütung inne hatte.[17] Diese Regelung wurde erst im AktG 1965 in § 113 Abs. 1 S. 2 AktG 1965 vorgesehen. Die früher im AktG 1937 enthaltene zwingende Regelung zur Angemessenheit der Vergütung wurde nunmehr (ohne nähere Begründung) in eine Sollvorschrift umgewandelt.[18] Neu geregelt wurde ferner § 113 Abs. 3, der die Gewinnbeteiligungsberechnung am Bilanzgewinn der Gesellschaft ausrichtet, womit der Gesetzgeber die Nähe der Aufsichtsratsmitglieder zu den Aktionären stärker betonen wollte.[19] Das noch nach § 98 Abs. 4 AktG 1937 erforderliche angemessene Verhältnis zwischen der Gewinnbeteiligung der Aufsichtsratsmitglie-

---

[9] *Ringleb/Kremer/Lutter/v. Werder* NZG 2012, 1081 (1088); *Knapp* DStR 2013, 865 (865); die Geschichte der Kodexnovellierung deutet darüber hinaus darauf hin, dass selbst eine partielle Kurzfristorientierung im Rahmen einer Mischvergütung nicht zulässig sein soll, dazu *Bredol/Schäfer* BB 2013, 652 (653 f.); aA *Klein* AG 2012, 805 (812) (Orientierung an den Grundsätzen des § 87 Abs. 1 S. 2 AktG).
[10] Zur Diskussion über die generelle Zulässigkeit gleichlaufender Erfolgsparameter bei variablen Vergütungsstrukturen, → Rn. 53.
[11] Empfehlung der Kommission vom 14.12.2004, Empf 2004/913/EG ABl. EG 2004 L 385, 55 ff., Empfehlung der Kommission vom 15.2.2005, Empf 2005/162/EG ABl. EG 2005 L 52, 51 ff., ergänzende Empfehlungen der Kommission vom 30.4.2009, E 2009/384/EG ABl. EG 2009 L 120, 28 ff.
[12] *Lutter/Kremer* ZGR 1992, 87 (92).
[13] *Mertens* FS Steindorff, 1990, 173 (174); Kölner Komm AktG/*Mertens/Cahn* Rn. 3; Großkomm AktG/*Hopt/Roth* Rn. 3; MüKoAktG/*Habersack* Rn. 2; Hüffer/Koch/*Koch* Rn. 1.
[14] LG München I AG 2001, 210 (211); → Rn. 1.
[15] Dazu *Beater* ZHR 157 (1993), 420 (426); *Mertens* FS Steindorff, 1990, 173 (174); *Peltzer* FS Zimmerer, 1997, 377 (382); *Lutter/Kremer* ZGR 1992, 87 (92).
[16] *Dreher* FS Schmidt, 2009, 233 (238 ff.).
[17] S. dazu *Schlegelberger/Quassowski* AktG 1937 § 98 Anm. 9; *Ritter* AktG 1937 § 98 Anm. 3.
[18] BegrRegE *Kropff* S. 157; zu § 98 AktG 1937 siehe *Schlegelberger/Quassowski* AktG 1937 § 98 Anm. 1, § 78 Anm. 3 ff.
[19] BegrRegE *Kropff* S. 157; *Spindler/Gerdemann* FS Stilz, 2014, 629 (633 f.); Großkomm AktG/*Hopt/Roth* Rn. 2; Kölner Komm AktG/*Mertens/Cahn* Rn. 1; MüKoAktG/*Habersack* Rn. 6.

der und den sozialen Aufwendungen des Unternehmens[20] wurde mangels praktischer Relevanz nicht in das AktG 1965 aufgenommen.[21] In der Folgezeit hat § 113 nur durch das StückAG eine Änderung erfahren, indem in § 113 Abs. 3 S. 1 das Wort „Nennbetrag" durch die Formulierung „geringsten Ausgabebetrag" ersetzt wurde, um die Zulassung von Stückaktien zu berücksichtigen (Art. 1 Nr. 9 StückAG v. 25.3.1998 BGBl. 1998 I 590 f.). Beachtlich ist, dass die Vergütungen von Aufsichtsratsmitgliedern weitgehend aus dem Fokus des öffentlichen Interesses ausgeklammert bleiben und sich diese auf die Vergütungen von Vorstandsmitgliedern beschränkt.[22]

IV. Vergütung der Aufsichtsratsmitglieder, § 113 Abs. 1

1. Rechtsnatur. § 113 Abs. 1 selbst enthält **keine Anspruchsgrundlage** für die Aufsichtsratsmitglieder auf Vergütung. Der Anspruch ergibt sich erst aufgrund einer Satzungsbestimmung oder eines Hauptversammlungsbeschlusses,[23] gegebenenfalls auch nachträglich,[24] kann aber auch nicht anderweitig begründet werden, etwa durch eigenständigen Vertrag zwischen der Gesellschaft und dem Aufsichtsratsmitglied (→ § 114 Rn. 4 ff.). Der Anspruch ist gesellschafts- bzw. organschaftlicher Natur, so dass Satzung und Beschluss objektiv auszulegen sind.[25] Die Regeln des § 612 BGB sind nicht anwendbar, ebenso wenig kommen stillschweigend begründete Ansprüche auf Vergütung in Betracht.[26] Fehlt es an einer Satzungsregelung oder einem Hauptversammlungsbeschluss, muss das Aufsichtsratsmitglied seine Tätigkeit unentgeltlich erbringen.[27] Die Vergütung ist dogmatisch die **Entlohnung im Synallagma** für die vom Aufsichtsrat für die Gesellschaft erbrachten Dienste, etwa die Überwachung.[28] Eine von dritter Seite gewährte Vergütung soll zwar nicht an § 113 gemessen werden; diese Norm dient dem Schutz des Gesellschaftsvermögens und umfasst somit nur die hieraus geleistete Vergütung.[29] Abgesehen davon, dass die Drittvergütung die Frage zum Umgang des Aufsichtsratsmitglieds mit Interessenkonflikten aufwirft → § 116 Rn. 84 ff.,[30] wird damit die Kompetenz der Hauptversammlung zur Festlegung umgegangen,[31] was zusätzlich durch Art. 9a der Aktionärsrechte-RL bekräftigt wird.[32]

6

Wie das Aufsichtsratsmitglied mit seiner Vergütung verfährt, ist für die Gesellschaft nicht von Belang. So sind **gesetzliche** oder **schuldrechtliche Bindungen,** die Aufsichtsratsvergütung an Dritte abzuführen, etwa bei entsandten Beamten nach § 104 BBG, § 6 Abs. 3 S. 1, Abs. 4 BNV (Bundesnebentätigkeitsverordnung) oder bei Gewerkschaftsvertretern aufgrund einer entsprechenden Vereinbarung,[33] jedenfalls gesellschaftsrechtlich unbedenklich.[34] Daher sind **Verpflichtungen eines Arbeitnehmervertreters** zulässig, die ihn gegenüber der **Gewerkschaft,** die seine Kandidatur eingeleitet und unterstützt hat, verpflichten, seine aus der Wahrnehmung des Mandats bezogenen Tantiemen an eine gewerkschaftsnahe Organisation abzuführen, da § 113 nur das Verhältnis zwischen

7

---

[20] *Schlegelberger/Quassowski* AktG 1937 § 98 Anm. 19.
[21] BegrRegE *Kropff* S. 157.
[22] S. nur zum VorstAG *Spindler* NJOZ 2009, 3282 ff.
[23] AllgM, Hüffer/Koch/*Koch* Rn. 2; Großkomm AktG/*Hopt/Roth* Rn. 9; NK-AktR/*Breuer/Fraune* Rn. 2; K. Schmidt/Lutter/*Drygala* Rn. 6; Bürgers/Körber/*Israel* Rn. 2; Grigoleit/*Grigoleit/Tomasic* Rn. 4; Hölters/*Hambloch-Gesinn/Gesinn* Rn. 4; *E. Vetter* in Marsch-Barner/Schäfer Börsennotierte AG-HdB Rn. 29.32.
[24] Großkomm AktG/*Hopt/Roth* Rn. 9; MüKoAktG/*Habersack* Rn. 35.
[25] MHdB AG/*Hoffmann-Becking* § 33 Rn. 10; MüKoAktG/*Habersack* Rn. 27 f.; Kölner Komm AktG/*Mertens/Cahn* Rn. 8; Hüffer/Koch/*Koch* Rn. 2; *Lutter/Krieger/Verse* Rechte und Pflichten des Aufsichtsrats Rn. 842; *E. Vetter* ZIP 2008, 1 (2).
[26] MHdB AG/*Hoffmann-Becking* § 33 Rn. 10; Großkomm AktG/*Hopt/Roth* Rn. 9; Hüffer/Koch/*Koch* Rn. 2; *E. Vetter* in Marsch-Barner/Schäfer Börsennotierte AG-HdB Rn. 29.32; Henssler/Strohn/*Henssler* Rn. 2; *Kort* FS Hüffer, 2010, 483 (484).
[27] MüKoAktG/*Habersack* Rn. 27; MHdB AG/*Hoffmann-Becking* § 33 Rn. 10; Großkomm AktG/*Hopt/Roth* Rn. 9; Henssler/Strohn/*Henssler* Rn. 2.
[28] Eingehend mit weit ausholender Begründung *Thüsing/Veil* AG 2008, 359 (361).
[29] *Kiem* FS Stilz, 2014, 329 (334 f.); Hüffer/Koch/*Koch* Rn. 3.
[30] *Kiem* FS Stilz, 2014, 329 (335 f.).
[31] K.Schmidt/Lutter/*Drygala*, Rn. 11; jetzt zust. *Habersack* NZG 2018, 127 (131).
[32] Zutr. *Habersack* NZG 2018, 127 (131); *Leuering*, NZG 2017, 646 (648 f.); aA *Bungert/Wansleben* DB 2017, 1190 (1192 f.).
[33] Zu solchen Abführungsvereinbarungen siehe den derzeit einschlägigen Beschluss des DGB-Bundesausschusses vom 5.3.2014 zu Abführungen an die Hans-Böckler-Stiftung, https://www.boeckler.de/pdf/foerderer_richtlinie_2014.pdf, zuletzt abgerufen am 27.3.2018.
[34] BAGE 151, 367 = NZA 2015, 1319 = AG 2016, 39 (41 f.); *Theisen* DB 1999, 1665 (1671 f.); Kölner Komm AktG/*Mertens/Cahn* Rn. 58; KBLW/*Kremer* DCGK Rn. 1430; vgl. LG München I NZG 2005, 522 f.; *Hanau*, Arbeitspapier 254, 2012, 39 ff. mwN; kritisch hingegen *Sünner* AG 2012, 265 (273); *Thüsing/Forst* FS Graf von Westphalen, 2010, 693 (696 ff.).

Gesellschaft und Aufsichtsratsmitglied betrifft.[35] Auch die Abführung bzw. Verrechnung der Aufsichtsratsvergütungen von Aufsichtsratsmitgliedern einer Tochtergesellschaft, die in der Obergesellschaft gleichzeitig Vorstandsmitglieder sind, findet sich in der Praxis.[36]

8 Auf Vergütung und Auslagenersatz für **Ehrenvorsitzende** oder **Ehrenmitglieder** findet § 113 keine Anwendung, da diese keine Organmitglieder sind. Hierüber befindet dasjenige Organ, das die Bestellung der Ehrenmitglieder vorgenommen hat;[37] es handelt sich um rein schuldrechtliche Vereinbarungen.

9 **2. Auslagenersatz.** Nicht zu der von § 113 geregelten Vergütung zählt dagegen der Ersatz angemessener Auslagen. Der Anspruch hieraus folgt zwar nicht aus Vertrag, da mit dem Aufsichtsratsmitglied kein Dienst- oder Geschäftsbesorgungsvertrag geschlossen wird; doch hat das Aufsichtsratsmitglied **analog § 670 BGB** aus seinem organschaftlichen Verhältnis einen entsprechenden Anspruch auf Ersatz der angemessenen Aufwendungen.[38] Für diesen Anspruch bedarf es demgemäß auch nicht einer Satzungsregelung oder eines Hauptversammlungsbeschlusses;[39] vielmehr wird der Aufwendungsersatz vom Vorstand im Rahmen seiner Geschäftsführungsbefugnis gewährt.[40] Allerdings ist sicherzustellen, dass der Vorstand dem Aufsichtsratsmitglied keine verdeckte Vergütung iSd § 113 zahlt. Dementsprechend hat der Vorstand die Entscheidung des Aufsichtsratsvorsitzenden einzuholen, wenn er an der Eigenschaft der begehrten Zahlung als Auslagenersatz bzw. an der Höhe des geltend gemachten Anspruchs zweifelt.[41] Vor diesem Hintergrund kann auch von einem eigenständigen Aufsichtsratsbudget, das jenseits der Vergütung von der Hauptversammlung beschlossen würde oder in der Satzung geregelt würde,[42] nicht ausgegangen werden; auch wenn man dies rechtspolitisch wegen der nötigen Unabhängigkeit des Aufsichtsrats als sinnvoll erachtet,[43] führt doch kein Weg daran vorbei, dass der Gesetzgeber dies gerade nicht vorgesehen hat.

10 Zu den **erstattungsfähigen Auslagen** zählen alle mit der Aufsichtsratstätigkeit unmittelbar verbundenen Vermögensaufwendungen, insbesondere alle mit der Sitzung im Zusammenhang stehenden Reise-, Verpflegungs- und Übernachtungskosten,[44] Dolmetscherkosten,[45] aber auch die konkret der Aufsichtsratstätigkeit zuzuordnende Telefon- und Korrespondenzkosten[46] des Aufsichtsratsmitglieds. Aufwendungen für Reisen zu Betriebsstätten des Unternehmens sind ersatzfähig, soweit sie der Überwachungstätigkeit des Aufsichtsrats dienen.[47] Auch Kosten für die Vorbesprechung von „Bänken" im Aufsichtsrat sind erstattungsfähig, soweit sie noch im Unternehmensinteresse liegen,[48]

---

[35] BAG NZA 2015, 1319 = GWR 2015, 429 m. Anm. *Rahlmeyer/von Eiff*; Hüffer/Koch/*Koch* Rn. 2, 4; MüKoAktG/*Habersack* Rn. 5; Kölner Komm AktG/*Mertens/Cahn* Rn. 58.
[36] *Peltzer* FS Zimmerer, 1997, 377 (380); Großkomm AktG/*Hopt/Roth* Rn. 12.
[37] Bürgers/Körber/*Israel* Rn. 2.
[38] Hüffer/Koch/*Koch* Rn. 2b; Bürgers/Körber/*Israel* Rn. 14; für Anspruch aus §§ 670, 675 BGB MüKoAktG/*Habersack* Rn. 21; *Wagner* in Semler/v. Schenck AR-HdB § 11 Rn. 60; *Semler* FS Claussen, 1997, 381 (383 f.); Kölner Komm AktG/*Mertens/Cahn* Rn. 12; für Analogie zu §§ 670, 675 BGB *Lutter/Krieger/Verse* Rechte und Pflichten des Aufsichtsrats Rn. 842, 845; Großkomm AktG/*Hopt/Roth* Rn. 18; *Scholz/Schneider* GmbHG § 52 Rn. 367a.
[39] MHdB AG/*Hoffmann-Becking* § 33 Rn. 13; Hüffer/Koch/*Koch* Rn. 2b.
[40] *Hoffmann/Preu* Der Aufsichtsrat Rn. 447; Großkomm AktG/*Hopt/Roth* Rn. 25; *Wagner* in Semler/ v. Schenck AR-HdB § 11 Rn. 85 ff.
[41] Großkomm AktG/*Hopt/Roth* Rn. 26 f.; MüKoAktG/*Habersack* Rn. 26 spricht sich für eine alleinige Entscheidungszuständigkeit des Aufsichtsrats aus; ebenso *Gaul* AG 2017, 817 (879); ferner K. Schmidt/Lutter/*Drygala*, Rn. 14; *Maser/Göttle*, NZG 2013, 201 (207).
[42] *Theisen* FS Säcker, 2011, S. 487 (511); s. auch MHdB AG/*Hoffmann-Becking* § 33 Rn. 17; *Knoll/Zachert* AG 2011, 309 (313); *Plagemann* NZG 2016, 211 (215); de lege ferenda *Rotering/Mohamed* Der Konzern 2016, 433 (436 f.).
[43] Schon de lege lata *Gaul* AG 2017, 817 (880 f.), der hier für eine Satzungslösung plädiert; ähnlich *Knoll/ Zachert* AG 2011, 309 (311); dagegen zu Recht *Rotering/Mohamed* Der Konzern 2016, 433 (436 f.).
[44] MHdB AG/*Hoffmann-Becking* § 33 Rn. 13; *Hoffmann/Preu* Der Aufsichtsrat Rn. 447; Großkomm AktG/ *Hopt/Roth* Rn. 19; Kölner Komm AktG/*Mertens/Cahn* Rn. 12; Hüffer/Koch/*Koch* Rn. 2d; *Lutter/Krieger/Verse* Rechte und Pflichten des Aufsichtsrats Rn. 845; *Säcker* NJW 1979, 1521 (1526); *Semler* FS Claussen, 1997, 381 (388 f.) mit Beispielen; MüKoAktG/*Habersack* Rn. 22; *Wagner* in Semler/v. Schenck AR-HdB § 11 Rn. 69 ff. mit Beispielen.
[45] Dazu *Semler* FS Claussen, 1997, 381 (392); MüKoAktG/*Habersack* Rn. 22, § 107 Rn. 53; *Wagner* in Semler/ v. Schenck AR-HdB § 11 Rn. 76; Großkomm AktG/*Hopt/Roth* Rn. 19.
[46] Hüffer/Koch/*Koch* Rn. 2d; *Lutter/Krieger/Verse* Rechte und Pflichten des Aufsichtsrats Rn. 845; *Hoffmann/ Preu* Der Aufsichtsrat Rn. 447; Großkomm AktG/*Hopt/Roth* Rn. 19; *Wagner* in Semler/v. Schenck AR-HdB § 11 Rn. 70.
[47] *Wagner* in Semler/v. Schenck AR-HdB § 11 Rn. 67; einschränkend Großkomm AktG/*Hopt/Roth* Rn. 19 und (für den Aufsichtsrat einer mitbestimmten GmbH) *Scholz/Schneider* GmbHG § 52 Rn. 367 f., die die Zustimmung des Aufsichtsratsvorsitzenden zu solchen Besuchen verlangen.
[48] Großkomm AktG/*Hopt/Roth* Rn. 19; MüKoAktG/*Habersack* Rn. 22; ferner *Gaul* AG 2017, 877 (881).

ebenso die Kosten für die Teilnahme an der Hauptversammlung.[49] Die **Grenze** bilden jeweils die Erforderlichkeit der Auslagen zur Wahrnehmung des Aufsichtsratsamtes sowie die Angemessenheit, was sich bereits aus § 670 BGB ergibt. Diesbezüglich steht dem Aufsichtsrat ein Ermessensspielraum zu.[50] Zu erstatten sind auch die Kosten einer erforderlichen Vorbesprechung von Aufsichtsratsmitgliedern,[51] ebenso wie Kosten für Reisen zu Ausschüssen, auch wenn das Mitglied diesen nicht angehört, sofern der Aufsichtsratsvorsitzende der Teilnahme nicht nach § 109 Abs. 2 widersprochen hat.[52] Dagegen unterliegen Aufwendungen, die im Zusammenhang mit dem Besuch von Belegschafts- oder Betriebsratssitzungen anfallen, nicht der Pflicht zum Auslagenersatz.[53] **Sitzungsgelder** sind bereits mit der Aufsichtsratsvergütung abgegolten, soweit sie den tatsächlichen Kostenaufwand übersteigen;[54] oftmals ist damit auch nur eine pauschale Vergütung unabhängig von den konkreten Aufwendungen gemeint, was allerdings nicht unproblematisch ist.[55] Ob sich aus der Gewährung von Sitzungsgeldern auch eine Vergütung für die Teilnahme an **Telefon- und Videokonferenzen** ableiten lässt, ist umstritten. Zwar bestehen nach wie vor Unterschiede, insbesondere im Hinblick auf gruppendynamische Effekte, zur Präsenzsitzung, eine Satzungsklausel zum Sitzungsgeld ist jedoch allein objektiv auszulegen. Sieht sie keine Differenzierung vor, kann dennoch Sitzungsgeld auch für Nicht-Präsenzsitzungen verlangt werden (→ § 108 Rn. 62).[56] **Repräsentationskosten** werden wiederum nur in Ausnahmefällen erstattungsfähig sein, da die Darstellung des Unternehmens nach außen Sache des Vorstandes ist.[57] **Fortbildungskosten** sind nur erstattungsfähig, wenn die vermittelten Kenntnisse trotz der vom Gesetz vorausgesetzten Fähigkeiten bei einem Aufsichtsratsmitglied bei Amtsantritt nicht vorhanden sein konnten, zB bei Gesetzesänderungen.[58] Generelle Schulungen, um überhaupt erst die Fähigkeit zur Kontrolle des Vorstandes zu erlangen, sind dagegen nicht erstattungsfähig.[59] Der DCGK empfiehlt hingegen eine angemessene Unterstützung der Aufsichtsratsmitglieder bei der für ihre Aufgaben erforderlichen Aus- und Fortbildung durch die Gesellschaft (Ziff. 5.4.5 Abs. 2 S. 2 DCGK).[60] Hiermit können richtigerweise aber nur Fortbildungen für die Erlangung von Zusatzqualifikationen gemeint sein, die über die qua Mandat geschuldete, allgemeine Befähigung zur Ausübung des Aufsichtsratsamtes hinausgehen.[61] Ebenso wenig kann das Aufsichts-

---

[49] *Gaul* AG 2017, 877 (881).
[50] *Thüsing/Veil* AG 2008, 359 (364 ff.).
[51] MHdB AG/*Hoffmann-Becking* § 33 Rn. 14; Großkomm AktG/*Hopt/Roth* Rn. 19; Kölner Komm AktG/*Mertens/Cahn* Rn. 12; *Semler* FS Claussen, 1997, 381 (385); MüKoAktG/*Habersack* Rn. 22; *Wagner* in Semler/v. Schenck AR-HdB § 11 Rn. 65 f., insbes. zur Zulässigkeit von Vorbesprechungen zwischen Anteilseigner- und Arbeitnehmervertretern; Scholz/*Schneider* GmbHG § 52 Rn. 370, der aber einen „Kommissionstourismus" für nicht gerechtfertigt hält.
[52] MüKoAktG/*Habersack* Rn. 22; weitergehend Großkomm AktG/*Hopt/Roth* Rn. 19, die einen Anspruch auf Auslagenersatz infolge der Teilnahme an Ausschusssitzungen generell befürworten.
[53] Kölner Komm AktG/*Mertens/Cahn* Rn. 12; *Hoffmann/Preu* Der Aufsichtsrat Rn. 447 f. (451); Scholz/*Schneider* GmbHG § 52 Rn. 369.
[54] MHdB AG/*Hoffmann-Becking* § 33 Rn. 18; *Hoffmann/Preu* Der Aufsichtsrat Rn. 452; Großkomm AktG/*Hopt/Roth* Rn. 29; Kölner Komm AktG/*Mertens/Cahn* Rn. 12; *Wagner* in Semler/v. Schenck AR-HdB § 11 Rn. 43; Hüffer/Koch/*Koch* Rn. 2d.
[55] *E. Vetter* ZIP 2008, 1 (2).
[56] Ebenso *Gaul* AG 2017, 877 (883) mwN.
[57] *Dieckmann/Wurst* NZG 2014, 121, 126; *Wagner* in Semler/v. Schenck AR-HdB § 11 Rn. 68; *Semler* FS Claussen, 1997, 381 (386): Anliegen des Vorstandes und Zustimmung des Aufsichtsratsvorsitzenden genügen; *Fonk* NZG 2009, 761 (769): Auch im internen Bereich bestehen Repräsentationsaufgaben, wie Firmenjubiläen, Einweihungen von Großinvestitionen oder den Vorstand betreffende persönliche Anlässe (Jubiläen, besondere Geburtstage, Verabschiedung), welche zumindest die Anwesenheit des Aufsichtsratsvorsitzenden erfordern und deren Kosten auch erstattungsfähig sind.
[58] Großkomm AktG/*Hopt/Roth* Rn. 20; MüKoAktG/*Habersack* Rn. 24; ähnlich *Lutter/Krieger/Verse* Rechte und Pflichten des Aufsichtsrats Rn. 846, die Schulungen zum Erwerb von Spezialkenntnissen unter Umständen für erstattungsfähig erachten; s. auch *Gaul* AG 2017, 877 (883).
[59] S. dazu Kölner Komm AktG/*Mertens/Cahn* Rn. 12; *Semler* FS Claussen, 1997, 381 (386); MüKoAktG/*Habersack* Rn. 24; MHdB AG/*Hoffmann-Becking* § 33 Rn. 14; *Lutter/Krieger/Verse* Rechte und Pflichten des Aufsichtsrats Rn. 846; *Potthoff/Trescher* Aufsichtsratsmitglied Rn. 983; Scholz/*Schneider* GmbHG § 52 Rn. 368; *Hoffmann/Preu* Der Aufsichtsrat Rn. 447, 449 erachten Fortbildungskosten zutreffend als bereits von der Aufsichtsratsvergütung umfasst; *E. Vetter* in Marsch-Barner/Schäfer Börsennotierte AG-HdB Rn. 29.51; *Leyendecker-Langner/Huthmacher* NZG 2012, 1415 (1416); *Weber-Rey* AG 2011, R 337 f.; *Bosse/Malchow* NZG 2010, 972 f.; *Kocher/Lönner* ZCG 2010, 273 (277); *Fonk* NZG 2009, 761 (769); aA mit Blick auf die Arbeitnehmervertreter *Köstler/Müller/Sick* AR-Praxis Rn. 761; *Säcker* NJW 1979, 1521 (1526).
[60] Ziffer 5.4.5 Abs. 2 S. 2 DCGK soll auch die finanzielle Unterstützung erfassen, *Ringleb/Kremer/Lutter/v. Werder* NZG 2010, 1161 (1166), die auch die Übernahme von Weiterbildungskosten in großzügigerem Maße befürworten, wenn die Maßnahmen mit der Gesellschaft abgestimmt sind; dazu auch *Theisen* FS Säcker, 2011, 487 (508 f.).
[61] MüKoAktG/*Habersack* Rn. 24; Hüffer/Koch/*Koch* Rn. 2e; *Bosse/Malchow* NZG 2010, 972 (973); aA *Mutter* AG 2010, R 410 (412).

ratsmitglied die **Kosten für Sachverständige** oder Hilfskräfte ersetzt verlangen, die es zur allgemeinen Unterstützung und Beratung heranzieht; denn aufgrund des Gebots persönlicher und eigenverantwortlicher Amtsausübung ist die Beauftragung[62] eines Sachverständigen neben den vom Gesetz in § 111 Abs. 2 S. 2 vorgesehenen Fällen nur dann ausnahmsweise zulässig, wenn dies zur Erfüllung der Überwachungsaufgabe im Unternehmensinteresse erforderlich ist und nicht durch gesellschaftsinterne Aufklärung oder Befragung des Abschlussprüfers ersetzt werden kann.[63] Dies gilt erst recht für ein eigenes **Sekretariat** von Aufsichtsratsmitgliedern, die nicht erstattungsfähig sind.[64]

11 **Allgemeine Kosten** des Aufsichtsratsmitglieds, wie zB die Büromiete und Personalkosten, können dagegen in der Regel nicht im Wege der Auslagenerstattung geltend gemacht werden, sondern müssen vom Aufsichtsratsmitglied im Rahmen seiner Vergütung getragen werden.[65] Eine Ausnahme wird man hier nur für das Amt des **Aufsichtsratsvorsitzenden** und damit verbundenen Büro- und Personalkosten machen können **(Aufsichtsratsbüro)**, da der Aufsichtsratsvorsitz in aller Regel eine kontinuierliche Tätigkeit und stetige Kommunikation mit dem Vorstand erfordert.[66] **Einkommensverluste** infolge Mandatswahrnehmung sind nicht erstattungsfähig, da die Frage einer Gehaltsfortzahlung das Innenverhältnis des Aufsichtsratsmitglieds mit seinem Dienstherrn bzw. Auftraggeber betrifft.[67]

12 Problematisch kann daher auch die Zubilligung einer **Kostenpauschale** sein, die das Aufsichtsratsmitglied ohne Rücksicht auf konkret angefallene Kosten erhält. Eine derartige Pauschale dient der Verwaltungsvereinfachung in zulässiger Weise nur insoweit, als sich darin nicht Vergütungsbestandteile verbergen;[68] eine Abgrenzung ist aber gerade bei Pauschalen schwierig, da sie den Nachweis der konkreten Verursachung von Kosten erübrigen sollen. Aufgrund der unterschiedlichen Anspruchsvoraussetzungen müssen jedenfalls Auslagenersatz und Vergütung streng voneinander getrennt werden.[69] **Verdeckte Vergütungen** sind dagegen sämtliche Pauschalen, die nicht tatsächlich entstandenen und belegbaren Aufwand abdecken. Als Leitlinie können hier die üblicherweise anfallenden Kosten dienen, bei deren Überschreitung ein pauschaler Auslagenersatz als Vergütungsbestandteil zu qualifizieren ist.[70]

13 **3. Vergütungsformen und -bestandteile.** Die Vergütungsform ist nicht vorgeschrieben. Die Vergütung kann sowohl fest als auch variabel erfolgen; ebenso sind Kombinationen und Koppelungen von festen und variablen Vergütungen denkbar,[71] zB durch Anrechnung von variablen Vergütungen

---

[62] Großkomm AktG/*Hopt/Roth* Rn. 20; (jeweils mit Beispielen); ähnlich *Lutter/Krieger/Verse* Rechte und Pflichten des Aufsichtsrats Rn. 846, die Schulungen zum Erwerb von Spezialkenntnissen unter Umständen für erstattungsfähig erachten; auch Kölner Komm AktG/*Mertens/Cahn* Rn. 12, für den Fall, dass Ausschussarbeit eine Fortbildung zum Erwerb von Spezialkenntnissen erfordert; so auch *Kocher/Lönner* ZCG 2010, 273 (277); *Leyendecker-Langner/Huthmacher* NZG 2012, 1415 (1416 f.).

[63] → § 111 Rn. 43 ff.; BGHZ 85, 293 (295 ff.) = NJW 1983, 991 – Hertie; hierzu *Hommelhoff* ZGR 1983, 551 (562 ff.); *Hoffmann/Preu* Der Aufsichtsrat Rn. 450; *Semler* FS Claussen, 1997, 381 (392); Kölner Komm AktG/*Mertens/Cahn* Rn. 12; ebenso *Scholz/Schneider* GmbHG § 52 Rn. 369; KBLW/*Kremer* DCGK Rn. 1428: Sehr zurückhaltende Handhabung der Erstattung; in diesem Sinne wohl auch *Lutter/Krieger/Verse* Rechte und Pflichten des Aufsichtsrats Rn. 845; aA *Säcker* NJW 1979, 1521 (1526); *Säcker* FS Fischer, 1979, 635 (651 ff.); ebenfalls für eine großzügigere Erstattungspraxis Großkomm AktG/*Hopt/Roth* Rn. 19, die die Kostenerstattung für gerechtfertigt halten, das Wohl der Gesellschaft im Einzelfall eine sofortige Beratung erfordere.

[64] *Gaul*. AG 2017, 877 (882); K.Schmidt/Lutter/*Drygala* Rn. 14; *Lutter/Krieger/Verse* Rn. 845; *Diekmann/Wurst*, NZG 2014, 121 (127).

[65] Im Ergebnis ähnlich Hüffer/Koch/*Koch* Rn. 2d; Großkomm AktG/*Hopt/Roth* Rn. 23; MüKoAktG/*Habersack* Rn. 23; *Lutter/Krieger/Verse* Rechte und Pflichten des Aufsichtsrats Rn. 845; weitergehend in der Tendenz dagegen: *Semler* FS Claussen, 1997, 381 (388); *Wagner* in Semler/v. Schenck AR-HdB § 11 Rn. 70; *Scholz/Schneider* GmbHG § 52 Rn. 367.

[66] *Semler* FS Claussen, 1997, 381 (393 ff.); *Wagner* in Semler/v. Schenck AR-HdB § 11 Rn. 80 ff.; MüKoAktG/*Habersack* Rn. 25; Großkomm AktG/*Hopt/Roth* Rn. 23; *Gaul* AG 2017, 877 (882).

[67] BGH WM 1988, 531 (532 f.): Kein Aufwendungsersatz eines Vereinsvorstands für entgangene Verdienstmöglichkeiten, da § 670 BGB Unentgeltlichkeit voraussetze, der Ersatz für aufgewendete Arbeitszeit und -kraft hingegen einer Vergütung entspreche; *Gaul* AG 2017, 877 (881 f.); *Semler* FS Claussen, 1997, 381 (392 f.); MüKoAktG/*Habersack* Rn. 23; *Wagner* in Semler/v. Schenck AR-HdB § 11 Rn. 77; aA Kölner Komm AktG/*Mertens/Cahn* Rn. 12; *Hoffmann/Preu* Der Aufsichtsrat Rn. 447: Wegen Gleichbehandlung von Angestellten-Vertretern und extern gewerblich tätigen Arbeitnehmern.

[68] BGH WM 1988, 531 (532 f.) für den Aufwendungsersatzanspruch eines Vereinsvorstands; Hüffer/Koch/*Koch* Rn. 2d; *Bürgers/Körber/Israel* Rn. 14; *Wagner* in Semler/v. Schenck AR-HdB § 11 Rn. 43.

[69] Ebenso Hüffer/Koch/*Koch* Rn. 2d; einschränkend *Wagner* in Semler/v. Schenck AR-HdB § 11 Rn. 43: Pauschalierte Beträge müssten den tatsächlichen Aufwendungen nur in etwa entsprechen.

[70] MüKoAktG/*Habersack* Rn. 21; in diesem Sinne auch – allerdings unklar ausgedrückt – BGH WM 1988, 531 (532 f.) für den Aufwendungsersatzanspruch eines Vereinsvorstands.

[71] Kölner Komm AktG/*Mertens/Cahn* Rn. 14; MüKoAktG/*Habersack* Rn. 10; *Bürgers/Körber/Israel* Rn. 9; K. Schmidt/Lutter/*Drygala* Rn. 12; *E. Vetter* in Marsch-Barner/Schäfer Börsennotierte AG-HdB Rn. 29.38; *E. Vetter* ZIP 2008, 1 (2 f.); *Marsch-Barner* FS Röhricht, 2005, 401 (414).

auf eine feste Vergütung, wenn die variable Komponente bestimmte Schwellenwerte überschreitet. Zu variablen Vergütungen → Rn. 40 ff.

Die Vergütung muss nicht in Geld erfolgen, sie kann auch in **Sachleistungen** erbracht werden. **14** Zu solchen Leistungen zählen etwa die Mitbenutzung eines Fuhrparks des Unternehmens bzw. ein **Dienstwagen,** sofern die Gesellschaft nicht dadurch anfallenden Reiseaufwand übernimmt. So ist die private Nutzung eines Dienst-Pkw stets ein Vergütungsbestandteil, der die formellen Voraussetzungen des § 113 erfüllen muss.[72]

Strittig bleibt dagegen, ob zu den Bestandteilen der Vergütung auch der Abschluss einer Haftpflicht- **15** versicherung auf Kosten der Gesellschaft (Director's- and Officer's Liability Insurance bzw. **D&O-Versicherung**) gehört, da das Aufsichtsratsmitglied sich selbst den Abschluss einer entsprechenden Versicherung erspart. Teilweise wird eine solche Vergütungseigenschaft angenommen, selbst dann, wenn es sich um eine **Gruppenversicherung**[73] handelt, die auch zugunsten des Vorstandes oder weiterer leitender Mitarbeiter abgeschlossen wird, so dass die Hauptversammlung zuständig wäre.[74] Insbesondere führen die Befürwortenden dieser Ansicht an, dass § 87 Abs. 1 S. 1 die Versicherungsentgelte als Teil der festzusetzenden Gesamtbezüge nennt.[75] Zudem wird teilweise auf das hohe Eigeninteresse des jeweiligen Aufsichtsratsmitglieds an einer D&O-Versicherung abgestellt; dies wird mit der Erwartungshaltung in Bezug auf eine „Verschaffungsklausel"[76] und ihrer Eigenschaft als Versicherter iSd §§ 43 ff. VVG begründet.[77] Die Gegenauffassung[78] betont, die Versicherung sei Bestandteil der dienstlichen Fürsorge und des Mandats[79] und diene als Garant für die Handlungsfreiheit des Aufsichtsrats dem Unternehmensinteresse.[80] Auch ermögliche eine D&O-Versicherung die Gewinnung qualifizierten Personals[81] und erleichtere die Durchsetzbarkeit von Innenhaftungsansprüchen der Gesellschaft.[82] Demgemäß könne die D&O-Versicherung als im Eigeninteresse der Gesellschaft liegend qualifiziert werden, da sie der Absicherung der Insolvenzrisiken der Organmitglieder im Regressfall diene.[83] Auch sollen die Organmitglieder sich im Fall einer Inanspruchnahme nicht vorrangig um die Abwehr von Ansprüchen kümmern müssen, sondern um die Leitung des Unternehmens.[84]

Letztlich ist hier jedoch **zu differenzieren:**[85] Denn das Argument, dass die D&O-Versicherung **16** das Ausfallrisiko der Forderung der Gesellschaft abnehme, trägt nur bedingt, da die D&O-Versiche-

---

[72] S. auch MüKoAktG/*Habersack* Rn. 12; Großkomm AktG/*Hopt/Roth* Rn. 32.
[73] Für eine Individualisierung der Versicherungspolicen *Armbrüster* NJW 2016, 897 (898 ff.).
[74] *Feddersen* AG 2000, 385 (394); *Kästner* AG 2000, 113 (118); *Theisen* DB 1999, 1665 (1668); MHdB AG/*Wiesner* § 21 Rn. 37; *Henssler* RWS-Forum 2001, 131 (144 ff.); *Krüger* NVersZ 2001, 8; *Hüffer*, 10. Aufl., Rn. 2a; K. Schmidt/Lutter/*Drygala* Rn. 12; so im Erg. auch *Ulmer* FS Canaris, Bd. 2, 2007, 451 (471); sowie *Pammler*, Die gesellschaftsfinanzierte D&O-Versicherung im Spannungsfeld des Aktienrechts, 2006, 133 ff.: analoge Anwendung des § 113; einschränkend Großkomm AktG/*Hopt/Roth* Rn. 53, der den Vergütungscharakter im Falle eines angemessenen Selbstbehalts des Aufsichtsratsmitglieds ablehnen.
[75] *Beckmann* in Beckmann/Matusche-Beckmann Versicherungsrechts-Handbuch, 3. Aufl. 2015, § 28 Rn. 24; Henssler/Strohn/*Henssler* Rn. 3.
[76] Hierzu v. *Schenck* NZG 2015, 494 (499); *Lange* ZIP 2004, 2221.
[77] *Armbrüster* NJW 2016, 897 (900).
[78] *Dreher* ZHR 165 (2001), 293 (322); *Dreher* DB 2001, 996 (999); *Dreher/Thomas* ZGR 2009, 31 (49 ff.): keine Änderung durch die VVG-Novelle 2008; *Lange* ZIP 2001, 1524 (1526 ff.); *Lange* DB 2003, 1833 (1834); *Mertens* AG 2000, 447 (451 f.); *Notthoff* NJW 2003, 1350 (1354); *Schüppen/Sanna* ZIP 2002, 550 (552 f.); *E. Vetter* AG 2000, 453 (457); Kölner Komm AktG/*Mertens/Cahn* Rn. 16; MüKoAktG/*Habersack* Rn. 13; Hüffer/Koch/*Koch* Rn. 2a; Bürgers/Körber/*Israel* Rn. 13; Grigoleit/*Grigoleit/Tomasic* Rn. 9; *Wagner* in Semler/v. Schenck AR-HdB § 11 Rn. 45; *E. Vetter* in Marsch-Barner/Schäfer Börsennotierte AG-HdB Rn. 29.77; offen gelassen von BGH NZG 2009, 550 (552).
[79] *Dreher* ZHR 165 (2001), 293 (316 f.); *Dreher/Thomas* ZGR 2009, 31 (51); *Lange* ZIP 2001, 1524 (1526); *Mertens* AG 2000, 447 (451); *E. Vetter* AG 2000, 453 (456 f.); *E. Vetter* ZIP 2008, 1 (6); *Wagner* in Semler/v. Schenck AR-HdB § 11 Rn. 45; *E. Vetter* in Marsch-Barner/Schäfer Börsennotierte AG-HdB Rn. 29.77.
[80] *Dreher* ZHR 165 (2001), 293 (310); *Dreher/Thomas* ZGR 2009, 31 (52 f.); *Notthoff* NJW 2003, 1350 (1353 f.).
[81] *Dreher* ZHR 165 (2001), 293 (310); *Mertens* AG 2000, 447 (452); *Notthoff* NJW 2003, 1350 (1353 f.); *Schüppen/Sanna* ZIP 2002, 550 (551).
[82] *Dreher* ZHR 165 (2001), 293 (313); *Lange* ZIP 2001, 1524 (1526); *Lange* DB 2003, 1833 (1834 f.); *Mertens* AG 2000, 447 (451); *Schüppen/Sanna* ZIP 2002, 550 (551); *Wagner* in Semler/v. Schenck AR-HdB § 11 Rn. 45.
[83] OLG München DB 2005, 1675 (1676); *Schüppen/Sanna* ZIP 2002, 550 (552); *Dreher* ZHR 165 (2001), 293 (310 f., 322); *Lange* DStR 2001, 1626 (1628 f.); *Lange* ZIP 2001, 1524 (1526 f.); *Lange* DB 2003, 1833 (1834); *Notthoff* NJW 2003, 1350 (1353); *Kort* DStR 2006, 799 (802); *Kort* DB 2001, 996 (999); *Mertens* AG 2000, 447 (451 f.); *E. Vetter* AG 2000, 453 (457); MüKoAktG/*Habersack* Rn. 13; *Wagner* in Semler/v. Schenck AR-HdB § 11 Rn. 45; wohl auch *Seibt/Saame* AG 2006, 901 (912); *Gaul* AG 2017, 877 (884 f.).
[84] OLG München DB 2005, 1675 (1676).
[85] Näher dazu *Spindler*, Organhaftung und Versicherung in Bachmann/Casper/Schäfer/Veil, Die Steuerungsfunktionen der Haftung im Gesellschafts- und Kapitalmarktrecht, 2007, 215 (224 ff.).

rung als Haftpflichtversicherung ausgestaltet ist, bei der Versicherungsnehmerin die Gesellschaft ist, die versicherte Person aber das jeweilige Organmitglied (Versicherung für fremde Rechnung nach §§ 43 ff. VVG).[86] Die Gesellschaft hat damit keinen unmittelbaren Anspruch gegen die Versicherung, sondern kann nur Zahlung an die versicherte Person selbst verlangen,[87] zumal die Versicherung auch für das Organmitglied den entsprechenden Haftungsprozess zu führen berechtigt wäre.[88] Anders als bei einer Aktivenversicherung, die der Gesellschaft einen Direktanspruch als Versicherungsnehmerin gegenüber der Versicherung verschaffen würde, verringert sich das Ausfallrisiko der Gesellschaft nur quotal im Rahmen einer Insolvenz des Organmitglieds. Zwar mag man dies als theoretische Gedanken ansehen, da der Hauptschaden des Organmitglieds letztlich in dem entsprechenden Schadensersatzanspruch der Gesellschaft liegen dürfte, der gerade durch die Versicherung abgedeckt wird. Doch ist nicht zu verkennen, dass die Versicherung gerade auf Seiten des Organmitglieds gegen die Gesellschaft tätig wird, indem sie deren Ansprüche abzuwehren versucht; zudem wäre es der Gesellschaft – wenn sie denn ein derart großes Eigeninteresse haben sollte – nicht verwehrt, die Versicherung so abzuschließen, dass sie einen direkten Anspruch gegen die Versicherung hat.[89] Es kommt vielmehr auf die **Ausgestaltung der D&O-Versicherung** an:[90] Erfasst diese nur Organmitglieder und diese auch eher individuell – was heute eher die Ausnahme sein dürfte –, liegt keine Fürsorgeaufwendung mehr vor, sondern eine Kompensation für den sonst eingreifenden Risikozuschlag im Rahmen der Vergütung. Ist die D&O-Versicherung jedoch pauschal ausgestaltet, zB als **Gruppenversicherung,** und werden die Prämien etwa nur aufgrund der Bilanzsumme und ähnlicher rein unternehmensbezogener Parameter kalkuliert,[91] wird die Versicherung von den einzelnen Organmitgliedern entkoppelt. Dies gilt erst recht bei sog. Entity Coverage-Klauseln, die sämtliche Ansprüche auch direkt gegenüber der Gesellschaft umfassen.[92] In diesem Fall (Gruppenversicherung) liegt mithin keine Vergütung mehr vor, mit den entsprechenden Folgen für die Zuständigkeit, die beim Vorstand liegt. Für den nachträglichen Zukauf ist **Schadensnachmeldefristen** wird zutreffend darauf hingewiesen, dass hier bei isoliertem Zukauf z.B. nur für Vorstandsmitglieder und bereits eingeleiteter Ermittlungen durch den Aufsichtsrat Interessenkollisionen entstehen können, so dass hier der Aufsichtsrat zuständig sein sollte.[93]

17 In diesem Rahmen ist die von den Finanzbehörden nur unter engen Voraussetzungen gem. § 18 Abs. 1 Nr. 3 EStG angenommene Steuerpflicht des Aufsichtsratsmitglieds hinsichtlich der (ihm nicht zufließenden) Versicherungsprämien[94] keine Voraussetzung für die gesellschaftsrechtliche Vergütungseigenschaft der Prämien.[95]

18 Ist die Hauptversammlung zuständig, kann problematisch sein, dass in einer Satzungsregelung oder einem Hauptversammlungsbeschluss die Prämie nicht festgelegt werden kann, da diese vom Schadensverlauf einer Versicherung abhängt; doch kann sehr wohl die Höhe der Versicherungssumme festgelegt werden, so dass mittelbar auch im Rahmen für die Prämienhöhe besteht.[96] Beschließt die Hauptversammlung eine Versicherung für alle gegenwärtigen und künftigen Aufsichtsratsmitglieder, bedarf es zur Einbeziehung künftiger Aufsichtsratsmitglieder keines erneuten Beschlusses;[97] nur im Falle einer wesentlichen Änderung der Versicherungsbedingungen, zB einer Erhöhung der Versicherungssumme, müsste die Hauptversammlung erneut beschließen.[98]

---

[86] OLG München DB 2005, 1675; LG München I VersR 2005, 543 (544); LG Marburg DB 2005, 437 (438); *Dreher* DB 2005, 1669 (1670); *Ihlas,* D&O – Directors & Officers Liability, 2009, 334; *Koch* GmbHR 2004, 18 (22 f.); *Barenzen/Brachmann/Braun,* D&O-Versicherung für Kapitalgesellschaften, 2003, 107 f.; *Beckmann* in Beckmann/Matusche-Beckmann Versicherungsrechts-Handbuch, 3. Aufl. 2015, § 28 Rn. 1, 48.

[87] OLG München DB 2005, 1675 (1677 f.); *v. Westphalen* DB 2005, 431 (435); *Dreher* DB 2005, 1669 (1673 f.); *Dreher/Thomas* ZGR 2009, 31 (35).

[88] *Dreher* DB 2005, 1669 (1673) weist zu Recht darauf hin, dass andernfalls die Versicherung gleichermaßen die Ansprüche der Gesellschaft als Versicherungsnehmerin als auch der versicherten Person durchsetzen helfen müsste.

[89] OLG München DB 2005, 1675 (1677); *Dreher* DB 2005, 1669 (1675); auch *Säcker* VersR 2005, 10 (11 f.).

[90] Wie hier *Lüneborg/Resch* AG 2017, 691 (694).

[91] Beispiele dafür bei *Lange* DStR 2002, 1626 (1628); *Dreher* ZHR 165 (2001), 293 (297 f.); *Ehlers* NWB 2002, 899 (906) mwN: Branche, Finanz- und Ertragslage, Alter des Unternehmens, Gesellschafterstruktur, M&A-Tätigkeit etc.

[92] Insoweit zutr. *Notthoff* NJW 2003, 1350 (1353).

[93] *Lüneborg/Resch* AG 2017, 691 (696).

[94] Siehe BMF v. 14.1.2002, IV C 5 – S. 2332 – 8/02; Erlass FM Niedersachsen v. 25.1.2002 DStR 2002, 678: ausführlich *Dreher* DB 2001, 996; *Lange* DStR 2002, 1626 (1629); *Küppers/Dettmeier/Koch* DStR 2002, 199 (202 ff.); *Schüppen/Sanna* ZIP 2002, 550 ff.

[95] AA wohl *Dreher* DB 2001, 996 (999); s. auch *Schüppen/Sanna* ZIP 2002, 550 (552 f.).

[96] Großkomm AktG/*Hopt/Roth* Rn. 55; *Hüffer/Koch/Koch* Rn. 2a.

[97] *Henssler* RWS-Forum 2001, 131 (147).

[98] *Henssler* RWS-Forum 2001, 131 (147).

Wie für den Vorstand auch muss beim Abschluss einer D&O-Versicherung darauf geachtet **19**
werden, dass die D&O-Versicherung nicht zum Wegfall der Präventionswirkungen der Haftung
führt. Hierzu kann ein **angemessener Selbstbehalt** dienen,[99] zu dessen Vereinbarung die Gesellschaft gem. § 116 S. 1 allerdings, entgegen der Regelung für den Vorstand in § 93 Abs. 2 S. 3,
nicht gesetzlich verpflichtet ist.[100] Indes sind auch andere Instrumente der Versicherungsgestaltung
möglich, wie Haftungsobergrenzen bzw. Deckungssummen, die eine Resthaftung offenlassen,
ebenso wie Haftungsausschlüsse für bestimmte Risiken oder bestimmte Verhaltensweisen.[101]
Zumindest im Sinne einer Empfehlung plädiert auch der nach § 161 halb verbindliche Corporate
Governance Kodex in Ziff. 3.8 Abs. 3 DCGK für die Vereinbarung entsprechender Selbstbehalte,[102] so dass börsennotierte Gesellschaften, die hiervon abweichen wollen, dies begründen
müssen.

Ein ohne Satzungsbestimmung bzw. Hauptversammlungsbeschluss geschlossener Versicherungs- **20**
vertrag bleibt zwar im Außenverhältnis wirksam,[103] doch ist im Innenverhältnis zwischen der Gesellschaft und dem Aufsichtsratsmitglied die Nichtigkeitsfolge eines Verstoßes gegen das Zustimmungsgebot (→ Rn. 60) zu beachten mit der Folge, dass das Aufsichtsratsmitglied seinen Prämienanteil gem.
§ 116 S. 1, § 93 Abs. 3 Nr. 7 zurückzuzahlen hat.

4. Voraussetzungen. a) Formale Bedingungen. Die Vergütung muss zwingend entweder in **21**
der Satzung oder in einem Hauptversammlungsbeschluss festgelegt werden. Nicht davon erfasst
werden der Auslagenersatz, ebenso wenig besondere Dienstleistungen von Aufsichtsratsmitgliedern außerhalb ihrer Amtstätigkeit (§ 114).[104] Da der Auslagenersatz von Rechts wegen daran
gebunden ist, dass nur angemessene Aufwendungen ersetzt werden, bedarf es keiner besonderen
Kompetenz eines anderen Organs, wie der Hauptversammlung oder des Plenums, um über die
Auslagenerstattung zu befinden.[105] Dies schließt nicht aus, dass die Hauptversammlung,[106] hilfsweise der Aufsichtsrat, Richtlinien festlegt, nach denen Aufwendungen ersetzt werden, insbesondere für Reisekosten, die als Indizien herangezogen werden können. Eine juristische Person
kann nicht Aufsichtsratsmitglied und demnach auch nicht unmittelbarer Vergütungsempfänger
sein.[107]

aa) Satzungsregelung. Die Vergütung kann in der Satzung geregelt werden. Um die nötige **22**
Publizität gegenüber Gläubigern und den Aktionärsschutz zu gewährleisten, ist eine Regelung unzulässig, die nur den Anspruch an sich festlegt, nicht aber die Vergütungshöhe bestimmt.[108] Aus den
gleichen Gründen darf die Satzung auch nicht allein dem Aufsichtsrat die Kompetenz einräumen,
über die Höhe der Vergütung nach eigenem Gutdünken zu entscheiden.[109] Die Satzungsregelung
ist **materiell-rechtlicher Natur,** da sie zum einen das Rechtsverhältnis der Gesellschaft zu Organmitgliedern regelt, andererseits aber auch das Kompetenzverhältnis von Organen zueinander, etwa

---

[99] MüKoAktG/*Spindler* § 93 Rn. 193; *Dreher* AG 2008, 429 (431 ff.); MüKoAktG/*Habersack* Rn. 13; für das Erfordernis eines zwingenden Selbstbehalts *Pammler*, Die gesellschaftsfinanzierte D&O-Versicherung im Spannungsfeld des Aktienrechts, 2006, 77 ff.; *Ulmer* FS Canaris, Bd. 2, 2007, 451 (468); → § 116 Rn. 159 f.
[100] Vgl. Bericht des Rechtsausschusses BT-Drs. 16/13433, 18: ausdrücklich der Regelung im Deutschen Corporate Governance Kodex überlassen; *Olbrich/Kassing* BB 2009, 1659; *Nikolay* NJW 2009, 2640 (2644 f.); kritisch dazu *Spindler* NJOZ 2009, 3282 (3289), der die Differenzierung gerade bei professionalisierter und entgeltlicher Aufsichtsratstätig als ungerechtfertigt ansieht; sowie *v. Kann* NZG 2009, 1010 (1011).
[101] *E. Vetter* AG 2000, 453 (455); *Dreher/Görner* ZIP 2003, 2321 (2323); Großkomm AktG/*Hopt/Roth* § 93 Rn. 456; *Beckmann* in Beckmann/Matusche-Beckmann Versicherungsrechts-Handbuch, 3. Aufl. 2015, § 28 Rn. 90; *Fleischer* WM 2005, 909.
[102] Corporate Governance Kodex v. 18.6.2009; *Hecker* BB 2009, 1654 (1655); *Weber-Rey* WM 2009, 2255 (2261); *Olbrich/Kassing* BB 2009, 1659; K. Schmidt/Lutter/*Krieger/Sailer* § 93 Rn. 70 f.; dazu auch KBLW/*Bachmann* DCGK Rn. 690 ff.
[103] So auch *Krüger* NVersZ 2001, 8 (9); *E. Vetter* in Marsch-Barner/Schäfer Börsennotierte AG-HdB Rn. 29.77: Versicherungsvertrag auch bei Fehlen der Zustimmung der Hauptversammlung in jedem Fall wirksam; aA *Kästner* AG 2000, 113 (117) – Nichtigkeit; *Lange* ZIP 2001, 1524 (1528 f.) – Schwebende Unwirksamkeit.
[104] MüKoAktG/*Habersack* Rn. 9; Großkomm AktG/*Hopt/Roth* Rn. 83; *Thüsing/Veil* AG 2008, 359 (361 f.) begreifen die Vergütung als synallagmatisches Entgelt der Aufsichtsratstätigkeit und ziehen die steuerrechtliche Unterscheidung von Vergütung und Auslagenersatz bei § 10 Nr. 4 KStG als Orientierung heran.
[105] Wie hier *Thüsing/Veil* AG 2008, 359 (365 f.).
[106] Dafür *Thüsing/Veil* AG 2008, 359 (367 f.).
[107] Missverständlich MüKoAktG/*Habersack* Rn. 9 unter Bezugnahme auf LG Köln ZIP 2002, 1296 (1298).
[108] Hüffer/Koch/*Koch* Rn. 3; MüKoAktG/*Habersack* Rn. 29; *Wellkamp* WM 2001, 489 (490); K. Schmidt/Lutter/*Drygala* Rn. 8; NK-AktR/*Breuer/Fraune* Rn. 7.
[109] Großkomm AktG/*Hopt/Roth* Rn. 85; Hüffer/Koch/*Koch* Rn. 3.

bei der Verteilung.[110] Änderungen bedürfen daher einer satzungsändernden Mehrheit nach § 179 Abs. 2.[111] Die Satzungsbestimmung wird erst mit Eintragung ins Handelsregister wirksam, Änderungen der Vergütung können erst ab diesem Zeitpunkt eintreten.[112] Möglich ist aber auch eine Kombination aus Satzungsbestimmung und Hauptversammlungsbeschluss, indem die Satzung die Hauptversammlung zu bestimmten Beschlüssen ermächtigt, wobei sie auch die erforderlichen Mehrheiten festlegen kann, zB für die Konkretisierung bestimmter Rahmenbedingungen, die die Satzung festgelegt hat.[113]

23 Zulässig ist die Gewährung einer **Gesamtvergütung** für den Aufsichtsrat, wobei § 420 BGB Anwendung findet,[114] so dass die Vergütung mangels abweichender Bestimmung der Satzung bzw. Hauptversammlung zu gleichen Teilen an die Aufsichtsratsmitglieder zu zahlen ist. Um die Befugnis der Hauptversammlung zur Festsetzung nicht auszuhöhlen, darf der Aufsichtsrat bei der Verteilung der Gesamtvergütung grundsätzlich weder nach Funktionen, zB nach dem Vorsitz oder einer Ausschussmitgliedschaft, noch nach billigem Ermessen differenzieren.[115] Der bloßen Gewährung einer Gesamtvergütung durch die Hauptversammlung kann keine implizite Verteilungsermächtigung entnommen werden.[116] Für die Einräumung dieser Befugnis soll es stets einer Satzungsbestimmung bedürfen;[117] nach richtiger Auffassung genügt indes bereits ein entsprechender Hauptversammlungsbeschluss, § 113 Abs. 1 S. 2.[118] Da der Vergütungsanspruch aber nicht dem Gesamtaufsichtsrat, sondern (anteilig) jedem einzelnen Mitglied zusteht,[119] hat eine Ermächtigung an den Aufsichtsrat durch Satzung oder Hauptversammlungsbeschluss klare Kriterien für eine nach Funktionen differenzierende Verteilung[120] aufzustellen. Aufgrund der gesetzlich zwingenden Kompetenzordnung darf der Aufsichtsrat die Vergütung nicht selbst nach billigem Ermessen verteilen;[121] vielmehr hat er lediglich zu beurteilen, ob die von der Satzung oder Hauptversammlung aufgestellten Differenzierungskriterien tatsächlich vorliegen, wobei ihm dies durch die größere Sachnähe auch leichter möglich sein dürfte als der Hauptversammlung.[122] Über die konkrete Verteilung entscheidet der Aufsichtsrat durch Beschluss mit einfacher Mehrheit.[123]

24 Regelt die Satzung die Vergütungsverteilung nicht, können die Aktionäre in der **Hauptversammlung** ohne weiteres zugunsten einzelner Aufsichtsratsmitglieder, zB des Aufsichtsratsvorsitzenden, eine vom Kopfprinzip abweichende Verteilung treffen. Bestimmt die Satzung indes die Verteilung oder ermächtigt sie den Aufsichtsrat hierzu, bedarf es für einen satzungsändernden Beschlusses einer qualifizierten Mehrheit;[124] § 113 Abs. 1 S. 4 ist nicht anwendbar. Über die Verteilung beschließt

---

[110] Zutr. MüKoAktG/*Habersack* Rn. 28; ebenso – allerdings mit abweichender Begründung – Hüffer/Koch/*Koch* § 23 Rn. 5; Großkomm AktG/*Röhricht/Schall* § 23 Rn. 32 ff., die zwar eine indifferente Satzungsbestimmung annehmen, deren Einordnung als materielle bzw. formelle Bestimmung von ihrer objektiven Auslegung abhänge, im Zweifel bereits die Regelung in der Satzung für die Qualifizierung als materielle Klausel ausreichen lassen; weiter einschränkend MüKoAktG/*Pentz* § 23 Rn. 45, wonach die Regelung in der Satzung lediglich ein Indiz für eine materielle Satzungsbestimmung sei; aA Hüffer/Koch/*Koch* Rn. 3: Formelle Satzungsregelung.
[111] MüKoAktG/*Habersack* Rn. 33; *Wagner* in Semler/v. Schenck AR-HdB § 11 Rn. 19; Großkomm AktG/*Hopt*/*Roth* Rn. 86; Kölner Komm AktG/*Mertens/Cahn* Rn. 43; Bürgers/Körber/*Israel* Rn. 16; *Hoffmann/Preu* Der Aufsichtsrat Rn. 444; *Wellkamp* WM 2001, 489 f.; *Roller*, Die Vergütung des Aufsichtsrats in Abhängigkeit vom Aktienkurs, 1999, 62; aA Hüffer/Koch/*Koch* Rn. 3: Lediglich formelle Satzungsbestimmung.
[112] MüKoAktG/*Habersack* Rn. 32, 34; aA Großkomm AktG/*Hopt*/*Roth* Rn. 86: rückwirkende Änderung der Vergütung zulässig.
[113] *Gehling* ZIP 2005, 549 (551).
[114] So RGZ 75, 308 (310); MüKoAktG/*Habersack* Rn. 29; *Wagner* in Semler/v. Schenck AR-HdB § 11 Rn. 17; NK-AktR/*Breuer/Fraune* Rn. 7; Großkomm AktG/*Hopt*/*Roth* Rn. 91; *Wellkamp* WM 2001, 489 (491); *E. Vetter* in Marsch-Barner/Schäfer Börsennotierte AG-HdB Rn. 29.48; *Maser/Göttle* NZG 2013 (201 f.); aA K. Schmidt/Lutter/*Drygala* Rn. 9, der für den AR eine Satzungsbestimmung zur angemessenen Verteilung fordert.
[115] Hüffer/Koch/*Koch* Rn. 3; aA *Theisen* DB 1999, 1665 (1670), der funktionsbezogene Differenzierungen zwischen den einzelnen Aufsichtsratsmitgliedern zulässt; wohl auch *Gehling* ZIP 2005, 549 (552); MüKoAktG/*Habersack* Rn. 30.
[116] AA *Wellkamp* WM 2001, 489 (491 f.).
[117] Kölner Komm AktG/*Mertens/Cahn* Rn. 48; MüKoAktG/*Habersack* Rn. 30; Hüffer/Koch/*Koch* Rn. 3.
[118] Ebenso *Gehling* ZIP 2005, 549 (552); Großkomm AktG/*Hopt*/*Roth* Rn. 92 f.
[119] RGZ 75, 308 (310); *Wellkamp* WM 2001, 489 (491); Großkomm AktG/*Hopt*/*Roth* Rn. 91.
[120] Zur Zulässigkeit einer nach Funktionen der Aufsichtsratsmitglieder differenzierenden Verteilung → Rn. 30.
[121] So aber *Roller*, Die Vergütung des Aufsichtsrats in Abhängigkeit vom Aktienkurs, 1999, 64; MHdB AG/*Hoffmann-Becking* § 33 Rn. 20; MüKoAktG/*Habersack* Rn. 30; wohl auch Großkomm AktG/*Hopt*/*Roth* Rn. 92.
[122] Zweifelnd Kölner Komm AktG/*Mertens/Cahn* Rn. 48, der aber iE lediglich eine diesbezügliche Satzungsänderung verlangt.
[123] *Wellkamp* WM 2001, 489 (492); Großkomm AktG/*Hopt*/*Roth* Rn. 94.
[124] *Hoffmann/Preu* Der Aufsichtsrat Rn. 444; *Wellkamp* WM 2001, 489 (494); Kölner Komm AktG/*Mertens/Cahn* Rn. 43; MüKoAktG/*Habersack* Rn. 31; aA *Wagner* in Semler/v. Schenck AR-HdB § 11 Rn. 8.

das Aufsichtsratsplenum mit einfacher Mehrheit, § 108 Abs. 1.[125] Der Vorstand kann keinesfalls zur Verteilung ermächtigt werden, andernfalls bestünde die Gefahr unsachlicher Beeinflussung einzelner Aufsichtsratsmitglieder.

bb) Hauptversammlungsbeschluss. Statt einer Regelung in der Satzung lässt § 113 Abs. 1 S. 2 auch einen Hauptversammlungsbeschluss zu, der gem. § 124 ordentlich bekannt gemacht werden muss.[126] Wiederum aus dem von § 113 Abs. 1 beabsichtigten Zweck, die Aktionäre (und die Gläubiger) vor Interessenkollisionen der Organe zu schützen, folgt, dass der Beschluss ebenso wie die Satzung die Vergütungshöhe beziffern muss.[127] Der Hauptversammlungsbeschluss unterliegt insoweit denselben Anforderungen wie die Satzungsregelung, so dass die Höhe der Gesamtvergütung nur angegeben zu werden braucht, sofern der Aufsichtsrat zur internen Verteilung ermächtigt wird.

Der Beschluss ist **mit einfacher Mehrheit** zu fassen[128] und wirkt bis zu einer anderweitigen Beschlussfassung im Zweifel als Grundsatzbeschluss fort, er muss daher nicht jedes Jahr aufs Neue gefasst werden.[129] Die Satzung darf keine höheren Mehrheiten vorsehen, auch nicht für die Änderung eines zuvor gefassten Hauptversammlungsbeschlusses.[130] Regelt indes bereits die Satzung die Aufsichtsratsvergütung, bedarf es zur Vergütungserhöhung eines mit qualifizierter Mehrheit gefassten satzungsändernden Beschlusses.[131] Auch die Schaffung zusätzlicher Vergütungsarten, die gar nicht durch die Satzung geregelt werden, erfordert eine Satzungsänderung.[132] Dagegen kann eine Vergütungsherabsetzung schon mit einfacher Mehrheit durch die Hauptversammlung beschlossen werden (§ 113 Abs. 1 S. 4).

b) Angemessenheit. Während § 87 Abs. 1 S. 1 für die Vorstandsmitglieder die Angemessenheit der Bezüge verbindlich anordnet, bestimmt § 113 Abs. 1 S. 3 für die Aufsichtsratsmitglieder lediglich, dass deren Vergütung angemessen sein *soll*. Das Gesetz will damit überhöhte Aufsichtsratsvergütungen verhindern, aber nicht dazu zwingen, niedrige Vergütungen anzuheben.[133] Dieses Vergütungsprinzip wird seit 2012 auch in Ziff. 5.4.6 Abs. 2 S. 1 DCGK wiedergegeben.[134] Allerdings gebietet es schon das Unternehmensinteresse, für die Aufsichtsratsmitglieder genügend Anreize zur tatkräftigen Überwachung des Vorstandes zu setzen.[135]

Da es sich nur um eine Soll-Vorschrift handelt, können Satzung oder Hauptversammlungsbeschluss auch **über das angemessene Niveau hinaus** oder darunter eine Vergütung beschließen. Allerdings wird damit nur der Aktionärsschutz realisiert, nicht dagegen der üblicherweise bei § 113 Abs. 1 ebenfalls angenommene Gläubigerschutz, da das Gesetz keine Handhabe zur Verfügung stellt, die Hauptversammlung für überhöhte Vergütungen zum Schadensersatz heranzuziehen.[136] Im Einzelfall bedarf eine erhebliche Abweichung von der Soll-Vorschrift gewichtiger sachlicher Gründe. Beschließt die Hauptversammlung entgegen § 113 Abs. 1 S. 3 ohne sachliche Gründe unangemessene Bezüge, ist der Beschluss anfechtbar, nach Verstreichen der Anfechtungsfrist indes rechtswirksam.[137] Bei exzessiven Vergütungen greifen die allgemeinen bürgerlich-rechtlichen Schranken der Sittenwidrigkeit ein, mit der Folge, dass entsprechende Satzungsregelungen oder Hauptversammlungsbe-

---

[125] *Wellkamp* WM 2001, 489 (492); MüKoAktG/*Habersack* Rn. 30.
[126] MüKoAktG/*Habersack* Rn. 35; Großkomm AktG/*Hopt*/*Roth* Rn. 87.
[127] Hüffer/Koch/*Koch* Rn. 3; Großkomm AktG/*Hopt*/*Roth* Rn. 87; Kölner Komm AktG/*Mertens*/*Cahn* Rn. 43; *Maser*/*Göttle* NZG 2013, 201.
[128] Großkomm AktG/*Hopt*/*Roth* Rn. 90; Kölner Komm AktG/*Mertens*/*Cahn* Rn. 43; MHdB AG/*Hoffmann-Becking* § 33 Rn. 20; MüKoAktG/*Habersack* Rn. 35.
[129] Kölner Komm AktG/*Mertens*/*Cahn* Rn. 44; MHdB AG/*Hoffmann-Becking* § 33 Rn. 20: Großkomm AktG/*Hopt*/*Roth* Rn. 88 f.; MüKoAktG/*Habersack* Rn. 35; *Wagner* in Semler/v. Schenck AR-HdB § 11 Rn. 23; *E. Vetter* in Marsch-Barner/Schäfer Börsennotierte AG-HdB Rn. 29.33; enger dagegen: *E. Vetter* BB 1989, 442 (443), der wegen sonst fehlender Transparenz die Bezeichnung als Grundsatzbeschluss verlangt.
[130] Kölner Komm AktG/*Mertens*/*Cahn* Rn. 43; zweifelnd Großkomm AktG/*Hopt*/*Roth* Rn. 90; MüKoAktG/*Habersack* Rn. 36.
[131] Kölner Komm AktG/*Mertens*/*Cahn* Rn. 43; *Wellkamp* WM 2001, 489 (494); *Gehling* ZIP 2005, 549 (550).
[132] LG Memmingen AG 2001, 375 (376).
[133] Großkomm AktG/*Hopt*/*Roth* Rn. 56; Hüffer/Koch/*Koch* Rn. 4; Kölner Komm AktG/*Mertens*/*Cahn* Rn. 30; *Lutter* AG 1979, 85; *Wellkamp* WM 2001, 489 (494); MüKoAktG/*Habersack* Rn. 41; *Kort* FS Hüffer, 2010, 483 (485).
[134] Ziff. 5.4.6 Abs. 2 S. 1 DCGK: „Die Mitglieder des Aufsichtsrats erhalten eine Vergütung, die in einem angemessenen Verhältnis zu ihren Aufgabe und zur Lage der Gesellschaft steht."
[135] Zutr. Großkomm AktG/*Hopt*/*Roth* Rn. 57.
[136] Zutr. *Gehling* ZIP 2005, 549 (552); aA *Wellkamp* WM 2001, 489 (494).
[137] LG Mannheim AG 1967, 83 (84) (die Angemessenheit iE bejahend); *Roller*, Die Vergütung des Aufsichtsrats in Abhängigkeit vom Aktienkurs, 1999, 77 f.; *Gehling* ZIP 2005, 549 (552); *Wellkamp* WM 2001, 489, (496); *Lutter* AG 1979, 85 (88); MüKoAktG/*Habersack* Rn. 42 f.; Großkomm AktG/*Hopt*/*Roth* Rn. 60 f.; Kölner Komm AktG/*Mertens*/*Cahn* Rn. 49.

schlüsse gem. § 241 Nr. 4 nichtig sind und nicht im Handelsregister eingetragen werden dürfen.[138] Zudem haben die Aufsichtsratsmitglieder den unangemessenen Teil der empfangenen Vergütungen zurückzugewähren (§§ 116, 93 AktG und § 817 Satz 1 BGB).[139]

29 Die Vergütung hat sich dabei sowohl an den Aufgaben der Aufsichtsratsmitglieder als auch an der Lage der Gesellschaft – insoweit wie in § 87 – zu orientieren.[140] Demgemäß ist es auch zulässig, die Höhe der Vergütung sowohl in Satzungsregelungen als auch im Hauptversammlungsbeschluss nach den einzelnen **Funktionen der Aufsichtsratsmitglieder** auszurichten, insbesondere höhere Vergütungen für den Aufsichtsratsvorsitzenden und für dessen Stellvertreter, aber auch für besondere Mitarbeit zB in Ausschüssen, vorzusehen.[141] Eine entsprechende Empfehlung gibt auch Ziff. 5.4.6 Abs. 1 DCGK ab.[142] Dabei kommt es nicht darauf an, die gerade konkret übernommenen Tätigkeiten heranzuziehen, etwa bei Sanierungssituationen; es genügt eine Ausrichtung auf die abstrakten Funktionen, wie den Aufsichtsratsvorsitz.[143] Die Differenzierung kann auch durch besondere **Sitzungsgelder** vorgenommen werden.[144] Bei Sitzungsgeldern kommt es allerdings darauf an, ob sie Vergütungsbestandteil oder (pauschalierter) Aufwendungsersatz sind: Lediglich als Aufwendungsersatz bedürfen Sitzungsgelder weder einer Satzungsregelung noch eines Hauptversammlungsbeschlusses.[145] Wird dem Aufsichtsratsmitglied neben dem Sitzungsgeld noch eine Kostenpauschale gewährt, spricht viel dafür, dass das Sitzungsgeld Vergütungsbestandteil ist. Die Angemessenheitskontrolle führt auch nicht dazu, dass die Aktionäre sich an das gleiche Niveau der Aufsichtsratsvergütung in der Branche halten müssten; vielmehr können sie gerade für „ihren" Aufsichtsrat besondere Anreize setzen.[146] Bei Aufsichtsratsmitgliedern, die zugleich Mitglied im Betriebsrat sind, ist aufseiten des Arbeitgebers auch das Begünstigungsverbot zu beachten, § 37 Abs. 1, § 78 BetrVG; über die Aufsichtsratsvergütung darf kein Einfluss im Rahmen des Entscheidungsprozesses im Betriebsrat genommen werden.[147]

30 Eine Unterscheidung nach dem „**Marktwert**" des einzelnen Aufsichtsratsmitglieds bzw. rein in der Persönlichkeit des Aufsichtsratsmitglieds liegenden Kriterien kommt dagegen **nicht** in Betracht, da das Gesetz nur auf die übernommenen Aufgaben und Funktionen abstellt;[148] allerdings ist einzuräumen, dass bei zunehmender Professionalisierung und einer – wünschenswerten – Konkurrenz um die besten Aufsichtsräte daran nicht mehr unbedingt festgehalten werden kann,[149] was indes einer gesetzgeberischen Klarstellung bedarf. Ebenso wenig können „**Antrittsgelder**" für ein Aufsichtsrats-

---

[138] MüKoAktG/*Habersack* Rn. 42; Großkomm AktG/*Hopt*/*Roth* Rn. 60; weitergehend *Lutter* AG 1979, 85 (88); *Roller*, Die Vergütung des Aufsichtsrats in Abhängigkeit vom Aktienkurs, 1999, 76 f.; *Wellkamp* WM 2001, 489 (496), die die Verweigerung der Eintragung schon bei bloßer Gesetzeswidrigkeit ohne Sittenwidrigkeitsverdikt fordern; aA Kölner Komm AktG/*Mertens*/*Cahn* Rn. 49, der lediglich ein Recht zur Verweigerung der Eintragung annimmt.

[139] Großkomm AktG/*Hopt*/*Roth* Rn. 61; K. Schmidt/Lutter/*Drygala* Rn. 21.

[140] AllgM, vgl. nur Hüffer/Koch/*Koch* Rn. 4.

[141] MüKoAktG/*Habersack* Rn. 39; Großkomm AktG/*Hopt*/*Roth* Rn. 58, 68; Bürgers/Körber/*Israel* Rn. 2; Hüffer/Koch/*Koch* Rn. 4; KBLW/*Kremer* DCGK Rn. 1442 ff.; *v. Rosen*/*Kramarsch* Empfehlungen zur Aufsichtsratsvergütung, Studien des deutschen Aktieninstituts, Heft 23/2003, 34 f.; *DAI*, Aufsichtsratsvergütung bei deutschen börsennotierten Unternehmen, 2003, 83: Für Aufsichtsratsvorsitzenden doppelte und für Stellvertreter die 1½-fache Vergütung; *Wagner* in Semler/v. Schenck AR-HdB § 11 Rn. 53: Für Aufsichtsratsvorsitzenden mindestens die dreifache Vergütung; *Lutter* ZHR 159 (1995), 287 (309): Gesetzliche Sollregelung, für Aufsichtsratsvorsitzende Vierfache, stellvertretender Aufsichtsratsvorsitzende sowie Ausschussmitglieder das Doppelte der regulären Vergütung; gegen gesetzl. Regelung Kölner Komm AktG/*Mertens*/*Cahn* Rn. 9, 30, der aber für „vollberuflich" tätige Aufsichtsvorsitzende eine Angleichung an die Vorstandvergütung fordert; siehe auch für Satzungsregelung *Mutter* ZIP 2002, 1230.

[142] Dazu *Kort* FS Hüffer, 2010, 483 (494 ff.); *Theisen* DB 1999, 1665 (1670); *Peltzer* Deutsche Corporate Governance Rn. 300 ff.; KBLW/*Kremer* DCGK Rn. 1442 ff.

[143] *Gehling* ZIP 2005, 549 (553).

[144] S. dazu *Gehling* ZIP 2005, 549 (551); MüKoAktG/*Habersack* Rn. 11.

[145] *Theisen* DB 1999, 1665 (1670); MüKoAktG/*Habersack* Rn. 11; Kölner Komm AktG/*Mertens*/*Cahn* Rn. 12; MHdB AG/*Hoffmann-Becking* § 33 Rn. 18.

[146] Zutr. *Gehling* ZIP 2005, 549 (552); zuvor *Mäger* BB 1999, 1389 (1390).

[147] *Aszmons* DB 2014, 895 ff., insb. 898; wobei laut *Rieble* AG 2016, 315 (316 ff) gegen das Ehrenamtsprinzip systematisch verstoßen wird in großen Unternehmen.

[148] Großkomm AktG/*Hopt*/*Roth* Rn. 70; Kölner Komm AktG/*Mertens*/*Cahn* Rn. 10; MüKoAktG/*Habersack* Rn. 39; *Wagner* in Semler/v. Schenck AR-HdB § 11 Rn. 14; *Roller*, Die Vergütung des Aufsichtsrats in Abhängigkeit vom Aktienkurs, 1999, 73; *Wellkamp* WM 2001, 489 (495); *Säcker* NJW 1979, 1521 (1525); K. Schmidt/Lutter/*Drygala* Rn. 18; *Rieder*/*Holzmann* AG 2010, 570 (579); aA *Haarmann* FS Hüffer, 2010, 243 (247 ff.).

[149] In diesem Sinne *Haarmann* FS Hüffer, 2010, 243 (247 ff.); *Lutter* AG 1979, 85 (89); Scholz/*Schneider* GmbHG § 52 Rn. 365 auch für den Aufsichtsrat einer mitbestimmten GmbH; *Wagner* in Semler/v. Schenck AR-HdB § 11 Rn. 50 f., der § 113 Abs. 1 S. 3 für anachronistisch und praktisch kaum handhabbar erachtet; MHdB AG/*Hoffmann-Becking* § 33 Rn. 23; *Hoffmann*/*Preu* Der Aufsichtsrat Rn. 444.1; Hüffer/Koch/*Koch* Rn. 4; Kölner Komm AktG/*Mertens*/*Cahn* Rn. 10.

mitglied beschlossen werden, welche dieses dazu bewegen soll, das Amt zu übernehmen.[150] Aus der Unzulässigkeit des „Marktwerts" des Aufsichtsratsmitglieds als Kriterium der Angemessenheit ergibt sich darüber hinaus auch im Rahmen des § 138 BGB die Konsequenz, dass eine Vergütung nur dann sittenwidrig sein kann, wenn sich dies speziell aus dem Verhältnis zu den Aufgaben der Aufsichtsratsmitglieder oder der Lage der Gesellschaft ergibt. Das üblicherweise herangezogenen Kriterium eines auffälligen Missverhältnisses zwischen dem Marktwert der Leistung und der entsprechenden Gegenleistung[151] kann für die Aufsichtsratsvergütung somit nicht übernommen werden; entscheidend ist stattdessen das Vorliegen einer „krassen Unangemessenheit" iSd § 113 Abs. 1 S. 3 AktG.

Die Angemessenheit **bezieht** sich dabei **auf** die **gesamte Vergütung** einschließlich aller Bestandteile, also auch Sitzungsgelder,[152] nicht aber auf den (echten) Auslagenersatz. Nicht nur die Höhe, sondern auch die **Art** und die **Struktur der Vergütung** werden von der Angemessenheitskontrolle erfasst.[153] 31

Die Vergütung bezieht sich auf die **gesamte Aufsichtsratstätigkeit.** Auch wenn das Aufsichtsratsmitglied über seine Funktion zB als Aufsichtsrats- oder Ausschussvorsitzender hinaus im Einzelfall Sonderaufgaben wahrgenommen hat, etwa eine besondere Prüfung nach § 111 Abs. 2 S. 2, steht ihm ohne entsprechende Regelung durch Satzung bzw. Hauptversammlungsbeschluss **keine Sondervergütung** zu; denn das Aufsichtsratsmitglied wird nicht lediglich für die übliche, sondern gem. § 113 Abs. 1 S. 1 und 2 stets für die gesamte organschaftliche Tätigkeit vergütet.[154] Eine vertragliche Vergütungszusage durch den Vorstand oder den Aufsichtsrat ist demnach im Bereich der dem Aufsichtsratsmitglied obliegenden Organpflichten wegen Verstoßes gegen die von § 113 Abs. 1 S. 2 vorgesehene Kompetenzverteilung nichtig.[155] Der Vorstand darf mit Zustimmung des Aufsichtsrats eine Vergütung lediglich im Rahmen des § 114 – also für außerhalb der Organtätigkeit zu erbringende Dienste – vereinbaren.[156] Bei einer Abgrenzung zwischen originären Aufgaben des Aufsichtsrats und einer weitergehenden Beratungstätigkeit iSd § 114 lässt sich nicht allein auf besonderes Fachwissen des einzelnen Organmitglieds abstellen, da dessen Spezialkenntnisse und besonderen Erfahrungen oftmals gerade der wesentliche Grund für die Berufung in den Aufsichtsrat gewesen sein wird.[157] Daher ist es im Einzelfall notwendig, die zulässige vertragliche Beratung gem. § 114 Abs. 1 von den Beratungsaufgaben abzugrenzen, wobei zB das Tagesgeschäft und die konkrete Umsetzung von Vorstandsbeschlüssen im Detail nicht zu den Amtspflichten zählen.[158] 32

Die Satzung oder der Hauptversammlungsbeschluss können jedoch eine Obergrenze für Sondervergütungen vorsehen, die vom Aufsichtsrat verteilt bzw. vergeben werden können. 33

In diesem Rahmen sind ansonsten alle Aufsichtsratsmitglieder **gleich zu behandeln,** insbesondere Anteilseigner- und Arbeitnehmervertreter, aber auch andere Aufsichtsratsmitglieder, wie neutrale oder entsandte Aufsichtsratsmitglieder.[159] 34

c) Herabsetzung. § 113 Abs. 1 S. 4 trifft allein für die Herabsetzung eine besondere zwingende Regelung, die es trotz einer Satzungsbestimmung gestattet, durch Hauptversammlungsbeschluss mit einfacher – und nicht mit der für eine Satzungsänderung nach § 179 Abs. 2 erforderlichen qualifizier- 35

---

[150] *Dreher* FS Schmidt, 2009, 233 (240).
[151] *Spindler/Gerdemann* FS Stilz, 2014, 629 (642); auf die zu einer gewissen Rechtssicherheit beitragende Grenze der Rspr. von ca. 100% des Marktwerts (vgl. etwa BGHZ 110, 336 (338); 128, 255 (259) sowie Palandt/*Ellenberger* BGB § 138 Rn. 24, 34 ff., 67) kann daher nicht zurückgegriffen werden.
[152] Hüffer/Koch/*Koch* Rn. 4.
[153] *Gehling* ZIP 2005, 549 (553); *Spindler/Gerdemann* FS Stilz, 2014, 629 (641); so auch Großkomm AktG/*Hopt/Roth* Rn. 64 ff.; aA *Kort* FS Hüffer, 2010, 483 (486), Vergütungsstruktur aufgrund Vergleichs mit § 87 nicht von Angemessenheitserfordernis des § 113 Abs. 1 S. 3 erfasst.
[154] *E. Vetter* AG 2006, 173 (174); *Theisen* DB 1999, 1665 (1669); *v. Falkenhausen* AG 1966, 379 f.; *Fischer* BB 1967, 859 (862); *Kort* FS Hüffer, 2010, 483 (488 f.); MHdB AG/*Hoffmann-Becking* § 33 Rn. 24; ausführlich Großkomm AktG/*Hopt/Roth* Rn. 102 ff.; für Sondervergütung durch Hauptversammlungsbeschluss OLG Stuttgart AG 1991, 404; weitergehend *Lehmann* DB 1966, 1757 f.: Gewährung einer Sondervergütung sogar durch den Aufsichtsrat, soweit über das Übliche hinausgehende Beratungstätigkeit; grundsätzlich gegen leistungsabhängige Sondervergütung *Wagner* in Semler/v. Schenck AR-HdB § 11 Rn. 59.
[155] BGHZ 114, 127 (129 u 133) = NJW 1991, 1830; stRspr, s. BGHZ 126, 340 (344) = NJW 1994, 2484; BGH ZIP 2007, 1056 (1058); 2007, 22 (23); BGHZ 168, 188 (197) = ZIP 2006, 1529 (1533) – IFA; *Fischer* BB 1967, 859 (861); Großkomm AktG/*Hopt/Roth* Rn. 103; Hüffer/Koch/*Koch* Rn. 5; dazu auch *Beater* ZHR 157 (1993), 420 (432); Kölner Komm AktG/*Mertens/Cahn* Rn. 5 f.; MüKoAktG/*Habersack* Rn. 2.
[156] *Mertens* FS Steindorff, 1990, 173 (183 ff.); Kölner Komm AktG/*Mertens/Cahn* Rn. 6; *v. Falkenhausen* AG 1966, 379 f.; MüKoAktG/*Habersack* Rn. 9, 27; → § 114.
[157] *Leuering/Simon* NJW-Spezial 2006, 171; *E. Vetter* AG 2006, 173 (176).
[158] OLG Frankfurt a. M. NZG 2006, 29 (30); *E. Vetter* AG 2006, 173 (175 f.); *Leuering/Simon* NJW-Spezial 2006, 171.
[159] MüKoAktG/*Habersack* Rn. 38 f.; Großkomm AktG/*Hopt/Roth* Rn. 67; *Gehling* ZIP 2005, 549 (551); K. Schmidt/Lutter/*Drygala* Rn. 18.

ten – Mehrheit die Vergütung herabzusetzen. Die Bestimmung dient damit der Flexibilisierung und Anpassung der Vergütung bei drohenden Gefahren für die AG.[160] Aufgrund des ausschließlich korporativen Charakters der Aufsichtsratsstellung sind entgegenstehende vertragliche Vereinbarungen nichtig.[161] Der Beschluss muss sich auf die Vergütung insgesamt beziehen; er kann sich nicht auf die Vergütung einzelner Aufsichtsratsmitglieder beschränken. Für Beschlüsse, die auf eine Aufhebung der Satzungsregelung zielen, etwa durch völlige Aufhebung der Vergütungsbestimmungen in der Satzung oder deren Reduktion auf ein unbedeutendes Maß, gelten die vereinfachten Mehrheitsregeln des § 113 Abs. 1 S. 4 nicht, da es sich dann nicht mehr um eine Herabsetzung handelt.[162]

36 Der Beschluss bleibt allerdings ein **satzungsändernder Beschluss,** so dass er für seine Wirksamkeit nach § 181 Abs. 3 noch der Registereintragung bedarf; die Vergütung ändert sich erst mit der Registereintragung, eine Rückwirkung ist nicht möglich.[163] § 113 Abs. 1 S. 4 lässt jede Art von Hauptversammlungsbeschluss zu, also auch auf **außerordentlichen Hauptversammlungen gefasste Beschlüsse, die die Vergütung für das laufende Geschäftsjahr** (und nicht erst beginnend mit dem nächsten Geschäftsjahr) **herabsetzen;** allerdings darf die Hauptversammlung, um das berechtigte Vertrauen der Aufsichtsratsmitglieder zu wahren, die feste Vergütung erst mit Wirkung für die Zukunft senken.[164] Im Gegensatz dazu dürfen gewinn- oder dividendenabhängige Vergütungsbestandteile, die erst mit der Feststellung des Jahresabschlusses oder dem Gewinnverwendungsbeschluss bezifferbar sind, für das gesamte laufende Geschäftsjahr herabgesetzt werden.[165] Die gegenteilige Auffassung, die auf ein unentziehbares Anwartschaftsrecht des Aufsichtsratsmitglieds mit Beginn des Geschäftsjahres verweist,[166] verkennt, dass alle Rechte des Aufsichtsratsmitglieds nur in den Schranken des § 113 bestehen, mithin mangels Beschränkung auf ordentliche Hauptversammlungsbeschlüsse auch stets durch besondere Beschlüsse geändert werden können.

37 Wird die Vergütung herabgesetzt, kann das Aufsichtsratsmitglied sein **Mandat niederlegen,** nicht jedoch zur Unzeit.[167]

38 d) **Verzicht.** Das einzelne Aufsichtsratsmitglied kann auf seine Vergütung oder einen Teil seiner Vergütung gegenüber der Gesellschaft verzichten, nicht jedoch der Aufsichtsrat als Organ für seine Mitglieder.[168] Zum Verzicht bedarf es einer vertraglichen Vereinbarung in Gestalt eines Erlassvertrags gem. § 397 Abs. 1 BGB. Auf Seiten der Gesellschaft stellt sich die Frage nach dem zuständigen

---

[160] Großkomm AktG/*Hopt/Roth* Rn. 95; in diesem Sinne wohl auch Kölner Komm AktG/*Mertens/Cahn* Rn. 51; *Roller,* Die Vergütung des Aufsichtsrats in Abhängigkeit vom Aktienkurs, 1999, 78; *Siebert* WPg 1972, 269 (272); *Wellkamp* WM 2001, 489 (490), die darauf verweisen, dass § 113 Abs. 3 die schnelle Herabsetzung der Vergütung ermögliche.
[161] MHdB AG/*Hoffmann-Becking* § 33 Rn. 10; *Lutter/Krieger/Verse* Rechte und Pflichten des Aufsichtsrats Rn. 842.
[162] Großkomm AktG/*Hopt/Roth* Rn. 95; Hüffer/Koch/*Koch* Rn. 6; MüKoAktG/*Habersack* Rn. 33; *Wellkamp* WM 2001, 489 (490); aA *Hüffer,* 10. Aufl., Rn. 6.
[163] Großkomm AktG/*Hopt/Roth* Rn. 95; Hüffer/Koch/*Koch* Rn. 6; MüKoAktG/*Habersack* Rn. 32; so auch *Kort* FS Hüffer, 2010, 483 (492); *Wagner* in Semler/v. Schenck AR-HdB § 11 Rn. 19; NK-AktR/*Breuer/Fraune* Rn. 9; Bürgers/Körber/*Israel* Rn. 19; MHdB AG/*Hoffmann-Becking* § 33 Rn. 23; K. Schmidt/Lutter/*Drygala* Rn. 25.
[164] Wie hier *Kort* FS Hüffer, 2010, 483 (492 f.); K. Schmidt/Lutter/*Drygala* Rn. 26; *Arnold/Grabolle* AG 2009, R 33, 34; *Buckel* AG 2013, 451 (454 ff.); anders für die Unzulässigkeit einer anteiligen Herabsetzung für das laufende Geschäftsjahr und Herabsetzung erst mit Wirkung für das nächste Geschäftsjahr: MHdB AG/*Hoffmann-Becking* § 33 Rn. 28 sowie LG München I NZG 2012, 1310 (1312); MüKoAktG/*Habersack* Rn. 32, 34; Großkomm AktG/*Hopt/Roth* Rn. 96, Anspruch auf feste Vergütung entsteht mit Beginn des Geschäftsjahres; ebenso *E. Vetter* in Marsch-Barner/Schäfer Börsennotierte AG-HdB Rn. 29.36; dagegen ohne Differenzierung zwischen der Herabsetzung für den abgelaufenen und den künftigen Teil des Geschäftsjahres Hüffer/*Koch* Rn. 6 im Anschluss an LG Magdeburg JW 1930, 288, das die Herabsetzung einer erst am Ende des Geschäftsjahres fälligen Vergütung allgemein für zulässig erachtet.
[165] Wie hier LG München I NZG 2013, 182 (183); *Kort* FS Hüffer, 2010, 483 (492 f.); ebenso MHdB AG/*Hoffmann-Becking* § 33 Rn. 23; aA (keine Herabsetzung für das laufende Geschäftsjahr möglich) MüKoAktG/*Habersack* Rn. 34 aufgrund verbotener Rückwirkung, da Grundlage schon am Anfang des Geschäftsjahres gelegt werde; ebenso *E. Vetter* in Marsch-Barner/Schäfer Börsennotierte AG-HdB Rn. 29.36; aA (anteilige Herabsetzung für das laufende Geschäftsjahr zulässig) Großkomm AktG/*Hopt/Roth* Rn. 96, K. Schmidt/Lutter/*Drygala* Rn. 26; *Arnold/Grabolle* AG 2009, R 33 (34); *Buckel* AG 2013, 451 (454 ff.).
[166] Kölner Komm AktG/*Mertens/Cahn* Rn. 52; Hüffer/Koch/*Koch* Rn. 6; Bürgers/Körber/*Israel* Rn. 19; ähnlich Großkomm AktG/*Hopt/Roth* Rn. 96, die allenfalls eine Herabsetzung für den künftigen Teil des laufenden Geschäftsjahres erwägen.
[167] MüKoAktG/*Habersack* Rn. 33, § 103 Rn. 59 f.; Kölner Komm AktG/*Mertens/Cahn* Rn. 53; → Rn. 20; Hölters/Hambloch-Gesinn/*Gesinn* Rn. 33; → § 103 Rn. 62.
[168] *Wettich* NZG 2009, 852 (853); MHdB AG/*Hoffmann-Becking* § 33 Rn. 27; wohl auch Kölner Komm AktG/*Mertens/Cahn* Rn. 55 und *Wagner* in Semler/v. Schenck AR-HdB § 11 Rn. 7, ohne jedoch näher darauf einzugehen.

Organ. In Betracht käme auch für den Verzicht die Hauptversammlung als actus contrarius zur Bewilligung der Vergütung nach § 113 Abs. 1 S. 2. Indes verfängt im Fall des Verzichts der Normzweck des § 113 Abs. 1 S. 2 nicht, der primär die Gesellschaft vor überhöhten Bezügen infolge potentieller Interessenkonflikte zwischen Überwachungsorgan und zu überwachendem Organ schützen soll, da sonst allein der Vorstand zuständig wäre (→ Rn. 4). Der Verzicht begünstigt die Gesellschaft, so dass es in ihrem Interesse liegt, diesen einfach und zügig vereinbaren zu können, was letztlich auf die Zuständigkeit des Vorstands hinausläuft.[169]

V. Variable Vergütungsbestandteile

1. Grundlagen. Die Vergütung der Aufsichtsratsmitglieder kann ganz oder teilweise aus variablen Vergütungsbestandteilen bestehen. Die ursprüngliche Empfehlung des DCGK, dem Aufsichtsrat stets variable Vergütungsbestandteile zu gewähren, wurde entsprechend ihrer breiten Ablehnung durch die Praxis mit der Kodexfassung vom 15.5.2012 wieder aufgegeben.[170] Ein wesentlicher Grund dieser Skepsis dürfte in der eingetretenen Rechtsunsicherheit hinsichtlich des zulässigen Vergütungsinhalts zu finden sein (→ Rn. 44 ff.).[171] Sofern eine variable Vergütung für Aufsichtsräte gewährt wird, empfiehlt Ziff. 5.4.6 Abs. 2 S. 2 DCGK nunmehr, diese am langfristigen Unternehmenserfolg zu orientieren (sog. **long-term-incentives**).[172] Laut des Kodex Report 2013 des Berlin Center of Corporate Governance steht die Mehrheit der befragten Unternehmen einer solchen Langfristorientierung allerdings kritisch gegenüber.[173] Während die EU-Kommission erfolgsorientierte Vergütung in der Empfehlung 2005/162/EG[174] noch generell als Gefahr für die Unabhängigkeit von Aufsichtsratsmitgliedern angesehen hat, wird diese restriktive Linie in der ergänzenden Empfehlung 2009/384/EG[175] und dem aktuellen Aktionsplan der Kommission[176] nicht weiter verfolgt. § 113 Abs. 3 setzt als eine zulässige Form der variablen Vergütung den Anteil am Jahresgewinn voraus. Zu beachten ist in diesem Zusammenhang auch die gesetzgeberische Wertung in § 87, der Ausrichtung einer erfolgsabhängigen Vergütung am langfristigen Unternehmenserfolg. Zwar gilt diese Vorgabe nur für die Vorstandsvergütung; doch ist sie Teil des allgemeinen Unternehmens- und Gesellschaftsinteresses und demgemäß auch bei der Ausgestaltung der Aufsichtsratsvergütung jedenfalls in den Grundsätzen zu beachten.

Die variable Vergütung muss so ausgestaltet sein, dass sie die Aufsichtsratsmitglieder im Unternehmensinteresse zur ordnungsgemäßen Überwachung anreizt. Feste und variable Vergütungsbestandteile müssen in einem angemessenen Verhältnis zueinander stehen.[177] In der Regel dürften damit

---

[169] So auch *Wettich* NZG 2009, 852 (853); so nun auch MHdB AG/*Hoffmann-Becking* § 33 Rn. 27, nach dem der Vorstand zuständig ist, weil § 113 Abs. 1 S. 2 wegen seines Normzweckes nicht anwendbar ist.

[170] S. zur Evaluation von Ziff. 5.4.6 Abs. 2 DCGK aF den Kodex Report 2012 des Berlin Center of Corporate Governance im Auftrag der Regierungskommission Deutscher Corporate Governance Kodex zur Akzeptanz der Regeln des DCGK, *v. Werder/Bartz* DB 2012, 869 (876).

[171] Daneben haben Überlegungen zur Unabhängigkeit der Aufsichtsratsmitglieder und Bedenken zur kontraproduktiven Möglichkeit der Vergütungsabsenkung in Krisenzeiten eine Rolle gespielt, siehe *Böcking/Böhme/Gros* AG 2012, 615 (622), *Wilsing/von der Linden* DStR 2012, 1391 (1393); *Hecker/Peters* BB 2012, 2639 (2645).

[172] Ziff. 5.4.6 Abs. 2 S. 2 DCGK: „Wird den Aufsichtsratsmitgliedern eine erfolgsorientierte Vergütung zugesagt, soll sie auf eine nachhaltige Unternehmensentwicklung ausgerichtet sein."; für starke Gewichtung von langfristigen Anreizen *DAI*, Aufsichtsratsvergütung bei deutschen börsennotierten Unternehmen, 2003, 84 (92 f.) (mindestens 50% der variablen Vergütungsbestandteile); kritisch zu erfolgsorientierter Vergütung für Aufsichtsratsmitglieder *Peltzer* FS Priester, 2007, 573 (575 ff.); *Peltzer* NZG 2004, 509 (511); *Reimsbach* BB 2011, 940 (941 ff.).

[173] *v. Werden/Bartz* DB 2013, 885 (890 f.), wonach lediglich ein Tiefstwert von 43,8% der Befragten die Empfehlung befürworten. Mit 56,9% ist die Akzeptanz bei Unternehmen, die eine variable Aufsichtsratvergütung tatsächlich vorsehen, allerdings etwas höher.

[174] Empfehlung der Kommission vom 15.2.2005 zu den Aufgaben von nicht geschäftsführenden Direktoren/Aufsichtsratsmitgliedern/börsennotierter Gesellschaften sowie zu den Ausschüssen des Verwaltungs-/Aufsichtsrats, ABl. EG 2005 L 52, 51 ff.

[175] Empfehlung der Kommission v. 30.4.2009 zur Ergänzung der Empfehlungen Empf 2004/913/EG und Empf 2005/162/EG zur Regelung von Mitgliedern der Unternehmensleitung börsennotierter Gesellschaften, ABl. EG 2009 L 120, 28 ff. (Anh. II Ziff. 1 lit. c). Vgl. hierzu kritisch *Spindler* ZIP 2005, 2040 (2041); *Spindler/Gerdemann* FS Stilz, 2014, 629 (648 f.).

[176] Aktionsplan der Kommission „Europäisches Gesellschaftsrecht und Corporate Governance – ein moderner Rechtsrahmen für engagiertere Aktionäre und besser überlebensfähige Unternehmen" vom 12.12.2012, KOM (2012) 740 endg.

[177] *Bösl* BKR 2004, 474 (477): Anteil aktienkursorientierter Vergütung von höchstens 20–25% der Gesamtvergütung; *E. Vetter* AG 2004, 234 (238): Anteil von nicht mehr als einem Drittel der Gesamtvergütung;; *v. Rosen/Kramarsch* Empfehlungen zur Aufsichtsratsvergütung, Studien des deutschen Aktieninstituts, Heft 23/2003, 28 ff.: Festvergütung von 50% sowie am jährlichen Unternehmenserfolg und am langfristigen Unternehmenserfolg orientierte variable Vergütung von jeweils 25%; *DAI*, Aufsichtsratsvergütung bei deutschen börsennotierten Unternehmen, 2003, 91 f.: Anteil der variablen Vergütung an der Gesamtvergütung von mindestens einem Drittel, höchstens jedoch der Hälfte; *Theisen* DB 1999, 1665 (1667); Großkomm AktG/*Hopt/Roth* Rn. 49.

aber Kriterien ausscheiden, die an Faktoren anknüpfen, die nicht mit dem Unternehmenserfolg in Zusammenhang stehen, zB die Ölpreisentwicklung.[178] Die Vergütung kann sich auch am **Konzernerfolg** aufgrund einer konsolidierten Konzerngewinn- und -verlustrechnung orientieren, sofern es sich um den Aufsichtsrat der Obergesellschaft handelt. Im Falle des Aufsichtsrats einer Tochter- oder Enkelgesellschaft steht der Konzernerfolg jedoch nicht unmittelbar im Zusammenhang mit dem Erfolg des Konzerntochterunternehmens, so dass nur in Ausnahmefällen ein solcher Indikator zulässig sein dürfte. Schließlich dürfen die Anreize nicht auf eine kurzfristige Steigerung des Unternehmenserfolgs ausgerichtet sein, entsprechend § 87 Abs. 1, was auch der Empfehlung[179] aus Ziff. 5.4.6 Abs. 2 S. 2 DCGK entspricht.[180]

41 Die variable Vergütung bedarf ebenfalls der **Satzungsregelung** oder eines **Hauptversammlungsbeschlusses**. Im Beschluss oder in der Satzung muss die Berechnungsgrundlage für die variable Vergütung klar beschrieben sein.

42 Der **Vorstand** darf **keinen Einfluss** auf die Vergütungshöhe oder -verteilung zwischen den Aufsichtsratsmitgliedern nehmen können, da andernfalls eine Beeinflussung der Überwachungstätigkeit der Aufsichtsratsmitglieder und eine Interessenkollision drohen.[181] Dementsprechend hatte die Rechtsprechung die – inzwischen unzulässige (→ Rn. 50 ff.) – Begebung von **Wandelanleihen** für Aufsichtsratsmitglieder nur für statthaft erklärt, wenn ein Hauptversammlungsbeschluss die Begebung in einer einzigen Tranche und innerhalb eines Zeitraums von deutlich weniger als zwei Jahren vorschrieb, damit nicht der Vorstand auf die Ausgabebedingungen Einfluss nehmen konnte.[182] Gleiches galt für Optionsanleihen, wenn der Vorstand ermächtigt war, den Ausgabezeitpunkt und die Laufzeit der Option zu bestimmen.[183]

43 **2. Beteiligung am Jahresgewinn, § 113 Abs. 3.** Ist als variable Vergütung der Anteil am Jahresgewinn bestimmt, so errechnet sich diese Tantieme ausschließlich und zwingend nach § 113 Abs. 3.[184] Abweichende Bestimmungen können weder durch Satzung noch durch Hauptversammlungsbeschluss getroffen werden und sind nach § 113 Abs. 3 S. 2 **nichtig**, allerdings nur, soweit sie „überschießend" sind;[185] die Vergütung ist dann entsprechend § 139 BGB an die gesetzliche Bestimmung anzupassen. Entgegen verbreiteter Auffassung[186] gilt dies aber nur für solche Tantiemen, die allein **der Höhe nach** überschießend sind. Das ist dann der Fall, wenn die festgelegte Vergütung des Aufsichtsrats einen Zugriff auf den geschützten Betrag von 4 % der auf den geringsten Ausgabebetrag der Aktien geleisteten Einlagen erforderlich machen würde. Wird hingegen eine **unzulässige Bemessungsgrundlage** des Jahresgewinns gewählt (→ Rn. 44), ist die Vergütungsregelung entsprechend dem Wortlaut von § 113 Abs. 3 in Gänze nichtig. Weder kann die durch das Gesetz bezweckte[187] Harmonisierung der Erfolgsbeteiligung des Aufsichtsrats mit dem Dividendenanspruch der Aktionäre im Nachhinein erreicht, noch kann eine andere als die von der Hauptversammlung festgelegte Bemessungsgrundlage in den entsprechenden Vergütungsbeschluss hineingelesen werden, so dass eine wie auch immer geartete geltungserhaltende Reduktion in diesem Fall nicht in Betracht kommt.[188] De lege ferenda jedoch sollte § 113 Abs. 3 ebenso wie § 86 Abs. 2 aF abgeschafft werden, da für eine Ungleichbehandlung kein Grund ersichtlich ist.[189]

44 Unklar und bisher wenig behandelt ist jedoch die Frage, was überhaupt als **„Jahresgewinn" iSd § 113 Abs. 3** anzusehen ist. Problematisch ist in dieser Hinsicht neben kursabhängigen Vergütungs-

---

[178] Bsp. von *Gehling* ZIP 2005, 549 (553).
[179] Hierbei handelt es sich um eine „Comply-or-explain"-Empfehlung, deren Zuwiderhandeln gemäß § 161 AktG erklärt werden muss.
[180] KBLW/*Kremer* DCGK Rn. 1439 f.
[181] MHdB AG/*Hoffmann-Becking* § 33 Rn. 20; *Hoffmann/Preu* Der Aufsichtsrat Rn. 443; MüKoAktG/*Habersack* Rn. 2; Hüffer/Koch/*Koch* Rn. 1.
[182] LG München I AG 2001, 210 f.
[183] OLG München NZG 2002, 677 (678) = AG 2003, 164.
[184] MüKoAktG/*Habersack* Rn. 56; Hüffer/Koch/*Koch* Rn. 9; K. Schmidt/Lutter/*Drygala* Rn. 30; zu Recht als überholt sieht dies an: *Hoffmann-Becking* ZHR 169 (2005), 155 (174 ff.).
[185] MüKoAktG/*Habersack* Rn. 61; Großkomm AktG/*Hopt/Roth* Rn. 125; Hüffer/Koch/*Koch* Rn. 10; *Krieger* FS Röhricht, 2005, 349 (365); für § 86 Abs. 2 aF schon BGH ZIP 2003, 722 (724); zweifelnd *E. Vetter* ZIP 2008, 1 (4).
[186] *Krieger* FS Röhricht, 2005, 349 (364 f.); MüKoAktG/*Habersack* Rn. 61; Kölner Komm AktG/*Mertens/Cahn* Rn. 20; Großkomm AktG/*Hopt/Roth* Rn. 125; Hüffer/Koch/*Koch* Rn. 10; K. Schmidt/Lutter/*Drygala* Rn. 32.
[187] Vgl. RegE zum AktG 1965, BT-Drs. IV/171, abgedr. bei *Kropff* AktG 1965, S. 157.
[188] Im Einzelnen *Spindler/Gerdemann* FS Stilz, 2014, 629 (633 ff.); im Ergebnis wie hier *Hoffmann-Becking* ZHR 169, 155 (176 f.); an der hM zweifelnd *E. Vetter* AG 2008, 1 (4).
[189] Zutr. *Hoffmann-Becking* ZHR 169 (2005), 155 (177); *Hoffmann-Becking* FS Hüffer, 2010, 337 (352); *Spindler/Gerdemann* FS Stilz, 2014, S. 629 (632); *Krieger* FS Röhricht, 2005, 349 (367); *E. Vetter* ZIP 2008, 1 (4).

elementen die Heranziehung verschiedenster Ergebniskennzahlen eines oder mehrerer Geschäftsjahre der Gesellschaft oder des Konzerns als Berechnungsgröße für die Bemessung der erfolgsorientierten Aufsichtsratsvergütungen.[190] Zur dividendenabhängigen Tantieme → Rn. 50. Einer großzügigen Handhabung des § 113 Abs. 3, die auch vorsteuerergebnisabhängige oder konzernerfolgsabhängige Tantiemen als zulässig ansieht,[191] steht die Entstehungsgeschichte[192] und der Gesetzeszweck des § 113 Abs. 3 entgegen,[193] nach welchem der Tantiemenanspruch des Aufsichtsrats nicht mit dem Gewinnanspruch der Aktionäre in Konflikt geraten darf.[194] Ansonsten hätte der Aufsichtsrat außerdem Anreize, die zugrunde liegenden Parameter, die für seine eigene Vergütung relevant wären, zu modifizieren. Demgemäß greift § 113 Abs. 3, wie der BGH schon für § 86 Abs. 2 aF festgehalten hat,[195] bei einem Spannungsverhältnis zwischen der Vergütung des Aufsichtsrates und dem Gewinnanspruch des Aktionärs, so dass der „Jahresgewinn" zum Schutz der Aktionäre weit zu verstehen ist.[196] Damit dürften solche Vergütungen zwar nicht erfasst sein, die lediglich an das **Ergebnis einzelner Geschäftsbereiche** anknüpfen, da diese so weit vom Gewinnanspruch des Aktionärs entfernt sind, dass eine Konkurrenz zum Dividendenanspruch nicht besteht;[197] auch **umsatzabhängige Tantiemen** dürften damit nicht unter § 113 Abs. 3 fallen, wenngleich sie wegen ihres nur mittelbaren Bezugs zum Erfolg des Unternehmens kaum empfehlenswert sind.[198] Unzulässig sind jedoch Anknüpfungen an Ergebniszahlen der Gesellschaft, die einen **wesentlichen Teil des Gesamterfolgs des Geschäftsjahres** darstellen, da insoweit die Aufsichtsratstantieme in Konkurrenz zum Gewinnanspruch des Aktionärs tritt. Betroffen sind hiervon **Cash Flow, EBT, EBIT, EBITDA, ROCE** und ähnliche Kennzahlen der Gesellschaft.[199] Tantiemen, welche von dem **Konzernergebnis** abhängig gemacht werden, unterfallen jedoch nicht § 113 Abs. 3, da eine Dividendenausschüttung auf der Basis des Konzerngewinns nicht möglich ist und es damit an einem Spannungsverhältnis zwischen Aufsichtsratsvergütung und Dividendenanspruch des Aktionärs fehlt.[200] Letztlich ist auch eine extensive Auslegung des Gesetzes aufgrund des heutigen Verständnisses der Corporate Governance nicht geboten, da sich der Überwachungsauftrag des Aufsichtsrats der Muttergesellschaft auch auf die Konzerngeschäftsführung des Vorstands der Gesellschaft erstreckt, so dass eine Bindung an den Konzerngewinn gerade dienlich sein kann.[201] Für Aufsichtsratsmitglieder von Tochtergesellschaften besteht bei konzernabhängiger Vergütung allerdings die Gefahr, dass diese ihre Interessen (im faktischen Konzern) tendenziell am gesamten Konzern ausrichten, obwohl nur im Vertragskonzern das Konzerninteresse den Interessen der abhängigen Gesellschaft übergeordnet werden darf. Sofern in der Gesamtvergütung des Aufsichtsrats die erforderliche Beziehung zur Lage der eigenen Gesellschaft nicht hinreichend abgebildet wird, kann das Angemessenheitsgebot aus § 113 Abs. 1 S. 3 verletzt sein.[202] Nicht in Konflikt mit § 113 Abs. 3 tritt darüber hinaus auch eine Orientierung am **Aktienkurs** des Unternehmens oder des jeweiligen Konzerns: Dadurch, dass der Jahresgewinn erst durch eine auf ihm aufbauende Bewertung in den Aktienkurs einer Aktiengesellschaft einfließen, fehlt es an dem erforderlichen unmittelbaren Spannungsverhältnis zwischen der Bezugsgröße der Tantiemen und dem Gewinnanspruch der Aktionäre.[203]

---

[190] *Krieger* FS Röhricht, 2005, 349 (351 f.).
[191] K. Schmidt/Lutter/*Drygala* Rn. 33.
[192] BegrRegE *Kropff* S. 157.
[193] Zutr. *Krieger* FS Röhricht, 2005, 349 (355 ff.), der aber die Vorschrift des § 113 Abs. 3 AktG mit Recht als überholt und abschaffungsbedürftig ansieht; E. *Vetter* ZIP 2008, 1 (3).
[194] *Spindler/Gerdemann* FS Stilz, 2014, 629 (632); *Krieger* FS Röhricht, 2005, 349 (357); *Hoffmann-Becking* ZHR 169 (2005), 155 (176); E. *Vetter* ZIP 2008, 1 (3); siehe schon zur Vorgängervorschrift § 245 Abs. 1 HGB den Kommissionsbericht über den Entwurf des HGB, abgedr. bei *Schubert/Schmiedel/Krampe,* Quellen zum Handelsgesetzbuch von 1987, Band I-III, 1986-1988, 1320.
[195] BGH ZIP 2003, 722.
[196] *Spindler/Gerdemann* FS Stilz, 2014, 629 (630).
[197] *Spindler/Gerdemann* FS Stilz, 2014, 629 (632 f.); Kölner Komm AktG/*Mertens/Cahn* Rn. 21; *Hoffmann-Becking* ZHR 169, 155 (177); *Krieger* FS Röhricht, 2005, 349 (359 f.); E. *Vetter* ZIP 2008, 1 (3).
[198] Kritisch auch *Berger,* Die Kosten der Aufsichtsratstätigkeit in der Aktiengesellschaft, 2000, 78 f.
[199] *Spindler/Gerdemann* FS Stilz, 2014, 629 (632); *Krieger* FS Röhricht, 2005, 349 (359); *Hoffman-Becking* ZHR 169 (2005), 155 (176 f.); E. *Vetter* ZIP 2008, 1 (3 f.); aA *Gehling* ZIP 2005, 549 (553); *Martinius/Zimmer* BB 2011, 3014 (3016); *Maser/Göttle* NZG 2013, 201 (204).
[200] Kölner Komm AktG/*Mertens/Cahn* Rn. 21; *Hoffmann-Becking* ZHR 169 (2005), 155 (177); *Krieger* FS Röhricht, 2005, 349 (359 f.); E. *Vetter* ZIP 2008, 1, 3; aA MüKoAktG/*Habersack* Rn. 62 (kein Jahresgewinn, aber § 113 Abs. 3 analog).
[201] *Krieger* FS Röhricht, 2005, 349 (360).
[202] Vgl. zu umstrittenen, ähnlich gelagerten Problematik bei der Vorstandsvergütung MüKoAktG/*Spindler* § 87 Rn. 64 ff. mwN.
[203] *Spindler/Gerdemann* FS Stilz, 2014, 629 (636). Zur Frage, ob der Aktienkurs an sich Anknüpfungspunkt der Aussichtsratsvergütung sein kann, → Rn. 49.

45 Tantiemenregelungen sollten jedoch auch derart ausgestaltet sein, dass sie mit einer **längerfristigen Entwicklung** des Unternehmenserfolgs in Beziehung gesetzt werden, was auch in Ziff. 5.4.6 Abs. 2 S. 2 DCGK empfohlen wird. Auch wenn der neu gefasste § 87 nur für die Vorstandsbezüge gilt, bringt er doch ein allgemeines Prinzip zum Ausdruck, dass die Vergütungsstrukturen so beschaffen sein sollten, dass die Organmitglieder nicht kurzfristigen Anreizen unterliegen. Dementsprechend sollten variable Vergütungen an Hand eines möglichst vierjährigen Zeitraums entsprechend der für Stock Options in § 193 Abs. 2 Nr. 4 neu gefassten Regelung ausgestaltet werden und möglichst außergewöhnliche Ereignisse unberücksichtigt lassen.[204]

46 Grundlage der Berechnung ist der sich ohne Kürzung um die Tantieme[205] ergebende **Bilanzgewinn**,[206] für den der Jahresüberschuss entsprechend § 158 Abs. 1 S. 1 Nr. 5 durch Verlustvortrag oder Dotierung der Gewinnrücklagen zu vermindern, durch Entnahmen aus den Gewinnrücklagen oder Gewinnvortrag zu erhöhen ist.[207] Damit kann der Gewinn mehrfach tantiemepflichtig werden, wenn ein Gewinnvortrag verrechnet wird oder Entnahmen aus den Gewinnrücklagen den Bilanzgewinn erhöhen.[208] Die Vorstandstantieme mindert den Bilanzgewinn und ist – da nicht den Aktionären zur Verteilung zur Verfügung stehend – auch für die Ermittlung der Aufsichtsratstantieme abzuziehen.[209] Für die Berechnung der erfolgsabhängigen Vergütung ist es unerheblich, ob der Bilanzgewinn ausgeschüttet wird; dementsprechend hat es keinen Einfluss auf den Tantiemeanspruch des Aufsichtsratsmitglieds, wenn bei einer vereinfachten Kapitalherabsetzung der Gewinn gem. § 233 Abs. 1 nicht an die Aktionäre ausgeschüttet werden darf, solange die gesetzliche Rücklage und die Kapitalrücklage zusammen nicht 10 % des herabgesetzten Grundkapitals erreicht haben.[210] Unerheblich ist ferner, ob ein **Gewinnabführungsvertrag** mit der Gesellschaft besteht, da der festgestellte Jahresgewinn maßgebliche Bezugsgröße ist.[211] Um den Aktionären in jedem Fall eine entsprechende Verzinsung zu erhalten,[212] muss nach § 113 Abs. 3 der Bilanzgewinn mindestens um 4 % der auf den geringsten Ausgabebetrag der Aktien geleisteten Einlagen gekürzt werden.[213] Seit der Reform durch das StückAktG werden damit auch Stückaktien gem. § 8 Abs. 3 erfasst, so dass auch ein anteiliger Betrag des Grundkapitals statt eines Nennbetrages in Betracht kommt (§ 8 Abs. 2, 3). Bei der Berechnung wird ein Agio nicht berücksichtigt, da § 113 Abs. 3 S. 1 nicht auf § 9 Abs. 2 verweist, sondern nur auf § 9 Abs. 1.[214] Hat die AG **eigene Aktien,** wird der Gesamtnennbetrag der Aktien nicht um die eigenen Aktien gekürzt.[215]

47 Auch für den **Anteil am Jahresgewinn** gilt das **Gebot der Angemessenheit.**[216] Dies kann indes nicht als absolute Grenze verstanden werden, sondern nur im Verhältnis zu den anderen die Angemessenheit bestimmenden Vergütungsbestandteilen, da der Jahresgewinn selbst eine variable Größe ist. Fallen der Gewinn und damit auch die Vergütung außerordentlich hoch aus, liegt keine Verletzung des Gebots der Angemessenheit vor; denn es ist gerade beabsichtigt, mit der variablen Vergütung die Aufsichtsratsmitglieder zur Verfolgung der erfolgsorientierten Ziele der AG zu veranlassen.[217]

---

[204] BegrFrakE BT-Drs. 16/12 278, 5; näher dazu *Spindler* NJOZ 2009, 3282 (3285); *Fleischer* NZG 2009, 801 (803); *Hohaus/Weber* DB 2009, 1515 (1517); krit. *Wagner/Witgens* BB 2009, 906 (908); *Gaul/Janz* NZA 2009, 809 (810).
[205] MüKoAktG/*Habersack* Rn. 59; i.E. auch WP-HdB/*Kraft* S Rn. 113 f.; aA Kölner Komm AktG/*Mertens/Cahn* Rn. 23, die die Tantieme als Aufwand abziehen wollen – was letztlich eine zirkuläre Berechnung bedeutet.
[206] Gegen die Orientierung am Bilanzgewinn spricht sich *Lutter* ZHR 159 (1995), 287 (304) aus, der eine Bindung an den Jahresüberschuss und eine entsprechende Gesetzesänderung empfiehlt; krit. auch *DAI*, Aufsichtsratsvergütung bei deutschen börsennotierten Unternehmen, 2003, 87; *Habersack* ZGR 2004, 721 (732 f.): der Aufsichtsrat könne durch die Prüfung des Jahresabschlusses gem. § 171 Abs. 1 Einfluss auf die eigene Vergütung nehmen.
[207] Großkomm AktG/*Hopt/Roth* Rn. 120; MüKoAktG/*Habersack* Rn. 58; Hüffer/Koch/*Koch* Rn. 10; WP-HdB/*Kraft* S Rn. 109 F.
[208] Großkomm AktG/*Hopt/Roth* Rn. 120; MüKoAktG/*Habersack* Rn. 58; Kölner Komm AktG/*Mertens/Cahn* Rn. 23; WP-HdB/*Kraft* S Rn. 109.
[209] *Kenntemich* WPg 1971, 105 (106); Großkomm AktG/*Hopt/Roth* Rn. 122; MüKoAktG/*Habersack* Rn. 59; Kölner Komm AktG/*Mertens/Cahn* Rn. 23 mwN; WP-HdB/*Kraft* S Rn. 112 f.; aA *Schäfer* BB 1966, 229 (231 f.).
[210] Großkomm AktG/*Hopt/Roth* Rn. 124; MüKoAktG/*Habersack* Rn. 59.
[211] MüKoAktG/*Habersack* Rn. 49.
[212] *Hoffmann/Preu* Der Aufsichtsrat Rn. 445; Großkomm AktG/*Hopt/Roth* Rn. 121; WP-HdB/*Kraft* S Rn. 116.
[213] MüKoAktG/*Habersack* Rn. 60.
[214] BT Rechtsausschuss *Kropff* S. 158; Hüffer/Koch/*Koch* Rn. 10; MüKoAktG/*Habersack* Rn. 60; WP-HdB/*Kraft* S Rn. 115.
[215] Großkomm AktG/*Hopt/Roth* Rn. 121; MüKoAktG/*Habersack* Rn. 60.
[216] Vgl. MüKoAktG/*Habersack* Rn. 61; Großkomm AktG/*Hopt/Roth* Rn. 123, die als Beispiel für die Unangemessenheit der Vergütung den Fall nennen, dass der Gewinn aus der Auflösung stiller Reserven den operativen Gewinn bei weitem übersteigt oder die stillen Reserven bereits vor der Amtszeit des Aufsichtsratsmitglieds gebildet wurden.
[217] Gegen die Zweckmäßigkeit erfolgsabhängiger Vergütung vor dem Hintergrund von BGHZ 158, 122 = NJW 2004, 1109 = WM 2004, 629 jedoch *Bischof* BB 2006, 2627 (2632).

3. Dividenden-Tantiemen. Ob die zumindest früher in der Praxis üblichen[218] Dividendentantiemen von § 113 Abs. 3 erfasst werden, ist umstritten.[219] Denn die Dividende basiert letztlich auch auf dem Jahresgewinn, so dass bei einem weiten Verständnis des Jahresgewinns auch diese unter § 113 Abs. 3 zu fassen wäre. Indes verfängt hier der Schutzzweck nicht, da die Aktionäre nicht befürchten müssen, dass der Aufsichtsrat Anreize hat, zu seinen Gunsten die Bemessungsgrundlage zu verändern.[220] Auch wenn die Gefahr besteht, dass der Aufsichtsrat den Vorschlag des Vorstands für die Verwendung des Bilanzgewinns nicht mit der gebotenen Unabhängigkeit prüft (§ 171 Abs. 1 S. 1 iVm § 170 Abs. 2), da er selbst von einer hohen Ausschüttung profitiert,[221] darf nicht verkannt werden, dass damit nicht der Schutz der Aktionäre unterlaufen wird, sondern sich die Tantieme noch im Rahmen der gebotenen Harmonisierung von Aktionärsausschüttung und Vergütung des Aufsichtsrats hält. Dieses Ergebnis wird bestätigt durch die Gesetzgebungsgeschichte, in der die Dividendenbeteiligung der Aktionäre sogar anstelle des Bilanzgewinns als Anknüpfungspunkt für § 113 Abs. 3 AktG diskutiert und nur deswegen nicht gewählt wurde, weil zur Berechnung der Vergütung die Kenntnis „schwieriger mathematischer Formeln" erforderlich geworden wäre.[222] Soweit sich die Tantiemen des Aufsichtsrats an den Dividenden der Aktionäre orientieren, ist daher von einer **teleologischen Reduktion** der Norm auszugehen.[223] Die **Berechnung** kann sich sowohl auf einen festgelegten Dividendenbetrag als Schwellenwert als auch auf einen prozentualen Satz der ausgeschütteten Dividenden beziehen.[224] Allerdings muss dabei beachtet werden, dass die Mindestverzinsung von 4 % auf das Grundkapital bestehen bleibt; andernfalls darf keine dividendenabhängige Tantieme gezahlt werden.[225] **Sonderdividenden**, die nicht auf dem Jahreserfolg des Unternehmens beruhen, sondern zB steuerlich motiviert sind, widersprechen dagegen der anreizorientierten Vergütung.[226] Nimmt ein Aufsichtsratsmitglied Vergütungen auf der Grundlage von Sonderdividenden an, handelt es sorgfaltswidrig.[227] Zudem wird eine lediglich an einem Geschäftsjahr orientierte dividendenorientierte Vergütung der Kodexempfehlung einer Ausrichtung an der nachhaltigen Unternehmensentwicklung gemäß Ziff. 5.4.6 Abs. 2 S. 2 DCGK widersprechen. Es bietet sich ggf. eine Orientierung an einer über mehrere Jahre ermittelten durchschnittlichen Dividende an.[228]

4. Vergütungen an Hand des Aktienkurses. a) Stock Options. Allerdings können nicht alle denkbaren Formen von variablen Vergütungen gewährt werden: So sind **Aktienoptionen (Stock Options)**[229] generell unzulässig; denn während noch der Referentenentwurf des KontraG die

---

[218] Siehe hierzu RKLW/*Kremer*, 4. Aufl. 2010, Rn. 1094; *v. Rosen/Kramarsch* Empfehlungen zur Aufsichtsratsvergütung, Studien des deutschen Aktieninstituts, Heft 23/2003, 21; *Knoll/Knoesel/Probst* zfbf 1997, 236 (241): Koppelung entweder an einen Vomhundertsatz der Dividende oder an einen Betrag pro Aktie; heute geht der Trend eher in Richtung einer ausschließlich fixen Vergütungsstruktur, KBLW/*Kremer* DCGK Rn. 1439.

[219] Für die Anwendung von § 113 Abs. 3 auf dividendenabhängige Tantieme: MüKoAktG/*Habersack* Rn. 62; Großkomm AktG/*Hopt/Roth* Rn. 119; Hüffer/*Koch*/*Koch* Rn. 11; MHdB AG/*Hoffmann-Becking*, 3. Aufl. 2009, § 33 Rn. 26 (anders noch die Vorauf. § 33 Rn. 20); *Hoffmann-Becking* ZHR 169 (2005), 155 (175); *Krieger* FS Röhricht, 2005, 349 (358 f.); WP HdB/*Kraft* I, Rn. 107; dagegen: Kölner Komm AktG/*Mertens/Cahn* Rn. 22; *E. Vetter* in Marsch-Barner/Schäfer Börsennotierte AG-HdB Rn. 29.41, der zwar eine unmittelbare Anwendung von § 113 Abs. 3 S. 1 ablehnt, iE aber die Kürzung um 4% anwenden will; gegen Dividendentantiemen im Allgemeinen *Lutter* ZHR 159 (1995), 287 (304); *Bender/Vater* DStR 2003, 1807 (1811).

[220] *E. Vetter* ZIP 2008, 1 (3 f.); für die Vorstandsvergütung bzw. § 86 Abs. 2 aF ebenso BGHZ 145, 1 (4) = ZIP 2000, 1438 (1439).

[221] *Habersack* ZGR 2004, 721 (732 f.); *DAI*, Aufsichtsratsvergütung bei deutschen börsennotierten Unternehmen, 2003, 89 f.; *v. Rosen/Kramarsch*, Empfehlungen zur Aufsichtsratsvergütung, Studien des deutschen Aktieninstituts, Heft 23/2003, 24.

[222] RegE zum AktG 1965, BT-Drs. IV/171, abgedr. bei *Kropff* AktG 1965, S. 157; zur inhaltlich wenig stringenten Intention des Gesetzgebers und ihren Auswirkungen auf den Begriff des „Jahresgewinns": *Spindler/Gerdemann* FS Stilz, 2014, 629 (631 ff.).

[223] *Spindler/Gerdemann* FS Stilz, 2014, 629 (635).

[224] Siehe zu den Berechnungsmöglichkeiten *Semler* FS Budde, 1995, 599 (603 f.); Kölner Komm AktG/*Mertens/Cahn* Rn. 22; MHdB AG/*Hoffmann-Becking* § 33 Rn. 36; MüKoAktG/*Habersack* Rn. 15.

[225] *E. Vetter* ZIP 2008, 1 (4); *E. Vetter* in Marsch-Barner/Schäfer Börsennotierte AG-HdB Rn. 29.41; Hüffer/*Koch*/*Koch* Rn. 11; iE auch Großkomm AktG/*Hopt/Roth* Rn. 119; MHdB AG/*Hoffmann-Becking* § 33 Rn. 36; *Hoffmann-Becking* ZHR 169 (2005), 155 (175; *Spindler/Gerdemann* FS Stilz, 2014, 629 (635); *Krieger* FS Röhricht, 2005, 349 (364); WP HdB/*Kraft* I Rn. 107; dagegen Kölner Komm AktG/*Mertens/Cahn* Rn. 22.

[226] *Hoffmann-Becking* NZG 1999, 797 (800).

[227] S. auch *Hoffmann-Becking* NZG 1999, 797 (800), der auf die in der Praxis üblichen Verzichtserklärungen der Aufsichtsratsmitglieder hinweist.

[228] KBLW/*Kremer* DCGK Rn. 1440 f.

[229] In Frankreich werden zunehmend sog. „plans d'attribution gratuite d'actions", die durch das „loi de finances pour 2005" in den Artikeln L.225–197–1 bis L.225–197–5 des „Code de commerce" umgesetzt worden sind, beliebter, wobei auch diese nicht für Aufsichtsratsmitglieder zugelassen sind. Der Unterschied zu „stock options" zeigt sich dadurch, dass die Begünstigten die Sicherheit haben, einen finanziellen Vorteil zu erhalten, da sie auf

Aufsichtsratsmitglieder in Stock Options-Programme einbeziehen wollte,[230] sah der Gesetz gewordene Regierungsentwurf – entsprechend in der Literatur geäußerter Kritik[231] – explizit davon ab, die Aufsichtsratsmitglieder in den Kreis der Begünstigten aufzunehmen und eine entsprechende Zuständigkeit der Hauptversammlung für einen Beschluss zur bedingten Kapitalerhöhung nach § 192 Abs. 2 Nr. 3 zu schaffen.[232] Die Bedeutung der „Stock Options" scheint jedoch ohnedies abzunehmen.[233] Der Ausschluss von Aktienoptionsplänen für Aufsichtsratsmitglieder soll verhindern, dass der Aufsichtsrat durch die Festlegung der Konditionen, unter denen Optionen durch den Vorstand ausgeübt werden, sich letztlich selbst seine Vergütung genehmigt.[234] Allerdings ist dies wenig überzeugend; denn eine Interessenkollision hätte sich gesetzgeberisch durch die – gem. § 113 Abs. 1 S. 2 ohnehin bestehende – vollständige Kompetenz der Hauptversammlung zur Festlegung sämtlicher Konditionen der Optionsrechte lösen lassen.[235] Bedenken gegen die kursorientierte Vergütung von Aufsichtsratsmitgliedern bestehen eher vor dem Hintergrund, dass die Überwachungsfunktion des Aufsichtsrats gefährdet wäre, wenn die Aufsichtsratsvergütung auf weitgehend mit der Vorstandsvergütung identischen Anreizwirkungen basiert.[236] Da die Wahrscheinlichkeit der Werthaltigkeit von Aktienoptionen mit der Volatilität des Kurswerts steigt, besteht zudem die Gefahr, dass der Aufsichtsrat eine Erhöhung des Gesellschaftsrisikos durch die Geschäftspolitik des Vorstands allzu bedenkenlos mitträgt.[237]

50 Auch andere Gestaltungen, die ohne Hauptversammlungsbeteiligung auf eine Ausgabe von Aktien an Aufsichtsratsmitglieder infolge von Optionsprogrammen hinauslaufen, etwa der **Rückkauf von Aktien** gem. § 71 Abs. 1 Nr. 8 und deren Ausgabe an Aufsichtsratsmitglieder, widersprechen der bewussten Nichteinbeziehung des Aufsichtsrats in Optionsprogramme durch den Gesetzgeber.[238] Dies hat auch der BGH in seinem Mobilcom-Urteil vom 16.2.2004 bestätigt.[239]

---

jeden Fall an den Aktiendividenden teilhaben. Ein Gesetzesentwurf zur Präzisierung der zulässigen Art und Weise ist mit dem „avant-projet du loi pour le développement de la participation et de l'actionnariat salarié" bereits vorhanden. Hierzu siehe *Dom*, Revue des Sociétés No. 1/2006, 31 ff.

[230] Art. 1 Nr. 22 RefE KonTraG, abgedr. in ZIP 1996, 2129 (2137 f.).

[231] *DAV-Handelsrechtsausschuss*, Stellungnahme zum RefE KonTraG, ZIP 1997, 163 (173) (Abs. 112); *Hüffer* ZHR 161 (1997), 214 (244); Zur Bezugnahme des Gesetzgebers auf die kritischen Literaturstimmen: *Bürger* NJW 2004, 3022 (3023); vgl. auch BGHZ 158, 122 (126) – MobilCom = NJW 2004, 1109 = DB 2004, 696 = ZIP 2004, 613 (614); aA *Hoffmann-Becking* ZHR 169 (2005), 155 (178 ff.).

[232] Art. 1 Nr. 24 RegE KonTraG BT-Drs. 13/9712, 6 (24); BGHZ 158, 122 (126) = NJW 2004, 1109; für die Schaffung einer entsprechenden Kompetenz s. noch *Lutter/Krieger/Verse* Rechte und Pflichten des Aufsichtsrats Rn. 850 mwN der älteren Lit.; *Paefgen* WM 2004, 1169 (1170 f.).

[233] *Dom*, Revue des Sociétés No. 1/2006, 32.

[234] BT-Drs. 13/9712, 24; *Weiß*, Aktienoptionspläne für Führungskräfte, 1998, 206 f.; *Roller*, Die Vergütung des Aufsichtsrats in Abhängigkeit vom Aktienkurs, 1999, 148 f.: Gefahr des „back scratching".

[235] BGHZ 158, 122 (126) = NJW 2004, 1109; *Spindler/Gerdemann* FS Stilz, 2014, 629 (646 f.); *Bürger* NJW 2004, 3022 (3024); *Mäger* BB 1999, 1389 (1393); *Zimmer* DB 1999, 999 (1000); *Weiß* WM 1999, 353 (357); *Weiß*, Aktienoptionspläne für Führungskräfte 1998, 212; *Schaefer* NZG 1999, 531 (533); *Claussen* WM 1997, 1825 (1830); *Fuchs* WM 2004, 2233 (2236); *Hüffer* ZHR 161 (1197), 214 (244); *Hüffer/Koch/Koch* § 192 Rn. 21; weitergehend *Paefgen* WM 2004, 1169 (1170 f.), sogar die Unterlegung des Optionsprogramms für Aufsichtsratsmitglieder mit bedingtem Kapital gem. § 192 Abs. 1 Nr. 3.

[236] BGHZ 158, 122 (126 f.) – MobilCom = NJW 2004, 1109 = DB 2004, 696 mit zust. Anm. *Wiechers*; *Habersack* ZGR 2004, 721 (725 f.); *Bender/Vater* DStR 2003, 1807 (1811); *Peltzer* NZG 2004, 509 (510 f.); *Meyer/Ludwig* ZIP 2004, 940 (943); *E. Vetter* AG 2004, 234 (236); *Theisen* DB 1999, 1665; Großkomm AktG/*Hopt/Roth* Rn. 35, 37; *v. Rosen/Kramarsch*, Empfehlungen zur Aufsichtsratsvergütung, Studien des deutschen Aktieninstituts, Heft 27/2003, 26 (29); einschränkend *Fuchs* WM 2004, 2233 (2236 f., 2238), der eine Beeinträchtigung der Kontrollfunktion nur im Einzelfall sieht; aA vor dem Hintergrund der zunehmenden Beratungsfunktion des Aufsichtsrats: *Bösl* BKR 2004, 474 (475 f.); *Bürger* NJW 2004, 3022 (3025 f.); *Hoff* WM 2003, 910; *Lutter/Krieger/Verse* Rechte und Pflichten des Aufsichtsrats Rn. 848; *Zimmer* DB 1999, 999 (1000 f.) für Start-Up-Gesellschaften; ähnlich *Paefgen* WM 2004, 1169 (1173); *Richter* BB 2004, 949 (956 f.).

[237] *v. Rosen/Kramarsch*, Empfehlungen zur Aufsichtsratsvergütung, Studien des deutschen Aktieninstituts, Heft 23/2003, 26; einschränkend *Bösl* BKR 2004, 474 (476), der die Gefahr mit Blick auf das Haftungsrisiko der Aufsichtsratsmitglieder für wenig wahrscheinlich hält.

[238] BegrRegE KonTraG BT-Drs. 13/9712, 14, die als mögliches Ziel des Erwerbs eigener Aktien gem. § 71 Abs. Nr. 8 die „Bedienung von Aktienoptionen für Geschäftsleitungsmitglieder und Führungskräfte des Unternehmens" benennt, also gerade nicht die Bedienung von Optionen mit Aufsichtsratsmitgliedern; *Weiß*, Aktienoptionspläne für Führungskräfte, 1998, 247; *Spindler/Gerdemann* FS Stilz, 2014, 629 (637).

[239] BGHZ 158, 122 (127 ff.) – MobilCom = NJW 2004, 1109 = DB 2004, 696 mit zust. Anm. *Wiechers*; zust. auch *Habersack* ZGR 2004, 721 (725); *Meyer/Ludwig* ZIP 2004, 940 (942); *E. Vetter* AG 2004, 234 (236); *Weiß* WM 1999, 353 (360 f.); *Roller*, Die Vergütung des Aufsichtsrats in Abhängigkeit vom Aktienkurs, 1999, 107 f.; MüKoAktG/*Habersack* Rn. 17; Großkomm AktG/*Hopt/Roth* Rn. 41; *Hüffer/Koch/Koch* § 192 Rn. 21; *Spindler/Gerdemann* FS Stilz, 2014, 629 (637); aA OLG Schleswig NZG 2003, 176 (178 f.) = AG 2003, 102; *Fischer* ZIP

Schließlich können Aufsichtsratsmitglieder seit dem 1.11.2005 auch nicht (mehr) Bezugsberechtigte von in Verbindung mit **Wandelschuldverschreibungen** gem. §§ 192 Abs. 2 Nr. 1, 221 gewährten Aktienoptionsprogrammen sein. Nachdem bereits die höchstrichterliche Rechtsprechung Zweifel an der grundsätzlichen Zulässigkeit solcher Optionsprogramme zugunsten von Aufsichtsratsmitgliedern angemeldet hatte,[240] ergibt sich dies nunmehr zwingend aufgrund der Änderung des § 221 Abs. 4 S. 2 durch das UMAG, wonach § 193 Abs. 2 Nr. 4 sinngemäß auf die Begebung von Wandelschuldverschreibungen anwendbar ist.[241] Die sinngemäße Anwendung richtet sich auch auf den Kreis der Bezugsberechtigten,[242] der gem. § 192 Abs. 2 Nr. 3 Aufsichtsratsmitglieder gerade nicht erfasst. Damit erweisen sich Überlegungen als obsolet,[243] die Nichteinbeziehung des Aufsichtsrats in nackte Optionsprogramme durch das KonTraG[244] sei nicht als generelles Verbot von Aktienoptionsprogrammen misszuverstehen, so dass der Weg über die Ausgabe von Wandelschuldverschreibungen gem. § 192 Abs. 1 Nr. 1, § 221 weiterhin gangbar sei.[245] 51

Ein Aufsichtsratsmitglied ist daran gehindert, während seiner Amtszeit Optionen wahrzunehmen, die ihm aufgrund einer früheren Vorstandstätigkeit gewährt wurden; es besteht lediglich ein Abfindungsanspruch in Höhe des Optionswertes.[246] **Aktienoptionsprogramme für Arbeitnehmer-Aufsichtsratsmitglieder** sind hingegen zulässig; sie verstoßen auch nicht gegen den Gleichbehandlungsgrundsatz, denn als Aufsichtsratsmitglieder fungierende Arbeitnehmer erhalten die Optionen in ihrer Eigenschaft als Arbeitnehmer; es besteht eine entsprechende Kompetenz der Hauptversammlung nach § 192 Abs. 2 Nr. 3.[247] 52

b) Indexorientierte Vergütungen – Phantom Stocks. Die Schwierigkeiten, die sich bei der Ausgabe von Aktienoptionen an Aufsichtsratsmitglieder ergeben, werden vermieden, wenn die Vergütung nicht in Form von Aktienoptionen erfolgt, wohl aber auf den Aktienkurs bezogen wird. Mit Hilfe so genannter **Stock Appreciation Rights,** virtueller Optionen, die eine Vergütung in Abhängigkeit vom Erreichen bestimmter Kurswerte oder in Relation zu einem Index vorsehen, können vergleichbare Anreizwirkungen erzielt werden.[248] In ähnlicher Weise sehen Phantom Stocks vor, dass die Aufsichtsratsmitglieder wie Aktionäre behandelt werden, ohne dass sie Aktien halten müssten, so dass sie Kursgewinne oder Dividenden (oder Anteile davon) ausgezahlt erhalten.[249] 53

2003, 282 f.; *Hoff* WM 2003, 910 (912 ff.); *Richter* BB 2004, 949 (953 f.); *Schaefer* NZG 1999, 531 (533); *Wiechers* DB 2003, 595 (597 f.); *Paefgen* WM 2004, 1169 (1171 f.), sogar für Unterlegung des Optionsprogramms für Aufsichtsratsmitglieder mit bedingtem Kapital.
[240] BGHZ 158, 122 (129) = NJW 2004, 1109; zust. *DAV-Handelsrechtsausschuss,* Stellungnahme zum RefE KonTraG, ZIP 1997, 163 (173) (Abs. 112); *Röhricht* VGR 2005, 16; s. auch *Paefgen* WM 2004, 1169 (1172); aA E. *Vetter* AG 2004, 234 (237); *Meyer/Ludwig* ZIP 2004, 940 (944); *Habersack* ZGR 2004, 721 (728 f.): *Peltzer* NZG 2004, 509 (510); *Wiechers* DB 2004, 698; aA *Hoffmann-Becking* ZHR 169 (2005), 155 (176 ff.).
[241] Art. 1 Nr. 17 des Gesetzes zur Unternehmensintegrität und Modernisierung des Anfechtungsrechts (UMAG) v. 22.9.2005, BGBl. 2005 I 2802; zust. zur Gesetzesänderung *Habersack* ZGR 2004, 721 (729); *Meyer/Ludwig* ZIP 2004, 940 (944); *Bürgers/Körber/Israel* Rn. 11; ablehnend *Bürger* NJW 2004, 3022 (3025); dagegen halten Großkomm AktG/*Hopt/Roth* Rn. 43 sowie *Hoffmann-Becking* ZHR 169 (2005), 155 (180), die Teilnahme von Aufsichtsratsmitgliedern an Aktienoptionsprogrammen auch nach der Neufassung des § 221 Abs. 4 Satz 2 weiterhin für zulässig.
[242] BegrRegE UMAG BT-Drs. 15/5092, 25; *Spindler/Gerdemann* FS Stilz, 2014, 629 (638); *Hoffmann-Becking* ZHR 169 (2005), 155 (180), erachtet zwar die Regierungsbegründung für klar, nicht aber den Wortlaut der in § 221 Abs. 4 S. 2 enthaltenen Verweisung.
[243] Im Einzelnen *Spindler/Gerdemann* FS Stilz, 2014, 629 (637 f.).
[244] Explizit offen gelassen noch in BegrRegE KonTraG BT-Drs. 13/9712, 23.
[245] OLG Stuttgart ZIP 1998, 1482 (1485); Bericht der RegKomm Corporate Governance BT-Drs. 14/7515, 49 (Rn. 64); *Roller,* Die Vergütung des Aufsichtsrats in Abhängigkeit vom Aktienkurs, 1999, 129 f.; *Hoff* WM 2003, 910 (911 f.); *Hoffmann/Preu* Der Aufsichtsrat Rn. 445.1; *Mäger* BB 1999, 1389 (1393); *Zimmer* DB 1999, 999 (1000); *E. Vetter* AG 2004, 234 (237); *Weiß* WM 1999, 353 (354); *Weiß,* Aktienoptionspläne für Führungskräfte, 1998, 201 u. 212; *Wiechers* DB 2003, 595 (596); *Wagner* in Semler/v. Schenck AR-HdB § 11 Rn. 34; zweifelnd dagegen *Meyer/Ludwig* ZIP 2003, 940 (943); *Roller,* Die Vergütung des Aufsichtsrats in Abhängigkeit vom Aktienkurs, 1999, 112 ff.; *Fuchs* WM 2004, 2233 (2236, 2238 f.), der zwar eine bewusste Entscheidung des Gesetzgebers gegen die Wandelanleihen von Aufsichtsratsmitgliedern verneint, iE aber wegen der Gefährdung der Überwachungsfunktion eine Einzelfallprüfung vornehmen will.
[246] *Habersack* ZGR 2004, 721 (726 f.).
[247] AA MüKoAktG/*Habersack* Rn. 18; *Habersack* ZGR 2004, 721 (727), wonach es nicht darauf ankommen soll, ob die Option wegen der Aufsichtsrats- oder Arbeitnehmereigenschaft gewährt wird.
[248] *Baums* FS Claussen, 1997, 3 (6); *Roller,* Die Vergütung des Aufsichtsrats in Abhängigkeit vom Aktienkurs, 1999, 7; *Meyer/Ludwig* ZIP 2004, 940 (941); MüKoAktG/*Spindler* § 87 Rn. 112.
[249] *Baums* FS Claussen, 1997, 3 (6); *Spindler/Gerdemann* FS Stilz, 2014, 629 (638); *Mäger* BB 1999, 1389 (1393); *Roller,* Die Vergütung des Aufsichtsrats in Abhängigkeit vom Aktienkurs, 1999, 7; siehe auch MüKoAktG/*Spindler* § 87 Rn. 112.

54 Ob auch derartige Formen zulässig sind, bleibt nach wie vor **ungeklärt.** Teilweise werden generell aktienkursbezogene Vergütungen für den Aufsichtsrat als unvereinbar mit dessen Überwachungsaufgabe angesehen;[250] entsprechende Vorbehalte hat der BGH bereits anklingen lassen.[251] Der Gesetzgeber des UMAG und auch späterer Novellen hat sich hierzu nicht geäußert.[252] Derartige **Vorbehalte überzeugen indes nicht,** erst recht nicht der Verweis auf den Aktienkurs als ungeeignetes Instrument, um den langfristigen Unternehmenserfolg zu erfassen.[253] Zum einen spricht dies lediglich gegen bestimmte Ausgestaltungen von Optionsprogrammen, die nur kurzfristig und nicht zielgenau auf die Branche des Unternehmens ausgerichtet sind; wichtig sind hier mittel- bis langfristige Programme[254] sowie die Indexierung des Programms,[255] um zu vermeiden, dass der Aufsichtsrat von allgemeinen wirtschaftlichen Entwicklungen profitiert, die nichts mit seiner Überwachungstätigkeit zu tun haben ("windfall profits"). Zum anderen kann ein Verbot von kursorientierten Vergütungsformen kaum in Einklang gebracht werden mit der vom Gesetz selbst eingeräumten gewinnabhängigen Vergütung (§ 113 Abs. 3),[256] zumal bekanntlich gerade der Bilanzgewinn angesichts bilanzpolitischer Spielräume des Vorstands alles andere als ein zuverlässiger Indikator für den langfristigen Unternehmenserfolg ist.[257] Schließlich lässt sich aus § 192 Abs. 2 Nr. 3 kein allgemeines Umgehungsverbot herleiten, zumal bereits § 113 Abs. 1 S. 3 in Gestalt des Angemessenheitsgebots eine Schranke anordnet.[258] Das Verbot von Aktienoptionen wurde seinerzeit vielmehr allein mit möglichen negativen Anreizen auf dem Weg der Optionsvergabe, nicht aber auf mögliche negative Kontrollanreize wegen des kursabhängigen Inhalts begründet.[259] Mit gleichem Fug und Recht könnte aus der Gesetzgebungsgeschichte mangels jeglicher Änderung des § 113 (etwa im Gegensatz zu § 87 Abs. 1, 2) der Schluss gezogen werden, dass der Gesetzgeber gerade nur für solche spezifischen Optionsvergütungen eine Sperre einbauen wollte. Es ist daher nicht ein "Gebot der Folgerichtigkeit", das ein Verbot von Aktienoptionen in ein Verbot sämtlicher schuldrechtlicher Nachbildungen mündet, ohne welches die Entscheidung des BGH das „Papier nicht wert" wäre.[260] Nichts anderes gilt für die Überlegung, dass das Überwachungsmandat des Aufsichtsrats gefährdet sei, wenn Vorstand und Aufsichtsrat bei gleichlaufenden Erfolgsparametern „aus derselben Quelle trinken".[261] Die Orientierung am Bilanzgewinn als variable Vergütung ist sowohl für den Vorstand als auch (explizit!) für den Aufsichtsrat möglich; warum das Gesetz hier also entgegen der behaupteten allgemeinen Doktrin ausgerechnet

---

[250] *Röhricht* VGR 2005, 16; *Bender/Vater* DStR 2003, 1807 (1811); K. *Schmidt/Lutter/Drygala* Rn. 36; Hölters/*Hambloch-Gesinn/Gesinn* Rn. 20; Henssler/Strohn/*Henssler* Rn. 3, 12; *Paefgen* WM 2004, 1169 (1173); *Peltzer* NZG 2004, 509 (511 f.); *Berger,* Die Kosten der Aufsichtsratstätigkeit in der Aktiengesellschaft, 2000, 76 ff.; *Lenenbach* EWiR 2004, 413 f.; *Habersack* ZGR 2004, 721 (731 f.): Unzulässige Umgehung gesetzlicher Wertungen durch schuldrechtliche Abreden; *Habersack* NZG 2018, 127 (131); *Meyer/Ludwig* ZIP 2004, 940 (944), die rechtsvergleichend auf andere Möglichkeiten einer erfolgsorientierten Aufsichtsratsvergütung verweisen; *Krieger* FS Röhricht, 2005, 349 (351).

[251] BGHZ 158, 122 (126 f.) = NJW 2004, 1109 (1110); darauf deuten auch die Äußerungen von *Röhricht* VGR 2005, 16 und *Goette* DStR 2005, 561 (562) hin; denselben Schluss aus dem Urteil befürchtet *Richter* BB 2004, 949 (956); ebenso *Paefgen* WM 2004, 1169 (1173); Großkomm AktG/*Hopt/Roth* Rn. 47.

[252] Vgl. BegrRegE BT-Drs. 15/5092, 25; Bürgers/Körber/*Israel* Rn. 12; siehe zuvor für das KonTraG *Mäger* BB 1999, 1389 (1393); E. *Vetter* AG 2004, 234 (237).

[253] So aber BGH aaO; *Röhricht* VGR 2005, 16; K. Schmidt/Lutter/*Drygala* Rn. 36 spricht von einem Fehlanreiz.

[254] Für die Berücksichtigung von Vergütungsbestandteilen, die am langfristigen Unternehmenserfolg ausgerichtet sind, plädiert auch Ziff. 5.4.6 Abs. 2 S. 2 DCGK: siehe Fn. 145 mwN.

[255] *DAI,* Aufsichtsratsvergütung bei deutschen börsennotierten Unternehmen, 2003, 87 f. (90 f.); *Bösl* BKR 2004, 474 (476 f.); *Bürger* NJW 2004, 3022 (3025); vgl. auch den Formulierungsvorschlag für eine Indexierung bei *Mutter* ZIP 2002, 1230 f.

[256] *Martinius/Zimmer* BB 2011, 3014 (3016 f.); *Maser/Göttle* NZG 2013, 204 f.; Großkomm AktG/*Hopt/Roth* Rn. 48; E. *Vetter* ZIP 2008, 1 (5).

[257] *Spindler/Gerdemann* FS Stilz, 2014, 629 (640, 643 f.); im Ansatz auch *Gehling* ZIP 2005, 549 (554).

[258] *Gehling* ZIP 2005, 549 (556); Großkomm AktG/*Hopt/Roth* Rn. 47; *Maser/Göttle* NZG 2013, 201 (205); zu Sonderproblemen von aktienkursorientierten Vergütungen in Zusammenhang mit dem Gebot der Angemessenheit *Spindler/Gerdemann* FS Stilz, 2014, 629 (640 ff.).

[259] Die RegE zum KonTraG, BT Drs. 13/9712, 24. spricht von der Gefahr, dass der Aufsichtsrat bei einem Optionsprogramm „die weiteren Bedingungen für sich selbst festsetzen müsste".

[260] *Spindler/Gerdemann* FS Stilz, 2014, 629 (639); so aber die Begründung von *Habersack* ZGR 2004, 721 (731 f.); dem folgend Hölters/*Hambloch-Gesinn/Gesinn* Rn. 21; in diese Richtung argumentieren auch Meyer/Ludwig ZIP 2004, 940 (944).

[261] *Röhricht* VGR 2005, 16; *Habersack* ZGR 2004, 721 (733); *Meyer/Ludwig* ZIP 2004, 940 (944 f.); *Bender/Vater* DStR 2003, 1807 (1811); Kölner Komm AktG/*Mertens/Cahn* Rn. 29, 18; bei überwiegendem Gleichlauf: E. *Vetter* AG 2004, 234 (238); *Fuchs* WM 2004, 2233 (2237); dagegen *Spindler/Gerdemann* FS Stilz, 2014, 629 (639 f.); i.E. ebenso *Maser/Göttle* NZG 2013, 201 (204 f.); *Richter* BB 2004, 949 (956); Grigoleit/*Grigoleit/Tomasic* Rn. 15.

für diesen Fall die „gleiche Quelle" zulassen sollte, ist nicht recht nachvollziehbar.[262] Vor allem aber stellt § 113 mit der Zuständigkeit der Hauptversammlung gerade den kompetenzrechtlichen Schutz der Aktionäre in den Vordergrund. Warum aber sollten die Aktionäre (abgesehen von Mehrheits-/Minderheitskonflikten) vor sich selbst geschützt werden, wenn sie einer aktienkursorientierten Vergütung des Aufsichtsrats zustimmen? Auch aus ökonomischer Sicht ergeben sich keine dagegen sprechenden Gesichtspunkte.[263]

Daher sind nach wie vor auf den langfristigen Aktienkurs bezogene Vergütungen für alle Aufsichtsratsmitglieder (auch in **rechtspolitischer Hinsicht**) wünschenswert.[264] Maßgeblich ist die Vermeidung einer gegenseitigen Beeinflussung von Vorstand und Aufsichtsrat durch die Vergütungsform; daher ist die Kompetenzzuweisung an die Hauptversammlung zur Festsetzung der Aufsichtsratsvergütung (§ 113 Abs. 1 S. 2) entscheidend, insbesondere über die Zuteilungsbedingungen, den Ausgabebetrag und den Zuteilungszeitraum sowie die Indexierungen.[265] Keinesfalls darf der Vorstand die Zeichnungsbedingungen bestimmen, da sonst die Unabhängigkeit des Aufsichtsrats gefährdet wäre.[266] Besondere Probleme werden aufgeworfen, wenn erfolgsbezogene Vergütungen der Vorstands- und Aufsichtsratsmitglieder auf gleichen Anreizsystemen basieren oder gar die Mitglieder beider Organe an identischen Optionsprogrammen teilnehmen.[267] In diesen Fällen besteht zumindest die abstrakte Gefahr, dass Aufsichtsratsmitglieder ihre Überwachungsaufgabe vernachlässigen und die Lage der Gesellschaft im eigenen Vergütungsinteresse schönen. Da aber der Gesetzgeber die gewinnabhängige Vergütung als Sonderfall der erfolgsbezogenen Vergütung ausdrücklich für zulässig erachtet (vgl. § 113 Abs. 3), ist ein Beschluss der Hauptversammlung zur variablen Aufsichtsratsvergütung nur anfechtbar, wenn der Vorstand die gemeinsamen bzw. unterschiedlichen Anreizwirkungen für Vorstand und Aufsichtsrat in der Hauptversammlung nicht ausführlich darlegt und begründet.[268] Um die Überwachungsfunktion des Aufsichtsrats durchzusetzen, müssen kurz- und langfristige Vergütungsanreize ebenso in ausgewogenem Verhältnis zueinander stehen wie fixe und variable Vergütungen.[269]

VI. Vergütung des ersten Aufsichtsrats, § 113 Abs. 2

Um den Einfluss der Gründer auf die Vergütung des ersten Aufsichtsrats auszuschalten,[270] bestimmt § 113 Abs. 2, dass allein diejenige Hauptversammlung – und nicht die Satzung – über die Vergütung entscheiden kann, die auch die Entlastung beschließt, mithin erst am Ende der Amtszeit des ersten Aufsichtsrats gem. § 30 Abs. 3. Wird die Entlastung vertagt, kann auch die Vergütung nicht beschlossen werden.[271] Beschlüsse vorausgegangener Hauptversammlungen oder andere Ver-

---

[262] *Spindler/Gerdemann* FS Stilz, 2014, 629 (643 f.); ähnlich *Hoffmann-Becking* ZHR 169 (2005), 155 (179); NK-AktR/*Breuner/Fraune* Rn. 12d.

[263] Hierzu *Spindler/Gerdemann* FS Stilz, 2014, 629 (644 ff.); vgl. ferner *Bischof* BB 2006, 2627 (2631 f.); *Fallgatter* BFuP 2004, 452 (460 ff.); *Peltzer* FS Priester, 2007, 573 (576 f.); *Winter* in Hommelhoff/Hopt/v. Werder HdB Corporate Governace, 2003, 335 (343 ff.).

[264] RegKomm Corporate Governance BT-Drs. 14/7515, 49 und 102; *Roller*, Die Vergütung des Aufsichtsrats in Abhängigkeit vom Aktienkurs, 1999, 78, 143 ff.; *Lutter/Krieger/Verse* Rechte und Pflichten des Aufsichtsrats Rn. 848; *Richter* BB 2004, 949 (956); *Fuchs* WM 2004, 2233 (2236 und 2238); *Bösl* BKR 2004, 474 (475, 477); *Bürger* NJW 2004, 3022 (3025 f.); *Schiessl* AG 1999, 442 (444); *Mäger* BB 1999, 1389 (1393); *Mutter* ZIP 2002, 1230 f.; *Schaefer* NZG 1999, 531 (533); *Weiß* WM 1999, 353 (357); *Weiß*, Aktienoptionspläne für Führungskräfte, 1998, 197 ff.; *Wiechers* DB 2004, 698; *Zimmer* DB 1999, 999 (1000 f.); *Hoff* WM 2003, 910 (911); *Hüffer* ZHR 161 (1197), 214 (244); *Hüffer*, 10. Aufl., § 192 Rn. 21; *Paefgen* WM 2004, 1169 (1173 f.); *Gehling* ZIP 2005, 549 (554); Großkomm AktG/*Hopt/Roth* Rn. 47; uneingeschränkt von RKLW/*Kremer*, 4. Aufl. 2010, Rn. 1100; nun generell für eine auf Nachhaltigkeit ausgerichtete Vergütung KBLW/*Kremer* DCGK Rn. 1439 ff.; einschränkend *Claussen* WM 1997, 1825 (1829); *Habersack* ZGR 2004, 721 (733 f.).

[265] Hierzu detailliert *Bösl* BKR 2004, 474 (477 f.).

[266] OLG München ZIP 2002, 1150 (1151 f.) = NJW-RR 2002, 677 für den Fall, dass der Vorstand die Häufigkeit der Begebung der Anleihe und den Zeichnungszeitpunkt bei lediglich von der Hauptversammlung vorgegebenem Gesamtbetrag und Zeichnungszeitraum bestimmen konnte; ebenso die Vorinstanz LG München I ZIP 2001, 289 (290) = AG 2001, 376; *Fuchs* WM 2004, 2233 (2238); *E. Vetter* AG 2004, 234 (238); *Wiechers* DB 2004, 595 (596); Großkomm AktG/*Hopt/Roth* Rn. 48.

[267] So auch K. Schmidt/Lutter/*Drygala* Rn. 36.

[268] Überzeugend Großkomm AktG/*Hopt/Roth* Rn. 47; LG Memmingen AG 2001, 375 f.

[269] *Bösl* BKR 2004, 474 (477); Großkomm AktG/*Hopt/Roth* Rn. 49; siehe auch OLG Frankfurt a. M. NZG 2006, 29 (30); *E. Vetter* AG 2006, 173 (175 f.); *Leuering/Simon* NJW-Spezial 2006, 171.

[270] Kölner Komm AktG/*Mertens/Cahn* Rn. 4; MüKoAktG/*Habersack* Rn. 54; *Wagner* in Semler/v. Schenck AR-HdB § 11 Rn. 25; K. Schmidt/Lutter/*Drygala* Rn. 27; Großkomm AktG/*Hopt/Roth* Rn. 115; MHdB AG/*Hoffmann-Becking* § 33 Rn. 39; Hüffer/Koch/*Koch* Rn. 8; NK-AktR/*Breuer/Fraune* Rn. 10; Grigoleit/*Grigoleit/Tomasic* Rn. 24.

[271] MüKoAktG/*Habersack* Rn. 54; anders für den Fall der ausdrücklichen Verweigerung der Entlastung Großkomm AktG/*Hopt/Roth* Rn. 114.

einbarungen sind gem. § 241 Nr. 3 nichtig.[272] Unberührt davon bleiben ein Gründerlohn oder Sondervorteile nach § 26.[273] Die Regelungen über den ersten Aufsichtsrat gelten nicht bei einer **formwechselnden Umwandlung,** da das UmwG hier vorgeht und dieses nach § 197 S. 2 UmwG die Anwendung der Bestimmungen über den ersten Aufsichtsrat ausschließt.[274]

VII. In den Vorstand delegierte Aufsichtsratsmitglieder

57 Wird ein Aufsichtsratsmitglied gem. § 105 Abs. 2 S. 1 zum Stellvertreter eines fehlenden oder verhinderten Vorstandsmitglieds bestellt, entfällt sein Vergütungsanspruch für die Dauer der Zugehörigkeit zum Vorstand, denn die Vergütung wird für die Tätigkeit im Aufsichtsrat gezahlt, nicht lediglich für die Zugehörigkeit zum Aufsichtsrat.[275] Das zum Vorstand bestellte Aufsichtsratsmitglied hat aber Anspruch auf die Vergütung des Vorstands.[276]

VIII. Entstehung, Einreden und Verjährung

58 Der Anspruch entsteht mit der Satzungsregelung bzw. dem Hauptversammlungsbeschluss[277] und wird bei festen Vergütungen **fällig** mit Ende des Geschäftsjahres, bei gewinnabhängigen Vergütungen mit Feststellung des Jahresabschlusses, bei dividendenabhängigen Vergütungen mit dem Gewinnverwendungsbeschluss der Hauptversammlung, bei Aufwandsentschädigungen mit Beendigung der kostenträchtigen Tätigkeit (zB Sitzung).[278] Die Satzung kann davon abweichende Fälligkeitszeitpunkte vorsehen.[279] Der Anspruch unterliegt mangels besonderer Regelung der Regelverjährung von drei Jahren gem. § 195 BGB.[280]

59 Dem Anspruch auf Vergütung können nur völlige **Untätigkeit und Fernbleiben** von den Aufsichtsratssitzungen analog § 320 BGB entgegengehalten werden,[281] nicht aber mangelhafte Erfüllung der Überwachungstätigkeit, da diese dem Organ insgesamt, nicht aber dem einzelnen vergütungsberechtigten Aufsichtsratsmitglied obliegt.[282] Mit Eröffnung des **Insolvenzverfahrens** erlischt der Anspruch auf Vergütung, da der Aufsichtsrat nur noch einen wesentlich geringeren Aufgabenkreis hat.[283] Im Falle der Abwicklung außerhalb eines Insolvenzverfahrens besteht der Anspruch auf feste Vergütung fort, wohingegen die Zahlung einer variablen Vergütung schon wegen des weggefallenen Gewinnerzielungszwecks nicht mehr in Betracht kommt.[284] Bei einer Umwandlung oder Fusion behält das Aufsichtsratsmitglied nur noch die Vergütungsansprüche bis zur Auflösung des Organs, bei Fortbestehen des Organs (formwechselnden Umwandlungen) gelten in der Regel auch die für das Organ bestehenden Regelungen fort, insbesondere zur Vergütung.[285]

IX. Zwingender Charakter; Rechtsfolgen; Rechtsschutz

60 Die Vorschrift ist zwingender Natur, wie sich aus dem flankierenden § 114 ergibt. Vergütungsansprüche des Aufsichtsrats können nur in einer Satzungsregelung oder einem Hauptversammlungsbe-

---

[272] MüKoAktG/*Habersack* Rn. 54; Großkomm AktG/*Hopt/Roth* Rn. 115; Kölner Komm AktG/*Mertens/Cahn* Rn. 45.
[273] Hüffer/Koch/*Koch* Rn. 8.
[274] MHdB AG/*Hoffmann-Becking* § 33 Rn. 40; Großkomm AktG/*Hopt/Roth* Rn. 118; MüKoAktG/*Habersack* Rn. 55.
[275] Großkomm AktG/*Hopt/Roth* Rn. 72; MüKoAktG/*Habersack* Rn. 37, § 105 Rn. 35; aA Kölner Komm AktG/*Mertens/Cahn* Rn. 38: Vergütungsanspruch für die Aufsichtsratstätigkeit bleibe unberührt, werde aber ggf. auf die Stellvertretervergütung angerechnet.
[276] MüKoAktG/*Habersack* § 105 Rn. 34f.; Kölner Komm AktG/*Mertens/Cahn* Rn. 38 gewährt die Vorstandsvergütung, wenn das Aufsichtsratsmitglied während der Stellvertretung auf die Aufsichtsratsvergütung verzichtet.
[277] AA Großkomm AktG/*Hopt/Roth* Rn. 76: entstehen des Anspruchs auf variable Vergütung erst mit Schluss des Geschäftsjahres.
[278] MüKoAktG/*Habersack* Rn. 44.
[279] Großkomm AktG/*Hopt/Roth* Rn. 77; MüKoAktG/*Habersack* Rn. 44.
[280] Großkomm AktG/*Hopt/Roth* Rn. 81.
[281] Kölner Komm AktG/*Mertens/Cahn* Rn. 32; Großkomm AktG/*Hopt/Roth* Rn. 78; MüKoAktG/*Habersack* Rn. 45; *Wagner* in Semler/v. Schenck AR-HdB § 11 Rn. 59: Einwand besteht auch bei begründeter Abwesenheit.
[282] So zu Recht diff. MüKoAktG/*Habersack* Rn. 45; aA RG RGZ 75, 308 (310f.); Großkomm AktG/*Hopt/Roth* Rn. 79, wonach die Vergütung Äquivalent für geleistete Arbeit sei und die Überwachungsaufgabe des Gesamtaufsichtsrats nur durch die individuelle Tätigkeit jedes Einzelnen erfüllt werden könne.
[283] RGZ 81, 332 (338f.); MüKoAktG/*Habersack* Rn. 48; Großkomm AktG/*Hopt/Roth* Rn. 73.
[284] Großkomm AktG/*Hopt/Roth* Rn. 74; MüKoAktG/*Habersack* Rn. 48.
[285] Kölner Komm AktG/*Mertens/Cahn* Rn. 40; Großkomm AktG/*Hopt/Roth* Rn. 75; MüKoAktG/*Habersack* Rn. 49.

schluss begründet werden. Weder Vorstand noch Aufsichtsrat dürfen schuldrechtliche oder andere Vereinbarungen treffen, die § 113 umgehen können.[286] Ohne Zustimmung nach § 113 Abs. 1 S. 4 geschlossene Verträge sind nicht etwa nach § 114 genehmigungsfähig, sondern von vornherein gem. § 134 BGB **nichtig**.[287] Die Nichtigkeit eines Vertrages schließt nicht aus, dass die AG Ansprüche wegen Verletzung von Hinweispflichten oder Geschäftsführung ohne Auftrag gegen das Aufsichtsratsmitglied geltend machen kann.[288] Keine Umgehung stellen jedoch **Abfindungen** dar, die an **ausscheidende Vorstandsmitglieder** gezahlt werden, die dann für die nächste Aufsichtsratswahl als neue Mitglieder vorgeschlagen werden sollen, sofern die Abfindung sich nur auf die sonst noch bestehende restliche Vergütung des Vorstandsamtes bezieht und keinen Bezug zur Tätigkeit als Aufsichtsratsmitglied hat.[289]

Ohne Regelung durch Satzung bzw. Hauptversammlungsbeschluss besteht auch kein Anspruch auf **Sondervergütung**; denn das Aufsichtsratsmitglied wird gem. § 113 Abs. 1 S. 1 und 2 stets für die gesamte organschaftliche Tätigkeit vergütet. Wie § 114 klarstellt, können nur solche Tätigkeiten, die außerhalb der Aufsichtsratstätigkeit liegen, gesondert vergütet werden.[290] Für zu Unrecht empfangene Vergütungen haben Aufsichtsratsmitglieder nach § 93 Abs. 3 Nr. 7 iVm § 116 Schadensersatz zu leisten. Einem Bereicherungsanspruch der Gesellschaft kann indes unter Umständen Entreicherung nach § 818 Abs. 3 BGB entgegenhalten werden, da § 819 Abs. 2 BGB nicht nur einen objektiven Gesetzesverstoß, sondern auch positive Kenntnis des Empfängers voraussetzt.[291] Schließlich ist der aktienrechtliche Rückforderungsanspruch nach § 114 Abs. 2 analog anzuwenden (→ § 114 Rn. 27). 61

Indirekte Sanktionen ergeben sich schließlich durch die Möglichkeit der **Anfechtung** eines **Hauptversammlungsbeschlusses**, die sich auf die Vergütung der Aufsichtsratsmitglieder bezieht und eine inhaltliche Beschlusskontrolle erlaubt.[292] Insbesondere kann eine Anfechtungsklage auf die Unangemessenheit der Vergütungshöhe oder des Verhältnisses von festen und variablen Vergütungsbestandteilen sowie auf die mangelnde Darlegung von Anreizwirkungen bei der Gewährung erfolgs- und indexbezogener Vergütungen gestützt werden.[293] 62

Verlangt ein Aufsichtsratsmitglied die Vergütung oder Auslagenersatz, ist Anspruchsschuldner die Gesellschaft, vertreten durch den Vorstand. Entsteht Streit über den Charakter einer beanspruchten Zahlung als Vergütung oder als Auslagenersatz, hat zunächst der Aufsichtsratsvorsitzende, sodann das Plenum eine Einigung herbeizuführen (→ Rn. 9), ohne dass diese jedoch den – gerichtlich nachprüfbaren – Rechtscharakter der Ausgabe verbindlich festlegen könnten. 63

X. Konzernrechtliche Fragen

§ 113 gilt auch für Vergütungen, die ein Vorstandsmitglied der herrschenden Gesellschaft als Doppelmandatsträger im Aufsichtsrat eines abhängigen Unternehmens erhält. Die gängige Praxis einer Anrechnung der Aufsichtsrats- auf die Vorstandsvergütung steht der Zulässigkeit einer Doppelvergütung unter Beachtung des § 113 nicht entgegen.[294] Vergütungen, die das Aufsichtsratsmitglied ohne Mitgliedschaft im Aufsichtsrat der Untergesellschaft von dieser erhält, verstoßen gegen § 113, es sei denn, die Vergütung wird aufgrund eines wirksamen Beratungsvertrages mit der Untergesellschaft gewährt.[295] Ein solcher Beratungsvertrag ist nur zulässig, soweit er nicht Dienste umfasst, die das Aufsichtsratsmitglied bereits kraft seiner Organstellung für die herrschende Gesellschaft zu erbringen hat (→ § 114 Rn. 15). Vom Konzernerfolg abhängige Vergütungen von Auf- 64

---

[286] Kölner Komm AktG/*Mertens*/*Cahn* Rn. 3; MüKoAktG/*Habersack* Rn. 2.
[287] BGH NJW-RR 2007, 1483 (1485) = ZIP 2007, 1056 (1058); BGH NJW 2007, 298 (299) = NZG 2007, 103; BGHZ 168, 188 (197 ff.) = NJW-RR 2006, 1410 (1413) = ZIP 2006, 1529 (1532 f.) – IFA; BGHZ 114, 127 (133 f.) = NJW 1991, 1830; BGHZ 126, 340 (344) = NJW 1994, 2484; *Fischer* BB 1967, 859 (861); Hüffer/Koch/*Koch* Rn. 5; dazu auch *Beater* ZHR 157 (1993), 420 (432); Kölner Komm AktG/*Mertens*/*Cahn* Rn. 5 f.; MüKoAktG/*Habersack* § 114 Rn. 22.
[288] BGH NJW-RR 2007, 1483 (1486) = ZIP 2007, 1056 (1060) unter Berufung auf BGHZ 157, 168 (175); BGH NJW 2005, 3208 (3209).
[289] *Dreher* FS Schmidt, 2009, 233 (238 ff.).
[290] BGH WM 2009, 1660 (1660 f.) = ZIP 2009, 1661 (1661 f.) = DStR 2009, 1924 (1924); Kölner Komm AktG/*Mertens*/*Cahn* Rn. 6; *Mertens* FS Steindorff, 1990, 173 (183 ff.); MüKoAktG/*Habersack* Rn. 27, § 114 Rn. 22.
[291] MüKoBGB/*Schwab* § 819 Rn. 25, mwN.
[292] *Roller*, Die Vergütung des Aufsichtsrats in Abhängigkeit vom Aktienkurs, 1999, 77 f.; *Wellkamp* WM 2001, 489 (496); Kölner Komm AktG/*Mertens*/*Cahn* Rn. 3; MüKoAktG/*Habersack* Rn. 42.
[293] Zum letztgenannten Fall LG Memmingen AG 2001, 375 f.; Großkomm AktG/*Hopt*/*Roth* Rn. 47.
[294] Großkomm AktG/*Hopt*/*Roth* Rn. 12.
[295] Kölner Komm AktG/*Mertens*/*Cahn* Rn. 7; *Mertens* FS Steindorff, 1990, 173 (186); zust. MüKoAktG/*Habersack* Rn. 9.

sichtsratsmitgliedern einer Untergesellschaft im faktischen Konzern sind nur zulässig, soweit ihr Umfang nicht zu einer potentiellen Vernachlässigung der Gesellschaftsinteressen im Konzernverbund führt.[296]

XI. Publizität

65 Die Höhe der Gesamtbezüge aller Aufsichtsratsmitglieder muss für mittelgroße und große Kapitalgesellschaften im Anhang zur Bilanz nach § 285 Nr. 9a HGB angegeben werden. Die Angabepflicht erfasst nur die gem. § 113 gewährte Vergütung, nicht hingegen Auslagen und Honorare für Tätigkeiten iSd § 114.[297] Einen **Einzelausweis der Vergütungen** fordert bislang jedoch weder das Gesellschafts- noch das Kapitalmarkt- oder Bilanzrecht. Auch das VorstOG ordnet in § 285 Abs. 1 Nr. 9a HGB nur die individualisierte Offenlegung der Vorstandsgehälter an, sieht jedoch von einer Offenlegungspflicht für Aufsichtsräte ab.[298] Demgegenüber empfiehlt Ziff. 5.4.6 Abs. 3 DCGK, sowohl Vergütungen von Aufsichtsratsmitgliedern als auch Vorteile für persönlich erbrachte Leistungen, insbesondere Beratungs- und Vermittlungsleistungen, im Anhang zum Konzernabschluss oder im Lagebericht individualisiert anzugeben.[299] Durch seinen Wortlaut („vom Unternehmen gezahlte Vergütungen") erstreckt Ziff. 5.4.6 Abs. 3 S. 2 DCGK die Angabeempfehlung auf alle Einkünfte aus weiteren Aufsichtsratsmandaten sowie Beratungs- und Vermittlungsverträgen mit Konzernunternehmen, also auf Verträge sowohl mit unter- als auch mit übergeordneten Gesellschaften.[300] Börsennotierte Gesellschaften müssen gem. § 161 erklären, ob sie sich der Empfehlung anschließen und ggf. ihre Ablehnung begründen.

XII. Steuerrechtliche Behandlung

66 Die im Rahmen des § 113 gewährten Aufsichtsratsvergütungen stellen nach § 10 Nr. 4 KStG nur zur Hälfte **Betriebsausgaben** dar – im Gegensatz zu gesondert erstatteten Aufwendungen, die in voller Höhe abzugsfähig sind (Abschnitt 50 Abs. 1 S. 3 KSt-Richtlinien 2004). Die eingeschränkte Abzugsfähigkeit ist vom Bundesverfassungsgericht ausdrücklich mit der Begründung als verfassungsgemäß bezeichnet worden, der Gesamtheit der gesetzlichen Regelung über die Einkommensermittlung liege nicht das Nettoprinzip als vom Gesetzgeber statuierte Sachgesetzlichkeit zugrunde;[301] zudem trage die Regelung dazu bei, die Höhe von Aufsichtsratsvergütungen in angemessener Weise zu begrenzen.[302] Im Lichte der neueren Corporate Governance-Debatte und einer dringend erforderlichen Professionalisierung der Aufsichtsratstätigkeit sowie der damit einhergehenden Erhöhung der Vergütung ist diese Regelung allerdings schlichtweg anachronistisch,[303] zumal bereits 1975 der nicht Gesetz gewordene Regierungsentwurf des Dritten Steuerreformgesetzes die Streichung der Vorschrift vorsah, um nicht zu rechtfertigende doppelte Berücksichtigung der Aufsichtsratsvergütung sowohl bei der Körperschaft- als auch bei der Einkommensteuer zu unterbinden.[304] Vergütungen für Dienstleistungen von Aufsichtsratsmitgliedern, die aufgrund eines besonderen Vertrages –

---

[296] → Rn. 44 sowie MüKoAktG/*Spindler* § 87 Rn. 64 ff. zur Vorstandsvergütung.

[297] Großkomm AktG/*Hopt/Roth* Rn. 138, die aber die Angabepflicht annehmen für Auslagen, die pauschal, ohne konkreten Nachweis erstattet werden (zB Sitzungsgelder). Diese Ansicht überzeugt nicht, da eine Pauschalierung der Auslagen nicht dazu führen kann, diese nunmehr als Bezüge iSd § 285 Abs. 1 Nr. 9a HGB zu qualifizieren.

[298] S. auch Begr. Abgeordneten-Gesetzentwurf VorstOG, BT-Drs. 15/5577, 6 f. unter Hinweis auf die geringere Bedeutung der Aufsichtsratsvergütungen gegenüber den Vorstandsgehältern.

[299] KBLW/*Kremer* DCGK Rn. 1444 f.; *Rodewig* in Semler/v. Schenck AR-HdB § 8 Rn. 170; *Peltzer* Deutsche Corporate Governance Rn. 313.

[300] Gem. der Präambel des DCGK wird der Begriff „Unternehmen" für Regelungen verwendet, die nicht nur die Gesellschaft selbst, sondern auch ihre Konzernunternehmen betreffen; KBLW/*Kremer* DCGK Rn. 1445 f.

[301] BVerfGE 34, 103 (117) (für den bis 1976 geltenden § 12 Nr. 3 KStG aF, der sogar die volle Nichtabzugsfähigkeit der Aufsichtsratsvergütung vorsah; aA Kölner Komm AktG/*Mertens/Cahn* Rn. 56; kritsch auch K. Schmidt/Lutter/*Drygala* Rn. 39.

[302] BVerfGE 34, 103 (118); so auch der Bericht des BT-Finanzausschusses zu dem von der BReg eingebrachten Entwurf eines Dritten Steuerreformgesetzes BT-Drs. 7/5310, 8.

[303] Krit. auch *Baums* Bericht der Regierungskommission Rn. 65, wonach § 10 Nr. 4 KStG gestrichen werden sollte, um junge Unternehmen bei der Gewinnung qualifizierter Aufsichtsratsmitglieder nicht zu behindern; *Clemm* BB 2001, 1873; *Jünger* DB 1976, 1122; *Jurkat* WPg 1976, 513 (518); *Lutter* ZHR 159 (1995), 287 (303 f.); *Hoffmann/Preu* Der Aufsichtsrat Rn. 453; *Götz* AG 1995, 337 (351); *Lutter* ZHR 159 (1995), 287 (303 f.); *Hey* in Tipke/Lang, Steuerrecht, 22. Aufl. 2015, § 11 Rn. 48; Streck/*Olgemöller* KStG § 10 Rn. 16; KBLW/*Kremer* DCGK Rn. 1448; HüfferKoch/*Koch* Rn. 7; MüKoAktG/*Habersack* Rn. 53; *Wagner* in Semler/v. Schenck AR-HdB § 11 Rn. 98; Großkomm AktG/*Hopt/Roth* Rn. 131; Kölner Komm AktG/*Mertens/Cahn* Rn. 56; *Heussen* NJW 2001, 708 (710) sieht in § 10 Nr. 4 KStG auch einen Grund für den häufigen Abschluss von Beratungsverträgen mit Aufsichtsratsmitgliedern gem. § 114.

[304] BegrRegE Drittes Steuerreformgesetz BT-Drs. 7/1470, 344.

also nicht im Rahmen der Aufsichtsratstätigkeit – erbracht werden (→ § 114), sind hingegen voll abzugsfähig,[305] ebenso der Arbeitslohn von Arbeitnehmer-Aufsichtsratsmitgliedern.[306]

Für jedes Aufsichtsratsmitglied, auch für Arbeitnehmervertreter[307] oder entsandte Beamte,[308] **67** unterliegt die Vergütung gem. § 18 Abs. 1 Nr. 3 EStG der **Einkommensteuer,** wobei getätigte Aufwendungen – auch Zahlungen bzw. Abgaben an gewerkschaftliche Einrichtungen[309] – als Betriebsausgaben abziehbar sind. Die für ausländische Aufsichtsratsmitglieder bestehende beschränkte Einkommensteuerpflicht (§ 1 Abs. 4 EStG, § 18 Abs. 1 Nr. 3 EStG, § 49 Abs. 1 Nr. 3 EStG), wird durch eine direkt bei der Gesellschaft erhobene **Aufsichtsratsteuer** in Höhe von 30 % der Bruttovergütung abgegolten, § 50a Abs. 1 Nr. 4, Abs. 2 S. 1 Alt. 2 EStG. Prämien für eine D&O-Versicherung unterliegen nur unter engen Voraussetzungen der Einkommensteuer.[310]

Da die Aufsichtsratsvergütung Ausfluss einer selbstständigen beruflichen Tätigkeit ist, unterliegt **68** sie zugleich gem. § 1 Abs. 1 Nr. 1, § 2 Abs. 1 UStG der **Umsatzsteuer,**[311] sofern nicht die Kleinunternehmerregelung des § 19 UStG einschlägig ist. Außer in den Fällen, in denen die Vergütung ausdrücklich als „brutto" bezeichnet wird, besitzt das Aufsichtsratsmitglied auch ohne ausdrückliche Regelung einen Anspruch gegen die Gesellschaft auf Umsatzsteuererstattung, denn die AG ist ihrerseits durch den Vorsteuerabzug entlastet.[312] Bei Inanspruchnahme des Vorsteuerabzugs ist indes bei der Ermittlung des Einkommens der Gesellschaft die Hälfte des Nettobetrags der Aufsichtsratsvergütung – ohne Umsatzsteuer – hinzuzurechnen (Zu § 10 KStG R 103 Abs. 2 S. 1 KSt-Richtlinie).

§ 114 Verträge mit Aufsichtsratsmitgliedern

(1) Verpflichtet sich ein Aufsichtsratsmitglied außerhalb seiner Tätigkeit im Aufsichtsrat durch einen Dienstvertrag, durch den ein Arbeitsverhältnis nicht begründet wird, oder durch einen Werkvertrag gegenüber der Gesellschaft zu einer Tätigkeit höherer Art, so hängt die Wirksamkeit des Vertrags von der Zustimmung des Aufsichtsrats ab.

(2) ¹Gewährt die Gesellschaft auf Grund eines solchen Vertrags dem Aufsichtsratsmitglied eine Vergütung, ohne daß der Aufsichtsrat dem Vertrag zugestimmt hat, so hat das Aufsichtsratsmitglied die Vergütung zurückzugewähren, es sei denn, daß der Aufsichtsrat den Vertrag genehmigt. ²Ein Anspruch des Aufsichtsratsmitglieds gegen die Gesellschaft auf Herausgabe der durch die geleistete Tätigkeit erlangten Bereicherung bleibt unberührt; der Anspruch kann jedoch nicht gegen den Rückgewähranspruch aufgerechnet werden.

Schrifttum: *Beater,* Beratungsvergütungen für Aufsichtsratsmitglieder, ZHR 157 (1993), 420; *Benecke,* Beratungsvereinbarungen mit Aufsichtsratsmitgliedern, WM 2007, 717; *K. Berger,* Die Kosten der Aufsichtsratstätigkeit in der Aktiengesellschaft, Diss. Tübingen 2000; *Bicker,* Zulässigkeit von Vorstandszahlungen an Aufsichtsratsmitglieder, DStR 2011, 2155; *Bosse,* Rechtliche Anforderungen an Verträge mit Aufsichtsratsmitgliedern und die Zustimmung des Auf-

---

[305] BFHE 87, 8 = BStBl. III 1966, 688; Streck/*Olgemöller* KStG § 10 Rn. 19; Großkomm AktG/*Hopt/Roth* Rn. 132.

[306] Streck/*Olgemöller* KStG § 10 Rn. 19.

[307] BFHE U 64, 428 = BStBl. III 1957, 161 für die zum damaligen Zeitpunkt gem. §§ 45, 45a EStG aF erhobene Aufsichtsratsteuer; BFHE 106, 389 = BStBl. II 1972, 810, wonach der Arbeitnehmer als Aufsichtsrat gem. § 2 Abs. 1 UStG, § 18 Abs. 1 Nr. 3 EStG eine selbstständige Tätigkeit ausübt; BFHE 131, 506 (509) = BStBl. II 1981, 29; L. Schmidt/*Wacker,* 32. Aufl. 2013, EStG § 18 Rn. 151; Kirchhof/*Lambrecht,* 12. Aufl. 2013, EStG § 18 Rn. 101; Großkomm AktG/*Hopt/Roth* Rn. 133.

[308] FG Nds EFG 1994, 1119 = WPg 1995, 56; Schmidt/*Wacker,* 32. Aufl. 2013, EStG § 18 Rn. 152; Großkomm AktG/*Hopt/Roth* Rn. 133; aA aber noch BFHE 64, 600 (603) = BStBl. III 1957, 226: Belassene Vergütung keine Einnahme aus selbstständiger Tätigkeit, sondern Arbeitslohn; Kirchhof/*Lambrecht,* 12. Aufl. 2013, EStG § 18 Rn. 101.

[309] BFHE 131, 506 = BStBl. II 1981, 29; *Schmidt/Wacker,* 32. Aufl. 2013, EStG § 18 Rn. 151; MHdB AG/*Hoffmann-Becking* § 33 Rn. 43; Großkomm AktG/*Hopt/Roth* Rn. 134; krit. *Felix* BB 1982, 2171 ff.; anders noch die frühere Rspr., vgl. BFHE 98, 343 = BStBl. II 1970, 379.

[310] Siehe OLG München DB 2005, 1675; LG München I VersR 2005, 543 (544); LG Marburg DB 2005, 437 (438); *Dreher* DB 2005, 1669 (1670); *Ihlas,* D&O – Directors & Officers Liability, 2009, 334; *Koch* GmbHR 2004, 18 (22 f.); *Barenzen/Brachmann/Braun,* D&O-Versicherung für Kapitalgesellschaften, 2003, 107 f.; *Beckmann* in Beckmann/Matusche-Beckmann Versicherungsrechts-Handbuch, 3. Aufl. 2015, § 28 Rn. 1, 48.

[311] BFHE 106, 389 = BStBl. II 1972, 810; BFHE Urt. v. 2.10.1986 – V R 68/78 147, 544 (546 f.) = BStBl. II 1987, 42; MHdB AG/*Hoffmann-Becking* § 33 Rn. 42; *Hoffmann/Preu* Der Aufsichtsrat Rn. 454; Großkomm AktG/*Hopt/Roth* Rn. 135; Kölner Komm AktG/*Mertens/Cahn* Rn. 57; Henssler/Strohn/*Henssler* Rn. 13.

[312] Kölner Komm AktG/*Mertens/Cahn* Rn. 57; *K. Schmidt/Lutter/Drygala* Rn. 33; MHdB AG/*Hoffmann-Becking* § 33 Rn. 42; Hüffer/Koch/*Koch* Rn. 7; MüKoAktG/*Habersack* Rn. 52; Hölters/*Hambloch-Gesinn/Gesinn* Rn. 36; *Wagner* in Semler/v. Schenck AR-HdB § 11 Rn. 95; offen lassend Großkomm AktG/*Hopt/Roth* Rn. 137; NK-AktR/*Breuer/Fraune* Rn. 13.

sichtsrats nach § 114 AktG, NZG 2007, 172; *Brandner*, Der Hausanwalt einer Aktiengesellschaft als Mitglied des Aufsichtsrats, FS Geiß, 2000, 231; *v. Bünau*, Beratungsverträge mit Aufsichtsratsmitgliedern im Aktienkonzern, 2004; *Cahn*, Beratungsverträge mit Aufsichtsratsmitgliedern, Der Konzern 2012, 501; *Deckert*, Organschaftliche und vertragliche Beratungspflichten des Aufsichtsratsmitglieds, AG 1997, 109; *Fischer*, Der Rückgewähranspruch bei Beraterverträgen mit Aufsichtsratsmitgliedern, BB 2015, 1411; *Fuhrmann*, Beraterverträge mit Organmitgliedern in der Aktiengesellschaft, NZG 2017, 291; *Graewe/Dethleff*, Beratungsverträge mit Aufsichtsräten, ZJS 2014, 135; *Happ*, Anwaltlicher Beratungsvertrag und Aufsichtsratsmandat, FS Priester, 2007, 175; *Hellwig*, Beratungsverträge des Abschlußprüfers – Genehmigungspflicht analog § 114 AktG und Publizitätspflicht analog § 125 Abs. 1 Satz 3 AktG, ZIP 1999, 2117; *Henssler*, Beratungsverträge von Aufsichtsräten mit Vorstandsmitgliedern und Gesellschaftern einer Aktiengesellschaft, FS Goette, 2011, 135; *Heussen*, Interessenkonflikte zwischen Amt und Mandat bei Aufsichtsräten, NJW 2001, 708; *D. Hoffmann*, Beratungsverträge mit Aufsichtsratsmitgliedern, FS Havermann, 1995, 201; *Hoffmann-Becking*, Beratungsverträge mit Aufsichtsratsmitgliedern – grenzenlose Anwendung des § 114 AktG?, FS K. Schmidt, 2009, 657; *Hoffmann/Kirchhoff*, Beratungsverträge mit Aufsichtsratsmitgliedern, WPg 1991, 592; *A. Jäger*, Die Beratung des Vorstands als Teil der Überwachungsaufgabe des Aufsichtsrats, DStR 1996, 671; *C. Jaeger*, Beraterverträge mit Aufsichtsratsmitgliedern, ZIP 1994, 1759; *Kanzler*, Rückabwicklung von Beratungsverträgen in der Aktiengesellschaft, AG 2013, 554; *Königshausen*, Fresenius und Solarworld: Unter welchen Voraussetzungen sind Beratungsverträge mit Aufsichtsratsmitgliedern genehmigungsfähig?, GWR 2015, 111; *Krummel/Küttner*, Dienst- und Werkverträge mit Aufsichtsratsmitgliedern nach § 114 AktG, DB 1996, 193; *Leuering/Simon*, Beratungsverträge mit Aufsichtsratsmitgliedern, NJW-Spezial 2006, 171; *Lorenz/Pospiech*, Beratungsverträge mit Aufsichtsratsmitgliedern in Zeiten moderner Corporate Governance, NZG 2011, 81; *Lutter*, Beraterverträge mit Aufsichtsratsmitgliedern in Gesellschaft und Konzern, FS Westermann, 2008, 1171; *Lutter/Drygala*, Die besondere sachverständige Beratung des Aufsichtsrats durch seine Mitglieder, FS Ulmer, 2003, 381; *Lutter/Kremer*, Die Beratung der Gesellschaft durch Aufsichtsratsmitglieder, ZGR 1992, 87; *Mertens*, Beratungsverträge mit Aufsichtsratsmitgliedern, FS Steindorff, 1990, 173; *H. F. Müller*, Aufsichtsratsmandat und anwaltliche Tätigkeit, NZG 2002, 797; *Oppenhoff*, Zum Umkreis der von § 114 AktG Betroffenen, FS Barz, 1974, 283; *Peltzer*, Beratungsverträge der Gesellschaft mit Aufsichtsratsmitgliedern: Ist das gute Corporate Governance?, ZIP 2007, 305; *Pietzke*, Beratungsverträge mit Aufsichtsratsmitgliedern – der BGH hat jetzt das letzte Wort; *Rahlmeyer/Gömöry*, Der unternehmerische Ermessensspielraum (§ 93 I 2 AktG) bei Beratungsverträgen mit Aufsichtsratsmitgliedern, NZG 2014, 616; *Ruoff*, Der richtige Umgang mit Beratungsverträgen mit Aufsichtsratsmitgliedern nach dem Fresenius-Urteil des BGH, BB 2013, 899; *v. Schenck*, Verträge mit Beratungsunternehmen, denen ein Aufsichtsratsmitglied des beratenen Unternehmens angehört, DStR 2007, 395; *Spindler*, Beratungsverträge mit Aufsichtsratsmitgliedern – Grundlage und Grenzen einer analogen Anwendung von § 114 AktG, FS Graf v. Westphalen, 2010, 641; *Spindler*, Beratungsverträge mit Aufsichtsratsmitgliedern – Vorabzustimmung oder nachträgliche Genehmigung, NZG 2011, 334; *Spindler*, Beratungsverträge mit Aufsichtsratsmitgliedern, NZG 2012, 1161; *E. Vetter*, Beratungsverträge mit Aufsichtsratsmitgliedern, AG 2006, 173; *E. Vetter*, Aufsichtsratsvergütung und Verträge mit Aufsichtsratsmitgliedern, ZIP 2008, 1; *Werner*, Die Beratung der Aktiengesellschaft durch Mitglieder ihres Aufsichtsrats, DB 2006, 935; *Wissmann/Ost*, Im Blickpunkt: Der Beratungsvertrag mit der Sozietät eines Aufsichtsratsmitglieds, BB 1998, 1957.

Übersicht

	Rn.		Rn.
I. Zweck	1, 2	2. Dienst- oder Werkvertrag, kein Arbeitsvertrag	13–15
II. Entstehungsgeschichte	3	3. Nur Tätigkeiten außerhalb des Aufsichtsratsmandats – unzulässige Beratungsverträge	16–20
III. Anwendungsbereich	4–20		
1. Vertrag mit Aufsichtsratsmitglied	4–12		
a) Aufsichtsratsmitgliedschaft	4	IV. Zustimmung des Plenums	21–26
b) Vertrag vor und während Amtsantritt (Altverträge)	5, 6	V. Rückgewähr (§ 114 Abs. 2)	27–30
c) Verträge mit nahe stehenden Personen oder Gesellschaften; Konzernzurechnung	7–12	VI. Publizität	31
		VII. Anwendung auf Abschlussprüfer?	32

I. Zweck

1 § 114 dient ähnlich wie § 113 **der Sicherung einer ordnungsgemäßen Überwachung** durch den Aufsichtsrat und einer **transparenten Corporate Governance,** indem vor allem Beratungsverträge (als Dienst- oder Werkverträge) mit einem Aufsichtsratsmitglied unter den Vorbehalt der Zustimmung des Plenums gestellt werden. Andernfalls könnte der Vorstand durch den Abschluss entsprechender Verträge Aufsichtsratsmitglieder beeinflussen.[1] Zudem wird mit der Regelung eine

---

[1] BegrAusschuss *Kropff* S. 158; BGHZ 194, 14 (18) = NJW 2012, 3235 (3236); BGH NJW 2007, 298 (299); BGHZ 168, 188 (192 f.) = NJW-RR 2006, 1410 (1411) = ZIP 2006, 1529 = NZG 2006, 712; BGHZ 126, 340 (347 f.) = NJW 1994, 2484; KG AG 1997, 42 (44); OLG Naumburg OLGR 2002, 29; *Hoffmann-Becking* FS K. Schmidt, 2009, 657 (658); *Lutter* FS Westermann, 2008, 1171 (1173); Kölner Komm AktG/*Mertens/Cahn* Rn. 2; Großkomm AktG/*Hopt/Roth* Rn. 4; MüKoAktG/*Habersack* Rn. 3; K. Schmidt/Lutter/*Drygala* Rn. 2; NK-AktR/*Breuer/Fraune* Rn. 1; Grigoleit/*Grigoleit/Tomasic* Rn. 1; *Deckert* AG 1997, 109 (110); *Vollmer/Maurer* BB 1993, 591 (594); *Beater* ZHR 157 (1993), 426; *Lutter/Kremer* ZGR 1992, 87 (92); *Hoffmann/Kirchhoff* WPg 1991, 592 (595).

Umgehung der in § 113 vorgesehenen Kompetenz der Hauptversammlung zur Festlegung der Vergütung des Aufsichtsratsmitglieds verhindert,[2] was gerade vor Inkrafttreten des AktG 1965 Usus war, um höhere Aufsichtsratsvergütungen zu erreichen. § 114 erfasst nur Verträge über Tätigkeiten, die das Aufsichtsratsmitglied nicht bereits im Rahmen seines Mandats erbringen muss (zur Abgrenzung → Rn. 17 f.), denn vertraglich kann nicht besonders (bzw. abweichend) geregelt werden, wozu das Mitglied gesetzlich bereits verpflichtet ist.[3] Andererseits gewährleistet die Regelung des § 114, dass die Gesellschaft sich besonderes Fachwissen eines Aufsichtsratsmitglieds zu nutze machen kann, solange die Vereinbarung offen gelegt wird und der Aufsichtsrat sein Placet erteilt.[4]

Dem Ziel – der Schaffung von Transparenz und der Flankierung von § 113 – wird § 114 nicht ausreichend gerecht, da weder Aktionäre noch Öffentlichkeit von entsprechenden Zustimmungen im Aufsichtsrat erfahren, erst recht nicht über die Vergütungshöhe. Die Schaffung einer Kompetenz der Hauptversammlung oder zumindest der Berichterstattung gegenüber der Hauptversammlung entspräche daher der Regelung des § 113.[5]

II. Entstehungsgeschichte

§ 114 hat keinen Vorgänger im AktG 1937, sondern beruht auf Vorschlägen des Bundestages bzw. seiner Ausschüsse zum AktG 1965.[6] Gemäß der Ausschussbegründung[7] sollte die Vorschrift sachlich ungerechtfertigte Sonderleistungen an einzelne Aufsichtsratsmitglieder und damit eine unsachliche Beeinflussung eines Aufsichtsratsmitglieds im Sinne des Vorstands verhindern. Änderungen hat die Norm seit dieser Zeit nicht mehr erfahren.

III. Anwendungsbereich

1. Vertrag mit Aufsichtsratsmitglied. a) Aufsichtsratsmitgliedschaft. § 114 findet nur Anwendung auf Verträge, die von der AG mit einem Aufsichtsratsmitglied geschlossen werden. Welcher Gruppe das Aufsichtsratsmitglied angehört, ob Anteilseigner- oder Arbeitnehmervertreter, oder aus welchem Rechtsgrund es dem Aufsichtsrat angehört, ob gewählt, entsandt oder bestellt, ist gleich.[8]

b) Vertrag vor und während Amtsantritt (Altverträge). Während der Wortlaut ohne weiteres Verträge erfasst, die nach Amtsantritt des Aufsichtsratsmitglieds geschlossen werden, ist dies für **Verträge vor Amtsantritt (sog. „Altverträge")** nicht eindeutig. Während die frühere hM solche Verträge weiterhin für wirksam hielt,[9] verweist die Rechtsprechung und inzwischen hM[10] zu Recht auf Sinn und Zweck der Regelung, die es gebieten, auch bereits laufende Verträge dem Zustimmungserfordernis zu unterwerfen, damit das Aufsichtsratsmitglied frei von Einflüssen der zu überwachenden Organe bleibt und geleistete Vergütungen transparent bleiben, wie es in § 113 vorausgesetzt

---

[2] BGHZ 194, 14 (18) = NJW 2012, 3235 (3236); BGHZ 126, 340 (346 f.) = NJW 1994, 2484; OLG Nürnberg AG 2018, 166 (168); KG AG 1997, 42 (43); OLG Naumburg OLGR 2002, 29; *Hoffmann-Becking* FS K. Schmidt, 2009, 657 (658); MüKoAktG/*Habersack* Rn. 3; MHdB AG/*Hoffmann-Becking* § 33 Rn. 44; Großkomm AktG/*Hopt*/*Roth* Rn. 5; Bürgers/Körber/*Israel* Rn. 1; Kölner Komm AktG/*Mertens*/*Cahn* Rn. 2; Wachter/*Schick* Rn. 1; *Mertens* FS Steindorff, 1990, 173 (175); *Lutter*/*Kremer* ZGR 1992, 87 (93); *Hellwig* ZIP 1999, 2117 (2125); *Schlaus* AG 1968, 376; *Wissmann*/*Ost* BB 1998, 1957; *E. Vetter* in Marsch-Barner/Schäfer Börsennotierte AG-HdB Rn. 30.1.
[3] MüKoAktG/*Habersack* Rn. 1.
[4] BGHZ 126, 340 (344) = NJW 1994, 2484; *Mertens* FS Steindorff, 1990, 173 (175); *Beater* ZHR 157 (1993), 420 (431); *Hellwig* ZIP 1999, 2117 (2125); *Hoffmann* FS Havermann, 1995, 201 (224 f.); *Lutter*/*Krieger*/*Verse* Rechte und Pflichten des Aufsichtsrats Rn. 858; *Lutter*/*Kremer* ZGR 1992, 87 (93); Großkomm AktG/*Hopt*/*Roth* Rn. 1; *Beater* ZHR 157 (1993), 420 (431) hebt die Bedeutung der Verbindung von Insiderwissen und fachlicher Expertise für die Gesellschaft hervor.
[5] S. bereits den Antrag der SPD-Fraktion zum KonTraG BT-Drs. 13/367; siehe auch *Krummel*/*Küttner* DB 1996, 193 (194); gegen Zustimmungserfordernis der Hauptversammlung Großkomm AktG/*Hopt*/*Roth* Rn. 3.
[6] Großkomm AktG/*Hopt*/*Roth* Rn. 1; *Krummel*/*Küttner* DB 1996, 193.
[7] BegrAusschuss *Kropff* S. 158.
[8] AllgM, MüKoAktG/*Habersack* Rn. 8; Großkomm AktG/*Hopt*/*Roth* Rn. 30.
[9] *Geßler*/*Geßler*, 1973, Rn. 3; *Werner* WuB II A. § 114–1.91 (unter 3.).
[10] BGHZ 114, 127 (133 f.) = NJW 1991, 1830 für einen gegen § 113 verstoßenden Beratungsvertrag; BGHZ 126, 340 (346 ff.) = NJW 1994, 2484: Ausdehnung auf § 114; BGH AG 1998, 583 (584) = NJW 1998, 3486; LG Köln ZIP 2002, 1296 (1298); *E. Vetter* ZIP 2008, 1 (9 f.).; *Beater* ZHR 157 (1993), 420 (429 f.); *Hoffmann*/*Kirchhoff* WPg 1991, 592 (595); *Lutter*/*Kremer* ZGR 1992, 87 (98 f.); *Lutter*/*Krieger*/*Verse* Rechte und Pflichten des Aufsichtsrats Rn. 861; Großkomm AktG/*Hopt*/*Roth* Rn. 31 ff.; MüKoAktG/*Habersack* Rn. 10; K. Schmidt/Lutter/*Drygala* Rn. 13; Wachter/*Schick* Rn. 5; *E. Vetter* in Marsch-Barner/Schäfer Börsennotierte AG-HdB Rn. 30.5; *Lorenz*/*Pospiech* NZG 2011, 81 (83).

§ 114　6, 7　　　　　　　　　　　　　　　　　　　　　　　　　　　　Erstes Buch. Aktiengesellschaft

wird. Die Rechtsprechung hat dies zwar ursprünglich auf den Bereich einer Tätigkeit beschränkt, die dem organschaftlichen Aufgabenkreis des Aufsichtsrats entspricht;[11] doch wird sie inzwischen zu Recht auf alle von § 114 erfassten Verträge erstreckt, um jegliche Interessenkollision auszuschließen.[12] Ob das Aufsichtsratsmitglied durch den Vertragsschluss vor Antritt des Aufsichtsratsmandats in Umgehungsabsicht handelt, ist unerheblich.[13] Aufgrund der zuvor unklaren Rechtslage gewährt die Rechtsprechung allerdings für Altverträge (vor 1991) **Vertrauensschutz,** wenn der sofortige Rückgewähranspruch das Aufsichtsratsmitglied ungleich schwerer treffen würde als der Anspruchsverlust die Gesellschaft.[14] Dies ist der Fall, wenn das Aufsichtsratsmitglied in ähnlicher Weise wie ein Vorstandsmitglied auf das Gehalt angewiesen war.[15]

6　　Nach heute hM ist der **vor Amtseintritt geschlossene,** nach § 114 zustimmungsbedürftige Vertrag als suspendiert bzw. „ohne Wirkung" zu behandeln, so dass dieser ruhende Vertrag bei Ausscheiden wieder auflebt.[16] Dem BGB ist der Zustand der schwebenden Unwirksamkeit nicht fremd; als einen solchen Fall kann die fehlende Zustimmung des Aufsichtsrats dogmatisch am ehesten eingestuft werden, da andererseits nicht einsichtig ist, warum das Aufsichtsratsmitglied sich unter Umständen mit schlechteren Konditionen bei Abschluss eines neuen Vertrages nach seinem Ausscheiden begnügen müsste, insbesondere wenn zuvor längerfristige Beratungsverträge geschlossen wurden.

7　　**c) Verträge mit nahe stehenden Personen oder Gesellschaften; Konzernzurechnung.** Ob § 114 auch auf **konzernverbundene Unternehmen,** etwa Beratungsverträge eines Aufsichtsratsmitglieds der Obergesellschaft mit einer Tochtergesellschaft, Anwendung findet, ist umstritten. Der Wortlaut der Norm streitet gegen eine Ausdehnung auf konzernbezogene Sachverhalte, da er nur Verträge mit der Gesellschaft erfasst.[17] Angesichts zahlreicher Novellen, die auch die Zurechnung von Konzernsachverhalten betreffen, hätte an sich auch eine Änderung des § 114 AktG nahe gelegen.[18] Dennoch ist § 114 vom Sinn und Zweck der Norm her, nämlich der Vermeidung einer Beeinflussung des Aufsichtsratsmitglieds durch zu überwachende Organe (→ Rn. 1 f.), grundsätzlich auch auf Verträge mit verbundenen Unternehmen zu erstrecken, sofern deren Organe zu dem Überwachungs- und Beratungskreis des Aufsichtsrats gehören oder Interessenkollisionen mit dem Eigeninteresse der abhängigen Gesellschaft drohen.[19] Dies gilt auch gegenüber Enkelgesellschaften.[20]

---

[11] So noch BGHZ 114, 127 (133 f.) = NJW 1991, 1830; zuvor bereits *Mertens* FS Steindorff, 1990, 173 (182 f.); Kölner Komm AktG/*Mertens/Cahn* Rn. 22; Hüffer/Koch/*Koch* Rn. 2; *Lutter/Kremer* ZGR 1992, 87 (99).

[12] BGHZ 126, 340 (346 ff.) = NJW 1994, 2484; OLG Nürnberg AG 2018, 166 (169); *Mertens* FS Steindorff, 1990, 173 (182 f.); zust. Hüffer/Koch/*Koch* Rn. 2; *Lutter/Kremer* ZGR 1992, 87 (98 ff.); MüKoAktG/*Habersack* Rn. 11; *Fuhrmann* NZG 2017, 291 (295).

[13] BGHZ 126, 340 (348) = NJW 1994, 2484: vor Eintritt in den Aufsichtsrat geschlossene Beratungsverträge bedürften auf Rücksicht auf die – ohnehin nur schwer abzugrenzende und ggf. gewichtende – zeitliche Nähe ihres Abschlusses zum Mandatsbeginn der Zustimmung des Aufsichtsrats; *Mertens* FS Steindorff, 1990, 173 (182); Kölner Komm AktG/*Mertens/Cahn* Rn. 22; Großkomm AktG/*Hopt/Roth* Rn. 32; MüKoAktG/*Habersack* Rn. 10.

[14] BGHZ 114, 127 (136 f.) = NJW 1991, 1830; zust. Hüffer/Koch/*Koch* Rn. 2.

[15] BGHZ 114, 127 (137) = NJW 1991, 1830.

[16] BGHZ 114, 127 (133 f.) = NJW 1991, 1830; BGHZ 126, 340 (348) = NJW 1994, 2484; BGH AG 1998, 583 (584) = NJW 1998, 3486; LG Köln ZIP 2002, 1296 (1298); *E. Vetter* ZIP 2008, 1 (9 f.); *Hoffmann/Kirchhoff* WPg 1991, 592 (595); *Lutter/Kremer* ZGR 1992, 86 (99 f.); *Lutter/Krieger/Verse* Rechte und Pflichten des Aufsichtsrats Rn. 861; Kölner Komm AktG/*Mertens/Cahn* Rn. 22: Großkomm AktG/*Hopt/Roth* Rn. 34; *K. Berger,* Die Kosten der Aufsichtsratstätigkeit in der Aktiengesellschaft, 2000, 91; NK-AktR/*Breuer/Fraune* Rn. 3; Bürgers/Körber/*Israel* Rn. 4; Henssler/Strohn/*Henssler* Rn. 10; MHdB AG/*Hoffmann-Becking* § 33 Rn. 48, 50; *Rodewig* in Semler/v. Schenck AR-HdB § 8 Rn. 166; Hüffer/Koch/*Koch* Rn. 2; MüKoAktG/*Habersack* Rn. 11.

[17] *v. Bünau,* Beratungsverträge mit Aufsichtsratsmitgliedern im Aktienkonzern, 2004, 68 ff.; MHdB AG/*Hoffmann-Becking* § 33 Rn. 52; *Schlaus* AG 1968, 376 (377); Kölner Komm AktG/*Mertens/Cahn* Rn. 10; *Mertens* FS Steindorff, 1990, 173 (186) im Umkehrschluss zu § 115 Abs. 1 S. 2; *Oppenhoff* FS Barz, 1979, 283; *E. Vetter* in Marsch-Barner/Schäfer Börsennotierte AG-HdB Rn. 30.9.

[18] *v. Bünau,* Beratungsverträge mit Aufsichtsratsmitgliedern im Aktienkonzern, 2004, 70; *Lutter/Krieger/Verse* Rechte und Pflichten des Aufsichtsrats Rn. 873 und *Oppenhoff* FS Barz, 1979, 283 (285 f.) führen die Nichtberücksichtigung von Konzernsachverhalten auf die kurzfristige Einfügung des § 114 im Gesetzgebungsverfahren zurück.

[19] *Krummel/Küttner* DB 1996, 193 (195); *Lutter* FS Westermann, 2008, 1171 (1182 f.); *Lutter/Kremer* ZGR 1992, 87 (104 ff.); *Lutter/Krieger/Verse* Rechte und Pflichten des Aufsichtsrats Rn. 872 f.; *Oppenhoff* FS Barz, 1979, 283 (289); *Rellermeyer* ZGR 1993, 77 (87 f.); *Rodewig* in Semler/v. Schenck AR-HdB § 8 Rn. 148; MüKoAktG/*Habersack* Rn. 17; diff. *E. Vetter* in Marsch-Barner/Schäfer Börsennotierte AG-HdB Rn. 30.9; enger *v. Bünau,* Beratungsverträge mit Aufsichtsratsmitgliedern im Aktienkonzern, 2004, 54 (71 f., 83, 175): § 114 analog bei Gefahr der Umgehung; ähnlich Großkomm AktG/*Hopt/Roth* Rn. 40; krit. *Graewe/Dethleff* ZJS 2014, 135, 138.

[20] *Lutter* FS Westermann, 2008, 1171 (1184).

Nicht erfasst werden zunächst Beratungsverträge eines Aufsichtsratsmitglieds mit einer **Schwestergesellschaft**. Gleiches soll für Beratungsverträge eines **Aufsichtsratsmitglieds der Tochtergesellschaft mit der Obergesellschaft** gelten, die ohne weiteres zulässig seien, da der Vorstand der abhängigen AG keinen Einfluss auf die Geschäfte des herrschenden Unternehmens habe.[21] Dem steht jedoch entgegen, dass auch das Aufsichtsratsmitglied der abhängigen AG jedenfalls im faktischen Konzern die Interessen dieses Unternehmens zu wahren hat und nicht diejenigen des herrschenden Unternehmens; demgemäß entsteht die Interessenkollision auch in diesen Konstellationen, so dass es nicht von vornherein von der Hand zu weisen ist, auch solche Beratungsverträge § 114 zu unterstellen.[22] Allerdings zeigt ein Blick auf § 115, der dem Gesetzgeber bei der Schaffung des § 114 ausdrücklich vor Augen stand, dass nach § 115 Abs. 1 S. 2 nur der Aufsichtsrat der herrschenden Gesellschaft, nicht etwa der abhängigen AG zuzustimmen hätte. Es ist auch kaum einsichtig, warum Beratungsverträge ein anderes Beeinflussungspotential als Kreditverträge entfalten sollten.[23] Auch ist nicht von der Hand zu weisen, dass die vom AktG zulässige Organverflechtungen zwischen Vorstand der Obergesellschaft und Aufsichtsrat der Tochtergesellschaft dazu führen müssten, dass die Anstellungsverträge des Vorstandes dann der Genehmigung durch den Aufsichtsrat der Tochter unterlägen.[24] Verträge eines **Aufsichtsratsmitglieds der Obergesellschaft mit einer Tochtergesellschaft** oder eines Aufsichtsratsmitglieds der Tochtergesellschaft mit einer Enkelgesellschaft etc. werden dagegen auf jeden Fall von § 114 erfasst, da es keinen Unterschied machen kann, ob das Aufsichtsratsmitglied unmittelbar vom Vorstand oder über den Umweg über die Veranlassung durch den Vorstand der Obergesellschaft vergütet wird;[25] allerdings wird man einschränkend fordern müssen, dass der Gegenstand der Beratung genauso gut auch mit der Obergesellschaft hätte abgeschlossen werden können,[26] was indes gerade bei konzernbezogener Überwachung sehr häufig der Fall sein wird. Denn auch hier fehlt es an der grundsätzlichen Erstreckung auf Konzernsachverhalte, wie sie § 115 zum Ausdruck bringt, so dass grundsätzlich nur Umgehungsgeschäfte erfasst werden können.[27]

Übernehmen Aufsichtsratsmitglieder der Obergesellschaft Mandate in Organen anderer Konzerngesellschaften **(Doppelmandate)**, stellt sich die Frage, ob in Gesamtanalogie zu §§ 113, 114, 115 zumindest der Aufsichtsrat der Obergesellschaft zustimmen muss. Da Doppelmandate stets die Gefahr der Interessenkollision heraufbeschwören, sei es aus der Perspektive der Ober- oder der Untergesellschaft, besteht eine mit §§ 113 ff. vergleichbare Interessenlage.[28] Allerdings ist damit noch nicht die Frage beantwortet, welches Organ die Zustimmung erteilt: Für den Aufsichtsrat der Obergesellschaft spricht, dass das Aufsichtsratsmitglied mittelbar den Einflüssen des zu überwachenden Vorstands der herrschenden Gesellschaft unterliegt, für den Aufsichtsrat der Untergesellschaft, dass das doppelmandatierte Aufsichtsratsmitglied zumindest im faktischen Konzern nicht mehr unbedingt die Interessen der abhängigen AG vertritt. Da aber das Gesetz eine grundsätzliche Interessenkollision hinnimmt, indem Vertreter des herrschenden Unternehmens in den Aufsichtsrat der abhängigen AG gewählt werden können, ist allein die Kompetenz des Aufsichtsrats der Obergesellschaft gegeben; sonst wäre der vom Gesetz akzeptierte Einfluss des beherrschenden Unternehmens (§§ 311 ff.) im Aufsichtsrat der abhängigen Gesellschaft nicht mehr gewährleistet.

In ähnlicher Weise muss man § 114 auf Verträge erstrecken, die **nicht mit dem Aufsichtsratsmitglied persönlich** geschlossen werden, sondern mit einer **Gesellschaft**, der das Aufsichtsratsmit-

---

[21] So OLG Hamburg AG 2007, 404 (408); *Hoffmann-Becking* FS K. Schmidt, 2009, 657 (666 f.); Großkomm AktG/*Hopt/Roth* Rn. 44 im Anschluss an *Oppenhoff* FS Barz, 1979, 283 (289); *Lutter* FS Westermann, 2008, 1171 (1185); krit. *v. Bünau*, Beratungsverträge mit Aufsichtsratsmitgliedern im Aktienkonzern, 2004, 73 ff.; ausdrücklich offengelassen von BGHZ 194, 14 (19) = NJW 2012, 3235 (3236).

[22] MüKoAktG/*Habersack* Rn. 17; *Lorenz/Pospiech* NZG 2011, 81 (82); s. aber *v. Bünau*, Beratungsverträge mit Aufsichtsratsmitgliedern im Aktienkonzern, 2004, 128 f.: § 114 analog, aber nur bei Einflussnahme der abhängigen auf die herrschende Gesellschaft.

[23] *Spindler* FS v. Westphalen, 2010, 641 (648 ff.).

[24] Darauf weist zu Recht *Hoffmann-Becking* FS K. Schmidt, 2009, 657 (667) hin; ebenso *Cahn* Der Konzern 2012, 501 (503).

[25] BGHZ 194, 14 (19) = NJW 2012, 3235 (3236); MüKoAktG/*Habersack* Rn. 17; Großkomm AktG/*Hopt/Roth* Rn. 41; K. Schmidt/Lutter/*Drygala* Rn. 15; Grigoleit/*Grigoleit/Tomasic* Rn. 11; *Lutter/Kremer* ZGR 1992, 86 (105 f.): Erweiterung von § 114, soweit der bestimmende Einfluss der Obergesellschaft und die Konzernvermutung des § 18 reichen; *Lutter* FS Westermann, 2008, 1171 (1182); *E. Vetter* ZIP 2008, 1 (9); *Oppenhoff* FS Barz, 1979, 283 (289); *Krummel/Küttner* DB 1996, 193 (194 f.); *Rellermeyer* ZGR 1993, 77 (87 f.); *Hoffmann-Becking* FS K. Schmidt, 2009, 657 (665).

[26] So MHdB AG/*Hoffmann-Becking* § 33 Rn. 52; *Hoffmann-Becking* FS K. Schmidt, 2009, 657 (665); zust. Kölner Komm AktG/*Mertens/Cahn* Rn. 11; *Cahn* Der Konzern 2012, 501 (503); Hüffer/Koch/*Koch* Rn. 4; *E. Vetter* in Marsch-Barner/Schäfer Börsennotierte AG-HdB Rn. 30.9.

[27] Wie hier *Cahn* Der Konzern 2012, 501 (503); *Henssler* FS Goette, 2011, 135 (139 ff.).

[28] Im Ergebnis ebenso *Lutter/Kremer* ZGR 1992, 87 (107); aA Großkomm AktG/*Hopt/Roth* Rn. 45: keine Grund für eine Analogie zu § 114.

glied entweder als Organmitglied oder als Gesellschafter angehört[29] oder in ihr als Geschäftsführer tätig ist.[30] Dabei muss die Beteiligung **nicht beherrschend** sein.[31] Denn § 114 will durch die Publizität und Genehmigungsbedürftigkeit des Vertrages erreichen, dass der Vorstand nicht an Hauptversammlung und Aufsichtsrat vorbei einzelnen Aufsichtsratsmitgliedern besondere Leistungen zukommen lassen kann, sodass diese nicht mehr unbefangen den Vorstand kontrollieren. Zwar fließt mit abnehmender Beteiligung dem Aufsichtsratsmitglied weniger Gewinn zu; auch scheint im Interesse der Rechtssicherheit eine maßgebliche Beteiligungsschwelle geboten.[32] Doch lässt sich dem Zweck der §§ 113, 114 nur Rechnung tragen, wenn man auch Leistungen unterhalb einer Beherrschung oder maßgeblichen Beteiligung erfasst, da das vom Vorstand bezahlte Aufsichtsratsmitglied auch dann einer Interessenkollision unterliegt, wenn es die Beratungsvergütung nicht in voller Höhe erhält.[33] Nur bei ganz geringfügigen Leistungen oder solchen Leistungen, die in Relation zu der von der Hauptversammlung festgelegten Aufsichtsratsvergütung von zu vernachlässigendem Umfang (und nicht zum Gesamteinkommen des Aufsichtsratsmitglieds)[34] sind, lässt sich eine Ausnahme machen.[35] Noch weitergehend stellte das OLG Frankfurt[36] in einer jüngeren Entscheidung nicht mehr allein auf die Relation zur Vergütung ab, sondern darauf, ob die Mandate für die Sozietät maßgeblich sind und das Aufsichtsratsmitglied Einfluss auf die Mandatsvergebung haben könnte, zudem der Partner dadurch an Ansehen und Bedeutung in der Sozietät gewinnen könne – wiederum im Hinblick auf den möglichen Interessenkonflikt. Damit verlässt das OLG letztlich den Boden des § 114 AktG und stellt ganz allgemein auf eine Abwägung von Interessenkonflikten ab, die auch „weiche" Faktoren einbezieht. Dies geht indes über § 114 AktG hinaus; denn allgemeine Interessenkonflikte bei Aufsichtsratsmitgliedern werden durchaus vom Gesetz toleriert und führen nur punktuell zu entsprechenden Folgen wie Stimmenthaltung, Nichtteilnahme oder temporären Mandatsniederlegungen (→ § 116 Rn. 37).[37] Auf eine Umgehungsabsicht kommt es nicht an.[38] Trotz scheinbar entgegenstehenden Wortlauts des § 114, der nur Verträge mit Aufsichtsratsmitgliedern der Zustimmung des Aufsichtsrats unterwirft, bringen zahlreiche Vorschriften, wie § 89 Abs. 4 und § 115 Abs. 3, diese Zurechnungsgründe zum Ausdruck.[39] Der Schutzzweck des § 114, die Erfassung von Interessenkollisionen, ist nämlich auch dann tangiert, wenn dem Aufsichtsratsmitglied mittelbar Leistungen der Aktiengesellschaft zufließen. In ähnlicher Weise müssen Beratungsverträge mit Personen, die dem Aufsichtsratsmitglied nahe stehen, behandelt werden, zB bei Ehegatten, Lebenspartnern etc.[40]

---

[29] BGHZ 194, 14 (18f.) = NJW 2012, 3235 (3236); BGH WM 2006, 1581 (1583) (mit zust. Anm. *Spindler/Kaulich* WuB II A. § 114 AktG 2.06) für Alleingesellschafter und -geschäftsführer; KG AG 1997, 42 (44); § 89 Abs. 4, § 115 Abs. 3 analog; ausführlich LG Köln ZIP 2002, 1296 (1297f.): § 115 Abs. 3 analog; zust. MüKoAktG/*Habersack* Rn. 14; ähnlich *Lutter/Drygala* FS Ulmer, 2003, 380 (383): Zurechenbarkeit nur für Mehrheitsgesellschafter und Organwalter; weitergehend OLG Frankfurt a. M. ZIP 2005, 2322 = WM 2006, 327: nicht nur marginale Beteiligung, 50% ausreichend; für den Fall einer Beteiligung des Aufsichtsratsmitglieds als Gesellschafter auch *E. Vetter* in Marsch-Barner/Schäfer Börsennotierte AG-HdB Rn. 30.10; einschränkend *Lutter/Kremer* ZGR 1992, 86 (106) und Großkomm AktG/*Hopt/Roth* Rn. 42: Aufsichtsratsmitglied muss alleiniger gesetzlicher Vertreter bzw. Gesellschafter der vertragsschließenden Gesellschaft sein.

[30] *Lutter* FS Westermann, 2008, 1171 (1181).

[31] BGHZ 170, 60 = NJW 2007, 298; Bürgers/Körber/*Israel* Rn. 5; Hölters/*Hambloch-Gesinn/Gesinn* Rn. 11; Henssler/Strohn/*Henssler* Rn. 11; *Lutter* FS Westermann, 2008, 1171 (1180); *Spindler* NZG 2011, 334 (335); *Benecke* WM 2007, 717 (719); *E. Vetter* AG 2006, 173 (176f.); *E. Vetter* in Marsch-Barner/Schäfer Börsennotierte AG-HdB Rn. 30.10: Höhe der Beteiligung praktisch irrelevant.

[32] Krit. jüngst *Hoffmann-Becking* FS K. Schmidt, 2009, 657 (663f.); *v. Schenck* DStR 2007, 395 (397); *Lutter/Drygala* FS Ulmer, 2003, 381 (383 ff.); *Lutter/Kremer* ZGR 1992, 86 (106); Großkomm AktG/*Hopt/Roth* Rn. 42.

[33] *Graewe/Dethleff* ZJS 2014, 135 (138).

[34] *Hoffmann-Becking* FS K. Schmidt, 2009, 657 (663f.); krit. *Happ* FS Priester, 2007, 175 (180f.).

[35] BGHZ 194, 14 (18f.) = NJW 2012, 3235 (3236) = BGHZ 170, 60 = NJW 2007, 298; *E. Vetter* AG 2006, 173 (176f.); *Lutter* FS Westermann, 2008, 1171 (1180); *Werner* DB 2006, 935 (936); *Rellermeyer* ZGR 1993, 77 (86f.); *Müller* NZG 2002, 797 (798); *Lutter/Krieger/Verse* Rechte und Pflichten des Aufsichtsrats Rn. 876; *E. Vetter* in Marsch-Barner/Schäfer Börsennotierte AG-HdB Rn. 30.11; wohl restriktiver Kölner Komm AktG/*Mertens/Cahn* Rn. 18: Nur wenn das Aufsichtsratsmitglied selbst maßgeblich an der vertraglichen Leistung beteiligt ist; so auch *Ihrig* ZGR 2013, 418 (433f.); aA, nur bei beherrschendem Einfluss: Großkomm AktG/*Hopt/Roth* Rn. 42; MHdB AG/*Hoffmann-Becking* § 33 Rn. 51; *Lutter/Drygala* FS Ulmer, 2003, 380 (383 ff.); krit. auch *Happ* FS Priester, 2007, 175 (179f.).

[36] OLG Frankfurt a. M. NJW 2011, 1231 (1233) = AG 2011, 256 (258).

[37] *Spindler* NZG 2011, 334 (336); insoweit auch *Cahn* Der Konzern 2012, 501 (504f.); kritisch auch *Bicker* DStR 2011, 2155 (2158); offengelassen von BGHZ 194, 14 (19) = NJW 2012, 3235 (3236).

[38] BGH WM 2006, 1581 (1583) (mit zust. Anm. *Spindler/Kaulich* WuB II A. § 114 AktG 2.06); *Lutter/Drygala* FS Ulmer, 2003, 380 (383); aA (für Personengesellschaften) Großkomm AktG/*Hopt/Roth* Rn. 43.

[39] KG AG 1997, 42 (44); aA Großkomm AktG/*Hopt/Roth* Rn. 42, wonach § 114 keine planwidrige Regelungslücke enthalte und daher § 115 Abs. 3 nicht analog anzuwenden sei.

[40] Zust. *Fuhrmann* NZG 2017, 291 (296).

Schließlich unterfallen auch **Anwalts- und Steuerberatungssozietäten** oder Wirtschaftsprüfungs- 10
gesellschaften, denen das Aufsichtsratsmitglied als Partner angehört, dem Kreis der zuzurechnenden Personen, sofern die Gefahr der Interessenkollision – durch den Vertragsschluss mit der Sozietät erlangt das Aufsichtsratsmitglied zumindest mittelbare wirtschaftliche Vorteile – besteht.[41] Die Gegenansicht[42] lehnt eine Ausdehnung des Zustimmungserfordernisses auf Personengesellschaften, zu deren persönlich haftenden Gesellschaftern das Aufsichtsratsmitglied zählt, ab. § 114 sei vielmehr nur in Umgehungsfällen anzuwenden, wenn zB das Aufsichtsratsmitglied maßgeblich an der Personengesellschaft beteiligt sei oder als Alleingeschäftsführer fungiere; andernfalls wären Freiberufler ohne zwingenden Grund faktisch von der Aufsichtsratstätigkeit ausgeschlossen, es sei denn, sie übten ihren Beruf in einer Kapitalgesellschaft aus.[43] Diese Ansicht verkennt indes, dass die Gefahr einer Interessenkollision nicht nur besteht, wenn das Aufsichtsratsmitglied an der beratenden Gesellschaft maßgeblich beteiligt ist oder die Geschäfte führt. Vielmehr drohen Interessenkonflikte auch dann, wenn die vertragliche Gegenleistung dem Aufsichtsratsmitglied nicht nur marginal zukommt; insoweit kommt es auch auf die Vereinbarungen über die Verteilung der Honorare etc. an.[44] Der Zustimmung des Aufsichtsrats bedürfen demnach nicht nur Verträge mit der Sozietät selbst, sondern auch solche mit nicht dem Aufsichtsrat angehörenden Partnern einer Sozietät, da das Aufsichtsratsmitglied auch an deren Tätigkeit innerhalb der Sozietät wirtschaftlich beteiligt ist, sofern dem Aufsichtsratsmitglied mittelbar nicht „nur ganz geringfügige Zuwendungen" zufließen.[45] Dazu gehört auch der Vertragsabschluss mit einer Rechtsanwalts- oder Steuerberatungs-GmbH.[46] Die Gefahr der Interessenkollision kann allerdings dadurch auch ausgeschlossen werden, dass die Sozietät für den konkreten Fall eine Beteiligung des Aufsichtsratsmitglieds an den entsprechenden Honoraren durch **Vereinbarung ausschließt.**[47]

Ferner kommen Verträge zwischen **Aufsichtsratsmitglied** und einem **Vorstandsmitglied per-** 11
sönlich oder einer von ihm beherrschten Gesellschaft in Betracht. § 114 AktG selbst regelt nur – wie dargelegt – Verträge mit der Gesellschaft selbst. Der Zweck des § 114 AktG aber, möglichst eine Beeinflussung des Aufsichtsratsmitglieds durch den Vorstand infolge von Zahlungen über die Vergütung nach § 113 AktG zu verhindern, legt es nahe, auch Verträge zu erfassen, die unmittelbar zwischen einem Vorstandsmitglied und einem Aufsichtsratsmitglied geschlossen werden. Die Gefahr der Interessenverflechtung ist hier nicht geringer, als wenn die AG selbst den Beratungsvertrag mit dem Aufsichtsratsmitglied schlösse,[48] zumal die Verträge nicht in toto untersagt würden, sondern allein der vorherigen Zustimmung durch den Aufsichtsrat unterlägen; es geht schlicht um Offenlegung möglicher Interessenkollisionen, nicht aber um die Untersagung schlechthin.[49] Ferner kann allein der Umstand, dass nicht der gesamte Vorstand (bzw. die Gesellschaft) einen Vertrag mit dem Aufsichtsratsmitglied schließt, nicht zu einer anderen Bewertung führen: Zwar bezieht sich die Überwachung auf das gesamte Organ „Vorstand", also nicht nur auf ein einzelnes Vorstandsmitglied; doch muss die unabhängige Überwachungstätigkeit im Hinblick auf jedes Vorstandsmitglied gewährleistet sein, eine auch nur selektive Interessenverflechtung ist bereits hierfür schädlich. Allerdings kann sich die Genehmigungsfähigkeit **nicht auf sämtliche Beratungsverträge,** die allein auf Angelegenheiten aus der **Privatsphäre** des Vorstandsmitglieds gerichtet sind, etwa familienrechtliche

---

[41] BGH NJW-RR 2007, 1483 (1485) = ZIP 2007, 1056 (1058); BGH NJW 2007, 298 = NZG 2007, 103 = ZIP 2007, 22; OLG Hamburg AG 2007, 404 (405); Kölner Komm AktG/*Mertens/Cahn* Rn. 14; MüKoAktG/ *Habersack* Rn. 15; *Wachter/Schick* Rn. 6; *Heussen* NJW 2001, 709; *Lutter/Krieger/Verse* Rechte und Pflichten des Aufsichtsrats Rn. 876; *Lutter/Drygala* FS Ulmer, 2003, 381 (383); *Müller* NZG 2002, 797 (798); *Oppenhoff* FS Barz, 1979, 283 (289 f.); *Rellermeyer* ZGR 1993, 77 (88 f.); *E. Vetter* in Marsch-Barner/Schäfer Börsennotierte AG-HdB Rn. 30.10; zu restriktiv dagegen MHdB AG/*Hoffmann-Becking* § 33 Rn. 51: entsprechende Anwendung von § 114, wenn das Aufsichtsratsmitglied gesetzlicher Vertreter oder geschäftsführender Gesellschafter oder an der Gesellschaft nicht ganz unwesentlich beteiligt ist.
[42] Großkomm AktG/*Hopt/Roth* Rn. 43; *Wissmann/Ost* BB 1998, 1957 (1960); *Kort* ZIP 2008, 717 (723); ähnlich restriktiv auch Kölner Komm AktG/*Mertens/Cahn* Rn. 18.
[43] Großkomm AktG/*Hopt/Roth* Rn. 43; ebenso *Cahn* Der Konzern 2012, 501 (505).
[44] Insoweit zutr. *Cahn* Der Konzern 2012, 501 (504).
[45] BGH NJW-RR 2007, 1483 (1485) = ZIP 2007, 1056 (1058); BGH NJW 2007, 298; LG Stuttgart ZIP 1998, 1275 (1280); *Lutter/Krieger/Verse* Rechte und Pflichten des Aufsichtsrats Rn. 876; *E. Vetter* AG 2006, 173 (176 f.); *Oppenhoff* FS Barz, 1979, 283 (288); *Rellermeyer* ZGR 1993, 77 (88 f.) (allgemein für die GbR).
[46] Zu restriktiv *Lutter/Drygala* FS Ulmer, 2003, 380 (383 ff.), der diese Konstellation für zulässig erachtet, da nur die Gesellschaft, nicht aber das Aufsichtsratsmitglied, Vertragspartner der AG werde.
[47] Insoweit zutr. *Cahn* Der Konzern 2012, 501 (504 f.).
[48] MüKoAktG/*Habersack* Rn. 18; Grigoleit/*Grigoleit/Tomasic* Rn. 13; *Spindler* FS Graf v. Westphalen, 2010, 641 (647 f., 654 ff.); *Säcker* AG 2004, 180 (183), allerdings ohne nähere Begr.; aA Hüffer/Koch/*Koch* Rn. 4; Henssler/Strohn/*Henssler* Rn. 15; *Henssler* FS Goette, 2011, 135 (137 ff.); wohl auch *Hoffmann-Becking* FS K. Schmidt, 2009, 657 (668 f.).
[49] Offenbar auch gegen jegliche Transparenz möglicher Interessenkollisionen *Cahn* Der Konzern 2012, 501 (504 f.).

Streitigkeiten, beziehen, da auch hier aufgrund der Vergütung des Aufsichtsratsmitglieds dessen nötige Unabhängigkeit und Unvoreingenommenheit hinsichtlich der Überwachung des Vorstandsmitglieds gefährdet sei.[50] Zwar soll dies aus § 319 Abs. 3 S. 1 Nr. 5, § 319a Abs. 1 S. 1 Nr. 1 HGB folgen; doch stellt § 319 Abs. 3 S. 1 Nr. 5 HGB von seinem Wortlaut her gerade nicht auf sämtliche erhaltenen Bezüge ab, sondern eben nur auf die aus der beruflichen Tätigkeit für das zu prüfende Unternehmen (und verbundene Unternehmen) erzielten Einnahmen.[51] Richtigerweise kann eine Zustimmungspflichtigkeit von Beratungsverträgen nur bei unternehmensbezogenen Verträgen angenommen werden, die genauso gut von der Gesellschaft mit dem Aufsichtsratsmitglied hätten abgeschlossen werden können.[52] Ansonsten ist eine uferlose Ausdehnung der Vorschrift und Auswüchse in der Rechtsanwendung zu befürchten.[53] Auch hier zeigt sich deutlich die Problematik einer extensiven oder analogen Anwendung des § 114, der leicht zu einer allgemeinen Unabhängigkeitsnorm übersteigert werden kann. Eine allgemeine Unabhängigkeitssicherung, die keineswegs auf Dienst- oder Werkverträge höherer Art beschränkt sein dürfte, ist dem Aktienrecht bislang fremd. Weder werden eine verwandtschaftliche Beziehung noch Schenkungen durch den Vorstand an das Aufsichtsratsmitglied erfasst.[54] Gleiches gilt für andere Austauschbeziehungen wie Kaufverträge etc.

12 Ein Verstoß gegen § 114 und eine daraus folgende **Unwirksamkeit eines Anwaltsvertrages** hat jedoch keinen Einfluss auf die Wirksamkeit einer erteilten Prozessvollmacht, da der Grundsatz der Abstraktheit gilt; die Nichtigkeit des Grundgeschäftes erstreckt sich nur dann auf die Vollmacht, wenn es gegen ein auch zum Schutz des Vertretenen bestimmten Verbotsgesetzes verstößt. Andernfalls würde die Gesellschaft uU nicht geschützt, sondern vielmehr geschädigt werden.[55]

13 **2. Dienst- oder Werkvertrag, kein Arbeitsvertrag.** Von § 114 werden nicht sämtliche Verträge erfasst, sondern nur Dienst- oder Werkverträge (§§ 611, 631 BGB), insbesondere die so genannten Beratungs- und sonstigen Dienstleistungsverträge.[56] Ausdrücklich ausgeschlossen sind dagegen Arbeitsverhältnisse, so dass die im Arbeitsrecht entwickelten Abgrenzungskriterien zum Tragen kommen, insbesondere eine persönliche Abhängigkeit und Weisungsgebundenheit.[57] Dabei kommt es nicht darauf an, ob während des Aufsichtsratsmandats das Mitglied von Weisungen entbunden ist, sondern auf eine Gesamtbetrachtung des Vertrages.[58] Die Arbeitsverträge von **Arbeitnehmervertretern im Aufsichtsrat** sind daher auch ohne Zustimmung des Aufsichtsrats weiterhin gültig.[59]

14 Hinzukommen muss die Pflicht zur Übernahme einer **Tätigkeit höherer Art gem. § 627 Abs. 1 BGB,** wozu bereits jede Geschäftsbesorgung oder Beratung zählen soll, die besondere Kenntnisse oder eine besondere Vertrauensstellung erfordert.[60] Dies ist bei der Tätigkeit von Rechtsanwälten,[61] Steuerberatern[62] und Wirtschaftsberatern[63] der Fall, aber auch bei Makler- und Bauprojektbetreuungsverträgen.[64]

---

[50] So aber MüKoAktG/*Habersack* Rn. 18; Grigoleit/*Grigoleit*/*Tomasic* Rn. 13.
[51] S. etwa BeckBilKomm/*Schmidt* § 319 Rn. 70 f., die entsprechende Bezüge überhaupt nicht erwähnen; ebenso *ADS* § 319 Rn. 150 ff.
[52] MHdB AG/*Hoffmann-Becking* § 33 Rn. 53; *E. Vetter* in Marsch-Barner/Schäfer Börsennotierte AG-HdB Rn. 30.9; grundsätzlich restriktiv auch Kölner Komm AktG/*Mertens*/*Cahn* Rn. 19.
[53] *Hoffmann-Becking* FS K. Schmidt, 2009, 657 (669).
[54] So explizit Großkomm AktG/*Hopt*/*Roth* Rn. 12; auch MüKoAktG/*Habersack* Rn. 20.
[55] OLG München AG 2006, 337 (338).
[56] BegrAusschuss *Kropff* S. 158; *Fuhrmann* NZG 2017, 291 (295).
[57] Allgemein zur Abgrenzung zwischen Dienst- und Arbeitsvertrag: BAG AP BGB § 611 Abhängigkeit Nr. 12, 26, 34, 42; ErfK/*Preis* BGB § 611 Rn. 34 ff. mwN; zur konkreten Abgrenzung von Beratungsverträgen iSd § 114 OLG Köln AG 1995, 90 (91).
[58] BAG AP BGB § 611 Abhängigkeit Nr. 34: Weisungsabhängigkeit nicht immer arbeitsvertragstypisch, Gesamtabwägung maßgeblich; s. auch BAG AP BGB § 611 Abhängigkeit Nr. 26: für persönliche Abhängigkeit Eigenart der Tätigkeit entscheidend; BAG AP BGB § 611 Abhängigkeit Nr. 42: fachliche Weisungsgebundenheit insbesondere bei Erbringung höherer Dienste nicht Voraussetzung für Arbeitsvertrag.
[59] AllgM, OLG Köln AG 1995, 90 (91); Großkomm AktG/*Hopt*/*Roth* Rn. 11; Bürgers/Körber/*Israel* Rn. 4; Hüffer/Koch/*Koch* Rn. 3; *Krummel*/*Küttner* DB 1996, 193 (195): Sonst Konflikt zur Mitgliedschaft von Arbeitnehmervertretern im Aufsichtsrat.
[60] Staudinger/*Preis*, 2016, BGB § 627 Rn. 18; Großkomm AktG/*Hopt*/*Roth* Rn. 10: überdurchschnittliches Maß an Fachkenntnis, Kunstfertigkeit oder wissenschaftlicher Bildung; Palandt/*Weidenkaff* BGB § 627 Rn. 2: besonderes persönliches Vertrauen; s. auch MüKoAktG/*Habersack* Rn. 19; K. Schmidt/Lutter/*Drygala* Rn. 5; Hüffer/Koch/*Koch* Rn. 5; weitergehend *Beater* ZHR 157 (1993), 420 (426 f.), der annimmt, es liege wohl stets eine Leistung höherer Art vor.
[61] BGH NJW 1987, 315; OLG Karlsruhe NJW-RR 1994, 1084 = OLGZ 1994, 541.
[62] BGHZ 54, 106 = NJW 1970, 1596; BGH NJW-RR 1993, 374; OLG Koblenz NJW 1990, 3153; LG Duisburg NJW-RR 2002, 277 (278).
[63] BGHZ 47, 303 (305) = NJW 1967, 1416.
[64] OLG Nürnberg AG 2018, 166 (168).

Verträge mit Aufsichtsratsmitgliedern 15–17 § 114

Andere Verträge als in §§ 114, 115 aufgeführt – etwa Kauf- oder Mietverträge – bedürfen nicht 15 der Zustimmung bzw. Einwilligung des Aufsichtsrats, so dass der Vorstand frei ist, diese mit dem Aufsichtsratsmitglied abzuschließen.[65] Unberührt davon bleiben jedoch die kapitalmarktrechtlichen Vorschriften über „Director's dealings" in Art. 19 der Marktmissbrauchsverordnung[66] (ex-§ 15a WpHG). In rechtspolitischer Sicht ist die Beschränkung auf Dienst- und Werkverträge nicht frei von Zweifeln, da auch durch Warenaustauschverträge Bindungen erzeugt und damit Interessenkollisionen hervorgerufen werden können.[67]

3. Nur Tätigkeiten außerhalb des Aufsichtsratsmandats – unzulässige Beratungsver- 16 **träge.** Vom Wortlaut des § 114 erfasst werden nur Tätigkeiten außerhalb des Aufsichtsratsmandats. Aus § 113 folgt, dass eine Vergütung für eine Tätigkeit im Bereich des Aufsichtsratsmandats nur infolge einer Satzungsregelung oder eines Hauptversammlungsbeschlusses gewährt werden darf. Verträge über Beratungen der Gesellschaft oder deren Organmitglieder, die sich im Rahmen der Aufsichtsratstätigkeit und ihres Aufgabenkreises bewegen, sind daher unzulässig und wegen Verstoßes gegen ein gesetzliches Verbot gem. § 134 BGB **nichtig.**[68] Außerhalb der Aufsichtsratstätigkeit ist das Aufsichtsratsmitglied jedoch frei, Beratungsverträge unter den Voraussetzungen des § 114 Abs. 1 mit dem Vorstand abzuschließen.[69]

Entscheidend ist daher die **objektive**[70] **Abgrenzung** des dem Aufsichtsratsmitglied obliegen- 17 den **Aufgabenkreises,** die sich aus den einzelnen Kompetenzen des Aufsichtsrats ergibt, aber auch aus der allgemeinen Aufgabe der Überwachung des Vorstands. Demgemäß unterfallen selbst **Sonderprüfungen** durch ein Aufsichtsratsmitglied nicht § 114, sondern § 113, da nach § 111 diese Leistung zum Aufgabenkreis des Aufsichtsrats gehört. Ferner zählt zu den Befugnissen, aber auch Pflichten des Aufsichtsrats die **Beratung des Vorstands** im Rahmen seiner Überwachung, nicht aber darüber hinaus (→ § 111 Rn. 10 ff.).[71] Die zukunftsbezogene Beratung des Vorstands kann nicht vollständig von einer vergangenheitsorientierten Überwachung getrennt werden, da die Kontrolle auch die Prüfung von Maßnahmen impliziert, die der Vorstand für die Zukunft vorsieht, um erkannte Defizite oder Schieflagen zu bewältigen.[72] Demgemäß ist weithin anerkannt, dass der Aufsichtsrat den Vorstand im Rahmen der Überwachung auch über grundsätzliche Fragen der künftigen Geschäftsführung beraten kann,[73] was schließlich auch durch die Neufassung des § 90

---

[65] Großkomm AktG/*Hopt/Roth* Rn. 12; MüKoAktG/*Habersack* Rn. 20; *Rodewig* in Semler/v. Schenck AR-HdB § 8 Rn. 137; *Beater* ZHR 157 (1993), 420, 427; *Schlaus* AG 1968, 376.

[66] Verordnung (EU) Nr. 596/2014 des Europäischen Parlaments und des Rates vom 16. April 2014 über Marktmissbrauch und zur Aufhebung der Richtlinie 2003/6/EG des Europäischen Parlaments und des Rates und der Richtlinien 2003/124/EG, 2003/125/EG und 2004/72/EG der Kommission.

[67] Krit. *Beater* ZHR 157 (1993), 420 (426 ff.).

[68] AllgM, BGH DStR 2009, 1924 (1924); BGH NJW 2007, 298 = WM 2007, 186 = AG, 2007, 80 = ZIP 2007, 22 = DStR 2007, 122 mit Anm. *Goette* = NZG 2007, 103; BGH WM 2006, 1581 (1584) (mit zust. Anm. *Spindler/Kaulich* WuB II A. § 114 AktG 2.06); BGHZ 126, 340 (344) = NJW 1994, 2484; BGHZ 114, 127 (129) = NJW 1991, 1830; OLG Frankfurt a. M. ZIP 2005, 2322 = WM 2006, 327; KG AG 1997, 42 (43) = OLG Köln AG 1995, 90 (91); *Mertens* FS Steindorff, 1990, 173 (175); Kölner Komm AktG/*Mertens/Cahn* Rn. 5; MüKoAktG/*Habersack* Rn. 22; MHdB AG/*Hoffmann-Becking* § 33 Rn. 45; Großkomm AktG/*Hopt/Roth* Rn. 13; *Lutter/Kremer* ZGR 1992, 87 (92); *Lutter/Krieger/Verse* Rechte und Pflichten des Aufsichtsrats Rn. 859 und 861; *Müller* NZG 2002, 797 (798); *Heussen* NJW 2001, 708 (710); *Vollmer/Maurer* BB 1993, 591 (592); *E. Vetter* in Marsch-Barner/Schäfer Börsennotierte AG-HdB Rn. 30.2; *Fuhrmann* NZG 2017, 291 (295, 298).

[69] BGHZ 114, 127 (129) = NJW 1991, 1830; KG AG 1997, 42 (43) = KGR 1995, 267; Kölner Komm AktG/*Mertens/Cahn* Rn. 6; Hüffer/Koch/*Koch* Rn. 6; *Hoffmann/Kirchhoff* WPg 1991, 592 (596 f.); *Beater* ZHR 157 (1993), 420 (426); *Deckert* AG 1997, 109 (110); *Semler* Leitung und Überwachung Rn. 264; *Lutter/Krieger/Verse* Rechte und Pflichten des Aufsichtsrats Rn. 858 ff.; *Rellermeyer* ZGR 1993, 77 (85 f.); *Lutter/Drygala* FS Ulmer, 2003, 381 (382 ff.); *Wissmann/Ost* BB 1998, 1957 (1958).

[70] Gegen subjektive Abgrenzung zutr. BGHZ 114, 127 (130 f.) = NJW 1991, 1830; *Beater* ZHR 157 (1993), 420 (429); *Boujong* AG 1995, 203 (204); *Lutter/Kremer* ZGR 1992, 87 (93 f.); *Rodewig* in Semler/v. Schenck AR-HdB § 8 Rn. 141; Großkomm AktG/*Hopt/Roth* Rn. 16 f.; Hüffer/Koch/*Koch* Rn. 7; für subjektive Abgrenzung noch *Geßler* Rn. 9 ff.: Nur die dem Gesamtaufsichtsrat gegenüber erbrachte Beratung sei organschaftliche Aufsichtsratstätigkeit, nicht hingegen die Beratung des Vorstands; *Fuhrmann* NZG 2017, 291 (295 f.).

[71] Bspw. ist die faktische Übernahme des Tagesgeschäfts des Vorstandes unzulässig, *Fischer* BB 2015, 1411 (1414).

[72] BGHZ 114, 127 (129 f.) = NJW 1991, 1830; BGHZ 126, 340 (345) = NJW 1994, 2484; KG AG 1997, 42 (43) = KGR 1995, 267; OLG Köln AG 1995, 90 (91) = OLGR 1995, 57 (247 ff.); MHdB AG/*Hoffmann-Becking* § 29 Rn. 35; Kölner Komm AktG/*Mertens/Cahn* § 111 Rn. 14; Großkomm AktG/*Hopt/Roth* Rn. 15; *Hüffer* ZGR 1980, 320 (324); Hüffer/Koch/*Koch* § 111 Rn. 13; *Beater* ZHR 157 (1993), 420 (421); *Lutter* ZHR 159 (1995), 287 (289 ff.); *Lutter/Drygala* FS Ulmer, 2003, 381 (388); *Lutter/Kremer* ZGR 1992, 87 (89); *Peltzer* NZG 2002, 10 (15); *Feddersen* ZGR 1993, 114 (117).

[73] BGHZ 114, 127 (130) = NJW 1991, 1830; BGHZ 126, 340 (345) = NJW 1994, 2484; OLG Frankfurt a. M. ZIP 2005, 2322 = WM 2006, 327; OLG Köln AG 1995, 90 (91); *Beater* ZHR 157 (1993), 420 (421);

Abs. 1 S. 1 Nr. 1 bestätigt wird, der den Vorstand zur Berichterstattung über die beabsichtigte Geschäftspolitik und andere grundsätzliche Fragen der Unternehmensplanung verpflichtet.[74] Schließlich hat das Aufsichtsratsmitglied seine besonderen Kenntnisse in den Dienst des Amtes zu stellen.[75] So kann ein Aufsichtsratsmitglied, das aufgrund seiner besonderen Kenntnisse in einem Audit Committee sitzt, nicht eine eigenständige Beratung für diesen Bereich abschließen, da dies zu seinem ureigenen Aufgabenkreis zählt. Daraus folgt aber nicht, dass Aufsichtsratsmitglieder, die nicht einem solchen Ausschuss angehören, hinsichtlich der im Ausschuss zu behandelnden Fragen frei in der Vereinbarung von Beratungsverträgen wären; denn auch sie sind verpflichtet, ihre Kenntnisse dem Plenum zur Verfügung zu stellen.[76] Allerdings bezieht sich die Beratung im Rahmen der Überwachung nur auf die wesentlichen Leitungsmaßnahmen und nicht auf das laufende operative Geschäft.[77] Eine Abgrenzung und Konkretisierung kann anhand des Katalogs der **Berichtspflichten** nach § 90 Abs. 1 erfolgen.[78] Verfehlt wäre allerdings, jede außerhalb der organschaftlichen Überwachungspflicht liegende Beratungstätigkeit für zustimmungsfähig zu erachten, denn ein Aufsichtsratsmitglied darf nicht derart umfangreich beraten, dass es de facto das laufende Tagesgeschäft für den Vorstand erledigt.[79] So hat die **Rechtsprechung** für einen Steuerberater als Aufsichtsratsmitglied es als den Organaufgaben zugehörig qualifiziert, wenn dieses am Jahresabschluss mitwirkt, auch wenn Konzerntöchter betroffen sind, oder der Rat zur Gründung einer ausländischen Vermarktungsgesellschaft erteilt, ebenso Beratungsleistungen betriebswirtschaftlicher Art, wie die Bemessungsgrundlagen für staatliche Investitionszuschüsse oder Verhandlungen mit Bank und Börsen anlässlich einer Börseneinführung.[80]

18   Die **Abgrenzung zur überobligatorischen,** außerhalb des Aufgabenkreises des Aufsichtsrats liegenden (und damit § 114 unterfallenden) **Beratung** ist nicht unproblematisch.[81] Letztlich muss auf die Umstände des Einzelfalls abgestellt werden, etwa wie häufig die Beratung unter üblichen Bedingungen erfolgt; kann sie sich nicht auf die Aufsichtsratssitzungen beschränken, sondern hat häufiger zu erfolgen, liegt eine außerhalb des Aufgabenkreises des Aufsichtsrats erfolgende Beratung nahe.[82] So muss der Aufsichtsrat nicht dauerhaft beratend die Organisation des Unternehmens gestalten. Allerdings ist nicht immer entscheidend, wie **intensiv** das Aufsichtsratsmitglied die Gesellschaft berät, da die Verhältnisse der Gesellschaft, insbesondere spezifische Gefahrenlagen, einen hohen

---

Deckert AG 1997, 109 (111); *Henze* NJW 1998, 3309 f.; *Hüffer* ZGR 1980, 320 (323 f.); *Lutter* FS Albach, 2001, 225 (227); *Lutter* ZHR 159 (1995), 287 (289 ff.); *Lutter/Drygala* FS Ulmer, 2003, 381; *Lutter/Kremer* ZGR 1992, 87 (88 ff.); MHdB AG/*Hoffmann-Becking* § 29 Rn. 35; Großkomm AktG/*Hopt/Roth* Rn. 14 f., 19; *Lutter/Krieger/Verse* Rechte und Pflichten des Aufsichtsrats Rn. 103 ff.; *Rellermeyer* ZGR 1993, 77 (85); *Steinmann/Klaus* DBW 46 (1986), 526 (527); *Vollmer/Maurer* BB 1993, 591 (592); aA das vorwiegend betriebswirtschaftliche Schrifttum: *Steinmann/Klaus* AG 1987, 29 (30 f.); *Theisen,* Die Überwachung der Unternehmensführung, 1987, 20 f.; *Theisen* AG 1995, 193 (199); *Theisen* AG 1993, 49 (64 f.); siehe aber auch *Bea/Scheurer* DB 1994, 2145 (2146 f.): Überwachung sei primär Inanspruchnahme von Informationsrechten.

[74] *Beater* ZHR 157 (1993), 420 (421); *K. Berger*, Die Kosten der Aufsichtsratstätigkeit in der Aktiengesellschaft, 2000, 91 f.; *Deckert* AG 1997, 109 (111); *Lutter/Kremer* ZGR 1992, 87 (88 f.); Großkomm AktG/*Hopt/Roth* Rn. 15.

[75] → § 116 Rn. 15 f.; OLG Frankfurta. M. ZIP 2005, 2322 = WM 2006, 327; KG AG 1997, 42 (43); *Mertens* FS Steindorff, 1990, 173 (181); Kölner Komm AktG/*Mertens/Cahn* Rn. 6; MüKoAktG/*Habersack* Rn. 23; *Rodewig* in Semler/v. Schenck AR-HdB § 8 Rn. 141: auch professionelle Spezialkenntnisse seien für die Beratung im Aufsichtsrat zu nutzen; ähnlich *Müller* NZG 2002, 797 (798).

[76] MüKoAktG/*Habersack* Rn. 23; Großkomm AktG/*Hopt/Roth* Rn. 29; *Lutter/Kremer* ZGR 1992, 87 (97 f.).

[77] *Beater* ZHR 157 (1993), 420 (421 f.); *Boujong* AG 1995, 203 (205); *Deckert* AG 1997, 109 (111 f.); *Hoffmann/Kirchhoff* WPg 1991, 592 (594, 595); *Jaeger* ZIP 1994, 1759; *Wissmann/Ost* BB 1998, 1957 f.; *Rodewig* in Semler/v. Schenck AR-HdB § 8 Rn. 117; *Lutter/Drygala* FS Ulmer, 2003, 380 (389); Großkomm AktG/*Hopt/Roth* Rn. 21; *Lutter/Krieger/Verse* Rechte und Pflichten des Aufsichtsrats Rn. 860; *Vollmer/Maurer* BB 1993, 591 (594); zum Gegenstand der Überwachung → § 111 Rn. 6 ff.

[78] OLG Frankfurt a. M. ZIP 2005, 2322 = WM 2006, 327; *Happ* FS Priester, 2007, 175 (182); *Boujong* AG 1995, 203 (205); *Hoffmann* FS Havermann, 1995, 201 (211); Großkomm AktG/*Hopt/Roth* Rn. 20; *Lutter/Kremer* ZGR 1992, 87 (90, 95); *Müller* NZG 2002, 797 (798).

[79] KG AG 1997, 42, 43: Vermengung der Organbereiche von Vorstand und Aufsichtsrat; ebenso Großkomm AktG/*Hopt/Roth* Rn. 15.

[80] BGHDStR 2009, 1924 (1924 f.); BGHZ 170, 60 (66) = NJW 2007, 298 (299).

[81] *K. Berger* Die Kosten der Aufsichtsratstätigkeit in der Aktiengesellschaft, 2000, 97; *Peltzer* ZIP 2007, 305 (306 f.); *Boujong* AG 1995, 203 (204); *Deckert* AG 1997, 109 (111); *Heussen* NJW 2001, 708 (709); *Lutter/Kremer* ZGR 1992, 87 (93); *Mertens* FS Steindorff, 1990, 181; Großkomm AktG/*Hopt/Roth* Rn. 14; weitere Beispiele bei MüKoAktG/*Habersack* Rn. 22 ff.

[82] Ähnlich *Beater* ZHR 157 (1993), 420 (422); die Untauglichkeit des Umfangs der Tätigkeit als alleiniges Abgrenzungskriterium betonen aber zu Recht: BGHZ 114, 127 (131); KG AG 1997, 42 (43); Großkomm AktG/*Hopt/Roth* Rn. 16; zweifelnd auch *Lutter/Drygala* FS Ulmer, 2003, 380 (389) und K. Schmidt/Lutter/*Drygala* Rn. 9.

Einsatz vom Aufsichtsratsmitglied fordern können.[83] Rahmenverträge, die nur generell bezeichnete Einzelfragen angeben, die grundsätzlich auch zur Organtätigkeit gehören oder gehören können, sind von vornherein nicht von § 114 gedeckt, sondern nach § 113 zu beurteilen.[84] Zulässig nach § 114 sind allein Beratungsverträge, die Fragen eines besonderen Fachgebietes betreffen[85] oder eine über Organpflichten hinausgehende „Beratungstiefe" erfordern,[86] sofern sich die Fragen ihrerseits nicht wie Organpflichten auf die übergeordnete Unternehmenspolitik beziehen.[87] Auch der Einsatz von Spezialkenntnissen kann nämlich von der organschaftlichen Beratungspflicht umfasst sein, so dass der Abschluss eines Beratungsvertrages nicht mehr in Betracht kommt.[88] Indiz für eine unter § 114 fallende Beratung ist, dass die vom Mitglied verlangte Tätigkeit sich auf einen eng umgrenzten operativen Bereich bezieht, der üblicherweise eher am Rande der Überwachung durch den Aufsichtsrat liegt, zB die Marketing-Beratung für eine spezielle Region ohne grundlegende Bedeutung für das Unternehmen oder die Entwicklung eines umfassenden Controlling-Konzepts einschließlich spezifischen EDV-Programms.[89] Beratung iSd § 114 ist auch die Tätigkeit eines Aufsichtsratsmitglieds als Rechtsanwalt in einer einzelnen Angelegenheit für das Unternehmen, da diese – anders als die in einem Rahmenvertrag geregelte allgemeine Rechtsberatung – nicht bereits aus der Überwachungsaufgabe des Aufsichtsrats fließt.[90]

Unerheblich ist ferner, **für wen** die **Beratung** erbracht wird, ob für den Vorstand, leitende Angestellte oder den Aufsichtsrat selbst.[91] **19**

Beratungsverträge mit **ehemaligen Vorstandsmitgliedern,** die jetzt dem Aufsichtsrat angehören, sind zwar nicht ausgeschlossen; es bedarf jedoch der sorgfältigen Prüfung, ob sie nicht Beratungen betreffen, die vormals Gegenstand der Vorstandstätigkeit waren, so dass sie nunmehr die organschaftliche Überwachung durch den Aufsichtsrat betreffen.[92] **20**

IV. Zustimmung des Plenums

Ein Vertrag, der unter § 114 fällt, bedarf der Zustimmung des **gesamten Aufsichtsrats** in Form eines ausdrücklichen – **nicht konkludenten**[93] – Beschlusses, wobei das betroffene Aufsichtsratsmit- **21**

---

[83] BGHZ 114, 127 (131) = NJW 1991, 1830; OLG Frankfurt a. M. ZIP 2005, 2322 = WM 2006, 327; KG AG 1997, 42 (43) = KGR 1995, 267; *Beater* ZHR 157 (1993), 420 (422); *K. Berger,* Die Kosten der Aufsichtsratstätigkeit in der Aktiengesellschaft, 2000, 92; *Boujong* AG 1995, 203 (204); *Deckert* AG 1997, 109 (113); *Hoffmann* FS Havermann, 1995, 201 (209); *Lutter/Drygala* FS Ulmer, 2003, 380 (389); *Lutter/Kremer* ZGR 1992, 87 (90, 94); *Rodewig* in Semler/v. Schenck AR-HdB § 8 Rn. 141; *Vollmer/Maurer* BB 1993, 591 (594); *Lorenz/Pospiech* NZG 2011, 81 (84); Großkomm AktG/*Hopt/Roth* Rn. 16, 27; MüKoAktG/*Habersack* Rn. 23.

[84] BGH NJW 2007, 298 (299); BGHZ 126, 340 (344 f.) = NJW 1994, 2484; OLG Frankfurt a. M. ZIP 2005, 2322 = WM 2006, 327; KG AG 1997, 42 (43); *Beater* ZHR 157 (1993), 420 (423); *Lutter/Krieger/Verse* Rechte und Pflichten des Aufsichtsrats Rn. 858; Großkomm AktG/*Hopt/Roth* Rn. 22; aA für den Rahmenvertrag eines Rechtsanwalts *Müller* NZG 2002, 797 (800 f.): nachträgliche Kontrolle ausreichend; ähnlich *Benecke* WM 2007, 717 (718).

[85] BGHZ 114, 127 (132) = NJW 1991, 1830: kein besonderes Fachgebiet zB „Know-how" auf dem Gebiet des Versicherungswesens für die Beratung eines Versicherungsunternehmens; BGHZ 126, 340 (344) = NJW 1994, 2484; KG AG 1997, 42 (43); OLG Köln AG 1995, 90 (91); Kölner Komm AktG/*Mertens/Cahn* Rn. 7: nur Verträge mit spezifischem Leistungsprogramm; Großkomm AktG/*Hopt/Roth* Rn. 17; *Boujong* AG 1995, 203 (204); *Lutter/Kremer* ZGR 1992, 86 (95); *Vollmer/Maurer* BB 1993, 591; krit. *Hoffmann/Kirchhoff* WPg 1991, 592 (594) und *Jaeger* ZIP 1994, 1759 f.: „Besonderes Fachgebiet" habe nur Beispielcharakter; abl. *Müller* NZG 2002, 797 (798), wegen Berufung von Personen mit Spezialkenntnissen zur Beratung.

[86] BGH ZIP 2007, 1056 (1059); BGHZ 126, 340 (345) = ZIP 1994, 1216 (1217).

[87] BGHZ 114, 127 (132) = NJW 1991, 1830; BGHZ 126, 340 (344) = NJW 1994, 2484; KG 1997, 42 (43); OLG Köln AG 1995, 90 (91); LG Stuttgart ZIP 1998, 1275 (1277 f.); *Boujong* AG 1995, 203 (204); *Deckert* AG 1997, 109 (112); *Lutter/Kremer* ZGR 1992, 86 (95); Großkomm AktG/*Hopt/Roth* Rn. 18; weitergehend *K. Berger,* Die Kosten der Aufsichtsratstätigkeit in der Aktiengesellschaft, 2000, 92 ff.: Werkverträge grundsätzlich außerhalb der organschaftlichen Beratungspflicht, die nur Stellungnahme und Diskussion umfasse, nicht hingegen die Erarbeitung konkreter Lösungsvorschläge im Sinne einer umfassenden Unternehmensberatung.

[88] *E. Vetter* ZIP 2008, 1 (7); zuvor: *Boujong* AG 1995, 203 (204); *Deckert* AG 1997, 109 (112); *Jaeger* ZIP 1994, 1759 f.; *Müller* NZG 2002, 797 (798); Großkomm AktG/*Hopt/Roth* Rn. 19 f.; K. Schmidt/Lutter/*Drygala* Rn. 9, je mwN.

[89] OLG Köln AG 1995, 90 (91).

[90] LG Stuttgart ZIP 1998, 1275 (1278 f.); *Krummel/Küttner* DB 1996, 193 (198): Großkomm AktG/*Hopt/Roth* Rn. 21.

[91] BGHZ 114, 127 (131); Großkomm AktG/*Hopt/Roth* Rn. 16; MüKoAktG/*Habersack* Rn. 22.

[92] Großkomm AktG/*Hopt/Roth* Rn. 28; *Rodewig* in Semler/v. Schenck AR-HdB § 8 Rn. 169.

[93] OLG Nürnberg AG 2018, 166 (169 f.); KG AG 1997, 42 (43); OLG Köln AG 1995, 90 (91); OLG Naumburg OLGR 2002, 29; *Krummel/Küttner* DB 1996, 193 (199); *Wissmann/Ost* BB 1998, 1957 (1958); MüKoAktG/*Habersack* Rn. 30.

glied nicht stimmberechtigt ist.⁹⁴ Zwar soll nach der Gegenauffassung der Aktionär stimmberechtigt sein,⁹⁵ da das AktG ein **Stimmverbot** selbst bei einem Vertragsschluss zwischen der Gesellschaft und einem Aktionär mit erforderlicher Zustimmung der Hauptversammlung wie bei §§ 179a, 293 nicht vorsehe, was auf den Aufsichtsrat übertragen werden könne.⁹⁶ Dagegen spricht jedoch, dass der Beschluss über Rechtsgeschäfte zwischen der Gesellschaft und einem Aufsichtsratsmitglied den klassischen Fall der Interessenkollision betrifft, dem § 34 BGB für körperschaftliche rechtsgeschäftliche Akte Rechnung trägt und demgemäß einen Stimmrechtsausschluss begründet.⁹⁷

22 Erforderlich ist, dass der Aufsichtsrat (oder der Ausschuss) den **wesentlichen Vertragsinhalt** kennt, insbesondere den Vertragsgegenstand,⁹⁸ um durch Abgrenzung ohnehin bestehender Organpflichten (§ 113) von beratender Nebentätigkeit (§ 114) beurteilen zu können, ob der Vertrag überhaupt genehmigungsfähig ist.⁹⁹ Unklare Formulierungen, die die Einordnung des Vertragsinhalts sowohl unter § 113 als auch unter § 114 ermöglichen, führen zur Anwendung des § 113. Um dessen Umgehung zu verhindern, ist der Vertrag bei zweifelhafter Einordnung gem. § 134 BGB iVm § 113 nichtig.¹⁰⁰ Ob ein derart ungenau formulierter Vertrag nachträglich konkretisiert und dann durch den Aufsichtsrat genehmigt werden kann, hat die Rechtsprechung wiederholt offen gelassen.¹⁰¹ Letztlich stellt sich bei nachträglicher Konkretisierung die gleiche Problematik wie bei von Anfang an genau bezeichneten Verträgen, denen lediglich die Zustimmung des Aufsichtsrats fehlt: Wegen der missachteten Präventivfunktion des § 114 sollte ein solches Vorgehen nicht zulässig sein (s Rn. 24), andernfalls würde eine Art Blankett-Zustimmungsbeschluss erteilt werden.¹⁰² Gleiches gilt für sog. **Rahmenverträge.**¹⁰³ Lediglich die Hauptversammlung kann den Vertrag nachträglich durch ihre Zustimmung heilen, da damit dem Zweck der Verhinderung einer Umgehung des § 113 Rechnung getragen würde.¹⁰⁴ Damit der Beratungsvertrag wirksam zustande kommt, muss der **jeweilige Beratungsgegenstand möglichst genau bezeichnet** und auf einen engen unternehmerischen Bereich beschränkt werden.¹⁰⁵ Ein **Rahmen-Beratungsvertrag** „für sämtliche Angelegenheiten der Gesellschaft" ist **nicht genehmigungsfähig,**¹⁰⁶ ebenso wenig ein Vertrag, der nur beispielhaft Beratungs-

---

⁹⁴ BGH NJW-RR 2007, 1483 (1485) = ZIP 2007, 1056 (1058); *Lutter/Krieger/Verse* Rechte und Pflichten des Aufsichtsrats Rn. 864; Kölner Komm AktG/*Mertens/Cahn* Rn. 26; Großkomm AktG/*Hopt/Roth* Rn. 47; MüKoAktG/*Habersack* Rn. 30; Bürgers/Körber/*Israel* Rn. 7; *E. Vetter* in Marsch-Barner/Schäfer Börsennotierte AG-HdB Rn. 30.14; aA *Marsch-Barner* in Semler/v. Schenck AR-HdB § 13 Rn. 113; *Behr* AG 1984, 281 (285).
⁹⁵ *Marsch-Barner* in Semler/v. Schenck AR-HdB § 13 Rn. 113; *Behr* AG 1984, 281 (285).
⁹⁶ *Marsch-Barner* in Semler/v. Schenck AR-HdB § 13 Rn. 113.
⁹⁷ S. BGH NJW-RR 2007, 1483 (1485) = ZIP 2007, 1056 (1058) und ausführlich → § 108 Rn. 26 f.; *Fischer* BB 2015, 1411 (1413).
⁹⁸ BGH WM 2006, 1581 (1584) (mit zust. Anm. *Spindler/Kaulich* WuB II A. § 114 AktG 2.06); BGHZ 126, 340 (344 f.) = NJW 1994, 2484; KG AG 1997, 42 (43); OLG Frankfurt a. M. ZIP 2005, 2322 = WM 2006, 327; OLG Köln AG 1995, 90 (91); OLG Naumburg OLGR 2002, 29; LG Stuttgart ZIP 1998, 1275 (1278 ff.): unzureichend sei ein Rahmenvertrag zur Beratung bei Rechtsfragen und gerichtlichen Vertretungen; MüKoAktG/*Habersack* Rn. 25, 30; MHdB AG/*Hoffmann-Becking* § 33 Rn. 54; K. Schmidt/Lutter/*Drygala* Rn. 22; Großkomm AktG/*Hopt/Roth* Rn. 52; Krummel/Küttner DB 1996, 193 (199); Wissmann/Ost BB 1998, 1957 (1958); *Lutter/Kremer* ZGR 1992, 87 (95 f.); *Lutter/Krieger/Verse* Rechte und Pflichten des Aufsichtsrats Rn. 862; *Mertens* FS Steindorff, 1990, 173 (175, 179); Rellermeyer ZGR 1993, 77 (89 f.); *Rodewig* in Semler/v. Schenck AR-HdB § 8 Rn. 143; *E. Vetter* in Marsch-Barner/Schäfer Börsennotierte AG-HdB Rn. 30.14; aA *Müller* NZG 2002, 797 (800): Bedarf für Rahmenverträge.
⁹⁹ BGH WM 2006, 1581 (1584) (mit zust. Anm. *Spindler/Kaulich* WuB II A. § 114 AktG 2.06); BGHZ 126, 340 (344 f.) = NJW 1994, 2484; OLG Frankfurt a. M. ZIP 2005, 2322 = WM 2006, 327; KG AG 1997, 42 (43); LG Stuttgart ZIP 1998, 1275 (1278); Bürgers/Körber/*Israel* Rn. 8; *Berger* S. 96; *Lutter/Kremer* ZGR 1992, 87 (95 f.); Wissmann/Ost BB 1998, 1957 (1958).
¹⁰⁰ BGH NJW-RR 2007, 1483 (1485) = ZIP 2007, 1056 (1059); BGH NJW 2007, 298 (299) = DStR 2007, 122 mit Anm. *Goette*; BGH WM 2006, 1581 (1584) (mit zust. Anm. *Spindler/Kaulich* WuB II A. § 114 AktG 2.06); BGHZ 126, 340 (344 f.) = NJW 1994, 2484; OLG Frankfurt a. M. ZIP 2005, 2322 = WM 2006, 327; *K. Berger,* Die Kosten der Aufsichtsratstätigkeit in der Aktiengesellschaft, 2000, 96.
¹⁰¹ BGH NJW 2007, 298 (299 f.) = DStR 2007, 122; BGH NJW 2012, 3235 (3236) = DStR 2012, 1973.
¹⁰² *Spindler* NZG 2012, 1161 (1163 f.); wie hier OLG Frankfurt a. M. AG 2005, 925 (926 f.); MüKoAktG/*Habersack* Rn. 25; aA Hüffer/Koch/*Koch* Rn. 7 mwN.
¹⁰³ OLG Nürnberg AG 2018, 166 (170).
¹⁰⁴ *Bosse* NZG 2007, 171 (174); darauf deutet auch BGH NJW 2007, 298 (299) = DStR 2007, 122 mit Anm. *Goette* hin; *Fischer* BB 2015, 1411 (1413).
¹⁰⁵ BGH NJW 2007, 298 Rn. 13 f. = DStR 2007, 122 mit Anm. *Goette*; *K. Berger,* Die Kosten der Aufsichtsratstätigkeit in der Aktiengesellschaft, 2000, 96 f.; Großkomm AktG/*Hopt/Roth* Rn. 22, 52 f.; *E. Vetter* ZIP 2008, 1 (7 f.); *Bosse* NZG 2007, 172 (173).
¹⁰⁶ BGH NJW-RR 2007, 1483 (1485) = ZIP 2007, 1056 (1059); OLG Köln NZG 2013, 548 (550): Eine Rahmenvereinbarung über Aufgaben einer „ausgelagerten (Konzern-) Rechtsabteilung" ist zu unbestimmt. S. ferner BGHZ 194, 14 (17) = NJW 2012, 3235, wo ausdrücklich offengelassen wird, ob es möglich ist, quasi in einem Rahmenbeschluss die Obergrenze für Mandate an bestimmte Aufsichtsratsmitglieder oder deren Sozietäten

gegenstände aufzählt.[107] Stets anzugeben ist zudem die **konkrete Vergütungshöhe**,[108] wobei eine Bezugnahme auf eine „ortsübliche Provision"[109] oder eine übliche Vergütung nicht genügt,[110] wohl aber auf eine allgemein bekannte Gebührenordnung.[111] Die Angabe von Tagessätzen genügt nicht, wenn es dem Aufsichtsratsmitglied weitgehend überlassen bleibt, deren Anzahl je nach – zuvor kaum einschätzbarem – Aufwand anzusetzen.[112] Gleiches gilt für die bloße Angabe eines Budgets.[113] Vorstand und vertragsschließendes Aufsichtsratsmitglied müssen die Zustimmung einholen; ein Anspruch des Aufsichtsratsmitglieds bei verweigerter Zustimmung aus § 280 Abs. 2, § 311 Abs. 2 BGB scheitert an dem Zweck des § 114, jegliche Beeinflussungen des Aufsichtsratsmitglieds und auch des Aufsichtsrats zu vermeiden.[114]

Eine **besondere Form** schreibt das Gesetz grundsätzlich nicht vor. Damit indes der Aufsichtsrat 23 den Inhalt des Vertrages zur Kenntnis nehmen und darüber befinden kann, wird der Vertrag regelmäßig schriftlich oder in **Textform** vorliegen und dokumentiert sein müssen; nur in Ausnahmefällen wird eine mündliche Darlegung ausreichend sein.[115]

Nach bislang verbreiteter Auffassung kann der Aufsichtsrat auch **nach dem eigentlichen Vertrags-** 24 **abschluss** noch durch Beschluss nach § 108 I AktG zustimmen,[116] im Voraus hingegen nur bei Kenntnis des späteren Vertragsinhalts. Demnach soll die Zustimmung sowohl als Einwilligung als auch als **Genehmigung** erteilt werden können,[117] mit der Folge, dass die Genehmigung rückwirkend die Vergütungen legitimiert. Zur Begründung wird darauf verwiesen, dass das Gesetz den Begriff Zustimmung verwende, der nach §§ 182 ff. BGB sowohl die Einwilligung als auch die Genehmigung umfasst, zumal § 89 und § 115 AktG anders als § 114 AktG ausdrücklich eine vorherige Einwilligung erfordern:[118] Doch steht dem der Sinn und Zweck des § 114 Abs. 1 AktG, eine Kontrollmöglichkeit für den Gesamtaufsichtsrat der möglichen Interessenkollisionen **ex ante** zu ermöglichen, entgegen. Zumal ansonsten selbst nach langjähriger Zeit erfolgte Beratungsleistungen und Vergütungen noch rückwirkend genehmigt werden könnten, obwohl ständig eine Interessenkollision vorlag.[119] Auch der BGH betont den auf Vorabkontrolle bezogenen Schutzzweck des § 114 AktG. Allerdings schlägt er einen Mittelweg ein, indem er zwar nach wie vor die nachträgliche Genehmigung auch nach Zahlung der Vergütung für möglich hält,[120]

---

festzulegen und die Verträge erst am Ende des Jahres zur nachträglichen Genehmigung dem Aufsichtsrat vorzulegen; s. dazu *Ihrig* ZGR 2013, 418 (431 f.); krit. *Ruoff* BB 2013, 899 (901 ff.); anders *Königshausen* GWR 2015, 111 (112), der in der offenen Formulierung des BGH bei der Fresenius-Entscheidung eine Absage an die o.g. Praxis sieht.

[107] BGH NJW 2007, 298 (299).
[108] Vgl. *Marsch-Barner* in Semler/v. Schenck AR-HdB § 13 Rn. 113; *Behr* AG 1984, 281 (285); *E. Vetter* ZIP 2008, 1 (8); aA *Müller* NZG 2002, 797 (801): Rahmenverträge zulässig.
[109] OLG Nürnberg AG 2018, 166 (170).
[110] OLG Nürnberg AG 2018, 166 (170); LG Stuttgart ZIP 1998, 1275 (1279): „übliche Stundensätze" im Beratungsvertrag eines Rechtsanwalts, ohne ersichtliche konkrete Höhe; zust. *Wissmann/Ost* BB 1998, 1957 (1958); *Bosse* NZG 2007, 172 (173); aA *Müller* NZG 2002, 797 (801): bloßer Formalismus; ebenso *Happ* FS Priester, 2007, 175 (186 f.); Großkomm AktG/*Hopt/Roth* Rn. 52.
[111] MHdB AG/*Hoffmann-Becking* § 33 Rn. 54; *Krummel/Küttner* DB 1996, 193 (199); *Lutter/Krieger/Verse* Rechte und Pflichten des Aufsichtsrats Rn. 862; *Müller* NZG 2002, 797, (801); Großkomm AktG/*Hopt/Roth* Rn. 52; Hüffer/Koch/*Koch* Rn. 8; Kölner Komm AktG/*Mertens/Cahn* Rn. 26; MüKoAktG/*Habersack* Rn. 25a verlangt eine amtliche Gebührenordnung; so auch Hölters/*Hambloch-Gesinn/Gesinn* Rn. 6; offen LG Stuttgart ZIP 1998, 1275 (1279); aA *Rellermeyer* ZGR 1993, 77 (90 f.): Rahmenverträge zulässig, wenn der Umfang der Beauftragung noch nicht feststehe und Informationen unverzüglich nachgereicht würden.
[112] *Rodewig* in Semler/v. Schenck AR-HdB § 8 Rn. 156; MüKoAktG/*Habersack* Rn. 25a.
[113] OLG Nürnberg AG 2018, 166 (170).
[114] *Schlaus* AG 1968, 376 (377); Hüffer/Koch/*Koch* Rn. 8; Kölner Komm AktG/*Mertens/Cahn* Rn. 34; MüKoAktG/*Habersack* Rn. 29; Bürgers/Körber/*Israel* Rn. 8.
[115] OLG Nürnberg AG 2018, 166 (170); *E. Vetter* AG 2006, 173 (179); *Lorenz/Pospiech* NZG 2011, 81 (84 f.); strenger MüKoAktG/Habersack Rn. 25: stets Schriftlichkeit oder Textform; *Fuhrmann* NZG 2017, 291 (296).
[116] MüKoAktG/*Habersack* Rn. 27; Großkomm AktG/*Hopt/Roth* Rn. 47; Hüffer/Koch/*Koch* Rn. 8 f.; Kölner Komm AktG/*Mertens/Cahn* Rn. 25.
[117] BGHZ 194, 14 (20) = NJW 2012, 3235 (3236); *Hoffmann/Kirchhoff* WPg 1991, 592 (598); *Krummel/Küttner* DB 1996, 193 (200); *Lutter/Krieger/Verse* Rechte und Pflichten des Aufsichtsrats Rn. 863; *Schlaus* AG 1968, 376 (377); Großkomm AktG/*Hopt/Roth* Rn. 47; Hüffer/Koch/*Koch* Rn. 9; K. Schmidt/Lutter/*Drygala* Rn. 21; *Drygala*ZIP 2011, 427 (428 f.); *Habersack* NJW 2011, 1234; *Becker* Der Konzern 2011, 233 (234 f.); *Pietzke* BB 2012, 658 (660 ff.).
[118] *Happ* FS Priester, 2007, 175 (190); *Drygala* ZIP 2011, 427 (428 f.); *Habersack* NJW 2011, 1234; *Pietzke* BB 2012, 658 (660 ff.); *Cahn* Der Konzern 2012, 501 (506 f.).
[119] OLG Frankfurt a. M. NJW 2011, 1231 (1232 f.); zust. *Spindler* NZG 2011, 334 (336 f.); Bedenken gegen die hM bereits angedeutet in OLG Frankfurt a. M. ZIP 2005, 2322 = WM 2006, 327; *Leuering/Simon* NJW-Spezial 2006, 171 (172); auf die langjährige Genehmigungsmöglichkeit geht die gegenteilige Meinung nicht ein, s. etwa *Cahn* Der Konzern 2012, 501 (506 f.).
[120] BGHZ 194, 14 (20) = NJW 2012, 3235 (3236).

jedoch die Pflichtwidrigkeit einer solchen Zahlung durch den Vorstand weiterhin fortbestehen lässt.[121] Selbst wenn der Aufsichtsrat den Vertrag nachträglich genehmigt, ändert sich demnach nichts an der Rechtswidrigkeit der Vergütungszahlung – das Verdikt der Rechtswidrigkeit bezieht sich folglich nicht auf den fehlenden Rechtsgrund für die Zahlung, denn dieser ist rückwirkend durch die Genehmigung entstanden; die Rechtswidrigkeit liegt vielmehr in der Untersagung, auf das Aufsichtsratsmitglied durch Zahlungen Einfluss zu nehmen, ohne dass vorher eine präventive Kontrolle stattfand.[122] Zwar wird der primär präventiven Kontrollfunktion des § 114 AktG entgegengehalten, dass bei allgemein gehaltenen Beratungen oft bei Vertragsschluss noch nicht vorhersehbar sei, was zu den Überwachungs- und Beratungsaufgaben des Aufsichtsrats selbst und was zu darüber hinausgehenden, der Zustimmung nach § 114 AktG unterliegenden Beratungen gehöre, so dass in der Praxis nur nachträgliche Genehmigungen möglich seien, wenn überhaupt noch Anwälte oder Wirtschaftsprüfer dem Aufsichtsrat mit ihrer Sachkompetenz dienen sollten.[123] Dem kann jedoch in der Praxis durchaus Rechnung getragen werden, indem notfalls über einen **Ausschuss** (§ 107 Abs. 3 S. 3)[124] oder den **Aufsichtsrats- oder Ausschussvorsitzenden** oder auch ein anderes (dazu bestimmtes) Aufsichtsratsmitglied[125] die Zustimmung eingeholt werden kann, so dass selbst bei dringlichen Mandaten das Zustimmungserfordernis vorab gewährleistet wäre.[126] Gleiches gilt für die oftmals vorgebrachte Möglichkeit der nachträglichen Konkretisierung: Zwar ist nicht zu leugnen, dass in der Praxis ein Bedürfnis danach besteht, erst bei konkreten Sachverhalten die Beratungsleistung zu konkretisieren;[127] doch kann diesem Bedürfnis durch entsprechende verfahrenstechnische Regelungen auch in Eilfällen, etwa durch den Aufsichtsratsvorsitzenden, Rechnung getragen werden.

25 Verweigert der Aufsichtsrat die Zustimmung, kann diese auch nicht durch die **Hauptversammlung** ersetzt werden, die de lege lata keine entsprechende Zuständigkeit besitzt.[128] Die Entlastung des Aufsichtsrats durch die Hauptversammlung heilt den Mangel des fehlenden Aufsichtsratsbeschlusses ebenfalls nicht.[129]

26 Die Zustimmung steht im **pflichtgemäßen Ermessen** des Aufsichtsrats und bedarf nicht der Angabe eines wichtigen Grundes zur Ablehnung;[130] die business judgement rule findet Anwendung (→ § 116 Rn. 43).[131] Bei möglicher, aber fehlender Zustimmung des Aufsichtsrats ist der **Vertrag** schwebend, im Falle der Verweigerung der Zustimmung endgültig **unwirksam**.[132] Ebenso ist ein nicht den Konkretisierungsanforderungen genügender Vertrag schwebend unwirksam, bis der Aufsichtsrat nochmals einer konkretisierten Fassung zustimmt.[133] Soll das Aufsichtsratsmitglied nicht

---

[121] Krit. *Graewe/Dethleff* ZJS 2014, 135 (142).
[122] BGHZ 194, 14 (20 f.) = NJW 2012, 3235 (3236); *Spindler* NZG 2011, 334 (336 f.); *Spindler* NZG 2012, 1161 (1162 f.); aA *Drygala* ZIP 2011, 427 ff.; *Becker* Der Konzern 2011, 233 (234 f.); *Habersack* NJW 2011, 1234; s. auch *Pietzke* BB 2012, 658 (660 ff.).
[123] So *Drygala* ZIP 2011, 427 (428); *Pietzke* BB 2012, 658 (662 f.); ähnlich *Cahn* Der Konzern 2012, 501 (506 f.).
[124] *Krummel/Küttner* DB 1995, 193 (199); *Schlaus* AG 1968, 376 (377); MHdB AG/*Hoffmann-Becking* § 33 Rn. 55; MüKoAktG/*Habersack* Rn. 30; Großkomm AktG/*Hopt/Roth* Rn. 48; NK-AktR/*Breuer/Fraune* Rn. 8a; *Rodewig* in Semler/v. Schenck AR-HdB § 8 Rn. 153; Hüffer/Koch/*Koch* Rn. 9.
[125] MüKoAktG/*Habersack* Rn. 30.
[126] So zu Recht BGH NZG 2007, 516 (517); zust. *Spindler* NZG 2011, 334 (336 f.); *Spindler* NZG 2012, 1161 (1163); zweifelnd *Pietzke* BB 2012, 658 (662).
[127] So *Wissmann/Ost* BB 1998, 1957 (1958); *Müller*, NZG 2002, 797 (801); *Lutter/Drygala* FS Ulmer, 2003, 381 (395 f.); *Lorenz/Pospiech* NZG 2011, 81 (85); einschränkend E. *Vetter* AG 2006, 173 (178): Spätestens in der nächsten Aufsichtsratssitzung; offen gelassen von BGHZ 170, 60 Rn. 15, ebenso offen OLG Köln NZG 2013, 548 (550).
[128] OLG Köln AG 1995, 90 (92); OLG Nürnberg AG 2018, 166 (169); *Krummel/Küttner* DB 1996, 193 (200); Großkomm AktG/*Hopt/Roth* Rn. 54; Kölner Komm AktG/*Mertens/Cahn* Rn. 26; MüKoAktG/*Habersack* Rn. 28, 30; offen lassend BGHZ 114, 135 = NJW 1991, 1830.
[129] OLG Köln AG 1995, 90 (92).
[130] MüKoAktG/*Habersack* Rn. 29; Großkomm AktG/*Hopt/Roth* Rn. 49; Hölters/*Hambloch-Gesinn/Gesinn* Rn. 4.
[131] *Rahlmeyer/Gömöry* NZG 2014, 616 (619).
[132] BegrAusschuss *Kropff* S. 158; *Lutter/Kremer* ZGR 1992, 87 (92); *Lutter/Krieger/Verse* Rechte und Pflichten des Aufsichtsrats Rn. 861; *Schlaus* AG 1968, 376 (377); Großkomm AktG/*Hopt/Roth* Rn. 47; MüKoAktG/*Habersack* Rn. 27; aA *Vollmer/Maurer* BB 1993, 591 (594): Vertragsaufhebungsanspruch der AG gegen das betreffende Aufsichtsratsmitglied; *Königshausen* GWR 2015, 111 (113 f.) schlägt daher die Reihenfolge „Abschluss Beratungsvertrag mit Vorstand, Genehmigung durch Aufsichtsrat, Erbringung der Beratungsleistung" vor.
[133] *Lutter/Krieger/Verse* Rechte und Pflichten des Aufsichtsrats Rn. 862; *Wissmann/Ost* BB 1998, 1957 (1958); *Bosse* NZG 2007, 172 (174 f.); E. *Vetter* AG 2006, 178; E. *Vetter* ZIP 2008, 1 (8); *Lutter/Drygala* FS Ulmer, 2003, 381 (395 f.); offen gelassen von BGHZ 194, 14 (20) = NJW 2012, 3235 (3236); BGHZ 170, 60 (63); NJW 2007, 298 (299 f.) = DStR 2007, 122 mit Anm. *Goette*; aA OLG Frankfurt a. M. NZG 2006, 29 (30); allg. *Königshausen* GWR 2015, 111 (114).

wirklich beratend tätig werden, ist der Vertrag als Scheingeschäft gem. § 117 Abs. 1 BGB nichtig.[134] Bei Verträgen, die mehrere Beratungsfelder zum Gegenstand haben, von denen nur einige nicht unter § 114 fallen, die anderen aber genehmigungsfähig sind, kommt – unter Berücksichtigung der im Zweifel geltenden Auslegungsregel des § 139 BGB – eine **Teilunwirksamkeit** bezüglich der unzulässigen Beratungsfelder in Betracht.[135]

V. Rückgewähr (§ 114 Abs. 2)

Ist der Vertrag mangels Zustimmung unwirksam, begründet § 114 Abs. 2 S. 1 einen besonderen **aktienrechtlichen Rückgewähranspruch** zugunsten der AG, ohne dass es auf bereicherungsrechtliche Grundsätze ankäme; insbesondere die §§ 814, 818 BGB sind nicht anwendbar.[136] Die unrechtmäßig gewährte Vergütung ist sofort zurückzuzahlen;[137] unrechtmäßig überlassene Gegenstände sind zurückzugeben.[138] Der Anspruch entfällt nur bei (nachträglicher) Genehmigung des Vertrages durch den Aufsichtsrat, wofür das Aufsichtsratsmitglied beweispflichtig ist („es sei denn"). Zudem kann ein entsprechender Ersatzanspruch aus § 116 iVm § 93 Abs. 3 Nr. 7 bestehen.[139] Die Ansprüche der AG sind nur unter sehr engen Voraussetzungen ausgeschlossen, wenn das Scheitern des Beratungsvertrages für das Aufsichtsratsmitglied zu einem schlechthin untragbaren Ergebnis führt, etwa, wenn es sich in seiner ganzen beruflichen Existenz auf den Bestand des Vertrages eingerichtet und infolgedessen anderweitige Möglichkeiten der beruflichen Existenzsicherung unwiederbringlich verloren hat.[140] Hat die AG einen nicht vom Aufsichtsrat genehmigten Vertrag mit einer Gesellschaft geschlossen, deren Organmitglied oder maßgeblicher Gesellschafter das Aufsichtsratsmitglied ist, sind sowohl das Aufsichtsratsmitglied als auch die Gesellschaft zur Rückgewähr der empfangenen Vergütung verpflichtet.[141]

Den Anspruch muss die AG geltend machen, mithin der **Vorstand.** Unterlässt der Vorstand die Geltendmachung, ist er selbst neben dem Aufsichtsratsmitglied nach § 93 schadensersatzpflichtig.[142] Der Anspruch **verjährt** nach Auffassung der Rechtsprechung nach §§ 195 ff. BGB;[143] dies erscheint allerdings kaum sachgerecht, da zum einen die neue Regelverjährung wesentlich kürzer ausfällt, zum anderen es sich um spezifisch gesellschaftsrechtliche Ansprüche gegen Organmitglieder handelt, für die § 93 Abs. 6 AktG wegen der Besonderheiten (Amtszeit, Kenntnis der anspruchsbegründenden Tatsachen) eine Sonderverjährung vorsieht.[144]

Das Aufsichtsratsmitglied, das bereits geleistet hat, kann nach **allgemeinen Grundsätzen, insbesondere §§ 812 ff. BGB,** Wertersatz beanspruchen. Da § 114 Abs. 2 S. 2 aber nur pauschal verweist bzw. eine Rechtsgrundverweisung enthält, ist auch § 814 BGB anwendbar; in der Regel wird das Aufsichtsratsmitglied positive Kenntnis von der Unwirksamkeit des Beratungsvertrages im Falle der fehlenden Zustimmung des Aufsichtsrats haben.[145] Mangels Verpflichtung des Aufsichtsrats zur

---

[134] *K. Berger,* Die Kosten der Aufsichtsratstätigkeit in der Aktiengesellschaft, 2000, 90; *Lutter/Kremer* ZGR 1992, 87 (98).
[135] *Beater* ZHR 157 (1993), 420 (434); *Berger,* Die Kosten der Aufsichtsratstätigkeit in der Aktiengesellschaft, 2000, 95 f.; *Lutter/Kremer* ZGR 1992, 87 (96); *Wissmann/Ost* BB 1998, 1957 (1958); *Benecke* WM 2007, 717 (720); MHdB AG/*Hoffmann-Becking* § 33 Rn. 48; Großkomm AktG/*Hopt/Roth* Rn. 22; *Happ* FS Priester, 2007, 175 (196 f.); *Lorenz/Pospiech* NZG 2011, 81 (86).
[136] OLG Köln AG 1995, 90 (92); *Krummel/Küttner* DB 1996, 193 (200); Großkomm AktG/*Hopt/Roth* Rn. 56; Hüffer/Koch/*Koch* Rn. 10; MüKoAktG/*Habersack* Rn. 32; Bürgers/Körber/*Israel* Rn. 9; *K. Schmidt*/Lutter/*Drygala* Rn. 25; NK-AktR/*Breuer/Fraune* Rn. 9; *Fischer* BB 2015, 1411 (1415).
[137] BegrAusschuss *Kropff* S. 159; *Rodewig* in Semler/v. Schenck AR-HdB § 8 Rn. 158; Großkomm AktG/ *Hopt/Roth* Rn. 56; MüKoAktG/*Habersack* Rn. 34; *Wachter/Schick* Rn. 10.
[138] Großkomm AktG/*Hopt/Roth* Rn. 56; Kölner Komm AktG/*Mertens/Cahn* Rn. 32; MüKoAktG/*Habersack* Rn. 34.
[139] OLG Nürnberg AG 2018, 166 (171); OLG Köln AG 1995, 90 (92); LG Köln ZIP 2002, 1296 (1298); MüKoAktG/*Habersack* Rn. 32.
[140] OLG Köln AG 1995, 90 (92).
[141] BGH WM 2006, 1581 (1585) (mit zust. Anm. *Spindler/Kaulich* WuB II A § 114 AktG 2.06); für die beratende Gesellschaft BGH NJW 2007, 298 = DStR 2007, 122 mit Anm. *Goette*; KG AG 1997, 42 (45); *Lutter* FS Westermann, 2008, 1171 (1187); *Benecke* WM 2007, 717 (721): Gesamtschuldnerisch; krit. bei geringer Beteiligung an der Gesellschaft *v. Schenck* DStR 2007, 395 (399), wegen Diskrepanzen zwischen sehr hohen Rückzahlungsforderung und internen Ausgleichsanspruch.
[142] KG AG 1997, 42 (45); *Lutter* FS Westermann, 2008, 1171 (1188); *Krummel/Küttner* DB 1996, 193 (200); Großkomm AktG/*Hopt/Roth* Rn. 56; MüKoAktG/*Habersack* Rn. 33.
[143] BGHZ 168, 188 (200) = ZIP 2006, 1529 (1534) – IFA.
[144] Überzeugend *Lutter* FS Westermann, 2008, 1171 (1188 f.).
[145] BegrAusschuss *Kropff* S. 159; zust. Hüffer/Koch/*Koch* Rn. 11; *Krummel/Küttner* DB 1996, 193 (200); Kölner Komm AktG/*Mertens/Cahn* Rn. 32; *Kanzler* AG 2013, 554 (558); aA *Happ* FS Priester, 2007, 175 (198): Keine Anwendung von § 814; ebenso Großkomm AktG/*Hopt/Roth* Rn. 60 f.: das Aufsichtsratsmitglied erbringe Leistung gerade in der Hoffnung, dass Vertrag genehmigt werde; so auch MüKoAktG/*Habersack* Rn. 35.

Zustimmungserteilung entfällt zwar die positive Rechtsfolgenkenntnis iSd § 814 BGB nicht, wenn das Aufsichtsratsmitglied die Beratung in Erwartung der Zustimmung erbringt.[146] Da aber das Aufsichtsratsmitglied in der Praxis regelmäßig zuerst die Beratungsleistung in der Erwartung der nachträglichen Genehmigung erbringt, sprechen sich viele für eine teleologische Reduktion aus.[147] Teilweise wird für diese Konstellation auch auf § 812 Abs. 1 S. 2 Alt. 2 BGB (Zweckfortfall) abgestellt, bei dem § 814 BGB nicht anwendbar ist.[148] Zwar entspricht die genannte Konstellation nicht der typischen Fallgestaltung des § 812 Abs. 1 S. 2 Alt. 2, § 814 BGB, bei der der Leistende weiß, dass er (niemals) leisten muss. Jedoch wäre für die Anwendung von § 812 Abs. 1 S. 2 Alt. 2 BGB eine besondere Zweckvereinbarung zwischen Aufsichtsratsmitglied und der Gesellschaft notwendig[149] und zudem ist zweifelhaft, ob der vereinbarte Zweck („eine genehmigte Beratungsleistung") einen über die Leistung als solche hinausgehenden Erfolg darstellt.[150] Vorzugswürdig ist daher die teleologische Reduktion von § 814 BGB für die Fälle der berechtigten Erwartung einer Genehmigung. Im Falle von Dienstleistungen kann nur dann ein Wertersatz beansprucht werden, wenn die AG ansonsten eine andere Person beauftragt hätte.[151] Ein Bereicherungsanspruch entfällt von vornherein, wenn es sich um Tätigkeiten innerhalb der Organpflichten handelt, da das Aufsichtsratsmitglied hierzu von vornherein ohne gesonderte Vergütung verpflichtet war. Der Anspruch ist beschränkt auf die noch bei der Gesellschaft vorhandene Bereicherung.[152] Selbst, wenn das Aufsichtsratsmitglied aber einen Rückgewähranspruch hat, kann es diesen nach § 114 Abs. 2 S. 2 HS 2 nicht gegen den Anspruch der Gesellschaft aufrechnen, sondern nur selbständig geltend machen, zB in einer **Widerklage**.[153] Dementsprechend werden die wechselseitigen Ansprüche auch **nicht saldiert**.[154] Das Aufrechnungs- und Saldierungsverbot bleibt selbst im Fall der Insolvenz der AG grundsätzlich bestehen.[155] Ebenso wenig kann ein Zurückbehaltungsrecht geltend gemacht werden.[156] Einen Anspruch aus § 280 Abs. 1, § 311 Abs. 2 BGB wegen schuldhaft verweigerter Zustimmung kann das Aufsichtsratsmitglied nicht geltend machen, da zum einen das Organ Aufsichtsrat nicht gegenüber dem Mitglied zur Zustimmungserteilung verpflichtet ist, zum anderen, da das Aufsichtsratsmitglied selbst – neben dem Vorstand – den Vertrag vorzulegen hat.[157]

30 Der aktienrechtliche Rückgewähranspruch aus § 114 Abs. 2 ist auch auf die Fallgestaltungen zu erstrecken, in denen der Beratungsvertrag wegen Verstoßes gegen **§ 113** nach § 134 BGB nichtig, also bereits nicht genehmigungsfähig ist; betrachtet man §§ 113, 114 als Elemente eines einheitlichen Schutzsystems, hat eine Gleichbehandlung auch auf Rechtsfolgenseite erst recht für den schwereren Verstoß der Nichtigkeit nach § 113 AktG iVm § 134 BGB zu gelten.[158]

VI. Publizität

31 Im Gegensatz zu der gem. § 113 gewährten organschaftlichen Vergütung (→ § 113 Rn. 65) besteht keine bilanzrechtliche Pflicht zur Angabe von Beraterhonoraren für Aufsichtsratsmitglieder im Anhang zum Jahresabschluss. So sieht auch das VorstOG,[159] das die individualisierte Offenlegung der Vorstandsgehälter in § 285 Abs. 1 Nr. 9a HGB regelt, von einer Offenlegungspflicht für Aufsichtsräte ab.[160] Ziff. 5.4.6 Abs. 3 S. 2 DCGK empfiehlt jedoch, die Vergütungen oder Vorteile für persön-

---

[146] Kölner Komm AktG/Mertens/Cahn Rn. 32; dies verkennt die Gegenmeinung, etwa Berger, Die Kosten der Aufsichtsratstätigkeit in der Aktiengesellschaft, 2000, 99; Schlaus AG 1968, 376 (377 f.); Großkomm AktG/Hopt/Roth Rn. 61; Happ FS Priester, 2007, 175 (198); Kanzler AG 2013, 554 (558).
[147] Hüffer/Koch/Koch Rn. 11; Kanzler AG 2013, 554 (558); Happ FS Priester, 2007, 175 (198); MüKoAktG/Habersack Rn. 35; Henssler/Strohn/Henssler Rn. 2.
[148] Fischer BB 2015, 1411 (1416); Knöringer AnwBl 2003, 266 (270); Schlaus AG 1968, 376 (377).
[149] Palandt/Sprau § 812 Rn. 30.
[150] Palandt/Sprau § 812 Rn. 29; zu einzelnen Fallgruppen Palandt/Sprau § 812 Rn. 32.
[151] BGH ZIP 2009, 1661 (1662); BGH NJW 2000, 1560 (1562).
[152] OLG Köln AG 1995, 90 (92).
[153] KG AG 1997, 42 (45); LG Stuttgart ZIP 1998, 1275 (1281 f.); Großkomm AktG/Hopt/Roth Rn. 59; MüKoAktG/Habersack Rn. 35.
[154] KG AG 1997, 42 (45); Fischer BB 2015, 1411 (1411).
[155] LG Stuttgart ZIP 1998, 1275 (1282).
[156] BGHZ 126, 340 (350) = NJW 1994, 2484; Großkomm AktG/Hopt/Roth Rn. 57.
[157] OLG Köln AG 1995, 90 (92); Krummel/Küttner DB 1996, 193 (200); Kölner Komm AktG/Mertens/Cahn Rn. 34; Großkomm AktG/Hopt/Roth Rn. 62; MüKoAktG/Habersack Rn. 36.
[158] BGH WM 2006, 1581 (1585) (mit zust. Anm. Spindler/Kaulich WuB II A. § 114 AktG 2.06); Lutter FS Westermann, 2008, 1171 (1186).
[159] Gesetz über die Offenlegung der Vorstandsvergütungen (Vorstandsvergütungs-Offenlegungsgesetz – VorstOG) v. 30.6.2005, dazu Spindler NZG 2005, 689 ff.; Fleischer DB 2005, 1611 ff.; Thüsing ZIP 2005, 1389 ff.
[160] S. auch Begr. Abgeordneten-Gesetzentwurf VorstOG, BT-Drs. 15/5577, 6 f. unter Hinweis auf die geringere Bedeutung der Aufsichtsratsvergütungen gegenüber den Vorstandsgehältern.

lich erbrachte Leistungen, insbesondere Beratungs- und Vermittlungsleistungen, im Anhang oder Lagebericht individualisiert anzugeben.[161] Durch den Wortlaut „vom Unternehmen gezahlte Vergütungen"[162] erstreckt Ziff. 5.4.6 Abs. 3 DCGK die Angabeempfehlung auf alle Einkünfte aus Beratungs- und Vermittlungsverträgen mit Konzernunternehmen, also auf Verträge sowohl mit unter- als auch mit übergeordneten Gesellschaften.[163] Um dem in Ziff. 5.4.6 Abs. 3 DCGK verankerten Transparenzerfordernis vollumfänglich Rechnung zu tragen, sollten zudem **Honorare an Beratungsgesellschaften,** an denen ein Aufsichtsratsmitglied beteiligt ist, angegeben werden.[164] Börsennotierte Gesellschaften müssen gem. § 161 erklären, ob sie sich dieser Empfehlung anschließen oder ihre Ablehnung begründen.

VII. Anwendung auf Abschlussprüfer?

Eine entsprechende Anwendung des § 114 auf Abschlussprüfer[165] findet im geltenden Recht weder eine Stütze im Wortlaut, der sich explizit auf Aufsichtsratsmitglieder beschränkt, noch in der Gesetzgebungsgeschichte, da in den jüngsten Novellierungen verschiedentlich auch Abschlussprüfer und deren potentielle Interessenkollisionen Gegenstand der Diskussion waren, ohne dass der Gesetzgeber § 114 auf Abschlussprüfer ausgedehnt hätte. So wurde im BilReG[166] bewusst davon abgesehen, die Zustimmung des Aufsichtsrats zu Beratungsverträgen von Abschlussprüfern anzuordnen:[167] Die neu gefassten § 319 Abs. 3 Nr. 3 HGB, § 319a Abs. 1 S. 1 Nr. 2 und 3 HGB enthalten konkrete – allerdings eng begrenzte – Ausschlussgründe für gleichzeitig beratende Abschlussprüfer. Der Gesetzgeber orientierte sich bei der Neufassung vor allem an europäischen Rechtsakten[168] und an der höchstrichterlichen nationalen Rechtsprechung.[169] Zudem verweist bereits die Begründung des Gesetzesentwurfs der Bundesregierung zum BilReG auf Ziff. 7.2.1 DCGK, die dem Aufsichtsrat empfiehlt, vor der Unterbreitung des Wahlvorschlags an die Hauptversammlung eine Erklärung der Abschlussprüfer über deren mögliche Beziehungen zu dem zu prüfenden Unternehmen und seinen Organmitgliedern einzuholen.[170] Schließlich wird die besondere Regelung der Zustimmungspflicht wegen der Möglichkeit für überflüssig gehalten, in die Satzung einen Zustimmungsvorbehalt des Aufsichtsrats für die Vergabe von Beratungsverträgen an Abschlussprüfer aufzunehmen (§ 111 Abs. 4).[171] Der DCGK verzichtet zwar weiterhin auf eine Empfehlung oder Anregung, in Anlehnung an den Rechtsgedanken des § 114 Abs. 1, Nichtprüfungsleistungen des Abschlussprüfers von der vorherigen Zustimmung des Aufsichtsrats abhängig zu machen.[172] Daher kann de lege lata nicht von einer planwidrigen Regelungslücke gesprochen werden.[173] Jedoch werden seit der die reformierte[174]

---

[161] Großkomm AktG/*Hopt/Roth* Rn. 71; KBLW/*Kremer* DCGK Rn. 1490: *Rodewig* in Semler/v. Schenck AR-HdB § 8 Rn. 122; *Peltzer* Deutsche Corporate Governance Rn. 313.

[162] Gem. der Präambel des DCGK wird der Begriff „Unternehmen" für Regelungen verwendet, die nicht nur die Gesellschaft selbst, sondern auch ihre Konzernunternehmen betreffen.

[163] KBLW/*Kremer* DCGK Rn. 1491; Großkomm AktG/*Hopt/Roth* Rn. 71; Hölters/*Hambloch-Gesinn/Gesinn* Rn. 7.

[164] E. *Vetter* ZIP 2008, 1 (10); *Peltzer* FS Priester, 2007, 573 (585); *Peltzer* ZIP 2007, 305 (306).

[165] So insbesondere de lege ferenda *Hellwig* ZIP 1999, 2117 (2125 ff.).

[166] § 319 HGB geändert und § 319a HGB neu eingeführt durch Art. 1 Nr. 23 und 24 des Gesetzes zur Einführung internationaler Rechnungslegungsstandards und zur Sicherung der Qualität der Abschlussprüfung v. 4.12.2004 (BGBl. 2004 I 3166).

[167] *Hülsmann* DStR 2005, 166 (172).

[168] Empfehlung der Kommission der Europäischen Gemeinschaften v. 16.5.2002 über die Unabhängigkeit des Abschlussprüfers in der EU (2002/590/EG; ABl. EU 2002 L 191, 22) und Vorschlag der Kommission für eine Richtlinie des Europäischen Parlaments und des Rates über die Prüfung des Jahresabschlusses und des konsolidierten Abschlusses und zur Änderung der Richtlinien 78/660/EWG und 83/349/EWG des Rates v. 16.3.2004 (KOM (2004) 177 endg.).

[169] BGHZ 135, 260 = NJW 1997, 2178 f. und BGH NJW 2003, 970 (972) zur Rechtslage vor Inkrafttreten des BilReG, wonach der Gesetzgeber bewusst auf eine obligatorische Trennung zwischen Beratung und Abschlussprüfung verzichtet habe.

[170] BT-Drs. 15/3419, 27.

[171] BT-Drs. 15/3419, 27.

[172] Noch zur alten Rechtslage, Ziff. 7.2.1 DCGK ist indes unverändert geblieben: RKLW/*Kremer*, 5. Aufl 2014, Rn. 1223; weitergehend *Peltzer* Deutsche Corporate Governance Rn. 362, der empfiehlt, der Aufsichtsrat solle jeden prüfungsfremden Auftrag an den Abschlussprüfer seiner Zustimmung vorbehalten (§ 111 Abs. 4 S. 2), um Herr der Erteilung des Prüfungsauftrags zu bleiben; weitergehend auch *Hülsmann* DStR 2005, 166 (172), wonach es Best Practice sei, dem Aufsichtsrat Beratungsverträge mit dem Abschlussprüfer vorab zur Zustimmung vorzulegen, so dass der Deutsche Corporate Governance Kodex entsprechend ergänzt werden solle.

[173] Ebenso MüKoAktG/*Habersack* Rn. 21; Großkomm AktG/*Hopt/Roth* Rn. 46.

[174] Richtlinie 2014/56/EU des Europäischen Parlaments und des Rates vom 16. April 2014 zur Änderung der Richtlinie 2006/43/EG über Abschlussprüfungen von Jahresabschlüssen und konsolidierten Abschlüssen (Text von Bedeutung für den EWR), ABl. EU 2014 L 158, 196.

Abschlussprüfer-Richtlinie[175] ergänzenden Abschlussprüfer-Verordnung[176] nach deren Art. 5 bestimmte Nichtprüfungsleistungen verboten.

§ 115 Kreditgewährung an Aufsichtsratsmitglieder

(1) ¹Die Gesellschaft darf ihren Aufsichtsratsmitgliedern Kredit nur mit Einwilligung des Aufsichtsrats gewähren. ²Eine herrschende Gesellschaft darf Kredite an Aufsichtsratsmitglieder eines abhängigen Unternehmens nur mit Einwilligung ihres Aufsichtsrats, eine abhängige Gesellschaft darf Kredite an Aufsichtsratsmitglieder des herrschenden Unternehmens nur mit Einwilligung des Aufsichtsrats des herrschenden Unternehmens gewähren. ³Die Einwilligung kann nur für bestimmte Kreditgeschäfte oder Arten von Kreditgeschäften und nicht für länger als drei Monate im voraus erteilt werden. ⁴Der Beschluß über die Einwilligung hat die Verzinsung und Rückzahlung des Kredits zu regeln. ⁵Betreibt das Aufsichtsratsmitglied ein Handelsgewerbe als Einzelkaufmann, so ist die Einwilligung nicht erforderlich, wenn der Kredit für die Bezahlung von Waren gewährt wird, welche die Gesellschaft seinem Handelsgeschäft liefert.

(2) Absatz 1 gilt auch für Kredite an den Ehegatten, Lebenspartner oder an ein minderjähriges Kind eines Aufsichtsratsmitglieds und für Kredite an einen Dritten, der für Rechnung dieser Personen oder für Rechnung eines Aufsichtsratsmitglieds handelt.

(3) ¹Ist ein Aufsichtsratsmitglied zugleich gesetzlicher Vertreter einer anderen juristischen Person oder Gesellschafter einer Personenhandelsgesellschaft, so darf die Gesellschaft der juristischen Person oder der Personenhandelsgesellschaft Kredit nur mit Einwilligung des Aufsichtsrats gewähren; Absatz 1 Satz 3 und 4 gilt sinngemäß. ²Dies gilt nicht, wenn die juristische Person oder die Personenhandelsgesellschaft mit der Gesellschaft verbunden ist oder wenn der Kredit für die Bezahlung von Waren gewährt wird, welche die Gesellschaft der juristischen Person oder der Personenhandelsgesellschaft liefert.

(4) Wird entgegen den Absätzen 1 bis 3 Kredit gewährt, so ist der Kredit ohne Rücksicht auf entgegenstehende Vereinbarungen sofort zurückzugewähren, wenn nicht der Aufsichtsrat nachträglich zustimmt.

(5) Ist die Gesellschaft ein Kreditinstitut oder Finanzdienstleistungsinstitut, auf das § 15 des Gesetzes über das Kreditwesen anzuwenden ist, gelten anstelle der Absätze 1 bis 4 die Vorschriften des Gesetzes über das Kreditwesen.

Schrifttum: S. auch bei § 89; *Peltzer,* Probleme bei der Kreditgewährung der Kapitalgesellschaft an ihre Leitungspersonen, FS Rowedder, 1994, 325.

Übersicht

	Rn.		Rn.
I. Zweck	1–4	V. Einwilligung des Aufsichtsrats	13
II. Entstehungsgeschichte	5, 6	VI. Rechtsfolgen (Abs. 4)	14
III. Begriff des Kredits	7, 8		
IV. Erfasster Personenkreis	9–12	VII. Publizität	15, 16

I. Zweck

1 Die Norm flankiert § 89 im Bereich des Aufsichtsrats und stimmt weitgehend mit den Vorgaben für den Vorstand überein. Sie dient ebenso wie § 114 dazu, möglichen Beeinflussungen des Aufsichtsrats bzw. seiner Mitglieder durch Kreditgewährungen vorzubeugen, indem die Kreditgewährung der

---

[175] Richtlinie 2006/43/EG des Europäischen Parlaments und des Rates vom 17.5.2006 über Abschlussprüfungen von Jahresabschlüssen und konsolidierten Abschlüssen, zur Änderung der Richtlinien 78/660/EWG und 83/349/EWG des Rates und zur Aufhebung der Richtlinie 84/253/EWG des Rates (Text von Bedeutung für den EWR), ABl. EG 2006 L 157, 87.

[176] Verordnung (EU) Nr. 537/2014 des Europäischen Parlaments und des Rates vom 16. April 2014 über spezifische Anforderungen an die Abschlussprüfung bei Unternehmen von öffentlichem Interesse und zur Aufhebung des Beschlusses 2005/909/EG der Kommission (Text von Bedeutung für den EWR), ABl. EU 2014 L 158, 77.

Zustimmung des Aufsichtsrats unterworfen und damit auch Transparenz geschaffen wird.[1] Für Kredit- oder Finanzdienstleistungsinstitute gehen gem. § 115 Abs. 5 die Sonderregelungen des KWG (§ 15 KWG) zu den sog. Organkrediten vor.

Die Regelung ist **zwingender Natur**.[2] Zulässig sind dagegen – wie schon für § 89[3] – nach § 23 Abs. 5 S. 2 Satzungsbestimmungen, die zur Verstärkung des Schutzes der Gesellschaft die Kreditgewährung erschweren.[4]

Der **Corporate-Governance-Kodex** enthält in Ziff. 3.9 die allgemein gehaltene Regelung, dass die Gewährung von Krediten des Unternehmens an Mitglieder des Vorstandes und des Aufsichtsrats sowie deren Angehörige der Zustimmung des Aufsichtsrats bedarf. Die Vorschrift bleibt hinsichtlich ihres personellen Anwendungsbereichs hinter § 115 zurück, da nur Aufsichtsratsmitglieder und deren Angehörige erfasst werden, nicht hingegen Dritte, die für Rechnung des Aufsichtsratsmitglieds oder dessen Angehörige handeln.

Da § 115 weitgehend mit § 89 übereinstimmt, kann auf die Kommentierung zu § 89 verwiesen werden (→ § 89 Rn. 6 ff.), sofern nicht § 115 Besonderheiten enthält. Die kreditierende Gesellschaft muss nach hM eine **deutsche AG**, KGaA oder mitbestimmte GmbH sein, eine ausländische Gesellschaft wird nicht erfasst. Ebenso wenig unterfallen Kredite einer deutschen abhängigen AG an Organmitglieder einer ausländischen herrschenden Gesellschaft dem § 115.[5] Beide Einschränkungen resultieren daraus, dass § 115 eindeutig auf einen Aufsichtsrat und dessen Zustimmungserfordernisse Bezug nimmt, der sich allein nach deutschem Recht richtet.

II. Entstehungsgeschichte

§ 115 ist mit dem AktG 1965 eingeführt worden, um Missbräuchen entgegenzutreten.[6] Die Vorschrift lehnt sich hinsichtlich ihrer Tatbestandsvoraussetzungen und Rechtsfolgen an § 89 (Kreditgewährung an Vorstandsmitglieder und leitende Angestellte) an, dessen Ursprünge auf § 80 AktG 1937 und § 240a HGB[7] zurückgehen.

Vor Einführung des § 115 war die Kreditgewährung an Aufsichtsratsmitglieder lediglich in § 14 KWG 1939[8] normiert, allerdings beschränkt auf Aufsichtsratsmitglieder von Kreditinstituten. Später hat § 115 nur geringfügige Änderungen erfahren: § 115 Abs. 5 wurde im Rahmen der europaweiten Harmonisierung von bank- und wertpapieraufsichtsrechtlichen Vorschriften angepasst,[9] indem nun auch Finanzdienstleistungsinstitute erwähnt werden; § 115 Abs. 2 wurde – ebenso wie § 89 Abs. 3 S. 1 – zum Zwecke der Gleichstellung von Lebenspartnerschaften 2001 geändert.[10]

III. Begriff des Kredits

Der Kreditbegriff ist der gleiche wie in § 89, so dass jede zeitliche Überlassung von Kapital darunter fällt, vor allem Darlehen gem. § 488 BGB, Bürgschaften oder andere Sicherheiten, Stundungen, Zahlungsgarantien, Vorschüsse etc.[11] Anders als der die Kreditvergabe an Vorstandsmitglieder regelnde § 89 Abs. 1 S. 5[12] erfasst § 115 auch **Kleinkredite** bis zu einem Monatsgehalt, so dass keine quantitativen Grenzen für die erforderliche Einwilligung des Aufsichtsrats gelten.

---

[1] BegrRegE *Kropff* S. 160; Hüffer/Koch/*Koch* Rn. 1; Großkomm AktG/*Hopt/Roth* Rn. 2; MüKoAktG/*Habersack* Rn. 2; K. Schmidt/Lutter/*Drygala* Rn. 2; Bürgers/Körber/*Israel* Rn. 1; Grigoleit/*Grigoleit/Tomasic* Rn. 1; s. auch Lutter/Krieger/*Verse* Rechte und Pflichten des Aufsichtsrats Rn. 879; *E. Vetter* in Marsch-Barner/Schäfer Börsennotierte AG-HdB Rn. 30.19; NK-AktR/*Breuer/Fraune* Rn. 1; Henssler/Strohn/*Henssler* Rn. 1.

[2] AllgM, siehe nur MüKoAktG/*Habersack* Rn. 4.

[3] S. MüKoAktG/*Spindler* § 89 Rn. 5.

[4] Großkomm AktG/*Hopt/Roth* Rn. 4 f.; Hölters/*Hambloch-Gesinn/Gesinn* Rn. 15; Kölner Komm AktG/*Mertens/Cahn* § 89 Rn. 3, die eine Bindung des Aufsichtsrats an solche Bestimmungen jedoch verneinen, wenn das Gesellschaftsinteresse für eine Kreditgewährung spreche.

[5] Kölner Komm AktG/*Mertens/Cahn* Rn. 6; MüKoAktG/*Habersack* Rn. 14; Hölters/*Hambloch-Gesinn/Gesinn* Rn. 6.

[6] BegrRegE *Kropff* S. 160.

[7] § 240a HGB eingeführt im Rahmen der Aktienrechtsnovelle durch Notverordnung v. 19.9.1931, RGBl. 1931 I 493.

[8] Gesetz über das Kreditwesen v. 25.9.1939, RGBl. 1939 I 1955.

[9] Art. 4 Nr. 7 Begleitgesetz zur Umsetzung von EG-Richtlinien zur Harmonisierung bank- und wertpapieraufsichtsrechtlicher Vorschriften v. 22.10.1997, BGBl. 1997 I 2567.

[10] Art. 3 § 28 Nr. 1 Gesetz zur Beendigung der Diskriminierung gleichgeschlechtlicher Gemeinschaften v. 16.2.2001, BGBl. 2001 I 266.

[11] Großkomm AktG/*Hopt/Roth* Rn. 18; Bürgers/Körber/*Israel* Rn. 2; Grigoleit/*Grigoleit/Tomasic* Rn. 3; Wachter/*Schick* Rn. 2; s. auch MüKoAktG/*Spindler* § 89 Rn. 8 f.; *Fleischer* WM 2004, 1057 (1064) (zu § 89); *Fleischer* → § 89 Rn. 6 f.

[12] S. dazu MüKoAktG/*Spindler* § 89 Rn. 20 ff.; *Fleischer* → § 89 Rn. 8 ff.

8 Nach § 115 Abs. 1 S. 5 unterliegen **Warenkredite** an Aufsichtsratsmitglieder, die Einzelkaufleute sind, nicht der Genehmigungspflicht durch den Aufsichtsrat. Mit dieser Ausnahme sollen die sonst eintretenden, kaum zu bewältigenden Schwierigkeiten im täglichen Lieferverkehr vermieden werden.[13] Warenkredite sind nur Finanzierungsgeschäfte im Rahmen des Erwerbs von verkaufsfähigen Waren, die das Aufsichtsratsmitglied in seinem Handelsgewerbe kauft, um sie weiter zu veräußern.[14] Damit unterliegen Kredite für die Lieferung von Investitionsgütern (Anlagen, Maschinen etc.) ebenso der Zustimmung des Aufsichtsrats wie Kredite für Dienstleistungen.[15]

IV. Erfasster Personenkreis

9 Alle Aufsichtsratsmitglieder unterfallen den Beschränkungen des § 115, unabhängig davon, welcher Gruppe sie angehören oder auf welchem Rechtsgrund ihr Mandat beruht (entsandt, gewählt, gerichtlich bestellt).[16] Erfasst werden auch **Darlehen** an die **Arbeitnehmervertreter,** selbst dann, wenn sie ihnen während ihrer Mandatszeit in ihrer Eigenschaft als Mitarbeiter gewährt werden;[17] denn auch bei ihnen können Interessenkollisionen entstehen, da gerade der Vorstand als Arbeitgeber durch Darlehensvergabe sich entsprechenden Einfluss bei den Arbeitnehmern verschaffen könnte.

10 Wechselt das Aufsichtsratsmitglied in den Vorstand oder wird zum Stellvertreter für ein fehlendes oder verhindertes Vorstandsmitglied nach § 105 Abs. 2 bestellt, so gelten die Regelungen des § 89.[18] Erteilte Zustimmungen des Aufsichtsrats gelten indes fort.

11 Nach hM muss der **Kreditvertrag während der Zeit der Mitgliedschaft im Aufsichtsrat** geschlossen worden sein, unabhängig davon, wann der Kredit tatsächlich ausgezahlt oder getilgt wird.[19] Damit würden Kreditzusagen vor dem Amtsantritt anders als bei § 114 nicht erfasst. Daran bestehen jedoch erhebliche Zweifel: Denn wie § 114 dient auch § 115 der Vermeidung von Interessenkollisionen und der Transparenz von Einflüssen auf das Aufsichtsratsmitglied, so dass nicht einsichtig ist, warum die Kreditgewährung an Aufsichtsratsmitglieder anderen Regeln als für § 114 folgen sollte. Zwar hat das Aufsichtsratsmitglied nicht laufend Beratungen zu erbringen und unterliegt auch keinen Weisungen des Vertragspartners; doch können auch Kreditverträge und ihre jeweiligen Ausgestaltungen erheblichen Druck auf die Aufsichtsratsmitglieder ausüben, so dass auch hier mangels Zustimmung des Aufsichtsrats für die Dauer der Aufsichtsratsmitgliedschaft die Pflichten der Vertragsparteien suspendiert sein müssen (→ § 114 Rn. 5 f.).

12 Erfasst werden von § 115 auch Kredite im Rahmen von Konzernverhältnissen, Kredite an nahe stehende Personen (Abs. 2) oder an Gesellschaften, denen das Aufsichtsratsmitglied nahe steht bzw. dessen Organmitglied es ist. Auf die Kommentierung der identischen Vorschriften in § 89 kann verwiesen werden.

V. Einwilligung des Aufsichtsrats

13 Der Aufsichtsrat muss vor der Kreditgewährung durch Beschluss einwilligen.[20] Die nachträgliche Zustimmung lässt indes die Pflicht zur sofortigen Rückzahlung entfallen (§ 115 Abs. 4, → Rn. 14), wobei wiederum sämtliche Informationen vorliegen müssen und ein ausdrücklicher Beschluss gefasst werden muss.[21] Die Einwilligung kann auch mangels Delegationsverbotes in § 107 Abs. 3 einem Ausschuss übertragen werden.[22] Das betroffene Aufsichtsratsmitglied unterliegt einem Stimmrechtsausschluss bei der Beschlussfassung.[23] Der Beschluss kann gem. § 115 Abs. 3 S. 1 nicht für einen Zeitraum von mehr als drei Monaten im Voraus gefasst werden. Wie bei § 114 müssen dem Aufsichtsrat bei der Beschlussfassung die wesentlichen Modalitäten des Kreditvertrages bekannt sein, Höhe, Zinsen, Tilgung etc. (vgl. § 115 Abs. 1 S. 4).

---

[13] BegrRegE *Kropff* S. 160; MüKoAktG/*Habersack* Rn. 8; Großkomm AktG/*Hopt/Roth* Rn. 20; Hüffer/Koch/*Koch* Rn. 2; K. Schmidt/Lutter/*Drygala* Rn. 5; NK-AktR/*Breuer/Fraune* Rn. 2.
[14] Großkomm AktG/*Hopt/Roth* Rn. 21.
[15] Großkomm AktG/*Hopt/Roth* Rn. 21; NK-AktR/*Breuer/Fraune* Rn. 2.
[16] Großkomm AktG/*Hopt/Roth* Rn. 10; MüKoAktG/*Habersack* Rn. 9.
[17] Hüffer/Koch/*Koch* Rn. 2; Großkomm AktG/*Hopt/Roth* Rn. 11; MüKoAktG/*Habersack* Rn. 9; Bürgers/Körber/*Israel* Rn. 3; Kölner Komm AktG/*Mertens/Cahn* Rn. 5; zur streitigen Publizität → Rn. 16.
[18] Großkomm AktG/*Hopt/Roth* Rn. 12; MüKoAktG/*Habersack* Rn. 10.
[19] MüKoAktG/*Habersack* Rn. 10; Großkomm AktG/*Hopt/Roth* Rn. 9.
[20] MüKoAktG/*Habersack* Rn. 16 f.; Großkomm AktG *Hopt/Roth* Rn. 25; K. Schmidt/Lutter/*Drygala* Rn. 9.
[21] MüKoAktG/*Habersack* Rn. 16, 19; in Ziff. 3.9 DCGK ist nur von „Zustimmung" die Rede.
[22] AllgM, MüKoAktG/*Habersack* Rn. 17; Großkomm AktG/*Hopt/Roth* Rn. 25; Hüffer/Koch/*Koch* Rn. 2; Wachter/*Schick* Rn. 3.
[23] *Dreher* JZ 1990, 896 (897); Großkomm AktG/*Hopt/Roth* Rn. 27; Kölner Komm AktG/*Mertens/Cahn* Rn. 8; MüKoAktG/*Habersack* Rn. 17; K. Schmidt/Lutter/*Drygala* Rn. 9: analog § 34 BGB.

VI. Rechtsfolgen (Abs. 4)

Der die Rückgewähr betreffende § 115 Abs. 4 stimmt überein mit der Regelung für Vorstandsmitglieder in § 89 Abs. 5. Erteilt der Aufsichtsrat nicht seine Einwilligung, bleibt der Kreditvertrag zwar weiterhin bestehen,[24] doch muss das Aufsichtsratsmitglied den Kredit sofort und ungeachtet anders lautender vertraglicher Bestimmungen zurückzahlen. Der Aufsichtsrat kann aber auch nachträglich seine Zustimmung durch ausdrücklichen Beschluss[25] erteilen und so die Rechtsfolge des § 115 Abs. 4 beseitigen. Für die nachträgliche Zustimmung gelten die gleichen formalen Anforderungen wie für die Einwilligung gem. § 115 Abs. 1 S. 1, insbesondere hinsichtlich der Kenntnis des Aufsichtsrats von den wesentlichen Modalitäten des Kreditvertrages.[26] Der Rückgewähranspruch richtet sich gegen den jeweiligen Kreditnehmer, also ggf. auch gegen Verwandte bzw. Strohleute (Abs. 2) oder gegen die juristische Person oder Personenhandelsgesellschaft, deren gesetzlicher Vertreter bzw. Gesellschafter das Aufsichtsratsmitglied ist (Abs. 3). Bei der Stellung von Sicherheiten kann die Gesellschaft nur Befreiung durch den Kreditnehmer, zB durch Zahlung der Schuld an den Dritten, beanspruchen; der Sicherungsnehmer ist hingegen mangels Kreditnehmereigenschaft nicht zur Rückgewähr der Sicherheit verpflichtet.[27]

14

VII. Publizität

Die dem Aufsichtsratsmitglied gewährten Kredite müssen nach § 285 Nr. 9c HGB unter Angabe der Zinssätze, der wesentlichen Bedingungen und der gegebenenfalls im Geschäftsjahr zurückgezahlten Beträge in den Anhang des Jahresabschlusses ebenso aufgenommen werden wie die zugunsten von Aufsichtsratsmitgliedern eingegangenen Haftungsverhältnisse, allerdings nicht nach Personen aufgeschlüsselt.[28] Bei börsennotierten Gesellschaften ist nach Ziff. 15.1 Anh. I Prospektinformationsverordnung vom 29.4.2004[29] die Kreditgewährung im Prospekt über die Zulassung von Aktien aufzuführen.

15

Umstritten bleibt allerdings die **Publizität der den Arbeitnehmervertretern** im Aufsichtsrat **gewährten Darlehen**. Da die nötige Transparenz über die möglichen Einflüsse durch Verträge außerhalb der eigentlichen Aufsichtsratsvergütung hergestellt werden soll, ist nicht einzusehen, warum Mitarbeiterdarlehen anders als Darlehen an andere Gruppen im Aufsichtsrat behandelt werden sollen.[30] Dass diese Darlehen üblich sind, ändert nichts an der Tatsache, dass der mögliche Einfluss auf die Arbeitnehmervertreter durch den Vorstand bzw. die Gesellschaft offen gelegt werden muss.

16

§ 116 Sorgfaltspflicht und Verantwortlichkeit der Aufsichtsratsmitglieder

¹Für die Sorgfaltspflicht und Verantwortlichkeit der Aufsichtsratsmitglieder gilt § 93 mit Ausnahme des Absatzes 2 Satz 3 über die Sorgfaltspflicht und Verantwortlichkeit der Vorstandsmitglieder sinngemäß. ²Die Aufsichtsratsmitglieder sind insbesondere zur Verschwiegenheit über erhaltene vertrauliche Berichte und vertrauliche Beratungen verpflichtet. ³Sie sind namentlich zum Ersatz verpflichtet, wenn sie eine unangemessene Vergütung festsetzen (§ 87 Absatz 1).

Schrifttum: *Albrecht-Baba,* Die Treuepflicht der politischen Mandatsträger als Aufsichtsratsmitglieder in einem Unternehmen, NWVBl 2011, 127; *Altmeppen,* Haftungsrisiken für Organwalter im Vorfeld der Konzerninsolvenz, ZIP 2013, 801; *Altmeppen,* Persönliche Haftung des Aufsichtsrats für die Verletzung der Massesicherungspflicht der Geschäftsleiter, ZIP 2010, 1973; *Altmeppen,* Grenzen der Zustimmungsvorbehalte des Aufsichtsrats und die

---

[24] Großkomm AktG/*Hopt*/*Roth* Rn. 32; MüKoAktG/*Habersack* Rn. 19; Bürgers/Körber/*Israel* Rn. 5; Kölner Komm AktG/*Mertens*/*Cahn* Rn. 9; K. Schmidt/Lutter/*Drygala* Rn. 11; Grigoleit/*Grigoleit*/*Tomasic* Rn. 8; Wachter/*Schick* Rn. 4; Henssler/Strohn/*Henssler* Rn. 3.
[25] Großkomm AktG/*Hopt*/*Roth* Rn. 33; MüKoAktG/*Habersack* Rn. 19.
[26] Großkomm AktG/*Hopt*/*Roth* Rn. 33; MüKoAktG/*Habersack* Rn. 19.
[27] Zutr. Großkomm AktG/*Hopt*/*Roth* Rn. 34.
[28] Für wünschenswert halten die individuelle Aufschlüsselung Großkomm AktG/*Hopt*/*Roth* Rn. 29.
[29] Verordnung (EG) Nr. 809/2004 der Kommission vom 29. April 2004 zur Umsetzung der Richtlinie 2003/71/EG des Europäischen Parlaments und des Rates betreffend die in Prospekten enthaltenen Angaben sowie die Aufmachung, die Aufnahme von Angaben in Form eines Verweises und die Veröffentlichung solcher Prospekte sowie die Verbreitung von Werbung (Text von Bedeutung für den EWR) ABl. EG 2004 L 149, 1 zuletzt geändert durch Delegierte Verordnung (EU) Nr. 759/2013 der Kommission vom 30. April 2013, EUABl. L 2013/1.
[30] MüKoAktG/*Habersack* Rn. 9; Kölner Komm AktG/*Mertens*/*Cahn* Rn. 5; Hölters/*Hambloch-Gesinn*/*Gesinn* Rn. 3; im Ergebnis ebenso Hüffer/Koch/*Koch* Rn. 2, allerdings ohne nähere Begr; ebenso allg. für die Prüfungspraxis: WP-HdB/*Gelhausen,* 2012 Bd. I F 293; BeckBilKomm/*Grottel* HGB § 285 Rn. 210; ohne explizit die Angabepflicht zu fordern, halten die Prüfungspraxis ebenfalls für bedenklich Großkomm AktG/*Hopt*/*Roth* Rn. 11.

Folgen ihrer Verletzung durch den Vorstand, FS K. Schmidt, 2009, 23; *Alversammer*, Die Sorgfaltspflicht der Arbeitnehmervertreter im Aufsichtsrat, 2000 (zum österr. Recht); *Baums*, Managerhaftung und Verjährung, ZHR 174 (2010), 593; *Bayer/Lieder*, Upstream-Darlehen und Aufsichtsratshaftung, AG 2010, 885; *Behr/Kindel*, Zur Vertretung der Aktiengesellschaft gegenüber ehemaligen Vorstandsmitgliedern, DStR 1999, 119; *Bicker*, Legalitätspflicht des Vorstandes – ohne Wenn und Aber?, AG 2014, 8; *Buchta/v. Kann*, Die Haftung des Aufsichtsrats einer Aktiengesellschaft – aktuelle Entwicklungen in Gesetzgebung und Rechtsprechung, DStR 2003, 1665; *Buck-Heeb*, Die Haftung von Mitgliedern des Leitungsorgans bei unklarer Rechtslage, BB 2013, 2247; *Bürgers*, Keine Aktienoptionen für Aufsichtsräte – Hindernis für die Professionalisierung des Aufsichtsrats?, NJW 2004, 3022; *Cahn*, Vorstandsvergütung als Gegenstand rechtlicher Regelung, FS Hopt, 2010, 431; *Cahn/Müchler*, Die Verantwortlichkeit der Organmitglieder einer Sparkasse für den Erwerb riskanter Wertpapiere, FS Schneider, 2011, 197; *Casper*, Hat die grundsätzliche Verfolgungspflicht des Aufsichtsrats im Sinne des ARAG/Garmenbeck-Urteils ausgedient?, ZHR 176 (2012), 617; *Claussen/Semler*, Abgestufte Überwachungspflicht des Aufsichtsrats?, AG 1984, 20; *Clemm/Dürrschmidt*, Gedanken zur Schadensersatzpflicht von Vorstands- und Aufsichtsratsmitgliedern der Aktiengesellschaft für verlustverursachende Fehlentscheidungen, FS W. Müller, 2001, 67; *Culp/Miller*, Metallgesellschaft and the Economics of Synthetic Storage, ZBB 1995, 2; *Deckert*, Der Aufsichtsrat nach der Reform, NZG 1998, 710; *Deilmann/Otte*, Verteidigung ausgeschiedener Organmitglieder gegen Schadensersatzklagen – Zugang zu Unterlagen der Gesellschaft, BB 2011, 1291; *Diekmann/Wurst*, Die Organisation der Aufsichtsratsarbeit, NZG 2014, 121; *Dittmar*, Weitergabe von Informationen im faktischen Aktienkonzern, AG 2013, 498; *Dreher*, Ausstrahlungen des Aufsichtsrechts auf das Aktienrecht, ZGR 2010, 496; *Dreher*, Das Ermessen des Aufsichtsrats, ZHR 158 (1994), 614; *Dreher*, Die Qualifikation der Aufsichtsratsmitglieder, FS Boujong, 1996, 71; *Dreher*, Nochmals: Das unternehmerische Ermessen des Aufsichtsrats, ZIP 1996, 628; *Edenfeld/Neufang*, Die Haftung des Arbeitnehmervertreter im Aufsichtsrat, AG 1999, 49; *Erker/Freund*, Verschwiegenheitspflicht von Aufsichtsratsmitgliedern bei der GmbH, GmbHR 2001, 463; *v. Falkenhausen*, Weisungen an den Aufsichtsrat der abhängigen AG?, ZIP 2014, 1205; *Faßbender*, 18 Jahre ARAG Garmenbeck – und alle Fragen offen?, NZG 2015, 501; *Federlein*, Informationsflüsse in der Aktiengesellschaft im Spannungsverhältnis zum kapitalmarktrechtlichen Verbot der unbefugten Weitergabe von Insidertatsachen, 2004; *Fischbach*, Hauptversammlungsvorlagen des Aufsichtsrats, ZIP 2013, 1153; *Fischbach/Lüneborg*, Die Organpflicht bei der Durchsetzung von Organhaftungsansprüchen im Aktienkonzern, NZG 2015, 1142; *R. Fischer*, Die Verantwortung des Aufsichtsrats bei Interessenkollisionen, GS K. Duden, 1982, 55; *M. Fischer*, Der Entscheidungsspielraum des Aufsichtsrats bei der Geltendmachung von Regreßansprüchen gegen Vorstandsmitglieder, BB 1996, 225; *Fleck*, Eigengeschäfte eines Aufsichtsratsmitglieds, FS Heinsius, 1991, 89; *Fleck*, Zur Beweislast für pflichtwidriges Organhandeln, GmbHR 1997, 237; *Fleischer*, Regresshaftung von Geschäftsleitern wegen Verbandsgeldbußen, DB 2014, 345; *Fleischer*, Vorzeitige Wiederbestellung von Vorstandsmitgliedern: Zulässige Gestaltungsmöglichkeit oder unzulässige Umgehung des § 84 Abs. 1 Satz 3 AktG?, DB 2011, 861; *Fleischer*, Aufsichtsratsverantwortlichkeit für die Vorstandsvergütung und Unabhängigkeit der Vergütungsberater, BB 2010, 67; *Fleischer*, Das Gesetz zur Angemessenheit der Vorstandsvergütung (VorstAG), NZG 2009, 801; *Fleischer*, Rechtsrat und Organwalterhaftung im Gesellschafts- und Kapitalmarktrecht, FS Hüffer 2010, 187; *Fleischer*, Vertrauen von Geschäftsleitern und Aufsichtsratsmitgliedern auf Informationen Dritter, ZIP 2009, 1397; *Fleischer*, Kompetenzüberschreitungen von Geschäftsleitern im Personen- und Kapitalgesellschaftsrecht, DStR 2009, 1204; *Florstedt*, Zur organhaftungsrechtlichen Aufarbeitung der Finanzmarktkrise, AG 2010, 315; *Foerster*, Beweislastverteilung und Einsichtsrecht bei Inanspruchnahme ausgeschiedener Organmitglieder, ZHR 176 (2012), 221; *Fölsing*, Erhöhte Aufsichtsratspflichten in der Anlaufphase von Unternehmen, KSI 2013, 19; *Fölsing*, Aufsichtsratshaftung in der Insolvenz, ZCG 2011, 273; *Gaul/Janz*, Gesetzliche Begrenzung der Vorstandsvergütung und Änderungen der Aufsichtsratstätigkeit, NZA 2009, 809; *Gaul/Otto*, Haftung von Aufsichtsratsmitgliedern, AuA 2000, 312; *Gawrisch*, Ermessensentscheidungen des Aufsichtsrats und ihre gerichtliche Kontrolle, 2000; *Gehrlein*, Beweislast für Sorgfaltspflichtverletzungen von Geschäftsleitern, NJW 1997, 1905; *Geibel*, Anmerkung zum Urteil des BGH vom 1.12.2008 – MPS, ZJS 2009, 190; *Goette*, Zur ARAG/GARMENBECK-Doktrin, Liber Amicorum M. Winter, 2011, 153; *Goette*, Grundsätzliche Verfolgungspflicht des Aufsichtsrats bei sorgfaltswidrig schädigendem Verhalten im AG-Vorstand?, ZHR 176 (2012), 588; *Goette*, Zur Verteilung der Darlegungs- und Beweislast der objektiven Pflichtwidrigkeit bei der Organhaftung, ZGR 1995, 648; *Götz*, Die Überwachung der Aktiengesellschaft im Lichte jüngerer Unternehmenskrisen, AG 1995, 337; *Götz*, Die Pflicht des Aufsichtsrats zur Haftbarmachung von Vorstandsmitgliedern – Besprechung des ARAG-Urteils des BGH, NJW 1997, 3275; *Greiffenhagen*, Gefahrenlagen für Wirtschaftsprüfer und Aufsichtsräte, insbesondere aus dem Risikofeld Abhängigkeitsbericht, FS Rainer Ludewig, 1996, 303; *Grooterhorst*, Pflichten und Haftung des Aufsichtsrats bei zustimmungspflichtigen Geschäften des Vorstands, NZG 2011, 921; *Grooterhorst*, Die ARAG/Garmenbeck-Prozesse – eine Gesamtschau im Rückblick, ZIP 1999, 1117; *Groß*, Befreiung von der Ad-hoc-Publizitätspflicht nach § 15 Abs. 3 WpHG, FS Schneider, 2011, 385; *Grunewald*, Interne Aufklärungspflichten von Vorstand und Aufsichtsrat, NZG 2013, 841; *Habersack*, Perspektiven der aktienrechtlichen Organhaftung, ZHR 177 (2013), 782; *Habersack*, Staatliche und halbstaatliche Eingriffe in die Unternehmensführung, Gutachten E zum 69. Deutschen Juristentag, 2012; *Habersack*, Managerhaftung, Karlsruher Forum (2009), 2010, 5; *Habersack*, Aufsteigende Kredite im Lichte des MoMiG und des „Dezember"-Urteils des BGH, ZGR 2009, 347; *Habersack*, VorstAG und mitbestimmte GmbH – eine unglückliche Beziehung!, ZHR 174 (2010), 2; *Habersack*, Zur Aufklärung gesellschaftsinternen Fehlverhaltens durch den Aufsichtsrat der AG, FS Stilz, 2014, 191; *Habersack*, Grund und Grenzen der Compliance-Verantwortung des Aufsichtsrats der AG, AG 2014, 1; *Habersack*, 19 Jahre „ARAG/Garmenbeck" – und viele Fragen offen, NZG 2016, 321; *Habetha*, Direktorenhaftung und gesellschaftsfinanzierte Haftpflichtversicherung, 1995; *Hack*, Vorstandsverantwortlichkeit bei Kartellrechtsverstößen, 2012; *Hanau*, Das Verhältnis des Mitbestimmungsgesetzes zum kollektiven Arbeitsrecht, ZGR 1977, 396; *Harbarth/Jaspers*, Verlängerung der Verjährung von Organhaftungsansprüchen durch das Restrukturierungsgesetz, NZG 2011, 368; *Hassel-*

bach, Überwachungs- und Beratungspflichten des Aufsichtsrats in der Krise, NZG 2012, 41; *Hauptmann,* Rechte und Pflichten des ausgeschiedenen Aufsichtsratsmitglieds, AG 2017, 329; *Helmrich/Eidam,* Untreue durch Verzicht auf Schadensersatzforderungen gegen (ehemalige) Führungskräfte einer Aktiengesellschaft, ZIP 2011, 257; *Hirte,* Die Entwicklung des Insolvenz-Gesellschaftsrechts in Deutschland im Jahr 2010, ZInsO 2012, 58; *Hoffmann,* Existenzvernichtende Haftung von Vorständen und Aufsichtsräten?, NJW 2012, 1393; *Hoffmann,* Urteilsbildungs- und Verhinderungspflicht des Aufsichtsrats, AG 2012, 478; *Hohenstatt,* Das Gesetz zur Angemessenheit der Vorstandsvergütung, ZIP 2009, 1349; *Hölters,* Zur Durchsetzung von Schadensersatzansprüchen durch eine Aktionärsminderheit, FS Wiedemann, 2002, 975; *Hopt,* Kontrolle und Transparenz im Unternehmensbereich, FG Kübler, 1997, 435; *Hopt,* Die Haftung von Vorstand und Aufsichtsrat, FS Mestmäcker, 1996, 909; *Horn,* Die Haftung des Vorstands der AG nach § 93 AktG und die Pflichten des Aufsichtsrats, ZIP 1997, 1129; *Hüffer,* Unangemessenheit der Vorstandsvergütung als Haftungsrisiko von Aufsichtsratsmitgliedern, FS Hoffmann-Becking, 2013, 589; *Ihlas,* D&O – Directors & Officers Liability, 2009; *Isele,* Die Verschwiegenheitspflichten der Arbeitnehmervertreter in den Mitbestimmungsorganen der Unternehmungen, FS Kronstein, 1967, 107; *Jaeger/Trölitzsch,* Die Pflichten des Aufsichtsrats bei der Prüfung und Durchsetzung der Vorstandshaftung, WiB 1997, 684; *Jaeger/Trölitzsch,* Unternehmerisches Ermessen des Aufsichtsrats bei der Geltendmachung von Ersatzansprüchen gegenüber Vorstandsmitgliedern, ZIP 1995, 1157; *Jäger,* Grundsätze der Ermessensausübung für den Aufsichtsrat der Aktiengesellschaft und die Gesellschafterversammlung der GmbH am Beispiel der „ARAG"-Entscheidung, WiB 1997, 10; *Kaiser,* Der Finanzexperte im Aufsichtsrat der Aktiengesellschaft – mangelnde persönliche Qualifikation als Haftungsgrund und dessen ökonomische Konsequenzen, StudZR 2011, 259; *Kau/Kukat,* Haftung von Vorstands- und Aufsichtsratsmitgliedern bei Pflichtverletzungen nach dem Aktiengesetz, BB 2000, 1045; *Kaulich,* Die Haftung von Vorstandsmitgliedern einer Aktiengesellschaft für Rechtsanwendungsfehler, 2012; *Keilich/Brummer,* Reden ist Silber, Schweigen ist Gold – Geheimhaltungspflichten auch für die Arbeitnehmervertreter im Aufsichtsrat, BB 2012, 897; *Keiluweit,* Unterschiede zwischen obligatorischen und fakultativen Aufsichtsgremien – ein Vergleich zwischen Aktiengesellschaft und GmbH, BB 2011, 1795; *Keiluweit,* Die geplante Verlängerung der aktienrechtlichen Verjährungsfristen für Organhaftungsansprüche – Pro & Contra, GWR 2010, 445; *Keiser,* Die Herabsetzung von Managergehältern in der Krise als Organpflicht des Aufsichtsrats, RdA 2010, 280; *Kindler,* Pflichtverletzung und Schaden bei der Vorstandshaftung wegen unzureichender Compliance, FS G.H. Roth, 2011, 367; *Kindler,* Unternehmerisches Ermessen und Pflichtenbindung, ZHR 162 (1998), 101; *Knapp,* Die Entwicklung des Rechts des Aufsichtsrats im Jahr 2012 – Aktuelles für die Praxis aus Gesetzgebung und Rechtsprechung, DStR 2013, 865; *Knapp,* Die Treuepflicht der Aufsichtsratsmitglieder von Aktiengesellschaften und Directors von Corporations, 2004; *Koch,* Die Pflichtenstellung des Aufsichtsrats nach Zulassung der Aktionärsklage, FS Hüffer 2010, 447; *Koch,* Keine Ermessensspielräume bei der Entscheidung über die Inanspruchnahme von Vorstandsmitgliedern, AG 2009, 93; *Kort,* Corporate Governance-Grundsätze als haftungsrechtlich relevante Verhaltensstandards, FS K. Schmidt, 2009, 945; *Krause,* Strafrechtliche Haftung des Aufsichtsrates, NStZ 2011, 57; *Kröger,* Korruptionsschäden, Unternehmensgeldbußen und Imageschäden, 2013; *Kropff,* Informationsbeschaffungspflichten des Aufsichtsrats, FS Raiser, 2005, 225; *Kropff,* Einlagenrückgewähr und Nachteilsausgleich im faktischen Konzern, NJW 2009, 514; *Kropp,* Die Öltermingeschäfte der Metallgesellschaft – Anmerkungen zu einer Kontroverse, ZBB 1995, 14; *Kruchen,* „Sachkunde" von Aufsichtsratsmitgliedern im Spannungsfeld zwischen Aktienrecht, Aktienrecht und DCGK, ZCG 2011, 21; *Kuhner,* Unternehmensinteresse vs. Shareholder Value als Leitmaxime kapitalmarktorientierter Aktiengesellschaften, ZGR 2004, 244; *Kust,* Zur Sorgfaltspflicht und Verantwortlichkeit eines ordentlichen und gewissenhaften Geschäftsleiters, WM 1980, 758; *Land/Haltermayer,* Weitergabe von vertraulichen Informationen durch auf Veranlassung von Gebietskörperschaften gewählte Mitglieder des Aufsichtsrats gem. §§ 394, 395 AktG, AG 2011, 114; *Lederer,* Die Haftung von Aufsichtsratsmitgliedern und nicht geschäftsführenden Direktoren, 2011; *v. der Linden,* Haftung für Fehler bei der Leitung der Hauptversammlung, NZG 2013, 208; *Löwisch,* Mitwirkungspflichten der Aufsichtsratsmitglieder der Arbeitnehmer bei Restrukturierungs-maßnahmen, DB 2017, 710; *Lutter,* Zum Beschluss des Aufsichtsrats über den Verzicht auf eine Haftungsklage gegen den Vorstand, FS Hoffmann-Becking, 2013, 747; *Lutter,* Bankenvertreter im Aufsichtsrat, ZHR 145 (1981), 224; *Lutter,* Information und Vertraulichkeit im Aufsichtsrat, 3. Aufl. 2006; *Lutter,* Zum unternehmerischen Ermessen des Aufsichtsrats, ZIP 1995, 441; *Lutter,* Auswahlpflichten und Auswahlverschulden bei der Wahl von Aufsichtsratsmitgliedern, ZIP 2003, 417; *Lutter/Krieger/Verse,* Rechte und Pflichten des Aufsichtsrats, 6. Aufl. 2014; *Lutter/Quack,* Mitbestimmung und Schadensabwehr, FS Raiser, 2005, 259; *Mansel/Budzikiewicz,* Verjährungsanpassungsgesetz: Neue Verjährungsfristen, insbesondere für die Anwaltshaftung und im Gesellschaftsrecht, NJW 2005, 321; *Marsch-Barner,* Zu den Rechtsfolgen von Fehlern bei der Leitung der Hauptversammlung, FS Brambring, 2011, 267; *Marsch-Barner,* Vorteilsausgleich bei der Schadensersatzhaftung nach § 93 AktG, ZHR 173 (2009), 723; *Maul,* Verantwortlichkeit der Organmitglieder, WM 2004, 2146; *Meier,* Interessenwahrnehmung durch Ratsmitglieder in Aufsichtsräten kommunaler Beteiligungsgesellschaften, ZKF 2011, 266; *Merkt,* Unternehmensleitung und Interessenkollision, ZHR 159 (1995), 423; *Mertens,* Die gesetzlichen Einschränkungen der Disposition über Ersatzansprüche der Gesellschaft durch Verzicht und Vergleich in der aktien- und konzernrechtlichen Organhaftung, FS Fleck, 1988, 209; *Mertens,* Schadensersatzhaftung des Aufsichtsrats bei Nichtbeachtung der Regeln des ARAG-Urteils über die Inanspruchnahme von Vorstandsmitgliedern, FS K. Schmidt, 2009, 1183; *Meßmer/Saliger,* Die Änderung des AktG durch das KonTraG und ihre Auswirkungen auf die Haftungsverhältnisse in AG, GmbH und Genossenschaft, VersR 1999, 539; *Möllers,* Gesellschaftsrechtliche Treuepflicht contra arbeitnehmerrechtliche Mitbestimmung, NZG 2003, 697; *Möllers,* Professionalisierung des Aufsichtsrates, ZIP 1995, 1725; *Mülbert,* Die Selbstbefreiung nach § 15 Abs. 3 WpHG durch den Aufsichtsrat, FS Stilz, 2014, 411; *Mülbert/Leuschner,* Aufsteigende Darlehen im Kapitalerhaltungs- und Konzernrecht – Gesetzgeber und BGH haben gesprochen, NZG 2009, 281; *Mutter/Gayk,* Wie die Verbesserung der Aufsichtsratsarbeit – wider jede Vernunft – die Haftung verschärft, ZIP 2003, 1773; *Nirk,* Zur Justiziabilität unternehmerischer Entscheidungen des Aufsichtsrats, FS Boujong, 1996, 393; *Noack,*

Haftungsfragen bei Vorstandsdoppelmandaten im Konzern, FS Hoffmann-Becking, 2013, 847; *Noack,* Zur Haftung des Aufsichtsrats für Zahlungen in der Insolvenzkrise der Gesellschaft, FS Goette, 2011, 345; *Paal,* Die persönliche Haftung – ein wirksames Mittel zur Verbesserung der Kontrolltätigkeit bei kapitalmarktorientierten Unternehmen?, DStR 2005, 382, 426; *Paefgen,* Organhaftung: Bestandsaufnahme und Zukunftsperspektiven, AG 2014, 554; *Paefgen,* „Compliance" als gesellschaftsrechtliche Organpflicht?, WM 2016, 433; *Pahlke,* Risikomanagement nach KonTraG – Überwachungspflichten und Haftungsrisiken für den Aufsichtsrat, NJW 2002, 1680; *Peltzer,* Haftungsgeneigte Personalentscheidungen des Aufsichtsrats, FS Semler, 1993, 261; *Peltzer,* Die Haftung des Aufsichtsrats bei Verletzung der Überwachungspflicht, WM 1981, 346; *Peltzer,* Corporate Governance Codices als zusätzliche Pflichtenbestimmung für den Aufsichtsrat, NZG 2002, 10; *Poertzgen,* Organschaftliche Krisenpflichten – in der (Wirtschafts-)Krise?, ZInsO 2010, 785; *Priester,* Beschlussmitwirkung fehlerhaft bestellter Aufsichtsratsmitglieder, GWR 2013, 175; *Rahlmeyer/Gömöry,* Der unternehmerische Ermessensspielraum (§ 93 I 2 AktG) bei Beratungsverträgen mit Aufsichtsratsmitgliedern, NZG 2014, 616; *Raiser,* Pflicht und Ermessen von Aufsichtsratsmitgliedern – Zum Urteil des OLG Düsseldorf im Fall ARAG/Garmenbeck, NJW 1996, 552; *v. Randow,* Derivate und Corporate Governance, ZGR 1996, 594; *Reichard,* „Kennenmüssen" der Sittenwidrigkeit für Teilnahme an vorsätzlicher sittenwidriger Schädigung nicht ausreichend, GWR 2012, 562; *Reichert,* Das Prinzip der Regelverfolgung von Schadensersatzansprüchen nach „ARAG/Garmenbeck" – Eine kritische Würdigung, FS Hommelhoff, 2012, 907; *Reichert/Ullrich,* Haftung von Aufsichtsrat und Vorstand nach dem VorstAG, FS Schneider, 2011, 1017; *Reichert/Weller,* Haftung von Kontrollorganen, ZRP 2002, 49; *Reuter,* Das Verhältnis der unternehmerischen Mitbestimmung zum Arbeitsrecht, RdA 1988, 280; *Reuter,* Rückbau oder Ausbau der Managerhaftung? Eine Befundung im Licht der neueren Rechtsprechung und der Unternehmenspraxis, ZIP 2016, 587; *Rieder/Holzmann,* Brennpunkte der Aufsichtsratsregulierung in Deutschland und den USA, AG 2010, 570; *Rodewald/Wohlfahrter,* Gesellschafterweisungen in der GmbH (fakultativem oder obligatorischem) Aufsichtsrat, GmbHR 2013, 689; *Roth,* Haftung des Aufsichtsrats, GesRZ-SH 2005, 12; *Rother,* Die zivilrechtliche Haftung von Mitgliedern des Aufsichtsrates einer AG im Überblick, NJ 2012, 14; *Rubner/Fischer,* Erneut: Professionalisierung des Aufsichtsrats, NZG 2015, 782; *Saage,* Die Haftung des Aufsichtsrats für wirtschaftliche Fehlentscheidungen des Vorstandes nach dem Aktiengesetz, DB 1973, 115; *Schaefer/Missling,* Haftung von Vorstand und Aufsichtsrat, NZG 1998, 441; *K. Schmidt,* Aufsichtsratshaftung bei Insolvenzverschleppung, GmbHR 2010, 1319; *Schubert/Hommelhoff,* Hundert Jahre modernes Aktienrecht, 1985; *Schüppen,* To comply or not to comply – that's the question! „Existenzfragen" des Transparenz- und Publizitätsgesetzes im magischen Dreieck kapitalmarktorientierter Unternehmensführung, ZIP 2002, 1269; *Schürnbrand,* Überwachung des insolvenzrechtlichen Zahlungsverbots durch den Aufsichtsrat, NZG 2010, 1207; *Schwark,* Zum Haftungsmaßstab der Aufsichtsratsmitglieder einer AG, FS Werner, 1984, 841; *Selter,* Haftungsrisiken von Vorstandsmitgliedern bei fehlendem und nicht von Aufsichtsratsmitgliedern bei vorhandenem Fachwissen, AG 2012, 11; *Semler,* Entscheidungen und Ermessen im Aktienrecht, FS Ulmer, 2003, 627; *Semler,* Zur Sorgfaltspflicht von AR-Mitgliedern, Urteilsbericht und Anm. zu öOGH Urt. v. 31.5.1977, AG 1983, 81; *Semler,* Anforderungen an die Befähigung eines Aufsichtsratsmitglieds, FS K. Schmidt, 2009, 1489; *Spindler,* Kommunale Mandatsträger in Aufsichtsräten – Verschwiegenheitspflicht und Weisungsgebundenheit, ZIP 2011, 689; *Spindler,* Rechtsfolgen einer unangemessenen Vorstandsvergütung, AG 2011, 725; *Spindler,* Angemessenheit und Zuständigkeit für Vergütungspakete der Geschäftsführung einer GmbH nach dem VorstAG, FS Schneider 2011, 1287; *Spindler,* Die Haftung von Vorstand und Aufsichtsrat für fehlerhafte Auslegung von Rechtsbegriffen, Bd. 2, FS Canaris, 2007, 403; *Spindler,* Vorstandsgehälter auf dem Prüfstand – das Gesetz zur Angemessenheit der Vorstandsvergütung (VorstAG), NJOZ 2009, 3282; *M. Strasser,* Die Treuepflicht der Aufsichtsratsmitglieder der Aktiengesellschaft (zum österr. Recht), 1998; *Strohn,* Organhaftung im Vorfeld der Insolvenz, NZG 2011, 1161; *Sünner,* Auswahlpflichten und Auswahlschulden bei der Wahl von Aufsichtsratsmitgliedern, ZIP 2003, 834; *Theisen,* Überwachungsfunktion und -aufgabe des Aufsichtsrats und seiner einzelnen Mitglieder, DB 1989, 311; *Theusinger/Schilha,* Die Leitung der Hauptversammlung – eine Aufgabe frei von Haftungsrisiken?, BB 2015, 131; *Thiessen,* Haftung des Aufsichtsrats für Zahlungen nach Insolvenzreife, ZGR 2011, 275; *Thole,* Managerhaftung für Gesetzesverstöße, ZHR 173 (2009), 504; *Thomas,* Die Haftungsfreistellung von Organmitgliedern, 2010; *Thümmel,* Persönliche Haftung von Managern und Aufsichtsräten, 4. Aufl. 2008; *Thümmel,* Aufsichtsräte in der Pflicht? – die Aufsichtsratshaftung gewinnt Konturen, DB 1999, 885; *Thümmel,* Aufsichtsratshaftung vor neuen Herausforderungen – Überwachungsfehler, unternehmerische Fehlentscheidungen, Organisationsmängel und andere Risikofelder, AG 2004, 83; *Tiedemann,* Untreue bei Interessenkonflikten, FS Tröndle, 1989, 319; *Tielmann/Struck,* Handlungspflichten einer börsennotierten Aktiengesellschaft bei Verurteilung eines Aufsichtsratsmitglieds wegen eines (privaten) Steuerstrafdelikts?, DStR 2013, 1191; *Tippach,* Das Insiderhandelsverbot und die besonderen Rechtspflichten der Banken, 1995; *Trescher,* Aufsichtsratshaftung zwischen Norm und Wirklichkeit, DB 1995, 661; *Ulmer,* Aufsichtsratsmandat und Interessenkollision, NJW 1980, 1603; *Ulmer,* Zur Haftung der abordnenden Körperschaft nach § 31 BGB für Sorgfaltsverstöße des von ihr benannten Aufsichtsratsmitglieds, FS Stimpel, 1985, 705; *Ulmer,* Volle Haftung des Gesellschafters/Geschäftsführers einer GmbH für Gläubigerschäden aus fahrlässiger Konkursverschleppung?, NJW 1983, 1577; *Velten,* Gewerkschaftsvertreter im Aufsichtsrat – eine verfassungsrechtliche, gesellschaftsrechtliche und arbeitsrechtliche Analyse, 2010; *Velten,* Aktienrechtsnovelle 2011: Referentenentwurf eines Gesetzes zur Änderung des AktG, StBW 2011, 43; *E. Vetter,* Zur Haftung im fakultativen Aufsichtsrat der GmbH, GmbHR 2012, 181; *E. Vetter,* Zur Compliance-Verantwortung des Aufsichtsrats in eigenen Angelegenheiten, Liber Amicoroum M. Winter, 2011, 701; *Voß,* Gesamtschuldnerische Organhaftung, Diss. Bonn, 2008; *v. der Linden,* Haftung für Fehler bei der Leitung der Hauotversammlung, NZG 2013, 208; *Wagner/Spemann,* Organhaftungs- und Strafbarkeitsrisiken für Aufsichtsräte, NZG 2015, 945; *Wand/Tillmann/Heckenthaler,* Aufsteigende Darlehen und Sicherheiten bei Aktiengesellschaften nach dem MoMiG und der MPS-Entscheidung des BGH, AG 2009, 148; *Wardenbach,* Interessenkonflikte und mangelnde Sachkunde als Bestellungshindernisse zum Aufsichtsrat der AG, 1996; *Weber-Rey/Buckel,* Best Practice Empfehlungen des Deutschen Corporate Governance Kodex und die Business Judgment Rule, AG 2011, 845; *Weber-Rey/Buckel,* Die Pflichten des Aufsichtsrats bei der Mandatierung des Vergütungsberaters, NZG 2010, 761; *Wedemann,* Vorzeitige Wiederbestellung von Vorstandsmitgliedern: Gesetzesumgehung, Rechtsmissbrauch und intertemporale Organtreue auf dem Prüfstand, ZGR 2013, 316; *Weller,* Haftung von GmbH-Aufsichtsratsmitgliedern für Zahlungen nach Insolvenzreife, GWR 2010, 541; *Weninger,* Mitbestimmungsspezifische Interessenkonflikte von Arbeitnehmervertretern im Aufsichtsrat, 2011; *R. Werner,* Die Enthaftung des Vorstands: die strafrechtliche Dimension, CCZ 2011, 201; *W. Werner,* Aufsichtsratstätigkeit von Bankenvertretern, ZHR 145 (1981), 252; *Wiese,* Verantwortlichkeit des Aufsichtsrats – aktuelle Entwicklungen im Bereich der Corporate Governance, DB 2000, 1901; *Wilsing,* Voraussetzungen und Folgen der Nichtgeltendmachung von Haftungsansprüchen gegen Vorstandsmitglieder aus übergeordneten Gründen des Unternehmenswohls, FS Maier-Reimer, 2010, 889; *Wilsing/Goslar,* Ad-hoc-Publizität bei gestreckten Sachverhalten – Die Entscheidung des EuGH vom 28.6.2012, C-19/11 „Geltl", DStR 2012, 1709; *Wilsing/v. der Linden,* Selbstbefreiung des Aufsichtsrats vom Gebot der Gremienvertraulichkeit, ZHR 178 (2014), 419; *Witte/Hrubesch,* Die persönliche Haftung von Mitgliedern des Aufsichtsrats einer AG – unter besonderer Berücksichtigung der Haftung bei Kreditvergaben, BB 2004, 725; *Witte/Indenhuck,* Wege aus der Haftung – die Beauftragung externer Berater durch den Aufsichtsrat, BB 2014, 2563; *Zempelin,* Fragen der Aufsichtsratshaftung, AcP 155 (1956), 209; *Zieglmeier,* Die Systematik der Haftung von Aufsichtsratsmitgliedern gegenüber der Gesellschaft, ZGR 2007, 144; *K. Zimmermann,* Vereinbarungen über die Erledigung von Ersatzansprüchen gegen Vorstandsmitglieder von Aktiengesellschaften, FS Duden, 1977, 773.

Übersicht

	Rn.
I. Überblick	1–4
II. Entstehungsgeschichte	5–7
III. Pflichtenmaßstäbe	8–72
1. Geltung für alle Aufsichtsratsmitglieder	9–20
2. Einfluss von Kodizes auf die Haftung	21, 22
3. Unternehmensinteresse und Shareholder Value	23–72
a) Grundsätze	24–36
b) Sorgfaltspflichten des Aufsichtsratsmitglieds	37–50
c) Haftung des überstimmten Aufsichtsratsmitglieds	51
d) Haftung des verhinderten Aufsichtsratsmitglieds	52
e) Gegenseitige Überwachung und Selbstevaluation	53, 54
f) Haftung und Delegation auf Ausschüsse	55
g) Haftung für unangemessene Vorstandsvergütung	56, 57
h) Einzelfragen	58–72
IV. Prüfpflichten	73
V. Treuepflichten	74–123
1. Grundlagen	74–77
2. Keine Ausnutzung der Organstellung	78–83
3. Interessenkollisionen	84–98
a) Überblick	84–87
b) Konkurrenzunternehmen	88–92
c) Hoheitsträger	93
d) Arbeitnehmervertreter	94, 95
e) Bankenvertreter	96
f) Konzerndoppelmandate	97
g) Unternehmensübernahmen (Take Over)	98
4. Verschwiegenheitspflicht	99–120
a) Rechtsgrund	99–101
b) Informationshoheit des Aufsichtsrats	102
c) Geltung für alle Aufsichtsratsmitglieder	103–106
d) Kein Beurteilungsspielraum	107
e) Nachwirkende Verschwiegenheitspflicht	108
f) Umfang	109–114
g) Grenzen	115, 116
h) Satzung und Geschäftsordnung	117
i) Zeugnisverweigerungsrechte	118
j) Strafrechtliche Sanktionen	119, 120
5. Konzern	121–123
VI. Entsprechende Anwendung des § 93 Abs. 2–6	124–208
1. Schadensersatzpflicht gegenüber der AG (§§ 116, 93 Abs. 2)	124–140
a) Überblick	124–127
b) Delegation und Überwachung	128
c) Schaden	129, 130
d) Kausalität	131
e) Verschulden	132–134
f) Beweislast	135–139
g) Rechtsverfolgung	140
2. Sondertatbestände (§ 93 Abs. 3)	141–160
a) Grundlagen	141–149
b) Die einzelnen Tatbestände	150–158
c) Nichteintritt der Ersatzpflicht (§ 93 Abs. 4 S. 1, 2)	159, 160
3. Verzicht und Vergleich (§ 93 Abs. 4 S. 3)	161–174
a) Voraussetzungen	161–166
b) Erfasste Geschäfte	167–170
c) Rechtsfolgen	171
d) Ausnahme	172, 173
e) Konzern	174
4. Verjährung (§ 93 Abs. 6)	175–182
a) Erfasste Ansprüche	175–179
b) Beginn der Verjährung	180–182
5. Enthaftung, Freistellung und D&O-Versicherung	183–187a
6. Verfolgung der Ansprüche durch Gläubiger (§ 93 Abs. 5)	188–207
a) Kennzeichnung der Haftung	188–190
b) Voraussetzungen	191–194
c) Geltendmachung	195–201
d) Beweislast	202

	Rn.		Rn.
e) Rechtslage im Insolvenzverfahren	203–206	c) Ansprüche wegen vorsätzlicher gegen die guten Sitten verstoßender Schädigung	221
f) Gerichtsstand	207	d) Schadenskongruenz	222–224
7. Haftung Dritter für Fehlverhalten der Aufsichtsratsmitglieder	208	3. Haftung gegenüber außenstehenden Dritten	225–230
VII. Unmittelbare Haftung gegenüber Aktionären und Dritten	209–230	a) Ansprüche aus culpa in contrahendo (§ 311 BGB)	225, 226
		b) Ansprüche aus § 823 Abs. 1 BGB	227
1. Überblick	209, 210	c) Ansprüche wegen Verletzung eines Schutzgesetzes	228, 229
2. Haftung gegenüber Aktionären	211–224	d) Ansprüche wegen vorsätzlicher gegen die guten Sitten verstoßender Schädigung	230
a) Schadensersatzansprüche aus § 823 Abs. 1 BGB – Mitgliedschaftsrecht	213–216	**VIII. Strafrechtliche Verantwortlichkeit**	231–234
b) Ansprüche wegen Verletzung eines Schutzgesetzes	217–220		

I. Überblick

1 § 116 verpflichtet die Aufsichtsratsmitglieder zur Einhaltung der gleichen Sorgfalt wie der Vorstand, wenngleich die Aufgaben und Funktionen des Aufsichtsrats deutlich von denjenigen des Vorstands zu unterscheiden sind und daher die Pflichten entsprechend angepasst werden müssen.[1] Darüber hinaus darf nicht übersehen werden, dass das Gesetz das Mandat im Aufsichtsrat nach wie vor als nebenamtliche Tätigkeit qualifiziert, insbesondere kein Wettbewerbsverbot vorsieht, und die Zusammensetzung des Aufsichtsrats, insbesondere in mitbestimmten, aber auch in anderen Gesellschaften, nach anderen Kriterien als der Besetzung des Vorstands richtet, etwa nach den Beratungsmöglichkeiten und Beziehungen, die einem Aufsichtsratsmitglied zum Nutzen seiner Gesellschaft zur Verfügung stehen.[2]

2 Zweck der Haftungsnorm ist neben der Ausgleichsfunktion aus rechtsökonomischer Sicht die Schaffung von **Anreizen** für das Aufsichtsratsmitglied, Schaden von der Gesellschaft durch eine ordnungsgemäße Erfüllung seiner Aufgaben abzuwenden.[3] § 116 regelt nur die Haftung der Aufsichtsratsmitglieder gegenüber der AG (**Innenhaftung**), nicht dagegen die Außenhaftung gegenüber Dritten – einschließlich Anlegern.

3 Obwohl die Norm wie § 93 vor allem auf Grund der Beweislastumkehr zu Lasten des Organmitglieds auf den ersten Blick eine scharfe Haftung des Aufsichtsratsmitglieds vorschreibt, scheitert die **Anspruchsdurchsetzung** bislang häufig daran, dass der Vorstand die Ansprüche geltend machen müsste – was angesichts der engen Verzahnung beider Organe praktisch kaum der Fall ist.[4] Erst mit Änderung und der weiteren,[5] durch das UMAG herbeigeführten Herabsetzung der Quoren in §§ 147, 148 zur Klageerzwingung dürfte der Norm eine größere Geltungskraft verschafft werden.[6]

4 § 116 beansprucht nicht nur für die AG bzw. KGaA (§ 278 Abs. 3) Geltung, sondern wegen des Verweises von § 52 Abs. 1 GmbHG auf § 116 iVm § 93 Abs. 1, Abs. S. 1, 2 – sofern der Gesellschaftsvertrag nicht ein anderes bestimmt – auch für die **mitbestimmungsfreie GmbH** mit fakultativem Aufsichtsrat; § 93 Abs. 3–6 gelten nicht.[7] Über den Verweis von § 25 Abs. 1 S. Nr. 2 MitbestG,

---

[1] MüKoAktG/*Habersack* Rn. 2; K. Schmidt/Lutter/*Drygala* Rn. 1; NK-AktR/*Breuer/Fraune* Rn. 1; Bürgers/Körber/*Israel* Rn. 1; krit. *Peltzer* WM 1981, 346 (349): Verweis sei Leerformel.

[2] R. *Fischer* GS Duden, 1982, 55 (56 ff.).

[3] MüKoAktG/*Habersack* Rn. 2; für den Vorstand Großkomm AktG/*Hopt/Roth* § 93 Rn. 28; krit. zur Präventionsfunktion *Paal* DStR 2005, 426 (429 ff.).

[4] *Schaefer/Missling* NZG 1998, 441 (444 f.); *Wiese* DB 2000, 1901 (1902); *Trescher* DB 1995, 661; *Thümmel* DB 1999, 885 (887); MüKoAktG/*Habersack* Rn. 8; *Lederer*, Haftung von Aufsichtsratsmitgliedern, 2011, 109.

[5] Schon mit dem KonTraG wurde das Quorum auf 5% der Aktien oder nominal 500 000 Euro gesenkt, s. dazu *Ulmer* ZHR 163 (1999), 290 f. und 294; *Hopt* FG Kübler, 1997, 435 ff.; *Hölters* FS Wiedemann, 2002, 975 ff.; hierzu zuvor schon *Hopt* FS Mestmäcker, 1996, 909 (925 f.).

[6] S. auch *Baums*, Gutachten 63. DJT. 2000, F, 256 f.; K. Schmidt/Lutter/*Drygala* Rn. 56; teils krit. *Hopt* FS Mestmäcker, 1996, 909 (925 f.); *Götz* AG 1995, 337 (351); krit. zur Praxisrelevanz des neu eingeführten § 147 AktG ebenfalls Großkomm AktG/*Hopt/Roth* Rn. 22; MüKoAktG/*Habersack* Rn. 8: Erwartungen an § 148 nicht ansatzweise erfüllt; *Lutter* FS U. H. Schneider, 2011, 763 (765 f.); *Peltzer* FS U. H. Schneider, 2011, 953 ff.; *Schmolke* ZGR 2011, 398 (402 ff.); dazu und zu Vorschlägen de lege ferenda *Habersack* ZHR 177 (2013), 782 (789 ff.); *Habersack* Gutachten zum 69. DJT, E, 91 ff.

[7] BGHZ 187, 60 Rn. 14 ff. = JZ 2010, 1188 – Doberlug mit zust. Anm. *Habersack*; *Weller* GWR 2010, 541 (543); K. *Schmidt* GmbHR 2010, 1319; aA – für analoge Anwendung des § 93 Abs. 3 Nr. 6 – *Schürnbrand* NZG 2010, 1207 (1210 ff.); zur Haftungssituation bei Weisungsgebundenheit der Aufsichtsratsmitglieder in mitbestimmungsfreier GmbH → Rn. 86.

§ 1 Abs. 1 Nr. 3 DrittelbG, § 24 Abs. 2 S. 2 MgVG, § 3 Abs. 2 MontanMitbestG und § 3 Abs. 1 S. 3 MontanMitbestErgG gelangt § 116 iVm § 93 auch für die **mitbestimmte GmbH** zur Anwendung; hier kommt § 93 vollständig zum Tragen.[8] Für die Mitglieder des Aufsichtsorgans der dualistischen SE gilt § 116 über Art. 51 SE-VO, für die Mitglieder des Verwaltungsorgans der monistischen SE über Art. 51 SE-VO und § 39 SEAG.

II. Entstehungsgeschichte

Schon mit der Aktienrechtsnovelle von 1884 zur Bekämpfung des Gründungsschwindels wurde 5 der Schadensersatzanspruch der Gesellschaft gegen den Vorstand nach Art. 241 Abs. 3 ADHGB 1884 (später § 241 Abs. 2 und 3 HGB aF)[9] durch einen Schadensersatzanspruch gegen die Aufsichtsratsmitglieder nach Art. 226 Abs. 2 ADHGB (später § 249 Abs. 2 und 3 HGB aF) ergänzt, um so ein effektives System der Organhaftung zu schaffen,[10] welches sich in den Grundzügen noch heute in §§ 93, 116 wiederfindet.[11] Flankiert wurde der allgemeine Schadensersatzanspruch durch einen Katalog konkreter Verstöße gegen Einzelpflichten zur Überwachung der Kapitalerhaltung, bei deren Verletzung ein Ersatzanspruch zu Gunsten der Gesellschaft eingriff, der jedoch auch von den Gesellschaftsgläubigern geltend gemacht werden konnte, soweit von der Gesellschaft eine Befriedigung nicht zu erlangen war (vgl. § 249 Abs. 3 HGB aF iVm § 241 Abs. 2 HGB aF).[12] Bereits im § 99 AktG 1937 war bezüglich der Sorgfaltspflichten und der Verantwortlichkeit der Aufsichtsratsmitglieder der kurze Verweis auf das Recht des Vorstands zu finden, gleichzeitig wurde damals die Verschwiegenheitspflicht ausdrücklich in § 84 AktG 1937 eingeführt,[13] die damit auch für den Aufsichtsrat explizit Geltung beanspruchte.[14] Das AktG 1965 schließlich stellte die Verletzung der Verschwiegenheitspflicht unter Strafe (§ 404).[15]

§ 116 hat seit seiner Fassung durch das AktG 1965 nur zwei Änderungen erfahren. Zum einen 6 durch die Einfügung von § 116 S. 2 infolge von Art. 1 Nr. 10 **TransPuG**,[16] der die Verschwiegenheitspflicht der Aufsichtsratsmitglieder besonders betont, ohne jedoch inhaltlich Änderungen gegenüber dem früheren Rechtszustand zu erzeugen.[17] Verschärft wurde allerdings der Strafrahmen für Verletzungen der Verschwiegenheitspflicht bei börsennotierten Gesellschaften gem. § 404 Abs. 1, ohne jedoch den Charakter als Antragsdelikt aufzuheben. Zum anderen hat Art. 1 Nr. 5 **VorstAG**[18] nunmehr in § 116 S. 1 eine Differenzierung zwischen Aufsichtsrat und Vorstand hinsichtlich des Selbstbehalts bei einer D&O-Versicherung eingeführt, ebenso wie in § 116 S. 3 ausdrücklich eine Haftung der Aufsichtsratsmitglieder für eine unangemessene Vorstandsvergütung angeordnet wird.[19]

Hinsichtlich einer Änderung der Verjährungsfrist des § 116 iVm § 93 Abs. 6 sah der Gesetzgeber 7 zunächst keinen Handlungsbedarf,[20] so dass er im Gesetz zur Anpassung von Verjährungsvorschriften an das Gesetz zur Modernisierung des Schuldrechts die angeführten Normen nicht umgestaltete und es bei der fünfjährigen Frist verblieb.[21] Der Grund für die Beibehaltung dieser Frist lag vor allem

---

[8] BGHZ 187, 60 Rn. 21 = JZ 2010, 1188 – Doberlug m. zust. Anm. *Habersack*; UHH/*Ulmer/Habersack* MitbestG § 25 Rn. 121; *Weller* GWR 2010, 541 (543); *Schürnbrand* NZG 2010, 1207 (1209 f.); krit. *Noack* FS Goette, 2011, 345 (353 f.); aA *Altmeppen* ZIP 2010, 1973 (1978); *K. Schmidt* GmbHR 2010, 1319.
[9] Eine Haftung des Vorstands war schon in Art. 99 Abs. 1 des ADHGB-Entwurfs v. 1848/49 (abgedr. bei *Baums*, Entwurf eines allgemeinen Handelsgesetzbuches für Deutschland [1849/49], 1982, 59 ff.) zu finden und wurde später in Art. 241 Abs. 2 ADHGB 1861 kodifiziert.
[10] *Wiener* AktG-E 98; zum geschichtlichen Hintergrund s. auch *Lieder*, Der Aufsichtsrat im Wandel der Zeit, 2006, 182 ff.
[11] Schubert/Hommelhoff/*Hommelhoff*, Hundert Jahre modernes Aktienrecht, 1985, 53 (95).
[12] Schubert/Hommelhoff/*Hommelhoff*, Hundert Jahre modernes Aktienrecht, 1985, 53 (96); vgl. auch *Wiener* AktG-E 99 f.; vgl. ferner etwa Staub, 14. Aufl. 1933, HGB § 241 Anm. 11 ff.
[13] S. *Schlegelberger/Quassowski* AktG 1937 § 84 1937 Rn. 1 ff.; *v. Stebut*, Geheimnisschutz und Verschwiegenheitspflicht im Aktienrecht, 1972, 85.
[14] *v. Stebut*, Geheimnisschutz und Verschwiegenheitspflicht im Aktienrecht, 1972, 85; MüKoAktG/*Habersack* Rn. 3.
[15] Zur schon im BetrVG 1952 (§§ 55, 76 Abs. 2 S. 5 BetrVG 1952) enthaltenen Strafnorm für Arbeitnehmervertreter, die die Verschwiegenheit verletzen *Radke* NJW 1956, 1581 (1582); MüKoAktG/*Habersack* Rn. 3.
[16] Gesetz zur weiteren Reform des Aktien- und Bilanzrechts, zu Transparenz und Publizität (Transparenz- und Publizitätsgesetz) v. 19.7.2002, BGBl. 2002 I 2681.
[17] BegrRegE BT-Drs. 14/8769, 18.
[18] Gesetz zur Angemessenheit der Vorstandsvergütung v. 31.7.2009, BGBl. 2009 I 2509.
[19] S. dazu BegrFrakE BT-Drs. 16/12 278, 6; *Spindler* NJOZ 2009, 3282 (3289); *Hohenstatt* ZIP 2009, 1349 (1354); *Fleischer* NZG 2009, 801 (804); *Nikolay* NJW 2009, 2640 (2645); *van Kann/Keiluweit* DStR 2009, 1587 (1591).
[20] S. dazu BegrRegE BT-Drs. 15/3653, 12.
[21] BGBl. 2004 I 3214 (3216); *Mansel/Budzikiewicz* NJW 2005, 321 (329).

darin, dass für Organmitglieder eine Privilegierung im Sinne einer Gewissheit der Haftung für ihre unternehmerischen Entscheidungen durch Beibehaltung einer einzigen Frist im Gegensatz zu den möglicherweise unterschiedlichen Fristen des Bürgerlichen Gesetzbuches angestrebt wurde.[22] Zu beachten ist, dass der Beginn dieser Frist sich nach den Normen des BGB richtet (→ Rn. 175). Erst mit dem Restrukturierungsgesetz[23] wurde für Gesellschaften eine Verlängerung der Verjährungsfrist auf 10 Jahre eingeführt, wenn sie zur Zeit der Pflichtverletzung börsennotiert waren.[24] Die Verlängerung auf zehn Jahre wurde mit der großflächigen Streuung der Beteiligungen, sowie einem gesteigerten Zeitbedürfnis zur Anspruchsgeltendmachung begründet.[25] Die Differenzierung nach Art der Gesellschaft erfuhr Kritik, da nicht-börsennotierte Gesellschaften ähnliche Defizite aufweisen wie zB die Scheu vor der Anspruchsgeltendmachung des Aufsichtsrats gegen den eigenen Vorstand.[26] Auch lässt sich aus der Praxis der wenigen Fälle tatsächlicher Anspruchsgeltendmachung nicht darauf schließen, dass die bisherige Verjährungsperiode unzureichend wäre.[27] Damit hat der Gesetzgeber leider wiederum nicht das Verjährungssystem an das System der §§ 199 ff. BGB angenähert, sondern es bei einem rein objektiven System belassen.

III. Pflichtenmaßstäbe

8   Die Aufsichtsratsmitglieder haben entsprechend dem Leitbild des ordentlichen Geschäftsleiters sinngemäß ihre Funktion als ordentliche „Überwacher"[28] einschließlich der Beratung des Vorstandes (→ § 111 Rn. 10 f.) auszufüllen. Die Pflichten bestimmen sich nach den jeweiligen Aufgaben des Aufsichtsrats[29] und können sich erweitern, wenn ein Aufsichtsratsmitglied besondere Funktionen übernommen hat, etwa im Rahmen eines Ausschusses oder als Aufsichtsratsvorsitzender. Die Kardinalpflichten des Aufsichtsrats sind die Überwachung des Vorstands nach § 111 Abs. 1 sowie seine Bestellung nach § 84. Aufsichtsratsmitglieder sind wie die Vorstandsmitglieder verpflichtet, die Interessen des Unternehmens zu wahren,[30] was allerdings schwer zu konkretisieren ist (→ Rn. 23 ff.).

9   **1. Geltung für alle Aufsichtsratsmitglieder.** Der Sorgfaltsmaßstab des § 116 und des ordentlichen „Überwachers" gilt für alle Aufsichtsratsmitglieder gleichermaßen, seien es Anteilseigner- oder Arbeitnehmervertreter,[31] seien es entsandte[32] oder gerichtlich bestellte Aufsichtsratsmitglieder. Denn entscheidend ist die Funktion, die die Aufsichtsratsmitglieder freiwillig übernommen haben und die sie bzw. das Organ Aufsichtsrat zu erfüllen haben.[33] Keiner Haftung unterliegen Dritte, die die Stimme eines Aufsichtsratsmitglieds überbringen,[34] auch dann nicht, wenn sie nach bestimmten Bedingungen die Stimme abgeben; entscheidend ist die Zugehörigkeit zum Organ Aufsichtsrat. Ebenso wenig genügt die faktische Einflussnahme auf den Aufsichtsrat.[35] Die Haftung eines als **Versammlungsleiter** fungierenden Aufsichtsratsmitglieds richtet sich allein nach dem allgemeinen Leistungsstörungsrecht und § 826 BGB, § 116 AktG kommt mangels Organeigenschaft des Versamm-

---

[22] BegrRegE BT-Drs. 15/3653, 12.
[23] Gesetz zur Restrukturierung und geordneten Abwicklung von Kreditinstituten, zur Einrichtung eines Restrukturierungsfonds für Kreditinstitute und zur Verlängerung der Verjährungsfrist der aktienrechtlichen Organhaftung (Restrukturierungsgesetz) v. 09.12.2010, BGBl. 2010 I 1900.
[24] Näher MüKoAktG/*Spindler* § 93 Rn. 287 mwN; dazu auch *Harbarth/Jaspers* NZG 2011, 368; *Keiluweit* GWR 2010, 445.
[25] BegrRegE BT-Drs. 17/3024, 81.
[26] Noch zum Ref-E: *Baums* ZHR 174 (2009), 593 (594 f.).
[27] Noch zum Ref-E: *Baums* ZHR 174 (2009), 593 (594).
[28] MüKoAktG/*Habersack* Rn. 16; Großkomm AktG/*Hopt/Roth* Rn. 11; K. Schmidt/Lutter/*Drygala* Rn. 3; NK-AktR/*Breuer/Fraune* Rn. 2; *Fleck* GmbHR 1997, 237 (238); *Möllers* ZIP 1995, 1725 (1726 f.).
[29] AllgM, *Doralt/Doralt* in Semler/v. Schenck AR-HdB § 14 Rn. 37; MüKoAktG/*Habersack* Rn. 16 ff.
[30] StRspr, vgl. BGHZ 64, 325 (330 f.); BGHZ 106, 54 (65) = BGH AP MitbestG § 25 Nr. 3; *Henssler/Fischer* in Anm. zu BGH AP MitbestG § 25 Nr. 4; *Peltzer* FS Semler, 1993, 261 (262); MüKoAktG/*Spindler* § 93 Rn. 47.
[31] Str.; wie hier: BGHZ 85, 293 (296) = NJW 1983, 991 – Hertie; Großkomm AktG/*Hopt/Roth* Rn. 5; Hüffer/Koch/*Koch* Rn. 3; MHdB AG/*Hoffmann-Becking* § 33 Rn. 74; MüKoAktG/*Habersack* Rn. 23; Lutter/Krieger/*Verse* Rechte und Pflichten des Aufsichtsrats Rn. 1009; Bürgers/Körber/*Israel* Rn. 2; UHH/*Ulmer/Habersack* MitbestG § 25 Rn. 118a; *Löwisch* DB 2017, 710 (710 f.); *Edenfeld/Neufang* AG 1999, 49 (50 f.); *Schwark* FS Werner, 1984, 841 (850); *Götz* AG 1995, 337 (345 f.); auch *Alversammer*, Die Sorgfaltspflicht der Arbeitnehmervertreter im Aufsichtsrat, 2000 (zum öster. 146 ff.); 161 (unter Vergl. zur Rechtslage in Österreich); wohl auch *Hopt* FS Mestmäcker, 1996, 909 (930); § 116 gilt auch für gemeindliche Aufsichtsratsmitglieder eines fakultativen Aufsichtsrats in kommunalen Unternehmen OVG Bautzen ZIP 2012, 2111 und *Meier* ZKF 2011, 226.
[32] MüKoAktG/*Habersack* Rn. 10; Bürgers/Körber/*Israel* Rn. 2.
[33] *Götz* AG 1995, 337 (345) spricht daher von einem „Übernahmeverschulden"; wie auch K. Schmidt/Lutter/*Drygala* Rn. 7.
[34] Großkomm AktG/*Hopt/Roth* Rn. 12.
[35] Großkomm AktG/*Hopt/Roth* § 93 Rn. 346.

lungsleiters weder direkt noch analog in Betracht.³⁶ Eine organschaftliche Haftung setzt auch nicht im Vorfeld der Versammlungsleitung ein, etwa durch die Mitwirkung bei der Auswahl des Versammlungsleiters, da die in diesem Zusammenhang ausgeübten Tätigkeiten außerhalb der eigentlichen Überwachungsaufgabe liegen und nach dem gleichen Haftungssystem wie die Ausübung der Versammlungsleitung selbst zu beurteilen sind.³⁷ Dass durch die Übernahme der Versammlungsleitung ein Schuldverhältnis nicht begründet werden soll, vermag nicht zu überzeugen.³⁸ Je nach Konstellation liegt ein ausdrücklich oder konkludent geschlossener unentgeltlicher oder entgeltlicher Auftrag vor, wenn der Versammlungsleiter nicht sogar schon allein aus der Übernahme des Mandats bestimmte Sorgfaltspflichten schuldet.³⁹

Da die Haftung nach § 116 aus der **Stellung als Organmitglied** resultiert, kommt es nicht auf schuldrechtliche Dienstverträge etc. an, sondern allein auf die organschaftliche Bestellung als Aufsichtsratsmitglied und die Annahme des Mandats.⁴⁰ Ab dem Zeitpunkt der Annahme der Bestellung beginnt daher die Haftung,⁴¹ mit der Beendigung des Aufsichtsratsmandats endet sie. Unumstritten können auch über das Ende der Organmitgliedschaft vereinzelte Pflichten hinaus wirken, insbesondere bezüglich der Verschwiegenheit über Beratungen während der Amtszeit.⁴² Problematisch ist, ob das Aufsichtsratsmitglied auch dann Stillschweigen zu wahren hat, wenn es die Bestellung nicht annimmt und somit die organschaftliche Stellung nie erwirbt.⁴³ Eine organschaftliche Verpflichtung ist in diesem Fall nicht begründet,⁴⁴ wohl aber mögen im Einzelfall vertragliche oder quasivertragliche Pflichten bestehen. 10

Auch durch eine Amtsniederlegung kann das Aufsichtsratsmitglied seine organschaftliche Haftung für Maßnahmen des Aufsichtsrats für die Zeit nach der Niederlegung vermeiden. Die Amtsniederlegung darf aber ihrerseits nicht zur Unzeit erfolgen, da das Aufsichtsratsmitglied schon durch die Niederlegung eine Pflichtverletzung begeht.⁴⁵ 11

Bei **unwirksamem Widerruf der Bestellung** haftet das Aufsichtsratsmitglied nicht, selbst, wenn es sich gegen den Widerruf gewehrt und von der Fehlerhaftigkeit Kenntnis hatte; denn nur wenn das Aufsichtsratsmitglied auf Grund seiner Organstellung Einfluss nehmen konnte, ist der Haftungsgrund des § 116 gegeben. Aus diesem Grund haftet das Aufsichtsratsmitglied als faktisches Organ auch, wenn es **fehlerhaft bestellt** wurde, unabhängig von dem Grund der Mangelhaftigkeit, sofern es von der Wirksamkeit der Bestellung ausging und mit Wissen der Gesellschaft bzw. wenigstens eines Organmitglieds seine Tätigkeit aufgenommen hat.⁴⁶ Unerheblich ist ferner, ob der Anstellungsvertrag zwischen Gesellschaft und Aufsichtsratsmitglied wirksam zustande gekommen ist; entscheidend ist 12

---

³⁶ LG Ravensburg ZIP 2014, 1632 (1633), Haftung allein aus § 826 BGB; *von der Linden* NZG 2013, 208 (209 ff.) mwN; *Marsch-Barner* FS Brambring, 2011, 267 (281); aA *Rose* NZG 2007, 241 (245); eingehend zur Haftung des Versammlungsleiters auch: *Theusinger/Schilha* BB 2015, 131.
³⁷ LG Ravensburg ZIP 2014, 1632 (1633).
³⁸ So aber LG Ravensburg ZIP 2014, 1632 (1633).
³⁹ *Marsch-Barner* FS Brambring, 2011, 267 (281); im letzteren Sinne *von der Linden* NZG 2013, 208 (210 f.).
⁴⁰ MHdB AG/*Hoffmann-Becking* § 30 Rn. 46; Großkomm AktG/*Hopt/Roth* Rn. 12; Kölner Komm AktG/ *Mertens/Cahn* § 101 Rn. 36; zum Beginn des Mandats → § 101 Rn. 9 ff. und *M. Strasser*, Die Treuepflicht der Aufsichtsratsmitglieder der Aktiengesellschaft, 1998, 26 ff.
⁴¹ RGZ 144, 348 (356); MüKoAktG/*Habersack* Rn. 14; *M. Strasser*, Die Treuepflicht der Aufsichtsratsmitglieder der Aktiengesellschaft, 1998, 29: Annahme ist Rechtsbedingung der Bestellung.
⁴² AllgM, *Lutter* Information und Vertraulichkeit Rn. 492; MüKoAktG/*Habersack* Rn. 15; *M. Strasser*, Die Treuepflicht der Aufsichtsratsmitglieder der Aktiengesellschaft, 1998, 94; *Isele* FS Kronstein, 1967, 107 (117 f.); *K. Schmidt/Lutter/Drygala* Rn. 32; *E. Vetter* in Marsch-Barner/Schäfer Börsennotierte AG-HdB Rn. 29.15.
⁴³ Hierzu soweit ersichtlich nur *M. Strasser*, Die Treuepflicht der Aufsichtsratsmitglieder der Aktiengesellschaft, 1998, 31.
⁴⁴ So wohl auch MüKoAktG/*Habersack* Rn. 14; differenzierend zwischen einzelnen Rechten und Pflichten *M. Strasser*, Die Treuepflicht der Aufsichtsratsmitglieder der Aktiengesellschaft, 1998, 30 f., der vertritt, dass Teile des organschaftlichen Rechtsverhältnisses vor der Annahme wirksam werden, sofern nicht die Gefahr der einseitigen Fremdverpflichtung besteht. Diese Gefahr verneint er bei Rechten, die die Ausübung des Mandats erst ermöglichen sollen und bei der Pflicht zur Verschwiegenheit vertraulicher Informationen vor der Annahme, da mit dieser Pflicht die Handlungsfreiheit des zukünftigen Aufsichtsratsmitglieds nur auf das ohne Bestellung bestehende Maß an Information reduziert wird.
⁴⁵ OLG Düsseldorf Urt. v. 26.4.2012 – I-6 U 18/10 – juris Rn. 81; OLG Koblenz GmbHR 1995, 730 (für GmbH-Geschäftsführer); Hüffer/Koch/*Koch* § 103 Rn. 17; Kölner Komm AktG/*Mertens/Cahn* § 103 Rn. 57 und § 107 Rn. 32; MüKoAktG/*Habersack* Rn. 15, § 103 Rn. 60; Großkomm AktG/*Hopt/Roth* Rn. 13; großzügiger *Lutter/Krieger/Verse* Rechte und Pflichten des Aufsichtsrats Rn. 35: weitgehend ohne Einschränkung.
⁴⁶ RGZ 152, 273 (277) (für den Aufsichtsrat einer Genossenschaft); BGHZ 75, 96 (106 f.) = NJW 1979, 1879 ff. – Herstatt; OLG Frankfurt a. M. AG 2011, 36 (40); insoweit unstr.; vgl. *Stein*, Das faktische Organ, 1984, 35 mwN in Fn. 6, 7 und S. 121 f.; *Lowe*, Fehlerhaft gewählte Aufsichtsratsmitglieder, 1989, 86 f.; MüKoAktG/*Habersack* Rn. 14.

allein die Übernahme der Organfunktion.⁴⁷ Ist jedoch die Wahl eines Aufsichtsratsmitglieds nichtig oder wird durch Anfechtungsklage für nichtig erklärt, wird das Aufsichtsratsmitglied im Rahmen der Wirksamkeit von Aufsichtsratsbeschlüssen, die unter Stimmabgabe des Betroffenen zustande gekommen sind, für die Stimmabgabe und die Beschlussfassung nach der Rechtsprechung des BGH wie ein Nichtmitglied behandelt (→ § 101 Rn. 114).⁴⁸ Dies ändert indes nichts daran, dass auch für das fehlerhaft bestellte Mitglied die Pflichten des § 116 gelten (→ § 101 Rn. 111), woran die Rechtsprechung ausdrücklich festhält.⁴⁹ (→ § 101 Rn. 116)

13   Trotz wirksamer Beendigung der Organmitgliedschaft haftet das Aufsichtsratsmitglied aber weiterhin, wenn es sich als solches geriert, an Aufsichtsratshandlungen mitwirkt und damit den Rechtsschein begründet, auch als Aufsichtsrat tätig zu werden. Es ist dann wie ein **faktisches Organ** zu behandeln.⁵⁰ Selbst, wenn gar kein Bestellungsakt vorliegt, das vermeintliche Aufsichtsratsmitglied sich aber wie ein solches verhält und Einfluss auf die Aufsichtsratstätigkeit nimmt, haftet es nach §§ 116, 93; denn es nimmt für sich die Befugnisse des Organs in Anspruch und muss sich dann auch dementsprechend behandeln lassen.⁵¹

14   Dass die AG selbst schon eingetragen ist, ist nicht Voraussetzung; vielmehr entsteht die Haftung auch bei der **Vor-AG** und im Gründungsstadium.⁵²

15   Jedes Aufsichtsratsmitglied muss im Sinne eines **Mindeststandards** die nötigen Kenntnisse aufweisen oder sich verschaffen,⁵³ um die Aufgaben des Organs Aufsichtsrat persönlich und eigenständig zu erfüllen, insbesondere um Geschäftsvorgänge selbständig⁵⁴ beurteilen zu können. Es kann sich nicht dauerhaft nur auf einen externen Sachverständigen stützen, sondern muss eigenständig in der Lage sein, seinen Aufgaben nachzukommen.⁵⁵ Dies gebietet schon § 111 Abs. 5. Zu den nötigen Kenntnissen gehören die grundlegenden Zusammenhänge der Finanzierung eines Unternehmens, der Marktstellung des Unternehmens und der aktienrechtlichen Grundsätze im Verhältnis der Organe zueinander und im Aufsichtsrat selbst.⁵⁶ Übernimmt ein Aufsichtsratsmitglied sein Mandat, ohne die nötigen Fähigkeiten zu besitzen, trifft es der entsprechende Vorwurf eines **Übernahmeverschuldens.** Dies gilt auch dann, wenn es sehenden Auges ein Mandat in einem Aufsichtsrat übernimmt, der kein Mitglied mit besonderen Kenntnissen aus dem Bereich, in dem das Unternehmen tätig ist, aufweist (→ § 100 Rn. 61 f.). In diesem Zusammenhang hat das Aufsichtsratsmitglied auf **Wahlvorschläge** für geeignete Aufsichtsratsmitglieder hinzuwirken.⁵⁷ Aufsichtsratsmitglieder, die sich in einen Ausschuss wählen lassen, müssen eine über die nötige Mindestqualifikation hinausgehende Sachkunde aufweisen.⁵⁸ Die berufliche Sachkunde wird allerdings nur in aufsichtsrechtlichen Spezialgesetzen zur Eignungsvoraussetzung für die Übernahme des Mandats erhoben.⁵⁹

---

⁴⁷ S. auch BGHZ 41, 282 (287); *Lowe,* Fehlerhaft gewählte Aufsichtsratsmitglieder, 1989, 84 ff.
⁴⁸ BGHZ 196, 195 Rn. 17 ff. mwN zum Streitstand; BGH AG 2013, 562 (565) Rn. 26; dagegen *Priester* GWR 2013, 175 (176 f.).
⁴⁹ Deutlich BGH NJW 2013, 1535 (1537).
⁵⁰ Kölner Komm AktG/*Mertens/Cahn* § 93 Rn. 41; Großkomm AktG/*Hopt/Roth* § 93 Rn. 45; ebenso bereits RG SeuffA 93, 310 (312); aA *Stein,* Das faktische Organ, 1984, 148 mwN auch zur Gegenansicht.
⁵¹ MüKoAktG/*Habersack* Rn. 10; für den Vorstand s. *Fleischer* AG 2004, 517 (528); MüKoAktG/*Spindler* § 93 Rn. 18; Großkomm AktG/*Hopt/Roth* § 93 Rn. 45, 358 ff, 362 f.; so auch schon RGZ 152, 273 (277); später BGHZ 75, 96 (106 f.) – Herstatt; zum GmbH-GF: Scholz/*Schneider* GmbHG § 43 Rn. 26 ff.; Lutter/Hommelhoff/*Kleindiek* GmbHG Vor § 35 Rn. 11 f.: abw. *Stein,* Das faktische Organ, 1984, 121 (200), die eine Haftung ohne Bestellungsakt mangels vertrauensbegründenden Akt ablehnt, dort S. 35 ff. mwN zur Gegenmeinung in Fn. 7.
⁵² Großkomm AktG/*Hopt/Roth* Rn. 16; MüKoAktG/*Habersack* Rn. 14; MHdB AG/*Hoffmann-Becking* § 3 Rn. 29.
⁵³ *Lutter* ZHR 145 (1981), 224 (228); *Semler* FS K. Schmidt, 2009, 1489 (1501 f.); Großkomm AktG/*Hopt/Roth* Rn. 43; NK-AktR/*Breuer/Fraune* Rn. 3; K. Schmidt/Lutter/*Drygala* Rn. 7; ausf. zu der Frage inwiefern sich ein Aufsichtsratsmitglied auf Rechtsrat in seinem Verantwortungsbereich verlassen darf *Fleischer* FS Hüffer, 2010, 187 ff.
⁵⁴ BGH AG 2013, 90 (91); OLG Stuttgart AG 2012, 298 (301); MüKoAktG/*Habersack* § 116 Rn. 32; *Hasselbach* NZG 2012, 41 (42); *Hoffmann* AG 2012, 478 (482).
⁵⁵ BGHZ 85, 293 (295 f.) = NJW 1983, 991 – Hertie; OLG Frankfurt a. M. AG 2011, 462 (464); *Lutter/Krieger* DB 1995, 257 (259); → § 109 Rn. 20; NK-AktR/*Breuer/Fraune* Rn. 3; in Zweifelsfällen hat er allerdings Rechtsrat einzuholen *Fleischer* FS Hüffer, 2010, 187 (202).
⁵⁶ Vgl. auch MüKoAktG/*Habersack* Rn. 24 f.; *Semler* FS K. Schmidt, 2009, 1489 (1501).
⁵⁷ *Semler* FS K. Schmidt, 2009, 1489 (1495); s. auch *Lutter* ZIP 2003, 417 (418 f.); *Sünner* ZIP 2003, 834 ff.
⁵⁸ MüKoAktG/*Habersack* Rn. 26; aA Kölner Komm AktG/*Mertens/Cahn* § 116 Rn. 8 mwN.
⁵⁹ § 25d KWG; § 18 Abs. 4 KAGB; § 119 Abs. 3 KAGB; § 147 Abs. 3 KAGB; § 24 Abs. 1 VAG (§ 7a Abs. 4 VAG-aF); die Sachkunde geht über die aktienrechtlichen Mindestanforderungen hinaus → § 100 Rn. 61; wie hier *Kruchen* ZCG 2011, 21 (23) der sie als qualitative Steigerung versteht; aA *Dreher* ZGR 2010, 496 (511) mwN.

Auch wenn für alle Aufsichtsratsmitglieder im Grundsatz der gleiche Pflichtenmaßstab gilt, schließt **16** dies nicht aus, bei der **Übernahme besonderer Funktionen,** insbesondere des Amtes des Aufsichtsratsvorsitzenden, höhere Anforderungen zu stellen.[60]

Ferner können das Aufsichtsratsmitglied **je nach Branche und Größe des Unternehmens** **17** **höhere Pflichten** treffen als der zu erfüllende Mindeststandard.[61] So sind in einem verzweigten multinationalen Konzern höhere Anforderungen an die Pflichten des Aufsichtsratsmitglieds zu stellen als in einer nur regional tätigen Gesellschaft, in einem Unternehmen mit hohen Risiken wird dem Aufsichtsratsmitglied mehr abverlangt als bei Unternehmen in stabilen, gefestigten Märkten und einer gesicherten Marktstellung.[62]

Dagegen sollen **besondere Fähigkeiten** oder Kenntnisse eines Aufsichtsratsmitglieds nicht pflich- **18** tensteigernd wirken,[63] der Maßstab also ein rein objektiver sein.[64] Nicht die Art der Qualifikation der Pflichtenträger, sondern die Art der Aufgaben bestimme die Pflichtenanforderungen.[65] Daran ist richtig, dass jeder Schuldner einer Pflicht einen Mindeststandard zu gewährleisten hat, der sich nach der übernommenen Aufgabe bestimmt. Dies schließt jedoch nicht aus, besondere Fähigkeiten pflichtensteigernd zu berücksichtigen: Schon nach allgemeinen bürgerlich-rechtlichen Regeln hat der Schuldner besondere Fähigkeiten und Kenntnisse zur Erfüllung seiner Pflichten nach § 276 BGB einzusetzen.[66] Diesem Argument wird zwar entgegengehalten, dass im Rahmen des § 276 BGB nicht besondere Qualifikationen eines einzelnen, sondern dessen konkreter Wissensvorsprung Zurechnungsgrund sei.[67] Jedoch ist auch im Aktienrecht das besonders befähigte Aufsichtsratsmitglied gehalten, diese Fähigkeiten im Interesse der Gesellschaft zu nutzen;[68] dabei darf nicht vergessen werden, dass die Auswahl der Aufsichtsratsmitglieder auch unter dem Aspekt ihrer Fähigkeit erfolgt (bzw. erfolgen sollte). Selbst wenn man daher besondere Fähigkeiten nicht berücksichtigen möchte, werden sich häufig dennoch die gleichen Anforderungen ergeben, wenn der objektive Pflichtenmaßstab allein von der konkret zugewiesenen Aufgabe abhängig gemacht wird.[69] Allerdings beziehen sich diese besonderen Anforderungen nur auf beruflich erworbene Kenntnisse oder Fähigkeiten des Aufsichtsratsmitglieds; privat als Hobby erworbene Fähigkeiten zählen nicht dazu.

Jedes Aufsichtsratsmitglied schuldet **persönlich** die Erfüllung der Pflichten des Organs Aufsichtsrat **19** in seiner Gesamtheit und darf deshalb die Auswertung der Vorstandsberichte nicht delegieren, wohingegen die Hinzuziehung von Sachverständigen zulässig ist.[70] Sie sind auch dann haftbar, wenn ein anderes Aufsichtsratsmitglied die gleiche Sorgfaltspflichtverletzung begangen hat, denn jedes Mitglied ist gehalten, darauf hinzuwirken, dass die Pflichten des Gesamtaufsichtsrats erfüllt werden.[71]

Die Sorgfaltspflichten der Aufsichtsratsmitglieder können durch **Satzung** oder Geschäftsord- **20** nung weder verschärft noch gemildert oder abgeändert werden (zur Verschwiegenheitspflicht und Richtlinien → Rn. 99). Sie sind zwingender Natur.[72] Die organschaftlichen Pflichten kön-

---

[60] Hüffer/Koch/*Koch* Rn. 4; K. Schmidt/Lutter/*Drygala* Rn. 20, 44; MHdB AG/*Hoffmann-Becking* § 33 Rn. 74; *Semler* FS K. Schmidt, 2009, 1489 (1505); *Dreher* FS Boujong, 1996, 71 (81 ff.); *Schwark* FS Werner, 1984, 841 (848); *Roth* GesRZ-SH 2005, 12 (22); ausf. Großkomm AktG/*Hopt/Roth* Rn. 60 ff.; Kölner Komm AktG/*Mertens/Cahn* § 116 Rn. 9 betonen lediglich das breitere Aufgabenspektrum, das nicht mit besonderen fachlichen Aufgaben einhergeht.

[61] Hölters/*Hambloch-Gesinn/Gesinn* Rn. 9; *E. Vetter* GmbHR 2012, 181 (183).

[62] S. auch Hüffer/Koch/*Koch* Rn. 4; Großkomm AktG/*Hopt/Roth* Rn. 53; UHH/*Ulmer/Habersack* MitbestG § 25 Rn. 118.

[63] So Großkomm AktG/*Hopt/Roth* Rn. 51 f.; *Schwark* FS Werner, 1984, 841 (849 f.); *K. Schmidt* GesR § 28 III 1 d; *Roth* GesRZ-SH 2005, 12 (22); *Selter* AG 2012, 11 (19); wohl auch *Fleck* GmbHR 1997, 237 (238).

[64] *Fleck* GmbHR 1997, 237 (238).

[65] *Schwark* FS Werner, 1984, 841 (850); ähnlich *Fleck* GmbHR 1997, 237 (238).

[66] BGH VersR 1968, 1057 (1059); BGH NJW 1987, 1479 (1480 f.); Bamberger/Roth/*Unberath* BGB § 276 Rn. 21; vgl. MüKoBGB/*Grundmann* § 276 Rn. 56; Soergel/*Wolf* BGB § 276 Rn. 39; aA Staudinger/*Löwisch/Caspers,* 2014, BGB § 276 Rn. 20; *Fleck* GmbHR 1997, 237 (238).

[67] *Schwark* FS Werner, 1984, 841 (850).

[68] BGH ZIP 2011, 2097 Rn. 28 = NZG 2011, 1271 – Doberlug; *Merkt/Mylich* NZG 2012, 525 (529 f.); *Lutter* ZHR 145 (1981), 224 (228); *Semler* FS K. Schmidt, 2009, 1489 (1505); K. Schmidt/Lutter/*Drygala* Rn. 44; NK-AktR/*Breuer/Fraune* Rn. 3; Bürgers/Körber/*Israel* Rn. 5; Grigoleit/*Grigoleit/Tomasic* Rn. 3; Hölters/*Hambloch-Gesinn/Gesinn* Rn. 10; Wachter/*Schick* Rn. 3; *Dreher* FS Boujong, 1996, 71 (78 ff.); *Edenfeld/Neufang* AG 1999, 49 (53); *Mutter/Gayk* ZIP 2003, 1773 (1775).

[69] *Schwark* FS Werner, 1984, 841 (850).

[70] *Diekmann/Wurst* NZG 2014, 121 (125).

[71] AllgM, vgl. Kölner Komm AktG/*Mertens/Cahn* § 111 Rn. 13, § 116 Rn. 5; K. Schmidt/Lutter/*Drygala* Rn. 3; *Theisen* DB 1989, 311 (311 ff.).

[72] AllgM, OLG Düsseldorf AG 1984, 273 (274); MüKoAktG/*Habersack* Rn. 4; Großkomm AktG/*Hopt/Roth* § 93 Rn. 47 ff.; aA *Hoffmann* NJW 2012, 1393 (1395); zur Diskussion de lege ferenda s. *Habersack* ZHR 177 (2013), 782 (803 ff.).

nen auch durch schuldrechtliche Vereinbarung[73] oder Aufsichtsratsbeschluss nicht modifiziert werden.

21 **2. Einfluss von Kodizes auf die Haftung.** Haftungsrechtlich von Bedeutung ist die Nicht- bzw. Falschabgabe der Entsprechenserklärung iSd § 161 S. 1 sowie ein Verstoß gegen die Berichtigungspflicht einer zuvor abgegebenen, nachträglich unrichtigen Entsprechenserklärung.[74] Darüber hinaus sollen sich in neuerer Zeit auch Umfang und Inhalt der Pflichten und damit indirekt auch die Haftung durch Corporate Governance Kodizes bestimmen.[75] Zu berücksichtigen ist jedoch, dass der Kodex kein zwingendes Recht enthält und nur als Wiedergabe der „best practice" auf die einzuhaltende Sorgfaltspflicht einwirken kann. Auch wenn ein Kodex eingehalten worden sein sollte, bedeutet dies wegen der reinen Indizwirkung des Kodex noch nicht, dass tatsächlich die im Einzelfall geschuldete Sorgfalt eingehalten worden ist.[76] Umgekehrt kann die Missachtung eines Kodex die Vermutung dafür begründen, dass die erforderliche Sorgfalt verletzt wurde,[77] sofern der Kodex tatsächlich das Urteil der Verkehrskreise über die im Verkehr übliche Sorgfalt widerspiegelt. Der Corporate Governance Kodex, dem sich die Organe der AG nach § 161 unterwerfen,[78] kann zwar Anhaltspunkte, aber keine rechtlich bindenden Konkretisierungen der vom Vorstand und Aufsichtsrat geschuldeten Pflichten bieten.[79]

22 Grundsätzlich keine haftungsrechtliche Wirkung ist dem Corporate Governance Kodex im Falle einer **negativen Entsprechenserklärung** iSd § 161 Abs. 1 zuzuschreiben, da insoweit von der privatautonomen Ausstiegsmöglichkeit Gebrauch gemacht wird.[80] Die Ablehnung des Kodex hat aber auch keine haftungsausschließende Wirkung, wenn dieser Grundsätze zwingenden Aktienrechts widerspiegelt oder die Prinzipien ordnungsgemäßer Unternehmensführung konkretisiert; insofern handelt es sich um objektive Sorgfaltspflichten gem. § 93 Abs. 2, § 116 S. 1, welche nicht zur Disposition stehen.[81]

3. Unternehmensinteresse und Shareholder Value.

Spezielles Schrifttum zum Unternehmensinteresse: *Adolff,* Hard Choices: Zur Business Judgement Rule bei existenzgefährenden Risiken, FS Baums, 2017, 31; *Bea/Thissen,* Institutionalisierung des Shareholder-Value-Konzeptes bei der GmbH, DB 1997, 787; *Birke,* Das Formalziel der Aktiengesellschaft, Diss. Mainz, 2005; *Bischoff,* Das Shareholder Value-Konzept, 1994; *Brinkmann,* Unternehmensinteresse und Unternehmensrechtsstruktur, 1983; *Brinkmann,* Unternehmensziele im Aktienrecht, AG 1982, 122; *Buck-Heeb,* Die Haftung von Mitgliedern des Leitungsorgans bei unklarer Rechtslage Notwendigkeit einer Legal Judgment Rule?, BB 2013, 2247; *Bungert,* Pflichten des Managements bei der Abwehr von Übernahmeangeboten nach US-amerikanischem Gesellschaftsrecht, AG 1994, 297; *Bunz,* Der Schutz unternehmerischer Entscheidungen durch das Geschäftsleiterermessen, Diss. Bonn, 2011; *Busse v. Colbe,* Was ist und was bedeutet Shareholder Value aus betriebswirtschaftlicher Sicht?, ZGR 1997, 271; *Clemm,* Zur Verantwortung der Unternehmensleitung gegenüber Aktionären („shareholder value") und Arbeitnehmern und Gemeinwohl („soziale Verantwortung"), FS Ritter, 1997, 675; *Dreher,* Unternehmen und Politik – Die gesellschaftspolitische Kompetenz der Aktiengesellschaft, ZHR 155 (1991), 349; *Druey,* Standardisierung der Sorgfaltspflicht? Fragen zur Business Judgment Rule, FS Goette, 2011, 57; *Drygala,* Harte Quote, weiche Quote und die Organpflichten von Vorstand und Aufsichtsrat, NZG 2015, 1129; *v. Falkenhausen,* Die Haftung außerhalb der Business Judgment Rule, NZG 2012, 644; *Fleischer,* Die „Business Judgement Rule": Vom Richterrecht zur Kodifizierung, ZIP 2004, 685; *Fleischer,* Aktienrechtliche Legalitätspflicht und „nützliche" Pflichtverletzungen von Vorstandsmitgliedern, ZIP 2005, 141; *Fleischer,* Aufsichtsratsverantwortlichkeit für Vorstandsvergütung und Unabhängigkeit der Vergütungsberater, BB 2010, 67; *Goette,* Zum Zusammenwirken von

---

[73] BGHZ 64, 239 (244); BGHZ 64, 325 ff. = NJW 1975, 1412 – Bayer; MüKoAktG/*Habersack* Rn. 4; MüKoAktG/*Spindler* § 93 Rn. 27.
[74] BGHZ 180, 9 Rn. 19 = NJW 2009, 2207 (2209 f.); BGH ZIP 2009, 2051 (2054); *Kort* FS K. Schmidt, 2009, 945 (947); K. Schmidt/Lutter/*Spindler* § 161 Rn. 65 ff.; Kölner Komm AktG/*Lutter* § 161 Rn. 156 ff.; MüKoAktG/*Goette* § 161 Rn. 97 f.; Hüffer/Koch/*Koch* § 161 Rn. 20; Goslar/von der Linden NZG 2009, 1337; *Hoffmann-Becking/Krieger* ZIP 2009, 904; *Ihrig* ZIP 2009, 853 (854); *Rosengarten/S. H. Schneider* ZIP 2009, 1837 (1843); *Ettinger/Grützediek* AG 2003, 353 (354); gegen eine Berichtigungspflicht *Seibt* AG 2002, 249 (253); *Schüppen* ZIP 2002, 1269 (1273) der einer zukunftsbezogene Wirkung der Entsprechenserklärung ablehnt.
[75] *Peltzer* NZG 2002, 10 (11); *Thümmel* AG 2004, 83 (85); ähnlich *Schüppen* ZIP 2002, 1269 (1271).
[76] Ebenso MüKoAktG/*Semler*, 2. Aufl. 2003, § 161 Rn. 37; s. auch MüKoAktG/*Spindler* § 93 Rn. 32.
[77] Abl. für Empfehlungen *Weber-Rey/Buckel* AG 2011, 845 (847).
[78] Ausf. dazu MüKoAktG/*Goette* § 161 Rn. 22 ff.; KBLW/*Lutter* DCGK Rn. 1844 ff; *Bachmann* WM 2002, 2137; vgl. auch *Schüppen* ZIP 2002, 1269 (1271); *Bertrams,* Die Haftung des Aufsichtsrats im Zusammenhang mit dem Deutschen Corporate Governance Kodex und § 161 AktG, 2004.
[79] Näher *Kort* FS K. Schmidt, 2009, 945 (953 ff.); MüKoAktG/*Spindler* § 93 Rn. 32; MüKoAktG/*Semler,* 2. Aufl. 2003, § 161 Rn. 193 ff.; KBLW/*Bachmann* DCGK Rn. 80 ff.; *Thümmel* AG 2004, 83 (85).
[80] KBLW/*Lutter* DCGK Rn. 1885 ff.; K. Schmidt/Lutter/*Spindler* § 161 Rn. 30 ff.; Hüffer/Koch/*Koch* § 161 Rn. 18.
[81] → § 161 Rn. 60; *Kort* FS K. Schmidt, 2009, 945 (960 f.); Kölner Komm AktG/*Lutter* § 161 Rn. 165; Hüffer/Koch/*Koch* § 161 Rn. 26 f.

Vorstand und Aufsichtsrat im Spannungsfeld von Informationsordnung und Zustimmungsvorbehalt, FS Baums, 2017, 475; *Göppert,* Die Reichweite der Business Judgment Rule bei unternehmerischen Entscheidungen des Aufsichtsrats der Aktiengesellschaft, 2010; *Götz,* Die Überwachung der Aktiengesellschaft im Lichte jüngerer Unternehmenskrisen, AG 1995, 337; *Groh,* Shareholder Value und Aktienrecht, BB 2000, 2153; *Großmann,* Unternehmensziele im Aktienrecht, 1980; *Heermann,* Wie weit reicht die Pflicht des Aufsichtsrats zur Geltendmachung von Schadensersatzansprüchen gegen Mitglieder des Vorstands?, AG 1998, 201; *Heidemann,* Das Verhältnis zwischen Management und Aktionären beim Management Buy out in den USA und Deutschland – unter besonderer Berücksichtigung der Treuepflichten des Managements, 1994; *Herrmann/Olufs/Barth,* Haftung des Vorstandes und des Aufsichtsrates in der Staatsschuldenkrise, BB 2012, 1935; *Holle,* Rechtsbindung und Business Judgment Rule, AG 2011, 778; *Junge,* Das Unternehmensinteresse, FS v. Caemmerer, 1978, 547; *Junker/Biederbick,* Die Unabhängigkeit des Unternehmensjuristen, AG 2012, 898; *Junker/Schmidt-Pfitzner,* Quoten und Zielgrößen für Frauen (und Männer) in Führungspositionen, NZG 2015, 929; *Jürgenmeyer,* Das Unternehmensinteresse, 1984; *Kern,* Privilegiertes Business Judgment trotz Interessenkonflikts?, ZVglRWiss 2013, 70; *Kessler,* Die Leitungsmacht des Vorstandes einer Aktiengesellschaft, AG 1995, 61, 120; *Kirchner/Ehmke,* Die Managementvergütung und ihre Regulierung: EU, Deutschland, Schweiz, ZVglRWiss 2015, 269; *Kleinert,* Aktuelle Entwicklungen bei der Organhaftung für Compliance-Verstöße, FS Baums, 2017, 667; *Kübler,* Shareholder Value: Eine Herausforderung für das Deutsche Recht?, FS Zöllner, 1998, 321; *Kuhner,* Unternehmensinteresse vs. Shareholder Value als Leitmaxime kapitalmarktorientierter Aktiengesellschaften, ZGR 2004, 244; *Kürsten,* „Shareholder Value" – Grundelemente und Schieflagen einer polit-ökonomischen Diskussion aus finanztheoretischer Sicht, ZfB 2000, 359; *Lang/Balzer,* Handeln auf angemessener Informationsgrundlage – zum Haftungsregime von Vorstand und Aufsichtsrat von Kreditinstituten, WM 2012, 1167; *Linnerz,* Vom Anfechtungs- zum Haftungstourismus? – Stellungnahme zur geplanten Neuregelung aktienrechtlicher Haftungsklagen, NZG 2004, 307; *Merkt,* Rechtliche Grundlagen der Business Judgement Rule im internationalen Vergleich zwischen Divergenz und Konvergenz, ZGR 2017, 129; *Mülbert,* Shareholder Value aus rechtlicher Sicht, ZGR 1997, 129; *Mülbert,* Soziale Verantwortung von Unternehmen im Gesellschaftsrecht, AG 2009, 766; *Ott,* Anwendungsbereich der Business Judgement Rule aus Sicht der Praxis – Unternehmerische Entscheidung und Organisationsermessen des Vorstands, ZGR 2017, 149; *Paefgen,* Dogmatische Grundlagen, Anwendungsbereich und Formulierung einer Business Judgement Rule im künftigen UMAG, AG 2004, 245; *Raisch,* Zum Begriff und zur Bedeutung des Unternehmensinteresses als Verhaltensmaxime von Vorstands- und Aufsichtsratsmitgliedern, FS Hefermehl, 1976, 347; *Raiser,* Das Unternehmensinteresse, FS R. Schmidt, 1976, 101; *Rappaport,* Creating Shareholder Value: The New Standard for Business Performance, 1986; *Redeke,* Zur gesellschaftsrechtlichen Gremienberatung durch die Rechtsabteilung, AG 2017, 289; *Reichert,* „ARAG/Garmenbeck" im Praxistest, ZIP 2016, 1189; *Schilling,* Shareholder Value und Aktiengesetz, BB 1997, 373; *Schmidt/Spindler,* Shareholder Value zwischen Ökonomie und Recht, FG Kübler, 1997, S. 515; *Schulz/Ruf,* Zweifelsfragen der neuen Regelungen über die Geschlechterquote im Aufsichtsrat und die Zielgrößen für die Fraenbeteiligung, BB 2015, 1155; *Schütz,* UMAG-Reloaded – Der Regierungsentwurf eines Gesetzes zur Unternehmensintegrität und Modernisierung des Anfechtungsrechts (UMAG) vom 17.11.2004, NZG 2005, 5; *Seibert,* UMAG und Hauptversammlung – Der Regierungsentwurf eines Gesetzes zur Unternehmensintegrität und Modernisierung des Anfechtungsrechts (UMAG), WM 2005, 157; *Stüber,* Der Referentenentwurf zum Gesetz für die gleichberechtigte Teilhabe von Frauen und Männern an Führungspositionen in der Privatwirtschaft und im öffentlichen Dienst im Überblick, CCZ 2014, 261; *Stüber,* Die Frauenquote ist da – Das Gesetz zur gleichberechtigten Teilhabe und die Folgen für die Praxis, DStR 2015, 947; *Terwedow/Klavina,* Inwieweit dürfen sich Vorstand, Aufsichtsrat und Abschlussprüfer auf Ratings erworbener Finanzprodukte verlassen?, Der Konzern 2012, 535; *Teubner,* Unternehmensinteresse – das gesellschaftliche Interesse des Unternehmens „an sich"?, ZHR 149 (1985), 470; *Thümmel,* Zu den Pflichten des Aufsichtsrats bei der Verfolgung von Haftungsansprüchen gegenüber dem Vorstand der AG, DB 1997, 1117; *Trockels,* „Business Judgement Rule" und „Corporate Take-overs", AG 1990, 139; *Ulmer,* Aktienrecht im Wandel, AcP 202 (2002), 143; *Unzeitig/Köthner,* Shareholder Value Analyse, 1995; *Verse,* Organhaftung bei unklarer Rechtslage – Raum für eine Legal Judgement Rule, ZGR 2017, 174; *E. Vetter,* Die Verantwortung und Haftung des überstimmten Aufsichtsratsmitglieds, DB 2004, 2623; *Weller/Benz,* Frauenförderung als Leitungsaufgabe, AG 2015, 467; *v. Werder,* Shareholder Value-Ansatz als (einzige) Richtschnur des Vorstandshandelns?, ZGR 1998, 69; *Zöllner,* Unternehmensinnenrecht: Gibt es das?, AG 2003, 2.

Die Aufsichtsratsmitglieder sind wie der Vorstand verpflichtet, das Interesse des Unternehmens 23 zu wahren.[82] Anders als beim Vorstand steht für den Aufsichtsrat aber die Überwachung im Vordergrund, um das Gedeihen der Gesellschaft sicherzustellen. Welche Maßstäbe hier anzulegen sind, ist nach wie vor nicht in allen Einzelheiten geklärt:

a) Grundsätze. aa) Sozialbindung, Gemeinwohlklausel und Corporate Social Responsi- 24
bility (CSR). Kennzeichnend für das Unternehmen einer AG – auch der mitbestimmungsfreien AG – ist seine pluralistische Struktur, die in drei Interessenbereichen zum Ausdruck kommt: dem Kapital, der Arbeit und dem Gemeinwohl. Schon für den Vorstand war strittig, ob die im früheren Recht (§ 70 Abs. 1 AktG 1937) geltende Richtschnur, dass der Vorstand unter eigener Verantwortung die Gesellschaft so zu leiten hat, „wie das Wohl des Betriebes und seiner Gefolgschaft und der

---

[82] OLG Düsseldorf AG 1995, 416 (418); Kölner Komm AktG/*Mertens/Cahn* Rn. 3; MüKoAktG/*Habersack* Rn. 11.

gemeine Nutzen von Volk und Reich es fordern",[83] auch unter dem AktG 1965 fortgalt. Zwar fehlte von Anfang an eine entsprechende für den Aufsichtsrat geltende Bestimmung; doch besteht Einigkeit darüber, dass die für den Vorstand geltenden Grundsätze, an denen er sein Handeln auszurichten hat, mutatis mutandis auch für den Aufsichtsrat anzuwenden sind.

25 Bei den Beratungen im Rechts- und Wirtschaftsausschuss zum AktG 1965 stand die Mehrheit auf dem Standpunkt, dass die Aufnahme einer Gemeinwohlklausel, nach der die Gesellschaft das Unternehmen unter Berücksichtigung des Wohls seiner Arbeitnehmer, der Aktionäre und der Allgemeinheit zu betreiben habe, in das Gesetz überflüssig sei, weil in einem sozialen Rechtsstaat gem. Art. 20, 28 GG die Berücksichtigung der drei Faktoren Kapital, Arbeit und öffentliches Interesse eine selbstverständliche Pflicht sei.[84] Für das geltende Aktienrecht ist demnach davon auszugehen, dass eine solche Gemeinwohlklausel nicht existiert[85] – was freilich nicht bedeutet, dass die Organe der AG sich nicht auch (!) am Gemeinwohl orientieren könnten.

26 Nachdem mit dem Grünbuch zu den Europäischen Rahmenbedingungen für die soziale Verantwortung[86] erste Gedanken zur Verknüpfung von Unternehmen und Allgemeinwohlverpflichtung auf europäischer Ebene formuliert wurden, nahm sich der Thematik der Unternehmensverantwortung bzw. **Corporate Social Responsibility (CSR)** die Kommissionsmitteilung „Eine neue EU-Strategie (2011-14) für die soziale Verantwortung der Unternehmen (CSR)"[87] an. Diese wurde mit der sog. **CSR-Richtlinie**[88] auch umgesetzt, die Ende 2014 in Kraft getreten ist.[89] In dieser Richtlinie werden nun für bestimmte Unternehmen[90] erstmals nicht für die Wertschöpfung durch die Unternehmen relevante Angaben in die Berichtspflichten des Lageberichts aufgenommen (nichtfinanzielle Erklärung).[91] Daneben gibt es zahlreiche **internationale Rahmenwerke** wie zB die Guiding Pricipals on Business and Human Rights der UN,[92] die OECD Leitsätze,[93] die im Wesentlichen den Umgang mit natürlichen Ressourcen, eine faire Sozialpartnerschaft und die Bekämpfung der Korruption betreffen[94] oder die „ISO 26000", einen auf dem Multi-Stake-Holder-Ansatz basierenden von der ISO entwickelten Leitfaden zur gesellschaftlichen Verantwortung, um einen einheitlichen Standard im Bereich CSR zu setzen.[95]

27 Das Nichtbestehen einer Gemeinwohlklausel bedeutet nicht, dass die AG als Inhaberin eines Unternehmens bei der Verfolgung erwerbswirtschaftlicher Ziele nicht einer Sozialbindung unterliegt – und damit auch ihre Organe einschließlich des Aufsichtsrats. Zwar geht es aus gesellschaftsrechtlicher Sicht primär um die Interessen der Aktionäre als Gesellschafter der AG; doch unterliegt die AG mit dem von ihr betriebenen Unternehmen der in Art. 14 Abs. 2 GG festgelegten Sozialgebundenheit des in der Aktie verkörperten gesellschaftsrechtlichen Eigentums.[96] Ist aber in einem sozialen Rechtsstaat die Autonomie der Gesellschaft durch die Sozialbindung begrenzt, so gilt dies auch für die Kompetenzen und Pflichten des Aufsichtsrats als Organ und seiner Mitglieder. Die Frage ist allein, welche rechtliche Tragweite der Sozialbindung für die Überwachung eines im

---

[83] Hierzu MüKo AktG/*Spindler* § 76 Rn. 77 f.
[84] Ausschussbericht bei BegrRegE *Kropff* S. 97 (98); wN bei MüKoAktG/*Spindler* § 76 Rn. 60.
[85] *Rittner* AG 1973, 113 ff.; *Rittner* FS Geßler 1971, 139 (142); *Baas*, Leitungsmacht und Gemeinwohlbindung der AG, 1976, 68 f.; Großkomm AktG/*Kort* § 76 Rn. 2 aA *Mertens* NJW 1970, 1718 (1719); zur Legitimation von Corporate Social Responsibility- Aktivitäten s. *Mülbert* AG 2009, 766 ff.
[86] KOM (2001), 366 endg.; Die „Comparative Study Of Corporate' Governance Codes Relevant to the European Union And Its Member States" („Winters Report High-Level-Expert Group"), S. 35 kommt zu dem Schluss, dass die Corporate-Governance Codes innerhalb Europas bei aller Verschiedenheit anerkennen, dass Unternehmenserfolg, Profit der Anteilseigner, Sicherung von Beschäftigung und Wohl der Arbeitnehmer sowie Interessen anderer Stakeholder miteinander verflochten sind und einander bedingen.
[87] KOM (2011), 681 endg; *Spießhofer*, Unternehmerische Verantwortung, 277 ff.
[88] Richlinie 2014/95/EU des Europäischen Parlaments und des Rates vom 22.10.2014 zur Änderung der Richtlinie 2013/34/EU im Hinblick auf die Angabe nichtfinanzieller und die Diversität betreffender Informationen durch bestimmte große Unternehmen und Gruppen, ABl. 2014 L 330, 1. S. noch zum Richtlinien-Vorschlag *Jobst/Kapoor* CFL 2013, 243.
[89] Zur Entstehungsgeschichte der CSR-Richtlinie: *Spießhofer*, Unternehmerische Verantwortung, 383.
[90] MüKo AktG/*Spindler* § 76 Rn. 82, 84.
[91] *Kroker* CCZ 2015, 120 (123); MüKo AktG/*Spindler* § 76 Rn. 81.
[92] Abrufbar unter: http://www.ohchr.org/Documents/Publications/GuidingPrinciplesBusinessHR_EN.pdf, zuletzt abgerufen am 11.12.2017; MüKo AktG/*Spindler* § 76 Rn. 92.
[93] OECD-Leitsätze für multinationale Unternehmen (2011), abrufbar unter: http://www.oecd.org/daf/inv/mne/48808708.pdf, zuletzt abgerufen am 11.12.2017.
[94] S. dazu KBLW/*Bachmann* DCGK Rn. 1091 ff.; MüKo AktG/*Spindler* § 76 Rn. 93.
[95] ISO 26000:2010, Guidance on Social Responsibility, abrufbar unter: https://www.iso.org/obp/ui/#iso:std:iso:26000:ed-1:v1:en, zuletzt abgerufen am 11.12.2017; *Spindler* FS Hommelhoff, 2012, 1133 (1136); s. auch *Spießhofer*, Unternehmerische Verantwortung, 219 ff.
[96] S. bereits BVerfGE 14, 263 (282) – Feldmühle-Urteil; BVerfGE 50, 290 (315 f.) – Mitbestimmung.

Gewand einer AG betriebenen Unternehmens zukommt.[97] Diese soziale Verantwortung kann aber nicht als Rechts*pflicht* verstanden werden, die mit den Machtmitteln des Staates unmittelbar erzwungen werden könnte. Ob und inwieweit für eine AG in einem marktwirtschaftlichen Wirtschaftssystem öffentlich-rechtliche Verpflichtungen bestehen, ist allein eine Frage der Sozial- und Wirtschaftsgesetzgebung. Nur wenn eine AG durch gesetzeswidriges Verhalten ihrer Organe das Gemeinwohl gefährdet und der Aufsichtsrat und die Hauptversammlung nicht für eine Abberufung sorgen, kann nach § 396 die Gesellschaft auf Antrag der zuständigen obersten Landesbehörde, in der die Gesellschaft ihren Sitz hat, durch Urteil des Landgerichts aufgelöst werden. Daher hat der deutsche Gesetzgeber in Umsetzung der oben beschriebenen CSR-Richtlinie durch das **CSR-Richtlinie-Umsetzungsgesetz**[98] lediglich Berichtspflichten etabliert, die allenfalls eine mittelbare Auswirkung auf das soziale Engagement von Unternehmen haben können.[99] Im Wesentlichen muss diese neu eingeführte nichtfinanzielle Erklärung eine Beschreibung des Geschäftsmodells und die Umwelt-, Arbeitnehmer- und Sozialbelange sowie die **Achtung der Menschenwürde** und die Bekämpfung von Korruption darstellen.[100] Zuständig ist hierfür der Vorstand, § 264 Abs. 1 S. 1 HGB iV. § 78 Abs. 1 S. 1 AktG – dem Aufsichtsrat obliegt die Überprüfung, § 171 Abs. 1.[101] Für den Vorstand enthält auch der DCGK einige **Gemeinwohlbezüge**. So findet sich bereits in der Präambel ein Bekenntnis zur Nachhaltigkeit[102] und zum **Leitbild des ehrbaren Kaufmanns**.[103] Letzteres hat eher deklaratorischen und auffordernden Charakter und keine unmittelbaren Auswirkungen auf die Erklärungspflicht des § 161, da die Präambel von der „comply-or-explain Vorgabe" nicht umfasst wird.[104] Auch verbietet Ziff. 4.3.2 DCGK aktive oder passive Bestechlichkeit; hierbei handelt es sich aber schlicht um die Wiedergabe des auf verschiedene Normen aufgeteilten Korruptionsverbots.[105]

Auch wenn die soziale Verantwortung nicht staatlich außerhalb bestimmter Ermächtigungsgrundlagen durchgesetzt werden kann, ist das Gebot doch nicht nur ein bloßer Appell ohne rechtliche Relevanz. Es kommt vielmehr in der **Kompetenz des Vorstands nach § 76,** das Aktienunternehmen unter eigener Verantwortung zu leiten, zur Geltung. Dadurch wird auch gewährleistet, dass der Vorstand das Unternehmen unter Berücksichtigung seiner interessenpluralistischen Struktur leiten kann. Die rechtliche Relevanz des Gebots sozialer Verantwortung liegt demnach im Bereich eigener Verantwortung. Jede andere Regelung würde den Vorstand zu einem Organ machen, dessen Grundaufgabe es nicht mehr wäre, ein Unternehmen mit autonomer Zielsetzung zu leiten, sondern öffentliche Interessen durchzusetzen. Dementsprechend wurde für Deutschland der Weg einer mittelbaren Beeinflussung durch die Obliegenheit von CSR-Berichterstattung gewählt (→ Rn. 27).[106] Dies hat auch Rückwirkungen auf die Kompetenzen und die Pflichten des Aufsichtsrats; dieser hat die eigene Leitungskompetenz des Vorstands zu respektieren, seine Überwachung an dem Geflecht der Interessen, die auch im (mitbestimmten) Aufsichtsrat selbst repräsentiert sind, auszurichten und die Eignung des Vorstandes zur selbstständigen, eigenverantwortlichen Leitung zu überprüfen und ihn im Hinblick auf seine Aufgabenerfüllung sorgsam auszuwählen.

bb) Das Unternehmensinteresse. Nur vor diesem Hintergrund der Sozialbindung, die zusätzlich durch die Einführung der fast paritätischen Mitbestimmung nochmals betont wurde, kann die Konzeption des sog. Unternehmensinteresses eingeordnet werden. Danach sollen die Unternehmensorgane die konfligierenden Interessen von Arbeitnehmern, Gläubigern, Aktionären und anderen an dem „Unternehmen" interessierten Gruppen zu einem Ausgleich führen, ohne dass eine Gruppe das Präjudiz hätte.[107] Grundsätzlich steht dabei dem Vorstand die Kompetenz zur Konkretisierung

---
[97] Rn. 22 ff.; s. auch *Schmidt-Leithoff*, Die Verantwortung der Unternehmensleitung, 1989, 176 ff. sowie umfangreich zur Corporate Social Responsibility *Mülbert* AG 2009, 766 ff.
[98] Gesetz zur Stärkung der nichtfinanziellen Berichterstattung der Unternehmen in ihren Lage- und Konzernlageberichten (CSR-Richtlinie-Umsetzungsgesetz) vom 11. April 2017, BGBl. I S. 802.
[99] MüKo AktG/*Spindler* § 76 Rn. 79.
[100] Beispiele bei *Mock* ZIP 2017, 1195 (1198); *M. Schmidt* AnwBl 2016, 390 (391); *Hecker/Bröcker* AG 2017, 761 (762 f.); zu Unterthemen, *Kajüter* IRZ 2016, 507 (510); *Richter/Johne/König* WPg 2017, 566 (571 f.).
[101] *Richter/Johne/König* WPg 2017, 566 (570).
[102] Diese Passage gilt als Reaktion auf die Finanzkrise, *Fleischer* AG 2017, 509 (514); *Nikoleyczik/Graßl* NZG 2017, 161 (161 f.).
[103] Zu den Wurzeln dieses Begriffs *Spießhofer* in Hauschka/Moosmayer/Lösler Corporate Governance § 11 Rn. 1.
[104] *Fleischer* AG 2017, 509 (515); *Ders*. DB 2017, 2015 (2017); *v. Werder/Bartz* DB 2017, 769 (770); MüKo AktG/*Spindler* § 76 Rn. 90.
[105] MüKo AktG/Spindler § 76 Rn. 90; KBLW/*Bachmann* DCGK Rn. 1088 ff.
[106] Ausführlich MüKo AktG/*Spindler* § 76 Rn. 83 ff.
[107] Vgl. BGHZ 64, 325 (329) = NJW 1975, 1412 (für Verschwiegenheit der Aufsichtsratsmitglieder); s. hierzu auch *Mülbert* AG 2009, 766 (770): Die Legitimation von CSR- Aktivitäten findet sich am ehesten im Rekurs auf das Unternehmensinteresse.

des Unternehmensinteresses zu. Nach anfänglichen umfangreichen Versuchen, diesen schillernden Begriff näher zu umreißen,[108] hat sich inzwischen die Erkenntnis durchgesetzt, dass das Unternehmensinteresse kaum zur konkreten Ableitung von Entscheidungen in Konfliktfällen, etwa bei Unternehmensspenden oder der Verschwiegenheit gegenüber Interessengruppen, geeignet ist.[109] Zu Recht wird daher darauf hingewiesen, dass eine pluralistische Interessenberücksichtigung ohne klare Leitlinien und größtmöglicher Konkretisierungsbefugnis durch den Vorstand eher dazu geeignet ist, die Verantwortung des Vorstands aufzulösen.[110] Aussagen über die materiellen Ziele „des Unternehmens" lassen sich daher kaum treffen,[111] das Unternehmensinteresse wird zum „juristischen Ei des Kolumbus".[112]

30   cc) Verantwortung gegenüber der Gesellschaft und Aktionären. Wie die Leitung der privatrechtlich strukturierten und autonome Ziele verfolgenden AG primär auf das Wohl der Gesellschaft und ihrer Aktionäre ausgerichtet ist,[113] ist die Tätigkeit des Aufsichtsrats spiegelbildlich auf die Überwachung der Einhaltung dieser Ziele fokussiert. Der Aufsichtsrat muss prüfen, ob der Vorstand bei der Leitung des Unternehmens das erwerbswirtschaftliche Interesse der Gesellschaft wahrt, das sich mit dem gemeinschaftlichen Interesse der Aktionäre deckt, die das Unternehmensrisiko tragen, insbesondere ob der Bestand des Unternehmens gesichert (§ 91 Abs. 2) und für eine **dauerhafte Rentabilität** gesorgt wird.[114] Ohne die Sicherstellung einer soliden wirtschaftlichen Basis kann die AG nicht überleben, was weder im Interesse der Gläubiger noch der Arbeitnehmer oder (grundsätzlich) der Aktionäre sein kann. Dies gilt auch für Arbeitnehmervertreter, etwa wenn es um umstrittene, aber für das Unternehmen unter Umständen erforderliche Restrukturierungsmaßnahmen geht.[115] Allerdings können auch hier selten konkrete Handlungsanleitungen abgeleitet werden, da die Einschätzung der langfristigen Rentabilität erhebliche Schwierigkeiten bereitet. In dem durch das VorstAG eingefügten § 87 Abs. 1 S. 2 kommt ebenso das Postulat einer langfristigen Unternehmensstrategie bzw. der Ausrichtung des Leitungsermessens des Vorstands auf eine Langzeitperspektive zum Ausdruck.[116] Damit ist es schlecht in Einklang zu bringen, dass der Vorstand selbst den Zeithorizont der Unternehmensziele ohne jede Begrenzung weder in kurz- noch langfristiger Hinsicht begrenzen können soll.[117] Nicht damit gleichzusetzen ist eine Orientierung an einer (kurz- oder langfristigen) **Gewinnmaximierung.** Eine Ausrichtung am bilanztechnischen Gewinn scheidet bereits aus, die einer Orientierung der Vorstandstätigkeit an einer *langfristigen* Gewinnmaximierung in Widerspruch stünde.[118] Auch § 254 Abs. 1 vermag für die „normtypische" Ausrichtung der Gesellschaft an der langfristigen Gewinnmaximierung kein wesentliches Indiz zu bieten, da § 254 Abs. 1 die Anfechtbarkeit eines Gewinnverwendungsbeschlusses betrifft, sich also wiederum auf den Bilanzgewinn bezieht, aber nicht vorgibt, wie, wann und unter welchen Bedingungen Gewinn überhaupt zu erzielen ist.[119] § 254 Abs. 1 lässt sich daher allenfalls die Pflicht zur Rücksichtnahme auf Anlegerziele entnehmen.[120]

---

[108] Nähere Nachweise zu den einzelnen Ansätzen bei MüKoAktG/*Spindler* § 76 Rn. 63 ff.
[109] Vgl. *E. Vetter* in Marsch-Barner/Schäfer Börsennotierte AG-HdB Rn. 29.7: vager Begriff.
[110] Hüffer/Koch/*Koch* § 76 Rn. 36; s. auch *Wiedemann* FS R. Fischer, 1979, 883 ff.); krit. auch Großkomm AktG/*Kort* § 76 Rn. 46; *Zöllner* AG 2003, 2 (7 f.).
[111] Im Ergebnis ähnlich *Laske* ZGR 1979, 173 (196 ff.); *Kübler/Assmann* GesR § 32 III 4 a; auf systemtheoretischer Grundlage *Brinkmann*, Unternehmensinteresse und Unternehmensrechtsstruktur, 1983, 268 ff. und weiterführend *Teubner* ZHR 148 (1984), 470 (479 ff.); *Teubner* ZGR 1983, 34.
[112] So *Mertens* AG 1990, 49 (54); *Kübler/Assmann* GesR § 14 III 2 e.
[113] MüKoAktG/*Spindler* § 76 Rn. 68 f. mwN.
[114] OLG Hamm AG 1995, 512 (514); vgl. auch LG Bielefeld WM 1999, 2457 (2462 ff.) zu den Pflichten des Vorstands bei Hinweisen zu existenzbedrohenden Geschäften; Kölner Komm AktG/*Mertens/Cahn* § 76 Rn. 21 f.; Hüffer/Koch/*Koch* § 76 Rn. 34; Großkomm AktG/*Kort* § 76 Rn. 53; *Jürgenmeyer*, Das Unternehmensinteresse, 1984, 103; *Semler* Leitung und Überwachung Rn. 40 f.; *Clemm* FS Ritter, 1997, 685 ff.; mit systemtheoretischer Begründung *Teubner* ZHR 159 (1985), 470 (477 f.); s. auch *Junge* FS Caemmerer, 1978, 547 (554 f.); *Reuter*, Welche Maßnahmen empfehlen sich, insbes. im Gesellschafts- und Kapitalmarktrecht, um die Eigenkapitalausstattung der Unternehmen langfristig zu verbessern?, 55. DJT 1984 B 78; *Semler* Leitung und Überwachung Rn. 40 ff., 48 („angemessener Gewinn" als primäres Ziel der Geschäftstätigkeit).
[115] *Löwisch* DB 2017, 710 (711 f.).
[116] MüKoAktG/*Spindler* § 76 Rn. 69.
[117] So aber *Mertens* AG 2011, 57 (59).
[118] Näher MüKoAktG/*Spindler* § 76 Rn. 70 mwN.
[119] MüKoAktG/*Spindler* § 76 Rn. 70.
[120] Anders *Reiner* ZVglRWiss 2011, 443 (471 ff.), der aus der Wertung des § 254 ableiten will, dass der Gesellschaftszweck auf die Erzeugung ausschüttbarer Gewinne gerichtet ist und der Vorstand auf eine jährliche Ausschüttung von mindestens vier Prozent hinzuwirken hat.

Ebenso wenig kann eine zwingende Ausrichtung am sog. **Shareholder Value**[121] angenommen werden.[122] Zwar offeriert dieses Konzept scheinbar konkretere Maßstäbe, ist offenbar durch das KonTraG im Aktienrecht anerkannt; doch spricht **gegen** eine Orientierung am **Shareholder Value** bereits die **Ausrichtung** der Organe am **Gesellschaftsinteresse**, wenn man dieses als ein von den einzelnen Aktionärsinteressen losgelöstes Rentabilitätsziel versteht,[123] da der Gedanke des Shareholder Value sich an der individuellen Wohlfahrt des Aktionärs orientiert.[124] Das Shareholder Value-Konzept bedeutet, den Interessen der Aktionäre Vorrang vor denjenigen der anderen sog. Stakeholder (dieses sind neben den Aktionären auch Arbeitnehmer, Management, Gläubiger, Kunden, die Öffentlichkeit etc.) einzuräumen,[125] schließlich seien es letztlich die Aktionäre, die als Eigenkapitalgeber das unternehmerische Risiko tragen.[126] Entscheidend ist, dass mit dem Shareholder Value-Konzept keineswegs die Probleme beseitigt werden, die für die Ausübung des Ermessens der Organe typisch sind und die sich durch die **Berücksichtigung von „weichen" Faktoren** und die Notwendigkeit von Prognosen auszeichnen. Sie lassen sich zwar im Rahmen von Investitionsrechnungen operationalisieren, haben aber unstreitig Einfluss auf den Marktwert.[127] Berücksichtigt man sie aber im Rahmen des Shareholder-Value-Konzepts, so verliert es seinen Charme der rechnerischen Exaktheit und Eindeutigkeit, da die Ergebnisse von der Wahl der Prognosebasis abhängen.[128] Damit verlagert sich die Frage nach der materiellen Richtigkeit der Entscheidung aber zunehmend in eine solche nach ihrer Vertretbarkeit. Darin unterscheidet sich der Shareholder Value in nichts von den bereits bekannten Konzepten der langfristigen Gewinnmaximierung oder des Unternehmensinteresses. Damit scheidet ein unmittelbar rechtlich *verbindliches* Pflichtenprogramm aus. So ist beispielsweise der ARAG/Garmenbeck-Fall[129] auch nach der Shareholder Value-Maxime nicht anders zu entscheiden als nach einem Konzept der langfristigen Gewinnmaximierung oder des Unternehmensinteresses, da hier grundlegende „Klugheitsregeln"[130] durch fehlende Absicherung bei Finanztransaktionen mit zweifelhaften Gesellschaften verletzt werden. Auch der jüngste **DCGK** berücksichtigt diese Zusammenhänge, ebenso wie das VorstAG,[131] wenn die Ausrichtung an der nachhaltigen Unternehmensentwicklung betont wird, sowie die Berücksichtigung der Belange der Aktionäre, der Arbeitnehmer und der dem Unternehmen sonst verbundenen Gruppen (stakeholder; Ziff. 4.1.1 DCGK 2009, so auch DCGK 2017), in Abkehr von der früheren reinen Marktwertorientierung (DCGK 2008).

Versteht man indes den Shareholder Value nicht einseitig als Rückbindung an kurzfristige Anteilseignerinteressen, ergibt sich eine weitgehende Übereinstimmung mit den anderen aktienrechtlich entwickelten Leitlinien für die Vorstandstätigkeit (**moderates Shareholder-Value-Konzept**).[132] In aller Regel ist auch das Interesse der Aktionäre auf eine nachhaltige Unternehmensrentabilität gerichtet.[133] Es wäre daher ineffizient, von Rechts wegen den Spielraum des Managements zum Abschluss und zur Neuverhandlung von langfristigen Verträgen über eine normative Leitlinie einzuengen.[134] Das Unternehmensinteresse im Sinne prozeduraler Regeln und der Berücksichtigung von Belangen der Stakeholder findet daher seine Rechtfertigung in der notwendigen Ausgestaltung von langfristigen Verrtagsbeziehungen.[135] Ein derart verstandenes Shareholder Value-Konzept widerspricht nicht einem – wie auch immer zu begründenden – Unternehmensinteresse.[136]

---

[121] *Reiner* ZVglR Wiss 2011, 443 (446 f.); geschichtlicher Überblick bei *Groh* DB 2000, 2152 mwN.
[122] Vorsichtig auch *E. Vetter* in Marsch-Barner/Schäfer Börsennotierte AG-HdB Rn. 29.7; optimistischer aber *Ulmer* AcP 202 (2002), 143 (158 f.); *Schilling* BB 1997, 373 (375 f.); ausf. *Mülbert* ZGR 1997, 129 (158 ff.); wohl auch *Zöllner* AG 2003, 2 (11 f.); zum Shareholder Value Konzept bei der GmbH *Bea/Thissen* DB 1997, 787 ff.
[123] Zu den Bedenken dagegen und zur potentiellen Identität zwischen langfristiger Gewinnmaximierung und Shareholder Value s. *Schmidt/Spindler* FG Kübler, 1997, 537 ff. (540).
[124] So *Mülbert* ZGR 1997, 129 ff.
[125] *Ulmer* AcP 202 (2002), 143 (155).
[126] *Hopt* ZHR 175 (2011), 444 (477); aA Kölner Komm AktG/*Mertens/Cahn* § 76 Rn. 16; *Kort* AG 2012, 605 (609).
[127] Vgl. *Ballwieser* FS Moxter, 1994, 1377 (1389 f.); *Mülbert* ZGR 1997, 129 (156 ff.); *Janisch*, Das strategische Anspruchsgruppenmanagement, 1993, 102 (109 f.).
[128] So sieht *v. Colbe* ZGR 1997, 271 (290) in dem Shareholder Value-Konzept auch eher eine Unternehmensphilosophie als eine Managementtechnik; s. auch *Spindler* FS Hommelhoff, 2012, 1133 (1140); *Reiner* ZVglR Wiss 2011, 443 (448).
[129] Grundlegend zur Regulierung von Bank-Vorstandsgehältern *Kirchner/Ehmke* ZVglRWiss 2015, 269.
[130] So der von *v. Randow* ZGR 1996, 594 (623 ff.) gebrauchte Ausdruck, der damit aber keine starren Rechtsregeln meint.
[131] BegrFrakE BT-Drs. 16/12 278, 5.
[132] MüKoAktG/*Spindler* § 76 Rn. 74.
[133] *Kort* AG 2012, 605 (609).
[134] MüKoAktG/*Spindler* § 76 Rn. 75.
[135] Im Ergebnis ähnlich Kölner Komm AktG/*Mertens/Cahn* § 76 Rn. 19.
[136] MüKoAktG/*Spindler* § 76 Rn. 75.

33 Als **Mindestanforderung** lässt sich jedoch formulieren, dass sich der Aufsichtsrat bei jeder Maßnahme davon leiten lassen muss, ob die Entscheidung nach vernünftigem Ermessen der AG in Zukunft nutzen wird. Entscheidungen, insbesondere die Zustimmung zu Zahlungen, die keinerlei Wirkungen für die Zukunft und keinen Nutzen mehr für das Unternehmen entfalten, sind nur in seltenen Ausnahmefällen möglich; dabei ist allerdings maßgeblich auch die Signalwirkung auf Märkte zu berücksichtigen, etwa bei Zahlungen an ausscheidende Vorstandsmitglieder für vergangene Dienste, wenn damit zukünftigen, potenziellen Organmitglieder signalisiert wird, dass die AG auch überobligationsmäßige Leistungen honoriert.[137]

34 **Fazit:** Auch aus dem Konzept der Marktwertmaximierung lässt sich nur bedingt eine eindeutige Regel für Entscheidungen unter Unsicherheit herleiten, sofern man nicht die richterliche ex post-Einschätzung an die Stelle derjenigen der Organe setzen will. Demgemäß darf (nicht muss!) der Vorstand sich im Rahmen seines Ermessens vorrangig am Shareholder Value-Konzept orientieren.[138] Damit bleibt auch ein Handeln gegen die Interessen eines Haupt- oder Alleinaktionärs grundsätzlich möglich.[139] Daher überwiegen sowohl unter dem Regime der langfristigen Gewinnmaximierung als auch unter demjenigen des Shareholder Value prozedurale Regeln, in denen nur das richtige Maß an eingeholter Information und Abwägung im Zentrum der rechtlichen Überlegungen steht.[140] Dadurch kann der Gefahr, dass aus der Kenntnis der späteren Entwicklung heraus übertriebene Anforderungen an die Sorgfaltspflicht gestellt werden, entgegengewirkt und damit das Haftungsrisiko für die entsprechenden Organmitglieder kanalisiert werden.[141] Zurückhaltung bei der judiziellen Kontrolle der Entscheidungen der Organmitglieder ist auch vor dem Hintergrund geboten, dass Richter hinsichtlich ihrer beruflichen Ausrichtung gerade keine Unternehmer sind.[142] Der praktische Stellenwert der diskutierten normativen Leitlinien hinsichtlich der Aufsichtsratstätigkeit selbst und der Ausfüllung der Sorgfaltsanforderungen ist daher nicht allzu hoch zu veranschlagen.

35 **dd) Rechtliche Auswirkungen.** Die Belange der Arbeitnehmer sind allein schon auf Grund der sozialen Verantwortung der Organe, erst recht aber in mitbestimmten Aufsichtsräten, gebührend zu berücksichtigen. Die Interessen der Arbeitnehmer können bei allen Aufsichtsratsentscheidungen in die Abwägung eingestellt werden, ohne dass sie dominierend sein müssen. Die Chancengleichheit zwischen den Aufsichtsratsmitgliedern und die gemeinsame Diskussion spielen eine wesentliche Rolle in der deutschen mitbestimmten AG. Daraus resultiert nicht, dass Arbeitnehmervertreter ohne Rücksicht auf die Belange der AG bzw. deren Aktionäre ihre Interessen vertreten könnten;[143] die Organmitgliedschaft zwingt alle Aufsichtsratsvertreter zur Rücksichtnahme auf das Wohl der Gesellschaft.

36 Auch das Gesamtinteresse **(Gemeinwohl)** darf vom Aufsichtsrat bei seinen Entscheidungen, zB der Ausübung eines Zustimmungsvorbehalts, berücksichtigt werden, ohne deshalb der Gesellschaft, wenn dadurch ihre Vermögensinteressen beeinträchtigt werden, zum Schadenersatz verpflichtet zu sein.[144] Das gilt insbesondere für das weite Feld der **public relations,** mit denen sich die Gesellschaft an die Öffentlichkeit wendet, um auf ihr Unternehmen aufmerksam zu machen, Vertrauen zu

---

[137] Insoweit auch BGHSt 50, 331 (332) = BGH NJW 2006, 522 (523) im Einklang mit der herrschenden Lehre: *Spindler* ZIP 2006, 349 (351); *Fleischer* DB 2006, 542 (543); *Hoffmann-Becking* NZG 2006, 127 (128); *Hoffmann-Becking* ZHR 169 (2005), 155 (157 f.); *Kort* NJW 2005, 333 (334); *Marsch-Barner* FS Röhricht, 2005, 401 (404); *Thümmel* AG 2004, 83 (88); aA *C. Schäfer* ZIP 2005, 1253 (1258); *Schwark* FS Raiser, 2005, 377 (391 f.).

[138] Dafür OLG Frankfurt a. M. ZIP 2011, 2008 (2010); *Hüffer* ZHR 161 (1997), 214 (217 f.); *Hüffer* § 76 Rn. 12; → § 76 Rn. 36 f.; Henssler/Strohn/*Dauner-Lieb* § 76 Rn. 11; Bürgers/Körber/*Bürgers* § 76 Rn. 15; Hölters/*Weber* § 76 Rn. 22; Schmidt/Lutter/*Seibt* § 76 Rn. 23; *Klöhn* ZGR 2008, 110 (148 ff.); *Birke,* Das Formalziel der Aktiengesellschaft, 2005, 199 ff.; *v. Bonin,* Die Leitung der Aktiengesellschaft zwischen Shareholder Value und Stakeholder-Interessen, 2004, S. 118 ff. (133 ff.); *Groh* DB 2000, 2153 (2158); *Ulmer* AcP 202 (2002), 143 (159); krit. in Bezug auf eine ausschließliche Orientierung am Gesellschafterinteresse Wachter/*Eckert* § 76 Rn. 14; krit. aus betriebswirtschaftlicher Sicht: *v. Werder* ZGR 1998, 69 (77 ff.); für moderaten Stakeholder-Ansatz: KBLW/*v. Werder* DCGK Rn. 803 f.; zur betriebswirtschaftlichen Begründung des Stakeholder-Konzepts KBLW/*v. Werder* DCGK Rn. 802 ff.

[139] OLG Frankfurt a. M. ZIP 2011, 2008 (2010).

[140] Vgl. Kölner Komm AktG/*Mertens/Cahn* § 93 AktG Rn. 83 (91); *Semler* Leitung und Überwachung Rn. 76 ff. mwN; s. auch die Erwägungen des OLG Düsseldorf im ARAG/Garmenbeck-Fall, für den Aufsichtsrat, OLG Düsseldorf AG 1995, 416 (418 f.); dazu *Dreher* ZHR 158 (1994), 614; *Dreher* ZIP 1995, 628; *Raiser* NJW 1996, 552; *Lutter* ZIP 1995, 441; *Boujong* AG 1995, 203 (206); *Jäger* WiB 1997, 10 (13 ff.); *Jaeger/Trölitzsch* ZIP 1995, 1157; *Fischer* BB 1996, 225; deutlich auch *Semler* Leitung und Überwachung Rn. 76 ff. mwN.

[141] Zur entsprechenden Situation bei Geschäftsleitern: *Fleischer* ZIP 2004, 685 (686); MüKoAktG/*Spindler* § 76 Rn. 32.

[142] So *Paefgen* AG 2004, 245 (247 f.) für die Kontrolle unternehmerischer Entscheidungen von Geschäftsleitern.

[143] *Spindler* ZIP 2011, 689 (690); *Kropff* FS Huber, 2010, 841 (844 ff.).

[144] Für den Vorstand: *Rittner* FS Geßler, 1970, 139 (149 ff.).

Sorgfaltspflicht und Verantwortlichkeit der Aufsichtsratsmitglieder 37 § 116

gewinnen, Misstrauen zu beseitigen und das Ansehen zu heben. Daher kann der Aufsichtsrat auch Ausgaben zustimmen oder unbeanstandet lassen, die dem Gemeinwohl dienen, wie zB **Spenden** für wissenschaftliche, künstlerische und kulturelle Zwecke, Hilfeleistungen bei Naturkatastrophen und Unglücksfällen im In- und Ausland,[145] Zuwendungen an Sportverbände, und – da keine Pflicht zur politischen Neutralität besteht[146] – auch an Parteien.[147] Unternehmensspenden lassen sich ferner dadurch rechtfertigen, dass langfristiges Gewinnstreben und Freigiebigkeit keine sich widersprechende, sondern komplementäre Ziele sein können.[148] Auch Sponsoring von Veranstaltungen oder bestimmter Zwecke oder Projekte ist zulässig, erst recht, wenn unmittelbar Werbezwecke des Unternehmens verfolgt werden.[149] Allerdings ist darauf zu achten, dass die Lage der Gesellschaft nicht über Gebühr verschlechtert wird.[150] Völlig unternehmens- oder sachfremde Zahlungen sind nicht mehr gerechtfertigt. In diesem Rahmen steht die Befugnis zur Konkretisierung dieser Rolle des Unternehmens dem Vorstand zu,[151] der sich dabei aber nicht von seinen eigenen privaten Wertvorstellungen leiten lassen darf, sondern nur das Unternehmenswohl vor Augen haben muss.[152] Zur Erreichung sozial- und wirtschaftspolitischer Zielsetzungen können auch Beschränkungen gerechtfertigt sein, wie zB die Aufgabe der Herstellung gesundheits- und umweltschädlicher Waren, die Errichtung von Anlagen für die Klärung von Abwässern und Abgasen oder die Beachtung von im Rahmen der Konzertierten Aktion festgelegten Orientierungsdaten. Hierzu gehört auch der Abschluss kartellrechtlich zulässiger Selbstbeschränkungsabkommen mit anderen Unternehmen, wie Regelung von Geschäftszeiten, die Selbstkontrolle illustrierter Zeitschriften oder Werberichtlinien. Umgekehrt stellt das Gemeinwohlinteresse aber erst dort eine (negative) Ermessensgrenze dar, wo es sich in Gestalt anwendbarer Rechtsnormen rechtsverbindlich niedergeschlagen hat.[153]

b) Sorgfaltspflichten des Aufsichtsratsmitglieds. aa) Grundsätze. Die vom Aufsichtsrats- 37 mitglied geschuldeten Pflichten ergeben sich aus den Aufgaben des Organs Aufsichtsrat.[154] Kardinalpflicht ist die Bestellung eines leistungsfähigen Vorstandes[155] und dessen laufende Überwachung.[156] Der Aufsichtsrat hat zu kontrollieren und sicherzustellen, dass der Vorstand geeignete und ausreichende Maßnahmen zur Schaffung und einer effektiven Compliance-Struktur ergriffen hat.[157] Er hat ferner von seinen Einsichts- und Prüfungsrechten und von seinen Befugnissen zur Anforderung von Berichten Gebrauch zu machen.[158] Ebenso hat er laufend den Katalog der zustimmungspflichtigen Geschäfte nach § 111 Abs. 4 zu überprüfen und anzupassen, wie auch

---

[145] BGHSt 47, 187 (194); *Rittner* FS Geßler, 1970, 139 (154 ff.); MüKoAktG/*Spindler* § 76 Rn. 88; Kölner Komm AktG/*Mertens/Cahn* § 76 Rn. 33 ff.; Großkomm AktG/*Kort* § 76 Rn. 107 f.; zur Problematik der Unternehmensspende vgl. auch *Kessler* AG 1995, 120 (126 f.).
[146] Kölner Komm AktG/*Mertens/Cahn* § 76 Rn. 38; Großkomm AktG/*Kort* § 76 Rn. 110; *Fleischer* AG 2001, 171 (179).
[147] Ausf. zu Unternehmensspenden an politische Parteien (mit rechtsvergleichenden Hinweisen) *Fleischer* AG 2001, 171 ff.; *Kind* NZG 2000, 567 ff.
[148] BGHSt 47, 187 (194); *Fleischer* AG 2001, 171 (173 f.); *Mertens* FS Goerdeler, 1987, 349 (355); Großkomm AktG/*Kort* § 76 Rn. 110.
[149] BGHSt 47, 187 (194); Großkomm AktG/*Kort* § 76 Rn. 106.
[150] Großkomm AktG/*Kort* § 76 Rn. 108, 110; *Mertens* FS Goerdeler, 1987, 349 (360); *Fleischer* AG 2001, 171 (177 f.).
[151] *Fleischer* AG 2001, 171 (175 ff.); Hüffer/Koch/*Koch* § 76 Rn. 35.
[152] BGHSt 47, 187 (194); Großkomm AktG *Kort* § 76 Rn. 74; *Dreher* ZHR 155 (1991), 349 (364).
[153] Eine Abwägung zwischen Wirtschaftlichkeitsinteressen und Rechtseinhaltungspflichten („efficient breach of public law") ist im deutschen Aktienrecht dementsprechend nicht anzuerkennen. Vgl. *Fleischer* ZIP 2005, 141 (146 ff.); *Verse* ZHR 175 (2011), 401 (405 f.); zum darüberhinausgehenden Konzept eines „Legalitätsinteresses" als Teil des Unternehmensinteresses *Gerdemann*, Transatlantic Whistleblowing, 2018, Rn. 257 ff., 262.
[154] AllgM, s. nur Kölner Komm AktG/*Mertens/Cahn* Rn. 5; MüKoAktG/*Habersack* Rn. 16; K. Schmidt/Lutter/*Drygala* Rn. 3, 9.
[155] Lutter/Krieger/*Verse* Rechte und Pflichten des Aufsichtsrats Rn. 888; Bürgers/Körber/*Israel* Rn. 4; nach *Wedemann* ZGR 2013, 316 (322 ff.) vorzeitige Wiederbestellung von Vorstandsmitgliedern im Fall *Heberger* (BGH NZG 2012, 1027) rechtsmissbräuchlich; ähnlich *Fleischer* DB 2011, 861 (865): „geneigt" Rechtsmissbrauchs anzunehmen, sei aber „schwankender Boden".
[156] → § 111 Rn. 6 ff.; vgl. auch Lutter/Krieger/*Verse* Rechte und Pflichten des Aufsichtsrats Rn. 61 f.; Bürgers/Körber/*Israel* Rn. 4; *Grigoleit/Tomasic* Rn. 7; ausf. auch *Gawrisch*, Ermessensentscheidungen des Aufsichtsrats und ihre gerichtliche Kontrolle, 2000, 9 ff.
[157] → § 111 Rn. 21; *Habersack* AG 2014, 1; *Habersack* FS Stilz, 2014, 191 ff; Witte/Indenhuck BB 2014, 2563 (2564); *Paefgen* WM 2016, 433 (439); E. *Vetter* FS v. Westphalen 2010, 719 (732 ff.); *Kort* FS Hopt, 2010, 983 (997 ff.); Hüffer/Koch/*Koch* Rn. 5; Lutter/Krieger/*Verse* Rechte und Pflichten des Aufsichtsrats Rn. 985.
[158] Lutter/Krieger/*Verse* Rechte und Pflichten des Aufsichtsrats Rn. 890 f.; K. Schmidt/Lutter/*Drygala* Rn. 9; Bürgers/Körber/*Israel* Rn. 4.

Sorge dafür zu tragen, dass überhaupt ein entsprechender Katalog besteht.[159] Eine Zustimmung zu rechts- oder satzungswidrigen Geschäften darf nicht erteilt werden.[160] Im Übrigen muss er bei Ausübung des Zustimmungsvorbehalts entsprechend § 93 Abs. 1 S. 2 für eine angemesse Informationsgrundlage Sorge tragen und die mit dem Geschäft verbundenen Chancen und Risiken[161] ermitteln und abwägen.[162] Im äußersten Fall muss das Aufsichtsratsmitglied auf eine Abberufung des Vorstands hinwirken,[163] die aber geboten sein kann, sofern verhindert werden soll, dass der Vorstand nach vorausgegangener Überschreitung seiner Kompetenzen weitere Investitionen tätigt.[164] Bei Abstimmungen hat das Aufsichtsratsmitglied zum Wohle der Gesellschaft mitzuwirken, es kann sich nicht durch Abwesenheit von der Sitzung oder **Stimmenthaltung** einer Entscheidung entziehen, außer wenn eine – nicht dauerhafte[165] – Interessenkollision vorliegt.[166] Bloße Enthaltungen können das Aufsichtsratsmitglied nicht von seiner Haftung entbinden, da es zu klarer Stellungnahme und weitergehendem Tätigwerden im Interesse der Gesellschaft verpflichtet ist.[167] Daher müssen Aufsichtsratsmitglieder alles ihnen Zumutbare unternehmen, um zu verhindern, dass der Gesellschaft durch einen gesetzes- oder satzungswidrigen Aufsichtsratsbeschluss ein Schaden entsteht.[168] Diesem Verhalten wird eine Stimmenthaltung deshalb nicht gerecht, weil das Aufsichtsratsmitglied damit keinesfalls unmissverständlich deutlich macht, dass es von der Fehlerhaftigkeit oder der Schädlichkeit des Beschlusses ernsthaft überzeugt ist und sich mit besonderem Nachdruck gegen den beantragten Beschluss einsetzt.[169]

38 Das Gesetz verlangt vom Aufsichtsratsmitglied keinen dauernden Einsatz, insbesondere keine durchgängige Überwachung in allen Einzelheiten,[170] da es das Mandat im Aufsichtsrat als **Nebenamt** zulässt.[171] So sind die Aufsichtsratsmitglieder nicht verpflichtet, anstelle des Vorstandes Sanierungsmodelle zu entwickeln, Rechtsgutachten zu erstatten oder andere Aufgaben zu übernehmen, die typischerweise von einem externen Unternehmen erbracht werden.[172] Tätigkeiten außerhalb der Aufsichtsratsaufgaben müssen vom Aufsichtsratsmitglied nicht erbracht werden.[173]

39 Ein erhöhter Arbeitseinsatz ist vom Aufsichtsratsmitglied jedoch in besonderen, **krisenhaften Situationen** der Gesellschaft zu erwarten.[174] Insbesondere muss von den in § 90 Abs. 3 und § 111 Abs. 2 zur Verfügung stehenden Rechten Gebrauch gemacht werden.[175] Bei Insolvenzreife muss das Aufsichtsratsmitglied – etwa durch Weisung[176] – darauf hinwirken, dass ein Insolvenzantrag rechtzei-

---

[159] *Grooterhorst* NZG 2011, 921 (923).
[160] *Grooterhorst* NZG 2011, 921 (923).
[161] BGH NJW-RR 2007, 390.
[162] *Grooterhorst* NZG 2011, 921 (923 f.); *Goette* FS Baums, 2017, 475 (481 f.).
[163] LG Bielefeld WM 1999, 2457 (2465) – Balsam-AG; MüKoAktG/*Habersack* Rn. 33.
[164] Für den GmbH-Geschäftsführer BGH NJW-RR 2007, 390 f.
[165] Bei dauerhaften Interessenkollisionen muss das Aufsichtsratsmitglied sein Mandat niederlegen, → Rn. 65.
[166] S. auch noch Kölner Komm AktG/*Mertens/Cahn* Rn. 11, 25 die dies allerdings als Treuepflicht einstufen; ebenso *E. Vetter* in Marsch-Barner/Schäfer Börsennotierte AG-HdB Rn. 29.27; *E. Vetter* Liber Amicorum Winter, 2011, 701 (714 f.); wohl auch *M. Strasser*, Die Treuepflicht der Aufsichtsratsmitglieder der Aktiengesellschaft, 1998, 65 (67); aA MüKoAktG/*Habersack* Rn. 31, § 100 Rn. 95: demzufolge einer Stimmenthaltung die Gesamtverantwortung aller Mitglieder für die Willensbildung des Aufsichtsrats entgegensteht.
[167] *M. Strasser*, Die Treuepflicht der Aufsichtsratsmitglieder, 1998, 65 (67); *E. Vetter* DB 2004, 2623 (2625); *E. Vetter* in Marsch-Barner/Schäfer Börsennotierte AG-HdB Rn. 29.27.
[168] BGH WM 2013, 467 (468 Rn. 13); gemeinsame Verantwortung für Rechtmäßigkeit der Beschlüsse; BGH AG 2012, 677 (Rn. 12); *Vetter* DB 2004, 2623 (2625).
[169] *E. Vetter* DB 2004, 2623 (2625).
[170] OLG Stuttgart ZIP 2012, 1965 (1967 f.).
[171] Kölner Komm AktG/*Mertens/Cahn* Rn. 20; Großkomm AktG/*Hopt/Roth* Rn. 137; MüKoAktG/*Habersack* Rn. 36; K. Schmidt/Lutter/*Drygala* Rn. 20; *Gaul/Otto* AuA 2000, 312 (312); *Clemm/Dürrschmidt* FS Müller, 2001, 67 (85); ebenso *Witte/Hrubesch* BB 2004, 725 (726).
[172] Kölner Komm AktG/*Mertens/Cahn* § 116 Rn. 22.
[173] LG Düsseldorf AG 1991, 70 (71) – Girmes; Kölner Komm AktG/*Mertens/Cahn* Rn. 5, 22; MüKoAktG/*Habersack* Rn. 36.
[174] OLG Düsseldorf ZIP 2012, 2299 (2301); OLG Stuttgart AG 2012, 298 (300); OLG Stuttgart ZIP 2012, 1965 (1967 f.); LG München I AG 2007, 827 (828); OLG Hamburg DB 2001, 583 (584); Großkomm AktG/*Hopt/Roth* Rn. 137; K. Schmidt/Lutter/*Drygala* Rn. 20; MüKoAktG/*Habersack* Rn. 37; *Semler* Leitung und Überwachung Rn. 235 ff.; *Semler* AG 1983, 141; Kölner Komm AktG/*Mertens/Cahn* § 111 Rn. 25, § 116 Rn. 20; *Steinbeck*, Überwachungspflicht und Einwirkungsmöglichkeiten des Aufsichtsrates in der Aktiengesellschaft, 1992, 92 ff.; *Lutter/Krieger/Verse* Rechte und Pflichten des Aufsichtsrats Rn. 95 ff.; *Fölsing* KSI 2013, 19 (20); *Poertzgen* ZInsO 2010, 785; s. auch *Witte/Hrubesch* BB 2004, 725 (726), die davon sprechen, dass in der Krise der Gesellschaft „die Stunde des Aufsichtsrats" schlägt; dagegen aber *Claussen* AG 1984, 20 f., Replik *Semler* AG 1984, 21 f.; *Noack* FS Goette, 2011, 345 (351 f.).
[175] BGH DStR 2009, 1157 Rn. 15.
[176] *Hoffmann* AG 2012, 478 (480).

tig gestellt wird und dass keine verbotswidrigen Zahlungen (entgegen § 92 Abs. 2) geleistet werden.[177] Doch auch unterhalb dieser Schwelle kann sich die Intensität der Überwachungspflicht steigern, etwa im Vorfeld von Krisensituationen oder im Zusammenhang mit besonders bedeutsamen Geschäften für die Gesellschaft,[178] genauso wie bei Anhaltspunkten für ein sittenwidriges Verhalten des Vorstands.[179] Der Aufsichtsrat ist jedoch ohne besondere Veranlassung grundsätzlich nicht verpflichtet, bereits abgeschlossene Entscheidungen der vorangegangenen Jahre erneut auf ihre Rechtmäßigkeit hin zu überprüfen.[180]

Ebenso muss das Aufsichtsratsmitglied bereit sein, in einem **Ausschuss** mitzuarbeiten.[181] Hat **40** das Aufsichtsratsmitglied besondere Funktionen übernommen, sei es als Ausschussmitglied oder als Aufsichtsratsvorsitzender (zu dessen Pflichten → § 107 Rn. 39 ff.), hat es einen erhöhten Arbeitseinsatz zu leisten, auch wenn mit diesem Amt keine wesentlich höhere Vergütung im Vergleich zu den übrigen Aufsichtsratsmitgliedern vorgesehen ist.[182]

bb) Berichte. Hinsichtlich der **Berichte** nach § 90 ist auch das einzelne Aufsichtsratsmitglied **41** berechtigt, unter Umständen auch verpflichtet,[183] Berichte anzufordern, insbesondere wenn es sich kein klares Bild über die Geschäftslage hat machen können,[184] z.B. weil der vorherige Aufsichtsrat geschlossen zurückgetreten ist.[185] Denn das Aufsichtsratsmitglied muss sich vergewissern, dass es bei Beschlüssen, insbesondere Zustimmungsvorbehalten,[186] über eine ausreichende Tatsachengrundlage zur Beurteilung der Maßnahmen verfügt. Das Aufsichtsratsmitglied darf grundsätzlich auf die inhaltliche Richtigkeit der nach § 90 übermittelten Informationen vertrauen; Anlass zur Nachfrage besteht nur bei Lücken im Rahmen der Regelberichterstattung und einer unzureichenden Berichterstattung bei wichtigen Anlässen.[187] Treten Ungereimtheiten zutage, muss das Aufsichtsratsmitglied die nötigen Schritte wie ein Ergänzungsverlangen veranlassen, um die für § 93 Abs. 1 S. 2 angemessene Informationsgrundlage zu erlangen. Bei besonders bedeutsamen Geschäften für die Gesellschaft muss der Aufsichtsrat allerdings auch ohne besonderen Anlass Erkundigungen zur Verlässlichkeit der Informationen einholen, insbesondere bei größeren Abweichungen der Unternehmensplanung.[188]

Zu den Pflichten zählt ferner die Prüfung, ob das Aufsichtsratsmitglied von seinen Rechten zur **42** **Einberufung** einer **Aufsichtsratssitzung** nach § 110 Abs. 2 Gebrauch machen[189] sowie gegebenenfalls einen Antrag auf Einberufung der Hauptversammlung nach § 111 Abs. 3 stellen muss.

cc) Business Judgement Rule. Entsprechend den Grundsätzen zu den Pflichten des Vorstands[190] **43** ist die Pflicht des Aufsichtsratsmitglieds **unternehmerischer Natur**,[191] so dass **kein Erfolg** geschuldet wird. Daher wird es auch in Zukunft darauf ankommen, **„unternehmerische"** Entscheidungen von anderen abzuschichten.[192] Grundsätzlich sind darunter alle Entscheidungen zu verstehen, bei denen Handlungsalternativen bestehen;[193] zwar werden die meisten Entscheidungen durch zukunftsgerichtete,

---

[177] BGH DStR 2009, 1157 Rn. 15; *Noack* FS Goette, 2011, 345 (351 f.): Hinwirken durch Hinweis, Zustimmungsvorbehalt, Abberufung.
[178] OLG Stuttgart AG 2012, 298 (300) mwN und Anm. *Lieder* EWiR 2012, 303 mit Beispielen für besonders bedeutsame Geschäfte.
[179] *Knapp* DStR 2013, 865 (872); *Reichard* GWR 2012, 562; *Reuter* ZIP 2016, 597 (607).
[180] OLG Stuttgart NZG 2015, 1076 = ZIP 2015, 1832.
[181] → § 107 Rn. 81 ff.; Kölner Komm AktG/*Mertens/Cahn* § 107 Rn. 115; *Rellermeyer*, Aufsichtsratsausschüsse, 1986, 99; *Semler* AG 1988, 60 (63); aA allerdings ohne Begründung MüKoAktG/*Habersack* Rn. 36.
[182] K. Schmidt/Lutter/*Drygala* Rn. 20; MüKoAktG/*Habersack* Rn. 37 (für den Ausschuss- und Aufsichtsratsvorsitzenden); Kölner Komm AktG/*Mertens/Cahn* § 116 Rn. 23; vgl. auch *Lutter/Krieger/Verse* Rechte und Pflichten des Aufsichtsrats Rn. 1011.
[183] OLG Düsseldorf ZIP 2012, 2299 (2300); *Goette* FS Baums, 2017, 475 (479).
[184] MüKoAktG/*Habersack* Rn. 30; Kölner Komm AktG/*Mertens/Cahn* Rn. 13; *Lutter/Krieger/Verse* Rechte und Pflichten des Aufsichtsrats Rn. 320, 212 ff.
[185] OLG Düsseldorf ZIP 2015, 1586 (1587).
[186] *Lutter/Krieger/Verse* Rechte und Pflichten des Aufsichtsrats Rn. 220; *Goette* FS Baums, 2017, 475 (481 f.).
[187] Kölner Komm AG/*Mertens/Cahn* § 111 Rn. 20; *Cahn* WM 2013, 1293 (1298) mwN; *Herrmann/Olufs/Barth* BB 2012, 1935 (1941); *Hüffer* NZG 2007, 47 (49); *Lang/Balzer* WM 2012, 1167 (1173).
[188] Kölner Komm AG/*Mertens/Cahn* § 111 Rn. 23; *Cahn* WM 2013, 1293 (1298) mwN.
[189] OLG Braunschweig AG 2013, 47 (49); *Rother* NJ 2012, 14 (16); *Reuter* ZIP 2016, 597 (607).
[190] Zur Business Judgement Rule bei § 93 ausführlich *Fleischer* → § 93 Rn. 59 ff.
[191] *Lutter/Krieger/Verse* Rechte und Pflichten des Aufsichtsrats Rn. 985; eine kaufmännische Prägung des Verhaltens ist wiederum nicht notwendig, *Ott* ZGR 2017, 149 (156).
[192] S. dazu etwa *S. H. Schneider* DB 2005, 707 ff.; *Fleischer* ZIP 2004, 685 (690); *Schäfer* ZIP 2005, 1253 (1255 ff.); *Gehb/Heckelmann* ZRP 2005, 145 (146); *Roth* GesRZ-SH 2005, 12 (14 f.); von einem weiten, flexiblen Verständnis von „unternehmerischer Entscheidung" ausgehend aber Großkomm AktG/*Hopt/Roth* Rn. 86 ff., insbes. 88.
[193] *Ott* ZGR 2017, 149 (151 f. und 161 f.); zur Abgrenzung zu rechtlich gebundenen Entscheidungen und Pflichtaufgaben: *Ott* ZGR 2017, 149 (157 ff.).

unter Unsicherheit[194] stehende Entwicklungen bedingt sein,[195] doch ist dies nicht notwendigerweise Voraussetzung für die Business Judgement Rule, etwa bei Bilanzwahlrechten.[196] Ebenso muss berücksichtigt werden, dass **Beschlüsse** des Aufsichtsrats häufig Prognosecharakter tragen; daher ist eine **ex-ante Sicht** für die Frage, ob eine Pflichtverletzung vorliegt, maßgebend.[197] Durch den Verweis des § 116 auf § 93 gilt auch die dort inzwischen eingeführte, bereits im Vorfeld vieldiskutierte[198] **business judgement rule**[199] nach § 93 Abs. 1 S. 2 für den Aufsichtsrat.[200] Insbesondere die meisten Zustimmungsvorbehalte,[201] die Auswahl geeigneter Vorstandskandidaten[202] (ebenso wie deren Abberufung), die Festlegung der Vorstandsbezüge[203] sowie die Zustimmung zu Verträgen nach §§ 89, 114, 115[204] sind oftmals durch die Unsicherheit über die künftige Entwicklung bzw. die Notwendigkeit einer Prognose und einer unternehmerischen Entscheidung geprägt, so dass auch hier zugunsten des Aufsichtsrats die Business Judgement Rule eingreifen muss.

44 Wie schon vor der Einführung des § 93 Abs. 1 S. 2[205] werden gesetzliche Pflichten einschließlich **Treuepflichten** (→ Rn. 74 ff.) nicht von dem safe harbor des § 93 Abs. 1 S. 2 erfasst.[206]

45 Die vom Gesetz für die Entscheidung geforderte **„Grundlage angemessener Information"**[207] bedingt wiederum eine – auch vom Aufsichtsrat zu treffende – Entscheidung über Kosten und Nutzen weiterer Informationsbeschaffung, etwa durch Einholung von Sachverständigengutachten.[208] Allerdings unterliegt die Frage der Angemessenheit wiederum vollumfänglich der richterlichen Kontrolle; dennoch sollte auch hier ein gewisser Ermessensspielraum bei der Beurteilung der notwendigen Informationsgrundlage eingreifen, da eine vollständige Informationsgrundlage vom Gesetz gerade nicht gefordert wird. Eine routinemäßige Anforderung von solchen Informationen ist ebenso wenig erforderlich.[209] Je

---

[194] Dies bedingt zwangsläufig, gewisse Risiken einzugehen, *Adolff* FS Baums, 2017, 31 (31 ff.), der dies sogar (und zu weitgehend) unter einer Ermessensbeschränkung bei existenzgefährdende Risiken für die Gesellschaft annimmt.
[195] Darauf stellen im Wesentlichen *Brömmelmeyer* WM 2005, 2065 (2066); wohl auch § 93 Rn. 63 ff., *Fleischer* NJW 2005, 3525 (3528); *Schäfer* ZIP 2005, 1253 (1256); *Dauner-Lieb* FS Röhricht, 2005, 83 (94 ff.) ab.
[196] Kölner Komm AktG/*Mertens/Cahn* Rn. 69; *Merkt* Der Konzern 2017, 353 (356 f.), allerdings differenzierend; *Bosch/Lange* JZ 2009, 225 (230); *Lutter* ZIP 2007, 841 (843); *Paefgen* AG 2008, 761 (763); *Spindler* NZG 2005, 865 (871); s. aber auch *Ott* ZGR 2017, 149 (155 ff.) der auch bei bilanziellen Wahlrechten prognostische Elemente sieht und haftungsrelevante Entscheidungen ohne Zukunftsbezug für undenkbar hält, hier handele es sich daher nicht um ein taugliches Abgrenzungskriterium.
[197] Großkomm AktG/*Hopt/Roth* Rn. 67; für den Vorstand s. MüKoAktG/*Spindler* § 93 Rn. 25; Großkomm AktG/*Hopt/Roth* § 93 Rn. 61.
[198] Dazu *Ulmer* DB 2004, 859 ff.; *Fleischer* ZIP 2004, 685 ff.; *Ihrig* WM 2004, 2098 ff.; *Paefgen* AG 2004, 245 ff.; *S. H. Schneider* DB 2005, 707 ff.; *Thümmel* DB 2004, 471 ff.; *Schäfer* ZIP 2005, 1253 ff.; *Kock/Dinkel* NZG 2004, 441 ff.; *Hauschka* ZRP 2004, 65 ff.; *Hoor* DStR 2004, 2104 ff.; *Seibert/Schütz* ZIP 2004, 252 ff.; *Weiss/Buchner* WM 2005, 162 ff.
[199] Zur Einführung der business judgment rule *Spindler* NZG 2005, 865 (871 f.); *Holzborn/Bunnemann* BKR 2005, 51 (52); *Schütz* NZG 2005, 5 ff. mwN; *v. Falkenhausen* NZG 2012, 644 (646 ff.); *Druey* FS Goette, 2011, 57 (59 ff.); zur business judgment rule im US-Gesellschaftsrecht vgl. *Bungert* AG 1994, 297 (301); *Trockels* AG 1990, 139 (140 ff.); zur business judgment rule im internationalen Vergleich *Merkt* ZGR 2017, 129 passim; umfassende Darstellung von Entstehungsgeschichte und Grundlagen bei Großkomm AktG/*Hopt/Roth* Rn. 69 ff., insbes. 105 ff.
[200] *Wachter/Schick* Rn. 10; rechtsvergleichend zur Anwendung der business judgment rule auf Aufsichtsorgane *Merkt* ZGR 2017, 129 (140 f.).
[201] Wie hier Großkomm AktG/*Hopt/Roth* Rn. 107; *Paefgen* AG 2014, 554 (561); *Goette* FS Baums, 2017, 475 (481 f.).
[202] OLG München AG 2017, 750 (753); Kölner Komm AktG/*Mertens/Cahn* § 116 Rn. 15.
[203] *Spindler* AG 2011, 725 (726).
[204] Kölner Komm AktG/*Mertens/Cahn,* § 116 Rn. 68; MüKoAktG/*Habersack* Rn. 41; *Rahlmeyer/Gömöry* NZG 2014, 616 (619).
[205] MüKoAktG/*Spindler* § 93 Rn. 36 ff. mwN.
[206] BegrRegE BT-Drs. 15/5092, 11, Stellungnahme BReg ebd. S. 41; *Holle* AG 2011, 778 (780 ff.); *Fleischer* ZIP 2004, 685 (690); *S. H. Schneider* DB 2005, 707 (708); anders anscheinend *Schäfer* ZIP 2005, 1253 (1256); *Göppert,* Reichweite der Business Judgement Rule, 2010, 108; für einen Verstoß gegen Treuepflichten Großkomm AktG/*Hopt/Roth* Rn. 91, 97 ff., die bei Gesetzesverstößen hingegen nur vorsätzliche Verstöße ausnehmen, für andere Verstöße mithin einen Entscheidungsspielraum für möglich erachten; s. zur Anwendbarkeit der business judgement rule bei der Auslegung unbestimmter Rechtsbegriffe *Spindler* FS Canaris, Bd. 2, 2007, 403 ff.; ebenso Kölner Komm AktG/*Mertens/Cahn* Rn. 69; *Cahn* WM 2013, 1293 (1294); → § 93 Rn. 29 ff.
[207] Ausf. zu den diesbezüglichen Informationspflichten und möglichen -kanälen des Aufsichtsrats *Kropff* FS Raiser, 2005, 225 ff.
[208] *Cahn* WM 2013, 1293 (1297 f.); *Habbe/Köster* BB 2011, 265 (267).
[209] OLG Köln ZIP 2013, 516 (517 f.); ausf. BegrRegE BT-Drs. 15/5092, 11 f.; *Gehb/Heckelmann* ZRP 2005, 145 (146); *Schäfer* ZIP 2005, 1253 (1258); *Ulmer* DB 2004, 850 (860 f.); s. auch für § 93 AktG generell MüKoAktG/*Spindler* § 93 Rn. 48; *K. Schmidt/Lutter/Krieger/Sailer-Coceani* § 93 Rn. 17; *Fleischer* FS Wiedemann, 2002, 827 (840 f.); *Semler* FS Ulmer, 2003, 627 (632 f.); *Mutter,* Unternehmerische Entscheidungen und Haftung des Aufsichtsrates der Aktiengesellschaft, 1994, 220 f.; krit. dagegen *Weiss/Buchner* WM 2005, 162 (164).

nach Bedeutung der Entscheidung wird daher eine breitere Informationsbasis rechtlich gefordert sein.[210] Der Gesetzgeber will hier expressis verbis einen bewussten „Perspektivwechsel zum Vorstand aus seiner damaligen Sicht" vollziehen;[211] dies gilt auch für den Aufsichtsrat.

Hinsichtlich des **Verhältnisses zu den allgemeinen Sorgfaltspflichten des § 93 Abs. 1 S. 1** gilt,[212] dass daraus, dass die Voraussetzungen des § 93 Abs. 1 S. 2 nicht vorliegen, **nicht per se eine Pflichtwidrigkeit** folgt.[213] Bei Verletzung der Voraussetzungen der Business Judgement Rule besteht lediglich ein **Indiz** für eine Pflichtwidrigkeit.[214] Gleiches gilt für das Vorliegen von Interessenkollisionen. Jedoch verlagert sich die Begründungslast in diesen Fällen erheblich auf das Aufsichtsratsmitglied.[215]

Schließlich verlangt § 93 Abs. 1 S. 2 das Handeln des Vorstands – und damit auch des Aufsichtsrats – zum **„Wohl der Gesellschaft",** worunter der Gesetzgeber die langfristige Stärkung des Ertrags und der Wettbewerbsfähigkeit versteht, einschließlich der Tochtergesellschaften und des Gesamtkonzerns.[216] In diesen Begriff sollte man indes nicht zu viel hinein interpretieren, insbesondere keinen Abschied vom Unternehmensinteresse oder eine einseitige Orientierung an Anteilseignerinteressen;[217] denn der Gesetzgeber hat letztlich nur den Minimalkonsens herangezogen, der sich zur Auslegung des diffusen Maßstabes „Unternehmensinteresse" gebildet hatte.[218] Wichtiger ist vielmehr, dass damit gesetzlich klargestellt ist – was auch schon zuvor im Rahmen der Treuepflichten galt[219] –, dass der Aufsichtsrat **nicht aus unmittelbarem Eigennutz** handeln und keinen Interessenkonflikten unterliegen darf[220] – wobei indes die Verfolgung von eigenen Interessen insoweit als legitim anzusehen ist, als sich der daraus ergebende Vorteil nur mittelbar aus dem Wohl der Gesellschaft ableitet.[221] Probleme resultieren aus dem Postulat der Unabhängigkeit aber auf Grund der Verweisung von § 116 auf § 93 für den Aufsichtsrat: Hier toleriert das deutsche Recht im Prinzip nach wie vor,[222] dass Aufsichtsratsmitglieder auf Grund ihres Nebenamtes Interessenkollisionen unterliegen können; ihre Treuepflicht[223] gebietet es jedoch, im konkreten Fall Interessenkonflikte offen zu legen, bis hin zur Pflicht, ihr Mandat niederzulegen.[224] Der Gesetzgeber will aber offenbar diese grundsätzliche Frage nicht implizit mit § 93 Abs. 1 S. 2 regeln, da er Ausnahmefälle anerkennt, wenn das Organmitglied seinen Interessenkonflikt offen legt und die Annahme, zum Wohle der Gesellschaft zu handeln, gleichwohl vernünftig und nachvollziehbar erscheint.[225]

dd) Rechtsfragen. Bei Rechtsfragen ist das Organmitglied gehalten, die rechtliche Situation auch unter Berücksichtigung höchstrichterlicher Rechtsprechung gründlich zu prüfen und gegebenenfalls

---

[210] OLG Stuttgart AG 2012, 298 (301); s. dazu auch *S. H. Schneider* DB 2005, 707 ff.; *Ulmer* DB 2004, 859 (860 ff.); *Ihrig* WM 2004, 2098 (2106); *Paefgen* AG 2008, 761 (768); für Einbettung im Rahmen des Riskmanagements nach § 91 Abs. 2 AktG *Hauschka* ZRP 2004, 65 (67).
[211] Stellungnahme BReg BT-Drs. 15/5092, 41.
[212] *v. Falkenhausen* NZG 2012, 644 (649); *Druey* FS Goette, 2011, 57 (68 ff.); *Habersack* ZHR 177 (2013), 782 (797 ff.).
[213] OLG München AG 2017, 750 (753); MüKoAktG/*Habersack* Rn. 39a; zu den Rechtsfolgen der Business Judgement Rule s. MüKoAktG/*Spindler* § 93 Rn. 40 mwN; *Göppert*, Reichweite der Business Judgment Rule, 2010, 141.
[214] MüKoAktG/*Spindler* § 93 Rn. 40.
[215] Für den Vorstand: MüKoAktG/*Spindler* § 93 Rn. 40; anders anscheinend *Habersack* ZHR 177 (2013), 782 (797 ff.).
[216] BegrRegE BT-Drs. 15/5092, 11; krit. *Gehb/Heckelmann* ZRP 2005, 145 (147).
[217] Für Ausrichtung am Shareholder Value neuerdings wieder *Mülbert* FS Röhricht, 2005, 421 (440 f.); dagegen bereits *R. H. Schmidt/Spindler* FG Kübler, 1997, 515 (537 ff.); wN bei MüKoAktG/*Spindler* § 76 Rn. 71 ff.
[218] Näher MüKoAktG/*Spindler* § 76 Rn. 59 ff., 63 ff.; zur dauerhaften Rentabilität auch Kölner KommAktG/*Mertens/Cahn* § 76 Rn. 21 ff.; Hüffer/Koch/*Koch* § 76 Rn. 34; Großkomm AktG/*Kort* § 76 Rn. 53; *Semler* Leitung und Überwachung Rn. 40 ff.
[219] S. MüKoAktG/*Spindler* § 76 Rn. 13; *Fleischer* ZIP 2004, 685 (686 f.).
[220] BegrRegE BT-Drs. 15/5092, 11; *Kern* ZVglRWiss 2013, 70 (73) mwN; ausf. *Paefgen* AG 2004, 245 (252 ff.) mwN.
[221] BegrRegE BT-Drs. 15/5092, 11.
[222] Zu den EU-Empfehlungen über die Unabhängigkeit der Aufsichtsratsmitglieder *Spindler* ZIP 2005, 2033. Die Mitteilung zur Modernisierung des Gesellschaftsrechts und Verbesserung der Corporate Governance in der Europäischen Union – Aktionsplan KOM (2003) 284 endg. sind abrufbar unter http://eur-lex.europa.eu/procedure/DE/182892, zuletzt abgerufen am 22.3.2018.
[223] Dies sieht auch die Empfehlung Ziff. 5.5.2 DCGK vor.
[224] *E. Vetter* in Marsch-Barner/Schäfer Börsennotierte AG-HdB Rn. 29.27; s. auch DCGK Ziff. 5.5.3 DCGK.
[225] BegrRegE BT-Drs. 15/5092, 11; krit. *Gehb/Heckelmann* ZRP 2005, 145 (147), die aber anscheinend den Querbezug zu § 116 AktG zu wenig gewichten, auf den diese Aussage gemünzt ist; ähnlich *Schäfer* ZIP 2005, 1253 (1257).

Rechtsrat einzuholen.[226] Namentlich bei **Entscheidungen unter rechtlicher Ungewissheit** vereinen sich prognostische Elemente sowie gegenwärtige Umstände.[227] Werden in Rechtsprechung und Literatur verschiedene für sich überzeugende Auffassungen vertreten, hat das Organmitglied unter Berücksichtigung der Chancen und Risiken für die Gesellschaft einen für diese günstigen Rechtsstandpunkt einzunehmen und insofern eine zumindest unternehmerisch geprägte Entscheidung zu treffen.[228] Zwar sollen nach dem Willen des Gesetzgebers rechtlich gebundene Entscheidungen nicht von § 93 Abs. 1 S. 2 erfasst sein; doch können dessen Wertungen auch im Rahmen der Haftung für Rechtsirrtümer[229] berücksichtigt werden, so dass dem Organmitglied letztlich ein Ermessensspielraum zuzusprechen ist.[230]

49 Bei **Einschaltung eines Dritten** im Namen der Gesellschaft, wird dieser auch regelmäßig im Pflichtenkreis der Gesellschaft tätig, womit eine Zurechnung an das Organmitglied nach § 278 BGB ausscheidet.[231] Die vom BGH in dem Ision-Urteil für Vorstandsmitglieder aufgestellte Haftung für **Rechtsirrtümer** gilt auch für Aufsichtsratsmitglieder.[232] Sie entfällt, wenn der Rechtsirrtum unverschuldet ist, wobei nach der Rechsprechung strenge Maßstäbe anzusetzen sind. Die Organhaftung für Rechtsirrtümer unterbleibt nur dann, wenn der für die zu klärende Frage eingeschaltete Berufsträger unabhängig ist,[233] über die für die Rechtsfrage erforderliche Sachkunde besitzt und das Aufsichtsratsmitglied den eingeschalteten Experten über die Verhältnisse der Gesellschaft umfassend aufklärt, ihm alle erforderlichen Unterlagen zur Verfügung stellt und im Anschluss an die Rechtsauskunft eine Plausibilitätskontrolle durchführt.[234] Die nicht weiter hinterfragte Rechtsauskunft eines anderen Aufsichtsratsmitglieds, das selbst aufgrund seines Berufes rechtskundig ist, darf niemals alleinige Entscheidungsgrundlage sein. Aus haftungsrechtlichen Gesichtspunkten ist es stets geboten, sich über die spezifische Qualifikation zu vergewissern und im Rahmen einer Beratung gegebenenfalls Nachfragen zu stellen.[235] In komplizierten und nicht eilbedürftigen Fällen genügt eine mündliche Beratung nicht, da sie nicht die nötige Grundlage für eine Plausibilitätskontrolle liefert.[236] Das **Ausmaß der Rechtsermittlung** hängt jedoch von der spezifischen Situation ab, sodass bei einer **eilbedürftigen Entscheidung,** in der keine umfassende Plausibilitätskontrolle, sondern allenfalls eine summarische Prüfung möglich ist, nicht mehr als diese Prüfung verlangt werden kann.[237] Insbesondere bei höchstrichterlich noch nicht entschiedenen und somit ungeklärten Rechtsfragen genügt es dabei jedoch, die bestehende Diskussion hinsichtlich instanzgerichtlicher Entscheidungen sowie der Literatur auszuwerten und davon ausgehend eine fundierte Empfehlung auszusprechen.[238]

50 Das Ision-Urteil des BGH hat für Irritationen in der Praxis gesorgt, insbesondere die anscheinend zur Haftungsabsicherung geforderte **Einholung von zwei unabhängigen rechtlichen Expertisen,** wenn das Organmitglied sich nicht auf die eigene Rechtsabteilung oder nur einen

---

[226] BGH ZIP 2011, 2097 Rn. 16 mwN – Ision; BGH ZIP 2007, 1265 Rn. 16; für den Vorstand auch *Fleischer* § 93 Rn. 35.
[227] Kölner Komm AktG/*Mertens/Cahn* Rn. 69; *Thole* ZHR 173 (2009), 504 (522 f.); ausf. *Kaulich*, Die Haftung von Vorstandsmitgliedern einer Aktiengesellschaft für Rechtsanwendungsfehler, 2012, 189 ff.
[228] *Bicker* AG 2014, 8 (10); *Spindler* FS Canaris, Bd. 2, 2007, 403 (415); Kölner Komm AktG/*Mertens/Cahn* Rn. 69; aA *Kaulich*, Die Haftung von Vorstandsmitgliedern einer Aktiengesellschaft für Rechtsanwendungsfehler, 2012, 189 ff., insbes. 20: § 93 Abs. 1 S. 2 gilt nur für mit der Rechtslage nicht unmittelbar verbundenen Gesichtspunkten; vgl. dazu auch: *Witte/Indenhuck* BB 2014, 2563.
[229] Darauf weist insoweit zutr. *Buck-Heeb* BB 2013, 2247 ff. hin; ebenso *Verse* ZGR 2017, 174 (192).
[230] Ausf. dazu MüKoAktG/*Spindler* § 93 Rn. 75; *Spindler* FS Canaris, Bd. 2, 2007, 403 (428); *Verse* ZGR 2017, 174 passim; Kölner Komm AktG/*Mertens/Cahn* Rn. 69; *Thole* ZHR 173 (2009), 504 (522 f.); *Bicker* AG 2014, 8 (10); *Lutter/Krieger/Verse* Rechte und Pflichten des Aufsichtsrats Rn. 989; *Paefgen* AG 2014, 554 (559 f.): Unterscheidung sei dennoch nötig; rechtsvergleichend hierzu *Merkt* ZGR 2017, 129 (144 f.).
[231] BGH ZIP 2011, 2097 Rn. 17 – Ision; krit. *Cahn* WM 2013, 1293 (1302).
[232] Dazu auch *Cahn* WM 2013, 1293 (1302).
[233] Zum Begriff der Unabhängigkeit iSd Ziff. 4.2.2 Abs. 3 DCGK bei Vergütungsberatern: *Fleischer* BB 2010, 67 (71) nimmt eine Unabhängigkeit an, wenn Vergütungsberater in keiner weiteren einen Interessenkonflikt begründenden Beziehung zur Gesellschaft oder zum Vorstand stehen; auch *Weber-Rey/Buckel* NZG 2010, 761 (763): sachfremde Interessen; *Baums* AG 2010, 53 (61 f.): Besorgnis der Befangenheit.
[234] BGH ZIP 2011, 2097 Rn. 18 m. Anm. *König* jurisPR-HaGesR 12/2011 Anm. 3; *Verse* ZGR 2017, 174 (177), der diese Kriterien für nachvollziehbar hält, sofern sie mit Augenmaß angewendet werden; so auch *Kleinert* FS Baums, 2017, 667 (678); ausf. *Cahn* WM 2013, 1293 (1303 ff.); zur schon für die Stellung eines Insolvenzantrages: BGH ZIP 2007, 1265 Rn. 16 ff.; dazu auch *Fölsing* ZCG 2011, 273 (275).
[235] BGH ZIP 2011, 2097 Rn. 22 – Ision; Kölner Komm AktG/*Mertens/Cahn* Rn. 63.
[236] BGH ZIP 2011, 2097 Rn. 24 – Ision; zust. *Merkt/Mylich* NZG 2012, 525 (529).
[237] → § 93 Rn. 29; *Fleischer* ZIP 2005, 141 (150); *Buck-Heeb* BB 2013, 2247 (2256); *Verse* ZGR 2017, 174 (177).
[238] So auch *Kleinert* FS Baums, 2017, 667 (678); ausf. dazu *Verse* ZGR 2017, 174 (178 ff.).

externen Berater verlassen kann – was allerdings auch überinterpretiert wurde, da vergleichbare Kriterien schon lange aus § 831 BGB bzw. dem allgemeinen Vertrauensgrundsatz bei arbeitsteiligen Prozessen bekannt sind.[239] Der **Begriff des „unabhängigen" Beraters** ist letztlich unklar geblieben, insbesondere hinsichtlich der hauseigenen Rechtsabteilung.[240] Rein begrifflich liegt es nahe, dass nur externe Rechtsanwälte dazu gezählt werden können. Dies überzeugt aber jedenfalls dann nicht, wenn sich die eigenen Mitarbeiter in der Vergangenheit als kompetent und zuverlässig erwiesen haben.[241] Zudem kann sich die Beurteilung der Unabhängigkeit am Maßstab des § 46 Abs. 4 BRAO messen lassen, wonach die Weisungsgebundenheit in Bezug auf eine eigenständige Analyse der Rechtslage und eine einzelfallorientierte Rechtsberatung eine unabhängige Beratung ausschließt.[242] Natürlich muss das Aufsichtsratsmitglied je nach den Umständen des Einzelfalls die nötige Vorsicht walten lassen, wenn die Gefahr der Betriebsblindheit oder – gerade für die Beurteilung von Vorstandsentscheidungen – der Abhängigkeit der **Rechtsabteilung** gegenüber dem Vorstand besteht. Daher dürfte in der Regel externer Rat einzuholen sein, wenn es konkret um die Überwachung eines bestimmten Geschäftsvorgangs, einer Transaktion etc. geht, in der die Rechtsabteilung bereits vom Vorstand eingeschaltet wurde.[243] Andererseits kommt es maßgeblich darauf an, welche Erfahrungen in der Vergangenheit gemacht wurden, wie risikoreich die zu beurteilende Maßnahme für die Gesellschaft ist etc. Der Gesellschaft würden unnötige finanzielle Opfer aufgebürdet werden, wenn die gleiche Expertise auch im eigenen Haus durch einen Unternehmensjuristen erbracht werden kann.[244] Beratungsverträge mit einem Aufsichtsratsmitglied oder einer Gesellschaft, an der dieser beteiligt ist, sind nach ständiger Rechtsprechung als Verstoß gegen § 113 zu werten und mithin nichtig, sofern der Beratungsgegenstand in den Aufgabenbereich des Aufsichtsrats fällt.[245] Die Business Judgement Rule erfordert keine routinemäßige Einholung von externen Sachverständigengutachten.[246] Es wäre kaum nachvollziehbar, wenn einerseits der Aufbau einer Rechtsabteilung aus haftungspräventiven Gründen gar unter dem Gesichtspunkt der Entscheidungsfindung aufgrund angemessener Informationsgrundlage, andererseits zur Vermeidung von Rechtsirrtümern das Anfordern eines externen Beraters erforderlich wäre.[247]

c) Haftung des überstimmten Aufsichtsratsmitglieds. Das Aufsichtsratsmitglied ist gehalten, **51** alles in seiner Macht Stehende zu unternehmen, um Schaden von der Gesellschaft abzuwenden, insbesondere rechtswidrige Beschlüsse zu verhindern. Dazu gehört, bei Abstimmungen gegen entsprechende Beschlüsse zu votieren, aber auch, dass das Aufsichtsratsmitglied in der vorhergehenden Beratung deutlich auf seine Bedenken hinweist und sie geltend macht.[248] Hinter der Entscheidung der Mehrheit kann sich das einzelne Mitglied nicht verschanzen. Eine Verantwortung entfällt nur dann, wenn das Mitglied die ihm nach Lage der Sache zu Gebote stehenden Mittel eingesetzt hat, um die Ausführung des Beschlusses zu verhindern, etwa eindringliche Warnungen und Remonstrationen gegenüber den Kollegen.[249] Eine Berufung auf mitwirkendes Verschulden ist ihm gegenüber der Gesellschaft versagt, da ihn eine eigene Verantwortung trifft, die er mit der Sorgfalt eines ordentlichen

---

[239] *Spindler* AG 2013, 889 (894).
[240] *Fleischer* NZG 2010, 121 (123): Unabhängigkeit als Teilelement der persönlichen Zuverlässigkeit.
[241] So auch *Bicker* AG 2014, 8 (10 f.); *Goette* ZHR 176 (2012), 588 (Fn. 50), der den Begriff der „Unabhängigkeit" auf eine unreflektierte Übernahme aus BGH ZIP 2007, 1265, also einem GmbH-rechtlichen Fall, zurückführt, bei dem keine eigene Rechtsabteilung existierte; *Goette* FS Hoffmann-Becking, 2013, 377 (380); *Altmeppen* FS Hoffmann-Becking, 2013, 1 (9); *Selter* AG 2012, 11 (14 f.); *Wagner* BB 2012, 651 (654 ff.); *Merkt/Mylich* NZG 2012, 525 (528); *Lutter/Krieger/Verse* Rechte und Pflichten des Aufsichtsrats Rn. 1017; *Fleischer* NZG 2010, 121 (123) mwN; differenzierend *Klöhn* DB 2013, 1535 (1538 ff.) unter Einbeziehung verhaltensökonomischer Erkenntnisse; *Verse* ZGR 2017, 174 (177); *Kleinert* FS Baums, 2017, 667 (677).
[242] BeckOK BORA/*Römermann* § 46 Rn. 15; s. ferner zur Weisungsgebundenheit des Syndikusanwalts BeckOGK BGB/*Spindler* § 831 Rn. 27 ff.
[243] Wesentlich weiter dagegen *Redeke* AG 2017, 289 (297 f.), der das gegenseitige Vertrauen von Vorstand und Aufsichtsrat betont – gerade dies steht aber bei der Überwachung (Kontrolle!) in Rede.
[244] Zum Ganzen s. aus Sicht des Syndikus *Redeke* AG 2017, 289 (295 ff.); ähnlich OLG Stuttgart ZIP 2017, 671 (674 f.).
[245] OLG Köln ZIP 2013, 516 (518); BGH ZIP 2007, 22 (23 Rn. 13); BGH ZIP 2006, 1529 (1533 Rn. 16); BGH ZIP 1991, 653 (654).
[246] → Rn. 45.
[247] *Junker/Biederbick* AG 2012, 898 (901).
[248] OLG Düsseldorf BB 1996, 230 (231); *Lutter/Krieger/Verse* Rechte und Pflichten des Aufsichtsrats Rn. 999; MüKoAktG/*Habersack* Rn. 38; *Doralt/Doralt* in Semler/v. Schenck AR-HdB § 13 Rn. 163; *Fleck* FS Heinsius, 1991, 89 (97); *E. Vetter* DB 2004, 2623 (2625); eingehend *Scholderer/v. Werder*, ZGR 2017, 865 (897 ff.).
[249] Wohl zurückhaltender Großkomm AktG/*Hopt/Roth* Rn. 17, nach denen das überstimmte Aufsichtsratsmitglied allgemein „Gegenvorstellungen" zur Verhinderung eines rechtswidrigen Beschlusses erheben muss.

und gewissenhaften „Überwachers" zu erfüllen hat. Aus Beweisgründen sollte das Aufsichtsratsmitglied seine ablehnende Haltung zu Protokoll geben. Mehr kann vom Aufsichtsratsmitglied indes nicht verlangt werden, wenn es nicht gegen seine anderweitigen Pflichten, insbesondere die Verschwiegenheit, verstoßen soll, vor allem nicht, dass es sich von sich aus an Aufsichtsbehörden oder an die Öffentlichkeit (**externes Whistleblowing**) wendet.[250] Auch eine Feststellungsklage gegen den Aufsichtsratsbeschluss ist nicht erforderlich, um die Haftung des überstimmten Aufsichtsratsmitglieds auszuschließen, ebenso wenig eine Mandatsniederlegung,[251] zumal es dadurch die Ausführung des Beschlusses in der Regel nicht verhindern kann.[252] Die Einleitung rechtlicher Schritte kann ausnahmsweise angezeigt sein, wenn der Gesellschaft beispielsweise ein ganz erheblicher Schaden durch die Ausführung des fehlerhaften Beschlusses droht oder die Verletzung von Strafgesetzen mit der Ausführung zwingend einhergeht.[253]

52   **d) Haftung des verhinderten Aufsichtsratsmitglieds.** Ein Aufsichtsratsmitglied, das an einer Sitzung nicht teilnehmen konnte, in der ein rechtswidriger Beschluss gefasst wurde, ist mangels Ursächlichkeit seines Handelns nicht haftbar für eingetretene Schäden. Allerdings ist das Aufsichtsratsmitglied verpflichtet, an Sitzungen teilzunehmen, so dass nur bei berechtigtem und nicht bewusstem Fernbleiben eine Haftung entfällt.[254] Auch trifft das Aufsichtsratsmitglied die Pflicht, den gefassten Beschluss eigenständig zu prüfen und gegebenenfalls eine erneute Sitzung anzuregen oder bei den anderen Aufsichtsratsmitgliedern zu remonstrieren.

53   **e) Gegenseitige Überwachung und Selbstevaluation.** Die gemeinsame Arbeit im Gremium Aufsichtsrat bedingt auf Grund der horizontalen Arbeitsteilung eine gegenseitige Überwachung, ähnlich den Pflichten der Vorstandsmitglieder. So hat ein Aufsichtsratsmitglied, das ein rechtswidriges Verhalten eines anderen Mitglieds bemerkt, den Vorsitzenden davon zu unterrichten, in besonderen Fällen über einen Antrag nach § 103 Abs. 3 für die Abberufung des betroffenen Aufsichtsratsmitglieds zu sorgen.[255] Hierzu ist der Aufsichtsrat verpflichtet, wenn ein wichtiger Grund vorliegt.[256] Nach Ziff. 5.6 DCGK ist der Aufsichtsrat zudem verpflichtet, sich selbst zu **evaluieren**,[257] Häufigkeit und Form der Prüfung bleiben aber offen.[258]

54   Der Vorstand hat dagegen nur in Ausnahmesituationen die Pflicht, zB hinsichtlich von aktienrechtlich unzulässigen Vergütungen an den Aufsichtsrat gem. § 93 Abs. 3 Ziff. 7, ein rechtswidriges Verhalten des Aufsichtsrats zu überwachen und für Abhilfe zu sorgen, etwa durch die außerordentliche Einberufung der Hauptversammlung.

55   **f) Haftung und Delegation auf Ausschüsse.** Die Delegation von Aufgaben an einen Ausschuss entlastet zwar die übrigen Aufsichtsratsmitglieder nicht vollständig von ihren Pflichten, doch wandeln sich diese zu Überwachungs- und Kontrollpflichten bei Ausschüssen, die an die Stelle des Gesamtaufsichtsrats tätig werden.[259] Bei nur vorbereitenden Ausschüssen bleibt es dagegen im Prinzip

---

[250] Für den Vorstand: *Peltzer* WM 1981, 346 (352); *Fleischer* NZG 2003, 449 (457); Großkomm AktG/*Hopt/Roth* § 93 Rn. 372; für den Aufsichtsrat: OLG Stuttgart AG 2012, 298 (303) gestattet eine öffentliche Äußerung in notstandsähnlichen Extremfällen; Kölner Komm AktG/*Mertens/Cahn* Rn. 17 und MüKoAktG/*Habersack* Rn. 33 halten dies in Ausnahmefällen für geboten, wenn Schaden von der Gesellschaft abgewandt werden soll; ähnlich *Scholderer/v. Werder*, ZGR 2017, 865 (903 ff.); wie hier auch Großkomm AktG/*Hopt/Roth* Rn. 19, die diesbezüglich Zurückhaltung für angebracht erachten.

[251] Kölner Komm AktG/*Mertens/Cahn* Rn. 64; *Lutter/Krieger/Verse* Rechte und Pflichten des Aufsichtsrats Rn. 1001; *E. Vetter* DB 2004, 2623 (2627); weiter MüKoAktG/*Habersack* Rn. 38: eine Amtsniederlegung kann ausnahmsweise gefordert werden.

[252] *E. Vetter* in Marsch-Barner/Schäfer Börsennotierte AG-HdB Rn. 29.67.

[253] Vgl. *E. Vetter* DB 2004, 2623 (2626); NK-AktR/*Breuer/Fraune* Rn. 3e.

[254] MüKoAktG/*Habersack* Rn. 38: Haftung, wenn Mitglied aus von ihm zu vertretenden Gründen nicht an Abstimmung teilgenommen hat; MüKoAktG/*Spindler* § 93 Rn. 170; *Dröge*, Haftung für Gremienentscheidungen, 2008, 104 ff.

[255] MüKoAktG/*Habersack* Rn. 34 f.; Bürgers/Körber/*Israel* Rn. 6.

[256] Zum Vorliegen eines wichtigen Grundes *Lutter/Krieger/Verse* Rechte und Pflichten des Aufsichtsrats Rn. 933.

[257] Dazu KBLW/*v. Werder* DCGK Rn. 1493 ff.; Bürgers/Körber/*Israel* Rn. 6; *Peltzer* Dt.CG Rn. 320 ff.; s. auch Arbeitskreis „Externe und Interne Überwachung der Unternehmung" der Schmalenbach-Gesellschaft für Betriebswirtschaft e. V. DB 2006, 1625 (1630 ff.) rekurrierend auf eine extern moderierte Selbstevaluation.

[258] *Grunewald* NZG 2013, 841 (845).

[259] *Rellermeyer*, Aufsichtsratsausschüsse, 1986, 57; *Lutter/Krieger/Verse* Rechte und Pflichten des Aufsichtsrats Rn. 1004; *Voß*, Gesamtschuldnerische Organhaftung, 2008, 59; *Fleischer* ZIP 2009, 1397 (1402); Großkomm AktG/*Hopt/Roth* Rn. 116; MüKoAktG/*Habersack* Rn. 34; Bürgers/Körber/*Israel* Rn. 7; vgl. auch Schmalenbach-Gesellschaft/Deutsche Gesellschaft für Betriebswirtschaft eV DB 1995, 1 (2); aA offenbar Kölner Komm AktG/*Mertens/Cahn* Rn. 11 und *Cahn* WM 2013, 1293 (1300): Kontrollpflicht nur bei Bekanntwerden eines Fehlverhal-

bei der vollständigen Verantwortung aller Aufsichtsratsmitglieder; allerdings können die übrigen Aufsichtsratsmitglieder auf die ordnungsgemäße Arbeit des Ausschusses, insbesondere hinsichtlich der Sachverhaltsermittlung, solange vertrauen, wie kein konkretes Verdachtsmoment vorliegt[260] und der Gesamtaufsichtsrat ausreichend über die Arbeit im Ausschuss informiert wurde.[261] Eine bloße Entgegennahme von Berichten der Ausschüsse genügt jedenfalls nicht den Pflichten, die an das Aufsichtsratsmitglied, das nicht dem Ausschuss angehört, zu stellen sind; vielmehr ist zumindest die Schlüssigkeit der Berichte zu prüfen.[262]

g) Haftung für unangemessene Vorstandsvergütung. Die Pflicht zur Festsetzung einer angemessenen Vorstandsvergütung[263] ist in § 116 S. 3 seit dem VorstAG[264] normiert, wodurch ausdrücklich klargestellt werden sollte, dass die Festsetzung der Vorstandsvergütung zu den wichtigsten Aufgaben des Aufsichtsrats gehört und Pflichtverletzungen eine persönliche Haftung der Aufsichtsratsmitglieder zur Folge haben.[265] Jedoch hat diese Regelung nur deklaratorischen Charakter, da die Festsetzung einer angemessen Vorstandsvergütung schon vorher zu den Organpflichten des Aufsichtsrats gehörte.[266] Obgleich es an einer ausdrücklichen Erwähnung in § 116 S. 3 mangelt,[267] ist auch das pflichtwidrige Unterlassen der Herabsetzung einer unangemessen hohen Vergütung iSd § 87 Abs. 2 von § 116 S. 1 erfasst.[268]

56

Im Rahmen von Entscheidungen des Aufsichtsrats über die Vergütung der Vorstandstätigkeit greift auf Ebene der Sorgfaltsanforderungen grundsätzlich auf Grund des unternehmerischen, zukunftsbezogenen Charakters dieser Entscheidung[269] die **Business Judgement Rule** des § 93 Abs. 1 S. 2 ein (→ Rn. 43 f. sowie *Fleischer* → § 93 Rn. 59 ff.)[270] – was auch strafrechtlich von

57

---

tens. Dies widerspricht indes den allgemeinen Grundsätzen der Haftung bei arbeitsteiliger Organisation, s. dazu *Spindler*, Unternehmensorganisationspflichten, S. 909 ff.

[260] OLG Hamburg AG 1996, 84 (85); *Voß*, Gesamtschuldnerische Organhaftung, 2008, 58 f.; *Fleischer* ZIP 2009, 1397 (1402); MüKoAktG/*Habersack* § 107 Rn. 169; *Bürgers/Körber/Israel* Rn. 7; MHdB AG/*Hoffmann-Becking* § 32 Rn. 41 ff.; *Rellermeyer*, Aufsichtsratsausschüsse, 1986, 62 ff.; *Schwark* FS Werner, 1984, 841 (848); *Janberg* AG 1966, 1 (5); *Hopt* FS Mestmäcker, 1996, 909 (930 f.); *E. Vetter* in Marsch-Barner/Schäfer Börsennotierte AG-HdB Rn. 28.25 ff.

[261] *Lutter/Krieger/Verse* Rechte und Pflichten des Aufsichtsrats Rn. 745; *Rellermeyer*, Aufsichtsratsausschüsse, 1986, 48 f. (54 f.).

[262] *Hüffer/Koch/Koch* Rn. 16 unter Hinweis auf RGZ 93, 338 (340); *Cahn* WM 2013, 1293 (1300 f.) der jedoch eine Pflicht zur durch Durchsicht aller Unterlagen ablehnt; ferner *Fleischer* ZIP 2009, 1397 (1401 f.); Großkomm AktG/*Hopt/Roth* Rn. 117; K. Schmidt/Lutter/*Drygala* Rn. 6.

[263] Grundlegend zur Regulierung von Bank-Vorstandsgehältern *Kirchner/Ehmke* ZVglRWiss 2015, 269.

[264] Gesetz zur Angemessenheit der Vorstandsvergütung v. 31.7.2009, BGBl. 2009 I 2509; zur teleologischen Konzeption des VorstAG als Reaktion auf die Finanzkrise s. *Dauner-Lieb* Der Konzern 2009, 583 (584).

[265] BegrFrakE BT-Drs. 16/12 278, 6; krit. hierzu *van Kann/Keiluweit* DStR 2009, 1587 (1591); *Hanau* NJW 2009, 1652 (1653): demzufolge die Regelung nicht geeignet sei, eine erhöhte Präventionswirkung zu erzielen; sowie Handelsrechtsausschuss DAV NZG 2009, 612 (615) der von einer falschen Schwerpunktsetzung ausgeht; s. auch *Cannivé/Seebach* Der Konzern 2009, 593 ff.; zu den Auswirkungen des VorstAG auf die GmbH *Spindler* FS Schneider, 2011, 1287.

[266] *Fleischer* → § 87 Rn. 1; K. Schmidt/Lutter/*Seibt* § 87 Rn. 2; *Hohenstatt* ZIP 2009, 1349 (1354); *Spindler* AG 2011, 725; *Spindler* NJOZ 2009, 3282 (3289); *Nikolay* NJW 2009, 2640 (2645); *Cannivé/Seebach* Der Konzern 2009, 593 (595); *Reichert/Ullrich* FS Schneider, 2011, 1017 (1019, 1023); *Hüffer* FS Hoffmann-Becking, 2013, 589 (590, 595); *Hüffer* Rn. 10; MüKoAktG/*Habersack* Rn. 42a; Kölner Komm AktG/*Mertens/Cahn* Rn. 76; Bedenken in Bezug auf die Effektivität von S. 3: *Cahn* FS Hopt, Bd. I, 2010, 431 (449 f.); *Peltzer* FS Hellwig, 2011, 269 (281); *Moll* FS Wellensiek, 2011, 495 (497).

[267] S. bereits Handelsrechtsausschuss DAV NZG 2009, 612 (615); *Hohenstatt* ZIP 2009, 1349 (1354); *Fleischer* NZG 2009, 801 (804).

[268] *Hoffmann-Becking/Krieger* NZG- Beil. Heft 26/2009, 1 (10); *Bauer/Arnold* AG 2009, 717 (730 f.); *Diller* NZG 2009, 1006 (1009); *van Kann/Keiluweit* DStR 2009, 1587 (1591); *Gaul/Janz* NZA 2009, 809 (814); *Dauner-Lieb* Der Konzern 2009, 583 (592, 593); *Keiser* RdA 2010, 280 (281 f.); *Reichert/Ullrich* FS Schneider, 2011, 1017 (1023, 1029); *Habersack* ZHR 174 (2010), 2 (3); MüKoAktG/*Habersack* Rn. 42a; krit. zur Effektivität der Norm *Hüffer/Koch/Koch* Rn. 18, Kölner Komm AktG/*Mertens/Cahn* Rn. 76.

[269] So die zutreffende Einordnung BGHSt 50, 331 (332) = BGH NJW 2006, 522 (523) im Einklang mit der herrschenden Lehre: *Spindler* ZIP 2006, 349 (351); *Fleischer* DB 2006, 542 (543); *Fleischer* DB 2010, 67 (70); *Hoffmann-Becking* NZG 2006, 127 (128); *Hoffmann-Becking* ZHR 169 (2005), 155 (157 f.); *Kort* NJW 2005, 333 (334); *Marsch-Barner* FS Röhricht, 2005, 401 (404); *Thümmel* AG 2004, 83 (88); aA *C. Schäfer* ZIP 2005, 1253 (1258); *Schwark* FS Raiser, 2005, 377 (391 f.); *Kropff* FS Raiser, 2005, 225 (234); MüKoAktG/*Habersack* Rn. 41.

[270] *Spindler* AG 2011, 725; *Spindler* ZIP 2006, 349 (353); *Fleischer* DB 2006, 542 (543); *Thümmel* AG 2004, 83 (88); *Gaul/Janz* NZA 2009, 809 (814); *Hohenstatt* ZIP 2009, 1349 (1354 f.); dies betonend auch *Hoffmann-Becking* NZG 2006, 127 (128); *Reichert/Ullrich* FS Schneider, 2011, 1017 (1021 f.); *Hüffer* FS Hoffmann-Becking, 2013, 589 (599).

Relevanz ist.²⁷¹ Seine Grenze findet dieser Ermessensspielraum im gesetzlich angeordneten Angemessenheitsgebot des § 87,²⁷² dessen Konkretisierung in der Praxis im Einzelfall erhebliche Schwierigkeiten bereitet.²⁷³ Leitlinie für das Ermessen des Aufsichtsrats muss im Rahmen des Unternehmensinteresses sein, ob die Zahlungen an das Vorstandsmitglied für das Unternehmen nützlich sind. Dabei kommt es vor allem auf die mit den Zahlungen und ihrer Struktur verbundenen Anreize für das Vorstandsmitglied an. Gerade bei nachträglich beschlossenen, im Dienstvertrag nicht vorgesehenen Anerkennungsprämien kann es auch darauf ankommen, ob zukünftigen, potentiellen Vorstandsmitgliedern signalisiert wird, dass die Gesellschaft überobligationsmäßige Anstrengungen auch ex post vergütet. Dabei muss der Aufsichtsrat die Informationsmöglichkeiten vernünftig ausschöpfen. Musste der Aufsichtsrat in diesem Rahmen zu dem Ergebnis kommen, dass keinerlei Anreizfunktion von diesen Zahlungen ausgehen kann, ist ihm insoweit auch kein Ermessensspielraum im Sinne der Business Judgement Rule eröffnet,²⁷⁴ da er in diesen Fällen mithin nicht davon ausgehen konnte, zum Wohle der Gesellschaft iSv § 93 Abs. 1 S. 2 zu handeln.²⁷⁵ Dabei spielen Vergütungsberater, also Inanspruchnahme von fachkundigen Dritten bei der Entscheidungsfindung über Art und Umfang der Vorstandsbezüge, aufgrund der komplizierten Ausgestaltung der Vergütungsstruktur eine zunehmend bedeutende Rolle;²⁷⁶ denn nur die wenigstens Aufsichtsratsmitglieder verfügen über die hinreichende Kenntnis für ein optimales Vertragsdesign.²⁷⁷

58 **h) Einzelfragen. aa) Geltendmachung von Ersatzansprüchen gegen Vorstandsmitglieder.** Der Aufsichtsrat ist grundsätzlich verpflichtet zu prüfen, ob der AG Ersatzansprüche nach § 93 gegen den Vorstand zustehen, und diese gegebenenfalls durchzusetzen, will er sich nicht selbst schadensersatzpflichtig machen (→ § 111 Rn. 27 ff.).²⁷⁸ Zunächst hat der Aufsichtsrat in einer **ersten Stufe** den zum Schadensersatz verpflichtenden Tatbestand in rechtlicher wie in tatsächlicher Hinsicht im Sinne der Informationsgrundlage festzustellen, um dann das Prozessrisiko und die Durchsetzbarkeit der Forderung zu analysieren.²⁷⁹ Dabei unterliegt die Schaffung einer ausreichenden Tatsachengrundlage ihrerseits Kosten-Nutzen-Abwägungen.²⁸⁰ Dabei muss das weite unternehmerische Ermessen des Vorstandes²⁸¹ bzw. die in § 93 Abs. 1 S. 2 umgesetzte

---

²⁷¹ BGHSt 50, 331 = BGH NJW 2006, 522 – Mannesmann; vorhergehend LG Düsseldorf NJW 2004, 3275 = ZIP 2004, 2044; aus dem gesellschaftsrechtlichen Schrifttum: *Spindler* ZIP 2006, 349; *Fleischer* DB 2006, 542; *Peltzer* ZIP 2006, 205; *Säcker/Boesche* BB 2006, 897; *Kort* NZG 2006, 131; *Kort* AG 2006, 106; *Hoffmann-Becking* NZG 2006, 127; aus dem strafrechtlichen Schrifttum: *Rönnau* NStZ 2006, 218; *Ransiek* NJW 2006, 814; *Vogel/Hocke* JZ 2006, 568; zur Vorinstanz: *Fonk* NZG 2005, 248; *Kort* NJW 2005, 333; *Schünemann,* Organuntreue – Das Mannesmann-Verfahren als Exempel?, 2004.
²⁷² *Spindler* ZIP 2006, 349 (351); *Thümmel* AG 2004, 83 (88); *Hüffer* FS Hoffmann-Becking, 2013, 589 (599); MüKoAktG/*Habersack* Rn. 41.
²⁷³ S. dazu statt vieler nur: MüKoAktG/*Spindler* § 87 Rn. 20 ff.
²⁷⁴ *Spindler* ZIP 2006, 349 (353).
²⁷⁵ IE auch *Fleischer* DB 2006, 542 (543): Verbot der Verschwendung von Gesellschaftsvermögen; missverständlich BGHSt 50, 331 (332) = BGH NJW 2006, 522 (523) – Mannesmann, der offensichtlich losgelöst vom Tatbestand des §§ 93, 116 ein objektives Gebot für Organmitglieder statuiert, alle Maßnahmen zu unterlassen, die den Eintritt eines sicheren Vermögensschadens bei der Gesellschaft zur Folge haben; krit. auch *Hoffmann-Becking* NZG 2006, 127 (128).
²⁷⁶ *Fleischer* BB 2010, 67 ff. unter Hinweis auf Vergütungsberatern in Großbritannien; s. auch *Reichert/Ullrich* FS Schneider, 2011, 1017 (1022); krit. *Hüffer* FS Hoffmann-Becking, 2013, 589 (601): Vereinfachung der Vergütungsausgestaltung als Problemlösung.
²⁷⁷ Umfangreich zur Aufsichtsratsverantwortlichkeit im Rahmen der Hinzuziehung von Vergütungsexperten *Fleischer* BB 2010, 67 ff.
²⁷⁸ BGHZ 135, 244 (252) = NJW 1997, 1926 – ARAG/Garmenbeck; zuvor OLG Düsseldorf AG 1995, 416 = ZIP 1995, 1183, LG Düsseldorf ZIP 1994, 628; zur Erweiterung der in der ARAG/Garmenbeck-Entscheidung aufgestellten Grundsätze s. *Reichert* ZIP 2016, 1189*; Dreher* ZHR 158 (1994), 614 (637); *Dreher* ZIP 1995, 628 f.; *Lutter* ZIP 1995, 441 f.; *Götz* NJW 1997, 3275 (3276 f.); *Henze* NJW 1998, 3309 ff.; *Heimbach/Boll* VersR 2001, 801 (808 f.); *Thümmel* DB 1997, 1117 (1119); *Grooterhorst* ZIP 1999, 1117 (1122 f.); *Heermann* AG 1998, 201 (202 ff.); *Kindler* ZHR 162 (1998), 101 (107 ff.); *Schiessl* AG 2002, 593 (602); *Saage* DB 1973, 115 (120 f.); *Reichert* FS Hommelhoff, 2012, 907; dagegen auch nach der ARAG/Garmenbeck-Entscheidung für ein weites Ermessen bzgl. der Geltendmachung, *Schlosser,* Die Organhaftung der Vorstandsmitglieder einer Aktiengesellschaft, 2002, 148 f.; für eine Einschätzungsprärogative des Aufsichtsrats, *Kling* DZWiR 2005, 45 (53).
²⁷⁹ BGHZ 135, 244 (253) = NJW 1997, 1926 – ARAG/Garmenbeck; *Götz* NJW 1997, 3275 (3276 f.); *Raiser* NJW 1996, 552 (554); *Lutter/Krieger/Verse* Rechte und Pflichten des Aufsichtsrats Rn. 447.
²⁸⁰ Statt vieler *Reichert* ZIP 2016, 1189 (1191 f.) mwNachw.
²⁸¹ Näher MüKoAktG/*Spindler* § 93 Rn. 36; Großkomm AktG/*Hopt/Roth* § 93 Rn. 85; *Messmer/Saliger* VersR 1999, 539 (540); *Lutter/Krieger/Verse* Rechte und Pflichten des Aufsichtsrats Rn. 448; *Dreher* ZIP 1995, 628; *Horn* ZIP 1997, 1129 (1137); *Clemm/Dürrschmidt* FS Müller, 2001, 67 (91), je mwN.

gesetzliche Anerkennung der business judgement rule berücksichtigt werden.[282] In diesem Zusammenhang wird der Aufsichtsrat oft sachverständige Hilfe benötigen.[283] Ob ein Pflichtverstoß des Vorstandes angenommen werden kann, ist letztlich aber auch eine juristische Wertungsfrage, deren Beantwortung nicht mit mathematischer Genauigkeit verlangt werden kann.[284] Wie dargelegt (→ Rn. 49) finden auch hier hinsichtlich der Auslegung von offenen Tatbeständen durch den Aufsichtsrat die in Analogie zu § 93 Abs. 1 S. 2 entwickelten Regeln über einen **Rechtsirrtum** Anwendung. Der Aufsichtsrat hat damit auf dieser Prüfungsebene eine **Prognose über das Bestehen von Schadensersatzansprüchen** zu erstellen, die notwendigerweise auch Wertungen des Aufsichtsrats enthält,[285] ohne dass damit nach der hM ein der gerichtlichen Kontrolle nicht unterliegender Beurteilungsspielraum entstehen würde.[286] Wertungen sind gerade bei der Prozessrisikenanalyse und der Einschätzung der Beitreibbarkeit der Forderung unumgänglich, da aufgrund der Vielschichtigkeit der zu berücksichtigenden Faktoren ein klares „Ja" oder „Nein" abgesehen von Evidenzfällen oft nicht getroffen werden kann, sodass eine strenge Orientierung am Legalitätsprinzip der Komplexität einzelner Fallgestaltungen nicht gerecht wird.[287] Dabei ist auf eine ex ante-Perspektive aus Sicht des Aufsichtsrats abzustellen.[288]

Gelangt der Aufsichtsrat auf Grund dieser Analyse zu der Einschätzung, dass der Gesellschaft **59** voraussichtlich ein Anspruch nach § 93 gegen den Vorstand zusteht, muss er diesen grundsätzlich geltend machen.[289] Es bedarf auf einer **zweiten Prüfungsstufe gewichtiger Gründe des Unternehmenswohls** von einer – voraussichtlich – aussichtsreichen Anspruchsverfolgung, die einem (grundsätzlich nach § 93 Abs. 4 S. 3 weitgehend unzulässigen) **Anspruchsverzicht** der Gesellschaft außerordentlich nahe kommt, abzusehen.[290] Zwar soll sich aus § 148 Abs. 1 S. 2 Nr. 4 ergeben, dass die für ein Absehen von der Rechtsverfolgung sprechenden Gründe nun nicht mehr nur gewichtig sein, sondern überwiegend sein müssten;[291] doch überzeugt dies schon deshalb nicht, weil die Aktionärsklage nur für qualifizierte Fälle (§ 148 Abs. 1 S. 2 Nr. 3) die Regressmöglichkeit vorsieht[292] und der Aufsichtsrat nach einer erfolgten Verfahrensübernahme über die Anspruchsdurchsetzung befinden kann.[293] Leitlinie muss gerade auf der zweiten Prüfungsstufe das **Unternehmensinteresse** sein.[294] Hier genießt der Aufsichtrat in entsprechender (nicht unmittelbarer, da Rechtsbegriff)

---

[282] BGHZ 135, 244 (253) = NJW 1997, 1926 – ARAG/Garmenbeck; vgl. auch *Götz* NJW 1997, 3275 (3276); *Witte/Hrubesch* BB 2004, 725 (728); *Paefgen* AG 2008, 761 (763 f.).
[283] *Goette* Liber amicorum Winter, 2011, 153 (158).
[284] So zu recht *Götz* NJW 1997, 3275 (3276); *Mertens* FS K. Schmidt, 2009, 1183 (1188); *Nirk* FS Boujong, 1996, 393 (396); *Semler* FS Ulmer, 2003, 627 (629 f.); *Paal* DStR 2005, 382 (385); *Kau/Kukat* BB 2000, 1045 (1046).
[285] *Götz* NJW 1997, 3275 (3276); *Mertens* FS K. Schmidt, 2009, 1183 (1188); *Paefgen* AG 2008, 761 (762); im Erg. ähnlich *Thümmel* DB 1997, 1117 (1119); *Thümmel*, Persönliche Haftung von Managern und Aufsichtsräten, 4. Aufl. 2008, Rn. 270 f.
[286] BGHZ 135, 244 (254) = NJW 1997, 1926 – ARAG/Garmenbeck; Hüffer/Koch/*Koch* Rn. 5; *Thümmel* DB 1997, 1117 (1119); *Fischer* BB 1995, 225 (227 f.); aA ebenfalls mit gewichtigen Gründen Kölner Komm AktG/*Mertens/Cahn* § 111 Rn. 46, die auch im Erkenntnisbereich – also auf Prüfungsstufe eins – unternehmerische Erwägungen des Aufsichtsrats sehen; *Götz* NJW 1997, 3275 (3276); *Dreher* ZIP 1995, 628; *Nirk* FS Boujong, 1996, 393 (396); OLG Düsseldorf AG 1995, 416 (418); zur Lage bei der GmbH vgl. OLG Düsseldorf DB 1996, 974 (974 f.).
[287] *Goette* Liber amicorum Winter, 2011, 153 (158 f.); *Lutter/Krieger/Verse* Rechte und Pflichten des Aufsichtsrats Rn. 448.
[288] Ähnlich Hüffer/Koch/*Koch* § 111 Rn. 7 ff., der auf den Prognosecharakter verweist; *Thümmel* DB 1997, 1117 (1119).
[289] *Raiser* NJW 1996, 552 (554); *Jaeger/Trölitzsch* ZIP 1995, 1157 (1161); *Horn* ZIP 1997, 1129 (1138); *Thümmel*, Persönliche Haftung von Managern und Aufsichtsräten, 4. Aufl. 2008, Rn. 271; iE auch *Lutter/Krieger/Verse* Rechte und Pflichten des Aufsichtsrats Rn. 449; krit. *Mertens* FS K. Schmidt, 2009, 1183 (1192 ff.); aA *Dreher* ZIP 1995, 628 (629); *Dreher* ZHR 158 (1994), 614 (640): für eine entsprechende Grundregel lasse das unternehmerische Ermessen des Aufsichtsrates keinen Platz; ferner *Nirk* FS Boujong, 1996, 393 (405 ff.).
[290] BGHZ 135, 244 (254) = NJW 1997, 1926 – ARAG/Garmenbeck; *Clemm/Dürrschmidt* FS Müller, 2001, 67 (83); *Raiser* NJW 1996, 552 (554); *Fischer* BB 1996, 225 (227); *Lutter* ZIP 1995, 441 (442); s. auch *Reichert* ZIP 2016, 1189 (1194).
[291] Hüffer/Koch/*Koch* Rn. 9; *Koch* AG 2009, 93 (96 ff.); aA *Reichert* FS Hommelhoff, 2012, 907 (923 f.); MüKoAktG/*Habersack* § 111 Rn. 36 (unter Aufgabe der in der 3. Aufl. vertretenen Auffassung); *Habersack* NZG 2016, 321 (323).
[292] Kölner Komm AktG/*Mertens/Cahn* § 111 Rn. 46; *Goette* ZHR 176 (2012), 588 (599); *Casper* ZHR 176 (2012), 617 (629).
[293] Kölner Komm AktG/*Mertens/Cahn* § 111 Rn. 46; iE auch *Paefgen* AG 2014, 554 (574); krit. *Koch* AG 2009, 93 (99 f.).
[294] *Goette* Liber amicorum Winter, 2011, 153 (159 ff.); *Goette* ZHR 176 (2012), 588 (593 ff.); *Goette* FS Hoffmann-Becking, 2013, 377 ff. (386 ff.).

Anwendung der Business Judgement Rule einen gewissen **Beurteilungsspielraum**[295] – im Gegensatz zur ersten Prüfungsstufe.[296]

60 Eine Anspruchsverfolgung liegt regelmäßig in der Insolvenz nahe.[297] Vielschichtiger sind hingegen die Gründe, die ein Absehen von der Anspruchsverfolgung nach sich ziehen können. Wenn mit der Anspruchsverfolgung notwendigerweise die **Aufdeckung** etwa von **Unternehmensgeheimnissen** oder vergleichbaren, für die Gesellschaft wichtigen Tatsachen verbunden ist, kann der Aufsichtsrat ausnahmsweise wegen des überwiegenden Unternehmenswohls von der Verfolgung absehen.[298] Zu denken ist aber auch an Fälle nur **leichtester Fahrlässigkeit**, um die Position des Vorstandsmitglieds nicht völlig unattraktiv zu machen, mit der Folge, dass nur noch weniger renommierte Führungskräfte bestellt werden, die das Unternehmenswohl womöglich nicht in gleicher Weise fördern können.[299] In **Bagatellfällen** kann der Aufsichtsrat daher geltend machen, dass die Anspruchsverfolgung unverhältnismäßig sei.[300] Auch Schädigungen der **Reputation der AG** etwa bei der Belegschaft oder Geschäftspartnern müssen sorgsam abgewogen werden, wobei auch zu bedenken ist, dass gerade Reputationsschäden bei verdeckten, erst später aufgedeckten Skandalen viel größer sein können.[301] Entstehen durch die Inanspruchnahme des Vorstandsmitglieds weitere Schäden oder Gefahren durch Bekanntwerden des Sachverhaltes, zB durch Verfahren vor Behörden oder weitere Schadensersatzklagen von Dritten, etwa vor US-amerikanischen Zivilgerichten, bei denen im Rahmen eines noch möglichen sog. *Jury-Trial* die Beeinflussung von Laienrichtern durch emotionsgeladene, an den Menschenverstand appellierende Argumentation ein großes Haftungsrisiko mitsichbringen,[302] kann das Unternehmenswohl einer Geltendmachung entgegenstehen.[303] Allein dass durch die Anspruchsverfolgung das pflichtwidrige Verhalten des Vorstands ins Bewusstsein der Allgemeinheit gerückt wird, genügt jedoch nicht.[304]

61 Auch **Kronzeugenregelungen** können unter Umständen dazu führen, dass von einer Anspruchsverfolgung abgesehen werden kann, da dem Unternehmen ein Erlass oder eine Ermäßigung zugute kommen kann,[305] das Vorstandsmitglied zur Kooperation aber nur dann bereit sein wird, wenn ihm Vergünstigungen in Aussicht gestellt werden.[306] Umgekehrt kann aber auch das Gebrauchmachen von der Kronzeugenregelung zu signifikanten Risiken für das Unternehmen führen, was der Aufsichtsrat abzuwägen hat,[307] sodass der Aufsichtsrat auch an dieser Stelle dazu angehalten sein kann,

---

[295] *Spindler* AG 2013, 889 (898); wie hier i.Erg. auch *Lutter/Krieger/Verse* Rechte und Pflichten des Aufsichtsrats Rn. 449; *Paefgen* AG 2014, 554 (571 ff.); *Goette* Liber amicorum Winter, 2011, 153 (159 ff.); *Goette* ZHR 176 (2012), 588 (593 f., 615) (allerdings wohl unter unmittelbarer Anwendung der Business Judgment Rule); *Casper* ZHR 176 (2012), 617 (628 ff.); MüKoAktG/*Habersack* § 111 Rn. 35 ff.; *Grigoleit/Grigoleit/Tomasic* § 111 Rn. 5 ff.; aA Kölner Komm AktG/*Mertens/Cahn* § 111 Rn. 46; *Hüffer/Koch/Koch* Rn. 11; *Cahn* WM 2013, 1293 (1296 f.); wonach die Business Judgment Rule entgegen der Rspr. auch auf der ersten Prüfungsstufe Anwendung finden könne und darüber hinaus auf der zweiten Prüfungsstufe keine Regel-Ausnahme-Verhältnis bestünde; tendenziell ebenso *Reichert* FS Hommelhoff, 2012, 907 (922 ff.); *Dreher* ZHR 158 (1994), 614 (639); gegen eine Anwendung der Business Judgment Rule, aber für einen Beurteilungsspielraum: *Habersack* NZG 2016, 321 (322 f.); zu § 266 StGB: *Helmrich/Eidam* ZIP 2011, 257 (260) (Risikogeschäft); *R. Werner* CCZ 2011, 201 (205).
[296] So ist wohl BGHZ 135, 244 (254) = NJW 1997, 1926 – ARAG/Garmenbeck zu verstehen; OLG Frankfurt a. M. AG 2011, 462 (464); für generellen Ausschluß von Spielräumen auch *Koch* AG 2009, 93 (96, 98 ff.); diff. *Horn* ZIP 1997, 1129 (1137).
[297] *Paefgen* AG 2014, 554 (573).
[298] BGHZ 135, 244 (255) = NJW 1997, 1926 – ARAG/Garmenbeck: mindestens gleichwertige Belange; *Lutter/Krieger/Verse* Rechte und Pflichten des Aufsichtsrats Rn. 449; *Götz* NJW 1997, 3275 (3277); s. auch *Semler* FS Ulmer, 2003, 627 (636); *Clemm/Dürrschmidt* FS Müller, 2001, 67 (83); *Kindler* ZHR 162 (1998), 101 (113 f.); weitere Beispiele *Casper* ZHR 176 (2012), 617 (632 ff.); *Faßbender* NZG 2015, 501 (506 f.); *Habersack* NZG 2016, 321 (323 ff.); *Wilsing* FS Haarmann, 2015, 257 (270 ff.); *Adolff* FS Baums, 2017, 31 (31 ff.); im kartellrechtlichen Kontext auch *Goette* ZHR 176 (2012), 588 (610 ff.).
[299] *Goette* Liber amicorum Winter, 2011, 153 (165); *Habersack* NZG 2016, 321 (323 f.).
[300] BGHZ 135, 244 (255 f.); *Semler* FS Ulmer, 2003, 627 (636); Kölner Komm AktG/*Mertens/Cahn* § 111 Rn. 44; *Götz* NJW 1997, 3275 (3277); *Jaeger/Trölitzsch* ZIP 1995, 1157 (1162).
[301] S. auch MüKoAktG/*Habersack* § 111 Rn. 37; *Habersack* NZG 2016, 321 (324 f.); *Wilsing* FS Haarmann, 2015, 257 (273).
[302] *Wilsing* FS Maier-Reimer, 2010, 889 (892 f.).
[303] *Goette*, Liber amicorum Winter, 2011, 153; *Goette* ZHR 176 (2012), 588 (612 ff.); *Goette* FS Hoffmann-Becking, 2013, 377 (391 ff.); *Mertens* FS K. Schmidt, 2009, 1183 (1186); *Grunewald* AG 2013, 813 (814); Kölner Komm AktG/*Mertens/Cahn* § 111 Rn. 46.
[304] In dieser Richtung aber *Goette* ZHR 176 (2012), 588 (612).
[305] Auf europäischer Ebene: Mitteilung der Kommission über den Erlass oder die Ermäßigung von Geldbußen in Kartellsachen, ABl. EG 2006 C 298, 17 Rn. 8 ff. und 23 ff.; auf nationaler Ebene: § 81 Abs. 7 GWB, Bekanntmachung Nr. 9/2006 über den Erlass und die Reduktion von Geldbußen in Kartellsachen – Bonusregelung Rn. 3 und 5.
[306] *Harbarth* Liber amicorum Winter, 2011, 215 (222).
[307] *Harbarth* Liber amicorum Winter, 2011, 215 (220).

sich zur Verhinderung der Offenlegung von Beweismaterial im Rahmen der Kronzeugenregelung bei der Realisierung der Ansprüche zurückzuhalten

Ein Schaden kann für die Gesellschaft aber nur insoweit eintreten, als der durch die Drittinanspruchnahme verursachte Vermögensnachteil nicht beim Vorstandsmitglied bzw. einer gegebenenfalls eingreifenden Deckung durch die **D&O-Versicherung** liquidiert werden kann.[308] Selbst, wenn ein Absehen von der Rechtsverfolgung zulässig ist, kann er dennoch die D&O Versicherung in Haftung nehmen.[309]

Besondere Fragen werfen **Bußgeldsanktionen** gegenüber der Gesellschaft auf, die einen Regreß gegenüber dem Organmitglied begründen können.[310] Beispielhaft für derartige Sachverhalte sind regelmäßig **Kartellrechtsverstöße**, vor allem aufgrund der besonderen Höhe der verhängten Bußgelder, zu denen sich unter Umständen noch Schadensersatzansprüche von betroffenen Dritten (Lieferanten, Endabnehmer) aufgrund des Kartells gesellen können.[311] Zunächst ist festzuhalten, dass auch gegen das Unternehmen verhängte Bußgelder, die aber auf einem pflichtwidrigen Verhalten oder Unterlassen des Vorstandsmitglieds beruhen, grundsätzlich als ersatzfähiger Schaden anzuerkennen sind,[312] zumal es keine Strafverteilung § 258 StGB darstellt, wenn die Geldstrafe durch einen anderen beglichen wird.[313] Allerdings ist dabei zu berücksichtigen, dass gerade die Bemessungsgrundlage für Sanktionen gegen das Unternehmen sich von derjenigen für Bußgelder gegen Organmitglieder unterscheidet; insofern können die Bußgelder von vornherein nicht 1:1 im Wege des Regresses gegen die Organmitglieder geltend gemacht werden, sondern nur der Höhe, wie sich auch gegen die Organmitglieder persönlich verhängt werden könnten.[314] Andernfalls würden zum einen die im nationalen Recht in § 81 Abs. 4 GWB vorgesehene Begrenzung der Bußgeldhöhe für Unternehmensleiter unterlaufen, zum anderen die Kompetenz der EU-Kommission zur Verhängung von Geldbußen ausschließlich gegen die Gesellschaften[315] unzulässig erweitert.[316] Aber auch außerhalb des Kartellrechts ist die Regreßhöhe aufgrund der **Treu- und Fürsorgepflicht der Gesellschaft** zu beschränken.[317] Schließlich muss auch danach differenziert werden, ob die Sanktion eine **(Gewinn-) Abschöpfung** enthält, wie etwa in § 17 Abs. 4 OWiG, § 30 Abs. 3 OWiG. Die Gewinnabschöpfung kann von vornherein nicht vom Organmitglied verlangt werden, da sie bei pflichtgemäßem Verhalten nicht angefallen wäre und die Gesellschaft sonst durch den Schadensfall besser stünde (Bereicherungsverbot).[318] Auch über eine **Vorteilsanrechnung** von kartellbedingten Gewinnen (sofern keine Abschöpfung durchgeführt wurde) auf den Regressanspruch der Gesellschaft besteht Unklarheit, da diesem Vorgehen möglicherweise abermals der Sanktionsgedanke entgegensteht.[319] Trennt man aber die staatliche Sanktionierung und Prävention der Gesellschaft von derjenigen des Organmitglieds ist die Vorteilsanrechnung im Allgemeinen[320] und im Zusammenhang mit Bußgeldern im Besonderen zulässig.[321] Eine **Verständigung der Gesellschaft mit den staatlichen Ermittlungsbehörden** führt in Übereinstimmung mit den von der allgemeinen Rechtsprechung herausgearbeiteten Grundsätzen[322] auch nicht zum Wegfall des zwischen der Pflichtwidrigkeit und dem Schaden bestehenden Zurechnungszusammenhangs, wenn die Gesellschaft nicht eine evident unsachgemäße oder unter

---

[308] *Wilsing* FS Maier-Reimer, 2010, 889 (893).
[309] *Casper* ZHR 176 (2012), 617 (647).
[310] MüKoAktG/*Habersack* § 111 Rn. 37.
[311] *Dreher* FS Konzen, 2006, 85 (104 ff.); sympathisierend *Goette* ZHR 176 (2012), 588 (603 f.).
[312] Dafür MüKoAktG/*Spindler* § 93 Rn. 172; *Fleischer* DB 2014, 345 (347 f.) mwN; *Bicker* AG 2014, 8 (13); *Thole* ZHR 173 (2009), 504 (532 f.); mit Bedenken *Hack*, Vorstandsverantwortlichkeit bei Kartellrechtsverstößen, 2012, 78 ff.; dagegen *Dreher* FS Konzen, 2006, 85 (106); *Kindler* FS G.H. Roth, 2011, 367 (372); *Kröger*, Korruptionsschäden, Unternehmensgeldbußen und Imageschäden, 2013, 215 ff.; sympathisierend *Goette* ZHR 176 (2012), 588 (603 f.); ebenso Kölner Komm AktG/*Mertens*/*Cahn* § 93 Rn. 56: nur wenn Sanktion gerade die Gesellschaft treffen soll, ist kein Regress möglich.
[313] *Fleischer* DB 2014, 345 (347 f.); BGHSt 37, 226.
[314] *Fleischer* DB 2014, 345 (346 f.); *Thole* ZHR 173 (2009), 504 (532 f.): Begrenzung auf den Betrag, den Organmitglied selbst zu tragen hätte, wenn es Bußgeldadressat gewesen wäre.
[315] S. Art. 101 AEUV; Art. 23 VO 1/2003; *Immenga*/*Mestmäcker* EU-WettbewerbsR VO 1/2003 Vor Art. 23 f. Rn. 74 mwN.
[316] *Dreher* FS Konzen, 2006, 85 (105); sympathisierend *Goette* ZHR 176 (2012), 588 (603 f.).
[317] MüKoAktG/*Spindler* § 93 Rn. 172 mwN; offen gehalten von *Fleischer* DB 2014, 345 (349); *Thole* ZHR 173 (2009), 504 (533 f.); Kölner Komm AktG/*Mertens*/*Cahn* § 93 Rn. 56 ohne eine dogmatische Grundlage zu nennen.
[318] *Fleischer* DB 2014, 345 (348).
[319] *Goette* ZHR 176 (2012), 588 (605) mwN.
[320] MüKoAktG/*Spindler* § 93 Rn. 171; BGH WM 2011, 2092 (2096) Rn. 31; BGH WM 2013, 456 (459) Rn. 26.
[321] *Fleischer* DB 2014, 345 (350); *Kindler* FS G.H. Roth, 2011, 367 (373 ff.).
[322] BGH NJW 1990, 2882 (2883); BGH NJW 1994, 2822 (2833).

Berücksichtigung der Einzelfallumstände ungewöhnliche Verständigung herbeigeführt hat.[323] Schließlich hat auch regelmäßig ein **Vergleich** keinen Einfluss auf die Zurechnung des Schadens zum haftungsbegründenden Verhalten.[324] Schließlich ist gerade im Kartellrecht auf der Ebene des **Unternehmenswohls** vom Aufsichtsrat zu bedenken, dass eine gerichtliche Auseinandersetzung mit dem Vorstandsmitglied nicht auch den früheren Kunden des Kartellanten und auch den Endabnehmern[325] zusätzliche „Munition" durch Akteneinsicht gem. § 299 ZPO zur Realisierung eines Anspruchs aus § 33 Abs. 3 GWB zur Verfügung gestellt wird.[326]

64 Um die aus dem Unternehmensinteresse hergeleitete Entscheidung, bestimmte Ansprüche nicht geltend zu machen, nicht zu konterkarieren, darf sie auch **nicht Gegenstand einer Berichtspflicht** aus § 172 Abs. 2 sein, wobei als dogmatische Grundlage am ehesten eine analoge Anwendung von § 131 Abs. 3 S. 1 Nr. 1 verfängt.[327] Gleiches gilt für das Verlangen auf Auskunft nach § 131 Abs. 1 S. 1.[328] Schließlich müssen diese Wertungen auch gegenüber der **Ad-hoc-Publizitätspflicht** nach § 26 Abs. 1 WpHG (ex-§ 15 Abs. 1 WpHG) eingreifen. Dabei kann die Kurserheblichkeit einer Nichtgeltendmachung von Ersatzansprüchen kaum bestritten werden,[329] doch greift in aller Regel eine **Selbstbefreiung** nach § 26 Abs. 3 WpHG (ex-§ 15 Abs. 3 WpHG) ein, wenn der Aufsichtsrat aus Gründen des Unternehmenswohls von der Geltendmachung abgesehen hatte.[330]

65 Wird eine **Aktionärsklage** nach § 148 anhängig gemacht und vom LG zugelassen, resultiert daraus zwar keine verfahrensrechtliche Bindung des Aufsichtsrats, diese Klage zu übernehmen; da aber die Kriterien für eine Zulassung der Klage weitgehend denjenigen der Rechtsprechung für die Pflicht des Aufsichtsrats zur Verfolgung von Schadensersatzansprüchen nachgebildet sind, wird der Aufsichtsrat nur in ganz besonders gelagerten Fällen von einer Übernahme der Klage und damit einer eigenständigen Verfolgung der Ansprüche absehen können. **Gegen** eine solche **Pflicht des Aufsichtsrats**, die **Klage** gegen den Vorstand für die AG **zu übernehmen** soll jedoch sprechen, dass damit die Aktionäre aus ihrer Klägerrolle gedrängt würden und gerade demjenigen Organ die Prozessführung überlassen müssten, dass sich zuvor geweigert hat, die Ansprüche durchzusetzen.[331] Dem steht jedoch entgegen, dass die Aktionärsklage subsidiär sein soll, der Aufsichtsrat ferner über die besseren Möglichkeiten verfügt, sich die nötigen Informationen zu verschaffen[332] und zudem die Aktionäre keineswegs vollständig aus dem Verfahren gedrängt werden, sondern über ihre Rechte als notwendig Beigeladene nach § 148 Abs. 3 S. 3 nach wie vor den Prozess beeinflussen können. Allerdings kann sich bei erfolgreicher Aktionärsklage die kuriose Situation ergeben, dass die Aufsichtsratsmitglieder dann mangels Schaden der Gesellschaft (infolge ursprünglicher Nichtverfolgung der Ansprüche) nicht in die Haftung genommen werden können.[333]

66 Auch für die Geltendmachung von **Ansprüchen gegen ausgeschiedene Vorstandsmitglieder** ist der Aufsichtsrat zuständig.[334] Auch hier kann stets nur das Interesse des Unternehmens als abwägungsrelevanter Faktor, zB zur Vermeidung von Rufschädigungen, berücksichtigt werden, nicht aber das Interesse der betroffenen Person selbst.[335] In jedem Fall unterliegt die Entscheidung der vollen gerichtlichen Kontrolle.[336]

---

[323] *Fleischer* DB 2014, 345 (351); wohl auch Kölner Komm AktG/*Mertens/Cahn* § 93 Rn. 57.
[324] BGHZ 190, 7 (26) Rn. 51 – Telekom III.
[325] BGH ZIP 2012, 390 Rn. 23.
[326] *Goette* ZHR 176 (2012), 588 (612 ff.).
[327] *Trescher* DB 1989, 1981 (1983); für Verschwiegenheitspflicht dagegen *Drygala* AG 2007, 381 (385), für Unternehmensinteresse *Wilsing* FS Maier-Reimer, 2010, 889 (902 f.); aA Großkomm AktG/*Hopt/Roth* Rn. 158; *Paefgen* AG 2014, 554 (575).
[328] *Wilsing* FS Maier-Reimer, 2010, 889 (905 f.), dort auch zu Implikationen für den Entlastungsbeschluss der Hauptversammlung.
[329] AA offenbar *Wilsing* FS Maier-Reimer, 2010, 889 (914 ff.), der die Frage aber auf § 148 AktG bzw. grobe Fahrlässigkeit sowie die Auswirkungen auf die Vermögenslage der Gesellschaft verengt, damit die allgemeine Information des Kapitalmarktes über das Gebaren des Vorstandes zu gering gewichtet.
[330] Insoweit zutr. *Wilsing* FS Maier-Reimer, 2010, 889 (915 f.).
[331] Eingehend *Koch* FS Hüffer, 2010, 447 (456 ff.).
[332] Dagegen *Koch* FS Hüffer, 2010, 447 (458), der auf die Sonderprüfung hinweist, aber die unterschiedlichen Quoren verkennt – zudem wird der Aufsichtsrat nach Klagezulassung ganz andersartige Informationen nutzen (müssen).
[333] *Koch* FS Hüffer, 2010, 447 (453).
[334] BGHZ 130, 108 (111) = NJW 1995, 2559; BGH NJW 1997, 2324; 1999, 3263; *Brandner* FS Quack, 1991, 201 (202 ff.); aA *Behr/Kindel* DStR 1999, 119 (126).
[335] MüKoAktG/*Habersack* § 111 Rn. 36 f.; *Lutter* ZIP 1995, 441 (442); teilw. aA *Dreher* ZIP 1995, 628 f.; *Jäger* WiB 1997, 10 (15).
[336] BGHZ 135, 244 (254); *Fischer* BB 1996, 225 (228); teils anders *Horn* ZIP 1997, 1129 (1138) Vertretbarkeitsprüfung.

bb) Sonstige Einzelfälle. Bei **Derivatgeschäften**[337] ist der Vorstand nach § 91 Abs. 2 verpflichtet, geeignete Maßnahmen zu treffen, insbes. ein Überwachungssystem einzurichten, damit Entwicklungen, die den Fortbestand der Gesellschaft gefährden, frühzeitig erkannt werden (Risikomanagement).[338] Dieses System muss insbes. auch die – unter Umständen hohen – Risiken der Gesellschaft aus Derivatgeschäften erkennbar machen. Daneben hat der Vorstand eine schriftliche Zuständigkeits-, Informations- und Verfahrensordnung für den Umgang mit Derivaten zu erstellen[339] und dem Aufsichtsrat nach § 90 Abs. 1 S. 1 Nr. 3 regelmäßig ua über die Gesamtrisikoexposition des Unternehmens und nach § 90 Abs. 1 S. 1 Nr. 4 über bedeutende Derivatepositionen zu berichten.[340] Die Erfüllung dieser **Organisationspflichten** durch den Vorstand ist vom Aufsichtsrat zu überwachen und einer kritischen Würdigung zu unterziehen,[341] was nach den allgemeinen Grundsätzen auch an einen Ausschuss delegiert werden kann (→ § 107 Rn. 90 ff.).[342] Aufgrund der Komplexität von modernen Derivaten und deren Risikoberechnung kann es geboten sein, dass sich der Aufsichtsrat bei der Bewertung des Risikomanagements von externen Sachverständigen beraten lässt. Die Hinnahme eines **Risikomanagementsystems** ohne die sachgerechte Bewertung durch (internen oder externen) Sachverstand würde als eine Sorgfaltspflichtverletzung zu werten sein. Das nicht selbständige Abschätzen von erheblichen Risiken etwaiger Derivategeschäfte des Vorstands ist mangels ordnungsgemäßer Überwachung eine Pflichtverletzung des Aufsichtsratsmitglieds.[343]

Gerade im Zusammenhang mit dem **Ankauf von strukturierten und komplexen Finanzprodukten** ist aufgrund der schlechten Erfahrungen und des akuten Vertrauensverlusts in der Finanzkrise erhöhte Vorsicht beim **Verlassen auf Ratings** geboten, ohne dass damit der Boden für die Anwendung der Business Judgement Rule entzogen wird.[344] Allerdings werden angesichts der Komplexität der Bewertung von strukturierten Finanzprodukten häufig für die Organmitglieder nur wenig andere Informationsmöglichkeiten als Ratingagenturen bestehen,[345] um die anlagebezogenen Risiken einschätzen zu können. Hier muss zudem nach den jeweiligen Branchen differenziert werden: Bei Industrieunternehmen etwa müssen externe Berater wie Banken etc. herangezogen werden, insbesondere hinsichtlich der Erläuterung der Komplexität und der Risiken, die mit einem Finanzprodukt verbunden sind. Nur wenn das Unternehmen über eigenen Sachverstand verfügt, etwa in einer speziell damit befassten Abteilung, kann auf externe Beratung verzichtet werden. Eine bloße Plausibilitätskontrolle genügt nicht; so muss auch die Aktualität der Ratings geprüft werden.[346] Dies gilt auch für den **Aufsichtsrat**, etwa im Rahmen von Zustimmungsvorbehalten nach § 111 Abs. 4 S. 2 für den Erwerb von Finanzprodukten, außerhalb hiervon ist auf den allgemeinen Sorgfaltsmaßstab im Rahmen der Überwachungsaufgabe abzustellen. Auf mangelnde Kenntnis von Finanzprodukten kann sich ein Aufsichtsratsmitglied nicht berufen.[347]

Pflichtverletzungen eines Aufsichtsratsmitglieds können insbesondere im Unterlassen von Maßnahmen im Rahmen der Überwachung eintreten,[348] so etwa die unkritische Hinnahme von unzulässigen Verzögerungen der Insolvenzantragstellung, obwohl die Überschuldung bekannt war,[349] ebenso die Untätigkeit des Aufsichtsrats trotz ungewöhnlich leichtfertiger Maßnahmen des Vorstands,[350] die unkritische Hinnahme einer Risikoeinschätzung des Vorstands[351] sowie das Unterzeichnen eines für

---

[337] Umfassend und ausf. dazu: *S.v. Westphalen*, Derivatgeschäfte, Risikomanagement und Aufsichtsratshaftung, 2000, 260 ff.
[338] Zum Risikomanagement s. insbes. *Pahlke* NJW 2002, 1680 ff.
[339] MüKoAktG/*Spindler* § 91 Rn. 15 ff.; *v. Randow* ZGR 1996, 594 (632); vgl. *Götz* AG 1995, 337 (347).
[340] *v. Randow* ZGR 1996, 594 (614); *S. v. Westphalen*, Derivatgeschäfte, Risikomanagement und Aufsichtsratshaftung, 2000, 272.
[341] *S. v. Westphalen*, Derivatgeschäfte, Risikomanagement und Aufsichtsratshaftung, 2000, 261 f.; *Frerk* AG 1995, 212 (216 f.).
[342] Dazu *S. v. Westphalen*, Derivatgeschäfte, Risikomanagement und Aufsichtsratshaftung, 2000, 285 f., die sogar von einer Pflicht des Aufsichtsrates ausgeht, einen entsprechend fachkundigen Ausschuss zu bilden.
[343] BGH AG 2013, 90 (91); OLG Stuttgart AG 2012, 298 (301); *Hasselbach* NZG 2012, 41 (42); einschr. *Selter* NZG 2012, 660 (661 f.); Pflicht nur für Aufsichtsratmitglieder mit besonderen Kenntnissen, möglichst ad-hoc-Ausschuss.
[344] *Spindler* NZG 2010, 281 (284).
[345] *Terwedow/Klavina* Der Konzern 2012, 535 (541).
[346] *Terwedow/Klavina* Der Konzern 2012, 535 (541).
[347] OLG Stuttgart AG 2012, 298 (301).
[348] Für die Verantwortlichkeit der Verwaltungsratsmitglieder einer Sparkasse *Cahn/Müchler* FS Schneider, 2011, 197 (200 f.).
[349] BGHZ 75, 96 = NJW 1979, 1823 – Herstatt.
[350] BGHZ 69, 207 (214) = NJW 1977, 2311.
[351] OLG Düsseldorf AG 2010, 126 (129) m. zust. Bespr. *Florstedt* AG 2010, 315 (322); krit. *Rieder/Holzmann* AG 2010, 570 (578).

die Gesellschaft nachteiligen Mietvertrages mit einem Vorstandsmitglied ohne hinreichende Prüfung.[352] Ferner muss der Aufsichtsrat darauf achten, dass keine ungesicherten Kredite bei konkretem Ausfallrisiko, etwa mangelnder Kreditwürdigkeit, an das herrschende Unternehmen vergeben werden und der Vorstand der abhängigen Konzerngesellschaft bei umfangreichen langfristigen Darlehen oder bei einem Cash-Management ein funktionsfähiges Informationssystem für die laufende Bonitätskontrolle einrichtet.[353] Insbesondere bei der Vergabe von Sanierungskrediten, die ein höheres Ausfallrisiko aufweisen und oftmals in der Hoffnung gegeben werden, auf diese Weise bereits gewährte Darlehen noch retten zu können, muss der Aufsichtsrat als Kontrollinstanz tätig werden und die vom Vorstand angestellte Kostenanalyse gründlichst überprüfen, anderenfalls droht auch ihm die Haftung.[354] Allerdings muss das Aufsichtsratsmitglied sich nicht ins Ausland begeben, um sich ein Bild von der Geschäftstätigkeit des Unternehmens eigenhändig zu verschaffen, außer wenn entsprechende Verdachtsmomente auf Unregelmäßigkeiten bestehen.[355]

70 Der Vorstand darf nicht dazu veranlasst werden, **Gefälligkeitswechsel** zugunsten der Gesellschaft auszustellen, der das Aufsichtsratsmitglied angehört.[356] Auch muss das Aufsichtsratsmitglied kritisch prüfen, ob es einem Geschäft im Rahmen von § 111 Abs. 4 seine Zustimmung erteilen kann; so darf nicht einer erheblich unter Wert liegenden Veräußerung eines Betriebsgrundstücks zugestimmt werden, vor allem, wenn der höhere Wert leicht feststellbar war.[357]

71 Auch im Rahmen eines **Management-buy-outs**[358] treffen den Aufsichtsrat besondere Pflichten. Der Aufsichtsrat hat in dieser Sondersituation, in der ein Interessenkonflikt der beteiligten Vorstände offen zutage tritt,[359] darauf zu achten, dass der Vorstand seinen Treuepflichten gegenüber der Gesellschaft und den Aktionären nachkommt und diese ihre Stellung nicht zulasten der Aktionäre ausnutzen. Konkret wird man vom Aufsichtsrat verlangen müssen, dass dieser zunächst und vorausschauend nach § 111 Abs. 4 S. 2 ein Management-buy-out dem Zustimmungsvorbehalt unterwirft, um dann später zu entscheiden, ob eine vorgeschlagene Transaktion im Interesse der Aktionäre ist. Für diese Überprüfung hat der Aufsichtsrat ein Verfahren zu bestimmen, das eine vollständige und unabhängige Überprüfung der vorgeschlagenen Transaktion ermöglicht.[360] Zu den Pflichten des Aufsichtsrats bei anderen M&A Transaktionen → § 111 Rn. 64 ff.

71a Auch bei einem **Verstoß gegen die Geschlechterquote** gemäß § 96 Abs. 2 und 3 oder nicht bzw. nicht ordnungsgemäß festgesetzter Zielgröße für den Frauenanteil gemäß § 111 Abs. 5 ist eine Haftung des Aufsichtsrats denkbar; nach der Legalitätspflicht müssen alle geltenden Vorschriften beachtet werden.[361] Nicht geklärt und höchst fragwürdig ist allerdings, wie der entstandene Schaden beziffert und geltend gemacht werden kann.[362] Bei einem Verstoß gegen die eigens festgelegte Zielgröße als solche dürfte mangels Rechtsverbindlichkeit keine Ersatzpflicht drohen: „Scharfe gesetzliche Sanktionen für diesen Fall oder ein Verbot der späteren Abschwächung von Zielen wären kontraproduktiv, weil sie Unternehmen Fehlanreize gäben, sich vorsichtige und wenig ehrgeizige Ziele zu setzen."[363]

72 **cc) Konzern.** Schließlich treffen den Aufsichtsrat auch konzernbezogene Überwachungspflichten, insbesondere hinsichtlich der Einhaltung der Pflichten des Vorstandes sowohl in der abhängigen als auch der herrschenden Gesellschaft, → § 111 Rn. 81 ff.

---

[352] OLG Frankfurt a. M. AG 2011, 462 (464).
[353] BGHZ 179, 71 (78 ff.) – MPS = NJW 2009, 850 (853); LG Dortmund AG 2002, 97 (98 f.); Großkomm AktG/*Hopt/Roth* Rn. 161; umfassend zu den Überwachungspflichten der Aufsichtsratsmitglieder *Mülbert/Leuschner* NZG 2009, 281 (286); *Geibel* ZJS 2009, 190 (191); *Kropff* NJW 2009, 814 (816 f.); *Wand/Tillmann/Heckenthaler* AG 2009, 148 (157 f.); *Bayer/Lieder* AG 2010, 885 (889 f.).
[354] *Witte/Hrubesch* BB 2004, 725 (732).
[355] Weitergehender OLG Düsseldorf WM 1984, 1080 für den Aufsichtsrat einer Publikums-KG; zweifelnd Hüffer/Koch/*Koch* Rn. 15.
[356] BGH NJW 1980, 1629; Großkomm AktG/*Hopt/Roth* Rn. 166.
[357] LG Stuttgart AG 2000, 237 (238 f.).
[358] Begrifflichkeiten bei *Heidemann*, Das Verhältnis zwischen Management und Aktionären beim Management Buy out in den USA und Deutschland – unter besonderer Berücksichtigung der Treuepflichten des Managements, 1994, 45 ff.; *Wagner*, Management Buy Out, 1993, 19 ff.
[359] *Schaefer/Missling* NZG 1998, 441 (443).
[360] *Heidemann*, Das Verhältnis zwischen Management und Aktionären beim Management Buy out in den USA und Deutschland – unter besonderer Berücksichtigung der Treuepflichten des Managements, 1994, 254 ff. (256); *Peltzer* WM 1981, 346 (349 ff.).
[361] Zust. *Stüber* DStR 2015, 947 (954); *Stüber* CCZ 2014, 261 (267).
[362] *Weller/Benz* AG 2015, 467 (473); *Junker/Schmidt-Pfitzner* NZG 2015, 929 (937); *Schulz/Ruf* BB 2015, 1155 (1162); abl. *Drygala* NZG 2015, 1129 (1133).
[363] BegrRegE BT-Drs. 18/3784, 120.

IV. Prüfpflichten

Der Aufsichtsrat hat den Bericht der Abschlussprüfer nach § 171 eigenverantwortlich zu prüfen und zu bewerten, ohne dass ihm jedoch eine detailgenaue Untersuchung abverlangt würde. Dies gilt selbstverständlich auch, wenn der Jahresabschluss durch die Hauptversammlung festgestellt wurde.[364] Verletzt der Aufsichtsrat diese Pflichten und entsteht dadurch ein Schaden, haften die verantwortlichen Mitglieder des Aufsichtsrats nach § 116.[365] Zur Entlastung des Aufsichtsratsplenums im Rahmen der umfangreichen Abschlussprüfung empfiehlt der DCGK in Ziff. 5.3.2 DCGK die Einrichtung eines Prüfungsausschusses;[366] auch nach sec. 301 Sarbanes-Oxley-Act ist ein derartiger Ausschuss Pflicht.[367] Mit Umsetzung des Art. 41 Abs. 2 EU-Abschlussprüfer-RL[368] durch das BilMoG[369] hat der Gesetzgeber die Möglichkeit der Einrichtung von Prüfungsausschüssen erstmals auch gesetzlich in § 107 Abs. 3 S. 2 kodifiziert, dabei jedoch auf eine zwingende Einrichtung verzichtet,[370] wenngleich diese als „best practice" anzusehen ist. Dennoch bleibt der Gesamtaufsichtsrat für die Erfüllung der Prüfpflichten verantwortlich;[371] das einzelne Aufsichtsratsmitglied muss zur Beurteilung der Rechtmäßigkeit des Jahresabschlusses die wesentlichen Grundregeln des Bilanzrechts kennen. Hierzu gehören der notwendige Inhalt und die Bestandteile des Jahresabschlusses, sowie die grundsätzlichen Gliederungs- und Bewertungsregeln, Wertansätze und Abschreibungsregeln, wie sie sich aus dem Gesetz ergeben. Offenkundige Rechtsverstöße, wie zum Beispiel das Fehlen des Anhangs oder anderer Bestandteile des Jahresabschlusses oder gar das Fehlen des Testats, muss jedes Aufsichtsratsmitglied erkennen können.[372] Die Prüfung muss auch die Recht- und Zweckmäßigkeit der bilanzpolitischen Entscheidung (Ausnutzung von Bilanzierungswahlrechten, Spielräumen bei Rückstellungen etc.) erfassen.[373] Die Anforderungen erhöhen sich dabei grundsätzlich für Mitglieder von Ausschüssen, wie dem Prüfungsausschuss (Audit Committee), die über ein verfestigtes erhöhtes Anforderungsprofil verfügen.[374] Die Einrichtung eines Ausschusses kann also der besseren Ausbalancierung von Haftungsrisiken innerhalb des Aufsichtsrates dienen.[375] Eine Erhöhung der Anforderungen kann darüber hinaus aber auch auf die besonderen persönlichen Fähigkeiten eines Mitglieds des Aufsichtsrats zurückgeführt werden, was die Prüfpflichten und damit auch das Haftungsrisiko weiter verschärfen kann.[376] Nimmt der Abschlussprüfer entgegen § 171 Abs. 1 S. 2 nicht an der Bilanzsitzung des Aufsichtsrats teil, so können bei entsprechenden Pflichtverletzungen des Aufsichtsrats auch hier Schadensersatzansprüche der Gesellschaft gegen die Mitglieder des Aufsichtsrats auf Grund Sorgfaltsverstoßes iSv § 116 S. 1 bestehen.[377] Für die Prüfung des nichtfinanziellen Teils des Lageberichts genügt eine Zweckmäßigkeitskontrolle; eine zweite Prüfung kann dem Aufsichtsrat nicht abverlangt werden.

V. Treuepflichten

Schrifttum: *Albrecht-Baba*, Die Treuepflicht der politischen Mandatsträger als Aufsichtsratsmitglieder in einem Unternehmen, NWVBl. 2011, 127; *Behr*, Teilnahmerecht und Mitwirkungsmöglichkeit des Aufsichtsratsmitglieds bei der Aufsichtsratssitzung, AG 1984, 281; *Dreher*, Interessenkonflikte bei Aufsichtsratsmitgliedern von Aktienge-

---

[364] OLG Düsseldorf ZIP 2015, 1586 gegenüber der Vorinstanz LG Düsseldorf.
[365] MüKoAktG/*Hennrichs/Pöschke* § 171 Rn. 225 f.
[366] KBLW/*Kremer* DCGK Rn. 1287 f.; *Mutter/Gayk* ZIP 2003, 1773.
[367] Dazu *Altmeppen* ZGR 2004, 390 ff.; *Schäfer* ZGR 2004, 416.
[368] Richtlinie 2006/43/EG des Europäischen Parlaments und Rates v. 17.5.2006, ABl. EG 2006 L 157, 87.
[369] Gesetz zur Modernisierung des Bilanzrechts v. 25.5.2009, BGBl. 2009 I 1102.
[370] → § 107 Rn. 128; sowie *Nonnenmacher/Pohle/v. Werder* DB 2009, 1447 ff.; *Lanfermann/Röhricht* BB 2009, 887 ff.; *Erchinger/Melcher* DB Beil. Heft 5/2009, 91 (95 ff.); *Arbeitskreis „Externe und Interne Überwachung der Unternehmung" der Schmalenbach-Gesellschaft für Betriebswirtschaft e. V.* DB 2009, 1279 ff.; *Habersack* AG 2008, 98 (100 f.).
[371] BegrRegE BR-Drs. 344/08, 224; *Lanfermann/Röhricht* BB 2009, 887 (888); *Hommelhoff/Mattheus* BB 2007, 2787 (2789); *Ernst/Seidler* BB 2007, 2557 (2564); *Erchinger/Melcher* DB Beil. Heft 5/2009, 91 (96).
[372] *Wardenbach*, Interessenkonflikte und mangelnde Sachkunde als Bestellungshindernisse zum Aufsichtsrat der AG, 1996, 231; allgemein hierzu öOGH AG 2004, 48 (50).
[373] MüKoAktG/*Hennrichs/Pöschke* § 171 Rn. 36; Kölner Komm AktG/*Ekkenga* § 171 Rn. 22; *Clemm* ZGR 1980, 455 (457); MHdB AG/*Hoffmann-Becking* § 45 Rn. 14; *Steinbeck*, Überwachungspflicht und Einwirkungsmöglichkeiten des Aufsichtsrats in der Aktiengesellschaft, 1992, 96.
[374] *Mutter/Gayk* ZIP 2003, 1773 (1774 ff.); *Lanfermann/Röhricht* BB 2009, 887 (888); *Lutter/Krieger/Verse* Rechte und Pflichten des Aufsichtsrats Rn. 1011; *Hüffer/Koch/Koch* Rn. 3; *Dreher* FS Boujong, 1996, 71 (83 ff.); *Thümmel* DStR 2003, 1665 (1668).
[375] *Thümmel* AG 2004, 83 (90).
[376] OLG Düsseldorf ZIP 1984, 825 (830 ff.); *Mutter/Gayk* ZIP 2003, 1773 (1775 f.).
[377] *Hennrichs/Pöschke* NZG 2017, 121 ff.; *Hennrichs* NZG 2017, 841 (845 f.), *Hecker/Bröcker* AG 2017, 761 (766); *Lutter/Krieger/Verse* Rechte und Pflichten des Aufsichtsrats Rn. 184; *Hüffer/Koch/Koch* § 171 Rn. 14; *Bischof/Oser* WPg 1998, 539 (543); *Schindler/Rabenhorst* BB 1998, 1886 (1888 f.).

sellschaften, JZ 1990, 896; *Dreher,* Das Ermessen des Aufsichtsrats, ZHR 158 (1994), 614; *Hanau/Wackerbarth,* Unternehmensmitbestimmung und Koalitionsfreiheit – Interessenkonflikte von Gewerkschaftsvertretern im Aufsichtsrat, 2004; *Hüffer,* Die Unabhängigkeit von Aufsichtsratsmitgliedern nach Ziff. 5.4.2 DCGK, ZIP 2006, 637; *R. Fischer,* Die Verantwortung des Aufsichtsrats bei Interessenkollisionen, GS K. Duden, 1982, 55; *Fleck,* Eigengeschäfte eines Aufsichtsratsmitglieds, FS Heinsius, 1991, 89; *Fleischer,* Die „Business Judgment Rule": Vom Richterrecht zur Kodifizierung, ZIP 2004, 685; *Krebs,* Interessenkonflikte bei Aufsichtsratsmandaten in der Aktiengesellschaft, 2002; *Kropff,* Aufsichtsratsmitglied „im Auftrag", FS U. Huber, 2006, 841; *Lutter/Quack,* Mitbestimmung und Schadensabwehr, FS Raiser, 2005, 259; *Matthießen,* Stimmrecht und Interessenkollisionen im Aufsichtsrat, 1989; *Möllers,* Gesellschaftsrechtliche Treuepflicht contra arbeitnehmerrechtliche Mitbestimmung – Der aktive Streikaufruf durch Frank Bsirske, NZG 2003, 697; *Möllers,* Interessenkonflikte von Vertretern des Bieters bei Übernahme eines Aufsichtsratsmandats der Zielgesellschaft, ZIP 2006, 1615; *Oulds,* Die Auflösung von Interessenkonflikten infolge von Doppelmandaten im Aufsichtsrat einer Aktiengesellschaft unter Berücksichtigung der Rechtslage in Großbritannien, Diss. Frankfurt a. M. 2003; *Priester,* Interessenkonflikte im Aufsichtsratsbericht – Offenlegung versus Vertraulichkeit, ZIP 2011, 2081; *Reese/Ronge,* Kunde Lieferant und Kreditgeber als unabhängige Mitglieder des Aufsichtsrats – Überlegungen zu Ziff. 5.4.2 DCGK bei Doppelfunktionen, AG 2014, 417; *Reichert/Schlitt,* Konkurrenzverbot für Aufsichtsratsmitglieder, AG 1995, 241; *G. H. Roth/Wörle,* Die Unabhängigkeit des Aufsichtsrats – Recht und Wirklichkeit, ZGR 2004, 565; *U. H. Schneider,* Der Aufsichtsrat des abhängigen Unternehmens im Konzern, FS Raiser, 2005, 341; *Seibt,* Interessenkonflikte im Aufsichtsrat, FS Hopt, 2010, 1363; *Tielmann/Struck,* Handlungspflichten einer börsennotierten Aktiengesellschaft bei Verurteilung eines Aufsichtsratsmitglieds wegen eines (privaten) Steuerstrafdelikts?, DStR 2013, 1191; *Ulmer,* Aufsichtsratmandat und Interessenkollision, NJW 1980, 1603; *Velten,* Gewerkschaftsvertreter im Aufsichtsrat – Eine verfassungsrechtliche, gesellschaftsrechtliche und arbeitsrechtliche Analyse, 2010; *Weninger,* Mitbestimmungsspezifische Interessenkonflikte von Arbeitnehmervertretern im Aufsichtsrat, 2011; *Wirth,* Anforderungsprofil und Inkompatibilitäten für Aufsichtsratsmitglieder, ZGR 2005, 327; *Wolters,* Die Änderungen des StGB durch das Gesetz zur Bekämpfung der Korruption, JuS 1998, 1100.

74 **1. Grundlagen.** Als Organmitglied unterliegt auch ein Aufsichtsratsmitglied Treuepflichten.[378] Zwar normiert das AktG nicht ausdrücklich entsprechende Pflichten, doch ist einhellig deren Existenz anerkannt, da die Aufsichtsratsmitglieder vergleichbar einem Treuhänder für fremdes Vermögen handeln.[379] Zu berücksichtigen ist dabei, dass das Aufsichtsratsmitglied der AG die Treuepflicht schuldet, nicht einem Großaktionär oder einer Wählergruppe.

75 Allerdings können die **strikten Treubindungen** der Vorstandsmitglieder **nicht unmodifiziert** auf den Aufsichtsrat übertragen werden, da das Gesetz (bislang) von einer nebenamtlichen Tätigkeit des Aufsichtsratsmitglieds ausgeht, insbesondere das Aufsichtsratsmitglied keinem Wettbewerbsverbot unterwirft, und damit billigend in Kauf nimmt, dass das Aufsichtsratsmitglied nicht nur die Interessen der Gesellschaft verfolgt.[380] So muss das Aufsichtsratsmitglied außerhalb seiner Organfunktion nicht aktiv das Wohl der Gesellschaft fördern, sondern nur Rücksicht auf deren Interessen nehmen.[381] Entscheidungen, die es dem Vorstand verbieten, privat erlangte Informationen über Geschäftschancen für sich selbst auszuwerten,[382] lassen sich daher prinzipiell nicht auf den Aufsichtsrat übertragen.[383]

76 Im Gegensatz zu den Sorgfaltspflichten im Bereich unternehmerischer Entscheidungen genießt das Aufsichtsratsmitglied bei Treuepflichten **keinen Beurteilungsspielraum** oder eine Einschätzungsprärogative.[384] Sorgfaltspflichten im Bereich unternehmerischer Entscheidungen einerseits und Treuepflichten gegenüber der Gesellschaft andererseits sind streng voneinander zu unterscheiden.[385]

---

[378] AllgM, Kölner Komm AktG/*Mertens/Cahn* Rn. 24 ff.; K. Schmidt/Lutter/*Drygala* Rn. 25; Bürgers/Körber/*Israel* Rn. 8; Grigoleit/*Grigoleit/Tomasic* Rn. 10; MüKoAktG/*Habersack* Rn. 43; Hüffer/Koch/*Koch* Rn. 7; *Möllers* NZG 2003, 697 (697 f.).

[379] *Wiedemann* FS Heinsius, 1991, 949 (951); *M. Strasser,* Die Treuepflicht der Aufsichtsratsmitglieder der Aktiengesellschaft, 1998, 42 ff., insbes. S. 58 ff.; ähnlich *Möllers* NZG 2003, 697 (698); *Mestmäcker,* Verwaltung, Konzerngewalt und Rechte der Aktionäre, 1958, 214.

[380] MHdB AG/*Hoffmann-Becking* § 33 Rn. 78; *Fleck* FS Heinsius, 1991, 89 (89 ff.); *Ulmer* NJW 1980, 1603 (1606); *Thümmel,* Persönliche Haftung von Managern und Aufsichtsräten, 4. Aufl. 2008, Rn. 276; MüKoAktG/*Habersack* Rn. 48; Hüffer/Koch/*Koch* Rn. 7; K. Schmidt/Lutter/*Drygala* Rn. 28; Bürgers/Körber/*Israel* Rn. 8; Großkomm AktG/*Hopt/Roth* Rn. 173; *E. Vetter* in Marsch-Barner/Schäfer Börsennotierte AG-HdB Rn. 29.26; Hölters/*Hambloch-Gesinn/Gesinn* Rn. 32.

[381] Kölner Komm AktG/*Mertens/Cahn* Rn. 26; K. Schmidt/Lutter/*Drygala* Rn. 28; Großkomm AktG/*Hopt/Roth* Rn. 177 f.; MüKoAktG/*Habersack* Rn. 48; *Fleck* FS Heinsius, 1991, 89 (90 f.); *Merkt* ZHR 159 (1995), 423 (432 ff.); *Ulmer* NJW 1980, 1603 (1605 ff.); *Dreher* JZ 1990, 896 (900 ff.).

[382] Für den GmbH-Geschäftsführer vgl. BGH WM 1985, 1443 (1444).

[383] *Thümmel* Persönliche Haftung von Managern und Aufsichtsräten, 4. Aufl. 2008, Rn. 277; *Fleck* FS Heinsius, 1991, 89 (92); *R. Fischer* GS Duden, 1982, 55 (71).

[384] *Fleischer* ZIP 2004, 685 (690).

[385] *Fleischer* FS Wiedemann, 2002, 826 (843 ff.); *Kübler/Assmann* GesR § 15 III 5; *Goette* in Hommelhoff/Hopt/v. Werder Corporate Governance-HdB, 749 (760 ff.).

Durch die Treuepflicht werden unabdingbare und keine Bandbreite möglicher Entscheidungen bietende Pflichten statuiert, die dem Schutz der Gesellschaft dienen, insbesondere vor Interessenkollisionen. Die genaue Abgrenzung ist abgesehen von einigen Fallgruppen allerdings bis heute noch weitgehend ungeklärt.[386]

Weder **Satzung** noch **Geschäftsordnung** können das Ausmaß der Treuepflichten verbindlich konkretisieren, da es sich nicht um ergänzende Regelungen handelt. Die Sorgfalts- und damit auch die Treuepflicht sind im Gesetz abschließend geregelt. Möglich ist aber eine beispielhafte Aufzählung der einzuhaltenden Treuepflichten, ohne dass diese rechtlich bindend wäre. Zulässig sind auch **Verfahrensregelungen,** wie sie insbesondere bei der Einhaltung der Verschwiegenheitspflicht anzutreffen sind (→ Rn. 99).

2. Keine Ausnutzung der Organstellung. Die **Ausnutzung der Organstellung** zu seinem eigenen Vorteil, insbesondere die Ausnutzung von **Informationen,** die das Aufsichtsratsmitglied aus seiner Organstellung erhält, ist zumindest dann treuwidrig, wenn des zum Nachteil der Gesellschaft erfolgt, wobei die Beeinträchtigung oder Gefährdung der materiellen oder ideellen Interessen der Gesellschaft nötig, aber auch ausreichend ist.[387] Dies betrifft auch die Wahrnehmung von **Geschäftschancen,** von denen das Aufsichtsratsmitglied auf Grund seiner Tätigkeit erfahren hat; Geschäftschancen, die das Aufsichtsratsmitglied außerhalb seiner Organfunktion erfahren hat, darf es dagegen wahrnehmen (vgl. Ziff. 5.5.1 DCGK).[388]

Im Bereich des Wertpapierhandels unterfällt die eigennützige Verwendung von Informationen durch das Aufsichtsratsmitglied als (Primär-)Insider nach §§ 13, 38 Abs. 1 Nr. 2a WpHG[389] von vornherein dem Verbot des **Insiderhandels** gem. Art. 14 der Marktmissbrauchsverordnung[390] (ex-§ 14 WpHG).[391] Zwar ist nicht jede Verletzung des Insiderhandelsverbots gleichbedeutend mit einem Schaden der AG, da etwa die insiderbedingte positive Kursbeeinflussung der eigenen Aktie nicht das Unternehmen schädigt. Dennoch stellt jede rechtswidrige Handlung grundsätzlich ein pflichtwidriges Verhalten dar, insbesondere, da Insidergeschäfte geeignet sind, das Ansehen der Gesellschaft in der Öffentlichkeit zu schädigen.[392] Entsteht der Gesellschaft kein materieller Schaden, so bleibt die Möglichkeit einer Abberufung.[393] Im Übrigen ist das Unternehmen im Rahmen der allgemeinen Organisationspflichten verpflichtet, Maßnahmen zu ergreifen, um Insiderverstöße zu verhindern, so dass entsprechende Compliance-Regelungen sinnvoll und notwendig sind,[394] auch wenn diese nach den allgemeinen Gesetzen (anders aber im Bereich sektorspezifischer Regulierung, vgl. §§ 80 ff. WpHG, ex-§§ 33 ff WpHG) oder nach dem Corporate Governance Codex nicht ausdrücklich gefordert sind.[395] Gegenüber dem Aufsichtsrat ist freilich eine Informationssperre durch die Errichtung von *chinese walls* schon wegen § 90 Abs. 3 weder möglich noch sinnvoll, so dass dieser auf Grund der ihm zukommenden Pflicht der Überwachung der Geschäftsführung nach § 111 Abs. 1 zwangsläufig über eine ähnliche Informationsdichte verfügt wie der Vorstand.[396]

---

[386] Dazu *Fleischer* ZIP 2004, 685 (690).
[387] OLG Stuttgart AG 2012, 298 (302); *Fleck* FS Heinsius, 1991, 89 (99 f.); Kölner Komm AktG/*Mertens/Cahn* Rn. 31; *Hüffer/Koch/Koch* Rn. 7; Großkomm AktG/*Hopt/Roth* Rn. 194; *Lutter/Krieger/Verse* Rechte und Pflichten des Aufsichtsrats Rn. 881; *Ulmer* NJW 1980, 1603 (1607 f.).
[388] Kölner Komm AktG/*Mertens/Cahn* Rn. 31; *R. Fischer* GS Duden, 1982, 55 (71); *Lutter/Krieger/Verse* Rechte und Pflichten des Aufsichtsrats Rn. 880; *Fleck* FS Heinsius, 1991, 89 (92); *Merkt* ZHR 159 (1995), 423 (438 ff.); *Hanau/Wackerbarth* Unternehmensmitbestimmung und Koalitionsfreiheit – Interessenkonflikte von Gewerkschaftsvertretern im Aufsichtsrat, 2004, 51 f.; *E. Vetter* in Marsch-Barner/Schäfer Börsennotierte AG-HdB Rn. 29.29.
[389] Dazu Schwark/Zimmer/*Zimmer/Cloppenburg* WpHG § 38 Rn. 6; *Federlein,* Informationsflüsse in der Aktiengesellschaft im Spannungsverhältnis zum kapitalmarktrechtlichen Verbot der unbefugten Weitergabe von Insidertatsachen, 2004, 29 ff.; zur zugrunde liegenden Richtlinie *Tippach,* Das Insiderhandelsverbot und die besonderen Rechtspflichten der Banken, 1995, 160 f.
[390] Verordnung (EU) Nr. 596/2014 des Europäischen Parlaments und des Rates vom 16. April 2014 über Marktmissbrauch und zur Aufhebung der Richtlinie 2003/6/EG des Europäischen Parlaments und des Rates und der Richtlinien 2003/124/EG, 2003/125/EG und 2004/72/EG der Kommission, ABl. EU L 173, 1.
[391] Ausf. dazu *Marsch-Barner* in Semler/v. Schenck AR-HdB § 13 Rn. 184 ff.; *Fleck* FS Heinsius, 1991, 89 (101 ff.).
[392] *Fleck* FS Heinsius, 1991, 89 (100); Kölner Komm AktG/*Mertens/Cahn* Rn. 31; K. Schmidt/Lutter/*Drygala* Rn. 28; m. abw. Begr. *M. Strasser,* Die Treuepflicht der Aufsichtsratsmitglieder der Aktiengesellschaft, 1998, 75 f.
[393] *Fleck* FS Heinsius, 1991, 89 (103).
[394] KBLW/*Bachmann* DCGK Rn. 832.
[395] KBLW/*Bachmann* DCGK Rn. 815.
[396] *Tippach,* Das Insiderhandelsverbot und die besonderen Rechtspflichten der Banken, 1995, 160.

80 Ebenso wenig darf das Aufsichtsratsmitglied den Vorstand zu einem für die Gesellschaft **nachteiligen Handeln** veranlassen,[397] etwa zur Ausstellung von Gefälligkeitswechseln.[398] Gleiches gilt für die Einflussnahme auf andere Aufsichtsratsmitglieder oder Arbeitnehmer.[399] Rechtsgeschäfte mit der Gesellschaft sind dem Aufsichtsratsmitglied mangels abweichender Regelungen jedoch nicht verwehrt, was sich neben §§ 114, 115 auch in der Regelung über Director's Dealings in Art. 19 MMVO (ex-§ 15a WpHG) zeigt. Diese Norm verlangt in den Fällen, in denen Personen mit Führungsaufgaben bei einem Emittenten von Aktien hinsichtlich dessen Aktien Geschäfte tätigen, lediglich eine Mitteilung des betreffenden Geschäfts. Dabei ist jedoch zu beachten, dass es im Falle der von § 15a WpHG erfassten Director's Dealings regelmäßig gerade nicht zu einem Rechtsgeschäft unmittelbar zwischen Emittent und Aufsichtsratsmitglied kommt, da durch den Übernahmevertrag zwischen Emittent und Konsortialbanken die Emission rechtlich gesehen bereits zwischen diesen beiden Parteien stattfindet.[400] Dies vermag jedoch an der grundsätzlichen Vergleichbarkeit von Art. 19 MMVO (ex-§ 15a WpHG) mit der Rechtslage bei anderen Geschäften zwischen Aufsichtsratsmitglied und Gesellschaft nichts zu ändern, denn in beiden Fällen ist die Gesellschaft vor Nachteilen zu schützen, sei es bei Art. 19 MMVO (ex-§ 15a WpHG) auch lediglich durch den Anschein der heimlichen Ausnutzung von Insiderwissen eines directors.[401] Die rechtliche Unbedenklichkeit von Geschäften mit der Gesellschaft findet daher dann eine Grenze, wenn der Aufsichtsrat seine Stellung gegenüber dem Vorstand ausnutzt und die Geschäfte sich nicht mehr im Rahmen des kaufmännisch Üblichen und des Unternehmensinteresses halten.[402] Dabei wird das Aufsichtsratsmitglied im Rahmen des Üblichen jedoch auch mit dem Vorstand verhandeln können.[403] Ist das Geschäft mit dem Aufsichtsrat dagegen nach § 111 Abs. 4 S. 2 zustimmungsbedürftig, so ist das betroffene Aufsichtsratsmitglied in entsprechender Anwendung des § 34 BGB von der Stimmabgabe ausgeschlossen.[404] Setzt er dagegen den Vorstand unter Druck und bringt diesen damit zum Abschluss eines für die Gesellschaft unvorteilhaften Geschäfts, so liegt eine Treupflichtverletzung vor. Selbst wenn das Geschäft noch dem Marktüblichen entspricht, der Vorstand aber unter Druck des Aufsichtsrats ein besseres Geschäft ausgeschlagen hat, ist von einer Treupflichtverletzung auszugehen.[405]

81 Auf der Hand liegt eine Treupflichtverletzung, wenn das Aufsichtsratsmitglied **Schmiergelder**[406] bzw. Geschenke annimmt oder sich Provisionen versprechen lässt, um die Gesellschaft zu Rechtsgeschäften mit einem Dritten zu veranlassen.[407] In der Regel wird in diesem Fall ein wichtiger Grund zur Abberufung des Aufsichtsratsmitglieds vorliegen; beim Vorliegen eines Schadens seitens der Gesellschaft besteht zusätzlich die Möglichkeit eines Schadensersatzanspruches.[408] Die Annahme von Geschenken ohne das Versprechen einer Gegenleistung ist aber nicht per se eine Treupflichtverletzung, wenngleich hier die gegenteilige Vermutung nahe liegt.[409] Etwas anderes kann nur dann angenommen werden, wenn die „Provision" vom Dritten unter den Voraussetzungen des § 114 vereinbart worden ist.[410]

82 Da der Nachweis eines Schadens problematisch ist, wenn trotz eines solchen Sondervorteils für das Aufsichtsratsmitglied der Vertrag zwischen der Gesellschaft und dem Dritten zu marktüblichen Konditionen zustande kommt,[411] stellt sich die Frage, ob die AG neben einem Schadensersatzanspruch aus § 116 auch nach § 687 Abs. 2, § 681 S. 2, § 667 BGB das **Erlangte** vom Aufsichtsratsmit-

---

[397] *Fleck* FS Heinsius, 1991, 89 (92 f.); Großkomm AktG/*Hopt/Roth* Rn. 185; K. Schmidt/Lutter/*Drygala* Rn. 25; E. *Vetter* in Marsch-Barner/Schäfer Börsennotierte AG-HdB Rn. 29.30.
[398] BGH NJW 1980, 1629 f – Schaffgotsch; Hüffer/Koch/*Koch* Rn. 8; MHdB AG/*Hoffmann-Becking* § 33 Rn. 65; *Ulmer* NJW 1980, 1603 (1605); Lutter/Krieger/*Verse* Rechte und Pflichten des Aufsichtsrats Rn. 882.
[399] *Fleck* FS Heinsius, 1991, 89 (92 f.); Kölner Komm AktG/*Mertens/Cahn* Rn. 33.
[400] Kümpel/Wittig BankR/KapMarktR Rn. 9.245 ff.; BGH NJW 1992, 1222 (1225).
[401] Zu den Normzwecken noch von § 15a WpHG a.F. Schwark/Zimmer/*Zimmer/Osterloh* WpHG § 15a Rn. 8 ff.; Assmann/Schneider/*Sethe* WpHG § 15a Rn. 9 ff.; *Fleischer* NJW 2002, 2977 (2978).
[402] *Fleck* FS Heinsius, 1991, 89 (93); M. Strasser, Die Treuepflicht der Aufsichtsratsmitglieder der Aktiengesellschaft, 1998, 68 ff.
[403] *Ulmer* NJW 1980, 1603 (1607); *Fleck* FS Heinsius, 1991, 89 (93).
[404] *Dreher* JZ 1990, 896 (900 f.); Behr AG 1984, 281 (284 f.); weitergehender *Fleck* FS Heinsius, 1991, 89 (95); Kölner Komm AktG/*Mertens/Cahn* § 108 Rn. 65; *Matthießen*, Stimmrecht und Interessenkollision im Aufsichtsrat, 1989, 15 f., 348 ff.
[405] *Fleck* FS Heinsius, 1991, 89 (94).
[406] Näher zu Großkomm AktG/*Hopt/Roth* § 93 Rn. 271; *Fleischer* WM 2003, 1045 (1056).
[407] Kölner Komm AktG/*Mertens/Cahn* Rn. 31; *Fleck* FS Heinsius, 1991, 89 (106).
[408] *Fleck* FS Heinsius, 1991, 89 (106).
[409] M. Strasser, Die Treuepflicht der Aufsichtsratsmitglieder der Aktiengesellschaft, 1998, 71 f.
[410] *Fleck* FS Heinsius, 1991, 89 (104 f.).
[411] *Fleck* FS Heinsius, 1991, 89 (107 ff.); Lutter/Krieger/*Verse* Rechte und Pflichten des Aufsichtsrats Rn. 884.

glied **herausverlangen** kann.⁴¹² Die Voraussetzungen eines solchen Anspruchs sind dann erfüllt, wenn sich das Aufsichtsratsmitglied aus eigenem Antrieb in die ihm nicht zustehende Geschäftsführung der Gesellschaft einschaltet und dafür Sondervorteile, zB Schmiergelder erhält.⁴¹³ § 687 Abs. 2 BGB will gerade verhindern, dass aus einem widerrechtlichen Einbruch in einen fremden Rechtskreis eigene Vorteile gezogen werden können.⁴¹⁴ Ein Anspruch unmittelbar aus §§ 675, 667 BGB kommt hingegen nicht in Betracht, da das Aufsichtsratsmitglied keinerlei Geschäftsführungsbefugnis hat, sondern nur auf den Vorstand einwirken kann, ein solches Geschäft abzuschließen.⁴¹⁵ Für einen entsprechenden Anspruch kann ferner die Wertung der §§ 112, 113 HGB herangezogen werden,⁴¹⁶ die der Gesellschaft einen Anspruch gegenüber dem pflicht- und treuwidrig handelnden Gesellschafter auf die Herausgabe des durch das Rechtsgeschäft Erlangte zugesteht.

Hinzu kommt die **Strafbarkeit von Bestechungen** in- und ausländischer Privatpersonen nach 83 § 299 StGB, der den gesamten weltweiten Wettbewerb schützt.⁴¹⁷ Daneben schützt diese Norm potenzielle Vermögensinteressen zumindest auch der jeweiligen Mitbewerber und zum anderen des Geschäftsherrn, demgegenüber der Angestellte oder Beauftragte seine Treuepflicht verletzt hat.⁴¹⁸ Die Norm ist daher als Schutzgesetz iSv § 823 Abs. 2 BGB zugunsten der Aktiengesellschaft, deren Aufsichtsratsmitglied seine Treuepflichten verletzt, anzusehen.⁴¹⁹

3. Interessenkollisionen. a) Überblick. Bedingt durch die nebenamtliche Tätigkeit und oft 84 anzutreffende Häufung von Aufsichtsratsämtern⁴²⁰ kann das Aufsichtsratsmitglied in eine Interessenkollision,⁴²¹ insbesondere in Konflikt mit anderen Treuepflichten kommen, wenn es etwa einem anderen Organ (Vorstand, Aufsichtsrat) einer anderen Gesellschaft angehört. So werden häufig in den Aufsichtsrat Geschäftspartner gewählt.⁴²² Ausdrückliche gesetzliche Inkompatibilitätsregelungen bestehen in § 100 Abs. 2 nur bruchstückhaft,⁴²³ so dass es sich für die Gesellschaft unter Umständen empfiehlt, die gesetzliche Lage durch statuarische Inkompatibilitätsvorschriften und damit möglichst früh, dh bei der Bestellung, zu klären.⁴²⁴

Die Treuepflicht des Aufsichtsratsmitglieds verlangt vom Aufsichtsratsmitglied, die Kollisionen 85 zu erkennen und sich entsprechend zu verhalten.⁴²⁵ Grundsätzlich muss die Interessenkollision

---

⁴¹² Großkomm AktG/*Hopt/Roth* § 93 Rn. 621; Kölner Komm AktG/*Mertens/Cahn* § 93 Rn. 111; *Lutter/Krieger/Verse* Rechte und Pflichten des Aufsichtsrats Rn. 884; Kölner Komm AktG/*Mertens/Cahn* Rn. 31; zur Anwendbarkeit des § 687 Abs. 2.
⁴¹³ *Fleck* FS Heinsius, 1991, 89 (109).
⁴¹⁴ *Fleck* FS Heinsius, 1991, 89 (109).
⁴¹⁵ Die Rechtsprechung des BGH NJW-RR 1989, 1255 zum Geschäftsführer, die den Anspruch aus § 687 BGB ablehnt und stattdessen §§ 675, 667 annimmt, da der Geschäftsführer vertraglich gebunden sei, ist daher nicht auf den Aufsichtsrat übertragbar.
⁴¹⁶ *Merkt* ZHR 159 (1995), 423 (448).
⁴¹⁷ S. dazu KBLW/*Bachmann* DCGK Rn. 1090.
⁴¹⁸ *Wolters* JuS 1998, 1100 (1103); Schönke/Schröder/*Heine* StGB § 299 Rn. 2; *Blessing* in Müller-Gugenberger/Bieneck WirtschaftsStrafR-HdB § 53 Rn. 41; Wessels/Hillenkamp/*Hillenkamp* Strafrecht Besonderer Teil 2, 40 Aufl. 2017, Rn. 704.
⁴¹⁹ Zur Schutzgesetzqualität s. MüKoBGB/*Wagner* BGB § 823 Rn. 525.
⁴²⁰ *Lutter* Information und Vertraulichkeit Rn. 390 spricht daher von „vielfach gearteten konfliktfördernden Sondersituation"; vgl. auch *R. Fischer* GS Duden, 1982, 55 (56); *M. Strasser*, Die Treuepflicht der Aufsichtsratsmitglieder der Aktiengesellschaft, 1998, 99 f.; *E. Vetter* in Marsch-Barner/Schäfer Börsennotierte AG-HdB Rn. 29.26: Interessenkollision „praktisch vorprogrammiert".
⁴²¹ Ausf. *Reichert/Schlitt* AG 1995, 241 ff.; *Wardenbach*, Interessenkonflikte und mangelnde Sachkunde als Bestellungshindernisse zum Aufsichtsrat der AG, 1996; *Ulmer* NJW 1980, 1603 ff.; *Lutter* ZHR 145 (1981), 224 ff.; *Werner* ZHR 145 (1981), 252 ff.; *Dreher* JZ 1990, 896 ff.; *Deckert* DZWiR 1996, 406; *R. Fischer* GS Duden, 1982, 55 ff., alle jedoch für die Situation vor dem KonTraG; ferner *M. Strasser*, Die Treuepflicht der Aufsichtsratsmitglieder der Aktiengesellschaft, 1998, 101; Großkomm AktG/*Hopt/Roth* Rn. 190; *Lutter/Krieger/Verse* Rechte und Pflichten des Aufsichtsrats Rn. 894 ff.; *Marsch-Barner* in Semler/v. Schenck AR-HdB § 13 Rn. 79 ff.
⁴²² Etwa Bankenvertreter, Großaktionäre und Geschäftsfreunde, vgl. *R. Fischer* GS Duden, 1982, 55 (57); ähnlich *Mestmäcker*, Verwaltung, Konzerngewalt und Rechte der Aktionäre, 1958, 91; *Fleck* FS Heinsius, 1991, 89; *Ulmer* NJW 1980, 1603 (1604); *M. Strasser*, Die Treuepflicht der Aufsichtsratsmitglieder der Aktiengesellschaft, 1998, 100.
⁴²³ *Lutter* Information und Vertraulichkeit Rn. 391; zu den bestehenden Inkompatibilitätsregeln vgl. *Lutter* ZHR 145 (1981), 224 (234 ff.); die Inkompatibilitätsregelung des § 105 kann jedenfalls nicht analog angewendet werden, vgl. *M. Strasser*, Die Treuepflicht der Aufsichtsratsmitglieder der Aktiengesellschaft, 1998, 106 ff. (115).
⁴²⁴ *Reichert/Schlitt* AG 1995, 241 (254); *M. Strasser*, Die Treuepflicht der Aufsichtsratsmitglieder der Aktiengesellschaft, 1998, 116 ff. (121 ff.).
⁴²⁵ *K. Schmidt/Lutter/Drygala* Rn. 27; *R. Fischer* GS Duden, 1982, 55 (61); *Seibt* FS Hopt, 2010, 1363 (1372 ff.).

offengelegt werden, wenngleich bei kollidierenden Pflichten nicht mit konkreter Angabe des Grundes, z.B. bei Rechtsanwälten im Aufsichtsrat im Hinblick auf ihre berufliche Verschwiegenheitspflicht gegenüber Mandanten.[426] Das Aufsichtsratsmitglied muss im Rahmen seiner Organtätigkeit dem Interesse seines Unternehmens den Vorrang einräumen,[427] was durch Ziff. 5.5.1 des Corporate Governance Kodex nochmals bekräftigt wird. Selbst bei rechtlich begründeten Interessenkollisionen, etwa bei **gleichzeitiger Zugehörigkeit zu einem Organ** einer anderen AG, kann die Pflichterfüllung gegenüber der einen Gesellschaft nicht die Pflichtverletzung gegenüber der anderen rechtfertigen.[428] Daher muss sich das Aufsichtsratsmitglied gegebenenfalls unter Hinweis auf die Interessenkollision[429] bei entsprechenden Beschlüssen zumindest der Stimme enthalten[430] oder bei unlösbaren Interessenkollisionen sein Mandat **niederlegen**.[431] Ein zeitweises Ruhenlassen des Mandats aufgrund staatsanwaltlicher Ermittlungen gegen das Mitglied im Privatbereich scheidet aufgrund der Gesamtverantwortung jedes einzelnen Aufsichtsratsmitglieds für die Aufgabenerfüllung des Gesamtorgans aus.[432] Kommt das Aufsichtsratsmitglied nicht freiwillig dieser Pflicht nach, ist der übrige Aufsichtsrat gehalten, einen Antrag auf Abberufung beim Gericht zu stellen.[433] Gleiches gilt für von bestimmten Gruppen gewählte Aufsichtsratsmitglieder und darüber hinaus auch für entsandte Aufsichtsratsmitglieder, da ihnen dieselben Pflichten wie gewählten Aufsichtsratsmitgliedern zukommen.[434] Das entsandte Aufsichtsratsmitglied darf insbesondere die Interessen des Entsendungsberechtigten nur insoweit verfolgen, als diese nicht in Widerspruch zu den Interessen der AG stehen.[435] Insbesondere ist es nicht möglich, den Entsandten an die Weisungen des Entsenders zu binden.[436] Tatsächlich wird das entsandte Aufsichtsratsmitglied die Wünsche des Entsendungsberechtigten weitestgehend befolgen, da ansonsten die Abberufung nach § 103 Abs. 2 S. 1 droht. Eine Haftung für dieses Verhalten muss der Entsendungsberechtigte indes selbst bei Pflichtwidrigkeit des Handelns des Aufsichtsratsmitglieds nicht befürchten, da eine derartige Haftung mit der eigenverantwortlichen und unabhängigen Stellung des Aufsichtsratsmitglieds unvereinbar wäre.[437]

86 Etwas anderes soll nach der Rechtsprechung des BVerwG für die Aufsichtsratsmitglieder eines **fakultativen Aufsichtsrats in einer kommunalen GmbH** gelten, da § 52 Abs. 1 GmbHG eine weitgehende Dispositionsbefugnis über die Zusammensetzung des Aufsichtsrats, seiner Aufgaben, Befugnisse und seiner Verfahrensweise einräume. Demnach erfordere die **Weisungsgebundenheit** eine Bestimmung im Gesellschaftsvertrag, die sich aber auch bei einem generellen Ausschluss aktien-

---

[426] S. auch *Ziemons* ZGR 2016, 839 (852 f.), die aber – wohl mißverständlich – von einem Überwiegen der anwaltlichen Verschwiegenheitspflicht ausgeht.
[427] BGHZ 36, 296 (307) = NJW 1962, 864; BGH NJW 1980, 1629 (1630) – Schaffgotsch; *Lutter* ZHR 145 (1981), 224 (239 ff.); K. Schmidt/Lutter/*Drygala* Rn. 27; NK-AktR/*Breuer/Fraune* Rn. 4; *Dreher* JZ 1990, 896 (904); *Ulmer* NJW 1980, 1603 (1605); *Wiedemann* ZIP 1997, 1565 (1566); *Roth* GesRZ-SH 2005, 12 (22); *Lutter* Information und Vertraulichkeit Rn. 392; *M. Strasser*, Die Treuepflicht der Aufsichtsratsmitglieder der Aktiengesellschaft, 1998, 125; diff. *R. Fischer* GS Duden, 1982, 55 (62): „pauschale Beurteilung nicht möglich"; *Fleck* FS Heinsius, 1991, 89 (90 f.).
[428] *R. Fischer* GS Duden, 1982, 55 (64).
[429] *R. Fischer* GS Duden, 1982, 55 (65 f.).
[430] *Marsch-Barner* in Semler/v. Schenck AR-HdB § 13 Rn. 105 (122 ff.); K. Schmidt/Lutter/*Drygala* Rn. 27; *R. Fischer* GS Duden, 1982, 55 (65); *Lutter* ZHR 145 (1981), 224 (247) mwN; *Matthießen*, Stimmrecht und Interessenkollisionen im Aufsichtsrat, 1989, 267 ff.; *E. Vetter* in Marsch-Barner/Schäfer Börsennotierte AG-HdB Rn. 29.27.
[431] OLG Schleswig NZG 2004, 669 (670); LG Hannover AG 2009, 341 (342); MüKoAktG/*Habersack* § 100 Rn. 96; *Marsch-Barner* in Semler/v. Schenck AR-HdB § 13 Rn. 105; *E. Vetter* in Marsch-Barner/Schäfer Börsennotierte AG-HdB Rn. 29.27; *Singhof* AG 1998, 318 (324); MHdB AG/*Hoffmann-Becking* § 33 Rn. 80; *Lutter*/*Krieger*/*Verse* Rechte und Pflichten des Aufsichtsrats Rn. 900 (904 ff.); Hüffer/Koch/*Koch* Rn. 8; Grigoleit/*Grigoleit*/*Tomasic* Rn. 14; K. Schmidt/Lutter/*Drygala* Rn. 27; *Semler/Stengel* NZG 2003, 1 (6); *Reichert/Schlitt* AG 1995, 241 (242 f.) ausf. auch *Oulds*, Die Auflösung von Interessenkonflikten infolge von Doppelmandaten im Aufsichtsrat einer Aktiengesellschaft unter Berücksichtigung der Rechtslage in Großbritannien, 2003, 15 ff.; zur dadurch entstehenden Rechtsunsicherheit *Götz* AG 1995, 337 (346); s. ebenso Empfehlung des DCGK Ziff. 5.5.3 S. 2 dazu KBLW/*Kremer* DCGK Rn. 1480 f.
[432] *Tielmann/Struck* DStR 2013, 1191 (1192).
[433] Zutr. MüKoAktG/*Habersack* § 100 Rn. 96.
[434] RGZ 165, 68 (78 f.); BGHZ 36, 296 (306); *Schwintowski* NJW 1995, 1316 (1318); Kölner Komm AktG/*Mertens/Cahn* § 101 Rn. 69.
[435] BGHZ 36, 296 (306); Kölner Komm AktG/*Mertens/Cahn* § 101 Rn. 69; *Schwintowski* NJW 1995, 1316 (1318); *Kropff* FS Huber, 2010, 841 (846).
[436] BGHZ 61, 36, 296, 306; MHdB AG/*Hoffmann-Becking* § 30 Rn. 25; Großkomm AktG/*Hopt/Roth* Rn. 188; *Spindler* ZIP 2011, 689 (694); ausf. zur Zulässigkeit von Weisungen auch *Kropff* FS U. Huber, 2006, 841 ff.
[437] BGHZ 90, 381 (398); MüKoAktG/*Habersack* Rn. 83 f.

rechtlicher Regelungen aus der Auslegung des Gesellschaftsvertrages ergeben könne, insbesondere bei einer maßgeblichen Beteiligung einer Kommune an der GmbH, die die Aufgaben der gemeindlichen Daseinsvorsorge wahrnehme. Auch landesrechtliche Vorschriften, soweit diese ein entsprechendes Weisungsrecht vorsehen, sollen dabei eine Rolle spielen.[438] Demgegenüber nimmt eine vermittelnde Ansicht an, dass öffentlich zugängliche Satzungsbestimmungen, die, abweichend vom aktienrechtlichen Grundsatz der Weisungsfreiheit, den Aufsichtsrat einer Weisungsgebundenheit unterwerfen, grds. zulässig seien.[439] Jedoch werde die Weisungsbindung durch das Unternehmensinteresse und/oder den Tatbestand der Untreue begrenzt.[440] Dagegen ist jedoch einzuwenden, dass der Rechtsverkehr bei Schaffung eines Überwachungsorgans „Aufsichtsrat" auch eine bestimmte Ausgestaltung erwartet, zu der auch die Weisungsfreiheit gehört.[441]

Kollisionen resultieren auch aus der Pflicht des Aufsichtsratsmitglieds, **besondere Kenntnisse,** 87 die für einen Beschluss oder für die Gesellschaft bedeutsam sind, zu **offenbaren** und zur Verfügung zu stellen.[442] Bei Verletzung der Geschäftsführungspflichten durch den Vorstand hat daher sowohl der Aufsichtsrat als auch jedes einzelne Mitglied des Aufsichtsrates einzuschreiten, sei es auch nur durch Information des Gremiums durch das wissende Aufsichtsratsmitglied.[443] Daraus können wiederum unlösbare Konflikte mit seinen Treuepflichten gegenüber anderen Gesellschaften, insbesondere der Verschwiegenheitspflicht resultieren. Zwar nimmt das AktG es grundsätzlich in Kauf, dass ein Aufsichtsratsmitglied auf Grund der Ausgestaltung als Nebenamt solchen Konflikten unterliegt.[444] Eine Regelung, wonach es untersagt ist, gleichzeitig in den Aufsichtsräten konkurrierender Unternehmen tätig zu sein, fand sich zwar im Entwurf zum KonTraG, ist aber nicht Gesetzestext geworden.[445] Doch ist das Aufsichtsratsmitglied bei nicht anders zu lösenden Interessenkollisionen dazu angehalten, sein Mandat im Sinne einer „ultima ratio" niederzulegen, da auch eine Stimmenthaltung es nicht von seiner Treuepflicht und der daraus entspringenden Offenbarungspflicht der Kenntnisse entbindet.[446] Vorher ist je nach Dauer und Intensität des Konfliktes an eine Beschränkung der Mitwirkung im Aufsichtsrat zu denken, insbesondere also in solchen Fällen, in denen nach Beendigung des Konfliktes eine vertrauensvolle Mitarbeit noch möglich ist.[447]

b) Konkurrenzunternehmen. Das AktG verbietet nicht die Wahl bzw. Tätigkeit eines Auf- 88 sichtsratsmitglieds, das gleichzeitig bei einem Konkurrenzunternehmen tätig ist, selbst wenn es dort Vorstandsmitglied ist. Ein entsprechendes Verbot, das im Gesetzgebungsverfahren des KonTraG diskutiert wurde, ist nicht im AktG verankert worden.[448] Stattdessen muss nach § 125 Abs. 1 S. 3 beim Wahlvorschlag eines Aufsichtsratsmitglieds mitgeteilt werden, in welchen Aufsichtsräten der Kandidat Mitglied ist. Daraus folgt, dass das AktG im Grundsatz die gleichzeitige Zugehörigkeit zu den Organen konkurrierender Unternehmen zulässt und § 100 Abs. 2 auch nicht analog auf diese Situation anwendbar ist.[449] In besonders gelagerten Ausnahmefällen kann es sogar im Unternehmensinter-

---

[438] BVerwG ZIP 2011, 2054 (2056 f.).
[439] *Weber-Rey/Buckel* ZHR 177 (2013), 13 (25 f.); *K. Hommelhoff* FS P. Hommelhoff, 2012, 447 (460 f.).
[440] *Weber-Rey/Buckel* ZHR 177 (2013), 13 (25 f.); *Weckerling-Wilhelm/Mirtsching* NZG 2011, 327 (330 f.); *K. Hommelhoff* FS P. Hommelhoff, 2012, 447 (460 f.).
[441] Ausführlich MüKoGmbHG/*Spindler* § 52 Rn. 220; *Spindler,* ZIP 2011, 689 (694 f.); aA BVerwG ZIP 2011, 2054: kein Vertrauen des Rechtsverkehrs in die Weisungsfreiheit der Aufsichtsratsmitglieder (Rn. 22); zust. *Rodewald/Wohlfahrter* GmbHR 2013, 689 (690 f., 693).
[442] Zur Haftung des Aufsichtsratsmitglieds bei Nichtweitergabe seiner Kenntnis LG Dortmund DB 2001, 2591 (2591 f.); dazu auch LG Hamburg AG 1982, 51 (52) = ZIP 1981, 194.
[443] BGH ZIP 2011, 2097 Rn. 27; LG Dortmund DB 2001, 2591 (2592); Kölner Komm AktG/*Mertens/Cahn* Rn. 16.
[444] OLG Schleswig NZG 2004, 669 (670); BGHZ 39, 116 (123) = NJW 1963, 905; *Lutter* ZHR 145 (1981), 224 (235); *Werner* ZHR 145 (1981), 252 (270); *Dreher* JZ 1990, 896 (898); *Kübler* FS Claussen, 1997, 239 (241 ff.); *U. H. Schneider* BB 1995, 365 (366 ff.); *Müller* NZG 2002, 797; *Herkenroth* AG 2001, 33 (34); *Lutter/Krieger/Verse* Rechte und Pflichten des Aufsichtsrats Rn. 894 f.; MüKoAktG/*Habersack* Rn. 44.
[445] Zum Gesetzesentwurf s. BT-Drs. 13/367; vgl. auch Gesetzentwurf BT-Drs. 12/7350.
[446] → § 100 Rn. 30 f., 51; OLG Schleswig NZG 2004, 669 (670); MüKoAktG/*Habersack* § 100 Rn. 96; *Marsch-Barner* in Semler/v. Schenck AR-HdB § 13 Rn. 105; *Singhof* AG 1998, 318 (324); *Semler/Stengel* NZG 2003, 1 (6); zum Teil abw. *M. Strasser,* Die Treuepflicht der Aufsichtsratsmitglieder der Aktiengesellschaft, 1998, 135 ff. (152); zur Offenbarungspflicht von Aufsichtsratsmitgliedern s. auch LG Hamburg AG 1982, 51 (52) = ZIP 1981, 194.
[447] *Lutter/Krieger/Verse* Rechte und Pflichten des Aufsichtsrats Rn. 900 f.; *Steinbeck,* Überwachungspflicht und Einwirkungsmöglichkeiten des Aufsichtsrats in der Aktiengesellschaft, 1992, 73; *Häuser,* Interessenkollisionen durch Wahrnehmung des Aufsichtsratsmandats bei der unabhängigen Aktiengesellschaft, 1985, 158.
[448] S. dazu den Entwurf der SPD-Fraktion, BT-Drs. 13/367; *Reichert/Schlitt* AG 1995, 241 (253 f.) und die Ablehnung in BT-Drs. 13/9712, 17.
[449] OLG Schleswig NZG 2004, 669 (670); BGHZ 39, 116 (123) = NJW 1963, 905; MüKoAktG/*Habersack* § 103 Rn. 42; *Hüffer/Koch/Koch* § 100 Rn. 2, § 103 Rn. 13a; *Hüffer* ZIP 2006, 637 (638); *Werner* ZHR 145

esse liegen, dass das Renommee, die Erfahrungen und Beziehungen eines Kandidaten eines Konkurrenzunternehmens genutzt werden können.[450] Auch würde eine generelle Inkompatibilität von Organmitgliedern aus Unternehmen von Wettbewerbern eine ordnungspolitische Grundentscheidung des Gesetzgebers korrigieren, obwohl es außerhalb des Kartellrechts einem Wettbewerber nicht untersagt ist, Aktionär eines Konkurrenten zu werden, zumal der betroffene Personenkreis kaum scharf umrissen werden kann.[451] Eine beachtliche Gegenmeinung im Schrifttum nimmt hingegen an, dass Doppelmandate in konkurrierenden Unternehmen die ordnungsgemäße Amtsausübung des betreffenden Aufsichtsratsmitglieds sowie die vertrauensvolle Zusammenarbeit im Gesamtgremium so schwerwiegend beeinträchtigten, dass dieses auf Rechtsfolgenseite in Analogie zu §§ 100, 105 zu einer speziellen Inkompatibilität führe mit der Folge, dass sowohl der Wahlbeschluss der Hauptversammlung als auch die Annahmeerklärung des Betreffenden nichtig seien.[452]

89 Allerdings ist der **Bereich,** in dem ein Aufsichtsratsmitglied **aus einem konkurrierenden Unternehmen tätig werden kann, äußerst schmal:** Denn das Aufsichtsratsmitglied ist gehalten, im Rahmen seiner Organtätigkeit allein das Interesse der Gesellschaft zu verfolgen,[453] in deren Aufsichtsrat es gewählt worden ist. Insbesondere muss es über alle Angelegenheiten der Gesellschaft und des Aufsichtsrats Stillschweigen bewahren gem. § 116 S. 2, § 404 (zur Verschwiegenheitspflicht → Rn. 99 ff.). Zwar soll davon ausgegangen werden können, dass ein Aufsichtsratsmitglied nicht lösbare Pflichtenkollisionen im Einzelfall offenbare und von seiner Mitwirkung absehe.[454] Demgemäß besteht Einigkeit auch darüber, dass eine Konkurrenzsituation, die dauerhaft die gesamte Tätigkeit und den wesentlichen Kernbereich des Unternehmens betrifft, das Aufsichtsratsmitglied dazu verpflichtet, sein Mandat niederzulegen, da es nicht mehr ordnungsgemäß auf Grund der Interessenkollisionen sein Mandat ausüben kann.[455] Dies kann schon dann der Fall sein, wenn es nicht mehr ordnungsgemäß zur Wahrung der Vertraulichkeit an den Sitzungen teilnehmen kann. Überschneiden sich daher die Geschäftsfelder beider Unternehmen derart, dass das betroffene Aufsichtsratsmitglied bei der überwiegenden Zahl der Abstimmungen und Beratungen nicht mitwirken dürfte, muss es sein Mandat niederlegen. Ist eine derart schwerwiegende, dauerhafte Interessenkollision bereits bei Amtsantritt vorhersehbar, sollte davon abgesehen werden, einen solchen Kandidaten überhaupt zur Wahl vorzuschlagen bzw. der Betroffene selbst sollte sich in diesem Fall nicht zur Wahl stellen.[456]

90 Nach Auffassung der Rechtsprechung soll es bei **konzernverflochtenen Unternehmen** offenbar darauf ankommen, welcher Art die Konzernverbindung ist und überdies, ob tatsächlich auch davon Gebrauch gemacht wird.[457] Besteht Mehrheitsbesitz an einem Unternehmen und ist dieser als reine Finanzbeteiligung ausgestaltet, so sind die operativen Tätigkeiten des insofern abhängigen Unternehmens nicht Gegenstand im Aufsichtsrat der Obergesellschaft, mit der Folge, dass die Ergänzung des Aufsichtsrats der Obergesellschaft um ein Mitglied, das derzeit noch im Vorstand eines zur abhängigen Gesellschaft im Wettbewerb stehenden Unternehmens tätig ist, keine derart schwerwiegenden Interessenkollisionen auslösen kann.[458]

91 Desweiteren empfiehlt der **Corporate Governance Kodex** Ziff. 5.4.2 im Sinne der Comply-or-Explain Erklärung zu Recht, dass Aufsichtsratsmitglieder nicht aus Organen wesentlicher Wettbe-

---

(1981), 252 (257); *Dreher* JZ 1990, 896 (898 f.); *Kübler* FS Claussen, 1997, 239 (241 ff.); *U. H. Schneider* BB 1995, 365 (366 ff.); *Marsch-Barner* in Semler/v. Schenck AR-HdB § 13 Rn. 142 ff.; *E. Vetter* in Marsch-Barner/Schäfer Börsennotierte AG-HdB Rn. 25.17; s. bereits auch RGZ 165, 68 (82) für die GmbH; zum Meinungsstand *Hanau/Wackerbarth,* Unternehmensmitbestimmung und Koalitionsfreiheit – Interessenkonflikte von Gewerkschaftsvertretern im Aufsichtsrat, 2004, 35 ff.

[450] OLG Schleswig NZG 2004, 669 (670) unter Berufung auf *Dreher* JZ 1990, 896 (899); ähnlich *Kübler* FS Claussen, 1997, 239 (244).

[451] So Hüffer/Koch/*Koch* § 103 Rn. 13b.

[452] *Lutter* ZHR 159 (1995), 287 (303); *Lutter* ZHR 145 (1981), 223 (236 ff.); *Lutter* FS Beusch, 1993, 509 (511 ff.); *Lutter/Krieger/Verse* Rechte und Pflichten des Aufsichtsrats Rn. 21 ff.; *Reichert/Schlitt* AG 1995, 241 (244 ff.); *Säcker* FS Rebmann, 1989, 781 (793 f.); *Scheffler* DB 1994, 793 (795); *Westhoff,* Bankenvertreter in den Beiräten mittelständischer Unternehmen, 1984, 81 f.; Hüffer/Koch/*Koch* § 103 Rn. 13b hält dies für „diskutabel"; differenzierend *Wardenbach,* Interessenkonflikte und mangelnde Sachkunde als Bestellungshindernisse zum Aufsichtsrat der AG, 1996, 70 ff. (99 f.), der nur bei einer Konkurrenzsituation im Kerngeschäft eine Inkompatibilität annimmt.

[453] BGHZ 36, 296 (307); BGH NJW 1980, 1629 (1630) – Schaffgotsch; *Lutter* ZHR 145 (1981), 224 (239 ff.); *R. Fischer* GS Duden 1982, 55 f. (63 f., 71 f.); *Ulmer* NJW 1980, 1603 (1605); *Wiedemann* ZIP 1997, 1565 (1566).

[454] Darauf weist OLG Schleswig NZG 2004, 669 (670).

[455] OLG Schleswig NZG 2004, 669 (670); MüKoAktG/*Habersack* § 100 Rn. 96 f.; *Marsch-Barner* in Semler/v. Schenck AR-HdB § 13 Rn. 149; *Singhof* AG 1998, 318 (324); *Lutter* ZHR 145 (1981), 224 (236).

[456] OLG Schleswig NZG 2004, 669 (670); *Marsch-Barner* in Semler/v. Schenck AR-HdB § 13 Rn. 153 weitergehend für ein Bestellungshindernis die in Fn. 379 Genannten, → Rn. 85; → § 100 Rn. 25 ff.

[457] OLG Schleswig NZG 2004, 669 (670) unter Verweis auf *Wohlgemuth* DStR 1991, 1495 (1496 ff.).

[458] OLG Schleswig NZG 2004, 669 (670).

werber stammen sollen oder bei diesen beratend tätig sind, zudem, dass Interessenkonflikte offen gelegt werden (Ziff. 5.5.2).[459] Diese **Offenlegung** hat nicht nur präventive Wirkung, sondern dient auch dazu, dass der Konflikt bei der Willensbildung im Aufsichtsrat berücksichtigt werden kann.[460] Die aufgetretenen Interessenkollisionen sollen ferner der Hauptversammlung gem. Ziff. 5.5.3 S. 1 DCGK mitgeteilt werden;[461] wird entgegen dieser Empfehlung ein Interessenkonflikt nicht mitgeteilt, so ist der Aufsichtsrat verpflichtet, eine zuvor abgegebene, nunmehr unrichtige Entsprechenserklärung iSd § 161 S. 1 umgehend zu berichtigen.[462]

Außerhalb der Organtätigkeit und bei eigenen Rechtsgeschäften mit der Gesellschaft[463] ist das Aufsichtsratsmitglied jedoch frei,[464] seine eigenen Interessen zu verfolgen, ohne indes die im Aufsichtsrat gewonnenen Informationen zu seinem eigenen Vorteil zu nutzen.[465] **Öffentliche Kritik,** in der sich das Aufsichtsratsmitglied – etwa als politischer Mandatsträger – abwertend über die Geschäftsführung oder die Unternehmensziele äußert, bleibt jedoch untersagt.[466] So kann unter Verstoß gegen die Treuepflicht die Kreditwürdigkeit der Gesellschaft durch öffentliche Äußerungen in der Presse gefährdet werden, wenn diesen aufgrund der Stellung als Aufsichtsratsmitglied gerade besonderes Gewicht beigemessen wird.[467]

c) Hoheitsträger. Zahlreiche Aktiengesellschaften sind in der ein oder anderen Weise mit der öffentlichen Hand verbunden, oftmals als ehemalige, nunmehr privatisierte Kommunalunternehmen im Energieversorgungsbereich. Dementsprechend finden sich in vielfältiger Weise Vertreter öffentlich-rechtlicher Körperschaften in Aufsichtsräten, zum Teil auf Grund von Entsenderechten oder Spezialvorschriften, wie im Volkswagengesetz, zum Teil auf Grund entsprechenden Aktienbesitzes des Staates oder der Kommunen. Auch wenn diese Aufsichtsratsmitglieder in ihren Körperschaften dem öffentlichen Interesse verpflichtet sind, müssen sie sich als Organmitglieder allein dem Interesse der AG unterwerfen. Zwar können sie sich im Rahmen der Debatte im Aufsichtsrat den Standpunkt ihrer Körperschaft legitimerweise vertreten, doch sind sie gehalten, dem Interesse der AG etwa an renditeerhaltenden Entscheidungen den Vorzug zu geben.[468]

d) Arbeitnehmervertreter. Probleme werfen ferner insbesondere mitbestimmte Gesellschaften und die in ihren Aufsichtsräten von Gesetzes wegen vorgesehenen Arbeitnehmer- und Gewerkschaftsvertreter auf. Grundsätzlich unterliegen auch die **Arbeitnehmer- und Gewerkschaftsvertreter** den Treuepflichten. Allerdings ist die gesetzgeberische Entscheidung im Rahmen der Mitbestimmung zu berücksichtigen, den Aufsichtsrat zu einem interessenpluralistischen Gremium zu gestalten,[469] was sich schon in der Formulierung des Unternehmensinteresses niederschlägt. Bis zu den vom BVerfG gezogenen Grenzen können die Arbeitnehmervertreter daher ihre spezifische Sichtweise in den Beratungen geltend machen. Da das MitbestG explizit die Interessenvertretung der Arbeitnehmer im Aufsichtsrat vorsieht, kann den Arbeitnehmervertretern nicht die Ausübung ihrer verfassungsrechtlich verbürgten Rechte verwehrt werden, insbesondere nicht das Recht auf passive Teilnahme an rechtmäßigen Arbeits-

---

[459] S. auch die Empfehlung der Kommission v. 15.2.2005 zu den Aufgaben von nicht geschäftsführenden Direktoren/Aufsichtsratsmitgliedern/börsennotierter Gesellschaften sowie zu den Ausschüssen des Verwaltungs-/Aufsichtsrats (Empf 2005/162/EG), ABl. EU 2005 L 52, 51 ff., insbes. Erwägungsgrund Nr. 7; ausf. hierzu *Spindler* ZIP 2005, 2033 (2039 ff.); → § 100 Rn. 52.

[460] KBLW/*Kremer* DCGK Rn. 1462 f.; *Knapp*, Die Treuepflicht der Aufsichtsratsmitglieder von Aktiengesellschaften und Directors von Corporations, 2004, 259 f.

[461] S. dazu KBLW/*Kremer* DCGK Rn. 1476 ff.; *Peltzer* Deutsche Corporate Governance Rn. 318 f.; *Priester* ZIP 2011, 2081.

[462] BGH ZIP 2009, 2051 (2054 f.); vgl. auch BGHZ 180, 9 Rn. 19 = NJW 2009, 2207 (2209 f.); K. Schmidt/Lutter/*Spindler* § 161 Rn. 66; Kölner Komm AktG/*Lutter* § 161 Rn. 159 f.; MüKoAktG/*Semler* 2. Aufl. 2003, § 161 Rn. 200; *Goslar/von der Linden* NZG 2009, 1337 (1338); → Rn. 20, → § 161 Rn. 37 jew. mwN.

[463] Hierzu ausf. *Fleck* FS Heinsius, 1991, 89 (92 ff.).

[464] *Fleck* FS Heinsius, 1991, 89 (90 f.); *R. Fischer* GS Duden, 1982, 55 (71).

[465] → Rn. 78 zu Geschäftschancen; ferner *Marsch-Barner* in Semler/v. Schenck AR-HdB § 13 Rn. 98; *R. Fischer* GS Duden, 1982, 55 (70) in Bezug auf den Abschluss eigener Rechtsgeschäfte; *Fleck* FS Heinsius, 1991, 89 (99 f.).

[466] *Albrecht-Baba* NWVBl. 2011, 127 (131 f.).

[467] BGH AG 2013, 90 m. zust. Anm. *Schubert* CCZ 2013, 175; OLG Stuttgart AG 2012, 298 (302).

[468] OLG Hamburg WM 1990, 311 (314) – HEW/Jansen; Lutter/Krieger/*Verse* Rechte und Pflichten des Aufsichtsrats Rn. 914; Kölner Komm AktG/*Mertens/Cahn* Rn. 35; MüKoAktG/*Habersack* § 100 Rn. 84, 91, 97: uU Pflicht zur Amtsniederlegung, wenn öffentliche Interessen verfolgt werden, die dem Unternehmensinteresse zuwiderlaufen; *Meier* NZG 2003, 54 (56 f.); *Kropff* FS U. Huber, 2006, 841 (843).

[469] Vgl. dazu *Möllers* ZIP 1995, 1725 (1728); *Hanau/Wackerbarth*, Unternehmensmitbestimmung und Koalitionsfreiheit – Interessenkonflikte von Gewerkschaftsvertretern im Aufsichtsrat, 2004, 18 (67); *Semler/Stengel* NZG 2003, 1; so auch *Raiser*, Gutachten B zum 66. Dt Juristentag 2006, 105 f.

kämpfen[470] – nicht aber an „wilden Streiks", da diese nicht mehr von Art. 9 Abs. 3 GG geschützt werden.[471] Diese Legitimation gilt auch für den Fall, dass sich der Streik gegen einen Dritten richtet, dabei aber mittelbar einen Schaden beim Unternehmen des jeweiligen Aufsichtsratsmitgliedes in nicht unbeachtlicher Schadenshöhe verursacht (sog. Streiks mit Fernwirkung).[472] Problematisch ist jedoch die aktive **Streikteilnahme** oder gar der Aufruf zu einem Streik gegen das Unternehmen, in dessen Aufsichtsrat der Arbeitnehmer- oder Gewerkschaftsvertreter Mitglied ist, da Streiks im Widerspruch zum Unternehmenswohl stehen, dem auch der Arbeitnehmervertreter im Aufsichtsrat verpflichtet ist.[473] Auch hier muss jedoch die grundsätzliche Entscheidung des Gesetzgebers für einen interessenpluralistischen Aufsichtsrat – trotz rechtspolitischer Bedenken – hingenommen werden, zumal der Gesetzgeber nicht wie im BetrVG eine explizite Friedenspflicht eingeführt hat. Ebenso ist zu berücksichtigen, dass anders als im BetrVG ausdrücklich Gewerkschaftsvertreter dem Aufsichtsrat angehören sollen.[474] Schließlich ist auch zu beachten, dass das Streikrecht verfassungsrechtlich über Art. 9 Abs. 3 GG höherrangig geschützt ist gegenüber der Pflicht des Aufsichtsratsmitglieds, dem Unternehmenswohl zu dienen. Das Aufsichtsratsmitglied kann sich daher auch aktiv an einem Streik beteiligen.[475] Dementsprechend ruht das Aufsichtsratsmandat nicht während eines Streiks.[476]

95   Unzulässig wäre dagegen die **Ausnutzung von Insiderwissen** zur effektiveren Streikführung,[477] wodurch das über Art. 12, 14 GG geschützte Unternehmensinteresse unverhältnismäßig berührt würde.[478] Auch unterliegen Arbeitnehmervertreter einem Stimmrechtsausschluss, wenn im Aufsichtsrat Entscheidungen über Maßnahmen im Zusammenhang mit einem Arbeitskampf getroffen werden; dies gebietet bereits die nach Art. 9 Abs. 3 GG nötige Gegnerunabhängigkeit und die damit einhergehende Kampfparität.[479] Darüber hinaus kann auch ein Ausschluss der Arbeitnehmervertreter von der Sitzungsteilnahme nach § 109 bei Beratungen und Abstimmungen über Angelegenheiten des Arbeitskampfes als ultima ratio in Betracht kommen, wenn anders eine Geheimhaltung der Informationen nicht sichergestellt werden kann.[480] Ebenso **unverhältnismäßig** wäre die aktive

---

[470] *Möllers* NZG 2003, 697 (698); RVJ/*Raiser* MitbestG § 25 Rn. 150; *Lutter/Krieger/Verse* Rechte und Pflichten des Aufsichtsrats Rn. 908; Großkomm AktG/*Hopt/Roth* Rn. 206; WKS/*Schubert* MitbestG § 25 Rn. 374 ff.; *Hanau/Wackerbarth*, Unternehmensmitbestimmung und Koalitionsfreiheit – Interessenkonflikte von Gewerkschaftsvertretern im Aufsichtsrat, 2004, 70; RVJ/*Raiser* MitbestG § 25 Rn. 149 ff.; GK-MitbestG/*Naendrup* MitbestG § 25 Rn. 215 f.; s. ferner *Radke* NJW 1956, 1581 (1584) (Ziel des Streiks sei nicht die Schädigung des Unternehmens, sondern die Verbesserung der Arbeitsbedingungen).

[471] RVJ/*Raiser* MitbestG § 25 Rn. 149; MüKoAktG/*Habersack* Rn. 48; MüKoAktG/*Gach* MitbestG § 25 Rn. 19; Großkomm AktG/*Oetker* MitbestG § 25 Rn. 17; *Möllers* NZG 2003, 697 (700); Kölner Komm AktG/*Mertens/Cahn* Anh. B § 117 MitbestG § 25 Rn. 14; *Lutter/Krieger/Verse* Rechte und Pflichten des Aufsichtsrats Rn. 908; auch UHH/*Henssler* MitbestG § 26 Rn. 33 Pflichtverletzung denkbar.

[472] Speziell zum Fall Bsirske/Lufthansa *Lutter/Quack* FS Raiser, 2005, 259 (267 ff.).

[473] Kölner Komm AktG/*Mertens/Cahn* Anh. B § 117 MitbestG § 25 Rn. 13; *Mertens* AG 1977, 306 (317); *Lutter/Krieger/Verse* Rechte und Pflichten des Aufsichtsrats Rn. 908; *Bürgers/Körber/Israel* Rn. 8; *Marsch-Barner* in Semler/v. Schenck AR-HdB § 13 Rn. 131; zum Meinungsstand *Hanau/Wackerbarth*, Unternehmensmitbestimmung und Koalitionsfreiheit – Interessenkonflikte von Gewerkschaftsvertretern im Aufsichtsrat, 2004, 70 ff.; eingehend *Weninger*, Interessenkonflikte von Arbeitnehmervertretern, 2011, 196 ff.

[474] Für Zulässigkeit etwa *Hanau* ZGR 1977, 397 (406); Großkomm AktG/*Oetker* MitbestG § 26 Rn. 15; MHdB ArbR/*Wißmann* § 280 Rn. 4; dagegen *Hölters/Hambloch-Gesinn/Gesinn* Rn. 57; *Möllers* NZG 2003, 697 (698 ff.); für eine Aufhebung der bindenden Vorschlagsrechte der Gewerkschaften *Raiser*, Gutachten B zum 66. Dt Juristentag 2006, 101 f. (106).

[475] MüKoAktG/*Gach* MitbestG § 25 Rn. 21; Großkomm AktG/*Oetker* MitbestG § 26 Rn. 17.

[476] UHH/*Henssler* MitbestR MitbestG § 26 Rn. 34; Großkomm AktG/*Oetker* MitbestG § 26 Rn. 18; RVJ/*Raiser* MitbestG § 25 Rn. 145; *Köstler/Müller/Sick* AR-Praxis Rn. 776; MüKoAktG/*Habersack* § 100 Rn. 90; aA *Martens* ZGR 1977, 422 (429); *Reuter* AcP 179 (1979), 509 (560); OLG München BB 1956, 995.

[477] So *Möllers* NZG 2003, 697 (701); MüKoAktG/*Gach* MitbestG § 25 Rn. 21; *Brox/Rüthers* Arbeitskampfrecht, 2. Aufl. 1982, Rn. 628; restriktiver dagegen Großkomm AktG/*Hopt/Roth* Rn. 209 f., aktive Streikplanung schädlich für vertrauensvolle Zusammenarbeit.

[478] Großkomm AktG/*Oetker* MitbestG § 26 Rn. 17.

[479] Für Stimmrechtsausschluss *Hanau* ZGR 1977, 397 (402 ff.); *Hanau/Wackerbarth*, Unternehmensmitbestimmung und Koalitionsfreiheit – Interessenkonflikte von Gewerkschaftsvertretern im Aufsichtsrat, 2004, 80 f. (90); *Häuser*, Interessenkollisionen durch Wahrnehmung des Aufsichtsratsmandats in der unabhängigen Aktiengesellschaft, 1985, 144 f.; *Matthießen*, Stimmrecht und Interessenkollisionen im Aufsichtsrat, 1989, 417 ff.; *Martens* ZGR 1977, 429; UHH/*Henssler* MitbestG § 26 Rn. 35; Großkomm AktG/*Oetker* MitbestG § 26 Rn. 19; *Velten*, Gewerkschaftsvertreter im Aufsichtsrat, 2010, 133 ff. (160); WKS/*Schubert* MitbestG § 25 Rn. 378 f.; dagegen MHdB ArbR/*Wißmann* § 282 Rn. 18; *Gaumann/Schafft* DB 2000, 1515 f.; RVJ/*Raiser* MitbestG § 25 Rn. 145.

[480] → § 109 Rn. 6 f.; Großkomm AktG/*Oetker* MitbestG § 26 Rn. 19; MüKoAktG/*Gach* MitbestG § 25 Rn. 18; *Gamillscheg*, Kollektives Arbeitsrecht Band II: Betriebsverfassung, 2008, 998; *Hanau/Wackerbarth*, Unternehmensmitbestimmung und Koalitionsfreiheit – Interessenkonflikte von Gewerkschaftsvertretern im Aufsichtsrat, 2004, 80 f. (90); anders *Kindl*, Die Teilnahme an der Aufsichtsratssitzung, 1992, 146 (155 ff.), statt Teilnahmeausschlusses Rücktritt.

Parteinahme gegen das Unternehmen, etwa durch polemische Äußerungen, Streikpostenbeteiligung etc.;[481] stets kommt es darauf an, ob das Aufsichtsratsmitglied seine Rolle im Unternehmen zur Unterstützung des Streiks ausnutzt.

e) Bankenvertreter. Besondere Konfliktsituationen ergeben sich ferner für Aufsichtsratsmitglieder, die Organmitglieder oder Angestellte von Banken sind.[482] Entgegen der häufig missverständlichen Wortwahl „Bankenvertreter" sind diese selbstverständlich nicht Vertreter ihrer Banken in dem jeweiligen Aufsichtsrat, sondern selbstverantwortliche Organmitglied der betreffenden Gesellschaft und deren Unternehmenswohl verpflichtet.[483] Zwar sind diese einerseits auf Grund ihrer speziellen Kenntnisse besonders zur Kontrolle des Vorstands im Bereich des Finanzmanagements befähigt,[484] doch können bei ihnen, insbesondere bei Angehörigen von Hausbanken der Gesellschaft, vielfältige Interessenkollisionen auftreten. Trotz ihrer eventuell bestehenden entgegenstehenden Pflichten aus Dienstvertrag und/oder Organstellung gegenüber ihrer Bank dürfen sie nicht Kenntnisse aus ihrer Aufsichtsratstätigkeit zu Lasten der Gesellschaft[485] im Rahmen ihrer hauptberuflichen Tätigkeit verwenden[486] oder die sie als Aufsichtsrat treffende Verschwiegenheitspflicht (→ Rn. 99 ff.) verletzen, auch wenn die Verwertung des erlangten Wissens in dem anderen Pflichtbereich nützlich und gegebenenfalls sogar geboten wäre.[487] Da das Gesetz aber von bestehenden Interessenkonflikten ausgeht und diese akzeptiert, sind die betroffenen Aufsichtsratsmitglieder von Gesetzes wegen gezwungen, „zwei Seelen in ihrer Brust" zu tragen,[488] oder bei unauflösbaren Konflikten ihr Aufsichtsratsmandat niederzulegen.[489]

f) Konzerndoppelmandate. Noch nicht endgültig geklärt ist die Rechtslage bei gleichzeitiger Organmitgliedschaft im herrschenden Unternehmen und im Aufsichtsrat der abhängigen AG.[490] Ausgangspunkt muss sein, dass das deutsche Recht den Konzerneinfluss selbst beim faktischen Konzern prinzipiell zulässt, wenn nur gegen Nachteilsausgleich gem. § 311; eine dauerhafte Inkompatibilität mit der Wahrnehmung der Interessen der Konzernobergesellschaft ist damit nicht grundsätzlich gegeben.[491] Andererseits ist nicht zu leugnen, dass nur im Vertragskonzern die Unternehmensleitung der abhängigen Gesellschaft dem Konzerninteresse den Vorrang geben darf, nicht dagegen im faktischen Konzern.[492] Da aber die Sorgfalts- und Treuepflichtenmaßstäbe für Vorstand und Aufsichtsrat gleichermaßen über §§ 116, 93 gelten, kann das Aufsichtsratsmitglied nicht ohne weiteres die Interessen der Obergesellschaft ohne Rücksicht auf die der abhängigen Gesellschaft zur Geltung bringen. Auch wenn die Rechtsprechung Doppelmandate von Vorstandsmitgliedern im Konzern für zulässig erklärt hat, erkennt der BGH aber auch, dass stets die Interessen beider Pflichtenkreise wahrgenommen werden müssen.[493] Dies gilt

---

[481] Eingehend *Weninger*, Interessenkonflikte von Arbeitnehmervertretern, 2011, 196 ff. mit zahlreichen weiteren Fällen; wie hier auch *Velten*, Gewerkschaftsvertreter im Aufsichtsrat, 2010, 124 f.
[482] Monographisch dazu *Westhoff*, Bankenvertreter in den Beiräten mittelständischer Unternehmen, 1984; ausf. auch *Lutter* ZHR 145 (1981), 224 ff.; *Werner* ZHR 145 (1981), 252 ff.; *Hanau/Wackerbarth*, Unternehmensmitbestimmung und Koalitionsfreiheit – Interessenkonflikte von Gewerkschaftsvertretern im Aufsichtsrat, 2004, 58 ff.
[483] *Tippach*, Das Insiderhandelsverbot und die besonderen Rechtspflichten der Banken, 1995, 192 f.; *Lutter* Information und Vertraulichkeit Rn. 392.
[484] *Lutter* ZHR 145 (1981), 224 (228); *Hopt* FG Kübler, 1997, 435 (441).
[485] Auch ein immaterieller Schaden ist dabei ausreichend, vgl. *R. Fischer* GS Duden, 1982, 55 (69).
[486] *R. Fischer* GS Duden, 1982, 55 (68 f.); *Tippach*, Das Insiderhandelsverbot und die besonderen Rechtspflichten der Banken, 1995, 192.
[487] *Werner* ZHR 145 (1981), 252 (265).
[488] *Lutter* Information und Vertraulichkeit Rn. 388; vgl. auch *Deckert* NZG 1998, 710 (713) und *Reese/Ronge* AG 2014, 417 (426).
[489] *Tippach*, Das Insiderhandelsverbot und die besonderen Rechtspflichten der Banken, 1995, 193; *Lutter* ZHR 145 (1981), 224 (246).
[490] S. dazu MüKoAktG/*Altmeppen* § 311 Rn. 410, 444; *Lutter* ZIP 1997, 613 (617); *Singhof* ZGR 2001, 146 (159 ff.); *Götz* ZGR 1998, 524 (535 f.); *Löbbe*, Unternehmenskontrolle im Konzern, 2003, 112 ff.; ferner auch *Noack* FS Hoffmann-Becking, 2013, 847 (859); *Kropff* FS U. Huber, 2006, 841 (854 f.).
[491] MüKoAktG/*Habersack* § 100 Rn. 92 f.; *Marsch-Barner* in Semler/v. Schenck AR-HdB § 13 Rn. 147; *Lutter* ZHR 145 (1981), 224 (238); *Potthoff/Trescher* Aufsichtsratsmitglied Rn. 521; zT abweichend dagegen OLG Hamm AG 1987, 38, das zumindest eine vollständige Besetzung des Aufsichtsrats der abhängigen Gesellschaft mit Repräsentanten des herrschenden Unternehmens für unzulässig erachtet.
[492] Anders wohl *Mertens* AG 1987, 40; *Timm* NJW 1987, 977 (986); ähnlich der hier vertretenen Auffassung hingegen MüKoAktG/*Altmeppen* § 311 Rn. 411; *Kropff* FS U. Huber, 2006, 841 (855); *U. H. Schneider* FS Raiser, 2005, 341 ff.; Emmerich/Habersack/*Habersack* § 311 Rn. 81, ferner *Decher*, Personelle Verflechtungen im Aktienkonzern, 1989, die eine vorrangige Bindung an das Interesse der abhängigen Gesellschaft annehmen, aber auch eine Berücksichtigung der Interessen der Obergesellschaft für möglich erachten, sofern dieses nicht zu Nachteilen bei der abhängigen Gesellschaft führt; so wohl auch *Lutter/Krieger/Verse* Rechte und Pflichten des Aufsichtsrats Rn. 912 f.; s. auch OLG Hamm AG 1987, 38.
[493] BGHZ 180, 105 (110 f.).

aber auch für Aufsichtsratsdoppelmandate; auch hier muss das Aufsichtsratsmitglied in der Tochtergesellschaft primär deren Interessen wahrnehmen. So muss das Aufsichtsratsmitglied bei der Ausübung von Zustimmungsvorbehalten sich vergewissern, dass der von § 311 geforderte Nachteilsausgleich gewährleistet ist und damit dem Interesse der abhängigen Gesellschaft Rechnung getragen wurde.[494] Die damit besonders im faktischen **Konzern** einhergehenden Probleme bei **Doppelmandaten** lassen sich kaum lösen: Da das Organmitglied im Prinzip gehalten ist, die Interessen seiner jeweiligen Gesellschaft wahrzunehmen und auch die Verschwiegenheit zu wahren hat, gelangt es unausweichlich in Interessenkollisionen,[495] so dass in Einzelfällen und bei andauernden Konfliktlagen ohne andere Lösungen (etwa organisatorische Trennungen bzw. unterschiedliche Funktionen) nur eine Mandatsniederlegung in Betracht kommt. Die Diskrepanz zur Praxis, in der Informationen oftmals weitergegeben werden, lässt sich teilweise dadurch auflösen, dass der Vorstand der abhängigen AG sich mit der Weitergabe von Informationen durch das Aufsichtsratsmitglied an die Obergesellschaft ausdrücklich oder konkludent einverstanden erklärt.[496] → Rn. 121.

98 g) **Unternehmensübernahmen (Take Over).**[497] Besondere Konfliktfälle entstehen für Aufsichtsratsmitglieder bei Unternehmensübernahmen, wenn sie sich gleichzeitig beim Bieter in einer Organstellung befinden (Vorstands- oder Aufsichtsratsmitglied) oder dem Bieter in anderer Weise verpflichtet sind, zB im Falle der Einschaltung einer Bank als Investmentbank für die geplante Unternehmensübernahme, wenn das Aufsichtsratsmitglied den Organen der Bank angehört.[498] Leitlinie muss auch hier sein, dass das Aufsichtsratsmitglied primär dem Interesse der Zielgesellschaft verpflichtet ist und bei nicht auflösbaren Interessenkollisionen das Mandat niederlegen muss.[499] Eine Besonderheit ergibt sich hier allerdings daraus, dass bereits aus der Mandatsniederlegung Rückschlüsse auf mögliche Interessen eines potentiellen Interessenten gezogen werden können. Umgekehrt darf das Aufsichtsratsmitglied sein Wissen nicht im Rahmen seiner anderen Organmitgliedschaft bzw. bei seiner Bank verwerten, ist dazu aber wiederum im Hinblick auf die dort geltenden Pflichten gezwungen. Die teilweise vertretene Unterscheidung in einen formalen und einen materiellen Konflikt und der daraus gezogene Schluss, dass nur bei Divergenz der Interessen von Bieter und Zielunternehmen (Aktionäre, Arbeitnehmer etc., ohne Organmitglieder) tatsächlich von einem relevanten Interessenkonflikt auszugehen sei, vermag nicht zu überzeugen. Denn wie etwa das Interesse der Arbeitnehmer an der Erhaltung ihrer Arbeitsplätze gegenüber einer langfristigen Rentabilität einzuschätzen und zu gewichten ist, entzieht sich weitgehend einer rechtlichen Beurteilung.[500] Auch sollte vermieden werden, dass das betroffene Aufsichtsratsmitglied im Wege einer Interessenabwägung selbst entscheidet, ob ein Interessenkonflikt vorliegt, zumal sich die Interessenlage auch während eines Übernahmekampfes verändern kann. Daher kommt es nur darauf an, dass das Aufsichtsratsmitglied durch die Übernahmesituation in einen potentiellen Interessenkonflikt gerät, ohne dass dabei die Übereinstimmung der Interessen von Bieter und Zielgesellschaft von Relevanz ist.

4. Verschwiegenheitspflicht.

Schrifttum: *Buck,* Wissen und juristische Person, 2001; *Buck-Heeb,* Private Kenntnis in Banken und Unternehmen – Haftungsvermeidung durch Einhaltung von Organisationspflichten, WM 2008, 281; *Buck-Heeb,* Wissenszurechnung und Verschwiegenheitspflicht von Aufsichtsratsmitgliedern – zugleich Besprechung der Urteile des XI. Zivilsenats vom 26.4.2016, WM 2016, 1469; *Claussen,* Über die Vertraulichkeit im Aufsichtsrat, AG 1981, 57; *Bank,* Die Verschwiegenheitspflicht von Organmitgliedern in Fällen multipler Organmitgliedschaften, NZG 2013, 801; *Dinter/David,* Das Recht hat man zu kennen – Zum Vorsatz bei bußgeldbewehrten Verstößen im Kapitalmarktrecht, ZIP 2017, 893; *Erker/Freund,* Verschwiegenheitspflicht von Aufsichtsratsmitgliedern bei der GmbH, GmbHR 2001, 463; *Flore,* Verschwiegenheitspflicht der Aufsichtsratsmitglieder, BB 1993, 133; *Ganzer/Tremml,* Die Verschwiegenheitspflicht der Aufsichtsratsmitglieder einer kommunalen Eigengesellschaft in der Rechtsform einer mitbestimmten GmbH – dargestellt anhand der Rechtslage in Bayern, GewArch 2010, 141; *Götz,* Rechte und Pflichten des Aufsichts-

---

[494] Ebenso *U. H. Schneider* FS Raiser, 2005, 341 (352); Emmerich/Habersack/*Habersack* § 311 Rn. 81.

[495] S. etwa den Fall in BGH WM 2001, 1113 (1115 f.); *Greiffenhagen* FS Ludewig, 1996, 303 (310); *U. H. Schneider* FS Raiser, 2005, 341 (354 f.) rekurriert im Zusammenhang mit derartigen Interessenkollisionen auf einen Stimmrechtsausschluss des betreffenden Aufsichtsratsmitglieds bei der Abstimmung über eine konzernleitende Maßnahme.

[496] MüKoAktG/*Altmeppen* § 311 Rn. 426; vgl. auch *Singhof* ZGR 2001, 146 (160 f.).

[497] Zur generellen Pflichtenlage des Aufsichtsrats bei Transaktionen *Erker* FS Voltz, 2009, 149 ff.

[498] Ausf. MüKoAktG/*Habersack* § 100 Rn. 89; Großkomm AktG/*Hopt/Roth* Rn. 202 (213); *Marsch-Barner* in Semler/v. Schenck AR-HdB § 13 Rn. 154 ff.; *Singhof* AG 1998, 318 ff.; *Lange* WM 2002, 1739 ff.; *Hanau/Wackerbarth,* Unternehmensmitbestimmung und Koalitionsfreiheit – Interessenkonflikte von Gewerkschaftsvertretern im Aufsichtsrat, 2004, 59 ff.; *Möllers* ZIP 2006, 1615 ff.; *Krebs,* Interessenkonflikte bei Aufsichtsratsmandaten in der Aktiengesellschaft, 2002, 240 ff.

[499] BGHZ 64, 325 = NJW 1975, 1412; BGH NJW 1980, 1629 (1630); *Lange* WM 2002, 1738.

[500] Zu den Problemen der Bestimmung des Unternehmensinteresses → Rn. 29 sowie MüKoAktG/*Spindler* § 76 Rn. 63 ff.; → § 76 Rn. 24 ff.

rats nach dem Transparenz- und Publizitätsgesetz, NZG 2002, 599; *Hasselbach/Peters,* Entwicklung des Übernahmerechts 2016/2017, BB 2017, 1347; *Hengeler,* Zum Beratungsgeheimnis im Aufsichtsrat einer Aktiengesellschaft, FS Schilling, 1973, 175; *v. Hoyningen-Huene,* Die Information der Belegschaft durch Aufsichtsrats- und Betriebsratsmitglieder, DB 1979, 2422; *G. Hueck,* Zur Verschwiegenheitspflicht der Arbeitnehmervertreter im Aufsichtsrat, RdA 1975, 35; *Ihrig,* Wissenszurechnung im Kapitalmarktrecht – untersucht anhand der Pflicht zur Ad-hoc-Publizität gemäß Art. 17 MAR, ZHR 181 (2017), 381; *Isele,* Die Verschwiegenheitspflichten der Arbeitnehmervertreter in den Mitbestimmungsorganen der Unternehmungen, FS Kronstein, 1967, 107; *Keilich/Brummer,* Reden ist Silber, Schweigen ist Gold – Geheimhaltungspflichten auch für die Arbeitnehmervertreter im Aufsichtsrat, BB 2012, 897; *Kittner,* Unternehmensverfassung und Information – Die Schweigepflicht von Aufsichtsratsmitgliedern, ZHR 136 (1972), 208; *Klein,* Noch einmal: Information und Vertraulichkeit im Aufsichtsrat, AG 1982, 7; *Klinkhammer/Rancke,* Verschwiegenheitspflicht der Aufsichtsratsmitglieder, 1978; *Klöhn,* Ad-hoc-Publizität und Insiderverbot im neuen Marktmissbrauchsrecht, AG 2016, 423; *Koch,* Wissenszurechnung aus dem Aufsichtsrat, ZIP 2015, 1757; *Kohler/Seyr/Maderbacher,* Unionsrecht und Privatrecht – Zur Rechtsprechung des EuGH im Jahre 2015, ZEuP 2017, 431; *Kumpan,* Ad-hoc-Publizität nach der Marktmissbrauchsverordnung, DB 2016, 2039; *Land/Hallermayer,* Weitergabe von vertraulichen Informationen durch auf Veranlassung von Gebietskörperschaften gewählte Mitglieder des Aufsichtsrats gem. §§ 394, 395 AktG, AG 2011, 114; *Linker/Zinger,* Rechte und Pflichten der Organe einer Aktiengesellschaft bei der Weitergabe vertraulicher Unternehmensinformationen, NZG 2002, 497; *Lutter/Grunewald,* Öffentliches Haushaltsrecht und privates Gesellschaftsrecht, WM 1984, 385; *Mann,* Die öffentlich-rechtliche Gesellschaft – Zur Fortentwicklung des Rechtsformenspektrums für öffentliche Unternehmen, 2002; *Martens,* Privilegiertes Informationsverhalten von Aufsichtsratsmitgliedern einer Gebietskörperschaft nach § 394 AktG, AG 1984, 29; *Martens,* Berichtspflicht beamteter Aufsichtsratsmitglieder aufgrund von § 55 BBG? – Eine Erwartung, AG 1984, 212; *Mertens,* Zur Verschwiegenheitspflicht der Aufsichtsratsmitglieder, AG 1975, 235; *Meyer-Landrut,* Die Verschwiegenheitspflicht amtierender und ausgeschiedener Vorstands- und Aufsichtsratsmitglieder, AG 1964, 193; *Mülbert/Sajnovits,* Verschwiegenheitspflichten von Aufsichtsratsmitgliedern als Schranken der Wissenszurechnung, NJW 2016, 2540; *Nagel,* Die Verlagerung der Konflikte um die Unternehmensmitbestimmung auf das Informationsproblem, BB 1979, 1799; *Oetker,* Verschwiegenheitspflicht der Aufsichtsratsmitglieder und Kommunikation im Aufsichtsrat, FS Hopt, 2010, 1091; *Poelzig,* Insider- und Marktmanipulationsverbot im neuen Marktmissbrauchsrecht, NZG 2016, 528; *Reuter,* Informationsrechte in Unternehmen und Betrieb, ZHR 144 (1980), 493; *Rittner,* Die Verschwiegenheitspflicht der Aufsichtsratsmitglieder nach BGHZ 64, 325, FS Hefermehl, 1976, 365; *Säcker,* Informationsrechte der Betriebs- und Aufsichtsratsmitglieder und Geheimsphäre des Unternehmens, 1979; *Schmidt-Aßmann/Ulmer,* Die Berichterstattung von Aufsichtsratsmitgliedern einer Gebietskörperschaft nach § 394 AktG, BB-Beil. 13/1988, 1; *U. H. Schneider,* Die Weitergabe von Insiderinformationen im Konzern, FS Wiedemann, 2002, 1255; *Schürnbrand,* Wissenszurechnung im Konzern – unter besonderer Berücksichtigung von Doppelmandaten, ZHR 181 (2017), 357; *Schwintowski,* Verschwiegenheitspflicht für politisch legitimierte Mitglieder des Aufsichtsrats, NJW 1990, 1009; *Schwintowski,* Die Zurechnung von Wissen von Mitgliedern des Aufsichtsrats in einem oder mehreren Unternehmen, ZIP 2015, 617; *Schwipper,* Öffentliche Meinungsäußerungen des Betriebsrats und seiner Mitglieder – Zulässigkeit und Grenzen, 2012; *Seibt/Cziupka,* Rechtspflichten und Best Practises für Vorstands- und Aufsichtsratshandeln bei der Kapitalmarktrecht-Compliance, AG 2015, 93; *Sina,* Zur Berichtspflicht des Vorstandes gegenüber dem Aufsichtsrat bei drohender Verletzung der Verschwiegenheitspflicht durch einzelne Aufsichtsratsmitglieder NJW 1990, 1016; *Söhner,* Praxis-Update Marktmissbrauchsverordnung: Neue Leitlinien und alte Probleme, BB 2017, 259; *Spieker,* Die Verschwiegenheitspflicht der Aufsichtsratsmitglieder NJW 1965, 1937; *Spindler,* Kommunale Mandatsträger in Aufsichtsräten – Verschwiegenheitspflicht und Weisungsgebundenheit, ZIP 2011, 689; *Spindler,* Wissenszurechnung in der GmbH, der AG und im Konzern, ZHR 181 (2017), 311; *Staack/Sparchholz,* Silence is golden, AiB 2012, 103; *v. Stebut,* Geheimnisschutz und Verschwiegenheitspflicht im Aktienrecht, 1972; *Ulmer,* Die Aktionärsklage als Instrument zur Kontrolle des Vorstands- und Aufsichtsratshandelns, ZHR 163 (1999), 290; *Ulmer,* Geheime Abstimmung im Aufsichtsrat von Aktiengesellschaften?, AG 1982, 300; *Veil,* Weitergabe von Informationen durch den Aufsichtsrat an Aktionäre und Dritte, ZHR 172 (2008), 239; *Veith,* Zur Verschwiegenheitspflicht der Aufsichtsratsmitglieder, NJW 1966, 526; *Verse,* Doppelmandate und Wissenszurechnung im Konzern, AG 2015, 413; *Wachenfeldt-Teschner/Royla,* Das neue Marktmissbrauchsrecht, WPg 2017, 259; *Weber,* Die Entwicklung des Kapitalmarktrechts in 2016/2017, NJW 2017, 991; *Wessing/Hölters,* Die Verschwiegenheitspflicht von Aufsichtsratsmitgliedern nach dem Inkrafttreten des Mitbestimmungsgesetzes, DB 1976, 1671; *Wilsing/Goslar,* Ad-hoc-Publizität bei gestreckten Sachverhalten – Die Entscheidung des EuGH v. 28.6.2012, C-19/11, „Geltl", DStR 2012, 1709; *Zetzsche,* Insider-Information beim verdeckten Beteiligungsaufbau („Anschleichen") mittels Total Return Swaps?, AG 2015, 381; *Ziemons,* Rechtsanwälte im Aufsichtsrat – im Dickicht von Berufsrecht, Aktienrecht und Corporate Governance Kodex, ZGR 2016, 839.

a) Rechtsgrund. Die Pflicht zur Verschwiegenheit ist durch § 116 S. 2 seit dem TransPuG besonders hervorgehoben, galt aber auch schon zuvor als Teil der vom Aufsichtsratsmitglied geschuldeten Treuepflichten.[501] Die strikte Pflicht zur Verschwiegenheit ist erforderlich, um die nötige Vertraulich-

---

[501] *Lutter* Information und Vertraulichkeit Rn. 408; *Kittner* ZHR 136 (1972), 208 (220); *K.J. Müller* NJW 2000, 3452 (3453); *Säcker* NJW 1986, 803; *Hengeler* FS Schilling, 1973, 175; *Hüffer* FS Hoffmann-Becking, 2013, 589 (590); *Hüffer/Koch/Koch* Rn. 9; *K. Schmidt/Lutter/Drygala* Rn. 29; Großkomm AktG/*Hopt/Roth* § 93 Rn. 279; Großkomm AktG/*Hopt/Roth* Rn. 38; MüKoAktG/*Habersack* Rn. 45; *Linker/Zinger* NZG 2002, 497 (502); *Flore* BB 1993, 133; *Knapp,* Die Treuepflicht der Aufsichtsratsmitglieder von Aktiengesellschaften und Directors von Corporations, 2004, 205; nach Kölner Komm AktG/*Mertens/Cahn* § 93 Rn. 113 und *Säcker* NJW 1986, 803: sowohl Sorgfalts- als auch Treupflicht; krit. zum dogmatischen Ansatz *Fleischer* WM 2003, 1045 (1051): nur aus Anstellungsvertrag ohne inhaltliche Unterschiede.

keit zwischen Vorstand und Aufsichtsrat zu sichern,[502] ohne dass das umfangreiche Berichts- und Informationssystem seine Grundlage verlöre. Zudem soll sie die Funktionsfähigkeit des Aufsichtsrates durch die Möglichkeit der offenen Diskussion erhalten.[503] § 116 ist ein allgemeines Gesetz im Sinne von Art. 5 Abs. 2 GG, so dass die an sich bestehende **Meinungs- und Äußerungsfreiheit** in verfassungsrechtlich unbedenklicher Weise eingeschränkt wird, da die vertrauensvolle Zusammenarbeit und die nötige Offenheit geschützt werden soll.[504]

100 An dieser Rechtslage hat das **TransPuG** durch Einführung des § 116 S. 2 nichts geändert;[505] vielmehr ist die Ergänzung eine Reaktion auf eklatante Missstände des Bruchs der Vertraulichkeit im Aufsichtsrat, sei es durch Arbeitnehmervertreter, sei es durch Anteilseignervertreter, die Tagesordnungspunkte vor der Sitzung oder das Abstimmungsverhalten preisgaben. Denn die Norm hebt nur besonders die Verschwiegenheitspflicht hervor, betrachtet die in § 116 S. 2 aufgeführten Berichte und Beratungen nicht als abschließend, sondern nur beispielhaft („insbesondere").[506] Daher darf aus § 116 S. 2 nicht der Schluss gezogen werden, dass Berichte oder Beratungen, die nicht als besonders vertraulich gekennzeichnet sind, anderen außerhalb des Aufsichtsrats mitgeteilt werden könnten.[507]

101 Auch aus **Art 14 MMVO** (ex-§ 14 WpHG) ergeben sich für Aufsichtsratsmitglieder Verschwiegenheitspflichten, die sich allerdings nur auf kursrelevante Informationen beziehen und nicht den Schutz der Gesellschaft bezwecken, sondern des Kapitalmarktes, somit neben den aktienrechtlichen Verschwiegenheitspflichten stehen.[508] Gem. Art. 7 MMVO iVm § 119 Abs. 3 WpHG (ex-§§ 13, 38 Abs. 1 Nr. 2a WpHG) sind die Aufsichtsratsmitglieder einer im Inland börsennotierten AG Insider, die nach Art. 14 lit. c MMVO (ex-§ 14 Abs. 1 Nr. 2 WpHG) Dritten nicht unbefugt Insiderinformationen mitteilen oder zugänglich machen dürfen.[509] Zu diesen Insiderinformationen können nach der Rechtsprechung des EuGH auch die bereits existierenden, eingetretenen oder mit hinreichender Wahrscheinlichkeit zu erwartenden **Zwischenschritte** im Rahmen eines mehrstufigen Entscheidungsprozesses und nicht nur der Umstand bzw. das Ereignis am Ende des zeitlich gestreckten Vorganges selbst gehören.[510] Eine hinreichende Wahrscheinlichkeit des Eintritts einer Reihe von Umständen oder Ereignissen ist aber unabhängig vom Grad der Kursbeeinflussung von Finanzinstrumenten zu verstehen,[511] vielmehr muss eine „realistische Wahrscheinlichkeit" des Entstehens oder Eintretens bestehen.[512] Diese europäische Rechtsprechung[513] wurde insofern legislativ umgesetzt, als gemäß Art. 7 Abs. 2 S. 2 und Abs. 3 MMVO nun auch Zwischenschritte eines zeitlich gestreckten Vorgangs eine präzise Information iSd Art. 7 Abs. 1 und 2 S. 1 MMVO sein können.[514] Zudem wurden die Veröffentlichungspflicht dieser Zwischenschritte nach § 26 Abs. 1 WpHG (ex-§ 15 Abs. 1 WpHG) **(Ad-hoc-Publizität)** und die damit einhergehende Frage der Aufschiebung nach Art. 17 Abs. 4 UAbs. 2 MMVO (ex-§ 15 Abs. 3 WpHG) eingefügt,[515] → Rn. 115.

---

[502] BegrRegE BT-Drs. 14/8769, 18 f.; *Götz* NZG 2002, 599 (603); Hüffer/Koch/*Koch* Rn. 9; MüKoAktG/*Habersack* Rn. 45, 49; *Lutter* Information und Vertraulichkeit Rn. 13 f., 384 ff.; Lutter/Krieger/*Verse* Rechte und Pflichten des Aufsichtsrats Rn. 265; *Veil* ZHR 172 (2008), 239 (245); *Bank* NZG 2013, 801 (802); krit. aber *Claussen* AG 1981, 57; *Mertens* AG 1980, 67 ff.; *Sina* NJW 1990, 1016 ff.
[503] *Buck-Heeb* WM 2016, 1469 (1471).
[504] *Säcker* NJW 1986, 803 (804); *Säcker* FS Fischer, 1979, 635 (637); Kölner Komm AktG/*Mertens*/*Cahn* Rn. 43; s. auch *Reuter* ZHR 144 (1980), 493; *Drinhausen/Marsch-Barner* AG 2014, 337 (347).
[505] *Spindler* ZIP 2011, 689 (690); K. Schmidt/Lutter/*Drygala* Rn. 29; *Hanau/Wackerbarth*, Unternehmensmitbestimmung und Koalitionsfreiheit – Interessenkonflikte von Gewerkschaftsvertretern im Aufsichtsrat, 2004, 49 f.: Gegengewicht zu den durch das KonTraG und TransPuG geschaffenen zusätzlichen Informationsmöglichkeiten in § 90; wie hier MüKoAktG/*Habersack* Rn. 1, 45, 49: Einfügungen durch das TransPuG dienen der Verdeutlichung.
[506] BegrRegE BT-Drs. 14/8769, 18.
[507] DAV-Handelsrechtsausschuss Stellungnahme NZG 2002, 115 (117); Hüffer/Koch/*Koch* Rn. 10.
[508] Vertiefend *Veil* ZHR 172 (2008), 239 (260 ff.).
[509] Einzelheiten bei Assmann/Schneider/*Assmann* WpHG § 14 Rn. 63 ff.; Schwark/Zimmer/*Schwark/Kruse* WpHG § 14 Rn. 39 ff.; *Lenenbach*, Kapitalmarkt- und Börsenrecht, 2. Auflage, Rn. 13.163 ff.; *U. H. Schneider* FS Wiedemann, 2002, 1255 ff.; *Federlein*, Informationsflüsse in der Aktiengesellschaft im Spannungsverhältnis zum kapitalmarktrechtlichen Verbot der unbefugten Weitergabe von Insidertatsachen, 2004, 90 (111).
[510] EuGH ZIP 2012, 1282 (1284) – Geltl; Vorlage von BGH ZIP 2011, 72; *Hasselbach/Peters* BB 2017, 1347 (1352); *Zetzsche* AG 2015, 381 (384 ff.); *Seibt/Cziupka* AG 2015, 93 (98 ff.); *Söhner* BB 2017, 259 (260 f.); *Klöhn* AG 2016, 423 (428 f.); zust. *Wilsing/Goslar* DStR 2012, 1709 (1710 f.); *Drinhausen/Marsch-Barner* AG 2014, 337 (348).
[511] EuGH ZIP 2012, 1282 (1285) – Geltl.
[512] Erwägungsgrund 16 S. 2, 3 MMVO; *Klöhn* AG 2016, 423 (428); *Kumpan* DB 2016, 2039 (2041).
[513] EuGH ZIP 2012, 1282 (1284) – Geltl; Vorlage von BGH ZIP 2011, 72.
[514] Erwägungsgrund 16 MMVO; *Dinter/David* ZIP 2017, 893 (899 f.); *Hasselbach/Peters* BB 2017, 1347 (1352); *Kohler/Seyr/Maderbacher* ZEuP 2017, 431 (448); *Wachenfeldt-Teschner/Royla* WPg 2017, 259 (260); *Klöhn* AG 2016, 423 (426, 428 f.); *Kumpan* DB 2016, 2039 (2041 f.); *Poelzig* NZG 2016, 528 (531 f.).
[515] *Weber* NJW 2017, 991 (992 f.); *Kumpan* DB 2016, 2039 (2043 f.).

b) Informationshoheit des Aufsichtsrats. Der Aufsichtsrat entscheidet als Gesamtorgan allein 102 darüber, ob Vorgänge, die ausschließlich aus seiner Sphäre stammen, insbesondere Bestellung und Anstellung des Vorstandes, an Dritte bzw. der Öffentlichkeit mitgeteilt werden.[516] Es ist nicht möglich, ein Aufsichtsratsmitglied im Vorfeld für einen gesamten Themenbereich von seiner Schweigepflicht zu entbinden,[517] andernfalls wäre der o.g. Zweck des offenen Diskurses für jene Themenfelder gefährdet.[518] Der Aufsichtsrat kann sich jedoch nachträglich durch Mehrheitsbeschluss **von der Verschwiegenheitspflicht befreien.**[519] Die Zustimmung des von der Offenlegung betroffenen Aufsichtsratsmitglieds ist nicht erforderlich.[520] Ein entsprechender Beschluss muss sich aber am Unternehmensinteresse orientieren; das dem Aufsichtsrat hierbei zustehende Ermessen ist gerichtlich nur eingeschränkt überprüfbar.[521] Alle anderen Informationen, auch Zustimmungen zu Geschäftsführungsmaßnahmen des Vorstandes oder die Feststellung des Jahresabschlusses, müssen vom Vorstand beurteilt werden, der als geschäftsführungs- und vertretungsberechtigtes Organ grundsätzlich über die Weitergabe unternehmensinterner Daten zu entscheiden hat.[522] In keinem Fall ist jedoch die Hauptversammlung befugt, Entscheidungen über die Offenbarung vertraulicher Informationen zu treffen.[523] Aus diesem Grund dürfen auch ausscheidende Aufsichtsratsmitglieder die neu eintretenden Aufsichtsratsmitglieder − zu diesem Zeitpunkt also noch Dritte − nicht über Fehlverhalten des Vorstandes bzw. Missstände in der Gesellschaft informieren, sondern müssen sich auf die Einhaltung der Unterrichtungspflicht des Vorstandes nach § 90 verlassen.[524]

c) Geltung für alle Aufsichtsratsmitglieder. Die **Verschwiegenheitspflicht gilt für alle** 103 **Aufsichtsratsmitglieder** gleichermaßen, ohne Rücksicht darauf, von wem sie in den Aufsichtsrat gewählt oder entsandt wurden.[525] Insbesondere auch Arbeitnehmervertreter müssen die Vertraulichkeit wahren,[526] ebenso wie Vertreter eines Großaktionärs,[527] selbst wenn er 100 % an der AG halten sollte. Maßstab für den Umfang der Verschwiegenheitspflicht ist das Unternehmensinteresse,[528] in das gleichermaßen Anteilseigner- wie Arbeitnehmerinteressen Eingang finden, das im Einzelfall aber kaum zu konkretisieren ist.[529] **Leitlinie für die Verschwiegenheitspflicht** muss das Interesse der Gesellschaft an einer vertrauensvollen Zusammenarbeit zwischen Vorstand und Aufsichtsrat sein, wodurch eine detaillierte Überwachung ermöglicht wird. Die Öffnung des Aufsichtsrats für Informationsinteressen Außenstehender würde tendenziell zu einer restriktiven Informationspolitik des Vorstandes führen, die die Aufgabe des Aufsichtsrats erschwert.

---

[516] AA *Wilsing/von der Linden* ZHR 178 (2014), 419 (433 f.): Sachliche Zuständig resultiere nicht schon allein daraus, dass der Vorgang aus Innensphäre des Aufsichtsrats stammt.

[517] BGH NJW 2016, 2569; *Mülbert/Sajnovits* NJW 2016, 2540.

[518] *Buck-Heeb* WM 2016, 1469 (1472).

[519] BGH AG 2013, 387 Rn. 30; BGHZ 193, 110 Rn. 40; *Lutter* Information und Vertraulichkeit Rn. 591; Kölner Komm AktG/*Mertens/Cahn* Rn. 47; *Linker/Zinger* NZG 2002, 497 (502); *v. Stebut*, Geheimnisschutz und Verschwiegenheitspflicht im Aktienrecht, 1972, 98 ff.; aA *Hengeler* FS Schilling, 1973, 175 (182); *Säcker* FS Fischer, 1979, 635 (636): nur der Vorstand habe darüber zu entscheiden.

[520] *Wilsing/von der Linden* ZHR 178 (2014), 419 (440); aA Kölner Komm AktG/*Mertens/Cahn* Rn. 53: Keine Offenlegung gegen den Willen. Ausnahme hiervon sei nur bei überwiegendem Unternehmensinteresse möglich.

[521] *Wilsing/von der Linden* ZHR 178 (2014), 419 (435).

[522] BGH NJW 2016, 2569 (2571); *Lutter* Information und Vertraulichkeit Rn. 562 (591); *v. Stebut*, Geheimnisschutz und Verschwiegenheitspflicht im Aktienrecht, 1972, 98; Kölner Komm AktG/*Mertens/Cahn* Rn. 46 f.; MüKoAktG/*Habersack* Rn. 62; *Linker/Zinger* NZG 2002, 497 (502); *Hengeler* FS Schilling, 1973, 175 (181 f.).

[523] BGH NJW 2016, 2569; *Buck-Heeb* WM 2016, 1469 (1472).

[524] OLG Düsseldorf BeckRS 2012, 08418.

[525] BGHZ 64, 325 (330) – Bayer; *Weningen*, Mitbestimmungsspezifische Interessenkonflikte von Arbeitnehmervertretern im Aufsichtsrat, 2011, 276 f.; *Meyer-Landrut* ZGR 1976, 510 (511 f.); *Thümmel* Persönliche Haftung von Managern und Aufsichtsräten, 4. Aufl. 2008, Rn. 278; *Rittner* FS Hefermehl, 1976, 365 ff.; *Edenfeld/Neufang* AG 1999, 49 (52); MüKoAktG/*Habersack* Rn. 12; *Hüffer/Koch/Koch* Rn. 11; Großkomm AktG/*Hopt/Roth* Rn. 219; *Wachter/Schick* Rn. 8; *Lutter/Krieger/Verse* Rechte und Pflichten des Aufsichtsrats Rn. 254 ff.; *G. Hueck* RdA 1975, 35 (37); *E. Vetter* in Marsch-Barner/Schäfer Börsennotierte AG-HdB Rn. 29.14.

[526] *Lutter* Information und Vertraulichkeit Rn. 566; Kölner Komm AktG/*Mertens/Cahn* Rn. 39; MüKoAktG/*Habersack* Rn. 10; *K. Schmidt/Lutter/Drygala* Rn. 29; *Bürgers/Körber/Israel* Rn. 21; *Keilich/Brummer* BB 2012, 897 (898); *Reuter* RdA 1988, 280 (285); *Schiessl* AG 2002, 593 (596); *Säcker* NJW 1986, 803; *Flore* BB 1993, 133 (134); *Wessing/Hölters* DB 1976, 1671 (1672); *Roth* GesRZ-SH 2005, 12 (23 f.); aA zum dänischen § 36 WpHG Højesteret ZIP 2009, 1526: Zulässige Weitergabe von Insiderinformationen durch einen Arbeitnehmervertreter im Aufsichtsrat an den Vorsitzenden seiner gewerkschaftlichen Organisation, da dieses normalen Bestandteil seiner Funktion darstellt.

[527] MüKoAktG/*Habersack* Rn. 13.

[528] Grundlegend BGHZ 64, 325 (330 f.) − Bayer; *Linker/Zinger* NZG 2002, 497 (502); *Klinkhammer/Rancke*, Verschwiegenheitspflicht der Aufsichtsratsmitglieder, 1978, 22; vgl. auch *Thümmel* DStR 2003, 1665 (1667).

[529] → Rn. 21 ff.

104 Weder Arbeitnehmer- noch Gewerkschafts- oder Bankenvertreter dürfen daher mit Hilfe ihrer Aufsichtsratsinformationen ein übergreifendes **Informationssystem** aufbauen, das etwa den Vergleich verschiedener Unternehmen zuließe (→ Rn. 94 ff.). Die Eigenschaft als **Doppelmandatsträger** (→ § 100 Rn. 56) ändert nichts an der Verschwiegenheitspflicht bezogen auf die jeweilige Mandatsstellung.[530] Auch das Interesse von **Arbeitnehmervertretern,** die Belegschaft, von der sie gewählt wurden, zu informieren, rechtfertigt nicht eine Durchbrechung der Vertraulichkeit,[531] da der Gesetzgeber keine Umgestaltung des Aufsichtsrats zu einem parlamentarischen Gremium vorgenommen hat, auch angesichts bestehender Informationsmöglichkeiten über die betriebsverfassungsrechtliche Mitbestimmung.[532] Verletzt der Vorstand seine Pflichten nach dem BetrVG, kann ein Arbeitnehmervertreter auch nicht zur Selbsthilfe greifen,[533] sondern muss die betriebsverfassungsrechtlichen Organe dazu veranlassen, ihre Rechte geltend zu machen. Aber auch Anteilseignervertreter können nicht Aktionäre (bzw. Großaktionäre) über ihre Aktivitäten im Aufsichtsrat unterrichten, wenn dadurch die Vertraulichkeit nicht mehr gewährleistet ist.

105 Von der strikten Vertraulichkeit sind nach § 394 AktG lediglich Aufsichtsratsmitglieder ausgenommen, die von einer **Gebietskörperschaft** – in der Praxis oftmals eine Kommune – in den Aufsichtsrat gewählt oder entsandt wurden. Sie sind hinsichtlich ihrer Berichtspflicht (vgl. § 394 S. 1)[534] an die Körperschaft nicht an die Verschwiegenheitspflicht gebunden,[535] einschließlich vertraulicher Angaben und Betriebsgeheimnisse, jedoch nur sofern diese für die Berichte relevant sind (vgl. § 394 S. 2).[536] Die Aufsichtsratsmitglieder dürfen aber nur ihrem Vorgesetzten bzw. dem zuständigen Vertreter der Gebietskörperschaft, nicht dem Gemeinderat bzw. Parlament als Plenum berichten.[537] Die Verschwiegenheitspflicht wird in diesem Fall durch § 395 ersetzt[538] und erstreckt sich dann auch auf die Berichtsadressaten (s. § 395), sofern dort die Vertraulichkeit gewährleistet ist, etwa bei nicht öffentlich tagenden Untersuchungsausschüssen, nicht aber bei Gemeindeparlamenten.[539] Hinsichtlich der „normalen" Kontrolltätigkeit des Aufsichtsrates verbleibt es hingegen bei der Verschwiegenheitspflicht gem. § 116 S. 2.[540] § 394 S. 3 stellt dabei klar, dass die Berichtspflicht nach § 394 S. 1 auf Gesetz, Satzung oder einem dem Aufsichtsrat in Textform mitgeteilten

---

[530] BGH NJW 2016, 2569 (2571) = NZG 2016, 910 (912); OLG Celle Urt. v. 24.8.2011 – 9 U 41/11 (n.v.), S. 13; *Buck,* Wissen und juristische Person, 2001, 519 f.; *Buck-Heeb* WM 2008, 281 (285); *Buck-Heeb* WM 2016, 1469 (1470 f.); *Spindler* ZHR 181 (2017), 311 (350 ff., insb. 351); *Schürnbrand* ZHR 181 (2017), 357 (371 ff.); *Ihrig* ZHR 181 (2017), 381 (412); *Mülbert/Sajnovits* NJW 2016, 2540 (2541); aA *Schwintowski* ZIP 2015, 617 (617 f.) für konzernierte Unternehmen mit der wenig überzeugenden Begründung über die Schadensminderungsobliegenheit gem. § 254 BGB; zu recht dagegen *Koch* ZIP 2015, 1757 (1763 ff.); auch *Verse* AG 2015, 413 passim.

[531] *Lutter/Krieger/Verse* Rechte und Pflichten des Aufsichtsrats Rn. 255 f.; *Lutter* Information und Vertraulichkeit Rn. 610 ff., 615 ff.; Kölner Komm AktG/*Mertens/Cahn* Rn. 39; Großkomm AktG/*Hopt/Roth* Rn. 223; MüKoAktG/*Habersack* Rn. 60 f.; *Mertens* AG 1975, 235; *Edenfeld/Neufang* AG 1999, 49 (52); *v. Hoyningen-Huene* DB 1979, 2422 (2424 f.); *G. Hueck* RdA 1975, 35 (39 f.); *Hanau/Wackerbarth,* Unternehmensmitbestimmung und Koalitionsfreiheit – Interessenkonflikte von Gewerkschaftsvertretern im Aufsichtsrat, 2004, 69; aA *Klinkhammer/Rancke,* Verschwiegenheitspflicht der Aufsichtsratsmitglieder, 1978, 12 ff.

[532] Darauf weist *Reuter* ZHR 144 (1980), 493 (499) zu Recht hin; *Reuter* RdA 1988, 280 (285); s. auch *Säcker,* Informationsrechte der Betriebs- und Aufsichtsratsmitglieder und Geheimsphäre des Unternehmens, 1979, 22 ff.; aA *Nagel* BB 1979, 1799 (1803).

[533] Ebenso *Säcker,* Informationsrechte der Betriebs- und Aufsichtsratsmitglieder, 1979, 47 ff.; aA MüKoAktG/*Habersack* Rn. 61; WKS/*Schubert* MitbestG § 25 Rn. 359; UHH/*Ulmer/Habersack* MitbestG § 25 Rn. 110; *Rittner* FS Hefermehl, 1976, 365 (374).

[534] Begr. RegE Aktienrechtsnovelle 2014 BT-Drs. 18/4349, 33; *Lutter/Krieger/Verse* Rechte und Pflichten des Aufsichtsrats Rn. 1430; *Lutter/Grunewald* WM 1984, 385 (397); *Mann,* Die öffentlich-rechtliche Gesellschaft – Zur Fortentwicklung des Rechtsformenspektrums für öffentliche Unternehmen, 2002, 242; Hüffer/Koch/*Koch* § 394 Rn. 37 ff.; *Banspach/Nowak* Der Konzern 2008, 195 (200); aA *Land/Hallermayer* AG 2011, 114 (116 f.) die eine vertragliche Berichtspflicht für ausreichend erachten.

[535] *Schwintowski* NJW 1990, 1009 (1014); *Zöllner* AG 1984, 147; *Martens* AG 1984, 212 ff.; *Kropff* FS Hefermehl, 1976, 327 (329); Kölner Komm AktG/*Mertens/Cahn* § 116 Rn. 57; *Banspach/Nowak* Der Konzern 2008, 195 (200).

[536] OVG Rheinland-Pfalz DVBl 2016, 1274 (1277); *Schmidt-Aßmann/Ulmer* BB-Beil. Heft 13/1988, 1 ff.; *Banspach/Nowak* Der Konzern 2008, 195 (200).

[537] *Spindler* ZIP 2011, 689 (691); *Land/Hallermeyer* AG 2011, 114 (120 f.); *Wilting* AG 2012, 529 (533, 535 ff.); *Albrecht-Baba* NWVBl. 2011, 127 (129 f.); *Weber-Rey/Buckel* ZHR 177 (2013), 13 (19); aA *Ziegelmeyer* ZGR 2007, 144 (160 ff.); *Burgi* NVwZ 2014, 609 (612).

[538] *Lutter* Information und Vertraulichkeit S. 169.

[539] Einzelheiten bei *Land/Hallermayer* AG 2011, 114 (119 ff.); *Schwintowski* NJW 1990, 1009 (1014); *Lutter/Krieger/Verse* Rechte und Pflichten des Aufsichtsrats Rn. 1430 ff.; *Banspach/Nowak* Der Konzern 2008, 195 (200).

[540] *Mann,* Die öffentlich-rechtliche Gesellschaft – Zur Fortentwicklung des Rechtsformenspektrums für öffentliche Unternehmen, 2002, 244; Hüffer/Koch/*Koch* § 394 Rn. 41; *Banspach/Nowak* Der Konzern 2008, 195 (200 f.); *Schwintowski* NJW 1990, 1010 (1014).

Rechtsgeschäft beruhen kann.[541] Da § 394 S. 3 ausdrücklich die Satzung als Rechtsgrundlage für die Berichtspflicht aufführt, muss es umgekehrt auch möglich sein, in der Satzung die Geltung des § 394 auszuschließen.[542] Informationen, die der Gebietskörperschaft durch ihr Informationsrecht gegenüber ihren Vertretern im Aufsichtsrat zugänglich geworden sind, unterliegen zwar grundsätzlich dem Informationsfreiheitsgesetz, ein Zugang zu Protokollen oder sitzungsvorbereitenden Dokumenten des Aufsichtsrats durch die Öffentlichkeit scheitert aber aufgrund der auch hier für die Körperschaft geltenden Verschwiegenheitspflicht regelmäßig an § 3 Nr. 4 IFG.[543] Anders ist dies bei Informationsansprüchen von Rats- und Kreistagsmitgliedern zu beurteilen, da gegenüber diesen kommunalen Organmitgliedern keine Verschwiegenheitspflicht gilt und sie ihrerseits zur Verschwiegenheit verpflichtet sind.[544]

Gegenüber dem **Vorstand** gilt die Verschwiegenheitspflicht grundsätzlich nicht,[545] wohl aber dann, wenn im Einzelfall besondere Interessen an einer Vertraulichkeit bestehen oder Persönlichkeitsrechte betroffen sein können, zB hinsichtlich von Anstellungsbedingungen eines Vorstandsmitglieds, aber auch bei der Geltendmachung von Ersatzansprüchen.[546] Gegenüber anderen **Aufsichtsratsmitgliedern** kann keine Verschwiegenheitspflicht bestehen,[547] allenfalls nur von Angehörigen eines beschließenden Ausschusses, wenn gleichzeitig nach § 109 die Teilnahme der jeweiligen Aufsichtsratsmitglieder ausgeschlossen ist.[548] Im Übrigen greift keine Verschwiegenheitspflicht ein, auch nicht bei einem Personalausschuss gegenüber dem Plenum, einschließlich der abgelehnten Bewerber.[549] Allen **anderen Personen** gegenüber muss das Aufsichtsratsmitglied Stillschweigen bewahren,[550] seien es Aktionäre,[551] auch Großaktionäre, Gewerkschaften, Betriebsratsmitglieder,[552] Ehrenmitglieder des Aufsichtsrats,[553] auch Abschlussprüfer, die gegenüber dem Aufsichtsrat keine Auskunftsansprüche haben, sondern nur gegenüber dem Vorstand.[554] Auch die Kommunikation mit Investoren (**Investor Relations**, → § 107 Rn. 40) unterfällt grundsätzlich der Verschwiegenheitspflicht; nur der Aufsichtsrat insgesamt kann von der Verschwiegenheitspflicht entbinden, nicht der Aufsichtsratsvorsitzende für sich selbst.[555] Ebenso wenig können den **Ersatzmitgliedern** des Aufsichtsrats mangels Organmitgliedschaft vertrauliche Angelegenheiten offenbart werden.[556] Die Pflicht zur Wahrung der Verschwiegenheit hält die Aufsichtsratsmitglieder auch dazu an, gegenüber **Dritten,** die sie zur **Unterstützung** ihrer Aufgabe heranziehen, die Verschwiegenheit zu sichern, sei es durch entspre-

---

[541] S. Begr. RegE Aktienrechtsnovelle 2014, BT-Drs. 18/4349, 14.

[542] Dieser Überlegung zugrundeliegende Gedanken äußert auch Kölner Komm AktG/*Kersting* §§ 394, 395 Rn. 132, indem er zumindest in zeitlicher Hinsicht von einem ex nunc Entfallen des Privilegs des § 394 S. 1 AktG ausgeht sowie Kölner Komm AktG/*Kersting* §§ 394, 395 Rn. 140, indem generell ein Gestaltungsspielraum (wenn auch im Kontext mit rechtsgeschäftlich vereinbarten Berichtspflichten) anerkannt wird und die Grenzen bei dem jeweiligen Gesellschaftsinteresse gezogen werden: Konsequent weitergedacht spräche dies auch für eine Ausschlussmöglichkeit des § 394 AktG, der in die dem Gesellschaftsinteresse dienende Verschwiegenheitspflicht eingreift; im logischen Gegenschluss wird wiederum die Möglichkeit, durch Satzung die Vertraulichkeit im Aufsichtsrat bei Beteiligung der öffentlichen Hand generell aufzuheben, abgelehnt, *Harbarth/Frhr. v. Plettenberg* AG 2016, 145 (155).

[543] OVG Berlin-Brandenburg NVwZ 2015, 1229 = ZIP 2015, 877; K. Schmidt/Lutter/*Drygala* Rn. 40; so auch *Dünchheim* KommJur 2016, 441 für Stadtwerke, die durch die öffentliche Hand beherrscht werden.

[544] *Bracht* NVwZ 2016, 108 (110).

[545] *Lutter* Information und Vertraulichkeit Rn. 463; Großkomm AktG/*Hopt/Roth* Rn. 254; MüKoAktG/*Habersack* Rn. 56; Hölters/*Hambloch-Gesinn/Gesinn* Rn. 46; K. Schmidt/Lutter/*Drygala* Rn. 38; *v. Stebut,* Geheimnisschutz und Verschwiegenheitspflicht im Aktienrecht, 1972, 90 f. vgl. *Buck-Heeb* WM 2016, 1469 (1473), die eine Tendenz dazu sieht, dass die Verschwiegenheitspflicht lediglich für Nichtorganmitglieder gilt.

[546] MüKoAktG/*Habersack* Rn. 56; Großkomm AktG/*Hopt/Roth* Rn. 255.

[547] OLG Hamburg AG 1984, 248 (251); K. Schmidt/Lutter/*Drygala* Rn. 38; *Lutter* Information und Vertraulichkeit Rn. 463; *Rellermeyer,* Aufsichtsratsausschüsse, 1986,. 264; *Oetker* FS Hopt, Bd. 1, 2010, 1091.

[548] MüKoAktG/*Habersack* Rn. 56; weitergehender offenbar *Rellermeyer,* Aufsichtsratsausschüsse, 1986, 264 f.; *Gittermann* in Semler/v. Schenck AR-HdB § 6 Rn. 106 ff.

[549] *Behme/Zickgraf* AG 2015, 841 (844).

[550] *Staack/Sparchholz* AiB 2012, 30 ff.; *Oetker* FS Hopt, Bd. 1, 2010, 1091 f.

[551] *Lutter* Information und Vertraulichkeit Rn. 473, 533.

[552] AllgM, BAG ZIP 2009, 2018 (2020): sogar, wenn das Aufsichtsratsmitglied selbst Mitglied des Betriebsrats ist; *Lutter* Information und Vertraulichkeit Rn. 482; Kölner Komm AktG/*Mertens/Cahn* Rn. 56; *Veil* ZHR 172 (2008), 239 (271); MüKoAktG/*Habersack* Rn. 56, 61; Henssler/*Beckmann* SAE 2010, 60 (61); *Reuter* RdA 1988, 280 (285); MHdB ArbR/*Wißmann* § 282 Rn. 16; UHH/*Ulmer/Habersack* MitbestG § 25 Rn. 109; *Schwipper,* Öffentliche Meinungsäußerungen des Betriebsrats und seiner Mitglieder – Zulässigkeit und Grenzen, 2012, 201 ff.

[553] Vgl. *Lutter* Information und Vertraulichkeit Rn. 487.

[554] *Lutter* Information und Vertraulichkeit Rn. 466; zweifelnd dagegen Großkomm AktG/*Hopt/Roth* Rn. 247.

[555] Kritisch aber *Koch* AG 2017, 129 (139): grundsätzlich nur Vorstand.

[556] *Thum/Klofat* NZG 2010, 1087; *Lutter* Information und Vertraulichkeit Rn. 345; MüKoAktG/*Habersack* Rn. 56; Großkomm AktG/*Hopt/Roth* Rn. 246.

chende vertragliche Vereinbarungen[557] oder durch Beauftragung von zur Verschwiegenheit gesetzlich verpflichteten Berufsangehörigen, wie Wirtschaftsprüfern. Hierzu gehört auch die Kontrolle der Einhaltung der Verschwiegenheitspflicht.[558] Das Risiko einer dennoch erfolgten Weitergabe der vertraulichen Informationen durch diese Hilfspersonen an Außenstehende trägt das Aufsichtsratsmitglied selbst, wodurch eine sorgfältige Auswahl der Hilfskräfte sichergestellt wird.[559] Zur problematischen Frage, ob die Verschwiegenheitspflicht auch gegenüber der Verwaltung der Muttergesellschaft im Konzern besteht, → Rn. 121 ff.

107 d) **Kein Beurteilungsspielraum.** Die Aufsichtsratsmitglieder genießen wie bei allen Treuepflichten (→ Rn. 76) **keinen Beurteilungsspielraum,** sondern sind auf die Verfolgung des Unternehmensinteresses und die Einhaltung der Verschwiegenheitspflicht objektiv verpflichtet, die gerichtlich in vollem Umfang nachprüfbar ist.[560] Allerdings kann nach hM der Schuldvorwurf entfallen, wenn das Aufsichtsratsmitglied trotz sorgfältigster Prüfung und Einholung von Rechtsrat zu der Überzeugung gelangen durfte, dass es die Verschwiegenheit aufheben durfte;[561] die Beweislast hierfür trifft nach § 93 Abs. 2 S. 2 das Aufsichtsratsmitglied. Damit werden letztlich beide Ansichten hinsichtlich der Haftung zu dem gleichen Ergebnis kommen.[562] Hat ein Aufsichtsratsmitglied Zweifel an dem vertraulichen Charakter einer Angelegenheit, so kann es eine klärende **Entscheidung des Plenums** herbeiführen.[563] Allerdings kann auch ein Plenumsbeschluss es nicht völlig von seiner Eigenverantwortung entlasten, erst recht nicht die Gerichte binden.[564]

108 e) **Nachwirkende Verschwiegenheitspflicht.** Die Pflicht zur Verschwiegenheit wirkt aufgrund nachwirkender Treuepflichten auch **nach Ausscheiden des Aufsichtsratsmitglieds** aus der AG fort, ohne dass es einer vertraglichen Vereinbarung bedürfte; es darf die während der Organtätigkeit erlangten Informationen niemandem preisgeben.[565] Die nachwirkende Verschwiegenheitspflicht führt allerdings nicht dazu, dass die Auskunfts- und Rückgabeverpflichtung gegenüber der Gesellschaft gem. §§ 675, 666, 667 BGB hinsichtlich im Besitz des Aufsichtsratsmitglieds befindlicher Unterlagen entfällt.[566]

109 f) **Umfang.** Die Schweigepflicht erstreckt sich auf Grund des Verweises von § 116 S. 1 auf § 93 Abs. 1 S. 2 auf vertrauliche Angaben und Geheimnisse der Gesellschaft, die keine völlig synonymen Begriffe sind.[567] Weder muss sich ein Geheimnis der Gesellschaft auf eine vertrauliche Angabe gründen, noch braucht eine vertrauliche Angabe ein Geheimnis zu sein. Aus der Verletzung vertraulicher Angaben ergeben sich zivilrechtliche Folgen. Die Strafvorschrift des § 404 bezieht sich nur auf Geheimnisse der Gesellschaft.

110 „**Geheimnisse der Gesellschaft**", als deren Unterfall Abs. 1 S. 2 Betriebs- oder Geschäftsgeheimnisse nennt, sind Tatsachen, die nur einem eng begrenzten Personenkreis bekannt, also nicht offenkundig sind.[568] Die Geheimhaltung muss im objektiven Unternehmensinteresse

---

[557] *Lutter/Krieger* DB 1995, 257 (259 f.); Kölner Komm AktG/*Mertens/Cahn* Rn. 59 f.; Großkomm AktG/*Hopt/Roth* Rn. 268; Hüffer/Koch/*Koch* Rn. 9; K. Schmidt/Lutter/*Drygala* Rn. 41; Bürgers/Körber/*Israel* Rn. 21.
[558] *Lutter/Krieger* DB 1995, 257 (259 f.); Hüffer/Koch/*Koch* Rn. 9.
[559] *Lutter/Krieger* DB 1995, 257 (259).
[560] MHdB AG/*Hoffmann-Becking* § 33 Rn. 62; UHH/*Ulmer/Habersack* MitbestG § 25 Rn. 104; Hüffer/Koch/*Koch* Rn. 11; MüKoAktG/*Habersack* Rn. 53; *Lutter* Information und Vertraulichkeit Rn. 442 ff.; *Spindler* ZIP 2011, 689 (691); *Rittner* FS Hefermehl, 1976, 365 (369 f.); NK-AktR/*Breuer/Fraune* Rn. 8 f.; Großkomm AktG/*Hopt/Roth* Rn. 242; *E. Vetter* in Marsch-Barner/Schäfer Börsennotierte AG-HdB Rn. 29.17; aA und für Beurteilungsspielraum aufgrund der nötigen Interessenabwägung Kölner Komm AktG/*Mertens/Cahn* Rn. 50; *Mertens* AG 1975, 235 f.; so auch *Linker/Zinger* NZG 2002, 497 (502).
[561] *Lutter* Information und Vertraulichkeit Rn. 446; MüKoAktG/*Habersack* Rn. 53; MHdB AG/*Hoffmann-Becking* § 33 Rn. 62.
[562] Kölner Komm AktG/*Mertens/Cahn* Rn. 50.
[563] Ebenso Großkomm AktG/*Hopt/Roth* Rn. 240.
[564] Ähnlich Kölner Komm AktG/*Mertens/Cahn* Rn. 50; s. auch für den Vorstand: Großkomm AktG/*Hopt/Roth* § 93 Rn. 309; Hüffer/Koch/*Koch* § 93 Rn. 30.
[565] OLG Koblenz WM 1987, 480 (481); *Lutter* Information und Vertraulichkeit Rn. 492; K. Schmidt/Lutter/*Drygala* Rn. 27; Bürgers/Körber/*Israel* Rn. 21; Grigoleit/*Grigoleit/Tomasic* Rn. 15; *Bank* NZG 2013, 801 (802); für die GmbH *Erker/Freund* GmbHR 2001, 463 (465); → § 9.
[566] BGH ZIP 2008, 1821 (1822 f.) = WM 2008, 2019; zust. *Paul* EWiR 2008, 737 (738); → § 103 Rn. 16.
[567] *Spieker* NJW 1965, 1937 (1939); *v. Stebut*, Geheimnisschutz und Verschwiegenheitspflicht im Aktienrecht, 1972, 58 ff.; MüKoAktG/*Habersack* Rn. 52, 54; Hüffer/Koch/*Koch* § 93 Rn. 30; Großkomm AktG/*Hopt/Roth* Rn. 229; K. Schmidt/Lutter/*Drygala* Rn. 30; Großkomm AktG/*Hopt/Roth* § 93 Rn. 284; aA *Kittner* ZHR 136 (1972), 208 (224 ff.).
[568] Sie darf nicht allgemein bekannt oder leicht zugänglich sein, vgl. ausf. *Lutter* Information und Vertraulichkeit Rn. 411 ff.; MüKoAktG/*Habersack* Rn. 52.

sein.[569] Auch kommt es nicht darauf an, ob eine bestimmte Angelegenheit ausdrücklich als geheimhaltungsbedürftig bezeichnet worden ist.[570] Ob eine Tatsache ein Geheimnis ist, beurteilt sich zwar im Grundsatz objektiv nach dem Unternehmensinteresse.[571] Der Geheimnisbegriff ist damit grundsätzlich ein objektiver;[572] sind die Tatbestandsmerkmale des Begriffes erfüllt, so liegt ein Geheimnis vor,[573] ohne dass der Aufsichtsrat hier einen Beurteilungsspielraum hätte.[574] Da das Unternehmensinteresse eine Vielzahl von Interessen zum Ausgleich bringt und letztlich der Vorstand das Unternehmensinteresse durch die Festlegung der Unternehmenspolitik mit konkretisiert, ist der Vorstand der „Herr der Gesellschaftsgeheimnisse".[575] Die Feststellung des Vorstandes, dass eine Tatsache als Unternehmensgeheimnis zu qualifizieren ist, ist daher nicht völlig ohne Bedeutung.[576] Denn andere Organe der Gesellschaft, insbesondere der Aufsichtsrat, können sich auf diese Entscheidung berufen und ihr vertrauen.[577] Zwar wird damit objektiv nicht die Qualität als Geheimnis dem Ermessen des Vorstands anheim gestellt;[578] dennoch können sich die anderen Organe auf die Einschätzung durch den Vorstand berufen, der sich gegebenenfalls bei falscher Einschätzung schadensersatzpflichtig machen kann. Ist die Einschätzung evident fehlerhaft, entfällt jedoch jegliches Vertrauen. Schließlich kann sich die Einschätzung des Vorstandes nicht auf Tatsachen beziehen, die allein aus der Sphäre des Aufsichtsrats stammen, da er sonst über Befugnisse und Pflichten des Aufsichtsrats entscheiden würde.[579]

Unter **Tatsachen** werden – anders als nach § 824 BGB – auch Ansichten, Meinungen und Wertungen verstanden.[580] Beispiele: Produktionsvorhaben, Fabrikationsverfahren, Erfindungsleistungen, Konstruktionen, Kalkulationen, Absatzplanung, Finanzpläne, Kundenlisten ua. Die Schweigepflicht beschränkt sich jedoch nicht auf geheim zu haltende Umstände, die das Geschäft oder den Betrieb betreffen und deren Offenbarung daher für die Gesellschaft wirtschaftlich nachteilig ist; sie bezieht sich auf Geheimnisse schlechthin, so dass auch Tatsachen, deren Offenbarung immaterielle Schäden für die Gesellschaft zur Folge haben können, geheim zu halten sind.[581] Als Gesellschaftsgeheimnisse gelten auch Informationen im Zusammenhang mit M & A-Verhandlungen bzw. im Rahmen einer Due Diligence-Prüfung bei einem Unternehmenskauf.

Die Schweigepflicht gilt auch für **„vertrauliche Angaben"**. Darunter sind Angelegenheiten zu verstehen, deren Mitteilung sich für die Gesellschaft nachteilig auswirken kann, mögen sie auch allgemein bekannt und daher keine Geheimnisse (mehr) sein. Eine erfolgreiche Zusammenarbeit setzt voraus, dass innerhalb des Organs eine offene Aussprache stattfinden kann. Daher muss über vertrauliche Angelegenheiten von den Aufsichtsratsmitgliedern Stillschweigen bewahrt werden. Der vertrauliche Charakter einer Angelegenheit kann sich nicht nur aus einem ausdrücklichen oder konkludenten Hinweis,[582] sondern auch aus der Natur der Sache ergeben, zB über Stimmabgabe anderer Aufsichtsratsmitglieder und Meinungsäußerungen in Organsitzungen.[583] Nicht nur Be-

---

[569] So BGHZ 64, 325 (329); BGH NJW 1997, 1985 (1987); BGH LM UWG § 17 Nr. 10; RGZ 149, 329 (334); *Lutter* Information und Vertraulichkeit Rn. 415 ff.; *Meincke* WM 1998, 149 (150); *Mertens* AG 1975, 235; *Säcker* FS Fischer, 1979, 635 (638); *Nagel* BB 1979, 1799 (1802); *Ritter* FS Hefermehl, 1976, 365 (368); MüKo-AktG/*Habersack* Rn. 52; MHdB AG/*Wiesner* § 25 Rn. 48; Hüffer/Koch/*Koch* § 93 Rn. 30; im Ergebnis auch Großkomm AktG/*Hopt/Roth* § 93 Rn. 283.

[570] BGHZ 64, 325 (329) – Bayer; *Lutter* Information und Vertraulichkeit Rn. 415; *Nagel* BB 1979, 1799 (1802).

[571] *Lutter* Information und Vertraulichkeit Rn. 415.

[572] *Lutter* Information und Vertraulichkeit Rn. 409.

[573] BGHZ 64, 325 (328).

[574] So auch *Lutter* Information und Vertraulichkeit Rn. 420.

[575] So BGHZ 64, 325 (329); s. auch *Klein* AG 1982, 7 (9).

[576] Ähnlich *Lutter* Information und Vertraulichkeit Rn. 416, der der tatsächlichen Handhabung in der jew. Gesellschaft zumindest indizielle Bedeutung zumisst.

[577] *Lutter/Krieger/Verse* Rechte und Pflichten des Aufsichtsrats Rn. 261; Kölner Komm AktG/*Mertens/Cahn* Rn. 47; ähnlich MüKoAktG/*Habersack* Rn. 52.

[578] Vgl. Kölner Komm AktG/*Mertens* Rn. 47; *Lutter* Information und Vertraulichkeit Rn. 421.

[579] *Nagel* BB 1979, 1799 (1802).

[580] *v. Stebut*, Geheimnisschutz und Verschwiegenheitspflicht im Aktienrecht, 1972, 6; *Lutter* Information und Vertraulichkeit Rn. 411; *Lutter/Krieger/Verse* Rechte und Pflichten des Aufsichtsrats Rn. 259; ferner Großkomm AktG/*Hopt/Roth* Rn. 226.

[581] *v. Stebut*, Geheimnisschutz und Verschwiegenheitspflicht im Aktienrecht, 1972, 39 ff. (53 ff.).

[582] AA *Lutter* Information und Vertraulichkeit Rn. 452, der auch die Vertraulichkeit rein objektiv bestimmen will; so auch BGHZ 64, 325 (329) – Bayer; *v. Stebut*, Geheimnisschutz und Verschwiegenheitspflicht im Aktienrecht, 1972, 60 (64 f.); wie hier *Hengeler* FS Schilling, 1973, 175 (185 f.).

[583] BGHZ 64, 325 (332); *Rittner* FS Hefermehl, 1976, 365 (371); *Säcker* NJW 1986, 803 (806 f.); Kölner Komm AktG/*Mertens/Cahn* Rn. 49; MüKoAktG/*Habersack* Rn. 54; K. Schmidt/Lutter/*Drygala* Rn. 35; *Lutter/Krieger/Verse* Rechte und Pflichten des Aufsichtsrats Rn. 265 ff.

schlüsse des Aufsichtsrats, sondern sämtliche Beratungen und Informationen, die der Aufsichtsrat in seiner Eigenschaft als Organ erhält, einschließlich seiner Ausschüsse, Vorsitzenden und Stellvertreter, werden von der strikten Verschwiegenheitspflicht erfasst.[584] Auch das eigene Stimmverhalten des Aufsichtsratsmitglieds fällt in der Regel unter die vertraulichen Angaben, da sonst Rückschlüsse auf die Beratungen im Aufsichtsrat gezogen werden könnten.[585] Dazu zählt grundsätzlich auch ein von der Stellungnahme aus § 27 Abs. 1 WpÜG abweichendes Sondervotum, dessen Offenlegung aber eine geringe Eingriffsintensität aufweist und deshalb gegenüber dem kapitalmarktrechtlichen Transparenzgebot zurückweichen muss, da es sich bei der Übernahme um eine Grundlagenentscheidung handelt.[586] Stets muss es sich um Angaben handeln, deren vertrauliche Behandlung **im Interesse der Gesellschaft bzw. des Unternehmens** liegt, da nur sie durch die Schweigepflicht geschützt werden soll.[587] Verboten sind auch vage Andeutungen, aus denen sich der Inhalt des vertraulichen Vorgangs ableiten lässt.[588] Doch kann die vertrauliche Behandlung vertraulicher Angaben Dritter auch im Interesse der Gesellschaft geboten sein.[589]

113 Das Gesetz betont nunmehr in § 116 S. 2 zusätzlich die Pflicht zur Verschwiegenheit über „**vertrauliche Berichte**" und „**vertrauliche Beratungen**", ohne dass sich in der Sache Weiterungen oder Änderungen der Verschwiegenheitspflicht ergäben. So ist für die Vertraulichkeit eines Berichtes nicht erforderlich, dass er mit einem entsprechenden Vermerk versehen ist.[590] **Berichte** sind alle schriftlich oder mündlich erteilten Informationen durch den Vorstand und durch Mitarbeiter der Gesellschaft, unabhängig davon, wer sie angefordert hat oder an wen sie im Aufsichtsrat erstattet wurden, einschließlich der Antworten auf Fragen von Aufsichtsratsmitgliedern in einer Sitzung. Unter den **Beratungen** ist das gesamte Geschehen im Zusammenhang mit einer Aufsichtsratssitzung zu verstehen; sowohl Redebeiträge, vorgelegte Dokumente, die Tagesordnung, der Sitzungsverlauf, das Abstimmungsverhalten und das Sitzungsprotokoll fallen darunter. Auch der Vorstand, der an der Sitzung teilnimmt, hat die Verschwiegenheit zu wahren, da § 116 S. 2 nur die allgemeine Verschwiegenheitspflicht konkretisiert, die auch für den Vorstand gilt.

114 Die Schweigepflicht erstreckt sich nach § 116 iVm § 93 Abs. 1 S. 2 nur auf Angelegenheiten, die einem Organmitglied durch seine Tätigkeit im Organ bekannt geworden sind. Das besagt nicht, dass das Aufsichtsratsmitglied von der Angelegenheit durch eine eigene Tätigkeit im Aufsichtsrat Kenntnis erlangt hat. Es genügt, dass das Aufsichtsratsmitglied die vertrauliche Angelegenheit im Hinblick auf seine Tätigkeit als Aufsichtsratsmitglied erfahren hat.[591] Ob ein Informant die Angaben als vertraulich bezeichnet hat, ist irrelevant.[592] Nur auf solche Angelegenheiten, die einem Organmitglied ohne jeden Zusammenhang mit seiner Amtstätigkeit zur Kenntnis gelangt sind **(reine Privatangelegenheiten)**, bezieht sich die gesetzliche Schweigepflicht nicht. Wohl aber kann sich auch über solche Angelegenheiten eine Schweigepflicht aus der allgemeinen Treuepflicht ergeben.[593]

115 **g) Grenzen.** Die Verschwiegenheitspflicht wird durch zahlreiche öffentlich-rechtliche Pflichten zur Auskunft durchbrochen, insbesondere im Aufsichtsrecht, die das Verschwiegenheitsgebot einschließlich der Strafnorm verdrängen.[594] Allerdings richten sich diese Pflichten in der Regel an die AG selbst, so dass der Vorstand die entsprechenden Informationen weitergeben muss. Erfüllt der Vorstand seine Pflichten nicht und bleiben entsprechende Aufforderungen des Aufsichtsrats fruchtlos, kann in seltenen Ausnahmefällen der Aufsichtsrat selbst die Informationen erteilen.[595] Auch das **WpHG** verpflichtet Organ- und damit auch Aufsichtsratsmitglieder, kursbeeinflussende Informationen mitzuteilen (§ 26 Abs. 1 WpHG (ex-§ 15 Abs. 1 WpHG) – **Ad-hoc-Publizität**),[596] wobei bei

---

[584] BGHZ 64, 325 (330 ff.) = NJW 1975, 1412; Hüffer/Koch/*Koch* Rn. 9; MHdB AG/*Hoffmann-Becking* § 33 Rn. 63; *Priester* ZIP 2011, 2081 (2083).
[585] *Lutter/Krieger/Verse* Rechte und Pflichten des Aufsichtsrats Rn. 267; Kölner Komm AktG/*Mertens/Cahn* Rn. 54; MüKoAktG/*Habersack* Rn. 54; offen BGHZ 64, 325 (332); aA *Säcker* NJW 1986, 803 (806 ff.): Offenbarung des eigenen Stimmverhaltens zulässig; *Keilich/Brummer* BB 2012, 897 (898).
[586] *Fleischer* DB 2007, 95 (97 f.).
[587] OLG Stuttgart NZG 2007, 72 (74); Großkomm AktG/*Hopt/Roth* § 93 Rn. 287; Hüffer/Koch/*Koch* Rn. 11; K. Schmidt/Lutter/*Drygala* Rn. 30; MHdB AG/*Wiesner* § 25 Rn. 48.
[588] OLG Stuttgart NZG 2007, 72 (74).
[589] *v. Stebut*, Geheimnisschutz und Verschwiegenheitspflicht im Aktienrecht, 1972, 65 f.
[590] BegrRegE BT-Drs. 14/8769, 18; MüKoAktG/*Habersack* Rn. 54.
[591] Hüffer/Koch/*Koch* § 93 Rn. 30.
[592] BegrRegE *Kropff* S. 122 f.; Hüffer/Koch/*Koch* § 93 Rn. 30.
[593] Ebenso Kölner Komm AktG/*Mertens/Cahn* § 93 Rn. 114.
[594] *Lutter* Information und Vertraulichkeit Rn. 528 ff.
[595] Kölner Komm AktG/*Mertens/Cahn* Rn. 43; aA offenbar *Säcker* NJW 1986, 803 (804).
[596] Auch Zwischenschritte innerhalb mehrstufiger Entscheidungsprozesse können Insiderinformationen sein → Rn. 95; noch zu § 15a WpHG s. *Schuster* ZHR 167 (2003), 193 (203).

überwiegenden Interessen der Gesellschaft bzw. der Befreiung des einzelnen Aufsichtsratsmitgliedes von einer drohenden Haftung ein berechtigtes Interesse vorliegen kann, die Information (noch) nicht zu veröffentlichen, etwa im Falle besonderer Interessen, wie schwebenden Sanierungsverhandlungen.[597] Daneben bedarf es bei der durch Beschluss des Aufsichtsrats erfolgenden Entscheidung[598] zur Selbstbefreiung von der Ad-hoc-Publizitätspflicht nach § 26 Abs. 3 WpHG (ex-§ 15 Abs. 3 WpHG) der Gewissheit, dass eine Irreführung der Öffentlichkeit nicht zu befürchten ist und dass der Emittent die Vertraulichkeit der Information gewährleisten kann.[599] Die Entscheidung kann in den Grenzen des § 107 Abs. 3 S. 3 einem Ausschuss übertragen werden; einer Willensäußerung zum Vollzug des Beschlusses bedarf es nicht.[600] Bei gestreckten Entscheidungsabläufen, im Rahmen derer der Aufsichtsrat durch einen Zustimmungsvorbehalt abgeschwächt an der Geschäftsführung partizipiert, verbleibt die Zuständigkeit zur Selbstbefreiungsentscheidung beim Vorstand; eine Selbstbefreiungsentscheidung kann dem Aufsichtsrat nur dann zukommen, falls seine Entscheidung selbst eine Insiderinformation darstellt.[601] Selbstverständlich ist der Aufsichtsrat auch befugt, den **Strafbehörden** geplante strafrechtlich relevante Handlungen mitzuteilen, wenn die Nichtanzeige die eigene Strafbarkeit gem. § 138 StGB begründen würde.[602] Gegenüber **Medien** und Journalisten besteht weder ein Recht, geschweige denn eine Pflicht, die Verschwiegenheit zu durchbrechen; Art. 5 GG wird durch § 116 als allgemeines Gesetz beschränkt (→ Rn. 99). Zur Vorschrift des § 394 → Rn. 105.

Unzumutbar kann es für ein Aufsichtsratsmitglied sein, über eine geheim zu haltende Tatsache Stillschweigen zu bewahren, wenn es sich zB gegen eine Abberufung oder gegen Vorwürfe nur dadurch mit Erfolg zur Wehr setzen kann, indem es der Schweigepflicht unterliegende Tatsachen, soweit dies zur Rechtswahrung nötig ist **(externes Whistleblowing)**, offenbart.[603] Eine Ausnahme von der Schweigepflicht wird jedoch nur in besonderen Situationen zuzulassen sein. Grundsätzlich hat das Geheimhaltungsinteresse der Gesellschaft den Vorrang vor dem Eigeninteresse eines Aufsichtsratsmitglieds. **Pflichtenkollisionen** rechtfertigen eine Durchbrechung der Verschwiegenheitspflicht nicht, auch dann nicht, wenn die Gesellschaft sich in einer Krise befindet und das Aufsichtsratsmitglied gehalten wäre, auf Grund seiner anderweitigen Treuepflichten Warnungen auszusprechen; dies gilt auch für Arbeitnehmervertreter gegenüber der Belegschaft, selbst bei drohender Insolvenz, etwa wenn Sanierungsverhandlungen gefährdet werden könnten oder durch öffentliche Mitteilungen die Lage noch verschärft würde. Ebenso wenig dürfen Rechtsanwälte als Aufsichtsratsmitglieder ihre Mandanten informieren, auch wenn dies an sich aufgrund ihrer beruflichen bzw. vertraglichen Pflichten geboten wäre.[604]

h) Satzung und Geschäftsordnung. Die Verschwiegenheitspflicht kann weder allgemein noch speziell für bestimmte Aufsichtsratsmitglieder durch **Satzung** oder **Geschäftsordnung** verschärft oder gemildert werden.[605] Möglich sind aber Richtlinien, mit denen Hinweise auf die einzuhaltende Vertraulichkeit gegeben werden,[606] ebenso zur Abgrenzung der Kommunikationskompetenzen zwischen Aufsichtsrat und Vorstand (zB. Im Hinblick auf Investor Relations), ohne dass diese indes Bindungswirkung gegenüber einem Gericht entfalten würden. Neben materiell-rechtlichen Hinweisen sind insbesondere verfahrensrechtliche Regeln möglich und auch empfehlenswert, zB die vorhe-

---

[597] Assmann/Schneider/*Assmann* WpHG § 15 Rn. 129 ff., inbes. 136; *Möllers* WM 2005, 1393 (1395 ff.); *S.H. Schneider* BB 2005, 897 ff.; *Simon* Der Konzern 2005, 13 (19 ff.); *Veith* NZG 2005, 254 ff.; zur früheren Rechtslage: *Wittich* AG 1997, 1 (4); *Fürhoff/Wölk* WM 1997, 449 (458); *Buck-Heeb* WM 2016, 1469 (1472).
[598] *Mülbert* FS Stilz, 2014, 411 (412 ff.).
[599] *Schwark/Zimmer/Zimmer/Kruse* § 15 Rn. 52 ff.; auch unter Berücksichtigung der Veröffentlichungspflicht für Zwischenschritte bei mehrstufigen Entscheidungsprozessen *Groß* FS Schneider, 2011, 385 (390 ff.).
[600] *Mülbert* FS Stilz, 2014, 411 (423 f.).
[601] *Mülbert* FS Stilz, 2014, 411 (424 f.).
[602] AllgM, *Lutter* Information und Vertraulichkeit Rn. 529; *v. Stebut* Geheimnisschutz und Verschwiegenheitspflicht im Aktienrecht, 1972, 125; Kölner Komm AktG/*Mertens/Cahn* Rn. 43; *Marsch-Barner* in Semler/v. Schenck AR-HdB § 13 Rn. 17; so wohl auch MüKoAktG/*Habersack* Rn. 65.
[603] MüKoAktG/*Habersack* Rn. 59; Kölner Komm AktG/*Mertens/Cahn* § 93 Rn. 121; Hüffer/Koch/*Koch* § 93 Rn. 31.
[604] *Ziemons* ZGR 2016, 839 (855 f.).
[605] BGHZ 64, 325 = NJW 1975, 1412; OLG Düsseldorf WM 1973, 1425; *Lutter* Information und Vertraulichkeit Rn. 567 ff. (570). *Thümmel*, Persönliche Haftung von Managern und Aufsichtsräten, 4. Aufl. 2008, Rn. 278; K. Schmidt/Lutter/*Drygala* Rn. 29; Bürgers/Körber/*Israel* Rn. 20; *E. Vetter* in Marsch-Barner/Schäfer Börsennotierte AG-HdB Rn. 29.20.
[606] BGHZ 64, 325 (328) = NJW 1975, 1412; ausf. *Lutter* Information und Vertraulichkeit Rn. 697 ff.; Kölner Komm AktG/*Mertens/Cahn* Rn. 51; Großkomm AktG/*Hopt/Roth* Rn. 244; K. Schmidt/Lutter/*Drygala* Rn. 29; Bürgers/Körber/*Israel* Rn. 20; MüKoAktG/*Habersack* Rn. 65; *Wessing/Hölters* DB 1976, 1671 (1672 f.); *E. Vetter* in Marsch-Barner/Schäfer Börsennotierte AG-HdB Rn. 29.21.

rige Rücksprache mit dem Aufsichtsratsvorsitzenden. Gleiches gilt für Abstimmungen zwischen Aufsichtsrat und Vorstand bei Gesprächen mit potentiellen Investoren. Diese können auch als Pflicht ausgestaltet werden, sofern die Zeit, innerhalb derer die Rücksprache zu halten ist, nicht unangemessen lang ist und dem Aufsichtsratsvorsitzenden (oder Vorstand umgekehrt) einseitig die Festlegung des Verfahrens ermöglichen würde.[607] Es handelt sich dabei um keine Verschärfung des gesetzlichen Verschwiegenheitsgebots, sondern um eine Konkretisierung der gesellschaftsrechtlichen Treuepflicht des einzelnen Aufsichtsratsmitglieds.[608] Ein Verstoß führt daher ebenso wie ein solcher gegen eine Vertraulichkeitserklärung des Vorstands nur dazu, dass sich ein Aufsichtsratsmitglied nicht mit Nicht-Wissen entschuldigen kann.[609]

118   **i) Zeugnisverweigerungsrechte.** Aufsichtsratsmitgliedern steht im Strafprozess kein Zeugnisverweigerungsrecht[610] im Rahmen der gesetzlichen Schweigepflicht zu,[611] da sie nicht zum in den Regelungen der §§ 52 f. StPO aufgeführten Personenkreis gehören. Im **Zivilprozess** dagegen können Aufsichtsratsmitglieder, auch ausgeschiedene, nach § 383 Abs. 1 Nr. 6 ZPO wegen ihrer (fortdauernden) Verschwiegenheitspflicht ein Zeugnisverweigerungsrecht geltend machen.[612] Zwar werden ihnen nicht persönlich Geheimnisse von Dritten anvertraut; ihr Wissen ist vielmehr kraft ihrer Organstellung Wissen der Gesellschaft. Doch befinden sich auch die ausgeschiedenen Vorstandsmitglieder in einem unauflöslichen Konflikt, wenn ihnen kein entsprechendes Verweigerungsrecht zugestanden würde. Ein ähnliches Ergebnis ergibt sich auch aus § 384 Nr. 3 ZPO, der das Gewerbegeheimnis schützt.[613] Im Übrigen können sich Vorstandsmitglieder nicht auf ihre Schweigepflicht nach Abs. 1 S. 2 im Zivilprozess berufen.

119   **j) Strafrechtliche Sanktionen.** Die Verschwiegenheitspflicht der Aufsichtsratsmitglieder ist **strafrechtlich** bewehrt gem. § 404, wobei besonders für börsennotierte Gesellschaften der Strafrahmen verschärft wurde.[614] Allerdings bleibt § 404 ein Antragsdelikt und damit ineffektiv, da ein Vorstand keinen Strafantrag gegen ein Aufsichtsratsmitglied stellen wird.[615]

120   Der Geheimnisbegriff des § 404 ist nicht formal, sondern inhaltlich materiell bestimmt, so dass trotz der unterschiedlichen Wortlaute von § 404 und § 93 Abs. 1 vertrauliche Angaben auch dann unter den Geheimnisbegriff des § 404 fallen, wenn sie dem materiellen Geheimnisbegriff entsprechen.[616] Auch eine Strafbarkeit nach § 119 Abs. 3 Nr. 2 WpHG iVm Art. 14 lit. b MMVO (ehemals § 38 Abs. 1 Nr. 2a iVm § 14 Abs. 1 Nr. 2 WpHG) kann im Falle einer börsennotierten Aktiengesellschaft in Betracht kommen, wenn ein Aufsichtsratsmitglied als Insider einem anderen eine Insiderinformation bezüglich eines Insiderpapiers unbefugt mitteilt oder zugänglich macht.[617]

121   **5. Konzern.** Die Pflicht zur Verschwiegenheit besteht auch im Konzern zwischen den verbundenen Unternehmen. Grundsätzlich haben auch die Mitglieder des Aufsichtsrats einer abhängigen AG ihre Schweigepflicht einzuhalten, selbst wenn sie vom herrschenden Unternehmen in den Aufsichtsrat gewählt wurden.[618] Dies gilt auch dann, wenn die Verschwiegenheitsverletzung des Aufsichtsrats-

---

[607] S. auch MHdB AG/*Hoffmann-Becking* § 33 Rn. 68; *Säcker* FS Fischer, 1979, 635 (645 f.); Großkomm AktG/*Hopt*/*Roth* Rn. 245; aA Kölner Komm AktG/*Mertens*/*Cahn* Rn. 51; MüKoAktG/*Habersack* Rn. 66; Hüffer/Koch/*Koch* Rn. 11; UHH/*Ulmer*/*Habersack* MitbestG § 25 Rn. 115.
[608] *Säcker* FS Fischer, 1979, 635 (646 f.); Kölner Komm AktG/*Mertens*/*Cahn* Rn. 51; *Lutter* Information und Vertraulichkeit Rn. 697 ff.
[609] *Lutter*/*Krieger*/*Verse* Rechte und Pflichten des Aufsichtsrats Rn. 320.
[610] Arg. §§ 52 ff. StPO.
[611] Kölner Komm AktG/*Mertens*/*Cahn* § 93 Rn. 123; Hüffer/Koch/*Koch* § 93 Rn. 34; Großkomm AktG/*Hopt*/*Roth* Rn. 270.
[612] *Spieker* NJW 1965, 1937 (1944); v. *Stebut*, Geheimnisschutz und Verschwiegenheitspflicht im Aktienrecht, 1972, 116 ff.; Großkomm AktG/*Hopt*/*Roth* Rn. 271; für den Vorstand: OLG Koblenz AG 1987, 184 f.; Hüffer/Koch/*Koch* § 93 Rn. 34; MHdB AG/*Wiesner* § 25 Rn. 53; Stein/Jonas/*Berger* ZPO § 383 Rn. 66; Zöller/*Greger* ZPO § 383 Rn. 20; offen lassend *Lutter* Information und Vertraulichkeit Rn. 530.
[613] *Lutter* Information und Vertraulichkeit Rn. 530; v. *Stebut*, Geheimnisschutz und Verschwiegenheitspflicht im Aktienrecht, 1972, 116; vgl. dazu LG Tübingen JZ 1960, 493 ff. m. Anm. *Wieczorek*.
[614] BegrRegE BT-Drs. 14/8769, 24 f.
[615] Krit. zu Recht *Hanau*/*Wackerbarth*, Unternehmensmitbestimmung und Koalitionsfreiheit – Interessenkonflikte von Gewerkschaftsvertretern im Aufsichtsrat, 2004, 54.
[616] Großkomm AktG/*Otto* § 404 Rn. 21; aA *Meyer* AG 1966, 109 (115); *Veith* NJW 1966, 526; v. *Stebut*, Geheimnisschutz und Verschwiegenheitspflicht im Aktienrecht, 1972, 58.
[617] K. Schmidt/Lutter/*Drygala* Rn. 34; *Roschmann*/*Frey* AG 1996, 449 (452 ff.); E. *Vetter* in Marsch-Barner/Schäfer Börsennotierte AG-HdB Rn. 29.23.
[618] Vgl. ausf. hierzu *Wittmann*, Informationsfluss im Konzern, 2008, 28 ff.; MüKoAktG/*Habersack* Rn. 57; *Ziemons* ZGR 2016, 839 (855); s. auch MüKoAktG/*Altmeppen* § 311 Rn. 424 aA (Relativierung der Verschwiegenheitspflicht zum Zweck der Ausübung konzernrechtlicher Leitungsmacht) Kölner Komm AktG/*Mertens*/*Cahn* Rn. 42, 52; *Dittmar* AG 2013, 498 (501 ff.) mwN auch betreffend Insiderinformationen iSv § 13 WpHG.

mitglieds des abhängigen Unternehmens zu einem Vorteil bei der herrschenden AG und einem Nachteil bei der abhängigen AG führt, obwohl das Mutterunternehmen das wirtschaftliche Risiko für die Geschehnisse bei der Tochter trägt.[619] Selbst im vertraglich konzernierten oder eingegliederten Unternehmen richtet sich das Weisungsrecht des herrschenden Unternehmens nur an den Vorstand, nicht aber den Aufsichtsrat.[620] Eine Durchbrechung des Verschwiegenheitsgrundsatzes etwa auf Grund des Leitungsanspruchs nach §§ 308, 323 kommt daher nicht in Betracht,[621] ist andererseits aber auch praktisch irrelevant, da die Konzernleitung sich die nötigen Informationen direkt vom Vorstand der abhängigen AG beschaffen kann.

Erst recht kann im **faktischen Konzern** die Verschwiegenheitspflicht des Aufsichtsrats nicht ohne weiteres durch § 311 durchbrochen werden, da selbst gegenüber dem Vorstand kein Weisungsrecht und damit auch keine daraus ableitbare Pflicht zur Informationsweitergabe besteht.[622] Auch für die Frage, ob eine nachteilige Maßnahme vorliegt, muss der Aufsichtsrat keine Informationen weitergeben, da keine Saldierung im Konzerninteresse vorgenommen wird. Der Aufsichtsrat hat seine Tätigkeit also weiterhin nur an den Interessen der abhängigen Gesellschaft auszurichten.[623] Hierbei ist zu beachten, dass die Versorgung des herrschenden Unternehmens mit Informationen regelmäßig auch dem Interesse der Gesellschaft dienen dürfte, denn nur so können von dessen Seite vorhandene Einwirkungsmöglichkeiten sachgerecht wahrgenommen werden.[624]

Im Konzern besteht bei den Aufsichtsratsmitgliedern der Obergesellschaft dadurch eine erweiterte Informationslage, dass der Aufsichtsrat die gesamte Geschäftsführung des Vorstands, also auch diejenige im Zusammenhang mit der Konzernleitung, zu überwachen hat.[625] Hinsichtlich der zusätzlichen Informationen von den Tochtergesellschaften ist der Aufsichtsrat aber keinesfalls von der Pflicht zur Verschwiegenheit befreit. Vielmehr muss mit der erweiterten Informationslage eine entsprechende Verschwiegenheitspflicht korrespondieren, die sich wiederum aus § 93 Abs. 1 S. 2 ergibt, da das Verschwiegenheitsgebot gerade auch den eigenen Interessen der Obergesellschaft entspricht.[626] Ein durch eine Indiskretion entstandener Schaden bei der Tochter würde im Konzern schließlich auch einen Schaden für das Mutterunternehmen darstellen.

VI. Entsprechende Anwendung des § 93 Abs. 2–6

1. Schadensersatzpflicht gegenüber der AG (§§ 116, 93 Abs. 2). a) Überblick. Hat das Aufsichtsratsmitglied seine Pflichten verletzt, ist es der AG gegenüber entsprechend § 93 Abs. 2 schadensersatzpflichtig, ohne dass es eines Rückgriffs auf § 823 Abs. 2 BGB bedürfte.[627] Der Normzweck der Organhaftungsvorschriften liegt neben der Pönalisierung in einem Ausgleich der Schäden für die Gesellschaft sowie in der Verhaltenssteuerung der Aufsichtsratsmitglieder, die bei persönlicher Haftung eine größere Sorgfalt bei der Ausübung ihrer Tätigkeiten walten lassen werden.[628]

Dagegen besteht keine unmittelbare Haftung gegenüber den Aktionären, denn Ansprüche gestützt auf § 116 iVm § 93 Abs. 2 stehen nur der Gesellschaft zu (→ Rn. 209 ff.).[629] Auch die Anspruchsverfolgung können einzelne Aktionäre nur in die Hand nehmen, soweit eine Sondervorschrift sie dazu ermächtigt.[630] Im Übrigen könnte der Aktionär den im Wege des Kursverlustes eingetretenen Nachteil gar nicht ersetzt verlangen, da im Falle des § 93 Abs. 2 nur der Gesellschaft der Schaden zu ersetzen ist.[631]

Die Pflichten, deren schuldhafte Verletzung einen Schadenersatzanspruch der Gesellschaft nach Abs. 2 begründet, können auf Gesetz, Satzung oder Geschäftsordnung beruhen. Es sind nur solche

---

[619] Daher sieht *Lutter* Information und Vertraulichkeit Rn. 478, die Notwendigkeit einer Durchbrechung des Verschwiegenheitsgebotes.
[620] AA *v. Falkenhausen* ZIP 2014, 1205 (1207 f.): beschränktes Weisungsrecht.
[621] So aber *Lutter* Information und Vertraulichkeit Rn. 479; zust. *Reuter* ZHR 144 (1980), 493 (498).
[622] Ebenso *Fleischer* ZGR 2009, 505 (531 ff.); *Hüffer* FS Schwark, 2009, 185 (189 ff.); *Menke* NZG 2004, 697; aA *Lutter* Information und Vertraulichkeit Rn. 480.
[623] Emmerich/Habersack/*Habersack* § 311 Rn. 81; vgl. auch MüKoAktG/*Altmeppen* § 311 Rn. 411.
[624] Kölner Komm AktG/*Koppensteiner* § 311 Rn. 149, 147; s. auch MHdB AG/*Hoffmann-Becking* § 33 Rn. 60.
[625] *Lutter/Krieger/Verse* Rechte und Pflichten des Aufsichtsrats Rn. 281, 142; MHdB AG/*Krieger* § 70 Rn. 33; Kölner Komm AktG/*Koppensteiner* Vor § 291 Rn. 73.
[626] *Lutter/Krieger/Verse* Rechte und Pflichten des Aufsichtsrats Rn. 281; Kölner Komm AktG/*Mertens/Cahn* Rn. 52.
[627] AllgM, vgl. Hüffer/Koch/*Koch* § 93 Rn. 36; K. Schmidt/Lutter/*Drygala* Rn. 42.
[628] Zu diesen Erwägungen vgl. nur *Paal* DStR 2005, 382 (383).
[629] LG Düsseldorf AG 1991, 70 (71) – Girmes; MüKoAktG/*Habersack* Rn. 77; s. auch Hüffer/Koch/*Koch* § 93 Rn. 61; K. Schmidt/Lutter/*Drygala* Rn. 44; Bürgers/Körber/*Israel* Rn. 9.
[630] MüKoAktG/*Habersack* Rn. 77; *Lutter/Krieger/Verse* Rechte und Pflichten des Aufsichtsrats Rn. 1028.
[631] LG Düsseldorf AG 1991, 70 (71).

§ 116   127, 128

Pflichten, die den Aufsichtsratsmitgliedern gegenüber der Gesellschaft obliegen. Ob das der Fall ist, bestimmt sich nach dem Schutzzweck der einzelnen Vorschrift. Pflichten, die dem Aufsichtsrat gegenüber anderen Organen auferlegt sind, sind grundsätzlich auch Pflichten, die dem Aufsichtsrat gegenüber der Gesellschaft obliegen. Verletzungen von Kompetenzen anderer Organe können gleichzeitig die Haftung nach §§ 116, 93 auslösen. Zur Verletzung der Hauptversammlungszuständigkeit → Rn. 214.

127   Die **wichtigsten Pflichten der Aufsichtsratsmitglieder** sind die Sorgfaltspflicht (§ 93 Abs. 1 S. 1) und die Treuepflicht. Ein Aufsichtsratsmitglied kann sich entweder allein oder zusammen mit anderen Vorstands- und Aufsichtsratsmitgliedern pflichtwidrig verhalten. Die Pflichtverletzung kann in einem positiven Tun oder einem Unterlassen bestehen. Verletzt der Aufsichtsrat schuldhaft eine Verpflichtung, die ihm weder unmittelbar noch mittelbar gegenüber der Gesellschaft auferlegt ist, so kann eine Ersatzpflicht gegenüber der Gesellschaft nach Abs. 2 grundsätzlich nicht eintreten. Wohl aber kann eine Pflichtverletzung gegenüber der Gesellschaft, die zu einer Ersatzpflicht nach Abs. 2 führt, zugleich eine Haftung gegenüber Aktionären, Gläubigern oder sonstigen Dritten nach § 823 Abs. 2 BGB begründen, wenn die verletzte Vorschrift auch dem Schutz dieser Personen dient (→ Rn. 217 ff.). Grundsätzlich hat der Aufsichtsrat auch für rechtmäßiges Verhalten des Vorstandes (nicht aber unmittelbar auch der nachgelagerten Ebenen) nach außen zu sorgen. Grundsätzlich sind Verstöße gegen Normen, die nicht dem Schutz der AG dienen, unerheblich; anderes gilt aber unter dem Aspekt der Einheit der Rechtsordnung: Auch bei Verstößen gegen Allgemeininteressen von erheblicher Bedeutung muss ein Rückgriff möglich sein.[632]

128   **b) Delegation und Überwachung.** Ein Aufsichtsrat wird für gewöhnlich bestimmte Aufgaben in dem von § 107 gezogenen Rahmen an Ausschüsse oder einzelne Aufsichtsratsmitglieder delegieren. Eine solche, vom Gesetz im Interesse der Effektivität der Geschäftsführung ausdrücklich zugelassene Geschäftsverteilung wirkt sich nach allgemeinen Grundsätzen auf die Verantwortlichkeit der einzelnen Organmitglieder aus, jedes Aufsichtsratsmitglied trägt dann zunächst für sein ihm zugewiesenes Arbeitsgebiet die volle Verantwortung. Im Übrigen tritt haftungsrechtlich eine weitgehende Entlastung ein, da es ihm auf Grund der Geschäftsverteilung verwehrt ist, in die anderen Mitgliedern zugewiesenen Tätigkeitsbereiche einzugreifen. Von seiner Verantwortung für die gesamte Überwachung wird ein Aufsichtsratsmitglied durch eine Aufteilung der Tätigkeitsbereiche nicht befreit.[633] Inhalt und Ausmaß der allgemeinen Sorgfaltspflicht wandeln sich indes: Die Pflicht zur unmittelbaren Tätigkeit beschränkt sich auf den eigenen Arbeitskreis, hinsichtlich der Arbeitskreise der anderen Organmitglieder ist sie eine Pflicht zur allgemeinen Beaufsichtigung (Überwachung) geworden.[634] Jegliche Geschäftsverteilung gründet sich zudem auf gegenseitiges Vertrauen; die zur Arbeitsteilung und zur Delegation entwickelten haftungsrechtlichen Grundsätze, etwa im Deliktsrecht der Vertrauensgrundsatz, nach dem der Pflichtige grundsätzlich darauf vertrauen kann, dass andere im Rahmen ihres Pflichtenkreises sich ordnungsgemäß verhalten, sofern keine greifbaren Zweifel daran bestehen, können daher übertragen werden.[635] Dies kann man gesellschaftsrechtlich als einen „**informationellen Vertrauensgrundsatz**" qualifizieren[636] – die Grundlagen sind dieselben. Ein Aufsichtsratsmitglied genügt daher in der Regel seiner Pflicht, wenn es sich auf den Sitzungen des Plenums über

---

[632] *Glöckner/Müller-Tautphaeus* AG 2001, 344 ff. zur Frage, ob die Gesellschaft Rückgriff bei Vorstandsmitgliedern nehmen kann, wenn ihnen ein Bußgeld wegen kartellrechtlicher Verstöße auferlegt wurde; ähnlich *Horn* ZIP 1997, 1129 (1131 f.), der bei einem Verstoß gegen § 7 Abs. 2 VAG-aF (nunmehr sinngemäß in § 15 Abs. 1 VAG) differenzieren will; zur Frage, ob § 7 Abs. 2 VAG-aF ein gesetzliches Verbot war, s. auch *Heinrich* VersR 1997, 1169, dies dürfte sich sinngemäß auf § 15 Abs. 1 VAG übertragen lassen.

[633] Allg. BGH NJW 1986, 54 (55); BGH NJW 1995, 2850 (2851); BGHZ 133, 370 (377 f.); Kölner Komm AktG/*Mertens/Cahn* § 76 Rn. 65; *Hüffer/Koch/Koch* § 93 Rn. 42; *Habersack* Karlsruher Forum 2009, 5 (25); *Bezzenberger* ZGR 1996, 661 (667 f.); *Fleischer* NZG 2003, 449 (450 ff.); vgl. ferner RG HRR 41 Nr. 132; RGZ 91, 77; 98, 100. Dieses Prinzip der Gesamtverantwortlichkeit wird sich voraussichtlich auch auf europäischer Ebene behaupten, vgl. *Maul* WM 2004, 2146 (2147), anders als etwa in den USA, wo etwa durch Art. 308 Sarbanes-Oxley-Act eine „Garantiehaftung" einzelner Board-Mitglieder eingeführt wurde.

[634] MüKoAktG/*Habersack* Rn. 26; *Lutter/Krieger/Verse* Rechte und Pflichten des Aufsichtsrats Rn. 1004; *Rellermeyer,* Aufsichtsratsausschüsse, 1986, 57; *Fleischer* ZIP 2009, 1397 (1402); zu der Situation bei der GmbH: BGH NJW 1995, 2850 (2851); BGHZ 133, 370 (377 f.); zur Erweiterung der Überwachungsfunktion im Konzern *Scheffler* DB 1994, 793 (796).

[635] S. dazu BGHZ 56, 146 (150) = NJW 1971, 1409 (im Straßenverkehr); im Bereich der Arzthaftung BGH NJW 1991, 1539; OLG Stuttgart VersR 1991, 1060; OLG Düsseldorf NJW 1984, 2636 (2637); OLG Köln VersR 1993, 1157; OLG Stuttgart NJW-RR 2001, 960 (961); OLG Köln VersR 1995, 1105 (1106 f.) (Fahrer eines Öltankwagens kann auf Sicherheit der Tankanlage vertrauen); OLG Hamm VersR 1996, 1517 (1518) (Vertrauen der Stadt auf DIN-gerechte Konstruktion einer gelieferten Rutsche); näher Bamberger/Roth/*Spindler* BGB § 823 Rn. 244 mwN; wie hier auch *Fleischer* NZG 2003, 449 (455).

[636] So *Fleischer* ZIP 2009, 1397 (1402 ff.).

die Tätigkeit der Ausschüsse bzw. der übrigen Mitglieder Gewissheit verschafft und auch alle ihm sonst zukommenden Informationen auswertet.[637] Sind die Geschäfte innerhalb des Aufsichtsrats in unzulässiger Weise verteilt worden, so wird das einzelne Organmitglied durch eine bloße Überwachung der Tätigkeit der anderen Mitglieder von seiner Verantwortung für die Organtätigkeit grundsätzlich nicht frei.[638]

c) Schaden. Der Gesellschaft muss durch die Pflichtverletzung ein Schaden entstanden sein. Dann **129** ist nach § 249 BGB der Zustand herzustellen, der bestehen würde, wenn der zum Ersatz verpflichtende Umstand nicht eingetreten wäre, einschließlich des entgangenen Gewinns.[639] An die Stelle eines günstigeren muss ein schlechterer Vermögenszustand getreten sein. Unerheblich ist, ob sich der Wert der Aktien gemindert oder sogar erhöht hat, da das Vermögen der Gesellschaft und das der Aktionäre selbst dann zu trennen ist, wenn eine Einmanngesellschaft vorliegt.[640] Auch bei überschuldeten Gesellschaften kann der Schaden vergrößert werden.[641] Ob die Vermögensminderung gerade dem **Unternehmenszweck widerspricht, ist nicht entscheidend.**[642] Auch wenn Maßnahmen beschlossen werden, denen keine gleichwertige Gegenleistung gegenübersteht, entsteht grundsätzlich ein Schaden, dessen Ersatz allein davon abhängt, ob er pflichtwidrig herbeigeführt wurde oder nicht. Ob derartige Ausgaben zu einer Haftung führen, ist allein auf der Ebene der Pflichtwidrigkeit zu prüfen;[643] hier sind die Fragen des unternehmerischen Ermessens angesiedelt, nicht im Bereich der Schadensbewertung.[644] Die Schadensfeststellung nach §§ 249 ff. BGB gilt ebenso für **Festsetzungen unangemessener Vergütungen** iSd § 116 S. 3 AktG.[645] Ein zunächst vorgeschlagener Mindestschadensersatz in Höhe der Differenz zu einer angemessenen Vergütung[646] wurde hingegen nicht in das Gesetz mit aufgenommen.[647] Die Schadenshöhe ergibt sich aus der Differenz der festgesetzten Vergütung zur angemessenen Vergütung.[648] Damit gehen Schwierigkeiten für das Gericht einher, auch unter Berücksichtigung der Einschätzungsprärogative des Aufsichtsrats über die Vergütungsausgestaltung die angemessene Vergütung nach den Angemessenheitskriterien zu bestimmen.[649] Ein zum Ersatz verpflichtender Schaden wird deshalb wohl nur in offensichtlichen Fällen unangemessener Vergütungen feststellbar sein.[650] Doch auch hier bleibt es bei dem Ausgangsproblem, dass die Verfolgung eines die angemessene Vergütung übersteigenden Betrags im Wege der Schadensersatzklage die ziffernmäßige Bestimmung der angemessenen Vergütung voraussetzt.[651] Das Gericht kann sich zur Schadensfeststellung zwar der Schadensschätzung nach § 287 ZPO bedienen;[652] die Feststellung der Schadenshöhe wird hiermit aber nur beschränkt erleichtert.[653]

---

[637] *Rellermeyer*, Aufsichtsratsausschüsse, 1986, 57; *Fleischer* ZIP 2009, 1397 (1401 f.); für den Vorstand: Kölner Komm AktG/*Mertens*/*Cahn* § 93 Rn. 92; Hüffer/Koch/*Koch* § 93 Rn. 42; *Schaefer*/*Missling* NZG 1998, 441 (445); *Rieger* FS Peltzer, 2001, 339 (347).
[638] RGZ 12, 74 (76); *Fleischer* NZG 2003, 449 (453).
[639] OLG Düsseldorf AG 1997, 231 (237); Großkomm AktG/*Hopt*/*Roth* § 93 Rn. 409.
[640] BGH NJW 1977, 1283; Großkomm AktG/*Hopt*/*Roth* Rn. 282; Großkomm AktG/*Hopt*/*Roth* § 93 Rn. 412; Kölner Komm AktG/*Mertens*/*Cahn* § 93 Rn. 60.
[641] BGHZ 100, 190 (198) (für die GmbH); Großkomm AktG/*Hopt*/*Roth* § 93 Rn. 409.
[642] Ebenso *Hüffer* FS Hoffmann-Becking, 2013, 589 (594).
[643] Wie hier Großkomm AktG/*Hopt*/*Roth* § 93 Rn. 408; Hüffer/*Koch* § 93 Rn. 47; *Arnold* in Marsch-Barner/Schäfer Börsennotierte AG-HdB Rn. 22.47; *Großmann* S. 187 f.; für die GmbH: Rowedder/Schmidt-Leithoff/Koppensteiner/*Gruber* GmbHG § 43 Rn. 22; Scholz/*Schneider* GmbHG § 43 Rn. 221 ff.
[644] So aber Kölner Komm AktG/*Mertens*/*Cahn* § 93 Rn. 59; sowie *Hommelhoff*, Konzernleitungspflicht, 1982, S. 204.
[645] MüKoAktG/*Habersack* Rn. 69; *Reichert*/*Ullrich* FS Schneider, 2011, 1017 (1033); *Hüffer* FS Hoffmann-Becking, 2013, 589 (592).
[646] Franktionsentwurf BT-Drs. 16/12278, 6.
[647] Beschlussempfehlung des Rechtsausschusses BT-Drs. 16/13433, 12; *Marsch-Barner* ZHR 173 (2009), 723 f.; *Habersack* ZHR 174 (2010), 2 (3); *Spindler* AG 2011, 725 (727); Kölner Komm AktG/*Mertens*/*Cahn* Rn. 77; MüKoAktG/*Habersack* Rn. 69.
[648] MüKoAktG/*Habersack* Rn. 69; K. Schmidt/Lutter/*Drygala* Rn. 52; Hüffer/Koch/*Koch* Rn. 18; *Spindler* AG 2011, 725; *Reichert*/*Ullrich* FS Schneider, 2011, 1017 (1033); *Hüffer* FS Hoffmann-Becking, 2013, 589 (592, 597 f.).
[649] Kölner Komm AktG/*Mertens*/*Cahn* Rn. 77; MüKoAktG/*Habersack* Rn. 69; K. Schmidt/Lutter/*Drygala* Rn. 62; Hüffer/Koch/*Koch* Rn. 18; *Hüffer* FS Hoffmann-Becking, 2013, 589 (592 f., 597 f.); *Spindler* AG 2011, 725 (727).
[650] *Hüffer* FS Hoffmann-Becking, 2013, 589 (592); K. Schmidt/Lutter/*Drygala* Rn. 62; MüKoAktG/*Habersack* Rn. 69.
[651] Kölner Komm AktG/*Mertens*/*Cahn* Rn. 77.
[652] *Spindler* AG 2011, 725 (727).
[653] Kölner Komm AktG/*Mertens*/*Cahn* Rn. 77, die in einer Schätzung keine Hilfestellung zur Schadensbestimmung sehen; wohl auch MüKoAktG/*Habersack* Rn. 69; *Cahn* FS Hopt, 2010, 431 (449 f.); anders *Reichert*/*Ullrich* FS Schneider, 2011, 1017 (1033); *Hüffer* FS Hoffmann-Becking, 2013, 589 (593); ähnlich K. Schmidt/Lutter/*Drygala* Rn. 62.

130 Rein hypothetischer Natur dürfte es sein, einen bezifferbaren Schaden über die Setzung von mit dem Unternehmensinteresse in Widerspruch stehenden Anreizen **bei der variablen Vergütung** des Vorstands zu begründen.[654] Aufgrund der Vielschichtigkeit der zusammenspielenden Motive bei Ergreifen einer Geschäftsführungsmaßnahme lässt es sich nicht nachweisen, dass eine getroffene Geschäftsführungsmaßnahme allein auf den falschen Anreizen ruht. Außerdem müsste man in einem ersten Schritt darlegen, dass die im Raum stehende Einbuße überhaupt auf die falschen Anreize zurückzuführen ist.

131 **d) Kausalität.** Zwischen Pflichtwidrigkeit und entstandenem Schaden muss entsprechend den allgemeinen schadensrechtlichen Grundsätzen ein Ursachenzusammenhang bestehen.[655] Solange daher die Mehrheit oder ein anderes Aufsichtsratsmitglied dafür sorgt, dass der Schaden vermieden wird, ist das pflichtwidrig handelnde Aufsichtsratsmitglied nicht haftbar. Auch der Einwand des **rechtmäßigen Alternativverhaltens** kann vom Organmitglied erhoben werden, aber nicht, wenn es um die **Verletzung von Organisations-, Kompetenz- oder Verfahrensregeln** geht, da diese gerade der Abstimmung und Herbeiführung von gemeinsamen Beschlüssen und Verfahrensweisen im Vorstand dienen und ansonsten der Schutzzweck und eine Sanktionierung über die Schadensersatzpflicht weitgehend leer laufen würde.[656] Der Gegenauffassung ist zwar insoweit zuzustimmen, dass ein Freibrief für Kompetenzüberschreitungen wegen der Beweislast des Organmitglieds dafür, dass auf jeden Fall das Vorgehen gerechtfertigt war bzw. von einem Beschluß des Aufsichtsrats gedeckt gewesen wäre, jedenfalls nicht erteilt wird.[657] Demgemäß könnte ein Organmitglied vorbringen, dass der Kompetenzverstoß keine Auswirkung hatte, da andere Organmitglieder materiell (etwa aus Treuepflichten) gehalten gewesen wären, dem Beschluss zuzustimmen, so dass letztlich auch bei Einhaltung der Kompetenzordnungen derselbe Zustand eingetreten wäre.[658] Problematisch bleibt aber, dass Mitwirkungsrechte von Minderheitsgesellschaftern und Organmitgliedern verkürzt werden, wenn auch bisweilen versucht wird, dieser Gefahr Rechnung zu tragen, indem für das Stimmverhalten auf den Maßstab eines verständigen Organmitglieds abgestellt wird.[659] Letztlich sind die Unterschiede in den Auffassungen aber gering: denn es wird auf die Anforderungen an den Nachweis, dass andere Organmitglieder tatsächlich keinen Spielraum bei einer Beschlußfassung mehr hatten, ankommen, was eher den Ausnahmefall darstellen dürfte. Demgemäß muss der absolut sichere Nachweis erbracht werden, dass der Schaden auf jeden Fall eingetreten wäre, die bloße Möglichkeit des Schadenseintritts genügt nicht.[660] Wirken mehrere Organmitglieder nachweislich kausal zusammen, kann nicht geltend gemacht werden, dass der Erfolg auch bei Hinwegdenken der Tatbeiträge eines Organmitglieds eingetreten wäre.[661] Das Aufsichtsratsmitglied kann ferner dann verantwortlich sein, wenn der Schaden auf rechtswidriges Verhalten des Vorstands zurückzuführen und dieses pflichtwidrig geduldet worden ist.

132 **e) Verschulden.** Das Aufsichtsratsmitglied muss ferner seine Pflichten schuldhaft, dh vorsätzlich oder fahrlässig verletzt haben.[662] Da der Schuldmaßstab nach §§ 116, 93 ebenso wie nach § 276 Abs. 1 S. 2 BGB typisiert ist,[663] kommt dem Erfordernis des Verschuldens in der Praxis nur geringe Bedeutung zu, da sich kaum Situationen finden lassen, in denen zwar eine objektive, aber keine subjektive Pflichtwidrigkeit vorliegt.[664] Hat ein Aufsichtsratsmitglied seine Pflichten objektiv verletzt, so wird es ihm gewöhnlich auch subjektiv zumutbar gewesen sein, sich wie ein ordentlicher und

---

[654] Dazu nur Kölner Komm AktG/*Mertens/Cahn* § 116 Rn. 78.
[655] AllgM, s. Großkomm AktG/*Hopt/Roth* § 93 Rn. 413; Kölner Komm AktG/*Mertens/Cahn* § 93 Rn. 55; MüKoAktG/*Habersack* Rn. 69; K. Schmidt/Lutter/*Drygala* Rn. 49; *Reichert/Ullrich* FS Schneider, 2011, 1017 (1033).
[656] Großkomm AktG/*Hopt/Roth* § 93 Rn. 416.; Kölner Komm AktG/*Mertens/Cahn* § 93 Rn. 55; MüKo-AktG/*Habersack* Rn. 69a; *Paefgen* AG 2014, 554 (565); differenzierend K. Schmidt/Lutter/*Drygala* Rn. 49: nur bei wesentlichen Organisations- und Verfahrensverstössen; für den Vorstand: BGHZ 152, 280 (283 ff.); BGH ZIP 2009, 860 Rn. 42; BGH AG 2011, 378 (379).
[657] *Fleischer* DStR 2009, 1204 (1208 f.).
[658] BGH NJW 2007, 917 (918 Rn. 12); BGH NZG 2008, 783 (785 Rn. 19); *Goette* DStR 2008, 800.
[659] *Fleischer* DStR 2009, 1204 (1209).
[660] BGH AG 2011, 378 (379); Großkomm AktG/*Hopt/Roth* § 93 Rn. 415; Kölner Komm AktG/*Mertens/Cahn* § 93 Rn. 55; *Foerster* ZHR 176 (2012), 221 (222).
[661] BGHSt 37, 106 = NJW 1990, 2560 (2566) – Ledersyray; Kölner Komm AktG/*Mertens/Cahn* Rn. 66; MüKoAktG/*Habersack* Rn. 69; zur strafrechtlichen Kausalitätsproblematik auch *Hilgendorf* NStZ 1994, 561.
[662] Großkomm AktG/*Hopt/Roth* § 93 Rn. 391; Kölner Komm AktG/*Mertens/Cahn* § 93 Rn. 136; MüKo-AktG/*Habersack* Rn. 70; NK-AktR/*Breuer/Fraune* Rn. 15.
[663] RGZ 163, 200 (208); MüKoAktG/*Habersack* Rn. 70; Hüffer/Koch/*Koch* § 93 Rn. 43.
[664] MüKoAktG/*Habersack* Rn. 70; Großkomm AktG/*Hopt/Roth* § 93 Rn. 392; s. auch OLG Koblenz ZIP 1991, 870 (871); *Reichert/Ullrich* FS Schneider, 2011, 1017 (1034).

gewissenhafter „Überwacher" zu verhalten. Mangelnde Fähigkeiten und Kenntnisse, die dem verlangten Standard nicht genügen, stellen keinen Entschuldigungsgrund dar (zu den dem Aufsichtsratsmitglied abzuverlangenden Kenntnissen → Rn. 15 und → § 100 Rn. 61 ff.). Das schuldhaft pflichtwidrige Verhalten liegt dann darin, dass das Aufsichtsratsmitglied das Mandat übernommen hat.[665] Eine Milderung der Haftung nach den arbeitsrechtlichen Regeln über die betrieblich veranlasste Tätigkeit kommt grundsätzlich nicht in Betracht. Das folgt aus der Stellung des Aufsichtsrats als Organ der Gesellschaft.[666] Bei auftretenden Rechtsfragen muss das Organmitglied sachkundige Beratung einholen.[667] Nur wenn eine Situation sofortiges Handeln verlangt, kann eine Unkenntnis der Rechtslage entschuldbar sein.[668] Selbst hier aber dürfte in der Regel dem Organmitglied vorzuwerfen sein, dass es nicht genügend Vorsorge für diesen Fall getroffen hat.[669]

Fehlt einem Aufsichtsratsmitglied das Bewusstsein, pflichtwidrig und damit rechtswidrig zu handeln, so trifft ihn nicht der Schuldvorwurf des Vorsatzes. Wohl aber trifft ihn der Vorwurf der Fahrlässigkeit, wenn er nicht die Sorgfalt eines ordentlichen und gewissenhaften „Überwachers" beobachtet hat. Das Bewusstsein des Aufsichtsratsmitglieds, seine Gesellschaft zu schädigen, setzt die Ersatzpflicht nicht voraus. Sein Verschulden in typisierter Form richtet sich allein auf die Pflichtwidrigkeit seines Verhaltens.[670] Der Nachweis, man habe die schädlichen Folgen nicht voraussehen können, kann jedenfalls wissentlich pflichtwidrige Handlungen nicht entschuldigen. Auch der Fahrlässigkeitsvorwurf wird sich mit dieser Begründung gewöhnlich nicht ausräumen lassen.

§§ 116, 93 gilt nur für Pflichtverletzungen, die das Aufsichtsratsmitglied in eigener Person verschuldet hat. Das Aufsichtsratsmitglied haftet auch nicht für das Verschulden der übrigen Aufsichtsratsmitglieder. Diese sind weder mangels Abhängigkeit seine Verrichtungsgehilfen nach § 831 BGB noch seine Erfüllungsgehilfen nach § 278 BGB,[671] sondern erfüllen vielmehr als Organmitglieder eigene Pflichten. Mehrere Aufsichtsratsmitglieder, die ihre Pflichten schuldhaft verletzt haben, sind als Gesamtschuldner nach §§ 421 ff. BGB verpflichtet. Jedes Mitglied haftet für den gesamten Schaden. Für die Verantwortlichkeit gegenüber der Gesellschaft ist es gleichgültig, ob die Pflichtwidrigkeit und das Verschulden eines Aufsichtsratsmitglieds größer sind als das eines anderen Mitglieds.[672] Nur setzt die Ersatzpflicht stets eine Pflichtverletzung und ein Verschulden des einzelnen Mitglieds voraus. Für jedes Mitglied muss deshalb gesondert festgestellt werden, ob es ersatzpflichtig ist oder nicht. Ein Mitverschulden anderer Aufsichtsratsmitglieder, Vorstandsmitglieder oder Angestellter ist unbeachtlich.[673] Im Innenverhältnis untereinander haften die Aufsichtsratsmitglieder gem. § 426 Abs. 1 BGB grundsätzlich zu gleichen Teilen. Doch kann nach Lage des Falles entsprechend § 254 BGB eine unterschiedlich abgestufte Ausgleichspflicht nach dem Grad der Verursachung und des Verschuldens bestehen.[674]

f) Beweislast. In entsprechender Anwendung von § 93 Abs. 2 S. 2 muss sich das Aufsichtsratsmitglied sowohl hinsichtlich der Pflichtverletzung als auch des Verschuldens entlasten.[675] Die Umkehr

---

[665] MüKoAktG/*Habersack* Rn. 70; Kölner Komm AktG/*Mertens/Cahn* Rn. 63; K. Schmidt/Lutter/*Drygala* Rn. 7; Bürgers/Körber/*Israel* Rn. 11; Großkomm AktG/*Hopt/Roth* Rn. 284; für den Vorstand: RGZ 163, 200 (208); RG HRR 41, Nr. 132; Kölner Komm AktG/*Mertens/Cahn* § 93 Rn. 136 f.; Hüffer/Koch/*Koch* § 93 Rn. 43; die mangelnde fachkundige Beratung als Anknüpfungspunkt ansehend MHdB AG/*Wiesner* § 26 Rn. 16.
[666] Lutter/Krieger/*Verse* Rechte und Pflichten des Aufsichtsrats Rn. 1024; Kölner Komm AktG/*Mertens/Cahn* § 93 Rn. 8; Hüffer/Koch/*Koch* § 93 Rn. 43; Großkomm AktG/*Hopt/Roth* § 93 Rn. 395 ff.; *Fleck* FS Hilger/Stumpf, 1983, 197 (215 ff.); s. aber auch *U. H. Schneider* FS Werner, 1984, 795 (804 ff., 812 f.).
[667] → Rn. 48.
[668] Ebenso *Kust* WM 1980, 758 (762); ähnlich *U. H. Schneider* FS Werner, 1984, 795 (812 f.); *Fleck* FS Hilger/Stumpf, 1983, 197 (215 ff.).
[669] Großkomm AktG/*Hopt* § 93 Rn. 255; Kölner Komm AktG/*Mertens/Cahn* § 93 Rn. 137.
[670] MüKoAktG/*Habersack* Rn. 70; Großkomm AktG/*Hopt/Roth* § 93 Rn. 394 Kölner Komm AktG/*Mertens/Cahn* § 93 Rn. 137; K. Schmidt/Lutter/*Drygala* Rn. 43.
[671] AllgM, MüKoAktG/*Habersack* Rn. 70; für den Vorstand: *Fleischer* NZG 2003, 449 (453).
[672] Großkomm AktG/*Hopt/Roth* § 93 Rn. 462.
[673] MüKoAktG/*Habersack* Rn. 70; für den Vorstand: BGH WM 1981, 440; 1983, 725 (726); Kölner Komm AktG/*Mertens/Cahn* § 93 Rn. 50.
[674] Für den Vorstand: BGHZ 17, 214 (222); aus dem Deliktsrecht BGHZ 26, 217 (222); im Vertragsrecht BGHZ 51, 275 (279); Kölner Komm AktG/*Mertens/Cahn* § 93 Rn. 50; Hüffer/Koch/*Koch* § 93 Rn. 57.
[675] Hüffer/Koch/*Koch* Rn. 13; *Thümmel*, Persönliche Haftung von Managern und Aufsichtsräten, 4. Aufl. 2008, Rn. 293, 226 ff.; K. Schmidt/Lutter/*Drygala* Rn. 50; *Reichert/Ullrich* FS Schneider, 2011, 1017 (1034); ausf. zur Beweislastverteilung *Goette* ZGR 1995, 648 ff.; die Umkehr der Beweislast zu Lasten der Organmitglieder wurde erstmalig mit der Aktienrechtsnovelle von 1884 normiert, war aber schon zuvor ständige Rechtsprechung des ROHG, vgl. ROHGE 6 215; 17, 238; 19, 215; vgl. dazu auch Schubert/Hommelhoff/*Hommelhoff*, Hundert Jahre modernes Aktienrecht, 1984, 53 (95); *Thümmel* AG 2004, 83 (84); *Gehrlein* NJW 1997, 1905 (1905 f.); NK-AktR/*Schmidt* § 93 Rn. 111.

der Beweislast bezieht sich damit auf die objektive Pflichtwidrigkeit (Rechtswidrigkeit) und die subjektive Pflichtwidrigkeit (Schuld).[676] Würde man eine Umkehrung der Beweislast nur hinsichtlich des Schuldvorwurfs bejahen, so wäre die Beweislastregelung praktisch wertlos und die Gesellschaft hätte keine realistische Möglichkeit der Regressnahme gegen ein schuldhaft seine Überwachungsaufgaben verletzendes Organmitglied, da den Aktionären wie auch den Gläubigern in den meisten Fällen die für die Beurteilung der Pflichtwidrigkeit erforderliche Nähe zur Unternehmensführung fehlt.[677] Auch eine **vertragliche Modifizierung** der Beweislastverteilung kommt angesichts des zwingenden und gläubigerschützenden (§ 93 Abs. 5) Charakters des § 93 Abs. 2 S. 2 nicht in Betracht.[678] Änderungen in der Darlegungs- und Beweislast ergeben sich auch durch das UMAG und die Änderung des § 93 Abs. 1 Satz. 2 nicht; schon die Gesetzesbegründung zum UMAG hält fest, dass die Darlegungs- und Beweislast für die Business Judgement Rule als Ausnahme beim Vorstandsmitglied liegt.[679]

136 Zu ihrer **Entlastung** können die verklagten Organmitglieder alle Tatsachen vorbringen, die für den Nachweis, dass sie ihre Sorgfaltspflichten nicht verletzt haben, geeignet sind. Um ihre eigenen Interessen zu wahren, dürfen sie daher auch entgegen Abs. 1 S. 2 vertrauliche Angaben und Geheimnisse der Gesellschaft offenbaren (→ Rn. 116).

137 Die **Verteilung der Beweislast** stellt sich daher insgesamt wie folgt dar: Die Gesellschaft, vertreten durch den Vorstand, hat darzulegen und zu beweisen, dass ihr durch das Verhalten des in Anspruch genommenen Organmitglieds ein Schaden entstanden ist, insbesondere die schädigende Handlung oder Unterlassung,[680] sodann die Höhe des entstandenen Schadens und den (möglicherweise bestehenden) ursächlichen Zusammenhang zwischen dem Verhalten des Mitglieds und dem entstandenen Schaden.[681] Demgegenüber hat das Aufsichtsratsmitglied zur Abwendung der Ersatzpflicht darzulegen und zu beweisen, dass es die Sorgfalt eines ordentlichen und gewissenhaften Geschäftsleiters angewendet, also weder objektiv noch subjektiv pflichtwidrig gehandelt hat, oder dass der Schaden auch dann eingetreten wäre, wenn sich der in Anspruch genommene wie ein ordentlicher Geschäftsmann verhalten hätte.[682] Zu beachten ist jedoch, dass bei **an sich wertneutralen Handlungen** (bspw. Reisekostenerstattung für Geschäftsreise), die losgelöst von den weiteren Umständen zunächst keinen konkreten Anhaltspunkt für eine mögliche Pflichtwidrigkeit erkennen lassen, die Gesellschaft die weiteren Umstände und Indiztatsachen darzulegen und gegebenfalls auch zu beweisen hat, die zumindest den Anschein einer Pflichtwidrigkeit begründen.[683]

138 Eine **Entlastung**[684] durch die Hauptversammlung gem. § 120 bewirkt keine Umkehr der Beweislast[685] oder gar einen Verzicht auf die Ersatzansprüche,[686] auch nicht bei einstimmigem

---

[676] BGHZ 152, 280 = GmbHR 2003, 113 m. Anm. *Lelley* = ZIP 2002, 2314 (2315 f.) = NJW 2003, 358 (für die GmbH); BGH NJW 1963, 46; BGH BB 1974, 994; BGH WM 1985, 1293; OLG Stuttgart ZIP 2012, 1965 (1966); OLG Düsseldorf ZIP 2012, 2299 (2300); OLG Düsseldorf BeckRS 2012, 08418; OLG Hamm AG 1995, 512 (513); vgl. auch öOGH AG 2004, 48 (51); *Kiethe* WM 2000, 1182 (1189); Großkomm AktG/*Hopt/Roth* § 93 Rn. 435; Hüffer/Koch/*Koch* § 93 Rn. 53; Kölner Komm AktG/*Mertens/Cahn* § 93 Rn. 140; *Thümmel* DStR 2003, 1665 (1669); *Witte/Hrubesch* BB 2004, 725 (729); *Kau/Kukat* BB 2000, 1045 (1046); für Beweislastumkehr nur bei Verschulden: *Fleck* GmbHR 1997, 237 (239); krit. hinsichtl. der Erstreckung der Beweislastumkehr auf die Pflichtverletzung *M. Roth*, Unternehmerisches Ermessen und Haftung des Vorstands, 2001, 141 ff.

[677] *Goette* ZGR 1995, 648 (672).

[678] Anders für den GmbH-Geschäftsführer (solange keine Gläubigergefährdung eintrete): *Jula* GmbHR 2001, 806 (809).

[679] BegrRegE BT-Drs. 15/5092, 12.

[680] BGH AG 2011, 378 (379); BGHZ 179, 71 (81) NJW 2009, 850 (853); BGH NJW 2009, 2454 (2455 f.); ausf. dazu *Goette* ZGR 1995, 648 (671 ff.); Großkomm AktG/*Hopt7Roth* § 93 Rn. 4333 f.; K. Schmidt/Lutter/*Krieger/Sailer-Coceani* § 93 Rn. 41; *Fleck* GmbHR 1997, 237 (239); öOGH NZG 1998, 852; diff. *Heermann* ZIP 1998, 761 (767 f.), der zusätzlich nach Einflusssphären unterscheiden will.

[681] OLG Nürnberg NZG 2015, 555 = ZIP 2015, 427; Hüffer/Koch/*Koch* § 93 Rn. 53; vgl. auch *Fleck* GmbHR 1997, 237 (239); aA Kölner Komm AktG/*Mertens/Cahn* § 93 Rn. 59, die als Schaden iSv § 93 Abs. 2 S. 1 lediglich zweckwidrige Vermögensbeeinträchtigung ansehen; diese Auslegung ist aber abzulehnen, da sie zu einer Abkehr von der gesetzlichen Beweislastverteilung führen würde; vgl. *Heermann* ZIP 1998, 761 (766).

[682] BGHZ 179, 71 (81) NJW 2009, 850 (853); BGH NJW 2009, 2454 (2455 f.); OLG Stuttgart ZIP 2012, 1965 (1966); K. Schmidt/Lutter/*Krieger/Sailer-Coceani* § 93 Rn. 41; ebenso *Fleck* GmbHR 1997, 237 (238).

[683] Im konkreten Fall begehrte die klagende AG Schadensersatz von dem beklagten Vorstandsmitglied, OLG Nürnberg NZG 2015, 555 = AG 2015, 91.

[684] Zur Anfechtbarkeit des Entlastungsbeschlusses vgl. LG Frankfurt a. M. AG 2005, 51 f.; wegen nicht wörtlicher Wiedergabe des Bestätigungsvermerks der Abschlussprüfer in dem Bericht des Aufsichtsrats an die Hauptversammlung entgegen § 314 Abs. 2 S. 3: LG München I AG 2006, 170 = DB 2006, 94.

[685] OLG Düsseldorf ZIP 1996, 503 (504).

[686] *Thümmel*, Persönliche Haftung von Managern und Aufsichtsräten, 4. Aufl. 2008, Rn. 339.

Beschluss.⁶⁸⁷ Ebenso wenig enthält der Beschluss der Hauptversammlung über den Abschluss einer D&O-Versicherung einen Verzicht auf die Geltendmachung von Ersatzansprüchen.⁶⁸⁸

Ist ein **Aufsichtsratsmitglied ausgeschieden,** so kann es ihm allerdings schwer fallen, den Nachweis zu erbringen, dass es die Sorgfalt eines ordentlichen und gewissenhaften Geschäftsleiters angewendet hat.⁶⁸⁹ In diesem Fall hat die Gesellschaft in Nachwirkung ihrer Treuepflicht dem Organmitglied das in ihrem Besitz befindliche Beweismaterial zugänglich zu machen und ihm erforderlichenfalls auch Einsicht vor allem in die Sitzungsprotokolle zu gewähren, damit seine Verteidigung nicht an Beweisschwierigkeiten scheitert.⁶⁹⁰ Andernfalls handelt die AG rechtsmissbräuchlich, so dass entsprechende Beweis- bzw. Darlegungslasterleichterungen zugunsten des Organmitglieds eingreifen können. Einer teleologischen Reduktion des § 93 Abs. 2 S. 2 bedarf es dazu nicht,⁶⁹¹ zumal diese ohne Differenzierung sämtliche Fälle, auch diejenigen, in denen das ausgeschiedene Organmitglied über die nötigen Unterlagen verfügt, erfassen würde. 139

g) **Rechtsverfolgung.** Der Schadensersatzanspruch gegen ein Aufsichtsratsmitglied muss durch den Vorstand grundsätzlich verfolgt werden.⁶⁹² Wie im Verhältnis Aufsichtsrat zu Vorstand muss umgekehrt auch der Vorstand seiner Pflicht nachkommen, Schadensersatzansprüche geltend zu machen. Nur in den von der Rechtsprechung gezogenen engen Grenzen ist dem Vorstand ein **Entscheidungsermessen** darüber zuzubilligen, ob er ausnahmsweise aus übergeordneten Gründen von der Durchsetzung eines voraussichtlich aussichtsreichen Schadensersatzanspruchs absehen möchte.⁶⁹³ Zur Aufklärung der Sachlage hat der Vorstand ein Einsichtnahmerecht in die Protokolle der Aufsichtsratssitzungen.⁶⁹⁴ 140

2. Sondertatbestände (§ 93 Abs. 3). a) Grundlagen. § 116 verweist ferner auf § 93 Abs. 3, der eine Reihe besonderer Haftungstatbestände aufzählt, deren Verletzung „namentlich zum Ersatz verpflichtet".⁶⁹⁵ Es handelt sich um sehr schwere Verstöße durch den Vorstand, denen gemeinsam ist, dass sie eine gesetzwidrige Minderung des Gesellschaftsvermögens zur Folge haben.⁶⁹⁶ Den Aufsichtsrat trifft die Pflicht, solche Handlungen zu verhindern und den Vorstand zu gesetzes- und satzungstreuem Verhalten zu veranlassen,⁶⁹⁷ gegebenenfalls sogar abzuberufen.⁶⁹⁸ 141

Materiellrechtliche Bedeutung haben die Sondertatbestände für die Ersatzpflicht der Aufsichtsratsmitglieder gegenüber den Gläubigern der Gesellschaft. Sie haften diesen in den Fällen des Abs. 3 schon bei leichter Fahrlässigkeit, während sie bei sonstigen Verstößen nach Abs. 5 S. 2 nur bei gröblicher Verletzung ihrer Pflichten ersatzpflichtig sind. Insoweit mag man § 93 Abs. 3 als eigene Anspruchsgrundlage ansehen.⁶⁹⁹ 142

Darüber hinaus entfaltet § 93 Abs. 3 **beweisrechtliche Bedeutung,** indem er eine **Schadensvermutung** enthält, da die Entziehung oder Vorenthaltung der Beträge ohne weiteres als ursächlich für 143

---

⁶⁸⁷ Vgl. Großkomm AktG/*Hopt/Roth* § 93 Rn. 504; *Bauer/Krets* DB 2003, 811 (812); *Zimmermann* FS Duden, 1977, 773 (778); die frühere gegenteilige Auffassung von BGHZ 29, 385, LS 1, 392 f. ist durch die Reform des § 120 im AktG 1965 obsolet.
⁶⁸⁸ *Kästner* AG 2000, 113 (118 f.); zur Anfechtung von Entlastungsbeschlüssen s. OLG München AG 2001, 197; zur Geltung von § 93 Abs. 4 S. 1 über vorherige gesetzmäßige Beschlüsse der Hauptversammlung → Rn. 159.
⁶⁸⁹ *Foerster* ZHR 176 (2012), 221 ff. spricht sich für eine teleologische Reduktion der Regelungen über die Beweislastumkehr aus.
⁶⁹⁰ § 810 BGB; BGH AG 2008, 743; RG LZ 1908, 448; LG Köln AG 1977, 867; s. auch *Deilmann/Otte* BB 2011, 1291 (1292); *Foerster* ZHR 176 (2012), 221 (232 ff.); *Rieger* FS Peltzer, 2007, 339 (351).
⁶⁹¹ So aber Hüffer/Koch/*Koch* § 93 Rn. 55.
⁶⁹² *Cahn* FS Hopt, Bd. I, 2010, 431 (451).
⁶⁹³ BGHZ 135, 244 (253) – ARAG/Garmenbeck; im Ausgangspunkt auch LG Essen ZIP 2012, 2061 (2063 f.); *Doralt/Doralt* in Semler/v. Schenck AR-HdB § 14 Rn. 185: ARAG/Garmenbeck sinngemäß *Raiser* WuB II A. § 111 AktG 1.97; *Priester* EWiR 1997, 677; *Raiser* NJW 1996, 552 (554); *Dreher* ZHR 158 (1994), 614 ff.; *Dreher* ZIP 1995, 628 f.; *Lutter* ZIP 1995, 441 f.; *Götz* NJW 1997, 3275 ff.; *Grooterhorst* ZIP 1999, 1117 ff.; *Kau/Kukat* BB 2000, 1045 (1049); *E. Vetter* in Marsch-Barner/Schäfer Börsennotierte AG-HdB Rn. 29.70; *Thum/Klofat* NZG 2010, 1087; aA Kölner Komm AktG/*Mertens/Cahn* Rn. 72 die dem Vorstand bereits im sog. Erkenntnisbereich den Schutz der Business Judgment Rule zugutekommen lassen.
⁶⁹⁴ *Thum/Klofat* NZG 2010, 1087 f.: § 111 Abs. 2 S. 1 analog.
⁶⁹⁵ BGHZ 187, 60 Rn. 14 ff. = JZ 2010, 1188 – Doberlug m. zust. Anm. *Habersack*; OLG Düsseldorf ZIP 2012, 2299; OLG Koblenz NZG 2010, 29 (31); *Schürnbrand* NZG 2010, 1207 (1209); *Thiessen* ZGR 2011, 275 (285 ff.); *Weller* GWR 2010, 541 (542); ferner die Grundsatzkritik von *K. Schmidt* GmbHR 2010, 1319 (1320 ff.); *Altmeppen* ZIP 2010, 1973 (1976).
⁶⁹⁶ Großkomm AktG/*Hopt/Roth* § 93 Rn. 326.
⁶⁹⁷ BGH ZIP 2011, 2097 Rn. 27.
⁶⁹⁸ OLG Düsseldorf ZIP 2012, 2299 (2300 f.).
⁶⁹⁹ Großkomm AktG/*Hopt/Roth* § 93 Rn. 327; Kölner Komm AktG/*Mertens/Cahn* § 93 Rn. 134; Hüffer/Koch/*Koch* § 93 Rn. 68.

den Schadenseintritt angesehen wird. Dem Aufsichtsratsmitglied obliegt die Beweislast, dass die Gesellschaft trotz des pflichtwidrigen Verhaltens nicht geschädigt ist.[700] Hierfür genügt nicht der Nachweis, dass die Gesellschaft bisher keinen Schaden erlitten hat. Erforderlich ist vielmehr der Nachweis, dass eine Schädigung der Gesellschaft als Folge der Pflichtverletzung überhaupt nicht mehr möglich ist.[701] So reicht zB nicht der Verweis auf einen Rückgewähranspruch im Falle der verbotenen Einlagenrückgewähr an einen Aktionär aus, da der Schaden der Gesellschaft in den verlorenen Aktiva liegt.[702]

144 Ist der Gesellschaft kein **Schaden** entstanden, so kann sie auch das schuldige Aufsichtsratsmitglied nicht in Anspruch nehmen.[703] Allerdings ist zu berücksichtigen, dass der Schaden im Rahmen von § 93 Abs. 3 nicht allein durch die nach §§ 249 ff. BGB vorzunehmende Gesamtvermögensbetrachtung bestimmt werden kann, da sonst für § 93 Abs. 3 Nr. 4 oder Nr. 6 nie ein Anspruch bestünde; denn stets stünde der Gesellschaft für den Vermögensverlust ein Anspruch zu bzw. im Fall der Nr. 6 könnte man immer nur einen Schaden der Insolvenzgläubiger annehmen. Daher liegt der Schaden normativ in der gesetzwidrigen Minderung des Gesellschaftsvermögens bzw. im Verlust des konkreten Vermögensgegenstandes wegen der verschärften Ersatzpflicht aus § 93 Abs. 3.[704] Dies gilt auch für den Aufsichtsrat.[705]

145 Dagegen greift § 93 Abs. 3 Nr. 6 nicht für den **fakultativen Aufsichtsrat einer GmbH:** Dort sieht die partielle Verweisung des § 52 GmbHG keine Bezugnahme auf § 93 Abs. 3 vor, so dass der in der Verringerung der Insolvenzmasse durch verbotswidrige Zahlungen liegende Drittschaden der Insolvenzgläubiger über § 93 Abs. 3 Nr. 6 nicht einem Schaden der Gesellschaft gleichgestellt wird; demgemäß haften die Mitglieder eines fakultativen Aufsichtsrats nicht für den (Dritt-)Schaden der Insolvenzgläubiger.[706] Die unterschiedliche Behandlung von obligatorischen und fakultativen Aufsichtsrat wurzelt in ihrer andersartigen Aufgabenstellung, da der fakultative Aufsichtsrat freiwillig gebildet wird und im Gegensatz zum obligatorischen Aufsichtsrat kaum (auch) im Interesse Dritter tätig wird.[707] Eine Zahlung der AG auf ihre Verbindlichkeiten führt zudem nur zu einer Verkürzung der Bilanzsumme.[708]

146 Auch der **über den Fehlbetrag hinausgehende Schaden** ist nach § 93 Abs. 3 mit den damit verbundenen Erleichterungen zu ersetzen, da § 93 Abs. 3 einen eigenständigen Schadensersatzanspruch darstellt.[709] Dies gilt allerdings nicht für die Vermutung des Schadens, da diese nur an den Abfluss der in § 93 Abs. 3 genannten Mittel anknüpft.[710] Demgemäß trägt die Gesellschaft die Beweislast für den entstandenen weiteren Schaden.[711] Nach der Rechtsprechung des BGH ist § 93 Abs. 3 Nr. 6 hingegen ein „Ersatzanspruch eigener Art".[712]

147 Daneben greifen aber auch die Grundsätze der Vorteilsausgleichung ein, so dass trotz entsprechender Verfehlungen bei gleichzeitig eintretendem Vorteil für die Gesellschaft der Anspruch entfallen

---

[700] RGZ 159, 211; LG Bochum ZIP 1989, 1557 (1558 f.); Kölner Komm AktG/*Mertens/Cahn* § 93 Rn. 134 (145); Großkomm AktG/*Hopt/Roth* § 93 Rn. 343; K. Schmidt/Lutter/*Krieger/Sailer-Coceani* § 93 Rn. 57.
[701] RGZ 159, 211; Kölner Komm AktG/*Mertens/Cahn* § 93 Rn. 134.
[702] RGZ 159, 211 (230); Großkomm AktG/*Hopt/Roth* § 93 Rn. 343.
[703] RGZ 159, 211; Kölner Komm AktG/*Mertens/Cahn* § 93 Rn. 125; Hüffer/Koch/*Koch* § 93 Rn. 68; aA *Cunio* AG 1958, 63 ff., der unter „Ersatz" nicht Ersatz des entstandenen Schadens, sondern schlechthin Ersatz der in den Fällen 1 bis 3, bei aufgewendeten oder des in den Fällen 4 und 9 fehlenden Betrages versteht.
[704] BGHZ 187, 60 Rn. 14 ff. – Doberlug; s. schon RGZ 159, 211 (230) und OLG Frankfurt a. M., Revision nicht angenommen BGH Beschl. v. 9.2.2004 – II ZR 31/02, OLGR Frankfurt a. M. 2004, 169; OLG Düsseldorf ZIP 2012, 2299 (2301 f.); Großkomm AktG/*Hopt/Roth* § 93 Rn. 339; Kölner Komm AktG/*Mertens/Cahn* § 93 Rn. 134.
[705] Eingehend BGHZ 187, 60 Rn. 15 ff. – Doberlug mwN zur Entstehungsgeschichte.
[706] BGHZ 187, 60 Rn. 20 ff. – Doberlug; aA *Schürnbrand* NZG 2010, 1207, (1210 ff.): analoge Anwendung von § 93 Abs. 3 Nr. 6.
[707] Überzeugend BGHZ 187, 60 Rn. 22 ff. – Doberlug mwN der Entstehungsgeschichte; insoweit auch *Noack* FS Goette, 2011, 345 (347) Aufsichtsrat nehme hier Aufgaben der Gesellschaftergesamtheit wahr; dagegen prinzipiell auf dem Boden der Gesamtsaldierungstheorie *K. Schmidt* GmbHR 2010, 1319 (1321); *Altmeppen* ZIP 2010, 1973 (1974).
[708] *Noack* FS Goette, 2011, 345 (347 f.).
[709] Großkomm AktG/*Hopt/Roth* § 93 Rn. 340; Kölner Komm AktG/*Mertens/Cahn* § 93 Rn. 134; Hüffer/Koch/*Koch* § 93 Rn. 68; Bürgers/Körber/*Bürgers* § 93 Rn. 41; anders noch RGZ 159, 211 (230); Schlegelberger/*Quassowski* AktG 1937 § 84 Anm. 13, wonach sich die Ersatzpflicht nicht aus Abs. 3, sondern aus Abs. 2 ergibt.
[710] Großkomm AktG/*Hopt* § 93 Rn. 343; Kölner Komm AktG/*Mertens/Cahn* § 93 Rn. 134.
[711] RGZ 159, 211 (231); Kölner Komm AktG/*Mertens/Cahn* Rn. 134; Hüffer/Koch/*Koch* § 93 Rn. 68.
[712] BGHZ 187, 60 Rn. 14 mwN für § 64 S. 1 GmbHG sowie § 130a Abs. 2 HGB – Doberlug; zust. *Schürnbrand* NZG 2010, 1207 (1209), der ihn mitunter auch als verschuldensabhängigen Folgenbeseitigungsanspruch bezeichnet; aA *K. Schmidt* GmbHR 2010, 1319 (1321 ff.); *Altmeppen* ZIP 2010, 1973 (1975 f.).

kann, auch wenn ein Gläubiger nach § 93 Abs. 5 vorgeht.[713] Entsprechend den allgemeinen Grundsätze bleiben freiwillige Leistungen Dritter unberücksichtigt.

Das Aufsichtsratsmitglied hat in Anwendung von § 255 BGB einen Anspruch auf **Abtretung der** 148 **Ersatzansprüche,** die die Gesellschaft gegen Aktionäre und Dritte hat.[714] Die Gesellschaft hat dann Zug-um-Zug die Ansprüche an das Aufsichtsratsmitglied gegen die Schadensersatzzahlung abzutreten.

Neben dem Vorliegen eines Schadens setzt Abs. 3 ebenso wie Abs. 2 ein schuldhaftes Verhalten 149 des Aufsichtsratsmitglieds voraus.[715] Zur Regelung der Beweislast → Rn. 143.

b) Die einzelnen Tatbestände. Nr. 1: Rückgewähr von Einlagen (Geld- oder Sacheinlagen) an 150 die Aktionäre gem. § 57 Abs. 1, gleich, ob die Rückgewähr in offener oder verschleierter Form vorgenommen wird,[716] ebenso Verstöße gegen das Zahlungsverbot des § 230.

Nr. 2: Gesetzwidrige Zahlung von Zinsen oder Gewinnanteilen an Aktionäre gem. §§ 57, 60, 151 233. Entsprechendes gilt bei Gewährung überhöhter Bezüge an ein Organmitglied, das Großaktionär ist.[717]

Nr. 3: Erwerb, Inpfandnahme oder Einziehung eigener Aktien der Gesellschaft oder einer von 152 ihr abhängigen Gesellschaft gem. §§ 56, 71–71e, §§ 237–239. Durch den Erwerb eigener Aktien entsteht wegen der Unverbindlichkeit des schuldrechtlichen Vertrages nach § 81 Abs. 2 S. 2 erst durch die Zahlung der Gegenleistung ein Schaden.[718]

Nr. 4: Ausgabe von Inhaberaktien – nicht Namensaktien – vor voller Einzahlung nach § 10 Abs. 2, 153 wobei der Schaden in dem noch ausstehenden Ausgabebetrag liegt.[719] Sie liegt auch vor, wenn eine nach § 27 Abs. 2 unwirksame Sacheinlage statt der Einzahlung des Nennbetrages oder des höheren Ausgabebetrages der Aktie geleistet wird.[720]

Nr. 5: Verteilung von Geschäftsvermögen. Gemeint sind alle nicht schon von den übrigen Ziffern 154 des § 93 Abs. 3 erfassten gesetzeswidrigen Vermögensminderungen der Gesellschaft, etwa unter Verstoß gegen § 57 Abs. 3, § 225 Abs. 2, §§ 230, 233, 237 Abs. 2, §§ 271, 272.[721]

Nr. 6: Zahlungen nach Eintritt der Zahlungsunfähigkeit oder Feststellung der Überschuldung 155 nach § 92 Abs. 2,[722] etwa Zahlung der Arbeitnehmerlöhne und der Arbeitgeberanteile zur Sozialversicherung.[723] Die entgegen § 92 Abs. 2 geleisteten Zahlungen verkürzen wegen ihrer die Verbindlichkeiten erfüllenden Funktion nur die Bilanzsumme und verringern damit die Insolvenzmasse.[724] Ein Gesellschaftsschaden ist darin nicht zu sehen. Der somit nur für die Insolvenzgläubiger eintretende Schaden wird aber über § 93 Abs. 3 Nr. 6 einem Schaden der Gesellschaft gleichgestellt.[725] Solange die Pflicht des Vorstands, die Eröffnung der Gesamtvollstreckung zu beantragen, nach § 56d Abs. 1 DMBilG ausgesetzt ist, macht der Vorstand – und damit auch der Aufsichtsrat – sich nicht allein dadurch ersatzpflichtig, dass er nach dem Hervortreten einer Überschuldung noch Zahlungen leistet.[726] Tilgt der Vorstand bestehende Gesellschaftsschulden (und schreitet der Aufsichtsrat hiergegen nicht ein), so ist er der Gesellschaft nicht allein deswegen ersatzpflichtig, weil andere Zahlungspflich-

---

[713] RGZ 159, 211 (230); Großkomm AktG/*Hopt/Roth* § 93 Rn. 341.
[714] Großkomm AktG/*Hopt/Roth* § 93 Rn. 342; MüKoAktG/*Habersack* Rn. 73.
[715] Ebenso Hüffer/Koch/*Koch* § 93 Rn. 68.
[716] Vgl. auch RGZ 146, 84 ff.; OLG Frankfurt a. M., Revision nicht angenommen BGH Beschl. v. 9.2.2004 – II ZR 31/02, OLGR Frankfurt a. M. 2004, 169 = EWiR § 57 AktG 1/04 m. Anm. *Schnabel*; Großkomm AktG/ *Hopt/Roth* § 93 Rn. 330; K. Schmidt/Lutter/*Krieger/Sailer-Coceani* § 93 Rn. 58.
[717] Kölner Komm AktG/*Mertens/Cahn* § 93 Rn. 127; für § 93 Abs. 3 Nr. 5 Großkomm AktG/*Hopt/Roth* § 93 Rn. 331.
[718] Großkomm AktG/*Hopt/Roth* § 93 Rn. 332.
[719] BGH ZIP 2011, 2097 Rn. 27; RGZ 159, 211 (228); OLG Frankfurt a. M., Revision nicht angenommen BGH Beschl. v. 9.2.2004 – II ZR 31/02, OLGR Frankfurt a. M. 2004, 169 = EWiR 2004, 785 m. Anm. *Schnabel*; Großkomm AktG/*Hopt/Roth* § 93 Rn. 333; K. Schmidt/Lutter/*Krieger/Sailer-Coceani* § 93 Rn. 58.
[720] RGZ 159, 211; Großkomm AktG/*Hopt/Roth* § 93 Rn. 333.
[721] Großkomm AktG/*Hopt/Roth* § 93 Rn. 334; Kölner Komm AktG/*Mertens/Cahn* § 93 Rn. 130; K. Schmidt/ Lutter/*Krieger/Sailer-Coceani* § 93 Rn. 58; Hüffer/Koch/*Koch* § 93 Rn. 70.
[722] OLG Düsseldorf ZIP 2012, 2299 (2300); *Strohn* NZG 2011, 1161; BGHZ 187, 60 Rn. 14 ff. = JZ 2010, 1188 – Doberlug m. zust. Anm. *Habersack*; zust. auch *Hirte* ZInsO 2012, 58 (59) und *Keilweit* BB 2011, 1795 (1800); dazu auch *Thiessen* ZGR 2011, 275; krit. hingegen: *Altmeppen* ZIP 2010, 1973; *K. Schmidt* GmbHR 2010, 1319; *Schürnbrand*, NZG 2010, 1207 der sich für eine entsprechende Anwendung von § 93 Abs. 3 Nr. 6 ausspricht; zur Haftung der Aufsichtsratsmitglieder im Vorfeld der Konzerninsolvenz *Altmeppen* ZIP 2013, 801 (809).
[723] BGHZ 187, 60 Rn. 13 mwN – Doberlug.
[724] BGHZ 187, 60 Rn. 14 – Doberlug.
[725] BGHZ 187, 60 Rn. 15 – Doberlug; → Rn. 145.
[726] BGHZ 129, 236 (257 f.).

ten nicht erfüllt werden und die Tilgung im Insolvenzfalle wegen Gläubigerbenachteiligung anfechtbar ist.[727]

156 Nr. 7: Vergütungen an Aufsichtsratsmitglieder. Darunter sind nicht nur Zahlungen unmittelbar im Verhältnis von Vorstand und Aufsichtsrat zu verstehen, sondern jegliche Vergütungen, die gegen §§ 113, 114 verstoßen. Auch die begünstigten Aufsichtsratsmitglieder haften, da sie nicht die Vergütungen entgegennehmen dürfen.[728]

157 Nr. 8: Verbotene Gewährung von Krediten nach § 115 an den Aufsichtsrat bzw. § 89 an den Vorstand.

158 Nr. 9: Unzulässige Ausgabe von Bezugsaktien bei bedingter Kapitalerhöhung nach § 199.

159 c) **Nichteintritt der Ersatzpflicht (§ 93 Abs. 4 S. 1, 2).** Vorstandsmitglieder sind von der Haftung befreit, wenn sie Beschlüsse der Hauptversammlung ausführen, zu deren Befolgung sie nach § 83 Abs. 2 verpflichtet sind. Dies gilt indes nur für gesetzmäßige Beschlüsse.[729] Für Aufsichtsratsmitglieder besteht indes keine solche Folgepflicht. Zwar kann § 93 Abs. 4 nicht von vornherein jegliche Bedeutung für Aufsichtsratsmitglieder abgesprochen werden.[730] Denn der Grund für die Haftungsprivilegierung – das widersprüchliche Verhalten der Gesellschaft – greift auch hier ein.[731] Doch darf der Vorstand nicht gesetzeswidrige **Beschlüsse der Hauptversammlung** umsetzen, will er sich nicht selbst schadensersatzpflichtig machen. Dann muss aber auch der Aufsichtsrat ihn entsprechend überwachen. Zudem muss der Aufsichtsrat auch die Durchführung der gesetzmäßigen Beschlüsse der Hauptversammlung durch den Vorstand kontrollieren.

160 Die Berufung auf **Handlungen des Vorstands** befreit die Aufsichtsratsmitglieder nach § 93 Abs. 4 S. 2 nicht von ihrer Verantwortlichkeit. Der Aufsichtsrat hat den Vorstand unter eigener Verantwortung zu überwachen. Vielmehr haften die Mitglieder der beteiligten Organe gesamtschuldnerisch nebeneinander. Die Billigung einer Geschäftsführungsmaßnahme durch einen Mehrheitsaktionär kann die Haftung eines Aufsichtsratsmitglieds niemals ausschließen. Gleiches gilt für die Weisung eines Mehrheitsaktionärs.[732]

3. Verzicht und Vergleich (§ 93 Abs. 4 S. 3).

Spezielles Schrifttum zu Verzicht und Vergleich: *Bayer/Scholz*, Die Pflichten von Aufsichtsrat und Hauptversammlung beim Vergleich über Haftungsansprüche gegen Vorstandsmitglieder, ZIP 2015, 149; *Cahn*, Vergleichsverbote im Gesellschaftsrecht, 1996; *Casper*, Heilung nichtiger Beschlüsse im Kapitalgesellschaftsrecht, 1998; *Dietz-Vellmer*, Organhaftungsansprüche in der Aktiengesellschaft: Anforderungen an Verzicht oder Vergleich durch die Gesellschaft, NZG 2011, 248; *Habersack*, Verzichts- und Vergleichsvereinbarungen gemäß § 93 Abs. 4 S. 3 AktG, FS Baums, 2017, 531; *Harbarth/Höfer*, Beginn der Dreijahresfrist des § 93 IV 3 AktG bei nicht abgeschlossener Schadensentstehung, NZG 2016, 686; *Hasselbach,* Der Verzicht auf Schadensersatzansprüche gegen Organmitglieder, DB 2010, 2037; *Mertens*, Die gesetzlichen Einschränkungen der Disposition über Ersatzansprüche der Gesellschaft durch Verzicht und Vergleich in der aktien- und konzernrechtlichen Organhaftung, FS Fleck, 1988, 209; *Wilsing*, Der Vergleich über Organhaftungsansprüche – Überlegungen zum materiellen Prüfungsmaßstab des § 93 Abs. 4 S. 3 AktG, FS Haarmann, 2015, 257; *Zimmermann*, Vereinbarungen über die Erledigung von Ersatzansprüchen gegen Vorstandsmitglieder von Aktiengesellschaften, FS Duden, 1977, 773.

161 a) **Voraussetzungen.** Die Gesellschaft kann auf entstandene Ersatzansprüche verzichten oder sich über solche Ansprüche vergleichen (§ 93 Abs. 4 S. 3, 4), was aber an folgende Voraussetzungen geknüpft ist: Seit Entstehung des Anspruchs müssen drei Jahre vergangen sein, da sonst über einen Verzicht oder Vergleich zu einem Zeitpunkt entschieden wird, in dem sich die Auswirkungen der schädigenden Handlung noch nicht klar übersehen lassen,[733] zumal praxisnah davon auszugehen ist, dass meist mehrere Schadenspositionen zusammenkommen.[734] Eine Ausnahme von der zeitlichen Beschränkung trifft Abs. 4 S. 4 bei Zahlungsunfähigkeit des Ersatzpflichtigen. Die Frist berechnet

---

[727] BGHZ 129, 236 (257 f.).
[728] BGH BeckRS 1991, 31064121 Kölner Komm AktG/*Mertens/Cahn* § 93 Rn. 132.
[729] K. Schmidt/Lutter/*Krieger/Sailer-Coceani* § 93 Rn. 59, 61; Bürgers/Körber/*Bürgers/Israel* § 93 Rn. 32; ausf. MüKoAktG/*Spindler* § 93 Rn. 235 ff.
[730] Für analoge Anwendung des § 119 Abs. 2 auf Vergütungsentscheidungen des Aufsichtsrats mit der Rechtsfolge aus 93 Abs. 4 S. 1 *Schüppen* ZIP 2010, 905 (909 f.); ebenso *Fischbach* ZIP 2013, 1153 (1155 ff.).
[731] *Canaris* ZGR 1978, 207 (209); so auch K. Schmidt/Lutter/*Drygala* Rn. 51.
[732] Hüffer/Koch/*Koch* § 93 Rn. 72.
[733] AllgM, vgl. BegrRegE *Kropff* S. 123; Hüffer/Koch/*Koch* § 93 Rn. 76; Kölner Komm AktG/*Mertens/Cahn* § 93 Rn. 165; K. Schmidt/Lutter/*Krieger/Sailer-Coceani* § 93 Rn. 65; *Zimmermann* FS Duden, 1977, 773 (774); NK-AktR/*Schmidt* § 93 Rn. 135; *Habersack* FS Baums, 2017, 531 (537); krit. de lege ferenda Großkomm AktG/*Hopt/Roth* § 93 Rn. 505, der für eine schnellere Erledigung von streitigen Ansprüchen eintritt.
[734] *Harbarth/Höfer* NZG 2016, 686 (687).

sich nach den allgemeinen Vorschriften des BGB (§ 187 Abs. 1, § 188 Abs. 2 BGB), so dass es auf die Möglichkeit der Durchsetzung des Anspruchs im Wege der Klage ankommt.[735] Allerdings findet § 199 Abs. 1 BGB keine Anwendung, da es sich nicht um eine Verjährungsfrist handelt, so dass die Kenntnis oder das Kennenmüssen des Aufsichtsrats bzw. der Gesellschaft vom Anspruch nicht entscheidend sind. Ob ein Aktionärswechsel oder ein Wechsel des Aufsichtsrats stattgefunden hat, ist für die Fristberechnung belanglos.[736] Ebenso wenig verlängert oder verkürzt sich die Frist danach, ob der Schaden unüberblickbar oder sofort abschätzbar ist.[737]

Auch ein **Schiedsvertrag** soll nach hM vor Ablauf der 3-Jahres-Frist unzulässig sein, da § 93 **162** Abs. 4 innerhalb der Frist das öffentliche Verfahren vor der ordentlichen Gerichtsbarkeit ermöglichen solle.[738] Dies ist dem Gesetz jedoch nicht zu entnehmen; vielmehr entzieht ein Schiedsvertrag der Gesellschaft in keiner Weise eine Forderung, sondern verändert nur das Verfahren, innerhalb derer ein Anspruch geltend gemacht werden kann. Probleme kann der Schiedsvertrag daher nur dahingehend aufwerfen, dass der Öffentlichkeit nicht das Prozessverhalten des Vorstands gegenüber dem betroffenen Aufsichtsratsmitglied bekannt wird, so dass § 93 Abs. 4 unterlaufen werden könnte. In diesem Fall greift aber wiederum die Organpflicht nach §§ 93, 116 ein, da der Vorstand dokumentieren muss, wie er den Prozess geführt hat.

Ferner muss die **Hauptversammlung** dem Verzicht oder Vergleich zustimmen.[739] Damit soll **163** verhindert werden, dass Vorstand und Aufsichtsrat sich im kollusiven Zusammenwirken von Haftungsansprüchen befreien.[740] Für den förmlichen[741] Zustimmungsbeschluss genügt die einfache Stimmenmehrheit, falls die Satzung nicht eine größere Mehrheit bestimmt.[742] Ist das ersatzpflichtige Organmitglied, mit dem ein Verzichts- oder Vergleichsvertrag geschlossen werden soll, zugleich Aktionär der Gesellschaft, so ist es nach § 136 Abs. 1 nicht stimmberechtigt.[743] Weiter sind die Organmitglieder nicht stimmberechtigt, die für denselben Ersatzanspruch als Gesamtschuldner unmittelbar in Anspruch genommen werden können.[744] Davon zu trennen sind lediglich mittelbare Auswirkungen, etwa durch den Verlust einer Regressmöglichkeit im Innenverhältnis, wenn ein Organmitglied nur von der Haftung befreit wird.[745] Wird trotz einheitlichen Vorgangs und Ansprüchen gegen alle Organmitglieder für jedes einzelne Vorstandsmitglied gesondert abgestimmt, so muss bei jeder Abstimmung auch von einem Stimmrechtsverbot für die übrigen Anteilseignervertreter ausgegangen werden, andernfalls läge eine unzulässige Umgehung des Stimmrechtsverbots des § 136 Abs. 1 vor.[746] Eine **materielle Inhaltskontrolle** des Hauptversammlungsbeschlusses findet hingegen nicht statt, da die durch § 93 Abs. 4 S. 3 AktG getroffenen Schutzvorkehrungen derart hoch sind, dass sich ein darüber hinausgehender Schutz erübrigt und den Aktionären vielmehr ein „Recht zur Selbstschädigung" zugebilligt werden sollte.[747]

Schließlich darf nicht eine Minderheit, deren Anteile den zehnten Teil des Grundkapitals errei- **164** chen, widersprochen haben. Berechnet wird der Hundertsatz nach dem Nennbetrag des vorhandenen, nicht des in der Hauptversammlung vertretenen Grundkapitals.[748] Das Stimmrecht der Aktien ist ebenso wenig wie die Höhe der Einzahlung maßgeblich, so dass auch Vorzugsaktionäre widersprechen können. Richtet sich der Widerspruch der Minderheit nur gegen einen Teil des Beschlusses, so bleibt der nicht angegriffene Teil wirksam.[749]

In jüngster Zeit ist im kapitalgesellschaftsrechtlichen Schrifttum die Frage aufgekommen, ob die **165** in der Entscheidung **ARAG/Garmenbeck** herausgearbeiteten Grundsätze auch für den in § 93

---

[735] Hüffer/Koch/*Koch* § 93 Rn. 76; K. Schmidt/Lutter/*Krieger/Sailer-Coceani* § 93 Rn. 65; dazu auch *Harbarth/Höfer* NZG 2016, 686, die befürworten, dass die Sperrfrist mit dem Verjährungsbeginn gleichläuft.
[736] Vgl. Großkomm AktG/*Hopt/Roth* § 93 Rn. 518; Kölner Komm AktG/*Mertens/Cahn* § 93 Rn. 165.
[737] Großkomm AktG/*Hopt/Roth* § 93 Rn. 519; *Mertens* FS Fleck, 1988, 209 (210).
[738] *Mertens* FS Fleck, 1988, 209 (211) unter Berufung auf *Zimmermann* FS Duden, 1977, 786.
[739] Der Hauptversammlungsbeschluss kann als tatbestandsausschließendes Einverständnis gelten *R. Werner* CCZ 2011, 201 (203 f.).
[740] Kölner Komm AktG/*Mertens/Cahn* § 93 Rn. 161; Großkomm AktG/*Hopt/Roth* § 93 Rn. 506; Hüffer/Koch/*Koch* § 93 Rn. 78; *Zimmermann* FS Duden, 1977, 773 (774).
[741] Großkomm AktG/*Hopt/Roth* § 93 Rn. 517.
[742] K. Schmidt/Lutter/*Krieger/Sailer-Coceani* § 93 Rn. 67; Bürgers/Körber/*Bürgers* § 93 Rn. 38.
[743] Ebenso *Mertens* FS Fleck, 1988, 209 (215); Großkomm AktG/*Hopt/Roth* § 93 Rn. 507; Hüffer/Koch/*Koch* § 93 Rn. 78; Bürgers/Körber/*Bürgers* § 93 Rn. 38.
[744] Großkomm AktG/*Hopt/Roth* § 93 Rn. 507.
[745] Großkomm AktG/*Hopt/Roth* § 93 Rn. 508; s. auch für die GmbH: BGHZ 97, 28 (33 f.).
[746] RGZ 55, 75 (77); Großkomm AktG/*Hopt/Roth* § 93 Rn. 509.
[747] GroßkommAktG/*Hopt/Roth*, § 93 Rn. 507; *Habersack* FS Baums, 2017, 531 (542 f.); *Wilsing* FS Haarmann, 2015, 257 (269); *Bayer/Scholz* ZIP 2015, 149 (150); *Dietz-Vellmer* NZG 2011, 248 (252).
[748] Großkomm AktG/*Hopt/Roth* § 93 Rn. 515; K. Schmidt/Lutter/*Krieger/Sailer-Coceani* § 93 Rn. 67.
[749] Großkomm AktG/*Hopt/Roth* § 93 Rn. 517.

Abs. 4 S. 3 angeführten **Verzicht** Geltung beanspruchen.[750] Dies wird mit dem Argument bejaht, dass der formelle Verzicht über die bloße Nichtgeltendmachung von Ansprüchen gegen Vorstandsmitglieder hinausgehe und deshalb auch hier die in ARAG/Garmenbeck aufgestellten Voraussetzungen zum Tragen kommen müssten.[751] Übersehen wird jedoch, dass die bloße Nichtgeltendmachung von Organhaftungsansprüchen gegen Vorstandsmitglieder natürgemäß strengeren Maßstäben unterworfen sein muss, da dem Aufsichtsrat ein Absehen der Anspruchsverfolgung ohne Beteiligung der Hauptversammlung ermöglicht wird und insofern die Gefahr faktischer Eingriffe in die Kompetenz der Hauptversammlung drohe.[752] Selbst wenn man an den Verzicht die Kriterien aus der ARAG/Garmenbeck Entscheidung anlegen würde, hätte man bei Vorliegen dieser Voraussetzungen eine überflüssige Auswahlmöglichkeit des Aufsichtsrats, da dieser nun per se befugt ist, von der Geltendmachung der Organhaftungsansprüche abzusehen.[753] Auch auf einen als „Teilverzicht" zu deutenden Vergleich der Gesellschaft mit dem betroffenden Vorstandsmitglied können die ARAG/Garmenbeck-Kriterien nicht übertragen werden, da die zu treffende Entscheidung für oder gegen eine Verfolgung nicht mit dem für einen Vergleich nötigen gegenseitigem Nachgeben zu vereinbaren wäre.[754]

166 Umgekehrt entfaltet § 93 Abs. 4 S. 3 **keine Sperrwirkung** für den Aufsichtsrat bei seiner Entscheidung über die Nichtverfolgung von Haftungsansprüchen gegen Vorstandsmitglieder,[755] auch wenn der BGH hier eine Nähe zum Anspruchverzicht erkennt.[756] Der Aufsichtsrat trifft eine am Unternehmenswohl orientierte Entscheidung und wendet unter Berücksichtigung gewichtiger Gegengründe somit von der Gesellschaft höheren Schaden ab, was also gerade nichts mit einem Verzicht im Sinne einer Vermögenseinbuße zu tun hat und daher nicht zu Kompetenzüberschreitungen führen kann.[757] Der beim Verzicht bestehende Schutz für die Hauptversammlung und die Minderheit der Aktionäre vor nachteiliger Rücksichtnahme von Belangen des Vorstands bei der Entscheidung über die Nichtgeltendmachung von Haftungsansprüchen ist durch §§ 147, 148 gewährleistet.[758]

167 b) **Erfasste Geschäfte.** § 93 Abs. 4 S. 3 nennt ausdrücklich den Verzicht als Erlassvertrag gem. § 397 BGB sowie den Vergleich nach § 779 BGB. Aber auch alle sonstigen Rechtsgeschäfte, die auf den Ausschluss oder die Schmälerung des Anspruchs der Gesellschaft gerichtet sind, werden von der Norm erfasst,[759] einschließlich von **Abfindungsvereinbarungen.** Diese können vor der Nichtigkeit auch nicht dadurch bewahrt werden, indem sie unter eine aufschiebende Bedingung der Zustimmung der Hauptversammlung nach Ablauf der 3-Jahres-Frist gestellt werden.[760] Die Folge für die Gesellschaft wäre eine zwischenzeitliche Bindung, denn innerhalb der 3 Jahre bis zur endgültigen Entscheidung der Hauptversammlung ist eine Geltendmachung der Ansprüche nicht möglich. Unzulässig sind ferner Schwächungen der Rechtsposition der AG, zB Verzicht auf eine Aufrechnungsbefugnis[761] oder durch eine Stundung,[762] die einen Teilverzicht enthält, sofern nicht eine angemessene Verzinsung vereinbart wird. Auch eine Stimmrechtsbindung der Aktionäre, die diese zur Zustimmung zu einem Verzicht verpflichten würde, umgeht das Verbot des § 93 Abs. 4.[763]

---

[750] Dafür *R. Werner* CCZ 2011, 201 (202); *Hasselbach* DB 2010, 2037 (2040); dagegen *Dietz-Vellmer* NZG 2011, 248 (250 ff.); *Habersack* FS Baums, 2017, 531 (539); *Wilsing* FS Haarmann, 2015, 257 (275 ff.); Kölner Komm AktG/*Mertens/Cahn* § 93 Rn. 163; zur umgekehrten Frage, ob die in ARAG/Garmenbeck herausgearbeiteten Grundsätze im Konflikt mit § 93 Abs. 4 S. 3 stehen s. abl. *Goette* ZHR 176 (2012), 588 (597 f.); *Reichert* FS Hommelhoff, 2012, 907 (917 ff.); *Casper* ZHR 176 (2012), 617 (644 ff.); *Wilsing* FS Maier-Reimer, 2010, 889 (894 ff.).

[751] *Hasselbach* DB 2010, 2037 (2040 ff.).
[752] *Dietz-Vellmer* NZG 2011, 248 (251).
[753] *Dietz-Vellmer* NZG 2011, 248 (251).
[754] *Dietz-Vellmer* NZG 2011, 248 (251).
[755] Ebenso *Goette* ZHR 176 (2012), 588 (597 f.); *Reichert* FS Hommelhoff, 2012, 907 (917 ff.); *Casper* ZHR 176 (2012), 617 (644 ff.): rechtspolitische Bedenken; *Wilsing* FS Maier-Reimer, 2010, 889 (894 ff.); ausf. hierzu auch *Habersack* FS Baums, 2017, 531 (533 ff.).
[756] BGHZ 135, 245 (256) = NJW 1997, 1926 – ARAG/Garmenbeck.
[757] *Goette* ZHR 176 (2012), 588 (597 f.).
[758] *Reichert* FS Hommelhoff, 2012, 907 (919); *Wilsing* FS Maier-Reimer, 2010, 889 (896).
[759] Großkomm AktG/*Hopt/Roth* § 93 Rn. 528; K. Schmidt/Lutter/*Krieger/Sailer* § 93 Rn. 64; *Habersack* FS Baums, 2017, 531 (533 ff.).
[760] RGZ 133, 33 (38); *Zimmermann* FS Duden, 1977, 773 (780); Großkomm AktG/*Hopt/Roth* § 93 Rn. 527 (533); Kölner Komm AktG/*Mertens/Cahn* § 93 Rn. 171; *Mertens* FS Fleck, 1988, 209 (212).
[761] Großkomm AktG/*Hopt/Roth* § 93 Rn. 528.
[762] OLG Düsseldorf AG 1989, 361 (362); Großkomm AktG/*Hopt/Roth* § 93 Rn. 528.
[763] Vgl. Großkomm AktG/*Hopt/Roth* § 93 Rn. 532; Kölner Komm AktG/*Mertens/Cahn* § 93 Rn. 171; *Mertens* FS Fleck, 1988, 209 (213); wohl auch *Bauer/Krets* DB 2003, 811 (812), die aber aus praktischer Sicht davon abraten.

Verfügungen über den Anspruch sind aber möglich, zB eine Abtretung oder Verpfändung, 168 wobei insbesondere im Fall der Abtretung[764] aber eine angemessene, werthaltige Gegenleistung erforderlich ist. Schließlich soll mit der Abtretung keine Umgehung von § 93 Abs. 4 S. 3 bezweckt werden.[765] Von Bedeutung ist ebenfalls das Verfolgungsrecht der Gläubiger aus § 93 Abs. 5, welches diesen eine dauerhafte Sicherung ihrer Ansprüche gewähren soll und ihnen durch Rechtsgeschäfte der Gesellschaft nicht entzogen werden kann.[766]

Auch **prozessuale Handlungen** werden grundsätzlich von § 93 Abs. 4 S. 3 erfasst, sowohl der 169 Prozessvergleich aber auch Klageverzicht oder Anerkenntnis bei einer negativen Feststellungsklage eines Aufsichtsratsmitglieds.[767] Eine unzulängliche Prozessführung, die zu einem Versäumnisurteil gegen die Gesellschaft führt, kann indes nur Ansprüche gegen die prozessführenden Organe begründen, ändert aber an der Rechtswirkung des Urteils nichts.[768] Allerdings besteht ein Konflikt zur prozessualen Handlungsfreiheit der Gesellschaft, der die Möglichkeit bleiben muss, Verfahren über offensichtlich nicht bestehende Ansprüche kostengünstig zu beenden und von Ansehensverlust zu vermeiden.[769] Denn der Zweck der Norm, Ansprüche der Gesellschaft nicht zu schmälern, wird in diesen Fällen nicht durch eine Verfahrensbeendigung konterkariert,[770] insbesondere dann nicht, wenn das Gericht eine erste Einschätzung über die Rechtslage gegeben hat. Die Vergleichseinschränkung erfasst ein Nachgeben nur, wenn die Gesellschaft durch den Vergleichsschluss tatsächlich einen ihr nach materieller Rechtslage zustehenden Anspruch wenigstens teilweise aufgibt.[771]

Ein **Dritter**, zB ein Großaktionär, kann dagegen das Organmitglied von Haftungsansprüchen 170 freistellen.[772] Dies ist jedenfalls insofern als unbedenklich anzusehen, als die Unabhängigkeit des Aufsichtsratsmitglieds auch nicht mittelbar in Mitleidenschaft gezogen wird.[773] An der nötigen Unvoreingenommenheit eines Aufsichtsratsmitglieds kann zB dann gezweifelt werden, wenn nur der Aufsichtsratsvorsitzende einer mitbestimmten AG von einer Freistellung einzelner Aktionäre profitiert, wodurch er zwangsläufig für die ihm zukommende Vermittlung der widerstreitenden Interessen im Aufsichtsrat als ungeeignet erscheint.[774] Beeinflusst er die Gesellschaft dahingehend, dass keine Ansprüche geltend gemacht werden, haftet er selbst nach § 117,[775] bei unternehmerischer Tätigkeit im Sinne von § 15 auch nach § 311 bzw. § 317.[776] Zur D&O-Versicherung → Rn. 183 ff.

c) **Rechtsfolgen.** Bei einem Verstoß gegen § 93 Abs. 4 S. 3 ist ein Verzicht oder Vergleich, auch 171 ein Prozessvergleich, nichtig. Die Vertretungsbefugnis der Organe ist insoweit gesetzlich beschränkt; es handelt sich nicht nur um eine Wirksamkeitsvoraussetzung im Innenverhältnis.[777] Ist der Verzicht oder Vergleich vor Ablauf der drei Jahre geschlossen worden, so wird er selbst durch eine nachträgliche Genehmigung der Hauptversammlung nicht mit dem Ablauf der dreijährigen Frist wirksam. Es bedarf der Neuvornahme, die auch durch Bestätigung gem. § 141 BGB erfolgen kann.[778] Auch kann der unwirksame – vor Ablauf der drei Jahre geschlossene – Verzicht nicht in eine Verpflichtung nach § 140 BGB umgedeutet werden, das Organmitglied nicht bis zum Ablauf der Dreijahresfrist in Anspruch zu nehmen und sodann in der Hauptversammlung erneut über den Verzicht zu entscheiden; eine solche Umdeutung liefe im Ergebnis wertungsmäßig auf eine Umgehung des Verzichtsverbots innerhalb der Frist des § 93 Abs. 4 S. 3 hinaus und ist daher unzulässig.[779]

---

[764] Zur Abtretung insbes. *Cahn*, Vergleichsverbote im Gesellschaftsrecht, 1996, 132 ff.
[765] Großkomm AktG/*Hopt/Roth* § 93 Rn. 530; Kölner Komm AktG/*Mertens/Cahn* § 93 Rn. 172; *Thomas*, Haftungsfreistellung von Organmitgliedern, 2010, 23.
[766] *Cahn*, Vergleichsverbote im Gesellschaftsrecht, 1996, 135.
[767] K. Schmidt/Lutter/*Krieger/Sailer-Coceani* § 93 Rn. 64.
[768] *Mertens* FS Fleck, 1988, 209 (213); *Zimmermann* FS Duden, 1977, 773 (785 ff.); Großkomm AktG/*Hopt/Roth* § 93 Rn. 529.
[769] *Cahn*, Vergleichsverbote im Gesellschaftsrecht, 1996, 14.
[770] Kölner Komm AktG/*Mertens/Cahn* § 93 Rn. 173; *Mertens* FS Fleck, 1988, 209 (214); Großkomm AktG/*Hopt/Roth* § 93 Rn. 529; *Zimmermann* FS Duden, 1977, 773 (784 f.); *Bauer/Krets* DB 2003, 811 (813).
[771] *Zimmermann* FS Duden, 1977, 773 (784 f.); *Cahn*, Vergleichsverbote im Gesellschaftsrecht, 1996, 14; Kölner Komm AktG/*Mertens/Cahn* § 93 Rn. 173.
[772] *Doralt/Doralt* in Semler/v. Schenck AR-HdB § 14 Rn. 267.
[773] *Habersack* FS Ulmer, 2003, 151 (164).
[774] *Habersack* FS Ulmer, 2003, 151 (165).
[775] *Bauer/Krets* DB 2003, 811 (812); *Zimmermann* FS Duden, 1977, 773 (781); Kölner Komm AktG/*Mertens/Cahn* § 93 Rn. 171; teilw. abw. *Westermann* FS Beusch, 1993, 871 (882) wegen Teilnahme an fremdem Vertragsbruch.
[776] Großkomm AktG/*Hopt/Roth* § 93 Rn. 531; Kölner Komm AktG/*Mertens/Cahn* § 93 Rn. 171; *Bauer/Krets* DB 2003, 811 (812).
[777] Großkomm AktG/*Hopt/Roth* § 93 Rn. 533; Hüffer/Koch/*Koch* § 93 Rn. 78; Kölner Komm AktG/*Mertens/Cahn* § 93 Rn. 174.
[778] Großkomm AktG/*Hopt/Roth* § 93 Rn. 534; Kölner Komm AktG/*Mertens/Cahn* § 93 Rn. 174.
[779] OLG Düsseldorf AG 1989, 361 (362).

172 **d) Ausnahme.** Die zeitliche Beschränkung von drei Jahren entfällt nach § 93 Abs. 4 S. 4, wenn das ersatzpflichtige Organmitglied zahlungsunfähig gem. § 17 Abs. 2 InsO ist und sich zur Abwendung oder Beseitigung des Insolvenzverfahrens mit seinen Gläubigern vergleicht. Es kann sich um einen Insolvenzplan nach §§ 217 ff. InsO, eine Einstellung des Insolvenzverfahrens nach §§ 213 ff. InsO ebenso wie dessen Abwendung[780] oder einen **Vergleich, gerichtlich oder außergerichtlich,** handeln. Dieser braucht mit Ausnahme des Insolvenzplanes nicht mit allen Gläubigern und auch nicht mit allen Beteiligten unter den gleichen Bedingungen geschlossen zu werden. Es genügt bereits der Vergleich nur mit einem Gläubiger, da alle anderen Möglichkeiten, etwa eine „größere Zahl von Gläubigern" oder sogar alle Gläubiger, entweder nicht näher abgrenzbar sind oder eine einvernehmliche Lösung praktisch unmöglich machen und somit an dem Ziel der Ausnahme, der Gesellschaft wenigstens einen Teil ihrer Ansprüche vor der Zahlungsunfähigkeit des Organmitglieds zu sichern, vorbeigingen.[781] Die übrigen Erfordernisse für Vergleiche und Verzichte, nämlich die Zustimmung der Hauptversammlung und das Unterbleiben des Widerspruchs einer Minderheit von 10 % des Grundkapitals, gelten auch hier.[782] Der Insolvenzrichter muss diese Beschränkungen beachten. Die rechtskräftige Bestätigung eines Vergleichs bindet jedoch stets die Gesellschaft, auch wenn die Voraussetzungen des § 93 Abs. 4 S. 3 und 4 nicht vorgelegen haben.

173 Befindet sich die Gesellschaft selbst im Insolvenzverfahren, so braucht der Insolvenzverwalter weder die Zustimmung der Hauptversammlung einzuholen, noch den Ablauf der dreijährigen Frist oder den fehlenden Widerspruch der Minderheit abzuwarten.[783] Die Ersatzansprüche gegen Vorstandsmitglieder unterliegen der alleinigen Verfügungsgewalt des Insolvenzverwalters nach § 80 Abs. 1 InsO. Eine zeitliche Beschränkung hätte in der Insolvenz keinen Sinn, da sie nur die Verwertung von Massebestandteilen erschweren würde.

174 **e) Konzern.** Für verbundene Unternehmen ist für Schadensersatzansprüche aus §§ 309, 310, 317, 318 und 323 Abs. 1 gegen Organmitglieder neben den Voraussetzungen des § 93 Abs. 4 die Zustimmung der außenstehenden Aktionäre durch Sonderbeschluss erforderlich.[784] Ferner darf nach § 309 Abs. 3, § 310 Abs. 4, § 317 Abs. 4, § 318 Abs. 4, § 323 Abs. 1 nicht eine Minderheit dieser Aktionäre, deren Anteile zusammen 10 % des bei der Beschlussfassung vertretenen Grundkapitals bilden, zur Niederschrift Widerspruch erhoben haben.

175 **4. Verjährung (§ 93 Abs. 6). a) Erfasste Ansprüche.** Die Ersatzansprüche gegen Aufsichtsratsmitglieder aus § 93 verjähren nach Abs. 6 grds. in fünf Jahren. In börsennotierten Gesellschaften wurde mit Art. 6 Nr. 1 des Restrukturierungsgesetzes[785] in Abs. 6 eine Verjährungsfrist von zehn Jahren eingeführt;[786] maßgeblich ist die Börsennotierung zur Zeit der Pflichtverletzung, ein zeitlich darauf folgendes Delisting hat keinen Einfluss auf die Geltung der zehnjährigen Verjährungsfrist (Anspruchsentstehung einschließlich des Schadens, nicht bei Pflichtverletzung (→ Rn. 172)).[787] Auch bei Dauerpflichtverletzungen (zB pflichtwidriges Unterlassen), bei denen die Pflichtverletzung bereits vor Zulassung zum regulierten Markt vorlag und anschließend nach Erteilung und möglicherweise auch nach Widerruf der Zulassung noch andauerte, spricht der Wortlaut des Abs. 6 für eine Anwendung der verlängerten Verjährungsfrist, da es insofern nur auf die Börsennotiertheit während irgendeines Zeitpunktes der Pflichtverletzung ankommt.[788] Wird die gleiche Pflichtverletzung wiederholt, ohne jedoch fortwährend anzudauern, ist auf die unterschiedlichen Zeitpunkte der Verwirklichung abzustellen.[789] Das gilt sowohl für die Verantwortlichkeit gegenüber der Gesellschaft als auch gegenüber deren Gläubigern (Abs. 5).[790] Unerheblich ist ferner, ob es sich um eine einfache oder eine im Sinne des Abs. 3 schwere Pflichtverletzung handelt oder welches Verschulden – fahrlässig oder vorsätzlich – das Organmitglied trifft.[791] Alle Ersatzansprüche der Gesellschaft

---

[780] Großkomm AktG/*Hopt/Roth* § 93 Rn. 539; Hüffer/Koch/*Koch* § 93 Rn. 79; K. Schmidt/Lutter/*Krieger/Sailer-Coceani* § 93 Rn. 66.
[781] Großkomm AktG/*Hopt/Roth* § 93 Rn. 540; K. Schmidt/Lutter/*Krieger/Sailer-Coceani* § 93 Rn. 66; Hüffer/Koch/*Koch* § 93 Rn. 79; aA Abschluss mit „größerer Zahl" erforderlich: *Zimmermann* FS Duden, 1977, 773 (787).
[782] Hüffer/Koch/*Koch* § 93 Rn. 79; K. Schmidt/Lutter/*Krieger/Sailer-Coceani* § 93 Rn. 66.
[783] Großkomm AktG/*Hopt/Roth* § 93 Rn. 536; Kölner Komm AktG/*Mertens/Cahn* § 93 Rn. 175.
[784] Hierzu auch *Habersack* FS Baums, 2017, 531 (535 ff.).
[785] Gesetz zur Restrukturierung und geordneten Abwicklung von Kreditinstituten, zur Einrichtung eines Restrukturierungsfonds für Kreditinstitute und zur Verlängerung der Verjährungsfrist der aktienrechtlichen Organhaftung (Restrukturierungsgesetz) v. 9.12.2010, BGBl. 2010 I 1900.
[786] MüKoAktG/*Spindler* § 93 Rn. 286 ff.; krit. dazu *Baums* ZHR 174 (2010), 593 ff.
[787] Kölner Komm AktG/*Mertens/Cahn* Rn. 74; *Harbarth/Jaspers* NZG 2011, 368 (372).
[788] *Harbarth/Jaspers* NZG 2011, 368 (372).
[789] *Harbarth/Jaspers* NZG 2011, 368 (372).
[790] Hüffer/Koch/*Koch* § 93 Rn. 85; Großkomm AktG/*Hopt/Roth* § 93 Rn. 579.
[791] RGZ 87, 306; Großkomm AktG/*Hopt/Roth* § 93 Rn. 579; Kölner Komm AktG/*Mertens/Cahn* § 93 Rn. 195.

gegen Aufsichtsratsmitglieder aus §§ 116, 93, aber auch solche aus **positiver Vertragsverletzung** des Anstellungsvertrages,[792] verjähren in fünf bzw. zehn Jahren. Alle übrigen Ansprüche (etwa wegen Verletzung von Treuepflichten als Gesellschafter) verjähren nach den allgemeinen Vorschriften.[793]

Nach hM kann die Verjährungsfrist weder durch Vertrag noch durch die **Satzung** verlängert **176** oder verkürzt werden; die Regelung des Abs. 6 ist bislang als abschließend qualifiziert worden.[794] Nichts geändert daran hat die Reform des Verjährungsrechts, insbesondere die nunmehr mögliche Erschwerung im Rahmen des § 202 Abs. 2 BGB. Gerade eine Verlängerung würde bei einer Disponibilität der Verjährungsfrist die Versicherbarkeit der Risiken aus der Organtätigkeit negativ beeinflussen. Dagegen erscheint zwar eine entsprechende Verkürzung der Verjährungsfrist zumindest unter Gläubigerschutzgesichtspunkten tragbar, wenn selbst Abs. 4 einen Verzicht und Vergleich nach nur drei Jahren erlaubt. Andererseits haben Außenstehende oftmals keinen Einblick in die internen Vorgänge. Deswegen und vor dem Hintergrund der Amtszeit der Organe, insbesondere der maximierten Amtszeit von fünf Jahren des Vorstandes, sollte es im Ergebnis bei der zwingenden Ausgestaltung der Verjährung bleiben, so dass die Chance gewahrt bleibt, dass durch neue Organmitglieder Ersatzansprüche durchgesetzt werden können.

Wenn durch die Pflichtwidrigkeit gleichzeitig der Tatbestand einer unerlaubten **Handlung** vorliegt, entsteht zwischen dem Anspruch aus § 93 und dem deliktischen Anspruch Anspruchskonkurrenz, so dass auch die Verjährungsfristen unterschiedlichen Fristenbestimmungen unterliegen.[795] **177** Diese Frage hat indes mit der Schuldrechtsreform einiges an Gewicht verloren, da sowohl der Anspruch nach § 93 Abs. 2 als auch der deliktische Anspruch der einheitlichen Verjährungsfristberechnung nach § 199 BGB unterliegen. Allerdings bestehen nach wie vor unterschiedliche Fristen, so dass nunmehr der aktienrechtliche Anspruch einer längeren Verjährungsfrist als der deliktische Anspruch unterliegt, mithin sich das Verhältnis zwischen beiden Verjährungsfristen umkehrt.

Auch bei gleichzeitig entstehenden Bereicherungsansprüchen gem. §§ 812 ff. BGB oder aus **178** unechter Geschäftsführung gem. § 687 Abs. 2, §§ 678, 667 BGB richtet sich die Verjährung nach den für diese Ansprüche jeweils geltenden Vorschriften.[796] Die Ausgleichsansprüche der als Gesamtschuldner haftenden Organmitglieder verjähren in drei Jahren ab Kenntnis bzw. Kennenmüssen,[797] für die übergegangenen Forderungen verbleibt es bei der Verjährung nach § 93 Abs. 6.

Faktisch gesehen steht der Gesellschaft wohl das Doppelte der nach § 93 Abs. 6 einschlägigen **179** Verjährungsfrist in Bezug auf Ersatzansprüche wegen Pflichtverletzungen von Vorstandsmitgliedern zu, da das Verstreichenlassen der Verjährung durch Aufsichtsratsmitglieder ohne gebotene Anspruchsverfolgung gegenüber den pflichtwidrig handelnden Vorstandsmitgliedern seinerseits ein pflichtwidriges Handeln darstellen kann und die für die daraus resultierenden Ansprüche geltende Verjährung erst mit Anspruchsentstehung zu laufen beginnt.[798]

b) Beginn der Verjährung. Für den Beginn der Verjährung sind die allgemeinen Verjährungsvor- **180** schriften des BGB maßgeblich, so dass es zunächst auf die **Entstehung des Anspruchs** ankommt.[799] Zwar ist im Gegensatz zum früheren Recht[800] nach der Schuldrechtsreform für den Verjährungsbeginn nach § 199 Abs. 1 BGB die Kenntnis oder das Kennenmüssen des Anspruchsberechtigten der anspruchsbegründenden Umstände sowie des Anspruchsgegners erforderlich.[801] Doch greift hier § 200 BGB bzw. die Sonderregelung des § 93 ein, da es sich nicht um die regelmäßige Verjährungsfrist handelt, so dass es

---

[792] Großkomm AktG/*Hopt/Roth* § 93 Rn. 581.
[793] Großkomm AktG/*Hopt/Roth* § 93 Rn. 581; K. Schmidt/Lutter/*Krieger/Sailer-Coceani* § 93 Rn. 74.
[794] Kölner Komm AktG/*Mertens/Cahn* § 93 Rn. 199; K. Schmidt/Lutter/*Krieger/Sailer-Coceani* § 93 Rn. 74; Bürgers/Körber/*Bürgers* § 93 Rn. 54; Großkomm AktG/*Hopt/Roth* § 93 Rn. 585; anders etwa in der GmbH, s. nur BGH WM 2002, 2332 (2333) = DStR 2002, 2046 m. Anm. *Altmeppen; Jula* GmbHR 2001, 806 (809) je mwN zum Streitstand.
[795] So BGHZ 100, 190 (200 ff.); BGH ZIP 1989, 1390 (1396) m. Anm. *Fleck* ZIP 1991, 1269 (1271); *Thümmel,* Persönliche Haftung von Managern und Aufsichtsräten, 4. Aufl. 2008, Rn. 234; Kölner Komm AktG/*Mertens/Cahn* § 93 Rn. 195; Großkomm AktG/*Hopt/Roth* § 93 Rn. 581; Hüffer/Koch/*Koch* § 93 Rn. 85; NK-AktR/*Schmidt* § 93 Rn. 180; anders noch RGZ 87, 306 (310 f.).
[796] RGZ 96, 55; RG JW 1938, 2414; Kölner Komm AktG/*Mertens/Cahn* § 93 Rn. 196 f.
[797] Für das alte Recht (30 Jahre): RGZ 159, 86; Großkomm AktG/*Hopt/Roth* § 93 Rn. 584; Kölner Komm AktG/*Mertens*, 2. Aufl. 1996, § 93 Rn. 159.
[798] Kölner Komm AktG/*Mertens/Cahn* § 116 Rn. 75.
[799] BGHZ 100, 228 (231); BGH BB 1995, 2180 (2183) (für § 43 GmbHG); Großkomm AktG/*Hopt/Roth* § 93 Rn. 586 (587); Kölner Komm AktG/*Mertens/Cahn* § 93 Rn. 200; K. Schmidt/Lutter/*Krieger/Sailer-Coceani* § 93 Rn. 74.
[800] S. etwa noch BGHZ 100, 228 (231); wie hier jetzt Hüffer/Koch/*Koch* § 93 Rn. 87.
[801] Näher dazu Bamberger/Roth/*Spindler* BGB § 199 Rn. 17 ff.

für den Beginn der Verjährung nicht auf die Kenntnis bzw. das Kennenmüssen ankommt.[802] Zur Entstehung des Anspruchs gehört auch der **Eintritt eines Schadens**. Der Ersatzanspruch kann zwar nicht vor dem Abschluss der pflichtwidrigen Handlung, wohl aber später als sie entstehen.[803] Der aus der pflichtwidrigen Handlung erwachsene Schaden stellt eine Einheit dar, so dass er sich auch auf spätere Schadensfolgen erstreckt, allerdings nach hM nur, wenn mit ihnen bei Auftritt des ersten Schadens auf Grund verständiger Würdigung zu rechnen ist.[804] Diese Grundsätze gelten auch nach der Schuldrechtsreform fort, da der Gesetzgeber hier keine Änderung bewirken wollte.[805] Dann kann, mag auch die Höhe des Schadens noch nicht übersehbar sein, auf Feststellung der Schadenersatzpflicht gegen das Vorstandsmitglied geklagt werden.[806] Gleiches gilt, wenn die pflichtwidrige Handlung wiederholt wird, da das Zivilrecht keine fortgesetzte Handlung kennt.[807]

181 Im Falle von pflichtwidrigen Unterlassungen beginnt die Verjährung in dem Moment, in dem auf Grund der Unterlassung ein Schaden entstanden ist. Erweitert sich der Schaden durch fortgesetztes Nichthandeln, so bezieht sich der Beginn der Verjährung erst auf das Ende des pflichtwidrigen Unterlassens, da erst jetzt der gesamte Anspruch der Höhe nach feststeht.[808] Allerdings löst ein Verschweigen der pflichtwidrigen Handlung seitens des Organmitglieds keine erneute Verjährung aus, da es sich nicht selbst belasten muss.[809] Aus diesem Grund wird die Verjährung auch nicht dadurch hinausgeschoben, dass darauf abgestellt wird, dass sich die Heimlichkeit auf eine Handlung bezieht, gegen die das Organmitglied bei einem anderen hätte vorgehen müssen.[810] Denn in diesem Fall ist jede Pflichtwidrigkeit geeignet, nötige Reaktionen anderer Aufsichtsratsmitglieder auszulösen, so dass die Verjährung praktisch nicht eintreten würde.[811] Unterdrückt jedoch ein Organmitglied systematisch Tatsachen oder manipuliert diese, kann es sich später wegen unzulässiger Rechtsausübung nicht auf die Verjährung berufen.[812]

182 Für Neubeginn und Hemmung der Verjährung gelten §§ 203 ff. BGB. Kann die Gesellschaft mangels einer für die Vertretung nötigen Zahl von Vorstandsmitgliedern den Anspruch nicht geltend machen, so wird dadurch die Verjährung nicht gehemmt, da § 210 BGB nur für natürliche Personen gilt.[813] Hat die Gesellschaft einen Neubeginn oder die Hemmung herbeigeführt, so hat dies für alle Gläubiger Wirkung, die den Anspruch der Gesellschaft im eigenen Namen geltend machen können.[814] Dagegen hat die von einem einzelnen Gläubiger veranlasste Hemmung oder ein Neubeginn nur Wirkung für ihn selbst und den Insolvenzverwalter, nicht für die Gesellschaft und die anderen Gläubiger.[815]

5. Enthaftung, Freistellung und D&O-Versicherung.

Schrifttum: *Dreher*, Der Abschluß von D&O-Versicherungen und die aktienrechtliche Zuständigkeitsordnung, ZHR 165 (2001), 293; *Dreher*, Die selbstbeteiligungslose D&O-Versicherung in der Aktiengesellschaft, AG 2008, 429; *Ferck*, Der Selbstbehalt in der D&O-Versicherung für Organmitglieder von Aktiengesellschaften, Diss. Münster 2007; *Haarmann/Weiß*, Reformbedarf bei der aktienrechtlichen Organhaftung, BB 2014, 2115; *Habersack*, Die Freistellung des Organwalters von seiner Haftung gegenüber der Gesellschaft, FS Ulmer, 2003, 151; *Habersack*, Enthaftung des Vorstandsmitglieds qua Anstellungsvertrag?, NZG 2015, 1297; *Habetha*, Direktorenhaftung und gesellschaftsfinanzierte Haftpflichtversicherung, Diss. Kiel 1995; *Hacken*, Überlegungen zur Zeichnung und Tari-

---

[802] MüKoAktG/*Spindler* § 93 Rn. 291; Bürgers/Körber/*Bürgers* § 93 Rn. 54; s. *Schmitt-Rolfes/Bergwitz* NZG 2006, 535 (536).
[803] Großkomm AktG/*Hopt/Roth* § 93 Rn. 594.
[804] BGHZ 124, 27 (29 f.) = NJW 1994, 323; BGHZ 100, 228 (232); BGHZ 50, 21 (24); *Fleck* WM 1994, 1957 (1963).
[805] Zum Grundsatz der Schadenseinheit s. Bamberger/Roth/*Spindler* BGB § 199 Rn. 27 ff.
[806] BGHZ 73, 363 (365); BGHZ 79, 176 (178); BGHZ 96, 290 (294); BGHZ 100, 228 (231); BVerwGE 66, 256 (258); RGZ 83, 354; RG JW 1932, 1648.
[807] BGH DB 2002, 1657; BGHZ 97, 97 (110) = NJW 1986, 2309 (2312); RGZ 134, 335 (337); LG Waldshut-Tiengen DB 1995, 2157 (für § 43 GmbHG); Großkomm AktG/*Hopt/Roth* § 93 Rn. 590; Kölner Komm AktG/*Mertens/Cahn* § 93 Rn. 202.
[808] Zutr. Kölner Komm AktG/*Mertens/Cahn* § 93 Rn. 203; Großkomm AktG/*Hopt/Roth* § 93 Rn. 591; anders Vorauf. § 93 Rn. 85; für Verzugsschaden BGH BB 1957, 726.
[809] Kölner Komm AktG/*Mertens/Cahn* § 93 Rn. 201; Großkomm AktG/*Hopt/Roth* § 93 Rn. 588, 590.
[810] So aber noch Kölner Komm AktG/*Mertens* 2. Aufl. 1996, § 93 Rn. 162, allerdings unter Aufgabe in 3. Aufl.
[811] Großkomm AktG/*Hopt*, 4. Aufl., § 93 Rn. 439.
[812] RGZ 133, 33 (39); Großkomm AktG/*Hopt/Roth* § 93 Rn. 589; Kölner Komm AktG/*Mertens/Cahn* § 93 Rn. 201.
[813] RGZ 156, 291 (300); BGH NJW 1968, 692 (694); Großkomm AktG/*Hopt/Roth* § 93 Rn. 599; Kölner Komm AktG/*Mertens/Cahn* § 93 Rn. 204; Bamberger/Roth/*Henrich* BGB § 210 Rn. 1; MüKoBGB/*Grothe* § 210 Rn. 201.
[814] Kölner Komm AktG/*Mertens/Cahn* § 93 Rn. 205; Hüffer/Koch/*Koch* § 93 Rn. 81; Bürgers/Körber/*Bürgers* § 93 Rn. 54.
[815] Kölner Komm AktG/*Mertens/Cahn* § 93 Rn. 205 f.; Großkomm AktG/*Hopt/Roth* § 93 Rn. 598; K. Schmidt/Lutter/*Krieger/Sailer-Coceani* § 93 Rn. 61; Bürgers/Körber/*Bürgers* § 93 Rn. 54; zweifelnd Hüffer/Koch/*Koch* § 93 Rn. 87.

fierung von D&O-Risiken, PHi 2001, 194; *Heitmann,* Neueste Entwicklungen der Managerhaftung und die D&O-Versicherung, VW 1999, 1076; *Jungblut/Meßmer,* KonTraG, Technisches Risk Management und D&O-Versicherung, ZfV 2001, 705; *Kästner,* Aktienrechtliche Probleme der D&O-Versicherung, AG 2000, 113; *Kerst,* D&O-Selbstbehalt: Klare Antworten auf bohrende Fragen, VW 2010, 102; *Kiethe,* Persönliche Haftung von Organen der AG und der GmbH – Risikovermeidung durch D&O-Versicherung?, BB 2003, 537; *Kort,* Voraussetzungen der Zulässigkeit einer D&O-Versicherung von Organmitgliedern, DStR 2006, 799; *Lange,* Die Eigenschadenklausel in der D&O-Versicherung, ZIP 2003, 466; *Lange,* Praxisfragen der D&O-Versicherung, DStR 2002, 1626 (Teil I), 1674 (Teil II); *Lange,* Zulässigkeitsvoraussetzungen einer gesellschaftsfinanzierten Aufsichtsrats D& O-Versicherung, ZIP 2001, 1524; *Lattwein,* Quo vadis D&O? Status der Diskussion über die D&O-Bedingungen, NVersZ 1999, 49; *Lattwein/Krüger,* D&O-Versicherung – das Ende der Goldgräberstimmung, NVersZ 2000, 365; *Looschelders/Derkum,* Befugnis zur Geltendmachung des Versicherungsschutzes und Rechtsmissbrauchsverbot bei der D&O-Versicherung, ZIP 2017, 1249; *Mertens,* Bedarf der Abschluß der D&O-Versicherung durch die AG der Zustimmung der Hauptversammlung?, AG 2000, 447; *Notthoff,* Rechtliche Fragestellungen im Zusammenhang mit dem Abschluss einer Director's & Officer's-Versicherung, NJW 2003, 1350; *Pammler,* Die gesellschaftsfinanzierte D&O-Versicherung im Spannungsfeld des Aktienrechts, Diss. Saarbrücken 2006; *Rahlmeyer/Fassbach;* Vorstandshaftung und Prozessfinanzierung, GWR 2015, 331; *Rohles,* Die Vermögensschaden-Haftpflichtversicherung von Organen juristischer Personen (D&O-Versicherung), ZfV 2001, 267; *v. Schenk,* Handlungsbedarf bei der D& O-Versicherung, NZG 2015, 494; *Schilling,* Die Regulierung von Haftungsfällen in der D&O-Versicherung, VW 1999, 1074; *Schüppen/Sanna,* D&O-Versicherungen: Gute und schlechte Nachrichten, ZIP 2002, 550; *Seibt,* 20 Thesen zur Binnenverantwortung im Unternehmen im Lichte des reformierten Kapitalmarktsanktionsrechts, NZG 2015, 1097; *Sieg,* Tendenzen und Entwicklungen der Managerhaftung in Deutschland, PHi 2001, 90; *Spindler,* Organhaftung und Versicherung, Bachmann/Casper/Schäfer/Veil (Hrsg.), Steuerungsfunktionen des Haftungsrechts im Gesellschafts- und Kapitalmarktrecht, 2007, 215; *Thümmel/Sparberg,* Haftungsrisiken der Vorstände, Geschäftsführer, Aufsichtsräte und Beiräte sowie deren Versicherbarkeit, DB 1995, 1013; *Ulmer,* Strikte aktienrechtliche Organhaftung und D&O-Versicherung – zwei getrennte Welten, FS Canaris, Bd. 2, 2007, 451; *E. Vetter,* Aktienrechtliche Probleme der D&O-Versicherung, AG 2000, 453; *Wollny,* Die Directors' and Officers' Liability Insurance in den Vereinigten Staaten von Amerika (D&O-Versicherung), 1993.

Eine **Freistellung** von der Haftung des Aufsichtsratsmitglieds ist **unzulässig,** sowohl in der Satzung oder durch anderweitige Vereinbarung mit der AG.[816] Dagegen kann ein Aktionär schuldrechtlich ein Aufsichtsratsmitglied von seiner Haftung freistellen, indem er im Innenverhältnis die Ansprüche gegen das Aufsichtsratsmitglied übernimmt. **183**

Auch kann eine **Directors and Officers Liability-Versicherung** (D&O-Versicherung)[817] abgeschlossen werden, um begründete Ansprüche zu begleichen und unbegründete Ansprüche abzuwehren.[818] Dem Abschluss stehen **keine** durchgreifenden **rechtlichen Bedenken** gegenüber: Die ursprünglichen Bedenken des früheren Bundesaufsichtsamts für das Versicherungswesen haben sich durch die Deregulierung des Versicherungsmarktes erübrigt, so dass heute keine versicherungsrechtlichen Schranken mehr bestehen.[819] Aus gesellschaftsrechtlicher Sicht kann zwar eine Versicherung auf den ersten Blick die verhaltenssteuernde Wirkung der Haftung (Präventionswirkung) modifizieren;[820] doch werden diese Probleme durch die typischen versicherungsrechtlichen Instrumente, wie Selbstbehalt,[821] Überprüfungen durch die Versicherung sowie Prämienanpassungen ausgeglichen.[822] **184**

---

[816] AA für Vorstandsmitglieder: *Grunewald* AG 2013, 813 (815 ff.): an § 138 Abs. 1 BGB zu messende und § 276 Abs. 3 BGB berücksichtigende Haftungshöchstgrenzen in Satzung zulässig; *Seibt* NZG 2015, 1097 (1102), der bei Vorstandsmitgliedern eine Beschränkung im Anstellungsvertrag für möglich hält; dagegen: *Habersack* NZG 2015, 1297.

[817] Umfassend hierzu *Habetha,* Direktorenhaftung und gesellschaftsfinanzierte Haftpflichtversicherung, 1995; *Pammler,* Die gesellschaftsfinanzierte D&O-Versicherung im Spannungsfeld des Aktienrechts, 2006; *Ferck,* Der Selbstbehalt in der D&O-Versicherung für Organmitglieder von Aktiengesellschaften, 2007.

[818] Zu den einschlägigen steuerrechtlichen Problemen, insbes. zur steuerrechtlichen Behandlung von Prämienübernahmen der AG beim Vorstand und Aufsichtsrat *Dreher* DB 2001, 996 ff.; *Kästner* DStR 2001, 195 ff.; *Kästner,* DStR 2001, 422 ff.; *Küppers/Dettmeier/Koch* DStR 2002, 199 (202 ff.); *Rahlmeyer/Fassbach* GWR 2015, 331 (331 f.).

[819] Vgl. Großkomm AktG/*Hopt/Roth* § 93 Rn. 5451; zu den Bedingungen s. auch *Lattwein/Krüger* NVersZ 2000, 365 ff.; *Lattwein* NVersZ 1999, 49 ff.; *Notthoff* NJW 2003, 1350 (1351 ff.).

[820] Darauf verweisen zu Recht *Pammler,* Die gesellschaftsfinanzierte D&O-Versicherung im Spannungsfeld des Aktienrechts, 2006, 61 ff.; *Ulmer* FS Canaris, Bd. 2, 2007, 451 (464 f.); Großkomm AktG/*Hopt/Roth* § 93 Rn. 453.

[821] *Kerst* VW 2010, 102.

[822] S. nunmehr *Dreher* AG 2008, 429 (431 ff.); MüKoAktG/*Habersack* Rn. 6, 74, denenzufolge auch bei Verzicht auf einen angemessenen Selbstbehalt keine durchgreifenden rechtlichen Bedenken entgegenstehen; zwingend für das Erfordernis eines angemessenen Selbstbehalts *Pammler,* Die gesellschaftsfinanzierte D&O-Versicherung im Spannungsfeld des Aktienrechts, 2006, 77 ff., der sonst einen Verstoß gegen § 93 Abs. 2 hinsichtlich der Normziele des Schadensausgleichs und der Verhaltenssteuerung sieht; *Doralt* in Semler/v. Schenk AR-HdB § 15 Rn. 51 ff.; *Ulmer* FS Canaris, Bd. 2, 2007, 451 (468); so auch *Habetha,* Direktorenhaftung und gesellschaftsfinanzierte Haftpflichtversicherung, 1995, 184 und *Ferck,* Der Selbstbehalt in der D&O-Versicherung für Organmitglieder von Aktiengesellschaften, 2007, 119 ff. denenzufolge die D&O-Versicherung ansonsten § 93 Abs. 4 S. 3 zuwiderläuft; *Baumann* VersR 2006, 455 (461); *Kort* DStR 2006, 799 (802 f.).

Ferner kann die Gewinnung qualifizierten Personals[823] als wichtiges Argument angeführt werden. Die weitgehend selbständige Stellung des Aufsichtsrats, die sie gegenüber Arbeitnehmern abhebt, aber auch gegenüber dem Vorstand (mangels Dienstvertrag) führt aber dazu, dass sich die Aufsichtsratmitglieder eigenverantwortlich um entsprechende Absicherungen ihrer Risiken kümmern müssen.[824]

185 Davon zu trennen ist die Frage, ob die Gesellschaft die Prämienzahlungen übernehmen kann, etwa selbst als Vertragspartner der D&O-Versicherung.[825] Der Gesetzgeber hat die Frage nach der generellen Zulässigkeit für Vorstandsmitglieder durch § 93 Abs. 2 S. 3 geklärt, da dieser voraussetzt, dass die Gesellschaft eine Versicherung für Vorstandsmitglieder abschließt.[826] Auch wenn mit der Übernahme der Prämien nun ein Instrument der verhaltenssteuernden Wirkung – die Prämienanpassungen – wegfällt, kann die konkrete Ausgestaltung der Versicherung noch andere Möglichkeiten der Präventionswirkung enthalten,[827] sodass eine derartige Vertragskonstellation ebenso zulässig sein muss.

186 Von einer gesetzlichen Verpflichtung zur Vereinbarung eines angemessenen Selbstbehalts für den Aufsichtsrat hat der Gesetzgeber im Rahmen des VorstAG[828] aufgrund der Ausnahme der Verweisung auf die Regelung des § 93 Abs. 2 S. 3 in § 116 S. 1 ausdrücklich abgesehen.[829] Die für den Vorstand vorgebrachten Argumente[830] für einen zwingend erforderlichen **Selbstbehalt** vermögen daher angesichts der gesetzgeberischen Wertung für die D&O-Versicherung des Aufsichtsrats nicht durchzugreifen. Allerdings empfiehlt der **Deutsche Corporate Governance Kodex** eine entsprechende Vereinbarung auch für den Aufsichtsrat in Ziff. 3.8 Abs. 3,[831] die allerdings nicht die Anforderungen des § 93 Abs. 2 S. 3 erfüllen muss.[832] Da die Vergütung des Aufsichtsrats bislang wesentlich geringer ausfällt als diejenige des Vorstands, wirkt sich ein Selbstbehalt, bezogen auf einen prozentualen Anteil an der Vergütung, wesentlich geringer aus als beim Vorstand.[833] Daher sollte hier der Selbstbehalt eher in einem geringen prozentualen Anteil am Schaden bestehen, wobei die Höhe des Anteils sich an der Relation der Abweichung der Aufsichtsratsvergütung zur Vergütung des Vorstandes bestimmen kann.[834] Dieser Weg wird nunmehr durch § 116 S. 1 bestätigt, der klarstellt, dass der Mindestselbstbehalt für Vorstandsmitglieder aus § 93 Abs. 2 S. 3 keine zwingende Geltung für Aufsichtsratsmitglieder beansprucht.[835] Eine Differenzierung nach dem Entsendungsgrund kommt wegen des Grundsatzes der gleichen Berechtigung und Verantwortung nicht in Betracht.[836] Die für Vorstandsmitglieder geführte Diskussion, ob eine Selbstbehalts-Versicherung zulässig ist,[837] ist für das Aufsichtsratsmitglied mangels gesetzlicher Pflicht zur Vereinbarung eines Selbstbehalts und der damit nicht bestehenden Gefahr der Aushöhlung der gesetzlichen Entscheidung nicht einschlägig.

187 Hinsichtlich der Zuständigkeit zum Abschluss der D&O-Versicherung ist zu differenzieren:[838] Soweit der Abschluss der D&O-Versicherung Fürsorgecharakter hat, insbesondere im Falle der Grup-

---

[823] *Dreher* ZHR 165 (2001), 293 (310); *Mertens* AG 2000, 447 (452); *Nothoff* NJW 2003, 1350 (1353 f.); *Schüppen/Sanna* ZIP 2002, 550 (551); *Ulmer* FS Canaris, Bd. 2, 2007, 451 (460); zweifelnd *Pammler*, Die gesellschaftsfinanzierte D&O-Versicherung im Spannungsfeld des Aktienrechts, 2006, 110, demzufolge auch bei Qualifizierung der D&O-Versicherung als Vergütung sich die dann höhere Vergütung zur Erleichterung der Gewinnung qualifizierten Personals einsetzen ließe.
[824] MüKoAktG/*Spindler* § 93 Rn. 195.
[825] MüKoAktG/*Spindler* § 93 Rn. 194.
[826] MüKoAktG/*Spindler* § 93 Rn. 194; Hüffer/Koch/*Koch* § 93 Rn. 58; Bürgers/Körber/*Bürgers* § 93 Rn. 40a.
[827] MüKoAktG/*Spindler* § 93 Rn. 194.
[828] Gesetz zur Angemessenheit der Vorstandsvergütung v. 31.7.2009. BGBl. 2009 I 2509.
[829] Vgl. Bericht des Rechtsausschusses BT-Drs. 16/13 433, 18; *Olbrich/Kassing* BB 2009, 1659; *Nikolay* NJW 2009, 2640 (2644 f.); krit. dazu *Spindler* NJOZ 2009, 3282 (3289): Differenzierung gerade bei professionalisierter und entgeltlicher Aufsichtsratstätigkeit ungerechtfertigt; sowie *v. Kann* NZG 2009, 1010 (1011).
[830] Näher dazu MüKoAktG/*Spindler*, 3. Aufl. 2008, § 93 Rn. 179 ff. mwN; s. auch Großkomm AktG/Hopt/*Roth* § 93 Rn. 531; Kölner Komm AktG/*Mertens/Cahn* § 93 Rn. 171; *Bauer/Krets* DB 2003, 811 (812).
[831] Hierbei handelt es sich um eine Empfehlung, deren Abweichung gemäß § 161 erklärt werden muss.
[832] *Hecker* BB 2009, 1654 (1655); *Olbrich/Kassing* BB 2009, 1659; *Weber-Rey* WM 2009, 2255 (2261); K. Schmidt/Lutter/*Drygala* § 116 Rn. 58; dazu auch KBLW/*Bachmann* DCGK Rn. 672 ff., insbes. 522.
[833] MüKoAktG/*Spindler* § 93 Rn. 208.
[834] MüKoAktG/*Spindler* § 93 Rn. 208.
[835] MüKoAktG/*Spindler* § 93 Rn. 208; krit. dazu wegen fehlender Verhaltenssteuerung *Pregler*, Der Selbstbehalt des Vorstands im Spannungsfeld des Aktien- und Versicherungsrechts, 2012, 134 f.
[836] MüKoAktG/*Spindler* § 93 Rn. 209.
[837] MüKoAktG/*Spindler* § 93 Rn. 205; *Spindler* AG 2013, 889 (897) mwN; *Doralt* in Semler/v. Schenck AR-HdB § 15 Rn. 32 „fragwürdig".
[838] → § 113 Rn. 15 ff.; sowie *Spindler* in Bachmann/Casper/Schäfer/Veil, Die Steuerungsfunktion der Haftung im Gesellschafts- und Kapitalmarktrecht, 2007, 215 (224 ff.).

penversicherung, fällt dieser in die Geschäftsführungszuständigkeit des Vorstands.⁸³⁹ Andernfalls ist die D&O-Versicherung als Vergütung zu qualifizieren und somit gem. § 113 Abs. 1 die Hauptversammlung zuständig.⁸⁴⁰ Ansonsten stände es zur Wahl des Vorstands, das Haftungsrisiko des Aufsichtsrats zu gestalten.⁸⁴¹ Der Beschluss einer Hauptversammlung, eine D&O-Versicherung abzuschließen, enthält nicht den Verzicht auf die Geltendmachung von Schadensersatzansprüchen.⁸⁴²

Fraglich ist auch, ob der Gesellschaft als Versicherungsnehmerin oder dem Aufsichtsrat als Versichertem die **Befugnis zur Geltendmachung des Versicherungsschutzes** zukommt. Praktische Relevanz kommt diesem Konflikt zu, sobald der versicherte Aufsichtsrat aus dem Innenverhältnis schadensersatzpflichtig gegenüber der Gesellschaft ist, diese dann den Fall bei der Versicherung anzeigt und die versicherten Personen (bspw. die schadensersatzpflichtig gewordenen Aufsichtsratsmitglieder) jedoch keine Deckung bei der Versicherung beantragen. Dieser Problemkreis ergibt sich daraus, dass die D&O-Versicherung zwar eine Versicherung für fremde Rechnung i.S.d. §§ 43 ff. VVG ist⁸⁴³ und daher gemäß § 44 Abs. 2, § 45 Abs. 1 VVG ein Fall der gesetzlichen Prozessstandschaft vorliegt, bei dem der Versicherungsnehmer (die Gesellschaft) den Anspruch der versicherten Person (Aufsichtsratsmitglied) geltend machen kann. Dies wird in der Praxis jedoch häufig durch AVB abbedungen, in denen eine Klausel zu finden ist, nach der ausschließlich die versicherte Person den Anspruch auf Deckung geltend machen könne.⁸⁴⁴ Dass die Versicherungsgesellschaft sich aufgrund dieser Klausel auf mangelnde Prozessführungsbefugnis der Versicherungsnehmerin beruft, verstößt gegen die Grundsätze von Treu und Glauben (§ 242 BGB).⁸⁴⁵ Der BGH begründet diese Entscheidung mit dem Sinn von entsprechenden AVB-Klauseln, die Versicherten vor einer Nichtgeltendmachung durch den Versicherungsnehmer zu bewahren: Dieser Zweck sei eben nicht erfüllt, wenn sich die Versicherten selbst gegen den Deckungsanspruch entscheiden.⁸⁴⁶ Zudem könne es zu Interessenkonflikten kommen, wenn sich die Gesellschaft zunächst gegen die versicherten Aufsichtsratsmitglieder wenden müsste.⁸⁴⁷ Nach allgemein gültigen Grundsätzen⁸⁴⁸ habe der geschädigte Dritte (und hier zugleich versicherungsnehmende Gesellschaft)⁸⁴⁹ auch ein rechtliches Interesse iSv § 256 ZPO an der Feststellung, dass der Deckungsanspruch besteht.⁸⁵⁰ Dies ist angesichts der drohenden Zahlungsunfähigkeit des in Anspruch genommenen Aufsichtsratsmitglied auch konsequent.⁸⁵¹ Das Urteil des BGH fügt sich in die einschlägige Rechtsprechung⁸⁵² ein und passt die Behandlung der oben geschilderten Konstellation dem deutschen Versicherungssystem an.⁸⁵³ Dem Versicherten steht auch für den umgekehrten Fall, dass der Versicherungsnehmer die Geltendmachung des Deckungsanspruchs verweigert, die Möglichkeit offen, den Anspruch selbst geltend zu machen. Dies folgt aus der Überlegung, dass die gerichtliche Durchsetzung des Anspruchs des Versicherten gegen den Versicherungsnehmer, der wiederum auf die Geltendmachung des Deckungsanspruchs gegen die

---

⁸³⁹ Weitergehend stets für die Zuständigkeit des Vorstands *Dreher* ZHR 165 (2001), 293, (308, 321 f.); *Dreher* DB 2001, 996 (999); *Dreher/Thomas* ZGR 2009, 31 (49 ff.); *Lange* ZIP 2001, 1524 (1526 ff.); *Lange* DB 2003, 1833 (1834); *Mertens* AG 2000, 447 (451 f.); *Notthoff* NJW 2003, 1350 (1354); *Schüppen/Sanna* ZIP 2002, 550 (552 f.); *E. Vetter* AG 2000, 453 (457); *Wagner* in Semler/v. Schenck AR-HdB § 11 Rn. 45; einschränkend Großkomm AktG/*Hopt/Roth* Rn. 53, die eine Zuständigkeit des Vorstands im Falle eines angemessenen Selbstbehalts annehmen.
⁸⁴⁰ Ausschließlich für die Zuständigkeit der Hauptversammlung *Feddersen* AG 2000, 385 (394); *Kästner* AG 2000, 113 (118); *Kästner* DStR 2001, 195; *Theisen* DB 1999, 1665 (1668); MHdB AG/*Wiesner* § 21 Rn. 37; *Henssler* RWS-Forum 2001, 131 (144 ff.); *Krüger* NVersZ 2001, 8; K. Schmidt/Lutter/*Drygala* § 113 Rn. 16; so im Erg. auch *Ulmer* FS Canaris, Bd. 2, 2007, 451 (471); sowie *Pammler*, Die gesellschaftsfinanzierte D&O-Versicherung im Spannungsfeld des Aktienrechts, 2006, 133 ff. analoge Anwendung des § 113.
⁸⁴¹ Im Erg. ebenso *Pammler*, Die gesellschaftsfinanzierte D&O-Versicherung im Spannungsfeld des Aktienrechts, 2006, 137 ff.; zust. *Ulmer* ZHR 171 (2007), 119 (123).
⁸⁴² *Kästner* AG 2000, 113 (117 ff.); *Schwark* ZHR-Beiheft 71 (2001), 75 (101).
⁸⁴³ *Looschelders/Derkum* ZIP 2017, 1249 (1250); BGHZ 209, 373 (379) = ZIP 2016, 976 (978); BGH AG 2016, 395 (396 f.).
⁸⁴⁴ So auch im vorliegenden Fall: BGH ZIP 2017, 881, bei dem es zwar um einen Anspruch gegen Vorstandsmitglieder ging – die Ausführungen sind aber sinngemäß übertragbar.
⁸⁴⁵ BGH ZIP 2017, 881 (882 f.).
⁸⁴⁶ BGH ZIP 2017, 881 (882); so auch bereits in einem ähnlich gelagerten Fall: BGHZ 41, 327 (330).
⁸⁴⁷ BGH ZIP 2017, 881 (882); dies sah auch bereits BGHZ 41, 327 (332).
⁸⁴⁸ BGH VersR 2009, 1485; VersR 2001, 90; *Armbrüster* r+s 2010, 441 (447); *Felsch* r+s 2010, 265 (275); *Johannsen* r+s 1997, 309 (313).
⁸⁴⁹ Dies ist ein typisches Charakteristikum der D&O-Versicherung, *Looschelders/Derkum* ZIP 2017, 1249 (1250).
⁸⁵⁰ BGH ZIP 2017, 881 (882 f.).
⁸⁵¹ Im Ansatz so auch *Looschelders/Derkum* ZIP 2017, 1249 (1250).
⁸⁵² Vgl. insbesondere das bereits zitierte BGHZ 41, 327.
⁸⁵³ So auch *Looschelders/Derkum* ZIP 2017, 1249 (1254 f.) mwN.

Versicherung abzielt, unzumutbaren Aufwand bedeutet. Die Prozessführungsbefugnis wird gestützt auf das Institut der unzulässigen Rechtsausübung seitens des Versicherungsnehmers für den Fall, dass dieser die Geltendmachung verweigert.[854]

6. Verfolgung der Ansprüche durch Gläubiger (§ 93 Abs. 5).

Schrifttum: *Cahn,* Vergleichsverbote im Gesellschaftsrecht, 1996; *Goette,* Zur Verteilung der Darlegungs- und Beweislast der objektiven Pflichtwidrigkeit bei der Organhaftung, ZGR 1995, 648; *Habscheid,* Prozessuale Probleme hinsichtlich der „Geltendmachung von Gläubigerrechten" durch den Konkursverwalter beim Konkurs einer Aktiengesellschaft (§ 93 Abs. 5 AktG), FS F. Weber, 1975, 197; *Mertens,* Liquidationsvergleich über das Gesellschaftsvermögen und Ersatzansprüche nach § 93 Abs. 5 AktG, AG 1977, 66; *Peltzer,* Ansprüche der Gläubiger einer AG gegen Vorstands- und Aufsichtsratsmitglieder nach §§ 93 Abs. 5, 116 AktG im Falle eines gerichtlichen Vergleichs der AG, AG 1976, 100.

188 **a) Kennzeichnung der Haftung.** Grundsätzlich können sich die Gesellschaftsgläubiger mit ihren Ansprüchen nur an die Gesellschaft halten. Zwar ist die Pfändung und Einziehung der Ansprüche der Gesellschaft gegen das Aufsichtsratsmitglied auf Grund eines gegen die Gesellschaft erzielten Titels möglich; doch sind die Gläubiger allen Einwendungen des Organmitglieds ausgesetzt, das sich insbesondere auch auf einen gesetzmäßigen Beschluss der Hauptversammlung (Abs. 4 S. 1) oder einen späteren Haftungsausschluss durch Verzicht oder Vergleich (Abs. 4 S. 3) berufen kann.[855] Hierauf findet § 93 Abs. 5 keine Anwendung.

189 Unabhängig hiervon gibt § 93 Abs. 5 S. 1 den Gläubigern der Gesellschaft ein unmittelbares Klagerecht im eigenen Namen und auf Zahlung an sich gegen ein der Gesellschaft ersatzpflichtiges Organmitglied, allerdings nur bis zur Deckung ihrer Forderung einschließlich aller Nebenforderungen (Zinsen, Mahnkosten). Da es sich um einen Anspruch der Gesellschaft handelt, den der Gesellschaftsgläubiger geltend macht, sind Gesellschaft und Gläubiger keine Gesamtgläubiger im Sinne des § 428 BGB.[856] Die **praktische Bedeutung** von § 93 Abs. 5 ist indes **gering,** da in der Insolvenz der Insolvenzverwalter die Ansprüche der Gesellschaft geltend machen wird, und bei Ablehnung der Eröffnung des Insolvenzverfahrens mangels Masse den Gläubigern oft die nötigen Kenntnisse fehlen, um den Anspruch substantiiert verfolgen zu können.[857]

190 Umstritten ist die **dogmatische Deutung** des sog. Verfolgungsrechts, wenngleich auch wenig praxisrelevant: Die früher überwiegende Auffassung will nur einen Anspruch der Gesellschaft, geltend gemacht durch den Gläubiger als **Prozessstandschafter,** annehmen, mag dieser Anspruch auch, soweit er von einem Gläubiger geltend gemacht wird, in Bezug auf den Pflicht- und Haftungsmaßstab durch Abs. 5 S. 2 und 3 modifiziert sein. Der Schutzzweck der Regelung, die den Gläubiger vor der Nichtgeltendmachung eines Schadenersatzanspruchs gegen das Vorstandsmitglied schützen und ihm den Umweg der vorherigen Pfändung und Überweisung dieses Anspruchs ersparen will, werde durch ein gesetzliches Prozessführungsrecht erreicht, ohne dass es notwendig sei, den Gläubigern eigene Ansprüche zu geben.[858] Andere bejahen ein **materielles Eigenrecht des Gläubigers,** weil das Organmitglied auch hafte, wenn es sich auf einen gesetzmäßigen Hauptversammlungsbeschluss berufen könne, und weil auf Abs. 2 S. 2 verwiesen werde, was sich bei einem Anspruch der Gesellschaft erübrigen würde.[859] Gegen eine reine Prozessstandschaft spricht indes, dass der Gläubiger unmittelbar Leistung an sich selbst verlangen kann. Anderseits kann das Organmitglied seine Haftung gegenüber dem Gläubiger durch befreiende Leistung an die Gesellschaft abwenden. Daher liegt es nahe, das Verfolgungsrecht mit dem Recht des Gläubigers einer Kommanditgesellschaft, den Kommanditisten bis zur Höhe seiner Einlage unmittelbar gem. § 171 HGB in Anspruch zu nehmen, zu vergleichen, was auf eine **Anspruchsvervielfältigung** hinausläuft.[860] Der Gläubiger macht gegen das der Gesellschaft ersatzpflichtige Vorstandsmitglied einen eigenen Anspruch geltend, der der Höhe nach durch seine Forderung gegen die Gesellschaft beschränkt ist.

---

[854] BGHZ 41, 327 (331).
[855] Großkomm AktG/*Hopt/Roth* § 93 Rn. 546; Bürgers/Körber/*Bürgers* § 93 Rn. 43.
[856] Kölner Komm AktG/*Mertens/Cahn* § 93 Rn. 183; *Golling,* Sorgfaltspflicht und Verantwortlichkeit der Vorstandsmitglieder für ihre Geschäftsführung innerhalb der nicht konzerngebundenen Aktiengesellschaft, 1969, 91 ff.
[857] S. auch *Semler* AG 1983, 81 ff.
[858] So OLG Frankfurt a. M. WM 1977, 59 (62); LG Köln AG 1976, 105 (106); *Habscheid* FS F. Weber, 1975, 197 ff.
[859] K. Schmidt/Lutter/*Krieger/Sailer-Coceani* § 93 Rn. 68; *Zempelin* AcP 155 (1955), 209 (241).
[860] So ausdrücklich Kölner Komm AktG/*Mertens/Cahn* § 93 Rn. 180 ff. (183); Hüffer/Koch/*Koch* § 93 Rn. 87; Bürgers/Körber/*Bürgers* § 93 Rn. 43; *Arnold* in Marsch-Barner/Schäfer Börsennotierte AG-HdB Rn. 22.62; im Ergebnis auch Großkomm AktG/*Hopt/Roth* § 93 Rn. 549 f.; NK-AktR/*Schmidt* § 93 Rn. 152 f.; s. auch Kölner Komm AktG/*Lutter* § 62 Rn. 24, wonach der Gläubiger nur Leistung an die Gesellschaft verlangen kann.

b) Voraussetzungen. Zunächst muss der Gläubiger gegen die Gesellschaft eine auf Geld gerichtete oder doch eine in eine Geldforderung übergehbare, fällige Forderung haben. Auf den Rechtsgrund der Forderung und ihren Wert kommt es nicht an.[861] Die Forderung des Gläubigers muss nicht vor der Pflichtverletzung des Aufsichtsratsmitglieds oder vor Kenntnis dieser Verletzung entstanden sein. Jeder Gläubiger, der gegenwärtige wie der künftige, soll ein Zugriffsrecht haben.[862] Ist der Gläubiger mit seiner Forderung gegen die Gesellschaft durch den Insolvenzplan ausgefallen, kann er – ohne Rücksicht auf seine Zustimmung zum Insolvenzplan – nicht mehr die Forderung gegen das Aufsichtsratsmitglied geltend machen;[863] denn der Anspruch gegen das Aufsichtsratsmitglied ist kein eigenständiger Anspruch des Gläubigers, sondern steht grundsätzlich der Gesellschaft zu, so dass bei durchgeführter Insolvenz auch der Anspruch nicht mehr vom Gläubiger geltend gemacht werden kann.

Die Gesellschaft muss ferner gegen das Aufsichtsratsmitglied einen Ersatzanspruch nach Abs. 2 oder Abs. 3 haben, ohne dass dieser tituliert sein müsste.[864] Andere Ansprüche, zB aus einem Beratungsvertrag mit dem Aufsichtsratsmitglied, werden nicht erfasst.[865] Der Anspruch muss der Gesellschaft auch noch zustehen, also nicht etwa abgetreten worden sein. Liegen die Voraussetzungen des Verfolgungsrechts allerdings zum Zeitpunkt der Abtretung bereits vor, ist die Abtretung wegen Umgehung des § 93 Abs. 5 unwirksam.[866] Bei Verletzungen der Organpflicht nach § 116 iVm § 93 Abs. 2 beschränkt § 93 Abs. 5 die Anspruchsverfolgung auf gröbliche Verletzungen, dh grobe Fahrlässigkeit; bei Verletzungen nach § 93 Abs. 3 dagegen genügt auch einfache Fahrlässigkeit (→ Rn. 142).

Ein **Vergleich** oder **Verzicht zwischen Gesellschaft und Organmitglied** zur Abwendung eines **Insolvenzverfahrens** wirkt auch gegenüber dem Gläubiger, da § 93 Abs. 4 S. 4 sinngemäß anzuwenden ist. Ansonsten könnten die Gläubiger über das Verfolgungsrecht die Durchführung eines Insolvenzplanes erschweren.[867] Andere Vergleiche oder Verzichtserklärungen der Gesellschaft mit dem Aufsichtsratsmitglied berühren dagegen gem. § 93 Abs. 5 S. 3 nicht den Anspruch des Gläubigers.

Schließlich muss der Gläubiger wegen seiner Forderung gegen die Gesellschaft von dieser keine Befriedigung erlangen können. Der Gläubiger muss daher darlegen und beweisen, dass die Gesellschaft objektiv unfähig ist, wegen Zahlungsunfähigkeit oder Überschuldung den Anspruch zu befriedigen. Es ist aber nicht nötig, dass der Gläubiger bereits die Zwangsvollstreckung versucht oder gegen die Gesellschaft geklagt hat,[868] die Zahlungsunfähigkeit kann vielmehr in jedweder Weise nachgewiesen werden.[869] Eine Einrede der Vorausklage kennt § 93 Abs. 5 nicht. Praktische Bedeutung kommt daher dem Zugriffsrecht der Gläubiger im Wesentlichen nur dann zu, wenn der Antrag auf Eröffnung des Insolvenzverfahrens mangels Masse abgelehnt worden ist.[870]

c) Geltendmachung. Liegen die beschriebenen Voraussetzungen des Abs. 5 S. 1 vor, kann der Gläubiger den Ersatzanspruch der Gesellschaft im eigenen Namen und bis zur Höhe seiner eigenen Forderung gegen das ersatzpflichtige Organmitglied geltend machen, gerichtet auf Zahlung an sich, ohne dass er die Leistung an die Gesellschaft beantragen könnte.[871] Das folgt aus dem Schutzzweck des Klagerechts sowie daraus, dass die Beschränkung der Einwendungen gem. Abs. 5 S. 3 nur den Sinn hat, den Gläubiger besser zu stellen. Die Ersatzansprüche der Gesellschaft müssen unmittelbar mit der Forderung korrespondieren, wegen derer ein Gesellschaftsgläubiger Befriedigung sucht; sie unterliegen als Bestandteil des Gesellschaftsvermögens unmittelbar dem Zugriff aller Gläubiger.[872] Der Gläubiger darf das vom Aufsichtsratsmitglied Erlangte behalten und muss es weder an die Gesellschaft noch an andere Gläubiger auskehren, bei einem Mehrbetrag nur nach §§ 812 ff. BGB

---

[861] Großkomm AktG/*Hopt/Roth* § 93 Rn. 556; Kölner Komm AktG/*Mertens/Cahn* § 93 Rn. 182.
[862] Großkomm AktG/*Hopt/Roth* § 93 Rn. 558.
[863] Großkomm AktG/*Hopt/Roth* § 93 Rn. 557; Kölner Komm AktG/*Mertens/Cahn* § 93 Rn. 186; zum alten Recht: LG Köln AG 1976, 105 (106); *Mertens* AG 1977, 66 ff.; aA *Peltzer* AG 1976, 100 ff.
[864] Großkomm AktG/*Hopt/Roth* § 93 Rn. 555.
[865] Großkomm AktG/*Hopt/Roth* § 93 Rn. 553.
[866] Kölner Komm AktG/*Mertens/Cahn* § 93 Rn. 187; aA Großkomm AktG *Hopt/Roth* § 93 Rn. 571, 530.
[867] Kölner Komm AktG/*Mertens/Cahn* § 93 Rn. 185; K. Schmidt/Lutter/*Krieger/Sailer-Coceani* § 93 Rn. 71.
[868] K. Schmidt/Lutter/*Krieger/Sailer-Coceani* § 93 Rn. 69; Kölner Komm AktG/*Mertens/Cahn* § 93 Rn. 179, allerdings ohne nähere Begründung.
[869] Hüffer/Koch/*Koch* § 93 Rn. 82; Kölner Komm AktG/*Mertens/Cahn* § 93 Rn. 182; Großkomm AktG/*Hopt/Roth* § 93 Rn. 559.
[870] § 26 InsO; Kölner Komm AktG/*Mertens/Cahn* § 93 Rn. 179.
[871] Kölner Komm AktG/*Mertens/Cahn* § 93 Rn. 181; Hüffer/Koch/*Koch* § 93 Rn. 83; K. Schmidt/Lutter/*Krieger/Sailer-Coceani* § 93 Rn. 72; MHdB AG/*Wiesner* § 26 Rn. 58; Großkomm AktG/*Hopt/Roth* § 93 Rn. 563.
[872] BGHZ 75, 96 (103).

196 an die Gesellschaft.⁸⁷³ Die Klage des Gläubigers ist aber auf die Höhe des Schadens, den das Organmitglied bei der Gesellschaft verursacht hat, beschränkt.⁸⁷⁴

196 Zwischen Gesellschaft und Organmitglied besteht gegenüber dem Gläubiger **kein Gesamtschuldverhältnis,** da die Ansprüche nicht gleichstufig sind, indem das Organmitglied erst haftet, wenn von der Gesellschaft keine Befriedigung zu erlangen ist.⁸⁷⁵ Aber auch eine **Gesamtgläubigerschaft** zwischen Gesellschaft und Gläubiger gegenüber dem Aufsichtsratsmitglied besteht mangels Gleichstufigkeit der Forderungen nicht; erst wenn der Gläubiger das Organmitglied in Anspruch genommen hat, kann dieses an den Gläubiger mit befreiender Wirkung auch gegenüber der Gesellschaft leisten. Wie dargelegt kann aber selbst bei Inanspruchnahme durch einen Gläubiger das Organmitglied immer noch mit befreiender Wirkung an die Gesellschaft leisten, auch wenn diese gar nicht das Organmitglied in Regress genommen hat.⁸⁷⁶ Die Gesamtgläubigerschaft zeichnet sich aber dadurch aus, dass mit befreiender Wirkung an jeden Gläubiger zu jeder Zeit geleistet werden kann.

197 Die **Zahlung an die Gesellschaft oder einen Gesellschaftsgläubiger** befreit das Aufsichtsratsmitglied von seiner Schuld gegenüber allen, durch Zahlung an einen Gesellschaftsgläubiger allerdings nur, soweit die Voraussetzungen des Abs. 5 S. 1 vorliegen. Der Ersatzanspruch der Gesellschaft ist damit erloschen.⁸⁷⁷ Es steht dem Organmitglied frei, an die Gesellschaft oder einen Gesellschaftsgläubiger zu zahlen, einerlei, wer zuerst Klage gegen es erhoben hat.⁸⁷⁸ Auch kann es sich durch Aufrechnung mit einer ihm gegen den Gesellschaftsgläubiger zustehenden Forderung von der Ersatzpflicht befreien.⁸⁷⁹ Sowohl der Anspruch der AG als auch derjenige des Gläubigers gehen dann unter, bei Leistung des Organmitglieds an den Gläubiger allerdings nur dann, wenn dieser die Leistung verlangt hatte.⁸⁸⁰ Will der Gläubiger verhindern, dass das Aufsichtsratsmitglied sich durch Zahlung an die Gesellschaft oder einen anderen Gläubiger befreit, so muss er zusätzlich den Anspruch der Gesellschaft auf Grund eines gegen sie erzielten Schuldtitels pfänden und sich zur Einziehung überweisen lassen.⁸⁸¹ Einwendungen und Einreden, die das ersatzpflichtige Organmitglied gegenüber der Gesellschaft hat, stehen ihm, soweit nicht Abs. 5 S. 3 die Haftung verschärft, auch gegenüber dem Gesellschaftsgläubiger zu.

198 Das ersatzpflichtige Aufsichtsratsmitglied kann **mehrfach in Anspruch** genommen werden, sowohl von mehreren Gesellschaftsgläubigern als auch zugleich von der Gesellschaft. Weder haben die Gläubiger vor der Gesellschaft noch hat diese vor den Gläubigern ein Vorrangsrecht;⁸⁸² ein Vorrang lässt sich für einen Gläubiger nur durch eine Pfändung und Überweisung des Ersatzanspruchs der Gesellschaft erreichen.

199 Hat ein Gläubiger schon Klage erhoben, so kann das Aufsichtsratsmitglied der Klage eines anderen Gläubigers oder der Gesellschaft nicht die **Einrede der Rechtshängigkeit** (§ 261 Abs. 3 Nr. 1 ZPO) entgegensetzen.⁸⁸³ Gleiches gilt, wenn die Gesellschaft gegen das Aufsichtsratsmitglied Klage erhoben hat, da sonst das Verfolgungsrecht des Gläubigers unterminiert würde.⁸⁸⁴ Abgesehen davon, dass es sich nicht um die gleichen Parteien handelt, sind auch die Anspruchsvoraussetzungen und Verteidigungsmöglichkeiten (Abs. 4, 5) unterschiedlich. Ebenso wenig steht einem Organmitglied die Einrede der Rechtshängigkeit zu, wenn ein Gläubiger gleichzeitig gegen ein anderes mit jenem als Gesamtschuldner verpflichtetes Aufsichtsratsmitglied Klage erhoben hat. Zulässig und zweckmäßig kann eine Aussetzung der Verhandlung bis zur Erledigung des anderen Rechtsstreits sein.⁸⁸⁵

200 Auch kann ein einzelner Gläubiger auf die Geltendmachung des Ersatzanspruchs gegenüber einem Organmitglied **verzichten** oder sich mit ihm vergleichen. § 93 Abs. 4 S. 3 ist hier nicht einschlägig, da er nur das Verhältnis zwischen dem einzelnen Gesellschaftsgläubiger und dem Aufsichtsratsmitglied betrifft. Auch nach einem solchen Verzicht oder Vergleich kann der Gesellschaftsgläubiger mit seiner

---

⁸⁷³ Großkomm AktG/*Hopt/Roth* § 93 Rn. 565.
⁸⁷⁴ Großkomm AktG/*Hopt/Roth* § 93 Rn. 563.
⁸⁷⁵ Großkomm AktG/*Hopt/Roth* § 93 Rn. 567.
⁸⁷⁶ Großkomm AktG/*Hopt/Roth* § 93 Rn. 569; Kölner Komm AktG/*Mertens/Cahn* § 93 Rn. 184.
⁸⁷⁷ Kölner Komm AktG/*Mertens/Cahn* § 93 Rn. 184; Großkomm AktG/*Hopt/Roth* § 93 Rn. 569.
⁸⁷⁸ Großkomm AktG/*Hopt/Roth* § 93 Rn. 569.
⁸⁷⁹ Großkomm AktG/*Hopt/Roth* § 93 Rn. 569.
⁸⁸⁰ Hüffer/Koch/*Koch* § 93 Rn. 83; Kölner Komm AktG/*Mertens/Cahn* § 93 Rn. 184; K. Schmidt/Lutter/ *Krieger/Sailer-Coceani* § 93 Rn. 59.
⁸⁸¹ Kölner Komm AktG/*Mertens/Cahn* § 93 Rn. 179; Hüffer/Koch/*Koch* § 93 Rn. 83; K. Schmidt/Lutter/ *Krieger/Sailer-Coceani* § 93 Rn. 72.
⁸⁸² Hüffer/Koch/*Koch* § 93 Rn. 83.
⁸⁸³ Kölner Komm AktG/*Mertens/Cahn* § 93 Rn. 184; Hüffer/Koch/*Koch* § 93 Rn. 83; Großkomm AktG/ *Hopt/Roth* § 93 Rn. 572; Bürgers/Körber/*Bürgers* § 93 Rn. 45.
⁸⁸⁴ Kölner Komm AktG/*Mertens/Cahn* § 93 Rn. 184; *Arnold* in Marsch-Barner/Schäfer Börsennotierte AG-HdB Rn. 22.63.
⁸⁸⁵ Großkomm AktG/*Hopt/Roth* § 93 Rn. 572; Kölner Komm AktG/*Mertens/Cahn* § 93 Rn. 184.

Forderung gegen die Gesellschaft vorgehen und diese ist ihrerseits nicht gehindert, den Ersatzanspruch gegenüber dem Aufsichtsratsmitglied geltend zu machen.

Das rechtskräftige Urteil, das ein Gläubiger erzielt, wirkt nach § 325 ZPO nur für und gegen ihn als Partei, nicht auch für und gegen die Gesellschaft als Rechtsträgerin und gegen andere Gläubiger. In diesem Fall muss das Aufsichtsratsmitglied gegebenenfalls Vollstreckungsabwehrklage nach § 767 ZPO erheben. Ist der Anspruch getilgt, müssen die übrigen Prozesse in der Hauptsache für erledigt erklärt werden.[886]

d) Beweislast. Die Beweislastregel des § 93 Abs. 2 S. 2 greift auch im Prozess des Gläubigers gegen das Aufsichtsratsmitglied. Der Gläubiger hat darzulegen und zu beweisen, dass ihm eine Forderung gegen die Gesellschaft zusteht, dass er von der Gesellschaft keine Befriedigung erlangen kann und dass der Gesellschaft durch ein Verhalten des in Anspruch genommenen Vorstandsmitglieds ein Schaden entstanden ist.[887] Das Organmitglied hat zur Abwendung der Ersatzpflicht darzulegen und zu beweisen, dass es die Sorgfalt eines ordentlichen und gewissenhaften Geschäftsleiters angewendet hat. Im Fall des Abs. 3 Nr. 6 muss der Gläubiger nicht die erfolgten Zahlungen nach Zahlungsunfähigkeit oder Überschuldung der Höhe nach darlegen und den Empfänger nennen. Es genügt, wenn er Anhaltspunkte für das Vorliegen derartiger Zahlung darlegt; im Übrigen gilt § 287 ZPO.[888]

e) Rechtslage im Insolvenzverfahren. Ist über das Vermögen der Gesellschaft das Insolvenzverfahren eröffnet worden, so kann allein der Insolvenzverwalter die Ersatzansprüche der Gesellschaft und die Ansprüche der Gläubiger geltend machen; die Gläubiger können nicht mehr selbst nach Abs. 5 S. 1 vorgehen, ihnen würde die Sachlegitimation fehlen.[889] Hat ein Gläubiger bereits vor Eröffnung des Insolvenzverfahrens Klage erhoben, so wird das Verfahren durch die Eröffnung nach § 240 ZPO unterbrochen.[890] Bei Eintritt des Insolvenzverwalters in den Rechtsstreit hat er die Stellung des Rechtsnachfolgers des bisherigen Klägers. Ein gegen den Insolvenzverwalter ergehendes rechtskräftiges Urteil, das die Klage abweist, muss jeder Gläubiger gegen sich gelten lassen, weil der Insolvenzverwalter für alle Gläubiger handelt.[891] Endet das Insolvenzverfahren vor Beendigung des Rechtsstreits, so endet damit auch die Sachbefugnis des Insolvenzverwalters. Gleiches gilt, wenn der Insolvenzverwalter den Anspruch ausdrücklich freigibt oder den Prozess nicht aufnimmt.[892] Hatte der Gläubiger vor Insolvenzeröffnung selbst geklagt, so tritt seine Sachberechtigung wieder in Kraft. Er setzt den Rechtsstreit als Rechtsnachfolger des Insolvenzverwalters fort.[893]

Entscheidend ist ferner, ob der Insolvenzverwalter die Ansprüche der Gesellschaft oder diejenigen der Gläubiger nach § 93 Abs. 5 geltend macht: Denn er braucht sich bei Geltendmachung der Ersatzansprüche der Gläubiger nicht einen Verzicht oder Vergleich der Gesellschaft entgegenhalten lassen, ebenso wenig die Durchführung eines gesetzmäßigen Beschlusses der Hauptversammlung.[894] Der Insolvenzverwalter muss nur darlegen, dass die Ansprüche der Gläubiger insgesamt die Höhe des gegen das Organmitglied geltend gemachten Schadens erreichen.[895]

Für einen **Verzicht** oder **Vergleich** durch den Insolvenzverwalter gelten die Voraussetzungen des Abs. 4 S. 3 nicht.[896] Der Verzicht durch den Insolvenzverwalter ist aber nur wirksam, wenn damit nicht objektiv dem Insolvenzzweck zuwidergehandelt wird.[897] Der eingeklagte Betrag fällt auf jeden Fall in die Masse. Vergleiche, die der Insolvenzverwalter schließt, binden die Gläubiger,

---

[886] Kölner Komm AktG/*Mertens*/*Cahn* § 93 Rn. 184; Großkomm AktG/*Hopt*/*Roth* § 93 Rn. 573.
[887] Großkomm AktG/*Hopt*/*Roth* § 93 Rn. 559.
[888] Kölner Komm AktG/*Mertens*/*Cahn* § 93 Rn. 145.
[889] RGZ 74, 428; RG JW 1935, 3302; Hüffer/Koch/*Koch* § 93 Rn. 84; K. Schmidt/Lutter/*Krieger*/*Sailer-Coceani* § 93 Rn. 73; Bürgers/Körber/*Bürgers* § 93 Rn. 46; Kölner Komm AktG/*Mertens*/*Cahn* § 93 Rn. 193; Großkomm AktG/*Hopt*/*Roth* § 93 Rn. 574 f.
[890] *Habscheid* FS F. Weber, 1975, 197 ff.; Großkomm AktG/*Hopt*/*Roth* § 93 Rn. 575 (allerdings auf die Anhängigkeit der Klage abstellend); Kölner Komm AktG/*Mertens*/*Cahn* § 93 Rn. 190; K. Schmidt/Lutter/*Krieger*/*Sailer-Coceani* § 93 Rn. 73.
[891] Großkomm AktG/*Hopt*/*Roth* § 93 Rn. 577; restriktiver Kölner Komm AktG/*Mertens*/*Cahn* § 93 Rn. 192: für Gläubiger nur, wenn deren Ansprüche streitbefangen sind.
[892] Großkomm AktG/*Hopt*/*Roth* § 93 Rn. 576; K. Schmidt/Lutter/*Krieger*/*Sailer-Coceani* § 93 Rn. 73; Kölner Komm AktG/*Mertens*/*Cahn* § 93 Rn. 190; anders noch für die KO RGZ 74, 428 (430).
[893] RG JW 35, 3302; Großkomm AktG/*Hopt*/*Roth* § 93 Rn. 578; Kölner Komm AktG/*Mertens*/*Cahn* § 93 Rn. 193.
[894] Großkomm AktG/*Hopt*/*Roth* § 93 Rn. 574; Kölner Komm AktG/*Mertens*/*Cahn* § 93 Rn. 191; Hüffer/Koch/*Koch* § 93 Rn. 84.
[895] Kölner Komm AktG/*Mertens*/*Cahn* § 93 Rn. 191.
[896] RGZ 74, 428 (430); Kölner Komm AktG/*Mertens*/*Cahn* § 93 Rn. 192; Großkomm AktG/*Hopt*/*Roth* § 93 Rn. 574; Hüffer/Koch/*Koch* § 93 Rn. 84; Bürgers/Körber/*Bürgers* § 93 Rn. 46.
[897] BGH NJW 1971, 701 (703).

da nach Abs. 5 S. 4 während der Dauer des Insolvenzverfahrens die Rechte der Gläubiger gegen die Organmitglieder vom Insolvenzverwalter ausgeübt werden.[898]

206 Im Fall der Eigenverwaltung nach §§ 270 ff. InsO hat der **Sachwalter** die Befugnisse des Insolvenzverwalters nach § 93 Abs. 5 S. 4, der § 274 InsO vorgeht.[899] Der Sachwalter kann mithin das Verfolgungsrecht der Gläubiger geltend machen, nicht aber die Ersatzansprüche der Gesellschaft.[900]

207 **f) Gerichtsstand.** Für den Anspruch der Gesellschaft gegen ein Organmitglied ist stets gem. § 29 Abs. 1 ZPO der gemeinsame Gerichtsstand des Erfüllungsorts am Sitz der Gesellschaft begründet.[901] Für den Anspruch des Gesellschaftsgläubigers ist neben dem allgemeinen Gerichtsstand nach §§ 13 ff. ZPO der Gerichtsstand des Erfüllungsorts gegeben.[902] Zuständig ist nicht das Arbeitsgericht, sondern das ordentliche Gericht, da das Aufsichtsratsmitglied kein Arbeitnehmer ist, auch dann nicht, wenn es Arbeitnehmervertreter ist.[903] Es handelt sich um eine Handelssache (§ 95 Abs. 1 Nr. 4a GVG).[904] Für Klagen aus unerlaubter Handlung gilt der Gerichtsstand des Tatorts nach § 32 ZPO, nicht jedoch für Klagen aus § 93.[905]

208 **7. Haftung Dritter für Fehlverhalten der Aufsichtsratsmitglieder.** Da Aufsichtsratsmitglieder oft von einer Körperschaft, einer anderen Gesellschaft entweder formell entsandt oder doch mit ihr in enger Verbindung stehen, insbesondere in konzernrechtlichen Verhältnissen, stellt sich die Frage, ob die Körperschaft bzw. Gesellschaft für Fehlverhalten „ihres" Aufsichtsratsmitglieds gem. § 31 BGB haftet. Nach Auffassung der Rechtsprechung ist § 31 BGB bei einer Entsendung oder Benennung nicht anwendbar, da das Aufsichtsratsmitglied nicht in Verrichtung von Aufgaben und Pflichten der abordnenden Gesellschaft handele; vielmehr handele es eigenständig im Rahmen seiner Organstellung, auch wenn es pflichtwidrig den Interessen der abordnenden Gesellschaft den Vorrang vor denjenigen der AG gebe.[906] Die Haftung der Gesellschaft, die das Aufsichtsratsmitglied ernannt hat, für die pflichtgemäße Wahrnehmung dieses Amtes wäre unvereinbar mit der unabhängigen und eigenverantwortlichen Rechtsstellung eines als Person in sein Amt berufenes Aufsichtsratsmitglied.[907] Im Falle der Annahme einer solchen Einstandshaftung müsste ein Weisungsrecht des abordnenden Unternehmens wenigstens indirekt als gerechtfertigt angesehen werden. Die gegenteilige Ansicht, die von einer generellen Zurechnung ausgeht, argumentiert zunächst damit, dass die Realität nicht selten vom normativen Leitbild der unabhängigen und eigenverantwortlichen Rechtsstellung des Aufsichtsratsmitglieds abweiche.[908] Die Anwendung von § 31 BGB soll außerdem dadurch gerechtfertigt sein, dass sich die Aufsichtsratsmitglieder im Anstellungsvertrag rechtlich gegenüber der abordnenden Körperschaft dazu verpflichten, bestimmte Aufsichtsratsmandate wahrzunehmen, wobei jedoch zugegeben wird, dass dem Aktienrecht zuwiderlaufende Vereinbarungen auch dadurch nicht wirksam vereinbart werden können.[909] Gegen eine generelle Zurechnung spricht neben den oben angeführten Gründen weiterhin, dass der Gesetzgeber, obwohl ihm die Problematik bereits 1965 bekannt war, keine entsprechende Haftung eingeführt hat.[910] Nimmt das Aufsichtsratsmitglied jedoch eine Pflichtenkollision in Kauf und verfolgt aus diesem Grund die Interessen der abordnenden Gesellschaft, verschafft es dieser einen Vorteil, der von der abordnenden Gesellschaft mittelbar veranlasst wurde. In diesen Fällen ist es ausnahmsweise gerechtfertigt, das Verhalten des Aufsichtsratsmitglieds, das sich förmlich außerhalb des Organs stellt, der abordnenden Gesellschaft zuzurechnen.[911]

---

[898] RGZ 74, 429; RGZ 84, 251; Hüffer/Koch/*Koch* § 93 Rn. 84; Kölner Komm AktG/*Mertens/Cahn* § 93 Rn. 192; Großkomm AktG/*Hopt/Roth* § 93 Rn. 574.
[899] Vgl. Hüffer/Koch/*Koch* § 93 Rn. 84.
[900] Großkomm AktG/*Hopt/Roth* § 93 Rn. 574.
[901] OLG München NZG 2017, 235.
[902] § 29 ZPO; Hüffer/Koch/*Koch* § 93 Rn. 57; Kölner Komm AktG/*Mertens/Cahn* § 93 Rn. 9; Großkomm AktG/*Hopt/Roth* § 93 Rn. 603; NK-AktR/*Schmidt* § 93 Rn. 198.
[903] S. auch Großkomm AktG/*Hopt/Roth* § 93 Rn. 602.
[904] S. hierzu OLG München ZIP 2010, 547 ff.: Der Begriff „Vorsteher" umfasst in § 95 Abs. 1 Nr. 4a GVG bei der Aktiengesellschaft auch den Aufsichtsrat.
[905] Kölner Komm AktG/*Mertens/Cahn* § 93 Rn. 9.
[906] BGHZ 90, 381 (398) = NJW 1984, 1893; BGHZ 36, 296 (309 f.); Ihlas, D&O – Directors & Officers Liability, 2009, 222; gegen eine Haftung auch Hölters/*Hambloch-Gesinn/Gesinn* Rn. 71.
[907] BGHZ 90, 381 (398) = NJW 1984, 1893; BGHZ 36, 296 (309 f.).
[908] Dazu vor allem *Ulmer* FS Stimpel, 1985, 705 (719 f.).
[909] *Ulmer* FS Stimpel, 1985, 705 (720).
[910] Kölner Komm AktG/*Mertens/Cahn* § 76 Rn. 75.
[911] Überzeugend Kölner Komm AktG/*Mertens/Cahn* § 76 Rn. 76 f., Vor § 95 Rn. 15; Großkomm AktG/*Hopt/Roth* Rn. 322; im Ergebnis ähnlich, aber noch weitergehend *Ulmer* FS Stimpel, 1985, 705 ff.; offen Hüffer/Koch/*Koch* Rn. 14.

VII. Unmittelbare Haftung gegenüber Aktionären und Dritten

Schrifttum: *Abeltshauser,* Leitungshaftung in Kapitalgesellschaften, 1998; *Baums,* Empfiehlt sich eine Neuregelung des aktienrechtlichen Anfechtungs- und Organhaftungsrechts, insbesondere der Klagemöglichkeiten von Aktionären, Gutachten F zum 63. DJT, 2000; *Brandes,* Ersatz von Gesellschafts- und Gesellschafterschaden, FS Fleck, 1988, 13; *Edelmann,* Haftung von Vorstandsmitgliedern für fehlerhafte Ad-hoc-Mitteilungen – Besprechung der Infomatec-Urteile des BGH, BB 2004, 2031; *Ekkenga,* Fragen der deliktischen Haftungsbegründung bei Kursmanipulationen und Insidergeschäften, ZIP 2004, 781; *Fleischer,* Erweiterte Außenhaftung der Organmitglieder im Europäischen Gesellschafts- und Kapitalmarktrecht – Insolvenzverschleppung, fehlerhafte Kapitalmarktinformation, Tätigkeitsverbote –, ZGR 2004, 437; *Fleischer,* Zur deliktsrechtlichen Haftung der Vorstandsmitglieder für falsche Ad-hoc-Mitteilungen, DB 2004, 2031; *Goette,* Zur Verteilung der Darlegungs- und Beweislast der objektiven Pflichtwidrigkeit bei der Organhaftung, ZGR 1995, 648; *Götz,* Organhaftpflichtprozesse in der AG, AG 1997, 219; *Großfeld,* Aktiengesellschaft, Unternehmenskonzentration und Kleinaktionär, 1968; *Grotheer,* Außenhaftung von Aufsichtsratsmitgliedern, WM 2005, 2070; *Habersack,* Die Mitgliedschaft – subjektives und „sonstiges" Recht, 1996; *Habetha,* Direktorenhaftung und gesellschaftsfinanzierte Haftpflichtversicherung, Diss. Kiel 1995; *Herrmann,* Funktion, Kontrolle und Haftung der Leitungsorgane von Aktiengesellschaften in Deutschland, der Schweiz, Australien und den USA, 1996; *Hoerdemann,* Aktienrechtsreform und kein Ende – bedarf es der Verschärfung der Aufsichtsratshaftung?, ZRP 1997, 44; *Kallmeyer,* Organhaftpflichtprozesse in der AG, AG 1997, 107; *Kiethe,* Strafrechtlicher Anlegerschutz durch § 400 Abs. 1 Nr. 1 AktG – Zugleich Besprechung von LG München I, Urt. v. 8.4.2003–4 KLs 305 Js 52 373/00 (EM.TV) –, NStZ 2004, 73; *Kleindiek,* Deliktshaftung und juristische Person, 1997; *Kort,* Das „Mannesmann"-Urteil im Lichte von § 87 AktG, NJW 2005, 333; *Leisch,* Vorstandshaftung für falsche Ad-hoc-Mitteilungen, ZIP 2004, 1573; *Mertens,* Schadensfragen im Kapitalgesellschaftsrecht, FS Lange, 1992, 561; *Müller,* Gesellschafts- und Gesellschafterschaden, FS Kellermann, 1991, 317; *Mutter,* Unternehmerische Entscheidungen und Haftung des Aufsichtsrats der Aktiengesellschaft, 1994; *Mutter/Gayk,* Wie die Verbesserung der Aufsichtsratsarbeit – wider jede Vernunft – die Haftung verschärft, ZIP 2003, 1773; *Reichert/Weller,* Haftung von Kontrollorganen – Die Reform der aktienrechtlichen und kapitalmarktrechtlichen Haftung, ZRP 2002, 49; *Rützel,* Der aktuelle Stand der Rechtsprechung zur Haftung bei Ad-hoc-Mitteilungen, AG 2003, 69; *Sandmann,* Die Haftung von Arbeitnehmern, Geschäftsführern und leitenden Angestellten, 2001; *Schaefer/Missling,* Haftung von Vorstand und Aufsichtsrat, NZG 1998, 441; *Schwark,* Zum Haftungsmaßstab für Aufsichtsrats-Mitglieder, FS Werner, 1984, 841; *Spindler,* Unternehmensorganisationspflichten, 2001.

1. Überblick. Verletzt ein Aufsichtsratsmitglied seine Pflichten schuldhaft, können dadurch außer der Gesellschaft auch die Aktionäre, die Gläubiger und sonstige Dritte geschädigt sein. So können zugleich die Aktionäre durch Entwertung ihrer Aktien und die Gläubiger durch Verkürzung ihrer Zugriffsmöglichkeiten bei einer Vermögensminderung der Gesellschaft betroffen sein. In solchen Fällen stehen der Gesellschaft gegen die schuldigen Aufsichtsratsmitglieder Schadenersatzansprüche zu, die in §§ 116, 93 abschließend geregelt sind. Die Pflichtwidrigkeit wird fast immer in mangelnder Überwachung des Vorstandes zu suchen sein, der seinerseits pflichtwidrig und rechtsverletzend handelt. In Betracht kommen auch erteilte Zustimmungen zu gefährlichen Maßnahmen, etwa der Fortführung oder Aufnahme der Herstellung von gefährlichen und ungesicherten Produkten, die Körperschäden bei Konsumenten hervorrufen.[912]

Die Pflichtverletzung eines Organmitglieds kann daher für ihn grundsätzlich – allerdings mit erheblichen, noch zu behandelnden Einschränkungen – zu einer mehrfachen Haftung führen: zu einer Haftung gegenüber der Gesellschaft nach § 93, gegenüber dem Aktionär wegen Verletzung des Mitgliedschaftsrechts nach § 823 Abs. 1 BGB, gegenüber einem Dritten wegen Verletzung seiner Rechtsgüter, gegenüber dem Aktionär und sonstigen Dritten wegen Verletzung eines Schutzgesetzes nach § 823 Abs. 2 BGB sowie wegen vorsätzlicher sittenwidriger Schädigung nach § 826 BGB. Dann hat jeder Verletzte einen selbstständigen Anspruch, mit dem er den durch die unerlaubte Handlung verursachten eigenen Schaden geltend machen kann.[913]

2. Haftung gegenüber Aktionären. Grundsätzlich besteht den Aktionären gegenüber keine Haftung des Aufsichtsrats, da allein die Gesellschaft Anspruchsinhaber nach §§ 116, 93 ist. Aktionäre können nur nach Maßgabe von § 148 die Ansprüche aus §§ 116, 93 zugunsten der Gesellschaft geltend machen, im Übrigen im Rahmen von § 147.[914] Auch die Sonderbestimmungen der § 117, § 309 Abs. 4 S. 1, § 310 Abs. 4 belegen, dass das AktG im Regelfall von der Anspruchsinhaberschaft der AG ausgeht. Analogien oder ausdehnende Auslegungen verbieten sich daher angesichts der klaren Zuweisung der Ansprüche an die Gesellschaft.[915]

---

[912] Vgl. auch *Thümmel* AG 2004, 83 (90).
[913] RGZ 157, 213 (218 ff.); Kölner Komm AktG/*Mertens/Cahn* § 93 Rn. 213; Hüffer/Koch/*Koch* Rn. 14; Großkomm AktG/*Hopt/Roth* § 93 Rn. 629 ff.; s. hierzu auch K. Schmidt/Lutter/*Krieger/Sailer-Coceani* § 93 Rn. 78 ff.
[914] AllgM, vgl. nur Großkomm AktG/*Hopt/Roth* § 93 Rn. 623; Kölner Komm AktG/*Mertens/Cahn* § 93 Rn. 207; s. auch OLG Hamburg AG 2001, 141 (144).
[915] Kölner Komm AktG/*Mertens/Cahn* § 93 Rn. 207.

212 Ein Anspruch aus einer positiven Vertragsverletzung des **Geschäftsbesorgungsvertrages** gem. § 241 Abs. 2, § 280 Abs. 1 BGB auf Grund einer schuldhaften Pflichtverletzung eines Aufsichtsratsmitglieds gegenüber der Gesellschaft scheidet in der Regel aus, da dieser kein Vertrag mit Schutzwirkung zugunsten Dritter ist. Der Schaden der Aktionäre durch eine positive Vertragsverletzung liegt zwar in der Regel in der Entwertung ihrer Aktien. Dieser Schaden wird jedoch durch die Ersatzleistung des Organmitglieds an die Gesellschaft beseitigt, so dass die Aktionäre kein besonderes Schutz- und Sicherheitsbedürfnis, das eine Einbeziehung in den Schutzbereich rechtfertigt, haben. Der Anspruch steht allein der Gesellschaft zu, so dass nur über die Verteilung des in Insolvenz und Zwangsvollstreckung zur Verfügung stehenden Vermögens die Befriedigung der Aktionäre erreicht werden kann.

a) Schadensersatzansprüche aus § 823 Abs. 1 BGB – Mitgliedschaftsrecht.

Schrifttum: *Götz/Götz*, Die Haftung des Vereins gegenüber dem Mitglied, JuS 1995, 106; *Habersack*, Die Mitgliedschaft – subjektives und ‚sonstiges' Recht, 1996; *Hadding*, Ergibt die Vereinsmitgliedschaft „quasi-vertragliche" Ansprüche etc., FS Kellermann, 1990, 91; *Häsemeyer*, Der interne Rechtsschutz zwischen Organen, Organmitgliedern und Mitgliedern der Kapitalgesellschaft als Problem der Prozeßführungsbefugnis, ZHR 144 (1980), 265; *Helms*, Schadensersatzansprüche wegen Beeinträchtigung der Vereinsmitgliedschaft, 1998; *Klink*, Die Mitgliedschaft als „sonstiges Recht" im Sinne des § 823 I BGB?, 1993; *Lutter*, Theorie der Mitgliedschaft, AcP 180 (1980), 84; *Mertens*, Die Geschäftsführerhaftung in der GmbH und das ITT-Urteil, FS R. Fischer, 1979, 461; *Reuter*, Die Vereinsmitgliedschaft als sonstiges Recht im Sinne des § 823 Abs. 1 BGB, FS Lange, 1992, 707; *Rowedder*, Zur Außenhaftung des GmbH-Geschäftsführers, FS Semler, 1993, 311; *K. Schmidt*, Die Vereinsmitgliedschaft als Grundlage von Schadensersatzansprüchen, JZ 1991, 157; *E. Vetter/Peters*, Unternehmerische Entscheidungen und Untreue – ein schwieriges Verhältnis, Der Konzern 2017, 269.

213 Schadensersatzansprüche aus § 823 Abs. 1 BGB kommen nur in Betracht, wenn ein absolutes Recht schuldhaft verletzt wird, nicht aber für Vermögensschädigungen, da das Vermögen kein Rechtsgut im Sinne des § 823 Abs. 1 BGB ist. Ein absolutes Recht ist jedoch die Mitgliedschaft des Aktionärs, da es die für die in § 823 Abs. 1 BGB erforderlichen Charakteristika, insbesondere die Ausschlussbefugnis gegenüber beliebigen Dritten, aufweist.[916] Anerkannt ist demgemäß, dass das Mitglied in seinen Rechten gem. Abs. 1 verletzt wird, wenn das Mitgliedschaftsrecht durch einen Dritten ganz oder teilweise entzogen wird.[917] Einigkeit besteht andererseits zu Recht darüber, dass reine Vermögensschäden, wie sie durch eine Schädigung der Gesellschaft reflexiv beim Mitglied durch die **Wertminderung des Anteils** hervorgerufen werden, nicht ersatzfähig sind.[918] Denn die Geltendmachung des Schadens steht der juristischen Person zu, will man nicht die innergesellschaftliche Zuständigkeitsordnung durchbrechen. In diesem Fall steht der Gesellschaft gegen den Verletzer ein Schadensersatzanspruch zu, durch dessen Geltendmachung die Beeinträchtigung des Wertes der Mitgliedschaft ausgeglichen wird. Ebenso wenig handelt es sich um die Verletzung von in Abs. 1 geschützten Rechtsgütern, sondern um einen Vermögensschaden, wenn nur der Kurswert sinkt, etwa durch unrichtige Informationen, die an den Kapitalmarkt gegeben werden;[919] derartige Schäden können nur über Sondertatbestände, wie etwa die §§ 97, 98 WpHG (ex-§§ 37b, 37c WpHG) oder § 823 Abs. 2 iVm Art. 12, 15 MMVO (ex-§ 20a WpHG) (→ Rn. 226) liquidiert werden.

214 Es muss sich mithin um die Verletzung von Rechten handeln, die allein aus der Mitgliedschaft fließen (zB Stimm- oder Gewinnbezugsrechte etc.). Daher ist es im Verhältnis zu Dritten im Ansatz zutreffend, einen **mitgliedschaftsbezogenen Eingriff** zu verlangen,[920] der der gesonderten Fest-

---
[916] BGHZ 110, 323, 327 (334) = NJW 1990, 2877 für den eingetragenen Verein; für die GmbH bereits RGZ 100, 274 (278); ebenso OLG München ZIP 1990, 1552 (1553); grundlegend *Mertens* FS R. Fischer, 1979, 461 (468 ff.); MüKoBGB/*Wagner* § 823 Rn. 306 f.; *Larenz/Canaris* SchuldR BT II/2, § 76 II 4 e; *Habersack*, Die Mitgliedschaft – subjektives und ‚sonstiges' Recht, 1996, 143 ff.; *K. Schmidt* JZ 1991, 157 (158); selbst für Personengesellschaften: *Lutter* AcP 180 (1980), 84 (130 f.); abl. *Klink*, Die Mitgliedschaft als „sonstiges Recht" im Sinne des § 823 I BGB?, 1993, 135 ff.; *Hadding* FS Kellermann, 1991, 91 (103 ff.); *Helms*, Schadensersatzansprüche wegen Beeinträchtigung der Vereinsmitgliedschaft, 1998, 107.
[917] Vgl. *Zöllner* ZGR 1988, 392 (429 f.); *Winter*, Mitgliedschaftliche Treubindungen im GmbH-Recht, 1988, 54 f.
[918] RGZ 158, 248 (255) (für die GmbH); Großkomm AktG/*Hopt/Roth* § 93 Rn. 626; Soergel/*Spickhoff*, BGB § 823 Rn. 100; *Mertens* FS R. Fischer, 1979, 461 (468); *Habersack*, Die Mitgliedschaft – subjektives und ‚sonstiges' Recht, 1996, 156 ff.; *K. Schmidt* JZ 1991, 157 (159); aA OLG München NJW-RR 1991, 928 (929) (für GmbH), das die Beteiligung an der GmbH als Recht am eingerichteten und ausgeübten Gewerbebetrieb behandeln will, wohl ohne die Frage zu erkennen; dagegen zu Recht *Helms*, Schadensersatzansprüche wegen Beeinträchtigung der Vereinsmitgliedschaft, 1998, 61.
[919] Anders wohl Staudinger/*Hager*, 2017, BGB § 823 Rn. B 143.
[920] Kölner Komm AktG/*Mertens/Cahn* § 93 Rn. 210 ff.; *Reuter* FS Lange, 1992, 707 (713 ff.); *Bork* ZIP 1990, 1037 (1042); *Deutsch* VersR 1991, 837 (841); *Götz/Götz* JuS 1995, 106 (109); *Habersack*, Die Mitgliedschaft – subjektives und ‚sonstiges' Recht, 1996, 168 f.; offen BGHZ 110, 323 (334) = NJW 1990, 2877.

stellung der Rechtswidrigkeit bedarf.⁹²¹ Auch wenn grundlegende Mitgliedschaftsrechte, wie das Teilnahmerecht oder das Gewinnbezugsrecht, dem Mitglied entzogen werden,⁹²² oder die Gleichbehandlungspflicht der Aktionäre missachtet wird, liegt eine Verletzung des Abs. 1 vor. Hinsichtlich der Gewinnausschüttung ist grundsätzlich die Möglichkeit einer Verletzung des Abs. 1 zu bejahen. Geschützt ist jedoch nur der Anspruch auf Teilhabe am Gewinn, nicht die Höhe des Gewinns.⁹²³ Die Mitverwaltungsrechte der Aktionäre spiegeln sich aber auch in den Kompetenzen ihres Organs, der Hauptversammlung, wieder, so dass eine Missachtung der Zuständigkeit der Hauptversammlung geeignet ist, das Mitgliedschaftsrecht aus § 823 Abs. 1 BGB zu verletzen.⁹²⁴

Zweifelhaft ist dagegen die Reichweite des Mitgliedschaftsrechts im Hinblick auf **Verletzungen durch andere Gesellschafter oder Gesellschaftsorgane.** So soll auch bei verdeckten Gewinnausschüttungen, die die Gewinnbezugsrechte anderer Gesellschafter verletzen,⁹²⁵ bei faktischen Änderungen der Satzung durch die Gesellschaftsorgane oder bei ungleicher Behandlung hinsichtlich der Bezugsrechte bei Emissionen,⁹²⁶ oder bei einer falschen Auskunft über die Startmöglichkeiten eines Mitgliedes bei einer von der Gesellschaft betriebenen wichtigen Veranstaltung das Mitgliedschaftsrecht verletzt sein.⁹²⁷ Es bestehe kein Anlass, die Anwendbarkeit des Deliktsrechts zu verneinen.⁹²⁸ Während dieser weitgehende Schutz für Eingriffe durch Dritte, die außerhalb des Verbandes stehen, noch einleuchten mag, bestehen jedoch für Handlungen anderer Verbandsmitglieder, Verbandsorgane oder des Verbandes erhebliche Zweifel. Denn das Mitgliedschaftsrecht besteht nur in den vom Verband und von den ihn konstituierenden Rechtsakten, insbesondere der Satzung, bestimmten Grenzen.⁹²⁹ Vor allem die verbandsinterne Kompetenzordnung und die vom jeweiligen Verbandsrecht vorgesehenen Rechtsbehelfe gilt es zu respektieren. Soweit dagegen eingewandt wird, dass andernfalls Defizite im Rechtsschutz der Mitglieder gegenüber dem Verband, den Organen und anderen Mitgliedern entstünden,⁹³⁰ ist auf die entsprechenden Rechtsbehelfe gegenüber rechtswidrigen Beschlüssen, auf die Ansprüche wegen Treuepflichtverletzungen oder Verletzung von Sonderrechtsbeziehungen zu verweisen. Dass der Verband selbst insolvent werden kann oder ein Organ gehandelt hat, besagt nichts über die Notwendigkeit eines deliktischen Anspruchs: Denn auch vom Verband oder von den Organen geschädigte Dritte haben das Insolvenzrisiko des Verbandes zu tragen. Es ist kein Grund ersichtlich, ein Vereinsmitglied besser als einen Dritten zu behandeln, der wegen einer fahrlässig falschen Auskunft Gewinnchancen verliert, aber keine deliktischen Ansprüche hat. Demgemäß wird konzediert, dass die vom Verbandsrecht vorgesehenen Anforderungen, um einen Beschluss per Anfechtung zu Fall zu bringen, nicht durch das Deliktsrecht unterlaufen werden dürften.⁹³¹ Um die Ausführung rechtswidriger Beschlüsse oder Vorhaben der Organe zu unterbin-

---

⁹²¹ MüKoBGB/*Arnold* § 38 Rn. 18; *Reuter* FS Lange, 1992, 707 (718 ff.); Staudinger/*Hager*, 2017, BGB § 823 Rn. B 145; abl. *Habersack*, Die Mitgliedschaft – subjektives und ‚sonstiges' Recht, 1996, 345 f., der die Mitgliedschaft als Eigentumsrecht begreift und daher zur Indizierung der Rechtswidrigkeit gelangt.

⁹²² Vgl. *Zöllner* ZGR 1988, 392 (429 f.); *Winter*, Mitgliedschaftliche Treuebindungen im GmbH-Recht, 1988, 54 f.; zum Bestreiten des Mitgliedschaftsrechts wider besseren Wissens: *Lutter* AcP 180 (1980), 84 (131); *Habersack*, Die Mitgliedschaft – subjektives und ‚sonstiges' Recht, 1996, 257; Staudinger/*Hager*, 2017, BGB § 823 Rn. B 144; zur Be- oder Verhinderung der Ausübung *Habersack*, Die Mitgliedschaft – subjektives und ‚sonstiges' Recht, 1996, 314 (337); *Reuter* FS Lange, 1992, 707 (717 f.).

⁹²³ Teilw. anders *Rowedder* FS Semler, 1993, 311 (325), der wohl auch die Höhe des Gewinnausschüttungsanspruchs von § 823 Abs. 1 BGB umfasst ansieht.

⁹²⁴ BGHZ 83, 122 – Holzmüller.

⁹²⁵ *Habersack*, Die Mitgliedschaft – subjektives und ‚sonstiges' Recht, 1996, 335 f.

⁹²⁶ *Mertens* FS R. Fischer, 1979, 461 (471 f.); dagegen Scholz/*Schneider* GmbHG § 43 Rn. 306; auch bei unberechtigtem Ausschluss eines Mitglieds aus dem Verein, *K. Schmidt* JZ 1991, 157 (159 f.); *Habersack*, Die Mitgliedschaft – subjektives und ‚sonstiges' Recht, 1996, 248 f.; Staudinger/*Hager*, 2017, BGB § 823 Rn. B 144; s. dagegen BGHZ 90, 92 (95) = NJW 1984, 1884, der den Anspruch (zu Recht) nur auf die Verletzung einer Sonderrechtsbeziehung stützt.

⁹²⁷ BGHZ 110, 323 (326 f., 334) (für den Verein) = NJW 1990, 2877; zust. *Reuter* AcP 197 (1997), 322 (330 ff.); *Larenz/Canaris* SchuldR II/2, § 76 II 4 e; *Bayer* VersR 1997, 1208; *K. Schmidt* JZ 1991, 157 (160).

⁹²⁸ BGHZ 110, 323 (334); zust. *Habersack* S. 176 ff., 183 ff., 202 ff., 248 f.; Kölner Komm AktG/*Mertens/Cahn* § 93 Rn. 211; *Baums*, Der Geschäftsleitervertrag, 1987, 246; *Bork* ZIP 1990, 1037 (1041 f.); *Götz/Götz* JuS 1995, 106 (109); differenzierend *Larenz/Canaris* SchuldR BT II/2, § 76 II 4 e; *Rowedder* FS Semler, 1993, 311 (324 ff.); *K. Schmidt* JZ 1991, 157 (158); weitergehender noch *Mertens* FS R. Fischer, 1979, 461 (470 f.); zust. Staudinger/*Hager*, 2017, BGB § 823 Rn. B 148, B 149.

⁹²⁹ Vgl. *Zöllner* ZGR 1988, 392 (430); MüKoBGB/*Arnold* § 38 Rn. 19; *Reuter* FS Lange, 1992, 707 (722 ff.); *Teichmann* FS Mühl, 1981, 663 (677); *Hüffer* ZHR 161 (1997), 867 (870 f.); *Klink*, Die Mitgliedschaft als „sonstiges Recht" im Sinne des § 823 I BGB?, 1993, 175 ff.; Scholz/*Schneider* GmbHG § 43 Rn. 306.

⁹³⁰ Staudinger/*Hager*, 2017, BGB § 823 Rn. B 148; *Habersack*, Die Mitgliedschaft – subjektives und ‚sonstiges' Recht, 1996, 201 f.

⁹³¹ Vgl. Staudinger/*Hager*, 2017, BGB § 823 Rn. B 148 mwN.

den,⁹³² ist eine Fortentwicklung der prozessualen Möglichkeiten im Gesellschaftsrecht, insbesondere des einstweiligen Rechtsschutzes der Organkompetenzen und der Minderheitsrechte,⁹³³ der rechte Ort, nicht das Deliktsrecht. Insoweit ist die Lösung eher in der Entwicklung einer eigenständigen, im Aktienrecht zu verankernden Aktionärsklage auf Einhaltung der Kompetenzordnung in Analogie zu § 147 zu suchen, die Vorstand und Aufsichtsrat zur Befolgung von Beschlüssen anhalten kann.⁹³⁴ Auf der Grundlage der hier vertretenen Auffassung ergibt sich auch nicht die Notwendigkeit, wie die hM eine Grenze für die Haftung des Verbandes gegenüber den Mitgliedern im Interesse des Gläubigerschutzes zu ziehen.⁹³⁵

216 Selbst wenn man einen eigenen Anspruch des Aktionärs bejaht, könnte der Aktionär zur Vermeidung einer Doppelhaftung nicht Leistung an sich, sondern nur Leistung an die Gesellschaft verlangen. Einem Anspruch des Aktionärs unmittelbar auf Leistung an sich selbst steht wiederum entgegen, dass aktienrechtlich nur das Verbandsinteresse geschützt ist, nicht aber das Interesse des einzelnen Aktionärs.⁹³⁶

217 **b) Ansprüche wegen Verletzung eines Schutzgesetzes.** Ein Schadenersatzanspruch nach § 823 Abs. 2 BGB setzt voraus, dass das Aufsichtsratsmitglied gegen ein den Schutz eines anderen bezweckendes Gesetzes verstoßen hat. Geregelt werden in § 116 iVm § 93 Abs. 1 nur die Pflichten der Aufsichtsratsmitglieder aus ihrem durch die Bestellung begründeten Rechtsverhältnis zur Gesellschaft.⁹³⁷ Auch § 93 Abs. 2 und 3 sind keine Schutzgesetze für die Aktionäre, sondern bezwecken allein den Schutz der Gesellschaft gegen Pflichtverletzungen ihrer Organmitglieder.⁹³⁸ Ansonsten wäre § 147 überflüssig, wenn jeder Aktionär ohnehin nach § 823 Abs. 2 BGB, § 93 Abs. 2 AktG unmittelbar gegen Organmitglieder vorgehen könnte.⁹³⁹

218 Dafür kommen eine Reihe anderer Einzelvorschriften als Schutzgesetze im Sinne des § 823 Abs. 2 BGB in Betracht. Die Vorschrift muss ein bestimmtes, dem Schutzzweck dienendes Gebot oder Verbot enthalten. Weiter muss der Geschädigte nicht nur zu dem Kreis der geschützten Personen gehören, der Schaden muss auch an einem Rechtsgut entstanden sein, dessen Schutz die verletzte Vorschrift bezweckt, und der in der Art, wie er entstanden ist, durch die Vorschrift verhütet werden soll.⁹⁴⁰ Zu unterscheiden ist ferner, ob Aktionäre, Gläubiger oder sonstige Dritte geschützt werden sollen. Auch diese Frage lässt sich nur jeweils nach dem Zweck der einzelnen Vorschrift entscheiden. Schutzgesetze sind vor allem gewisse **Strafvorschriften,** insbesondere § 399 (falsche Angaben)⁹⁴¹ und § 400 (unrichtige Darstellung) für den Aktionär.⁹⁴² Dagegen kommt § 401 Abs. 1, § 92 Abs. 1 (Verletzung der Verlustanzeigepflicht)⁹⁴³ nicht als Schutzgesetz gegenüber Aktionären im Hinblick auf Aufsichtsratsmitglieder in Betracht, da diese in der Strafnorm des § 401 nicht erwähnt werden. Ferner ist § 15a Abs. 1, 4 InsO, der seit Inkrafttreten des MoMiG⁹⁴⁴ die Pflichtverletzung bei Zahlungsunfähigkeit oder Überschuldung regelt, kein Schutzgesetz zugunsten der Aktionäre. Zwar

---

⁹³² So wohl Staudinger/*Hager,* 2017, BGB § 823 Rn. B 148.
⁹³³ Ausf dazu *Littbarski,* Einstweiliger Rechtsschutz im Gesellschaftsrecht, 1996.
⁹³⁴ Zu den unterschiedlichen Vorschlägen vgl. *Baums* in 63. DJT 2000, Gutachten F, 240 ff. (256 ff.); *Lutter* ZHR 159 (1995), 287 (304 ff.); *Lutter* AG-Sonderheft, 52 (55); *Lutter* ZGR 1998, 191 (210); *Hopt* FS Mestmäcker, 1996, 909 (925 f.); *Ulmer* ZHR 163, 290 (329 ff.); *Bayer* NJW 2000, 2609 (2618 f.); *Sünner* ZHR 163 (1999), 364 (372 ff.).
⁹³⁵ So *Mertens* FS R. Fischer, 1979, 461 (470); ähnlich *Habersack,* Die Mitgliedschaft – subjektives und ‚sonstiges' Recht, 1996, 209 ff. (218), allerdings beschränkt auf das Stammkapital; dagegen für volle Haftung: Staudinger/ *Hager,* 2017, BGB § 823 Rn. B 149; vgl. auch *Reuter* FS Lange, 1992, 707 (723 f.).
⁹³⁶ *Häsemeyer* ZHR 144 (1989), S. 265 ff.; *Hopt* FS Mestmäcker, 1996, 909 (925); *Hadding* FS Kellermann, 1991, 93 (106); *Hübner* Managerhaftung 1992, 20 f.; *Klink,* Die Mitgliedschaft als „sonstiges Recht" im Sinne des § 823 I BGB?, 1993, 135 ff. (139); MHdB AG/*Wiesner* § 26 Rn. 65; Großkomm AktG/*Hopt/Roth* § 93 Rn. 628.
⁹³⁷ Für den Vorstand: BGHZ 110, 342 (360); BGH NJW 1979, 1829.
⁹³⁸ Großkomm AktG/*Hopt/Roth* § 93 Rn. 631; Hüffer/Koch/*Koch* § 93 Rn. 61; K. Schmidt/Lutter/*Krieger/ Sailer-Coceani* § 93 Rn. 78.
⁹³⁹ BGHZ 110, 342 (360); BGH WM 1979, 853 (854); RGZ 63, 325 (327); RGZ 73, 30; RGZ 115, 289 (296); RGZ 159, 211 (223); LG Bonn AG 2001, 484 (486); LG Düsseldorf AG 1991, 70 (71); Kölner Komm AktG/*Mertens/Cahn* § 93 Rn. 207; Hüffer/Koch/*Koch* § 93 Rn. 61; Großkomm AktG/*Hopt/Roth* § 93 Rn. 623; aA (für die Schutzgesetzeigenschaft aller in § 93 niedergelegten Pflichten) *Stein,* Das faktische Organ, 1984, 157 ff.
⁹⁴⁰ BGHZ 19, 114 (126); BGH GRUR 1962, 159 (162); MüKoBGB/*Wagner* § 823 Rn. 520.
⁹⁴¹ BGH BB 1988, 1983 (1984); Bürgers/Körber/*Bürgers* § 93 Rn. 55.
⁹⁴² RGZ 157, 213 (216); RG JW 1935, 3302; OLG München NZG 2002, 1107 (1109); Bürgers/Körber/ *Bürgers* § 93 Rn. 55.
⁹⁴³ Für Schutzgesetzcharakter für Aktionäre *Martens* ZGR 1972, 254 (276 ff.); aA Kölner Komm AktG/ *Mertens/Cahn* § 92 Rn. 21: zugunsten der Gesellschaft; abl. auch Hüffer/Koch/*Koch* § 93 Rn. 61.
⁹⁴⁴ Gesetz zur Modernisierung des GmbH-Rechts und zur Bekämpfung von Missbräuchen v. 23.10.2008, BGBl. 2008 I 2026.

wurde in § 15a Abs. 3 InsO nunmehr eine Ersatzzuständigkeit der Aufsichtsratsmitglieder für die Insolvenzantragspflicht bei Führungslosigkeit der AG (vgl. § 10 Abs. 2 S. 2 InsO, § 78 Abs. 1 S. 2 AktG) eingeführt, allerdings sollten sich dadurch keine inhaltlichen Änderungen bei der Haftung ergeben[945] und Aktionäre waren im Rahmen der Vorgängerregelung des § 92 Abs. 2 AktG aF nicht in den Schutzbereich einbezogen.[946]

Nach hM kommt ferner vor allem **§ 266 StGB (Untreue)** in Betracht, insbesondere der Treubruchtatbestand.[947] Die dafür nötige Vermögensfürsorgepflicht im Sinne des Treubruchtatbestands obliegt den Aufsichtsratsmitgliedern nicht nur gegenüber ihrer Gesellschaft,[948] sondern auch gegenüber deren Aktionären,[949] so zB auch bei der Gewährung einer Anerkennungsprämie für Vorstandsmitglieder, die sich vor allem an § 87 Abs. 1 messen lassen muss.[950] Selbst wenn man § 266 StGB als Schutzgesetz begreifen will, müssen doch auch hier die entsprechenden aktienrechtlichen Grundsätze, insbesondere die Business Judgement Rule nach § 93 Abs. 1 S. 2 gelten, da nur sie den verlangten Pflichtenmaßstab festlegen können.[951] Es ist jedoch zu beachten, dass nicht jede gesellschafts- bzw. zivilrechtliche Pflichtverletzung eine strafbewehrte Pflichtwidrigkeit iSd § 266 Abs. 1 StGB darstellen soll; vielmehr sei eine vermögensbezogene gravierende Pflichtverletzung nötig.[952] Die **neuere Rechtsprechung des BGH** vollzieht anscheinend nunmehr eine Synchronisation zwischen den Pflichtverletzungen iSd § 266 Abs. 1 StGB und der des § 93 Abs. 1:[953] Eine Verletzung gesellschaftsrechtlicher Pflichten nach § 93 Abs. 1 begründe „automatisch" eine Pflichtwidrigkeit iSv § 266 StGB; ferner sei die Pflichtverletzung stets „gravierend" und „evident", sodass es keiner weiteren gesonderten Überprüfung bedürfe.[954] Jedoch seien die abzuwägenden Parameter im Rahmen der Überprüfung der aktienrechtlichen Pflichtverletzung nach § 93 Abs. 1 zu berücksichtigen.[955] Auch betont der BGH, dass die Verletzung der Business Judgement Rule bzw. des § 93 Abs. 1 S. 2 stets eine Verletzung des § 93 Abs. 1 darstellt und somit als „Maßstab für das Vorliegen einer Pflichtverletzung iSv § 266 Abs. 1 StGB" diene.[956] Der BGH vermag hier indes **nicht zu überzeugen:** Einem solchen Gleichlauf von aktien- und strafrechtlichen Pflichten fehlt schon die grundlegende Basis der vergleichbaren Schutz- und Zweckrichtung.[957] So findet die ultima ratio des Strafrechts nicht ausreichend Berücksichtigung.[958] Stets hätte eine Pflichtverletzung nach § 93 Abs. 1 und § 116 einen Strafvor-

---

[945] So die Stellungnahme des Bundesrats vgl. BegrRegE BT-Drs. 16/6140, 172; ebenso Kölner Komm AktG/*Mertens/Cahn* Anh. § 92 Rn. 1.
[946] Vgl. dazu Großkomm AktG/*Habersack/Foerster* § 92 Rn. 100; Kölner Komm AktG/*Mertens*, 2. Aufl. 1996, § 92 Rn. 50; MüKoAktG/*Spindler* § 92 Rn. 76, für § 92 Abs. 2 aF: MüKoAktG/*Spindler*, 3. Aufl. 2008, § 92 Rn. 46; *Thümmel/Burkhardt* AG 2009, 885; *Wälzholz* DStR 2007, 1914 (1915); aA Großkomm AktG/*Harro* § 401 Rn. 5; für eine Einbeziehung der Neugesellschafter *Ekkenga* FS Hadding, 2004, 343 (345, 364).
[947] Statt vieler: Großkomm AktG/*Hopt/Roth* § 93 Rn. 633; zur Reichweite der Strafbarkeit s. *Fleischer/Spindler* HdBVorstR § 17 Rn. 17f. mwN.
[948] Dazu OLG Braunschweig AG 2013, 47 (48) (satzungswidrige Zahlungen von Sitzungsgeldern an Aufsichtsratsmitglieder).
[949] *Helmrich/Eidam* ZIP 2011, 257 (258).
[950] BGHSt 50, 331 = BGH NJW 2006, 522; LG Düsseldorf NJW 2004, 3275 (3275) – Mannesmann/Vodafone; zur Vereinbarkeit einer solchen Prämie mit § 87 Abs. 1 s. MüKoAktG/*Spindler* § 87 Rn. 22, 150ff.; *Kort* NJW 2005, 333 ff.; dazu ferner *Leßmann*, Abfindungsvereinbarungen mit Organmitgliedern deutscher Kapitalgesellschaften, 2006; *Zech*, Untreue durch Aufsichtsratsmitglieder einer Aktiengesellschaft, 2007, 150 ff. (189 ff.).
[951] MüKoAktG/*Spindler* § 93 Rn. 313; im Ergebnis auch durch BGHSt 50, 331 (339) = NJW 2006, 522 – Mannesmann, anerkannt, s. dazu *Spindler* ZIP 2006, 349; *Dreher* AG 2006, 213 (216 ff.); Großkomm AktG/*Hopt/M. Roth* § 93 Abs. 1 S. 2, 4 nF Rn. 63 f.; aus strafrechtlicher Sicht *Schünemann* NStZ 2006, 196 (199); *Vogel/Hocke* JZ 2006, 568 (569); *Ransiek/Hüls* ZGR 2009, 157 (170 f.); *Bosch/Lange* JZ 2009, 225 (234 f.); *Becker/Walla/Endert* WM 2010, 875 (878).
[952] BGH NJW 2011, 88 (91 f.); LG Düsseldorf NJW 2004, 3275 (3280) – Mannesmann/Vodafone; in dieser Richtung auch *Krause* NStZ 2011, 57 (59 f.); anders jedoch noch BGH NZG 2006, 141 ff.: bei risikobehafteten unternehmerischen Entscheidung wird keinesfalls eine gravierende Verletzung der Vermögensbetreuungspflicht verlangt; dagegen auch OLG Braunschweig ZIP 2012, 1860 Rn. 32; s. auch *Dittrich*, Die Untreuestrafbarkeit von Aufsichtsratsmitgliedern bei der Festsetzung überhöhter Vorstandsvergütungen, 2006, 201 ff.; zur Verfolgung von Ansprüchen gegen Vorstandsmitglieder *Helmrich/Eidam* ZIP 2011, 257; *R. Werner* CCZ 2011, 201.
[953] MüKoAktG/*Spindler* § 93 Rn. 313.
[954] BGH NJW 2017, 578 (579 Rn. 25, 27); ähnlich GroßkommAktG/*Hopt/Roth* Rn. 130; Schönke/Schröder/*Perron* § 266 StGB Rn. 19b; LK-StGB § 266 Rn. 100; *Horn* FS Westermann, 2008, 1053 (1056); *Scholl* EWiR 2017, 103 (104).
[955] BGH NJW 2017, 578 (579 Rn. 28).
[956] BGH NJW 2017, 578 (579 Rn. 29); befürwortend *Geissler* GWR 2017, 9.
[957] MüKoAktG/*Spindler* § 93 Rn. 313.
[958] MüKoAktG/*Spindler* § 93 Rn. 313.

wurf mit entsprechendem Ermittlungsverfahren als Konsequenz.[959] Auch kann nicht zwangsläufig aus einer Verletzung von § 93 Abs. 1 S. 2 auf eine generelle Pflichtverletzung nach § 93 Abs. 1 geschlossen werden.[960] Ferner ist durch § 266 StGB nur der Aktionär mit seinem gegenwärtigen Aktienbesitz geschützt, der zur Zeit der schädigenden Handlung oder wenigstens zur Zeit des Schadenseintritts schon Aktionär ist.[961] Wer zB durch falsche Vorspiegelungen eines Organmitglieds zum Ankauf von Aktien über ihren wahren Wert veranlasst worden ist, kann nicht nach § 823 Abs. 2 BGB, § 266 StGB Ersatz des entstandenen Schadens verlangen. Der Einordnung des § 266 StGB als Schutzgesetz zugunsten der Aktionäre ist jedoch zu **widersprechen,** da sie den Bezugspunkt der Treuepflichten des Aufsichtsrats verkennt. Dieser ist als Organ verpflichtet, die Vermögensinteressen der AG als juristischer Person und als Eigentümerin des Kapitals zu wahren und es zu verwalten.[962] Eine unmittelbare Erstreckung des Schutzbereichs der Treuepflicht des Vorstands auf die Aktionäre würde die Trennung von Gesellschafter und Gesellschaft missachten.

220 Den Schutz auch der künftigen Aktionäre (**Anleger**) bezwecken § 399[963] und § 400.[964] Die Vorschriften dienen also nicht nur dem Schutz der Gesellschaft selbst, sondern darüber hinaus auch dem Schutz all derjenigen, die mit der Gesellschaft in rechtlicher oder wirtschaftlicher Beziehung stehen oder in eine solche Beziehung treten wollen.[965] So schützt § 399 Abs. 1 Nr. 4 das Vertrauen von Anlegern, die Aktien bzw. einen Anspruch auf Aktien erwerben, in die Ordnungsgemäßheit einer beabsichtigten zukünftigen Kapitalerhöhung, insbesondere in die Konformität einer entsprechenden Handelsregistereintragung mit § 37 Abs. 1 S. 2, auch ohne konkrete Kenntnis von der Handelsregistereintragung und ihren näheren Umständen.[966] Als geschädigte Dritte werden also insbesondere Aktienerwerber in Betracht kommen, die ihre Aktien zu einem Preis erworben haben, den sie nicht wert sind. Wer Aktien erwirbt, obwohl er die schädigenden Handlungen kennt, wird allerdings grundsätzlich keine Ersatzansprüche geltend machen können. Er hat auf eigenes Risiko gehandelt, jedenfalls greift § 254 Abs. 1 BGB ein.[967] In Betracht kommen ferner Ansprüche aus § 826 BGB, wenn die Aufsichtsratsmitglieder an Falschinformationen des Kapitalmarktes mitgewirkt haben.[968] Dagegen schließt die Kenntnis oder Billigung eines früheren Aktieninhabers nicht aus, dass ein späterer gutgläubiger Erwerber Schadenersatzansprüche gegen die Organmitglieder, die gegen §§ 399, 400 verstoßen haben, erheben kann.

221 c) **Ansprüche wegen vorsätzlicher gegen die guten Sitten verstoßender Schädigung.** Eine Ersatzpflicht aus § 826 BGB kann namentlich gegenüber Aktionären bestehen, die ihre Aktien erst nach der schädigenden Handlung erworben haben.[969] Von besonderer Bedeutung für diese Gruppe von Anspruchstellern ist die Frage des ursächlichen Zusammenhangs zwischen Aktienerwerb und schädigender Handlung, für den sie die Beweislast tragen.[970] Etwaige Beweiserleichte-

---

[959] Zu Recht kritisch *Kubiciel* JZ 2017, 585 (587 f.); ebenso *Baur/Holle* ZIP 2017, 555 (557); *E. Vetter/Peters* Der Konzern 2017, 269 (271 ff.); *Brand* NJW 2017, 582; MüKoAktG/*Spindler* § 93 Rn. 313.
[960] MüKoAktG/*Spindler* § 93 Rn. 313.
[961] RGZ 157, 213 (216) für § 294 AktG 1937; MüKoAktG/*Semler*, 2. Aufl. 2004, Rn. 713.
[962] Großkomm AktG/*Hopt/Roth* § 93 Rn. 633; vgl. auch *Fleck* GmbHR 1997, 237 (238); aA wohl OLG Hamm NStZ 1986, 119 für eine privatrechtlich organisierte Stadtwerke-GmbH, nach dem die Geschäftsführung neben dem öffentlichen Zweck auch die Vermögensinteressen der Gesellschaft verfolgen soll.
[963] BGHZ 105, 121 (124 f.) = NJW 1988, 2794; OLG München ZIP 2004, 462; *Reichert/Weller* ZRP 2002, 49 (52); Hüffer/Koch/*Koch* § 93 Rn. 61; Großkomm AktG/*Otto* § 399 Rn. 4; Kölner Komm AktG/*Altenhain* § 399 Rn. 10 f.
[964] BGH NJW 2004, 2664 (2668, 2971) – Infomatec; RGZ 157, 213 (216); OLG München NJW 2003, 144 (145); *Reichert/Weller* ZRP 2002, 49 (52 ff.); Bamberger/Roth/*Spindler* BGB § 823 Rn. 210.
[965] Für § 399 Abs. 1 S. 4 s. OLG München ZIP 2004, 462 (464); zu § 400 Abs. 1 Nr. 1 s. nur *Kiethe* NStZ 2004, 73 (73); grundsätzlich zu möglichen Schutzgesetzen für Anleger *Ekkenga* ZIP 2004, 781 ff.; s. auch *Leisch* ZIP 2004, 1573 ff.
[966] OLG München ZIP 2004, 462 (464 f.).
[967] MüKoAktG/*Spindler* § 93 Rn. 314.
[968] BGH NJW 2004, 2664 (2668, 2971) – Infomatec; LG München WM 2001, 1948 ff.; LG Augsburg WM 2001, 1944; LG Augsburg aaO nicht bestätigt durch OLG München NJW 2003, 144 (145); *Spindler* WM 2004, 2089 (2091 ff.); *Fleischer* DB 2004, 2031 (2033 ff.); *Kort* AG 2005, 21 (24 ff.); *Horn* FS Ulmer, 2003, 817; *Krause* ZGR 2002, 799; *Möllers/Leisch* ZIP 2002, 1989; *Möllers/Leisch* WM 2001, 1649; *Rössner/Bolckart* ZIP 2002, 1471; *Fuchs/Dühn* BKR 2002, 1063; *Rieckers* DB 2002, 1213; *Holzborn/Foelsch* NJW 2003, 938; *Groß* WM 2002, 477; *Thümmel* DB 2003, 2331; *Reichert/Weller* ZRP 2002, 49; *Rodewald* BB 2001, 2437; *Barnert* WM 2002, 1473; *Baums* ZHR 166 (2002), 375; *Kissner*, Die zivilrechtliche Verantwortlichkeit für Ad-hoc-Mitteilungen, 2002; zur Diskussion → Rn. 226.
[969] RGZ 157, 213 (219).
[970] Bamberger/Roth/*Spindler* BGB § 826 Rn. 139; BGH NJW-RR 1998, 1271 (1272) (Beweislast bei Aufklärung über Risiken von Börsentermingeschäften); zur Kausalität einer falschen Ad-hoc-Mitteilung für elf Monate später erfolgten Aktienkauf vgl. OLG München ZIP 2005, 298 (298 f.).

rungen sind dem Anleger nicht ohne weiteres zuzubilligen, jedoch kann im Einzelfall ein Anscheinsbeweis zugunsten des Anlegers greifen.[971] Eine Haftung des Aufsichtsratsmitglieds kann primär bei nach § 111 Abs. 4 zustimmungspflichtigen Maßnahmen in Betracht kommen. So kann der Aufsichtsrat an sittenwidrigen Handlungen von (Mehrheits-)Aktionären teilnehmen, etwa durch Zustimmung zu einem Beschluss einer Kapitalerhöhung einer AG, allein um deren Insolvenz zu verschleppen, so haftet er für denjenigen Schaden, den Erwerber von neuen Aktien aus der Kapitalerhöhung erleiden.[972] Ebenso kommt eine Haftung gegenüber den Aktionären wegen **Beteiligung an einer vorsätzlichen sittenwidrigen Schädigung** iSd §§ 826, 830 BGB in Betracht, wenn die Aufsichtsratsmitglieder ein strafbares oder sittenwidriges Verhalten des Vorstands bewusst unterstützen, indem sie etwa bei einer offensichtlich betrügerischen oder sittenwidrigen Kapitalerhöhung im Rahmen ihrer Rechte aus § 202 Abs. 3 S. 2, § 184 mitwirken.[973] Die Inanspruchnahme des Aufsichtsratsmitglieds aus §§ 826, 830 Abs. 1 S. 1, Abs. 2 BGB bedarf zudem neben einem objektiven, die Begehung der Tat fördernden Beitrag eine Kenntnis der Tatumstände sowie wenigstens in groben Zügen den Willen, die Tat mit anderen gemeinschaftlich auszuführen oder als fremde Tat fördern zu wollen.[974] Sittenwidrig kann der Aufsichtsrat ferner handeln, wenn er es bewusst und in schädigender Absicht unterlässt, offensichtlich gegebene und durchsetzbare Ansprüche gegen Vorstandsmitglieder geltend zu machen.[975] Dabei wird es nicht ohne weiteres möglich sein, den entsprechenden verantwortlichen Personen vorsätzliches und sittenwidriges Handeln nachzuweisen, so dass die Anforderungen an die Bejahung des Vorsatzes sowie der Sittenwidrigkeit nicht überspannt werden dürfen.[976]

d) Schadenskongruenz. Wird ein Aufsichtsratsmitglied von einem geschädigten Aktionär aus unerlaubter Handlung in Anspruch genommen, kann sich dessen Schaden mit dem Schaden der Gesellschaft decken, da der Aktionär durch eine Schädigung des Gesellschaftsvermögens auch einen Wertverlust seiner Aktien erleidet. Bei einer solchen Schadenskongruenz stellt der Kollektivschaden der Gesellschaft zugleich den Individualschaden der einzelnen Aktionäre dar (auch **Doppelschaden,** Reflexschaden oder mittelbarer Schaden genannt).[977] Wird der Schaden der Gesellschaft ausgeglichen, so entfällt damit zugleich der Schaden des Aktionärs, umgekehrt wird dagegen durch den Ausgleich des Individualschadens einzelner Aktionäre der Schaden der Gesellschaft nicht beseitigt, so dass durch dessen späteren Ausgleich sich für den Aktionär ein nicht gerechtfertigter Wertzuwachs ergeben würde.[978]

Eine solche **Doppelhaftung** für ein und denselben Schaden ist **auszuschließen,** indem zur Kapitalerhaltung und der Zweckbestimmung des Gesellschaftsvermögens die Leistung an die Gesellschaft gehen muss; andernfalls würde der Aktionär einen ungerechtfertigten Vorteil erlangen.[979] Dem entspricht auch die Regelung der Ersatzpflicht in § 117 Abs. 1 S. 2, § 317 Abs. 1 S. 2. Dem Einzelaktionär kann deshalb nur ein Klagerecht gegen das haftende Aufsichtsratsmitglied auf Leistung an die Gesellschaft zustehen.[980] Anders liegt es nur, soweit der Aktionär den Schaden der AG ausgeglichen hat oder er einen ihm gesondert entstandenen (unmittelbaren) Schaden geltend macht;[981] so auch, wenn eine AG den Schaden ihrer Tochtergesellschaft, an der sie zu 100 % beteiligt

---

[971] So verneinte BGH NJW 2004, 2664 ff. = WM 2004, 1731 ff. – Infomatec zwar einen Anscheinsbeweis, schloss damit aber nicht generell etwaige Beweiserleichterungen zugunsten des Anlegers aus, sondern machte sie im angesprochenen Fall von der Anlagestimmung und vom Zeitraum zwischen Ad-hoc-Mitteilung und Anlageentscheidung abhängig; dazu auch *Fleischer* DB 2004, 2031 (2034); *Spindler* WM 2004, 2089 (2092); *Leisch* ZIP 2004, 1573 (1576 f.); *Rützel* AG 2003, 69 (74).
[972] Für den Vorstand: BGHZ 96, 231 (243) = NJW 1986, 837; BGH NJW 1992, 3167 (3174 f.).
[973] OLG Düsseldorf AG 2008, 666 = DB 2008, 1961 (1962 ff.) m. Anm. *Wilsing/Ogorek*.
[974] BGH AG 2012, 914 (915).
[975] Kölner Komm AktG/*Mertens/Cahn* Rn. 80.
[976] Zur parallelen Problematik der Haftung von Vorstandsmitgliedern s. BGH NJW 2004, 2668 (2670 f.) = BKR 2004, 403 – Infomatec; BGH NJW 2004, 2971 (2973 f.) = ZIP 2004, 1593 ff. – Infomatec; *Edelmann* BB 2004, 2031 (2033).
[977] Zu den unterschiedlichen Terminologien *Baums,* Der Geschäftsleitervertrag, 1987, 215 ff.
[978] S. bereits *Martens* ZGR 1972, 254 (279).
[979] BGH NJW 1988, 413 (415); BGH NJW 1987, 1077 (1079 f.); BGH NJW 1985, 1900; OLG Düsseldorf AG 1997, 231 (236); öOGH AG 1996, 42; MüKoAktG/*Spindler* § 93 Rn. 319; Großkomm AktG/*Hopt/Roth* § 93 Rn. 640 ff.; *G. Müller* FS Kellermann, 1991, 317 ff.; *K. Schmidt* GesR § 28 II 4 b).
[980] S. Kölner Komm AktG/*Mertens/Cahn* § 93 Rn. 208; *Mertens* FS R. Fischer, 1979, 461 (474 f.); *Mertens* FS Lange, 1992, 561 (569 ff.); Hüffer/Koch/*Koch* § 93 Rn. 63; *Brandes* FS Fleck, 1988, 13 ff.; *G.Müller* FS Kellermann, 1991, 317 (318); *Martens* ZGR 1972, 254 (279 ff.); *Winter* ZHR 148 (1984), 579 (596); *Baums* ZGR 1987, 554 (558 f.); *Hopt* FS Mestmäcker, 1996, 909 (925).
[981] BGH NJW 1987, 1077 (1079 f.) = AG 1987, 126 ff.

ist, ausgleicht.⁹⁸² In diesem Fall hat der Aktionär durch Fortfall der Reflexwirkung einen unmittelbaren Schaden und kann gegenüber dem Schädiger entweder aus §§ 812 ff. BGB oder aus abgetretenem Recht vorgehen.⁹⁸³

224 Dies ist auch **prozessual** zu berücksichtigen, indem bei Doppelschäden ein Urteil der Gesellschaft gegen das Organmitglied auch für den Aktionär Rechtskraft entfaltet, so dass ihm anschließend die Sachlegitimation zur Geltendmachung seines Anspruchs fehlt; sonst wäre jeder Schädiger gezwungen, sämtlichen Aktionären einer Gesellschaft den Streit zu verkünden, um die Rechtskrafterstreckung herbeizuführen.⁹⁸⁴ Klagt umgekehrt zuerst der Aktionär (auf Leistung an die Gesellschaft), so kann das abweisende Urteil keine Rechtskraft gegenüber der AG entfalten, da der Schädiger unter Umständen durch persönliche Einwendungen im Verhältnis zum Aktionär die Klage zu Fall bringen kann.⁹⁸⁵

3. Haftung gegenüber außenstehenden Dritten.

Schrifttum: *Altmeppen*, Haftung der Geschäftsleiter einer Kapitalgesellschaft für Verletzung von Verkehrssicherungspflichten, ZIP 1995, 881; *Barnert*, Deliktischer Schadensersatz bei Kursmanipulation de lege lata und de lege ferenda, WM 2002, 1473; *Baums*, Haftung wegen Falschinformation des Sekundärmarktes, ZHR 167 (2003), 139; *Brüggemeier*, Organisationshaftung – Deliktsrechtliche Aspekte innerorganisatorischer Funktionsdifferenzierung, AcP 191 (1991), 33; *Fleischer/Kalss*, Kapitalmarktrechtliche Schadensersatzhaftung und Kurseinbrüche an der Börse, AG 2002, 329; *Foerste*, Nochmals – Persönliche Haftung der Unternehmensleitung – die zweite Spur der Produkthaftung?, VersR 2002, 1; *Fuchs/Dühn*, Deliktische Schadensersatzhaftung für falsche Ad-Hoc-Mitteilungen, BKR 2002, 1063; *Gross*, Deliktische Außenhaftung des GmbH-Geschäftsführers, ZGR 1998, 551; *Groß*, Haftung für fehlerhafte oder fehlende Regel- oder ad-hoc-Publizität, WM 2002, 477; *Grunewald*, Die Haftung von Organmitgliedern nach Deliktsrecht, ZHR 157 (1993), 451; *Holzborn/Foelsch*, Schadensersatzpflichten von AG und Management bei Anlegerverlusten, NJW 2003, 932; *Horn*, Zur Haftung der AG und ihrer Organmitglieder für unrichtige oder unterlassene ad-hoc-Informationen, FS Ulmer, 2003, 817; *Kleindiek*, Deliktshaftung und juristische Person, 1997; *Kissner*, Die zivilrechtliche Verantwortlichkeit für Ad-hoc-Mitteilungen, 2002; *R. Krause*, Ad-hoc-Publizität und haftungsrechtlicher Anlegerschutz, ZGR 2002, 799; *Lutter*, Zur persönlichen Haftung des Geschäftsführers aus deliktischen Schäden im Unternehmen, ZHR 157 (1993), 464; *Lutter*, Haftungsrisiken des Geschäftsführers einer GmbH, GmbHR 1997, 329; *Maier-Reimer/Webering*, Ad hoc-Publizität und Schadensersatzhaftung, WM 2002, 1857; *Medicus*, Die Außenhaftung des Führungspersonals juristischer Personen im Zusammenhang mit Produktmängeln, GmbHR 2002, 809; *Möllers/Leisch*, Haftung von Vorständen gegenüber Anlegern wegen fehlerhaften Ad-hoc-Meldungen nach § 826, WM 2001, 1648; *Möllers/Leisch*, Schaden und Kausalität im Rahmen der neu geschaffenen §§ 37b und 37c WpHG, BKR 2001, 79; *Nelles*, Untreue zum Nachteil von Gesellschaften, 1991; *Reichert/Weller*, Haftung von Kontrollorganen – Die Reform der aktienrechtlichen und kapitalmarktrechtlichen Haftung, ZRP 2002, 49; *Rieckers*, Haftung des Vorstandes für fehlerhafte Ad-hoc-Meldungen de lege lata und de lege ferenda, BB 2002, 1213; *Rieckers*, Konzernvertrauen und Konzernrecht, 2004; *Rodewald/Siems*, Haftung für die frohe Botschaft – Rechtsfolgen falscher Ad-hoc-Mitteilungen, BB 2001, 2437; *Sandmann*, Die Haftung von Arbeitnehmern, Geschäftsführern und leitenden Angestellten, 2001; *Spindler*, Unternehmensorganisationspflichten, 2001; *Spindler*, Persönliche Haftung der Organmitglieder für Falschinformationen des Kapitalmarktes, WM 2004, 2089; *Thümmel*, Haftung für geschönte Ad-hoc-Meldungen: Neues Risikofeld für Vorstände oder ergebnisorientierte Einzelfallrechtsprechung?, DB 2001, 2331; *Ulmer*, Schutz der GmbH gegen Schädigungen zugunsten ihrer Gesellschafter? – Zur Relevanz der Rechtsprechung zu § 266 StGB für das Gesellschaftsrecht, FS Pfeiffer, 1988, 853; *G. Wagner*, Persönliche Haftung der Unternehmensleitung – die zweite Spur der Produkthaftung, VersR 2001, 1057; *Zimmer*, Verschärfung der Haftung für fehlerhafte Kapitalmarktinformationen, WM 2004, 9.

225 **a) Ansprüche aus culpa in contrahendo (§ 311 BGB).** Ein Aufsichtsratsmitglied kann in der Regel nicht gegenüber einem Vertragspartner haften, da allein der Vorstand vertretungsberechtigt ist. Nur wenn das Aufsichtsratsmitglied bei Vertragsverhandlungen auftritt und ein besonderes Vertrauen des Vertragspartners begründet hat, kann ein Anspruch in Betracht kommen. Auch eine Eigenbeteiligung des Aufsichtsratsmitglieds als Aktionär an der AG begründet noch nicht allein das

---

⁹⁸² Vgl. BGH ZIP 2001, 1005 (1006) = NJW-RR 2001, 1177; OLG Düsseldorf AG 1997, 231 (236 f.); Großkomm AktG/*Hopt*/*Roth* § 93 Rn. 646; Kölner Komm AktG/*Mertens*/*Cahn* § 93 Rn. 2; Hüffer/Koch/*Koch* § 93 Rn. 63; s. auch BGH WM 2001, 1113 (1115 f.); *Goette* ZNotP 2002, 366 (374) allerdings für einen Anspruch der AG gegen ein Vorstandsmitglied mit Doppelmandat.

⁹⁸³ OLG Düsseldorf AG 1997, 231 (236 f.); Großkomm AktG/*Hopt*/*Roth* § 93 Rn. 646.

⁹⁸⁴ Insoweit kann nichts anderes gelten als bei der personengesellschaftsrechtlichen actio pro socio (vgl. dazu *Berger*, Die subjektiven Grenzen der Rechtskraft bei der Prozessstandschaft, 1992, 280 ff.; MüKoBGB/*Schäfer* § 705 Rn. 204 ff.; *Höfler* JuS 1992, 388 (392); inzident Schlegelberger/*K. Schmidt*, 5. Aufl. 1992, HGB § 105 Rn. 177). In beiden Fällen muss der in Anspruch Genommene aus den im Text genannten Gründen davor geschützt werden, auch nach erfolgreicher Abwehr der Gesellschaftsklage weiteren Klagen der Gesellschafter ausgesetzt zu sein; anders noch RGZ 157, 213 (219).

⁹⁸⁵ S. wiederum zur personengesellschaftsrechtlichen actio pro socio statt aller EBJS/*Wertenbruch* HGB § 105 Rn. 151; Baumbach/Hopt/*Hopt* HGB § 109 Rn. 35 mwN.

erforderliche gesteigerte Vertrauen des Vertragspartners in die Person des Organmitglieds.[986] So begründet etwa allein die Tatsache einer Besicherung von Gesellschaftskrediten durch das Aufsichtsratsmitglied kein besonderes Vertrauen des Vertragspartners in dessen Aussage.[987] Dieses Vertrauen muss vielmehr auch bei einem Eigeninteresse des Organmitglieds besonders festgestellt werden.[988] Einen Vertrauenstatbestand, der der Gesellschaft im Rahmen eines Anspruchs aus culpa in contrahendo analog § 31 BGB gegen sie zugerechnet werden könnte, setzt das Aufsichtsratsmitglied in Bezug auf das sichere Zustandekommen einer organschaftlichen Bestellung sowie eines Anstellungsvertrages eines zukünftigen Vorstandsmitglieds nicht, wenn für dieses erkennbar wird, dass der bisherige Verhandlungsstand nicht von einem Aufsichtsratsbeschluss gedeckt war, und somit auch ein schutzwürdiges Vertrauen durch das Darstellen des Zustandekommens des noch fehlenden Aufsichtsratsbeschlusses als bloße Formalität nicht begründet werden kann.[989] → § 112 Rn. 48.

Darüber hinaus ist in jüngster Zeit im Rahmen der Diskussion um die Ausgestaltung der **kapitalmarktrechtlichen Haftung bei fehlerhaften Informationen**[990] eine persönliche Haftung der Vorstandsmitglieder für in Anspruch genommenes **Marktvertrauen** ins Spiel gebracht worden,[991] die von einigen auch für die Entsprechenserklärung für den Corporate Governance Kodex nach § 161 erstreckt wird.[992] Für Aufsichtsratsmitglieder wäre eine entsprechende Ausdehnung denkbar, wenn sie statt des Vorstandes fehlerhafte Informationen (zB ad-hoc Mitteilungen) mitteilen, da die Frage der Befugnis nichts an der Haftung gegenüber Dritten ändert. Eine derartige persönliche Haftung kann nur auf Grund der zur Prospekthaftung entwickelten Grundsätze im Rahmen einer Emission oder den im Rahmen des 4. FinanzmarktförderungsG aufgenommenen Haftungsvorschriften (§§ 97, 98 WpHG, ex-§§ 37b, 37c WpHG)[993] – die aber bislang nur die Gesellschaft betreffen – in Betracht kommen.[994] Problematisch ist die Schutzgesetzeigenschaft für Art. 12, 15 MMVO (ex-§ 20a WpHG). Schon für die Vorgängerregelung des § 88 BörsG aF war die Einordnung als Gesetz zugunsten des Schutzes einzelner Anleger vor falschen Informationen und damit Kursverfälschungen zweifelhaft.[995] Gegen einen individualschützenden Zweck sprachen sowohl Gesetzgebungsgeschichte als auch der Charakter des § 88 BörsG aF als eine auf die Funktionsfähigkeit des Kapitalmarkts abzielende Norm.[996] Schließlich standen allgemein die Zuverlässigkeit und Wahrheit der Preisbildung an Börsen und Märkten mit ihrer für das gesamte Wirtschaftsleben weit reichenden Bedeutung im Vordergrund.[997] Zwar wirkte sich der Schutz der Allgemeinheit mittelbar auch zu Gunsten des einzelnen Kapitalanlegers aus.[998] Damit erstrebte das Gesetz aber noch nicht einen besonderen

---

[986] So aber noch für den GmbH-Geschäftsführer: BGHZ 56, 81 (83); BGH WM 1987, 1431 (1432); BGH NJW 1986, 586 (587).

[987] Für die GmbH: BGHZ 126, 181 (183 ff.); BGH ZIP 1995, 124 f.; BGH ZIP 1995, 211 (212) aA wohl *Roth*, Unternehmerisches Ermessen und Haftung des Vorstands, 2002, 266.

[988] Kölner Komm AktG/*Mertens/Cahn* § 93 Rn. 220; *Brandner* FS Werner, 1984, 53 (59 ff.); *G. Müller* ZIP 1993, 1531 (1533 f.); *Ulmer* NJW 1983, 1577 (1579); *Wiedemann* NJW 1984, 2286.

[989] LG München I NZG 2013, 260 (261).

[990] *Fleischer/Kalss* AG 2002, 329 ff.; *Spindler* WM 2004, 2089 ff.; *Möllers/Leisch* BKR 2001, 79 (82); *Rieckers* BB 2002, 1213 ff.; *Barnert* WM 2002, 1473 ff.; *Reichert/Weller* ZRP 2002, 49 ff.; *Holzborn/Foelsch* NJW 2003, 932 ff.; *Schäfer* GesRZ-SH 2005, 25 ff.; zur Rspr. *Jäger* NZG 2001, 97 ff.

[991] OLG Hamburg AG 2001, 141 (144); zur konzernrechtlichen Marktvertrauenshaftung (bezogen auf die Muttergesellschaft) *Stein* FS Peltzer, 2001, 557 ff.; dagegen zu Recht *Rieckers*, Konzernvertrauen und Konzernrecht, 2004, 166 (184 f., 247 ff.).

[992] In diese Richtung etwa *Abram* NZG 2003, 307 (309); gegen eine Haftung *Seibt* AG 2002, 249 (257); *Berg/Stöcker* WM 2002, 1569 (1581); *Ettinger/Grützendiek* AG 2003, 353 (357 ff.); ausf. MüKoAktG/*Goette/Schaal* § 161 Rn. 102 mwN.

[993] *Fleischer* NJW 2002, 2977 (2979 ff.); *Rössner/Bolkart* ZIP 2002, 1471 ff.; *Hutter/Leppert* NZG 2002, 649 (654); *Altenhain* BB 2002, 1874 ff.; *Holzborn/Foelsch* NJW 2003, 932 (937).

[994] *Ettinger/Grützendiek* AG 2003, 353 (357 ff.) mwN. Weitergehende Vorschläge: *Baums*, Bericht der Regierungskommission Corporate Governance, 2001, Rn. 182 (186); *Baums* ZHR 167 (2003), 139 (171 ff.); *Fleischer*, Gutachten F zum 64. DJT, 2002, F 118 ff.; *Fleischer* ZGR 2004, 437 (462 ff.); dagegen *Spindler* WM 2004, 2089 f.; *Zimmer* WM 2004, 9 (10).

[995] So aber LG Augsburg WM 2001, 1944 (1945) = NJW-RR 2001, 1705; zust. *Rodewald/Siems* BB 2001, 2437 (2439); *Fuchs/Dühn* BKR 2002, 1063 (1064 ff.).

[996] BGH NJW 2004, 2664 (2668, 2971) – Infomatec; BVerfG DB 2002, 2589 (2590) = NJW 2003, 501 ff.; OLG München NJW 2003, 144 (145); LG Kassel NZG 2003, 136 (137); *Spindler* WM 2004, 2089 (2090 f.); *Barnert* WM 2002, 1473 (1479 ff.); *Holzborn/Foelsch* NJW 2003, 932 (938); *Horn* FS Ulmer, 2003, 817 (819); *Thümmel* DB 2001, 2331 (2332 f.); *Krause* ZGR 2002, 799 (816 f.); *Schwark* BörsG § 88 Rn. 1; *Schäfer/Ledermann* WpHG/BörsG/VerkProspG, 1999, BörsG § 88 Rn. 1; *Schwark* EWiR 2001, 1049 (1050); *Rieckers* BB 2002, 1213 (1215).

[997] BGH NJW 2004, 2664 (2665) und NJW 2004, 2668 ff.

[998] BGH NJW 2004, 2664 (2665) und NJW 2004, 2668 ff.

Schadensersatzanspruch zum Schutze (auch) der Individualinteressen des Einzelnen.[999] Der dem Einzelnen zustatten kommende mittelbare Schutz war vielmehr nur eine Reflexwirkung des Gesetzes, die die zivilrechtliche Haftung nicht begründen kann.[1000] Diese Erwägungen werden auch für die Nachfolgevorschrift des § 20a WpHG Geltung beanspruchen müssen, da auch hier die Gesetzesbegründung keinerlei Hinweis auf den Schutzgesetzcharakter der Norm gibt.[1001] Kein Schutzgesetz ist ferner Art. 14 MMVO (ex-§ 14 WpHG), da die Norm nur den Kapitalmarkt in seiner Funktionsfähigkeit schützen will und nicht den einzelnen Anleger,[1002] ebenso wenig § 26 WpHG (ex-§ 15 WpHG),[1003] auch nicht hinsichtlich der Haftung der Organmitglieder.[1004] Als Schutzgesetz anzuerkennen waren wohl aber § 31 WpHG aF zugunsten der Anleger,[1005] wie auch § 32 WpHG aF.[1006] An dieser Einordnung ergeben sich hinsichtlich der anlegerbezogenen Verhaltenspflichten der Neuregelungen gem. §§ 63 ff. WpHG (ex-§§ 31 ff. WpHG) mit Umsetzung der MiFiD[1007] durch das FRUG[1008] keine Änderungen.[1009]

227 **b) Ansprüche aus § 823 Abs. 1 BGB.** Weitgehend unstrittig ist die Haftung des Organmitglieds, das eine jedermann treffende Verkehrspflicht verletzt und ein Delikt begeht. Allein wegen der Zurechnung des Delikts zur juristischen Person nach § 31 BGB entfällt die Haftung nicht.[1010] Die für Vorstandsmitglieder heftig umstrittene persönliche Haftung, insbesondere wegen Verletzung der der AG obliegenden Verkehrspflichten,[1011] kann auf Aufsichtsratsmitglieder von vornherein mangels Geschäftsführungsbefugnis nicht übertragen werden; allenfalls die Mitwirkung über die Zustimmung zu Maßnahmen des Vorstandes, die ihrerseits Verkehrspflichten verletzen, könnte hier herangezogen werden. In vergleichbarer Weise müssen auch **strafrechtliche Garantenpflichten** interpretiert

---

[999] Vgl. dazu BGHZ 84, 312 (314) = NJW 1982, 2780; BGHZ 125, 366 (374) = NJW 1994, 1801.
[1000] Vgl. BGHZ 89, 383 (401) = NJW 1984, 1226.
[1001] *Fleischer* DB 2004, 2031 (2032); *Edelmann* BB 2004, 2031 (2032); Assmann/Schneider/*Vogel* WpHG § 20a Rn. 31; Fuchs/*Fleischer* Wertpapierhandelsgesetz (WpHG), WpHG § 20a Rn. 154; Holzborn/Foelsch NJW 2003, 932 (938); *Horn* FS Ulmer, 2003, 817 (823); *Barnert* WM 2002, 1473 (1483); für die Anerkennung der Schutzgesetzqualität: ausf. *Dühn*, Schadensersatzhaftung börsennotierter Aktiengesellschaften für fehlerhafte Kapitalmarktinformation, 2003, 186 ff.; *Ziouvas* ZGR 2003, 113 (143); Kölner Komm WpHG/*Mock* WpHG § 20a Rn. 473 ff.: denenzufolge das Finanzmarktförderungsgesetz eine Stärkung des Anlegerschutzes bezweckt habe und gerade § 20a WpHG eine große Bedeutung für diesen habe.
[1002] AG München NJW-RR 2001, 1707 (1708 f.); so aber Assmann/Schneider/*Assmann* WpHG § 14 Rn. 208 f., 7; *Tippach*, Das Insiderhandelsverbot und die besonderen Rechtspflichten der Banken, 1995, 53 f.; wie hier dagegen Hopt ZHR 159 (1995), 135 (162 f.); *F. Immenga* ZBB 1995, 197 (205); *Kaiser* WM 1997, 1557 (1560).
[1003] BGH NJW 2004, 2664 (2668, 2971) – Infomatec; LG München NJW-RR 2001, 1701 (1702); OLG München NJW 2003, 144 (Leitsatz) = NZG 2002, 1107 (1109); *Spindler* WM 2004, 2089 (2090); *Tippach*, Das Insiderhandelsverbot und die besonderen Rechtspflichten der Banken, 1995, 53 f. (58 ff., 65 f.); *Weber* NJW 1994, 2849; Assmann/Schneider/*Assmann* WpHG § 15 Rn. 307. Gleiches gilt für § 15a WpHG s. *Schuster* ZHR 167 (2003), 193 (215).
[1004] So aber vorsichtig *Hopt* ZHR 159 (1995), 135 (161), der aber zu Recht das Problem der nur von der juristischen Person abgeleiteten Pflichten erkennt; ausf. dazu *Spindler*, Unternehmensorganisationspflichten, 2001, 1054.
[1005] *Gassner/Escher* WM 1997, 93; *Hopt* ZHR 159 (1995), 135 (160); ausf. *Bliesener*, Aufsichtsrechtliche Verhaltenspflichten, 1998, 148 ff.; Assmann/Schneider/*Koller*, 4. Aufl. 2006, WpHG Vor § 31 Rn. 17; für § 31 Abs. 1 Nr. 2 ablehnend: BGHZ 170, 226, ansonsten offen lassend BGHZ 142, 345 (356); BGHZ 147, 343 (353); BGHZ 163, 311 (321); generell abl.: Kölner Komm AktG/*Möllers* WpHG § 31 Rn. 319, 10; *Schwennicke* WM 1101, 1102; *Lang* ZBB 2004, 289 (295).
[1006] *Rössner/Arendts* WM 1996, 1517 (1525 f.); Assmann/Schneider/*Koller* WpHG, 4. Aufl. 2006, § 32 Rn. 22; Schwark/*Schwark* KMRK, 3. Aufl. 2004, § 32 WpHG Rn. 2; differenzierend: Kölner Komm WpHG/*Möllers*,1. Aufl. 2007, § 32 Rn. 94 ff.; *Hopt* ZHR 159 (1995), 135 (160); abl.: BGHZ 175, 276 = NJW 2008, 1734 (für § 32 Abs. 2 Nr. 1 WpHG aF); *Lang* ZBB 2004, 289 (295); *Schwennicke* WM 1998, 1101 (1102).
[1007] Richtlinie 2004/39/EG des Europäischen Parlaments und des Rates v. 21.4.2004, ABl. EG 2004 L 145, 1.
[1008] Gesetz zur Umsetzung der Richtlinie über Märkte für Finanzinstrumente und der Durchführungsrichtlinie der Kommission (Finanzmarktrichtlinie-Umsetzungsgesetz) v. 16.7.2007, BGBl. 2007 I 1330.
[1009] *Eisele* JZ 2008, 477 (482); *Veil* ZBB 2008, 34 (42); Assmann/Schneider/*Koller* WpHG Vor § 31 Rn. 7; Fuchs/*Fuchs*, Wertpapierhandelsgesetz (WpHG), WpHG Vor §§ 31–37a Rn. 80 ff.; Schwark/Zimmer/*Schwark* Vor §§ 31 ff. Rn. 21; *Kumpan/Hellgardt* DB 2006, 1714 (1716 ff.).
[1010] Vgl. insoweit zutr. BGHZ 109, 297 (302); BGH NJW 1996, 1535 (1536); Bürgers/Körber/*Bürgers* § 93 Rn. 56; Derleder/Fauser BB 2006, 949 f.
[1011] So aber BGHZ 109, 297 (302) (VI. Zivilsenat); K. Schmidt/Lutter/*Krieger/Sailer-Coceani* § 93 Rn. 83; zust. auch *Brüggemeier* AcP 191 (1991), 33 (63 ff.); mit anderer, rechtsgeschichtlich orientierter Begründung *Altmeppen* ZIP 1995, 881 (886 f.); zusammenfassend *Gross* ZGR 1998, 551 (562 ff.); dagegen eingehend *Spindler*, Unternehmensorganisationspflichten, 2001, 844 ff.; *Kleindiek*, Delikshaftung und juristische Person, 1997, 445 f. (483 ff.); im Ergebnis auch Hüffer/Koch/*Koch* § 93 Rn. 66; Kölner Komm AktG/*Mertens/Cahn* § 93 Rn. 223.

werden: Aus den gesellschaftsinternen Organisationspflichten kann nicht eine Garantenstellung zugunsten Dritter abgeleitet werden, sofern nicht weitere Merkmale hinzutreten, die ein besonderes Vertrauen Dritter auf die Wahrnehmung dieser Pflichten begründen könnten.[1012] Auch kann aus der Verletzung der Vertragspflichten einer juristischen Person keine deliktische Haftung ihrer Organmitglieder begründet werden.[1013]

c) **Ansprüche wegen Verletzung eines Schutzgesetzes.** Die Schutzwirkung des § 266 StGB lässt sich nicht auf die Gläubiger ausdehnen. Das ist selbst dann nicht möglich, wenn das Aktienkapital schon verloren ist und demnach eine weitere Verringerung des Aktienvermögens im wirtschaftlichen Ergebnis bei der Abwicklung nicht mehr die Aktionäre treffen kann, sondern allein die Befriedigung der Gläubiger schmälert.[1014] Schutzgesetze sind dagegen § 399 (falsche Angaben) und § 400 (unrichtige Darstellung) zugunsten der Gläubiger[1015] und jedes Dritten,[1016] ebenso § 92 Abs. 2, nicht jedoch Abs. 1. Der Aufsichtsrat kann als Gehilfe oder Anstifter bei der Verschleppung des Insolvenzantrages haften.[1017] Auch kann eine persönliche Haftung des Aufsichtsrats gegenüber Anlegern wegen Billigung von **betrügerischen Handlungen des Vorstandes**, zB Aufbau eines Schneeballsystems im Bereich des grauen Kapitalmarktes, in Betracht kommen, da es sich hier um psychische Beihilfe handelt.[1018]

Praktische Bedeutung kann auch die Haftung der Organmitglieder wegen Verletzung der Pflichten zur Abführung der Arbeitnehmeranteile der **Sozialversicherungsbeiträge** erlangen. Hier ist § 266a StGB als Schutzgesetz zugunsten der Sozialversicherungsträger von Rspr.[1019] und hM[1020] weitgehend anerkannt hinsichtlich der **Arbeitnehmerbeiträge**. Zwar ist der Aufsichtsrat nicht selbst Adressat der Norm, da er nicht „Arbeitgeber" im Sinne von § 266a StGB ist, sondern nur der Vorstand nach § 14 StGB. Doch kann der Aufsichtsrat sich als Gehilfe strafbar (§ 28 Abs. 1 StGB) und damit auch schadensersatzpflichtig machen, wenn er Maßnahmen des Vorstandes, die die Zahlung der Sozialversicherungsbeiträge verhindern, nicht unterbindet oder ihnen gar zustimmt. Einzelheiten können hier nicht vertieft werden.[1021] Festzuhalten ist hier nur, dass an der Qualifizierung als Schutzgesetz mit der Folge der persönlichen Haftung erhebliche Zweifel bestehen. Denn während im Strafrecht auf Grund der fehlenden Unternehmensstrafbarkeit ein Bedürfnis bestehen mag, durch § 14 StGB diese Lücke durch die Strafbarkeit des Geschäftsführers zu füllen, lässt sich daraus kein Rückschluss auf die zivilrechtliche Haftung der Organmitglieder bzw. die Schutzgesetzeigenschaft ableiten, da zivilrechtlich Arbeitgeber die juristische Person ist.[1022]

d) **Ansprüche wegen vorsätzlicher gegen die guten Sitten verstoßender Schädigung.** Unter den Voraussetzungen des § 826 BGB können nicht nur Aktionäre und Gläubiger, sondern auch sonstige Dritte unmittelbare Ansprüche gegen Organmitglieder haben,[1023] was insbesondere bei **falschen Informationen des Kapitalmarkts** in Betracht kommen kann, sofern dem Anleger der Nachweis des Vorsatzes gelingt.[1024] Andernfalls kommen Ansprüche aus § 826 BGB nur bei

---

[1012] *Spindler*, Unternehmensorganisationspflichten, 2001, 893 ff. (896).
[1013] So auch *Derleder/Fauser* BB 2006, 949 (951); *Spindler* JZ 2006, 732 ff.; missverständlich BGH – Kirch/Deutsche Bank/Breuer –, NJW 2006, 830 (843).
[1014] RG JW 1935, 3303 für § 312 HGB.
[1015] RGZ 159, 211 (224).
[1016] RGZ 81, 269 (271); RGZ 157, 213 (217).
[1017] BGHZ 75, 96 (106 f.); Großkomm AktG/*Hopt/Roth* Rn. 313.
[1018] OLG Karlsruhe AG 2008 900 Rn. 433 f.
[1019] BGHZ 133, 370 (374) = NJW 1997, 130; BGHZ 134, 304 = NJW 1997, 1237; BGHZ 136, 332 (333) = NJW 1998, 22; BGH NJW 1997, 1237; 1998, 1306 (1307); 1998, 1484 (1485); 2002, 1122; OLG Hamm NStZ 2000, 261; OLG Naumburg GmbHR 2000, 558.
[1020] *Scholz/Schneider* GmbHG § 43 Rn. 407; Lutter/Hommelhoff/*Kleindiek* GmbHG § 43 Rn. 91; Roth/Altmeppen/*Altmeppen* GmbHG § 43 Rn. 38; Baumbach/Hueck/*Zöllner/Noack* GmbHG § 43 Rn. 91; *Weisemann* NZA 1996, 119; *Hellmann* JZ 1997, 1005; *Stapelfeld* BB 1991, 1501 (1505); *Cahn* ZGR 1998, 367 ff.; *Westermann* FS Fikentscher, 1998, 456 (459 ff.); *Th. Huber*, Die Haftung des GmbH-Geschäftsführers für die Abführung der Sozialversicherungsbeiträge, 2000, 19 ff.; die Rspr. zusammenfassend *Groß* ZIP 2001, 945 ff.
[1021] Ausf. MüKoAktG/*Spindler* § 93 Rn. 331 f.; Bamberger/Roth/*Spindler* BGB § 823 Rn. 205 mwN.
[1022] *Stein* DStR 1998, 1055 (1056); *Dreher* FS Kraft, 1998, 59 (64 f.); *Dreher* DB 1991, 2586 (2587); Zweifel auch bei *Cahn* ZGR 1998, 367 (370 f.); Baumbach/Hueck/*Zöllner/Noack* GmbHG § 43 Rn. 91; anders *Jestaedt* GmbHR 1998, 672 (677).
[1023] RGZ 115, 289.
[1024] BGH NJW 2004, 2664 (2668, 2971) – Infomatec; LG München I NJW-RR 2001, 1701 = WM 2001, 1948; LG Augsburg WM 2002, 592; *Möllers/Leisch* ZIP 2002, 1989; *Möllers/Leisch* WM 2001, 1649; *Fuchs/Dühn* BKR 2002, 1063; wohl auch *Horn* FS Ulmer, 2003, 817 (820 f.); abl. dazu OLG München NJW 2003, 144 (145); ähnlich (wie OLG München) *Holzborn/Foelsch* NJW 2003, 938 f.; s. ferner *Rieckers* BB 2002, 1213; *Groß* WM 2002, 477; *Thümmel* DB 2001, 2331; *Reichert/Weller* ZRP 2002, 49; *Rodewald* BB 2001, 2437; *Barnert* WM 2002, 1473.

eigensüchtiger Mitwirkung an der Verschleppung der Insolvenz in Betracht, obwohl begründete Zweifel an dem Erfolg eines Sanierungsversuchs bestanden.[1025]

VIII. Strafrechtliche Verantwortlichkeit

231 Für die strafrechtliche Verantwortlichkeit des Aufsichtsratsmitglieds ist zwischen Taten, die er unmittelbar als Organmitglied begeht, und solchen, die er nur im Zusammenhang mit anderen Taten, insbesondere des Vorstands, begehen kann, zu unterscheiden. Insbesondere die Frage, ob das Aufsichtsratsmitglied Garant sein kann, mittelbarer Täter oder Teilnehmer, ist stets an entsprechende Vortaten des Vorstands geknüpft.

232 **Garantenstellung:** Im strafrechtlichen Schrifttum wird aus der Überwachungspflicht des Aufsichtsrats eine Überwacher- und Beschützergarantenstellung gem. § 13 Abs. 1 StGB gegenüber der Gesellschaft bzw. Dritten, insbesondere für Untreuehandlungen des Vorstandes,[1026] abgeleitet.[1027] Auch soll ein gefährliches Vorverhalten unter Umständen die Pflicht zum Einschreiten begründen, etwa wenn der Aufsichtsrat ein Rechtsgeschäft nach § 111 Abs. 4 erlaubt, das sich nachher als genehmigungspflichtig nach dem Außenwirtschaftsgesetz herausstellt.[1028] Denkbar wären auch Pflichten des Aufsichtsrats, bestimmte Entscheidungen des Vorstandes, wie die Produktion gesundheitsgefährlicher Stoffe, unter einen Zustimmungsvorbehalt[1029] zu stellen und diesen dann pflichtgemäß auszuüben. Zwar wird auch von strafrechtlicher Seite anerkannt, dass der Aufsichtsrat und erst recht das einzelne Aufsichtsratsmitglied nur eingeschränkte Möglichkeiten der Einwirkung und damit der Gefahrenverhinderung hat.[1030] Auch ist der Vorstand selbst für die Einhaltung von gesetzlichen Vorschriften verantwortlich, so dass der Aufsichtsrat allenfalls zu einem entsprechenden Hinweis an den Vorstand verpflichtet ist.[1031] Doch kann die unter bestimmten Umständen bestehende aktienrechtliche Pflicht zur Abberufung des Vorstandes nach § 84 Abs. 3 bei geplanten Straftaten auch die strafrechtliche Verantwortlichkeit des Aufsichtsrats begründen,[1032] so dass das Unterlassen der Abberufung eine Beihilfe darstellen kann.[1033] Ebenso macht sich das Aufsichtsratsmitglied strafbar, das trotz Kenntnis von einer strafbaren Handlung den Aufsichtsrat nicht darüber informiert, damit dieser Berichte vom Vorstand anfordern oder gem. § 111 Abs. 2 weitere Ermittlungen anstellen könnte.[1034] Darüber hinaus kommt bei Kenntnis und Billigung des entsprechenden Vorstandshandelns stets eine psychische Beihilfe in Betracht, zB bei Betrug,[1035] Untreue oder den Insolvenzstraftaten nach §§ 283, 283c, 283d StGB.

233 Zu bedenken aber bleibt stets, ob die Pflichten des Aufsichtsrats tatsächlich eine **Garantenstellung gegenüber Dritten** begründen, was zuweilen vorschnell angenommen wird.[1036] Insbesondere bei Fahrlässigkeitsdelikten (Nebentäterschaft), zB Körperverletzungen im Rahmen der strafrechtlichen Produkthaftung, ist größte Zurückhaltung geboten, da vorschnell Pflichten, die der juristischen Person obliegen, über § 14 StGB zu strafrechtlich bewehrten Pflichten der Organmitglieder umgemünzt werden.[1037] Die Rechtsprechung lehnt zu Recht eine Garantenstellung für Vorstandsmitglieder einer AG bzw. Geschäftsführer einer GmbH aus § 93 Abs. 1 bzw. § 43 Abs. 1 GmbHG mittlerweile für Vermögensschäden ab.[1038] Dies muss dann erst recht für Aufsichtsratsmitglieder gelten, die – im Gegensatz zum Vorstand – in erster Linie nur unternehmensintern tätig werden.[1039]

[1025] BGHZ 75, 96 (114) – Herstatt; BGH WM 1979, 853 (857).
[1026] *Tiedemann* FS Tröndle, 1989, 319 (322).
[1027] *Schilha*, Die Aufsichtsratstätigkeit in der Aktiengesellschaft im Spiegel strafrechtlicher Verantwortung, 2008, 107 ff.; *Ransiek* ZGR 1999, 613 (624 ff.).
[1028] *Cramer* FS Stree/Wessels, 1993, 563 (566 f.); *Poseck*, Strafrechtliche Haftung, 1997, 133 ff.; *Schilha*, Die Aufsichtsratstätigkeit in der Aktiengesellschaft im Spiegel strafrechtlicher Verantwortung, 2008, 132 ff.
[1029] *Schilha*, Die Aufsichtsratstätigkeit in der Aktiengesellschaft im Spiegel strafrechtlicher Verantwortung, 2008, 141 ff.; zur möglichen Strafbarkeit auf Grund eines Vetorechts (allerdings bezogen auf die Geschäftsführung) s. *Weißer*, Kausalitäts- und Täterschaftsprobleme, 1996, 214 ff.
[1030] *Tiedemann* FS Tröndle, 1989, 319 (323); *Cramer* FS Stree/Wessels, 1993, 563 (572 f.); *Ransiek*, Unternehmensstrafrecht, 1996, 82 ff.; *Ransiek* ZGR 1999, 613 (624 f.); *Poseck*, Strafrechtliche Haftung, 1997, 118 ff. (120 f.).
[1031] Näher *Cramer* FS Stree/Wessels, 1993, 563 (567), dort (574) auch zur Frage der strafrechtlichen Auswirkung eines Zustimmungsvorbehalts für strafbare Rechtsgeschäfte.
[1032] *Ransiek* ZGR 1999, 613 (625 f.); *Semler* Leitung und Überwachung Rn. 188: eine Pflicht zur Abberufung brauche sich auch bei geplanten Straftaten nicht zu ergeben; *Dreher* ZHR 158 (1994), 614 (629 ff., 641 ff.).
[1033] *Cramer* FS Stree/Wessels, 1993, 563 (574 f.); *Poseck*, Strafrechtliche Haftung, 1997, 141 f.
[1034] *Cramer* FS Stree/Wessels, 1993, 563 (578 f.).
[1035] S. etwa OLG Karlsruhe AG 2008, 900 Rn. 433 f. für anlegerschädigendes betrügerisches Handeln des Vorstands mit Billigung des Aufsichtsrats.
[1036] Dagegen auch *Krause* NStZ 2011, 57 (61).
[1037] Näher *Spindler* in Fleischer VorstandsR-HdB § 15.
[1038] BGHZ 194, 26 Rn. 21 ff. = NZG 2012, 992 (994 f.).
[1039] Ebenso MüKoAktG/*Habersack* § 116 Rn. 79.

Eigenhändige Delikte: Vor allem das WpHG zählt die Aufsichtsratsmitglieder zum Kreis der 234 Insider nach Art. 7 MMVO iVm § 119 Abs. 1 Nr. 1 WpHG (ex-§ 13 Abs. 1 WpHG, ex-§ 38 Abs. 1 Nr. 2a WpHG); sie unterliegen damit dem Insiderhandelsverbot gem. Art. 14 MMVO (ex-§ 14 Abs. 1 WpHG), dessen Verstoß eine strafrechtliche Verantwortlichkeit gem. § 119 Abs. 1 WpHG (ex-§ 38 Abs. 1 WpHG) begründet. Wer etwa als Mitglied des Aufsichtsrats einer an einer Börse notierten Aktiengesellschaft Aktien dieses Unternehmens erwirbt oder veräußert, hat dem Emittenten und der BaFin den Erwerb oder die Veräußerung unverzüglich schriftlich gem. Art. 19 MMVO (ex-§ 15a Abs. 1 WpHG) mitzuteilen. Aufgrund des Rechts des Aufsichtsrats, in alle Unterlagen Einsicht zu nehmen (§ 111 Abs. 2 S. 1), besteht unter den Mitgliedern typischerweise eine ähnliche Informationsdichte wie im Vorstand.[1040] Daneben kommen die speziellen Straftatbestände der §§ 399 ff. in Betracht (→ § 399 Rn. 40 ff.).

[1040] *Hoffmann/Preu* Der Aufsichtsrat Rn. 247 ff. (256 ff.).

Dritter Abschnitt. Benutzung des Einflusses auf die Gesellschaft

§ 117 Schadenersatzpflicht

(1) ¹Wer vorsätzlich unter Benutzung seines Einflusses auf die Gesellschaft ein Mitglied des Vorstands oder des Aufsichtsrats, einen Prokuristen oder einen Handlungsbevollmächtigten dazu bestimmt, zum Schaden der Gesellschaft oder ihrer Aktionäre zu handeln, ist der Gesellschaft zum Ersatz des ihr daraus entstehenden Schadens verpflichtet. ²Er ist auch den Aktionären zum Ersatz des ihnen daraus entstehenden Schadens verpflichtet, soweit sie, abgesehen von einem Schaden, der ihnen durch Schädigung der Gesellschaft zugefügt worden ist, geschädigt worden sind.

(2) ¹Neben ihm haften als Gesamtschuldner die Mitglieder des Vorstands und des Aufsichtsrats, wenn sie unter Verletzung ihrer Pflichten gehandelt haben. ²Ist streitig, ob sie die Sorgfalt eines ordentlichen und gewissenhaften Geschäftsleiters angewandt haben, so trifft sie die Beweislast. ³Der Gesellschaft und auch den Aktionären gegenüber tritt die Ersatzpflicht der Mitglieder des Vorstands und des Aufsichtsrats nicht ein, wenn die Handlung auf einem gesetzmäßigen Beschluß der Hauptversammlung beruht. ⁴Dadurch, daß der Aufsichtsrat die Handlung gebilligt hat, wird die Ersatzpflicht nicht ausgeschlossen.

(3) Neben ihm haftet ferner als Gesamtschuldner, wer durch die schädigende Handlung einen Vorteil erlangt hat, sofern er die Beeinflussung vorsätzlich veranlaßt hat.

(4) Für die Aufhebung der Ersatzpflicht gegenüber der Gesellschaft gilt sinngemäß § 93 Abs. 4 Satz 3 und 4.

(5) ¹Der Ersatzanspruch der Gesellschaft kann auch von den Gläubigern der Gesellschaft geltend gemacht werden, soweit sie von dieser keine Befriedigung erlangen können. ²Den Gläubigern gegenüber wird die Ersatzpflicht weder durch einen Verzicht oder Vergleich der Gesellschaft noch dadurch aufgehoben, daß die Handlung auf einem Beschluß der Hauptversammlung beruht. ³Ist über das Vermögen der Gesellschaft das Insolvenzverfahren eröffnet, so übt während dessen Dauer der Insolvenzverwalter oder der Sachwalter das Recht der Gläubiger aus.

(6) Die Ansprüche aus diesen Vorschriften verjähren in fünf Jahren.

(7) Diese Vorschriften gelten nicht, wenn das Mitglied des Vorstands oder des Aufsichtsrats, der Prokurist oder der Handlungsbevollmächtigte durch Ausübung
1. der Leitungsmacht auf Grund eines Beherrschungsvertrags oder
2. der Leitungsmacht einer Hauptgesellschaft (§ 319), in die die Gesellschaft eingegliedert ist,

zu der schädigenden Handlung bestimmt worden ist.

Schrifttum: *Bernau*, Konzernrechtliche Ersatzansprüche als Gegenstand des Klagerzwingungsrechts nach § 147 I S. 1 AktG, AG 2011, 894; *Brav/Dasgupta/Mathews*, Wolf Pack Activism, ECGI Finance Working Paper N° 501/ 2017, April 2017; *Brüggemaier*, Die Einflussnahme auf die Verwaltung einer Aktiengesellschaft, AG 1988, 93; *Burgard*, Die Förder- und Treuepflicht des Alleingesellschafters einer GmbH, ZIP 2002, 827; *Coffee/Palia*, „The Wolf at the Door: The Impact of Hedge Fund Activism on Corporate Governance", Columbia Law and Economics Working Paper No. 521, 6. September 2015; *Henze*, Zur Treuepflicht unter Aktionären, FS Kellermann, 1991, 141; *G. Hoffmann*, Grenzen der Einflussnahme bei Unternehmensleitungsentscheidungen durch Kreditgläubiger, WM 2012, 10; *Friedl*, Die Haftung des Vorstandes für eine fehlerhafte Stellungnahme gemäß § 271 WpÜG, NZG 2004, 448; *Hirte/Bücker* (Hrsg), Grenzüberschreitende Gesellschaften, 2. Aufl. 2006; *Kort*, Die Haftung des Einflussnehmers auf Kapitalgesellschaften in ausländischen Rechtsordnungen – Vorbild für ein neues Verständnis von § 117 AktG?, AG 2005, 453; *Krebs*, Sonderverbindung und außerdeliktische Schutzpflichten, 2000; *Lutter*, Die Treuepflicht des Aktionärs – Bemerkungen zur Linotype-Entscheidung des BGH, ZHR 157 (1989), 464; *Mestmäcker*, Verwaltung, Konzerngewalt und Rechte der Aktionäre: eine rechtsvergleichende Untersuchung nach deutschem Aktienrecht und dem Recht der Corporations in den Vereinigten Staaten, 1958; *G. Müller*, Gesellschafts- und Gesellschafterschaden, FS Kellermann, 1991, 317; *Nodoushani*, Die Treuepflicht der Aktionäre und ihrer Stimmrechtsvertreter: Überlegungen zur gesellschaftsrechtlichen Treuepflicht bei persönlicher Stimmrechtsausübung und Stimmrechtsvertretung, 1997; *J. Prütting*, Der Vermögensschutz von Gesellschaften gegenüber externer Einflussnahme – geprüft am Beispiel der GmbH, ZGR 2015, 849; *Servatius*, Gläubigereinfluss durch Covenants, 2008; *Schall*, „Durchgriffshaftung" im Aktienrecht – haften Aktionäre für existenzvernichtende Eingriffe, qualifiziert faktische Konzernierung oder materielle Unterkapitalisierung?, FS Stilz, 2014, 539; *Thaeter/Guski*, Shareholder Activism: Gesellschaftsrechtliche Schranken aktiven Aktionärsverhaltens, AG 2007, 301; *Timm*, Treuepflichten im Aktienrecht WM 1991, 481; *Timm*, Übersehene Risiken bei der Privatisierung und Betriebsveräußerung durch die Treuhandanstalt, FS Semler, 1993, 611; *Ulmer*, Zur Haftung der abordnenden Körperschaft für Sorgfalts-

Schadenersatzpflicht § 117

verstöße des von ihr benannten Aufsichtsratsmitglieds, FS Stimpel, 1985, 705; *Voigt,* Haftung aus Einfluss auf die Aktiengesellschaft (§ 117 AktG), 2004; *Wälde,* Die Anwendbarkeit des § 31 BGB und der Begriff des „gesetzlichen Vertreters" im Rahmen konzernrechtlicher Haftungstatbestände des faktischen Konzerns, DB 1972, 2289; *Werner,* Aufsichtsratstätigkeit von Bankenvertretern, ZHR 145 (1981), 252; *Ziemons,* Die Haftung der Gesellschafter für Einflussnahmen auf die Geschäftsführung der GmbH, 1996.

Übersicht

	Rn.		Rn.
I. Systematik und Teleologie	1–12	c) Bezugspunkt der Rechtswidrigkeit	24
1. Allgemeines	1–6	4. Subjektiver Tatbestand	25
a) Rechtsnatur	3, 4	5. Beweislast	26
b) Schutzgüter	5, 6	**III. Die Mithaftung der Verwaltung**	
2. Verhältnis zu anderen Vorschriften	7–12	**(Abs. 2)**	27, 28
a) Materielles Konzernrecht	7–10	1. Allgemeines	27
b) Organhaftung bzw. Treuepflichtverletzung	11	2. Fehlen der Haupttat	28
c) Allgemeine Vorschriften	12	**IV. Die Mithaftung des Nutznießers**	
II. Die Haftung des Einflussnehmers (Abs. 1)	13–26	**(Abs. 3)**	29
1. Allgemeines	13, 14	**V. Die Modalitäten der Haftung (Abs. 4–7)**	30–32
2. Objektiver Tatbestand	15–20	1. Allgemeines	30
a) Einfluss auf die Gesellschaft	15	2. Spezielle Modalitäten für § 117 Abs. 1 S. 1	31
b) Benutzen des Einflusses	16	3. Allgemeine Modalitäten	32
c) Bestimmung des relevanten Personenkreises zu schädigendem Verhalten	17	**VI. Ausländische Aktiengesellschaften**	33
d) Schaden	18–20	**VII. Auffangkonzernrecht für andere Kapitalgesellschaftsformen**	34
3. Rechtswidrigkeit	21–24		
a) Indizierung der Rechtswidrigkeit?	22		
b) Feststellung der Rechtswidrigkeit	23		

I. Systematik und Teleologie

1. Allgemeines. Die Haftung für schädliche Beeinflussung der Gesellschaft steht in engem Zusammenhang mit der Gewaltenteilung in der AG, verkörpert im Prinzip der Eigenverantwortlichkeit der Verwaltung (vgl. § 76), sowie dem materiellen Konzernrecht. Ihr Zweck ist es, rechtswidriger Einflussnahme auf die Verwaltung jenseits der durch §§ 291 ff. eröffneten Möglichkeiten einen Riegel vorzuschieben.[1] Das geschieht indes nur **lückenhaft,** da die Haftung auf vorsätzliche Schädigungen des Gesellschafts- bzw. Gesellschaftervermögens beschränkt ist. Die Haftung wegen **Treuepflichtverletzungen** reicht insoweit weiter.[2] Allerdings darf nicht übersehen werden, dass die Treuepflicht als flexible Stimmmachtkontrolle anders gelagert ist. Vor allem sanktioniert sie nicht automatisch *jede* Schädigung des Gesellschaftsvermögens. So besteht laut der aktuellen Rechtsprechung des BGH[3] eine Zustimmungspflicht der Gesellschafter aus Treuepflicht nur, „wenn sie zur Erhaltung *wesentlicher Werte,* die die Gesellschafter geschaffen haben, oder zur *Vermeidung erheblicher Verluste,* die die Gesellschaft bzw. die Gesellschafter erleiden könnten, objektiv unabweisbar erforderlich ist und den Gesellschaftern unter Berücksichtigung ihrer eigenen schutzwürdigen Belange zumutbar ist." Daraus folgt umgekehrt, dass die Stimmmacht der Gesellschafter nur bei eigennützigem Verhalten eingeschränkt ist,[4] des Weiteren aber auch, dass die Treuepflicht selbst dann nicht jede, sondern nur erhebliche Schädigungen verbietet. Schon von daher ist die Vorschrift bislang in der Gerichtspraxis kaum in Erscheinung getreten. Dazu kommt das umfassende deutsche Konzernrecht. Nur wo dieses nicht anwendbar ist, kommt es auf die allgemeine Einflussnahmehaftung an. Das zeigt sich vor allem im Vergleich zu Österreich, wo die Parallelnorm des § 100 öst. AktG das fragmentarische Konzernrecht

---

[1] In dieser Allgemeinheit umstr., vgl. Hüffer/Koch/*Koch* Rn. 1; MüKoAktG/*Spindler* Rn. 1; K. Schmidt/Lutter/*Hommelhoff/Witt* Rn. 1; NK-AktR/*Walchner* Rn. 1 ff.; Kölner Komm AktG/*Mertens/Cahn* Rn. 11; Großkomm AktG/*Kort* Rn. 5; *Kort* AG 2005, 453; auch *Voigt,* Haftung aus Einfluss auf die Aktiengesellschaft (§ 117 AktG), 2004, 37; Dass Haftungsnormen dabei präventiv und kompensatorisch zugleich wirken, ist ein Allgemeinplatz. Zum umstr. Schutz der Integrität des Verwaltungshandels → Rn. 5 f.
[2] Grigoleit/*Grigoleit/Tomasic* Rn. 1 und 4 f. S. zB die Frage der Gewährung von Transaktionsboni („Mannesmann") durch einen Aktionär, *Hohaus/Weber* DStR 2008, 104.
[3] Vgl. BGH NZG 2016, 781.
[4] Siehe auch MüKoGmbHG/*Merkt* GmbHG § 13 Rn. 143: „Der Gesellschafter unterliegt einem umfassenden Verbot, die Gesellschaft aus Eigennutz zu schädigen."

ergänzt.[5] Da praktisch jede beherrschende Kapitalgesellschaft dem Unternehmensbegriff unterfällt (→ § 15 Rn. 19), bleiben bei abhängigen Aktiengesellschaften kaum Schutzlücken. Anders liegt es freilich bei börsennotierten Gesellschaften, wo unter dem Schlagwort *shareholder activism* die Einflussnahme durch interne Aktionärsgruppen wie etwa Hedge Fonds in den Blickpunkt rückt.[6] Einen weiteren praktisch bedeutenden Bereich für Einflüsse außerhalb des Konzernrechts stellen *business combination agreements* und Investorenvereinbarungen dar.[7] Hier zeigt sich die **grundsätzliche Bedeutung** der Vorschrift für die Organisation der deutschen Aktiengesellschaft im Unterschied zur GmbH, die ein entsprechendes Verbot nach der *lex scripta* nicht kennt. Ebenso liegt es bei englischer Ltd und Plc. Der Grund ist, dass in diesen Gesellschaftstypen die Gesellschafterversammlung oberstes Organ mit grundsätzlicher Allzuständigkeit ist,[8] die ihre Gesellschaft auch schädigen darf, sofern die Rechte der Minderheit und der Gläubiger gewahrt bleiben. Dementsprechend greifen die GmbH-rechtlichen Schutzinstrumente (Treuepflichten, Existenzvernichtungshaftung) erst später ein, nicht schon bei jeder vorsätzlichen Schädigung des Vermögens der GmbH. Insbesondere die mittlerweile vom BGH als Innenhaftung aus § 826 BGB konzipierte Existenzvernichtungshaftung[9] erscheint dabei als das korrespondierende, GmbH-rechtliche Schädigungsverbot.[10] Denn auch § 117 AktG ist seiner Entstehungsgeschichte nach als Spezialfall des § 826 BGB zu begreifen (→ Rn. 4). Dass § 117 damit auch auf außenstehende Dritte erstreckt worden ist (→ Rn. 3), ändert freilich nichts daran, dass vor allem der unternehmerische Aktionär im Visier ist. Da hierzulande auch bei börsennotierten Gesellschaften häufig noch ein mächtiger Mehrheitseigner vorhanden ist, kommt der Demarkationslinie des § 117 eine wichtige Lenkungsfunktion zu. Die theoretische Bedeutung für Grund und Grenzen der Haftungsbeschränkung ist dabei trotz jüngst erwachtem akademischen Interesses[11] längst nicht ausgelotet. Dazu kommt eine möglicherweise wachsende Bedeutung des § 117 im Bereich von **ausländischen Aktiengesellschaften,** die in Deutschland notiert werden (→ Rn. 4, 33), sowie als denkbares Rumpfkonzernrecht für **ähnlich strukturierte Kapitalgesellschaften** aller Provenienz (→ Rn. 34).

2 Obwohl sich der Zweck der Vorschrift aus der Systematik des Aktiengesetzes an sich klar erschließt, herrscht große Unsicherheit über Rechtsnatur und Schutzgüter des § 117, wofür insbesondere die Erstreckung auf außenstehende Dritte (→ Rn. 1) gesorgt hat. Das hat zur Folge, dass einzelne Haftungsvoraussetzungen der komplizierten Vorschrift noch nicht endgültig geklärt sind. Das gilt insbesondere für die Rechtswidrigkeit des herbeigeführten Vermögensschadens (ab → Rn. 21).

3 a) **Rechtsnatur.** Nach ganz hM ist § 117 eine **deliktsrechtliche Vorschrift**,[12] während andere ihre Wurzel in der Treuepflicht[13] der Gesellschafter oder neuerdings in einer Erstreckung der organ-

---

[5] Vgl. MüKoAktG/*Kalss* Rn. 94 ff.; *Kort* AG 2005, 453 (455). Allgemein zur Regulierung des Konzernrechts über das allgemeine Haftungsrecht → Vor § 15 Rn. 4; *Kort* AG 2005, 453 (454 ff.); Großkomm AktG/*Kort* Rn. 271 ff.; insbesondere zu den USA *Voigt*, Haftung aus Einfluss auf die Aktiengesellschaft (§ 117 AktG), 2004, 118 ff.

[6] Dazu Großkomm AktG/*Kort* Rn. 272 ff.; *Thaeter/Guski* AG 2007, 301; *H. Schaefer* NZG 2007, 900; zum dabei auftretenden „Wolfsrudel-Phänomen" *Brav/Dasgupta/Mathews* „Wolf Pack Activism", ECGI Finance Working Paper N° 501/2017, April 2017; *Coffee/Palia* „The Wolf at the Door: The Impact of Hedge Fund Activism on Corporate Governance", Columbia Law and Economics Working Paper No. 521, 6.9.2015.

[7] S. hierzu nur *Schall* in Kämmerer/Veil, Übernahme- und Kapitalmarktrecht in der Reformdiskussion, 2013, 75; *Wiegand* Investorenvereinbarungen und Business Combination Agreements bei Aktiengesellschaften, 2017; Spindler/Stilz/*Servatius* § 187 Rn. 19 ff.

[8] Zur GmbH Baumbach/Hueck/*Zöllner/Noack* GmbHG § 45 Rn. 6; zu England *Kasolowsky/Schall* in Hirte/Bücker, Grenzüberschreitende Gesellschaften, 2006, § 4 Rn. 57; *Schall/Miles/Goulding* JCLS 2006, 299 (306 ff.); In der Praxis herrscht freilich auch bei englischen Publikumsgesellschaften Gewaltenteilung. Aber das folgt eben aus der Satzungsautonomie, nicht aus dem Gesetz (dagegen § 23 Abs. 5).

[9] Grundlegend BGHZ 173, 246. Zur (Un)Anwendbarkeit → Rn. 12.

[10] Eingehend *Schall*, Kapitalgesellschaftsrechtlicher Gläubigerschutz, 2009, 222 ff. (230 ff.).

[11] Insbes. durch *Voigt*, Haftung aus Einfluss auf die Aktiengesellschaft (§ 117 AktG), 2004 und die eingehende Kommentierung von *Kort* im Großkomm AktG.

[12] BGHZ 129, 136 (160) – Girmes; BGH NJW 1992, 3167 (3172); Hüffer/Koch/*Koch* Rn. 2; Grigoleit/*Grigoleit/Tomasic* Rn. 3; Wachter/*Mayrhofer* Rn. 2; Hölters/Leuering/*Goertz* Rn. 1; Bürgers/Körber/*Israel* Rn. 1; MüKoAktG/*Spindler* Rn. 4; K. Schmidt/Lutter/*Hommelhoff/Witt* Rn. 2; NK-AktR/*Walchner* Rn. 4; Kölner Komm AktG/*Mertens/Cahn* Rn. 10; Großkomm AktG/*Kort* Rn. 19 und 37; *Kort* AG 2005, 453 (454); aA *Voigt*, Haftung aus Einfluss auf die Aktiengesellschaft (§ 117 AktG), 2004, 72 ff.; auch schon *Krebs*, Sonderverbindung und außerdeliktische Schutzpflichten, 2000, 103 ff.; eingehend gegen diese Kritik Großkomm AktG/*Kort* Rn. 43 ff., 50 ff.

[13] Vgl. *Lutter* ZHR 153 (1989), 446 (456); ferner BGHZ 129, 136 (160) – Girmes; Hüffer/Koch/*Koch* Rn. 2; MHdB AG/*Wiesner* § 27 Rn. 1; *Henze* FS Kellermann, 1991, 141 (148); aA Großkomm AktG/*Kort* Rn. 48 f. und Rn. 90 ff.; Kölner Komm AktG/*Mertens/Cahn* Rn. 12.

schaftlichen Pflichtenstellung auf „*shadow directors*"[14] sehen. Die hM beruft sich in erster Linie auf die Entstehungsgeschichte.[15] Danach habe das AktG 1937 mit der Erstreckung der Haftung auf gesellschaftsfremde Dritte die ursprüngliche Herleitung aus der Treuepflicht überwunden. Dem wird unter anderem entgegengehalten, dass deliktische Jedermannspflichten keinen geeigneten Maßstab zur Ausfüllung der Generalklausel des § 117 böten[16] und dass das Merkmal des „Einflusses" eine Sonderbeziehung zur Gesellschaft voraussetze, während Deliktsrecht typischerweise Jedermannsrecht ist.[17]

Stellungnahme. Trotz der gewichtigen Einwände, die jüngst erhoben wurden, ist an der delikts- 4 rechtlichen Qualifikation festzuhalten. Der Grund dafür liegt nicht in der Erstreckung auf außenstehende Dritte. Denn es ließe sich wohl hören, solche Dritte aufgrund der tatsächlich ausgeübten Leitungstätigkeit auch in den Bereich der mitgliedschaftlichen bzw. (eher) organschaftlichen Pflichten einzubeziehen.[18] Dies entspräche dem englischen *shadow-director*-Konzept,[19] das dem Vorläuferentwurf von 1931 tatsächlich als Vorbild diente.[20] Wenn § 117 jedoch ein solches Konzept zugrunde läge, müsste die Haftung der Hintermänner derjenigen der offiziellen Organmitglieder (vgl. §§ 93, 116) entsprechen.[21] Das ist aber nicht der Fall. Darin liegt der entscheidende Grund für die deliktsrechtliche Qualifikation. Die **Beschränkung der Haftung auf Vorsatz** ist ein deliktstypisches Korrektiv des weiten Schädigungstatbestandes und ein Fremdkörper im Rahmen von Organ- und Treuepflichten,[22] der sich deshalb anders als letztere auch nicht zur Bewältigung des *principal-agent*-Konflikts eignet.[23] § 117 ist also eine Spezialnorm des § 826 BGB. Damit sollte eine Überstrapazierung der „guten Sitten" im Gesellschaftsrecht vermieden werden[24] – eine vor dem Hintergrund des dort üblichen Gewinnstrebens verständliche Sicht. Der Missbrauch des vorhandenen Einflusses konkretisiert die „sittenwidrige" Schädigung. Er setzt **keine (gesellschafts)rechtliche Pflichtenbindung**, sondern lediglich eine tatsächliche Sonderbeziehung zur Gesellschaft voraus.[25] Gegen eine Beschränkung auf „gesellschaftsrechtlich vermittelten" Einfluss spricht außerdem, dass dies auch im Rahmen des § 17 AktG nicht überzeugt.[26] Trotz der Einstufung als Deliktsrecht ist aber das Kriterium des Gesellschafts- bzw. Unternehmensinteresses von entscheidender Bedeutung, aber nicht zur Bestimmung der Pflichtverletzung, sondern auf der Ebene der Rechtswidrigkeit (→ Rn. 6, 24 f.). Mit anderen Worten: Einfluss nehmen ist grundsätzlich verboten. Wenn es aber im Gesellschaftsinteresse geschieht, sind eventuelle Schädigungen gerechtfertigt und es kommt zu keiner Haftung. Diese

---

[14] *Voigt*, Haftung aus Einfluss auf die Aktiengesellschaft (§ 117 AktG), 2004, 81 ff.; *Nodoushani*, Die Treuepflicht der Aktionäre und ihrer Stimmrechtsvertreter: Überlegungen zur gesellschaftsrechtlichen Treuepflicht bei persönlicher Stimmrechtsausübung und Stimmrechtsvertretung, 1997, 57; aA Großkomm AktG/*Kort* Rn. 14 ff.

[15] Amtl. Begr. bei *Klausing* AktG, 1937, 37; eingehend MüKoAktG/*Spindler* Rn. 7 ff.; Großkomm AktG/*Kort* Rn. 20 ff.; *Voigt*, Haftung aus Einfluss auf die Aktiengesellschaft (§ 117 AktG), 2004, 5 ff., insbes. zur Abkehr von der reinen Aktionärshaftung im Entwurf des Reichsjustizministeriums Großkomm AktG/*Kort* Rn. 28 ff.; *Voigt*, Haftung aus Einfluss auf die Aktiengesellschaft (§ 117 AktG), 2004, 18 ff.

[16] *Voigt*, Haftung aus Einfluss auf die Aktiengesellschaft (§ 117 AktG), 2004, 71 ff.; *Krebs*, Sonderverbindung und außerdeliktische Schutzpflichten, 2000, 103 f., 118 f.; dagegen Großkomm AktG/*Kort* Rn. 43 f., 63 ff.

[17] *Voigt*, Haftung aus Einfluss auf die Aktiengesellschaft (§ 117 AktG), 2004, 75 f.; zu weiteren systematischen Argumenten wie der abweichenden Verjährungsregelung *Voigt*, Haftung aus Einfluss auf die Aktiengesellschaft (§ 117 AktG), 2004, 76 ff. Doch spricht in systematischer Hinsicht das System der Handelndenhaftung gegenüber der unmittelbaren Unternehmenshaftung des Konzernrechts (vgl. *Brüggemaier* AG 1988, 93 (95)) deutlich für eine deliktische Einordnung; zur Widerlegung der systematischen Argumente eingehend Großkomm AktG/*Kort* Rn. 45 f. (61 ff.).

[18] Freilich wird die Figur des „faktischen Geschäftsführers" im Aktienrecht überwiegend abgelehnt, Hüffer/Koch/*Koch* § 93 Rn. 12; aA Großkomm AktG/*Hopt* § 93 Rn. 49 ff. Vgl. dagegen die aufziehende Bedeutung in der GmbH, wo der 66. DJT im Anschluss an das Gutachten von *Haas* E 47 ff. und These 6 für eine deutliche Ausweitung unter Überwindung der bisherigen Beschränkung auf Außenauftreten (zB BGHZ 150, 61 (69 f.)) plädiert. Grundlage ist der Gedanke der „Einheit von Herrschaft und Haftung", vgl. *Voigt*, Haftung aus Einfluss auf die Aktiengesellschaft (§ 117 AktG), 2004, 82; zweifelnd Großkomm AktG/*Kort* Rn. 52 ff.

[19] Dazu → Vor § 15 Rn. 39; *Kasolowsky/Schall* in Hirte/Bücker, Grenzüberschreitende Gesellschaften, 2006, § 4 Rn. 43.

[20] § 86 E-1931, *Heymann* in Schubert et al., Akademie für deutsches Recht, Bd. I, 1986, S. 101; eingehend zum Ganzen *Voigt*, Haftung aus Einfluss auf die Aktiengesellschaft (§ 117 AktG), 2004, 15 f.

[21] Vgl. sec. 214 (7) Insolvency Act 1986.

[22] S. freilich den Sonderfall BGHZ 129, 136 – Girmes.

[23] Nicht überzeugend *Voigt*, Haftung aus Einfluss auf die Aktiengesellschaft (§ 117 AktG), 2004, 106 ff.; gegen ihn mit Recht Großkomm AktG/*Kort* Rn. 66 ff.

[24] *Hüffer* FS Spindler, 1997, 127 (135); Großkomm AktG/*Kort* Rn. 22; zu den Vorarbeiten s. u. a. den Bericht der vom 34. DJT im Jahr 1926 eingesetzten Kommission: *Ständige Deputation*, Bericht, 1928, 28; eingehend zur Entstehungsgeschichte *Voigt*, Haftung aus Einfluss auf die Aktiengesellschaft (§ 117 AktG), 2004, 5 ff.

[25] Ganz hM, MüKoAktG/*Spindler* Rn. 4; *Grigoleit/Grigoleit/Tomasic* Rn. 3; aA *Voigt*, Haftung aus Einfluss auf die Aktiengesellschaft (§ 117 AktG), 2004, 75 f.; hiergegen Großkomm AktG/*Kort* Rn. 82 ff.

[26] → § 17 Rn. 20 ff., 30 ff. zur kombinierten Beherrschung.

§ 117 5–8 Erstes Buch. Aktiengesellschaft

Interpretation harmoniert auch mit der Rechtslage in Österreich, wo das Konzerninteresse als „schutzwürdiges Interesse" die Haftung aus der Parallelnorm des § 100 öst. AktG ausschließen kann.[27] Die Einstufung als Deliktsrecht hat zur Folge, dass § 117 nicht nur auf deutsche Aktiengesellschaften beschränkt ist, sondern jedenfalls auch auf **ausländische Aktiengesellschaften** in Deutschland Anwendung findet (→ Rn. 33). Darüber hinaus ist an seine analoge Anwendung auf andere Kapitalgesellschaften mit ähnlicher Organisationsstruktur zu denken (→ Rn. 34).

5 **b) Schutzgüter.** Anerkannt ist, dass § 117 das **Vermögen** der **Gesellschaft** sowie der **Aktionäre** gegen vorsätzlich herbeigeführte Schädigungen schützt.[28] Nach verbreiteter Ansicht soll die Norm außerdem die **Integrität des Verwaltungshandelns**[29] bzw. die **Autonomie der Willensbildung** in der Gesellschaft[30] schützen. Demgegenüber wird vom organschaftlichen Ansatz aus vertreten, die Norm habe die Wahrung des Unternehmens- bzw. **Gesellschaftsinteresses** vor Augen.

6 **Stellungnahme.** Im Kern der Auseinandersetzung steht die Frage, unter welchen zusätzlichen Voraussetzungen für eine Schädigung des Gesellschaftsvermögens gehaftet wird (→ Rn. 21 ff.). Nach allgemeiner Ansicht reicht der Eintritt eines Vermögensnachteils als solcher, obwohl vorsätzlich herbeigeführt, nicht aus (zB erzwungener Beitritt zur Stiftungsinitiative der deutschen Wirtschaft für die Opfer des Nationalsozialismus). Die Begründungen hierfür gehen aber auseinander. Am meisten überzeugt der Ansatz, unmittelbar auf das **Unternehmens- bzw. Gesellschaftsinteresse** als eigentliches Schutzgut abzustellen.[31] Das bedeutet, dass für die vorsätzliche Zufügung von Vermögensnachteilen grundsätzlich nur gehaftet wird, wenn sie dem Unternehmensinteresse zuwider laufen. Ansonsten fehlt es am Pflichtwidrigkeitszusammenhang, wobei die Beurteilung aber durch die Brille der jeweiligen Beteiligten unterschiedlich ausfallen kann (→ Rn. 21 ff., 24 f.). Die Integrität der Verwaltung oder die Autonomie der Willensbildung sind demgegenüber kein Selbstzweck,[32] sondern zielen ihrerseits bloß auf die Wahrung des Gesellschaftsinteresses.[33] Dies bedeutet aber entgegen dem organschaftlichen Ansatz nicht, dass § 117 eine gesellschaftsrechtliche Pflichtenstellung begründet,[34] sondern dass das Gesellschafts- bzw. Unternehmensinteresse die Verletzung der Jedermannspflicht, die Gesellschaft nicht durch rechtswidrige Beeinflussung zu schädigen, rechtfertigen kann (→ Rn. 24 f.).[35]

7 **2. Verhältnis zu anderen Vorschriften. a) Materielles Konzernrecht.** Im Verhältnis des § 117 zum Konzernrecht ist zwischen rechtmäßigen und haftungsbegründenden Maßnahmen zu unterscheiden.

8 **aa) Rechtmäßige Maßnahmen.** Als Grundsatz gilt: Für Maßnahmen, die nach allgemeinem Konzernrecht zulässig sind, wird nicht gehaftet. Das ergibt sich für den Vertragskonzern aus § 117 Abs. 7 Nr. 1 nF. Es gilt aber auch für Eingriffe im faktischen Konzern, für die angemessener Ausgleich gewährt wird, da § 311 *lex specialis* ist.[36]

---

[27] MüKoAktG/*Kalss* Rn. 100; *Kort* AG 2005, 453 (455).
[28] AllgM, Hüffer/Koch/*Koch* Rn. 1, MüKoAktG/*Spindler* Rn. 1; K. Schmidt/Lutter/*Hommelhoff/Witt* Rn. 1; Wachter/*Mayrhofer* Rn. 2; Hölters/*Leuering/Goertz* Rn. 1; NK-AktR/*Walchner* Rn. 2; Großkomm AktG/*Kort* Rn. 5.
[29] Hüffer/Koch/*Koch* Rn. 1; Großkomm AktG/*Kort* Rn. 6; Hölters/*Leuering/Goertz* Rn. 1; *Timm* WM 1991, 481 (491); aA Kölner Komm AktG/*Mertens/Cahn* Rn. 11; *Voigt*, Haftung aus Einfluss auf die Aktiengesellschaft (§ 117 AktG), 2004, 37 ff. (46).
[30] MüKoAktG/*Spindler* Rn. 2; K. Schmidt/Lutter/*Hommelhoff/Witt* Rn. 1; Wachter/*Mayrhofer* Rn. 2; *Brüggemaier* AG 1988, 93 (96); *Timm* WM 1991, 481 (487); *Timm* FS Semler, 1993, 611 (621 ff.). Von zwei verschiedenen Ansichten geht demgegenüber *Voigt*, Haftung aus Einfluss auf die Aktiengesellschaft (§ 117 AktG), 2004, 48 ff. (58 ff.) aus, der beide ablehnt; gegen die Autonomie der Willensbildung als Schutzgut auch Großkomm AktG/*Kort* Rn. 13.
[31] So auch *Voigt*, Haftung aus Einfluss auf die Aktiengesellschaft (§ 117 AktG), 2004, 52 ff.; aA Großkomm AktG/*Kort* Rn. 14 ff.
[32] Krit. auch *Voigt*, Haftung aus Einfluss auf die Aktiengesellschaft (§ 117 AktG), 2004, 39 ff. (47 ff.).
[33] In diesem Rahmen kann man sie freilich als „mittelbar" mitgeschützt ansehen.
[34] In dieser Richtung *Voigt*, Haftung aus Einfluss auf die Aktiengesellschaft (§ 117 AktG), 2004, 52 f.; dagegen eingehend Großkomm AktG/*Kort* Rn. 12, 17, 50 f., 72 ff.
[35] So letztlich auch BGH NJW 1992, 3167 (3171 f.): Norm auf Schutz gesellschafts- und mitgliedsbezogener Vermögensinteressen beschränkt; zust. Großkomm AktG/*Kort* Rn. 64.
[36] Ganz hM, Hüffer/Koch/*Koch* Rn. 1 (14) sowie § 311 Rn. 51; Hölters/*Leuering/Goertz* Rn. 18; Wachter/*Mayrhofer* Rn. 14; Grigoleit/*Grigoleit/Tomasic* Rn. 25; MüKoAktG/*Spindler* Rn. 89 f.; K. Schmidt/Lutter/*Hommelhoff/Witt* Rn. 34; NK-AktR/*Walchner* Rn. 21; Großkomm AktG/*Kort* Rn. 262; Kölner Komm AktG/*Mertens/Cahn* Rn. 42; Kölner Komm AktG/*Koppensteiner* § 311 Rn. 159; Emmerich/Habersack/*Habersack* § 311 Rn. 88; *Brüggemaier* AG 1988, 93 (102); iE auch *Voigt*, Haftung aus Einfluss auf die Aktiengesellschaft (§ 117 AktG), 2004, 358 f., der für analoge Anwendung der haftungsabwendenden Ersetzungsbefugnis nach §§ 311 Abs. 2, 317 Abs. 1 S. 1 im Rahmen des § 117 eintritt.

bb) Rechtswidrige Maßnahmen. Unübersichtlicher ist die Lage, wenn für die jeweilige Maß- 9
nahme nach allgemeinem Konzernrecht gehaftet wird. Im **Vertragskonzern** wird allgemein vertreten,
dass die Haftung aus § 309 mit der aus § 117 konkurrieren kann.[37] Dagegen soll nach hM für die
Haftung der beherrschten Verwaltung § 310 vorrangige *lex specialis* gegenüber § 117 Abs. 2 sein,[38]
womit insbesondere die Außenhaftung gegenüber den Aktionären entfiele. Das ist inkonsequent. Bejaht
man die prinzipielle Konkurrenz der in ihren Voraussetzungen unterschiedlichen Haftungstatbestände,
besteht für eine partielle Privilegierung der beherrschten Verwaltung „im Unrecht" kein Anlass, zumal
damit der Gesamtschuldnerausgleich gestört würde. Die historische Argumentation der hM überzeugt
teleologisch nicht. Daher sind § 117 Abs. 2 und § 310 idealkonkurrierend anzuwenden, wobei ein
gesetzmäßiger Beschluss der Hauptversammlung nur im Rahmen des § 117 entlastet (Abs. 2 S. 3).[39]

Im **faktischen Konzern** kann § 117 neben eine Haftung für Maßnahmen ohne angemessenen 10
Ausgleich aus § 317 (Abs. 1 und 3) treten,[40] was wegen der engeren Tatbestandsvoraussetzungen
nur für Haftung von Nutznießern oder Angestellten des herrschenden Unternehmens praktische
Bedeutung hat. Das hat auch für § 117 Abs. 2 zu gelten (→ Rn. 9), der durch die ganz anders,
nämlich an der unterlassenen Berichterstattung, ansetzende Haftungsvorschrift des § 318 nicht
gesperrt sein kann. Zum **qualifiziert faktischen Konzern** gleich → Rn. 12.

b) Organhaftung bzw. Treuepflichtverletzung. Neben § 117 kommt grundsätzlich auch eine 11
Schadensersatzhaftung aus der Verletzung von Organpflichten[41] oder von mitgliedschaftlichen Treuepflichten[42] in Betracht. Dabei stellt sich das Problem der Umgehung des § 117 Abs. 7 Nr. 1 aF nach
dem UMAG nicht mehr.[43]

c) Allgemeine Vorschriften. Neben § 117 kann § 826 BGB eingreifen,[44] was zwar aus Sicht 12
des lex-specialis-Gedanken überrascht, aber aus der üblichen Verfügbarkeit aller Rechtsbehelfskon-
kurrenz bei vorsätzlichem bzw. arglistigem Handeln zu verstehen ist. Gleichwohl ist die **Existenzvernichtungshaftung** in ihrer Form nach Trihotel[45] (als Innenhaftung gegenüber der Gesellschaft auf
Basis des § 826 BGB) im Aktienrecht **nicht anwendbar**, weil es wegen § 117 AktG dort gar keiner
Rechtsfortbildung bedarf.[46] Anders liegt es wiederum – soweit man ihre Fortgeltung für den Bereich

---

[37] Hüffer/Koch/*Koch* Rn. 14 und § 309 Rn. 1; Hölters/*Leuering/Goertz* Rn. 18; MüKoAktG/*Spindler* Rn. 89; K. Schmidt/Lutter/*Hommelhoff/Witt* Rn. 34; MüKoAktG/*Altmeppen* § 309 Rn. 4; Großkomm AktG/*Kort* Rn. 252, 259 f.; Kölner Komm AktG/*Mertens* Rn. 45; Kölner Komm AktG/*Koppensteiner* § 309 Rn. 61; Emmerich/Habersack/*Emmerich* § 309 Rn. 53; *Voigt*, Haftung aus Einfluss auf die Aktiengesellschaft (§ 117 AktG), 2004, 297.

[38] MüKoAktG/*Spindler* Rn. 89; K. Schmidt/Lutter/*Hommelhoff/Witt* Rn. 34; MüKoAktG/*Altmeppen* § 310 Rn. 40; Kölner Komm AktG/*Koppensteiner* § 310 Rn. 10; Großkomm AktG/*Kort* Rn. 261; Hüffer/Koch/*Koch* § 310 Rn. 2; jedoch im Widerspruch zu Hüffer/Koch/*Koch* Rn. 14; abw. ferner Kölner Komm AktG/*Mertens/Cahn* Rn. 45; Hölters/*Leuering/Goertz* Rn. 18.

[39] Nach hM kann ein gesetzmäßiger HV-Beschluss im Rahmen des § 310 nicht entlasten, vgl. Hüffer/Koch/*Koch* § 310 Rn. 5.

[40] So in der Tat die ganz hM, Hüffer/Koch/*Koch* Rn. 14 und § 317 Rn. 17; Hölters/*Leuering/Goertz* Rn. 18; MüKoAktG/*Spindler* Rn. 90; K. Schmidt/Lutter/*Hommelhoff/Witt* Rn. 34; Großkomm AktG/*Kort* Rn. 264 ff.; Kölner Komm AktG/*Mertens/Cahn* Rn. 46; *Voigt*, Haftung aus Einfluss auf die Aktiengesellschaft (§ 117 AktG), 2004, 358; aA *Brüggemaier* AG 1988, 93 (101 f.) mit Hinweis auf die abweichende Struktur der haftenden Personen; dem folgend NK-AktR/*Walchner* Rn. 21; offenlassend Wachter/*Mayrhofer* Rn. 14 (keine praktische Relevanz, da Anforderungen nach § 317 wesentlich geringer).

[41] Hüffer/Koch/*Koch* Rn. 3; K. Schmidt/Lutter/*Hommelhoff/Witt* Rn. 33; Kölner Komm AktG/*Mertens/Cahn* Rn. 13.

[42] BGHZ 129, 136 – Girmes; Grigoleit/*Grigoleit/Tomasic* Rn. 5; Wachter/*Mayrhofer* Rn. 14; MüKoAktG/*Spindler* Rn. 6, 71 f. (85 f.); K. Schmidt/Lutter/*Hommelhoff/Witt* Rn. 32; Großkomm AktG/*Kort* Rn. 239; Kölner Komm AktG/*Mertens/Cahn* Rn. 10.

[43] MüKoAktG/*Spindler* Rn. 72 ff. Zu den Voraussetzungen der Haftung von Kleinaktionären (jedenfalls) bei gebündeltem Abstimmungsverhalten (u. a. vorsätzliche Pflichtverletzung) nach altem Recht s. BGHZ 129, 136 – Girmes; Nachlese bei Großkomm AktG/*Kort* Rn. 243 ff.

[44] AllgM, BegrRegE bei *Kropff* S. 164; Hüffer/Koch/*Koch* Rn. 14; Grigoleit/*Grigoleit/Tomasic* Rn. 7; Wachter/*Mayrhofer* Rn. 14; Hölters/*Leuering/Goertz* Rn. 18; MüKoAktG/*Spindler* Rn. 88 (zu Recht aus diesem Grunde die Harmonisierung der Verjährungsvorschriften anmahnend); K. Schmidt/Lutter/*Hommelhoff/Witt* Rn. 32; NK-AktR/*Walchner* Rn. 19; Großkomm AktG/*Kort* Rn. 257 f.; s. ferner OLG Düsseldorf ZIP 1981, 847 (853); LG Düsseldorf ZIP 1980, 188 (190) – BuM.

[45] BGHZ 173, 246.

[46] Eingehend *Schall* FS Stilz, 2014, 539 (544 ff.); schon *Schall*, Kapitalgesellschaftsrechtlicher Gläubigerschutz, 2009, 238 f.; ebenso GroßkommAktG/*Kort* Rn. 271; MüKoAktG/*Altmeppen*, 3. Aufl. 2010, Anh. § 317 Rn. 13; abl. wohl auch MHdB AG/*Krieger*, 3. Aufl. 2007, § 69 Rn. 134 (aber nur wegen Festhaltens an der Konzernhaftung). Demgegenüber hält die hM auch insoweit grds. an Anspruchskonkurrenz fest, auch wenn sie der Haftung neben § 117 kaum eigenständige Bedeutung einräumt, vgl. Henssler/Strohn/*Bödeker* § 311 Rn. 34; Spindler/Stilz/*Fock*

der AG akzeptieren möchte⁴⁷ – bezüglich der Haftung im **qualifiziert faktischen Aktienkonzern** (analog § 302 AktG), die anders begründet und daher nicht durch § 117 AktG gesperrt ist.⁴⁸ Soweit § 826 BGB konkurriert und Aktionäre entgegen Abs. 1 S. 2 Reflexschäden geltend machen können (was bei sorgfältiger, an Trihotel orientierter Konstruktion des Delikts nur selten der Fall sein dürfte⁴⁹), dürfen sie aber nur auf Leistung an die Gesellschaft klagen.⁵⁰ § 823 Abs. 2 BGB kommt nicht zum Zug, da § 117 kein Schutzgesetz ist.⁵¹ Ein Eingriff in den Gewerbebetrieb wird schon wegen Subsidiarität regelmäßig nicht in Betracht kommen und ist auch tatbestandlich schwer denkbar.⁵² Infolge des deliktischen Charakters finden auf § 117 die **§§ 830, 840, 393 BGB** Anwendung⁵³ und ist eine vorbeugende Unterlassungsklage möglich.⁵⁴

II. Die Haftung des Einflussnehmers (Abs. 1)

13 1. **Allgemeines.** § 117 Abs. 1 enthält **zwei Anspruchsgrundlagen.** S. 1 erfasst den Schaden der Gesellschaft, S. 2 den Schaden des Gesellschafters. Dabei muss es sich um einen originären Eigenschaden im Vermögen des Aktionärs und nicht bloß um einen sog. „Reflexschaden" handeln (→ Rn. 19 f.). Der einzelne Aktionär soll der Gesellschaft bei der Liquidation (oder ihrem Unterbleiben) aus verschiedenen Gründen – Kompetenzverteilung, Minderheitenquoren, Kapitalerhaltung, Aktionärsgleichbehandlung – nicht „ins Gehege kommen".⁵⁵ Der Anspruch der Gesellschaft unterliegt weiteren Beschränkungen nach Abs. 4 und 5 (→ Rn. 31), die für den Anspruch des Aktionärs nicht gelten. Die Tatbestandsvoraussetzungen sind identisch. Aus § 117 Abs. 1 haftet, wer den objektiven Tatbestand vorsätzlich *und* rechtswidrig (→ Rn. 21 ff.) verwirklicht. Täter kann jede natürliche oder juristische Person sein,⁵⁶ auch der Alleinaktionär⁵⁷ oder ein Organmitglied der geschädigten Gesellschaft,⁵⁸ nicht allerdings im Weg der „Selbstverleitung" (→ Rn. 28 aE). Eine grundsätzliche Ausnahme für Angestellte des Großaktionärs, die bloß auf Weisung handeln, ist aus präventiven Gründen nicht anzuerkennen.⁵⁹ Sie widerspräche ferner der Wertung des § 830 Abs. 2 BGB, der Gehilfen und Mittäter gleichstellt, sowie der grundsätzlichen Doppelhaftung von juristischer Person und Organ (→ Rn. 14).

14 Ist der Einflussnehmer eine **juristische Person,** bedarf es einer Zurechnung, die primär über die §§ 31, 89 BGB erfolgen wird, aber auch auf anderen Gründen (Organisationsverschulden) beruhen kann.⁶⁰ Haftungsgrundlage ist auch in diesem Fall Abs. 1, nicht etwa Abs. 3.⁶¹ Die Zurechnung

---

§ 1 Rn. 64; Grigoleit/*Grigoleit* § 1 Rn. 126; Emmerich/Habersack/*Habersack* Anh. § 317 Rn. 5a; *Habersack* ZGR 2008, 533 (550 f.); MüKoAktG/*Heider*, 3. Aufl. 2010, § 1 Rn. 85; Hüffer/Koch/*Koch* § 1 Rn. 30; *Koch* FS Goette, 2011, 191 (202); wohl auch Spindler/Stilz/*Müller*, 2. Aufl. 2010, Rn. 26.
⁴⁷ So zB *Schall* FS Stilz, 2014, 537 (548 ff.); *Schall* → Vor § 15 Rn. 14 f., jeweils mwN.
⁴⁸ Eingehend *Schall* FS Stilz, 2014, 539 (548 ff.) mwN; aA *Hüffer* FS Goette, 2011, 191 (197 ff.); auch schon → Vor § 15 Rn. 15.
⁴⁹ S. dazu auch LG Köln BeckRS 2013, 09405 im Anschluss an BeckOK BGB/*Spindler* § 826 Rn. 13 f.: Sittenwidrigkeitszusammenhang muss direkt zum Opfer bestehen.
⁵⁰ So *Voigt*, Haftung aus Einfluss auf die Aktiengesellschaft (§ 117 AktG), 2004, 215 f. im Anschluss an Großkomm AktG/*Hopt* § 93 Rn. 467. Dies entspricht einem allgemeinen Grundsatz der Rechtsprechung im Gesellschaftsrecht und gilt gerade auch in der Insolvenz, s. BGH NJW 2013, 2586 (SE wegen Treuepflichtverletzung in der GmbH).
⁵¹ AllgM, Hüffer/Koch/*Koch* Rn. 14; MüKoAktG/*Spindler* Rn. 87; K. Schmidt/Lutter/*Hommelhoff/Witt* Rn. 32; NK-AktR/*Walchner* Rn. 19; Großkomm AktG/*Kort* Rn. 256; Wachter/*Mayrhofer* Rn. 14; Hölters/*Leuering/Goertz* Rn. 18; *J. Prütting* ZGR 2015, 849 (857).
⁵² Zutr. *Voigt*, Haftung aus Einfluss auf die Aktiengesellschaft (§ 117 AktG), 2004, 214 f.; Großkomm AktG/*Kort* Rn. 255; aA *Brüggemaier* AG 1988, 93 (97).
⁵³ MüKoAktG/*Spindler* Rn. 5; Großkomm AktG/*Kort* Rn. 94; Wachter/*Mayrhofer* Rn. 2.
⁵⁴ MüKoAktG/*Spindler* Rn. 5; Großkomm AktG/*Kort* Rn. 95.
⁵⁵ S. dazu BGHZ 94, 55; 105, 121; NJW 1992, 3167; Hüffer/Koch/*Koch* Rn. 9; MüKoAktG/*Spindler* Rn. 52; K. Schmidt/Lutter/*Hommelhoff/Witt* Rn. 23; eingehend Großkomm AktG/*Kort* Rn. 175 ff.; zum englischen Recht noch → Rn. 20.
⁵⁶ Hüffer/Koch/*Koch* Rn. 3; MüKoAktG/*Spindler* Rn. 10 ff.; K. Schmidt/Lutter/*Hommelhoff/Witt* Rn. 6; NK-AktR/*Walchner* Rn. 6; Kölner Komm AktG/*Mertens/Cahn* Rn. 13; Großkomm AktG/*Kort* Rn. 97.
⁵⁷ *Timm* FS Semler, 1993, 611 (613).
⁵⁸ Hüffer/Koch/*Koch* Rn. 3; MüKoAktG/*Spindler* Rn. 15; K. Schmidt/Lutter/*Hommelhoff/Witt* Rn. 6; NK-AktR/*Walchner* Rn. 6; Kölner Komm AktG/*Mertens/Cahn* Rn. 14.
⁵⁹ AA Großkomm AktG/*Kort* Rn. 102; offen gelassen durch das UMAG, vgl. BegrRegE ZIP 2004, 2455 (2456).
⁶⁰ MüKoAktG/*Spindler* Rn. 12 ff.; Großkomm AktG/*Kort* Rn. 128; Kölner Komm AktG/*Mertens/Cahn* Rn. 13; krit. *Brüggemaier* AG 1988, 93 (95).
⁶¹ Freilich kann auch der Nutznießer-Tatbestand durch juristische Personen verwirklicht werden.

zur juristischen Person entlastet den Organwalter nicht von persönlicher Verantwortung.[62] Umgekehrt ist letztere aber auch nicht Bedingung der Haftung der juristischen Person.[63] Der Zurechnung steht dabei nicht entgegen, wenn das Organmitglied der bestimmenden Gesellschaft zugleich einem Organ der bestimmten Gesellschaft angehört.[64] Dagegen wurde eingewandt, das entsandte Organmitglied begehe die Pflichtverletzung nicht als Organ der entsendenden Gesellschaft, weshalb eine Zurechnung über § 31 scheitere und allenfalls eine originäre Haftung des Entsenders aus § 117 wegen der Beeinflussung (oder Nutznießung) eingreifen könne.[65] Diese Ansicht entlastet die entsendende juristische Person aber ohne Not, da eine doppelte Zurechnung doppelfunktionalen Organhandelns durchaus möglich erscheint.[66] Der Doppel-Organwalter haftet auch selbst aus § 117 und kann sich nicht mit der Verantwortlichkeit der hinter ihm stehenden juristischen Person entlasten.[67] Zu keiner Haftung führt die Zurechnung nach § 31 aber bei der Gesellschaft, in der das Organ den schädlichen Einfluss ausübt, weil diese in Abs. 1 nicht bestimmt und in Abs. 2 nicht genannt wird.[68] Im Übrigen wird der Begriff der satzungsmäßigen Vertreter iS des § 31 weit verstanden und in etwa den leitenden Angestellten angelehnt.[69]

2. Objektiver Tatbestand. a) Einfluss auf die Gesellschaft. Nach Abs. 1 muss der Täter seinen Einfluss auf die Gesellschaft benutzt haben, um ihre Führungskräfte zur selbstschädigenden Handlung zu bestimmen. Der Einfluss muss im Zeitpunkt der Bestimmungshandlung bestehen und darf sich nicht erst aus der Befolgung der Wünsche des Täters ergeben. Er braucht anders als nach hM zu § 17 AktG (→ § 17 Rn. 20 ff.) nicht gesellschaftsrechtlich begründet sein[70] und er muss sich entgegen des missverständlichen Wortlautes nicht unmittelbar auf die **Gesellschaft** als solche beziehen.[71] Daher genügen jegliche tatsächlichen oder rechtlichen Umstände, die den Täter in die Lage versetzen, den relevanten Personenkreis (→ Rn. 17) zu pflichtwidrigen Verhalten zu bestimmen, zB einflussreicher Anteilsbesitz, eigene Organstellungen, Mitgliedschaft in Arbeitnehmervertretungen, Kredit-, Liefer- oder Franchisebeziehungen (zur Bestimmung der Grenzüberschreitung bei wirtschaftlicher Abhängigkeit näher → § 17 Rn. 22 f.), tatsächliche Druckmittel aller Art, verwandtschaftliche Beziehungen oder sonstige persönliche Kontakte im Verhältnis zu den zu verleiteten Personen.[72] 15

b) Benutzen des Einflusses. Der Täter muss den Einfluss zur Bestimmung des Verhaltens von Mitgliedern des relevanten Personenkreises benutzen. Die wertneutrale Formulierung entspricht ihrem weiten Verständnis und soll unterstreichen, dass es über die Bestimmung zu gesellschaftsschädlichem Handeln hinaus weder eines anstößigen oder verwerflichen Verhaltens noch der Verfolgung gesellschaftsfremder Sondervorteile bedarf.[73] 16

---

[62] MüKoAktG/*Spindler* Rn. 15; Großkomm AktG/*Kort* Rn. 128. Das muss unabhängig von der Rechtsform gelten, also auch für weisungsabhängige GmbH-Geschäftsführer. Anders müsste befinden, wer weisungsabhängige Angestellte des Großaktionärs von der Haftung ausnehmen will (eben → Rn. 13).
[63] MüKoAktG/*Spindler* Rn. 15; Großkomm AktG/*Kort* Rn. 128 aE; Kölner Komm AktG/*Mertens/Cahn* Rn. 13 (in Auseinandersetzung mit BGH AG 1987, 151 (152)).
[64] HL, MüKoAktG/*Spindler* Rn. 13; Kölner Komm AktG/*Mertens/Cahn* Rn. 15; *Ulmer* FS Stimpel, 1985, 705 (714 f.); *Werner* ZHR 145 (1981), 252 (262 ff.); aA BGHZ 36, 296 (309 ff.); offen gelassen in BGHZ 90, 381 (398) – BuM; grds. abw. auch Großkomm AktG/*Kort* Rn. 129 ff.
[65] Großkomm AktG/*Kort* Rn. 129 f.
[66] Vgl. auch OLG Frankfurt OLGZ 1985, 112; Palandt/*Ellenberger* § 31 Rn. 10 (bei mehrfacher Organstellung entscheidet Sicht eines objektiven Beurteilers).
[67] MüKoAktG/*Spindler* Rn. 15; insoweit auch Großkomm AktG/*Kort* Rn. 129.
[68] IE ebenso MüKoAktG/*Spindler* Rn. 56, 58; Kölner Komm AktG/*Mertens/Cahn* Rn. 21; Großkomm AktG/*Kort* Rn. 188.
[69] BGHZ 49, 19; Palandt/*Ellenberger* § 31 Rn. 6; Großkomm AktG/*Kort* Rn. 128.
[70] Ganz hM, Hüffer/Koch/*Koch* Rn. 3; MüKoAktG/*Spindler* Rn. 16; K. Schmidt/Lutter/*Hommelhoff/Witt* Rn. 6; Hölters/*Leuering/Goertz* Rn. 3; Wachter/*Mayrhofer* Rn. 3; NK-AktR/*Walchner* Rn. 5; Großkomm AktG/*Kort* Rn. 114; aber → Rn. 4.
[71] MüKoAktG/*Spindler* Rn. 20; Großkomm AktG/*Kort* Rn. 113 f.
[72] Hüffer/Koch/*Koch* Rn. 3; K. Schmidt/Lutter/*Hommelhoff/Witt* Rn. 6; Kölner Komm AktG/*Mertens/Cahn* Rn. 13; NK-AktR/*Walchner* Rn. 5 f.; eingehend MüKoAktG/*Spindler* Rn. 16 ff.; Großkomm AktG/*Kort* Rn. 117 ff., die vier Fallgruppen herausarbeiten (Anteilsbesitz, Organstellung, Geschäftliche oder sonstige Beziehungen zur Gesellschaft, Private Beziehungen).
[73] Hüffer/Koch/*Koch* Rn. 4; MüKoAktG/*Spindler* Rn. 21 f; K. Schmidt/Lutter/*Hommelhoff/Witt* Rn. 7; Kölner Komm AktG/*Mertens/Cahn* Rn. 16 und Rn. 3; Großkomm AktG/*Kort* Rn. 116 (148); *Brüggemaier* AG 1988, 93 (96); *Timm* FS Semler, 1993, 611 (622); abweichend noch § 101 AktG 1937; aA *Voigt*, Haftung aus Einfluss auf die Aktiengesellschaft (§ 117 AktG), 2004, 81 ff. (207 ff.); ihm folgend Grigoleit/*Grigoleit/Tomasic* Rn. 10 f. (Einflussnahme muss wider Treu und Glauben sein). Dem ist zu entgegen: die Frage der Rechtswidrigkeit der Schädigung (→ Rn. 21 ff.) ist das einzig relevante Korrektiv.

17   **c) Bestimmung des relevanten Personenkreises zu schädigendem Verhalten.** Der Einfluss muss benutzt werden, um **(amtierende**[74]**) Organmitglieder, Prokuristen** (§§ 48 ff. HGB) oder **Handlungsbevollmächtigte** (§ 54 HGB[75]) zu einem schädlichen (nicht zwingend: pflichtwidrigen[76]) Verhalten (= Handeln oder Unterlassen[77]) zu bestimmen. Unter Beeinflussung der Organmitglieder ist auch die Bestimmung des gesamten Organs zu verstehen. Einer Individualisierung bedarf es nicht.[78] Zu den Vorstandsmitgliedern rechnen auch stellvertretende oder fehlerhaft bestellte Mitglieder.[79] Auch die Beeinflussung nichtig bestellter Aufsichtsratsmitglieder kann die Haftung auslösen.[80] Die Beeinflussung anderer mächtiger Personen (Mehrheitsaktionär) fällt nicht unmittelbar unter § 117.[81] Jedoch wird in solchen Fällen meist eine Teilnahme nach § 830 Abs. 2 BGB vorliegen, da die mächtige Person ihrerseits Einfluss wahrnehmen muss, um die Schädigung durchzusetzen. Im Übrigen ist an allgemeine Vorschriften wie § 826 BGB zu denken. Erforderlich ist ein Kausalzusammenhang zwischen Bestimmung und schädigender Handlung. Mitursächlichkeit genügt.[82] Daran fehlt es beim „omnimodo facturus".[83]

18   **d) Schaden.** Das herbeigeführte Handeln oder Unterlassen muss einen Schaden der Gesellschaft oder mindestens eines Aktionärs[84] verursacht haben.[85] Der Schaden ist wie bei § 826 BGB[86] nach den Grundsätzen der §§ 249 ff. BGB zu berechnen, also nach der Differenzhypothese[87] einschließlich entgangenen Gewinns (§ 252 BGB).[88] Schaden ist jede im Saldo des Vermögens eintretende Minderung. Hierzu zählen per se sämtliche **existenzvernichtenden Eingriffe**, die sich ja seit Trihotel[89] als kompensationsloser Abzug von Gesellschaftsvermögen definieren lassen. Schäden im Unternehmensinteresse sind nicht über einen normativen Schadensbegriffs auszugrenzen.[90] Die richtige Ebene für diese Erwägungen ist die der Rechtfertigung (→ Rn. 21 ff.).

19   **aa) Schaden der Gesellschaft.** Beispiele für einen Schaden der Gesellschaft sind der Abschluss ungünstiger Lieferverträge, ein Unterwertverkauf an außenstehende Dritte, das Unterlassen vorteilhafter Maßnahmen, die Aufgabe von Geschäftschancen oder kompensationsloser Vermögensabfluss durch Spenden.[91] In diesen Fällen erleidet der Aktionär allenfalls einen Reflexschaden durch den Wertverlust der Aktie.[92] Das gilt grds. auch, wenn die AG die erlittene Schädigung durch Kapitalerhöhungen ausgleicht und der Anteilsbesitz des Aktionärs dadurch verwässert wird.[93] Die Vermögensverwässerung wäre dabei ohnehin auf dem üblichen Wege zu bekämpfen (vgl. § 255 Abs. 2). Anders mag man entscheiden, wenn der Aktionär infolge der Stimmverwässerung bestimmte vermögenswerte

---

[74] Hierher rechnen weder Ersatzmitglieder des Aufsichtsrates (MüKoAktG/*Spindler* Rn. 21) noch ehemalige oder designierte Vorstandsmitglieder, auch wenn insoweit durchaus § 112 eingreifen kann (→ § 112 Rn. 10 ff.).
[75] Jede Vollmacht iS des § 54 HGB reicht, Großkomm AktG/*Kort* Rn. 110.
[76] Vgl. Kölner Komm AktG/*Mertens/Cahn* Rn. 18; Grigoleit/*Grigoleit/Tomasic* Rn. 13 mwN; auch → Rn. 21.
[77] Das Unterlassen einer vorteilhaften Maßnahme, deren Vornahme geboten war, steht einer Schädigung gleich, MüKoAktG/*Spindler* Rn. 30; Kölner Komm AktG/*Mertens/Cahn* Rn. 19; Großkomm AktG/*Kort* Rn. 139.
[78] Hüffer/Koch/*Koch* Rn. 4; Wachter/*Mayrhofer* Rn. 3; Großkomm AktG/*Kort* Rn. 108; *Brüggemaier* AG 1988, 93 (96).
[79] MüKoAktG/*Spindler* Rn. 23; Kölner Komm AktG/*Mertens/Cahn* Rn. 17; Großkomm AktG/*Kort* Rn. 106.
[80] Nach aA soll Einfluss auf nichtig bestellte Mitglieder nicht zur Haftung führen, da deren Stimmen nicht zählen und daher keine Kausalität in Betracht komme, so GroßkommAktG/*Kort* Rn. 107 mit Verweis auf BGHZ 47, 341. Das überzeugt nicht, da der faktische Einfluss auf das Verhalten der anderen AR-Mitglieder mit dieser legalistischen Argumentation unberücksichtigt bleibt.
[81] MüKoAktG/*Spindler* Rn. 24.
[82] MüKoAktG/*Spindler* Rn. 26; K. Schmidt/Lutter/*Hommelhoff/Witt* Rn. 7; Hölters/*Leuering/Goertz* Rn. 4; Wachter/*Mayrhofer* Rn. 3; Großkomm AktG/*Kort* Rn. 144 ff. unter Hinweis auf LG Bonn DB 2005, 994 (996) (zu §§ 317, 311).
[83] So auch MüKoAktG/*Spindler* Rn. 26; Grigoleit/*Grigoleit/Tomasic* Rn. 9; ferner Großkomm AktG/*Kort* Rn. 158 aE: Vorsatz fehlt, wenn Täter meint, der Beeinflusste werde auch ohne sein Zutun handeln.
[84] Hüffer/Koch/*Koch* Rn. 5; MüKoAktG/*Spindler* Rn. 27; K. Schmidt/Lutter/*Hommelhoff/Witt* Rn. 8; Großkomm AktG/*Kort* Rn. 135.
[85] Hüffer/Koch/*Koch* Rn. 5; MüKoAktG/*Spindler* Rn. 30; K. Schmidt/Lutter/*Hommelhoff/Witt* Rn. 8; NK-AktR/*Walchner* Rn. 8; Großkomm AktG/*Kort* Rn. 147.
[86] Palandt/*Sprau* § 826 Rn. 14.
[87] MüKoAktG/*Spindler* Rn. 27; K. Schmidt/Lutter/*Hommelhoff/Witt* Rn. 8; NK-AktR/*Walchner* Rn. 8.
[88] Hüffer/Koch/*Koch* Rn. 6; Großkomm AktG/*Kort* Rn. 136 ff.
[89] BGHZ 173, 246 Rn. 24.
[90] Eingehend Großkomm AktG/*Kort* Rn. 137 f., 150; ferner MüKoAktG/*Spindler* Rn. 27; Hüffer/Koch/*Koch* § 93 Rn. 47; Großkomm AktG/*Hopt* § 93 Rn. 263; grds. abw. Kölner Komm AktG/*Mertens* § 93 Rn. 23; MHdB AG/*Wiesner* § 26 Rn. 12.
[91] Zum Fehlen der Rechtswidrigkeit bei sozialadäquaten Fällen → Rn. 24.
[92] Zum Reflexschaden BGHZ 105, 121; WM 1987, 1193 (1195).
[93] So zutr. LG Köln BeckRS 2013, 09405.

Individualpositionen verliert (Blockzuschläge). Am Schaden der Gesellschaft kann es fehlen, wenn diese einen bestimmten Gewinn nicht selbst erzielen hätte können.[94]

bb) Aktionärsschaden. Der Schaden des Aktionärs nach Satz 2 darf nicht bloß den Schaden der AG spiegeln (→ Rn. 19).[95] Er muss in der Eigenschaft als Aktionär erlitten worden sein und darf nicht nur allgemeine Vermögensinteressen betreffen.[96] Ein Aktionärsschaden kann sich ergeben aus der Durchsetzung eines Vertragswerks, das die Beherrschung einer Gesellschaft ohne Beherrschungsvertrag und unter Umgehung der §§ 304, 305 ermöglichen soll,[97] aus einer fehlerhaften Stellungnahme zu einem Übernahmeangebot,[98] aus der Bestimmung der Organmitglieder zur Mitwirkung an negativen Veränderungen des Aktionärskreises (zB Paketbildung),[99] zum Aushungern der Kleinaktionäre durch Bilanzpolitik,[100] oder zu fehlerhaften Ad-hoc-Mitteilungen.[101] Auch der Ausfall eines Gesellschafterdarlehens, weil der Vorstand zu Fehldispositionen bestimmt worden ist, soll keinen Reflexschaden darstellen.[102] Das erscheint in mehrfacher Hinsicht zweifelhaft. Dass der Schaden als Aktionär erlitten wurde, lässt sich mit Blick auf die Sonderrolle von Gesellschafterdarlehen noch annehmen.[103] Auch handelt es sich nicht um einen Schaden am Anteilswert. Jedoch handelt es sich um einen Schaden, der nicht eingetreten wäre, wenn die Gesellschaft ihren Schadensersatz durchgesetzt hätte. Damit greift aber die Ratio des Reflexschadens durch, weshalb die englische Rechtsprechung die Ersatzfähigkeit – mit Recht – ablehnt.[104]

3. Rechtswidrigkeit. Das ungeschriebene Tatbestandsmerkmal der Rechtswidrigkeit[105] ist der eigentliche Brennpunkt des Streits um die Schutzgüter des § 117. Es gilt zu verhindern, dass jede von außen beeinflusste Minderung des Gesellschaftsvermögens per se eine Schadensersatzpflicht auslöst. Der Verzicht auf das Merkmal der Sittenwidrigkeit hat ein notwendiges Korrektiv eliminiert (vgl. § 826 BGB). Ersatz wurde in der Rechtswidrigkeit gefunden, die auch anderen Haftungsansprüchen immanent ist.[106]

a) Indizierung der Rechtswidrigkeit? Nach hM wird die Rechtswidrigkeit nicht durch die Tatbestandmäßigkeit indiziert, da es an einem klar umrissenen Schutzgut fehle (→ Rn. 5).[107] Dem

---

[94] Vgl. OLG Düsseldorf AG 1991, 106 zu Aktien, welche die AG abgegeben hatte, und die anschließend mit Paketzuschlag weiterveräußert wurden; zust. Hüffer/Koch/*Koch* Rn. 6; K. Schmidt/Lutter/*Hommelhoff/Witt* Rn. 8; Kölner Komm AktG/*Mertens/Cahn* Rn. 19; Großkomm AktG/*Kort* Rn. 143.

[95] Eine entsprechende Regelung enthält § 317 Abs. 1 S. 2.

[96] BGH NJW 1992, 3167 (3172); Hüffer/Koch/*Koch* Rn. 9; MüKoAktG/*Spindler* Rn. 55; K. Schmidt/Lutter/ *Hommelhoff/Witt* Rn. 8, 24; Kölner Komm AktG/*Mertens/Cahn* Rn. 20; Großkomm AktG/*Kort* Rn. 179 f.; krit. aus Sicht des Anlegerschutzes bei der Investment-AG *Einsele* AG 2011, 141 ff.

[97] → Vor § 15 Rn. 15; *Hirte/Schall* Der Konzern 2006, 243 ff.

[98] MüKoAktG/*Spindler* Rn. 53; Kölner Komm AktG/*Mertens/Cahn* Rn. 20; *Friedl* NZG 2004, 448 ff.

[99] Großkomm AktG/*Kort* Rn. 140 ff.; MüKoAktG/*Spindler* Rn. 30 (mit dem Hinweis, dass Paketbildung nicht per se schädlich ist). Dabei ist auch die Frage der Rechts- bzw. Pflichtwidrigkeit (→ Rn. 21) zu beachten, an der es trotz der allgemeinen Neutralitätspflicht der Verwaltung fehlen kann, wenn der Rückhalt durch einen starken Aktionär im Gesellschaftsinteresse liegt.

[100] MüKoAktG/*Spindler* Rn. 54; Großkomm AktG/*Kort* Rn. 182; *Voigt*, Haftung aus Einfluss auf die Aktiengesellschaft (§ 117 AktG), 2004, 244.

[101] Großkomm AktG/*Kort* Rn. 183 ff.; *Voigt*, Haftung aus Einfluss auf die Aktiengesellschaft (§ 117 AktG), 2004, 244; zweifelnd, aber nicht überzeugend MüKoAktG/*Spindler* Rn. 54, der meint, aufgrund der konkurrierenden Ersatzansprüche gegen die Gesellschaft (§§ 97, 98 WpHG, 826, 31 BGB) liege ein kongruenter Gesellschaftsschaden vor. Doch hier geht es nicht um einen Reflexschaden, der nur die Schädigung im Gesellschaftsvermögen spiegelt, sondern umgekehrt um eine Schädigung des Aktionärs, die sich infolge von Gesamtschuldnerschaft der Ausgleichspflichtigen auch bei der Gesellschaft spiegelt.

[102] BGHZ 94, 55; zust. Grigoleit/*Grigoleit/Tomasic* Rn. 17; Hüffer/Koch/*Koch* Rn. 9; MüKoAktG/*Spindler* Rn. 54; K. Schmidt/Lutter/*Hommelhoff/Witt* Rn. 24; NK-AktR/*Walchner* Rn. 13; Großkomm AktG/*Kort* Rn. 181.

[103] So auch Großkomm AktG/*Kort* Rn. 181.

[104] *Gardner v. Parker* [2004] WL 1.174.334 (CA); *Jones v. Gore-Wood Co* [2002] 2 AC 1 (HL); *Giles v. Rhind* (2002) 4 ALL ER 977; Zum „*reflective loss bar*" im englischen Recht noch Hirte/Bücker/*Kasolowsky/Schall*, Grenzüberschreitende Gesellschaften, 2006, § 4 Rn. 75a.

[105] Sein Vorhandensein entspricht bislang allgM, Hüffer/Koch/*Koch* Rn. 6; MüKoAktG/*Spindler* Rn. 31; K. Schmidt/Lutter/*Hommelhoff/Witt* Rn. 9; NK-AktR/*Walchner* Rn. 9; Großkomm AktG/*Kort* Rn. 149. S. jetzt aber Grigoleit/*Grigoleit/Tomasic* Rn. 15, die stattdessen – iE weitgehend übereinstimmend – bereits tatbestandlich pflichtwidriges bzw. gesellschaftszweckwidriges Verhalten voraussetzen.

[106] S. nur Palandt/*Grüneberg* BGB § 276 Rn. 8.

[107] Hüffer/Koch/*Koch* Rn. 6; Wachter/*Mayrhofer* Rn. 5; Hölters/*Leuering/Goertz* Rn. 6; K. Schmidt/Lutter/ *Hommelhoff/Witt* Rn. 10; Kölner Komm AktG/*Mertens/Cahn* Rn. 22; NK-AktR/*Walchner* Rn. 9; *Brüggemaier* AG 1988, 93 (97); aA MüKoAktG/*Spindler* Rn. 31; Großkomm AktG/*Kort* Rn. 149 ff. (154) (der auf Pflichtwidrigkeit des Handelns des Beeinflussten abhebt); *Timm* FS Semler, 1993, 611 (626).

ist zu widersprechen. Wer in der Weise des Abs. 1 eine Schädigung der Gesellschaft herbeiführt, hat jedenfalls den Schutzbereich berührt, weil er die *management autonomy* missachtet hat. Die damit verbundene Umgehung der aktienrechtlichen Willensbildung[108] rechtfertigt es, ihm die Entlastung aufzuerlegen.[109]

23   **b) Feststellung der Rechtswidrigkeit.** Die „Indizierung" bzw. Vermutung der Rechtswidrigkeit betrifft aber nur die Darlegungs- und Beweislast. Sie präjudiziert nicht die inhaltliche Bewertung. Anders als etwa bei den klar umrissenen Schutzgütern des § 823 Abs. 1 BGB kommen zur Entlastung nicht nur anerkannte Rechtfertigungsgründe in Betracht. Vielmehr ist das Rechtswidrigkeitsurteil in § 117 durch umfassende Abwägung der beteiligten Interessen (Vermögensinteressen der Gesellschaft und der Aktionäre gegenüber anderen Gesellschafts- bzw. Unternehmensinteressen – zum Konzerninteresse noch → Rn. 33) im Einzelfall zu treffen – vergleichbar den allgemeinen Grundsätzen zur Bestimmung des Unternehmensinteresses,[110] dem Sittenwidrigkeitsurteil in § 826 BGB oder der Rechtswidrigkeit beim Eingriff in den Gewerbebetrieb. Eine automatische Vorrangstellung des öffentlichen Interesses ist dabei im Rahmen des § 117 ebenso wie allgemein (→ § 394 Rn. 3) nicht anzuerkennen.[111]

24   **c) Bezugspunkt der Rechtswidrigkeit.** Bezugspunkt der Rechtswidrigkeit ist die Beurteilung des herbeigeführten Verhaltens.[112] Wesentlicher Maßstab ist das Interesse der Gesellschaft[113] unter Berücksichtigung ihrer Sozialbindung (Art 14 Abs. 2 GG).[114] Danach lösen Spenden und ähnliche Freigiebigkeiten der Gesellschaft keine Haftung nach § 117 aus, wenn sie sich im Rahmen des sozial Adäquaten bewegen und der Gesellschaft nützen. Dazu zählen auch Mehraufwendungen für eine teurere, aber umweltverträglichere oder politisch akzeptablere Entsorgung von Altlasten, wie seinerzeit bei Verschrottung anstelle der Versenkung der Ölbohrinsel „Brent Spar" durch den Shell-Konzern. Auf der Ebene der objektiven Rechtfertigung ist die Übereinstimmung mit dem Gesellschaftsinteresse dadurch festzustellen, dass man fragt, ob ein entsprechendes Verhalten eines unbeeinflussten Vorstandes im Rahmen seiner pflichtgemäßen Leitungsbefugnis gelegen hätte (analog § 317 Abs. 2). Daraus ergibt sich, dass grundsätzlich keine Haftung eintritt, wenn sich der Vorstand im Rahmen seines Leitungsermessens gemäß §§ 76, 93 einschließlich der *business judgement rule* gehalten hat.[115] Allerdings ist hiervon nach dem Gedanken der *actio illicita in causa* eine Ausnahme zu machen, wenn der Einflussnehmer den Vorstand über die Tatsachengrundlagen täuscht und sich dann hinter dessen Entscheidungsspielraum verstecken möchte.[116] Für eine Berücksichtigung der *business judgement rule* auf Seiten des Einflussnehmers besteht dagegen kein Raum. Dies erscheint zwar in Zeiten des – zumal politisch gewollten und ermutigten – *shareholder activism* (→ Rn. 1) problematisch. Denn über die richtige Geschäftspolitik kann man nun einmal verschiedener Ansicht sein. Je nach Standpunkt mag sowohl die Vornahme einer geplanten Investition als auch ihre Unterlassung (ggf. verbunden mit einer Sonderausschüttung der vorgesehenen Mittel[117]) als Schädigung der Gesellschaft erscheinen. Doch hilft hier bereits das enge Vorsatzerfordernisses (näher gleich → Rn. 25). Schädigende Einflussnahmen lösen also grundsätzlich keine Haftung aus, wenn sie im (auch nur vermeintlichen) Gesellschaftsinteresse liegen, selbst wenn sie die aktienrechtliche Kompetenzordnung unterlau-

---

[108] Ebenso MüKoAktG/*Spindler* Rn. 31. Dem steht nicht entgegen, dass eine solche Umgehung nicht erforderlich und ihre Verhinderung damit kein Schutzgut des § 117 ist, *Voigt*, Haftung aus Einfluss auf die Aktiengesellschaft (§ 117 AktG), 2004, 47 ff.

[109] Wie hier Grigoleit/*Grigoleit/Tomasic* Rn. 14; MüKoAktG/*Spindler* Rn. 31.

[110] → § 76 Rn. 21 ff.; Hüffer/Koch/*Koch* § 76 Rn. 28.

[111] Wie hier Großkomm AktG/*Kort* Rn. 98 f. (Haftungsausschluss nur ganz ausnahmsweise).

[112] Auf die Beurteilung der Ausübung des Einflusses (Handlungsunrecht) kann es nicht ankommen, da sie wegen § 76 AktG meistens pflichtwidrig sein dürfte.

[113] Insoweit übereinstimmend Großkomm AktG/*Kort* Rn. 149; MüKoAktG/*Spindler* Rn. 31 ff.; MHdB AG/*Wiesner* § 27 Rn. 5; *Voigt*, Haftung aus Einfluss auf die Aktiengesellschaft (§ 117 AktG), 2004, 50 ff., 102 f.

[114] IE – bei im Einzelnen stark differierenden Begründungsansätzen – zB MüKoAktG/*Spindler* Rn. 39; Großkomm AktG/*Kort* Rn. 151; *Voigt*, Haftung aus Einfluss auf die Aktiengesellschaft (§ 117 AktG), 2004, 56 ff. („Good Corporate Citizen"); allg. Hüffer/Koch/*Koch* § 76 Rn. 12.

[115] So auch Grigoleit/*Grigoleit/Tomasic* Rn. 13; MüKoAktG/*Spindler* Rn. 36; Großkomm AktG/*Kort* Rn. 149 f.; MHdB AG/*Wiesner* § 27 Rn. 5.

[116] IE ganz hM, Kölner Komm AktG/*Mertens/Cahn* Rn. 22; Großkomm AktG/*Kort* Rn. 152; *Brüggemaier* AG 1988, 93 (97); auch *Voigt*, Haftung aus Einfluss auf die Aktiengesellschaft (§ 117 AktG), 2004, 45 f., der dieses Ergebnis aber über eine abzul. Ausdehnung der organschaftlichen Pflichten auf den Einflussnehmer zu erreichen sucht; hiergegen eingehend Großkomm AktG/*Kort* Rn. 10 ff., 17, 50 ff., 72 ff., der unter anderem auf die praktischen Probleme (zB Frage der erforderlichen Einflussintensität) verweist.

[117] Wie im Beispiel der am Ende gescheiterten Übernahme der London Stock Exchange durch die Deutsche Börse AG.

fen haben.[118] Es fehlt dann am **Pflichtwidrigkeitszusammenhang**. Doch ist der Maßstab des Gesellschaftsinteresses nicht zu verabsolutieren, sondern im Einzelfall zu gewichten.[119] So ist die Pflichtwidrigkeit des Verhaltens **individuell** nach dem Erkenntnisstand des jeweiligen Akteurs zu beurteilen.[120] Deshalb kann es zu einer gespaltenen Beurteilung der Haftung nach Abs. 1 und 2 kommen (aber → Rn. 25, 28).

4. Subjektiver Tatbestand. Im subjektiven Tatbestand ist Vorsatz erforderlich. Das bedeutet 25 nach der zivilrechtlichen Vorsatztheorie grundsätzlich Wissen und Wollen (bzw. billigend in Kauf nehmen) bezüglich der Verwirklichung aller Elemente des objektiven Tatbestandes sowie Bewusstsein der Rechtswidrigkeit.[121] Der Vorsatz muss sich dabei nach allgemeinen Grundsätzen nicht auf den konkreten Schadenseintritt selbst beziehen,[122] wohl aber auf die Schädigungseignung der Handlung („Wer vorsätzlich ... dazu bestimmt, zum Schaden der Gesellschaft zu handeln").[123] Bedingter Vorsatz genügt, nicht aber grobe oder bewusste Fahrlässigkeit bzw. Leichtfertigkeit.[124] Doch lässt sich oft von Leichtfertigkeit auf bedingten Schädigungsvorsatz schließen.[125] Wer aber ernstlich davon ausgeht, es werde zu keiner Schädigung kommen, soll nicht vorsätzlich im Sinne des § 117 handeln.[126] Das ist aber nur schwer mit dem grundsätzlichen Ausreichen der Kenntnis von der Schädigungseignung vereinbar. Auch dürfte es für Eventualvorsatz eher darauf ankommen, ob der Betreffende trotz erkannter Gefahr gehandelt hat, weil ihm die mögliche **Schädigung** anderer **egal** war. Das **Bewusstsein der Rechtswidrigkeit** ist der dogmatische korrekte Angelpunkt, um im Ergebnis die *business judgement rule* zugunsten des Einflussnehmers zu akkommodieren.[127] Denn am Schädigungsvorsatz fehlt es, wenn der Täter kein Unrechtsbewusstsein entwickelt hat, weil er davon ausging, das angestrebte Handeln entspreche dem Gesellschaftsinteresse oder sei dadurch gar geboten („die Gesellschaft zu ihrem Glück zwingen"). Nach der zivilrechtlichen Vorsatztheorie entlastet der Rechtsirrtum.[128] Das geht allerdings etwas zu weit, weil der Vorsatzausschluss anders als die *business judgement rule* auch eingreift, wenn die Entscheidung auf vorwerfbar fehlerhafter Grundlage erfolgte. Daher ist das Bewusstsein der Rechtswidrigkeit bei § 117 in ähnlicher Weise wie das Bewusstsein der Sittenwidrigkeit bei § 826 BGB, dessen Funktion sie ja ausfüllt (→ Rn. 23), dahingehend einzuschränken,[129] dass den Täter nicht schon jede irrtümliche Beurteilung des Gesellschaftsinteresses entlastet, sondern nur die redliche und auf vertretbarer Entscheidungsgrundlage gewonnene Überzeugung, in Verfolgung eines erlaubten Interesses zu handeln.[130] Damit trägt der Einflussnehmer,

---

[118] IE auch MüKoAktG/*Spindler* Rn. 34 ff.; Großkomm AktG/*Kort* Rn. 6 ff. (149 ff.) (der dies aus der Integrität der Verwaltungshandelns als Schutzgut herleitet, die aber schon durch die Einflussnahme an sich leidet); *Voigt,* Haftung aus Einfluss auf die Aktiengesellschaft (§ 117 AktG), 2004, 44.

[119] Insoweit zutr. die hM, Hüffer/Koch/*Koch* Rn. 6; MHdB AG/*Wiesner* § 27 Rn. 5; *Brüggemaier* AG 1988, 93 (97).

[120] S. Hüffer/Koch/*Koch* Rn. 6; MüKoAktG/*Spindler* Rn. 37 f.; Kölner Komm AktG/*Mertens*/*Cahn* Rn. 22; MHdB AG/*Wiesner* § 27 Rn. 5; *Brüggemaier* AG 1988, 93 (97).

[121] Palandt/*Grüneberg* BGB § 276 Rn. 11; Grigoleit/*Grigoleit*/*Tomasic* Rn. 16; MüKoAktG/*Spindler* Rn. 40; Großkomm AktG/*Kort* Rn. 157 ff.; ungenauer Hüffer/Koch/*Koch* Rn. 7; K. Schmidt/Lutter/*Hommelhoff*/*Witt* Rn. 11; NK-AktR/*Walchner* Rn. 10, das Vorsatzerfordernis nicht auf Rechtswidrigkeit beziehen.

[122] Vgl. BGH MDR 1955, 542; Palandt/*Grüneberg* BGB § 276 Rn. 10; übereinstimmend Kölner Komm AktG/*Mertens*/*Cahn* Rn. 23.

[123] Hüffer/Koch/*Koch* Rn. 7; MüKoAktG/*Spindler* Rn. 42; K. Schmidt/Lutter/*Hommelhoff*/*Witt* Rn. 11; NK-AktR/*Walchner* Rn. 10; Großkomm AktG/*Kort* Rn. 159; MHdB AG/*Wiesner* § 27 Rn. 6.

[124] MüKoAktG/*Spindler* Rn. 42; Großkomm AktG/*Kort* Rn. 156; zur Abgrenzung Palandt/*Grüneberg* BGB § 276 Rn. 10 aE.

[125] BGH WM 1986, 904; Palandt/*Sprau* BGB § 826 Rn. 9; MüKoBGB/*Wagner* BGB § 826 Rn. 19, 26; *Wagner* FS Canaris II, 2007, 483 (492).

[126] BGH NJW 1982, 2823 (2827); Hüffer/Koch/*Koch* Rn. 7; MüKoAktG/*Spindler* Rn. 42; Großkomm AktG/*Kort* Rn. 159.

[127] Grds. dafür *Voigt,* Haftung aus Einfluss auf die Aktiengesellschaft (§ 117 AktG), 2004, 239 f. (aber auf Pflichtebene); dezidiert aA Großkomm AktG/*Kort* Rn. 67, 153 (203 ff.); abl. auch MüKoAktG/*Spindler* Rn. 34 f. Aber mit dem Argument, dass dem (außenstehenden) Täter gerade kein business judgement privileg zustehe, würde wieder nur die Kompetenzordnung um ihrer selbst willen geschützt (hiergegen schon → Rn. 6) und nicht berücksichtigt, dass es auch achtenswerte Motive für die „unbürokratische" Übernahme unternehmerischer Verantwortung durch den Mehrheitsaktionär oder den Hauptkreditgeber geben kann. Zudem trägt der Einflussnehmer das Irrtumsrisiko (→ Rn. 25).

[128] Palandt/*Grüneberg* BGB § 276 Rn. 11; ferner Großkomm AktG/*Kort* Rn. 159; MüKoAktG/*Spindler* Rn. 41.

[129] Zu § 826 BGH WM 1962, 579; Palandt/*Sprau* BGB § 826 Rn. 11; allg. Palandt/*Grüneberg* BGB § 276 Rn. 11.

[130] IE wie hier MüKoAktG/*Spindler* Rn. 42; zu § 826 BGHZ 74, 281; BGH ZIP 1999, 2158; Palandt/*Sprau* BGB § 826 Rn. 11.

der sich ja tatbestandlich im Verbotenen bewegt (*versari in re illicata*) einen angemessenen Anteil am Irrtumsrisiko, ohne dass man in die Gefahr gerät, das Gesellschaftsinteresse dem ex post Urteil des Richters zu unterwerfen. Wer dagegen nur selbstsüchtig Sondervorteile verfolgt, kann sich hinter einem *business judgement* nicht verstecken. Befangenheit zerstört die Entlastung.[131]

26   **5. Beweislast.** Es gilt der allgemeine Grundsatz, dass der Anspruchsteller die anspruchsbegründenden Tatsachen zu beweisen hat. Beweiserleichterungen sind anzuerkennen bei Indizierung der Rechtswidrigkeit (→ Rn. 22) sowie beim Vorsatznachweis (→ Rn. 25 aE), im Übrigen abzulehnen.[132]

III. Die Mithaftung der Verwaltung (Abs. 2)

27   **1. Allgemeines.** Für beide Anspruchsgrundlagen des § 117 Abs. 1 kommt eine gesamtschuldnerische Mithaftung von Verwaltungsmitgliedern nach Abs. 2 in Betracht, wenn (1) die Voraussetzungen des Abs. 1 inklusive des Vorsatzerfordernisses erfüllt sind und (2) sie ihre Pflichten verletzt haben. Die Voraussetzungen im Einzelnen entsprechen denen des § 93.[133] Daher besteht hier anders als nach Abs. 1, der Vorsatz erfordert, Raum für eine Verschuldensvermutung (Abs. 2 S. 2). Der Haftungsausschluss bei Befolgung eines Hauptversammlungsbeschlusses (Abs. 2 S. 3) lässt sich nicht ins Außenverhältnis übertragen.[134] Wegen Konkurrenz zu §§ 93, 116 entfaltet die Norm lediglich für die **Direkthaftung gegenüber den Aktionären** nach Abs. 1 S. 2 Bedeutung.[135] Im Innenverhältnis der Gesamtschuldner ist der Vorsatz des Haupttäters gebührend zu gewichten.[136] Eine vorweggenommene Haftungsfreistellung von Abs. 2 kommt weder über die Satzung noch über den Anstellungsvertrag in Betracht, weil wegen des Pflichtwidrigkeitszusammenhangs (→ Rn. 21 ff.) regelmäßig eine Pflichtverletzung vorliegen wird. Daher scheitert auch eine nachträgliche Freistellung.[137]

28   **2. Fehlen der Haupttat.** Problematisch sind Fälle, in denen es formal an einer Haupttat fehlt, so dass die Teilnehmerhaftung dem Wortlaut nach nicht eingreifen würde („Neben ihm haftet ... "). Hierzu rechnet einmal der Fall, dass der Hintermann zwar vorsätzlich zu einer schädlichen Handlung bestimmt hat, diese aber aus seiner individuellen Sicht durch Gesellschaftsinteresse gerechtfertigt war (→ Rn. 25), während das Verwaltungsmitglied dies hätte besser wissen müssen. Es handelt sich gewissermaßen um den Umkehrfall der in → Rn. 24 angesprochenen Konstellation, dass der getäuschte Beeinflusste pflichtgemäß handelt und sich der Einflussnehmer dahinter versteckt. Auch diese Haftungslücke ist zu schließen. Der Wegfall der Haftung nach Abs. 2 ist hier nicht interessengerecht. Das Gesetz weist eine sachwidrige Lücke bei Fehlen der „Haupttat" auf. Die berechtigte Entlastung des Täters nach Abs. 1 darf dem Verwaltungsmitglied nicht zugutekommen, da der Grundtatbestand verwirklicht ist und nur das ausnahmsweise Korrektiv der Rechtswidrigkeit eingreift. Daher ist in einem solchen Fall Abs. 2 im Wege teleologischer Extension zur Anwendung zu bringen. Das Gleiche gilt, wenn sich das Verwaltungsmitglied in Verfolgung eines Sondervorteils selbst verleitet hat.[138]

IV. Die Mithaftung des Nutznießers (Abs. 3)

29   Der Veranlasser haftet neben dem Täter, sofern er einen Vorteil aus der Tat erlangt hat. Die Mithaftung gilt für beide Anspruchsgrundlagen des Abs. 1, dessen Voraussetzungen vollständig ver-

---

[131] S. auch UMAG, BegrRegE BT-Drs. 15/5092, 11 rechte Spalte zur Neufassung des § 93 Abs. 2: „Nur der darf annehmen, zum Wohle der Gesellschaft zu handeln, der sich in seiner Entscheidung von solchen Einflüssen frei weiß."
[132] Heute allgM, MüKoAktG/*Spindler* Rn. 43 f. (mit Hinweis auf BGHZ 122, 123 (129) – TBB = NJW 1993, 1200 (1202)); K. Schmidt/Lutter/*Hommelhoff/Witt* Rn. 13; NK-AktR/*Walchner* Rn. 11; Großkomm AktG/ *Kort* Rn. 161 ff.; *Brüggemaier* AG 1988, 93 (98); abw. für Vermutung von Schädigungsvorsatz dagegen *Wälde* DB 1972, 2289 Fn. 9 (bei nachteiliger Beeinflussung); *Kronstein* BB 1967, 640 (nur im Konzern); *Mestmäcker,* Verwaltung, Konzerngewalt und Rechte der Aktionäre: eine rechtsvergleichende Untersuchung nach deutschem Aktienrecht und dem Recht der Corporations in den Vereinigten Staaten, 1958, 252 f. (bei Schäden im Verkehr mit in Verwaltung vertretenen Unternehmen).
[133] S. Erläuterungen → § 93 Rn. 176 ff.; ferner Großkomm AktG/*Kort* Rn. 191 ff.
[134] Großkomm AktG/*Kort* Rn. 199.
[135] Hüffer/Koch/*Koch* Rn. 10; Großkomm AktG/*Kort* Rn. 194.
[136] Eingehend K. Schmidt/Lutter/*Hommelhoff/Witt* Rn. 19, welche die Aufteilung nach dem Maß der Tatbeiträge und der Schuld der Beteiligten in Anlehnung an *Ehmann,* Die Gesamtschuld, 1972, 193 ff. mit der Figur der „Schutzzweckgesamtschuld" begründen.
[137] Großkomm AktG/*Kort* Rn. 195 f.
[138] So auch MüKoAktG/*Spindler* Rn. 61. Sein Hinweis auf die Nutznießerhaftung führt ebenfalls nur weiter, wenn man dort unter ausnahmsweiser teleologischer Reduktion des Wortlauts („Neben ihm ...") auf einen Haupttäter verzichtet.

wirklicht sein müssen. Die Veranlasserhaftung ist wegen der Weite des deliktsrechtlichen Teilnehmerbegriffs in § 830 Abs. 2 BGB, der auch Gehilfen („psychische Beihilfe") erfasst,[139] praktisch bedeutungslos.[140] Sie erleichtert den subjektiven Tatbestand hinsichtlich der Schadensfolge. Nach hM genügt insoweit Fahrlässigkeit,[141] nach weitergehender Auffassung sogar die Veranlassung zu fahrlässig schädigender Beeinflussung,[142] was freilich selten sein dürfte. Keinesfalls ist aus Abs. 3 eine Einschränkung des § 830 Abs. 2 BGB auf „profitierende" Teilnehmer abzuleiten, da dies dem Zweck der Haftungserweiterung widerspräche. Beim Innenausgleich der Gesamtschuldner ist das Ausmaß des erlangten Vorteils zu berücksichtigen.

V. Die Modalitäten der Haftung (Abs. 4–7)

1. Allgemeines. Die Modalitäten der Haftung sind in den Abs. 4–7 näher geregelt. Dabei beziehen sich die Abs. 4 und 5 nur auf den Schadensersatzanspruch der Gesellschaft nach § 117 Abs. 1 S. 1, während die Verjährung nach Abs. 6 sowie die Haftungsausschlüsse nach Abs. 7 für sämtliche Anspruchsgrundlagen Anwendung finden.

2. Spezielle Modalitäten für § 117 Abs. 1 S. 1. Der Schadensersatzanspruch der Gesellschaft nach § 117 Abs. 1 S. 1 wird nach allgemeinen Grundsätzen vom Vorstand (§ 78) oder unter den Voraussetzungen des § 112 (Haftung von Vorstandsmitgliedern) durch den Aufsichtsrat geltend gemacht. Aktionäre können den Anspruch der Gesellschaft nur unter den jetzt erleichterten Voraussetzungen der §§ 147, 148 nF durchsetzen.[143] Für diese Haftung verweist Abs. 4 auf die Beschränkungen des § 93 Abs. 4 Sätze 3 und 4 (s. dort → § 93 Rn. 278 ff.). Sie kann unter den Voraussetzungen des Abs. 5, der weitgehend § 93 Abs. 5 entspricht (→ § 93 Rn. 293 ff.), auch von den Gläubigern geltend gemacht werden, soweit jene von der Gesellschaft keinen Ersatz verlangen können. Anders als nach § 93 Abs. 5 S. 2 kommt es aber nicht auf eine gröbliche Pflichtverletzung der Organmitglieder an.

3. Allgemeine Modalitäten. Die Verjährung aller in § 117 geregelten Ersatzansprüche tritt gemäß Abs. 6 in fünf Jahren ab Entstehung des Anspruch ein (§ 200 S. 1 BGB). Maßgeblich ist grundsätzlich der Eintritt des ersten Teilschadens (Grundsatz der Schadenseinheit).[144] In Abs. 7 sind nach Streichung des seit jeher umstrittenen § 117 Abs. 1 Nr. 1 aF (Ausnahme bei Ausübung des Stimmrechts in der Hauptversammlung)[145] die verbliebenen Freistellungen bei Vorliegen eines Beherrschungsvertrags oder einer Eingliederung als selbstverständliche Folgen zulässiger Konzernierung unproblematisch. Allerdings müssen die Weisungen rechtmäßig sein.[146] Im mehrstufigen Konzern müssen sie überdies durch ununterbrochene Ketten von Beherrschungsverträgen gedeckt sein.[147]

VI. Ausländische Aktiengesellschaften

Die deliktsrechtliche Natur des § 117 bewirkt, dass er grundsätzlich auf ausländische Aktiengesellschaften in Deutschland Anwendung findet.[148] Die einschlägige Anknüpfungsnorm ist Art. 4 Rom-II VO mit ihrem dualen Tatort-/Erfolgsortprinzip. Richtig ist zwar, dass § 117 AktG nach Wortlaut und systematischer Stellung auf die deutsche Aktiengesellschaft beschränkt ist. Das steht aber seiner Erstreckung auf ausländische Aktiengesellschaften nicht zwingend entgegen. So hat der BGH in vergleichbarer Weise den § 64 GmbHG, obwohl eindeutig nur an die Geschäftsführer einer deutschen GmbH adressiert, auf Grundlage seiner – vom EuGH auf Vorlage hin gebilligten[149] – insolvenzrechtli-

---

[139] S. dazu Palandt/*Sprau* BGB § 830 Rn. 4 f.
[140] Vgl. nur Großkomm AktG/*Kort* Rn. 215 ff.; anders freilich, wenn man Abs. 1 – unzutr. – auf Sonderverbindungen reduziert, so *Voigt*, Haftung aus Einfluss auf die Aktiengesellschaft (§ 117 AktG), 2004, 221 ff. (253); dagegen Großkomm AktG/*Kort* Rn. 223 f.
[141] Hüffer/Koch/*Koch* Rn. 11; MüKoAktG/*Spindler* Rn. 63; K. Schmidt/Lutter/*Hommelhoff/Witt* Rn. 17; Kölner Komm AktG/*Mertens/Cahn* Rn. 28; NK-AktR/*Walchner* Rn. 15.
[142] Großkomm AktG/*Kort* Rn. 220 ff.: vorsätzliche Veranlassung zu fahrlässigem Handeln des Einflussnehmers genügt, da sonst immer Gehilfe.
[143] Grigoleit/*Grigoleit/Tomasic* Rn. 17; eingehend *Bernau* AG 2011, 894 ff., insbes. zum Nebeneinander mit Individualansprüchen der Aktionäre; aA Kölner Komm AktG/*Mertens/Cahn* Rn. 38; Großkomm AktG/*Kort* Rn. 168: für Einzelklagebefugnis analog §§ 309 Abs. 4; 317 Abs. 4.
[144] Palandt/*Grüneberg* BGB § 199 Rn. 14.
[145] Dazu noch MüKoAktG/*Spindler* Rn. 72 ff.; Großkomm AktG/*Kort* Rn. 238 ff.; *Voigt*, Haftung aus Einfluss auf die Aktiengesellschaft (§ 117 AktG), 2004, 12 ff. (22 ff., 26 ff.).
[146] Kölner Komm AktG/*Mertens/Cahn* Rn. 31.
[147] Noch enger Kölner Komm AktG/*Mertens/Cahn* Rn. 32: Weisungen nur entlang der Ketten, nicht direkt.
[148] AA Großkomm AktG/*Kort* Rn. 284; Kölner Komm AktG/*Mertens/Cahn* Rn. 45 f.
[149] EuGH Rs. C-594/14 Rn. 14 ff. = NZG 2016, 115 = NJW 2016, 223 = ZIP 2015, 2468 – Kornhaas; dazu *Schall* ZIP 2016, 289 ff.

chen Qualifikation nach Art. 4 EuInsVO auf die englische Limited erstreckt.[150] Dies rechtfertige sich aus dem Zweck der Norm (Massesicherung), der bei der Limited in gleicher Weise wie bei der GmbH Geltung beanspruche.[151] Methodisch hat der BGH dort also den Weg der teleologischen Extension bzw. Analogie der deutschen Sachnorm beschritten, nicht den alternativen Weg der international-privatrechtlichen Substitution des deutschen Tatbestandsmerkmals durch ein vergleichbares ausländisches Rechtsinstitut.[152] Die vergleichbare Erstreckung des § 117 AktG auf ausländische Aktiengesellschaften stellt danach eine Rechtsfortbildung dar, welche zur Legitimation einer Regelungslücke bedarf. Diese ergibt sich daraus, dass (EU-)Auslandsgesellschaften seit dem europarechtlich erzwungenen Wegfall der Sitztheorie vermehrt mit tatsächlichem Sitz in Deutschland auftreten können, die Vorschriften des deutschen Rechts diese früher praktisch ausgeschlossene Konstellation aber regelmäßig noch nicht miterfassen. Im Übrigen kommt es laut BGH entscheidend auf den Zweck der betreffenden Sachnorm an. Dieser liegt bei § 117 AktG primär im Verbot einer vorsätzlichen Schädigung des Gesellschaftsvermögens der AG (→ Rn. 5). Das beansprucht auch bei ausländischen Aktiengesellschaften Geltung. Dagegen spricht nicht, dass § 117 im Wesentlichen auf der strengen gesetzlichen Gewaltenteilung in Deutschland beruht (→ Rn. 1),[153] da deren Schutz kein eigenständiger (Selbst)Zweck ist (→ Rn. 5). Die Trennung von Eigentum und Herrschaft ist auch anderen Aktiengesellschaften typischerweise immanent. Die Schutzrichtung des § 117 AktG ist daher nicht so speziell wie diejenige der Existenzvernichtungshaftung, die als richterliche Rechtsfortbildung tatsächlich auf den besonderen Schwächen des Gläubigerschutzes, namentlich der bilanziellen Kapitalerhaltungsvorschriften, in der GmbH beruht und daher regelmäßig keiner Übertragung auf andere haftungsbeschränkte Rechtsträger des nationalen oder internationalen Rechts zugänglich sein dürfte.[154] Freilich ist in ausländischen Aktiengesellschaften die Leitungsautonomie des Führungsorgans zum Teil disponibel, wie zB bei der englischen Plc,[155] wo die Aktionäre mit qualifizierter Mehrheit in die Geschäftsführung eingreifen können. Diese Abweichung rechtfertigt aber keine Nichtanwendung des § 117 AktG. Ihr ist vielmehr im Rahmen der analogen Anwendung des § 117 AktG bei der zulässigen Verfolgung des Unternehmensinteresses auf der Rechtfertigungsebene Rechnung zu tragen (→ Rn. 21 ff.). Zu guter Letzt ist die fehlende Übertragbarkeit des § 117 AktG auf die GmbH (→ Rn. 34) kein Argument gegen seine Erstreckung auf ausländische Aktiengesellschaften.[156] Die Unterschiede zwischen nationaler Privat- und Publikumsgesellschaft können durchaus größer sein als die Unterschiede, die zwischen einander entsprechenden Rechtsformen im internationalen Vergleich bestehen. So hat der BGH im PIN-Fall[157] ganz selbstverständlich die (seines Erachtens insolvenzrechtlichen) §§ 32a, 32b GmbHG aF auf eine ausländische GmbH erstreckt, obwohl diese unstreitig *nicht* auf eine nationale AG anzuwenden waren. Ähnlich liegt es aber auch bei § 117 AktG, der zu Publikumsgesellschaften mit „echter" Gewaltenteilung, nicht aber zu kleinen Privatgesellschaften mit herrschenden Gesellschaftergeschäftsführern passt. Die Anwendung von § 117 nach den vorstehenden Grundsätzen kann vor allem bei in Deutschland notierten ausländischen Aktiengesellschaften bedeutsam werden, wenn deren Anlegerschutz üblicherweise über das hierzulande aber nicht anwendbare heimatliche Kapitalmarktrecht gewährleistet würde, während das deutsche Gesellschafts(schutz)recht nach der *lex societatis* nicht eingriffe.[158] In solchen Fällen wären – wie in Österreich (→ Rn. 1) – insbesondere Konzernfragestellungen im Rahmen des Unternehmensinteresses auf der Rechtfertigungsebene abzuhandeln, wobei das verbreitete und gegenüber den §§ 311 ff. liberalere, weil zwingend nicht eine Vermögenskompensation erfordernde *Rozenblum*-Konzept Anregungen geben kann (→ Vor § 15 Rn. 4). Insofern bietet § 117 also den Ansatz für ein **Sonderkonzernrecht für ausländische Aktiengesellschaften** (zu anderen Gesellschaftsformen → Rn. 34).

VII. Auffangkonzernrecht für andere Kapitalgesellschaftsformen

34 § 117 ist seinem Wortlaut und seiner systematischen Stellung nach auf Aktiengesellschaften beschränkt. Einer Erstreckung auf andere Gesellschaftsformen scheint das Analogieverbot bei Spezialvorschriften entgegenzustehen. Zweifel hieran ergeben sich aber aus seiner deliktsrechtlichen Natur (→ Rn. 4). Wenn § 117 nur die sittenwidrige Schädigung im Bereich des Gesellschaftsrechts konkre-

---

[150] BGH NZG 2016, 550 = ZIP 2016, 821; zuvor bereits der Vorlagebeschluss, BGH NZG 2015, 101 (102 f., Rn. 15 ff mwN).
[151] BGH NZG 2016, 550 (551 Rn. 16).
[152] Zu letzterem MüKoBGB/*v Hein*, Band 11, Einl. IPR Rn. 227 ff.
[153] AA Großkomm AktG/*Kort* Rn. 284: „wegen seines spezifischen Zuschnitts auf die deutsche AG nicht auf ausländische Gesellschaften in Deutschland zu erstrecken."
[154] *Schall* ZIP 2016, 289, 294; siehe schon *Schall* FS Stilz, 2014, 537 (544 ff.).
[155] *Kasolowsky/Schall* in Hirte/Bücker, Grenzüberschreitende Gesellschaften, 2006, § 4 Rn. 57.
[156] So aber Großkomm AktG/*Kort* Rn. 284.
[157] BGH NJW 2011, 3784 = NZG 2011, 1195 – PIN; dazu *Schall* NJW 2011, 3745 ff.
[158] Dazu *Hirte* FS Priester, 2007, 221 ff.; *Schall* NZG 2007, 338 ff.

tisiert und dabei zudem das Unternehmensinteresse im Auge hat, so sind dies übergreifende Gedanken, die auch außerhalb des Aktienrechts Berechtigung haben.[159] Zu denken ist dabei vor allem an die mitbestimmte **GmbH** mit **obligatorischem Aufsichtsrat,** die in ihrer Struktur der AG am nächsten kommt.[160] Aber auch bei **fakultativem Aufsichtsrat,** dh bei satzungsmäßiger **Gewaltenteilung,** erscheint die Anwendung ebenso wenig grundsätzlich ausgeschlossen[161] wie etwa bei der englischen Plc (eben → Rn. 33). Nur bei der herkömmlichen GmbH mit Geschäftsführern und weisungsberechtigter Gesellschafterversammlung fehlt es an der Analogiegrundlage.[162] Gegen diese These hat sich eingehend *Jens Prütting* gewandt und für eine generelle analoge Heranziehung des § 117 Abs 1 S 1 im GmbH-Recht plädiert.[163] Auch wenn man das Vorhandensein einer Regelungslücke angesichts der reichhaltigen Rechtsfortbildungsgeschichte im Gläubigerschutz des GmbHG akzeptieren wollte,[164] gelingt doch keine hinreichende Begründung zur Vergleichbarkeit der Sachverhalte.[165] Der Gesetzgeber hat dem GmbH-Gesellschafter bzw. der Gesellschafterversammlung nun einmal ein Weisungsrecht eingeräumt, ohne daran eine Haftung nach Art des § 43 GmbHG zu knüpfen. Natürlich wäre die durch § 117 Abs. 1 AktG bewirkte Vereinfachung der Haftungsbegründung gegenüber dem allgemeineren § 826 BGB auch im GmbH-Recht angenehm.[166] Doch hängt sie ersichtlich an der Tatsache, dass in der AG aufgrund § 76 AktG bereits jede Einflussnahme (durch Aktionäre oder Dritte) *per se* verboten ist. Bei Vorhandensein eines Weisungsrechts ist es wesentlich schwieriger, an jede finanziell schädliche Einflussnahme eines herrschenden Gesellschafters direkt eine Haftungsdrohung zu knüpfen. Man denke an einen Hauptgesellschafter, der aus persönlichen Gründen (Affektion, Image, etc.) verhindert, dass die Gesellschaft ihren Sitz an einen günstigeren Standort verlegt (etwa von Berlin nach Hamburg). Selbst wenn man – entgegen verbreiteter Sicht – die Autonomie der Verwaltung nicht als unmittelbares Schutzgut ansehen möchte (→ Rn. 5), hängt § 117 AktG doch untrennbar mit der dualen Struktur der AG samt autonomen Vorstand zusammen. Er ist daher mangels Vergleichbarkeit der Regelungssachverhalte auf die „normale" GmbH mit weisungsabhängigen Geschäftsführern und der Gesellschafterversammlung als oberstem Organ nicht zu übertragen. Das gleiche gilt *ceteris paribus* für die (doppelt analoge) Erstreckung auf andere ausländische Kapitalgesellschaften wie etwa die englische Ltd. Wo er aber analog anwendbar ist, kann § 117 in gewissem Umfang zu einem **Auffangkonzernrecht** (eben → Rn. 33) auch für andere Gesellschaftsformen mit gesetzlicher oder satzungsmäßiger Gewaltenteilung (zu verstehen als Ausschluss der Weisungsberechtigung) werden.[167] Das zeigt schon der Blick auf die österreichische Rechtslage (→ Rn. 1), wo es ein besonderes Konzernrecht nicht gibt und er daher genau diese Funktion übernommen hat.

---

[159] Grds. zutr. *J Prütting* ZGR 2015, 849 (885).
[160] Zust. *Servatius,* Gläubigereinfluss durch Covenants, 2008, 138 f.; weitergehend *J Prütting* ZGR 2015, 849 (868 ff.); aA – gänzlich abl. – GroßkommAktG/*Kort* Rn. 279 ff.
[161] Zust. *Servatius,* Gläubigereinfluss durch Covenants, 2008, 138 f.; weitergehend *J Prütting* ZGR 2015, 849 (868 ff.); aA – gänzlich abl. – GroßkommAktG/*Kort* Rn. 279 ff.
[162] So *Schall,* Kapitalgesellschaftsrechtlicher Gläubigerschutz, 2009, 227 f.; *Servatius* Gläubigereinfluss durch Covenants, 2008, 138 f.; insoweit übereinstimmend auch Großkomm AktG/*Kort* Rn. 279 ff.
[163] *J Prütting* ZGR 2015, 849 (868 ff.); zuvor schon *G Hoffmann* WM 2012, 10 (13); *Burgard* ZIP 2002, 827 (837 f.) (jeweils ohne eingehende Begründung); monographisch *Ziemons,* Die Haftung der Gesellschafter für Einflussnahmen auf die Geschäftsführung der GmbH, 1996, 212 ff.
[164] Bereits insoweit dezidiert aA Großkomm AktG/*Kort* Rn. 280 mit Hinweis darauf, dass der Gesetzgeber diese Regelungslücke längst hätte schließen können. Diese Beobachtung wird dadurch gestützt, dass die derzeit im Bereich der Durchgriffshaftung akzeptierte Rechtsfortbildung, die Existenzvernichtungshaftung an sich einschließlich ihrer Umqualifikation als deliktische Innenhaftung, durch *Röhricht* und *Goette* deutlich enger und präziser begründet wurde als mit der breitflächigen Statuierung eines allgemeinen Schädigungsverbots. Siehe dazu auch *Schall,* Kapitalgesellschaftsrechtlicher Gläubigerschutz, 2009, 227 f.
[165] So schon *Schall,* Kapitalgesellschaftsrechtlicher Gläubigerschutz, 2009, 227 f. (Einzelanalogie kommt nicht in Betracht); außerdem *Servatius,* Gläubigereinfluss durch Covenants, 2008, 138 f.; GroßkommAktG/*Kort* Rn. 279 ff.
[166] Dazu schon *Schall,* Kapitalgesellschaftsrechtlicher Gläubigerschutz, 2009, 227; Das Gleiche gilt übrigens auch für den Vorrang der Innenhaftung, der Konstruktionsmerkmal des § 117 AktG ist, während er in den § 826 BGB erst mühsam und möglicherweise systemwidrig „hinein gezwungen" werden muss.
[167] Abl. GroßkommAktG/*Kort* Rn. 281 und Rn. 285; offener Wachter/*Mayrhofer* Rn. 1 mit Fn. 2.

Vierter Abschnitt. Hauptversammlung

Erster Unterabschnitt. Rechte der Hauptversammlung

Schrifttum: *Adolff/Tievess,* Über den rechten Umgang mit einem entschlusslosen Gesetzgeber: Die aktienrechtliche Lösung des BGH für den Rückzug von der Börse, BB 2003, 797; *Arnold/Rothenburg,* BGH-Entscheidung zum Delisting: Alle Fragen geklärt?, DStR 2014, 150; *Arnold/Steffen/Götze,* Aktuelle Fragen bei der Durchführung der Hauptversammlung, AG 2011, 349; *Arnold,* Mitwirkungsbefugnisse der Aktionäre nach Gelatine und Macrotron, ZIP 2005, 1573; *Baetge,* Die Früherkennung von Unternehmenskrisen anhand von Abschlusskennzahlen, DB 2002, 2281; *Beck,* Aktuelles zur elektronischen Hauptversammlung, RNotZ 2014, 160; *Begemann/Laue,* Der neue § 120 Abs. 4 AktG – ein zahnloser Tiger?, BB 2009, 2442; *Benecke,* Zum Schutz der Aktionäre beim sog. „Delisting", WM 2004, 1122; *Beuthien,* Von welcher Last befreit die Entlastung, GmbHR 2014, 682; *Beuthien,* Welchen Rechtsschutz gibt es für und wider die Entlastung, GmbHR 2014, 799; *Bayer,* Die Delisting-Entscheidungen „Macrotron" und „Frosta" des II. Zivilsenats des BGH, ZfPW 2015, 163; *Bezzenberger,* Die Geschäftsordnung der Hauptversammlung, ZGR 1998, 352; *Böttcher/Blasche,* Die Grenzen der Leitungsmacht des Vorstands, NZG 2006, 569; *Bosse,* Das Gesetz zur Angemessenheit der Vorstandsvergütung (VorstAG) – Überblick und Handlungsbedarf, BB 2009, 1650; *Bürgers,* Aktienrechtlicher Schutz beim Delisting, NJW 2003, 1642; *Bungert,* Festschreibung der ungeschriebenen „Holzmüller"-Hauptversammlungszuständigkeiten bei der Aktiengesellschaft, BB 2004, 1345; *Bungert/Wansleben,* Umsetzung der überarbeiteten Aktionärsrichtlinie in das deutsche Recht: Say on Pay und Related Party Transactions, DB 2017, 1190; *Bungert/Wettich,* Das weitere Schicksal der „Macrotron"-Grundsätze zum Delisting nach der Entscheidung des BVerfG, DB 2012, 2265; *Bungert/Leyendecker-Langner,* Börsenkursrechtsprechung beim vorgeschalteten Delisting, BB 2014, 521; *Bungert/Leyendecker-Langner,* Die Neuregelung des Delisting, ZIP 2016, 49; *Claussen,* Hauptversammlung und Internet, AG 2001, 161; *Diekmann,* „Say on Pay" – Wesentliche Änderungen bei der Vergütung von Vorständen und Aufsichtsräten aufgrund der geänderten Aktionärsrechterichtlinie, WM 2018, 796; *Dietz-Vollmer,* Hauptversammlungsbeschlüsse nach § 119 II AktG – geeignetes Mittel zur Haftungsvermeidung für Organe?, NZG 2014, 721; *Drinhausen/Keinath,* Referentenentwurf eines Gesetzes zur Umsetzung der Aktionärsrichtlinie (ARUG) – Weitere Schritte zur Modernisierung des Aktienrechts, BB 2008, 2078; *Drygala/Staake,* Delisting als Strukturmaßnahme, ZIP 2013, 905; *Eisenschmidt,* Say on Pay-Votum in Deutschland, DB 2016, 2793; *Ekkenga,* Mitbestimmung der Aktionäre über Erfolgsvergütungen für Arbeitnehmer, AG 2017, 89; *Ekkenga,* „Macrotron" und das Grundrecht auf Aktieneigentum – der BGH als der bessere Gesetzgeber?, ZGR 2003, 878; *Ekkenga/Schneider,* „Holzmüller" und seine Geburtsfehler – hier: Die angebliche Schrankenlosigkeit der Vertretungsmacht des Mutter-Vorstands im Konzern, ZIP 2017, 1053; *Emmerich,* Konzernbildungskontrolle, Die AG 1991, 303; *Feldhaus,* Der Verkauf von Unternehmensteilen einer Aktiengesellschaft und die Notwendigkeit einer außerordentlichen Hauptversammlung, BB 2009, 562; *Fischbach,* Hauptversammlungsvorlagen des Aufsichtsrats, ZIP 2013, 1153; *Fleischer,* Bagatellfehler im aktienrechtlichen Beschlussmängelrecht, ZIP 2014, 149; *Fleischer,* Das Gesetz zur Angemessenheit der Vorstandsvergütung (VorstAG), NZG 2009, 801; *Fleischer/Bedkowski,* „Say on Pay" im deutschen Aktienrecht: Das neue Vergütungsvotum der Hauptversammlung nach § 120 IV AktG, AG 2009, 677; *Fleischer,* Ungeschriebene Hauptversammlungszuständigkeiten im Aktienrecht: Von „Holzmüller" zu „Gelatine", NJW 2004, 2335; *Fleischer,* Related Party Transactions bei börsennotierten Gesellschaften: Deutsches Aktien(konzern)recht und Europäische Reformvorschläge, BB 2014, 2691; *Förster,* Aktionärsrechte in der Hauptversammlung – quo vaditis?, AG 2011, 362; *Freiherr von Falkenhausen,* Enthaftung durch Hauptversammlungsbeschluss, NZG 2016, 601; *Gaul,* Das Vergütungsvotum der Hauptversammlung nach § 120 Abs. 4 AktG im Lichte der Reform der Aktionärsrechte-Richtlinie, AG 2017, 178; *Gegler,* Die Neuregelung des Delistings – Angemessener Aktionärsschutz oder „Dolchstoß"?, BKR 2016, 273; *v. Gerkan,* Die Gesellschafterklage, ZGR 1988, 441; *Geßler,* Einberufung und ungeschriebene Hauptversammlungszuständigkeiten, FS Stimpel, 1985, 771; *Geyrhalter/Zirngibl,* Alles unklar beim formalen Delisting – eine Zwischenbilanz 18 Monate nach „Macrotron", DStR 2004, 1048; *Glienke/Röder,* Frosta ist für alle da, BB 2014, 899; *Götz,* Die Sicherung der Rechte der Aktionäre der Konzernobergesellschaft bei Konzernbildung und Konzernleitung, Die AG 1984, 85; *Goetz,* Fragwürdige Neuregelung des Börsenrückzugs, BB 2015, 2691; *Götze,* „Gelatine" statt „Holzmüller" – Zur Reichweite ungeschriebener Mitwirkungsbefugnisse der Hauptversammlung, NZG 2004, 585; *Goslar/von der Linden,* § 161 AktG und die Anfechtbarkeit von Entlastungsbeschlüssen, NZG 2009, 1337; *Gower/Davies,* Principles of Modern Company Law, 8. Aufl. 2008; *Grobecker,* Beachtenswertes zur Hauptversammlungssaison, NZG 2010, 165; *Groß,* Die Neuregelung des Anlegerschutzes beim Delisting, AG 2015, 812; *Grunewald,* Die Auswirkungen der Macrotron-Entscheidung auf das kalte Delisting, ZIP 2004, 542; *Habersack,* Vorstands- und Aufsichtsratsvergütung – Grundsatz- und Anwendungsfragen im Lichte der Aktionärsrechterichtlinie, NZG 2018, 127; *Habersack,* Anmerkung zur FRoSTA – Entscheidung, JZ 2014, 147; *Habersack,* Mitwirkungsrechte der Aktionäre nach Macrotron und Gelatine, Die AG 2005, 137; *Habersack,* „Holzmüller" und die schönen Töchter – Zur Frage eines Vorerwerbsrechts der Aktionäre beim Verkauf von Tochtergesellschaften, WM 2001, 545; *Habersack,* Die Mitgliedschaft – subjektives und „sonstiges" Recht, 1996; *Habersack,* Aktienrecht und Internet, ZHR 165 (2001), 172; *Harnos,* Aktionärsschutz beim Delisting, ZHR 179 (2015), 750; *Hasselbach/Schumacher,* Hauptversammlung im Internet, ZGR 2000, 258; *Heinsius,* Organzuständigkeit bei Bildung, Erweiterung und Umorganisation des Konzerns, ZGR 1984, 383; *Hellwig,* Möglichkeiten einer Börsenreform zur Stärkung des deutschen Kapitalmarktes, ZGR 1999, 781; *Hennerkes/Kögel,* Eine Geschäftsordnung für die Hauptversammlung, DB 1999, 81; *Henze,* Voraussetzungen und Folgen des Delisting, FS Raiser, 2005, 145; *Henze,* Entscheidungen und Kompetenzen der Organe in der AG: Vorgaben der höchstrichterlichen Rechtsprechung, BB 2001, 53; *Hirte,* Bezugsrechtsausschluss und Konzernbildung, 1986, 175; *Hoffmann,* Einzelentlastung, Gesamtentlastung und Stimmverbote im Aktienrecht, NZG 2010, 290; *Hofmeister,* Veräußerung und Erwerb von Beteiligungen bei der

Aktiengesellschaft: Denkbare Anwendungsfälle der Gelatine-Rechtsprechung?, NZG 2008, 47; *Hohenstatt,* Das Gesetz zur Angemessenheit der Vorstandsvergütung, ZIP 2009, 1349; *Horn,* Änderungen bei der Vorbereitung und Durchführung der Hauptversammlung nach dem Referentenentwurf zum ARUG, ZIP 2008, 1558; *Hornung/ Westermann,* Vereinbarkeit der Delisting-Neuregelung mit der europarechtlichen Kapitalverkehrsfreiheit, BKR 2017, 409; *Hüffer,* Zur Holzmüller-Problematik: Reduktion des Vorstandsermessens oder Grundlagenkompetenz der Hauptversammlung?, FS P. Ulmer, 2003, 279; *Hupka,* Das Vergütungsvotum der Hauptversammlung – Eine rechtsökonomische und rechtsvergleichende Untersuchung zu § 120 Abs. 4 AktG, Abhandlungen zum deutschen europäischen Handels- und Wirtschaftsrecht, 2012; *Ihrig,* Vergütungszahlungen auf einen Beratungsvertrag mit einem Aufsichtsratsmitglied vor Zustimmung des Aufsichtsrats, ZGR 2013, 417; *Jäger,* Aktiengesellschaft, 2004; *Jaspers,* Mehr Demokratie wagen – Die Rolle der Hauptversammlung bei der Festsetzung der Vergütung des Vorstands, ZRP 2010, 8; *Joost,* „Holzmüller 2000" vor dem Hintergrund des Umwandlungsgesetzes, ZHR 163 (1999), 164; *Kersting,* Das Auskunftsrecht des Aktionärs bei elektronischer Teilnahme an der Hauptversammlung (§§ 118, 131 AktG), NZG 2010, 130; *Kiefner/Gillessen,* Die Zukunft von „Macrotron" im Lichte der jüngsten Rechtsprechung des BVerfG, AG 2012, 645; *Kiefner,* Fehlerhafte Entsprechenserklärung und Anfechtbarkeit von Hauptversammlungsbeschlüssen, NZG 2011, 201; *Kiethe, Kurt,* Anfechtbarer Beschluss über die Entlastung des Aufsichtsrats der AG durch unzureichende Berichterstattung, NZG 2006, 888; *Kleinhenz/Leyendecker,* Voraussetzungen und Reichweite der Haftungsbefreiung nach § 93 Abs. 4 S. 1 AktG bei M&A-Transaktionen, BB 2012, 861; *Klöhn,* Delisting – Zehn Jahre später, Die Auswirkungen von BVerfG, NZG 2012, 826, auf den Rückzug vom Kapitalmarkt und den Segmentwechsel, NZG 2012, 1041; *Klöhn,* Zum Pflichtangebot und Spruchverfahren beim regulären Delisting, ZBB 2003, 208; *Koch,* Die Neufassung der Aktionärsrechte-Richtlinie – alles halb so schlimm?, BB Heft15-16/2017, Die Erste Seite; *Kocher/Feigen,* Hilfspersonen des Versammlungsleiters, NZG 2015, 620; *Kocher/Widder,* Delisting ohne Hautversammlungsbeschluss und Abfindungsangebot, NJW 2014, 127; *Kocher/Löhner,* Anfechtungsrisiken durch die Briefwahlempfehlung des DCGK?, BB 2011, 907; *Kocher/Seiz,* Das neue Delisting nach § 39 Abs. 2–6 BörsG, DB 2016, 153; *Kort,* Entlastung der Organmitglieder einer Holding und „Dieselthematik", NZG 2018, 641; *Krämer/Theiß,* Delisting nach der Macrotron-Entscheidung des BGH, Die AG 2003, 225; *Krolop,* Die Umsetzung von „Macrotron" im Spruchverfahren durch das BayObLG, NZG 2005, 546; *Land/Behnke,* Die praktische Durchführung eines Delisting nach der Macrotron-Entscheidung des BGH, DB 2003, 2531; *Lanfermann/Maul,* Überarbeitete EU-Aktionärsrichtlinie – gesetzgeberischer Handlungsbedarf bei der Vorstandsvergütung, BB 2017, 1218; *Leuering,* Vorstands- und Aufsichtsratsvergütung in der geänderten Aktionärsrechterichtlinie, NZG 2017, 646; *Leyendecker/Herfs,* Mindestpreis- und Preisanpassungsregelungen bei Delistingangeboten, BB 2018, 643; *Liebscher,* Konzernbildungskontrolle, 1995; *von der Linden,* Kann die Satzung eine Börsennotierung vorschreiben?, NZG 2015, 176; *Lingemann,* Angemessenheit der Vorstandsvergütung. Das VorstAG ist in Kraft, BB 2009, 1918; *Linnerz/Freyling,* Delisting im Freiverkehr – Sanktionsregime und Pflichtenprogramm, BB 2017, 1354; *Linnerz/Hoppe,* Die Form der Anmeldung zur Hauptversammlung – eine in der Praxis unterschätzte Formalie?, BB 2016, 1098; *Löbbe/Fischbach,* Das Vergütungsvotum der Hauptversammlung nach § 120 Abs. 4 AktG nF, WM 2013, 1625; *Lochner/Schmitz,* Delisting-Rückwirkung der Frosta-Entscheidung auf laufende Spruchverfahren, AG 2014, 489; *Lorenz/Pospiech,* Holzmüller Reloaded – Hautversammlungskompetenz beim Beteiligungserwerb?, DB 2010, 1925; *Lutter,* Der Erwerb der Dresdner Bank durch die Commerzbank – ohne ein Votum ihrer Hauptversammlung?, ZIP 2012, 351; *Lutter,* Zur Herrschaft mehrerer Unternehmen über eine Aktiengesellschaft, NJW 1973, 113; *Lutter,* Gesellschaftsrecht und Kapitalmarkt, FS Zöllner, 1998, 363; *Lutter,* Organzuständigkeiten im Konzern, FS Stimpel, 1985, 825; *Lutter/Leinekugel,* Der Ermächtigungsbeschluss der Hauptversammlung zu grundlegenden Strukturmaßnahmen – zulässige Kompetenzübertragung oder unzulässige Selbstentmachtung?, ZIP 1998, 805; *Martens,* Die Entscheidungsautonomie des Vorstands und die „Basisdemokratie" in der Aktiengesellschaft, ZHR 147 (1983), 377; *Martinius/v. Oppen,* Verfassungsrechtliche Zulässigkeit des Delisting-Spruchverfahrens?, DB 2005, 212; *Maser/Bäumker,* Steigende Anforderungen an die Berichtspflicht des Aufsichtsrats, AG, 2005, 906; *Mayer/Richter,* Konzerndimensionale Auskunfts- und Überwachungspflichten der Obergesellschaft, Die AG 2018, 220; *Mense/Klie,* Deutliche Erleichterungen beim Delisting – Aufgabe der „Macrotron" – Rechtsprechung durch den BGH, GWR 2013, 505; *Mense/Klie,* Neues zum Going Private – Praxisfragen zur aktuellen Rechtslage zum Delisting, DStR 2015, 2782; *Morell,* Rechtssicherheit oder Einzelfallgerechtigkeit im neuen Recht des Delistings, AcP 217 (2017), 61; *Morell,* Gefahr erkannt, Gefahr gebannt? Ist eine Abfindung beim regulären Delisting aus Effizienzsicht überhaupt geboten?, ZBB 2016, 67; *Nikoleyczik/Gubitz,* Erwerb der Dresdner-Bank durch die Commerzbank – Beteiligungserwerb kein „Holzmüller"-Fall, NZG 2011, 91; *Nikoleyczik/Gubitz,* Erwerb der Dresdner Bank durch die Commerzbank: Ein „Holzmüller"-Fall?, NZG 2010, 539; *Noack,* Online-Hauptversammlung – Stand der Dinge und wichtige Reformvorschläge, NZG 2001, 1057; *Noack,* Hauptversammlung und Neue Medien, BB 1998, 2533; *Noack,* ARUG: das nächste Stück der Aktienrechtsreform in Permanenz, NZG 2008, 441; *Noack,* Briefwahl und Online-Teilnahme an der Hauptversammlung, WM 2009, 2289; *von Nussbaum,* Neue Wege zur Online-Hauptversammlung durch das ARUG, GWR 2009, 215; *Paschos/ Klaaßen,* Delisting ohne Hautversammlung und Kaufangebot – der Rückzug von der Börse nach der Frosta-Entscheidung des BGH, AG 2014, 33; *Petersen/Schulze de la Cruz,* Das Stimmverbot nach § 136 I AktG bei der Entlastung von Vorstandsdoppelmandatsträgern, NZG 2012, 453; *Pielke,* Die virtuelle Hauptversammlung, 2009; *Pilsl/Knoll,* Delisting und Börsenkurs, DB 2016, 181; *Pluskat,* Rechtsprobleme beim Going Private unter besonderer Berücksichtigung der „übertragenden Auflösung" und des Delistings, 2002; *Priester,* Aktionärsentscheid zum Unternehmenserwerb, AG 2011, 654; *Priester,* Die klassische Ausgliederung – ein Opfer des Umwandlungsgesetzes 1994?, ZHR 163 (1999), 187; *von Rechenberg,* Die Hauptversammlung als oberstes Organ der Aktiengesellschaft, 1986; *Reger/Schilha,* Aktienrechtlicher Aktionärsschutz bei Delisting und Downgrading, NJW 2012, 3066; *Reichert,* Mitwirkungsrechte und Rechtsschutz der Aktionäre nach Macrotron und Gelatine, Die AG 2005, 150; *Rehbinder,* Zum konzernrechtlichen Schutz der Aktionäre einer Obergesellschaft. – Besprechung der Entscheidung BGHZ

§ 118

83, 122 = ZF 28 Nr. 4654, ZGR 83, 92; *Renner,* Hauptversammlungszuständigkeit und Organadäquanz, AG 2015, 513; *Riegger,* Hauptversammlung und Internet, ZHR 165 (2001), 204; *Riegger/Mutter,* Zum Einsatz neuer Kommunikationsmedien in Hauptversammlungen von Aktiengesellschaften, ZIP 1998, 637; *Rosskopf,* Delisting zwischen Gesellschafts- und Kapitalmarktrecht, ZGR 2014, 487; *Rubel/Kunz,* Notwendigkeit eines Hautversammlungsbeschlusses beim „Delisting" aus einem Qualitätssegment des Freiverkehrs? – Eine Untersuchung am Beispiel des Entry Standard –, AG 2011, 399; *Rubner/Pospiech,* Rückzug von der Börse – Neue Regeln für Delisting und Downgrading, NJW-Spezial 2016, 207; *Schaaf/Slowinski,* Stimmabgabe des Aktionärs durch Briefwahl, ZIP 2011, 2444; *Schiffer/Goetz,* Umsetzung des Macrotron-Urteils: Spruchverfahren nach regulärem Delisting, BB 2005, 453; *Schlitt,* Die gesellschaftsrechtlichen Voraussetzungen des regulären Delisting – Macrotron und die Folgen, ZIP 2004, 533 (539); *Schlösser,* Delisting auf Initiative des Emittenten, 2003; *K.Schmidt,* Aktienrecht: Keine Barabfindung beim Delisting, JuS 2014, 174; *K. Schmidt,* Macrotron oder: weitere Ausdifferenzierung des Aktionärsschutzes durch den BGH, NZG 2003, 601; *K. Schmidt,* Entlastung, Entlastungsrecht und Entlastungsklage des Geschäftsführers einer GmbH – Versuch einer Neuorientierung, ZGR 1978, 425; *J. Schmidt,* Europäisches Konzernrecht – Retrospektive und Perspektiven –, Der Konzern 2017, 1; *Schneider/Burgard,* Maßnahmen zur Verbesserung der Präsenz auf der Hauptversammlung einer Aktiengesellschaft, FS Karl Beusch, 1993, 783; *Schockenhoff,* Delisting – Karlsruhe locuta, causa finita?, ZIP 2013, 2429; *Schöne/Siegen,* Die Erosion des umwandlungsrechtlichen Versammlungszwangs durch das Europäische Gesellschaftsrecht, WM 2012, 381; *Scholz,* Zurück ins „Macrotron"-Zeitalter durch Satzungsregelung?, BB 2015, 2248; *Schüppen,* Vorstandsvergütung – (K)ein Thema für die Hauptversammlung?, ZIP 2010, 905; *Schulz/Wieneke,* Delisting ausländischer Emittenten, NZG 2017, 449; *Schwark/Geiser,* Delisting, ZHR 161 (1997), 739; *Schwarz,* Alleingang beim Beteiligungserwerb, JURA 2012, 75; *Seibert,* Das VorstAG Regelungen zur Angemessenheit der Vorstandsvergütung und zum Aufsichtsrat, WM 2009, 1489; *Seibt/Wollenschläger,* Downlisting einer börsennotierten Gesellschaft ohne Abfindungsangebot und Hautversammlungsbeschluss, AG 2009, 807; *Seibt,* Richtlinienvorschlag zur Weiterentwicklung des europäischen Corporate Governance-Rahmens, DB 2014, 1920; *Semler,* Einschränkung der Verwaltungsbefugnisse in einer Aktiengesellschaft, BB 1983, 1566; *Sethe,* Die aktienrechtliche Zulässigkeit der sogenannten „Teilentlastung", ZIP 1996, 1321; *Seydel,* Konzernbildungskontrolle bei der Aktiengesellschaft, 1995; *Simon,* Von „Holzmüller" zu „Gelatine" – Ungeschriebene Hauptversammlungszuständigkeiten im Lichte der BGH-Rechtsprechung, DStR 2004, 1482 (Teil I), 1528 (Teil II); *Simons,* Die Online-Abstimmung in der Hauptversammlung, NZG 2017, 567; *Spindler,* Beratungsverträge mit Aufsichtsratsmitgliedern – Vorabstimmung oder nachträgliche Genehmigung?, NZG 2011, 334; *Spindler,* Internet und Corporate Governance – ein virtueller (T)Raum – Zum Entwurf eines NaStraG, ZGR 2000, 420; *Spindler/Seidel,* Die Zustimmungspflicht bei Related Party Transactions in der konzernrechtlichen Diskussion, AG 2017, 169; *Stöber,* Die Zukunft der Macrotron-Regeln zum Delisting nach den jüngsten Entscheidungen des BVerfG und des BGH, BB 2014, 9; *Strohn,* Zur Zuständigkeit der Hauptversammlung bei Zusammenschlussvorhaben unter Gleichen, ZHR 182 (2018), 114; *Stützle/Walgenbach,* Leitung der Hauptversammlung und Mitspracherechte der Aktionäre in Fragen der Versammlungsleitung, ZHR 155 (1991), 516; *Sünner,* Die zukünftige Beschlussfassung der Hauptversammlung über das Vorstandsvergütungssystem, CCZ 2013, 169; *Theisen/Salzberger,* Die Berichterstattung des Aufsichtsrats, DB 1997, 105; *Veil,* Aktuelle Probleme im Ausgliederungsrecht, ZIP 1998, 361; *Veil,* Transaktionen mit Related Parties im deutschen Aktien- und Konzernrecht, NZG 2017, 521; *Velte,* Quo vadis, Vergütungsberichterstattung? – Stellungnahme zur Transformation der modifizierten EU-Aktionärsrechterichtlinie 2017/828, DStR 2018, 208; *Velte,* Say on Pay-Regulierung nach der Neufassung der Richtlinien 2007/36/EU und 2013/34/EU, NZG 2017, 368; *Verse,* Regulierung der Vorstandsvergütung – mehr Macht für die Aktionäre?, NZG 2013, 921; *Vetter,* Die Berichterstattung des Aufsichtsrats an die Hauptversammlung als Bestandteil seiner Überwachungsaufgabe, ZIP 2006, 257; *Vetter,* Der Tiger zeigt die Zähne – Anmerkungen zum Urteil des BGH im Fall Leo Kirch/Deutsche Bank, NZG 2009, 561; *Vetter,* Der kraftlose Hauptversammlungsbeschluss über das Vorstandsvergütungssystem nach § 120 Abs. 4 AktG, ZIP 2009, 2136; *Vossen,* Stärkung der Informationsrechte der Aktionäre gegenüber dem Aufsichtsrat, DStR 2006, 1287; *de Vries,* Delisting – Kapitalmarktrecht, Gesellschaftsrecht, Umwandlungsrecht, 2002; *Wackerbarth,* Die Begründung der Macrotron-Rechtsfortbildung und dem Delisting-Urteil des BVerfG, WM 2012, 2077; *Wackerbarth,* Das neue Delisting-Angebot nach § 39 BörsG oder: Hat der Gesetzgeber hier wirklich gut nachgedacht?, WM 2016, 385; *Wahlers,* Konzernbildungskontrolle durch die HV der Obergesellschaft, 1995; *Wansleben/Bungert,* Umsetzung der überarbeiteten Aktionärsrechterichtlinie in das deutsche Recht, DB 2017, 1190; *Wasmann/Glock,* Die FRoSTA-Entscheidung des BGH – Das Ende der Macrotron- Grundsätze zum Delisting, DB 2014, 105; *Weitemeyer,* Die Entlastung im Aktienrecht – neueste Entwicklungen in Gesetzgebung und Rechtsprechung, ZGR 2005, 280; *Westermann,* Organzuständigkeit bei Bildung, Erweiterung und Umorganisation des Konzerns, ZGR 1984, 352; *Wettich,* Aktuelle Entwicklungen in der Hauptversammlungssaison 2011 und Ausblick auf 2012, NZG 2011, 721; *Werner,* Zuständigkeitsverlagerungen in der Aktiengesellschaft durch Richterrecht, ZHR 147 (1983), 429; *Wicke,* Die Leitung der Hauptversammlung einer Aktiengesellschaft, NZG 2007, 771; *Wieneke,* Aktien – und kapitalmarktrechtlicher Schutz beim Delisting nach dem FRoSTA – Beschluss des BGH, NZG 2014, 22; *Winter/Keßler,* Macrotron II – zurück auf Start, Der Konzern 2014, 69; *Wirth/Arnold,* Anlegerschutz beim Delisting von Aktiengesellschaften, ZIP 2000, 111; *Zätzsch/Gröning,* Neue Medien im deutschen Aktienrecht: Zum RefE des NaStraG, NZG 2000, 393; *Zeidler,* Generalversammlung der Muttergesellschaft, NZG 1998, 91; *Zetzsche,* Reguläres Delisting und deutsches Gesellschaftsrecht, NZG 2000, 1065; *Zetzsche,* NaStraG – ein erster Schritt in Richtung virtuelle Hauptversammlung für Namens- und Inhaberaktien?, ZIP 2001, 682; *Ziemons,* Als Aktienrechtsnovelle 2012 gestartet und als VorstKoG gelandet: Neues „Say on Pay" und andere punktuelle Weiterentwicklungen des Aktienrechts, GWR 2013, 283; *Zientek,* Ungeschriebene Hauptversammlungskompetenzen bei Unternehmensakquisitionen einer Aktiengesellschaft, 2016; *Zimmer/von Imhoff,* Die Neuregelung des Delisting in § 39 BörsG, NZG 2016, 1056; *Zöllter-Petzoldt,* Zum Teilnahmerecht des Vorstands und des Aufsichtsrats an Vollversammlungen einer Aktiengesellschaft, NZG 2013, 607; *Zwirner/Kähler,* (Unternehmens-)Bewertung beim Delisting: Auswirkungen der Neuregelung des § 39 BörsG auf KMU, BB 2016, 171.

§ 118 Allgemeines

(1) ¹Die Aktionäre üben ihre Rechte in den Angelegenheiten der Gesellschaft in der Hauptversammlung aus, soweit das Gesetz nichts anderes bestimmt. ²Die Satzung kann vorsehen oder den Vorstand dazu ermächtigen vorzusehen, dass die Aktionäre an der Hauptversammlung auch ohne Anwesenheit an deren Ort und ohne einen Bevollmächtigten teilnehmen und sämtliche oder einzelne ihrer Rechte ganz oder teilweise im Wege elektronischer Kommunikation ausüben können.

(2) Die Satzung kann vorsehen oder den Vorstand dazu ermächtigen vorzusehen, dass Aktionäre ihre Stimmen, auch ohne an der Versammlung teilzunehmen, schriftlich oder im Wege elektronischer Kommunikation abgeben dürfen (Briefwahl).

(3) ¹Die Mitglieder des Vorstands und des Aufsichtsrats sollen an der Hauptversammlung teilnehmen. ²Die Satzung kann jedoch bestimmte Fälle vorsehen, in denen die Teilnahme von Mitgliedern des Aufsichtsrats im Wege der Bild- und Tonübertragung erfolgen darf.

(4) Die Satzung oder die Geschäftsordnung gemäß § 129 Abs. 1 kann vorsehen oder den Vorstand oder den Versammlungsleiter dazu ermächtigen vorzusehen, die Bild- und Tonübertragung der Versammlung zuzulassen.

Übersicht

	Rn.		Rn.
I. Bedeutung der Norm	1, 2	c) Grenzen des Teilnahmerechts	15
II. Entstehungsgeschichte	3, 4	d) Beeinträchtigungen des Teilnahmerechts, Rechtsfolgen und Durchsetzung	16–19
III. Stellung der Hauptversammlung im Organgefüge der AG	5, 6	2. Teilnahmerecht und -pflicht der Organmitglieder und Abschlussprüfer	20–28
1. Organstellung	5	3. Teilnahme Dritter und der Öffentlichkeit	29–31
2. Verhältnis zu den weiteren Organen	6	4. Regelungen der Teilnahme in Satzung und Geschäftsordnung	32–34
IV. Ausübung von Rechten der Aktionäre in und außerhalb der HV	7–10	VI. Elektronische Teilnahme (Abs. 1 Satz 2), Briefwahl (Abs. 2) und Übertragung (Abs. 4)	35–48
1. In der HV auszuübende Rechte	7, 8	1. Elektronische Teilnahme an der Hauptversammlung (Abs. 1 Satz 2)	35–41
2. Außerhalb der HV auszuübende Rechte	9, 10	2. Briefwahl (Abs. 2)	42, 43
V. Teilnahme an der HV	11–34	3. Bild- und Tonübertragung (Abs. 4)	44–48
1. Teilnahmerecht der Aktionäre	11–19		
a) Grundsatz	11, 12		
b) Wahrnehmung durch Vertreter	13, 14		

I. Bedeutung der Norm

Die Vorschrift enthält in ihrem Abs. 1 Satz 1 die **grundsätzliche Entscheidung** für die Konstituierung der Hauptversammlung als Organ der Gesellschaft. Durch die Anordnung, dass die Rechte der Aktionäre – vorbehaltlich einer abweichenden gesetzlichen Regelung – nur „in der Hauptversammlung" ausgeübt werden können, wird eine anderweitige Willensbildung außerhalb der HV ausgeschlossen. Hieraus folgt, dass nur die HV als solche, nicht aber (wie zur GmbH mitunter angenommen)[1] die Gesamtheit der Aktionäre **Organqualität** besitzt.[2] Praktisch bedeutet dies, dass die Anforderungen der §§ 118 ff. nicht durch eine andere Form der gemeinsamen Willensbildung ersetzt werden können. Selbst der Alleinaktionär kann daher seine Beschlüsse (trotz der insoweit stets anwendbaren Erleichterungen des § 121 Abs. 6) nicht formfrei fassen, da es zumindest der Niederschrift nach § 130 bedarf, bei Grundlagenbeschlüssen sogar durch einen Notar. Für den Begriff der HV folgt hieraus, dass nur eine ordnungsgemäß einberufene und den Anforderungen der §§ 129 ff. gemäß durchgeführte Versammlung der Aktionäre als HV angesehen werden kann. Daraus kann jedoch nicht auf die Nichtigkeit aller Beschlüsse von Versammlungen geschlossen werden, die diesen

---

[1] Vgl. einerseits *K. Schmidt* GesR § 36 Abs. 3 S. 1; andererseits UHL/*Hüffer* GmbHG § 45 Rn. 6.
[2] AllgM, vgl. MüKoAktG/*Kubis* Rn. 8 ff.; MHdB AG/*Bungert* § 35 Rn. 1; Großkomm AktG/*Mülbert* Vor § 118 Rn. 31 ff.

Anforderungen nicht genügen. Vielmehr kommt es insoweit allein auf §§ 241 ff. (insbes. § 241 Nr. 1) an. Für die praktische Rechtsanwendung hat der Begriff daher keine Bedeutung.

2 Darüber hinaus regelt die Vorschrift die **Teilnahme an der HV** und dadurch zumindest in Ansätzen den **Zugang der Öffentlichkeit**. Letzterem dient vor allem die Regelung der Bild- und Tonübertragung, auf deren Grundlage der Versammlungsablauf nicht nur den Aktionären, sondern auch öffentlich zugänglich gemacht werden kann. Insgesamt ist die Regelung jedoch rudimentär, regelt sie doch nur Teilnahmepflichten, nicht aber Teilnahmerechte, ferner nur einen Sonderfall der Öffentlichkeit. Die Bedeutung der getroffenen Regelungen hält sich daher in Grenzen, während wesentliche Fragen erst aus dem rechtlichen Zusammenhang heraus beantwortet werden können.

II. Entstehungsgeschichte

3 Der Wortlaut des Abs. 1 Satz 1 beruht noch unverändert auf § 102 AktG 1937. **Inhaltlich** geht die Vorschrift bereits auf § 250 HGB 1897 zurück, wonach die Aktionäre ihre Rechte „durch Beschlussfassung in der Generalversammlung" ausüben. Aus welchem Grund die Bezeichnung in Hauptversammlung geändert wurde, ist nicht ersichtlich.[3] Ansonsten beruhte die Änderung auf der Erkenntnis, dass die Aktionäre ihre versammlungsgebundenen Rechte eben nicht nur durch Beschlussfassung ausüben, sondern wie zB bezüglich des Auskunftsrechts auch auf andere Weise.[4] Durch das Gesetz zur Umsetzung der Aktionärsrechte-RL (ARUG) (BGBl. 2009 I 2479), das am 1.9.2009 in Kraft getreten ist, ist die Möglichkeit der Regelung in der Satzung oder Ermächtigung des Vorstandes zur Schaffung der Online-Teilnahme in Abs. 1 Satz 2 eingefügt worden. Ebenfalls durch das ARUG wurde ein neuer Abs. 2 geschaffen, in dem die Möglichkeit einer Briefwahl ohne Teilnahme an der Hauptversammlung geregelt ist. Damit sind nach den im TransPublG von 2002 geschaffenen Regelungen (jetzt Abs. 3 Satz 2 und Abs. 4) sowie der im Deutschen Corporate Governance Kodex seit 2009 vorgesehenen Möglichkeit, den von der AG bereitgestellten weisungsgebundenen Stimmrechtsvertreter noch während der HV zu erreichen (Nr. 2.3.2 Satz 2 DCGK), weitere Lockerungen der Ortsgebundenheit der HV geschaffen worden. Bei einer konsequenten technischen Umsetzung, die allen sicherheitstechnischen Bedenken standhält, ist es (zumindest theoretisch) möglich, eine HV für einen großen Kreis an Aktionären virtuell durchzuführen. Der in der Literatur immer wieder erhobenen Forderung nach einer größeren Satzungsautonomie für die Ausgestaltung der HV[5] ist der Gesetzgeber damit nachgekommen.[6] Jedoch ist auch weiterhin die Durchführung einer Präsenzveranstaltung unverzichtbar.[7]

4 Während § 102 Abs. 2 AktG 1937 lediglich ein Teilnahmerecht für die Vorstands- und Aufsichtsratsmitglieder vorsah, beruht die **Teilnahmepflicht des jetzigen Abs. 3 Satz 1** auf der Aktienrechtsnovelle 1965. Es erschien den Gesetzesverfassern als „unzureichend, für die Mitglieder der Verwaltung nur ein Teilnahmerecht vorzusehen und damit die Teilnahme mehr oder weniger in ihr pflichtgemäßes Ermessen zu stellen."[8] Erst im Jahr 2002 hatte die Vorschrift durch das TransPublG eine neue Fassung erhalten. Darin wurden Abs. 2 Satz 2 sowie ein Abs. 3 mit dem Ziel angefügt, auch in Hinblick auf die Internationalisierung des Aktionärskreises die **Nutzung von Übertragungstechnik** zuzulassen und so einerseits den Aufsichtsratsmitgliedern die Teilnahme zu erleichtern, andererseits aber den Aktionären zu ermöglichen, den Verhandlungen zu folgen und durch Weisungserteilung noch während der Versammlung auf die Willensbildung Einfluss zu nehmen. Durch das ARUG, das der Umsetzung der Aktionärsrechte-RL[9] diente, wurde der ehemalige Abs. 3 angesichts der Einfügung des neuen Abs. 2 zu Abs. 4 und zudem auch vom Wortlaut neu gefasst, inhaltlich allerdings nur unwesentlich verändert. Insoweit korrespondiert Abs. 4 mit den Nr. 2.3.2. und 2.3.3. des Deutschen Corporate Governance Kodex idF von 2017, wonach die AG den Aktionären „die Verfolgung der Hauptversammlung über moderne Kommunikationsmedien (zB Internet) ermöglichen" sollte, und der Vorstand für einen „auch während der Hauptversammlung erreichbaren" Stimmrechtsvertreter sorgen soll.

---

[3] Vgl. *Düringer/Hachenburg* HGB § 250 Anm. 1.
[4] *Schlegelberger/Quassowski* § 102 Anm. 2.
[5] Vgl. *Spindler* ZGR 2000, 420 (444).
[6] Vgl. zur Diskussion zur Zulässigkeit und Ausgestaltung einer virtuellen HV nach der alten Rechtslage nur: *Spindler* ZGR 2000, 420 (444 ff.); *Hasselbach/Schumacher* ZGR 2000, 258; *Habersack* ZHR 165 (2001), 172 (192 ff.); *Noack* NZG 2001, 1057 (1063 ff.); *Noack* BB 1998, 2533.
[7] *Horn* ZIP 2008, 1558 (1564); *Beck* RNotZ 2014, 160 (164); Zur rechtlichen Zulässigkeit und Durchführung einer vollkommen virtuellen Hauptversammlung: *Pielke*, Die virtuelle Hauptversammlung, 2009, 114 ff. (146 ff.).
[8] BT-Drs. 3/1915, 147 (zu § 114 AktG-RegE).
[9] RL 2007/36/EG, ABl. EG 2007 L 184, 17. Die Änderungsrichtlinie RL 2017/828/EU (Aktionärsrechte-RL II) enthält keine Änderungen der hier relevanten Vorschriften.

III. Stellung der Hauptversammlung im Organgefüge der AG

1. Organstellung. Die Hauptversammlung ist **selbst Organ der AG**,[10] nicht die in ihr vertretenen Aktionäre. Sie ist als „Sitz der Aktionärsdemokratie"[11] bezeichnet worden, dient also der **kollektiven Willensbildung** der Aktionäre für die AG. Sie ist **notwendiges Organ**, kann also auch durch Satzungsbestimmung nicht durch ein anderweitiges Beschlussverfahren ersetzt oder durch abweichende Kompetenzverteilung obsolet gemacht werden (§ 23 Abs. 5). Das RG hat die Organstellung damit begründet, dass die Hauptversammlungsbeschlüsse „als der für die AG, die als solche nicht willensfähig ist, ausgesprochene Wille" gelten.[12] Andererseits ist die Hauptversammlung jedoch nicht dazu berufen, die von ihr gefassten Beschlüsse auch selbst umzusetzen. Die Kompetenz- und Funktionsverteilung zwischen den Organen sieht vielmehr die Ausführung der Beschlüsse durch den Vorstand vor (§ 83 Abs. 2). Der Grund hierfür liegt in der weitgehenden Handlungsunfähigkeit der Hauptversammlung. Lediglich für die Geltendmachung von Ersatzansprüchen hat der Gesetzgeber insoweit eine Ausnahme vorgesehen, als hier die Hauptversammlung durch einen besonderen Vertreter tätig werden kann (§ 147 Abs. 2), ferner bei den keiner weiteren Ausführung erfordernden Bestellungsbeschlüssen (§§ 101, 142 Abs. 1).

2. Verhältnis zu den weiteren Organen. Das Organgefüge des AktG geht grundsätzlich von einem **gleichberechtigten Nebeneinander von Hauptversammlung, Vorstand und Aufsichtsrat** aus. Jedes Organ verfügt über einen zwingenden eigenen Kompetenzbereich, in den andere Organe grundsätzlich, dh ohne besondere gesetzliche Grundlage, nicht eingreifen können. Diese, auf das AktG 1937 zurück gehende Konzeption hat die frühere hierarchische Ordnung des HGB 1897 abgelöst, unter der die Generalversammlung als oberstes Willensorgan der Gesellschaft bindende Beschlüsse über jeden Gegenstand fassen konnte.[13] Diese „Kompetenzkompetenz" war nur durch die Satzung beschränkbar, während den anderen Organen keine zwingenden Entscheidungsbereiche vorbehalten waren.[14] Hiervon ist der Gesetzgeber bewusst abgerückt. Dennoch wird zum Teil bis heute die Hauptversammlung als „oberstes Organ der AG" bezeichnet.[15] Dies ist nur insoweit zutreffend, als der Hauptversammlung gerade die Entscheidungen von herausragender Wichtigkeit, über die Grundlagen und Satzung der AG oder auch ihre Konzerneinbindung zugewiesen sind.[16] Stellt man also auf einen qualitativen Vergleich der Einzelkompetenzen ab, kann man dieser Aussage zustimmen. Dagegen darf man eine solche Aussage nicht so verstehen, dass der Hauptversammlung eine Art Weisungsrecht im Kompetenzbereich anderer Organe oder eine Kompetenzkompetenz zustünde, sie ist – in den Worten des BVerfG – „den anderen Gesellschaftsorganen nicht übergeordnet".[17] Vielmehr ist eine Einflussnahme allenfalls indirekt mit Hilfe der gesetzlichen Kompetenzzuweisungen möglich. Es empfiehlt sich daher, auf die missverständliche Bezeichnung als „oberstes Organ" zu verzichten, allenfalls könnte man von der Hauptversammlung als primus inter pares sprechen.[18]

IV. Ausübung von Rechten der Aktionäre in und außerhalb der HV

1. In der HV auszuübende Rechte. Trotz des Wortlauts des Abs. 1 Satz 1 sind **nicht alle Aktionärsrechte** in der Hauptversammlung auszuüben. Vielmehr wird terminologisch zwischen **versammlungsgebundenen und nicht versammlungsgebundenen Rechten** unterschieden.[19] Die Abgrenzung ergibt sich aus Natur und rechtlicher Ausgestaltung der betroffenen Rechte. Versammlungsgebunden sind daher nur Mitverwaltungsrechte, und auch diese nur, soweit ihre Gestaltung keine Ausübung außerhalb der Versammlung erfordert. Die Abgrenzung ist somit keine Frage, die Abs. 1 Satz 1 beantworten könnte. Dessen Regelungsgehalt liegt vielmehr darin, dass die versamm-

---

[10] AllgM seit RGZ 63, 203 (207 f.); statt vieler: MüKoAktG/*Kubis* Rn. 8 ff.; MHdB AG/*Bungert* § 35 Rn. 1; Großkomm AktG/*Mülbert* Vor § 118 Rn. 31 ff.; K. Schmidt/Lutter/*Spindler* Rn. 10; Bürgers/Körber/*Reger* Rn. 1; Grigoleit/*Herrler* Rn. 1.
[11] BVerfG NJW 2000, 349 (351); Bezug nehmend auf *K. Schmidt* GesR § 28 IV 1.
[12] RGZ 63, 203 (208).
[13] RGZ 68, 178; 73, 236; 89, 375; 118, 69; näher: *Schlegelberger/Quassowski* § 103 Anm. 1.
[14] *Düringer/Hachenburg* HGB § 250 Anm. 3 f.
[15] Vgl. eingehend *von Rechenberg*, Die Hauptversammlung als oberstes Organ der Aktiengesellschaft, 1986; Schneider/*Burgard* FS Beusch, 1993, 785 f.; Großkomm AktG/*Mülbert* Vor § 118 Rn. 43.
[16] Zu den Entscheidungskompetenzen vgl. im Einzelnen → § 119 Rn. 4 ff. (*Hoffmann*).
[17] BVerfG NJW 2000, 349 (350).
[18] Ablehnend bezüglich der Bezeichnung als oberstes Organ auch MüKoAktG/*Kubis* Rn. 10; Hüffer/Koch/ *Koch* Rn. 4; Raiser/*Veil* KapGesR § 16 Rn. 1; MHdB AG/*Bungert* § 35 Rn. 4.
[19] Vgl. hierzu näher: MüKoAktG/*Kubis* Rn. 34 ff.; Hüffer/Koch/*Koch* Rn. 8 f.; Großkomm AktG/*Mülbert* Rn. 14 ff.; Grigoleit/*Herrler* Rn. 4 ff.

lungsgebundenen Rechte auch nur „in der Hauptversammlung" ausgeübt werden können, ihre Wahrnehmung also Präsenz (Anwesenheit, Vertretung oder bei Zulassung in der Satzung elektronische Teilnahme) voraussetzt. Abs. 1 schließt also etwa die fernmündliche Stimmrechtsausübung oder die Übermittlung eines Widerspruchs zur Niederschrift per Telefax grundsätzlich aus. Allerdings lässt Abs. 1 Satz 2 es zu, durch Satzungsbestimmung den Aktionären die **Teilnahme** an der Hauptversammlung im Wege der **elektronischen Kommunikation** zu ermöglichen. Im Gegensatz zu Abs. 2, der sich mit der weiteren Möglichkeit der Zulassung lediglich der Stimmabgabe ohne Versammlungsteilnahme befasst, handelt es sich im Fall des Abs. 1 um eine echte Teilnahme, so dass (vorbehaltlich einer abweichenden Satzungsgestaltung) grundsätzlich alle versammlungsgebundenen Rechte auch elektronisch ausgeübt werden können, insbesondere also auch das Rederecht und das Recht, Widerspruch zur Niederschrift zu erheben. Möglich ist eine derartige Fernteilnahme also nur, wenn die technischen Voraussetzungen geschaffen werden, wozu die Gesellschaft bei entsprechender Satzungsregelung als verpflichtet anzusehen ist. Hierfür genügt es nicht, lediglich das Geschehen auf der Präsenzversammlung zB über das Internet zu übertragen, vielmehr müssen auch die erforderlichen Kommunikationskanäle geöffnet werden, um dem Aktionär die Ausübung seiner Rechte zu ermöglichen. Soweit insbesondere das Rederecht gewährt wird, bedarf es einer Zwei-Wege-Verbindung, die eine Übertragung auch in umgekehrter Richtung ermöglicht. Den Gesellschaften steht es frei, diesen Weg als zusätzliches Angebot für die Aktionäre zu eröffnen. Einen Anspruch hierauf hat der einzelne Aktionär jedoch nicht,[20] und in der Praxis wird von der Möglichkeit einer solchen Satzungsgestaltung bisher nur selten Gebrauch gemacht.[21]

8   **Versammlungsgebunden** sind demnach zunächst das **Teilnahmerecht an und das Antrags- und Rederecht auf der Hauptversammlung** (→ Rn. 12), ferner das Stimmrecht (§ 134), das Auskunftsrecht (§ 131) und das Widerspruchsrecht zur Niederschrift (§ 245 Nr. 1). Soweit das Gesetz einer Minderheit ein Widerspruchsrecht oder ein Minderheitsverlangen gewährt, können auch diese Rechte nur in der Hauptversammlung ausgeübt werden. Für die Widerspruchsrechte ergibt sich dies schon aus dem Erfordernis der Erklärung zur Niederschrift (§ 93 Abs. 4 Satz 3; § 302 Abs. 3 Satz 3; § 309 Abs. 3 Satz 1 und soweit auf diese Vorschriften in §§ 116, 310, 318, 319, 323 verwiesen wird). Für die Minderheitsverlangen nach § 120 Abs. 1 Satz 2 und § 137 ergibt sich dies schon aus der Natur der Sache, da diese Rechte den Ablauf und die Beschlussfassung der Hauptversammlung betreffen. Nichts anderes gilt für das Minderheitsverlangen nach § 147 Abs. 1 bezüglich der Geltendmachung von Ersatzansprüchen,[22] was man jedenfalls dem Erfordernis der Aufnahme des Minderheitsverlangens in die Niederschrift entnehmen kann (§ 130 Abs. 1 Satz 2). Da der unter Nutzung der von Abs. 1 Satz 2 eingeräumten Möglichkeit elektronisch zugeschaltete Aktionär genau wie der auf der Präsenzveranstaltung anwesende Aktionär als regulärer Teilnehmer zu qualifizieren ist, können die versammlungsgebundenen Rechte auch ohne physische Präsenz ausgeübt werden. Rechtlich unterscheiden sich diese unterschiedlichen Formen der Teilnahme nur soweit, wie in der Satzung Einschränkungen der elektronisch auszuübenden Rechte vorgesehen sind. Da die Teilnahme eine Kommunikationsmöglichkeit in Echtzeit während der Versammlungszeit voraussetzt,[23] können auch auf den Ablauf der Hauptversammlung bezogene Rechte aus der Distanz wahrgenommen werden.

9   **2. Außerhalb der HV auszuübende Rechte. Nicht versammlungsgebunden** sind demgegenüber zunächst **sämtliche Vermögensrechte der Aktionäre** einschließlich des gesetzlichen Bezugsrechts (§ 186) und individueller Schadensersatzansprüche. Darüber hinaus sind aber auch **wesentliche Mitverwaltungsrechte außerhalb der HV** auszuüben. Dazu gehören zunächst die Aktionärsrechte im Rahmen der Vorbereitung der Hauptversammlung, also die Minderheitsrechte zur Einberufung und zur Ergänzung der Tagesordnung nach § 122. Hinzu kommen die Klage- und gerichtlichen Antragsrechte, die nur gegenüber dem zuständigen Gericht ausgeübt werden können, insbesondere das Anfechtungsrecht (§§ 243, 254) und das Recht auf Erhebung einer Nichtigkeitsfeststellungsklage (§ 249). Ferner gehören hierzu die Antragsrechte nach § 98 Abs. 2 Nr. 3, § 142 Abs. 2, Abs. 4 Satz 1, § 147 Abs. 2, Abs. 3, § 148 Abs. 1, § 258 Abs. 2 Satz 3, § 275 Abs. 1, § 315 Satz 2 sowie § 318 Abs. 3 HGB. Zuletzt sind noch die speziellen Informations- und Mitteilungsrechte zu nennen, die den Aktionären – im Gegensatz zum allgemeinen Auskunftsrecht des § 131 – schon im Vorfeld der Hauptversammlung zustehen, insbesondere aus §§ 125, 126, 127, § 175 Abs. 2, § 293f Abs. 1, Abs. 2 sowie § 63 Abs. 1, Abs. 3 UmwG (auch iVm §§ 125, 176 UmwG), § 230 Abs. 2 UmwG (auch iVm §§ 238, 251 UmwG).

---

[20] So auch *Noack* NZG 2008, 441 (444); *von Nussbaum* GWR 2009, 215; *Beck* RNotZ 2014, 160 (161).
[21] *Simons* NZG 2017, 567.
[22] AllgM: Großkomm AktG/*Bezzenberger* § 147 Rn. 26; MüKoAktG/*Kubis* Rn. 44 f.; K. Schmidt/Lutter/*Spindler* Rn. 15.
[23] MüKoAktG/*Kubis* Rn. 80.

Nicht nach Abs. 1 in der Hauptversammlung auszuüben sind ferner Rechte der Aktionäre, die 10
nicht in den Angelegenheiten der Gesellschaft bestehen. Dies betrifft alle Rechte, die nicht unmittelbar aus der Mitgliedschaft resultieren, sondern aus einem daneben bestehenden Rechtsverhältnis zur AG (Gläubigerrechte). Hierzu zählen auch die Rechte aus Wandel- und Gewinnschuldverschreibungen sowie aus Genussrechten (§ 221 Abs. 1, Abs. 3), die kein mitgliedschaftliches Rechtsverhältnis begründen.

V. Teilnahme an der HV

1. Teilnahmerecht der Aktionäre. a) Grundsatz. Das Recht, an der HV teilzunehmen, hat 11
in Abs. 3 nur eine sehr **unvollständige Regelung** erfahren. Auffällig ist zunächst, dass kein ausdrückliches Teilnahmerecht der Aktionäre statuiert wird. Dem AktG 1937 konnte man dieses zumindest noch implizit entnehmen, da darin Abs. 2 ein Teilnahmerecht der Organmitglieder „auch wenn sie nicht Aktionäre sind" vorsah. Der Gesetzgeber des AktG 1965 hielt es offenbar für selbstverständlich und daher nicht für regelungsbedürftig. Das Bestehen eines individuellen Teilnahmerechts jedes Aktionärs ohne Rücksicht auf die Beteiligungshöhe[24] ist dementsprechend auch allgemein anerkannt.[25] Es resultiert unmittelbar aus der Mitgliedschaft und setzt daher kein Stimmrecht voraus.[26] Ferner zählt es zum Kernbereich der Mitgliedschaft und ist daher grundsätzlich unentziehbar und unverzichtbar;[27] eine die Teilnahme regelnde Satzungsbestimmung ist aber erst unwirksam, „wenn dem Gesellschafter eine von seinem Willen getragene Wahrnehmung seiner Gesellschafterrechte nicht mehr zugestanden wird."[28] Abzustellen ist für die **Teilnahmeberechtigung** auf die **formale Aktionärsstellung,** nicht auf die wirtschaftliche Berechtigung, also bei Treuhandverhältnissen auf den Treuhänder, bei Nießbrauch und Pfandrecht auf den Eigentümer, bei Namensaktien auf die in das Aktienregister eingetragene Person (§ 67 Abs. 2). Bei Rechtsgemeinschaft iSv § 69 steht das Teilnahmerecht nur dem gemeinsamen Vertreter zu.

Als Ausfluss des Teilnahmerechts stehen den Aktionären auch das **Rederecht**[29] sowie das **Recht,** 12
in der Hauptversammlung Anträge[30] **zu stellen,** zu. Letzteres ist von dem Recht, gemäß § 126 vor der HV Anträge zu übermitteln, zu unterscheiden, da auch ein danach zugänglich gemachter Antrag nur dann abgestimmt wird, wenn er von dem Aktionär in der Hauptversammlung gestellt wird. Vor allem das Rederecht ist jedoch nur zeitlich begrenzt zu gewähren, da jeder Redebeitrag zu Lasten der nur begrenzt zur Verfügung stehenden Versammlungszeit geht und somit in einem Spannungsverhältnis zum Rederecht anderer Teilnehmer steht. Daher ist die Begrenzung der Redezeit jedes Teilnehmers durch die Versammlungsleitung nicht nur zulässig, sondern sogar geboten, soweit dadurch eine möglichst gerechte Verteilung der zur Verfügung stehenden Zeit beabsichtigt wird.[31] Als Verletzung des Rederechts ist es daher grundsätzlich anzusehen, wenn ein Wortbeitrag ordnungsgemäß angemeldet worden ist und dem Aktionär nicht das Wort erteilt wird, obwohl dieser spätestens bei Schluss der Debatte seine Nichtberücksichtigung gerügt hat.[32] Es genügt mithin nicht, sich nur zu Wort zu melden, vielmehr bedarf es einer Rüge des Aktionärs, spätestens wenn er nicht mehr mit der Worterteilung rechnen kann, um dem Versammlungsleiter die Korrektur zu ermöglichen. Auch bei einer **elektronischen Teilnahme** nach Abs. 1 S. 2 kann man es den auf diese Weise teilnehmenden Aktionären ermöglichen, Fragen zu stellen oder einen Redebeitrag zu leisten. Fragen können bspw. per E-Mail übermittelt werden. Bei Redebeiträgen von online teilnehmenden Aktionären ist es möglich, diese mittels einer Videokonferenz auf die Präsenzveranstaltung zu übertragen, was heute über die Webcam eines handelsüblichen PC ohne größeren techni-

---

[24] Vgl. MüKoAktG/*Kubis* Rn. 38.
[25] BGH GmbHR 1989, 120 (121) = WM 1989, 63 (64) zur GmbH; MüKoAktG/*Kubis* Rn. 38; Großkomm AktG/*Mülbert* Rn. 47; Kölner Komm AktG/*Zöllner* Rn. 20; *Henerkes/Kögel* DB 1999, 81 (84); K. Schmidt/Lutter/*Spindler* Rn. 25.
[26] BGH GmbHR 1989, 120 (121) = WM 1989, 63 (64) zur GmbH; K. Schmidt/Lutter/*Spindler* Rn. 25, 29; MüKoAktG/*Kubis* Rn. 37; Großkomm AktG/*Mülbert* Rn. 47; Kölner Komm AktG/*Zöllner* Rn. 20; *Henerkes/Kögel* DB 1999, 81 (84); Bürgers/Körber/*Reger* Rn. 2.
[27] BGH GmbHR 1989, 120 (121) = WM 1989, 63 (64); OLG Frankfurt a. M. GmbHR 1984, 99 (100) jeweils zur GmbH; MüKoAktG/*Kubis* Rn. 38; MHdB AG/*Hoffmann-Becking* § 37 Rn. 6; Großkomm AktG/*Mülbert* Rn. 28, 64; Kölner Komm AktG/*Zöllner* Rn. 19.
[28] BGH WM 1989, 63 (64) (zur GmbH).
[29] K. Schmidt/Lutter/*Spindler* Rn. 25; MüKoAktG/*Kubis* Rn. 39.
[30] MüKoAktG/*Kubis* Rn. 40; Hüffer/Koch/*Koch* Rn. 20; Großkomm AktG/*Mülbert* Rn. 26; Kölner Komm AktG/*Zöllner* Rn. 18.
[31] BVerfG NJW 2000, 349 (351); ausführlich: MüKoAktG/*Kubis* Rn. 39 mwN; *Wicke* NZG 2007, 771 (773 f.); zu Satzungsregelungen vgl. BGH NZG 2010, 423; Bürgers/Körber/*Reger* Rn. 6.
[32] LG Frankfurt a. M. ZIP 2013, 578.

schen Aufwand denkbar ist. Um den ordnungsgemäßen Ablauf der Hauptversammlung trotz einer möglichen großen Zahl von Online-Teilnehmern zu gewährleisten, kann es als erforderlich erscheinen, für die Online-Teilnahme weitergehende Beschränkungen des Rede- und Fragerechts vorzusehen als auf der Präsenzversammlung. Derartige Beschränkungen können im Rahmen des Abs. 1 S. 2 durch die Satzung geregelt werden, da bei der elektronischen Teilnahme – im Gegensatz zur Präsenz im Versammlungssaal – nicht alle Teilnehmerrechte gewährt werden müssen. Denn während den Präsenzteilnehmern alle gesetzlichen Rechte zustehen, können die Online-Teilnehmern nur die ihnen durch Satzungsbestimmung ausdrücklich eingeräumten Recht ausüben, wobei die Satzung nach dem Wortlaut des Abs. 1 S. 2 sich auf „einzelne" Rechte und ihre „teilweise" Einräumung beschränken kann. Daher hängt die Zulässigkeit solcher Beschränkungen von der Gestaltung der Satzungsregelung ab, die die elektronische Teilnahme eröffnet bzw. die Ermächtigung hierfür ausspricht. So erscheint es möglich, die online gestellten Fragen zwar entgegenzunehmen, sich die Nichtbeantwortung aber vorzubehalten,[33] oder das Fragerecht sachlich, umfangsmäßig oder zeitlich zu beschränken.[34] Soweit Fragen aber zugelassen werden, müssen die Antworten zur Gewährleistung einer einheitlichen Informationsbasis allen Teilnehmern zugänglich gemacht werden.[35] Hinsichtlich der Begrenzung der Redezeit gilt auch ohne eine solche Regelung das soeben zur Präsenzveranstaltung Ausgeführte entsprechend. Darüber hinaus erscheint aber auch eine weitergehende satzungsmäßige Beschränkung des Online-Rederechts als zulässig, etwa durch eine Einräumung des Rederechts nur vorbehaltlich eines Vorrangs der Wortmeldungen der Präsenzteilnehmer. Ein Verstoß gegen § 53a wäre darin nicht zu sehen, da die Differenzierung zwischen Präsenz- und Onlineteilnehmerrechten ausdrücklich ermöglicht wird und jedem Aktionär die uneingeschränkte Präsenzteilnahme offen steht. Auch eine sachliche Rechtfertigung einer nur teilweisen Rechteeinräumung durch die Satzung bedarf es nicht.[36]

13 **b) Wahrnehmung durch Vertreter.** Das Teilnahmerecht hat **keinen höchstpersönlichen Charakter,** kann also auch durch einen Vertreter wahrgenommen werden. Dies ergibt sich schon aus der Möglichkeit der Stimmrechtsvertretung (§ 134 Abs. 3, § 135), bei der der Vertreter auch das Rede- und Antragsrecht wahrnehmen kann. Möglich ist aber auch eine Vertretung auf der HV ohne Erteilung einer Stimmrechtsvollmacht, was etwa bei Vorzugsaktionären (§ 139) praktische Bedeutung haben kann. Unerheblich ist, ob es sich um gesetzliche oder gewillkürte Vertretung handelt. Die Bevollmächtigung zur Teilnahme ist zwar grundsätzlich formfrei möglich (zB konkludent durch Übergabe einer von der AG ausgegebenen Eintrittskarte), nur wenn der Vertreter das Stimmrecht ausüben soll, bedarf es der Textform des § 134 Abs. 3. Dessen analoge Anwendung ist für die reine Teilnahme nicht angezeigt,[37] wobei jedoch die Satzung Anforderungen an den Nachweis der Teilnahmeberechtigung stellen kann. Zulässig ist neben der offenen auch die verdeckte Stellvertretung und die Legitimationszession[38] (§ 185 BGB, arg. § 129 Abs. 3).

14 Grundsätzlich kann die **Vertretung nicht zu einer Erhöhung der Teilnehmerzahl führen.** Die Teilnahme des Vertreters schließt also einerseits das eigene Teilnahmerecht des Aktionärs aus, andererseits kann er auch nicht mehrere Vertreter zur Teilnahme legitimieren (§ 134 Abs. 3 Satz 2). Letzteres gilt auch beim Besitz mehrerer Aktien, da diese nur ein einziges Mitgliedschaftsverhältnis begründen und damit auch nur ein einziges Teilnahmerecht. Ausnahmen bestehen lediglich bei gesetzlicher (nicht aber gewillkürter) Gesamtvertretung (zB nach § 1629 BGB, § 35 Abs. 2 GmbHG, § 78 Abs. 2), bei der eine vertretungsberechtigte Personenanzahl zuzulassen ist. Fehlt es hieran, hat indes auch ein einzelner Gesamtvertreter kein Teilnahmerecht, soweit er nicht entsprechend unterbevollmächtigt worden ist. Die Teilnahme setzt also stets eine wirksame Vertretung des Aktionärs voraus. Ansonsten lässt sich eine Vervielfältigung des Teilnahmerechts nur durch die treuhänderische Vollrechtsübertragung oder die Legitimationszession bezüglich einzelner Aktien erreichen.

15 **c) Grenzen des Teilnahmerechts.** Grundsätzlich gewährt Abs. 1 Satz 1 den Aktionären ein uneingeschränktes und unbeschränkbares Teilnahmerecht. Grenzen sind lediglich insoweit anzuerkennen, als der **ordnungsmäßige Ablauf der Hauptversammlung** dies erfordert. Zulässig sind danach zunächst **Ordnungsmaßnahmen** des Versammlungsleiters, die bei Störungen der Versammlung vom Entzug des Rederechts bis zum Ausschluss von der weiteren Teilnahme gehen können.[39]

---

[33] Vgl. *von Nussbaum* GWR 2009, 215; *Noack* NZG 2008, 441 (444).
[34] Zu den Gestaltungsoptionen vgl. ausführlich *Kersting* NZG 2010, 130 (131 ff.).
[35] Näher: *Kersting* NZG 2010, 130 (132).
[36] Zutreffend *Kersting* NZG 2010, 130 (131).
[37] AA MüKoAktG/*Kubis* Rn. 60; K. Schmidt/Lutter/*Spindler* Rn. 28.
[38] Vgl. hierzu näher BayObLG 1987, 1361 (1363); Kölner Komm AktG/*Lutter* § 68 Rn. 18; Hüffer/Koch/ *Koch* § 129 Rn. 12; MüKoAktG/*Kubis* § 129 Rn. 33; MHdB AG/*Sailer-Coceani* § 14 Rn. 67 f.
[39] Dazu ausführlich MüKoAktG/*Kubis* § 119 Rn. 151 ff.; siehe auch K. Schmidt/Lutter/*Spindler* Rn. 45; näher: → Anh. § 119 Rn. 13 ff. *(Wicke).*

Zulässige Ordnungsmaßnahmen sind ferner die Anordnung von Sicherheitskontrollen beim Zutritt und eine auf Sicherheitsgründe gestützte Zugangsverweigerung (insbes., wenn ein Aktionär sich weigert, sich der Kontrolle zu unterziehen). Allerdings müssen die Kontrollen verhältnismäßig sein und dürfen insbesondere nicht übermäßig in das Persönlichkeitsrecht der Aktionäre eingreifen, was etwa bei körperlicher Durchsuchung und Taschenkontrollen der Fall wäre.[40] Faktische Grenzen des Teilnahmerechts können sich bei Publikumsgesellschaften aber auch hinsichtlich der Anzahl teilnehmender Aktionäre ergeben. Grundsätzlich ist die Verwaltung zwar dazu verpflichtet, einen für die zu erwartende Teilnehmerzahl hinreichend großen Versammlungssaal bereitzustellen. Weitgehend ungeklärt sind aber die Folgen einer zu niedrigen Teilnahmeerwartung und dadurch zu geringer Raumkapazitäten. Derartige Situationen sind, gerade im Zusammenhang mit einer kurzfristigen Presseberichterstattung zB über Fehlverhalten der Verwaltung, durchaus denkbar.[41] Aufgrund des großen organisatorischen und auch finanziellen Aufwands der Vorbereitung einer Hauptversammlung, und mit Rücksicht auf die bereits angereisten Aktionäre wäre es kaum vertretbar, bei rein kapazitätsbedingter Zutrittsverweigerung alle Beschlüsse für nach § 243 Abs. 1 iVm § 245 Nr. 2 anfechtbar zu halten. Vielmehr ist in solchen Ausnahmefällen eine Grenze des Teilnahmerechts anzuerkennen. Voraussetzung ist allerdings, dass einerseits die Auswahl des Raumes (insbes. im Hinblick auf bisherige Erfahrungen) nachvollziehbar erscheint, und andererseits die Aktionäre soweit möglich einbezogen werden. Insbesondere kann es danach – soweit zeitlich noch möglich – als geboten erscheinen, Nebenräume mit Bild- und Tonübertragung einzurichten, dort auch Wortmeldungen (zB durch Übertragung in den Hauptsaal) und die Stimmabgabe zu ermöglichen. Die Beeinträchtigung des Teilnahmerechts durch den fehlenden persönlichen Eindruck von Abläufen und Personen muss dann hinter dem Interesse an der Durchführung einer ordnungsgemäß einberufenen Hauptversammlung zurückstehen. Auch bei einem zukünftig im Falle steigender Teilnehmerzahlen zu befürchtenden Fehlen hinreichend großer Versammlungsräume am Gesellschaftssitz wird man die Einrichtung solcher Nebenräume als rechtmäßig ansehen können, so dass die Verweigerung des Zugangs zum eigentlichen Versammlungslokal iSv § 245 Nr. 2 nicht zu Unrecht erfolgt.

d) Beeinträchtigungen des Teilnahmerechts, Rechtsfolgen und Durchsetzung. Beeinträchtigungen des Teilnahmerechts sind unmittelbar durch Zugangsverweigerung, Nichterteilung und Entzug des Wortes möglich, aber auch faktisch durch organisatorische Mängel und faktische Teilnahmeerschwernisse. Von aktienrechtlicher Relevanz sind vor allem die unmittelbaren Beeinträchtigungen, die grundsätzlich nach § 243 iVm § 245 Nr. 1 die Anfechtbarkeit der gefassten Beschlüsse begründen. Bei unrechtmäßiger Zugangsverweigerung oder einem unberechtigten (also nicht als Ordnungsmaßnahme gerechtfertigten) Versammlungsausschluss[42] liegt ohne weiteres eine für das Beschlussergebnis relevante Beeinträchtigung vor.[43] Ebenso liegt eine Beeinträchtigung des Teilnahmerechts vor, wenn die wirksam einberufene Hauptversammlung nach Versammlungsbeginn vom Vorstand **unwirksam abgesagt** wird, da die Unwirksamkeit einer solchen Absage den Aktionären nicht ohne Weiteres zu erkennen ist und so das Teilnahmerecht der sich im Vertrauen auf die Wirksamkeit der Absage entfernenden Aktionäre verletzt wird.[44] Der Nachweis, dass der Beschluss in jedem Fall gefasst worden wäre, ist irrelevant, da nur so das Teilnahmerecht wirksam durchgesetzt werden kann. Voraussetzung ist lediglich, dass die Beeinträchtigung der AG zugerechnet werden kann, also nicht von Mitaktionären oder Dritten ausgeht.[45] Eine Beeinträchtigung des Rede- und Antragsrechts führt grundsätzlich zur **Anfechtbarkeit** der Beschlüsse, zu denen der Aktionär sich zu Wort gemeldet hatte. Auf die Ursächlichkeit für das Abstimmungsergebnis kommt es nicht an, vielmehr scheidet die Anfechtung nur aus, wenn die Rederechtsverletzung bei einer wertenden Betrachtung schlechthin nicht relevant geworden sein kann, was bei grundloser Verweigerung des

---

[40] OLG Frankfurt a. M. NZG 2007, 310 – „Wella": Der Einsatz von Durchleuchtungsgeräten für die Taschenkontrolle wäre als milderes Mittel anzusehen gewesen, so dass der Ausschluss eines Aktionärs, der die Taschenkontrolle verweigerte, als zur Anfechtung berechtigender Eingriff in das Teilnahmerecht bewertet wurde.

[41] Nach § 123 Abs. 2 kann zwar die Satzung eine vorherige Anmeldung verlangen und so das Problem zumindest entschärfen. Auch dann stellt sich aber die Frage, ob es innerhalb einer Woche möglich ist, am Versammlungsort (§ 121 Abs. 5) einen Raum für zB 10 000 Teilnehmer anzumieten.

[42] Zugangsverweigerung und Ausschluss sind grundsätzlich gleich zu behandeln, vgl. BGHZ 44, 244 (250) = NJW 1966, 43 (44); wobei dahinstehen kann, ob es sich insoweit um eine direkte oder analoge (dafür etwa MüKoAktG/*Kubis* Rn. 71; MHdB AG/*Hoffmann-Becking* § 37 Rn. 71 ff.; Großkomm AktG/*K. Schmidt* § 245 Rn. 26; Großkomm AktG/*Mülbert* Vor §§ 118–147 Rn. 171; Kölner Komm AktG/*Zöllner* § 245 Rn. 48; *Stützle/Walgenbach* ZHR 155 (1991), 516 (543)) Anwendung des § 245 Nr. 2 handelt.

[43] OLG Düsseldorf AG 1991, 444; Großkomm AktG/*Mülbert* Rn. 63; MüKoAktG/*Kubis* Rn. 71.

[44] BGH NZG 2015, 1227 Rn. 39.

[45] Praktisch wichtigster Fall dürften Versäumnisse der Depotbank sein, aufgrund derer satzungsmäßige Teilnahmevoraussetzungen nicht eingehalten werden und daher der Zugang verweigert wird.

Worts kaum denkbar ist.[46] Voraussetzung ist lediglich die Erklärung eines Widerspruchs zur Niederschrift (§ 245 Nr. 1). Allerdings ist nicht jede Verweigerung des Wortes als rechtswidrige Beeinträchtigung zu werten, vielmehr ist dies in vielen Fällen von der Ordnungsgewalt des Versammlungsleiters gedeckt (näher → Rn. 12 sowie → Anh. § 119 Rn. 13 ff. *(Wicke))*.

17 Den **faktischen Beeinträchtigungen** ist die **beschlussrechtliche Relevanz** dagegen grundsätzlich abzusprechen; nur unter außergewöhnlichen Umständen sollte man hiervon eine Ausnahme machen. Bei den faktischen Beeinträchtigungen geht es vor allem um organisatorische Mängel, die die Teilnahme erschweren oder unangenehmer erscheinen lassen. Beispiele sind mangelnde Sitz- oder Parkplätze, schlechte Erreichbarkeit des Tagungslokals oder fehlende Verpflegungsmöglichkeiten.[47] Ebenfalls in diese Kategorie gehören akustische Einschränkungen, die es erschweren, dem Ablauf der HV zu folgen, etwa Lärmquellen im beschallten Präsenzbereich oder eine zu leise eingestellte Lautsprecheranlage.[48] Eine **Anfechtung** kann hierauf nur gestützt werden, wenn der Organisationsmangel entweder dazu führt, dass Aktionäre tatsächlich zeitweise an der Teilnahme gehindert werden (insbes. bei organisationsbedingten Verspätungen) oder aber die Qualität des Mangels wie eine faktische Zugangssperre wirkt. Letzteres wird man nur in Extremfällen annehmen können.[49] Ähnlich sind faktische Beeinträchtigungen des Rede- und Antragsrechts zu werten, die allenfalls dann beschlussrechtsrelevant sind, wenn sie die Qualität einer Wortverweigerung erreichen. Auch insoweit kommen wohl nur Extremfälle in Betracht, etwa bei Verweigerung der Benutzung einer Beschallungsanlage durch den Aktionär. Mit Ausnahme der faktischen Zugangsverweigerung, die unter § 245 Nr. 2 fällt, ergibt sich die Anfechtungsbefugnis in diesen Fällen (einschließlich den organisationsbedingten Verspätungen) nur aus § 245 Nr. 1, so dass die Anfechtung die Erklärung des Widerspruchs zur Niederschrift voraussetzt.

18 Als **weitere Rechtsfolge von Beeinträchtigungen des Teilnahmerechts** können den Aktionären grundsätzlich **Schadensersatzansprüche gegen die Gesellschaft** unter dem Aspekt der **Verletzung des Mitgliedschaftsrechts** zustehen, soweit der Schaden nicht durch Erhebung einer Anfechtungsklage abgewendet werden kann.[50] Gerade bei den beschlussrechtlich irrelevanten Beeinträchtigungen wird es regelmäßig aber an einem kausal durch die Rechtsverletzung verursachten Schaden fehlen. Praktisch haben derartige Ansprüche daher keine Bedeutung. Denkbar sind – auch neben einer Anfechtung – Ansprüche auf den Ersatz nutzloser Aufwendungen, etwa die Fahrtkosten eines rechtswidrig nicht zur Teilnahme zugelassenen Aktionärs oder im Fall der Verletzung des Teilnahmerechts durch unwirksame Absage der Hauptversammlung[51] sogar die Reisekosten aller Teilnehmer, sofern es zur Anfechtung der auf der Versammlung gefassten Beschlüsse gekommen ist. Soweit die Beeinträchtigung des Teilnahmerechts auf einem Verschulden der Organmitglieder beruht, kommen wegen der Zahlungen an Aktionäre **Regressansprüche** der AG nach § 93, ggf. iVm § 116, in Betracht.

19 Das Teilnahmerecht kann – sofern die bevorstehende Beeinträchtigung rechtzeitig bekannt wird – **gerichtlich durch Leistungsklage bzw. im einstweiligen Rechtsschutz** durchgesetzt werden. Regelmäßig werden derartige Rechtsbehelfe jedoch faktisch ins Leere laufen, da Zugangsverweigerung oder Ausschluss erst unmittelbar vor Beginn oder in der laufenden HV erklärt werden. Daher wird man auch die Erhebung einer Feststellungsklage (§ 256 ZPO) als zulässig anzusehen haben,[52] soweit das Teilnahmerecht bzw. die Zulässigkeit einer Beeinträchtigung auch für die Zukunft zwischen AG und Aktionär umstritten sind. Die Möglichkeit der Anfechtung beseitigt das Feststellungsinteresse nicht, da es bei der Feststellungsklage um die Absicherung seines zukünftigen Teilnahmerechts geht. Hieran hat der Aktionär auch dann ein rechtliches Interesse, wenn er mit den gefassten Beschlüssen inhaltlich einverstanden ist und daher auf die Anfechtung verzichtet. Auch die Möglichkeit der Erhebung einer Leistungsklage steht der Zulässigkeit einer Feststellungsklage nicht entge-

---

[46] BGH NZG 2005, 69 (71) (unter Verweis auf die Entscheidung BGHZ 149, 158 zur Auskunftspflichtverletzung); LG Frankfurt a. M. ZIP 2013, 578; zur Auseinandersetzung um Relevanz und Kausalität im Rahmen des § 243 vgl. → § 243 Rn. 67 ff. *(Drescher);* ferner MüKoAktG/*Hüffer* § 243 Rn. 27 ff.; Großkomm AktG/*K. Schmidt* § 243 Rn. 21 ff.; Kölner Komm AktG/*Zöllner* § 243 Rn. 81 ff.
[47] Ausführlich: MüKoAktG/*Kubis* § Rn. 70.
[48] BGH NZG 2013, 1430; OLG München NZG 2013, 622; LG Frankfurt a. M. BB 2012, 736. Zur rechtspolitischen Bewertung des Umgangs mit Bagatellfehlern vgl. *Fleischer* ZIP 2014, 149.
[49] Denkbar wäre etwa die Blockade des Versammlungslokals durch Demonstranten, sofern die Verwaltung keine Gegenmaßnahmen (etwa die Anforderung polizeilichen Schutzes) ergreift.
[50] AllgM: *Habersack*, Die Mitgliedschaft – subjektives und „sonstiges" Recht, 1996, 213; MüKoAktG/*Kubis* Rn. 73; Kölner Komm AktG/*Zöllner* Rn. 21; grundsätzlich auch Großkomm AktG/*Mülbert* Rn. 63.
[51] BGH NZG 2015, 1227.
[52] Str. wie hier Hüffer/Koch/*Koch* Rn. 24; Großkomm AktG/*Mülbert* Rn. 62; aA Kölner Komm AktG/*Zöllner* Rn. 21; MüKoAktG/*Kubis* Rn. 72; K. Schmidt/Lutter/*Spindler* Rn. 36.

gen,[53] da für die Absicherung der Teilnahme an zukünftigen Hauptversammlungen nur eine Klage auf künftige Leistung (§ 259 ZPO) in Betracht kommt. Insoweit ist aber anerkannt, dass diese das Feststellungsinteresse unberührt lässt,[54] mithin der Kläger die Wahl zwischen beiden Klagearten hat.[55]

2. Teilnahmerecht und -pflicht der Organmitglieder und Abschlussprüfer. Ein **eigenes Teilnahmerecht,** darüber hinaus aber auch eine **grundsätzliche Teilnahmepflicht** besteht nach Abs. 3 für die Mitglieder von Vorstand und Aufsichtsrat.[56] Das Gesetz differenziert dabei nicht zwischen den Vertretern der Kapital- und der Arbeitnehmerseite im Aufsichtsrat, so dass auch letztere zur Teilnahme berechtigt und verpflichtet sind. Das Teilnahmerecht der Organmitglieder unterscheidet sich in wesentlichen Punkten von dem Teilnahmerecht der Aktionäre: Schon aus der persönlichen Organstellung ergibt sich, dass auch das Teilnahmerecht höchstpersönlichen Charakter hat und nicht durch einen Vertreter wahrgenommen werden kann. Ein eigenes inhaltliches Antragsrecht ist für die Organmitglieder nicht Teil des Teilnahmerechts, da diese an die Beschlussvorschläge ihres Organs (§ 124 Abs. 3) gebunden sind. Dagegen genießen die Organmitglieder ein grundsätzlich dem der Aktionäre entsprechendes Rederecht, wobei sie aus anderen Rechtsverhältnissen und den allgemeinen Gesetzen resultierende Beschränkungen natürlich ebenso zu beachten haben wie die Aktionäre.[57] Das Teilnahmerecht besteht auch in einer von Aktionären einberufenen **Vollversammlung** (§ 121 Abs. 6), so dass die Organmitglieder über die geplante Durchführung der Versammlung rechtzeitig vorab zu informieren sind.[58]

Rechtswidrige Beeinträchtigungen des Teilnahmerechts einzelner Organmitglieder können grundsätzlich zur Anfechtbarkeit von in der HV gefassten Beschlüssen führen (§ 243). Wird einem Mitglied des Vorstands oder des Aufsichtsrats vom Versammlungsleiter der Zugang verweigert oder wird es rechtswidrig ausgeschlossen,[59] ist jedoch zu beachten, dass den Organmitgliedern kein dem § 245 Nr. 2 vergleichbares individuelles Anfechtungsrecht[60] zusteht. Die Anfechtungsklage kann also nur von dem Vorstand als Organ (§ 245 Nr. 4) oder nach § 245 Nr. 1 von einem Aktionär erhoben werden. Das Gesetz sieht insoweit also keinen Individualschutz des Organmitglieds vor und deutet schon so die geringere Bedeutung im Vergleich zu dem durch § 245 Nr. 2 abgesicherten Teilnahmerecht der Aktionäre an. Im Gegensatz zu dessen Verletzung (→ Rn. 16) fehlt es hier daher im Regelfall an der Relevanz des Gesetzesverstoßes für die Beschlussfassung. Die im Rahmen des § 243 erforderliche **wertende Einzelfallbetrachtung** kann wohl nur in Extremfällen zu anderen Ergebnissen kommen, etwa wenn die Beeinträchtigung bewusst mit dem Zweck erfolgt ist, den Aktionären die von der Verwaltungsmehrheit abweichende Sichtweise vorzuenthalten und so die Meinungsbildung in der HV zu manipulieren. Auch die Verletzung des Teilnahmerechts des gesamten Vorstands oder Aufsichtsrats (etwa durch Nichtbekanntgabe einer geplanten Vollversammlung) begründet mangels Relevanz für die Beschlussfassung grundsätzlich keine Anfechtung.[61] Die Organmitglieder selbst können dagegen ihr Teilnahmerecht ebenso wie die Aktionäre im Wege der Leistungsklage und im einstweiligen Rechtsschutz durchsetzen, ferner Feststellungsklage (§ 256 ZPO) erheben (→ Rn. 19). Im Regelfall wird eine Beeinträchtigung der Teilnahme allein indes keine Amtsniederlegung aus wichtigem Grund durch ein Vorstandsmitglied rechtfertigen können.[62]

Die Mitglieder des Vorstands und des Aufsichtsrates sind grundsätzlich dazu **verpflichtet, an der HV teilzunehmen.** Der Wortlaut des Abs. 3 S. 1 („sollen") bringt dies nicht deutlich genug zum Ausdruck, wird doch die Anordnung einer echten Verpflichtung üblicherweise durch das Wort

---

[53] AA insbes. K. Schmidt/Lutter/*Spindler* Rn. 36.
[54] StRspr. seit RGZ 113, 410, zuletzt BAG NJW 2006, 2060; BGH NJW-RR 2005, 586; 1990, 1532; BGH NJW 1986, 2507.
[55] So treffend BeckOK ZPO/*Bacher* ZPO § 256 Rn. 26.
[56] Hierzu näher: *Zöllter-Petzoldt* NZG 2013, 607.
[57] Es ist daher mE verfehlt, von einer Einschränkung des Rederechts zB wegen der Verschwiegenheitspflicht bezüglich der Organberatungen zu sprechen (so MüKoAktG/*Kubis* Rn. 76). Denn diese hat mit dem Rederecht direkt nichts zu tun und ist auch nur im Rahmen der Pflichten aus der Organzugehörigkeit (ggf. iVm dem Anstellungsvertrag) sanktioniert.
[58] Zutreffend *Zöllter-Petzoldt* NZG 2013, 607 (609).
[59] Eine gesonderte Einladung oder eine über die Bekanntmachung nach § 121 Abs. 3 hinausgehende individuelle Mitteilung des HV-Termins sieht das Gesetz auch für die Mitglieder des Aufsichtsrats nicht vor, sodass ihr Teilnahmerecht bei ordnungsmäßiger Einberufung ebenso wenig verletzt ist wie das der Aktionäre (zutreffend MüKoAktG/*Kubis* Rn. 102). Dagegen liegt eine Beeinträchtigung des Teilnahmerechts der Aufsichtsratsmitglieder vor, wenn sie nicht rechtzeitig von der Abhaltung einer nach § 121 Abs. 6 ohne Einberufung durchgeführten HV informiert werden (vgl. Kölner Komm AktG/*Zöllner* § 121 Rn. 54; Großkomm AktG/*Mülbert* Rn. 35).
[60] Eine Ausnahme gilt lediglich nach § 245 Nr. 5, der aber nur bei Gesetzesverstößen bezüglich des Beschlussinhalts in Betracht kommt.
[61] *Zöllter-Petzoldt* NZG 2013, 607 (610 f.).
[62] Ähnlich Großkomm AktG/*Mülbert* Rn. 38; aA wohl MüKoAktG/*Kubis* Rn. 102.

"müssen" gekennzeichnet. Nach der Begründung zum AktG 1965 sollte die Teilnahme durch die Änderung aber gerade **nicht mehr im pflichtgemäßen Ermessen der Organmitglieder** stehen.[63] Daher besteht Einigkeit darüber, dass grundsätzlich eine Teilnahmepflicht besteht und durch die Sollvorschrift lediglich die mangelnde beschlussrechtliche Relevanz zum Ausdruck gebracht wird.[64] Von der Teilnahmepflicht umfasst wird auch die **Mitwirkung an den Organpflichten im Rahmen der HV,** insbes. an der Auskunftserteilung durch den Vorstand. Wenn den Organmitgliedern auch kein Ermessen eingeräumt werden soll, können sie zumindest bei Vorliegen eines wichtigen Grundes der HV fernbleiben, ohne ihre Pflichten zu verletzen. Schon die Wertung des Abs. 3 Satz 2 (→ Rn. 23) zeigt an, dass bei Aufsichtsratsmitgliedern ein weniger strenger Maßstab anzulegen ist als bei Vorstandsmitgliedern.[65] So wird man nur bei Aufsichtsratsmitgliedern Kollisionen mit wichtigen Terminen im Rahmen ihrer Hauptbeschäftigung als hinreichenden Grund ansehen können,[66] nicht aber bei Vorständen. Verletzungen der Teilnahmepflicht wirken sich als solche nicht auf die gefassten Beschlüsse aus und begründen insbesondere keine Verletzung des Gesetzes iSv § 243.[67] Bezüglich der Frage, ob die Pflichtverletzung eine **Abberufung aus wichtigem Grund** rechtfertigt, ist zu differenzieren: Aufsichtsratsmitglieder können auch ohne wichtigen Grund mit ¾-Mehrheit von der HV abberufen werden (§ 103 Abs. 1), so dass die HV zur Sanktionierung des Fernbleibens hiervon Gebrauch machen kann. Ein Bedürfnis zur Anerkennung als "wichtiger Grund" iSv § 103 Abs. 3 fehlt daher grundsätzlich. Nur für den Fall, dass die Abberufung nach der Satzung (§ 103 Abs. 1 S. 3) einen wichtigen Grund für die Abberufung verlangt, ist anders zu entscheiden. Ähnliches gilt für Vorstandsmitglieder, deren Abberufung durch den Aufsichtsrat nur aus wichtigem Grund möglich ist (§ 84 Abs. 3 S. 1). Hierfür genügt aber schon der **Vertrauensentzug durch die HV,** ansonsten ist eine grobe Pflichtverletzung erforderlich. Auch hier bedarf es also zur Sanktionierung der Teilnahmepflicht keiner Anerkennung als "wichtiger Grund", kann doch die HV durch den Vertrauensentzug wegen der Pflichtverletzung die Voraussetzungen für die Abberufung schaffen. Bei diesen Möglichkeiten der Sanktionierung durch die HV selbst sollte man es belassen. Wohl eher theoretische Bedeutung hat dagegen die Möglichkeit der AG, wegen der Pflichtverletzung Schadensersatz von dem Organmitglied zu verlangen (§ 93 Abs. 2, § 116).[68]

23 Der zunehmenden Internationalisierung des Aktienbesitzes und damit auch der Mitgliedschaft in Aufsichtsräten deutscher AGen trägt das Gesetz seit 2002 dadurch Rechnung, dass es eine **Erleichterung der Teilnahmepflicht der Mitglieder des Aufsichtsrats** in der Satzung zulässt (Abs. 3 S. 2). Allerdings gilt die Erleichterung nur für die physische Präsenz am Versammlungsort, während die Teilnahme durch eine **Zuschaltung in Bild und Ton** erforderlich bleibt. Voraussetzung ist dabei eine beidseitige Übertragung, damit der Teilnehmende das Geschehen am Versammlungsort verfolgen und sich durch Wortbeiträge beteiligen kann, ferner eine kumulative Übertragung sowohl von Bild als auch von Ton.[69] Die praktische Bedeutung dieser Möglichkeit sollte nach den Vorstellungen des Gesetzgebers allerdings auf nicht börsennotierte AG, insbesondere Tochtergesellschaften ausländischer Unternehmen, beschränkt sein. Die Anwendung in einer Publikumsgesellschaft hielt der Gesetzgeber für "kaum vorstellbar".[70] Dennoch erfasst der Wortlaut zweifelsfrei auch solche Gesellschaften. Sofern die Zulassung der elektronischen Teilnahme für Aktionäre, für die grundsätzlich dieselbe technische Infrastruktur geschaffen werden muss, zukünftig praktische Bedeutung erlangt, könnte auch der Zuschaltung von Aufsichtsratsmitgliedern in Publikumsgesellschaften größere Bedeutung zukommen.

24 Die **Erleichterung der Teilnahmepflicht** setzt zunächst eine entsprechende Satzungsbestimmung voraus, die nach dem eindeutigen Wortlaut nur für die Mitglieder des Aufsichtsrats, nicht aber für die des Vorstandes gelten darf. Diese darf die Zuschaltung nicht allgemein, sondern nur in **"bestimmten Fällen"** erlauben. Das bedeutet, dass die Satzung nähere Voraussetzungen definieren

---

[63] BT-Drs. 3/1915, 147.
[64] Vgl. BT-Drs. 14/8769, 19: "Eine Anfechtung von Hauptversammlungsbeschlüssen wegen Abwesenheit von Organmitgliedern kommt demgemäß nicht in Betracht".
[65] K. Schmidt/Lutter/*Spindler* Rn. 42.; MüKoAktG/*Kubis* Rn. 101; Großkomm AktG/*Mülbert* Rn. 33; Hüffer/Koch/*Koch* Rn. 22; Bürgers/Körber/*Reger* Rn. 8; Kölner Komm AktG/*Zöllner* Rn. 24.
[66] Als Beispiel kann insoweit auf die HV der Deutschen Telekom vom 28.5.2002 verwiesen werden, wo das Aufsichtsratsmitglied Michael Sommer aufgrund einer nicht ganz unwichtigen Terminkollision abwesend war: Er wurde zeitgleich zum Bundesvorsitzenden des Deutschen Gewerkschaftsbundes (DGB) gewählt.
[67] MüKoAktG/*Kubis* Rn. 103, weist auf die Möglichkeit hin, dass durch die Abwesenheit ein zur Anfechtung führendes Auskunftsdefizit eintreten kann.
[68] MüKoAktG/*Kubis* Rn. 103, nennt als mögliche Schadensposition die Aufwendungen aufgrund einer erforderlich gewordenen Vertagung der HV. Auch dieser Fall hat wohl eher theoretische Bedeutung.
[69] So ausdrücklich BT-Drs. 14/8769, 19; BR-Drs. 109/02, 45 = NZG 2002, 213 (223); MüKoAktG/*Kubis* Rn. 104.
[70] BT-Drs. 14/8769, 19.

muss, unter welchen Umständen die Zuschaltung rechtmäßig sein soll, da andernfalls schon die Satzungsregelung unwirksam ist. Hieran wird man allerdings **keinen strengen Maßstab** anlegen können, so dass auch ganz allgemein gehaltene Formulierungen den Anforderungen genügen.[71] Ferner ist auch **keine Kontrolle** dieser Voraussetzungen oder eine Entscheidung über deren Vorliegen (etwa durch den Aufsichtsrat oder den Versammlungsleiter) vorgesehen. Denn die Erleichterung der Teilnahmepflicht wird unmittelbar von der Satzung gewährt, auf die sich das Mitglied des Aufsichtsrats unmittelbar berufen kann. Soweit er dies im Vorfeld der HV tut, ist die Gesellschaft dazu verpflichtet, die technischen Voraussetzungen für die Zuschaltung zu schaffen und die Kosten hierfür zu tragen. Allerdings muss das Mitglied des Aufsichtsrats zur Erfüllung seiner Teilnahmeverpflichtung dies der AG rechtzeitig mitteilen. Scheitert seine Zuschaltung dann aus technischen Gründen oder infolge eines Verschuldens der Gesellschaft, handelt es sich um einen Fall entschuldigter Abwesenheit. Lässt sich ein Mitglied des Aufsichtsrats zu Unrecht zuschalten, verletzt er seine Teilnahmepflicht und macht sich, insbesondere in Hinblick auf die Kosten der Übertragung, schadensersatzpflichtig (§ 116 iVm § 93).

Für die Praxis empfiehlt es sich, die **Voraussetzungen der Zuschaltung in der Satzung weit zu formulieren** und auf **eindeutig feststellbare Umstände abzustellen.** Zulässig ist es schon wegen des vom Gesetzgeber verfolgten Zwecks, bereits den Wohnsitz im Ausland genügen zu lassen. Darüber hinaus besteht an sich kein Bedarf, für Fälle der Verhinderung (sei es aus gesundheitlichen oder beruflichen Gründen) die Zuschaltung vorzusehen, da solche Gründe bereits von der Teilnahmepflicht selbst befreien (→ Rn. 22). Da Abs. 3 S. 2 nur die Funktion hat, insoweit eine Erleichterung zu gewähren, ist die Zuschaltung selbst ganz ohne Satzungsgrundlage zulässig, und auch einen Anspruch auf Bereitstellung der technischen Voraussetzungen der Übertragung wird man in diesen Fällen aus der Organstellung herzuleiten haben. 25

Die Vorschrift des Abs. 3 bezieht sich nach ihrem ausdrücklichen Wortlaut ausschließlich auf **aktuelle Vorstands- und Aufsichtsratsmitglieder,** während ausgeschiedene Vorstände wie sonstige Dritte zur Teilnahme zugelassen werden können. Ein **Recht auf Teilnahme** ist für diese auch dann nicht anzuerkennen, wenn über ihre Entlastung beschlossen wird.[72] Ebenso wenig trifft ihn eine **Teilnahmepflicht „kraft nachwirkender Pflichten aus dem Dienstverhältnis"** wegen Auskünften bezüglich ihrer Amtszeit.[73] Denn die Rechenschaftspflichten bei Ausscheiden werden grundsätzlich gegenüber dem Aufsichtsrat (§ 112) erfüllt, nicht in der HV, und selbst wenn die Teilnahme des ehemaligen Mitglieds zur sachgerechten Beantwortung von seine Amtszeit betreffenden Auskunftsbegehren aus Sicht des Vorstands als wünschenswert erscheint, kann man hieraus doch keine Pflicht des Ausgeschiedenen ableiten. Denn eine solche nachwirkende Vertragspflicht würde voraussetzen, dass die Teilnahme erforderlich wäre, um Schaden oder Nachteile von der AG abzuwenden, was hier nicht ersichtlich ist. Ohnehin könnte unter dem Aspekt, den als Organ nach § 131 verpflichteten Vorstand die Auskunftserteilung zu ermöglichen, die Pflicht nicht auf Teilnahme an der HV gerichtet sein, sondern allenfalls darauf, während der Versammlungszeit für die Informationserteilung an den Vorstand zur Verfügung zu stehen, damit dieser die HV sachgerecht unterrichten kann. Persönliche Anwesenheit im Versammlungsraum ist dafür nicht erforderlich. 26

Für den **Abschlussprüfer** sind **Teilnahmerecht und -pflicht** in § 176 Abs. 2 geregelt. Danach hat der Abschlussprüfer nur an den Verhandlungen über die Feststellung des Jahresabschlusses und die Billigung eines Konzernabschlusses teilzunehmen. Hieraus folgt einerseits, dass das Teilnahmerecht nicht über die Verhandlungen zu den betroffenen Tagesordnungspunkten hinausgeht, andererseits aber, dass es nur in den Fällen des § 173 besteht, während die Vorschrift im Regelfall des § 172 keine Bedeutung hat. Auf die Verhandlungen über die Entgegennahme des festgestellten Jahresabschlusses (§ 175) und die Gewinnverwendung (§ 174) ist die Regelung nicht – auch nicht analog – anwendbar.[74] Für die Einzelheiten → § 176 Rn. 22 ff. *(Euler/Klein).* 27

Teilnahmeberechtigt ist darüber hinaus schon aufgrund seiner Stellung der **Versammlungsleiter,** unabhängig davon, ob dieser durch die Satzung, durch Beschluss oder gerichtlich (§ 122 Abs. 3 S. 2) bestimmt worden ist.[75] Ein **eigenes Antragsrecht** steht ihm jedoch nur für verfahrensleitende Anträge zu, nicht für inhaltliche Anträge. Bedeutung kann dies vor allem für Organmitglieder als 28

---

[71] In diesem Sinn auch MüKoAktG/*Kubis* Rn. 104.
[72] Ausführlich: *Vetter* AG 1991, 171 (172 ff.).
[73] So aber *Vetter* AG 1991, 171 (172); K. Schmidt/Lutter/*Spindler* Rn. 39; Bürgers/Körber/*Reger* Rn. 8; Hüffer/Koch/*Koch* Rn. 21; MüKoAktG/*Kubis* Rn. 99; wie hier Großkomm AktG/*Mülbert* Rn. 34.
[74] HM: K. Schmidt/Lutter/*Spindler* Rn. 46 f.; MüKoAktG/*Hennrichs/Pöschke* § 176 Rn. 28; Hüffer/Koch/*Koch* Rn. 23, § 176 Rn. 8; Kölner Komm AktG/*Zöllner* § 118 Rn. 26; hingegen bejahend Kölner Komm AktG/*Claussen/Korth* § 176 Rn. 14; Großkomm AktG/*Brönner* § 176 Rn. 6; MHdB AG/*Hoffmann-Becking* § 37 Rn. 3.
[75] AllgM: K. Schmidt/Lutter/*Spindler* Rn. 46; MüKoAktG/*Kubis* Rn. 106; Grigoleit/*Herrler* Rn. 21; Großkomm AktG/*Mülbert* Rn. 72; Kölner Komm AktG/*Zöllner* § 119 Rn. 47.

Versammlungsleiter haben, die selbst nicht Aktionäre sind. Eine besondere Teilnahmepflicht kommt schon deshalb nicht in Betracht, weil nur die Organmitglieder überhaupt zur Ausübung der Leitung verpflichtet sind, während sonst der Versammlungsleiter jederzeit befugt ist, das Amt abzugeben. Verlässt er die HV dauerhaft, gibt er notwendigerweise auch die Leitung ab, ohne dass es einer besonderen Abberufung bedürfte. Insofern kann man weniger von einer Teilnahmepflicht als vielmehr einer **Teilnahmenotwendigkeit** des Versammlungsleiters sprechen. Ähnliches gilt für den **Notar,** der die Niederschrift nach § 130 aufnimmt. Zwar steht diesem kein rechtlich abgesichertes Teilnahmerecht zu, ohne ihn ist aber eine wirksame Beschlussfassung in der Regel nicht möglich, so dass auch hier von einer Teilnahmenotwendigkeit gesprochen werden kann. Bei Organisationshelfern und Saalordnern kann man dagegen nicht von einem Teilnahmerecht sprechen,[76] vielmehr sind solche Personen, die letztlich den Versammlungsleiter bei der Wahrnehmung seiner Funktion unterstützen, von diesem gesondert zuzulassen (→ Rn. 29). Ein beschränktes Teilnahmerecht hat ferner ein nach § 147 Abs. 2 bestellter besonderer Vertreter, soweit seine Tätigkeit Gegenstand der Tagesordnung ist.[77]

29   **3. Teilnahme Dritter und der Öffentlichkeit.** Sonstige Personen können dagegen nur in gesetzlich bestimmten Ausnahmefällen ihre Teilnahme durchsetzen, vor allem als Vertreter von Aufsichtsbehörden.[78] Ansonsten liegt die **Zulassung Dritter,** insbesondere von Pressevertretern, bis hin zur allgemeinen **Zulassung der Öffentlichkeit** weitgehend im **Ermessen von Hauptversammlung und Versammlungsleiter.**[79] Dabei ist – vorbehaltlich einer abweichenden Satzungsbestimmung (→ Rn. 33) – von der Nichtöffentlichkeit der HV auszugehen, so dass es einer gesonderten Zulassung bedarf. Hierfür ist zunächst einmal der Versammlungsleiter zuständig, der nach freiem Ermessen darüber entscheiden, aber auch die Entscheidung der HV einholen kann.[80] Dies gilt nicht nur für die Zulassung einzelner Personen, sondern ebenso für eine allgemeine Zulassung der Öffentlichkeit. Umstritten ist lediglich, ob es sich um eine hauptversammlungsfeste Entscheidungskompetenz des Versammlungsleiters handelt,[81] oder ob die HV die Entscheidung an sich ziehen bzw. den Versammlungsleiter überstimmen kann.[82] Die besseren Gründe sprechen für die letztere Ansicht, da die Herstellung von Öffentlichkeit keine unmittelbar mit der Ordnungsgewalt zusammenhängende Frage ist. Auch in der Bedeutung für die AG und die einzelnen Aktionäre lässt sich insbesondere die Zulassung von Presse und Öffentlichkeit nicht mit derart ordnenden Anordnungen vergleichen. Auf Antrag jedes Aktionärs kann somit die HV durch Beschluss die Zulassung Dritter regeln und Entscheidungen des Versammlungsleiters überstimmen. Allerdings kann der Versammlungsleiter zur Aufrechterhaltung der Ordnung auch einen von der HV zugelassenen Gast (ebenso wie einen Aktionär) des Saales verweisen, ohne dass die HV in diese Entscheidung eingreifen könnte.

30   Die **Zulassung als Gast** gewährt in der HV **keinerlei Rechte,** insbesondere natürlich weder Rede-, noch Antrags-, noch Auskunftsrecht. Möglich ist es lediglich, einem Gast das Wort zu erteilen. Dies kann je nach Beschlussgegenstand (zB bei Vorbereitung einer Verschmelzung bezüglich eines Vertreters des Verschmelzungspartners) durchaus sinnvoll sein. Für die besondere Redezulassung gelten dieselben Regeln wie für die Teilnahme, so dass auch hier die HV die Entscheidung an sich ziehen kann. Dies ist zudem schon deshalb geboten, weil jeder Wortbeitrag eines Gastes von der Versammlungszeit abgeht und so mittelbar das Rederecht der Aktionäre beeinträchtigt.

31   Sieht man von dem Fall der Saalverweisung aus Gründen der Ordnung ab, gelten für den (grundlosen) **Ausschluss zugelassener Dritter** dieselben Grundsätze wie für die Zulassung. Der Versammlungsleiter kann also nur entscheiden, soweit die HV die Frage nicht selbst geregelt hat. Die HV kann dagegen zu jedem Zeitpunkt durch Beschluss zB die Öffentlichkeit ausschließen und so einer vorherigen Zulassung (durch die HV selbst oder den Versammlungsleiter) die Grundlage entziehen.

---

[76] AA aber MüKoAktG/*Kubis* Rn. 108, der die Erfüllungsgehilfen des Versammlungsleiters selbst als abgeleitet teilnahmeberechtigt ansieht.
[77] LG München I WM 2008, 1977; Grigoleit/*Herrler* Rn. 21.
[78] Vgl. § 44 Abs. 4 und 5 KWG (ggf. iVm § 3 Abs. 1BauSparkG) für Kreditinstitute, Finanzdienstleistungsinstitute und Bausparkassen, § 298 VAG für Versicherungen (VAG enthält seit 2016 keine spezielle Befugnis mehr), § 85 Abs. 4 VGG für Verwertungsgesellschaften.
[79] K. Schmidt/Lutter/*Spindler* Rn. 48; MüKoAktG/*Kubis* Rn. 109, 113; MHdB AG/*Hoffmann-Becking* § 37 Rn. 5; Hüffer/Koch/*Koch* Rn. 21; Grigoleit/*Herrler* Rn. 21; Großkomm AktG/*Mülbert* Rn. 75; Kölner Komm AktG/*Zöllner* Rn. 29 und § 119 Rn. 76; NK-AktR/*Pluta* Rn. 47; *Stützle/Walgenbach* ZHR 155 (1991), 516 (526).
[80] K. Schmidt/Lutter/*Spindler* Rn. 48; MüKoAktG/*Kubis* Rn. 109, 113; Großkomm AktG/*Mülbert* Rn. 75; *Obermüller* NJW 1969, 265.
[81] In diesem Sinne: MHdB AG/*Hoffmann-Becking* § 37 Rn. 5; Großkomm AktG/*Mülbert* Rn. 75.
[82] So etwa: K. Schmidt/Lutter/*Spindler* Rn. 48; MüKoAktG/*Kubis* Rn. 114; Grigoleit/*Herrler* Rn. 21; Kölner Komm AktG/*Zöllner* § 119 Rn. 76 f.; *Stützle/Walgenbach* ZHR 155 (1991), 516 (526); *Bezzenberger* ZGR 1998, 352 (360).

Allgemeines   32, 33   § 118

Eine im Vorfeld der HV von der Verwaltung ausgesprochene Einladung zu Teilnahme hat im Übrigen keine aktienrechtliche Bedeutung, da Vorstand und Aufsichtsrat keinerlei Zuständigkeit für die Zulassung von Gästen zur HV haben.

4. Regelungen der Teilnahme in Satzung und Geschäftsordnung. In der Satzung können 32 zwar Einzelfragen der Teilnahme geregelt werden, eine **Beschränkung der gesetzlichen Teilnahmerechte** kann sie jedoch ebenso wenig vorsehen wie eine Einschränkung der Teilnahmepflicht. Ausnahmen gelten einerseits nach Abs. 3 S. 2 für die Zuschaltung von Aufsichtsratsmitgliedern (→ Rn. 24), andererseits gemäß § 123 Abs. 3, wonach die Teilnahme von einer Aktienhinterlegung oder einer vorherigen Anmeldung abhängig gemacht werden kann (→ § 123 Rn. 18 ff. *(Rieckers))*. Weitere Erleichterungen der Teilnahmepflicht kann die Satzung nicht vorsehen, grundsätzlich auch keine weiteren Einschränkungen des Teilnahmerechts oder Erweiterungen der Teilnahmepflicht, insbesondere nicht auf die Aktionäre.[83] Als zulässig wird es indes angesehen, die **Modalitäten der Teilnahme** näher auszugestalten, soweit es zumindest in seinem Kern unberührt bleibt. Der satzungsfeste Kern ist indes weit zu fassen, so dass nur wenig Spielraum verbleibt. Möglich ist es daher, Anforderungen an die Zutrittslegitimation und Regelungen der Vertretung zu treffen. Beispiele für eine zulässige Legitimationsregel wäre etwa die Pflicht zur Vorlage eines Lichtbildausweises. Anforderungen, die über das zur Identitätsfeststellung Erforderliche hinaus gehen, können schon wegen Art. 7 Abs. 4 Aktionärsrechte-RL nicht als zulässig angesehen werden, so dass auch der zwingende Anmeldungsnachweis (§ 123 Abs. 2) durch eine Eintrittskarte kritisch zu sehen ist. Schließlich kann – soweit die Identität nachgewiesen ist – die Anmeldeliste der Gesellschaft ebenso zur Prüfung herangezogen werden.[84] Bezüglich des Nachweises der Legitimation eines Vertreters kann die Satzung die Vorlage einer Vollmacht in Textform verlangen, wegen der in § 134 ausdrücklich vorgesehenen Stimmrechtsvertretung jedoch keine über deren Regelungen hinaus gehenden Anforderungen stellen. Kritisch sind insoweit vor allem **persönliche Anforderungen an den Vertreter** zu sehen, da so das Auswahlermessen des Aktionärs eingeschränkt wird. Für die Person des Stimmrechtsvertreters sieht § 134 keine Einschränkungen vor, was richtigerweise als abschließende Regelung zu verstehen ist, „die Bestimmungen über die Person des Bevollmächtigten nicht mehr zulässt".[85] Für börsennotierte Gesellschaften ergibt sich diese Auslegung bereits zwingend aus Art. 10 Abs. 1 UAbs. 2 Aktionärsrechte-RL, wonach ausdrücklich auch den Gesellschaften nicht mehr ermöglicht werden darf, Einschränkungen bezüglich der Person des Stimmrechtsvertreters vorzusehen.[86] Diesbezügliche Satzungsregelungen wären daher nur für die reine Teilnahmevertretung zulässig, nicht aber für den Fall, dass der Vertreter auch das Stimmrecht ausüben soll. Praktische Relevanz könnte dies allenfalls für Vorzugsaktionäre haben. Es ist auch nicht ersichtlich, warum die Satzung die Legitimationszession verbieten können soll,[87] setzt doch § 129 Abs. 3 gerade deren Zulässigkeit voraus. Eine solche Regelung dürfte wohl eher als Abweichung (iSv § 23 Abs. 5 S. 1) von dieser sonst ins Leere gehenden Vorschrift zu werten sein denn als ergänzende Regelung (iSv § 23 Abs. 5 S. 2).

Bezüglich der **Teilnahme Dritter** kann dagegen die Satzung weit reichende Regelungen treffen. 33 Möglich sind die ausdrückliche Zulassung bestimmter Personen oder Personenkreise (zB von Pressevertretern), die uneingeschränkte Zulassung der Öffentlichkeit (in den vom Teilnahmerecht der Aktionäre und der Raumkapazität gezogenen Grenzen), Vorgaben für die Ausübung des Zulassungsermessens sowie eine Zuweisung der Entscheidungszuständigkeit zB an den Versammlungsleiter mit der Folge, dass die HV die Entscheidung nicht an sich ziehen könnte (→ Rn. 29). Auch eine satzungsmäßige Zulassung gewährt indes kein Teilnahmerecht im aktienrechtlichen Sinn, so dass etwa beschlussrechtliche Folgen einer Verletzung nicht in Betracht kommen. Auch die Gewährung weitergehender Rechte für Dritte, wie das Rede- und Antragsrecht, kommen nicht in Betracht. Allenfalls kann die Satzung Vorgaben an den Versammlungsleiter für die ausnahmsweise Zulassung

---

[83] AllgM: BGH WM 1989, 63 (64 f.); K. Schmidt/Lutter/*Spindler* Rn. 38; MüKoAktG/*Kubis* Rn. 104; Großkomm AktG/*Mülbert* Rn. 28, 64; Kölner Komm AktG/*Zöllner* Rn. 19; Grigoleit/*Herrler* Rn. 22.

[84] Vgl. *Arnold/Carl/Götze* AG 2011, 349 (352 f.): Eintrittskarten werden in der Praxis nur noch als organisatorisches Hilfsmittel, nicht als Zugangsvoraussetzung eingesetzt. Hiervon zu trennen ist die Frage der Form der Anmeldung selbst, wofür in der Satzung häufig Textform vorgesehen wird, vgl. dazu Linnerz/Hoppe BB 2016, 1098.

[85] Zutreffend OLG Stuttgart AG 1991, 69 (70) unter Hinweis auf die Neufassung des § 134 im AktG 1965; Kölner Komm AktG/*Zöllner* § 134 Rn. 76 (nur bei vinkulierten Namensaktien zulässig); Grigoleit/*Herrler* § 134 Rn. 31; allerdings sehr str., aA LG Bonn AG 1991, 114 (115); MüKoAktG/*Kubis* Rn. 67; Großkomm AktG/*Mülbert* Rn. 66; Hüffer/Koch/*Koch* § 134 Rn. 25.

[86] Zutreffend Grigoleit/*Herrler* § 134 Rn. 31.

[87] So noch Kölner Komm AktG/*Zöllner* § 134 Rn. 102; MüKoAktG/*Kubis* Rn. 67; MüKoAktG/*Arnold* § 134 Rn. 64; dagegen Hüffer/Koch/*Koch* § 134 Rn. 32.

von Redebeiträgen Dritter enthalten, während das Antragsrecht schon wegen seines mitgliedschaftlichen Charakters nicht erweitert werden kann.

34 **Fehlt es an einer Satzungsbestimmung,** können die Regelungen bezüglich der Teilnahme Dritter (→ Rn. 29) auch in der **Geschäftsordnung** getroffen werden.[88] Zugangslegitimation und Anforderungen an die Person des Teilnahmevertreters können dagegen dort nicht verankert werden, ist doch die Geschäftsordnung keine hinreichende Rechtsgrundlage für die mit der Nichtzulassung verbundene Beeinträchtigung des Teilnahmerechts. Zulässig ist allenfalls, dort ordnungsrelevante Zugangsfragen zu regeln, etwa die Durchführung von Sicherheitskontrollen. Grundlage für die darauf gestützte Zutrittsverweigerung wäre dann nicht die Geschäftsordnung selbst, sondern die Ordnungsgewalt des Versammlungsleiters.

VI. Elektronische Teilnahme (Abs. 1 Satz 2), Briefwahl (Abs. 2) und Übertragung (Abs. 4)

35 **1. Elektronische Teilnahme an der Hauptversammlung (Abs. 1 Satz 2).** Seit dem ARUG kann die Satzung der AG den Aktionären die Möglichkeit eröffnen, durch Fernkommunikationsmittel an der Hauptversammlung teilzunehmen. Die Regelung dient der Umsetzung des Art. 8 Aktionärsrechte-RL und gewährt ein erhebliches Maß an Satzungsautonomie, ohne jedoch die Gesellschaften dazu zu verpflichten, eine solche elektronische Teilnahme auch tatsächlich zu ermöglichen. Die Regelung ist in Zusammenhang mit Abs. 2 und 4 zu sehen, da den Gesellschaften so ein ganzes Spektrum unterschiedlicher Möglichkeiten eröffnet wird, um den Aktionären eine elektronische Beteiligung an der Hauptversammlung zu ermöglichen. Während auch zukünftig ein Festhalten an einer uneingeschränkten Präsenzveranstaltung zulässig bleibt, können die Gesellschaften zwischen der Übertragung nach Abs. 4, die eine (vorbehaltlich einer Instruktion eines präsenten Stimmrechtsvertreters) nur passive Beteiligung des Aktionärs ermöglicht, der aktiven Beteiligung durch elektronische Stimmabgabe nach Abs. 2 und der Schaffung einer vollwertigen elektronischen Teilnahmemöglichkeit nach Abs. 1 wählen. Diese breite Wahlmöglichkeit wurde von Art. 8 Aktionärsrechte-RL gefordert, wonach die Mitgliedstaaten den Gesellschaften erlauben müssen, den Aktionären „jede Form" der elektronischen Teilnahme zu eröffnen.

36 Die **Gestaltungsmöglichkeiten des Satzungsgebers** gehen indes noch weit über die Wahl zwischen elektronischer Teilnahme, Briefwahl und reiner Übertragung hinaus. Soweit eine Teilnahme nach Absatz 1 vorgesehen wird, kann vielmehr zwischen den verschiedenen versammlungsgebundenen Rechten differenziert werden. Während dem auf der Präsenzversammlung erschienenen Aktionär notwendig sämtliche dieser Rechte zustehen, kann die Satzung genau bestimmen, welche Rechte bei elektronischer Teilnahme gewährt werden sollen.[89] Eine Gleichstellung mit den präsenten Aktionären ist hiermit ebenso vereinbar wie die Zuerkennung nur einzelner Rechte. Werden durch die Satzung lediglich einzelne Rechte gewährt, so bedeutet dies, dass alle anderen Rechte im Wege der Online-Teilnahme ausgeschlossen sind. Dies ist gesetzlich zulässig und kein Verstoß gegen § 53a, da Abs. 1 S. 2 eine solche Differenzierung explizit erlaubt.[90] Allerdings eröffnet die Regelung nur die Möglichkeit einer Differenzierung zwischen physisch und elektronisch erschienenen Aktionären, nicht aber anderweitige Diskriminierungen wie etwa die Ermöglichung einer elektronischen Teilnahme nur für Teile der Aktionäre.[91] Die Einordnung als Teilnehmer an der Hauptversammlung kann daher in solchen Fällen irreführend sein, wenn zB nur das Stimmrecht über Fernkommunikationsmittel ausgeübt werden kann. Praktisch problematisch dürfte vor allem die Möglichkeit sein, nach § 245 Nr. 1 mit Fernkommunikationsmitteln **Widerspruch zur Niederschrift** zu erheben. Die Gesetzesbegründung geht explizit davon aus, dass die nach Abs. 1 S. 2 teilnehmenden Aktionäre im Sinne von § 245 Nr. 1 „erschienen" sind und daher grundsätzlich auch Widerspruch zur Niederschrift erklären können.[92] Bei einer solchen Gestaltung wird die Erhebung von Anfechtungsklagen erheblich vereinfacht, setzt doch die Klagebefugnis nun nicht mehr die Anreise und physische Präsenz voraus. Um gerade in Hinblick auf die Bemühungen zur Eindämmung missbräuchlicher Anfechtungsklagen die Hürden für eine Klageerhebung nicht herabzusetzen, empfiehlt sich aus Sicht der Unternehmenspraxis ein Ausschluss des Widerspruchsrechts bei der Gestaltung der elektronischen Teilnahme.[93]

---

[88] Zustimmend Grigoleit/*Herrler* Rn. 22.
[89] Näher: *Arnold/Carl/Götze* AG 2011, 349 (360 f.).
[90] BT-Drs. 16/11 642, 26; *Noack* NZG 2008, 441 (444); *Drinhausen/Keinath* BB 2008, 1238 (1240); *Kersting* NZG 2010, 130; *Arnold/Carl/Götze* AG 2011, 349 (360); *Förster* AG 2011, 362 (367 f.).
[91] *Arnold/Carl/Götze* AG 2011, 349 (360 f.); aA *Noack* WM 2009, 2289 (2293).
[92] BT-Drs. 16/11 642, 27; *Hüffer/Koch/Koch* Rn. 14; *Beck* RNotZ 2014, 160 (164).
[93] So auch *Arnold/Carl/Götze* AG 2011, 349 (360 f.); kritisch zur elektronischen Teilnahme in Hinblick auf die Anfechtungssicherheit *Grobecker* NZG 2010, 165.

Obwohl somit durch die Ausgestaltung der elektronischen Teilnahme die Rechte der online 37
erschienenen Aktionäre massiv eingeschränkt werden können, müssen die entsprechenden Regelungen nicht notwendig in der Satzung getroffen werden. Nach dem eindeutigen Wortlaut des Abs. 1 S. 2 kann die Satzung vielmehr auch den **Vorstand dazu ermächtigen,** die entsprechenden Regelungen zu treffen. Der Gesetzgeber geht davon aus, dass eine Kompetenzverlagerung auf den Vorstand sinnvoll ist, da die elektronische Teilnahme stets auch an die zur Verfügung stehenden technischen Möglichkeiten gebunden ist. Zulässig ist insoweit nicht nur die vollständige Ermächtigung des Vorstands, die Entscheidung über die elektronische Teilnahme insgesamt und die dabei online auszuübenden Rechte zu treffen, sondern auch, den grundsätzlichen Rahmen bereits in der Satzung zu festzulegen und den Vorstand nur zur konkreten Ausgestaltung innerhalb dieses Rahmens zu ermächtigen.[94] Weitere Anforderungen an die Entscheidung des Vorstands enthält das Gesetz nicht, insbesondere sind keine Regelungen bezüglich der Bekanntgabe und der Abänderung durch den Vorstand vorgesehen. Lediglich für den Teilaspekt der elektronischen Stimmabgabe bedarf es bei börsennotierten Gesellschaften einer Angabe im Rahmen der Einberufung der HV (§ 121 Abs. 3 Nr. 2b). Ansonsten – insbesondere in Hinblick auf die Widerspruchsmöglichkeit zur Niederschrift oder bei nicht börsennotierten Gesellschaften – könnte der Vorstand bei einer entsprechenden Satzungsermächtigung auch noch kurzfristig Änderungen vornehmen. Diese weitgehende Möglichkeit, die Entscheidung über die Verfügbarkeit zentraler Mitverwaltungsrechte auf den Vorstand zu übertragen, erscheint als nicht unproblematisch, ermöglicht dies doch dem Vorstand, das Ermessen nicht nur in Hinblick auf technische Bedingungen, sondern auch strategisch einzusetzen. So wäre es etwa denkbar, dass der Vorstand die elektronische Teilnahme oder bestimmte Rechte (zB das Rederecht) vor kontroversen Hauptversammlungen ausschließt, um die Unterstützung einer Opposition durch Kleinaktionäre zu beeinträchtigen. Erfolgt diese Entscheidung kurzfristig, obwohl die Aktionäre aufgrund früherer Versammlungen von der Verfügbarkeit der elektronischen Teilnahme ausgegangen sind, oder wird die Entscheidung nicht bekannt gegeben (wozu der Vorstand nach dem Gesetzeswortlaut außerhalb des § 121 Abs. 3 Nr. 2 lit. b nicht verpflichtet ist) kann dies zu einer faktischen Beeinträchtigung des Teilnahmerechts führen. In solchen Fällen einer **missbräuchlichen Ausnutzung** der Kompetenzverlagerung ist daher eine Anfechtung der gefassten Beschlüsse analog § 245 Nr. 2 anzuerkennen, soweit es zu einer Beeinträchtigung der Mitverwaltungsrechte der Aktionäre gekommen ist. Ebenso ist zu entscheiden, wenn durch einen kurzfristigen oder nicht bekannt gegebenen Ausschluss eines elektronischen Widerspruchs zur Niederschrift das Anfechtungsrecht faktisch beeinträchtigt wird. Um diese Folgen zu vermeiden, hat der Vorstand aber die Möglichkeit, die Regelungen der elektronischen Teilnahme mit der Einberufung der HV bekannt zu geben – erfolgt dies nicht, kommt eine zur Anfechtung berechtigende Beeinträchtigung des Teilnahme- oder Anfechtungsrechts im Einzelfall in Betracht. Soweit der Gesellschaft hierdurch ein Schaden entsteht, haftet der Vorstand hierfür nach § 93, wenn keine rechtzeitige Information der Aktionäre erfolgte. Um den Einsatz des Entscheidungsspielraums für solche sachfremden Ziele auszuschließen, erscheint es darüber hinaus als ratsam, bereits in der Satzung die grundsätzlichen Entscheidungen zu treffen, insbesondere in Hinblick auf die elektronisch auszuübenden Rechte.

Soweit die elektronische Teilnahme zugelassen ist, besteht eine Verpflichtung der Gesellschaft, die 38
technischen Voraussetzungen hierfür zu schaffen. Hierzu gehört als selbstverständliche Grundvoraussetzung jedenfalls die Möglichkeit, die Präsenzversammlung in Echtzeit in Bild und Ton verfolgen zu können. Welche weiteren Voraussetzungen zu schaffen sind, hängt davon ab, welche Rechte den elektronischen Teilnehmern konkret eingeräumt werden. Kommt die Gesellschaft dieser Verpflichtung nicht nach, führt dies ebenfalls zur Anfechtbarkeit der gefassten Beschlüsse. Hiervon geht auch die Vorschrift des § 243 Abs. 3 Nr. 1 aus, die einen Anfechtungsausschluss (nur) für den Fall der (unverschuldeten oder einfach fahrlässigen) „technischen Störung" vorsieht. In allen anderen Fällen, insbesondere also, wenn keine Störung eintritt, sondern die Gesellschaft schon keine hinreichenden Vorkehrungen getroffen hat, kann dagegen die Anfechtung auf die Verletzung des Teilnahmerechts gestützt werden. Die Anfechtungsbefugnis ergibt sich in diesen Fällen analog § 245 Nr. 2, da die fehlenden technischen Vorkehrungen wie eine unrechtmäßige Zugangsverweigerung wirken. Fehlen nur die Voraussetzungen für die Ausübung einzelner Rechte (wie zB der Wahrnehmung des Rederechts), bedarf es dagegen (wie auch sonst) der Erklärung des Widerspruchs zur Niederschrift, soweit zumindest diese Funktion verfügbar ist. Fehlt es hieran, was auch völlig rechtmäßig darauf beruhen kann, dass dieses Recht bei elektronischer Teilnahme nicht gewährt wird, ist dagegen in allen Fällen der Beeinträchtigung der Teilnahmerechte (sei es aus technischen Gründen oder durch eine Maßnahme des Versammlungsleiters) eine **Anfechtungsbefugnis analog § 245 Nr. 2** anzuerkennen. Andernfalls wäre die elektronische Teilnahme entwertet, könnten sich doch die betroffenen

---

[94] BT-Drs. 16/11 642, 26.

Teilnehmer mangels Anfechtungsbefugnis niemals gegen eine Beeinträchtigung ihrer Mitverwaltungsrechte wehren. Nur die Verfügbarkeit der Anfechtungsklage ist als hinreichende Absicherung gegen Beeinträchtigungen anzusehen, anders als bei aus inhaltlichen Gründen anfechtbaren Beschlüssen (deren Gegenstände ja schon im Vorfeld der HV bekannt gemacht werden) können die Aktionäre bei derart spontanen Beeinträchtigungen auch nicht mehr durch physisches Erscheinen reagieren und so ihre Anfechtungsmöglichkeit sichern. Darüber hinaus kann sich die Anfechtungsbefugnis im Einzelfall auch aus dem Gesichtspunkt des **Einberufungsmangels** nach § 245 Nr. 2 ergeben, soweit die elektronische Ausübung des Stimmrechts betroffen ist und das Verfahren in der Einberufung nach § 121 Abs. 3 S. 3 Nr. 2 lit. b unzutreffend beschrieben worden ist (zur Parallelproblematik bei der Briefwahl → Rn. 42).

39 Wesentliche Bedeutung hat bei der Gestaltung der technischen Infrastruktur die Frage der **Sicherheit der eingesetzten Systeme.** Um eine Manipulation der HV zu verhindern, muss die von der Gesellschaft bereitgestellte Technik gewährleisten, dass die online auszuübenden Mitverwaltungsrechte nur von den Aktionären ausgeübt werden können. Es müssen also technische Vorkehrungen getroffen werden, die nicht nur eine Prüfung der Legitimation der elektronischen Teilnehmer ermöglichen, sondern auch Schutz gegen ein unbefugtes Eindringen in das System und damit eine nicht legitimierte Ausübung von Rechten ausschließen. Der Gesetzgeber verlangt insoweit, dass Maßnahmen ergriffen werden, die dem **Stand der Technik** entsprechen, hat aber darauf verzichtet, konkrete Maßnahmen (insbesondere die Legitimation durch eine elektronische Signatur nach der VO (EU) 910/2014) zu verlangen.[95] Als möglich erscheint insoweit eine Nutzung der im Bereich des onlinebanking eingesetzten Technologie, so dass an die Aktionäre besondere Authentifizierungsinstrumente ausgegeben werden müssten. Werden keine hinreichenden, dem Stand der Technik entsprechenden Maßnahmen getroffen, kann sich der Vorstand nach § 93 gegenüber der Gesellschaft ersatzpflichtig machen. Ein Schaden kommt insbesondere in Betracht, wenn es zu einer Manipulation des Abstimmungsergebnisses und darauf beruhenden Anfechtungsprozessen kommt.

40 Nach Abs. 1 S. 2 kann eine elektronische Teilnahme nur für die Aktionäre und **„ohne einen Bevollmächtigten"** vorgesehen werden. Es stellt sich die Frage, ob hiermit gemeint ist, dass sich die Aktionäre bei der elektronischen Teilnahme nicht durch einen Bevollmächtigten vertreten lassen können. Trotz des dies implizierenden Wortlauts lässt sich den Materialien ein entsprechender Wille des Gesetzgebers nicht entnehmen.[96] Die Einschränkung „ohne einen Bevollmächtigten" soll wohl nur zum Ausdruck bringen, dass eine Teilnahme auch ohne Vertretung in der Präsenzveranstaltung ermöglicht werden soll. In der Sache wäre ein solches Vertretungsverbot auch weder angemessen noch praktikabel, da die Interessen der Gesellschaft durch eine Vertretung bei der elektronischen Teilnahme nicht berührt werden. Insbesondere aber gibt es keine realistische Möglichkeit, ein solches Vertretungsverbot zu kontrollieren, da die den Aktionären zugeteilten Authentifizierungsinstrumente von diesen unproblematisch an Dritte weitergegeben werden könnten, ohne dass insoweit eine Kontrolle durch die Gesellschaft überhaupt als möglich erscheint. Daher ist der Wortlaut so zu verstehen, dass die Ausübung von Rechten zwar keines Bevollmächtigten am Versammlungsort mehr bedarf, aber der Wortlaut einer Bevollmächtigung eines Nichtaktionärs zur elektronischen Teilnahme nicht entgegensteht. Hieraus folgt, dass die Gesellschaft nicht nur die Registrierung als Aktionär, sondern ebenso als Vertreter einschließlich elektronischer Vollmachtvorlage ermöglichen muss.[97] Zwar kann man das Handeln unter dem Namen des Aktionärs praktisch nicht verhindern, das bedeutet aber nicht, dass die Gesellschaft den Vertreter auf diese Form der Ausübung der Aktionärsrechte beschränken darf.

41 Es bleibt anzumerken, dass auch die Neuregelung zur elektronischen Teilnahme noch keinen gänzlichen Verzicht auf eine **Präsenzveranstaltung** ermöglicht. Der Wortlaut geht eindeutig weiterhin davon aus, dass es einen Ort der Hauptversammlung gibt. Die Aktionäre haben das (auch bei Ermöglichung der elektronischen Teilnahme nicht beschränkbare) Recht, an der Präsenzveranstaltung teilzunehmen, und grundsätzlich ist auch der Vorstand dazu verpflichtet, am Ort der Hauptversammlung präsent zu sein. Der Neuregelung kann also nicht entnommen werden, dass zukünftig **rein virtuelle Hauptversammlungen** durchgeführt werden könnten.[98] Ferner ist darauf hinzuwei-

---

[95] BT-Drs. 16/11 642, 27.
[96] Die Begründung zur Neufassung des § 135 geht explizit davon aus, dass eine Vertretung auch bei der elektronischen Teilnahme möglich ist, vgl. BT-Drs. 16/11 642, 33 f.
[97] *Arnold/Carl/Götze* AG 2011, 349 (361).
[98] BT-Drs. 16/11 642, 27; allgM: MüKoAktG/*Kubis* Rn. 80; Grigoleit/*Herrler* Rn. 6; Beck RNotZ 2014, 160 (164); *Förster* AG 2011, 362 (366); in der Sache auch K. Schmidt/Lutter/*Spindler* Rn. 50, der zwar von der „virtuellen HV" spricht, aber lediglich zutreffend darauf hinweist, dass sich keine Aktionäre mehr am Ort der Präsenzversammlung einfinden müssten, wohl aber Vorstand und Notar. Den Ausführungen lässt sich auch nicht entnehmen, dass nach dieser Ansicht die Möglichkeit einer Präsenzteilnahme der Aktionäre beschränkt werden könnte.

sen, dass auch der DCGK **keine Empfehlung** zugunsten einer Online-Teilnahme der Aktionäre enthält. Selbst die Anregung in 2.3.3 DCGK 2017 betrifft allein die Ermöglichung der Verfolgung der HV im Internet. Hierfür bedarf es aber keines Teilnahmerechts nach Abs. 1 S. 2, vielmehr genügt eine Bild- und Tonübertragung nach Abs. 4.

2. Briefwahl (Abs. 2). Im Gegensatz zur Abs. 1 S. 2, der eine echte Teilnahme an der Hauptversammlung ermöglicht, befasst sich der ebenfalls durch das ARUG neu eingefügte Abs. 2 mit der Möglichkeit einer Stimmabgabe ohne Teilnahme an und Vertretung auf der HV. Die technischen Voraussetzungen für die Ermöglichung einer solchen **„Briefwahl"** sind deutlich einfacher, da es hierfür weder einer Zwei-Wege-Kommunikation noch einer Übertragung der Versammlung bedarf. Es genügt vielmehr, wenn ein Kommunikationskanal eröffnet wird, der den Aktionären vor oder auch noch während der Versammlung eine Stimmabgabe ermöglicht. Die terminologische Bezeichnung als Briefwahl ist missverständlich, da gerade nicht nur eine Stimmabgabe durch schriftlichen Brief zulässig ist, sondern alle Möglichkeiten der Fernabstimmung entweder schriftlicher Art oder im Wege elektronischer Kommunikation möglich sind.[99] Nicht zu verwechseln ist die Möglichkeit einer solchen Fernabstimmung ohne Teilnahme an der HV allerdings mit der **Online-Abstimmung** in der Hauptversammlung, bei der es nur um eine besondere Form der Stimmabgabe von Teilnehmern geht, deren Stimmen mittels elektronischer Abstimmungsgeräte (insbesondere Tablet-Computer) erfasst werden. Rechtlich handelt es sich hierbei lediglich um die Nutzung technischer Hilfsmittel bei Durchführung der Präsenzabstimmung.[100] Für die Gesellschaft ergeben sich durch die Regelung der Briefwahl vielfältige Wege der Zulassung alternativer Wege der Stimmabgabe, wobei in der Praxis der Publikumsgesellschaft eine direkte Verarbeitung der Stimmen durch die EDV zumindest dann gewährleistet sein muss, wenn die Stimmabgabe noch während der Versammlung möglich sein soll. Die Regelung gibt nicht vor, bis zu welchem Zeitpunkt die Stimmabgabe erfolgt sein muss, so dass diese Frage durch die Satzung bzw. (bei entsprechender Ermächtigung) den Vorstand zu regeln ist. Insbesondere in Zusammenhang mit einer Übertragung der HV nach Abs. 4 kann daher Möglichkeit der **elektronischen Abstimmung in Echtzeit** auch nach Abs. 2 geschaffen werden. Hierdurch kann zukünftig das Verfahren der Nutzung eines noch während der Versammlung erreichbaren, von der Gesellschaft zur Verfügung gestellten Stimmrechtsvertreters ersetzt werden.[101] Andererseits kann man auch einen Zeitpunkt für den Zugang der Stimmabgabe per individueller Kommunikation (insbes. Brief, Email) festlegen, jedenfalls aber hat der Aktionär (anders als bei elektronischer Teilnahme) die Möglichkeit, seine Stimme schon vor Versammlungsbeginn abzugeben. Dies zeigt, dass bei der Satzungsgestaltung durchaus auch die Kombination der Möglichkeiten des Abs. 1 S. 2 und Abs. 2 vorgesehen werden kann. In jedem Fall ist ein technisches Verfahren zu wählen, das die Sicherheit des Abstimmungsprozesses gegenüber Manipulation gewährleistet, insbesondere also die Legitimation prüft. Insoweit ist auf die Ausführungen zur elektronischen Teilnahme (→ Rn. 35 ff.) zu verweisen. Da der per Briefwahl abstimmende Aktionär im Rechtssinn nicht an der HV teilnimmt, stehen ihm keine weitergehenden versammlungsgebundenen Rechte zu. Insbesondere hat er grundsätzlich keine Möglichkeit einer Anfechtung, da die Erhebung eines **Widerspruchs zur Niederschrift** ausgeschlossen ist.[102] Dieses Ergebnis erscheint allerdings als problematisch, soweit eine Anfechtung gerade darauf gestützt werden soll, dass die durch Briefwahl abgegebenen Stimmen nicht ordnungsgemäß erfasst oder die Möglichkeit einer Stimmabgabe tatsächlich beeinträchtigt oder unmöglich war und der Anfechtungsausschluss des § 243 Abs. 3 Nr. 1 nicht eingreift. Ordnet etwa die Satzung eine elektronische Stimmabgabe nach Abs. 2 noch während der (nach Abs. 4 übertragenen) Versammlung an, bedarf es eines Schutzes des nicht erschienenen Aktionärs, der in Hinblick auf die Briefwahl davon abgesehen hat, eine Stimmrechtsvollmacht zu erteilen. Insoweit liegt der Fall kaum anders als bei der elektronischen Teilnahme nach Abs. 1 S. 2. Indes kann man bei der Vereitelung nur der präsenzlosen Stimmabgabe nicht von einer Beeinträchtigung des Teilnahmerechts sprechen, war eine Teilnahme an der HV vom Aktionär doch nie beabsichtigt. Für die **Anfechtungsbefugnis** ist in solchen Fällen zu differenzieren:[103] Wird die Verfügbarkeit der Briefwahl in der Einberufung angegeben und das Verfahren nach § 121 Abs. 3 S. 3 Nr. 2 lit. b beschrieben, dann aber tatsächlich nicht oder nicht in der beschriebenen Form angeboten, liegt ein Einberufungsmangel iSv § 245 Nr. 2 vor,[104] der den nicht erschienenen Aktionär ohne weiteres zur Anfechtung berechtigt. Daher

---

[99] *Noack* NZG 2008, 441 (444 f.), *Noack* WM 2009, 2289; *von Nussbaum* GWR 2009, 215; Hüffer/Koch/*Koch* Rn. 15.
[100] Näher: *Simons* NZG 2017, 567.
[101] Vgl. 2.3.2. DCGK 2017.
[102] BT-Drs. 16/11642, 27; Hüffer/Koch/*Koch* Rn. 19; *Schaaf/Slowinski* ZIP 2011, 2444 (2448).
[103] Hierzu auch *Schaaf/Slowinski* ZIP 2011, 2444 (2448).
[104] Zum Beschlussmangel bei unrichtiger Beschreibung der Modalitäten der Stimmrechtsausübung vgl. OLG Frankfurt a. M. NZG 2010, 1271 – „Leica".

kann der Vorstand auch von einer Satzungsermächtigung nach Abs. 2 nur bis zur Einberufung Gebrauch machen, ist danach aber an die getroffene Entscheidung gebunden. Wird dagegen eine satzungsmäßig vorgesehene Möglichkeit zur Briefwahl vom Vorstand nicht umgesetzt und in der Einberufung dementsprechend auch nicht erwähnt, kann man kaum von einer fehlerhaften Einberufung sprechen. Vielmehr liegt eine Verletzung eines satzungsmäßigen **Rechts auf die Briefwahl** vor. Auch um Wertungswidersprüche zu den ähnlich gelagerten Fällen der Vereitelung der elektronischen Teilnahme zu vermeiden (→ Rn. 38), erscheint es als erforderlich, dieses für die Anfechtungsbefugnis dem Teilnahmerecht gleichzustellen. Denn § 245 geht noch von der traditionellen Vorstellung des Stimmrechts als versammlungsgebundenem Recht aus, so dass eine Verletzung nur des Stimmrechts ohne Präsenz (dann § 245 Nr. 1) und ohne Verletzung des Teilnahmerechts (dann § 245 Nr. 2) schlicht nicht in den Blick genommen werden konnte. Durch die Einführung der Briefwahl ist daher eine nachträgliche Regelungslücke der Anfechtungsbefugnis entstanden, die durch Analogie zu schließen ist. Bei Verletzung einer Satzungsregelung zur Ermöglichung der Briefwahl ist daher eine **Anfechtungsbefugnis analog § 245 Nr. 2** anzuerkennen. Allerdings wird man von einer Relevanz des Gesetzesverstoßes nur dann ausgehen können, wenn sich zeigen lässt, dass die nicht berücksichtigten Stimmen sich rechnerisch auf das Abstimmungsergebnis hätten auswirken können. Eine wertende Betrachtung muss hier auf diese rechnerische Kausalität abstellen, da der Verstoß ausschließlich die Stimmabgabe betrifft und daher das Abstimmungsverhalten anderer Aktionäre denknotwendig nicht berührt werden kann.

43 In der Vergangenheit enthielt der **DCGK** eine Regelung zunächst zur Unterstützung der Aktionäre bei der Briefwahl (2.3.3. Satz 2 DCGK 2010),[105] später noch zur Zugänglichmachung der Formulare (2.3.1 Satz 3 DCGK 2013/2015). Mit dem DCGK 2017 wurde der Satz ersatzlos gestrichen, da zuletzt ohnehin nur der Regelungsgehalt des § 124a Nr. 5 wiedergegeben wurde. Die Briefwahl kann für alle Beschlussgegenstände vorgesehen werden, insbesondere auch für **Umwandlungsbeschlüsse.** Der umwandlungsrechtliche Versammlungszwang steht der Berücksichtigung von außerhalb der Versammlung abgegebenen Stimmen nicht entgegen.[106]

44 **3. Bild- und Tonübertragung (Abs. 4).** Bereits seit dem TransPubG 2002 ist eine **Übertragung der HV in Bild und Ton** zulässig, sofern dies in Satzung oder Geschäftsordnung vorgesehen ist. Seit dem ARUG findet sich die Regelung nunmehr in Abs. 4, zudem wurde der Wortlaut dahingehend neu gefasst, dass die Satzung oder Geschäftsordnung nunmehr auch den Vorstand oder den Versammlungsleiter dazu ermächtigen kann, die Übertragung zuzulassen. Im Gegensatz zu Abs. 1 S. 2 und Abs. 3 S. 2, die beide eine Zwei-Wege-Kommunikation verlangen, betrifft diese Vorschrift nur die **einseitige Übertragung** des Versammlungsgeschehens aus dem Versammlungsraum heraus, lässt also keine Zuschaltung von Aktionären zu, die durch Fernkommunikation ihr Rede- und Antragsrecht ausüben wollen, was erst durch Abs. 1 S. 2 zulässig geworden ist. Ebenso wenig wird die Übertragung des Geschehens in Nebenräume erfasst, die zB aus Kapazitätsgründen geschaffen worden sind (→ Rn. 15) und in rechtlicher Hinsicht noch zum Versammlungsraum zählen und die Redebeiträge gerade für Versammlungsteilnehmer zugänglich machen (Präsenzzone). Abs. 4 befasst sich dagegen mit der Übertragung an Nichtteilnehmer einschließlich der Aktionäre, die von der Möglichkeit der Briefwahl (Abs. 2) Gebrauch machen wollen, dadurch aber nicht zu Teilnehmern werden.

45 Zweck der Vorschrift ist es, bezüglich der **Übertragung (und Aufzeichnung)**[107] **der HV** einschließlich der Wortbeiträge aller Aktionäre **Rechtssicherheit** zu schaffen. In Hinblick auf das allgemeine Persönlichkeitsrecht der Aktionäre ging man früher teilweise davon aus, dass diese der Übertragung ihres Beitrags aus dem Versammlungsraum heraus widersprechen konnten. Nunmehr kann ein solcher Widerspruch durch Regelung in der Satzung oder in der Geschäftsordnung ausgeschlossen, die Möglichkeit einer vollständigen Übertragung der HV also rechtlich abgesichert werden. Der DCGK enthält bereits seit seiner ersten Fassung 2002 die Anregung, den Aktionären „die Verfolgung der HV über moderne Kommunikationsmedien (zB Internet) zu ermöglichen" (2.3.3 DCGK 2017), so dass die Schaffung von Rechtssicherheit insoweit geboten ist.

46 Besteht eine Satzungs- oder Geschäftsordnungsregelung nach Abs. 4, bedeutet dies indes nicht, dass die Gesellschaft zur Übertragung verpflichtet oder auch nur von sich aus hierzu berechtigt wäre. Vielmehr schafft dies nur die Voraussetzungen, da das Gesetz hier zwischen der Regelung, eine Übertragung überhaupt vorzusehen, und der eigentlichen Übertragungsentscheidung unterscheidet.

---

[105] Vgl. zu der unklaren Reichweite dieser Regelung *Kocher/Lönner* BB 2011, 907; *Schaaf/Slowinski* ZIP 2011, 2444; *Wettich* NZG 2011, 721 (725).
[106] Zutreffend und ausführlich zu dieser Problematik: *Schöne/Arens* WM 2012, 381.
[107] Diese soll nach dem ausdrücklichen Willen des Gesetzgebers ebenfalls erfasst sein, vgl. BT-Drs. 14/8769, 20.

Auch die Ermächtigung an Vorstand oder Versammlungsleiter betrifft nur die Grundentscheidung, ob eine Übertragung überhaupt vorgesehen werden soll. Für die erst auf dieser Grundlage mögliche **Entscheidung über die tatsächliche Übertragung und ihrer Modalitäten** gelten dann die Regeln für die Zulassung Dritter (→ Rn. 29). Beide Fälle betreffen im weiteren Sinne die Herstellung einer (auch eingeschränkten) Öffentlichkeit der HV und sind daher vergleichbar. In erster Linie kann daher die Satzung (zusätzlich zur Grundentscheidung, wobei die Reichweite einer Satzungsregelung ggf. durch Auslegung zu ermitteln ist) die Übertragung anordnen, ansonsten auch die Geschäftsordnung. Fehlen derart generelle Regelungen, obliegt die Entscheidung dem Versammlungsleiter, kann aber jederzeit von der HV an sich gezogen werden. Dies gilt auch dann, wenn Satzung oder Geschäftsordnung den Vorstand oder den Versammlungsleiter nach der Neufassung der Regelung ermächtigen, die Übertragung „vorzusehen", da auch hiermit nur die Entscheidung über grundsätzliche Zulässigkeit delegiert wird, nicht über die tatsächliche Übertragung. Auch eine laufende Übertragung kann somit durch Beschluss der HV (oder den Versammlungsleiter) gestoppt werden. Dieselben Grundsätze gelten für die Modalitäten der Übertragung, insbesondere über das Medium (zB Internet, Betriebsfernsehen) und den Empfängerkreis. Insbesondere bei der Internet-Übertragung kann man den Zugriff durch einen Passwortschutz auf einen bestimmten Personenkreis beschränken, zB die nicht erschienenen Aktionäre. Anzumerken ist, dass die Übertragung zum Zweck der elektronischen Teilnahme nach Abs. 1 S. 2 hiervon zu trennen ist. Soweit diese Möglichkeit eröffnet ist, steht es nicht im Ermessen der HV oder des Versammlungsleiters, durch eine Beendigung der Übertragung die elektronischen Teilnehmer auszuschließen.

Soweit nach diesen Grundsätzen eine Übertragung durchzuführen ist, obliegt es der AG, die **technischen Voraussetzungen** hierfür zu schaffen. Dies erfordert einen erheblichen technischen Aufwand und in der Regel (insbesondere bei der Ausgabe von Passwörtern an nicht erschienene Aktionäre) eine längere Vorbereitungszeit. Insoweit stellt sich die Frage, unter welchen Umständen die AG im Vorfeld der HV dazu verpflichtet ist, diese Vorbereitungen zu treffen. Da die Regelung nach Abs. 4 allein noch keine Entscheidung über die Durchführung und die Modalitäten enthält, bietet diese keine hinreichende Grundlage für eine Vorbereitungspflicht. Nur wenn die Durchführung selbst in Satzung oder Geschäftsordnung angeordnet ist, muss die AG die zur Umsetzung dieser Bestimmungen erforderlichen Vorbereitungen treffen. Soweit die Entscheidung dem Versammlungsleiter obliegt, kann dieser die erforderlichen Vorbereitungen für die von ihm geplante Übertragung anordnen. Voraussetzung ist allerdings, dass die Person des Versammlungsleiters vor der HV bereits feststeht, also in Satzung oder Geschäftsordnung geregelt ist. 47

Die **Verfolgung einer Übertragung** nach Abs. 4 ist auch dann nicht mit einer Teilnahme an der HV gleichzusetzen, wenn der Aktionär auf Grundlage der Verhandlungen seine Abstimmungsentscheidungen treffen und durch Briefwahl (Abs. 2) oder entsprechende Weisungen an seinen (während der HV erreichbaren, wie angeregt in 2.3.2 Satz 2 DCGK 2017) Stimmrechtsvertreter an der Abstimmung teilnehmen will. Das Teilnahmerecht des Aktionärs kann daher durch eine unterbliebene Übertragung nur beeinträchtigt werden, wenn die Satzung die elektronische Teilnahme nach Abs. 1 S. 2 eröffnet. Auch wenn die Übertragung in der Satzung nicht nur ermöglicht, sondern verbindlich angeordnet wird, besteht keine Anfechtungsbefugnis nach § 245 Nr. 2. Zu erwägen wäre lediglich eine Anfechtungsbefugnis analog § 245 Nr. 2, soweit zusätzlich die elektronische Briefwahl ermöglicht und ihre Ausübung durch die fehlende Übertragung praktisch entwertet wird. Indes bleibt auch in solchen Fällen die Ausübung des Stimmrechts auf der Grundlage der verfügbaren Informationen (§ 124a) möglich, so dass die Verletzung im Ergebnis nicht die Qualität einer die Analogie begründenden Beeinträchtigung des Stimmrechts selbst (→ Rn. 42) erreicht. Denkbar wäre ferner eine Anfechtung nach § 245 Nr. 1 wegen des Satzungsverstoßes (§ 243 Abs. 1), wenn der Aktionär durch die Nichtübertragung die Möglichkeit zur Weisungsausübung in Kenntnis der Verhandlungen verliert und sein Vertreter auf der HV Widerspruch zur Niederschrift erklärt. Allerdings wird es auch in diesem Fall regelmäßig an der Relevanz des Verstoßes für die Beschlussfassung fehlen, da das Teilnahmerecht selbst gerade nicht berührt wird. 48

§ 119 Rechte der Hauptversammlung

(1) Die Hauptversammlung beschließt in den im Gesetz und in der Satzung ausdrücklich bestimmten Fällen, namentlich über
1. die Bestellung der Mitglieder des Aufsichtsrats, soweit sie nicht in den Aufsichtsrat zu entsenden oder als Aufsichtsratsmitglieder der Arbeitnehmer nach dem Mitbestimmungsgesetz, dem Mitbestimmungsergänzungsgesetz, dem Drittelbeteiligungsgesetz oder dem Gesetz über die Mitbestimmung der Arbeitnehmer bei einer grenzüberschreitenden Verschmelzung zu wählen sind;

2. die Verwendung des Bilanzgewinns;
3. die Entlastung der Mitglieder des Vorstands und des Aufsichtsrats;
4. die Bestellung des Abschlußprüfers;
5. Satzungsänderungen;
6. Maßnahmen der Kapitalbeschaffung und der Kapitalherabsetzung;
7. die Bestellung von Prüfern zur Prüfung von Vorgängen bei der Gründung oder der Geschäftsführung;
8. die Auflösung der Gesellschaft.

(2) Über Fragen der Geschäftsführung kann die Hauptversammlung nur entscheiden, wenn der Vorstand es verlangt.

Übersicht

	Rn.		Rn.
I. Bedeutung der Norm	1	VI. Ungeschriebene Kompetenzen der HV	21–47
II. Entstehungsgeschichte	2	1. Überblick	21
III. Kompetenzausübung durch Beschluss	3	2. Die „Holzmüller"-Doktrin	22–34
IV. Gesetzliche Kompetenzen der HV	4–12a	a) Die „Holzmüller"-Entscheidung von 1982	22, 23
1. Systematisierung der Beschlusskompetenzen	4	b) Entwicklung bis „Gelatine"	24, 25
2. Wahlkompetenzen	5, 6	c) Die „Gelatine"-Entscheidung von 2004	26–29
3. Grundlagenkompetenzen	7	d) Einzelfälle	30–33a
4. Leitungskompetenzen	8–10	e) Bezugsgröße der Wesentlichkeitsschwelle	34
5. Kontrollkompetenzen	11	3. Konzernbildungs- und Konzernleitungskontrolle	35, 36
6. Konzernkompetenzen	12	4. Sonstige ungeschriebene Kompetenzen	37–47
7. Zukünftige Kompetenz für wesentliche Geschäfte mit nahestehenden Unternehmen und Personen?	12a	a) Innere Ordnung der HV	37, 38
		b) Delisting: Von „Macrotron" zu „Frosta"	39–45a
V. Fragen der Geschäftsführung (Abs. 2)	13–20	c) Tatsächliche Sitzverlegung:	46, 47
1. Voraussetzungen der Beschlussfassung in Geschäftsführungsfragen	13–15	VII. Regelungen in der Satzung	48–50
		VIII. Rechtsfolgen	51–54
2. Beschlussfassung	16, 17	1. Verletzung von Kompetenzen der HV	51–53
3. Rechtsfolgen	18–20	2. Kompetenzüberschreitung der HV	54

I. Bedeutung der Norm

1 Die Norm hat die **Funktion**, den Kompetenzbereich der HV abzugrenzen und so ihre Rolle im Organgefüge der AG zu definieren. Ihre **Bedeutung** liegt weniger in der (nicht abschließenden) Zusammenstellung gesetzlich geregelter Einzelkompetenzen in Abs. 1 – insoweit ist die Norm rein deklaratorisch –, sondern vielmehr darin, dass eine (weitgehend) abschließende Regelung getroffen wird. Denn die HV kann grundsätzlich nur in den „ausdrücklich bestimmten Fällen" beschließen, also nicht von sich aus Entscheidungen an sich ziehen oder in die Kompetenzen anderer Organe eingreifen. Die Vorschrift schützt somit die eigenen Kompetenzbereiche von Vorstand und Aufsichtsrat, indem sie eine ausdrückliche Abkehr von der früheren Vorstellung einer grundsätzlichen Allkompetenz und Kompetenz-Kompetenz der Generalversammlung (→ § 118 Rn. 6 (*Hoffmann*)) statuiert. Besonders deutlich wird dies durch Abs. 2, der klarstellt, dass die HV in dem von § 76 definierten Kompetenzbereich des Vorstandes nur auf dessen Verlangen tätig werden darf. Durch die Voraussetzung einer ausdrücklichen Kompetenzzuweisung begrenzt die Norm ferner die Anerkennung ungeschriebener Zuständigkeiten, so dass insoweit äußerste Zurückhaltung angebracht ist.

II. Entstehungsgeschichte

2 Während § 250 HGB 1897 die Kompetenzen der Generalversammlung noch voraussetzte und nicht für ausdrücklich regelungsbedürftig hielt,[1] geht die **heutige Fassung** grundsätzlich auf § 103 AktG 1937 zurück, der bereits wörtlich den Abs. 1 Hs. 1 sowie Abs. 2 enthielt. Die Aufzählung der Einzelkompetenzen wurde hingegen erst im AktG 1965 hinzugefügt. Letzteres sollte nach dem

---
[1] Zu den Kompetenzen unter § 250 HGB 1897 vgl. bereits → § 118 Rn. 3 (*Hoffmann*).

Vorbild des schweizerischen Obligationenrecht (Art. 698) einen „Überblick über ihre Befugnisse"[2] geben, für sich aber keine Kompetenzerweiterung gegenüber dem AktG 1937 bewirken.[3] Inhaltliche Änderungen hat die Aufzählung seither nicht erfahren, lediglich die Bezeichnungen der relevanten Mitbestimmungsgesetze in Nr. 1 wurden wiederholt angepasst (zuletzt durch das MgVgEinfG[4] von 2006), ferner wurde im Bilanzrichtliniengesetz 1985 der Wortlaut der Nr. 4 von Mehrzahl auf Einzahl umgestellt, da §§ 162 ff. aF noch von mehreren Abschlussprüfern ausging, während § 316 HGB nunmehr ausdrücklich die Prüfung durch „einen Abschlussprüfer" vorschreibt.

III. Kompetenzausübung durch Beschluss

Die Vorschrift besagt zunächst, dass die HV in den ihrem Kompetenzbereich zugewiesenen 3 Fällen „beschließt", also durch Fassung eines Beschlusses tätig wird. Die **Beschlussfassung** stellt ein regelmäßig mehrseitiges Rechtsgeschäft eigener Art (→ § 133 Rn. 3 (*Rieckers*)) dar, dessen Voraussetzungen im Einzelnen in § 130 Abs. 1, § 133 geregelt sind. Einer Beschlussfassung bedarf es selbst im Fall der Einmann-AG, wobei zwar nach § 121 Abs. 6 von den Einberufungsformalien abgesehen werden kann, es jedoch zumindest einer ordnungsmäßigen Niederschrift (§ 130 Abs. 1 S. 3) bedarf. Auf andere Art und Weise kann die HV ihre Kompetenzen nicht ausüben, auch wenn die Einberufung der HV nicht notwendig voraussetzt, dass Beschlussgegenstände auf der Tagesordnung stehen (vgl. §§ 92, 175). In solchen Fällen dient die Einberufung vor allem der Information der Aktionäre und insbesondere zur Ermöglichung der Wahrnehmung ihres Auskunftsrechts (§ 131), letztlich also der Ausübung versammlungsgebundener Individualrechte, nicht der kollektiven Meinungsbildung.

IV. Gesetzliche Kompetenzen der HV

1. Systematisierung der Beschlusskompetenzen. Die **gesetzlichen Kompetenzen** der HV 4 lassen sich in verschiedene Gruppen von Einzelkompetenzen gliedern. Zu unterscheiden ist zwischen **Wahl-, Grundlagen-, Leitungs-, Kontroll- und Konzernkompetenzen.** Zu erfassen sind dabei nicht nur die in der nicht abschließenden Aufzählung des Abs. 1 genannten Fälle, sondern auch die sonstigen ausdrücklichen gesetzlichen Kompetenzzuweisungen, die sich nicht nur im AktG, sondern auch im UmwG und im HGB finden. Auf die Erscheinungsformen ungeschriebener HV-Kompetenzen und ihre Einordnung wird erst im Anschluss gesondert einzugehen sein (→ Rn. 21 ff.).

2. Wahlkompetenzen. Bei den **Wahlkompetenzen** der HV steht das **Recht zur Wahl der** 5 **Vertreter der Anteilseigner im Aufsichtsrat** (Abs. 1 Nr. 1) ganz im Vordergrund. Die Einzelheiten ergeben sich aus § 101, wobei die Zahl der von der HV zu wählenden Aufsichtsratsmitglieder (neben § 95) vor allem von dem anwendbaren Mitbestimmungsrecht (paritätische Mitbestimmung nach § 7 MitbestG, § 5 MitbestErgG oder § 4 MontanMitbestG bzw. Drittelbeteiligung nach § 4 DrittelbG) abhängt. Die Nichterwähnung des MontanMitbestG in Abs. 1 Nr. 1 beruht darauf, dass nach § 6 MontanMitbestG auch die Arbeitnehmervertreter von der HV zu wählen sind, die dabei jedoch an die Wahlvorschläge der Betriebsräte gebunden ist (§ 101 Abs. 1 S. 2 iVm § 6 Abs. 6 MontanMitbestG). Daneben kann die Wahlkompetenz der HV durch satzungsmäßige Entsenderechte in den Aufsichtsrat beschränkt werden (§ 101 Abs. 2).

Ansonsten besteht eine Wahlkompetenz noch bezüglich der **Bestellung des Abschlussprüfers** 6 (Abs. 1 Nr. 4), der nach § 318 Abs. 1 HGB von den „Gesellschaftern", bei der AG also von der HV zu wählen ist. Bei Mutterunternehmen gilt dies auch für die Wahl des Konzernabschlussprüfers (§ 318 Abs. 1 S. 1 Hs. 2, Abs. 2 HGB). Ebenso sind von der HV die Sonder- und Gründungsprüfer zu bestellen und daher zu wählen (Abs. 1 Nr. 7). Weitere Wahlkompetenzen können in Bezug auf zusätzliche satzungsmäßige Gesellschaftsorgane (insbesondere einen Beirat) geschaffen werden (→ Rn. 48).

3. Grundlagenkompetenzen. Zu den **Grundlagenkompetenzen** zählt zunächst die Kompe- 7 tenz zur Satzungsänderung (Abs. 1 Nr. 5, § 179). Hierzu gehören auch Beschlüsse über Kapitalmaßnahmen (Kapitalerhöhung und -herabsetzung, §§ 182 ff., 222 ff.), was sich aus der Höhe des Grundkapitals als Satzungsbestandteil (§ 23 Abs. 3 Nr. 3) ergibt. Weitere Beschlusskompetenzen, die zur Grundlagenkompetenz zu zählen sind, finden sich im UmwG. Insoweit sind die Zustimmungserfor-

---
[2] BT-Drs. 3/1915, 147.
[3] BT-Drs. 3/1915, 147: Aufzählung enthält „keine sachliche Änderung", wobei sich gewisse Erweiterungen aus anderen Änderungen des AktG ergeben haben, insbesondere bezüglich der Unternehmensverträge und der Gewinnverwendung.
[4] Gesetz zur Umsetzung der Regelungen über die Mitbestimmung der Arbeitnehmer bei einer Verschmelzung von Kapitalgesellschaften aus verschiedenen Mitgliedstaaten, BGBl. 2006 I 3332.

dernisse zu Verschmelzung (§ 13 UmwG), Aufspaltung (§ 123 Abs. 1 UmwG iVm § 125 UmwG iVm § 13 UmwG) und Formwechsel (§ 193 UmwG) zu nennen, ferner die Vorschrift des § 179a, die eine Hauptversammlungskompetenz bei der Übertragung des gesamten Gesellschaftsvermögens begründet, auch im Fall der Übertragung der wesentlichen Vermögensbestandteile, ohne die der bisherige Unternehmensgegenstand nicht fortgeführt werden kann.[5] Zuletzt zählt auch die Auflösungskompetenz (Abs. 1 Nr. 8, § 262 Nr. 2) zu den Grundlagenkompetenzen der HV.

8 **4. Leitungskompetenzen.** Nach § 76 Abs. 1 leitet der Vorstand die AG unter eigener Verantwortung. Die **Leitungskompetenzen** der HV sind schon aus diesem Grund nur von eingeschränkter Bedeutung. Zunächst ist insoweit der Gewinnverwendungsbeschluss (Abs. 1 Nr. 2, § 174 Abs. 1) zu nennen. Dabei ist die HV nach § 174 Abs. 1 S. 2 einerseits an den festgestellten Jahresabschluss gebunden,[6] andererseits kann sie nur über eine weitergehende Thesaurierung der Gewinne als nach § 58 Abs. 2 bereits erfolgt oder eine Ausschüttung beschließen, während ein Beschluss über eine konkrete Verwendung im Unternehmen wirkungslos wäre.

9 Nur wenige Möglichkeiten hat die Hauptversammlung, über Vorlagen zu entscheiden, die die eigentliche Unternehmensleitung betreffen, also in die **Verwaltungstätigkeit** einzugreifen. Hier kommt zunächst der – nur auf Verlangen des Vorstandes zulässige – Beschluss über eine Geschäftsführungsmaßnahme bei Verweigerung einer erforderlichen Zustimmung des Aufsichtsrates nach § 111 Abs. 4 in Betracht. Ebenfalls nur auf Verlangen des Vorstandes lässt § 119 Abs. 2 eine Beschlussfassung über Fragen der Geschäftsführung zu. Die Bedeutung dieser Vorschrift ergibt sich zunächst aus der Haftungsvorschrift des § 93 Abs. 4 S. 1, da der Vorstand sich durch die Vorlage an die Hauptversammlung von einer etwaigen Schadensersatzpflicht nach § 93 Abs. 2 in dieser Frage befreien kann. Vor allem aber wird die Vorschrift über ihren Wortlaut hinaus zur positivrechtliche Verankerung ungeschriebener Kompetenzen der HV mit herangezogen (→ Rn. 21 ff.).

10 Der § 221 unterwirft ferner die **Ausgabe von Gewinn- und Wandelschuldverschreibungen** sowie von **Genussrechten** dem Erfordernis einer Zustimmung der Hauptversammlung. Diese Kapitalmaßnahmen erfordern, da sie das Grundkapital unberührt lassen, keine Satzungsänderung und sind daher als Geschäftsführungsmaßnahmen anzusehen. Sie berühren trotzdem in unterschiedlicher Art und Weise einerseits die Stellung des Aktionärs in der Gesellschaft,[7] andererseits führen sie der Gesellschaft Fremdkapital zu, das bestimmte Eigenkapitalelemente aufweist und je nach Ausgestaltung Eigenkapitalfunktionen[8] übernehmen kann. Die Hauptversammlungskompetenz verhindert daher eine Umgehung der §§ 182 ff. durch Aufnahme eigenkapitalähnlichen Fremdkapitals. Zuletzt zählen zu den Leitungskompetenzen die übernahmerechtlichen Ermächtigungsbeschlüsse zu Abwehrmaßnahmen nach § 33 Abs. 2 WpÜG und § 33a Abs. 2 Nr. 1 WpÜG.

11 **5. Kontrollkompetenzen.** Als **Kontrollkompetenzen** können solche Vorschriften verstanden werden, die der HV Möglichkeiten zur Sanktionierung der Leitungstätigkeit der anderen Organe gewähren. Das zur Ausübung von Kontrolle erforderliche Informationsrecht (insbes. § 131) ist demgegenüber nicht als Organkompetenz, sondern als versammlungsgebundenes Individualrecht der Aktionäre ausgestaltet. Gegenüber den von ihr gewählten Mitgliedern des Aufsichtsrats steht der HV das Abberufungsrecht aus § 103 zu. Dabei ist die Hauptversammlung weder an Fristen gebunden, noch sind irgendwelche Gründe für die Abberufung erforderlich.[9] Ferner kann sie jedem einzelnen Vorstandsmitglied durch Beschluss[10] nach § 84 Abs. 3 S. 2, 3. Alt. das Vertrauen entziehen und damit einen wichtigen Grund für die Abberufung durch den Aufsichtsrat schaffen, sofern der Beschluss nicht auf offenbar unsachlichen Gründen beruht.[11] Die Hauptversammlung kann somit indirekt Einfluss auf die Besetzung der Verwaltung nehmen. Ferner kann sie nach § 147 die Geltendmachung von Ersatzansprüchen gegen Organmitglieder beschließen. Die persönliche Haftung für sorgfaltswidrig herbeigeführte Schädigungen aus § 93 (ggf. iVm § 116) wirkt als Sanktion ungleich schwerer als eine Abberufung, da sie den Verlust des gesamten Vermögens nach sich ziehen kann. Zuletzt ist der

---

[5] Vgl. BGHZ 83, 122 = NJW 1982, 1703; Hüffer/Koch/*Koch* § 179a Rn. 4.
[6] Ausnahmsweise ist allerdings die Hauptversammlung selbst für die Feststellung zuständig, wenn Vorstand und Aufsichtsrat sich nicht über den Jahresabschluss einigen können oder die Feststellung einvernehmlich der Hauptversammlung überlassen (§ 173 Abs. 1).
[7] Vgl. Hüffer/Koch/*Koch* § 221 Rn. 1 ff.
[8] Insbesondere Genussrechte können nach der Rechtsprechung des BGH weitgehend eigenkapitalähnlich ausgestaltet sein und dieses finanzwirtschaftlich ersetzen, vgl. BGHZ 119, 305 ff. = NJW 1993, 57.
[9] *AllgM:* Grigoleit/*Grigoleit/Tomasic* § 103 Rn. 3; Hüffer/Koch/*Koch* § 103 Rn. 3; MüKoAktG/*Habersack* § 103 Rn. 12.
[10] *AllgM:* Hüffer/Koch/*Koch* § 84 Rn. 38; MüKoAktG/*Spindler* § 84 Rn. 127.
[11] Zu den Anforderungen an einen solchen Beschluss vgl. BGH NZG 2017, 261 (insbesondere bedarf es keiner Begründung).

nach § 120 Abs. 1 jährlich zu treffende Entlastungsbeschluss zu nennen. Das AktG knüpft, anders als das Recht der GmbH,[12] allerdings keine unmittelbaren Rechtsfolgen an die Entlastung,[13] dennoch kann der Verweigerung der Entlastung aber eine faktische Sanktionswirkung nicht abgesprochen werden.

6. Konzernkompetenzen. Wichtigste **gesetzliche Kompetenzzuweisung** bezüglich der Konzerneinbindung einer AG als Untergesellschaft ist § 293 Abs. 1. Diese Vorschrift erfasst insbesondere die Unternehmensverträge des § 291 Abs. 1 (Beherrschungs- und Gewinnabführungsverträge), die unmittelbar konzernbegründende Wirkung haben. Für diese Organisationsverträge ist nach § 293 Abs. 2 außerdem die Zustimmung der Hauptversammlung der Obergesellschaft notwendig,[14] was seinen Grund in der unbegrenzten Verlustübernahmepflicht des § 302 hat. Nach § 295 gilt diese Vorschrift entsprechend für eine Vertragsänderung, während die Aufhebung (§ 296) oder Kündigung (§ 297) eines Unternehmensvertrages in die Kompetenz des Vorstandes fällt.[15] Auch im Umwandlungsgesetz sind ausdrückliche Beschlusskompetenzen bei Konzernierungssachverhalten vorgesehen. Insoweit kommen die Zustimmungserfordernisse zu Abspaltung (§ 123 Abs. 2 UmwG) und Ausgliederung (§ 123 Abs. 3 UmwG) nach § 125 UmwG iVm § 13 UmwG in Betracht, da solche Vorgänge regelmäßig Unternehmensverbindungen nach sich ziehen.

7. Zukünftige Kompetenz für wesentliche Geschäfte mit nahestehenden Unternehmen und Personen? Ein wesentlicher Streitpunkt im Rahmen der Verhandlungen über die Neufassung der Aktionärsrechte-RL war die (im ursprünglichen Entwurf verpflichtend vorgesehene) Einführung einer Hauptversammlungszuständigkeit für wesentliche **Geschäfte mit nahestehenden Unternehmen** und Personen, insbesondere also konzerninterne Transaktionen. Der vor allem von Deutschland ausgehende Widerstand gegen eine derartige Regelung hat dazu geführt, dass sich in der verabschiedeten Fassung nunmehr ein **Wahlrecht** der Mitgliedstaaten findet. Nach Art. 9c Abs. 4 Aktionärsrechte-RL (EU) 2017/828[16] können die Mitgliedstaaten eine Zustimmungskompetenz entweder für die Hauptversammlung oder für das Aufsichtsorgan vorsehen, soweit nur verfahrensrechtlich ein hinreichender Schutz der Minderheitsinteressen gewährleistet wird. Im Zuge der (bis zum 10.6.2019 erforderlichen) Umsetzung in das deutsche Recht wird der Gesetzgeber daher zu entscheiden haben, ob hierfür eine neue, den Konzernkompetenzen zuzuordnende Hauptversammlungskompetenz geschaffen werden soll, oder ob man es bei einer Zustimmung des Aufsichtsrats belässt. Nachdem die Wahlmöglichkeit gerade auf deutsches Betreiben eingeführt und eine solche HV-Kompetenz auch in der Literatur als „systemfremd"[17] oder als „Fremdkörper"[18] bezeichnet worden ist und die HV auch in sachlicher Hinsicht als ungeeignet für die Kontrolle einzelner Geschäfte angesehen wird,[19] wäre die Einführung einer Hauptversammlungszuständigkeit allerdings eine Überraschung. Es ist daher damit zu rechnen, dass die Umsetzung der Richtlinie nicht zur Einführung einer neuen Hauptversammlungszuständigkeit führen wird.

V. Fragen der Geschäftsführung (Abs. 2)

1. Voraussetzungen der Beschlussfassung in Geschäftsführungsfragen. Die **Beschlussfassung in Geschäftsführungsfragen** setzt ein entsprechendes Verlangen des Vorstands voraus, da Abs. 2 nicht die Funktion hat, der HV einen Eingriff in die Organkompetenzen des Vorstands (§ 76) zu ermöglichen. Das Verlangen ist selbst als Maßnahme der Geschäftsführung anzusehen, bedarf also grundsätzlich eines Vorstandsbeschlusses mit satzungsmäßiger Mehrheit und unterliegt andernfalls der gesetzlichen Gesamtgeschäftsführungsbefugnis nach § 77. Grundsätzlich liegt die Vorlage im Ermessen des Vorstands. Das Verlangen ist wegen § 124 Abs. 3 S. 1 ferner mit einem Vorschlag zur

---

[12] Dort beinhaltet der Entlastungsbeschluss nach § 46 Nr. 5 GmbHG die Präklusion von Schadensersatzansprüchen, allgM: vgl. statt aller Scholz/*K. Schmidt*, GmbHG § 46 Rn. 89.
[13] § 120 Abs. 2 S. 2; Hüffer/Koch/*Koch* § 120 Rn. 2; Kölner Komm AktG/*Zöllner* § 120 Rn. 21; *K. Schmidt* ZGR 1978, 432; *v. Rechenberg*, Die Hauptversammlung als oberstes Organ der Aktiengesellschaft, 1986, 151.
[14] Im Gegensatz zu den nur schuldrechtlichen Unternehmensverträgen nach § 292. Die Vorschrift des § 293 Abs. 2 wird im Übrigen analog herangezogen, wenn eine der Gesellschaften eine GmbH ist: BGH WM 1992, 524.
[15] Kritisch insoweit *Emmerich/Habersack* KonzernR § 19 IV 1; Hüffer/Koch/*Koch* § 296 Rn. 5; Kölner Komm AktG/*Koppensteiner* § 296 Rn. 4.
[16] ABl. EU 2017, L132,1.
[17] *Koch* BB 2017, Editorial Heft 15/16.
[18] *J. Schmidt* Der Konzern 2017, 1 (unter II. 3.).
[19] *Veil* NZG 2017, 521 (526); *Fleischer* BB 2014, 2691 (2698 f.); *Renner* AG 2015, 513 (522); für eine Zuständigkeit des AR ferner *Spindler/Seidel* AG 2017, 169.

Beschlussfassung zu verbinden, so dass es in jedem Fall einer Meinungsbildung des Vorstands zu der Frage bedarf.

14 Tauglicher **Beschlussgegenstand** kann jede Frage der Geschäftsführung sein, also diejenigen Fragen, die in die Leitungskompetenz des Vorstands (§ 76) fallen. Dies gilt auch für solche Geschäfte, die gemäß § 111 Abs. 4 der Zustimmung des Aufsichtsrates bedürfen. Allerdings darf Abs. 2 nicht dazu missbraucht werden, durch direkte Vorlage an die HV (zB bei befürchteter Ablehnung durch den Aufsichtsrat) das qualifizierte Mehrheitserfordernis nach § 111 Abs. 4 S. 4 auszuhebeln. Daher kann der Aufsichtsrat auch in diesen Fällen die Maßnahme im Rahmen des Beschlussvorschlags (§ 124 Abs. 3 S. 1) noch ablehnen. In diesem Fall gilt für den Beschluss nach Abs. 2 dann nicht das einfache Mehrheitserfordernis des § 133, sondern das qualifizierte Erfordernis des § 111 Abs. 4 S. 4.[20] Darüber hinaus kann die HV nach Abs. 2 nicht in den Entscheidungsbereich des Aufsichtsrates eingreifen, da ein Verlangen des Vorstandes eine solche Kompetenzverschiebung nicht rechtfertigen könnte.[21] Dies gilt insbesondere für Entscheidungen nach § 112 (auch in analoger Anwendung).

14a Soweit es dagegen um Geschäftsführungsmaßnahmen im Kompetenzbereich des Aufsichtsrats geht, scheidet ein Vorstandsverlangen naturgemäß aus. In solchen Fällen ist indes die Möglichkeit eines **Aufsichtsratsverlangens analog § 119 Abs. 2** anzuerkennen.[22] Insoweit geht es indes nicht um Geschäftsführungsfragen, denen der Aufsichtsrat nach § 111 Abs. 4 zustimmen muss (und die nur vom Vorstand der HV vorgelegt werden können), sondern lediglich um Fälle originärer Geschäftsführungskompetenz des Aufsichtsrats, insbesondere hinsichtlich der Rechtsgeschäfte mit Vorstandsmitgliedern. Legt der Aufsichtsrat derartige Verträge der HV vor, gilt bei Zustimmung auch für diese die Haftungsfreistellung des § 93 Abs. 4 S. 1. Praktische Bedeutung kann dies für die Vorstandsvergütung haben, soweit der konkrete Dienstvertrag vor Abschluss der HV vorgelegt wird, oder aber mit einem Rücktrittsvorbehalt für den Fall der Nichtzustimmung versehen wird (→ Rn. 15). Lediglich bezüglich der Geltendmachung von Ersatzansprüchen ist zu beachten, dass die qualifizierten Anforderungen des § 93 Abs. 4 S. 3 auch für einen Beschluss gelten, der die Nicht-Geltendmachung eines Anspruchs zum Gegenstand hat[23] – fehlt es hieran, tritt keine Haftungsfreistellung ein und es bleibt bei der grundsätzlichen Pflicht zur Geltendmachung von Ersatzansprüchen nach den „ARAG/Garmenbeck"-Grundsätzen.[24]

15 Umstritten ist, ob das **Entscheidungsverlangen** auch für **bereits ausgeführte Maßnahmen** zulässig ist.[25] Dies wird man zu verneinen haben, da jedenfalls die haftungsrechtliche Folge des § 93 Abs. 4 Satz 1 nach Durchführung nicht mehr eintreten kann. Schließlich beruht die Handlung dann nicht auf dem Beschluss. Soweit die AG hierdurch geschädigt wurde, ist der Ersatzanspruch (unter den Voraussetzungen des § 93 Abs. 1) dann auch bereits entstanden, so dass die nachträgliche Zustimmung einen den Beschränkungen des § 93 Abs. 4 S. 3 unterliegenden Verzicht auf Ersatzansprüche enthalten würde. Die Befassung der HV mit einer schon durchgeführten Maßnahme erschiene daher als sinnlos und unzulässig.[26] Keine Ausnahme von diesem Grundsatz stellt der Fall dar, dass der Beschluss zugleich eine Entscheidung über eine zukünftige Geschäftsführungsmaßnahme enthält, insbesondere über die Ausübung eines vertraglichen Rücktrittsrechts.[27] Auf die Formulierung des Beschlussantrags („Billigung des bereits abgeschlossenen Vertrags" oder „Ausübung des Rücktrittsrechts") kann es insoweit nicht ankommen, vielmehr genügt es für die Zulässigkeit der Beschlussfassung, wenn die Geschäftsführungsfrage zumindest auch **noch bestehende Handlungsoptionen** betrifft.[28]

16 **2. Beschlussfassung.** Abs. 2 ordnet nicht an, dass die HV eine Entscheidung zu treffen hätte, vielmehr „kann" sie nur bei Vorliegen des Verlangens überhaupt entscheiden. Daraus folgt, dass eine Beschlussfassung (und damit die Entlastung vom Haftungsrisiko) auch abgelehnt werden kann, ohne dass die Maßnahme selbst abgelehnt würde. Zulässig ist es daher auch, anstelle einer Sachentscheidung

---

[20] MüKoAktG/*Kubis* Rn. 26; K. Schmidt/Lutter/*Spindler* Rn. 23; Großkomm AktG/*Mülbert* Rn. 41; Grigoleit/*Herrler* Rn. 16; abweichend *Dietz-Vollmer* NZG 2014, 721 (724 f.), der schon die Vorlage für unzulässig hält.

[21] Zutreffend Kölner Komm AktG/*Zöllner* Rn. 31; aA aber Großkomm AktG/*Mülbert* Rn. 41; MüKoAktG/*Kubis* Rn. 24.

[22] Ausführlich *Fischbach* ZIP 2013, 1153; zuvor bereits *Schüppen* ZIP 2010, 905 (909 f.); K. Schmidt/Lutter/*Spindler* Rn. 15; ablehnend *Dietz-Vollmer* NZG 2014, 721 (724).

[23] Zutreffend *Fischbach* ZIP 2013, 1153 (1159).

[24] BGH NJW 1997, 1926 = ZIP 1997, 883.

[25] Dafür etwa MüKoAktG/*Kubis* Rn. 25; K. Schmidt/Lutter/*Spindler* Rn. 20; grundsätzlich auch Grigoleit/*Herrler* Rn. 15.

[26] In diesem Sinn auch Großkomm AktG/*Mülbert* Rn. 42; *Dietz-Vollmer* NZG 2014, 721 (722).

[27] So der Fall BGHZ 146, 288 = NJW 2001, 1277.

[28] Zur Enthaftungswirkung eines solchen Beschlusses iRv § 93 Abs. 4 S. 1 vgl. *Kleinhenz/Leyendecker* BB 2012, 861 (862 f.).

nur eine **unverbindliche Meinungsäußerung** zu beschließen, die ebenfalls keine haftungsrechtliche Wirkung entfaltet. Auch hier darf Abs. 2 allerdings die Regelung des § 111 Abs. 4 nicht aushebeln, so dass die HV im Fall einer Ablehnung der (zustimmungsbedürftigen) Maßnahme durch den Aufsichtsrat zu einer Abstimmung in der Sache verpflichtet ist. Nur in diesem Fall bedarf es auch einer qualifizierten Mehrheit (§ 111 Abs. 4 S. 4, → Rn. 14), während es ansonsten bei § 133 bzw. abweichenden Satzungsregelungen (§ 133 Abs. 1 S. 2) bewendet.

Durch das Vorstandsverlangen wird eine **Entscheidungskompetenz** bezüglich der **Geschäfts-** 17 **führungsmaßnahme** an sich begründet. Das bedeutet, dass die HV nicht nur über den Entscheidungsvorschlag des Vorstandes im Sinne einer Zustimmung oder Ablehnung entscheiden, sondern auch Änderungen vornehmen kann.[29] Voraussetzung ist jedoch, dass es sich noch um dieselbe „Frage der Geschäftsführung" handelt. Daher können zwar Maßnahmen beschränkt oder verändert werden, nicht aber ganz andersartige Maßnahmen angeordnet oder untersagt werden. Das Verlangen des Vorstandes darf mit anderen Worten nicht dazu genutzt werden, über andere Fragen mit zu entscheiden. Die zulässige Reichweite der Beschlussfassung ergibt sich dabei aus dem Vorstandsverlangen und dem Gegenstand der Tagesordnung.[30] Je enger der Gegenstand der Fragestellung gefasst wird, desto enger sind auch die Grenzen der zulässigen Beschlussfassung zu ziehen.

3. Rechtsfolgen. Die **Rechtsfolgen** eines wirksamen Beschlusses nach Abs. 2 sind zunächst 18 haftungsrechtlicher Art, da dieser nach § 93 Abs. 4 Satz 1 dazu dient, dem Vorstand im Verhältnis zur AG die Verantwortung für die Durchführung der Maßnahme abzunehmen. Der Vorstand kann sich zwar noch im Verhältnis zu den Gesellschaftsgläubigern (§ 93 Abs. 5 S. 3), nicht aber zur AG selbst schadensersatzpflichtig machen, wenn die HV der Maßnahme zugestimmt hat. Eine Ausnahme gilt nur dann, wenn die Schädigung nicht unmittelbar auf der beschlossenen Maßnahme beruht, sondern erst aus einer fehlerhaften Umsetzung oder einer Ausgestaltung, die nicht konkret Gegenstand der Beschlussfassung war. Keine solche Wirkung hat ferner ein nichtiger oder aufgrund einer Anfechtungsklage für nichtig erklärter Beschluss.[31] Da der Vorstand selbst zur Anfechtung befugt ist (§ 245 Nr. 4), kommt eine Haftung ferner in Betracht, wenn ein Anfechtungsgrund vorlag (zB nach § 243 Abs. 2) und der Vorstand im Einzelfall zur Beschlussanfechtung verpflichtet gewesen wäre, um im Rahmen der Sorgfalt eines ordentlichen Geschäftsleiters Schaden von der Gesellschaft abzuwenden.[32] Für die Einzelheiten → § 93 Rn. 272 ff. *(Fleischer)*.

Umgekehrt kann die **Missachtung des Beschlusses** schon für sich Grundlage einer Ersatzpflicht 19 nach § 93 sein. Denn soweit der Beschluss sich innerhalb der Entscheidungskompetenz der HV (→ Rn. 17) hält, ist er für die anderen Organe bindend, auch soweit er von dem Entschlussvorschlag abweicht oder die vorgeschlagene Maßnahme ablehnt.[33] Bei einem schuldhaften Verstoß gegen die Ausführungspflicht (§ 83 Abs. 2) macht sich der Vorstand daher ohne weiteres ersatzpflichtig. Darüber hinaus rechtfertigt eine solche Missachtung der HV auch eine Abberufung des Vorstands durch den Aufsichtsrat aus wichtigem Grund (§ 84 Abs. 3).[34]

Grenzen der Befolgungs- und Ausführungspflicht bestehen allerdings bei fehlerhaften 20 Beschlüssen und nach dem Rechtsgedanken des § 665 BGB bei veränderten Umständen, die eine Abweichung als dem mutmaßlichen Willen der Aktionäre entsprechend erscheinen lassen. Soweit der Beschluss anfechtbar ist, kann sich der Vorstand hierauf indes nur berufen, soweit der Beschluss auch angefochten wird (§ 245 Nr. 4, Nr. 5), da er andernfalls mit Ablauf der Anfechtungsfrist endgültig verbindlich wird.[35] Im Fall des Auftretens oder Bekanntwerdens **neuer Umstände,** die eine neue Bewertung der Geschäftsführungsmaßnahme erfordern, hat der Vorstand nach dem **Rechtsgedanken des § 665 BGB** grundsätzlich eine neue Beschlussfassung der HV herbeizuführen. Ohne weiteres kann also auch dann nicht von dem Beschluss nach Abs. 2 abgewichen werden. Kann die Maßnahme gefahrlos aufgeschoben werden, ist die Maßnahme der nächsten HV erneut vorzulegen. Andernfalls wird man die Einberufung der HV nach § 121 Abs. 1 letzte Alt. zu verlangen haben. Der Vorstand ist also grundsätzlich nur dazu befugt, die Ausführung der beschlossenen Maßnahme aufzuschieben oder einstweilige Schritte einzuleiten, um die Möglichkeit der Realisierung einer abgelehnten Maßnahme zu erhalten. Voraussetzung ist aber stets, dass ein entsprechender mutmaßlicher Aktionärswille festgestellt werden kann. Zu endgültigen Maßnahmen, die vom Beschluss der

---

[29] Zustimmend MüKoAktG/*Kubis* Rn. 26.
[30] MüKoAktG/*Kubis* Rn. 26.
[31] *v. Falkenhausen* NZG 2016, 601.
[32] Hierzu näher: *v. Falkenhausen* NZG 2016, 601 sowie → § 93 Rn. 274 *(Fleischer)*.
[33] Einschränkend *Dietz-Vollmer* NZG 2014, 721 (725 f.): nur bei entsprechender Auslegung des HV-Beschlusses.
[34] K. Schmidt/Lutter/*Spindler* Rn. 25; MüKoAktG/*Kubis* Rn. 30.
[35] Kritisch und differenzierend *Dietz-Vollmer* NZG 2014, 721 (727 f.).

HV abweichen, ist der Vorstand dagegen nur befugt, wenn eine neue Entscheidung der HV nicht mehr rechtzeitig herbeigeführt werden kann. Gerade in diesen Fällen wird man aber einen strengen Maßstab an den mutmaßlichen Willen der Aktionäre anzulegen haben, nun anders als bei der Beschlussfassung zu entscheiden. Fehlt es hieran, ist der Vorstand nach § 93 schon wegen der Nichtbeachtung des Beschlusses ersatzpflichtig, wobei die Einschätzung des mutmaßlichen Aktionärswillens eine Rechtsfrage ist, keine unternehmerische Entscheidung im Sinne des § 93 Abs. 1 S. 2. Der Vorstand übernimmt bei einer Abweichung daher erhebliche Haftungsrisiken. Andererseits kann der Vorstand im Rahmen seiner Sorgfaltspflichten aber sogar zur (zumindest vorläufigen) Abweichung von der Beschlusslage verpflichtet sein, wenn sich **wesentliche Änderungen der Umstände** ergeben haben und die Abweichung erforderlich ist, um Schaden von der Gesellschaft abzuwehren. Hat etwa die HV einen Beteiligungserwerb beschlossen, und stellt sich später heraus, dass die wirtschaftliche Lage des Zielunternehmens falsch dargestellt worden ist und daher die Anteile grob falsch bewertet worden sind, kann man den Vorstand nicht mehr als berechtigt ansehen, den Beschluss noch auszuführen. Vielmehr kann unter solchen Umständen auch die Befolgung eine Schadensersatzpflicht nach § 93 auslösen.

VI. Ungeschriebene Kompetenzen der HV

21   **1. Überblick.** Die Formulierung in Abs. 1, dass die HV nur „in den im Gesetz und in der Satzung ausdrücklich bestimmten Fällen" beschließt, legt es nahe, dass darüber hinaus **keine ungeschriebenen Kompetenzen** anzuerkennen sind. Dennoch hat sich die Rechtsprechung dazu veranlasst gesehen, in bestimmten Konstellationen derartige Zuständigkeiten in Fällen anzunehmen, in denen die Rechtsposition der Aktionäre durch Geschäftsführungsmaßnahmen in erheblichem Maße betroffen wird. Normativer Ansatzpunkt war zunächst Abs. 2, da der BGH in bestimmten Konstellationen von einer Reduktion des Vorlageermessens des Vorstands auf Null ausging, dieser also aufgrund der Bedeutung der Maßnahme zu einer Vorlage an die HV nicht nur berechtigt, sondern verpflichtet angesehen wurde (sog. **„Holzmüller"-Doktrin**).[36] Später hat der BGH die Kompetenz als „Ergebnis offener Rechtsfortbildung" beschrieben.[37] Darüber hinaus waren zwischenzeitlich ungeschriebene Zuständigkeiten unabhängig von einer gesetzlichen Verankerung für Fragen anerkannt, die den „Schutz des mitgliedschaftlichen Vermögenswertes" betreffen,[38] was letztlich aus dem Eigentumsschutz (Art. 14 GG) abgeleitet worden war. Diese Rechtsprechungslinie, konkret zum **Delisting**, hat der BGH allerdings nach etwa 10 Jahren wieder aufgegeben,[39] da nach einer Entscheidung des BVerfG[40] bereits der Schutzbereich des Art. 14 GG durch die Aufgabe der Börsennotierung nicht betroffen wird. Durch die Entwicklung der Rechtsprechung wird zunehmend deutlich, dass derartige Kompetenzen nur ausgesprochen zurückhaltend anerkannt werden.

22   **2. Die „Holzmüller"-Doktrin. a) Die „Holzmüller"-Entscheidung von 1982. Ungeschriebene Kompetenzen** der HV wurden erstmals in der **„Holzmüller"-Entscheidung** von 1982 anerkannt. Darin hat der BGH entschieden, dass der Vorstand im Rahmen von Abs. 2 nicht nur berechtigt ist, die HV in Geschäftsführungsfragen anzurufen, sondern dazu sogar verpflichtet, wenn „der Vorstand vernünftigerweise nicht annehmen kann, er dürfe sie (die Geschäftsführungsmaßnahme) in ausschließlich eigener Verantwortung treffen".[41] Dies soll dann der Fall sein, wenn die Maßnahme einen schwerwiegenden Eingriff in die „Mitgliedsrechte der Aktionäre und deren im Anteilseigentum verkörperten Vermögensinteressen" darstellt.[42] Dies wurde im konkreten Fall angenommen, da die Maßnahme „sich im Kernbereich der Unternehmenstätigkeit" abspielte, den „wertvollsten Betriebszweig" betraf und „die Unternehmensstruktur von Grund auf" änderte.[43] Konkret ging es um die Ausgliederung des wichtigsten Unternehmensteils auf eine 100 %ige Tochtergesellschaft, letztlich also einen Fall der Konzernbildungskontrolle (→ Rn. 35).

23   Diese Entscheidung führte zu einer intensiven Auseinandersetzung nicht nur um die dogmatische Verankerung, sondern auch um die **Voraussetzungen einer solchen ungeschriebenen Kompetenz**. Aufgrund der ausgesprochen allgemein gehaltenen Formulierungen der Entscheidung bestand ein relativ weiter Interpretationsspielraum, wobei die Frage einer restriktiven oder extensiven Auslegung und Anwendung der „Holzmüller"-Doktrin im Mittelpunkt stand. Vor allem die über mehr

---

[36] BGHZ 83, 122 = NJW 1982, 1703 – Holzmüller.
[37] BGHZ 159, 30 = NJW 2004, 1860.
[38] BGHZ 153, 47 (54 f.) = NJW 2003, 1032 – Macrotron.
[39] BGH NJW 2014, 146 = ZIP 2013, 2254 – Frosta.
[40] BVerfG ZIP 2012, 1402.
[41] BGHZ 83, 122 (131) = NJW 1982, 1703.
[42] BGHZ 83, 122 (131) = NJW 1982, 1703.
[43] BGHZ 83, 122 (131 f.) = NJW 1982, 1703.

als 20 Jahre fehlende Gelegenheit zur Konkretisierung durch den BGH machte „Holzmüller" wohl zu einer der am meisten diskutierten gesellschaftsrechtlichen Entscheidungen überhaupt.[44]

b) Entwicklung bis „Gelatine". In der instanzgerichtlichen **Rechtsprechung** wurde die 24 „Holzmüller"-Doktrin offenbar nur sehr zurückhaltend angewendet, insbesondere fehlte es an wesentlicher Rechtsprechung zur Anwendung der Doktrin außerhalb von Konzern- und Ausgliederungssachverhalten[45] oder dem Sonderfall des Delisting (→ Rn. 39). Zu nennen sind allerdings Entscheidungen des OLG Celle[46] zur Anwendung auf die Zustimmung zur Veräußerung des gesamten Vermögens einer eingegliederten Gesellschaft, wobei die Beteiligung den einzigen Vermögensgegenstand der AG darstellte und somit nach der Veräußerung der satzungsmäßige Gesellschaftszweck nicht mehr verfolgt werden konnte. Die Anwendung der Doktrin erschien hier als relativ unproblematisch, letztlich handelte es sich auch um eine Frage der Konzernleitungskontrolle (→ Rn. 35). Ganz ähnlich nahm das LG Frankfurt a. M.[47] eine HV-Kompetenz für die Veräußerung aller wesentlichen Beteiligungen einer Holdinggesellschaft an. Das LG Düsseldorf[48] hat dagegen entschieden, dass eine Anwendung der „Holzmüller"-Doktrin jedenfalls dann ausscheidet, wenn die Geschäftsführungsmaßnahme Vermögensgegenstände (konkret zwei Beteiligungen) betreffen, die weniger als 50 % der Aktiva der AG ausmachen. Nicht unter die „Holzmüller"-Doktrin fällt nach einer Entscheidung des LG Heidelberg[49] ferner die (nicht mit einer Ausgliederung verbundene) Neugründung von Tochtergesellschaften, auch wenn an diesen Dritte mitbeteiligt werden. Nach Ansicht des LG Duisburg soll offenbar bereits die mit einer Anteilsveräußerung verbundene Aufgabe einer Mehrheitsbeteiligung an einer bedeutenden Tochtergesellschaft für die HV-Kompetenz genügen.[50]

In der **Literatur** hatte sich bis 2004 eine grundsätzliche Zustimmung zur „Holzmüller"-Doktrin 25 zumindest im Ergebnis durchgesetzt.[51] Umstritten waren aber vor allem die Voraussetzungen und Grenzen der Zuständigkeit, und auch die dogmatische Verankerung in Abs. 2 wurde weitgehend kritisch gesehen. Die hM lehnte die Konstruktion über Abs. 2 ab und nahm stattdessen überwiegend eine Gesamtanalogie zu den Einzelkompetenzen bei Strukturveränderungen in AktG und UmwG (insbes. §§ 179, 179a, 293 AktG, §§ 13, 123 UmwG) an,[52] ohne indes die Konsequenz zu ziehen, eine fehlende Beschlussfassung der HV auch auf das Außenverhältnis durchschlagen zu lassen. Denn während eine Beschlussfassung nach Abs. 2 nicht geeignet ist, die Vertretungsmacht des Vorstands nach § 82 zu beschränken, hängt die Wirksamkeit einer Strukturmaßnahme (zB eines Vertrages nach § 179a) auch im Außenverhältnis von der Zustimmung der HV ab.[53] An die dogmatische Herleitung knüpfte ferner die Frage nach dem Mehrheitserfordernis an, da nach Abs. 2 die einfache Mehrheit genügt hätte, während die sonstigen Vorschriften für Strukturmaßnahmen eine qualifizierte ¾-Mehrheit voraussetzen. Die wichtigste Frage betraf indes die Voraussetzungen, unter denen von

---

[44] Statt vieler: *Lutter* FS Stimpel, 1985, 825 ff.; *Geßler* FS Stimpel, 1985, 781 ff.; *Westermann* ZHR 156 (1992), 203; *Westermann* ZGR 1984, 352; *Heinsius* ZGR 1984, 383; *Martens* ZHR 147 (1983), 377; *Werner* ZHR 147 (1983), 429; *Götz* AG 1984, 85; *Ebenroth* AG 1988, 1; *Semler* BB 1983, 1566; *Weisshaupt* NZG 1999, 804; *Zeidler* NZG 1998, 91; *Sieger/Hasselbach* AG 1999, 241; *v. Gerkan* ZGR 1988, 441; *Rehbinder* ZGR 1983, 92.
[45] Zu weiteren Ausgliederungssachverhalten vgl. LG Köln AG 1992, 238 ff.; LG Stuttgart AG 1992, 236 ff.; LG Frankfurt a. M. AG 1993, 287 ff.; OLG München AG 1995, 232 ff.; LG Hamburg AG 1997, 238 ff.; LG Frankfurt a. M. ZIP 1997, 1698 ff.; LG Heidelberg AG 1999, 135 ff.; ferner zum österreichischen Recht vgl. auch öOGH AG 1996, 382 ff.
[46] OLG Celle NZG 2001, 409; ebenso bereits die Vorinstanz LG Hannover AG 2001, 150.
[47] LG Frankfurt a. M. AG 2001, 431.
[48] LG Düsseldorf AG 1999, 94 f.
[49] LG Heidelberg AG 1999, 135 (137).
[50] LG Duisburg NZG 2002, 644, wobei sich das Fehlen näherer Feststellungen über die Bedeutung der Beteiligung im Verhältnis zum Gesamtunternehmen wohl dadurch erklärt, dass es sich um eine Entscheidung im einstweiligen Verfügungsverfahren handelt.
[51] Aus der älteren Literatur sind hervorzuheben: *Lutter* FS Stimpel, 1985, 825 ff.; *Geßler* FS Stimpel, 1985, 781 ff.; *Westermann* ZGR 1984, 352; *Heinsius* ZGR 1984, 383; *Martens* ZHR 147 (1983), 377; *Werner* ZHR 147 (1983), 429; *Götz* AG 1984, 85; *Ebenroth* AG 1988, 1; *Semler* BB 1983, 1566; in den letzten Jahren trat der Aspekt der Konzernbildungskontrolle zunehmend in den Vordergrund: *Hirte,* Bezugsrechtsausschluss und Konzernbildung, 1986, 175 ff.; *Liebscher,* Konzernbildungskontrolle, 1995, 47 ff.; *Seydel,* Konzernbildungskontrolle bei der Aktiengesellschaft, 1995; *Wahlers,* Konzernbildungskontrolle durch die HV der Obergesellschaft, 1995; *Emmerich* AG 1991, 303; *Joost* ZHR 163 (1999), 164; *Habersack* WM 2001, 545; *Hüffer* FS Ulmer, 2003, 279; *Zeidler* NZG 1998, 91; umfassende Nachweise bei *Emmerich/Habersack* KonzernR § 9; zur Entwicklung der Diskussion vgl. MüKoAktG/*Kubis* Rn. 35 f. mwN.
[52] *Priester* ZHR 163 (1999), 187; *Lutter/Leinekugel* ZIP 1998, 805; *Henze* BB 2001, 53; *Veil* ZIP 1998, 361; *K. Schmidt* GesR, S. 872; Großkomm AktG/*Mülbert* Rn. 21 ff.; Emmerich/Habersack/*Habersack* Vor § 311 Rn. 39; ähnlich (Ableitung aus § 179 analog) MüKoAktG/*Kubis* Rn. 41 f.
[53] AllgM; vgl. nur BGHZ 82, 188 (195) = NJW 1982, 933; (für § 361 aF); Hüffer/Koch/*Koch* § 179 Rn. 15; MüKoAktG/*Stein* § 179 Rn. 40.

einer ungeschriebenen HV-Kompetenz auszugehen war, wann eine Geschäftsführungsmaßnahme also als hinreichend tiefer Eingriff in die Mitgliedschaftsrechte anzusehen ist. Insoweit wurde versucht, durch prozentuale Schwellenwerte der von einer Maßnahme betroffenen Betriebsteile bzw. Tochtergesellschaften ein **quantitatives Abgrenzungskriterium** zu gewinnen. Indes gingen die Meinungen extrem weit auseinander, da die Begrenzung einerseits nur als Bagatellgrenze verstanden worden ist und die Art der Maßnahme in den Mittelpunkt gerückt wurde, während nach anderen Stimmen erforderlich sein sollte, dass ein wesentlicher Teil des Gesellschaftsvermögens von der Maßnahme betroffen wird. Als Bagatellgrenze wurde ein Wert von 10 % des Unternehmenswerts genannt,[54] während für eine Wesentlichkeitsgrenze ganz unterschiedliche Werte zwischen 20 % und 75 % von Unternehmenswert und/oder -umsatz angenommen wurden.[55] Diese starken Divergenzen im Schrifttum zeigen, dass bis 2004 von einer gesicherten Rechtslage noch nicht die Rede sein konnte.

26   c) Die „Gelatine"-Entscheidung von 2004. Erst im Jahr 2004 hatte der BGH Gelegenheit, einige der durch „Holzmüller" aufgeworfenen Fragen für die Praxis zu klären. In der Entscheidung „Gelatine"[56] wurden Konkretisierungen bezüglich der wesentlichen Streitfragen getroffen. Zunächst stützt der BGH die ungeschriebene Zuständigkeit der HV nicht mehr auf Abs. 2, wendet sich aber auch nicht der in der Literatur vertretenen Gesamtanalogie zu. Vielmehr wird es vorgezogen, „die zutreffenden Elemente beider Ansätze, nämlich die bloß das Innenverhältnis betreffende Wirkung einerseits und die Orientierung der in Betracht kommenden Fallgestaltungen an den gesetzlich festgelegten Mitwirkungsbefugnissen auf der anderen Seite, aufzunehmen und diese besondere Zuständigkeit der Hauptversammlung als Ergebnis einer offenen Rechtsfortbildung anzusehen."[57]

27   Die wohl wichtigste Aussage bezieht sich indes darauf, dass die **ungeschriebenen Kompetenzen „nur in engen Grenzen"** anzuerkennen sind, wobei der BGH nicht nur die Anwendung reiner Bagatellgrenzen, sondern ausdrücklich auch einen 50 %igen Schwellenwert zurückweist. Vielmehr verlangt er Auswirkungen, die „einem Zustand nahezu entsprechen, der allein durch Satzungsänderung herbeigeführt werden kann", was erst bei einer dem „Holzmüller"-Sachverhalt vergleichbaren Größenordnung des betroffenen Unternehmensteils der Fall sein soll,[58] wenn also der „wertvollste Betriebszweig" betroffen ist, neben dem das Restvermögen „substanz- und ertragsmäßig nicht ins Gewicht" fällt.[59] Somit hat sich der BGH der restriktivsten Literaturmeinung angeschlossen. Für die Praxis ist daher von einem Schwellenwert in der Größenordnung von 70 % bis 80 % des Gesellschaftsvermögens auszugehen, wobei man die Grenze nicht exakt bestimmen kann, da sich einerseits der „Holzmüller"-Entscheidung keine genauen Wertrelationen entnehmen lassen, und andererseits laut Leitsatz 2 die „wirtschaftliche Bedeutung der Maßnahme" nur „in etwa die Ausmaße" des „Holzmüller"-Falles erreichen muss. Die Zuständigkeit der HV stellt sich also auch dann als Ausnahmefall dar, wenn die Wirkungen der Maßnahme – insbesondere wegen der „Mediatisierung" des Einflusses der Aktionäre in Konzernsachverhalten – einen Eingriff in die Mitgliedschaftsrechte nahe legen.

28   Aufgrund dieser strengen Anforderungen nimmt der BGH ferner ein **qualifiziertes, satzungsfestes ¾-Mehrheitserfordernis** für die Zustimmung an.[60] Dies beruht vor allem auf der Verankerung der Rechtsfortbildung auch in den speziellen Zuständigkeitsnormen für Strukturentscheidungen, die ebenso gestaltet sind (zB §§ 179a, 293, 319), während nach Abs. 2 die einfache Mehrheit ausreichend gewesen wäre. Dessen Rechtsgedanke bleibt vor allem für die Rechtsfolgen relevant, also die nur gesellschaftsinterne Wirkung der ungeschriebenen Kompetenzen.

29   Durch „Gelatine" können somit **wesentliche Fragestellungen für die Praxis** als geklärt angesehen werden. Vor allem die ausgesprochen restriktive Anwendung ungeschriebener Kompetenzen ist im Schrifttum teilweise auf Kritik gestoßen,[61] während das qualifizierte Mehrheitserfordernis breite Zustimmung erfährt.[62] Über diese Einzelfragen hinaus lässt sich der Entscheidung allerdings auch

---

[54] So etwa *Gessler* FS Stimpel, 1985, 771 ff. (insbes. S. 787); ähnlich *Seydel*, Konzernbildungskontrolle bei der Aktiengesellschaft, 1995, 431 ff.
[55] Vgl. hierzu die Zusammenstellungen bei *Bungert* BB 2004, 1345; *Liebscher* ZGR 2005, 1 (9).
[56] BGHZ 159, 30 = NJW 2004, 1860; vgl. auch die fast wortgleiche Parallelentscheidung NZG 2004, 575. Aus dem umfangreichen Schrifttum zu dieser Entscheidung vgl. *Bungert* BB 2004, 1345; *Liebscher* ZGR 2005, 1; *Reichert* AG 2005, 150; *Götze* NZG 2004, 585; *Simon* DStR 2004, 1482; 2004, 1528; *Fleischer* NJW 2004, 2335; *Habersack* AG 2005, 137; *Arnold* ZIP 2005, 1573; *Böttcher/Blasche* NZG 2006, 569.
[57] BGH NJW 2004, 1860 (1863).
[58] BGH NJW 2004, 1860 (1864).
[59] Vgl. BGHZ 83, 122 = NJW 1982, 1703.
[60] BGH NJW 2004, 1860 (1864).
[61] Kritisch etwa *Fleischer* NJW 2004, 2335 (2338 f.); zustimmend aber zB Hüffer/Koch/*Koch* Rn. 18 ff.; *Habersack* AG 2005, 137 (149); *Götze* NZG 2004, 585 (586); *Bungert* BB 2004, 1345.
[62] K. Schmidt/Lutter/*Spindler* Rn. 46; *Fleischer* NJW 2004, 2335 (2339); *Reichert* AG 2005, 150 (153); *Götze* NZG 2004, 585 (588); *Bungert* BB 2004, 1345 (1348 f.).

entnehmen, dass die in Betracht kommenden Fälle nicht auf Konzernsachverhalte beschränkt sind, die Doktrin also nicht als spezifisches Element einer Konzernverfassung aufzufassen, sondern als Instrument des Aktionärsschutzes anzusehen ist.[63] Daraus folgt, dass die ungeschriebenen Kompetenzen auch über die Fälle der Ausgliederung und der Umstrukturierung des Beteiligungsbesitzes im Konzern (insbesondere die Umstrukturierung einer Tochter- in eine Enkelgesellschaft)[64] hinaus auch nicht konzernbezogene Fälle erfassen kann. Die **„Mediatisierung"** des Aktionärseinflusses ist also nur ein Aspekt, der die Annahme der ungeschriebenen Kompetenz „jedenfalls" zu rechtfertigen vermag, nicht aber die einzige denkbare Grundlage.[65] Die daraus folgende Frage, welche Fälle sonst in Betracht kommen, wurde indes von „Gelatine" nicht beantwortet.

d) Einzelfälle. Auch nach „Gelatine" ist somit weiterhin unklar, welche konkreten Maßnahmen über die Fälle der Ausgliederung des wesentlichen Betriebsteils und der Umstrukturierung wesentlichen Beteiligungsbesitzes (soweit mit diesem ein Mediatisierungseffekt verbunden ist) in den **Anwendungsbereich der ungeschriebenen HV-Kompetenz** fallen. Es ist evident, dass nicht jede Art von Geschäftsführungsmaßnahme, nur weil sie das Gesamtunternehmen oder einen wesentlichen Teil davon betrifft, zustimmungspflichtig sein kann. Während bei Konzernsachverhalten der Mediatisierungseffekt als „zuständigkeitsbegründender Tatbestand"[66] ganz im Vordergrund steht, kommen ansonsten nur ganz außergewöhnliche Maßnahmen in Betracht. Genannt werden zunächst der Erwerb oder die Veräußerung wesentlicher Beteiligungen, wobei diese Fälle auch nach „Gelatine" noch ausgesprochen umstritten sind.

aa) Beteiligungserwerb: Bezüglich des **Beteiligungserwerbs** stand zunächst die Frage im Vordergrund, ob auch hiermit ein Mediatisierungseffekt ähnlich wie bei der Ausgliederung verbunden ist, was in Hinblick auf das für die Beteiligung hingegebene Aktivvermögen teilweise angenommen wird.[67] In den Mittelpunkt des Interesses ist die Fallkonstellation aber erst durch den Erwerb aller Anteile an der **Dresdner Bank** durch die **Commerzbank** in den Jahren 2008 und 2009 gerückt (mit anschließender zustimmungsfreier Konzernverschmelzung nach § 62 UmwG), die ohne Beschluss der Hauptversammlung der Commerzbank erfolgt ist und während der Finanzkrise wesentlich zum Erfordernis einer Rekapitalisierung des Konzerns durch den SoFFin beigetragen hat.[68] Nach der Entlastung von Vorstand und Aufsichtsrat auf der Hauptversammlung 2009 wurden die Entlastungsbeschlüsse angefochten, u.a. mit der Begründung, dass bezüglich des Beteiligungserwerbs eine ungeschriebene Hauptversammlungskompetenz bestanden hätte und die zustimmungslose Durchführung des Erwerbs somit rechtswidrig gewesen wäre. In einer Aufsehen erregenden Entscheidung hatte sich das LG Frankfurt a. M. dieser Argumentation angeschlossen und eine Hauptversammlungskompetenz schon dann angenommen, wenn es durch einen Beteiligungserwerb zu einer „wesentlichen Veränderung der Unternehmensstruktur" kommt, wofür insbes. eine wesentliche Erhöhung des Verschuldungsgrades als ausreichend angesehen worden ist.[69] Nachdem das OLG Frankfurt a. M. diese Entscheidung aufgehoben hatte,[70] war zwar auch der BGH im Rahmen einer Nichtzulassungsbeschwerde mit dem Fall befasst, zu einer Entscheidung über die Hauptversammlungskompetenz kam es indes nicht: Da Gegenstand der Klage lediglich der Entlastungsbeschluss war, konnte der BGH es bei der Feststellung belassen, dass wegen der umstrittenen und ungeklärten Rechtslage jedenfalls kein eindeutiger und schwerwiegender Gesetzesverstoß vorlag, der Voraussetzung einer Anfechtbarkeit der Entlastung (→ § 120 Rn. 49 ff. (*Hoffmann*)) wäre.[71] Rückschlüsse auf die grundsätzliche Eignung des Beteiligungserwerbs als Grundlage einer ungeschriebenen Kompetenz lässt der Beschluss des BGH aber nicht zu.

Das OLG Frankfurt a. M. hatte seiner Entscheidung eine äußerst restriktive Sichtweise zugrunde gelegt. Soweit die Satzung der AG eine **Konzernöffnungsklausel** enthält, sollen danach sämtliche Beteiligungserwerbe – unabhängig von ihrer Größenordnung und dem Erreichen von Schwellenwerten – zu den „vorstandsautonomen Geschäftsführungsangelegenheiten" zählen. Begründet wird dies

---

[63] BGH NJW 2004, 1860 (1862 f.).
[64] BGH NJW 2004, 1860, Ls. 2.
[65] BGH NJW 2004, 1860 (1863).
[66] *Habersack* AG 2005, 137 (143).
[67] Vgl. einerseits *Bungert* BB 2004, 1345 (1350); *Götze* NZG 2004, 585 (588); andererseits *Habersack* AG 2005, 137 (144); *Liebscher* ZGR 2005, 1.
[68] Eine ausführliche Darstellung der gerichtlichen Auseinandersetzung findet sich bei *Zientek*, Ungeschriebene Hauptversammlungskompetenzen bei Unternehmensakquisitionen einer Aktiengesellschaft, 2016, 140 ff. (mit umfassenden Nachweisen zur Bewertung in der Literatur auf S. 157 ff.).
[69] LG Frankfurt a. M. BB 2010, 980 = AG 2010, 416; dazu *Gubitz/Nikoleyczik* NZG 2010, 539.
[70] OLG Frankfurt a. M. NZG 2011, 62 = BeckRS 2010, 29775; dazu *Gubitz/Nikoleyczik* NZG 2011, 91.
[71] BGH NJW-RR 2012, 558.

im Wesentlichen damit, dass ein Mediatisierungseffekt hierbei nicht zu befürchten sei (soweit nicht zugleich wesentliche Teile des operativen Geschäfts veräußert werden), der AG keine unternehmerischen Aktivitäten entzogen würden, sondern solche hinzutreten, und die Konzernöffnungsklausel eine allgemeine Befugnis zum Anteilserwerb enthalte. Die vorhersehbaren wirtschaftlichen Auswirkungen des Erwerbs auf die AG sollen dagegen offenbar ohne Bedeutung sein. Dieser Sichtweise ist indes zu widersprechen, da entscheidend für das Bestehen einer HV-Kompetenz nicht der formale Charakter der Maßnahme sein kann, sondern die Intensität der **Betroffenheit der Aktionärsinteressen** sein muss. Dem LG Frankfurt a.M. ist daher grundsätzlich zuzustimmen, wenn es anerkennt, dass Beteiligungserwerbe grundsätzlich geeignet sind, eine ungeschriebene HV-Kompetenz zu begründen. Auch der dabei angenommene Maßstab der „wesentlichen Veränderung der Unternehmensstruktur" und der Verweis auf den Anstieg des Verschuldungsgrades vermögen zu überzeugen, geht es doch hier um Fallkonstellationen, in denen durch den Beteiligungserwerb die von den Aktionären getragenen Risiken massiv ansteigen. Besonders deutlich wird dies bei vollständig fremdfinanzierten Erwerben, die sowohl die bilanzielle Eigenkapitalquote als auch das Verhältnis des Eigenkapitals zum konsolidierten Umsatz stark absinken lassen. Eine Auswirkung auf die **Insolvenzwahrscheinlichkeit** ist bei starken Veränderungen dieser Kennziffern nicht von der Hand zu weisen. Dementsprechend hat der Standpunkt des LG Frankfurt a.M. auch in der Literatur mit Recht erhebliche Unterstützung erfahren.[72] Ein Mediatisierungseffekt der Maßnahme, dem zumindest bei einem auf zeitnahe Durchführung der (die Mediatisierung wieder beseitigenden) Konzernverschmelzung ausgerichteten Konzept keine entscheidende Bedeutung zukommen kann,[73] ist für die HV-Kompetenz zwar eine mögliche Grundlage, aber nicht zwingend erforderlich.[74]

30c Auch wenn somit grundsätzlich den Beteiligungserwerben die Eignung als „Holzmüller"-Maßnahme zuzusprechen ist, bedarf es der Entwicklung sachgerechter Kriterien für die Feststellung einer **wesentlichen Veränderung der Unternehmensstruktur**.[75] Teilweise wird insoweit versucht, den Schwellenwert von 75 % bis 80 % der Unternehmensaktiva, den man der „Holzmüller"- und „Gelatine"-Rechtsprechung für die Ausgliederung entnehmen kann, in dem Sinn auf den Beteiligungserwerb zu übertragen, dass die hinzu erworbene Beteiligung diese prozentuale Schwelle im Vergleich zum bisherigen Unternehmen erreicht[76] (zur relevanten Bezugsgröße sogleich → Rn. 34). Danach wäre die Schwelle erst überschritten, wenn ein Unternehmen eine 100 %ige (oder dem nahe kommende) Beteiligung an einem fast ebenso großen Unternehmen hinzuwirbt. Zu ähnlichen Ergebnissen dürfte für die praktisch relevanten Konstellationen (die davon geprägt sind, dass der Preis dem Wert der erworbenen Beteiligung entspricht) der Ansatz führen, die Schwelle von 75 % auf die abfließenden Vermögenswerte anzuwenden.[77] Noch weiter gehende Vorstellungen, dass eine hinreichende quantitative Bedeutung des Zuerwerbs erst bei deutlichem Überschreiten der Bilanzsumme des eigenen Unternehmens[78] oder wenn er 75 % bis 80 % des Konzerns nach Zuerwerb ausmacht, erscheinen als deutlich zu restriktiv und würden die HV-Kompetenz jeder praktischen Bedeutung berauben. Gleichwohl erscheint der Schwellenwert bereits grundsätzlich als unpassend, da er für Maßnahmen bezüglich des bestehenden Vermögens, nicht für hinzuzuerwerbendes Vermögen und eine damit verbundene Bilanzverlängerung gilt. Geht man davon aus, dass die HV-Kompetenz durch eine wesentliche Veränderung der Unternehmensstruktur und eine wesentliche Änderung der Kapitalstruktur (insbesondere durch die Erhöhung des Verschuldungsgrades) begründet ist, kann es auch nicht nur auf die Größe der zugekauften Beteiligung ankommen. Im Mittelpunkt müssen vielmehr die **absehbaren wirtschaftlichen** und insbesondere **bilanziellen Auswirkungen** des Erwerbs stehen, die im Wege einer Gesamtbetrachtung zu würdigen sind. Will man dabei Schwellenwerte heranziehen, kann man nicht allein auf größenorientierte Werte zurückgreifen, da diese nur indizielle Bedeutung für eine wesentliche Veränderung der Kapitalstruktur haben. Vielmehr sollten zusätzlich geeignete bilanzielle Kennziffern herangezogen werden, um auch die Veränderungen der

---

[72] *Lutter* ZIP 2012, 351; *Priester* AG 2011, 654; *Lorenz/Pospiech* DB 2010, 1925; Emmerich/Habersack/ *Habersack* Vor § 311 Rn. 42; *Schwarz* JURA 2012, 75.
[73] *Lutter* ZIP 2012, 351.
[74] Für Notwendigkeit des Mediatisierungseffekts aber *Zientek*, Ungeschriebene Hauptversammlungskompetenzen bei Unternehmensakquisitionen einer Aktiengesellschaft, 2016, 116 ff. (der diesen allerdings auch beim Beteiligungserwerb annimmt, vgl. S. 183 ff.).
[75] Umfassende Nachweise zu dieser Diskussion bei *Zientek*, Ungeschriebene Hauptversammlungskompetenzen bei Unternehmensakquisitionen einer Aktiengesellschaft, 2016, 217 ff.
[76] So insbes. *Priester* AG 2011, 654; *Lorenz/Pospiech* DB 2010, 1925.
[77] Zu dieser Konzeption (die vor allem auf die Erfassung überteuerter Erwerbe ausgerichtet ist) vgl. *Zientek*, Ungeschriebene Hauptversammlungskompetenzen bei Unternehmensakquisitionen einer Aktiengesellschaft, 2016, 238 ff.
[78] So aber OLG Schleswig WM 2006, 231.

Kapitalstruktur erfassen zu können. In Betracht kommt neben der Eigenkapitalquote und dem Verschuldungsgrad als rein bilanziellen Kennziffern auch der Rückgriff auf eine hieraus mit einer anerkannten Rating-Methode errechnete **Ausfallwahrscheinlichkeit**. Denn die Betroffenheit der Aktionärsinteressen resultiert nicht zuletzt aus der mit dem Beteiligungserwerb verbundenen Risikoerhöhung, die sich in einer höheren Insolvenzwahrscheinlichkeit niederschlägt – soweit sich diese valide unmittelbar quantifizieren lässt, bedarf es nicht des Rückgriffs auf Kennziffern, die wiederum nur indizielle Bedeutung haben können und ohnehin in die Berechnungsformel eingehen. Zugleich sollte aber auch eine solche Kennziffernbetrachtung nicht anhand starrer Grenzwerte durchgeführt werden, vielmehr bedarf es einer **Gesamtbetrachtung und -abwägung** der Veränderungen von Unternehmensstruktur und Bilanzkennziffern.

Die Orientierung an Bilanzkennziffern zeigt ferner, dass die Ausgabe neuer Aktien aus **genehmigtem Kapital** gegen teilweise Übertragung der Beteiligung als Sacheinlage (§ 205)[79] durchaus Einfluss auf das Bestehen der HV-Kompetenz haben kann: Zwar kann man dem Ermächtigungsbeschluss nach § 202 eine die weitere Befassung der HV ersetzende Zustimmungswirkung nur zumessen, wenn das genehmigte Kapital gezielt für den Zweck einer bestimmten Transaktion geschaffen worden ist und diese zum Beschlussinhalt gemacht worden ist, insbesondere durch Festsetzung des Sacheinlagegegenstandes und des Inferenten bereits in der Ermächtigung. Soweit dagegen – wie üblich – nur eine Ermächtigung zur Kapitalerhöhung zum Zweck eines allgemein umschriebenen[80] Beteiligungserwerbs vorliegt, ersetzt diese nicht die Zustimmung zur konkreten, die Schwelle der ungeschriebenen HV-Kompetenz überschreitenden Transaktion. Gleichwohl minimiert die Ausgabe der neuen Aktien die Auswirkungen auf die bilanziellen Kennziffern, da einerseits das bilanzielle Eigenkapital gestärkt wird, andererseits aber durch die Emission der Fremdkapitalbedarf geringer gehalten wird, so dass es selbst bei großen Beteiligungserwerben nicht notwendigerweise zu einem starken Anstieg des Verschuldungsgrades und der Ausfallwahrscheinlichkeit kommen muss. Fehlt es daran, erscheint die Annahme einer HV-Kompetenz in Hinblick auf die sonstigen strukturellen Auswirkungen des Erwerbs zwar auch als möglich, diese müssten aber (auch in quantitativer Hinsicht) von überragender Relevanz für die Aktionärsinteressen sein, um bei der erforderlichen Gesamtabwägung zu einer HV-Kompetenz zu gelangen. Bei weitestgehend fremdfinanzierten Beteiligungserwerben wie dem aktuellen Vorhaben der **Bayer AG**, die US-amerikanische **Monsanto**-Gruppe zu übernehmen, liegt nach der hier vertretenen Ansicht die Annahme einer Hauptversammlungszuständigkeit deutlich näher. Zwar ist auch anlässlich dieser Transaktion eine Kapitalerhöhung vorgesehen, jedoch nur als zukünftige Option im Rahmen der Refinanzierung, nicht aber als notwendiger Bestandteil des Konzepts. Die ursprüngliche Finanzierung wird vielmehr durch einen Konsortialkredit sichergestellt, der etwa die Höhe eines bisherigen Jahresumsatzes und über die Hälfte des aktuellen Börsenwerts der Bayer AG erreicht. In solchen Fällen wird man das Bestehen der Hauptversammlungszuständigkeit nur anhand der verbindlich beschlossenen Maßnahmen zu bestimmen haben, so dass die Auswirkungen auf Bilanzkennzahlen und Ausfallwahrscheinlichkeit hier anhand der ursprünglichen Kredithöhe zu bestimmen sind.[81]

bb) Erwerb wesentlicher Aktiva: Die für den Beteiligungserwerb beschriebenen Auswirkungen auf die Unternehmens- und Bilanzstruktur können ebenso beim Erwerb von Aktivvermögen in großem Umfang, insbesondere beim **Unternehmenskauf** eintreten. In Hinblick auf die Auswirkungen auf die Aktionärsrechte kann es keinen Unterschied machen, ob ein solcher wesentlicher Zukauf im Wege des share deal oder des asset deal erfolgt, so dass man zur Vermeidung von Wertungswidersprüchen auf beide Fallgruppen dieselben Grundsätze anzuwenden hat. Es wäre nicht überzeugend, dem Vorstand durch die Wahl der Struktur der Transaktion auch die Möglichkeit zu eröffnen, über die Mitwirkungsbefugnis der Aktionäre zu entscheiden.[82] Daher sind die Ausführungen in → Rn. 30a ff. ebenso auf den Fall eines Zukaufs im Wege eines asset deals anzuwenden. Verlangt man dagegen einen Mediatisierungseffekt als notwendige Grundlage einer ungeschriebenen Zustän-

---

[79] Diese Konstellation lag im Fall Commerzbank/Dresdner Bank vor, wo im Rahmen der 1. Tranche der Übernahme 163,5 Mio. Aktien der Commerzbank an die Allianz gegen Gewährung von ca. 30% der Anteile an der Dresdner Bank ausgegeben worden sind. Im Fall OLG Schleswig v. 19.3.2009 (JurionRS 2009, 37580) erfolgte der Beteiligungserwerb im Wesentlichen gegen Aktienausgabe aus genehmigtem Kapital.
[80] Zu den Anforderungen vgl. BGHZ 136, 133 = NJW 1997, 2815 – Siemens/Nold, dazu → § 203 Rn. 79 ff. (*Wamser*).
[81] Eine konkrete Aussage zu dem genannten Zusammenschluss Bayer/Monsanto ist hier mangels umfassender Informationen nicht beabsichtigt. Eine wesentliche Veränderung der Bilanzstruktur und ein massiver Anstieg des Verschuldungsgrades liegt jedenfalls nahe, wenn man bedenkt, dass der genannte Konsortialkredit ein Volumen von 57 Mrd. US-$ erreicht (ca. 49 Mrd. €), während der Jahresumsatz 2016 bei ca. 47 Mrd. € lag und der Börsenwert Mitte 2017 ca. 90 Mrd. € betrug.
[82] In diesem Sinne auch *Bungert* BB 2004, 1345 (1350).

digkeit, muss man trotz der wirtschaftlichen Vergleichbarkeit mit dem Beteiligungserwerb eine Zuständigkeit hier ablehnen,[83] was wertungsmäßig nicht zu überzeugen vermag.

30f cc) **Beteiligungsveräußerung:** Bezüglich der **Veräußerung von Beteiligungen** fehlt es zwar jedenfalls an einem Mediatisierungseffekt, doch wird insoweit meist auf die mit der Veräußerung verbundene Strukturveränderung abgestellt.[84] Soweit dagegen in der Literatur der Mediatisierungseffekt als alleinige Grundlage einer ungeschriebenen Kompetenz angesehen wird, kann ein Mitwirkungsrecht der HV nur in dem Ausnahmefall angenommen werden, dass die Veräußerung eine Änderung des Unternehmensgegenstandes voraussetzt.[85] Auch der BGH hat sich in einem Beschluss vom 20.11.2006[86] mit den Gelatine-Grundsätzen in Zusammenhang mit einer Beteiligungsveräußerung befasst und sich dabei scheinbar gegen eine HV-Kompetenz in Veräußerungsfällen geäußert. Er stellt darin fest, dass die Beteiligungsveräußerung einer AG auch dann keiner Zustimmung der HV nach den Holzmüller-Grundsätzen bedürfe, wenn die quantitativen Schwellenwerte der Gelatine-Entscheidungen überschritten werden.[87] Daraus wird in der Literatur teilweise geschlossen, dass der Beschluss als grundsätzliche Entscheidung des BGH gegen eine Übertragung der Holzmüller/Gelatine-Grundsätze auf Beteiligungsveräußerungen zu verstehen sei.[88] Indes handelte es sich bei der gegebenen Konstellation um eine Veräußerung von lediglich 50 % der Kommanditanteile an der Tochtergesellschaft, die nur insgesamt die quantitative Bedeutung erreicht hat, und der BGH eine Mediatisierung „bei der hier vorliegenden Beteiligungsveräußerung"[89] als nicht gegeben ansah. Hieraus eine generelle Nichtanwendbarkeit der Gelatine-Grundsätze zu lesen, geht erkennbar zu weit, schließlich kann man die Veräußerung eines 50 %-Anteils nicht der Veräußerung der Tochtergesellschaft gleichstellen.[90]

30g Richtigerweise ist auch in solchen Fällen von der Anwendbarkeit der ungeschriebenen HV-Kompetenz auszugehen. Entscheidend dürfte sein, dass es auch ohne Mediatisierungseffekt zu einer wesentlichen Veränderung der Unternehmensstruktur kommen kann, wenn die zu veräußernde Beteiligung quantitativ von überragender Bedeutung für die Gesellschaft ist. Durch die vom BGH in „Gelatine" besonders hoch angesetzte Wesentlichkeitsschwelle sind schließlich nur Vorgänge betroffen, bei denen die verkaufte Beteiligung den größten Vermögenswert darstellt. Durch solche Vorgänge verändern sich die ökonomischen Rahmenbedingungen, auf die die Aktionäre ihre Investitionsentscheidung gestützt haben, so erheblich, dass ihre Durchführung nur mit Zustimmung der HV als zulässig erscheint. Für die teilweise Abgabe einer Beteiligung dürfte nichts anderes gelten,[91] wird man doch von Wesentlichkeit hier nur ausgehen können, wenn der veräußerte Teil der Beteiligung die Schwelle überschreitet. Die Umwidmung des investierten Kapitals, die nur mit Zustimmung der HV zulässig sein soll, ist hier ebenso gegeben wie bei der vollständigen Abgabe einer Beteiligung. Bezüglich der Bestimmung der Wesentlichkeitsschwelle erscheint es indes als fraglich, ob auch bei Veräußerungen die Schwelle erst bei 75 % bis 80 % des Vermögens zu ziehen ist, die der BGH für die Mediatisierungsfälle entwickelt hat. Denn bei den Mediatisierungsfällen ist lediglich der Verlust des unmittelbaren Einflusses auf die ausgegliederten Unternehmensteile zu befürchten, die wirtschaftlich aber weiterhin zur Gesellschaft gehören. In den Veräußerungsfällen wird dagegen die Beteiligung auch wirtschaftlich der Gesellschaft entzogen, wodurch die Aktionäre wesentlich stärker betroffen werden. Diesem Unterschied sollte durch **differenzierte Wesentlichkeitsschwellen** für Veräußerungsfälle Rechnung getragen werden. Die besonders hohe Wesentlichkeitsschwelle der „Gelatine"-Rechtsprechung erscheint nur durch die fortbestehende wirtschaftliche Zuordnung zur Gesellschaft als gerechtfertigt, während bei einer wirtschaftlichen Herauslösung aus dem Gesellschaftsvermögen eine niedrigere Grenze anzusetzen ist. Soweit erkennbar hat sich der BGH mit solchen Konstellationen bislang nicht zu befassen gehabt, so dass man auch nicht sagen könnte, dass eine derartige Differenzierung in Widerspruch zur Rechtsprechung stünde. Zugleich darf die Leitungskompetenz des Vorstandes nicht übermäßig eingeschränkt werden und es darf kein Wertungswiderspruch zur

---

[83] So etwa *Zientek*, Ungeschriebene Hauptversammlungskompetenzen bei Unternehmensakquisitionen einer Aktiengesellschaft, 2016, 261 ff.
[84] *Götze* NZG 2004, 585 (588); *Bungert* BB 2004, 1345 (1349 f.); *Lutter/Leinekugel* ZIP 1998, 225 (230).
[85] *Emmerich/Habersack/Habersack* Vor § 311 Rn. 43; *Habersack* AG 2005, 137 (144 ff.); *Simon* DStR 2004, 1528 (1530); *Zientek*, Ungeschriebene Hauptversammlungskompetenzen bei Unternehmensakquisitionen einer Aktiengesellschaft, 2016, 306 ff.
[86] BGH NZG 2007, 234.
[87] Vgl. *Feldhaus* BB 2009, 562 (567).
[88] So *Hofmeister* NZG 2008, 47 (49).
[89] BGH NZG 2007, 234.
[90] Gegen diese Argumentation aber *Zientek*, Ungeschriebene Hauptversammlungskompetenzen bei Unternehmensakquisitionen einer Aktiengesellschaft, 2016, 310 f.
[91] AA *Habersack* AG 2005, 137 (148).

"Gelatine"-Rechtsprechung entstehen, so dass die Absenkung der Schwelle im Verhältnis zu der unterschiedlichen Betroffenheit der Aktionärsrechte in beiden Konstellationen stehen muss. Nach Ansicht des Verfassers sollte daher in Veräußerungsfällen eine Absenkung der Wesentlichkeitsschwelle um ein Drittel gegenüber den Mediatisierungsfällen erfolgen: Anstelle von 75 % bis 80 % des Vermögens bedeutet das die Annahme einer HV-Kompetenz bereits bei einer Größenordnung von 50 % bis 55 % des Vermögens, also wenn eine Beteiligung veräußert wird, die **mehr als die Hälfte** des Vermögens der AG ausmacht. In Hinblick auf die teilweise Veräußerung der Beteiligung ist folglich darauf abzustellen, ob der zu veräußernde Teil diese Schwelle übersteigt. Bei der Veräußerung einer 50 %igen Beteiligung an einer 100 %igen Tochtergesellschaft (wie in dem vom BGH entschiedenen Fall) kommt das erkennbar nicht in Betracht, da dieser Anteil nicht einmal dann mehr als die Hälfte des Vermögens ausmachen kann, wenn die Beteiligung an der Tochtergesellschaft der einzige Vermögensgegenstand der AG ist.

dd) **Veräußerung wesentlicher Aktiva:** Ansonsten ist vor allem an Fälle des **Verkaufs wesentlicher Unternehmensteile** zu denken. Zwar ist insoweit § 179a vorrangig heranzuziehen, doch gibt es – wie der BGH bereits in „Holzmüller" festgestellt hat[92] – durchaus Fälle, bei denen zwar die Wesentlichkeitsschwelle erreicht wird, nicht aber die Voraussetzungen des § 179a erfüllt sind. Ist die AG mit dem zurückbehaltenen Betriebsvermögen noch ausreichend in der Lage, „ihre in der Satzung festgelegten Unternehmensziele weiterhin, wenn auch in eingeschränktem Umfang, selbst zu verfolgen",[93] liegt keine Veräußerung des ganzen Vermögens im Sinne des § 179a vor. Dennoch kann die Veräußerung aber einen so wesentlichen Teil des Gesellschaftsvermögens betreffen, dass die ungeschriebene HV-Kompetenz eröffnet ist. Solche Fälle kommen vor allem in Betracht, wenn das Vermögen aus verschiedenen Einzelunternehmen besteht und trotz der Veräußerung eines wesentlichen Teiles des Vermögens die Gesellschaft weiterhin über ein lebensfähiges Unternehmen verfügt, das den Anforderungen des satzungsmäßigen Unternehmensgegenstandes genügt. Illustrieren lässt sich die Fallkonstellation vor allem anhand des Verkaufs eines Portfolios von 43 Kliniken und medizinischen Versorgungszentren (nebst weiteren verbundenen Beteiligungen) von der **Rhön Klinikum AG an den Fresenius–Konzern** zum Preis von ca. 3 Mrd. €.[94] Nach der Darstellung des Vorstandes in der Ad hoc-Mitteilung verfügt die AG nach der Transaktion noch über Kliniken mit Umsätzen von ca. 1 Mrd. € und ca. 15.000 Mitarbeitern, während die Umsatzerlöse für das Jahr 2012 mit 2,86 Mrd. € bei ca. 43.000 Mitarbeitern angegeben worden waren,[95] so dass der Verkauf knapp 2/3 der Aktiva der AG betraf. Gleichwohl wurde in der Ad hoc-Mitteilung knapp festgestellt, dass eine Zustimmung der Hauptversammlung bei der Rhön Klinikum AG nicht erforderlich sei. Eine hiergegen gerichtete Klage eines Großaktionärs ist zurückgenommen worden, so dass es nicht zu einer gerichtlichen Klärung gekommen ist.[96] Dass die Aktionärsinteressen durch die Transaktion stark berührt werden, zeigt schon der Umstand, dass der Kaufpreis neben der Rückführung des Fremdkapitals für ein Aktienrückkaufprogramm im Umfang von knapp der Hälfte der Aktien verwendet wurde. Dies verdeutlicht den **Desinvestitionseffekt,** den größere Veräußerungen haben können, wenn die Veräußerung gegen Barzahlung erfolgt und keine korrespondierende Investitionschance vorliegt. Auch dieser streitet in solchen Fällen für eine Annahme der HV-Kompetenz, da die Aktionäre durch die Veräußerung faktisch zur teilweisen Desinvestition ihrer Einlage gezwungen werden. Die Freiwilligkeit der Teilnahme am Aktienrückkaufprogramm ändert nichts an diesem Effekt, denn auch wenn der einzelne Aktionär die Wahl hat, ob seinen Aktien festzuhalten, haben die Aktionäre in ihrer Gesamtheit diese Möglichkeit faktisch nicht, da sie durch Nichtandienung der Aktien allenfalls den Vorstand zu einer abweichenden Verwendung der Mittel zwingen, nicht aber die Desinvestition durch die Gesellschaft rückgängig machen können. Aus demselben Grund ändert auch die HV-Kompetenz bezüglich der erforderlichen Kapitalherabsetzung (§ 237 iVm § 222) nichts an dem Erfordernis, den Aktionären ein Mitwirkungsrecht bezüglich der vorgelagerten Veräußerung selbst einzuräumen.

Auch für den Verkauf wesentlicher Aktiva ist darauf zu verweisen, dass Wertungswidersprüche zu der Beteiligungsveräußerung (→ Rn. 30f, → Rn. 30g) vermieden werden müssen.[97] Ob eine Transaktion als share deal (ggf. nach vorheriger Ausgliederung des Unternehmensteils) oder als asset

---
[92] Vgl. BGHZ 83, 122 (128) = NJW 1982, 1703.
[93] BGHZ 83, 122 (128) = NJW 1982, 1703.
[94] Vgl. Ad Hoc-Mitteilung der Rhön Klinikum AG vom 13.9.2013.
[95] Vgl. Geschäftsbericht 2012, Unternehmenskennzahlen 2008–2012.
[96] Vgl. Ad Hoc-Mitteilung der Rhön Klinikum AG vom 20.12.2013.
[97] Konsequenterweise wird von Autoren, die zwingend einen Mediatisierungseffekt verlangen, auch in dieser Fallgruppe eine HV-Kompetenz abgelehnt, vgl. *Zientek*, Ungeschriebene Hauptversammlungskompetenzen bei Unternehmensakquisitionen einer Aktiengesellschaft, 2016, 323 ff. mit umfassenden Nachweisen.

deal durchgeführt wird, kann auch bei Veräußerungen keinen Unterschied machen. Daher sind die hierzu soeben dargestellten Grundsätze auf die Aktivaveräußerung zu übertragen. Durch die differenzierte und hier **niedrigere Wesentlichkeitsschwelle** wird dem Desinvestitionseffekt hinreichend Rechnung getragen. Auch für diese Fallgruppe ist daher der Grundsatz aufzustellen, dass bei Veräußerung von mehr als der Hälfte der Aktiva einer AG eine ungeschriebene HV-Kompetenz anzuerkennen ist. Dabei kommt es weder darauf an, ob die Veräußerung in einem oder mehreren Schritten erfolgt, noch darauf, ob alle veräußerten Aktiva an denselben Käufer abgegeben werden. Soweit dem Vorgehen ein **einheitlicher Plan** des Vorstandes zugrunde liegt und nur die Ausführung in mehreren Einzeltransaktionen erfolgt, ist für die HV-Kompetenz auf den Gesamtplan abzustellen. Soweit ein solcher Plan vom Vorstand nicht offengelegt worden ist, begründet ein enger sachlicher und zeitlicher Zusammenhang zwischen den einzelnen Transaktionen eine **Vermutung** für einen einheitlichen Plan, die vom Vorstand zu widerlegen wäre (etwa durch den Nachweis, dass sich einzelne Veräußerungschancen erst später ergeben haben). Auch ohne vollständige Faktenkenntnis lässt sich der Schluss ziehen, dass nach der hier vertretenen Ansicht im Fall der Rhön-Klinikum AG wohl eine ungeschriebene HV-Kompetenz zu bejahen gewesen wäre.

32 ee) **Sonstige Maßnahmen:** Ungeklärt ist, ob es weitere Maßnahmen gibt, die sowohl den quantitativen Schwellenwert als auch eine Intensität erreichen, die die Annahme einer ungeschriebenen HV-Kompetenz rechtfertigen können. Maßstab muss insoweit sein, ob die Interessen der Aktionäre durch die Maßnahmen in einem Maße berührt werden, die den anerkannten Fällen zumindest nahe kommt. Anzunehmen ist dies jedenfalls bei einer **Betriebsstilllegung**, sofern diese einen wesentlichen Unternehmensteil betrifft und das Restunternehmen lebensfähig ist und den satzungsmäßigen Anforderungen genügt (andernfalls bedarf es schließlich ohnehin einer Satzungsänderung). Denn durch die Stilllegung werden die Interessen der Aktionäre noch stärker betroffen als durch die Veräußerung, scheidet der Unternehmensteil doch weitgehend kompensationslos aus dem Vermögen aus. Geht man von einem Konzept differenzierter Wesentlichkeitsschwellen (→ Rn. 30g) aus, ist konsequenterweise insoweit von einer noch niedrigeren Schwelle auszugehen. Die Vermögensinteressen der Aktionäre werden auch bei der Stilllegung in einer Größenordnung von weniger als der Hälfte des Unternehmens so nachhaltig betroffen, dass der Vorstand vernünftigerweise nicht davon ausgehen kann, diese Entscheidung in eigener Verantwortung treffen zu können. Trotz der restriktiven Sichtweise der „Gelatine"-Rechtsprechung sollte man daher die Wesentlichkeitsschwelle noch weiter absenken und bei Stilllegung eines Anteils am Gesamtunternehmen von 35 % bis 40 % eine HV-Kompetenz bejahen (zur Bezugsgröße vgl. sogleich → Rn. 34). Dass dies nicht zu weitgehend ist, zeigt ein Blick auf den VW-Konzern, wo erst bei der Stilllegung der Produktion der Marke VW (die etwa 35 % zum Konzernumsatz beiträgt) eine HV-Kompetenz in Betracht käme.

33 Zu denken ist ferner an **weit reichende Veränderungen des Gesamtunternehmens**, soweit dadurch die Vermögensinteressen der Aktionäre in ähnlichem Maße betroffen werden wie in den anerkannten Fällen. Aufgrund der restriktiven Sichtweise des BGH wird man dies nur bei wesentlichen Veränderungen annehmen können. Es gibt aber durchaus Maßnahmen, die allein durch ihre wirtschaftlichen Auswirkungen so einschneidend sind, dass ein „tief greifender Eingriff in die mitgliedschaftlichen Befugnisse der Aktionäre"[98] anzunehmen ist. Eine Kasuistik ist bezüglich solcher Fälle bisher nicht ersichtlich. Zu denken wäre hieran insbesondere bei **Investitionen** von überragender Bedeutung im Verhältnis zur Unternehmensgröße (zB Kapazitätserweiterungen, Investitionen in neue, vom Unternehmensgegenstand aber gedeckte Geschäftsfelder, Großprojekte). Soweit derartige Großinvestitionen ohne korrespondierende Kapitalmaßnahmen unter Beteiligung der HV durchgeführt werden, kommt es aufgrund der dann meist erforderlichen Fremdfinanzierung zu einer einschneidenden Änderung der Kapitalstruktur. Dies berührt die Mitgliedschafts- und Vermögensinteressen der Aktionäre hier ebenso wie in der vergleichbaren Konstellation des wesentlichen Beteiligungs- oder Aktivaerwerbs, da die von ihnen zu tragenden wirtschaftlichen Risiken insbesondere durch einen massiven Anstieg des Verschuldungsgrades deutlich steigen. Die Vergleichbarkeit beider Fallgruppen kann man schon daraus ableiten, dass es aus Sicht der Aktionäre keinen Unterschied macht, ob die Unternehmenserweiterung durch den Zukauf bestehender Unternehmen als asset oder share deal oder durch den Neuaufbau zusätzlicher Kapazitäten oder Geschäftsbereiche erfolgt. Daher können auch auf wesentliche Investitionsmaßnahmen die Grundsätze angewendet werden, die hier für den Beteiligungserwerb aufgestellt worden sind (→ Rn. 30a ff.). Es kommt daher nicht entscheidend auf eine quantitative Wesentlichkeitsschwelle an, sondern auf eine **Gesamtbetrachtung der strukturellen, wirtschaftlichen und bilanziellen Auswirkungen** der Maßnahme auf das Unternehmen.

---

[98] BGH NJW 2004, 1860 (1863).

Eine HV-Kompetenz kommt zuletzt in der eigentümlichen Fallgruppe der Nutzung der Gesellschaftsressourcen für ein **Übernahmeangebot an die eigenen Aktionäre** zur Vorbereitung eines Unternehmenszusammenschlusses in Betracht. Illustrieren lässt sich ein solcher Vorgang anhand des aktuellen Zusammenschlussvorhabens der **Linde AG** mit der US-amerikanischen **Praxair Inc.**[99]: Hier hat eine Aktiengesellschaft irischen Rechts („Linde PLC"), die zunächst als Tochtergesellschaft der Linde AG gegründet worden ist, einerseits den Aktionären der Linde AG ein Übernahmeangebot gegen Ausgabe eigener Aktien unterbreitet, und ist andererseits durch eine Verschmelzung mit einer Zwischenholding gegen Ausgabe von Linde PLC-Aktien (nach US-amerikanischem Umwandlungsrecht) Muttergesellschaft von Praxair, Inc. geworden. Dadurch ist Linde PLC zur Konzernmutter geworden, während die Linde AG (nach konzerninterner Weiterübertragung des Aktienpakets) über zwei deutsche Zwischenholdings Untergesellschaft geworden. Ein Hauptversammlungsbeschluss der Linde AG ist dabei nicht vorgesehen, offenbar da die Aktionäre individuell über die Annahme des Angebots entscheiden können. Die individuelle Entscheidungsmöglichkeit ersetzt indes nicht den Beschluss der HV, da der Aktionär in Unkenntnis des Verhaltens der Mitaktionäre entscheiden muss und daher idR das Angebot auch dann annehmen wird, wenn er den Zusammenschluss inhaltlich ablehnt, um bei Erreichen der Annahmequote nicht als Aktionär in der zukünftig abhängigen Gesellschaft verbleiben zu müssen. Als Akt kollektiver Willensbildung taugt die Annahmeentscheidung daher nicht, eine sachliche Entscheidung der Aktionäre kann nur im Vorfeld getroffen werden. Für die Frage einer HV-Kompetenz kommt es darauf an, ob die Maßnahme „so tief in die Mitgliedsrechte der Aktionäre und deren im Anteilseigentum verkörpertes Vermögensinteresse eingreift, dass der Vorstand vernünftigerweise nicht annehmen kann, er dürfe sie in ausschließlich eigener Verantwortung treffen, ohne die Hauptversammlung zu beteiligen."[100] Unabhängig von dem wirtschaftlichen Hintergrund des Zusammenschlusses mit einer weiteren Gesellschaft unter dem Dach einer gemeinsamen Holding geht es hier letztlich darum, dass der Vorstand die Unternehmensressourcen für eine Transaktion nutzt, die eine bislang selbständige AG gezielt in die Abhängigkeit von einer anderen Gesellschaft führt. Denn auch wenn den Aktionären die Möglichkeit gegeben wird, individuell ebenfalls ihre Aktien gegen solche der Obergesellschaft zu tauschen, muss doch Bezugspunkt der gesellschaftsrechtlichen Beurteilung die Auswirkung auf die AG selbst und ihre ggf. verbleibenden Aktionäre sein. Zu fragen ist daher, ob die **gezielte Begründung eines Abhängigkeitsverhältnisses durch eigene Maßnahmen des Vorstands** als hinreichender Eingriff in die Mitgliedschaftsrechte zu bewerten ist. Unzulässig erscheint insoweit ein Vergleich mit dem Übernahmeangebot eines Dritten, dessen Annahme der Vorstand lediglich empfiehlt. Denn in diesem Fall geht der Verlust der wirtschaftlichen Unabhängigkeit von dem Dritten aus, während in der hier interessierenden Konstellation ausschließlich der eigene Vorstand die Entscheidung zugunsten der Abhängigkeit trifft. Hinzu kommt, dass auch die Finanzierung der Durchführung einer solchen Maßnahme (anders als bei dem von einem Dritten ausgehenden Angebot) zu Lasten der AG geht. Wirtschaftlich finanziert die AG mithin den Verlust ihrer eigenen Selbständigkeit. Es ist eigentlich mit Händen greifbar, dass dies den Rahmen normaler Geschäftsführungsmaßnahmen weit übersteigt. Letztlich geht es um die Frage der Kontrolle über die AG, die eindeutig nicht zur Geschäftsführung zählt. Stellt man daher für die Bewertung nicht auf die Möglichkeit der Aktionäre ab, die AG zu verlassen, sondern auf die Auswirkungen auf die Mitgliedschaftsrechte der verbleibenden Aktionäre, stellt sich die resultierende Konzerneinbindung als abhängige Gesellschaft mE auch als **tiefgreifender Eingriff** dar, den die Unternehmensverwaltung nicht ohne Zustimmung der Aktionäre herbeiführen darf. Dass die Minderheitsinteressen durch die Abhängigkeit massiv berührt werden, zeigt schon die Existenz des konzernrechtlichen Schutzsystems der §§ 311 ff. Diese Situation darf der Vorstand als Sachwalter der Aktionäre daher nicht ohne Zustimmung der Hauptversammlung durch eigene Maßnahmen auf Kosten der Aktionäre gezielt herbeiführen, so dass in der Fallgruppe (ganz unabhängig von den wirtschaftlichen Auswirkungen des Zusammenschlusses unter dem Dach der neuen Holdinggesellschaft) eine ungeschriebene HV-Kompetenz anzunehmen ist.[101]

e) Bezugsgröße der Wesentlichkeitsschwelle. Soweit es nach dem Gesagten auf quantitative Wesentlichkeitsschwellen ankommt, ist die **Bezugsgröße**, auf die diese sich bezieht, von entscheidender Bedeutung. In der „Gelatine"-Entscheidung wird darauf abgestellt, dass letztlich alle in Betracht kommenden Kennziffern weit unterhalb der erforderlichen Größenordnung liegen, wobei ausdrücklich auf „Bilanzsumme, Eigenkapital, Umsatz und Ergebnis vor Steuern" abgestellt

---

[99] Hierzu ausführlich: *Strohn* ZHR 182 (2018), 114.
[100] BGHZ 83, 122 = NJW 1982, 1703 (1705).
[101] Ebenso *Strohn* ZHR 182 (2018), 114, 144 ff., der von einem Mediatisierungseffekt „von unten nach oben" spricht.

wird.¹⁰² Welche Kennziffer letztlich ausschlaggebend sein soll, wird dagegen nicht klargestellt. Jedenfalls auf die Mitarbeiterzahl¹⁰³ soll es aber offenbar nicht ankommen. Nach überwiegender Ansicht ist das Ergebnis, also der Beitrag des betroffenen Unternehmensteils zur Ertragskraft des Gesamtunternehmens, der wichtigste Aspekt.¹⁰⁴ Ebenso anerkannt ist aber, dass keinesfalls eine schematischen Anwendung eines solchen einzelnen Wertes, sondern eine **Gesamtschau** der verschiedenen Werte unter Berücksichtigung der Besonderheiten des Einzelfalls vorzunehmen ist.¹⁰⁵ So kann die Aussagekraft des Ertrags bei starken Unterschieden der Ertragslage im mehrjährigen Vergleich eingeschränkt sein. Von vergleichbarer Bedeutung dürfte auch der Substanzwert des betroffenen Vermögens sein, was vor allem der Verweis auf die „Holzmüller"-Entscheidung und damit die Aussage, dass der „wertvollste Betriebszweig" betroffen sein muss,¹⁰⁶ nahe legt.¹⁰⁷ Da ein wichtiger Aspekt ferner die Bedeutung für das Gesamtunternehmen ist, wird man auch dem Anteil am Gesamtumsatz bei der Gesamtschau wesentliche Bedeutung beizumessen haben. Ausschlaggebend soll gerade die „wirtschaftliche Bedeutung der Maßnahme"¹⁰⁸ sein, die nur durch eine Einzelfallbetrachtung bestimmt werden kann. Eine starre Grenze liegt dem BGH fern, was schon die Worte „in etwa" im zweiten Leitsatz zeigen.

35 **3. Konzernbildungs- und Konzernleitungskontrolle.** Die dargestellten Grundsätze der ungeschriebenen HV-Kompetenz (→ Rn. 21 ff.) haben vor allem im Bereich der **Konzernbildungs- und Konzernleitungskontrolle** große Bedeutung, tritt doch der ganz im Mittelpunkt stehende Mediatisierungseffekt gerade bei konzernbezogenen Maßnahmen auf. Mitwirkungsrechte der HV ergeben sich auf der Ebene der Obergesellschaft jedoch nicht nur aus den „Holzmüller"-Grundsätzen, sondern vor allem aus der Satzungskompetenz, da es heute anerkannt ist, dass die Konzernbildung nur auf der Grundlage einer entsprechenden Satzungsbestimmung zulässig ist.¹⁰⁹ Im Vertragskonzernrecht ist eine ungeschriebene HV-Kompetenz über die Fälle des § 293 hinaus insbesondere im Fall der vertraglichen Begründung eines **Gleichordnungskonzerns** anzuerkennen.¹¹⁰ Für die Einzelheiten ist auf die Kommentierung im Rahmen des Konzernrechts zu verweisen (→ Vor § 311 Rn. 59 ff. *(Müller)*).

36 Auch für die **Konzernleitung** haben die Grundsätze des „Holzmüller"-Urteils¹¹¹ erhebliche Bedeutung. Insbesondere hat der BGH anerkannt, dass wichtige Strukturmaßnahmen in Tochtergesellschaften mit wesentlicher Bedeutung nur mit Zustimmung der HV der Obergesellschaft durchgeführt werden dürfen, der Vorstand also auf der HV der Tochtergesellschaft die Maßnahme nur mit dieser Zustimmung beschließen darf. Dies gilt jedenfalls für die Kapitalerhöhung, ohne dass es nach der Rechtsprechung des BGH darauf ankommt, ob die Obergesellschaft ihr Bezugsrecht voll ausübt.¹¹² Genannt wurden ferner der Abschluss von Unternehmensverträgen, Beschlüsse nach § 179a oder die Auflösung der AG.¹¹³ Dagegen hat der BGH es abgelehnt, das Mitwirkungsrecht der HV der Obergesellschaft auf alle Maßnahmen zu erstrecken, für die ein qualifiziertes Mehrheitserfordernis besteht, so dass es jedenfalls bei einfachen Satzungsänderungen nicht anzuerkennen ist.

37 **4. Sonstige ungeschriebene Kompetenzen. a) Innere Ordnung der HV.** Schon aus der Natur der Sache ergibt sich, dass eine HV-Kompetenz auch für die Regelung der **inneren Ordnung der HV** besteht. Dies betrifft vor allem die Befugnis der HV, sich eine Geschäftsordnung zu geben (§ 129 Abs. 1). Fehlt es an einer Geschäftsordnung, oder enthält diese keine einschlägigen Regelungen, kann die HV ihre innere Ordnung durch Beschluss regeln. Dazu zählt insbesondere die Wahl des Versammlungsleiters, soweit dieser nicht bereits durch die Satzung bestimmt wird, ferner dessen Abbe-

---

¹⁰² BGH NJW 2004, 1860 (1865).
¹⁰³ Diese wurde in der Literatur teilweise mit herangezogen, vgl. MHdB AG/*Krieger* § 70 Rn. 11.
¹⁰⁴ In diesem Sinne vor allem OLG Stuttgart AG 2005, 693; *Liebscher* ZGR 2005, 16; Emmerich/Habersack/ *Habersack* Vor § 311 Rn. 47.
¹⁰⁵ OLG Stuttgart AG 2005, 693; Emmerich/Habersack/*Habersack* Vor § 311 Rn. 47; *Bungert* BB 2004, 1345 (1347).
¹⁰⁶ BGHZ 83, 122 (131) = NJW 1982, 1703.
¹⁰⁷ So zutreffend *Bungert* BB 2004, 1345 (1347).
¹⁰⁸ BGH NJW 2004, 1860, Ls. 2.
¹⁰⁹ Statt vieler: Emmerich/Habersack KonzernR § 9; Emmerich/Habersack/*Habersack* Vor § 311 Rn. 31 mwN; implizit wohl auch BGH NJW 2004, 1860 (1861 f.).
¹¹⁰ Emmerich/Habersack/*Emmerich* § 18 Rn. 35 mwN; näher → § 291 Rn. 53 ff. *(Veil)*.
¹¹¹ BGHZ 83, 122 = NJW 1982, 1703.
¹¹² BGHZ 83, 122 (142 f.) = NJW 1982, 1703; aA indes die wohl hM in der Literatur: MüKoAktG/*Kubis* Rn. 77; Emmerich/Habersack/*Habersack* Vor § 311 Rn. 49; MHdB AG/*Krieger* § 70 Rn. 43, 46; *Westermann* ZGR 1984, 352 (375 f.); *Götz* AG 1984, 85 (87).
¹¹³ BGHZ 83, 122 (140) = NJW 1982, 1703.

rufung. Letztere ist bei einem gewählten Versammlungsleiter stets, bei einem durch Satzung oder Geschäftsordnung bestimmten dagegen nur aus wichtigem Grund zulässig. Darüber hinaus kann die HV auch Beschlüsse zur Versammlungsleitung fassen. Nur soweit eine Entscheidungsbefugnis dem Versammlungsleiter aus eigener Befugnis übertragen ist, kann die HV die Entscheidung nicht an sich ziehen. Der rechtlich geschützte Kompetenzbereich des Versammlungsleiters ergibt sich unmittelbar aus dem Gesetz und ist daher im Wesentlichen satzungs- und geschäftsordnungsfest, da er seine Funktion, für einen recht- und ordnungsmäßigen Ablauf der HV zu sorgen, nur erfüllen kann, wenn ihm die dazu erforderlichen Befugnisse zur Verfügung stehen. Raum für eine Überlagerung der dazu erforderlichen Entscheidungen durch die Hauptversammlung bleibt nur dann, wenn es nicht nur um die Anwendung des Aktienrechts geht. Denn die Einhaltung der rechtlichen Vorgaben liegt im Verantwortungsbereich des Versammlungsleiters, der daher auch für die Auslegung und Anwendung der Vorschriften allein zuständig ist. Könnte die HV solche Entscheidungen an sich ziehen, wäre eine an rechtlichen Vorgaben orientierte Beschlussfassung nicht gewährleistet, was bei hieraus resultierenden Verfahrensfehlern oftmals die Anfechtbarkeit der betroffenen Beschlüsse nach sich ziehen würde. Bei den meisten Leitungsmaßnahmen geht es letztlich aber nur um die Rechtsanwendung, da auch Maßnahmen wie zB die Nichtzulassung zur Teilnahme, die Redezeitbeschränkung oder ein Versammlungsausschluss das Teilnahme- bzw. Rederecht einschränken, was bei mangelnder Rechtfertigung zur Anfechtung führen kann. Ähnliches gilt für die Handhabung des Auskunftsrechts der Aktionäre. Daher unterliegen auch solche Entscheidungen der ausschließlichen Kompetenz des Versammlungsleiters. Ferner sind alle auf die Feststellung des Abstimmungsergebnisses gerichteten Entscheidungen einschließlich der hierzu erforderlichen Vorfragen (zB bezüglich der Vorgehensweise zur Ermittlung des Ergebnisses, das Bestehen von Stimmverboten oder die Entscheidung über die Wirksamkeit abgegebener Stimmen) schon durch § 130 Abs. 2 dem Versammlungsleiter allein zugewiesen.

Raum für Entscheidungen der HV bleibt somit nur in den Fragen der inneren Ordnung, die 38 nicht gesetzlich geregelt sind und die insbesondere keine Anfechtung begründen können. Insoweit gibt es keinen Grund, einen alleinigen Kompetenzbereich des Versammlungsleiters anzunehmen, wobei dieser allerdings durch Geschäftsordnung oder Satzung erweitert werden kann. Fehlt es an einer solchen Regelung, kann die HV die Entscheidungen an sich ziehen oder eine Entscheidung des Versammlungsleiters aufheben; der Versammlungsleiter kann aber die Frage auch selbst der HV zur Entscheidung vorlegen. Zu den hierzu gehörigen Fragen zählen zB Entscheidungen über die Zulassung (oder den nachfolgenden Ausschluss) nicht teilnahmeberechtigter Dritter, über die Abstimmungsform, die Bild-/Tonaufnahme des Versammlungsgeschehens oder ihre Übertragung (soweit sie nach § 118 Abs. 4 in der Satzung zugelassen ist), die Reihenfolge der Behandlung der Tagesordnungspunkte oder die Schließung der Hauptversammlung. Insgesamt dürfte die Kompetenz zur Regelung der inneren Ordnung aber vor allem Fragen geringerer Bedeutung erfassen, während die wesentlichen Entscheidungen zu Leitung und Ordnung der HV in den alleinigen Kompetenzbereich des Versammlungsleiters fallen.

b) Delisting: Von „Macrotron" zu „Frosta". Die gesellschaftsrechtlichen Voraussetzungen, 39 unter denen ein **Delisting**, also eine freiwillige Einstellung der Börsennotierung auf Antrag des Emittenten, zulässig ist, ergeben sich weder aus dem BörsG noch aus dem AktG. Im BörsG findet sich lediglich in § 39 Abs. 2 BörsG die Regelung, dass die Börsenzulassung eines Wertpapiers „auf Antrag des Emittenten" von der Zulassungsstelle widerrufen werden kann, wenn der Anlegerschutz durch ein Erwerbsangebot nach dem WpÜG sichergestellt wird (→ Rn. 45a). Aus gesellschaftsrechtlicher Sicht stellt sich daher die Frage, ob der Vorstand diesen Antrag im Rahmen seiner Leitungskompetenz stellen kann, oder ob wegen des Verlustes der Verkehrsfähigkeit der Aktien eine Zustimmung der HV erforderlich ist. Die Frage war in der älteren Literatur lebhaft umstritten, wobei im Ergebnis überwiegend für eine HV-Kompetenz plädiert wurde.[114] Teilweise wurde dies auf eine mit dem Delisting verbundene Veränderung der inneren Struktur der AG,[115] teilweise auf den Individualschutz der Vermögensinteressen der Aktionäre gestützt.[116] Diese verlieren durch das Delisting nicht nur die Möglichkeit zur Veräußerung, sondern erleiden auch eine Vermögenseinbuße, da der Aktienwert bei Ankündigung des Delisting regelmäßig in erheblichem Umfang zurückgeht,[117] so dass die Möglichkeit rechtzeitiger Veräußerung an der Börse kei-

---

[114] Zum Meinungsstand vor der „Macrotron"-Entscheidung vgl. die Darstellungen bei *de Vries,* Delisting – Kapitalmarktrecht, Gesellschaftsrecht, Umwandlungsrecht, 2002, 89 ff.; *Schlösser,* Delisting auf Initiative des Emittenten, 2003, 176 ff.; *Pluskat,* Rechtsprobleme beim Going Private unter besonderer Berücksichtigung der „übertragenden Auflösung" und des Delistings, 2002, 64 ff. (mit umfassenden Nachweisen).
[115] ZB *Hellwig* ZGR 1999, 781 (799); *Zetzsche* NZG 2000, 1065; dagegen bereits *Wirth/Arnold* ZIP 2000, 111 (114).
[116] ZB *de Vries,* Delisting – Kapitalmarktrecht, Gesellschaftsrecht, Umwandlungsrecht, 2002, 98 ff. mwN.
[117] Hierzu ausführlich *Schwark/Geiser* ZHR 161 (1997), 739 (760 ff.).

nen hinreichenden Schutz vermittelt. Umstritten war insoweit auch, ob für den Beschluss eine einfache Mehrheit als ausreichend anzusehen ist, oder ob ein qualifiziertes Mehrheitserfordernis besteht. Überwiegend wurde dabei vertreten, dass der Beschluss ebenso wie die positivrechtlich geregelten Grundlagenentscheidungen der satzungsändernden 3/4-Mehrheit bedarf.[118]

40 Der BGH hat sich mit der Frage einer **HV-Kompetenz** im Fall des Delisting erstmals in der „**Macrotron**"-Entscheidung vom 25.11.2002 befasst.[119] Der II. Zivilsenat hatte darin zwar festgestellt, dass das Delisting nicht unter die Kompetenz nach den „Holzmüller"-Grundsätzen (→ Rn. 22 ff.) fällt und die innere Struktur der AG nicht verändert. Dennoch wurde eine Zuständigkeit der HV bejaht, da „der Schutz des mitgliedschaftlichen Vermögenswerts nicht in den Händen der Geschäftsleitung, sondern der Hauptversammlung liegt".[120] Dies beruhte auf der Annahme, dass die Verkehrsfähigkeit sich unmittelbar auf den Verkehrswert der Anteile auswirkt und daher am verfassungsrechtlichen (Art. 14 GG) Schutz des Aktieneigentums teilhabt. Daher sei die Entscheidung über das Delisting auch im Verhältnis von Aktionär zu AG dem mitgliedschaftlichen Vermögensschutz zuzuordnen, für den der BGH ohne Erörterung einer positivrechtlichen Verankerung im AktG eine HV-Kompetenz angenommen hat.[121] Allerdings sollte für den Beschluss die einfache Mehrheit des § 133 Abs. 1 genügen, wobei es überraschte, dass der BGH keine Begründung für das Ergebnis gegeben hat.[122] Es wurde lediglich der „unternehmerische Charakter" der Entscheidung angesprochen,[123] aus dem ebenfalls resultierten sollte, dass der Beschluss der HV nicht am Maßstab der sachlichen Rechtfertigung (wie beim Bezugsrechtsausschluss, → § 186 Rn. 40 ff. (*Servatius*)) zu messen war.[124] Auch eines besonderen Vorstandsberichts bedurfte es im Rahmen der Beschlussfassung nicht.[125] Diese Ausgestaltung zeigt, dass in der Konzeption des BGH die HV-Kompetenz nicht die Funktion hatte, einen hinreichenden Minderheitenschutz zu gewährleisten.

41 Den „adäquaten" **gesellschaftsrechtlichen Schutz der Minderheitsaktionäre** gewährleistete der BGH dadurch, „dass ihnen mit dem Beschlussantrag ein Pflichtangebot über den Kauf ihrer Aktien durch die Gesellschaft (in den nach §§ 71 f. bestehenden Grenzen) oder durch den Großaktionär vorgelegt wird." Dabei musste der angebotene Kaufpreis dem tatsächlichen, nach den Vorgaben des BVerfG[126] unter Berücksichtigung des Börsenkurses ermittelten Anteilswert entsprechen.[127] Für die Überprüfung der Höhe des Kaufangebots eröffnete der BGH den Aktionären das Spruchverfahren nach den Vorschriften des SpruchG, so dass ein unangemessen niedriger Abfindungsbetrag mit konkreten Bewertungsrügen angegriffen werden konnte, ohne dass dadurch die Wirksamkeit des Beschlusses selbst in Frage gestellt wurde.

42 In der Folgezeit waren diese vom BGH aufgestellten Grundsätze weithin anerkannt. Umstritten war lediglich ihre genaue rechtliche Grundlage. Während der BGH die Grundlage offenbar allein in einer unmittelbar auf Art. 14 GG gestützten Rechtsfortbildung gesehen hat, wurden HV-Kompetenz und Pflichtangebot teilweise auf eine **analoge Anwendung von § 207 UmwG** gestützt, woraus die Anordnung des Spruchverfahrens analog § 212 UmwG folgte.[128] Andere betonten die größere Ähnlichkeit der Ausgestaltung des Pflichtangebots zu den Fällen des § 305, des § 320b oder des § 327b gegenüber § 207 UmwG, und stützten konsequenterweise die Grundsätze auf eine **Gesamtanalogie** zu diesen Vorschriften sowie zu §§ 29, 207 UmwG.[129] Umstritten war ferner die Rechtsfolge eines völligen Fehlens eines Abfindungsangebots, wobei teilweise angenommen wurde, dass der Beschluss rechtswidrig sei (Bedingungslösung),[130] teilweise, dass der Abfindungsanspruch auch

---

[118] ZB *Hellwig* ZGR 1999, 781; *Lutter/Leinekugel* ZIP 1998, 805; *Lutter* FS Zöllner, Band 1, 1998, 363 ff., (380); *de Vries*, Delisting – Kapitalmarktrecht, Gesellschaftsrecht, Umwandlungsrecht, 2002, 103 ff.; *Pluskat*, Rechtsprobleme beim Going Private unter besonderer Berücksichtigung der „übertragenden Auflösung" und des Delistings, 2002, 71 ff.; *Schlösser*, Delisting auf Initiative des Emittenten, 2003, 206 ff.; aA (für einfache Mehrheit) etwa *Schwark/Geiser* ZHR 161 (1997), 739 (762).
[119] BGHZ 153, 47 = NJW 2003, 1032. Aus der reichhaltigen Literatur zu dieser Entscheidung sind hervorzuheben: *K. Schmidt* NZG 2003, 601; *Henze* FS Raiser, 2005, 145 ff.; *Land/Behnke* DB 2003, 2531; *Ekkenga* ZGR 2003, 878; *Bürgers* NJW 2003, 1642; *Adolff/Tieves* BB 2003, 797; *Klöhn* ZBB 2003, 208; *Krämer/Theiss* AG 2003, 225; *Geyrhalter/Zirngibl* DStR 2004, 1048; *Benecke* WM 2004, 1122.
[120] BGHZ 153, 47 (55) = NJW 2003, 1032.
[121] BGHZ 153, 47 (54 f.) = NJW 2003, 1032.
[122] BGHZ 153, 47 (53) = NJW 2003, 1032; zustimmend *Benecke* WM 2004, 1122 (1125).
[123] BGHZ 153, 47 (59) = NJW 2003, 1032.
[124] BGHZ 153, 47 (58 f.) = NJW 2003, 1032.
[125] BGHZ 153, 47 (59) = NJW 2003, 1032.
[126] BVerfGE 100, 289 – DAT/Altana.
[127] BGHZ 153, 47 (57) = NJW 2003, 1032. Näher zur angemessenen Abfindung vgl. → § 305 Rn. 41 ff.
[128] So ausdrücklich BayObLG NZG 2005, 312 (315 f.) = DB 2005, 214 (216 f.); zu dieser Entscheidung: *Martinius/v. Oppen* DB 2005, 212; *Krolop* NZG 2005, 546; *Schiffer/Goetz* BB 2005, 453.
[129] So *Benecke* WM 2004, 1125.
[130] Hierfür etwa *Krolop* NZG 2005, 546.

ohne ein solches Angebot kraft Gesetzes entstünde (Anspruchslösung) und die Höhe dann im Spruchverfahren festzusetzen wäre.[131] Zuletzt wurde ferner diskutiert, ob die Grundsätze auch auf den Fall des **Downlisting** in ein niedrigeres Börsensegment oder den Freiverkehr zu übertragen sind.[132]

Da der BGH seine Auffassung im Wesentlichen auf Art. 14 GG gestützt hatte, wurde die grundsätzliche Diskussion um die Fortgeltung der „Macrotron"-Grundsätze aufgrund eines Urteils des BVerfG vom 11.7.2012 wieder eröffnet.[133] In dem Urteil bestätigte das BVerfG zunächst die Verfassungsmäßigkeit der zugrunde liegenden Rechtsfortbildung, wobei es allerdings diese – entsprechend der Begründung in den angegriffenen untergerichtlichen Entscheidungen – als Gesamtanalogie (→ Rn. 42) gewürdigt hat. Eine solche (ohne Rückgriff auf Art. 14 GG begründete) Gesamtanalogie hält sich danach im Rahmen zulässiger richterlicher Rechtsfortbildung. Zugleich aber betonte das BVerfG, dass der Widerruf der Börsenzulassung auf Antrag des Emittenten grundsätzlich den **Schutzbereich des Art. 14 GG nicht berührt**. Zur Begründung wird ausgeführt, dass zwar die „rechtliche Verkehrsfähigkeit" der Aktie zum grundrechtlich geschützten Bestand des Eigentums zählt, nicht aber die nur „faktisch gesteigerte Verkehrsfähigkeit".[134] Die Börsennotierung begründe daher nur eine „schlichte Ertrags- und Handelschance" und nehme als „wertbildender Faktor" des Anteilseigentums nicht am Grundrechtsschutz teil. Der Widerruf der Börsenzulassung „erweist sich deshalb als ein mit dem Aktieneigentum miterworbenes Risiko."[135] Ebenso zu bewerten sei die Geltung der Sondervorschriften für börsennotierte Aktiengesellschaften, die den Aktionär nur reflexhaft schützen.[136]

Im Anschluss an die Entscheidung des BVerfG wurde kontrovers diskutiert, ob trotz fehlender Beeinträchtigung des Schutzbereichs des Art. 14 GG an der „Macrotron"-Rechtsprechung und damit an der HV-Kompetenz festzuhalten sei. Da der auf Art. 14 GG beruhenden Argumentation des BGH die Grundlage entzogen war, wurde teilweise eine gänzliche Abkehr von einer HV-Kompetenz gefordert.[137] Die besseren Gründe sprachen dagegen für die Beibehaltung der Rechtsprechung aufgrund einer nur **einfach-gesetzlich begründeten Analogie**. Insoweit wurde teilweise eine analoge Anwendung der Vorschriften des Formwechsels (§§ 190 ff. UmwG) befürwortet,[138] teilweise eine analoge Anwendung des § 29 UmwG,[139] ferner wäre auch ohne verfassungsrechtliche Begründung ein Festhalten an der Gesamtanalogie (→ Rn. 42) in Betracht gekommen.[140] Nur auf diese Weise könnte den weitreichenden Auswirkungen des Delisting nicht nur auf die Anteilsveräußerung, sondern auch auf die rechtliche Situation der Aktiengesellschaft selbst in Hinblick auf die Anwendbarkeit kapitalmarktrechtlicher Vorschriften und der Sondervorschriften des AktG für börsennotierte Gesellschaften hinreichend Rechnung getragen werden.[141] Eine Änderung der Rechtsprechung war auch von Verfassungs wegen nicht geboten, da das BVerfG die Zulässigkeit der „Macrotron"-Grundsätze als einfach-rechtliche Gesamtanalogie ausdrücklich als mit den Grenzen richterlicher Rechtsfortbildung vereinbar bestätigt hatte.[142]

Dennoch hat sich der BGH in der **„Frosta"-Entscheidung** vom 8.10.2013[143] für eine vollständige Aufgabe der „Macrotron"-Rechtsprechung entschieden. Ausgangspunkt der Begründung ist, dass der BGH die Grundlage seiner bisherigen, auf Art. 14 GG gegründeten Rechtsprechung durch das Urteil des BVerfG als entzogen ansieht. Ausführlich setzt sich der II. Zivilsenat sodann mit den verschiedenen in der Literatur vertretenen Ansätzen für eine einfach-gesetzliche Analogie auseinan-

---

[131] K. Schmidt/Lutter/*Spindler* Rn. 55; ferner MüKoAktG/*Kubis*, 3. Aufl. 2013, Rn. 92.
[132] KG AG 2009, 697; OLG München AG 2008, 674; *Seibt/Wollenschläger* AG 2009, 807; *Rubel/Kunz* AG 2011, 399.
[133] BVerfG NZG 2012, 826; vgl. dazu die Besprechungsaufsätze von *Drygala/Staake* ZIP 2013, 907; *Klöhn* NZG 2012, 1041; *Wackerbarth* WM 2012, 2077; *Reger/Schilha* NJW 2012, 3066; *Kiefner/Gillessen* AG 2012, 645; *Bungert/Wettich* DB 2012, 2265.
[134] BVerfG NZG 2012, 826 (828).
[135] BVerfG NZG 2012, 826 (829).
[136] BVerfG NZG 2012, 826 (829 f.).
[137] *Wackerbarth* WM 2012, 2077; *Kiefner/Gillessen* AG 2012, 645; *Bungert/Wettich* DB 2012, 2265.
[138] *Drygala/Staake* ZIP 2013, 905.
[139] *Klöhn* NZG 2012, 1041; *Stöber* BB 2014, 9 (16).
[140] *Grigoleit/Herrler* Rn. 30 nimmt eine auf den „Individualschutz der Aktionäre gegründete ungeschriebene Hauptversammlungszuständigkeit" an.
[141] Überzeugend insbes. *Drygala/Staake* ZIP 2013, 905, die eine analoge Anwendung der umwandlungsrechtlichen Vorschriften des Formwechsels damit begründen, dass durch die Sondervorschriften praktisch zwei unterschiedliche Rechtsformen der Aktiengesellschaft bestehen. Die weitergehende Folge eines Formwechsels auch bei erstmaligem Börsengang ist konsequent und erscheint ebenfalls durchaus als sachgerecht.
[142] BVerfG NZG 2012, 826 (830 f.).
[143] BGH NJW 2014, 146 = ZIP 2013, 2254; dazu: *Bayer* ZfPW 2015, 165 ff.; *Kocher/Widder* NJW 2014, 127; *K. Schmidt* JuS 2014, 174; *Arnold/Rothenburg* DStR 2014, 150; *Wieneke* NZG 2014, 22; *Stöber* BB 2014, 9; *Wasmann/Glock* DB 2014, 105; *Mense/Klie* GWR 2013, 505; *Paschos/Klaaßen* AG 2014, 33; *Schockenhoff* ZIP 2013, 2429; Anm. zur FRoSTA – Entscheidung: *Habersack* JZ 2014, 147; *Winter/Keßler* Der Konzern 2014, 69; *Rosskopf* ZGR 2014, 487; *Staake* LMK 2014, 356690.

der. Tragende Erwägung für die Ablehnung aller vorgeschlagenen Analogien ist vor allem, dass die rechtlichen Auswirkungen des Delisting nach Ansicht des BGH die „grundlegende Organisationsstruktur", die Beteiligungsrechte der Aktionäre und die „Binnenstruktur" der AG unberührt lässt und daher keine hinreichende Ähnlichkeit mit Strukturmaßnahmen besteht.[144] Für die Praxis ist daher zukünftig davon auszugehen, dass das Delisting (und damit natürlich auch alle Konstellationen eines Downlisting) an **keine gesellschaftsrechtlichen Voraussetzungen** gebunden ist, und es insbesondere keines Beschlusses der Hauptversammlung bedarf.[145] Der Schutz der Aktionäre (in ihrer Rolle als Kapitalanleger) erfolgt nur auf öffentlich-rechtlichem Weg im Rahmen des BörsG (→ Rn. 45a). Die Entscheidung über den Antrag des Emittenten auf Widerruf der Börsenzulassung ist somit Geschäftsführungsmaßnahme und wird zukünftig allein vom Vorstand, ggf. mit Zustimmung des Aufsichtsrats (§ 111 Abs. 4 S. 2), getroffen. Aus Praktikersicht wird die Entscheidung überwiegend begrüßt, wobei vor allem die Rechtssicherheit und die Vereinfachung des Delisting in den Vordergrund gestellt werden. Dennoch wurde die Entwicklung in Hinblick auf die starke Betroffenheit der Aktionärsinteressen – die sich durch die enge Auslegung des Schutzbereichs des Art. 14 GG nicht geändert hat – vielfach kritisch gesehen.[146] Insbesondere wurde darauf verwiesen, dass die Rechtsprechungsänderung es ermögliche, im Zusammenhang mit einem geplanten Squeeze out (§§ 327a ff.) zunächst ein Delisting vorzunehmen, um die Orientierung der nach § 327b geschuldeten angemessenen Abfindung am Börsenkurs als Untergrenze[147] zu verhindern und die Abfindung allein aufgrund einer Unternehmensbewertung anhand der Ertragswertmethode durchführen zu können.[148] Nicht zuletzt aufgrund der Gefahr derartiger **strategischer Verhaltensweisen,** aber auch mit Blick auf einen angemessenen Individualschutz der Minderheitsaktionäre wurde in der Diskussion nach der Frosta-Entscheidung der Ruf nach einer gesetzlichen Regelung laut.[149] In der Folge der Entscheidung hat sich die Rechtsprechung ferner auf den Standpunkt gestellt, dass die in Bezug auf ein in der Vergangenheit durchgeführtes Delisting noch anhängigen Spruchverfahren – unabhängig davon, welcher Verfahrensstand erreicht war und zu welchem Zeitpunkt der Antrag anhängig gemacht worden ist – mit der Rechtsprechungsänderung **unzulässig** geworden sind.[150] Einen besonderen Vertrauensschutz für Aktionäre, die ein unzureichendes Barabfindungsangebot im Vertrauen auf die Überprüfung im Spruchverfahren zu einem Zeitpunkt angenommen haben, in dem die Aufhebung der „Macrotron"-Entscheidung nicht absehbar war,[151] hat die Rechtsprechung (mit Billigung des BVerfG[152]) abgelehnt. Denn nach Ansicht des BVerfG hielt sich die Aufgabe der „Macrotron"-Rechtsprechung „im Rahmen einer nicht unvorhersehbaren Entwicklung", da es hierbei „nicht um eine in jeder Hinsicht gefestigte höchstrichterliche Rechtsprechung" handelte.[153]

45a Bereits im Jahr 2015 hat der Gesetzgeber auf die Entwicklung reagiert und durch eine **kapitalmarktrechtliche Lösung** in § 39 Abs. 2, 3 BörsG den Minderheitenschutz sichergestellt.[154] Voraussetzung des Widerrufs der Börsenzulassung auf Antrag des Emittenten ist nunmehr (sofern keine weitere Börsenzulassung im EWR mehr besteht) die Abgabe eines **unbedingten Übernahmeangebots** nach den Vorschriften des WpÜG. Grundsätzlich bedeutet dies, dass die Höhe der **Gegenleistung** nach Maßgabe des § 31 WpÜG anhand des durchschnittlichen gewichteten Börsenkurses

---

[144] BGH ZIP 2013, 2254 (2255 f.).
[145] BGH ZIP 2013, 2254 Ls..
[146] Zur Kritik insbes. *Bayer* ZfPW 2015, 165 (194 ff.).
[147] Vgl. BVerfG NJW 1999, 3769 – DAT/Altana.
[148] *Wasmann/Glock* DB 2014, 105 (108); *Mense/Klie* GWR 2013, 505 (508); *Arnold/Rothenburg* DStR 2014, 150 (155); *Bungert/Leyendecker-Langner* BB 2014, 521 (die eine solche Vorgehensweise aber durchgehend als rechtlich unbedenklich ansehen); krit. aber *Habersack* JZ 2014, 149.
[149] Insbes. von *Bayer* ZfPW 2015, 165 (219 ff.).
[150] OLG Jena AG 2015, 450; OLG Stuttgart ZIP 2015, 681; OLG München ZIP 2015, 270; OLG Düsseldorf ZIP 2015, 123; *Kocher/Widder* NJW 2014, 127 (129); *Arnold/Rothenburg* DStR 2014, 150 (155); *Wieneke* NZG 2014, 22 (25); *Wasmann/Glock* DB 2014, 105 (108); *Mense/Klie* GWR 2013, 505 (508); *Paschos/Klaaßen* AG 2014, 33 (36); *Schockenhoff* ZIP 2013, 2429 (2433); *Winter/Keßler* Der Konzern 2014, 69 (73); *Rosskopf* ZGR 2014, 487 (502); *Glienke/Röder* BB 2014, 899 (903 ff.).
[151] Für einen solchen Vertrauensschutz plädierte die Vorauf. Rn. 45a.
[152] BVerfG ZIP 2015, 2371.
[153] BVerfG ZIP 2015, 2371 (2373).
[154] Zu den Einzelheiten der Neuregelung: *Harnos* ZHR 179 (2015), 750; *Morell* AcP 217 (2017), 61; *Groß* AG 2015, 812; *Bungert/Leyendecker-Langner* ZIP 2016, 49; *Hornung/Westermann* BKR 2017, 409; *Kocher/Seiz* DB 2016, 153; *Gegler* BKR 2016, 273; *Zimmer/von Imhoff* NZG 2016, 1056; *Morell* ZBB 2016, 67; *Wackerbarth* WM 2016, 385; *Goetz* BB 2015, 2591; *Mense/Klie* DStR 2015, 2782; *Rubner/Pospiech* NJW-Spezial 2016, 207; zu Einzelfragen der Neuregelung vgl. ferner *Pilsl/Knoll* DB 2016, 181; *Linnerz/Freyling* BB 2017, 1354; *Schulz/Wieneke* NZG 2017, 449; *Zwirner/Kähler* BB 2016, 171; zur Berechnung der Gegenleistung ferner *Herfs/Leyendecker* BB 2018, 643.

zu bestimmen ist, regelmäßig dagegen nicht nach den Grundsätzen der Abfindung zum vollen wirtschaftlichen Wert der Anteile auf der Grundlage einer Unternehmensbewertung. Letzteres ist nur ausnahmsweise nach § 39 Abs. 3 S. 3 und 4 BörsG in Fällen vorgesehen, in denen die Börsenkurse des Referenzzeitraums als nicht hinreichend aussagekräftig erscheinen. Dies ist nicht nur bei einer **Illiquidität** des Marktes (und einem daraus resultierenden Mangel hinreichend häufiger Feststellungen eines Börsenpreises und hoher Volatilität der Kurse) der Fall, sondern kann auch auf dem Emittenten oder dem Bieter zurechenbaren **Verstößen** gegen die **Ad hoc-Publizitätspflicht** und das Verbot der **Marktmanipulation** beruhen.[155] Bei der Anwendung des § 31 WpÜG gelten ansonsten lediglich die Besonderheiten, dass zwingend eine Geldleistung in Euro anzubieten ist, so dass die in § 31 Abs. 2 WpÜG vorgesehene Möglichkeit eines Angebots „liquider Aktien" hier ausgeschlossen ist. Ferner wird der Referenzzeitraum für die Berechnung des durchschnittlichen gewichteten Börsenkurses in Abweichung von § 5 WpÜG-AngebVO auf 6 Monate ab dem Zeitpunkt der Veröffentlichung der Entscheidung zur Angebotsabgabe verlängert (§ 39 Abs. 1 S. 2 BörsG). Durch den Verweis auf § 31 WpÜG werden auch die Regelungen zur Berücksichtigung von Vorerwerben (§ 31 Abs. 1 WpÜG) und Nacherwerben (§ 31 Abs. 5 WpÜG) auf das Delisting erstreckt, ferner umfasst der Verweis über § 31 Abs. 7 WpÜG auch die WpÜG-AngebotsVO.[156] Teilweise wird zwar eine teleologische Reduktion dieses Verweises gefordert, um die durch die Vor- und Nacherwerbsregelungen eintretenden Wechselwirkungen mit einem vorherigen Übernahmeangebot oder einem Erwerb im Rahmen des Abfindungsanspruchs nach § 305 zu vermeiden.[157] Warum diese Konsequenzen „nicht richtig sein" können[158] erschließt sich nicht: Wahrt man zwischen den Maßnahmen die Vor- und Nacherwerbsfristen, entsteht schon keine solche Wechselwirkung – nimmt man sie zur Realisierung eines schnellen Delisting in Kauf, ist nicht ersichtlich, warum gerade in der Konstellation des Durchschlagens auf ein vorheriges Übernahmeangebot (durch die zweifache Anwendung der Nacherwerbsregelung) der übernahmerechtliche Gleichbehandlungsgrundsatz nicht betroffen sein soll, geht es doch gerade um den Schutz derjenigen Anleger, die das ursprüngliche Übernahmeangebot angenommen hatten. Auch die Unsicherheit hinsichtlich einer nachträglichen Anpassung des Erwerbspreises beim Delisting aufgrund einer Erhöhung der zuvor gezahlten Abfindung nach § 305 im Spruchverfahren stellt sich kaum als korrekturbedürftig dar: Einerseits tritt auch hier das Problem nur auf, wenn man sehenden Auges das Delisting durchführt, während der Erwerb im Rahmen des Abfindungsanspruchs noch als relevanter Vorerwerb gilt. Andererseits bedeutet die Regelung doch nur, dass von einer Erhöhung im Spruchverfahren sowohl derjenige profitiert, der die konzernrechtliche Abfindung gewählt hat, als auch derjenige, der das unmittelbar anschließende Erwerbsangebot beim Delisting angenommen hat. Die Gleichbehandlung dieser beiden Gruppen scheint mir keine im Wege der Rechtsfortbildung korrekturbedürftige Folge zu sein. Von wem das Angebot ausgeht, wer also als Bieter auftritt, ist in der Regelung nicht angesprochen und aus Sicht des Anlegerschutzes auch irrelevant. Praktisch wird wohl nur der Hauptaktionär als Bieter in Betracht kommen, da der Emittent selbst das vorgeschriebene Angebot für den Erwerb *aller* betroffenen Aktien (§ 39 Abs. 2 Nr. 1 BörsG) in den engen, von § 71 gezogenen Grenzen des Erwerbs eigener Aktien regelmäßig nicht machen kann.[159] Aus gesellschaftsrechtlicher Sicht ist nach dieser abschließenden kapitalmarktrechtlichen Regelung des Anlegerschutzes beim Delisting jedenfalls festzuhalten, dass aktienrechtliche Schutzinstrumente keine Bedeutung mehr haben und zukünftig weder eine Hauptversammlungskompetenz für das Delisting noch ein gesellschaftsrechtlich begründeter Abfindungsanspruch besteht.

c) Tatsächliche Sitzverlegung: Seit der Änderung des § 5 durch das MoMiG im Jahr 2008 ist es nicht mehr erforderlich, dass der Satzungssitz einen räumlichen Bezug zur Geschäftstätigkeit der AG aufweist. Hieraus ergibt sich nicht nur die Möglichkeit, den Satzungssitz an jeden Ort im Inland zu verlegen (wofür es selbstverständlich einer Satzungsänderung nach § 179 bedarf), vielmehr wird es auch möglich, den tatsächlichen Sitz der AG an jeden Ort zu verlegen, ohne dass hierfür die Satzung geändert werden muss. Insbesondere kann nunmehr der tatsächliche Sitz auch in das **Ausland** verlegt werden, ohne dass es dadurch zu einem Wechsel des auf die AG anwendbaren Rechts oder einer Auflösung kommt.[160] Daraus folgt, dass die Satzung nunmehr keinen Einfluss mehr auf den tatsächlichen Sitz nimmt und bei einer Einordnung der Sitzverlegung als reiner Geschäftsführungsmaßnahme diese in der alleinigen Zuständigkeit des Vorstands liegen würde. Gerade durch eine

---

[155] Hierzu ausführlich *Morell* AcP 217 (2017), 61 (82 ff.).
[156] BT-Drs. 18/6220, 84; *Bayer* NZG 2015, 1169; Baumbach/Hopt/*Kumpan* HGB, BörsG § 39 Rn. 9; kritisch *Leyendecker/Herfs* BB 2018, 643.
[157] *Leyendecker/Herfs* BB 2018, 643 (646).
[158] *Leyendecker/Herfs* BB 2018, 643 (645).
[159] *Bungert/Leyendecker-Langner* ZIP 2016, 49 (50).
[160] Ausführlich: *Hoffmann* ZIP 2007, 1581.

Sitzverlegung ins Ausland können indes die Interessen von Aktionären und Gesellschaft stark betroffen werden. Für die GmbH hat der Verfasser daraus den Schluss gezogen, dass eine Sitzverlegung ins **Ausland** trotz des grundsätzlichen Charakters als Geschäftsführungsmaßnahme nur mit Zustimmung der Gesellschafterversammlung zulässig ist.[161]

47 Es stellt sich die Frage, ob auch in der AG bezüglich der **tatsächlichen Sitzverlegung** eine ungeschriebene **Hauptversammlungskompetenz** nach den Grundsätzen der „Holzmüller/Gelatine"-Rechtsprechung (→ Rn. 22 ff.) anzuerkennen ist. Durch den strengen Maßstab, den der BGH insoweit anlegt, könnte man hiervon nur ausgehen, wenn die Rechte der Aktionäre in einer den anerkannten Fällen vergleichbaren Weise betroffen werden. Insoweit ist zunächst zwischen Sitzverlegungen im Inland und ins Ausland zu unterscheiden. Eine Verlegung des tatsächlichen Sitzes **innerhalb Deutschlands** ändert zunächst an der rechtlichen Situation der Aktionäre nichts, da eine Änderung des auf Rechtsverhältnisse der Gesellschaft anwendbaren Rechts in keiner Weise zu befürchten ist und im Hinblick auf die gerichtlichen Zuständigkeiten ohnehin der Satzungssitz ausschlaggebend ist (§ 14). Eine Verlegung nur des tatsächlichen Sitzes im Inland liegt daher als Geschäftsführungsmaßnahme im Zuständigkeitsbereich des Vorstands. Im Gegensatz dazu können die Rechte und rechtlich geschützten Interessen der Aktionäre durch eine Verlegung in das Ausland massiv beeinträchtigt werden. Für die Verlegung **aus der EU heraus** ergibt sich dies schon aus der Gefahr der Nichtanerkennung der vom deutschen Recht verliehenen Rechtspersönlichkeit im Zuzugsstaat. Die Konsequenzen, die hiermit verbunden sein können, gehen bis zur theoretischen Möglichkeit einer Aberkennung des Haftungsprivilegs der juristischen Person. Aber selbst, wenn die Anerkennung im konkreten Zuzugsstaat unzweifelhaft ist, ergeben sich durch eine solche Verlegung doch komplexe rechtliche Folgen, die kaum überschaubar sind. Damit ist nicht nur die steuerrechtliche Situation von Gesellschaft und Aktionären gemeint, vielmehr unterliegt die Geschäftstätigkeit der AG nach solchen Umzug auch einem völlig neuen öffentlich-rechtlichen Rahmen und im Fall einer Insolvenz regelmäßig einem anderen Insolvenzstatut. Trotz Beibehaltung des deutschen Gesellschaftsstatuts sind die rechtlichen Auswirkungen auf die Gesellschaft also so massiv und die zumindest möglichen Folgen auch für die Aktionäre so einschneidend, dass selbst bei Heranziehung eines strengen Maßstabs ein Fall der ungeschriebenen Hauptversammlungszuständigkeit anzuerkennen ist. Für Sitzverlegungen **innerhalb der EU** ist ebenso zu entscheiden. Zwar besteht insoweit in Hinblick auf Art. 54 AEUV keine Gefahr der Nichtanerkennung der Gesellschaft, die genannten rechtlichen Folgen in Hinblick auf die Veränderung des öffentlich-rechtlichen Rahmens der Geschäftstätigkeit sowie des Insolvenzstatuts[162] sind jedoch als hinreichend schwere Eingriffe in die rechtlich geschützten Interessen der Aktionäre anzusehen, dass auch für eine solche Entscheidung eine ungeschriebene Hauptversammlungskompetenz anzuerkennen ist.

VII. Regelungen in der Satzung

48 Obwohl in Abs. 1 eine Zuständigkeit der HV aufgrund von **Satzungsbestimmungen** ausdrücklich vorgesehen ist, verbleibt wegen § 23 Abs. 5 nur ein außerordentlich geringer Spielraum für die Schaffung zusätzlicher HV-Kompetenzen. In Abs. 1 ist also nach allgemeiner Meinung[163] keine gesetzliche Zulassung abweichender Satzungsgestaltung (iSv § 23 Abs. 5) zu sehen, vielmehr setzt die Schaffung zusätzlicher Kompetenzen eine besondere Vorschrift im AktG voraus. Die Satzung kann das austarierte gesetzliche Kompetenzgefüge der AG daher nur in Hinblick auf wenige Einzelfragen modifizieren. Eine derartige Klausel findet sich eigentlich nur in § 68 Abs. 2 S. 3 für die Zustimmung zur Übertragung vinkulierter Namensaktien, während nach § 58 Abs. 3 und Abs. 5 die Satzung nur den Entscheidungsspielraum der HV im Rahmen der Gewinnverwendungskompetenz, also bei bestehender gesetzlicher Kompetenz, durch Satzungsbestimmung erweitern kann. Auch für ergänzende Satzungsbestimmungen iSv § 23 Abs. 5 S. 2 verbleibt praktisch kein Raum, da die Kompetenzverteilung zwischen den Organen (insbesondere in Hinblick auf die weite Formulierung des § 76) als weitestgehend abschließend anzusehen ist. Beschlusskompetenzen können also in der Satzung nur insoweit geschaffen werden, als hierdurch die Kompetenzbereiche von Vorstand und Aufsichtsrat nicht berührt werden. Dies ist aber nur der Fall, wenn den Beschlussgegenständen keine „rechtliche Bedeutung" zukommt,[164] etwa in Hinblick auf die Schaffung beratender Gremien und die Wahl ihrer Mitglieder, oder die Zuerkennung von Ehrungen. Dabei könnte der HV durch die Satzung aber nicht einmal das Recht zuerkannt werden, eine Vergütung zu gewähren. Auch eine

---

[161] MHLS/*Hoffmann* GmbHG § 53 Rn. 117 ff. (insbes. 118).
[162] Vgl. Art. 3, 4 EuInsVO (= VO (EU) 2015/848), wonach es für die Zuständigkeit (und damit auf das im Insolvenzverfahren anwendbare Recht) auf den wirtschaftlichen Interessensmittelpunkt ankommt, der im Mitgliedstaat des Satzungssitzes lediglich widerlegbar vermutet wird.
[163] MüKoAktG/*Kubis* Rn. 97; Großkomm AktG/*Mülbert* Rn. 61; Hüffer/Koch/*Koch* Rn. 10.
[164] Zutreffend MüKoAktG/*Kubis* Rn. 17.

Letztentscheidungskompetenz bei Streitigkeiten zwischen Vorstand und Aufsichtsrat kann der HV nicht eingeräumt werden, vielmehr ist insoweit die Regelung in § 111 Abs. 4 als abschließend anzusehen. Auch dort wo eine gesetzliche Kompetenz besteht, kann diese nicht durch die Satzung zu Lasten anderer Organe aufgewertet werden, insbesondere nicht durch Statuierung einer Vorlagepflicht nach Abs. 2 bei bestimmten Geschäftsführungsmaßnahmen.[165]

Im Anschluss an die Aufgabe der „Macrotron"-Rechtsprechung durch den BGH (→ Rn. 45) wurde die Frage aufgeworfen, ob sich in Bezug auf das Delisting eine HV-Kompetenz dadurch begründen lässt, dass die **Börsennotierung** (oder sogar Börsenort und Marktsegment) in der Satzung geregelt wird. Hierbei soll es sich um eine reine Satzungsergänzung handeln, die wegen des Fehlens einer zwingenden Regelung zulässig sei.[166] Auch wenn das Ergebnis des Fortbestehens einer HV-Kompetenz als wünschenswert erscheint, ist der Bindung des Vorstands an eine derartige Satzungsregelung zu widersprechen. Denn nach der Rechtsprechung des BGH[167] handelt es sich bei Entscheidung über das **Delisting** (Antrag auf Widerruf der Börsenzulassung nach § 39 Abs. 2 BörsG) zweifelsfrei um eine einfache Geschäftsführungsmaßnahme. Dieser Charakter der Maßnahme kann auch durch die Satzung nicht verändert werden, da eine solche Festlegung nicht mit der eigenverantwortlichen Leitung der AG durch den Vorstand vereinbar wäre. Es würde sich daher nicht um eine Satzungsergänzung, sondern um eine nach § 23 Abs. 5 unzulässige Abweichung von § 76 handeln. Eine Satzungsregelung, die die Gesellschaft als „börsennotiert" bezeichnet, wäre daher nur zustandsbeschreibend, würde aber die Kompetenz des Vorstands, diesen Zustand zu ändern, unberührt lassen und wäre somit rechtlich wirkungslos.[168]

Ähnliches gilt für die **Beschränkung oder Übertragung gesetzlicher Kompetenzen der HV durch die Satzung,** die ebenfalls nur zulässig ist, soweit hierfür eine besondere Regelung im AktG besteht. Insoweit sind zwei ganz unterschiedliche Arten von Regelungen zu unterscheiden. Einerseits können Entscheidungen bereits in der Satzung getroffen werden oder der HV überlassen bleiben, zB nach § 113 Abs. 1 S. 2 die Festsetzung der Vergütung des Aufsichtsrats oder nach § 265 Abs. 2 S. 1 die Bestellung anderer Abwickler. Andererseits gibt es Normen, die anstelle einer konkreten Zustimmung der HV eine Ermächtigung des Vorstands zur Vornahme bestimmter Maßnahmen durch Satzungsbestimmung zulassen. Dies betrifft etwa die Schaffung genehmigten Kapitals (§ 202) einschließlich des Bezugsrechtsausschlusses (§ 203 Abs. 2). Bei solchen (zeitlich begrenzten) Ermächtigungen geht es darum, der Unternehmensleitung ein stärkeres Maß an Flexibilität zu gewähren, indem die Beteiligung der HV auf die ermächtigende Satzungsänderung vorverlegt wird, nicht aber um eine generelle Verschiebung der Organkompetenzen durch die Satzung. Über diese gesetzlichen Fälle hinaus kommt eine Beschränkung der gesetzlichen HV-Kompetenzen durch die Satzung indes nach § 23 Abs. 5 nicht in Betracht. Insbesondere wäre eine Satzungsklausel als nichtig anzusehen, durch die eine Ermächtigung zur Vornahme anderer zustimmungsbedürftiger Maßnahmen erteilt wird. Insoweit sind die genannten Vorschriften als nicht analogiefähige Ausnahmevorschriften zum Grundsatz der Satzungsstrenge zu interpretieren.[169] Derartige Vorratsbeschlüsse sind daher sowohl als Satzungsänderungen als auch in Form einfacher Zustimmungsbeschlüsse zu zukünftigen Maßnahmen, deren Bestimmung in das Ermessen von Vorstand und Aufsichtsrat gelegt wird, als unzulässig anzusehen. Erst wenn die beabsichtigte Maßnahme so konkretisiert ist, dass eine Beurteilung durch die Aktionäre im Sinne einer informierten Entscheidung möglich ist, kann die Zustimmung eingeholt werden.

Die geschilderten Grundsätze gelten nicht nur in Hinblick auf die unmittelbar im AktG geregelten HV-Kompetenzen, sondern auch für die **ungeschriebenen Kompetenzen.** Diese können durch die Satzung weder erweitert noch beschränkt werden, da auch diese als Teil der gesetzlichen Kompetenzordnung von § 23 Abs. 5 erfasst werden.[170] Hieraus folgt, dass auch die Konkretisierung ihrer Voraussetzungen in der Satzung nicht zulässig ist, soweit damit eine Modifikation (Erweiterung oder Einschränkung) gegenüber der in der Rechtsprechung entwickelten Reichweite verbunden ist.[171] Ebenso wie es nicht das Recht des Satzungsgebers ist, die unbestimmten Rechtsbegriffe des AktG zu konkretisieren, fehlt ihm diese Befugnis auch für die Rechtsprechungsgrundsätze. Ob für eine bestimmte Maßnahme also eine ungeschriebene HV-Kompetenz besteht, ist ganz unabhängig von der Satzungsgestaltung zu bestimmen, darauf bezogene Regelungen sind wirkungslos.

---

[165] Großkomm AktG/*Mülbert* Rn. 65.
[166] So *Schockenhoff* ZIP 2013, 2429 (2434); vgl. ferner *Habersack* AG 2005, 137 (141).
[167] BGH NJW 2014, 146 = ZIP 2013, 2254.
[168] Zutreffend *von der Linden* NZG 2015, 176; *Scholz* BB 2015, 2248.
[169] In diesem Sinne auch Großkomm AktG/*Mülbert* Rn. 62 f. (67 f.); MüKoAktG/*Kubis* Rn. 98.
[170] Zutreffend Großkomm AktG/*Mülbert* Rn. 62.
[171] Großkomm AktG/*Mülbert* Rn. 61.

VIII. Rechtsfolgen

51 **1. Verletzung von Kompetenzen der HV.** Bezüglich der **Rechtsfolgen** von Verletzungen der HV-Kompetenzen ist zwischen den **Innenwirkungen und den Außenwirkungen** zu unterscheiden. Eine solche Verletzung liegt dann vor, wenn zustimmungsbedürftige Maßnahmen ohne die erforderliche Mitwirkung der HV von der Verwaltung durchgeführt werden. Bei den geschriebenen Zuständigkeiten kommt dies in den meisten Fällen, insbesondere den Strukturmaßnahmen, wegen der registergerichtlichen Kontrolle nicht in Betracht. ZB Satzungsänderungen, Umwandlungsvorgänge, Unternehmensverträge oder auch die Erhöhung des Grundkapitals können nur durch Eintragung in das Handelsregister wirksam werden, wobei das Registergericht von Amts wegen (§ 26 FamFG) zu prüfen hat, ob die erforderliche Zustimmung der HV vorliegt.

52 Soweit dagegen eine sonstige Geschäftsführungsmaßnahme unter Verletzung einer HV-Kompetenz durchgeführt wird, ist grundsätzlich von einer **Wirksamkeit der Ausführungshandlungen des Vorstands** gegenüber der Gesellschaft auszugehen. Solche Situationen kommen vor allem in Hinblick auf die ungeschriebenen HV-Kompetenzen in Betracht, ferner aber auch in den Fällen des Abs. 2 (soweit eine Maßnahme durchgeführt wird, die von der HV abgelehnt worden ist). Die Vertretungsmacht des § 78 wird durch die Kompetenzverletzung nicht berührt, so dass die zur Ausführung geschlossenen Verträge als wirksam anzusehen sind. Die Zustimmung hat also hier nur interne Wirkung, während die Aktionäre die Durchführung im Außenverhältnis hinzunehmen haben. Lediglich in Ausnahmefällen können die Grundsätze des Missbrauchs der Vertretungsmacht zu abweichenden Ergebnissen führen, insbesondere bei konzerninternen Ausführungshandlungen. Erforderlich wäre hierfür eine für den Vertragspartner evidente Kompetenzverletzung, oder ein kollusives Zusammenwirken mit dem Vorstand. Letzteres dürfte bei verbundenen Unternehmen regelmäßig vorliegen, vor allem dann, wenn ein Groß- oder Mehrheitsaktionär den Vorstand zur Durchführung bestimmt. Auch außerhalb konzerninterner Maßnahmen kommt eine Evidenz des Fehlens der Befugnis im Innenverhältnis in Betracht, da sich die Beschlusskompetenz aus den auch einem Vertragspartner bekannten aktienrechtlichen Vorgaben ergibt. Auch wenn dem Vertragspartner bezüglich der internen Bindung des Vorstands keine Prüfungspflicht obliegt,[172] genügt es bereits, wenn „massive Verdachtsmomente" den Verdacht einer Überschreitung der Befugnisse im Innenverhältnis nahe legen.[173] Führt man sich die wirtschaftliche Bedeutung der Maßnahmen vor Augen, die von der ungeschriebenen Kompetenz erfasst werden, und verdeutlicht man sich, dass in der Praxis Maßnahmen wie der Kauf wesentlicher Unternehmensteile nur aufgrund eingehender wirtschaftlicher und rechtlicher Prüfungen („due diligence") durchgeführt werden, wird man kaum davon ausgehen können, dass für das Erfordernis einer Zustimmung der HV nicht wenigstens massive Verdachtsmomente zu Tage treten. Ein Missbrauch der Vertretungsmacht wird daher zumindest in Betracht zu ziehen sein – ob es sich nur um „Extremfälle"[174] handelt, erscheint als zweifelhaft. Nur soweit bei Ausführung eine Einlageverpflichtung begründet wurde, tritt der Missbrauch der Vertretungsmacht hinter den Schutz der Kapitalaufbringung zurück.[175]

53 Im **Innenverhältnis** der kompetenzwidrig handelnden Organmitglieder zur Gesellschaft kann die Verletzung vor allem Haftungsfolgen haben. Die Durchführung einer Maßnahme unter Verletzung einer HV-Kompetenz ist jedenfalls pflichtwidrig und führt, soweit der Gesellschaft ein Schaden erwächst, zu Ersatzansprüchen nach § 93 Abs. 2[176] bzw. – soweit auch der Aufsichtsrat an der Durchführung beteiligt ist – § 116. Darüber hinaus ist darin eine grobe Pflichtverletzung iSv § 84 Abs. 3 S. 2 zu sehen, die eine Abberufung des Vorstands (und eine fristlose Kündigung des Dienstvertrags nach § 626 BGB) begründen kann. Den Aktionären steht darüber hinaus ein individueller Unterlassungsanspruch gegen den Vorstand zu, der vor der Durchführung der Maßnahme im Wege des vorläufigen Rechtsschutzes mit einstweiliger Verfügung durchgesetzt werden kann.

54 **2. Kompetenzüberschreitung der HV.** Überschreitet dagegen die HV selbst ihre Kompetenzen, fasst sie insbesondere Beschlüsse, für die eine hinreichende gesetzliche Grundlage fehlt, sind diese grundsätzlich nach § 241 Nr. 3 als nichtig anzusehen. Dies gilt insbesondere für Beschlüsse über Geschäftsführungsmaßnahmen bei Fehlen einer Anrufung des Vorstands nach § 119 Abs. 2 oder § 111 Abs. 4 S. 3. Derartige Beschlussvorlagen sind analog § 126 Abs. 2 Nr. 2 (da zu dem Beschlussgegenstand nur gesetzeswidrige Beschlüsse gefasst werden könnten) nicht in die Tagesordnung aufzunehmen und bekanntzumachen, auch nicht aufgrund eines Minderheitsverlangens nach § 122 Abs. 2. Einer Beschlussfassung steht daher regelmäßig bereits § 124 Abs. 4 entgegen. Ein Interesse, auf der HV

---

[172] BGH NJW 1994, 2082 (2083) (allgemein für den Missbrauch der Vertretungsmacht).
[173] StRspr, vgl. BGH NJW 1999, 2883 mwN.
[174] So MüKoAktG/*Kubis* Rn. 61.
[175] Vgl. BGHZ 83, 122 (132 f.) = NJW 1982, 1703; dagegen aber *Ekkenga/Schneider* ZIP 2017, 1053 ff.
[176] AllgM, MüKoAktG/*Kubis* Rn. 102.

unverbindliche Beschlüsse zu fassen, die als **Meinungsäußerung des Aktionärsgremiums** faktische Bedeutung erlangen können, ist nicht anzuerkennen. Dem steht schon Abs. 1 S. 1 entgegen, da die HV nur in den „ausdrücklich bestimmten Fällen" beschließen kann. Aufgrund der faktischen Wirkung in Hinblick auf die Sanktionsmöglichkeiten der HV gegenüber den Verwaltungsmitgliedern (§ 84 Abs. 3, §§ 103, 120) würde auch ein derart unverbindlicher Beschluss die Entscheidungsfreiheit der Verwaltungsmitglieder in ihrem originären Kompetenzbereich beeinträchtigen und damit ihre Rechte verletzen. Meinungsäußerungen der Aktionäre auf der HV sind zulässig, auch die Einholung eines Meinungsbildes durch Abstimmung, nicht aber Meinungsäußerungen der HV in Form eines (nach § 130 zu beurkundenden) Beschlusses. Wegen der Nichtigkeit kann eine solche Beschlussfassung auch nicht Grundlage des Haftungsprivilegs nach § 93 Abs. 4 sein.[177]

Anhang: Leitung der Hauptversammlung

Schrifttum: *Blasche,* Zur Erforderlichkeit eines Versammlungsleiters bei der Einpersonen-Aktiengesellschaft, AG 2017, 16; *Böttcher/Grewe,* Der Versammlungsleiter in der Gesellschaft mit beschränkter Haftung, NZG 2002, 1086; *Butzke,* Die Abwahl des Versammlungsleiters – ein neues Betätigungsfeld für „kritische" Aktionäre?, ZIP 2005, 1164; *Drinhausen/Marsch-Barner,* Zur Rechtsstellung des Aufsichtsratsvorsitzenden als Leiter der Hauptversammlung einer börsennotierten Gesellschaft, AG 2014, 757; *Ek,* Praxisleitfaden für die Hauptversammlung, 3. Aufl. 2018; *Gross,* Abwahl des durch die Satzung bestimmten Leiters der Hauptversammlung?, FS Happ, 2006, 31; *Grüner,* Zeitliche Einschränkungen des Rede- und Fragerechts auf Hauptversammlungen, NZG 2000, 770; *Hoffmann-Becking,* Der Aufsichtsrat der AG und sein Vorsitzender in der Hauptversammlung, NZG 2017, 281; *Hoppe,* Hauptversammlungssaison 2017: Rechte und Pflichten des Versammlungsleiters bei Wahlentscheidungen der Hauptversammlung, NZG 2017, 362; *Ihrig,* Zur Entscheidungskompetenz der Hauptversammlung in Fragen der Versammlungsleitung, FS Goette, 2011, 205; *Kocher/Feigen,* Hilfspersonen des Versammlungsleiters, NZG 2015, 620; *Kremer,* Zur Praxis der Hauptversammlungsleitung, FS Hoffmann-Becking, 2013, 697; *Krieger,* Abwahl des satzungsmäßigen Versammlungsleiters?, AG 2006, 355; *Kuhnt,* Geschäftsordnungsanträge und Geschäftsordnungsmaßnahmen bei Hauptversammlungen, FS Lieberknecht, 1997, 45; *Marsch-Barner,* Zu dem Folgen von Fehlern bei der Leitung der Hauptversammlung, FS Brambring 2011, 267; *Martens,* Leitfaden für die Leitung der Hauptversammlung einer Aktiengesellschaft, 3. Aufl. 2003; *Martens,* Die Leitungskompetenzen auf der Hauptversammlung einer Aktiengesellschaft, WM 1981, 1010; *Max,* Die Leitung der Hauptversammlung, AG 1991, 77; *Messer,* Der Vertreter des verhinderten Leiters der Hauptversammlung in der mitbestimmten AG, FS Kellermann, 1991, 299; *Poelzig,* Die Haftung des Leiters der Hauptversammlung – Grundlage, Grenzen, Durchsetzung der Haftung, AG 2015, 476; *Quack,* Beschränkungen der Redezeit und des Auskunftsrechts des Aktionärs, AG 1985, 145; *Quack,* Das Rederecht des Aktionärs in der Hauptversammlung, FS Brandner, 1996, 113; *Rose,* Anträge auf Abwahl des durch die Satzung bestimmten Versammlungsleiters, NZG 2007, 241; *Sauerwald,* Der Versammlungsleiter im Aktienrecht, 2018; *Schaaf,* Publikumshauptversammlung und Rederecht, ZIP 1997, 1324; *Schatz,* Beschlussvereitelung durch den Versammlungsleiter und Reaktionsmöglichkeiten der Aktionäre, AG 2015, 696; *U. H. Schneider,* Geheime Abstimmung in der Hauptversammlung einer Aktiengesellschaft, FS Peltzer, 2001, 425; *Seibert,* UMAG und Hauptversammlung – Der Regierungsentwurf eines Gesetzes zur Unternehmensintegrität und Modernisierung des Anfechtungsrechts (UMAG), WM 2005, 157; *Siepelt,* Das Rederecht des Aktionärs und dessen Beschränkung, AG 1995, 254; *Stützle/Walgenbach,* Leitung der Hauptversammlung und Mitspracherechte der Aktionäre in Fragen der Versammlungsleitung, ZHR 155 (1991), 516; *Theusinger/Schilha,* Gerichtliche Bestimmung eines unparteiischen Versammlungsleiters für einzelne Tagesordnungspunkte der Hauptversammlung, NZG 2016, 56; *von der Linden,* Haftung für Fehler bei der Leitung der Hauptversammlung, NZG 2013, 208; *von der Linden,* Die Abwahl des Hauptversammlungsleiters, Irrwege, Umwege, Auswege, DB 2017, 1371; *Wicke,* Amtsbeendigung des Hauptversammlungsleiters, NZG 2018, 161; *Wicke,* Die Leitung der Hauptversammlung einer Aktiengesellschaft – Praxisrelevante Fragen und neuere Entwicklungen, NZG 2007, 771; *Wilsing/von der Linden,* Debatte und Abstimmung über Geschäftsordnungsanträge in der Hauptversammlung der Aktiengesellschaft, ZIP 2010, 2321.

Übersicht

	Rn.		Rn.
1. Überblick	1	b) Zuständigkeiten hinsichtlich der Teilnahme	6
2. Person des Versammlungsleiters	2–4f	c) Abwicklung der Tagesordnung	7, 8
a) Bestimmung des Versammlungsleiters	2–3a	d) Beschränkungen des Rederechts	9–14
b) Beendigung des Amts	4–4f	e) Ordnungsmaßnahmen bei anderweitigen Störungen des Versammlungsablaufs	15
3. Aufgaben und Befugnisse	5–16		
a) Allgemeines	5	f) Haftung für fehlerhafte Leitungsmaßnahmen	16

1. Überblick. Die Hauptversammlung einer Aktiengesellschaft wird von einem Versammlungsleiter geleitet. Das Aktiengesetz regelt Stellung und Befugnisse des „Versammlungsleiters" oder „Vorsitzenden" nicht ausdrücklich, setzt aber seine Position in einzelnen Vorschriften voraus (§ 118 Abs. 4, 1

---

[177] AllgM, MüKoAktG/*Kubis* Rn. 29.

§ 122 Abs. 3 Satz 2, § 130 Abs. 2, § 131 Abs. 2 Satz 2). Die Bestellung eines Versammlungsleiters ist bei jeder beschließenden Hauptversammlung zwingend erforderlich. Eine Ausnahme gilt nach zutreffender Auffassung für die Ein-Personen-AG,[1] entgegen der hM auch bei Anwesenheit nur eines Aktionärs oder Aktionärsvertreters[2] und wenn die notarielle Niederschrift im Wege der Verlesung, Genehmigung und Unterzeichnung durch alle Teilnehmer nach Maßgabe der §§ 6 ff. BeurkG errichtet wird.[3] Die Person des Versammlungsleiters wird in der Praxis regelmäßig aufgrund einer Bestimmung der Satzung, bei deren Schweigen ggf. durch eine Geschäftsordnung, hilfsweise durch Beschluss der Hauptversammlung berufen. Der Leiter der Hauptversammlung hat aufgrund der ihm zugewiesenen Funktion alle Rechte, die er braucht, um einen ordnungsgemäßen Ablauf der Hauptversammlung herbeizuführen.[4] Zu diesem Zweck ist er unter Beachtung seiner Neutralitätspflicht, des Verhältnismäßigkeits- und Gleichbehandlungsgrundsatzes sowie der Gebote des Minderheitenschutzes auch zu Eingriffen in Aktionärsrechte befugt.

2 2. **Person des Versammlungsleiters. a) Bestimmung des Versammlungsleiters.** In der Praxis enthalten die meisten **Satzungen** eine Regelung darüber, wer Leiter der Hauptversammlung sein soll. Üblicherweise wird diese Funktion dem **Aufsichtsratsvorsitzenden** übertragen.[5] Rechtlich handelt es sich insoweit um eine zusätzliche Aufgabe, die sich ohne entsprechende Zuweisung nicht aus dem Amt des Aufsichtsratsvorsitzenden ergibt. Demgemäß kann für die Versammlungsleitung durch den Aufsichtsratsvorsitzenden und auch für die Erstellung eines Leitfadens durch diesen[6] ein gesondertes Entgelt gemäß § 114 AktG vereinbart werden. Für den Verhinderungsfall bestimmen die Satzungen (entsprechend der Regelung des § 107 Abs. 1 Satz 3) gewöhnlich den stellvertretenden Vorsitzenden des Aufsichtsrats zum Versammlungsleiter. Zwingend geboten ist dies auch im Fall einer dem Mitbestimmungsgesetz unterliegenden Gesellschaft allerdings nicht, vielmehr kann, sofern es sich bei dem Stellvertreter um einen Arbeitnehmervertreter handelt, stattdessen auch ein Repräsentant der Anteilseigner vorgesehen werden.[7] Fehlt es an einer Satzungsregelung zur Vertretung des Aufsichtsratsvorsitzenden, ist bei dessen Verhinderung nicht ohne weiteres der stellvertretende Vorsitzende des Aufsichtsrats als Versammlungsleiter berufen, vielmehr muss die Wahl dann durch die Hauptversammlung erfolgen.[8] Dem Vorsitzenden kann auch die Befugnis eingeräumt werden, selbst seinen Vertreter zu bestimmen. Als Versammlungsleiter ausgeschlossen sind juristische Personen und der die Versammlung protokollierende Notar, der das Amt auch nicht provisorisch ausüben kann.[9] Entsprechendes gilt nach hM[10] für Vorstandsmitglieder. Die Verbindung der Funktion des Vorstands mit der Aufgabe als Repräsentant des gesellschaftlichen Kontroll- und Beschlussorgans in einer Person führt nach hier vertretener Auffassung in aller Regel zu einem relevanten Verfahrensfehler, der eine Anfechtbarkeit der gefassten Beschlüsse begründet. Anders kann es sich jedoch im Einzelfall bei einer Hauptversammlung mit kleinem Teilnehmerkreis verhalten, bei der dem Versammlungsleiter für die Gestaltung und Beeinflussung des Versammlungsablaufs nur eine untergeordnete Bedeutung zukommt.[11] Im Übrigen besteht weitgehende Wahlfreiheit, neben Aufsichtsratsmitgliedern kommen daher auch Aktionäre oder außenstehende Dritte in Betracht. Für den Fall einer konfliktträchtigen Hauptversammlung kann die Bestellung eines unternehmensfremden Beraters mit entsprechenden Spezialkenntnissen zweckmäßig sein.[12] Die Satzung kann ferner die Bestimmung des Versammlungsleiters dem Aufsichtsrat übertragen.[13] Nach überwiegender Auffassung[14] sind Deutschkenntnisse des Versammlungsleiters nicht erforderlich, sofern eine Simultanübersetzung erfolgt, die im Fall von

---

[1] *Butzke* Die Hauptversammlung der AG Rn. D 12; MüKoAktG/*Kubis* § 119 Rn. 105; Hölters/*Drinhausen* Anh. § 129 Rn. 132; abweichend aber *Blasche* AG 2017, 16; ferner OLG Köln DNotZ 2008, 789 m. krit. Anm. *Wicke* für den Fall, dass die Satzung den Aufsichtsratsvorsitzenden zum Versammlungsleiter bestimmt; s. dazu auch → § 130 Rn. 41.
[2] S. *Wicke* NZG 2007, 771; anders die hM, MüKoAktG/*Kubis* § 119 Rn. 105 mwN.
[3] Zutreffend Grigoleit/*Herrler* Rn. 24; s. aber auch → § 130 Rn. 16.
[4] BGHZ 44, 245 (248).
[5] S. empirisch *Bayer/Hoffmann* AG 2012, R 339.
[6] AA OLG Köln NZG 2013, 548 (551); kritisch dazu Hüffer/Koch/*Koch* § 129 Rn. 17.
[7] *Ek* Hauptversammlung § 10 Rn. 255; zur Problematik s. eingehend *Messer* FS Kellermann, 1991, 299.
[8] *Hoffmann-Becking* NZG 2017, 281 (282).
[9] KG NZG 2011, 305 (307); *Haupt* in Hauschild/Kallrath/Wachter Notar-HdB § 14 Rn. 315.
[10] MHdB AG/*Hofmann-Becking* § 37 Rn. 36; Kölner Komm AktG/*Zöllner* § 119 Rn. 47; Hüffer/Koch/*Koch* § 129 Rn. 20; Henssler/Strohn/*Liebscher* § 129 Rn. 23; abweichend *Max* AG 1991, 77 (78).
[11] S. in diesem Sinne auch OLG Hamburg NJW 1990, 1120 (1121).
[12] Vgl. *Wilsing/von der Linden* ZIP 2009, 641.
[13] Grigoleit/*Herrler* Rn. 25; empirisch zu statutarischen Regelungen betreffend die Versammlungsleitung s. auch *Bayer/Hoffmann* AG 2012, R 339.
[14] OLG Hamburg AG 2001, 359 (363); kritisch MüKoAktG/*Kubis* § 119 Rn. 107.

Übersetzungsfehlern allerdings mit erheblichen Anfechtungsrisiken verbunden ist.[15] Die pyhsische Präsenz des Versammlungsleiters am Versammlungsort ist auch im Falle einer nach § 118 Abs. 1 S. 2 eröffneten Online-Teilnahme von Aktionären nicht verzichtbar.[16]

Schweigt die Satzung zur Person des Versammlungsleiters und fehlt auch eine entsprechende Geschäftsordnungsregelung, oder ist die berufene Person zur Übernahme der Funktion nicht bereit oder in der Lage, so obliegt der **Hauptversammlung** die **Wahl**.[17] Zu diesem Zweck hat der Einberufende, idR also der Vorstand bzw., soweit dieser nichts anderes beschließt, der Vorstandsvorsitzende,[18] die Aufgabe der Wahlleitung zu übernehmen und für die Abstimmung ein Teilnehmerverzeichnis zu erstellen.[19] Als provisorischer Sitzungsleiter stehen ihm bis zur Beschlussfassung sämtliche Ordnungsbefugnisse zu. Einer vorausgegangenen Ankündigung in der Tagesordnung bedarf es insoweit nicht. Die Hauptversammlung entscheidet über die Wahl des Versammlungsleiters mit einfacher Stimmenmehrheit.[20] Die bloße Duldung der angemaßten Übernahme des Versammlungsvorsitzes durch eine hierzu nicht ordnungsgemäß berufene Person führt zur Anfechtbarkeit der in der Folge gefassten Sachbeschlüsse.[21] Nicht anfechtbar ist allerdings die Wahl des Versammlungsleiters als solche, wenn sie ihrerseits von einem nicht legitimierten Vorsitzenden geleitet wurde, da es sich nicht um einen Sachbeschluss handelt.[22] Bei Einberufung der Hauptversammlung auf Verlangen einer Minderheit kann das **Gericht** den Vorsitzenden der Versammlung bestimmen (§ 122 Abs. 3 Satz 2); darüber hinaus gibt es keine der gerichtlichen Bestellung nach § 85 bzw. § 104 vergleichbare „Notbestellung" des Versammlungsleiters durch das Gericht.[23] In der Praxis kommt es gelegentlich vor, dass der Vorsitzende die Leitung der Versammlung vorübergehend auf eine andere Person, etwa den stellvertretenden Aufsichtsrat überträgt. Dies ist jedenfalls dann unbedenklich, wenn eine entsprechende Möglichkeit in der Satzung vorgesehen ist, soweit der eigentliche Versammlungsleiter sich in einem Interessenkonflikt befindet[24] oder der Interimsleiter lediglich dessen Anordnungen ohne wesentlichen eigenen Entscheidungsspielraum vollzieht.[25]

Bei der **dualistischen SE** gelten für die Leitung der Hauptversammlung keine Besonderheiten gegenüber einer inländischen AG, die Aufgabe wird regelmäßig vom Aufsichtsratsvorsitzenden übernommen. Für die **monistische SE** wird im Hinblick auf die vom Versammlungsleiter zu fordernde Neutralität die Auffassung vertreten, dass ein Mitglied des Verwaltungsrats als dem Leitungsorgan den Vorsitz in der Hauptversammlung nicht übernehmen könne.[26] Konsequenz dieser Auffassung wäre, dass die Versammlungsleitung durch einen Aktionär oder durch einen gesellschaftsfremden Dritten, wie zB einen Rechtsanwalt, wahrgenommen werden müsste. Die zutreffende Gegenauffassung lehnt dies jedoch ab, da nach hergebrachter Praxis die Hauptversammlung bei deutschen Aktiengesellschaften gerade auch in ihrem organisatorischen Ablauf von einem Spitzenvertreter des Unternehmens bestritten wird.[27]

b) Beendigung des Amts. Eine **Pflicht** des von der Hauptversammlung oder durch die Satzung bestimmten Versammlungsleiters **zur Übernahme des Amts** besteht **nicht**. Entsprechend steht es

---

[15] Zur Abhaltung einer Hauptversammlung in fremder Sprache s. DNotI-Report 2003, 81; *Krause/Jenderek* NZG 2007, 246; *Drinhausen/Marsch-Barner* AG 2014, 757 (762 ff.). Ein vereidigter Dolmetscher muss nach zutreffender Ansicht nicht hinzugezogen werden, s. *Grigoleit/Herrler* Rn. 25 mit Nachweisen zum Streitstand.
[16] MüKoAktG/*Kubis* § 119 Rn. 105.
[17] Hölters/*Drinhausen* Anh. § 129 Rn. 2.
[18] *Hoffmann-Becking* NZG 2017, 281 (282). Entsprechendes gilt bei einer Einberufung durch den Aufsichtsrat gemäß § 111 Abs. 3 AktG.
[19] Abweichend K. Schmidt/Lutter/*Ziemons* § 129 Rn. 39, wonach der älteste Aktionär oder Aktionärsvertreter den Vorsitz für die Wahl übernehmen soll, dem es aber unter Umständen an der erforderlichen Kompetenz mangeln kann; dazu kritisch *Höreth* AG 2011, R 318.
[20] Großkomm AktG/*Mülbert* § 129 Rn. 113; vorbehaltlich einer Satzungsregelung: Bürgers/Körber/*Reger* § 129 Rn. 38.
[21] KG NZG 2011, 305 (307); weitergehend (Nichtigkeit entsprechend § 241 Nr. 1) Großkomm AktG/*Mülbert* § 129 Rn. 231; vgl. auch OLG Köln NZG 2003, 40 f. (zur GmbH); Kölner Komm AktG/*Zöllner* § 119 Rn. 47; → § 130 Rn. 65.
[22] KG NZG 2011, 305 (307); aA Großkomm AktG/*Mülbert* § 129 Rn. 233.
[23] *Hoffmann-Becking* NZG 2017, 281 (283).
[24] LG Fankfurt NZG 2009, 149; K. Schmidt/Lutter/*Ziemons* § 129 Rn. 41.
[25] *Hoffmann-Becking* NZG 2017, 281 (289); vgl. auch OLG Frankfurt BeckRS 2010, 25449; für zeitliche Beschränkung Hüffer/Koch/*Koch* § 129 Rn. 18: idR weniger als 30 Minuten; *Gehling* in Semler/Volhard/Reichert HV-HdB § 9 Rn. 15.
[26] MüKoAktG/*Kubis*, 4. Aufl. 2017, SE-VO Art. 53 Rn. 18; → SE-VO Art. 45 Rn. 6.
[27] S. MüKoAktG/*Reichert/Brandes* SE-VO Art. 45 Rn. 16; *Eder* NZG 2004, 544 (546); *Knapp* DStR 2012, 2392 (2394); *Bachmann* ZGR 2008, 779 (789 f.); der ein solches Vorgehen für zulässig, in der Publikums-HV aber nicht für empfehlenswert hält; ebenso *Casper* ZHR 173 [2009], 181 (216); ferner Habersack/Drinhausen/ *Bücker* SE-VO Art. 53 Rn. 22 jedenfalls für nichtgeschäftsführende Verwaltungsratsmitglieder.

ihm frei, das Mandat auch ohne Vorliegen eines wichtigen Grundes **jederzeit niederzulegen**.[28] Der von der Hauptversammlung gewählte Versammlungsleiter kann ohne Vorliegen eines wichtigen Grundes mit einfacher Mehrheit wieder abberufen werden.[29] Entsprechendes ist anzunehmen, wenn die Satzung den Versammlungsleiter nicht originär bestimmt, sondern dem Aufsichtsrat als Organ oder dem Aufsichtsratsvorsitzenden als „geborenem" Versammlungsleiter die Befugnis gewährt, einen (stellvertretenden) Vorsitzenden zu benennen.[30]

4a Ob und unter welchen Voraussetzungen ein unmittelbar durch die **Satzung bestellter Versammlungsleiter von der Hauptversammlung abberufen** werden kann, wird nicht einheitlich beurteilt.[31] Insoweit wird vertreten, dass eine Abberufung ausgeschlossen ist,[32] dass eine solche ohne besondere Voraussetzungen möglich sei,[33] dass der Leiter ungeeignet oder unfähig sein müsse[34] und dass ein wichtiger Grund für die Abberufung vorliegen müsse.[35] Hinsichtlich der erforderlichen Mehrheiten reicht das Meinungsspektrum von Einstimmigkeit[36] über satzungsändernde Mehrheit[37] bis hin zur einfachen Mehrheit.[38] Nach hier vertretener Auffassung ist eine Abberufung des satzungsmäßigen Versammlungsleiters nur bei Vorliegen eines wichtigen Grundes und nur mit einer Drei-Viertel-Kapitalmehrheit zulässig.[39] Sinn entsprechender Satzungsregelungen ist es, die Person des Versammlungsleiters, der für den geordneten Ablauf der Hauptversammlung und die wirksame Beschlussfassung (§ 130 Abs. 2) eine zentrale Bedeutung zukommt, von vornherein außer Streit zu stellen und ihr ein weitgehend gesichertes Mandat einzuräumen. Die berechtigten Schutzinteressen der Aktionäre werden aber dann unzumutbar beeinträchtigt, wenn die sachgerechte Durchführung aufgrund grob pflichtwidrigen Verhaltens des Leiters nicht mehr gewährleistet ist und dieser seiner ihm zugedachten Funktion nicht mehr annähernd gerecht wird. Die zu stellenden Anforderungen sind insoweit hoch. Als Beispiele kommen die Nichtzulassung zweifellos legitimierter Aktionäre, die grundlose Nichtzulassung erstmals gestellter Fragen, die Nichtberücksichtigung von Stimmen ohne Anhaltspunkte für Stimmverbote oder offensichtlich falsche Ergebnisfeststellungen und vergleichbare pflichtwidrige Leitungsmaßnahmen (in der laufenden oder auch in einer früheren Hauptversammlung) in Betracht.[40] Ein Fehlverhalten außerhalb der Hauptversammlung, auch in der Eigenschaft als Aufsichtsratsvorsitzender, ein strafrechtliches Ermittlungsverfahren oder charakterliche Defizite können demgegenüber eine Abberufung generell nicht begründen.[41] Nicht gerechtfertigt erscheint eine Abberufung ferner, wenn bei einzelnen Gegenständen der Tagesordnung ein Interessenkonflikt in der Person des Versammlungsleiters besteht.[42] Der Satzungsmäßig bestellte Versammlungsleiter

---

[28] *Butzke* Die Hauptversammlung der AG Rn. D 15; LG München I BeckRS 2007, 06524; Bürgers/Körber/*Reger* § 129 Rn. 38b; einschränkend *Sauerwald*, Der Versammlungsleiter im Aktienrecht, 2018, 199 f.
[29] MHdB AG/*Hofmann-Becking* § 37 Rn. 38; Bürgers/Körber/*Reger* § 129 Rn. 38a; aA *Austmann* FS Hoffmann-Becking, 2013, 45 (59): auch bei wichtigem Grund keine Abberufung.
[30] MüKoAktG/*Kubis* § 119 Rn. 116, der aber eine Drei-Viertel-Kapitalmehrheit verlangt.
[31] Möglich wäre eine Satzungsregelung zur Abberufung mit Vorgaben für das Quorum, das Verfahren uns sonstige Erfordernisse, s. *Gehling* in Semler/Volhard/Reichert HV-HdB § 9 Rn. 24.
[32] *Krieger* AG 2006, 355; *Drinhausen/Marsch-Barner* AG 2014, 757 (764); *Wilsing/von der Linden* ZIP 2010, 2321 (2327); *Ihrig* FS Goette, 2011, 205 (217); *Austmann* FS Hoffmann-Becking, 2013, 45 (58); *Gehling* in Semler/Volhard/Reichert HV-HdB § 9 Rn. 27 ff.: nur bei Zulassung durch Satzung; s. auch *Gross* FS Happ, 2006, 31 (47): Abwahl nur bei vorheriger ordnungsgemäßer Bekanntgabe zulässig und erst mit Eintragung im Handelsregister wirksam.
[33] *Max* AG 1991, 77 (86).
[34] *Steiner*, Die Hauptversammlung der Aktiengesellschaft, 1995, § 6 Rn. 5.
[35] So die hM: OLG Köln AG 2017, 351 (360); OLG Stuttgart BeckRS 2015, 14340; OLG Hamburg AG 2001, 359 (363); OLG Frankfurt NJOZ 2006, 870 (876); *Butzke* ZIP 2005, 1164; *Rose* NZG 2007, 241; *v. Falkenhausen/Kocher* BB 2005, 1068 (1069); Hölters/*Drinhausen* Anh. § 129 Rn. 5.
[36] Kölner Komm AktG/*Zöllner* § 119 Rn. 48.
[37] *Martens*, Leitfaden für die Leitung der Hauptversammlung einer Aktiengesellschaft, 3. Aufl. 2003, 47.
[38] S. etwa *Rose* NZG 2007, 241 (244); *v. Falkenhausen/Kocher* BB 2005, 1068 (1069).
[39] So auch Grigoleit/*Herrler* Rn. 28; Bürgers/Körber/*Reger* § 129 Rn. 38b; Henssler/Strohn/*Liebscher* § 129 Rn. 24.
[40] *Butzke* ZIP 2005, 1164 (1166); s. auch *Michael Arnold* AG Report 2007, R 292; ferner LG Frankfurt BB 2012, 736: Über Abwahlantrag braucht Versammlungsleiter nicht abstimmen zu lassen, wenn er auf die gleichen Gesichtspunkte gestützt wird, über welche die Hauptversammlung in der Vergangenheit abschlägig beschlossen hat.
[41] S. OLG Stuttgart BeckRS 2015, 14340; Vgl. aber auch *Butzke* ZIP 2005, 1164 (1166): Ausnahmen, wenn das generelle Fehlen der für die Leitung der Hauptversammlung erforderlichen geistigen und körperlichen Fähigkeiten evident ist; ferner *Rose* NZG 2007, 241 (243 f.); LG Frankfurt BB 2005, 1071 (1072).
[42] Vgl. auch BGH NJW 2010, 3027; aA aber OLG Köln AG 2017, 351 für den Beschluss nach § 147 AktG zur Geltendmachung von Schadensersatzansprüchen gegen den Vorsitzenden; dazu kritisch *Klaaßen/Kaiser* EWiR 2017, 393; *von der Linden* DB 2017, 1371; *Hoppe* NZG 2017, 361 (362); s. ferner im Kontext von § 122 Abs. 3 S. 2 OLG Köln NZG 2015, 1118.

kann regelmäßig bis zur Feststellung, dass seine Wahl zum Aufsichtsratsvorsitzenden unwirksam ist, die Hauptversammlung leiten und die damit im Zusammenhang stehenden Aufgaben einschließlich der Beschlussfeststellung im Sinne des § 130 Abs. 2 AktG wirksam wahrnehmen.[43]

Die Vornahme der Abstimmung über die Abwahl hat zur Voraussetzung, dass ein **wichtiger Grund zur Abberufung schlüssig vorgetragen** wird.[44] Der Antrag ist umgehend nach Aufstellung des Teilnehmerverzeichnisses zur Abstimmung zu stellen[45] und auch dann zuzulassen, wenn er keinen Wahlvorschlag für den künftigen Versammlungsleiter enthält.[46] Sofern der Vorsitzende gleichzeitig Aktionär ist, unterliegt er entsprechend § 136 Abs. 1 AktG bei einer Abstimmung über eine Abwahl aus wichtigem Grund einem Stimmverbot.[47] Entsprechend § 84 Abs. 3 Satz 4 tritt die Wirkung der Abberufung mit der Verkündung des Abberufungsbeschlusses ein, ohne dass es auf das tatsächliche Vorliegen eines wichtigen Grundes ankäme.[48] Eine **zu Unrecht erfolgte Abberufung** führt nach hM jedoch zur Anfechtbarkeit der nachfolgend gefassten Beschlüsse.[49] Aus diesem Grund sollte der Versammlungsleiter im Abberufungsfall höchstvorsorglich sein Amt niederlegen, um jegliche Zweifel an der Rechtmäßigkeit der Bestellung eines Nachfolgers auszuräumen.[50] Unterlässt der Vorsitzende pflichtwidrig die Feststellung des Abstimmungsergebnisses seiner Abwahl, kann von einer konkludenten Amtsniederlegung ausgegangen werden.[51] Setzt er sich über einen begründeten Antrag zu seiner Abberufung ohne Abhaltung einer Abstimmung hinweg, führt dies zur Anfechtbarkeit der daraufhin gefassten Beschlüsse, löst aber keine Nichtigkeitsfolgen aus (→ § 130 Rn. 65).[52] Entsprechendes gilt, wenn der Versammlungsleiter den **Abberufungsbeschluss ignoriert,** ein wichtiger Grund aber objektiv nicht vorlag, wobei es in einem solchen Fall regelmäßig an der Relevanz des Versäumnisses für die nachfolgende Beschlussfassung fehlen wird.[53]

Nicht abschließend geklärt ist die Frage, inwieweit ein **Beschluss,** mit dem der **Antrag auf Abwahl des Versammlungsleiters abgelehnt** wurde, **angefochten** werden kann. Nach Ansicht des OLG Stuttgart und des OLG Köln fehlt für eine isolierte Anfechtungsklage das Rechtsschutzbedürfnis,[54] zulässig sei hingegen eine Anfechtungsklage gegen den ablehnenden Beschluss in Kombination mit einer positiven Feststellungsklage gerichtet auf Feststellung der Abwahl des Versammlungsleiters. Im Hinblick auf die Erfolgsaussichten der Klageerhebung geht diese Rechtsprechung von einem Ermessen der Hauptversammlung aus, auch bei einem wichtigen Grund weiterhin an der Person des Versammlungsleiters festzuhalten; Einschränkungen könnten sich aber aus der Treuepflicht der Aktionäre gegenüber der Minderheit ergeben, die zu einer Abwahlpflicht führen könne, wie bei offenbaren und schweren Leitungsfehlern.[55] Das OLG Köln hat eine entsprechende Abwahlpflicht für den Fall bejaht, dass der Versammlungsleiter einen Beschlussantrag zur Geltendmachung von Schadensersatzansprüchen nach § 147 AktG gegen ihn selbst rechtswidrig nicht zur Abstimmung gestellt hat, zudem aber auch für die Abstimmung über den Beschlussantrag als solchen, was nach dem Gesagten abzulehnen ist, da ein Interessenkonflikt zu einem Tagesordnungspunkt eine sachgerechte Verfahrensleitung nicht ausschließen muss.[56] Konsequenz einer erfolgreichen Klageerhebung wäre laut der Entscheidung des OLG Düsseldorf, dass der Versammlungsleiter nicht mehr als solcher hätte wirken dürfen mit entsprechenden Auswirkungen auf die unter seiner Mitwirkung zu Stande gekommenen Beschlüsse.[57] Damit wird auf die Vorschrift des § 130 Abs. 2 Bezug genommen, wonach die Feststellung des Vorsitzenden konstitutives Merkmal für die Beschlussfassung ist (→ § 130 Rn. 52).

---

[43] Vgl. BGH NZG 2013, 456 (459); dazu auch *Wicke* DNotZ 2013, 812 (822); OLG Frankfurt NZG 2009, 1066 (1067); OLG Frankfurt NZG 2008, 429 (430); vgl. auch LG Frankfurt NZG 2009, 149 (152), wonach der Versammlungsleiter für eine seine Person betreffende Beschlussfassung die Versammlungsleitung partiell auf einen Ersatzberufenen übertragen kann; zur Problematik → § 130 Rn. 65.
[44] S. auch OLG Köln AG 2017, 351 (360); OLG Stuttgart BeckRS 2015, 14340.
[45] *Kremer* FS Hoffmann-Becking, 2013, 697 (700f.); Hüffer/Koch/*Koch* § 129 Rn. 21.
[46] *Ek* Hauptversammlung § 10 Rn. 264; aA MüKoAktG/*Kubis* § 119 Rn. 114.
[47] *Sauerwald,* Der Versammlungsleiter im Aktienrecht, 2018, 209; aA MüKoAktG/*Kubis* § 119 Rn. 114.
[48] Großkomm AktG/*Mülbert* § 129 Rn. 121; aA *Butzke* ZIP 2005, 1164 (1167).
[49] *Ek* Hauptversammlung § 10 Rn. 266 mwN.
[50] Beck Notar-HdB/*Heckschen* in D III. Aktiengesellschaft Rn. 211.
[51] S. Großkomm AktG/*Mülbert* § 129 Rn. 121; MüKoAktG/*Kubis* § 119 Rn. 115.
[52] Bürgers/Körber/*Reger* § 129 Rn. 38b; s. auch OLG Stuttgart BeckRS 2015, 14340 Rn. 152; OLG Bremen BeckRS 2010, 281; aA LG Köln BeckRS 2005, 08759; LG Frankfurt BeckRS 2005, 10225.
[53] Zutreffend Großkomm AktG/*Mülbert* § 129 Rn. 235.
[54] AA MüKoAktG/*Kubis* § 119 Rn. 15.
[55] OLG Stuttgart BeckRS 2015, 14340; OLG Köln AG 2017, 1317.
[56] Kritisch auch *Klaaßen-Kaiser* EWiR 2017, 393; s. ferner *Theusinger/Schilha* NZG 2016, 56 (57).
[57] OLG Stuttgart BeckRS 2015, 14340 Rn. 150.

4d   Eine **selbständige Anfechtbarkeit des die Abwahl des Versammlungsleiters ablehnenden Beschlusses,** auch im Verbund mit einer positiven Feststellungsklage, ist nach hier vertretener Auffassung **abzulehnen.** Gegen die Anfechtbarkeit von Geschäftsordnungsbeschlüssen wie die Abwahl des Versammlungsleiters spricht grundsätzlich, dass diese sich mit Ablauf der jeweiligen Versammlung erledigen.[58] Wenn von Teilen der Rechtsprechung für den Fall des Erfolgs einer Klageerhebung eine Nichtigkeit der auf der Hauptversammlung gefassten Sachbeschlüsse bejaht wird, erscheint dies überschießend, da der Versammlungsleiter zum Zeitpunkt der Beschlussfassung sein Amt mit Billigung der Versammlungsmehrheit noch wirksam ausgeübt hat. In diesem Sinne hat der BGH für den anfechtbar gewählten Aufsichtsratsvorsitzenden angenommen, dass dieser die Funktion der Versammlungsleitung ausüben könne,[59] dem es daher auch im Fall der Anfechtung seiner Wahl nicht an der Kompetenz fehlt, gemäß § 130 Abs. 2 Feststellungen über die Beschlussfassung zu treffen (§ 130 Rn. 65). Um den Rechtsschutz der Minderheit zu verwirklichen, bleibt nach allgemeinen Grundsätzen eine Anfechtung der nachfolgenden Beschlüsse zur Tagesordnung möglich, wenn konkrete Maßnahmen der Versammlungsleitung einen relevanten Verfahrensmangel begründen (→ Rn. 5).

4e   Nicht weiter führend ist der Verweis auf den Rechtsschutz gegen die Beschlussfassung in der Sache allerdings dann, wenn der Versammlungsleiter, wie im Fall des OLG Köln, einen **Beschlussvorschlag rechtswidrig erst gar nicht zur Abstimmung** stellt.[60] Lässt der Vorsitzende einen Beschlussantrag nicht zur Abstimmung zu, obgleich dieser nicht offenkundig rechtswidrig ist, liegt darin eine rechtswidrige Leitungsmaßnahme, die einen wichtigen Grund zur Abwahl des satzungsmäßigen Versammlungsleiters darstellt.[61] Sofern der Aktionär eine Beschlussfassung über den abgesetzten Tagesordnungspunkt erreichen möchte, ist der Weg der Einberufung auf Verlangen einer Minderheit nach § 122 Abs. 1 AktG eröffnet.[62] Parallel kommt ein Antrag auf gerichtliche Bestellung eines Versammlungsleiters nach § 122 Abs. 3 S. 2 in Betracht, der nach zutreffender Auffassung nicht nur im Verbund mit einer gerichtlichen Entscheidung gemäß § 122 Abs. 3 S. 1, sondern auch isoliert gestellt werden kann.[63]

4f   Nach der fast einhelligen Auffassung im Schrifttum kann ein **gerichtlich bestellter Versammlungsleiter** unter keinen Umständen abberufen werden.[64] Für diese Ansicht spricht die unabhängige Überprüfung der Person des Vorsitzenden im Rahmen des gerichtlichen Bestellungsverfahrens und das Bedürfnis nach Rechtssicherheit in einer streitigen Ausgangssituation, sie kann aber im (sicherlich seltenen) Fall schwerwiegender und wiederholter Fehlleistungen zu kaum hinnehmbaren Ergebnissen führen.

5   **3. Aufgaben und Befugnisse. a) Allgemeines.** Der Leiter der Hauptversammlung hat die Aufgabe, für die sachgemäße Erledigung ihrer Geschäfte zu sorgen. Der Umfang der Befugnisse des Versammlungsleiters, insbesondere auch zur Einschränkung von Rechten der Versammlungsteilnehmer und seine Pflichten ergeben sich aus dieser Funktion und sind als solche gewohnheitsrechtlich anerkannt.[65] Der Versammlungsleiter hat nach einer verbreiteten Formel **alle Rechte, die er braucht, um einen ordnungsgemäßen Ablauf der Hauptversammlung** herbeizuführen.[66] In der Anordnung von Maßnahmen unterliegt er seinem pflichtgemäßen Ermessen, das durch das **Neutralitätsgebot,** den **Gleichbehandlungsgrundsatz** und den **Verhältnismäßigkeitsgrundsatz** konkretisiert wird.[67] Rechtswidrige Maßnahmen des Vorsitzenden sind zwar nicht selbständig angreifbar, auch nicht im Wege des einstweiligen Rechtsschutzes, können aber bei entsprechender Relevanz die Anfechtbarkeit der nachfolgend gefassten Beschlüsse herbeiführen.[68] Die Befugnisse

---

[58] S. zum Wohnungseigentumsrecht BayObLG NJW-RR 1987, 1363; Bärmann/*Merle* WEG § 23 Rn. 176 mwN.
[59] Vgl. BGH DNotZ 2013, 624 (630); ferner OLG Frankfurt NZG 2012, 942.
[60] OLG Köln AG 2017, 351.
[61] Für eine positive Beschlussfeststellungsklage in diesem Fall NK-AktR/*Heidel* § 246 Rn. 12a; kritisch *Schatz* AG 2015, 696 (702 f.); OLG Köln AG 2017, 351 (358); offen lassend für Ausnahmekonstellationen OLG Köln BeckRS 2012, 13250; ferner *Grunewald* AG 2015, 689.
[62] *Schatz* AG 2015, 696 (703).
[63] Vgl. *Schatz* AG 2015, 696 (706); *Theusinger/Schilha* NZG 2016, 56 (57) jeweils mwN; ferner → § 122 Rn. 57; MüKoAktG/*Kubis* § 122 Rn. 60.
[64] S. *Wilsing/von der Linden* ZIP 2010, 2321 (2327) mwN; *Austmann* FS Hoffmann-Becking, 2013, 45 (59); Hölters/*Drinhausen* Anh. § 129 Rn. 4.
[65] Henssler/Strohn/*Liebscher* § 129 Rn. 25; Hölters/*Drinhausen* Anh. § 129 Rn. 1.
[66] Vgl. BGHZ 44, 245 (248); OLG Frankfurt NJOZ 2006, 870 (878).
[67] BGH NJW 2010, 1604 (1606); OLG Frankfurt AG 2011, 36 (40); *Ek* Hauptversammlung § 10 Rn. 273.
[68] BGH NJW 2010, 1604 (1606, 1607); Großkomm AktG/*Mülbert* § 129 Rn. 239, 243; *Grüner* NZG 2000, 770 (775); zum einstweiligen Rechtsschutz und zur Frage der Relevanz in diesem Zusammenhang s. *Marsch-Barner* FS Brambring, 2012, 267 (271 ff., 279 f.); Bürgers/Körber/*Reger* § 129 Rn. 45a; *Drinhausen/Marsch-Barner* AG 2014, 757 (765).

des Versammlungsleiters sind diesem **originär zugewiesen** und bedürfen als solche im Einzelfall einer Abgrenzung gegenüber den relevanten Zuständigkeiten der Hauptversammlung. Im Hinblick auf den Versammlungsablauf verfügt die Hauptversammlung indessen nur über eingeschränkte ausschließliche oder vorrangige Kompetenzen, die sich neben der Abwahl des Versammlungsleiters im wesentlichen auf die Entscheidung über die Vertagung oder das Absetzen von Tagesordnungspunkten, die Wiederaufnahme der Verhandlung abgeschlossener Tagesordnungspunkte, wenn neue Tatsachen bekannt werden, die Vertagung einer bereits eröffneten Hauptversammlung, ihre vorzeitige Schließung und Fortsetzung sowie die Einzelentlastung der Verwaltungsmitglieder beziehen (§ 120 Abs. 1 S. 2);[69] auch in diesem Bereich besteht ein gewisser Verantwortungsbereich des Vorsitzenden, der etwa im Interesse der anderen Teilnehmer darauf zu achten hat, dass ein Vertagungsantrag zumindest plausibel begründet ist,[70] oder auch einer Entscheidung über die Einzelentlastung vorgreifen kann, indem er diese aus eigenem Recht anordnet.[71] Der Leiter einer Hauptversammlung hat nach hier vertretener Auffassung im Übrigen nicht die Möglichkeit, seine Entscheidungsbefugnis in Fragen der Versammlungsleitung punktuell auf die Hauptversammlung zu delegieren, soweit er nicht lediglich ein unverbindliches Meinungsbild einholen will.[72] Die originären Befugnisse des Versammlungsleiters stehen ferner nicht zur Disposition des Satzungsgebers, dessen Regelungskompetenz sich außerhalb der in den § 118 Abs. 4, § 123 Abs. 2, § 131 Abs. 2 S. 2, § 134 Abs. 4 ausdrücklich vorgesehenen gesetzlichen Zuständigkeiten in Fragen des Versammlungsablaufs auf die Bestimmung der Person des Leiters und die nähere Ausgestaltung der vorrangigen oder ausschließlichen eigenen Kompetenzen des Hauptversammlungsplenums beschränken.[73] Die Rechte des Versammlungsleiters sind von diesem persönlich wahrzunehmen und können nicht auf einen Vertreter übertragen werden. Zulässig ist aber der Einsatz von Hilfspersonen etwa bei der Zugangskontrolle oder zur Stimmenauszählung, sofern dies für die Abwicklung der Hauptversammlung sachdienlich ist und die Entscheidungsfunktion des Versammlungsleiters unberührt bleibt.[74] Als Orientierungshilfe für die Durchführung der Hauptversammlung wird in der Praxis regelmäßig ein sog. „Leitfaden" verwendet, dessen Erstellung eine dem Versammlungsleiter qua Amt obliegende Aufgabe ist, zu deren Erfüllung er aber auf Ressourcen der Gesellschaft zurückgreifen darf.[75]

b) Zuständigkeiten hinsichtlich der Teilnahme. Der Versammlungsleiter hat die Aufgabe, **6** einen ungehinderten Zugang zur Hauptversammlung zu ermöglichen[76] und ist nach heute hM zur **Entscheidung über die Zulassung** von Aktionären berufen, wenn deren Berechtigung zweifelhaft ist.[77] In diesem Zusammenhang hat er die Übereinstimmung der erschienenen mit den angemeldeten Aktionären, das Bestehen etwaiger Vertretungsverhältnisse sowie die Einhaltung von Anmelde- und Hinterlegungserfordernissen zu überprüfen.[78] Vor einer Verweigerung des Zutritts hat er sich hinreichend vor Augen zu führen, dass die ungerechtfertigte Beeinträchtigung des Teilnahmerechts regelmäßig zur Anfechtbarkeit sämtlicher Beschlüsse führt.[79] Der Versammlungsleiter entscheidet in Zweifelsfällen auch über die Zulassung von sonstigen teilnahmeberechtigten Personen und allgemein von Gästen, wie Pressevertretern;[80] wobei nach hM die Letztentscheidung insoweit bei der Hauptver-

---

[69] Ähnlich Großkomm AktG/*Mülbert* § 129 Rn. 128; restriktiver K. Schmidt/Lutter/*Ziemons* § 129 Rn. 47; vgl. dazu im Folgenden → Rn. 6 ff.
[70] *Marsch-Barner* FS Brambring, 2012, 267 (275); MüKoAktG/*Kubis* § 119 Rn. 41; zur Behandlung von Geschäftsordnungsanträgen im Zuständigkeitsbereich der Hauptversammlung s. ferner *Wilsing*/*von der Linden* ZIP 2010 (2321).
[71] BGH NZG 2009, 1270 (1271) mwN.
[72] Die wohl hM bejaht eine Delegationsbefugnis, vgl. MüKoAktG/*Kubis* § 119 Rn. 124; Großkomm AktG/*Mülbert* § 129 Rn. 131 (für Leitungsmaßnahmen); *Max* AG 1991, 77 (92 f.) (für Ordnungsmaßnahmen); aA *Dietrich* NZG 1998, 921 (923); Bürgers/Körber/*Reger* § 129 Rn. 45d; zweifelnd, im Ergebnis aber offen lassend BGHZ 44, 245 (249 f.).
[73] Vgl. auch Großkomm AktG/*Mülbert* § 129 Rn. 276 f.; MüKoAktG/*Kubis* § 119 Rn. 125. Zu Regelungen, die neben der Satzung auch in der Geschäftsordnung getroffen werden können → § 129 Rn. 10; vgl. auch KG ZIP 2009, 1223 (1232).
[74] Vgl. *Kocher/Feigen* NZG 2015, 620; Großkomm AktG/*Mülbert* § 129 Rn. 132.
[75] OLG Köln ZIP 2013, 516 (519); *Kremer* FS Hoffmann-Becking, 2013, 697 (699); zu einem Musterbeispiel s. *Gehling* in Semler/Volhard/Reichert HV-HdB, 4. Aufl. 2018, Anh. 1 (Hauptleitfaden), Anh. 2 (Sonderleitfäden).
[76] S. dazu *Max* AG 1991, 78 (80); Henssler/Strohn/*Liebscher* § 129 Rn. 26.
[77] Hölters/*Drinhausen* Anh. § 129 Rn. 6; *Drinhausen/Marsch-Barner* AG 2014, 757 (759).
[78] MüKoAktG/*Kubis* § 119 Rn. 129.
[79] Hüffer/Koch/*Koch* § 245 Rn. 18; Bürgers/Körber/*Reger* § 129 Rn. 42.
[80] MüKoAktG/*Kubis* § 119 Rn. 131 f.; abweichend *Hoffmann/Becking* NZG 2017, 281 (287): Vorstand. Keine Gäste sind allerdings vom Vorstand oder dem Versammlungsleiter hinzugezogene Berater und andere Hilfskräfte; insoweit zutreffend *Hoffmann/Becking* aaO.

sammlung liegt.[81] Die ordnungsgemäße Führung und Aktualisierung des Teilnehmerverzeichnisses ist demgegenüber primär Aufgabe des Vorstands, der insoweit aber der Überprüfung durch den Vorsitzenden unterliegt.[82] Nach der durch das ARUG neu eingefügten Bestimmung des § 118 Abs. 4 AktG kann dem Versammlungsleiter durch Satzung oder Geschäftsordnung die Entscheidungsbefugnis über die Zulässigkeit von Bild- und Tonübertragungen der Versammlung eingeräumt werden. Zum Verantwortungsbereich des Versammlungsleiters gehört es ferner, im Rahmen des Möglichen für die **Sicherheit der Versammlungsteilnehmer** Sorge zu tragen. Zu diesem Zweck kann er Personen- und Gepäckkontrollen im Zugangsbereich zum Versammlungssaal anordnen, auch wenn eine konkrete Gefahr im Sinne polizeirechtlicher Kategorien nicht vorliegt.[83] Wenn Aktionäre die gebotenen Maßnahmen insgesamt ablehnen, können sie von der Versammlung ausgeschlossen werden. Die Überspannung der Kontrollen kann jedoch als Beeinträchtigung des Teilnahmerechts die Anfechtung sämtlicher Hauptversammlungsbeschlüsse begründen. Die Einsichtnahme in mitgeführte Taschen soll nach einer Entscheidung des OLG Frankfurt in diesem Sinne grundsätzlich einen unzulässigen Eingriff in das Persönlichkeitsrecht darstellen, der durch eine Kontrolle mittels eines Durchleuchtungsgeräts als milderer Maßnahme vermieden werden kann.[84] Im Fall einer nach § 118 Abs. 1 S. 2 durch die Satzung oder auf deren Grundlage vom Vorstand eröffneten Online-Teilnahme trifft der Versammlungsleiter die Entscheidung über die (Nicht-)Zulassung einzelner Aktionäre über das gewählte Medium; er hat generell darauf zu achten, dass die gewährten Teilnahme- und Übertragungsformen auch eingehalten werden und die elektronischen Teilnehmer entsprechend der Satzungsvorgabe einzubinden.[85]

7 **c) Abwicklung der Tagesordnung.** Die Hauptversammlung wird üblicherweise durch den Versammlungsleiter eröffnet, obgleich nach dem Gesetz eine förmliche Eröffnung der Hauptversammlung nicht erforderlich ist und deren Fehlen daher ohne Folgen bleibt.[86] Der Beginn der Hauptversammlung vor dem in der Einberufung bekannt gegebenen Zeitpunkt ist unzulässig und kann eine Anfechtbarkeit der gefassten Beschlüsse begründen.[87] Nach der Begrüßung der Anwesenden werden regelmäßig Feststellungen zur ordnungsgemäßen Einberufung getroffen.[88] Kernaufgabe des Versammlungsleiters ist es, für eine sachgerechte Abwicklung der Tagesordnung Sorge zu tragen.[89] Zu diesem Zweck kann er Bestimmungen darüber treffen, in welcher **Reihenfolge** die Gegenstände der **Tagesordnung** zu behandeln sind.[90] Insofern handelt es sich nach hier vertretener Auffassung um eine **originäre Kompetenz**, die nicht durch eine anders lautende Entscheidung der Hauptversammlung außer Kraft gesetzt werden kann.[91] Ebenso legt der Vorsitzende im Grundsatz die Reihenfolge der Abstimmungen über die einzelnen Tagesordnungspunkte einschließlich der zugehörigen Beschlussanträge fest.[92] Nach verbreiteter Meinung ist jedoch über Verfahrensanträge (etwa zur Vertagung oder Absetzung von Tagesordnungspunkten) vor Sachanträgen abzustimmen.[93] Die Entscheidung, ob über die Entlastung des Vorstands oder Aufsichtsrats für alle Mitglieder insgesamt oder für jedes Aufsichtsratsmitglied einzeln abzustimmen ist, steht im Ermessen des Versammlungsleiters, sofern die Satzung keine Regelung enthält, es sei denn, die Hauptversammlung beschließt, oder

---

[81] MüKoAktG/*Kubis* § 119 Rn. 131 f., § 118 Rn. 114 mwN.
[82] Zur umstrittenen Frage der Zuständigkeit für die Aufstellung des Teilnehmerverzeichnisses → § 129 Rn. 20.
[83] AG München AG 1995, 335.
[84] OLG Frankfurt NZG 2007, 310; zu Recht kritisch *Arnold/Carl/Grötze* AG 2012, 349 (352); s. auch Hüffer/Koch/*Koch* § 129 Rn. 18.
[85] MüKoAktG/*Kubis* § 119 Rn. 130, nach dessen Auffassung bei Fehlern des Versammlungsleiters im Umgang mit technischen Störungen eine Anfechtbarkeit von Beschlüssen der Hauptversammlung abweichend von § 243 Abs. 3 Nr. 1 AktG auch ohne Verschulden der Gesellschaft in Betracht kommen soll; zur Versammlungsleitung bei Online-Stimmabgabe s. ferner Großkomm AktG/*Mülbert* § 129 Rn. 261 ff.; *Besse* AG 2012, R 358 (359).
[86] S. BGH DNotZ 2016, 62 Rn. 36; Großkomm AktG/*Mülbert* § 129 Rn. 136.
[87] MüKoAktG/*Kubis* § 119 Rn. 133; Hölters/*Drinhausen* Anh. § 119 Rn. 7.
[88] S. dazu aber kritisch *Gehling* in Semler/Volhard/Reichert HV-HdB § 9 Rn. 79.
[89] Zur Hinweispflicht des Versammlungsleiters auf Tonband- und Bildaufnahmen durch die Gesellschaft → § 130 Rn. 70; s. ferner Hölters/*Drinhausen* Anh. § 129 Rn. 7.
[90] Vgl. auch OLG Frankfurt AG 2011, 36 (41); LG Hamburg AG 1996, 233. Grigoleit/*Herrler* Rn. 30. Nach MHdB AG/*Hofmann-Becking* § 37 Rn. 46, 56. Eine Bindung des Versammlungsleiters besteht in den Fällen der §§ 137, 120 Abs. 1 S. 2 AktG.
[91] S. auch *Bezzenberger* ZGR 1998, 352 (361 f.); *Stützle/Walgenbach* ZHR 155 (1991), 516 (528 f.); *Kuhnt* FS Lieberknecht, 1997, 52; *Ihrig* FS Goette, 2011, 205 (216); Bürgers/Körber/*Reger* § 129 Rn. 45b; vgl. auch *Gehling* in Semler/Volhard/Reichert HV-HdB § 9 Rn. 133; abweichend *Martens*, Leitfaden für die Leitung der Hauptversammlung einer Aktiengesellschaft, 3. Aufl. 2003, 76 f.; ferner KG NJW 1957, 1680 f. (zur Genossenschaft).
[92] K. Schmidt/Lutter/*Ziemons* § 129 Rn. 51; s. auch *Höreth/Linnerz*, Geschäftsordnungsanträge in Hauptversammlungen, 2012.
[93] Hüffer/Koch/*Koch* § 129 Rn. 23; differenzierend *Ek* Hauptversammlung § 10 Rn. 293.

eine qualifizierte Minderheit im Sinne des § 120 Abs. 1 Satz 2 verlangt die Einzelentlastung.[94] Bei der Wahl von Aufsichtsratsmitgliedern bestimmt der Versammlungsleiter vorbehaltlich der Regelung des § 137, in welcher Reihenfolge über mehrere Wahlvorschläge abgestimmt werden soll und ob Einzelwahl oder Global- bzw. Listenwahl erfolgen soll.[95] Nach Ziffer 5.4.3 S. 1 DCGK sollen Aufsichtsratswahlen allerdings als Einzelwahlen durchgeführt werden (§ 161). Bei konkurrierenden Anträgen kann über denjenigen mit der erwarteten Mehrheit (regelmäßig der Verwaltungsvorschlag) zuerst abgestimmt werden.[96] Eine Abweichung von der angekündigten Reihenfolge wird im Übrigen nur dann zweckmäßig sein, wenn hierfür ein sachlicher Grund besteht.[97]

Es liegt im Rahmen des pflichtgemäßen Ermessens des Vorsitzenden, ob er eine **Einzeldebatte** mit nachfolgender Abstimmung über jeden einzelnen Tagesordnungspunkt oder eine **Generaldebatte** mit anschließender Beschlussfassung über sämtliche Anträge anordnet.[98] Der Versammlungsleiter regelt ferner die Förmlichkeiten der Wortmeldung,[99] **erteilt das Wort,** im Grundsatz ohne an die Reihenfolge der Wortmeldungen gebunden zu sein,[100] sorgt für eine **ordnungsgemäße Abstimmung** und trifft die nach § 130 Abs. 2 erforderliche Beschlussfeststellung.[101] In diesem Zusammenhang ist er berechtigt, die Gültigkeit der Stimmabgabe zu prüfen, wie etwa im Fall des § 136; eine entsprechende Verpflichtung wird sich jedoch nur ausnahmsweise dann bejahen lassen, wenn die Verstöße derart greifbar sind, dass sich selbst unter den Bedingungen einer Hauptversammlung ein zuverlässiges Urteil gewinnen lässt.[102] Für die Festlegung des jeweiligen Beschlussinhalts genügt es dabei, wenn der Versammlungsleiter eine zutreffende schlagwortartige Kurzbezeichnung des bekannt gemachten Beschlussvorschlags verlautbart, oder auf den Wortlaut der Einberufung Bezug nimmt, eine vollständige Verlesung ist demgegenüber nicht geboten.[103] Offenkundig gesetzeswidrige, sinnlose oder missbräuchliche Verfahrens- oder Sachanträge braucht er nicht zur Abstimmung zuzulassen.[104] Hinsichtlich der Art der Ermittlung des Abstimmungsergebnisses (Additions-/ Subtraktionsmethode etc.) hat der Versammlungsleiter eine originäre Kompetenz,[105] für die Form der Abstimmung (Handaufheben, Stimmkarten etc.) ist er regelmäßig zuständig, es sei denn, Satzung oder Geschäftsordnung[106] enthalten eine abweichende Bestimmung.[107] Zur Einlegung einer Pause kann der Vorsitzende die Versammlung auch unterbrechen. Für die Absetzung und Vertagung von Tagesordnungspunkten ist hingegen die Hauptversammlung ausschließlich zuständig.[108] Eine vorrangige Entscheidungskompetenz der Hauptversammlung besteht nach hier vertretener Auffassung auch für das Wiederaufgreifen von bereits erledigten Tagesordnungspunkten, wenn neue Tatsachen bekannt werden.[109] Der Vorsitzende schließt die Versammlung, sobald die Tagesordnung erschöpfend

---

[94] BGH NZG 2009, 1270.
[95] IE str., vgl. Hüffer/Koch/*Koch* § 101 Rn. 5 f.; ferner *Oppermann* ZIP 2017, 1406; zur Listenwahl s. auch BGH NZG 2009, 342 (346 f.). Zur Berücksichtigung der Geschlechterquote gemäß § 96 Abs. 2 AktG s. Großkomm AktG/*Mülbert* § 129 Rn. 165.
[96] Großkomm AktG/*Mülbert* § 129 Rn. 161.
[97] Großkomm AktG/*Mülbert* § 129 Rn. 161; nach OLG Frankfurt BeckRS 2010, 25449 ist ein Sachgrund erforderlich.
[98] OLG Hamburg AG 2011, 677 (678); s. aber § 120 Abs. 3, § 175 Abs. 3 S. 2.
[99] *Butzke* Die Hauptversammlung der AG Rn. D 32.
[100] OLG München BB 2011, 3021 (3026); LG Frankfurt ZIP 2014, 322 (327).
[101] Hüffer/Koch/*Koch* § 129 Rn. 23.
[102] *Drinhausen/Marsch-Barner* AG 2014, 760.
[103] Vgl. *Arnold* AG 2007, R 268.
[104] OLG Köln AG 2017, 351 (360 f.); *Schatz* AG 2015, 696 (697); Großkomm AktG/*Mülbert* § 129 Rn. 155 f.; Hölters/*Drinhausen* Anh. § 129 Rn. 8; zu Bindungen des Versammlungsleiters im Anwendungsbereich des § 122 AktG s. *Grunewald* AG 2015, 689; *Schatz* AG 2015, 696 (700).
[105] *Butzke* Die Hauptversammlung der AG Rn. D 48; *Stützle/Walgenbach* ZHR 155 (1991), 516 (534); MüKo-AktG/*Kubis* § 119 Rn. 157; für eine vorrangige Kompetenz der Hauptversammlung s. *Max* AG 1991, 77 (87); so wohl auch Hölters/*Drinhausen* Anh. § 129 Rn. 8.
[106] Insoweit abweichend *von der Linden* NZG 2012, 930 (933).
[107] *Martens*, Leitfaden für die Leitung der Hauptversammlung einer Aktiengesellschaft, 3. Aufl. 2003, 85; MüKoAktG/*Kubis* § 119 Rn. 156, für eine vorrangige Kompetenz der Hauptversammlung *Bormann/Seebach* in Herrler GesR § 7 Rn. 415. Die Satzungen enthalten angesichts der gebotenen Flexibilität üblicherweise eine Bestimmung, wonach die Form (oder Art) der Abstimmung durch den Versammlungsleiter festgelegt wird, vgl. Hüffer/Koch/*Koch* § 134 Rn. 34. Zur Zuständigkeit für die Entscheidung über eine geheime Abstimmung s. *Schneider* FS Peltzer, 2001, 425 (432 ff.). Gegen die Zulässigkeit einer geheimen Abstimmung s. K. Schmidt/Lutter/*Ziemons* § 129 Rn. 55.
[108] Vgl. *Martens*, Leitfaden für die Leitung der Hauptversammlung einer Aktiengesellschaft, 3. Aufl. 2003, 77 f. Im Fall des § 122 Abs. 2 ist die Zustimmung der antragstellenden Minderheit oder das Vorliegen eines wichtigen Grundes erforderlich. Zur Ergänzung der Tagesordnung s. § 124 Abs. 4.
[109] Anders die hM, vgl. MüKoAktG/*Kubis* § 119 Rn. 139; *Gehling* in Semler/Volhard/Reichert HV-HdB § 9 Rn. 134 ff.

behandelt ist und alle Abstimmungen hierzu erfolgt sind. In Ausnahmefällen kann ein vorzeitiger Abbruch in Betracht kommen, wenn eine wirksame Beschlussfassung aufgrund von Einberufungsmängeln ausgeschlossen ist[110] oder das für die Beschlussfähigkeit erforderliche satzungsmäßige Quorum nicht erreicht wird.[111] Die Hauptversammlung kann die Fortsetzung nach ihrer Beendigung mit einfacher Mehrheit beschließen, sofern sich noch sämtliche teilnehmenden Aktionäre und Vertreter im Saal befinden und daher eine erneute Einberufung nicht erforderlich ist.[112] Ebenso liegt es in der Kompetenz der Hauptversammlung, ggf. gegen den Willen des Leiters über ihre vorzeitige Schließung, zu entscheiden.[113]

9   **d) Beschränkungen des Rederechts. aa) Allgemeines.** Es gehört zu den Aufgaben des Versammlungsleiters, für eine sachliche erschöpfende, gleichzeitig aber auch für eine **zeitlich angemessene Abwicklung der Hauptversammlung** Sorge zu tragen. Als eine äußerste Grenze ist insofern zu berücksichtigen, dass eine Hauptversammlung grundsätzlich an dem Tag durchgeführt werden muss, für den sie einberufen wurde.[114] Eine Verhandlungsdauer von über zwölf Stunden[115] überschreitet zudem regelmäßig den zumutbaren zeitlichen Rahmen, zumal die Beschlüsse nicht selten erst gegen Ende der Versammlung gefasst werden. Die Satzung kann dem Versammlungsleiter ferner auf der Grundlage des § 131 Abs. 2 Satz 2 die Befugnis einräumen, das Rede- und Fragerecht der Aktionäre zeitlich so zu beschränken, dass die Hauptversammlungsdauer bei gewöhnlichen Tagesordnungspunkten vier bis sechs, bei außergewöhnlichen Tagesordnungspunkten von regelmäßig zehn Stunden nicht überschreitet.[116] Beschränkungen der Rede- und Fragezeit aus eigenem Recht des Versammlungsleiters bleiben aber auch jenseits einer Satzungsermächtigung im Sinne des § 131 Abs. 2 Satz 2 möglich.[117] Verfassungsrechtlich sind redezeit- und auskunftsbeschränkende Maßnahmen zulässig. Neben dem Gesichtspunkt einer sachbezogenen und zeitlich angemessenen Abwicklung der Hauptversammlung ist in dieser Hinsicht zu berücksichtigen, dass übermäßig lange oder erkennbar vom Thema abweichende Beiträge auch zu Lasten der Rede- und Fragezeit anderer Hauptversammlungsteilnehmer gehen, deren grundrechtlich verankerte Mitgliedschaftsrechte ihrerseits gegenüber einer missbräuchlichen Handhabung durch andere Schutz verdienen.[118]

10 Es kann vor diesem Hintergrund erforderlich werden, das Rederecht generell für sämtliche oder individuell für einzelne Aktionäre zu begrenzen. Für diese Maßnahmen ist der Vorsitzende und nicht das Hauptversammlungsplenum zuständig, der seine Entscheidungen nach pflichtgemäßem Ermessen zu treffen hat.[119] Als Ausfluss des Verhältnismäßigkeitsgrundsatzes dürfen schwerere Maßnahmen wie Wortentzug oder Saalverweis regelmäßig erst dann ergriffen werden, wenn leichtere erfolglos geblieben sind.[120] Bei Maßnahmen gegen einzelne Teilnehmer ist zu bedenken, dass die Hauptversammlung für Aktionäre mit geringer Beteiligung faktisch die einzige Möglichkeit zur Ausübung ihrer Mitgliedschaftsrechte darstellt. Die gebotene Gleichbehandlung beurteilt sich in diesem Zusammenhang grundsätzlich nach Köpfen und nicht in Relation der repräsentierten Stimmen, was es aber nicht ausschließt, etwa Vertretern einer Aktionärsvereinigung oder Depotbank vorrangig das Wort zu erteilen oder diesen evtl. auch eine größere Redezeit einzuräumen.[121] Nicht zulässig wäre es hingegen, zunächst der Unternehmensführung „genehme" Aktionäre aufzurufen und befürchteten

---

[110] S. aber § 242 Abs. 2 S. 4.
[111] *Max* AG 1991, 77 (93).
[112] MAH AktR/*Bohnet* § 27 Rn. 70; *Martens* WM 1981, 1010 (1014); Bürgers/Körber/*Reger* § 129 Rn. 48; abweichend *Ihrig* FS Goette, 2011, 205 (214).
[113] Großkomm AktG/*Mülbert* § 129 Rn. 180; aA *Max* AG 1991, 77 (94); vgl. ferner *Haupt* in Hauschild/Kallrath/Wachter Notar-HdB § 14 Rn. 319: Der Notar muss einschreiten, wenn der Leiter sich über die Zuständigkeit der Hauptversammlung für Verfahrens- und Sachanträge hinwegsetzt.
[114] Vgl. hierzu *Happ/Freitag* AG 1998, 493 (495 f.); BGH ZIP 2010, 575 (578) (Durchführung der Hauptversammlung an einem Tag als Leitbild); LG Stuttgart AG 1994, 425 (426).
[115] So die hM vgl. Großkomm AktG/*Mülbert* § 129 Rn. 178; *Stützle/Walgenbach* ZHR 155 (1991), 516 (541); *Max* AG 1991, 77 (90); OLG Stuttgart BeckRS 2015, 278 Rn. 107; ferner *Quack* AG 1985, 145 (147) (10 Stunden); MüKoAktG/*Kubis* § 121 Rn. 38 (nicht unterhalb von 12 Stunden).
[116] Vgl. im Einzelnen BGH ZIP 2010, 575; ferner Ziff. 2.2.4. DCGK: 4 bis 6 stündige Hauptversammlung als Leitbild.
[117] BGH NJW 2010, 1604 (1607); *Angerer* ZGR 2011, 27 (37).
[118] Vgl. BVerfG NJW 2000, 349 (351).
[119] OLG Frankfurt AG 2011, 36 (41); OLG Stuttgart AG 1995, 234; LG Frankfurt AG 1984, 192 (194); *Quack* AG 1985, 145 (146); *Stützle/Walgenbach* ZHR 155 (1991), 516 (540 f.); aA RGZ 36, 24 (26).
[120] Vgl. *Schaaf* ZIP 1997, 1324 (1326).
[121] Vgl. auch MHdB AG/*Hoffmann-Becking* § 37 Rn. 57; s. weiter *Quack* FS Brandner, 1996, 113 (117); ferner *Kremer*, FS Hoffmann-Becking, 2013, 697 (699), wonach der Zeitpunkt der Wortmeldung des Redners auch zu berücksichtigen ist; kritisch Großkomm AktG/*Mülbert* § 129 Rn. 187.

„Querulanten" gezielt erst später nach einer Beschränkung der Redezeit das Wort zu erteilen.[122] Als zweckmäßig haben sich in der Praxis „unechte" Redezeitbeschränkungen erwiesen, die eine Begrenzung auf zehn bis maximal fünfzehn Minuten vorsehen, aber die Möglichkeit zu erneuter Wortmeldung gewähren, um auf diese Weise den Aktionären die Gelegenheit zu geben, sich frühzeitig an der Debatte zu beteiligen.[123] Im Rahmen der Rechtmäßigkeitsprüfung kann unter Umständen die Frage relevant werden, ob umgekehrt (erhebliche) zeitliche Verzögerungen durch den Versammlungsleiter (zB durch eine verspätete Eröffnung der Versammlung) oder durch die Verwaltung (etwa durch weitschweifende Redebeiträge des Vorstands) eine zügige Abwicklung verhindert haben.[124]

bb) Generelle Redezeitbeschränkung, Schließung der Rednerliste, Schluss der Debatte. 11

Eine **generelle Redezeitbeschränkung** ist sachlich gerechtfertigt, wenn aufgrund der Vielzahl der vorliegenden Wortmeldungen absehbar ist, dass auch unter Berücksichtigung der Dauer der Antworten des Vorstands die rechtlich zulässige Zeitdauer der Hauptversammlung nicht eingehalten werden kann.[125] Die hM hält mit dieser Maßgabe bei Unterschieden im Detail die Begrenzung der maximalen Rededauer von zunächst 10 bis 15 Minuten je Aktionär[126] und erneute Herabsetzungen auf bis zu 5 Minuten für zulässig.[127] Nach § 131 Abs. 2 Satz 2 kann die Satzung oder die Geschäftsordnung den Versammlungsleiter zu einer einheitlichen und angemessenen Beschränkung sowohl der Frageals auch der Redezeit ermächtigen.[128] Die Vorschrift ermöglicht es, bereits in der Satzung konkrete – und dann für alle Aktionäre geltende – Rahmenbedingungen zur angemessenen Beschränkung des Frage- und Rederechts zu schaffen, die der Versammlungsleiter dann – unter Berücksichtigung der Umstände des Einzelfalls und nach pflichtgemäßem Ermessen – auszufüllen hat.[129] Dem Vorsitzenden kann damit die Befugnis eingeräumt werden, von vorn herein einen zeitlichen Rahmen für den gesamten Hauptversammlungsverlauf, für die jeweiligen Tagesordnungspunkte und den einzelnen Redner zu setzen, der sich nach den Vorstellungen des Gesetzgebers an einer vier- bis sechsstündigen Dauer orientiert.[130] Eine entsprechende Regelung ist mit dem Vorteil verbunden, dass der Vorsitzende nicht erst auf eine situationsbezogene ad-hoc-Reaktion verwiesen wird;[131] zum Teil wird vertreten, dass ohne Satzungsvorgabe tendenziell eine größere Bemessung der Redezeit geboten sei.[132] Demgemäß ist eine Satzungsregelung zulässig, wonach die maximale Rede- und Fragezeit des einzelnen Aktionärs auf 10 bis 15 Minuten begrenzt werden kann.[133] Eine Beschränkung der Rede- und Fragezeit ist jedenfalls auf der Grundlage einer Bestimmung im Sinne von § 131 Abs. 2 Satz 2 nach pflichtgemäßem Ermessen des Versammlungsleiters auch zu Beginn der Hauptversammlung nicht zu beanstanden[134] und kann uU sogar erforderlich sein, um sämtlichen Aktionären das

---

[122] OLG Stuttgart AG 2017, 900, 904.
[123] *Gehling* in Semler/Volhard/Reichert HV-HdB § 9 Rn. 158.
[124] S. dazu MüKoAktG/*Kubis* § 119 Rn. 164; kritisch *Gehling* in Semler/Volhard/Reichert HV-HdB § 9 Rn. 155.
[125] *Martens*, Leitfaden für die Leitung der Hauptversammlung einer Aktiengesellschaft, 3. Aufl. 2003, 57; LG Köln AG 2005, 695 (698); LG Stuttgart AG 1994, 425 (426).
[126] OLG Stuttgart BeckRS 2015, 278 Rn. 107; OLG Frankfurt BeckRS 2015, 419; OLG Frankfurt NZG 2012, 942 (942); ferner OLG Düsseldorf AG 2017, 900, 904; Hüffer/Koch/*Koch* § 131 Rn. 52. Eine Übertragung ungenutzter Redezeit an andere Aktionäre ist nicht möglich, vgl. MüKoAktG/*Kubis* § 119 Rn. 166; OLG München BB 2011, 3021 (3025).
[127] Vgl. *Siepelt* AG 1995, 254 (256 f.); OLG Stuttgart BeckRS 2015, 278 Rn. 107; OLG Frankfurt BeckRS 2015, 419; LG Stuttgart AG 1994, 425 (426); MüKoAktG/*Kubis* § 119 Rn. 166. Zur Aufhebung der generellen Redezeitbeschränkung bei neuen Aspekten s. *Grüner* NZG 2000, 770 (775 f.).
[128] Vgl. dazu BGH ZIP 2010, 575; s. hierzu *Arnold/Gärtner* GWR 2010, 304903; *Herrler* DNotZ 2010, 331 je mwN; OLG Frankfurt NZG 2009, 1066; OLG Frankfurt Der Konzern 2008, 577.
[129] Nicht abschließend geklärt ist die Frage, inwieweit Vorgaben auf Grundlage der Satzung gemäß § 131 Abs. 2 Satz 2 für den Versammlungsleiter bindend sind, s. dazu MüKoAktG/*Kubis* § 119 Rn. 162 mwN.
[130] Vgl. RegE UMAG, BT-Drs. 15/5092, 17; ferner *Spindler* NZG 2005, 825 (826); *Seibert* WM 2005, 157 (160); eine Aufhebung der Redezeitbeschränkung oder eine Rückgängigmachung der Schließung der Debatte durch Beschluss der Hauptversammlung ist nicht möglich, Hölters/*Drinhausen* Anh. § 129 Rn. 16.
[131] *Spindler* NZG 2005, 825 (826).
[132] Hüffer/Koch/*Koch* § 131 Rn. 52.
[133] LG Frankfurt NZG 2007, 155; s. auch BGH ZIP 2010, 575 (578): Satzungsermächtigung zur Begrenzung der Rede- und Fragezeit eines Aktionärs je Wortmeldung auf 15 Minuten, bei Vorliegen von mindestens drei weiteren Wortmeldungen auf 10 Minuten und der Gesamtrede- und Fragezeit auf 45 Minuten zulässig.
[134] S. BGH ZIP 2010, 575, OLG Frankfurt AG 2011, 36 (41): Zulässigkeit einer generellen, auch bereits zu Beginn der Hauptverhandlung angeordneten Redezeitbeschränkung als Ausfluss der Leitungskompetenz des Vorsitzenden seit Inkrafttreten des UMAG anerkannt; NZG 2012, 942; NZG 2009, 1066, wonach auch eine erneute Beschränkung der Rede- und Fragezeit auf fünf Minuten nach über siebenstündiger Dauer nicht ermessensfehlerhaft ist; s. aber auch LG München I ZIP 2009, 663: Redezeitbeschränkung auf fünf Minuten bereits zu Beginn der Versammlung unverhältnismäßig; dazu kritisch Großkomm AktG/*Mülbert* § 129 Rn. 207.

Rede- und Fragerecht zu gewähren.[135] Ein Anspruch des einzelnen Aktionärs, in der Hauptversammlung tatsächlich zu Wort zu kommen, besteht nicht, wenn so viele Wortmeldungen vorliegen, dass bereits zu Beginn der Hauptversammlung Beschränkungen des Rede- und Fragerechts angezeigt sind und während des weiteren Verlaufs die Rednerliste geschlossen werden muss.[136] Dem Versammlungsleiter ist bei der Entscheidung darüber, ob er zunächst eine großzügigere Redezeit vergeben und diese dann ggf. im Laufe der Versammlung kürzen will oder ob er sogleich eine kürzere Zeit vorgeben will, im Übrigen ein Ermessen einzuräumen, das aber nicht missbräuchlich ausgeübt werden darf.[137] Darüber hinaus ist eine Befugnis zur Setzung von inhaltlichen Schwerpunkten anzuerkennen.[138] Umgekehrt kann es angezeigt sein, eine Redezeitbeschränkung wieder aufzuheben, wenn sich die zeitliche Situation nachträglich entspannt.[139]

12 Sofern die generelle Redezeitbeschränkung die Einhaltung des zulässigen Zeitrahmens nicht erwarten lässt, kommen nach rechtzeitiger Ankündigung weiterhin die **Schließung der Rednerliste** und als ultima ratio im Spätstadium einer schon lang dauernden Versammlung auch der **Schluss der Debatte** in Betracht.[140] Problematisch ist es allerdings, einen einmal aufgerufenen Redner überhaupt nicht mehr zu Wort kommen zu lassen.[141]

13 **cc) Individuelle Maßnahmen, Wortentzug und Saalverweis. Individuelle redezeitbeschränkende Maßnahmen** können angeordnet werden, wenn die Ausführungen des Aktionärs abseits der Tagesordnung liegen, wenn er sich ständig wiederholt, ausfällig wird oder den ihm zustehenden zeitlichen Rahmen überdehnt. Der Vorsitzende ist gehalten, unsachliche Beiträge alsbald zu monieren und ggf. zu unterbinden.[142] Bei langwierigen und abschweifenden Darbietungen kann er nach vorausgegangener Abmahnung die Redezeit konkret verkürzen.[143] Als weiteres einschneidenderes Mittel kommt der **Wortentzug** in Betracht, wenn der Aktionär individuelle oder generelle Redezeitbeschränkungen missachtet, wenn seine Ausführungen nicht sachbezogen oder offensichtlich falsch sind oder wenn er ausfallende beleidigende Äußerungen von sich gibt.[144] Vor der Untersagung ist regelmäßig eine Androhung erforderlich, die im Einzelfall bei besonders schwerwiegenden Beleidigungen unterbleiben kann.[145] Setzt der Aktionär sich auch über den Wortentzug durch den Vorsitzenden hinweg, kommt als **ultima ratio** schließlich ein **Saalverweis** in Betracht, der ebenfalls vorab anzukündigen ist.[146] Diese Maßnahme ist nach Auffassung des BGH gerechtfertigt, „wenn ein Aktionär den reibungslosen Ablauf der Hauptversammlung stört und die Störung nicht auf andere Weise behoben werden kann."[147] Die **Erteilung des Wortes** darf der Versammlungsleiter nur ablehnen, wenn der Betreffende mit früheren Beiträgen bereits seine beschränkte Redezeit aufgebraucht hat oder wenn die Wortmeldung nach Schließung der Rednerliste oder dem Schluss der Debatte erfolgt.

14 **dd) Einschränkung des Auskunftsrechts.** Eine (individuelle oder generelle) Beschränkung der Redezeit darf nach herkömmlicher Auffassung nicht zu einer Einschränkung des **Auskunftsrechts** des Aktionärs führen und die für die Fragestellung verwendete Zeit nicht auf die Redezeit angerechnet werden.[148] Der Maßstab zur Begrenzung des Fragerechts ist nach h. M. strenger ausgestaltet als im Fall des Rederechts,[149] ein absoluter Schutz vor Beschränkungen ist aber auch insoweit nicht

---

[135] Vgl. auch OLG Frankfurt ZIP 2008, 138 sowie → Rn. 9.
[136] LG München I AG 2011, 211 (218); OLG München BB 2011, 3021 (3026); Henssler/Strohn/*Liebscher* § 131 Rn. 13; s. aber LG Frankfurt BeckRS 2012, 25562.
[137] OLG Frankfurt NZG 2012, 942 (943).
[138] OLG Frankfurt BeckRS 2010, 25449.
[139] Großkomm AktG/*Mülbert* § 129 Rn. 204; ferner *Gehling* in Semler/Volhard/Reichert HV-HdB § 9 Rn. 164.
[140] Vgl. OLG München BB 2011, 3021 (3025); OLG Frankfurt ZIP 2008, 138; s. ferner *Martens*, Leitfaden für die Leitung der Hauptversammlung einer Aktiengesellschaft, 3. Aufl. 2003, 66 (68): Schließung der Rednerliste um 21:00 Uhr, Schluss der Debatte um 22:30 Uhr; s. auch Hölters/*Drinhausen* Anh. § 129 Rn. 15.
[141] Hüffer/Koch/*Koch* § 131 Rn. 49.
[142] *Max* AG 1991, 77 (90).
[143] S. Hüffer/Koch/*Koch* § 131 Rn. 53; ferner *Quack* AG 1985, 145 (147 f.).
[144] *Martens*, Leitfaden für die Leitung der Hauptversammlung einer Aktiengesellschaft, 3. Aufl. 2003, 59.
[145] MüKoAktG/*Kubis* § 119 Rn. 172.
[146] S. zum Saalverweis eines Aktionärs nach Podiumsbeschimpfung OLG Bremen NZG 2007, 448. Der Versammlungsleiter muss nicht zunächst das Mikrophon des Redners abschalten und versuchen, die Hauptversammlung mit dem zweiten vorhandenen Mikrophon weiterzuführen, LG Stuttgart AG 1994, 425 (427); aA *Siepelt* AG 1995, 254 (259).
[147] BGHZ 44, 245 (251).
[148] Vgl. LG Köln AG 2005, 695 (699).
[149] Bürgers/Körber/*Reger* § 129 Rn. 46; aA *Kremer* FS Hoffmann-Becking, 2013, 696 (706).

Leitung der Hauptversammlung 15, 16 Anh. § 119

anzuerkennen. Die Satzung oder Geschäftsordnung kann den Versammlungsleiter auf der Grundlage von § 131 Abs. 2 Satz 2 ermächtigen, eine einheitliche Beschränkung für das Frage- und Rederecht vorzunehmen[150] Nach überwiegender Auffassung kann der Versammlungsleiter das Auskunftsrecht auch ohne entsprechende Satzungsregelung einschränken.[151] Keine Einigkeit besteht aber in der Frage, inwieweit der Höherwertigkeit des Auskunftsrechts bei begrenzenden Maßnahmen Rechnung zu tragen ist. Das Auskunftsrecht des Aktionärs darf jedenfalls eingeschränkt werden, wenn es missbräuchlich ausgeübt wird, wie etwa bei einem Fragenkatalog eines Aktionärs mit mehr als 100 Fragen.[152] Eine Begrenzung kann im Übrigen zulässig sein, um eine Abwicklung der Hauptversammlung in angemessener und zumutbarer Dauer zu gewährleisten.[153]

e) Ordnungsmaßnahmen bei anderweitigen Störungen des Versammlungsablaufs. Als 15 Ausfluss seiner gesetzlichen Aufgabe, die Hauptversammlung ordnungsgemäß abzuwickeln, kann der Versammlungsleiter auch bei anderen Störungen durch Aktionäre seine Ordnungsbefugnis geltend machen. Die **Verweisung aus dem Saal** und insbesondere die mit Zwangsmitteln betriebene Entfernung des Aktionärs kommen generell nur als **ultima ratio** in Betracht.[154] Zu denken ist beispielhaft an laute Zwischenrufe oder Sprechchöre, die eine Konzentration auf das eigentliche Versammlungsgeschehen nicht unerheblich beeinträchtigen, an beleidigende Äußerungen, an das Einschalten von Musik- und Sprechapparaten oder das Blockieren des Mikrofons für andere Aktionäre.[155] Der Versammlungsleiter kann die verfügten Maßnahmen durch eigenes Bewachungs- und Kontrollpersonal und äußerstenfalls auch durch Einsatz polizeilicher Ordnungskräfte zwangsweise durchsetzen.[156] Einer besonderen Ankündigung der zwangsweisen Entfernung bedarf es nicht, wenn dem Redner durch wiederholte Aufforderungen, das Rednerpult oder den Saal freiwillig zu verlassen, klar sein musste, dass im Weigerungsfall entsprechende Maßnahmen erfolgen würden.[157] Es bleibt dem aus dem Saal entfernten Aktionär unbenommen, einen beliebigen Dritten zur weiteren Ausübung seiner Mitgliedschaftsrechte zu bevollmächtigen.[158] Aus Gründen der Verhältnismäßigkeit kann es unter Umständen wohl geboten sein, dem Aktionär nach einer gewissen Abkühlungsphase wieder Zutritt zu der Hauptversammlung zu gewähren.[159] Der Versammlungsleiter ist kraft seines Hausrechts darüber hinaus zu **Ordnungsmaßnahmen gegenüber Anwesenden ohne eigenes Teilnahmerecht** befugt. Da die Rechtsstellung dieser Personen nicht in dem Mitgliedschaftsverhältnis gründet, sind Anordnungen auch ohne Berücksichtigung der für Aktionäre geltenden Einschränkungen zulässig.[160]

f) Haftung für fehlerhafte Leitungsmaßnahmen. In jüngerer Zeit wird zunehmend die Frage 16 erörtert, ob bzw. inwieweit der Versammlungsleiter persönlich für die finanziellen Folgen fehlerhafter Leitungsmaßnahmen einstehen muss.[161] Eine analoge Anwendung der §§ 93, 116 AktG wird überwiegend mit der Begründung abgelehnt, dass der Versammlungsleiter kein Organ der Gesellschaft[162] ist oder damit, dass die Vorschriften strukturell nicht zu dem zeitlich begrenzten Aufgabenbereich passen.[163] Nicht ausgeschlossen erscheint hingegen eine Haftung wegen vorsätzlicher oder fahrlässiger Pflichtverletzung in Ausführung des zugrunde liegenden Rechtsverhältnisses, das in einer korporationsrechtlichen Sonderbeziehung gemäß § 280 Abs. 1 BGB, daneben regelmäßig auch in einem

---

[150] Vgl. *Seibert* WM 2005, 157 (160); kritisch gegenüber einer Gleichbehandlung von Rede- und Fragezeitbeschränkung *Martens* AG 2004, 238 (242).
[151] Hüffer/Koch/*Koch* § 130 Rn. 50; Grigoleit/*Herrler* § 131 Rn. 36; in diesem Sinne auch BVerfG NJW 2000, 349 (351); BGH NJW 2010, 1604 (1607); aA NK-AktR/*Heidel* § 131 Rn. 55.
[152] *Joussen* AG 2000, 241 (153); *Bröcker/Peters* AG 2013, R 83, 84; ferner BVerfG NJW 2000, 349 (351).
[153] BVerfG NJW 2000, 349 (351). S. → Rn. 9.
[154] *Martens*, Leitfaden für die Leitung der Hauptversammlung einer Aktiengesellschaft, 3. Aufl. 2003, 70.
[155] *Fischer/Pickert* in Semler/Volhard/Reichert HV-HdB § 9 Rn. 187; MüKoAktG/*Kubis* § 119 Rn. 174.
[156] *Gehling* in Semler/Volhard/Reichert HV-HdB § 9 Rn. 251.
[157] LG Stuttgart AG 1994, 425 (427); LG Frankfurt AG 1984, 192.
[158] *Gehling* in Semler/Volhard/Reichert HV-HdB § 9 Rn. 258.
[159] *Martens*, Leitfaden für die Leitung der Hauptversammlung einer Aktiengesellschaft, 3. Aufl. 2003, 70; Bürgers/Körber/*Reger* § 129 Rn. 46; aA aber Großkomm AktG/*Mülbert* § 129 Rn. 221.
[160] Vgl. Großkomm AktG/*Mülbert* § 129 Rn. 228; *Butzke* Die Hauptversammlung der AG Rn. D 76.
[161] S. *Schürnbrand* NZG 2014, 1211; *Poelzig* AG 2015, 476; *Möhrle/Bednarz* Der Aufsichtsrat 2017, 52; *von der Linden* NZG 2013, 208; *Marsch-Barner* FS Brambring, 2012, 267 (281); MüKoAktG/*Kubis* § 119 Rn. 184; eingehend *Sauerwald*, Der Versammlungsleiter im Aktienrecht, 2018, 357 ff.
[162] *Marsch-Barner* FS Brambring, 2012, 267 (281); MüKoAktG/*Kubis* § 119 Rn. 84; LG Ravensburg ZIP 2014, 1632; dazu *von der Linden* EWiR 2014, 551.
[163] *Theusinger/Schilha* BB 2015, 131 (137); *Poelzig* AG 2015, 476 (479); *Schürnbrand* NZG 2014, 1211; *Harnos* AG 2015, 732 (740 f.); aA aber Großkomm AktG/*Mülbert* § 129 Rn. 248; ferner *Rose* NZG 2007, 241 (245); zur Haftung für Fehler bei Erstellung des Hauptversammlungsprotokolls nach § 130 Abs. 1 S. 3 → § 130 Rn. 42.

Auftrag im Sinne der §§ 662 ff. BGB[164] oder einem entgeltlichen Geschäftsbesorgungsvertrag gemäß § 675 BGB zu sehen ist.[165] Angesichts der „angespannten und hektischen Atmosphäre einer Hauptversammlung"[166] und der weitreichenden Folgen auch kleiner Fehler[167] (zB Wiederholung der Versammlung, Verzögerung von Sanierungsmaßnahmen) wird allerdings eine Einschränkung des Haftungsmaßstabs auf Vorsatz oder zumindest auf grobe Fahrlässigkeit erörtert.[168] Die Haftung kann jedenfalls vertraglich,[169] unter Umständen auch konkludent, und auch durch eine entsprechende Satzungsregelung auf Vorsatz und grobe Fahrlässigkeit begrenzt werden.[170] Auch eine höhenmäßige Begrenzung dürfte zulässig sein[171] Im Übrigen ist zu berücksichtigen, dass dem Versammlungsleiter in der Ausübung seiner Rechte und Pflichten ein gewisses Handlungsermessen zuzubilligen und ein etwaiger Sorgfaltsverstoß ex ante aus der Perspektive der konkreten Entscheidungssituation zu beurteilen ist.[172]

§ 120 Entlastung; Votum zum Vergütungssystem

(1) ¹Die Hauptversammlung beschließt alljährlich in den ersten acht Monaten des Geschäftsjahrs über die Entlastung der Mitglieder des Vorstands und über die Entlastung der Mitglieder des Aufsichtsrats. ²Über die Entlastung eines einzelnen Mitglieds ist gesondert abzustimmen, wenn die Hauptversammlung es beschließt oder eine Minderheit es verlangt, deren Anteile zusammen den zehnten Teil des Grundkapitals oder den anteiligen Betrag von einer Million Euro erreichen.

(2) ¹Durch die Entlastung billigt die Hauptversammlung die Verwaltung der Gesellschaft durch die Mitglieder des Vorstands und des Aufsichtsrats. ²Die Entlastung enthält keinen Verzicht auf Ersatzansprüche.

(3) Die Verhandlung über die Entlastung soll mit der Verhandlung über die Verwendung des Bilanzgewinns verbunden werden.

(4) ¹Die Hauptversammlung der börsennotierten Gesellschaft kann über die Billigung des Systems zur Vergütung der Vorstandsmitglieder beschließen. ²Der Beschluss begründet weder Rechte noch Pflichten; insbesondere lässt er die Verpflichtungen des Aufsichtsrates nach § 87 unberührt. ³Der Beschluss ist nicht nach § 243 anfechtbar.

Übersicht

	Rn.		Rn.
I. Bedeutung der Norm	1	IV. Inhalt und Wirkung des Entlastungsbeschlusses	24–40
II. Entstehungsgeschichte	2	1. Bedeutung und Natur der Entlastung	24
III. Beschlussfassung (Abs. 1)	3–23	2. Inhalt des Beschlusses und Ermessensspielraum	25–27
1. Reichweite der Entlastungskompetenz	3		
2. Verfahren	4, 5	3. Wirkungen der Entlastung	28–30
3. Entscheidung durch Beschluss	6, 7	4. Die Verweigerung der Entlastung und ihre Folgen	31–34
4. Neue Sachentscheidung	8–12		
5. Die Gesamtentlastung als Regelfall	13, 14	5. Anspruch auf Entlastung, Rechtsschutz bei Verweigerung und Amtsniederlegung	35–40
6. Einzelentlastung	15–19		
7. Stimmverbote bei der Entlastung	20, 21	V. Verhandlung und Berichtspflichten	41, 42
8. Pflicht zur Beschlussfassung	22, 23	VI. Fehlerhafte Entlastungsbeschlüsse	43–51

---

[164] *Poelzig* AG 2015, 476 (479); *Schürnbrand* NZG 2014, 1211; *Theusinger/Schilha* BB 2015, 131 (138); *Möhrle/Bednarz* Der Aufsichtsrat 2017, 52.
[165] *Marsch-Barner* FS Brambring, 2012, 267 (281); ferner *von der Linden* NZG 2013, 208 (210).
[166] BGH ZIP 1995, 819 (828).
[167] *Marsch-Barner*, FS Brambring, 2012, 267 (268); *Poelzig* AG 2015, 476 (477); *Möhrle/Bednarz* Der Aufsichtsrat 2017, 52.
[168] S. *Poelzig* AG 2017, 476 (480 ff.); *Bachmann* EWiR 2000, 158; MüKoAktG/*Kubis* § 119 Rn. 84: allenfalls Haftung aus § 826 BGB bei entsprechendem Schädigungsvorsatz; LG Ravensburg ZIP 2014, 1632 (1633).
[169] AA Großkomm AktG/*Mülbert* § 129 Rn. 254.
[170] *Marsch-Barner* FS Brambring, 2012, 267 (281); BeckOK BGB/*Fischer* BGB § 662 Rn. 14; MüKoBGB/*Schäfer* BGB § 662 Rn. 68; *Möhrle/Bednarz* Der Aufsichtsrat 2017, 52.
[171] *Poelzig* AG 2017, 476 (488).
[172] *Marsch-Barner* FS Brambring, 2012, 267 (281); vgl. auch Bürgers/Körber/*Reger* § 129 Rn. 47; s. ferner *Drinhausen/Marsch-Barner* AG 2014, 757 (768) zum D&O Versicherungsschutz.

	Rn.		Rn.
1. Anfechtbare und nichtige Entlastungsbeschlüsse	43, 44	VII. Beschluss über das System der Vorstandsvergütung (Abs. 4)	52–60
2. Anfechtbarkeit bei Informationsmängeln	45–48	1. Regelung im VorstAG	52–55
3. Anfechtbarkeit bei schwerwiegenden Gesetzes- und Satzungsverstößen	49–51	2. Reformdiskussion	56–60

I. Bedeutung der Norm

Die Norm regelt das **besondere Verfahren** und die **rechtliche Bedeutung des Entlastungsbeschlusses,** den die HV jedes Jahr bezüglich der Mitglieder von Vorstand und Aufsichtsrat zu fassen hat. Auch wenn die rechtlichen Wirkungen der Entlastung bzw. ihrer Verweigerung gering sind, sorgt die Vorschrift zumindest dafür, dass die Verwaltungsmitglieder eine regelmäßige Rückmeldung der Aktionäre bezüglich der Zufriedenheit mit ihrer Amtsführung erhalten. Darüber hinaus dient die Aussprache zur Beschlussfassung den Aktionären dazu, allgemeine Kritik an Unternehmenspolitik und Amtsführung zu äußern, ermöglicht also eine Art Generaldebatte. Ferner kann man aus dem Abstimmungsergebnis – selbst bei mehrheitlicher Entlastung – ablesen, wie stark die Widerstände innerhalb der Aktionäre sind, die Abstimmung wird als „psychologische Waffe"[1] opponierender Anteilseigner eingesetzt. Aus diesem Grund steht die Entlastung zumindest bei den großen Publikumsgesellschaften auch in der Öffentlichkeit oft im Mittelpunkt des Interesses. Ferner dient der Entlastungsbeschluss für das vierte Geschäftsjahr beim Aufsichtsrat nach § 102 Abs. 1 S. 1 als Zeitpunkt der Beendigung des Mandats (→ § 102 Rn. 7 f. (*Spindler*)). Die Regelungen können nicht durch Satzungsbestimmung modifiziert werden (§ 23 Abs. 5), und auch für ergänzende Regelungen dürfte praktisch kein Raum verbleiben.[2] – Seit 2009 regelt die Norm ferner das (unverbindliche) **Vergütungsvotum,** durch das die HV zumindest die Gelegenheit erhält, über die allgemeinen Grundsätze zu beschließen, die bei der Bemessung der Vorstandsvergütung zugrunde gelegt werden.

II. Entstehungsgeschichte

Die **Entlastung von Vorstand und Aufsichtsrat** durch Beschlussfassung der Haupt- bzw. Generalversammlung ist im deutschen Recht seit Einführung des HGB im Jahr 1897 bekannt (§ 260 HGB aF). Seither ist bei der AG die jährliche Beschlussfassung vorgesehen. Im AktG 1937 war sie in § 104 enthalten, ehe sie im AktG 1965 ihren endgültigen Standort in § 120 erhielt. Die wesentlichen inhaltlichen Änderungen der Reform von 1965 betrafen die Einführung des Einzelentlastungsverfahrens (Abs. 1 S. 2) und die Einfügung des Abs. 2, insbesondere bezüglich der fehlenden Verzichtswirkung der Entlastung, die im früheren Recht umstritten war.[3] Ferner wurde in Abs. 1 S. 1 die fixe Acht-Monats-Frist eingeführt, während früher die Frist in begrenztem Maße in der Satzung geregelt werden konnte. Die späteren Änderungen betrafen marginale Anpassungen der Norm an neue Gesetzesterminologien (Bilanzrichtliniengesetz 1985 – BGBl. 2007 I 2355 ff., Stückaktiengesetz 1998 – BGBl. 1998 I 590 ff.) sowie im Zuge der Euro-Einführung (Euro-Einführungsgesetz 1998 – BGBl. 1998 I 1242 ff.). Ferner wurde die Vorschrift ohne größere inhaltliche Veränderung durch das 2. UmwGÄnderungsgesetz vom 19.4.2007 (BGBl. 2007 I 542 ff.) angepasst. Durch das **Gesetz zur Angemessenheit der Vorstandsvergütung** (VorstAG) vom 18.6.2009 (BGBl. 2009 I 2509 ff.) wurde der Überschrift der Zusatz „Votum zum Vergütungssystem" sowie ein Abs. 4 angefügt, der eine Regelung bzgl. eines Votums der Hauptversammlung zum Vergütungssystem trifft. Zudem sind durch das Gesetz zur Umsetzung der Aktionärsrichtlinie (ARUG) vom 30.7.2009 (BGBl. 2009 I 2479 ff.) die früheren Abs. 3 S. 2 und 3 gestrichen worden, in denen bisher eine Verpflichtung zur Vorlage des Jahresabschlusses und der diesen ergänzenden Berichte geregelt war (→ Rn. 42). Da dies bereits in §§ 175, 176 vorgeschrieben ist, konnte auf die Vorschrift verzichtet werden, ohne dass damit eine nennenswerte Änderung verbunden war.[4] Nachdem eine Anpassung der Regelung zum Vergütungsvotum im Jahr 2013 im **Gesetz zur Verbesserung der Kontrolle der Vorstandsvergütung**[5] (VorstKoG) nach Anrufung des Vermittlungsausschusses durch den Bundesrat an der Diskontinuität gescheitert war, hat sich die rechtspolitische Diskussion auf die europäische Ebene verlagert.

---

[1] *Kiethe* NZG 2006, 888.
[2] MüKoAktG/*Kubis* Rn. 59; K. Schmidt/Lutter/*Spindler* Rn. 5.
[3] Zu dieser Frage unter Geltung des AktG 1937 vgl. *Schlegelberger/Quassowski* § 104 Anm. 4: Während zuvor von einer Verzichtswirkung ausgegangen worden war, wurde diese aufgrund der Schaffung des Verbots des Anspruchsverzichts vor Ablauf von 3 Jahren (heute § 93 Abs. 4 S. 3; früher § 83 Abs. 4 S. 3 AktG 1937) nunmehr schon de lege lata abgelehnt.
[4] BT-Drs. 16/11642, 27.
[5] BT-Drs. 17/14214, 21 f.

Durch die **Neufassung der Aktionärsrechte-RL**[6] wurden Vorgaben für die Mitsprache der Hauptversammlung bezüglich der Vergütungspolitik der AG geschaffen, die bis zum 10.6.2019 im AktG umzusetzen sind (→ Rn. 60 f.).

III. Beschlussfassung (Abs. 1)

3 1. Reichweite der Entlastungskompetenz. Die HV-Kompetenz umfasst die **Entlastung sowohl des gesamten Vorstands als auch aller Mitglieder des Aufsichtsrats.** In mitbestimmten Gesellschaften gelten insoweit keine Besonderheiten, so dass auch der Arbeitsdirektor und die AR-Mitglieder der Arbeitnehmerseite von der HV zu entlasten sind.[7] Nichts anderes gilt im Fall von Entsenderechten nach § 101 Abs. 2. Lediglich in der AG mit nur einem Aktionär bedarf es keiner Entlastung des Aktionärs selbst, soweit dieser ein Mandat innehat.[8] Ein solcher Beschluss könnte wegen § 136 schon nicht wirksam gefasst werden (→ Rn. 20). Für die anderen Organmitglieder bleibt es dagegen bei der Regelung des § 120. Beschließt der Einzelaktionär die Gesamtentlastung des Organs, dem er selbst angehört, wäre der Beschluss an sich ebenfalls wegen § 136 unwirksam. Jedoch wird man diese Vorgehensweise als konkludente Einzelentlastung der übrigen Organmitglieder werten (also als Bündel von Einzelbeschlüssen) und mit diesem Inhalt als wirksam ansehen können. Auf übertriebene Förmlichkeit kann bei der AG mit Einzelaktionär verzichtet werden. Im Fall der Verschmelzung erfasst die Entlastung allerdings nur die Tätigkeit als Organ des übernehmenden Rechtsträgers, während die frühere Tätigkeit als Organ des übertragenden Rechtsträgers auch dann außer Betracht bleibt, wenn diese in den Entlastungszeitraum fällt und hierfür noch keine Entlastung erfolgt ist.[9] Vor allem kann auf diesbezügliche Rechtsverstöße keine Anfechtung gestützt werden (→ Rn. 49 f.). Dies bedeutet aber nicht, dass Auskünfte über die frühere Verwaltungstätigkeit bei Personengleichheit der Organe für die Entlastung nicht erforderlich wären, da solche Vorgänge für die zukunftsbezogene Vertrauenserklärung, die in der Entlastung enthalten ist (→ Rn. 33), relevant sein können.[10]

4 2. Verfahren. Für das **Verfahren zur Beschlussfassung** gelten grundsätzlich die allgemeinen Regelungen, lediglich ergänzt um die Acht-Monats-Frist des Abs. 1. Bedeutsam ist die Fristregelung vor allem deshalb, weil sie klarstellt, dass der Vorstand im Rahmen seiner HV-vorbereitenden Tätigkeit verpflichtet ist, für eine rechtzeitige Möglichkeit zur Beschlussfassung zu sorgen. Praktisch erfordert diese Frist – auch in Zusammenhang mit Abs. 3 – die Entlastung auf die Tagesordnung der schon wegen § 175 Abs. 1 S. 2 in derselben Frist einzuberufenden **ordentlichen HV** zu setzen, hilfsweise die rechtzeitige Einberufung einer gesonderten HV. Aufgrund der mit letzterer Vorgehensweise verbundenen Kosten für Gesellschaft und Aktionäre dürfte dies nur in Ausnahmefällen als zulässig erscheinen, regelmäßig aber als sorgfaltswidrig einzustufen sein und Schadensersatzansprüche auslösen (§ 93). Trotz der gesetzlichen Frist bedarf es einer Aufnahme in die Tagesordnung, um einen rechtmäßigen Beschluss fassen zu können. Eine Beschlussfassung außerhalb der Tagesordnung wäre wegen § 124 Abs. 4 S. 1 auch dann anfechtbar, wenn nur so die Frist des Abs. 1 gewahrt werden kann.

5 Wird die Frist des Abs. 1 nicht eingehalten, bleibt dies für Gesellschaft und Aktionäre ohne Folgen. Insbesondere kann der Beschluss noch nachgeholt werden, so dass das **Fristversäumnis** nicht die Anfechtung einer späteren Entlastung begründen kann. Verletzt der Vorstand die Pflicht, einen Entlastungsbeschluss zu ermöglichen (insbesondere durch das Versäumnis der Berücksichtigung auf der Tagesordnung), sieht das AktG keine Sanktionen vor. Bezüglich § 93 dürfte es regelmäßig an einem Schaden fehlen, so dass allenfalls an eine Entlastungsverweigerung durch die HV zu denken wäre. Allerdings stehen den Aktionären die Möglichkeiten nach § 122 Abs. 1 und Abs. 2 zur Verfügung, um selbst die Beschlussfassung durch Minderheitsverlangen herbeizuführen. Erfordert dies die Durchführung einer eigenen HV (Einberufung nach § 122 Abs. 1) aufgrund des Versäumnisses des Vorstands, können der Gesellschaft entstehenden Kosten im Rahmen des § 93 ersetzt verlangt werden. Ein solches Einberufungsverlangen zu dem alleinigen Zweck der Entlastung ist jedenfalls nicht als missbräuchlich anzusehen, da so eine rechtmäßige Beschlusslage herbeigeführt werden kann. Die Annahme, dass die Versäumnis für sich allein geeignet ist, eine Abberufung nach § 84

---

[6] RL 2017/828/EU vom 17.5.2017, ABl. EU 2017 L 132, 1.
[7] K. Schmidt/Lutter/*Spindler* Rn. 13; MüKoAktG/*Kubis* Rn. 3; Großkomm AktG/*Mülbert* Rn. 53; Hüffer/Koch/*Koch* Rn. 5; Grigoleit/*Herrler* Rn. 3.
[8] Hüffer/Koch/*Koch* Rn. 5; K. Schmidt/Lutter/*Spindler* Rn. 14; Kölner Komm AktG/*Zöllner* Rn. 33; MüKoAktG/*Kubis* Rn. 3; Grigoleit/*Herrler* Rn. 3.
[9] OLG München NZG 2001, 616 (617 f.).
[10] BGH NJW 2005, 828 (829) – ThyssenKrupp.

Abs. 3 zu rechtfertigen,[11] erscheint in Hinblick auf die geringen Wirkungen der Entlastung (→ Rn. 28) dagegen als fragwürdig.

3. Entscheidung durch Beschluss. Die **Entlastung der Verwaltungsmitglieder** erfolgt durch einen nach § 133 mit einfacher Mehrheit zu fassenden Beschluss, während eine Verweigerung der Entlastung ohne weiteres in der mehrheitlichen Ablehnung eines auf Entlastung gerichteten Beschlussantrags zu sehen ist. Eine Verweigerung liegt ferner dann vor, wenn der Entlastungsbeschluss erfolgreich angefochten worden ist (zur Anfechtbarkeit → Rn. 44 ff.). Da die HV nach Abs. 1 „über die Entlastung" zu beschließen hat, muss der Antrag so formuliert sein, dass die Entscheidung zumindest zu einer Entlastung führen könnte. Ein negativ auf Verweigerung der Entlastung gerichteter Antrag genügt dem nicht, da mit der Ablehnung des Antrags keine Entlastung verbunden wäre.[12] Der Antrag muss daher **positiv auf Erteilung der Entlastung** gerichtet sein. Da eine explizite Verweigerung keine anderen Rechtsfolgen hat als die Ablehnung der Entlastung, gibt es auch keinen Grund für eine andere Formulierung des Antrags. Nach hM ist es ferner zulässig, anstelle einer Sachentscheidung einen Antrag auf **Vertagung** zu stellen.[13] In Hinblick auf den Wortlaut des Abs. 1, der mE sehr deutlich eine Sachentscheidung innerhalb der Frist fordert, erscheint eine Vertagung nur auf einer HV als zulässig, die noch in der Frist abgehalten wird. Eine Vertagung ist gerade keine Entscheidung „über die Entlastung", sondern bedeutet ganz im Gegenteil, dass hierüber nicht entschieden wird. Es besteht auch kein Bedürfnis für eine solche Vorgehensweise,[14] da die HV bei Fehlen hinreichender Informationen die Entlastung zunächst verweigern kann, um auf einer späteren HV eine erneute Sachentscheidung zu treffen (dazu sogleich → Rn. 8).

Die Entlastung kann in zeitlicher und sachlicher Hinsicht nur **einheitlich** erteilt werden. Eine Beschränkung zB auf einen bestimmten Zeitraum oder auf bestimmte Vorgänge (bzw. unter Ausklammerung bestimmter Vorgänge[15]) ist nicht zulässig.[16] Dies gilt vor allem für die Entlastung bezüglich einzelner Geschäftsführungsmaßnahmen. Solche Beschlüsse sind nicht als Entlastung iSv § 120, sondern allenfalls als rechtlich irrelevante zustimmende Äußerungen zur Amtsführung zu werten.[17] Den Anforderungen des § 120 genügt nur ein Beschluss, der die gesamte Amtsführung im gesamten relevanten Zeitraum umfasst. Müssen einzelne Vorgänge noch geklärt werden, kann die HV nur die Entlastung verweigern und später darüber neu beschließen (→ Rn. 8). Aus der Einheitlichkeit der Entscheidung ergibt sich auch, dass ihre Wirkung sich nicht nur auf bei Beschlussfassung **bekannte Umstände** bzw. Vorgänge bezieht.[18] Später bekannt werdende Umstände kann die HV zum Anlass nehmen, eine neue Sachentscheidung zu treffen (→ Rn. 8 ff.), nicht aber in einem gesonderten Beschluss würdigen. Nach ganz hM ist die Entlastung ferner bedingungsfeindlich.[19]

4. Neue Sachentscheidung. Weder an einen entlastenden Beschluss noch eine Verweigerung ist die HV zu einem späteren Zeitpunkt gebunden. Vielmehr kann die HV eine **neue Entscheidung** treffen, soweit kein schutzwürdiges Vertrauen der Verwaltungsmitglieder entgegensteht. Relativ unproblematisch ist insoweit der Beschluss einer Entlastung, die zunächst verweigert worden war. Die Entlastung für ein früheres Geschäftsjahr kann erneut auf die Tagesordnung gesetzt und nunmehr beschlossen werden.[20] Die frühere Verweigerung bindet die HV also nicht. Dieses Verfahren bietet sich vor allem an, wenn die frühere Entscheidung auf nicht ausreichenden Informationen (zB noch aufzuklärende Unregelmäßigkeiten) beruhte.

Deutlich größere Schwierigkeiten wirft in rechtlicher Hinsicht der **Widerruf** einer bereits erteilten Entlastung auf. Die Verwaltung genießt schließlich einen gewissen Vertrauensschutz bezüglich der einmal beschlossenen Entlastung. Daher ist die HV daran gehindert, den Widerruf **willkürlich**

---

[11] So aber die hM, vgl. Großkomm AktG/*Mülbert* Rn. 57; K. Schmidt/Lutter/*Spindler* Rn. 17; MüKoAktG/*Kubis* Rn. 5; Bürgers/Körber/*Reger* Rn. 3; Kölner Komm AktG/*Zöllner* Rn. 5; Grigoleit/*Herrler* Rn. 3.
[12] Großkomm AktG/*Mülbert* Rn. 82; aA MüKoAktG/*Kubis* Rn. 6; Kölner Komm AktG/*Zöllner* Rn. 40.
[13] Großkomm AktG/*Mülbert* Rn. 92; MüKoAktG/*Kubis* Rn. 27.
[14] Großkomm AktG/*Mülbert* Rn. 92 geht dagegen von einer Bindung an eine einmal getroffene Verweigerung der Entlastung aus, woraus sich ein unabweisbares praktisches Bedürfnis für die Vertagung ergibt.
[15] Speziell hierzu vgl. OLG Düsseldorf NJW-RR 1996, 1252, wonach die Ausklammerung von Teilbereichen nicht mit dem Wesen der Entlastung als Gesamtbeurteilung vereinbar ist; insoweit aber aA Großkomm AktG/*Mülbert* Rn. 87.
[16] Ganz hM: *Sethe* ZIP 1996, 1321; Kölner Komm AktG/*Zöllner* Rn. 37; MüKoAktG/*Kubis* Rn. 24; Großkomm AktG/*Mülbert* Rn. 89; Hüffer/Koch/*Koch* Rn. 12a; *Jäger*, Aktiengesellschaft § 24 Rn. 8; aA offenbar MHdB AG/*Bungert* § 35 Rn. 32; Grigoleit/*Herrler* Rn. 14.
[17] In diesem Sinn auch *Sethe* ZIP 1996, 1321 (1325).
[18] Kölner Komm AktG/*Zöllner* Rn. 37 f.; Großkomm AktG/*Mülbert* Rn. 84.
[19] *Sethe* ZIP 1996, 1321 (1325); Kölner Komm AktG/*Zöllner* Rn. 20; MüKoAktG/*Kubis* Rn. 25; Großkomm AktG/*Mülbert* Rn. 88; Grigoleit/*Herrler* Rn. 14; *Jäger* Aktiengesellschaft § 24 Rn. 8.
[20] MüKoAktG/*Kubis* Rn. 24; Kölner Komm AktG/*Zöllner* Rn. 35; aA aber Großkomm AktG/*Mülbert* Rn. 82.

zu beschließen. Erforderlich ist vielmehr ein hinreichender Grund für die Neubewertung.[21] Dieser ist zunächst bei Vorliegen von Anfechtungsgründen anzuerkennen, da selbst nach Ablauf der Anfechtungsfrist in diesen Fällen (Informationsmängel, schwerwiegender Gesetzes- oder Satzungsverstoß, näher → Rn. 45 ff.) keine Schutzwürdigkeit der Verwaltungsmitglieder besteht. Ansonsten ist die Entlastung nur widerruflich, wenn sie auf neue Umstände gestützt werden kann, die bei verständiger Würdigung objektiv eine abweichende Beurteilung des Verwaltungshandelns im Entlastungszeitraum in seiner Gesamtheit zu tragen vermag. Es müssen also erhebliche Umstände vorliegen, insbesondere in Hinblick auf ihre Auswirkungen auf das Unternehmen oder die Vertrauenswürdigkeit der Verwaltungsmitglieder, so dass nicht jede neue Information zum Anlass genommen werden kann, eine neue Bewertung vorzunehmen. Insbesondere genügt es nicht, wenn nur die Auswirkungen einer Maßnahme erst später deutlich werden. Realisieren sich also unternehmerische Risiken, die bei Entlastung dem Grunde nach bekannt waren, rechtfertigt dies keinen Widerruf. Andererseits müssen die neuen Umstände nicht die Intensität eines die Anfechtung begründenden schwerwiegenden Rechtsverstoßes erreichen. In zeitlicher Hinsicht kann die Widerrufsmöglichkeit ferner **verwirkt** sein. Nach hM kann der Widerruf nur auf der zeitlich nächsten HV nach Bekanntwerden der Umstände beschlossen werden.[22] Richtigerweise erscheint hier ein flexiblerer Maßstab als angezeigt, da es durchaus Gründe dafür geben kann, sich mit einem Widerruf erst später zu befassen. Da der Widerruf – anders als die Entlastung – nicht an eine feste Frist gebunden ist, kann die HV zB die Folgen eines Fehlverhaltens oder den Ausgang eines Prozesses abwarten und bei der Entscheidung zugrunde legen. Als verwirkt ist der Widerruf nur anzusehen, wenn er auf einer HV willkürlich unterbleibt, also kein nachvollziehbarer Grund für die Verzögerung spricht.

10 Von erheblicher Bedeutung für die rechtliche Beurteilung des Widerrufs und seiner Verwirkung ist somit die Abgrenzung der **neuen von den bekannten Umständen.** Da es keine Obliegenheit der Aktionäre gibt, sich außerhalb der HV über die Angelegenheiten der Gesellschaft zu informieren, kann die Bekanntheit nur anerkannt werden, wenn die Umstände auf der HV bekannt gemacht worden sind, sei es in den der HV vorgelegten Berichten (§ 175 Abs. 2), sei es in Wortbeiträgen oder bei Beantwortung von Auskunftsverlangen nach § 131. Selbst wenn ein Umstand also in der breiten Öffentlichkeit bei Entlastung bekannt war, kann hierauf der Widerruf gestützt werden, wenn er keine Erwähnung auf der HV gefunden hat. Diese strenge Sichtweise ist insbesondere in Hinblick auf die Internationalisierung des Aktionärskreises der Publikumsgesellschaften angezeigt, da die öffentliche Wahrnehmung deutscher Gesellschaften im Ausland naturgemäß weniger stark ist als hierzulande.

11 Betrifft das Fehlverhalten nur **einzelne Organmitglieder,** kann analog Abs. 1 S. 2 ein Einzelwiderruf der Entlastung auch dann ausgesprochen werden, wenn zuvor eine Gesamtentlastung erteilt worden ist. Eine solche Vorgehensweise gebietet schon der Vertrauensschutz der sonstigen Organmitglieder. In einem solchen Fall ist die frühere Gesamtentlastung als Bündel von Einzelentlastungen aufzufassen. Hierfür spricht die Verfahrensökonomie, da die Alternative – ein Widerruf der Gesamtentlastung unter Anerkennung eines Anspruchs auf Einzelentlastung der nicht betroffenen Organmitglieder – eine sinnlose Förmelei wäre und ohne Not die Anerkennung einer positiven Beschlussfeststellungsklage auf Entlastung erfordern würde.

12 Fehlt ein hinreichender Grund für den Widerruf, ist der Beschluss anfechtbar.[23] Da die Mitglieder von Vorstand und Aufsichtsrat individuell von dem Beschluss betroffen sind, ist ihnen insoweit eine **eigene Anfechtungsbefugnis analog § 245 Nr. 5** zuzuerkennen. Andernfalls ginge der Vertrauensschutz ins Leere, steht doch dem Aufsichtsrat selbst gar keine gesetzliche Anfechtungsbefugnis zu, und selbst die Befugnis des Vorstands (§ 245 Nr. 4) ist nicht als ausreichend anzusehen, da beim Einzelwiderruf der Vorstand nicht in seiner Gesamtheit betroffen ist. Ein Antrag auf Widerruf kann im Übrigen nach § 124 Abs. 4 S. 2, 2. Alt. ohne gesonderte Bekanntmachung als sachlich ergänzender Antrag zur turnusmäßigen Entlastung im Rahmen dieses Tagesordnungspunkts gestellt werden. Ein dahin gehender, aber nicht mit ausreichender Begründung in Hinblick auf neue Umstände versehener Aktionärsantrag muss nach § 126 Abs. 2 Nr. 2 nicht mitgeteilt werden.

13 **5. Die Gesamtentlastung als Regelfall.** Aufgrund des **Prinzips der Gesamtverantwortung** (§§ 77, 108) ist auch die Entlastung für das gemeinsam verantwortete Verwaltungshandeln grundsätzlich gemeinsam zu beschließen. Die Gesamtentlastung ist daher der Regelfall,[24] während eine Einzelentlastung nur ausnahmsweise vorgesehen ist. Indes geht die Bedeutung der Gesamtentlastung nicht

---

[21] Ganz hM MüKoAktG/*Kubis* Rn. 28; K. Schmidt/Lutter/*Spindler* Rn. 44; Kölner Komm AktG/*Zöllner* Rn. 39; Großkomm AktG/*Mülbert* Rn. 93.
[22] MüKoAktG/*Kubis* Rn. 28; Kölner Komm AktG/*Zöllner* Rn. 39; Großkomm AktG/*Mülbert* Rn. 93.
[23] So auch MüKoAktG/*Kubis* § 120 Rn. 28.
[24] So ausdrücklich OLG München NJW-RR 1996, 159 (160).

über diejenige der Einzelentlastungen hinaus. Es empfiehlt sich daher, die Gesamtentlastung nicht notwendig als einheitlichen, in persönlicher Hinsicht unteilbaren Beschluss aufzufassen, sondern – soweit erforderlich – als Bündel von Einzelentlastungen. Hierdurch lässt sich die Entlastung der anderen Organmitglieder aufrechterhalten, wenn ein Beschlussmangel oder ein Widerruf nur einzelne Mitglieder betrifft. Relevant ist dies in Hinblick auf Stimmverbote (§ 136) bei der AG mit nur einem Aktionär (→ Rn. 20), in Hinblick auf die Ermöglichung des Widerrufs der Entlastung einzelner Mitglieder (→ Rn. 11) sowie auf die Anfechtung des Entlastungsbeschlusses, soweit ein schwerwiegender Gesetzes- oder Satzungsverstoß (→ Rn. 49 f.) nur einzelne Mitglieder betrifft.

Nicht vom Grundsatz der Gesamtentlastung gedeckt ist es dagegen, wenn die **Entlastung von Vorstand und Aufsichtsrat** in einem Beschluss erfolgen soll. Nach ganz hM soll diese Vorgehensweise rechtswidrig sein und die Anfechtung begründen.[25] Daran ist richtig, dass der Wortlaut des Abs. 1 S. 1 zwei getrennte Beschlüsse verlangt. Aus Gründen der Verfahrensökonomie empfiehlt es sich aber auch hier, keine übertriebene Förmelei zu betreiben. Man sollte daher einen solchen Beschluss als wirksames Bündel beider Gesamtentlastungen auffassen. Auch wenn die Verbindung beider Abstimmungen an sich unzulässig ist, kann eine Anfechtung hierauf nur gestützt werden, wenn der Vorgehensweise bei der Verhandlung widersprochen worden ist. Fehlt es daran, kann der Versammlungsleiter von **allseitigem Einverständnis** ausgehen, so dass insoweit aus dem Gesichtspunkt des venire contra factum proprium keine Anfechtungsbefugnis anzuerkennen ist. 14

6. Einzelentlastung. Nach Abs. 1 S. 2 ist eine **Einzelentlastung** vorgeschrieben, wenn entweder ein entsprechender Beschluss gefasst wird, oder eine ausreichend große Minderheit es verlangt. Da sich dem die grundsätzliche Zulässigkeit des Einzelentlastungsverfahrens entnehmen lässt, kann es der Versammlungsleiter nach zutreffender hM im Rahmen seiner Leitungsbefugnis auch selbst anordnen.[26] Ein solches Vorgehen kann aus versammlungsökonomischer Sicht angezeigt sein, wenn etwa dadurch eine aufwendige Feststellung des Minderheitsquorums umgangen werden kann, ein sachlicher Grund für die Entscheidung ist aber nicht erforderlich.[27] 15

Nach dem Wortlaut des Abs. 1 S. 2 geht es bei der Einzelentlastung um „die Entlastung eines einzelnen Mitglieds". Nur hierüber kann die HV beschließen und nur dies kann von der Minderheit verlangt werden. Dies zeigt, dass die Einzelentlastung nach der Konzeption des Gesetzes **für jedes Organmitglied getrennt** zu behandeln ist, während es bei der Gesamtentlastung der übrigen Mitglieder bleiben soll. Streng genommen müsste die Einzelentlastung also für jedes Mitglied einzeln beantragt und hierüber beschlossen werden. In der Praxis scheint dagegen die einheitliche Beschlussfassung bzw. das einheitliche Verlangen für alle Mitglieder eines Organs oder sogar beider Organe üblich zu sein. Rechtliche Bedenken hiergegen sind nicht angezeigt, richtigerweise handelt es sich aber um ein Bündel von Beschlüssen. In Hinblick auf diesen Charakter kann aber jeder Aktionär verlangen, dass über die Einzelentlastung jedes Mitglieds getrennt abgestimmt wird. Auswirkungen kann dies haben, wenn der einheitliche Beschluss abgelehnt wird und es daher bei der Gesamtentlastung bleibt. Da hier nicht ausgeschlossen werden kann, dass die Entlastung bei Einzelabstimmung einzelnen Mitgliedern nicht erteilt worden wäre und dass bei einzelner Abstimmung die Einzelentlastung für diese Mitglieder beschlossen worden wäre, kann hier die Entlastung selbst auf dem Gesetzesverstoß beruhen und ist daher anfechtbar. Soweit indes keine Einzelabstimmung verlangt worden ist, kann auch hier von allseitigem Einverständnis ausgegangen werden, so dass die Anfechtungsbefugnis zu verweigern ist (→ Rn. 14). 16

Über den Antrag auf Einzelentlastung ist, wie sich schon aus der Natur der Sache ergibt, vor der Entlastung abzustimmen. Der Antrag kann nicht nur von jedem Aktionär, sondern ebenso von den Verwaltungsmitgliedern gestellt werden.[28] Er ist auf die Einzelentlastung eines einzelnen Mitglieds zu richten. Eine Bündelung von Anträgen erscheint dabei nicht nur für alle Mitglieder eines Organs, sondern auch für sonst definierte Gruppen (zB die Arbeitnehmervertreter im Aufsichtsrat) als zulässig, sofern keine Einzelabstimmung verlangt wird. Unzulässig ist lediglich eine gruppenbezogene Entlastungsentscheidung im Sinne einer **partiellen Gesamtentlastung**.[29] Eine Anfechtung des Entlas- 17

---

[25] K. Schmidt/Lutter/*Spindler* Rn. 21; Großkomm AktG/*Mülbert* Rn. 121; Hüffer/Koch/*Koch* Rn. 8; Kölner Komm AktG/*Zöllner* Rn. 13; MüKoAktG/*Kubis* Rn. 7; MHdB AG/*Bungert* § 35 Rn. 23; Bürgers/Körber/*Reger* Rn. 6; Grigoleit/*Herrler* Rn. 5; NK-AktR/*Pluta* Rn. 14.
[26] BGH NZG 2010, 618; NZG 2009, 1270 (1271); K. Schmidt/Lutter/*Spindler* Rn. 28; MüKoAktG/*Kubis* Rn. 12; Hüffer/Koch/*Koch* Rn. 10; Großkomm AktG/*Mülbert* Rn. 106; NK-AktR/*Pluta* Rn. 21; Grigoleit/*Herrler* Rn. 9; aA aber MHdB AG/*Bungert* § 35 Rn. 24 ff.; Bürgers/Körber/*Reger* Rn. 8.
[27] BGH NZG 2010, 618; BGH NZG 2009, 1270 (1271) (dazu *Hoffmann* NZG 2010, 290); Grigoleit/*Herrler* Rn. 9; aA K. Schmidt/Lutter/*Spindler* Rn. 28 („nicht willkürlich").
[28] AllgM MüKoAktG/*Kubis* Rn. 8; Großkomm AktG/*Mülbert* Rn. 100; MHdB AG/*Bungert* § 35 Rn. 24 ff.
[29] K. Schmidt/Lutter/*Spindler* Rn. 24; MüKoAktG/*Kubis* Rn. 8; Kölner Komm AktG/*Zöllner* Rn. 19; MHdB AG/*Bungert* § 35 Rn. 27.

tungsbeschlusses kann auf eine Bündelung sowohl der Anträge auf Einzelentlastung als auch der Entlastungen selbst aber nur gestützt werden, wenn auf der HV getrennte Abstimmungen verlangt worden sind (→ Rn. 16).

18 Bezüglich des **Minderheitsverlangens** sind in rechtlicher Hinsicht vor allem die Anforderungen an den **Nachweis ausreichender Unterstützung** problematisch. Für die Berechnung der erforderlichen Stimmrechte sowie des erforderlichen Nennbetrags gelten dieselben Grundsätze wie im Rahmen des § 122 Abs. 2 (→ § 122 Rn. 35 ff. (*Rieckers*)), wenn auch hier der doppelte Wert erreicht werden muss. Für die Bündelung von nach dem Gesetzestext ebenfalls auf „ein einzelnes Mitglied" zu beziehendes Verlangen sind die Maßstäbe der → Rn. 16 f. zu übertragen. Die Voraussetzungen sind erfüllt, wenn das Verlangen eines Aktionärs von einer hinreichend großen Minderheit unterstützt wird. Umstritten ist, inwieweit die Herbeiführung des Verlangens durch die Versammlungsleitung zu erleichtern ist, und wie die erforderliche Unterstützung nachzuweisen ist. Da die Aktionäre außerhalb der HV nur über sehr eingeschränkte Kommunikationsmöglichkeiten verfügen, hängt die praktische Bedeutung des Minderheitsverlangens stark von diesen Streitfragen ab. Bei einer restriktiven Sichtweise kann das Recht zumindest für die Kleinaktionäre weitgehend entwertet werden, während vor allem eine Feststellung des Maßes an Unterstützung des Verlangens durch die Versammlungsleitung zu einer starken Erleichterung führt. Insoweit manifestiert sich in den Streitfragen letztlich die grundsätzlichere Frage, ob man das Minderheitsverlangen als lästige Beeinträchtigung der Mehrheitsherrschaft oder als wichtigen Mechanismus zu deren Begrenzung und Mittel zur Stärkung der Aktionärsdemokratie ansieht. Vor dem Hintergrund der Corporate Governance-Diskussion der letzten Jahre und den vielfältigen Bemühungen des Gesetzgebers zur Stärkung der Minderheitenrechte entspricht nur letztere Sichtweise den Anforderungen an ein modernes Aktienrecht. Daher sind die Anforderungen an den Nachweis und die Rolle der Versammlungsleitung schon grundsätzlich so zu bestimmen, dass den Kleinaktionären die Durchsetzung des Minderheitsverlangens erleichtert wird, es also nicht an Nachweisschwierigkeiten, sondern nur an mangelnder tatsächlicher Unterstützung scheitert. Auch das im UMAG neu geschaffene Aktionärsforum (§ 127a), das eine Organisation von Minderheitsverlangen schon im Vorfeld der HV über das Internet ermöglichen soll, hat an der Problematik mangels faktischer Akzeptanz nichts geändert.

19 Nach diesem Grundsatz ist der **Versammlungsleiter als verpflichtet** anzusehen, bei Vorliegen eines Verlangens der Einzelentlastung von sich aus festzustellen, ob es von einer hinreichenden Minderheit unterstützt wird.[30] Vom Verlangenden darf insoweit daher kein Nachweis verlangt werden. Praktisch bedeutet dies, dass der Versammlungsleiter das Verlangen auf der HV bekannt zu geben sowie die Unterstützung abzufragen und festzustellen hat. Nur so kann gewährleistet werden, dass ein Minderheitsverlangen allein am Problem des Nachweises der Unterstützung scheitert. Soweit außer dem Minderheitsverlangen auch ein Antrag auf Beschlussfassung über die Einzelentlastung gestellt wird, kann der Versammlungsleiter bei mehrheitlicher Ablehnung aus den Fürstimmen auch auf die Unterstützung des Minderheitsverlangens schließen, und in Hinblick darauf auf eine besondere Feststellung verzichten.[31] Dies gilt sowohl dann, wenn die Minderheit des Abs. 1 S. 2 erreicht, als auch wenn sie verfehlt wird, da eine erneute und wenig Erfolg versprechende Abfrage der Unterstützung der Einzelentlastung eine unnötige Verzögerung der HV wäre. In diesem Fall müsste der Verlangende selbst den Nachweis hinreichender Unterstützung erbringen. In praktischer Hinsicht empfiehlt es sich für den Versammlungsleiter, bei Schwierigkeiten bezüglich der Feststellung die Einzelentlastung in Ausübung seiner Leitungsbefugnis anzuordnen, da so ein die Anfechtung begründender Verfahrensfehler in jedem Fall ausgeschlossen wird. Gerade bei mehreren Anträgen und Verlangen bezüglich unterschiedlicher Organmitglieder kann auch eine Beschleunigung der HV erreicht werden.[32]

20 **7. Stimmverbote bei der Entlastung.** Große Bedeutung hat das **Stimmverbot des § 136** bei der Beschlussfassung über die Entlastung, die ausdrücklich in § 136 Abs. 1 erwähnt ist, um die Ausübung des Stimmrechts im Rahmen der eigenen Entlastung zu unterbinden. Bei der Einzelentlastung besteht es aber nur, soweit es um die Entlastung des Aktionärs selbst (bzw. Personen, die maßgeblichen Einfluss auf den Aktionär ausüben[33]) geht, während dieser bei der Entlastung seiner

---

[30] So auch *Semler* FS Zöllner, Bd. I, 1998, 553 ff.; Hüffer/Koch/*Koch* Rn. 9; K. Schmidt/Lutter/*Spindler* Rn. 28; MüKoAktG/*Kubis* Rn. 11; Kölner Komm AktG/*Zöllner* Rn. 14; ähnlich Großkomm AktG/*Mülbert* Rn. 105; differenzierend Grigoleit/*Herrler* Rn. 8.
[31] Großkomm AktG/*Mülbert* Rn. 105; MüKoAktG/*Kubis* Rn. 11.
[32] Zustimmend Grigoleit/*Herrler* Rn. 8 f.
[33] Zur Anwendung des § 136 auf Entlastungsbeschlüsse bei Vorstandsdoppelmandaten vgl. ausführlich *Petersen/Schulze De la Cruz* NZG 2012, 453 mwN; allgemein zur Reichweite des Stimmverbots in diesem Kommentar: → § 136 Rn. 25 ff. *Rieckers*.

Organkollegen und der Mitglieder des anderen Organs stimmberechtigt bleibt. Dies gilt entgegen einer verbreiteten Ansicht[34] auch dann, wenn eine **Pflichtverletzung** im Raum steht, die den Aktionär selbst betrifft. Die erforderliche Interessenkollision besteht hier nicht, wirkt sich die Entlastung doch weder direkt noch indirekt auf die Entlastung des Aktionärs selbst aus. Anders als bei der Entscheidung über die Geltendmachung von Ersatzansprüchen wird der Aktionär in diesen Fällen bei der Entlastung auch nicht zum „Richter in eigener Sache".[35] Denn Gegenstand der Entlastungsentscheidung ist das Verwaltungshandeln in seiner Gesamtheit, nicht eine einzelne Pflichtverletzung. Es gibt keinen Grund, dem Aktionär eine Abstimmung über diese Gesamtwürdigung zu verweigern, nur weil er von einzelnen Aspekten ebenfalls betroffen ist. Dies gilt selbst bei schwerwiegenden gemeinsamen Pflichtverletzungen, da insoweit kein Bedürfnis für eine erweiternde Auslegung des § 136 Abs. 1 besteht. In diesen Fällen ist vielmehr schon die Anfechtung des Beschlusses selbst möglich (→ Rn. 49 f.). Abzulehnen ist auch der Ansatz des OLG München,[36] wonach die Einzelentlastung „ohne das Vorliegen sachlicher Gründe" einen **„Rechtsformmissbrauch"** darstelle, wenn die Mehrheit der vertretenen Aktien bei Vorstands- und Aufsichtsratsmitgliedern liegt. Begründet wird dies damit, dass in einem solchen Fall „Sinn und Zweck der aktienrechtlichen Vorschriften", insbesondere der Stimmrechtsverbote, unterlaufen würden.[37] Dies würde auf die Überprüfung einer sachlichen Rechtfertigung der Anordnung der Einzelentlastung hinauslaufen, sei es durch Beschluss, Minderheitsverlangen oder Anordnung des Versammlungsleiters. Dieser Ansatz will offenbar eine Differenzierung zwischen der als Rechtsmissbrauch anzusehenden mehrheitsnützigen und der positiv einzuordnen minderheitsinitiierten Einzelentlastung vornehmen. Der Gesetzeswortlaut gibt hierfür nichts her, und auch inhaltlich überzeugt es nicht, das sonst nur äußerst restriktiv zur Gewährleistung eines hinreichenden vermögensbezogenen Minderheitsschutzes angewendete Mittel[38] des Erfordernisses sachlicher Rechtfertigung hier anzuwenden. Auch eine Anwendung des § 136 auf die Entscheidung über die Einzelentlastung scheidet aus, da dies einerseits nicht mit dem engen Wortlaut der Vorschrift vereinbar ist,[39] andererseits aber nicht weiterhelfen würde, da auch insoweit eine Einzelabstimmung für jedes Organmitglied gesetzlich vorgegeben ist (→ Rn. 16 f.), in deren Rahmen die anderen Organmitglieder stimmberechtigt wären. Auch wenn das Ergebnis im Einzelfall als unbefriedigend erscheint, entspricht es der Gesetzeslage und muss daher hingenommen werden, während die legitimen Interessen der Minderheit durch die Anfechtungsmöglichkeit bei schwerwiegender Pflichtverletzung (→ Rn. 49 f.) hinreichend geschützt werden.

Bei der **Gesamtentlastung** ist es dagegen unproblematisch, dass alle Mitglieder des zu entlastenden Organs von dem Stimmverbot erfasst werden,[40] während es bei der Entlastung des anderen Organs nicht eingreift.[41] Der Versammlungsleiter darf also die Stimmen bei der Feststellung des Abstimmungsergebnisses nicht mitzählen, sie sind nichtig. Fraglich ist nur, wie sich ein Verstoß gegen dieses Verbot für die hiervon nicht betroffenen Organmitglieder auswirkt. Während für die AG mit einem Aktionär eine Aufrechterhaltung der Entlastung für die übrigen Mitglieder und ein Wegfall des Entlastungserfordernisses für den Alleinaktionär angenommen wurde (→ Rn. 3), lässt sich die Gesamtentlastung ansonsten nicht als Bündel von Einzelentlastungen auffassen, um ihre Wirkung für die nicht betroffenen Organmitglieder aufrecht zu erhalten. Denn wenn keine Einzelentlastung beschlossen oder verlangt worden ist, bleibt es bei dem Votum der HV, das – bei Kausalität der rechtswidrigen Stimmabgabe – die Entlastung richtigerweise gerade verweigert hat. Dass das rechtswidrig abstimmende Organmitglied eventuell ein anderes Ergebnis durch Verlangen einer Einzelentlastung hätte herbeiführen können, kann keine Rolle spielen. Wurde dagegen über die Entlastung von Vorstand und Aufsichtsrat gemeinsam abgestimmt (→ Rn. 14), handelt es sich rechtlich um getrennte Beschlüsse, so dass sich das Stimmverbot nur auf die Gesamtentlastung des betroffenen Organs auswirkt.

8. Pflicht zur Beschlussfassung. Im Gegensatz zu einem Anspruch auf Entlastung gegen die HV (→ Rn. 35) statuiert § 120 richtigerweise die **Verpflichtung zur Beschlussfassung im Sinne**

---

[34] So jetzt ausdrücklich BGH NZG 2009, 1270 (1271 f.); ferner MüKoAktG/*Schröer* § 136 Rn. 8; Hüffer/Koch/*Koch* § 136 Rn. 20; *Jäger* Aktiengesellschaft § 24 Rn. 8; Grigoleit/*Herrler* Rn. 4; noch weitergehend Großkomm AktG/*Mülbert* Rn. 112 f.; Kölner Komm AktG/*Zöllner* Rn. 18; ablehnend dagegen MHdB AG/*Bungert* § 35 Rn. 30; *Hoffmann* NZG 2010, 290.
[35] So die Formulierung in BGHZ 97, 28 (33) (zu § 47 GmbHG) = NJW 1986, 2051.
[36] NJW-RR 1996, 159 = BB 1995, 1048.
[37] OLG München NJW-RR 1996, 159 (160).
[38] Zum Erfordernis sachlicher Rechtfertigung beim Ausschluss des Bezugsrechts → § 186 Rn. 40 ff.
[39] Ganz hM, vgl. OLG München NJW-RR 1996, 159; MüKoAktG/*Arnold* § 136 Rn. 10; MHdB AG/*Bungert* § 35 Rn. 30; Großkomm AktG/*Mülbert* Rn. 100.
[40] AllgM Hüffer/Koch/*Koch* § 136 Rn. 20; MHdB AG/*Bungert* § 35 Rn. 30; Großkomm AktG/*Mülbert* Rn. 112; *Jäger* Aktiengesellschaft § 24 Rn. 8; K. Schmidt/Lutter/*Spindler* AktG § 120 Rn. 22.
[41] MüKoAktG/*Arnold* § 136 Rn. 9; Hüffer/Koch/*Koch* § 136 Rn. 21; aA Großkomm AktG/*Mülbert* Rn. 113.

einer Sachentscheidung. Wie schon gezeigt (→ Rn. 8 ff.) muss die HV innerhalb der Frist des Abs. 1 eine Sachentscheidung treffen, so dass eine Verpflichtung zur Beschlussfassung „über die Entlastung", also über ihre Erteilung oder Verweigerung, anzuerkennen ist. Die Verpflichtung trifft die HV, sofern die Voraussetzungen für eine Beschlussfassung (insbes. Aufnahme in die Tagesordnung) herbeigeführt worden sind, gerade gegenüber den Verwaltungsmitgliedern, die ein Interesse daran haben, zu einem möglichst frühen Zeitpunkt zu erfahren, ob ihr vergangenes Handeln die Billigung der HV findet. Ein weites Ermessen der HV (→ Rn. 26) besteht also nur für die Frage, ob die Entlastung erteilt oder verweigert wird, nicht aber in Hinblick auf die Beschlussfassung selbst.

23 Ein der AG zuzurechnender Verstoß gegen diese Verpflichtung könnte grundsätzlich zu **Schadensersatzansprüchen** der Organmitglieder führen. Allerdings dürfte dies nur eine theoretische Möglichkeit sein, da nicht ersichtlich ist, welcher Schaden hieraus kausal resultieren könnte. Mangels negativer Außenwirkung kann ein Nichtbeschluss auch kein wichtiger Grund für die Kündigung des Anstellungsvertrags und Niederlegung der Organstellung sein. Eine Verletzung der Pflicht zur Beschlussfassung erscheint daher als nicht sanktioniert, und auch die Erhebung einer Leistungsklage auf Beschlussfassung über die Entlastung dürfte nur theoretische Bedeutung haben.

IV. Inhalt und Wirkung des Entlastungsbeschlusses

24 **1. Bedeutung und Natur der Entlastung.** Durch die **Entlastung** billigt die HV nach Abs. 2 S. 1 die Verwaltungstätigkeit von Vorstand und Aufsichtsrat, während S. 2 ausdrücklich klarstellt, dass mit der Entlastung kein Verzicht auf Ersatzansprüche verbunden ist. Aufgrund der seit 1965 (→ Rn. 2) positivrechtlich verankerten mangelnden Verzichtswirkung hat der frühere Meinungsstreit um die Rechtsnatur der Entlastung für das Aktienrecht (anders als im GmbH-Recht[42]) seine Bedeutung verloren. Ansätze, die die Entlastung als Vertrag zwischen Gesellschaft und Organmitgliedern, als rechtsgeschäftliche Verzichtserklärung bzw. Quittung für die Rechnungslegung oder auftragsrechtliche Genehmigung einordnen wollten, dienten lediglich dazu, die Wirkung auf die Ersatzansprüche zu erklären.[43] Im Aktienrecht bedarf es solcher Konstruktionen nicht, und auch im GmbH-Recht hat sich inzwischen eine rein gesellschaftsrechtliche Sichtweise durchgesetzt, die die Entlastung als einfachen Beschluss auffasst und eine Wirkung auf Ersatzansprüche nur dem Grundsatz des venire contra factum proprium (§ 242 BGB) entnimmt.[44] Der Vorzug dieser Auffassung ist, dass sie ein einheitliches Verständnis der Rechtsnatur der Entlastung für alle Gesellschaftsformen (und längerfristig angelegten Geschäftsbesorgungen) ermöglicht, indem zwischen Beschlussgegenstand und Entlastungsfolge differenziert wird.[45] Gerade für die AG steht wohl nur diese Auffassung in Übereinstimmung mit dem Gesetzeswortlaut, da Abs. 1 ausdrücklich eine Beschlussfassung anordnet und in Abs. 2 den Inhalt näher bestimmt (dazu sogleich → Rn. 25). Hieraus folgt, dass die Entlastung als **Beschluss eigener Art**[46] aufzufassen ist, woraus konsequenterweise seine Anfechtbarkeit resultiert (→ Rn. 43 ff.), wobei lediglich der Anerkennung einer Präklusionswirkung für Ersatzansprüche bei der AG die Vorschrift des Abs. 2 S. 2 entgegensteht.

25 **2. Inhalt des Beschlusses und Ermessensspielraum.** Bezüglich des **Inhalts des Beschlusses** gibt Abs. 2 S. 1 vor, dass die HV durch die Entlastung die Verwaltung der Gesellschaft billigt. Über diese vergangenheitsbezogene Billigung hinaus enthält der Beschluss aber auch eine zukunftsorientierte Vertrauenserklärung, also die Aussage, dass die entlasteten Organe bzw. Organmitglieder weiterhin das Vertrauen der HV genießen.[47]

26 In Hinblick auf die Billigung ist vor allem umstritten, ob sich diese in einer Würdigung der Zweckmäßigkeit des Verwaltungshandelns erschöpft, oder ob die Entlastung darüber hinaus eine Aussage über die Gesetzes- und Satzungskonformität der Verwaltung enthält. Dieser Streit wirkt sich vor allem auf den **Ermessensspielraum** aus, der der HV bei der Entscheidung zusteht: Für die

---

[42] Im GmbH-Recht geht man weiterhin von einer Präklusionswirkung der Entlastung in Hinblick auf Ersatzansprüche aus, vgl. ausführlich Scholz/*K. Schmidt* GmbHG § 46 Rn. 89 ff.; MHLS/*Römermann* GmbHG § 46 Rn. 277 ff.
[43] Vgl. zu den verschiedenen Ansätzen im Überblick: *Weitemeyer* ZGR 2005, 280 (284 ff.); *K. Schmidt* ZGR 1978, 425; MHLS/*Römermann* GmbHG § 46 Rn. 261.
[44] Vgl. grundlegend *K. Schmidt* ZGR 1978, 425; ferner *K. Schmidt* GesR § 14 VI b mwN; *Weitemeyer* ZGR 2005, 281 (287 f.); ferner die neuere Rechtsprechung des BGH: BGHZ 153, 47 – Macrotron = NJW 2003, 1032; BGHZ 156, 19 (zur WEG) = NJW 2003, 3124.
[45] *K. Schmidt* GesR § 14 VI b); für einheitliche Rechtsfolgen iS einer Beweislastumkehr nunmehr *Beuthien* GmbHR 2014, 682.
[46] AllgM im Aktienrecht, vgl. nur K. Schmidt/Lutter/*Spindler* Rn. 11; MüKoAktG/*Kubis* Rn. 14; Großkomm AktG/*Mülbert* Rn. 20; Hüffer/Koch/*Koch* Rn. 3; Grigoleit/*Herrler* Rn. 2; *Weitemeyer* ZGR 2005, 280 (287).
[47] BGH NJW 2003, 1032 (1033).

Würdigung der Zweckmäßigkeit der Verwaltung steht der HV-Mehrheit ebenso ein uneingeschränktes, freies Ermessen zu wie für den Ausspruch zukünftigen Vertrauens.[48] Beide Fragen sind einer rechtlichen Nachprüfung nicht zugänglich, so dass eine Anfechtung der Entlastung hierauf nicht gestützt werden kann. Soweit man aber anerkennt, dass zusätzlich eine Aussage über die **Gesetzes- und Satzungskonformität** getroffen wird, kann man nicht mehr von einem freien Ermessen ausgehen. Denn anders als eine Würdigung der Zweckmäßigkeit ist eine rechtliche Würdigung durchaus einer gerichtlichen Nachprüfung zugänglich. Soweit man also einen derartigen Inhalt anerkennt, muss man auch eine auf Gesetzes- und Satzungsverstöße der Verwaltungsmitglieder gestützte Anfechtung der Entlastung zulassen. Daher ist der Meinungsstreit von großem praktischem Interesse. Allerdings wurde nie angenommen, dass die Entlastung der Verwaltung als in jeder Hinsicht gesetzes- und satzungskonform billigen würde, sondern nur als im „im Großen und Ganzen" rechtmäßig.[49] Auch nach dieser Meinung vermag also nicht jede Rechtsverletzung die Anfechtung zu begründen, vielmehr sind so erhebliche Verletzungen erforderlich, dass sie eine Einordnung als „im Großen und Ganzen" rechtmäßig nicht mehr vertretbar erscheinen lassen.

Noch bis in das Jahr 2002 hinein nahmen Rechtsprechung[50] und Literatur[51] – mangels eindeutiger Judikate des BGH[52] – überwiegend an, dass die Entlastung keine Aussage über die Rechtmäßigkeit des Verwaltungshandelns enthält. Eine Anfechtung wurde konsequenterweise – außer in den Fällen der Verletzung von Informations- und Vorlagepflichten (→ Rn. 45) – in Hinblick auf das freie Ermessen entweder ganz abgelehnt oder allenfalls auf Ausnahmefälle krasser Pflichtverletzungen beschränkt. Im Jahr 2002 hatte sich dann der BGH in der Entscheidung **„Macrotron"**[53] mit der Anfechtbarkeit einer Entlastung des Aufsichtsrats zu befassen, die trotz Verletzung der Berichtspflicht nach § 314 Abs. 2 erteilt worden ist. Der BGH nahm dies zum Anlass, zum genannten Meinungsstreit in allgemeiner Form Stellung zu nehmen und stellte klar, „dass ein **Entlastungsbeschluss anfechtbar** ist, wenn Gegenstand der Entlastung ein Verhalten ist, das eindeutig einen **schwerwiegenden Gesetzes- oder Satzungsverstoß** darstellt."[54] Daraus folgt, dass die Entlastung eine Aussage über die Rechtmäßigkeit der Verwaltung „im Großen und Ganzen" enthält und insoweit kein freies Ermessen der HV anzuerkennen ist. Zutreffend weist der II. Zivilsenat insoweit auf die „Treuepflicht der Mehrheit gegenüber der Minderheit" hin, die bei solchen Verfehlungen einer Entlastung durch „eine zur Billigung rechtsbrechenden Verhaltens entschlossene Mehrheit gegen den Widerstand einer gesetzes- und satzungstreuen Minderheit" entgegensteht.[55] Der Ermessensspielraum der HV bezüglich der Entlastung wird somit in Hinblick auf rechtswidriges Verhalten durch die Treuepflicht eingeschränkt, die einer Entlastung bei derart qualifiziertem rechtswidrigem Verhalten (zur Abgrenzung → Rn. 46) entgegensteht. Für unzweckmäßige oder auch nur wirtschaftlich erfolglose Unternehmensführung gilt eine solche Beschränkung des Ermessens dagegen nicht, insoweit ist von freiem Ermessen der HV auszugehen.[56]

3. Wirkungen der Entlastung. Seit der Einführung von Abs. 2 S. 2 ist unstritten, dass an die Entlastung **keine direkten Rechtsfolgen** geknüpft sind, sondern allenfalls der Gesichtspunkt des venire contra factum proprium einer bestimmten Vorgehensweise der HV entgegenstehen kann. Letzteres wirkt sich nicht auf die Geltendmachung von Ersatzansprüchen aus, da insoweit nicht nur die Wertung des Abs. 2 S. 2 vorgeht, sondern auch die Möglichkeiten der § 147 und § 148 für die Geltendmachung bestehender Ansprüche durch eine Minderheit jeder Präklusion entgegen stehen. Mangels Verzichtswirkung könnte selbst bei Anwendung einer auf § 242 BGB gestützten Einschränkung der Geltendmachung von Ansprüchen durch die HV die Minderheit nicht gehindert sein, die Ansprüche zu verfolgen. Daher ist in der Geltendmachung von Ersatzansprüchen trotz Entlastung schon grundsätzlich kein widersprüchliches Verhalten zu sehen, wodurch zugleich Wertungswidersprüche zu Abs. 2 S. 2 vermieden werden. Dies gilt sogar im Grenzfall der einstimmigen Entlastung durch eine Vollversammlung, also eine HV, auf der das gesamte Kapital vertreten ist. Zwar könnte man hier argumentieren, dass in Hinblick auf die Zustimmung aller Aktionäre auch die Minderheitsrechte durch § 242 BGB ausgeschlossen werden, jedoch gehen die Aktionäre bei der Entlastung

---

[48] Insoweit zutreffend MüKoAktG/*Kubis* Rn. 15; aA wohl MHdB AG/*Bungert* § 35 Rn. 38 ff.
[49] BGH NJW 2003, 1032 (1033); zuvor bereits *Sethe* ZIP 1996, 1321 (1324); Kölner Komm AktG/*Zöllner* Rn. 47; Hüffer/Koch/*Koch* Rn. 12.
[50] OLG Düsseldorf NJW-RR 1996, 1252; OLG München WM 1991, 1843 (1851).
[51] Grundlegend *Lutter* NJW 1973, 113; ferner Großkomm AktG/*Mülbert* Rn. 76; MüKoAktG/*Kubis* Rn. 15.
[52] Aus der früheren Rechtsprechung vgl. BGH NJW 1967, 1462; 1974, 855; 1986, 129.
[53] BGHZ 153, 47 = NJW 2003, 1032.
[54] BGH NJW 2003, 1032 (1033); bestätigt durch BGH NJW 2005, 828; 2009, 2207; NZG 2009, 1270; 2010, 618; 2012, 347; NJW 2012, 3235; NZG 2013, 783; näher → Rn. 49 ff.
[55] BGH NJW 2003, 1032 (1033).
[56] In diesem Sinn bereits BGH NJW 1967, 1462.

wegen Abs. 2 S. 2 davon aus, gerade nicht über Ersatzansprüche zu befinden. Hieran ändert auch die zufällige Einstimmigkeit nichts.

29 Eine sehr begrenzte Bedeutung hat der Grundsatz des **venire contra factum proprium** dagegen für sonstige Sanktionsmöglichkeiten, die der HV gegenüber den Verwaltungsmitgliedern zur Verfügung stehen. Bezüglich des Vorstands kommt als eine solche Möglichkeit nur der **Vertrauensentzug** durch die HV in Betracht, der die Abberufung durch den Aufsichtsrat begründen kann (§ 84 Abs. 3 S. 2). Da auch die Entlastung einen „Vertrauenserweis für die Zukunft"[57] enthält, wäre es in sich widersprüchlich, zugleich die Entlastung zu erteilen und das Vertrauen zu entziehen. Auch in diesem Zusammenhang bleibt aber richtigerweise nur wenig Raum für § 242 BGB. Denn die Entscheidung über das Vertrauen für die Zukunft muss nicht auf bestimmte Vorgänge oder Umstände gestützt werden und ist auch im Rahmen des § 84 Abs. 3 S. 2 nur sehr eingeschränkt (in Hinblick auf „offenbar unsachliche Gründe") justiziabel. Dies zeigt, dass auch eine neue Bewertung früherer Verhaltensweisen die Vertrauensgrundlage in Frage stellen kann, gerade in Gesamtschau mit der späteren Amtsführung, auch wenn insoweit keine speziellen Vorwürfe erhoben werden. Schon deshalb kann die HV widerspruchsfrei auf einer späteren HV das Vertrauen für die Zukunft selbst dann entziehen, wenn seit der Entlastung keine weiteren negativen Umstände bekannt geworden sind. Dies setzt richtigerweise nicht voraus, dass zusätzlich die Entlastung widerrufen wird,[58] da der Vertrauensentzug auf einer reinen Neubewertung im Rahmen des weiten Ermessens beruhen kann, während der Widerruf nur auf neue Umstände gestützt werden kann (→ Rn. 9 ff.). Lediglich zum selben Zeitpunkt wäre es daher widersprüchlich, sowohl Entlastung zu erteilen als auch das Vertrauen zu entziehen. Hat die HV also Entlastung erteilt, kann auf derselben HV das Vertrauen nur entzogen werden, wenn in der Zwischenzeit, also im Verlauf der HV, neue Umstände den Vertrauensentzug als nicht auf offenbar unsachliche Gründe gestützt erscheinen lassen. Ansonsten ist der Vertrauensentzug nach § 242 BGB unwirksam und kann nicht als wichtiger Grund für die Abberufung herangezogen werden, ist aber nicht als Beschluss anfechtbar.[59] Bei späteren HVen steht die Entlastung dann dem Vertrauensentzug nicht mehr entgegen. Der Aufsichtsrat ist allerdings bei Ausübung seiner Abberufungsbefugnis nicht an die Bewertung durch die HV gebunden und kann zB eine objektiv vorliegende grobe Pflichtverletzung auch dann zum Anlass für die Abberufung nehmen, wenn die HV insoweit bereits Entlastung erteilt hat[60] – oder die Abberufung trotz Vertrauensentzugs verweigern.

30 In Hinblick auf den Aufsichtsrat bleibt dagegen kein Raum für die **Beschränkung der Abberufung** wegen der bereits erteilten Entlastung. Denn der Abberufungsbeschluss nach § 103 Abs. 1 hat keinen spezifisch vertrauensbezogenen Inhalt, sondern erschöpft sich darin, die Rechtsfolge der Abberufung auszulösen. Auch wenn die Norm des § 103 Abs. 1 gerade die Abberufung bei Vertrauensverlust ermöglichen soll, verlangt ihr Wortlaut keinerlei sachliche Gründe zur Rechtfertigung der Entscheidung. Wirksamkeitsvoraussetzung ist lediglich das Erreichen der qualifizierten Mehrheit (§ 103 Abs. 1 S. 2), während die Entscheidung im freien Ermessen der HV steht[61] (näher → § 103 Rn. 5 (*Spindler*)) und auch durch Gründe motiviert sein kann, die weder mit Amtsführung noch mit Vertrauen zu tun haben (zB nach einer Übernahme). Es ist daher nicht widersprüchlich, die Entlastung zu erteilen und dennoch die Abberufung vorzunehmen, so dass hier kein Raum für § 242 BGB bleibt. Nichts mit der Entlastung hat ferner die Abberufung aus wichtigem Grund nach § 103 Abs. 3 zu tun, da das Gericht insoweit ausschließlich eine eigene Bewertung vornimmt.[62] Denkbar ist allenfalls, dass die Entlastung im Rahmen der Gesamtabwägung bezüglich des wichtigen Grundes zugunsten des Mitglieds des Aufsichtsrats vom Gericht berücksichtigt wird.

31 **4. Die Verweigerung der Entlastung und ihre Folgen.** Unter der **Verweigerung der Entlastung** ist richtigerweise (→ Rn. 6) kein negativ formulierter Beschluss, sondern regelmäßig nur die Ablehnung des Antrags auf Entlastung zu verstehen. Es handelt sich also – mit Ausnahme des Falls eines Widerrufs der Entlastung – um einen Nicht-Beschluss. Schon hieraus ergibt sich, dass die Wirkungen noch geringer sind als die der Entlastung selbst, wird doch keine Erklärung abgegeben, mit der sich die HV in Widerspruch setzen könnte. Vor allem verbietet es sich ohne weiteres, der Verweigerung eine Bedeutung beizumessen, die eine Beschlussfassung voraussetzt. Nur wenn

---

[57] BGH NJW 2003, 1032 (1033).
[58] So aber MüKoAktG/*Kubis* Rn. 28; Großkomm AktG/*Mülbert* Rn. 43.
[59] Insoweit fehlt es nicht nur an einer Anfechtungsbefugnis, sondern auch am Rechtsschutzbedürfnis, da die Vorstandsmitglieder gegen die Abberufung selbst vorgehen können, vgl. näher MüKoAktG/*Spindler* § 84 Rn. 132 ff.
[60] Zutreffend MüKoAktG/*Kubis* § 120 Rn. 29.
[61] MüKoAktG/*Habersack* § 103 Rn. 12; Hüffer/Koch/*Koch* § 103 Rn. 3.
[62] AllgM Großkomm AktG/*Mülbert* Rn. 42; MüKoAktG/*Kubis* Rn. 33.

ein negativ auf Verweigerung der Entlastung gerichteter Beschluss gefasst wird – was nach hier vertretener Ansicht nur zusätzlich zur Ablehnung des auf Entlastung gerichteten Antrags zulässig wäre (→ Rn. 6) – käme es überhaupt in Betracht, diesem Beschluss im Wege der Auslegung einen Inhalt zu entnehmen, der geeignet ist, spezielle Rechtsfolgen auszulösen.

Bezüglich des Vorstands bedeutet dies zunächst, dass in der Verweigerung der Entlastung **keinesfalls ein Vertrauensentzug** nach § 84 Abs. 3 S. 2 gesehen werden kann, für den es eines Beschlusses bedarf.[63] Nur wenn neben der Ablehnung der Entlastung auch ein ausdrücklich auf Verweigerung gerichteter Beschluss gefasst worden ist, käme es überhaupt in Betracht, diesem im Wege der Auslegung den Inhalt eines Vertrauensentzugs beizulegen.[64] Eine solche Auslegung ist indes strikt abzulehnen.[65] Zunächst kann die Entlastung in Hinblick auf frühere Verfehlungen auch dann verweigert werden, wenn der Vorstand das Vertrauen für die Zukunft noch genießt. Die Entlastungsverweigerung enthält also nicht automatisch den Vertrauensentzug. Ferner muss sichergestellt werden, dass den Aktionären Inhalt und Bedeutung ihrer Beschlussfassung klar ist, was nicht gewährleistet wäre, wenn man den Beschlüssen weit reichende Wirkungen entnehmen würde, die sich nicht unmittelbar aus dem zur Abstimmung gestellten Wortlaut ergeben. Zuletzt würde durch eine solche Auslegung auch das Erfordernis einer Ankündigung des Beschlussgegenstandes in der Tagesordnung (§ 124) unterlaufen, da der Vertrauensentzug nicht vom Tagesordnungspunkt „Entlastung" gedeckt ist. Da einer gesonderten Beschlussfassung somit § 124 Abs. 4 entgegenstünde, kann man die Wirkung eines solchen Beschlusses nicht einfach im Wege der Auslegung herbeiführen. Schon aufgrund der Gesetzessystematik kommt es im Übrigen nicht in Betracht, die Entlastungsverweigerung per se als wichtigen Grund im Sinne von § 84 Abs. 3 S. 1 anzusehen, da für die Abberufung aufgrund einer Beschlussfassung wegen Vertrauensentzugs nach S. 2 als speziellere Regelung anzusehen ist.

Für die Mitglieder des Aufsichtsrats ist dagegen evident, dass der Entlastungsverweigerung (selbst bei gesonderter Beschlussfassung) **keine Abberufung** nach § 103 Abs. 1 im Wege der Auslegung entnommen werden kann.[66] Die in → Rn. 32 genannten Argumente gelten hier in Hinblick auf die noch weiter reichende Wirkung erst recht, darüber hinaus gilt für die Abberufung ein qualifiziertes Mehrheitserfordernis (§ 103 Abs. 1 S. 2). Hiervon zu trennen ist die Frage, ob eine Entlastungsverweigerung sich in Hinblick auf den Grundsatz des venire contra factum proprium auf die Möglichkeit der Wiederwahl der betroffenen Mitglieder des Aufsichtsrats auswirkt, oder ob umgekehrt die bereits erfolgte **Wiederwahl** einer Entlastungsverweigerung auf derselben HV entgegensteht. Auch insoweit ist darauf hinzuweisen, dass zwar die Entlastung eine Vertrauenserklärung für die Zukunft enthält, die Verweigerung wegen Vorgängen in der Vergangenheit aber nicht notwendig bedeutet, dass auch für die Zukunft kein Vertrauen mehr besteht. Daher sind beide Fragen zu verneinen.

Keine Bedeutung hat die Verweigerung der Entlastung ferner für die **Geltendmachung von Ersatzansprüchen** durch die Gesellschaft. Insbesondere kann man hierin (selbst bei gesonderter Beschlussfassung über die Verweigerung) keinen Beschluss nach § 147 Abs. 1 sehen. Denn hierfür bedürfte es eines Beschlussantrags, der hinreichend genau bestimmt, welche Ansprüche konkret geltend zu machen sind (näher: → § 147 Rn. 43 ff. (*Mock*)). Diesen Anforderungen kann die Entlastungsverweigerung gar nicht genügen, da ihr notwendigerweise eine Gesamtwürdigung der Amtsführung zugrunde liegt und nicht über einzelne Vorgänge, aus denen möglicherweise Ansprüche resultieren, abgestimmt wird. Somit lässt sich festhalten, dass die Verweigerung der Entlastung **keine rechtlichen Folgen** für die Verwaltungsmitglieder nach sich zieht. Dies macht deutlich, dass die Bedeutung vor allem in der **öffentlichen Wirkung** von Aussprache und insbesondere Verweigerung der Entlastung liegt.

5. Anspruch auf Entlastung, Rechtsschutz bei Verweigerung und Amtsniederlegung.
Da die Entlastung zumindest bezüglich der Elemente des zukünftigen Vertrauens und der Zweckmäßigkeit des Verwaltungshandelns im freien Ermessen der HV liegt, kann es keinen rechtlichen Anspruch von Organmitgliedern hierauf geben. Selbst wenn die Verweigerung ganz ohne Begründung (etwa bei schlichter Ablehnung des auf Entlastung gerichteten Beschlussantrags), aus ganz unsachlichen Gründen oder sonst willkürlich erfolgt, können sich die Organmitglieder daher **nicht mit einer auf Entlastung gerichteten Leistungsklage** wehren.[67] Ausnahmen von diesem Grund-

---

[63] Grigoleit/*Herrler* Rn. 17.
[64] Kölner Komm AktG/*Mertens* § 84 Rn. 105; MHdB AG/*Wiesner* § 20 Rn. 57 f.
[65] So auch MüKoAktG/*Kubis* Rn. 37; MüKoAktG/*Spindler* § 84 Rn. 127; Großkomm AktG/*Mülbert* Rn. 45; Kölner Komm AktG/*Zöllner* Rn. 41; Hüffer/Koch/*Koch* § 84 Rn. 38.
[66] AllgM, statt aller: MüKoAktG/*Kubis* Rn. 38; K. Schmidt/Lutter/*Spindler* Rn. 50; Grigoleit/*Herrler* Rn. 18.
[67] Im Grundsatz allgM BGHZ 94, 324 (326 f.) (zur GmbH) = NJW 1986, 129; K. Schmidt/Lutter/*Spindler* Rn. 51; MüKoAktG/*Kubis* Rn. 39; Großkomm AktG/*Mülbert* Rn. 49; Hüffer/Koch/*Koch* Rn. 18; MHdB AG/*Bungert* § 35 Rn. 38 f.; Kölner Komm AktG/*Zöllner* Rn. 45; Grigoleit/*Herrler* Rn. 19; Bürgers/Körber/*Reger* Rn. 15; *Beuthien* GmbHR 2014, 799.

satz sind richtigerweise nicht anzuerkennen. Teilweise wird vertreten, dass ein solcher Anspruch in Betracht kommt, wenn lediglich das Verwaltungshandeln in der Vergangenheit zur Beurteilung ansteht, namentlich bei ausgeschiedenen Organmitgliedern und bei Mitgliedern des Aufsichtsrats, die nicht von der HV gewählt werden und daher auch nicht ihres Vertrauens bedürfen (Arbeitnehmervertreter, entsandte Mitglieder).[68] Dem liegt die Überlegung zugrunde, dass ein freies Ermessen zwar für die Vertrauensbekundung für die Zukunft gelte, nicht aber für die Bewertung der Vergangenheit. Ebenso wie für die Frage der Rechtmäßigkeit müsste man in Hinblick auf die Zweckmäßigkeit des Verwaltungshandelns zwar ein weites, aber kein freies Ermessen annehmen. Ein Anspruch wäre anzuerkennen, wenn durch die Verweigerung dieses Ermessen überschritten würde, diese also als willkürlich wäre. Eine solche Sichtweise würde indes dem Charakter einer Gesamtbetrachtung aller Aspekte der Amtsführung im Entlastungszeitraum widersprechen. Da es sich bei der Bewertung der Zweckmäßigkeit gerade nicht um eine rechtliche Fragestellung handelt und es keinerlei Verpflichtung gibt, die Entlastungsverweigerung zu begründen, so dass man die Tragfähigkeit der Begründung nicht zum Prüfungsmaßstab machen kann, erscheint der Rechtsschutz kaum als sinnvoll durchführbar. Denn eine rechtliche Überprüfung der Verweigerung würde voraussetzen, dass ein Gericht die Zweckmäßigkeit der gesamten Amtsführung im Zusammenhang betrachtet, und dabei keinerlei Umstände feststellt, die gegen eine Entlastung sprechen. Für derartige wirtschaftliche Betrachtungen sind die Gerichte gerade nicht berufen, so dass auch in Hinblick auf die Zweckmäßigkeit alles für die Annahme eines freien Ermessens der HV spricht. Ein Anspruch auf Entlastung ist somit in jedem Fall ausgeschlossen.[69] Aufgrund der fehlenden Rechtsfolgen (→ Rn. 31 ff.) der Verweigerung erscheint die Hinnahme selbst einer willkürlichen Entlastungsverweigerung den Organmitgliedern als zumutbar.

36   Auch mit der **Anfechtungsklage** können die Organe – selbst wenn eine Anfechtungsbefugnis insbesondere nach § 245 Nr. 4 besteht – regelmäßig nicht gegen die Entlastungsverweigerung vorgehen. Denn die Verweigerung ergibt sich gerade aus der Ablehnung des Antrags auf Entlastung, ist daher kein Beschluss und kann auch nicht angefochten werden. Soweit darüber hinaus auch noch ein ausdrücklich auf Verweigerung gerichteter Beschluss gefasst wird, wäre die Anfechtung zwar denkbar, sie könnte aber wegen des **freien Ermessens** der HV nicht auf die Willkürlichkeit der Entscheidung gestützt werden, sondern allenfalls auf Verfahrensfehler.[70] Ohnehin würde die erfolgreiche Anfechtung der Verweigerung nicht zur Entlastung führen. Eine positive Beschlussfeststellungsklage auf Entlastung kann es aber nicht geben, da dies voraussetzen würde, dass jede andere Entscheidung der HV rechtswidrig wäre (näher zur Beschlussfeststellungsklage → Vor § 241 Rn. 11 (*Casper*)), was bei freiem Ermessen der HV niemals eintreten kann.

37   In der Literatur wird erwogen, den Organmitgliedern bei Entlastungsverweigerung eine **Rechtsschutzmöglichkeit** zumindest durch eine **negative Feststellungsklage** (§ 256 ZPO), gerichtet auf die Feststellung des Nichtbestehens von Schadensersatzansprüchen der AG, zu gewähren.[71] Das erforderliche Feststellungsinteresse wird allein dem Umstand der Entlastungsverweigerung entnommen, setzt also kein zusätzliches Berühmen mit Schadensersatzansprüchen voraus, um eine Art Waffengleichheit (in Hinblick auf die Anfechtungsmöglichkeit der Aktionäre, → Rn. 43 ff.) herbeizuführen.[72] Indes ist dieser Ansatz abzulehnen, da die Versagung der Entlastung nichts mit der Geltendmachung von Ersatzansprüchen zu tun hat. Aufgrund des freien Ermessens bezüglich Zweckmäßigkeit und zukünftigem Vertrauen ist die HV nicht daran gehindert, die Entlastung zu verweigern, obwohl sie davon ausgeht, dass keine Ersatzansprüche bestehen. Aufgrund des Schutzes des unternehmerischen Entscheidungsspielraums durch § 93 Abs. 1 S. 2 dürfte es sogar der Regelfall sein, dass die nur unzweckmäßige Geschäftsführung keine Ersatzansprüche nach sich zieht. Eine Feststellungsklage unter solchen Umständen zuzulassen, obwohl sich niemand konkreter Ansprüche berühmt hat, würde nicht nur die begrenzende Funktion des Erfordernisses eines Feststellungsinteresses in § 256 ZPO weitgehend aushebeln, sondern auch zu einem Prozess mit unbeschränktem Streitstoff führen: Da sich die Gesellschaft keiner konkreten Ansprüche berühmt, kann der Streit auch nicht auf diese begrenzt werden. Vielmehr ist die Klage nur begründet, wenn die gesamte Amtsführung gewürdigt wird und für jeden einzelnen Vorgang ausgeschlossen werden kann, dass Ersatzansprüche bestehen. Man kann der AG kaum zumuten, einen solchen Prozess zu führen, bei dem sie wegen § 93 Abs. 4 S. 3 mE sogar gehindert ist, die Klage anzuerkennen. Daher ist daran festzuhalten, dass eine Feststellungsklage nach allgemeinen Grundsätzen nur dann zulässig ist, wenn

---

[68] Großkomm AktG/*Mülbert* Rn. 23 ff.; *Weitemeyer* ZGR 2005, 280 (305).
[69] So im Ergebnis auch BGHZ 94, 324 (327) = NJW 1986, 129.
[70] *Beuthien* GmbHR 2014, 799; aA MHdB AG/*Bungert* § 35 Rn. 39.
[71] *Weitemeyer* ZGR 2005, 280 (305 f.); *K. Schmidt* ZGR 1978, 425 (443); wohl auch Grigoleit/*Herrler* Rn. 19; *Beuthien* GmbHR 2014, 799.
[72] So insbesondere *Weitemeyer* ZGR 2005, 280 (306).

sich die Gesellschaft konkreter Ersatzansprüche gegen das Organmitglied berühmt, nicht aber in Hinblick auf die Entlastungsverweigerung.[73] Der fehlenden Rechtsschutzmöglichkeit der Organmitglieder korrespondiert das Fehlen von Rechtsfolgen bei der Entlastungsverweigerung, so dass diese Rechtslage auch als interessengerecht erscheint.

Von der Frage nach Rechtsschutzmöglichkeiten ist die Frage zu trennen, ob die Organmitglieder **38** wegen der Entlastungsverweigerung **zur Amtsniederlegung aus wichtigem Grund** und die **Vorstandsmitglieder zur Kündigung des Anstellungsvertrags** berechtigt sind. Teilweise wird ein wichtiger Grund zur Amtsniederlegung allein in Hinblick auf die Entlastungsverweigerung angenommen,[74] überwiegend dagegen nur bei willkürlicher Verweigerung.[75] Letzterer Ansicht ist zuzustimmen, da bei berechtigter Verweigerung ein Fehlverhalten der Verwaltung vorlag und nicht einzusehen ist, dass ihren Mitglieder hieraus ein Vorteil erwachsen soll. Die HV muss der Verwaltung nicht auch für die Zukunft das Vertrauen entziehen, wenn die Entlastung wegen vergangener Vorgänge verweigert wird. Macht die HV von dieser Möglichkeit Gebrauch, bleiben auch die Organmitglieder an ihre Verpflichtungen gegenüber der AG gebunden. Die weitere Amtsausübung ist für die Verwaltungsmitglieder erst dann nicht mehr zumutbar, wenn die Vertrauensgrundlage für die Zukunft beseitigt wird. Ein wichtiger Grund für die Amtsniederlegung ist daher nur im Fall des Vertrauensentzugs nach § 84 Abs. 3 S. 2 sowie bei willkürlicher Verweigerung anzuerkennen. Allerdings ist daran zu erinnern, dass selbst eine willkürliche Entlastungsverweigerung in Hinblick auf das freie Ermessen nicht als rechtswidrig anzusehen ist. Dem BGH ist aber insoweit Recht zu geben, als „die Willkür der Gesellschafter regelmäßig zugleich indiziert, dass ihr Vertrauen in die Geschäftsführung – wenn auch unbegründet – unwiederbringlich verschüttet ist."[76] Dieser implizite Vertrauensentzug stellt den wichtigen Grund dar, nicht die Verweigerung selbst. Eine Differenzierung zwischen Vorstand und Aufsichtsrat ist insoweit nicht angezeigt.

Nur für den Vorstand stellt sich zusätzlich die Frage, unter welchen Umständen auch der **Anstel- 39 lungsvertrag aus wichtigem Grund (§ 626 BGB) gekündigt** werden kann. Richtigerweise wird man insoweit keinen anderen Maßstab anlegen können als bezüglich der Amtsniederlegung (→ Rn. 38). Umstritten ist allerdings, ob mit der Amtsniederlegung auch notwendig der Anstellungsvertrag gekündigt werden muss. Bleibt der Anstellungsvertrag wirksam, besteht auch die Verpflichtung zur Amtsführung fort, so dass sich das Vorstandsmitglied bei Amtsniederlegung vertragswidrig verhalten und schadensersatzpflichtig machen würde, ferner wäre auch die Vergütung nach allgemeinen Grundsätzen (§ 614 BGB) nicht mehr zu bezahlen. Dennoch wird teilweise angenommen, dass bei willkürlicher Entlastungsverweigerung trotz Amtsniederlegung der Anstellungsvertrag unberührt bleiben kann und die AG zur Zahlung der Vergütung verpflichtet bleibt.[77] Rechtlich ließe sich dies wohl nur so konstruieren, dass die AG durch die Amtsniederlegung des Vorstandsmitglieds in Annahmeverzug in Bezug auf dessen Dienste (§ 615 BGB) geraten müsste. Der Annahmeverzug würde also durch die Leistungsverweigerung des Dienstpflichtigen ausgelöst. Mit den Strukturen des Dienstvertragsrechts erscheint dies kaum als vereinbar, so dass der Ansatz abzulehnen ist. Man kann auch nicht behaupten, dass die AG bereits durch die willkürliche Entlastungsverweigerung in Annahmeverzug geriete, da die HV dadurch weder zum Ausdruck bringt, dass auf die Dienste zukünftig verzichtet werden soll, noch insoweit die AG vertreten könnte. Das Vorstandsmitglied muss daher mit der Amtsniederlegung auch den Dienstvertrag aus wichtigem Grund kündigen, da er sich sonst vertragswidrig verhalten würde.

Hiervon zu trennen ist die Frage, inwieweit den Organmitgliedern wegen einer willkürlichen **40** Entlastungsverweigerung **Schadensersatzansprüche** zustehen können. Wegen des freien Ermessens ist auch ein solches Vorgehen gesellschaftsrechtlich als rechtmäßig anzusehen, so dass Ansprüche nur auf vertraglicher Grundlage in Betracht kommen.[78] Das bedeutet, dass allenfalls Vorstandsmitglieder, nicht aber Mitglieder des Aufsichtsrats solche Ansprüche haben können. Nach Treu und Glauben (§ 242 BGB) wird man die AG vertragsrechtlich als verpflichtet anzusehen haben, sich gegenüber ihren Dienstverpflichteten in jeder Hinsicht willkürfrei zu verhalten und so ihre Interessen zu schüt-

---

[73] Vgl. insbesondere BGHZ 94, 324, Ls. 2 (= NJW 1986, 129): „Haben die Gesellschafter den Geschäftsführer wegen konkret bezeichneter Pflichtverletzungen und daraus entstandener Ersatzansprüche nicht entlastet, so hat der Geschäftsführer ein rechtliches Interesse an einer alsbaldigen Feststellung nur, soweit es darum geht, dass die bezeichneten Ansprüche nicht bestehen; eine weitergehende Feststellung, dass der Gesellschaft aus einer Entlastungsperiode auch sonstige Ansprüche, derer sie sich nicht berühmt hat, nicht zustehen, kommt daneben nicht in Betracht."
[74] MüKoAktG/*Kubis* Rn. 37; Grigoleit/*Herrler* Rn. 17.
[75] Kölner Komm AktG/*Zöllner* Rn. 44; Großkomm AktG/*Mülbert* Rn. 46.
[76] BGHZ 94, 324 (328) = NJW 1986, 129.
[77] MüKoAktG/*Kubis* Rn. 37; Hüffer/Koch/*Koch* Rn. 16.
[78] Hierfür insbes. BGHZ 94, 324 (328) (zur GmbH) = NJW 1986, 129.

zen. Wird diese vertragliche Schutzpflicht schuldhaft verletzt, hat die AG den daraus entstehenden Schaden nach § 280 BGB zu ersetzen.[79] Nennenswerte Bedeutung dürfte diese dem Grunde nach anzuerkennende Ersatzpflicht aber nicht haben, da es oftmals an einem bezifferbaren Schaden fehlen wird. Führt die willkürliche Entlastungsverweigerung aber zur **Amtsniederlegung** und **Kündigung des Anstellungsvertrags**, stellt der Verlust der weiteren Vergütung einen im Rahmen von § 628 Abs. 2 BGB ersatzfähigen Schaden dar. Denn in diesem Fall ist die AG allein für die Kündigung durch das Vorstandsmitglied verantwortlich, dem die weitere Tätigkeit in Hinblick auf den durch die Willkürentscheidung manifestierten Vertrauensentzug nicht mehr zumutbar ist. Der Schaden liegt dann in der vertraglichen Vergütung für die Restlaufzeit,[80] wobei das Vorstandsmitglied im Wege der Schadensminderungspflicht (§ 254 BGB) die Obliegenheit zur Verwertung seiner Dienste trifft, so dass eine anderweitig erzielte oder erzielbare Vergütung auf den Anspruch anzurechnen ist.

V. Verhandlung und Berichtspflichten

41 Nach Abs. 3 sollen die **Verhandlungen** (also die Aussprache) über **Entlastung und Gewinnverwendung** miteinander verbunden werden, nicht aber die Beschlussfassungen, so dass über die verschiedenen Gegenstände zwingend getrennt abzustimmen ist.[81] Das Gebot richtet sich an die Versammlungsleitung, deren Ermessensspielraum für die Gestaltung der HV eingeschränkt wird. Rechtliche Bedeutung hat die Soll-Vorschrift hingegen nicht, da an eine Verletzung keinerlei Rechtsfolgen geknüpft sind.[82] Es handelt sich um eine reine Ordnungsvorschrift für den Ablauf der HV.

42 Durch das Gesetz zur Umsetzung der Aktionärsrichtlinie (ARUG) vom 30.7.2009 (BGBl. 2009 I 2479 ff.) sind Abs. 3 S. 2 und 3, nach denen der Vorstand der HV verpflichtend bestimmte Unterlagen wie bspw. den Jahresabschluss vorlegen musste, gestrichen worden. Diese Bestimmungen konnten deswegen aufgehoben werden, weil sie für die Zeit von der Einberufung bis zur Hauptversammlung bereits in § 175 und für die HV selbst bereits in § 176 enthalten sind.[83] Bisher hatte die **Vorlage der Rechnungslegung** noch die Funktion, den Zeitraum zu definieren, für den die Entlastung nur erteilt werden kann, ferner führte die besondere Vorlagepflicht dazu, dass die Rechnungslegung nochmals vorgelegt werden musste, wenn zB nach einer (nach hM zulässigen) Vertagung oder nach einer zunächst erfolgten Ablehnung in einer späteren HV nochmals über die Entlastung für einen früheren Zeitraum Beschluss gefasst werden sollte. Eine nennenswerte Änderung ergibt sich daraus aber nicht, da der Entlastungszeitraum im Beschluss bezeichnet wird und die Verwaltung die nochmalige Vorlage der Unterlagen (soweit diese nicht ohnehin nach § 325 HGB veröffentlicht sind) kaum verweigern wird, wenn sie die Entlastung anstrebt.

VI. Fehlerhafte Entlastungsbeschlüsse

43 **1. Anfechtbare und nichtige Entlastungsbeschlüsse.** Für **Anfechtbarkeit und Nichtigkeit von Entlastungsbeschlüssen** gelten wie für alle anderen Beschlüsse die § 241 und § 243. Für die Annahme von Nichtigkeit bleibt indes nur in Hinblick auf die proceduralen Nichtigkeitsgründe (§ 241 Nr. 1 und Nr. 2) Raum, während die geringe rechtliche Bedeutung der Entlastung der Anwendung von § 241 Nr. 3 und Nr. 4 insgesamt entgegensteht.[84] Daher führen Rechtsverstöße in Zusammenhang mit der Entlastung grundsätzlich nur zur Anfechtbarkeit nach § 243. Denkbar sind insoweit sowohl inhaltliche Mängel der Entlastung als auch Verfahrensfehler bei der Beschlussfassung. Aufgrund des breiten Ermessens, das die HV bei der Entlastungsentscheidung genießt, beschränken sich die inhaltlichen Mängel auf die Fälle **schwerwiegender Rechtsverstöße** der Verwaltung, für die das Ermessen beschränkt ist (→ Rn. 26, näher zur Anfechtbarkeit → Rn. 49 ff.). In Hinblick auf Verfahrensfehler können Mängel allgemeiner Art (zB fehlerhafte Stimmenzählung, falsche Beschlussfeststellung etc.) auch hier eine Rolle spielen und die Anfechtung begründen[85] (dazu ausführlich die Kommentierung zu § 243). Entlastungsspezifische Verfahrensmängel sind **Verletzungen der Informations- und Rechnungslegungspflichten**, die zu einer Anfechtbarkeit führen (näher → Rn. 45 ff.), aber auch eine fehlerhafte Anwendung der Einzel- oder Gesamtentlastungsverfahren (→ Rn. 13 ff.).

44 **Anfechtbar** sind nur Beschlüsse, nicht aber die Entlastungsverweigerung, soweit sich diese nur aus der Ablehnung eines Entlastungsantrags ergibt. Aber selbst eine ausdrückliche Verweigerung ist

---

[79] Ablehnend MüKoAktG/*Kubis* Rn. 36.
[80] Statt vieler Bamberger/Roth/*Fuchs* BGB § 628 Rn. 32.
[81] MüKoAktG/*Kubis* Rn. 43; Großkomm AktG/*Mülbert* Rn. 73; Kölner Komm AktG/*Zöllner* Rn. 10.
[82] MüKoAktG/*Kubis* Rn. 42; Hüffer/Koch/*Koch* Rn. 14; Grigoleit/*Herrler* Rn. 20.
[83] BT-Drs. 16/11642, 27.
[84] Vgl. hierzu auch OLG München NZG 2001, 616 – Hypovereinsbank.
[85] Vgl. OLG Karlsruhe ZIP 2001, 93.

wegen des freien Ermessens bezüglich Zweckmäßigkeit und Vertrauenserklärung (→ Rn. 33) aus inhaltlichen Gründen nicht anfechtbar, und auch die entlastungsspezifischen Verfahrensfehler (Informationsmängel, → Rn. 45 ff.) spielen insoweit keine Rolle, da diese gerade dazu führen, dass keine rechtmäßige Entlastung erteilt werden kann. Für eine positive Beschlussfeststellungsklage ist bezüglich der Entlastung kein Raum (→ Rn. 36).

2. Anfechtbarkeit bei Informationsmängeln. Aufgrund des notwendigen Zusammenhangs 45 zwischen Rechenschaft und Entlastung kann die Anfechtung vor allem auf **Informationsmängel** gestützt werden. Eindeutig ist das zunächst in Hinblick auf die nach § 175 und § 176 vorzulegenden Rechnungslegungsunterlagen und Berichte.[86] Dies gilt nicht nur für die dort genannten Berichte, sondern insbesondere auch für den mit vorzulegenden Abhängigkeitsbericht. Der Gesetzesverstoß ergibt sich in diesen Fällen bereits aus §§ 175, 176, wobei das gänzliche Fehlen einer der notwendigen Unterlagen auch in Hinblick auf das Kausalitätserfordernis (§ 243 Abs. 4) stets die Anfechtung begründet. Denn die Vorlagepflicht enthält die gesetzliche Wertung, dass es sich hierbei um objektiv für die Beurteilung wesentliche Informationen handelt, bei deren Fehlen die Voraussetzungen für die sachgerechte Wahrnehmung des Stimmrechts nicht vorliegen. Auf den konkreten Inhalt des Berichts kommt es dann nicht mehr an, und insbesondere werden auch nicht ausdrücklich genannten Berichte (zB der Abhängigkeitsbericht[87]) hiervon erfasst. Als Nichtvorlage des Aufsichtsratsberichts ist es nach der Rechtsprechung des BGH auch zu bewerten, wenn dieser nicht formgerecht errichtet worden ist, insbesondere nicht durch Beschluss festgestellt und in der Urschrift vom Aufsichtsratsvorsitzenden unterschrieben worden ist.[88] Da die Anfechtbarkeit hier auf mangelnder Information wegen der Nichtanerkennung des Berichts selbst beruht, nicht auf einer Pflichtverletzung des Aufsichtsrats, hat der Formfehler nicht nur Relevanz für den Entlastungsbeschluss bezüglich des Aufsichtsrats, sondern auch bezüglich des Vorstands.[89]

Hiervon zu unterscheiden ist die Rechtslage bei **unvollständigen oder unrichtigen Rech-** 46 **nungslegungs- und Berichtsunterlagen.** In diesen Fällen kommt es darauf an, ob der konkrete Mangel nach dem Maßstab des § 243 Abs. 4 eine objektiv für die Urteilsbildung der Aktionäre wesentliche Information betrifft (hierzu näher → § 243 Rn. 121 ff. (*Drescher*). Dagegen kommt es nicht darauf an, dass das Informationsdefizit zugleich einen **eindeutigen und schwerwiegenden Rechtsverstoß** darstellt,[90] da die Anfechtung hier auf das Fehlen der erforderlichen Informationsbasis, nicht das Überschreiten des Ermessensspielraums der HV gestützt wird. Im Fall einer bewussten Fehlinformation, also einer absichtlichen Irreführung der Aktionäre, handelt es sich allerdings um einen solchen qualifizierten Rechtsverstoß, so dass die Entlastung auch bei fehlender Relevanz der Information (iSv § 243 Abs. 4) bei Erkennbarkeit anfechtbar ist (→ Rn. 49), ansonsten aber den Widerruf begründen kann (→ Rn. 9).

Praktische Relevanz hat die Anfechtbarkeit wegen **Unvollständigkeit der Berichterstattung** 47 in jüngerer Zeit in Hinblick auf die Entlastung des Aufsichtsrats erlangt. Der Grund dafür liegt in einem Umdenken, das in der neueren Rechtsprechung in Hinblick auf die erforderliche Intensität der Berichterstattung nach § 171 Abs. 2 stattgefunden hat.[91] Während früher in Hinblick auf die Überwachungstätigkeit allgemeine Floskeln als ausreichend angesehen worden sind,[92] setzen sich zunehmend schärfere Anforderungen an die Berichterstattung durch. Dies gilt vor allem dann, wenn sich die AG in wirtschaftlichen Schwierigkeiten befindet oder „risikoträchtige, wegweisende Entscheidungen" getroffen worden sind. In diesen Fällen intensiviert sich nicht nur die Überwachungspflicht selbst, sondern damit korrespondierend auch die Berichtspflicht, so dass der Bericht nur als hinreichend anzusehen ist, wenn er Angaben über **„die Schwerpunkte und zentralen Fragestellungen der Überwachungs- und Beratungstätigkeit"** enthält.[93] Fehlt es an diesen Anforderungen, schlägt der Berichtsmangel grundsätzlich auf die Anfechtbarkeit der Entlastung des Aufsichtsrats durch, da der Bericht die „wesentliche Informationsgrundlage"[94] der Aktionäre in

---

[86] BGH NZG 2010, 943 für den Aufsichtsratsbericht.
[87] Zur Anfechtbarkeit bei fehlendem Abhängigkeitsbericht vgl. BGHZ 153, 47 = NJW 2003, 1032 – Macrotron.
[88] BGH NZG 2010, 943.
[89] BGH NZG 2010, 943 (945 f.).
[90] So ausdrücklich klargestellt von BGH NJW 2005, 828 – ThyssenKrupp.
[91] OLG Stuttgart NZG 2006, 472; OLG Hamburg NZG 2001, 513; LG München ZIP 2005, 1031; LG Berlin DB 2005, 1320; ausführlich *Kiethe* NZG 2006, 888; *Voßen* DStR 2006, 1287; *Vetter* ZIP 2006, 257; *Maser/Bäumker* AG 2005, 906.
[92] Vgl. nur *Theisen/Salzberger* DB 1997, 105 (109 ff.); näher zur Entwicklung MüKoAktG/*Hennrichs/Pöschke* § 171 Rn. 154 ff.
[93] Grundlegend und zutreffend OLG Stuttgart NZG 2006, 472.
[94] OLG Stuttgart NZG 2006, 472 (477).

Hinblick auf die Bewertung der Aufsichtsratstätigkeit darstellt. Fehlt es darin an Informationen über die konkrete Überwachungstätigkeit, liegt ohne weiteres ein relevanter Informationsmangel iSv § 243 Abs. 4 vor.[95]

48 Bei **Verletzungen des Auskunftsrechts der Aktionäre** (§ 131) ist die Entlastung nach der neueren Rechtsprechung des BGH anfechtbar, wenn „das Auskunftsbegehren auf Vorgänge von einigem Gewicht gerichtet ist, die für die Beurteilung der Vertrauenswürdigkeit der Verwaltung von Bedeutung sind."[96] Da die Entlastung auf einer Gesamtbetrachtung beruht, muss der von der Auskunft betroffene Umstand das Potential aufweisen, sich auf die Gesamtbeurteilung auszuwirken. Dies beinhaltet, dass die Frage gerade für die Beurteilung des Beschlussgegenstands „Entlastung" „erforderlich" iSv § 131 Abs. 1 ist.[97] Darüber hinausgehende Beschränkungen der Anfechtbarkeit sind indes nicht anzuerkennen. Insbesondere die Relevanz der Auskunftsrechtsverletzung für die Urteilsbildung bezüglich der Entlastung bedarf keiner gesonderten Prüfung, da die Relevanz iSv § 243 Abs. 4 bei einer „erforderlichen" Auskunft iSv § 131 Abs. 1 vom BGH per se anerkannt wird.[98]

49 3. **Anfechtbarkeit bei schwerwiegenden Gesetzes- und Satzungsverstößen.** Ein **inhaltlicher Mangel des Entlastungsbeschlusses** liegt vor, wenn das Ermessen der HV in Hinblick auf die Entlastung der pflichtvergessenen Verwaltung überschritten worden ist. Nach der neueren Rechtsprechung des BGH[99] ist das Ermessen bezüglich der Beurteilung der Rechtmäßigkeit des Verwaltungshandelns eingeschränkt (bereits → Rn. 27). Danach ist die Entlastung bei **eindeutigen und schwerwiegenden Gesetzes- und Satzungsverstößen** der Verwaltungsmitglieder inhaltlich rechtswidrig und anfechtbar. Da sich die Rechtswidrigkeit aus der Ermessensüberschreitung der HV-Mehrheit, nicht der Pflichtverletzung selbst ergibt, müssen die Verstöße auf der HV für einen objektiven Durchschnittsaktionär erkennbar gewesen sein.[100] Man kann also keine Anfechtung auf Rechtsverstöße stützen, die erst im Rahmen des Anfechtungsprozesses aufgeklärt und bewiesen werden sollen. Sind die Verstöße nicht eindeutig erkennbar, weil die Verwaltung hierüber unrichtige Auskunft gegeben hat, kann die Anfechtung nur auf den Informationsmangel gestützt werden, während bei bewusster Irreführung diese selbst zusätzlich als schwerwiegender Verstoß anzusehen ist. Noch nicht geklärt ist die erforderliche Intensität des Rechtsverstoßes, wann dieser also als **„schwerwiegend"** anzusehen ist. Zur Konkretisierung verlangt der BGH, dass die Rechtsverletzung „über einen Formalverstoß hinausgehen und auch im konkreten Einzelfall Gewicht haben" muss.[101] Grundsätzlich wird man davon auszugehen haben, dass strafrechtlich relevante Handlungen zu Lasten der AG (insbesondere Vermögensdelikte) unabhängig von der Schadenshöhe als schwerwiegende Rechtsverletzungen anzusehen sind. Ansonsten wird man eine wertende Betrachtung in Hinblick darauf anzustellen haben, ob unter Berücksichtigung der Verletzungen die Anerkennung der Verwaltung als im Großen und Ganzen gesetzes- und satzungskonform objektiv noch als vertretbar erscheint. Hierbei dürften sowohl die Häufigkeit der Rechtsverletzungen als auch die Auswirkungen auf die Gesellschaft zu berücksichtigen sein. Als hinreichend schwerwiegend wurden eindeutige Verstöße gegen die §§ 113, 114 angesehen, also bei der Zahlung von Vergütungen aus einem Beratungsvertrag an ein Mitglied des Aufsichtsrats ohne vorherige Zustimmung des Gremiums.[102] Derartige Verstöße begründen die Anfechtbarkeit sowohl der Entlastung des Vorstands aufgrund der Gewährung der Vergütung als auch des Aufsichtsrats, sofern dieser die „Praxis nicht beanstandet hat",[103] und zwar unabhängig von einer nachträglichen Genehmigung des Beratungsvertrags durch den Aufsichtsrat, der zwar die Wirksamkeit des Vertrags bewirkt, nicht aber die Rechtswidrigkeit der vorzeitigen Zahlung beseitigt.[104] Ebenso verhält es sich bei Zahlungen aufgrund eines nicht hinreichend konkre-

---

[95] Zutreffend OLG Stuttgart NZG 2006, 472 (476 f.).
[96] BGH NJW 2005, 828 (829).
[97] Zu den Anforderungen an den Sachvortrag in der Anfechtungsklage vgl. OLG Stuttgart NZG 2011, 146 (nur Leitsätze) = AG 2011, 93; vgl. zu einem solchen Fall ferner LG Stuttgart NZG 2018, 665 – Porsche.
[98] BGH NJW 2005, 828 (830): „Werden einem Aktionär Auskünfte vorenthalten, die aus Sicht eines objektiv urteilenden Aktionärs in der Fragesituation zur sachgerechten Beurteilung des Beschlussgegenstands ... „erforderlich" sind, so liegt darin zugleich ein „relevanter" Verstoß gegen das Teilnahme- und Mitwirkungsrecht des betreffenden Aktionärs ...".
[99] BGHZ 153, 47 = NJW 2003, 1032; bestätigt durch BGH NJW 2005, 828; NJW 2009, 2207 – Kirch/Deutsche Bank; NZG 2009, 1270 – Umschreibungsstopp; NZG 2010, 618; 2012, 347 – Commerzbank/Dresdner Bank; NJW 2012, 3235 – Fresenius; NZG 2013, 783; ferner: OLG Stuttgart NZG 2011, 146 – Porsche; OLG Stuttgart NZG 2012, 425; OLG Köln NZG 2013, 548 – Solarworld; LG Stuttgart NZG 2018, 665 (676).
[100] OLG Stuttgart NZG 2012, 425 (Ls. 4); OLG Stuttgart NZG 2011, 146 (Ls. 4) = AG 2011, 93.
[101] BGH NZG 2013, 783.
[102] BGH NJW 2012, 3235 – Fresenius (wo es lediglich an einem eindeutigen Verstoß fehlte, da die Rechtslage bei Gewährung der Vergütung ungeklärt war); OLG Köln NZG 2013, 548 – Solarworld.
[103] BGH NJW 2012, 3235 Rn. 9.
[104] BGH NJW 2012, 3235 (3236 f.); hierzu statt vieler: *Spindler* NZG 2011, 334; *Ihrig* ZGR 2013, 333.

tisierten und daher den Anforderungen des § 113 nicht genügenden (und somit nicht genehmigungsfähigen) Beratungsvertrags.[105] Zuletzt wurde vom LG Stuttgart[106] – in Zusammenhang mit der sog. Dieselproblematik im VW-Konzern – auch die unzureichende Ausgestaltung des nach § 91 Abs. 2 vorgeschriebenen **Risikofrüherkennungssystems** als hinreichend schwerwiegende Pflichtverletzung angesehen. Bemerkenswert ist insoweit, dass diese Erwägung nicht nur in Bezug auf den Vorstand, sondern auch den Aufsichtsrat herangezogen wurde, so dass offenbar das Nichterkennen der Mangelhaftigkeit des Früherkennungssystems im Rahmen der Überwachungstätigkeit des Aufsichtsrats bereits als schwerwiegende Pflichtverletzung bewertet wurde. Die genannte Entscheidung betraf ferner Risiken in der Untergesellschaft im faktischen Konzern, die auf der Ebene der Obergesellschaft nicht hinreichend frühzeitig erkannt worden sind. Ob man in Hinblick auf die wenig geklärten Anforderungen an die **Risikofrüherkennung im Konzern** von einer eindeutigen Pflichtverletzung ausgehen kann, erscheint zumindest als fraglich.[107] An einem **eindeutigen** Gesetzesverstoß fehlt es jedenfalls, wenn die Rechtslage insoweit ungeklärt und umstritten ist. Anfechtbar ist der Entlastungsbeschluss nur dann, wenn sich Vorstand und Aufsichtsrat „über eine **zweifelsfreie Gesetzeslage** hinweggesetzt" haben, so dass der Anfechtungsprozess nicht zur Klärung umstrittener Rechtsfragen genutzt werden kann.[108]

Eine Anfechtbarkeit des Entlastungsbeschlusses wegen einer Verletzung von Organpflichten nimmt der BGH insbesondere auch im Fall der **Unrichtigkeit der Entsprechenserklärung** zum Deutschen Corporate Governance Kodex (DCGK) an, soweit die Organmitglieder die Unrichtigkeit kannten oder kennen mussten und die Unrichtigkeit einen „nicht unwesentlichen Punkt" betrifft.[109] Der Gesetzesverstoß resultiert in diesen Fällen nicht aus der Abweichung vom DCGK selbst, sondern aus einer Verletzung der aus § 161 resultierenden Verpflichtung zur Abgabe einer zutreffenden Erklärung über die Beachtung des oder der Abweichung vom DCGK. Anfechtbar ist die Entlastung daher auch bei vollständiger Nichtabgabe der Erklärung.[110] Weitere Voraussetzungen in Hinblick auf den eindeutigen und schwerwiegenden Charakter des Rechtsverstoßes fordert der BGH in solchen Fällen nicht, vielmehr genügen die Unrichtigkeit in einem „nicht unwesentlichen Punkt" sowie deren Kenntnis bzw. Kennenmüssen bereits, um einen qualifizierten Verstoß anzunehmen. Der die Anfechtbarkeit begründende Gesetzesverstoß tritt ferner nicht nur bei Abgabe einer anfänglich unrichtigen Entsprechenserklärung ein, sondern kann bei zukunftsgerichtetem Inhalt auch auf einer späteren Abweichung vom DCGK beruhen, sofern diese Abweichung nicht umgehend berichtigt worden ist.[111] Praktische Relevanz hat die Fallgruppe insbesondere in Hinblick auf die Pflicht zur Offenlegung von **Interessenkonflikten** bei Mitgliedern des Aufsichtsrates, die nach 5.5.3. DCGK 2017 im Bericht an die Hauptversammlung zu erfolgen hat. In solchen Fällen kann nicht nur die Entlastung des Aufsichtsrates, sondern auch des Vorstands angefochten werden, soweit zumindest von einem Kennenmüssen auszugehen ist, da die Pflicht zur Abgabe der richtigen Entsprechenserklärung beide Organe trifft. Treten also nach 5.5.3. DCGK 2017 offenlegungsbedürftige Interessenkonflikte auf, so muss auch der Vorstand dafür sorgen, dass der Hauptversammlung entweder hierüber berichtet oder dass die Abweichung vom DCGK erklärt und begründet wird. Bei der Offenlegung von Interessenkonflikten handelt es sich auch schon grundsätzlich um einen nicht unwesentlichen Punkt der Entsprechenserklärung. Allerdings verlangt der BGH in diesen auf einer **Informationspflichtverletzung** beruhenden Verstößen gegen den DCGK zusätzlich, dass es sich um eine „nach der auch in diesem Zusammenhang zu beachtenden Wertung" des § 243 Abs. 4 S. 1 relevante Information handelt, also ein objektiver Aktionär die Information als Voraussetzung für die sachgerechte Wahrnehmung seiner Mitgliedschaftsrechte angesehen hätte.[112] Hieran kann es vor allem bei ganz geringfügigen Interessenkonflikten fehlen, während im Fall der Offenkundigkeit des Konflikts aus allgemein zugänglichen Quellen (etwa bei breiter Berichterstattung in der Tagespresse) zumindest die Frage der Behandlung des Konflikts durch den Aufsichtsrat, über die ebenfalls informiert werden muss, regelmäßig nicht als offenkundig angesehen werden kann.[113] Eine Richtigstellung in der Hauptversammlung selbst kann den Verstoß schon in Hinblick auf die nicht erschienenen Aktionäre nicht heilen.[114]

---

[105] OLG Köln NZG 2013, 548.
[106] LG Stuttgart NZG 2018, 665 (676 ff.).
[107] Kritisch zu der Entscheidung: *Kort* NZG 2018, 641 (645 ff.), *Mayer/Richter* Die AG 2018, 220.
[108] BGH NZG 2012, 347 – Commerzbank/Dresdner Bank.
[109] BGH NJW 2009, 2207 – Kirch/Deutsche Bank; NZG 2009, 1270 – Umschreibungsstopp; hierzu auch *Vetter* NZG 2009, 561; *Goslar/von der Linden* NZG 2009, 1337; *Kiefner* NZG 2011, 201.
[110] BGH NZG 2010, 618.
[111] BGH NZG 2009, 1270 Rn. 16.
[112] BGH NZG 2009, 2270 Rn. 18; hierzu kritisch: *Goslar/von der Linden* NZG 2009, 1337 (1338).
[113] BGH NJW 2009, 2207 Rn. 22.
[114] BGH NZG 2009, 2270 Rn. 20.

51 Diese Anfechtbarkeit der Entlastung wegen inhaltlichen Mängeln ist umstritten, da teilweise noch von einem unbegrenzten Entlastungsermessen der Mehrheit ausgegangen wird.[115] Vorgebracht wird ferner, dass die Anfechtbarkeit zu einem **Wertungswiderspruch zu § 147 führen** würde, da die entlastungsbezogene Anfechtungsklage in Hinblick auf den Vorstand den Aufsichtsrat faktisch zur Geltendmachung der Ersatzansprüche zwingen würde. Wird eine schwerwiegende Pflichtverletzung gerichtlich festgestellt, bleibt dem Aufsichtsrat nach den Grundsätzen der „ARAG/Garmenbeck"-Rechtsprechung[116] nur noch ein minimaler Ermessensspielraum bezüglich der Geltendmachung der hieraus resultierenden Ersatzansprüche, so dass argumentiert wird, dass die Anfechtungsklage die Wirkung einer in §§ 147 f. nicht vorgesehenen Individualklage hätte.[117] Dieser Argumentation ist entgegen zu halten, dass die Anfechtbarkeit ohnehin nur bei eindeutigen Rechtsverstößen angenommen wird, die auch für den Aufsichtsrat offensichtlich sind. In diesen Fällen ist der Aufsichtsrat nach der „ARAG/Garmenbeck"-Entscheidung, sofern der AG ein Schaden entstanden ist, ganz unabhängig von einer Anfechtung der Entlastung zur Geltendmachung der Ersatzansprüche verpflichtet. Der Anfechtungsprozess kann also allenfalls dazu führen, dass dem Aufsichtsrat sein eigenes rechtswidriges Verhalten bezüglich der Nicht-Geltendmachung von Ersatzansprüchen vor Augen geführt wird, nicht aber das Ermessen bezüglich der Geltendmachung weiter verengen.[118]

VII. Beschluss über das System der Vorstandsvergütung (Abs. 4)

52 **1. Regelung im VorstAG.** Durch das Gesetz zur Angemessenheit der Vorstandsvergütung (VorstAG) vom 18.6.2009 (BGBl. 2009 I 2509 ff.) wurde der neue Abs. 4 angefügt, nach der die HV der börsennotierten AG über die Billigung des Systems zur Vergütung der Vorstandsmitglieder beschließen kann. Vorbild hierfür war eine seit 2004 bestehende und 2009 ergänzte Empfehlung der Europäischen Kommission, nach der die **Vergütungserklärung** einer börsennotierten Gesellschaft der HV zur Abstimmung vorgelegt werden soll,[119] sowie die in Großbritannien für börsennotierte Gesellschaften bestehende Regelung des Sec. 439 CA 2006, in der ebenfalls eine beratende Abstimmung der HV über einen Vergütungsbericht vorgesehen ist.[120] Der unverbindliche Charakter und die Bezeichnung als „Votum" in der Normüberschrift ließen zunächst Zweifel an der Beschlussqualität aufkommen.[121] Das Fehlen unmittelbarer Rechtsfolgen hat das Votum mit dem Entlastungsbeschluss gemeinsam, was nicht nur die systematische Verankerung in § 120 erklärt, sondern auch den Schluss rechtfertigt, dass in beiden Fällen eine vergleichbare **Rechtsnatur** als Beschluss sui generis besteht.[122]

53 Abs. 4 S. 1 korrespondiert den Nr. 4.2.4. und 4.2.5. DCGK 2017, die eine individualisierte Offenlegung der Gesamtvergütung (aufgeteilt in fixe und variable Vergütungsanteile) jedes Vorstandsmitglieds in einem Vergütungsbericht fordern, der zusätzlich zu diesen konkreten Angaben „die Grundzüge des Vergütungssystem für die Vorstandsmitglieder darstellt", was „in allgemein verständlicher Form erfolgen" soll.[123] Neuerdings bedarf es ferner einer genauen Information über die Einzelheiten aller Zuwendungen (einschließlich erreichbarer Maximal- und Minimalvergütung) in Tabellenform.[124] Die Grundzüge des Vergütungssystems sind bei börsennotierten AGen auch in den Lagebericht aufzunehmen (§ 289a Abs. 2 HGB, § 315a Abs. 2 HGB). Die von Abs. 4 S. 1 nunmehr zugelassene Beschlussfassung der HV betrifft nur dieses vom Aufsichtsrat bei der Vertragsgestaltung mit Vorstandsmitgliedern anzuwendende **„Vergütungssystem"**, also die allgemeinen Grundsätze, nach denen die Vergütung bemessen wird, während eine Beschlussfassung zur Angemessenheit der konkreten Vergütung einzelner oder auch aller Vorstandsmitgliedern nicht von Abs. 4 gedeckt wäre.[125] Ferner ermöglicht die Vorschrift nur eine Beschlussfassung über das im Vergütungsbericht

---

[115] MüKoAktG/*Kubis* Rn. 17; dazu bereits → Rn. 26 f.
[116] BGHZ 135, 244 = NJW 1997, 1926.
[117] *K. Schmidt* NZG 2003, 601 (605).
[118] Ablehnend auch *Weitemeyer* ZGR 2005, 280 (295 ff.).
[119] Siehe Empfehlung der Kommission vom 14.12.2004 (2004/913/EG), ABl. EU 2004 L 385, 55; Empfehlung der Kommission vom 30.4.2009 (2009/385/EG), ABl. EU 2009L 120, 28.
[120] *Gower/Davies*, Principles of Modern Company Law, Rn. 14–17. Vgl. ferner die umfangreiche rechtsvergleichende Bestandsaufnahme bei *Hupka*, Das Vergütungsvotum der Hauptversammlung – Eine rechtsökonomische und rechtsvergleichende Untersuchung zu § 120 Abs. 4 AktG, 2012, 65 ff.
[121] Dagegen etwa *Begemann/Laue* BB 2009, 2442 (2444).
[122] Zutreffend *Hupka*, Das Vergütungsvotum der Hauptversammlung – Eine rechtsökonomische und rechtsvergleichende Untersuchung zu § 120 Abs. 4 AktG, 2012, 255 ff.
[123] Vgl. Nr. 4.2.5. DGCK 2017.
[124] Nr. 4.2.5. UAbs. 3 DGCK 2017.
[125] Zum Ganzen siehe *Fleischer* NZG 2009, 801 (805); *Hohenstatt* ZIP 2009, 1349 (1355 f.); *Vetter* ZIP 2009, 2136; *Begemann/Laue* BB 2009, 2442; *Bosse* BB 2009, 1650; *Hupka*, Das Vergütungsvotum der Hauptversammlung – Eine rechtsökonomische und rechtsvergleichende Untersuchung zu § 120 Abs. 4 AktG, 2012, 282 ff.

beschriebene, in der AG angewandte Vergütungssystem, nicht aber eine Abstimmung über ein alternatives, zB von Aktionären vorgeschlagenes System. Aus diesem Grund erhält auch der Vorstand keine Möglichkeit, über seinen Beschlussvorschlag (§ 124 Abs. 3) Einfluss auf den Inhalt des Vergütungssystems zu nehmen – zwar kann dieser eine Ablehnung des bestehenden Systems vorschlagen, dies würde sich aber weder auf die bestehenden Verträge auswirken noch könnte so die Gestaltungsfreiheit des für die Vorstandsvergütung allein zuständigen Aufsichtsrats (§ 87) eingeschränkt werden. Für eine analoge Anwendung des § 124 Abs. 3 S. 2 besteht daher kein Bedürfnis.[126] Diese allgemeinen Grundsätze beziehen sich vor allem auf das **Verhältnis von fixen und variablen Vergütungsanteilen** sowie insbesondere die **Maßstäbe,** nach denen die variablen Vergütungsanteile gewährt werden.[127] Die teilweise bemängelte Konturlosigkeit[128] des Begriffs des Vergütungssystems wird durch den Rückgriff auf die eingeführte Begrifflichkeit des DCGK gemildert. Zugleich bedeutet diese Bezugnahme aber auch, dass die Vorschrift ins Leere zielt, soweit eine AG im Rahmen des § 161 die Nichtvorlage eines Vergütungsberichts erklärt hat.[129] Eine eigenständige Verpflichtung zur Beschreibung eines für alle Vorstandsmitglieder gültigen Vergütungssystems lässt sich der Vorschrift sicher nicht entnehmen, so dass die HV-Kompetenz tatsächlich nur besteht, wenn der Vergütungsbericht vorgelegt wird. Wegen dieses engen Zusammenhangs zum DCGK erklärt sich auch die Beschränkung der Vorschrift auf börsennotierte Gesellschaften. Wird kein Vergütungsbericht vorgelegt, kann die HV allenfalls die Entlastung von Vorstand und Aufsichtsrat verweigern, um eine vollständige Einhaltung des DCGK zu erzwingen. Eine Kompetenz, dem Aufsichtsrat ein von Aktionären gestaltetes Vergütungssystem durch Beschluss (wenn auch unverbindlich) vorzugeben, ist in solchen Fällen nicht anzuerkennen.

Im Gegensatz zur Entlastung muss **nicht jährlich** auf der HV über das Vergütungssystem beschlossen werden und eine solche Beschlussfassung daher auch nicht notwendig in die Tagesordnung aufgenommen werden.[130] Vielmehr macht eine Beschlussfassung wohl nur dann Sinn, wenn erstmals das Vergütungssystem gebilligt werden soll oder eine Änderung der Grundsätze vorgenommen worden ist bzw. eine Änderung (zB aufgrund der wirtschaftlichen Situation des Unternehmens) als angezeigt erscheinen. Da keine Verpflichtung besteht, die Beschlussfassung in die Tagesordnung aufzunehmen (und das Vergütungsvotum nicht zum Tagesordnungspunkt Entlastung gehört[131]), hängt die tatsächliche Bedeutung der HV-Kompetenz (vorbehaltlich eines Minderheitsverlangens nach § 122 Abs. 2) vom Willen der Unternehmensverwaltungen ab, das im Unternehmen angewandte Vergütungssystem zur Abstimmung zu stellen. Dies erklärt die Skepsis, die in der Literatur bezüglich der tatsächlichen Bedeutung der Beschlussfassung vorherrscht.[132] Aber allein die Existenz der Regelung führt dazu, dass Aktionäre diesbezügliche Nachfragen auf den HV stellen können.[133] Empirisch war zwar in den ersten Jahren nach Einführung des Vergütungsvotums (bis 2013) eine **verbreitete Nutzung** des Instruments zu beobachten, insbesondere in den großen Gesellschaften. Dabei waren auch die Zustimmungsquoten zunächst meist sehr hoch, ohne dass sich ein dämpfender Einfluss auf die **Vergütungshöhe** feststellen ließ.[134] Seit 2014 wird es dagegen weniger genutzt (was allerdings zu erwarten ist, wenn ein bereits bestätigtes System nicht erneut zur Abstimmung gestellt wird). Zugleich werden die Aktionäre in jüngster Zeit auch kritischer, so dass es sogar in großen Gesellschaften bereits zur **Ablehnung** neuer Vergütungssysteme gekommen ist.[135]

Der über das System der Vorstandsvergütung herbeigeführte Beschluss begründet nach S. 2 **keinerlei Rechte und Pflichten.** Ähnlich wie bei der Entlastung des Vorstands durch die HV nach Abs. 2 stellt er letztlich lediglich eine Vertrauenserklärung oder bei negativem Ergebnis eine Misstrau-

---

[126] So im Ergebnis *Vetter* ZIP 2009, 2136 (2139); aA aber *Bosse* BB 2009, 1650 (1653).
[127] Vgl. *Vetter* ZIP 2009, 2136 (2138).
[128] So etwa *Hohenstatt* ZIP 2009, 1349 (1356).
[129] Der Rechtsausschuss des Bundestags, der die Vorschrift eingefügt hat, geht dagegen offenbar davon aus, dass auch ohne Vorlage einer Beschreibung des Vergütungssystems eine Abstimmung darüber möglich ist und sieht nur wegen der Gefahr einer Ablehnung einen Anreiz für die Erstellung des Vergütungsberichts, vgl. BT-Drs. 16/13433, 18. Ein solcher Beschluss macht insbesondere dann keinen Sinn, wenn sich der Aufsichtsrat nicht auf ein bestimmtes System festgelegt hat, sondern sich die individuelle Vertragsgestaltung im Einzelfall zulässigerweise vorbehalten möchte.
[130] So BT-Drs. 16/13433, 18; vgl. auch *Vetter* ZIP 2009, 2136 (2138 f.).
[131] *Fleischer/Bedkowski* AG 2009, 677 (681); *Hupka,* Das Vergütungsvotum der Hauptversammlung – Eine rechtsökonomische und rechtsvergleichende Untersuchung zu § 120 Abs. 4 AktG, 2012, 274 f.
[132] Teilweise wird davon ausgegangen, dass § 120 Abs. 4 kaum Anwendung finden wird. Vgl. *Lingemann* BB 2009, 1918 (1923); kritisch auch *Begemann/Laue* BB 2009, 2442 (2446).
[133] So auch *Seibert* WM 2009, 1489 (1490).
[134] Vgl. die empirische Auswertung bei *Eisenschmidt* DB 2016, 2793.
[135] Prominentes Beispiel ist die HV 2016 der Deutschen Bank AG, vgl. *Gaul* Die AG 2017, 178 (179).

enserklärung dar.[136] Der Beschluss ist damit für den Aufsichtsrat rechtlich unverbindlich und lediglich beratend.[137] Die Verpflichtungen des Aufsichtsrats nach § 87 bleiben gemäß Abs. 4 S. 2 Hs. 2 von dem Beschluss unberührt, ebenso wird eine Haftung für die Gewährung übermäßiger Vergütungen nicht durch die Billigung des Vergütungssystems durch die HV ausgeschlossen. Der Gesetzgeber sieht dies als ausreichend an. Entsprechende Erfahrungen in England hätten gezeigt, dass die „rein tatsächlichen Wirkungen", insbesondere die Wirkung in der Öffentlichkeit, eines Beschlusses, der ein negatives Ergebnis bzgl. der Vorstandsvergütungssystems hat, genügen.[138] Die **Anfechtbarkeit** des Beschlusses der HV ist nach Abs. 4 S. 3 ausgeschlossen. Hintergrund dafür ist, dass eine Anfechtung sinnlos wäre, da der Beschluss keine rechtlichen Wirkungen habe und somit ein Interesse hieran fehle.[139] Es handelt sich daher lediglich um eine Klarstellung, dass für eine solche Klage das Rechtsschutzbedürfnis fehlt.[140]

56 **2. Reformdiskussion.** In rechtspolitischer Hinsicht wird vor allem der fakultative Charakter des Vergütungsvotums sowie die mangelnde Begrenzungswirkung für die Vorstandsvergütung zunehmend als unbefriedigend bewertet, so dass starke Bestrebungen bestehen, durch eine Neuregelung einen weitergehenden Einfluss der HV auf die Vergütungen sicherzustellen. Ausgangspunkt der Diskussion war zunächst der **Aktionsplan** „Europäisches Gesellschaftsrecht und Corporate Governance" der EU-Kommission vom 12.12.2012,[141] in dem eine Initiative angekündigt worden ist, „um die Transparenz über Vergütungspolitiken und die individuelle Vergütung von Mitgliedern der Geschäftsführung zu verbessern und um Aktionären ein Recht auf Abstimmung über die Vergütungspolitik und den Vergütungsbericht zu gewähren."[142] Diese Initiative hat inzwischen zur Verabschiedung der **Neufassung der Aktionärsrechte-RL**[143] geführt (näher → Rn. 60).

57 In den Mittelpunkt des rechtspolitischen Interesses ist die Thematik durch die erfolgreiche **Volksinitiative „gegen die Abzockerei"** in der Schweiz gerückt, die durch eine Volksabstimmung am 3.3.2013 einen neuen Art. 95 Abs. 3 in die Bundesverfassung eingefügt hat, wonach die Generalversammlung in der AG „jährlich über die Gesamtsumme aller Vergütungen (Geld und Wert der Sachleistungen) des Verwaltungsrates, der Geschäftsleitung und des Beirates" abstimmt. Darüber hinaus wurden bestimmte Vergütungsarten (Vorausvergütungen, Abgangsentschädigungen, Prämien für Firmenkäufe und -verkäufe, Vergütungen aus Nebenverträgen mit Konzerngesellschaften) generell verboten. Nach den hierzu inzwischen erlassenen Durchführungsbestimmungen bedeutet dies, dass **jährlich mit bindender Wirkung** über die Gesamtsumme der direkten und indirekten Vergütungen jedes Organs abgestimmt werden muss, wobei die Regelung der Einzelheiten in diesem Rahmen den Gesellschaftsstatuten überlassen bleibt.[144] Das bedeutet letztlich, dass den Organmitgliedern keine verbindlichen Vergütungen mehr vertraglich zugesagt werden können, sondern diese stets unter dem Vorbehalt stehen, dass die Generalversammlung der Gesamthöhe der Vergütungen zustimmt. Daher enthalten die Ausführungsbestimmungen auch eine Übergangsbestimmung, wonach die bestehenden Arbeitsverträge innerhalb von 2 Jahren anzupassen sind, und danach die Regelung zwingende Wirkung auch für bestehende Vertragsverhältnisse hat.[145] Die konkreten Folgen einer Ablehnung der Vergütungszahlung sind allerdings nicht geregelt, vielmehr „kann" das weitere Vorgehen in den Statuten geregelt werden – fehlt es an einer solchen Regelung, dürfte jegliche Vergütungszahlung schlicht verboten sein. Auch diese Initiative verzichtete allerdings darauf, die Höhe der Vergütung unmittelbar zu begrenzen, eine zweite Volksinitiative (Initiative „1:12 – Für gerechte Löhne") mit dem Ziel der Begrenzung „des höchsten von einem Unternehmen bezahlten Lohn" auf das 12fache des „tiefsten vom selben Unternehmen bezahlten" Lohns,[146] ist in der Volksabstimmung am 24.11.2013 gescheitert.

58 Dieser neue schweizerische Vergütungsbeschluss hat bei Lichte betrachtet nicht viel mit den auch in Deutschland rechtspolitisch diskutierten Modellen eines **bindenden Vergütungsvotums** zu tun.

---

[136] So auch *Fleischer* NZG 2009, 801 (805).
[137] *Seibert* WM 2009, 1489 (1491).
[138] Vgl. BT-Drs. 16/13433, 19.
[139] Vgl. BT-Drs. 16/13433, 19.
[140] In diesem Sinn auch *Hohenstatt* ZIP 2009, 1349 (1356). Für eine Erörterung verbleibender Rechtsschutzmöglichkeiten vgl. *Hupka*, Das Vergütungsvotum der Hauptversammlung – Eine rechtsökonomische und rechtsvergleichende Untersuchung zu § 120 Abs. 4 AktG, 2012, 293 ff.
[141] Dokument COM (2012) 740 final.
[142] Aktionsplan, S. 10.
[143] RL 2017/828/EU vom 17.5.2017, ABl. EU 2017 L 132, 1.
[144] Vgl. Art. 18 der Verordnung gegen übermäßige Vergütungen bei börsenkotierten Aktiengesellschaften (VegüV) vom 20.11.2013, AS 2013, 4403.
[145] Vgl. Art. 28 der Verordnung gegen übermäßige Vergütungen bei börsenkotierten Aktiengesellschaften (VegüV) vom 20.11.2013, AS 2013, 4403.
[146] Vgl. Entwurf der Volksinitiative für einen Art. 110a der Schweizerischen Bundesverfassung.

Denn in der deutschen Diskussion geht es stets um die verbindliche Festsetzung von Grundsätzen und Grenzen, die bei der Ausgestaltung eines vertraglich zu vereinbarenden Vergütungspakets durch den Aufsichtsrat zu beachten sind.[147] Es geht also darum, der Hauptversammlung einen Einfluss auf die Vertragsgestaltung vor dessen Abschluss zu gewähren. Dagegen wurde der Grundsatz, dass vereinbarte Vergütungen auch auszuzahlen sind, in Deutschland wohl nie in Frage gestellt. Die schweizerische Regelung verschafft der Generalversammlung dagegen eine Art **Vetorecht** gegenüber der Auszahlung von Vergütungen, unabhängig von einer vertraglichen Vereinbarung. Der Einfluss auf die Vertragsgestaltung ist also ein mittelbarer, da der Verwaltungsrat bei der Gestaltung von Verträgen mit Mitgliedern der Geschäftsleitung auf die Durchsetzbarkeit der sich hieraus ergebenden Vergütungshöhe achten wird. Allerdings bezieht sich der Beschluss nicht auf eine bestimmte Vergütung eines bestimmten Organmitglieds, sondern nur auf die Gesamthöhe der Vergütungen des Gesamtorgans. Daher kann auch kein gezieltes Veto gegen eine einzelne, als unangemessen empfundene Vergütung eingelegt werden – die Verweigerung der gesamten Organvergütung wird die Generalversammlung wohl nur als ultima ratio einsetzen. Zugleich beseitigt die jährliche Zustimmungspflicht die Rechtssicherheit und Verlässlichkeit des Organmitglieds für den Vergütungsbezug und gewährt der Generalversammlung (etwa in Übernahmesituationen) ein erhebliches Erpressungspotential. Insgesamt erscheint die schweizerische Lösung daher nicht als ein Vorbild, dass in der deutschen rechtspolitischen Diskussion eine Rolle spielen kann. Insoweit ist es bemerkenswert, dass der französische Gesetzgeber durch Gesetz vom 10.12.2016 (**„Loi Sapin 2"**) eine Regelung geschaffen hat, die in ihrer Wirkung noch über die schweizerische Regelung hinausgeht. Danach hat die Hauptversammlung nicht nur die Kompetenz, über die Vergütungspolitik der Gesellschaft mit verbindlicher Wirkung für die Zukunft zu entscheiden (Art. 225-37-2 C.Com.). Vielmehr bedarf es einer weiteren Beschlussfassung für die Freigabe der bereits verdienten konkreten Vergütung zugunsten des einzelnen Organmitglieds. Insoweit geht es auch nicht um die Gesamtvergütung des Organs, sondern tatsächlich um eine individuelle Beschlussfassung für jedes einzelne Organmitglied, um die Auszahlung einer als überhöht empfundenen Vergütung auch nachträglich noch verhindern zu können. Dass genau dies tatsächlich beabsichtigt ist, lässt sich der Vorgeschichte des Gesetzes recht deutlich entnehmen, das anlässlich der (unverbindlichen) Ablehnung einer als überhöht empfundenen Vergütung durch die HV der Renault SA initiiert worden ist. Ungeklärt bleibt, welche Zahlungen an das Organmitglied dann zulässig sind und in welchem Verhältnis die Nichtfreigabe zu den vertraglichen Vergütungsansprüchen stehen. Es ist evident, dass eine solche Regelung kaum als Vorbild für eine Reform in Deutschland dienen kann.

Bereits im Jahr 2013 sollte das Mitspracherecht der HV im **Gesetz zur Verbesserung der Kontrolle der Vorstandsvergütung**[148] (VorstKoG) verbessert werden. Die Neuregelung sollte bewirken, dass einerseits der Aufsichtsrat zur Vorlage eines Vergütungssystems an die HV nicht nur berechtigt, sondern auch verpflichtet ist, und dass der Aufsichtsrat an ein genehmigtes Vergütungssystem bei der Gestaltung von Vorstandsverträgen grundsätzlich **gebunden** ist, auch wenn dem Beschluss keine Außenwirkung zukommen sollte.[149] Das Gesetz ist indes niemals in Kraft getreten, da es am Ende der 17. Wahlperiode des Deutschen Bundestags (nach Anrufung des Vermittlungsausschusses durch den Bundesrat) der Diskontinuität zum Opfer gefallen ist und in der folgenden 18. Wahlperiode – obwohl die Thematik im Koalitionsvertrag angesprochen war[150] – nicht noch einmal aufgegriffen worden ist.

Hintergrund der bisherigen Untätigkeit des deutschen Gesetzgebers ist der Umstand, dass die rechtspolitische Diskussion in der Zwischenzeit auf der europäischen Ebene geführt worden ist. Am 9.4.2014 hatte die EU-Kommission einen Vorschlag für die **Novellierung der Aktionärsrechte-RL** vorgelegt, der den bisherigen Richtlinientext ua um Vorschriften zur Stärkung des Einflusses der HV auf die Vergütung der Unternehmensleitung ergänzen sollte.[151] Nach längeren Diskussionen und vielfältigen Änderungen des Vorschlagstextes ist die **Neufassung der Aktionärsrechte-RL**[152]

---

[147] Zur rechtspolitischen Diskussion in Deutschland vgl. etwa *Jaspers* ZRP 2010, 8; *Schüppen* ZIP 2010, 905; sowie die Darstellung bei *Hupka*, Das Vergütungsvotum der Hauptversammlung – Eine rechtsökonomische und rechtsvergleichende Untersuchung zu § 120 Abs. 4 AktG, 2012, 314 ff.
[148] BT-Drs. 17/14214, 21 f.
[149] Vgl. näher BT-Drs. 17/14214, 21 f.; *Löbbe/Fischbach* WM 2013, 1625; *Verse* NZG 2013, 921; *Sünner* CCZ 2013, 169; *Ziemons* GWR 2013, 283.
[150] Koalitionsvertrag zwischen CDU/CSU und SPD 2013, S. 17.
[151] Vgl. Vorschlag für eine Richtlinie des Europäischen Parlaments und des Rates zur Änderung der Richtlinie 2007/36/EG im Hinblick auf die Förderung der langfristigen Einbeziehung der Aktionäre sowie der Richtlinie 2013/34/EU in Bezug auf bestimmte Elemente der Erklärung zur Unternehmensführung v. 9.4.2014, COM (2014) 213 final. Vgl. hierzu *Seibt* DB 2014, 1910 (1911 ff.).
[152] RL 2017/828/EU vom 17.5.2017, ABl. EU 2017 L 132, 1.

am 17.5.2017 verabschiedet worden. Die Richtlinie enthält neue Vorschriften zur Sicherstellung einer doppelten Beteiligung der HV in Bezug auf die Vorstandsvergütung:[153] Einerseits verlangt die Richtlinie in Art. 9a RL 2017/828/EU einen HV-Beschluss über die verpflichtend vorzulegende **„Vergütungspolitik"** der Gesellschaft, in der (wie schon im bisherigen Vergütungssystem) die verschiedenen Vergütungsbestandteile und ihre Verhältnis zueinander beschrieben werden. Die HV-Kompetenz erstreckt sich also auch danach nur auf die bei der Ausgestaltung der Vorstandsverträge anzuwendenden abstrakten Grundsätze. Auch wenn sich dies dem Richtlinientext nicht direkt entnehmen lässt wird im dualistischen System der Aufsichtsrat für die Vorlage und Formulierung der Politik allein zuständig sein.[154] Veränderungen durch die HV sind nicht vorgesehen, so dass nur über die konkret vorgelegte Politik abgestimmt werden kann. Bezüglich der Verbindlichkeit des Beschlusses sieht Art. 9a Abs. 3 RL 2017/828/EU ein Wahlrecht der Mitgliedstaaten vor, so dass im Rahmen der Umsetzung zu entscheiden sein wird, ob an dem bisherigen System eines unverbindlichen Beschlusses festgehalten werden soll, oder – wie schon im VorstKoG-Entwurf vorgesehen – der Vergütungspolitik eine verbindliche Wirkung für den Aufsichtsrat zukommen soll. Auch wenn man sich für die Unverbindlichkeit entscheidet[155] wird die Rolle der HV zumindest insoweit gestärkt, als die Vorlage einer Vergütungspolitik nicht mehr im Ermessen des Aufsichtsrats stehen wird, sondern spätestens alle vier Jahren und bei „wesentlichen Änderungen" (Art. 9a Abs. 5 RL 2017/828/EU) verpflichtend ist. Ferner darf auch bei einer **unverbindlichen nationalen Ausgestaltung** eine Vergütungsregelung nur aufgrund einer der HV vorgelegten Vergütungspolitik erfolgen (Art. 9a Abs. 3 S. 2 RL 2017/828/EU), so dass der Aufsichtsrat sich zwar über ein ablehnendes Votum der HV hinwegsetzen kann (mit der Folge, dass er der nächsten HV eine überarbeitete Politik vorzulegen hat, Art. 9a Abs. 3 S. 3 RL 2017/828/EU), nicht aber die Vergütung nach eigenem Ermessen gestalten kann. Der Aufsichtsrat unterliegt also in jedem Fall einer Art Selbstbindung durch die Vorlage der Politik. In diesem Sinn ist eine von der HV verabschiedete Politik ebenfalls verbindlich, da der Aufsichtsrat schon durch die Vorlage von ihr nicht mehr abweichen darf. Macht der Mitgliedstaat also von der Option des Art. 9a Abs. 3 RL 2017/828/EU Gebrauch, bedeutet das nur, dass der Aufsichtsrat sich über die Ablehnung bis zur nächsten HV hinwegsetzen kann, während die Selbstbindung unberührt bleibt. Der Unterschied zur verbindlichen Ausgestaltung (der lediglich darin besteht, dass dann die Vergütung nur nach der zuletzt genehmigten Politik oder der bisherigen Praxis gezahlt werden darf) erscheint daher auch als überschaubar, wird doch jedenfalls das freie Ermessen des Aufsichtsrats bei der Gestaltung der Vergütungsregelung in den Verhandlungen mit einem Vorstandskandidaten beseitigt. Andererseits haben die Aktionäre das Recht, über den detaillierten **Vergütungsbericht** für das abgelaufene Geschäftsjahr (Art. 9b Abs. 4 RL 2017/828/EU) „mit empfehlendem Charakter" abzustimmen. Diese zusätzliche Beschlusskompetenz hat vor allem die Funktion, den Aktionären eine Kontrolle bezüglich der Anwendung und Auswirkungen der Vergütungspolitik zu ermöglichen sowie durch eine entsprechende Aussprache und die Abstimmung Kritik zu äußern. Diese Rückmeldung hat der Aufsichtsrat sodann zu berücksichtigen und im folgenden Vergütungsbericht zu erläutern, inwiefern dieser Kritik Rechnung getragen wurde (Art. 9b Abs. 4 S. 2 RL 2017/828/EU). Da es sich nur um den Bericht über die Anwendung, nicht aber um die Vergütungspolitik selbst handelt, erschließt sich nicht recht, wie einer Kritik bezüglich der aus geltenden Verträgen zu gewährenden Vergütung Rechnung getragen werden kann. Denkbar wäre dies allenfalls, soweit es zum Neuabschluss von Vorstandsverträgen gekommen ist, in Bezug auf die Ausübung des nach der Politik bestehenden Restermessens, ferner bei Gewährung diskretionärer Prämien. Die Erfüllung der vertraglichen Verpflichtungen der AG wird jedenfalls keinesfalls in Frage gestellt. Es erscheint als fraglich, ob eine Beschlusskompetenz der richtige Weg ist, um den Aktionären die Gelegenheit zur rechtlich bedeutungslosen Kritik an der Gewährung vertraglich zugesicherter Vergütungen zu geben. Hierfür würde an sich eine Aussprache über den Vergütungsbericht genügen – die Abstimmung bietet nur einen Hinweis darauf, in welchem Ausmaß die Aktionäre die Kritik teilen. Insgesamt ist die Richtlinienregelung, die bis zum 10.6.2019 umzusetzen ist, aber zu begrüßen, da selbst bei einer unverbindlichen Ausgestaltung des Beschlusses durch den deutschen Gesetzgeber zumindest eine weitergehende Bindung an abstrakt und im Vorfeld festgesetzte Grundsätze der Vergütungspolitik erreicht wird als unter der aktuellen Rechtslage.

---

[153] Zur Neuregelung bezüglich der Vergütungspolitik vgl. *Velte* NZG 2017, 368; *Velte* DStR 2018, 208; *Gaul* Die AG 2017, 178; *Bungert/Wansleben* DB 2017, 1190; *Lanfermann/Maul* BB 2017, 1218; *Leuering* NZG 2017, 646; *Renner* AG 2015, 513; *Habersack* NZG 2018, 127; *Diekmann* WM 2018, 796.

[154] Vgl. die Entwurfsbegründung COM (2014) 213 final, S. 9 f.: „Die Schlüsselrolle des Aufsichtsrats in dualistischen Systemen bleibt von diesem Vorschlag unberührt. Er wäre nach wie vor für die Entwicklung der Vergütungspolitik zuständig, die den Aktionären zur Billigung vorgelegt wird."

[155] Hierfür insbes. *Habersack* NZG 2018, 127 (132).

Zweiter Unterabschnitt. Einberufung der Hauptversammlung

§ 121 Allgemeines

(1) Die Hauptversammlung ist in den durch Gesetz oder Satzung bestimmten Fällen sowie dann einzuberufen, wenn das Wohl der Gesellschaft es fordert.

(2) ¹Die Hauptversammlung wird durch den Vorstand einberufen, der darüber mit einfacher Mehrheit beschließt. ²Personen, die in das Handelsregister als Vorstand eingetragen sind, gelten als befugt. ³Das auf Gesetz oder Satzung beruhende Recht anderer Personen, die Hauptversammlung einzuberufen, bleibt unberührt.

(3) ¹Die Einberufung muss die Firma, den Sitz der Gesellschaft sowie Zeit und Ort der Hauptversammlung enthalten. ²Zudem ist die Tagesordnung anzugeben. ³Bei börsennotierten Gesellschaften hat der Vorstand oder, wenn der Aufsichtsrat die Versammlung einberuft, der Aufsichtsrat in der Einberufung ferner anzugeben:
1. die Voraussetzungen für die Teilnahme an der Versammlung und die Ausübung des Stimmrechts sowie gegebenenfalls den Nachweisstichtag nach § 123 Absatz 4 Satz 2 und dessen Bedeutung;
2. das Verfahren für die Stimmabgabe
   a) durch einen Bevollmächtigten unter Hinweis auf die Formulare, die für die Erteilung einer Stimmrechtsvollmacht zu verwenden sind, und auf die Art und Weise, wie der Gesellschaft ein Nachweis über die Bestellung eines Bevollmächtigten elektronisch übermittelt werden kann sowie
   b) durch Briefwahl oder im Wege der elektronischen Kommunikation gemäß § 118 Abs. 1 Satz 2, soweit die Satzung eine entsprechende Form der Stimmrechtsausübung vorsieht;
3. die Rechte der Aktionäre nach § 122 Abs. 2, § 126 Abs. 1, den §§ 127, 131 Abs. 1; die Angaben können sich auf die Fristen für die Ausübung der Rechte beschränken, wenn in der Einberufung im Übrigen auf weitergehende Erläuterungen auf der Internetseite der Gesellschaft hingewiesen wird;
4. die Internetseite der Gesellschaft, über die die Informationen nach § 124a zugänglich sind.

(4) ¹Die Einberufung ist in den Gesellschaftsblättern bekannt zu machen. ²Sind die Aktionäre der Gesellschaft namentlich bekannt, so kann die Hauptversammlung mit eingeschriebenem Brief einberufen werden, wenn die Satzung nichts anderes bestimmt; der Tag der Absendung gilt als Tag der Bekanntmachung.

(4a) Bei börsennotierten Gesellschaften, die nicht ausschließlich Namensaktien ausgegeben haben oder welche die Einberufung den Aktionären nicht unmittelbar nach Absatz 4 Satz 2 übersenden, ist die Einberufung spätestens zum Zeitpunkt der Bekanntmachung solchen Medien zur Veröffentlichung zuzuleiten, bei denen davon ausgegangen werden kann, dass sie die Information in der gesamten Europäischen Union verbreiten.

(5) ¹Wenn die Satzung nichts anderes bestimmt, soll die Hauptversammlung am Sitz der Gesellschaft stattfinden. ²Sind die Aktien der Gesellschaft an einer deutschen Börse zum Handel im regulierten Markt zugelassen, so kann, wenn die Satzung nichts anderes bestimmt, die Hauptversammlung auch am Sitz der Börse stattfinden.

(6) Sind alle Aktionäre erschienen oder vertreten, kann die Hauptversammlung Beschlüsse ohne Einhaltung der Bestimmungen dieses Unterabschnitts fassen, soweit kein Aktionär der Beschlußfassung widerspricht.

(7) ¹Bei Fristen und Terminen, die von der Versammlung zurückberechnet werden, ist der Tag der Versammlung nicht mitzurechnen. ²Eine Verlegung von einem Sonntag, einem Sonnabend oder einem Feiertag auf einen zeitlich vorausgehenden oder nachfolgenden Werktag kommt nicht in Betracht. ³Die §§ 187–193 des Bürgerlichen Gesetzbuchs sind nicht entsprechend anzuwenden. ⁴Bei nichtbörsennotierten Gesellschaften kann die Satzung eine andere Berechnung der Frist bestimmen.

Schrifttum: *Ammon/Görlitz,* Die kleine Aktiengesellschaft, 1995; *Arnold,* UMAG: Sonntag als Record Date?, AG-Report 2006, 4; *Arnold/Baumanns,* Die Berechnung der Frist für die Einreichung von Gegenanträgen nach § 126 Abs. 1 AktG – Rückwärts- oder Vorwärtsberechnung?, AG-Report 2004, 493; *von Bar/Grothe,* Hauptversammlungen deutscher Aktiengesellschaften im Ausland, IPRax 1994, 269; *Baums,* Der Eintragungsstopp bei Namensaktien, FS Hüffer, 2010, 15; *Bayer/Hoffmann,* Hauptversammlungsabsagen: Verbreitung und Beweggründe, AG-Report 2016, R115; *Bayer/Hoffmann,* Der Ort der Hauptversammlung, AG-Report 2013,

R23; *Bayer/Lieder*, Umschreibungsstopp bei Namensaktien vor Durchführung der Hauptversammlung, NZG 2009, 1361; *Bayer/Scholz/Weiß*, Die Absage der Hauptversammlung durch den Vorstand im Kontext des § 122 AktG, ZIP 2014, 1; *Behrends*, Einberufung der Hauptversammlung gem. § 121 IV AktG (mittels eingeschriebenem Brief) trotz abweichender Satzungsbestimmung, NZG 2000, 578; *Biehler*, Multinationale Konzerne und die Abhaltung einer Hauptversammlung nach deutschem Recht im Ausland, NJW 2000, 1243; *Bokelmann*, GmbH-Gesellschafterversammlungen im Ausland und Beurkundung durch ausländische Notare, NJW 1972, 1729; *Bosse*, Grünes Licht für das ARUG: das Aktienrecht geht online, NZG 2009, 807; *Bosse*, Wesentliche Neuregelungen ab 2007 aufgrund des Transparenzrichtlinie-Umsetzungsgesetzes für börsennotierte Unternehmen, DB 2007, 39; *Bungert*, Hauptversammlungen deutscher Aktiengesellschaften und Auslandsbezug, AG 1995, 26; *Bungert/Leyendecker-Langner*, Hauptversammlungen im Ausland, BB 2015, 268; *Cziupka/Kraack*, Der „untaugliche Versuch" der Absage einer auf Minderheitsverlangen einberufenen Hauptversammlung, DNotZ 2016, 15; *Drinhausen/Keinath*, Auswirkungen des ARUG auf die künftige Hauptversammlungspraxis, BB 2009, 2322; *Fleischer/Eschwey*, Die versäumte Einladung als Beschlussmangel im Aktien-, GmbH-, Vereins- und Wohnungseigentumsrecht, BB 2015, 2178; *Florstedt*, Wege zu einer Neuordnung des aktienrechtlichen Fristensystems, Der Konzern 2008, 504; *Florstedt*, Fristen und Termine im Recht der Hauptversammlung, ZIP 2010, 761; *Göcke*, Die Absage einer zur Anzeige eines Verlusts der Hälfte des Grundkapitals einberufenen Hauptversammlung, AG 2014, 119; *Göhmann/von Oppen*, Das Leica-Urteil, die Nachfolgeentscheidungen und ihre Auswirkungen auf die Praxis, BB 2009, 513; *Götze*, Erteilung von Stimmrechtsvollmachten nach dem ARUG, NZG 2010, 93; *Grobecker*, Beachtenswertes zur Hauptversammlungssaison, NZG 2010, 165; *Grunewald*, Die Bindung der Aktiengesellschaft an Beschlussanträge ihrer Aktionäre, AG 2015, 689; *Happ/Freitag*, Die Mitternachtsstund' als Nichtigkeitsgrund?, AG 1998, 493; *Heider/M. Hirte*, Rechtsfolgen fehlerhafter Angaben zur Stimmrechtsvertretung in Hauptversammlungseinberufungstexten vor Inkrafttreten des ARUG, GWR 2011, 485; *Herbig*, Über den Ort der Hauptversammlung einer AG, DJ 1938, 235; *Hölters/Deilmann/Buchta*, Die kleine Aktiengesellschaft, 2. Aufl. 2002; *Hoffmann-Becking*, Gesetz zur „kleinen AG" – unwesentliche Randkorrekturen oder grundlegende Reform?, ZIP 1995, 1; *Ch. Horn*, Änderungen bei der Vorbereitung und Durchführung der Hauptversammlung nach dem Referentenentwurf des ARUG, ZIP 2008, 1558; *Huber*, Die „geplant beschlußlose" Hauptversammlung, ZIP 1995, 1740; *Ihrig/Wagner*, Rechtsfragen bei der Vorbereitung von Hauptversammlungen börsennotierter Gesellschaften, FS Spiegelberger, 2009, 722; *Kleinmann*, Warum keine GmbH-Gesellschafterversammlung im Ausland?, NJW 1972, 373; *Kocher/Lönner*, Anfechtungsrisiken wegen unklarer Vorbesitzzeit beim Ergänzungsverlangen, BB 2010, 1675; *Leuering/Rubner*, Absetzung/Vertagung von Tagesordnungspunkten der Hauptversammlung, NJW-Spezial 2017, 591; *Liebscher/Steinbrück*, Die Einberufung der Gesellschafterversammlung durch zu Unrecht im Handelsregister eingetragene Geschäftsführer, GmbHR 2017, 497; *Lieder*, Die Absage der Hauptversammlung und ihre Folgen, NZG 2016, 81; *Lieder/Bialluch*, Der eingeschriebene Brief im Gesellschaftsrecht, NZG 2017, 9; *Linnerz*, Ort, Terminierung und Dauer einer Hauptversammlung, NZG 2006, 208; *Lubberich*, Kaduzierung nach wiederholter Aufforderung per Einwurf-Einschreiben, DNotZ 2017, 418; *Lutter*, Zur Vorbereitung und Durchführung von Grundlagenbeschlüssen in Aktiengesellschaften, FS Fleck, 1988, 169; *Merkner/Schmidt-Bendun*, Keine Nichtigkeit von Hauptversammlungsbeschlüssen wegen fehlerhafter Hinweise zur Bevollmächtigung in der Einberufung, NZG 2011, 1097; *Miettinen/Rothbächer*, Verschärfte Probleme bei der Berechnung der Gegenantragsfrist nach dem ARUG, BB 2008, 2084; *Mimberg*, Bekanntmachung der Einberufung spätestens am 31. Tag vor der Hauptversammlung?, ZIP 2006, 649; *Nagel/Ziegenhahn*, Die Dauer von Hauptversammlungen als Rechtsproblem, WM 2010, 1005; *Noack*, Neue Publizitätspflichten und Publizitätsmedien für Unternehmen – eine Bestandsaufnahme nach EHUG und TUG, WM 2007, 377; *von Nussbaum*, Zu Nachweisstichtag (record date) und Eintragungssperre bei Namensaktien, NZG 2009, 456; *Ochmann*, Die Aktionärsrechte-Richtlinie, 2010; *Oppermann*, Veröffentlichung der Hauptversammlungseinladung im elektronischen Bundesanzeiger ausreichend?, ZIP 2003, 793; *Polte/Haider-Giangreco*, Die Vollversammlung der Aktiengesellschaft, AG 2014, 729; *Quass*, Nichtigkeit von Hauptversammlungsbeschlüssen wegen eines Umschreibestopps im Aktienregister?, AG 2009, 432; *Repgen*, Der Sonntag und die Berechnung rückwärtslaufender Fristen im Aktienrecht, ZGR 2006, 121; *Rottnauer*, Konstituierung der HV durch einen „unterbesetzten Vorstand", NZG 2000, 414; *Schiessl*, Hauptversammlungen deutscher Aktiengesellschaften im Ausland, DB 1992, 823; *Schroeder/Pussar*, Neues Anfechtungsrisiko bei der HV-Einberufung: Fristen für Ergänzungsverlangen, BB 2010, 717; *Schüppen/Tretter*, Die Absage der Hauptversammlung – Abschied von einem Mythos und viele offene Fragen, ZIP 2015, 2097; *Schulte/Bode*, Offene Fragen zur Form der Vollmachtserteilung an Vertreter iSv § 135 AktG, AG 2008, 730; *Seibert/Kiem/Schüppen*, Handbuch der kleinen AG, 5. Aufl. 2008; *Selter*, Absage der Hauptversammlung nach Einberufung auf Grund Aktionärsverlangens, NZG 2013, 1133; *Vocke*, Einberufung und Durchführung der Hauptversammlung bei fehlerhaften Satzungsbestimmungen, NZG 2010, 1249; *Wandt*, Was und wann? – Die Auswirkungen der Aktienrechtsnovelle 2016 auf die Einberufung der Hauptversammlung, NZG 2016, 367; *Weber*, Absage einer auf ein Aktionärsverlangen einberufenen Hauptversammlung und Abhaltung einer Hauptversammlung durch die Aktionäre, NZG 2013, 890; *Weber/Findeisen*, Die HV-Einberufung 2010 bei Divergenz von Satzung und Aktiengesetz in der Fassung des ARUG, BB 2010, 711; *Wenck*, Die Einberufung der Generalversammlungen bei Aktiengesellschaften, Genossenschaften, GmbH, Gewerkschaften und Versicherungsvereinen, 1914; *Werner*, Bekanntmachung der Tagesordnung und bekanntmachungsfreie Anträge, FS Fleck, 1988, 401; *Wicke*, Einführung in das Recht der Hauptversammlung, das Recht der Sacheinlagen und das Freigabeverfahren nach dem ARUG, 2009; *Winkler*, Beurkundungen im Ausland bei Geltung deutschen Rechts, NJW 1972, 981; *Winkler*, GmbH-Gesellschafterversammlungen im Ausland und Beurkundung durch ausländische Notare, NJW 1973, 222.

Allgemeines § 121

Übersicht

	Rn.
I. Überblick	1–4
1. Normzweck	1–3
2. Entstehungsgeschichte	4
II. Einberufungsgründe (Abs. 1)	5–11
1. Allgemeines	5
2. Gesetzliche Einberufungsgründe	6–8
3. Satzungsmäßige Einberufungsgründe	9
4. Wohl der Gesellschaft	10
5. Fakultative Einberufung	11
III. Einberufungsberechtigte (Abs. 2)	12–17
1. Vorstand (Abs. 2 S. 1 und 2)	12–14b
a) Allgemeines	12
b) Beschlussfassung	13
c) Eingetragene Vorstandsmitglieder (Abs. 2 S. 2)	14–14b
2. Andere Berechtigte (Abs. 2 S. 3)	15–17
a) Allgemeines	15
b) Gesetzliche Einberufungsberechtigung	16, 16a
c) Satzungsmäßige Einberufungsberechtigung	17
IV. Inhalt der Einberufung (Abs. 3)	18–47
1. Allgemeines	18, 19
2. Firma (Abs. 3 S. 1)	20
3. Sitz (Abs. 3 S. 1)	21
4. Zeit der Hauptversammlung (Abs. 3 S. 1)	22
5. Ort der Hauptversammlung (Abs. 3 S. 1)	23
6. Tagesordnung (Abs. 3 S. 2)	24–33
a) Allgemeines	24, 25
b) Bindungswirkung	26
c) Erforderlicher Konkretisierungsgrad	27–33
7. Einberufender	34
8. Zusätzliche Angaben bei börsennotierten Gesellschaften	34a–47
a) Allgemeines	34a
b) Voraussetzungen für Teilnahme und Stimmrechtsausübung, Nachweisstichtag (Abs. 3 S. 3 Nr. 1)	35–39
c) Verfahren der Stimmabgabe (Abs. 3 S. 3 Nr. 2)	40–43
d) Aktionärsrechte (Abs. 3 S. 3 Nr. 3)	44–46
e) Internetseite (Abs. 3 S. 3 Nr. 4)	47
V. Bekanntmachung (Abs. 4)	48–65
1. Allgemeines	48
2. Bekanntmachung in den Gesellschaftsblättern (Abs. 4 S. 1)	49–51
a) Gesetzliche Anforderungen	49, 50
b) Satzungsmäßige Anforderungen	51
3. Einberufung durch eingeschriebenen Brief (Abs. 4 S. 2 und 3)	52–65
a) Allgemeines	52, 53
b) Namentlich bekannte Aktionäre	54–57
c) Eingeschriebener Brief	58–62
d) Tag der Bekanntmachung	63
e) Geltung der §§ 125–127	64, 65
VI. Zuleitung zur Veröffentlichung (Abs. 4a)	66–67
VII. Ort und Zeit der Hauptversammlung	68–80
1. Ort der Hauptversammlung (Abs. 5)	68–77a
a) Allgemeines	68
b) Gesetzliche Regelung	69–71
c) Satzungsregelung	72–75
d) Übernahmesachverhalte und Rekapitalisierungen	76–77a
2. Versammlungslokal	78
3. Zeit der Hauptversammlung	79, 80
VIII. Rücknahme und Änderung der Einberufung	81–84
1. Rücknahme der Einberufung	81–81b
2. Änderung der Einberufung	82
3. Absetzen von Tagesordnungspunkten	83
4. Doppelte Einberufung	84
IX. Vollversammlung (Abs. 6)	85–90
1. Allgemeines	85
2. Voraussetzungen	86–88
a) Vollständige Präsenz	86
b) Fehlender Widerspruch	87
c) Sonstiges	88
3. Rechtsfolgen	89, 90
X. Fristen und Termine (Abs. 7)	91–97
1. Allgemeines	91
2. Anwendungsbereich	92, 93
3. Berechnung	94–96
4. Beispiel	97
XI. Rechtsfolgen von Verstößen	98–108
1. Verstoß gegen Einberufungspflichten	98, 99
2. Fehlende Einberufungsberechtigung	100–103
3. Fehlerhafte Bekanntmachung	104–106
4. Unzulässiger Versammlungsort	107
5. Unzulässige Versammlungszeit	108

I. Überblick

1. Normzweck. § 121 steht am Beginn des Abschnitts über die Einberufung der Hauptversammlung (§§ 121–128) und regelt grundlegende **Einzelfragen der ordnungsgemäßen Einberufung**. Geregelt ist, in welchen Fällen und durch wen die Hauptversammlung einzuberufen ist (Abs. 1 und 2), mit welchem Inhalt und auf welche Art und Weise die Einberufung bekannt gemacht bzw. verbreitet wird (Abs. 3–4a) und wo die Hauptversammlung stattfindet (Abs. 5). Ergänzend sind Verfahrenserleichterungen für den Fall einer Vollversammlung vorgesehen (Abs. 6). Der durch das

§ 121   2–4   Erstes Buch. Aktiengesellschaft

ARUG angefügte Abs. 7 regelt allgemein für die §§ 121 ff. die Berechnung von Fristen und Terminen. Die §§ 121–128 werden durch § 111 Abs. 3, § 175, § 293f und § 327c sowie durch spezialgesetzliche Regelungen (zB § 63 UmwG, § 16 WpÜG) ergänzt, die ebenfalls Bestimmungen zur Vorbereitung der Hauptversammlung enthalten.[1] Bei Emittenten zugelassener Wertpapiere überschneiden sich die §§ 121 ff. teilweise mit den kapitalmarktrechtlichen Sonderregeln der §§ 48 ff. WpHG.

2   § 121 trifft keine Aussage zu Begriff und Rechtsnatur der Einberufung. Begrifflich handelt es sich grundsätzlich um eine **Leitungsmaßnahme** des Vorstands zur Konstituierung der Hauptversammlung als Willensbildungsorgan der Gesellschaft.[2] Im Hinblick auf die Rechtsnatur ist von einer **innergesellschaftlichen Verfahrenshandlung ohne rechtsgeschäftlichen Charakter** auszugehen.[3] § 121 ist abgesehen von dem Fall einer Vollversammlung (§ 121 Abs. 6) grundsätzlich **zwingend** (§ 23 Abs. 5).[4] Eine Ausnahme gilt nur, soweit die Norm selbst einen Gestaltungsspielraum durch die Satzung eröffnet.

3   Besondere Bedeutung kommt § 121 vor allem im Hinblick auf die Rechtsfolgen von Verstößen gegen die Einberufungsvorschriften zu.[5] Gem. § 241 Abs. 1 Nr. 1 sind Verstöße gegen § 121 Abs. 2 und 3 S. 1 sowie gegen § 121 Abs. 4 absolute Nichtigkeitsgründe. Entsprechende Rügen gehören zum Standardrepertoire „professioneller" Anfechtungskläger, so dass bei der Vorbereitung der Hauptversammlung regelmäßig besondere Sorgfalt auf die Formulierung der Einberufung verwandt wird.[6] Besonders häufig gerügt wurde vor der Änderung der §§ 121, 241 durch das ARUG eine vermeintlich unzutreffende Angabe der Teilnahmebedingungen (insbesondere eine falsche Darstellung des Formerfordernisses für die Vollmachtserteilung). Der Grund hierfür ist in der zu Recht viel kritisierten Leica-Entscheidung des LG Frankfurt a.M. zu sehen, wonach unrichtige Angaben zur Form der Stimmrechtsvollmacht einen nichtigkeitsbegründenden Einberufungsmangel darstellen sollten (→ Rn. 35).[7] Diese verfehlte Rechtsprechung wurde bereits durch den Gesetzgeber des ARUG entschärft, indem er die Nichtigkeitsgründe in § 241 Abs. 1 Nr. 1 auf Verstöße gegen § 121 Abs. 3 S. 1 reduziert hat.

4   **2. Entstehungsgeschichte.** § 121 ist aus den §§ 105, 106 Abs. 1 AktG 1937 hervorgegangen. Vorläufer fanden sich bereits in §§ 253, 255 Abs. 1 S. 1 HGB aF und in Art. 236, 237 Abs. 1 ADHGB.[8] § 121 Abs. 4 und 6 wurden eingefügt durch Art. 1 Nr. 11 des Gesetzes für kleine Aktiengesellschaften und zur Deregulierung des Aktienrechts vom 2. August 1994 (BGBl. 1994 I 1961). Die hierdurch geschaffenen Verfahrenserleichterungen sollen dem Umstand Rechnung tragen, dass die am Leitbild der Publikumsgesellschaft orientierten §§ 121 ff. für Gesellschaften mit überschaubarem Aktionärskreis nicht passen.[9] Durch Art. 27 Nr. 2 des Gesetzes zur Anpassung der Formvorschriften des Privatrechts und anderer Vorschriften an den modernen Rechtsgeschäftsverkehr vom 13. Juli 2001 (BGBl. 2001 I 1542) wurde in § 121 Abs. 4 S. 2 (§ 121 Abs. 4 S. 1 aF) die Möglichkeit einer abweichenden Satzungsregelung vorgesehen. § 121 Abs. 5 S. 2 wurde durch Art. 11 Nr. 1 des Finanzmarktrichtlinie-Umsetzungsgesetzes vom 16. Juli 2007[10] redaktionell angepasst. Durch Art. 1 Nr. 9 **ARUG** wurde § 121 Abs. 3 neu gefasst und § 121 Abs. 3 S. 1 aF in § 121 Abs. 4 S. 1 verschoben. Im Zuge der Neufassung von § 121 Abs. 3 wurden in Umsetzung von Art. 5 Abs. 3 Aktionärsrechte-RL[11] zusätzliche Pflichtangaben eingeführt, die börsennotierte Gesellschaften in die Einberufung aufnehmen müssen. Zudem wurden § 121 Abs. 4a und Abs. 7 eingefügt. § 121 Abs. 4a sieht nunmehr im Einklang mit Art. 5 Abs. 2 Aktionärsrechte-RL eine Zuleitungspflicht zur europaweiten Verbreitung der Einberufung vor. Die Regelung zur Berechnung von Fristen und Terminen in

---

[1] Vgl. K. Schmidt/Lutter/*Ziemons* Rn. 1.
[2] Bürgers/Körber/*Reger* Rn. 2; Grigoleit/*Herrler* Rn. 2; Großkomm AktG/*Butzke* Rn. 21; Hüffer/Koch/*Koch*, 13. Aufl. 2018, Rn. 1.
[3] Bürgers/Körber/*Reger* Rn. 2; Grigoleit/*Herrler* Rn. 2; Hölters/*Drinhausen* Rn. 3; Hüffer/Koch/*Koch*, 13. Aufl. 2018, Rn. 1; für die GmbH auch BGHZ 100, 264 (267); aA noch *Wenck*, Die Einberufung der Generalversammlungen bei Aktiengesellschaften, Genossenschaften, GmbH, Gewerkschaften und Versicherungsvereinen, 1914, 16 ff., 25.
[4] Hüffer/Koch/*Koch*, 13. Aufl. 2018, Rn. 1.
[5] Vgl. Großkomm AktG/*Butzke* Rn. 2; MüKoAktG/*Kubis* Rn. 1, 4.
[6] Vgl. MüKoAktG/*Kubis* Rn. 4.
[7] LG Frankfurt a.M. ZIP 2008, 1723 (1724 ff.) – Leica; ebenso OLG Frankfurt a.M. ZIP 2008, 1722 (1723) – Leica.
[8] Ausf. Großkomm AktG/*Butzke* Rn. 3.
[9] Vgl. BegrRegE BT-Drs. 12/6721, 8.
[10] Gesetz zur Umsetzung der Richtlinie über Märkte für Finanzinstrumente und der Durchführungsrichtlinie der Kommission (Finanzmarktrichtlinie-Umsetzungsgesetz) v. 16.7.2007, BGBl. 2007 I 1330.
[11] RL 2007/36/EG des Europäischen Parlaments und des Rates v. 11.7.2007 über die Ausübung bestimmter Rechte von Aktionären in börsennotierten Gesellschaften, ABl. EU 2007 Nr. L 184, 17.

§ 121 Abs. 7 ersetzt die missglückte Regelung in § 123 Abs. 4 aF. Nach der Übergangsregelung des § 20 Abs. 1 EGAktG war § 121 in der Fassung des ARUG erstmals auf Hauptversammlungen anzuwenden, die nach dem 31. Oktober 2009 einberufen wurden. Durch Art. 1 Nr. 9 der Aktienrechtsnovelle 2016[12] wurde der Verweis in § 121 Abs. 3 S. 3 Nr. 1 an den geänderten § 123 angepasst. § 121 Abs. 4 S. 3 aF, der auf die §§ 125-127 verwies, wurde gestrichen. Darüber hinaus wurde § 121 Abs. 4a geändert, um die Anwendbarkeit der darin enthaltenen Ausnahmeregelung auf Inhaberaktien klarzustellen.

II. Einberufungsgründe (Abs. 1)

1. Allgemeines. § 121 Abs. 1 nennt drei alternative[13] Einberufungsgründe: Außer in den durch Gesetz oder Satzung bestimmten Fällen ist die Hauptversammlung dann einzuberufen, wenn das Wohl der Gesellschaft es fordert. In diesen Fällen besteht nicht nur eine Einberufungsberechtigung, sondern eine **Einberufungspflicht**.[14] Der Einberufungsgrund muss nicht ausdrücklich im Gesetz oder in der Satzung vorgesehen sein (anders noch § 106 Abs. 1 AktG 1937). Ausreichend ist, dass er sich hieraus **mittelbar** ergibt.[15] Die Hauptversammlung ist in den betreffenden Fällen regelmäßig, aber nicht zwingend zur Beschlussfassung einzuberufen.[16]

2. Gesetzliche Einberufungsgründe. § 121 Abs. 1 Var. 1 erfasst sowohl die im Gesetz ausdrücklich vorgesehenen Einberufungsgründe als auch die sich mittelbar aus der Zuweisung bestimmter Zuständigkeiten an die Hauptversammlung ergebenden Einberufungsgründe (→ Rn. 5). **Ausdrücklich angeordnet** ist die Einberufung für die Entgegennahme des festgestellten Jahresabschlusses (§ 175 Abs. 1 S. 1), bei einem Verlust in Höhe der Hälfte des Grundkapitals (§ 92 Abs. 1) und im Fall eines Minderheitsverlangens (§ 122 Abs. 1 S. 1). Ebenfalls hierher zu zählen ist das Verlangen des Hauptaktionärs gem. § 327a Abs. 1 S. 1.[17] Ein Sonderfall ist § 124 Abs. 4 S. 2, wonach die Hauptversammlung selbst die Einberufung einer weiteren Hauptversammlung beschließen kann. In diesem Fall ist wiederum der Vorstand zur Durchführung des Beschlusses verpflichtet.[18] Außerhalb des AktG ist eine Einberufung auf **Verlangen der Aufsichtsbehörde** ausdrücklich vorgesehen in § 44 Abs. 5 S. 1 KWG, § 3 Abs. 1 BausparkG, § 3 Abs. 1 PfandBG, § 306 Abs. 1 Nr. 5 VAG und § 19 Abs. 3 ZAG.

Eine Einberufungspflicht aufgrund der **Zuständigkeit der Hauptversammlung** besteht insbesondere in den Fällen des § 119 Abs. 1. Hierzu zählen die Bestellung von Aufsichtsratsmitgliedern (§ 101 Abs. 1), die Gewinnverwendung (§ 120 Abs. 3), die Entlastung von Vorstand und Aufsichtsrat (§ 120 Abs. 1), die Bestellung des Abschlussprüfers (§ 318 Abs. 1 HGB), die Bestellung von Sonderprüfern (§ 142 Abs. 1) sowie die Auflösung der Gesellschaft (§ 262 Abs. 1 Nr. 2). Weitere Fälle sind etwa die Zustimmung zu einem Nachgründungsvertrag (§ 52 Abs. 1), der Vertrauensentzug (§ 84 Abs. 3 S. 2), die Feststellung des Jahresabschlusses bzw. Billigung des Konzernabschlusses in den besonderen Fällen (§ 173 Abs. 1) und die Zustimmung zur Vermögensübertragung (§ 179a Abs. 1 S. 1). Auch für eine Reihe von Strukturmaßnahmen ist ein Hauptversammlungsbeschluss erforderlich (s. etwa § 293 Abs. 1 S. 1, § 319 Abs. 1 S. 1, § 320 Abs. 1 S. 1, § 13 Abs. 1 S. 1 UmwG, § 125 S. 1 UmwG, § 240 Abs. 1 S. 1 UmwG). Darüber hinaus können ungeschriebene Hauptversammlungszuständigkeiten nach den sog. „Holzmüller/Gelatine"-Grundsätzen (→ § 119 Rn. 21 ff.) eine gesetzliche Einberufungspflicht begründen.[19]

In den Fällen des § 92 Abs. 1 und des § 175 Abs. 1 S. 1 muss die Einberufung unverzüglich (§ 121 Abs. 1 S. 1 BGB) erfolgen.[20] Für die Entlastung macht § 120 Abs. 1 die Vorgabe, dass die Beschlussfassung in den ersten acht Monaten des Geschäftsjahrs erfolgen soll. Die Verhandlung über die Gewinnverwendung soll mit der Verhandlung über die Entlastung verbunden werden (§ 120 Abs. 3 S. 1). Für die SE regelt Art. 54 Abs. 1 S. 1 SE-VO, dass die Hauptversammlung mindestens einmal im Kalenderjahr binnen sechs Monaten nach Abschluss des Geschäftsjahrs zusammentritt. In den übrigen Fällen bestehen **grundsätzlich keine zwingenden zeitlichen**

---

[12] Gesetz zur Änderung des Aktiengesetzes (Aktienrechtsnovelle 2016) v. 22.12.2015, BGBl. 2015 I 2565.
[13] Vgl. BegrRegE bei *Kropff* S. 168; Großkomm AktG/*Butzke* Rn. 5; MüKoAktG/*Kubis* Rn. 5.
[14] Bürgers/Körber/*Reger* Rn. 3; Grigoleit/*Herrler* Rn. 3; Hölters/*Drinhausen* Rn. 6; Hüffer/Koch/*Koch*, 13. Aufl. 2018, Rn. 3; MüKoAktG/*Kubis* Rn. 5.
[15] BegrRegE bei *Kropff* S. 168; Hüffer/Koch/*Koch*, 13. Aufl. 2018, Rn. 3; MüKoAktG/*Kubis* Rn. 5.
[16] Bürgers/Körber/*Reger* Rn. 3; Hüffer/Koch/*Koch*, 13. Aufl. 2018, Rn. 3.
[17] Ebenso Großkomm AktG/*Butzke* Rn. 7.
[18] *Butzke* Die Hauptversammlung der AG Rn. B 34.
[19] Grigoleit/*Herrler* Rn. 4; Großkomm AktG/*Butzke* Rn. 8; MüKoAktG/*Kubis* Rn. 7; K. Schmidt/Lutter/*Ziemons* Rn. 10; *Reichert/Balke* in Semler/Volhard/Reichert HV-HdB § 4 Rn. 11.
[20] Zur Bestimmung der Unverzüglichkeit s. MüKoAktG/*Kubis* Rn. 12 mwN.

Vorgaben für die Einberufung (sofern nicht das Wohl der Gesellschaft eine unverzügliche Einberufung erfordert, → Rn. 10). Im Hinblick auf zustimmungsbedürftige Verträge folgt dies bereits daraus, dass hier die Initiative ohnehin zunächst vom Vorstand ausgeht.[21] Ist für einen Vertrag die Zustimmung der Hauptversammlung erforderlich, besteht gegenüber dem Vertragspartner regelmäßig eine konkludente Einberufungspflicht, die allerdings von der Einberufungspflicht nach § 121 Abs. 1 zu unterscheiden ist, da sie nur im Innenverhältnis zwischen den Vertragsparteien gilt.[22]

9 **3. Satzungsmäßige Einberufungsgründe.** Gem. § 121 Abs. 1 Var. 2 ist die Hauptversammlung auch in den durch die Satzung bestimmten Fällen einzuberufen. Der Spielraum für den Satzungsgeber ist allerdings gering, da § 23 Abs. 5 eine abweichende Regelung der Organkompetenz nur in den vom Gesetz ausdrücklich geregelten Fällen zulässt.[23] Hierzu zählt insbesondere die **Zustimmung zur Übertragung vinkulierter Namensaktien,** die gem. § 68 Abs. 2 S. 3 der Hauptversammlung überlassen werden kann.[24] Ebenfalls erfasst von § 121 Abs. 1 Var. 2 sind Fälle, in denen das Gesetz die Regelung einzelner Voraussetzungen durch die Satzung gestattet. Dies gilt etwa für § 122 Abs. 1 S. 2, der eine Herabsetzung der Anforderungen an ein Minderheitsverlangen auf Einberufung der Hauptversammlung erlaubt.[25] Zudem kann durch die Satzung bestimmten Personen das Recht zur Einberufung eingeräumt werden (→ Rn. 17).[26] Unzulässig ist dagegen eine Satzungsregelung, nach der bestimmte Geschäftsführungsmaßnahmen von der Zustimmung der Hauptversammlung abhängig gemacht werden (sofern nicht eine ungeschriebene Zuständigkeit besteht).[27] In Fällen, in denen nach der Kompetenzordnung des AktG ein anderes Organ zuständig ist, kann durch die Satzung auch keine Einberufung der Hauptversammlung zu Beratungszwecken oder zur Unterrichtung der Aktionäre vorgesehen werden.[28]

10 **4. Wohl der Gesellschaft.** Gem. § 121 Abs. 1 Var. 3 ist die Hauptversammlung auch dann einzuberufen, wenn das Wohl der Gesellschaft es fordert. Die Vorschrift wird ergänzt durch § 111 Abs. 3 (→ § 111 Rn. 57 ff.), der eine entsprechende Einberufungspflicht für den Aufsichtsrat vorsieht. § 121 Abs. 1 Var. 3 begründet keine eigenständige Beschlusskompetenz der Hauptversammlung, sondern setzt eine solche voraus.[29] Als weitere Voraussetzung kommt hinzu, dass eine Beschlussfassung durch die Hauptversammlung **zur Wahrung der Gesellschaftsinteressen erforderlich** ist.[30] Da § 121 Abs. 1 Var. 3 den Einberufungsgrund nicht ausdrücklich bestimmt, sondern vielmehr den gesamten Zuständigkeitsbereich der Hauptversammlung betrifft, hat die Regelung keine besondere praktische Bedeutung.[31] Der Gesetzgeber wollte mit der Aufnahme in das AktG 1965 nur im Einklang mit der bereits zuvor herrschenden Ansicht klarstellen, dass in den entsprechenden Fällen nicht nur der Aufsichtsrat (§ 111 Abs. 3), sondern auch der Vorstand zur Einberufung berechtigt ist.[32] Ob das Wohl der Gesellschaft die Einberufung einer Hauptversammlung erfordert, entscheidet der Vorstand **nach pflichtgemäßem Ermessen.**[33] § 121 Abs. 1 Var. 3 soll nach ganz hM auch die Einberufung

---

[21] Vgl. MüKoAktG/*Kubis* Rn. 12; s. auch *Butzke* Die Hauptversammlung der AG Rn. B 37.
[22] Großkomm AktG/*Butzke* Rn. 17; MüKoAktG/*Kubis* Rn. 11.
[23] Vgl. GHEK/*Eckardt* Rn. 9; Grigoleit/*Herrler* Rn. 5; Großkomm AktG/*Butzke* Rn. 10; Hölters/*Drinhausen* Rn. 9; Hüffer/Koch/*Koch,* 13. Aufl. 2018, Rn. 4; MüKoAktG/*Kubis* Rn. 8.
[24] Vgl. Bürgers/Körber/*Reger* Rn. 4; Großkomm AktG/*Butzke* Rn. 11; Hölters/*Drinhausen* Rn. 9; Hüffer/Koch/*Koch,* 13. Aufl. 2018, Rn. 4; Kölner Komm AktG/*Noack/Zetzsche* Rn. 25; MüKoAktG/*Kubis* Rn. 8; K. Schmidt/Lutter/*Ziemons* Rn. 15; Wachter/*Mayrhofer* Rn. 4; *Butzke* Die Hauptversammlung der AG Rn. B 35; MHdB AG/*Bungert* § 36 Rn. 4.
[25] Hüffer/Koch/*Koch,* 13. Aufl. 2018, Rn. 4; MüKoAktG/*Kubis* Rn. 8; K. Schmidt/Lutter/*Ziemons* Rn. 15; MHdB AG/*Bungert* § 36 Rn. 4; aA Großkomm AktG/*Butzke* Rn. 13; Kölner Komm AktG/*Noack/Zetzsche* Rn. 26.
[26] Vgl. Großkomm AktG/*Butzke* Rn. 11; K. Schmidt/Lutter/*Ziemons* Rn. 15; MHdB AG/*Bungert* § 36 Rn. 4.
[27] Grigoleit/*Herrler* Rn. 5; Hölters/*Drinhausen* Rn. 9; MüKoAktG/*Kubis* Rn. 8; K. Schmidt/Lutter/*Ziemons* Rn. 16.
[28] GHEK/*Eckardt* Rn. 9; Großkomm AktG/*Butzke* Rn. 12; Kölner Komm AktG/*Noack/Zetzsche* Rn. 24; MüKoAktG/*Kubis* Rn. 8; *Butzke* Die Hauptversammlung der AG Rn. B 35; MHdB AG/*Bungert* § 36 Rn. 4.
[29] Bürgers/Körber/*Reger* Rn. 5; Grigoleit/*Herrler* Rn. 6; Hüffer/Koch/*Koch,* 13. Aufl. 2018, Rn. 5; Kölner Komm AktG/*Noack/Zetzsche* Rn. 27; MüKoAktG/*Kubis* Rn. 9.
[30] Hüffer/Koch/*Koch,* 13. Aufl. 2018, Rn. 5.
[31] Hüffer/Koch/*Koch,* 13. Aufl. 2018, Rn. 5.
[32] BegrRegE bei *Kropff* S. 168.
[33] Grigoleit/*Herrler* Rn. 6; Großkomm AktG/*Butzke* Rn. 16; Hölters/*Drinhausen* Rn. 10; Kölner Komm AktG/*Noack/Zetzsche* Rn. 27; MüKoAktG/*Kubis* Rn. 9; MHdB AG/*Bungert* § 36 Rn. 5; *Reichert/Balke* in Semler/Volhard/Reichert HV-HdB § 4 Rn. 15; iE ähnlich *Butzke* Die Hauptversammlung der AG Rn. B 39: weiter Beurteilungsspielraum.

Allgemeines

einer Hauptversammlung zur bloßen **Erörterung von Geschäftsführungsfragen** erfassen.[34] Dies erscheint zweifelhaft. Selbst wenn man die Möglichkeit einer beschlusslosen Hauptversammlung grundsätzlich anerkennt (→ Rn. 11), dürfte kaum eine Situation denkbar sein, in der eine Einberufung zur Wahrung der Gesellschaftsinteressen tatsächlich erforderlich ist. Eine Einberufungspflicht besteht daher regelmäßig nur in Fällen, in denen eine Beschlussfassung durch die Hauptversammlung erforderlich ist.

5. Fakultative Einberufung. In bestimmten Fällen kann die Hauptversammlung fakultativ einberufen werden. Das Gesetz sieht eine fakultative Einberufung in den Fällen des § 111 Abs. 4 S. 3 und des § 119 Abs. 2 vor.[35] Umstritten ist, ob der Vorstand eine Hauptversammlung auch lediglich zu Beratungszwecken oder zur Unterrichtung der Aktionäre einberufen kann. Nach teilweise vertretener Ansicht ist die Einberufung einer **beschlusslosen Hauptversammlung** außer in den Fällen des § 92 Abs. 1 und des § 175 Abs. 1 grundsätzlich unzulässig.[36] Die wohl hM sieht dagegen auch eine Einberufung zu Informationszwecken als zulässig an.[37] Dem ist grundsätzlich zuzustimmen, da ein schutzwürdiges Interesse, das gegen die freiwillige Einberufung einer beschlusslosen Hauptversammlung sprechen könnte, nicht erkennbar ist (wenngleich sich die Durchführung einer Hauptversammlung nur zu Informationszwecken idR nicht empfehlen dürfte und in der Praxis auch kaum vorkommt). Hiervon zu unterscheiden ist die Frage, ob außerhalb von § 92 Abs. 1 und § 175 Abs. 1 auch eine entsprechende Einberufungspflicht bestehen kann. Diese Frage ist grundsätzlich zu verneinen (→ Rn. 10). Eine Anregung zur Einberufung einer uU beschlusslosen Hauptversammlung sieht **Ziff. 3.7 Abs. 3 DCGK** vor. Danach sollte der Vorstand im Fall eines Übernahmeangebots eine außerordentliche Hauptversammlung einberufen, in der die Aktionäre das Übernahmeangebot beraten und ggf. gesellschaftsrechtliche Maßnahmen beschließen. Bislang hat diese Anregung keine nennenswerte praktische Bedeutung erlangt. Die Zielgesellschaften sehen idR von der Einberufung einer solchen Hauptversammlung ab. Um den Kodex zu entschlacken, empfiehlt sich eine Streichung der Anregung.

III. Einberufungsberechtigte (Abs. 2)

1. Vorstand (Abs. 2 S. 1 und 2). a) Allgemeines. Zur Einberufung berechtigt ist gem. § 121 Abs. 2 S. 1 im Regelfall der Vorstand. Dies gilt auch für einen gerichtlich bestellten Notvorstand (§ 85).[38] Die Eröffnung eines Insolvenzverfahrens lässt die Einberufungsberechtigung des Vorstands unberührt.[39] Bei der **KGaA** sind die geschäftsführungs- und vertretungsberechtigten Komplementäre zur Einberufung berechtigt.[40] Bei der Einberufung handelt es sich um eine **Leitungsaufgabe** iSv § 76 Abs. 1, für die der **Gesamtvorstand** zuständig ist.[41] Die Entscheidung über die Einberufung erfolgt durch Vorstandsbeschluss (→ Rn. 13). Sie kann nicht auf ein einzelnes Vorstandsmitglied delegiert werden (auch nicht über eine entsprechende Ressortverteilung).[42] Etwas anderes gilt für

---

[34] Grigoleit/*Herrler* Rn. 6; Kölner Komm AktG/*Noack/Zetzsche* Rn. 28; K. Schmidt/Lutter/*Ziemons* Rn. 13; *Butzke* Die Hauptversammlung der AG Rn. B 39; MHdB AG/*Bungert* § 36 Rn. 6; wohl auch Großkomm AktG/ *Butzke* Rn. 15; Hüffer/Koch/*Koch*, 13. Aufl. 2018, Rn. 5; aA noch Kölner Komm AktG/*Zöllner*, 1. Aufl. 1985, Rn. 13, 16.

[35] Vgl. Großkomm AktG/*Butzke* Rn. 18; MüKoAktG/*Kubis* Rn. 10; *Reichert/Balke* in Semler/Volhard/Reichert HV-HdB § 4 Rn. 17.

[36] *Steiner*, Die Hauptversammlung der AG, 1995, § 1 Rn. 7; grds. auch Kölner Komm AktG/*Zöllner*, 1. Aufl. 1985, Rn. 16, der eine Ausnahme machen will, sofern eine spätere Beschlussfassung vorbereitet werden soll.

[37] Bürgers/Körber/*Reger* § 119 Rn. 2; Großkomm AktG/*Butzke* Rn. 18; Hölters/*Drinhausen* Rn. 11; Hüffer/ Koch/*Koch*, 13. Aufl. 2018, Rn. 5, § 119 Rn. 4; Kölner Komm AktG/*Noack/Zetzsche* Rn. 28; MüKoAktG/*Kubis* Rn. 10; K. Schmidt/Lutter/*Ziemons* Rn. 13; Wachter/*Mayrhofer* Rn. 6; *Butzke* Die Hauptversammlung der AG Rn. B 37; MHdB AG/*Bungert* § 36 Rn. 6; *Reichert/Balke* in Semler/Volhard/Reichert HV-HdB § 4 Rn. 19; *Ruppert* in Schaaf Praxis der HV Rn. 91; *Huber* ZIP 1995, 1740 (1741 ff.).

[38] Grigoleit/*Herrler* Rn. 7; MüKoAktG/*Kubis* Rn. 15; *Butzke* Die Hauptversammlung der AG Rn. B 30.

[39] BGHZ 149, 158 (163) – Sachsenmilch III; OLG München AG 1995, 232 – EKATIT Riedinger Verwaltungs-AG; Hölters/*Drinhausen* Rn. 14; Kölner Komm AktG/*Noack/Zetzsche* Rn. 48; MüKoAktG/*Kubis* Rn. 15; *Selter* NZG 2013, 1133.

[40] LG München I ZIP 2014, 25 (28); Großkomm AktG/*Butzke* Rn. 29.

[41] BGHZ 149, 158 (160) – Sachsenmilch III; Grigoleit/*Herrler* Rn. 7; Großkomm AktG/*Butzke* Rn. 21; Hölters/*Drinhausen* Rn. 14; Hüffer/Koch/*Koch*, 13. Aufl. 2018, Rn. 6; Kölner Komm AktG/*Noack/Zetzsche* Rn. 34; K. Schmidt/Lutter/*Ziemons* Rn. 18; *Butzke* Die Hauptversammlung der AG Rn. B 31.

[42] Bürgers/Körber/*Reger* Rn. 6; GHEK/*Eckardt* Rn. 22; Grigoleit/*Herrler* Rn. 7; Großkomm AktG/*Butzke* Rn. 21; Hüffer/Koch/*Koch*, 13. Aufl. 2018, Rn. 6; MüKoAktG/*Kubis* Rn. 15; MHdB AG/*Bungert* § 36 Rn. 8; s. auch BGHZ 149, 158 (161) – Sachsenmilch III.

die Durchführung der Einberufung.[43] Beschließt der Vorstand die Einberufung, wird man darin idR zugleich die konkludente Beauftragung des Vorstandsvorsitzenden oder -sprechers (soweit vorhanden) zur Ausführung des Beschlusses sehen können.[44]

13   **b) Beschlussfassung.** Die Einberufung setzt stets einen entsprechenden Vorstandsbeschluss voraus. Der Vorstand muss im Zeitpunkt der Beschlussfassung **ordnungsgemäß besetzt** und damit handlungsfähig sein (§ 76 Abs. 2; → Rn. 101).[45] Ein unterbesetzter Vorstand kann die Einberufung nicht wirksam beschließen.[46] Hiervon zu unterscheiden ist die bloße Verfahrenshandlung der Einberufung, die auch von einem unterbesetzten Vorstand vorgenommen werden kann.[47] Ein unwirksamer Einberufungsbeschluss wird nicht durch die Billigung des Aufsichtsrats geheilt.[48] Die Beschlussfähigkeit richtet sich nach der Satzung und/oder der Geschäftsordnung für den Vorstand.[49] Abweichend vom grundsätzlichen Einstimmigkeitsprinzip des § 77 Abs. 1 beschließt der Vorstand über die Einberufung mit **einfacher Mehrheit** (§ 121 Abs. 2 S. 1). Die einfache Mehrheit bezieht sich auf die abgegebenen Stimmen; Enthaltungen sind nicht mitzuzählen.[50] Das Mehrheitserfordernis kann durch die Satzung nicht verschärft werden.[51] Das Zustandekommen des Einberufungsbeschlusses kann auch nicht von der Zustimmung des Aufsichtsrats abhängig gemacht werden.[52]

14   **c) Eingetragene Vorstandsmitglieder (Abs. 2 S. 2).** Gem. § 121 Abs. 2 S. 2 gelten Personen, die in das Handelsregister als Vorstand eingetragen sind (§ 39 Abs. 1, § 81 Abs. 1), als einberufungsbefugt. Es handelt sich um eine **unwiderlegbare Vermutung.**[53] Ein guter Glaube desjenigen, der sich auf die Vermutung beruft, ist nicht erforderlich. Die Vorschrift dient der Rechtssicherheit und soll Einberufungsmängel vermeiden (insbesondere vor dem Hintergrund der Nichtigkeitsfolge gem. § 241 Nr. 1).[54] Die Vermutungswirkung des § 121 Abs. 2 S. 2 gilt auch bei **Geschäftsunfähigkeit** der als Vorstand eingetragenen Person.[55] Da die Einberufung nur vorbereitenden Charakter hat, ist ein besonderer Schutz des Geschäftsunfähigen nicht erforderlich, so dass der Verkehrsschutz Vorrang genießt.

14a   **Maßgeblicher Zeitpunkt** für die Eintragung als Vorstand ist die **Bekanntmachung der Einberufung.**[56] Hierfür kommt es allein auf die Veröffentlichung im Bundesanzeiger an (§ 121 Abs. 4 S. 1 iVm § 25). § 25 S. 2 aF, der weitere Blätter oder elektronische Informationsmedien als Gesellschaftsblätter zuließ, wurde durch Art. 1 Nr. 3 der Aktienrechtsnovelle 2016[57] aufgehoben (→ Rn. 49). Bestimmte die Satzung bis zum 30. Dezember 2015 neben dem Bundesanzeiger weitere Informationsmedien als Gesellschaftsblätter, bleibt eine solche Satzungsregelung zwar auch in der

---

[43] Großkomm AktG/*Butzke* Rn. 21; Hüffer/Koch/*Koch*, 13. Aufl. 2018, Rn. 6; Kölner Komm AktG/*Noack/Zetzsche* Rn. 34.
[44] Grigoleit/*Herrler* Rn. 7; Großkomm AktG/*Butzke* Rn. 21; Hölters/*Drinhausen* Rn. 14; Kölner Komm AktG/*Noack/Zetzsche* Rn. 34; MüKoAktG/*Kubis* Rn. 15; MHdB AG/*Bungert* § 36 Rn. 9.
[45] Vgl. BGHZ 149, 158 (160 ff.) – Sachsenmilch III; Hölters/*Drinhausen* Rn. 16; MüKoAktG/*Kubis* Rn. 16; K. Schmidt/Lutter/*Ziemons* Rn. 19; Wachter/*Mayrhofer* Rn. 9; *Butzke* Die Hauptversammlung der AG Rn. B 31.
[46] LG Münster AG 1998, 344 – Rheiner Moden; LG Heilbronn AG 2000, 373 (374) – Konrad Hornschuch; Großkomm AktG/*Butzke* Rn. 39; Hüffer/Koch/*Koch*, 13. Aufl. 2018, § 76 Rn. 56; MüKoAktG/*Kubis* Rn. 16, 29; *Butzke* Die Hauptversammlung der AG Rn. B 31; MHdB AG/*Bungert* § 36 Rn. 9; *Weimar* EWiR 1998, 387 f.; s. auch BGHZ 149, 158 (161 f.) – Sachsenmilch III; OLG Dresden ZIP 1999, 1632 (1633 f.) – Sachsenmilch II; LG Dresden AG 1999, 46 f. – Sachsenmilch; aA GHEK/*Eckardt* Rn. 20; *Priester* FS Kropff, 1997, 591 (597); *Rottnauer* NZG 2000, 414 (416 f.).
[47] Hüffer/Koch/*Koch*, 13. Aufl. 2018, § 76 Rn. 56; aA K. Schmidt/Lutter/*Ziemons* Rn. 19.
[48] LG Münster AG 1998, 344 – Rheiner Moden; MüKoAktG/*Kubis* Rn. 16.
[49] MüKoAktG/*Kubis* Rn. 17.
[50] Großkomm AktG/*Butzke* Rn. 24; Kölner Komm AktG/*Noack/Zetzsche* Rn. 36; MüKoAktG/*Kubis* Rn. 18; *Butzke* Die Hauptversammlung der AG Rn. B 31.
[51] GHEK/*Eckardt* Rn. 21; Großkomm AktG/*Butzke* Rn. 24; Hölters/*Drinhausen* Rn. 16; MüKoAktG/*Kubis* Rn. 18; MHdB AG/*Bungert* § 36 Rn. 8.
[52] MüKoAktG/*Kubis* Rn. 19; aA GHEK/*Eckardt* Rn. 21.
[53] Bürgers/Körber/*Reger* Rn. 7; GHEK/*Eckardt* Rn. 24; Großkomm AktG/*Butzke* Rn. 25; Hüffer/Koch/*Koch*, 13. Aufl. 2018, Rn. 7; MüKoAktG/*Kubis* Rn. 20; Wachter/*Mayrhofer* Rn. 10; MHdB AG/*Bungert* § 36 Rn. 10; *Reichert/Balke* in Semler/Volhard/Reichert HV-HdB § 4 Rn. 25; *Rottnauer* NZG 2000, 414.
[54] Vgl. Hüffer/Koch/*Koch*, 13. Aufl. 2018, Rn. 7; Kölner Komm AktG/*Noack/Zetzsche* Rn. 37; MüKoAktG/*Kubis* Rn. 20; K. Schmidt/Lutter/*Ziemons* Rn. 20; *Rottnauer* NZG 2000, 414.
[55] Großkomm AktG/*K. Schmidt* § 241 Rn. 44; Kölner Komm AktG/*Zöllner*, 1. Aufl. 1985, Rn. 49; MüKoAktG/*Kubis* Rn. 30; aA KG WM 1959, 513 (516) (zu § 105 Abs. 1 S. 2 AktG 1937); GHEK/*Eckardt* Rn. 25; Großkomm AktG/*Butzke* Rn. 28.
[56] Grigoleit/*Herrler* Rn. 8; Großkomm AktG/*Butzke* Rn. 27; Hölters/*Drinhausen* Rn. 15; Hüffer/Koch/*Koch*, 13. Aufl. 2018, Rn. 7; MüKoAktG/*Kubis* Rn. 20; Wachter/*Mayrhofer* Rn. 10; MHdB AG/*Bungert* § 36 Rn. 10; aA wohl nur Kölner Komm AktG/*Noack/Zetzsche* Rn. 40: Zeitpunkt der Beschlussfassung.
[57] Gesetz zur Änderung des Aktiengesetzes (Aktienrechtsnovelle 2016) v. 22.12.2015, BGBl. 2015 I 2565.

Zeit ab dem 31. Dezember 2015 wirksam (§ 26h Abs. 3 S. 1 EGAktG). Für einen Fristbeginn oder das sonstige Eintreten von Rechtsfolgen ist ab dem 1. Februar 2016 aber auch in diesem Fall ausschließlich die Bekanntmachung im Bundesanzeiger maßgeblich (§ 26h Abs. 3 S. 2 EGAktG). Anders als vor Inkrafttreten der Aktienrechtsnovelle 2016 reicht es somit nicht mehr aus, wenn die Eintragung im Zeitpunkt der Bekanntmachung in einem anderen Gesellschaftsblatt als dem Bundesanzeiger besteht.[58]

§ 121 Abs. 2 S. 2 gilt auch für einen **Notvorstand** und (über den Verweis in § 268 Abs. 2 S. 1) für **Abwickler**.[59] Auf die Einberufungsbefugnis eines GmbH-Geschäftsführers ist § 121 Abs. 2 S. 2 nicht entsprechend anwendbar.[60] Gleiches gilt für eine zu Unrecht im Handelsregister eingetragene persönlich haftende Gesellschafterin einer Publikums-KG.[61] Aus § 121 Abs. 2 S. 2 lässt sich nicht im Wege eines Umkehrschlusses ableiten, dass nur eingetragene Vorstandsmitglieder zur Einberufung berechtigt wären. Auch **nicht eingetragene Vorstandsmitglieder** sind einberufungsbefugt, wenn sie wirksam bestellt wurden.[62]

2. Andere Berechtigte (Abs. 2 S. 3). a) Allgemeines. Gem. § 121 Abs. 2 S. 3 bleibt das auf Gesetz oder Satzung beruhende Einberufungsrecht anderer Personen unberührt. § 120 Abs. 2 S. 3 setzt somit eine anderweitig begründete Einberufungsberechtigung voraus. Sind andere Personen durch Gesetz oder Satzung zur Einberufung berechtigt, können auch diese die Einberufungsberechtigung nicht auf Dritte delegieren.[63] Die Einschränkung einer gesetzlichen Einberufungsberechtigung durch die Satzung ist nicht möglich.[64]

b) Gesetzliche Einberufungsberechtigung. Kraft Gesetzes zur Einberufung berechtigt und verpflichtet ist der **Aufsichtsrat**, wenn das **Wohl der Gesellschaft** es fordert (§ 111 Abs. 3 S. 1; → § 111 Rn. 57 ff.). Dies kann insbesondere der Fall sein, wenn der Vorstand eine gesetzliche Einberufungspflicht verletzt.[65] Eine auf das Wohl der Gesellschaft gestützte Einberufung durch den Aufsichtsrat kann dagegen nicht erfolgen, um eine Vorlage von Geschäftsführungsmaßnahmen gem. § 111 Abs. 4 S. 3 oder § 119 Abs. 2 zu erzwingen.[66] Etwas anderes gilt nur im Bereich der ungeschriebenen Hauptversammlungszuständigkeit nach den „Holzmüller/Gelatine"-Grundsätzen.[67] Unzulässig ist auch eine Einberufung durch den Aufsichtsrat zur bloßen Erörterung von Geschäftsführungsfragen (→ § 111 Rn. 58).[68] Der Aufsichtsrat entscheidet durch einen mit **einfacher Mehrheit** zu fassenden Beschluss über die Einberufung (§ 111 Abs. 3 S. 1). Das Mehrheitserfordernis kann durch die Satzung nicht verschärft werden.[69] Die Entscheidung über die Einberufung zum Wohl der Gesellschaft kann nicht auf einen Ausschuss delegiert werden (§ 107 Abs. 3 S. 3). Die Durchführung der Einberufung kann dagegen einzelnen Aufsichtsratsmitgliedern überlassen werden. Mangels abweichender Bestimmung ist der Aufsichtsratsvorsitzende zur Ausführung des Einberufungsbe-

---

[58] Zur Rechtslage vor Inkrafttreten der Aktienrechtsnovelle 2016 vgl. die Nachweise in der Vorauflage.
[59] Großkomm AktG/*Butzke* Rn. 36.
[60] BGHZ 212, 342 (347 ff.) = NZG 2017, 182 (183 f.); s. dazu Bayer/Illhardt NZG 2017, 801 ff.; *Götze* NZG 2017, 185; *Hauschild/Berjasevic* DB 2017, 714; *Liebscher/Steinbrück* GmbHR 2017, 497 ff.; *Mense/Klie* GWR 2017, 473; *Münnich* GmbHR 2017, 191 ff.; *Priester* EWiR 2017, 101 f.; *Teichmann* BB 2017, 210; *Than* WuB 2017, 382 ff.
[61] BGH ZIP 2017, 281 (284 f.); s. dazu Bayer/Illhardt NZG 2017, 801 ff.; *Gottschalk/Wollschläger* GWR 2017, 116; *Schöpflin* WuB 2017, 389 ff.; *von der Linden* EWiR 2017, 295 f.
[62] Bürgers/Körber/*Reger* Rn. 7; Großkomm AktG/*Butzke* Rn. 26; Hölters/*Drinhausen* Rn. 15; Hüffer/Koch/*Koch*, 13. Aufl. 2018, Rn. 7; Kölner Komm AktG/*Noack/Zetzsche* Rn. 37; MüKoAktG/*Kubis* Rn. 20; Wachter/*Mayrhofer* Rn. 10; MHdB AG/*Bungert* § 36 Rn. 10; *Reichert/Balke* in Semler/Volhard/Reichert HV-HdB § 4 Rn. 26.
[63] Bürgers/Körber/*Reger* Rn. 10; Großkomm AktG/*Butzke* Rn. 30; Kölner Komm AktG/*Noack/Zetzsche* Rn. 54; MüKoAktG/*Kubis* Rn. 24; *Butzke* Die Hauptversammlung der AG Rn. B 48.
[64] Großkomm AktG/*Butzke* Rn. 30; *Reichert/Balke* in Semler/Volhard/Reichert HV-HdB § 4 Rn. 62.
[65] Großkomm AktG/*Butzke* Rn. 32; *Butzke* Die Hauptversammlung der AG Rn. B 42.
[66] Großkomm AktG/*Butzke* Rn. 32; Kölner Komm AktG/*Noack/Zetzsche* Rn. 45; MüKoAktG/*Habersack* § 111 Rn. 90; MüKoAktG/*Kubis* Rn. 21; MHdB AG/*Bungert* § 36 Rn. 12; *Reichert/Balke* in Semler/Volhard/Reichert HV-HdB § 4 Rn. 31.
[67] Großkomm AktG/*Butzke* Rn. 32; Kölner Komm AktG/*Noack/Zetzsche* Rn. 45; MüKoAktG/*Habersack* § 111 Rn. 90; MHdB AG/*Bungert* § 36 Rn. 12; *Reichert/Balke* in Semler/Volhard/Reichert HV-HdB § 4 Rn. 31.
[68] Großkomm AktG/*Butzke* Rn. 32 Fn. 49; Hüffer/Koch/*Koch*, 13. Aufl. 2018, § 111 Rn. 31; Kölner Komm AktG/*Mertens/Cahn* § 111 Rn. 74; MüKoAktG/*Kubis* Rn. 21; aA K. Schmidt/Lutter/*Drygala* § 111 Rn. 46; MHdB AG/*Bungert* § 36 Rn. 12; *Reichert/Balke* in Semler/Volhard/Reichert HV-HdB § 4 Rn. 31; für besonders gelagerte Fälle auch *Butzke* Die Hauptversammlung der AG Rn. B 43.
[69] Großkomm AktG/*Butzke* Rn. 33; Kölner Komm AktG/*Noack/Zetzsche* Rn. 44; MüKoAktG/*Kubis* Rn. 22; *Butzke* Die Hauptversammlung der AG Rn. B 41; *Reichert/Balke* in Semler/Volhard/Reichert HV-HdB § 4 Rn. 29.

§ 121   16a–19   Erstes Buch. Aktiengesellschaft

schlusses berechtigt und verpflichtet.[70] Die Befugnis zur Einberufung der Hauptversammlung schließt die Annexkompetenz zur Beauftragung eines Hauptversammlungsdienstleisters mit ein.[71]

16a   Eine Einberufungsberechtigung kraft Gesetzes besteht auch für eine **gerichtlich ermächtigte Aktionärsminderheit** (§ 122 Abs. 3 S. 1). Gleiches gilt für die **Abwickler**, die innerhalb ihres Geschäftskreises die Rechte und Pflichten des Vorstands haben (§ 268 Abs. 2 S. 1). Keine Einberufungsberechtigung kraft Gesetzes besteht dagegen für den **Insolvenzverwalter**, da der innergesellschaftliche Bereich betroffen ist, dessen Regelung weiterhin dem Vorstand vorbehalten bleibt (→ Rn. 12).[72] Ebenfalls nicht erfasst sind die Fälle von § 44 Abs. 5 S. 1 KWG, § 3 Abs. 1 BausparkG, § 3 Abs. 1 PfandBG, § 306 Abs. 1 Nr. 5 VAG und § 19 Abs. 3 ZAG, da in diesen Fällen die **Aufsichtsbehörde** die Hauptversammlung nicht selbst einberufen, sondern nur vom Vorstand die Einberufung verlangen kann (→ Rn. 6).

17   c) **Satzungsmäßige Einberufungsberechtigung.** § 121 Abs. 2 S. 3 setzt voraus, dass eine Einberufungsberechtigung auch **durch die Satzung** begründet werden kann. Die Satzung kann einzelnen Vorstands- oder Aufsichtsratsmitgliedern, aber auch einzelnen Aktionären oder Aktionärsgruppen ein Recht zur Einberufung einräumen.[73] Gleiches gilt für Prokuristen.[74] Auch eine Einberufungsberechtigung zugunsten von außenstehenden Dritten (zB Behörden) kann durch die Satzung vorgesehen werden.[75] Die Satzungsregelung muss aber stets praktikabel und hinreichend bestimmt sein, um einen ausreichenden Nachweis der Einberufungsberechtigung zu ermöglichen.[76]

IV. Inhalt der Einberufung (Abs. 3)

18   1. **Allgemeines.** § 121 Abs. 3 ist durch Art. 1 Nr. 9 ARUG neu gefasst worden und regelt nunmehr allein den Inhalt der Einberufung. Die in § 121 Abs. 3 S. 1 aF geregelte Bekanntmachung wurde in § 121 Abs. 4 S. 1 verschoben, so dass die Regelungen zur Art und Weise der Bekanntmachung der Einberufung nunmehr in § 121 Abs. 4 zusammengefasst sind (ergänzt um eine Verbreitungspflicht für börsennotierte Gesellschaften in § 121 Abs. 4a).[77] Im Zuge der Neufassung durch das ARUG wurden in § 121 Abs. 3 S. 3 entsprechend den Vorgaben von Art. 5 Abs. 3 Aktionärsrechte-RL[78] zusätzliche Pflichtangaben für börsennotierte Gesellschaften eingeführt. Die zuvor für alle Gesellschaften geltende Pflicht zur Angabe der Voraussetzungen für die Teilnahme und die Stimmrechtsausübung gilt nunmehr nur noch für börsennotierte Gesellschaften. Der Gesetzgeber will hierdurch Gesellschaften ohne Börsennotierung entlasten, da eine entsprechende Information gerade bei kleineren Gesellschaften häufig unnötig ist.[79] § 121 Abs. 3 ist **zwingend, aber nicht abschließend**.[80] Weitere Regelungen zum Inhalt der Bekanntmachung sind in § 124 Abs. 2 und 3 enthalten (→ § 124 Rn. 9 ff., 26 ff.). Zusätzliche Pflichtangaben im Hinblick auf die Mitteilungen für Aktionäre und Aufsichtsratmitglieder sind in § 125 Abs. 1 S. 4 und 5 vorgesehen (→ § 125 Rn. 18 ff.).

19   Die aktienrechtlichen Pflichtangaben werden teilweise durch kapitalmarktrechtliche Pflichtangaben ergänzt und überlagert. Gem. **§ 49 Abs. 1 Nr. 1 WpHG** (§ 30b Abs. 1 Nr. 1 WpHG aF) müssen Emittenten zugelassener Aktien, für die die Bundesrepublik Deutschland der Herkunftsstaat ist, die Einberufung der Hauptversammlung einschließlich der Tagesordnung, die Gesamtzahl der Aktien und Stimmrechte im Zeitpunkt der Einberufung und die Rechte der Aktionäre bezüglich der Teilnahme an der Hauptversammlung unverzüglich im Bundesanzeiger veröffentlichen. Abgesehen von der Gesamtzahl der Aktien und Stimmrechte überschneidet sich der Inhalt der Veröffentlichungs-

---

[70] Großkomm AktG/*Butzke* Rn. 34; MüKoAktG/*Kubis* Rn. 23.
[71] LG Frankfurt a.M. AG 2015, 252.
[72] BGHZ 149, 158 (163) – Sachsenmilch III; Großkomm AktG/*Butzke* Rn. 36; Hüffer/Koch/*Koch*, 13. Aufl. 2018, Rn. 8; Kölner Komm AktG/*Noack/Zetzsche* Rn. 48; MüKoAktG/*Kubis* Rn. 25.
[73] *Baumbach/Hueck* Rn. 6; Bürgers/Körber/*Reger* Rn. 9; Grigoleit/*Herrler* Rn. 9; Großkomm AktG/*Butzke* Rn. 38; Hüffer/Koch/*Koch*, 13. Aufl. 2018, Rn. 8; Kölner Komm AktG/*Noack/Zetzsche* Rn. 51; MüKoAktG/*Kubis* Rn. 26; K. Schmidt/Lutter/*Ziemons* Rn. 22; MHdB AG/*Bungert* § 36 Rn. 15; *Reichert/Balke* in Semler/Volhard/Reichert HV-HdB § 4 Rn. 64.
[74] Grigoleit/*Herrler* Rn. 9; Kölner Komm AktG/*Noack/Zetzsche* Rn. 51; MüKoAktG/*Kubis* Rn. 26; v. Godin/Wilhelmi Anm. 6; *Reichert/Balke* in Semler/Volhard/Reichert HV-HdB § 4 Rn. 64.
[75] Bürgers/Körber/*Reger* Rn. 9; Grigoleit/*Herrler* Rn. 9; Großkomm AktG/*Butzke* Rn. 38; Hüffer/Koch/*Koch*, 13. Aufl. 2018, Rn. 8; Kölner Komm AktG/*Noack/Zetzsche* Rn. 51; MüKoAktG/*Kubis* Rn. 26; *Butzke* Die Hauptversammlung der AG Rn. B 48; *Reichert/Balke* in Semler/Volhard/Reichert HV-HdB § 4 Rn. 64.
[76] Kölner Komm AktG/*Zöllner*, 1. Aufl. 1985, Rn. 26; *Butzke* Die Hauptversammlung der AG Rn. B 48; MHdB AG/*Bungert* § 36 Rn. 15.
[77] Vgl. BegrRegE BT-Drs. 16/11 642, 27.
[78] RiLi 2007/36/EG des Europäischen Parlaments und des Rates v. 11.7.2007 über die Ausübung bestimmter Rechte von Aktionären in börsennotierten Gesellschaften, ABl. EU 2007 Nr. L 184, 17.
[79] BegrRegE BT-Drs. 16/11 642, 28.
[80] Vgl. Grigoleit/*Herrler* Rn. 10; Hüffer/Koch/*Koch*, 13. Aufl. 2018, Rn. 9; Wachter/*Mayrhofer* Rn. 15.

pflicht weitgehend mit den gem. § 121 Abs. 3 ohnehin erforderlichen Pflichtangaben (→ Rn. 39). Die Gesamtzahl der Aktien und Stimmrechte wird in der Praxis regelmäßig in die Einberufung mit aufgenommen, um eine separate Veröffentlichung zu vermeiden (sofern nicht noch mit kurzfristigen Änderungen gerechnet wird).[81] Verstöße gegen § 49 Abs. 1 Nr. 1 WpHG führen weder zur Nichtigkeit noch zur Anfechtbarkeit der in der Hauptversammlung gefassten Beschlüsse (§ 52 WpHG).

2. Firma (Abs. 3 S. 1). Gem. § 121 Abs. 3 S. 1 muss die Einberufung zunächst die Firma (§ 4) enthalten. Hierdurch soll eine eindeutige Identifizierung der Gesellschaft ermöglicht werden.[82] Die Firma muss grundsätzlich in der Form angegeben werden, wie sie im Zeitpunkt der Einberufung im Handelsregister eingetragen ist.[83] Wurde im Zeitpunkt der Einberufung eine Umfirmierung bereits zur Eintragung angemeldet, aber noch nicht in das Handelsregister eingetragen, bietet es sich an auch die künftige Firma mit anzugeben. Eine entsprechende Pflicht besteht nicht.[84] Der **Rechtsformzusatz** kann in der Einberufung durch eine **gebräuchliche Abkürzung** ersetzt werden („AG" statt „Aktiengesellschaft").[85] Im Übrigen sind Abkürzungen grundsätzlich unzulässig.[86] Allerdings sind Abkürzungen, Auslassungen und/oder Ungenauigkeiten bei der Angabe der Firma im Hinblick auf den Gesetzeszweck unschädlich (und führen nicht zur Nichtigkeit gem. § 241 Nr. 1), sofern dennoch eine eindeutige Identifikation der Gesellschaft möglich ist.[87]

3. Sitz (Abs. 3 S. 1). Neben der Firma ist zur Identifizierung der Gesellschaft auch der Sitz (§ 5) anzugeben. Hat die Gesellschaft ausnahmsweise einen Doppelsitz, sind beide Sitze zu nennen.[88] Der Sitz muss nicht ausdrücklich als solcher bezeichnet werden. Die gebräuchliche Hintanstellung an die Firma ist ausreichend.[89] Der Sitz muss grundsätzlich in der Form angegeben werden, wie er im Zeitpunkt der Einberufung im Handelsregister eingetragen ist.[90] Wurde im Zeitpunkt der Einberufung eine Sitzverlegung bereits zur Eintragung angemeldet, aber noch nicht in das Handelsregister eingetragen, bietet es sich an, auch den künftigen Sitz mit anzugeben. Eine entsprechende Pflicht besteht nicht.[91] Weicht die korrekte Bezeichnung der politischen Gemeinde des Sitzes von der Eintragung im Handelsregister ab, ist (zumindest auch) die korrekte Bezeichnung anzugeben.[92] Daneben kann zusätzlich die eingetragene Bezeichnung angegeben werden. Wie bei der Angabe der Firma (→ Rn. 20) sind Ungenauigkeiten bei der Angabe des Sitzes unschädlich, sofern dennoch eine eindeutige Identifikation der Gesellschaft möglich ist.[93]

---

[81] Vgl. Bürgers/Körber/*Reger* Rn. 13 f.; Großkomm AktG/*Butzke* Rn. 84; s. auch *Mutter/Arnold/Stehle* AG-Report 2007, 109 f.
[82] Vgl. MüKoAktG/*Kubis* Rn. 32.
[83] Großkomm AktG/*Butzke* Rn. 48; Kölner Komm AktG/*Noack/Zetzsche* Rn. 63; K. Schmidt/Lutter/*Ziemons* Rn. 27.
[84] Großkomm AktG/*Butzke* Rn. 49; aA K. Schmidt/Lutter/*Ziemons* Rn. 27, die eine entsprechende Pflicht bereits ab Beschlussfassung über die Umfirmierung annimmt.
[85] Grigoleit/*Herrler* Rn. 11; Großkomm AktG/*Butzke* Rn. 49; Hölters/*Drinhausen* Rn. 20; Hüffer/Koch/*Koch*, 13. Aufl. 2018, Rn. 9; MüKoAktG/*Kubis* Rn. 32; K. Schmidt/Lutter/*Ziemons* Rn. 27; *Butzke* Die Hauptversammlung der AG Rn. B 69; MHdB AG/*Bungert* § 36 Rn. 42; *Reichert/Balke* in Semler/Volhard/Reichert HV-HdB § 4 Rn. 113.
[86] Großkomm AktG/*Butzke* Rn. 49; MüKoAktG/*Kubis* Rn. 32; K. Schmidt/Lutter/*Ziemons* Rn. 27.
[87] OLG Düsseldorf ZIP 1997, 1153 (1159 f.) – ARAG/Garmenbeck; OLG Hamburg AG 1981, 193 (195) – Altbank Commerzbank Aktiengesellschaft von 1870 in Hamburg; Grigoleit/*Herrler* Rn. 11; Großkomm AktG/*Butzke* Rn. 49; Großkomm AktG/*K. Schmidt* § 241 Rn. 46; Hölters/*Drinhausen* Rn. 20; Hüffer/Koch/*Koch*, 13. Aufl. 2018, § 241 Rn. 11; Kölner Komm AktG/*Noack/Zetzsche* Rn. 63 f., § 241 Rn. 56; MüKoAktG/*Kubis* Rn. 32; MHdB AG/*Bungert* § 36 Rn. 42; *Reichert/Balke* in Semler/Volhard/Reichert HV-HdB § 4 Rn. 113; aA Kölner Komm AktG/*Zöllner*, 1. Aufl. 1985, § 241 Rn. 84; MüKoAktG/*Hüffer/Schäfer* § 241 Rn. 33; K. Schmidt/Lutter/*Schwab* § 241 Rn. 11; K. Schmidt/Lutter/*Ziemons* Rn. 29.
[88] Grigoleit/*Herrler* Rn. 11; Großkomm AktG/*Butzke* Rn. 50; Hölters/*Drinhausen* Rn. 20; Hüffer/Koch/*Koch*, 13. Aufl. 2018, Rn. 9; Kölner Komm AktG/*Noack/Zetzsche* Rn. 65; MüKoAktG/*Kubis* Rn. 33; K. Schmidt/Lutter/*Ziemons* Rn. 28; Wachter/*Mayrhofer* Rn. 16; *Butzke* Die Hauptversammlung der AG Rn. B 69; MHdB AG/*Bungert* § 36 Rn. 42; *Reichert/Balke* in Semler/Volhard/Reichert HV-HdB § 4 Rn. 113.
[89] MüKoAktG/*Kubis* Rn. 33; s. auch K. Schmidt/Lutter/*Ziemons* Rn. 28.
[90] Großkomm AktG/*Butzke* Rn. 50; K. Schmidt/Lutter/*Ziemons* Rn. 28.
[91] Großkomm AktG/*Butzke* Rn. 50; aA K. Schmidt/Lutter/*Ziemons* Rn. 28, die eine entsprechende Pflicht annimmt, sobald die Sitzverlegung „eingeleitet" ist.
[92] K. Schmidt/Lutter/*Ziemons* Rn. 28; aA Großkomm AktG/*Butzke* Rn. 50, der jede der beiden Angaben ausreichen lassen will.
[93] OLG Düsseldorf ZIP 1997, 1153 (1159 f.) – ARAG/Garmenbeck; Grigoleit/*Herrler* Rn. 11; Großkomm AktG/*K. Schmidt* § 241 Rn. 46; Hüffer/Koch/*Koch*, 13. Aufl. 2018, § 241 Rn. 11; Kölner Komm AktG/*Noack/Zetzsche* Rn. 66; MüKoAktG/*Kubis* Rn. 33; *Kort* EWiR 1998, 151 (152); aA Kölner Komm AktG/*Zöllner*, 1. Aufl. 1985, § 241 Rn. 84; MüKoAktG/*Hüffer/Schäfer* § 241 Rn. 33; K. Schmidt/Lutter/*Schwab* § 241 Rn. 11; K. Schmidt/Lutter/*Ziemons* Rn. 29.

22 **4. Zeit der Hauptversammlung (Abs. 3 S. 1).** Ebenfalls anzugeben ist gem. § 121 Abs. 3 S. 1 die Zeit der Hauptversammlung (zu den rechtlichen Anforderungen an die Zeit der Hauptversammlung → Rn. 79 f.). Zu nennen sind das **Datum** (Tag, Monat und Jahr) sowie die **Uhrzeit,** zu der die Hauptversammlung beginnt.[94] Die Angabe der voraussichtlichen Dauer der Hauptversammlung ist nicht erforderlich,[95] zumal diese idR nur schwer vorhersehbar ist. Üblich, aber ebenfalls nicht erforderlich ist die namentliche Bezeichnung des Wochentags.[96] Widerspricht ein angegebener Wochentag dem kalendarischen Datum, ist allein letzteres maßgeblich.[97] In diesem Fall liegt weder ein Anfechtungsgrund noch ein Nichtigkeitsgrund gem. § 241 Nr. 1 vor.[98] Die Hauptversammlung kann auch auf mehrere Tage einberufen werden (→ Rn. 80). Dabei muss für jeden Tag die Uhrzeit des Beginns ersichtlich sein.[99] Wird die Hauptversammlung auf mehrere Tage einberufen, muss nicht ausdrücklich darauf hingewiesen werden, dass die Hauptversammlung auch bereits am ersten Tag geschlossen werden kann und nur bei Bedarf am nächsten Tag fortgesetzt wird.[100] Gleichwohl kann sich ein entsprechender Hinweis anbieten.

23 **5. Ort der Hauptversammlung (Abs. 3 S. 1).** Weiterhin ist gem. § 121 Abs. 3 S. 1 der Ort der Hauptversammlung anzugeben (zu den rechtlichen Anforderungen an den Ort der Hauptversammlung → Rn. 68 ff.). Hierzu ist die **postalische Anschrift** des Versammlungslokals anzugeben (Straße, Hausnummer und Ort).[101] Besteht im Hinblick auf den Namen der politischen Gemeinde Verwechslungsgefahr, ist auch die Postleitzahl oder ein eindeutiger geographischer Zusatz anzugeben.[102] Ansonsten ist die Angabe der Postleitzahl nicht erforderlich.[103] Der Stadtteil, in dem die Hauptversammlung stattfindet, muss regelmäßig nicht mit angegeben werden.[104] Etwas anderes kann ausnahmsweise nur bei einer ansonsten bestehenden Verwechslungsgefahr gelten (zB bei mehreren Straßen mit gleichem Namen).[105] Die Angabe einer postalischen Anschrift ist ausnahmsweise entbehrlich, wenn der Eigenname des Versammlungsgebäudes überregional bekannt ist.[106] Da sich über eine solche überregionale Bekanntheit häufig streiten lässt, empfiehlt es sich idR, die Bezeichnung des Versammlungsgebäudes nur zusätzlich zur postalischen Anschrift anzugeben. Bei größeren Versammlungsgebäuden sind grundsätzlich auch die konkreten Räume anzugeben, in denen die Hauptversammlung stattfindet.[107] Etwas anderes gilt, wenn der Versammlungsraum bereits vor oder in dem Eingangsbereich des Gebäudes gut sichtbar ausgeschildert ist.[108] Eine nachträgliche **Verlegung** in ein anderes Versammlungslokal (innerhalb des bekannt gemachten Orts) ist ohne erneute Bekanntmachung zulässig, wenn alle rechtzeitig erschienenen Aktionäre das neue Versammlungslokal ohne Schwierigkeiten erreichen können.[109] Hierzu bedarf es jedenfalls eines eindeutigen Hinweises am ursprünglichen Versammlungsort. Daneben kann sich uU auch die Bereitstellung von Transportmöglichkeiten anbieten.

24 **6. Tagesordnung (Abs. 3 S. 2). a) Allgemeines.** Gem. § 121 Abs. 3 S. 2 ist auch die Tagesordnung anzugeben. Hierdurch sollen die Aktionäre in die Lage versetzt werden, sich angemessen auf

---

[94] Grigoleit/*Herrler* Rn. 11; Großkomm AktG/*Butzke* Rn. 53; Hölters/*Drinhausen* Rn. 21; Hüffer/Koch/ *Koch,* 13. Aufl. 2018, Rn. 9; Kölner Komm AktG/*Noack*/*Zetzsche* Rn. 67; MüKoAktG/*Kubis* Rn. 34; K. Schmidt/Lutter/*Ziemons* Rn. 30; MHdB AG/*Bungert* § 36 Rn. 42.

[95] OLG Koblenz ZIP 2001, 1093 – Diebels/Reginaris I; OLG Koblenz ZIP 2001, 1095 (1096) – Diebels/ Reginaris II; LG Mainz AG 2005, 894 (895); Grigoleit/*Herrler* Rn. 11; Großkomm AktG/*Butzke* Rn. 54; Hölters/ *Drinhausen* Rn. 21; Hüffer/Koch/*Koch,* 13. Aufl. 2018, Rn. 9; Kölner Komm AktG/*Noack*/*Zetzsche* Rn. 70; MüKoAktG/*Kubis* Rn. 34; K. Schmidt/Lutter/*Ziemons* Rn. 30; *Happ*/*Freitag* AG 1998, 493 (495).

[96] Großkomm AktG/*Butzke* Rn. 53; Kölner Komm AktG/*Noack*/*Zetzsche* Rn. 67; MüKoAktG/*Kubis* Rn. 34; K. Schmidt/Lutter/*Ziemons* Rn. 31.

[97] Großkomm AktG/*Butzke* Rn. 53; Kölner Komm AktG/*Noack*/*Zetzsche* Rn. 67; MüKoAktG/*Kubis* Rn. 34.

[98] MüKoAktG/*Kubis* Rn. 34; aA K. Schmidt/Lutter/*Ziemons* Rn. 31, die in diesem Fall eine Anfechtbarkeit aller in der Hauptversammlung gefassten Beschlüsse annimmt.

[99] Großkomm AktG/*Butzke* Rn. 54.

[100] Großkomm AktG/*Butzke* Rn. 54, 132; aA wohl K. Schmidt/Lutter/*Ziemons* Rn. 30, die bei Nichtangabe ein Anfechtungsrisiko sieht.

[101] Grigoleit/*Herrler* Rn. 11; Großkomm AktG/*Butzke* Rn. 56; Hüffer/Koch/*Koch,* 13. Aufl. 2018, Rn. 9; Kölner Komm AktG/*Noack*/*Zetzsche* Rn. 75; MüKoAktG/*Kubis* Rn. 39.

[102] Vgl. MüKoAktG/*Kubis* Rn. 39; Kölner Komm AktG/*Noack*/*Zetzsche* Rn. 75.

[103] Großkomm AktG/*Butzke* Rn. 56; aA Hölters/*Drinhausen* Rn. 23; K. Schmidt/Lutter/*Ziemons* Rn. 36, die offenbar stets eine Angabe der Postleitzahl verlangen.

[104] AA wohl MüKoAktG/*Kubis* Rn. 39: „Vororte" seien mit anzugeben.

[105] Großkomm AktG/*Butzke* Rn. 56.

[106] Hölters/*Drinhausen* Rn. 23; MüKoAktG/*Kubis* Rn. 39.

[107] Großkomm AktG/*Butzke* Rn. 56; Grigoleit/*Herrler* Rn. 11; Hölters/*Drinhausen* Rn. 23; MüKoAktG/ *Kubis* Rn. 39.

[108] Großkomm AktG/*Butzke* Rn. 56; MüKoAktG/*Kubis* Rn. 39; s. auch K. Schmidt/Lutter/*Ziemons* Rn. 37.

[109] Großkomm AktG/*Butzke* Rn. 56; Hölters/*Drinhausen* Rn. 23; *Butzke* Die Hauptversammlung der AG Rn. B 69; *Reichert*/*Balke* in Semler/Volhard/Reichert HV-HdB § 4 Rn. 120; einschränkend MüKoAktG/*Kubis* Rn. 41: nur bei Fußweg oder Fahrweg von wenigen Minuten.

Allgemeines 25–27 § 121

die Hauptversammlung vorzubereiten.[110] Die Vorschrift wurde durch Art. 1 Nr. 9 ARUG eingefügt und behandelt die Tagesordnung nunmehr als integralen **Bestandteil der Einberufung**.[111] Zuvor war die Tagesordnung gem. § 124 Abs. 1 S. 1 aF „bei der Einberufung" bekannt zu machen. Für börsennotierte Gesellschaften entspricht die Änderung der Vorgabe von Art. 5 Abs. 3 lit a Aktionärsrechte-RL.[112] Auf die Praxis hat sie keine Auswirkungen, da Einberufung und Tagesordnung bereits in der Vergangenheit regelmäßig in einem Text bekannt gemacht wurden.[113]

Begrifflich ist als Tagesordnung iSv § 121 Abs. 3 S. 2 die **konkrete und geordnete Aufstellung der zur Behandlung anstehenden Gegenstände** (insbesondere der Beschlussgegenstände) sowie die Festlegung der vorgesehenen Reihenfolge ihrer Behandlung anzusehen.[114] Die Angaben in der Tagesordnung müssen so konkret sein, dass für die Aktionäre ohne weiteres erkennbar ist, worüber verhandelt und beschlossen werden soll.[115] Hierzu bedarf es einer hinreichenden inhaltlichen Fixierung der einzelnen Gegenstände.[116] Das Gesetz unterscheidet zwischen der Tagesordnung (§ 121 Abs. 3 S. 2) und den zu den einzelnen Gegenständen der Tagesordnung zu machenden Beschlussvorschlägen der Verwaltung (§ 124 Abs. 3). Die Tagesordnung bildet den **Rahmen, in dem Beschlüsse gefasst werden können.** Nach dem Verständnis des Gesetzgebers schöpfen die Beschlussvorschläge der Verwaltung diesen Rahmen nicht aus, so dass Raum für Diskussionen und abweichende Vorschläge ist.[117] Eine Konsequenz ist, dass die Aktionäre an die Beschlussvorschläge der Verwaltung (anders als an die bekannt gemachte Tagesordnung) nicht gebunden sind.[118] 25

b) Bindungswirkung. Die bekannt gemachte Tagesordnung erzeugt eine positive und eine negative Bindungswirkung. Die **negative Bindungswirkung** kommt darin zum Ausdruck, dass über nicht ordnungsgemäß bekannt gemachte Gegenstände keine Beschlüsse gefasst werden dürfen (§ 124 Abs. 4 S. 1; → § 124 Rn. 43 ff.). Eine **positive Bindungswirkung** entfaltet die bekannt gemachte Tagesordnung dahingehend, dass alle bekannt gemachten Gegenstände vom Versammlungsleiter aufgerufen und in der Hauptversammlung behandelt werden müssen.[119] Die Behandlung kann sich in einem Aufruf mit anschließender Rücknahme des Beschlussvorschlags der Verwaltung erschöpfen. Der Versammlungsleiter ist nicht berechtigt, von der Behandlung bekannt gemachter Tagesordnungspunkte abzusehen. Über die Absetzung bekannt gemachter Tagesordnungspunkte kann nach Beginn der Hauptversammlung nur die Hauptversammlung selbst entscheiden (zur Absetzung von Tagesordnungspunkten vor Beginn der Hauptversammlung → Rn. 83).[120] Eine Bindung des Versammlungsleiters an die bekannt gemachte Reihenfolge der Tagesordnungspunkte besteht dagegen nicht (→ Anh. § 119 Rn. 7).[121] Der Versammlungsleiter kann daher von der bekannt gemachten Reihenfolge abweichen, wenn ihm dies aus Sachgründen zweckmäßig erscheint. 26

c) Erforderlicher Konkretisierungsgrad. aa) Allgemeines. Die Aktionäre müssen anhand der bekannt gemachten Tagesordnung ohne weiteres erkennen können, worüber verhandelt und 27

---

[110] Vgl. BegrRegE bei *Kropff* S. 173.
[111] Vgl. BegrRegE BT-Drs. 16/11 642, 27.
[112] RL 2007/36/EG des Europäischen Parlaments und des Rates v. 11.7.2007 über die Ausübung bestimmter Rechte von Aktionären in börsennotierten Gesellschaften, ABl. EU 2007 Nr. L 184, 17.
[113] Vgl. BegrRegE BT-Drs. 16/11 642, 27 f.
[114] OLG Stuttgart AG 1995, 283 (284) – Südmilch; Bürgers/Körber/*Reger* Rn. 11a; Großkomm AktG/*Butzke* Rn. 60; Kölner Komm AktG/*Noack/Zetzsche* Rn. 77; MüKoAktG/*Kubis* Rn. 44; K. Schmidt/Lutter/*Ziemons* Rn. 38; *Butzke* Die Hauptversammlung der AG Rn. B 76; MHdB AG/*Bungert* § 36 Rn. 56; *Schlitt* in Semler/Volhard/Reichert HV-HdB § 4 Rn. 158.
[115] OLG Stuttgart AG 1995, 283 (284) – Südmilch; Bürgers/Körber/*Reger* Rn. 11a; Grigoleit/*Herrler* Rn. 12; Hölters/*Drinhausen* Rn. 25; MüKoAktG/*Kubis* Rn. 44; *Butzke* Die Hauptversammlung der AG Rn. B 76.
[116] OLG Stuttgart AG 1995, 283 (284) – Südmilch; Bürgers/Körber/*Reger* Rn. 11a.
[117] Vgl. *Butzke* Die Hauptversammlung der AG Rn. B 75.
[118] Vgl. Großkomm AktG/*Butzke* Rn. 61; *Butzke* Die Hauptversammlung der AG Rn. B 75.
[119] Vgl. Bürgers/Körber/*Reger* Rn. 11c; Grigoleit/*Herrler* Rn. 12; Großkomm AktG/*Butzke* Rn. 65; Kölner Komm AktG/*Noack/Zetzsche* Rn. 82; MüKoAktG/*Kubis* Rn. 45; MHdB AG/*Bungert* § 36 Rn. 56.
[120] AllgemA, s. Bürgers/Körber/*Reger* Rn. 11c; Großkomm AktG/*Butzke* § 122 Rn. 74; Hüffer/Koch/*Koch*, 13. Aufl. 2018, § 129 Rn. 23; MüKoAktG/*Kubis* § 119 Rn. 141; *Butzke* Die Hauptversammlung der AG Rn. D 82; MHdB AG/*Hoffmann-Becking* § 37 Rn. 46; *Austmann* FS Hoffmann-Becking, 2013, 45 (66 f.); *Kuhnt* FS Lieberknecht, 1997, 45 (53); *Martens* WM 1981, 1010 (1013); *Max* AG 1991, 77 (91 f.); *Stützle/Walgenbach* ZHR 155 (1991) 516 (538 f.).
[121] OLG Frankfurt a.M. AG 2011, 36 (41) – Deutsche Bank/Kirch; Bürgers/Körber/*Reger* Rn. 11c; Hüffer/Koch/*Koch*, 13. Aufl. 2018, § 129 Rn. 22; Kölner Komm AktG/*Zöllner* § 119 Rn. 54; MüKoAktG/*Kubis* Rn. 44, § 119 Rn. 137; *Butzke* Die Hauptversammlung der AG Rn. B 76, D 29; MHdB AG/*Hoffmann-Becking* § 37 Rn. 47; *G. Bezzenberger* ZGR 1998, 352 (361 f.); *Kuhnt* FS Lieberknecht, 1997, 45 (52); *Stützle/Walgenbach* ZHR 155 (1991) 516 (528 ff.).

§ 121 28–30 Erstes Buch. Aktiengesellschaft

beschlossen werden soll (→ Rn. 25). Trotz der gesetzlichen Unterscheidung zwischen Tagesordnung und Beschlussvorschlägen der Verwaltung können die **Beschlussvorschläge als Auslegungshilfe** zur Konkretisierung der Tagesordnung herangezogen werden (→ § 124 Rn. 51).[122] Es ist daher ausreichend, wenn die Tagesordnung zusammen mit den Beschlussvorschlägen die einzelnen Gegenstände hinreichend konkretisiert. Hieraus folgt allerdings keine vollständige Gleichsetzung von Tagesordnungspunkt und Beschlussvorschlag, da dies eine unzulässige Einengung möglicher Beschlussinhalte bedeuten würde.[123]

28 Bestimmte Anforderungen an die Bekanntmachung bestehen für Satzungsänderungen und zustimmungsbedürftige Verträge (§ 124 Abs. 2 S. 2), Sachkapitalerhöhungen (§ 183 Abs. 1 S. 2), Kapitalerhöhungen mit Bezugsrechtsausschluss (§ 186 Abs. 4 S. 1) und Mehrheitseingliederungen (§ 320 Abs. 2). Im Übrigen macht das Gesetz keine Vorgaben im Hinblick auf den erforderlichen **Konkretisierungsgrad**. Als Grundsatz ist davon auszugehen, dass bei den jährlich wiederkehrenden typischen Beschlussgegenständen einer ordentlichen Hauptversammlung (Gewinnverwendung, Entlastung und Wahl des Abschlussprüfers) geringere Anforderungen an die Konkretisierung gestellt werden können als bei sonstigen Beschlüssen.[124] Eine besondere Konkretisierung ist hier angesichts der klaren Sachlage und der gesetzlichen Vorgaben (vgl. § 120 Abs. 1 S. 1 und Abs. 3 sowie § 318 Abs. 1 S. 3 HGB) regelmäßig entbehrlich.

29 bb) **Einzelfälle.** Die Ankündigung des Tagesordnungspunkts „**Gewinnverwendung**" ist auch ohne nähere Angaben hinreichend konkret.[125] Gleiches gilt für die Ankündigung der Tagesordnungspunkte „**Entlastung des Vorstands**" und „**Entlastung des Aufsichtsrats**"[126] sowie „**Wahl des Abschlussprüfers**".[127] Die Ankündigung des Tagesordnungspunkts „**Wahl(en) zum Aufsichtsrat**" deckt sowohl die turnusgemäße Neuwahl als auch eine vorzeitige Ergänzungswahl ab.[128] Die gem. § 124 Abs. 2 S. 1 und 2 vorgeschriebenen Angaben (→ § 124 Rn. 10 ff.) sind nur Annex und nicht Bestandteil der Tagesordnung.[129] Die Amtsdauer der Aufsichtsratsmitglieder muss nicht zwingend mit angegeben werden, da sie sich bereits aus Gesetz (§ 102 Abs. 1) und ggf. Satzung ergibt.[130]

30 Ist Gegenstand der Tagesordnung die Zustimmung zum Abschluss oder zur Änderung von **Unternehmensverträgen,** sind der Vertragspartner und die Art des Unternehmensvertrags anzugeben.[131] Die einzelnen Vertragsregelungen (zB Laufzeit, Kündigungsmöglichkeiten, Abfindung und Ausgleich) sind nicht Bestandteil der Tagesordnung, können aber zu dem gem. § 124 Abs. 2 S. 3 Alt. 2 bekannt zu machenden wesentlichen Inhalt zählen (→ § 124 Rn. 18 ff.).[132] Auch bei sonstigen zustimmungsbedürftigen Verträgen sind der Vertragspartner und (schlagwortartig) der Vertragsgegenstand bzw. die Art des Vertrags zu nennen.[133] Dieselben Grundsätze gelten, wenn der Vorstand einen Vertrag gem. § 119 Abs. 2 freiwillig zur Zustimmung vorlegt.[134] Bei **Umwandlungen** nach dem UmwG sind die Art der Maßnahme und die beteiligten Rechtsträger anzugeben.[135] Im Fall eines Formwechsels ist die künftige Rechtsform zu nennen.[136] Soll

---

[122] Bürgers/Körber/*Reger* Rn. 11a; Grigoleit/*Herrler* Rn. 12; Großkomm AktG/*Butzke* Rn. 61, 63; Kölner Komm AktG/*Noack*/*Zetzsche* Rn. 81; MüKoAktG/*Kubis* Rn. 46; *Kocher* AG 2013, 406 (407); *Priester* Liber amicorum Happ, 2006, 213 (216); *Werner* FS Fleck, 1988, 401 (407 f.); *Wieneke* FS Schwark, 2009, 305 (318); iE ähnlich K. Schmidt/Lutter/*Ziemons* Rn. 39, § 124 Rn. 53; aA *Scholz* AG 2008, 11 (12 f.).
[123] Vgl. Großkomm AktG/*Butzke* Rn. 61; MüKoAktG/*Kubis* Rn. 46 Fn. 133; *Werner* FS Fleck, 1988, 401 (405); *Wieneke* FS Schwark 2009, 305 (318).
[124] Bürgers/Körber/*Reger* Rn. 11b; Großkomm AktG/*Butzke* Rn. 62; Kölner Komm AktG/*Noack*/*Zetzsche* Rn. 80; MüKoAktG/*Kubis* Rn. 46; *Butzke* Die Hauptversammlung der AG Rn. B 77; *Werner* FS Fleck, 1988, 401 (405 f.); vgl. auch LG Wiesbaden AG 1999, 47 – Chemische Werke Brockhues.
[125] Großkomm AktG/*Butzke* Rn. 62; MüKoAktG/*Kubis* Rn. 48; *Butzke* Die Hauptversammlung der AG Rn. B 77.
[126] Großkomm AktG/*Butzke* Rn. 62; MüKoAktG/*Kubis* Rn. 49; *Butzke* Die Hauptversammlung der AG Rn. B 77.
[127] Großkomm AktG/*Butzke* Rn. 62; MüKoAktG/*Kubis* Rn. 51; *Butzke* Die Hauptversammlung der AG Rn. B 77.
[128] MüKoAktG/*Kubis* Rn. 50; s. auch *Butzke* Die Hauptversammlung der AG Rn. B 77, der allerdings eine entsprechende Klarstellung empfiehlt.
[129] MüKoAktG/*Kubis* Rn. 50; s. auch *Werner* FS Fleck, 1988, 401 (406).
[130] MüKoAktG/*Kubis* Rn. 50.
[131] MüKoAktG/*Kubis* Rn. 56; K. Schmidt/Lutter/*Ziemons* Rn. 41; *Schlitt* in Semler/Volhard/Reichert HV-HdB § 4 Rn. 176.
[132] MüKoAktG/*Kubis* Rn. 56.
[133] MüKoAktG/*Kubis* Rn. 57; *Butzke* Die Hauptversammlung der AG Rn. B 78.
[134] OLG Frankfurt a.M. WM 1999, 1881 (1884); s. auch Bürgers/Körber/*Reger* Rn. 11b.
[135] Großkomm AktG/*Butzke* Rn. 64; K. Schmidt/Lutter/*Ziemons* Rn. 41.
[136] MüKoAktG/*Kubis* Rn. 55.

Allgemeines 31, 32 § 121

ein Formwechsel in eine KG beschlossen werden, ist zudem der Komplementär zu bezeichnen.[137]

Bei **Satzungsänderungen** ist umstritten, inwieweit der bekannt gemachte Tagesordnungspunkt 31 konkretisiert sein muss, um eine Beschlussfassung zu ermöglichen. Nach teilweise vertretener Ansicht soll die Ankündigung des Tagesordnungspunkts „Satzungsänderung" zwar hinreichend konkret sein, aber die gesamte Satzung zur Disposition stellen.[138] Die Gegenansicht sieht in dem Erfordernis, den Wortlaut der vorgeschlagenen Satzungsänderung bekannt zu machen (§ 124 Abs. 2 S. 3), eine (abschließende) eingrenzende Konkretisierung des Gegenstands der Tagesordnung, die (abgesehen von redaktionellen Änderungen) allein eine Beschlussfassung über die vorgeschlagene Änderung erlaube.[139] Dies gelte auch dann, wenn der entsprechende Tagesordnungspunkt nur allgemein als „Satzungsänderung" bezeichnet sei.[140] Die hM sieht die Bekanntmachung des Wortlauts der Satzungsänderung nur als Zusatzinformation an und verlangt eine Kurzbezeichnung der wesentlichen von der Änderung betroffenen Satzungspassagen.[141] Der hM ist darin zuzustimmen, dass einerseits keine Beschränkung der Beschlussfassung auf den gem. § 124 Abs. 2 S. 3 bekannt gemachten Wortlaut besteht und andererseits die Ankündigung des Tagesordnungspunkts „Satzungsänderung" nicht die gesamte Satzung zur Disposition stellt. Dessen ungeachtet sollte die allgemeine Bezeichnung als „Satzungsänderung" grundsätzlich als ausreichend angesehen werden, da der bekannt gemachte Wortlaut der Satzungsänderung zur Konkretisierung herangezogen werden kann.[142] Diese Konkretisierung bewirkt aber keine Beschränkung auf den bekannt gemachten Wortlaut, sondern nur eine thematische Eingrenzung.[143] Dem Einberufenden bleibt es unbenommen, die Beschlussfassung durch eine ausdrückliche Bezugnahme auf den bekannt gemachten Wortlaut zu beschränken („Satzungsänderung gemäß nachstehendem Vorschlag").[144]

Die Konkretisierungsanforderungen für **Kapitalerhöhungen** entsprechen grundsätzlich denjenigen für Satzungsänderungen. Da es sich auch bei Kapitalerhöhungen um Satzungsänderungen 32 handelt, ist gem. § 124 Abs. 2 S. 3 eine Bekanntmachung des vorgeschlagenen Wortlauts erforderlich. Der bekannt gemachte Wortlaut kann auch hier zur Konkretisierung des Tagesordnungspunkts herangezogen werden. Die hM verlangt darüber hinaus, dass in der Tagesordnung selbst (nicht im Beschlussvorschlag oder im Wortlaut der Satzungsänderung) die Essentialia der beabsichtigten Kapitalerhöhung genannt werden.[145] Dem ist im Hinblick auf die gem. §§ 183 Abs. 1 S. 2, 186 Abs. 4 S. 1 erforderlichen Angaben zuzustimmen, da das Gesetz insoweit eine ausdrückliche Bekanntmachung verlangt.[146] Zudem wird man die Angabe der Art der Kapitalerhöhung verlangen müssen.[147] Weitergehende Angaben sollten dagegen nicht verlangt werden.[148] Im Hinblick auf den Umfang der Kapitalerhöhung kann der Beschlussvorschlag zur Auslegung herangezogen werden. Gleichwohl kann es sich anbieten, auch den maximalen Erhöhungsbetrag bereits bei der Formulierung des Tagesordnungspunkts zu berücksichtigen, um diesen der Disposition

---

[137] LG Wiesbaden AG 1999, 47 f. – Chemische Werke Brockhues; Bürgers/Körber/*Reger* Rn. 11b; MüKoAktG/*Kubis* Rn. 55.
[138] GHEK/*Eckardt* Vor § 118 Rn. 53; Großkomm AktG/*Butzke* Rn. 63; *Austmann* FS Hoffmann-Becking, 2013, 45 (46) Fn. 7.
[139] *Werner* FS Fleck, 1988, 401 (407 f.).
[140] *Werner* FS Fleck, 1988, 401 (407).
[141] OLG Celle AG 1993, 178 (179); Hölters/*Drinhausen* Rn. 25; Hüffer/Koch/*Koch*, 13. Aufl. 2018, § 124 Rn. 8; MüKoAktG/*Kubis* Rn. 53; ähnlich *Butzke* Die Hauptversammlung der AG Rn. B 79 ff.; *Schlitt* in Semler/Volhard/Reichert HV-HdB § 4 Rn. 184.
[142] Großkomm AktG/*Butzke* Rn. 63.
[143] Ebenso Großkomm AktG/*Butzke* Rn. 63; *Kocher* AG 2013, 406 (408).
[144] OLG Rostock AG 2013, 768 (770); Kölner Komm AktG/*Noack/Zetzsche* § 124 Rn. 40 f.; MüKoAktG/ *Kubis* Rn. 53, § 124 Rn. 13; NK-AktR/*M. Müller* § 124 Rn. 23; *Butzke* Die Hauptversammlung der AG Rn. B 80; *Schlitt* in Semler/Volhard/Reichert HV-HdB § 4 Rn. 184; aA OLG Celle AG 1993, 178 (179); Großkomm AktG/*Butzke* Rn. 63; Hüffer/Koch/*Koch*, 13. Aufl. 2018, § 124 Rn. 9; K. Schmidt/Lutter/*Ziemons* § 124 Rn. 69; *Fuchs* EWiR 1992, 839 (840); *Kocher* AG 2013, 406 (407).
[145] OLG Rostock AG 2013, 768 (770); Großkomm AktG/*Butzke* Rn. 64; MüKoAktG/*Kubis* Rn. 54; K. Schmidt/Lutter/*Ziemons* Rn. 41; *Butzke* Die Hauptversammlung der AG Rn. B 80; grds. auch *Werner* FS Fleck, 1988, 401 (408 ff.), der aber bei Fehlen einer separaten Bekanntmachung eine Identität von Bekanntmachung und Beschlussvorschlag der Verwaltung annimmt.
[146] Vgl. Bürgers/Körber/*Reger* Rn. 11b; Großkomm AktG/*Butzke* Rn. 64; Hölters/*Drinhausen* Rn. 25; MüKoAktG/*Kubis* Rn. 54; *Butzke* Die Hauptversammlung der AG Rn. B 80; *Schlitt* in Semler/Volhard/Reichert HV-HdB § 4 Rn. 185 f.
[147] Vgl. Bürgers/Körber/*Reger* Rn. 11b; Großkomm AktG/*Butzke* Rn. 64; *Butzke* Die Hauptversammlung der AG Rn. B 80.
[148] So wohl auch Hölters/*Drinhausen* Rn. 25.

durch die Aktionäre zu entziehen.[149] Gleiches gilt für die Angabe des Ausgabekurses (oder eines Mindestkurses).[150]

33 Die Ankündigung eines Tagesordnungspunkts **„Verschiedenes"** ist zwar grundsätzlich zulässig, aber regelmäßig nicht zu empfehlen.[151] Mangels Konkretisierung sind im Zusammenhang mit einem solchen Tagesordnungspunkt keine Sachentscheidungen möglich (→ § 124 Rn. 56).[152] Dagegen wird den Aktionären die Gelegenheit geboten, sich zu beliebigen Themen mit Bezug zur Gesellschaft zu äußern, so dass uU eine ausufernde Debatte drohen kann.[153]

34 **7. Einberufender.** Nicht in § 121 Abs. 3 erwähnt, aber ebenfalls notwendiger Bestandteil der Einberufung ist die Angabe des Einberufenden.[154] Die Bezeichnung des einberufenden Organs ist ausreichend.[155] Die einzelnen Vorstands- oder Aufsichtsratsmitglieder müssen nicht genannt werden. Erfolgt die Einberufung aufgrund eines satzungsmäßigen Einberufungsrechts zugunsten bestimmter Personen, ist dagegen eine namentliche Nennung erforderlich.[156] Gleiches gilt bei Einberufung durch eine Aktionärsminderheit gem. § 122 Abs. 3 AktG.[157] In diesem Fall ist auch auf die gerichtliche Ermächtigung hinzuweisen (§ 122 Abs. 3 S. 3).

34a **8. Zusätzliche Angaben bei börsennotierten Gesellschaften. a) Allgemeines.** § 121 Abs. 3 S. 3 sieht für börsennotierte Gesellschaften zusätzliche Pflichtangaben in der Einberufung vor. Damit werden die nicht schon durch § 121 Abs. 3 S. 1 und 2 umgesetzten Vorgaben von Art. 5 Abs. 3 Aktionärsrechte-RL[158] umgesetzt. Die Angaben des § 121 Abs. 3 S. 3 müssen entgegen dem missverständlichen Wortlaut der Norm auch dann beachtet werden, wenn die Hauptversammlung nicht vom Vorstand oder vom Aufsichtsrat einberufen wird (insbesondere also auch bei einer Einberufung durch Aktionäre gem. § 122 Abs. 3).[159]

35 **b) Voraussetzungen für Teilnahme und Stimmrechtsausübung, Nachweisstichtag (Abs. 3 S. 3 Nr. 1).** Gem. § 121 Abs. 3 S. 3 Nr. 1 sind bei börsennotierten Gesellschaften zusätzlich die Voraussetzungen für die Teilnahme an der Hauptversammlung und die Ausübung des Stimmrechts sowie ggf. der Nachweisstichtag (§ 123 Abs. 4 S. 2) und dessen Bedeutung anzugeben. Mit den Voraussetzungen für die Teilnahme an der Hauptversammlung und die Ausübung des Stimmrechts sind allein **Satzungsbestimmungen zur Anmeldung (§ 123 Abs. 2) und zur Legitimation der Aktionäre (§ 123 Abs. 3)** gemeint.[160] Soweit die Möglichkeit der Online-Teilnahme (§ 118 Abs. 1 S. 2) besteht, ist auch hierüber zu informieren.[161] Weitere Angaben sind nicht erforderlich. Insbesondere ist die Art und Weise der Bevollmächtigung (einschließlich der Form der Vollmachtserteilung) nicht als Voraussetzung für die Ausübung des Stimmrechts iSv § 121 Abs. 3 S. 3 Nr. 1

---

[149] Für entsprechende Pflicht OLG Rostock AG 2013, 768 (770); MüKoAktG/*Kubis* Rn. 54; *Butzke* Die Hauptversammlung der AG Rn. B 80; *Werner* FS Fleck, 1988, 401 (407 f.); vgl. auch RGZ 87, 155 (156).
[150] Vgl. MüKoAktG/*Kubis* Rn. 54; *Schlitt* in Semler/Volhard/Reichert HV-HdB § 4 Rn. 186; für entsprechende Pflicht *Werner* FS Fleck, 1988, 401 (407 f.).
[151] Großkomm AktG/*Butzke* Rn. 60; MüKoAktG/*Kubis* Rn. 58; *Butzke* Die Hauptversammlung der AG Rn. B 83; *Schlitt* in Semler/Volhard/Reichert HV-HdB § 4 Rn. 177.
[152] Großkomm AktG/*Butzke* Rn. 60; MüKoAktG/*Kubis* Rn. 58; *Butzke* Die Hauptversammlung der AG Rn. B 83; *Schlitt* in Semler/Volhard/Reichert HV-HdB § 4 Rn. 177.
[153] Vgl. Großkomm AktG/*Butzke* Rn. 60; MüKoAktG/*Kubis* Rn. 58; *Butzke* Die Hauptversammlung der AG Rn. B 83; MHdB AG/*Bungert* § 36 Rn. 65; *Schlitt* in Semler/Volhard/Reichert HV-HdB § 4 Rn. 177.
[154] Bürgers/Körber/*Reger* Rn. 13; Grigoleit/*Herrler* Rn. 11; Großkomm AktG/*Butzke* Rn. 57; Kölner Komm AktG/*Noack/Zetzsche* Rn. 84; MüKoAktG/*Kubis* Rn. 70; K. Schmidt/Lutter/*Ziemons* Rn. 71; *Butzke* Die Hauptversammlung der AG Rn. B 69; *Reichert/Balke* in Semler/Volhard/Reichert HV-HdB § 4 Rn. 112.
[155] Bürgers/Körber/*Reger* Rn. 13; Grigoleit/*Herrler* Rn. 11; Großkomm AktG/*Butzke* Rn. 57; Kölner Komm AktG/*Noack/Zetzsche* Rn. 84; MüKoAktG/*Kubis* Rn. 70; K. Schmidt/Lutter/*Ziemons* Rn. 71; *Butzke* Die Hauptversammlung der AG Rn. B 69; *Reichert/Balke* in Semler/Volhard/Reichert HV-HdB § 4 Rn. 112.
[156] Kölner Komm AktG/*Noack/Zetzsche* Rn. 84; MüKoAktG/*Kubis* Rn. 70; K. Schmidt/Lutter/*Ziemons* Rn. 71.
[157] Kölner Komm AktG/*Noack/Zetzsche* Rn. 84; MüKoAktG/*Kubis* Rn. 70; K. Schmidt/Lutter/*Ziemons* Rn. 71.
[158] RL 2007/36/EG des Europäischen Parlaments und des Rates v. 11.7.2007 über die Ausübung bestimmter Rechte von Aktionären in börsennotierten Gesellschaften, ABl. EU 2007 Nr. L 184, 17.
[159] Grigoleit/*Herrler* Rn. 13; Großkomm AktG/*Butzke* Rn. 66; Kölner Komm AktG/*Noack/Zetzsche* Rn. 86; K. Schmidt/Lutter/*Ziemons* Rn. 44; aA Drinhausen/Keinath BB 2009, 2322 (2323).
[160] Bürgers/Körber/*Reger* Rn. 13b; Grigoleit/*Herrler* Rn. 13; Großkomm AktG/*Butzke* Rn. 67; Hüffer/Koch/*Koch*, 13. Aufl. 2018, Rn. 10; Kölner Komm AktG/*Noack/Zetzsche* Rn. 90; *Butzke* Die Hauptversammlung der AG Rn. B 70; *Reichert/Balke* in Semler/Volhard/Reichert HV-HdB § 4 Rn. 126; *Groß* WuB II A. § 241 AktG 1.09; *Wagner* ZIP 2008, 1726 (1727); *Wieneke/Pauly* NZG 2008, 794 (795); *Wilsing/Ogorek* DB 2008, 2245 (2246); aA MüKoAktG/*Kubis* Rn. 61 ff.
[161] Vgl. Hölters/*Drinhausen* Rn. 27; Kölner Komm AktG/*Noack/Zetzsche* Rn. 91.

Allgemeines   36 § 121

anzusehen.¹⁶² Abzulehnen ist daher die **Leica-Entscheidung** des LG Frankfurt a.M.,¹⁶³ in der unrichtige Angaben zur Form der Vollmacht als ein zur Nichtigkeit (§ 241 Nr. 1 aF) führender Verstoß gegen § 121 Abs. 3 S. 2 aF angesehen wurden. Die Ansicht des LG Frankfurt a.M. war sowohl in der instanzgerichtlichen Rechtsprechung¹⁶⁴ als auch in der Literatur¹⁶⁵ zu Recht ganz überwiegend auf Anlehnung gestoßen und wurde schließlich auch vom BGH verworfen.¹⁶⁶ Das AktG spricht die Bedingungen der Teilnahme und der Stimmrechtsausübung außerhalb von § 121 Abs. 3 nur in § 123 Abs. 2–5 an, so dass sich eine Erstreckung auf Angaben zur Form der Vollmacht nicht mit dem Wortlaut und der Systematik des Gesetzes vereinbaren lässt. Seit Inkrafttreten des ARUG können börsennotierte Gesellschaften auf Angaben zur Form der Vollmacht aber dennoch nicht verzichten, da diese nunmehr von § 121 Abs. 3 S. 3 Nr. 2 lit. a erfasst sind (→ Rn. 40). Der Gesetzgeber des ARUG hat die Problematik jedoch insgesamt entschärft, da sich der Nichtigkeitsgrund des § 241 Nr. 1 ausdrücklich nur noch auf Verstöße gegen § 121 Abs. 3 S. 1 und Abs. 4 bezieht. Fehlerhafte Angaben zur Form der Vollmacht können daher allenfalls die Anfechtbarkeit begründen, was aber stets die Relevanz des Verfahrensverstoßes voraussetzt (→ Rn. 104).

Der **Zeitraum eines Umschreibungsstopps** für Namensaktien (zur Zulässigkeit → § 67 36 Rn. 81; → § 123 Rn. 32) gehört nicht zu den Mindestangaben gem. § 121 Abs. 3 S. 3 Nr. 1.¹⁶⁷ § 121 Abs. 3 S. 3 Nr. 1 unterscheidet ausdrücklich zwischen dem Nachweisstichtag gem. § 123 Abs. 4 S. 2 und den Voraussetzungen für die Teilnahme und die Stimmrechtsausübung. Ein Umschreibungsstopp ist in seinen Wirkungen dem für Inhaberaktien geltenden Record Date vergleichbar (→ § 123 Rn. 32), so dass er stets als aliud gegenüber den Voraussetzungen für die Teilnahme und der Stimmrechtsausübung anzusehen ist. Für eine analoge Anwendung von § 121 Abs. 3 S. 3 Nr. 1 auf einen Umschreibungsstopp besteht kein Bedarf.¹⁶⁸ Gleichwohl entspricht es gängiger Praxis, einen

---

¹⁶² Vgl. BGH ZIP 2011, 1813 (1815) – Deutsche Bank/Kirch; LG München I AG 2010, 47 (49); LG München I AG 2009, 296 (298); LG Dresden Der Konzern 2007, 461 (462) – SAP Systems; Grigoleit/*Herrler* Rn. 11; Hüffer/Koch/*Koch*, 13. Aufl. 2018, Rn. 10; Kölner Komm AktG/*Noack/Zetzsche* Rn. 96; *Butzke* Die Hauptversammlung der AG Rn. B 70; *Baumert* LMK 2011, 324082; *Göhmann/v. Oppen* BB 2009, 513 (514 ff.); *Groß* WuB II A. § 241 AktG 1.09; *Leonhard* WuB II A. § 121 AktG 1.12; *Merkner/Schmidt-Bendun* NZG 2011, 1097 (1098); *Wagner* ZIP 2008, 1726 (1727); *Wieneke/Pauly* NZG 2008, 794 (795); *Willburger* DStR 2008, 1889 f.; *Willburger* EWiR 2010, 37 (38); *Wilsing/Ogorek* DB 2008, 2245 (2246); *M. Winter/Liewald* EWiR 2009, 163 (164); aA MüKoAktG/*Kubis* Rn. 63; teilw. aA auch Hölters/*Drinhausen* Rn. 27: Vorgaben zum Kreis der Bevollmächtigten von § 121 Abs. 3 S. 3 Nr. 1 erfasst.

¹⁶³ LG Frankfurt a.M. ZIP 2008, 1723 (1725 f.) – Leica; in dem zugehörigen Freigabeverfahren auch OLG Frankfurt a.M. (5. Zivilsenat) ZIP 2008, 1722 (1723) – Leica; ebenso OLG Frankfurt a.M. (5. Zivilsenat) ZIP 2010, 1993 ff.; OLG Frankfurt a.M. (5. Zivilsenat) ZIP 2010, 1390 (1391 f.) – Deutsche Bank/Kirch; OLG Frankfurt a.M. (5. Zivilsenat) AG 2010, 212 (213); LG Frankfurt a.M. BB 2009, 406 (407) – Triplan; LG Frankfurt a.M. NZG 2009, 1066 – Deutsche Bank (Leitsatz) = BeckRS 2009, 06212; LG Köln GWR 2010, 60 = BeckRS 2010, 01788; s. auch MüKoAktG/*Kubis* Rn. 63.

¹⁶⁴ KG NZG 2010, 1110 f.; KG NZG 2009, 1389 (1390 ff.); OLG Düsseldorf, Beschl. v. 3.7.2009 – I-17 W 34/09; OLG Düsseldorf Beschl. v. 19.12.2008 – I-17 W 63/08; OLG München AG 2008, 746 (747 f.); LG München I AG 2010, 47 (49); LG München I AG 2009, 296 (298); LG Krefeld AG 2008, 754 (755); s. auch OLG Frankfurt a.M. (23. Zivilsenat) ZIP 2011, 24 (25 ff.) – Deutsche Bank; OLG Frankfurt a.M. (23. Zivilsenat) NZG 2009, 1066 f. – Deutsche Bank.

¹⁶⁵ Pointiert *Willburger* BB 2011, 2707 f.: „völlig ungewöhnliche, sachwidrige und schlechthin unvertretbare Rechtsprechung"; abl. auch Hüffer/Koch/*Koch*, 13. Aufl. 2018, Rn. 10; *Reichert/Balke* in Semler/Volhard/Reichert HV-HdB § 4 Rn. 128; *Florstedt* NZG 2009, 1392 f.; *Göhmann/v. Oppen* BB 2009, 513 (514 ff.); *Groß* WuB II A. § 241 AktG 1.09; *Ihrig/Wagner* FS Spiegelberger, 2009, 722 (731 f.); *Kessler* BB 2009, 1265 f.; *Leonhard* WuB II A. § 121 AktG 1.10; *Rubner/Leuering* NJW-Spezial 2010, 15 f.; *Schulte/Bode* AG 2008, 730 (732 f.); *Stohlmeier/Mock* BB 2008, 2143 f.; *Stohlmeier/Mock* BB 2009, 1890; *Umbeck* BB 2009, 408 (409); *Wagner* ZIP 2008, 1726 (1727 f.); *Wieneke/Pauly* NZG 2008, 794 f.; *Wilken/Felke* BB 2008, 2369 f.; *Willburger* DStR 2008, 1889 ff.; *Willburger* EWiR 2010, 37 (38); *Wilsing/Ogorek* DB 2008, 2245 (2246 f.); *M. Winter/Liewald* EWiR 2009, 163 (164).

¹⁶⁶ BGH ZIP 2011, 1813 (1815) – Deutsche Bank/Kirch; bestätigt durch BGH ZIP 2011, 1862 (1865); BGH AG 2012, 882; BGH, Beschl. v. 13.12.2011 – II ZR 215/10 – Deutsche Bank (juris); zust. *Baumert* LMK 2011, 324082; *Heider/M. Hirte* GWR 2011, 485 ff.; *Leonhard* WuB II A. § 121 AktG 1.12; *Linnerz* EWiR 2011, 689 f.; *Merkner/Schmidt-Bendun* NZG 2011, 1097 (1098 f.); *Wagner* BB 2011, 1921; *Willburger* BB 2011, 2707 f.

¹⁶⁷ Großkomm AktG/*Butzke* Rn. 69; Hüffer/Koch/*Koch*, 13. Aufl. 2018, Rn. 10; Wachter/*Mayrhofer* Rn. 17; *Quass* AG 2009, 432 (436 ff.); wohl auch *Baums* FS Hüffer, 2010, 15 (32 f.); zu § 121 Abs. 3 S. 2 aF auch *Linnerz* EWiR 2009, 257 f.; *v. Nussbaum* NZG 2009, 456 (458); grds. auch Kölner Komm AktG/*Noack/Zetzsche* Rn. 93 (sofern der Umschreibungsstopp nicht ausnahmsweise vor dem letzten Anmeldezeitpunkt liegt); offen *Bänvaldt* in Semler/Volhard/Reichert HV-HdB § 8 Rn. 66; *Grobecker* NZG 2010, 165 (166); aA Grigoleit/*Herrler* Rn. 14; MüKoAktG/*Kubis* Rn. 62, 64; NK-AktR/*M. Müller* Rn. 24; *K. Schmidt/Lutter/Ziemons* Rn. 47 ff.; *Bayer/Lieder* NZG 2009, 1361 (1363); zu § 121 Abs. 3 S. 2 aF auch OLG Köln AG 2009, 448 (449); LG Köln AG 2009, 449 (450) (Vorinstanz); Großkomm AktG/*Merkt* § 67 Rn. 102; MHdB AG/*Sailer-Coceani* § 14 Rn. 48.

¹⁶⁸ Ausf. *Quass* AG 2009, 432 (438).

Umschreibungsstopp in der Einberufung mit anzugeben. In der Aufforderung, Umschreibungsanträge möglichst rechtzeitig vor der Hauptversammlung zu stellen, ist keine Beschränkung der Teilnahmerechte zu sehen.[169]

37 Sind **Satzungsbestimmungen** zur Anmeldung und zur Legitimation der Aktionäre vorhanden, ist deren Inhalt **vollständig** wiederzugeben, soweit sie von gesetzlichen Bestimmungen abweichen.[170] Dies kann durch eine wörtliche Wiedergabe der entsprechenden Satzungsregelung oder durch Zusammenfassung des wesentlichen Inhalts geschehen.[171] Um Anfechtungsrisiken von vornherein zu vermeiden, empfiehlt sich regelmäßig eine Wiedergabe des Satzungswortlauts. Nicht ausreichend sind bloße Verweise auf die Satzung.[172] Für die erforderlichen Angaben können Satzungsbestimmungen auch dann maßgeblich sein, wenn sie gegen das Gesetz verstoßen. Voraussetzung ist, dass eine Eintragung im Handelsregister erfolgt ist und die Satzungsbestimmung nicht rechtskräftig für nichtig erklärt oder ihre Nichtigkeit festgestellt wurde.[173] Hiervon zu unterscheiden ist der Fall, dass einer Satzungsbestimmung durch eine Gesetzesänderung nachträglich die Grundlage entzogen wird. So gehen insbesondere die Änderungen durch das ARUG entgegenstehenden (alten) Satzungsbestimmungen vor (vorbehaltlich der Übergangsregelungen in § 20 EGAktG).[174] Sind Satzungsbestimmungen für die betreffende Hauptversammlung nicht einschlägig, müssen sie nicht wiedergegeben werden.[175] Auch eine Wiedergabe der **gesetzlichen Voraussetzungen** für die Teilnahme und die Stimmrechtsausübung ist grundsätzlich nicht erforderlich.[176] Eine Ausnahme gilt im Hinblick auf die gem. § 121 Abs. 3 S. 3 Nr. 1 erforderliche Erläuterung der Bedeutung des Nachweisstichtags (→ Rn. 38). Bei Gesellschaften mit Namensaktien dürfte zudem ein Hinweis auf das Eintragungserfordernis (§ 67 Abs. 2) geboten sein.[177] Bei **Spaltgesellschaften** kommen Lockerungen im Hinblick auf die Angabe der Bedingungen für die Teilnahme und die Stimmrechtsausübung in Betracht.[178]

38 Anzugeben sind gem. § 121 Abs. 3 S. 3 Nr. 1 auch der **Nachweisstichtag** (Record Date) nach § 123 Abs. 4 S. 2 und dessen Bedeutung. Erforderlich ist eine Angabe des konkreten Datums.[179] Eine bloße Wiedergabe des Gesetzeswortlauts („Beginn des 21. Tages vor der Versammlung"),[180] wie er vor Inkrafttreten des ARUG in der Praxis zur Vermeidung von Anfechtungsrisiken gebräuchlich war, reicht nicht mehr aus. Eine signifikante Steigerung des Anfechtungsrisikos dürfte hiermit gleichwohl nicht verbunden sein, da der Gesetzgeber des ARUG in § 121 Abs. 7 zugleich die Berechnung von Fristen und Terminen vereinfacht hat. Die ursprünglich bestehenden Probleme bei der Berechnung des Record Date (→ Rn. 91) dürften damit der Vergangenheit angehören. Die ebenfalls durch das ARUG eingeführte Pflicht zur Angabe der **Bedeutung des Nachweisstichtags** geht auf einen Änderungsvorschlag des Bundesrats zurück.[181] Der Bundesrat sah eine solche Regelung als erforderlich an, um den Anforderungen von Art. 5 Abs. 3 lit. c Aktionärsrechte-RL[182] zu genügen.[183] Dieser verlangt eine Erläuterung, dass nur die Personen zur Teilnahme an der Hauptversammlung und zur Stimmrechtsausübung berechtigt sind, die an dem Stichtag Aktionäre sind. Die

---

[169] BGH ZIP 2009, 2051 (2052) – Umschreibungsstopp.
[170] Grigoleit/*Herrler* Rn. 14; MüKoAktG/*Kubis* Rn. 62; K. Schmidt/Lutter/*Ziemons* Rn. 46.
[171] OLG Stuttgart AG 2009, 204 (210); Großkomm AktG/*Butzke* Rn. 71; Hüffer/Koch/*Koch*, 13. Aufl. 2018, Rn. 10; Kölner Komm AktG/*Noack/Zetzsche* Rn. 90; MüKoAktG/*Kubis* Rn. 62.
[172] Grigoleit/*Herrler* Rn. 14; Großkomm AktG/*Butzke* Rn. 71; MüKoAktG/*Kubis* Rn. 62; K. Schmidt/Lutter/*Ziemons* Rn. 45.
[173] OLG Frankfurt a.M. AG 2010, 413 (414) = GWR 2009, 394 m. Anm. *Rothley*; s. auch OLG Frankfurt a.M. BeckRS 2009, 21 047 (insoweit in NZG 2009, 990 nicht mit abgedruckt); OLG Frankfurt a.M. BeckRS 2008, 17 165; OLG Frankfurt a.M. BeckRS 2008, 17 167; aA für nichtige Satzungsbestimmungen *Vocke* NZG 2010, 1249 (1253 f.).
[174] *Götze* NZG 2010, 93; *Grobecker* NZG 2010, 165 (167); *Vocke* NZG 2010, 1249 (1254 f.); *Weber/Findeisen* BB 2010, 711 (715 ff.); aA offenbar *Drinhausen/Keinath* BB 2010, 3 (5).
[175] MüKoAktG/*Kubis* Rn. 62.
[176] Vgl. GHEK/*Eckardt* Rn. 35; Kölner Komm AktG/*Noack/Zetzsche* Rn. 94; MüKoAktG/*Kubis* Rn. 61; aA wohl K. Schmidt/Lutter/*Ziemons* Rn. 45.
[177] MüKoAktG/*Kubis* Rn. 64.
[178] BGH AG 1990, 78 (79 f.); OLG Hamburg NJW 1990, 1120 (1121); s. auch OLG Hamburg AG 1995, 40.
[179] BegRegE, BT-Drs. 16/11 642, 28; Bürgers/Körber/*Reger* Rn. 13b; Großkomm AktG/*Butzke* Rn. 70; Hüffer/Koch/*Koch*, 13. Aufl. 2018, Rn. 10a; Kölner Komm AktG/*Noack/Zetzsche* Rn. 92; MüKoAktG/*Kubis* Rn. 64; *Bosse* NZG 2009, 807 (809).
[180] Fehlerhaft war auch nach altem Recht eine Angabe, wonach ein Nachweis vorzulegen ist, der sich „frühestens auf den 21. Tag vor der Hauptversammlung bezieht", s. OLG Frankfurt a.M. AG 2011, 303 (304).
[181] Stellungnahme des Bundesrats, BT-Drs. 16/11 642, 50.
[182] RiLi 2007/36/EG des Europäischen Parlaments und des Rates v. 11.7.2007 über die Ausübung bestimmter Rechte von Aktionären in börsennotierten Gesellschaften, ABl. EU 2007 Nr. L 184, 17.
[183] Stellungnahme des Bundesrats, BT-Drs. 16/11 642, 50.

Bundesregierung hatte auf eine ausdrückliche Regelung noch verzichtet, da sie eine solche Erläuterung bereits von den Voraussetzungen für die Teilnahme iSv § 121 Abs. 3 S. 3 Nr. 1 mit abgedeckt sah.[184] Auch nach der Gesetz gewordenen Fassung von § 121 Abs. 3 S. 3 Nr. 1 reicht es aus, wenn entsprechend den Vorgaben von Art. 5 Abs. 3 lit c Aktionärsrechte-RL darauf hingewiesen wird, dass zur Teilnahme an der Hauptversammlung und zur Stimmrechtsausübung nur die Personen berechtigt sind, die am Nachweisstichtag Aktionäre sind.[185] Weitergehende Erläuterungen sind nicht erforderlich. Da in der Praxis bereits in der Vergangenheit entsprechende Formulierungen gebräuchlich waren, dürften mit der nunmehr bestehenden Pflicht zur Angabe der Bedeutung des Nachweisstichtags keine größeren Änderungen verbunden sein.[186] Die von § 121 Abs. 3 S. 3 Nr. 1 in Bezug genommene Regelung des § 123 Abs. 4 S. 2 gilt nur für Inhaberaktien. Der Regierungsentwurf der Aktienrechtsnovelle 2014 sah noch die Einführung eines Nachweisstichtags auch für **Namensaktien** vor. In der Gesetz gewordenen Fassung der Aktienrechtsnovelle 2016 ist diese Regelung jedoch nicht mehr enthalten, da keine Einigung über die Stichtag erzielt werden konnte und eine europaweit einheitliche Regelung als vorzugswürdig angesehen wurde.[187]

§ 121 Abs. 3 S. 3 Nr. 1 überschneidet sich im Hinblick auf die Angabe der Teilnahmevoraussetzungen mit der ähnlich formulierten kapitalmarktrechtlichen Pflicht gem. **§ 49 Abs. 1 Nr. 1 WpHG** (§ 30b Abs. 1 Nr. 1 WpHG aF), wonach Emittenten zugelassener Aktien, für die die Bundesrepublik Deutschland der Herkunftsstaat ist, u a die Rechte der Aktionäre bezüglich der Teilnahme an der Hauptversammlung unverzüglich im Bundesanzeiger veröffentlichen müssen (→ Rn. 19). Nach zutreffender hM sind die beiden Pflichten inhaltlich deckungsgleich.[188] Demgegenüber misst die BaFin § 49 Abs. 1 Nr. 1 WpHG eine weitergehende Bedeutung bei. Neben einem Hinweis auf die Möglichkeit der Bevollmächtigung und auf erhältliche Vollmachtsformulare soll die Angabe einer Kontaktadresse der Gesellschaft erforderlich sein. Zudem sind nach Ansicht der BaFin Hinweise auf Stimmrechtsvertreter der Gesellschaft und zur Einreichung von Gegenanträgen notwendig.[189] Im Ergebnis wirkt sich die abweichende Ansicht der BaFin kaum aus. Ein Hinweis auf die Möglichkeit der Bevollmächtigung ist gem. § 125 Abs. 1 S. 4 in die Mitteilungen für die Aktionäre aufzunehmen, die in der Praxis regelmäßig der Einberufung entsprechen. Angaben zur Stimmabgabe durch einen Bevollmächtigten und ein Hinweis auf die Vollmachtsformulare sind gem. § 121 Abs. 3 S. 3 Nr. 2 lit. a erforderlich (→ Rn. 40). Ein Unterschied zu § 49 Abs. 1 Nr. 1 WpHG in der Lesart der BaFin besteht hier allein darin, dass gem. § 121 Abs. 3 S. 3 Nr. 2 lit. a nur auf zwingend zu verwendende Vollmachtsformulare hinzuweisen ist, während sich die Formulierung der BaFin auch auf sonstige Vollmachtsformulare zu erstrecken scheint. Die Rechte der Aktionäre nach § 126 Abs. 1 und § 127 sind gem. § 121 Abs. 3 S. 3 Nr. 3 zu erläutern (→ Rn. 44 ff.), so dass auch hier im praktischen Ergebnis kein Unterschied zur Auffassung der BaFin besteht, sofern die Erläuterung der Rechte in der Einberufung selbst erfolgt.

c) Verfahren der Stimmabgabe (Abs. 3 S. 3 Nr. 2). aa) Stimmabgabe durch Bevollmächtigten. § 121 Abs. 3 S. 3 Nr. 2 verlangt Angaben zum Verfahren der Stimmabgabe. Gem. § 121 Abs. 3 S. 3 Nr. 2 lit a ist zunächst das Verfahren der Stimmabgabe durch einen Bevollmächtigten anzugeben. Hierzu gehören auch Angaben zur **Form der Vollmachtserteilung**.[190] Daneben bedarf es insbesondere eines Hinweises auf die **Formulare, die für die Erteilung einer Stimmrechtsvollmacht zu verwenden sind**, und auf die Art und Weise, wie der Gesellschaft ein Nachweis über die Bestellung eines Bevollmächtigten elektronisch übermittelt werden kann. Die Vorschrift

---

[184] BegrRegE BT-Drs. 16/11 642, 28.
[185] Bürgers/Körber/*Reger* Rn. 13b; Grigoleit/*Herrler* Rn. 14; Großkomm AktG/*Butzke* Rn. 70; Hüffer/Koch/*Koch*, 13. Aufl. 2018, Rn. 10a; K. Schmidt/Lutter/*Ziemons* Rn. 47; Wachter/*Mayrhofer* Rn. 17; *Wicke* Einführung in das Recht der Hauptversammlung, das Recht der Sacheinlagen und das Freigabeverfahren nach dem ARUG, 2009, 11; *Drinhausen/Keinath* BB 2009, 2322.
[186] Zweifelhaft daher Beschlussempfehlung und Bericht des Rechtsausschusses, BT-Drucks. 16/13 098 S. 38, wonach hiermit für etliche (Klein-)Aktionäre ein Mehrwert verbunden sein soll.
[187] Beschlussempfehlung des Ausschusses für Recht und Verbraucherschutz, BT-Drs. 18/6681, 12.
[188] Assmann/Schneider/*Mülbert* WpHG § 30b Rn. 7; Fuchs/*Zimmermann* WpHG § 30b Rn. 15; *Heidelbach* in Schwark/Zimmer KMRK § 30b WpHG Rn. 8; Kölner Komm WpHG/*Stoll* 30b Rn. 33; vgl. zu § 121 Abs. 3 S. 2 aF *Bosse* DB 2007, 39 (43); *Mutter/Arnold/Stehle* AG-Report 2007, 109; *Noack* WM 2007, 377 (378); aA *BaFin*, Emittentenleitfaden, 4. Aufl. (Stand: 22.7.2013), S. 166; *Tielmann/Schulenburg* BB 2007, 840 (842).
[189] *BaFin*, Emittentenleitfaden, 4. Aufl. (Stand: 22.7.2013), S. 166; wiederum anders *Tielmann/Schulenburg* BB 2007, 840 (842): nach § 49 Abs. 1 Nr. 1 WpHG seien Rechte der Aktionäre „weiter zu umreißen" (etwa kurze Skizzierung des Auskunftsrechts gem. § 131).
[190] Vgl. Bürgers/Körber/*Reger* Rn. 13c; Großkomm AktG/*Butzke* Rn. 74; MüKoAktG/*Kubis* Rn. 65; K. Schmidt/Lutter/*Ziemons* Rn. 56; *Göhmann/v. Oppen* BB 2009, 513 (515); *Wieneke/Pauly* NZG 2008, 794 (795).

wird ergänzt durch § 48 Abs. 1 Nr. 5 WpHG (§ 30a Abs. 1 Nr. 5 WpHG aF). Danach müssen Emittenten zugelassener Aktien, für die die Bundesrepublik Deutschland der Herkunftsstaat ist, sicherstellen, dass jeder stimmberechtigten Person zusammen mit der Einladung zur Hauptversammlung oder nach deren Anberaumung auf Verlangen in Textform ein Formular für die Erteilung einer Vollmacht für die Hauptversammlung übermittelt wird.[191] Zudem müssen börsennotierte Gesellschaften gem. § 124a S. 1 Nr. 5 alsbald nach der Einberufung über die Internetseite der Gesellschaft ggf. die Formulare, die bei Stimmabgabe durch einen Bevollmächtigten oder mittels Briefwahl zu verwenden sind, zugänglich machen, sofern diese den Aktionären nicht direkt übermittelt werden (→ § 124a Rn. 14 f.). § 121 Abs. 3. S. 3 Nr. 2 lit. a erfasst nach seinem Wortlaut nur **zwingend zu verwendende Formulare** („zu verwenden sind"). Eine zwingende Vorgabe bestimmter Vollmachtsformulare ist lediglich für die Bevollmächtigung von gesellschaftsbenannten Stimmrechtsvertretern möglich. Im Übrigen ist bei börsennotierten Gesellschaften gem. § 134 Abs. 3 S. 3 eine Vollmachtserteilung in Textform stets ausreichend (→ § 134 Rn. 69 ff.),[192] so dass sich die Hinweispflicht auf die für eine Bevollmächtigung von Stimmrechtsvertretern der Gesellschaft erforderlichen Formulare beschränkt.[193]

41   Die Hinweispflicht zur **Art und Weise der elektronischen Nachweisübermittlung** ergänzt den durch Art. 1 Nr. 20 ARUG eingeführten § 134 Abs. 3 S. 4, wonach die börsennotierte Gesellschaft mindestens einen Weg elektronischer Kommunikation für die Übermittlung des Nachweises der Bevollmächtigung anbieten muss (→ § 134 Rn. 77). Den Anforderungen von § 121 Abs. 3 S. 3 Nr. 2 lit. a ist genügt, wenn die Adresse für die Übermittlung des Nachweises (insbesondere eine E-Mail-Adresse) angegeben wird.[194] Zu beachten ist, dass es sich nach der (zweifelhaften) Vorstellung des Gesetzgebers bei einer Übermittlung per Fax nicht um einen Weg elektronischer Kommunikation handelt.[195] Danach würde die Angabe einer Faxnummer nicht ausreichen.

42   Wird in der Einberufung darauf hingewiesen, dass auf Verlangen eine Vollmacht im Original vorzulegen sei, stellt dies nach einer Entscheidung des LG München I keinen Gesetzesverstoß dar, weil es den Vorgaben des BGB entspreche.[196] Ob dies nach Inkrafttreten des ARUG noch gelten kann, ist zweifelhaft, da nunmehr die Erteilung der Vollmacht in Textform ausreicht und die Gesellschaft mindestens einen Weg elektronischer Kommunikation für die Übermittlung des Nachweises der Bevollmächtigung anbieten muss. Selbst wenn man einen Gesetzesverstoß annehmen wollte, dürfte idR mangels Relevanz dennoch kein Anfechtungsgrund vorliegen.

43   bb) **Briefwahl.** Gem. § 121 Abs. 3 S. 3 Nr. 2 lit. b ist das Verfahren der Stimmabgabe durch Briefwahl oder im Wege der elektronischen Kommunikation gem. § 118 Abs. 1 S. 2 (Online-Teilnahme) anzugeben, soweit die Satzung eine entsprechende Form der Stimmrechtsausübung vorsieht. Eine Stimmabgabe durch **Briefwahl oder im Wege der elektronischen Kommunikation** ist nur zulässig, wenn sie durch die Satzung oder aufgrund einer entsprechenden Ermächtigung des Vorstands ausdrücklich zugelassen wird (§ 118 Abs. 1 S. 2 und Abs. 2). Nur in diesem Fall müssen hierzu gem. § 121 Abs. 3 S. 3 Nr. 2 lit. b Angaben in der Einberufung gemacht werden. Enthält die Satzung keine Regelung gem. § 118 Abs. 1 S. 2 oder Abs. 2 oder macht der Vorstand von einer entsprechenden Ermächtigung keinen Gebrauch, ist eine Fehlanzeige in der Einberufung nicht erforderlich.[197] § 121 Abs. 3 S. 3 Nr. 2 lit. b erfordert eine **inhaltlich vollständige Wiedergabe** der betreffenden Satzungsregelung oder des vom Vorstand aufgrund einer in der Satzung vorgesehenen Ermächtigung angeordneten Verfahrens. Insbesondere ist anzugeben, auf welche Weise die Stimmabgabe erfolgt (zB per E-Mail oder per Internetdialog) und wie sich der Aktionär legitimieren kann.[198] Eine wörtliche Wiedergabe der Satzungsbestimmungen zur Briefwahl und/oder zur Stimmabgabe im Wege der elektronischen Kommunikation ist nicht erforderlich, kann sich aber zur Vermeidung von

---

[191] In der Praxis wird ein Vollmachtsformular regelmäßig zusammen mit der Einladung oder der Eintrittskarte übermittelt, vgl. *Ch. Horn* ZIP 2008, 1558 (1559) Fn. 12.
[192] Vgl. *Götze* NZG 2010, 93 (94 f.).
[193] Vgl. *Ochmann* Die Aktionärsrechte-Richtlinie, 2010, 79; *Ch. Horn* ZIP 2008, 1558 (1559); *Zetzsche* Der Konzern 2008, 321 (322); wohl auch Kölner Komm AktG/*Noack*/*Zetzsche* Rn. 102; aA K. Schmidt/Lutter/*Ziemons* Rn. 58; wohl auch Hüffer/Koch/*Koch*, 13. Aufl. 2018, Rn. 10b; *Paschos*/*Goslar* AG 2008, 605 (606).
[194] Kölner Komm AktG/*Noack*/*Zetzsche* Rn. 3; MüKoAktG/*Kubis* Rn. 66; K. Schmidt/Lutter/*Ziemons* Rn. 61; s. auch Hüffer/Koch/*Koch*, 13. Aufl. 2018, Rn. 10b; *Zetzsche* Der Konzern 2008, 321 (322).
[195] BegrRegE BT-Drucks. 16/11 642 S. 32; ebenso etwa Grigoleit/*Herrler* Rn. 15; Kölner Komm AktG/*Noack*/*Zetzsche* Rn. 103.
[196] LG München I AG 2010, 47 (49).
[197] Großkomm AktG/*Butzke* Rn. 76; Hüffer/Koch/*Koch*, 13. Aufl. 2018, Rn. 10c; Kölner Komm AktG/*Noack*/*Zetzsche* Rn. 104; MüKoAktG/*Kubis* Rn. 67; Wachter/*Mayrhofer* Rn. 19.
[198] Hüffer/Koch/*Koch*, 13. Aufl. 2018, Rn. 10c; Kölner Komm AktG/*Noack*/*Zetzsche* Rn. 104 f.; K. Schmidt/Lutter/*Ziemons* Rn. 64.

Anfechtungsrisiken anbieten. Auch bei Zulassung der Online-Teilnahme verlangt § 121 Abs. 3 S. 3 Nr. 2 lit. b nur Angaben zum Verfahren für die Stimmabgabe. In welchem Umfang sonstige Aktionärsrechte im Wege der Online-Teilnahme ausgeübt werden können, muss nicht angegeben werden.[199] Gleichwohl kann eine solche Angabe sinnvoll sein.[200]

d) Aktionärsrechte (Abs. 3 S. 3 Nr. 3). Gem. § 121 Abs. 3 S. 3 Nr. 3 sind Angaben zu **44** bestimmten Aktionärsrechten erforderlich. Im Einzelnen handelt es sich um die Rechte der Aktionäre nach **§ 122 Abs. 2, § 126 Abs. 1, § 127 und § 131 Abs. 1.** Bei der SE richtet sich das Recht der Aktionäre, eine Ergänzung der Tagesordnung zu verlangen, primär nach Art. 56 SE-VO iVm § 50 Abs. 2 SEAG. § 122 Abs. 2 kann nur ergänzend herangezogen werden, soweit die vorrangige Spezialregelung nicht abschließend ist. Dies ist bei der Darstellung der Aktionärsrechte zu berücksichtigen. Die Angaben zu den Aktionärsrechten können sich auf die **Fristen für die Ausübung** der Rechte beschränken, wenn in der Einberufung im Übrigen auf weitergehende Erläuterungen auf der Internetseite der Gesellschaft hingewiesen wird.

Eine Angabe von **Fristen** ist für **Ergänzungsverlangen** gem. § 122 Abs. 2 sowie für **Anträge** **45** **und Wahlvorschläge von Aktionären** gem. §§ 126, 127 erforderlich. Die Vorbesitzzeit und die Haltefrist gem. § 122 Abs. 2 S. 1 iVm Abs. 1 S. 3 sind keine Fristen für die Rechtsausübung iSv § 121 Abs. 3 S. 3 Nr. 3.[201] Das in der Hauptversammlung auszuübende Auskunftsrecht gem. § 131 Abs. 1 ist naturgemäß nicht fristgebunden, so dass insoweit eine entsprechende Angabe nicht möglich ist. Anzugeben ist das konkrete **Datum des Fristablaufs** (des Tags, an dem der Zugang spätestens erfolgen muss).[202] Ein abstrakter Hinweis („innerhalb der gesetzlichen Frist") oder eine bloße Wiedergabe des Gesetzeswortlauts („mindestens 30 Tage vor der Versammlung" bzw. „mindestens 14 Tage vor der Versammlung") reicht nicht aus. Für die Praxis war hiermit teilweise eine Umstellung verbunden. Angaben zu § 122 Abs. 2 in der Einberufung waren vor Inkrafttreten des ARUG eher unüblich. Im Hinblick auf die Gegenantragsfrist gem. § 126 Abs. 1 wurde häufig nur der Gesetzeswortlaut wiedergegeben, um angesichts von Unklarheiten bei der Fristberechnung Anfechtungsrisiken zu vermeiden.[203] Die Problematik wurde aber dadurch entschärft, dass der Gesetzgeber des ARUG die Fristberechnung in § 121 Abs. 7 neu geregelt hat, wodurch die ursprünglich bestehenden Probleme bei der Berechnung der Gegenantragsfrist der Vergangenheit angehören sollten.

Unklar ist, welchen Umfang die **weitergehenden Erläuterungen** in der Einberufung bzw. auf **46** der Internetseite der Gesellschaft haben müssen. Die Begründung des Referentenentwurfs des ARUG sprach noch von einer „ausführlichen Darstellung des jeweiligen Rechts". Auch Art. 5 Abs. 3 lit. b i) Aktionärsrechte-RL,[204] der durch § 121 Abs. 3 S. 3 Nr. 3 umgesetzt wurde, verlangt „ausführliche Informationen über diese Rechte". Insoweit dürfte es sich aber um einen Übersetzungsfehler handeln. Die englische Fassung der Richtlinie spricht etwa von „more detailed information" (ähnlich die französische und die spanische Fassung), womit lediglich über die bloße Fristangabe hinausgehende Informationen gemeint sein dürften.[205] An die weitergehenden Erläuterungen sind daher keine hohen Anforderungen zu stellen.[206] Auch die Begründung des Regierungsentwurfs des ARUG geht davon aus, dass die Nennung und ggf. allgemeinverständliche Darstellung des Regelungsgehalts der einschlägigen Rechtsvorschriften sowie eine Ergänzung um gesellschaftsspezifische Angaben ausreichen.[207] Erforderlich ist somit lediglich eine **kurze Beschreibung,** wie die Rechte wahrge-

---

[199] Großkomm AktG/*Butzke* Rn. 78; MüKoAktG/*Kubis* Rn. 67; aA Kölner Komm AktG/*Noack*/*Zetzsche* Rn. 91.
[200] Vgl. Großkomm AktG/*Butzke* Rn. 78.
[201] Grigoleit/*Herrler* Rn. 17; Hüffer/Koch/*Koch*, 13. Aufl. 2018, Rn. 10d; *Kocher*/*Lönner* BB 2010, 1675 (1677); aA wohl *Schroeder*/*Pussar* BB 2010, 717 (718 f.); unklar MüKoAktG/*Kubis* Rn. 68.
[202] BegrRegE BT-Drs. 16/11 642, 28; Grigoleit/*Herrler* Rn. 17; Großkomm AktG/*Butzke* Rn. 82; Hölters/*Drinhausen* Rn. 29; MüKoAktG/*Kubis* Rn. 68; K. Schmidt/Lutter/*Ziemons* Rn. 67; *Ochmann* Die Aktionärsrechte-Richtlinie, 2010, 78; *Wicke* Einführung in das Recht der Hauptversammlung, das Recht der Sacheinlagen und das Freigabeverfahren nach dem ARUG, 2009, 12; *Bosse* NZG 2009, 807 (809); *Drinhausen*/*Keinath* BB 2009, 64 (66); *Drinhausen*/*Keinath* BB 2009, 2322 (2323); *Herrler*/*Reymann* DNotZ 2009, 815 (816); *Miettinen*/*Rothbächer* BB 2008, 2084 (2085); aA Kölner Komm AktG/*Noack*/*Zetzsche* Rn. 108; wohl auch *Paschos*/*Goslar* AG 2008, 605 (607); *Seibert*/*Florstedt* ZIP 2008, 2145 (2147).
[203] Vgl. *Miettinen*/*Rothbächer* BB 2008, 2084 f.
[204] RL 2007/36/EG des Europäischen Parlaments und des Rates v. 11.7.2007 über die Ausübung bestimmter Rechte von Aktionären in börsennotierten Gesellschaften, ABl. EU 2007 Nr. L 184, 17.
[205] *Ch. Horn* ZIP 2008, 1558 (1559).
[206] Ebenso Grigoleit/*Herrler* Rn. 17; Großkomm AktG/*Butzke* Rn. 81; *Ch. Horn* ZIP 2008, 1558 (1559).
[207] BegrRegE BT-Drs. 16/11 642, 28; ebenso *Drinhausen*/*Keinath* BB 2009, 64 (66); *Drinhausen*/*Keinath* BB 2009, 2322 (2323); aA Kölner Komm AktG/*Noack*/*Zetzsche* Rn. 109: Allgemeinverständlichkeit nicht zwingend.

nommen werden können.²⁰⁸ Im Hinblick auf § 122 Abs. 2, § 126 Abs. 1 und § 127 ist insbesondere eine **Adresse** für die Übermittlung von Ergänzungsverlangen bzw. von Gegenanträgen und Wahlvorschlägen anzugeben und auf die Modalitäten der Bekanntmachung bzw. des Zugänglichmachens hinzuweisen.²⁰⁹ Zudem ist auf die Vorbesitzzeit und die Haltefrist gem. § 122 Abs. 2 S. 1 iVm Abs. 1 S. 3 hinzuweisen, ohne dass es der Angabe konkreter Daten bedarf (→ Rn. 45).²¹⁰ Daneben ist allenfalls eine kurze Beschreibung der Rechte erforderlich, die sich in einer allgemeinverständlichen (am Wortlaut orientierten) **Wiedergabe der betreffenden Vorschriften** erschöpfen kann.²¹¹ Auch im Hinblick auf § 131 Abs. 1 ist eine allgemeinverständliche Wiedergabe des Norminhalts ausreichend.²¹² Hier kann sich allenfalls noch ein Hinweis anbieten, dass das Auskunftsrecht nur in der Hauptversammlung ausgeübt werden kann.²¹³ Rechtsberatende Ausführungen sind nicht erforderlich.²¹⁴

47   **e) Internetseite (Abs. 3 S. 3 Nr. 4).** Gem. § 121 Abs. 3 S. 3 Nr. 4 ist in der Einberufung auch die Internetseite der Gesellschaft, über die die Informationen nach § 124a zugänglich sind, anzugeben. Die Regelung setzt Art. 5 Abs. 3 lit e Aktionärsrechte-RL²¹⁵ um. Allerdings entsprach ein Hinweis auf die Internetseite der Gesellschaft schon vor Inkrafttreten des ARUG der gängigen Praxis bei börsennotierten Gesellschaften. Den Anforderungen von § 121 Abs. 3 S. 3 Nr. 4 wird bereits durch **Angabe der Homepage** genügt. Der genaue Pfad zu den gem. § 124a erforderlichen Informationen muss nicht mit angegeben werden.²¹⁶

V. Bekanntmachung (Abs. 4)

48   **1. Allgemeines.** Seit der Änderung von § 121 durch das ARUG ist die Bekanntmachung der Einberufung einheitlich in § 121 Abs. 4 geregelt (→ Rn. 18). § 121 Abs. 4 unterscheidet zwischen der Bekanntmachung in den Gesellschaftsblättern (Satz 1) und der Einberufung durch eingeschriebenen Brief (Satz 2). Die Bekanntmachung in den Gesellschaftsblättern stellt den Regelfall dar, während die Einberufung durch eingeschriebenen Brief nur bei Gesellschaften mit überschaubarem Aktionärskreis in Betracht kommt. § 121 Abs. 4 wird ergänzt durch § 124 Abs. 1, der die Bekanntmachung von Ergänzungsverlangen (§ 122 Abs. 2) betrifft.

49   **2. Bekanntmachung in den Gesellschaftsblättern (Abs. 4 S. 1). a) Gesetzliche Anforderungen.** Gem. § 121 Abs. 4 S. 1 ist die Einberufung in den Gesellschaftsblättern bekannt zu machen. Die Einberufung ist daher gem. § 25 in den **Bundesanzeiger** einzurücken. § 121 Abs. 4 S. 1 deckt sich insoweit mit der für Emittenten iSv § 2 Abs. 13 WpHG geltenden kapitalmarktrechtlichen Pflicht gem. § 49 Abs. 1 Nr. 1 WpHG (§ 30b Abs. 1 Nr. 1 WpHG aF), wonach die Einberufung einschließlich der Tagesordnung unverzüglich im Bundesanzeiger zu veröffentlichen ist (→ Rn. 19, 39). § 25 S. 2 aF, der weitere Blätter oder elektronische Informationsmedien als Gesellschaftsblätter zuließ, wurde durch Art. 1 Nr. 3 der Aktienrechtsnovelle 2016²¹⁷ aufgehoben. Bestimmte die Satzung bis zum 30. Dezember 2015 neben dem Bundesanzeiger weitere Informationsmedien als Gesellschaftsblätter, bleibt eine solche Satzungsregelung nach der Übergangsregelung gem. § 26h Abs. 3 S. 1 EGAktG zwar auch in der Zeit ab dem 31. Dezember 2015 wirksam, so dass in einem solchen Fall weiterhin eine entsprechende Bekanntmachungspflicht der einberufenden Organmitglieder gegenüber der Gesellschaft besteht. Für einen Fristbeginn oder das sonstige Eintreten von Rechtsfolgen ist gem. § 26h Abs. 3 S. 2 EGAktG ab dem 1. Februar 2016 aber ausschließlich die Bekanntma-

---

²⁰⁸ Vgl. Großkomm AktG/*Butzke* Rn. 81; *Wicke* Einführung in das Recht der Hauptversammlung, das Recht der Sacheinlagen und das Freigabeverfahren nach dem ARUG, 2009, 12; *Seibert/Florstedt* ZIP 2008, 2145 (2147); weitergehend offenbar *Paschos/Goslar* AG 2008, 605 (606 f.).
²⁰⁹ Großkomm AktG/*Butzke* Rn. 82; *Ch. Horn* ZIP 2008, 1558 (1559).
²¹⁰ Vgl. Hüffer/Koch/*Koch*, 13. Aufl. 2018, Rn. 10d; unklar MüKoAktG/*Kubis* Rn. 68.
²¹¹ Vgl. Grigoleit/*Herrler* Rn. 17; Großkomm AktG/*Butzke* Rn. 81; Hüffer/Koch/*Koch*, 13. Aufl. 2018, Rn. 10d; K. Schmidt/Lutter/*Ziemons* Rn. 68; wohl auch MüKoAktG/*Kubis* Rn. 68.
²¹² *Ch. Horn* ZIP 2008, 1558 (1559).
²¹³ Vgl. *Drinhausen/Keinath* BB 2009, 2322 (2323).
²¹⁴ BegrRegE BT-Drs. 16/11 642, 28; *Drinhausen/Keinath* BB 2009, 64 (66).
²¹⁵ RiLi 2007/36/EG des Europäischen Parlaments und des Rates v. 11.7.2007 über die Ausübung bestimmter Rechte von Aktionären in börsennotierten Gesellschaften, ABl. EU 2007 Nr. L 184, 17.
²¹⁶ Grigoleit/*Herrler* Rn. 18; Kölner Komm AktG/*Noack/Zetzsche* Rn. 111; MüKoAktG/*Kubis* Rn. 69; Wachter/*Mayrhofer* Rn. 21; *Wicke* Einführung in das Recht der Hauptversammlung, das Recht der Sacheinlagen und das Freigabeverfahren nach dem ARUG, 2009, 12; *Ch. Horn* ZIP 2008, 1558 (1560); zweifelnd Großkomm AktG/*Butzke* Rn. 83.
²¹⁷ Gesetz zur Änderung des Aktiengesetzes (Aktienrechtsnovelle 2016) v. 22.12.2015, BGBl. 2015 I 2565.

Allgemeines 50–53 § 121

chung im Bundesanzeiger maßgeblich.[218] Sieht eine Altsatzung aus der Zeit vor Inkrafttreten des TransPuG noch eine Bekanntmachung im „Bundesanzeiger" vor, war auch in diesem Fall bereits vor Einstellung des Papier-Bundesanzeigers zum 31. März 2012 eine Bekanntmachung im (elektronischen) Bundesanzeiger ausreichend.[219]

Die Bekanntmachung in einem **Börsenpflichtblatt** ist gesellschaftsrechtlich nicht erforderlich.[220] Kapitalmarktrechtlich bestand gem. § 46 Abs. 4 WpHG aF die Pflicht, die Einberufung einschließlich der Tagesordnung bis zum 31. Dezember 2010 zusätzlich zu der Veröffentlichung im Bundesanzeiger auch in einem Börsenpflichtblatt vorzunehmen. Die Pflicht galt ursprünglich nur bis zum 31. Dezember 2008, wurde aber durch Art. 35 Jahressteuergesetz 2009 vom 19. Dezember 2008 (BGBl. 2008 I 2794) bis zum 31. Dezember 2010 verlängert. Eine weitere Verlängerung ist nicht erfolgt. 50

b) Satzungsmäßige Anforderungen. Die gesetzlichen Anforderungen an die Bekanntmachung der Einberufung können durch die Satzung **nicht herabgesetzt** werden (§ 23 Abs. 5 S. 1).[221] Grundsätzlich zulässig ist dagegen die Einführung **zusätzlicher Anforderungen** durch die Satzung (§ 23 Abs. 5 S. 2).[222] Denkbar ist etwa eine erweiterte Publizitätspflicht (Veröffentlichung in Nicht-Gesellschaftsblättern; mehrfache Bekanntmachung) oder – bei Gesellschaften mit überschaubarem Aktionärskreis – die Benachrichtigung sämtlicher Aktionäre per Brief oder per E-Mail (wobei ggf. die Voraussetzungen gem. § 49 Abs. 3 Nr. 1 WpHG zu beachten wären).[223] Aus der gesetzlichen Wertung des § 25 folgt allerdings, dass derartige zusätzliche satzungsmäßige Anforderungen an die Bekanntmachung keinen Einfluss auf die Wirksamkeit der Einberufung haben.[224] Der satzungsmäßige Gestaltungsspielraum findet dort seine Grenze, wo die zusätzlichen Bekanntmachungserfordernisse in die Nähe der Unerfüllbarkeit geraten.[225] Insgesamt ist von der Einführung zusätzlicher Bekanntmachungserfordernisse regelmäßig abzuraten.[226] 51

3. Einberufung durch eingeschriebenen Brief (Abs. 4 S. 2 und 3). a) Allgemeines. Sind die Aktionäre der Gesellschaft namentlich bekannt, kann die Hauptversammlung gem. § 121 Abs. 4 S. 2 Hs. 1 vorbehaltlich einer abweichenden Satzungsregelung statt durch Bekanntmachung im Bundesanzeiger auch mit eingeschriebenem Brief einberufen werden. Die Einberufung durch eingeschriebenen Brief wurde durch das Gesetz für kleine Aktiengesellschaften und zur Deregulierung des Aktienrechts vom 2. August 1994 (BGBl. 1994 I 1961) zugelassen. Der Gesetzgeber wollte hierdurch Gesellschaften, deren Aktionäre namentlich bekannt sind, von den auf einen anonymen Aktionärskreis zugeschnittenen Förmlichkeiten einer öffentlichen Bekanntmachung befreien.[227] Obwohl der Gesetzgeber bei der Schaffung von § 121 Abs. 4 S. 2 und 3 einen bestimmten Gesellschaftstypus vor Augen hatte, sieht die Regelung diesbezüglich keine Beschränkung vor. Theoretisch steht die Möglichkeit der Einberufung durch eingeschriebenen Brief daher auch börsennotierten Gesellschaften offen.[228] Allerdings dürfte sie für diese keine praktische Relevanz haben. 52

Auch wenn die Voraussetzungen für eine Einberufung durch eingeschriebenen Brief erfüllt sind, bleibt eine Einberufung durch Bekanntmachung im Bundesanzeiger (§ 121 Abs. 4 S. 1 iVm § 25) stets zulässig.[229] § 121 Abs. 4 S. 2 erlaubt lediglich eine **andere Form der Bekanntmachung**. Die 53

---

[218] Vor Inkrafttreten der Aktienrechtsnovelle 2016 war nach hM die Bekanntmachung erst mit Erscheinen des letzten Gesellschaftsblatts erfolgt, sofern die Satzung neben dem Bundesanzeiger weitere Informationsmedien als Gesellschaftsblätter bestimmte; vgl. die Nachweise in der Vorauflage.
[219] Ausf. *Oppermann* ZIP 2003, 793 ff.
[220] GHEK/*Eckardt* Rn. 28; Grigoleit/*Herrler* Rn. 19; Großkomm AktG/*Butzke* Rn. 88; Hüffer/Koch/*Koch*, 13. Aufl. 2018, Rn. 11a; Kölner Komm AktG/*Noack*/*Zetzsche* Rn. 125; MüKoAktG/*Kubis* Rn. 73; K. Schmidt/Lutter/*Ziemons* Rn. 75.
[221] Großkomm AktG/*Butzke* Rn. 89; MüKoAktG/*Kubis* Rn. 74; K. Schmidt/Lutter/*Ziemons* Rn. 76; Wachter/*Mayrhofer* Rn. 23.
[222] Grigoleit/*Herrler* Rn. 19; Großkomm AktG/*Butzke* Rn. 89; MüKoAktG/*Kubis* Rn. 74; K. Schmidt/Lutter/*Ziemons* Rn. 76.
[223] Vgl. Großkomm AktG/*Butzke* Rn. 89; Kölner Komm AktG/*Noack*/*Zetzsche* Rn. 113; MüKoAktG/*Kubis* Rn. 74; K. Schmidt/Lutter/*Ziemons* Rn. 76.
[224] Großkomm AktG/*Butzke* Rn. 89; Kölner Komm AktG/*Noack*/*Zetzsche* Rn. 113.
[225] Großkomm AktG/*Butzke* Rn. 89; MüKoAktG/*Kubis* Rn. 74.
[226] So auch Grigoleit/*Herrler* Rn. 19; Großkomm AktG/*Butzke* Rn. 89; K. Schmidt/Lutter/*Ziemons* Rn. 76.
[227] BegrFraktionsE BT-Drs. 12/6721, 8.
[228] Vgl. BegrFraktionsE BT-Drs. 12/6721, 8; Großkomm AktG/*Butzke* Rn. 86; Hüffer/Koch/*Koch*, 13. Aufl. 2018, Rn. 11b; MüKoAktG/*Kubis* Rn. 77; *Reichert*/*Balke* in Semler/Volhard/Reichert HV-HdB § 4 Rn. 139; *Hahn* DB 1994, 1659 (1664); *Lutter* AG 1994, 429 (437); *Than* FS Peltzer, 2001, 577 (580).
[229] Grigoleit/*Herrler* Rn. 22; Hüffer/Koch/*Koch*, 13. Aufl. 2018, Rn. 11 f.; K. Schmidt/Lutter/*Ziemons* Rn. 77.

Mindestangaben gem. § 121 Abs. 3 (einschließlich der Tagesordnung) sind auch hier stets erforderlich.[230] Unzulässig ist eine Mischung der Bekanntmachungsformen (Bekanntmachung teilweise im Bundesanzeiger und teilweise durch eingeschriebenen Brief).[231] Die Einberufung durch eingeschriebenen Brief steht nicht nur dem Vorstand, sondern grundsätzlich auch anderen Einberufungsberechtigten (→ Rn. 15 ff.) offen.[232] § 121 Abs. 4 S. 2 wird ergänzt durch § 242 Abs. 2 S. 4. Danach kann die Nichtigkeit gem. § 241 Nr. 1 wegen eines Verstoßes gegen § 121 Abs. 4 S. 2 nicht mehr geltend gemacht werden, wenn der nicht geladene Aktionär den Beschluss genehmigt (→ § 242 Rn. 11).

54 **b) Namentlich bekannte Aktionäre. aa) Allgemeines.** Die Einberufung durch eingeschriebenen Brief setzt gem. § 121 Abs. 4 S. 2 Hs. 1 voraus, dass die Aktionäre namentlich bekannt sind. Darüber hinaus muss auch die **Anschrift** bekannt sein, da anderenfalls eine Übermittlung durch eingeschriebenen Brief nicht möglich ist.[233] Eine namentliche Bekanntheit der Aktionäre kommt sowohl bei Namens- als auch bei Inhaberaktien in Betracht. Auch eine fehlende Verbriefung schließt die namentliche Bekanntheit nicht aus. Maßgeblicher **Zeitpunkt** für die namentliche Bekanntheit iSv § 121 Abs. 4 S. 2 Hs. 1 ist die Absendung des eingeschriebenen Briefs. Erfolgt im Anschluss an die Absendung eine Übertragung der Aktien bzw. eine Umschreibung im Aktienregister, ändert diese daher nichts an der ordnungsgemäßen Einberufung.[234] Die Absendung des Einberufungsbriefs muss in diesem Fall nicht wiederholt werden.

55 **bb) Namensaktien.** Bei Namensaktien sind die Aktionäre der Gesellschaft regelmäßig iSd § 124 Abs. 4 S. 2 namentlich bekannt, da gegenüber der Gesellschaft als Aktionär gilt, wer im Aktienregister eingetragen ist (§ 67 Abs. 2).[235] Eine Ausnahme gilt für freie Meldebestände, bei denen zwar der Altaktionär aus-, sein Rechtsnachfolger aber noch nicht eingetragen ist.[236] Da die unwiderlegbare Vermutung des § 67 Abs. 2 auch bei zum Börsenhandel zugelassen Namensaktien mit **Blankoindossament** gilt, sind auch in diesem Fall die Aktionäre namentlich bekannt.[237] Aufgrund der Vermutungswirkung des § 67 Abs. 2 ist selbst dann der im Aktienregister Eingetragene einzuladen, wenn der wahre Berechtigte der Gesellschaft bekannt ist.[238] Die Übersendung des eingeschriebenen Briefs kann an die im Aktienregister eingetragene Adresse (§ 67 Abs. 1 S. 1) erfolgen. Nicht mitgeteilte **Adressänderungen** gehen zu Lasten des Aktionärs.[239]

56 **cc) Inhaberaktien.** Bei Inhaberaktien fehlt eine § 67 Abs. 2 vergleichbare Vorschrift. Auch besteht keine Pflicht oder Obliegenheit des Aktionärs, der Gesellschaft eine Veräußerung seiner Aktien mitzuteilen. Dies schließt nicht aus, dass auch einer Gesellschaft mit Inhaberaktien die Aktionäre namentlich bekannt sein können (etwa bei Familiengesellschaften mit geschlossenem Aktionärskreis).[240] Das Vorhandensein von Inhaberaktien schließt daher eine Einberufung durch eingeschrie-

---

[230] Hüffer/Koch/*Koch,* 13. Aufl. 2018, Rn. 11 f.; MüKoAktG/*Kubis* Rn. 81; *Reichert/Balke* in Semler/Volhard/Reichert HV-HdB § 4 Rn. 141; Seibert/Kiem/Schüppen/*Zimmermann* HdB der kleinen AG Rn. 4.237.
[231] Grigoleit/*Herrler* Rn. 22; Großkomm AktG/*Butzke* Rn. 98; Hüffer/Koch/*Koch,* 13. Aufl. 2018, Rn. 11 f.; MüKoAktG/*Kubis* Rn. 81.
[232] Grigoleit/*Herrler* Rn. 20; Großkomm AktG/*Butzke* Rn. 94; Kölner Komm AktG/*Noack/Zetzsche* Rn. 132; *Reichert/Balke* in Semler/Volhard/Reichert HV-HdB § 4 Rn. 146.
[233] Vgl. Bürgers/Körber/*Reger* Rn. 15; Kölner Komm AktG/*Noack/Zetzsche* Rn. 133; MüKoAktG/*Kubis* Rn. 78; K. Schmidt/Lutter/*Ziemons* Rn. 745; *Deilmann* in Hölters/Deilmann/Buchta Die kleine AG S. 96; *Reichert/Balke* in Semler/Volhard/Reichert HV-HdB § 4 Rn. 142; *Lutter* AG 1994, 429 (438).
[234] Großkomm AktG/*Butzke* Rn. 95; Kölner Komm AktG/*Noack/Zetzsche* Rn. 145; MüKoAktG/*Kubis* Rn. 78.
[235] Bürgers/Körber/*Reger* Rn. 15; Hölters/*Drinhausen* Rn. 33; Hüffer/Koch/*Koch,* 13. Aufl. 2018, Rn. 11c; Kölner Komm AktG/*Noack/Zetzsche* Rn. 134 f.; MüKoAktG/*Kubis* Rn. 78; K. Schmidt/Lutter/*Ziemons* Rn. 78; Hölters/Deilmann/Buchta/*Deilmann* Die kleine AG S. 96; *Zimmermann* in Seibert/Kiem/Schüppen HdB der kleinen AG Rn. 4.235; *Fleischer/Eschwey* BB 2015, 2178; *Hoffmann-Becking* ZIP 1995, 1 (6); *Lutter* AG 1994, 429 (438).
[236] Grigoleit/*Herrler* Rn. 21; Großkomm AktG/*Butzke* Rn. 96; Hölters/*Drinhausen* Rn. 33; K. Schmidt/Lutter/*Ziemons* Rn. 78.
[237] Grigoleit/*Herrler* Rn. 21; Hölters/*Drinhausen* Rn. 33; Hüffer/Koch/*Koch,* 13. Aufl. 2018, Rn. 11c; MüKoAktG/*Kubis* Rn. 78; *Deilmann* in Hölters/Deilmann/Buchta Die Hauptversammlung der AG Rn. B 53; *Deilmann* in Hölters/Deilmann/Buchta Die kleine AG S. 96 f.; *Reichert/Balke* in Semler/Volhard/Reichert HV-HdB § 4 Rn. 139; *Ruppert* in Schaaf Praxis der HV Rn. 134; *Lutter* AG 1994, 429 (437 f.).
[238] Hüffer/Koch/*Koch,* 13. Aufl. 2018, Rn. 11c; MüKoAktG/*Kubis* Rn. 78; Kölner Komm AktG/*Noack/Zetzsche* Rn. 135; *Lutter* AG 1994, 429 (438).
[239] Grigoleit/*Herrler* Rn. 21; Großkomm AktG/*Butzke* Rn. 96; Kölner Komm AktG/*Noack/Zetzsche* Rn. 136; *Butzke* Die Hauptversammlung der AG Rn. B 53; *Fleischer/Eschwey* BB 2015, 2178 (2183); *Lutter* AG 1994, 429 (438); vgl. zur WEG auch BGH NZG 2013, 1096 (1098); aA K. Schmidt/Lutter/*Ziemons* Rn. 79.
[240] Vgl. BegrFraktionsE, BT-Drs. 12/6721, 8.

benen Brief nicht grundsätzlich aus.[241] Umstritten ist, inwieweit **Irrtümer über den Aktionärskreis** zu Lasten der Gesellschaft gehen und zur Nichtigkeit gem. § 241 Nr. 1 führen. Nach teilweise vertretener Ansicht soll es für eine ordnungsgemäße Einberufung ausreichen, dass der Gesellschaft die Aktionäre ursprünglich bekannt waren und eine Veränderung im Aktionärskreis ihr ohne Verschulden unbekannt geblieben ist. Ebenso soll sich die Gesellschaft auf den Fortbestand der letztbekannten Anschrift verlassen können.[242] Nach hM trägt dagegen die Gesellschaft das Risiko einer fehlerhaften Einberufung, wenn die Einladung wegen einer Veränderung im Aktionärskreis oder einer Adressänderung an den falschen Adressaten oder die falsche Anschrift gerichtet wird.[243] Für die hM spricht, dass der Gesellschaft stets die Möglichkeit einer Einberufung durch Bekanntmachung im Bundesanzeiger bleibt, wenn sich Zweifel im Hinblick auf den Aktionärskreis nicht sicher ausschließen lassen.[244] Zudem besteht die Möglichkeit, eine **Meldeobliegenheit für Veräußerungsfälle in die Satzung** aufzunehmen.[245] In diesem Fall kann die Gesellschaft auf den Fortbestand der Aktionärsstellung und der Anschrift vertrauen. Rein schuldrechtliche Mitteilungspflichten reichen dagegen grundsätzlich nicht aus, da sie nur die ursprünglichen Parteien, nicht aber etwaige Erwerber binden.[246]

dd) Unverbriefte Aktien. Unverbriefte Aktien werden gem. §§ 398, 413 BGB übertragen (→ § 10 Rn. 53). Da auch hier weder eine § 67 Abs. 2 vergleichbare Vorschrift noch eine Pflicht oder Obliegenheit zur Mitteilung von Veräußerungen existiert, gelten für unverbriefte Aktien dieselben Grundsätze wie für Inhaberaktien (→ Rn. 56).

c) Eingeschriebener Brief. aa) Allgemeines. Die Einberufung erfolgt gem. § 121 Abs. 4 S. 2 durch eingeschriebenen Brief, wenn die Satzung nichts anderes bestimmt. Der Satzungsvorbehalt wurde durch Art. 27 Nr. 2 des Gesetzes zur Anpassung der Formvorschriften des Privatrechts und anderer Vorschriften an den modernen Rechtsgeschäftsverkehr vom 13. Juli 2001 (BGBl. 2001 I 1542) eingefügt (→ Rn. 4). Da die Zustellungsart „eingeschriebener Brief" gerade für kleine Aktiengesellschaften mit überschaubarem Aktionärskreis unnötig und im Einzelfall eine hinderliche Förmlichkeit sein kann, hat der Gesetzgeber die Regelung dispositiv gestellt, so dass in der Satzung geringere Anforderungen an die Zustellungsart bestimmt werden können.[247]

bb) Anforderungen. Die Form des eingeschriebenen Briefs bezieht sich auf die postalische Zustellart. Hieraus folgt nicht, dass die Einberufung der Schriftform (§ 126 Abs. 1 BGB) bedarf. Ausreichend ist vielmehr eine **schriftliche Verkörperung**. Eine eigenhändige Unterschrift des Einberufenden ist nicht erforderlich.[248] Allerdings muss der Einberufende aus dem Brief hinreichend erkennbar sein.[249] Wie bei der Einberufung durch Bekanntmachung im Bundesanzeiger bedarf es für die Einberufung eines Beschlusses des einberufenden Organs (→ Rn. 13, 16). Bei dem Versand des Briefs handelt es sich nur noch um die Durchführung der Einberufung, bei der nicht mehr

---

[241] AllgemA, s. etwa Bürgers/Körber/*Reger* Rn. 15; Hüffer/Koch/*Koch*, 13. Aufl. 2018, Rn. 11d; MüKoAktG/*Kubis* Rn. 79; *Butzke* Die Hauptversammlung der AG Rn. B 54; *Deilmann* in Hölters/Deilmann/Buchta Die kleine AG S. 97 f.; *Reichert*/*Balke* in Semler/Volhard/Reichert HV-HdB § 4 Rn. 140; *Hoffmann-Becking* ZIP 1995, 1 (6); *Lutter* AG 1994, 429 (438).
[242] Kölner Komm AktG/*Noack*/*Zetzsche* Rn. 139; *Reichert*/*Balke* in Semler/Volhard/Reichert HV-HdB § 4 Rn. 140; *Lutter* AG 1994, 429 (438 f.); wohl auch *Zimmermann* in Seibert/Kiem/Schüppen HdB der kleinen AG Rn. 4.235.
[243] Bürgers/Körber/*Reger* Rn. 15; Hüffer/Koch/*Koch*, 13. Aufl. 2018, Rn. 11d; MüKoAktG/*Kubis* Rn. 79; K. Schmidt/Lutter/*Ziemons* Rn. 80; *Butzke* Die Hauptversammlung der AG Rn. B 54; *Deilmann* in Hölters/Deilmann/Buchta Die kleine AG S. 97 f.; *Hoffmann-Becking* ZIP 1995, 1 (6).
[244] Vgl. MüKoAktG/*Kubis* Rn. 79; *Deilmann* in Hölters/Deilmann/Buchta Die kleine AG S. 97; *Hoffmann-Becking* ZIP 1995, 1 (6); s. auch *Blanke* BB 1994, 1505 (1508).
[245] Bürgers/Körber/*Reger* Rn. 15; MüKoAktG/*Kubis* Rn. 79; *Butzke* Die Hauptversammlung der AG Rn. B 54 Fn. 87; *Hoffmann-Becking* ZIP 1995, 1 (6); aA Grigoleit/*Herrler* Rn. 21; Kölner Komm AktG/*Noack*/*Zetzsche* Rn. 140; K. Schmidt/Lutter/*Ziemons* Rn. 80; *Deilmann* in Hölters/Deilmann/Buchta Die kleine AG S. 97 f., die entsprechende Satzungsklauseln als unzulässig ansehen; zweifelnd auch Großkomm AktG/*Butzke* Rn. 97.
[246] Vgl. Grigoleit/*Herrler* Rn. 21; Großkomm AktG/*Butzke* Rn. 97; MüKoAktG/*Kubis* Rn. 79; *Butzke* Die Hauptversammlung der AG Rn. B 54 Fn. 87; *Deilmann* in Hölters/Deilmann/Buchta Die kleine AG S. 98.
[247] BegrRegE BT-Drs. 14/4987, 30.
[248] Bürgers/Körber/*Reger* Rn. 16; Grigoleit/*Herrler* Rn. 22; Großkomm AktG/*Butzke* Rn. 98; Hüffer/Koch/*Koch*, 13. Aufl. 2018, Rn. 11f; Kölner Komm AktG/*Noack*/*Zetzsche* Rn. 152; MüKoAktG/*Kubis* Rn. 81; *Butzke* Die Hauptversammlung der AG Rn. B 52; *Deilmann* in Hölters/Deilmann/Buchta Die kleine AG S. 99; *Reichert*/*Balke* in Semler/Volhard/Reichert HV-HdB § 4 Rn. 142.
[249] MüKoAktG/*Kubis* Rn. 81.

zwingend das Gesamtorgan handeln muss. Der Brief kann daher von einem entsprechend beauftragten Organmitglied verfasst werden.[250]

60 Der Brief muss als **Einschreiben** aufgegeben werden. Die Verwendung eines Rückscheins ist nicht erforderlich,[251] kann sich jedoch anbieten, um den Nachweis des Zugangs zu erleichtern. In der Vergangeheit war umstritten, ob ein sog. **Übergabeeinschreiben** erforderlich ist oder auch ein sog. **Einwurfeinschreiben** ausreicht, obwohl diese Zustellart bei Einführung der Norm noch nicht bekannt war.[252] Nunmehr hat der BGH klargestellt, dass die Anforderungen an einen eingeschriebenen Brief auch durch ein Einwurfeinschreiben der Deutsche Post AG gewahrt werden.[253] Die Entscheidung bezieht sich zwar unmittelbar nur auf § 21 Abs. 1 S. 2 GmbHG, lässt sich jedoch ohne weiteres auf die Einberufung der Hauptversammlung durch eingeschriebenen Brief gem. § 121 Abs. 4 S. 2 übertragen.[254] Der BGH argumentiert überzeugend, dass sich aus dem Willen des historischen Gesetzgebers kein Ausschluss des Einwurfeinschreibens ergebe. Vielmehr führe eine teleologische Auslegung zu dem Ergebnis, dass das Einwurfeinschreiben der Deutsche Post AG den formalen Anforderungen entspreche. Bei einer Gesamtbetrachtung der Vor- und Nachteile beider Versendungsarten in Bezug auf Sinn und Zweck der Norm (Zugangssicherung und Sicherung der Beweisführung) sei das Einwurfeinschreiben dem Übergabeeinschreiben zumindest gleichwertig.[255] Der BGH hat in der betreffenden Entscheidung auch die Anforderungen an den **Nachweis des Zugangs** eines Einwurfeinschreibens klargestellt: Bei Einhaltung des ordnungsgemäßen Verfahrens streitet für den Absender nach Vorlage des Einlieferungsbelegs zusammen mit der Reproduktion des Auslieferungsbelegs ein Anscheinsbeweis für den Zugang der Sendung durch Einlegen in den Briefkasten bzw. das Postfach des Empfängers.[256]

60a § 121 Abs. 4 S. 2 setzt nicht zwingend voraus, dass als **Beförderungsunternehmen** die Deutsche Post AG gewählt wird. Wird ein anderes Beförderungsunternehmen beauftragt, muss dieses eine dem Einschreiben der Deutsche Post AG vergleichbare Zustellart anbieten.[257] Dies ist der Fall, wenn die Einlieferung und Aushändigung des Briefs nach den für ein Einschreiben der Deutsche Post AG jeweils gültigen Bestimmungen erfolgen.[258]

61 cc) Abweichende Satzungsregelungen. Die Einberufung erfolgt nur dann durch eingeschriebenen Brief, wenn die Satzung nichts anderes bestimmt. Nach den Vorstellungen des Gesetzgebers soll der Satzungsvorbehalt Gesellschaften mit überschaubarem Aktionärskreis die Einberufung erleichtern, indem in der Satzung geringere Anforderungen an die Zustellungsart bestimmt werden können.[259] Im Wortlaut der Norm kommt dies jedoch nicht hinreichend zum Ausdruck.[260] Die Satzung kann daher auch **Erschwerungen** vorsehen (zB Erfordernis eines Rückscheins).[261] Als **Erleichterung** kann die Satzung eine Einberufung per **Fax** oder per **E-Mail** vorsehen.[262] Die Satzung kann auch bestimmen, dass ein Einwurfeinschreiben ausreicht. Da § 121 Abs. 4 S. 2 den Inhalt möglicher Satzungsregelungen nicht einschränkt, kann sogar eine **mündliche oder fern-**

---

[250] MüKoAktG/*Kubis* Rn. 81; s. auch Hüffer/Koch/*Koch*, 13. Aufl. 2018, Rn. 11 f.

[251] Bürgers/Körber/*Reger* Rn. 16; Grigoleit/*Herrler* Rn. 22; Großkomm AktG/*Butzke* Rn. 99; Hüffer/Koch/*Koch*, 13. Aufl. 2018, Rn. 11 f.; Kölner Komm AktG/*Noack*/*Zetzsche* Rn. 147; MüKoAktG/*Kubis* Rn. 81; Wachter/*Mayrhofer* Rn. 25; *Reichert/Balke* in Semler/Volhard/Reichert HV-HdB § 4 Rn. 142.

[252] Vgl. die Nachweise in der Vorauflage.

[253] BGHZ 212, 104 (107 ff.) = NZG 2016, 1417 ff.; s. dazu *Bayer* GmbHR 2017, 33 ff.; *Etzbach/Scharf* DB 2017, 53; *Glienke* BB 2016, 3025; *Lieder/Bialluch* NZG 2017, 9 (11 ff.); *Keil* EWiR 2016, 751 f.; *Lubberich* DNotZ 2017, 418 ff.; *Rieckers* DB 2017, 2786 (2789); *Teichmann/Pfleger* WuB 2017, 202 ff.; *Torka* GWR 2017, 10; ebenso Bürgers/Körber/*Reger* Rn. 16; Großkomm AktG/*Butzke* Rn. 99; Hüffer/Koch/*Koch*, 13. Aufl. 2018, Rn. 11f; Kölner Komm AktG/*Noack*/*Zetzsche* Rn. 147; MüKoAktG/*Kubis* Rn. 81; K. Schmidt/Lutter/*Ziemons* Rn. 82.

[254] *Etzbach/Scharf* DB 2017, 53; *Lieder/Bialluch* NZG 2017, 9 (15); *Lubberich* DNotZ 2017, 418 (424); *Rieckers* DB 2017, 2786 (2789).

[255] BGHZ 212, 104 (109) = NZG 2016, 1417 (1418).

[256] BGHZ 212, 104 (109) = NZG 2016, 1417 (1418).

[257] Hüffer/Koch/*Koch*, 13. Aufl. 2018, Rn. 11f; Kölner Komm AktG/*Noack*/*Zetzsche* Rn. 147; MüKoAktG/*Kubis* Rn. 81.

[258] MüKoAktG/*Kubis* Rn. 81.

[259] BegrRegE BT-Drs. 14/4987, 30.

[260] Krit. daher MüKoAktG/*Kubis* Rn. 82.

[261] Bürgers/Körber/*Reger* Rn. 16; Grigoleit/*Herrler* Rn. 22; Großkomm AktG/*Butzke* Rn. 102; Kölner Komm AktG/*Noack*/*Zetzsche* Rn. 155; MüKoAktG/*Kubis* Rn. 82; aA wohl *Zimmermann* in Seibert/Kiem/Schüppen HdB der kleinen AG Rn. 4.236.

[262] Bürgers/Körber/*Reger* Rn. 16; Grigoleit/*Herrler* Rn. 22; Hüffer/Koch/*Koch*, 13. Aufl. 2018, Rn. 11f; Kölner Komm AktG/*Noack*/*Zetzsche* Rn. 153; MüKoAktG/*Kubis* Rn. 82; *Butzke* Die Hauptversammlung der AG Rn. B 52 Fn. 81; Hölters/*Drinhausen* Rn. 32; *Habersack* ZHR 165 (2001) 172 (178); *Lommatzsch* NZG 2001, 1017 (1025); *Noack* NZG 2001, 1057 (1058); *Noack* NZG 2003, 241 (243); *Riegger* ZHR 165 (2001) 204 (206).

mündliche Einberufung vorgesehen werden,²⁶³ wenngleich dies schon im Hinblick auf die gem. § 121 Abs. 3 erforderlichen Mindestangaben regelmäßig nicht zu empfehlen ist. Nach dem Sinn und Zweck der Norm müssen auch satzungsmäßige Erleichterungen stets eine **individuelle Mitteilung** der Einberufung vorsehen, zumal das Erfordernis der namentlichen Bekanntheit der Aktionäre nicht abbedungen werden kann. Auf § 124 Abs. 4 S. 2 kann daher keine Satzungsregelung gestützt werden, die eine Einberufung allein durch Veröffentlichung auf der Internetseite der Gesellschaft vorsieht.²⁶⁴ Nach hM ist auch eine Beschränkung auf die Bekanntmachung in den Gesellschaftsblättern (und der damit verbundene Ausschluss der namentlichen Einberufung) nicht zulässig.²⁶⁵ Hält man angesichts des insoweit offenen Wortlauts von § 121 Abs. 4 S. 2 auch Erschwerungen der namentlichen Einberufung für zulässig, spricht aber nichts dagegen, auch einen kompletten Ausschluss anzuerkennen. § 121 Abs. 4 S. 2 betrifft dann nicht nur den Modus, sondern auch die generelle Möglichkeit der namentlichen Einberufung.²⁶⁶ Unzulässig wäre dagegen eine Satzungsregelung, wonach die namentliche Einberufung zwingend vorgeschrieben wird.²⁶⁷ Der Gesellschaft muss stets der rechtssichere Weg bleiben, die Hauptversammlung allein durch Bekanntmachung im Bundesanzeiger einzuberufen.²⁶⁸

Umstritten ist, welche Wirkung **Satzungsbestimmungen aus der Zeit vor Inkrafttreten der** **62** **Gesetzesänderung** haben, wenn diese lediglich eine Einberufung durch Bekanntmachung in den Gesellschaftsblättern vorsehen. Hier wird man idR annehmen können, dass nur der seinerzeit geltende Gesetzeszustand wiedergegeben werden sollte, ohne dass damit künftig zugelassene Einberufungsformen ausgeschlossen werden sollten. Entgegen teilweise vertretener Ansicht sind entsprechende Satzungsbestimmungen daher idR dahingehend auszulegen, dass sie eine Einberufung durch eingeschriebenen Brief nicht ausschließen.²⁶⁹

d) Tag der Bekanntmachung. Gem. § 121 Abs. 4 S. 2 Hs. 2 gilt der Tag der Absendung als **63** Tag der Bekanntmachung. Die Frist des § 123 Abs. 1 knüpft damit nicht an den Zugang des eingeschriebenen Briefs, sondern an dessen Absendung an. Da die Fristen gem. § 125 Abs. 1 und § 126 Abs. 1 nicht mehr an die Bekanntmachung anknüpfen, sondern von der Hauptversammlung zurückzurechnen sind, ist die Regelung für diese ohne Bedeutung. Als **Absendung** ist die **Einlieferung** des Briefs beim Beförderungsunternehmen zu verstehen.²⁷⁰ Bei mehreren, an verschiedenen Tagen versandten Briefen ist die Einlieferung des letzten Briefs entscheidend.²⁷¹ Dass die Postlaufzeit hier anders als nach der hM zu § 51 GmbHG bei der Einberufung durch eingeschriebenen Brief nicht berücksichtigt wird, ist im Hinblick auf die im Aktienrecht erheblich längere Einberufungsfrist (§ 123 Abs. 1) unbedenklich.²⁷²

e) Geltung der §§ 125–127. § 121 Abs. 4 S. 3 aF ordnete die sinngemäße Geltung der §§ 125– **64** 127 an. Der Verweis war seit der Änderung von § 125 Abs. 1 durch das ARUG obsolet geworden.

---

²⁶³ Hölters/*Drinhausen* Rn. 32; MüKoAktG/*Kubis* Rn. 82; aA Kölner Komm AktG/*Noack/Zetzsche* Rn. 154: mindestens Textform (§ 126b BGB).
²⁶⁴ Kölner Komm AktG/*Noack/Zetzsche* Rn. 153; K. Schmidt/Lutter/*Ziemons* Rn. 82; aA MüKoAktG/*Kubis* Rn. 82.
²⁶⁵ Bürgers/Körber/*Reger* Rn. 16; Hüffer/Koch/*Koch*, 13. Aufl. 2018, Rn. 11f; *Butzke* Die Hauptversammlung der AG Rn. B 52 Fn. 81; *Behrends* NZG 2000, 578 (579 f.); aA Kölner Komm AktG/*Noack/Zetzsche* Rn. 130, 132, 156.
²⁶⁶ Kölner Komm AktG/*Noack/Zetzsche* Rn. 156.
²⁶⁷ So aber Kölner Komm AktG/*Noack/Zetzsche* Rn. 156.
²⁶⁸ Grigoleit/*Herrler* Rn. 22; Großkomm AktG/*Butzke* Rn. 101; widersprüchlich Kölner Komm AktG/*Noack/Zetzsche* Rn. 156, die einerseits betonen, dass die Einberufung über den Bundesanzeiger durch die Satzung nicht ausschließbar sei, andererseits aber eine Satzungsregelung als zulässig ansehen, wonach stets (ggf. neben der öffentlichen) auch eine namentliche Einberufung stattfindet; bei diesem Verständnis würde der Gesellschaft die Einberufung im Bundesanzeiger nichts nützen, so dass sie mitunter einer erheblichen Rechtsunsicherheit ausgesetzt wäre.
²⁶⁹ Bürgers/Körber/*Reger* Rn. 17; Großkomm AktG/*Butzke* Rn. 102; Hüffer/Koch/*Koch*, 13. Aufl. 2018, Rn. 11b; Kölner Komm AktG/*Noack/Zetzsche* Rn. 156 Fn. 213; *Behrends* NZG 2000, 578 (580 f.); aA Hölters/Deilmann/Buchta/*Deilmann* Die kleine AG S. 95; wohl auch Seibert/Kiem/Schüppen/*Zimmermann* HdB der kleinen AG Rn. 4.236.
²⁷⁰ Grigoleit/*Herrler* Rn. 22; Großkomm AktG/*Butzke* Rn. 100; Hüffer/Koch/*Koch*, 13. Aufl. 2018, Rn. 11g; Kölner Komm AktG/*Noack/Zetzsche* Rn. 150; MüKoAktG/*Kubis* Rn. 83; *Butzke* Die Hauptversammlung der AG Rn. B 52; *Reichert/Balke* in Semler/Volhard/Reichert HV-HdB § 4 Rn. 143.
²⁷¹ Bürgers/Körber/*Reger* Rn. 18; Grigoleit/*Herrler* Rn. 22; Großkomm AktG/*Butzke* Rn. 100; Hölters/*Drinhausen* Rn. 36; Hüffer/Koch/*Koch*, 13. Aufl. 2018, Rn. 11g; Kölner Komm AktG/*Noack/Zetzsche* Rn. 150; MüKoAktG/*Kubis* Rn. 83; Wachter/*Mayrhofer* Rn. 26; *Reichert/Balke* in Semler/Volhard/Reichert HV-HdB § 4 Rn. 143; *Lutter* AG 1994, 429 (437).
²⁷² Vgl. Grigoleit/*Herrler* Rn. 22; Hüffer/Koch/*Koch*, 13. Aufl. 2018, Rn. 11g; Kölner Komm AktG/*Noack/Zetzsche* Rn. 150; *Reichert/Balke* in Semler/Volhard/Reichert HV-HdB § 4 Rn. 143; *Lutter* AG 1994, 429 (437).

Da es sich bei der Einberufung durch eingeschriebenen Brief nur um eine andere Form der Bekanntmachung handelt (→ Rn. 53), sind die §§ 125–127 unmittelbar anwendbar. Der Verweis sollte ursprünglich bewirken, dass in § 125 Abs. 1 und Abs. 2 Nr. 2 aF sowie in § 126 Abs. 1 aF für den Fristbeginn nicht an die dort ausdrücklich genannte Bekanntmachung im (elektronischen) Bundesanzeiger, sondern an die Absendung des eingeschriebenen Briefs angeknüpft wird.[273] Die Frist des § 126 Abs. 1 knüpft bereits seit der Änderung der Norm durch Art. 1 Nr. 13 TransPuG nicht mehr an die Bekanntmachung der Einberufung, sondern an den Tag der Hauptversammlung an. § 125 Abs. 2 wurde durch Art. 1 Nr. 6 UMAG neu gefasst. Seit der Änderung durch Art. 1 Nr. 14 ARUG ist auch die Frist des § 125 Abs. 1 von der Hauptversammlung zurückzurechnen, so dass für den Verweis in § 121 Abs. 4 S. 3 aF kein Anwendungsbereich mehr verblieb. Dementsprechend wurde er durch Art. 1 Nr. 9 der Aktienrechtsnovelle 2016[274] gestrichen (→ Rn. 4).[275]

65 Da die §§ 125–127 bei der Einberufung durch eingeschriebenen Brief unmittelbar anwendbar sind, bestehen auch in diesem Fall grundsätzlich die Mitteilungspflichten gem. § 125 und die Weitergabepflicht der Kreditinstitute gem. § 128 Abs. 1. Etwas anderes wird man allerdings dann annehmen können, wenn die gem. § 125 Abs. 1 S. 4 und 5 zusätzlich erforderlichen Informationen bereits in der Einberufung enthalten sind.[276] Die Mitteilungspflicht gegenüber Aktionären gem. § 125 Abs. 2 entfällt ebenfalls, soweit die erforderlichen Informationen bereits zum Gegenstand des eingeschriebenen Briefs gemacht worden sind.[277] Die Mitteilungspflicht des § 125 Abs. 4 ist ohnehin erst nach der Hauptversammlung zu erfüllen, so dass die Form der Bekanntmachung hierauf von vornherein keinen Einfluss haben kann.

VI. Zuleitung zur Veröffentlichung (Abs. 4a)

66 Gem. § 121 Abs. 4a ist bei **börsennotierten Gesellschaften,** die nicht ausschließlich Namensaktien ausgegeben haben oder welche die Einberufung den Aktionären nicht unmittelbar nach § 121 Abs. 4 S. 2 übersenden, die Einberufung spätestens zum Zeitpunkt der Bekanntmachung solchen Medien zur Veröffentlichung zuzuleiten, bei denen davon ausgegangen werden kann, dass sie die Information in der gesamten EU verbreiten. Die Zuleitungspflicht wurde in Umsetzung von Art. 5 Abs. 2 Aktionärsrechte-RL[278] durch Art. 1 Nr. 9 ARUG in § 121 eingefügt.[279] Sie entspricht dem mit der Aktionärsrechtrichtlinie verfolgten Ziel, gebietsfremden Aktionären, die nicht in dem Mitgliedstaat, in dem die Gesellschaft ihren Sitz hat, wohnen, die Stimmrechtsausübung zu erleichtern (vgl. Erwägungsgründe 1 ff. Aktionärsrechte-RL). Dabei beschränkt sich § 121 Abs. 4a auf die Zuleitung an Medien, so dass die Aktionäre selbst aktiv werden müssen, um sich zu informieren. Einen anderen Weg hat der Europäische Gesetzgeber nunmehr mit der bis zum 10. Juni 2019 in nationales Recht umzusetzenden Änderungsrichtlinie zur Aktionärsrechterichtlinie[280] eingeschlagen, indem er die Intermediäre[281] stärker in die Information der Aktionäre einbindet (→ § 128 Rn. 4a; → § 135 Rn. 7b). Die Informationsübermittlung durch die Intermediäre ersetzt allerdings nicht die bisherigen Publikations- und Zuleitungserfordernisse, sondern ergänzt diese nur.

66a § 121 Abs. 4a beschränkt den Anwendungsbereich auf börsennotierte Gesellschaften, die **nicht ausschließlich Namensaktien** ausgegeben haben oder welche die **Einberufung den Aktionären nicht unmittelbar nach § 121 Abs. 4 S. 2 übersenden.** Gesellschaften, die ausschließlich Namensaktien ausgegeben haben oder die Einberufung den Aktionären unmittelbar nach § 121 Abs. 4 S. 2 übersenden, sind somit nicht zur Zuleitung der Einberufung an ein europäisches Medienbündel verpflichtet. Der Wortlaut von § 121 Abs. 4a wurde durch Art. 1 Nr. 9 der Aktienrechtsnovelle 2016[282] angepasst, da die vorherige Formulierung missverständlich war (→ Rn. 4). § 121 Abs. 4a aF sprach noch von „börsennotierten Gesellschaften, die nicht ausschließlich Namensaktien ausgegeben haben und die Einberufung den Aktionären nicht unmittelbar (...) übersenden". Gleichwohl entsprach es schon vor der Änderung durch die Aktienrechtsnovelle 2016 der wohl allgemeinen Ansicht, dass das „und" in § 121 Abs. 4a aF als „oder" zu lesen war, so dass keine Zuleitungspflicht bestand, wenn die Gesellschaft entweder ausschließ-

---

[273] Vgl. Bürgers/Körber/*Reger* Rn. 19; MüKoAktG/*Kubis* Rn. 52; K. Schmidt/Lutter/*Ziemons* Rn. 49.
[274] Gesetz zur Änderung des Aktiengesetzes (Aktienrechtsnovelle 2016) v. 22.12.2015, BGBl. 2015 I 2565.
[275] Vgl. BegrRegE, BT-Drs. 18/4349, 21.
[276] Vgl. Kölner Komm AktG/*Noack/Zetzsche* Rn. 159; *Butzke* Die Hauptversammlung der AG Rn. B 141; *Hahn* DB 1994, 1659 (1664); *Lutter* AG 1994, 429 (437).
[277] Kölner Komm AktG/*Noack/Zetzsche* Rn. 159; K. Schmidt/Lutter/*Ziemons* Rn. 85.
[278] RiLi 2007/36/EG des Europäischen Parlaments und des Rates v. 11.7.2007 über die Ausübung bestimmter Rechte von Aktionären in börsennotierten Gesellschaften, ABl. EU 2007 Nr. L 184, 17.
[279] Vgl. BegrRegE BT-Drs. 16/11 642, 28.
[280] Richtlinie des Europäischen Parlaments und des Rates vom 17.5.2017 zur Änderung der Richtlinie 2007/36/EG im Hinblick auf die Förderung der langfristigen Mitwirkung der Aktionäre, ABl. EU 2017 Nr. L 132, 1.
[281] Zum Begriff „Intermediär" s. die Definition in Art. 2 lit. d Aktionärsrechte-RL.
[282] Gesetz zur Änderung des Aktiengesetzes (Aktienrechtsnovelle 2016) v. 22.12.2015, BGBl. 2015 I 2565.

lich Namensaktien ausgegeben oder (auch bei Inhaberaktien) die Einberufung den Aktionären unmittelbar zugeleitet hatte.[283] Mit der Aktienrechtsnovelle 2016 hat der Gesetzgeber dies nunmehr in § 121 Abs. 4a ausdrücklich klargestellt.[284] Europarechtliche Bedenken gegen die in § 121 Abs. 4a vorgesehenen Ausnahmen von der Zuleitungspflicht bestehen nicht.[285]

Technisch ist die Zuleitungspflicht mit derjenigen nach § 3a WpAV vergleichbar. Ausweislich der Gesetzesbegründung können **Medien** iSv § 121 Abs. 4a auch die Gesellschaftsblätter sein, sofern von ihnen der vom Gesetz geforderte Verbreitungsdienst angeboten wird.[286] Der Betreiber des Bundesanzeigers bietet seit Ende Oktober 2009 ausdrücklich einen Verbreitungsdienst für Hauptversammlungseinberufungen an. Bei der Beauftragung der Veröffentlichung der Einberufung im Bundesanzeiger kann die einberufende Gesellschaft gesondert angeben, ob sie eine zusätzliche europaweite Verbreitung in Auftrag gibt. Für die europaweite Verbreitung der Bekanntmachung ist grundsätzlich ein Pauschalpreis von 250 Euro zu entrichten. Auf Wunsch und gegen einen Aufpreis von 100 Euro ist auch die Verbreitung zusätzlicher Sprachfassungen möglich. Die Einzelheiten der Verbreitung richten sich nach den entsprechenden AGB.[287] Nach wohl hM ist die Inanspruchnahme des Verbreitungsdienstes nicht erforderlich. Vielmehr soll bereits eine **Bekanntmachung im Bundesanzeiger** als solche den Anforderungen von § 121 Abs. 4a genügen.[288] Hierfür spricht, dass der Bundesanzeigerverlag die bekannt gemachten Informationen in zahlreiche nationale und internationale Verbreitungs- und Datendienste einspeist. Die Zuleitung an ein Medienbündel gem. § 121 Abs. 4a kann die Bekanntmachung in den Gesellschaftsblättern nach § 121 Abs. 4 S. 1 nicht ersetzen.[289] 67

VII. Ort und Zeit der Hauptversammlung

1. Ort der Hauptversammlung (Abs. 5). a) Allgemeines. § 121 Abs. 5 enthält Regelungen zum Ort der Hauptversammlung. Gemeint ist die politische Gemeinde, in der die Hauptversammlung stattfindet. § 121 Abs. 5 überlässt die Festlegung des Versammlungsorts grundsätzlich dem Satzungsgeber und sieht nur eine Auffangregelung vor. Begrifflich zu unterscheiden ist der Ort der Hauptversammlung von dem in § 121 Abs. 5 nicht geregelten Versammlungslokal (→ Rn. 78). § 121 Abs. 5 wird ergänzt durch § 121 Abs. 3 S. 1, wonach der Ort der Hauptversammlung zu den Mindestangaben der Einberufung gehört (→ Rn. 23). 68

b) Gesetzliche Regelung. aa) Sitz der Gesellschaft. Gem. § 121 Abs. 5 S. 1 soll die Hauptversammlung am Sitz der Gesellschaft (§ 5) stattfinden, wenn die Satzung nichts anderes bestimmt. Durch diese Beschränkung sollen die Aktionäre bei Fehlen einer Satzungsregelung vor einer willkürlichen Wahl des Versammlungsorts und einer daraus folgenden Beeinträchtigung ihres Teilnahmerechts geschützt werden.[290] Maßgeblich ist der im Zeitpunkt der Einberufung im Handelsregister eingetragene Sitz.[291] Eine nach diesem Zeitpunkt erfolgende Sitzverlegung ist unbeachtlich. Hat die Gesellschaft einen Doppelsitz, kann der Einberufende zwischen beiden Orten frei wählen.[292] 69

§ 121 Abs. 5 S. 1 ist als **Soll-Vorschrift** ausgestaltet. Dennoch sind **Abweichungen** nur in engen Grenzen zulässig, da nach der gesetzlichen Wertung der Sitz der Gesellschaft der zweckmäßige Versammlungsort ist.[293] Erforderlich ist ein **sachlicher Grund,** der die Abhaltung der Hauptver- 70

---

[283] Vgl. die Nachweise in der Vorauflage.
[284] Vgl. BegrRegE, BT-Drs. 18/4349, 21; s. auch *Ihrig/Wandt* BB 2016, 6 (10); *Paschos/Goslar* NJW 2016, 359 (362); *Söhner* ZIP 2016, 151 (155); *Wandt* NZG 2016, 367 (371).
[285] Für Europarechtswidrigkeit aber K. Schmidt/Lutter/*Ziemons* Rn. 89; *Söhner* ZIP 2016, 151 (155); zweifelnd auch Großkomm AktG/*Butzke* Rn. 92.
[286] BegrRegE BT-Drs. 16/11 642, 28.
[287] Allgemeine Geschäftsbedingungen für den Verbreitungsdienst nach § 121 Abs. 4a AktG, abrufbar unter www.bundesanzeiger.de.
[288] Vgl. Grigoleit/*Herrler* Rn. 23; Großkomm AktG/*Butzke* Rn. 90; Hüffer/Koch/*Koch*, 13. Aufl. 2018, Rn. 11i; Kölner Komm AktG/*Noack/Zetzsche* Rn. 163 ff.; *Noack* NZG 2008, 441 (442); *Zetsche* Der Konzern 2008, 321 (323); zu Art. 5 Abs. 2 Aktionärsrechte-RL auch *Ratschow* DStR 2007, 1402 (1404); wohl auch *Wicke*, Einführung in das Recht der Hauptversammlung, das Recht der Sacheinlagen und das Freigabeverfahren nach dem ARUG, 2009, 14; aA Hölters/*Drinhausen* Rn. 38; *Ochmann*, Die Aktionärsrechte-Richtlinie, 2010, 56; *Drinhausen/Keinath* BB 2009, 64 (66); *Drinhausen/Keinath* BB 2009, 2322 (2323); *Drinhausen/Keinath* BB 2010, 3 (6); krit. auch *Ch. Horn* ZIP 2008, 1558 (1560).
[289] *Zetzsche* Der Konzern 2008, 321 (323).
[290] BGH AG 1985, 188 (189); GHEK/*Eckardt* Rn. 39.
[291] Großkomm AktG/*Butzke* Rn. 117; Hölters/*Drinhausen* Rn. 40; MüKoAktG/*Kubis* Rn. 89; K. Schmidt/Lutter/*Ziemons* Rn. 92.
[292] Grigoleit/*Herrler* Rn. 24; Großkomm AktG/*Butzke* Rn. 117; Hölters/*Drinhausen* Rn. 40; Hüffer/Koch/*Koch*, 13. Aufl. 2018, Rn. 12; Kölner Komm AktG/*Noack/Zetzsche* Rn. 177; MüKoAktG/*Kubis* Rn. 89; Wachter/*Mayrhofer* Rn. 29.
[293] Vgl. Hüffer/Koch/*Koch*, 13. Aufl. 2018, Rn. 12.

sammlung am Sitz der Gesellschaft als unangemessen erscheinen lässt.[294] Der BGH bejaht ein Recht zur Abweichung, wenn am Sitz der Gesellschaft kein geeignetes Versammlungslokal vorhanden ist oder die Verkehrsverbindung dorthin gestört ist.[295] Zumindest bei einer GmbH mit überschaubarem Gesellschafterkreis darf nach Ansicht des BGH auch ein Ort gewählt werden, von dem von vornherein feststeht, dass er die Teilnahme nicht erschwert, weil ihn die Gesellschafter leichter erreichen können als den Sitz der Gesellschaft.[296] Gleiches sollte bei einer AG gelten, wenn feststeht, dass die Wahl eines anderen Versammlungsorts für sämtliche Aktionäre günstiger ist.[297] Insgesamt sollte von der Möglichkeit einer Abweichung zurückhaltend Gebrauch gemacht werden, da ein unzulässiger Versammlungsort nach hM einen Anfechtungsgrund darstellt (→ Rn. 107).

71 **bb) Sitz der Börse.** Sind die Aktien der Gesellschaft an einer deutschen Börse zum Handel im regulierten Markt zugelassen, kann die Hauptversammlung gem. § 121 Abs. 5 S. 2 auch am Sitz der Börse stattfinden, wenn die Satzung nichts anderes bestimmt. Erforderlich ist eine **Zulassung zum regulierten Markt**. Eine Einbeziehung in den Freiverkehr ist nicht ausreichend.[298] Maßgeblicher Zeitpunkt für die Zulassung zum Handel im regulierten Markt ist der Zeitpunkt der Einberufung.[299] Der Sitz der Börse tritt bei Fehlen einer Satzungsregelung gleichwertig neben den Sitz der Gesellschaft. Der Einberufende kann zwischen diesen Orten frei wählen.[300] Die Wahl eines dritten Orts kommt nur in Betracht, wenn sowohl für den Sitz der Gesellschaft als auch für den Sitz der Börse hinreichende Gründe für eine Abweichung (→ Rn. 70) vorliegen.[301]

72 **c) Satzungsregelung. aa) Allgemeines.** Die Regelungen in § 121 Abs. 5 gehen davon aus, dass der Versammlungsort grundsätzlich in der Satzung bestimmt wird. Die Satzung kann abweichend vom Sitz der Gesellschaft oder der Börse **einen oder mehrere Orte** als Versammlungsort bestimmen.[302] Dabei enthält § 121 Abs. 5 keine konkreten Vorgaben im Hinblick auf den satzungsmäßigen Versammlungsort. Einigkeit besteht dahingehend, dass ein besonderer Bezug zur Tätigkeit der Gesellschaft nicht erforderlich ist. Insbesondere muss die Gesellschaft am satzungsmäßigen Versammlungsort keine Zweigniederlassung, Produktionsstätte oder ähnliche Einrichtung unterhalten.[303] Der Ort muss jedoch so gewählt werden, dass er nicht nur mit einem unverhältnismäßigen zeitlichen oder finanziellen Aufwand erreichbar ist.[304] Danach ist grundsätzlich jeder Ort in Deutschland als Versammlungsort geeignet (zu einem ausländischen Versammlungsort → Rn. 74 f.).[305] Eine Ausnahme wird man allenfalls für die nur per Schiff oder Flugzeug erreichbaren deutschen Inseln machen müssen.[306]

72a Die Satzung kann dem Einberufenden die **freie Wahl zwischen mehreren in der Satzung genannten Orten** überlassen.[307] Die Orte müssen nicht konkret bezeichnet werden. Auch eine **Eingrenzung nach objektiven Kriterien** ist zulässig.[308] Die Satzung darf aber nicht auf jegliche Angaben verzichten und die Wahl des Versammlungsorts in das freie Ermessen des Einberufenden

---

[294] Ähnlich GHEK/*Eckardt* Rn. 41: ernste sachliche Gründe; Grigoleit/*Herrler* Rn. 24: hinreichend gewichtiger Sachgrund; Hüffer/Koch/*Koch,* 13. Aufl. 2018, Rn. 12: Sachgründe, nach denen gesetzliche Wertung im Einzelfall schlechterdings nicht zutrifft; Kölner Komm AktG/*Noack/Zetzsche* Rn. 186: zwingende Sachgründe.
[295] BGH AG 1985, 188 (189), im Anschluss an Kölner Komm AktG/*Zöllner,* 1. Aufl. 1985, Rn. 35.
[296] BGH AG 1985, 188 (189).
[297] OLG Dresden ZIP 2001, 1539 (1541) – Sachsenmilch IV; LG Frankfurt a.M. ZIP 2007, 2034 (2035) – Nanoinvests; s. auch Bürgers/Körber/*Reger* Rn. 22.
[298] GHEK/*Eckardt* Rn. 41; Grigoleit/*Herrler* Rn. 24; Großkomm AktG/*Butzke* Rn. 118; Kölner Komm AktG/*Noack/Zetzsche* Rn. 178; MüKoAktG/*Kubis* Rn. 89; K. Schmidt/Lutter/*Ziemons* Rn. 85.
[299] Großkomm AktG/*Butzke* Rn. 118; Kölner Komm AktG/*Noack/Zetzsche* Rn. 179; MüKoAktG/*Kubis* Rn. 89.
[300] Bürgers/Körber/*Reger* Rn. 21; Großkomm AktG/*Butzke* Rn. 118; Kölner Komm AktG/*Noack/Zetzsche* Rn. 179; MüKoAktG/*Kubis* Rn. 89.
[301] Bürgers/Körber/*Reger* Rn. 21; Großkomm AktG/*Butzke* Rn. 118; MüKoAktG/*Kubis* Rn. 89.
[302] Empirische Analyse entsprechender Satzungsregelungen bei Bayer/*Hoffmann* AG-Report 2013, R 23 ff.
[303] GHEK/*Eckardt* Rn. 40; Grigoleit/*Herrler* Rn. 26; Hüffer/Koch/*Koch,* 13. Aufl. 2018, Rn. 13; Kölner Komm AktG/*Noack/Zetzsche* Rn. 180; MüKoAktG/*Kubis* Rn. 90; Wachter/*Mayrhofer* Rn. 30; *Herrler* ZGR 2015, 918 (924).
[304] Großkomm AktG/*Butzke* Rn. 120; MüKoAktG/*Kubis* Rn. 90 f.
[305] MüKoAktG/*Kubis* Rn. 91; K. Schmidt/Lutter/*Ziemons* Rn. 96; aA wohl Großkomm AktG/*Butzke* Rn. 120.
[306] MüKoAktG/*Kubis* Rn. 91.
[307] BGH AG 1994, 177 (179); Großkomm AktG/*Butzke* Rn. 119; Hüffer/Koch/*Koch,* 13. Aufl. 2018, Rn. 13; MüKoAktG/*Kubis* Rn. 90.
[308] Bürgers/Körber/*Reger* Rn. 23; GHEK/*Eckardt* Rn. 40; Großkomm AktG/*Butzke* Rn. 119; Hüffer/Koch/*Koch,* 13. Aufl. 2018, Rn. 13; MüKoAktG/*Kubis* Rn. 91; K. Schmidt/Lutter/*Ziemons* Rn. 94; eher restriktiv BGH ZIP 2014, 2494 (2496 f.) – IMW Immobilien SE; aA noch OLG München HRR 1939 Nr. 1476; Schlegelberger/*Quassowski* § 105 Rn. 11; *Herbig* DJ 1938, 235.

Allgemeines   72b–74 § 121

stellen (unzulässig daher etwa „ein Ort in Deutschland").³⁰⁹ Sie kann auch nicht der Hauptversammlung die Kompetenz einräumen, frei über den Versammlungsort zu entscheiden.³¹⁰ Die Satzung muss eine sachgerechte, am Teilnahmeinteresse der Aktionäre ausgerichtete Vorgabe enthalten, die das Ermessen des Einberufungsberechtigten bindet.³¹¹ Bei personalistisch strukturierten Gesellschaften besteht eine größere Flexibilität als bei Publikumsgesellschaften.³¹² Auch bei Publikumsgesellschaften zulässig sind die in der Praxis nicht unüblichen Satzungsregelungen, wonach die Hauptversammlung in einer deutschen Großstadt mit mehr als 100 000 Einwohnern (teilweise auch: mit mehr als 250 000 Einwohnern) stattfinden darf.³¹³

Wird von der Hauptversammlung eine Satzungsregelung beschlossen, die einen **unzulässigen** 72b **Versammlungsort** bestimmt oder dem Einberufenden ein **zu weitgehendes Ermessen** bei der Festlegung des Versammlungsorts einräumt (→ Rn. 72 f.), ist der entsprechende Beschluss nicht nichtig, sondern nur **anfechtbar**.³¹⁴ Unterbleibt eine Anfechtung, ist die Satzungsänderung vom Registergericht einzutragen.³¹⁵ In diesem Fall ist eine Missbrauchskontrolle der Auswahl im Einzelfall vorzunehmen (→ Rn. 107).

Eine **Abweichung von dem satzungsmäßigen Versammlungsort** ist unter denselben Voraus- 73 setzungen möglich wie eine Abweichung von dem gesetzlichen Versammlungsort (→ Rn. 70).³¹⁶ Bestehen hinreichende sachliche Gründe für eine Abweichung, ist aber zunächst auf die Versammlungsorte nach der Auffangregelung des § 121 Abs. 5 (Sitz der Gesellschaft oder der Börse) auszuweichen.³¹⁷

bb) Ausländischer Versammlungsort. Umstritten ist, ob die Satzung auch einen ausländischen 74 Versammlungsort zulassen darf. Nach früher teilweise vertretener Ansicht sollte die Abhaltung der Hauptversammlung im Ausland generell unzulässig sein.³¹⁸ Die heute ganz hM, der sich nunmehr auch der BGH angeschlossen hat, sieht dagegen auch einen ausländischen Versammlungsort als **grundsätzlich zulässig** an.³¹⁹ Dem ist zuzustimmen. Die Gegenansicht wird nicht dem Umstand gerecht, dass gerade Publikumsgesellschaften heute vielfach einen internationalen Aktionärskreis haben.³²⁰ Zudem sind viele Städte im europäischen Ausland ebenso schnell und leicht zu erreichen

---

³⁰⁹ BGHZ 203, 68 (75 f.) = ZIP 2014, 2494 (2496) – IMW Immobilien SE; BGH AG 1994, 177 (179); LG Berlin DJ 1938, 234; Bürgers/Körber/*Reger* Rn. 23; GHEK/*Eckardt* Rn. 40; Grigoleit/*Herrler* Rn. 26; Großkomm AktG/*Butzke* Rn. 120; Hölters/*Drinhausen* Rn. 41; Hüffer/Koch/*Koch*, 13. Aufl. 2018, Rn. 13; MüKoAktG/ *Kubis* Rn. 90; K. Schmidt/Lutter/*Ziemons* Rn. 94; *Wachter/Mayrhofer* Rn. 30; *Herrler* ZGR 2015, 918 (921 ff.); *Linnerz* NZG 2006, 208 (209); aA Kölner Komm AktG/*Noack/Zetzsche* Rn. 181 f.; *v. Godin/Wilhelmi* Anm. 10.
³¹⁰ BGH AG 1994, 177 (179); Hölters/*Drinhausen* Rn. 41; Hüffer/Koch/*Koch*, 13. Aufl. 2018, Rn. 13; MüKo-AktG/*Kubis* Rn. 90; K. Schmidt/Lutter/*Ziemons* Rn. 94; *Brandes* WM 1994, 2177 (2183); wohl auch LG Stuttgart AG 1992, 236 (237).
³¹¹ BGHZ 203, 68 (75) = ZIP 2014, 2494 (2496) – IMW Immobilien SE; ausführlich zu den dabei zu berücksichtigenden Kriterien *Herrler* ZGR 2015, 918 (921 ff.).
³¹² K. Schmidt/Lutter/*Ziemons* Rn. 98; *Noack* WuB 2015, 104 (107 f.); vgl. auch Großkomm AktG/*Butzke* Rn. 123; offen BGHZ 203, 68 (75) = ZIP 2014, 2494 (2496) – IMW Immobilien SE; aA *Herrler* ZGR 2015, 918 (926 f.).
³¹³ *Rieckers* DB 2015, 2131 (2137); *Wettich* AG 2015, 681 (685); s. auch Großkomm AktG/*Butzke* Rn. 120: wohl in aller Regel zumutbar; aA wohl *Kiem/Reutershahn* EWiR 2015, 3 (4); zweifelnd auch *Herrler* ZGR 2015, 918 (935).
³¹⁴ BGHZ 203, 68 (75 f.) = ZIP 2014, 2494 (2496 f.) – IMW Immobilien SE; Großkomm AktG/*Butzke* Rn. 120; Hüffer/Koch/*Koch*, 13. Aufl. 2018, Rn. 13; MüKoAktG/*Kubis* Rn. 93; K. Schmidt/Lutter/*Ziemons* Rn. 99; *Herrler* ZGR 2015, 918 (927).
³¹⁵ K. Schmidt/Lutter/*Ziemons* Rn. 99; *Herrler* ZGR 2015, 918 (927 f.); aA OLG Hamburg NJW-RR 1993, 1317 (1319); Hüffer/Koch/*Koch*, 13. Aufl. 2018, Rn. 13; MüKoAktG/*Kubis* Rn. 93; wohl auch Großkomm AktG/*Butzke* Rn. 120.
³¹⁶ Großkomm AktG/*Butzke* Rn. 119.
³¹⁷ GHEK/*Eckardt* Rn. 41.
³¹⁸ OLG Hamm NJW 1974, 1057 ff.; *Baumbach/Hueck* Rn. 9; Großkomm AktG/*Werner*, 4. Aufl. 1993, Rn. 48 f.; Kölner Komm AktG/*Zöllner*, 1. Aufl. 1985, Rn. 34; *v. Godin/Wilhelmi* Anm. 10; *Wilhelmi* BB 1987, 1331; jedenfalls für Staaten außerhalb der EU auch OLG Hamburg NJW-RR 1993, 1317 (1318 f.) (Zürich).
³¹⁹ BGHZ 203, 68 (70 ff.) = BGH ZIP 2014, 2494 (2495 f.) – IMW Immobilien SE; Bürgers/Körber/*Reger* Rn. 24; GHEK/*Eckardt* Rn. 42; Großkomm AktG/*Butzke* Rn. 122 ff.; Hölters/*Drinhausen* Rn. 43; Hüffer/Koch/ *Koch*, 13. Aufl. 2018, Rn. 15 f.; Kölner Komm AktG/*Noack/Zetzsche* Rn. 187 f.; MüKoAktG/*Kubis* Rn. 87, 91 f.; K. Schmidt/Lutter/*Ziemons* Rn. 96 f.; *Wachter/Mayrhofer* Rn. 30; MHdB AG/*Bungert* § 36 Rn. 50 ff.; *Biehler* NJW 2000, 1243 (1244 f.); *Bungert* AG 1995, 26 (27 ff.); *Bungert/Leyendecker-Langner* BB 2015, 268 (269 ff.); *Görtz* BB 2015, 144; *Goslar* DB 2015, 178 (179); *Kiem/Reutershahn* EWiR 2015, 3 (4); *Linnerz* NZG 2006, 208 (209); *Noack* WuB 2015, 104 (106 ff.); *Schiessl* DB 1992, 823 ff.; *v. Bar/Grothe* IPRax 1994, 269 ff.; zur GmbH auch *Deutler* ZHR 140 (1976) 520 (523); *Kleinmann* NJW 1972, 373.
³²⁰ Vgl. MüKoAktG/*Kubis* Rn. 87; *Biehler* NJW 2000, 1243 (1244); *Bungert* AG 1995, 26 (28); *Schiessl* DB 1992, 823; *v. Bar/Grothe* IPRax 1994, 269 (270).

wie bestimmte Regionen in Deutschland (mitunter sogar schneller und billiger).[321] Voraussetzung für die Zulässigkeit ist aber stets, dass die **Anreise keinen unverhältnismäßigen Aufwand** erfordert (→ Rn. 72). Ausgangspunkt der Betrachtung ist dabei der Ort des Satzungssitzes.[322] Ein Versammlungsort in Übersee dürfte daher regelmäßig ausscheiden. Dagegen erscheint es als zu eng, die zwischen zwei in Deutschland gelegenen Orten maximal mögliche Reiseentfernung (ca 1 000 km)[323] als Obergrenze heranzuziehen.[324] Als taugliche ausländische Versammlungsorte dürften jedenfalls die Hauptstädte der an Deutschland angrenzenden Staaten anzusehen sein.[325] Als unzulässig hat der BGH dagegen eine Regelung angesehen, wonach die Hauptversammlung am Sitz der Gesellschaft, dem Sitz einer Wertpapierbörse in der EU oder einer Großstadt in der EU mit mehr als 500 000 Einwohnern stattfindet.[326] Entscheidend war dabei für den BGH die Erwägung, dass es einem Aktionär nicht zumutbar sei, uU eine weite Anreise bis an die Ränder der EU auf sich zu nehmen, obwohl er sich an einer Gesellschaft mit Satzungssitz in Deutschland beteiligt hat und am Versammlungsort kein Bezug zur geschäftlichen Tätigkeit der Gesellschaft besteht. Hieraus darf allerdings nicht der Umkehrschluss gezogen werden, dass bei einem ausländischen Versammlungsort stets ein Bezug zur geschäftlichen Tätigkeit der Gesellschaft erforderlich wäre.[327] Ebenso wie bei einem inländischen Versammlungsort (→ Rn. 72) ist ein solcher Bezug nicht erforderlich.

75 Die Abhaltung der Hauptversammlung im Ausland setzt voraus, dass die gem. § 130 erforderliche Protokollierung erfolgen kann. Dies ist unproblematisch im Fall einer privatschriftlichen Niederschrift gem. § 130 Abs. 1 S. 3. Ist dagegen gem. § 130 Abs. 1 S. 1 eine **notarielle Beurkundung** erforderlich, darf die Hauptversammlung nur dann im Ausland abgehalten werden, wenn auch dort dem Beurkundungserfordernis genügt werden kann. Nach zutreffender Ansicht ist die Beurkundung durch einen ausländischen Notar **nicht generell unzulässig**.[328] Das Erfordernis notarieller Beurkundung kann zwar nicht durch die Ortsform (Art. 11 Abs. 1 Alt. 2 EGBGB) ersetzt werden, so dass es bei der **Geschäftsform** (Art. 11 Abs. 1 Alt. 1 EGBGB) bleibt.[329] Die Geschäftsform wird aber auch durch eine Auslandsbeurkundung erfüllt, wenn diese der Beurkundung durch einen deutschen Notar **gleichwertig** ist.[330] Für die Gleichwertigkeit ist eine vergleichbare Ausbildung, Funktion und Stellung der Urkundsperson erforderlich. Der Fähigkeit zu Prüfung und Belehrung ist kein entscheidendes Gewicht beizumessen.[331] Dies ergibt sich zum einen daraus, dass § 17 BeurkG im Rahmen des § 130 nicht einschlägig ist.[332] Zum anderen zeigt die Regelung des § 130 Abs. 1 S. 3, dass

---

[321] Vgl. BGHZ 203, 68 (70 ff.) = ZIP 2014, 2494 (2495) – IMW Immobilien SE; Hölters/*Drinhausen* Rn. 43; Kölner Komm AktG/*Noack/Zetzsche* Rn. 188; MüKoAktG/*Kubis* Rn. 87; *Bungert* AG 1995, 26 (27 f.); *Goslar* DB 2015, 178 (179); *Linnerz* NZG 2006, 208 (209); *Schiessl* DB 1992, 823.

[322] *Herrler* ZGR 2015, 918 (923 f.); vgl. auch BGHZ 203, 68 (76) = ZIP 2014, 2494 (2496 f.) – IMW Immobilien SE; aA (unter Hinweis auf die Internationalisierung des Aktionärskreises) *Bungert/Leyendecker-Langner* BB 2015, 268 (269 f.).

[323] Für 1 000 km als maximal zumutbare Entfernung vom Satzungssitz MüKoAktG/*Kubis* Rn. 91; enger *Herrler* ZGR 2015, 918 (926), der bereits eine Entfernung von 500 km als problematisch ansieht.

[324] Vgl. *Bungert* AG 1995, 26 (29); aA MüKoAktG/*Kubis* Rn. 91; s. auch *Schiessl* DB 1992, 823.

[325] *Goslar* DB 2015, 178 (179).

[326] BGHZ 203, 68 (75 f.) = ZIP 2014, 2494 (2496 f.) – IMW Immobilien SE; zust. Großkomm AktG/*Butzke* Rn. 122.

[327] *Noack* WuB 2015, 104 (107).

[328] BGHZ 203, 68 (73 ff.) = ZIP 2014, 2494 (2495 f.) – IMW Immobilien SE; Großkomm AktG/*Butzke* Rn. 123; Hüffer/Koch/*Koch*, 13. Aufl. 2018, Rn. 16; MüKoAktG/*Kubis* Rn. 92; K. Schmidt/Lutter/*Ziemons* Rn. 97; MHdB AG/*Bungert* § 36 Rn. 53; *Biehler* NJW 2000, 1243 (1245); *Bungert* AG 1995, 26 (29 ff.); *Bungert/Leyendecker-Langner* BB 2015, 268 (270 f.); *Herrler* ZGR 2015, 918 (930 ff.); *Schiessl* DB 1992, 823 (824 f.).

[329] Vgl. Hüffer/Koch/*Koch*, 13. Aufl. 2018, Rn. 16; MüKoAktG/*Kubis* Rn. 92; MHdB AG/*Bungert* § 36 Rn. 53; *v. Bar/Grothe* IPRax 1994, 269; zur GmbH auch OLG Hamm NJW 1974, 1057; OLG Karlsruhe RIW 1979, 567 (568); *Bokelmann* NJW 1972, 1729 (1731); *Winkler* NJW 1972, 981 ff.; *Winkler* NJW 1973, 222 f.; aA GHEK/*Eckardt* Rn. 42; zur GmbH auch OLG Düsseldorf NJW 1989, 2200 f.; OLG Stuttgart IPRax 1983, 79; offen BGHZ 203, 68 (78).

[330] BGHZ 203, 68 (73 ff.) = ZIP 2014, 2494 (2495 f.) – IMW Immobilien SE; Grigoleit/*Herrler* Rn. 27; Großkomm AktG/*Butzke* Rn. 123; Hüffer/Koch/*Koch*, 13. Aufl. 2018, Rn. 16; MüKoAktG/*Kubis* Rn. 92; K. Schmidt/Lutter/*Ziemons* Rn. 97; MHdB AG/*Bungert* § 36 Rn. 53; *Biehler* NJW 2000, 1243 (1245); *Bungert* AG 1995, 26 (29 f.); *Bungert/Leyendecker-Langner* BB 2015, 268 (270 f.); *Herrler* ZGR 2015, 918 (930 ff.); *Schiessl* DB 1992, 823 (824 f.); zur GmbH auch BGHZ 80, 76 (78); OLG Düsseldorf NJW 1989, 2200; OLG Hamm NJW 1974, 1057 (1058); LG Köln WM 1989, 1769; *Bokelmann* NJW 1972, 1729 (1731).

[331] Hüffer/Koch/*Koch*, 13. Aufl. 2018, Rn. 16; MüKoAktG/*Kubis* Rn. 92; *v. Bar/Grothe* IPRax 1994, 269 (270 f.); zur GmbH auch BGHZ 80, 76 (79 f.); OLG Düsseldorf NJW 1989, 2200; vgl. auch LG Köln WM 1989, 1769; AG Nürnberg-Fürth AG 1993, 45; zur GmbH auch OLG Karlsruhe RIW 1979, 567 (568); OLG Hamm NJW 1974, 1057 (1058); *Winkler* NJW 1972, 981 (986 f.); *Winkler* NJW 1973, 222 (224).

[332] BGHZ 203, 68 (75) = ZIP 2014, 2494 (2496) – IMW Immobilien SE; Hüffer/Koch/*Koch*, 13. Aufl. 2018, Rn. 16; MüKoAktG/*Kubis* Rn. 92; *Bungert* AG 1995, 26 (30); *Herrler* ZGR 2015, 918 (933).

eine Prüfung und Belehrung durch einen deutschen Notar gerade keine zwingende Voraussetzung für die Aufnahme der Niederschrift ist.[333] Eine Gleichwertigkeit setzt aber stets voraus, dass die Urkundsperson die **deutsche Sprache** beherrscht.[334] Da die Registergerichte teilweise hohe Anforderungen an den Nachweis der Gleichwertigkeit der Auslandsbeurkundung stellen, sollte von dieser Möglichkeit nur zurückhaltend Gebrauch gemacht werden, wenn eintragungsbedürftige Beschlüsse gefasst werden sollen.[335]

d) Übernahmesachverhalte und Rekapitalisierungen. Besonderheiten im Hinblick auf den Ort der Hauptversammlung bestehen in Übernahmesituationen. Gem. **§ 16 Abs. 4 S. 4 WpÜG** ist die Gesellschaft abweichend von § 121 Abs. 5 und etwaigen Bestimmungen der Satzung bei der **Wahl des Versammlungsorts frei,** wenn im Zusammenhang mit einem Übernahmeangebot nach der Veröffentlichung der Angebotsunterlage (§ 10 WpÜG) eine Hauptversammlung der Zielgesellschaft nach § 16 Abs. 3 WpÜG einberufen wird. Da das kurzfristige Auffinden eines geeigneten Versammlungslokals an dem satzungsmäßigen oder gesetzlichen Versammlungsort in einer Übernahmesituation erhebliche Schwierigkeiten bereiten kann, soll der Gesellschaft durch die Regelung des § 16 Abs. 4 S. 4 WpÜG die nötige Flexibilität eingeräumt werden.[336] Auch in diesem Fall muss sich die Wahl des Versammlungsorts für die Aktionäre im Rahmen des Zumutbaren halten (→ Rn. 70).[337] In diesen Grenzen ist auch die Wahl eines ausländischen Versammlungsorts zulässig.[338] Ist eine notarielle Beurkundung erforderlich, kommt es auf die Gleichwertigkeit der Auslandbeurkundung an (→ Rn. 75). 76

§ 16 Abs. 4 S. 4 WpÜG soll sich nicht nur auf den Ort der Hauptversammlung iSv § 121 Abs. 5, sondern auch auf das **Versammlungslokal** (→ Rn. 78) beziehen.[339] Zum Versammlungslokal macht § 121 Abs. 5 aber ohnehin keine Vorgaben. Auch Satzungsregelungen zum Versammlungslokal dürften eher unüblich sein, so dass die mit § 16 Abs. 4 S. 4 WpÜG intendierte Flexibilität im Hinblick auf das Versammlungslokal weitgehend auch ohne diese Regelung bestünde. Hier wird man in den Fällen des § 16 Abs. 4 S. 4 WpÜG allenfalls den Maßstab für die Zumutbarkeit etwas herabsetzen können.[340] Die Gesetzesbegründung führt insoweit aus, dass es sich je nach Witterung nicht notwendig um einen überdachten Ort handeln müsse (zB Stadion).[341] 77

Bei Anwendung der Europäischen Durchbrechungsregel gilt § 16 Abs. 4 WpÜG gem. § 33b Abs. 4 WpÜG entsprechend für eine auf Verlangen des Bieters einberufene **Durchbrechungshauptversammlung** iSv § 33b Abs. 2 Nr. 3 WpÜG. Zudem gilt § 16 Abs. 4 WpÜG gem. § 7 Abs. 1 S. 1 FMStBG entsprechend, wenn im Zusammenhang mit einer **Rekapitalisierung nach § 7 FMStFG** eine Hauptversammlung zur Beschlussfassung über eine Kapitalerhöhung gegen Einlagen einberufen wird. § 7 FMStBG gilt gem. **§ 125 Abs. 2 SAG**[342] entsprechend für Beschlussfassungen der Anteilsinhaberversammlung des übernehmenden Rechtsträgers über Kapitalmaßnahmen, über Satzungsänderungen, über den Abschluss oder die Beendigung von Unternehmensverträgen oder über Maßnahmen nach dem UmwG im Zusammenhang mit der Übertragung von Anteilen, Vermögenswerten, Verbindlichkeiten und Rechtsverhältnissen von einem **in Abwicklung befindlichen Kredit- oder Finanzdienstleistungsinstitut,** um eine Abwicklungsanordnung zu ermöglichen oder umzusetzen. 77a

2. Versammlungslokal. § 121 Abs. 5 enthält keine Regelungen zum Versammlungslokal. Die Auswahl eines geeigneten Versammlungslokals obliegt dem Einberufenden.[343] Dabei ist darauf zu 78

---

[333] Hüffer/Koch/*Koch,* 13. Aufl. 2018, Rn. 16; MüKoAktG/*Kubis* Rn. 92; *Bungert* AG 1995, 26 (34).
[334] MüKoAktG/*Kubis* Rn. 92; *Bungert* AG 1995, 26 (31 f.); aA Großkomm AktG/*Butzke* Rn. 123.
[335] Vgl. Hüffer/Koch/*Koch,* 13. Aufl. 2018, Rn. 16; MüKoAktG/*Kubis* Rn. 92; K. Schmidt/Lutter/*Ziemons* Rn. 97.
[336] BT-Drs. 14/7034, 47.
[337] BT-Drs. 14/7034, 47; Assmann/Pötzsch/Schneider/*Seiler* WpÜG § 16 Rn. 68; Baums/Thoma/*Merkner/Sustmann* WpÜG § 16 Rn. 93; Großkomm AktG/*Butzke* Rn. 125; Hüffer/Koch/*Koch,* 13. Aufl. 2018, Rn. 16a; MüKoAktG/*Kubis* Rn. 108.
[338] Vgl. BT-Drs. 14/7034, 47; Assmann/Pötzsch/Schneider/*Seiler* WpÜG § 16 Rn. 69; Baums/Thoma/*Merkner/Sustmann* WpÜG § 16 Rn. 96; Großkomm AktG/*Butzke* Rn. 125; MüKoAktG/*Kubis* Rn. 108; einschränkend Hüffer/Koch/*Koch,* 13. Aufl. 2018, Rn. 16a; Kölner Komm WpÜG/*Hasselbach* § 16 Rn. 78: nur in Sonderlagen.
[339] Bürgers/Körber/*Reger* Rn. 26; Hüffer/Koch/*Koch,* 13. Aufl. 2018, Rn. 16a; s. auch BT-Drs. 14/7034, 47.
[340] Ähnlich Großkomm AktG/*Butzke* Rn. 128.
[341] BT-Drs. 14/7034, 47.
[342] Gesetz zur Sanierung und Abwicklung von Instituten und Finanzgruppen (Sanierungs- und Abwicklungsgesetz – SAG) v. 10.12.2014, BGBl. 2014 I 2091, zuletzt geändert durch Art. 3 des Gesetzes v. 23.12.2016, BGBl. 2016 I 3171.
[343] MüKoAktG/*Kubis* Rn. 40.

achten, dass eine **ausreichende Kapazität** vorhanden ist. Zudem muss das Versammlungslokal so gewählt werden, dass die Teilnehmer unter zumutbaren Bedingungen der Hauptversammlung folgen können. Hierzu gehört die Bereitstellung einer ausreichenden Zahl von Sitzplätzen (wobei nicht zwingend für jeden Teilnehmer ein Sitzplatz zur Verfügung stehen muss) sowie eine hinreichende Beschallung, Beleuchtung, Belüftung und ggf. Beheizung.[344] Da die Wahl eines ungeeigneten Versammlungslokals die in der Hauptversammlung gefassten Beschlüsse anfechtbar machen kann (→ Rn. 107), sind an die Zumutbarkeit keine strengen Anforderungen zu stellen. Die Rechtsfolge der Anfechtbarkeit sollte wesentlichen Rechtsverstößen vorbehalten bleiben, so dass gewisse Komforteinbußen auf Seiten der Aktionäre hinzunehmen sind. Nicht zu den rechtlichen Mindestanforderungen zählt daher etwa die (allgemein übliche) Bereitstellung von Verpflegung.[345] Auch eine bestimmte Anzahl von Parkplätzen und eine Garderobe zählen nicht zu den rechtlichen Mindestanforderungen.[346] Gleiches gilt für die Bereitstellung von Arbeitstischen oder eines Internetzugangs.[347] Der BGH hat zur GmbH entschieden, dass die Räume eines „verfeindeten" Gesellschafters (im konkreten Fall die Privatwohnung) kein tauglicher Versammlungsort seien.[348] Diese Entscheidung dürfte sich auf eine personalistisch strukturierte AG übertragen lassen.[349] Die vom BGH in einem obiter dictum getroffene Aussage, dass eine solche Unzumutbarkeit auch bei der Einladung eines zerstrittenen Mitgesellschafters in die Kanzleiräume des Rechtsanwalts der Gegenpartei gegeben sei,[350] erscheint allerdings als zu weitgehend.

79 3. **Zeit der Hauptversammlung.** Das Gesetz macht keine Vorgaben zur Zeit der Hauptversammlung (Datum und Uhrzeit). § 121 Abs. 3 S. 1 schreibt lediglich vor, dass die Zeit der Hauptversammlung zu den Mindestangaben der Einberufung zählt (→ Rn. 22). Enthält auch die Satzung (wie üblich) keine Vorgaben zur Zeit der Hauptversammlung, obliegt die Entscheidung dem Einberufenden, der sich an den **Kriterien der Zumutbarkeit und der Verkehrssitte** zu orientieren hat.[351] Danach scheiden Sonntage und bundeseinheitliche gesetzliche Feiertage für die Durchführung einer Hauptversammlung grundsätzlich aus.[352] Die Wertung des § 121 Abs. 7 S. 2 ist insoweit nicht übertragbar.[353] Jedenfalls bei Publikumsgesellschaften dürften regelmäßig auch der 24. und der 31. Dezember als Termin ausscheiden.[354] Dagegen kann die Hauptversammlung auch bei Publikumsgesellschaften an einem **Samstag** abgehalten werden,[355] zumal hierdurch für viele Kleinaktionäre eine persönliche Teilnahme eher möglich sein wird als an einem anderen Wochentag. Gleiches gilt für landesrechtliche und lokale Feiertage, die nicht am Ort der Hauptversammlung gelten.[356] Ob sie am Sitz der Gesellschaft gelten, spielt keine Rolle, wenn die Hauptversammlung an einem anderen Ort stattfindet.[357]

80 Das Kriterium der Zumutbarkeit gilt auch für **Beginn und Ende** der Hauptversammlung. Bei einem Beginn der Hauptversammlung vor 8.00 Uhr dürfte die Zumutbarkeit idR zu verneinen sein.[358] Im Übrigen ist insbesondere bei Publikumsgesellschaften auf die Anreisezeit hinreichend

---

[344] Großkomm AktG/*Butzke* Rn. 127 f.; Kölner Komm AktG/*Noack/Zetzsche* Rn. 191; MüKoAktG/*Kubis* Rn. 40.
[345] Großkomm AktG/*Butzke* Rn. 128 (der allerdings einen vorab erteilten Hinweis verlangt, wenn keine Verpflegung bereitgestellt wird); aA MüKoAktG/*Kubis* Rn. 40 (Verpflegung jedenfalls gegen Entgelt).
[346] Großkomm AktG/*Butzke* Rn. 128; MüKoAktG/*Kubis* Rn. 40.
[347] Großkomm AktG/*Butzke* Rn. 128.
[348] BGH NZG 2016, 552 (554).
[349] Großkomm AktG/*Butzke* Rn. 127; Hüffer/Koch/*Koch,* 13. Aufl. 2018, Rn. 16a.
[350] BGH NZG 2016, 552 (554).
[351] OLG Koblenz ZIP 2001, 1095 (1096) – Diebels/Reginaris II; Grigoleit/*Herrler* Rn. 29; Großkomm AktG/ *Butzke* Rn. 129; Hüffer/Koch/*Koch,* 13. Aufl. 2018, Rn. 17; MHdB AG/*Bungert* § 36 Rn. 48.
[352] OLG Koblenz ZIP 2001, 1095 (1096) – Diebels/Reginaris II; GHEK/*Eckardt* Rn. 46; Grigoleit/*Herrler* Rn. 29; Großkomm AktG/*Butzke* Rn. 129; Hölters/*Drinhausen* Rn. 21; Hüffer/Koch/*Koch,* 13. Aufl. 2018, Rn. 17; Kölner Komm AktG/*Noack/Zetzsche* Rn. 68; MüKoAktG/*Kubis* Rn. 36; K. Schmidt/Lutter/*Ziemons* Rn. 32; MHdB AG/*Bungert* § 36 Rn. 48; teilw. aA NK-AktR/*M.Müller* Rn. 30; bei Vorliegen eines wichtigen Grunds auch Bürgers/Körber/*Reger* Rn. 27.
[353] AA Bürgers/Körber/*Reger* Rn. 27.
[354] Großkomm AktG/*Butzke* Rn. 129; Kölner Komm AktG/*Noack/Zetzsche* Rn. 69; K. Schmidt/Lutter/*Ziemons* Rn. 32; aA MüKoAktG/*Kubis* Rn. 36.
[355] OLG Koblenz ZIP 2001, 1095 (1096) – Diebels/Reginaris II; Bürgers/Körber/*Reger* Rn. 27; GHEK/ *Eckardt* Rn. 47; Grigoleit/*Herrler* Rn. 29; Großkomm AktG/*Butzke* Rn. 129; Hölters/*Drinhausen* Rn. 21; Kölner Komm AktG/*Noack/Zetzsche* Rn. 69; MüKoAktG/*Kubis* Rn. 36; MHdB AG/*Bungert* § 36 Rn. 48; aA K. Schmidt/Lutter/*Ziemons* Rn. 32.
[356] GHEK/*Eckardt* Rn. 46; MüKoAktG/*Kubis* Rn. 36; K. Schmidt/Lutter/*Ziemons* Rn. 32.
[357] AA wohl MüKoAktG/*Kubis* Rn. 36.
[358] Bürgers/Körber/*Reger* Rn. 27; Grigoleit/*Herrler* Rn. 29; Hüffer/Koch/*Koch,* 13. Aufl. 2018, Rn. 17; Kölner Komm AktG/*Noack/Zetzsche* Rn. 70; MüKoAktG/*Kubis* Rn. 36.

Rücksicht zu nehmen.[359] Hieraus lässt sich aber nicht ableiten, dass bei Publikumsgesellschaften ein Beginn vor 10.00 Uhr generell unzulässig wäre.[360] Bei börsennotierten Gesellschaften entspricht ein Beginn um 10.00 Uhr oder um 11.00 Uhr allerdings der gängigen Praxis.[361] Der Versammlungsbeginn muss grundsätzlich so gewählt werden, dass die Tagesordnung an einem Tag abgehandelt werden kann,[362] wenngleich eine Fortsetzung der Hauptversammlung nach Mitternacht entgegen teilweise vertretener Ansicht nicht zur Nichtigkeit der in der Hauptversammlung gefassten Beschlüsse führt (→ Rn. 108). Ist abzusehen, dass die Tagesordnung uU nicht an einem Tag abzuhandeln ist, kann die Hauptversammlung vorsorglich **auf zwei Tage einberufen** werden.[363] Eine Pflicht zur Einberufung auf zwei Tage besteht grundsätzlich nicht, da auch eine umfangreiche Tagesordnung bei Einführung einer angemessenen Rede- und Fragezeitbegrenzung regelmäßig an einem Tag abgehandelt werden kann.[364] Dies gilt auch dann, wenn über Strukturmaßnahmen beschlossen werden soll. Wurde vorsorglich auf zwei Tage einberufen, kann die Hauptversammlung dennoch an nur einem Tag abgehalten werden.[365] Hierzu ist ein entsprechender Hinweis in der Einberufung nicht zwingend erforderlich (→ Rn. 22). Sowohl bei der Einberufung auf einen Tag als auch bei der Einberufung auf zwei Tage ist stets auf eine angemessene Versammlungsdauer zu achten, die im Regelfall pro Tag 12–14 Stunden nicht überschreiten sollte.[366]

VIII. Rücknahme und Änderung der Einberufung

1. Rücknahme der Einberufung. Eine bereits einberufene Hauptversammlung kann durch Rücknahme der Einberufung wieder abgesagt werden.[367] **Vor Beginn der Hauptversammlung** (zur zeitlichen Grenze → Rn. 81a) ist eine Rücknahme der Einberufung **durch den Einberufenden** jederzeit möglich.[368] Die Kompetenz des Vorstands zur Rücknahme der Einberufung bleibt auch dann bestehen, wenn er die Hauptversammlung gem. § 92 Abs. 1 bei einem **Verlust in Höhe der Hälfte des Grundkapitals** einberufen hat. Im Innenverhältnis wird die Rücknahme in diesem Fall aber regelmäßig pflichtwidrig sein, sofern nicht besondere Gründe für die Rücknahme vorliegen.[369] Hat der Vorstand die Hauptversammlung **auf Verlangen einer Aktionärsminderheit gem. § 122 Abs. 1 einberufen**, ist er nach wohl allgemeiner Ansicht jedenfalls dann zur Rücknahme der Einberufung berechtigt, wenn das Einberufungsverlangen zurückgenommen wurde oder die Hauptversammlung aufgrund äußerer Einflüsse nicht mehr oder nicht sachgerecht durchgeführt werden kann.[370] Von diesen Fällen abgesehen sollte nach einer Entscheidung des LG Frankfurt a.M.

---

[359] Bürgers/Körber/*Reger* Rn. 27.
[360] Bürgers/Körber/*Reger* Rn. 27; aA MüKoAktG/*Kubis* Rn. 36.
[361] Vgl. Grigoleit/*Herrler* Rn. 29; K. Schmidt/Lutter/*Ziemons* Rn. 33.
[362] Kölner Komm AktG/*Noack/Zetzsche* Rn. 70; MüKoAktG/*Kubis* Rn. 36.
[363] Bürgers/Körber/*Reger* Rn. 28; Großkomm AktG/*Butzke* Rn. 132; Hüffer/Koch/*Koch*, 13. Aufl. 2018, Rn. 17a; MüKoAktG/*Kubis* Rn. 36; K. Schmidt/Lutter/*Ziemons* Rn. 30, 34; MHdB AG/*Bungert* § 36 Rn. 48; aA *Quack* AG 1985, 145 (147): mehrtägige Hauptversammlung regelmäßig unzumutbar.
[364] Vgl. Bürgers/Körber/*Reger* Rn. 28; Großkomm AktG/*Butzke* Rn. 132; Hüffer/Koch/*Koch*, 13. Aufl. 2018, Rn. 17a; *Nagel/Ziegenhahn* WM 2010, 1005 (1008); weitergehend LG Frankfurt a.M. ZIP 2007, 1861 (1863): Pflicht zur Terminierung auf mehrere Tage, wenn auszumachen sei, „dass eine komplexe Materie umfangreichen Diskussionsbedarf bietet"; ähnlich LG Mainz NZG 2005, 819 f.; MüKoAktG/*Kubis* Rn. 36; Wachter/*Mayrhofer* Rn. 16.
[365] AA *Grüner* NZG 2000, 770 (773), der sogar verlangt, dass in der Einberufung angegeben wird, welche Tagesordnungspunkte an welchem Tag abgehandelt werden sollen.
[366] Ebenso Grigoleit/*Herrler* Rn. 29; s. auch K. Schmidt/Lutter/*Ziemons* Rn. 34, die allerdings bei einer zweitägigen Hauptversammlung für den ersten Tag eine Höchstdauer von 10 Stunden annimmt; für Höchstdauer von 14 Stunden: Bürgers/Körber/*Reger* Rn. 28; wohl auch *Butzke* Die Hauptversammlung der AG Rn. D 56; für Höchstdauer von idR 12 Stunden: Großkomm AktG/*Butzke* Rn. 131; Kölner Komm AktG/*Noack/Zetzsche* Rn. 70; s. auch MüKoAktG/*Kubis* Rn. 38 (nicht unterhalb von 12 Stunden); für Höchstdauer von idR 10 Stunden: *Quack* AG 1985, 145 (147).
[367] Empirische Analyse der Verbreitung und der Beweggründe von Hauptversammlungsabsagen bei *Bayer/Hoffmann* AG-Report 2016, R115 ff.
[368] BGHZ 206, 143 (150 ff.) = NZG 2015, 1227 (1228 ff.) – ecolutions GmbH & Co. KGaA; Bürgers/Körber/*Reger* Rn. 29; Grigoleit/*Herrler* Rn. 30; Großkomm AktG/*Butzke* Rn. 106 f.; Hölters/*Drinhausen* Rn. 37; Hüffer/Koch/*Koch*, 13. Aufl. 2018, Rn. 18; Kölner Komm AktG/*Noack/Zetzsche* Rn. 117; MüKoAktG/*Kubis* Rn. 101; K. Schmidt/Lutter/*Ziemons* Rn. 107; *Butzke* Die Hauptversammlung der AG Rn. B 98; MHdB AG/*Bungert* § 36 Rn. 125; *Reichert/Balke* in Semler/Volhard/Reichert HV-HdB § 4 Rn. 150; *Lieder* NZG 2016, 81 (82); *Selter* NZG 2013, 1133; s. auch OLG München AG 2010, 84 (86); zur GmbH auch RGZ 166, 129 (133).
[369] *Göcke* AG 2014, 119 (121 ff.); vgl. auch *Plagemann* NZG 2014, 207 (208 f.).
[370] LG Frankfurt a.M. ZIP 2013, 1425 (1426) – ecolutions GmbH & Co. KGaA; *Bayer/Scholz/Weiß* ZIP 2014, 1 (2); *Lieder* NZG 2016, 81 (83); *Selter* NZG 2013, 1133 (1135 f.); *v. Eiff/König* EWiR 2013, 601 (602); *Weber* NZG 2013, 890 f.

keine Rücknahmekompetenz des Vorstands (bzw. – im konkreten Fall – des persönlich haftenden Gesellschafters einer KGaA) bestehen, da die antragstellende Aktionärsminderheit „mittelbar der Einberufende" sei.[371] Diese Rechtsauffassung wurde zunächst vom OLG Frankfurt a.M. und anschließend auch vom BGH zu Recht verworfen.[372] Das LG Frankfurt a.M. schloss unzutreffend von der fehlenden Befugnis auf eine fehlende Kompetenz. Der Vorstand kann zwar durchaus pflichtwidrig handeln, wenn er die aufgrund eines rechtmäßigen Minderheitsverlangens einberufene Hauptversammlung ohne triftigen Grund wieder absagt. Es besteht jedoch kein Grund, dem Vorstand in diesem Fall auch im Außenverhältnis die Kompetenz zur Rücknahme der Einberufung abzusprechen.[373] Die Antragsteller des Minderheitsverlangens sind über die Regelung des § 122 Abs. 3 ausreichend geschützt.

81a Unklarheiten bestehen hinsichtlich der **zeitlichen Grenze,** bis zu der eine Rücknahme durch den Einberufenden möglich ist. Nach Ansicht des BGH kann der Vorstand die Hauptversammlung nicht mehr wirksam absagen, wenn sich die am Versammlungsort erschienenen Aktionäre nach dem in der Einberufung für den Beginn angegebenen Zeitpunkt im Versammlungsraum eingefunden haben.[374] Entgegen der bislang einhelligen Ansicht[375] soll die förmliche Eröffnung der Hauptversammlung durch den Versammlungsleiter keine Rolle spielen. Dies überzeugt nicht.[376] Stellt man mit dem BGH allein auf den angekündigten Beginn ab, kann es zum Streit kommen, ob die entsprechende Uhrzeit bereits erreicht war. Derartige Abgrenzungsschwierigkeiten lassen sich vermeiden, wenn man an die förmliche Eröffnung der Hauptversammlung durch den Versammlungsleiter anknüpft. Diese stellt eine klare Zäsur dar, die eine eindeutige Abgrenzung erlaubt.[377]

81b Ist die Einberufung durch ein Organ erfolgt (idR durch den Vorstand), ist auch für die Rücknahme der Einberufung ein **Organbeschluss** erforderlich. Für diesen ist analog § 121 Abs. 2 S. 1 eine einfache Mehrheit ausreichend.[378] Die Rücknahme durch ein einzelnes Organmitglied kommt dagegen nicht in Betracht.[379] Dies gilt auch in Fällen, in denen ein einzelnes Organmitglied mit der Durchführung der Einberufung beauftragt wurde.[380] Für die Rücknahme muss **nicht die für die Einberufung geltende Form** (§ 121 Abs. 4) beachtet werden.[381] Ausreichend ist eine Erklärung, die den Aktionären eine rechtzeitige Kenntnisnahme ermöglicht. Dabei ist eine möglichst effektive

---

[371] LG Frankfurt a.M. ZIP 2013, 1425 (1426) – ecolutions GmbH & Co. KGaA; zust. NK-AktR/*M. Müller* § 122 Rn. 21; K. Schmidt/Lutter/*Ziemons* § 122 Rn. 30; *Grunewald* AG 2015, 689 (693 f.); *Plückelmann* GWR 2013, 185; *v. Eiff/König* EWiR 2013, 601 (602); *Weber* NZG 2013, 890 f.; gegen Rücknahmekompetenz des Vorstands auch *Selter* NZG 2013, 1133 (1135 f.).
[372] BGHZ 206, 143 (150 ff.) = NZG 2015, 1227 (1228 ff.) – ecolutions GmbH & Co. KGaA; OLG Frankfurt a.M. AG 2015, 445 (447) – ecolutions GmbH & Co. KGaA; zust. Großkomm AktG/*Butzke* Rn. 107; Hüffer/Koch/*Koch*, 13. Aufl. 2018, Rn. 18; MüKoAktG/*Kubis* Rn. 101; Bayer/*Scholz* EWiR 2015, 661 (662); *Cziupka/Kraack* DNotZ 2016, 15 (19 ff.); *Kocher* BB 2015, 2641 (2642); *Lieder* NZG 2016, 81 (82); *Noack* WuB 2016, 101 (104); *Rieckers* DB 2016, 2526 (2533); krit. dagegen *Pöschke* DB 2015, 2807 (2808); *Schüppen/Tretter* ZIP 2015, 2097 (2099 f.).
[373] Ausf. Bayer/*Scholz/Weiß* ZIP 2014, 1 (2 ff.).
[374] BGHZ 206, 143 (154 f.) = NZG 2015, 1227 (1229 f.) – ecolutions GmbH & Co. KGaA.
[375] Vgl. die Nachweise bei *Rieckers* DB 2016, 2526 (2533 Fn. 106); ebenso noch OLG Frankfurt a.M. AG 2015, 445 (447) – ecolutions GmbH & Co. KGaA.
[376] Krit. auch *Cziupka/Kraack* DNotZ 2016, 15 (23 ff.); *Kocher* BB 2015, 2641 (2642); *Lieder* NZG 2016, 81 (85 f.); *Noack* WuB 2016, 101 (104); *Rieckers* DB 2016, 2526 (2533); dem BGH zust. aber *Pöschke* DB 2015, 2807 (2808); *Schüppen/Tretter* ZIP 2015, 2097 (2101); positiver dagegen Großkomm AktG/*Butzke* Rn. 109, der allerdings allein auf die Öffnung des vorbereiteten Versammlungslokals und den Einlass der Aktionäre abstellen will.
[377] *Rieckers* DB 2016, 2526 (2533).
[378] Hüffer/Koch/*Koch*, 13. Aufl. 2018, Rn. 18; MüKoAktG/*Kubis* Rn. 101; *Lieder* NZG 2016, 81 (83); aA *Schüppen/Tretter* ZIP 2015, 2097 (2099).
[379] *Grigoleit/Herrler* Rn. 30; Großkomm AktG/*Butzke* Rn. 106; Hüffer/Koch/*Koch*, 13. Aufl. 2018, Rn. 18; Kölner Komm AktG/*Noack/Zetzsche* Rn. 117; MüKoAktG/*Kubis* Rn. 101; *Butzke* Die Hauptversammlung der AG Rn. B 99; *Reichert/Balke* in Semler/Volhard/Reichert HV-HdB § 4 Rn. 150; *Lieder* NZG 2016, 81 (83); *Weber* NZG 2013, 890.
[380] MüKoAktG/*Kubis* Rn. 101; *Lieder* NZG 2016, 81 (83); teilw. anders unter dem Gesichtspunkt des Verkehrsschutzes Großkomm AktG/*Werner*, 4. Aufl. 1993, Rn. 69.
[381] Bürgers/Körber/*Reger* Rn. 29; Großkomm AktG/*Butzke* Rn. 111; Hölters/*Drinhausen* Rn. 37; Hüffer/Koch/*Koch*, 13. Aufl. 2018, Rn. 18; MüKoAktG/*Kubis* Rn. 104; Kölner Komm AktG/*Noack/Zetzsche* Rn. 117; K. Schmidt/Lutter/*Ziemons* Rn. 108; *Butzke* Die Hauptversammlung der AG Rn. B 98; *Reichert/Balke* in Semler/Volhard/Reichert HV-HdB § 4 Rn. 150; MHdB AG/*Bungert* § 36 Rn. 125; *Lieder* NZG 2016, 81 (87); *Rieckers* DB 2015, 2131 (2137); aA GHEK/*Eckardt* Rn. 18; Großkomm AktG/*Barz* 3. Aufl. 1973 Anm. 11; *Steiner,* Die Hauptversammlung der AG, 1995, § 1 Rn. 23.

Allgemeines 82, 83 § 121

Form der Benachrichtigung zu wählen.[382] Auch wenn die für die Einberufung geltende Form nicht einzuhalten ist, wird sich dennoch idR eine Bekanntmachung der Rücknahme im Bundesanzeiger anbieten.[383] Eine Missachtung des Effektivitätsgebots kann ggf. zu Schadensersatzansprüchen von Aktionären im Hinblick auf die mit einer vergeblichen Anreise zum Versammlungsort verbundenen Aufwendungen führen.[384]

2. Änderung der Einberufung. Von der Absage der Hauptversammlung ist die nachträgliche 82 Änderung der Einberufungsmodalitäten (Ort und Zeit der Hauptversammlung, Teilnahmevoraussetzungen) zu unterscheiden. Hierbei handelt es sich technisch um eine Rücknahme der ursprünglichen Einberufung und eine Bekanntmachung der neuen Einberufung.[385] Daher sind nicht nur die Anforderungen an eine Rücknahme (→ Rn. 81), sondern auch die für die Bekanntmachung der Einberufung geltenden **Form- und Fristerfordernisse** (§ 121 Abs. 4, § 123 Abs. 1) einzuhalten.[386] Dies gilt nur dann nicht, wenn es sich lediglich um unwesentliche Änderungen handelt.[387] Keine Änderung der Zeit der Hauptversammlung liegt etwa vor, wenn der Beginn geringfügig verschoben wird, was jedenfalls bei einer Verschiebung um nicht mehr als ca. 30 Minuten der Fall ist.[388] Auch bei der Wahl eines anderen Versammlungslokals innerhalb des bekannt gemachten Orts handelt es sich nicht um eine Änderung, die eine Neubekanntmachung erforderlich macht (→ Rn. 23).[389] Im Hinblick auf eine Änderung der Teilnahmevoraussetzungen ist eine Neubekanntmachung der Einberufung entbehrlich, wenn diese nur erleichtert werden.[390] Da in diesem Fall die Teilnahme auch unter Einhaltung der zunächst bekannt gemachten strengeren Voraussetzungen möglich ist, besteht seitens der Aktionäre kein entgegenstehendes schutzwürdiges Interesse an einer erneuten Einhaltung der für die Bekanntmachung geltenden Form- und Fristerfordernisse.

3. Absetzen von Tagesordnungspunkten. Unter den Voraussetzungen, unter denen die Einbe- 83 rufung insgesamt zurückgenommen werden kann (→ Rn. 81), können von dem Einberufenden bis zum Beginn der Hauptversammlung auch einzelne Tagesordnungspunkte abgesetzt werden.[391] Dies gilt auch für Tagesordnungspunkte, die vom Vorstand aufgrund eines Ergänzungsverlangens gem. § 122 Abs. 2 auf die Tagesordnung genommen wurden (→ § 122 Rn. 40b).[392] Die Absetzung einzelner Tagesordnungspunkte kann als Minus zur Rücknahme der Einberufung angesehen werden. Gründe für eine unterschiedliche Behandlung sind nicht ersichtlich. Da auch bei der Absetzung von Tagesordnungspunkten eine Erklärung erforderlich ist, die den Aktionären eine rechtzeitige Kenntnisnahme ermöglicht, besteht bis zum Beginn der Hauptversammlung kein schutzwürdiges

---

[382] Vgl. Bürgers/Körber/*Reger* Rn. 29; Großkomm AktG/*Butzke* Rn. 111; Hüffer/Koch/*Koch*, 13. Aufl. 2018, Rn. 18; Kölner Komm AktG/*Noack*/*Zetzsche* Rn. 117; MüKoAktG/*Kubis* Rn. 104; K. Schmidt/Lutter/ *Ziemons* Rn. 108; *Butzke* Die Hauptversammlung der AG Rn. B 98; MHdB AG/*Bungert* § 36 Rn. 125; Bayer/ Scholz/Weiß ZIP 2014, 1 (2); *Lieder* NZG 2016, 81 (87).
[383] Ebenso Hüffer/Koch/*Koch*, 13. Aufl. 2018, Rn. 18; Bayer/*Hoffmann* AG-Report 2016, R115.
[384] Großkomm AktG/*Butzke* Rn. 111; Hüffer/Koch/*Koch*, 13. Aufl. 2018, Rn. 18; Kölner Komm AktG/ *Noack*/*Zetzsche* Rn. 117; MüKoAktG/*Kubis* Rn. 104; *Butzke* Die Hauptversammlung der AG Rn. B 98; *Reichert*/ *Balke* in Semler/Volhard/Reichert HV-HdB § 4 Rn. 150; Bayer/*Hoffmann* AG-Report 2016, R115; Bayer/Scholz/ Weiß ZIP 2014, 1 (2); *Lieder* NZG 2016, 81 (86); *Selter* NZG 2013, 1133 (1134).
[385] Großkomm AktG/*Butzke* Rn. 112; MüKoAktG/*Kubis* Rn. 106.
[386] Bürgers/Körber/*Reger* Rn. 29; Grigoleit/*Herrler* Rn. 30; Großkomm AktG/*Butzke* Rn. 112; Hölters/*Drinhausen* Rn. 37; Hüffer/Koch/*Koch*, 13. Aufl. 2018, Rn. 18; MüKoAktG/*Kubis* Rn. 106; K. Schmidt/Lutter/*Ziemons* Rn. 109; *Butzke* Die Hauptversammlung der AG Rn. B 100; *Reichert*/*Balke* in Semler/Volhard/Reichert HV-HdB § 4 Rn. 149; *Lieder* NZG 2016, 81 (83 f.); zur GmbH auch BGHZ 100, 264 (266).
[387] Großkomm AktG/*Butzke* Rn. 112; Kölner Komm AktG/*Noack*/*Zetzsche* Rn. 115; *Butzke* Die Hauptversammlung der AG Rn. B 100; *Lieder* NZG 2016, 81 (84).
[388] Bürgers/Körber/*Reger* Rn. 29; Grigoleit/*Herrler* Rn. 30; Großkomm AktG/*Butzke* Rn. 112; Hüffer/ Koch/*Koch*, 13. Aufl. 2018, Rn. 18; MüKoAktG/*Kubis* Rn. 106; *Butzke* Die Hauptversammlung der AG Rn. B 100; *Reichert*/*Balke* in Semler/Volhard/Reichert HV-HdB § 4 Rn. 148.
[389] Bürgers/Körber/*Reger* Rn. 29; Grigoleit/*Herrler* Rn. 30; Großkomm AktG/*Butzke* Rn. 112; Hüffer/ Koch/*Koch*, 13. Aufl. 2018, Rn. 18; Kölner Komm AktG/*Noack*/*Zetzsche* Rn. 115, 193; MüKoAktG/*Kubis* Rn. 106; K. Schmidt/Lutter/*Ziemons* Rn. 106; *Butzke* Die Hauptversammlung der AG Rn. B 100; *Lieder* NZG 2016, 81 (84).
[390] Grigoleit/*Herrler* Rn. 30; Großkomm AktG/*Butzke* Rn. 112; MüKoAktG/*Kubis* Rn. 106; *Butzke* Die Hauptversammlung der AG Rn. B 100.
[391] Großkomm AktG/*Butzke* Rn. 114; Hüffer/Koch/*Koch*, 13. Aufl. 2018, Rn. 18; MüKoAktG/*Kubis* Rn. 102; K. Schmidt/Lutter/*Ziemons* Rn. 110; *Leuering*/*Rubner* NJW-Spezial 2017, 591; aA offenbar Kölner Komm AktG/*Noack*/*Zetzsche* Rn. 118.
[392] Großkomm AktG/*Butzke* Rn. 114; MüKoAktG/*Kubis* Rn. 102; *Lieder* NZG 2016, 81 (84); aA K. Schmidt/Lutter/*Ziemons* Rn. 110; *Grunewald* AG 2015, 689 (693); *Weber* NZG 2013, 890 (891); zweifelnd auch Hüffer/Koch/*Koch*, 13. Aufl. 2018, Rn. 18.

Vertrauen, dass alle zunächst bekannt gemachten Tagesordnungspunkte auch behandelt werden. Nach Beginn der Hauptversammlung (zur zeitlichen Grenze → Rn. 81a) kann nur noch diese selbst (durch Mehrheitsbeschluss) über eine Absetzung oder Vertagung von Tagesordnungspunkten entscheiden.[393] In diesem Fall ist nach hM für die Absetzung oder Vertagung zudem ein sachlicher Grund erforderlich.[394]

84 **4. Doppelte Einberufung.** In dem (theoretischen) Fall der doppelten Einberufung durch verschiedene Einberufungsberechtigte ist nur die zuerst bekannt gemachte Einberufung wirksam.[395] Erfolgt die Bekanntmachung zeitgleich, sind beide Einberufungen unwirksam.[396] Eine Ausnahme gilt nur, wenn die beiden Einberufungen unterschiedliche Termine und (überwiegend) verschiedene Tagesordnungen vorsehen.[397]

IX. Vollversammlung (Abs. 6)

85 **1. Allgemeines.** § 121 Abs. 6 befreit für den Fall einer Vollversammlung (Universalversammlung) von der Einhaltung der §§ 121–128. Die Regelung wurde durch Art. 1 Nr. 11 des Gesetzes für kleine Aktiengesellschaften und zur Deregulierung des Aktienrechts vom 2. August 1994 (BGBl. 1994 I 1961) eingefügt (→ Rn. 4). Hierdurch wollte der Gesetzgeber dem Umstand Rechnung tragen, dass die auf Publikumsgesellschaften zugeschnittenen Formvorschriften der §§ 121–128 für personalistisch strukturierte Gesellschaften eine unnötige Formalität bedeuten können.[398] Bereits vor der Einfügung von § 121 Abs. 6 entsprach die Abhaltung von Vollversammlungen unter Missachtung der §§ 121–128 einer häufig geübten Praxis bei Gesellschaften mit geschlossenem Aktionärskreis.[399] Eine gesetzliche Regelung zur Vollversammlung war nur in § 241 Nr. 1 aF und § 256 Abs. 3 Nr. 1 aF enthalten. Danach sollte die Nichtigkeitsfolge bei Einberufungsmängeln nicht gelten, wenn alle Aktionäre erschienen oder vertreten waren.[400] Mit der Neuregelung ist der Gesetzgeber hierüber deutlich hinausgegangen, indem er die Vollversammlung als „vollwertige" Hauptversammlung anerkannt hat.[401] Dabei hat er sich an § 51 Abs. 3 GmbHG orientiert.[402] Die Anwendbarkeit von § 121 Abs. 6 setzt stets voraus, dass eine Hauptversammlung abgehalten wird.[403] Daher lässt sich insbesondere eine Beschlussfassung im Umlaufverfahren nicht auf § 121 Abs. 6 stützen.[404] Die Aktionäre können sich mit schuldrechtlicher Wirkung zu einer Vollversammlung verabreden.[405] Eine solche Verpflichtung lässt das Recht zum Widerspruch gegen die Beschlussfassung in einer Vollver-

---

[393] Großkomm AktG/*Butzke* Rn. 114; Hüffer/Koch/*Koch*, 13. Aufl. 2018, § 129 Rn. 23; MüKoAktG/*Kubis* § 119 Rn. 141; *Butzke* Die Hauptversammlung der AG Rn. D 82; *Gehling* in Semler/Volhard/Reichert HV-HdB § 9 Rn. 49 f., 208 ff.; *Marsch-Barner* in Marsch-Barner/Schäfer Börsennotierte AG-HdB Rn. 34.83, 34.85; MHdB AG/*Bungert* § 36 Rn. 126; *Austmann* FS Hoffmann-Becking, 2013, 45 (66 f.) (Absetzung); *Leuering/Rubner* NJW-Spezial 2017, 591 (592); *Max* AG 1991, 77 (91 f.); *Stützle/Walgenbach* ZHR 155 (1991) 516 (538 f.); *Wicke* NZG 2007, 771 (772); *Wilsing/von der Linden* ZIP 2010, 2321 (2322).

[394] Großkomm AktG/*Butzke* Rn. 114; MüKoAktG/*Kubis* § 119 Rn. 141; *Leuering/Rubner* NJW-Spezial 2017, 591 (592); *Wilsing/von der Linden* ZIP 2010, 2321 (2322 f.); ähnlich *Max* AG 1991, 77 (92) (vernünftiger Grund); aA *Martens*, Leitfaden für die Leitung der Hauptversammlung einer Aktiengesellschaft, 2003, S. 78 (außer bei Minderheitsverlangen); *Stützle/Walgenbach* ZHR 155 (1991) 516 (538 f.); s. auch *Austmann* FS Hoffmann-Becking, 2013, 45 (52 ff.): kein sachlicher Grund für Absetzungsantrag erforderlich; Vertagungsantrag generell unzulässig und als Absetzungsantrag zu interpretieren.

[395] Großkomm AktG/*Butzke* Rn. 43; Kölner Komm AktG/*Noack/Zetzsche* Rn. 61; *Butzke* Die Hauptversammlung der AG Rn. B 101.

[396] Großkomm AktG/*Butzke* Rn. 43.

[397] Großkomm AktG/*Butzke* Rn. 43; *Butzke* Die Hauptversammlung der AG Rn. B 101.

[398] BegrFraktionsE BT-Drs. 12/6721, 9.

[399] Vgl. BegrFraktionsE BT-Drs. 12/6721, 9; *Deilmann* in Hölters/Deilmann/Buchta Die kleine AG S. 104; *Ammon/Görlitz* Die kleine Aktiengesellschaft, 1995, 56; s. auch Großkomm AktG/*Butzke* Rn. 133; *Hoffmann-Becking* ZIP 1995, 1 (6).

[400] Bereits nach alter Rechtslage war nach hM auch die Anfechtbarkeit ausgeschlossen, wenn alle Aktionäre einen Verzicht auf alle Form- und Fristerfordernisse erklärt hatten, vgl. Großkomm AktG/*Schilling*, 3. Aufl. 1973, § 241 Anm. 14; Großkomm AktG/*Werner*, 4. Aufl. 1993, Rn. 66; Kölner Komm AktG/*Zöllner*, 1. Aufl. 1985, Rn. 51; *Hoffmann-Becking* ZIP 1995, 1 (6 f.), jeweils mwN.

[401] Vgl. Hüffer/Koch/*Koch*, 13. Aufl. 2018, Rn. 19; MüKoAktG/*Kubis* Rn. 94; *Butzke* Die Hauptversammlung der AG Rn. B 186.

[402] BegrFraktionsE, BT-Drs. 12/6721, 9.

[403] Zur Abgrenzung s. ausf. MüKoAktG/*Kubis* Rn. 95.

[404] *Grigoleit/Herrler* Rn. 31; Großkomm AktG/*Butzke* Rn. 134; Hüffer/Koch/*Koch*, 13. Aufl. 2018, Rn. 20; Kölner Komm AktG/*Noack/Zetzsche* Rn. 203; MüKoAktG/*Kubis* Rn. 95; *Schlitt* in Semler/Volhard/Reichert HV-HdB § 4 Rn. 348.

[405] Bürgers/Körber/*Reger* Rn. 35; Hüffer/Koch/*Koch*, 13. Aufl. 2018, Rn. 23; *Schlitt* in Semler/Volhard/Reichert HV-HdB § 4 Rn. 341; *Lutter* AG 1994, 429 (439).

Allgemeines 86, 87 § 121

sammlung (→ Rn. 87) grundsätzlich unberührt.[406] Die Abhaltung einer Vollversammlung darf nicht rechtsmissbräuchlich erfolgen. Der BGH hat die Anwendbarkeit von § 121 Abs. 6 für den Fall verneint, dass mit der „handstreichartigen" Abhaltung einer Vollversammlung das Fehlen einer Mitteilung gem. § 20 Abs. 1 seitens eines Aktionärs ausgenutzt wird, um eine andernfalls nicht mögliche Beschlussfassung gegen die Interessen dieses Aktionärs herbeizuführen.[407]

2. Voraussetzungen. a) Vollständige Präsenz. Voraussetzung des § 121 Abs. 6 ist zunächst, 86 dass alle Aktionäre erschienen oder vertreten sind. Die Formulierung stimmt mit § 129 Abs. 1 S. 2 überein. **Erschienen** sind Aktionäre, die selbst anwesend sind oder an deren Stelle ein Legitimationsaktionär (§ 129 Abs. 3) anwesend ist.[408] Online-Teilnahme (§ 118 Abs. 1 S. 2) genügt.[409] Nicht ausreichend ist dagegen die Stimmabgabe im Wege der Briefwahl (§ 118 Abs. 2), da die Briefwähler nach der gesetzlichen Konzeption nicht an der Hauptversammlung teilnehmen.[410] **Vertreten** sind Aktionäre sowohl bei offener als auch bei verdeckter Stellvertretung (§ 129 Abs. 2).[411] Auch wenn es sich bei dem Aktionär um eine Kapitalgesellschaft handelt, ist eine rechtsgeschäftliche Vertretung ausreichend. § 121 Abs. 6 setzt in diesem Fall nicht voraus, dass die organschaftlichen Vertreter der Kapitalgesellschaft an der Hauptversammlung teilnehmen.[412] Nicht ausreichend ist die Teilnahme eines Vertreters ohne Vertretungsmacht mit anschließender Genehmigung der Teilnahme durch den Aktionär.[413] § 121 Abs. 6 stellt nicht auf das Stimmrecht ab, so dass zur Abhaltung einer Vollversammlung auch Vorzugsaktionäre ohne Stimmrecht (§§ 139 ff.) erschienen oder vertreten sein müssen.[414] Etwas anderes gilt für Aktionäre, aus deren Aktien (vorübergehend) **kein Teilnahmerecht** besteht (vgl. § 20 Abs. 7 S. 1, § 21 Abs. 4 S. 1, § 71b, § 71d S. 4, § 44 WpHG, § 59 S. 1 WpÜG).[415] Maßgeblicher **Zeitpunkt** für die vollständige Präsenz ist der Zeitpunkt der Beschlussfassung. Ist die Voraussetzung einer vollständigen Präsenz nur bei einzelnen Beschlüssen erfüllt, findet § 121 Abs. 6 insoweit Anwendung.[416] Stets erfüllt ist die Voraussetzung einer vollständigen Präsenz bei der Einmann-AG. Es ist regelmäßig zu empfehlen, die vollständige Präsenz in der Niederschrift festzuhalten.[417]

b) Fehlender Widerspruch. Weitere Voraussetzung von § 121 Abs. 6 ist, dass kein Aktionär 87 widerspricht. Soweit auch nur ein Aktionär widerspricht, finden die §§ 121–128 uneingeschränkt Anwendung, was (abhängig von der Art des Einberufungsmangels) zur Nichtigkeit oder Anfechtbarkeit der Beschlüsse führt. Die ausdrückliche Aufnahme dieser Voraussetzung in § 126 Abs. 6 geht auf eine Empfehlung des Rechtsausschusses zurück und soll nur der Klarstellung dienen.[418] Die Regelung entspricht damit inhaltlich der hM zu § 51 Abs. 3 GmbHG, die als ungeschriebene Voraussetzung ebenfalls das Einvernehmen sämtlicher Gesellschafter mit der Abhaltung einer Vollversammlung verlangt.[419] Die Klarstellung war geboten, da die hM zu § 241 Nr. 1 aF und § 256 Abs. 3 Nr. 1 aF eine

---

[406] Schlitt in Semler/Volhard/Reichert HV-HdB § 4 Rn. 341.
[407] BGH ZIP 2009, 1317 (1318); s. dazu Nodoushani GWR 2009, 220.
[408] Grigoleit/Herrler Rn. 31; Hölters/Drinhausen Rn. 46; Hüffer/Koch/Koch, 13. Aufl. 2018, Rn. 20; Kölner Komm AktG/Noack/Zetzsche Rn. 200; s. auch MüKoAktG/Kubis Rn. 96.
[409] Bürgers/Körber/Reger Rn. 31; Grigoleit/Herrler Rn. 31; Hüffer/Koch/Koch, 13. Aufl. 2018, Rn. 20; MüKoAktG/Kubis Rn. 96.
[410] Grigoleit/Herrler Rn. 31; Großkomm AktG/Butzke Rn. 136; Kölner Komm AktG/Noack/Zetzsche Rn. 204; MüKoAktG/Kubis Rn. 96.
[411] Hölters/Drinhausen Rn. 46; Hüffer/Koch/Koch, 13. Aufl. 2018, Rn. 20; Kölner Komm AktG/Noack/Zetzsche Rn. 200; MüKoAktG/Kubis Rn. 96.
[412] Kocher NZG 2016, 1220 (1221 f.); vgl. auch Stretz GWR 2016, 384; aA zu § 51 Abs. 3 GmbHG LG Duisburg NZG 2016, 1229 (1230) mit dem unhaltbaren Argument, dass der Verzicht auf Form und Frist nur vom gesetzlichen Vertreter (persönlich) erklärt werden könne.
[413] Großkomm AktG/Butzke Rn. 136; Kölner Komm AktG/Noack/Zetzsche Rn. 201.
[414] Großkomm AktG/Butzke Rn. 135; Hölters/Drinhausen Rn. 46; Hüffer/Koch/Koch, 13. Aufl. 2018, Rn. 20; Kölner Komm AktG/Noack/Zetzsche Rn. 197; MüKoAktG/Kubis Rn. 96; K. Schmidt/Lutter/Ziemons Rn. 102; MHdB AG/Bungert § 35 Rn. 71; Schlitt in Semler/Volhard/Reichert HV-HdB § 4 Rn. 339; Polte/Haider-Giangreco AG 2014, 729.
[415] Grigoleit/Herrler Rn. 31; Hüffer/Koch/Koch, 13. Aufl. 2018, Rn. 20; Kölner Komm AktG/Noack/Zetzsche Rn. 197; wohl auch BGH ZIP 2009, 1317 (1318); aA Großkomm AktG/Butzke Rn. 135; MüKoAktG/Kubis Rn. 96; K. Schmidt/Lutter/Ziemons Rn. 101.
[416] Bürgers/Körber/Reger Rn. 33; Großkomm AktG/Butzke Rn. 137; MüKoAktG/Kubis Rn. 97.
[417] Großkomm AktG/Butzke Rn. 137; Hüffer/Koch/Koch, 13. Aufl. 2018, Rn. 22; Schlitt in Semler/Volhard/Reichert HV-HdB § 4 Rn. 347.
[418] Vgl. Beschlussempfehlung und Bericht des Rechtsausschusses, BT-Drs. 12/7848, 5 (9).
[419] Vgl. RGZ 92, 409 (410 f.); BGHZ 100, 264 (269 ff.); BGH ZIP 2009, 2195 (2196); BGH ZIP 2009, 562; BGH NJW 1962, 393; Baumbach/Hueck/Zöllner GmbHG § 51 Rn. 31; Scholz/Seibt GmbHG § 51 Rn. 36; UHL/Hüffer/Schürnbrand GmbHG § 51 Rn. 30 f.

Zustimmung zur Beschlussfassung nicht voraussetzte.[420] Durch die Möglichkeit des Widerspruchs sollen die zwar erschienenen, aber mangels Ankündigung einer Tagesordnung ggf. unvorbereiteten Aktionäre geschützt werden.[421] Hierdurch wird verhindert, dass Aktionäre mittelbar zum Fernbleiben gezwungen werden.[422] Vor diesem Hintergrund ist der Widersprechende auch nicht an der Stimmabgabe gehindert, wenn trotz des Widerspruchs eine Abstimmung durchgeführt wird.[423] Ein Widerspruch ist nach dem Wortlaut des § 121 Abs. 6 („soweit") auch **gegen einzelne Beschlüsse** möglich.[424] Der Widerspruch ist ausdrücklich gegenüber dem Versammlungsleiter zu erklären.[425] Dabei kann der Versammlungsleiter Hilfspersonen für die Entgegennahme von Widersprüchen einsetzen.[426] Anders als in § 245 Nr. 1 ist in § 121 Abs. 6 nicht vorgesehen, dass der Widerspruch zur Niederschrift erklärt werden muss. Gleichwohl empfiehlt es sich regelmäßig, den Widerspruch zu Nachweiszwecken in die Niederschrift über die Hauptversammlung aufzunehmen.[427] Der Widerspruch kann nur **bis zur Feststellung und Verkündung des Beschlussergebnisses** erklärt werden.[428] Es ist regelmäßig zu empfehlen, auch das Fehlen von Widersprüchen (oder einen ausdrücklichen Verzicht auf alle Form- und Fristerfordernisse) in der Niederschrift festzuhalten.[429]

88   c) Sonstiges. Vor Einfügung des § 121 Abs. 6 wurde häufig vertreten, dass die in einer Vollversammlung gefassten Beschlüsse durch den Vorstand (§ 245 Nr. 4) anfechtbar seien, wenn Vorstand und Aufsichtsrat nicht rechtzeitig über die anstehende Versammlung informiert wurden.[430] Daher stellt sich die Frage, ob die **rechtzeitige Benachrichtigung von Vorstand und Aufsichtsrat** als ungeschriebene Voraussetzung von § 121 Abs. 6 anzusehen ist. In der Gesetzesbegründung findet sich hierzu keine Aussage. Richtigerweise wird man die Frage verneinen müssen.[431] Die Mitglieder von Vorstand und Aufsichtsrat haben zwar auch bei einer Vollversammlung ein Teilnahmerecht (§ 118 Abs. 3) und müssen dementsprechend grundsätzlich über eine anstehende Versammlung unterrichtet werden.[432] Es erscheint aber unangemessen, die in einer Vollversammlung gefassten Beschlüsse nur deshalb als anfechtbar anzusehen, weil Vorstand und Aufsichtsrat (bei einer Einberufung durch Dritte) von der Versammlung nichts wussten. Dessen ungeachtet sollen nach teilweise vertretener Ansicht Beschlussmängel, die auf der Abwesenheit des Vorstands beruhen (insbesondere Verstöße gegen § 131), zur Anfechtbarkeit der in der Vollversammlung gefassten Beschlüsse führen können.[433] Dies erscheint jedoch zweifelhaft. Widerspricht ein Aktionär nicht der Abhaltung einer Vollversammlung, obwohl ihm die Abwesenheit von Vorstand und Aufsichtsrat bekannt ist, erscheint es treuwidrig, wenn er sich anschließend auf einen Verstoß gegen § 131 beruft.[434]

89   **3. Rechtsfolgen.** Rechtsfolge des § 121 Abs. 6 ist die umfassende Befreiung von der Einhaltung der §§ 121–128. Einberufungsmängel führen daher nicht zur Anfechtbarkeit oder (bei Verstößen gegen § 121 Abs. 2 und 3 S. 1 oder Abs. 4) zur Nichtigkeit der in der Vollversammlung gefassten Beschlüsse. Unschädlich ist daher nicht nur die Missachtung der für die Einberufung geltenden

---

[420] S. etwa Kölner Komm AktG/*Zöllner*, 1. Aufl. 1985, § 241 Rn. 90.
[421] Beschlussempfehlung und Bericht des Rechtsausschusses, BT-Drs. 12/7848, 5 (9); s. auch Hüffer/Koch/ *Koch*, 13. Aufl. 2018, Rn. 21; K. Schmidt/Lutter/*Ziemons* Rn. 103.
[422] Großkomm AktG/*Butzke* Rn. 140; *Deilmann* in Hölters/Deilmann/Buchta Die kleine AG S. 104; *Lutter* AG 1994, 429 (439).
[423] Großkomm AktG/*Butzke* Rn. 139; Kölner Komm AktG/*Noack/Zetzsche* Rn. 209.
[424] Großkomm AktG/*Butzke* Rn. 140; Kölner Komm AktG/*Noack/Zetzsche* Rn. 211; MHdB AG/*Bungert* § 35 Rn. 72; *Reger* BB 2013, 2580.
[425] Grigoleit/*Herrler* Rn. 32; Hölters/*Drinhausen* Rn. 47; MüKoAktG/*Kubis* Rn. 97.
[426] Ähnlich Kölner Komm AktG/*Noack/Zetzsche* Rn. 210.
[427] *Reger* BB 2013, 2580; *Wachter* EWiR 2014, 315 (316); für Protokollierungspflicht Grigoleit/*Herrler* Rn. 32; Hölters/*Drinhausen* Rn. 47; MüKoAktG/*Kubis* Rn. 97.
[428] OLG Stuttgart ZIP 2013, 1957 f.; Bürgers/Körber/*Reger* Rn. 34; Großkomm AktG/*Butzke* Rn. 139; MüKoAktG/*Kubis* Rn. 97; NK-AktR/*M. Müller* Rn. 49; K. Schmidt/Lutter/*Ziemons* Rn. 103; *Reger* BB 2013, 2580; *Wachter* EWiR 2014, 315 f.; strenger wohl Kölner Komm AktG/*Noack/Zetzsche* Rn. 210: vor der Beschlussfassung.
[429] Hüffer/Koch/*Koch*, 13. Aufl. 2018, Rn. 22; MüKoAktG/*Kubis* Rn. 97; *Schlitt* in Semler/Volhard/Reichert HV-HdB § 4 Rn. 347.
[430] S. etwa Baumbach/Hueck Rn. 10; GHEK/*Hüffer* § 241 Rn. 32; Großkomm AktG/*Werner*, 4. Aufl. 1993, Rn. 67; Kölner Komm AktG/*Zöllner*, 1. Aufl. 1985, Rn. 54.
[431] Ebenso Grigoleit/*Herrler* Rn. 33; Kölner Komm AktG/*Noack/Zetzsche* Rn. 206; MüKoAktG/*Kubis* Rn. 98; wohl auch *Polte/Haider-Giangreco* AG 2014, 729 (730); aA *Ammon/Görlitz* Die kleine Aktiengesellschaft, 1995, 60; *Deilmann* in Hölters/Deilmann/Buchta Die kleine AG S. 105; *Drüke* WiB 1994, 265 (267).
[432] Großkomm AktG/*Butzke* Rn. 144; MüKoAktG/*Kubis* Rn. 98; *Polte/Haider-Giangreco* AG 2014, 729 (730).
[433] MüKoAktG/*Kubis* Rn. 98; aA Großkomm AktG/*Butzke* Rn. 143 f.; Kölner Komm AktG/*Noack/Zetzsche* Rn. 207.
[434] Ähnlich Kölner Komm AktG/*Noack/Zetzsche* Rn. 207.

Allgemeines

Form- und Fristerfordernisse (insbesondere § 121 Abs. 3 und 4, § 123, § 124), sondern auch die Abhaltung an einem ansonsten unzulässigen Ort (§ 121 Abs. 5).[435] Auch eine Einberufung durch Unbefugte (vgl. § 121 Abs. 2) ist unschädlich.[436]

§ 121 Abs. 6 befreit grundsätzlich nur von der Einhaltung der §§ 121–128. Auch bei Abhaltung einer Vollversammlung ist daher insbesondere eine **Niederschrift** gem. § 130 zu erstellen.[437] Dies ist insbesondere bei Vollversammlungen im Ausland zu beachten, da hier trotz Nichtanwendbarkeit von § 121 Abs. 5 sichergestellt sein muss, dass ein ggf. bestehendes Beurkundungserfordernis eingehalten werden kann (→ Rn. 75).[438] Eine erweiternde Anwendung von § 121 Abs. 6 ist im Hinblick auf **besondere Bekanntmachungserfordernisse** außerhalb der §§ 121–128 (insbesondere gem. § 183 Abs. 1 S. 2, § 186 Abs. 4 S. 1, § 203 Abs. 2 S. 2, § 320 Abs. 2, § 327c Abs. 1) geboten.[439] Auch wenn derartige Bekanntmachungserfordernisse vom Wortlaut des § 121 Abs. 6 nicht unmittelbar erfasst sind, setzen sie stets voraus, dass eine Bekanntmachung gem. § 121 Abs. 4 erfolgt. Besteht dem Grunde nach keine Bekanntmachungspflicht, gehen sie von vornherein ins Leere. Weiterhin sollte die Wirkung des § 121 Abs. 6 auf die an die Einberufung anknüpfenden Pflichten zur Auslegung von Unterlagen (§ 175 Abs. 2, §§ 293 f., § 319 Abs. 3, § 320 Abs. 4, § 327c Abs. 3, § 63 UmwG, § 230 Abs. 2 UmwG) erstreckt werden.[440] Da eine Vollversammlung auch ohne Einberufung als Spontanversammlung stattfinden kann,[441] passen diese Pflichten insoweit nicht. Vorsorglich empfiehlt es sich aber, einen entsprechenden Verzicht in die Niederschrift aufzunehmen. Von sonstigen Pflichten (insbesondere Berichtspflichten) entbindet § 121 Abs. 6 nicht. Diesbezüglich ist aber ein einvernehmlicher Verzicht aller Aktionäre möglich.[442] Regelmäßig wird man bereits in dem Verzicht auf einen Widerspruch iSv § 121 Abs. 6 zugleich auch einen konkludenten Berichtsverzicht sehen können,[443] sofern für einen solchen Verzicht nicht eine besondere Form vorgeschrieben ist.

X. Fristen und Termine (Abs. 7)

1. Allgemeines. § 121 Abs. 7 regelt die Berechung von Fristen und Terminen. Die Vorschrift wurde durch Art. 1 Nr. 9 ARUG neu geschaffen und ersetzt die erst vier Jahre zuvor durch Art. 1 Nr. 5 UMAG eingefügte Regelung des § 123 Abs. 4 aF. Der Gesetzgeber des UMAG hatte mit § 123 Abs. 4 aF erstmals eine allgemeine aktienrechtliche Regelung zur Fristberechnung geschaffen, um frühere Unsicherheiten bei der Rückwärtsberechnung von Fristen zu beseitigen. Dieses Regelungsziel wurde allerdings verfehlt, da die Regelung des § 123 Abs. 4 aF nicht alle Zweifelsfragen beseitigen konnte.[444] Unklarheiten bestanden nicht nur bei der Berechnung der Gegenantragsfrist (§ 126 Abs. 1),[445] sondern auch bei der Berechnung der Einberufungsfrist (§ 123 Abs. 1), für die umstritten war, ob der Tag der Einberufung mitzuzählen ist.[446] Da sich § 123 Abs. 4 aF seinem Wortlaut nach nur auf Fristen bezog, war überdies umstritten, ob die Regelung auch auf den Nachweisstichtag (Record Date) gem. § 123 Abs. 4 S. 2 (§ 123 Abs. 3 S. 3 aF) anwendbar war.[447] Mit der Neuregelung

---

[435] Vgl. BegrFraktionsE BT-Drs. 12/6721, 8; Hüffer/Koch/*Koch*, 13. Aufl. 2018, Rn. 23; MüKoAktG/*Kubis* Rn. 99.
[436] BegrFraktionsE BT-Drs. 12/6721, 8; Hüffer/Koch/*Koch*, 13. Aufl. 2018, Rn. 23.
[437] MHdB AG/*Bungert* § 35 Rn. 72; *Lutter* AG 1994, 429 (439).
[438] Vgl. *Schlitt* in Semler/Volhard/Reichert HV-HdB § 4 Rn. 342, der das Problem der Auslandsbeurkundung durch Beauftragung eines Konsularbeamten lösen will.
[439] Bürgers/Körber/*Reger* Rn. 35; Grigoleit/*Herrler* Rn. 34; Hölters/*Drinhausen* Rn. 48; Hüffer/Koch/*Koch*, 13. Aufl. 2018, Rn. 23; Kölner Komm AktG/*Noack/Zetzsche* Rn. 218; MüKoAktG/*Kubis* Rn. 99; NK-AktR/ *M. Müller* Rn. 51; K. Schmidt/Lutter/*Ziemons* Rn. 104; Hölters/Deilmann/Buchta/*Deilmann* Die kleine AG S. 105; MHdB AG/*Bungert* § 35 Rn. 72; wohl auch *Hoffmann-Becking* ZIP 1995, 1 (7).
[440] Zust. Grigoleit/*Herrler* Rn. 34; aA K. Schmidt/Lutter/*Ziemons* Rn. 105; Schlitt in Semler/Volhard/Reichert HV-HdB § 4 Rn. 344, die insoweit aber die Möglichkeit eines (ausdrücklichen) Verzichts bejahen.
[441] *Butzke* Die Hauptversammlung der AG Rn. B 186.
[442] Grigoleit/*Herrler* Rn. 34; *Ammon/Görlitz,* Die kleine Aktiengesellschaft, 1995, 59 f.; *Deilmann* in Hölters/ Deilmann/Buchta die kleine AG S. 105.
[443] Ähnlich Kölner Komm AktG/*Noack/Zetzsche* Rn. 218; aA wohl Grigoleit/*Herrler* Rn. 34.
[444] Vgl. *Florstedt* Der Konzern 2008, 504 (505 ff.).
[445] Vgl. *Arnold/Baumanns* AG-Report 2004, 493 ff.; *Ihrig/Wagner* FS Spiegelberger, 2009, 722 (725 ff.); *Miettinen/Rothbächer* BB 2008, 2084 ff.
[446] Dafür die hM, s. etwa OLG Frankfurt a.M. NZG 2009, 990 (991); LG München I AG 2009, 196 (297); *Ihrig/Wagner* FS Spiegelberger, 2009, 722 (723 f.); *Mimberg* ZIP 2006, 649 (650 f.); *Mimberg* AG 2005, 716 (718); dagegen etwa *Butzke* WM 2005, 1981 (1985); *Repgen* ZGR 2006, 121 (129).
[447] Für Anwendbarkeit von § 123 Abs. 4 aF etwa LG Frankfurt a.M. NZG 2008, 112 (113 f.); *Arnold* AG-Report 2006, 4 f.; *Repgen* ZGR 2006, 121 (132 ff.); *Simon/Zetzsche* NZG 2005, 369 (373); dagegen etwa OLG Frankfurt a.M. AG 2009, 699 (700); OLG Zweibrücken NZG 2009, 70 (71) = BB 2009, 2169 m. Anm. *Wagner*; LG München I ZIP 2009, 568 f.; *Grobecker* NZG 2010, 165 (166); *Ihrig/Wagner* FS Spiegelberger, 2009, 722 (725); *Zetzsche* Der Konzern 2007, 180 (185 ff.).

§ 121   92–96   Erstes Buch. Aktiengesellschaft

will der Gesetzgeber die Praxis entlasten und Auslegungsspielräume beseitigen.[448] Hierzu wurde zum einen erstmals der Begriff des Termins im Aktienrecht eingeführt. Zum anderen wurden die einzelnen Vorschriften der §§ 121–128 angepasst, so dass nunmehr alle Fristen und Termine der §§ 121–128 von der Hauptversammlung zurückberechnet werden.[449] Die Neuregelung ist zu begrüßen,[450] da sie die dringend benötigte Rechtssicherheit bei der Berechnung von Fristen und Terminen schafft.

92 **2. Anwendungsbereich. Fristen** sind abgegrenzte, dh bestimmt bezeichnete oder jedenfalls bestimmbare Zeitspannen.[451] § 121 Abs. 7 gilt nur für Fristen, die von der Hauptversammlung zurückberechnet werden. Auf Fristen, die von der Hauptversammlung an vorwärts zu berechnen sind (§ 147 Abs. 1 S. 2, § 258 Abs. 2 S. 1), findet § 121 Abs. 7 keine Anwendung. Fristen iSv § 121 Abs. 7 sind in den §§ 121–128 vorgesehen für den Zugang eines Ergänzungsverlangens (§ 122 Abs. 2 S. 3 Hs. 1), für die Einberufung der Hauptversammlung (§ 123 Abs. 1 S. 1), für die Anmeldung (§ 123 Abs. 2 S. 2), für die Übermittlung des Nachweises der Aktionärslegitimation (§ 123 Abs. 4 S. 2), für die Übermittlung der Mitteilungen gem. § 125 Abs. 1 sowie für die Übersendung von Gegenanträgen und Wahlvorschlägen von Aktionären (§ 126 Abs. 1 S. 1, § 127 S. 1). Entsprechend anwendbar ist § 121 Abs. 7 für die Berechnung des gem. § 122 Abs. 1 S. 3 (iVm § 122 Abs. 3 S. 1) erforderlichen Vorbesitzzeitraums bei Einberufungs- und Ergänzungsverlangen (§ 122 Abs. 1 S. 4). Der Anwendungsbereich des § 121 Abs. 7 ist zudem nicht auf die §§ 121–128 beschränkt. § 121 Abs. 7 gilt daher etwa auch für die ebenfalls von der Hauptversammlung zurück zu berechnende Frist des § 258 Abs. 2 S. 4.

93 **Termine** sind die juristischen Sekunden, die auf den Beginn des errechneten Tags (0.00 Uhr) fallen.[452] In den §§ 121–128 sind Termine iSv § 121 Abs. 7 für den Nachweisstichtag (Record Date) gem. § 123 Abs. 4 S. 2, für die Mitteilungen gem. § 125 Abs. 2 S. 1 sowie für die Weiterleitung der Mitteilungen gem. § 128 Abs. 1 S. 1 vorgesehen.

94 **3. Berechnung.** § 121 Abs. 7 stellt für die Berechnung von Fristen und Terminen, die von der Hauptversammlung zurückberechnet werden, einheitliche Regeln auf. § 121 Abs. 7 S. 1 bestimmt zunächst, dass der **Tag der Hauptversammlung** bei der Berechnung **nicht mitzuzählen** ist. Dies entspricht der Rechtslage vor Inkrafttreten des ARUG (§ 123 Abs. 4 Hs. 1 aF). Im Hinblick auf das **Fristende** wird § 121 Abs. 7 S. 1 ergänzt durch weitere Regelungen in den §§ 121–128, wonach der Tag an dem die betreffende Handlung vorzunehmen oder der betreffende Erfolg zu bewirken ist, ebenfalls nicht mitzurechnen ist. Dies betrifft den Tag der Einberufung (§ 123 Abs. 1 S. 2), den Tag des Zugangs (§ 122 Abs. 2 S. 3 Hs. 2, § 123 Abs. 2 S. 4 und Abs. 4 S. 4, § 126 Abs. 1 S. 2) und den Tag der Mitteilung (§ 125 Abs. 1 S. 2).

95 In Abweichung von der Rechtslage vor Inkrafttreten des ARUG sieht § 121 Abs. 7 S. 2 vor, dass eine **Verlegung** von einem Sonntag, einem Sonnabend oder einem Feiertag auf einen zeitlich vorausgehenden oder nachfolgenden Werktag **nicht in Betracht** kommt.[453] Aus Sicht des Gesetzgebers war ein Feiertags- oder Freizeitschutz in einem modernen Aktienrecht, das auch die Rechte ausländischer Investoren stärken soll, nicht mehr zeitgemäß. Der Gesetzgeber will internationalen Investoren weder Nachforschungen zu deutschen Feiertagen noch zu den Einzelheiten eines zu komplex gewordenen Fristensystems zumuten.[454] Da die Berechnung von Fristen und Terminen nunmehr in § 121 Abs. 7 abschließend geregelt ist, wird die Anwendung der §§ 187–193 BGB durch § 121 Abs. 7 S. 3 ausdrücklich ausgeschlossen. Die Regelung dient nur der Klarstellung.[455]

96 Die Vorgaben für die Berechnung von Fristen und Terminen gem. § 121 Abs. 7 sind **für börsennotierte Gesellschaften zwingend.** Entgegenstehende Satzungsregelungen sind daher hier unbeachtlich.[456] § 121 Abs. 7 S. 4 lässt abweichende Satzungsregelungen nur für nicht börsennotierte Gesellschaften zu. Hier kann die Satzung etwa einen Sonn- und Feiertagsschutz vorsehen.[457] Denkbar wären auch Satzungsregelungen, die auf die §§ 187–193 BGB verweisen.[458]

---

[448] BegrRegE BT-Drs. 16/11 642, 28.
[449] BegrRegE BT-Drs. 16/11 642, 28.
[450] Ebenso die Bewertung durch MüKoAktG/*Kubis* Rn. 113.
[451] RGZ 120, 355 (362); Grigoleit/*Herrler* Rn. 35; MüKoBGB/*Grothe* § 186 Rn. 4.
[452] BegrRegE BT-Drs. 16/11 642, 28; Hüffer/Koch/*Koch*, 13. Aufl. 2018, Rn. 24; Drinhausen/Keinath BB 2009, 64 (65); *Florstedt* ZIP 2010, 761 (762); *Hucke* ZCG 2009, 215 (219) Fn. 68; *Paschos/Goslar* AG 2009, 14 (15); *Seibert* ZIP 2008, 2145 (2148); krit. zur Einführung des Begriffs „Termin" Kölner Komm AktG/*Noack/ Zetzsche* Rn. 224; MüKoAktG/*Kubis* Rn. 114; K. Schmidt/Lutter/*Ziemons* Rn. 113.
[453] Krit. zur Neuregelung K. Schmidt/Lutter/*Ziemons* Rn. 117.
[454] BegrRegE BT-Drs. 16/11 642, 29; s. auch *Seibert* ZIP 2008, 2145 (2149).
[455] Vgl. BegrRegE BT-Drs. 16/11 642, 29.
[456] Krit. zur Neuregelung K. Schmidt/Lutter/*Ziemons* Rn. 117.
[457] BegrRegE BT-Drs. 16/11 642, 29.
[458] Kölner Komm AktG/*Noack/Zetzsche* Rn. 225; MüKoAktG/*Kubis* Rn. 118; K. Schmidt/Lutter/*Ziemons* Rn. 118.

4. Beispiel. Die Hauptversammlung findet am 3. Mai 2018 statt. Die Einberufung muss gem. **97**
§ 123 Abs. 1 S. 1 mindestens 30 Tage vor dem Tag der Versammlung erfolgen. Da der Tag der
Versammlung nicht mitzurechnen ist (§ 121 Abs. 7 S. 1), beginnt die rückwärts zu rechnende Einberufungsfrist am 2. Mai 2018. Fristende ist der 3. April 2018. Da auch der Tag der Einberufung nicht
mitzurechnen ist (§ 123 Abs. 1 S. 2), muss die Einberufung spätestens am 2. April 2018 (Ostermontag)
erfolgen. Obwohl es sich um einen Feiertag handelt, findet gem. § 121 Abs. 7 S. 2 eine Verlegung
nicht statt. Zu beachten ist aber, dass im Bundesanzeiger am Wochenende und an gesetzlichen
Feiertagen nicht publiziert wird.[459] Fällt das Ende der Einberufungsfrist auf einen Sonntag, einen
Sonnabend oder einen gesetzlichen Feiertag, muss daher die Bekanntmachung der Einberufung
ungeachtet der Regelung des § 121 Abs. 7 S. 2 aus praktischen Gründen spätestens an dem letzten
zeitlich vorausgehenden Werktag erfolgen (im Beispiel also am Donnerstag, dem 29. März
2018). Ist nach der Satzung die Teilnahme davon abhängig, dass sich die Aktionäre zu der Versammlung anmelden, verlängert sich die Einberufungsfrist gem. § 123 Abs. 2 S. 5 um sechs Tage (vorausgesetzt, dass in der Satzung oder in der Einberufung keine kürzere Frist vorgesehen ist, § 123 Abs. 2
S. 3). Sie beträgt dann 36 Tage, so dass die Einberufung der auf den 3. Mai 2018 terminierten
Hauptversammlung spätestens am 27. März 2018 erfolgen muss.

XI. Rechtsfolgen von Verstößen

1. Verstoß gegen Einberufungspflichten. Beruft der Vorstand oder der Aufsichtsrat (§ 111 **98**
Abs. 3 S. 1) die Hauptversammlung trotz bestehender Einberufungspflicht nicht ein, kann eine **Schadensersatzpflicht** gegenüber der Gesellschaft bestehen (§§ 93, 116).[460] Unmittelbare Schadensersatzansprüche von Aktionären scheiden dagegen aus.[461] Insbesondere ist § 121 (wie auch § 111 Abs. 3)
kein Schutzgesetz iSv § 823 Abs. 2 BGB.[462] Wegen der Möglichkeit eines Minderheitsverlangens ist
auch eine auf Einberufung der Hauptversammlung gerichtete Leistungsklage unzulässig.[463] Eine
Erzwingung der Einberufung durch das Registergericht mittels Festsetzung eines Zwangsgelds
kommt nur im Fall des § 175 in Betracht (§ 407 Abs. 1 S. 1).[464] Ein Verstoß gegen Einberufungspflichten kann uU ein **wichtiger Grund zum Widerruf der Bestellung** iSv § 84 Abs. 3 sein.[465]
Beruft der Vorstand die Hauptversammlung trotz bestehender Einberufungspflicht nicht ein, kann
der Aufsichtsrat gem. § 111 Abs. 3 zur Einberufung verpflichtet sein.[466]

Wird die Hauptversammlung **grundlos einberufen**, liegt im Hinblick auf die gefassten **99**
Beschlüsse kein Nichtigkeitsgrund vor, da § 241 Nr. 1 nicht auf § 121 Abs. 1 verweist.[467] Auch ein
Anfechtungsgrund scheidet nach zutreffender Ansicht aus, da trotz der grundlosen Einberufung eine
fehlerfreie Willensbildung der Hauptversammlung möglich ist.[468] Daher wird man im Regelfall auch
eine Schadensersatzpflicht des (ermessensfehlerhaft) grundlos Einberufenden verneinen müssen.[469]
Denkbar sind Schadensersatzansprüche dagegen, wenn eine Zuständigkeit der Hauptversammlung
unter keinem Gesichtspunkt bestehen konnte (etwa bei Einberufung einer beschlusslosen Hauptversammlung zur Diskussion allgemeinpolitischer Fragen).[470]

---

[459] Vgl. *Wicke*, Einführung in das Recht der Hauptversammlung, das Recht der Sacheinlagen und das Freigabeverfahren nach dem ARUG, 2009, 20; *Paschos/Goslar* AG 2009, 14 (15 Fn. 11).
[460] *Baumbach/Hueck* Rn. 4; Bürgers/Körber/*Reger* Rn. 36; Grigoleit/*Herrler* Rn. 3; Großkomm AktG/*Butzke* Rn. 19; Hölters/*Drinhausen* Rn. 13; Kölner Komm AktG/*Noack/Zetzsche* Rn. 30; MüKoAktG/*Kubis* Rn. 13; K. Schmidt/Lutter/*Ziemons* Rn. 17; MHdB AG/*Bungert* § 36 Rn. 7.
[461] MüKoAktG/*Kubis* Rn. 13; MHdB AG/*Bungert* § 36 Rn. 7; aA offenbar K. Schmidt/Lutter/*Ziemons* Rn. 17.
[462] Großkomm AktG/*Butzke* Rn. 20; Kölner Komm AktG/*Noack/Zetzsche* Rn. 30; MüKoAktG/*Kubis* Rn. 13.
[463] GHEK/*Eckardt* Rn. 15; Grigoleit/*Herrler* Rn. 3; Kölner Komm AktG/*Noack/Zetzsche* Rn. 29; MüKoAktG/*Kubis* Rn. 13; Wachter/*Mayrhofer* Rn. 7; MHdB AG/*Bungert* § 36 Rn. 7.
[464] Vgl. GHEK/*Eckardt* Rn. 15; MüKoAktG/*Kubis* Rn. 13; K. Schmidt/Lutter/*Ziemons* Rn. 17; *Butzke* Die Hauptversammlung der AG Rn. B 7; MHdB AG/*Bungert* § 36 Rn. 7.
[465] *Butzke* Die Hauptversammlung der AG Rn. B 7; MüKoAktG/*Kubis* Rn. 13.
[466] Grigoleit/*Herrler* Rn. 3; Großkomm AktG/*Butzke* Rn. 19; Hölters/*Drinhausen* Rn. 13; K. Schmidt/Lutter/*Ziemons* Rn. 17.
[467] Vgl. Bürgers/Körber/*Reger* Rn. 36; Großkomm AktG/*Butzke* Rn. 20; Hölters/*Drinhausen* Rn. 13; NK-AktR/*M. Müller* Rn. 8; Kölner Komm AktG/*Noack/Zetzsche* Rn. 17; MüKoAktG/*Kubis* Rn. 14; Wachter/*Mayrhofer* Rn. 8.
[468] Bürgers/Körber/*Reger* Rn. 36; GHEK/*Eckardt* Rn. 10; Großkomm AktG/*Butzke* Rn. 20; Hüffer/Koch/*Koch*, 13. Aufl. 2018, Rn. 1; Kölner Komm AktG/*Noack/Zetzsche* Rn. 17; MüKoAktG/*Kubis* Rn. 14.
[469] MüKoAktG/*Kubis* Rn. 14; einschränkend Großkomm AktG/*Butzke* Rn. 20.
[470] Großkomm AktG/*Butzke* Rn. 20, der eine Schadensersatzpflicht darüber hinaus auch bei evidentem Ermessensfehlgebrauch bejaht.

100 **2. Fehlende Einberufungsberechtigung.** Verstöße gegen § 121 Abs. 2 stellen gem. § 241 Nr. 1 einen Nichtigkeitsgrund dar. Wird die Hauptversammlung **durch einen Nichtberechtigten** einberufen, sind daher die in der Versammlung gefassten Beschlüsse nichtig, sofern nicht die Voraussetzungen des § 121 Abs. 6 (Vollversammlung) vorliegen.[471] Die Einberufung durch den (mehrköpfigen) Vorstand oder den Aufsichtsrat setzt einen **wirksamen Einberufungsbeschluss** voraus (→ Rn. 13). Fehlt es daran, hat dies ebenfalls die Nichtigkeit der in der Hauptversammlung gefassten Beschlüsse gem. § 241 Nr. 1 zur Folge.[472] Dementsprechend handelt es sich auch dann um eine zur Nichtigkeit führende Einberufung durch einen Nichtberechtigten, wenn die Einberufung durch ein einzelnes Organmitglied (ohne vorausgehenden Organbeschluss) vorgenommen wird, sofern die Satzung diesem nicht ausnahmsweise ein Einberufungsrecht gewährt (→ Rn. 17).[473]

101 Ein wirksamer Einberufungsbeschluss setzt zunächst **Handlungsfähigkeit** des einberufenden Organs voraus, so dass eine die Handlungsfähigkeit ausschließende Unterbesetzung zur Nichtigkeit der Einberufung führt.[474] Gleiches gilt bei fehlender Beschlussfähigkeit und bei fehlerhafter Ermittlung oder Feststellung des Abstimmungsergebnisses (sofern sich der Fehler auf das Zustandekommen des Beschlusses ausgewirkt hat).[475] Die Einberufung durch den Vorstand oder den Aufsichtsrat (§ 111 Abs. 3) setzt grundsätzlich eine **wirksame Bestellung** der Organmitglieder voraus.[476] Für Vorstandsmitglieder, die in das Handelsregister eingetragen sind, gilt aber die unwiderlegbare Vermutung der Einberufungsberechtigung gem. § 121 Abs. 2 S. 2 (→ Rn. 14). Auf eine wirksame Bestellung kommt es daher nur für nicht eingetragene Vorstandsmitglieder an. Auch für Aufsichtsratsmitglieder existiert keine § 121 Abs. 2 S. 2 vergleichbare Vorschrift, so dass es hier ebenfalls auf eine wirksame Bestellung ankommt. Fehlt es nur bei einzelnen nicht eingetragenen Vorstandsmitgliedern oder einzelnen Aufsichtsratsmitgliedern an einer wirksamen Bestellung, ist die Einberufung gleichwohl wirksam, wenn der Einberufungsbeschluss auch ohne die unwirksam bestellten Organmitglieder zustande gekommen wäre (was Beschlussfähigkeit voraussetzt).[477] Ist die Wahl einzelner oder aller Aufsichtsratsmitglieder nur anfechtbar, wirkt sich dies auf die Rechtmäßigkeit einer Einberufung durch den Aufsichtsrat selbst dann nicht aus, wenn die Wahl später in einem Anfechtungsprozess für nichtig erklärt wird.[478] Der BGH behandelt ein anfechtbar gewähltes Aufsichtsratsmitglied bei erfolgreicher Anfechtung der Wahl zwar grundsätzlich ebenso wie ein von Anfang an nichtig gewähltes Mitglied als Nichtmitglied.[479] Ist das Vorliegen eines Aufsichtsratsbeschlusses Anknüpfungspunkt für eine Entscheidung der Hauptversammlung, soll jedoch der fehlerhafte Aufsichtsratsbeschluss bei der ursächlichen Mitwirkung eines Mitglieds, dessen Wahl angefochten, aber noch nicht für nichtig erklärt ist, trotz einer späteren Nichtigerklärung des Wahlbeschlusses für die Entscheidung der Hauptversammlung nicht relevant sein.[480] Auch wenn der BGH dies in einem obiter dictum ausdrücklich nur für die Beschlussvorschläge an die Hauptversammlung gem. § 124 Abs. 3 S. 1 entschieden hat, dürfte für die Entscheidung über die Einberufung nichts anderes gelten. Der BGH betont gerade das Interesse der Gesellschaft und ihrer Aktionäre, eine Hauptversammlung einberufen und dort wirksam Beschlüsse fassen zu können.[481] Dieses Interesse ist auch dann berührt, wenn es um die Einberufung selbst geht.

102 **Fehler bei der Stimmabgabe** führen nur dann zur Unwirksamkeit des Einberufungsbeschlusses, wenn die betreffenden Stimmen die erforderliche Mehrheit beeinflusst haben.[482] Unwirksam ist insbesondere die Stimmangabe durch einen Geschäftsunfähigen. Für Personen, die in das Handelsre-

---

[471] Vgl. BGHZ 11, 231 (236); Bürgers/Körber/*Reger* Rn. 36; Großkomm AktG/*Butzke* Rn. 44; Hölters/Drinhausen Rn. 18; Hüffer/Koch/*Koch*, 13. Aufl. 2018, Rn. 8; Kölner Komm AktG/*Noack/Zetzsche* Rn. 55; MüKoAktG/*Kubis* Rn. 27; K. Schmidt/Lutter/*Ziemons* Rn. 24; Wachter/*Mayrhofer* Rn. 13; zur GmbH auch BGHZ 87, 1 (4).
[472] Vgl. MüKoAktG/*Kubis* Rn. 30; K. Schmidt/Lutter/*Ziemons* Rn. 24.
[473] MüKoAktG/*Kubis* Rn. 27.
[474] LG Münster AG 1998, 344 – Rheiner Moden; Großkomm AktG/*Butzke* Rn. 39; MüKoAktG/*Kubis* Rn. 29; *Weimar* EWiR 1998, 387 (388); für bloße Anfechtbarkeit LG Heilbronn AG 2000, 373 (375); Großkomm AktG/*K. Schmidt* § 243 Rn. 29; aA Kölner Komm AktG/*Noack/Zetzsche* Rn. 58: auch unterbesetzter Vorstand könne die Hauptversammlung wirksam einberufen (wobei unklar bleibt, ob das auch bei fehlender Beschlussfähigkeit gelten soll).
[475] Großkomm AktG/*Butzke* Rn. 39; MüKoAktG/*Kubis* Rn. 30.
[476] Vgl. Großkomm AktG/*Butzke* Rn. 39; MüKoAktG/*Kubis* Rn. 28; K. Schmidt/Lutter/*Ziemons* Rn. 24.
[477] GHEK/*Eckardt* Rn. 27; Großkomm AktG/*Butzke* Rn. 39; Kölner Komm AktG/*Noack/Zetzsche* Rn. 59; MüKoAktG/*Kubis* Rn. 26.
[478] GHEK/*Eckardt* Rn. 10; Großkomm AktG/*Butzke* Rn. 41; Kölner Komm AktG/*Noack/Zetzsche* Rn. 59; MüKoAktG/*Kubis* Rn. 28; vgl. zur Genossenschaft auch BGHZ 32, 114 (116).
[479] BGHZ 196, 195 (201 ff.) – IKB.
[480] BGHZ 196, 195 (204 f.) – IKB.
[481] BGHZ 196, 195 (205) – IKB.
[482] MüKoAktG/*Kubis* Rn: 30.

gister als Vorstand eingetragen sind, gilt aber auch insoweit die unwiderlegbare Vermutung des § 121 Abs. 2 S. 2 (→ Rn. 14).

Ist ein vom Vorstand oder vom Aufsichtsrat gefasster Einberufungsbeschluss nichtig, ist eine **rückwirkende Heilung nicht möglich.**[483] Das einberufende Organ kann einen nichtigen Einberufungsbeschluss nicht nachträglich genehmigen, so dass eine Neuvornahme der Beschlussfassung erforderlich ist. Auch die Einberufung durch einen Nichtberechtigten kann nicht nachträglich durch einen Einberufungsberechtigten genehmigt werden.[484] Außerhalb von § 121 Abs. 6 führt dies zur Nichtigkeit der in der Hauptversammlung gefassten Beschlüsse (§ 241 Nr. 1). Handelt es sich um eintragungsbedürftige Beschlüsse, ist aber eine Heilung nach § 242 Abs. 2 möglich.

3. Fehlerhafte Bekanntmachung. Enthält die Einberufung nicht die gem. **§ 121 Abs. 3 S. 1** erforderlichen Mindestangaben (Firma, Sitz, Zeit und Ort der Hauptversammlung), sind die in der Hauptversammlung gefassten Beschlüsse **nichtig** (§ 241 Nr. 1). Gleiches gilt, wenn die betreffenden Angaben in der Einberufung unzutreffend sind. Auslassungen oder Ungenauigkeiten bei der Angabe der Firma oder des Sitzes sind aber unschädlich, sofern dennoch eine eindeutige Identifikation der Gesellschaft möglich ist (→ Rn. 20 f.). In diesem Fall scheidet auch eine Anfechtbarkeit aus.[485] Wird den Aktionären mit der Einberufung eine fehlerhafte Wegbeschreibung oder Anfahrtsskizze zum Ort der Hauptversammlung übermittelt, begründet dies keinen Nichtigkeits- oder Anfechtungsgrund.[486] Seit der Änderung durch Art. 1 Nr. 35 ARUG verweist § 241 Nr. 1 nur noch auf § 121 Abs. 3 S. 1. Fehlende oder unzutreffende Angaben gem. **§ 121 Abs. 3 S. 3** führen daher allenfalls zur **Anfechtbarkeit** der in der Hauptversammlung gefassten Beschlüsse. Gleiches gilt für die fehlende Bekanntmachung der Tagesordnung (§ 121 Abs. 3 S. 2). Voraussetzung für eine Anfechtbarkeit ist jeweils die Relevanz des Verstoßes. Wird in der Einberufung unterschiedslos (entgegen § 135 Abs. 1 S. 2 und 3) für alle Stimmrechtsvertreter eine Vollmacht in Textform verlangt, fehlt es regelmäßig an der Relevanz des Verstoßes.[487] Wird in der Einberufung die Haltefrist gem. § 122 Abs. 2 S. 1 iVm Abs. 1 S. 3 fehlerhaft angegeben, kann dies allenfalls zu einer Anfechtung im Hinblick auf Beschlussgegenstände eines zu Unrecht berücksichtigten Ergänzungsverlangens führen. Für die Beschlussgegenstände der ursprünglichen Tagesordnung fehlt einem solchen Verstoß die Relevanz.[488] Lässt die Einberufung den Einberufenden nicht erkennen, führt dies grundsätzlich weder zur Nichtigkeit noch zur Anfechtbarkeit der in der Hauptversammlung gefassten Beschlüsse.[489] Ein relevanter Verstoß kann dagegen vorliegen, wenn die Einberufung so zu verstehen ist, dass sich das Anmeldeerfordernis auch auf den Bevollmächtigten bezieht.[490]

Verstöße gegen **§ 121 Abs. 4** führen (außerhalb von § 121 Abs. 6) zur Nichtigkeit der in der Hauptversammlung gefassten Beschlüsse (§ 241 Nr. 1). Ein Verstoß liegt im Fall des § 121 Abs. 4 S. 1 etwa bei einer Veröffentlichung in einem anderen Medium als dem Bundesanzeiger vor. Im Fall des § 121 Abs. 4 S. 2 liegt ein zur Nichtigkeit führender Ladungsmangel insbesondere dann vor, wenn nicht alle Aktionäre angeschrieben oder die Briefe falsch adressiert werden. Irrtümer gehen grundsätzlich zu Lasten der Gesellschaft. Dies gilt nicht, wenn gegen eine satzungsmäßige Pflicht zur Mitteilung von Veräußerungen und Adressänderungen verstoßen wurde (→ Rn. 56). Bei Namensaktien gilt die unwiderlegbare Vermutung des § 67 Abs. 2 (→ Rn. 55). Wurden die Briefe korrekt adressiert und ordnungsgemäß zur Beförderung aufgegeben, fallen Zustellungsmängel nicht in die Risikosphäre der Gesellschaft und führen damit weder zur Nichtigkeit gem. § 241 Nr. 1 noch zur Anfechtbarkeit.[491] Zu beachten ist zudem § 242 Abs. 2 S. 4. Danach kann die Nichtigkeit gem.

---

[483] MüKoAktG/*Kubis* Rn. 31; K. Schmidt/Lutter/*Ziemons* Rn. 25.
[484] Großkomm AktG/*Butzke* Rn. 44; MüKoAktG/*Kubis* Rn. 31.
[485] MüKoAktG/*Kubis* Rn. 32 f., 42.
[486] Hölters/*Drinhausen* Rn. 23; MüKoAktG/*Kubis* Rn. 39.
[487] Vgl. KG NZG 2009, 1389 (1391 f.); OLG München AG 2008, 746 (748); LG München I AG 2009, 296 (298); LG Krefeld AG 2008, 754 (755); Bürgers/Körber/*Reger* Rn. 13c; *Florstedt* NZG 2009, 1068; *Florstedt* NZG 2009, 1392 (1393); *Göhmann/v. Oppen* BB 2009, 513 (517); *Groß* WuB II A. § 241 AktG 1.09; *Linnerz* EWiR 2011, 689 (690); *Rubner/Leuering* NJW-Spezial 2010, 15 (16); *Wieneke/Pauly* NZG 2009, 794 (795); *Willburger* DStR 2008, 1889 (1890 f.); *Willburger* EWiR 2010, 37 (38); aA LG Frankfurt a.M. ZIP 2008, 1723 (1726) – Leica.
[488] Übertrieben daher die Befürchtung von *Schroeder/Pussar* BB 2010, 717 ff., die vor einem gesteigerten Anfechtungsrisiko infolge fehlerhafter Angaben zur Haltefrist warnen; wie hier dagegen *Kocher/Lönner* BB 2010, 1675 (1678).
[489] *Baumbach/Hueck* Rn. 8; Grigoleit/*Herrler* Rn. 11; Kölner Komm AktG/*Noack/Zetzsche* Rn. 85.
[490] LG München I AG 2011, 763; vgl. auch BGH ZIP 2011, 1813 (1814 f.) – Deutsche Bank/Kirch; zu § 121 Abs. 3 S. 2 aF s. auch OLG Frankfurt a.M. ZIP 2010, 1390 (1391 f.) – Deutsche Bank/Kirch, wobei das Gericht allerdings unzutreffend von einem Nichtigkeitsgrund ausgeht.
[491] Großkomm AktG/*Butzke* Rn. 104; Kölner Komm AktG/*Noack/Zetzsche* Rn. 149; K. Schmidt/Lutter/ *Ziemons* Rn. 81.

§ 241 Nr. 1 wegen eines Verstoßes gegen § 121 Abs. 4 S. 2 nicht mehr geltend gemacht werden, wenn der nicht geladene Aktionär den Beschluss genehmigt.

106 Verstöße gegen das Zuleitungserfordernis des **§ 121 Abs. 4a** sind nach der ausdrücklichen Regelung des § 243 Abs. 3 Nr. 2 **kein Anfechtungsgrund** (und damit erst recht kein Nichtigkeitsgrund). Wird vorsätzlich oder leichtfertig gegen die Zuleitungspflicht verstoßen, indem die Einberufung nicht, nicht richtig, nicht vollständig oder nicht rechtzeitig zugeleitet wird, stellt dies gem. § 405 Abs. 3a Nr. 1 eine Ordnungswidrigkeit dar.

107 **4. Unzulässiger Versammlungsort.** Da § 121 Abs. 5 in § 241 Nr. 1 nicht genannt ist, führt die Abhaltung der Hauptversammlung an einem unzulässigen Ort nicht zur Nichtigkeit, sondern allenfalls zur **Anfechtbarkeit** der gefassten Beschlüsse, sofern es sich um einen relevanten Verstoß handelt.[492] Dies gilt sowohl für Verstöße gegen eine entsprechende Satzungsregelung als auch für Verstöße gegen die Auffangregelung des § 121 Abs. 5 (Sitz der Gesellschaft oder der Börse).[493] Die Ausgestaltung von § 121 Abs. 5 als Soll-Vorschrift steht nicht entgegen (→ Rn. 70). Unterbleibt eine Anfechtung, müssen eintragungsbedürftige Beschlüsse in das Handelsregister eingetragen werden.[494] An einem Verstoß fehlt es, wenn ausnahmsweise eine Abweichung von dem satzungsmäßigen oder gesetzlichen Versammlungsort zulässig ist (→ Rn. 70 ff.). Räumt die Satzung dem Einberufenden bei der Auswahl des Versammlungsorts ein zu weitgehendes Ermessen ein (→ Rn. 72a), ist die Satzungsregelung zwar wirksam, wenn der satzungsändernde Beschluss nicht fristgemäß angefochten und die Satzungsänderung eingetragen wurde (→ Rn. 72b). Es findet dann aber eine Missbrauchskontrolle der Auswahl im Einzelfall statt.[495] Wird das Teilnahmerecht der Aktionäre durch die konkrete Auswahl im Einzelfall bei typisierender Betrachtung unzumutbar beeinträchtigt, sind die in der betreffenden Hauptversammlung gefassten Beschlüsse anfechtbar.[496] Gleiches gilt, wenn die Hauptversammlung an einem in der Satzung konkret bestimmten Versammlungsort abgehalten wird, der das Teilnahmerecht der Aktionäre unzumutbar beeinträchtigt und damit unzulässig ist.[497] Auch in diesem Fall müssen eintragungsbedürftige Beschlüsse in das Handelsregister eingetragen werden, wenn eine Anfechtung unterbleibt.[498] Zur Anfechtbarkeit der in der Hauptversammlung gefassten Beschlüsse kann auch die **Wahl eines ungeeigneten Versammlungslokals** führen.[499] An die Geeignetheit sind jedoch keine strengen Anforderungen zu stellen (→ Rn. 78).

108 **5. Unzulässige Versammlungszeit.** Die Wahl einer unzulässigen Versammlungszeit (zB Abhaltung der Hauptversammlung einer Publikumsgesellschaft an einem Sonntag) führt ebenfalls zur **Anfechtbarkeit** der in der Hauptversammlung gefassten Beschlüsse.[500] Werden Beschlüsse erst **nach Mitternacht** des bekanntgemachten Versammlungstags gefasst, soll dies nach verbreiteter Ansicht die Nichtigkeit der Beschlüsse zur Folge haben.[501] Die wohl hM geht demgegenüber davon aus, dass in diesem Fall allenfalls eine **Anfechtbarkeit** in Betracht kommt.[502] Dem ist zuzustimmen. Die Gegenansicht verkennt den Ausnahmecharakter der Nichtigkeit. Die Dauer der Hauptversammlung ist gerade nicht von § 121 Abs. 3 S. 1 und damit nicht von § 241 Nr. 1 erfasst. Auch eine Anfechtbarkeit kommt aber nur dann im Betracht, wenn die Beschlussfassung nach Mitternacht **im konkreten Einzelfall unzumutbar** ist.[503] Jedenfalls bei geringfügigen Überschreitungen von bis zu einer Stunde wird dies regelmäßig nicht der Fall sein.

---

[492] RGZ 44, 8 (9 f.); Bürgers/Körber/*Reger* Rn. 36; GHEK/*Eckardt* Rn. 44; Großkomm AktG/*Butzke* Rn. 52; Hölters/*Drinhausen* Rn. 40; Hüffer/Koch/*Koch*, 13. Aufl. 2018, Rn. 12; Kölner Komm AktG/*Noack*/*Zetzsche* Rn. 195; MüKoAktG/*Kubis* Rn. 93; K. Schmidt/Lutter/*Ziemons* Rn. 99; auch die Anfechtbarkeit verneinend v. Godin/Wilhelmi Anm. 12.
[493] MüKoAktG/*Kubis* Rn. 93; aA im Hinblick auf Verstöße gegen die Auffangregelung GHEK/*Eckardt* Rn. 44.
[494] MüKoAktG/*Kubis* Rn. 93.
[495] Hüffer/Koch/*Koch*, 13. Aufl. 2018, Rn. 13; Kölner Komm AktG/*Noack*/*Zetzsche* Rn. 183; *Herrler* ZGR 2015, 918 (928 f.).
[496] *Herrler* ZGR 2015, 918 (928 f.).
[497] MüKoAktG/*Kubis* Rn. 93; K. Schmidt/Lutter/*Ziemons* Rn. 99.
[498] *Bungert* AG 1995, 26 (33); wohl auch K. Schmidt/Lutter/*Ziemons* Rn. 99; aA OLG Hamburg AG 1993, 384 (385); MüKoAktG/*Kubis* Rn. 93.
[499] MüKoAktG/*Kubis* Rn. 93.
[500] Kölner Komm AktG/*Zöllner*, 1. Aufl. 1985, Rn. 46.
[501] LG Düsseldorf ZIP 2007, 1859 (1860); LG Mainz Der Konzern 2005, 525 (526 f.); MüKoAktG/*Kubis* Rn. 35; *Max* AG 1991, 77 (90).
[502] OLG Koblenz ZIP 2001, 1093 – Diebels/Reginaris I; Grigoleit/*Herrler* Rn. 29; Großkomm AktG/*Butzke* Rn. 131; Hüffer/Koch/*Koch*, 13. Aufl. 2018, Rn. 17; K. Schmidt/Lutter/*Ziemons* Rn. 35; *Butzke* Die Hauptversammlung der AG Rn. D 57; Happ/Freitag AG 1998, 493 (495 f.).
[503] Großkomm AktG/*Butzke* Rn. 131; Hüffer/Koch/*Koch*, 13. Aufl. 2018, Rn. 17; Kölner Komm AktG/ *Noack*/*Zetzsche* Rn. 70; Happ/Freitag AG 1998, 493 (495 ff.); generell auch gegen Anfechtbarkeit offenbar Bürgers/ Körber/*Reger* Rn. 28; Hölters/*Drinhausen* Rn. 22; s. auch *Butzke* Die Hauptversammlung der AG Rn. D 57.

§ 122 Einberufung auf Verlangen einer Minderheit

(1) [1]Die Hauptversammlung ist einzuberufen, wenn Aktionäre, deren Anteile zusammen den zwanzigsten Teil des Grundkapitals erreichen, die Einberufung schriftlich unter Angabe des Zwecks und der Gründe verlangen; das Verlangen ist an den Vorstand zu richten. [2]Die Satzung kann das Recht, die Einberufung der Hauptversammlung zu verlangen, an eine andere Form und an den Besitz eines geringeren Anteils am Grundkapital knüpfen. [3]Die Antragsteller haben nachzuweisen, dass sie seit mindestens 90 Tagen vor dem Tag des Zugangs des Verlangens Inhaber der Aktien sind und dass sie die Aktien bis zur Entscheidung des Vorstands über den Antrag halten. [4]§ 121 Absatz 7 ist entsprechend anzuwenden.

(2) [1]In gleicher Weise können Aktionäre, deren Anteile zusammen den zwanzigsten Teil des Grundkapitals oder den anteiligen Betrag von 500 000 Euro erreichen, verlangen, daß Gegenstände auf die Tagesordnung gesetzt und bekanntgemacht werden. [2]Jedem neuen Gegenstand muss eine Begründung oder eine Beschlussvorlage beiliegen. [3]Das Verlangen im Sinne des Satzes 1 muss der Gesellschaft mindestens 24 Tage, bei börsennotierten Gesellschaften mindestens 30 Tage vor der Versammlung zugehen; der Tag des Zugangs ist nicht mitzurechnen.

(3) [1]Wird dem Verlangen nicht entsprochen, so kann das Gericht die Aktionäre, die das Verlangen gestellt haben, ermächtigen, die Hauptversammlung einzuberufen oder den Gegenstand bekanntzumachen. [2]Zugleich kann das Gericht den Vorsitzenden der Versammlung bestimmen. [3]Auf die Ermächtigung muß bei der Einberufung oder Bekanntmachung hingewiesen werden. [4]Gegen die Entscheidung ist die Beschwerde zulässig. [5]Die Antragsteller haben nachzuweisen, dass sie die Aktien bis zur Entscheidung des Gerichts halten.

(4) Die Gesellschaft trägt die Kosten der Hauptversammlung und im Fall des Absatzes 3 auch die Gerichtskosten, wenn das Gericht dem Antrag stattgegeben hat.

Schrifttum: *Bayer/Hoffmann*, Einberufung der Hauptversammlung auf Verlangen einer Minderheit, AG-Report 2014, R23; *Bayer/Scholz/Weiß*, Anmeldung und Berechtigungsnachweis bei Einberufung einer Hauptversammlung durch die Aktionärsminderheit gem. § 122 Abs. 3 AktG, AG 2013, 742; *Bayer/Scholz/Weiß*, Die Absage der Hauptversammlung durch den Vorstand im Kontext des § 122 AktG, ZIP 2014, 1; *G. Bezzenberger/T. Bezzenberger*, Aktionärskonsortien zur Wahrnehmung von Minderheitsrechten, FS K. Schmidt, 2009, 105; *Grunewald*, Die Bindung der Aktiengesellschaft an Beschlussanträge ihrer Aktionäre, AG 2015, 689; *Habersack/Mülbert*, Zur Einberufung der Hauptversammlung durch die nach § 122 Abs. 3 AktG ermächtigte Aktionärsminderheit, ZGR 2014, 1; *Halberkamp/Gierke*, Das Recht der Aktionäre auf Einberufung einer Hauptversammlung, NZG 2004, 494; *Heeg*, Zum Verlangen einer Aktionärsminderheit auf Einberufung einer Hauptversammlung, NZG 2012, 1056; *Hoffmann-Becking*, Der Aufsichtsrat der AG und sein Vorsitzender in der Hauptversammlung, NZG 2017, 281; *Kemmerer*, Vertagung von Tagesordnungspunkten als taktisches Instrument der Verwaltung, BB 2011, 3018; *Kocher/Lönner*, Anfechtungsrisiken wegen unklarer Vorbesitzzeit beim Ergänzungsverlangen, BB 2010, 1675; *Kühn*, Der Minderheitenschutz nach dem Aktiengesetz, BB 1965, 1170; *Lehmann*, Die gesetzlichen Minderheitenrechte in Aktiengesellschaften, AG 1983, 113; *Leuering/Rubner*, Die gerichtliche Bestellung des Versammlungsleiters im AktG, NJW-Spezial 2018, 15; *Mertens*, Das Minderheitsrecht nach § 122 Abs. 2 AktG und seine Grenzen, AG 1997, 481; *Reger*, Keine Pflicht des Vorstands zur Ablehnung rechtsmissbräuchlicher Einberufungsverlangen, NZG 2013, 536; *Schatz*, Beschlussvereitelung durch den Versammlungsleiter und Reaktionsmöglichkeiten der Aktionäre, AG 2015, 696; *Schroeder/Pussar*, Neues Anfechtungsrisiko bei der HV-Einberufung: Fristen für Ergänzungsverlangen, BB 2010, 717; *Selter*, Absage der Hauptversammlung nach Bekanntgabe auf Grund Aktionärsverlangens, NZG 2013, 1133; *Theusinger/Schilha*, Gerichtliche Bestimmung eines unparteiischen Versammlungsleiters für einzelne Tagesordnungspunkte der Hauptversammlung, NZG 2016, 56; *Tielmann*, Der Beschlussvorschlag des Aktionärs an die Hauptversammlung für Wahlen zum Aufsichtsrat kraft Verlangens nach § 122 Abs. 1 oder 2 AktG – Inhalt und Grenzen, AG 2013, 704; *Wandt*, Was und wann? – Die Auswirkungen der Aktienrechtsnovelle 2016 auf die Einberufung der Hauptversammlung, NZG 2016, 367; *Weber*, Absage einer auf ein Aktionärsverlangen einberufenen Hauptversammlung und Abhaltung einer Hauptversammlung durch die Aktionäre, NZG 2013, 890; *Weisner/Heins*, Das Schriftformerfordernis in § 122 AktG, AG 2012, 706; *Wicke*, Einführung in das Recht der Hauptversammlung, das Recht der Sacheinlagen und das Freigabeverfahren nach dem ARUG, 2009.

Übersicht

	Rn.		Rn.
I. Überblick	1–5	II. Einberufungsverlangen (Abs. 1)	6–34
1. Normzweck	1–3	1. Aktionärseigenschaft (Abs. 1 S. 1 Hs. 1)	6, 7
2. Entstehungsgeschichte	4	2. Quorum (Abs. 1 S. 1 Hs. 1)	8–15
3. Rechtstatsachen	5	a) Berechnung	8–10

	Rn.		Rn.
b) Vorbesitz und Haltefrist (Abs. 1 S. 3 iVm § 142 Abs. 2 S. 2)	11–13	c) Frist (Abs. 2 S. 3)	42–44a
c) Nachweis (Abs. 1 S. 3 iVm § 142 Abs. 2 S. 2)	14, 15	5. Schranken des Rechts auf Ergänzung der Tagesordnung	45
3. Verlangen	16–20	6. Pflichten des Vorstands	46, 47
a) Allgemeines	16	**IV. Gerichtliche Ermächtigung (Abs. 3)**	48–68
b) Adressat (Abs. 1 S. 1 Hs. 2)	17	1. Verfahren	48–60
c) Form (Abs. 1 S. 1 Hs. 1)	18	a) Allgemeines	48, 48a
d) Inhalt (Abs. 1 S. 1 Hs. 1)	19	b) Zuständigkeit	49
e) Rücknahme	20	c) Antrag	50–53
4. Schranken	21–26	d) Entscheidung	54–57
a) Allgemeines	21	e) Rechtsmittel (Abs. 3 S. 4)	58–60
b) Fehlende Zuständigkeit	22	2. Ausübung der gerichtlichen Ermächtigung	61–67
c) Rechtsmissbrauch	23–26	a) Allgemeines	61
5. Pflichten des Vorstands	27–31a	b) Berechtigte	62
a) Allgemeines	27, 28	c) Frist	63
b) Prüfungsfrist	29	d) Form und Inhalt	64–65
c) Erfüllung der Einberufungspflicht	30, 31	e) Hinweis auf die Ermächtigung (Abs. 3 S. 3)	66
d) Rücknahme der Einberufung	31a	f) Organisatorische Vorbereitung	67
6. Abweichende Satzungsregelung (Abs. 1 S. 2)	32–34	3. Rechtsfolgen von Mängeln der gerichtlichen Ermächtigung	68
III. Ergänzungsverlangen (Abs. 2)	35–47	**V. Kosten (Abs. 4)**	69–71
1. Allgemeines	35	1. Kosten der Hauptversammlung	69
2. Aktionärseigenschaft (Abs. 2 S. 1)	36	2. Gerichtskosten	70
3. Quorum (Abs. 2 S. 1)	37–39	3. Außergerichtliche Kosten	71
4. Verlangen	40–44a		
a) Allgemeines	40–40b		
b) Begründung oder Beschlussvorlage (Abs. 2 S. 2)	41, 41a		

I. Überblick

1. Normzweck. § 122 dient dem **Minderheitenschutz** und soll die Ausübung versammlungsgebundener Aktionärsrechte ermöglichen.[1] Die Norm betrifft das Recht einer qualifizierten Aktionärsminderheit, die Einberufung einer Hauptversammlung (§ 122 Abs. 1) oder die Ergänzung der Tagesordnung (§ 122 Abs. 2) zu verlangen und notfalls über eine gerichtliche Ermächtigung (§ 122 Abs. 3) zu erzwingen. Hierdurch kann die Minderheit erreichen, dass die Hauptversammlung zusammentritt und sich mit bestimmten Angelegenheiten befasst. Zugleich erhält sie die Möglichkeit, andere Aktionäre für die von ihr gewünschte Beschlussfassung zu gewinnen und bei Ablehnung ihrer Anträge den entsprechenden Beschluss mittels Anfechtungs- oder Nichtigkeitsklage einer gerichtlichen Prüfung zu unterziehen.[2] Auf diese Weise kann die Minderheit insbesondere einen ablehnenden Beschluss als Voraussetzung für eine gerichtliche Bestellung von Sonderprüfern herbeiführen (wobei ein entsprechender Antrag auch unter dem Tagesordnungspunkt „Entlastung" gestellt werden kann; → § 124 Rn. 56).[3] Bei börsennotierten Gesellschaften kann die Minderheit zudem eine Beschlussfassung über die Billigung des Systems zur Vergütung der Vorstandsmitglieder (§ 120 Abs. 4) verlangen.

Da § 122 dem Minderheitenschutz dient, ist die Vorschrift grundsätzlich **zwingend**.[4] Die Satzung kann für das Verlangen lediglich eine andere Form und ein geringeres Quorum vorsehen (§ 122 Abs. 1 S. 2). § 122 gilt entsprechend für die **Vor-AG**.[5] Für Sonderbeschlüsse wird § 122 ergänzt durch § 138 S. 3.[6] Zudem wird § 122 durch § 127a ergänzt, der mit dem Aktionärsforum eine

---

[1] Vgl. OLG Frankfurt a.M. AG 2005, 442; OLG München AG 2010, 84 (85); OLG Stuttgart AG 2009, 169 (170) – Ed. Züblin; Bürgers/Körber/*Reger* Rn. 1; Großkomm AktG/*Butzke* Rn. 3; Hüffer/Koch/*Koch*, 13. Aufl. 2018, Rn. 1; Kölner Komm AktG/*Noack/Zetzsche* Rn. 1 f.; MüKoAktG/*Kubis* Rn. 1; K. Schmidt/Lutter/*Ziemons* Rn. 2.

[2] BGH ZIP 2012, 1313 (1314); KG NZG 2003, 441 (443); Hüffer/Koch/*Koch*, 13. Aufl. 2018, Rn. 1; MüKoAktG/*Kubis* Rn. 1.

[3] Vgl. GHEK/*Eckardt* Rn. 2; K. Schmidt/Lutter/*Ziemons* Rn. 2.

[4] Bürgers/Körber/*Reger* Rn. 2; Hüffer/Koch/*Koch*, 13. Aufl. 2018, Rn. 1; MüKoAktG/*Kubis* Rn. 77; K. Schmidt/Lutter/*Ziemons* Rn. 4.

[5] OLG Karlsruhe NZG 2001, 619; AG Karlsruhe NZG 2001, 619; Großkomm AktG/*Butzke* Rn. 3; Hüffer/Koch/*Koch*, 13. Aufl. 2018, Rn. 1; *Pentz* NZG 2001, 619 (620).

[6] Vgl. Großkomm AktG/*Butzke* Rn. 117; MüKoAktG/*Kubis* Rn. 79.

Möglichkeit zur Kontaktaufnahme zwischen den Aktionären regelt. Das Aktionärsforum soll nach der Vorstellung des Gesetzgebers auch dazu dienen, weitere Aktionäre für ein gemeinsames Verlangen gem. § 122 Abs. 1 oder 2 zu gewinnen (→ § 127a Rn. 1, 11). Entgegen der Intention des Gesetzgebers konnte das Aktionärsforum allerdings bislang keine nennenswerte praktische Bedeutung erlangen (→ § 127a Rn. 3).

Kein Unterfall von § 122 ist nach zutreffender Ansicht das Minderheitsverlangen gem. **§ 62 Abs. 2 UmwG**.[7] Gleichwohl ist § 122 Abs. 3 nach wohl allgemeiner Ansicht entsprechend anwendbar, wenn der Vorstand einem Verlangen gem. § 62 Abs. 2 UmwG nicht nachkommt.[8] Eine Ausnahme von § 122 Abs. 2 enthält § 5 Abs. 2 S. 4 EGAktG, wonach jeder einzelne Aktionär verlangen kann, dass die **Beseitigung von Mehrstimmrechten** auf die Tagesordnung der Hauptversammlung gesetzt wird. Die Norm hat keine besondere praktische Bedeutung, zumal alle Mehrstimmrechte am 1. Juni 2003 erloschen sind, wenn nicht zuvor die Hauptversammlung ihre Fortgeltung beschlossen hat (§ 5 Abs. 1 S. 1 EGAktG).[9]

2. Entstehungsgeschichte. § 122 entspricht in seinen Grundzügen § 106 Abs. 2–5 AktG 1937. Neu gegenüber der Vorgängernorm sind die ausdrückliche Nennung des Vorstands als Adressat des Verlangens (§ 122 Abs. 1 S. 1 Hs. 2), die zusätzliche Anknüpfung an einen anteiligen Betrag in § 122 Abs. 2 S. 1, die (bereits zuvor weitgehend unstreitige) Zulassung der Beschwerde (§ 122 Abs. 3 S. 4) sowie die Regelung zur Kostentragung (§ 122 Abs. 4).[10] § 122 Abs. 2 S. 1 wurde 1998 durch Art. 1 Nr. 16 StückAG und durch Art. 3 § 1 Nr. 7 EuroEG[11] geändert. § 122 Abs. 1 S. 3 wurde 1998 durch Art. 1 Nr. 13 KonTraG angefügt und zunächst 2005 durch Art. 1 Nr. 4 UMAG neu gefasst. § 122 Abs. 1 S. 2 wurde durch Art. 27 Nr. 3 des Gesetzes zur Anpassung der Formvorschriften des Privatrechts und anderer Vorschriften an den modernen Rechtsgeschäftsverkehr vom 13. Juli 2001 (BGBl. 2001 I 1542) geändert. Durch Art. 74 Nr. 10 FGG-RG vom 17. Dezember 2008 wurde § 122 Abs. 3 S. 4 redaktionell angepasst („Beschwerde" statt „sofortige Beschwerde"). Durch Art. 1 Nr. 10 **ARUG** wurden die Sätze 2 und 3 in § 122 Abs. 2 neu eingefügt und Abs. 2 S. 1 geändert.[12] Die Vorbesitzzeit und die Haltefrist für Einberufungs- und Ergänzungsverlangen wurden schließlich durch Art. 1 Nr. 10 der **Aktienrechtsnovelle 2016**[13] vom 22. Dezember 2015 neu geregelt, indem § 122 Abs. 1 S. 3 geändert und Abs. 1 S. 4 sowie Abs. 3 S. 5 neu eingefügt wurden.

3. Rechtstatsachen. Die Einberufung einer Hauptversammlung auf Verlangen einer Aktionärsminderheit hat durchaus Praxisrelevanz.[14] Größere praktische Bedeutung haben allerdings Ergänzungsverlangen gem. § 122 Abs. 2.[15] Die gegenüber § 122 Abs. 1 größere praktische Bedeutung ist zum einen darauf zurückzuführen, dass mit entsprechenden Anliegen idR bis zur nächsten ordentlichen Hauptversammlung gewartet werden kann, zumal die Einberufung einer Hauptversammlung bei Publikumsgesellschaften einen erheblichen zeitlichen Vorlauf erfordert. Zum anderen ist das in § 122 Abs. 2 S. 1 alternativ vorgesehene Quorum eines anteiligen Betrags von 500 000 Euro bei größeren Gesellschaften erheblich leichter zu erreichen als 5% des Grundkapitals. Vor allem bei DAX-Gesellschaften ließen sich in der Vergangenheit wiederholt eher gesellschaftspolitisch motivierte Ergänzungen der Tagesordnung beobachten.[16] Auch wenn derartige Ergänzungen in jüngerer Zeit kaum noch eine Rolle spielen, haben Ergänzungsverlangen nach wie vor eine nicht unerhebliche praktische Bedeutung.[17] Typische Tagesordnungspunkte von Ergänzungsverlangen waren in jüngerer Vergangenheit etwa der Vertrauensentzug gegenüber Vorstandsmitgliedern (§ 84 Abs. 3),[18] die Abbe-

---

[7] Kallmeyer/*Marsch-Barner* UmwG § 62 Rn. 21; *Marsch-Barner* in Marsch-Barner/Schäfer Börsennotierte AG-HdB Rn. 32.30; vgl. auch Großkomm AktG/*Butzke* Rn. 118.
[8] Kallmeyer/*Marsch-Barner* UmwG § 62 Rn. 21; K. Schmidt/Lutter/*Ziemons* Rn. 5; Semler/Stengel/*Diekmann* UmwG § 62 Rn. 35; *Butzke* Die Hauptversammlung der AG Rn. B 131.
[9] Vgl. Großkomm AktG/*Butzke* Rn. 120; *Butzke* Die Hauptversammlung der AG Rn. B 132.
[10] Vgl. GHEK/*Eckardt* Rn. 4 ff.; Großkomm AktG/*Butzke* Rn. 1.
[11] Gesetz zur Einführung des Euro (Euro-Einführungsgesetz – EuroEG) v. 9.6.1998, BGBl. 1998 I 1242.
[12] Die Neuregelungen durch das ARUG waren gem. § 20 Abs. 1 EGAktG erstmals auf Hauptversammlungen anwendbar, die nach dem 31. Oktober 2009 einberufen wurden.
[13] Gesetz zur Änderung des Aktiengesetzes (Aktienrechtsnovelle 2016) v. 22.12.2015, BGBl. 2015 I 2565.
[14] Empirische Angaben zu im Jahr 2013 auf Verlangen einer Aktionärsminderheit einberufenen Hauptversammlungen bei *Bayer/Hoffmann* AG-Report 2014, R23 ff.
[15] Vgl. MüKoAktG/*Kubis* Rn. 2; *Butzke* Die Hauptversammlung der AG Rn. B 112.
[16] Vgl. Großkomm AktG/*Butzke* Rn. 7; MüKoAktG/*Kubis* Rn. 2; *Butzke* Die Hauptversammlung der AG Rn. B 112; *Mertens* AG 1997, 481 ff.
[17] Vgl. *Paschos/Goslar* AG 2008, 605 (609) (mit Beispielen).
[18] S. etwa die Ergänzungsverlangen zu den ordentlichen Hauptversammlungen 2010, 2011, 2012 und 2013 der Commerzbank AG, jeweils abrufbar im Bundesanzeiger.

rufung von Aufsichtsratsmitgliedern (§ 103 Abs. 1 AktG),[19] die Bestellung von Sonderprüfern (§ 142 Abs. 1)[20] sowie – insbesondere bei Vorhandensein eines Mehrheitsaktionärs – die Geltendmachung von Ersatzansprüchen und Bestellung von besonderen Vertretern (§ 147).[21] Bei letzteren wird häufig versucht, durch entsprechende Formulierung der Beschlussvorschläge ein Stimmverbot gem. § 136 Abs. 1 S. 1 Var. 3 gegen den Mehrheitsaktionär herbeizuführen. Das Aktionärsforum (§ 127a) spielt im Hinblick auf Einberufungs- oder Ergänzungsverlangen bislang keine Rolle (→ Rn. 2).

II. Einberufungsverlangen (Abs. 1)

6   **1. Aktionärseigenschaft (Abs. 1 S. 1 Hs. 1).** Die Einberufung der Hauptversammlung kann gem. § 122 Abs. 1 S. 1 Hs. 1 von Aktionären verlangt werden. Hierfür kommt es nicht darauf an, ob die Aktien ein Stimmrecht gewähren. Erfasst sind daher auch **Vorzugsaktionäre** (§§ 139 ff.), Aktionäre die einem gesetzlichen Stimmverbot unterliegen (§ 136 Abs. 1, § 142 Abs. 1 S. 2 und 3) und Aktionäre, die ihre Einlage nicht vollständig geleistet haben (§ 134 Abs. 2).[22] Hiervon zu unterscheiden ist ein Ruhen der Rechte aus den Aktien (§ 20 Abs. 7 S. 1, § 21 Abs. 4 S. 1, § 71b, § 71d S. 4, § 44 WpHG, § 59 WpÜG). In diesem Fall fehlt es auch an der Berechtigung, ein Einberufungsverlangen zu stellen.[23] Das Recht aus § 122 Abs. 1 steht dem Aktionär auch bei **Pfändung** oder **Verpfändung** seiner Aktien zu.[24] Einem Pfandgläubiger steht das Recht aus § 122 Abs. 1 (und Abs. 2) auch dann nicht zu, wenn er zur Stimmrechtsausübung bevollmächtigt ist.[25] Erforderlich ist vielmehr eine Vollmacht zur Ausübung der Rechte aus § 122 (→ Rn. 7).[26] Bei Bestellung eines **Nießbrauchs** wird überwiegend darauf abgestellt, wem das Stimmrecht zusteht.[27] Dies ist nach zutreffender hM der Aktionär (→ § 134 Rn. 41).[28] Bei **Namensaktien** gilt auch im Rahmen von § 122 Abs. 1 die unwiderlegbare Vermutung des § 67 Abs. 2, so dass es auf die Eintragung im Aktienregister ankommt.[29]

7   Das Recht aus § 122 Abs. 1 muss nicht durch den Aktionär persönlich ausgeübt werden. Das Verlangen kann auch von einem **Stellvertreter** (offene oder verdeckte Stellvertretung) oder von einem **Legitimationsaktionär** gestellt werden.[30] Handelt ein Stellvertreter, muss sich die Vollmacht auch auf die Ausübung des Rechts aus § 122 Abs. 1 erstrecken. Eine bloße Stimmrechtsvollmacht reicht hierzu nicht aus.[31] Dies gilt selbst dann, wenn dem Bevollmächtigten zugleich sämtliche Aktien der Gesellschaft verpfändet wurden (→ Rn. 6).[32] Ob ein Legitimationsaktionär gegenüber dem wahren Aktionär zur Ausübung des Rechts aus § 122 Abs. 1 berechtigt ist, beurteilt sich nach

---

[19] S. etwa die Ergänzungsverlangen zu der ordentlichen Hauptversammlung 2013 der Commerzbank AG, zu der ordentlichen Hauptversammlung 2016 der STADA Arzneimittel AG und zu der ordentlichen Hauptversammlung 2018 der Deutsche Bank AG, jeweils abrufbar im Bundesanzeiger.
[20] S. etwa die Ergänzungsverlangen zu der ordentlichen Hauptversammlung 2007 der Bayerische Hypo- und Vereinsbank AG, zu der ordentlichen Hauptversammlung 2010 der Commerzbank AG, zu den ordentlichen Hauptversammlungen 2014 und 2015 der Strabag AG, zu den ordentlichen Hauptversammlungen 2015 und 2016 der Deutsche Bank AG und zu der ordentlichen Hauptversammlung 2016 der Volkswagen AG, jeweils abrufbar im Bundesanzeiger.
[21] S. etwa die Ergänzungsverlangen zu der ordentlichen Hauptversammlung 2007 der Bayerische Hypo- und Vereinsbank AG und zu den ordentlichen Hauptversammlungen 2014, 2015, 2016 und 2017 der Strabag AG, jeweils abrufbar im Bundesanzeiger.
[22] Vgl. OLG Frankfurt a.M. WM 1986, 642 (643); Bürgers/Körber/*Reger* Rn. 3; GHEK/*Eckardt* Rn. 19; Grigoleit/*Herrler* Rn. 2; Großkomm AktG/*Butzke* Rn. 9; Hüffer/Koch/*Koch*, 13. Aufl. 2018, Rn. 2; Kölner Komm AktG/*Noack*/*Zetzsche* Rn. 22; MüKoAktG/*Kubis* Rn. 3; K. Schmidt/Lutter/*Ziemons* Rn. 7; Wachter/*Mayrhofer* Rn. 2; *Butzke* Die Hauptversammlung der AG Rn. B 103; *Kühn* BB 1965, 1170.
[23] KG AG 1980, 78; Grigoleit/*Herrler* Rn. 2; Großkomm AktG/*Butzke* Rn. 9; Kölner Komm AktG/*Noack*/*Zetzsche* Rn. 22; K. Schmidt/Lutter/*Ziemons* Rn. 7; Wachter/*Mayrhofer* Rn. 2; *Butzke* Die Hauptversammlung der AG Rn. B 103.
[24] OLG Celle ZIP 2015, 426, Großkomm AktG/*Butzke* Rn. 10; MüKoAktG/*Kubis* Rn. 3; Kölner Komm AktG/*Noack*/*Zetzsche* Rn. 23; MHdB AG/*Bungert* § 36 Rn. 21; *Kühn* BB 1965, 1170.
[25] OLG Celle ZIP 2015, 426.
[26] OLG Celle ZIP 2015, 426.
[27] Vgl. Großkomm AktG/*Butzke* Rn. 10; MüKoAktG/*Kubis* Rn. 3; MHdB AG/*Bungert* § 36 Rn. 21; *Kühn* BB 1965, 1170: stets der Aktionär; wiederum aA Kölner Komm AktG/*Noack*/*Zetzsche* Rn. 23: derjenige, dem nach der Vereinbarung über den Nießbrauch das Teilnahmerecht zustehen soll.
[28] IE besteht daher kein Unterschied zur Ansicht von MüKoAktG/*Kubis* Rn. 3, der bei Bestellung eines Nießbrauchs stets den Aktionär als berechtigt ansieht.
[29] OLG Zweibrücken AG 1997, 140; Großkomm AktG/*Butzke* Rn. 9; MüKoAktG/*Kubis* Rn. 4.
[30] Großkomm AktG/*Butzke* Rn. 10; MüKoAktG/*Kubis* Rn. 5; Wachter/*Mayrhofer* Rn. 3.
[31] Bürgers/Körber/*Reger* Rn. 3; Großkomm AktG/*Butzke* Rn. 10; Hüffer/Koch/*Koch*, 13. Aufl. 2018, Rn. 2; Kölner Komm AktG/*Noack*/*Zetzsche* Rn. 50; MüKoAktG/*Kubis* Rn. 5.
[32] OLG Celle ZIP 2015, 426.

den zwischen diesen getroffenen Vereinbarungen.³³ Ein Einberufungsverlangen kann auch von einem **Abwesenheitspfleger** gestellt werden, sofern die Tagesordnung der Hauptversammlung seinen Wirkungskreis betrifft.³⁴ Die Befugnisse von **Insolvenzverwaltern, Testamentsvollstreckern und Nachlassverwaltern** erstrecken sich auch auf das Recht aus § 122 Abs. 1.³⁵

2. Quorum (Abs. 1 S. 1 Hs. 1). a) Berechnung. § 122 Abs. 1 S. 1 sieht ein Quorum in Höhe von mindestens **5% des Grundkapitals** vor. Das Quorum kann von einem Aktionär allein oder von mehreren Aktionären gemeinsam erreicht werden. Obwohl § 122 dem Minderheitenschutz dient, kann ein Einberufungsverlangen auch von einem **Mehrheitsaktionär** gestellt werden.³⁶ 8

Bezugsgröße für das Quorum ist der im Zeitpunkt des Verlangens im Handelsregister eingetragene Nennbetrag des Grundkapitals.³⁷ Der auf stimmrechtslose **Vorzugsaktien** entfallende Teil des Grundkapitals zählt mit.³⁸ **Eigene Aktien** sind nicht abzusetzen.³⁹ Dies ergibt sich aus einem Umkehrschluss zu § 320 Abs. 1 S. 2 und § 327a Abs. 2 iVm § 16 Abs. 2 S. 2, die ein Absetzen von eigenen Aktien ausdrücklich anordnen. Auch Aktien, aus denen die Rechte ruhen, sind bei der Ermittlung der Bezugsgröße nicht vom Nennbetrag des Grundkapitals abzusetzen. Bereits beschlossene, aber mangels Eintragung noch nicht wirksam gewordene **Kapitalveränderungen** haben ebenfalls keinen Einfluss auf die Berechnungsgrundlage.⁴⁰ Ein **bedingtes Kapital** ist nur zu berücksichtigen, soweit sich das Grundkapital durch Ausgabe der Bezugsaktien bereits erhöht hat (§ 200).⁴¹ Die Eintragung der Durchführung hat hier nur deklaratorischen Charakter (→ § 201 Rn. 1). Ebenfalls nur deklaratorischen Charakter hat die Eintragung bei einer durch die Satzung angeordneten Zwangseinziehung (§ 238 S. 2), so dass es hier auf den Zeitpunkt der Zwangseinziehung ankommt.⁴² 9

Für die **Berechnung der Mindestbeteiligung** können Aktien jeder Art dienen. Maßgeblich ist allein der Nennbetrag der Aktien bzw. der anteilige Betrag am Grundkapital.⁴³ Auf das Bestehen des Stimmrechts kommt es nicht an, so dass Stimmverbote unschädlich sind und auch stimmrechtslose Vorzugsaktien der Erreichung des Quorums dienen können. Nicht berücksichtigungsfähig sind dagegen Aktien, aus denen die Rechte ruhen (→ Rn. 6). Die für die Erreichung des Quorums erforderlichen Aktien können grundsätzlich auch im Wege einer **Wertpapierleihe** (Wertpapierdarlehen) beschafft werden.⁴⁴ Eine solche Gestaltung kann zwar im Einzelfall rechtsmissbräuchlich sein.⁴⁵ An die Annahme eines Rechtsmissbrauchs sind aber strenge Anforderungen zu stellen,⁴⁶ zumal der Gesetzgeber einen entsprechenden Schutz bereits in Form des Vorbesitzerfordernisses gem. § 122 Abs. 1 S. 3 vorgesehen hat (→ Rn. 11 ff.). 10

b) Vorbesitz und Haltefrist (Abs. 1 S. 3 iVm § 142 Abs. 2 S. 2). aa) Allgemeines. Gem. § 122 Abs. 1 S. 3 haben die Antragsteller nachzuweisen, dass sie seit mindestens 90 Tagen vor dem 11

---

³³ Großkomm AktG/*Butzke* Rn. 10.
³⁴ OLG Frankfurt a.M. WM 1986, 642 (643); Hölters/*Drinhausen* Rn. 4; Hüffer/Koch/*Koch*, 13. Aufl. 2018, Rn. 2; Kölner Komm AktG/*Noack*/*Zetzsche* Rn. 50; MüKoAktG/*Kubis* Rn. 5; Wachter/*Mayrhofer* Rn. 3; MHdB AG/*Bungert* § 36 Rn. 21.
³⁵ Großkomm AktG/*Butzke* Rn. 10; Hölters/*Drinhausen* Rn. 4; Kölner Komm AktG/*Noack*/*Zetzsche* Rn. 50; MüKoAktG/*Kubis* Rn. 5; Wachter/*Mayrhofer* Rn. 3.
³⁶ KG NZG 2003, 441 (442); OLG Düsseldorf NZG 2013, 546 (547 f.). – IKB: LG Frankfurt a.M. ZIP 2017, 377 (zu § 122 Abs. 2); Bürgers/Körber/*Reger* Rn. 3; Grigoleit/*Herrler* Rn. 3; Großkomm AktG/*Butzke* Rn. 5; Hölters/*Drinhausen* Rn. 4; Hüffer/Koch/*Koch*, 13. Aufl. 2018, Rn. 2; Kölner Komm AktG/*Noack*/*Zetzsche* Rn. 21; MüKoAktG/*Kubis* Rn. 6; K. Schmidt/Lutter/*Ziemons* Rn. 8; Halberkamp/Gierke NZG 2004, 494 (495 f.); König/Römer DStR 2003, 219.
³⁷ Grigoleit/*Herrler* Rn. 3; Hölters/*Drinhausen* Rn. 5; Kölner Komm AktG/*Noack*/*Zetzsche* Rn. 26; MüKoAktG/*Kubis* Rn. 6; K. Schmidt/Lutter/*Ziemons* Rn. 7.
³⁸ Bürgers/Körber/*Reger* Rn. 3; Grigoleit/*Herrler* Rn. 3; Großkomm AktG/*Butzke* Rn. 12; MüKoAktG/*Kubis* Rn. 6.
³⁹ Grigoleit/*Herrler* Rn. 3; Großkomm AktG/*Butzke* Rn. 12; Hölters/*Drinhausen* Rn. 5; Hüffer/Koch/*Koch*, 13. Aufl. 2018, Rn. 3; Kölner Komm AktG/*Noack*/*Zetzsche* Rn. 26; MüKoAktG/*Kubis* Rn. 6; K. Schmidt/Lutter/*Ziemons* Rn. 7; Wachter/*Mayrhofer* Rn. 4; Kühn BB 1965, 1170; anders die hM zur GmbH, vgl. UHL/*Hüffer*/*Schürnbrand* GmbHG § 50 Rn. 8 mwN.
⁴⁰ Grigoleit/*Herrler* Rn. 3; Großkomm AktG/*Butzke* Rn. 12; Hölters/*Drinhausen* Rn. 5; MüKoAktG/*Kubis* Rn. 6; K. Schmidt/Lutter/*Ziemons* Rn. 7.
⁴¹ Großkomm AktG/*Butzke* Rn. 12; Hölters/*Drinhausen* Rn. 5; Kölner Komm AktG/*Noack*/*Zetzsche* Rn. 26 Fn. 67; MüKoAktG/*Kubis* Rn. 6; Wachter/*Mayrhofer* Rn. 4; Butzke Die Hauptversammlung der AG Rn. B 103.
⁴² Vgl. Kölner Komm AktG/*Noack*/*Zetzsche* Rn. 26 Fn. 67.
⁴³ GHEK/*Eckardt* Rn. 19; Großkomm AktG/*Butzke* Rn. 12.
⁴⁴ Grigoleit/*Herrler* Rn. 3; Großkomm AktG/*Butzke* Rn. 11, 35; Kölner Komm AktG/*Noack*/*Zetzsche* Rn. 72; Wachter/*Mayrhofer* Rn. 4.
⁴⁵ Großkomm AktG/*Butzke* Rn. 11.
⁴⁶ Vgl. zum Squeeze-out BGHZ 180, 154 (160 ff.). – Wertpapierdarlehen

Tag des Zugangs des Verlangens Inhaber der Aktien sind und dass sie die Aktien bis zur Entscheidung des Vorstands über den Antrag halten. Die Regelung gilt nicht nur für Einberufungsverlangen gem. § 122 Abs. 1, sondern über den Verweis in § 122 Abs. 2 S. 1 („in gleicher Weise") auch für Ergänzungsverlangen gem. § 122 Abs. 2 (→ Rn. 39).[47] Das Vorbesitzerfordernis und die Haltefrist sind ursprünglich durch Art. 1 Nr. 13 KonTraG in § 122 Abs. 1 S. 3 eingefügt und durch Art. 1 Nr. 4 UMAG modifiziert worden. Die jetzige Fassung von § 122 Abs. 1 S. 3 geht auf Art. 1 Nr. 10 der Aktienrechtsnovelle 2016[48] zurück (→ Rn. 4). Vor der jüngsten Änderung regelte § 122 Abs. 1 S. 3 das Vorbesitzerfordernis und die Haltefrist nicht selbst, sondern ordnete die entsprechende Geltung von § 142 Abs. 2 S. 2 an. Da dieser Verweis zu Zweifeln hinsichtlich der Berechnung der Vorbesitzdauer und der Haltefrist führte, wollte der Gesetzgeber mit der Aktienrechtsnovelle 2016 eine eindeutige Regelung schaffen und damit für Rechtssicherheit sorgen.[49] § 122 in der Fassung der Aktienrechtsnovelle 2016 war erstmals auf Einberufungs- und Ergänzungsverlangen anzuwenden, die der Gesellschaft am 1. Juni 2016 zugehen (§ 26h Abs. 3 S. 1 EGAktG). Auf Ergänzungsverlangen, die der Gesellschaft vor dem 1. Juni 2016 zugegangen sind, war § 122 in der bis zum Inkrafttreten der Aktienrechtsnovelle 2016 am 30. Dezember 2015 geltenden Fassung weiter anzuwenden (§ 26h Abs. 3 S. 2 EGAktG).[50] Durch das Vorbesitzerfordernis und die Haltefrist soll sichergestellt werden, dass die Rechte aus § 122 Abs. 1 und 2 nicht von Aktionären geltend gemacht werden, die sich nur ganz kurzfristig die erforderlichen Anteile beschafft haben.[51] Die Gesetzesbegründung des KonTraG nennt als Beispiel eine Wertpapierleihe.[52] Sind die Voraussetzungen des § 122 Abs. 1 S. 3 eingehalten, können die zur Erfüllung des Quorums erforderlichen Aktien aber grundsätzlich auch im Wege der Wertpapierleihe beschafft werden (→ Rn. 10).

12   **bb) Vorbesitz.** Gem. § 122 Abs. 1 S. 3 beträgt der maßgebliche Vorbesitzzeitraum **90 Tage vor dem Tag des Zugangs des Verlangens.** Die durch Art. 10 der Aktienrechtsnovelle 2016 eingefügte Regelung ersetzt den zuvor in § 122 Abs. 1 S. 3 enthaltenen Verweis auf § 142 Abs. 2 S. 2 (→ Rn. 4, 11). Der vormalige Verweis führte zu Auslegungsschwierigkeiten, da § 142 Abs. 2 S. 2 für den bei einem Antrag auf gerichtliche Bestellung von Sonderprüfern erforderlichen Vorbesitzzeitraum an den Tag der Hauptversammlung anknüpft. Da im Zeitpunkt der Übermittlung eines Einberufungsverlangens der Tag der Hauptversammlung noch nicht feststeht und somit nicht Anknüpfungspunkt für die Rückwärtsrechnung sein kann, war zu § 122 Abs. 1 S. 3 aF allgemein anerkannt, dass die Dreimonatsfrist bei Einberufungsverlangen gem. § 122 Abs. 1 nicht vom Tag der Hauptversammlung, sondern vom Tag des Zugangs des Verlangens zurückzurechnen war.[53] Ob dies auch für Ergänzungsverlangen gem. § 122 Abs. 2 galt, war dagegen umstritten.[54] Während nach teilweise vertretener Ansicht insoweit entsprechend dem Wortlaut von § 142 Abs. 2 S. 2 von dem Tag der Hauptversammlung zurückzurechnen sein sollte, stellte die hM zu recht auch insoweit auf den Tag des Zugangs des Verlangens ab.[55] Angesichts der unklaren Rechtslage stellte die wohl überwiegende Praxis bei der Darstellung der Aktionärsrechte gem. § 121 Abs. 3 Nr. 3 gleichwohl vorsorglich auf den Tag der Hauptversammlung ab, da dies zu einer aus Sicht der Antragsteller günstigeren Frist führte.[56] Dies

---

[47] BegrRegE, BT-Drs. 18/4349, 22; Großkomm AktG/*Butzke* Rn. 53; Hölters/*Drinhausen* Rn. 17; Hüffer/Koch/*Koch*, 13. Aufl. 2018, Rn. 9; MüKoAktG/*Kubis* Rn. 29; *Schmidt* in Böttcher/Carl/Schmidt/Seibert, Die Aktienrechtsnovelle, 2016, § 6 Rn. 59; *Ihrig/Wandt* BB 2016, 6 (8); *Paschos/Goslar* NZG 2016, 359 (363); *Schmidt-Bendun* DB 2015, 419 (424); *Söhner* ZIP 2016, 151 (156); *Stöber* DStR 2016, 611 (615); *Wandt* NZG 2016, 367 (370); s. zum RegE der Aktienrechtsnovelle 2012 auch *Bungert/Wettich* ZIP 2012, 297 (303); *Götze/Arnold/Carl* NZG 2012, 321 (327); *Merkner/Schmidt-Bendun* DB 2012, 98 (104); aA zum RegE der Aktienrechtsnovelle 2012 *Ziemons* NZG 2012, 212 (213), die in der Geltung eines Vorbesitzerfordernisses und einer Haltefrist für Ergänzungsverlangen – wenig überzeugend – einen Verstoß gegen Art. 6 Aktionärsrechte-RL sieht.
[48] Gesetz zur Änderung des Aktiengesetzes (Aktienrechtsnovelle 2016) v. 22.12.2015, BGBl. 2015 I 2565.
[49] BegrRegE, BT-Drs. 18/4349, 21 f.
[50] Dies konnte im Jahr 2016 dazu führen, dass für eine Hauptversammlung je nach Zugang eines Ergänzungsverlangens die alte oder die neue Regelung anwendbar war, so dass bei börsennotierten Gesellschaften uU beide Regelungen bei der Beschreibung der Aktionärsrechte gem. § 121 Abs. 3 S. 3 Nr. 3 darzustellen waren, s. *Rieckers* DB 2016, 2526; *Wandt* NZG 2016, 367 (370).
[51] BegrRegE BT-Drs. 13/9712, 17.
[52] BegrRegE BT-Drs. 13/9712, 17.
[53] S. die Nachweise in der Vorauflage.
[54] S. die Nachweise in der Vorauflage; für die hM sprach die Gleichbehandlung von Einberufungs- und Ergänzungsverlangen; da bei einem Einberufungsverlangen der Tag der Hauptversammlung gerade noch nicht feststeht, konnte dieser jedenfalls insoweit nicht Anknüpfungspunkt für die Rückwärtsrechnung sein, vgl. BegrRegE, BT-Drs. 18/4349, 22.
[55] S. die Nachweise in der Vorauflage Rn. 39.
[56] Vgl. Großkomm AktG/*Butzke* Rn. 14; *Kocher/Lönner* BB 2010, 1675; *Wettich* NZG 2011, 721 (723 f.); *Wilm* DB 2010, 1686 (1692).

ist seit der jüngsten Änderung von § 122 Abs. 1 S. 3 nicht mehr erforderlich. Der Gesetzgeber der Aktienrechtsnovelle 2016 hat den Streit im Sinne der hM entschieden und für den Fristbeginn sowohl für Einberufungs- als auch für Ergänzungsverlangen einheitlich auf den Tag des Zugangs des Verlangens abgestellt.[57] Maßgeblich ist der **Zugang des Verlangens bei der Gesellschaft**.[58]

Mit der Aktienrechtsnovelle 2016 hat der Gesetzgeber den Vorbesitzzeitraum zudem von einer **12a** nach Monaten zu berechnenden Frist auf eine nach Tagen zu berechnende Frist umgestellt (90 Tage statt drei Monate). Da der Vorbesitzzeitraum nicht von der Hauptversammlung, sondern von dem Tag des Zugangs des Verlangens zurückrechnet, sind die Fristberechnungsregeln des § 121 Abs. 7 gleichwohl nicht unmittelbar anwendbar.[59] § 122 Abs. 1 S. 4 ordnet für die Berechnung der Vorbesitzdauer aber die **entsprechende Geltung von § 121 Abs. 7** an. Dies erscheint aufgrund der vergleichbaren Sach- und Interessenlage sinnvoll.[60] Aus der entsprechenden Anwendung von § 121 Abs. 7 S. 1 folgt, dass bei der Fristberechung der Tag des Zugangs des Verlangens nicht mitzuzählen ist. Daher sind vom Tag vor dem Zugang 90 Tage zurückzurechnen. Der Vorbesitz muss bereits zu Beginn (0:00 Uhr) des auf diese Weise berechneten Tags bestanden haben, so dass zwischen dem Erwerb der Aktien und dem Zugang des Verlangens mindestens volle 90 Tage liegen.[61] Fällt der Beginn des Vorbesitzzeitraums auf einen Sonntag, einen Sonnabend oder einen gesetzlichen Feiertag, findet keine Verlegung auf einen zeitlich vorausgehenden oder nachfolgenden Werktag statt (§ 122 Abs. 1 S. 4 iVm § 121 Abs. 7 S. 2). Die §§ 187-193 BGB sind nicht entsprechend anzuwenden (§ 122 Abs. 1 S. 4 iVm § 121 Abs. 7 S. 3). Bei der Berechnung des Vorbesitzzeitraums ist **§ 70** zu beachten.

cc) **Haltefrist.** Für die Frage, bis wann die Aktien gehalten werden müssen, kommt es darauf **13** an, ob ein gerichtliches Verfahren gem. § 122 Abs. 3 eingeleitet wird. Wird **kein gerichtliches Verfahren** eingeleitet, muss das Quorum gem. 122 Abs. 1 S. 3 bis zur **Entscheidung des Vorstands** über das Verlangen erfüllt sein. Der Gesetzgeber hat auch dies mit der Aktienrechtsnovelle 2016 ausdrücklich klargestellt (→ Rn. 4, 11).[62] Zuvor war umstritten, ob auf die Entscheidung des Vorstands oder auf den Zugang des Verlangens abzustellen ist.[63] Die hM ging aber auch bislang schon von der Maßgeblichkeit der Entscheidung des Vorstands aus. Im Fall eines **gerichtlichen Verfahrens** müssen die Aktien dagegen gem. § 122 Abs. 3 S. 5 bis zur (letztinstanzlichen) **Entscheidung des Gerichts** gehalten werden, d.h. ggf. bis zur Entscheidung des Beschwerdegerichts oder – bei Zulassung der Rechtsbeschwerde – bis zur Entscheidung des BGH (→ Rn. 58 f.). Auch dies hat der Gesetzgeber mit der Aktienrechtsnovelle 2016 ausdrücklich klargestellt.[64] Das Quorum muss auch während der Haltefrist **von den ursprünglichen Antragstellern** (oder deren Gesamtrechtsnachfolgern) erfüllt sein. Ein rein rechnerischer Fortbestand unter Auswechslung der beteiligten Aktionäre reicht nicht aus. In diesem Fall muss das Verlangen erneut gestellt werden.[65]

c) **Nachweis (Abs. 1 S. 3 iVm § 142 Abs. 2 S. 2).** Die Aktionäre müssen ihre Aktionärsstellung **14** und die Erfüllung des Quorums nachweisen.[66] Der Nachweis ist auf Anforderung des Vorstands zu

---

[57] Vgl. BegrRegE, BT-Drs. 18/4349, 22; s. auch *Schmidt* in Böttcher/Carl/Schmidt/Seibert, Die Aktienrechtsnovelle, 2016, § 6 Rn. 58; *Ihrig/Wandt* BB 2016, 6 (8); *Paschos/Goslar* NZG 2016, 359 (362f.); *Schmidt-Bendun* DB 2015, 419 (424f.); *Söhner* ZIP 2016, 151 (156); *Stöber* DStR 2016, 611 (615); *Wandt* NZG 2016, 367 (370); s. zum RegE der Aktienrechtsnovelle 2012 auch *Drinhausen/Keinath* BB 2012, 395 (400); *Götze/Arnold/Carl* NZG 2012, 321 (326f.); *Merkner/Schmidt-Bendun* DB 2012, 98 (104); *Müller-Eising* GWR 2012, 77 (79); *Schüppen/Tretter* WPg 2012, 338 (343).
[58] Hölters/*Drinhausen* Rn. 7; Kölner Komm AktG/*Noack/Zetzsche* Rn. 29; K. Schmidt/Lutter/*Ziemons* Rn. 9.
[59] BegrRegE, BT-Drs. 18/4349, 22; *Paschos/Goslar* NZG 2016, 359 (363).
[60] Die entsprechende Anwendung von § 121 Abs. 7 auf die Fristberechnung entspricht der hM vor Inkrafttreten der Aktienrechtsnovelle 2016, s. die Nachweise in der Vorauflage.
[61] Großkomm AktG/*Butzke* Rn. 13.
[62] Vgl. BegrRegE, BT-Drs. 18/4349, 22; s. auch *Schmidt* in Böttcher/Carl/Schmidt/Seibert, Die Aktienrechtsnovelle, 2016, § 6 Rn. 59; *Paschos/Goslar* NZG 2016, 359 (363); *Stöber* DStR 2016, 611 (615).
[63] Vgl. BegrRegE, BT-Drs. 18/4349, 22; s. auch die Nachweise in der Vorauflage.
[64] BegrRegE, BT-Drs. 18/4349, 22; s. auch *Schmidt* in Böttcher/Carl/Schmidt/Seibert, Die Aktienrechtsnovelle, 2016, § 6 Rn. 59; *Ihrig/Wandt* BB 2016, 6 (8); *Schmidt-Bendun* DB 2015, 419 (425); *Stöber* DStR 2016, 611 (615); s. zum RegE der Aktienrechtsnovelle 2012 auch *Drinhausen/Keinath* BB 2012, 395 (400); *Merkner/Schmidt-Bendun* DB 2012, 98 (104); *Müller-Eising* GWR 2012, 77 (79); *Schüppen/Tretter* WPg 2012, 338 (343); zu den früher vertretenen Ansichten s. die Vorauflage.
[65] OLG Düsseldorf NZG 2004, 239 (240) – Babcock Borsig; LG Duisburg ZIP 2004, 76 (77) – Babcock Borsig; Bürgers/Körber/*Reger* Rn. 18; Großkomm AktG/*Butzke* Rn. 16, 81; Hölters/*Drinhausen* Rn. 8; Hüffer/Koch/*Koch*, 13. Aufl. 2018, Rn. 3a, 10; NK-AktR/*M. Müller* Rn. 29; *Butzke* Die Hauptversammlung der AG Rn. B 123; *Reichert/Balke* in Semler/Volhard/Reichert HV-HdB § 4 Rn. 50; *Ihrig/Wandt* BB 2016, 6 (8); wohl auch BegrRegE, BT-Drs. 18/4349, 22; aA *Halberkamp/Gierke* NZG 2004, 494 (500).
[66] Bürgers/Körber/*Reger* Rn. 4; Großkomm AktG/*Butzke* Rn. 17; Hüffer/Koch/*Koch*, 13. Aufl. 2018, Rn. 3; *A. Horn* AG 1969, 369 (372); s. auch MüKoAktG/*Kubis* Rn. 9.

erbringen und muss nicht zwingend bereits dem Verlangen beigefügt sein.[67] Die Prüfungsfrist des Vorstands (→ Rn. 29) beginnt jedoch erst mit der Nachweisübermittlung. Ein Nachweis ist nicht erforderlich, wenn das Verlangen von einem für unbekannte Aktionäre bestellten Abwesenheitspfleger gestellt wird, sofern feststeht, dass die vertretenen Aktionäre zusammen das Quorum erreichen.[68] Wird das Verlangen von einem Stellvertreter gestellt, ist auch ein **Nachweis der Bevollmächtigung** erforderlich.[69] Analog § 134 Abs. 3 S. 3 bedarf der Nachweis der Bevollmächtigung grundsätzlich mindestens der Textform.[70] Allerdings kann ein von einem Bevollmächtigten gestelltes Einberufungsverlangen entsprechend § 174 BGB zurückgewiesen werden, wenn keine Vollmachtsurkunde (im Original) vorgelegt wird (→ Rn. 16).

15   Gem. § 122 Abs. 1 S. 3 muss auch der **Vorbesitz** nachgewiesen werden. Ein bloßes Glaubhaftmachen (insbesondere durch eidesstattliche Versicherung) reicht nicht aus.[71] Der Nachweis kann bei **Inhaberaktien** durch eine Bestätigung des depotführenden Instituts erbracht werden.[72] Sofern noch hinterlegt wird, kann eine Hinterlegungsbescheinigung als Nachweis dienen. Bei **Namensaktien** erfolgt die Legitimation durch Eintragung im Aktienregister (§ 67 Abs. 2).[73] Bei Löschung unter Verstoß gegen § 67 Abs. 3 kommt es auf die ursprüngliche Eintragung an.[74] Ebenso wie der Vorbesitz ist auch die **Fortdauer des Aktienbesitzes** nachzuweisen. Nach verbreiteter Auffassung, die auch in der Gesetzesbegründung des UMAG zum Ausdruck kommt, kann bei **Inhaberaktien** der Nachweis durch eine Depotbescheinigung mit Sperrvermerk erbracht werden.[75] Da der Sperrvermerk keine dingliche Wirkung hat, wird man aber zusätzlich eine Verpflichtungserklärung des depotführenden Instituts verlangen müssen, wonach dieses die Gesellschaft bei Veränderungen des Aktienbestands unterrichten wird.[76] In Kombination mit einer solchen Verpflichtungserklärung sollte auch eine Depotbescheinigung ohne Sperrvermerk für die Nachweisbringung ausreichen (→ § 142 Rn. 143).[77] Eine Verpflichtungserklärung kann ausnahmsweise entbehrlich sein, wenn auf andere Weise sichergestellt ist, dass die Gesellschaft von einer Veräußerung der Aktien Kenntnis erlangt.[78] Eine Hinterlegung der Aktien ist zur Nachweiserbringung ebenfalls ausreichend. Sie kann von der Gesellschaft aber nicht verlangt werden.[79] Bei **Namensaktien** reicht der Verweis auf das Aktienregister in Verbindung mit der erklärten Absicht, die Aktien weiter zu halten.[80]

---

[67] Ebenso wohl MüKoAktG/*Kubis* Rn. 9; aA wohl GHEK/*Eckardt* Rn. 19; Grigoleit/*Herrler* Rn. 5; Großkomm AktG/*Butzke* Rn. 17; *Butzke* Die Hauptversammlung der AG Rn. B 103; *A. Horn* AG 1969, 369 (372).

[68] OLG Frankfurt a.M. WM 1986, 642 (643); Großkomm AktG/*Butzke* Rn. 16; Hüffer/Koch/*Koch*, 13. Aufl. 2018, Rn. 3.

[69] Hüffer/Koch/*Koch*, 13. Aufl. 2018, Rn. 3; MHdB AG/*Bungert* § 36 Rn. 21.

[70] Großkomm AktG/*Butzke* Rn. 17; Hüffer/Koch/*Koch*, 13. Aufl. 2018, Rn. 3; K. Schmidt/Lutter/*Ziemons* Rn. 15; Wachter/*Mayrhofer* Rn. 7; wohl auch Hölters/*Drinhausen* Rn. 4, 9; für Schriftform dagegen *Reichert*/*Balke* in Semler/Volhard/Reichert HV-HdB § 4 Rn. 38 Fn. 115; für Formfreiheit Kölner Komm AktG/*Noack*/*Zetzsche* Rn. 51; wohl auch *Butzke* Die Hauptversammlung der AG Rn. B 104 (iVm Fn. 202).

[71] Vgl. zu § 142 Abs. 2 S. 2 Hüffer/Koch/*Koch*, 13. Aufl. 2018, § 142 Rn. 23; K. Schmidt/Lutter/*Spindler* § 142 Rn. 44; zweifelnd *Wilsing/Neumann* DB 2006, 31 (32 f.).

[72] Großkomm AktG/*Butzke* Rn. 17; Kölner Komm AktG/*Noack*/*Zetzsche* Rn. 33; *Marsch-Barner* in Marsch-Barner/Schäfer Börsennotierte AG-HdB Rn. 32.21; *Schmidt* in Böttcher/Carl/Schmidt/Seibert, Die Aktienrechtsnovelle, 2016, § 6 Rn. 59; vgl. zu § 142 Abs. 2 S. 2 auch Bürgers/Körber/*Holzborn*/*Jänig* § 142 Rn. 17; Hüffer/Koch/*Koch*, 13. Aufl. 2018, § 142 Rn. 23; Kölner Komm AktG/*Rieckers*/*Vetter* § 142 Rn. 247; K. Schmidt/Lutter/*Spindler* § 142 Rn. 44.

[73] Großkomm AktG/*Butzke* Rn. 17; Hüffer/Koch/*Koch*, 13. Aufl. 2018, Rn. 3; Kölner Komm AktG/*Noack*/*Zetzsche* Rn. 32, 34; K. Schmidt/Lutter/*Ziemons* Rn. 24.

[74] OLG Zweibrücken AG 1997, 140 f.; Hüffer/Koch/*Koch*, 13. Aufl. 2018, Rn. 3.

[75] Vgl. Begr. RegE, BT-Drs. 15/5092, 18 f.; Großkomm AktG/*Butzke* Rn. 17; vgl. zu § 142 Abs. 2 S. 2 auch Bürgers/Körber/*Holzborn*/*Jänig* § 142 Rn. 17; Grigoleit/*Herrler* § 142 Rn. 28; *Wilsing/Neumann* DB 2006, 31 (33).

[76] *Götze/Arnold/Carl* NZG 2012, 321 (327); vgl. zu § 142 Abs. 2 S. 2 auch Kölner Komm AktG/*Rieckers*/*Vetter* § 142 Rn. 254; K. Schmidt/Lutter/*Spindler* § 142 Rn. 43; s. auch BayObLG AG 2005, 244 (245) – Webac Holding; OLG Düsseldorf ZIP 2010, 28 (29) – IKB; OLG München AG 2008, 33 (34); Hölters/*Hirschmann* § 142 Rn. 40; Hüffer/Koch/*Koch*, 13. Aufl. 2018, § 142 Rn. 24; vgl. zu § 258 Abs. 2 S. 4 auch BayObLG AG 2006, 801 (802); aA Bürgers/Körber/*Holzborn*/*Jänig* Rn. 17; Grigoleit/*Herrler*, § 142 Rn. 28, die Verpflichtungserklärung und Sperrvermerk offenbar als Alternativen ansehen.

[77] *Götze/Arnold/Carl* NZG 2012, 321 (327); vgl. zu § 142 Abs. 2 S. 2 auch Kölner Komm AktG/*Rieckers*/*Vetter* § 142 Rn. 254; ebenso wohl OLG Düsseldorf ZIP 2010, 28 (29) – IKB; OLG München AG 2008, 33 (34); OLG Frankfurt a.M., Beschl. v. 13.1.2010 – 21 W 16/11, BeckRS 2012, 10249; Hölters/*Hirschmann* § 142 Rn. 40; Hüffer/Koch/*Koch*, 13. Aufl. 2018, § 142 Rn. 24; s. auch Bürgers/Körber/*Holzborn*/*Jänig* § 142 Rn. 17.

[78] So zu § 142 Abs. 2 S. 2 für den Fall einer nicht börsennotierten Gesellschaft mit vinkulierten Namensaktien OLG München AG 2008, 33 (34); s. auch Kölner Komm AktG/*Rieckers*/*Vetter* § 142 Rn. 254; NK-AktR/*Wilsing*/*von der Linden* § 142 Rn. 39.

[79] Hüffer/Koch/*Koch*, 13. Aufl. 2018, Rn. 3.

[80] Großkomm AktG/*Butzke* Rn. 17.

3. Verlangen. a) Allgemeines. Bei dem Einberufungsverlangen handelt es sich um eine **rechts-** **16** **geschäftsähnliche Erklärung,** auf die grundsätzlich die allgemeinen Vorschriften über Rechtsgeschäfte (§§ 104 ff. BGB) entsprechend anwendbar sind.[81] Ein Einberufungsverlangen setzt daher zunächst Geschäftsfähigkeit voraus.[82] Für den Zugang gelten die §§ 130 ff. BGB entsprechend.[83] Ebenfalls entsprechend anwendbar ist § 174 BGB, so dass ein von einem Bevollmächtigten gestelltes Einberufungsverlangen zurückgewiesen werden kann, wenn keine Vollmachtsurkunde vorgelegt wird.[84]

b) Adressat (Abs. 1 S. 1 Hs. 2). Gem. § 122 Abs. 1 S. 1 Hs. 2 ist das Verlangen an den Vorstand **17** zu richten. Entgegen der etwas missverständlichen Formulierung ist Adressat des Verlangens nicht der Vorstand als solcher, sondern die **durch den Vorstand vertretene Gesellschaft**.[85] § 78 Abs. 2 S. 2 gilt entsprechend, so dass der Zugang bei einem Vorstandsmitglied ausreichend ist.[86] Dabei spielt es keine Rolle, ob das Einberufungsverlangen an die Gesellschaft (ohne ausdrückliche Benennung des Vorstands oder der einzelnen Vorstandsmitglieder) oder an den Vorstand adressiert ist.[87] Der Aufsichtsrat ist kein tauglicher Adressat des Verlangens. Dies gilt auch dann, wenn die Gesellschaft keinen oder keinen handlungsfähigen Vorstand hat.[88] In diesem Fall ist gem. § 85 die Bestellung eines Notvorstands zu beantragen.[89] Das gerichtliche Verfahren gem. § 122 Abs. 3 ist gegenüber dem Verfahren nach § 85 subsidiär.[90]

c) Form (Abs. 1 S. 1 Hs. 1). Die Einberufung muss gem. § 122 Abs. 1 S. 1 Hs. 1 schriftlich **18** verlangt werden (sofern die Satzung keine Erleichterung bestimmt; → Rn. 32 ff.). Erforderlich ist **Schriftform** iSv § 126 BGB.[91] Gem. § 126 Abs. 3 BGB kann die Schriftform durch elektronische Form (§ 126a BGB) ersetzt werden. Hierzu muss das elektronische Dokument aber mit einer qualifizierten elektronischen Signatur versehen werden (§ 126a Abs. 1 BGB). Zur Wahrung der Schriftform ist gem. § 126 Abs. 1 BGB eine eigenhändige Namensunterschrift (oder ein notariell beglaubigtes Handzeichen) erforderlich. Eine Übermittlung des Einberufungsverlangens per **Telefax** ist **nicht ausreichend**.[92] Wird das Quorum nur von mehreren Aktionären gemeinsam erreicht, muss jeder von ihnen (oder ein Bevollmächtigter) das Einberufungsverlangen unterschreiben.[93] Die Unterschriften müssen sich nicht auf demselben Exemplar befinden. Möglich

---

[81] Großkomm AktG/*Butzke* Rn. 18; MüKoAktG/*Kubis* Rn. 10.
[82] MüKoAktG/*Kubis* Rn. 10.
[83] MüKoAktG/*Kubis* Rn. 10.
[84] OLG Düsseldorf AG 2013, 264 (265) – IKB (in NZG 2013, 546 nicht mit abgedruckt); GHEK/*Eckardt* Rn. 22; Hölters/*Drinhausen* Rn. 9; Hüffer/Koch/*Koch*, 13. Aufl. 2018, Rn. 4; Kölner Komm AktG/*Noack*/*Zetzsche* Rn. 51; MüKoAktG/*Kubis* Rn. 10; K. Schmidt/Lutter/*Ziemons* Rn. 15; *Tielmann* AG 2013, 704 (708).
[85] Bürgers/Körber/*Reger* Rn. 8; Grigoleit/*Herrler* Rn. 7; Hölters/*Drinhausen* Rn. 12; Hüffer/Koch/*Koch*, 13. Aufl. 2018, Rn. 5; Kölner Komm AktG/*Noack*/*Zetzsche* Rn. 40; MüKoAktG/*Kubis* Rn. 11; K. Schmidt/Lutter/*Ziemons* Rn. 16.
[86] Bürgers/Körber/*Reger* Rn. 8; Grigoleit/*Herrler* Rn. 7; Großkomm AktG/*Butzke* Rn. 19; Hüffer/Koch/*Koch*, 13. Aufl. 2018, Rn. 5; Kölner Komm AktG/*Noack*/*Zetzsche* Rn. 40; MüKoAktG/*Kubis* Rn. 11; K. Schmidt/Lutter/*Ziemons* Rn. 16; *Reichert*/*Balke* in Semler/Volhard/Reichert HV-HdB § 4 Rn. 37; *Halberkamp*/*Gierke* NZG 2004, 494, (496).
[87] Bürgers/Körber/*Reger* Rn. 8; GHEK/*Eckardt* Rn. 21; Großkomm AktG/*Butzke* Rn. 19; Hölters/*Drinhausen* Rn. 12; Hüffer/Koch/*Koch*, 13. Aufl. 2018, Rn. 5; MüKoAktG/*Kubis* Rn. 11; *Reichert*/*Balke* in Semler/Volhard/Reichert HV-HdB § 4 Rn. 37.
[88] Bürgers/Körber/*Reger* Rn. 8; Grigoleit/*Herrler* Rn. 7; Großkomm AktG/*Butzke* Rn. 20; Hölters/*Drinhausen* Rn. 12; Hüffer/Koch/*Koch*, 13. Aufl. 2018, Rn. 5; MüKoAktG/*Kubis* Rn. 11; *Reichert*/*Balke* in Semler/Volhard/Reichert HV-HdB § 4 Rn. 37; aA *Baumbach*/*Hueck* Rn. 5; Kölner Komm AktG/*Noack*/*Zetzsche* Rn. 41.
[89] OLG Celle NJW 1964, 112 (113 f.) (zu § 106 Abs. 4 AktG 1937); Großkomm AktG/*Butzke* Rn. 20; Hüffer/Koch/*Koch*, 13. Aufl. 2018, Rn. 5; MüKoAktG/*Kubis* Rn. 11; K. Schmidt/Lutter/*Ziemons* Rn. 16; *Reichert*/*Balke* in Semler/Volhard/Reichert HV-HdB § 4 Rn. 37.
[90] OLG Celle NJW 1964, 112 (113 f.) (zu § 106 Abs. 4 AktG 1937); Hüffer/Koch/*Koch*, 13. Aufl. 2018, Rn. 5; MüKoAktG/*Kubis* Rn. 11.
[91] Bürgers/Körber/*Reger* Rn. 6; GHEK/*Eckardt* Rn. 22; Grigoleit/*Herrler* Rn. 6; Großkomm AktG/*Butzke* Rn. 21; Hölters/*Drinhausen* Rn. 9; Hüffer/Koch/*Koch*, 13. Aufl. 2018, Rn. 4; K. Schmidt/Lutter/*Ziemons* Rn. 15; *Marsch-Barner* in Marsch-Barner/Schäfer Börsennotierte AG-HdB Rn. 32.20; *Reichert*/*Balke* in Semler/Volhard/Reichert HV-HdB § 4 Rn. 38; *Tielmann* AG 2013, 704 (708); *Weisner*/*Heins* AG 2012, 706 ff.; aA Kölner Komm AktG/*Noack*/*Zetzsche* Rn. 47: Telekopie und E-Mail ausreichend, wenn sie ein unterschriebenes Dokument enthalten; MüKoAktG/*Kubis* Rn. 12: Telefax ausreichend.
[92] So ausdrücklich auch Bürgers/Körber/*Reger* Rn. 6; Großkomm AktG/*Butzke* Rn. 21; Hölters/*Drinhausen* Rn. 9; K. Schmidt/Lutter/*Ziemons* Rn. 15; aA MüKoAktG/*Kubis* Rn. 12.
[93] Bürgers/Körber/*Reger* Rn. 6; GHEK/*Eckardt* Rn. 22; Großkomm AktG/*Butzke* Rn. 21; Hüffer/Koch/*Koch*, 13. Aufl. 2018, Rn. 4; *Butzke* Die Hauptversammlung der AG Rn. B 106; *Reichert*/*Balke* in Semler/Volhard/Reichert HV-HdB § 4 Rn. 38; *Halberkamp*/*Gierke* NZG 2004, 494 (496).

§ 122 19

ist auch ein planmäßiges Zusammenwirken, bei dem die einzelnen Aktionäre individuelle Einberufungsverlangen übermitteln.[94] In diesem Fall müssen die einzelnen Verlangen aber eindeutig aufeinander Bezug nehmen und erkennbar machen, dass das erforderliche Quorum gemeinsam mit den anderen Aktionären erreicht wird.[95] Vollmachtsnachweise können nur dann nachgereicht werden, wenn der Vorstand das Einberufungsverlangen nicht entsprechend § 174 BGB unverzüglich zurückweist (→ Rn. 16).

19 **d) Inhalt (Abs. 1 S. 1 Hs. 1).** Das Verlangen muss **eindeutig und unbedingt** zum Ausdruck bringen, dass die Einberufung der Hauptversammlung begehrt wird.[96] Gem. § 122 Abs. 1 S. 1 Hs. 1 muss die Einberufung zudem unter **Angabe des Zwecks und der Gründe** verlangt werden. Die **Angabe des Zwecks** kann durch Mitteilung der gewünschten **Tagesordnung** erfolgen.[97] Zwingend erforderlich ist die Mitteilung einer förmlichen Tagesordnung jedoch nicht.[98] Allerdings muss stets eindeutig erkennbar sein, über welche Angelegenheiten eine Beschlussfassung der Hauptversammlung herbeigeführt werden soll.[99] Ausformulierte Beschlussanträge müssen grundsätzlich nicht vorgelegt werden.[100] Etwas anderes gilt, wenn eine Beschlussfassung über eine **Satzungsänderung** oder einen **Unternehmensvertrag** erfolgen soll. Diesbezüglich sind die besonderen Voraussetzungen gem. § 124 Abs. 2 S. 3 einzuhalten (→ § 124 Rn. 15, 18).[101] Im Hinblick auf Aufsichtsratswahlen sind die besonderen Voraussetzungen gem. § 124 Abs. 3 S. 4 einzuhalten (Angabe des Namens, ausgeübten Berufs und Wohnorts; → § 124 Rn. 38).[102] Da die Angaben nach § 124 Abs. 3 S. 4 nur gemacht werden können, wenn ein konkreter Kandidat vorgeschlagen wird, ist hier ausnahmsweise die Übermittlung eines Beschlussvorschlags (Nennung eines Kandidaten) erforderlich.[103] Bei börsennotierten Gesellschaften sind mit dem Verlangen auch die nach § 125 Abs. 1 S. 5 erforderlichen Angaben zu übermitteln. Die Angaben gem. § 124 Abs. 2 S. 1 und 2 muss das Einberufungsverlangen dagegen nicht enthalten.[104] Insbesondere hinsichtlich der gem. § 124 Abs. 2 S. 2 Nr. 1 erforderlichen Angabe, ob der Gesamterfüllung nach § 96 Abs. 2 S. 3 widersprochen wurde, dürfte den Aktionären idR auch der erforderliche Einblick fehlen. Die Angaben gem. § 124 Abs. 2 S. 1 und 2 sind vom Vorstand in der Bekanntmachung der Einberufung zu ergänzen.[105] Die **Angabe der Gründe** erfolgt durch eine (kurze) Erläuterung, warum die Hauptversammlung befasst werden soll und hiermit nicht bis zur nächsten ordentlichen Hauptversammlung gewartet werden kann.[106] Dabei sind die

---

[94] Grigoleit/*Herrler* Rn. 3, 6; Großkomm AktG/*Butzke* Rn. 21; Kölner Komm AktG/*Noack*/*Zetzsche* Rn. 24; MüKoAktG/*Kubis* Rn. 12; K. Schmidt/Lutter/*Ziemons* Rn. 15; *Butzke* Die Hauptversammlung der AG Rn. B 106 Fn. 208; aA Bürgers/Körber/*Reger* Rn. 6; Hölters/*Drinhausen* Rn. 9.

[95] Grigoleit/*Herrler* Rn. 3; Kölner Komm AktG/*Noack*/*Zetzsche* Rn. 24; MüKoAktG/*Kubis* Rn. 12; K. Schmidt/Lutter/*Ziemons* Rn. 15; s. auch *Butzke* Die Hauptversammlung der AG Rn. B 106 Fn. 208.

[96] GHEK/*Eckardt* Rn. 23; Hölters/*Drinhausen* Rn. 11; Hüffer/Koch/*Koch*, 13. Aufl. 2018, Rn. 4; MüKoAktG/*Kubis* Rn. 13; K. Schmidt/Lutter/*Ziemons* Rn. 17; *Reichert*/*Balke* in Semler/Volhard/Reichert HV-HdB § 4 Rn. 38.

[97] Bürgers/Körber/*Reger* Rn. 7; Grigoleit/*Herrler* Rn. 6; Großkomm AktG/*Butzke* Rn. 22; Hüffer/Koch/*Koch*, 13. Aufl. 2018, Rn. 4; Kölner Komm AktG/*Noack*/*Zetzsche* Rn. 55; MüKoAktG/*Kubis* Rn. 13; K. Schmidt/Lutter/*Ziemons* Rn. 18; MHdB AG/*Bungert* § 36 Rn. 24.

[98] Bürgers/Körber/*Reger* Rn. 7; Hüffer/Koch/*Koch*, 13. Aufl. 2018, Rn. 4; *Butzke* Die Hauptversammlung der AG Rn. B 106.

[99] Vgl. Großkomm AktG/*Butzke* Rn. 24; MüKoAktG/*Kubis* Rn. 13; s. auch OLG Köln WM 1959, 1402 (1403).

[100] OLG München AG 2010, 84 (87); Grigoleit/*Herrler* Rn. 6; Großkomm AktG/*Butzke* Rn. 22; Kölner Komm AktG/*Noack*/*Zetzsche* Rn. 55; *Butzke* Die Hauptversammlung der AG Rn. B 106; *Reichert*/*Balke* in Semler/Volhard/Reichert HV-HdB § 4 Rn. 39; *Halberkamp*/*Gierke* NZG 2004, 494 (496); s. auch OLG Köln WM 1959, 1402 (1403); aA wohl nur K. Schmidt/Lutter/*Ziemons* Rn. 20.

[101] OLG München AG 2010, 84 (87); Bürgers/Körber/*Reger* Rn. 7; Grigoleit/*Herrler* Rn. 6; Großkomm AktG/*Butzke* Rn. 22; Hüffer/Koch/*Koch*, 13. Aufl. 2018, Rn. 4; Kölner Komm AktG/*Noack*/*Zetzsche* Rn. 56; MüKoAktG/*Kubis* Rn. 13; *Butzke* Die Hauptversammlung der AG Rn. B 106; *Reichert*/*Balke* in Semler/Volhard/Reichert HV-HdB § 4 Rn. 39.

[102] Kölner Komm AktG/*Noack*/*Zetzsche* Rn. 56; *Butzke* Die Hauptversammlung der AG Rn. B 106; *Reichert*/*Balke* in Semler/Volhard/Reichert HV-HdB § 4 Rn. 39; *Tielmann* AG 2013, 704 (709 f.).

[103] *Tielmann* AG 2013, 704 (708 f.); wohl auch Kölner Komm AktG/*Noack*/*Zetzsche* Rn. 56; aA Großkomm AktG/*Butzke* Rn. 22.

[104] Großkomm AktG/*Butzke* Rn. 22; aA hinsichtlich § 124 Abs. 2 S. 1 wohl *Halberkamp*/*Gierke* NZG 2004, 494 (496 f.).

[105] Großkomm AktG/*Butzke* Rn. 22.

[106] Bürgers/Körber/*Reger* Rn. 7; Grigoleit/*Herrler* Rn. 6; Großkomm AktG/*Butzke* Rn. 25; Hüffer/Koch/*Koch*, 13. Aufl. 2018, Rn. 4; Kölner Komm AktG/*Noack*/*Zetzsche* Rn. 55; MüKoAktG/*Kubis* Rn. 13; K. Schmidt/Lutter/*Ziemons* Rn. 22; *Butzke* Die Hauptversammlung der AG Rn. B 106; MHdB AG/*Bungert* § 36 Rn. 24.

Anforderungen an die Begründung umso höher, je kürzer der verbleibende Zeitraum bis zur nächsten ordentlichen Hauptversammlung ist.[107] Die Begründung des Einberufungsverlangens ist von einer Begründung etwaiger Beschlussvorschläge zu unterscheiden. Werden mit dem Einberufungsverlangen Beschlussvorschläge übermittelt, müssen diese nicht begründet werden.[108]

e) Rücknahme. Ein Einberufungsverlangen kann grundsätzlich jederzeit wieder zurückgenommen werden.[109] Die Rücknahme unterliegt denselben Formerfordernissen wie das Verlangen selbst und bedarf daher der Schriftform (§ 126 BGB).[110] Durch die Rücknahme wird das Einberufungsverlangen gegenstandslos.[111] Wurde die Hauptversammlung bereits einberufen, bleibt die Wirksamkeit der **Einberufung** von der Rücknahme **unberührt.**[112] Der Vorstand ist in diesem Fall aber berechtigt, die Hauptversammlung wieder abzuberufen, sofern das Wohl der Gesellschaft nicht ausnahmsweise die Abhaltung erfordert (→ Rn. 31a; → § 121 Rn. 81).[113] Wurde das Quorum nur von mehreren Aktionären gemeinsam erreicht, kann eine wirksame Rücknahme auch von einzelnen Aktionären erklärt werden, wenn hierdurch das Quorum nicht mehr erfüllt ist.[114]

4. Schranken. a) Allgemeines. Das Recht aus § 122 Abs. 1 unterliegt einer Reihe von Schranken. Eine allgemeine Schranke bildet der Rechtsmissbrauch (→ Rn. 23 ff.). Darüber hinaus muss eine **Beschlussfassung durch die Hauptversammlung begehrt** werden. Soll die Hauptversammlung nur der Unterrichtung oder Erörterung dienen, ist das Einberufungsverlangen unbeachtlich.[115] Eine Ausnahme gilt nur dann, wenn der Vorstand gegen die Einberufungspflichten aus § 92 Abs. 1 oder § 175 Abs. 1 verstößt.[116] Weitere Voraussetzung ist, dass die mitgeteilten Beschlussgegenstände in den Zuständigkeitsbereich der Hauptversammlung fallen (→ Rn. 22).

b) Fehlende Zuständigkeit. Da das Einberufungsverlangen auf die Behandlung von Beschlussgegenständen gerichtet sein muss (→ Rn. 21), besteht eine Einberufungspflicht nur dann, wenn die Hauptversammlung nach der aktienrechtlichen Kompetenzordnung für die mitgeteilten Beschlussgegenstände zuständig ist.[117] Das Einberufungsverlangen ist unbeachtlich, wenn allein der Zuständigkeitsbereich des Vorstands oder des Aufsichtsrats berührt ist. Unzulässig sind daher solche Einberufungsverlangen, die auf eine Befassung der Hauptversammlung mit **Geschäftsführungsmaßnahmen** zielen.[118] Dies gilt grundsätzlich auch für Geschäftsführungsmaßnahmen, bei denen nach der sog. „Holzmüller/Gelatine"-Doktrin (→ § 119 Rn. 21 ff.) eine ungeschriebene

---

[107] Bürgers/Körber/*Reger* Rn. 7; MüKoAktG/*Kubis* Rn. 13.
[108] OLG Köln WM 1959, 1402 (1403) (zu § 106 Abs. 3 AktG 1937); MüKoAktG/*Kubis* Rn. 13; K. Schmidt/Lutter/*Ziemons* Rn. 23.
[109] Bürgers/Körber/*Reger* Rn. 9; Großkomm AktG/*Butzke* Rn. 50; Hüffer/Koch/*Koch*, 13. Aufl. 2018, Rn. 4; MüKoAktG/*Kubis* Rn. 14; MHdB AG/*Bungert* § 36 Rn. 25; *Reichert/Balke* in Semler/Volhard/Reichert HV-HdB § 4 Rn. 46.
[110] Bürgers/Körber/*Reger* Rn. 9; Hölters/*Drinhausen* Rn. 13; vgl. auch Kölner Komm AktG/*Noack/Zetzsche* Rn. 52; MüKoAktG/*Kubis* Rn. 14, die ebenfalls auf die für das Verlangen geltenden Formanforderungen abstellen, hierfür aber keine Schriftform verlangen; aA Großkomm AktG/*Butzke* Rn. 50.
[111] Hölters/*Drinhausen* Rn. 13; Kölner Komm AktG/*Noack/Zetzsche* Rn. 52; MHdB AG/*Bungert* § 36 Rn. 25.
[112] Bürgers/Körber/*Reger* Rn. 9; Großkomm AktG/*Butzke* Rn. 50; Hüffer/Koch/*Koch*, 13. Aufl. 2018, Rn. 4; MüKoAktG/*Kubis* Rn. 14; MHdB AG/*Bungert* § 36 Rn. 25; *Reichert/Balke* in Semler/Volhard/Reichert HV-HdB § 4 Rn. 46.
[113] Bürgers/Körber/*Reger* Rn. 9; Großkomm AktG/*Butzke* Rn. 50; Hüffer/Koch/*Koch*, 13. Aufl. 2018, Rn. 4; Kölner Komm AktG/*Noack/Zetzsche* Rn. 53; MüKoAktG/*Kubis* Rn. 14; Wachter/*Mayrhofer* Rn. 13; MHdB AG/*Bungert* § 36 Rn. 25; *Reichert/Balke* in Semler/Volhard/Reichert HV-HdB § 4 Rn. 46.
[114] Bürgers/Körber/*Reger* Rn. 9; Großkomm AktG/*Butzke* Rn. 50; MüKoAktG/*Kubis* Rn. 14.
[115] OLG München AG 2010, 84 (85); Grigoleit/*Herrler* Rn. 8; MüKoAktG/*Kubis* Rn. 16; K. Schmidt/Lutter/*Ziemons* Rn. 18; *v. Godin/Wilhelmi* Anm. 3; Wachter/*Mayrhofer* Rn. 11; *Marsch-Barner* in Marsch-Barner/Schäfer Börsennotierte AG-HdB Rn. 32.20; iE auch *Reichert/Balke* in Semler/Volhard/Reichert HV-HdB § 4 Rn. 42; aA GHEK/*Eckardt* Rn. 8; Großkomm AktG/*Butzke* Rn. 23; Hölters/*Drinhausen* Rn. 11; für nicht börsennotierte Gesellschaften auch Kölner Komm AktG/*Noack/Zetzsche* Rn. 62.
[116] MüKoAktG/*Kubis* Rn. 16; s. auch Kölner Komm AktG/*Noack/Zetzsche* Rn. 61.
[117] AllgA, s. OLG Frankfurt a.M. AG 2005, 442; OLG München AG 2010, 84 (85); OLG Stuttgart AG 2009, 169 (170) – Ed. Züblin; OLG Stuttgart ZIP 2007, 231 f. – Smart/Maybach; KG ZIP 2012, 1029 (1030); BegrRegE bei *Kropff*, S. 170; Bürgers/Körber/*Reger* Rn. 10; Grigoleit/*Herrler* Rn. 8; Großkomm AktG/*Butzke* Rn. 24; Hüffer/Koch/*Koch*, 13. Aufl. 2018, Rn. 6; MüKoAktG/*Kubis* Rn. 15; K. Schmidt/Lutter/*Ziemons* Rn. 18; *Butzke* Die Hauptversammlung der AG Rn. B 107; MHdB AG/*Bungert* § 36 Rn. 26; *Reichert/Balke* in Semler/Volhard/Reichert HV-HdB § 4 Rn. 40; *Halberkamp/Gierke* NZG 2004, 494 (497); *Kühn* BB 1965, 1170 (1171).
[118] Bürgers/Körber/*Reger* Rn. 10; Großkomm AktG/*Butzke* Rn. 24; Kölner Komm AktG/*Noack/Zetzsche* Rn. 60; MüKoAktG/*Kubis* Rn. 15; K. Schmidt/Lutter/*Ziemons* Rn. 17; *Butzke* Die Hauptversammlung der AG Rn. B 107; MHdB AG/*Bungert* § 36 Rn. 26; *Reichert/Balke* in Semler/Volhard/Reichert HV-HdB § 4 Rn. 40.

Hauptversammlungszuständigkeit besteht.[119] Das Initiativrecht liegt insoweit ausschließlich beim Vorstand und kann nicht mittels eines Einberufungsverlangens auf die Hauptversammlung übertragen werden. Hiervon ist der Fall zu unterscheiden, dass der Vorstand eine solche Geschäftsführungsmaßnahme von sich aus ergreift, ohne die Zustimmung der Hauptversammlung einzuholen. In diesem Fall ist ein Einberufungsverlangen ausnahmsweise zulässig.[120] Hierfür reicht es jedoch nicht aus, dass ein „Holzmüller/Gelatine"-Fall nur behauptet wird. Eine Einberufungspflicht besteht nur dann, wenn die strengen Anforderungen an eine ungeschriebene Hauptversammlungskompetenz tatsächlich erfüllt sind.

23   c) **Rechtsmissbrauch.** Bei dem Einberufungsrecht handelt es sich um ein aus der Mitgliedschaft abgeleitetes Verwaltungsrecht, dessen Ausübung den **Treuebindungen** zwischen Aktionär und Gesellschaft unterliegt.[121] Dementsprechend darf das Einberufungsverlangen nicht rechtsmissbräuchlich sein.[122] Vor dem Hintergrund, dass § 122 dem Minderheitenschutz dienen soll, ist bei der Annahme eines rechtsmissbräuchlichen Verhaltens Zurückhaltung geboten.[123] Grundsätzlich bietet sich eine (nicht abschließende) Orientierung an den Fallgruppen des § 126 Abs. 2 an.[124]

24   In Anlehnung an § 126 Abs. 2 Nr. 4 und 5 ist ein Einberufungsverlangen als rechtsmissbräuchlich anzusehen, wenn es auf einen Beschlussgegenstand gerichtet ist, der **erst vor kurzem behandelt** wurde (ohne dass seitdem wesentliche neue Aspekte hinzugetreten sind).[125] Auf das Ergebnis der Beschlussfassung kommt es nicht an. Eine erst kürzlich erfolgte Behandlung, die zur Rechtsmissbräuchlichkeit eines erneuten Einberufungsverlangens führt, ist auch dann anzunehmen, wenn kein Beschluss gefasst wurde, weil der Versammlungsleiter einen zu dem betreffenden Gegenstand formulierten Beschlussantrag berechtigterweise nicht zur Abstimmung gestellt hat.[126] Mit dem Einberufungsverlangen darf auch nicht die **Fassung gesetz- oder satzungswidriger Beschlüsse** angestrebt werden (vgl. § 126 Abs. 2 Nr. 2).[127] Dabei spielt es keine Rolle, ob die Beschlüsse nichtig oder nur

---

[119] Bürgers/Körber/*Reger* Rn. 10; Großkomm AktG/*Butzke* Rn. 24; Kölner Komm AktG/*Noack/Zetzsche* Rn. 60; MüKoAktG/*Kubis* Rn. 15; MHdB AG/*Bungert* § 36 Rn. 26; *Reichert/Balke* in Semler/Volhard/Reichert HV-HdB § 4 Rn. 41; aA K. Schmidt/Lutter/*Ziemons* Rn. 18; wohl auch *Halberkamp/Gierke* NZG 2004, 494 (497).

[120] Bürgers/Körber/*Reger* Rn. 10; Großkomm AktG/*Butzke* Rn. 24; Kölner Komm AktG/*Noack/Zetzsche* Rn. 60; MüKoAktG/*Kubis* Rn. 15; *Reichert/Balke* in Semler/Volhard/Reichert HV-HdB § 4 Rn. 41; MHdB AG/*Bungert* § 36 Rn. 26; s. auch OLG Frankfurt a.M. AG 2005, 442 (443 f.); LG Duisburg ZIP 2004, 76 (77 f.) – Babcock Borsig; LG Düsseldorf AG 2000, 233 (234 f.) – Mannesmann/Vodafone.

[121] OLG München AG 2010, 84 (85); OLG Stuttgart AG 2009, 169 (170) – Ed. Züblin; Grigoleit/*Herrler* Rn. 8; Hölters/*Drinhausen* Rn. 14; Hüffer/Koch/*Koch*, 13. Aufl. 2018, Rn. 6; MüKoAktG/*Kubis* Rn. 18; zu § 122 Abs. 2 auch *Mertens* AG 1997, 481 (489 f.).

[122] AllgA, s. BayObLG AG 1968, 330 (331); OLG München ZIP 2018, 1038 (1042); OLG Düsseldorf NZG 2013, 546 (547) – IKB; OLG Hamburg AG 2003, 643 – Commerzbank AG von 1870; OLG Frankfurt a.M. AG 2005, 442; OLG Frankfurt a.M. WM 1986, 642 (643); OLG München AG 2010, 84 (85); OLG Stuttgart AG 2009, 169 (170) – Ed. Züblin; OLG Köln WM 1959, 1402 (1404) (zu § 106 Abs. 3 AktG 1937); KG ZIP 2012, 1029 (1030); KG NZG 2003, 441 (443 ff.); KG AG 1980, 78 f.; LG Berlin AG 1979, 109 (110) – Dresdner Bank (Altbank) Berlin; BegrRegE bei *Kropff* S. 170; Bürgers/Körber/*Reger* Rn. 11; Grigoleit/*Herrler* Rn. 8; Großkomm AktG/*Butzke* Rn. 33; Hölters/*Drinhausen* Rn. 14; Hüffer/Koch/*Koch*, 13. Aufl. 2018, Rn. 6; Kölner Komm AktG/*Noack/Zetzsche* Rn. 65; MüKoAktG/*Kubis* Rn. 18; MHdB AG/*Bungert* § 36 Rn. 29; *Reichert/Balke* in Semler/Volhard/Reichert HV-HdB § 4 Rn. 45; *Halberkamp/Gierke* NZG 2004, 494 (497 f.); *Heeg* NZG 2012, 1056 (1057 f.); *Schatz* AG 2015, 696 (704).

[123] OLG Düsseldorf NZG 2013, 546 (547) – IKB; KG ZIP 2012, 1029 (1032); KG NZG 2003, 441 (443); Grigoleit/*Herrler* Rn. 8; Hölters/*Drinhausen* Rn. 14; Hüffer/Koch/*Koch*, 13. Aufl. 2018, Rn. 6; Kölner Komm AktG/*Noack/Zetzsche* Rn. 66; NK-AktR/*M. Müller* Rn. 20; MHdB AG/*Bungert* § 36 Rn. 29; *Halberkamp/Gierke* NZG 2004, 494 (497); *H.-F. Müller* WuB II A. § 122 AktG 1.12.

[124] Vgl. zu § 122 Abs. 2 *Mertens* AG 1997, 481 (489); zurückhaltend Großkomm AktG/*Butzke* Rn. 33; Hüffer/Koch/*Koch*, 13. Aufl. 2018, Rn. 6; *Butzke* Die Hauptversammlung der AG Rn. B 108; aA MüKoAktG/*Kubis* Rn. 25.

[125] KG ZIP 2012, 1029 (1032); Grigoleit/*Herrler* Rn. 8; Großkomm AktG/*Butzke* Rn. 34; Hüffer/Koch/*Koch*, 13. Aufl. 2018, Rn. 6; Kölner Komm AktG/*Noack/Zetzsche* Rn. 67; MüKoAktG/*Kubis* Rn. 20; K. Schmidt/Lutter/*Ziemons* Rn. 21; *Butzke* Die Hauptversammlung der AG Rn. B 108; *H.-F. Müller* WuB II A. § 122 AktG 1.12; einschränkend *Halberkamp/Gierke* NZG 2004, 494 (498); *Schatz* AG 2015, 696 (703 f.); aA wohl GHEK/*Eckardt* Rn. 29.

[126] AA OLG Karlsruhe ZIP 2015, 125 (127) – Gelita; *Schatz* AG 2015, 696 (703 f.), die allein darauf abstellen, ob ein Beschluss gefasst wurde; vgl. auch KG ZIP 2012, 1029 (1032); dort ging das KG jedoch davon aus, dass der Versammlungsleiter einen Beschlussantrag in der vorangegangenen Hauptversammlung zu Unrecht nicht zur Abstimmung gestellt hatte.

[127] BayObLG AG 1968, 330 (331); OLG Düsseldorf NZG 2013, 546 (547) – IKB; OLG München AG 2010, 84 (85); OLG Stuttgart AG 2009, 169 (170) – Ed. Züblin; OLG Karlsruhe ZIP 2015, 125 (127) – Gelita; Bürgers/Körber/*Reger* Rn. 11; Grigoleit/*Herrler* Rn. 8; Großkomm AktG/*Butzke* Rn. 34; Hüffer/Koch/*Koch*, 13. Aufl.

anfechtbar wären.[128] Eine Zurückweisung des Einberufungsverlangens wegen Rechtsmissbrauchs ist bereits dann zulässig, wenn mit dem Verlangen ein Beschlussvorschlag übermittelt wird, der zu einem anfechtbaren oder nichtigen Beschluss führen würde. Abzulehnen ist insoweit die Auffassung des OLG Karlsruhe,[129] das einen Rechtsmissbrauch nur dann annehmen will, wenn ein Gegenstand beraten werden soll, bei dem die Fassung eines rechtmäßigen Beschlusses keinesfalls (auch nicht nach Änderung des übermittelten Beschlussvorschlags) in Betracht kommen kann. Haben die Antragsteller mit der Übermittlung eines Beschlussvorschlags deutlich gemacht, dass sie einen rechtswidrigen Beschluss anstreben, kann es für die Annahme eines Rechtsmissbrauchs nicht darauf ankommen, ob theoretisch auch eine rechtmäßige Beschlussfassung denkbar wäre.[130] Bezieht sich das Einberufungsverlangen auf mehrere, voneinander unabhängige Beschlussfassungen, lässt die Rechtswidrigkeit einzelner Beschlüsse die Zulässigkeit des Einberufungsverlangens im Übrigen unberührt.[131] Etwas anderes gilt, wenn die Rechtswidrigkeit nur einen Teil eines einheitlichen Beschlusses betrifft. Hier infiziert die Rechtswidrigkeit das Minderheitsverlangen im Hinblick auf den gesamten Beschluss.[132] Ein Einberufungsverlangen ist auch dann rechtsmissbräuchlich, wenn es **Beleidigungen** enthält (vgl. § 126 Abs. 2 Nr. 3).[133]

Rechtsmissbrauch ist insbesondere auch dann anzunehmen, wenn mangels Dringlichkeit ohne **25** weiteres die **nächste (ordentliche) Hauptversammlung abgewartet** werden kann.[134] Dies gilt grundsätzlich auch dann, wenn das Verlangen von einem Mehrheitsaktionär gestellt wird.[135] Verweigert der Vorstand die Aufnahme eines Beschlussgegenstands, ist vorrangig ein Ergänzungsverlangen gem. § 122 Abs. 2 oder ein Gegenantrag zu stellen.[136] Wegen Rechtsmissbrauchs unbeachtlich ist auch ein Einberufungsverlangen, dass auf eine **Schädigung der Gesellschaft** zielt.[137] Gleiches gilt, wenn für die angestrebte Beschlussfassung offensichtlich **kein vernünftiger Anlass** besteht.[138] Allein der Umstand, dass der Vorstand die Beschlussfassung als unzweckmäßig ansieht, reicht dagegen nicht aus.[139]

Ein Einberufungsverlangen ist auch dann rechtsmissbräuchlich, wenn das mit ihm verfolgte wirt- **26** schaftliche **Ziel nicht erreichbar** ist (etwa wegen Fehlens der erforderlichen Zustimmung eines Dritten).[140] Hiervon zu unterscheiden ist der Fall, dass die angestrebte Beschlussfassung **mangels Mehrheitsfähigkeit aussichtslos** ist. In diesem Fall ist grundsätzlich nicht von einem Rechtsmiss-

---

2018, Rn. 6; Kölner Komm AktG/*Noack/Zetzsche* Rn. 69; MüKoAktG/*Kubis* Rn. 17; K. Schmidt/Lutter/*Ziemons* Rn. 21; Wachter/*Mayrhofer* Rn. 11; *Marsch-Barner* in Marsch-Barner/Schäfer Börsennotierte AG-HdB Rn. 32.20; *Grunewald* AG 2015, 689 (692 f.); *Halberkamp/Gierke* NZG 2004, 494 (498 f.); *Schatz* AG 2015, 696 (700); vgl. auch *Mertens* AG 1997, 481 (487); grds. auch AG Mannheim, Beschl. v. 12.5.2014 – HRB 333796, BeckRS 2014, 13769 – Gelita, das aber unzutreffend davon ausgeht, dass die Behauptung von Schadensersatzansprüchen, „nur vage in den Raum gestellt werden", den Bestimmtheitsanforderungen an einen Beschluss gem. § 147 Abs. 1 genügen.

[128] MüKoAktG/*Kubis* Rn. 17; K. Schmidt/Lutter/*Ziemons* Rn. 21.
[129] OLG Karlsruhe ZIP 2015, 125 (127 ff.) – Gelita; zust. *Schatz* AG 2015, 696 (704 f.).
[130] *Rieckers* DB 2015, 2131 (2135).
[131] Kölner Komm AktG/*Noack/Zetzsche* Rn. 77; MüKoAktG/*Kubis* Rn. 17.
[132] MüKoAktG/*Kubis* Rn. 17.
[133] Großkomm AktG/*Butzke* Rn. 34; Hölters/*Drinhausen* Rn. 15; Kölner Komm AktG/*Noack/Zetzsche* Rn. 69; MüKoAktG/*Kubis* Rn. 23; *Halberkamp/Gierke* NZG 2004, 494 (498); zu § 122 Abs. 2 auch *Mertens* AG 1997, 481 (489).
[134] OLG Frankfurt a.M. AG 2005, 442; OLG München AG 2010, 84 (85); OLG Stuttgart AG 2009, 169 (170) – Ed. Züblin; LG Stuttgart AG 2008, 757 (758) – Ed. Züblin; Bürgers/Körber/*Reger* Rn. 11; Grigoleit/ *Herrler* Rn. 8; Großkomm AktG/*Butzke* Rn. 34; Hölters/*Drinhausen* Rn. 15; Hüffer/Koch/*Koch*, 13. Aufl. 2018, Rn. 6; Kölner Komm AktG/*Noack/Zetzsche* Rn. 67; MüKoAktG/*Kubis* Rn. 19; K. Schmidt/Lutter/*Ziemons* Rn. 21; *Butzke* Die Hauptversammlung der AG Rn. B 108; *Reichert/Balke* in Semler/Volhard/Reichert HV-HdB § 4 Rn. 45; *Halberkamp/Gierke* NZG 2004, 494 (498); *A. Horn* AG 1969, 369 (372); *H.-F. Müller* WuB II A. § 122 AktG 1.12; einschränkend *Heeg* NZG 2012, 1056 (1058).
[135] Anders OLG Düsseldorf NZG 2013, 546 (548) – IKB: Mehrheitsaktionär könne nach freiem Ermessen entscheiden, ob die nächste ordentliche Hauptversammlung abgewartet wird; krit. hierzu *Reger* NZG 2013, 536 (537 f.).
[136] MüKoAktG/*Kubis* Rn. 19; *Halberkamp/Gierke* NZG 2004, 494 (498).
[137] Grigoleit/*Herrler* Rn. 8; Großkomm AktG/*Butzke* Rn. 35; MüKoAktG/*Kubis* Rn. 22.
[138] Großkomm AktG/*Butzke* Rn. 34; MüKoAktG/*Kubis* Rn. 21; *Butzke* Die Hauptversammlung der AG Rn. B 108; MHdB AG/*Bungert* § 36 Rn. 30; *Halberkamp/Gierke* NZG 2004, 494 (498); aA wohl K. Schmidt/ Lutter/*Ziemons* Rn. 21.
[139] GHEK/*Eckardt* Rn. 29.
[140] Vgl. OLG München ZIP 2018, 1038 (1042); OLG Hamburg AG 2003, 643; KG NZG 2003, 441 (443); KG AG 1980, 78 f.; Bürgers/Körber/*Reger* Rn. 11; Grigoleit/*Herrler* Rn. 8; Großkomm AktG/*Butzke* Rn. 34; Hölters/*Drinhausen* Rn. 15; Hüffer/Koch/*Koch*, 13. Aufl. 2018, Rn. 6; Kölner Komm AktG/*Noack/Zetzsche* Rn. 68; MHdB AG/*Bungert* § 36 Rn. 30.

brauch auszugehen.¹⁴¹ Etwas anders gilt, wenn ein entsprechender Beschluss bei unverändertem Sachverhalt erst vor kurzem abgelehnt wurde (→ Rn. 24).¹⁴² Ein Einberufungsverlangen ist nicht allein deshalb rechtsmissbräuchlich, weil mit der angestrebten (erkennbar aussichtslosen) Beschlussfassung nur die Voraussetzungen für einen Antrag auf gerichtliche Bestellung von Sonderprüfern (§ 142 Abs. 2) geschaffen werden sollen.¹⁴³ Auch der Umstand, dass sich die Aktionäre die zur Erfüllung des Quorums erforderlichen Aktien nur vorübergehend (etwa im Wege der Wertpapierleihe) beschaffen, rechtfertigt für sich allein noch nicht die Annahme eines Rechtsmissbrauchs (→ Rn. 10).

27 **5. Pflichten des Vorstands. a) Allgemeines.** Der Vorstand ist verpflichtet, einem den Anforderungen des § 122 Abs. 1 entsprechenden Einberufungsverlangen **unverzüglich** (§ 121 Abs. 1 S. 1 BGB) und **vollständig** stattzugeben.¹⁴⁴ Ein Ermessensspielraum besteht nicht.¹⁴⁵ Die Einberufung bedarf nicht der Zustimmung des Aufsichtsrats und kann vom Aufsichtsrat auch nicht unterbunden werden.¹⁴⁶ Der Vorstand hat zu prüfen, ob die Voraussetzungen des § 122 Abs. 1 vorliegen. Hierzu gehört neben der Prüfung der formalen Anforderungen auch eine Prüfung der Schranken des Einberufungsverlangens (→ Rn. 27).¹⁴⁷ Werden mit einem Verlangen Beschlussvorschläge übermittelt, muss der Vorstand diese jedoch nicht zwingend einer vollständigen Rechtmäßigkeitskontrolle unterziehen. Vielmehr kann er die Kontrolle einem Beschlussmängelverfahren nach den §§ 241 ff. überlassen. Sind die formalen Anforderungen des § 122 Abs. 1 nicht erfüllt (Nichterreichen des Quorums, Nichteinhaltung der Formerfordernisse, fehlende Angabe des Zwecks oder der Gründe) oder wurden die materiellen Schranken des Einberufungsverlangens (→ Rn. 21 ff.) nicht beachtet, darf der Antrag zurückgewiesen werden.¹⁴⁸ Beruft der Vorstand die Hauptversammlung gleichwohl ein, handelt er in regelmäßig nicht pflichtwidrig.¹⁴⁹ Die Einberufung bleibt wirksam.¹⁵⁰ Die Hauptversammlung kann in diesem Fall aber wieder abberufen werden (→ Rn. 31a). Geschieht dies nicht, sind die in der Hauptversammlung gefassten Beschlüsse nicht wegen Verstoßes gegen § 122 Abs. 1 fehlerhaft.¹⁵¹ Die Entscheidung des Vorstands, die Hauptversammlung einzuberufen, entfaltet im Hinblick auf etwaige mit dem Einberufungsverlangen übermittelte Beschlussvorschläge keine Bindungswirkung für den Versammlungsleiter.¹⁵² Wird in der Hauptversammlung eine entsprechende Abstimmung beantragt, bleibt der Versammlungsleiter daher zu einer Prüfung der Rechtmäßigkeit der Beschlussvorschläge berechtigt.

28 Der Vorstand beschließt über die Einberufung oder die Zurückweisung **mit einfacher Stimmenmehrheit**.¹⁵³ Er ist nicht verpflichtet, den Antragstellern seine Entscheidung mitzuteilen.¹⁵⁴ Erst recht besteht keine Begründungspflicht.¹⁵⁵ In der Praxis kann sich eine kurze Mitteilung über die Behandlung des Einberufungsverlangens gleichwohl anbieten.

---

¹⁴¹ Grigoleit/*Herrler* Rn. 8; Hölters/*Drinhausen* Rn. 14; Hüffer/Koch/*Koch*, 13. Aufl. 2018, Rn. 6; Kölner Komm AktG/*Noack/Zetzsche* Rn. 70; MüKoAktG/*Kubis* Rn. 26; K. Schmidt/Lutter/*Ziemons* Rn. 21; MHdB AG/*Bungert* § 36 Rn. 30; *Reichert/Balke* in Semler/Volhard/Reichert HV-HdB § 4 Rn. 48.
¹⁴² KG NZG 2003, 441 (443); Bürgers/Körber/*Reger* Rn. 11; K. Schmidt/Lutter/*Ziemons* Rn. 21; *Butzke* Die Hauptversammlung der AG Rn. B 108.
¹⁴³ Vgl. LG Frankfurt a.M. AG 2004, 218; Bürgers/Körber/*Reger* Rn. 11.
¹⁴⁴ Bürgers/Körber/*Reger* Rn. 12; Grigoleit/*Herrler* Rn. 9; Großkomm AktG/*Butzke* Rn. 29; Hüffer/Koch/ *Koch*, 13. Aufl. 2018, Rn. 7; MüKoAktG/*Kubis* Rn. 40; K. Schmidt/Lutter/*Ziemons* Rn. 26; *Reichert/Balke* in Semler/Volhard/Reichert HV-HdB § 4 Rn. 47; *Bayer/Scholz/Weiß* ZIP 2014, 1.
¹⁴⁵ Vgl. Bürgers/Körber/*Reger* Rn. 12; GHEK/*Eckardt* Rn. 29; Kölner Komm AktG/*Noack/Zetzsche* Rn. 73; *Halberkamp/Gierke* NZG 2004, 494 (499).
¹⁴⁶ Großkomm AktG/*Butzke* Rn. 29; Kölner Komm AktG/*Noack/Zetzsche* Rn. 82; MüKoAktG/*Kubis* Rn. 40; *Reichert/Balke* in Semler/Volhard/Reichert HV-HdB § 4 Rn. 47; aA GHEK/*Eckardt* Rn. 27: Satzung oder Aufsichtsrat könne Entscheidung über das Einberufungsverlangen von Zustimmung des Aufsichtsrats abhängig machen.
¹⁴⁷ MüKoAktG/*Kubis* Rn. 33; s. auch Großkomm AktG/*Butzke* Rn. 32.
¹⁴⁸ OLG Düsseldorf NZG 2013, 546 (547) – IKB; Hölters/*Drinhausen* Rn. 16; Hüffer/Koch/*Koch*, 13. Aufl. 2018, Rn. 7; MüKoAktG/*Kubis* Rn. 18; *Butzke* Die Hauptversammlung der AG Rn. B 108; *Reichert/Balke* in Semler/Volhard/Reichert HV-HdB § 4 Rn. 48; einschränkend hinsichtlich Verstößen gegen die materiellen Schranken des Einberufungsverlangens *Pattberg* GWR 2012, 536; *Reger* NZG 2013, 536 (537).
¹⁴⁹ OLG Düsseldorf NZG 2013, 546 (547f.) – IKB; *Pattberg* GWR 2012, 536; *Reger* NZG 2013, 536f.; s. auch Großkomm AktG/*Butzke* Rn. 8, 29, 36; Kölner Komm AktG/*Noack/Zetzsche* Rn. 77.
¹⁵⁰ Kölner Komm AktG/*Noack/Zetzsche* Rn. 81; MüKoAktG/*Kubis* Rn. 42.
¹⁵¹ MüKoAktG/*Kubis* Rn. 42.
¹⁵² AA *Grunewald* AG 2015, 689 (692f.).
¹⁵³ Bürgers/Körber/*Reger* Rn. 12; Großkomm AktG/*Butzke* Rn. 39; Hölters/*Drinhausen* Rn. 16; Hüffer/ Koch/*Koch*, 13. Aufl. 2018, Rn. 7; MüKoAktG/*Kubis* Rn. 36; *Butzke* Die Hauptversammlung der AG Rn. B 109; *Reichert/Balke* in Semler/Volhard/Reichert HV-HdB § 4 Rn. 47.
¹⁵⁴ Bürgers/Körber/*Reger* Rn. 13; Großkomm AktG/*Butzke* Rn. 43; MüKoAktG/*Kubis* Rn. 39; aA GHEK/ *Eckardt* Rn. 231; Kölner Komm AktG/*Noack/Zetzsche* Rn. 75; zu § 122 Abs. 2 auch *Mertens* AG 1997, 481 (486).
¹⁵⁵ Großkomm AktG/*Butzke* Rn. 43; MüKoAktG/*Kubis* Rn. 39; *Schatz* AG 2015, 696 (700).

b) Prüfungsfrist. Dem Vorstand ist für die Prüfung der Voraussetzungen des § 122 Abs. 1 eine 29
angemessene Frist zuzubilligen, die bei der Bestimmung der **Unverzüglichkeit** der Einberufung
(→ Rn. 27) zu berücksichtigen ist.[156] Eine Prüfungsfrist von einer Woche ist in jedem Fall angemessen.[157] Im Regelfall sollte die Prüfung nicht länger als ein bis zwei Wochen dauern.[158] In Ausnahmefällen können auch vier Wochen noch angemessen sein.[159] Mehr als sieben Wochen sind dagegen zu lang.[160] Setzen die Aktionäre in dem Einberufungsverlangen selbst eine Frist, sind sie hieran gebunden.[161]

c) Erfüllung der Einberufungspflicht. Der Vorstand entspricht dem Einberufungsverlangen 30
vollständig (→ Rn. 27), wenn die Tagesordnung die von den Aktionären **mitgeteilten Beschlussgegenstände** enthält. Eine Einberufung mit abweichender Tagesordnung ist nicht ausreichend.[162] Der Vorstand ist aber nicht gehindert, seinerseits Tagesordnungspunkte zu ergänzen.[163] Die Abhaltung der Hauptversammlung muss innerhalb eines angemessenen Zeitraums erfolgen.[164] Steht eine Hauptversammlung ohnehin bevor, kann eine Erfüllung des Anspruchs aus § 122 Abs. 1 auch dadurch erfolgen, dass die Beschlussgegenstände des Einberufungsverlangens auf die Tagesordnung der geplanten Hauptversammlung gesetzt werden.[165] Ein Anspruch auf Abhaltung einer eigenständigen Hauptversammlung mit den mitgeteilten Beschlussgegenständen besteht nicht.

Die **Einberufung** richtet sich **nach den allgemeinen Vorschriften** der §§ 121, 123 und 124.[166] 31
Ein **Hinweis auf § 122 Abs. 1** ist nicht zwingend erforderlich,[167] aber gleichwohl zu empfehlen. Wurden mit dem Einberufungsverlangen Beschlussvorschläge übermittelt (→ Rn. 19), sind diese mit der Einberufung bekanntzumachen.[168] Etwas anderes gilt für eine zu einzelnen Beschlussgegenständen oder Beschlussvorschlägen übermittelte Begründung.[169] Auch die Begründung des Einberufungsverlangens (§ 121 Abs. 1 S. 1 Hs. 1) muss nicht bekannt gemacht werden.[170] Vorstand und Aufsichtsrat sind nicht verpflichtet (aber berechtigt), zu den mitgeteilten Beschlussgegenständen eigene Beschlussvorschläge zu unterbreiten.[171] Auch ist der Vorstand nicht entsprechend § 83 zu Vorbereitungshandlungen verpflichtet.[172] Das Recht aus § 83 steht allein der Hauptversammlung zu.

d) Rücknahme der Einberufung. Der Vorstand (oder der persönlich haftende Gesellschafter 31a
einer KGaA) kann auch die aufgrund eines Minderheitsverlangens erfolgte Einberufung vor Beginn

---

[156] Vgl. GHEK/*Eckardt* Rn. 28; Großkomm AktG/*Butzke* Rn. 37; Kölner Komm AktG/*Noack*/*Zetzsche* Rn. 74; MüKoAktG/*Kubis* Rn. 38; K. Schmidt/Lutter/*Ziemons* Rn. 26.
[157] Grigoleit/*Herrler* Rn. 9; Hüffer/Koch/*Koch*, 13. Aufl. 2018, Rn. 7; K. Schmidt/Lutter/*Ziemons* Rn. 26; *Butzke* Die Hauptversammlung der AG Rn. B 109; *Reichert*/*Balke* in Semler/Volhard/Reichert HV-HdB § 4 Rn. 47; aA Bürgers/Körber/*Reger* Rn. 12: idR nicht mehr als 1–2 Werktage.
[158] Für regelmäßige Prüfungsfrist von zwei Wochen auch Kölner Komm AktG/*Noack*/*Zetzsche* Rn. 74.
[159] Hüffer/Koch/*Koch*, 13. Aufl. 2018, Rn. 7; *Marsch-Barner* in Marsch-Barner/Schäfer Börsennotierte AG-HdB Rn. 32.21; großzügiger RG JW 1931, 2980 (2982); s. auch *Reichert*/*Balke* in Semler/Volhard/Reichert HV-HdB § 4 Rn. 47: 2-4 Wochen.
[160] Hüffer/Koch/*Koch*, 13. Aufl. 2018, Rn. 7; zur GmbH auch BGH WM 1985, 567 (568).
[161] Hüffer/Koch/*Koch*, 13. Aufl. 2018, Rn. 7; zur GmbH vgl. BGHZ 87, 1 (3).
[162] OLG Frankfurt a.M. WM 1986, 642 (643); OLG München AG 2010, 84 (86); Bürgers/Körber/*Reger* Rn. 12; Hüffer/Koch/*Koch*, 13. Aufl. 2018, Rn. 7; Kölner Komm AktG/*Noack*/*Zetzsche* Rn. 76; *Butzke* Die Hauptversammlung der AG Rn. B 110.
[163] Bürgers/Körber/*Reger* Rn. 12; Grigoleit/*Herrler* Rn. 9; Großkomm AktG/*Butzke* Rn. 39, 46; Hölters/*Drinhausen* Rn. 16; Hüffer/Koch/*Koch*, 13. Aufl. 2018, Rn. 7; Kölner Komm AktG/*Noack*/*Zetzsche* Rn. 80; K. Schmidt/Lutter/*Ziemons* Rn. 27; *Butzke* Die Hauptversammlung der AG Rn. B 110; *Reichert*/*Balke* in Semler/Volhard/Reichert HV-HdB § 4 Rn. 47.
[164] Großkomm AktG/*Butzke* Rn. 38; Hüffer/Koch/*Koch*, 13. Aufl. 2018, Rn. 7; *Butzke* Die Hauptversammlung der AG Rn. B 109; s. auch GHEK/*Eckardt* Rn. 30.
[165] Großkomm AktG/*Butzke* Rn. 46; Hölters/*Drinhausen* Rn. 16; Kölner Komm AktG/*Noack*/*Zetzsche* Rn. 79; MüKoAktG/*Kubis* Rn. 40; K. Schmidt/Lutter/*Ziemons* Rn. 26; *Butzke* Die Hauptversammlung der AG Rn. B 110.
[166] OLG München AG 2010, 84 (86); Hölters/*Drinhausen* Rn. 16; Hüffer/Koch/*Koch*, 13. Aufl. 2018, Rn. 7; Kölner Komm AktG/*Noack*/*Zetzsche* Rn. 79; MüKoAktG/*Kubis* Rn. 40.
[167] *Halberkamp*/*Gierke* NZG 2004, 494 (499 f.); aA Großkomm AktG/*Butzke* Rn. 47; Hölters/*Drinhausen* Rn. 16; Kölner Komm AktG/*Noack*/*Zetzsche* Rn. 79; MüKoAktG/*Kubis* Rn. 40.
[168] Großkomm AktG/*Butzke* Rn. 45; Kölner Komm AktG/*Noack*/*Zetzsche* Rn. 76; MüKoAktG/*Kubis* Rn. 40.
[169] Großkomm AktG/*Butzke* Rn. 45; MüKoAktG/*Kubis* Rn. 40; *Halberkamp*/*Gierke* NZG 2004, 494 (499 f.).
[170] GHEK/*Eckardt* Rn. 30; Großkomm AktG/*Butzke* Rn. 45; v. Falkenhausen BB 1966, 337 (339).
[171] OLG München AG 2010, 84 (87); GHEK/*Eckardt* Rn. 30; MüKoAktG/*Kubis* Rn. 36; *Butzke* Die Hauptversammlung der AG Rn. B 110; *Reichert*/*Balke* in Semler/Volhard/Reichert HV-HdB § 4 Rn. 47.
[172] AA K. Schmidt/Lutter/*Ziemons* Rn. 26 (für den Fall, dass ein Beschlussvorschlag der Minderheit voraussichtlich die erforderliche Mehrheit finden wird).

der Hauptversammlung (zur zeitlichen Grenze → § 121 Rn. 81a) **jederzeit zurücknehmen**.[173] Für die Rücknahme der Einberufung ist ein **Vorstandsbeschluss** erforderlich, der analog § 121 Abs. 2 S. 1 mit einfacher Mehrheit gefasst werden kann (→ § 121 Rn. 81b). Von der Frage nach der Rücknahmekompetenz zu trennen ist die Frage, ob der Vorstand im **Innenverhältnis** zu einer Rücknahme der Einberufung berechtigt ist (→ § 121 Rn. 81). Eine solche Berechtigung besteht jedenfalls dann, wenn das Einberufungsverlangen zurückgenommen wurde (→ Rn. 20). Darüber hinaus wird man eine Berechtigung zur Rücknahme der Einberufung auch dann bejahen müssen, wenn die Hauptversammlung aufgrund äußerer Einflüsse nicht mehr oder nicht sachgerecht durchgeführt werden kann.[174] Im Übrigen ist im Hinblick auf eine Rücknahmeberechtigung Zurückhaltung geboten, um das Minderheitenrecht aus § 122 Abs. 1 nicht auszuhöhlen. Auch eine unberechtigte Rücknahme bleibt im Außenverhältnis aber gleichwohl wirksam.

32 **6. Abweichende Satzungsregelung (Abs. 1 S. 2).** Gem. § 122 Abs. 1 S. 2 kann die Satzung das Recht, die Einberufung zu verlangen, an eine andere Form und an den Besitz eines geringeren Anteils am Grundkapital knüpfen. Die Erleichterungen können auf bestimmte Einberufungszwecke oder Beschlussgegenstände beschränkt werden.[175]

33 Die Zulassung einer anderen **Form** geht auf Art. 27 Nr. 3 des Gesetzes zur Anpassung der Formvorschriften des Privatrechts und anderer Vorschriften an den modernen Rechtsgeschäftsverkehr vom 13. Juli 2001 (BGBl. 2001 I 1542) zurück. Wie aus der Gesetzesbegründung eindeutig hervorgeht, war hiermit allein eine Zulassung von satzungsmäßigen Formerleichterungen bezweckt.[176] Dementsprechend bietet sich eine **teleologische Reduktion** von § 122 Abs. 1 S. 2 an. Erschwerungen des Formerfordernisses sind daher unzulässig.[177] Im Hinblick auf mögliche Formerleichterungen sieht § 122 Abs. 1 S. 2 keine Einschränkungen vor, so dass theoretisch sogar die Zulassung eines mündlichen Einberufungsverlangens denkbar wäre.[178] In der Praxis dürfte als Formerleichterung allenfalls eine Zulassung der Textform in Betracht kommen. Letztlich liegt die Entscheidung im Ermessen des Satzungsgebers. Im Hinblick auf die **Änderung des Quorums** ist schon nach dem Wortlaut von § 122 Abs. 1 S. 2 eine Erschwerung unzulässig. Da § 122 Abs. 1 S. 2 insoweit keine Einschränkungen enthält, können Erleichterungen des Quorums vom Satzungsgeber beliebig festgesetzt werden. Die Satzung kann bereits den Besitz einer Aktie ausreichen lassen.[179]

34 Die Regelung des § 122 Abs. 1 S. 2 ist **abschließend**. Eine Verschärfung der Anforderungen des § 122 Abs. 1 oder die Einführung von zusätzlichen Anforderungen durch die Satzung sind unzulässig.[180] Auch Erleichterungen (etwa bezüglich des Vorbesitzerfordernisses) sind – abgesehen von den in § 122 Abs. 1 S. 2 geregelten Fällen – unzulässig (§ 23 Abs. 5 S. 1).[181] Zulässig sind dagegen ergänzende Bestimmungen (§ 23 Abs. 5 S. 2).[182]

---

[173] BGHZ 206, 143 (150 ff.) = NZG 2015, 1227 (1228 ff.) – ecolutions GmbH & Co. KGaA; OLG Frankfurt a.M. AG 2015, 445 (447) – ecolutions GmbH & Co. KGaA; Großkomm AktG/*Butzke* Rn. 49; Hüffer/Koch/*Koch*, 13. Aufl. 2018, Rn. 18; MüKoAktG/*Kubis* Rn. 101; *Marsch-Barner* in Marsch-Barner/Schäfer Börsennotierte AG-HdB Rn. 32.23; *Bayer/Scholz/Weiß* ZIP 2014, 1 (2 ff.); *Bayer/Scholz* EWiR 2015, 661 (662); *Cziupka/Kraack* DNotZ 2016, 15 (19 ff.); *Kocher* BB 2015, 2641 (2642); *Lieder* NZG 2015, 81 (82); *Noack* WuB 2016, 101 (104); *Rieckers* DB 2016, 2526 (2533); aA noch LG Frankfurt a.M. ZIP 2013, 1425, (1426) – ecolutions GmbH & Co. KGaA; *Plückelmann* GWR 2013, 185; *Selter* NZG 2013, 1133 (1135 f.); *v. Eiff/König* EWiR 2013, 601 (602); *Weber* NZG 2013, 890 f.; wohl auch *Grunewald* AG 2015, 689 (693 f.); krit. auch *Pöschke* DB 2015, 2807 (2808); *Schüppen/Tretter* ZIP 2015, 2097 (2099 f.).
[174] LG Frankfurt a.M. ZIP 2013, 1425 (1426) – ecolutions GmbH & Co. KGaA; Großkomm AktG/*Butzke* Rn. 49; *Bayer/Scholz/Weiß* ZIP 2014, 1 (2); *Lieder* NZG 2016, 81 (83); *Selter* NZG 2013, 1133 (1135 f.); *v. Eiff/König* EWiR 2013, 601 (602); *Weber* NZG 2013, 890 f.
[175] Großkomm AktG/*Butzke* Rn. 23; Kölner Komm AktG/*Noack/Zetzsche* Rn. 36; MüKoAktG/*Kubis* Rn. 77.
[176] BegrRegE BT-Drs. 14/4987, 30.
[177] Bürgers/Körber/*Reger* Rn. 14; Grigoleit/*Herrler* Rn. 10; Großkomm AktG/*Butzke* Rn. 26; Hölters/*Drinhausen* Rn. 10; Hüffer/Koch/*Koch*, 13. Aufl. 2018, Rn. 8; Kölner Komm AktG/*Noack/Zetzsche* Rn. 48.
[178] Großkomm AktG/*Butzke* Rn. 26; MüKoAktG/*Kubis* Rn. 77; aA Kölner Komm AktG/*Noack/Zetzsche* Rn. 49.
[179] Grigoleit/*Herrler* Rn. 10; Großkomm AktG/*Butzke* Rn. 26; Hölters/*Drinhausen* Rn. 6; Hüffer/Koch/*Koch*, 13. Aufl. 2018, Rn. 8; MüKoAktG/*Kubis* Rn. 77; *Butzke* Die Hauptversammlung der AG Rn. B 111.
[180] LG Bonn AG 1991, 114 (115) – Deutscher Depeschen Dienst AG; Großkomm AktG/*Butzke* Rn. 26; Kölner Komm AktG/*Noack/Zetzsche* Rn. 39; MüKoAktG/*Kubis* Rn. 77; *Butzke* Die Hauptversammlung der AG Rn. B 111; *Lehmann* AG 1983, 113 (115).
[181] Großkomm AktG/*Butzke* Rn. 27; MüKoAktG/*Kubis* Rn. 77; aA Kölner Komm AktG/*Noack/Zetzsche* Rn. 38; K. Schmidt/Lutter/*Ziemons* Rn. 13.
[182] Vgl. MüKoAktG/*Kubis* Rn. 77 (mit Beispielen).

III. Ergänzungsverlangen (Abs. 2)

1. Allgemeines. Gem. § 122 Abs. 2 S. 1 können Aktionäre, deren Anteile zusammen 5% des 35 Grundkapitals oder den anteiligen Betrag von 500 000 Euro erreichen, „in gleicher Weise" (wie nach § 122 Abs. 1) verlangen, dass Gegenstände auf die Tagesordnung einer ohnehin stattfindenden Hauptversammlung gesetzt und bekannt gemacht werden. Wer die betreffende Hauptversammlung einberufen hat, spielt keine Rolle.[183] Seit der Änderung durch Art. 1 Nr. 10 ARUG differenziert § 122 Abs. 2 S. 1 ausdrücklich zwischen **Ergänzung der Tagesordnung** und **Bekanntmachung.**[184] § 122 Abs. 2 regelt die Einreichung des Ergänzungsverlangens, während die Bekanntmachung in § 124 Abs. 1 geregelt ist. Eine weitere Neuerung besteht darin, dass § 122 Abs. 2 S. 1 nunmehr nur noch von „Gegenständen" und nicht mehr von „Gegenständen zur Beschlussfassung" spricht. Anders als nach bisherigem Recht können daher auch **beschlusslose Gegenstände** auf die Tagesordnung gesetzt werden.[185] Dies entspricht den Vorgaben von Art. 6 Abs. 1 lit. a Aktionärsrechte-RL.[186] Ob hiermit in der Sache eine relevante Änderung verbunden ist, erscheint zweifelhaft, da die Kompetenzen der Hauptversammlung durch die Regelung des § 122 Abs. 2 S. 1 nicht erweitert werden.[187] Dementsprechend kann sich ein Ergänzungsverlangen nur auf Gegenstände beziehen, die **nach der allgemeinen Kompetenzverteilung in den Zuständigkeitsbereich der Hauptversammlung** fallen. Ein Ergänzungsverlangen kann sich daher insbesondere nicht auf die Erörterung von Geschäftsführungsfragen beziehen.[188] Eigene Zuständigkeiten der Hauptversammlung für beschlusslose Gegenstände bestehen gem. § 92 Abs. 1 (Entgegennahme der Verlustanzeige) und gem. § 175 Abs. 1 (Entgegennahme des festgestellten Jahresabschlusses und des Lageberichts). Ein Ergänzungsverlangen dürfte in diesen Fällen regelmäßig nicht erforderlich sein.

2. Aktionärseigenschaft (Abs. 2 S. 1). Wie die Einberufung der Hauptversammlung kann auch 36 die Ergänzung der Tagesordnung gem. § 122 Abs. 2 S. 1 nur von Aktionären verlangt werden. Diesbezüglich gelten dieselben Grundsätze wie im Rahmen von § 122 Abs. 1 (→ Rn. 6). Auch das Recht aus § 122 Abs. 2 muss nicht durch den Aktionär persönlich ausgeübt werden (→ Rn. 7).

3. Quorum (Abs. 2 S. 1). Die Anteile der Antragsteller müssen zusammen **5% des Grundkapi-** 37 **tals oder den anteiligen Betrag von 500 000 Euro** erreichen. Ein Mindestbetrag von 500 000 Euro ist insbesondere bei großen Publikumsgesellschaften deutlich leichter zu erreichen als 5% des Grundkapitals. Dementsprechend hat das Ergänzungsverlangen eine erheblich größere praktische Bedeutung als das Einberufungsverlangen (→ Rn. 5). Die zusätzliche Aufnahme eines Mindestbetrags geht auf einen Vorschlag des Rechts- und des Wirtschaftsausschusses zurück.[189] Der Mindestbetrag betrug ursprünglich 1 000 000 DM und wurde durch Art. 3 § 1 Nr. 7 EuroEG[190] auf 500 000 Euro festgesetzt. Durch die alternative Anknüpfung an einen Mindestbetrag sollte ursprünglich sichergestellt werden, dass die zur Minderheit gehörenden Aktionäre, deren Aktienbesitz ausreicht, um eine Sonderprüfung gerichtlich durchzusetzen (§ 142 Abs. 2), auch die Ankündigung der Beschlussfassung über eine Sonderprüfung als Gegenstand der Tagesordnung verlangen können.[191] Dieses Ziel wird heute nicht mehr erreicht, da das Quorum in § 142 Abs. 2 S. 1 durch Art. 1 Nr. 11 UMAG auf 100 000 Euro abgesenkt wurde. Eine Herabsetzung des Mindestbetrags in § 122 Abs. 2 ist gleichwohl nicht zu empfehlen, da bereits die Schwelle von 500 000 Euro eher niedrig bemessen ist.

Das Quorum kann gem. § 122 Abs. 2 S. 1 iVm § 122 Abs. 1 S. 2 auch für Ergänzungsverlangen 38 durch die Satzung nur herabgesetzt werden (→ Rn. 34). Für die Berechnung des Quorums gelten dieselben Grundsätze wie im Rahmen von § 122 Abs. 1 (→ Rn. 5 ff.). Im Hinblick auf den Mindestbetrag von 500 000 Euro stellt § 122 Abs. 2 S. 1 seit der Änderung der Norm durch Art. 1 Nr. 16

---

[183] Kölner Komm AktG/*Noack/Zetzsche* Rn. 58.
[184] Vgl. BegrRegE BT-Drs. 16/11 642, 29; *Drinhausen/Keinath* BB 2008, 1238 (1243).
[185] Grigoleit/*Herrler* Rn. 12; Hölters/*Drinhausen* Rn. 18; Kölner Komm AktG/*Noack/Zetzsche* Rn. 63; MüKoAktG/*Kubis* Rn. 31; K. Schmidt/Lutter/*Ziemons* Rn. 44; Wachter/*Mayrhofer* Rn. 15; *Schlitt* in Semler/Volhard/Reichert HV-HdB § 4 Rn. 229; *Florstedt* ZIP 2010, 761 (765); *Seibert/Florstedt* ZIP 2008, 2145 (2149); zum (noch anders formulierten) RefE s. auch *Ch. Horn* ZIP 2008, 1558 (1561).
[186] RL 2007/36/EG des Europäischen Parlaments und des Rates v. 11.7.2007 über die Ausübung bestimmter Rechte von Aktionären in börsennotierten Gesellschaften, ABl. EU 2007 Nr. L 184, 17.
[187] Ebenso MüKoAktG/*Kubis* Rn. 31; K. Schmidt/Lutter/*Ziemons* Rn. 44; *Schlitt* in Semler/Volhard/Reichert HV-HdB § 4 Rn. 229; *Ch. Horn* ZIP 2008, 1558 (1561).
[188] Hölters/*Drinhausen* Rn. 18; Kölner Komm AktG/*Noack/Zetzsche* Rn. 63; *Ch. Horn* ZIP 2008, 1558 (1561 f.).
[189] Ausschussbericht bei *Kropff* S. 170.
[190] Gesetz zur Einführung des Euro (Euro-Einführungsgesetz – EuroEG) v. 9.6.1998, BGBl. 1998 I 1242.
[191] Ausschussbericht bei *Kropff* S. 170.

StückAG nicht mehr auf den Nennbetrag, sondern den anteiligen Betrag des Grundkapitals ab. Der auf die einzelne Aktie entfallende anteilige Betrag des Grundkapitals (§ 8 Abs. 3 S. 3) ergibt sich bei Stückaktien aus der Division des Grundkapitals durch die Zahl der Aktien (vgl. § 8 Abs. 4). Bei Nennbetragsaktien (§ 8 Abs. 2) ist der anteilige Betrag iSv § 122 Abs. 2 S. 1 ein Gesamtnennbetrag von 500 000 Euro.[192] Hierzu sind die Nennbeträge der einzelnen Aktien zu addieren. Wurde das Grundkapital der Gesellschaft noch nicht von DM auf Euro umgestellt, ist mit dem offiziellen Umrechnungskurs zu rechnen (1 Euro = 1,95583 DM), so dass für die Erfüllung des Quorums bereits ein anteiliger Betrag von 977 915 DM ausreicht.[193]

39 Da die Ergänzung der Tagesordnung gem. § 122 Abs. 2 S. 1 „in gleicher Weise" verlangt werden kann wie die Einberufung, gelten auch hier das **Vorbesitzerfordernis** und die **Haltefrist** gem. § 122 Abs. 1 S. 3 entsprechend (→ Rn. 11).[194] Soweit hiergegen teilweise eingewandt wird, dass nach dem Wortlaut von § 122 Abs. 2 S. 1 nur die Modalitäten der Ausübung gemeint und das Vorbesitzerfordernis sowie die Haltefrist hiervon nicht erfasst seien,[195] überzeugt dies nicht. Selbst wenn man den Verweis auf die Modalitäten der Ausübung beschränken wollte, gehörte hierzu ohne weiteres auch die Erbringung eines Nachweises iSv § 122 Abs. 1 S. 3. Auch der Gesetzgeber ging schon bei der Einfügung von § 122 Abs. 1 S. 3 durch das KonTraG eindeutig davon aus, dass das Vorbesitzerfordernis und die Haltefrist auch für Ergänzungsverlangen gelten.[196] Dieses Verständnis hat er bei der Änderung der Norm durch die Aktienrechtsnovelle 2016 erneut bestätigt.[197] Art. 6 Abs. 2 Aktionärsrechte-RL,[198] der im Hinblick auf die Anforderungen an Ergänzungsverlangen nur vorsieht, dass die erforderliche Mindestbeteiligung 5% des Aktienkapitals nicht übersteigen darf, steht ebenfalls nicht entgegen.[199] Nach Erwägungsgrund 7 Aktionärsrechte-RL sollen die Regelungen zur Ergänzung der Tagesordnung „unbeschadet der derzeitigen Zeitrahmen und Modalitäten, die derzeit in der Gemeinschaft verwendet werden", gelten. Hierunter lassen sich auch das Vorbesitzerfordernis und die Haltefrist fassen, zumal der hierdurch bewirkte Missbrauchsschutz die Ausübung des Rechts aus § 122 Abs. 2 nicht übermäßig erschwert.[200] Auch im Rahmen von § 122 Abs. 2 sind daher das Vorbesitzerfordernis und die Haltefrist (einschließlich der Nachweispflicht) zu beachten. Wie durch die Aktienrechtsnovelle 2016 in § 122 Abs. 1 S. 3 klargestellt wurde, ist der Vorbesitzzeitraum von 90 Tagen vom **Tag des Zugangs des Verlangens** bei der Gesellschaft zurückzurechnen (→ Rn. 12). Dabei ist der Tag des Zugangs des Verlangens nicht mitzuzählen (§ 122 Abs. 2 S. 1 iVm § 122 Abs. 1 S. 4 und § 121 Abs. 7 S. 1). Insoweit besteht ein Gleichlauf von Einberufungs- und Ergänzungsverlangen.

40 **4. Verlangen. a) Allgemeines.** Das Ergänzungsverlangen muss gem. § 122 Abs. 2 S. 1 „in gleicher Weise" wie ein Einberufungsverlangen gestellt werden. Aufgrund dieses Verweises auf § 122 Abs. 1 unterliegt das Ergänzungsverlangen denselben formellen Anforderungen wie ein Einberufungsverlangen. Auch das Ergänzungsverlangen bedarf daher der **Schriftform** (→ Rn. 18).[201] Der hiergegen erhobene Einwand, § 122 Abs. 2 sei vor dem Hintergrund von Art. 6 Abs. 1 S. 3 Aktio-

---

[192] Hüffer/Koch/*Koch,* 13. Aufl. 2018, Rn. 9; MüKoAktG/*Kubis* Rn. 29.
[193] Großkomm AktG/*Butzke* Rn. 54.
[194] BegrRegE, BT-Drs. 18/4349, 22; Großkomm AktG/*Butzke* Rn. 53; Hölters/*Drinhausen* Rn. 17; Hüffer/Koch/*Koch,* 13. Aufl. 2018, Rn. 9; MüKoAktG/*Kubis* Rn. 29; *Schmidt* in Böttcher/Carl/Schmidt/Seibert, Die Aktienrechtsnovelle, 2016, § 6 Rn. 59; *Ihrig/Wandt* BB 2016, 6 (8); *Paschos/Goslar* NZG 2016, 359 (363); *Schmidt-Bendun* DB 2015, 419 (424); *Söhner* ZIP 2016, 151 (156); *Stöber* DStR 2016, 611 (615); *Wandt* NZG 2016, 367 (370); s. zum RegE der Aktienrechtsnovelle 2012 auch *Bungert/Wettich* ZIP 2012, 297 (303); *Götze/Arnold/Carl* NZG 2012, 321 (327); *Merkner/Schmidt-Bendun* DB 2012, 98 (104); zu § 122 Abs. 1 S. 3 aF auch Grigoleit/*Herrler* Rn. 11; NK-AktR/*M. Müller* Rn. 25; *Wachter/Mayrhofer* Rn. 17; *Butzke* Die Hauptversammlung der AG Rn. B 113; *Ruppert* in Schaaf Rn. 189; aA zum RegE der Aktienrechtsnovelle 2012 *Ziemons* NZG 2012, 212 (213); zu § 122 Abs. 1 S. 3 aF auch K. Schmidt/Lutter/*Ziemons* Rn. 33 f.
[195] So K. Schmidt/Lutter/*Ziemons* Rn. 33; *Ziemons* NZG 2012, 212 (213), die den Wortlaut von § 122 Abs. 2 S. 1 diesbezüglich sogar für eindeutig hält.
[196] Vgl. BegrRegE BT-Drs. 13/9712, 17.
[197] BegrRegE, BT-Drs. 18/4349, 22.
[198] RiLi 2007/36/EG des Europäischen Parlaments und des Rates v. 11.7.2007 über die Ausübung bestimmter Rechte von Aktionären in börsennotierten Gesellschaften, ABl. EU 2007 Nr. L 184, 17.
[199] So aber K. Schmidt/Lutter/*Ziemons* Rn. 34; wie hier dagegen Großkomm AktG/*Butzke* Rn. 13; Kölner Komm AktG/*Noack/Zetzsche* Rn. 31.
[200] Großkomm AktG/*Butzke* Rn. 13; Kölner Komm AktG/*Noack/Zetzsche* Rn. 31.
[201] AG Neuruppin, Beschl. v. 19.8.2014 – HRB 7522; Hölters/*Drinhausen* Rn. 18 iVm Rn. 9; Hüffer/Koch/*Koch,* 13. Aufl. 2018, Rn. 9; NK-AktR/*M. Müller* Rn. 25; *Weisner/Heins* AG 2012, 706 ff.; *Wettich* NZG 2011, 721 (724); aA K. Schmidt/Lutter/*Ziemons* Rn. 36; *Kemmerer* BB 2011, 3018 (3019): Textform; ähnlich MüKo-AktG/*Kubis* Rn. 30 iVm Rn. 12: Telefax ausreichend; Kölner Komm AktG/*Noack/Zetzsche* Rn. 47: Telekopie und E-Mail ausreichend, wenn sie ein unterschriebenes Dokument enthalten.

närsrechte-RL[202] richtlinienkonform auszulegen, so dass (jedenfalls bei börsennotierten Gesellschaften) Textform erforderlich aber auch genügend sei,[203] überzeugt nicht. Art. 6 Abs. 1 S. 3 Aktionärsrechte-RL spricht davon, dass die Rechte „schriftlich" ausgeübt werden können und definiert dies als „Übermittlung durch Postdienste oder auf elektronischem Wege". Der Wortlaut der Aktionärsrechterichtlinie belässt hinreichend Spielraum,[204] zumal die Schriftform gem. § 126 Abs. 3 BGB auch im Rahmen von § 122 Abs. 2 durch die elektronische Form iSv § 126a BGB ersetzt werden kann, so dass eine „Übermittlung auf elektronischem Wege" durchaus möglich ist. Überdies dürfte der eindeutige Wortlaut von § 122 Abs. 2 S. 1 iVm Abs. 1 S. 1 einer richtlinienkonformen Auslegung ohnehin entgegenstehen. Der BGH verfährt bei der richtlinienkonformen Auslegung zwar recht großzügig und lässt grundsätzlich auch eine teleologische Reduktion zu.[205] Voraussetzung für eine teleologische Reduktion ist jedoch eine verdeckte Regelungslücke im Sinne einer planwidrigen Unvollständigkeit des Gesetzes.[206] Daran dürfte es hier fehlen. Durch das ARUG wurden in § 122 Abs. 2 nur die Sätze 2 und 3 eingefügt und § 122 Abs. 2 S. 1 nur im Hinblick auf das Bekanntmachungserfordernis geändert. Im Hinblick auf die Form des Verlangens hat der Gesetzgeber offenbar keinen Regelungsbedarf gesehen, so dass ihm keine entsprechende Regelungsabsicht unterstellt werden kann. Die **Satzung** kann auch für Ergänzungsverlangen **Formerleichterungen** vorsehen (→ Rn. 33).

Das Ergänzungsverlangen ist **an die durch den Vorstand vertretene Gesellschaft** zu richten **40a** (→ Rn. 17). Auch bei einem Ergänzungsverlangen sind gem. § 122 Abs. 2 S. 1 iVm Abs. 1 S. 1 der **Zweck** und die **Gründe des Verlangens** anzugeben. Der Zweck ergibt sich bereits aus dem Verlangen, bestimmte Punkte auf die Tagesordnung zu setzen, so dass weitere Angaben hierzu entbehrlich sind.[207] Die Angabe der Gründe des Verlangens erfordert eine kurze Erläuterung, warum eine Befassung der Hauptversammlung mit den betreffenden Gegenständen stattfinden soll. Da die Hauptversammlung ohnehin stattfindet, sind hieran keine strengen Anforderungen zu stellen.[208] Zu unterscheiden ist die Angabe der Gründe des Verlangens von der Begründung eines Gegenstands der Tagesordnung gem. § 122 Abs. 2 S. 2 (→ Rn. 41 f.).[209] Letztere erfordert eine spezielle Erläuterung des Gegenstands, die über dessen allgemeine Eignung für eine Befassung der Hauptversammlung hinausgehen muss.[210]

Wie ein Einberufungsverlangen kann auch ein Ergänzungsverlangen grundsätzlich jederzeit **40b** zurückgenommen werden (→ Rn. 20). Durch die **Rücknahme** wird das Ergänzungsverlangen gegenstandslos. Wurde die ergänzte Tagesordnung bereits bekannt gemacht (§ 124 Abs. 1), bleibt die Bekanntmachung trotz der Rücknahme unberührt. Der Vorstand kann in diesem Fall aber die entsprechenden Tagesordnungspunkte vor Beginn der Hauptversammlung (zur zeitlichen Grenze → § 121 Rn. 81a) wieder absetzen.[211] Nach Beginn der Hauptversammlung kann nur noch die Hauptversammlung selbst eine Absetzung beschließen. Wird das Ergänzungsverlangen nicht zurückgenommen, bleibt es der Hauptversammlung dennoch unbenommen, die Absetzung oder Vertagung der entsprechenden Tagesordnungspunkte zu beschließen.[212] Der Vorstand kann vor Beginn der Hauptversammlung Gegenstände der ergänzten Tagesordnung auch dann wieder absetzen, wenn das Ergänzungsverlangen nicht zurückgenommen wurde. Im Innenverhältnis ist er hierzu jedoch nicht berechtigt, wenn die Voraussetzungen für ein wirksames und begründetes Ergänzungsverlangen weiterhin vorliegen (→ Rn. 31a). Unberührt bleibt auch in diesem Fall die Kompetenz des Vorstands, die gesamte Hauptversammlung wieder abzusagen.[213] Die Entscheidung über die Abhaltung

---

[202] RL 2007/36/EG des Europäischen Parlaments und des Rates v. 11.7.2007 über die Ausübung bestimmter Rechte von Aktionären in börsennotierten Gesellschaften, ABl. EU 2007 Nr. L 184, 17.
[203] So K. Schmidt/Lutter/*Ziemons* Rn. 36; *Kemmerer* BB 2011, 3018 (3019).
[204] Vgl. Hüffer/Koch/*Koch*, 13. Aufl. 2018, Rn. 4; *Weisner/Heins* AG 2012, 706 (708 ff.); *Wettich* NZG 2011, 721 (724 f.).
[205] S. etwa BGHZ 179, 27 (34 ff.).
[206] BGHZ 179, 27 (35); vgl. auch BGH NJW 2005, 1508 (1510) (zur verfassungskonformen Auslegung).
[207] Vgl. Kölner Komm AktG/*Noack/Zetzsche* Rn. 57.
[208] Vgl. Kölner Komm AktG/*Noack/Zetzsche* Rn. 57, die nach dem Umfang der ursprünglichen Tagesordnung differenzieren.
[209] Ohne solche Unterscheidung K. Schmidt/Lutter/*Ziemons* Rn. 45.
[210] Kölner Komm AktG/*Noack/Zetzsche* Rn. 57.
[211] Ebenso wohl *Weber* NZG 2013, 890 (891); aA Großkomm AktG/*Butzke* Rn. 71 f.; Hüffer/Koch/*Koch*, 13. Aufl. 2018, Rn. 9a; Kölner Komm AktG/*Noack/Zetzsche* Rn. 53.
[212] Großkomm AktG/*Butzke* Rn. 74; Kölner Komm AktG/*Noack/Zetzsche* Rn. 3; *Butzke* Die Hauptversammlung der AG Rn. B 120; *Austmann* FS Hoffmann-Becking, 2013, 45 (53); *Stützle/Walgenbach* ZHR 155 (1991) 516 (538 f.); aA MüKoAktG/*Kubis* § 119 Rn. 147; NK-AktR/*Heidel* Vor §§ 129–132 Rn. 48; MHdB AG/*Hoffmann-Becking* § 37 Rn. 46; *Grunewald* AG 2015, 689 (693); *Kemmerer* BB 2011, 3018 (3020 f.).
[213] Anders *Weber* NZG 2013, 890 (891 f.): Kompetenz zur Rücknahme der Einberufung nur bei Rücknahme des Ergänzungsverlangens.

einer Hauptversammlung kann nicht über ein Ergänzungsverlangen nach § 122 Abs. 2 der Disposition des Vorstands entzogen werden.

41 **b) Begründung oder Beschlussvorlage (Abs. 2 S. 2).** Gem. § 122 Abs. 2 S. 2 muss jedem neuen Gegenstand eine Begründung oder eine Beschlussvorlage beiliegen. Die Regelung wurde durch Art. 1 Nr. 10 ARUG eingefügt und geht auf Art. 6 Nr. 1 Aktionärsrechte-RL zurück (→ Rn. 4). § 122 Abs. 2 S. 2 differenziert anders als § 124a S. 1 Nr. 2 nicht zwischen Beschlussgegenständen und beschlusslosen Gegenständen. Daher ist auch bei Beschlussgegenständen die Beifügung einer Begründung ausreichend.[214] Auch wenn es durchaus sinnvoll wäre, bei Beschlussgegenständen stets die Beifügung von Beschlussvorschlägen zu verlangen, dürfte eine teleologische Reduktion von § 122 Abs. 2 S. 2 ausscheiden, da keine hinreichenden Anhaltspunkte für einen entsprechenden Regelungswillen des Gesetzgebers vorliegen, die ein Abweichen von dem eindeutigen Wortlaut der Norm rechtfertigen könnten. Aus der Aktionärsrechterichtlinie[215] ergibt sich nichts anderes.[216] Auch Art. 6 Abs. 1 S. 1 lit. a Aktionärsrechte-RL setzt nur voraus, dass bei Ergänzungsverlangen jedem Punkt „eine Begründung oder eine Vorlage für einen in der Hauptversammlung zu fassenden Beschluss" beiliegt. Nur in dem durch § 124a S. 1 Nr. 2 umgesetzten Art. 5 Abs. 4 S. 1 lit. d Aktionärsrechte-RL wird für die Veröffentlichung auf der Internetseite dahingehend differenziert, dass eine Erläuterung nur bei beschlusslosen Gegenständen zugänglich zu machen ist. Allein hieraus ergibt sich nicht mit hinreichender Sicherheit, dass der europäische Gesetzgeber auch in Art. 6 Abs. 1 S. 1 lit. a Aktionärsrechte-RL entsprechend differenzieren wollte, dies aber versehentlich im Wortlaut nicht zum Ausdruck gebracht hat. Zwingend erforderlich ist die Beifügung eines Beschlussvorschlags aber bei Aufsichtsratswahlen, da nur dann die gem. § 124 Abs. 3 S. 4 erforderlichen Angaben gemacht werden können (→ Rn. 19).

41a Die **Begründung** muss in der gebotenen Kürze den betreffenden Gegenstand der Tagesordnung erläutern und deutlich machen, warum eine Behandlung in der Hauptversammlung gewünscht ist. Es gelten grundsätzlich dieselben Anforderungen wie an die Begründung von Gegenanträgen gem. § 126 Abs. 1 (→ § 126 Rn. 11 f.). Auch im Rahmen des § 122 Abs. 2 S. 2 kann ein Hinweis auf eine an anderer Stelle zugängliche Begründung die Übermittlung einer Begründung nicht ersetzen. Im Hinblick auf den Inhalt der Begründung bietet sich eine entsprechende Anwendung von § 126 Abs. 2 an (→ Rn. 23 ff.). Wird eine **Beschlussvorlage** beigefügt, muss der betreffende Beschlussvorschlag so weit ausformuliert sein, dass er (nach allenfalls geringfügiger sprachlicher Überarbeitung) in der Hauptversammlung zur Abstimmung gestellt werden kann.[217] Auch wenn mit dem Ergänzungsverlangen Beschlussvorlagen übermittelt werden, muss der Versammlungsleiter hierüber nur dann abstimmen lassen, wenn in der Hauptversammlung entsprechende Beschlussanträge gestellt werden. Fehlt es an einer den Anforderungen des § 122 Abs. 2 S. 2 entsprechenden Begründung oder Beschlussvorlage, ist das Ergänzungsverlangen unbeachtlich.

42 **c) Frist (Abs. 2 S. 3).** Ein Ergänzungsverlangen kann **sowohl für eine bereits einberufene als auch für eine erwartete Hauptversammlung** gestellt werden.[218] Es muss sich aber stets auf eine bestimmte Hauptversammlung beziehen.[219] Ein verfristetes Verlangen kann daher nicht in ein (frühzeitig gestelltes) Verlangen für die Folgehauptversammlung umgedeutet werden.[220] Der späteste Zeitpunkt, zu dem das Ergänzungsverlangen bei der Gesellschaft eingegangen sein muss, ist in § 122 Abs. 2 S. 3 geregelt. Die Norm wurde durch Art. 1 Nr. 10 ARUG eingefügt (→ Rn. 4). Zuvor fehlte es an einer ausdrücklichen Regelung. § 124 Abs. 1 S. 2 aF sah lediglich vor, dass eine Bekanntmachung binnen zehn Tagen nach der Einberufung der Hauptversammlung erfolgen muss. Hieraus ließ sich ableiten, dass das Ergänzungsverlangen der Gesellschaft jedenfalls so rechtzeitig zugegangen

---

[214] Ebenso Grigoleit/*Herrler* Rn. 12; *Kocher* AG 2013, 406 (407) Fn. 5; *Mimberg/Gätsch* Rn. 143; wohl auch Kölner Komm AktG/*Noack/Zetzsche* Rn. 57; aA K. Schmidt/Lutter/*Ziemons* Rn. 41; wohl auch *Butzke* Die Hauptversammlung der AG Rn. B 113.
[215] RL 2007/36/EG des Europäischen Parlaments und des Rates v. 11.7.2007 über die Ausübung bestimmter Rechte von Aktionären in börsennotierten Gesellschaften, ABl. EU 2007 Nr. L 184, 17.
[216] So aber K. Schmidt/Lutter/*Ziemons* Rn. 45.
[217] Ebenso Grigoleit/*Herrler* Rn. 12.
[218] KG NZG 2003, 441 (442); Grigoleit/*Herrler* Rn. 13; Großkomm AktG/*Butzke* Rn. 57; Hüffer/Koch/*Koch*, 13. Aufl. 2018, Rn. 9; Kölner Komm AktG/*Noack/Zetzsche* Rn. 64; MüKoAktG/*Kubis* Rn. 30; K. Schmidt/Lutter/*Ziemons* Rn. 40; *Butzke* Die Hauptversammlung der AG Rn. B 114; MHdB AG/*Bungert* § 36 Rn. 57; aA wohl *Baumbach/Hueck* Rn. 4.
[219] Großkomm AktG/*Butzke* Rn. 59; MHdB AG/*Bungert* § 36 Rn. 58; *Mertens* AG 1997, 481 (487 Fn. 20, 490).
[220] Großkomm AktG/*Butzke* Rn. 59; K. Schmidt/Lutter/*Ziemons* Rn. 41; *Mertens* AG 1997, 481 (487 Fn. 21, 490); aA KG NZG 2003, 441 (442); Kölner Komm AktG/*Noack/Zetzsche* Rn. 46; MüKoAktG/*Kubis* Rn. 30.

sein muss, dass die 10-Tage-Frist eingehalten werden kann.[221] Mit der Neuregelung will der Gesetzgeber Rechtsklarheit schaffen.[222] Die Festsetzung eines bestimmten Stichtags, bis zu dem das Recht aus § 122 Abs. 2 wahrgenommen werden kann, setzt zudem eine entsprechende Vorgabe des Art. 6 Abs. 3 Aktionärsrechte-RL um.

Gem. § 122 Abs. 2 S. 3 Hs. 1 muss das Ergänzungsverlangen der Gesellschaft **mindestens 24 Tage, bei börsennotierten Gesellschaften mindestens 30 Tage vor der Hauptversammlung** zugehen. Der Tag des Zugangs ist gem. § 122 Abs. 2 S. 3 Hs. 2 nicht mitzurechnen. Für die Fristberechnung gilt § 121 Abs. 7 (→ § 121 Rn. 91 ff.). Gem. § 121 Abs. 7 S. 1 ist auch der Tag der Hauptversammlung nicht mitzurechnen, so dass das Ergänzungsverlangen der Gesellschaft spätestens am 25. Tag bzw. – bei börsennotierten Gesellschaften – am 31. Tag vor der Hauptversammlung zugehen muss. Ein fristgerecht zugegangenes Ergänzungsverlangen ist gem. § 124 Abs. 1 S. 1 unverzüglich nach Zugang bekannt zu machen (→ § 124 Rn. 4). 43

Die Einführung der **30-Tage-Frist für börsennotierte Gesellschaften** dient der Umsetzung von Art. 6 Abs. 4 Aktionärsrechte-RL. Dieser verlangt, dass die Bekanntmachung der geänderten Tagesordnung zeitlich vor dem Nachweisstichtag (Record Date) erfolgt, sofern die Tagesordnung den Aktionären vor der Änderung bereits übermittelt wurde. Hierdurch soll es den Aktionären ermöglicht werden, auf das Ergänzungsverlangen zu reagieren und ihren Stimmenanteil durch Zukauf oder Wertpapierleihe zu erhöhen.[223] Nach Ansicht des Gesetzgebers bleibt den Antragstellern bei einer 30-Tage-Frist selbst dann ausreichend Zeit für ein Ergänzungsverlangen, wenn die Hauptversammlung mit der Mindestfrist des § 123 Abs. 1 einberufen wird, da diese in der Praxis regelmäßig gem. § 123 Abs. 2 S. 5 um die Tage der Anmeldefrist verlängert wird.[224] Durch die 30-Tage-Frist bleibt den Gesellschaften genügend Zeit, das Ergänzungsverlangen in die Mitteilung nach § 125 Abs. 1 aufzunehmen, wodurch ein Doppelversand vermieden wird.[225] Auf nicht börsennotierte Gesellschaften ist Art. 6 Abs. 4 Aktionärsrechte-RL dagegen nicht anwendbar, so dass sich hieraus keine Einschränkung der Veröffentlichungspflicht ergeben kann. Nicht börsennotierte Gesellschaften müssen daher Ergänzungsverlangen unter den Voraussetzungen des § 122 Abs. 2 auch dann noch unverzüglich veröffentlichen, wenn die Veröffentlichung erst nach einem satzungsmäßigen Nachweisstichtag (Record Date) erfolgt (→ § 124 Rn. 4).[226] 44

Besonderheiten gelten in **Übernahmesituationen**. Gem. § 16 Abs. 4 S. 1 verkürzt sich die Einberufungsfrist auf 14 Tage, wenn im Zusammenhang mit einem Übernahmeangebot nach der Veröffentlichung der Angebotsunterlage (§ 10 WpÜG) eine Hauptversammlung der Zielgesellschaft nach § 16 Abs. 3 WpÜG einberufen wird. In diesen Fällen wird man § 122 Abs. 2 S. 3 dahingehend einschränkend auslegen können, dass auch das Ergänzungsverlangen erst mindestens 14 Tage vor der Hauptversammlung zugehen muss.[227] Bei Anwendung der Europäischen Durchbrechungsregel gilt § 16 Abs. 4 gem. § 33b Abs. 4 WpÜG entsprechend für eine auf Verlangen des Bieters einberufene **Durchbrechungshauptversammlung** iSv § 33b Abs. 2 Nr. 3 WpÜG. Gem. § 7 Abs. 1 S. 1 FMStBG gilt § 16 Abs. 4 WpÜG zudem entsprechend, wenn im Zusammenhang mit einer **Rekapitalisierung nach § 7 FMStFG** eine Hauptversammlung zur Beschlussfassung über eine Kapitalerhöhung gegen Einlagen einberufen wird, allerdings mit der Maßgabe, dass die Einberufung spätestens am 21. Tag vor dem Tag der Hauptversammlung erfolgen muss. In diesem Fall muss auch das Ergänzungsverlangen mindestens 21 Tage vor der Hauptversammlung zugehen. § 7 FMStBG gilt gem. **§ 125 Abs. 2 SAG**[228] entsprechend für Beschlussfassungen der Anteilsinhaberversammlung des übernehmenden Rechtsträgers über Kapitalmaßnahmen, über Satzungsänderungen, über den Abschluss oder die Beendigung von Unternehmensverträgen oder über Maßnahmen nach dem UmwG im Zusammenhang mit der Übertragung von Anteilen, Vermögenswerten, Verbindlichkeiten und Rechtsverhältnissen von einem **in Abwicklung befindlichen Kredit- oder Finanzdienstleis-** 44a

---

[221] Zur alten Rechtslage s. etwa Großkomm AktG/*Werner*, 4. Aufl. 1993, Rn. 50.
[222] BegrRegE BT-Drs. 16/11 642, 29.
[223] BegrRegE BT-Drs. 16/11 642, 29; s. auch *Seibert/Florstedt* ZIP 2008, 2145 (2149).
[224] BegrRegE BT-Drs. 16/11 642, 29; krit. *Paschos/Goslar* AG 2009, 14 (18).
[225] Vgl. BegrRegE BT-Drs. 16/11 642, 30; *Wicke*, Einführung in das Recht der Hauptversammlung, das Recht der Sacheinlagen und das Freigabeverfahren nach dem ARUG, 2009, 22; *Bosse* NZG 2009, 807 (809); *Drinhausen/Keinath* BB 2009, 64 (66); *Hucke* ZCG 2009, 215 (217); *Seibert/Florstedt* ZIP 2008, 2145 (2149).
[226] OLG Frankfurt a.M. ZIP 2017, 1714 (1715 f.) gegen die Vorinstanz LG Frankfurt a.M. ZIP 2017, 377 f.; zust. Hüffer/Koch/*Koch*, 13. Aufl. 2018, Rn. 2; *Flick* GWR 2018, 28; *Rieckers* DB 2017, 2786 (2791); *von der Linden* EWiR 2017, 653 f.
[227] K. Schmidt/Lutter/*Ziemons* Rn. 42; wohl auch Großkomm AktG/*Butzke* Rn. 119; aA wohl MüKoAktG/*Kubis* § 124 Rn. 74.
[228] Gesetz zur Sanierung und Abwicklung von Instituten und Finanzgruppen (Sanierungs- und Abwicklungsgesetz – SAG) v. 10.12.2014, BGBl. 2014 I 2091, zuletzt geändert durch Art. 3 des Gesetzes v. 23.12.2016, BGBl. 2016 I 3171.

tungsinstitut, um eine Abwicklungsanordnung zu ermöglichen oder umzusetzen. Eine Regelung zur Verkürzung der Einberufungsfrist enthält auch **§ 36 Abs. 6 SAG.** Gem. § 36 Abs. 5 SAG kann in der Satzung eines Kredit- oder Finanzdienstleistungsinstituts in der Rechtsform der AG vorgesehen werden, dass eine Hauptversammlung, deren Tagesordnung allein oder neben anderen Gegenständen die Beschlussfassung über eine Kapitalerhöhung enthält, abweichend von § 123 Abs. 1 S. 1 mindestens zehn Tage vor der Hauptversammlung einzuberufen ist, wenn (i) die Voraussetzungen für ein aufsichtsbehördliches Tätigwerden nach § 36 Abs. 1 S. 1 oder 2 SAG erfüllt sind und (ii) eine Kapitalerhöhung erforderlich ist, um zu verhindern, dass die Abwicklungsvoraussetzungen iSv § 62 SAG eintreten (→ § 123 Rn. 6a). Wird von einer solchen Satzungsregelung Gebrauch gemacht, findet u a § 122 Abs. 2 S. 3 mit der Maßgabe Anwendung, dass das Verlangen der Gesellschaft mindestens sechs Tage vor der Versammlung zugehen muss (§ 36 Abs. 6 S. 4 SAG).

45 **5. Schranken des Rechts auf Ergänzung der Tagesordnung.** Das Ergänzungsverlangen unterliegt grundsätzlich denselben Schranken wie das Einberufungsverlangen. Auch das Ergänzungsverlangen muss sich auf Gegenstände beziehen, die in den **Kompetenzbereich der Hauptversammlung** fallen (→ Rn. 22). Anders als ein Einberufungsverlangen kann sich ein Ergänzungsverlangen seit der Änderung von § 122 Abs. 2 S. 1 durch das ARUG zwar auch auf beschlusslose Gegenstände beziehen. In der Praxis dürfte hierfür aber kein nennenswerter Anwendungsbereich verbleiben (→ Rn. 35). Zudem gilt auch für das Ergänzungsverlangen die allgemeine **Schranke des Rechtsmissbrauchs** (→ Rn. 23 ff.). Dabei ist dem Umstand Rechnung zu tragen, dass ein Ergänzungsverlangen im Vergleich zu einem Einberufungsverlangen einen geringeren Aufwand verursacht, da keine gesonderte Hauptversammlung erforderlich ist.[229] Auch die Darlegung einer Dringlichkeit ist im Rahmen des § 122 Abs. 2 idR nicht erforderlich.[230] Dagegen kommt bei einem Ergänzungsverlangen ein Rechtsmissbrauch wegen des Umfangs des Verlangens eher in Betracht als bei einem Einberufungsverlangen. Insbesondere bei einer ohnehin schon umfangreichen Tagesordnung kann ein ausuferndes Ergänzungsverlangen rechtsmissbräuchlich sein.[231]

46 **6. Pflichten des Vorstands.** Entspricht das Ergänzungsverlangen den Anforderungen des § 122 Abs. 2, muss der Vorstand die betreffenden Gegenstände entweder bereits mit der Einberufung, anderenfalls unverzüglich (§ 121 Abs. 1 S. 1 BGB) nach Zugang des Verlangens **bekannt machen** (§ 124 Abs. 1 S. 1). Für die Pflichten des Vorstands gelten grundsätzlich die Ausführungen zum Einberufungsverlangen entsprechend (→ Rn. 27 ff.). Auch bei einem Ergänzungsverlangen ist dem Vorstand eine angemessene **Prüfungsfrist** zuzubilligen. Ist die Einberufung der Hauptversammlung bereits erfolgt, muss insbesondere bei börsennotierten Gesellschaften die Prüfungsfrist regelmäßig kürzer ausfallen als bei einem Einberufungsverlangen. Die insoweit geltende 30-Tage-Frist (§ 122 Abs. 2 S. 1) soll gerade sicherstellen, dass die Aktionäre noch vor dem Record Date ihren Stimmenanteil in Reaktion auf das Ergänzungsverlangen aufstocken können (→ Rn. 44). Nimmt man die für eine Bekanntmachung im Bundesanzeiger erforderliche Vorlaufzeit hinzu, bleibt für die Prüfung des Ergänzungsverlangens idR nicht mehr ein Zeitraum von drei bis vier Tagen.[232] Ein solcher Zeitraum sollte für die Prüfung aber regelmäßig ausreichen.[233]

47 Die Minderheit kann nur verlangen, dass die Gegenstände auf die Tagesordnung gesetzt werden. Sie hat **keinen Anspruch auf eine bestimmte Reihenfolge der Tagesordnung**.[234] Der Vorstand kann die Gegenstände des Ergänzungsverlangens daher ohne weiteres an das Ende der Tagesordnung setzen. Dies gilt selbst dann, wenn die betreffenden Gegenstände durch vorausgehende Tagesordnungspunkte präjudiziert werden.[235] Mit dem Ergänzungsverlangen übermittelte Beschlussvorschläge sind in die Bekanntmachung aufzunehmen.[236] Etwas anderes gilt für eine zu einzelnen Gegenständen

---

[229] Vgl. LG Frankfurt a.M. AG 2004, 218; Grigoleit/*Herrler* Rn. 13; Großkomm AktG/*Butzke* Rn. 65; Hüffer/Koch/*Koch*, 13. Aufl. 2018, Rn. 9; Kölner Komm AktG/*Noack/Zetzsche* Rn. 71; MüKoAktG/*Kubis* Rn. 35; Wachter/*Mayrhofer* Rn. 20; *H.-F. Müller* WuB II A. § 122 AktG 1.12.

[230] Großkomm AktG/*Butzke* Rn. 65.

[231] MüKoAktG/*Kubis* Rn. 35.

[232] Vgl. *Butzke* Die Hauptversammlung der AG Rn. B 115; *Paschos/Goslar* AG 2009, 14 (18); s. auch Kölner Komm AktG/*Noack/Zetzsche* Rn. 74: Prüfungsfrist von wenigen Tagen; enger MüKoAktG/*Kubis* Rn. 38: Prüfung bis zum nächsten Werktag, sofern nicht Umfang des Verlangens längere Überlegung gebietet; auf die Besonderheiten des Einzelfalls abstellend Großkomm AktG/*Butzke* Rn. 66.

[233] Vgl. *Butzke* Die Hauptversammlung der AG Rn. B 116: 1–2 Werktage idR ausreichend.

[234] Grigoleit/*Herrler* Rn. 13; Großkomm AktG/*Butzke* Rn. 62; Kölner Komm AktG/*Noack/Zetzsche* Rn. 59; MüKoAktG/*Kubis* Rn. 41.

[235] Großkomm AktG/*Werner*, 4. Aufl. 1993, Rn. 51.

[236] Großkomm AktG/*Butzke* Rn. 62; Kölner Komm AktG/*Noack/Zetzsche* Rn. 76; K. Schmidt/Lutter/*Ziemons* § 124 Rn. 12; *Butzke* Die Hauptversammlung der AG Rn. B 118; *Reichert/Balke* in Semler/Volhard/Reichert HV-HdB § 4 Rn. 239; *Halberkamp/Gierke* NZG 2004, 494 (499 f.); *Ch. Horn* ZIP 2008, 1558 (1562); aA *Mertens* AG 1997, 481 (487).

oder Beschlussvorschlägen übermittelte Begründung (→ Rn. 31).²³⁷ Eine Bekanntmachungspflicht besteht auch dann, wenn sich ein von der Minderheit übermittelter Beschlussvorschlag und ein Verwaltungsvorschlag zu einem anderen Tagesordnungspunkt gegenseitig ausschließen.²³⁸ Etwas anderes soll nach teilweise vertretener Ansicht gelten, wenn sich das Ergänzungsverlangen ausschließlich kontradiktorisch zu einem Verwaltungsvorschlag verhält, so dass sein Gegenstand im Rahmen eines anderen Tagesordnungspunkts erledigt werden kann (zB Misstrauensvotum gegen Vorstandsmitglieder im Rahmen des Tagesordnungspunkts „Entlastung").²³⁹ In der Praxis dürfte sich gleichwohl auch in diesen Fällen regelmäßig eine Bekanntmachung anbieten.

IV. Gerichtliche Ermächtigung (Abs. 3)

1. Verfahren. a) Allgemeines. Für den Fall, dass der Vorstand einem begründeten Einberufungs- oder Ergänzungsverlangen nicht entspricht, können sich die Aktionäre an das Gericht wenden und eine Ermächtigung zur Einberufung der Hauptversammlung oder zur Bekanntmachung des Gegenstands der Tagesordnung beantragen. § 122 Abs. 3 sieht zur Durchsetzung der Minderheitenrechte aus § 122 Abs. 1 und 2 ein Verfahren der freiwilligen Gerichtsbarkeit vor. In dem Verfahren gilt der **Amtsermittlungsgrundsatz** (§ 26 FamFG).²⁴⁰ Ein Anwaltszwang besteht weder in der Eingangs- noch in der Beschwerdeinstanz (vgl. § 10 Abs. 1 FamFG).²⁴¹ In der Rechtsbeschwerdeinstanz müssen sich die Beteiligten dagegen durch einen beim BGH zugelassenen Rechtsanwalt vertreten lassen (§ 10 Abs. 4 S. 1 FamFG). Der Gesellschaft (vertreten durch den Vorstand) ist vor der Entscheidung rechtliches Gehör zu gewähren.²⁴² Eine persönliche (dh mündliche) Anhörung (§ 34 FamFG) ist regelmäßig nicht erforderlich.²⁴³ Das Gericht wird nur **subsidiär** tätig, so dass zunächst stets ein Verlangen an die Gesellschaft zu richten ist.²⁴⁴ Das Verfahren gem. § 122 Abs. 3 ist **abschließend**. Eine Leistungsklage oder einstweilige Verfügung kommt daneben nicht in Betracht.²⁴⁵

Eine gerichtliche Ermächtigung zur Einberufung der Hauptversammlung wird weder durch die Eröffnung des **Insolvenzverfahrens** noch durch die Regelung zur Eigenverwaltung in § 276a InsO oder durch die Einleitung eines Insolvenzplanverfahrens generell ausgeschlossen.²⁴⁶ Dementsprechend wird ein bereits eingeleitetes Verfahren gem. § 122 Abs. 3 durch die Eröffnung des Insolvenzverfahrens grundsätzlich auch nicht unterbrochen.²⁴⁷ Voraussetzung ist, dass sich das Einberufungsverlangen auf Beschlussgegenstände bezieht, für welche die Hauptversammlung trotz der Insolvenz der Gesellschaft zuständig bleibt.²⁴⁸ Grundsätzlich taugliche Gegenstände einer Einberufungsermächtigung können daher die Abberufung und Wahl von Aufsichtsratsmitgliedern,²⁴⁹ der Vertrauensentzug gegenüber dem Vorstand, Satzungsänderungen über Mehrheitserfordernisse, Kapitalerhöhungen (außerhalb eines Insolvenzplans) und Sonderprüfungsanträge sein.²⁵⁰

---

²³⁷ Großkomm AktG/*Butzke* Rn. 62; *Reichert/Balke* in Semler/Volhard/Reichert HV-HdB § 4 Rn. 239; *Halberkamp/Gierke* NZG 2004, 494 (499 f.); *Ch. Horn* ZIP 2008, 1558 (1562); *Mertens* AG 1997, 481 (487); wohl auch MüKoAktG/*Kubis* § 121 Rn. 76; grds. auch *v. Falkenhausen* BB 1966, 337 (339); teilw. aA *Butzke* Die Hauptversammlung der AG Rn. B 118; K. Schmidt/Lutter/*Ziemons* § 124 Rn. 12: Bekanntmachungspflicht auch hinsichtlich Begründung zu beschlusslosen Tagesordnungspunkten.
²³⁸ Großkomm AktG/*Butzke* Rn. 68; MüKoAktG/*Kubis* Rn. 41.
²³⁹ GHEK/*Eckardt* Rn. 12; MüKoAktG/*Kubis* Rn. 41; aA Großkomm AktG/*Butzke* Rn. 68; K. Schmidt/Lutter/*Ziemons* Rn. 48.
²⁴⁰ KG NZG 2003, 441 (444 f.); Großkomm AktG/*Butzke* Rn. 77; MüKoAktG/*Kubis* Rn. 55.
²⁴¹ Vgl. GHEK/*Eckardt* Rn. 36 (zu § 13 FGG aF); Großkomm AktG/*Butzke* Rn. 77; Keidel/*Zimmermann* FamFG § 10 Rn. 21; MüKoFamFG/*Pabst* FamFG § 10 Rn. 3 f.; für erste Instanz auch MüKoAktG/*Kubis* Rn. 55.
²⁴² GHEK/*Eckardt* Rn. 36; Großkomm AktG/*Butzke* Rn. 77; MüKoAktG/*Kubis* Rn. 55.
²⁴³ Ebenso Kölner Komm AktG/*Noack/Zetzsche* Rn. 93; widersprüchlich MüKoAktG/*Kubis* Rn. 55, der einerseits regelmäßig eine persönliche Anhörung der Gesellschaft (gemeint ist wohl: des Vorstands) verlangt, andererseits aber ausführt, dass diese nicht zwingend im Rahmen einer mündlichen Verhandlung erfolgen müsse.
²⁴⁴ GHEK/*Eckardt* Rn. 32.
²⁴⁵ Bürgers/Körber/*Reger* Rn. 17; GHEK/*Eckardt* Rn. 33; Grigoleit/*Herrler* Rn. 14; Großkomm AktG/*Butzke* Rn. 75; Kölner Komm AktG/*Noack/Zetzsche* Rn. 84; MüKoAktG/*Kubis* Rn. 43; *Bayer/Scholz/Weiß* ZIP 2014, 1.
²⁴⁶ OLG Düsseldorf ZIP 2013, 1022 (1023 f.); OLG München ZIP 2018, 1038 (1039 f.); AG München ZIP 2018, 741 (742); *Faerber/Garbe* GWR 2013, 224; vgl. auch *Klöhn* NZG 2013, 81 (83 f.); aA für den Fall, das Eigenverwaltung angeordnet wurde, AG Montabaur ZIP 2012, 1307 f.; *Wachter/Mayrhofer* Rn. 27 f.; für den Fall, dass ein Insolvenzplanverfahren eröffnet wurde, wohl auch *Thole*, Gesellschaftsrechtliche Maßnahmen in der Insolvenz, 2. Aufl. 2015, Rn. 232 ff.; krit. auch *Thole* BB 2018, 1364.
²⁴⁷ OLG Düsseldorf ZIP 2013, 1022 (1024).
²⁴⁸ OLG Düsseldorf ZIP 2013, 1022 (1023 f.); OLG München ZIP 2018, 1038 (1039 f.); AG München ZIP 2018, 741 (742); *Faerber/Garbe* GWR 2013, 224; *Klöhn* NZG 2013, 81 (83 f.).
²⁴⁹ OLG Düsseldorf ZIP 2013, 1022 (1023 f.).
²⁵⁰ OLG München ZIP 2018, 1038 (1040 ff.); enger noch die Vorinstanz AG München ZIP 2018, 741 (742 f.).

49 **b) Zuständigkeit.** Sachlich zuständig ist das **Amtsgericht** (§ 23a Abs. 1 Nr. 2, Abs. 2 Nr. 4 GVG iVm § 375 Nr. 3 FamFG).[251] Örtlich ist gem. § 375 Nr. 3 FamFG, § 376 Abs. 1 FamFG das Amtsgericht, in dessen Bezirk ein Landgericht seinen Sitz hat, für den Bezirk dieses Landgerichts zuständig. Durch Rechtsverordnung der Landesregierungen bzw. nach Delegation durch Rechtsverordnung der Landesjustizverwaltungen können andere oder zusätzliche Gerichte bestimmt werden (§ 376 Abs. 2 FamFG).[252] In diesem Rahmen bestimmt sich die örtliche Zuständigkeit nach dem Sitz der Gesellschaft (§ 377 Abs. 1 FamFG). Das Amtsgericht ist als solches **(nicht als Registergericht)** zuständig.[253] Gerichtliche Handlungen sind nicht deswegen unwirksam, weil sie von einem örtlich unzuständigen Gericht vorgenommen worden sind (§ 2 Abs. 3 FamFG). Gleiches gilt analog § 2 Abs. 3 FamFG bei sachlicher Unzuständigkeit des handelnden Gerichts.[254]

50 **c) Antrag.** Das Gericht wird nur auf Antrag tätig. **Antragsberechtigt** sind gem. § 122 Abs. 3 S. 1 die Aktionäre, die das Verlangen nach § 122 Abs. 1 oder 2 gestellt haben. Gleichgestellt sind Gesamtrechtsnachfolger.[255] Einzelrechtsnachfolger sind nicht antragsberechtigt.[256] Das gem. § 122 Abs. 1 oder 2 erforderliche Quorum muss im Zeitpunkt der Antragstellung noch erfüllt sein (→ Rn. 13). Dass einzelne Aktionäre abspringen, ist unschädlich, solange das Quorum noch erfüllt ist.[257] Ein rein rechnerischer Fortbestand des Quorums unter Auswechslung der beteiligten Aktionäre ist dagegen nicht ausreichend (→ Rn. 13). Der Antrag kann auch von einem **Bevollmächtigten** aufgrund schriftlicher Vollmacht (§ 11 S. 1 FamFG) gestellt werden.[258] **Antragsgegner** ist die Gesellschaft (vertreten durch den Vorstand).[259]

51 **Antragsvoraussetzung** ist gem. § 122 Abs. 3 S. 1, dass der Vorstand einem Verlangen iSv § 122 Abs. 1 oder 2 nicht nachkommt. Dabei spielt es keine Rolle, ob der Vorstand das Verlangen ausdrücklich zurückgewiesen hat oder lediglich nach Ablauf einer angemessenen Prüfungsfrist untätig geblieben ist.[260] Der Vorstand ist einem Einberufungsverlangen auch dann nicht nachgekommen, wenn er lediglich einen Termin für eine Hauptversammlung veröffentlicht, ohne eine Tagesordnung bekannt zu geben.[261] Wird einem Einberufungsverlangen gem. § 122 Abs. 1 nicht entsprochen, können sich die antragstellenden Aktionäre gerichtlich zur Ergänzung der Tagesordnung einer zwischenzeitlich einberufenen Hauptversammlung ermächtigen lassen.[262] Eine entsprechende Änderung des Antrags ist auch nach Einleitung eines Verfahrens gem. 122 Abs. 3 noch möglich.[263] Ist dagegen der Vorstand einem Ergänzungsverlangen gem. § 122 Abs. 2 nicht nachgekommen, kann die Aktionärsminderheit nicht gem. § 122 Abs. 3 eine gerichtliche Ermächtigung zur Einberufung der Haupt-

---

[251] Vgl. LG München I AG 2018, 494; Großkomm AktG/*Butzke* Rn. 76.
[252] Vgl. die Übersichten bei Bahrenfuss/*Steup* FamFG § 376 Rn. 4; Bumiller/*Harders* FamFG § 376 Rn. 14; Keidel/*Heinemann* FamFG § 376 Rn. 10 ff.
[253] Großkomm AktG/*Butzke* Rn. 76; Kölner Komm AktG/*Noack/Zetzsche* Rn. 90; MüKoAktG/*Kubis* Rn. 44; *Reichert/Balke* in Semler/Volhard/Reichert HV-HdB § 4 Rn. 52; aA noch *Schlegelberger/Quassowski* § 106 Anm. 6; vgl. auch BayObLG AG 1968, 331; OLG Celle NJW 1964, 112 f. (zu § 106 Abs. 4 AktG 1937); LG Berlin AG 1979, 109 – Deutscher Depeschen Dienst AG.
[254] Bahrenfuss/*Bahrenfuss* FamFG § 2 Rn. 21; Keidel/*Sternal* FamFG § 2 Rn. 30a; MüKoFamFG/*Pabst* § 10 FamFG Rn. 60; Prütting/Helms/*Prütting* FamFG § 2 Rn. 39; teilw. aA Bumiller/*Harders* FamFG § 2 Rn. 25: wirksam, aber anfechtbar.
[255] Bürgers/Körber/*Reger* Rn. 18; Grigoleit/*Herrler* Rn. 14; Großkomm AktG/*Butzke* Rn. 81; Hüffer/Koch/*Koch*, 13. Aufl. 2018, Rn. 10; Kölner Komm AktG/*Noack/Zetzsche* Rn. 88; MüKoAktG/*Kubis* Rn. 45; K. Schmidt/Lutter/*Ziemons* Rn. 52; Wachter/*Mayrhofer* Rn. 23; *Reichert/Balke* in Semler/Volhard/Reichert HV-HdB § 4 Rn. 50; *G. Bezzenberger/T. Bezzenberger* FS K. Schmidt, 2009, 105 (111).
[256] Grigoleit/*Herrler* Rn. 14; Großkomm AktG/*Butzke* Rn. 81; Hüffer/Koch/*Koch*, 13. Aufl. 2018, Rn. 10; Kölner Komm AktG/*Noack/Zetzsche* Rn. 88; MüKoAktG/*Kubis* Rn. 45; K. Schmidt/Lutter/*Ziemons* Rn. 46; *G. Bezzenberger/T. Bezzenberger* FS K. Schmidt, 2009, 105 (111); aA Bürgers/Körber/*Reger* Rn. 18; Kölner Komm AktG/*Zöllner*, 1. Aufl. 1985, Rn. 26; wohl auch Großkomm AktG/*Werner*, 4. Aufl. 1993, Rn. 55.
[257] LG Duisburg ZIP 2004, 76 (77) – Babcock Borsig; Bürgers/Körber/*Reger* Rn. 18; GHEK/*Eckardt* Rn. 35; Großkomm AktG/*Butzke* Rn. 81, 83; Hüffer/Koch/*Koch*, 13. Aufl. 2018, Rn. 10; Kölner Komm AktG/*Noack/Zetzsche* Rn. 89; *Reichert/Balke* in Semler/Volhard/Reichert HV-HdB § 4 Rn. 50.
[258] Großkomm AktG/*Butzke* Rn. 83; MüKoAktG/*Kubis* Rn. 52.
[259] MüKoAktG/*Kubis* Rn. 53.
[260] Grigoleit/*Herrler* Rn. 14; Großkomm AktG/*Butzke* Rn. 78; Kölner Komm AktG/*Noack/Zetzsche* Rn. 85; MüKoAktG/*Kubis* Rn. 46.
[261] OLG München AG 2010, 84 (86); Grigoleit/*Herrler* Rn. 14.
[262] Großkomm AktG/*Butzke* Rn. 85; MüKoAktG/*Kubis* Rn. 51; K. Schmidt/Lutter/*Ziemons* Rn. 56; vgl. auch OLG Zweibrücken AG 1997, 140 (141).
[263] MüKoAktG/*Kubis* Rn. 51; K. Schmidt/Lutter/*Ziemons* Rn. 56; vgl. auch OLG Zweibrücken AG 1997, 140 (141).

versammlung beantragen.[264] Eine entsprechende Antragsänderung nach Einleitung eines Verfahrens gem. § 122 Abs. 3 ist unzulässig.

Das Vorliegen der Antragsvoraussetzungen ist **von den Antragstellern darzulegen.**[265] Dabei sind auch die Gegenstände des Einberufungs- oder Ergänzungsverlangens mitzuteilen.[266] Daneben müssen die Antragsteller die Erfüllung des Vorbesitzerfordernisses (§ 122 Abs. 1 S. 3) und die Einhaltung der Haltefrist (§ 122 Abs. 3 S. 5) nachweisen (→ Rn. 14 f.). Ohne ordnungsgemäßen Nachweis ist der Antrag bereits unzulässig.[267] Der Nachweis ist spätestens bis zur gerichtlichen Entscheidung zu erbringen.[268] 51a

Der Antrag kann **schriftlich oder zur Niederschrift** abgegeben werden (§ 25 Abs. 1 FamFG). Durch das Erfordernis der schriftlichen Einreichung bei Gericht wird kein Schriftformerfordernis iSv § 126 BGB begründet. § 23 Abs. 1 S. 4 FamFG sieht aber vor, dass der Antrag vom Antragsteller oder seinem Bevollmächtigten **unterschrieben** werden soll. Dabei geht der Gesetzgeber trotz der Formulierung als Soll-Vorschrift grundsätzlich von einem zwingenden Charakter des Unterschriftserfordernisses aus.[269] Gleichwohl wird hierdurch keine Schriftform iSd § 126 BGB angeordnet, so dass die Übermittlung auch per Telefax oder Computerfax erfolgen kann.[270] 52

§ 122 Abs. 3 sieht **keine Antragsfrist** vor. Dennoch ist anerkannt, dass der Antrag unzulässig sein kann, wenn aufgrund „übermäßigen Zögerns" nicht mehr gewährleistet ist, dass die ablehnende Entscheidung des Vorstands (etwa im Hinblick auf eine veränderte Sachlage) weiterhin unverändert gelten soll.[271] Hiervon zu unterscheiden sind die Fristen des § 122 Abs. 2 S. 1, die sicherstellen sollen, dass die Veröffentlichung eines Ergänzungsverlangens rechtzeitig vor der Hauptversammlung bzw. (bei börsennotierten Gesellschaften) vor dem Nachweisstichtag (Record Date) erfolgen kann. Kann eine rechtzeitige Bekanntmachung vor der Hauptversammlung bzw. vor dem Record Date nicht mehr erfolgen, ist der Antrag nicht unzulässig, sondern unbegründet.[272] Wurde der Antrag auf gerichtliche Ermächtigung zur Ergänzung der Tagesordnung bereits vor diesem Zeitpunkt gestellt, **erledigt sich die Hauptsache** mit Beginn der Hauptversammlung bzw. Ablauf des Nachweisstichtags.[273] Das Ergänzungsverlangen kann nicht dahingehend ausgelegt werden, dass es im Zweifel auch für die nächste Hauptversammlung gelten soll (→ Rn. 42).[274] Jedenfalls tritt Erledigung mit Durchführung der Hauptversammlung und Beschlussfassung über die Gegenstände des Ergänzungsverlangens ein.[275] In einem Verfahren auf Ermächtigung zur Einberufung einer Hauptversammlung tritt ebenfalls mit der gesetz- und satzungsgemäßen Einberufung und Durchführung der Hauptversammlung eine Erledigung der Hauptsache ein.[276] Gleiches gilt, wenn von einer Ermächtigung gem. § 122 Abs. 3 nicht innerhalb einer vom Gericht gesetzten Frist (→ Rn. 55) oder – bei fehlender Fristsetzung – nicht innerhalb eines angemessenen Zeitraums Gebrauch gemacht wird.[277] 53

d) Entscheidung. aa) Allgemeines. Das Gericht entscheidet durch **Beschluss** (§ 38 Abs. 1 S. 1 FamFG). Der Beschluss ist zu begründen (§ 38 Abs. 3 S. 1 FamFG). Nach dem Wortlaut des § 122 Abs. 3 S. 1 „kann" das Gericht die Aktionäre, die das Verlangen gestellt haben, ermächtigen, die 54

---

[264] KG NZG 2003, 441 (443); MüKoAktG/*Kubis* Rn. 51; *Mertens* AG 1997, 481 (490); aA Großkomm AktG/ *Butzke* Rn. 85.
[265] Vgl. Großkomm AktG/*Butzke* Rn. 84; MüKoAktG/*Kubis* Rn. 47.
[266] Großkomm AktG/*Butzke* Rn. 84.
[267] Vgl. zu § 142 Abs. 2 S. 2 Hüffer/Koch/*Koch*, 13. Aufl. 2018, § 142 Rn. 23.
[268] MüKoAktG/*Kubis* Rn. 47.
[269] BegrRegE BT-Drs. 16/6308, 186; s. auch Bahrenfuss/*Rüntz* FamFG § 23 Rn. 23, 45 f.; *Bumiller/Harders* FamFG § 23 Rn. 14; wohl auch Bassenge/Roth/*Gottwald* FamFG, RPflG, § 23 FamFG Rn. 8; aA Keidel/*Sternal* FamFG § 23 Rn. 42; MüKoFamFG/*Ulrici* FamFG § 23 Rn. 39; Prütting/Helms/*Ahn-Roth* FamFG § 23 Rn. 17.
[270] Bahrenfuss/*Rüntz* FamFG § 23 Rn. 23; Bürgers/Körber/*Reger* Rn. 18; *Bumiller/Harders* FamFG § 23 Rn. 14; s. auch MüKoFamFG/*Ulrici* § 23 FamFG Rn. 39.
[271] *Baumbach/Hueck* Rn. 5; Bürgers/Körber/*Reger* Rn. 18; Grigoleit/*Herrler* Rn. 14; Großkomm AktG/*Butzke* Rn. 86; Hüffer/Koch/*Koch*, 13. Aufl. 2018, Rn. 10; Kölner Komm AktG/*Noack/Zetzsche* Rn. 86; MüKoAktG/ *Kubis* Rn. 49; v. Godin/Wilhelmi Anm. 7; *Butzke* Die Hauptversammlung der AG Rn. B 123; MHdB AG/*Bungert* § 36 Rn. 32; *Reichert/Balke* in Semler/Volhard/Reichert HV-HdB § 4 Rn. 51.
[272] Vgl. MüKoAktG/*Kubis* Rn. 49.
[273] Anders KG NZG 2003, 441 (442); Bürgers/Körber/*Reger* Rn. 22: Ergänzungsverlangen gelte im Zweifel auch für die nächste Hauptversammlung.
[274] *Mertens* AG 1997, 481 (487) Fn. 20, 490; aA KG NZG 2003, 441 (442); Bürgers/Körber/*Reger* Rn. 22; Großkomm AktG/*Butzke* Rn. 59; Kölner Komm AktG/*Noack/Zetzsche* Rn. 113.
[275] BGH ZIP 2012, 1313 (1314); OLG Düsseldorf ZIP 2013, 1022, (1023); Grigoleit/*Herrler* Rn. 17.
[276] BGH ZIP 2012, 1313 f.; KG NZG 2003, 441 (442); Grigoleit/*Herrler* Rn. 17; Kölner Komm AktG/ *Noack/Zetzsche* Rn. 110; Wachter/*Mayrhofer* Rn. 26; *Bayer/Scholz/Weiß* ZIP 2014, 1 (5); *Heeg* NZG 2012, 1056 (1057).
[277] KG NZG 2003, 441 (442).

Hauptversammlung einzuberufen oder den Gegenstand bekanntzumachen. Entgegen dem Wortlaut folgt hieraus nach allgemeiner Ansicht **kein Ermessensspielraum** des Gerichts. Das Gericht muss einem zulässigen und begründeten Antrag unter denselben Voraussetzungen stattgeben, unter denen der Vorstand dem Verlangen hätte nachkommen müssen.[278] Es darf nicht prüfen, ob der Antrag sinnvoll oder zweckmäßig ist.[279]

54a Das Gericht prüft zum einen, ob die **formellen Voraussetzungen** des Einberufungs- oder Ergänzungsverlangens erfüllt sind (Quorum, Vorbesitz, Haltefrist, Formerfordernisse, Angabe des Zwecks und der Gründe, Beifügung einer Begründung oder Beschlussvorlage zu jedem neuen Gegenstand bei Ergänzungsverlangen). Zum anderen prüft es die **materiellen Schranken** (→ Rn. 21 ff.). Insbesondere kann es den Antrag als rechtsmissbräuchlich zurückweisen, wenn mit dem Einberufungs- oder Ergänzungsverlangen die **Fassung gesetz- oder satzungswidriger Beschlüsse** angestrebt wird.[280] Sofern mit einem Einberufungs- oder Ergänzungsverlangen Beschlussvorschläge übermittelt werden, muss das Gericht diese jedoch nicht zwingend einer vollständigen Rechtmäßigkeitskontrolle unterziehen.[281] Die endgültige Beschlusskontrolle erfolgt in einem der Beschlussfassung nachgelagerten Beschlussmängelverfahren nach den §§ 241 ff. Da das Gericht im Verfahren nach § 122 Abs. 3 keine vollständigen Rechtmäßigkeitskontrolle vornehmen muss, entfaltet die gerichtliche Entscheidung auch keine Bindungswirkung dahingehend, dass der Versammlungsleiter in der Hauptversamlung nicht zu einer eigenen Rechtmäßigkeitsprüfung berechtigt wäre und den Beschlussantrag ungeachtet etwaiger Mängel (selbst evidenter Mängel) stets zur Abstimmung stellen müsste.[282]

54b Maßgeblich für das Vorliegen der Voraussetzungen des Einberufungs- oder Ergänzungsverlangens ist der Zeitpunkt der Entscheidung des Beschwerdegerichts als letzter Tatsacheninstanz.[283] Das Gericht ist **an den Antrag der Aktionäre gebunden** und darf einen Antrag auf Ermächtigung zur Einberufung nicht von sich aus in einen Antrag auf Ermächtigung zur Ergänzung der Tagesordnung umdeuten.[284] Vielmehr ist eine Antragsumstellung erforderlich. Ansonsten ist das Gericht bei der Formulierung der Ermächtigung nicht an den von den Antragstellern gewählten Wortlaut gebunden.[285] Sind die Voraussetzungen für eine Ermächtigung nicht gegeben, weist das Gericht den Antrag als unbegründet zurück.

55 **bb) Ermächtigung (Abs. 3 S. 1).** Liegen die Voraussetzungen des § 122 Abs. 1 vor, ermächtigt das Gericht die Antragsteller zur Einberufung der begehrten Hauptversammlung mit den beantragten Beschlussgegenständen. Die Modalitäten der Hauptversammlung (insbesondere Zeit und Ort) werden vom Gericht nicht festgesetzt, sondern den Antragstellern überlassen.[286] Das Gericht kann den

---

[278] AllgA, s. BayObLG AG 1968, 330 (331); OLG Frankfurt a.M. AG 1987, 48 – Königsberger Lagerhaus AG; OLG München AG 2010, 84 (85); OLG Stuttgart AG 2009, 169 (170) – Ed. Zublin; OLG Köln WM 1959, 1402 (zu § 106 Abs. 3 AktG 1937); KG ZIP 2012, 1029 (1030); LG Stuttgart AG 2008, 757 (758) – Ed. Zublin; AG Stuttgart AG 2006, 514 – DaimlerChrysler; Bürgers/Körber/*Reger* Rn. 19; Grigoleit/*Herrler* Rn. 15; Großkomm AktG/*Butzke* Rn. 77, 87; Hüffer/Koch/*Koch*, 13. Aufl. 2018, Rn. 11; Kölner Komm AktG/*Noack/Zetzsche* Rn. 95; MüKoAktG/*Kubis* Rn. 43, 57; K. Schmidt/Lutter/*Ziemons* Rn. 56; *Butzke* Die Hauptversammlung der AG Rn. B 123; MHdB AG/*Bungert* § 36 Rn. 33; *Reichert/Balke* in Semler/Volhard/Reichert HV-HdB § 4 Rn. 54; *Bayer/Scholz/Weiß* AG 2013, 742 (744 f.); *Heeg* NZG 2012, 1056 (1057); *Kühn* BB 1965, 1170 (1171).
[279] BayObLG AG 1968, 330 (331); OLG Frankfurt a.M. AG 1987, 48 – Königsberger Lagerhaus AG; KG ZIP 2012, 1029 (1030); LG Stuttgart AG 2008, 757 (758) – Ed. Zublin; AG Stuttgart AG 2006, 514 – DaimlerChrysler; Bürgers/Körber/*Reger* Rn. 19; Großkomm AktG/*Butzke* Rn. 87; MüKoAktG/*Kubis* Rn. 57; *Reichert/Balke* in Semler/Volhard/Reichert HV-HdB § 4 Rn. 54; *Bayer/Scholz/Weiß* AG 2013, 742 (745); *Heeg* NZG 2012, 1056 (1057).
[280] OLG Stuttgart AG 2009, 169 (170) – Ed. Zublin; *Grunewald* AG 2015, 689 (690); grundsätzlich auch OLG Karlsruhe ZIP 2015, 125 (128) – Gelita; *Schatz* AG 2015, 696 (704), die einen Rechtsmissbrauch allerdings – nicht überzeugend – nur dann annehmen wollen, wenn der mit einem Verlangen übermittelte Beschlussvorschlag ein Indiz dafür sei, dass ein Gegenstand beraten werden solle, bei dem die Fassung eines rechtmäßigen Beschlusses keinesfalls in Betracht kommen könne.
[281] OLG Karlsruhe ZIP 2015, 125 (127) – Gelita; OLG München Urt. v. 27.6.2018 – 7 U 2752/17, juris Rn. 46; *Schatz* AG 2015, 696 (704); aA wohl LG München I AG 2018, 206 (207); *Grunewald* AG 2015, 689 (690 f.); *Wennerkers* EWiR 2018, 237 (238).
[282] AA *Grunewald* AG 2015, 689 (691); *Schatz* AG 2015, 696 (700), die anhand der Entscheidungsgründe ermitteln wollen, in welchem Umfang das Gericht den Beschlussvorschlag auf seine Mangelhaftigkeit überprüft bzw. für rechtmäßig befunden hat; ebenso wohl Großkomm AktG/*Butzke* Rn. 73.
[283] OLG Frankfurt a.M. AG 2005, 442; OLG München AG 2010, 84 (85); s. auch OLG Stuttgart AG 2009, 169 (170) – Ed. Zublin; OLG Düsseldorf NZG 2004, 239, (240) – Babcock Borsig.
[284] Großkomm AktG/*Butzke* Rn. 87; MüKoAktG/*Kubis* Rn. 56; wohl auch K. Schmidt/Lutter/*Ziemons* Rn. 56; aA Kölner Komm AktG/*Noack/Zetzsche* Rn. 98; *Heeg* NZG 2012, 1056 (1058).
[285] GHEK/*Eckardt* Rn. 41; Großkomm AktG/*Butzke* Rn. 87; MüKoAktG/*Kubis* Rn. 56; *Reichert/Balke* in Semler/Volhard/Reichert HV-HdB § 4 Rn. 54.
[286] Großkomm AktG/*Butzke* Rn. 88; MüKoAktG/*Kubis* Rn. 58; *Reichert/Balke* in Semler/Volhard/Reichert HV-HdB § 4 Rn. 55; MHdB AG/*Bungert* § 36 Rn. 33; K. Schmidt/Lutter/*Ziemons* Rn. 57.

Antragstellern aber eine **Frist zur Einberufung** der Hauptversammlung setzen.[287] Verzichtet das Gericht auf eine Fristsetzung, ist die Einberufung innerhalb eines angemessenen Zeitraums vorzunehmen (→ Rn. 63). Im Fall des § 122 Abs. 2 ermächtigt das Gericht die Antragsteller bei Vorliegen der Voraussetzungen, die Tagesordnung der bevorstehenden Hauptversammlung um die beantragten Gegenstände zu ergänzen. Die betreffende Hauptversammlung ist vom Gericht zu bezeichnen, wobei eine Bezugnahme auf die „nächste ordentliche Hauptversammlung" ausreicht.[288]

cc) Bestimmung des Vorsitzenden (Abs. 3 S. 2). Gem. § 122 Abs. 3 S. 2 kann das Gericht zugleich den Vorsitzenden der Versammlung (Versammlungsleiter) bestimmen. Die Bestimmung kann **von Amts wegen** vorgenommen werden.[289] Sie erfolgt nach dem Ermessen des Gerichts. Liegen konkrete Anhaltspunkte vor, dass eine unparteiische Leitung durch den satzungsmäßig berufenen Versammlungsleiter nicht gewährleistet ist, kann sich das Ermessen des Gerichts zu einer **Bestimmungspflicht** reduzieren.[290] Aufgrund des damit verbundenen Eingriffs in die Satzungsautonomie sind hieran aber strenge Anforderungen zu stellen.[291] Das Gericht hat sein Ermessen stets selbst auszuüben und kann die Auswahl nicht der antragstellenden Aktionärsminderheit oder einem sonstigen Dritten übertragen.[292] Die Regelung des § 122 Abs. 3 S. 2 ist zwar primär auf den Fall einer Ermächtigung zur Einberufung der Hauptversammlung zugeschnitten,[293] die gerichtliche Bestimmung des Versammlungsleiters ist aber auch bei einer Ermächtigung zur **Ergänzung der Tagesordnung** grundsätzlich nicht ausgeschlossen. In diesem Fall beschränkt sie sich auf die **Gegenstände des Ergänzungsverlangens**.[294] Da der Einheitlichkeit der Versammlungsleitung ein hohes Gewicht beizumessen ist, kann eine gerichtliche Bestimmung des Versammlungsleiters bei einer Ermächtigung zur Ergänzung der Tagesordnung nur in Ausnahmefällen in Betracht kommen.[295] Eine bloße persönliche Betroffenheit des Versammlungsleiters durch die angestrebte Beschlussfassung kann daher die gerichtliche Bestellung eines Versammlungsleiters nicht rechtfertigen.[296] Verfehlt ist daher die Auffassung des OLG Köln,[297] wonach es bereits ausreichen soll, dass die Antragsteller im Zusammenhang mit einer angetrebten Beschlussfassung nach § 147 „den Verdacht von zum Schadensersatz verpflichtenden Verfehlungen auch des (…) satzungsmäßigen Versammlungsleiters" hegen, ohne dass es hierfür konkrete Anhaltspunkte gibt. Dass eine bloße persönliche Betroffenheit und ein daraus drohender Interessenkonflikt der Leitung der Hauptversammlung nicht ent-

---

[287] Grigoleit/*Herrler* Rn. 15; Großkomm AktG/*Butzke* Rn. 88; Kölner Komm AktG/*Noack*/*Zetzsche* Rn. 97; MüKoAktG/*Kubis* Rn. 58; K. Schmidt/Lutter/*Ziemons* Rn. 57; *Reichert*/*Balke* in Semler/Volhard/Reichert HV-HdB § 4 Rn. 55.
[288] MüKoAktG/*Kubis* Rn. 59.
[289] OLG München AG 2010, 84 (87); Bürgers/Körber/*Reger* Rn. 20; Großkomm AktG/*Butzke* Rn. 89; Hüffer/Koch/*Koch,* 13. Aufl. 2018, Rn. 11; Kölner Komm AktG/*Noack*/*Zetzsche* Rn. 100; MüKoAktG/*Kubis* Rn. 60; K. Schmidt/Lutter/*Ziemons* Rn. 58; *Butzke* Die Hauptversammlung der AG Rn. D 11; MHdB AG/*Bungert* § 36 Rn. 33; *Leuering*/*Rubner* NJW-Spezial 2018, 15.
[290] AG Karlsruhe NZG 2001, 619; Bürgers/Körber/*Reger* Rn. 20; Hüffer/Koch/*Koch,* 13. Aufl. 2018, Rn. 11; MüKoAktG/*Kubis* Rn. 56; K. Schmidt/Lutter/*Ziemons* Rn. 58; *Butzke* Die Hauptversammlung der AG Rn. D 11; MHdB AG/*Bungert* § 36 Rn. 33; *Leuering*/*Rubner* NJW-Spezial 2018, 15; *Schatz* AG 2015, 696 (707); s. auch OLG Zweibrücken AG 1997, 140 (141); LG Frankfurt a.M. WM 1988, 304; unklar GHEK/*Eckardt* Rn. 44.
[291] OLG Hamburg AG 2012, 294 (295); *Theusinger*/*Schilha* NZG 2016, 56 (58).
[292] OLG Düsseldorf ZIP 2013, 1023 (1024).
[293] Vgl. *Mertens* AG 1997, 481 (490).
[294] GHEK/*Eckardt* Rn. 44; Grigoleit/*Herrler* Rn. 15; Großkomm AktG/*Butzke* Rn. 93; Kölner Komm AktG/*Noack*/*Zetzsche* Rn. 104; K. Schmidt/Lutter/*Ziemons* Rn. 58; *Gehling* in Semler/Volhard/Reichert HV-HdB § 9 Rn. 20; *Hoffmann-Becking* NZG 2017, 281 (283); *Leuering*/*Rubner* NJW-Spezial 2018, 15; *Rieckers* DB 2015, 2130 (2135); *Schatz* AG 2015, 696 (705); *Theusinger*/*Schilha* NZG 2016, 56 (59); s. auch OLG Köln NZG 2015, 1118 f. – Strabag; OLG Hamburg AG 2012, 294 f.; aA *Mertens* AG 1997, 481 (490), der die gerichtliche Bestellung eines Versammlungsleiters auf Einberufungsverlangen beschränken will, da die Leitung für die gesamte Hauptversammlung einheitlich sein müsse.
[295] Zust. Grigoleit/*Herrler* Rn. 15; in diese Richtung auch Großkomm AktG/*Butzke* Rn. 93; K. Schmidt/Lutter/*Ziemons* Rn. 58; aA *Schatz* AG 2015, 696 (705 f.); *Theusinger*/*Schilha* NZG 2016, 56 (59).
[296] Bürgers/Körber/*Reger* Rn. 20; *Gehling* in Semler/Volhard/Reichert HV-HdB § 9 Rn. 20; *Marsch-Barner* in Marsch-Barner/Schäfer Börsennotierte AG-HdB Rn. 32.27; *Rieckers* DB 2016, 2531 (2536); *Rieckers* DB 2015, 2130 (2135); *Theusinger*/*Schilha* NZG 2016, 56 (58); s. auch OLG Zweibrücken AG 1997, 140 (141); vgl. zur Abwahl des satzungsmäßigen Versammlungsleiters auch *Hoppe* NZG 2017, 361 (362); *Klaaßen-Kaiser*/*Bünten* EWiR 2017, 393 (394); *Rieckers* DB 2017, 2720 (2725); offen *Kocher*/*Lönner* ZIP 2016, 653 (657 Fn. 46).
[297] OLG Köln NZG 2015, 1118 (1119) – Strabag; ebenso AG Köln, Beschl. v. 17.3.2017 – HRB 556, BeckRS 2017, 106548 – Strabag; *Schatz* AG 2015, 696 (707); ähnlich auch OLG Düsseldorf ZIP 2013, 1022 (1024) für die Abberufung von Aufsichtsratsmitgliedern, wobei der Antragsteller lediglich den „Verdacht einer persönlichen Bereicherung der Organmitglieder zu Lasten der Gläubiger und Gesellschafter" hegte; für die Abwahl des satzungsmäßigen Versammlungsleiters durch die Hauptversamlung auch OLG Köln NZG 2017, 1344 (1348) – Strabag; LG Köln, ZIP 2016, 162 (165).

gegenstehen, zeigt sich bereits daran, dass der Versammlungsleiter nach wohl allgemeiner Auffassung auch die Abstimmung über seine eigene Entlastung leiten darf.[298] Es müssen daher konkrete Anhaltspunkte bestehen, dass der Versammlungsleiter die mit einem Minderheitsverlangen begehrte Beschlussfassung widerrechtlich vereiteln oder bestehende Stimmverbote missachten könnte.[299]

57 Eine gerichtliche Bestimmung des Versammlungsleiters ist auch dann zulässig, wenn die Satzung keinen bestimmten Versammlungsleiter vorsieht.[300] Das Gericht hat das Ermessen bei der Auswahl selbst auszuüben und kann dies nicht einem Dritten übertragen.[301] Es kann aber eine **negative Bestimmung** treffen und sich auf den Ausschluss bestimmter Personen beschränken (etwa des nach der Satzung zuständigen Aufsichtsratsvorsitzenden).[302] Entgegen dem Wortlaut von § 122 Abs. 3 S. 2 („zugleich") kann die Bestimmung des Versammlungsleiters **zeitlich auch noch nach der Ermächtigung** erfolgen.[303] Auch die **isolierte Bestellung** eines Versammlungsleiters ist grundsätzlich möglich. Nach seiner systematischen Stellung ist § 122 Abs. 3 S. 2 zwar nur im Zusammenhang mit einer gerichtlichen Ermächtigung zur Einberufung oder zur Ergänzung der Tagesordnung einschlägig. Es bietet sich jedoch eine entsprechende Anwendung an, wenn der Vorstand dem Einberufungs- oder Ergänzungsverlangen zwar nachkommt, aber eine unparteiische Leitung durch den satzungsmäßig berufenen Versammlungsleiter nicht gewährleistet ist.[304] Voraussetzung für eine Analogie sollte aber sein, dass bei Stattgabe des Verlangens durch den Vorstand ein gerichtliches Verfahren gem. § 122 Abs. 3 bereits eingeleitet wurde.[305] Auch im Fall der isolierten Bestellung eines Versammlungsleiters müssen konkrete Anhaltspunkte für eine fehlende Unparteilichkeit vorliegen, woran wiederum strenge Anforderungen zu stellen sind.[306] Eine bloße persönliche Betroffenheit des Versammlungsleiters durch die angestrebte Beschlussfassung ist nicht ausreichend (→ Rn. 56). Ein gerichtlich bestimmter Versammlungsleiter kann in der Hauptversammlung **nicht abgewählt** werden.[307] Sofern der gerichtlich bestimmte Vorsitzende sein Amt niederlegt oder sich weigert, den Vorsitz zu übernehmen, amtiert der satzungsmäßig berufene oder von der Hauptversammlung gewählte Versammlungsleiter.[308] Gleiches gilt, wenn das Gericht auf eine Bestimmung des Versammlungsleiters verzichtet.

58 e) **Rechtsmittel (Abs. 3 S. 4).** Gegen die Entscheidung des Gerichts ist gem. § 122 Abs. 3 S. 4 die Beschwerde (§§ 58 ff. FamFG) zulässig. Das Rechtsmittel wurde durch das FGG-RG neu geregelt. § 122 Abs. 3 S. 4 wurde durch Art. 74 Nr. 10 FGG-RG redaktionell angepasst (→ Rn. 4). Beschwerdegericht ist das **Oberlandesgericht** (§ 119 Abs. 1 Nr. 1b GVG). Die Beschwerde ist bei dem Gericht einzulegen, dessen Beschluss angefochten wird (§ 64 Abs. 1 FamFG). Die Beschwerde wird

---

[298] Vgl. Klaaßen-Kaiser/Bünten EWiR 2017, 393 (394); Kocher/Lönner ZIP 2016, 653 (657); Theusinger/Schilha NZG 2016, 56 (57 f.).
[299] Rieckers DB 2015, 2130 (2135); Theusinger/Schilha NZG 2016, 56 (58); vgl. auch Rieckers DB 2017, 2720 (2725); Rieckers DB 2016, 2531 (2536).
[300] MHdB AG/Bungert § 36 Rn. 33; aA LG Frankfurt a.M. WM 1988, 304.
[301] OLG Düsseldorf ZIP 2013, 1022 (1024): Bestellung eines „von der Rheinischen Notarkammer noch namentlich zu benennenden Notars" als Versammlungsleiter unzulässig; aA wohl Großkomm AktG/Butzke Rn. 92 (insbes. Fn. 162).
[302] Großkomm AktG/Butzke Rn. 92; Kölner Komm AktG/Noack/Zetzsche Rn. 101; MüKoAktG/Kubis Rn. 60; Leuering/Rubner NJW-Spezial 2018, 15; Schatz AG 2015, 696 (708).
[303] Grigoleit/Herrler Rn. 15; Großkomm AktG/Butzke Rn. 90; Kölner Komm AktG/Noack/Zetzsche Rn. 103; MüKoAktG/Kubis Rn. 60; K. Schmidt/Lutter/Ziemons Rn. 58; Schatz AG 2015, 696 (706).
[304] OLG Köln NZG 2015, 1118 f. – Strabag; OLG Hamburg AG 2012, 294 f.; AG Frankfurt a.M. WM 1988, 304; Bürgers/Körber/Reger Rn. 20; Grigoleit/Herrler Rn. 15; Kölner Komm AktG/Noack/Zetzsche Rn. 103; MüKoAktG/Kubis Rn. 60a; Marsch-Barner in Marsch-Barner/Schäfer Börsennotierte AG-HdB Rn. 32.27; MHdB AG/Bungert § 36 Rn. 33; Hoffmann-Becking NZG 2017, 281 (283); Leuering/Rubner NJW-Spezial 2018, 15 (16); Linnerz GWR 2012, 247; Rieckers DB 2015, 2130 (2135); Schatz AG 2015, 696 (706 f.); Theusinger/Schilha NZG 2016, 56 (57); iE auch Hüffer/Koch/Koch, 13. Aufl. 2018, Rn. 11; aA LG Marburg AG 2005, 742 f.; Großkomm AktG/Butzke Rn. 91; Butzke Die Hauptversammlung der AG Rn. B 129.
[305] Grigoleit/Herrler Rn. 15; MüKoAktG/Kubis Rn. 60a; Leuering/Rubner NJW-Spezial 2018, 15 (16); wohl auch MHdB AG/Bungert § 36 Rn. 33; restriktiver Hüffer/Koch/Koch, 13. Aufl. 2018, Rn. 11; Hoffmann-Becking NZG 2017, 281 (283): nur wenn die Ermächtigung nach § 122 Abs. 3 S. 1 AktG allein deshalb nicht erfolgt sei, weil der Vorstand unter dem Druck der sonst zu erwartenden Ermächtigung der Minderheit dem Verlangen nachgegeben habe; ebenso wohl Marsch-Barner in Marsch-Barner/Schäfer Börsennotierte AG-HdB Rn. 32.27; aA AG Köln, Beschl. v. 17.3.2017 – HRB 556, BeckRS 2017, 106548 – Strabag (ohne diese Frage überhaupt zu thematisieren); Schatz AG 2015, 696 (706 f.); wohl auch Kölner Komm AktG/Noack/Zetzsche Rn. 103.
[306] OLG Hamburg AG 2012, 294 (295); Linnerz GWR 2012, 247; Rieckers DB 2015, 2130 (2135).
[307] Großkomm AktG/Butzke Rn. 94; Kölner Komm AktG/Noack/Zetzsche Rn. 100; MüKoAktG/Kubis Rn. 60; K. Schmidt/Lutter/Ziemons Rn. 58; MHdB AG/Bungert § 36 Rn. 33; Leuering/Rubner NJW-Spezial 2018, 15; Theusinger/Schilha NZG 2016, 56 (58).
[308] Großkomm AktG/Butzke Rn. 94; Kölner Komm AktG/Noack/Zetzsche Rn. 102.

durch Einreichung einer Beschwerdeschrift oder zur Niederschrift der Geschäftsstelle eingelegt (§ 64 Abs. 2 S. 1 FamFG). Die **Beschwerdefrist** beträgt einen Monat (§ 66 Abs. 1 FamFG). Sie beginnt jeweils mit der schriftlichen Bekanntgabe des Beschlusses an die Beteiligten (§ 66 Abs. 3 S. 1 FamFG). Bei einer stattgebenden Entscheidung des Amtsgerichts ist allein die durch den Vorstand vertretene Gesellschaft beschwerdeberechtigt (nicht dagegen die übrigen Aktionäre).[309] Bei einer ablehnenden Entscheidung des Amtsgerichts sind solche Antragsteller beschwerdeberechtigt, die das erforderliche Quorum erfüllen.[310] Die Beschwerde soll begründet werden (§ 65 Abs. 1 FamFG). Mangels Präklusionswirkung kann sie auf neue Tatsachen und Beweismittel gestützt werden (§ 65 Abs. 3 FamFG).

Die Beschwerde hat **keine aufschiebende Wirkung.**[311] Das Beschwerdegericht kann aber anordnen, dass die Vollziehung des angefochtenen Beschlusses auszusetzen ist (§ 64 Abs. 3 FamFG). Gegen die Entscheidung des Beschwerdegerichts ist die **Rechtsbeschwerde** statthaft, wenn sie das Beschwerdegericht in dem Beschluss zugelassen hat (§ 70 Abs. 1 FamFG). Die Rechtsbeschwerde ist zuzulassen, wenn die Rechtssache grundsätzliche Bedeutung hat oder die Fortbildung des Rechts oder die Sicherung einer einheitlichen Rechtsprechung eine Entscheidung des Rechtsbeschwerdegerichts erfordert (§ 70 Abs. 2 S. 1 FamFG). Das Rechtsbeschwerdegericht ist an die Zulassung gebunden (§ 70 Abs. 2 S. 2 FamFG). Eine Nichtzulassungsbeschwerde ist nicht vorgesehen.[312] Zuständig für die Entscheidung über die Rechtsbeschwerde ist der **BGH** (§ 133 GVG). Die Rechtsbeschwerde ist binnen einer Frist von einem Monat nach der schriftlichen Bekanntgabe des Beschlusses durch Einreichen einer Beschwerdeschrift bei dem Rechtsbeschwerdegericht einzulegen (§ 71 Abs. 1 FamFG).

Wird gegen einen ablehnenden Beschluss **kein Rechtsmittel eingelegt,** erwächst die Entscheidung in **formelle und (beschränkte) materielle Rechtskraft.**[313] Dies hat zur Folge, dass ein erneuter Antrag gem. § 122 Abs. 3 nur dann gestellt werden kann, wenn der Vorstand einem erneuten Einberufungs- oder Ergänzungsverlangen nicht stattgegeben hat. Ein erneuter Antrag scheidet in diesem Fall aber auch dann aus, wenn die Ablehnung durch den Vorstand auf derselben Sachlage beruht, die zur Ablehnung des vorangegangenen Verlangens geführt hat.[314]

2. Ausübung der gerichtlichen Ermächtigung. a) Allgemeines. Die Minderheit ist bei der Einberufung der Hauptversammlung bzw. bei der Ergänzung der Tagesordnung an den Beschluss des Gerichts gebunden. Die Bekanntmachung anderer oder zusätzlicher Gegenstände durch die Minderheit ist unzulässig.[315] Dagegen kann die Minderheit von einer Ermächtigung nur **teilweise Gebrauch machen** (durch Bekanntmachung nur einzelner Gegenstände des ursprünglichen Verlangens).[316] Ein späteres Gebrauchmachen von dem zunächst ungenutzten Teil der Ermächtigung dürfte dann aber regelmäßig wegen Fristablaufs ausscheiden (→ Rn. 63).[317] Sind die in einer von Aktionären aufgrund einer gerichtlichen Ermächtigung gem. § 122 Abs. 3 einberufenen Hauptversammlung gefassten **Beschlüsse aufgrund eines formellen Einberufungsmangels nichtig,** ist die Ermächtigung nicht verbraucht.[318] Eine erneute Einberufung muss in diesem Fall aber noch innerhalb einer vom Gericht ggf. gesetzten Ausübungsfrist bzw. innerhalb eines angemessenen Zeitraums erfolgen (→ Rn. 63).[319] Eine Ermächtigung zur Einberufung der Hauptversammlung kann nicht zur Ergänzung der Tagesordnung genutzt werden.[320] Anders als eine vom Vorstand aufgrund eines Minderheitsverlangens gem. § 122 Abs. 1 einberufene Hauptversammlung (→ Rn. 31a) kann der **Vorstand** eine von Aktionären aufgrund einer gerichtlichen Ermächtigung gem. § 122 Abs. 3 einberufene

---

[309] GHEK/*Eckardt* Rn. 37; Großkomm AktG/*Butzke* Rn. 96; Kölner Komm AktG/*Noack*/*Zetzsche* Rn. 106; MüKoAktG/*Kubis* Rn. 64; MHdB AG/*Bungert* § 36 Rn. 35; *Reichert*/*Balke* in Semler/Volhard/Reichert HV-HdB § 4 Rn. 56; aA Kölner Komm AktG/*Zöllner*, 1. Aufl. 1985, Rn. 31: auch die übrigen Aktionäre.
[310] Großkomm AktG/*Butzke* Rn. 96; Kölner Komm AktG/*Noack*/*Zetzsche* Rn. 106; MüKoAktG/*Kubis* Rn. 64; *Reichert*/*Balke* in Semler/Volhard HV-HdB § 4 Rn. 56; MHdB AG/*Bungert* § 36 Rn. 35.
[311] LG München I AG 2018, 494; Großkomm AktG/*Butzke* Rn. 97.
[312] Großkomm AktG/*Butzke* Rn. 95; Keidel/*Meyer-Holz* FamFG § 70 Rn. 4.
[313] Großkomm AktG/*Butzke* Rn. 98; MüKoAktG/*Kubis* Rn. 61.
[314] Großkomm AktG/*Butzke* Rn. 98; MüKoAktG/*Kubis* Rn. 61.
[315] Kölner Komm AktG/*Noack*/*Zetzsche* Rn. 119; MüKoAktG/*Kubis* Rn. 70; K. Schmidt/Lutter/*Ziemons* Rn. 61; *Butzke* Die Hauptversammlung der AG Rn. B 126; MHdB AG/*Bungert* § 36 Rn. 36; *Reichert*/*Balke* in Semler/Volhard/Reichert HV-HdB § 4 Rn. 58.
[316] Grigoleit/*Herrler* Rn. 18; MüKoAktG/*Kubis* Rn. 70; *Butzke* Die Hauptversammlung der AG Rn. B 126.
[317] MüKoAktG/*Kubis* Rn. 70; enger Kölner Komm AktG/*Noack*/*Zetzsche* Rn. 119; *Butzke* Die Hauptversammlung der AG Rn. B 126: Ermächtigung mit teilweisem Gebrauchmachen ausgeschöpft.
[318] BGH NZG 2017, 1374 (1379 f.); *Lubberich* DNotZ 2018, 324 (329 f.); *Rieckers* DB 2017, 2786 (2790); s. auch GHEK/*Eckardt* Rn. 42; Kölner Komm AktG/*Noack*/*Zetzsche* Rn. 114.
[319] Vgl. Kölner Komm AktG/*Noack*/*Zetzsche* Rn. 114.
[320] AA Kölner Komm AktG/*Noack*/*Zetzsche* Rn. 121; MüKoAktG/*Kubis* Rn. 70.

Hauptversammlung nicht wieder abberufen.[321] Ihm fehlt hierzu bereits im Außenverhältnis die Kompetenz. Ebenso kann der Vorstand auch Tagesordnungspunkte, die von Aktionären aufgrund einer gerichtlichen Ermächtigung gem. § 122 Abs. 3 bekannt gemacht wurden, nicht wieder von der Tagesordnung absetzen. Die Kompetenz des Vorstands zur Abberufung der Hauptversammlung bzw. zur Absetzung der Tagesordnungspunkte lebt wieder auf, wenn die Ermächtigung nach der Einberufung bzw. der Bekanntmachung der Tagesordnungspunkte entfällt (→ Rn. 68).[322] Auch in diesem Fall kommt eine Abberufung oder Absetzung durch den Vorstand aber nur bis zum Beginn der Hauptversammlung in Betracht (zur zeitlichen Grenze → § 121 Rn. 81a).

62   **b) Berechtigte.** Zur Einberufung der Hauptversammlung oder zur Ergänzung der Tagesordnung sind diejenigen Aktionäre berechtigt, denen das Gericht eine entsprechende Ermächtigung erteilt hat (sowie deren Gesamtrechtsnachfolger, nicht aber deren Einzelrechtsnachfolger).[323] Wurde das erforderliche Quorum durch mehrere Aktionäre gemeinsam erreicht, kann nicht jeder einzelne der ermächtigten Aktionäre allein die Ermächtigung nutzen. Auch bei Ausübung der Ermächtigung muss daher weiterhin das erforderliche **Quorum** erfüllt sein.[324] Die Ausübung der Ermächtigung erfolgt **im eigenen Namen,** nicht im Namen der Gesellschaft.[325] Die Minderheit rückt dementsprechend nicht in die Organfunktion des Vorstands ein.

63   **c) Frist.** Die Ermächtigung ist innerhalb der vom Gericht gesetzten Frist auszuüben. Die Frist beginnt mit der Bekanntgabe der erstinstanzlichen Entscheidung zu laufen.[326] Fehlt es an einer Fristsetzung, muss von der Ermächtigung innerhalb eines angemessenen Zeitraums Gebrauch gemacht werden.[327] Wird die erstinstanzliche Entscheidung auf die Beschwerde der Gesellschaft hin vom Beschwerdegericht aufgehoben, erlischt die Ermächtigung.[328] Gleiches gilt, wenn der Vorstand zwischenzeitlich dem zunächst abgelehnten Einberufungs- oder Ergänzungsverlangen nachkommt, die Hauptversammlung durchgeführt und über die Gegenstände des Einberufungs- oder Ergänzungsverlangens beschlossen wird.[329]

64   **d) Form und Inhalt.** Für die Einberufung der Hauptversammlung und die Ergänzung der Tagesordnung gelten die allgemeinen Vorschriften der §§ 121, 123 und 124.[330] Bei der Wahl von Aufsichtsratsmitgliedern, bei Satzungsänderungen und bei zustimmungsbedürftigen Verträgen sind die besonderen Bekanntmachungserfordernisse gem. § 124 Abs. 2 und Abs. 3 S. 4 zu beachten.[331] Steht die Wahl von Aufsichtsratsmitgliedern auf der Tagesordnung, umfasst dies bei börsennotierten Gesellschaften, für die das MitbestG, das Montan-MitbestG oder das MitbestErgG gilt, auch die Angaben gem. § 124 Abs. 2 S. 2. Da den einberufenden Aktionären hinsichtlich der gem. § 124 Abs. 2 S. 2 Nr. 1 erforderlichen Angabe, ob der Gesamterfüllung nach § 96 Abs. 2 S. 3 widersprochen wurde, idR der erforderliche Einblick fehlt, wird man insoweit einen entsprechenden Auskunftsanspruch gegen die Gesellschaft annehmen müssen. Da die Minderheit nicht in die Organfunktion des Vor-

---

[321] BGHZ 206, 143 (153) = NZG 2015, 1227 (1229) – ecolutions GmbH & Co. KGaA; Bürgers/Körber/*Reger* Rn. 19a; Großkomm AktG/*Butzke* Rn. 103; *Marsch-Barner* in Marsch-Barner/Schäfer Börsennotierte AG-HdB Rn. 32.23.
[322] Großkomm AktG/*Butzke* Rn. 110.
[323] Großkomm AktG/*Butzke* Rn. 99; MüKoAktG/*Kubis* Rn. 67.
[324] Großkomm AktG/*Butzke* Rn. 100; Kölner Komm AktG/*Noack/Zetzsche* Rn. 109; K. Schmidt/Lutter/*Ziemons* Rn. 59; Wachter/*Mayrhofer* Rn. 30; *Butzke* Die Hauptversammlung der AG Rn. B 125 Fn. 248; s. auch Hüffer/Koch/*Koch,* 13. Aufl. 2018, Rn. 12; zur Genossenschaft auch RGZ 170, 83 (93 f.); aA MüKoAktG/*Kubis* Rn. 67; auch *Reichert/Balke* in Semler/Volhard/Reichert HV-HdB § 4 Rn. 57.
[325] OLG München ZIP 2018, 1038 (1040); Großkomm AktG/*Butzke* Rn. 99, 102; Kölner Komm AktG/*Noack/Zetzsche* Rn. 108, 115; MüKoAktG/*Kubis* Rn. 67; *Butzke* Die Hauptversammlung der AG Rn. B 125; Bayer/Scholz/Weiß AG 2013, 742 (745); Habersack/Mülbert ZGR 2014, 1 (8); aA *Koch* AG 1969, 1 Fn. 4.
[326] MüKoAktG/*Kubis* Rn. 60.
[327] BGH NZG 2017, 1374 (1380); Großkomm AktG/*Butzke* Rn. 101; MüKoAktG/*Kubis* Rn. 68; *Butzke* Die Hauptversammlung der AG Rn. B 125; MHdB AG/*Bungert* § 36 Rn. 35; *Reichert/Balke* in Semler/Volhard/Reichert HV-HdB § 4 Rn. 57; Lubberich DNotZ 2018, 324 (329 f.); großzügiger Kölner Komm AktG/*Noack/Zetzsche* Rn. 112: bis zum Zusammentritt einer Hauptversammlung, in der die fraglichen Gegenstände behandelt werden.
[328] MüKoAktG/*Kubis* Rn. 68.
[329] GHEK/*Eckardt* Rn. 43; Großkomm AktG/*Butzke* Rn. 101; MüKoAktG/*Kubis* Rn. 68; *Butzke* Die Hauptversammlung der AG Rn. B 125.
[330] Vgl. Grigoleit/*Herrler* Rn. 18; Großkomm AktG/*Butzke* Rn. 102; Hölters/*Drinhausen* Rn. 24; Hüffer/Koch/*Koch,* 13. Aufl. 2018, Rn. 12; Kölner Komm AktG/*Noack/Zetzsche* Rn. 114; MüKoAktG/*Kubis* Rn. 70; K. Schmidt/Lutter/*Ziemons* Rn. 61; Bayer/Scholz/Weiß AG 2013, 742 (745); Habersack/Mülbert ZGR 2014, 1 (9 f., 16).
[331] Großkomm AktG/*Butzke* Rn. 102; MüKoAktG/*Kubis* Rn. 70; MHdB AG/*Bungert* § 36 Rn. 36; *Tielmann* AG 2013, 704 (709).

stands einrückt (→ Rn. 62), ist die Formulierung eigener **Beschlussvorschläge grundsätzlich nicht erforderlich**.[332] Eine Ausnahme gilt nur bei Aufsichtsratswahlen, da anderenfalls die gem. § 124 Abs. 3 S. 4 erforderlichen Angaben nicht gemacht werden können (→ Rn. 19). Im Übrigen findet § 124 Abs. 3 S. 1 keine entsprechende Anwendung. Auch aus der Wertung des § 122 Abs. 2 S. 2 dürfte sich keine Pflicht zur Bekanntmachung eigener Beschlussvorschläge herleiten lassen, da dieser zum einen nur für Ergänzungsverlangen gilt und zum anderen alternativ zur Formulierung von Beschlussvorschlägen auch eine Begründung genügen lässt. Auch Vorstand und Aufsichtsrat sind nicht verpflichtet (aber berechtigt), Beschlussvorschläge zu den von der Minderheit bekannt gemachten Gegenständen zu machen (§ 124 Abs. 3 S. 3 bzw. § 124 Abs. 3 S. 3 analog im Fall der Einberufung durch die Minderheit).[333] In der Bekanntmachung der Einberufung bzw. der ergänzten Tagesordnung sind die Namen der einberufenden Aktionäre anzugeben.[334] Ist die Einberufung formell fehlerhaft, kann sie aufgrund der erteilten Ermächtigung wiederholt werden (→ Rn. 61).[335]

Umstritten ist, ob die zur Einberufung ermächtigte Aktionärsminderheit zur **Benennung einer Anmeldestelle** (Anmeldeadresse und Adresse für die Nachweisübermittlung) befugt ist. Nach teilweise vertretener Ansicht soll allein die Gesellschaft zur Benennung einer Anmeldestelle befugt sein.[336] Danach könnte die Aktionärsminderheit in der Einberufung nur die Adresse der Gesellschaft angeben, sofern nicht mit der Gesellschaft Einigkeit über die Angabe eines Dritten (insbesondere eines Hauptversammlungsdienstleisters) erzielt wird. Nur bei gerichtlicher Bestellung eines Versammlungsleiters soll auch dessen Adresse angegeben werden können.[337] Die Gegenansicht geht demgegenüber davon aus, dass der einberufenden und damit auch für die Vorbereitung der Hauptversammlung zuständigen **Aktionärsminderheit** auch die Benennung einer Anmeldestelle (insbesondere eines von der Aktionärsminderheit beauftragten Hauptversammlungsdienstleisters) gestattet ist.[338] Diese Ansicht erscheint vorzugswürdig. Sie führt zwar zu einer Einschränkung des Grundsatzes, dass die ermächtigte Aktionärsminderheit die Gesellschaft nicht unmittelbar verpflichten kann (→ Rn. 67), indem sie in die gerichtliche Ermächtigung auch die Kompetenz zur Bestellung eines Empfangsvertreters oder zumindest Empfangsboten der Gesellschaft hineinlesen muss.[339] Nur die Einräumung einer solchen Befugnis wird aber dem Umstand gerecht, dass die Aktionärsminderheit für die organisatorische Vorbereitung der Hauptversammlung zuständig ist, wozu auch die Auswahl eines Hauptversammlungsdienstleisters gehören muss.[340] Dürfte die Aktionärsminderheit diesen nur mit Zustimmung der Gesellschaft als Anmeldestelle benennen, würde dies der Gesellschaft ein erhebliches Blockadepotential einräumen, was in der ohnehin angespannten Situation einer gerichtlichen Einberufungsermächtigung unangemessen erscheint.[341]

Erfolgt eine Einberufung durch die Minderheit, kann der **Vorstand** die bekannt gemachte Tagesordnung **um weitere Gegenstände ergänzen**.[342] Insoweit ist § 124 Abs. 3 S. 1 zu beachten. Die Ergänzung ist rechtzeitig vor der Hauptversammlung vorzunehmen, wobei die Frist des § 122 Abs. 2 S. 3 als Orientierungspunkt dient.

e) **Hinweis auf die Ermächtigung (Abs. 3 S. 3).** Gem. § 122 Abs. 3 S. 3 muss bei der Einberufung oder Bekanntmachung auf die Ermächtigung hingewiesen werden. Hierdurch soll den übrigen Aktionären eine Beurteilung der Einberufungs- bzw. Bekanntmachungsberechtigung ermöglicht werden.[343] Der Hinweis „**aufgrund gerichtlicher Ermächtigung**" genügt grundsätzlich den

---

[332] *Grigoleit/Herrler* Rn. 18; Großkomm AktG/*Butzke* Rn. 102; Kölner Komm AktG/*Noack/Zetzsche* Rn. 120; MüKoAktG/*Kubis* Rn. 70; MHdB AG/*Bungert* § 36 Rn. 36; *Bayer/Scholz/Weiß* AG 2013, 742 (745); *Habersack/Mülbert* ZGR 2014, 1 (8, 9 f.); aA K. Schmidt/Lutter/*Ziemons* Rn. 61; *Butzke* Die Hauptversammlung der AG Rn. B 125; *Reichert/Balke* in Semler/Volhard/Reichert HV-HdB § 4 Rn. 61.
[333] Großkomm AktG/*Butzke* Rn. 103; Kölner Komm AktG/*Noack/Zetzsche* Rn. 80; MüKoAktG/*Kubis* Rn. 70; MHdB AG/*Bungert* § 36 Rn. 36.
[334] MüKoAktG/*Kubis* Rn. 69.
[335] BGH NZG 2017, 1374 (1379 f.); GHEK/*Eckardt* Rn. 42; Kölner Komm AktG/*Noack/Zetzsche* Rn. 114; *Lubberich* DNotZ 2018, 324 (329 f.); *Rieckers* DB 2017, 2786 (2790).
[336] Hüffer/Koch/*Koch*, 13. Aufl. 2018, Rn. 12; *Bayer/Scholz/Weiß* AG 2013, 742 (746 ff.).
[337] *Bayer/Scholz/Weiß* AG 2013, 742 (747 f.).
[338] Kölner Komm AktG/*Noack/Zetzsche* § 123 Rn. 103; *Habersack/Mülbert* ZGR 2014, 1 (14 ff.); s. auch Großkomm AktG/*Butzke* Rn. 108.
[339] Vgl. *Habersack/Mülbert* ZGR 2014, 1 (17 f.).
[340] Vgl. *Habersack/Mülbert* ZGR 2014, 1 (16, 21 f.); s. zur Einberufung durch den Aufsichtsrat auch LG Frankfurt a.M. AG 2015, 252.
[341] Ausf. *Habersack/Mülbert* ZGR 2014, 1 (18 ff.).
[342] Großkomm AktG/*Butzke* Rn. 103; Kölner Komm AktG/*Noack/Zetzsche* Rn. 80; MüKoAktG/*Kubis* Rn. 62; *Butzke* Die Hauptversammlung der AG Rn. B 126; MHdB AG/*Bungert* § 36 Rn. 36.
[343] GHEK/*Eckardt* Rn. 41; Hüffer/Koch/*Koch*, 13. Aufl. 2018, Rn. 12; MüKoAktG/*Kubis* Rn. 69; K. Schmidt/Lutter/*Ziemons* Rn. 60.

Anforderungen des § 122 Abs. 3 S. 3. Eine nähere Bezeichnung des Gerichts, des Aktenzeichens oder des Entscheidungsdatums ist nicht erforderlich.[344] Fehlt ein Hinweis auf die Ermächtigung zur Einberufung bzw. zur Ergänzung der Tagesordnung, sind die zu den von der Minderheit bekannt gemachten Tagesordnungspunkten gefassten Beschlüsse anfechtbar.[345]

67 **f) Organisatorische Vorbereitung.** Macht die Minderheit von einer Ermächtigung zur Einberufung Gebrauch, obliegt ihr die organisatorische Vorbereitung der Hauptversammlung.[346] Hierzu gehören neben der Bekanntmachung der Einberufung (einschließlich Zeit und Ort der Hauptversammlung) insbesondere die Anmietung eines Versammlungslokals, die Bestellung eines Notars sowie die Bereitstellung der für die Durchführung erforderlichen technischen Hilfsmittel. Auch die Vorbereitung des Teilnehmerverzeichnisses obliegt der einberufenden Aktionärsminderheit.[347] Die Gesellschaft ist zur Mitwirkung nur verpflichtet, soweit ihr konkrete Pflichten gesetzlich zugewiesen sind (etwa gem. §§ 124a, 125, 126, 127).[348] Insbesondere die gem. §§ 124a, 126, 127 erforderlichen Veröffentlichungen auf der Internetseite der Gesellschaft können nur durch diese selbst vorgenommen werden, so dass deren Mitwirkung hier zwingend erforderlich ist. Verweigert der Vorstand die Mitwirkung, kann die Aktionärsminderheit diese grundsätzlich mittels einstweiliger Verfügung erzwingen.[349] Die Aktionäre handeln bei der Vorbereitung der Hauptversammlung **im eigenen Namen** (nicht im Namen der Gesellschaft).[350] Sie können die Gesellschaft nicht unmittelbar verpflichten und haben gegen diese nur einen Kostenerstattungsanspruch (→ Rn. 69).

68 **3. Rechtsfolgen von Mängeln der gerichtlichen Ermächtigung.** Eine fehlerhafte gerichtliche Ermächtigung hat auf die Wirksamkeit der in der Hauptversammlung gefassten Beschlüsse keine Auswirkungen, wenn sie nicht mit den zur Verfügung stehenden Rechtsmitteln angegriffen und dadurch rechtskräftig wird.[351] Wird die erstinstanzlich erteilte Ermächtigung vor der Bekanntmachung der Einberufung oder der ergänzten Tagesordnung vom Rechtsmittelgericht rechtskräftig aufgehoben, sind dennoch gefasste Beschlüsse anfechtbar.[352] Gleiches gilt, wenn die rechtskräftige Aufhebung zwar erst nach der Bekanntmachung, aber noch vor der Hauptversammlung erfolgt.[353] Der Vorstand kann in diesem Fall die von der Aktionärsminderheit einberufene Hauptversammlung auch wieder abberufen (→ Rn. 61).[354] Erfolgt die Beschlussfassung in der Hauptversammlung vor der Entscheidung des Rechtsmittelgerichts, lässt die rechtskräftige Aufhebung der Ermächtigung durch das Rechtsmittelgericht die Wirksamkeit der Beschlüsse unberührt.[355] Dies darf selbstverständlich nicht dahingehend missverstanden werden, dass damit die in der Hauptversammlung zu den Tagesordnungspunkten eines Einberufungs- oder Ergänzungsverlangens gefassten Beschlüsse auch einer inhaltlichen Prüfung auf ihre materielle Rechtmäßigkeit entzogen wären.[356] Anderenfalls

---

[344] GHEK/*Eckardt* Rn. 41; Grigoleit/*Herrler* Rn. 18; Großkomm AktG/*Butzke* Rn. 99; Hüffer/Koch/*Koch*, 13. Aufl. 2018, Rn. 12; Hölters/*Drinhausen* Rn. 24; MüKoAktG/*Kubis* Rn. 69; Wachter/*Mayrhofer* Rn. 30; *Butzke* Die Hauptversammlung der AG Rn. B 125; MHdB AG/*Bungert* § 36 Rn. 35; *Reichert/Balke* in Semler/Volhard/Reichert HV-HdB § 4 Rn. 58; zur Genossenschaft auch RGZ 170, 83 (95 f.); einschränkend K. Schmidt/Lutter/*Ziemons* Rn. 53; aA Kölner Komm AktG/*Zöllner*, 1. Aufl. 1985, Rn. 41.
[345] Hölters/*Drinhausen* Rn. 24; Hüffer/Koch/*Koch*, 13. Aufl. 2018, Rn. 12; MüKoAktG/*Kubis* Rn. 69.
[346] Grigoleit/*Herrler* Rn. 18; Großkomm AktG/*Butzke* Rn. 106 ff.; MüKoAktG/*Kubis* Rn. 71; *Reichert/Balke* in Semler/Volhard/Reichert HV-HdB § 4 Rn. 63; *Bayer/Scholz/Weiß* AG 2013, 742 (745); *Habersack/Mülbert* ZGR 2014, 1 (9, 12 f.).
[347] *Habersack/Mülbert* ZGR 2014, 1 (12).
[348] Großkomm AktG/*Butzke* Rn. 104; Kölner Komm AktG/*Noack/Zetzsche* Rn. 116; MüKoAktG/*Kubis* Rn. 71; *Bayer/Scholz/Weiß* AG 2013, 742 (745); *Habersack/Mülbert* ZGR 2014, 1 (11).
[349] LG München I AG 2018, 494 f.; Kölner Komm AktG/*Noack/Zetzsche* Rn. 117; *Bayer/Scholz/Weiß* AG 2013, 742 (745 f.).
[350] Bürgers/Körber/*Reger* Rn. 23; Grigoleit/*Herrler* Rn. 19; Großkomm AktG/*Butzke* Rn. 106; Hüffer/Koch/*Koch*, 13. Aufl. 2018, Rn. 13; MüKoAktG/*Kubis* Rn. 71; *Reichert/Balke* in Semler/Volhard/Reichert HV-HdB § 4 Rn. 63; *Habersack/Mülbert* ZGR 2014, 1 (12 f., 14); *Halberkamp/Gierke* NZG 2004, 494 (501).
[351] Großkomm AktG/*Butzke* Rn. 109; Kölner Komm AktG/*Noack/Zetzsche* Rn. 122; MüKoAktG/*Kubis* Rn. 72; K. Schmidt/Lutter/*Ziemons* Rn. 54; *v. Godin/Wilhelmi* Anm. 8; *Bayer/Scholz/Weiß* ZIP 2014, 1; zur Genossenschaft vgl. RGZ 170, 83 (93).
[352] Großkomm AktG/*Butzke* Rn. 109; MüKoAktG/*Kubis* Rn. 72.
[353] Kölner Komm AktG/*Zöllner*, 1. Aufl. 1985, Rn. 48; MüKoAktG/*Kubis* Rn. 72; aA Großkomm AktG/*Butzke* Rn. 110; *Butzke* Die Hauptversammlung der AG Rn. B 127; *Bayer/Scholz/Weiß* AG 2014, 1 (8 f.).
[354] Großkomm AktG/*Butzke* Rn. 110; Kölner Komm AktG/*Noack/Zetzsche* Rn. 123; *Bayer/Scholz/Weiß* AG 2014, 1 (8).
[355] BGH ZIP 2012, 1313, 1314; Grigoleit/*Herrler* Rn. 17; Großkomm AktG/*Butzke* Rn. 111; Kölner Komm AktG/*Noack/Zetzsche* Rn. 124; MüKoAktG/*Kubis* Rn. 72; *Butzke* Die Hauptversammlung der AG Rn. B 127.
[356] So aber LG München I AG 2018, 206 (207); zust. *Wennekers* EWiR 2018, 237 (238); das Berufungsgericht ist dem zu recht nicht gefolgt, s. OLG München AG 2018, 761.

würde über die materielle Rechtmäßigkeit uU allein das Amtsgericht im Verfahren der freiwilligen Gerichtsbarkeit entscheiden. Eine derartige Rechtswegverkürzung wäre nicht hinnehmbar. Überdies kann das Gericht im Verfahren nach § 122 Abs. 3 den Antrag zwar wegen Rechtsmissbräuchlichkeit zurückweisen, wenn die Fassung gesetz- oder satzungswidriger Beschlüsse angestrebt wird (→ Rn. 24, 45). Es erfolgt aber grundsätzlich keine vollständige Prüfung der mit einem Einberufungs- oder Ergänzungsverlangen übermittelten Beschlussvorschläge (zumal die Übermittlung von Beschlussvorschlägen ohnehin nicht zwingend ist).

V. Kosten (Abs. 4)

1. Kosten der Hauptversammlung. Gem. § 122 Abs. 4 trägt die Gesellschaft die Kosten der Hauptversammlung. Nach der Vorgängerregelung des § 106 Abs. 5 AktG 1937 beschloss noch die Hauptversammlung, ob die Kosten von der Gesellschaft getragen werden. Mit der Regelung des § 122 Abs. 4 wollte der Gesetzgeber eine Behinderung des Minderheitenrechts durch ein drohendes Kostenrisiko ausschließen.[357] Die Kostentragungspflicht gilt sowohl für den Fall, dass der Vorstand einem Verlangen stattgibt, als auch für den Fall, dass die Einberufung oder die Bekanntmachung einer ergänzten Tagesordnung aufgrund einer gerichtlichen Ermächtigung erfolgt.[358] Zu den Kosten der Hauptversammlung zählen neben den **Einberufungskosten** auch die zur Durchführung der Hauptversammlung erforderlichen **Sach- und Personalkosten** (zB Miete des Versammlungslokals und der erforderlichen technischen Einrichtungen, Notarkosten, Kosten eines Hauptversammlungsdienstleisters und des Sicherheitspersonals).[359] Bei Ergänzung der Tagesordnung beschränkt sich die Kostentragungspflicht der Gesellschaft auf die Kosten der Bekanntmachung.[360] Da die Aktionäre im eigenen Namen handeln und die Gesellschaft nicht unmittelbar verpflichten können (→ Rn. 67), besteht nur **ein Freistellungs- bzw. Kostenerstattungsanspruch.**[361] Der Anspruch ist der Höhe nach auf einen üblichen Rahmen beschränkt.[362] Ein Kostenerstattungsanspruch entsteht grundsätzlich auch dann, wenn die Ermächtigung nach Einberufung der Hauptversammlung vom Rechtsmittelgericht aufgehoben wird (sofern nicht die Vollziehung ausgesetzt war).[363] Etwas anderes gilt, wenn die erstinstanzliche Entscheidung offensichtlich rechtswidrig war oder auf einer Täuschung beruhte.[364] Der Kostenerstattungsanspruch kann nicht durch Hauptversammlungsbeschluss ausgeschlossen werden.[365]

2. Gerichtskosten. Gem. § 122 Abs. 4 sind auch die Gerichtskosten von der Gesellschaft zu tragen, wenn das Gericht einem Antrag stattgibt. § 122 Abs. 4 ist missverständlich formuliert. Kostenschuldner bleiben die Aktionäre (§ 22 Abs. 1 GNotKG). Auch im Hinblick auf die Gerichtskosten besteht nur ein **Kostenerstattungsanspruch** gegen die Gesellschaft.[366] Soweit § 122 Abs. 4 einschlägig ist, scheidet eine Kostenverteilung nach billigem Ermessen (§ 81 Abs. 1 S. 1 FamFG) aus. § 122 Abs. 4 ist eine abweichende Vorschrift iSv § 81 Abs. 5 FamFG.[367] Der Kostenerstattungsanspruch gegen die Gesellschaft besteht nur im Fall einer rechtskräftigen stattgebenden Entscheidung.[368] Wird das Verlangen vom Gericht ganz oder teilweise zurückgewiesen, richtet sich die Kostenverteilung insoweit nach § 81 FamFG.[369] Die Höhe der Gerichtskosten richtet sich nach dem Geschäftswert

---

[357] Vgl. BegrRegE bei *Kropff* S. 171.
[358] BegrRegE bei *Kropff* S. 171; GHEK/*Eckardt* Rn. 45; Großkomm AktG/*Butzke* Rn. 113; MüKoAktG/*Kubis* Rn. 73.
[359] Großkomm AktG/*Butzke* Rn. 112; MüKoAktG/*Kubis* Rn. 73; *Halberkamp/Gierke* NZG 2004, 494 (501).
[360] MüKoAktG/*Kubis* Rn. 73.
[361] *Bürgers/Körber/Reger* Rn. 23; *Grigoleit/Herrler* Rn. 19; Großkomm AktG/*Butzke* Rn. 113; *Hüffer/Koch/Koch*, 13. Aufl. 2018, Rn. 13; Kölner Komm AktG/*Noack/Zetzsche* Rn. 128; MüKoAktG/*Kubis* Rn. 73; K. *Schmidt/Lutter/Ziemons* Rn. 63; MHdB AG/*Bungert* § 36 Rn. 37; *Reichert/Balke* in Semler/Volhard/Reichert HV-HdB § 4 Rn. 63; *Halberkamp/Gierke* NZG 2004, 494 (501).
[362] Vgl. Großkomm AktG/*Butzke* Rn. 113; Kölner Komm AktG/*Noack/Zetzsche* Rn. 126; MüKoAktG/*Kubis* Rn. 73; iE auch *Habersack/Mülbert* ZGR 2014, 1 (13 f.): Aktionär sei aufgrund Treuepflicht beschränkt, im Marktvergleich überhöhte Kosten in voller Höhe geltend zu machen.
[363] Großkomm AktG/*Butzke* Rn. 114; Kölner Komm AktG/*Noack/Zetzsche* Rn. 129; MüKoAktG/*Kubis* Rn. 73; *Butzke* Die Hauptversammlung der AG Rn. B 130.
[364] Großkomm AktG/*Butzke* Rn. 114; *Butzke* Die Hauptversammlung der AG Rn. B 130.
[365] Großkomm AktG/*Butzke* Rn. 113; MüKoAktG/*Kubis* Rn. 73; *Wachter/Mayrhofer* Rn. 31.
[366] Großkomm AktG/*Butzke* Rn. 115; Kölner Komm AktG/*Noack/Zetzsche* Rn. 132; MüKoAktG/*Kubis* Rn. 75.
[367] *Hüffer/Koch/Koch*, 13. Aufl. 2018, Rn. 14; Kölner Komm AktG/*Noack/Zetzsche* Rn. 132; MüKoAktG/*Kubis* Rn. 75.
[368] MüKoAktG/*Kubis* Rn. 75.
[369] MüKoAktG/*Kubis* Rn. 75; *Wachter/Mayrhofer* Rn. 32; wohl auch Kölner Komm AktG/*Noack/Zetzsche* Rn. 132.

(§ 3 Abs. 1 GNotKG, § 34 GNotKG). Für die Bestimmung des Geschäftswerts ist § 36 GNotKG einschlägig. Gem. § 3 Abs. 2 iVm Ziff. 13500 des Gebührenverzeichnisses der Anlage 1 des GNotKG beträgt der Gebührensatz für die Verfahrensgebühr 2,0.

71 **3. Außergerichtliche Kosten.** Außergerichtliche Kosten der Minderheit (zB Anwaltskosten) sind nicht gem. § 122 Abs. 4 zu erstatten. Auch die Gesellschaft hat ihre außergerichtlichen Kosten grundsätzlich selbst zu tragen. Das Gericht kann gem. § 81 FamFG aus Billigkeitsgründen eine abweichende Kostentragung bestimmen.[370]

§ 123 Frist, Anmeldung zur Hauptversammlung, Nachweis

(1) ¹Die Hauptversammlung ist mindestens dreißig Tage vor dem Tage der Versammlung einzuberufen. ²Der Tag der Einberufung ist nicht mitzurechnen.

(2) ¹Die Satzung kann die Teilnahme an der Hauptversammlung oder die Ausübung des Stimmrechts davon abhängig machen, dass die Aktionäre sich vor der Versammlung anmelden. ²Die Anmeldung muss der Gesellschaft unter der in der Einberufung hierfür mitgeteilten Adresse mindestens sechs Tage vor der Versammlung zugehen. ³In der Satzung oder in der Einberufung auf Grund einer Ermächtigung durch die Satzung kann eine kürzere, in Tagen zu bemessende Frist vorgesehen werden. ⁴Der Tag des Zugangs ist nicht mitzurechnen. ⁵Die Mindestfrist des Absatzes 1 verlängert sich um die Tage der Anmeldefrist.

(3) Die Satzung kann bestimmen, wie die Berechtigung zur Teilnahme an der Versammlung oder zur Ausübung des Stimmrechts nachzuweisen ist; Absatz 2 Satz 5 gilt in diesem Fall entsprechend.

(4) ¹Bei Inhaberaktien börsennotierter Gesellschaften reicht ein durch das depotführende Institut in Textform erstellter besonderer Nachweis des Anteilsbesitzes aus. ²Der Nachweis hat sich bei börsennotierten Gesellschaften auf den Beginn des 21. Tages vor der Versammlung zu beziehen und muss der Gesellschaft unter der in der Einberufung hierfür mitgeteilten Adresse mindestens sechs Tage vor der Versammlung zugehen. ³In der Satzung oder in der Einberufung auf Grund einer Ermächtigung durch die Satzung kann eine kürzere, in Tagen zu bemessende Frist vorgesehen werden. ⁴Der Tag des Zugangs ist nicht mitzurechnen. ⁵Im Verhältnis zur Gesellschaft gilt für die Teilnahme an der Versammlung oder für die Ausübung des Stimmrechts als Aktionär nur, wer den Nachweis erbracht hat.

(5) Bei Namensaktien börsennotierter Gesellschaften folgt die Berechtigung zur Teilnahme an der Versammlung oder zur Ausübung des Stimmrechts gemäß § 67 Absatz 2 Satz 1 aus der Eintragung im Aktienregister.

Schrifttum: *Baums,* Der Eintragungsstopp bei Namensaktien, FS Hüffer, 2010, 15; *Bayer/Lieder,* Umschreibungsstopp bei Namensaktien vor Durchführung der Hauptversammlung, NZG 2009, 1361; *Bayer/Scholz/Weiß,* Anmeldung und Berechtigungsnachweis bei Einberufung einer Hauptversammlung durch die Aktionärsminderheit gem. § 122 Abs. 3 AktG, AG 2013, 742; *Bungert,* Die UMAG-Hauptversammlung aus Sicht des Praktikers, in VGR, Gesellschaftsrecht in der Diskussion 2004, 2005, S. 59; *Butzke,* Hinterlegung, Record Date und Einberufungsfrist, WM 2005, 1981; *Gätsch/Mimberg,* Der Legitimationsnachweis nach § 123 Abs. 3 AktG in der Fassung des UMAG bei börsennotierten Gesellschaften, AG 2006, 746; *Goette,* Umschreibungsstopp – Einzelentlastung – Entsprechenserklärung: Neue Aussagen des 2. Zivilsenats, GWR 2009, 459; *Habersack/Mülbert,* Zur Einberufung der Hauptversammlung durch die nach §§ 122 Abs. 3 AktG ermächtigte Aktionärsminderheit, ZGR 2014, 1; *Heidinger/Blath,* Die Legitimation zur Teilnahme an der Hauptversammlung nach Inkrafttreten des UMAG, DB 2006, 2275; *Hellermann,* Aktienrechtliche Satzungsstrenge und Delegation von Gestaltungsspielräumen an den Vorstand, NZG 2008, 561; *Höreth/Linnerz,* Die Terminplanung der Hauptversammlung nach ARUG – Handlungsempfehlungen für die Praxis, GWR 2010, 155; *Kiefner/Zetzsche,* Die Aktionärslegitimation durch Record Date Nachweis und die Übergangsvorschrift, ZIP 2006, 551; *Merkner/Sustmann,* Record Date und Rechtsverlust, AG 2013, 243; *Mimberg,* Die Frist zur Einberufung der Hauptversammlung nach dem UMAG, AG 2005, 716; *Mimberg,* Bekanntmachung der Einberufung spätestens am 31. Tag vor der Hauptversammlung?, ZIP 2006, 649; *Mohamed,* Der Berechtigungsnachweis für die Hauptversammlung in neuem Gewande – von der Legitimationsmethodik 2.0 über die Aktienrechtsnovelle 2016, ZIP 2016, 1100; *Noack/Zetzsche,* Die Legitimation der Aktionäre bei Globalaktien und Depotverbuchung, AG 2002, 651; *Quass,* Nichtigkeit von Hauptversammlungsbeschlüssen

---
[370] Bürgers/Körber/*Reger* Rn. 24; Grigoleit/*Herrler* Rn. 19; Großkomm AktG/*Butzke* Rn. 115; Hüffer/Koch/*Koch,* 13. Aufl. 2018, Rn. 14; Kölner Komm AktG/*Noack/Zetzsche* Rn. 133; MüKoAktG/*Kubis* Rn. 76; K. Schmidt/Lutter/*Ziemons* Rn. 56; Wachter/*Mayrhofer* Rn. 32; MHdB AG/*Bungert* § 36 Rn. 37; zu § 13a FGG aF auch GHEK/*Eckardt* Rn. 47; Halberkamp/*Gierke* NZG 2004, 494 (501).

wegen eines Umschreibestopps im Aktienregister?, AG 2009, 432; *Rubner/Lindner*, Nachweisstichtag bei nicht börsennotierten Gesellschaften, NJW-Spezial 2016, 79; *J. Schmidt*, § 123 Abs. 1 idF des UMAG und §§ 61 S. 1, 63 Abs. 1 UmwG – ein unbeabsichtigter Richtlinienverstoß, DB 2006, 375; *Simon*, Vorstandsermächtigungen, KSzW 2010, 15; *Simon/Zetzsche*, Aktionärslegitimation und Satzungsgestaltung, NZG 2005, 369; *von Nussbaum*, Zu Nachweisstichtag (record date) und Eintragungssperre bei Namensaktien, NZG 2009, 456; *Weber/Findeisen*, Die HV-Einberufung 2010 bei Divergenz von Satzung und Aktiengesetz in der Fassung des ARUG, BB 2010, 711; *Wicke*, Einführung in das Recht der Hauptversammlung, das Recht der Sacheinlagen und das Freigabeverfahren nach dem ARUG, 2009; *Zetzsche*, Die Aktionärslegitimation durch Berechtigungsnachweis – von der Verkörperungs- zur Registertheorie, Der Konzern 2007, 180 und 251.

Übersicht

	Rn.		Rn.
I. Überblick	1, 2	3. Satzungsregelung (Abs. 3)	24–27a
1. Normzweck	1	a) Nicht börsennotierte Gesellschaften	24–26a
2. Entstehungsgeschichte	2	b) Börsennotierte Gesellschaften	27
II. Einberufungsfrist (Abs. 1)	3–7	c) Verlängerung der Einberufungsfrist (Abs. 3 Hs. 2)	27a
1. Allgemeines	3	4. Börsennotierte Gesellschaften mit Inhaberaktien (Abs. 4)	28–39a
2. Länge der Frist	4–6a	a) Anforderungen an den Nachweis (Abs. 4 S. 1)	28–30
3. Fristberechnung	7	b) Record Date (Abs. 4 S. 2)	31–34
III. Anmeldung (Abs. 2)	8–17	c) Legitimationswirkung (Abs. 4 S. 5)	35–38
1. Allgemeines	8	d) Nachweisfrist (Abs. 4 S. 2–4)	39, 39a
2. Anmeldeerfordernis (Abs. 2 S. 1)	9–12	5. Börsennotierte Gesellschaften mit Namensaktien (Abs. 5)	39b
3. Anmeldefrist (Abs. 2 S. 2–4)	13–16	6. Legitimationsprüfung	40, 41
4. Verlängerung der Einberufungsfrist (Abs. 2 S. 5)	17	7. Eintrittskarte	41a
IV. Legitimation (Abs. 3–5)	18–41a	**V. Übergangsregelung (§ 20 Abs. 3 EGAktG)**	42, 43
1. Allgemeines	18, 19	**VI. Rechtsfolgen von Verstößen**	44–46
2. Gesetzeslage	20–23	1. Fristen	44, 45
a) Verbriefte Aktien	20, 21	2. Teilnahmerecht	46
b) Unverbriefte Aktien	22		
c) Nicht voll eingezahlte Aktien	23		

I. Überblick

1. Normzweck. § 123 regelt die Einberufungsfrist (Abs. 1), die satzungsmäßige Einführung eines **1** Anmeldeerfordernisses (Abs. 2) und den Nachweis der Teilnahmeberechtigung (Abs. 3–5). Die Einberufungsfrist bezweckt einen **Dispositionsschutz** und soll den Aktionären eine **ausreichende Vorbereitung** auf die Hauptversammlung ermöglichen.[1] Die Regelungen zur Anmeldung und zur Legitimation räumen dem Satzungsgeber nur einen begrenzten Spielraum ein und schützen auf diese Weise die Aktionäre vor übermäßigen Erschwerungen der Teilnahme.[2] Die Möglichkeit, ein Anmeldeerfordernis vorzusehen, dient nicht der Legitimation, sondern der organisatorischen Vorbereitung der Hauptversammlung (→ Rn. 8).

2. Entstehungsgeschichte. § 123 geht zurück auf § 107 AktG 1937, der im Wesentlichen der **2** Vorgängernorm des § 255 HGB aF entsprach. Die Einberufungsfrist betrug nach § 107 Abs. 1 S. 1 AktG 1937 lediglich zwei Wochen. Mit Inkrafttreten des AktG 1965 wurde sie auf einen Monat verlängert. § 123 Abs. 2 aF sah noch vor, dass die Teilnahme an der Hauptversammlung oder die Ausübung des Stimmrechts davon abhängig gemacht werden kann, dass die Aktien bis zu einem bestimmten Zeitpunkt vor der Hauptversammlung hinterlegt werden. Durch Art. 1 Nr. 5 **UMAG** wurde § 123 vollständig neu gefasst. Dabei wurde insbesondere die Aktionärslegitimation neu geregelt, indem das Hinterlegungserfordernis als Grundform beseitigt und die Regelung zum Nachweisstichtag (Record Date) eingeführt wurde. Zudem wurde durch das UMAG in § 123 Abs. 4 aF erstmals eine allgemeine Regelung zur Fristberechnung in das AktG aufgenommen. Erheblich geändert wurde § 123 durch Art. 1 Nr. 11 **ARUG**. Dabei wurde die missglückte Regelung zur Fristberech-

---

[1] BegrRegE bei *Kropff* S. 172; Bürgers/Körber/*Reger* Rn. 1; Grigoleit/*Herrler* Rn. 1; Großkomm AktG/*Butzke* Rn. 2; Hölters/*Drinhausen* Rn. 1; Hüffer/Koch/*Koch*, 13. Aufl. 2018, Rn. 1; Kölner Komm AktG/*Noack/Zetzsche* Rn. 1; MüKoAktG/*Kubis* Rn. 1; Wachter/*Mayrhofer* Rn. 1.

[2] Vgl. Grigoleit/*Herrler* Rn. 1; Großkomm AktG/*Butzke* Rn. 2; Hüffer/Koch/*Koch*, 13. Aufl. 2018, Rn. 1; MüKoAktG/*Kubis* Rn. 1.

nung in § 123 Abs. 4 aF aufgehoben und in modifizierter Form in § 121 Abs. 7 eingefügt. Die übrigen Änderungen betreffen im Wesentlichen Details der Fristberechnung. Daneben wurde in § 123 Abs. 2 und 3 klargestellt, dass die Satzung eine Verkürzung der Anmelde- bzw. der Legitimationsfrist nicht selbst regeln muss, sondern auch eine entsprechende Ermächtigung vorsehen kann. Übergangsregelungen finden sich in § 20 Abs. 1 und 3 EGAktG (→ Rn. 42). Durch Art. 1 Nr. 11 der **Aktienrechtsnovelle 2016**[3] wurden zur Vermeidung von Missverständnissen am Ende von § 123 Abs. 2 S. 5 die Worte „des Satzes 2" gestrichen. Zudem wurden in Abs. 3 S. 1 die Beschränkung auf Inhaberaktien gestrichen und die bisherigen Sätze 2–5 von Abs. 3 leicht modifiziert in den neuen Abs. 4 verschoben. § 123 Abs. 5 wurde durch Art. 1 Nr. 11 der Aktienrechtsnovelle 2016 neu eingefügt.

II. Einberufungsfrist (Abs. 1)

3   **1. Allgemeines.** Die Einberufungsfrist beträgt gem. § 123 Abs. 1 S. 1 **mindestens 30 Tage.** Die bereits durch Art. 1 Nr. 5 UMAG eingeführte 30-Tage-Frist ersetzt die zuvor geltende Monatsfrist. Durch die Änderung wollte der Gesetzgeber die Fristen und die Rückrechnung in § 123 AktG vereinheitlichen.[4] Das ARUG hat die 30-Tage-Frist unberührt gelassen. Geändert wurden lediglich die Fristberechnungsgrundsätze, die sich nunmehr in § 121 Abs. 7 finden.

4   **2. Länge der Frist.** Die 30-Tage-Frist des § 123 Abs. 1 S. 1 ist so zu verstehen, dass zwischen dem Tag der Bekanntmachung der Einberufung und dem Tag der Hauptversammlung **mindestens volle 30 Tage** liegen müssen.[5] Sieht die Satzung ein Anmeldeerfordernis vor, verlängert sich die Einberufungsfrist um die Tage der Anmeldefrist (§ 123 Abs. 2 S. 5; → Rn. 17). Da es sich bei der Einberufungsfrist um eine Mindestfrist handelt, kann die Hauptversammlung auch schon früher einberufen werden. Dabei ist ein zu großer zeitlicher Abstand zur Hauptversammlung zu vermeiden, damit die Einberufung nicht zwischenzeitlich wieder in Vergessenheit gerät.[6] Die Grenze wird man idR bei rund 90 Tagen sehen können.[7] Möglich (aber idR unzweckmäßig) ist auch die Einführung einer längeren Frist durch die Satzung.[8] Sieht eine Satzung aus der Zeit vor Inkrafttreten des UMAG für die Einberufung noch eine Monatsfrist vor, ist diese aufgrund des insoweit zwingenden Charakters von § 123 Abs. 1 S. 1 nur maßgeblich, wenn sie im konkreten Fall die Mindestfrist von 30 Tagen nicht unterschreitet.[9]

5   Die 30-Tage-Frist des § 123 Abs. 1 S. 1, die von § 61 S. 1 UmwG und § 63 Abs. 1 UmwG für die Verschmelzung und über den Verweis in § 125 S. 1 UmwG für die Spaltung unter Beteiligung von Aktiengesellschaften mittelbar in Bezug genommen wird, kann zu einer Abweichung von Art. 92 Abs. 1 GesR-RL und Art. 97 Abs. 1 GesR-RL[10] (Verschmelzung) bzw. von Art. 138 Abs. 1 GesR-RL und Art. 143 Abs. 1 GesR-RL (Spaltung) führen. Dort ist für die Offenlegung der betreffenden Unterlagen jeweils eine Frist von einem Monat vor der Hauptversammlung vorgesehen. Insoweit bietet sich eine richtlinienkonforme Auslegung von § 123 Abs. 1 S. 1 an, bei der die 30-Tage-Frist als Monatsfrist zu lesen ist, sofern diese länger als die 30-Tage-Frist ist.[11]

6   In **Übernahmesituationen** ist die Sonderregelung des § 16 Abs. 4 S. 1 WpÜG zu beachten. Danach gilt für Hauptversammlungen der Zielgesellschaft nach § 16 Abs. 3 WpÜG eine verkürzte Einberufungsfrist. Diese beträgt **mindestens 14 Tage.** Durch die verkürzte Einberufungsfrist und die weiteren Erleichterungen des § 16 Abs. 4 WpÜG soll es der Gesellschaft ermöglicht werden, im Fall eines Über-

---

[3] Gesetz zur Änderung des Aktiengesetzes (Aktienrechtsnovelle 2016) v. 22.12.2015, BGBl. 2015 I 2565.
[4] BegrRegE BT-Drs. 15/5092, 13.
[5] Vgl. Grigoleit/*Herrler* Rn. 4; Großkomm AktG/*Butzke* Rn. 8; Hüffer/Koch/*Koch*, 13. Aufl. 2018, Rn. 2; MüKoAktG/*Kubis* Rn. 5; K. Schmidt/Lutter/*Ziemons* Rn. 7.
[6] Bürgers/Körber/*Eckardt* Rn. 3; GHEK Rn. 18; Großkomm AktG/*Butzke* Rn. 18; MüKoAktG/*Kubis* Rn. 6; *Butzke* Die Hauptversammlung der AG Rn. B 58; MHdB AG/*Bungert* § 36 Rn. 41; *Reichert/Balke* in Semler/Volhard/Reichert HV-HdB § 4 Rn. 72.
[7] Großkomm AktG/*Butzke* Rn. 18; ähnlich Bürgers/Körber/*Reger* Rn. 3: nicht mehr als 3 Monate; MüKoAktG/*Kubis* Rn. 6; *Butzke* Die Hauptversammlung der AG Rn. B 58: nicht mehr als 10–12 Wochen; etwas strenger Grigoleit/*Herrler* Rn. 4: 60–70 Tage noch unschädlich.
[8] Vgl. Großkomm AktG/*Butzke* Rn. 13; Hüffer/Koch/*Koch*, 13. Aufl. 2018, Rn. 2; *Butzke* Die Hauptversammlung der AG Rn. B 58; *Mimberg* AG 2005, 716 (720).
[9] Bürgers/Körber/*Reger* Rn. 3; Großkomm AktG/*Butzke* Rn. 14; K. Schmidt/Lutter/*Ziemons* Rn. 8.
[10] RL 2017/1132/EU des Europäischen Parlaments und des Rates v. 14.6.2017 über bestimmte Aspekte des Gesellschaftsrechts, ABl. EU 2017 Nr. L 169, 46.
[11] Bürgers/Körber/*Reger* Rn. 3; Grigoleit/*Herrler* Rn. 3; Hüffer/Koch/*Koch*, 13. Aufl. 2018, Rn. 2; Wachter/*Mayrhofer* Rn. 2; *J. Schmidt* DB 2006, 375; aA Großkomm AktG/*Butzke* Rn. 15; Kölner Komm AktG/*Noack/Zetzsche* Rn. 42, die eine solche Modifikation für entbehrlich halten.

Frist, Anmeldung zur Hauptversammlung, Nachweis   6a, 7   § 123

nahmeangebots zügig zu reagieren.[12] Die Regelung ist als Kompromiss zwischen möglichst zeitnaher Einberufung und Erzielung einer angemessenen Präsenz zu verstehen.[13] Bei Anwendung der Europäischen Durchbrechungsregel gilt § 16 Abs. 4 gem. § 33b Abs. 4 WpÜG entsprechend für eine auf Verlangen des Bieters einberufene **Durchbrechungshauptversammlung** iSv § 33b Abs. 2 Nr. 3 WpÜG. Gem. § 7 Abs. 1 S. 1 FMStBG gilt § 16 Abs. 4 WpÜG zudem entsprechend, wenn im Zusammenhang mit einer **Rekapitalisierung nach § 7 FMStFG** eine Hauptversammlung zur Beschlussfassung über eine Kapitalerhöhung einberufen wird.[14] Im Hinblick auf Art. 5 Abs. 1 S. 1 Aktionärsrechte-RL[15] gilt § 16 Abs. 4 hier gem. § 7 Abs. 1 S. 1 FMStBG allerdings mit der Maßgabe, dass die Einberufung spätestens am 21. Tag vor dem Tag der Hauptversammlung erfolgen muss. Die Möglichkeit einer verkürzten Einberufungsfrist besteht auch dann, wenn die Kapitalerhöhung nicht nur vom SoFFin, sondern auch oder ausschließlich von den Aktionären oder Dritten gezeichnet werden kann oder die Tagesordnung der Hauptversammlung neben der Beschlussfassung über die Kapitalerhöhung noch andere Gegenstände enthält (§ 7 Abs. 1 S. 3 FMStBG). Der Anwendungsbereich des FMStBG ist auch nicht auf eilbedürftige Maßnahmen zu reduzieren.[16]

§ 7 FMStBG gilt gem. **§ 125 Abs. 2 SAG**[17] entsprechend für Beschlussfassungen der Anteilsinhaberversammlung des übernehmenden Rechtsträgers über Kapitalmaßnahmen, über Satzungsänderungen, über den Abschluss oder die Beendigung von Unternehmensverträgen oder über Maßnahmen nach dem UmwG im Zusammenhang mit der Übertragung von Anteilen, Vermögenswerten, Verbindlichkeiten und Rechtsverhältnissen von einem **in Abwicklung befindlichen Kredit- oder Finanzdienstleistungsinstitut**, um eine Abwicklungsanordnung zu ermöglichen oder umzusetzen. Eine Regelung zur Verkürzung der Einberufungsfrist enthält auch **§ 36 Abs. 6 SAG**. Gem. § 36 Abs. 5 SAG kann in der Satzung eines Kredit- oder Finanzdienstleistungsinstituts in der Rechtsform der AG vorgesehen werden, dass eine Hauptversammlung, deren Tagesordnung allein oder neben anderen Gegenständen die Beschlussfassung über eine Kapitalerhöhung enthält, abweichend von § 123 Abs. 1 S. 1 mindestens zehn Tage vor der Hauptversammlung einzuberufen ist, wenn (i) die Voraussetzungen für ein aufsichtsbehördliches Tätigwerden nach § 36 Abs. 1 S. 1 oder 2 SAG erfüllt sind und (ii) eine Kapitalerhöhung erforderlich ist, um zu verhindern, dass die Abwicklungsvoraussetzungen iSv § 62 SAG eintreten. Die Fristverkürzung ist von Art. 5 Abs. 5 Aktionärsrechte-RL gedeckt.[18]   6a

3. Fristberechnung. Die Fristberechnung richtet sich nach § 121 Abs. 7 (dazu ausführlich mit   7
Beispiel → § 121 Rn. 91 ff.). Der **Tag der Hauptversammlung ist nicht mitzurechnen** (§ 121 Abs. 7 S. 1). Der durch Art. 1 Nr. 11 ARUG eingefügte § 123 Abs. 1 S. 2 stellt klar, dass auch der **Tag der Einberufung nicht mitzurechnen** ist. Die Einberufung muss daher vor Ablauf (24.00 Uhr) des 31. Tages vor der Hauptversammlung erfolgen.[19] Damit hat der Gesetzgeber den zuvor bestehenden Streit beendet, ob am 30. oder am 31. Tag vor der Hauptversammlung einzuberufen ist.[20] Tag der Einberufung ist der Tag an dem die Bekanntmachung in den Gesellschaftsblättern erfolgt. Seit der Streichung von § 25 S. 2 aF durch Art. 1 Nr. 3 der Aktienrechtsnovelle 2016[21] kommt es hierfür

---

[12] BegrRegE BT-Drs. 14/7034, 47.
[13] Vgl. Hüffer/Koch/*Koch*, 13. Aufl. 2018, Rn. 8.
[14] Für Rekapitalisierungshauptversammlungen bis zum 2.8.2009 betrug die Mindesteinberufungsfrist gem. § 7 Abs. 1 S. 2 FMStBG aF nur einen Tag; s. dazu die EuGH-Vorlage des LG München I ZIP 2010, 779 (780 ff.); das Vorabentscheidungsersuchen wurde vom EuGH mangels Entscheidungserheblichkeit der Vorlagefrage zurückgewiesen, s. EuGH AG 2011, 507 (508 f.).
[15] RL 2007/36/EG des Europäischen Parlaments und des Rates v. 11.7.2007 über die Ausübung bestimmter Rechte von Aktionären in börsennotierten Gesellschaften, ABl. EU 2007 Nr. L 184, 17.
[16] OLG Frankfurt a.M. NZG 2015, 1357 (1359) – Commerzbank.
[17] Gesetz zur Sanierung und Abwicklung von Instituten und Finanzgruppen (Sanierungs- und Abwicklungsgesetz – SAG) v. 10.12.2014, BGBl. 2014 I 2091, zuletzt geändert durch Art. 3 Gesetz v. 23.12.2016, BGBl. 2016 I 3171.
[18] Art. 5 Abs. 5 Aktionärsrechte-RL wurde eingefügt durch Art. 121 Nr. 2 der RL 2014/59/EU des Europäischen Parlaments und des Rates v. 15.5.2014 zur Festlegung eines Rahmens für die Sanierung und Abwicklung von Kreditinstituten und Wertpapierfirmen und zur Änderung der Richtlinie 82/891/EWG des Rates, der Richtlinien 2001/24/EG, 2002/47/EG, 2004/25/EG, 2005/56/EG, 2007/36/EG, 2011/35/EU, 2012/30/EU und 2013/36/EU sowie der Verordnungen (EU) Nr. 1093/2010 und (EU) Nr. 648/2012 des Europäischen Parlaments und des Rates, ABl. EU 2014 Nr. L 173/190.
[19] BegrRegE BT-Drs. 16/11 642, 29.
[20] Für den 30. Tag etwa BGH ZIP 2010, 1898 (1900); OLG Frankfurt a. M. NZG 2009, 990 (991); LG München I AG 2009, 196 (297); *Ihrig/Wagner* FS Spiegelberger, 2009, 722 (723 f.); *Mimberg* ZIP 2006, 649 (650 f.), *Mimberg* AG 2005, 716 (718); *H.-F. Müller/Rieder* WuB II A. § 123 AktG 1.11; für den 31. Tag etwa *Butzke* WM 2005, 1981 (1985); *Repgen* ZGR 2006, 121 (129).
[21] Gesetz zur Änderung des Aktiengesetzes (Aktienrechtsnovelle 2016) v. 22.12.2015, BGBl. 2015 I 2565.

allein auf die **Veröffentlichung im Bundesanzeiger** an. Bestimmte die Satzung bis zum 30. Dezember 2015 neben dem Bundesanzeiger weitere Informationsmedien als Gesellschaftsblätter, bleibt eine solche Satzungsregelung zwar auch in der Zeit ab dem 31. Dezember 2015 wirksam (§ 26h Abs. 3 S. 1 EGAktG). Für einen Fristbeginn oder das sonstige Eintreten von Rechtsfolgen ist ab dem 1. Februar 2016 aber auch in diesem Fall ausschließlich die Bekanntmachung im Bundesanzeiger maßgeblich (§ 26h Abs. 3 S. 2 EGAktG).[22] Bei der Einberufung durch eingeschriebenen Brief gilt der Tag der Absendung als Tag der Bekanntmachung (§ 121 Abs. 4 S. 2 Hs. 2). Fällt das Fristende auf einen Sonntag, einen Sonnabend oder einen Feiertag, findet keine Verlegung auf den zeitlich vorausgehenden Werktag statt (§ 121 Abs. 7 S. 2). Der Wochenend- und Feiertagsschutz wurde durch das ARUG abgeschafft (→ § 121 Rn. 95). Allerdings ist zu berücksichtigen, dass im Bundesanzeiger am Wochenende und an Feiertagen nicht publiziert wird,[23] so dass die Einberufung faktisch dennoch auf den letzten vorausgehenden Werktag vorzuverlegen ist. Zudem ist stets die Vorlaufzeit für die Einstellung im Bundesanzeiger zu berücksichtigen.[24]

III. Anmeldung (Abs. 2)

8 1. **Allgemeines.** § 123 Abs. 2 regelt seit der Neufassung durch das UMAG in sich geschlossen die nach der Satzung erforderliche Anmeldung zur Hauptversammlung. Die Anmeldung soll der Gesellschaft die Vorbereitung der Hauptversammlung ermöglichen; sie dient nicht der Legitimation der Aktionäre.[25] Die in § 123 Abs. 2 aF noch enthaltene Regelung zur Einführung eines satzungsmäßigen Hinterlegungserfordernisses wurde durch das UMAG aufgehoben. Regelungen zum Nachweis der Teilnahmeberechtigung finden sich nunmehr ausschließlich in § 123 Abs. 3–5 (→ Rn. 18 ff.). Die Satzung kann bei Inhaberaktien ein Anmeldeerfordernis auch mit einer auf § 123 Abs. 3 gestützten Regelung zum Berechtigungsnachweis kombinieren.[26] Zweckmäßig ist ein Anmeldeerfordernis insbesondere bei Publikumsgesellschaften mit größerem Aktionärskreis.[27] Auf diese Weise kann sich die Gesellschaft einen gewissen Eindruck von der zu erwartenden Teilnehmerzahl verschaffen und das Teilnehmerverzeichnis vorbereiten.[28] Allerdings ist in der Praxis zu beobachten, dass sich viele Aktionäre zwar vorsorglich zur Hauptversammlung anmelden, aber dann nicht erscheinen.[29] Die Zahl der Anmeldungen ermöglicht daher nur eine grobe Schätzung der Teilnehmerzahl.

9 2. **Anmeldeerfordernis (Abs. 2 S. 1).** Das Gesetz sieht grundsätzlich kein Anmeldeerfordernis vor.[30] Gem. § 123 Abs. 2 S. 1 kann aber die Satzung die Teilnahme an der Hauptversammlung oder die Ausübung des Stimmrechts davon abhängig machen, dass die Aktionäre sich vor der Versammlung anmelden. In diesem Fall richten sich die weiteren Einzelheiten der Anmeldung nach § 123 Abs. 2 S. 2–5. Ein satzungsmäßiges Anmeldeerfordernis kann sowohl bei Inhaberaktien als auch bei Namensaktien eingeführt werden.[31] Mit der Anmeldung ist **keine Verfügungssperre** verbunden.[32] § 123 Abs. 2 macht keine Vorgaben zur Form der Anmeldung, so dass die

---

[22] Vor der Streichung von § 25 S. 2 durch Art. 1 Nr. 3 der Aktienrechtsnovelle 2016 kam es nach hM auf die Veröffentlichung in dem letzten Gesellschaftsblatt an, sofern die Satzung neben dem Bundesanzeiger weitere Gesellschaftsblätter vorsah, vgl. die Nachweise in der Vorauflage.

[23] Vgl. Allgemeine Geschäftsbedingungen für die entgeltliche Einreichung zur Publikation im Bundesanzeiger, Ziffer 5 „Termine/Fristen", abrufbar unter www.bundesanzeiger.de; s. auch Großkomm AktG/*Butzke* Rn. 11; *Paschos/Goslar* AG 2009, 14 (15) Fn. 11; *Wicke*, Einführung in das Recht der Hauptversammlung, das Recht der Sacheinlagen und das Freigabeverfahren nach dem ARUG, 2009, 20.

[24] Für Dokumente bis zu 25 DIN A4-Seiten erfolgt bei abgeschlossener Datenübermittlung bis 14 Uhr eine Publikation bis spätestens am übernächsten Publikationstag, s. dazu Allgemeine Geschäftsbedingungen für die entgeltliche Einreichung zur Publikation im Bundesanzeiger, Ziffer 5 „Termine/Fristen", abrufbar unter www.bundesanzeiger.de.

[25] Vgl. OLG Stuttgart AG 2009, 204 (211); BegrRegE BT-Drs. 15/5092, 13; Grigoleit/*Herrler* Rn. 5; Großkomm AktG/*Butzke* Rn. 23; Hölters/*Drinhausen* Rn. 5; Hüffer/Koch/*Koch*, 13. Aufl. 2018, Rn. 6; Kölner Komm AktG/*Noack*/*Zetzsche* Rn. 3; MüKoAktG/*Kubis* Rn. 9; *Butzke* Die Hauptversammlung der AG Rn. C 47; *Baums* FS Hüffer, 2010, 15 (17); *Bayer*/*Scholz*/*Weiß* AG 2013, 742 (744).

[26] Bürgers/Körber/*Reger* Rn. 6; Grigoleit/*Herrler* Rn. 5; Wachter/*Mayrhofer* Rn. 4; *Bayer*/*Scholz*/*Weiß* AG 2013, 742 (743); *Simon*/*Zetzsche* NZG 2005, 369 (372 f.).

[27] Vgl. Hüffer/Koch/*Koch*, 13. Aufl. 2018, Rn. 6.

[28] Großkomm AktG/*Butzke* Rn. 23.

[29] Vgl. Großkomm AktG/*Butzke* Rn. 23.

[30] Vgl. BegrRegE BT-Drs. 15/5092, 13.

[31] BegrRegE BT-Drs. 15/5092, 13; Bürgers/Körber/*Reger* Rn. 5; Grigoleit/*Herrler* Rn. 6; Hölters/*Drinhausen* Rn. 5; Hüffer/Koch/*Koch*, 13. Aufl. 2018, Rn. 6; Wachter/*Mayrhofer* Rn. 4; *Butzke* Die Hauptversammlung der AG Rn. C 40, 47.

[32] Bürgers/Körber/*Reger* Rn. 5; Grigoleit/*Herrler* Rn. 5; Kölner Komm AktG/*Noack*/*Zetzsche* Rn. 124.

Anmeldung grundsätzlich **formlos** erfolgen kann.[33] Sie kann auch konkludent erfolgen, etwa durch Übermittlung des Berechtigungsnachweises gem. § 123 Abs. 4.[34] Die Satzung kann aber die Anforderungen an die Anmeldung näher ausgestalten und eine bestimmte Form vorsehen.[35] Übermäßige Erschwerungen (zB notarielle Beglaubigung) dürfen nicht vorgesehen werden.[36] Die Satzung kann auch vorschreiben, dass in der Anmeldung die Stückzahl und (sofern verschiedene Gattungen vorhanden sind) die Gattung der Aktien angegeben wird.[37] Sieht die Satzung keine entsprechende Regelung vor und enthält auch die Anmeldung keine näheren Angaben, bezieht sich die Anmeldung bei Namensaktien auf alle im Zeitpunkt des Zugangs der Anmeldung im Aktienregister auf den entsprechenden Aktionär registrierten Aktien.[38] Bei Inhaberaktien bezieht sich die Anmeldung ohne nähere Angaben auf alle Aktien für die ein Berechtigungsnachweis erbracht wurde.[39] Das Anmeldeerfordernis muss sich **aus der Satzung selbst** ergeben. Eine entsprechende Ermächtigung des Einberufenden kann nicht vorgesehen werden.[40]

Die Anmeldung kann nicht nur durch den Aktionär selbst, sondern auch durch einen **Stellvertreter** erfolgen.[41] Da der Teilnahmewille von demjenigen zu erklären ist, der als Aktionär gilt, muss der Stellvertreter offen im Namen des Aktionärs handeln.[42] Eine Ausnahme gilt bei Vertretung von Inhaberaktien durch ein Kreditinstitut, ein gem. § 135 Abs. 10 iVm § 125 Abs. 5 gleichgestelltes Institut oder Unternehmen, eine Aktionärsvereinigung oder einen geschäftsmäßig Handelnden iSv § 135 Abs. 8, wenn sie das Stimmrecht entsprechend dem gesetzlichen Regelfall gem. § 135 Abs. 5 S. 2 im Namen dessen, den es angeht, ausüben. Hier kann auch die Anmeldung im Wege der verdeckten Stellvertretung erfolgen.[43] Dies folgt aus der Wertung des § 135 Abs. 5 S. 2 wonach für die Legitimation ein Berechtigungsnachweis gem. § 123 Abs. 3 genügt,[44] der nach wohl einhelliger Ansicht ohne Namensnennung des Aktionärs erfolgen kann (→ § 135 Rn. 98). Die Anmeldung kann auch durch einen **Legitimationsaktionär** vorgenommen werden.[45] Sofern dieser (bei Namensaktien) nicht im Aktienregister eingetragen ist, muss auch in diesem Fall der Name des Aktionärs bei der Anmeldung offengelegt werden (auch wenn später im Teilnehmerverzeichnis nur der Legitimationsaktionär erscheint).[46] Die Anmeldung durch einen Stellvertreter hindert nicht die persönliche Teilnahme des Aktionärs.[47] Umgekehrt kann auch bei Anmeldung durch den Aktionär noch ein Stellvertreter bestellt werden.[48] Die

---

[33] Bürgers/Körber/*Reger* Rn. 5; GHEK/*Eckardt* Rn. 53; Grigoleit/*Herrler* Rn. 6; Großkomm AktG/*Butzke* Rn. 32; Hölters/*Drinhausen* Rn. 8; Kölner Komm AktG/*Noack/Zetzsche* Rn. 98; MüKoAktG/*Kubis* Rn. 11; K. Schmidt/Lutter/*Ziemons* Rn. 24; Wachter/*Mayrhofer* Rn. 4; Bayer/Scholz/Weiß AG 2013, 742 (743); *Noack* NZG 2001, 1057 (1060).
[34] Kölner Komm AktG/*Noack/Zetzsche* Rn. 98; K. Schmidt/Lutter/*Ziemons* Rn. 24; *Simon/Zetzsche* NZG 2005, 369, (373); *Zetzsche* Der Konzern 2007, 180 (186).
[35] Bürgers/Körber/*Reger* Rn. 5; Grigoleit/*Herrler* Rn. 6; Großkomm AktG/*Butzke* Rn. 32; Hölters/*Drinhausen* Rn. 8; Kölner Komm AktG/*Noack/Zetzsche* Rn. 89; MüKoAktG/*Kubis* Rn. 11; K. Schmidt/Lutter/*Ziemons* Rn. 24; Wachter/*Mayrhofer* Rn. 4; Bayer/Scholz/Weiß AG 2013, 742 (743).
[36] Großkomm AktG/*Butzke* Rn. 32; Hölters/*Drinhausen* Rn. 8; Kölner Komm AktG/*Zöllner*, 1. Aufl. 1985, Rn. 34; MüKoAktG/*Kubis* Rn. 11.
[37] Bürgers/Körber/*Reger* Rn. 5; Großkomm AktG/*Butzke* Rn. 32; Kölner Komm AktG/*Noack/Zetzsche* Rn. 90; MüKoAktG/*Kubis* Rn. 11; Reichert/Balke in Semler/Volhard/Reichert HV-HdB § 4 Rn. 81.
[38] Kölner Komm AktG/*Noack/Zetzsche* Rn. 101.
[39] Großkomm AktG/*Butzke* Rn. 31.
[40] GHEK/*Eckardt* Rn. 62; Grigoleit/*Herrler* Rn. 6; Großkomm AktG/*Butzke* Rn. 27; Kölner Komm AktG/ *Noack/Zetzsche* Rn. 90; MüKoAktG/*Kubis* Rn. 48; aA noch Kölner Komm AktG/*Zöllner*, 1. Aufl. 1985, Rn. 40.
[41] GHEK/*Eckardt* Rn. 51; Grigoleit/*Herrler* Rn. 5; Großkomm AktG/*Butzke* Rn. 28; Kölner Komm AktG/ *Noack/Zetzsche* Rn. 99; MüKoAktG/*Kubis* Rn. 10; Wachter/*Mayrhofer* Rn. 4; Reichert/Balke in Semler/Volhard/ Reichert HV-HdB § 4 Rn. 83.
[42] Großkomm AktG/*Butzke* Rn. 28; Kölner Komm AktG/*Noack/Zetzsche* Rn. 99; aA MüKoAktG/*Kubis* Rn. 10; für Inhaberaktien auch Reichert/Balke in Semler/Volhard/Reichert HV-HdB § 4 Rn. 83.
[43] Großkomm AktG/*Butzke* Rn. 28.
[44] Gemeint sein dürfte ein Berechtigungsnachweis gem. § 123 Abs. 4. Der Gesetzgeber hat offenbar übersehen, im Zuge der Neugliederung von § 123 durch die Aktienrechtsnovelle 2016 auch den Verweis in § 135 Abs. 5 S. 2 anzupassen.
[45] Großkomm AktG/*Butzke* Rn. 28; Kölner Komm AktG/*Noack/Zetzsche* Rn. 99; MüKoAktG/*Kubis* Rn. 10; Wachter/*Mayrhofer* Rn. 4.
[46] Großkomm AktG/*Butzke* Rn. 28; Kölner Komm AktG/*Noack/Zetzsche* Rn. 99.
[47] Großkomm AktG/*Butzke* Rn. 29; MüKoAktG/*Kubis* Rn. 10; Kölner Komm AktG/*Zöllner*, 1. Aufl., 1985 Rn. 37.
[48] Großkomm AktG/*Butzke* Rn. 29; Kölner Komm AktG/*Zöllner*, 1. Aufl. 1985, Rn. 37; MüKoAktG/*Kubis* Rn. 10.

Teilnahmeberechtigung eines Legitimationsaktionärs kann dagegen nach Ablauf der Anmeldefrist (→ Rn. 13 ff.) nicht mehr begründet werden.[49]

11 Erfolgt keine Anmeldung, besteht je nach Satzungsgestaltung **kein Teilnahmerecht und/oder kein Stimmrecht.** Sieht die Satzung nur vor, dass sich die Aktionäre vor der Hauptversammlung anzumelden haben, bezieht sich das Anmeldeerfordernis im Zweifel sowohl auf das Teilnahmerecht als auch auf das Stimmrecht.[50] Erstreckt sich das Anmeldeerfordernis nach der Satzung nur auf das Stimmrecht, kann darin nicht ohne weiteres auch eine Beschränkung des Teilnahmerechts gesehen werden.[51] Da die Teilnahme (abgesehen von dem Fall der Briefwahl) notwendige Voraussetzung für die Ausübung des Stimmrechts ist, kann das Stimmrecht bei fehlender Anmeldung auch dann nicht ausgeübt werden, wenn die Satzung nur die Teilnahme erwähnt.[52]

12 Ein in der Satzung vorgesehenes allgemeines Anmelderfordernis für die Teilnahme oder die Stimmrechtsausübung gilt auch für die **Online-Teilnahme** (§ 118 Abs. 1 S. 2), sofern diese im konkreten Fall zugelassen ist. Die Satzung kann hierfür auch ein spezielles Anmeldeverfahren vorsehen.[53] Im Hinblick auf die **Briefwahl** (§ 118 Abs. 2) ist zu berücksichtigen, dass die Briefwähler zwar das Stimmrecht ausüben, aber nicht an der Hauptversammlung teilnehmen. Macht die Satzung die Ausübung des Stimmrechts allgemein von einer vorherigen Anmeldung abhängig, gilt ein solches Anmeldeerfordernis grundsätzlich auch für die Stimmrechtsausübung im Wege der Briefwahl.[54] In diesen Fällen dürfte aber in der Anforderung der Briefwahlunterlagen oder dem Aufruf eines entsprechenden Internetdialogs regelmäßig eine konkludente Anmeldung zu sehen sein.[55] Zweifelhaft ist, ob dies auch dann gilt, wenn die Satzung nur die Teilnahme von einer vorherigen Anmeldung abhängig macht, ohne die Stimmrechtsausübung ausdrücklich zu erwähnen. Hier wird man grundsätzlich nicht davon ausgehen können, dass damit auch ein Anmeldeerfordernis für die Briefwahl konstituiert werden sollte, sofern die Satzung keine Anhaltspunkte für eine abweichende Auslegung bietet.[56] Sieht die Satzung nur allgemein ein Anmeldeerfordernis vor, ohne dieses näher zu konkretisieren, ist dieses im Zweifel sowohl auf das Teilnahmerecht als auch auf das Stimmrecht bezogen (→ Rn. 11), so dass es auch die Briefwahl erfasst. Zur Vermeidung von Unklarheiten empfiehlt es sich, in der Satzung ausdrücklich zu regeln, ob ein Anmeldeerfordernis auch für die Stimmrechtsausübung im Wege der Briefwahl gelten soll (sofern eine solche Möglichkeit in der Satzung vorgesehen ist).

13 **3. Anmeldefrist (Abs. 2 S. 2–4).** Gem. § 123 Abs. 2 S. 2 muss die Anmeldung der Gesellschaft unter der in der Einberufung hierfür mitgeteilten Adresse **mindestens sechs Tage vor der Hauptversammlung** zugehen. Die Fristberechnung richtet sich nach § 121 Abs. 7 (→ § 121 Rn. 91 ff.). Der Tag der Hauptversammlung ist nicht mitzurechnen (§ 121 Abs. 7 S. 1). § 123 Abs. 2 S. 4 stellt klar, dass auch der Tag des Zugangs nicht mitzurechnen ist. Die Anmeldung muss der Gesellschaft somit spätestens am 7. Tag vor der Hauptversammlung zugehen. Dies entspricht der Rechtslage vor Inkrafttreten des ARUG, so dass sich durch die Anpassung von § 123 Abs. 2 an die neuen Fristberechnungsgrundsätze im Ergebnis nichts geändert hat.[57] Eine Änderung ist nur dadurch eingetreten, dass § 121 Abs. 7 keinen Wochenend- und Feiertagsschutz mehr vorsieht (→ § 121 Rn. 95).

14 Gem. § 123 Abs. 2 S. 3 kann in der Satzung oder in der Einberufung aufgrund einer Ermächtigung durch die Satzung eine **kürzere, in Tagen zu bemessende Frist** vorgesehen werden. Eine Verlängerung der Anmeldefrist ist nach dem eindeutigen Wortlaut der Norm nicht möglich. § 123 Abs. 2 S. 3 stellt klar,[58] dass die Satzung eine kürzere Frist nicht selbst vorsehen muss, sondern auch den Vorstand entsprechend **ermächtigen** kann. Die Klarstellung erfolgte auf Anregung des DAV-Handelsrechtsausschusses durch Art. 1 Nr. 11 ARUG.[59] Der Gesetzgeber hat damit auf eine verfehlte Entscheidung des OLG München zu § 123 Abs. 2 S. 3 aF reagiert, in der das Gericht eine Fristverkür-

---

[49] Kölner Komm AktG/*Zöllner*, 1. Aufl. 1985, Rn. 37; MüKoAktG/*Kubis* Rn. 10.
[50] Zust. Großkomm AktG/*Butzke* Rn. 24 Fn. 36.
[51] RGZ 112, 109 (111 f.); GHEK/*Eckardt* Rn. 32; Grigoleit/*Herrler* Rn. 7; Großkomm AktG/*Butzke* Rn. 25; MüKoAktG/*Kubis* Rn. 9; aA Kölner Komm AktG/*Zöllner*, 1. Aufl. 1985, Rn. 46.
[52] Grigoleit/*Herrler* Rn. 7; Großkomm AktG/*Butzke* Rn. 24; Kölner Komm AktG/*Noack/Zetzsche* Rn. 91; Kölner Komm AktG/*Zöllner*, 1. Aufl. 1985, Rn. 45; MüKoAktG/*Kubis* Rn. 9.
[53] Vgl. Kölner Komm AktG/*Noack/Zetzsche* Rn. 93.
[54] Grigoleit/*Herrler* Rn. 7; Großkomm AktG/*Butzke* Rn. 25; Wachter/*Mayrhofer* Rn. 5; *Paschos/Goslar* AG 2008, 605 (610); zweifelnd *Noack* WM 2009, 2289 (2291).
[55] Grigoleit/*Herrler* Rn. 7; Wachter/*Mayrhofer* Rn. 5; *Noack* WM 2009, 2289 (2291).
[56] Großkomm AktG/*Butzke* Rn. 26.
[57] Zur Berechnung nach alter Rechtslage s. OLG Frankfurt a. M. NZG 2008, 343 f.
[58] Vgl. *Bosse* NZG 2009, 807 (808).
[59] Beschlussempfehlung und Bericht des Rechtsausschusses, BT-Drs. 16/13 098, 38 f.; krit. zu der Neuregelung *Simon* KSzW 2010, 15 (19).

zung durch den Vorstand aufgrund einer Ermächtigung in der Satzung als unzulässig angesehen hatte.[60] Die kürzere Frist ist in Tagen zu bemessen. Gemeint sind **Kalendertage** (nicht Werktage).[61] Sieht die Satzung noch eine in Werktagen zu berechnende Frist vor, ist eine Anpassung erforderlich (zum Übergangsrecht → Rn. 42).[62]

Eine Sonderregelung gilt gem. § 16 Abs. 4 S. 5 WpÜG in **Übernahmesituationen.** Danach müssen bei Hauptversammlungen der Zielgesellschaft nach § 16 Abs. 3 WpÜG zwischen der Anmeldung und der Hauptversammlung **mindestens vier Tage** liegen, sofern gestützt auf § 16 Abs. 4 S. 1 die Einberufungsfrist des § 123 Abs. 1 unterschritten wird (→ Rn. 6). § 16 Abs. 4 gilt gem. § 33b Abs. 4 WpÜG entsprechend für eine auf Verlangen des Bieters einberufene **Durchbrechungshauptversammlung** iSv § 33b Abs. 2 Nr. 3 WpÜG. Gem. § 7 Abs. 1 S. 1 FMStBG gilt § 16 Abs. 4 WpÜG zudem entsprechend, wenn im Zusammenhang mit einer **Rekapitalisierung nach § 7 FMStFG** eine Hauptversammlung zur Beschlussfassung über eine Kapitalerhöhung einberufen wird. § 7 FMStBG gilt gem. § **125 Abs. 2 SAG**[63] entsprechend für Beschlussfassungen der Anteilsinhaberversammlung des übernehmenden Rechtsträgers über Kapitalmaßnahmen, über Satzungsänderungen, über den Abschluss oder die Beendigung von Unternehmensverträgen oder über Maßnahmen nach dem UmwG im Zusammenhang mit der Übertragung von Anteilen, Vermögenswerten, Verbindlichkeiten und Rechtsverhältnissen von einem **in Abwicklung befindlichen Kredit- oder Finanzdienstleistungsinstitut,** um eine Abwicklungsanordnung zu ermöglichen oder umzusetzen. Sieht die Satzung eines Kredit- oder Finanzdienstleistungsinstituts in der Rechtsform der AG gem. § 36 Abs. 5 SAG vor, dass die Frist des § 123 Abs. 1 S. 1 unterschritten werden kann, und wird davon Gebrauch gemacht, müssen gem. § **36 Abs. 6 S. 3 Hs. 1 SAG** zwischen Anmeldung und Versammlung **mindestens drei Tage** liegen. Dabei gilt § 123 Abs. 2 S. 4 entsprechend, so dass der Tag des Zugangs nicht mitzurechnen ist (§ 36 Abs. 6 S. 3 Hs. 2 SAG).

Die Anmeldung muss der Gesellschaft vor Ablauf der Anmeldefrist **unter der in der Einberufung hierfür mitgeteilten Adresse zugegangen** sein (§ 123 Abs. 2 S. 2). Bei der Adresse muss es sich nicht um eine postalische Anschrift handeln. Insbesondere ist die Angabe eines intern zuständigen Empfängers nicht erforderlich.[64] Ausreichend ist auch die Angabe einer E-Mail-Adresse.[65] Auch die Benennung eines als Empfangsvertreter auftretenden Dritten (insbesondere eines Hauptversammlungsdienstleisters) als Anmeldestelle ist zulässig.[66] Wird in der Einberufung eine Adresse für den Zugang der Anmeldung angegeben, wird die Anmeldefrist durch einen anderweitigen Zugang nicht gewahrt.[67] Insbesondere kann ein wirksamer Zugang in diesem Fall nicht über die gegenüber dem Handelsregister angegebenen inländischen Geschäftsanschrift (vgl. § 37 Abs. 3 Nr. 1) erfolgen.[68] Allerdings ist die Gesellschaft nicht gehindert, an eine falsche Adresse übermittelte Anmeldungen unter Beachtung des Gleichbehandlungsgrundsatzes (§ 53a) freiwillig zu berücksichtigen.[69] Gleiches gilt für verspätet eingegangene Anmeldungen.[70] Wird in der Einberufung keine Adresse mitgeteilt, hat dies lediglich zur Folge, dass sich der Zugang nach allgemeinen Regeln richtet.[71] Die Gesellschaft

---

[60] Vgl. OLG München NZG 2008, 599 (600); ebenso LG München I WM 2007, 2111 (2113) (Vorinstanz); zu recht krit. *Hellermann* NZG 2008, 561 (563); *Ihrig/Wagner* FS Spiegelberger, 2009, 722 (729f.).

[61] *Hüffer/Koch/Koch,* 13. Aufl. 2018, Rn. 7; Kölner Komm AktG/*Noack/Zetzsche* Rn. 110; *Drinhausen/Keinath* BB 2009, 2322 (2324); *Seibert/Florstedt* ZIP 2008, 2145 (2149).

[62] BegrRegE BT-Drs. 16/11 642, 29; *Wicke,* Einführung in das Recht der Hauptversammlung, das Recht der Sacheinlagen und das Freigabeverfahren nach dem ARUG, 2009, 20.

[63] Gesetz zur Sanierung und Abwicklung von Instituten und Finanzgruppen (Sanierungs- und Abwicklungsgesetz – SAG) v. 10.12.2014, BGBl. 2014 I 2091, zuletzt geändert durch Art. 3 des Gesetzes v. 23.12.2016, BGBl. 2016 I 3171.

[64] OLG Frankfurt a.M. AG 2010, 39 (41); Kölner Komm AktG/*Noack/Zetzsche* Rn. 105; unklar K. Schmidt/Lutter/*Ziemons* Rn. 26.

[65] Kölner Komm AktG/*Noack/Zetzsche* Rn. 105; *Ihrig/Wagner* FS Spiegelberger, 2009, 722 (738); aA Großkomm AktG/*Butzke* Rn. 33; K. Schmidt/Lutter/*Ziemons* Rn. 26.

[66] Grigoleit/*Herrler* Rn. 8; Großkomm AktG/*Butzke* Rn. 33; Kölner Komm AktG/*Noack/Zetzsche* Rn. 107; MüKoAktG/*Kubis* Rn. 14; *Bayer/Scholz/Weiß* AG 2013, 742 (743); *Habersack/Mülbert* ZGR 2014, 1 (5); vgl. zu § 123 Abs. 4 S. 2 auch *Kiefner/Zetzsche* ZIP 2006, 551 (556).

[67] *Hüffer/Koch/Koch,* 13. Aufl. 2018, Rn. 7; Kölner Komm AktG/*Noack/Zetzsche* Rn. 104; MüKoAktG/ *Kubis* Rn. 14; K. Schmidt/Lutter/*Ziemons* Rn. 26; *Bayer/Scholz/Weiß* AG 2013, 742 (743); *Habersack/Mülbert* ZGR 2014, 1 (5f.); wohl auch Hölters/*Drinhausen* Rn. 8.

[68] So jetzt auch MüKoAktG/*Kubis* Rn. 14 (unter Aufgabe der in der 3. Aufl. vertretenen gegenteiligen Ansicht).

[69] Kölner Komm AktG/*Noack/Zetzsche* Rn. 104; *Habersack/Mülbert* ZGR 2014, 1 (7).

[70] Kölner Komm AktG/*Noack/Zetzsche* Rn. 73, 125 f.

[71] Grigoleit/*Herrler* Rn. 8; Großkomm AktG/*Butzke* Rn. 34; *Hüffer/Koch/Koch,* 13. Aufl. 2018, Rn. 7; Kölner Komm AktG/*Noack/Zetzsche* Rn. 108; K. Schmidt/Lutter/*Ziemons* Rn. 26; *Bayer/Scholz/Weiß* AG 2013, 742 (743); *Habersack/Mülbert* ZGR 2014, 1 (6).

muss jeden fristgemäßen Zugang am Ort der Hauptverwaltung gegen sich gelten lassen. Als Empfangsstellen sind in diesem Fall die von der Gesellschaft im Geschäftsverkehr benutzten Postanschriften und Fax-Nummern, nicht aber allgemeine E-Mail-Adressen anzusehen. Die Übersendung an eine **Zweigniederlassung** ist nur dann ausreichend, wenn bei normalem Geschäftsgang mit einer rechtzeitigen Weiterleitung an die Hauptverwaltung gerechnet werden konnte. Insoweit gelten dieselben Grundsätze wie für die Übermittlung von Gegenanträgen (→ § 126 Rn. 16). Der Nachweis des Zugangs obliegt dem Aktionär.[72] Zur Form der Anmeldung → Rn. 9. Zur Benennung der Anmeldestelle bei Einberufung der Hauptversammlung durch eine **Aktionärsminderheit** aufgrund gerichtlicher Ermächtigung gem. § 122 Abs. 3 → § 122 Rn. 64a.

17 **4. Verlängerung der Einberufungsfrist (Abs. 2 S. 5).** Gem. § 123 Abs. 2 S. 5 verlängert sich die Mindestfrist des § 123 Abs. 1 um die Tage der Anmeldefrist. Hierdurch sollen eine Erschwerung der Teilnahme vermieden und die Informations- und Vorbereitungsinteressen der Aktionäre gewahrt werden.[73] Die Aktionäre sollen nach der Einberufung jedenfalls 30 Tage Zeit haben, um über ihre Teilnahme an der Hauptversammlung zu entscheiden und die Teilnahmebedingungen zu erfüllen.[74] Die Regelung wurde zunächst durch Art. 1 Nr. 11 ARUG neu gefasst. § 123 Abs. 2 S. 2 aF sah noch vor, dass für die Berechnung der Einberufungsfrist der Tag, bis zu dessen Ablauf sich die Aktionäre anzumelden haben, an die Stelle des Tages der Hauptversammlung tritt. Anders als bei § 123 Abs. 2 S. 2 aF war bei § 123 Abs. 2 S. 5 in der Fassung des ARUG unklar, wie bei einer **Verkürzung der Anmeldefrist** durch die Satzung oder aufgrund einer entsprechenden Ermächtigung zu verfahren ist, da die Regelung von einer Verlängerung der Mindestfrist des § 123 Abs. 1 „um die Tage der Anmeldefrist des Satzes 2" sprach. Da nicht auch auf § 123 Abs. 2 S. 3 verwiesen wurde, ließ sich bei wörtlichem Verständnis vertreten, dass sich die Einberufungsfrist bei Bestehen eines Anmeldeerfordernisses stets (auch bei Verkürzung der Anmeldefrist) um sechs Tage von 30 auf 36 Tage verlängert. Die besseren Gründe sprachen gleichwohl gegen eine solche Auslegung.[75] Der Zweck der Regelung, den Aktionären jedenfalls 30 Tage Überlegungs- und Vorbereitungszeit zu gewähren, ist auch dann erfüllt, wenn sich die Einberufungsfrist nur um die Tage einer verkürzten Anmeldefrist verlängert. Ein schutzwürdiges Vertrauen auf Seiten der Aktionäre, dass bei Bestehen eines Anmeldeerfordernisses stets 36 volle Tage bis zur Hauptversammlung verbleiben, ist nicht erkennbar.[76] Dementsprechend hat der Gesetzgeber mit der Aktienrechtsnovelle 2016[77] nunmehr klargestellt, dass sich die Einberufungsfrist stets **nur um die Tage der konkreten Anmeldfrist** verlängert (also entweder um die sechs Tage gem. § 123 Abs. 2 S. 2 oder um die Tage einer kürzeren Anmeldefrist gem. § 123 Abs. 2 S. 3).[78] Hierzu wurden in § 123 Abs. 2 S. 5 die Worte „des Satzes 2" gestrichen (→ Rn. 2).

IV. Legitimation (Abs. 3–5)

18 **1. Allgemeines.** Die Legitimation der Aktionäre ist in § 123 Abs. 3–5 geregelt. Die ursprünglich nur in § 123 Abs. 3 aF enthaltenen Regelungen wurden durch die Aktienrechtsnovelle 2016[79] modifiziert und neu gegliedert (→ Rn. 2). Wie § 123 Abs. 3 S. 1 aF erlaubt § 123 Abs. 3 die Bestimmung eines Berechtigungsnachweises durch die Satzung. Während § 123 Abs. 3 S. 1 aF aber nur für Gesellschaften mit Inhaberaktien galt,[80] wurde die Regelung durch die Aktienrechtsnovelle 2016 auch auf Gesellschaften mit Namensaktien erstreckt (→ Rn. 24). Hierdurch wollte der Gesetzgeber klarstellen, dass auch für letztere durch Satzungsregelung ein Nachweisstichtag festgelegt werden kann.[81] Im Übrigen ergibt sich bei Namensaktien die Berechtigung zur Teilnahme und zur Ausübung des Stimmrechts bereits aus dem Aktienregister (→ Rn. 21).[82] Die Satzung kann eine Regelung zum Berechtigungsnachweis auch mit einem Anmeldeerfordernis iSv § 123 Abs. 2 S. 1 kombinieren (→ Rn. 8). § 123 Abs. 3 hat primär Bedeutung für nicht börsennotierte Gesellschaften. Während die Norm hier die Ausgestaltung des Nachweiserfordernisses grundsätzlich der Satzung überlässt, sind bei börsennotierten Gesellschaften stets die zwingenden Vorgaben gem. § 123 Abs. 4 und 5 zu

---

[72] Bürgers/Körber/*Reger* Rn. 5; Hölters/*Drinhausen* Rn. 8; Kölner Komm AktG/*Noack/Zetzsche* Rn. 98.
[73] BegrRegE BT-Drs. 15/5092, 13.
[74] Hüffer/Koch/*Koch*, 13. Aufl. 2018, Rn. 7; s. auch BegrRegE bei *Kropff* S. 172.
[75] S. etwa *Grobecker* NZG 2010, 165 (166); *Höreth/Linnerz* GWR 2010, 155 (157); *Wilm* DB 2010, 1686 (1687 f.); zu weiteren Nachweisen s. die Vorauflage.
[76] AA (unter Verkennung des Gesetzeszwecks) OLG München NZG 2008, 599 (600).
[77] Gesetz zur Änderung des Aktiengesetzes (Aktienrechtsnovelle 2016) v. 22.12.2015, BGBl. 2015 I 2565.
[78] Vgl. BegrRegE, BT-Drs. 18/4349, 22 f.
[79] Gesetz zur Änderung des Aktiengesetzes (Aktienrechtsnovelle 2016) v. 22.12.2015, BGBl. 2015 I 2565.
[80] Vgl. BegrRegE BT-Drs. 15/5092, 13.
[81] BegrRegE, BT-Drs. 18/4349, 23.
[82] BegrRegE BT-Drs. 15/5092, 13.

beachten. Bei börsennotierten Gesellschaften mit Inhaberaktien ist gem. § 123 Abs. 4 S. 1 und 2 zur Legitimation ein durch das depotführende Institut in Textform erstellter Nachweis des Anteilsbesitzes, der sich auf den Beginn des 21. Tages vor der Versammlung bezieht, stets ausreichend (→ Rn. 28 ff.). Die entsprechenden Regelungen fanden sich zunächst in § 123 Abs. 3 S. 2 und 3 aF und wurden durch die Aktienrechtsnovelle 2016 zusammen mit den Regelungen in Abs. 3 S. 4–6 aF leicht modifiziert in Abs. 4 verschoben, ohne dass damit eine inhaltliche Änderung verbunden wäre. Für börsennotierte Gesellschaften mit Namensaktien gilt der durch die Aktienrechtsnovelle 2016 neu eingefügte § 123 Abs. 5, wonach die Berechtigung zur Teilnahme und zur Ausübung des Stimmrechts aus der Eintragung im Aktienregister folgt. Die im Regierungsentwurf der Aktienrechtsnovelle 2014 noch vorgesehene Einführung eines Nachweisstichtags (Record Date) für börsennotierte Gesellschaften mit Namensaktien wurde in die endgültige Fassung der Aktienrechtsnovelle 2016 nicht übernommen und ist dementsprechend nicht Gesetz geworden. Hintergrund ist, dass keine Einigkeit zu dem für Namensaktien maßgeblichen Termin erzielt werden konnte. Während der Gesetzgeber ursprünglich geplant hatte, den Nachweisstichtag für Inhaber- und Namensaktien einheitlich auf den 21. Tag vor der Versammlung zu legen, wurde für Namensaktien vielfach ein näher an der Hauptversammlung liegender Termin als sinnvoll angesehen.[83] Darüber hinaus wurde es vom Gesetzgeber als vorzugswürdig angesehen, eine einheitliche Regelung auf EU-Ebene anzustreben.[84]

Werden die gesetzlichen oder satzungsmäßigen Anforderungen an den Berechtigungsnachweis **19** nicht erfüllt, besteht kein Teilnahmerecht und/oder kein Stimmrecht. Aktionäre, die sich nicht legitimiert haben, dürfen auch nicht zur Hauptversammlung zugelassen werden.[85] Gewisse Erleichterungen gelten bei Spaltgesellschaften.[86] Sieht die Satzung das Erfordernis eines Berechtigungsnachweises nur für das Stimmrecht vor, kann die Regelung nicht ohne weiteres auf das Teilnahmerecht übertragen werden (→ Rn. 11). Soweit es bei nicht börsennotierten Gesellschaften an einer Satzungsregelung iSv § 123 Abs. 3 fehlt, richtet sich die Berechtigung zur Teilnahme und zur Ausübung des Stimmrechts nach allgemeinen Grundsätzen (→ Rn. 20 ff.). Danach muss sich derjenige, der Rechte ausüben will, als Berechtigter legitimieren, sofern nicht der andere Teil im Besitz der Legitimationsmittel ist oder sein muss.[87]

2. Gesetzeslage. a) Verbriefte Aktien. aa) Inhaberaktien. Bei verbrieften Inhaberaktien nicht **20** börsennotierter Gesellschaften kann die Legitimation bei Fehlen einer Satzungsregelung stets durch **Vorlage der Aktienurkunden** erfolgen.[88] Obwohl der von der Geltendmachung von Rechten aus Inhaberpapieren Betroffene zum Nachweis der Innehabung grundsätzlich die Vorlage des Papiers verlangen kann, besteht darüber hinaus Einigkeit, dass die Legitimation auch auf andere Weise erfolgen kann. Hierfür sprechen bereits praktische Gründe, zumal eine Vorlage bei dem heute üblichen Ausschluss der Einzelverbriefung (§ 10 Abs. 5) und der zentralen Verwahrung einer Globalurkunde ohnehin nicht in Betracht kommt. Der Inhaber kann sich daher auch durch Vorlage einer **Bescheinigung des depotführenden Instituts** legitimieren.[89] Bei börsennotierten Gesellschaften ist zur Legitimation ein durch das depotführende Institut in Textform erstellter Nachweis des Anteilsbesitzes, der sich auf den Beginn des 21. Tages vor der Versammlung bezieht, stets ausreichend (§ 123 Abs. 4 S. 1 und 2; → Rn. 28 ff.). Wird nur ein Teil der Aktien einer börsennotierten Gesellschaft girosammelverwahrt, ist umstritten, ob in diesem Fall der Nachweis für die nicht girosammelverwahrten Aktien durch Vorlage der Aktienurkunden erfolgen kann, so dass sich in diesem Fall eine Regelung des Berechtigungsnachweises durch die Satzung empfiehlt (→ Rn. 28).

---

[83] Beschlussempfehlung und Bericht des Ausschusses für Recht und Verbraucherschutz, BT-Drs. 18/6681, 11 f.; s. auch Großkomm AktG/*Butzke* Rn. 49; *Harbarth/Frhr. v. Plettenberg* AG 2016, 145 (151); *Ihrig/Wandt* BB 2016, 6 (9); *Mohamed* ZIP 2016, 1100 (1104).

[84] Beschlussempfehlung und Bericht des Ausschusses für Recht und Verbraucherschutz, BT-Drs. 18/6681, 12; s. auch Großkomm AktG/*Butzke* Rn. 49; *Daghles* GWR 2016, 45 (46); *Götze* NZG 2016, 48 (4); *Harbarth/Frhr. v. Plettenberg* AG 2016, 145 (151); *Ihrig/Wandt* BB 2016, 6 (9).

[85] Grigoleit/*Herrler* Rn. 10; Hüffer/Koch/*Koch*, 13. Aufl. 2018, Rn. 10; Kölner Komm AktG/*Noack/Zetzsche* Rn. 61; *Bayer/Scholz/Weiß* AG 2013, 742 (743).

[86] Vgl. BGH AG 1990, 78 (79 f.); OLG Frankfurt a. M. WM 1988, 300 (302 ff.); OLG Hamburg WM 1990, 149 (150 f.).

[87] Großkomm AktG/*Butzke* Rn. 40; Hüffer/Koch/*Koch,* 13. Aufl. 2018, Rn. 3; *Mohamed* ZIP 2016, 1100 (1101).

[88] GHEK/*Eckardt* Rn. 35; Grigoleit/*Herrler* Rn. 13; Großkomm AktG/*Butzke* Rn. 53; Hüffer/Koch/*Koch*, 13. Aufl. 2018, Rn. 5; MüKoAktG/*Kubis* Rn. 19; K. Schmidt/Lutter/*Ziemons* Rn. 41; Wachter/*Mayrhofer* Rn. 9; *Mohamed* ZIP 2016, 1100 (1102).

[89] Großkomm AktG/*Butzke* Rn. 53; Hüffer/Koch/*Koch*, 13. Aufl. 2018, Rn. 5; Kölner Komm AktG/*Noack/Zetzsche* Rn. 150; MüKoAktG/*Kubis* Rn. 19; K. Schmidt/Lutter/*Ziemons* Rn. 41; Wachter/*Mayrhofer* Rn. 9; *Mohamed* ZIP 2016, 1100 (1102).

21 **bb) Namensaktien.** Bei verbrieften Namensaktien ist derjenige, der im Aktienregister als Aktionär eingetragen ist, gegenüber der Gesellschaft legitimiert (§ 67 Abs. 2 S. 1).[90] Die Eintragung im Aktienregister begründet unabhängig von der materiellen Rechtslage eine unwiderlegbare Vermutung der Aktionärseigenschaft (→ § 67 Rn. 30). **§ 123 Abs. 5,** der durch die Aktienrechtsnovelle 2016[91] eingefügt wurde, stellt für **börsennotierte Gesellschaften** klar, dass weitere Berechtigungsnachweise nicht verlangt werden können (→ Rn. 2, 18).[92] Auch für **nicht börsennotierte Gesellschaften** gilt grundsätzlich die Legitimationswirkung des § 67 Abs. 2 S. 1. Allerdings erlaubt § 123 Abs. 3 hier die Regelung des Berechtigungsnachweises durch die Satzung. Die ursprünglich nur für Inhaberaktien geltende Regelung wurde durch die Aktienrechtsnovelle 2016 auf Namensaktien erstreckt (→ Rn. 2, 18, 24). Entgegen dem uneingeschränkten Wortlaut des § 123 Abs. 3 kann die Satzung jedoch nicht die Eintragung im Aktienregister durch ein abweichendes Nachweiserfordernis ersetzen. Zulässig sind nur Regelungen, die es im Ausgangspunkt bei der Legitimation durch Eintragung als Aktionär im Aktienregister belassen und diese lediglich näher ausgestalten oder ergänzen, wie insbesondere durch die Einführung eines satzungsmäßigen Nachweisstichtags (→ Rn. 26a). Bei einer **Abweichung der Eintragung im Aktienregister von der materiellen Rechtslage** gilt der Eingetragene zwar im Verhältnis zur Gesellschaft als berechtigt. Er kann aber durch die Ausübung von Rechten in der Hauptversammlung eine Ordnungswidrigkeit gem. § 405 Abs. 3 Nr. 1 begehen, wenn im Verhältnis zu dem nicht eingetragenen Aktionär die Berechtigung fehlt.[93] Dieselben Grundsätze wie für Namensaktien gelten für **Zwischenscheine** (§ 67 Abs. 7).[94]

22 **b) Unverbriefte Aktien.** Unverbriefte Aktien (unverkörperte Mitgliedschaften) werden durch Zeichnung erworben und können durch Abtretung (§§ 413, 398 ff. BGB) oder im Wege der Gesamtrechtsnachfolge (zB § 20 Abs. 1 Nr. 1 UmwG, § 131 Abs. 1 Nr. 1 UmwG, § 1922 Abs. 1 BGB) übergehen. Da die Aktionäre bei Namensaktien seit der Änderung von § 67 Abs. 1 S. 1 durch Art. 1 Nr. 6 der Aktienrechtsnovelle 2016[95] unabhängig von einer Verbriefung im Aktienregister einzutragen sind, folgt auch hier die Legitimation gem. § 67 Abs. 2 S. 1 aus der Eintragung als Aktionär im Aktienregister. Bei unverbrieften Inhaberaktien ist dagegen zu differenzieren: Derjenige, der unverbriefte Aktien durch **Zeichnung** erworben hat, muss seine Berechtigung gegenüber der Gesellschaft **nicht nachweisen**, da die Gesellschaft selbst über die betreffenden Zeichnungsunterlagen verfügt.[96] Bei einem Erwerb durch **Einzelrechtsnachfolge** ist gem. §§ 413, 410 BGB ein urkundlicher Nachweis erforderlich (Vorlage von **Abtretungsurkunden** für die gesamte Veräußerungskette).[97] Eine Gesamtrechtsnachfolge kraft **Erbgangs** kann durch Vorlage eines **Erbscheins** nachgewiesen werden.[98] Bei einer Gesamtrechtsnachfolge nach dem **UmwG** kann der Nachweis durch Vorlage eines entsprechenden **Handelsregisterauszugs** erbracht werden.[99]

23 **c) Nicht voll eingezahlte Aktien.** Der Beginn des Stimmrechts hängt (anders als das Teilnahmerecht) grundsätzlich von der vollen Leistung der Einlage ab (§ 134 Abs. 2 S. 1). Da insoweit die Gesellschaft regelmäßig selbst über die erforderlichen Unterlagen verfügt, muss der Aktionär die volle Leistung der Einlage zur Stimmrechtsausübung nicht nachweisen.[100]

24 **3. Satzungsregelung (Abs. 3). a) Nicht börsennotierte Gesellschaften. aa) Allgemeines.** Gem. § 123 Abs. 3 Hs. 1 kann die Satzung bestimmen, wie die Berechtigung zur Teilnahme an der

---

[90] Vgl. Bürgers/Körber/*Reger* Rn. 6; Grigoleit/*Herrler* Rn. 13, 22; Hölters/*Drinhausen* Rn. 10; Hüffer/Koch/*Koch*, 13. Aufl. 2018, Rn. 4; Kölner Komm AktG/*Noack/Zetzsche* Rn. 60; MüKoAktG/*Kubis* Rn. 18; K. Schmidt/Lutter/*Ziemons* Rn. 32.
[91] Gesetz zur Änderung des Aktiengesetzes (Aktienrechtsnovelle 2016) v. 22.12.2015, BGBl. 2015 I 2565.
[92] Vgl. BegrRegE, BT-Drs. 18/4349, 23.
[93] Großkomm AktG/*Butzke* Rn. 102; Großkomm AktG/*Otto* § 405 Rn. 64; MüKoAktG/*Schaal* § 405 Rn. 78; K. Schmidt/Lutter/*Ziemons* Rn. 32; aA Bürgers/Körber/*Reger* Rn. 9; Merkner/Sustmann AG 2013, 243 (245); Seibert WM 205, 157 (158).
[94] Hüffer/Koch/*Koch*, 13. Aufl. 2018, Rn. 4; Kölner Komm AktG/*Noack/Zetzsche* Rn. 60; MüKoAktG/*Kubis* Rn. 11.
[95] Gesetz zur Änderung des Aktiengesetzes (Aktienrechtsnovelle 2016) v. 22.12.2015, BGBl. 2015 I 2565.
[96] Grigoleit/*Herrler* Rn. 12; Großkomm AktG/*Butzke* Rn. 52; Hölters/*Drinhausen* Rn. 12; Hüffer/Koch/*Koch*, 13. Aufl. 2018, Rn. 3; MüKoAktG/*Kubis* Rn. 20; Wachter/*Mayrhofer* Rn. 10; aA wohl GHEK/*Eckardt* Rn. 35.
[97] GHEK/*Eckardt* Rn. 35; Grigoleit/*Herrler* Rn. 12; Großkomm AktG/*Butzke* Rn. 52; Hölters/*Drinhausen* Rn. 12; Hüffer/Koch/*Koch*, 13. Aufl. 2018, Rn. 3; Kölner Komm AktG/*Noack/Zetzsche* Rn. 134; MüKoAktG/*Kubis* Rn. 20; K. Schmidt/Lutter/*Ziemons* Rn. 42; Wachter/*Mayrhofer* Rn. 10; Mohamed ZIP 2016, 1100 (1101).
[98] Grigoleit/*Herrler* Rn. 12; Hölters/*Drinhausen* Rn. 12; Hüffer/Koch/*Koch*, 13. Aufl. 2018, Rn. 3; MüKoAktG/*Kubis* Rn. 20; Wachter/*Mayrhofer* Rn. 10; Mohamed ZIP 2016, 1100 (1101).
[99] Grigoleit/*Herrler* Rn. 12; Wachter/*Mayrhofer* Rn. 10.
[100] Hüffer/Koch/*Koch*, 13. Aufl. 2018, Rn. 3; MüKoAktG/*Kubis* Rn. 21; Wachter/*Mayrhofer* Rn. 11; Mohamed ZIP 2016, 1100 (1102).

Versammlung oder zur Ausübung des Stimmrechts nachzuweisen ist. Vor der Änderung der Norm durch die **Aktienrechtsnovelle 2016**[101] beschränkte § 123 Abs. 3 S. 1 aF die Satzungsfreiheit auf Inhaberaktien. Diese Beschränkung ist nunmehr entfallen, so dass auch bei **Namensaktien** eine satzungsmäßige Ausgestaltung des Nachweiserfordernisses zulässig ist. Anders als bei Inhaberaktien, bei denen für nicht börsennotierte Gesellschaften weitgehende Satzungsfreiheit besteht, ist der satzungsmäßige Gestaltungsspielraum bei Namensaktien im Hinblick auf die Wertung des § 67 Abs. 2 S. 1 AktG eingeschränkt. Zulässig sind nur Regelungen, die es im Ausgangspunkt bei der Legitimation durch Eintragung als Aktionär im Aktienregister belassen und diese lediglich näher ausgestalten oder ergänzen, wie insbesondere durch die Einführung eines satzungsmäßigen Nachweisstichtags (→ Rn. 26a). Sowohl bei Inhaber- als auch bei Namensaktien dürfen die Satzungsregelungen zum Nachweiserfordernis, **keine unangemessene Erschwerung der Teilnahme** bewirken.[102] Etwaige Nachweisstellen müssen für die Aktionäre zumutbar erreichbar sein.[103] Durch die Satzung können auch **keine materiellen Beschränkungen** (zB Mindestanteil oder Vorbesitzzeit) eingeführt werden.[104] Die Satzung muss das Erfordernis eines bestimmten Berechtigungsnachweises **selbst vorsehen** und kann nicht den Einberufenden entsprechend ermächtigen.[105]

bb) Inhaberaktien. Die Satzung kann für den Berechtigungsnachweis auch bei nicht börsennotierten Gesellschaften eine an § 123 Abs. 4 orientierte Regelung vorsehen und einen Nachweisstichtag **(Record Date)** festlegen.[106] Die Regelung muss allerdings hinreichend klar und eindeutig sein.[107] Die Regelung in der Satzung einer nicht börsennotierten Gesellschaft, wonach ein Berechtigungsnachweis erforderlich ist, der sich auf den „gesetzlich bestimmten Zeitpunkt vor der Hauptversammlung" zu beziehen hat, dürfte diesen Anforderungen genügen, da die Bezugnahme auf den gesetzlich bestimmten Zeitpunkt bei objektiver Satzungsauslegung nur als Verweis auf den Nachweisstichtag gem. § 123 Abs. 4 S. 2 verstanden werden kann.[108] Auch **Hinterlegungsregelungen** sind bei nicht börsennotierten Gesellschaften weiterhin zulässig. Das UMAG hat zwar die Hinterlegung als Grundform der Aktionärslegitimation abgeschafft (→ Rn. 2), Hinterlegungserfordernisse aber nicht generell untersagt. Bereits vor Inkrafttreten des UMAG eingeführte Satzungsbestimmungen, die ein Hinterlegungserfordernis vorsehen, sind weiterhin gültig.[109] Hinterlegungserfordernisse können aber auch neu begründet werden.[110] Durch das ARUG hat sich insoweit nichts geändert. Die Aktionäre haben gegen die Gesellschaft keinen Anspruch auf Erstattung der Hinterlegungskosten.[111] Voraussetzung für eine Hinterlegung ist, dass die Aktien verbrieft sind. Bestehen nur unverkörperte Mitgliedschaften, laufen Satzungsbestimmungen, die ein Hinterlegungserfordernis vorsehen, leer und sind daher unbeachtlich.[112]

Die **Einzelheiten der Nachweiserbringung** können durch die Satzung näher ausgestaltet werden.[113] Denkbar sind etwa Regelungen zur Form und Sprache des Nachweises oder zu den genauen

---

[101] Gesetz zur Änderung des Aktiengesetzes (Aktienrechtsnovelle 2016) v. 22.12.2015, BGBl. 2015 I 2565.
[102] Bürgers/Körber/*Reger* Rn. 7; Großkomm AktG/*Butzke* Rn. 51; Hölters/*Drinhausen* Rn. 12; K. Schmidt/Lutter/*Ziemons* Rn. 28; *Butzke* WM 2005, 1981 (1983); vgl. auch MüKoAktG/*Kubis* Rn. 47.
[103] Bürgers/Körber/*Reger* Rn. 7; *Simon/Zetzsche* NZG 2005, 369 (374).
[104] Bürgers/Körber/*Reger* Rn. 7; Hölters/*Drinhausen* Rn. 12; MüKoAktG/*Kubis* Rn. 47.
[105] GHEK/*Eckardt* Rn. 62; Grigoleit/*Herrler* Rn. 15; MüKoAktG/*Kubis* Rn. 48; aA Kölner Komm AktG/*Zöllner*, 1. Aufl. 1985, Rn. 40.
[106] OLG Frankfurt a. M. AG 2010, 413 (414); OLG Frankfurt a. M. AG 2009, 699 (700 f.); Grigoleit/*Herrler* Rn. 15; Großkomm AktG/*Butzke* Rn. 47, 53, 59 f.; Hölters/*Drinhausen* Rn. 12; Hüffer/Koch/*Koch*, 13. Aufl. 2018, Rn. 10; MüKoAktG/*Kubis* Rn. 23; K. Schmidt/Lutter/*Ziemons* Rn. 38; *Mohamed* ZIP 2016, 1100 (1102); *Rubner/Lindner* NJW-Spezial 2016, 79.
[107] Vgl. OLG Nürnberg BeckRS 2016, 01877.
[108] *Rubner/Lindner* NJW-Spezial 2016, 79 f.; aA OLG Nürnberg BeckRS 2016, 01877.
[109] OLG München AG 2011, 342 f.; Hüffer/Koch/*Koch*, 13. Aufl. 2018, Rn. 10; MüKoAktG/*Kubis* Rn. 24; *Butzke* WM 2005, 1981 (1983).
[110] BegrRegE BT-Drs. 15/5092, 13; Bürgers/Körber/*Reger* Rn. 7; Grigoleit/*Herrler* Rn. 15; Großkomm AktG/*Butzke* Rn. 60; Hölters/*Drinhausen* Rn. 12; Hüffer/Koch/*Koch*, 13. Aufl. 2018, Rn. 10; Kölner Komm AktG/*Noack/Zetzsche* Rn. 132; MüKoAktG/*Kubis* Rn. 24 ff.; K. Schmidt/Lutter/*Ziemons* Rn. 38; *Wachter/Mayrhofer* Rn. 23; *Gätsch/Mimberg* AG 2006, 746 (749); *Mohamed* ZIP 2016, 1100 (1102); *Spindler* NZG 2005, 825 (827).
[111] AG Leverkusen AG 1994, 476; Hüffer/Koch/*Koch*, 13. Aufl. 2018, Rn. 10.
[112] Anders Hüffer/Koch/*Koch*, 13. Aufl. 2018, Rn. 10: Satzungsbestimmung im Zweifel dahingehend auszulegen, dass eine Bescheinigung des depotführenden Instituts ausreicht; dies dürfte jedoch regelmäßig daran scheitern, dass die Einbuchung in das Depot zumindest eine Globalverbriefung voraussetzt, vgl. K. Schmidt/Lutter/*Ziemons* Rn. 42 Fn. 81; *Mohamed* ZIP 2016, 1100 (1101 f.).
[113] Bürgers/Körber/*Reger* Rn. 7; Hüffer/Koch/*Koch*, 13. Aufl. 2018, Rn. 10; vgl. auch MüKoAktG/*Kubis* Rn. 47.

Modalitäten einer nach der Satzung erforderlichen Hinterlegung.[114] Die Satzung kann die Anforderungen an den Berechtigungsnachweis gegenüber den gesetzlichen Anforderungen (→ Rn. 20 ff.) auch erleichtern.[115] Um die Ausübung von Aktionärsrechten (insbesondere des Stimmrechts) durch Nicht-Aktionäre zu verhindern, sind derartige Erleichterungen aber nur in engen Grenzen zulässig und regelmäßig auch nicht zu empfehlen.

26a cc) **Namensaktien.** § 123 Abs. 3 gilt auch für Namensaktien, so dass auch hier Satzungsregelungen zur Ausgestaltung des Berechtigungsnachweises grundsätzlich zulässig sind. § 123 Abs. 5, der für die Legitimation bei börsennotierten Gesellschaften allein auf die Eintragung als Aktionär im Aktienregister abstellt und dadurch Satzungsregelungen iSv § 123 Abs. 3 weitgehend ausschließt, ist auf nicht börsennotierte Gesellschaften nicht anwendbar. Dennoch ist die Satzungsfreiheit auch bei nicht börsennotierten Gesellschaften eingeschränkt. Der insoweit uneingeschränkte Wortlaut von § 123 Abs. 3 scheint zwar nahezulegen, dass bei Namensaktien nicht börsennotierter Gesellschaften nunmehr auch Satzungsregelungen zulässig sind, die neben (oder sogar anstatt) der Eintragung im Aktienregister weitere Nachweiserfordernisse vorsehen. Es spricht jedoch einiges dafür, dass die Norm einschränkend zu interpretieren ist, um nicht die Wertung des § 67 Abs. 2 S. 1 zu unterlaufen.[116] § 67 Abs. 2 S. 1 sieht gerade vor, dass im Verhältnis zur Gesellschaft als Aktionär nur gilt, wer als solcher im Aktienregister eingetragen ist. Es ist nicht anzunehmen, dass der Gesetzgeber mit der Änderung von § 123 Abs. 3 eine satzungsmäßige Ausnahme von § 67 Abs. 2 S. 1 zulassen wollte. Aus der Gesetzesbegründung geht vielmehr hervor, dass der Gesetzgeber nur klarstellen wollte, dass auch bei Namensaktien nicht börsennotierter Gesellschaften durch Satzungsregelung ein Nachweisstichtag festgelegt werden kann.[117] Auch nach der Änderung von § 123 Abs. 3 unzulässig sind daher jedenfalls solche Satzungsregelungen, die anstelle der Eintragung im Aktienregister ein abweichendes Nachweiserfordernis vorsehen.[118] Zulässig sind dagegen Regelungen, die es **im Ausgangspunkt bei der Legitimation durch Eintragung im Aktienregister belassen** und diese nur näher ausgestalten oder ergänzen. Hierzu zählt insbesondere die Einführung eines satzungsmäßigen Nachweisstichtags (**Record Date**), wie sie auch der Gesetzgeber der Aktienrechtsnovelle 2016 bei der Änderung von § 123 Abs. 3 vor Augen hatte. Ebenfalls zulässig ist die satzungsmäßige Bestimmung eines Umschreibungsstopps.[119] Ob dagegen durch die Satzung neben der Eintragung im Aktienregister als zusätzliches Legitimationserfordernis eine Hinterlegung der Aktien verlangt werden kann,[120] erscheint zweifelhaft, da hierdurch die Wirkung des § 67 Abs. 2 S. 1 erheblich eingeschränkt würde.

27 b) **Börsennotierte Gesellschaften.** Grundsätzlich kann auch bei börsennotierten Gesellschaften (§ 3 Abs. 2) die Satzung gem. § 123 Abs. 3 das Erfordernis eines Berechtigungsnachweises regeln. Anders als bei nicht börsennotierten Gesellschaften sind insoweit jedoch bei Inhaberaktien börsennotierter Gesellschaften die zwingenden Vorgaben gem. § 123 Abs. 4 S. 1 und 2 zu beachten. Die Satzung kann keine wirksame Verschärfung vorsehen. Entsprechende Satzungsregelungen sind zwar nicht nichtig, entfalten aber keine Wirkung, solange die Gesellschaft börsennotiert ist.[121] Die Satzungsautonomie ist insoweit zum Schutz der Aktionäre eingeschränkt.[122] Zulässig bleibt aber die satzungsmäßige Einführung zusätzlicher Möglichkeiten der Nachweiserbringung (auch mit strengeren Anforderungen als nach § 123 Abs. 3 S. 2; → Rn. 28). Bei Namensaktien börsennotierter Gesellschaften sind Satzungsregelungen gem. § 123 Abs. 3 zwar ebenfalls nicht grundsätzlich ausgeschlossen. Aufgrund der Regelung in § 123 Abs. 5 dürfte hier jedoch selbst für Konkretisierungen des Nachweiserfordernisses kaum Spielraum bestehen.[123]

---

[114] Vgl. Bürgers/Körber/*Reger* Rn. 7.
[115] MüKoAktG/*Kubis* Rn. 47; aA Kölner Komm AktG/*Zöllner*, 1. Aufl. 1985, Rn. 42.
[116] Vgl. Großkomm AktG/*Butzke* Rn. 69 f.; *Harbarth/Frhr. v. Plettenberg* AG 2016, 145 (152); *Ihrig/Wandt* BB 2016, 6 (10); *Rieckers* DB 2016, 2526 f.; *Söhner* ZIP 2016, 151 (156).
[117] BegrRegE, BT-Drs. 18/4349, 23.
[118] Großkomm AktG/*Butzke* Rn. 69 f.; *Harbarth/Frhr. v. Plettenberg* AG 2016, 145 (152); *Ihrig/Wandt* BB 2016, 6 (10); *Rieckers* DB 2016, 2526 f.; *Söhner* ZIP 2016, 151 (156); aA *Götze/Nartowska* NZG 2015, 298 (301); *Mohamed* ZIP 2016, 1100 (1104); wohl auch Hüffer/Koch/*Koch,* 13. Aufl. 2018, Rn. 10; unklar Bürgers/Körber/ *Reger* Rn. 6.
[119] Großkomm AktG/*Butzke* Rn. 69; Hüffer/Koch/*Koch,* 13. Aufl. 2018, Rn. 10.
[120] Dafür Großkomm AktG/*Butzke* Rn. 70.
[121] Missverständlich *Bayer/Scholz/Weiß* AG 2013, 742 (743): Satzung könne zulässigerweise strengere Voraussetzungen anordnen; aA wohl K. Schmidt/Lutter/*Ziemons* Rn. 43: Satzung müsse vorsehen, dass zur Legitimation ein Nachweis iSv § 123 Abs. 3 S. 2 und 3 ausreicht.
[122] Hüffer/Koch/*Koch,* 13. Aufl. 2018, Rn. 11; *Mohamed* ZIP 2016, 1100 (1101).
[123] Vgl. *Ihrig/Wandt* BB 2016, 6 (9), die den Anwendungsbereich von § 123 Abs. 3 von vornherein auf Namensaktien nicht börsennotierter Gesellschaften beschränkt sehen; ähnlich *Müller-Eising* GWR 2015, 50 (52).

c) **Verlängerung der Einberufungsfrist (Abs. 3 Hs. 2).** Bestimmt die Satzung, wie die 27a
Berechtigung zur Teilnahme an der Versammlung oder zur Ausübung des Stimmrechts nachzuweisen
ist, gilt gem. § 123 Abs. 3 Hs. 2 die Regelung des § 123 Abs. 2 S. 5 entsprechend. § 123 Abs. 2 S. 5
bestimmt, dass sich die in § 123 Abs. 1 S. 1 geregelte Mindestfrist für die Einberufung bei Bestehen
eines Anmeldeerfordernisses um die Tage der Anmeldefrist verlängert. Übertragen auf den Fall des
§ 123 Abs. 3 Hs. 2 bedeutet dies, dass sich die Mindestfrist des § 123 Abs. 1 S. 1 um die Tage einer
in der Satzung für die Erbringung des Berechtigungsnachweises vorgesehenen Frist verlängert.[124]

4. Börsennotierte Gesellschaften mit Inhaberaktien (Abs. 4). a) Anforderungen an den 28
Nachweis (Abs. 4 S. 1). aa) Allgemeines. Gem. § 123 Abs. 4 S. 1 reicht bei Inhaberaktien börsennotierter Gesellschaften ein durch das depotführende Institut in Textform erstellter besonderer Nachweis des Anteilsbesitzes aus. Die Regelung gilt unabhängig davon, ob und in welcher Weise das Erfordernis eines Berechtigungsnachweises in der Satzung geregelt ist.[125] § 123 Abs. 4 S. 1 ist aber nicht dahingehend als abschließend zu verstehen, dass stets eine Bescheinigung des depotführenden Instituts erforderlich wäre.[126] Vielmehr kann die Satzung **weitere Möglichkeiten der Nachweiserbringung** vorsehen.[127] Sofern ein Teil der von der Gesellschaft ausgegebenen Aktien nicht girosammelverwahrt ist, ist dies auch regelmäßig zu empfehlen.[128] In diesem Fall ist umstritten, ob eine Legitimation allein durch Vorlage der Aktienurkunden erfolgen kann.[129] Verneint man dies, wären Aktionäre, die ihre Aktien privat verwahren, für die Teilnahme an der Hauptversammlung zur Einrichtung eines Depots gezwungen. Richtigerweise wird man § 123 Abs. 4 aber wohl keinen Zwang zur Depotverwahrung entnehmen können. Die Satzung kann **alternativ** neben der Bescheinigung iSv § 123 Abs. 4 S. 1 auch die **Hinterlegung** für die Legitimation ausreichen lassen. Eine entsprechende Regelung stünde im Einklang mit Art. 7 Abs. 1 lit. a Aktionärsrechte-RL.[130] Danach müssen die Mitgliedstaaten zwar sicherstellen, dass die Rechte eines Aktionärs auf Teilnahme an der Hauptversammlung und auf Ausübung des Stimmrechts in keiner Weise daran geknüpft sind, dass die Aktien vor der Hauptversammlung bei einer anderen natürlichen oder juristischen Person hinterlegt, auf diese übertragen oder auf deren Namen eingetragen werden. Die Legitimation durch Hinterlegung wäre aber nur eine zusätzliche Möglichkeit der Legitimation, die allein zugunsten der Aktionäre wirkt.[131] Alternativ bliebe stets die Erbringung des Berechtigungsnachweises durch Bescheinigung des depotführenden Instituts möglich.

bb) Aussteller. Die Bescheinigung muss durch das **depotführende Institut** ausgestellt sein. 29
Depotführendes Institut kann jeweils nur das letzte Glied in der Verwahrkette sein.[132] Als depotführende Institute iSv § 123 Abs. 4 S. 1 kommen zunächst alle inländischen Kredit- und Finanzdienstleistungsinstitute (§ 1 Abs. 1 und 1a KWG) in Betracht.[133] Daneben sollten jedenfalls auch die in § 125 Abs. 5 den Kreditinstituten gleichgestellten Finanzdienstleistungsinstitute (§ 1 Abs. 1a KWG, § 2 Abs. 6 KWG) und nach § 53 Abs. 1 S. 1 KWG oder § 53b Abs. 1 S. 1 oder Abs. 7 KWG tätigen Unternehmen als Austeller der Bescheinigung anerkannt werden.[134] Bei den nach § 53 Abs. 1 S. 1

---

[124] Unklar MüKoAktG/*Kubis* Rn. 29: Hauptversammlung müsse regelmäßig „am 30. Tag vor dem letzten Legitimationsstichtag" einberufen werden.
[125] Vgl. OLG Frankfurt a. M. AG 2009, 702 f.; OLG München AG 2011, 342; OLG München AG 2008, 508; Hüffer/Koch/*Koch*, 13. Aufl. 2018, Rn. 11; MüKoAktG/*Kubis* Rn. 30; Wachter/*Mayrhofer* Rn. 13; Bayer/Scholz/*Weiß* AG 2013, 742 (743); *Mohamed* ZIP 2016, 1100 (1102); s. auch Bürgers/Körber/*Reger* Rn. 8.
[126] So aber wohl *Gantenberg* DB 2005, 207 f.; wie hier *Mohamed* ZIP 2016, 1100 (1102 f.).
[127] Grigoleit/*Herrler* Rn. 16; Hölters/*Drinhausen* Rn. 11; Hüffer/Koch/*Koch*, 13. Aufl. 2018, Rn. 11; K. Schmidt/Lutter/*Ziemons* Rn. 44; Wachter/*Mayrhofer* Rn. 14; Göz/*Holzborn* WM 2006, 157 (163); Heidinger/Blath DB 2006, 2275 (2276); *Mohamed* ZIP 2016, 1100 (1102 f.); *Seibert* WM 2005, 157; s. auch OLG Frankfurt a. M. AG 2009, 702 f.; OLG München AG 2008, 508.
[128] Vgl. Großkomm AktG/*Butzke* Rn. 75; K. Schmidt/Lutter/*Ziemons* Rn. 44; *Mohamed* ZIP 2016, 1100 (1102 f.); *Simon/Zetzsche* NZG 2005, 369 (373 f.).
[129] Dafür etwa MüKoAktG/*Kubis* Rn. 30; wohl auch Hüffer/Koch/*Koch*, 13. Aufl. 2018, Rn. 5; dagegen etwa Kölner Komm AktG/*Noack/Zetzsche* Rn. 155; *Simon/Zetzsche* NZG 2005, 369 (373 f.).
[130] RL 2007/36/EG des Europäischen Parlaments und des Rates v. 11.7.2007 über die Ausübung bestimmter Rechte von Aktionären in börsennotierten Gesellschaften, ABl. EU 2007 Nr. L 184, 17.
[131] Ebenso Großkomm AktG/*Butzke* Rn. 74; K. Schmidt/Lutter/*Ziemons* Rn. 44.
[132] Großkomm AktG/*Butzke* Rn. 78; Kölner Komm AktG/*Noack/Zetzsche* Rn. 158 f.; MüKoAktG/*Kubis* Rn. 32; K. Schmidt/Lutter/*Ziemons* Rn. 46; *Mohamed* ZIP 2016, 1100 (1103); *Zetzsche* Der Konzern 2007, 180 (183).
[133] BegrRegE BT-Drs. 15/5092, 13; Bürgers/Körber/*Reger* Rn. 8; Grigoleit/*Herrler* Rn. 16; Kölner Komm AktG/*Noack/Zetzsche* Rn. 157; MüKoAktG/*Kubis* Rn. 32; K. Schmidt/Lutter/*Ziemons* Rn. 46; Wachter/*Mayrhofer* Rn. 13; krit. im Hinblick auf die Einbeziehung von Finanzdienstleistungsinstituten *Gätsch/Mimberg* AG 2006, 746 (747).
[134] Kölner Komm AktG/*Noack/Zetzsche* Rn. 157; MüKoAktG/*Kubis* Rn. 32.

KWG oder § 53b Abs. 1 S. 1 oder Abs. 7 KWG tätigen Unternehmen handelt es sich um **Zweigstellen** ausländischer Unternehmen bzw. um eine Tätigkeit von bestimmten Unternehmen (zB CRR-Kreditinstitute, Wertpapierhandelsunternehmen) mit Sitz in einem anderen EWR-Staat über eine Zweigniederlassung oder im Wege des grenzüberschreitenden Dienstleistungsverkehrs. Ob darüber hinaus auch weitere ausländische Institute als Aussteller der Bescheinigung anzuerkennen sind, ist umstritten. Teilweise wird dies unter Hinweis auf die Möglichkeit der Legitimationsprüfung abgelehnt.[135] Da der Wortlaut von § 123 Abs. 4 S. 1 keine entsprechende Einschränkung enthält, spricht jedoch mehr dafür, dass grundsätzlich auch ausländische Institute erfasst sind.[136] Hiervon ging offenbar auch der Gesetzgeber aus.[137] Da die Satzung die Anforderungen an den Berechtigungsnachweis zwar näher ausgestalten, aber keine materiellen Beschränkungen einführen kann, dürfte eine satzungsmäßige Länderbegrenzung unzulässig sein.[138]

29a cc) **Inhalt.** Aus der Bescheinigung müssen der **Aussteller** (→ Rn. 29), die **Gesellschaft** und die betreffende **Hauptversammlung** hervorgehen.[139] Zudem müssen die für die Erstellung des Teilnehmerverzeichnisses erforderlichen Angaben enthalten sein.[140] Ein bloßer Depotauszug ist nicht ausreichend.[141] Übt ein bevollmächtigtes **Kredit- oder Finanzdienstleistungsinstitut** die Stimmen im Namen dessen aus, den es angeht (§ 135 Abs. 5 S. 2), kann der Berechtigungsnachweis auf das Kredit- oder Finanzdienstleistungsinstitut selbst lauten, ohne dass der Name des Aktionärs genannt wird (vgl. § 135 Abs. 5 S. 4; → § 135 Rn. 98). Es genügen daher die persönlichen Angaben zum Vertreter und die Offenlegung des Vertretungsverhältnisses („Vollmachtsbesitz").[142] Gleiches gilt, wenn eine Aktionärsvereinigung oder ein geschäftsmäßiger Stimmrechtsvertreter die Stimmen im Namen dessen, den es angeht, vertritt (§ 135 Abs. 8). Für sonstige Stimmrechtsvertreter und **Legitimationsaktionäre** fehlt es dagegen an einer § 135 Abs. 5 S. 4 vergleichbaren Regelung. Daher muss der Nachweis hier auf den Depotinhaber lauten, so dass der Aktionär nur gegenüber anderen Aktionären und im Teilnehmerverzeichnis anonym bleibt.[143] **Kapitalverwaltungsgesellschaften** iSv § 17 KAGB sind gem. § 93 Abs. 1 KAGB stets berechtigt, den Depotvertrag für die von ihnen im Sondervermögen verwalteten Aktien im eigenen Namen zu schließen (auch wenn die Aktien gem. § 92 Abs. 1 S. 1 Alt. 2 KAGB im Miteigentum der Anleger stehen).[144] Der Berechtigungsnachweis ist daher stets auf die Kapitalverwaltungsgesellschaft auszustellen.

29b dd) **Form und Sprache.** Die Bescheinigung bedarf der **Textform** (§ 126b BGB). Die Satzung kann eine Formerleichterung (aber keine Erschwerung) vorsehen.[145] Eine Formerleichterung dürfte sich idR aber nicht anbieten. Die **Sprache** der Bescheinigung ist in § 123 Abs. 4 S. 1 nicht geregelt. Eine Regelung in der Satzung ist zulässig und regelmäßig auch zu empfehlen.[146] Dabei sollten zumindest auch Nachweise in englischer Sprache ausdrücklich zugelassen werden.[147] Fehlt es an einer Satzungsregelung, stellt sich die Frage, ob neben Bescheinigungen in **deutscher Sprache** auch Bescheinigungen in einer Fremdsprache von der Gesellschaft akzeptiert werden müssen. Erkennt

---

[135] MüKoAktG/*Kubis* Rn. 32.
[136] Ebenso Bürgers/Körber/*Reger* Rn. 8; Grigoleit/*Herrler* Rn. 16; Großkomm AktG/*Butzke* Rn. 78; Hüffer/Koch/*Koch*, 13. Aufl. 2018, Rn. 11; Kölner Komm AktG/*Noack*/*Zetzsche* Rn. 157; K. Schmidt/Lutter/*Ziemons* Rn. 21; Wachter/*Mayrhofer* Rn. 13.
[137] Vgl. BegrRegE BT-Drs. 15/5092, 13.
[138] Großkomm AktG/*Butzke* Rn. 78; K. Schmidt/Lutter/*Ziemons* Rn. 46; s. auch Kölner Komm AktG/*Noack*/*Zetzsche* Rn. 164; aA MüKoAktG/*Kubis* Rn. 32; *Bungert* in VGR, Gesellschaftsrecht in der Diskussion 2004, 2005, 59 (66); *Wilsing* DB 2005, 35 (39).
[139] Großkomm AktG/*Butzke* Rn. 80; Kölner Komm AktG/*Noack*/*Zetzsche* Rn. 171; Bayer/Scholz/*Weiß* AG 2013, 742 (743f.); *Mohamed* ZIP 2016, 1100 (1103); *Zetzsche* Der Konzern 2007, 180 (184).
[140] Kölner Komm AktG/*Noack*/*Zetzsche* Rn. 171; MüKoAktG/*Kubis* Rn. 31; K. Schmidt/Lutter/*Ziemons* Rn. 48; Bayer/Scholz/*Weiß* AG 2013, 742 (743f.); *Mohamed* ZIP 2016, 1100 (1103); *Zetzsche* Der Konzern 2007, 180 (184).
[141] Großkomm AktG/*Butzke* Rn. 80; Kölner Komm AktG/*Noack*/*Zetzsche* Rn. 170; MüKoAktG/*Kubis* Rn. 31; K. Schmidt/Lutter/*Ziemons* Rn. 48; Bayer/Scholz/*Weiß* AG 2013, 742 (744); Gätsch/*Mimberg* AG 2006, 746 (747); *Mohamed* ZIP 2016, 1100 (1103); *Zetzsche* Der Konzern 2007, 180 (184).
[142] Kölner Komm AktG/*Noack*/*Zetzsche* Rn. 174.
[143] Kölner Komm AktG/*Noack*/*Zetzsche* Rn. 175; Simon/*Zetzsche* ZGR 2010, 918 (936f.); *Zetzsche* Der Konzern 2007, 180 (184); aA *Mohamed* ZIP 2016, 1100 (1105f.).
[144] Kölner Komm AktG/*Noack*/*Zetzsche* Rn. 176; *Zetzsche* Der Konzern 2007, 180 (184) (jeweils zu § 31 Abs. 1 InvG aF).
[145] BegrRegE BT-Drs. 15/5092, 13f.; *Zetzsche* Der Konzern 2007, 180 (185); aA Gätsch/*Mimberg* AG 2006, 746 (747).
[146] Vgl. BegrRegE BT-Drs. 15/5092, 13; K. Schmidt/Lutter/*Ziemons* Rn. 50; Wachter/*Mayrhofer* Rn. 13; *Bungert* in VGR, Gesellschaftsrecht in der Diskussion 2004, 2005, 59 (65); Simon/*Zetzsche* NZG 2005, 369 (373).
[147] In diesem Sinne wohl auch BegrRegE BT-Drs. 15/5092, 13.

Frist, Anmeldung zur Hauptversammlung, Nachweis   30–31a § 123

man an, dass die Bescheinigung auch von einem ausländischen Institut ausgestellt werden kann (→ Rn. 29a), sollten auch Bescheinigungen in **englischer Sprache** als einer in internationalen Finanzkreisen gebräuchlichen Sprache als zulässig angesehen werden.[148] Bescheinigungen in sonstigen Fremdsprachen müssen von der Gesellschaft nicht akzeptiert werden.[149] Der Gesellschaft bleibt es in diesem Fall aber unbenommen, unter Beachtung des Gleichbehandlungsgrundsatzes (§ 53a) auch Bescheinigungen in anderen Sprachen zu akzeptieren (wobei der Gleichbehandlungsgrundsatz selbstverständlich nicht erfordert, dass Bescheinigungen in jeder beliebigen Sprache erfolgen können, wenn Bescheinigungen auch in einer bestimmten Fremdsprache akzeptiert werden).[150]

ee) **Strafvorschriften.** Die **falsche Ausstellung oder Verfälschung** von Berechtigungsnachweisen ist nach § 402 Abs. 1 strafbar. Gleiches gilt gem. § 402 Abs. 2 für das Gebrauchmachen von einer falschen oder verfälschten Bescheinigung. Auch der Versuch ist strafbar (§ 402 Abs. 3). Zu Einzelheiten s. die Kommentierung zu § 402.   30

b) **Record Date (Abs. 4 S. 2). aa) Allgemeines.** Gem. § 123 Abs. 4 S. 2 muss sich der Nachweis auf den Beginn des 21. Tages vor der Hauptversammlung beziehen (sog. Record Date). Im Regierungsentwurf des UMAG war als Stichtag noch der 14. Tag vor der Hauptversammlung vorgesehen.[151] Da insbesondere bei ausländischen Aktionären mit längeren Postlaufzeiten zu rechnen ist, wurde der Stichtag schließlich auf den Beginn des 21. Tages vor der Hauptversammlung vorverlegt, um den zeitlichen Abstand zum Stichtag für den Zugang des Nachweises (→ Rn. 39) zu vergrößern.[152] § 123 Abs. 4 S. 2 ist **im Zusammenhang mit der Vermutungsregelung** des § 123 Abs. 4 S. 5 zu sehen, wonach im Verhältnis zur Gesellschaft für die Teilnahme an der Hauptversammlung oder die Ausübung des Stimmrechts nur derjenige als Aktionär gilt, der den Nachweis erbracht hat. Mit dem Record Date ist zwar keine Veräußerungssperre verbunden.[153] Aktionäre, die ihre Aktien erst nach dem Record Date erwerben, sind aber nicht teilnahmeberechtigt (→ Rn. 35 ff.). Der Gesetzgeber des UMAG wollte mit dieser Regelung dem Charakter der Depotverwahrung als Massengeschäft Rechnung tragen und eine einfache und klare Abgrenzung ermöglichen.[154] Da es hierzu einer einheitlichen Regelung bedarf, kann die Satzung keinen abweichenden Stichtag festlegen.[155] Lässt die Satzung neben einer Bescheinigung des depotführenden Instituts iSv § 123 Abs. 4 S. 1 weitere Legitimationsformen zu (→ Rn. 28), müssen sich auch diese auf den Beginn des 21. Tages vor der Hauptversammlung beziehen.[156] Nur auf diese Weise lässt sich eine Doppellegitimation vermeiden. Der Nachweisstichtag gehört bei börsennotierten Gesellschaften gem. § 121 Abs. 3 S. 3 Nr. 1 zu den in der Einberufung zu machenden Mindestangaben (→ § 121 Rn. 38).   31

Wird im Zusammenhang mit einer **Rekapitalisierung nach § 7 FMStFG** eine Hauptversammlung zur Beschlussfassung über eine Kapitalerhöhung einberufen, muss sich der Nachweis bei börsennotierten Gesellschaften gem. § 7 Abs. 1 S. 2 FMStBG nicht auf den Beginn des 21., sondern auf den **Beginn des 18. Tages vor der Hauptversammlung** beziehen. § 7 FMStBG gilt gem. § 125 Abs. 2 SAG[157] entsprechend für Beschlussfassungen der Anteilsinhaberversammlung des übernehmenden Rechtsträgers über Kapitalmaßnahmen, über Satzungsänderungen, über den Abschluss oder die Beendigung von Unternehmensverträgen oder über Maßnahmen nach dem UmwG im Zusammenhang mit der Übertragung von Anteilen, Vermögenswerten, Verbindlichkeiten und Rechtsverhältnissen von einem **in Abwicklung befindlichen Kredit- oder Finanzdienstleistungsinstitut**, um eine Abwicklungsanordnung zu ermöglichen oder umzusetzen.   31a

---

[148] Großkomm AktG/*Butzke* Rn. 77; Kölner Komm AktG/*Noack/Zetzsche* Rn. 173; MüKoAktG/*Kubis* Rn. 31; *Mohamed* ZIP 2016, 1100 (1103); enger *Bungert* in VGR, Gesellschaftsrecht in der Diskussion 2004, 2005, 59 (65): nur in deutscher Sprache; weiter dagegen K. Schmidt/Lutter/*Ziemons* Rn. 50: in jeder Sprache.
[149] So aber K. Schmidt/Lutter/*Ziemons* Rn. 50.
[150] Einschränkend Großkomm AktG/*Butzke* Rn. 77.
[151] Vgl. BegrRegE BT-Drs. 15/5092, 5, 14.
[152] Beschlussempfehlung und Bericht des Rechtsausschusses, BT-Drs. 15/5693, 17.
[153] MüKoAktG/*Kubis* Rn. 34; Hüffer/Koch/*Koch*, 13. Aufl. 2018, Rn. 12.
[154] Vgl. BegrRegE BT-Drs. 15/5092, 14, mit dem Hinweis, dass ein solches Record Date international sehr verbreitet sei.
[155] BegrRegE BT-Drs. 15/5092, 14; Bürgers/Körber/*Reger* Rn. 8; MüKoAktG/*Kubis* Rn. 35; Heidinger/Blath DB 2006, 2275 (2277); *Simon/Zetzsche* NZG 2005, 369 (373); krit. *Bungert* in VGR, Gesellschaftsrecht in der Diskussion 2004, 2005, 59 (66).
[156] Beschlussempfehlung und Bericht des Rechtsausschusses, BT-Drs. 15/5693, 17; Großkomm AktG/*Butzke* Rn. 74; Wachter/*Mayrhofer* Rn. 15; Heidinger/Blath DB 2006, 2275 (2277); *Simon/Zetzsche* NZG 2005, 369 (374); vgl. auch DAV-Handelsrechtsausschuss NZG 2005, 388 (389); aA Bürgers/Körber/*Reger* Rn. 8.
[157] Gesetz zur Sanierung und Abwicklung von Instituten und Finanzgruppen (Sanierungs- und Abwicklungsgesetz – SAG) v. 10.12.2014, BGBl. 2014 I 2091, zuletzt geändert durch Art. 3 Gesetz v. 23.12.2016, BGBl. 2016 I 3171.

32 Da § 123 Abs. 4 nur für Inhaberaktien gilt, findet auch die Regelung zum Record Date auf **Namensaktien** keine Anwendung. Die im Regierungsentwurf der Aktienrechtsnovelle 2014 noch vorgesehene Einführung eines Record Date für Namensaktien börsennotierter Gesellschaften wurde in die endgültige Fassung der Aktienrechtsnovelle 2016 nicht übernommen und ist dementsprechend nicht Gesetz geworden (→ Rn. 18). Eine mit der Einführung eines Record Date vergleichbare Wirkung lässt sich bei Namensaktien aber durch einen **Umschreibungsstopp** erzielen. Die Gesellschaft darf Umschreibungen im Aktienregister für einen gewissen Zeitraum vor Durchführung der Hauptversammlung aussetzen (→ § 67 Rn. 81).[158] Der Zeitraum ist in Anlehnung an die Anmeldefrist (§ 123 Abs. 2 S. 2) bzw. die Frist für den Zugang des Nachweises (§ 123 Abs. 2 S. 3) zu bestimmen (→ § 67 Rn. 81).[159] Bewegt sich der Umschreibungsstopp in diesen Grenzen, ist eine satzungsmäßige Grundlage hierfür nicht erforderlich.[160] Angesichts der Möglichkeit eines Umschreibungsstopps sah bereits der Gesetzgeber des UMAG die gesetzliche Einführung eines Record Date für Namensaktien als entbehrlich an.[161] In seiner Wirkung unterscheidet sich ein Umschreibungsstopp von einem Record Date dadurch, dass die bei Beginn des Umschreibungsstopps im Aktienregister eingetragenen Aktionäre (und nur diese) die Voraussetzungen des § 67 Abs. 2 S. 1 auch am Tag der Hauptversammlung erfüllen. Dagegen wäre bei einem **Record Date für Namensaktien** nur erforderlich, dass die Voraussetzungen des § 67 Abs. 2 S. 1 an dem maßgeblichen Termin erfüllt sind (auch wenn die Eintragung im Aktienregister am Tag der Hauptversammlung nicht mehr besteht). Ob auch bei Namensaktien börsennotierter Gesellschaften ein Record Date zumindest in der Satzung vorgesehen werden kann, war in der Vergangenheit umstritten.[162] Der durch die Aktienrechtsnovelle 2016 eingefügte § 123 Abs. 5, wonach bei Namensaktien börsennotierter Gesellschaften die Berechtigung zur Teilnahme an der Versammlung oder zur Ausübung des Stimmrechts aus der Eintragung im Aktienregister folgt, dürfte dem nunmehr entgegenstehen. Es ließe sich zwar argumentieren, dass auch bei Einführung eines Record Date die Legitimation allein aus der Eintragung im Aktienregister folge und nur der hierfür maßgebliche Zeitpunkt vorverlegt werde. § 123 Abs. 5 dürfte aber wohl eher dahingehend zu verstehen sein, dass es auf die Eintragung im Aktienregister am Tag der Hauptversammlung ankommen soll.[163] Es müsste daher zeitgleich mit dem Record Date ein Umschreibungsstopp angeordnet werden.[164] In diesem Fall käme dem Record Date aber keine eigenständige

---

[158] BGHZ 182, 272 (276 f.) = ZIP 2009, 2051 (2052) – Umschreibungsstopp; BegrRegE BT-Drs. 15/5092, 14; Bürgers/Körber/*Wieneke* § 67 Rn. 27; Grigoleit/*Herrler* Rn. 23; Großkomm AktG/*Merkt* § 67 Rn. 105; Hüffer/Koch/*Koch*, 13. Aufl. 2018, § 67 Rn. 20; Kölner KommAktG/*Lutter/Drygala* § 67 Rn. 104; Kölner Komm AktG/*Noack/Zetzsche* Rn. 14 ff., 229; MüKoAktG/*Bayer* § 67 Rn. 112; K. Schmidt/Lutter/*T. Bezzenberger* § 67 Rn. 42; K. Schmidt/Lutter/*Ziemons* Rn. 34; Wachter/*Mayrhofer* Rn. 21; *Bärwaldt* in Semler/Volhard/Reichert HV-HdB § 8 Rn. 66; *Butzke* Die Hauptversammlung der AG Rn. E 101; MHdB AG/*Sailer-Coceani* § 14 Rn. 48; *Baums* FS Hüffer, 2010, 15 (16 f.); *Bayer/Lieder* NZG 2009, 1361 (1362 f.); *Goette* DStR 2009, 2602 (2606); *Goette* GWR 2009, 459; *Grobecker* NZG 2010, 165 (166); *Leuering* ZIP 1999, 1745 (1747); *Noack* ZIP 1999, 1993 (1997); *Quass* AG 2009, 432 (433 ff.); *U.H. Schneider/Müller-v. Pilchau* AG 2007, 181 (183); *v. Nussbaum* NZG 2009, 456 (457); s. auch KG NZG 2008, 788 (789); OLG Köln AG 2009, 448 (449); LG Köln AG 2009, 449 (450); aA *Diekmann* BB 1999, 1985 (1989); *Huep* WM 2000, 1623 (1629 f.).

[159] BGHZ 182, 272 (276 f.) = ZIP 2009, 2051 (2052) – Umschreibungsstopp; BegrRegE BT-Drs. 15/5092 S. 14; Bürgers/Körber/*Wieneke* § 67 Rn. 27; Grigoleit/*Herrler* Rn. 23; Großkomm AktG/*Butzke* Rn. 64; Hüffer/Koch/*Koch*, 13. Aufl. 2018, § 67 Rn. 20; Kölner Komm AktG/*Lutter/Drygala* § 67 Rn. 104; Kölner Komm AktG/*Noack/Zetzsche* Rn. 236; MüKoAktG/*Bayer* § 67 Rn. 112; K. Schmidt/Lutter/*T. Bezzenberger* § 67 Rn. 24; K. Schmidt/Lutter/*Ziemons* Rn. 34; Wachter/*Mayrhofer* Rn. 21; *Butzke* Die Hauptversammlung der AG Rn. E 101; MHdB AG/*Sailer-Coceani* § 14 Rn. 48; *Baums* FS Hüffer, 2010, 15 (24 ff.); *Bayer/Lieder* NZG 2009, 1361 (1363); *Goette* DStR 2009, 2602 (2606); *Grobecker* NZG 2010, 165 (166); *Quass* AG 2009, 432 (435); *U.H. Schneider/Müller-v. Pilchau* AG 2007, 181 (183); *v. Nussbaum* NZG 2009, 456 (457); aA Großkomm AktG/*Merkt* § 67 Rn. 105: 48 Stunden; *Grumann/Soehlke* DB 2001, 576 (579): 24 Stunden; *Leuering* ZIP 1999, 1745 (1747); *Noack* ZIP 1999, 1993 (1997): 3 Tage.

[160] Großkomm AktG/*Butzke* Rn. 64; Kölner Komm AktG/*Noack/Zetzsche* Rn. 237; *Baums* FS Hüffer, 2010, 15 (27 f.); vgl. auch BGHZ 182, 272 (276 f.) – Umschreibungsstopp; aA Grigoleit/*Herrler* Rn. 23; K. Schmidt/Lutter/*Ziemons* Rn. 35.

[161] BegrRegE BT-Drs. 15/5092, 14; s. auch *Seibert* WM 2005, 157 (158); krit. zur fehlenden Regelung eines Record Date für Namensaktien im UMAG *DAV-Handelsrechtsausschuss* NZG 2004, 555 (557); *Diekmann/Leuering* NZG 2004, 249 (257).

[162] Dafür Grigoleit/*Herrler* Rn. 24; Kölner Komm AktG/*Noack/Zetzsche* Rn. 232 ff., 238 f.; Wachter/*Mayrhofer* Rn. 21; *v. Nussbaum* NZG 2009, 456 (457); grds. auch MüKoAktG/*Kubis* Rn. 40; s. auch OLG Stuttgart BeckRS 2009, 09637 (= Beschl. v. 3.12.2008 – 20 W 12/08, juris Rn. 172) (insoweit in AG 2009, 204 nicht mit abgedruckt); aA wohl *Diekmann/Leuering* NZG 2004, 249 (257).

[163] Vgl. Großkomm AktG/*Butzke* Rn. 4.

[164] Vgl. *v. Nussbaum* NZG 2009, 456 (457); ähnlich Großkomm AktG/*Butzke* Rn. 98; für zwingendes Zusammenfallen mit dem Anmeldeschluss und einem gleichzeitigen Umschreibungsstopp wohl MüKoAktG/*Kubis* Rn. 40.

Bedeutung mehr zu, so dass sich die Gesellschaft auch mit einem bloßen Umschreibungsstopp begnügen könnte. Auch unter Geltung von § 123 Abs. 5 bleibt die Festlegung eines Umschreibungsstopps auch bei börsennotierten Gesellschaften nach wie vor zulässig.[165]

bb) Berechnung. Bei dem Beginn des 21. Tages vor der Hauptversammlung handelt es sich um einen **Termin** iSv § 121 Abs. 7 S. 1. Bei der Berechnung ist der Tag der Hauptversammlung nicht mitzurechnen (§ 121 Abs. 7 S. 1). Für den Beginn (0.00 Uhr) des 21. Tages vor der Hauptversammlung ist die Ortszeit am (Satzungs-)Sitz der Gesellschaft[166] maßgeblich.[167] Fällt der Nachweisstichtag auf einen Sonntag, einen Sonnabend oder einen Feiertag, findet eine Verlegung auf einen zeitlich vorausgehenden oder nachfolgenden Werktag nicht statt (§ 121 Abs. 7 S. 2). Seit der Neuregelung der Fristberechnungsgrundsätze durch das ARUG käme man zu demselben Ergebnis auch dann, wenn man den Nachweisstichtag mit der verfehlten Rechtsprechung des LG Frankfurt a. M. nicht als Termin, sondern als Frist ansehen wollte.[168] Die insoweit bestehende Rechtsunsicherheit wurde durch die Neuregelung in § 121 Abs. 7 beseitigt, so dass eine ausdrückliche gesetzliche Klarstellung der Einstufung als Termin entbehrlich war.[169] Bei einer mehrtägigen Hauptversammlung ist der Nachweisstichtag (unabhängig von Zeitpunkt der Beschlussfassung) stets von dem nicht mitzählenden ersten Tag der Hauptversammlung zurück zu berechnen.[170] Findet etwa die Hauptversammlung am 23. und 24. April 2018 statt, ist Record Date der 2. April 2018 (Ostermontag). Eine Verlegung auf einen Werktag findet nicht statt. 33

cc) Zeitpunkt der Bescheinigung. Die Bescheinigung des depotführenden Instituts muss sich zwar auf den Beginn des 21. Tages vor der Hauptversammlung beziehen, aber nicht an diesem Tag ausgestellt werden. Die nachträgliche Ausstellung der Bescheinigung entspricht auch dem Regelfall.[171] Keine Legitimationswirkung entfaltet ein vor dem Record Date ausgestellter Bestandsnachweis.[172] 34

c) Legitimationswirkung (Abs. 4 S. 5). Gem. § 123 Abs. 4 S. 5 gilt im Verhältnis zur Gesellschaft für die Teilnahme an der Hauptversammlung oder die Ausübung des Stimmrechts als Aktionär nur, wer den Nachweis erbracht hat. § 123 Abs. 4 S. 5 begründet im Verhältnis zur Gesellschaft eine unwiderlegbare Vermutung der Mitgliedschaft (vergleichbar mit der Wirkung der Eintragung als Aktionär im Aktienregister bei Namensaktien).[173] Der Wortlaut von § 123 Abs. 4 S. 5, der nur das Teilnahme- und das Stimmrecht erwähnt, ist zu eng geraten. Die Wahrnehmung sonstiger Rechte in der Hauptversammlung (Rede- und Fragerecht, Antragsrecht, Widerspruchseinlegung, Einsichtnahme ausliegender Unterlagen etc.) ist ebenfalls vom Teilnahmerecht umfasst.[174] 35

Die **Vermutungswirkung** des § 123 Abs. 4 S. 5 hat zur Folge, dass Aktionäre, die ihre Aktien nach dem Beginn des 21. Tages vor der Hauptversammlung erwerben, kein Teilnahmerecht haben 36

---

[165] Hüffer/Koch/*Koch*, 13. Aufl. 2018, Rn. 10; *Reichert/Balke* in Semler/Volhard/Reichert HV-HdB § 4 Rn. 102; *Götze* NZG 2016, 48 (49); *Harbarth/Frhr. v. Plettenberg* AG 2016, 145 (152); *Ihrig/Wandt* BB 2016, 6 (9); *Söhner* ZIP 2016, 151 (157).

[166] Die von Kölner Komm AktG/*Noack/Zetzsche* Rn. 182 angesprochene Konstellation eines Doppelsitzes in unterschiedlichen Zeitzonen kann nicht eintreten, da der Satzungssitz gem. § 5 im Inland liegen muss.

[167] Grigoleit/*Herrler* Rn. 17; Großkomm AktG/*Butzke* Rn. 85; Kölner Komm AktG/*Noack/Zetzsche* Rn. 182; Wachter/*Mayrhofer* Rn. 18; *Zetzsche* Der Konzern 2007, 180 (185); s. auch *Simon/Zetzsche* NZG 2005, 369 (373).

[168] Zur Einstufung als Frist s. LG Frankfurt a. M. NZG 2008, 112 (113 f.); ebenso *Arnold* AG-Report 2006, 4 f.; *Repgen* ZGR 2006, 121 (132 ff.); *Simon/Zetzsche* NZG 2005, 369 (373); zutr. für die Einstufung als Termin dagegen OLG Frankfurt a. M. AG 2009, 699 (700); OLG Zweibrücken NZG 2009, 70 (71) = BB 2009, 2169 m. Anm. *Wagner*; LG München I ZIP 2009, 568 f.; Bürgers/Körber/*Reger* Rn. 8; Großkomm AktG/*Butzke* Rn. 85; Hüffer/Koch/*Koch*, 13. Aufl. 2018, Rn. 12; K. Schmidt/Lutter/*Ziemons* Rn. 57; *Grobecker* NZG 2010, 165 (166); *Ihrig/Wagner* FS Spiegelberger, 2009, 722 (725); *Zetzsche* Der Konzern 2007, 180 (185 f.); ebenso jetzt auch NK-AktG/*M. Müller* Rn. 23 f. iVm Fn. 41.

[169] BegrRegE BT-Drs. 16/11 642, 29.

[170] BGHZ ZIP 2010, 622; OLG Stuttgart AG 2009, 124 (126 f.); LG Frankfurt a.M. ZIP 2010, 429 (430) – Commerzbank; Grigoleit/*Herrler* Rn. 16; Großkomm AktG/*Butzke* Rn. 85; Hüffer/Koch/*Koch*, 13. Aufl. 2018, Rn. 12a; Kölner Komm AktG/*Noack/Zetzsche* Rn. 39, 184; K. Schmidt/Lutter/*Ziemons* Rn. 56.

[171] Vgl. Kölner Komm AktG/*Noack/Zetzsche* Rn. 183; *Zetzsche* Der Konzern 2007, 180 (185).

[172] Bürgers/Körber/*Reger* Rn. 8; Grigoleit/*Herrler* Rn. 17; Großkomm AktG/*Butzke* Rn. 83; Hölters/*Drinhausen* Rn. 13; K. Schmidt/Lutter/*Ziemons* Rn. 47; Wachter/*Mayrhofer* Rn. 19; *Kiefner/Zetzsche* ZIP 2006, 551 (555); *Zetzsche* Der Konzern 2007, 180 (185).

[173] BegrRegE BT-Drs. 15/5092, 14; Bürgers/Körber/*Reger* Rn. 9; Grigoleit/*Herrler* Rn. 18; Großkomm AktG/*Butzke* Rn. 90; *Spindler* NZG 2005, 825 (827); *Zetzsche* Der Konzern 2007, 180 (187).

[174] Vgl. *DAV-Handelsrechtsausschuss* NZG 2005, 388 (389); Großkomm AktG/*Butzke* Rn. 90; Hüffer/Koch/*Koch*, 13. Aufl. 2018, Rn. 12; Kölner Komm AktG/*Noack/Zetzsche* Rn. 195; MüKoAktG/*Kubis* Rn. 37; *Zetzsche* Der Konzern 2007, 180 (187).

und keine versammlungsgebundenen Rechte ausüben können.[175] Im Verhältnis zur Gesellschaft gilt weiterhin der Veräußerer als berechtigt. Mangels Teilnahmerecht kann der Erwerber auch keinen Widerspruch zur Niederschrift erklären, so dass er bei Umwandlungsvorgängen nicht abfindungsberechtigt ist (vgl. §§ 29, 207 UmwG).[176] Auch ist der Erwerber nicht anfechtungsbefugt.[177] § 245 Nr. 1 setzt neben der Erklärung eines Widerspruchs zur Niederschrift ein Erscheinen in der Hauptversammlung voraus. Auf die Dividendenberechtigung wirkt sich die Vermutungsregelung des § 123 Abs. 4 S. 5 dagegen nicht aus. Die **Dividendenauszahlung** erfolgt stets an den materiell Berechtigten, auch wenn dieser die Aktien erst nach dem Record Date erworben hat.[178]

37 Von der relativen Berechtigung gegenüber der Gesellschaft ist das **Innenverhältnis zwischen Veräußerer und Erwerber** zu trennen. Dem Veräußerer und dem Erwerber steht es frei, das Innenverhältnis vertraglich zu regeln. Denkbar sind insbesondere Stimmbindungsvereinbarungen oder die Erteilung einer Stimmrechtsvollmacht zugunsten des Erwerbers.[179] Eine solche Regelung setzt faktisch voraus, dass der Erwerb nicht über die Börse erfolgt.[180] Fehlt es an einer vertraglichen Regelung, ist der Veräußerer im Verhältnis zum Erwerber grundsätzlich nicht zur Ausübung der versammlungsgebundenen Rechte (insbesondere des Stimmrechts) berechtigt. Die Stimmrechtsausübung durch den Veräußerer kann in diesem Fall eine Ordnungswidrigkeit gem. § 405 Abs. 3 Nr. 1 darstellen.[181] Sieht man den Veräußerer entgegen der hier vertretenen Auffassung nicht nur im Verhältnis zur Gesellschaft, sondern auch im Verhältnis zum Erwerber als berechtigt an, muss zumindest bei Paketerwerben eine Treuepflicht zur Ausübung des Stimmrechts im Sinne des Erwerbers angenommen werden.[182]

37a Überschreitet ein Aktionär, der seine Aktien erst nach dem Record Date erworben hat, einen der Schwellenwerte des § 33 Abs. 1 WpHG, ist er trotz des fehlenden Teilnahme- und Stimmrechts nicht bis zur Hauptversammlung von der Veröffentlichung einer **Stimmrechtsmitteilung** befreit.[183] Der Veräußerer muss das Unterschreiten des entsprechenden Schwellenwerts melden, obwohl er noch teilnahme- und stimmberechtigt ist, wenn er sich zur Hauptversammlung anmeldet.[184] Eine Zurechnung nach § 34 Abs. 1 Nr. 6 WpHG findet grundsätzlich nicht statt, sofern keine besondere Abrede zwischen dem Erwerber und dem Veräußerer vorliegt, wonach der Veräußerer die Stimmrechte nach eigenem Ermessen ausüben kann. Verletzt der Erwerber seine Mitteilungspflicht, führt dies gem. § 44 WpHG zu einem **Rechtsverlust** im Hinblick auf die betreffenden Aktien. § 44 WpHG geht insoweit der Vermutungswirkung des § 123 Abs. 4 S. 5 vor. Bei einer Veräußerung über die Börse ist dieser Rechtsverlust gleichwohl aus praktischen Gründen regelmäßig nicht durchsetzbar.[185] Unterlässt der Veräußerer pflichtwidrig eine aufgrund der Veräußerung erforderliche Mitteilung, sind neben etwaigen noch von dem Veräußerer gehaltenen Aktien grundsätzlich auch die veräußerten Aktien von dem Rechtsverlust erfasst.[186] Etwas anderes kann bei einer außerbörslichen Veräußerung ausnahmsweise dann gelten, wenn der Veräußerer das Stimmrecht aufgrund konkreter Weisungen des Erwerbers ausübt.[187]

38 Weitgehend ungeklärt ist, wie sich eine zwischen Record Date und Hauptversammlung eintretende **Gesamtrechtsnachfolge** auf die Berechtigung auswirkt. Bei einer Gesamtrechtsnachfolge durch Verschmelzung (§ 20 Abs. 1 Nr. 1 UmwG) oder im Todesfall (§ 1922 BGB) ist kein Rechtsvorgänger mehr vorhanden, der die versammlungsgebundenen Rechte ausüben könnte. Die Ausgestaltung des Record Date als formales Stichtagsprinzip spricht zwar für eine Gleichbehandlung von

---

[175] Grigoleit/*Herrler* Rn. 18; Großkomm AktG/*Butzke* Rn. 90 f.; K. Schmidt/Lutter/*Ziemons* Rn. 53; Heidinger/*Blath* DB 2006, 2275 (2277).
[176] Großkomm AktG/*Butzke* Rn. 92; K. Schmidt/Lutter/*Ziemons* Rn. 53.
[177] Großkomm AktG/*Butzke* Rn. 92; K. Schmidt/Lutter/*Ziemons* Rn. 53; aA *Zetzsche* Der Konzern 2007, 180 (187).
[178] BegrRegE BT-Drs. 15/5092, 14; Bürgers/Körber/*Reger* Rn. 9; Grigoleit/*Herrler* Rn. 18; Hüffer/Koch/*Koch*, 13. Aufl. 2018, Rn. 12; Kölner Komm AktG/*Noack/Zetzsche* Rn. 195; *Merkner/Sustmann* AG 2013, 243 (246); *Schütz* NZG 2005, 5 (8).
[179] BegrRegE BT-Drs. 15/5092, 14; Bürgers/Körber/*Reger* Rn. 9; Großkomm AktG/*Butzke* Rn. 90; Hüffer/Koch/*Koch*, 13. Aufl. 2018, Rn. 12; *Göz/Holzborn* WM 2006, 157 (163).
[180] Großkomm AktG/*Butzke* Rn. 92; K. Schmidt/Lutter/*Ziemons* Rn. 55.
[181] Grigoleit/*Herrler* Rn. 18; K. Schmidt/Lutter/*Ziemons* Rn. 54; *Gätsch/Mimberg* AG 2006, 746 (750 f.); aA BegrRegE BT-Drs. 15/5092, 14; Bürgers/Körber/*Reger* Rn. 9; Großkomm AktG/*Butzke* Rn. 93 f.; Kölner Komm AktG/*Noack/Zetzsche* Rn. 254, 229; *Seibert* WM 2005, 157 (158).
[182] Vgl. BegrRegE BT-Drs. 15/5092, 14; s. auch Großkomm AktG/*Butzke* Rn. 93.
[183] *Merkner/Sustmann* AG 2013, 243 (245 f.); *Seibert* WM 2004, 157 (158).
[184] Vgl. *Merkner/Sustmann* AG 2013, 243 (245 f.); *Osterloh-Konrad* ZGR 2012, 35 (44).
[185] Großkomm AktG/*Butzke* Rn. 96; *Merkner/Sustmann* AG 2013, 243 (248 f.).
[186] *Merkner/Sustmann* AG 2013, 243 (247 ff.).
[187] *Merkner/Sustmann* AG 2013, 243 (248).

Einzel- und Gesamtrechtsnachfolge.[188] Da der Gesamtrechtsnachfolger vollständig in die Rechtsposition des Rechtsvorgängers einrückt, dürften die besseren Gründe aber dafür sprechen, den Gesamtrechtsnachfolger (anders als den Einzelrechtsnachfolger) als legitimiert anzusehen.[189]

d) Nachweisfrist (Abs. 4 S. 2–4). Gem. § 123 Abs. 4 S. 2 muss der Nachweis der Gesellschaft 39 unter der in der Einberufung hierfür mitgeteilten Adresse **mindestens sechs Tage vor der Versammlung zugehen.** Im Hinblick auf das Zugangserfordernis gelten die Ausführungen zur Anmeldung entsprechend (→ Rn. 16). Die Fristberechnung richtet sich nach § 121 Abs. 7 (→ § 121 Rn. 91 ff.). Der Tag der Hauptversammlung ist nicht mitzurechnen (§ 121 Abs. 7 S. 1). Gleiches gilt für den Tag des Zugangs (§ 123 Abs. 4 S. 4). Gem. § 123 Abs. 4 S. 3 kann in der Satzung oder in der Einberufung auf Grund einer Ermächtigung durch die Satzung eine kürzere, in Tagen zu bemessende Frist vorgesehen werden. Dies entspricht der Regelung in § 123 Abs. 2 S. 3, so dass diesbezüglich auf die Ausführungen zur Anmeldefrist verwiesen werden kann (→ Rn. 14). Der Nachweis kann entweder von der Depotbank (indirekte Legitimation) oder vom Aktionär selbst (direkte Legitimation) eingereicht werden.[190] Die Einberufungsfrist verlängert sich um die Tage der Nachweisfrist (→ Rn. 17). Anders als in § 123 Abs. 3 Hs. 2 wird in § 123 Abs. 4 zwar nicht die entsprechende Geltung von § 123 Abs. 2 S. 5 angeordnet. Angesichts der vergleichbaren Interessenlage bietet sich jedoch auch dann eine entsprechende Anwendung von § 123 Abs. 2 S. 5 AktG an, wenn die Satzung keine Legitimationsregelung trifft.[191] Besteht zugleich ein Anmeldeerfordernis iSv § 123 Abs. 2 S. 1, kommt es nur einmal zur Verlängerung der Einberufungsfrist. Sofern die Anmeldefrist und die Nachweisfrist ausnahmsweise unterschiedlich lang sein sollten, ist die längere Frist maßgeblich.[192] Geht der Berechtigungsnachweis der Gesellschaft erst nach Ablauf der Nachweisfrist zu, ist die Gesellschaft zur Annahme nicht verpflichtet. Sie darf den Berechtigungsnachweis gleichwohl noch annehmen, muss hierbei aber den Gleichbehandlungsgrundsatz (§ 53a) beachten.[193]

Wird im Zusammenhang mit einer **Rekapitalisierung nach § 7 FMStFG** eine Hauptversamm- 39a lung zur Beschlussfassung über eine Kapitalerhöhung einberufen, muss gem. § 7 Abs. 1 S. 2 FMStBG der Nachweis der Gesellschaft unter der in der Einberufung hierfür mitgeteilten Adresse abweichend von § 123 Abs. 3 S. 3 **spätestens am vierten Tag vor der Hauptversammlung** zugehen, soweit der Vorstand in der Einberufung der Hauptversammlung keine kürzere Frist vorsieht. Der Vorstand ist hier unmittelbar kraft Gesetzes zu einer Fristverkürzung ermächtigt. § 7 FMStBG gilt gem. **§ 125 Abs. 2 SAG**[194] entsprechend für Beschlussfassungen der Anteilsinhaberversammlung des übernehmenden Rechtsträgers über Kapitalmaßnahmen, über Satzungsänderungen, über den Abschluss oder die Beendigung von Unternehmensverträgen oder über Maßnahmen nach dem UmwG im Zusammenhang mit der Übertragung von Anteilen, Vermögenswerten, Verbindlichkeiten und Rechtsverhältnissen von einem **in Abwicklung befindlichen Kredit- oder Finanzdienstleistungsinstitut,** um eine Abwicklungsanordnung zu ermöglichen oder umzusetzen.

5. Börsennotierte Gesellschaften mit Namensaktien (Abs. 5). Für börsennotierte Gesell- 39b schaften mit Namensaktien regelt der durch die Aktienrechtsnovelle 2016 neu eingefügte § 123 Abs. 5, dass die Berechtigung zur Teilnahme und zur Ausübung des Stimmrechts aus der Eintragung im Aktienregister folgt. Die Satzung kann daher keine abweichenden oder zusätzlichen Legitimationserfordernisse bestimmen. § 123 Abs. 3, der auch für Namensaktien gilt und grundsätzlich nicht zwischen börsennotierten und nicht börsennotierten Gesellschaften differenziert, wird durch § 123 Abs. 5 entsprechend eingeschränkt,[195] so dass für die Regelungen bei Namensaktien börsennotierter Gesellschaften kaum ein Anwendungsbereich verbleiben dürfte (→ Rn. 27).

---

[188] So Hüffer/Koch/*Koch*, 13. Aufl. 2018, Rn. 12a; MüKoAktG/*Kubis* Rn. 38; K. Schmidt/Lutter/*Ziemons* Rn. 55; *Heidinger*/*Blath* DB 2006, 2275 (2277 f.).
[189] BeckOGK UmwG/*Rieckers*/*Cloppenburg* § 20 Rn. 61; Großkomm AktG/*Butzke* Rn. 95; Kölner Komm AktG/*Noack*/*Zetzsche* Rn. 201; *Zetzsche* Der Konzern 2007, 180 (187 f.); offen Grigoleit/*Herrler* Rn. 19.
[190] Kölner Komm AktG/*Noack*/*Zetzsche* Rn. 187; s. auch Großkomm AktG/*Butzke* Rn. 82.
[191] Großkomm AktG/*Butzke* Rn. 89; MüKoAktG/*Kubis* Rn. 29; *Kiefner*/*Zetzsche* ZIP 2006, 551 (553); ganz zweifelsfrei ist das Bestehen einer Regelungslücke nicht, da der Gesetzgeber weder mit dem ARUG noch mit der Aktienrechtsnovelle 2016 für eine Klarstellung gesorgt hat; in der Praxis dürfte es auf diese Frage ohnehin nicht ankommen, da bei börsennotierten Gesellschaften regelmäßig auch ein Anmelderfordernis besteht.
[192] Ebenso Grigoleit/*Herrler* Rn. 21; Kölner Komm AktG/*Noack*/*Zetzsche* Rn. 36.
[193] Kölner Komm AktG/*Noack*/*Zetzsche* Rn. 74; *Simon*/*Zetzsche* NZG 2005, 369 (371); s. auch Bürgers/Körber/*Reger* Rn. 8.
[194] Gesetz zur Sanierung und Abwicklung von Instituten und Finanzgruppen (Sanierungs- und Abwicklungsgesetz – SAG) v. 10.12.2014, BGBl. 2014 I 2091, zuletzt geändert durch Art. 3 Gesetz v. 23.12.2016, BGBl. 2016 I 3171.
[195] Vgl. *Ihrig*/*Wandt* BB 2016, 6 (9).

40 **6. Legitimationsprüfung.** Die Gesellschaft ist berechtigt, die ordnungsgemäße Erfüllung der Teilnahmevoraussetzungen zu prüfen. Hierzu gehört auch eine **Prüfung des Berechtigungsnachweises.** Unklar ist der Umfang der Prüfungsbefugnis. Nach der Gesetzesbegründung des UMAG ist die Gesellschaft nicht gehindert, zweifelhafte Nachweise zu überprüfen und bei Verdacht eines gefälschten oder fälschlich ausgestellten Nachweises den betreffenden Aktionär um weitere Nachweise zu ersuchen. Es verstehe sich von selbst, dass ausreichend im Sinne des Gesetzes nur der materiell, also inhaltlich richtige Nachweis sein könne.[196] Diese Formulierung des Gesetzgebers dürfte etwas zu weit geraten sein, da sie mit der unwiderlegbaren Vermutung des § 123 Abs. 4 S. 5 nur schwer in Einklang zu bringen ist. Das formelle Konzept des § 123 Abs. 4 S. 1 (Bescheinigung durch das depotführende Institut als Höchstanforderung) wäre entwertet, wenn die Gesellschaft bei bloßen Zweifeln an der materiellen Berechtigung stets weitere Nachweise verlangen könnte. Teilweise wird daher die Berechtigung der Gesellschaft zur Anforderung weiterer Nachweise generell verneint.[197] Diese Ansicht würde aber dazu führen, dass ein auf fehlerhaften Nachweisen beruhender Beschluss stets rechtmäßig zustande käme. Bestätigt das depotführende Institut eine zu hohe Aktienzahl, würde dies zu einer Beeinträchtigung des Stimmrechts der übrigen Aktionäre führen, ohne dass diese gegen den Beschluss vorgehen könnten.[198] Die besseren Argumente sprechen daher dafür, eine formal korrekte, aber inhaltlich unrichtige Bescheinigung nicht in allen Fällen für die Legitimation ausreichen zu lassen. Man wird der Gesellschaft die Anforderung weiterer Nachweise jedenfalls dann gestatten müssen, wenn **konkrete Anhaltspunkte** bzw. ein ernsthafter Verdacht für die inhaltliche Unrichtigkeit des Nachweises bestehen.[199] Bloße Zweifel reichen nicht aus. Eine evidente Unrichtigkeit ist aber nicht erforderlich.[200] Geringere Anforderungen an den Verdachtsgrad wird man in Fällen stellen können, in denen Anhaltspunkte für eine Fälschung oder Verfälschung des Nachweises bestehen.

41 Während der Hauptversammlung prüft allein der **Versammlungsleiter** (ggf. unter Einschaltung von Hilfspersonen), ob die Voraussetzungen für die Teilnahme und die Ausübung des Stimmrechts erfüllt sind.[201] Eine Entscheidungskompetenz der Hauptversammlung besteht insoweit nicht.[202] Dementsprechend kann die Hauptversammlung eine Entscheidung des Versammlungsleiters über die Zulassung zur Teilnahme oder zur Stimmrechtsausübung auch nicht revidieren.[203]

41a **7. Eintrittskarte.** Von dem Legitimationsnachweis zu unterscheiden ist die Eintrittskarte, die den Aktionären und Aktionärsvertretern insbesondere von börsennotierten Gesellschaften bei Erfüllung der Teilnahmevoraussetzungen übersandt wird. Die Eintrittskarte **ersetzt nicht den Bestandsnachweis** iSv § 123 Abs. 4 S. 1.[204] Vorzugswürdig erscheint es, die Eintrittskarte als Quittung iSv § 368 BGB über die fristgerechte Anmeldung und Erbringung eines Berechtigungsnachweises anzusehen.[205] Dies hat zur Folge, dass der Überbringer der Eintrittskarte zur Teilnahme an der Hauptversammlung als berechtigt gilt, sofern nicht der Gesellschaft bekannte Umstände (etwa die nachträglich bekannt gewordene Fälschung des Berechtigungsnachweises) der Teilnahme entgegenstehen.[206] Andererseits darf Aktionären, die sich ordnungsgemäß zur Hauptversammlung angemeldet und einen Berechtigungsnachweis erbracht haben, die Teilnahme nicht allein deshalb versagt werden, weil sie keine Eintrittskarte vorlegen können. Sie können ihre Teilnahmeberechtigung auch auf andere Weise belegen (zB durch Vorlage des Personalausweises).[207]

---

[196] BegrRegE BT-Drs. 15/5092, 13; ebenso *Mohamed* ZIP 2016, 1100 (1104 f.); *Seibert* WM 2005, 157; ähnlich Bürgers/Körber/*Reger* Rn. 9.
[197] *Gätsch/Mimberg* AG 2006, 746 (748 f.); *Heidinger/Blath* DB 2006, 2275 (2277); offen K. Schmidt/Lutter/ *Ziemons* Rn. 51.
[198] Vgl. *Zetzsche* Der Konzern 2007, 180 (189).
[199] Ebenso Hüffer/Koch/*Koch*, 13. Aufl. 2018, Rn. 13; Kölner Komm AktG/*Noack/Zetzsche* Rn. 72; MüKo-AktG/*Kubis* Rn. 45; s. auch *Bayer/Scholz/Weiß* AG 2013, 742 (744); großzügiger wohl Bürgers/Körber/*Reger* Rn. 9; *Seibert* WM 2005, 157; *Zetzsche* Der Konzern 2007, 180 (189).
[200] Für ein Teilnahmerecht selbst bei evidenter inhaltlicher Unrichtigkeit des Nachweises *Gätsch/Mimberg* AG 2006, 746 (748 f.).
[201] Grigoleit/*Herrler* Rn. 10; Großkomm AktG/*Mülbert* § 118 Rn. 79, § 129 Rn. 138; MüKoAktG/*Kubis* Rn. 41; *Butzke* Die Hauptversammlung der AG C 51; G. *Bezzenberger* ZGR 1998, 352 (360); *Dietrich* NZG 1998, 921 (924); *Gätsch/Mimberg* AG 2006, 746 (748) Fn. 32; *Stützle/Walgenbach* ZHR 155 (1991) 516 (524 ff.); aA wohl Kölner Komm AktG/*Noack/Zetzsche* Rn. 69: Vorstand.
[202] Anders noch die früher hM, s. etwa RGZ 112, 109 (112); RGZ 106, 258 (260); *Baumbach/Hueck* Rn. 7; *v. Godin/Wilhelmi* Anm. 8; offen BGH ZIP 1989, 1546 (1551).
[203] Grigoleit/*Herrler* Rn. 10; MüKoAktG/*Kubis* Rn. 41; *Stützle/Walgenbach* ZHR 155 (1991) 516 (525).
[204] So aber MüKoAktG/*Kubis* Rn. 45; wie hier dagegen Kölner Komm AktG/*Noack/Zetzsche* Rn. 66.
[205] Kölner Komm AktG/*Noack/Zetzsche* Rn. 66.
[206] Kölner Komm AktG/*Noack/Zetzsche* Rn. 66 f.
[207] Vgl. OLG München AG 2000, 134 (135 f.); OLG Hamburg AG 2002, 460 (465); Großkomm AktG/ *Butzke* Rn. 30 Fn. 48; Kölner Komm AktG/*Noack/Zetzsche* Rn. 67.

V. Übergangsregelung (§ 20 Abs. 3 EGAktG)

§ 123 in der Fassung des **ARUG** war gem. § 20 Abs. 1 EGAktG erstmals auf Hauptversammlungen 42 anzuwenden, die nach dem 31. Oktober 2009 einberufen wurden. Eine Übergangsvorschrift zur Fristberechnung wurde durch das ARUG in **§ 20 Abs. 3 EGAktG** eingeführt. Gem. § 20 Abs. 3 S. 1 EGAktG blieb eine in der Satzung enthaltene Frist, die abweichend von § 123 Abs. 2 S. 2 und 3 oder Abs. 3 S. 3 und 4 in der Fassung des ARUG nicht in Tagen ausgedrückt ist, bis zur ersten ordentlichen Hauptversammlung nach Inkrafttreten des ARUG am 1. September 2009 wirksam. Die Berechnung dieser Frist richtete sich nach § 123 Abs. 4 in der vor Inkrafttreten des ARUG geltenden Fassung (§ 20 Abs. 3 S. 1 EGAktG). Mit „Tagen" iSv § 20 Abs. 3 S. 1 EGAktG sind Kalendertage gemeint.[208] Unklar ist, ob die Übergangsregelung auch solche Satzungsregelungen erfasst, bei denen die Frist zwar grundsätzlich in Tagen ausgedrückt ist, zusätzlich aber eine Verlegung des Fristendes vorgesehen ist, wenn dieses auf einen Sonntag, einen Sonnabend oder einen Feiertag fällt.[209] Der Wortlaut von § 20 Abs. 3 S. 1 EGAktG spricht eher gegen eine Einbeziehung. Wurde die Satzung nicht spätestens in der ersten ordentlichen Hauptversammlung nach Inkrafttreten des ARUG angepasst, gilt anstelle der mit § 123 unvereinbaren Satzungsbestimmung die gesetzliche Regelung.

Nach der Übergangsregelung des **§ 16 S. 2 EGAktG** gelten bei börsennotierten Gesellschaften 43 satzungsmäßige Legitimationserfordernisse aus der Zeit vor Inkrafttreten des **UMAG** mit der Maßgabe fort, dass für den Zeitpunkt der Hinterlegung oder der Ausstellung eines sonstigen Legitimationsnachweises auf den Beginn des 21. Tages vor der Hauptversammlung abzustellen ist, solange die Satzung noch nicht an § 123 in der Fassung des UMAG angepasst wurde.[210] Die Norm wurde durch das ARUG zwar nicht aufgehoben. Da sie ausdrücklich auf § 123 in der Fassung des UMAG Bezug nimmt, dürfte ihr aber keine Bedeutung mehr zukommen.[211] Dementsprechend müssten satzungsmäßige Legitimationserfordernisse börsennotierter Gesellschaften aus der Zeit vor Inkrafttreten des UMAG heute als unwirksam angesehen werden, wenn sie sich auf einen von § 123 Abs. 4 S. 2 abweichenden Sitchtag beziehen. Wollte man dagegen von einer Weitergeltung der Übergangsregelung des § 16 S. 2 EGAktG ausgehen, wäre neben dem auf den Beginn des 21. Tages vor der Hauptversammlung zu beziehenden satzungsmäßigen Legitimationserfordernis in jedem Fall auch ein Berechtigungsnachweis gem. § 123 Abs. 4 S. 1 und 2 ausreichend.[212] Eine andere Auslegung wäre nicht vereinbar mit Art. 7 Abs. 1 lit. a Aktionärsrechte-RL,[213] wonach die Mitgliedstaaten sicherstellen müssen, dass die Rechte eines Aktionärs auf Teilnahme an der Hauptversammlung und auf Ausübung des Stimmrechts in keiner Weise daran geknüpft sind, dass die Aktien vor der Hauptversammlung bei einer anderen natürlichen oder juristischen Person hinterlegt, auf diese übertragen oder auf deren Namen eingetragen werden.

VI. Rechtsfolgen von Verstößen

1. Fristen. Eine unzulässige **Verkürzung der Einberufungsfrist** kann zur Anfechtbarkeit der in 44 der Hauptversammlung gefassten Beschlüsse führen.[214] Dies gilt grundsätzlich auch für geringfügige Unterschreitungen.[215] Vor Inkrafttreten des ARUG entsprach es aber der hM, dass eine Verkürzung der Einberufungsfrist dann unschädlich ist, wenn sie durch eine Verkürzung der Anmelde- und/oder Nachweisfrist (entgegen der gesetzlichen oder satzungsmäßigen Regelung) kompensiert wird.[216] Voraussetzung war, dass die Einberufungsfrist vom Ablauf der Anmelde- und/oder Nachweisfrist an richtig berechnet wurde.[217] Fraglich ist, ob diese Ansicht nach Inkrafttreten des ARUG weiterhin

---

[208] Vgl. Beschlussempfehlung und Bericht des Rechtsausschusses, BT-Drs. 16/13098, 42; *Weber/Findeisen* BB 2010, 711 (713).
[209] Dafür *Weber/Findeisen* BB 2010, 711 (713); dagegen wohl *Florstedt* ZIP 2010, 761 (766 f.); *Höreth/Linnerz* GWR 2010, 155 (156).
[210] S. dazu OLG Frankfurt a. M. AG 2009, 702 f.; OLG Stuttgart ZIP 2008, 182; OLG München AG 2008, 508; LG Krefeld ZIP 2007, 730 (731 f.) – *Jagenberg*.
[211] Anders offenbar Großkomm AktG/*Butzke* Rn. 76.
[212] Vgl. Großkomm AktG/*Butzke* Rn. 76.
[213] RL 2007/36/EG des Europäischen Parlaments und des Rates v. 11.7.2007 über die Ausübung bestimmter Rechte von Aktionären in börsennotierten Gesellschaften, ABl. EU 2007 Nr. L 184, 17.
[214] *Bürgers/Körber/Reger* Rn. 19; Großkomm AktG/*Butzke* Rn. 20; Großkomm AktG/*K. Schmidt* § 243 Rn. 29; Kölner Komm AktG/*Noack/Zetzsche* Rn. 53, § 243 Rn. 93; MüKoAktG/*Kubis* Rn. 49.
[215] MüKoAktG/*Kubis* Rn. 49; wohl auch Großkomm AktG/*Butzke* Rn. 20; aA Kölner Komm AktG/*Noack/Zetzsche* Rn. 54; wohl auch Bürgers/Körber/*Reger* Rn. 19.
[216] Vgl. MüKoAktG/*Kubis* Rn. 47; Großkomm AktG/*Werner*, 4. Aufl. 1993, Rn. 69 (zur Hinterlegungsfrist gem. § 123 Abs. 3 aF); auch nach Inkrafttreten des ARUG noch Bürgers/Körber/*Reger* Rn. 19; Kölner Komm AktG/*Noack/Zetzsche* Rn. 58; MüKoAktG/*Kubis* Rn. 49.
[217] Vgl. Großkomm AktG/*Werner*, 4. Aufl. 1993, Rn. 69.

Gültigkeit beanspruchen kann. Nach der Neuregelung wird die Einberufungsfrist nicht mehr ab dem Tag des Ablaufs der Anmelde- und/oder Nachweisfrist zurück gerechnet. Vielmehr verlängert sich die Einberufungsfrist um die Tage der Anmelde- und/oder Nachweisfrist. Dies spricht aber nicht gegen eine Übertragung der hM zu § 123 aF. Nach § 123 in der Fassung des ARUG käme es darauf an, dass die Einberufungsfrist 30 Tage zuzüglich der Tage der entgegen Gesetz oder Satzung verkürzten Anmelde- und/oder Nachweisfrist beträgt. Letztlich geht es daher gar nicht um eine Verkürzung der Einberufungsfrist, sondern um eine Verkürzung der Anmelde- und/oder Nachweisfrist (→ Rn. 45).

45 Da die Aktionäre bei einer unzulässigen **Verkürzung der Anmelde- und/oder Nachweisfrist** regelmäßig nicht beschwert sind, wird man insoweit die Relevanz des Verstoßes verneinen müssen, so dass kein Anfechtungsrecht besteht.[218] Die gegenteilige Auffassung des OLG München, das die Relevanz des Verstoßes bejahen will, da sich die Aktionäre bei Bestehen eines Anmeldeerfordernisses darauf verlassen dürften, dass frühestens 37 Tage vor der Hauptversammlung einberufen werde (sofern die Anmeldefrist nicht in zulässiger Weise verkürzt wurde),[219] ist abzulehnen. Die gesetzliche Konzeption basiert auf dem Gedanken, dass die Aktionäre nach der Einberufung jedenfalls 30 Tage Zeit haben sollen, um über ihre Teilnahme an der Hauptversammlung zu entscheiden und die Teilnahmebedingungen zu erfüllen (→ Rn. 17).[220] Ein schutzwürdiges Vertrauen darauf, dass frühestens 37 Tage vor der Hauptversammlung einberufen wird, ist gerade nicht erkennbar. Zur Anfechtbarkeit kann dagegen eine unzulässige **Verlängerung der Anmelde- und/oder Nachweisfrist** führen. Die Relevanz des Verstoßes ist idR zu bejahen, wenn Anmeldungen und/oder Nachweise, die zwar außerhalb der unzulässig verlängerten, aber noch innerhalb der gesetzlichen oder satzungsmäßigen Frist zugegangen sind, nicht mehr berücksichtigt werden.[221]

46 2. Teilnahmerecht. Wird einem Aktionär zu Unrecht die **Teilnahme oder die Ausübung des Stimmrechts verweigert**, sind die betreffenden Beschlüsse grundsätzlich anfechtbar.[222] Der zu Unrecht nicht zur Teilnahme zugelassene Aktionär ist gem. § 245 Nr. 2 anfechtungsbefugt. Die Relevanz kann dagegen zu verneinen sein, wenn aufgrund eines Fehlers der Depotbank die Anmeldung oder Nachweiserbringung zu spät erfolgt.[223] Wird ein Aktionär zu Unrecht nur mit einem Teil seiner Aktien nicht zur Teilnahme zugelassen, ist eine Anfechtbarkeit nur dann anzunehmen, wenn sich die Berücksichtigung des nicht zugelassenen Teils des Aktienbesitzes auf das Beschlussergebnis ausgewirkt hätte.[224] Verzichtet ein Aktionär freiwillig auf sein Teilnahmerecht, indem er sich bei zweifelhafter Legitimation mit einer Teilnahme als Gast einverstanden erklärt, besteht ebenfalls kein Anfechtungsrecht.[225] Wird ein **Nichtberechtigter** zur Teilnahme und zur Abstimmung zugelassen, sind die betreffenden Beschlüsse nur dann anfechtbar, wenn sich die Stimmen des zu Unrecht Zugelassenen auf das Beschlussergebnis ausgewirkt haben.[226] Haben sich die Stimmen nicht auf das Beschlussergebnis ausgewirkt, ist eine Anfechtbarkeit allenfalls dann denkbar, wenn der zu Unrecht Zugelassene die Beschlussfassung in sonstiger Weise (etwa durch einen Redebeitrag) beeinflusst hat.[227] Hierfür ist aber der Anfechtungskläger darlegungs- und beweispflichtig,[228] so dass eine hierauf gestützte Anfechtungsklage regelmäßig keinen Erfolg haben dürfte.

---

[218] Bürgers/Körber/*Reger* Rn. 19; Großkomm AktG/*Butzke* Rn. 19; MüKoAktG/*Kubis* Rn. 50.
[219] OLG München NZG 2008, 599 (600); LG München I WM 2007, 2111 (2113) (Vorinstanz).
[220] Vgl. BegrRegE bei *Kropff* S. 172 (zur Monatsfrist des § 123 Abs. 1 aF); *Hellermann* NZG 2008, 561 (563).
[221] Vgl. Bürgers/Körber/*Reger* Rn. 19; MüKoAktG/*Kubis* Rn. 50; Wachter/*Mayrhofer* Rn. 24.
[222] OLG Frankfurt a. M. AG 2007, 357 f. – Wella; OLG München ZIP 2000, 272 (274 f.) – E'ZWO; OLG Düsseldorf AG 1991, 444 ff.; LG Frankfurt a. M. ZIP 2007, 629 ff. – Wella; Bürgers/Körber/*Reger* Rn. 20; Grigoleit/*Herrler* Rn. 10; Großkomm AktG/*Butzke* Rn. 104; Großkomm AktG/*K. Schmidt* § 243 Rn. 33; Hüffer/Koch/*Koch*, 13. Aufl. 2018, § 118 Rn. 24, § 243 Rn. 16; Kölner Komm AktG/*Noack/Zetzsche* § 243 Rn. 99; MüKoAktG/*Hüffer/Schäfer* § 243 Rn. 26; MüKoAktG/*Kubis* Rn. 51; einschränkend OLG Hamburg AG 2002, 460 (464 f.). – Philips/PKV: Relevanz kann bei Nichtzulassung eines Kleinaktionärs zu verneinen sein; ähnlich Kölner Komm AktG/*Noack/Zetzsche* Rn. 78 ff.
[223] Vgl. OLG Hamburg AG 2002, 460 (464 f.) – Philips/PKV (zu § 123 aF); Kölner Komm AktG/*Noack/Zetzsche* Rn. 215, § 245 Rn. 107; MüKoAktG/*Hüffer/Schäfer* § 245 Rn. 46; MüKoAktG/*Kubis* Rn. 51.
[224] Bürgers/Körber/*Reger* Rn. 20; MüKoAktG/*Kubis* Rn. 51.
[225] Bürgers/Körber/*Reger* Rn. 20; MüKoAktG/*Kubis* Rn. 51.
[226] Bürgers/Körber/*Reger* Rn. 20; Großkomm AktG/*Butzke* Rn. 105; Kölner Komm AktG/*Noack/Zetzsche* Rn. 84; MüKoAktG/*Kubis* Rn. 52; *Butzke* Die Hauptversammlung der AG Rn. C 52; vgl. auch BGH WM 2014, 1452 (1453).
[227] MüKoAktG/*Kubis* Rn. 52; s. auch *Butzke* Die Hauptversammlung der AG Rn. C 52; aA Kölner Komm AktG/*Noack/Zetzsche* Rn. 85 f.
[228] Bürgers/Körber/*Reger* Rn. 20; MüKoAktG/*Kubis* Rn. 52.

§ 124 Bekanntmachung von Ergänzungsverlangen; Vorschläge zur Beschlussfassung

(1) ¹Hat die Minderheit nach § 122 Abs. 2 verlangt, dass Gegenstände auf die Tagesordnung gesetzt werden, so sind diese entweder bereits mit der Einberufung oder andernfalls unverzüglich nach Zugang des Verlangens bekannt zu machen. ²§ 121 Abs. 4 gilt sinngemäß; zudem gilt bei börsennotierten Gesellschaften § 121 Abs. 4a entsprechend. ³Bekanntmachung und Zuleitung haben dabei in gleicher Weise wie bei der Einberufung zu erfolgen.

(2) ¹Steht die Wahl von Aufsichtsratsmitgliedern auf der Tagesordnung, so ist in der Bekanntmachung anzugeben, nach welchen gesetzlichen Vorschriften sich der Aufsichtsrat zusammensetzt; ist die Hauptversammlung an Wahlvorschläge gebunden, so ist auch dies anzugeben. ²Soll die Hauptversammlung über eine Satzungsänderung oder über einen Vertrag beschließen, der nur mit Zustimmung der Hauptversammlung wirksam wird, so ist auch der Wortlaut der vorgeschlagenen Satzungsänderung oder der wesentliche Inhalt des Vertrags bekanntzumachen.

(3) ¹Zu jedem Gegenstand der Tagesordnung, über den die Hauptversammlung beschließen soll, haben der Vorstand und der Aufsichtsrat, zur Wahl von Aufsichtsratsmitgliedern und Prüfern nur der Aufsichtsrat, in der Bekanntmachung Vorschläge zur Beschlußfassung zu machen. ²Bei Gesellschaften, die kapitalmarktorientiert im Sinne des § 264d des Handelsgesetzbuchs, die CRR-Kreditinstitute im Sinne des § 1 Absatz 3d Satz 1 des Kreditwesengesetzes, mit Ausnahme der in § 2 Absatz 1 Nummer 1 und 2 des Kreditwesengesetzes genannten Institute, oder die Versicherungsunternehmen im Sinne des Artikels 2 Absatz 1 der Richtlinie 91/674/EWG sind, ist der Vorschlag des Aufsichtsrats zur Wahl des Abschlussprüfers auf die Empfehlung des Prüfungsausschusses zu stützen. ³Satz 1 findet keine Anwendung, wenn die Hauptversammlung bei der Wahl von Aufsichtsratsmitgliedern nach § 6 des Montan-Mitbestimmungsgesetzes an Wahlvorschläge gebunden ist, oder wenn der Gegenstand der Beschlußfassung auf Verlangen einer Minderheit auf die Tagesordnung gesetzt worden ist. ⁴Der Vorschlag zur Wahl von Aufsichtsratsmitgliedern oder Prüfern hat deren Namen, ausgeübten Beruf und Wohnort anzugeben. ⁵Hat der Aufsichtsrat auch aus Aufsichtsratsmitgliedern der Arbeitnehmer zu bestehen, so bedürfen Beschlüsse des Aufsichtsrats über Vorschläge zur Wahl von Aufsichtsratsmitgliedern nur der Mehrheit der Stimmen der Aufsichtsratsmitglieder der Aktionäre; § 8 des Montan-Mitbestimmungsgesetzes bleibt unberührt.

(4) ¹Über Gegenstände der Tagesordnung, die nicht ordnungsgemäß bekanntgemacht sind, dürfen keine Beschlüsse gefaßt werden. ²Zur Beschlußfassung über den in der Versammlung gestellten Antrag auf Einberufung einer Hauptversammlung, zu Anträgen, die zu Gegenständen der Tagesordnung gestellt werden, und zu Verhandlungen ohne Beschlußfassung bedarf es keiner Bekanntmachung.

Schrifttum: *Austmann*, Verfahrensanträge in der Hauptversammlung, FS Hoffmann-Becking, 2013, 45; *Buhleier/Niehues/Splinter*, Praktische Herausforderungen bei der Umsetzung der neuen Anforderungen an den Prüfungsausschuss des Aufsichtsrats, DB 2016, 1885; *Deilmann/Messerschmidt*, Vorlage von Verträgen an die Hauptversammlung, NZG 2004, 977; *Einmahl*, Alternativvorschläge des Aufsichtsrats bei der Wahl seiner Mitglieder, DB 1968, 1936; *Erle*, Die Vorschläge zur Wahl des Aufsichtsrats nach dem Mitbestimmungsgesetz und nach dem Aktiengesetz, AG 1970, 31; *Groß*, Vorbereitung und Durchführung von Hauptversammlungsbeschlüssen zu Erwerb oder Veräußerung von Unternehmensbeteiligungen, AG 1996, 111; *Heinze*, Wen trifft die Vorschlagspflicht bei der Abberufung von Aufsichtsratsmitgliedern, AG 2011, 540; *Henze*, Sachsenmilch: Ordnungsgemäße Besetzung eines nach zwingender gesetzlicher Vorgabe zweigliedrigen Vorstands bei Wegfall eines Mitglieds, BB 2002, 847; *Kocher*, Zur Bedeutung von Beschlussvorschlägen der Verwaltung für die Fassung und Anfechtung von Hauptversammlungsbeschlüssen, AG 2013, 406; *Kocher*, Der Einfluss festgelegter Stimmen auf Hauptversammlungen, BB 2014, 2317; *Kuhnt*, Geschäftsordnungsanträge und Geschäftsordnungsmaßnahmen bei Hauptversammlungen, FS Lieberknecht, 1997, 45; *Lutter*, Zur Vorbereitung und Durchführung von Grundlagenbeschlüssen in Aktiengesellschaften, FS Fleck, 1988, 169; *Nodoushani*, Das neue Anforderungsprofil für Aufsichtsräte von Unternehmen von öffentlichem Interesse, AG 2016, 381; *Priester*, Reichweite und Bindung an die bekannt gemachte Tagesordnung der Hauptversammlung, Liber amicourum Happ, 2006, 213; *Rottnauer*, Konstituierung der HV durch einen „unterbesetzten Vorstand", NZG 2000, 414; *Schäfer*, Beschlussanfechtbarkeit bei Beschlussvorschlägen durch einen unterbesetzten Vorstand, ZGR 2003, 147; *Schilha*, Neues Anforderungsprofil, mehr Aufgaben und erweiterte Haftung für den Aufsichtsrat nach Inkrafttreten der Abschlussprüfungsreform, ZIP 2016, 1316; *Schilha/Wolf*, Bestätigung von Gewinnverwendungsbeschluss und Aufsichtsratswahl durch die Hauptversammlung, NZG 2014, 337; *Scholz*, Unzulässigkeit der Beschlussfassung der Hauptversammlung gem. § 124 Abs. 4 AktG, AG 2008, 11; *Schüppen*, Die europäische Abschlussprüfungsreform und ihre Implementierung in Deutschland – Vom Löwen zum Bettvorleger?, NZG 2016, 247; *Simons*, Die Wahl des Abschlussprüfers durch die Hauptversammlung, WPg 2018, 713 und 771; *von der Linden*, Beschlussvorschläge an

§ 124 1 Erstes Buch. Aktiengesellschaft

die Hauptversammlung bei Einberufung aufgrund eines Mehrheitsverlangens, AG 2016, 280; *von Falkenhausen,* Die nächste Hauptversammlung, BB 1966, 337; *Wagner,* Die Bestellung des Abschlussprüfers für die prüferische Durchsicht – Fragen bei der aktuellen Vorbereitung der Hauptversammlung, BB 2007, 454; *Werner,* Bekanntmachung der Tagesordnung und bekanntmachungsfreie Anträge, FS Fleck, 1988, 401; *Wettich,* Gewinnverwendungsvorschlag bei unbestimmter Zahl der gewinnberechtigten Aktien, NZG 2010, 767; *Wieneke,* Beschlussfassung der Hauptversammlung in Abweichung von den Vorschlägen der Verwaltung, FS Schwark, 2009, 305; *Wilsing/von der Linden,* Debatte über Geschäftsordnungsanträge in der Hauptversammlung der Aktiengesellschaft, ZIP 2010, 2321.

Übersicht

	Rn.		Rn.
I. Überblick	1–3	a) Allgemeines	26
1. Normzweck	1, 2	b) Vorschläge von Vorstand und Aufsichtsrat	27
2. Entstehungsgeschichte	3	c) Vorschläge nur des Aufsichtsrats	28–29a
II. Bekanntmachung von Ergänzungsverlangen (Abs. 1)	4–8a	2. Verfahren	30–35
1. Zeitpunkt der Bekanntmachung (Abs. 1 S. 1)	4	a) Vorstand	30
2. Sinngemäße Geltung von § 121 Abs. 4 und 4a (Abs. 1 S. 2)	5, 6	b) Aufsichtsrat	31–35
3. Form der Bekanntmachung und der Zuleitung (Abs. 1 S. 3)	7	3. Inhalt	36–39b
4. Inhalt der Bekanntmachung	7a	a) Allgemeines	36
5. Übernahmesachverhalte und Rekapitalisierungen	8, 8a	b) Alternativ- und Eventualvorschläge	37
III. Bekanntmachungspflichten bei besonderen Beschlussgegenständen (Abs. 2)	9–25	c) Zusätzliche Angaben bei Wahlvorschlägen (Abs. 3 S. 4)	38–39b
1. Allgemeines	9	4. Entbehrlichkeit	40–42
2. Aufsichtsratswahlen (Abs. 2 S. 1 und 2)	10–14	a) Bindung an Wahlvorschläge (Abs. 3 S. 3 Alt. 1)	40
a) Allgemeines	10	b) Minderheitsverlangen (Abs. 3 S. 3 Alt. 2)	41
b) Angabe der gesetzlichen Vorschriften	11, 12	c) Sonderprüfung	42
c) Bindung an Wahlvorschläge	13	**V. Unzulässige Beschlussfassung (Abs. 4 S. 1)**	43–49
d) Angaben zur Geschlechterquote	13a–13d	1. Anfechtbarkeit	43–48
e) DCGK	13e–13g	a) Grundsatz	43
f) Sonstige Angaben	14	b) Ausnahme	44
3. Satzungsänderungen (Abs. 2 S. 2 Alt. 1)	15–17	c) Einzelfälle	45–48
4. Zustimmungsbedürftige Verträge (Abs. 2 S. 2 Alt. 2)	18–22	2. Kein Verbot der Beschlussfassung	49
5. Entsprechende Anwendung	23–25	**VI. Bekanntmachungsfreie Gegenstände (Abs. 4 S. 2)**	50–59
a) Vorstandsberichte	23	1. Antrag auf Einberufung einer Hauptversammlung	50
b) Strukturmaßnahmen	24	2. Anträge zu Gegenständen der Tagesordnung	51–58
c) Aktienoptionsprogramme, Wandelschuldverschreibungen	25	a) Allgemeines	51
IV. Beschlussvorschläge (Abs. 3)	26–42	b) Gegenanträge	52–54a
1. Vorschlagspflicht	26–29a	c) Ergänzende Sachanträge	55, 56
		d) Geschäftsordnungsanträge (Verfahrensanträge)	57
		e) Aufhebung bereits gefasster Beschlüsse	58
		3. Verhandlungen ohne Beschlussfassung	59

I. Überblick

1 **1. Normzweck.** § 124 hat verschiedene Regelungsgegenstände. § 124 Abs. 1 regelt die Bekanntmachung von Ergänzungsverlangen nach § 122 Abs. 2. Die Bekanntmachung der Tagesordnung ist seit Inkrafttreten des ARUG nicht mehr in § 124 Abs. 1 geregelt. Sie richtet sich nunmehr nach § 121 Abs. 4 S. 1, da die Tagesordnung Teil der Einberufung ist (§ 121 Abs. 3 S. 2). Gleichwohl werden in § 124 Abs. 2–4 weiterhin ergänzende Bestimmungen zur Bekanntmachung der Tagesordnung getroffen. § 124 Abs. 2 stellt zusätzliche Bekanntmachungspflichten für bestimmte Beschlussgegenstände auf. § 124 Abs. 3 betrifft die Bekanntmachung von Beschlussvorschlägen der Verwaltung. § 124 Abs. 4 regelt die Bindungswirkung der bekannt gemachten Tagesordnung. Die zusätzlichen Bekanntmachungspflichten gem. § 124 bezwecken eine **rechtzeitige und sachgemäße Information der Aktionäre,** die ihnen eine Entscheidung ermöglichen soll, ob sie (selbst oder durch einen

Vertreter) an der Hauptversammlung teilnehmen wollen.[1] Die Aktionäre sollen in die Lage versetzt werden, sich mit den einzelnen Gegenständen der Tagesordnung zu befassen und aufgrund dieser Vorbereitung ihr Rede-, Frage- und Stimmrecht sinnvoll auszuüben.[2] Neben der inhaltlichen Vorbereitung soll den Aktionären auch die rechtzeitige Anmeldung von Opposition (insbesondere in Form von Gegenanträgen und eigenen Wahlvorschlägen, vgl. §§ 126, 127) ermöglicht werden.[3] Die zusätzlichen Bekanntmachungspflichten gem. § 124 Abs. 2 und 3 helfen auch den institutionellen Stimmrechtsvertretern bei der sachgerechten Vorbereitung, indem sie eine präzise Formulierung von Weisungen ermöglichen.[4] Auch die institutionellen Stimmrechtsberater (Proxy Adviser) können bei der Formulierung ihrer Abstimmungsempfehlungen auf die betreffenden Informationen zurückgreifen.[5] § 124 wird ergänzt durch weitere, gesondert geregelte Bekanntmachungspflichten (zB § 186 Abs. 4, § 320 Abs. 2, § 327c Abs. 1) und durch die gesetzlichen Auslegungs- und Übersendungserfordernisse (zB § 52 Abs. 2, § 175 Abs. 2, § 179a Abs. 2, §§ 293 f., § 319 Abs. 3, § 320 Abs. 4, § 327c Abs. 3–5 sowie § 63 UmwG, § 230 Abs. 2 UmwG).[6]

Die Bekanntmachungspflichten gem. § 124 Abs. 1–3 können **durch die Satzung nicht abbedungen oder erleichtert** werden.[7] Auch ein Verzicht der Aktionäre ist im Voraus nicht möglich.[8] Unbeachtlich sind die Anforderungen an die Bekanntmachung nur unter den Voraussetzungen des § 121 Abs. 6 (Universalversammlung). Zulässig sind verschärfende Satzungsregelungen (etwa hinsichtlich der Form der Bekanntmachung).[9] Sieht die Satzung Form- und/oder Fristverschärfungen für die Einberufung vor, gelten diese im Zweifel auch für die zusätzlichen Bekanntmachungspflichten gem. § 124 Abs. 2 und 3.[10]

2. Entstehungsgeschichte. § 124 geht zurück auf § 108 AktG 1937. Im Vergleich zu der Vorgängerregelung wurden die Bekanntmachungspflichten wesentlich erweitert (insbesondere durch Einführung der zusätzlichen Bekanntmachungspflichten gem. § 124 Abs. 2 und 3). Der Verweis auf § 121 Abs. 4 im heutigen § 124 Abs. 1 S. 2 Hs. 1 wurde durch das **Gesetz für kleine Aktiengesellschaften und zur Deregulierung des Aktienrechts** vom 2. August 1994 (BGBl. 1994 I 1961) im Zusammenhang mit der Zulassung der Einberufung durch eingeschriebenen Brief eigefügt. § 124 Abs. 3 S. 4 wurde durch Art. 1 Nr. 14 **KonTraG** geändert. § 124 Abs. 3 S. 2 wurde durch Art. 5 Nr. 6 **BilMoG** eingefügt. § 124 Abs. 1 wurde durch Art. 1 Nr. 12 **ARUG** neu gefasst. Dabei wurde insbesondere das Erfordernis, die Tagesordnung bei der Einberufung bekanntzumachen (§ 124 Abs. 1 S. 1 aF), gestrichen. Da § 121 Abs. 3 S. 2 nunmehr klarstellt, dass die Tagesordnung Teil der Einberufung ist, richtet sich die Bekanntmachung der Tagesordnung seit Inkrafttreten des ARUG nach § 121 Abs. 4 S. 1 (→ Rn. 1). Durch Art. 3 Nr. 7 des **Gesetzes für die gleichberechtigte Teilhabe von Frauen und Männern an Führungspositionen in der Privatwirtschaft und im öffentlichen Dienst** vom 24. April 2015 (BGBl. 2015 I 642) wurde § 124 Abs. 2 S. 2 eingefügt. § 124 Abs. 2 S. 1 Hs. 2 wurde durch Art. 1 Nr. 12 der **Aktienrechtsnovelle 2016**[11] neu gefasst. Zuletzt wurde § 124 Abs. 3 S. 2 durch Art. 5 Nr. 3 **AReG**[12] geändert.

---

[1] BGHZ 153, 32 (36) – Hypo-Vereinsbank; OLG Celle AG 1993, 178 f.; LG München I AG 2007, 336 (337); LG Heilbronn AG 2000, 373 (374); BegrRegE bei *Kropff* S. 173 f.; Bürgers/Körber/*Reger* Rn. 1; GHEK/*Eckardt* Rn. 3; Großkomm AktG/*Butzke* Rn. 1; Hölters/*Drinhausen* Rn. 2; Hüffer/Koch/*Koch*, 13. Aufl. 2018, Rn. 1; Kölner Komm AktG/*Noack*/*Zetzsche* Rn. 2; MüKoAktG/*Kubis* Rn. 1; *Butzke* Die Hauptversammlung der AG Rn. B 74; *Kuhnt* FS Lieberknecht, 1997, 45 (54); *Tröger* NZG 2002, 211; einschränkend *Scholz* AG 2008, 11 (13): allein die Bekanntmachung der Tagesordnung (§ 121 Abs. 4 bzw. § 124 Abs. 1) diene dem Zweck, den Aktionären die Entscheidung über die Teilnahme zu ermöglichen.
[2] BGHZ 153, 32 (36) – Hypo-Vereinsbank; OLG Dresden ZIP 1999, 1632 (1633) – Sachsenmilch II; LG München I AG 2007, 336 (337); Bürgers/Körber/*Reger* Rn. 1; Hüffer/Koch/*Koch*, 13. Aufl. 2018, Rn. 2; K. Schmidt/Lutter/*Ziemons* Rn. 1.
[3] BegrRegE bei *Kropff* S. 173 f.; GHEK/*Eckardt* Rn. 3; Grigoleit/*Herrler* Rn. 1; Hüffer/Koch/*Koch*, 13. Aufl. 2018, Rn. 1; MüKoAktG/*Kubis* Rn. 1.
[4] Vgl. GHEK/*Eckardt* Rn. 4; Grigoleit/*Herrler* Rn. 1; Großkomm AktG/*Butzke* Rn. 2; Hüffer/Koch/*Koch*, 13. Aufl. 2018, Rn. 1; MüKoAktG/*Kubis* Rn. 1.
[5] Vgl. Großkomm AktG/*Butzke* Rn. 1.
[6] Vgl. Grigoleit/*Herrler* Rn. 1; Kölner Komm AktG/*Noack*/*Zetzsche* Rn. 3; K. Schmidt/Lutter/*Ziemons* Rn. 3.
[7] Großkomm AktG/*Butzke* Rn. 9; MüKoAktG/*Kubis* Rn. 72; K. Schmidt/Lutter/*Ziemons* Rn. 5; vgl. auch LG Nürnberg-Fürth AG 1995, 141 – Hertel.
[8] Großkomm AktG/*Butzke* Rn. 7.
[9] Großkomm AktG/*Butzke* Rn. 7; MüKoAktG/*Kubis* Rn. 72; K. Schmidt/Lutter/*Ziemons* Rn. 5.
[10] Großkomm AktG/*Butzke* Rn. 8; MüKoAktG/*Kubis* Rn. 72.
[11] Gesetz zur Änderung des Aktiengesetzes (Aktienrechtsnovelle 2016) v. 22.12.2015, BGBl. 2015 I 2565.
[12] Gesetz zur Umsetzung der prüfungsbezogenen Regelungen der Richtlinie 2014/56/EU sowie zur Ausführung der entsprechenden Vorgaben der Verordnung (EU) Nr. 537/2014 im Hinblick auf die Abschlussprüfung bei Unternehmen von öffentlichem Interesse (Abschlussprüfungsreformgesetz – AReG) v. 10.5.2016, BGBl. 2016 I S. 1142.

II. Bekanntmachung von Ergänzungsverlangen (Abs. 1)

4 **1. Zeitpunkt der Bekanntmachung (Abs. 1 S. 1).** § 124 Abs. 1 regelt die Bekanntmachung von Ergänzungsverlangen. Hat eine Minderheit nach § 122 Abs. 2 verlangt, dass Gegenstände auf die Tagesordnung gesetzt werden, sind diese gem. § 121 Abs. 1 S. 1 **entweder bereits mit der Einberufung oder andernfalls unverzüglich** nach Zugang des Verlangens bekanntzumachen. Vor der Änderung von § 124 Abs. 1 durch das ARUG war vorgesehen, dass die Bekanntmachung binnen zehn Tagen nach der Einberufung erfolgen muss (§ 124 Abs. 1 S. 2 aF). Die Neuregelung ist im Zusammenhang mit § 122 Abs. 2 S. 3 zu sehen, wonach das Ergänzungsverlangen der Gesellschaft mindestens 24 Tage, bei börsennotierten Gesellschaften mindestens 30 Tage vor der Versammlung zugehen muss. Durch das Erfordernis einer unverzüglichen (§ 121 Abs. 1 S. 1 BGB) Bekanntmachung soll sichergestellt werden, dass den Aktionären noch ausreichend Zeit zur Vorbereitung bleibt. Die Aktionäre sollen möglichst frühzeitig über die geänderte Tagesordnung informiert werden, so dass sie auf die Änderungen gegebenenfalls noch durch eine rechtzeitige Anmeldung zur Hauptversammlung bzw. Abstimmung per Briefwahl oder Benennung eines Vertreters reagieren können.[13] Dies schließt nicht aus, dass dem Vorstand auch bei einem nach Einberufung der Hauptversammlung übermittelten Verlangen ein **angemessener Prüfungszeitraum** zuzubilligen ist (→ § 122 Rn. 46).[14] Bei börsennotierten Gesellschaften ist zu berücksichtigen, dass die Einführung der 30-Tage-Frist durch das ARUG der Umsetzung von Art. 6 Abs. 4 Aktionärsrechte-RL[15] dient. Danach muss die Bekanntmachung der geänderten Tagesordnung zeitlich vor dem Record Date (Beginn des 21. Tages vor der Hauptversammlung, § 123 Abs. 4 S. 2) erfolgen, sofern die Tagesordnung den Aktionären vor der Änderung bereits übermittelt wurde (→ § 122 Rn. 44). Nimmt man die für eine Bekanntmachung im Bundesanzeiger erforderliche Vorlaufzeit hinzu, bleibt für die Prüfung des Ergänzungsverlangens idR nur noch ein Zeitraum von drei bis vier Tagen.[16] Auf nicht börsennotierte Gesellschaften ist Art. 6 Abs. 4 Aktionärsrechte-RL nicht anwendbar, so dass sich hieraus keine Einschränkung der Veröffentlichungspflicht ergeben kann. Da § 122 Abs. 2 S. 3 für den Zugang von Ergänzungsverlangen bei börsennotierten und bei nicht börsennotierten Gesellschaften unterschiedliche Fristen regelt, lässt sich insoweit auch der Rechtsgedanke von Art. 6 Abs. 4 Aktionärsrechte-RL nicht heranziehen. Nicht börsennotierte Gesellschaften müssen daher Ergänzungsverlangen unter den Voraussetzungen des § 122 Abs. 2 auch dann noch unverzüglich veröffentlichen, wenn die Veröffentlichung erst nach einem satzungsmäßigen Nachweisstichtag (Record Date) erfolgt.[17]

5 **2. Sinngemäße Geltung von § 121 Abs. 4 und 4a (Abs. 1 S. 2).** § 124 Abs. 1 S. 2 Hs. 1 ordnet die sinngemäße Geltung von § 121 Abs. 4 an. Aus diesem Verweis ergibt sich, dass die Bekanntmachung des Ergänzungsverlangens nicht nur in den Gesellschaftsblättern (§ 121 Abs. 4 S. 1), sondern (bei namentlicher Bekanntheit der Aktionäre) auch **durch eingeschriebenen Brief** erfolgen kann (§ 121 Abs. 4 S. 2 Hs. 1).[18] Erfolgt die Bekanntmachung nicht bereits mit der Einberufung, ist für die Bestimmung der Unverzüglichkeit iSv § 124 Abs. 1 S. 1 die Absendung des eingeschriebenen Briefs maßgeblich (§ 124 Abs. 1 S. 2 Hs. 1 iVm § 121 Abs. 4 S. 2 Hs. 2).

6 Gem. § 124 Abs. 1 S. 2 Hs. 2 gilt bei **börsennotierten Gesellschaften** auch § 124 Abs. 4a entsprechend. Aufgrund dieses Verweises ist das Ergänzungsverlangen spätestens zum Zeitpunkt der Bekanntmachung solchen **Medien zur Veröffentlichung zuzuleiten**, bei denen davon ausgegangen werden kann, dass sie die Information **in der gesamten Europäischen Union verbreiten**. Voraussetzung ist, dass die börsennotierte Gesellschaft nicht ausschließlich Namensaktien ausgegeben hat oder – auch bei Inhaberaktien – das Ergänzungsverlangen den Aktionären nicht unmittelbar mit eingeschriebenem Brief übersendet. Zu den Einzelheiten kann auf die Kommentierung zu § 121 Abs. 4a verwiesen werden (→ § 121 Rn. 66 f.).

---

[13] BegrRegE BT-Drs. 16/11 642, 30.
[14] BegrRegE BT-Drs. 16/11 642, 30; Bürgers/Körber/*Reger* Rn. 2; Grigoleit/*Herrler* Rn. 2; Hölters/*Drinhausen* Rn. 4; Hüffer/Koch/*Koch*, 13. Aufl. 2018, Rn. 2; Kölner Komm AktG/*Noack/Zetzsche* Rn. 22; MüKoAktG/*Kubis* Rn. 4; Drinhausen/Keinath BB 2010, 3 (6).
[15] RL 2007/36/EG des Europäischen Parlaments und des Rates v. 11.7.2007 über die Ausübung bestimmter Rechte von Aktionären in börsennotierten Gesellschaften, ABl. EU 2007 Nr. L 184, 17.
[16] Vgl. Grigoleit/*Herrler* Rn. 2; Hölters/*Drinhausen* Rn. 4; Wachter/*Mayrhofer* Rn. 3; *Butzke* Die Hauptversammlung der AG Rn. B 115; *Paschos/Goslar* AG 2009, 14 (18); s. auch Kölner Komm AktG/*Noack/Zetzsche* Rn. 22: drei Tage, § 122 Rn. 74: wenige Tage; enger MüKoAktG/*Kubis* Rn. 42: Prüfung bis zum nächsten Werktag, sofern nicht Umfang des Verlangens längere Überlegung gebietet.
[17] OLG Frankfurt a.M. ZIP 2017, 1714 (1715 f.) gegen die Vorinstanz LG Frankfurt a.M. ZIP 2017, 377 f.; zust. Hüffer/Koch/*Koch*, 13. Aufl. 2018, Rn. 2; *Flick* GWR 2018, 28; *Rieckers* DB 2017, 2786 (2791); *von der Linden* EWiR 2017, 653 f.
[18] Vgl. BegrFraktionsE BT-Drs. 12/6721, 9; Hüffer/Koch/*Koch*, 13. Aufl. 2018, Rn. 4; MüKoAktG/*Kubis* Rn. 5.

3. Form der Bekanntmachung und der Zuleitung (Abs. 1 S. 3). Gem. § 124 Abs. 1 S. 3 7
haben Bekanntmachung und Zuleitung in gleicher Weise wie bei der Einberufung zu erfolgen. Die
Regelung dient der Umsetzung von Art. 6 Abs. 4 Aktionärsrechte-RL.[19] § 124 Abs. 1 S. 3 knüpft
an die in § 124 Abs. 1 S. 2 enthaltenen Verweise auf § 121 Abs. 4 und 4a an und bezieht sich auf die
Bekanntmachung des Ergänzungsverlangen in den Gesellschaftsblättern (Bundesanzeiger, § 25) oder
durch eingeschriebenen Brief und die Zuleitung an Medien zur europaweiten Verbreitung. Die durch
das ARUG eingeführte Regelung stellt klar, dass der **einmal eingeschlagene Publikationsweg
beibehalten** werden muss. Eine Mischung der Bekanntmachungsformen ist unzulässig.[20] Ist etwa
die Einberufung durch eingeschriebenen Brief erfolgt, darf das Ergänzungsverlangen nicht nur im
Bundesanzeiger bekanntgemacht werden. Die Aktionäre sollen sich darauf verlassen können, dass
ein Ergänzungsverlangen in gleicher Weise wie die Einberufung bekanntgemacht wird. Etwas unklar
ist, wie § 124 Abs. 1 S. 3 im Hinblick auf die **Zuleitung an Medien zur europaweiten Verbreitung** zu verstehen ist. Da es allein um die europaweite Verbreitung geht und die Gesellschaft
ohnehin keinen Einfluss darauf hat, ob die betreffenden Medien das Ergänzungsverlangen tatsächlich
verbreiten, sollte es eigentlich keine Rolle spielen, ob das Ergänzungsverlangen denselben Medien
zugeleitet wird wie die Einberufung. Dennoch dürfte ein solches Vorgehen wohl den Vorstellungen
des Gesetzgebers entsprechen.[21] Jedenfalls ausreichend ist es, sowohl für die Einberufung als auch
für das Ergänzungsverlangen den Verbreitungsdienst des Bundesanzeigers oder einen vergleichbaren
Dienst zu nutzen. Nach wohl hM genügt aber auch bereits die Bekanntmachung im Bundesanzeiger
den Anforderungen an eine europaweite Verbreitung (→ § 121 Rn. 67).

4. Inhalt der Bekanntmachung. Neben den Tagesordnungspunkten des Ergänzungsverlanges 7a
muss die Bekanntmachung auch die mit dem Ergänzungsverlangen übermittelten Beschlussvorschläge
enthalten. Etwas anderes gilt für eine zu einzelnen Gegenständen oder Beschlussvorschlägen übermittelte Begründung (→ § 122 Rn. 47). Wird das Ergänzungsverlangen im Anschluss an die Einberufung bekannt gemacht, muss die Bekanntmachung die ursprüngliche Tagesordnung nicht erneut
enthalten.[22] Enthalten sein müssen aber die Mindestangaben nach § 121 Abs. 3 S. 1. Die zusätzlichen
Angaben bei börsennotierten Gesellschaften gem. § 121 Abs. 3 S. 3 müssen nicht wiederholt werden.[23] Erfordert ein Tagesordnungspunkt des Ergänzungsverlanges besondere Angaben (zB nach
§ 124 Abs. 2 oder Abs. 3 S. 4), sind diese mit in die Bekanntmachung aufzunehmen.[24]

5. Übernahmesachverhalte und Rekapitalisierungen. Für Übernahmesachverhalte gilt die 8
Regelung des § 16 Abs. 4 S. 7 WpÜG. Danach sind bei Einberufung einer Hauptversammlung der
Zielgesellschaft gem. § 16 Abs. 3 WpÜG Mitteilungen an die Aktionäre, ein Bericht nach § 186
Abs. 4 S. 2 und fristgerecht eingereichte Anträge von Aktionären allen Aktionären zugänglich und
in Kurzfassung bekannt zu machen. Voraussetzung ist, dass bei der Einberufung der Hauptversammlung die Frist des § 123 Abs. 1 unterschritten wird.[25] Zu den „Aktionärsanträgen" iSv § 16 Abs. 4
S. 6 WpÜG zählen auch Ergänzungsverlangen nach § 122 Abs. 2.[26] Das Zugänglichmachen kann
durch Einstellen auf der Internetseite der Gesellschaft erfolgen.[27] Das Erfordernis einer Bekanntma-

---

[19] RL 2007/36/EG des Europäischen Parlaments und des Rates v. 11.7.2007 über die Ausübung bestimmter Rechte von Aktionären in börsennotierten Gesellschaften, ABl. EG 2007 Nr. L 184, 17.
[20] Bürgers/Körber/*Reger* Rn. 5; Grigoleit/*Herrler* Rn. 3; Großkomm AktG/*Butzke* Rn. 17; Hölters/*Drinhausen* Rn. 5; Hüffer/Koch/*Koch*, 13. Aufl. 2018, Rn. 5; MüKoAktG/*Kubis* Rn. 7; NK-AktR/*M. Müller* Rn. 6; K. Schmidt/Lutter/*Ziemons* Rn. 9; einschränkend Kölner Komm AktG/*Noack/Zetzsche* Rn. 29, die im Wege der teleologischen Reduktion bei nicht börsennotierten Gesellschaften einen Übergang von der Bekanntmachung im Bundesanzeiger zur Bekanntmachung mittels eingeschriebenen Briefs zulassen wollen.
[21] Großkomm AktG/*Butzke* Rn. 17; wohl auch Kölner Komm AktG/*Noack/Zetzsche* Rn. 26.
[22] Kölner Komm AktG/*Noack/Zetzsche* Rn. 28.
[23] Großkomm AktG/*Butzke* Rn. 16; Kölner Komm AktG/*Noack/Zetzsche* Rn. 28.
[24] K. Schmidt/Lutter/*Ziemons* Rn. 13.
[25] Angerer/Geibel/Süßmann/*Geibel/Süßmann* WpÜG § 16 Rn. 87; Assmann/Pötzsch/Schneider/*Seiler* WpÜG § 16 Rn. 72; Baums/Thoma/*Merkner/Sustmann* WpÜG § 16 Rn. 105; Kölner Komm WpÜG/*Hasselbach* § 16 Rn. 88.
[26] BegrRegE BT-Drs. 14/7034, 47; Baums/Thoma/*Merkner/Sustmann* WpÜG § 16 Rn. 107; Haarmann/Schüppen/*Scholz* WpÜG § 16 Rn. 36; Hüffer/Koch/*Koch*, 13. Aufl. 2018, Rn. 3; MüKoAktG/*Kubis* Rn. 74; grundsätzlich auch Großkomm AktG/*Butzke* Rn. 20, der aber die Sonderregelungen des § 16 Abs. 4 S. 7 WpÜG auf Ergänzungsverlangen generell nicht anwenden will.
[27] Baums/Thoma/*Merkner/Sustmann* WpÜG § 16 Rn. 107; Hüffer/Koch/*Koch*, 13. Aufl. 2018, Rn. 3; Kölner Komm AktG/*Noack/Zetzsche* Rn. 208; *Noack/Zetzsche* in Schwark/Zimmer KMRK § 16 WpÜG Rn. 43; Steinmeyer/*Steinmeyer* WpÜG § 16 Rn. 31; anders aber die Gesetzesbegründung WpÜG, wonach zusätzlich das Auslegen in den Geschäftsräumen der Gesellschaft erforderlich sein soll, s. BegrRegE BT-Drs. 14/7034, 47; dem folgend Angerer/Geibel/Süßmann/*Geibel/Süßmann* WpÜG § 16 Rn. 90; Assmann/Pötzsch/Schneider/*Seiler* WpÜG § 16 Rn. 73; Kölner Komm WpÜG/*Hasselbach* § 16 Rn. 90; wohl auch Grigoleit/*Herrler* Rn. 3.

chung in Kurzfassung kann durch Mitteilung der für die Beurteilung der einzelnen Beschlussgegenstände wesentlichen Elemente erfüllt werden, wenn im Übrigen auf die Fundstelle des Volltextes verwiesen wird.[28]

8a Bei Anwendung der Europäischen Durchbrechungsregel gilt § 16 Abs. 4 WpÜG gem. § 33b Abs. 4 WpÜG entsprechend für eine auf Verlangen des Bieters einberufene **Durchbrechungshauptversammlung** iSv § 33b Abs. 2 Nr. 3 WpÜG. Gem. § 7 Abs. 1 S. 1 FMStBG gilt § 16 Abs. 4 WpÜG zudem entsprechend, wenn im Zusammenhang mit einer **Rekapitalisierung nach § 7 FMStFG** eine Hauptversammlung zur Beschlussfassung über eine Kapitalerhöhung gegen Einlagen einberufen wird. § 7 FMStBG gilt gem. § 125 Abs. 2 SAG[29] entsprechend für Beschlussfassungen der Anteilsinhaberversammlung des übernehmenden Rechtsträgers über Kapitalmaßnahmen, über Satzungsänderungen, über den Abschluss oder die Beendigung von Unternehmensverträgen oder über Maßnahmen nach dem UmwG im Zusammenhang mit der Übertragung von Anteilen, Vermögenswerten, Verbindlichkeiten und Rechtsverhältnissen von einem **in Abwicklung befindlichen Kredit- oder Finanzdienstleistungsinstitut,** um eine Abwicklungsanordnung zu ermöglichen oder umzusetzen. Eine § 16 Abs. 4 S. 7 WpÜG entsprechende Regelung ist auch in **§ 36 Abs. 6 S. 6 SAG** für den Fall vorgesehen, dass bei einem Kredit- oder Finanzdienstleistungsinstitut aufgrund einer Satzungsregelung gem. § 36 Abs. 5 SAG die Einberufungsfrist des § 123 Abs. 1 S. 1 unterschritten wird.

III. Bekanntmachungspflichten bei besonderen Beschlussgegenständen (Abs. 2)

9 **1. Allgemeines.** § 124 Abs. 2 regelt zusätzliche Bekanntmachungspflichten im Zusammenhang mit Aufsichtsratswahlen, Satzungsänderungen und zustimmungsbedürftigen Verträgen. Der Geltungsbereich der Regelung ist nicht auf die Fälle des § 124 Abs. 1 beschränkt. § 124 Abs. 2 gilt auch für die Bekanntmachung der Einberufung (einschließlich der Tagesordnung) nach § 121 Abs. 4.

10 **2. Aufsichtsratswahlen (Abs. 2 S. 1 und 2). a) Allgemeines.** Steht die Wahl von Aufsichtsratsmitgliedern auf der Tagesordnung, ist gem. § 124 Abs. 2 S. 1 Hs. 1 in der Bekanntmachung anzugeben, nach welchen gesetzlichen Vorschriften sich der Aufsichtsrat zusammensetzt. Ist die Hauptversammlung an Wahlvorschläge gebunden, ist gem. § 124 Abs. 2 S. 1 Hs. 2 auch dies anzugeben. Die Angaben müssen in der Einberufung mit dem entsprechenden Tagesordnungspunkt gemacht werden. Eine gesonderte Publikation reicht nicht aus.[30] Die zusätzlichen Bekanntmachungspflichten sind auch von den Aktionären zu beachten, die von einer gerichtlichen Ermächtigung gem. § 122 Abs. 3 Gebrauch machen (→ § 122 Rn. 64).[31] Ist Gegenstand der Tagesordnung die Fassung eines **Bestätigungsbeschlusses** (§ 244) zu angefochtenen Aufsichtsratswahlen, müssen die Angaben gem. § 124 Abs. 2 S. 1 nicht erneut in die Einberufung aufgenommen werden.[32]

11 **b) Angabe der gesetzlichen Vorschriften.** Die Angabe der gesetzlichen Vorschriften iSv § 124 Abs. 2 S. 1 Hs. 1 bezieht sich auf die einschlägigen Bestimmungen des AktG, des MitbestG, des Montan-MitbestG, des MitbestErgG, des DrittelbG sowie des MgVG (vgl. § 96 Abs. 1) bzw. – bei der SE – der SE-VO und des SEBG. Einer Wiedergabe des Norminhalts oder einer Begründung bedarf es nicht.[33] Auch muss die Zahl der Aufsichtsratsmitglieder nicht angegeben werden.[34] Bei börsennotierten Gesellschaften, die der **starren Geschlechterquote** gem. § 96 Abs. 2 oder Abs. 3 unterliegen, sind auch diese Vorschriften mit anzugeben (zu den zusätzlichen Angaben gem. § 124 Abs. 2 S. 2 → Rn. 13a). § 124 Abs. 2 S. 1 Hs. 1 bezieht sich ausdrücklich nur auf gesetzliche Vorschriften, so dass die Angabe von **Satzungsbestimmungen** nicht erforderlich ist.[35] Eine freiwillige Angabe kann sich aber gleichwohl anbieten und entspricht verbreiteter Praxis. Gleiches gilt für

---

[28] Vgl. BegrRegE BT-Drs. 14/7034, 47; Angerer/Geibel/Süßmann/*Geibel/Süßmann* WpÜG § 16 Rn. 88; Assmann/Pötzsch/Schneider/*Seiler* WpÜG § 16 Rn. 73; Ehricke/Ekkenga/Oechsler/*Oechsler* WpÜG § 16 Rn. 24; Grigoleit/*Herrler* Rn. 3; Kölner Komm WpÜG/*Hasselbach* § 16 Rn. 91 f.; wohl auch Hüffer/Koch/*Koch*, 13. Aufl. 2018, Rn. 3.

[29] Gesetz zur Sanierung und Abwicklung von Instituten und Finanzgruppen (Sanierungs- und Abwicklungsgesetz – SAG) v. 10.12.2014, BGBl. 2014 I 2091, zuletzt geändert durch Art. 3 des Gesetzes v. 23.12.2016, BGBl. 2016 I 3171.

[30] Großkomm AktG/*Butzke* Rn. 22; Hüffer/Koch/*Koch*, 13. Aufl. 2018, Rn. 6; MüKoAktG/*Kubis* Rn. 8.

[31] Großkomm AktG/*Butzke* Rn. 22; MüKoAktG/*Kubis* Rn. 8.

[32] LG Frankfurt a.M. ZIP 2013, 2405 (2407) – Deutsche Bank.

[33] Bürgers/Körber/*Reger* Rn. 9; Grigoleit/*Herrler* Rn. 4; Großkomm AktG/*Butzke* Rn. 24; Kölner Komm AktG/*Noack/Zetzsche* Rn. 33; MüKoAktG/*Kubis* Rn. 9; Wachter/*Mayrhofer* Rn. 7; *Butzke* Die Hauptversammlung der AG Rn. J 25.

[34] Großkomm AktG/*Butzke* Rn. 24; Hölters/*Drinhausen* Rn. 7; Kölner Komm AktG/*Noack/Zetzsche* Rn. 32.

[35] Großkomm AktG/*Butzke* Rn. 24; MüKoAktG/*Kubis* Rn. 9; K. Schmidt/Lutter/*Ziemons* Rn. 47; einschränkend Kölner Komm AktG/*Noack/Zetzsche* Rn. 33.

Bestimmungen einer **Beteiligungsvereinbarung** nach MgVG oder – bei der SE – nach SEBG, die ebenfalls nicht zu den gesetzlichen Vorschriften zählen.[36]

Maßgeblich für die Bekanntmachung sind die gesetzlichen Vorschriften, nach denen sich der Aufsichtsrat **im Zeitpunkt der Einberufung** zusammensetzt (Kontinuitätsprinzip, § 96 Abs. 2).[37] Veränderungen aufgrund eines **Statusverfahrens** (§§ 97 ff.) sind nur zu berücksichtigen, wenn das Verfahren bereits abgeschlossen ist (Nichtanrufung des Gerichts innerhalb der Monatsfrist des § 97 Abs. 2 S. 1 oder rechtskräftige gerichtliche Entscheidung nach §§ 98 f.).[38] Wird ein Statusverfahren nach der Einberufung, aber noch vor der Hauptversammlung abgeschlossen, bedarf es keiner Bekanntmachung der Änderung. Wurde ein Statusverfahren bereits eingeleitet, bietet es sich an, auch auf die nach Abschluss des Verfahrens voraussichtlich geltenden Vorschriften hinzuweisen.[39]

c) Bindung an Wahlvorschläge. Neben der gem. § 124 Abs. 2 S. 1 Hs. 1 erforderlichen Angabe der gesetzlichen Vorschriften, nach denen sich der Aufsichtsrat zusammensetzt, muss gem. § 124 Abs. 2 S. 1 Hs. 2 auf eine **bestehende Bindung an Wahlvorschläge** hingewiesen werden. § 124 Abs. 2 S. 1 Hs. 2 wurde durch die Aktienrechtsnovelle 2016 neu gefasst (→ Rn. 3). § 124 Abs. 2 S. 1 aF verlangte noch die Angabe, ob die Hauptversammlung an Wahlvorschläge gebunden ist. Dementsprechend war eine Angabe in Form einer Fehlanzeige auch dann erforderlich, wenn keine Bindung an Wahlvorschläge bestand („Die Hauptversammlung ist an Wahlvorschläge nicht gebunden").[40] Da die Bindung an Wahlvorschläge ein seltener Ausnahmefall ist,[41] führte die Regelung in § 124 Abs. 2 S. 1 aF zu einem übertriebenen Formalismus. Diesen Formalismus wollte der Gesetzgeber im Zuge der Aktienrechtsnovelle 2016 beseitigen.[42] Nach der Neufassung von § 124 Abs. 2 S. 1 Hs. 2 ist eine Angabe nur noch erforderlich, wenn tatsächlich eine Bindung an Wahlvorschläge besteht.[43] Eine Bindung an Wahlvorschläge besteht bei der AG und der KGaA nur gem. **§§ 6 Abs. 6, 8 Abs. 3 Montan-MitbestG** (vgl. § 101 Abs. 1 S. 2). Bei der SE besteht eine Bindung gem. **§ 36 Abs. 4 S. 2 SEBG** im Hinblick auf die Vorschläge zur Bestellung der Arbeitnehmervertreter. Ist die Hauptversammlung an Wahlvorschläge gebunden, ist ein entsprechender Hinweis ausreichend. Dabei ist anzugeben, nach welcher Vorschrift die Bindung besteht.[44] Eine Erläuterung ist nicht erforderlich.[45] Schuldrechtliche Bindungen zwischen Aktionären (Stimmbindungsverträge, Poolvereinbarungen), sind nicht anzugeben.[46] Keine Bekanntmachungspflicht besteht auch im Hinblick auf satzungsmäßige **Entsendungsrechte** (§ 101 Abs. 2), da insoweit keine Wahl durch die Hauptversammlung erfolgt.[47]

d) Angaben zur Geschlechterquote. Zusätzliche Pflichtangaben verlangt **§ 124 Abs. 2 S. 2** von **börsennotierten Gesellschaften**, für die das **MitbestG**, das **Montan-MitbestG** oder das **MitbestErgG** gilt. Die Regelung wurde durch das Gesetz für die gleichberechtigte Teilhabe von Frauen und Männern an Führungspositionen in der Privatwirtschaft und im öffentlichen Dienst vom 24. April 2015 eingefügt (→ Rn. 3) und ist auf alle Hauptversammlungen anzuwenden, die nach dem 1. Januar 2016 einberufen werden (vgl. § 25 Abs. 2 EGAktG).[48] Hintergrund ist die Einführung der starren Geschlechterquote in § 96 Abs. 2. Nach § 96 Abs. 2 S. 1 muss sich der Aufsichtsrat bei

---

[36] AA Hölters/*Drinhausen* Rn. 7.
[37] Grigoleit/*Herrler* Rn. 4; Großkomm AktG/*Butzke* Rn. 26; Hüffer/Koch/*Koch,* 13. Aufl. 2018, Rn. 6; MüKoAktG/*Kubis* Rn. 10.
[38] Grigoleit/*Herrler* Rn. 4; Großkomm AktG/*Butzke* Rn. 26; Hüffer/Koch/*Koch,* 13. Aufl. 2018, Rn. 6; Kölner Komm AktG/*Noack/Zetzsche* Rn. 34; MüKoAktG/*Kubis* Rn. 10; *Butzke* Die Hauptversammlung der AG Rn. J 25.
[39] Vgl. Grigoleit/*Herrler* Rn. 4; Kölner Komm AktG/*Noack/Zetzsche* Rn. 34; K. Schmidt/Lutter/*Ziemons* Rn. 48.
[40] Vgl. BegrRegE, BT-Drs. 18/4349, 24; s. zudem die Nachweise in der Vorauflage.
[41] Ausweislich der Gesetzesbegründung der Aktienrechtsnovelle 2016 (seinerzeit noch Aktienrechtsnovelle 2014) waren von den seinerzeit ca. 17.000 deutschen Aktiengesellschaften hiervon nur ca. zwei Dutzend Gesellschaften betroffen, s. BegrRegE, BT-Drs. 18/4349, 24.
[42] BegrRegE, BT-Drs. 18/4349, 24.
[43] BegrRegE, BT-Drs. 18/4349, 24; Großkomm AktG/*Butzke* Rn. 27; Hüffer/Koch/*Koch,* 13. Aufl. 2018, Rn. 6; MüKoAktG/*Kubis* Rn. 11.
[44] Großkomm AktG/*Butzke* Rn. 27; MüKoAktG/*Kubis* Rn. 11.
[45] Großkomm AktG/*Butzke* Rn. 27; MüKoAktG/*Kubis* Rn. 11.
[46] Großkomm AktG/*Butzke* Rn. 27; Kölner Komm AktG/*Noack/Zetzsche* Rn. 35; MüKoAktG/*Kubis* Rn. 11; *Butzke* Die Hauptversammlung der AG Rn. J 26.
[47] Bürgers/Körber/*Reger* Rn. 10; GHEK/*Eckardt* Rn. 56; Grigoleit/*Herrler* Rn. 4; Großkomm AktG/*Butzke* Rn. 27; Hüffer/Koch/*Koch,* 13. Aufl. 2018, Rn. 6; Kölner Komm AktG/*Noack/Zetzsche* Rn. 35; MüKoAktG/*Kubis* Rn. 11; K. Schmidt/Lutter/*Ziemons* Rn. 47; *Butzke* Die Hauptversammlung der AG Rn. J 26; MHdB AG/*Bungert* § 36 Rn. 69; *Schlitt* in Semler/Volhard/Reichert HV-HdB § 4 Rn. 180; aA *v. Falkenhausen* BB 1966, 337 (339).
[48] Vgl. MüKoAktG/*Kubis* Rn. 14; K. Schmidt/Lutter/*Ziemons* Rn. 98.

§ 124   13b–13d   Erstes Buch. Aktiengesellschaft

börsennotierten Gesellschaften, für die das MitbestG, das Montan-MitbestG oder das MitbestErgG gilt, zu mindestens 30% aus Frauen und zu mindestens 30% aus Männern zusammensetzen. Der Mindestanteil ist vom Aufsichtsrat insgesamt zu erfüllen (§ 96 Abs. 2 S. 2), sofern nicht die Anteilseigner- oder die Arbeitnehmerbank aufgrund eines mit Mehrheit gefassten Beschlusses widerspricht (§ 96 Abs. 2 S. 3). Hieran anknüpfend sieht § 124 Abs. 2 S. 2 vor, dass die Bekanntmachung zur Wahl von Aufsichtsratsmitgliedern bei entsprechenden Gesellschaften folgende zusätzliche Angaben enthalten muss: (i) die Angabe, ob der Gesamterfüllung nach § 96 Abs. 2 S. 3 widersprochen wurde (§ 124 Abs. 2 S. 2 Nr. 1), sowie (ii) die Angabe, wie viele der Sitze im Aufsichtsrat mindestens jeweils von Frauen und Männern besetzt sein müssen, um das Mindestanteilsgebot nach § 96 Abs. 2 S. 1 zu erfüllen (§ 124 Abs. 2 S. 2 Nr. 2). Die Angaben gem. § 124 Abs. 2 S. 2 müssen **in der Bekanntmachung** zur Wahl von Aufsichtsratsmitgliedern erfolgen. Durch diese Formulierung ist klargestellt, dass die Angaben nicht Bestandteil des Wahlvorschlags sind.[49] Vergleichbare Angaben verlangt § 127 S. 4 bei der Veröffentlichung von Wahlvorschlägen von Aktionären (→ § 127 Rn. 9b).[50]

13b   Da nach **§ 124 Abs. 2 S. 2 Nr. 1** anzugeben ist, ob der Gesamterfüllung nach § 96 Abs. 2 S. 3 widersprochen wurde, ist eine Angabe in Form einer **Fehlanzeige** auch dann erforderlich, wenn der Gesamterfüllung nicht widersprochen wurde.[51] Maßgeblicher Zeitpunkt ist der Zeitpunkt der Einberufung, so dass ein später beschlossener Widerspruch – sofern man einen solchen überhaupt für zulässig hält[52] – gegen die Gesamterfüllung nicht mitgeteilt werden muss.[53] Wurde der **Gesamterfüllung widersprochen,** muss nicht angegeben werden, ob der Widerspruch von den Anteilseigner- oder den Arbeitnehmervertretern erhoben wurde.[54]

13c   Die gem. **§ 124 Abs. 2 S. 2 Nr. 2** erforderliche Angabe der **jeweils von Frauen und Männern zu besetzenden Zahl der Aufsichtsratssitze** hat in absoluten Zahlen zu erfolgen.[55] Die Angabe ist auch dann zu machen, wenn der Gesamterfüllung widersprochen wurde. In diesem Fall muss die Angabe der jeweils von Frauen und Männern zu besetzenden Zahl der Aufsichtsratssitze aber jeweils separat für die Anteilseigner- und die Arbeitnehmerbank erfolgen.[56] Auf den Gesamtaufsichtsrat bezogenen Zahlen müssen dann nicht zusätzlich angegeben werden.[57] Da die gesetzliche Formulierung in diesem Punkt nicht eindeutig ist, kann sich eine solche zusätzliche Angabe aber vorsorglich gleichwohl anbieten. § 124 Abs. 2 S. 2 Nr. 2 verlangt allein die Angabe, wieviele Sitze im Aufsichtsrat jeweils von Frauen und Männern „besetzt sein müssen". Anzugeben ist daher nur der **Soll-Zustand,** nicht der Ist-Zustand. Angesichts des eindeutigen Gesetzeswortlauts ist die zusätzliche Angabe des Ist-Zustands auch dann nicht erforderlich, wenn der Gesamterfüllung widersprochen wurde.[58]

13d   § 124 Abs. 2 S. 2 nimmt ausschließlich auf § 96 Abs. 2 Bezug. Keine Angabepflicht gem. § 124 Abs. 2 S. 2 besteht für **börsennotierte Gesellschaften,** bei denen nach dem **MgVG** ein paritätisch mitbestimmter Aufsichtsrat zu bilden ist und die dementsprechend der starren Geschlechterquote gem. **§ 96 Abs. 3** unterliegen. Hinsichtlich der Angaben zur Gesamterfüllung gem. § 124 Abs. 2 S. 2 Nr. 1 ist dies folgerichtig, da § 96 Abs. 3 S. 2 nicht auf § 96 Abs. 2 S. 3 und 5 verweist. Eine Angabe zu den jeweils von Frauen und Männern zu besetzenden Sitzen hätte jedoch auch hier erfolgen können.

---

[49] Beschlussempfehlung und Bericht des Ausschusses für Familie, Senioren, Frauen und Jugend, BT-Drs. 18/4227, 25; MüKoAktG/*Kubis* Rn. 14; die missglückte Formulierung des Regierungsentwurfs sah noch vor, dass der Wahlvorschlag die Angaben enthalten müsse, vgl. RegE, BT-Drs. 18/3784, 29.

[50] Anders als die Formulierung in § 124 Abs. 2 S. 2 wurde die Formulierung in § 127 S. 4 in der endgültigen Fassung des Gesetzes für die gleichberechtigte Teilhabe von Frauen und Männern an Führungspositionen in der Privatwirtschaft und im öffentlichen Dienst nicht noch einmal angepasst, so dass sie leicht abweicht; insbesondere ist gem. § 127 S. 4 Nr. 1 zusätzlich auf die Anforderungen des § 96 Abs. 2 hinzuweisen.

[51] Hüffer/Koch/*Koch*, 13. Aufl. 2018, Rn. 6; K. Schmidt/Lutter/*Ziemons* Rn. 94; aA MüKoAktG/*Kubis* Rn. 15.

[52] Mit überzeugenden Argumenten für den Zeitpunkt des Aufsichtsratsbeschlusses über den Wahlvorschlag bzw. den Beginn des Arbeitnehmerwahlverfahrens (sofern die Wahl der Arbeitnehmervertreter zeitlich vor der Wahl der Anteilseignervertreter erfolgt) als spätestmöglichen Widerspruchszeitpunkt Hölters/*Simons* § 96 Rn. 56; K. Schmidt/Lutter/*Drygala* § 96 Rn. 45; *Franzmann,* in: VGR, Gesellschaftsrecht in der Diskussion 2015, 2016, 97 (112 f.); *Grobe* AG 2015, 289 (292); s. auch *Oetker* ZHR 179 (2015), 707 (722 f.); aA *Röder/Ch. Arnold* NZA 2015, 279 (284): Widerspruch bis unmittelbar vor dem jeweiligen Wahlakt möglich; weitergehend *Seibt/Kraack,* in: Hohenstatt/Seibt, Geschlechter- und Frauenquoten in der Privatwirtschaft, 2015, Rn. 130 ff.; *Seibt* ZIP 2015, 1193 (1198): Widerspruch bis zur Feststellung des Wahlergebnisses möglich; so wohl auch Hüffer/Koch/*Koch,* 13. Aufl. 2018, § 96 Rn. 16.

[53] Großkomm AktG/*Butzke* Rn. 29.

[54] MüKoAktG/*Kubis* Rn. 15; aA wohl K. Schmidt/Lutter/*Ziemons* Rn. 97.

[55] MüKoAktG/*Kubis* Rn. 16.

[56] Großkomm AktG/*Butzke* Rn. 29; K. Schmidt/Lutter/*Ziemons* Rn. 95; wohl auch MüKoAktG/*Kubis* Rn. 16.

[57] Großkomm AktG/*Butzke* Rn. 29; aA wohl MüKoAktG/*Kubis* Rn. 16; K. Schmidt/Lutter/*Ziemons* Rn. 95.

[58] So aber MüKoAktG/*Kubis* Rn. 16.

Da die Gesellschaften hinsichtlich der formalen Anforderungen an die Einberufung Rechtssicherheit benötigen, scheidet eine analoge Anwendung von § 124 Abs. 2 S. 2 Nr. 2 gleichwohl aus. Auch Gesellschaften, die der flexiblen Geschlechterquote gem. § 111 Abs. 5 unterliegen, müssen in der Bekanntmachung zur Wahl von Aufsichtsratsmitgliedern keine entsprechenden Angaben machen.[59]

e) DCGK. Für Aufsichtsratswahlen börsennotierter Gesellschaften empfiehlt der DCGK zusätzliche Angaben. Nach der im Zuge der Kodexrevision 2017 neu aufgenommenen Empfehlung gem. **Ziffer 5.4.1 Abs. 5 S. 2 Hs. 1 DCGK** soll dem Kandidatenvorschlag ein **Lebenslauf** beigefügt werden, der über relevante Kenntnisse, Fähigkeiten und Erfahrungen Auskunft gibt. Dieser soll durch eine Übersicht über die wesentlichen Tätigkeiten neben dem Aufsichtsratsmandat ergänzt und für alle Aufsichtsratsmitglieder jährlich aktualisiert auf der Webseite des Unternehmens veröffentlicht werden (Ziff. 5.4.1 Abs. 5 S. 2 Hs. 2 DCGK). Die Formulierung, wonach der Lebenslauf dem Kandidatenvorschlag „beigefügt" werden soll, scheint nahezulegen, dass der Lebenslauf in der Einberufung selbst abgedruckt werden muss.[60] Eine solche Lesart ist jedoch nicht zwingend. Vielmehr sollte es ausreichen, wenn der Lebenslauf auf der **Internetseite der Gesellschaft** veröffentlicht wird. Dies sollte jedenfalls dann gelten, wenn in die Einberufung ein entsprechender Hinweis auf die Internetseite aufgenommen wird.[61] Dem Informationsbedürfnis der Aktionäre ist hiermit hinreichend Rechnung getragen, zumal die Internetseite ohnehin der Ort für die gem. Ziff. 5.4.1 Abs. 5 S. 2 Hs. 2 DCGK jährlich zu aktualisierende Veröffentlichung der Lebensläufe ist.

Ziffer 5.4.1 Abs. 6 DCGK empfiehlt, dass der Aufsichtsrat bei seinen Wahlvorschlägen an die Hauptversammlung die **persönlichen und die geschäftlichen Beziehungen** eines jeden Kandidaten zum Unternehmen, den Organen der Gesellschaft und einem wesentlich an der Gesellschaft beteiligten Aktionär offenlegen soll. Die Empfehlung zur Offenlegung beschränkt sich auf solche Umstände, die nach der Einschätzung des Aufsichtsrats ein objektiv urteilender Aktionär für seine Wahlentscheidung als maßgebend ansehen würde (Ziffer 5.4.1 Abs. 7 DCGK).[62] Wesentlich beteiligt iSd Empfehlung sind Aktionäre, die direkt oder indirekt mehr als 10 % der stimmberechtigten Aktien der Gesellschaft halten (Ziffer 5.4.1 Abs. 8 DCGK). Die Empfehlung zur Offenlegung der persönlichen und geschäftlichen Beziehungen ist im Zusammenhang mit der Empfehlung gem. Ziffer 5.4.2 S. 1 Hs. 1 DCGK zu sehen, wonach dem Aufsichtsrat eine nach seiner Einschätzung angemessene Anzahl unabhängiger Mitglieder angehören soll. Durch die Offenlegung soll den Aktionären eine Beurteilung der Unabhängigkeit ermöglicht werden. Allerdings sind die in Ziffer 5.4.2 S. 2 DCGK genannten Voraussetzungen für die (fehlende) Unabhängigkeit iSv Ziffer 5.4.2 S. 1 Hs. 1 DCGK nicht deckungsgleich mit den Anforderungen gem. Ziffer 5.4.1 Abs. 6-8 DCGK.[63] Die Offenlegung ist nach Ziffer 5.4.1 Abs. 6 DCGK vom Aufsichtsrat „**bei seinen Wahlvorschlägen**" vorzunehmen. Diese wenig präzise Formulierung belässt einen erheblichen Interpretationsspielraum.[64] Ausreichend ist jedenfalls eine Offenlegung in der Einberufung, was regelmäßig auch zweckmäßig ist. Dabei muss sich die Offenlegung nicht unmittelbar an die Wahlvorschläge anschließen. Sie kann auch in einem separaten Abschnitt im Anschluss an die Tagesordnung erfolgen. Ebenfalls ausreichend ist eine Aufnahme der Angaben allein in die Mitteilungen nach § 125 Abs. 1. Darüber hinaus kann den Anforderungen von Ziffer 5.4.1 Abs. 6 DCGK auch durch Offenlegung auf der **Internetseite der Gesellschaft** genügt werden.[65] Dies gilt jedenfalls dann, wenn in die Einberufung ein entsprechender Hinweis auf die Internetseite aufgenommen wird.[66] Von der Offenlegung kann grundsätzlich nicht unter Berufung auf eine vertragliche Verschwiegenheitspflicht abgesehen werden.[67] Bestehen keine persönlichen oder geschäftlichen Beziehungen iSv Ziffer 5.4.1 Abs. 6 DCGK,

---

[59] Großkomm AktG/*Butzke* Rn. 28; Hüffer/Koch/*Koch*, 13. Aufl. 2018, Rn. 6.
[60] So *Wilsing/von der Linden* DStR 2017, 1046 (1049).
[61] *Rieckers* DB 2017, 2720 (2723).
[62] S. zur erforderlichen Detailtiefe der Offenlegung *de Raet* AG 2013, 488 (495 ff.); *Paschos/Goslar* NZG 2012, 1361 (1365 f.); *Stephanblome* ZIP 2013, 1411 (1416); krit. im Hinblick auf die Unbestimmtheit der Anforderungen *Wilsing/von der Linden* DStR 2012, 1391 (1392 f.).
[63] Vgl. Hüffer/Koch/*Koch*, 13. Aufl. 2018, Rn. 19; KBLW/*Kremer* DCGK Rn. 1360; *de Raet* AG 2013, 488 (490 ff.); *Kremer/v. Werder* AG 2013, 340 (346 f.); *Paschos/Goslar* NZG 2012, 1361 (1365).
[64] So auch KBLW/*Kremer* DCGK Rn. 1363; *Kremer/v. Werder* AG 2013, 340 (347).
[65] Großkomm AktG/*Butzke* Rn. 98; Hüffer/Koch/*Koch*, 13. Aufl. 2018, Rn. 19; *de Raet* AG 2013, 488 (490); *Kremer/v. Werder* AG 2013, 340 (347); *Paschos/Goslar* NZG 2012, 1361 (1365); *Stephanblome* ZIP 2013, 1411 (1416 f.); unklar *Klein* AG 2012, 805 (812), der aus praktischer Sicht aber eine Aufnahme in die Einberufung empfiehlt.
[66] Hüffer/Koch/*Koch*, 13. Aufl. 2018, Rn. 19; *Kremer/v. Werder* AG 2013, 340 (347); *Paschos/Goslar* NZG 2012, 1361 (1365); für Entbehrlichkeit eines Hinweises auf die Interntseite wohl *de Raet* AG 2013, 488 (490); *Stephanblome* ZIP 2013, 1411 (1416 f.).
[67] Ausf. *de Raet* AG 2013, 488 (495 f.); ohne Differenzierung nach dem Grund der Verschwiegenheitspflicht Hüffer/Koch/*Koch*, 13. Aufl. 2018, Rn. 19.

§ 124 13g–16　　　　　　　　　　　　　　　　　　　　　　　Erstes Buch. Aktiengesellschaft

ist eine Negativerklärung (Fehlanzeige) nicht erforderlich.[68] Gleichwohl kann sich eine solche Negativerklärung zur Klarstellung anbieten. Dies entspricht auch verbreiteter Praxis.[69]

13g Nach **Ziffer 5.4.3 S. 3 DCGK** sollen **Kandidatenvorschläge für den Aufsichtsratsvorsitz** den Aktionären bekanntgegeben werden. Die Bekanntgabe kann in der Einberufung erfolgen, was idR auch zweckmäßig ist. Zwingend ist dies aber nicht.[70]

14 **f) Sonstige Angaben.** Weitere Bekanntmachungspflichten bestehen im Zusammenhang mit Aufsichtsratswahlen nicht. Die Angaben gem. § 125 Abs. 1 S. 5 sind lediglich zwingender Bestandteil der Mitteilungen nach § 125 Abs. 1 (→ § 125 Rn. 20).[71] Trotz fehlender Bekanntmachungspflicht entspricht es der heute üblichen Praxis, die entsprechenden Angaben mit der Einberufung bekanntzumachen. Darüber hinaus werden häufig weitere (freiwillige) Angaben in die Bekanntmachung aufgenommen, sofern sich diese nicht bereits aus der Formulierung des Tagesordnungspunkts oder des Wahlvorschlags ergeben. Hierzu zählt insbesondere der Anlass für die Wahl (Ablauf der Amtsdauer oder Ergänzungswahl).[72]

15 **3. Satzungsänderungen (Abs. 2 S. 2 Alt. 1).** Soll die Hauptversammlung über eine Satzungsänderung beschließen, ist gem. § 124 Abs. 2 S. 2 Alt. 1 auch der **Wortlaut der vorgeschlagenen Satzungsänderung** bekanntzumachen. Hierdurch soll den Aktionären eine angemessene Vorbereitung auf die Hauptversammlung ermöglicht werden.[73] Die Bekanntmachungspflicht ist im Zusammenhang mit § 124 Abs. 3 S. 1 zu sehen. Der Wortlaut der Satzungsänderung stellt eine Zusatzinformation dar, die zur thematischen Eingrenzung des betreffenden Tagesordnungspunkts herangezogen werden kann. Eine Beschränkung auf den bekannt gemachten Wortlaut wird dadurch nicht bewirkt (→ § 121 Rn. 31).[74] Dem Einberufenden bleibt es allerdings unbenommen, die Beschlussfassung durch eine ausdrückliche Bezugnahme auf den bekannt gemachten Wortlaut in der Tagesordnung entsprechend zu beschränken („Satzungsänderung gemäß nachstehendem Vorschlag").[75] Die Pflicht zur Bekanntmachung des Wortlauts der vorgeschlagenen Satzungsänderung ist auch im Rahmen eines Minderheitsverlangens gem. § 122 zu beachten (→ § 122 Rn. 64).[76] Da **Kapitalerhöhungen** zugleich Satzungsänderungen sind, ist auch hier der Wortlaut der vorgeschlagenen Satzungsänderung bekanntzumachen.[77] Zu dem Mindestinhalt des bei Kapitalerhöhungen bekanntzumachenden Tagesordnungspunkts → § 121 Rn. 32.

16 Bekanntzumachen ist der **Wortlaut** der vorgeschlagenen Satzungsänderung. Beschränkt sich die Änderung auf einen Absatz oder Satz einer längeren Bestimmung, ist die Bekanntmachung des betreffenden Absatzes oder Satzes ausreichend.[78] Die Wiedergabe der gesamten Bestimmung oder – bei Änderung eines Satzes – des gesamten Absatzes ist nicht erforderlich. Wird lediglich ein Wort (oder eine Zahl) geändert, genügt die Wiedergabe des geänderten Worts (oder der geänderten Zahl).[79]

---

[68] Hüffer/Koch/*Koch*, 13. Aufl. 2018, Rn. 19; *de Raet* AG 2013, 488 (497); anders wohl KBLW/*Kremer* DCGK Rn. 1363; *Kremer/v. Werder* AG 2013, 340 (347).

[69] Vgl. KBLW/*Kremer* DCGK Rn. 1363.

[70] Großkomm AktG/*Butzke* Rn. 30; KBLW/*Kremer* DCGK Rn. 1405.

[71] MüKoAktG/*Kubis* Rn. 12; K. Schmidt/Lutter/*Ziemons* Rn. 51; *Butzke* Die Hauptversammlung der AG Rn. J 28.

[72] Vgl. Großkomm AktG/*Butzke* Rn. 25; MüKoAktG/*Kubis* Rn. 13; *Butzke* Die Hauptversammlung der AG Rn. J 27.

[73] BegrRegE bei *Kropff* S. 174.

[74] OLG Celle AG 1993, 178 (179); Bürgers/Körber/*Reger* Rn. 12; Grigoleit/*Herrler* Rn. 7; Großkomm AktG/*Butzke* Rn. 31 f.; Hüffer/Koch/*Koch*, 13. Aufl. 2018, Rn. 8; MüKoAktG/*Kubis* Rn. 17; *Butzke* Die Hauptversammlung der AG Rn. B 80, 90; MHdB AG/*Bungert* § 36 Rn. 71; *Schlitt* in Semler/Volhard/Reichert HV-HdB § 4 Rn. 184; aA *Werner* FS Fleck, 1988, 401 (407 f.).

[75] OLG Rostock AG 2013, 768 (770); Hölters/*Drinhausen* Rn. 9, 15; Kölner Komm AktG/*Noack/Zetzsche* Rn. 40 f.; MüKoAktG/*Kubis* Rn. 17, § 121 Rn. 53; NK-AktR/*M. Müller* Rn. 23; *Butzke* Die Hauptversammlung der AG Rn. B 80; MHdB AG/*Bungert* § 36 Rn. 71; *Schlitt* in Semler/Volhard/Reichert HV-HdB § 4 Rn. 184; aA OLG Celle AG 1993, 178 (179); Großkomm AktG/*Butzke* Rn. 32; Hüffer/Koch/*Koch*, 13. Aufl. 2018, Rn. 9; K. Schmidt/Lutter/*Ziemons* Rn. 69; *Fuchs* EWiR 1992, 839 (840); *Kocher* AG 2013, 406 (407).

[76] GHEK/*Eckardt* Rn. 52; Großkomm AktG/*Butzke* Rn. 37; Hüffer/Koch/*Koch*, 13. Aufl. 2018, Rn. 7; MüKoAktG/*Kubis* Rn. 17; *Butzke* Die Hauptversammlung der AG Rn. B 90; *Schlitt* in Semler/Volhard/Reichert HV-HdB § 4 Rn. 182.

[77] OLG Rostock AG 2013, 768 (770); Großkomm AktG/*Butzke* Rn. 39; Kölner Komm AktG/*Noack/Zetzsche* Rn. 45; MüKoAktG/*Kubis* Rn. 19.

[78] Grigoleit/*Herrler* Rn. 6; Großkomm AktG/*Butzke* Rn. 33; Hüffer/Koch/*Koch*, 13. Aufl. 2018, Rn. 7; K. Schmidt/Lutter/*Ziemons* Rn. 62; *Butzke* Die Hauptversammlung der AG Rn. B 90.

[79] Hüffer/Koch/*Koch*, 13. Aufl. 2018, Rn. 7; Kölner Komm AktG/*Noack/Zetzsche* Rn. 43; *Butzke* Die Hauptversammlung der AG Rn. B 90; zweifelnd Großkomm AktG/*Butzke* Rn. 34; aA K. Schmidt/Lutter/*Ziemons* Rn. 62: Wiedergabe des gesamten Satzes erforderlich; ebenso wohl GHEK/*Eckardt* Rn. 53; Grigoleit/*Herrler* Rn. 6.

Gleichwohl kann es sich in diesem Fall zur besseren Information der Aktionäre anbieten, den gesamten Satz in die Bekanntmachung aufzunehmen. § 124 Abs. 2 S. 2 Alt. 1 verlangt nur die Bekanntmachung des Wortlauts der vorgeschlagenen Satzungsänderung. Die Wiedergabe des zu ändernden Satzungswortlauts oder eine **synoptische Gegenüberstellung** sind **nicht erforderlich**.[80] Auch Satzungsbestimmungen, auf die der geänderte Satzungswortlaut verweist, müssen nicht wiedergegeben werden.[81] Einer Begründung der Satzungsänderung bedarf es ebenfalls nicht.[82] Auch eine Wiedergabe des wesentlichen Inhalts der Satzungsänderung ist nicht erforderlich.[83] Allenfalls in eng begrenzten Ausnahmefällen, in denen die Änderung lediglich eines Wortes oder Satzes der Satzungsbestimmung einen anderen Sinn gibt, ohne dass dies aus dem betreffenden Wort oder Satz ersichtlich wäre, ist eine Pflicht zur Wiedergabe der gesamten Satzungsbestimmung oder zu einer entsprechenden Erläuterung denkbar.[84] Allein der Umstand, dass der Wortlaut der vorgeschlagenen Satzungsänderung nicht aus sich heraus verständlich ist, reicht zur Annahme einer entsprechenden Pflicht nicht aus.[85]

Nach **§ 30c WpHG aF** waren Emittenten iSv § 2 Abs. 6 WpHG verpflichtet, beabsichtigte Satzungsänderungen der BaFin und den Zulassungsstellen mitzuteilen. Die Mitteilung musste unverzüglich nach der Entscheidung, den Änderungsentwurf der Hauptversammlung vorzulegen, spätestens aber zum Zeitpunkt der Einberufung der Hauptversammlung erfolgen. Die Vorschrift wurde durch Art. 1 Nr. 20 des Gesetzes zu Umsetzung der Transparenzrichtlinie-Änderungsrichtlinie vom 20. November 2015 (BGBl. 2015 I 2029) aufgehoben. § 30c WpHG aF ging auf Art. 19 Abs. 1 Unterabs. 2 Transparenz-RL[86] zurück, der durch Art. 1 Nr. 12 Transparenzrichtlinie-Änderungsrichtlinie[87] gestrichen wurde.

4. Zustimmungsbedürftige Verträge (Abs. 2 S. 2 Alt. 2). Soll die Hauptversammlung über einen Vertrag beschließen, der nur mit ihrer Zustimmung wirksam wird, ist gem. § 124 Abs. 2 S. 2 Alt. 2 auch der **wesentliche Inhalt des Vertrags** bekanntzumachen. Wie die Bekanntmachung des Wortlauts vorgeschlagener Satzungsänderungen soll auch die Bekanntmachung des wesentlichen Inhalts zustimmungsbedürftiger Verträge den Aktionären eine angemessene Vorbereitung auf die Hauptversammlung ermöglichen.[88] Wie bei Satzungsänderungen ist auch bei zustimmungsbedürftigen Verträgen innerhalb der Grenzen des bekanntgemachten Tagesordnungspunkts bei der Beschlussfassung eine Abweichung von dem in der Bekanntmachung angegebenen wesentlichen Inhalt möglich.[89] Die Pflicht zur Bekanntmachung des wesentlichen Vertragsinhalts ist grundsätzlich auch im Rahmen eines Minderheitsverlangens gem. § 122 zu beachten.[90] In der Praxis dürften entsprechende Fälle allerdings kaum vorkommen.

Zustimmungsbedürftig iSv § 124 Abs. 2 S. 2 Alt. 2 sind insbesondere Nachgründungsverträge (§ 52 Abs. 1),[91] der Verzicht auf oder Vergleich über Ersatzansprüche der Gesellschaft (§ 50 S. 1, § 53, § 93 Abs. 4, § 116 S. 1, § 117 Abs. 4, § 309 Abs. 3, § 310 Abs. 4, § 317 Abs. 4, § 318 Abs. 4), Verträge

---

[80] KG AG 1996, 421 (422) – VIAG; LG Mannheim AG 1967, 83 f.; Grigoleit/*Herrler* Rn. 6; Großkomm AktG/*Butzke* Rn. 33; Hölters/*Drinhausen* Rn. 9; Hüffer/Koch/*Koch*, 13. Aufl. 2018, Rn. 7; Kölner Komm AktG/*Noack*/*Zetzsche* Rn. 43; MüKoAktG/*Kubis* Rn. 18; K. Schmidt/Lutter/*Ziemons* Rn. 62; *Schlitt* in Semler/Volhard/Reichert HV-HdB § 4 Rn. 182; *Scholz* AG 2008, 11 (13).
[81] Großkomm AktG/*Butzke* Rn. 33; MüKoAktG/*Kubis* Rn. 18.
[82] GHEK/*Eckardt* Rn. 53; Großkomm AktG/*Butzke* Rn. 33; Hölters/*Drinhausen* Rn. 9; Hüffer/Koch/*Koch*, 13. Aufl. 2018, Rn. 7; MüKoAktG/*Kubis* Rn. 18; *Schlitt* in Semler/Volhard/Reichert HV-HdB § 4 Rn. 183.
[83] MüKoAktG/*Kubis* Rn. 18.
[84] Vgl. OLG Celle AG 1993, 178 (179); Bürgers/Körber/*Reger* Rn. 11; Großkomm AktG/*Butzke* Rn. 34 f.; MüKoAktG/*Kubis* Rn. 18; *Schlitt* in Semler/Volhard/Reichert HV-HdB § 4 Rn. 183.
[85] Zust. Kölner Komm AktG/*Noack*/*Zetzsche* Rn. 43.
[86] RL 2004/109/EG des Europäischen Parlaments und des Rates v. 15.12.2004 zur Harmonisierung der Transparenzanforderungen in Bezug auf Informationen über Emittenten, deren Wertpapiere zum Handel auf einem geregelten Markt zugelassen sind, und zur Änderung der Richtlinie 2001/34/EG, ABl. EU 2004 Nr. L 380, 38.
[87] RL 2013/50/EU des Europäischen Parlaments und des Rates v. 22.10.2013 zur Änderung der Richtlinie 2004/109/EG des Europäischen Parlaments und des Rates zur Harmonisierung der Transparenzanforderungen in Bezug auf Informationen über Emittenten, deren Wertpapiere zum Handel auf einem geregelten Markt zugelassen sind, der Richtlinie 2003/71/EG des Europäischen Parlaments und des Rates betreffend den Prospekt, beim öffentlichen Angebot von Wertpapieren oder bei deren Zulassung zum Handel zu veröffentlichen ist, sowie der Richtlinie 2007/14/EG der Kommission mit Durchführungsbestimmungen zu bestimmten Vorschriften der Richtlinie 2004/109/EG, ABl. EU 2013 Nr. L 294, 13.
[88] BegrRegE bei *Kropff* S. 174.
[89] MüKoAktG/*Kubis* Rn. 21; K. Schmidt/Lutter/*Ziemons* Rn. 55; *Butzke* Die Hauptversammlung der AG Rn. B 94.
[90] Großkomm AktG/*Butzke* Rn. 52; MüKoAktG/*Kubis* Rn. 21.
[91] Vgl. OLG München AG 2003, 163.

zur Übertragung des ganzen Gesellschaftsvermögens (§ 179a Abs. 1), Unternehmensverträge und Änderungsverträge hierzu (§ 293 Abs. 1 und 2, § 295) sowie Verschmelzungs-, Spaltungs- und Vermögensübertragungsverträge nach dem UmwG (§ 13 UmwG, § 65 UmwG, § 125 S. 1 UmwG, § 176 Abs. 1 UmwG, § 177 Abs. 1 UmwG, § 178 Abs. 1 UmwG, § 179 Abs. 1 UmwG). Gleiches gilt für Verträge, die nach den sog. „Holzmüller/Gelatine"-Grundsätzen zustimmungsbedürftig sind.[92] Eine Zustimmungsbedürftigkeit iSv § 124 Abs. 2 S. 2 Alt. 2 kann sich zudem aus einem vertraglich vereinbarten Zustimmungsvorbehalt ergeben.[93] Verträge, die der Vorstand der Hauptversammlung gem. § 119 Abs. 2 freiwillig zur Zustimmung vorlegt, sind zwar vom Wortlaut des § 124 Abs. 2 S. 2 Alt. 2 nicht erfasst. Nach ihrem Sinn und Zweck ist die Regelung aber (analog) auf diese Fälle zu erstrecken.[94] Die Pflicht zur Bekanntmachung des wesentlichen Vertragsinhalts erfasst nicht nur bereits abgeschlossene Verträge, sondern auch **Vertragsentwürfe**.[95] Sie gilt auch für die **Änderung** zustimmungsbedürftiger Verträge.[96] In diesem Fall ist nur der wesentliche Inhalt der Änderung, nicht dagegen der von der Änderung betroffene bisherige Vertragsinhalt bekanntzumachen.[97] Nicht anwendbar ist § 124 Abs. 2 S. 2 Alt. 2 entgegen der hM grundsätzlich im Fall der Beendigung zustimmungsbedürftiger Verträge.[98] Etwas anderes kann nur gelten, wenn die Beendigung im Wege eines Aufhebungsvertrags erfolgt, der – anders als etwa im Fall des § 296 Abs. 1 – seinerseits zustimmungsbedürftig ist.

20 Gem. § 124 Abs. 2 S. 2 Alt. 2 ist der **wesentliche Inhalt des Vertrags** bekanntzumachen. Die Bekanntmachung muss unabhängig von der Vertragssprache **in deutscher Sprache** erfolgen.[99] Erforderlich ist eine Wiedergabe der für den Vertrag kennzeichnenden und kritischen Punkte.[100] Die Bekanntmachung muss es den Aktionären ermöglichen, ihre Rechte sinnvoll auszuüben.[101] Dabei ist auf den **Maßstab eines verständigen Aktionärs** abzustellen.[102] § 124 Abs. 2 S. 2 Alt. 2 bezweckt nicht, den Aktionären einen Eindruck davon zu vermitteln, was der Einberufende selbst als wesentlichen Regelungsinhalt ansieht.[103] Eine Bekanntmachung des vollen Wortlauts ist nicht

---

[92] OLG München AG 1995, 232 (233) – EKATIT Riedinger Verwaltungs-AG; Bürgers/Körber/*Reger* Rn. 15; Grigoleit/*Herrler* Rn. 8; Großkomm AktG/*Butzke* Rn. 43; Hölters/*Drinhausen* Rn. 6, 13; Hüffer/Koch/*Koch*, 13. Aufl. 2018, Rn. 11; MüKoAktG/*Kubis* Rn. 22, § 119 Rn. 54; NK-AktR/*M. Müller* Rn. 10; K. Schmidt/Lutter/*Ziemons* Rn. 54; *Butzke* Die Hauptversammlung der AG Rn. B 93; *Schlitt* in Semler/Volhard/Reichert HV-HdB § 4 Rn. 194; *Scholz* AG 2008, 11 (12); *Weißhaupt* AG 2004, 585 (588); krit. *Kort* ZIP 2002, 685 (686); aA Kölner Komm AktG/*Noack/Zetzsche* Rn. 53.

[93] BGHZ 146, 288 (294); OLG Schleswig AG 2006, 120 (123) – Mobilcom; Grigoleit/*Herrler* Rn. 8; Großkomm AktG/*Butzke* Rn. 46; Hölters/*Drinhausen* Rn. 10; MüKoAktG/*Kubis* Rn. 22, § 119 Rn. 54; K. Schmidt/Lutter/*Ziemons* Rn. 54; MHdB AG/*Bungert* § 36 Rn. 72; *Scholz* AG 2008, 11 (12); wohl auch Kölner Komm AktG/*Noack/Zetzsche* Rn. 51 f.

[94] BGHZ 146, 288 (294 f.); OLG München AG 1996, 327 (328); LG Frankfurt a. M. ZIP 2005, 579 (580) – MG Technologies; Grigoleit/*Herrler* Rn. 8; Großkomm AktG/*Butzke* Rn. 46; Hölters/*Drinhausen* Rn. 14; Hüffer/Koch/*Koch*, 13. Aufl. 2018, Rn. 11; MüKoAktG/*Kubis* Rn. 22, § 119 Rn. 54; NK-AktR/*M. Müller* Rn. 10; K. Schmidt/Lutter/*Ziemons* Rn. 54; Wachter/*Mayrhofer* Rn. 11; *Butzke* Die Hauptversammlung der AG Rn. B 93; *Schlitt* in Semler/Volhard/Reichert HV-HdB § 4 Rn. 194; *Saenger* EWiR 1997, 1109 f.; *Werner* FS Fleck, 1988, 401 (412); aA LG Düsseldorf AG 1999, 94 (95) – W. Rau Neusser Öl und Fett; Kölner Komm AktG/*Noack/Zetzsche* Rn. 53; *Drinkuth* AG 2001, 256 (257 ff.); *Groß* AG 1996, 111 (114 f.).

[95] Bürgers/Körber/*Reger* Rn. 14; Grigoleit/*Herrler* Rn. 8; Großkomm AktG/*Butzke* Rn. 41; Kölner Komm AktG/*Noack/Zetzsche* Rn. 49; MüKoAktG/*Kubis* Rn. 23; K. Schmidt/Lutter/*Ziemons* Rn. 55; *Groß* AG 1996, 111 (114).

[96] BGHZ 119, 1 (11 f.); GHEK/*Eckardt* Rn. 57; Großkomm AktG/*Butzke* Rn. 44; Hüffer/Koch/*Koch*, 13. Aufl. 2018, Rn. 14; Kölner Komm AktG/*Noack/Zetzsche* Rn. 49; MüKoAktG/*Kubis* Rn. 23; MHdB AG/*Bungert* § 36 Rn. 71; *Schlitt* in Semler/Volhard/Reichert HV-HdB § 4 Rn. 194.

[97] BGHZ 119, 1 (11 f.); GHEK/*Eckardt* Rn. 57; Großkomm AktG/*Butzke* Rn. 49; MüKoAktG/*Kubis* Rn. 23; *Schlitt* in Semler/Volhard/Reichert HV-HdB § 4 Rn. 194; *Scholz* AG 2008, 11 (12).

[98] Großkomm AktG/*Butzke* Rn. 45; aA Bürgers/Körber/*Reger* Rn. 14; Hüffer/Koch/*Koch*, 13. Aufl. 2018, Rn. 13; Kölner Komm AktG/*Noack/Zetzsche* Rn. 49; MüKoAktG/*Kubis* Rn. 23.

[99] Großkomm AktG/*Butzke* Rn. 48; Hölters/*Drinhausen* Rn. 12; Hüffer/Koch/*Koch*, 13. Aufl. 2018, Rn. 15; MüKoAktG/*Kubis* Rn. 24; Wachter/*Mayrhofer* Rn. 12.

[100] LG Nürnberg-Fürth AG 1995, 141 – Hertel; Großkomm AktG/*Butzke* Rn. 48; Hüffer/Koch/*Koch*, 13. Aufl. 2018, Rn. 14; Kölner Komm AktG/*Noack/Zetzsche* Rn. 55; MüKoAktG/*Kubis* Rn. 24.

[101] OLG Düsseldorf Der Konzern 2006, 768 (775); OLG Schleswig AG 2006, 120 (123 f.) – Mobilcom; OLG Stuttgart AG 1997, 138 (139) – Kolbenschmidt/KS-Motor Service; LG Frankfurt a. M. ZIP 2005, 579 (580) – MG Technologies; Hüffer/Koch/*Koch*, 13. Aufl. 2018, Rn. 14; K. Schmidt/Lutter/*Ziemons* Rn. 56.

[102] OLG München AG 1995, 232 (233) – EKATIT Riedinger Verwaltungs-AG; OLG Schleswig AG 2006, 120 (123 f.) – Mobilcom; LG Frankfurt a. M. ZIP 2005, 579 (580) – MG Technologies; Bürgers/Körber/*Reger* Rn. 15; GHEK/*Eckardt* Rn. 59; Hölters/*Drinhausen* Rn. 12; MüKoAktG/*Kubis* Rn. 24; MHdB AG/*Bungert* § 36 Rn. 71; *Schlitt* in Semler/Volhard/Reichert HV-HdB § 4 Rn. 195; *Groß* AG 1996, 111 (115).

[103] MüKoAktG/*Kubis* Rn. 24; aA LG Köln AG 1999, 333 (334) – Kaufhalle/Kaufhof; Hüffer/Koch/*Koch*, 13. Aufl. 2018, Rn. 14.

erforderlich.[104] Dies gilt auch im Hinblick auf die Satzung des Rechtsträgers neuer Rechtsform bei einem Formwechselbeschluss.[105] Dessen ungeachtet kann die Pflicht aus § 124 Abs. 2 S. 2 Alt. 2 (wie in der Praxis nicht unüblich) stets **durch Bekanntmachung des vollständigen Vertragstextes erfüllt** werden.[106] Dies gilt auch bei komplexen und/oder unübersichtlichen Verträgen. Aus § 124 Abs. 2 S. 2 Alt. 2 ergibt sich diesbezüglich keine Erläuterungspflicht.[107] Etwaige Erläuterungen sind in den bei zustimmungsbedürftigen Verträgen idR erforderlichen Vorstandsbericht aufzunehmen.[108]

Zu dem wesentlichen Vertragsinhalt gehören regelmäßig Angaben zu den Vertragsparteien und zu den **Hauptleistungspflichten**.[109] Je nach Vertragstyp können zudem Angaben zur Vertragsdauer und zu Kündigungsregelungen oder zu Gewährleistungsbestimmungen zum wesentlichen Vertragsinhalt gehören.[110] Enthält der Vertrag besondere Regelungen zum Schutz der Aktionäre (insbesondere Abfindungs- und Ausgleichsansprüche), sind auch diese inhaltlich wiederzugeben.[111] Bei Verschmelzungs- oder Spaltungsverträgen ist der Verschmelzungs- oder Spaltungsstichtag zu nennen.[112] Nicht zum wesentlichen Vertragsinhalt gehören Schiedsgerichtsvereinbarungen und Rechtswahlklauseln.[113] Die Pflicht zur Bekanntmachung des wesentlichen Vertragsinhalts gilt auch im Hinblick auf Regelungen, deren Bekanntmachung für die Gesellschaft nachteilig ist.[114] § 124 Abs. 2 S. 2 Alt. 2 sieht insoweit keine § 131 Abs. 3 Nr. 1 vergleichbare Regelung vor. Die Anforderungen an die Wiedergabe des wesentlichen Vertragsinhalts sind geringer, wenn das Gesetz eine Pflicht zur Auslegung und Übersendung (bzw. zum Zugänglichmachen) des Vertrags vorsieht (vgl. etwa § 52 Abs. 2, § 179a Abs. 2, § 293f, § 319 Abs. 3, § 320 Abs. 4, § 327c Abs. 3–5 sowie § 63 UmwG, § 230 Abs. 2 UmwG).[115] Nach dem **Hoesch/Hoogovens-Urteil** des BGH erstreckt sich das für einen Vertrag bestehende Zustimmungserfordernis auf alle damit zusammenhängenden schuldrechtlichen Abreden, die rechtsverbindlich die Beziehungen der Vertragschließenden bestimmen sollen, und von denen die eine nicht ohne die andere gelten soll, so dass sie ein einheitliches Ganzes bilden.[116] Danach wäre auch der wesentliche Inhalt des weiteren Vertrags gem. § 124 Abs. 2 S. 2 Alt. 2 bekanntzumachen.[117]

---

[104] OLG Düsseldorf Der Konzern 2006, 768 (775); Bürgers/Körber/*Reger* Rn. 15; GHEK/*Eckardt* Rn. 58; MüKoAktG/*Kubis* Rn. 25; *Schlitt* in Semler/Volhard/Reichert HV-HdB § 4 Rn. 195; *Scholz* AG 2008, 11 (12); vgl. auch BGHZ 120, 141 (155).

[105] Hüffer/Koch/*Koch,* 13. Aufl. 2018, Rn. 15; MüKoAktG/*Kubis* Rn. 25; aA LG Hanau AG 1996, 184 (185).

[106] Grigoleit/*Herrler* Rn. 9; Kölner Komm AktG/*Noack*/*Zetzsche* Rn. 47; K. Schmidt/Lutter/*Ziemons* Rn. 60; Wachter/*Mayrhofer* Rn. 11; s. auch *Schlitt* in Semler/Volhard/Reichert HV-HdB § 4 Rn. 196; *Deilmann*/*Messerschmidt* NZG 2004, 977 (979); *Ihrig*/*Wagner* FS Spiegelberger, 2009, 722 (732 f.); aA MüKoAktG/*Kubis* Rn. 25; teilw. einschränkend auch GHEK/*Eckardt* Rn. 59; Großkomm AktG/*Butzke* Rn. 50 f.; Hölters/*Drinhausen* Rn. 13; *Butzke* Die Hauptversammlung der AG Rn. B 94.

[107] K. Schmidt/Lutter/*Ziemons* Rn. 60; wohl auch *Deilmann*/*Messerschmidt* NZG 2004, 977 (979); aA GHEK/ *Eckardt* Rn. 59; MüKoAktG/*Kubis* Rn. 25; *Butzke* Die Hauptversammlung der AG Rn. B 94.

[108] K. Schmidt/Lutter/*Ziemons* Rn. 60; Wachter/*Mayrhofer* Rn. 11.

[109] Grigoleit/*Herrler* Rn. 9; Hölters/*Drinhausen* Rn. 12; Hüffer/Koch/*Koch,* 13. Aufl. 2018, Rn. 14; Kölner Komm AktG/*Noack*/*Zetzsche* Rn. 55; MüKoAktG/*Kubis* Rn. 25; NK-AktG/*M. Müller* Rn. 11; K. Schmidt/Lutter/*Ziemons* Rn. 57; *Schlitt* in Semler/Volhard/Reichert HV-HdB § 4 Rn. 195.

[110] Großkomm AktG/*Butzke* Rn. 48; Hölters/*Drinhausen* Rn. 12; Hüffer/Koch/*Koch,* 13. Aufl. 2018, Rn. 14; MüKoAktG/*Kubis* Rn. 24; NK-AktR/*M. Müller* Rn. 11; K. Schmidt/Lutter/*Ziemons* Rn. 57; *Schlitt* in Semler/ Volhard/Reichert HV-HdB § 4 Rn. 195.

[111] Hölters/*Drinhausen* Rn. 12; MüKoAktG/*Kubis* Rn. 24; s. auch Großkomm AktG/*Butzke* Rn. 48.

[112] Großkomm AktG/*Butzke* Rn. 48; MüKoAktG/*Kubis* Rn. 24.

[113] Hüffer/Koch/*Koch,* 13. Aufl. 2018, Rn. 14; *Ihrig*/*Wagner* FS Spiegelberger, 2009, 722 (732); aA LG München I ZIP 2008, 555 (556 f.); Grigoleit/*Herrler* Rn. 9; Kölner Komm AktG/*Noack*/*Zetzsche* Rn. 55; K. Schmidt/Lutter/*Ziemons* Rn. 57.

[114] Grigoleit/*Herrler* Rn. 9; Kölner Komm AktG/*Noack*/*Zetzsche* Rn. 57; MüKoAktG/*Kubis* Rn. 24; K. Schmidt/Lutter/*Ziemons* Rn. 57; *Butzke* Die Hauptversammlung der AG Rn. B 94; *Schlitt* in Semler/Volhard/ Reichert HV-HdB § 4 Rn. 195; *Groß* AG 1996, 111 (115).

[115] Vgl. Hüffer/Koch/*Koch,* 13. Aufl. 2018, Rn. 14; MüKoAktG/*Kubis* Rn. 25; s. auch Großkomm AktG/ *Butzke* Rn. 48; aA Grigoleit/*Herrler* Rn. 9; wohl auch K. Schmidt/Lutter/*Ziemons* Rn. 56.

[116] BGHZ 82, 188 (195 ff.). – Hoesch/Hoogovens.

[117] OLG Schleswig AG 2006, 120 (124 f.) – Mobilcom; Großkomm AktG/*Butzke* Rn. 49; Hölters/*Drinhausen* Rn. 12; Hüffer/Koch/*Koch,* 13. Aufl. 2018, Rn. 11; Kölner Komm AktG/*Noack*/*Zetzsche* Rn. 56; *Schlitt* in Semler/Volhard/Reichert HV-HdB § 4 Rn. 194; *Kort* AG 2006, 272 (276); vgl. auch OLG Düsseldorf Der Konzern 2006, 768 (775); zu weitgehend LG München I ZIP 2008, 555 (556), das im konkreten Fall einen inneren Zusammenhang unabhängig davon bejaht, ob der eine Vertrag mit dem anderen stehen und fallen soll; sehr weitgehend bei der Annahme eines untrennbaren Zusammenhangs zwischen Beherrschungsvertrag und Business Combination Agreement OLG München AG 2012, 260 (261 f.) – WET; OLG München AG 2013, 173 (176) – WET; LG München I NZG 2012, 1152 (1154) – WET; kritisch hierzu OLG Stuttgart AG 2015, 163 (166).

22 Der wesentliche Vertragsinhalt muss vollständig und **inhaltlich zutreffend** wiedergegeben werden.[118] Eine fehlerhafte Wiedergabe des Vertragsinhalts wird nicht durch Übersendung des vollständigen Vertragstextes geheilt.[119] Kleinere Fehler bei der Wiedergabe des Vertragsinhalts stellen aber regelmäßig mangels Relevanz keinen Anfechtungsgrund dar (→ Rn. 46).[120]

23 **5. Entsprechende Anwendung. a) Vorstandsberichte.** Nach wohl hM soll bei Kapitalerhöhungen mit **Bezugsrechtsausschluss** analog § 124 Abs. 2 S. 2 Alt. 2 der wesentliche Inhalt des nach § 186 Abs. 4 S. 2 zu erstattenden (schriftlichen) Vorstandsberichts bekanntzumachen sein.[121] Dies überzeugt nicht. Es ist zweifelhaft, ob die für eine solche Analogie erforderliche Regelungslücke besteht, zumal § 186 Abs. 4 S. 1 nur für den Bezugsrechtsausschluss als solchen eine ordnungsgemäße Bekanntgabe verlangt.[122] Überdies ist der Bericht über den Bezugsrechtsausschluss nach hM analog § 175 Abs. 2 auszulegen und auf Verlangen den Aktionären zu übersenden,[123] so dass eine hinreichende Information der Aktionäre sichergestellt ist. Im Hinblick auf die wohl hM empfiehlt es sich, an der bislang üblichen Praxis festzuhalten, wonach der Vorstandsbericht nach § 186 Abs. 4 S. 2 idR vollständig in die Einberufung mit aufgenommen wird. Die Widergabe des vollständigen Berichts erfüllt stets das Erfordernis der Bekanntmachung des wesentlichen Inhalts (→ Rn. 20). Auf sonstige Vorstandsberichte (zB gem. § 293a oder gem. §§ 8, 122e, 127 UmwG) ist § 124 Abs. 2 S. 2 Alt. 2 nicht analog anwendbar.[124]

24 **b) Strukturmaßnahmen.** Bestimmte Strukturmaßnahmen können nach den „Holzmüller/Gelatine"-Grundsätzen grundsätzlich auch dann einer Zustimmung der Hauptversammlung bedürfen, wenn zu ihrer Umsetzung ausnahmsweise **kein Vertragsschluss** erforderlich ist (→ § 119 Rn. 30 ff.). In diesem Fall sind analog § 124 Abs. 2 S. 2 Alt. 2 das **Unternehmenskonzept und die wesentlichen Einzelschritte** zu dessen Durchführung bekanntzumachen.[125] Die Analogie rechtfertigt sich daraus, dass den Aktionären auch in diesen Fällen eine angemessene Vorbereitung auf die Hauptversammlung ermöglicht werden muss. Das generelle Erfordernis eines schriftlichen Vorstandsberichts lässt sich hieraus gleichwohl nicht ableiten.[126] Der Frage nach einer Analogie zu § 124 Abs. 2 S. 2 Alt. 2 stets vorgelagert ist die Frage, ob nach den „Holzmüller/Gelatine"-Grundsätzen überhaupt eine Zustimmung der Hauptversammlung erforderlich ist. Insoweit ist von einer engen Auslegung auszugehen, so dass eine Zustimmungsbedürftigkeit nur in seltenen Ausnahmefällen vorliegen wird (→ § 119 Rn. 30 ff.).

25 **c) Aktienoptionsprogramme, Wandelschuldverschreibungen.** Bei einer bedingten Kapitalerhöhung im Zusammenhang mit der **Auflegung eines Aktienoptionsprogramms** ist § 124

---

[118] Vgl. LG Frankfurt a. M. AG 2001, 431 (432 f.) – AGIV; LG Köln AG 1999, 333 (334) – Kaufhalle/Kaufhof; Großkomm AktG/*Butzke* Rn. 50; Hölters/*Drinhausen* Rn. 12; Hüffer/Koch/*Koch*, 13. Aufl. 2018, Rn. 15; MüKoAktG/*Kubis* Rn. 26; K. Schmidt/Lutter/*Ziemons* Rn. 57.

[119] OLG München DB 2005, 2568 f.; Grigoleit/*Herrler* Rn. 9; Hölters/*Drinhausen* Rn. 12; Hüffer/Koch/*Koch*, 13. Aufl. 2018, Rn. 15; Kölner Komm AktG/*Noack/Zetzsche* Rn. 47.

[120] Vgl. Grigoleit/*Herrler* Rn. 9; Hölters/*Drinhausen* Rn. 12; Hüffer/Koch/*Koch*, 13. Aufl. 2018, Rn. 15; MüKoAktG/*Kubis* Rn. 26.

[121] LG Berlin DB 2005, 1320 (1321); Grigoleit/*Herrler* Rn. 10; Kölner Komm AktG/*Ekkenga* § 186 Rn. 181; MüKoAktG/*Schürnbrand* § 186 Rn. 86; NK-AktG/*M. Müller* Rn. 9; K. Schmidt/Lutter/*Ziemons* Rn. 63; MHdB AG/*Scholz* § 57 Rn. 133; *Bosse* ZIP 2001, 104 (105); *Brandes* WM 1994, 2177 (2184); *Hüffer* NJW 1979, 1065 (1070); wohl auch BGHZ 120, 141 (155 f.); Marsch-Barner/Schäfer/*Busch* HdB börsennotierte AG Rn. 42.74; offen Großkomm AktG/*Wiedemann* § 186 Rn. 121; zweifelnd Kort ZIP 2002, 685 (688); aA Großkomm AktG/*Butzke* Rn. 54; Hüffer/Koch/*Koch*, 13. Aufl. 2018, Rn. 12, § 186 Rn. 23; Kölner Komm AktG/*Noack/Zetzsche* Rn. 60; MüKoAktG/*Kubis* Rn. 27; *Becker* BB 1981, 394 (395); *Marsch* AG 1981, 211 (214); *Sinewe* ZIP 2001, 403 (405); wohl auch *Butzke* Die Hauptversammlung der AG Rn. L 7.

[122] Vgl. GHEK/*Hefermehl* § 186 Rn. 102; *Becker* BB 1981, 394 (395); *Sinewe* ZIP 2001, 403 (405).

[123] LG Heidelberg ZIP 1988, 1257 (1258) – Rückforth; Großkomm AktG/*Wiedemann* § 186 Rn. 120 f.; Hüffer/Koch/*Koch*, 13. Aufl. 2018, § 186 Rn. 23; Kölner Komm AktG/*Lutter* § 186 Rn. 57; MüKoAktG/*Kubis* Rn. 27; MüKoAktG/*Schürnbrand* § 186 Rn. 86; *Butzke* Die Hauptversammlung der AG Rn. L 7; *Busch* in Marsch-Barner/Schäfer Börsennotierte AG-HdB Rn. 42.74; MHdB AG/*Scholz* § 57 Rn. 133; *Quack* ZGR 1983, 257 (263); aA *Becker* BB 1981, 394 (395); *Marsch* AG 1981, 211 (214); *Sinewe* ZIP 2001, 403 (405).

[124] Kölner Komm AktG/*Noack/Zetzsche* Rn. 60; MüKoAktG/*Kubis* Rn. 27.

[125] OLG München ZIP 2001, 700 (703) – Macrotron; LG Stuttgart ZIP 2000, 2110 (2112) – DaimlerChrysler; Grigoleit/*Herrler* Rn. 10; Großkomm AktG/*Butzke* Rn. 53; Hölters/*Drinhausen* Rn. 14; MüKoAktG/*Kubis* Rn. 28, § 119 Rn. 54; K. Schmidt/Lutter/*Ziemons* Rn. 64; MHdB AG/*Krieger* § 70 Rn. 14; *Groß* AG 1996, 111 (114 f.); *Henze* FS Ulmer, 2003, 211 (232); *Hüffer* FS Ulmer, 2003, 279 (299 f.); *Lutter* FS Fleck, 1988, 169 (176); *Weißhaupt* AG 2004, 585 (588); krit. *Kort* ZIP 2002, 685 (686); aA Kölner Komm AktG/*Noack/Zetzsche* Rn. 54; *Schockenhoff* NZG 2001, 921 (925).

[126] LG Hamburg AG 1997, 238 – Wünsche; Hüffer/Koch/*Koch*, 13. Aufl. 2018, § 119 Rn. 27; *Hüffer* FS Ulmer, 2003, 279 (299 f.); *Priester* ZHR 163 (1999) 187 (200 f.); aA LG Karlsruhe ZIP 1998, 385 (387 ff.); MüKoAktG/*Kubis* Rn. 28, § 119 Rn. 55; MHdB AG/*Krieger* § 70 Rn. 14; *Hirte*, Bezugsrechtsausschluß und Konzernbildung, 1986, 202 f.; *Henze* FS Ulmer, 2003, 211 (232); *Lutter* FS Fleck, 1988, 169 (176 f.); *Lutter/Leinekugel* ZIP 1998, 805 (814 f.); *Weißhaupt* AG 2004, 585 (588 ff.).

Abs. 2 S. 2 Alt. 2 nicht entsprechend anwendbar (→ § 193 Rn. 19).[127] Eine hinreichende Information der Aktionäre ist hier bereits dadurch sichergestellt, dass gem. § 193 Abs. 2 Nr. 4 die wesentlichen Eckpunkte des Programms in den Beschlussvorschlag der Verwaltung aufzunehmen sind. Auch bei der Ausgabe von **Wandelschuldverschreibungen** oder Genussrechten scheidet eine Analogie zu § 124 Abs. 2 S. 2 Alt. 2 aus.[128]

IV. Beschlussvorschläge (Abs. 3)

1. Vorschlagspflicht. a) Allgemeines. Gem. § 124 Abs. 3 S. 1 muss die Verwaltung grundsätzlich (zu Ausnahmen → Rn. 40 ff.) zu jedem Gegenstand der Tagesordnung, über den die Hauptversammlung beschließen soll, in der Bekanntmachung der Einberufung Vorschläge zur Beschlussfassung machen. Dies gilt auch dann, wenn die Einberufung durch eingeschriebenen Brief erfolgt.[129] Die Möglichkeit, die Beschlussvorschläge an einer vom Vorstand bestimmten Stelle einzusehen, genügt nicht den Anforderungen an eine ordnungsgemäße Bekanntmachung.[130] Die Pflicht zur Bekanntmachung der Beschlussvorschläge besteht unabhängig von der Größe und der Aktionärsstruktur der Gesellschaft.[131] Die Beschlussvorschläge müssen bereits in **Form von Beschlussanträgen** formuliert sein (zum Inhalt → Rn. 36 ff.).[132] Terminologisch ist insoweit zu unterscheiden: Beschlussvorschläge werden erst dann zu Beschlussanträgen, wenn sie in der Hauptversammlung als solche gestellt werden.[133] Durch die Bekanntmachung der Beschlussvorschläge tritt grundsätzlich **keine feste Bindung** ein. Insbesondere ist die Verwaltung nach allgemeiner Ansicht nicht gehindert, ihre Beschlussvorschläge fallen zu lassen und in der Hauptversammlung von einer Antragstellung abzusehen.[134] Umstritten ist dagegen, ob die Verwaltung in der Hauptversammlung auch inhaltlich **abweichende Beschlussanträge** stellen darf. Nach teilweise vertretener Ansicht soll dies nur dann der Fall sein, wenn seit der Bekanntmachung der Beschlussvorschläge neue Tatsachen entstanden oder bekannt geworden sind oder wenn aus sonstigen Gründen eine neue Beurteilung erforderlich ist.[135] Teilweise wird das Vorliegen eines sachlichen Grunds für die Abweichung verlangt.[136] Im Hinblick auf das Interesse der Gesellschaft an inhaltlich sachgerechten Hauptversammlungsbeschlüssen sprechen die besseren Gründe gegen solche Einschränkungen.[137] Dies gilt auch dann, wenn für die betreffende Hauptversammlung die Abstimmung im Wege der Briefwahl zugelassen ist.[138] Die inhaltliche Abweichung von den zuvor bekannt gemachten Beschlussvorschlägen darf aber nicht missbräuchlich sein

---

[127] OLG Stuttgart ZIP 2001, 1367 (1371) – DaimlerChrysler; LG Stuttgart ZIP 2000, 2110 (2112) – Daimler-Chrysler; Grigoleit/*Herrler* Rn. 10; Großkomm AktG/*Butzke* Rn. 55; Hüffer/Koch/*Koch*, 13. Aufl. 2018, Rn. 12; MüKoAktG/*Kubis* Rn. 29.

[128] GHEK/*Karollus* § 221 Rn. 59; Grigoleit/*Herrler* Rn. 10; Großkomm AktG/*Butzke* Rn. 55; Hüffer/Koch/ *Koch*, 13. Aufl. 2018, Rn. 12, § 221 Rn. 16; Kölner Komm AktG/*Lutter* § 221 Rn. 42; MüKoAktG/*Habersack* § 221 Rn. 142; MüKoAktG/*Kubis* Rn. 29.

[129] OLG Jena DB 2014, 2278 (2280 f.).

[130] OLG Jena DB 2014, 2278 (2281).

[131] OLG Jena DB 2014, 2278 (2281).

[132] Grigoleit/*Herrler* Rn. 11; Großkomm AktG/*Butzke* Rn. 57; Hölters/*Drinhausen* Rn. 15; Hüffer/Koch/ *Koch*, 13. Aufl. 2018, Rn. 17; Kölner Komm AktG/*Noack/Zetzsche* Rn. 61; MüKoAktG/*Kubis* Rn. 39; K. Schmidt/Lutter/*Ziemons* Rn. 17; Wachter/*Mayrhofer* Rn. 14; *Butzke* Die Hauptversammlung der AG Rn. B 86; MHdB AG/*Bungert* § 36 Rn. 76; *Schlitt* in Semler/Volhard/Reichert HV-HdB § 4 Rn. 208; *Kocher* AG 2013, 406; *Mertens* AG 1997, 481 (485).

[133] Großkomm AktG/*Butzke* Rn. 77; Hüffer/Koch/*Koch*, 13. Aufl. 2018, Rn. 17; MüKoAktG/*Kubis* Rn. 48; *Schlitt* in Semler/Volhard/Reichert HV-HdB § 4 Rn. 208; *Scholz* AG 2008, 11 (13 f.).

[134] OLG Stuttgart ZIP 1995, 1515 (1522) – MotoMeter; GHEK/*Eckardt* Rn. 32; Grigoleit/*Herrler* Rn. 12; Großkomm AktG/*Butzke* Rn. 79; Hüffer/Koch/*Koch*, 13. Aufl. 2018, Rn. 17; MüKoAktG/*Kubis* Rn. 48; *Butzke* Die Hauptversammlung der AG Rn. B 87; *Göhmann* in Frodermann/Jannott AktienR-HdB Kap. 9 Rn. 88; MHdB AG/*Bungert* § 36 Rn. 76; *Schlitt* in Semler/Volhard/Reichert HV-HdB § 4 Rn. 211; *Kocher* AG 2013, 406 (410); *Scholz* AG 2008, 11 (14); grds. auch Kölner Komm AktG/*Noack/Zetzsche* Rn. 62.

[135] MüKoAktG/*Kubis* Rn. 49; K. Schmidt/Lutter/*Ziemons* Rn. 78; noch enger GHEK/*Eckardt* Rn. 32, der eine wesentliche Änderung der Umstände verlangt.

[136] OLG Stuttgart ZIP 1995, 1515 (1522) – MotoMeter; Grigoleit/*Herrler* Rn. 12; Hölters/*Drinhausen* Rn. 22a; Wachter/*Mayrhofer* Rn. 20; *Priester* Liber amicorum Happ, 2006, 213 (217); ähnlich NK-AktR/*M. Müller* Rn. 20.

[137] Bürgers/Körber/*Reger* Rn. 23; Großkomm AktG/*Butzke* Rn. 80; Hüffer/Koch/*Koch*, 13. Aufl. 2018, Rn. 17; *Marsch-Barner* in Marsch-Barner/Schäfer Börsennotierte AG-HdB Rn. 32.57; MHdB AG/*Bungert* § 36 Rn. 76; *Schlitt* in Semler/Volhard/Reichert HV-HdB § 4 Rn. 211; *Kocher* AG 2013, 406 (410); *Kocher* BB 2014, 2317 (2319); *Scholz* AG 2008, 11 (16); *Wieneke* FS Schwark, 2009, 305 (312 f.); wohl auch *Kuhnt* FS Lieberknecht, 1997, 45 (55); offen *Butzke* Die Hauptversammlung der AG Rn. B 87.

[138] *Kocher* AG 2013, 406 (410 f.); *Kocher* BB 2014, 2317 (2320 f.); aA Kölner Komm AktG/*Noack/Zetzsche* Rn. 62: Abweichen von ursprünglichem Beschlussvorschlag unzulässig; iE auch *Wieneke* FS Schwark, 2009, 305 (326 f.): Abweichung zulässig, aber zunächst Abstimmung über den ursprünglichen Beschlussvorschlag erforderlich.

(zB gezieltes Unterlaufen der den Kreditinstituten erteilten Weisungen).[139] Auch müssen sich die abweichenden Beschlussanträge selbstverständlich stets im Rahmen der bekannt gemachten Tagesordnung bewegen.[140] Stets zulässig ist etwa die Anpassung des Gewinnverwendungsvorschlags an eine veränderte Anzahl dividendenberechtigter Aktien.[141]

27 b) **Vorschläge von Vorstand und Aufsichtsrat.** Die Pflicht zur Unterbreitung von Beschlussvorschlägen trifft im Regelfall Vorstand und Aufsichtsrat. Dies gilt auch in den Fällen des § 119 Abs. 2,[142] da § 124 Abs. 3 S. 1 insoweit keine Ausnahme vorsieht. Nur für die Wahl von Aufsichtsratsmitgliedern und Prüfern ist allein der Aufsichtsrat vorschlagspflichtig (→ Rn. 28 f.). Bei der KGaA trifft die Vorschlagspflicht anstelle des Vorstands die geschäftsführungs- und vertretungsberechtigten Komplementäre.[143] Vorstand und Aufsichtsrat unterbreiten jeweils eigene Vorschläge.[144] Stimmen die Vorschläge überein, können sie aber in der Bekanntmachung zusammengefasst werden.[145] Dies entspricht auch der üblichen Praxis („Vorstand und Aufsichtsrat schlagen vor ..."). Der Aufsichtsrat kann aber auch einen von dem Vorschlag des Vorstands **abweichenden Beschlussvorschlag** unterbreiten.[146] Weichen die Beschlussvorschläge von Vorstand und Aufsichtsrat voneinander ab, muss aus der Bekanntmachung hervorgehen, welcher Vorschlag von welchem Organ stammt.[147] Zu den Rechtsfolgen fehlender Beschlussvorschläge → Rn. 47.

28 c) **Vorschläge nur des Aufsichtsrats.** Zur **Wahl von Aufsichtsratsmitgliedern und Prüfern** hat gem. § 124 Abs. 3 S. 1 nur der Aufsichtsrat Vorschläge zur Beschlussfassung in der Bekanntmachung der Einberufung zu machen. Der Vorstand hat insoweit kein Vorschlagsrecht. Hierdurch soll verhindert werden, dass der Vorstand Einfluss auf die Auswahl der Personen nimmt, die seine Tätigkeit überwachen und prüfen.[148] Macht der Vorstand in der Bekanntmachung der Einberufung dennoch einen Wahlvorschlag, führt dies nach Auffassung des BGH regelmäßig zur Anfechtbarkeit des betreffenden Wahlbeschlusses (auch → Rn. 47).[149] Der Verstoß soll auch nicht dadurch geheilt werden, dass der Vorstand vor der Abstimmung in der Hauptversammlung erklärt, der Wahlvorschlag werde nur vom Aufsichtsrat unterbreitet (verbunden mit einer Abstimmung nur über den Vorschlag des Aufsichtsrats).[150] Diese restriktive Auffassung des BGH überzeugt nicht. Es erscheint generell zweifelhaft, ob sich die Aktionäre in

---

[139] *Kocher* AG 2013, 406 (411); *Kocher* BB 2014, 2317 (2321).
[140] OLG Stuttgart ZIP 1995, 1515 (1522) – MotoMeter; Großkomm AktG/*Butzke* Rn. 80; MüKoAktG/*Kubis* Rn. 49; *Marsch-Barner* in Marsch-Barner/Schäfer Börsennotierte AG-HdB Rn. 32.57.
[141] *Wettich* NZG 2010, 767 (768); s. auch Hüffer/Koch/*Koch*, 13. Aufl. 2018, § 170 Rn. 7; MüKoAktG/*Hennrichs/Pöschke* § 170 Rn. 59; K. Schmidt/Lutter/*Drygala* § 170 Rn. 11.
[142] LG München I ZIP 2014, 25 (28).
[143] Bürgers/Körber/*Reger* Rn. 16; GHEK/*Eckardt* Rn. 27; Hüffer/Koch/*Koch*, 13. Aufl. 2018, Rn. 16; Kölner Komm AktG/*Noack/Zetzsche* Rn. 63; MüKoAktG/*Kubis* Rn. 33; MHdB AG/*Bungert* § 36 Rn. 76; *Schlitt* in Semler/Volhard/Reichert HV-HdB § 4 Rn. 214; aA wohl *v. Falkenhausen* BB 1966, 337 (339).
[144] Bürgers/Körber/*Reger* Rn. 16; GHEK/*Eckardt* Rn. 27; Großkomm AktG/*Butzke* Rn. 69; Hüffer/Koch/*Koch*, 13. Aufl. 2018, Rn. 16; Kölner Komm AktG/*Noack/Zetzsche* Rn. 63; MüKoAktG/*Kubis* Rn. 33; MHdB AG/*Bungert* § 36 Rn. 75; *Schlitt* in Semler/Volhard/Reichert HV-HdB § 4 Rn. 214; aA wohl *v. Falkenhausen* BB 1966, 337 (339).
[145] GHEK/*Eckardt* Rn. 27; Grigoleit/*Herrler* Rn. 13; Großkomm AktG/*Butzke* Rn. 69; MüKoAktG/*Kubis* Rn. 33; *Butzke* Die Hauptversammlung der AG Rn. B 84; MHdB AG/*Bungert* § 36 Rn. 75; *Schlitt* in Semler/Volhard/Reichert HV-HdB § 4 Rn. 214.
[146] OLG Dresden AG 1999, 517 (518) – Sachsenmilch; Bürgers/Körber/*Reger* Rn. 16; GHEK/*Eckardt* Rn. 27; Großkomm AktG/*Butzke* Rn. 58; Hölters/*Drinhausen* Rn. 15; Hüffer/Koch/*Koch*, 13. Aufl. 2018, Rn. 16; MüKoAktG/*Kubis* Rn. 33; K. Schmidt/Lutter/*Ziemons* Rn. 22; *Butzke* Die Hauptversammlung der AG Rn. B 84; *Schlitt* in Semler/Volhard/Reichert HV-HdB § 4 Rn. 214; *Scholz* AG 2008, 11 (13); aA wohl *v. Falkenhausen* BB 1966, 337 (339).
[147] Großkomm AktG/*Butzke* Rn. 69; MüKoAktG/*Kubis* Rn. 33; *Butzke* Die Hauptversammlung der AG Rn. B 84; MHdB AG/*Bungert* § 36 Rn. 75; *Schlitt* in Semler/Volhard/Reichert HV-HdB § 4 Rn. 214.
[148] BegrRegE bei *Kropff* S. 174; Bürgers/Körber/*Reger* Rn. 18; GHEK/*Eckardt* Rn. 39; Großkomm AktG/*Butzke* Rn. 81; Hüffer/Koch/*Koch*, 13. Aufl. 2018, Rn. 19; MüKoAktG/*Kubis* Rn. 34; K. Schmidt/Lutter/*Ziemons* Rn. 32; *Butzke* Die Hauptversammlung der AG Rn. J 29; *Schlitt* in Semler/Volhard/Reichert HV-HdB § 4 Rn. 218.
[149] BGHZ 153, 32 (35 ff.) – Hypo-Vereinsbank (zur Prüferbestellung); ebenso OLG München AG 2003, 645 – Webac Holding; Grigoleit/*Herrler* Rn. 16; Großkomm AktG/*Butzke* Rn. 85; Hüffer/Koch/*Koch*, 13. Aufl. 2018, Rn. 18; MüKoAktG/*Kubis* Rn. 34; NK-AktG/*M. Müller* Rn. 11; K. Schmidt/Lutter/*Ziemons* Rn. 32; MHdB AG/*Bungert* § 36 Rn. 81; *Bayer* EWiR 2003, 199 (200); *Claussen* BB 2003, 465; *Lutter* JZ 2003, 566 f.; *W. Müller* LMK 2003, 49; *Veil* WuB IV E § 318 HGB 1.03; zur Genossenschaft auch OLG Hamm ZIP 1985, 741 (743 f.); aA *Kocher* AG 2013, 406 (413).
[150] BGHZ 153, 32 (35 ff.) – Hypo-Vereinsbank (zur Prüferbestellung); Bürgers/Körber/*Reger* Rn. 18; Hüffer/Koch/*Koch*, 13. Aufl. 2018, Rn. 18; K. Schmidt/Lutter/*Ziemons* Rn. 32; MHdB AG/*Bungert* § 36 Rn. 81; *Bayer* EWiR 2003, 199 (200); *Lutter* JZ 2003, 566 f.; *Veil* WuB IV E § 318 HGB 1.03; s. auch MüKoAktG/*Kubis* Rn. 34; *Claussen* BB 2003, 465; *W. Müller* LMK 2003, 49; aA OLG München AG 2001, 193 (196) – Hypo-Vereinsbank; LG München I AG 2000, 235 (236) – Hypo-Vereinsbank; *Scholz* AG 2008, 11 (16 f.).

ihrem Abstimmungsverhalten durch einen zu Unrecht vom Vorstand unterbreiteten (gleichlautenden) Wahlvorschlag überhaupt beeinflussen lassen.[151] Die Relevanz des Verstoßes für das Beschlussergebnis sollte aber jedenfalls dann verneint werden, wenn der Aufsichtsrat (oder ein Aktionär) in der Versammlung eine andere Person zur Wahl vorschlägt und diese gewählt wird (auch → Rn. 47).[152] § 124 Abs. 3 S. 1 gilt nur für die Wahl von Aufsichtsratsmitgliedern und Prüfern und ist auf andere Beschlussgegenstände grundsätzlich nicht entsprechend anwendbar. Insbesondere gilt die Regelung **nicht analog für die Abberufung** von Aufsichtsratsmitgliedern (§ 103 Abs. 1), so dass hierfür auch ein Vorschlag des Vorstands erforderlich ist.[153] Eine Ausnahme gilt, wenn zu einem angefochtenen Beschluss über die Wahl von Aufsichtsratsmitgliedern oder Prüfern ein **Bestätigungsbeschluss** gem. § 244 gefasst wird. Hier ist entsprechend § 124 Abs. 3 S. 1 wie bei der ursprünglichen Beschlussfassung nur der Aufsichtsrat zur Unterbreitung eines Beschlussvorschlags verpflichtet (und berechtigt).[154]

Ein Wahlvorschlag des Aufsichtsrats ist auch in den Fällen des **§ 100 Abs. 2 Nr. 4** erforderlich. **28a** Nach dem etwas missverständlichen Wortlaut der Vorschrift kann bei börsennotierten Gesellschaften die Wahl eines Kandidaten, der in den letzten zwei Jahren Vorstandsmitglied derselben Gesellschaft war, nur auf Vorschlag von Aktionären erfolgen, die mehr als 25% der Stimmrechte an der Gesellschaft halten. Der Vorschlag der Aktionäre nach § 100 Abs. 2 Nr. 4 ist dem vom Aufsichtsrat nach § 124 Abs. 3 S. 1 zu machenden Wahlvorschlag vorgelagert und kann diesen nicht ersetzen. Zur Möglichkeit, den Beschlussvorschlag des Aufsichtsrats von der Unterbreitung eines Vorschlags nach 100 Abs. 2 Nr. 4 abhängig zu machen, → Rn. 37.

Prüfer iSv § 124 Abs. 3 S. 1 sind neben dem **Abschlussprüfer** und dem **Konzernabschlussprü- 29 fer** (§ 318 Abs. 1) auch **Sonderprüfer** (§ 142 Abs. 1).[155] Ebenfalls erfasst ist der **Prüfer für die prüferische Durchsicht** des Halbjahresfinanzberichts (§ 115 Abs. 5 WpHG), sofern eine solche prüferische Durchsicht vorgesehen ist.[156] Die Bestellung eines Prüfers für die prüferische Durchsicht des Halbjahresfinanzberichts erfordert einen eigenen Beschlussvorschlag,[157] der allerdings mit dem Beschlussvorschlag zur Wahl des Abschlussprüfers und ggf. des Konzernabschlussprüfers zusammengefasst werden kann. Fehlt es an einer gesonderten Beschlussfassung, gilt gem. § 115 Abs. 5 S. 2 WpHG iVm § 318 Abs. 2 S. 1 HGB der Abschlussprüfer als Prüfer für die prüferische Durchsicht.[158]

Eine weitere Ausnahme von der Vorschlagspflicht beider Verwaltungsorgane sieht **§ 25d Abs. 5 29a S. 6 Hs. 1 Alt. 2 KWG** vor. Danach ist nur der Aufsichtsrat berechtigt und verpflichtet, einen Beschlussvorschlag zu unterbreiten, wenn die Hauptversammlung eines **Kreditinstiuts** über eine **Erhöhung der Obergrenze für die variable Vergütung der Vorstandsmitglieder** auf bis zu 200 % der fixen Vergütung beschließen soll. Der Vorschlag hat die Gründe für die erbetene Billigung einer höheren variablen Vergütung und deren Umfang, einschließlich der Anzahl der betroffenen Geschäftsleiter sowie ihrer Funktionen, und den erwarteten Einfluss einer höheren variablen Vergütung auf die Anforderung, eine angemessene Eigenmittelausstattung vorzuhalten, darzulegen (§ 25d Abs. 5 S. 6 Hs. 2 KWG).

2. Verfahren. a) Vorstand. Die Pflicht, Beschlussvorschläge zu machen, ist eine **Leitungsauf- 30 gabe** iSv § 76 Abs. 1, die den **Gesamtvorstand** trifft.[159] Eine Delegation auf einzelne Vorstandsmit-

---

[151] Vgl. Kölner Komm AktG/*Kiefner* § 251 Rn. 44; *Kocher* AG 2013, 406 (413).
[152] MüKoAktG/*Kubis* Rn. 34; *Kocher* AG 2013, 406 (413); *Scholz* AG 2008, 11 (16 f.); aA wohl BGHZ 153, 32 (35 ff.) – Hypo-Vereinsbank (zur Prüferbestellung); Bürgers/Körber/*Reger* Rn. 18; Hüffer/Koch/*Koch*, 13. Aufl. 2018, Rn. 18.
[153] Grigoleit/*Herrler* Rn. 15; Hüffer/Koch/*Koch*, 13. Aufl. 2018, Rn. 18; Wachter/*Mayrhofer* Rn. 15; Happ/*Happ* AktienR Abschn. 9.19 Rn. 3.1; *Heinze* AG 2011, 540 (541 f.); aA BeckFormB/*Messerschmidt* Abschn. H.V.2; wohl auch Großkomm AktG/*Butzke* Rn. 83.
[154] LG Frankfurt a.M. ZIP 2013, 2405 (2407) – Deutsche Bank; Großkomm AktG/*Butzke* Rn. 84; *Schilha/Wolf* NZG 2014, 337 (338 f.).
[155] Bürgers/Körber/*Reger* Rn. 18; Grigoleit/*Herrler* Rn. 14; Großkomm AktG/*Butzke* Rn. 81; Hüffer/Koch/*Koch*, 13. Aufl. 2018, Rn. 20; Kölner Komm AktG/*Noack/Zetzsche* Rn. 70; MüKoAktG/*Kubis* Rn. 34; K. Schmidt/Lutter/*Ziemons* Rn. 32; Wachter/*Mayrhofer* Rn. 15; MHdB AG/*Bungert* § 36 Rn. 81.
[156] Assmann/Schneider/*Hönsch* WpHG § 37w Rn. 41; Grigoleit/*Herrler* Rn. 14; Großkomm AktG/*Butzke* Rn. 81; Hüffer/Koch/*Koch*, 13. Aufl. 2018, Rn. 20; Wachter/*Mayrhofer* Rn. 15; *Nonnenmacher* in Marsch-Barner/Schäfer Börsennotierte AG-HdB Rn. 57.21; *Häcker* WPg 2011, 269 (273 f.); *Mutter/Arnold/Stehle* AG-Report 2007, R109, R113; aA Kölner Komm WpHG/*Mock* § 30w Rn. 117.
[157] Vgl. Assmann/Schneider/*Hönsch* WpHG § 37w Rn. 41; Hüffer/Koch/*Koch*, 13. Aufl. 2018, Rn. 20; *Häcker* WPg 2011, 269 (274); *Wagner* BB 2007, 454 (456).
[158] Hüffer/Koch/*Koch*, 13. Aufl. 2018, Rn. 20; *Mutter/Arnold/Stehle* AG-Report 2007, R109, R113.
[159] BGHZ 149, 158 (160) – Sachsenmilch III; BGH ZIP 2001, 216 f. – Sachsenmilch IV; OLG Dresden ZIP 1999, 1632 (1633) – Sachsenmilch II; LG Dresden AG 1999, 46 f. – Sachsenmilch; LG Heilbronn AG 2000, 373 (374) – Konrad Hornschuh; Bürgers/Körber/*Reger* Rn. 17; Grigoleit/*Herrler* Rn. 13; Großkomm AktG/*Butzke* Rn. 70; Kölner Komm AktG/*Noack/Zetzsche* Rn. 64; MüKoAktG/*Kubis* Rn. 35; *Schlitt* in Semler/Volhard/Reichert HV-HdB § 4 Rn. 213; *Henze* BB 2002, 847 (848); *Schäfer* ZGR 2003, 147 (150).

glieder ist nicht möglich. Nur die Ausführung kann einem einzelnen Vorstandsmitglied überlassen werden.[160] Der Vorstand entscheidet über seine Beschlussvorschläge durch **Beschluss**. § 121 Abs. 2 S. 1, der für die Beschlussfassung über die Einberufung stets eine einfache Mehrheit ausreichen lässt, ist hierauf nicht anwendbar.[161] Für den Beschluss ist daher grundsätzlich Einstimmigkeit erforderlich, sofern nicht die Satzung oder die Geschäftsordnung des Vorstands eine geringere Mehrheit ausreichen lässt.[162] Überstimmte Vorstandsmitglieder sind nicht berechtigt, einen abweichenden Beschlussvorschlag bekanntzumachen.[163] Wie bei der Beschlussfassung über die Einberufung (→ § 121 Rn. 13) muss der Vorstand im Zeitpunkt der Beschlussfassung mit der nach Gesetz oder Satzung erforderlichen Mitgliederzahl **ordnungsgemäß besetzt** und damit handlungsfähig sein (§ 76 Abs. 2). Ein unterbesetzter Vorstand kann nicht wirksam über die Beschlussvorschläge beschließen.[164] Anders als bei der Einberufung, führt die Beschlussfassung durch einen unterbesetzten Vorstand hier nicht zur Nichtigkeit (→ § 121 Rn. 102), sondern allenfalls zur **Anfechtbarkeit** der in der Hauptversammlung gefassten Beschlüsse.[165] Nach Ansicht des BGH ist in einem solchen Fall die für die Anfechtbarkeit des Verfahrensverstoßes erforderliche Relevanz stets gegeben.[166] Dies überzeugt aber jedenfalls nicht für den Fall, dass die Hauptversammlung abweichend von dem bekanntgemachten Beschlussvorschlag beschließt. Hier sollte die Relevanz des Verstoßes verneint werden (→ Rn. 47).[167] Gleiches gilt, wenn eine zunächst fehlende Beschlussfassung zu dem bekannt gemachten Beschlussvorschlag noch vor der Hauptversammlung nachgeholt wird (selbst wenn zu diesem Zeitpunkt die Einberufungsfrist bereits abgelaufen ist).[168] Auch in den übrigen Fällen lässt sich aber mit guten Gründen bezweifeln, ob sich die Aktionäre in ihrem Abstimmungsverhalten gerade dadurch beeinflussen lassen, dass sie auf das ordnungsgemäße Zustandekommen der Verwaltungsvorschläge vertrauen.[169]

31 b) **Aufsichtsrat. aa) Allgemeines.** Der Aufsichtsrat entscheidet über die von ihm zu machenden Beschlussvorschläge ebenfalls durch **Beschluss** (§ 108 Abs. 1).[170] Für den Beschluss ist grundsätzlich eine einfache Mehrheit ausreichend. Überstimmte Aufsichtsratsmitglieder sind nicht berechtigt, einen abweichenden Beschlussvorschlag bekanntzumachen.[171] Wird die **Wahl einzelner Aufsichtsratsmitglieder erfolgreich angefochten** (mit Wirkung ex tunc) oder war sie von Anfang an nichtig, stellt sich die Frage nach den Folgen für die Beschlussvorschläge und die auf dieser Grundlage gefassten Hauptversammlungsbeschlüsse, wenn das Hinwegdenken der betreffenden Mitglieder Auswirkungen auf die Beschlussfähigkeit des Aufsichtsrats oder das Ergebnis der Beschlussfassung über die Beschlussvorschläge hätte. Nach der vorzugswürdigen hM in der Literatur findet in einem solchen

---

[160] LG Dresden ZIP 1999, 1632 (1633) – Sachsenmilch II; MüKoAktG/*Kubis* Rn. 35.
[161] Großkomm AktG/*Butzke* Rn. 70; MüKoAktG/*Kubis* Rn. 35.
[162] Grigoleit/*Herrler* Rn. 13; Großkomm AktG/*Butzke* Rn. 70; Kölner Komm AktG/*Noack/Zetzsche* Rn. 64; MüKoAktG/*Kubis* Rn. 35.
[163] K. Schmidt/Lutter/*Ziemons* Rn. 22.
[164] BGHZ 149, 158 (161 f.) – Sachsenmilch III; BGH ZIP 2001, 216 f. – Sachsenmilch IV; OLG Dresden ZIP 1999, 1632 (1633 f.) – Sachsenmilch II; LG Dresden AG 1999, 46 f. – Sachsenmilch; LG Heilbronn AG 2000, 373 (374) – Konrad Hornschuh; Bürgers/Körber/*Reger* Rn. 17; Grigoleit/*Herrler* Rn. 13; Hölters/*Drinhausen* Rn. 17; Hüffer/Koch/*Koch*, 13. Aufl. 2018, Rn. 16, § 76 Rn. 56; MüKoAktG/*Kubis* Rn. 35; *Schlitt* in Semler/Volhard/Reichert HV-HdB § 4 Rn. 213; *Henze* BB 2002, 847 (848); *Schäfer* ZGR 2003, 147 (150 ff.); aA *Götz* ZIP 2002, 1745 (1748 ff.); *Rottnauer* NZG 2000, 414 (417 f.); wohl auch Kölner Komm AktG/*Noack/Zetzsche* Rn. 65; *Tröger* NZG 2002, 211.
[165] BGHZ 149, 158 (163 ff.) – Sachsenmilch III; BGH ZIP 2001, 216 – Sachsenmilch IV; OLG Dresden ZIP 1999, 1632 (1634) – Sachsenmilch II; LG Dresden AG 1999, 46 f. – Sachsenmilch; LG Heilbronn AG 2000, 373 (374 f.) – Konrad Hornschuh; Hüffer/Koch/*Koch*, 13. Aufl. 2018, Rn. 17; MüKoAktG/*Kubis* Rn. 35; *Henze* BB 2002, 847 (848 f.); auch gegen Anfechtbarkeit Kölner Komm AktG/*Mertens/Cahn* § 108 Rn. 109; Kölner Komm AktG/*Zöllner*, 1. Aufl. 1985, Rn. 49; *Götz* ZIP 2002, 1745 (1748 ff.); *Rottnauer* NZG 2000, 414 (417 f.).
[166] BGHZ 149, 158 (163 ff.) – Sachsenmilch III; ebenso *Henze* BB 2002, 847 (849); einschränkend MüKoAktG/*Kubis* Rn. 35: keine Anfechtbarkeit, wenn die Hauptversammlung abweichend vom Beschlussvorschlag beschließt; aA *Kocher* AG 2013, 406 (412 f.): Relevanz regelmäßig zu verneinen.
[167] Ebenso MüKoAktG/*Kubis* Rn. 35; vgl. zu Wahlvorschlägen des Aufsichtsrats auch *Hüffer* ZIP 2010, 1979 (1981); anders LG Hannover ZIP 2010, 833 (837 f.) – Continental/Schaeffler (für den Fall, dass der von einem Aktionär in der Hauptversammlung gestellte Wahlvorschlag hinsichtlich neun von zehn Kandidaten dem Wahlvorschlag des Aufsichtsrats entspricht).
[168] So zu Beschlussvorschlägen des Aufsichtsrats OLG Stuttgart, Beschl. v. 21.12.2012 – 20 AktG 1/12, BeckRS 2013, 00660 (insoweit in AG 2013, 559 nicht mit abgedruckt); krit. *Nikoleyczik/Gubitz* EWiR 2013, 263 (264).
[169] Vgl. *Kocher* AG 2013, 406 (412 f.).
[170] LG Frankfurt a. M. NZG 2004, 672 (673 f.); Bürgers/Körber/*Reger* Rn. 18; GHEK/*Eckardt* Rn. 30; Großkomm AktG/*Butzke* Rn. 72; Hüffer/Koch/*Koch*, 13. Aufl. 2018, Rn. 16; MüKoAktG/*Kubis* Rn. 37; K. Schmidt/Lutter/*Ziemons* Rn. 23; *Butzke* Die Hauptversammlung der AG Rn. B 84.
[171] Großkomm AktG/*Butzke* Rn. 72; K. Schmidt/Lutter/*Ziemons* Rn. 22.

Fall die **Lehre vom fehlerhaften Bestellungsverhältnis** Anwendung (→ § 101 Rn. 115 f.).[172] Danach wird ein fehlerhaft bestelltes Aufsichtsratsmitglied bis zur tatsächlichen Amtsbeendigung grundsätzlich wie ein wirksames Mitglied behandelt.[173] Der Beschlussvorschlag wäre daher auch dann wirksam zustande gekommen, wenn die Wahl später für nichtig erklärt oder die Nichtigkeit festgestellt wird. Der BGH hat dieser Ansicht jedoch eine Absage erteilt und behandelt ein anfechtbar gewähltes Aufsichtsratsmitglied bei erfolgreicher Anfechtung ebenso wie ein von Anfang an nichtig gewähltes Mitglied als Nichtmitglied.[174] Im Ergebnis kommt aber auch der BGH für die Beschlussvorschläge jedenfalls bei anfechtbarer Wahl (anders wohl bei von Beginn an nichtiger Wahl) zum selben Ergebnis wie die Lehre vom fehlerhaften Bestellungsverhältnis. Ist das Vorliegen eines Aufsichtsratsbeschlusses wie bei den Beschlussvorschlägen nach § 124 Abs. 3 S. 1 Anknüpfungspunkt für eine Entscheidung der Hauptversammlung, soll der fehlerhafte Aufsichtsratsbeschluss nämlich nach Ansicht des BGH bei der ursächlichen Mitwirkung eines Mitglieds, dessen Wahl angefochten, aber noch nicht für nichtig erklärt ist, trotz einer späteren Nichtigerklärung des Wahlbeschlusses für die Entscheidung der Hauptversammlung nicht relevant sein.[175] Dies widerspricht zwar der bisherigen Rechtsprechung des BGH zur Relevanz fehlender Beschlussvorschläge (→ Rn. 47), führt aber dennoch zu praxistauglichen Ergebnissen. Da § 124 Abs. 3 S. 1 in § 107 Abs. 3 S. 3 nicht genannt ist, kann die Unterbreitung von Beschlussvorschlägen auf einen **Ausschuss** übertragen werden.[176] Eine Delegation auf den Aufsichtsratsvorsitzenden oder auf einzelne Aufsichtsratsmitglieder ist nicht möglich.[177]

Die Unterbreitung von Vorschlägen zur Wahl von Aufsichtsratsmitgliedern ist von der vorgelagerten Auswahl und Nominierung geeigneter Kandidaten durch den nach der Empfehlung der **Ziffer 5.3.3 DCGK** bei börsennotierten Gesellschaften einzurichtenden **Nominierungsausschuss** zu unterscheiden.[178] Dem Nominierungsausschuss kann aber auch die Aufgabe aus § 124 Abs. 3 S. 1 übertragen werden.[179] Etwas anderes gilt bei Kreditinstituten, bei denen dem gem. § 25d Abs. 11 KWG zu bildenden Nomiierungsausschuss auch Arbeitnehmervertreter angehören.[180]

Nach Auffassung des OLG München ist der Aufsichtsratsbeschluss nichtig, wenn der Beschlussvorschlag an die Hauptversammlung inhaltlich im **Widerspruch zu den Empfehlungen des Deutschen Corporate Governance Kodex** steht (mit der Folge der Anfechtbarkeit des entsprechenden Hauptversammlungsbeschlusses).[181] Diese Auffassung wird in der Literatur zu Recht ganz überwie-

---

[172] S. etwa Grigoleit/*Grigoleit/Tomasic* § 101 Rn. 33; Großkomm AktG/*T. Bezzenberger* § 256 Rn. 189; Kölner Komm AktG/*Kiefner* § 252 Rn. 25 ff.; MüKoAktG/*Goette* § 161 Rn. 93; MüKoAktG/*Habersack* § 101 Rn. 70 ff.; K. Schmidt/Lutter/*Drygala* § 101 Rn. 36 ff.; *Schürnbrand* Organschaft im Recht der privaten Verbände 2007 S. 286 ff.; *Bayer/Lieder* NZG 2012, 1 (6 f.); *Cziupka/Pitz* NJW 2013, 1539; *Habersack* FS Goette, 2011, 121 (132 f.); *Happ* FS Hüffer, 2010, 293 (305 ff.); *Kiefner/Seibel* Der Konzern 2013, 310 (313 ff.); *Priester* GWR 2013, 175 (176 f.); *Rieckers* in VGR, Gesellschaftsrecht in der Diskussion 2013, 2014, S. 125 (141 ff.); *Rieckers* AG 2013, 383 (384 f.); *Schürnbrand* NZG 2008, 609 (610 f.); *Schürnbrand* NZG 2013, 481 (482 f.); *Spindler* NZG 2011, 1007 (1012); *Staake* ZIP 2010, 1013 (1020); *Zöllner* AG 2004, 397 (403); bei anfechtbarer Wahl auch Großkomm AktG/*Hopt/Roth* § 101 Rn. 217, 228; aus der Rechtsprechung auch OLG Frankfurt a.M. ZIP 2011, 24 (27) – Deutsche Bank; LG Frankfurt a.M. NZG 2009, 148 (151 f.) – Deutsche Bank; s. auch OLG Köln AG 2011, 465 (467) – IVG.
[173] Zu Ausnahmen bei bestimmten Nichtigkeitsgründen (insbesondere fehlende Geschäftsfähigkeit und Verstöße gegen Inkompatibilitätsvorschriften) vgl. OLG Frankfurt a.M. ZIP 2011, 24 (27) – Deutsche Bank; Grigoleit/*Grigoleit/Tomasic* § 101 Rn. 33; MüKoAktG/*Habersack* § 101 Rn. 72; *Schürnbrand*, Organschaft im Recht der privaten Verbände, 2007, 290 f.; *Habersack* FS Goette, 2011, 121 (134); *Happ* FS Hüffer, 2010, 293 (307 f.); *Schürnbrand* NZG 2008, 609 (611); *Schürnbrand* NZG 2013, 481 (483); für eine Ausnahme allein bei fehlender Geschäftsfähigkeit *Bayer/Lieder* NZG 2012, 1 (7).
[174] BGHZ 196, 195 (201 ff.) – IKB.
[175] BGHZ 196, 195 (204 f.) – IKB.
[176] Bürgers/Körber/*Reger* Rn. 18; Grigoleit/*Herrler* Rn. 13; Großkomm AktG/*Butzke* Rn. 72, 91; Hüffer/Koch/*Koch*, 13. Aufl. 2018, Rn. 16; Kölner Komm AktG/*Noack/Zetzsche* Rn. 66; MüKoAktG/*Kubis* Rn. 37; MHdB AG/*Bungert* § 36 Rn. 76; *Butzke* Die Hauptversammlung der AG Rn. B 84; *Schlitt* in Semler/Volhard/Reichert HV-HdB § 4 Rn. 213; *Erle* AG 1970, 31 (34); *Simons* WPg 2018, 771 f.; zweifelnd MüKoAktG/*Habersack* § 107 Rn. 144; aA Großkomm AktG/*Hopt/Roth* § 107 Rn. 389; *Hommelhoff* BB 1998, 2567 (2570); *Mattheus* ZGR 1999, 682 (708).
[177] Großkomm AktG/*Butzke* Rn. 72; MüKoAktG/*Kubis* Rn. 37.
[178] Vgl. Hüffer/Koch/*Koch*, 13. Aufl. 2018, Rn. 21.
[179] Großkomm AktG/*Butzke* Rn. 95; Hüffer/Koch/*Koch*, 13. Aufl. 2018, Rn. 21; Kölner Komm AktG/*Noack/Zetzsche* Rn. 74.
[180] Großkomm AktG/*Butzke* Rn. 95.
[181] OLG München ZIP 2009, 133 (134 f.) – MAN; zust. Kölner Komm AktG/*Lutter* § 161 (2. Bearbeitung) Rn. 151; *Deilmann/Albrecht* AG 2010, 727 (732 ff.); *E. Vetter* FS U.H. Schneider, 2011, 1345 (1352 ff.); ebenso bereits *E. Vetter* NZG 2008, 121 (123 f.); *Waclawik* ZIP 2011, 885 (888 Fn. 26, 890); s. auch LG Hannover ZIP 2010, 833 (838) – Continental/Schaeffler.

gend abgelehnt (→ § 251 Rn. 5a).[182] Gegen die Nichtigkeit des Beschlussvorschlags spricht, dass dieser inhaltlich rechtmäßig ist. Der mögliche Verstoß gegen die nachgelagerte Pflicht zur unterjährigen Aktualisierung der Entsprechenserklärung (§ 161) vermag hieran nichts zu ändern.[183]

32 **bb) Empfehlung des Prüfungsausschusses (Abs. 3 S. 2).** Gem. § 124 Abs. 3 S. 2 ist bei **kapitalmarktorientierten Gesellschaften** iSd § 264d HGB, bei **CRR-Kreditinstituten** iSd § 1 Abs. 3d S. 1 KWG (mit Ausnahme der in § 2 Abs. 1 Nr. 1 und 2 KWG genannten Institute) und bei **Versicherungsunternehmen** iSd Art. 2 Abs. 1 RL 91/674/EWG der Vorschlag des Aufsichtsrats zur Wahl des Abschlussprüfers auf die Empfehlung des Prüfungsausschusses zu stützen. § 124 Abs. 3 S. 2 steht im Zusammenhang mit § 107 Abs. 3 S. 2, wonach der Aufsichtsrat einen Prüfungsausschuss bestellen kann, der sich mit der Überwachung des Rechnungslegungsprozesses, der Wirksamkeit des internen Kontrollsystems, des Risikomanagementsystems und des internen Revisionssystems sowie der Abschlussprüfung (insbesondere der Auswahl und der Unabhängigkeit des Abschlussprüfers und der vom Abschlussprüfer zusätzlich erbrachten Leistungen) befasst. Beide Regelungen wurden 2009 durch das BilMoG eingefügt und 2016 durch das AReG modifiziert (→ Rn. 3).

33 Bei den von § 124 Abs. 3 S. 2 Var. 1 in Bezug genommenen Gesellschaften iSd § 264d HGB handelt es sich um **kapitalmarktorientierte Gesellschaften.** Eine Gesellschaft ist nach der Definition des § 264d HGB kapitalmarktorientiert, wenn sie einen organisierten Markt iSd § 2 Abs. 11 WpHG durch von ihr ausgegebene Wertpapiere iSd § 2 Abs. 1 WpHG in Anspruch nimmt oder die Zulassung solcher Wertpapiere zum Handel an einem organisierten Markt beantragt hat. § 124 Abs. 3 S. 2 Var. 2 bezieht **CRR-Kreditinstitute** iSd § 1 Abs. 3d S. 1 KWG ein, nimmt dabei die in § 2 Abs. 1 Nr. 1 und 2 KWG genannten Institute aus. **CRR-Kreditinstitute** iSd § 1 Abs. 3d S. 1 KWG sind Kreditinstitute iSd Art. 4 Abs. 1 Nr. 1 VO (EU) Nr. 575/2013. Danach ist „Kreditinstitut" ein Unternehmen, dessen Tätigkeit darin besteht, Einlagen oder andere rückzahlbare Gelder des Publikums entgegenzunehmen und Kredite für eigene Rechnung zu gewähren. Damit sind von § 124 Abs. 3 S. 2 Var. 2 klassische Kreditinstitute erfasst, die das Einlagen- und Kreditgeschäft betreiben. Die in § 124 Abs. 3 S. 2 Var. 2 enthaltenen Ausnahmen in Bezug auf die in § 2 Abs. 1 Nr. 1 und 2 KWG genannten Institute betreffen die Deutsche Bundesbank und die Kreditanstalt für Wiederaufbau (KfW).[184] Bei den von § 124 Abs. 3 S. 2 Var. 3 in Bezug genommenen **Versicherungsunternehmen** iSd Art. 2 Abs. 1 RL 91/674/EWG handelt es sich schließlich um (i) Unternehmen gem. Art. 1 RL 73/239/EWG mit Ausnahme derjenigen VVaG, die nach Art. 3 RL 73/239/EWG aus deren Anwendungsbereich ausgeschlossen sind, aber einschließlich der in Art. 4 lit. a, b, c und e der genannten Richtlinie aufgeführten Einrichtungen, es sei denn, deren Tätigkeit besteht nicht ausschließlich oder hauptsächlich im Versicherungsgeschäft, (ii) Unternehmen gem. Art. 1 RL 79/267/EWG mit Ausnahme der in Art. 2 Abs. 2 und 3 sowie Art. 3 der genannten Richtlinie aufgeführten Einrichtungen und VVaG oder (iii) Unternehmen, die die Rückversicherung betreiben.

33a § 124 Abs. 3 S. 2 steht im Einklang mit Art. 16 Abs. 2 Unterabs. 1 **APVO**,[185] wonach bei **Unternehmen von öffentlichem Interesse**[186] der Prüfungsausschuss dem Verwaltungs- oder Aufsichtsorgan des geprüften Unternehmens eine Empfehlung für die Bestellung von Abschlussprüfern oder Prüfungsgesellschaften vorlegt. Abgesehen vom Fall der Erneuerung eines Prüfungsmandats gem.

---

[182] S. etwa *Bachmann* ZIP 2010, 1517 (1525); *Bachmann/Becker* WuB II. A § 161 AktG 1.09; *Bröcker* Der Konzern 2011, 313 (316); *Goslar/von der Linden* DB 2009, 1691 (1695 f.); *Hüffer* in VGR, Gesellschaftsrecht in der Diskussion 2010, 2011, S. 63 (74 ff.); *Hüffer* ZIP 2011, 1979 (1980 f.); *Kiefner* NZG 2011, 201 (203 f.); *Kocher* AG 2013, 406 (413); *Kocher/Bedkowski* BB 2009, 235; *Noack* BOARD 2011, 3 (4); *Rieder* NZG 2010, 737 (738); *Schubert/Jacobsen* WM 2011, 726 (732 f.); *Tröger* ZHR 175 (2011) 746 (772 ff.); ebenso bereits LG München I ZIP 2007, 2360 (2362) – MAN; *Marsch-Barner* FS K. Schmidt, 2009, 1109 (1112 f.); *Spindler/Lönner* WuB II. A § 161 AktG 1.08.
[183] Vgl. *Kocher* AG 2013, 406 (413); *Marsch-Barner* FS K. Schmidt, 2009, 1109 (1112 f.); *Noack* BOARD 2011, 3 (4); *Reger/Theusinger* EWiR 2010, 346 f.; *Rieder* NZG 2010, 737 (738).
[184] *Nodoushani* AG 2016, 381 (382).
[185] VO (EU) Nr. 537/2014 des Europäischen Parlaments und des Rates v. 16.4.2014 über spezifische Anforderungen an die Abschlussprüfung bei Unternehmen von öffentlichem Interesse und zur Aufhebung des Beschlusses 2005/909/EG der Kommission, ABl. EU 2014 Nr. L 158, 77.
[186] Dies umfasst im Wesentlichen kapitalmarktorientierte Unternehmen, CRR-Kreditinstitute und Versicherungsunternehmen iSd Art. 2 Abs. 1 RL 91/674/EWG; vgl. die Definition in Art. 2 Nr. 13 der Abschlussprüferrichtlinie (RL 2006/43/EG des Europäischen Parlaments und des Rates v. 17.5.2006 über Abschlussprüfungen von Jahresabschlüssen und konsolidierten Abschlüssen, zur Änderung der Richtlinien 78/660/EWG und 83/349/EWG des Rates und zur Aufhebung der Richtlinie 84/253/EWG des Rates, ABl. EU 2006 Nr. L 157, 87, zuletzt geändert durch RL 2014/56/EU des Europäischen Parlaments und des Rates v. 16.4.2014 zur Änderung der Richtlinie 2006/43/EG über Abschlussprüfungen von Jahresabschlüssen und konsolidierten Abschlüssen, ABl. EU 2014 Nr. L 158, 196).

Art. 17 Abs. 1 und 2 APVO[187] muss die Empfehlung des Prüfungsausschusses **begründet** werden und **mindestens zwei Vorschläge** für das Prüfungsmandat enthalten; der Prüfungsausschuss teilt unter Angabe der Gründe seine **Präferenz** für einen der beiden Vorschläge mit (Art. 16 Abs. 2 Unterabs. 2 APVO). Der Prüfungsausschuss muss zudem in seiner Empfehlung erklären, dass diese frei von ungebührlicher Einflussnahme durch Dritte ist und ihm keine Klausel der in Art. 16 Abs. 6 APVO[188] genannten Art auferlegt wurde (Art. 16 Abs. 2 Unterabs. 3 APVO). Der Empfehlung des Prüfungsausschusses ist ein Auswahlverfahren nach Art. 16 Abs. 3 APVO vorgelagert. Für die **Einberufung** ist bei Unternehmen von öffentlichem Interesse Art. 16 Abs. 5 APVO zu beachten. Danach muss der vom Aufsichtsrat zu unterbreitende Beschlussvorschlag an die Hauptversammlung die **Empfehlung und Präferenz des Prüfungsausschusses** enthalten. Anzugeben sind daher beide Vorschläge des Prüfungsausschusses unter Angabe der Präferenz des Prüfungsausschusses.[189] Nicht ganz eindeutig ist, ob in der Einberufung auch die Begründung des Prüfungsausschusses mit anzugeben ist. Die besseren Argumente sprechen jedoch gegen eine solche Angabepflicht.[190] Die Formulierung in Art. 16 Abs. 2 APVO unterscheidet zwischen Empfehlung und Begründung bzw. Präferenz und Gründen, während Art. 16 Abs. 5 APVO nur die Empfehlung und die Präferenz nennt. Eine Begründung verlangt Art. 16 Abs. 5 APVO nur, wenn der Vorschlag des Aufsichtsrats von der Präferenz des Prüfungsausschusses abweicht. Weniger eindeutig ist, ob die nach Art. 16 Abs. 2 APVO erforderliche Erklärung, dass die Empfehlung frei von ungebührlicher Einflussnahme durch Dritte ist, in die Einberufung aufgenommen werden muss. Nach dem Wortlaut erklärt der Prüfungsausschuss dies „in seiner Empfehlung". Allerdings dürfte es sich nur um eine sprachliche Ungenauigkeit handeln. Die Erklärung bezieht sich zwar auf die Empfehlung, ist aber gedanklich von ihr zu trennen, so dass sie nicht von der Angabepflicht gem. Art. 16 Abs. 5 APVO erfasst ist.[191] Hat der Aufsichtsrat einer AG, die Unternehmen von öffentlichem Interesse ist, **keinen Prüfungsausschuss** gebildet, ist der Aufsichtsrat nicht verpflichtet, der Hauptversammlung selbst zwei Vorschläge unter Mitteilung einer Präferenz zu unterbereiten.[192] Verstöße gegen Art. 16 Abs. 2, 3 und 5 APVO sind nach §§ 333a, 334 Abs. 2a HGB sanktioniert.

§ 124 Abs. 3 S. 2 AktG gilt **nur, soweit der Aufsichtsrat einen Prüfungsausschuss eingerichtet hat**.[193] Eine Pflicht hierzu besteht grundsätzlich nicht (auch nicht für kapitalmarktorientierte Gesellschaften).[194] Etwas anders gilt gem. § 25d Abs. 9 S. 1 KWG für CRR-Institute,[195] die iSd § 25d Abs. 3 S. 8 KWG von erheblicher Bedeutung sind, und für Finanzholding-Gesellschaften oder gemischte Finanzholding-Gesellschaften, wenn diese nach § 10a Abs. 2 S. 2 oder S. 3 KWG oder § 12 Abs. 2 FKAG als übergeordnetes Unternehmen bestimmt worden sind und ihnen ein CRR-Institut nachgeordnet ist. Auch wenn ein Prüfungsausschuss besteht, ist der Aufsichtsrat bei der Formulierung seiner Beschlussvorschläge **nicht an die Empfehlungen des Prüfungsausschusses gebunden**.[196] Er hat die Empfehlung lediglich in seine Erwägungen zum Vorschlag einzubeziehen. Nach der Vorstellung des Gesetzgebers muss der Aufsichtsrat Abweichungen von der Empfehlung des Prüfungsausschusses in seinem Vorschlag gegenüber der Hauptversammlung begründen.[197] Eine

---

[187] Art. 17 APVO regelt die Höchstlaufzeit des Prüfungsmandats, nach deren Ablauf zwingend eine (externe) Rotation des Abschlussprüfers erfolgen muss.

[188] Gem. Art. 16 Abs. 6 APVO ist jede Klausel in einem zwischen Unternehmen von öffentlichem Interesse und Dritten geschlossenen Vertrag, die die Auswahlmöglichkeiten der Gesellschafterversammlung oder Aktionärshauptversammlung des betreffenden Unternehmens gem. Art. 37 RL 2006/43/EG im Hinblick auf die Auswahl eines bestimmten Abschlussprüfers oder einer bestimmten Prüfungsgesellschaft für die Durchführung der Abschlussprüfung bei diesem Unternehmen auf bestimmte Kategorien oder Listen von Abschlussprüfern oder Prüfungsgesellschaften beschränkt, nichtig.

[189] Anders *Simons* WPg 2018, 771 (777): Vorschlag könne sich darauf beschränken, nur den zur Wahl empfohlenen Kandidaten zu nennen.

[190] *Rieckers* DB 2017, 2720 (2721); *Simons* WPg 2018, 771 (777).

[191] *Rieckers* DB 2017, 2720 (2721); *Simons* WPg 2018, 771 (777).

[192] *Hüffer/Koch/Koch*, 13. Aufl. 2018, Rn. 22; *Buhleier/Niehues/Splinter* DB 2016, 1885 (1889 f.); *Simons* WPg 2018, 771 (777); aA *Hoppe* NZG 2017, 361 (366 f.); *Schilha* ZIP 2016, 1316 (1327); *Schüppen* NZG 2016, 247 (251 f.).

[193] BegrRegE BT-Drs. 16/10 067, 103.

[194] Vgl. BegrRegE BT-Drs. 16/10 067, 102; Bürgers/Körber/*Reger* Rn. 18a; Grigoleit/*Herrler* Rn. 17; Großkomm AktG/*Butzke* Rn. 90; Hüffer/Koch/*Koch*, 13. Aufl. 2018, Rn. 22; Kölner Komm AktG/*Mertens/Cahn* § 107 Rn. 106; Kölner Komm AktG/*Noack/Zetzsche* Rn. 71; MüKoAktG/*Habersack* § 107 Rn. 109; MüKoAktG/*Kubis* Rn. 46; K. Schmidt/Lutter/*Ziemons* Rn. 28; *Simons* WPg 2018, 771 (772 f.).

[195] Zum Begriff s. § 1 Abs. 3d S. 3 KWG.

[196] BegrRegE BT-Drs. 16/10 067, 103; Großkomm AktG/*Butzke* Rn. 91; Hölters/*Drinhausen* Rn. 15; Hüffer/Koch/*Koch*, 13. Aufl. 2018, Rn. 22; MüKoAktG/*Kubis* Rn. 46; K. Schmidt/Lutter/*Ziemons* Rn. 28; Erchinger/Melcher DB-Beilage 5/09, 91 (97); *Simons* WPg 2018, 771 (772).

[197] BegrRegE BT-Drs. 16/10 067, 103; ebenso Hölters/*Drinhausen* Rn. 14; Erchinger/Melcher DB-Beilage 5/09, 91 (97).

entsprechende Begründungspflicht folgt für Unternhemen von öffentlichem Interesse nunmehr unmittelbar aus Art. 16 Abs. 5 Unterabs. 2 S. 1 APVO. Nach Art. 16 Abs. 5 Unterabs. 2 S. 2 APVO darf der Aufsichtsrat keinen Prüfer vorschlagen, der nicht an dem Auswahlverfahren iSd Art. 16 Abs. 3 APVO teilgenommen hat. Ungeachtet der Regelung in § 124 Abs. 3 S. 2 kann die Unterbreitung des Wahlvorschlags auch auf den Prüfungsausschuss delegiert werden (→ Rn. 31).[198] In diesem Fall läuft § 124 Abs. 3 S. 2 leer.[199]

34 **cc) Mitbestimmter Aufsichtsrat (Abs. 3 S. 5).** Hat der Aufsichtsrat auch aus Aufsichtsratsmitgliedern der Arbeitnehmer zu bestehen, bedürfen Beschlüsse des Aufsichtsrats über Vorschläge zur Wahl von Aufsichtsratsmitgliedern gem. § 124 Abs. 3 S. 5 Hs. 1 nur der Mehrheit der Stimmen der Aufsichtsratsmitglieder der Aktionäre. Hierdurch soll sichergestellt werden, dass die Arbeitnehmervertreter keinen Einfluss auf die Wahl der Aufsichtsratsmitglieder der Aktionäre nehmen.[200] Vor diesem Hintergrund gilt der Ausschluss der Arbeitnehmervertreter nicht nur für die Beschlussfassung, sondern **auch für die Beratung** über Vorschläge zur Wahl von Aufsichtsratsmitgliedern.[201] Die Ausnahme von der Zuständigkeit des Gesamtaufsichtsrats bezieht sich auf **alle Mitbestimmungsformen.**[202] Etwas anderes gilt nur für den Vorschlag zur Wahl des sog. neutralen Aufsichtsratsmitglieds nach § 8 Montan-MitbestG iVm § 4 Abs. 1 lit. c Montan-MitbestG (→ Rn. 35).

35 § 124 Abs. 3 S. 5 Hs. 2 stellt ausdrücklich klar, dass **§ 8 Montan-MitbestG** unberührt bleibt. Der Aufsichtsrat muss auch für die Wahl des neutralen Aufsichtsratsmitglieds nach § 8 Montan-MitbestG einen Wahlvorschlag unterbreiten.[203] Entsprechendes gilt für die Wahl des neutralen Aufsichtsratsmitglieds nach § 5 MitbestErgG.[204] § 124 Abs. 3 S. 3 greift insoweit nicht ein (→ Rn. 40). Der Beschluss über den Wahlvorschlag ist **von den übrigen Aufsichtsratsmitgliedern** (dh von allen Aufsichtsratsmitgliedern außer dem neutralen Mitglied) zu fassen (§ 8 Abs. 1 S. 1 Montan-MitbestG). Der Vorschlag wird durch diese Aufsichtsratsmitglieder mit der Mehrheit aller Stimmen beschlossen (§ 8 Abs. 1 S. 2 Montan-MitbestG). Er bedarf jedoch der Zustimmung von mindestens je drei Mitgliedern, die nach § 5 und die nach § 6 Montan-MitbestG gewählt sind (§ 8 Abs. 1 S. 3 Montan-MitbestG). Bei den nach § 5 und nach § 6 Montan-MitbestG gewählten Aufsichtsratsmitgliedern handelt es sich um vier Vertreter der Anteilseigner und ein weiteres Mitglied bzw. vier Vertreter der Arbeitnehmer und ein weiteres Mitglied (§ 5 iVm § 4 Abs. 1 lit. a bzw. § 6 iVm § 4 Abs. 1 lit. b Montan-MitbestG). Der Beschluss über den Wahlvorschlag ist nicht von den in der Hauptversammlung erst zu wählenden, sondern **von den amtierenden Aufsichtsratsmitgliedern** zu fassen.[205] Kommt ein Wahlvorschlag nach § 8 Abs. 1 Montan-MitbestG nicht zustande oder wird eine vorgeschlagene Person nicht gewählt, ist gem. § 8 Abs. 2 Montan-MitbestG ein Vermittlungsausschuss zu bilden. Dieser hat einen Wahlvorschlag nach Maßgabe von § 8 Abs. 3 Montan-MitbestG zu machen.

36 **3. Inhalt. a) Allgemeines.** Die Beschlussvorschläge der Verwaltung müssen so formuliert sein, dass sie in der Hauptversammlung als Anträge zur Abstimmung gestellt werden können (→ Rn. 26). Dies setzt eine **hinreichende Bestimmtheit** voraus. Die Annahme eines dem Beschlussvorschlag entsprechenden Antrags muss zu einem eindeutigen Ergebnis führen.[206] Dabei muss es sich nicht zwingend um ein positives Beschlussergebnis handeln. Vorstand und Aufsichtsrat können sich auch auf einen **ablehnenden Beschlussvorschlag** beschränken (etwa im Fall von Meinungsverschiedenheiten zwischen Vorstand und Aufsichtsrat).[207] Bei **Gewinnverwendungsbeschlüssen** sind die Beschlussvorschläge grundsätzlich an der gesetzlichen Gliederung gem. § 170 Abs. 2 S. 2 zu orientie-

---

[198] Hüffer/Koch/*Koch*, 13. Aufl. 2018, Rn. 22; Habersack AG 2008, 98 (99) Fn. 6; Simons WPg 2018, 771 (773).
[199] Vgl. Hüffer/Koch/*Koch*, 13. Aufl. 2018, Rn. 22; Simons WPg 2018, 771 (773).
[200] Hüffer/Koch/*Koch*, 13. Aufl. 2018, Rn. 26.
[201] Grigoleit/*Herrler* Rn. 21; Großkomm AktG/*Butzke* Rn. 93; Großkomm AktG/*Hopt/Roth* § 101 Rn. 67; Hüffer/Koch/*Koch*, 13. Aufl. 2018, Rn. 26; MüKoAktG/*Kubis* Rn. 37; aA MHdB AG/*Hoffmann-Becking* § 30 Rn. 37; MüKoAktG/*Habersack* § 101 Rn. 16.
[202] Hüffer/Koch/*Koch*, 13. Aufl. 2018, Rn. 26; MüKoAktG/*Kubis* Rn. 37.
[203] Bürgers/Körber/*Reger* Rn. 19; GHEK/*Eckardt* Rn. 48; Grigoleit/*Herrler* Rn. 18; Großkomm AktG/*Butzke* Rn. 62, 94; Hüffer/Koch/*Koch*, 13. Aufl. 2018, Rn. 23; MüKoAktG/*Kubis* Rn. 38; K. Schmidt/Lutter/*Ziemons* Rn. 32; MHdB AG/*Bungert* § 36 Rn. 79.
[204] Großkomm AktG/*Werner* Rn. 79; MüKoAktG/*Kubis* Rn. 34; K. Schmidt/Lutter/*Ziemons* Rn. 32; MHdB AG/*Bungert* § 36 Rn. 54.
[205] GHEK/*Eckardt* Rn. 49; MüKoAktG/*Kubis* Rn. 38; Erle AG 1970, 31 (33 f.); aA Großkomm AktG/*Werner*, 4. Aufl. 1993, Rn. 79; Kölner KommAktG/*Mertens/Cahn* Anh. § 117 C MontanMitbestG Rn. 22; Kölner Komm AktG/*Zöllner*, 1. Aufl. 1985, Rn. 39.
[206] Großkomm AktG/*Butzke* Rn. 74; MüKoAktG/*Kubis* Rn. 39.
[207] Großkomm AktG/*Butzke* Rn. 74; MüKoAktG/*Kubis* Rn. 41.

Bekanntmachung von Ergänzungsverlangen; Vorschläge zur Beschlussfassung 37, 38 § 124

ren.[208] Die Beschlussvorschläge der Verwaltung müssen auf die **Fassung materiell rechtmäßiger Beschlüsse** gerichtet sein.[209] Eine eigenständige praktische Bedeutung kommt dieser Voraussetzung nicht zu, da sich ein inhaltlicher Mangel in dem entsprechend dem Beschlussvorschlag gefassten Beschluss fortsetzt. Vorstand und Aufsichtsrat müssen ihre Beschlussvorschläge **nicht begründen**.[210] Die fehlende Begründungspflicht schließt eine freiwillige Begründung der Beschlussvorschläge selbstverständlich nicht aus. Eine freiwillige Begründung kann sich insbesondere im Fall von Alternativ- oder Eventualvorschlägen (→ Rn. 37) anbieten.

b) Alternativ- und Eventualvorschläge. Die Beschlussvorschläge von Vorstand und Aufsichtsrat können auch in Form von Alternativ- oder Eventualvorschlägen unterbreitet werden.[211] Dies gilt auch für Wahlvorschläge.[212] Um einen **Alternativvorschlag** handelt es sich, wenn den Aktionären mehrere aus Sicht der Verwaltung gleichwertige Alternativen vorgeschlagen werden.[213] Dies ist etwa der Fall, wenn für die Wahl eines Aufsichtsratsmitglieds mehrere Kandidaten vorgeschlagen werden. Um einen **Eventualvorschlag** handelt es sich, wenn der Beschlussvorschlag von dem Eintritt einer Bedingung abhängig ist. Die Bedingung kann darin bestehen, dass ein anderer Beschlussantrag die erforderliche Mehrheit gefunden hat oder dass zum Zeitpunkt der Beschlussfassung eine bestimmte Sach- oder Rechtslage eingetreten ist (zB Inkrafttreten eines bestimmten Gesetzes, Abschluss eines bestimmten Vertrags, Erlass eines bestimmten Gerichtsurteils etc).[214] Denkbar ist die Unterbreitung von Eventualvorschlägen etwa in den Fällen des § 100 Abs. 2 Nr. 4. Danach kann Mitglied des Aufsichtsrats einer börsennotierten Gesellschaft nicht sein, wer in den letzten zwei Jahren Vorstandsmitglied derselben Gesellschaft war, es sei denn, seine Wahl erfolgt auf Vorschlag von Aktionären, die mehr als 25% der Stimmrechte an der Gesellschaft halten. Sofern ein solcher Vorschlag von Aktionären im Vorfeld der Hauptversammlung nicht eingeholt werden kann (insbesondere bei Publikumsgesellschaften mit hohem Streubesitzanteil), kann der Aufsichtsrat seinen Vorschlag zur Wahl eines ehemaligen Vorstandsmitglieds davon abhängig machen, dass in der Hauptversammlung ein Vorschlag von Aktionären gem. § 100 Abs. 2 Nr. 4 unterbreitet wird.[215] Der Versammlungsleiter kann zur Ermittlung des erforderlichen Quorums eine gesonderte Abstimmung durchführen lassen. Denkbar ist auch, dass der Versammlungsleiter die unterstützungswilligen Aktionäre an den Wortmeldetisch bittet, um deren Stimmkarten zur Ermittlung des Quorums einlesen zu lassen.[216]

c) Zusätzliche Angaben bei Wahlvorschlägen (Abs. 3 S. 4). Gem. § 124 Abs. 3 S. 4 hat der Vorschlag zur Wahl von Aufsichtsratsmitgliedern oder Prüfern deren **Namen, ausgeübten Beruf und Wohnort** anzugeben. Nicht zu den Pflichtangaben gehört die Eigenschaft als sog. Finanzexperte (Financial Expert) iSv § 100 Abs. 5.[217] § 124 Abs. 3 S. 4 ist auch von den Antragstellern eines Minderheitsverlangens nach § 122 Abs. 1 oder 2 zu beachten (→ § 122 Rn. 19). Die Angabe des **Namens** erfordert die Nennung des Nachnamens und mindestens eines ausgeschriebenen Vornamens.[218] Die Pflicht zur Angabe des **„ausgeübten" Berufs** wurde 1998 durch Art. 1 Nr. 14 KonTraG eingefügt.

---

[208] Vgl. Kölner Komm AktG/*Noack/Zetzsche* Rn. 68; zur Zulässigkeit einer abstrakten Formulierung, bei der zwar der Bilanzgewinn, nicht aber die Beträge für Ausschüttung, Einstellung in Gewinnrücklagen und Gewinnvortrag angegeben werden, da sich diese durch Veränderung der Zahl dividendenberechtigter Aktien ggf. noch ändern können, s. *Wettich* NZG 2010, 767 (768 ff.), zweifelnd Hüffer/Koch/*Koch,* 13. Aufl. 2018, § 170 Rn. 7.
[209] Großkomm AktG/*Butzke* Rn. 75; MüKoAktG/*Kubis* Rn. 42.
[210] GHEK/*Eckardt* Rn. 29; Großkomm AktG/*Butzke* Rn. 76; MüKoAktG/*Kubis* Rn. 43.
[211] Bürgers/Körber/*Reger* Rn. 17; GHEK/*Eckardt* Rn. 28; Großkomm AktG/*Butzke* Rn. 59 f.; Hüffer/Koch/*Koch,* 13. Aufl. 2018, Rn. 17; MüKoAktG/*Kubis* Rn. 40; Wachter/*Mayrhofer* Rn. 14; *Butzke* Die Hauptversammlung der AG Rn. B 84; MHdB AG/*Bungert* § 36 Rn. 76; *Schlitt* in Semler/Volhard/Reichert HV-HdB § 4 Rn. 209; *Kocher* AG 2013, 406; *Scholz* AG 2008, 11 (13); zweifelnd im Hinblick auf Alternativvorschläge K. Schmidt/Lutter/*Ziemons* Rn. 19; aA für Alternativvorschläge Grigoleit/*Herrler* Rn. 11; Großkomm AktG/*Barz* 3. Aufl. 1973 Anm. 8; NK-AktR/*M. Müller* Rn. 19.
[212] OLG Frankfurt a.M. ZIP 2011, 24 (28) – Deutsche Bank (für Alternativvorschläge); GHEK/*Eckardt* Rn. 41; Hüffer/Koch/*Koch,* 13. Aufl. 2018, Rn. 17; MüKoAktG/*Kubis* Rn. 40; *Butzke* Die Hauptversammlung der AG Rn. J 43; MHdB AG/*Bungert* § 36 Rn. 76; *Schlitt* in Semler/Volhard/Reichert HV-HdB § 4 Rn. 209; *Einmahl* DB 1968, 1936 ff.; aA für Alternativvorschläge noch Großkomm AktG/*Barz,* 3. Aufl. 1973, Anm. 8; *Laabs* DB 1968, 1014 f.
[213] Vgl. Großkomm AktG/*Butzke* Rn. 60; *Butzke* Die Hauptversammlung der AG Rn. B 84.
[214] Vgl. Großkomm AktG/*Butzke* Rn. 59; K. Schmidt/Lutter/*Ziemons* Rn. 18.
[215] Großkomm AktG/*Butzke* Rn. 59; anders wohl *Seibert* WM 2009, 1489 (1493), nach dessen Ansicht ein „Wahlvorschlag des Aufsichtsrats und eine kurze Abfrage in der Hauptversammlung, ob 25% der Aktionäre dem zustimmen würden", nicht genügen sollen.
[216] *Grobecker* NZG 2010, 165 (169).
[217] Großkomm AktG/*Butzke* Rn. 87; *Mutter/Quinke* AG-Report 2010, 102.
[218] Grigoleit/*Herrler* Rn. 20; Großkomm AktG/*Butzke* Rn. 88; Kölner Komm AktG/*Noack/Zetzsche* Rn. 75; MüKoAktG/*Kubis* Rn. 47.

Zuvor war lediglich der Beruf anzugeben. Die Änderung soll die Transparenz verbessern. Die Aktionäre sollen erkennen können, ob der Vorgeschlagene nach seiner individuellen Belastungssituation oder wegen möglicher Interessenkonflikte, die aus seiner Tätigkeit in einem anderen, konkurrierenden Unternehmen herrühren, für das Amt geeignet ist.[219] Die Änderung ist im Zusammenhang mit der ebenfalls durch das KonTraG eingefügten, für börsennotierte Gesellschaften geltende Pflicht zur Angabe der Mandate in anderen gesetzlich zu bildenden Aufsichtsräten in der Mitteilung nach § 125 Abs. 1 (vgl. § 125 Abs. 1 S. 5; → § 125 Rn. 19 ff.) zu sehen.[220] Der ausgeübte Beruf der Aufsichtsratsmitglieder gehört (ebenso wie die Angaben nach § 125 Abs. 1 S. 5) zu den in den Anhang aufzunehmenden Pflichtangaben gem. § 285 Nr. 10 HGB. Mit dem ausgeübten Beruf ist nicht die „erlernte", sondern die **tatsächlich ausgeübte berufliche Tätigkeit** (konkrete berufliche Haupttätigkeit) des vorgeschlagenen Kandidaten gemeint.[221] Allgemeine Angaben wie „Kaufmann" oder „Apotheker" sollen nicht ausreichen.[222] Nach der Vorstellung des Gesetzgebers ist auch das Unternehmen anzugeben, in dem die Tätigkeit ausgeübt wird.[223] Ebenso soll bei einem Rechtsanwalt die Sozietät anzugeben sein.[224] Eine entsprechende Angabepflicht lässt sich dem Wortlaut von § 124 Abs. 3 S. 4 nicht entnehmen, so dass diese Ansicht zweifelhaft ist (zur Einschränkung der Anfechtbarkeit → Rn. 48).[225] Jedenfalls bei einem Rechtsanwalt dürfte die Angabe der Sozietät bzw. der Tätigkeit als Einzelanwalt für die Aktionäre idR keinen nennenswerten Mehrwert darstellen.[226] Die Angabe des **Wohnorts** erfordert die Nennung der politischen Gemeinde, in welcher der vorgeschlagene Kandidat wohnt (nicht dagegen der Privatanschrift).[227] Die Angabe des Dienstsitzes ist grundsätzlich nicht ausreichend.[228] Eine Ausnahme hiervon ist dann gerechtfertigt, wenn im Hinblick auf den Wohnort ein schutzwürdiges Geheimhaltungsinteresse besteht (insbesondere bei Personen des öffentlichen Lebens).[229]

39 Bei **Wirtschaftsprüfungsgesellschaften,** die zur Wahl als Prüfer vorgeschlagen werden, ist statt des Namens die Firma und statt des Wohnorts der Sitz anzugeben.[230] Eine Angabe des „Berufs" ist bei Wirtschaftsprüfungsgesellschaften nicht erforderlich, da sich die Tätigkeit bereits aus der Firma ergibt.[231]

39a Ist Gegenstand der Tagesordnung die Fassung eines **Bestätigungsbeschlusses** zu einem angefochtenen Wahlbeschluss, müssen die mit dem ursprünglichen Beschlussvorschlag bekannt gemachten Angaben grundsätzlich nicht aktualisiert werden.[232] Wurde die Wahl gerade wegen einer unrichtigen oder unzureichenden Angabe nach § 124 Abs. 3 S. 4 angefochten, ist es erforderlich, aber auch ausreichend, der Hauptversammlung die fehlerhaften Angaben zur Kenntnis zu bringen und sie zu berichtigen.[233]

---

[219] BegrRegE BT-Drs. 13/9712, 17.
[220] Vgl. BegrRegE BT-Drs. 13/9712, 17; Hüffer/Koch/*Koch,* 13. Aufl. 2018, Rn. 25.
[221] BegrRegE BT-Drs. 13/9712, 17; LG Düsseldorf AG 2010, 882 (883); Bürgers/Körber/*Reger* Rn. 21; Großkomm AktG/*Butzke* Rn. 88; Hüffer/Koch/*Koch,* 13. Aufl. 2018, Rn. 25; K. Schmidt/Lutter/*Ziemons* Rn. 44.
[222] BegrRegE BT-Drs. 13/9712, 17; ebenso LG Düsseldorf AG 2010, 882 (883); LG München I Der Konzern 2007, 448 (452); Hölters/*Drinhausen* Rn. 19; Hüffer/Koch/*Koch*, 13. Aufl. 2018, Rn. 25; NK-AktR/ *M. Müller* Rn. 16; *Linnerz* EWiR 2010, 803 (804).
[223] BegrRegE BT-Drs. 13/9712, 17; ebenso LG München I Der Konzern 2007, 448 (452); MüKoAktG/ *Kubis* Rn. 47; *Schlitt* in Semler/Volhard/Reichert HV-HdB § 4 Rn. 219; aA Kölner Komm AktG/*Noack*/*Zetzsche* Rn. 76; zweifelnd auch Grigoleit/*Herrler* Rn. 20; K. Schmidt/Lutter/*Ziemons* Rn. 44.
[224] BegrRegE BT-Drs. 13/9712, 17; ebenso LG München I Der Konzern 2007, 448 (452); Grigoleit/*Herrler* Rn. 20; Hüffer/Koch/*Koch,* 13. Aufl. 2018, Rn. 25; Wachter/*Mayrhofer* Rn. 16; wohl auch LG Hannover ZIP 2010, 833 (838 f.) – Continental/Schaeffler, das die Frage aber letztlich offen lässt; krit. *Ihrig/Wagner* FS Spiegelberger, 2009, 722 (734).
[225] Vgl. Großkomm AktG/*Butzke* Rn. 88; Kölner Komm AktG/*Noack*/*Zetzsche* Rn. 76; K. Schmidt/Lutter/ *Ziemons* Rn. 44.
[226] Vgl. *Ihrig/Wagner* FS Spiegelberger, 2009, 722 (734).
[227] Bürgers/Körber/*Reger* Rn. 21; Grigoleit/*Herrler* Rn. 20; Großkomm AktG/*Butzke* Rn. 88; Kölner Komm AktG/*Noack*/*Zetzsche* Rn. 75; *Butzke* Die Hauptversammlung der AG Rn. J 30.
[228] K. Schmidt/Lutter/*Ziemons* Rn. 34; *Butzke* Die Hauptversammlung der AG Rn. J 30; aA Kölner Komm AktG/*Noack*/*Zetzsche* Rn. 75; MüKoAktG/*Kubis* Rn. 43.
[229] Großkomm AktG/*Butzke* Rn. 88; *Butzke* Die Hauptversammlung der AG Rn. J 30 Fn. 48; vgl. auch MüKoAktG/*Kubis* Rn. 43; aA Bürgers/Körber/*Reger* Rn. 21.
[230] Bürgers/Körber/*Reger* Rn. 21; Großkomm AktG/*Butzke* Rn. 88; Hüffer/Koch/*Koch,* 13. Aufl. 2018, Rn. 25; MüKoAktG/*Kubis* Rn. 47; K. Schmidt/Lutter/*Ziemons* Rn. 45.
[231] MüKoAktG/*Kubis* Rn. 43.
[232] OLG Frankfurt a.M. ZIP 2011, 24 (28) – Deutsche Bank; LG Frankfurt a.M. ZIP 2013, 2405 (2407) – Deutsche Bank; *Schilha/Wolf* NZG 2014, 337 (339); ebenso für Berichtspflichten OLG Karlsruhe AG 1999, 470; OLG München ZIP 1997, 1743 (1746 f.); *Kocher* NZG 2006, 1 (3 f.); aA K. Schmidt/Lutter/*Schwab* § 244 Rn. 12.
[233] *Schilha/Wolf* NZG 2014, 337 (339).

Zu den für **Aufsichtsratswahlen börsennotierter Gesellschaften** nach dem **DCGK** zusätzlich **39b** empfohlenen Angaben → Rn. 13e ff.

4. Entbehrlichkeit. a) Bindung an Wahlvorschläge (Abs. 3 S. 3 Alt. 1). Ausnahmen von **40** der Vorschlagspflicht sind in § 124 Abs. 3 S. 3 vorgesehen. Gem. § 124 Abs. 3 S. 3 Alt. 1 besteht keine Pflicht zur Bekanntmachung von Beschlussvorschlägen nach § 124 Abs. 3 S. 1, wenn die Hauptversammlung bei der Wahl von Aufsichtsratsmitgliedern nach **§ 6 Montan-MitbestG** an Wahlvorschläge gebunden ist. § 6 Abs. 6 Montan-MitbestG sieht eine uneingeschränkte Bindung der Hauptversammlung an Vorschläge der Betriebsräte vor, so dass die Unterbreitung von Wahlvorschlägen durch den Aufsichtsrat hier sinnlos wäre. Die Ausnahme von der Vorschlagspflicht gilt **nicht für die Wahl des neutralen Aufsichtsratsmitglieds** nach § 8 Montan-MitbestG (zu den Besonderheiten im Hinblick auf das Zustandekommen des Beschlussvorschlags → Rn. 35).[234] In § 124 Abs. 3 S. 3 Alt. 1 wird allein auf § 6 Montan-MitbestG Bezug genommen. Auch eine Analogie scheidet aus, da im Fall des § 8 Montan-MitbestG gerade keine uneingeschränkte Bindung der Hauptversammlung besteht.[235] Entsprechendes gilt für die Wahl des neutralen Aufsichtsratsmitglieds nach § 5 Abs. 3 MitbestErgG.[236] Dagegen besteht keine Vorschlagspflicht nach § 124 Abs. 3 S. 1 in den Fällen des **§ 36 Abs. 4 S. 2 SEBG**.[237] Hier ist die Hauptversammlung im Hinblick auf die Wahl der Arbeitnehmervertreter wie im Fall des § 6 Abs. 6 Montan-MitbestG uneingeschränkt an die Wahlvorschläge des Wahlgremiums gebunden, so dass die Unterbreitung von Wahlvorschlägen durch den Aufsichtsrat sinnlos wäre.

b) Minderheitsverlangen (Abs. 3 S. 3 Alt. 2). Gem. § 124 Abs. 3 S. 3 Alt. 2 besteht auch dann **41** keine Pflicht zur Bekanntmachung von Beschlussvorschlägen nach § 124 Abs. 3 S. 1, wenn der Gegenstand der Beschlussfassung auf Verlangen einer Minderheit auf die Tagesordnung gesetzt worden ist. Die Ausnahme gilt für sämtliche Fälle des § 122, also unabhängig davon, ob der Vorstand oder die Aktionäre (aufgrund einer gerichtlichen Ermächtigung nach § 122 Abs. 3) die Hauptversammlung einberufen oder die ergänzte Tagesordnung bekanntgemacht haben.[238] Ungeachtet der nicht bestehenden Vorschlagspflicht, bleibt es der Verwaltung unbenommen, zu Gegenständen eines Minderheitsverlangens **freiwillig** Beschlussvorschläge zu unterbreiten.[239] Die Aktionäre, die das Minderheitsverlangen gestellt haben, müssen jedem neuen Gegenstand gem. § 122 Abs. 2 S. 2 eine Begründung oder eine Beschlussvorlage beifügen (→ § 122 Rn. 41). Auch im Fall eines Minderheitsverlangens sind die zusätzlichen Angaben gem. § 124 Abs. 2 erforderlich (→ Rn. 10, 15, 18). Gleiches gilt für die Angaben gem. § 124 Abs. 3 S. 4 (→ Rn. 38). Entgegen dem Wortlaut („auf Verlangen einer Minderheit") ist § 124 Abs. 3 S. 3 Alt. 2 auch dann anwendbar, wenn der Gegenstand der Beschlussfassung auf Verlangen der Mehrheit auf die Tagesordnung gesetzt wurde (zur Anwendbarkeit von § 122 Abs. 2 in diesem Fall → § 122 Rn. 8).[240] Entsprechend § 124 Abs. 3 S. 3 Alt. 2 entfällt die Vorschlagspflicht auch bei einem Squeeze-out-Verlangen des Hauptaktionärs gem. § 327a (→ § 327a Rn. 19).[241] Gleichwohl ist es in der Praxis üblich, dass die Verwaltung hierzu einen Beschlussvorschlag unterbreitet.

c) Sonderprüfung. Ist Gegenstand der Tagesordnung die Bestellung von Sonderprüfern nach **42** § 142 Abs. 1 AktG, ist fraglich, ob sich Aufsichtsratsmitglieder, die in der Hauptversammlung gem.

---

[234] Bürgers/Körber/*Reger* Rn. 19; GHEK/*Eckardt* Rn. 48; Großkomm AktG/*Butzke* Rn. 62; Hüffer/Koch/*Koch*, 13. Aufl. 2018, Rn. 23; MüKoAktG/*Kubis* Rn. 31; K. Schmidt/Lutter/*Ziemons* Rn. 31; MHdB AG/*Bungert* § 36 Rn. 78.

[235] Vgl. Großkomm AktG/*Butzke* Rn. 62; Hüffer/Koch/*Koch*, 13. Aufl. 2018, Rn. 23; MüKoAktG/*Kubis* Rn. 31; MHdB AG/*Bungert* § 36 Rn. 79.

[236] Großkomm AktG/*Butzke* Rn. 62; MüKoAktG/*Kubis* Rn. 31; K. Schmidt/Lutter/*Ziemons* Rn. 42; MHdB AG/*Bungert* § 36 Rn. 79.

[237] Großkomm AktG/*Butzke* Rn. 61; MüKoAktG/*Kubis* Rn. 31.

[238] Bürgers/Körber/*Reger* Rn. 20; Großkomm AktG/*Butzke* Rn. 64; Hüffer/Koch/*Koch*, 13. Aufl. 2018, Rn. 24; Kölner Komm AktG/*Noack/Zetzsche* Rn. 80; MüKoAktG/*Kubis* Rn. 48.

[239] Bürgers/Körber/*Reger* Rn. 20; Grigoleit/*Herrler* Rn. 19; Großkomm AktG/*Butzke* Rn. 63; Hüffer/Koch/*Koch*, 13. Aufl. 2018, Rn. 24; Kölner Komm AktG/*Noack/Zetzsche* Rn. 80; MüKoAktG/*Kubis* Rn. 48; K. Schmidt/Lutter/*Ziemons* Rn. 41; MHdB AG/*Bungert* § 36 Rn. 78; *v. Falkenhausen* BB 1966, 337 (339).

[240] OLG Düsseldorf Urt. v. 5.7.2012 – I-6 U 69/11, BeckRS 2012, 22395 = juris Rn. 103 (insoweit in AG 2013, 264 und NZG 2013, 546 nicht mit abgedruckt); Großkomm AktG/*Butzke* Rn. 65; *von der Linden* AG 2016, 280 (281 f.); aA LG Köln Urt. v. 3.11.2010 – 91 O4/19, BeckRS 2015, 14961 = juris Rn. 13 ff.

[241] Kölner Komm AktG/*Noack/Zetzsche* Rn. 80; Kölner Komm WpÜG/*Hasselbach* § 327c AktG Rn. 9; K. Schmidt/Lutter/*Ziemons* Rn. 40; *Angerer* BKR 2002, 260 (265); *Krieger* BB 2002, 53 (59); *von der Linden* AG 2016, 280 (283 f.); aA LG Frankfurt a. M. NZG 2004, 672 (673 f.); Emmerich/Habersack/*Habersack* § 327a Rn. 20; Großkomm AktG/*Butzke* Rn. 66; Großkomm AktG/*Fleischer* § 327a Rn. 60; Hüffer/Koch/*Koch*, 13. Aufl. 2018, § 327a Rn. 11; *E. Vetter* AG 2002, 176 (186).

§ 142 Abs. 1 S. 2 vom Stimmrecht ausgeschlossen sind, an der Beschlussfassung des Aufsichtsrats über den entsprechenden Wahlvorschlag beteiligen dürfen. Würden die betreffenden Aufsichtsratsmitglieder einem Stimmverbot unterliegen, das auf die Abstimmung im Aufsichtsrat durchschlägt, könnte der Aufsichtsrat keinen Beschlussvorschlag unterbreiten, wenn hierdurch die Beschlussfähigkeit des Aufsichtsrats beeinträchtigt wäre.[242] Teilweise wird weitergehend sogar vertreten, dass das Beschlussvorschlagsrecht des Aufsichtsrats bereits dann entfalle, wenn nur ein einzelnes Aufsichtsratsmitglied von der Sonderprüfung betroffen ist.[243] Dies ist abzulehnen. Richtigerweise besteht im Hinblick auf den Wahlvorschlag weder ein Stimmverbot des betroffenen Aufsichtsratsmitglieds noch entfällt insgesamt das Beschlussvorschlagsrecht des Aufsichtsrats.[244] Hierfür spricht bereits ein Vergleich mit der Entlastung (§ 120 Abs. 1).[245] Diesbezüglich dürfte allgemein anerkannt sein, dass Vorstand und Aufsichtsrat Beschlussvorschläge auch zur Entlastung ihrer Mitglieder machen dürfen, obwohl diese in der Hauptversammlung dem Stimmverbot gem. § 136 Abs. 1 S. 1 Var. 1 unterliegen, soweit über ihre eigene Entlastung abgestimmt wird. Der Aufsichtsrat kann somit auch dann einen Beschlussvorschlag unterbreiten, wenn der Sonderprüfungsantrag die Aufhellung von Schadensersatzansprüchen gegen einzelne oder sämtliche Aufsichtsratsmitglieder betrifft.

V. Unzulässige Beschlussfassung (Abs. 4 S. 1)

43   **1. Anfechtbarkeit. a) Grundsatz.** Gem. § 124 Abs. 4 S. 1 dürfen über Gegenstände der Tagesordnung, die nicht ordnungsgemäß bekanntgemacht sind, keine Beschlüsse gefasst werden. Entbehrlich ist eine Bekanntmachung lediglich in den Fällen des § 124 Abs. 4 S. 2 (→ Rn. 40 ff.), wobei § 124 Abs. 4 S. 2 Var. 1 die einzige echte Ausnahme von § 124 Abs. 4 S. 1 darstellt.[246] Wird gegen die Bekanntmachungspflichten aus § 124 Abs. 1 bis 3 verstoßen, führt dies grundsätzlich zur **Anfechtbarkeit** der betreffenden Beschlüsse gem. § 243 Abs. 1.[247] Nicht erschienene Aktionäre sind nach Maßgabe von § 245 Nr. 2 anfechtungsbefugt. Auch die erschienenen Aktionäre sind anfechtungsbefugt, sofern sie Widerspruch zur Niederschrift erklären (§ 245 Nr. 1).[248] Ein Bekanntmachungsfehler wird nicht dadurch geheilt, dass alle anwesenden Aktionäre mit der Beschlussfassung einverstanden sind.[249] Verzichtbar ist die Einhaltung der Bekanntmachungspflichten nur im Fall einer Universalversammlung gem. § 121 Abs. 6.

44   **b) Ausnahme.** Die Anfechtbarkeit ist ausgeschlossen, wenn dem Verfahrensverstoß die für eine sachgerechte Meinungsbildung der Aktionäre erforderliche **Relevanz** fehlt.[250] Dies ist insbesondere bei marginalen Bekanntmachungsfehlern der Fall. Hierdurch sollen bloße Bagatellverstöße von der harten Sanktion der Anfechtbarkeit ausgenommen werden.

45   **c) Einzelfälle.** Regelmäßig zu bejahen ist die Relevanz und damit die Anfechtbarkeit bei Verstößen gegen **§ 124 Abs. 1 S. 1 und S. 2 Hs. 1,** allerdings nur im Hinblick auf Beschlüsse, die zu den Tagesordnungspunkten des betreffenden Ergänzungsverlangens gefasst wurden.[251] Verstöße gegen

---

[242] Vgl. Grigoleit/*Herrler* Rn. 14.
[243] NK-AktR/*Wilsing/v.d.Linden* § 142 Rn. 17; K. Schmidt/Lutter/*Ziemons* Rn. 33; wohl auch OLG Düsseldorf Urt. v. 5.7.2012 – I-6 U 69/11, BeckRS 2012, 22395 = juris Rn. 102 (insoweit in AG 2013, 264 und NZG 2013, 546 nicht mit abgedruckt).
[244] Grigoleit/*Herrler* Rn. 14; Großkomm AktG/*Butzke* Rn. 67, 82; Kölner Komm AktG/*Rieckers/Vetter* § 142 Rn. 145.
[245] Kölner Komm AktG/*Rieckers/Vetter* § 142 Rn. 145.
[246] Vgl. MüKoAktG/*Kubis* Rn. 50.
[247] BGHZ 160, 253 (255 f.); BGHZ 153, 32 (35 ff.) – Hypo-Vereinsbank (zu § 124 Abs. 3 S. 1); BGHZ 149, 158 (164 f.) – Sachsenmilch III (zu § 124 Abs. 3 S. 1); BGH ZIP 2017, 2245 (2252); OLG Jena DB 2014, 2278 (2281); OLG Rostock AG 2013, 768 (770 f.); OLG Schleswig AG 2006, 120 (123) – Mobilcom; LG München I AG 2010, 419 (420 f.); Bürgers/Körber/*Reger* Rn. 28; Grigoleit/*Herrler* Rn. 14; Großkomm AktG/*Butzke* Rn. 100; Hölters/*Drinhausen* Rn. 20; Hüffer/Koch/*Koch*, 13. Aufl. 2018, Rn. 27; MüKoAktG/*Kubis* Rn. 50, 48; K. Schmidt/Lutter/*Ziemons* Rn. 90; *Butzke* Die Hauptversammlung der AG Rn. O 22; MHdB AG/*Bungert* § 36 Rn. 83; *Werner* FS Fleck, 1988, 401 (420); einschränkend Kölner Komm AktG/*Noack/Zetzsche* Rn. 86 ff.; *Scholz* AG 2008, 11 (12 ff.).
[248] Vgl. BGHZ 153, 32 (37) – Hypo-Vereinsbank; Bürgers/Körber/*Reger* Rn. 28; Großkomm AktG/*Butzke* Rn. 100; MüKoAktG/*Kubis* Rn. 52.
[249] GHEK/*Eckardt* Rn. 61; Grigoleit/*Herrler* Rn. 23; Hölters/*Drinhausen* Rn. 21; Hüffer/Koch/*Koch*, 13. Aufl. 2018, Rn. 27; MüKoAktG/*Kubis* Rn. 52; MHdB AG/*Bungert* § 36 Rn. 83.
[250] Vgl. BGHZ 153, 32 (37) – Hypo-Vereinsbank; BGHZ 149, 158 (164 f.) – Sachsenmilch III; BGH ZIP 2017, 2245 (2252); BGH DStR 2007, 1493; OLG Frankfurt a.M. AG 2016, 252 (253); OLG Frankfurt ZIP 2007, 232 (233); Bürgers/Körber/*Reger* Rn. 30; Grigoleit/*Herrler* Rn. 23; Hüffer/Koch/*Koch*, 13. Aufl. 2018, Rn. 28; Kölner Komm AktG/*Noack/Zetzsche* Rn. 90; MüKoAktG/*Kubis* Rn. 53; iE auch Großkomm AktG/*Butzke* Rn. 100.
[251] MüKoAktG/*Kubis* Rn. 55; s. auch Großkomm AktG/*Butzke* Rn. 19.

§ 124 Abs. 1 S. 2 Hs. 2 iVm § 121 Abs. 4a begründen dagegen keine Anfechtbarkeit (§ 243 Abs. 3 Nr. 2).[252] Im Fall des **§ 124 Abs. 2 S. 1 Hs. 1** fehlt es an der erforderlichen Relevanz, wenn die Bekanntmachung der **Vorschriften, nach denen sich der Aufsichtsrat zusammensetzt,** kleinere Fehler oder Auslassungen aufweist (zB falsche Zitierung der gesetzlichen Vorschriften).[253] Wird die Angabe der betreffenden Vorschriften ganz unterlassen, ist nach der Rechtsprechung des BGH die Relevanz jedenfalls dann zu verneinen, wenn allen Aktionären auch ohne eine solche Angabe bekannt sein konnte und musste, nach welchen gesetzlichen Vorschriften sich der Aufsichtsrat zusammensetzt.[254] In sonstigen Fällen, in denen die Angabe der Vorschriften fehlt oder nicht erkennbar ist, welches Mitbestimmungsmodell Anwendung findet, scheint der BGH die Relevanz dagegen stets bejahen zu wollen.[255] Dies erscheint allerdings nicht zwingend.[256] Es erscheint fraglich, ob sich Aktionäre in ihrer Entscheidung, ob sie an der Hauptversammlung teilnehmen und ihr Stimmrecht ausüben sollen, oder in ihrem Abstimmverhalten durch die Angabe der gesetzlichen Vorschriften, nach denen sich der Aufsichtsrat zusammensetzt, beeinflussen lassen.[257] Im Hinblick auf die gem. **§ 124 Abs. 2 S. 1 Hs. 2** erforderliche Bekanntmachung einer **Bindung an Wahlvorschläge** ist zu differenzieren: Wird eine Bindung an Wahlvorschläge bekanntgemacht, obwohl eine solche nicht besteht, ist der Wahlbeschluss anfechtbar.[258] Die Relevanz lässt sich in diesem Fall nicht ausschließen, da Aktionäre durch einen solchen Hinweis von der Teilnahme abgehalten werden könnten. Dagegen ist die Relevanz zu verneinen, wenn trotz bestehender Bindung an Wahlvorschläge keine Angabe gem. § 124 Abs. 2 S. 1 Hs. 2 erfolgt oder zu Unrecht (freiwillig) eine fehlende Bindung bekanntgemacht wird.[259]

Im Fall des **§ 124 Abs. 2 S. 2** ist die Relevanz zu bejahen, wenn der Wortlaut einer vorgeschlagenen Satzungsänderung oder der wesentliche Inhalt eines Vertrags gar nicht bekanntgemacht wird.[260] Die Relevanz fehlt dagegen bei offensichtlichen Schreibfehlern und geringfügigen Fehler bei der Wiedergabe des Vertragsinhalts (zB fehlende Datumsangabe oder ungenaue Bezeichnung der Vertragsparteien).[261] Im Übrigen ist zu berücksichtigen, dass bei Satzungsänderungen und Verträgen grundsätzlich keine feste Bindung an den bekanntgemachten Wortlaut oder Inhalt besteht, so dass in der Hauptversammlung (in den Grenzen der bekanntgemachten Tagesordnung) ein hiervon abweichender Antrag zur Abstimmung gestellt werden kann (→ Rn. 15, 18; → § 121 Rn. 31).[262]

Fehlen die gem. **§ 124 Abs. 3 S. 1** erforderlichen Beschlussvorschläge, ist die Anfechtbarkeit der betreffenden Beschlüsse grundsätzlich zu bejahen. Dies soll nach verbreiteter Ansicht auch dann gelten, wenn nur der Vorschlag des Vorstands oder der Vorschlag des Aufsichtsrats fehlt.[263] Konsequenz dieser Ansicht wäre, dass Vorstand und Aufsichtsrat die Beschlussfassung jeweils blockieren könnten, indem sie keinen Beschlussvorschlag unterbreiten. Um die Funktionsfähigkeit der Gesellschaft aufrecht zu erhalten, sollte daher die Anfechtbarkeit verneint werden, wenn wenigstens das einberufende Organ einen Beschlussvorschlag unterbreitet hat und in dem anderen Organ kein Beschluss über die Unterbreitung eines Beschlussvorschlags zustande gekommen ist.[264] Macht der Vorstand entgegen § 124 Abs. 3 S. 1 einen Vorschlag zur Wahl von Aufsichtsratsmitgliedern oder Prüfern, führt dies nach Auffassung des

---

[252] Großkomm AktG/*Butzke* Rn. 19.
[253] MüKoAktG/*Kubis* Rn. 56.
[254] BGH ZIP 2017, 2245 (2253); in dem vom BGH entschiedenen Fall hatte die AG neben der gem. § 122 Abs. 1 einberufenden Mehrheitsaktionärin mit dem Kläger nur einen weiteren Aktionär, der zugleich dem Vorstand angehörte; ähnlich in einem Fall mit nur zwei Aktionären OLG Frankfurt a.M. AG 2016, 252 (253 f.).
[255] BGH ZIP 2017, 2245 (2252); MüKoAktG/*Kubis* Rn. 56; aA Kölner Komm AktG/*Zöllner*, 1. Aufl. 1985, Rn. 45.
[256] *Rieckers* DB 2017, 2786 (2790).
[257] So aber BGH ZIP 2017, 2245 (2252): nur wenn die Zusammensetzung des Aufsichtsrats hinreichend bekannt sei, könne der Aktionär die Gewichtung seiner Stimme richtig einschätzen; dies überzeugt nicht, da das Stimmgewicht allein von der Anzahl der Stimmrechte des Aktionärs im Verhältnis zur Zahl der abgegebenen Stimmen abhängt.
[258] Kölner Komm AktG/*Zöllner*, 1. Aufl. 1985, Rn. 45; MüKoAktG/*Kubis* Rn. 56.
[259] Kölner Komm AktG/*Zöllner*, 1. Aufl. 1985, Rn. 45; MüKoAktG/*Kubis* Rn. 56; vgl. auch OLG Frankfurt a.M. AG 2016, 252 (253).
[260] Kölner Komm AktG/*Zöllner*, 1. Aufl. 1985, Rn. 45; MüKoAktG/*Kubis* Rn. 58.
[261] MüKoAktG/*Kubis* Rn. 58.
[262] Kölner Komm AktG/*Zöllner*, 1. Aufl. 1985, Rn. 45; MüKoAktG/*Kubis* Rn. 58.
[263] Vgl. BGHZ 149, 158 (160 ff.) – Sachsenmilch III; OLG München ZIP 2002, 1353 (1354); OLG Dresden ZIP 1999, 1632 (1633 f.) – Sachsenmilch II; LG Frankfurt a. M. NZG 2004, 672 (674); Grigoleit/*Herrler* Rn. 13; Hüffer/Koch/*Koch*, 13. Aufl. 2018, Rn. 17; NK-AktR/*M. Müller* Rn. 13; *Schlitt* in Semler/Volhard/Reichert HV-HdB § 4 Rn. 214.
[264] Vgl. Großkomm AktG/*Butzke* Rn. 71; Hölters/*Drinhausen* Rn. 17; MüKoAktG/*Kubis* Rn. 54; *Göhmann* in Frodermann/Jannott AktienR-HdB Kap. 9 Rn. 83; MHdB AG/*Bungert* § 36 Rn. 83; *Steiner*, Die Hauptversammlung der AG, 1995, § 1 Rn. 46; *Kocher* AG 2013, 406 (412); *Rottnauer* NZG 2000, 414 (418).

BGH regelmäßig zur Anfechtbarkeit des Wahlbeschlusses (→ Rn. 28). Zur Unterbreitung von Beschlussvorschlägen durch ein unterbesetztes Organ → Rn. 30 f. Fehlt es an ordnungsgemäßen Beschlussvorschlägen der Verwaltung, wird hierdurch das Recht der Aktionäre, Gegenanträge zu den Gegenständen der Tagesordnung zu stellen, nicht beeinträchtigt (→ § 126 Rn. 9). Dementsprechend führen Verstöße gegen § 124 Abs. 3 S. 1 dann nicht zur Anfechtbarkeit, wenn der gefasste Beschluss nicht auf einem Verwaltungsantrag, sondern auf einem Aktionärsantrag beruht (→ Rn. 28, 30).[265] Dies gilt auch dann, wenn der Antrag von einem Groß- oder Mehrheitsaktionär gestellt wurde.[266]

48 Weisen die gem. **§ 124 Abs. 3 S. 4** erforderlichen Angaben kleinere Ungenauigkeiten, Auslassungen oder Fehler auf, fehlt es regelmäßig an der für die Anfechtbarkeit erforderlichen Relevanz.[267] Dies ist etwa der Fall, wenn statt des Wohnorts der Dienstsitz angegeben wird.[268] Gleiches gilt, wenn statt des ausgeübten Berufs der erlernte Beruf oder eine allgemeine Berufsbezeichnung („Kaufmann") angegeben wird.[269] Eine Anfechtbarkeit scheidet regelmäßig auch dann aus, wenn zwar der ausgeübte Beruf, nicht aber das betreffende Unternehmen oder die betreffende Sozietät angegeben wird (sofern man eine solche Angabe überhaupt für zwingend erforderlich hält; → Rn. 38).[270] Dagegen dürfte die Relevanz regelmäßig zu bejahen sein, wenn die gem. § 124 Abs. 3 S. 4 erforderlichen Angaben ganz fehlen.[271]

49 **2. Kein Verbot der Beschlussfassung.** Von der Frage nach der Anfechtbarkeit zu unterscheiden ist die Frage, ob in den Fällen des § 124 Abs. 4 S. 1 ein Verbot der Beschlussfassung besteht. Nach zutreffender Ansicht besteht kein generelles Beschlussverbot.[272] Der Versammlungsleiter entscheidet nach pflichtgemäßem Ermessen, ob er den betreffenden Antrag trotz des Verstoßes gegen § 124 Abs. 1–3 gleichwohl zur Abstimmung stellt.[273] Dabei ist das Interesse der Gesellschaft an der Beschlussfassung gegen die Wahrscheinlichkeit und Erfolgsaussichten einer Anfechtungsklage abzuwägen.[274] Die Zulassung der Beschlussfassung kann insbesondere bei weniger gravierenden Verstößen geboten sein.[275] Gleiches gilt für den Fall, dass alle anwesenden Aktionäre mit der Beschlussfassung einverstanden sind (wenngleich dies eine grundsätzlich gegebene Anfechtbarkeit nicht beseitigt, → Rn. 43).[276] Ein Antrag ist entsprechend der Wertung des § 246a Abs. 2 Nr. 3 jedenfalls dann zur Abstimmung zu stellen, wenn ansonsten wesentliche Nachteile für die Gesellschaft und ihre Aktionäre drohen, welche gegenüber dem Interesse an einem verfahrensfehlerfreien Zustandekommen des Beschlusses als vorrangig erscheinen.[277]

VI. Bekanntmachungsfreie Gegenstände (Abs. 4 S. 2)

50 **1. Antrag auf Einberufung einer Hauptversammlung.** § 124 Abs. 4 S. 2 nennt bestimmte Gegenstände, die keiner vorherigen Bekanntmachung bedürfen. Dies betrifft gem. § 124 Abs. 4 S. 2 Var. 1 zunächst die Beschlussfassung über einen in der Hauptversammlung gestellten Antrag auf Einberufung einer neuen Hauptversammlung. Insoweit handelt es sich um eine echte Ausnahme

---

[265] MüKoAktG/*Kubis* Rn. 53; *Scholz* AG 2008, 11 (15).
[266] *Scholz* AG 2008, 11 (15).
[267] Vgl. BGH DStR 2007, 1493; OLG Frankfurt a. M. ZIP 2007, 232 (233); Großkomm AktG/*Butzke* Rn. 88; Hüffer/Koch/*Koch*, 13. Aufl. 2018, Rn. 28; MüKoAktG/*Kubis* Rn. 58.
[268] Bürgers/Körber/*Reger* Rn. 30; Hüffer/Koch/*Koch*, 13. Aufl. 2018, Rn. 28; Kölner Komm AktG/*Noack/Zetzsche* Rn. 75.
[269] BGH DStR 2007, 1493; OLG Frankfurt a. M. ZIP 2007, 232 (233); LG Düsseldorf AG 2010, 882 (883); Bürgers/Körber/*Reger* Rn. 30; Hüffer/Koch/*Koch*, 13. Aufl. 2018, Rn. 28; NK-AktR/*M. Müller* Rn. 16; *Goette* DStR 2007, 1493; wohl auch Hölters/*Drinhausen* Rn. 19; aA LG München I Der Konzern 2007, 448 (452 f.); wohl auch *Linnerz* EWiR 2010, 803 (804).
[270] Vgl. *Reger/Theusinger* EWiR 2010, 346 (347); aA LG München I Der Konzern 2007, 448 (452); ebenso wohl LG Hannover ZIP 2010, 833 (838 f.) – Continental/Schaeffler, das die Frage aber letztlich offen lässt.
[271] MüKoAktG/*Kubis* Rn. 61.
[272] Bürgers/Körber/*Reger* Rn. 29; Grigoleit/*Herrler* Rn. 24; Großkomm AktG/*Butzke* Rn. 101; Hüffer/Koch/*Koch*, 13. Aufl. 2018, Rn. 28; MüKoAktG/*Kubis* Rn. 51; K. Schmidt/Lutter/*Ziemons* Rn. 89; MHdB AG/*Bungert* § 36 Rn. 83; *Priester* Liber amicorum Happ, 2006, 213 (225 f.); *Werner* FS Fleck, 1988, 401 (420 f.); s. auch *Scholz* AG 2008, 11 (12 ff.).
[273] Grigoleit/*Herrler* Rn. 24; Großkomm AktG/*Butzke* Rn. 101; MüKoAktG/*Kubis* Rn. 51; K. Schmidt/Lutter/*Ziemons* Rn. 89; *Werner* FS Fleck, 1988, 401 (420 f.); enger Baumbach/Hueck Rn. 8: Beschlussfassung stets unzulässig, wenn Widerspruch erhoben wird.
[274] Bürgers/Körber/*Reger* Rn. 29; Grigoleit/*Herrler* Rn. 24; K. Schmidt/Lutter/*Ziemons* Rn. 89; ähnlich *Priester* Liber amicorum Happ, 2006, 213 (226); *Werner* FS Fleck, 1988, 401 (421).
[275] Grigoleit/*Herrler* Rn. 24; Hüffer/Koch/*Koch*, 13. Aufl. 2018, Rn. 28; Kölner Komm AktG/*Zöllner* 1. Aufl. 1985 Rn. 42; MüKoAktG/*Kubis* Rn. 51.
[276] Grigoleit/*Herrler* Rn. 24; Hüffer/Koch/*Koch*, 13. Aufl. 2018, Rn. 28; MüKoAktG/*Kubis* Rn. 51; *Werner* FS Fleck, 1988, 401 (421); s. auch Bürgers/Körber/*Reger* Rn. 29.
[277] Vgl. K. Schmidt/Lutter/*Ziemons* Rn. 89.

von § 124 Abs. 4 S. 1 (→ Rn. 43). Wichtigster Anwendungsfall von § 124 Abs. 4 S. 2 Var. 1 ist die Vertagung der Hauptversammlung.[278] Dabei handelt es sich streng genommen um die Kombination eines Antrags auf Schließung der Hauptversammlung mit einem Antrag auf Einberufung einer neuen Hauptversammlung mit derselben Tagesordnung.[279] Ebenfalls erfasst ist die Einberufung einer neuen Hauptversammlung mit anderer Tagesordnung.[280] Ein solcher Antrag kann grundsätzlich mit einem Verlangen nach § 83 Abs. 1 verbunden werden.[281] Entsprechend § 124 Abs. 3 S. 3 Alt. 2 sind Vorstand und Aufsichtsrat nicht verpflichtet, bei einer aufgrund eines Beschlusses der Hauptversammlung einberufenen neuen Hauptversammlung Beschlussvorschläge zu unterbreiten.[282]

2. Anträge zu Gegenständen der Tagesordnung. a) Allgemeines. Gem. § 124 Abs. 4 S. 2 Var. 2 bedarf es keiner Bekanntmachung zu Anträgen, die zu Gegenständen der Tagesordnung gestellt werden. § 124 Abs. 4 S. 2 Var. 2 dient nur der Klarstellung,[283] da die Bekanntmachung der Tagesordnung gerade dazu dient, die von ihr erfassten Anträge ohne erneute Ankündigung zuzulassen.[284] Die Reichweite der einzelnen Gegenstände der Tagesordnung richtet sich nach der Bekanntmachung (→ § 121 Rn. 25 ff.). Dabei können die Beschlussvorschläge der Verwaltung als Auslegungshilfe zur Konkretisierung der Tagesordnung herangezogen werden.[285] Der Spielraum für nicht bekannt gemachte Anträge zu Gegenständen der Tagesordnung richtet sich nach dem Konkretisierungsgrad der einzelnen Tagesordnungspunkte: Je konkreter die Tagesordnungspunkte gefasst sind, desto enger ist der Spielraum für entsprechende Anträge.[286]

b) Gegenanträge. Anträge zu Gegenständen der Tagesordnung sind zunächst Gegenanträge zu den bekannt gemachten Beschlussvorschlägen der Verwaltung.[287] Die Anträge können auf bloße **Ablehnung** oder auf **Änderung eines Verwaltungsvorschlags** (innerhalb der durch die Bekanntmachung gezogenen inhaltlichen Grenzen) gerichtet sein.[288] Möglicher Inhalt kann etwa eine andere Verwendung des Bilanzgewinns sein,[289] wobei aber stets die durch den ausgewiesenen Bilanzgewinn vorgegebene Höhe zu beachten ist.[290] Zulässig ist auch ein Antrag, eine zur Änderung vorgeschlagenen Satzungsklausel in einer anderen Fassung zu beschließen.[291] Ebenfalls zulässig ist der Vorschlag alternativer Kandidaten für die Wahl des Aufsichtsrats oder des Abschlussprüfers.[292]

---

[278] Bürgers/Körber/*Reger* Rn. 24; GHEK/*Eckardt* Rn. 17; Großkomm AktG/*Butzke* Rn. 105; Hüffer/Koch/*Koch*, 13. Aufl. 2018, Rn. 29; Kölner Komm AktG/*Noack/Zetzsche* Rn. 96; MüKoAktG/*Kubis* Rn. 64; K. Schmidt/Lutter/*Ziemons* Rn. 71; *Schlitt* in Semler/Volhard/Reichert HV-HdB § 4 Rn. 173; *Wilsing/von der Linden* ZIP 2010, 2321 (2325).
[279] Großkomm AktG/*Butzke* Rn. 105; *Austmann* FS Hoffmann-Becking, 2013, 45 (56); aA wohl Kölner Komm AktG/*Noack/Zetzsche* Rn. 96.
[280] Bürgers/Körber/*Reger* Rn. 24; Großkomm AktG/*Butzke* Rn. 105; Hüffer/Koch/*Koch*, 13. Aufl. 2018, Rn. 29; MüKoAktG/*Kubis* Rn. 64; *Werner* FS Fleck, 1988, 401 (418 ff.); *Schlitt* in Semler/Volhard/Reichert HV-HdB § 4 Rn. 173; K. Schmidt/Lutter/*Ziemons* Rn. 71; aA GHEK/*Eckardt* Rn. 17.
[281] Großkomm AktG/*Butzke* Rn. 106; MüKoAktG/*Kubis* Rn. 64; K. Schmidt/Lutter/*Ziemons* Rn. 71; *Schlitt* in Semler/Volhard/Reichert HV-HdB § 4 Rn. 170.
[282] Kölner Komm AktG/*Noack/Zetzsche* Rn. 95.
[283] BegrRegE bei *Kropff* S. 175.
[284] Kölner Komm AktG/*Zöllner*, 1. Aufl. 1985, Rn. 12; MüKoAktG/*Kubis* Rn. 65.
[285] Bürgers/Körber/*Reger* Rn. 2; Großkomm AktG/*Butzke* Rn. 31, 110; MüKoAktG/*Kubis* § 121 Rn. 46; *Kocher* AG 2013, 406 (407); *Priester* Liber amicorum Happ, 2006, 213 (216); *Werner* FS Fleck, 1988, 401 (407 f.); *Wieneke* FS Schwark, 2009, 305 (318); iE ähnlich K. Schmidt/Lutter/*Ziemons* Rn. 68; aA *Scholz* AG 2008, 11 (12 f.); s. auch Kölner Komm AktG/*Zöllner*, 1. Aufl. 1985, Rn. 17 f.
[286] Vgl. OLG Frankfurt a.M. AG 2016, 252 (254); MüKoAktG/*Kubis* Rn. 65.
[287] Bürgers/Körber/*Reger* Rn. 25; Grigoleit/*Herrler* Rn. 24; Großkomm AktG/*Butzke* Rn. 110; Hüffer/Koch/*Koch*, 13. Aufl. 2018, Rn. 29; MüKoAktG/*Kubis* Rn. 66; K. Schmidt/Lutter/*Ziemons* Rn. 73; *Schlitt* in Semler/Volhard/Reichert HV-HdB § 4 Rn. 169; *Priester* Liber amicorum Happ, 2006, 213 (218); *Werner* FS Fleck, 1988, 401 (414).
[288] Bürgers/Körber/*Reger* Rn. 25; Grigoleit/*Herrler* Rn. 24; Großkomm AktG/*Butzke* Rn. 110; Kölner Komm AktG/*Noack/Zetzsche* Rn. 101; MüKoAktG/*Kubis* Rn. 66; *Schlitt* in Semler/Volhard/Reichert HV-HdB § 4 Rn. 169.
[289] Bürgers/Körber/*Reger* Rn. 25; Grigoleit/*Herrler* Rn. 25; Großkomm AktG/*Butzke* Rn. 111; Hölters/*Drinhausen* Rn. 24; Kölner Komm AktG/*Noack/Zetzsche* Rn. 103; MüKoAktG/*Kubis* Rn. 66; *Schlitt* in Semler/Volhard/Reichert HV-HdB § 4 Rn. 169; *Kocher* AG 2013, 406 (409); *Priester* Liber amicorum Happ, 2006, 213 (221); *Werner* FS Fleck, 1988, 401 (414).
[290] *Kocher* AG 2013, 406 (409); *Werner* FS Fleck, 1988, 401 (414).
[291] LG München I AG 2007, 255 (256); Grigoleit/*Herrler* Rn. 25; Hüffer/Koch/*Koch*, 13. Aufl. 2018, Rn. 29.
[292] OLG Frankfurt a.M. AG 2016, 252 (254); Grigoleit/*Herrler* Rn. 25; Großkomm AktG/*Butzke* Rn. 111; Hölters/*Drinhausen* Rn. 24; Hüffer/Koch/*Koch*, 13. Aufl. 2018, Rn. 29; Kölner Komm AktG/*Noack/Zetzsche* Rn. 103; MüKoAktG/*Kubis* Rn. 66; *Schlitt* in Semler/Volhard/Reichert HV-HdB § 4 Rn. 169; *Kocher* AG 2013, 406 (408, 410); *Priester* Liber amicorum Happ, 2006, 213 (223); *Werner* FS Fleck, 1988, 401 (414).

53 Anträge auf bloße **redaktionelle oder stilistische Änderungen** sind stets von der Bekanntmachung erfasst, auch wenn sie formal außerhalb des Bekanntmachungsbereichs stehen.[293] Gleiches gilt für Anträge, die eine **Korrektur offenkundiger Fehler** bezwecken.[294] Dabei kann es sich nicht nur um Schreib- oder Rechenfehler, sondern auch um gedankliche Fehler handeln, wenn klar ist, dass mit einem Verwaltungsvorschlag ein bestimmtes Ergebnis erreicht werden soll, aber aufgrund des Fehlers nicht erreicht werden kann.[295] Zulässig ist auch eine Präzisierung der Verwaltungsvorschläge.[296]

54 Von der Bekanntmachung **materiell abweichende Anträge** sind jedenfalls dann gesondert bekanntmachungspflichtig, wenn sie bei **wirtschaftlicher Betrachtungsweise** nicht mehr mit der Ankündigung vergleichbar sind.[297] Entscheidend ist jeweils, ob die Aktionäre bei unbefangener Betrachtung der Tagesordnung mit einer entsprechenden Beschlussfassung rechnen mussten. Eine Bekanntmachungsfreiheit scheidet jedenfalls dann aus, wenn der betreffende Antrag besonderen gesetzlichen Bekanntmachungserfordernissen unterliegt.[298] Dies ist etwa bei einem **Ausschluss des Bezugsrechts** der Aktionäre der Fall (§ 186 Abs. 4). Ist als Gegenstand der Tagesordnung eine Kapitalerhöhung mit Bezugsrecht angekündigt, ist daher ein Antrag auf Ausschluss des Bezugsrechts nicht von der Ankündigung gedeckt.[299] Besondere Bekanntmachungserfordernisse bestehen auch im Hinblick auf eine **Kapitalerhöhung gegen Sacheinlagen** (§ 183 Abs. 1). Wurde als Gegenstand der Tagesordnung eine Barkapitalerhöhung angekündigt, kann in der Hauptversammlung keine Sachkapitalerhöhung beschlossen werden.[300] Umgekehrt ist es dagegen grundsätzlich zulässig, eine Barkapitalerhöhung zu beschließen, wenn als Gegenstand der Tagesordnung eine Sachkapitalerhöhung bekannt gemacht wurde.[301] Gleiches gilt auch für den Beschluss einer Kapitalerhöhung mit Bezugsrecht, wenn ein Bezugsrechtsausschluss angekündigt wurde.[302] Im Hinblick auf Abweichungen von dem bekannt gemachten **Umfang einer Kapitalerhöhung** (Erhöhungsbetrag) kommt es auf den jeweiligen Einzelfall an.[303] Erhebliche Überschreitungen sind nicht mehr von der Bekanntmachung gedeckt.[304] Jedenfalls zulässig sein dürfte idR eine Überschreitung des bekannt gemachten Betrags in Höhe von rund 20%.[305] Auch eine Unterschrei-

---

[293] Großkomm AktG/*Butzke* Rn. 111; Hüffer/Koch/*Koch*, 13. Aufl. 2018, Rn. 29; MüKoAktG/*Kubis* Rn. 68; *Schlitt* in Semler/Volhard/Reichert HV-HdB § 4 Rn. 171; *Kocher* AG 2013, 406 (408); *Kuhnt* FS Lieberknecht, 1997, 45 (54).

[294] Hüffer/Koch/*Koch*, 13. Aufl. 2018, Rn. 29; MüKoAktG/*Kubis* Rn. 68; *Schlitt* in Semler/Volhard/Reichert HV-HdB § 4 Rn. 171; *Kocher* AG 2013, 406 (408); *Priester* Liber amicorum Happ, 2006, 213 (219); *Werner* FS Fleck, 1988, 401 (416).

[295] *Priester* Liber amicorum Happ, 2006, 213 (219); *Werner* FS Fleck, 1988, 401 (416).

[296] LG Berlin ZIP 2003, 1352 (1353): Beschluss einer Barabfindung gem. § 327b iHv 88 EUR bei Ankündigung von „mindestens 88 EUR".

[297] RGZ 87, 155 (156); OLG Rostock AG 2013, 768 (771); LG München I AG 2010, 419 (420) – Rapunzel AG; Grigoleit/*Herrler* Rn. 24; Großkomm AktG/*Butzke* Rn. 110; Hölters/*Drinhausen* Rn. 25; Hüffer/Koch/*Koch*, 13. Aufl. 2018, Rn. 29; MüKoAktG/*Kubis* Rn. 68; *Schlitt* in Semler/Volhard/Reichert HV-HdB § 4 Rn. 171; s. auch *Kocher* AG 2013, 406 (407 f.), der betont, dass es sich bei der wirtschaftlichen Gleichwertigkeit nur um eines von mehreren Kriterien handelt; aA *Wieneke* FS Schwark, 2009, 305 (320 ff.).

[298] *Schlitt* in Semler/Volhard/Reichert HV-HdB § 4 Rn. 171.

[299] Großkomm AktG/*Butzke* Rn. 111; Hölters/*Drinhausen* Rn. 25; Hüffer/Koch/*Koch*, 13. Aufl. 2018, Rn. 29; Kölner Komm AktG/*Noack*/*Zetzsche* Rn. 108; MüKoAktG/*Kubis* Rn. 68; *Schlitt* in Semler/Volhard/Reichert HV-HdB § 4 Rn. 171; *Kocher* AG 2013, 406 (408); *Priester* Liber amicorum Happ, 2006, 213 (223); *Werner* FS Fleck, 1988, 401 (416).

[300] Großkomm AktG/*Butzke* Rn. 111; Hölters/*Drinhausen* Rn. 25; Hüffer/Koch/*Koch*, 13. Aufl. 2018, Rn. 29; Kölner Komm AktG/*Noack*/*Zetzsche* Rn. 108; MüKoAktG/*Kubis* Rn. 68; *Schlitt* in Semler/Volhard/Reichert HV-HdB § 4 Rn. 171; *Kocher* AG 2013, 406 (408); *Priester* Liber amicorum Happ, 2006, 213 (223); *Werner* FS Fleck, 1988, 401 (417).

[301] Großkomm AktG/*Butzke* Rn. 111; Hüffer/Koch/*Koch*, 13. Aufl. 2018, Rn. 29; Kölner Komm AktG/*Noack*/*Zetzsche* Rn. 107; MüKoAktG/*Kubis* Rn. 68; *Schlitt* in Semler/Volhard/Reichert HV-HdB § 4 Rn. 171; *Kocher* AG 2013, 406 (408); *Priester* Liber amicorum Happ, 2006, 213 (223); *Werner* FS Fleck, 1988, 401 (417).

[302] Großkomm AktG/*Butzke* Rn. 111; Hüffer/Koch/*Koch*, 13. Aufl. 2018, Rn. 29; Kölner Komm AktG/*Noack*/*Zetzsche* Rn. 107; MüKoAktG/*Kubis* Rn. 61; *Schlitt* in Semler/Volhard/Reichert HV-HdB § 4 Rn. 171; *Kocher* AG 2013, 406 (408); *Priester* Liber amicorum Happ, 2006, 213 (223); *Werner* FS Fleck, 1988, 401 (416 f.).

[303] *Schlitt* in Semler/Volhard/Reichert HV-HdB § 4 Rn. 171; *Kocher* AG 2013, 406 (408 f.).

[304] Vgl. RGZ 87, 155 (156): Kapitalerhöhung um 5 Mio. Mark unzulässig, wenn Kapitalerhöhung um 1 Mio. Mark bekannt gemacht wurde; s. auch *Kocher* AG 2013, 406 (409); *Priester* Liber amicorum Happ, 2006, 213 (223 f.); weitergehend MüKoAktG/*Kubis* Rn. 68, der eine Überschreitung des bekannt gemachten Erhöhungsbetrags offenbar stets als zulässig ansehen will; aA wohl Hölters/*Drinhausen* Rn. 25, der eine Überschreitung offenbar stets als unzulässig ansieht.

[305] *Werner* FS Fleck, 1988, 401 (417); zu eng OLG Frankfurt a.M. DB 2004, 2361 (2362), das eine Erhöhung auf 8,4 Mio. EUR statt der bekannt gemachten 7 Mio. EUR als unzulässig ansieht, obwohl die neue Grundkapitalziffer teilweise auf die zwischenzeitliche Ausnutzung von genehmigtem Kapital zurückging; zu recht kritisch insoweit *Kocher* AG 2013, 406 (409); *Priester* Liber amicorum Happ, 2006, 213 (224).

tung des bekannt gemachten Erhöhungsbetrags bedarf idR keiner gesonderten Bekanntmachung.[306] Ähnliche Grundsätze wie für Kapitalerhöhungen gelten auch für Kapitalherabsetzungen. Auch hier ist eine erhebliche Veränderung des Umfangs nicht mehr von der Bekanntmachung gedeckt.[307] Jedenfalls in diesen Grenzen ist auch die Erhöhung einer in der Einberufung angekündigten Barabfindung noch von der bekannt gemachten Tagesordnung gedeckt. Dies gilt auch dann, wenn die Barabfindung (insbesondere bei einem Formwechsel) von der Gesellschaft zu leisten ist.[308]

Bei **Satzungsänderungen** wird regelmäßig bereits durch Benennung der zu ändernden Vorschrift in dem Tagesordnungspunkt eine Eingrenzung vorgenommen. Lautet der Tagesordnungspunkt schlicht „Satzungsänderung", wird damit nicht die gesamte Satzung zur Disposition gestellt (→ § 121 Rn. 31). Vielmehr kann der Beschlussvorschlag zur Konkretisierung herangezogen werden. Nicht mehr von dem angekündigten Tagesordnungspunkt gedeckt ist somit die Änderung einer Satzungsbestimmung außerhalb der hierdurch bewirkten thematischen Eingrenzung.[309]

c) Ergänzende Sachanträge. Anträge zu Gegenständen der Tagesordnung sind auch ergänzende Sachanträge.[310] Entscheidend ist dabei, ob der Antrag inhaltlich von dem bekannt gemachten Tagesordnungspunkt noch gedeckt ist. Die Abgrenzung zwischen (bekanntmachungsfreien) ergänzenden und (gesondert bekanntmachungspflichtigen) inhaltlich abweichenden Sachanträgen kann mitunter schwierig sein. Erforderlich ist stets eine Einzelfallbetrachtung, bei der an die Bekanntmachungsfreiheit ein strenger Maßstab anzulegen ist.[311] Entscheidend ist auch hier, ob die Aktionäre bei unbefangener Betrachtung der Tagesordnung mit einer entsprechenden Beschlussfassung rechnen mussten (→ Rn. 54).

Praktische Bedeutung haben ergänzende Sachanträge vor allem im Zusammenhang mit der Entlastung von Vorstand und Aufsichtsrat. So kann insbesondere ein Antrag auf **Bestellung von Sonderprüfern** (§ 142 Abs. 1) unter dem Tagesordnungspunkt „Entlastung" gestellt werden, wenn sich die zu prüfenden Vorgänge auf den Entlastungszeitraum beziehen.[312] Gesondert bekanntmachungspflichtig ist dagegen die **Geltendmachung von Ersatzansprüchen** (§ 147 Abs. 1) oder die Bestellung eines besonderen Vertreters (§ 147 Abs. 2).[313] Etwas anderes gilt, wenn als Gegenstand der Tagesordnung die Vorlage eines Sonderprüfungsberichts bekannt gemacht wird. In diesem Fall ist auch die Geltendmachung von Schadensersatzansprüchen von der Ankündigung gedeckt (→ § 147 Rn. 32).[314] Etwas anderes gilt für die Aufhebung der Sonderprüfung und Abberufung des Sonderprüfers.[315] Dagegen kann zu dem Tagesordnungspunkt „Vorlage eines Sonderprüfungsberichts" ohne gesonderte Bekanntmachung auch ein Antrag auf **Vertrauensentzug** gestellt werden.[316] Von dem Tagesordnungspunkt „Entlastung" ist ein Antrag auf Vertrauensentzug nicht gedeckt.[317] Gleiches

---

[306] *Werner* FS Fleck, 1988, 401 (417) Fn. 54; s. auch MüKoAktG/*Kubis* Rn. 68.
[307] OLG Rostock AG 2013, 768 (771): Kapitalherabsetzung und Zusammenlegung von Aktien im Verhältnis 100:1 unzulässig, wenn Verhältnis von 4:3 angekündigt wurde; zust. Hüffer/Koch/*Koch*, 13. Aufl. 2018, Rn. 29.
[308] Vgl. Kölner Komm AktG/*Noack/Zetzsche* Rn. 108; *Petrovicki* GWR 2009, 426; aA LG München I AG 2009, 419 (420 f.).
[309] Vgl. Kölner Komm AktG/*Noack/Zetzsche* Rn. 108; aA LG München I AG 2010, 419 (421) – Rapunzel AG.
[310] Bürgers/Körber/*Reger* Rn. 26; Großkomm AktG/*Butzke* Rn. 112; Hüffer/Koch/*Koch*, 13. Aufl. 2018, Rn. 29; MüKoAktG/*Kubis* Rn. 67; K. Schmidt/Lutter/*Ziemons* Rn. 74.
[311] OLG Frankfurt a.M. AG 2016, 252 (254); *Werner* FS Fleck, 1988, 401 (417).
[312] OLG Frankfurt a.M. AG 2016, 252 (254); OLG Brandenburg AG 2003, 328 (329); Bürgers/Körber/*Reger* Rn. 26; Großkomm AktG/*G. Bezzenberger* § 142 Rn. 26; Großkomm AktG/*Butzke* Rn. 113; Hölters/*Drinhausen* Rn. 24; Hüffer/Koch/*Koch*, 13. Aufl. 2018, Rn. 29; Kölner Komm AktG/*Noack/Zetzsche* Rn. 104; MüKoAktG/*Kubis* Rn. 67; K. Schmidt/Lutter/*Ziemons* Rn. 74; *Schlitt* in Semler/Volhard/Reichert HV-HdB § 4 Rn. 170; *Austmann* FS Hoffmann-Becking, 2013, 45 (47); *Priester* Liber amicorum Happ, 2006, 213 (222); *Werner* FS Fleck, 1988, 401 (414); aA *Kocher* AG 2013, 406 (409).
[313] Bürgers/Körber/*Reger* Rn. 26; Großkomm AktG/*G. Bezzenberger* § 147 Rn. 18; Großkomm AktG/*Butzke* Rn. 113; Hüffer/Koch/*Koch*, 13. Aufl. 2018, § 147 Rn. 8; MüKoAktG/*Kubis* Rn. 67; K. Schmidt/Lutter/*Spindler* § 147 Rn. 8; K. Schmidt/Lutter/*Ziemons* Rn. 77; *Schlitt* in Semler/Volhard/Reichert HV-HdB § 4 Rn. 170; *Werner* FS Fleck, 1988, 401 (414 f.); aA *Priester* Liber amicorum Happ, 2006, 213 (222).
[314] Großkomm AktG/*G. Bezzenberger* § 147 Rn. 18; Großkomm AktG/*Butzke* Rn. 113; Hüffer/Koch/*Koch*, 13. Aufl. 2018, § 147 Rn. 8; K. Schmidt/Lutter/*Spindler* § 147 Rn. 8; K. Schmidt/Lutter/*Ziemons* Rn. 77; *Schlitt* in Semler/Volhard/Reichert HV-HdB § 4 Rn. 170; *Werner* FS Fleck, 1988, 401 (415).
[315] OLG Brandenburg AG 2011, 418 (419); Grigoleit/*Herrler* Rn. 25; Großkomm AktG/*Butzke* Rn. 113.
[316] Großkomm AktG/*Butzke* Rn. 113; Kölner Komm AktG/*Noack/Zetzsche* Rn. 106.
[317] LG München I AG 2005, 701 (702); Großkomm AktG/*Butzke* Rn. 113; Hölters/*Drinhausen* Rn. 24; MüKoAktG/*Kubis* Rn. 60; MHdB AG/*Bungert* § 35 Rn. 36; *Kocher* AG 2013, 406 (409); *Werner* FS Fleck, 1988, 401 (415); aA Bürgers/Körber/*Reger* Rn. 26; Hüffer/Koch/*Koch*, 13. Aufl. 2018, Rn. 29; Kölner Komm AktG/*Noack/Zetzsche* Rn. 105; K. Schmidt/Lutter/*Ziemons* Rn. 75; *Butzke* Die Hauptversammlung der AG Rn. I 43; *Schlitt* in Semler/Volhard/Reichert HV-HdB § 4 Rn. 170; *Priester* Liber amicorum Happ, 2006, 213 (222); s. auch KG AG 2007, 745 (746).

gilt für eine Beschlussfassung über die **Billigung des Systems der Vorstandsvergütung** gem. § 120 Abs. 4 („Say on Pay"), die ebenfalls einer gesonderten Bekanntmachung bedarf.[318] Steht die **Abberufung von Aufsichtsratsmitgliedern** auf der Tagesordnung, ist hiervon die Annahme einer zwischenzeitlich erfolgten Amtsniederlegung gedeckt (sofern hierfür überhaupt ein Beschluss der Hauptversammlung erforderlich ist).[319] Nicht gedeckt von dem Tagesordnungspunkt „Abberufung von Aufsichtsratsmitgliedern" ist die Neuwahl von Aufsichtsratsmitgliedern.[320] Umgekehrt ist auch die Abberufung von Aufsichtsratsmitgliedern nicht von dem Tagesordnungspunkt „Neuwahl von Aufsichtsratsmitgliedern" gedeckt.[321] Steht die Abberufung von Aufsichtsratsmitgliedern auf der Tagesordnung ist auch die Abberufung anderer als der in der Einberufung vorgeschlagenen Aufsichtsratsmitglieder von dem Tagesordnungspunkt gedeckt.[322] Unter dem Tagesordnungspunkt „Gewinnverwendung" kann auch ein Bestätigungsbeschluss zu dem Gewinnverwendungsbeschluss des Vorjahrs gefasst werden.[323] Unter dem Tagesordnungspunkt „Verschiedenes" ist keine Beschlussfassung über Sachanträge zulässig (auch → § 121 Rn. 33).[324]

57 d) **Geschäftsordnungsanträge (Verfahrensanträge).** Anträge zu Gegenständen der Tagesordnung sind auch Geschäftsordnungsanträge (zB Absetzung oder Vertagung eines Tagesordnungspunkts).[325] Geschäftsordnungsanträge können sich auch auf mehrere Tagesordnungspunkte beziehen.[326] Ein Antrag auf Vertagung der Hauptversammlung ist bereits gem. § 124 Abs. 4 S. 2 Var. 1 bekanntmachungsfrei. Der Erlass einer Geschäftsordnung ist kein bekanntmachungsfreier Geschäftsordnungsantrag und bedarf stets einer gesonderten Bekanntmachung.[327]

58 e) **Aufhebung bereits gefasster Beschlüsse.** Von § 124 Abs. 4 S. 2 Var. 2 erfasst sind grundsätzlich auch Anträge auf Aufhebung von in der Hauptversammlung bereits gefassten Beschlüssen.[328] Die Hauptversammlung kann aber unabhängig von der Bekanntmachungsfreiheit gleichwohl an einen einmal gefassten Beschluss gebunden sein.[329]

59 3. **Verhandlungen ohne Beschlussfassung.** Gem. § 124 Abs. 4 S. 2 Var. 3 bedarf es keiner Bekanntmachung zu Verhandlungen ohne Beschlussfassung. Die genaue Reichweite dieser Regelung ist unklar. Der Wortlaut lässt darauf schließen, dass Aktionäre in der Hauptversammlung eine Aussprache zu beliebigen Angelegenheiten beantragen können.[330] Eine solche Auslegung würde aber dem beschlussorientierten Charakter der Hauptversammlung nicht gerecht. Der Versammlungsleiter ist daher jedenfalls berechtigt, gegen uferlose Ausführungen abseits der Tagesordnung einzuschreiten.[331] Darüber hinaus bietet es sich an, § 124 Abs. 4 S. 2 Var. 3 generell dahingehend teleologisch zu reduzieren, dass beschlusslose Verhandlungen vom Versammlungsleiter nur dann zugelassen werden müssen, wenn sie sich aus den bekanntgemachten Gegenständen der Tagesordnung ergeben.[332] Vom

---

[318] *Begemann/Laue* BB 2009, 2442 (2444); *Deilmann/Otte* DB 2010, 545; *Döll* WM 2010, 103 (106 ff.); *Fleischer/Bedkowski* AG 2009, 677 (680 f.); *Hoffmann-Becking/Krieger* NZG-Beilage 2009, 1 (10 f.); *Mutter/Kruchen* AG-Report 2010, 78; *E. Vetter* ZIP 2009, 2136 (2138); wohl auch *Seibert* WM 2009, 1489 (1490); offen *Grobecker* NZG 2010, 165 (168 f.).
[319] LG Mannheim WM 1990, 760 (763); Bürgers/Körber/*Reger* Rn. 25; *Schlitt* in Semler/Volhard/Reichert HV-HdB § 4 Rn. 169.
[320] Großkomm AktG/*Butzke* Rn. 113; *Schlitt* in Semler/Volhard/Reichert HV-HdB § 4 Rn. 170.
[321] Großkomm AktG/*Butzke* Rn. 113; *Kocher* AG 2013, 406 (410).
[322] OLG Frankfurt a.M. AG 2016, 252 (254).
[323] K. Schmidt/Lutter/*Ziemons* Rn. 76.
[324] Kölner Komm AktG/*Zöllner*, 1. Aufl. 1985, Rn. 16; *Butzke* Die Hauptversammlung der AG Rn. B 83; *Schlitt* in Semler/Volhard/Reichert HV-HdB § 4 Rn. 177.
[325] Bürgers/Körber/*Reger* Rn. 25; Grigoleit/*Herrler* Rn. 25; Großkomm AktG/*Butzke* Rn. 115; Hölters/*Drinhausen* Rn. 24; Hüffer/Koch/*Koch*, 13. Aufl. 2018, Rn. 29; Kölner Komm AktG/*Noack/Zetzsche* Rn. 10; MüKo AktG/*Kubis* Rn. 70; MHdB AG/*Bungert* § 36 Rn. 87; *Schlitt* in Semler/Volhard/Reichert HV-HdB § 4 Rn. 172; *Kuhnt* FS Lieberknecht, 1997, 45 (54); *Priester* Liber amicorum Happ, 2006, 213 (218); *Werner* FS Fleck, 1988, 401 (413); *Wilsing/von der Linden* ZIP 2010, 2321.
[326] Großkomm AktG/*Butzke* Rn. 116; *Schlitt* in Semler/Volhard/Reichert HV-HdB § 4 Rn. 172; *Werner* FS Fleck, 1988, 401 (413).
[327] GHEK/*Eckardt* Rn. 16; Großkomm AktG/*Butzke* Rn. 116; MüKoAktG/*Kubis* Rn. 70; MHdB AG/*Bungert* § 36 Rn. 67; *Schlitt* in Semler/Volhard/Reichert HV-HdB § 4 Rn. 172.
[328] Großkomm AktG/*Butzke* Rn. 114; MüKoAktG/*Kubis* Rn. 69; *Werner* FS Fleck, 1988, 401 (418).
[329] S. dazu Großkomm AktG/*Mülbert* § 129 Rn. 173; MüKoAktG/*Kubis* § 119 Rn. 139; *Stützle/Walgenbach* ZHR 155 (1991) 516 (537); vgl. auch Großkomm AktG/*Butzke* Rn. 114.
[330] In diese Richtung GHEK/*Eckardt* Rn. 14; MüKoAktG/*Kubis* Rn. 71; MHdB AG/*Bungert* § 36 Rn. 64.
[331] Hüffer/Koch/*Koch*, 13. Aufl. 2018, Rn. 29; MüKoAktG/*Kubis* Rn. 71; s. auch Großkomm AktG/*Butzke* Rn. 107; *Butzke* Die Hauptversammlung der AG Rn. B 75 Fn. 132; enger *Austmann* FS Hoffmann-Becking, 2013, 45 (50 f.).
[332] *Austmann* FS Hoffmann-Becking, 2013, 45 (50 f.); iE ähnlich Grigoleit/*Herrler* Rn. 25; Kölner Komm AktG/*Noack/Zetzsche* Rn. 112; aA Großkomm AktG/*Butzke* Rn. 108.

Wortlaut des § 124 Abs. 4 S. 2 Var. 3 sind auch die **Vorlage des Jahresabschlusses** (§ 176 Abs. 1) und die **Verlustanzeige** nach § 92 gedeckt, da hierzu keine Beschlussfassung erforderlich ist. Gleichwohl geht die ganz hM zutreffend davon aus, dass in beiden Fällen eine gesonderte Bekanntmachung erforderlich ist. § 124 Abs. 4 S. 2 Var. 3 ist insoweit teleologisch zu reduzieren.[333] Im Hinblick auf die Vorlage des Jahresabschlusses ergibt sich dies bereits aus den besonderen Publizitätsanforderungen gem. § 175 Abs. 2. Eine teleologische Reduktion von § 124 Abs. 4 S. 2 Var. 3 ist im Hinblick auf das besondere Bekanntmachungserfordernis gem. § 145 Abs. 6 S. 5 auch für die Vorlage eines Sonderprüfungsberichts erforderlich.[334]

§ 124a Veröffentlichungen auf der Internetseite der Gesellschaft

[1]Bei börsennotierten Gesellschaften müssen alsbald nach der Einberufung der Hauptversammlung über die Internetseite der Gesellschaft zugänglich sein:
1. der Inhalt der Einberufung;
2. eine Erläuterung, wenn zu einem Gegenstand der Tagesordnung kein Beschluss gefasst werden soll;
3. die der Versammlung zugänglich zu machenden Unterlagen;
4. die Gesamtzahl der Aktien und der Stimmrechte im Zeitpunkt der Einberufung, einschließlich getrennter Angaben zur Gesamtzahl für jede Aktiengattung;
5. gegebenenfalls die Formulare, die bei Stimmabgabe durch Vertretung oder bei Stimmabgabe mittels Briefwahl zu verwenden sind, sofern diese Formulare den Aktionären nicht direkt übermittelt werden.

[2]Ein nach Einberufung der Versammlung bei der Gesellschaft eingegangenes Verlangen von Aktionären im Sinne von § 122 Abs. 2 ist unverzüglich nach seinem Eingang bei der Gesellschaft in gleicher Weise zugänglich zu machen.

Schrifttum: *Drinhausen/Keinath*, Auswirkungen des ARUG auf die künftige Hauptversammlungs-Praxis, BB 2009, 2322; *Drinhausen/Keinath*, BB-Rechtsprechungs- und Gesetzgebungsreport zum Hauptversammlungsrecht 2009, BB 2010, 3; *Ch. Horn*, Änderungen bei der Vorbereitung und Durchführung der Hauptversammlung nach dem Referentenentwurf zum ARUG, ZIP 2008, 1558; *Hucke*, Das neue Gesetz zur Umsetzung der Aktionärsrechterichtlinie (ARUG), ZCG 2009, 215; *v. Nussbaum*, Neue Wege zur Online-Hauptversammlung durch das ARUG, GWR 2009, 215; *Paschos/Goslar*, Der Regierungsentwurf des Gesetzes zur Umsetzung der Aktionärsrechtrichtlinie (ARUG), AG 2009, 14; *Wicke*, Einführung in das Recht der Hauptversammlung, das Recht der Sacheinlagen und das Freigabeverfahren nach dem ARUG, 2009.

Übersicht

	Rn.		Rn.
I. Überblick	1–3	b) Erläuterung zu beschlusslosen Tagesordnungspunkten	8, 9
II. Zugänglichmachen über die Internetseite	4–17	c) Unterlagen	10, 11
		d) Gesamtzahl der Aktien und der Stimmrechte	12, 13
1. Allgemeines	4–6a	e) Formulare	14, 15
2. Informationen im Zusammenhang mit der Einberufung	7–15	3. Ergänzungsverlangen nach § 122 Abs. 2	16, 17
a) Inhalt der Einberufung	7, 7a	III. Rechtsfolgen bei Verstößen	18

I. Überblick

§ 124a regelt zusätzliche Veröffentlichungspflichten für **börsennotierte Gesellschaften** iSv § 3 Abs. 2. Diese beziehen sich auf bestimmte hauptversammlungsrelevante Informationen und Unterlagen, die über die Internetseite der Gesellschaft zugänglich gemacht werden müssen. Hierdurch soll der **Zugriff für die Aktionäre erleichtert** und die Internetseite der Gesellschaft zum **zentralen Medium des Informationsaustauschs** zwischen Gesellschaft und Aktionären ausgebaut werden.[1] § 124a wird ergänzt durch § 121 Abs. 3 S. 3 Nr. 3, wonach börsennotierte Gesellschaften die betref- 1

---

[333] GHEK/*Eckardt* Rn. 14; Grigoleit/*Herrler* Rn. 25; Großkomm AktG/*Butzke* Rn. 107 f.; Kölner Komm AktG/*Noack/Zetzsche* Rn. 113; MüKoAktG/*Kubis* Rn. 84; NK-AktG/*M. Müller* Rn. 29; K. Schmidt/Lutter/ *Ziemons* Rn. 87; Wachter/*Mayrhofer* Rn. 22; MHdB AG/*Bungert* § 36 Rn. 64; *Schlitt* in Semler/Volhard/Reichert HV-HdB § 4 Rn. 167; aA für die Verlustanzeige nach § 92 Kölner Komm AktG/*Zöllner*, 1. Aufl. 1985, Rn. 8.
[334] Grigoleit/*Herrler* Rn. 25; Kölner Komm AktG/*Noack/Zetzsche* Rn. 113; NK-AktG/*M. Müller* Rn. 29; K. Schmidt/Lutter/*Ziemons* Rn. 87; Wachter/*Mayrhofer* Rn. 22.
[1] BegrRegE BT-Drs. 16/11 642, 30.

fende Internetseite in der Einberufung anzugeben haben (→ § 121 Rn. 47). Aus § 126 Abs. 1 S. 3 (iVm § 127 S. 1) ergibt sich für börsennotierte Gesellschaften zudem die Pflicht, auch Gegenanträge und Wahlvorschläge von Aktionären über die Internetseite der Gesellschaft zugänglich zu machen (→ § 126 Rn. 20). § 124a dient zusammen mit den ebenfalls durch das ARUG in Umsetzung der **Aktionärsrechterichtlinie**[2] eingefügten Regelungen in § 121 Abs. 3 S. 3 und Abs. 4a einer Verbesserung der Informationslage für Aktionäre börsennotierter Gesellschaften.[3] Dies entspricht der Zielsetzung der Aktionärsrechterichtlinie, Hindernisse beim Informationszugang und bei der Stimmrechtsausübung für gebietsfremde Aktionäre zu beseitigen (vgl. Erwägungsgründe 5 und 6 Aktionärsrechte-RL). Die Hürden bei der Stimmrechtsausübung und die damit verbundene rationale Apathie gebietsfremder Aktionäre konnten durch die Neuregelungen bislang allerdings nur teilweise abgebaut werden.[4] Die bis zum 10. Juni 2019 in nationales Recht umzusetzende Änderungsrichtlinie zur Aktionärsrechterichtlinie[5] geht daher (ergänzend) einen anderen Weg, indem künftig die Intermediäre stärker in die Übermittlung von Informationen zwischen Gesellschaft und Aktionären eingebunden werden (→ § 125 Rn. 47; → § 128 Rn. 5a; → § 135 Rn. 7b).

2 Eine Zusammenfassung des Inhalts von § 124a findet sich in **Ziffer 2.3.1 S. 3 DCGK**. Vor Inkrafttreten des ARUG enthielt Ziffer 2.3.1 S. 3 DCGK aF noch eine Empfehlung, wonach der Vorstand von der Gesetz für die Hauptversammlung verlangten Berichte und Unterlagen einschließlich des Geschäftsberichts leicht zugänglich auf der Internetseite der Gesellschaft zusammen mit der Tagesordnung veröffentlichen soll. Da diese Unterlagen nunmehr gem. § 124a S. 1 Nr. 3 zwingend über die Internetseite der Gesellschaft zugänglich zu machen sind, lief die Empfehlung weitgehend leer. Im Zuge der Kodexrevision 2010 wurde Ziffer 2.3.1 S. 3 daher an § 124a angepasst und auf die bloße Wiedergabe der gesetzlichen Regelung reduziert. Für die Praxis war hiermit keine größere Änderung verbunden, da die Empfehlung gem. Ziffer 2.3.1 S. 3 DCGK aF von der weit überwiegenden Zahl aller börsennotierten Gesellschaften (insbesondere von allen DAX- und MDAX-Gesellschaften) befolgt wurde.[6]

3 § 124a wurde in Umsetzung von Art. 5 Abs. 4 Aktionärsrechte-RL[7] durch Art. 1 Nr. 13 ARUG in das Aktiengesetz eingefügt.

II. Zugänglichmachen über die Internetseite

4 **1. Allgemeines.** Die in § 124a genannten Informationen und Unterlagen müssen von **börsennotierten Gesellschaften** (§ 3 Abs. 2) **alsbald nach der Einberufung** der Hauptversammlung über die Internetseite der Gesellschaft zugänglich gemacht werden (§ 124a S. 1). Der Begriff „alsbald" ist gesetzlich nicht definiert. Nach der Gesetzesbegründung soll „alsbald" bedeuten, dass die Informationen nach der Bekanntmachung im Bundesanzeiger auf die Unternehmenswebsite eingestellt werden müssen, was aber erfahrungsgemäß schon wegen der betriebsinternen Abläufe und der erforderlichen Technik eine gewisse Zeit benötige.[8] Worin genau der Unterschied zu dem etablierten Begriff „unverzüglich" zu sehen sein soll, bleibt unklar.[9] Den Ausführungen in der Gesetzesbegründung lässt sich zumindest entnehmen, dass die Veröffentlichung auf der Internetseite nicht zwingend am Tag der Bekanntmachung der Einberufung erfolgen muss. Da das Einstellen auf die Internetseite keinen größeren technischen Aufwand erfordert, dürfte idR eine Veröffentlichung an dem **auf die Bekanntmachung der Einberufung folgenden Tag** erforderlich sein.[10] In Ausnahmefällen wird

---

[2] RL 2007/36/EG des Europäischen Parlaments und des Rates v. 11.7.2007 über die Ausübung bestimmter Rechte von Aktionären in börsennotierten Gesellschaften, ABl. EU 2007 Nr. L 184, 17.
[3] Vgl. Großkomm AktG/*Butzke* Rn. 1.
[4] Vgl. Großkomm AktG/*Butzke* Rn. 4 ff.
[5] RL des Europäischen Parlaments und des Rates vom 17.5.2017 zur Änderung der Richtlinie 2007/36/EG im Hinblick auf die Förderung der langfristigen Mitwirkung der Aktionäre, ABl. EU 2017 Nr. L 132, 1.
[6] S. die empirische Erhebung bei *v. Werder/Talaulicar* DB 2010, 853 (855); *v. Werder/Talaulicar* DB 2009, 689 (691); *v. Werder/Talaulicar* DB 2008, 825 (827); s. auch *Wachter/Mayrhofer* Rn. 2; *Wicke*, Einführung in das Recht der Hauptversammlung, das Recht der Sacheinlagen und das Freigabeverfahren nach dem ARUG, 2009, S. 14; *Noack* NZG 2008, 441 (442); *Zetzsche* Der Konzern 2008, 321 (324).
[7] RL 2007/36/EG des Europäischen Parlaments und des Rates v. 11.7.2007 über die Ausübung bestimmter Rechte von Aktionären in börsennotierten Gesellschaften, ABl. EU 2007 Nr. L 184, 17.
[8] BegrRegE BT-Drs. 16/11 642, 30.
[9] Vgl. *Hucke* ZCG 2009, 215 (216) Fn. 27; *Paschos/Goslar* AG 2009, 14 (17).
[10] So auch Bürgers/Körber/*Reger* Rn. 10; Grigoleit/*Herrler* Rn. 10; Großkomm AktG/*Butzke* Rn. 46; Hölters/*Drinhausen* Rn. 8; NK-AktR/*M. Müller* Rn. 2; *Drinhausen/Keinath* BB 2009, 2322 (2325); *Drinhausen/Keinath* BB 2010, 3 (5); wohl auch Wachter/*Mayrhofer* Rn. 9; unklar K. Schmidt/Lutter/*Ziemons* Rn. 22 f.; strenger *Butzke*, Die Hauptversammlung der AG, Rn. B 96a: grds. sofort; großzügiger dagegen *Reichert/Balke* in Semler/Volhard/*Reichert* HV-HdB § 4 Rn. 137: spätestens eine Woche nach der Einberufung; Kölner Komm AktG/*Noack/Zetzsche* Rn. 13: spätestens am 21. Tag vor der Versammlung; so wohl auch MüKoAktG/*Kubis* Rn. 3, der allerdings vom „21. Tag nach der Einberufung" spricht.

man auch eine Veröffentlichung zwei bis drei Tage nach der Bekanntmachung der Einberufung noch als ausreichend ansehen können. Soll allerdings durch das Zugänglichmachen von Unterlagen auf der Internetseite der Gesellschaft das ansonsten erforderliche Auslegen in den Geschäftsräumen substituiert werden (vgl. § 52 Abs. 2 S. 4, § 175 Abs. 2 S. 4, § 179a Abs. 2 S. 3, § 293f Abs. 3, § 319 Abs. 3 S. 3, § 327c Abs. 5, § 63 Abs. 4 UmwG, § 230 Abs. 2 S. 4 UmwG), müssen die Unterlagen am Tag der Einberufung auf die Internetseite eingestellt werden (→ Rn. 11).

Das Zugänglichmachen muss auf der Internetseite der Gesellschaft erfolgen. Die gesetzliche Formulierung („über die Internetseite der Gesellschaft") ist unscharf und bedeutet nicht, dass ein bloßer Verweis auf die Internetseite eines Dritten ausreichend wäre.[11] Dies schließt selbstverständlich nicht aus, dass die betreffenden Daten auf den Servern eines Dienstleisters gespeichert werden können.[12] Die Informationen und Unterlagen müssen sich nicht bereits auf der Eingangsseite finden. Sie müssen aber **leicht auffindbar** und **für jeden Aktionär frei zugänglich** sein.[13] Die Seite, auf der sich die Informationen und Unterlagen finden, darf daher keine Zugangsbeschränkungen für Aktionäre vorsehen.[14] Da der Zugang auf Aktionäre beschränkt werden kann, ist es aber zulässig, den Zugang mittels Passwort oder in ähnlicher Weise zu sichern.[15] In der Praxis verzichten die Unternehmen gleichwohl auf solche Beschränkungen, so dass die Informationen und Unterlagen allgemein öffentlich zugänglich sind. Dem Erfordernis der leichten Auffindbarkeit ist genügt, wenn die Informationen und Unterlagen in den üblicherweise vorhandenen Bereich „Hauptversammlung" eingestellt werden (idR als Unterbereich des Bereichs „Investor Relations").[16] Das Zugänglichmachen muss **durchgängig bis zum Ende der Hauptversammlung** erfolgen.[17] Von der Gesellschaft nicht zu vertretende, vorübergehende technische Störungen und kurzzeitige Unterbrechungen (zB zur Systemwartung) sind unschädlich.[18] In der Praxis halten die Gesellschaften die gem. § 124a zugänglich zu machenden Informationen und Unterlagen idR auch nach Ende der Hauptversammlung noch zum Abruf bereit (häufig für mehrere Jahre oder sogar dauerhaft).

§ 124a gilt grundsätzlich auch dann, wenn die Hauptversammlung von Aktionären aufgrund einer gerichtlichen **Ermächtigung nach § 122 Abs. 3** einberufen wurde.[19] Bei der Konkretisierung der Veröffentlichungspflichten ist aber zu berücksichtigen, dass die Gesellschaft teilweise auf die Mitwirkung der einberufenden Aktionäre angewiesen ist. Dies kann zu einer Beschränkung oder zu einem Ausschluss einzelner Pflichten führen.[20]

Zuständig für die Erfüllung der aus § 124a resultierenden Veröffentlichungspflichten ist ausschließlich der **Vorstand**.[21] Dies gilt grundsätzlich auch dann, wenn die Hauptversammlung ausnahmsweise durch den Aufsichtsrat oder von Aktionären aufgrund einer gerichtlichen Ermächtigung nach § 122 Abs. 3 einberufen wurde.[22] In diesen Fällen trifft den Vorstand jedoch nicht die Erläuterungspflicht gem. § 124a S. 1 Nr. 2 (→ Rn. 9).

2. Informationen im Zusammenhang mit der Einberufung. a) Inhalt der Einberufung. Gem. § 124a S. 1 Nr. 1 muss zunächst der Inhalt der Einberufung zugänglich gemacht werden. Der Inhalt der Einberufung ergibt sich aus § 121 Abs. 3. Neben den allgemeinen Angaben gem. § 121 Abs. 3 S. 1 (Firma und Sitz der Gesellschaft, Ort und Zeit der Hauptversammlung) und den zusätzlichen Angaben gem. § 121 Abs. 3 S. 3 (Teilnahmevoraussetzungen, Verfahren für die Stimmabgabe durch Bevollmächtigten oder Briefwahl, Aktionärsrechte, Internetseite) zählt hierzu insbesondere auch die **Tagesordnung,** die gem. § 121 Abs. 3 S. 2 Bestandteil der Einberufung ist.[23] Ebenfalls gem. § 124a S. 1 Nr. 1 zugänglich zu machen sind die **Beschlussvorschläge** der Verwaltung nach

---

[11] MüKoAktG/*Kubis* Rn. 5.
[12] Kölner Komm AktG/*Noack*/*Zetzsche* Rn. 8.
[13] Kölner Komm AktG/*Noack*/*Zetzsche* Rn. 12; MüKoAktG/*Kubis* Rn. 5; weitergehend wohl *Ch. Horn* ZIP 2008, 1558 (1561): allgemein öffentlich zugänglich; ebenso wohl Bürgers/Körber/*Reger* Rn. 8.
[14] Weitergehend *Ch. Horn* ZIP 2008, 1558 (1561), der offenbar auch Zugangsbeschränkungen für die Öffentlichkeit als unzulässig ansieht; ebenso wohl Bürgers/Körber/*Reger* Rn. 8.
[15] Kölner Komm AktG/*Noack*/*Zetzsche* Rn. 12; s. auch Großkomm AktG/*Butzke* Rn. 43; aA MüKoAktG/*Kubis* Rn. 5.
[16] Großkomm AktG/*Butzke* Rn. 42; Kölner Komm AktG/*Noack*/*Zetzsche* Rn. 10; MüKoAktG/*Kubis* Rn. 6.
[17] Großkomm AktG/*Butzke* Rn. 47; Kölner Komm AktG/*Noack*/*Zetzsche* Rn. 15; MüKoAktG/*Kubis* Rn. 4; wohl auch K. Schmidt/Lutter/*Ziemons* Rn. 23: Pflicht endet mit dem Tag der Versammlung.
[18] BegrRegE BT-Drs. 16/11 642, 30; Großkomm AktG/*Butzke* Rn. 48; Kölner Komm AktG/*Noack*/*Zetzsche* Rn. 15, 47; MüKoAktG/*Kubis* Rn. 4.
[19] Großkomm AktG/*Butzke* Rn. 8.
[20] Ebenso Großkomm AktG/*Butzke* Rn. 8.
[21] Großkomm AktG/*Butzke* Rn. 8; MüKoAktG/*Kubis* Rn. 2.
[22] Großkomm AktG/*Butzke* Rn. 8; MüKoAktG/*Kubis* Rn. 2.
[23] BegrRegE BT-Drs. 16/11 642, 30; Bürgers/Körber/*Reger* Rn. 2; Hölters/*Drinhausen* Rn. 3; Hüffer/Koch/ *Koch*, 13. Aufl. 2018, Rn. 2; Drinhausen/Keinath BB 2009, 2322 (2325).

§ 124 Abs. 3.[24] Keine Veröffentlichungspflicht gem. § 124a S. 1 Nr. 1 besteht grundsätzlich für die Angaben gem. § 125 Abs. 1 S. 5, die nicht zwingender Bestandteil der Einberufung sind.[25] Allerdings werden diese Angaben in der Praxis regelmäßig in die Einberufung mit aufgenommen, so dass sie gem. § 124a S. 1 Nr. 1 auch mit über die Internetseite der Gesellschaft veröffentlicht werden.

7a Den Anforderungen an das Zugänglichmachen des Inhalts der Einberufung kann auch durch einen Hyperlink auf die Veröffentlichung der Einberufung im Bundesanzeiger genügt werden.[26] In der Praxis wird jedoch regelmäßig die komplette Einberufung auf die Internetseite der Gesellschaft eingestellt.

8 **b) Erläuterung zu beschlusslosen Tagesordnungspunkten.** Gem. § 124a S. 1 Nr. 2 bedarf es einer Erläuterung, wenn zu einem Gegenstand der Tagesordnung kein Beschluss gefasst werden soll (insbesondere Verlustanzeige gem. § 92 Abs. 1 sowie Vorlage des festgestellten Jahresabschlusses und des Lageberichts gem. § 175 S. 1). Ein Hinweis, wie die erforderliche Erläuterung auszusehen hat, findet sich weder im Gesetz noch in der Gesetzesbegründung des ARUG.[27] Art. 5 Abs. 4 S. 1 lit. d Aktionärsrechte-RL, der durch § 124a S. 1 Nr. 2 umgesetzt wird (→ Rn. 3), verlangt „eine Beschlussvorlage oder, wenn kein Beschluss gefasst werden soll, eine Erläuterung eines nach dem anwendbaren Recht zu benennenden Organs der Gesellschaft zu jedem Punkt der vorgeschlagenen Tagesordnung der Hauptversammlung". Auch hier findet sich kein Hinweis welchen Inhalt und Umfang die Erläuterung haben muss. Aus der Formulierung der Richtlinie geht aber klarer als aus der Formulierung des § 124a S. 1 Nr. 2 hervor, dass der Tagesordnungspunkt als solcher zu erläutern ist. Eine Erläuterung, warum keine Beschlussfassung erfolgt, ist nicht erforderlich.[28] Insgesamt dürfte eine **kurze inhaltliche Beschreibung des Verhandlungsgegenstands** ausreichen.[29] In diesem Rahmen ist auch darauf hinzuweisen, dass keine Beschlussvorlage vorgesehen ist.[30] An die inhaltliche Beschreibung sind keine allzu hohen Anforderungen zu stellen. Dies gilt insbesondere für die Vorlage des festgestellten Jahresabschlusses und des Lageberichts (§ 175 Abs. 1 S. 1), die sich regelmäßig als separater Punkt auf der Tagesordnung der ordentlichen Hauptversammlung findet. Hier ist bereits aus der Benennung des Tagesordnungspunkts für jeden Aktionär ohne weiteres ersichtlich, worum es geht. Auch wenn sich die Erläuterungspflicht nach zutreffender Ansicht auf eine Beschreibung des Verhandlungsgegenstands beschränkt, findet sich in der Praxis zumeist gleichwohl auch eine Erläuterung, warum keine Beschlussfassung erfolgt (im Fall der Vorlage des festgestellten Jahresabschlusses und des Lageberichts durch Hinweis auf die Feststellung durch den Aufsichtsrat gem. § 172 S. 1).

9 § 124a S. 1 Nr. 2 regelt nicht die **Zuständigkeit** für die Erläuterung. Art. 5 Abs. 4 S. 1 lit. d Aktionärsrechte-RL spricht von einem „nach dem anwendbaren Recht zu benennenden Organ der Gesellschaft". Grundsätzlich ist für die Erläuterung das **einberufende Organ** zuständig, also regelmäßig der Vorstand (§ 121 Abs. 2 S. 1).[31] Eine Ausnahme wird man machen müssen, soweit der Vorstand nicht die Tagesordnung aufstellt. Dies ist der Fall, wenn ausnahmsweise der Aufsichtsrat die Hauptversammlung einberuft. In diesem Fall trifft auch die Erläuterungspflicht den Aufsichtsrat.[32] Der Vorstand stellt auch dann nicht die Tagesordnung auf, wenn er die Hauptversammlung aufgrund eines Einberufungsverlangens gem. § 122 Abs. 1 einberuft oder soweit er einem Ergänzungsverlangen gem. § 122 Abs. 2 nachkommt.[33] Hier trifft ihn ebenfalls keine Erläuterungspflicht gem. § 124a S. 1

---

[24] BegrRegE BT-Drs. 16/11 642, 30; Bürgers/Körber/*Reger* Rn. 2; Grigoleit/*Herrler* Rn. 3; Großkomm AktG/*Butzke* Rn. 11; Hölters/*Drinhausen* Rn. 3; Kölner Komm AktG/*Noack/Zetzsche* Rn. 16; MüKoAktG/ *Kubis* Rn. 7; K. Schmidt/Lutter/*Ziemons* Rn. 6; Drinhausen/Keinath BB 2009, 2322 (2324).
[25] Großkomm AktG/*Butzke* Rn. 10.
[26] Großkomm AktG/*Butzke* Rn. 12; Kölner Komm AktG/*Noack/Zetzsche* Rn. 17.
[27] Krit. hierzu Paschos/Goslar AG 2008, 605 (608).
[28] Ebenso Kölner Komm AktG/*Noack/Zetzsche* Rn. 19; aA MüKoAktG/*Kubis* Rn. 8; wohl auch K. Schmidt/ Lutter/*Ziemons* Rn. 7 f.
[29] Bürgers/Körber/*Reger* Rn. 3; Grigoleit/*Herrler* Rn. 5; Großkomm AktG/*Butzke* Rn. 14; Hölters/*Drinhausen* Rn. 8; Wachter/*Mayrhofer* Rn. 4; Drinhausen/Keinath BB 2009, 2322 (2324); Ch. Horn ZIP 2008, 1558 (1561); ähnlich Kölner Komm AktG/*Noack/Zetzsche* Rn. 19; NK-AktG/M. *Müller* Rn. 9; Wicke, Einführung in das Recht der Hauptversammlung, das Recht der Sacheinlagen und das Freigabeverfahren nach dem ARUG, 2009, S. 14; v. Nussbaum GWR 2009, 215 (218); aA für den Fall einer Verlustanzeige gem. § 92 Abs. 1 K. Schmidt/ Lutter/*Ziemons* Rn. 6: umfängliche Darlegung erforderlich.
[30] Vgl. Großkomm AktG/*Butzke* Rn. 14.
[31] Bürgers/Körber/*Reger* Rn. 3; Grigoleit/*Herrler* Rn. 4; Großkomm AktG/*Butzke* Rn. 15; Kölner Komm AktG/*Noack/Zetzsche* Rn. 19; Ch. Horn ZIP 2008, 1558 (1561); Hucke ZCG 2009, 215 (217).
[32] Großkomm AktG/*Butzke* Rn. 15; Kölner Komm AktG/*Noack/Zetzsche* Rn. 19; K. Schmidt/Lutter/*Ziemons* Rn. 7.
[33] Ebenso Großkomm AktG/*Butzke* Rn. 15; Kölner Komm AktG/*Noack/Zetzsche* Rn. 19; für eine Erläuterungspflicht des Vorstands auch in diesem Fall MüKoAktG/*Kubis* Rn. 2; Ch. Horn ZIP 2008, 1558 (1561); wohl auch Grigoleit/*Herrler* Rn. 4.

Nr. 2.³⁴ Gleiches gilt bei Einberufung durch Aktionäre aufgrund einer gerichtlichen Ermächtigung nach § 122 Abs. 3.³⁵ Auch die Aktionäre trifft in den Fällen des § 122 keine Erläuterungspflicht gem. § 124a S. 1 Nr. 2, da sie nicht Organ der Gesellschaft iSv Art. 5 Abs. 4 S. 1 lit. d Aktionärsrechte-RL sind.³⁶ Im Fall des § 122 Abs. 2 müssen die Antragsteller zwar bei der Übermittlung des Ergänzungsverlangens beschlusslosen Tagesordnungspunkten eine Begründung beifügen (§ 122 Abs. 2 S. 2). Der Vorstand ist aber nicht zur Veröffentlichung dieser Begründung verpflichtet (→ Rn. 17; → § 122 Rn. 47).³⁷ Wird einem Einberufungsverlangen iSv § 122 Abs. 1 freiwillig eine Begründung zu beschlusslosen Tagesordnungspunkten beigefügt, muss diese ebenfalls nicht vom Vorstand veröffentlicht werden (→ § 122 Rn. 31).

c) Unterlagen. Gem. § 124a S. 1 Nr. 3 sind die der Versammlung zugänglich zu machenden 10 Unterlagen zu veröffentlichen. Dies betrifft **alle nach den Vorschriften des AktG und des UmwG zugänglich zu machenden Unterlagen.** Hierzu zählen neben den gem. § 176 Abs. 1 S. 1 zugänglich zu machenden Rechnungslegungsunterlagen (§ 175 Abs. 2) etwa Nachgründungsverträge (§ 52 Abs. 2 S. 2), Verträge über die Übertragung des gesamten Gesellschaftsvermögens (§ 179a Abs. 2 S. 1), Berichte über den Ausschluss des Bezugsrechts (§ 186 Abs. 4 S. 2),³⁸ Unternehmensverträge nebst zugehöriger Unterlagen (§ 293f Abs. 1), Eingliederungsbeschlüsse nebst zugehöriger Unterlagen (§ 319 Abs. 3 S. 1), Squeeze-out-Beschlüsse nebst zugehöriger Unterlagen (§ 327c Abs. 3), Unterlagen im Zusammenhang mit Verschmelzungen, Spaltungen und Vermögensübertragungen nach dem UmwG (§ 63 Abs. 1 und 2 UmwG, § 125 S. 1 UmwG, § 176 Abs. 1 UmwG, § 177 Abs. 1 UmwG, § 178 Abs. 1 UmwG, § 179 Abs. 1 UmwG) sowie Umwandlungsberichte für Formwechsel (§ 230 Abs. 2 S. 1 UmwG).

Durch das ARUG wurde den Gesellschaften in Anlehnung an den bisherigen § 175 Abs. 2 S. 4 11 die Möglichkeit eröffnet, **von der Auslegung und Übersendung der Unterlagen abzusehen,** wenn diese von der Einberufung an über die Internetseite der Gesellschaft zugänglich sind (vgl. § 52 Abs. 2 S. 4, § 179a Abs. 2 S. 3, § 293f Abs. 3, § 319 Abs. 3 S. 3, § 327c Abs. 5, § 63 Abs. 4 UmwG, § 230 Abs. 2 S. 4 UmwG; → Rn. 4). Das in der Hauptversammlung erforderliche Zugänglichmachen (vgl. § 52 Abs. 2 S. 5, § 176 Abs. 1 S. 1, § 179a Abs. 2 S. 4, § 293g Abs. 1, § 319 Abs. 3 S. 4, § 327d S. 1, § 64 Abs. 1 S. 1 UmwG, § 232 Abs. 1 S. 2 UmwG, § 239 Abs. 1 S. 2 UmwG) kann über entsprechende Terminals erfolgen, so dass eine Bereitstellung der Unterlagen in Papierform ganz unterbleiben kann. Zu beachten ist aber, dass § 124a nicht vollständig mit den Einzelvorschriften, nach denen von der Auslegung und Übersendung abgesehen werden kann, abgestimmt ist. Nach letzteren müssen die Unterlagen jeweils „von der Einberufung an" über die Internetseite zugänglich gemacht werden, während nach § 124a S. 1 ein Zugänglichmachen „alsbald nach der Einberufung" (→ Rn. 4) ausreicht. Will die Gesellschaft von der Auslegung und Übersendung der Unterlagen absehen, müssen diese somit in Abweichung von § 124a S. 1 bereits mit der Einberufung (am Tag der Bekanntmachung der Einberufung im Bundesanzeiger) auf die Internetseite der Gesellschaft eingestellt werden.³⁹

d) Gesamtzahl der Aktien und der Stimmrechte. Gem. § 124a S. 1 Nr. 4 ist die Gesamtzahl 12 der Aktien und der Stimmrechte im Zeitpunkt der Einberufung, einschließlich getrennter Angaben zur Gesamtzahl für jede Aktiengattung zu veröffentlichen. Dabei sind von der Gesellschaft gehaltene **eigene Aktien einzurechnen.**⁴⁰ Dass aus diesen kein Stimmrecht ausgeübt werden kann (§ 71b), spielt keine Rolle. Ein gesonderter Ausweis der eigenen Aktien ist nicht erforderlich. Gleichwohl kann es sich anbieten, zusätzlich die Zahl der eigenen Aktien anzugeben.⁴¹ Aktien, bei denen das

---

³⁴ Kölner Komm AktG/*Noack/Zetzsche* Rn. 19; K. Schmidt/Lutter/*Ziemons* Rn. 7; aA Großkomm AktG/*Butzke* Rn. 15, 36.
³⁵ Vgl. Großkomm AktG/*Butzke* Rn. 39; Kölner Komm AktG/*Noack/Zetzsche* Rn. 19; aA *Ch. Horn* ZIP 2008, 1558 (1561).
³⁶ Vgl. Großkomm AktG/*Butzke* Rn. 34; für Erläuterungspflicht der Aktionäre aber K. Schmidt/Lutter/*Ziemons* Rn. 7.
³⁷ So auch Großkomm AktG/*Butzke* Rn. 37.
³⁸ Hüffer/Koch/*Koch*, 13. Aufl. 2018, § 186 Rn. 23; Kölner Komm AktG/*Noack/Zetzsche* Rn. 24.
³⁹ Vgl. Grigoleit/*Herrler* Rn. 2; MüKoAktG/*Kubis* Rn. 3; für Richtlinienwidrigkeit der Substitutionsmöglichkeit (mit äußerst fragwürdiger Argumentation) K. Schmidt/Lutter/*Ziemons* Rn. 27 ff.
⁴⁰ BegrRegE BT-Drucks. 16/11 642 S. 30; Bürgers/Körber/*Reger* Rn. 5; Grigoleit/*Herrler* Rn. 6; Großkomm AktG/*Butzke* Rn. 26 f.; Hölters/*Drinhausen* Rn. 5; Hüffer/Koch/*Koch*, 13. Aufl. 2018, Rn. 2; Kölner Komm AktG/*Noack/Zetzsche* Rn. 29 f.; MüKoAktG/*Kubis* Rn. 10; NK-AktR/*M. Müller* Rn. 12; *Wicke*, Einführung in das Recht der Hauptversammlung, das Recht der Sacheinlagen und das Freigabeverfahren nach dem ARUG, 2009, S. 14 Fn. 61; *Drinhausen/Keinath* BB 2009, 2322 (2325).
⁴¹ Bürgers/Körber/*Reger* Rn. 5; Großkomm AktG/*Butzke* Rn. 27; *Drinhausen/Keinath* BB 2009, 2322 (2325); für entsprechende Pflicht wohl K. Schmidt/Lutter/*Ziemons* Rn. 11.

Stimmrecht aus sonstigen Gründen ausgesetzt ist (etwa gem. § 20 Abs. 7 S. 1, § 21 Abs. 4 S. 1, § 328 Abs. 1, § 44 S. 1 WpHG oder § 59 S. 1 WpÜG) sind ebenfalls einzurechnen und nicht gesondert auszuweisen,[42] zumal es der Gesellschaft diesbezüglich häufig an hinreichend konkreten Informationen fehlen wird.

13 § 124a S. 1 Nr. 4 tritt neben die kapitalmarktrechtliche Pflicht gem. **§ 49 Abs. 1 S. 1 Nr. 1 WpHG**, wonach Emittenten iSv § 2 Abs. 13 WpHG die Gesamtzahl der Aktien und Stimmrechte im Zeitpunkt der Einberufung der Hauptversammlung unverzüglich im Bundesanzeiger veröffentlichen müssen. In der Praxis wird diese Pflicht idR dadurch erfüllt, dass die entsprechende Angabe in die im Bundesanzeiger zu veröffentlichende Einberufung mit aufgenommen wird (sofern nicht noch mit kurzfristigen Änderungen zu rechnen ist). Wird die Gesamtzahl der Stimmrechte in der Einberufung genannt, entfällt eine gesonderte Veröffentlichungspflicht gem. § 124a S. 1 Nr. 4, da die Einberufung schon nach § 124a S. 1 Nr. 1 über die Internetseite der Gesellschaft zugänglich zu machen ist.[43]

14 **e) Formulare.** Gem. § 124a S. 1 Nr. 5 sind ggf. die Formulare zu veröffentlichen, die bei Stimmabgabe durch Vertretung oder bei Stimmabgabe mittels Briefwahl zu verwenden sind, sofern diese Formulare den Aktionären nicht direkt übermittelt werden. § 124a S. 1 Nr. 5 erfasst nach seinem eindeutigen Wortlaut nur **zwingend zu verwendende Formulare** („zu verwenden sind").[44] Zwingend zu verwendende Formulare kann die Gesellschaft insbesondere für die Briefwahl vorgeben.[45] Dagegen ist eine zwingende Vorgabe bestimmter Vollmachtsformulare nur für die Bevollmächtigung der von der Gesellschaft benannten Stimmrechtsvertreter (§ 134 Abs. 3 S. 5) zulässig. Im Übrigen ist bei börsennotierten Gesellschaften gem. § 134 Abs. 3 S. 3 eine Vollmachtserteilung in Textform stets ausreichend (→ § 134 Rn. 69 ff.).[46] Eine Veröffentlichungspflicht gem. § 124a S. 1 Nr. 5 kommt daher nur für Briefwahlformulare und für die Formulare zur Bevollmächtigung der von der Gesellschaft benannten Stimmrechtsvertreter in Betracht (→ § 121 Rn. 40).[47] Obwohl § 124a S. 1 Nr. 5 nur von der Zugänglichmachung der zu verwendenden „Formulare" spricht, genügt auch die Bereitstellung eines **Online-Dialogs** den Anforderungen von § 124a S. 1 Nr. 5.[48]

15 Art. 5 Abs. 4 S. 2 Aktionärsrechte-RL, wonach die Gesellschaft die Formulare bei technischen Schwierigkeiten an alle Aktionäre, die dies beantragen, gebührenfrei in Papierform versenden muss, wurde vom Gesetzgeber bewusst nicht umgesetzt. Die Gesetzesbegründung führt aus, dass derartige technische Schwierigkeiten angesichts der bereits vorhandenen hohen Internetpräsenz börsennotierter Gesellschaften in Deutschland kaum denkbar seien.[49]

16 **3. Ergänzungsverlangen nach § 122 Abs. 2.** § 124a S. 2 ergänzt die nach S. 1 bestehenden Veröffentlichungspflichten im Hinblick auf Ergänzungsverlangen nach § 122 Abs. 2. Geht ein solches Verlangen nach Einberufung der Hauptversammlung bei der Gesellschaft ein, ist es gem. § 124a S. 2 unverzüglich nach seinem Eingang bei der Gesellschaft in gleicher Weise wie die nach S. 1 zu veröffentlichenden Informationen und Unterlagen zugänglich zu machen (also durch Zugänglichmachen über die Internetseite der Gesellschaft). Die Veröffentlichungspflicht besteht selbstverständlich nur dann, wenn das Ergänzungsverlangen alle Voraussetzungen des § 122 Abs. 2 erfüllt. Ergänzungsverlangen, die vor der Bekanntmachung der Einberufung bei der Gesellschaft eingehen, werden regelmäßig bereits mit der Einberufung bekanntgemacht (vgl. § 124 Abs. 1 S. 1). In diesem Fall erfolgt die Veröffentlichung auf der Internetseite der Gesellschaft bereits nach § 124a S. 1 Nr. 1.

---

[42] *DAV-Handelsrechtsausschuss* NZG 2008, 534 (537); Grigoleit/*Herrler* Rn. 6; Großkomm AktG/*Butzke* Rn. 26; Kölner Komm AktG/*Noack/Zetzsche* Rn. 30; NK-AktR/*M. Müller* Rn. 12; K. Schmidt/Lutter/*Ziemons* Rn. 11.

[43] Grigoleit/*Herrler* Rn. 7; Großkomm AktG/*Butzke* Rn. 26; Kölner Komm AktG/*Noack/Zetzsche* Rn. 30.

[44] BegrRegE BT-Drs. 16/11 642, 30; Bürgers/Körber/*Reger* Rn. 6; Grigoleit/*Herrler* Rn. 8; Großkomm AktG/*Butzke* Rn. 28; Hölters/*Drinhausen* Rn. 6; Kölner Komm AktG/*Noack/Zetzsche* Rn. 32 f.; MüKoAktG/*Kubis* Rn. 11; NK-AktR/*M. Müller* Rn. 15; Paschos/*Goslar* AG 2009, 14 (17); Seibert/*Florstedt* ZIP 2008, 2145 (2147); aA K. Schmidt/Lutter/*Ziemons* Rn. 13.

[45] Vgl. Bürgers/Körber/*Reger* Rn. 6; Großkomm AktG/*Butzke* Rn. 29.

[46] Vgl. *Götze* NZG 2010, 93 (94 f.).

[47] Vgl. Bürgers/Körber/*Reger* Rn. 6; Grigoleit/*Herrler* Rn. 8; Großkomm AktG/*Butzke* Rn. 28; Hölters/*Drinhausen* Rn. 6; Kölner Komm AktG/*Noack/Zetzsche* Rn. 32 ff.; NK-AktR/*M. Müller* Rn. 15; Ochmann, Die Aktionärsrechte-Richtlinie, 2009, 79; *Ch. Horn* ZIP 2008, 1558 (1559); *Zetzsche* Der Konzern 2008, 321 (322); aA K. Schmidt/Lutter/*Ziemons* Rn. 13.

[48] *DAV-Handelsrechtsausschuss* NZG 2008, 534 (537); Grigoleit/*Herrler* Rn. 8; NK-AktR/*M. Müller* Rn. 14; Wachter/*Mayrhofer* Rn. 7; *Wicke*, Einführung in das Recht der Hauptversammlung, das Recht der Sacheinlagen und das Freigabeverfahren nach dem ARUG, 2009, 14; *Hucke* ZCG 2009, 215 (217); Paschos/*Goslar* AG 2009, 14 (17); Seibert/*Florstedt* ZIP 2008, 2145 (2147); *v. Nussbaum* GWR 2009, 215 (218); aA wohl Kölner Komm AktG/*Noack/Zetzsche* Rn. 36.

[49] BegrRegE BT-Drs. 16/11 642, 30.

Sollte ein vor Einberufung der Hauptversammlung eingegangenes Ergänzungsverlangen ausnahmsweise nicht bereits mit der Einberufung bekanntgemacht worden sein, ist es analog § 124a S. 2 über die Internetseite der Gesellschaft zugänglich zu machen.[50]

Das Zugänglichmachen muss **unverzüglich** (§ 121 Abs. 1 S. 1 BGB) nach dem Eingang des Verlangens bei der Gesellschaft erfolgen. Dem Vorstand ist eine angemessene Prüfungsfrist zuzubilligen.[51] Diesbezüglich gelten dieselben Grundsätze wie für die Bekanntmachung von Ergänzungsverlangen, so dass dem Vorstand jedenfalls ein Prüfungszeitraum von drei bis vier Tagen einzuräumen ist (→ § 122 Rn. 46). Angesichts der Vorlaufzeit des Bundesanzeigers muss das Ergänzungsverlangen im Anschluss an die Prüfung aber regelmäßig bereits vor der Veröffentlichung im Bundesanzeiger über die Internetseite der Gesellschaft zugänglich gemacht werden.[52] Mit dem Ergänzungsverlangen übermittelte Beschlussvorschläge sind mit über die Internetseite der Gesellschaft zugänglich zu machen. Etwas anderes gilt für eine von den Aktionären zu einzelnen Gegenständen oder Beschlussvorschlägen übermittelte Begründung (→ Rn. 9; → § 122 Rn. 47).[53] **17**

III. Rechtsfolgen bei Verstößen

Verstöße gegen § 124a führen nicht zur Anfechtbarkeit (und erst recht nicht zur Nichtigkeit) der in der Hauptversammlung gefassten Beschlüsse. Die **Anfechtung** ist gem. § 243 Abs. 3 Nr. 2 ausdrücklich **ausgeschlossen.** Insoweit besteht ein Unterschied zu dem in § 126 Abs. 1 S. 3 (iVm § 127 S. 1) geregelten Zugänglichmachen von Gegenanträgen und Wahlvorschlägen von Aktionären.[54] Eine (vorsätzliche oder fahrlässige) Verletzung der Pflichten aus § 124a stellt eine **Ordnungswidrigkeit** gem. § 405 Abs. 3a Nr. 2 dar. **18**

§ 125 Mitteilungen für die Aktionäre und an Aufsichtsratsmitglieder

(1) ¹Der Vorstand hat mindestens 21 Tage vor der Versammlung den Kreditinstituten und den Vereinigungen von Aktionären, die in der letzten Hauptversammlung Stimmrechte für Aktionäre ausgeübt oder die die Mitteilung verlangt haben, die Einberufung der Hauptversammlung mitzuteilen. ²Der Tag der Mitteilung ist nicht mitzurechnen. ³Ist die Tagesordnung nach § 122 Abs. 2 zu ändern, so ist bei börsennotierten Gesellschaften die geänderte Tagesordnung mitzuteilen. ⁴In der Mitteilung ist auf die Möglichkeiten der Ausübung des Stimmrechts durch einen Bevollmächtigten, auch durch eine Vereinigung von Aktionären, hinzuweisen. ⁵Bei börsennotierten Gesellschaften sind einem Vorschlag zur Wahl von Aufsichtsratsmitgliedern Angaben zu deren Mitgliedschaft in anderen gesetzlich zu bildenden Aufsichtsräten beizufügen; Angaben zu ihrer Mitgliedschaft in vergleichbaren in- und ausländischen Kontrollgremien von Wirtschaftsunternehmen sollen beigefügt werden.

(2) ¹Die gleiche Mitteilung hat der Vorstand den Aktionären zu machen, die es verlangen oder zu Beginn des 14. Tages vor der Versammlung als Aktionär im Aktienregister der Gesellschaft eingetragen sind. ²Die Satzung kann die Übermittlung auf den Weg elektronischer Kommunikation beschränken.

(3) Jedes Aufsichtsratsmitglied kann verlangen, daß ihm der Vorstand die gleichen Mitteilungen übersendet.

(4) Jedem Aufsichtsratmitglied und jedem Aktionär sind auf Verlangen die in der Hauptversammlung gefassten Beschlüsse mitzuteilen.

(5) Finanzdienstleistungsinstitute und die nach § 53 Abs. 1 Satz 1 oder § 53b Abs. 1 Satz 1 oder Abs. 7 des Gesetzes über das Kreditwesen tätigen Unternehmen sind den Kreditinstituten gleichgestellt.

Schrifttum: *Boetius,* Problematische Mitteilungsfristen (§§ 125, 126 AktG), DB 1968, 1845; *Evers/Fett,* Der Versand der Mitteilung nach § 125 AktG, NZG 2012, 530; *Lommatzsch,* Vorbereitung der HV durch Mitteilungen und Weisungen nach §§ 125, 128 AktG nF, NZG 2001, 1017; *Mülbert/Bux,* Dem Aufsichtsrat vergleichbare in-

---

[50] Ebenso Grigoleit/*Herrler* Rn. 9; Großkomm AktG/*Butzke* Rn. 38; Kölner Komm AktG/*Noack/Zetzsche* Rn. 41.
[51] Kölner Komm AktG/*Noack/Zetzsche* Rn. 40; MüKoAktG/*Kubis* Rn. 12; *Drinhausen/Keinath* BB 2009, 2322 (2325).
[52] Großkomm AktG/*Butzke* Rn. 38.
[53] Vgl. MüKoAktG/*Kubis* Rn. 12; aA Kölner Komm AktG/*Noack/Zetzsche* Rn. 38.
[54] Vgl. BegrRegE BT-Drs. 16/11 642, 30; s. auch Hölters/*Drinhausen* Rn. 7; *Drinhausen/Keinath* BB 2009, 2322 (2325); *Seibert/Florstedt* ZIP 2008, 2145 (2147 f.).

und ausländische Kontrollgremien von Wirtschaftsunternehmen (§ 125 Abs. 1 Satz 3 2. Halbsatz AktG nF), WM 2000, 1665; *Noack/Zetzsche,* Bankaktienrecht und Aktienbankrecht, FS Hopt, Bd. 2, 2010, 2283; *Schröer,* Angabe von Aufsichtsmandaten im Anhang des Jahresabschlusses nach dem KonTraG, ZIP 1999, 1163; *Wicke,* Einführung in das Recht der Hauptversammlung, das Recht der Sacheinlagen und das Freigabeverfahren nach dem ARUG, 2009; *Wilm,* Beobachtungen der Hauptversammlungssaison 2010, DB 2010, 1686.

Übersicht

	Rn.		Rn.
I. Überblick	1–5a	b) Aktionäre	24–26
1. Normzweck	1–3	c) Aufsichtsratsmitglieder	27
2. Entstehungsgeschichte	4–5a	5. Mitteilungsfrist	28–30a
II. Mitteilungen im Vorfeld der Hauptversammlung (Abs. 1–3 und 5)	6–32a	a) Kreditinstitute und Aktionärsvereinigungen (Abs. 1 S. 1 und 2)	28–30
		b) Aktionäre	30a
1. Mitteilungsschuldner	6	6. Kosten	31
2. Mitteilungsempfänger	7–15	7. Besonderheiten bei Übernahmesachverhalten und Rekapitalisierungen	32, 32a
a) Kreditinstitute (Abs. 1)	7–9		
b) Aktionärsvereinigungen (Abs. 1)	10	**III. Mitteilungen im Anschluss an die Hauptversammlung (Abs. 4)**	33–39
c) Gleichgestellte Institute und Unternehmen (Abs. 5)	11	1. Mitteilungsschuldner	33
d) Aktionäre (Abs. 2)	12–14a	2. Mitteilungsempfänger	34, 35
e) Aufsichtsratsmitglieder (Abs. 3)	15	3. Inhalt der Mitteilungen	36
3. Inhalt der Mitteilungen	16–22	4. Form der Mitteilungen	37
a) Einberufung der Hauptversammlung (Abs. 1 S. 1)	16	5. Mitteilungsfrist	38
b) Geänderte Tagesordnung (Abs. 1 S. 3)	17	6. Kosten	39
c) Hinweis auf Möglichkeit der Vollmachtserteilung (Abs. 1 S. 4)	18	**IV. Rechtsfolgen von Verstößen**	40–45
		1. Beschlussanfechtung	40–43
d) Angaben zu anderweitigen Mandaten (Abs. 1 S. 5)	19–22	a) Anfechtungsgründe	40–42
4. Form der Mitteilungen	23–27	b) Anfechtungsbefugnis	43
a) Kreditinstitute und Aktionärsvereinigungen	23	2. Schadensersatz	44
		3. Leistungsklage	45

I. Überblick

1. Normzweck. § 125 regelt verschiedene Mitteilungspflichten der Gesellschaft. Die Norm dient primär der **Information der Aktionäre** über die bevorstehende Hauptversammlung. Die Mitteilungspflichten ergänzen die Bekanntmachung der Einberufung (§ 121 Abs. 4) und von Ergänzungsverlangen (§ 124 Abs. 1) in den Gesellschaftsblättern. Hierdurch trägt der Gesetzgeber dem Umstand Rechnung, dass entsprechende Bekanntmachungen idR nicht von sämtlichen Aktionären zur Kenntnis genommen werden.[1] Da die Aktionäre der Gesellschaft bei Bestehen von Inhaberaktien regelmäßig nicht namentlich bekannt sind, scheidet eine unmittelbare Unterrichtung durch die Gesellschaft aus. § 125 Abs. 1 S. 1 statuiert daher im Hinblick auf die Einberufung eine Mitteilungspflicht gegenüber Kreditinstituten (sowie den gem. § 125 Abs. 5 gleichgestellten Instituten und Unternehmen) und Aktionärsvereinigungen, die als Intermediäre auftreten. Eine entsprechende Mitteilungspflicht sieht § 125 Abs. 1 S. 3 für börsennotierte Gesellschaften im Hinblick auf etwaige Ergänzungsverlangen vor. § 125 Abs. 1 wird durch § 128 Abs. 1 ergänzt, der eine Pflicht der Kreditinstitute zur Weiterleitung der Mitteilungen an die Aktionäre regelt, sofern Inhaberaktien verwahrt werden oder das Kreditinstitut für fremde Namensaktien im Aktienregister eingetragen ist.[2] In diesen Fällen kennen regelmäßig nur die Depotbanken die Identität ihrer Kunden, so dass sie notwendiges Bindeglied zwischen der Gesellschaft und ihren Aktionären sind.[3]

Neben der Pflicht zur Mitteilung der Einberufung sieht § 125 Abs. 1 eine Hinweispflicht zu den Möglichkeiten der Stimmrechtsausübung durch einen Bevollmächtigten (§ 125 Abs. 1 S. 4) und eine Informationspflicht im Zusammenhang mit Aufsichtsratswahlen (§ 125 Abs. 1 S. 5) vor. Eine unmittelbare **Mitteilungspflicht gegenüber Aktionären** sieht § 125 Abs. 2 S. 1 vor. Voraussetzung

---

[1] Vgl. Großkomm AktG/*Butzke* Rn. 1 ff.; Kölner Komm AktG/*Noack/Zetzsche* Rn. 4 f.; MüKoAktG/*Kubis* Rn. 1; K. Schmidt/Lutter/*Ziemons* Rn. 1.
[2] Die für Aktionärsvereinigungen gem. § 128 Abs. 5 aF geltende Weiterleitungspflicht wurde durch Art. 1 Nr. 17 ARUG aufgehoben.
[3] Kölner Komm AktG/*Noack/Zetzsche* Rn. 6; *Noack/Zetzsche* FS Hopt, Bd. 2, 2010, 2283 (2289 f.).

ist (bei Inhaberaktien) ein entsprechendes Verlangen oder (bei Namensaktien) die Eintragung als Aktionär im Aktienregister. Gem. § 125 Abs. 3 sind die Mitteilungen auf Verlangen auch jedem **Aufsichtsratsmitglied** zu übersenden. Die Mitteilungspflicht gegenüber Aufsichtsratsmitgliedern passt eigentlich nicht in den Normenkomplex der §§ 125–128, da es hier um die Information der Aktionäre geht.[4] § 125 Abs. 4 sieht vor, dass jedem Aufsichtsratsmitglied und jedem Aktionär auf Verlangen die in der Hauptversammlung gefassten Beschlüsse mitzuteilen sind. Die Regelung steht in keinem Zusammenhang mit der Einberufung der Hauptversammlung, so dass die Verortung in § 125 überrascht.[5] Aufgrund des systematischen Zusammenhangs hätte eine Regelung in § 130 näher gelegen.[6]

Die in § 125 statuierten Mitteilungspflichten können – mit Ausnahme der Beschränkung auf den **3** Weg elektronischer Kommunikation gem. § 125 Abs. 2 S. 2 – durch die Satzung nicht beschränkt werden. Nach heute ganz hM sind jedoch statutarische Erweiterungen zulässig.[7]

2. Entstehungsgeschichte. Die Mitteilungspflicht gegenüber Kreditinstituten und Aktionärsver- **4** einigungen wurde neu in das AktG 1965 aufgenommen. § 108 Abs. 1 S. 2 AktG 1937 sah lediglich eine Pflicht der Gesellschaft vor, den Aktionären auf Verlangen eine Abschrift der Anträge zu erteilen. Ergänzend sah § 109 Abs. 1 AktG 1937 vor, dass Aktionären, die eine Aktie bei der Gesellschaft hinterlegt haben, die Einberufung der Hauptversammlung, die Tagesordnung und die in der Hauptversammlung gefassten Beschlüsse mitzuteilen sind. Ab 1952 nahmen die Depotbanken aufgrund eines Beschlusses des Bundesverbands des privaten Bankgewerbes freiwillig bestimmte Mitteilungen gegenüber ihren Depotkunden vor.[8] Diese freiwilligen Mitteilungen reichten dem Gesetzgeber des AktG 1965 nicht aus, so dass er die Informationspflichten in den §§ 125–128 erheblich ausweitete.[9]

Die Erweiterung des Kreises der Mitteilungsempfänger auf gleichgestellte Institute und Unterneh- **5** men (§ 125 Abs. 5) erfolgte durch das Begleitgesetz zum Gesetz zur Umsetzung von EG-Richtlinien zur Harmonisierung bank- und wertpapieraufsichtsrechtlicher Vorschriften vom 22. Oktober 1997 (BGBl. I S. 2567). Die jetzigen Sätze 4 und 5 von § 125 Abs. 1 wurden 1998 durch Art. 1 Nr. 15 KonTraG angefügt. Durch Art. 1 Nr. 9 NaStraG wurden 2001 diverse Änderungen in § 125 Abs. 2 und 4 vorgenommen. Durch Art. 1 Nr. 12 TransPuG wurde 2002 die ursprünglich in § 125 Abs. 1 vorgesehene Pflicht zur Mitteilung von Anträgen und Wahlvorschlägen von Aktionären gestrichen. Durch Art. 5 Nr. 3 des Gesetzes zur Vereinfachung der Wahl von Arbeitnehmervertretern in den Aufsichtsrat vom 18. Mai 2004 (BGBl. 2004 I 974) erfolgte eine Anpassung von § 125 Abs. 1 aF an die Einführung des (elektronischen) Bundesanzeigers. § 125 Abs. 2 wurde 2005 erneut geändert durch Art. 1 Nr. 6 UMAG. Durch Art. 1 Nr. 14 **ARUG** wurden § 125 Abs. 1 S. 1 und Abs. 2 neu gefasst. Zudem wurden die Sätze 2 und 3 in § 125 Abs. 1 eingefügt. Eine redaktionelle Änderung erfolgte in § 125 Abs. 5. Die Neuregelungen durch das ARUG waren gem. § 20 Abs. 1 EGAktG erstmals auf nach dem 31. Oktober 2009 einberufene Hauptversammlungen anwendbar.

Auf europäischer Ebene wurde durch die **Änderungsrichtlinie zur Aktionärsrechterichtli-** **5a** **nie**[10] vom 17. Mai 2017 ein neues Kapitel („Identifizierung der Aktionäre, Übermittlung von Informationen und Erleichterung der Ausübung von Aktionärsrechten") in die für börsennotierte Gesellschaften geltende Aktionärsrechterichtlinie eingefügt, das neben diversen Regelungen für Intermediäre[11] ua auch bestimmte Informationspflichten der Gesellschaft vorsieht (→ § 128 Rn. 4a, → § 135 Rn. 7b). So müssen die Mitgliedstaaten sicherstellen, dass bei einer elektronischen Stimmabgabe eine **elektronische Bestätigung des Eingangs der Stimmen** übermittelt wird (Art. 3c Abs. 2 Unterabs. 1 Aktionärsrechte-RL). Zudem müssen sie sicherstellen, dass der Aktionär oder ein von diesem benannter Dritter nach der Hauptversammlung zumindest auf Anforderung eine **Bestätigung** erhalten kann, dass seine **Stimmen von der Gesellschaft wirksam aufgezeichnet und gezählt** wurden (Art. 3c Abs. 2 Unterabs. 2 S. 1 Aktionärsrechte-RL).[12] Erhält ein Intermediär

---

[4] Vgl. Kölner Komm AktG/*Noack/Zetzsche* Rn. 144; MüKoAktG/*Kubis* Rn. 1.
[5] Vgl. Bürgers/Körber/*Reger* Rn. 1; Grigoleit/*Herrler* Rn. 1; Hüffer/Koch/*Koch*, 13. Aufl. 2018, Rn. 1; Kölner Komm AktG/*Noack/Zetzsche* Rn. 3; MüKoAktG/*Kubis* Rn. 1.
[6] Kölner Komm AktG/*Noack/Zetzsche* Rn. 3; MüKoAktG/*Kubis* Rn. 1.
[7] Bürgers/Körber/*Reger* Rn. 1; Grigoleit/*Herrler* Rn. 1; Großkomm AktG/*Butzke* Rn. 75; Hölters/*Drinhausen* Rn. 18; Hüffer/Koch/*Koch*, 13. Aufl. 2018, Rn. 1; Kölner Komm AktG/*Noack/Zetzsche* Rn. 195 f.; MüKoAktG/*Kubis* Rn. 50; NK-AktR/*M. Müller* Rn. 2; aA noch Kölner Komm AktG/*Zöllner*, 1. Aufl. 1985, §§ 125–127 Rn. 5.
[8] Ausf. dazu Großkomm AktG/*Werner*, 4. Aufl. 1993, Rn. 1 mwN.
[9] Vgl. Großkomm AktG/*Butzke* Rn. 2.
[10] Richtlinie des Europäischen Parlaments und des Rates vom 17.5.2017 zur Änderung der Richtlinie 2007/36/EG im Hinblick auf die Förderung der langfristigen Mitwirkung der Aktionäre, ABl. EU 2017 Nr. L 132, 1.
[11] Zum Begriff „Intermediär" s. die Definition in Art. 2 lit. d Aktionärsrechte-RL.
[12] Regelungsvorschlag bei *Noack* NZG 2017, 561 (566).

eine solche Bestätigung, muss er sie unverzüglich dem Aktionär oder einem von diesem benannten Dritten übermitteln (Art. 3c Abs. 2 Unterabs. 3 S. 1 Aktionärsrechte-RL). In einer Kette von Intermediären ist die Bestätigung unverzüglich von einem Intermediär zum nächsten weiterzuleiten, sofern die Bestätigung nicht direkt dem Aktionär oder einem von diesem benannten Dritten übermittelt werden kann (Art. 3c Abs. 2 Unterabs. 3 S. 2 Aktionärsrechte-RL). Die Änderungsrichtlinie zur Aktionärsrechterichtlinie ist bis zum 10. Juni 2019 in nationales Recht umzusetzen.

II. Mitteilungen im Vorfeld der Hauptversammlung (Abs. 1–3 und 5)

6 **1. Mitteilungsschuldner.** Gem. § 125 Abs. 1 S. 1 hat der Vorstand die Einberufung der Hauptversammlung mitzuteilen. Der Wortlaut von § 125 Abs. 1 S. 1 ist missverständlich. Mitteilungsschuldner ist nicht der Vorstand (weder als Organ noch die einzelnen Vorstandsmitglieder), sondern allein die **Gesellschaft**.[13] Bei der Erfüllung der Mitteilungspflichten wird der Vorstand für die Gesellschaft tätig. Es handelt sich um eine **Geschäftsführungsmaßnahme**.[14] Sofern keine entsprechende Ressortzuständigkeit besteht, ist grundsätzlich der Gesamtvorstand zuständig. Da der Inhalt der Mitteilungspflicht von § 125 konkret vorgegeben ist, ohne dass dem Vorstand ein Ermessensspielraum verbleibt, wird man aber auf einen Vorstandsbeschluss verzichten können.[15] Die Mitteilungspflicht besteht daher auch dann, wenn der Gesamtvorstand aufgrund des Fehlens einzelner Vorstandsmitglieder eigentlich nicht handlungsfähig ist.[16] Der Vorstand handelt auch dann für die Gesellschaft, wenn die Hauptversammlung durch den Aufsichtsrat oder durch eine Aktionärsminderheit (§ 122 Abs. 3) einberufen wurde.[17] Der Vorstand kann für die Erfüllung der Mitteilungspflichten einen externen Dienstleister einschalten.[18]

7 **2. Mitteilungsempfänger. a) Kreditinstitute (Abs. 1). aa) Begriff.** Gem. § 125 Abs. 1 S. 1 ist die Gesellschaft mitteilungspflichtig gegenüber Kreditinstituten und Aktionärsvereinigungen. Dabei bilden die Kreditinstitute die praktisch bedeutsamere Fallgruppe. Als Kreditinstitute iSv § 125 Abs. 1 S. 1 sind Unternehmen anzusehen, die Bankgeschäfte gewerbsmäßig oder in einem Umfang betreiben, der einen in kaufmännischer Weise eingerichteten Geschäftsbetrieb erfordert. Die **Begriffsbestimmung** richtet sich nach den §§ 1 Abs. 1, 2 Abs. 1 KWG.[19] **Ausländische Kreditinstitute** sind grundsätzlich nicht erfasst.[20] Etwas anderes gilt über den Verweis in § 125 Abs. 5 auf die §§ 53 Abs. 1 S. 1, 53b Abs. 1 S. 1 und Abs. 7 KWG für inländische Zweigstellen von ausländischen Kreditinstituten und bestimmten Unternehmen (zB CRR-Kreditinstitute, Wertpapierhandelsunternehmen) mit Sitz in einem anderen EWR-Staat, die über eine Zweigniederlassung oder im Wege des grenzüberschreitenden Dienstleistungsverkehrs im Inland tätig werden (→ Rn. 11). Die Gesellschaft ist trotz des Nichtbestehens einer Mitteilungspflicht berechtigt, auch sonstige ausländische Kreditinstitute mit den Mitteilungen iSv § 125 Abs. 1 zu versorgen.[21] Die vormalige Empfehlung in Ziff. 2.3.2 DCGK aF, die vorsah, dass die (börsennotierte) Gesellschaft auch allen ausländischen Finanzdienstleistern die Einberufung der Hauptversammlung mitsamt den Einberufungsunterlagen auf elektronischem Wege übermitteln soll, wurde im Zuge der Kodexrevision 2013 gestrichen.

8 **bb) Voraussetzungen.** Das Bestehen der Mitteilungspflicht setzt gem. § 125 Abs. 1 S. 1 voraus, dass die Kreditinstitute in der letzten Hauptversammlung (als Vertreter oder als Legitimationsaktionär) Stimmrechte für Aktionäre ausgeübt oder die Mitteilung verlangt haben. Für die **Ausübung von Stimmrechten** spielt es keine Rolle, ob es sich bei der letzten Hauptversammlung um eine ordentliche

---

[13] OLG Frankfurt a.M. WM 1975, 336 (338 f.); Bürgers/Körber/*Reger* Rn. 8; Grigoleit/*Herrler* Rn. 7; Großkomm AktG/*Butzke* Rn. 7; Hölters/*Drinhausen* Rn. 7; Kölner Komm AktG/*Noack/Zetzsche* Rn. 102; MüKoAktG/*Kubis* Rn. 3; *Lommatzsch* NZG 2001, 1017; wohl auch Großkomm AktG/*Werner* Rn. 27; aA LG Stuttgart AG 1979, 320.
[14] Großkomm AktG/*Butzke* Rn. 7; Kölner Komm AktG/*Noack/Zetzsche* Rn. 103; MüKoAktG/*Kubis* Rn. 3.
[15] Grigoleit/*Herrler* Rn. 7; Großkomm AktG/*Butzke* Rn. 8; Kölner Komm AktG/*Noack/Zetzsche* Rn. 103; MüKoAktG/*Kubis* Rn. 3.
[16] Bürgers/Körber/*Reger* Rn. 8; Großkomm AktG/*Butzke* Rn. 8; Kölner Komm AktG/*Noack/Zetzsche* Rn. 103; MüKoAktG/*Kubis* Rn. 3.
[17] Großkomm AktG/*Butzke* Rn. 7; MüKoAktG/*Kubis* Rn. 3.
[18] Großkomm AktG/*Butzke* Rn. 8; MüKoAktG/*Kubis* Rn. 3.
[19] Bürgers/Körber/*Reger* Rn. 3; Grigoleit/*Herrler* Rn. 2; Großkomm AktG/*Butzke* Rn. 31; Hölters/*Drinhausen* Rn. 2; Hüffer/Koch/*Koch*, 13. Aufl. 2018, Rn. 3; MüKoAktG/*Kubis* Rn. 4; K. Schmidt/Lutter/*Ziemons* Rn. 3.
[20] GHEK/*Eckardt* Rn. 25; Großkomm AktG/*Butzke* Rn. 30; MüKoAktG/*Kubis* Rn. 4; aA Kölner Komm AktG/*Noack/Zetzsche* Rn. 111 ff.; *Noack/Zetzsche* FS Hopt, Bd. 2, 2010, 2283 (2298 f., 2300).
[21] Großkomm AktG/*Butzke* Rn. 30; MüKoAktG/*Kubis* Rn. 4.

oder außerordentliche Hauptversammlung gehandelt hat.²² Die Stimmrechtsausübung ist **anhand des Teilnehmerverzeichnisses** (§ 129) von der Gesellschaft zu prüfen.²³ Daneben ist zu prüfen, ob Kreditinstitute das Stimmrecht für Aktionäre per Briefwahl ausgeübt haben.²⁴ Da sich das konkrete Stimmverhalten anhand des Teilnehmerverzeichnisses nicht feststellen lässt, kann es für das Bestehen der Stimmpflicht keine Rolle spielen, ob die von dem Kreditinstitut vertretenen Stimmen iSv § 133 Abs. 1 abgegeben wurden. Die Mitteilungspflicht besteht daher auch dann, wenn sich das Kreditinstitut der Stimme enthalten hat.²⁵ Nicht ausreichend ist die Vertretung von Eigenbesitz.²⁶ Entsprechend dem Wortlaut von § 125 Abs. 1 S. 1, der auf die Ausübung von Stimmrechten abstellt, soll nach hM auch die Vertretung von **stimmrechtslosen Vorzugsaktien** eine Mitteilungspflicht nur dann begründen, wenn in der letzten Hauptversammlung ausnahmsweise ein Sonderbeschluss der Vorzugsaktionäre (vgl. § 141) gefasst wurde. Um diese Konsequenz zu vermeiden, sollte eine Mitteilungspflicht der Vorzugsaktionäre stets bejaht werden,²⁸ zumal es auch ansonsten nicht darauf ankommt, ob tatsächlich Stimmen iSv § 133 Abs. 1 abgegeben wurden.

Wurden in der letzten Hauptversammlung keine Stimmrechte für Aktionäre ausgeübt, setzt die Mitteilungspflicht ein **ausdrückliches Verlangen** voraus. Das Verlangen kann **formlos** gestellt werden.²⁹ Es muss eindeutig als Verlangen iSv § 125 Abs. 1 erkennbar sein.³⁰ Ein besonderes Interesse an der Mitteilung ist nicht erforderlich.³¹ Die Gesellschaft kann daher keinen Nachweis verlangen, dass die Stimmrechtsausübung für Aktionäre beabsichtigt ist. Ein Verlangen iSv § 125 Abs. 1 S. 1 kann **nur für die jeweils nächste Hauptversammlung** gestellt werden. „Daueraufträge", sind nicht möglich.³² Umstritten ist, ob die Kreditinstitute zur Anforderung der Mitteilungen verpflichtet sind, wenn sie in der letzten Hauptversammlung keine Stimmrechte ausgeübt haben. Mit der wohl hM ist eine solche **Anforderungspflicht** zu bejahen (→ § 128 Rn. 15). Für das Verlangen gilt grundsätzlich **keine Frist**. Insbesondere besteht keine Bindung an die 21-Tage-Frist des § 125 Abs. 1 S. 1.³³ Das Verlangen muss der Gesellschaft aber so rechtzeitig zugehen, dass eine Übermittlung vor der Hauptversammlung noch möglich ist. Es kann auch schon vor Einberufung der Hauptversammlung gestellt werden.³⁴ Wird von einem Kreditinstitut, das Aktien der Gesellschaft verwahrt und in der letzten Hauptversammlung keine Stimmrechte für Aktionäre ausgeübt hat, kein Verlangen gestellt, besteht für die Gesellschaft auch dann keine Mitteilungspflicht, wenn sie von dem Depotbestand Kenntnis hat. Hat ein Kreditinstitut in der letzten Hauptversammlung Stimmrechte für Aktionäre ausgeübt, kann es auf die Mitteilung in der letzten Hauptversammlung **nicht wirksam verzichten**.³⁶

---

22 Grigoleit/Herrler Rn. 3; Großkomm AktG/Butzke Rn. 36; Hüffer/Koch/Koch, 13. Aufl. 2018, Rn. 3; MüKoAktG/Kubis Rn. 5.
23 Bürgers/Körber/Reger Rn. 3; Grigoleit/Herrler Rn. 3; Großkomm AktG/Butzke Rn. 35; Hölters/Drinhausen Rn. 2; Hüffer/Koch/Koch, 13. Aufl. 2018, Rn. 3; MüKoAktG/Kubis Rn. 5; K. Schmidt/Lutter/Ziemons Rn. 25; Wachter/Mayrhofer Rn. 2; unklar Kölner Komm AktG/Noack/Zetzsche Rn. 2.
24 Kölner Komm AktG/Noack/Zetzsche Rn. 120.
25 GHEK/Eckardt Rn. 27; Grigoleit/Herrler Rn. 3; Großkomm AktG/Butzke Rn. 36; Kölner Komm AktG/Noack/Zetzsche Rn. 120; MüKoAktG/Kubis Rn. 5.
26 Kölner Komm AktG/Noack/Zetzsche Rn. 123; MüKoAktG/Kubis Rn. 5; Butzke Die Hauptversammlung der AG Rn. B 135 Fn. 266.
27 Hüffer/Koch/Koch, 13. Aufl. 2018, Rn. 3; MüKoAktG/Kubis Rn. 5; Kölner Komm AktG/Noack/Zetzsche Rn. 120; Butzke Die Hauptversammlung der AG Rn. B 135 Fn. 266; krit. K. Schmidt/Lutter/Ziemons Rn. 26; a Grigoleit/Herrler Rn. 3.
28 Zust. Grigoleit/Herrler Rn. 3.
29 Bürgers/Körber/Reger Rn. 3; Großkomm AktG/Butzke Rn. 38; Hölters/Drinhausen Rn. 2; Hüffer/Koch/Koch, 13. Aufl. 2018, Rn. 4; Kölner Komm AktG/Noack/Zetzsche Rn. 125; MüKoAktG/Kubis Rn. 5.
30 K. Schmidt/Lutter/Ziemons Rn. 26; Kölner Komm AktG/Noack/Zetzsche Rn. 126; K. Schmidt/Lutter/Ziemons Rn. 27; Butzke Die Hauptversammlung der AG Rn. B 135.
31 Vgl. Bürgers/Körber/Reger Rn. 3; Hüffer/Koch/Koch, 13. Aufl. 2018, Rn. 2.
32 GHEK/Eckardt Rn. 30; Großkomm AktG/Butzke Rn. 37; MüKoAktG/Kubis Rn. 5.
33 MüKoAktG/Kubis Rn. 5; Godin/Wilhelmi Anm. 5; D. Schmidt BB 1967, 818.
34 Bürgers/Körber/Reger Rn. 3; Großkomm AktG/Butzke Rn. 43; Hüffer/Koch/Koch, 13. Aufl. 2018, Rn. 2; MüKoAktG/Kubis Rn. 5; Butzke Die Hauptversammlung der AG Rn. B 135; aA Grigoleit/Herrler Rn. 3; Großkomm AktG/Butzke Rn. 38; Kölner Komm AktG/Noack/Zetzsche Rn. 125.
35 GHEK/Eckardt Rn. 30; Grigoleit/Herrler Rn. 3; Hölters/Drinhausen Rn. 12.
36 MüKoAktG/Kubis Rn. 6; s. auch Hüffer/Koch/Koch, 13. Aufl. 2018, Rn. 4.
13. Aufl. 2018, Rn. 4, 10; aA GHEK/Eckardt Rn. 30; Grigoleit/Herrler Rn. 3; Großkomm AktG/Butzke Rn. 63; Kölner Komm AktG/Noack/Zetzsche Rn. 145; einschränkend Großkomm AktG/Eckardt Rn. 28 f.; aA Grigoleit/Herrler Rn. 6.

§ 125   10–13   Erstes Buch. Aktiengesellschaft

10   **b) Aktionärsvereinigungen (Abs. 1).** Neben den Kreditinstituten sind gem. § 125 Abs. 1 S. 1 auch Vereinigungen von Aktionären zum Empfang der Mitteilungen berechtigt. Der Begriff der „Vereinigung von Aktionären" bzw. „Aktionärsvereinigung" (so in §§ 127a Abs. 1, 135 Abs. 1 S. 5 und Abs. 8) ist im AktG nicht definiert. Aktionärsvereinigungen sind auf Dauer angelegte Personenzusammenschlüsse, deren Hauptzweck darin besteht, Aktionärsrechte in organisierter Form auszuüben.[37] Die Rechtsform des Zusammenschlusses ist unerheblich.[38] Regelfall ist die Rechtsform des Vereins.[39] Bei der Mehrzahl der Mitglieder muss es sich um Aktionäre deutscher Gesellschaften handeln.[40] Die Nationalität der Aktionäre spielt hingegen keine Rolle.[41] Das Bestehen eines Pool- oder Konsortialvertrags begründet noch keine Aktionärsvereinigung iSv § 125 Abs. 1 S. 1.[42] Wie gegenüber Kreditinstituten besteht die Mitteilungspflicht auch gegenüber Aktionärsvereinigungen nur dann, wenn diese in der letzten Hauptversammlung Stimmrechte für Aktionäre ausgeübt oder die Mitteilung verlangt haben. Im Hinblick auf die erste Alternative spielt es keine Rolle, ob Stimmrechte für Mitglieder der Aktionärsvereinigung oder für sonstige Aktionäre ausgeübt wurden.[43]

11   **c) Gleichgestellte Institute und Unternehmen (Abs. 5).** § 125 Abs. 5 stellt Finanzdienstleistungsinstitute und die nach § 53 Abs. 1 S. 1 oder § 53b Abs. 1 S. 1 oder Abs. 7 KWG tätigen Unternehmen den Kreditinstituten gleich. Der Begriff des Finanzdienstleistungsinstituts bestimmt sich nach den §§ 1 Abs. 1a, 2 Abs. 6 KWG. Bei den nach § 53 Abs. 1 S. 1 oder § 53b Abs. 1 S. 1 oder Abs. 7 KWG tätigen Unternehmen handelt es sich um **Zweigstellen** ausländischer Unternehmen bzw. um eine Tätigkeit von bestimmten Unternehmen (zB CRR-Kreditinstitute, Wertpapierhandelsunternehmen) mit Sitz in einem anderen EWR-Staat über eine Zweigniederlassung oder im Wege des grenzüberschreitenden Dienstleistungsverkehrs. Die Gleichstellung gem. § 125 Abs. 5 bedeutet, dass auch gegenüber den betreffenden Instituten und Unternehmen eine Mitteilungspflicht nach Maßgabe von § 125 Abs. 1 besteht. Voraussetzung ist auch hier die Ausübung von Stimmrechten für Aktionäre in der letzten Hauptversammlung oder ein entsprechendes Verlangen.

12   **d) Aktionäre (Abs. 2). aa) Allgemeines.** Gem. § 125 Abs. 2 S. 1 hat der Vorstand die gleiche Mitteilung den Aktionären zu machen, die es verlangen oder zu Beginn des 14. Tages vor der Hauptversammlung als Aktionär im Aktienregister der Gesellschaft eingetragen sind. Die ursprünglich in § 125 Abs. 2 Nr. 1 aF vorgesehene Mitteilungspflicht gegenüber Aktionären, die eine Aktie bei der Gesellschaft hinterlegt haben, wurde bereits durch Art. 1 Nr. 6 UMAG abgeschafft.[44] § 125 Abs. 2 gilt uneingeschränkt auch für **ausländische Aktionäre**.[45] Gem. § 125 Abs. 2 S. 2 kann die Satzung die Übermittlung auf den Weg **elektronischer Kommunikation** beschränken (dazu → Rn. 24 ff.).

13   **bb) Inhaberaktionäre.** § 125 Abs. 2 S. 1 Alt. 1 setzt ein **ausdrückliches Verlangen** des Aktionärs voraus. Das Verlangen bedarf keiner bestimmten Form.[46] Es kann jederzeit (auch vor Einberufung der Hauptversammlung) gestellt werden und ist an keine Frist gebunden.[47] Geht das Verlangen

---

[37] Bürgers/Körber/*Reger* Rn. 3; Grigoleit/*Herrler* Rn. 2; Großkomm AktG/*Butzke* Rn. 45; Hölters/*Drinhausen* Rn. 2; Hüffer/Koch/*Koch*, 13. Aufl. 2018, Rn. 3; Wachter/*Mayrhofer* Rn. 2; ähnlich GHEK/*Eckardt* Rn. 33; MüKoAktG/*Kubis* Rn. 7; K. Schmidt/Lutter/*Ziemons* Rn. 24.
[38] Bürgers/Körber/*Reger* Rn. 3; GHEK/*Eckardt* Rn. 33; Grigoleit/*Herrler* Rn. 2; Großkomm AktG/*Butzke* Rn. 45; Hüffer/Koch/*Koch*, 13. Aufl. 2018, Rn. 3; MüKoAktG/*Kubis* Rn. 7; Kölner Komm AktG/*Noack/Zetzsche* Rn. 116; K. Schmidt/Lutter/*Ziemons* Rn. 24; s. auch *Noack* FS Lutter, 2000, 1463 (1469 f.); aA noch Kölner Komm AktG/*Zöllner*, 1. Aufl., 1985 §§ 125–127 Rn. 34: Rechtsform des Vereins zwingend; in diese Richtung auch *Bachmann* WM 1999, 2100 (2105).
[39] Grigoleit/*Herrler* Rn. 2 Fn. 6; Hüffer/Koch/*Koch*, 13. Aufl. 2018, Rn. 3; Kölner Komm AktG/*Noack/Zetzsche* Rn. 116.
[40] MüKoAktG/*Kubis* Rn. 7.
[41] Kölner Komm AktG/*Noack/Zetzsche* Rn. 117.
[42] Bürgers/Körber/*Reger* Rn. 3; Grigoleit/*Herrler* Rn. 2; Großkomm AktG/*Butzke* Rn. 45; Hölters/*Drinhausen* Rn. 2; Hüffer/Koch/*Koch*, 13. Aufl. 2018, Rn. 3; Kölner Komm AktG/*Noack/Zetzsche* Rn. 115; MüKoAktG/*Kubis* Rn. 7; K. Schmidt/Lutter/*Ziemons* Rn. 24.
[43] MüKoAktG/*Kubis* Rn. 7.
[44] Der Gesetzgeber sah hierin eine Konsequenz des Verzichts auf die Aktienhinterlegung als Grundform der Hauptversammlungsanmeldung, s. BegrRegE BT-Drs. 15/5092, 15.
[45] Hüffer/Koch/*Koch*, 13. Aufl. 2018, Rn. 14; Kölner Komm AktG/*Noack/Zetzsche* Rn. 142; MüKoAktG/*Kubis* Rn. 21.
[46] BegrRegE BT-Drs. 15/5092, 15; Bürgers/Körber/*Reger* Rn. 5; Hüffer/Koch/*Koch*, 13. Aufl. 2018, Rn. 14; MüKoAktG/*Kubis* Rn. 23; K. Schmidt/Lutter/*Ziemons* Rn. 33 iVm Rn. 27.
[47] Bürgers/Körber/*Reger* Rn. 5; Grigoleit/*Herrler* Rn. 5; MüKoAktG/*Kubis* Rn. 23; aA Kölner Komm AktG/*Noack/Zetzsche* Rn. 132: nur bis zum Beginn des 14. Tags vor der Hauptversammlung (analog § 125 Abs. 2 S. 1 Alt. 2).

Mitteilungen für die Aktionäre und an Aufsichtsratsmitglieder §125

erst nach Ablauf einer in der Satzung vorgesehenen Frist für die Anmeldung oder die Erbringung des Legitimationsnachweises ein, muss die Gesellschaft jedoch keine Mitteilung mehr übersenden (→ Rn. 30a). Anders als im Rahmen von § 125 Abs. 1 sind im Rahmen von § 125 Abs. 2 S. 1 Alt. 1 auch „**Daueraufträge**" zulässig. Das Verlangen kann daher einmal pro futuro gestellt werden.[48] Die Gesellschaft kann einen Nachweis der Aktionärseigenschaft verlangen. Die Satzung muss dies nicht ausdrücklich vorsehen,[49] kann aber die Einzelheiten der Nachweiserbringung regeln.[50] Bei börsennotierten Gesellschaften genügt als § 123 Abs. 3 S. 2 in jedem Fall eine Bestätigung des depotführenden Instituts.[51] Vorbehaltlich entgegenstehender Satzungsregelungen sollte aber auch jede andere Art des Legitimationsnachweises ausreichen.[52]

cc) **Namensaktionäre.** Gem. § 125 Abs. 2 S. 1 Alt. 2 sind die Mitteilungen auch sämtlichen **Namensaktionären** zu machen, die zu Beginn des 14. Tages vor der Hauptversammlung als Aktionär im Aktienregister der Gesellschaft (§ 67) eingetragen sind. Der Regierungsentwurf der **Aktienrechtsnovelle 2014** sah noch die Einführung eines Nachweisstichtags für Namensaktien börsennotierter Gesellschaften vor (Beginn des 21. Tages vor der Hauptversammlung). Der in § 125 Abs. 2 S. 1 geregelte Stichtag sollte hieran angeglichen werden, so dass auch insoweit die Beginn des 21. Tages vor der Hauptversammlung maßgeblich sein sollte.[53] In der Gesetz gewordenen Fassung der Aktienrechtsnovelle 2016 hat der Gesetzgeber jedoch letztlich von der Einführung eines Nachweisstichtags für Namensaktien börsennotierter Gesellschaften abgesehen und auch den Stichtag in § 125 Abs. 2 S. 1 unverändert gelassen.[54] Bei dem Stichtag **(Versendungsstopp)** handelt es sich um einen **Termin** iSv § 121 Abs. 7,[55] der nach dem dort vorgesehenen Grundsätzen zu berechnen ist (dazu → § 121 Rn. 91ff).[56] Anders als vor der Stichtag als Neufassung von § 125 Abs. 2 Nr. 3 aF durch Art. 1 Nr. 9 NaStraG besteht die Mitteilungspflicht auch dann, wenn die Stimmrechte in der letzten Hauptversammlung von einem Kreditinstitut ausgeübt wurden.[57] Entscheidend ist allein die Eintragung im Aktienregister. Eine abweichende materielle Rechtslage ist unerheblich.[58] Es kommt daher nicht auf die Absendung oder den Zugang des Umschreibungsantrags, sondern allein auf den Vollzug der Umschreibung an.[59] Der Stichtag hat **keine Präklusionswirkung.** Aktionäre, die später im Aktienregister eingetragen werden, sind durch den Versendungsstopp nicht an der Anmeldung zur Hauptversammlung oder der Ausübung ihrer Rechte gehindert.[60] Die Aktionäre können auf die Mitteilung nach § 125 Abs. 2 S. 1 Alt. 2 verzichten.[61]

Ist ein **Kreditinstitut** für einen Aktionär im Aktienregister eingetragen, erhält es eine Mitteilung nach § 125 Abs. 1, wenn es in der letzten Hauptversammlung Stimmrechte für Aktionäre (auch als Legitimationsaktionär) ausgeübt oder die Mitteilung verlangt hat. Ansonsten erhält es zumindest eine

---

[48] BegrRegE BT-Drs. 15/5092, 15; Bürgers/Körber/Reger Rn. 5; Grigoleit/Herrler Rn. 5; Großkomm AktG/Butzke Rn. 49; Hölters/Drinhausen Rn. 4; Hüffer/Koch, 13. Aufl. 2018, Rn. 14; Kölner Komm AktG/Noack/Zetzsche Rn. 131; MüKoAktG/Kubis Rn. 23; K. Schmidt/Lutter/Ziemons Rn. 33; Wachter/Mayrhofer Rn. 3; Schütz NZG 2005, 5 (8).
[49] So jetzt auch Hüffer/Koch/Koch, 13. Aufl. 2018, Rn. 14; anders noch Hüffer, 10. Aufl. 2012, Rn. 6a, der dies mit einer Analogie zu § 123 Abs. 3 begründete. § 123 Abs. 3 ermächtigt den Satzungsgeber aber nur zur Regelung der Art und Weise des Nachweises; das Legitimationserfordernis selbst ergibt sich bereits aus allgemeinen Grundsätzen.
[50] Vgl. BegrRegE BT-Drs. 18/4349, 24.
[51] BegrRegE BT-Drs. 15/5092, 15; aA wohl Hüffer/Koch, 13. Aufl. 2018, Rn. 14; MüKoAktG/Kubis Rn. 21.
[52] BegrRegE BT-Drs. 15/5092, 15; Bürgers/Körber/Reger Rn. 5; Hölters/Drinhausen Rn. 4; Kölner Komm AktG/Noack/Zetzsche Rn. 142; Gantenberg DB 2005, 207 (209); wohl auch Hüffer/Koch, 13. Aufl. 2018, Rn. 14; MüKoAktG/Kubis Rn. 21.
[53] BegrRegE BT-Drs. 16/11 642, 31; MüKoAktG/Kubis Rn. 23.
[54] Vgl. Hüffer/Koch/Koch, 13. Aufl. 2018, Rn. 14; MüKoAktG/Kubis Rn. 21, die aber eine Regelung des Legitimationsnachweises durch die Satzung offenbar als unzulässig ansehen.
[55] Vgl. BegrRegE BT-Drs. 18/4349, 24.
[56] Vgl. BegrRegE BT-Drs. 18/4349, 24.
[57] Vgl. Hüffer/Koch/Koch, 13. Aufl. 2018, Rn. 15; Kölner Komm AktG/Noack/Zetzsche Rn. 25.
[58] MüKoAktG/Kubis Rn. 24.
[59] Grigoleit/Herrler Rn. 4; Kölner Komm AktG/Noack/Zetzsche Rn. 137; MüKoAktG/Kubis Rn. 134.
[60] BegrRegE BT-Drs. 14/4051, 13; Bürgers/Körber/Reger Rn. 6; Grigoleit/Herrler Rn. 4; Großkomm AktG/Butzke Rn. 52; Hüffer/Koch, 13. Aufl. 2018, Rn. 15; MüKoAktG/Kubis Rn. 25.
[61] Großkomm AktG/Butzke Rn. 63; Kölner Komm AktG/Noack/Zetzsche Rn. 151 f.; MüKoAktG/Kubis Rn. 22; Butzke Die Hauptversammlung der AG Rn. B 145.

§ 125   15, 16   Erstes Buch. Aktiengesellschaft

Mitteilung nach § 125 Abs. 2 S. 1 Alt. 2.[62] Für das Bestehen der Weiterleitungspflicht gem. § 128 Abs. 1 S. 1 bietet es sich an, entsprechend § 125 Abs. 2 S. 1 Alt. 2 auf die Eintragung des Kreditinstituts zu Beginn des 14. Tages vor der Hauptversammlung abzustellen (→ § 128 Rn. 12).

15 **e) Aufsichtsratsmitglieder (Abs. 3).** Gem. § 125 Abs. 3 kann jedes Aufsichtsratsmitglied (Anteilseigner- und Arbeitnehmervertreter) verlangen, dass ihm der Vorstand die Mitteilungen nach § 125 Abs. 1 übersendet. Das Verlangen ist weder an eine bestimmte Form noch an eine Frist gebunden.[63] Wie im Rahmen des § 125 Abs. 2 S. 1 Alt. 1 sind „Daueraufträge" zulässig, so dass eine Übersendung für die gesamte Amtszeit verlangt werden kann.[64] Bei dem Recht aus § 125 Abs. 3 handelt es sich um ein **Individualrecht** der einzelnen Aufsichtsratsmitglieder, das durch einen Aufsichtsratsbeschluss weder beschränkt noch ausgeschlossen werden kann.[65] Ersatzmitgliedern steht das Recht nicht zu, solange sie nicht in den Aufsichtsrat nachgerückt sind.[66] Da der Aufsichtsrat ohnehin regelmäßig in die Vorbereitung der Hauptversammlung eingebunden ist und vom Vorstand über anstehende Maßnahmen informiert wird, hat § 125 Abs. 3 keine nennenswerte praktische Bedeutung.[67]

16 **3. Inhalt der Mitteilungen. a) Einberufung der Hauptversammlung (Abs. 1 S. 1).** Gem. § 125 Abs. 1 S. 1 ist die Einberufung der Hauptversammlung mitzuteilen. Der **Inhalt der mitzuteilenden Einberufung** richtet sich nach § 121 Abs. 3 (ggf. iVm § 124 Abs. 2).[68] Er entspricht abhängig von der Art der Einberufung der Bekanntmachung im Bundesanzeiger (§ 121 Abs. 4 S. 1 iVm § 25) oder dem Inhalt des eingeschriebenen Briefs (§ 121 Abs. 4 S. 2). Die Mitteilung einer Kurzfassung in Verbindung mit einem Hinweis auf den Bundesanzeiger reicht nicht aus.[69] Die Mitteilungspflicht erstreckt sich auf die **Tagesordnung**, die gem. § 121 Abs. 3 S. 2 Bestandteil der Einberufung ist. Bei börsennotierten Gesellschaften muss die Mitteilung zudem die Angaben gem. § 121 Abs. 3 S. 3 enthalten. Überdies müssen die **Beschlussvorschläge** der Verwaltung gem. § 124 Abs. 3 mitgeteilt werden (einschließlich der Angaben gem. § 124 Abs. 3 S. 4).[70] **Berichte nach § 186 Abs. 4 S. 2** über den Ausschluss des Bezugsrechts sind schließlich auch etwaige **freiwillige Angaben**, die von der Verwaltung in die Bekanntmachung aufgenommen wurden.[71] Mitzuteilen sind schließlich auch etwaige **freiwillige Angaben**, die von der Verwaltung in die Bekanntmachung aufgenommen wurden.[72] Hierzu zählen auch Kandidatenvorschläge für den Aufsichtsratsvorsitz gem. Ziff. 5.4.3 S. 3 DCGK, sofern diese in die Bekanntmachung aufgenommen wurden.[73] Nicht mitzuteilen ist der Inhalt von Unterlagen, die in den Geschäftsräumen der Gesellschaft ausliegen (zB nach den §§ 175 Abs. 2, 293f. Abs. 1, 323c Abs. 3) oder auf der Internetseite der Gesellschaft zugänglich sind (§ 124a).[74] Auch Anträge und Wahlvorschläge von Aktionären müssen seit der Änderung von § 125 Abs. 1 durch Art. 1 Nr. 12 TransPuG nicht mehr mitgeteilt werden.

---

[62] Anders wohl Grigoleit/*Herrler* Rn. 4; Kölner Komm AktG/*Noack/Zetzsche* Rn. 140, die offenbar stets eine Information als Intermediär gem. § 125 Abs. 1 vorsehen wollen.
[63] Bürgers/Körber/*Reger* Rn. 7; GHEK/*Eckardt* Rn. 50; Hüffer/Koch/*Koch*, 13. Aufl. 2018, Rn. 16; MüKoAktG/*Kubis* Rn. 30.
[64] Bürgers/Körber/*Reger* Rn. 7; Grigoleit/*Herrler* Rn. 6; Großkomm AktG/*Butzke* Rn. 53; Hölters/Drinhausen Rn. 6; Hüffer/Koch/*Koch*, 13. Aufl. 2018, Rn. 14; Kölner Komm AktG/*Noack/Zetzsche* Rn. 146; MüKoAktG/*Kubis* Rn. 30; K. Schmidt/Lutter/*Ziemons* Rn. 34; Wachter/*Mayrhofer* Rn. 4.
[65] GHEK/*Eckardt* Rn. 50; Grigoleit/*Herrler* Rn. 6; Hüffer/Koch/*Koch*, 13. Aufl. 2018, Rn. 16; Kölner Komm AktG/*Noack/Zetzsche* Rn. 146; MüKoAktG/*Kubis* Rn. 30.
[66] GHEK/*Eckardt* Rn. 50; Großkomm AktG/*Butzke* Rn. 53; Kölner Komm AktG/*Noack/Zetzsche* Rn. 145; MüKoAktG/*Kubis* Rn. 30.
[67] Vgl. Großkomm AktG/*Butzke* Rn. 53; Hüffer/Koch/*Koch*, 13. Aufl. 2018, Rn. 16; MüKoAktG/*Kubis* Rn. 30.
[68] Bürgers/Körber/*Reger* Rn. 9; Großkomm AktG/*Butzke* Rn. 10; Hüffer/Koch/*Koch*, 13. Aufl. 2018, Rn. 5; Kölner Komm AktG/*Noack/Zetzsche* Rn. 25; MüKoAktG/*Kubis* Rn. 9; K. Schmidt/Lutter/*Ziemons* Rn. 11; Wachter/*Mayrhofer* Rn. 5.
[69] Grigoleit/*Herrler* Rn. 8; Großkomm AktG/*Butzke* Rn. 11; Hüffer/Koch/*Koch*, 13. Aufl. 2018, Rn. 5; MüKoAktG/*Kubis* Rn. 9 f.; *Butzke* Die Hauptversammlung der AG Rn. B 146; differenzierend Kölner Komm AktG/*Noack/Zetzsche* Rn. 59, die bei elektronischer Übermittlung die Verknüpfung mit einer Internetseite als zulässig ansehen.
[70] Bürgers/Körber/*Reger* Rn. 9; Grigoleit/*Herrler* Rn. 8; Großkomm AktG/*Butzke* Rn. 10; MüKoAktG/*Kubis* Rn. 10; K. Schmidt/Lutter/*Ziemons* Rn. 11.
[71] NK-AktR/*M. Müller* Rn. 8; *Schlitt* in Semler/Volhard/Reichert HV-HdB § 4 Rn. 262.
[72] Grigoleit/*Herrler* Rn. 8; MüKoAktG/*Kubis* Rn. 10; *Butzke* Die Hauptversammlung der AG Rn. B 146; wohl auch Großkomm AktG/*Butzke* Rn. 11.
[73] AA offenbar Bürgers/Körber/*Reger* Rn. 9; *E. Vetter* BB 2005, 1689 (1692).
[74] Kölner Komm AktG/*Noack/Zetzsche* Rn. 26; *Schlitt* in Semler/Volhard/Reichert HV-HdB § 4 Rn. 262; grds. auch MüKoAktG/*Kubis* Rn. 10, der aber die Aufnahme eines Hinweises auf diese Dokumente verlangt.

b) Geänderte Tagesordnung (Abs. 1 S. 3).

Gem. § 125 Abs. 1 S. 3 ist bei **börsennotierten Gesellschaften** auch die geänderte Tagesordnung mitzuteilen, sofern eine Minderheit gem. § 122 Abs. 2 verlangt hat, dass Gegenstände auf die Tagesordnung gesetzt werden. Die Mitteilungspflicht gilt unabhängig davon, ob die betreffenden Gegenstände gem. § 124 Abs. 1 S. 1 bereits mit der Einberufung oder erst nachträglich bekanntgemacht werden. Eine Zusammenführung der ursprünglichen Tagesordnung und der Gegenstände des Ergänzungsverlangens in einem Dokument ist nicht erforderlich.[75] Nach dem Wortlaut von § 125 Abs. 1 S. 3 besteht eine Mitteilungspflicht nur dann, wenn die Voraussetzungen des § 122 Abs. 2 erfüllt sind („ist die Tagesordnung nach § 122 Abs. 2 zu ändern"). Man wird eine Mitteilungspflicht aber auch dann annehmen müssen, wenn eine geänderte Tagesordnung bekannt gemacht wird, obwohl das Ergänzungsverlangen erst nach Ablauf der Frist des § 122 Abs. 2 S. 3 gestellt wurde.[76]

c) Hinweis auf Möglichkeit der Vollmachtserteilung (Abs. 1 S. 4).

Gem. § 125 Abs. 1 S. 4 sind börsennotierte Gesellschaften verpflichtet, in der Mitteilung auf die Möglichkeiten der Ausübung des Stimmrechts durch einen Bevollmächtigten, auch durch eine Vereinigung von Aktionären, hinzuweisen. Die 1998 durch Art. 1 Nr. 15 KonTraG eingefügte Hinweispflicht soll nach der Vorstellung des Gesetzgebers dazu dienen, den Wettbewerb unter den Anbietern von Dienstleistungen bei der Stimmrechtsvertretung zu fördern.[77] Der Hinweis kann in Anlehnung an den Wortlaut von § 125 Abs. 1 S. 4 formuliert werden.[78] Bei börsennotierten Gesellschaften bedarf es gem. § 121 Abs. 3 Nr. 2 lit a zusätzlich einer Erläuterung des Verfahrens für die Stimmabgabe durch einen Bevollmächtigten. Eine über den Wortlaut von § 125 Abs. 1 S. 4 hinausgehende Hervorhebung von Aktionärsvereinigungen ist nicht erforderlich. Insbesondere bedarf es keiner Nennung bestimmter Aktionärsvereinigungen.[79] Sofern man sich noch hM Beschränkungen im Hinblick auf den Kreis der Bevollmächtigten zulässt (dagegen → § 134 Rn. 51), sind auch derartige Beschränkungen mitzuteilen.[80]

d) Angaben zu anderweitigen Mandaten (Abs. 1 S. 5).

Gem. § 125 Abs. 1 S. 5 Hs. 1 sind börsennotierte Gesellschaften verpflichtet, einem Vorschlag zur Wahl von Aufsichtsratsmitgliedern Angaben zu deren Mitgliedschaft in anderen **gesetzlich zu bildenden Aufsichtsräten** beizufügen. Zudem sind gem. § 125 Abs. 1 S. 5 Hs. 2 Angaben zu ihrer Mitgliedschaft in **vergleichbaren in- und ausländischen Kontrollgremien von Wirtschaftsunternehmen** beigefügt werden. Die Regelung wurde ebenso wie die heutige § 125 Abs. 1 S. 4 durch Art. 1 Nr. 15 KonTraG eingefügt.[81] Sie soll personelle Verflechtungen und die dadurch drohenden Interessenkonflikte transparent machen.[82] Zudem vermitteln die Angaben den Aktionären einen Eindruck von der zeitlichen Belastung der Kandidaten.[83] Die Angaben zu den Mandaten entsprechen den gem. § 285 Nr. 10 HGB im Anhang zu machenden Pflichtangaben. Anders als nach § 125 Abs. 1 S. 5 Hs. 2 sind gem. § 285 Nr. 10 HGB aber auch die Angaben zur Mitgliedschaft in vergleichbaren in- und ausländischen Kontrollgremien von Wirtschaftsunternehmen zwingend.[84] § 285 Nr. 10 HGB wird für Kreditinstitute durch § 340a Abs. 4 Nr. 1 HGB ergänzt. Danach müssen Kreditinstitute alle Mandate in gesetzlich zu bildenden Aufsichtsgremien von großen Kapitalgesellschaften (§ 267 Abs. 3 HGB), die von gesetzlichen Vertretern oder anderen Mitarbeitern wahrgenommen werden, im Anhang angeben.

---

[75] Grigoleit/Herrler Rn. 9; Großkomm AktG/Buzke Rn. 12; Kölner Komm AktG/Noack/Zetzsche Rn. 28; aA K. Schmidt/Lutter/Ziemons Rn. 12.

[76] Grigoleit/Herrler Rn. 9; Kölner Komm AktG/Noack/Zetzsche Rn. 12.

[77] BegrRegE BT-Drs. 13/9712, 17 f.; vgl. auch Großkomm AktG/Buzke Rn. 12.

[78] Mayrhofer Rn. 5; vgl. auch Großkomm AktG/Buzke Rn. 12.

[79] BegrRegE BT-Drs. 13/9712, 17 f.; krit. Kölner Komm AktG/Noack/Zetzsche Rn. 30; Assmann AG-Sonderheft 1997, 100 (102); Hopt AG-Sonderheft 1997, 42 (45); Roth ZIP 2003, 369 (373 f.); die Regelung gilt auch für nicht börsennotierte Gesellschaften, s. OLG München Urt. v. 4.7.2018 – 7 U 131/18, BeckRS 2018, 15307.

[80] Grigoleit/Herrler Rn. 8; Hüffer/Koch/Koch, 13. Aufl. 2018, Rn. 5; Kölner Komm AktG/Noack/Zetzsche Rn. 35; MüKoAktG/Kubis Rn. 12; K. Schmidt/Lutter/Ziemons Rn. 14.

[81] Kölner Komm AktG Rn. 8 Fn. 302; Lommatzsch NZG 2001, 1017; aA Bachmann WM 1999, 2100 (2105).

[82] Bürgers/Körber/Reger Rn. 11; MüKoAktG/Kubis Rn. 12; Buzke Die Hauptversammlung der AG Rn. B 147; aA Großkomm AktG/Buzke Rn. 18; Kölner Komm AktG/Noack/Zetzsche Rn. 35.

[83] Vgl. Großkomm AktG/Buzke Rn. 19; Hüffer/Koch/Koch, 13. Aufl. 2018, Rn. 6; Kölner Komm AktG/Noack/Zetzsche Rn. 39; MüKoAktG/Kubis Rn. 13; K. Schmidt/Lutter/Ziemons Rn. 22; Marsch-Barner FS Peltzer, 2001, 261 (263); Großkomm AktG/Buzke Rn. 19; Kölner Komm AktG/Noack/Zetzsche Rn. 39; MüKoAktG/Kubis Rn. 13; K. Schmidt/Lutter/Ziemons Rn. 22; Müllbert/Bux WM 2000, 1665 (1667); Schröer ZIP 1999, 1163; Zimmer NJW 1998, 3521 (3523).

[84] BegrRegE BT-Drs. 13/9712, 26.

20 Die Angaben zu anderweitigen Mandaten gem. § 125 Abs. 1 S. 5 sind **notwendiger Bestandteil nur der Mitteilung** nach § 125 Abs. 1, nicht dagegen der Bekanntmachung der Wahlvorschläge gem. § 124 Abs. 3. Der Gesetzgeber begründet dies damit, dass eine Bekanntmachung gem. § 124 Abs. 3 kostenträchtig wäre.[85] In der Praxis werden die Angaben gem. § 125 Abs. 1 S. 5 aber regelmäßig mit bekanntgemacht. Da die Bekanntmachung heute nicht mehr in Papierform, sondern im online zugänglichen Bundesanzeiger erfolgt, sind die dadurch verursachten Mehrkosten zu vernachlässigen. Analog § 124 Abs. 3 S. 3 ist § 125 Abs. 1 S. 5 nicht anwendbar, wenn die Hauptversammlung gem. § 6 Montan-MitbestG an Wahlvorschläge gebunden ist.[86] Gleiches gilt bei der SE im Hinblick auf Arbeitnehmervertreter, die gem. § 36 Abs. 4 S. 1 SEBG zur Wahl vorgeschlagen werden, da auch insoweit eine uneingeschränkte Bindung der Hauptversammlung an Wahlvorschläge besteht (§ 36 Abs. 4 S. 2 SEBG). Für Wahlvorschläge von Aktionären gem. § 127 gilt § 125 Abs. 1 S. 5 nicht, da für diese von vornherein keine Mitteilungspflicht nach § 125 besteht (§ 127 S. 1 verweist nur auf § 126, nicht aber auf § 125).[87] Es reicht aus, wenn die entsprechenden Angaben gem. § 127 S. 1 iVm § 126 Abs. 1 S. 1 als Bestandteil des Wahlvorschlags zugänglich gemacht werden. Dagegen ist § 125 Abs. 1 S. 5 auch auf Wahlvorschläge von Aktionären anwendbar, wenn diese zusammen mit einem Ergänzungsverlangen gem. § 122 Abs. 2 übermittelt wurden. In diesem Fall spricht nichts dagegen, einerseits die Pflicht der Antragsteller zur Angabe der Mandate gem. § 125 Abs. 1 S. 5 Hs. 1 und andererseits eine entsprechende Mitteilungspflicht der Gesellschaft anzunehmen.[88] Allerdings ist der Vorstand nicht verpflichtet, die von den Aktionären mitgeteilten Mandate zu prüfen oder gar zu ergänzen.[89] Hat er Kenntnis von weiteren mitteilungspflichtigen Mandaten, kann er vielmehr ganz von der Mitteilung absehen.[90]

21 Die Angaben zur **Mitgliedschaft in anderen gesetzlich zu bildenden Aufsichtsräten** sind gem. § 125 Abs. 1 S. 5 Hs. 1 **zwingend**. Gemeint sind ausschließlich nach deutschem Recht zu bildende Aufsichtsräte.[91] Die Gesetzesbegründung geht zudem davon aus, dass es sich um Aufsichtsräte von Handelsgesellschaften handeln muss.[92] Anders als in § 100 Abs. 2 Nr. 1 kommt eine solche Beschränkung im Wortlaut von § 125 Abs. 1 S. 5 Hs. 1 jedoch nicht zum Ausdruck. Entsprechend dem Zweck der Regelung (→ Rn. 19) wird man daher den Anwendungsbereich auf sämtliche Wirtschaftsunternehmen erstrecken und neben AG, KGaA, (dualistischer) SE und GmbH auch Versicherungsvereine auf Gegenseitigkeit, Genossenschaften, SCE und Anstalten des öffentlichen Rechts mit wirtschaftlicher Zwecksetzung einbeziehen müssen.[93] Mitgliedschaften in nach ausländischem Recht zu bildenden Aufsichtsräten fallen unter die Soll-Vorschrift des § 125 Abs. 1 S. 5 Hs. 1. Neben den kraft Rechtsform obligatorischen Aufsichtsräten sind von § 125 Abs. 1 S. 5 Hs. 1 auch alle nach mitbestimmungsrechtlichen Vorschriften zu bildende Aufsichtsräte erfasst. Maßgeblicher **Zeitpunkt** für das Bestehen der Mitgliedschaften ist grundsätzlich die Abfassung des Wahlvorschlags.[94] Änderungen zwischen der Abfassung des Wahlvorschlags und dem Versand der Mitteilung sind zu berücksichtigen, soweit dies noch mit vertretbarem Aufwand möglich ist.[95] Der Stichtag, auf den sich die Angaben beziehen, muss nicht mit angegeben werden.[96] Nicht

---

[85] BegrRegE BT-Drs. 13/9712, 17; ebenso Hüffer/Koch/*Koch*, 13. Aufl. 2018, Rn. 6.
[86] Bürgers/Körber/*Reger* Rn. 10; Grigoleit/*Herrler* Rn. 11; Großkomm AktG/*Butzke* Rn. 21; Hüffer/Koch/*Koch*, 13. Aufl. 2018, Rn. 6; Kölner Komm AktG/*Noack/Zetzsche* Rn. 40.
[87] Bürgers/Körber/*Reger* Rn. 10; Grigoleit/*Herrler* Rn. 11; Großkomm AktG/*Butzke* Rn. 21; Hüffer/Koch/*Drinhausen* Rn. 10; Hüffer/Koch/*Koch*, 13. Aufl. 2018, Rn. 6; Kölner Komm AktG/*Noack/Zetzsche* Rn. 41; NK-AktR/*M. Müller* Rn. 13; *Butzke* Die Hauptversammlung der AG Rn. J 28 Rn. 41.
[88] Ebenso Großkomm AktG/*Butzke* Rn. 21.
[89] Großkomm AktG/*Butzke* Rn. 21.
[90] Vgl. MüKoAktG/*Kubis* Rn. 13.
[91] Grigoleit/*Herrler* Rn. 10; Kölner Komm AktG/*Noack/Zetzsche* Rn. 47; MüKoAktG/*Kubis* Rn. 14; Wachter/*Mayhofer* Rn. 7; *Butzke* Die Hauptversammlung der AG Rn. J 28; *Schröer* ZIP 1999, 1163.
[92] Vgl. BegrRegE BT-Drs. 13/9712, 17, die auf § 100 Abs. 2 Nr. 1 verweist.
[93] Großkomm AktG/*Butzke* Rn. 23; Kölner Komm AktG/*Noack/Zetzsche* Rn. 45; NK-AktR/*M. Müller* Rn. 11; K. Schmidt/Lutter/*Ziemons* Rn. 17; weitergehend *Ihrig/Wagner* FS Spiegelberger, 2009, 722 (735 f.), die Anstalten öffentlichen Rechts offenbar generell einbeziehen wollen.
[94] BegrRegE BT-Drs. 13/9712, 17; Bürgers/Körber/*Reger* Rn. 10; Grigoleit/*Herrler* Rn. 12; Großkomm AktG/*Butzke* Rn. 23; Hölters/*Drinhausen* Rn. 10; Hüffer/Koch/*Koch*, 13. Aufl. 2018, Rn. 6; Kölner Komm AktG/*Noack/Zetzsche* Rn. 46; Wachter/*Mayhofer* Rn. 8; aA MüKoAktG/*Kubis* Rn. 14, der auf den Tag der Übersendung der Mitteilung abstellt, aber auch die Angabe eines abweichenden Stichtags zulassen will; für freie Wählbarkeit des Stichtags wohl auch K. Schmidt/Lutter/*Ziemons* Rn. 21.
[95] Bürgers/Körber/*Reger* Rn. 10; s. auch Kölner Komm AktG/*Noack/Zetzsche* Rn. 46; Hölters/*Drinhausen* Rn. 10; Hüffer/Koch/*Koch*, 13. Aufl. 2018, Rn. 6; der generell auf den Tag der Übersendung der Mitteilungen abstellen will.
[96] AA K. Schmidt/Lutter/*Ziemons* Rn. 21.

erforderlich (wenngleich in der Praxis nicht unüblich) ist eine gesonderte Angabe von Vorsitz- und Konzernmandaten.⁹⁷

§ 125 Abs. 1 S. 5 Hs. 2, der Angaben zur **Mitgliedschaft in vergleichbaren in- und ausländischen Kontrollgremien von Wirtschaftsunternehmen** verlangt, ist anders als § 125 Abs. 1 S. 5 Hs. 1 nur als **Soll-Vorschrift** ausgestaltet. Dies hat insbesondere zur Folge, dass fehlende Angaben keine Anfechtung begründen können (→ Rn. 41). Die Vergleichbarkeit iSv § 125 Abs. 1 S. 5 Hs. 2 bestimmt sich allein nach **materiellen Kriterien**. Dem Gremium muss funktional die Kontrolle der Unternehmenspolitik zugewiesen sein.⁹⁸ Ein obligatorischer Charakter des Gremiums ist nicht erforderlich. Nicht von § 125 Abs. 1 S. 5 Hs. 2 erfasst sind geschäftsführende Tätigkeiten.⁹⁹ Allerdings sind diese regelmäßig als ausgeübter Beruf gem. § 124 Abs. 3 S. 4 offen zu legen. Vergleichbare in- und ausländische Kontrollgremien können etwa Beiräte, Verwaltungsräte und Gesellschafterausschüsse sein.¹⁰⁰ Bei einem Board of Directors nach englischem oder US-amerikanischem Recht ist zu differenzieren: Eine Vergleichbarkeit iSv § 125 Abs. 1 S. 5 Hs. 2 ist im Hinblick auf die nicht geschäftsführenden (non-executive) Directors gegeben; die Tätigkeit der geschäftsführenden (executive) Directors ist als Beruf iSv § 124 Abs. 3 S. 4 anzugeben.¹⁰¹ Von § 125 Abs. 1 S. 5 Hs. 2 erfasst sind auch nach ausländischem Recht gebildete Aufsichtsräte. Es muss sich stets um Kontrollgremien von **Wirtschaftsunternehmen** handeln. Nicht erfasst sind daher Kontrollgremien von karitativen, wissenschaftlichen oder vergleichbaren Institutionen.¹⁰²

4. Form der Mitteilungen. a) Kreditinstitute und Aktionärsvereinigungen. § 125 Abs. 1 sieht keine bestimmte Form für die Mitteilungen vor. Schon aufgrund des mitunter erheblichen Umfangs der Mitteilungen ist zumindest eine Übermittlung in **Textform** (§ 126b BGB) erforderlich.¹⁰³ Die Form für die Übermittlung an Kreditinstitute muss so gewählt werden, dass eine unverzügliche Weiterleitung an die Aktionäre möglich ist.¹⁰⁴ Die Mitteilungen können auch im Wege **elektronischer Kommunikation** übermittelt werden (auch ohne entsprechende Abrede zwischen Gesellschaft und Kreditinstitut; zur Auswirkung mit Satzungsregelungen gem. § 128 Abs. 1 S. 2 → § 128 Rn. 23).¹⁰⁵ Die Anforderungen des § 49 Abs. 3 Nr. 1 WpHG (→ Rn. 25 f.) gelten nicht für die Übermittlung der Mitteilungen an die Intermediäre.¹⁰⁶ Nicht ausreichend ist ein bloßes Zugänglichmachen auf der Internetseite der Gesellschaft.¹⁰⁷ Unabhängig von der Form der Übermittlung muss nur **ein Exemplar** übermittelt werden.¹⁰⁸ Eine ggf. erforderliche Vervielfältigung obliegt den Kreditinstituten. Die Kosten der

---

⁹⁷ Bürgers/Körber/*Reger* Rn. 10; Grigoleit/*Herrler* Rn. 12; Großkomm AktG/*Butzke* Rn. 19; Hüffer/Koch/*Koch*, 13. Aufl. 2018, Rn. 6; Kölner Komm AktG/*Noack*/*Zetzsche* Rn. 44; MüKoAktG/*Kubis* Rn. 14; *Butzke* Die Hauptversammlung der AG Rn. J 28.
⁹⁸ Kölner Komm AktG/*Noack*/*Zetzsche* Rn. 50; MüKoAktG/*Kubis* Rn. 15; K. Schmidt/Lutter/*Ziemons* Rn. 19; *Mülbert/Bux* WM 2000, 1665 (1668 ff.); *Schröer* ZIP 1999, 1163 (1165).
⁹⁹ BegrRegE BT-Drs. 13/9712, 17; K. Schmidt/Lutter/*Ziemons* Rn. 22.
¹⁰⁰ Ausf. mit zahlreichen Beispielen *Mülbert/Bux* WM 2000, 1665 (1670 ff.); s. auch Bürgers/Körber/*Reger* Rn. 10; Hüffer/Koch/*Koch*, 13. Aufl. 2018, Rn. 6; Kölner Komm AktG/*Noack*/*Zetzsche* Rn. 51; MüKoAktG/*Kubis* Rn. 15; K. Schmidt/Lutter/*Ziemons* Rn. 19.
¹⁰¹ Kölner Komm AktG/*Noack*/*Zetzsche* Rn. 52; *Mülbert/Bux* WM 2000, 1665, 1675 (1677).
¹⁰² BegrRegE BT-Drs. 13/9712, 17; Bürgers/Körber/*Reger* Rn. 10; Großkomm AktG/*Butzke* Rn. 24; Hüffer/Koch/*Koch*, 13. Aufl. 2018, Rn. 6; Kölner Komm AktG/*Noack*/*Zetzsche* Rn. 53; MüKoAktG/*Kubis* Rn. 15; K. Schmidt/Lutter/*Ziemons* Rn. 19; *Mülbert/Bux* WM 2000, 1665 (1670).
¹⁰³ NK-AktR/*M. Müller* Rn. 13; *Noack* NZG 2003, 241 (243); iE auch K. Schmidt/Lutter/*Ziemons* Rn. 35; eine „schriftliche Verkörperung" verlangen Grigoleit/*Herrler* Rn. 13; Hüffer/Koch/*Koch*, 13. Aufl. 2018, Rn. 7; MüKoAktG/*Kubis* Rn. 16, womit wohl eine Verkörperung in Papierform gemeint ist; weitergehend Kölner Komm AktG/*Noack*/*Zetzsche* Rn. 61, die Textform ausdrücklich als nicht erforderlich ansehen und „jede digitale Form" genügen lassen; dabei bleibt unklar, in welchen Fällen eine weiterverbreitungsfähige Übermittlung vorliegen soll, die den Anforderungen der Textform nicht genügt.
¹⁰⁴ Vgl. Bürgers/Körber/*Reger* Rn. 12; K. Schmidt/Lutter/*Ziemons* Rn. 35.
¹⁰⁵ Bürgers/Körber/*Reger* Rn. 12; Hölters/*Drinhausen* Rn. 11; K. Schmidt/Lutter/*Ziemons* Rn. 35; *Butzke* Die Hauptversammlung der AG Rn. B 135 Fn. 267; einschränkend Großkomm AktG/*Butzke* Rn. 40; Hüffer/Koch/*Koch*, 13. Aufl. 2018, Rn. 8; Kölner Komm AktG/*Noack*/*Zetzsche* Rn. 61; MüKoAktG/*Kubis* Rn. 16, die eine elektronische Übermittlung nur bei entsprechender Vereinbarung zwischen Gesellschaft und Kreditinstitut zulassen wollen; ebenso wohl Grigoleit/*Herrler* Rn. 13.
¹⁰⁶ Grigoleit/*Herrler* § 128 Rn. 9; Kölner Komm AktG/*Noack*/*Zetzsche* § 128 Rn. 76; Wachter/*Mayrhofer* § 128 Rn. 6; aA Bürgers/Körber/*Reger* § 128 Rn. 11a; MüKoAktG/*Kubis* § 128 Rn. 15; K. Schmidt/Lutter/*Ziemons* § 128 Rn. 24; wohl auch Hüffer/Koch/*Koch*, 13. Aufl. 2018, Rn. 9, § 128 Rn. 7; NK-AktR/*M. Müller* § 128 Rn. 14.
¹⁰⁷ Bürgers/Körber/*Reger* Rn. 12; Grigoleit/*Herrler* Rn. 13; Großkomm AktG/*Butzke* Rn. 40, 57; Hüffer/Koch/*Koch*, 13. Aufl. 2018, Rn. 8; Kölner Komm AktG/*Noack*/*Zetzsche* Rn. 62; MüKoAktG/*Kubis* Rn. 16; *Noack* NZG 2003, 241 (243).
¹⁰⁸ GHEK/*Eckardt* Rn. 61; Grigoleit/*Herrler* Rn. 13; MüKoAktG/*Kubis* Rn. 16; K. Schmidt/Lutter/*Ziemons* Rn. 35; Wachter/*Mayrhofer* Rn. 10; *Butzke* Die Hauptversammlung der AG Rn. B 135 Fn. 267; *Lommatzsch* NZG 2001, 1017 (1018); aA *D. Schmidt* BB 1967, 818 (819).

Vervielfältigung und der Weiterleitung an die Aktionäre sind von der Gesellschaft zu tragen (→ § 128 Rn. 28 f.).

24 b) Aktionäre. Auch für die Mitteilungen an Aktionäre sieht § 125 Abs. 2 keine bestimmte Form vor. In § 125 Abs. 2 S. 1 heißt es lediglich, dass die gleiche Mitteilung „zu machen" sei. Die Formulierung wurde durch Art. 1 Nr. 9 NaStraG eingeführt. Zuvor hieß es, dass die Mitteilung „zu übersenden" sei. Der Gesetzgeber wollte durch die Änderung deutlich machen, dass auch **elektronische Übertragungsformen** (zB Bedienung einer Mailing-Liste, Push-Technologien) nicht ausgeschlossen sind.[109] Voraussetzung für die Verwendung einer elektronischen Übertragungsform ist allerdings, dass mit einem Zugang bei den Aktionären in vergleichbarer Weise wie bei einer Übersendung auf dem Postweg gerechnet werden kann.[110] Bei einer Versendung per E-Mail ist etwa erforderlich, dass die Aktionäre über eine E-Mail-Adresse verfügen, die sie der Gesellschaft (ggf konkludent) als Empfangsadresse zur Verfügung stellen (zu den besonderen Anforderungen bei Emittenten iSv § 2 Abs. 13 WpHG → Rn. 25 f.).[111] Fehlt es hieran, ist weiterhin die Übersendung eines verkörperten Exemplars erforderlich. Schriftform ist hierfür nicht erforderlich.[112]

24a Der durch Art. 1 Nr. 14 ARUG eingefügte § 125 Abs. 2 S. 2 sieht vor, dass die Übermittlung **durch die Satzung auf den Weg elektronischer Kommunikation beschränkt** werden kann. Dabei kann die Satzung auch einen spezifischen Übermittlungsweg vorschreiben (zB E-Mail oder elektronisches Postfach).[113] Eine Parallelvorschrift zu § 125 Abs. 2 S. 2 wurde durch Art. 1 Nr. 17 ARUG in § 128 Abs. 1 S. 2 für die Übermittlung der Mitteilungen durch die Kreditinstitute eingefügt (→ § 128 Rn. 22 ff.). Die Neuregelung soll den Gesellschaften die Möglichkeit geben, die Übermittlung ganz oder teilweise auf Elektronik umzustellen.[114] Die elektronische Übermittlung war zwar schon vor der Einfügung von § 125 Abs. 2 S. 2 möglich. Sie war aber davon abhängig, dass die Aktionäre freiwillig die Voraussetzungen für einen elektronischen Empfang der Mitteilungen schaffen (insbesondere durch Angabe einer E-Mail-Adresse).[115] Wird die Übermittlung gem. § 125 Abs. 2 S. 2 durch die Satzung auf den Weg elektronischer Kommunikation beschränkt, sind die Aktionäre zur Schaffung der Voraussetzungen für einen elektronischen Empfang verpflichtet. Anderenfalls besteht aktienrechtlich keine Übermittlungspflicht (s. aber § 49 Abs. 3 S. 2 WpHG; → Rn. 25).[116] Da § 125 Abs. 2 S. 2 den vollständigen Ausschluss der Übermittlung in Papierform ermöglicht, ist es auch zulässig, die elektronische Übermittlung als Grundform vorzusehen und eine zusätzliche Übermittlung in Papierform an eine Kostenerstattung durch den Aktionär zu knüpfen.[117]

25 Noch nicht endgültig geklärt ist das Zusammenspiel von § 125 Abs. 2 S. 2 (und der Parallelvorschrift des § 128 Abs. 1 S. 2) mit **§ 49 Abs. 3 Nr. 1 WpHG** (§ 30b Abs. 3 Nr. 1 WpHG aF). Die in Umsetzung von Art. 17 Abs. 3 der Transparenzrichtlinie[118] geschaffene Norm ist von Emittenten iSv § 2 Abs. 13 WpHG stets zusätzlich zu § 125 Abs. 2 S. 2 zu beachten.[119] Gem. § 49 Abs. 3 Nr. 1 lit a WpHG setzt eine Übermittlung von Informationen im Wege der Datenfernübertragung zunächst voraus, dass die **Hauptversammlung zugestimmt** hat. Diese Voraussetzung ist bei Vor-

---

[109] BegrRegE BT-Drs. 14/4051, 12.
[110] Grigoleit/*Herrler* Rn. 14; Hüffer/Koch/*Koch,* 13. Aufl. 2018, Rn. 11.
[111] Grigoleit/*Herrler* Rn. 14; Hüffer/Koch/*Koch,* 13. Aufl. 2018, Rn. 11; Kölner Komm AktG/*Noack/Zetzsche* Rn. 66; enger wohl MüKoAktG/*Kubis* Rn. 27: Aktionär müsse elektronische Erreichbarkeit zum Zwecke der Übersendung von Mitteilungen nach § 125 willentlich mitgeteilt haben; so wohl auch Wachter/*Mayrhofer* Rn. 11; aA wohl NK-AktR/*M. Müller* Rn. 22, der eine Mitteilung auf elektronischem Weg offenbar nur bei Vorhandensein einer Satzungsregelung gem. § 125 Abs. 2 S. 2 als zulässig ansieht.
[112] So aber Kölner Komm AktG/*Noack/Zetzsche* Rn. 65, wobei unklar bleibt, ob damit tatsächlich Schriftform iSv § 126 BGB gemeint sein soll.
[113] BegrRegE BT-Drs. 16/11 642, 31; Bürgers/Körber/*Reger* Rn. 12a; Grigoleit/*Herrler* Rn. 14; Kölner Komm AktG/*Noack/Zetzsche* Rn. 70; *Wicke,* Einführung in das Recht der Hauptversammlung, das Recht der Sacheinlagen und das Freigabeverfahren nach dem ARUG, 2009, S. 17; *Drinhausen/Keinath* BB 2009, 64 (66).
[114] BegrRegE BT-Drs. 16/11 642, 31.
[115] Vgl. *Paschos/Goslar* AG 2008, 605 (609).
[116] Kölner Komm AktG/*Noack/Zetzsche* Rn. 74.
[117] Kölner Komm AktG/*Noack/Zetzsche* Rn. 73; aA Großkomm AktG/*Butzke* Rn. 62.
[118] RL 2004/109/EG des Europäischen Parlaments und Rates v. 15.12.2004 zur Harmonisierung der Transparenzanforderungen in Bezug auf Informationen über Emittenten, deren Wertpapiere zum Handel auf einem geregelten Markt zugelassen sind, und zur Änderung der Richtlinie 2001/34/EG, ABl. EG 2004 Nr. L 390, 38.
[119] Vgl. BegrRegE BT-Drs. 16/11 642, 31; Bürgers/Körber/*Reger* Rn. 12a; Grigoleit/*Herrler* Rn. 15; Großkomm AktG/*Butzke* Rn. 61; Hölters/*Drinhausen* Rn. 11; Hüffer/Koch/*Koch,* 13. Aufl. 2018, Rn. 13; MüKoAktG/*Kubis* Rn. 28; Wachter/*Mayrhofer* Rn. 11; *Wicke,* Einführung in das Recht der Hauptversammlung, das Recht der Sacheinlagen und das Freigabeverfahren nach dem ARUG, 2009, S. 17; *Drinhausen/Keinath* BB 2009, 64 (66 f.); *Drinhausen/Keinath* BB 2009, 2322 (2326); *Evers/Fett* NZG 2012, 530 (533); *Wilm* DB 2010, 1686 (1688).

handensein einer Satzungsregelung gem. § 125 Abs. 2 S. 2 stets erfüllt, da hierin zugleich die notwendige Zustimmung der Hauptversammlung gesehen werden kann.[120] Weiterhin darf die Wahl der Art der Datenfernübertragung nicht vom Sitz oder Wohnsitz der Aktionäre abhängig sein (§ 49 Abs. 3 Nr. 1 lit. b WpHG) und es müssen Vorkehrungen zur sicheren Identifizierung und Adressierung der Aktionäre getroffen worden sein (§ 49 Abs. 3 Nr. 1 lit. b WpHG). Gem. § 49 Abs. 3 Nr. 1 lit. d WpHG ist für eine Übermittlung im Wege der Datenfernübertragung zudem erforderlich, dass die Aktionäre **ausdrücklich in diese Übermittlungsform eingewilligt haben** oder einer Bitte in Textform um Zustimmung nicht innerhalb eines angemessenen Zeitraums widersprechen. Der europarechtlich veranlasste § 49 Abs. 3 Nr. 1 WpHG muss als lex specialis gegenüber § 125 Abs. 2 angesehen werden. Die gem. § 49 Abs. 3 Nr. 1 lit. d WpHG erforderliche Zustimmung kann daher nicht durch eine Satzungsregelung gem. § 125 Abs. 2 S. 2 ersetzt werden. Fehlt es an der erforderlichen Zustimmung, bestand nach bislang hM kein Anspruch auf Übersendung in Papierform. Eine Satzungsregelung gem. § 125 Abs. 2 S. 2 sollte einen Anspruch auch dann ausschließen, wenn die Voraussetzungen für eine elektronische Übermittlung nicht vorlagen.[121] Nunmehr ergibt sich ein solcher Anspruch auf Übersendung in Papierform aber aus dem durch Art. 1 Nr. 19 des Gesetzes zur Umsetzung der Transparenzrichtlinie-Änderungsrichtlinie (BGBl. 2015 I 2029) neu eingefügten § 49 Abs. 3 S. 2 WpHG (§ 30b Abs. 3 S. 2 WpHG aF). Danach erfolgt die Übermittlung ohne Rücksicht auf anderweitige Satzungsregelungen des Emittenten auf schriftlichem Wege, wenn eine Datenfernübertragung unter den in § 49 Abs. 3 S. 1 WpHG genannten Voraussetzungen nicht möglich ist. Mit der Übermittlung „auf schriftlichem Wege" dürfte eine Übermittlung in Papierform gemeint sein. Schriftform iSv § 126 BGB ist nicht erforderlich.

26 Enthält die Satzung **keine auf § 125 Abs. 2 S. 2 gestützte Regelung,** ist bei Emittenten iSv § 2 Abs. 13 WpHG eine elektronische Übermittlung aufgrund der gem. § 49 Abs. 3 Nr. 1 lit. a WpHG erforderlichen Zustimmung der Hauptversammlung nur dann zulässig, wenn ein allgemeiner Beschluss nach § 49 Abs. 3 Nr. 1 lit. a WpHG gefasst wurde (der nicht zwingend als Satzungsänderung ausgestaltet sein muss). Fehlt es hieran, wäre nach dem Gesetzeswortlaut eine Übermittlung im Wege der Datenfernübertragung selbst dann unzulässig, wenn der Aktionär ausdrücklich darum bittet. Um dieses unsinnige Ergebnis zu vermeiden, ist § 49 Abs. 3 Nr. 1 WpHG insoweit teleologisch zu reduzieren.[122] Entgegenstehende schutzwürdige Interessen sind nicht ersichtlich.

27 **c) Aufsichtsratsmitglieder.** Gem. § 125 Abs. 3 können Aufsichtsratsmitglieder verlangen, dass ihnen der Vorstand die gleichen Mitteilungen „übersendet". Anders als § 125 Abs. 2 (→ Rn. 24) wurde § 125 Abs. 3 durch das NaStraG nicht angepasst. Daher ist hier nach wie vor eine Übersendung in Papierform erforderlich.[123]

28 **5. Mitteilungsfrist. a) Kreditinstitute und Aktionärsvereinigungen (Abs. 1 S. 1 und 2).** Gem. § 125 Abs. 1 S. 1 ist die Mitteilungspflicht mindestens 21 Tage vor der Hauptversammlung zu erfüllen. Die Frist ist von der Hauptversammlung zurück zu berechnen. Dabei richtet sich die **Fristberechnung** nach § 121 Abs. 7 (→ § 121 Rn. 91 ff.). Der Tag der Mitteilung ist gem. § 125 Abs. 1 S. 2 nicht mitzurechnen. Zur Fristverkürzung in Übernahmesachverhalten → Rn. 32.

29 Die Mitteilungsfrist wurde durch Art. 1 Nr. 14 ARUG neu geregelt. Nach der zuvor geltenden Fassung musste die Mitteilung noch binnen zwölf Tagen nach der Einberufung der Hauptversammlung im (elektronischen) Bundesanzeiger erfolgen. Durch die Einführung der 21-Tage-Frist ist bei **börsennotierten Gesellschaften** sichergestellt, dass **Ergänzungsverlangen,** die gem. § 122 Abs. 2 S. 3 mindestens 30 Tage vor der Hauptversammlung zugehen müssen, noch berücksichtigt werden können. Die Mitteilungen gem. § 125 Abs. 1 S. 1 und 3 können in diesem Fall in einer Mitteilung zusammengefasst werden, um Doppelmitteilungen zu vermeiden.[124] Bei **nicht börsennotierten Gesellschaften** müssen Ergänzungsverlangen gem. § 122 Abs. 2 S. 3 mindestens 24 Tage vor der Hauptversammlung zugehen. Dies könnte dazu führen, dass die mindestens 21 Tage vor der Versammlung mitzuteilende Tagesordnung nicht mehr geändert werden kann. Aus diesem Grund hat der Gesetzgeber insoweit auf eine Mitteilungspflicht verzichtet, indem er die Geltung von § 125 Abs. 1 S. 3 ausdrücklich nur für börsennotierte Gesellschaften angeordnet hat.[125] Bei nicht börsenno-

---

[120] Grigoleit/*Herrler* Rn. 15; *Drinhausen/Keinath* BB 2009, 2322 (2326).
[121] Vgl. die Nachweise in der Vorauflage.
[122] Zust. Grigoleit/*Herrler* Rn. 15; Hüffer/Koch/*Koch*, 13. Aufl. 2018, Rn. 13; Kölner Komm AktG/*Noack/Zetzsche* Rn. 68.
[123] Bürgers/Körber/*Reger* Rn. 12; Grigoleit/*Herrler* Rn. 16; Großkomm AktG/*Butzke* Rn. 57; Hölters/*Drinhausen* Rn. 11; MüKoAktG/*Kubis* Rn. 30; aA Wachter/*Mayrhofer* Rn. 12; wohl auch K. Schmidt/Lutter/*Ziemons* Rn. 36.
[124] Vgl. BegrRegE BT-Drs. 16/11 642, 30 f.
[125] Vgl. BegrRegE BT-Drs. 16/11 642, 31.

tierten Gesellschaften ist daher eine Bekanntmachung unmittelbar nach Zugang des Verlangens ausreichend (§ 124 Abs. 1 S. 1).

30 Da die Mitteilung weder eine Willenserklärung noch eine rechtsgeschäftsähnliche Handlung ist, kommt es für die Einhaltung der Mitteilungsfrist nicht auf den Zugang an. Entscheidend für die Fristwahrung ist allein der Zeitpunkt der **Absendung der Mitteilung.**[126] Wird ein Verlangen iSv § 125 Abs. 1 S. 1 erst nach Ablauf der 21-Tage-Frist gestellt, ist die Mitteilung unverzüglich zu übermitteln, sofern die Übermittlung vor der Hauptversammlung noch möglich ist (→ Rn. 9).

30a b) **Aktionäre.** Die 21-Tage-Frist des § 125 Abs. 1 S. 1 gilt nur für die Mitteilungen an Kreditinstitute und Aktionärsvereinigungen. Im Rahmen des § 125 Abs. 2 findet sie keine Anwendung. Bei **Namensaktionären** muss die Übersendung unverzüglich nach dem in § 125 Abs. 2 S. 1 Alt. 2 vorgesehenen Versendungsstopp (Beginn des 14. Tages vor der Hauptversammlung) erfolgen.[127] Auch eine frühere Übermittlung ist zulässig.[128] Bei **Inhaberaktionären,** die gem. § 125 Abs. 2 S. 1 Alt. 1 eine Mitteilung verlangt haben, muss die Übersendung unverzüglich nach Eingang des Verlangens erfolgen, wobei eine Übersendung innerhalb der 21-Tage-Frist des § 125 Abs. 1 S. 1 stets ausreichend ist.[129] Auch ein Zuwarten bis zu dem für Namensaktionäre geltenden Versendungsstopp (Beginn des 14. Tages vor der Hauptversammlung) wird man aufgrund der vergleichbaren Interessenlage stets noch als ausreichend ansehen müssen.[130] Geht das Verlangen der Gesellschaft erst nach Ablauf einer in der Satzung vorgesehenen Frist für die Anmeldung oder die Erbringung des Legitimationsnachweises zu, ist entgegen der wohl hM keine Übersendung mehr erforderlich.[131]

31 6. **Kosten.** Die Kosten der Mitteilungen nach § 125 Abs. 1 und 2 sind von der **Gesellschaft** zu tragen.[132] Gleiches gilt für die Kosten der Mitteilungen nach § 125 Abs. 3. Zu den Kosten der Vervielfältigung und der Weiterleitung der Mitteilungen nach § 125 Abs. 1 durch die Kreditinstitute → § 128 Rn. 18, 28 f.

32 7. **Besonderheiten bei Übernahmesachverhalten und Rekapitalisierungen.** In Übernahmesachverhalten kann eine Hauptversammlung in Abweichung von § 123 Abs. 1 mit einer Frist von mindestens 14 Tagen einberufen werden (§ 16 Abs. 4 S. 1 WpÜG). Für den Fall, dass die Frist des § 123 Abs. 1 unterschritten wird, sieht § 16 Abs. 4 S. 5 WpÜG vor, dass die Mitteilungen nach § 125 Abs. 1 **unverzüglich** zu machen sind. Gem. § 16 Abs. 4 S. 7 WpÜG sind Mitteilungen an Aktionäre allen Aktionären **zugänglich und in Kurzfassung bekannt zu machen.** Das Zugänglichmachen kann über die Internetseite der Gesellschaft erfolgen.[133] Die Bekanntmachung der Kurzfassung erfolgt in den Gesellschaftsblättern und damit im Bundesanzeiger (§ 25).[134] Hinsichtlich des Inhalts der Kurzfassung bietet sich eine Orientierung an § 121 Abs. 3 an.[135] Zudem bietet sich die Aufnahme des wesentlichen Inhalts von Berichten gem. § 186 Abs. 4 S. 2 über den Ausschluss des Bezugsrechts an.[136] Im praktischen Ergebnis sollte hiermit kein zusätzlicher Aufwand verbunden

---

[126] Bürgers/Körber/*Reger* Rn. 13; Grigoleit/*Herrler* Rn. 17; Großkomm AktG/*Butzke* Rn. 42; Hölters/*Drinhausen* Rn. 12; Hüffer/Koch/*Koch*, 13. Aufl. 2018, Rn. 10; MüKoAktG/*Kubis* Rn. 17; K. Schmidt/Lutter/*Ziemons* Rn. 41; MHdB AG/*Bungert* § 36 Rn. 90; aA Kölner Komm AktG/*Noack/Zetzsche* Rn. 83 ff.; *Boetius* DB 1968, 1845; *v. Falkenhausen* AG 1966, 69 (75).

[127] Grigoleit/*Herrler* Rn. 18; Kölner Komm AktG/*Noack/Zetzsche* Rn. 91; MüKoAktG/*Kubis* Rn. 29; K. Schmidt/Lutter/*Ziemons* Rn. 44.

[128] Großkomm AktG/*Butzke* Rn. 50; Kölner Komm AktG/*Noack/Zetzsche* Rn. 93.

[129] Grigoleit/*Herrler* Rn. 18; MüKoAktG/*Kubis* Rn. 29; K. Schmidt/Lutter/*Ziemons* Rn. 43.

[130] Grigoleit/*Herrler* Rn. 18; Kölner Komm AktG/*Noack/Zetzsche* Rn. 98.

[131] Kölner Komm AktG/*Noack/Zetzsche* Rn. 95; aA Bürgers/Körber/*Reger* Rn. 5; Grigoleit/*Herrler* Rn. 5, 17; Großkomm AktG/*Butzke* Rn. 55; MüKoAktG/*Kubis* Rn. 23.

[132] GHEK/*Eckardt* Rn. 64; Großkomm AktG/*Butzke* Rn. 68.

[133] Baums/Thoma/*Merkner/Sustmann* WpÜG § 16 Rn. 105; Kölner Komm AktG/*Noack/Zetzsche* Rn. 208; *Noack/Zetzsche* in Schwark/Zimmer KMRK § 16 WpÜG Rn. 43; Steinmeyer/*Steinmeyer* WpÜG § 16 Rn. 31; anders aber die Gesetzesbegründung des WpÜG, wonach zusätzlich das Auslegen in den Geschäftsräumen der Gesellschaft erforderlich sein soll, s. BegrRegE BT-Drs. 14/7034, 47; dem folgend Kölner Komm WpÜG/*Hasselbach* § 16 Rn. 90; MüKoAktG/*Kubis* Rn. 29.

[134] Kölner Komm WpÜG/*Hasselbach* § 16 Rn. 93; aA Assmann/Pötzsch/U.H. Schneider/*Seiler* WpÜG § 16 Rn. 73; Baums/Thoma/*Merkner/Sustmann* WpÜG § 16 Rn. 106: Form der Bekanntmachung ergebe sich aus der Satzung, wobei eine Bekanntmachung im Bundesanzeiger nicht erforderlich sei; wiederum aA Kölner Komm AktG/*Noack/Zetzsche* Rn. 208: Internetseite der Gesellschaft.

[135] Kölner Komm AktG/*Noack/Zetzsche* Rn. 209; *Noack/Zetzsche* in Schwark/Zimmer KMRK WpÜG § 16 Rn. 43; unklar Assmann/Pötzsch/U.H. Schneider/*Seiler* WpÜG § 16 Rn. 73; Baums/Thoma/*Merkner/Sustmann* WpÜG § 16 Rn. 106 f.: Bekanntmachung des wesentlichen Inhalts; ähnlich Kölner Komm WpÜG/*Hasselbach* § 16 Rn. 91.

[136] Kölner Komm AktG/*Noack/Zetzsche* Rn. 209.

sein, da die Mitteilungen nach § 125 inhaltlich zumeist mit der Einberufung identisch sind und die Einberufung ohnehin auf der Internetseite der Gesellschaft zugänglich (§ 124a S. 1 Nr. 1) und in den Gesellschaftsblättern bekannt zu machen ist (§ 121 Abs. 4 S. 1). Die zusätzliche Bekanntmachung einer Kurzfassung ist dann nicht mehr erforderlich. Gem. § 16 Abs. 4 S. 8 WpÜG kann die **Zusendung von Mitteilungen unterbleiben,** wenn zur Überzeugung des Vorstands mit Zustimmung des Aufsichtsrats der **rechtzeitige Eingang bei den Aktionären nicht wahrscheinlich** ist. Bei der Beurteilung der Wahrscheinlichkeit ist in den Fällen des § 125 Abs. 1 auch die für eine Weiterleitung durch die Kreditinstitute benötigte Zeit zu berücksichtigen. Ausreichend ist, dass ein Zugang der Mitteilungen bei einem nicht unerheblichen Teil der Aktionäre nicht wahrscheinlich ist.[137] Diese Voraussetzung wird man als erfüllt ansehen müssen, wenn auf die von den betreffenden Aktionären gehaltenen Anteile 5% des Grundkapitals entfallen.[138] § 16 Abs. 4 S. 8 WpÜG entbindet grundsätzlich nur von einer Übermittlung in Papierform, da bei einer Übermittlung in elektronischer Form regelmäßig keine Verzögerungen zu erwarten sind.[139] Daher ist in den Fällen des § 16 Abs. 4 S. 8 WpÜG stets zu prüfen, ob zumindest noch eine Übermittlung in elektronischer Form in Betracht kommt.

Bei Anwendung der Europäischen Durchbrechungsregel gilt § 16 Abs. 4 WpÜG gem. § 33b Abs. 4 WpÜG entsprechend für eine auf Verlangen des Bieters einberufene **Durchbrechungshauptversammlung** iSv § 33b Abs. 2 Nr. 3 WpÜG. Zudem gilt § 16 Abs. 4 WpÜG gem. § 7 Abs. 1 S. 1 FMStBG entsprechend mit der Maßgabe, dass die Einberufung zur Hauptversammlung spätestens am 21. Tag vor dem Tag der Hauptversammlung erfolgen muss, wenn im Zusammenhang mit einer **Rekapitalisierung nach § 7 FMStFG** eine Hauptversammlung zur Beschlussfassung über eine Kapitalerhöhung gegen Einlagen einberufen wird. § 7 FMStBG gilt gem. **§ 125 Abs. 2 SAG**[140] entsprechend für Beschlussfassungen der Anteilsinhaberversammlung des übernehmenden Rechtsträgers über Kapitalmaßnahmen, über Satzungsänderungen, über den Abschluss oder die Beendigung von Unternehmensverträgen oder über Maßnahmen nach dem UmwG im Zusammenhang mit der Übertragung von Anteilen, Vermögenswerten, Verbindlichkeiten und Rechtsverhältnissen von einem **in Abwicklung befindlichen Kredit- oder Finanzdienstleistungsinstitut,** um eine Abwicklungsanordnung zu ermöglichen oder umzusetzen. Eine § 16 Abs. 4 WpÜG vergleichbare Regelung enthält auch **§ 36 Abs. 6 SAG.** Gem. § 36 Abs. 5 SAG kann in der Satzung eines Kredit- oder Finanzdienstleistungsinstituts in der Rechtsform der AG vorgesehen werden, dass eine Hauptversammlung, deren Tagesordnung allein oder neben anderen Gegenständen die Beschlussfassung über eine Kapitalerhöhung enthält, abweichend von § 123 Abs. 1 S. 1 mindestens zehn Tage vor der Hauptversammlung einzuberufen ist, wenn (i) die Voraussetzungen für ein aufsichtsbehördliches Tätigwerden nach § 36 Abs. 1 S. 1 oder 2 SAG erfüllt sind und (ii) eine Kapitalerhöhung erforderlich ist, um zu verhindern, dass die Abwicklungsvoraussetzungen iSv § 62 SAG eintreten. Wird von einer solchen Satzungsregelung Gebrauch gemacht, sind u a Mitteilungen nach § 125 Abs. 1 S. 2 unverzüglich zu machen (§ 36 Abs. 6 S. 3 Hs. 1 SAG). Mitteilungen an die Aktionäre und fristgerecht eingereichte Anträge von Aktionären sind allen Aktionären zugänglich und in Kurzfassung bekannt zu machen (§ 36 Abs. 6 S. 6 SAG). Die Zusendung von Mitteilungen kann unterbleiben, wenn zur Überzeugung des Vorstands mit Zustimmung des Aufsichtsrats der rechtzeitige Eingang bei den Aktionären nicht wahrscheinlich ist (§ 36 Abs. 6 S. 7 SAG).

III. Mitteilungen im Anschluss an die Hauptversammlung (Abs. 4)

1. Mitteilungsschuldner. Gem. § 125 Abs. 4 sind jedem Aufsichtsratsmitglied und jedem Aktionär auf Verlangen die in der Hauptversammlung gefassten Beschlüsse mitzuteilen. Mitteilungsschuldner ist auch hier die Gesellschaft, für die der Vorstand tätig wird. Diesbezüglich gelten dieselben Grundsätze wie zu den Mitteilungspflichten nach § 125 Abs. 1–3 (→ Rn. 6).

2. Mitteilungsempfänger. Mitteilungsempfänger ist gem. § 125 Abs. 4 zunächst jedes **Aufsichtsratsmitglied.** Es handelt sich um ein Individualrecht der einzelnen Aufsichtsratsmitglieder.

---

[137] BegrRegE BT-Drs. 14/7034, 47.
[138] Assmann/Pötzsch/U.H. Schneider/*Seiler* WpÜG § 16 Rn. 74; Hüffer/Koch/*Koch*, 13. Aufl. 2018, Rn. 2; Kölner Komm WpÜG/*Hasselbach* § 16 Rn. 96; aA Angerer/Geibel/Süßmann/*Geibel/Süßmann* WpÜG § 16 Rn. 96; Kölner Komm AktG/*Noack/Zetzsche* Rn. 210: 25% der Aktionäre (nach Köpfen).
[139] Angerer/Geibel/Süßmann/*Geibel/Süßmann* WpÜG § 16 Rn. 108; Assmann/Pötzsch/U.H. Schneider/*Seiler* WpÜG § 16 Rn. 74; Baums/Thoma/*Merkner/Sustmann* WpÜG § 16 Rn. 114; Kölner Komm AktG/*Noack/Zetzsche* Rn. 211; MüKoAktG/*Kubis* Rn. 52; s. auch Grigoleit/*Herrler* Rn. 19.
[140] Gesetz zur Sanierung und Abwicklung von Instituten und Finanzgruppen (Sanierungs- und Abwicklungsgesetz – SAG) v. 10.12.2014, BGBl. 2014 I 2091, zuletzt geändert durch Art. 3 Gesetz v. 23.12.2016, BGBl. 2016 I 3171.

Insoweit gelten dieselben Grundsätze wie im Rahmen von § 125 Abs. 3 (→ Rn. 15). Neben den einzelnen Aufsichtsratsmitgliedern ist auch jeder **Aktionär** zum Empfang der Mitteilung berechtigt. Hierzu zählen auch ausländische Aktionäre.[141] Die Hinterlegung einer Aktie durch Inhaberaktionäre ist seit der Neufassung von § 125 Abs. 4 durch Art. 1 Nr. 9 NaStraG nicht mehr erforderlich.[142] Die Mitteilungspflicht setzt nicht voraus, dass der Aktionär oder das Aufsichtsratsmitglied an der Hauptversammlung teilgenommen hat.[143] Maßgeblicher Zeitpunkt für das Bestehen des Aufsichtsratsmandats oder der Aktionärsstellung ist der Zeitpunkt des Verlangens.[144] Die Gesellschaft kann einen Nachweis der Aktionärsstellung verlangen. Hierfür gelten dieselben Grundsätze wie im Rahmen des § 125 Abs. 2 (→ Rn. 13).[145]

35 Erforderlich ist stets ein **ausdrückliches Verlangen**, das **formlos** gestellt werden kann.[146] Das Verlangen ist grundsätzlich nicht auf die jeweils letzte Hauptversammlung beschränkt. Auch die Mitteilung weiter zurückliegender Beschlüsse kann verlangt werden, sofern hieran noch ein berechtigtes Interesse besteht.[147] Daran fehlt es im Hinblick auf eintragungsbedürftige Beschlüsse jedenfalls dann, wenn die Dreijahresfrist des § 242 Abs. 2 S. 1 bereits abgelaufen ist. Das Verlangen kann auch für die Zukunft gestellt werden (auch als „Dauerauftrag").[148] Möglich ist auch eine Beschränkung des Verlangens auf bestimmte Gegenstände der Tagesordnung.[149]

36 **3. Inhalt der Mitteilungen.** Mitteilungsgegenstand sind gem. § 125 Abs. 4 die in der Hauptversammlung gefassten Beschlüsse. Hierzu zählen sowohl positive als auch negative Beschlüsse (zu der Unterscheidung → § 133 Rn. 6 f.).[150] Mitzuteilen sind nur **Beschlüsse zu Sachanträgen** (einschließlich Absetzung und Vertagung), nicht dagegen Beschlüsse zu reinen Verfahrensanträgen.[151] Auch Sonderbeschlüsse müssen mitgeteilt werden.[152] Die Mitteilungspflicht bezieht sich allein auf **Inhalt und Ergebnis** der Beschlussfassung. Das konkrete Abstimmungsergebnis muss nicht mitgeteilt werden.[153] Der Inhalt von Urkunden und sonstigen Unterlagen ist nur mitzuteilen, wenn er zum Inhalt eines Beschlusses gemacht wurde.[154] Etwaige Widersprüche sind nicht Gegenstand der Mitteilungspflicht.[155] Auch zu einer Übermittlung der notariellen Niederschrift ist die Gesellschaft nicht verpflichtet (auch nicht auszugsweise).[156]

37 **4. Form der Mitteilungen.** § 125 Abs. 4 sieht **keine bestimmte Form** für die Mitteilungen vor. Das ursprünglich bestehende Erfordernis einer schriftlichen Mitteilung wurde durch Art. 1 Nr. 9 NaStraG aufgehoben, um auch eine Übermittlung im Wege der elektronischen Kommunikation zu ermöglichen.[157] Die Gesellschaft hat lediglich die organisatorischen Vorkehrungen zu treffen, damit

---

[141] GHEK/*Eckardt* Rn. 68; Großkomm AktG/*Butzke* Rn. 65; Kölner Komm AktG/*Noack/Zetzsche* Rn. 180; MüKoAktG/*Kubis* Rn. 34.
[142] Vgl. BegrRegE BT-Drs. 14/4051, 13.
[143] Bürgers/Körber/*Reger* Rn. 14; GHEK/*Eckardt* Rn. 69; Großkomm AktG/*Butzke* Rn. 65; Hölters/*Drinhausen* Rn. 13; Kölner Komm AktG/*Noack/Zetzsche* Rn. 180.
[144] MüKoAktG/*Kubis* Rn. 34; aA Großkomm AktG/*Butzke* Rn. 65: Zeitpunkt der Beschlussfassung oder Zeitpunkt, in dem das Verlangen gestellt wird.
[145] AA K. Schmidt/Lutter/*Ziemons* Rn. 50, die die bloße Behauptung der Aktionärsstellung ausreichen lassen will.
[146] GHEK/*Eckardt* Rn. 70; Großkomm AktG/*Butzke* Rn. 66; Hüffer/Koch/*Koch*, 13. Aufl. 2018, Rn. 17; MüKoAktG/*Kubis* Rn. 34; K. Schmidt/Lutter/*Ziemons* Rn. 50; Wachter/*Mayrhofer* Rn. 14.
[147] GHEK/*Eckardt* Rn. 71; Großkomm AktG/*Butzke* Rn. 66; aA MüKoAktG/*Kubis* Rn. 35; Kölner Komm AktG/*Noack/Zetzsche* Rn. 183: nur Beschlüsse der letzten Hauptversammlung.
[148] Kölner Komm AktG/*Noack/Zetzsche* Rn. 185.
[149] GHEK/*Eckardt* Rn. 70.
[150] Bürgers/Körber/*Reger* Rn. 14; Grigoleit/*Herrler* Rn. 20; Großkomm AktG/*Butzke* Rn. 67; MüKoAktG/*Kubis* Rn. 35; NK-AktR/*M. Müller* Rn. 29; zweifelnd im Hinblick auf negative Beschlüsse K. Schmidt/Lutter/*Ziemons* Rn. 51.
[151] BegrRegE BT-Drs. 14/4051, 13; Bürgers/Körber/*Reger* Rn. 14; Grigoleit/*Herrler* Rn. 20; Kölner Komm AktG/*Noack/Zetzsche* Rn. 181; Wachter/*Mayrhofer* Rn. 15; zweifelnd K. Schmidt/Lutter/*Ziemons* Rn. 51; aA GHEK/*Eckardt* Rn. 67; Großkomm AktG/*Butzke* Rn. 67; NK-AktR/*M. Müller* Rn. 29; MüKoAktG/*Kubis* Rn. 35.
[152] Großkomm AktG/*Butzke* Rn. 67.
[153] GHEK/*Eckardt* Rn. 67; Grigoleit/*Herrler* Rn. 20; Großkomm AktG/*Butzke* Rn. 67; Kölner Komm AktG/*Noack/Zetzsche* Rn. 184; MüKoAktG/*Kubis* Rn. 35; K. Schmidt/Lutter/*Ziemons* Rn. 51; Wachter/*Mayrhofer* Rn. 15; *Butzke* Die Hauptversammlung der AG Rn. B 187.
[154] Bürgers/Körber/*Reger* Rn. 14; Großkomm AktG/*Butzke* Rn. 67.
[155] Bürgers/Körber/*Reger* Rn. 14; GHEK/*Eckardt* Rn. 67; Großkomm AktG/*Butzke* Rn. 67; Kölner Komm AktG/*Noack/Zetzsche* Rn. 184.
[156] GHEK/*Eckardt* Rn. 67; Großkomm AktG/*Butzke* Rn. 67; MüKoAktG/*Kubis* Rn. 35.
[157] Vgl. BegrRegE BT-Drs. 14/4051, 13.

die Information den Aktionär unter normalen Umständen erreicht.[158] Ein bloßes Zugänglichmachen auf der Internetseite der Gesellschaft ist nicht ausreichend.[159] Soll eine Übermittlung im Wege der elektronischen Kommunikation erfolgen, ist bei Emittenten iSv § 2 Abs. 13 WpHG die Vorschrift des § 49 Abs. 3 Nr. 1 WpHG zu beachten. Insoweit gelten dieselben Grundsätze wie im Rahmen von § 125 Abs. 2 (→ Rn. 25 f.).

5. Mitteilungsfrist. Die Mitteilung nach § 125 Abs. 4 muss **unverzüglich** (§ 121 Abs. 1 S. 1 BGB) nach Eingang des Verlangens bei der Gesellschaft erfolgen.[160] Bei der Beurteilung der Unverzüglichkeit ist zu berücksichtigen, dass die Mitteilungen auch der Vorbereitung etwaiger Anfechtungsklagen dienen sollen.[161]

6. Kosten. Die Kosten der Mitteilungen nach § 125 Abs. 4 sind von der **Gesellschaft** zu tragen.[162] Die Mehrkosten einer von dem Aktionär oder dem Aufsichtsratsmitglied gewünschten besonderen Übermittlungsform (zu der die Gesellschaft nicht verpflichtet ist), sind von dem Aktionär oder dem Aufsichtsratsmitglied selbst zu tragen.[163]

IV. Rechtsfolgen von Verstößen

1. Beschlussanfechtung. a) Anfechtungsgründe. Eine Verletzung der Mitteilungspflichten gem. § 125 Abs. 1–3 kann zur Anfechtbarkeit der in der Hauptversammlung gefassten Beschlüsse führen.[164] Voraussetzung für eine Anfechtbarkeit ist aber stets die **Relevanz** der Verletzung für das Zustandekommen des Beschlusses.[165] Die Relevanz ist regelmäßig gegeben, wenn die Mitteilung an die Kreditinstitute unter Verstoß gegen § 125 Abs. 1 **vollständig unterlassen** wird.[166] Wird die Mitteilung nur an einzelne Kreditinstitute nicht übermittelt, kommt es auf den jeweiligen Einzelfall an. Bei einer fehlenden Übermittlung an die Aktionärsvereinigungen dürfte es regelmäßig an der Relevanz fehlen, da seit Inkrafttreten des ARUG für die Aktionärsvereinigungen keine Weiterleitungspflicht mehr gilt.[167] Auch das versehentliche Unterlassen der Mitteilung an einzelne Aktionäre unter Verstoß gegen § 125 Abs. 2 ist für das Zustandekommen des Beschlusses regelmäßig nicht relevant.[168] Gleiches gilt für das versehentliche Unterlassen der Mitteilung an einzelne Aufsichtsratsmitglieder unter Verstoß gegen § 125 Abs. 3.[169] Ein Verstoß gegen die Mitteilungspflicht gem. **§ 125 Abs. 4** führt nicht zur Anfechtbarkeit, da diese erst nach der Hauptversammlung besteht, so dass der Verstoß für die Beschlussfassung von vornherein nicht relevant sein kann.[170]

Bei **Fehlen oder Unrichtigkeit einzelner Bestandteile** der Mitteilung nach § 125 Abs. 1 kommt es auf den jeweiligen Einzelfall an. Die Relevanz ist zu bejahen, wenn bei börsennotierten Gesellschaften entgegen § 125 Abs. 1 S. 3 die geänderte Tagesordnung nicht mitgeteilt wird.[171] Die

---

[158] BegrRegE BT-Drs. 14/4051, 13.
[159] Großkomm AktG/*Butzke* Rn. 68; Hüffer/Koch/*Koch,* 13. Aufl. 2018, Rn. 17; Kölner Komm AktG/ *Noack*/*Zetzsche* Rn. 186; K. Schmidt/Lutter/*Ziemons* Rn. 52; *Butzke* Die Hauptversammlung der AG Rn. B 187; s. auch BegrRegE BT-Drs. 14/4051, 13.
[160] Bürgers/Körber/*Reger* Rn. 14; Grigoleit/*Herrler* Rn. 20; Großkomm AktG/*Butzke* Rn. 68; Hölters/*Drinhausen* Rn. 13; Hüffer/Koch/*Koch,* 13. Aufl. 2018, Rn. 17; Kölner Komm AktG/*Noack*/*Zetzsche* Rn. 188; MüKoAktG/*Kubis* Rn. 37; K. Schmidt/Lutter/*Ziemons* Rn. 52; *Butzke* Die Hauptversammlung der AG Rn. B 187.
[161] Vgl. Grigoleit/*Herrler* Rn. 20; Großkomm AktG/*Butzke* Rn. 68; Hölters/*Drinhausen* Rn. 13; Hüffer/ Koch/*Koch,* 13. Aufl. 2018, Rn. 17; Kölner Komm AktG/*Noack*/*Zetzsche* Rn. 188; MüKoAktG/*Kubis* Rn. 37; K. Schmidt/Lutter/*Ziemons* Rn. 52.
[162] Bürgers/Körber/*Reger* Rn. 14; GHEK/*Eckardt* Rn. 73; Großkomm AktG/*Butzke* Rn. 68; MüKoAktG/ *Kubis* Rn. 43; Wachter/*Mayrhofer* Rn. 16; *Butzke* Die Hauptversammlung der AG Rn. B 187.
[163] Bürgers/Körber/*Reger* Rn. 14; Großkomm AktG/*Butzke* Rn. 68; Kölner Komm AktG/*Noack*/*Zetzsche* Rn. 191; MüKoAktG/*Kubis* Rn. 38.
[164] Bürgers/Körber/*Reger* Rn. 16; GHEK/*Eckardt* Rn. 74; Grigoleit/*Herrler* Rn. 21; Großkomm AktG/*Butzke* Rn. 69; Hüffer/Koch/*Koch,* 13. Aufl. 2018, Rn. 19; MüKoAktG/*Kubis* Rn. 39; NK-AktR/*M. Müller* Rn. 32 ff.; Wachter/*Mayrhofer* Rn. 13; *Butzke* Die Hauptversammlung der AG Rn. O 22.
[165] Grigoleit/*Herrler* Rn. 21; Großkomm AktG/*Butzke* Rn. 69; Hüffer/Koch/*Koch,* 13. Aufl. 2018, Rn. 19; Kölner Komm AktG/*Noack*/*Zetzsche* Rn. 157; MüKoAktG/*Kubis* Rn. 39.
[166] Vgl. GHEK/*Eckardt* Rn. 74; Kölner Komm AktG/*Noack*/*Zetzsche* Rn. 158; MüKoAktG/*Kubis* Rn. 40.
[167] Zust. Kölner Komm AktG/*Noack*/*Zetzsche* Rn. 158.
[168] Vgl. Bürgers/Körber/*Reger* Rn. 16; Grigoleit/*Herrler* Rn. 21; MüKoAktG/*Kubis* Rn. 40; wohl nur für den Fall des § 125 Abs. 2 S. 1 Alt. 2 Großkomm AktG/*Butzke* Rn. 70 f.
[169] GHEK/*Eckardt* Rn. 74; aA wohl Großkomm AktG/*Butzke* Rn. 70.
[170] Bürgers/Körber/*Reger* Rn. 16; GHEK/*Eckardt* Rn. 75; Grigoleit/*Herrler* Rn. 21; Großkomm AktG/*Butzke* Rn. 69; Hölters/*Drinhausen* Rn. 14; Kölner Komm AktG/*Noack*/*Zetzsche* Rn. 189; MüKoAktG/*Kubis* Rn. 39; NK-AktR/*M. Müller* Rn. 35.
[171] Kölner Komm AktG/*Noack*/*Zetzsche* Rn. 160.

Anfechtbarkeit beschränkt sich in diesem Fall aber auf die Tagesordnungspunkte des Ergänzungsverlangens gem. § 122 Abs. 2. Ein relevanter Verstoß kann auch dann vorliegen, wenn der Hinweis auf die Möglichkeit der Vollmachtserteilung (**§ 125 Abs. 1 S. 4**) fehlt.[172] Dagegen ist die Relevanz regelmäßig zu verneinen, wenn einzelne Mitgliedschaften in anderen gesetzlich zu bildenden Aufsichtsräten (**§ 125 Abs. 1 S. 5 Hs. 1**) versehentlich nicht oder unzutreffend angegeben werden.[173] Auch fehlerhafte (freiwillige) Zusatzangaben (etwa zu Vorsitzmandaten) begründen regelmäßig keine Anfechtbarkeit.[174] Generell **keinen Anfechtungsgrund** bilden fehlende oder unzutreffende Angaben zu Mitgliedschaften in vergleichbaren in- und ausländischen Kontrollgremien von Wirtschaftsunternehmen (**§ 125 Abs. 1 S. 5 Hs. 2**).[175] Der Gesetzgeber des KonTraG hat die Regelung bewusst als sanktionslose Soll-Vorschrift ausgestaltet, da im Hinblick auf die Vergleichbarkeit mitunter erhebliche Abgrenzungsschwierigkeiten bestehen können.[176]

42 Eine **Überschreitung der Mitteilungsfrist** gem. § 125 Abs. 1 S. 1 führt nicht zwingend zur Anfechtbarkeit der in der Hauptversammlung gefassten Beschlüsse.[177] Wird die Übermittlung der Mitteilung nach Ablauf der 21-Tage-Frist nachgeholt, fehlt es an der Relevanz des Fristversäumnisses, wenn den betroffenen Aktionären trotz der Verspätung noch ausreichend Zeit zur Vorbereitung auf die Hauptversammlung verbleibt.[178] Bei der Beurteilung sind der Umfang und die Komplexität der Tagesordnung zu berücksichtigen.[179]

43 b) **Anfechtungsbefugnis.** Anfechtungsbefugt bei Verstößen gegen § 125 Abs. 1 und 2 ist unter den Voraussetzungen des § 245 Nr. 1 jeder in der Hauptversammlung **erschienene Aktionär,** der gegen den Beschluss Widerspruch zur Niederschrift erklärt hat. Zumindest in den Fällen des § 125 Abs. 2 sind daneben analog § 245 Nr. 2 auch die **nicht erschienenen Aktionäre** anfechtungsbefugt, sofern sie eine Mitteilung verlangt, aber nicht erhalten haben.[180] Umstritten ist, ob auch in den Fällen des § 125 Abs. 1 eine Analogie zu § 245 Nr. 2 in Betracht kommt. Hiergegen spricht zwar, dass dann auch Aktionäre anfechtungsbefugt wären, die ohnehin keine Mitteilung erhalten hätten (etwa weil sie ihre Aktien von einem ausländischen Kreditinstitut verwahren lassen).[181] In diesen Fällen reicht es jedoch aus, die Relevanz des Verstoßes zu verneinen. Mit der ganz hM kann daher auch in den Fällen des § 125 Abs. 1 eine Anfechtungsbefugnis der nicht erschienenen Aktionäre analog § 245 Nr. 2 bejaht werden.[182] Bei Verstößen gegen § 125 Abs. 3 richtet sich die Anfechtungsbefugnis nach § 245 Nr. 1. Das **Aufsichtsratsmitglied** ist (außerhalb von § 245 Nr. 5) nur anfechtungsbefugt, wenn es zugleich Aktionär ist.[183] Fehlt es an der Aktionärseigenschaft des Aufsichtsratsmitglieds, entfällt hierdurch zwar nicht die Anfechtungsbefugnis der erschienenen Aktionäre. Der Verstoß gegen § 125 Abs. 3 ist aber regelmäßig für das Zustandekommen des Beschlusses nicht relevant (→ Rn. 40).

44 2. **Schadensersatz.** Eine Verletzung der nach § 125 Abs. 1–4 bestehenden Mitteilungspflichten kann zu einer Schadensersatzpflicht der **Vorstandsmitglieder** gegenüber der Gesellschaft führen

---

[172] OLG München Urt. v. 4.7.2018 – 7 U 131/18, BeckRS 2018, 15307; MüKoAktG/*Kubis* Rn. 41; aA Kölner Komm AktG/*Noack/Zetzsche* Rn. 161.

[173] Kölner Komm AktG/*Noack/Zetzsche* Rn. 162; MüKoAktG/*Kubis* Rn. 41; s. auch Großkomm AktG/*Butzke* Rn. 23.

[174] Kölner Komm AktG/*Noack/Zetzsche* Rn. 163; MüKoAktG/*Kubis* Rn. 41.

[175] AllgM, s. etwa Bürgers/Körber/*Reger* Rn. 16; Grigoleit/*Herrler* Rn. 21; Großkomm AktG/*Butzke* Rn. 22, 24, 69; Hölters/*Drinhausen* Rn. 14; Hüffer/Koch/*Koch*, 13. Aufl. 2018, Rn. 19; Kölner Komm AktG/*Noack/Zetzsche* Rn. 163; MüKoAktG/*Kubis* Rn. 41; K. Schmidt/Lutter/*Ziemons* Rn. 19; *Schlitt* in Semler/Volhard/Reichert HV-HdB § 4 Rn. 274.

[176] BegrRegE BT-Drs. 13/9712, 17.

[177] Bürgers/Körber/*Reger* Rn. 17; GHEK/*Eckardt* Rn. 74; Hölters/*Drinhausen* Rn. 15; Hüffer/Koch/*Koch*, 13. Aufl. 2018, Rn. 19; Kölner Komm AktG/*Noack/Zetzsche* Rn. 101, 164; MüKoAktG/*Kubis* Rn. 42; *Schlitt* in Semler/Volhard/Reichert HV-HdB § 4 Rn. 273; aA wohl K. Schmidt/Lutter/*Ziemons* Rn. 46.

[178] Vgl. Bürgers/Körber/*Reger* Rn. 17; Kölner Komm AktG/*Noack/Zetzsche* Rn. 101, 164; MüKoAktG/*Kubis* Rn. 42; *Schlitt* in Semler/Volhard/Reichert HV-HdB § 4 Rn. 273.

[179] Bürgers/Körber/*Reger* Rn. 17.

[180] Grigoleit/*Herrler* Rn. 21; Großkomm AktG/*Butzke* Rn. 70; Hüffer/Koch/*Koch*, 13. Aufl. 2018, § 245 Rn. 19; Kölner Komm AktG/*Noack/Zetzsche* § 245 Rn. 112; MüKoAktG/*Kubis* Rn. 44; vgl. auch MHdB AG/*Austmann* § 42 Rn. 85.

[181] Aus diesem Grund abl. *Werner* AG 1967, 102 (106).

[182] Grigoleit/*Herrler* Rn. 21; Großkomm AktG/*Butzke* Rn. 71; Hüffer/Koch/*Koch*, 13. Aufl. 2018, § 245 Rn. 19; MüKoAktG/*Kubis* Rn. 44; wohl auch Kölner Komm AktG/*Noack/Zetzsche* § 245 Rn. 112; aA Kölner Komm AktG/*Noack/Zetzsche* Rn. 168.

[183] Großkomm AktG/*Butzke* Rn. 70; MüKoAktG/*Kubis* Rn. 45; enger Kölner Komm AktG/*Noack/Zetzsche* Rn. 170, die eine Anfechtungsbefugnis allein in (regelmäßig nicht einschlägigen) Fällen des § 245 Nr. 5 bejahen wollen.

(§ 93 Abs. 2).[184] Ein ersatzfähiger Schaden kann der Gesellschaft insbesondere aufgrund einer erfolgreichen Beschlussanfechtung entstehen. Eine Außenhaftung der Vorstandsmitglieder gegenüber Aktionären oder Aufsichtsratsmitgliedern kommt nur unter den engen Voraussetzungen des § 826 BGB in Betracht. Im Übrigen scheidet eine Außenhaftung aus, da es sich bei den Mitteilungspflichten nicht um eigene Pflichten der Vorstandsmitglieder, sondern um Pflichten der Gesellschaft handelt.[185] Bei Verstößen gegen § 125 Abs. 2–4 (nicht dagegen bei Verstößen gegen § 125 Abs. 1) kann eine Schadensersatzpflicht der **Gesellschaft** gegenüber den Aktionären bzw. Aufsichtsratsmitgliedern bestehen.[186] Allerdings dürfte in diesen Fällen zumeist die Darlegung eines kausalen Schadens nicht gelingen, so dass in der Praxis kaum mit einer erfolgreichen Inanspruchnahme der Gesellschaft zu rechnen ist.

3. Leistungsklage. Die nach § 125 Abs. 1 bis 4 Empfangsberechtigten können ihren Mitteilungsanspruch im Wege der Leistungsklage geltend machen.[187] Die Leistungsklage ist gegenüber einer Anfechtungsklage nicht subsidiär.[188] In den Fällen des § 125 Abs. 4 wird allerdings kaum ein Aktionär oder Aufsichtsratsmitglied die Erhebung einer Leistungsklage ernsthaft in Erwägung ziehen, da es mit wesentlich weniger Aufwand verbunden ist, die notarielle Niederschrift im Handelsregister einzusehen. Auch in den Fällen des § 125 Abs. 2–3 scheidet eine Leistungsklage in der Praxis regelmäßig aus, da eine Entscheidung erst nach der Hauptversammlung und damit erst nach Erledigung der Hauptsache zu erwarten wäre. Aus diesem Grund wird man trotz der damit verbundenen Vorwegnahme der Hauptsache eine Durchsetzung des Mitteilungsanspruchs im Wege der **einstweiligen Verfügung** (§§ 935, 940 ZPO) zulassen müssen.[189] Eine **Feststellungsklage** ist wegen Vorrangs der Leistungsklage unzulässig.[190]

45

§ 126 Anträge von Aktionären

(1) ¹Anträge von Aktionären einschließlich des Namens des Aktionärs, der Begründung und einer etwaigen Stellungnahme der Verwaltung sind den in § 125 Abs. 1–3 genannten Berechtigten unter den dortigen Voraussetzungen zugänglich zu machen, wenn der Aktionär mindestens 14 Tage vor der Versammlung der Gesellschaft einen Gegenantrag gegen einen Vorschlag von Vorstand und Aufsichtsrat zu einem bestimmten Punkt der Tagesordnung mit Begründung an die in der Einberufung hierfür mitgeteilte Adresse übersandt hat. ²Der Tag des Zugangs ist nicht mitzurechnen. ³Bei börsennotierten Gesellschaften hat das Zugänglichmachen über die Internetseite der Gesellschaft zu erfolgen. ⁴§ 125 Abs. 3 gilt entsprechend.

(2) ¹Ein Gegenantrag und dessen Begründung brauchen nicht zugänglich gemacht zu werden,
1. soweit sich der Vorstand durch das Zugänglichmachen strafbar machen würde,
2. wenn der Gegenantrag zu einem gesetz- oder satzungswidrigen Beschluß der Hauptversammlung führen würde,
3. wenn die Begründung in wesentlichen Punkten offensichtlich falsche oder irreführende Angaben oder wenn sie Beleidigungen enthält,
4. wenn ein auf denselben Sachverhalt gestützter Gegenantrag des Aktionärs bereits zu einer Hauptversammlung der Gesellschaft nach § 125 zugänglich gemacht worden ist,

---

[184] Bürgers/Körber/*Reger* Rn. 18; GHEK/*Eckardt* Rn. 75; Grigoleit/*Herrler* Rn. 21; Großkomm AktG/*Butzke* Rn. 73; Hölters/*Drinhausen* Rn. 16; Hüffer/Koch/*Koch*, 13. Aufl. 2018, Rn. 19; Kölner Komm AktG/*Noack/Zetzsche* Rn. 173, 190; MüKoAktG/*Kubis* Rn. 47.
[185] OLG Frankfurt a.M. WM 1975, 336 (339); Bürgers/Körber/*Reger* Rn. 18; GHEK/*Eckardt* Rn. 76; Großkomm AktG/*Butzke* Rn. 73; Hölters/*Drinhausen* Rn. 16; Kölner Komm AktG/*Noack/Zetzsche* Rn. 175; MüKoAktG/*Kubis* Rn. 47.
[186] Bürgers/Körber/*Reger* Rn. 18; Großkomm AktG/*Butzke* Rn. 73; Hölters/*Drinhausen* Rn. 16; Kölner Komm AktG/*Noack/Zetzsche* Rn. 171; MüKoAktG/*Kubis* Rn. 46.
[187] Bürgers/Körber/*Reger* Rn. 19; GHEK/*Eckardt* Rn. 78; Großkomm AktG/*Butzke* Rn. 74; Hölters/*Drinhausen* Rn. 17; Hüffer/Koch/*Koch*, 13. Aufl. 2018, Rn. 19; Kölner Komm AktG/*Noack/Zetzsche* Rn. 176; MüKoAktG/*Kubis* Rn. 48; NK-AktR/*M. Müller* Rn. 35; s. auch OLG Frankfurt a.M. WM 1975, 336 (337 f.).
[188] Bürgers/Körber/*Reger* Rn. 19; MüKoAktG/*Kubis* Rn. 48; s. auch OLG Frankfurt a.M. WM 1975, 336 (337 f.).
[189] OLG Frankfurt a.M. WM 1975, 336 (337 f.); Bürgers/Körber/*Reger* Rn. 19; Hölters/*Drinhausen* R. 17; GHEK/*Eckardt* Rn. 78; Grigoleit/*Herrler* Rn. 21; Großkomm AktG/*Butzke* Rn. 74; MüKoAktG/*Kubis* Rn. 48; NK-AktR/*M. Müller* Rn. 35; aA Kölner Komm AktG/*Noack/Zetzsche* Rn. 176.
[190] Bürgers/Körber/*Reger* Rn. 19; Hölters/*Drinhausen* Rn. 17; Kölner Komm AktG/*Noack/Zetzsche* Rn. 177; MüKoAktG/*Kubis* Rn. 49.

§ 126

5. wenn derselbe Gegenantrag des Aktionärs mit wesentlich gleicher Begründung in den letzten fünf Jahren bereits zu mindestens zwei Hauptversammlungen der Gesellschaft nach § 125 zugänglich gemacht worden ist und in der Hauptversammlung weniger als der zwanzigste Teil des vertretenen Grundkapitals für ihn gestimmt hat,
6. wenn der Aktionär zu erkennen gibt, daß er an der Hauptversammlung nicht teilnehmen und sich nicht vertreten lassen wird, oder
7. wenn der Aktionär in den letzten zwei Jahren in zwei Hauptversammlungen einen von ihm mitgeteilten Gegenantrag nicht gestellt hat oder nicht hat stellen lassen.
²Die Begründung braucht nicht zugänglich gemacht zu werden, wenn sie insgesamt mehr als 5 000 Zeichen beträgt.

(3) Stellen mehrere Aktionäre zu demselben Gegenstand der Beschlußfassung Gegenanträge, so kann der Vorstand die Gegenanträge und ihre Begründungen zusammenfassen.

Schrifttum: *Arnold/Baumanns,* Die Berechnung der Frist für die Einreichung von Gegenanträgen nach § 126 Abs. 1 AktG – Rückwärts- oder Vorwärtsberechnung?, AG-Report 2004, 493; *Boetius,* Problematische Mitteilungspflichten (§§ 125, 126 AktG), DB 1968, 1845; *Ek,* Einreichung von Gegenanträgen für die Hauptversammlung bei Außenstellen von Aktiengesellschaften, NZG 2002, 664; *Höreth,* Umgang mit skurrilen HV-Gegenanträgen – Zugänglichmachung ja oder nein? AG-Report 2011, 116; *Hohner,* Zur Mitteilungspflicht von Aktionärsanträgen, DB 1979, 79; *Lehmann,* Die groben und feinen Maschen des § 126 AktG, FS Quack, 1991, 287; *Miettinen/Rothbächer,* Verschärfte Probleme bei der Berechnung der Gegenantragsfrist nach dem ARUG, BB 2008, 2084; *Mimberg,* Schranken der Vorbereitung und Durchführung der Hauptversammlung im Internet – die Rechtslage nach dem Inkrafttreten von NaStraG, Formvorschriften-AnpassungsG und TransPuG, ZGR 2003, 21; *Mutter,* Gegenanträge – Was sind 5000 Zeichen?, ZIP 2002, 1759; *Mutter,* Änderungen bei der Durchführung von Hauptversammlungen durch das TransPuG, AG-Report 2003, 34; *Mutter,* Zum Umgang mit Gegenanträgen, die auf eine Homepage verweisen, AG-Report 2003, 372; *Noack,* Neuerungen im Recht der Hauptversammlung durch das Transparenz- und Publizitätsgesetz und den Deutschen Corporate Governance Kodex, DB 2002, 620; *Noack,* Das neue Recht der Gegenanträge nach § 126 AktG, BB 2003, 1393; *Noack,* Hauptversammlung der Aktiengesellschaft und moderne Kommunikationstechnik – aktuelle Bestandsaufnahme und Ausblick, NZG 2003, 241; *Pentz,* Nochmals: Gegenanträge – Was sind 5000 Zeichen?, ZIP 2003, 1925; *Prigge,* Ablauf der Wochenfrist des § 126 Abs. 1 AktG bei Gegenanträgen des Aktionärs, ZIP 1998, 1866; *Sasse,* § 126 AktG – Rechtsunsicherheiten bei der Behandlung von Gegenanträgen, NZG 2004, 153; *Schreib,* Gegenanträge (§§ 125, 126 AktG), Wertpapier 1967, 10; *Stehle,* Zur Behandlung von Gegenanträgen, die einen Verweis auf die Homepage des opponierenden Aktionärs enthalten, ZIP 2003, 980; *Sünner,* Die Einberufung der Hauptversammlung und die Zugänglichmachung von Gegenanträgen nach dem Entwurf des Transparenz- und Publizitätsgesetzes, AG 2002, 1.

Übersicht

	Rn.		Rn.
I. Überblick	1–4	**III. Ausnahmen von der Publizitätspflicht (Abs. 2)**	26–42
1. Normzweck	1–2a	1. Allgemeines	26–27a
2. Entstehungsgeschichte	3, 3a	2. Strafbarkeit des Vorstands (Abs. 2 S. 1 Nr. 1)	28
3. Rechtstatsachen	4	3. Gesetz- oder satzungswidriger Beschluss (Abs. 2 S. 1 Nr. 2)	29, 30
II. Voraussetzungen und Inhalt der Publizitätspflicht (Abs. 1)	5–25	4. Falsche oder irreführende Angaben, Beleidigungen (Abs. 2 S. 1 Nr. 3)	31–34
1. Aktionärseigenschaft	5–7	5. Auf denselben Sachverhalt gestützter Gegenantrag (Abs. 2 S. 1 Nr. 4)	35, 36
2. Gegenantrag	8–10	6. Wiederholung erfolgloser Gegenanträge (Abs. 2 S. 1 Nr. 5)	37, 38
3. Begründung	11–12	7. Fehlende Teilnahmeabsicht (Abs. 2 S. 1 Nr. 6)	39
4. Name des Aktionärs	13	8. Unterlassene Antragstellung (Abs. 2 S. 1 Nr. 7)	40
5. Form des Gegenantrags	14–17	9. Überlange Begründung (Abs. 2 S. 2)	41, 42
a) Übersenden	14	**IV. Zusammenfassung von Gegenanträgen (Abs. 3)**	43, 44
b) Mitgeteilte Adresse	15, 16		
c) Sprache	17		
6. Frist	18		
7. Zugänglichmachen	19–24		
a) Form	19–21		
b) Adressatenkreis	22–22b		
c) Inhalt	23		
d) Zeitpunkt	24	**V. Rechtsfolgen von Verstößen**	45
8. Rücknahme der Ankündigung	25		

I. Überblick

1. Normzweck. § 126 ergänzt § 125 und regelt die **Publizitätspflicht** der Gesellschaft im Hinblick auf Gegenanträge von Aktionären. Zweck ist die frühzeitige Information der Aktionäre über eine beabsichtigte Opposition gegen die nach § 124 Abs. 3 S. 1 bekanntgemachten Beschlussvorschläge der Verwaltung.[1] Anders als die Mitteilungen nach § 125 Abs. 1 sind Gegenanträge seit der Umgestaltung von § 126 durch Art. 1 Nr. 13 TransPuG nicht mehr an die Kreditinstituten zu übermitteln, sondern nur noch zugänglich zu machen. Voraussetzung ist, dass sie mindestens 14 Tage vor der Hauptversammlung übersandt worden sind. Durch die Änderung der Publizitätsform wollte der Gesetzgeber die Gesellschaften sowohl im Hinblick auf die Kosten als auch im Hinblick auf die Anfechtungsrisiken infolge einer fehlerhaften Übermittlung entlasten.[2] Die Publizitätspflicht wird begrenzt durch **§ 126 Abs. 2**, **§ 126 Abs. 3** gestattet eine Zusammenfassung mehrerer Gegenanträge verbunden soll.[3] § 126 Abs. 2, der ein zugänglichmachen unzulässiger oder rechtsmissbräuchlicher Gegenanträge zu demselben Gegenstand. Die Regelung war aus Kostengründen sinnvoll, solange Gegenanträge noch zusammen mit den Mitteilungen nach § 125 Abs. 1 übermittelt werden mussten.[4] Seitdem Gegenanträge nur noch zugänglich gemacht werden müssen, ist sie weitgehend überflüssig.[5] Eine Funktion kann allenfalls noch darin gesehen werden, dass sie den Informationsumfang reduziert und vor der Aktionären dadurch die Vorbereitung auf die Hauptversammlung erleichtert. Die Praxis macht von der Möglichkeit des § 126 Abs. 3 aber regelmäßig keinen Gebrauch.[6]

§ 126 ist **abschließend** und grundsätzlich **zwingend**, so dass die Satzung keine Verschärfungen 2 vorsehen kann.[7] Satzungsmäßige Erleichterungen zugunsten der opponierenden Aktionäre wird man hingegen zulassen können.[8] Die Regelung des § 126 schließt nicht aus, dass in der Hauptversammlung auch unangekündigte Gegenanträge gestellt werden können.[9] Andererseits besteht keine Pflicht, Anträge von Aktionären mit der Einberufung der Hauptversammlung zu stellen.[10] Der Aktionär kann einen Gegenantrag auch zugänglich gemacht in der Hauptversammlung von Versammlungsleiter nur behandelt abweichenden.[10] Auch zugänglich gemachte Gegenanträge müssen von Versammlungsleiter nur behandelt werden, wenn sie in der Hauptversammlung gestellt werden.[11] § 126 gilt sinngemäß auch für Wahlvorschläge von Aktionären (§ 127 Abs. 1 S. 1). Die Publizitätspflicht wird ergänzt durch § 127a, der es Aktionären ermöglicht, im **Aktionärsforum** für ihre Anträge zu werben.

Eine Sonderregelung für **Übernahmesachverhalte** enthält § 16 Abs. 4 S. 7 WpÜG. Danach sind 2a Mitteilungen an die Aktionäre, ein Bericht nach § 186 Abs. 4 S. 2 und fristgerecht eingereichte Anträge von Aktionären allen Aktionären zugänglich und in **Kurzfassung bekannt zu machen**. Die Regelung findet nur Anwendung, wenn bei der Anwendung des § 126 Abs. 4 S. 7 WpÜG sind neben Minder-Abs. 1 unterschritten wird.[12] Anträge von Aktionären iSv § 16 Abs. 4 S. 7 WpÜG sind neben Minderheitsanträgen auch Gegenanträge. Die Regelung weicht dahingehend von § 126 Abs. 1 ab, dass ein Zugänglichmachen von Gegenanträgen nicht nur gegenüber den in § 125 Abs. 1–3 genannten Berechtigten, sondern gegenüber allen Aktionären verlangt wird. Da auch § 126 Abs. 1 ein öffentliches Zugänglichmachen auf der Internetseite der Gesellschaft zulässt (→ Rn. 22), sollten sich hierdurch in der praktischen Ergebnis aber regelmäßig keine Unterschiede ergeben. Eine weitere Abweichung besteht darin, dass nach dem Wortlaut des § 16 Abs. 4 S. 7 WpÜG nicht nur ein Zugänglichmachen der Gegenanträge, sondern zusätzlich die Bekanntmachung einer Kurzfassung erforderlich ist. Hier hat es der Gesetzgeber offenbar versäumt, § 16 Abs. 4 S. 7 WpÜG an die Änderung von § 126 Abs. 1 durch das TransPuG (→ Rn. 3) anzupassen. Da nunmehr nach der allgemeinen Regelung Gegenanträge nicht mehr gem. § 125 mitgeteilt, sondern nur noch zugänglich gemacht werden müssen, wäre es

---

[1] Vgl. GHEK/*Eckardt* Rn. 6; Großkomm AktG/*Butzke* Rn. 1 f.; Hüffer/Koch/*Koch*, 13. Aufl. 2018, Rn. 1; Kölner Komm AktG/*Noack/Zetzsche* Rn. 2; MüKoAktG/*Kubis* Rn. 1; K. Schmidt/Lutter/*Lutter/Ziemons* Rn. 1.
[2] Vgl. BegrRegE BT-Drs. 14/8769, 20.
[3] Vgl. Ausschussbericht bei *Kropff* S. 178.
[4] Vgl. Großkomm AktG/*Butzke* Rn. 3.
[5] Grigoleit/*Herrler* Rn. 1; Großkomm AktG/*Butzke* Rn. 3; K. Schmidt/Lutter/*Ziemons* Rn. 3; *Noack* BB 2003, 1393 (1396).
[6] Vgl. Großkomm AktG/*Butzke* Rn. 85.
[7] Vgl. Bürgers/Körber/*Reger* Rn. 1; Grigoleit/*Herrler* Rn. 2; Hüffer/Koch/*Koch*, 13. Aufl. 2018, Rn. 1; Kölner Komm AktG/*Noack/Zetzsche* Rn. 2; MüKoAktG/*Kubis* Rn. 1; K. Schmidt/Lutter/*Ziemons* Rn. 1.
[8] Hölters/*Drinhausen* Rn. 25; Kölner Komm AktG/*Noack/Zetzsche* Rn. 122; MüKoAktG/*Kubis* Rn. 45.
[9] GHEK/*Eckardt* Rn. 1; Hölters/*Drinhausen* Rn. 1.
[10] BegrRegE 14/8769 S. 20; Grigoleit/*Herrler* Rn. 2; Großkomm AktG/*Butzke* Rn. 91 f.; *Schlitt* in Semler/Volhard/Reichert HV-HdB § 4 Rn. 305; teilw. abw. offenbar Kölner Komm AktG/*Noack/Zetzsche* Rn. 123.
[11] BegrRegE 14/8769 S. 20; Grigoleit/*Herrler* Rn. 2; Großkomm AktG/*Butzke* Rn. 91 f.; *Schlitt* in Semler/Volhard/Reichert HV-HdB § 4 Rn. 305; teilw. abw. offenbar Kölner Komm AktG/*Noack/Zetzsche* Rn. 123.
[12] Assmann/Pötzsch/U.H. Schneider/*Seiler* WpÜG § 16 Rn. 72; Baums/Thoma/Merkener/*Sußmann* WpÜG § 16 Rn. 105 f.; Kölner Komm WpÜG/*Hasselbach* § 16 Rn. 88.

§ 126 3–5 Erstes Buch. Aktiengesellschaft

widersinnig, gerade in dem auf Beschleunigung angelegten Fall des § 16 Abs. 4 WpÜG eine zusätzliche Pflicht zur Bekanntmachung einer Kurzfassung anzunehmen. § 16 Abs. 4 S. 7 WpÜG sollte daher vor dem Hintergrund des TransPuG einschränkend ausgelegt werden, so dass sich das Zugänglichmachen von Gegenanträgen auch in einer Übernahmesituation nach den allgemeinen Regeln des § 126 richtet.[13] Dies gilt auch in den Fällen, in denen die entsprechende Anwendung von § 16 Abs. 4 WpÜG angeordnet wird (vgl. § 33b Abs. 4 WpÜG, § 7 Abs. 1 S. 1 FMStBG, § 125 Abs. 2 S. 1 SAG).

3 **2. Entstehungsgeschichte.** § 126 hat keinen Vorläufer im AktG 1937. § 126 Abs. 1 und 2 wurden geändert durch Art. 1 Nr. 16 **TransPuG**. Seitdem sind Gegenanträge nicht mehr den Kreditinstituten zu übermitteln, sondern nach noch den in § 125 Abs. 1–3 genannten Berechtigten zugänglich zu machen. Zudem wurde die Übersendungsfrist von einer Woche nach der Einberufungsbekanntmachung auf zwei Wochen vor der Hauptversammlung verlängert. In § 126 Abs. 2 S. 2 wurde die vormalige Grenze von 100 Worten durch die aktuelle Grenze von 5000 Zeichen ersetzt. § 126 Abs. 1 wurde durch Art. 1 Nr. 15 **ARUG** geringfügig modifiziert, indem in Satz 1 die ursprüngliche Zweiwochenfrist durch eine Frist von mindestens 14 Tagen ersetzt und die Sätze 2 und 3 eingefügt wurden. In Satz 3 ist in Umsetzung von Art. 5 Abs. 4 S. 1 lit. d **Aktionärsrechte-RL**[14] nunmehr vorgesehen, dass bei börsennotierten Gesellschaften das Zugänglichmachen der Gegenanträge über die Internetseite der Gesellschaft zu erfolgen hat.

3a Art. 5 Abs. 4 S. 1 lit. d Aktionärsrechte-RL sieht vor, dass von Aktionären eingebrachte Beschlussvorlagen auf der Internetseite so bald wie möglich nach ihrem Eingang hinzuzufügen sind. Gem. Art. 6 Abs. 1 lit. b Aktionärsrechte-RL sollen Aktionäre das Recht haben, Beschlussvorlagen zu Punkten einzubringen, die bereits auf der Tagesordnung stehen oder ergänzend auf sie aufgenommen wurden. Dabei können die Mitgliedstaaten gem. Art. 6 Abs. 3 S. 2 Aktionärsrechte-RL einen Stichtag für die Ausübung dieses Rechts festsetzen. Ob § 126 mit den durch das ARUG vorgenommenen Änderungen sämtlichen Vorgaben der Aktionärsrechterichtlinie genügt, ist zweifelhaft. In der Literatur wird daher zu diversen Einzelregelungen des § 126 eine richtlinienkonforme Auslegung vertreten (→ Rn. 9a, 11a, 22a, 27a, 43).

4 **3. Rechtstatsachen.** § 126 hat insbesondere bei größeren Publikumsgesellschaften eine nicht unerhebliche praktische Bedeutung, da hier eine Berücksichtigung abweichender Ansichten von Aktionären bei der Formulierung der Verwaltungsvorschläge nur begrenzt möglich ist. Häufig stammen Gegenanträge von Kleinaktionären. Zugänglich zu machen sind nur Anträge von Aktionären. Der Antragsteller muss daher im **Zeitpunkt des Antragseingangs** bei der Gesellschaft Aktionär sein oder gem. § 67 Abs. 2 als Aktionär gelten.[16] Mehrere Aktionäre können gemeinsam einen Gegenantrag stellen.[17] Zur Stellung von Gegenanträgen sind auch Aktionäre berechtigt, die zugleich dem Vorstand oder Aufsichtsrat der Gesellschaft angehören, wobei sich im Einzelfall Einschränkungen aus der Treuepflicht ergeben können.[18] Die Zahl der gehaltenen Aktien und der Zeitpunkt des Aktienerwerbs spielen für die Antragsberechtigung keine Rolle.[19] Die Stimmberechtigung spielt

II. Voraussetzungen und Inhalt der Publizitätspflicht (Abs. 1)

5 **1. Aktionärseigenschaft.** Die Gesellschaft ist gem. § 126 Abs. 1 verpflichtet, fristgerecht eingegangene Aktionärsanträge den in § 125 Abs. 1–3 genannten Berechtigten unter den dortigen Voraussetzungen zugänglich zu machen. Zugänglich zu machen sind nur Anträge von Aktionären. Der Antragsteller muss daher im **Zeitpunkt des Antragseingangs** bei der Gesellschaft Aktionär sein oder gem. § 67 Abs. 2 als Aktionär gelten.

---

[13] Grigoleit/*Herrler* Rn. 2; Großkomm AktG/*Butzke* Rn. 6; Kölner Komm WpÜG/*Hasselbach* § 16 Rn. 94; MüKoAktG/*Kubis* Rn. 47; *Noack* BB 2003, 1393 (1396); aA Assmann/Pötzsch/U.H. Schneider/*Seiler* WpÜG § 16 Rn. 73; s. auch Baums/Thoma/Merkner/*Sustmann* WpÜG § 16 Rn. 108: Bekanntmachungspflicht, soweit eine Kurzfassung sinnvollerweise und mit Rücksicht auf den Aktionär erstellt werden kann.
[14] RL 2007/36/EG des Europäischen Parlaments und des Rates v. 11.7.2007 über die Ausübung bestimmter Rechte von Aktionären in börsennotierten Gesellschaften, ABl. EU 2007 Nr. L 184, 17.
[15] Großkomm AktG/*Butzke* Rn. 7; MüKoAktG/*Kubis* Rn. 2; *A. Horn* AG 1969, 370 (372); *Lehmann* FS Quack, 1991, 287 f.
[16] Bürgers/Körber/*Reger* Rn. 3; Grigoleit/*Herrler* Rn. 4; Großkomm AktG/*Butzke* Rn. 9; MüKoAktG/*Kubis* Rn. 4; K. Schmidt/Lutter/*Ziemons* Rn. 13; Wacther/*Mayrhofer* Rn. 2.
[17] GHEK/*Eckardt* Rn. 13; *Schlitt* in Semler/Volhard/Reichert HV-HdB § 4 Rn. 305.
[18] Vgl. Großkomm AktG/*Butzke* Rn. 10; restriktiver noch Großkomm AktG/*Werner*, 4. Aufl. 1993, Rn. 9, der ein Antragsrecht von dem Vorstand oder Aufsichtsrat angehörenden Aktionären grundsätzlich verneinen wollte.
[19] GHEK/*Eckardt* Rn. 10; Großkomm AktG/*Butzke* Rn. 9; Hölters/*Drinhausen* Rn. 5; Kölner Komm AktG/*Noack/Zetzsche* Rn. 16; MüKoAktG/*Kubis* Rn. 4.

grundsätzlich ebenfalls keine Rolle, so dass auch Inhaber stimmrechtsloser Vorzugsaktien in den Anwendungsbereich von § 126 Abs. 1 fallen.[20] Auch ein Stimmrechtsausschluss (§ 136 Abs. 1, § 142 Abs. 1) lässt die Antragsberechtigung unberührt.[21] Voraussetzung ist nach vorzugswürdiger Ansicht jedoch, dass der Aktionär **zur Teilnahme an der Hauptversammlung berechtigt** ist.[22] Dies ist insbesondere dann nicht der Fall, wenn der Aktienerwerb bei Inhaberaktien erst nach dem Nachweisstichtag (§ 123 Abs. 4 S. 2) erfolgt ist. Unstreitig kein Antragsrecht besteht, wenn die **Rechte aus den Aktien ruhen** (§ 20 Abs. 7, § 21 Abs. 4, § 71b, § 71d S. 4, § 328 Abs. 1, § 44 WpHG, § 59 WpÜG).[23] Ob man dies aus dem fehlenden Teilnahmerecht ableitet[24] oder schlicht damit begründet, dass auch das Gegenantragsrecht zu den mit der Aktie verbundenen Rechten zählt,[25] spielt im Ergebnis keine Rolle.

Die Ankündigung von publizitätspflichtigen Gegenanträgen kann ebenso wie die Antragstellung durch einen **Bevollmächtigten** erfolgen.[26] Da gem. § 126 Abs. 1 S. 1 die Angabe des Namens erforderlich ist (→ Rn. 13), kommt nur eine **offene Stellvertretung** in Betracht.[27] Dies gilt auch für institutionelle Stimmrechtsvertreter. § 126 Abs. 1 S. 1 wird insoweit nicht durch § 135 Abs. 5 S. 2 überlagert.[28] **Legitimationsaktionäre** können unter Angabe ihres Namens publizitätspflichtige Gegenanträge ankündigen.[29]

Die Gesellschaft kann einen **Nachweis der Aktionärsstellung** verlangen, sofern ihr diese nicht anderweitig bekannt ist (etwa aufgrund der Eintragung im Aktienregister).[30] An die Legitimation dürfen keine überhöhten Anforderungen gestellt werden. Die Legitimation kann durch Vorlage der Aktienurkunden (sofern die Aktien nicht globalverbrieft sind) oder mittels einer zeitnah ausgestellten Bankbescheinigung erfolgen.[31] Der Nachweis der Aktionärsstellung muss nicht zusammen mit dem Gegenantrag übermittelt werden, aber jedenfalls **innerhalb der Frist des § 126 Abs. 1 S. 1** der Gesellschaft zugehen.[32]

2. Gegenantrag. Die Publizitätspflicht setzt einen Gegenantrag voraus. Als Gegenantrag ist jeder Antrag anzusehen, der von einem bekanntgemachten Beschlussvorschlag der Verwaltung inhaltlich abweicht.[33] Erfasst sind auch Beschlussanträge zu Sonderbeschlüssen.[34] Bereits an der **Antragsquali-**

---

[20] Großkomm AktG/*Butzke* Rn. 9; Kölner Komm AktG/*Noack/Zetzsche* Rn. 16.
[21] Bürgers/Körber/*Reger* Rn. 3; Grigoleit/*Herrler* Rn. 4; Großkomm AktG/*Butzke* Rn. 10; Hölters/*Drinhausen* Rn. 5; Kölner Komm AktG/*Noack/Zetzsche* Rn. 16; MüKoAktG/*Kubis* Rn. 4.
[22] Bürgers/Körber/*Reger* Rn. 3; Hölters/*Drinhausen* Rn. 5; Hüffer/Koch/*Koch*, 13. Aufl. 2018, Rn. 2; MüKo-AktG/*Kubis* Rn. 6; Göhmann in Frodermann/Janott AktienR-HdB Kap. 9 Rn. 114; offen Grigoleit/*Herrler* Rn. 4; aA Großkomm AktG/*Butzke* Rn. 10, 79; K. Schmidt/Lutter/*Ziemons* Rn. 15; wohl auch Kölner Komm AktG/*Noack/Zetzsche* Rn. 17.
[23] Bürgers/Körber/*Reger* Rn. 3; Grigoleit/*Herrler* Rn. 4; Großkomm AktG/*Butzke* Rn. 10; Hölters/*Drinhausen* Rn. 5; Kölner Komm AktG/*Noack/Zetzsche* Rn. 17; MüKoAktG/*Kubis* Rn. 6; K. Schmidt/Lutter/*Ziemons* Rn. 13.
[24] So Bürgers/Körber/*Reger* Rn. 3; Hölters/*Drinhausen* Rn. 5; MüKoAktG/*Kubis* Rn. 6; offen Grigoleit/*Herrler* Rn. 4.
[25] So Großkomm AktG/*Butzke* Rn. 10; Kölner Komm AktG/*Noack/Zetzsche* Rn. 17; K. Schmidt/Lutter/*Ziemons* Rn. 15.
[26] AllgA, s. etwa Großkomm AktG/*Butzke* Rn. 11; Hölters/*Drinhausen* Rn. 5; MüKoAktG/*Kubis* Rn. 5; K. Schmidt/Lutter/*Ziemons* Rn. 16; Schlitt in Semler/Volhard/Reichert HV-HdB § 4 Rn. 305.
[27] Großkomm AktG/*Butzke* Rn. 11; Hölters/*Drinhausen* Rn. 5; Kölner Komm AktG/*Noack/Zetzsche* Rn. 19; MüKoAktG/*Kubis* Rn. 4; Schlitt in Semler/Volhard/Reichert HV-HdB § 4 Rn. 305.
[28] Vgl. Großkomm AktG/*Butzke* Rn. 11; Hölters/*Drinhausen* Rn. 5; MüKoAktG/*Kubis* Rn. 5; aA NK-AktR/*M. Müller* Rn. 13; K. Schmidt/Lutter/*Ziemons* Rn. 16, die bei Kreditinstituten und den in § 135 Abs. 8 und 10 genannten Personen, Aktionärsvereinigungen, Instituten und Unternehmen auch verdeckte Stellvertretung zulassen wollen; ebenso noch *Butzke* Die Hauptversammlung der AG Rn. B 151.
[29] Großkomm AktG/*Butzke* Rn. 12; Kölner Komm AktG/*Noack/Zetzsche* Rn. 19; MüKoAktG/*Kubis* Rn. 5.
[30] LG Stuttgart AG 1979, 320; Bürgers/Körber/*Reger* Rn. 4; GHEK/*Eckardt* Rn. 11; Grigoleit/*Herrler* Rn. 4; Großkomm AktG/*Butzke* Rn. 13; Hölters/*Drinhausen* Rn. 5; Kölner Komm AktG/*Noack/Zetzsche* Rn. 18; MüKoAktG/*Kubis* Rn. 7; K. Schmidt/Lutter/*Ziemons* Rn. 14; Lehmann FS Quack, 1991, 287 (288).
[31] Bürgers/Körber/*Reger* Rn. 4; Großkomm AktG/*Butzke* Rn. 13; Kölner Komm AktG/*Noack/Zetzsche* Rn. 18; MüKoAktG/*Kubis* Rn. 7; Lehmann FS Quack, 1991, 287 (288).
[32] Kölner Komm AktG/*Noack/Zetzsche* Rn. 20; MüKoAktG/*Kubis* Rn. 7; K. Schmidt/Lutter/*Ziemons* Rn. 14; teilw. anders (zu § 126 Abs. 1 aF) GHEK/*Eckardt* Rn. 11; Lehmann FS Quack, 1991, 287 (288); s. auch Großkomm AktG/*Butzke* Rn. 13: Erbringung des Nachweises könne auch noch nach Fristablauf erfolgen (innerhalb der dem Vorstand zustehenden Prüfungsfrist), wenn die Gesellschaft die Anforderungen an den Nachweis nicht in der Einberufung bekanntgegeben habe.
[33] Bürgers/Körber/*Reger* Rn. 5; GHEK/*Eckardt* Rn. 14; Großkomm AktG/*Butzke* Rn. 14; Hüffer/Koch/*Koch*, 13. Aufl. 2018, Rn. 2; MüKoAktG/*Kubis* Rn. 9.
[34] Vgl. zu Sonderbeschlüssen im Rahmen von Sonderversammlungen Kölner Komm AktG/*Noack/Zetzsche* Rn. 30.

tät fehlt es bei reinen Unmutsäußerungen und bloßen Ankündigungen, gegen einen Beschlussvorschlag der Verwaltung stimmen zu wollen.³⁵ Hiervon abzugrenzen ist ein Antrag, der sich in der bloßen **Ablehnung eines Verwaltungsvorschlags** erschöpft. Nach zutreffender hM handelt es sich auch insoweit um einen Gegenantrag iSv § 126 Abs. 1 S. 1.³⁶ Dies gilt auch in Fällen, in denen das Gesetz eine Sachentscheidung zwingend vorschreibt (insbesondere Entlastung und Gewinnverwendung, § 120 Abs. 1 S. 1, § 174 Abs. 1 S. 1), sofern der Antrag nicht auf gänzliches Unterlassen der Beschlussfassung gerichtet ist.³⁷ Auch in diesen Fällen ist dem Aktionär an der Herbeiführung einer abweichenden Sachentscheidung gelegen, so dass kein Grund für eine Nichtberücksichtigung besteht, zumal das Zugänglichmachen für die Gesellschaft idR keinen größeren Aufwand bedeutet. Die Publizitätspflicht setzt nicht voraus, dass der Gegenantrag juristisch präzise ausformuliert ist.³⁸ Allerdings dürfte es nicht ausreichen, wenn ein Aktionär zu einem Beschlussvorschlag der Verwaltung nur „Opposition anmeldet".³⁹

9 Gegenanträge müssen sich auf bestimmte Verwaltungsvorschläge und damit auf **bestimmte Tagesordnungspunkte** (ggf. auch mehrere) beziehen.⁴⁰ Da die Verwaltungsvorschläge erst mit Einberufung der Hauptversammlung zu machen sind (§ 124 Abs. 3 S. 1), besteht für bereits **vor der Einberufung übermittelte Gegenanträge** keine Publizitätspflicht.⁴¹ Fehlt es trotz einer entsprechenden Vorschlagspflicht an einem Verwaltungsvorschlag, sind Anträge von Aktionären unter den weiteren Voraussetzungen von § 126 Abs. 1 S. 1 zugänglich zu machen.⁴² Das Versäumnis der Verwaltung darf in diesem Fall nicht zu Lasten der Aktionäre gehen.

9a Umstritten ist, ob Anträge von Aktionären zugänglich gemacht werden müssen, wenn zu einem Tagesordnungspunkt **keine Verwaltungsvorschläge erforderlich** sind. Dies betrifft insbesondere Tagesordnungspunkte, die auf ein **Minderheitsverlangen nach § 122 AktG** zurückgehen. Einigkeit besteht noch dahingehend, dass Anträge von Aktionären jedenfalls dann zugänglich zu machen sind, wenn die Verwaltung freiwillig Beschlussvorschläge unterbreitet.⁴³ Demgegenüber verneint die bislang hM eine Pflicht zur Zugänglichmachung, wenn die Verwaltung auf die (freiwillige) Unterbreitung von Beschlussvorschlägen verzichtet.⁴⁴ Gegen eine solche Pflicht spricht der insoweit eindeutige Gesetzeswortlaut von § 126 Abs. 1 S. 1, wonach ein „Gegenantrag gegen einen Vorschlag von Vorstand und Aufsichtsrat" zu übersenden ist. Bei börsennotierten Gesellschaften ist eine solche Einschränkung allerdings nicht mit Art. 5 Abs. 4 S. 1 lit. d Aktionärsrechte-RL und Art. 6 Abs. 1 lit. b Aktionärsrechte-RL⁴⁵ vereinbar. Gem. Art. 5 Abs. 4 S. 1 lit. d Aktionärsrechte-RL sind von

---

³⁵ Bürgers/Körber/*Reger* Rn. 6; GHEK/*Eckardt* Rn. 21; Grigoleit/*Herrler* Rn. 5; Hölters/*Drinhausen* Rn. 6; Hüffer/Koch/*Koch*, 13. Aufl. 2018, Rn. 2; Kölner Komm AktG/*Noack/Zetzsche* Rn. 27; MüKoAktG/*Kubis* Rn. 8; *Butzke* Die Hauptversammlung der AG Rn. B 153; *Schlitt* in Semler/Volhard/Reichert HV-HdB § 4 Rn. 306.

³⁶ Bürgers/Körber/*Reger* Rn. 7; Grigoleit/*Herrler* Rn. 5; Großkomm AktG/*Butzke* Rn. 18; MüKoAktG/*Kubis* Rn. 14; MHdB AG/*Bungert* § 36 Rn. 99; *Schlitt* in Semler/Volhard/Reichert HV-HdB § 4 Rn. 307; aA Kölner Komm AktG/*Noack/Zetzsche* Rn. 23; K. Schmidt/Lutter/*Ziemons* Rn. 7; Wachter/*Mayrhofer* Rn. 3; für den Fall, dass eine Beschlussfassung gesetzlich vorgeschrieben ist auch GHEK/*Eckardt* Rn. 19.

³⁷ Bürgers/Körber/*Reger* Rn. 7; Großkomm AktG/*Butzke* Rn. 18; MüKoAktG/*Kubis* Rn. 14; aA GHEK/*Eckardt* Rn. 19; die Gegenantragsqualität bei bloßer Negierung des Verwaltungsvorschlags generell ablehnend K. Schmidt/Lutter/*Ziemons* Rn. 7 (unter Hinweis auf Art. 6 Abs. 1 S. 1 lit. b Aktionärsrechte-RL, der von „Beschlussvorlagen" spricht).

³⁸ Vgl. Grigoleit/*Herrler* Rn. 6; Großkomm AktG/*Butzke* Rn. 18, 27; Hölters/*Drinhausen* Rn. 6; Hüffer/Koch/*Koch*, 13. Aufl. 2018, Rn. 2; MüKoAktG/*Kubis* Rn. 8; aA K. Schmidt/Lutter/*Ziemons* Rn. 7, die einen ausformulierten Antrag verlangt, der nach allenfalls leichter sprachlicher Überarbeitung zur Abstimmung gestellt werden kann.

³⁹ K. Schmidt/Lutter/*Ziemons* Rn. 7; MHdB AG/*Bungert* § 36 Rn. 99; aA Grigoleit/*Herrler* Rn. 6; Hölters/*Drinhausen* Rn. 6; MüKoAktG/*Kubis* Rn. 8.

⁴⁰ BegrRegE BT-Drs. 14/8769, 20; Grigoleit/*Herrler* Rn. 6; Großkomm AktG/*Butzke* Rn. 14; Hölters/*Drinhausen* Rn. 6; Kölner Komm AktG/*Noack/Zetzsche* Rn. 22; MüKoAktG/*Kubis* Rn. 8; K. Schmidt/Lutter/*Ziemons* Rn. 11; *Schlitt* in Semler/Volhard/Reichert HV-HdB § 4 Rn. 307.

⁴¹ OLG Frankfurt WM 1975, 336 (337); Bürgers/Körber/*Reger* Rn. 6; GHEK/*Eckardt* Rn. 16; Großkomm AktG/*Werner* Rn. 15; Hölters/*Drinhausen* Rn. 6; Kölner Komm AktG/*Noack/Zetzsche* Rn. 43; MüKoAktG/*Kubis* Rn. 11; *Butzke* Die Hauptversammlung der AG Rn. B 152; *Schlitt* in Semler/Volhard/Reichert HV-HdB § 4 Rn. 308; *Hohner* DB 1979, 79.

⁴² Bürgers/Körber/*Reger* Rn. 6; Großkomm AktG/*Butzke* Rn. 16; Hölters/*Drinhausen* Rn. 6; Kölner Komm AktG/*Noack/Zetzsche* Rn. 27; MüKoAktG/*Kubis* Rn. 10; *Butzke* Die Hauptversammlung der AG Rn. B 152.

⁴³ Großkomm AktG/*Butzke* Rn. 16; Hölters/*Drinhausen* Rn. 6; MüKoAktG/*Kubis* Rn. 10.

⁴⁴ GHEK/*Eckardt* Rn. 23; Großkomm AktG/*Butzke* Rn. 14; Hölters/*Drinhausen* Rn. 6; MüKoAktG/*Kubis* Rn. 10; *Butzke* Die Hauptversammlung der AG Rn. B 152.

⁴⁵ RL 2007/36/EG des Europäischen Parlaments und des Rates v. 11.7.2007 über die Ausübung bestimmter Rechte von Aktionären in börsennotierten Gesellschaften, ABl. EU 2007 Nr. L 184, 17.

Aktionären eingebrachte Beschlussvorlagen auf der Internetseite so bald wie möglich nach ihrem Eingang hinzuzufügen. Art. 6 Abs. 1 lit. b Aktionärsrechte-RL beschränkt derartige Beschlussvorlagen nicht auf Tagesordnungspunkte, zu denen Verwaltungsvorschläge erforderlich sind oder freiwillig unterbreitet werden. Vielmehr sollen Aktionäre das Recht haben, Beschlussvorlagen auch zu Punkten einzubringen, die ergänzend auf die Tagesordnung aufgenommen wurden. Dementsprechend wird in der Literatur zunehmend eine **richtlinienkonforme Auslegung** von § 126 Abs. 1 S. 1 vertreten und eine Pflicht zur Zugänglichmachung auch dann bejaht, wenn die Verwaltung zu Tagesordnungspunkten eines Minderheitsverlangens nach § 122 keine Beschlussvorschläge unterbreitet.[46] Dennoch erscheint es angesichts des entgegenstehenden Wortlauts von § 126 Abs. 1 S. 1 zweifelhaft, ob eine richtlinienkonforme Auslegung hier möglich ist.[47] Der BGH verfährt bei der richtlinienkonformen Auslegung zwar recht großzügig und lässt grundsätzlich auch eine teleologische Reduktion zu.[48] Voraussetzung für eine teleologische Reduktion ist jedoch eine verdeckte Regelungslücke im Sinne einer planwidrigen Unvollständigkeit des Gesetzes.[49] Das Gesetz muss also, gemessen an seiner eigenen Regelungsabsicht, unvollständig sein.[50] Dies erscheint im Hinblick auf § 126 Abs. 1 S. 1 zweifelhaft. Die durch das ARUG in § 126 Abs. 1 vorgenommenen Änderungen beschränken sich auf die Zugangsfrist und die Form des Zugänglichmachens (→ Rn. 3). Die Frage, ob die Beschränkung auf Gegenanträge gegen einen Verwaltungsvorschlag mit Art. 5 Abs. 4 S. 1 lit. d und Art. 6 Abs. 1 lit. b Aktionärsrechte-RL vereinbar ist, wurde vom Gesetzgeber offenbar übersehen, so dass ihm keine dahingehende Regelungsabsicht unterstellt werden kann. Der Gesetzgeber sollte hier für Klarheit sorgen und § 126 Abs. 1 S. 1 an die Anforderungen der Aktionärsrechterichtlinie anpassen. Die Anpassung sollte auch **nicht börsennotierte Gesellschaften** einbeziehen. Jedenfalls bis dahin muss es de lege lata entsprechend dem eindeutigen Wortlaut der Norm dabei bleiben, dass Anträge von Aktionären nur dann zugänglich zu machen sind, wenn es sich um Gegenanträge gegen Verwaltungsvorschläge handelt.[51] Eine richtlinienkonforme Auslegung von § 126 Abs. 1 S. 1 scheidet insoweit aus, da die Aktionärsrechterichtlinie nur für börsennotierte Gesellschaften gilt.

Der Gegenantrag muss dem betreffenden **Verwaltungsvorschlag inhaltlich widersprechen**. Ist nur der Aufsichtsrat verpflichtet, einen Beschlussvorschlag zu machen, muss sich der Widerspruch gegen diesen Vorschlag richten.[52] Die entsprechenden Fälle fallen aber regelmäßig unter § 127 (Wahl von Aufsichtsratsmitgliedern und Prüfern, § 124 Abs. 3 S. 1). Kein Gegenantrag iSv § 126 Abs. 1 S. 1 liegt entgegen der wohl hM vor, wenn sich die Beschlussvorschläge von Vorstand und Aufsichtsrat widersprechen und der Aktionär seinen Antrag nur gegen einen dieser Vorschläge richtet (im Einklang mit dem Vorschlag des anderen Organs).[53] Der Aktionär muss nicht zwingend einen abweichenden Sachbeschluss anstreben. Eine sachreichende inhaltliche Abweichung liegt auch bei einem **Antrag auf Absetzung** eines Punkts von der Tagesordnung oder bei einem **Vertagungsantrag** vor.[54] Schreibt das Gesetz eine Sachentscheidung zwingend vor, darf der Antrag aber nicht auf ein gänzliches Unterlassen der Beschlussfassung gerichtet sein (→ Rn. 8). Hat die Verwaltung **Alternativvorschläge** unterbreitet (zur Zulässigkeit → § 124 Rn. 37), genügt die Opposition gegen einen der Vorschläge.[55] Demgegenüber sind alternative oder bedingte Gegenanträge grundsätzlich unzulässig.[56] Zulässig ist

---

[46] Grigoleit/*Herrler* Rn. 6; Hüffer/Koch/*Koch*, 13. Aufl. 2018, Rn. 2; Kölner Komm AktG/*Noack*/*Zetzsche* Rn. 27; K. Schmidt/Lutter/*Ziemons* Rn. 10; offen OLG Düsseldorf AG 2013, 264 (266 f.).
[47] So auch Großkomm AktG/*Butzke* Rn. 17.
[48] S. etwa BGHZ 179, 27 (34 ff.).
[49] BGHZ 179, 27 (35); vgl. auch BGH NJW 2005, 1508 (1510) (zur verfassungskonformen Auslegung).
[50] BGHZ 149, 165 (174).
[51] Ohne Differenzierung zwischen börsennotierten und nicht börsennotierten Gesellschaften aber Grigoleit/*Herrler* Rn. 6; Hüffer/Koch/*Koch*, 13. Aufl. 2018, Rn. 2; Kölner Komm AktG/*Noack*/*Zetzsche* Rn. 27; K. Schmidt/Lutter/*Ziemons* Rn. 10.
[52] Kölner Komm AktG/*Noack*/*Zetzsche* Rn. 27; MüKoAktG/*Kubis* Rn. 12; aA OLG Düsseldorf AG 1968, 19.
[53] So auch Grigoleit/*Herrler* Rn. 6; Hölters/*Drinhausen* Rn. 6; Hüffer/Koch/*Koch*, 13. Aufl. 2018, Rn. 2; Kölner Komm AktG/*Noack*/*Zetzsche* Rn. 24; *Schlitt* in Semler/Volhard/Reichert HV-HdB § 4 Rn. 307; aA Bürgers/Körber/*Reger* Rn. 10; Großkomm AktG/*Butzke* Rn. 19; MüKoAktG/*Kubis* Rn. 12; *Butzke* Die Hauptversammlung der AG Rn. B 152; MHdB AG/*Bungert* § 36 Rn. 99.
[54] Bürgers/Körber/*Reger* Rn. 7; GHEK/*Eckardt* Grigoleit/*Herrler* Rn. 6; Großkomm AktG/*Butzke* Rn. 18; Hölters/*Drinhausen* Rn. 6; Kölner Komm AktG/*Noack*/*Zetzsche* Rn. 25; MüKoAktG/*Kubis* Rn. 13; *Butzke* Die Hauptversammlung der AG Rn. B 153; *Schlitt* in Semler/Volhard/Reichert HV-HdB § 4 Rn. 307; *Noack* BB 2003, 1393.
[55] GHEK/*Eckardt* Rn. 20; MüKoAktG/*Kubis* Rn. 13; *Butzke* Die Hauptversammlung der AG Rn. B 152.
[56] Bürgers/Körber/*Reger* Rn. 7; GHEK/*Eckardt* Rn. 17; Großkomm AktG/*Butzke* Rn. 19; Hölters/*Drinhausen* Rn. 6; Hüffer/Koch/*Koch*, 13. Aufl. 2018, Rn. 7; Kölner Komm AktG/*Noack*/*Zetzsche* Rn. 29; MüKoAktG/*Kubis* Rn. 13; NK-AktR/*M. Müller* Rn. 16; Wachter/*Mayrhofer* Rn. 3; *Butzke* Die Hauptversammlung der AG Rn. B 153; *Schlitt* in Semler/Volhard/Reichert HV-HdB § 4 Rn. 307.

aber die Verbindung eines (Haupt-)Gegenantrags mit einem **Hilfsantrag**.[57] In diesem Fall ist auch der Hilfsantrag zugänglich zu machen.

11   3. Begründung. Nach bislang ganz hM setzt die Publizitätspflicht sowohl bei börsennotierten als auch bei nicht börsennotierten Gesellschaften voraus, dass der Gegenantrag mit einer Begründung versehen ist.[58] Der Gesetzeswortlaut spricht zwar nicht ausdrücklich von einer Begründungspflicht, ergibt aber dennoch zweifelsfrei, dass die Beifügung einer Begründung Voraussetzung für das Bestehen der Publizitätspflicht sein soll. Zum einen verlangt § 126 Abs. 1 S. 1 uneingeschränkt ein Zugänglichmachen „der Begründung", während nur von einer „etwaigen Stellungnahme der Verwaltung" die Rede ist. Zum anderen wird in dem mit „wenn" eingeleiteten hinteren Satzteil ausdrücklich mit einen „Gegenantrag (…) mit Begründung" Bezug genommen. Dass der Gesetzgeber für Gegenanträge eine Begründungspflicht statuieren wollte, ergibt sich schließlich auch aus einem Umkehrschluss zu § 127 S. 2. Durch die Änderung von § 126 Abs. 1 durch das TransPuG hat sich hieran nichts geändert. Auch der Gesetzgeber des TransPuG ging eindeutig vom Fortbestehen der Begründungspflicht aus.[59]

11a   Trotz des Gesetzeswortlauts und der Entstehungsgeschichte des heutigen § 126 Abs. 1 S. 1 sind zumindest für börsennotierte Gesellschaften jüngst Zweifel an dem Begründungserfordernis aufgekommen. In der Literatur wird im Hinblick auf Art. 5 Abs. 4 S. 1 lit. d Aktionärsrechte-RL und Art. 6 Abs. 1 lit. b Aktionärsrechte-RL[60] zunehmend vertreten, dass im Wege der **richtlinienkonformen Auslegung** von § 126 Abs. 1 S. 1 jedenfalls bei börsennotierten Gesellschaften auf ein Begründungserfordernis zu verzichten sei.[61] Dieser Ansicht ist zuzugeben, dass ein Begründungserfordernis mit Art. 5 Abs. 4 S. 1 lit. d und Art. 6 Abs. 1 lit. b Aktionärsrechte-RL nur schwer vereinbar ist.[62] Art. 6 Abs. 1 lit. b Aktionärsrechte-RL spricht nur davon, dass Aktionäre das Recht haben, Beschlussvorlagen zu Punkten einzubringen, die bereits auf der Tagesordnung stehen oder ergänzend auf sie aufgenommen wurden. In Art. 5 Abs. 4 S. 1 lit. d Aktionärsrechte-RL heißt es lediglich, dass von Aktionären eingebrachte Beschlussvorlagen auf der Internetseite so bald wie möglich nach ihrem Eingang hinzuzufügen sind. Diese Regelungen dürften dahingehend zu interpretieren sein, dass die nationalen Gesetzgeber keine zusätzlichen Voraussetzungen aufstellen dürfen, sofern diese nicht in der Aktionärsrechterichtlinie selbst zugelassen sind. Dennoch erscheint es angesichts des entgegenstehenden Wortlauts von § 126 Abs. 1 S. 1 (→ Rn. 11) zweifelhaft, ob eine richtlinienkonforme Auslegung hier möglich ist.[63] Die Erwägungen sind letztlich dieselben wie bei der Frage, ob Anträge von Aktionären nur dann zugänglich gemacht werden müssen, wenn es sich um Gegenanträge zu Verwaltungsvorschlägen handelt (→ Rn. 9a). Auch im Hinblick auf das Begründungserfordernis ist zweifelhaft, ob die für eine teleologische Reduktion erforderliche planwidrige Unvollständigkeit des Gesetzes vorliegt. Die durch das ARUG in § 126 Abs. 1 vorgenommenen Änderungen beschränken sich auf die Zugangsfrist und die Form des Zugänglichmachens (→ Rn. 3). Auch die Frage nach der Vereinbarkeit des Begründungserfordernisses mit Art. 5 Abs. 4 S. 1 lit. d Aktionärsrechte-RL und Art. 6 Abs. 1 lit. b Aktionärsrechte-RL dürfte vom Gesetzgeber übersehen worden sein, so dass ihm keine dahingehende Regelungsabsicht unterstellt werden kann. Der Gesetzgeber sollte auch in diesem Punkt für Klarheit sorgen und § 126 Abs. 1 S. 1 an die Anforderungen der Aktionärsrechterichtlinie anpassen.

11b   Selbst wenn man für börsennotierte Gesellschaften aufgrund richtlinienkonformer Auslegung von § 126 Abs. 1 S. 1 bereits de lege lata auf ein Begründungserfordernis verzichten wollte (→ Rn. 11a), müsste eine solche Einschränkung für **nicht börsennotierte Gesellschaften** entsprechend dem

---

[57] Bürgers/Körber/*Reger* Rn. 7; GHEK/*Eckardt* Rn. 17; Großkomm AktG/*Butzke* Rn. 19; Hölters/*Drinhausen* Rn. 6; Hüffer/Koch/*Koch,* 13. Aufl. 2018, Rn. 7; Kölner Komm AktG/*Noack/Zetzsche* Rn. 29; MüKoAktG/*Kubis* Rn. 13; *Butzke* Die Hauptversammlung der AG Rn. B 153; *Schlitt* in Semler/Volhard/Reichert HV-HdB § 4 Rn. 307.
[58] Vgl. die Nachweise in der Vorauflage; auch weiterhin für Begründungspflicht Bürgers/Körber/*Reger* Rn. 11; Großkomm AktG/*Butzke* Rn. 20 ff.; Hölters/*Drinhausen* Rn. 7; MüKoAktG/*Kubis* Rn. 16; NK-AktR/*M. Müller* Rn. 17; Wachter/*Mayrhofer* Rn. 4; *Butzke* Die Hauptversammlung der AG Rn. B 152.
[59] Vgl. BegrRegE BT-Drs. 14/8769, 20: „Ferner ist dieser auf einen konkreten und im Antrag zu nennenden (‚bestimmten') Tagesordnungspunkt zu beziehen und zu begründen".
[60] RL 2007/36/EG des Europäischen Parlaments und des Rates v. 11.7.2007 über die Ausübung bestimmter Rechte von Aktionären in börsennotierten Gesellschaften, ABl. EU 2007 Nr. L 184, 17.
[61] Grigoleit/*Herrler* Rn. 7; Hüffer/Koch/*Koch,* 13. Aufl. 2018, Rn. 3; Kölner Komm AktG/*Noack/Zetzsche* Rn. 33; K. Schmidt/Lutter/*Ziemons* Rn. 18; *Schlitt* in Semler/Volhard/Reichert HV-HdB § 4 Rn. 310.
[62] S. dagegen aber die beachtlichen Argumente von Großkomm AktG/*Butzke* Rn. 22.
[63] So auch Großkomm AktG/*Butzke* Rn. 22, der überdies in dem Begründungserfordernis auch keinen Verstoß gegen die Vorgaben der Aktionärsrechterichtlinie sieht.

eindeutigen Wortlaut der Norm ausscheiden, da die Aktionärsrechterichtlinie für diese nicht gilt.[64] Anhaltspunkte für eine teleologische Reduktion aus sonstigen Gründen bestehen nicht. Entgegen teilweise geäußerter Befürchtungen dürfte eine abweichende Behandlung von börsennotierten und nicht börsennotierten Gesellschaften auch nicht zu Rechtsunsicherheit führen,[65] da die Börsennotierung ein eindeutiges Abgrenzungskriterium ist. Der Gesetzgeber sollte dennoch erwägen, das Begründungserfordernis im Interesse der Rechtseinheit ganz abzuschaffen.

Hält man (zumindest bei nicht börsennotierten Gesellschaften) eine Begründung weiterhin für erforderlich, muss diese nicht zusammen mit dem Gegenantrag übermittelt werden. Es reicht aus, wenn sie der Gesellschaft **innerhalb der Frist** des § 126 Abs. 1 S. 1 zugeht.[66] Inhaltlich erfordert die Begründung eine **eigenständige Argumentation,** die in der gebotenen Kürze (maximal 5000 Zeichen, § 126 Abs. 2 S. 2) deutlich macht, auf welche Argumente die Opposition gestützt wird.[67] Inhaltsleere Floskeln, Pauschalbehauptungen und bloße Allgemeinplätze sind nicht ausreichend (zB bloßer Hinweis auf das Gesellschaftsinteresse).[68] Aus der in § 126 Abs. 2 S. 2 enthaltenen Begrenzung folgt, dass die Begründung als Text zu erfolgen hat, so dass Grafikelemente (Bilder, Logos, Diagramme etc.) von der Gesellschaft nicht veröffentlicht werden müssen.[69] Ein Hinweis auf eine an anderer Stelle zugängliche Begründung (etwa auf der Internetseite des Aktionärs) kann die Übermittlung einer Begründung nicht ersetzen und muss auch nicht zugänglich gemacht werden.[70] Gleiches gilt für die bloße Bezugnahme auf frühere Begründungen von Gegenanträgen.[71] Genügt die Begründung den formalen Mindestanforderungen, kommt es bis zur Grenze des § 126 Abs. 2 S. 1 Nr. 3 (→ Rn. 31 ff.) nicht darauf an, ob die Ausführungen des Aktionärs stichhaltig oder auch nur schlüssig sind.[72] Die nach § 126 Abs. 1 aF noch zwingend vorgeschriebene Erklärung, in der Hauptversammlung einem Verwaltungsvorschlag widersprechen und die anderen Aktionäre zur Zustimmung zu dem Gegenantrag veranlassen zu wollen, ist seit der Änderung der Norm durch das TransPuG (→ Rn. 3) nicht mehr erforderlich.[73]

4. Name des Aktionärs. Notwendiger Bestandteil des Gegenantrags ist die Angabe des Namens des Aktionärs bzw. des Legitimationsaktionärs. Anonyme Gegenanträge müssen nicht zugänglich gemacht werden.[74] Dies ergibt sich zwar nicht eindeutig aus dem Wortlaut von § 126 Abs. 1 S. 1, ist aber angesichts des Informationsbedarfs der übrigen Aktionäre geboten und auch im Hinblick auf eine Prüfung der Ausschlussgründe gem. § 126 Abs. 2 S. 2 Nr. 5 und 7 erforderlich.[75]

5. Form des Gegenantrags. a) Übersenden. Gem. § 126 Abs. 1 S. 1 müssen der Gegenantrag und die Begründung an die in der Einberufung hierfür mitgeteilte Adresse übersandt werden. Das Übersendungserfordernis schließt einerseits eine mündliche Übermittlung aus, verlangt andererseits aber auch keine Schriftform (wenngleich diese stets ausreichend ist). Der Gegenantrag muss der Gesellschaft so zugehen, dass sie ihn ohne Schwierigkeiten materialisieren und zugänglich machen kann. Hierfür ist zumindest eine Übermittlung in **Textform** (§ 126b BGB) erforderlich, aber auch ausreichend (zB per Telefax, E-Mail etc).[76] Die Gesellschaft kann durch Angabe einer bestimmten Adresse Einfluss auf die Form der Übermittlung nehmen (→ Rn. 15 f.). Trotz des Wortlauts von

---

[64] Anders aber Grigoleit/*Herrler* Rn. 7; Hüffer/Koch/*Koch*, 13. Aufl. 2018, Rn. 3; Kölner Komm AktG/ Noack/Zetzsche Rn. 33; K. Schmidt/Lutter/*Ziemons* Rn. 18, die auf ein Begründungserfordernis ganz verzichten wollen.
[65] So aber K. Schmidt/Lutter/*Ziemons* Rn. 18.
[66] GHEK/*Eckardt* Rn. 26; Großkomm AktG/*Butzke* Rn. 20; MüKoAktG/*Kubis* Rn. 16; MHdB AG/*Bungert* § 36 Rn. 102.
[67] MüKoAktG/*Kubis* Rn. 17; *Sasse* NZG 2004, 153 (154); vgl. auch K. Schmidt/Lutter/*Ziemons* Rn. 17.
[68] Vgl. Bürgers/Körber/*Reger* Rn. 11; Hölters/*Drinhausen* Rn. 7; MüKoAktG/*Kubis* Rn. 17.
[69] Großkomm AktG/*Butzke* Rn. 20; Kölner Komm AktG/Noack/Zetzsche Rn. 35.
[70] Bürgers/Körber/*Reger* Rn. 11; Großkomm AktG/*Butzke* Rn. 20; Hölters/*Drinhausen* Rn. 7; MHdB AG/ *Bungert* § 36 Rn. 101; *Mutter* AG-Report 2003, 372; *Sasse* NZG 2004, 153 (154); *Stehle* ZIP 2003, 980 ff.; aA Kölner Komm AktG/Noack/Zetzsche Rn. 36.
[71] Großkomm AktG/*Butzke* Rn. 20; MüKoAktG/*Kubis* Rn. 17; *Sasse* NZG 2004, 153 (154).
[72] Bürgers/Körber/*Reger* Rn. 11; GHEK/*Eckardt* Rn. 24; MüKoAktG/*Kubis* Rn. 17; MHdB AG/*Bungert* § 36 Rn. 100; vgl. auch K. Schmidt/Lutter/*Ziemons* Rn. 17.
[73] Vgl. BegrRegE BT-Drs. 14/8769, 20.
[74] Kölner Komm AktG/Noack/Zetzsche Rn. 32; MüKoAktG/*Kubis* Rn. 15; MHdB AG/*Bungert* § 36 Rn. 108.
[75] MüKoAktG/*Kubis* Rn. 15.
[76] Grigoleit/*Herrler* Rn. 8; Großkomm AktG/*Butzke* Rn. 23; Hüffer/Koch/*Koch*, 13. Aufl. 2018, Rn. 4; Kölner Komm AktG/Noack/Zetzsche Rn. 47; K. Schmidt/Lutter/*Ziemons* Rn. 19; Wachter/*Mayrhofer* Rn. 5; iE ebenso Bürgers/Körber/*Reger* Rn. 8; Hölters/*Drinhausen* Rn. 8; MüKoAktG/*Kubis* Rn. 19; NK-AktR/*M. Müller* Rn. 22; MHdB AG/*Bungert* § 36 Rn. 108; *Mimberg* ZGR 2003, 21 (33 f.); *Noack* BB 2003, 1393 (1394).

§ 126 Abs. 1 S. 1 („übersandt") ist auch eine persönliche Aushändigung des Gegenantrags (auch durch einen Boten) an eine empfangsberechtigte Person zulässig.[77]

15 **b) Mitgeteilte Adresse.** Die Übersendung muss **an die in der Einberufung hierfür mitgeteilte Adresse** erfolgen. Teilt die Gesellschaft eine Adresse mit, handelt es sich um die ausschließliche Zugangsmöglichkeit.[78] Damit die von der Gesellschaft genannte Adresse eine Konzentration der Zugangsmöglichkeiten bewirkt, muss sie von der Gesellschaft **ausdrücklich** für den Eingang von Gegenanträgen mitgeteilt werden.[79] Es muss sich nicht zwingend um die eigene Adresse handeln. Die Gesellschaft kann auch die Adresse eines Empfangsbevollmächtigten (HV-Dienstleister, Rechtsanwalt etc) angeben.[80]

16 Bei der Adresse muss es sich nicht notwendig um eine postalische Hausanschrift oder ein Postfach handeln. Adresse iSv § 126 Abs. 1 S. 1 kann auch eine **Fax-Nummer** oder **E-Mail-Adresse** sein.[81] Gibt die Gesellschaft nur eine Fax-Nummer oder E-Mail-Adresse an, soll daneben nach wohl hM ein Zugang am Verwaltungssitz (per Post oder durch Aushändigung) zulässig bleiben.[82] Diese Ansicht vermag angesichts der damit verbundenen praktischen Probleme und der dadurch entstehenden Rechtsunsicherheit nicht zu überzeugen.[83] Wird keine Fax-Nummer oder E-Mail-Adresse angegeben, können Gegenanträge nicht an eine allgemeine Fax-Nummer oder E-Mail-Adresse übermittelt werden.[84] Bei der Mitteilung einer Adresse für die Übersendung von Gegenanträgen handelt es sich um eine Obliegenheit der Gesellschaft. Wird überhaupt **keine Adresse mitgeteilt,** hat dies zur Folge, dass sich der Zugang nach allgemeinen Regeln richtet und von der Gesellschaft nicht gesteuert werden kann.[85] Die Gesetzesbegründung verweist insoweit auf das allgemeine Vertretungsrecht.[86] Damit sind die von der Gesellschaft im Geschäftsverkehr benutzten Postanschriften und Fax-Nummern als Empfangsstellen für Gegenanträge anzusehen.[87] Einer von der Gesellschaft im Geschäftsverkehr benutzten allgemeinen E-Mail-Adresse fehlt dagegen die Empfangstauglichkeit.[88] Die Übersendung an eine **Zweigniederlassung** ist nur dann ausreichend, wenn bei normalem Geschäftsgang mit einer rechtzeitigen Weiterleitung an die Hauptverwaltung gerechnet werden konnte.[89]

17 **c) Sprache.** Gegenanträge müssen **in deutscher Sprache** eingereicht werden.[90] Fremdsprachige Gegenanträge müssen nicht zugänglich gemacht werden. Die Gesellschaft ist auch nicht verpflichtet für eine Übersetzung zu sorgen.[91] Sie kann fremdsprachige Gegenanträge allerdings freiwillig überset-

---

[77] Bürgers/Körber/*Reger* Rn. 9; Hölters/*Drinhausen* Rn. 8; Hüffer/Koch/*Koch*, 13. Aufl. 2018, Rn. 4; MüKoAktG/*Kubis* Rn. 19; *Schlitt* in Semler/Volhard/Reichert HV-HdB § 4 Rn. 313.

[78] MüKoAktG/*Kubis* Rn. 19; K. Schmidt/Lutter/*Ziemons* Rn. 21; *Mimberg* ZGR 2003, 21 (34 f.); aA für den Fall, dass nur eine Faxnummer oder E-Mail-Adresse angegeben wird Hüffer/Koch/*Koch*, 13. Aufl. 2018, Rn. 5.

[79] BegrRegE BT-Drs. 14/8769, 20; Bürgers/Körber/*Reger* Rn. 12; Hölters/*Drinhausen* Rn. 8; Hüffer/Koch/ *Koch*, 13. Aufl. 2018, Rn. 5; MüKoAktG/*Kubis* Rn. 19; *Mutter* AG-Report 2003, 34.

[80] Großkomm AktG/*Butzke* Rn. 24; Kölner Komm AktG/*Noack*/*Zetzsche* Rn. 49; *Noack* BB 2003, 1393 (1393 f.).

[81] BegrRegE BT-Drs. 14/8769, 20; Bürgers/Körber/*Reger* Rn. 12; Großkomm AktG/*Butzke* Rn. 24; Hölters/*Drinhausen* Rn. 8; Hüffer/Koch/*Koch*, 13. Aufl. 2018, Rn. 5; MüKoAktG/*Kubis* Rn. 19; K. Schmidt/Lutter/ *Ziemons* Rn. 21; *Sasse* NZG 2004, 153 (155).

[82] Grigoleit/*Herrler* Rn. 8; Hölters/*Drinhausen* Rn. 8; MüKoAktG/*Kubis* Rn. 19; *Noack* BB 2003, 1393 (1394); wohl auch K. Schmidt/Lutter/*Ziemons* Rn. 21, die eine Beschränkung auf E-Mail als einzige Übermittlungsart als unzulässig ansieht.

[83] So auch Großkomm AktG/*Butzke* Rn. 24; *Ihrig*/*Wagner* FS Spiegelberger, 2009, 722 (737); grds. auch Kölner Komm AktG/*Noack*/*Zetzsche* Rn. 50 (einschränkend aber hinsichtlich Telefax).

[84] Bürgers/Körber/*Reger* Rn. 8, 12; Hüffer/Koch/*Koch*, 13. Aufl. 2018, Rn. 5; *Noack* BB 2003, 1393 (1394); *Sasse* NZG 2004, 153 (155); wohl auch K. Schmidt/Lutter/*Ziemons* Rn. 21; aA *Mimberg* ZGR 2003, 21 (34).

[85] BegrRegE BT-Drucks 14/8769, 20; Grigoleit/*Herrler* Rn. 8; Großkomm AktG/*Butzke* Rn. 25; Hölters/ *Drinhausen* Rn. 8; Hüffer/Koch/*Koch*, 13. Aufl. 2018, Rn. 5; Kölner Komm AktG/*Noack*/*Zetzsche* Rn. 52; MüKoAktG/*Kubis* Rn. 19; K. Schmidt/Lutter/*Ziemons* Rn. 22; *Schlitt* in Semler/Volhard/Reichert HV-HdB § 4 Rn. 312.

[86] BegrRegE BT-Drs. 14/8769, 20.

[87] *Noack* BB 2003, 1393 (1394); *Sasse* NZG 2004, 153 (155).

[88] Kölner Komm AktG/*Noack*/*Zetzsche* Rn. 52; *Sasse* NZG 2004, 153 (155); aA noch *Noack* BB 2003, 1393 (1394).

[89] *Schlitt* in Semler/Volhard/Reichert HV-HdB § 4 Rn. 316; *Ek* NZG 2002, 664 (666); *Lehmann* FS Quack, 1991, 287 (292); restriktiver Bürgers/Körber/*Reger* Rn. 13; Großkomm AktG/*Butzke* Rn. 25; Hölters/*Drinhausen* Rn. 8; Hüffer/Koch/*Koch*, 13. Aufl. 2018, Rn. 5, die eine tatsächliche Weiterleitung innerhalb der Frist verlangen; weitergehend dagegen MüKoAktG/*Kubis* Rn. 20; K. Schmidt/Lutter/*Ziemons* Rn. 22, die bei fehlender Adressangabe die Übersendung an eine Zweigniederlassung offenbar stets ausreichen lassen wollen.

[90] Großkomm AktG/*Butzke* Rn. 26; Kölner Komm AktG/*Noack*/*Zetzsche* Rn. 48; *Noack* BB 2003, 1393 (1395).

[91] *Noack* BB 2003, 1393 (1395).

zen lassen. Auch ist es der Gesellschaft nicht untersagt, fremdsprachige Gegenanträge (unter Beachtung des Gleichbehandlungsgrundsatzes) zugänglich zu machen.[92] Vom Versammlungsleiter müssen derartige Gegenanträge aber nur behandelt werden, wenn sie in der Hauptversammlung in deutscher Sprache gestellt werden.

6. Frist. Die Übersendung des Gegenantrags muss gem. § 126 Abs. 1 S. 1 **mindestens 14 Tage vor der Hauptversammlung** erfolgen. Die Frist ist von der Hauptversammlung zurückzurechnen, wobei der Tag des Zugangs gem. § 126 Abs. 1 S. 2 nicht mitzurechnen ist. Die Fristberechnung richtet sich nach § 121 Abs. 7 (→ § 121 Rn. 91 ff.). Danach ist auch der Tag der Hauptversammlung nicht mitzurechnen (§ 121 Abs. 7 S. 1), so dass zwischen dem Tag des Zugangs und der Hauptversammlung volle 14 Tage liegen müssen. Die Frist des § 126 Abs. 1 S. 1 wurde durch das ARUG geändert. Nach § 126 Abs. 1 aF galt noch eine Zweiwochenfrist. Dabei war unklar, ob zwischen dem Tag des Zugangs und der Hauptversammlung volle 13 oder volle 14 Tage liegen müssen.[93] Die Praxis war insoweit uneinheitlich.[94] Durch die Änderung von § 126 Abs. 1 und die Neuregelung der Fristberechnung durch das ARUG haben sich die bisherigen Probleme bei der Fristberechnung erledigt. Für die Fristwahrung ist der **Zugang** des Gegenantrags maßgeblich.[95] Der Zugang muss bis 24.00 Uhr des letzten Tags vor Fristende erfolgen.[96] Die Frist des § 126 Abs. 1 S. 1 gilt auch dann, wenn die Gesellschaft keine Adresse für die Übersendung von Gegenanträgen mitteilt.[97] Nur bei Angabe einer falschen Adresse bleibt die Publizitätspflicht auch nach Fristablauf bestehen.[98] Die Gesellschaft ist (unter Wahrung des Gleichbehandlungsgrundsatzes) trotz fehlender Publizitätspflicht berechtigt, auch verfristete Gegenanträge zugänglich zu machen.[99]

7. Zugänglichmachen. a) Form. Form- und fristgerecht eingegangene Gegenanträge müssen gem. § 126 Abs. 1 S. 1 den in § 125 Abs. 1 bis 3 genannten Berechtigten unter den dortigen Voraussetzungen zugänglich gemacht werden. Die ursprüngliche bestehende Pflicht zur Mitteilung von Gegenanträgen gem. § 125 wurde durch Art. 1 Nr. 12 und 13 TransPuG abgeschafft (→ Rn. 1).[100]

Für **börsennotierte Gesellschaften** schreibt der durch Art. 1 Nr. 15 ARUG eingefügte § 126 Abs. 1 S. 3 nunmehr vor, dass das Zugänglichmachen über die **Internetseite der Gesellschaft** zu erfolgen hat. Die Vorgabe des Veröffentlichungswegs für börsennotierte Gesellschaften ist in Anpassung an den ebenfalls durch das ARUG eingefügten § 124a erfolgt und entspricht den Vorgaben von Art. 5 Abs. 4 S. 1 lit. d Aktionärsrechte-RL[101] (vgl. auch Ziff. 2.3.1 S. 3 DCGK).[102] An die Veröffentlichung von Gegenanträgen über die Internetseite der Gesellschaft sind keine besonderen Anforderungen zu stellen. Die Gegenanträge müssen allerdings leicht auffindbar sein, wofür das Einstellen in den Bereich „Investor Relations" oder in einen speziellen Hauptversammlungsbereich (idR als Unterbereich des Bereichs „Investor Relations") ausreicht.[103] Das Zugänglichmachen kann dadurch erfolgen, dass der vom Aktionär übersandte Text eingescannt und zum Abruf bereitgehalten wird.[104] Die Adresse des

---

[92] Großkomm AktG/*Butzke* Rn. 26; Kölner Komm AktG/*Noack/Zetzsche* Rn. 48; *Noack* BB 2003, 1393 (1395).
[93] Zu den Problemen bei der Fristberechnung nach § 126 Abs. 1 aF s. *Arnold/Baumanns* AG-Report 2004, 493 ff.; *Ihrig/Wagner* FS Spiegelberger, 2009, 722 (725 ff.); *Miettinen/Rothbächer* BB 2008, 2084 ff.
[94] Vgl. die Nachweise aus der Praxis bei *Miettinen/Rothbächer* BB 2008, 2084 (2085).
[95] Bürgers/Körber/*Reger* Rn. 10; Grigoleit/*Herrler* Rn. 9; Großkomm AktG/*Butzke* Rn. 28; Hölters/*Drinhausen* Rn. 9; Hüffer/Koch/*Koch*, 13. Aufl. 2018, Rn. 5; K. Schmidt/Lutter/*Ziemons* Rn. 23; *Schlitt* in Semler/Volhard FS Quack, 1991, 287 (290); *Prigge* ZIP 1998, 1866 (1867).
[96] BGHZ 143, 339 (341) – Altana; OLG Frankfurt a. M. ZIP 1998, 1532 f. – Altana; Bürgers/Körber/*Reger* Rn. 10; Grigoleit/*Herrler* Rn. 9; Großkomm AktG/*Butzke* Rn. 28; Kölner Komm AktG/*Noack/Zetzsche* Rn. 40 f.; MüKoAktG/*Kubis* Rn. 21; K. Schmidt/Lutter/*Ziemons* Rn. 23; *Boetius* DB 1968, 1845; *Bork* EWiR 1998, 819 f.; *Keil* EWiR 1997, 385 (386); *Noack* BB 2003, 1393 (1394); *Sasse* NZG 2004, 153 (156); krit. Hüffer/Koch/*Koch*, 13. Aufl. 2018, Rn. 5; aA *Schlitt* in Semler/Volhard/Reichert HV-HdB § 4 Rn. 315; zu § 126 Abs. 1 aF auch LG Frankfurt a. M. EWiR 1997, 385 – Altana; *Hüffer* NZG 1998, 991 f.; *Lehmann* FS Quack, 1991, 287 (290 f.); *Prigge* ZIP 1998, 1866 (1867 f.).
[97] MüKoAktG/*Kubis* Rn. 21.
[98] Kölner Komm AktG/*Noack/Zetzsche* Rn. 44; MüKoAktG/*Kubis* Rn. 21.
[99] Grigoleit/*Herrler* Rn. 9; Großkomm AktG/*Butzke* Rn. 29; Wachter/*Mayrhofer* Rn. 6; *Ihrig/Wagner* FS Spiegelberger, 2009, 722 (728 f.).
[100] Vgl. BegrRegE BT-Drs. 14/8769, 20.
[101] RL 2007/36/EG des Europäischen Parlaments und des Rates v. 11.7.2007 über die Ausübung bestimmter Rechte von Aktionären in börsennotierten Gesellschaften, ABl. EU 2007 Nr. L 184, 17.
[102] BegrRegE BT-Drs. 16/11 642, 31.
[103] Großkomm AktG/*Butzke* Rn. 42; *Sasse* NZG 2004, 153 (157); vgl. auch *Noack* DB 2002, 620 (622); *Noack* BB 2003, 1393 (1396) *Noack* NZG 2003, 241 (244).
[104] Grigoleit/*Herrler* Rn. 10; Großkomm AktG/*Butzke* Rn. 44; Hüffer/Koch/*Koch*, 13. Aufl. 2018, Rn. 6.

Aktionärs muss dabei nicht zwingend geschwärzt werden,[105] wenngleich sich eine (teilweise) Schwärzung regelmäßig anbieten dürfte.

21 Bei **nicht börsennotierten Gesellschaften** kann das Zugänglichmachen ebenfalls über die Internetseite der Gesellschaft erfolgen.[106] Alternativ können Gegenanträge bei nicht börsennotierten Gesellschaften über die Gesellschaftsblätter (Bundesanzeiger, § 25) zugänglich gemacht werden.[107] Eine individuelle Mitteilung (zB per Brief, Fax oder E-Mail) ist zwar ebenfalls zulässig,[108] dürfte angesichts des damit verbunden Aufwands aber allenfalls bei Gesellschaften mit überschaubarem Aktionärskreis in Betracht kommen. Ein Auslegen in den Geschäftsräumen der Gesellschaft ist für ein Zugänglichmachen iSv § 126 Abs. 1 S. 1 nicht ausreichend.[109]

22 b) Adressatenkreis. Das Zugänglichmachen muss **gegenüber den in § 125 Abs. 1 bis 3 genannten Berechtigten** unter den dortigen Voraussetzungen erfolgen. Adressaten sind daher Kreditinstitute und Aktionärsvereinigungen (§ 125 Abs. 1), bestimmte Aktionäre (§ 125 Abs. 2) und Aufsichtsratsmitglieder (§ 125 Abs. 3). Darüber hinaus wird man den Adressatenkreis über den Wortlaut hinaus auch auf die in § 125 Abs. 5 gleichgestellten Institute und Unternehmen erstrecken müssen.[110] Nicht zum Adressatenkreis zählen (bei nicht börsennotierten Gesellschaften, → Rn. 22a) die Inhaberaktionäre, sofern sie nicht ein Verlangen iSv § 125 Abs. 2 gestellt haben.[111] Die Beschränkung des Adressatenkreises schließt ein **öffentliches Zugänglichmachen** auf der Internetseite der Gesellschaft nicht aus.[112] Die betreffenden Informationen müssen insbesondere nicht über Zugangscodes gesichert werden. Gleichwohl ist eine entsprechende Sicherung zulässig.[113]

22a Bei **börsennotierten Gesellschaften** muss das Zugänglichmachen gem. § 126 Abs. 1 S. 3 über die Internetseite der Gesellschaft erfolgen. Dabei müssen die Gegenanträge und Begründungen **gegenüber allen Aktionären** zugänglich gemacht werden (auch gegenüber Inhaberaktionären, die kein Verlangen iSv § 125 Abs. 2 gestellt haben). Letzteres ergibt sich zwar nicht unmittelbar aus dem Wortlaut von § 126 Abs. 1, muss aber in **richtlinienkonformer Auslegung** in § 126 Abs. 1 S. 3 hineingelesen werden.[114] Art. 5 Abs. 4 S. 1 lit. d Aktionärsrechte-RL[115] sieht vor, dass von Aktionären eingebrachte Beschlussvorlagen auf der Internetseite so bald wie möglich nach ihrem Eingang hinzuzufügen sind. Eine Beschränkung des Adressatenkreises auf die in § 125 Abs. 1–3 genannten Berechtigten ist hiermit nicht vereinbar. Der Wortlaut des § 126 Abs. 1 S. 1 sollte einer solchen Auslegung nicht entgegenstehen, da der Gesetzgeber den eindeutigen Regelungswillen hatte, mit der Regelung des § 126 Abs. 1 S. 3 den Vorgaben von Art. 5 Abs. 4 S. lit. d Aktionärsrechte-RL zu genügen.[116] Art. 5 Abs. 4 S. lit. d Aktionärsrechte-RL erfordert jedoch kein öffentliches Zugänglichmachen, so dass eine Beschränkung des Zugriffs auf (sämtliche) Aktionäre zulässig ist.[117] Gleichwohl erscheint es für börsennotierte Gesellschaften zweckmäßig, Gegenanträge ohne jede Zugangsbeschränkung auf der Internetseite einzustellen. In der Praxis wird dies auch regelmäßig so gehandhabt.

22b Besonderheiten gelten bei **Aufsichtsratsmitgliedern.** Da § 126 Abs. 1 S. 4 die entsprechende Geltung von § 125 Abs. 3 anordnet, müssen publizitätspflichtige Gegenanträge den Aufsichtsratsmitgliedern auf ein entsprechendes Verlangen hin in Papierform übersandt werden (→ § 125 Rn. 27).

---

[105] Großkomm AktG/*Butzke* Rn. 44; Kölner Komm AktG/*Noack/Zetzsche* Rn. 56.
[106] Vgl. BegrRegE BT-Drs. 14/8769, 20; Bürgers/Körber/*Reger* Rn. 25; Großkomm AktG/*Butzke* Rn. 40 f.; Hüffer/Koch/*Koch*, 13. Aufl. 2018, Rn. 6; Kölner Komm AktG/*Noack/Zetzsche* Rn. 59; MüKoAktG/*Kubis* Rn. 23; K. Schmidt/Lutter/*Ziemons* Rn. 26; *Noack* DB 2002, 620 (622); *Noack* BB 2003, 1393 (1395); *Noack* NZG 2003, 241 (244); *Sasse* NZG 2004, 153 (156).
[107] Vgl. Grigoleit/*Herrler* Rn. 10; Großkomm AktG/*Butzke* Rn. 40; Hüffer/Koch/*Koch*, 13. Aufl. 2018, Rn. 6; Kölner Komm AktG/*Noack/Zetzsche* Rn. 59; K. Schmidt/Lutter/*Ziemons* Rn. 26; *Noack* BB 2003, 1393 (1395); *Sasse* NZG 2004, 153 (157).
[108] Vgl. Grigoleit/*Herrler* Rn. 10; Kölner Komm AktG/*Noack/Zetzsche* Rn. 61; K. Schmidt/Lutter/*Ziemons* Rn. 26; *Sasse* NZG 2004, 153 (157); aA wohl MüKoAktG/*Kubis* Rn. 23, der eine individuelle Mitteilung offenbar nur als zusätzliche Option zulassen will.
[109] Grigoleit/*Herrler* Rn. 10; Großkomm AktG/*Butzke* Rn. 40; Kölner Komm AktG/*Noack/Zetzsche* Rn. 60; *Noack* BB 2003, 1393 (1395); *Noack* NZG 2003, 241 (244); *Sasse* NZG 2004, 153 (157).
[110] Großkomm AktG/*Butzke* Rn. 45; K. Schmidt/Lutter/*Ziemons* Rn. 25.
[111] Vgl. *Noack* BB 2003, 1393 (1396); *Noack* NZG 2003, 241 (244).
[112] Hölters/*Drinhausen* Rn. 21; *Mimberg* ZGR 2003, 21 (36); *Sasse* NZG 2004, 153 (156).
[113] Bürgers/Körber/*Reger* Rn. 25; *Noack* DB 2002, 620 (623); *Sasse* NZG 2004, 153 (156).
[114] Für richtlinienkonforme Auslegung auch Großkomm AktG/*Butzke* Rn. 46; Kölner Komm AktG/*Noack/Zetzsche* Rn. 63; anders wohl Grigoleit/*Herrler* Rn. 10.
[115] RL 2007/36/EG des Europäischen Parlaments und des Rates v. 11.7.2007 über die Ausübung bestimmter Rechte von Aktionären in börsennotierten Gesellschaften, ABl. EU 2007 Nr. L 184, 17.
[116] Vgl. BegrRegE BT-Drs. 16/11642, 31.
[117] Kölner Komm AktG/*Noack/Zetzsche* Rn. 57.

c) **Inhalt.** Zugänglich zu machen sind gem. § 126 Abs. 1 S. 1 der Gegenantrag einschließlich des 23 Namens des Aktionärs, die Begründung und eine etwaige Stellungnahme der Verwaltung. Wie sich bereits aus dem Wortlaut von § 126 Abs. 1 S. 1 ergibt, ist eine **Stellungnahme der Verwaltung** nicht zwingend erforderlich.[118] Auch wenn das Gesetz zusammenfassend von Stellungnahme der Verwaltung spricht, ist auch eine Stellungnahme nur des Vorstands oder nur des Aufsichtsrats zulässig.[119] Eine (freiwillige) Stellungnahme der Verwaltung muss nicht zwingend zusammen mit dem betreffenden Gegenantrag zugänglich gemacht werden. Sie kann auch zusammenfassend für alle Gegenanträge nach Fristablauf publiziert werden.[120] Die **Begründung** braucht gem. § 126 Abs. 2 S. 2 nicht zugänglich gemacht zu werden, wenn sie insgesamt mehr als 5000 Zeichen beträgt. Ein in der Begründung enthaltener Hinweis auf weitere Ausführungen auf der Internetseite des Aktionärs muss nicht mit zugänglich gemacht werden (→ Rn. 13). Die Gesellschaft ist allerdings nicht gehindert, einen entsprechenden Hinweis freiwillig zugänglich zu machen (insbesondere durch einen Hyperlink).[121] In diesem Fall lässt sich aber nicht sicher ausschließen, dass sie eine Haftung für dort abrufbare rechtswidrige Inhalte trifft.[122] Die Aufnahme eines Hyperlinks auf die Internetseite des Aktionärs dürfte daher regelmäßig nicht zu empfehlen sein.

d) **Zeitpunkt.** § 126 Abs. 1 S. 1 nennt keinen Zeitpunkt für das Zugänglichmachen. Nach wohl 24 allgemeiner Ansicht muss das Zugänglichmachen **unverzüglich** nach Zugang des Gegenantrags erfolgen.[123] Der Vorstand darf daher nicht den Ablauf der 14-Tage-Frist abwarten und alle Gegenanträge gesammelt zugänglich machen. Ihm ist aber ein angemessener Zeitraum zur Prüfung des Gegenantrags und der Begründung zuzubilligen.[124] Da § 126 Abs. 1 S. 1 davon ausgeht, dass eine etwaige Stellungnahme der Verwaltung grundsätzlich gemeinsam mit dem Gegenantrag zugänglich gemacht wird, muss dem Vorstand und ggf. dem Aufsichtsrat zudem ausreichend Zeit für die Formulierung einer Stellungnahme verbleiben.[125] Art. 5 Abs. 4 S. 1 lit. d Aktionärsrechte-RL,[126] wonach von Aktionären eingebrachte Beschlussvorlagen auf der Internetseite so bald wie möglich nach ihrem Eingang hinzuzufügen sind, steht nicht entgegen.[127] Auch wenn die Möglichkeit einer Stellungnahme in der Aktionärsrechterichtlinie nicht angesprochen wird, sollte die Formulierung „so bald wie möglich" eine angemessene Frist für die Formulierung einer Stellungnahme zulassen.

8. Rücknahme der Ankündigung. Die Ankündigung eines Gegenantrags kann von dem oppo- 25 sitionswilligen Aktionär wieder zurückgenommen werden. Die Rücknahme muss in einer dokumentationsfähigen Form erfolgen.[128] Geht die Rücknahme der Gesellschaft zu, bevor der Gegenantrag zugänglich gemacht wurde, muss der Vorstand von einem Zugänglichmachen absehen.[129] Wurde der Gegenantrag bereits zugänglich gemacht, besteht keine Pflicht, den Gegenantrag von der Internetseite der Gesellschaft wieder zu entfernen.[130] Wird bei nicht börsennotierten Gesellschaften eine andere Publikationsform gewählt, kann die Publizität idR bereits aus praktischen Gründen nicht rückgängig gemacht werden.

III. Ausnahmen von der Publizitätspflicht (Abs. 2)

1. Allgemeines. § 126 Abs. 2 S. 1 zählt die Fälle auf, in denen ein ansonsten form- und fristge- 26 rechter Gegenantrag und dessen Begründung nicht zugänglich gemacht werden müssen. Hierdurch

---

[118] Vgl. Bürgers/Körber/*Reger* Rn. 26; Kölner Komm AktG/*Noack/Zetzsche* Rn. 67; MüKoAktG/*Kubis* Rn. 25; K. Schmidt/Lutter/*Ziemons* Rn. 28; *Rahlmeyer* ZIP 2015, 1958.
[119] Kölner Komm AktG/*Noack/Zetzsche* Rn. 67.
[120] Grigoleit/*Herrler* Rn. 11; Hüffer/Koch/*Koch*, 13. Aufl. 2018, Rn. 6; Kölner Komm AktG/*Noack/Zetzsche* Rn. 67.
[121] Bürgers/Körber/*Reger* Rn. 27; *Sasse* NZG 2004, 153 (157); *Stehle* ZIP 2003, 980 (983).
[122] Vgl. Großkomm AktG/*Butzke* Rn. 48; *Stehle* ZIP 2003, 980 (982 f.); s. auch Bürgers/Körber/*Reger* Rn. 27.
[123] BegrRegE BT-Drs. 14/8769, 20; Bürgers/Körber/*Reger* Rn. 25; Grigoleit/*Herrler* Rn. 11; Großkomm AktG/*Butzke* Rn. 49; Kölner Komm AktG/*Noack/Zetzsche* Rn. 64; MüKoAktG/*Kubis* Rn. 23; K. Schmidt/Lutter/*Ziemons* Rn. 29; *Grage* RNotZ 2002, 326 (328); *Noack* BB 2003, 1393 (1396); *Noack* NZG 2003, 241 (244); *Sasse* NZG 2004, 153 (157).
[124] Hölters/*Drinhausen* Rn. 13; Kölner Komm AktG/*Noack/Zetzsche* Rn. 64; NK-AktR/*M. Müller* Rn. 30; K. Schmidt/Lutter/*Ziemons* Rn. 29; Wachter/*Mayrhofer* Rn. 7; *Sasse* NZG 2004, 153 (157).
[125] Ebenso Wachter/*Mayrhofer* Rn. 7; aA Grigoleit/*Herrler* Rn. 11; Großkomm AktG/*Butzke* Rn. 49; Hölters/*Drinhausen* Rn. 13; Kölner Komm AktG/*Noack/Zetzsche* Rn. 64; K. Schmidt/Lutter/*Ziemons* Rn. 29.
[126] RL 2007/36/EG des Europäischen Parlaments und des Rates v. 11.7.2007 über die Ausübung bestimmter Rechte von Aktionären in börsennotierten Gesellschaften, ABl. EU 2007 Nr. L 184, 17.
[127] So aber Grigoleit/*Herrler* Rn. 11.
[128] Vgl. Großkomm AktG/*Butzke* Rn. 51; MüKoAktG/*Kubis* Rn. 22.
[129] Großkomm AktG/*Butzke* Rn. 34; Kölner Komm AktG/*Noack/Zetzsche* Rn. 54.
[130] Großkomm AktG/*Butzke* Rn. 51; Kölner Komm AktG/*Noack/Zetzsche* Rn. 54.

sollen unzulässige und rechtsmissbräuchliche Gegenanträge von der Publizitätspflicht ausgenommen werden.[131] Die Aufzählung ist **abschließend**.[132] Praktische Bedeutung haben insbesondere Nr. 2 und 3.[133] Gem. § 126 Abs. 2 S. 2 muss eine überlange Begründung nicht zugänglich gemacht werden. Der Zweck der Vorschrift bestand ursprünglich darin, eine unangemessene Erhöhung der Weitergabekosten durch übermäßig lange Begründungen zu verhindern.[134] Dieses Argument ist mit der Abschaffung des Mitteilungserfordernisses durch das TransPuG weitgehend entfallen. Die Grenze von 5000 Zeichen bewirkt allerdings eine Reduzierung des Informationsumfangs, wodurch den Aktionären die Vorbereitung auf die Hauptversammlung erleichtert wird (→ Rn. 1).

27 Über das Vorliegen einer Ausnahme von der Publizitätspflicht und über die Frage, ob der Gegenantrag und dessen Begründung gleichwohl zugänglich gemacht werden, entscheidet der **Vorstand** durch Beschluss (sofern für die Vorbereitung der Hauptversammlung nicht Einzelgeschäftsführungsbefugnis eines Vorstandsmitglieds gegeben ist).[135] Ein Aufsichtsratsvorbehalt kann weder durch die Satzung noch durch den Aufsichtsrat selbst (§ 111 Abs. 4 S. 2) begründet werden.[136] Der Vorstand muss bei seiner Entscheidung den **Gleichbehandlungsgrundsatz** (§ 53a) wahren, so dass er nicht selektiv nur einzelne unzulässige Gegenanträge zugänglich machen darf.[137] Während nicht publizitätspflichtige Gegenanträge grundsätzlich gleichwohl zugänglich gemacht werden dürfen, muss ein Zugänglichmachen in den Fällen des § 126 Abs. 2 S. 1 Nr. 1 (Strafbarkeit des Vorstands) zwingend unterbleiben.[138] Gleiches gilt nach hM im Fall des § 126 Abs. 2 S. 1 Nr. 2, da insoweit eine Beschlussfassung über den Gegenantrag ausscheidet.[139] Zwingend erscheint dies jedoch nicht. Darüber hinaus soll der Vorstand auch im Fall des § 126 Abs. 2 S. 1 Nr. 6 verpflichtet sein, von einem Zugänglichmachen abzusehen.[140] Auch dies erscheint zweifelhaft, da ein entsprechender Antrag in der Hauptversammlung auch von einem anderen Aktionär gestellt werden könnte. Entscheidet der Vorstand, einen Gegenantrag nicht zugänglich zu machen, muss er den Aktionär hierüber nicht unterrichten.[141] Ein Gegenantrag der gem. § 126 Abs. 2 S. 1 nicht zugänglich gemacht werden muss, kann in der Hauptversammlung dennoch gestellt werden (außer in den Fällen des § 126 Abs. 2 S. 1 Nr. 2).[142]

27a Noch ungeklärt ist, ob § 126 Abs. 2 bei **börsennotierten Gesellschaften** im Lichte von Art. 5 Abs. 4 S. 1 lit. d Aktionärsrechte-RL und Art. 6 Abs. 1 lit. b Aktionärsrechte-RL[143] einschränkend auszulegen ist. Keine einschränkende Auslegung ist jedenfalls im Hinblick auf die Veröffentlichung der Begründung geboten, da die Aktionärsrechterichtlinie eine solche ohnehin nicht vorsieht.[144] Für eine **richtlinienkonforme Auslegung** im Hinblick auf Gegenanträge könnte sprechen, dass Art. 6 Abs. 1 lit b Aktionärsrechte-RL das Recht, Beschlussvorlagen einzubringen, nicht weiter einschränkt. Auch Art. 5 Abs. 4 S. 1 lit. d Aktionärsrechte-RL sieht uneingeschränkt vor, dass von Aktionären eingebrachte Beschlussvorlagen auf der Internetseite so bald wie möglich nach ihrem Eingang hinzuzufügen sind. Dennoch wird man den nationalen Gesetzgebern das Recht zugestehen müssen, konkretisierende Vorschriften zu erlassen, sofern diese das Recht, Beschlussvorlagen einzu-

---

[131] Ausschussbericht bei *Kropff* S. 178.
[132] LG Frankfurt a. M. AG 1992, 235 (236) – Hornblower Fischer AG; Grigoleit/*Herrler* Rn. 12; Großkomm AktG/*Butzke* Rn. 53; Hölters/*Drinhausen* Rn. 14; Hüffer/Koch/*Koch*, 13. Aufl. 2018, Rn. 7; Kölner Komm AktG/*Noack*/*Zetzsche* Rn. 68; MüKoAktG/*Kubis* Rn. 27; K. Schmidt/Lutter/*Ziemons* Rn. 31; Wachter/*Mayrhofer* Rn. 8; *Butzke* Die Hauptversammlung der AG Rn. B 157.
[133] Vgl. Hüffer/Koch/*Koch*, 13. Aufl. 2018, Rn. 8 f.
[134] BegrRegE bei *Kropff* S. 179.
[135] Vgl. GHEK/*Eckardt* Rn. 32; Grigoleit/*Herrler* Rn. 12; Hölters/*Drinhausen* Rn. 14; Kölner Komm AktG/*Noack*/*Zetzsche* Rn. 71; MüKoAktG/*Kubis* Rn. 27; K. Schmidt/Lutter/*Ziemons* Rn. 32.
[136] Großkomm AktG/*Butzke* Rn. 54; Kölner Komm AktG/*Noack*/*Zetzsche* Rn. 71; MüKoAktG/*Kubis* Rn. 27; K. Schmidt/Lutter/*Ziemons* Rn. 32; aA GHEK/*Eckardt* Rn. 33; offen *Butzke* Die Hauptversammlung der AG Rn. B 159 Fn. 340.
[137] Großkomm AktG/*Butzke* Rn. 54; MüKoAktG/*Kubis* Rn. 27; *Schlitt* in Semler/Volhard/Reichert HV-HdB § 4 Rn. 317; *Lehmann* FS Quack, 1991, 287 (300).
[138] Vgl. MüKoAktG/*Kubis* Rn. 27; Großkomm AktG/*Butzke* Rn. 54; *Butzke* Die Hauptversammlung der AG Rn. B 159.
[139] GHEK/*Eckardt* Rn. 34; Grigoleit/*Herrler* Rn. 12; Großkomm AktG/*Butzke* Rn. 61; *Butzke* Die Hauptversammlung der AG Rn. B 159; aA Kölner Komm AktG/*Noack*/*Zetzsche* Rn. 74.
[140] Grigoleit/*Herrler* Rn. 12; Großkomm AktG/*Butzke* Rn. 55; *Butzke* Die Hauptversammlung der AG Rn. B 159; ebenso GHEK/*Eckardt* Rn. 34, der dies darüber hinaus auch in den Fällen des § 126 Abs. 2 S. 1 Nr. 3 annehmen will; aA Kölner Komm AktG/*Noack*/*Zetzsche* Rn. 74.
[141] GHEK/*Eckardt* Rn. 35; Kölner Komm AktG/*Noack*/*Zetzsche* Rn. 71; MüKoAktG/*Kubis* Rn. 41.
[142] GHEK/*Eckardt* Rn. 36; Kölner Komm AktG/*Noack*/*Zetzsche* Rn. 73.
[143] RL 2007/36/EG des Europäischen Parlaments und des Rates v. 11.7.2007 über die Ausübung bestimmter Rechte von Aktionären in börsennotierten Gesellschaften, ABl. EU 2007 Nr. L 184, 17.
[144] Vgl. Kölner Komm AktG/*Noack*/*Zetzsche* Rn. 69; K. Schmidt/Lutter/*Ziemons* Rn. 34.

bringen, nicht entwerten oder wesentlich erschweren.¹⁴⁵ Hierfür spricht insbesondere auch Erwägungsgrund 7 der Aktionärsrechterichtlinie, wonach die Regelungen zu Beschlussvorlagen von Aktionären „unbeschadet der derzeitigen Zeitrahmen und Modalitäten, die derzeit in der Gemeinschaft verwendet werden", gelten sollen. Dementsprechend ist auch unstreitig, dass die auf dem Legalitätsprinzip beruhenden Ausnahmen in § 126 Abs. 2 S. 1 Nr. 1 und 2 unbedenklich sind.¹⁴⁶ Darüber hinaus sind nach zutreffender hM die der Missbrauchsprävention dienenden Ausnahmen in § 126 Abs. 2 S. 1 Nr. 3–5 ebenfalls mit den Vorgaben der Richtlinie vereinbar.¹⁴⁷ Auf börsennotierte Gesellschaften nicht anwendbar sollen dagegen die Ausnahmen in § 126 Abs. 2 S. 1 Nr. 6 und 7 sein.¹⁴⁸ Dies erscheint zweifelhaft. Abgesehen davon, dass bereits unklar ist, ob eine richtlinienkonforme Auslegung gegen den eindeutigen Wortlaut von § 126 Abs. 2 S. 1 überhaupt möglich wäre (→ Rn. 9a, 11a), spricht auch insoweit Erwägungsgrund 7 der Aktionärsrechterichtlinie für die Zulässigkeit. Die Ausnahmen in § 126 Abs. 2 S. 1 Nr. 6 und 7 dienen ebenfalls der Missbrauchsprävention und stellen keine unzumutbare Beschränkung der Aktionärsrechte dar.

2. Strafbarkeit des Vorstands (Abs. 2 S. 1 Nr. 1). Gem. § 126 Abs. 2 S. 1 Nr. 1 müssen ein Gegenantrag und dessen Begründung nicht veröffentlicht werden, soweit sich der Vorstand durch das Zugänglichmachen (als Täter oder Teilnehmer)¹⁴⁹ strafbar machen würde. Strafbarkeit ist weit zu verstehen und umfasst auch Ordnungswidrigkeiten.¹⁵⁰ Die praktisch relevanten Fälle sind dennoch begrenzt. Denkbar ist etwa eine Strafbarkeit wegen eines Beleidigungsdelikts (§§ 185 ff. StGB) oder wegen Verletzung der Geheimhaltungspflicht (§ 404).¹⁵¹ Unerheblich ist, ob es sich um ein Antragsdelikt handelt oder ob auf Seiten des Aktionärs Schuldausschließungsgründe vorliegen.¹⁵² Der Strafbarkeitsvorwurf entfällt idR nicht dadurch, dass sich die Verwaltung in ihrer Stellungnahme von dem Gegenantrag und dessen Begründung distanziert,¹⁵³ so dass die Publizitätspflicht durch die Möglichkeit einer solchen Stellungnahme nicht wieder auflebt. Sofern dies ohne Schwierigkeiten möglich ist, muss der Vorstand den zur Strafbarkeit führenden Inhalt eliminieren und den gekürzten Gegenantrag bzw. die gekürzte Begründung zugänglich machen.¹⁵⁴ Eine entsprechende Pflicht ergibt sich daraus, dass § 126 Abs. 2 S. 1 Nr. 1 das Wort „soweit" verwendet, während § 126 Abs. 2 S. 1 Nr. 2–7 das Wort „wenn" gebrauchen.¹⁵⁵

3. Gesetz- oder satzungswidriger Beschluss (Abs. 2 S. 1 Nr. 2). Gem. § 126 Abs. 2 S. 1 Nr. 2 müssen ein Gegenantrag und dessen Begründung nicht veröffentlicht werden, wenn der Gegenantrag (im Fall seiner Annahme) zu einem gesetz- oder satzungswidrigen Beschluss führen würde. Erfasst sind sowohl nichtige als auch anfechtbare Beschlüsse.¹⁵⁶ Es kann sich um **formelle oder inhaltliche Beschlussmängel** handeln.¹⁵⁷ § 126 Abs. 2 S. 1 Nr. 2 ist nicht auf eindeutige Beschlussmängel beschränkt.¹⁵⁸ Allerdings empfiehlt sich in Zweifelsfällen eine Veröffentlichung, um ein

---
[145] Vgl. Kölner Komm AktG/*Noack/Zetzsche* Rn. 70.
[146] Grigoleit/*Herrler* Rn. 13; Kölner Komm AktG/*Noack/Zetzsche* Rn. 70; K. Schmidt/Lutter/*Ziemons* Rn. 35.
[147] Grigoleit/*Herrler* Rn. 13; Kölner Komm AktG/*Noack/Zetzsche* Rn. 70; aA K. Schmidt/Lutter/*Ziemons* Rn. 35.
[148] Grigoleit/*Herrler* Rn. 13; Kölner Komm AktG/*Noack/Zetzsche* Rn. 70; K. Schmidt/Lutter/*Ziemons* Rn. 35.
[149] Großkomm AktG/*Butzke* Rn. 57; Hölters/*Drinhausen* Rn. 15; MüKoAktG/*Kubis* Rn. 29; K. Schmidt/Lutter/*Ziemons* Rn. 36.
[150] Großkomm AktG/*Butzke* Rn. 57; Hölters/*Drinhausen* Rn. 15; Kölner Komm AktG/*Noack/Zetzsche* Rn. 76; Wachter/*Mayrhofer* Rn. 9; aA MüKoAktG/*Kubis* Rn. 29.
[151] Vgl. GHEK/*Eckardt* Rn. 37; Großkomm AktG/*Werner* Rn. 40; Hölters/*Drinhausen* Rn. 15; Kölner Komm AktG/*Noack/Zetzsche* Rn. 79; MüKoAktG/*Kubis* Rn. 29; K. Schmidt/Lutter/*Ziemons* Rn. 36; *Lehmann* FS Quack, 1991, 287 (293).
[152] Großkomm AktG/*Butzke* Rn. 57.
[153] Großkomm AktG/*Butzke* Rn. 58; MüKoAktG/*Kubis* Rn. 29; teilw. anders Kölner Komm AktG/*Noack/Zetzsche* Rn. 78.
[154] Bürgers/Körber/*Reger* Rn. 15; Grigoleit/*Herrler* Rn. 14; Großkomm AktG/*Butzke* Rn. 59; Hölters/*Drinhausen* Rn. 15; MüKoAktG/*Kubis* Rn. 29; K. Schmidt/Lutter/*Ziemons* Rn. 36; Wachter/*Mayrhofer* Rn. 9; aA Kölner Komm AktG/*Noack/Zetzsche* Rn. 80.
[155] Anders Kölner Komm AktG/*Noack/Zetzsche* Rn. 80, die in der Verwendung des Worts „soweit" nur eine sprachliche Ungenauigkeit sehen.
[156] Großkomm AktG/*Butzke* Rn. 60; Hölters/*Drinhausen* Rn. 16; Hüffer/Koch/*Koch*, 13. Aufl. 2018, Rn. 8; Kölner Komm AktG/*Noack/Zetzsche* Rn. 82; MüKoAktG/*Kubis* Rn. 30; K. Schmidt/Lutter/*Ziemons* Rn. 37; *Schlitt* in Semler/Volhard/Reichert HV-HdB § 4 Rn. 321; *Butzke* Die Hauptversammlung der AG Rn. B 158.
[157] Bürgers/Körber/*Reger* Rn. 16; Hölters/*Drinhausen* Rn. 16; MüKoAktG/*Kubis* Rn. 30; K. Schmidt/Lutter/*Ziemons* Rn. 37; Wachter/*Mayrhofer* Rn. 10.
[158] Grigoleit/*Herrler* Rn. 14; MüKoAktG/*Kubis* Rn. 30; aA Kölner Komm AktG/*Noack/Zetzsche* Rn. 81: Gesetz- oder Satzungswidrigkeit müsse klar zutage liegen.

Anfechtungsrisiko auszuschließen.¹⁵⁹ Die Praxis macht dementsprechend von § 126 Abs. 2 S. 1 Nr. 2 kaum Gebrauch.

30 Ein **formeller Beschlussmangel** liegt insbesondere dann vor, wenn sich der Gegenantrag nicht mehr im Rahmen der bekannt gemachten Tagesordnung bewegt (§ 124 Abs. 4 S. 1).¹⁶⁰ Gleiches gilt, wenn der Hauptversammlung für den angestrebten Beschluss die Zuständigkeit fehlt. Dies gilt vor allem dann, wenn sich die begehrte Beschlussfassung auf reine Geschäftsführungsmaßnahmen bezieht (vgl. § 119 Abs. 2).¹⁶¹ Veröffentlichungspflichtig ist ein Antrag, der darauf gerichtet ist, einem einzelnen Organmitglied die Entlastung zu verweigern. Der entsprechende Antrag auf Einzelentlastung muss nicht bereits zusammen mit dem Gegenantrag angekündigt werden.¹⁶² Nicht zu veröffentlichen ist dagegen ein Antrag, der darauf gerichtet ist, der gesamten Arbeitnehmer- oder der gesamten Anteilseignerbank des Aufsichtsrats pauschal die Entlastung zu verweigern. Insoweit würde ein **inhaltlicher Beschlussmangel** vorliegen.¹⁶³ Gleiches gilt, wenn sich ein Gegenantrag auf Verweigerung der Entlastung für nicht abgrenzbare Teilvorgänge bezieht.¹⁶⁴ Dagegen ist ein auf Entlastungsverweigerung gerichteter Gegenantrag zu veröffentlichen, wenn nur die Begründung fehlerhaft ist, weil sie etwa ausschließlich auf Vorgänge verweist, die nicht den Entlastungszeitraum betreffen.¹⁶⁵ Inhaltliche Beschlussmängel sind insbesondere auch im Zusammenhang mit der Gewinnverwendung denkbar (zB unzulässige Sachdividende, Ausschüttung eines den Bilanzgewinn übersteigenden Betrags, Gewinnverwendungsvorschlag nur für einen Teil des Bilanzgewinns, Fehlerhaftigkeit iSv § 254, Nichtbeachtung der Ausschüttungssperre gem. § 268 Abs. 8 HGB).¹⁶⁶

31 **4. Falsche oder irreführende Angaben, Beleidigungen (Abs. 2 S. 1 Nr. 3).** Gem. § 126 Abs. 2 S. 1 Nr. 3 müssen ein Gegenantrag und dessen Begründung nicht veröffentlicht werden, wenn die Begründung in wesentlichen Punkten offensichtlich falsche oder irreführende Angaben oder wenn sie Beleidigungen enthält. Hierdurch soll verhindert werden, dass unter Mithilfe der Gesellschaft Unwahrheiten oder Beleidigungen verbreitet werden.¹⁶⁷ Der auf die Begründung abstellende Wortlaut von § 126 Abs. 2 S. 1 Nr. 3 ist zu eng. Die Ausnahme gilt auch dann, wenn der Gegenantrag selbst falsche oder irreführende Angaben oder Beleidigungen enthält.¹⁶⁸ Sind die Voraussetzungen des § 126 Abs. 2 S. 1 Nr. 3 für den Gegenantrag oder die Begründung erfüllt, müssen weder der Gegenantrag noch die Begründung zugänglich gemacht werden.¹⁶⁹ Der Vorstand ist nicht verpflichtet, die betreffenden Passagen zu eliminieren und den Gegenantrag bzw. die Begründung in gekürzter Form zugänglich zu machen.¹⁷⁰

32 Gem. § 126 Abs. 2 S. 1 Nr. 3 Alt. 1 sind zunächst **falsche oder irreführende Angaben** erforderlich. Nicht ausreichend ist, dass die Bewertung sachlich zutreffender Tatsachen falsch oder irreführend ist. Die der Bewertung zugrunde liegenden Tatsachen selbst müssen falsch oder irreführend sein.¹⁷¹ Die Publizitätspflicht ist ferner nur dann ausgeschlossen, wenn die falschen oder irreführenden Tatsachen **wesentliche Punkte** der Begründung betreffen. Es muss sich um tragende Punkte handeln, die den Kern der Begründung ausmachen.¹⁷² Diese Voraussetzung ist erfüllt, wenn sich ein verständiger

---

[159] Vgl. Bürgers/Körber/*Reger* Rn. 16; MüKoAktG/*Kubis* Rn. 30.
[160] Vgl. Bürgers/Körber/*Reger* Rn. 16; Großkomm AktG/*Butzke* Rn. 61; MüKoAktG/*Kubis* Rn. 31; K. Schmidt/Lutter/*Ziemons* Rn. 37; *Butzke* Die Hauptversammlung der AG Rn. B 158; *Schlitt* in Semler/Volhard/Reichert HV-HdB § 4 Rn. 321.
[161] S. die Beispiele bei Hüffer/Koch/*Koch*, 13. Aufl. 2018, Rn. 8; s. auch Großkomm AktG/*Butzke* Rn. 61; Hölters/*Drinhausen* Rn. 16; Kölner Komm AktG/*Noack/Zetzsche* Rn. 84; MüKoAktG/*Kubis* Rn. 31; *Schlitt* in Semler/Volhard/Reichert HV-HdB § 4 Rn. 321; *Lehmann* FS Quack, 1991, 287 (295 f.).
[162] *Lehmann* FS Quack, 1991, 287 (295); aA MüKoAktG/*Kubis* Rn. 31.
[163] MüKoAktG/*Kubis* Rn. 32; *Lehmann* FS Quack, 1991, 287 (295).
[164] MüKoAktG/*Kubis* Rn. 32.
[165] MüKoAktG/*Kubis* Rn. 32; *Butzke* Die Hauptversammlung der AG Rn. B 158.
[166] Vgl. Großkomm AktG/*Butzke* Rn. 62; MüKoAktG/*Kubis* Rn. 32; *Schlitt* in Semler/Volhard/Reichert HV-HdB § 4 Rn. 321; *Höreth* AG-Report 2011, R. 116 f.; *Lehmann* FS Quack, 1991, 287 (295 f.); s. auch Kölner Komm AktG/*Noack/Zetzsche* Rn. 83; *Butzke* Die Hauptversammlung der AG Rn. B 158, die allerdings einen Gegenantrag, der sich nur auf einen Teil des Bilanzgewinns bezieht, nicht als unzulässig ansehen wollen.
[167] Vgl. Kölner Komm AktG/*Noack/Zetzsche* Rn. 87: Gesellschaft kann nicht zu Handlangerdiensten bei der Verbreitung von Unwahrheiten und Beleidigungen verpflichtet werden.
[168] Bürgers/Körber/*Reger* Rn. 19; Großkomm AktG/*Butzke* Rn. 65, 67; Hölters/*Drinhausen* Rn. 17; MüKoAktG/*Kubis* Rn. 33; K. Schmidt/Lutter/*Ziemons* Rn. 40 f.; Wachter/*Mayrhofer* Rn. 11.
[169] MüKoAktG/*Kubis* Rn. 33; aA Hüffer/Koch/*Koch*, 13. Aufl. 2018, Rn. 7; Kölner Komm AktG/*Noack/Zetzsche* Rn. 72.
[170] Kölner Komm AktG/*Noack/Zetzsche* Rn. 91.
[171] Großkomm AktG/*Butzke* Rn. 65; MüKoAktG/*Kubis* Rn. 34; K. Schmidt/Lutter/*Ziemons* Rn. 40.
[172] Vgl. Bürgers/Körber/*Reger* Rn. 18; GHEK/*Eckardt* Rn. 40; Großkomm AktG/*Butzke* Rn. 65; MüKoAktG/*Kubis* Rn. 34; K. Schmidt/Lutter/*Ziemons* Rn. 40.

Durchschnittsaktionär bei seiner Entscheidung über die Stimmrechtsausübung von den betreffenden Angaben beeinflussen lassen würde.[173] Ausreichend ist, dass zu einem von mehreren wesentlichen Punkten falsche oder irreführende Angaben gemacht werden.[174] Da die Verwaltung in ihrer Stellungnahme die Möglichkeit zur Klarstellung hat, ist bei der Feststellung der Wesentlichkeit eine gewisse Toleranzschwelle anzusetzen.[175]

Die Ausnahme gem. § 126 Abs. 2 S. 1 Nr. 3 Alt. 1 greift nur ein, wenn die falschen oder irreführenden Angaben **offensichtlich** sind. Bei der Beurteilung ist auf den **Standpunkt eines unbefangenen, mit den Verhältnissen nicht vertrauten Lesers** abzustellen.[176] Die falschen oder irreführenden Angaben müssen dementsprechend aus der Begründung selbst klar hervorgehen und dürfen sich nicht nur für Eingeweihte (zB aus in der Begründung enthaltenen Andeutungen) erschließen.[177] Offensichtlich falsche Angaben zu einem wesentlichen Punkt liegen nach einer älteren Entscheidung des OLG Düsseldorf vor, wenn die Begründung den Eindruck erweckt, dass der vorgeschlagene Prüfer in der Vergangenheit absichtlich ein falsches Gutachten erstattet habe, obwohl in Wahrheit allenfalls die erforderliche Sorgfalt außer Acht gelassen wurde.[178] Dagegen ist nach Ansicht des OLG Stuttgart die Behauptung, dass dem Verkauf eines Grundstücks zwar eine Schätzung, aber keine Verkaufswertschätzung zugrunde gelegen habe, weder offensichtlich falsch noch irreführend, wenn der Verkaufspreis einem zwecks Vermögensfeststellung erstatteten Wertgutachten entnommen wurde.[179]

Gem. § 126 Abs. 2 S. 1 Nr. 3 Alt. 2 muss die Begründung (oder der Gegenantrag selbst, → Rn. 31) **Beleidigungen** enthalten. Unerheblich ist, ob Organmitglieder der Gesellschaft oder Dritte beleidigt werden.[180] Erfasst sind nicht nur Beleidigungen iSv § 185 StGB, sondern auch üble Nachrede (§ 186) und Verleumdung (§ 187).[181] Eine Publizitätspflicht besteht gleichwohl, wenn der Aktionär vor Ablauf der 14-Tage-Frist den Wahrheitsbeweis iSd §§ 186, 187 StGB erbringt oder berechtigte Interessen iSd § 193 StGB glaubhaft macht.[182] Anders als in den Fällen von § 126 Abs. 2 S. 1 Nr. 3 Alt. 1 kommt es nicht darauf an, ob die Beleidigung einen wesentlichen Teil der Begründung oder des Gegenantrags ausmacht.[183]

5. Auf denselben Sachverhalt gestützter Gegenantrag (Abs. 2 S. 1 Nr. 4). Gem. § 126 Abs. 2 S. 1 Nr. 4 müssen ein Gegenantrag und dessen Begründung nicht veröffentlicht werden, wenn ein auf denselben Sachverhalt gestützter Gegenantrag des Aktionärs bereits zu einer Hauptversammlung der Gesellschaft nach § 125 zugänglich gemacht worden ist. Die Vorschrift soll wie Nr. 5 querulatorische, von vornherein aussichtslose Gegenanträge von der Mitteilungspflicht ausnehmen.[184] § 126 Abs. 2 S. 1 Nr. 4 erwähnt nur Gegenanträge, die „nach § 125 zugänglich gemacht" wurden. Die Worte „zugänglich gemacht" wurden durch das TransPuG anstelle des Worts „mitge-

---

[173] GHEK/*Eckardt* Rn. 40.
[174] Großkomm AktG/*Werner*, 4. Aufl. 1993, Rn. 57 Fn. 52; aA Kölner Komm AktG/*Zöllner*, 1. Aufl. 1985, §§ 125–127 Rn. 20.
[175] Großkomm AktG/*Butzke* Rn. 65; Kölner Komm AktG/*Noack/Zetzsche* Rn. 89.
[176] OLG Stuttgart AG 1995, 233 (234) – ASS; OLG Stuttgart AG 1995, 236; OLG Düsseldorf AG 1968, 19 (20); Bürgers/Körber/*Reger* Rn. 17; Grigoleit/*Herrler* Rn. 14; Großkomm AktG/*Butzke* Rn. 66; MüKoAktG/*Kubis* Rn. 34; K. Schmidt/Lutter/*Ziemons* Rn. 40.
[177] GHEK/*Eckardt* Rn. 42; Großkomm AktG/*Butzke* Rn. 66; MüKoAktG/*Kubis* Rn. 34.
[178] OLG Düsseldorf AG 1968, 19 (20); ebenso LG Wuppertal AG 1967, 139 f. (Vorinstanz); Hüffer/Koch/*Koch*, 13. Aufl. 2018, Rn. 8a; *Lehmann* FS Quack, 1991, 287 (296); aA Kölner Komm AktG/*Zöllner*, 1. Aufl. 1985, §§ 125–127 Rn. 19; krit. GHEK/*Eckardt* Rn. 41; MüKoAktG/*Kubis* Rn. 34 Fn. 115, da in dem konkreten Fall das behauptete Fehlverhalten mehr als 30 Jahre zurücklag; s. auch Großkomm AktG/*Werner*, 4. Aufl. 1993, Rn. 57 Fn. 53: Grenzfall.
[179] OLG Stuttgart AG 1995, 233 (234) – ASS; ebenso LG Stuttgart AG 1994, 427 – ASS (Vorinstanz); Bürgers/Körber/*Reger* Rn. 18.
[180] Großkomm AktG/*Butzke* Rn. 67; MüKoAktG/*Kubis* Rn. 35; aA noch Großkomm AktG/*Barz*, 3. Aufl. 1973, Anm. 9.
[181] AllgA, s. Bürgers/Körber/*Reger* Rn. 19; GHEK/*Eckardt* Rn. 43; Großkomm AktG/*Butzke* Rn. 67; Hölters/*Drinhausen* Rn. 17; Hüffer/Koch/*Koch*, 13. Aufl. 2018, Rn. 8a; Kölner Komm AktG/*Noack/Zetzsche* Rn. 90; MüKoAktG/*Kubis* Rn. 35; K. Schmidt/Lutter/*Ziemons* Rn. 41; *v. Godin/Wilhelmi* § 126 Anm. 5; Wachter/*Mayrhofer* Rn. 11.
[182] Bürgers/Körber/*Reger* Rn. 19; Großkomm AktG/*Butzke* Rn. 67; Hölters/*Drinhausen* Rn. 17; MüKoAktG/*Kubis* Rn. 35; Wachter/*Mayrhofer* Rn. 11; weitergehend Kölner Komm AktG/*Noack/Zetzsche* Rn. 90: Vorstand müsse in Zweifelsfällen ein berechtigtes Interesse gem. § 193 StGB eingeräumt werden.
[183] GHEK/*Eckardt* Rn. 44; Großkomm AktG/*Butzke* Rn. 67; Kölner Komm AktG/*Noack/Zetzsche* Rn. 90; MüKoAktG/*Kubis* Rn. 35; Wachter/*Mayrhofer* Rn. 11.
[184] Vgl. GHEK/*Eckardt* Rn. 45; Großkomm AktG/*Butzke* Rn. 70; MüKoAktG/*Kubis* Rn. 36; K. Schmidt/Lutter/*Ziemons* Rn. 44; krit. zur Reichweite von § 126 Abs. 2 S. 1 Nr. 4 Kölner Komm AktG/*Noack/Zetzsche* Rn. 93.

teilt" eingefügt. Dabei hat der Gesetzgeber übersehen, dass er die Publizitätspflicht für Gegenanträge mit dem TransPuG nicht mehr in § 125, sondern in § 126 Abs. 1 geregelt hat. Die Ausnahmeregelung muss daher auch für Gegenanträge gelten, die gem. § 126 Abs. 1 zugänglich gemacht wurden.[185] Darüber hinaus gilt sie ohne weiteres auch für Gegenanträge, die gem. § 125 Abs. 1 aF mitgeteilt wurden (wobei dies heute praktisch keine Rolle mehr spielen dürfte).[186]

36 § 126 Abs. 2 S. 1 Nr. 4 setzt voraus, dass der Gegenantrag auf **denselben Sachverhalt** gestützt wird, auf den ein bereits in der Vergangenheit mitgeteilter oder zugänglich gemachter Gegenantrag gestützt wurde. Erforderlich ist eine Identität des Sachverhalts; eine bloße Ähnlichkeit reicht nicht aus.[187] Identität ist gegeben, wenn es sich im Kern um denselben Vorgang handelt.[188] Die strengeren prozessualen Grundsätze über die Rechtskraftwirkung sind insoweit nicht übertragbar.[189] Grundlegende neue Erkenntnisse können den Sachverhalt ändern.[190] Erforderlich ist allein eine Identität des Sachverhalts. Der Gegenantrag selbst muss (anders als bei Nr. 5) nicht identisch sein.[191] Der Gegenantrag kann **zu einer beliebigen früheren Hauptversammlung** der Gesellschaft (oder ihrer Gesamtrechtsvorgängerin) mitgeteilt oder zugänglich gemacht worden sein.[192] § 126 Abs. 2 S. 1 Nr. 4 sieht insoweit keine zeitliche Begrenzung vor.[193] Ein vor mehreren Jahren gestellter Gegenantrag dürfte aber idR nicht denselben Sachverhalt betreffen.[194] Die Ausnahmeregelung stellt allein darauf ab, ob der Gegenantrag zugänglich gemacht bzw. mitgeteilt wurde. Nicht entscheidend ist, ob er in der früheren Hauptversammlung tatsächlich gestellt wurde und welcher Teil des Grundkapitals für den Gegenantrag gestimmt hat.[195] Der erneute Gegenantrag muss schließlich **von demselben Aktionär** oder einem Gesamtrechtsnachfolger gestellt werden. Einzelrechtsnachfolge reicht nicht aus.[196] Der Ausnahmetatbestand ist auch erfüllt, wenn anstelle des Aktionärs ein Strohmann handelt.[197] Angesichts der damit verbundenen Beweisschwierigkeiten,[198] wird sich in einem solchen Fall zur Vermeidung von Anfechtungsrisiken idR gleichwohl ein Zugänglichmachen empfehlen.

37 **6. Wiederholung erfolgloser Gegenanträge (Abs. 2 S. 1 Nr. 5).** Gem. § 126 Abs. 2 S. 1 Nr. 5 müssen ein Gegenantrag und dessen Begründung nicht veröffentlicht werden, wenn derselbe Gegenantrag des Aktionärs mit wesentlich gleicher Begründung in den letzten fünf Jahren bereits **zu mindestens zwei Hauptversammlungen der Gesellschaft** nach § 125 zugänglich gemacht worden ist und in der Hauptversammlung **weniger als 5% des vertretenen Grundkapitals** für ihn gestimmt hat. Die Vorschrift soll wie Nr. 4 querulatorische, von vornherein aussichtslose Gegenanträge von der Mitteilungspflicht ausnehmen.[199] Sie unterscheidet sich von Nr. 4 dadurch, dass sie nicht auf die Identität des Sachverhalts, sondern auf die Identität des Gegenantrags und eine wesentlich gleiche Begründung abstellt. Entgegen dem Wortlaut kommt es darauf an, ob die Gegenanträge gem. § 126 Abs. 1 (nicht gem. § 125) zugänglich gemacht wurden (→ Rn. 35).[200]

38 **Identität des Gegenantrags** ist gegeben, wenn er unter Außerachtlassung des zeitlichen Moments (insbesondere Bezug auf bestimmtes Geschäftsjahr) im Wesentlichen denselben Vorschlag

---

[185] MüKoAktG/*Kubis* Rn. 36; K. Schmidt/Lutter/*Ziemons* Rn. 44.
[186] Großkomm AktG/*Butzke* Rn. 69; MüKoAktG/*Kubis* Rn. 36.
[187] Hölters/*Drinhausen* Rn. 18; Kölner Komm AktG/*Noack*/*Zetzsche* Rn. 93; MüKoAktG/*Kubis* Rn. 36.
[188] LG Frankfurt a. M. AG 1992, 235 f. – Hornblower Fischer AG; Bürgers/Körber/*Reger* Rn. 20; Großkomm AktG/*Butzke* Rn. 71; Hölters/*Drinhausen* Rn. 18; Kölner Komm AktG/*Noack*/*Zetzsche* Rn. 93; MüKoAktG/*Kubis* Rn. 36.
[189] Kölner Komm AktG/*Noack*/*Zetzsche* Rn. 93; MüKoAktG/*Kubis* Rn. 36; *Lehmann* FS Quack, 1991, 287 (297).
[190] *Lehmann* FS Quack, 1991, 287 (297) (mit Beispiel).
[191] Bürgers/Körber/*Reger* Rn. 20; Großkomm AktG/*Butzke* Rn. 71; Kölner Komm AktG/*Noack*/*Zetzsche* Rn. 93; MüKoAktG/*Kubis* Rn. 36; MHdB AG/*Bungert* § 36 Rn. 105; *Höreth* AG-Report 2011, R 116, R 117; *Lehmann* FS Quack, 1991, 287 (297).
[192] MüKoAktG/*Kubis* Rn. 36.
[193] Teilweise wird eine ungeschriebene Grenze von 10 Jahren angenommen, s. Bürgers/Körber/*Reger* Rn. 21; Großkomm AktG/*Butzke* Rn. 69; *Butzke* Die Hauptversammlung der AG Rn. B 158.
[194] In diese Richtung auch Kölner Komm AktG/*Noack*/*Zetzsche* Rn. 95.
[195] MüKoAktG/*Kubis* Rn. 33; teilw. aA *Butzke* Die Hauptversammlung der AG Rn. B 158, der § 126 Abs. 2 S. 1 Nr. 4 bei erfolgreichen Gegenanträgen einschränkend auslegen will.
[196] Bürgers/Körber/*Reger* Rn. 21; Großkomm AktG/*Butzke* Rn. 71; MüKoAktG/*Kubis* Rn. 36.
[197] GHEK/*Eckardt* Rn. 45; Großkomm AktG/*Butzke* Rn. 71; Kölner Komm AktG/*Noack*/*Zetzsche* Rn. 94; MüKoAktG/*Kubis* Rn. 36.
[198] Vgl. Kölner Komm AktG/*Noack*/*Zetzsche* Rn. 94; MüKoAktG/*Kubis* Rn. 36, die bei nahen Angehörigen eine Umgehung vermuten wollen.
[199] Vgl. MüKoAktG/*Kubis* Rn. 37.
[200] MüKoAktG/*Kubis* Rn. 37; K. Schmidt/Lutter/*Ziemons* Rn. 44.

enthält.²⁰¹ Identische Gegenanträge liegen etwa vor, wenn für verschiedene Geschäftsjahre die Nichtentlastung der Mitglieder desselben Organs beantragt wird. Unabhängig von der Höhe des Bilanzgewinns sind auch Gegenanträge erfasst, die eine identische Gewinnverwendung vorschlagen.²⁰² Die Gegenanträge müssen **wesentlich gleich begründet** sein. Dies ist der Fall, wenn die Begründung im Kern auf die gleichen tragenden Argumente gestützt ist.²⁰³ Die Begründung ist auch dann noch wesentlich gleich, wenn die in der Vergangenheit vorgetragenen Argumente lediglich ergänzt werden.²⁰⁴ Erforderlich ist zudem, dass identische Anträge in den letzten fünf Jahren zu mindestens zwei Hauptversammlungen der Gesellschaft publiziert wurden und jeweils weniger als 5% des vertretenen Grundkapitals für die Anträge gestimmt hat. Es kann sich um beliebige Hauptversammlungen der Gesellschaft (oder ihrer Rechtsvorgängerin) handeln.²⁰⁵ Kein Fall von § 126 Abs. 2 S. 1 Nr. 5 liegt vor, wenn der Gegenantrag zwar in der Hauptversammlung gestellt, zuvor aber nicht gem. § 126 zugänglich gemacht worden ist. Gleiches gilt für den umgekehrten Fall, dass der Antrag zwar nach § 126 zugänglich gemacht, dann aber in der Hauptversammlung nicht gestellt wurde.²⁰⁶ Die **Fünfjahresfrist** ist vom Zugang des Gegenantrags an rückwärts zu rechnen.²⁰⁷ Die Voraussetzung, dass weniger als 5% des vertretenen Grundkapitals für die früheren Gegenanträge gestimmt hat, ist auch dann erfüllt, wenn nur die Verwaltungsvorschläge zur Abstimmung gestellt wurden und eine Mehrheit von mehr als 95% des bei der Beschlussfassung vertretenen Grundkapitals erreicht haben.²⁰⁸ Erforderlich ist zudem Identität des Antragstellers. Hier gelten dieselben Grundsätze wie bei Nr. 4 (→ Rn. 36).

7. Fehlende Teilnahmeabsicht (Abs. 2 S. 1 Nr. 6). Gem. § 126 Abs. 2 S. 1 Nr. 6 müssen ein Gegenantrag und dessen Begründung nicht veröffentlicht werden, wenn der Aktionär zu erkennen gibt, dass er an der Hauptversammlung nicht teilnehmen und sich nicht vertreten lassen wird. Die fehlende Teilnahmeabsicht muss **nicht ausdrücklich erklärt** werden. Der Aktionär gibt auch dann zu erkennen, dass er an der Hauptversammlung nicht teilnehmen und sich nicht vertreten lassen wird, wenn er Umstände dartut, aus denen sich eindeutig auf die fehlende Teilnahmeabsicht schließen lässt.²⁰⁹ Umstände, die lediglich eine entsprechende Vermutung begründen, reichen nicht aus.²¹⁰ Die fehlende Teilnahmeabsicht kann auch gegenüber Dritten (zB der Presse) geäußert worden sein.²¹¹ Unerheblich ist der Zeitpunkt, zu dem die fehlende Teilnahmeabsicht geäußert wurde.²¹²

8. Unterlassene Antragstellung (Abs. 2 S. 1 Nr. 7). Gem. § 126 Abs. 2 S. 1 Nr. 7 müssen ein Gegenantrag und dessen Begründung nicht veröffentlicht werden, wenn der Aktionär in den letzten zwei Jahren in zwei Hauptversammlungen einen von ihm mitgeteilten Gegenantrag weder selbst noch durch einen Vertreter gestellt hat. Die Gegenanträge müssen entgegen dem Wortlaut nicht vom Aktionär mitgeteilt, sondern nach § 126 Abs. 1 zugänglich gemacht worden sein.²¹³ Es muss sich anders als bei Nr. 5 nicht um identische (oder auch nur ähnliche) Gegenanträge handeln.²¹⁴ Gegenanträgen stehen Wahlvorschläge iSv § 127 gleich.²¹⁵ Die Ausnahmeregelung setzt voraus, dass in den letzten zwei Jahren in zwei Hauptversammlungen eine Antragstellung unterblieben ist. Die **Zweijahresfrist** ist vom Zugang des Gegenantrags an rückwärts zu rechnen.²¹⁶ Anders als Nr. 4 und 5 stellt Nr. 7 nicht auf Hauptversammlungen der Gesellschaft ab, so dass es sich auch um

---

[201] Bürgers/Körber/*Reger* Rn. 22; Großkomm AktG/*Butzke* Rn. 73; Hölters/*Drinhausen* Rn. 19; Kölner Komm AktG/*Noack*/*Zetzsche* Rn. 96; MüKoAktG/*Kubis* Rn. 37.
[202] Bürgers/Körber/*Reger* Rn. 22; Kölner Komm AktG/*Noack*/*Zetzsche* Rn. 96; MüKoAktG/*Kubis* Rn. 37.
[203] Bürgers/Körber/*Reger* Rn. 22; Großkomm AktG/*Butzke* Rn. 73; Hölters/*Drinhausen* Rn. 19; MüKoAktG/*Kubis* Rn. 37; *Lehmann* FS Quack, 1991, 287 (298).
[204] MüKoAktG/*Kubis* Rn. 37.
[205] Vgl. Großkomm AktG/*Butzke* Rn. 73; MüKoAktG/*Kubis* Rn. 37.
[206] Kölner Komm AktG/*Noack*/*Zetzsche* Rn. 98; aA wohl Großkomm AktG/*Butzke* Rn. 75.
[207] GHEK/*Eckardt* Rn. 46; Großkomm AktG/*Butzke* Rn. 75; Hölters/*Drinhausen* Rn. 19; MüKoAktG/*Kubis* Rn. 37; *Schlitt* in Semler/Volhard/Reichert HV-HdB § 4 Rn. 325.
[208] Großkomm AktG/*Butzke* Rn. 75; Kölner Komm AktG/*Noack*/*Zetzsche* Rn. 99; MüKoAktG/*Kubis* Rn. 37; *Höreth* AG-Report 2011, R 116, R 117.
[209] GHEK/*Eckardt* Rn. 47; Grigoleit/*Herrler* Rn. 14; wohl auch Großkomm AktG/*Butzke* Rn. 78; aA K. Schmidt/Lutter/*Ziemons* Rn. 43, die eine eindeutige Erklärung der fehlenden Teilnahmeabsicht verlangt.
[210] Bürgers/Körber/*Reger* Rn. 23; GHEK/*Eckardt* Rn. 47; Großkomm AktG/*Butzke* Rn. 78; MüKoAktG/*Kubis* Rn. 38.
[211] Hölters/*Drinhausen* Rn. 20; Kölner Komm AktG/*Noack*/*Zetzsche* Rn. 101; MüKoAktG/*Kubis* Rn. 38.
[212] Kölner Komm AktG/*Noack*/*Zetzsche* Rn. 101; MüKoAktG/*Kubis* Rn. 38.
[213] Großkomm AktG/*Butzke* Rn. 81; MüKoAktG/*Kubis* Rn. 39.
[214] MüKoAktG/*Kubis* Rn. 39; *Lehmann* FS Quack, 1991, 287 (298).
[215] GHEK/*Eckardt* Rn. 50.
[216] GHEK/*Eckardt* Rn. 51; Kölner Komm AktG/*Noack*/*Zetzsche* Rn. 105.

Hauptversammlungen anderer Gesellschaften handeln kann.[217] Unerheblich ist, aus welchen Gründen die Antragstellung unterblieben ist.[218]

41 9. **Überlange Begründung (Abs. 2 S. 2).** Gem. § 126 Abs. 2 S. 2 braucht die Begründung nicht zugänglich gemacht zu werden, wenn sie insgesamt mehr als 5000 Zeichen beträgt. Die Grenze von 5000 Zeichen wurde durch Art. 1 Nr. 13 TransPuG eingefügt. Zuvor lag die Grenze bei 100 Worten. Die Anhebung rechtfertigt sich daraus, dass Gegenanträge seit Inkrafttreten des TransPuG nicht mehr mitgeteilt, sondern nur noch zugänglich gemacht werden müssen.[219] Die Anknüpfung an die Zahl der Zeichen wird damit begründet, dass das Zählen der Zeichen bei modernen Textverarbeitungsprogrammen automatisch erfolge.[220] Gleichwohl wäre es sinnvoller gewesen, weiterhin an Worte anzuknüpfen, da der vom Aktionär übersandte Text nicht zwingend in ein Textverarbeitungsformat umzuwandeln ist (→ Rn. 20). Die Grenze von 5000 Zeichen **gilt allein für die Begründung** (nicht für den Gegenantrag).[221] Sie gilt pro Gegenantrag und nicht pro Aktionär.[222] Nach zutreffender hM umfasst die Grenze von 5000 Zeichen auch Satzzeichen.[223] Da § 126 Abs. 2 S. 2 ohne Einschränkung auf die Zahl der Zeichen abstellt, sind darüber hinaus auch **Leerzeichen** erfasst.[224]

42 Ist die Grenze von 5000 Zeichen überschritten, muss zwar der Gegenantrag, nicht aber die Begründung zugänglich gemacht werden. Der Vorstand ist in diesem Fall berechtigt, die **Begründung insgesamt nicht zu veröffentlichen.** Er ist nach allgemeiner Ansicht nicht verpflichtet, die Begründung entsprechend zu kürzen.[225] Dagegen wird man dem Vorstand grundsätzlich ein Recht zur sinnwahrenden Kürzung einer überlangen Begründung zubilligen können.[226] Gleichwohl dürfte es sich zur Vermeidung von Anfechtungsrisiken idR empfehlen, von dieser Kürzungsbefugnis keinen Gebrauch zu machen und auf ein Zugänglichmachen der Begründung ganz zu verzichten. Unzulässig ist ein Zugänglichmachen nur der ersten 5000 Zeichen einer überlangen Begründung.[227]

IV. Zusammenfassung von Gegenanträgen (Abs. 3)

43 Gem. § 126 Abs. 3 kann der Vorstand Gegenanträge und ihre Begründungen zusammenfassen, die von mehreren Aktionären zu demselben Gegenstand der Beschlussfassung gestellt wurden. Eine Pflicht zur Zusammenfassung besteht nicht. Die von § 126 Abs. 3 verlangte Identität ist **nur im Hinblick auf den Beschlussgegenstand** erforderlich; die Gegenanträge müssen nicht identisch

---

[217] Bürgers/Körber/*Reger* Rn. 23; GHEK/*Eckardt* Rn. 49; Großkomm AktG/*Butzke* Rn. 81; Hölters/*Drinhausen* Rn. 21; Kölner Komm AktG/*Noack*/*Zetzsche* Rn. 103; MüKoAktG/*Kubis* Rn. 39; K. Schmidt/Lutter/*Ziemons* Rn. 44; *Butzke* Die Hauptversammlung der AG Rn. B 158.
[218] MüKoAktG/*Kubis* Rn. 39; für Ausnahme bei höherer Gewalt GHEK/*Eckardt* Rn. 52; Großkomm AktG/*Butzke* Rn. 81; *Schlitt* in Semler/Volhard/Reichert HV-HdB § 4 Rn. 327; einschränkend auch Kölner Komm AktG/*Noack*/*Zetzsche* Rn. 106: Aktionär könne jederzeit seine Meinung ändern und seinen zunächst gestellten Gegenantrag zurücknehmen.
[219] Vgl. *Seibert* NZG 2002, 608 (611).
[220] *Seibert* NZG 2002, 608 (611).
[221] MüKoAktG/*Kubis* Rn. 40.
[222] MüKoAktG/*Kubis* Rn. 40.
[223] Bürgers/Körber/*Reger* Rn. 24; Grigoleit/*Herrler* Rn. 15; Großkomm AktG/*Butzke* Rn. 84; Hölters/*Drinhausen* Rn. 22; Hüffer/Koch/*Koch* Rn. 9; Kölner Komm AktG/*Noack*/*Zetzsche* Rn. 108; Wachter/*Mayrhofer* Rn. 14; MHdB AG/*Bungert* § 36 Rn. 102.
[224] Bürgers/Körber/*Reger* Rn. 24; Grigoleit/*Herrler* Rn. 15; MüKoAktG/*Kubis* Rn. 40; K. Schmidt/Lutter/*Ziemons* Rn. 28; Wachter/*Mayrhofer* Rn. 14; *Mutter* ZIP 2002, 1759; *Mutter* AG-Report 2003, 34; *Mutter* AG-Report 2004, 156; aA Großkomm AktG/*Butzke* Rn. 84; Hölters/*Drinhausen* Rn. 22; Hüffer/Koch/*Koch*, 13. Aufl. 2018, Rn. 9; Kölner Komm AktG/*Noack*/*Zetzsche* Rn. 108; *Butzke* Die Hauptversammlung der AG Rn. B 160 Fn. 342; MHdB AG/*Bungert* § 36 Rn. 102; *Noack* NZG 2003, 241 (244); *Pentz* ZIP 2003, 1925 (1927 f.).
[225] Bürgers/Körber/*Reger* Rn. 24; Grigoleit/*Herrler* Rn. 15; Großkomm AktG/*Butzke* Rn. 83; Hüffer/Koch/*Koch*, 13. Aufl. 2018, Rn. 9; MüKoAktG/*Kubis* Rn. 40; *Butzke* Die Hauptversammlung der AG Rn. B 160; *Schlitt* in Semler/Volhard/Reichert HV-HdB § 4 Rn. 329.
[226] Grigoleit/*Herrler* Rn. 15; Großkomm AktG/*Butzke* Rn. 83; Wachter/*Mayrhofer* Rn. 14; *Butzke* Die Hauptversammlung der AG Rn. B 160; MHdB AG/*Bungert* § 36 Rn. 102; *Schlitt* in Semler/Volhard/Reichert HV-HdB § 4 Rn. 329; aA GHEK/*Eckardt* Rn. 54; Hölters/*Drinhausen* Rn. 22; Kölner Komm AktG/*Noack*/*Zetzsche* Rn. 107; MüKoAktG/*Kubis* Rn. 40; wohl auch Hüffer/Koch/*Koch*, 13. Aufl. 2018, Rn. 9.
[227] Bürgers/Körber/*Reger* Rn. 24; Grigoleit/*Herrler* Rn. 15; Hüffer/Koch/*Koch*, 13. Aufl. 2018, Rn. 9; Kölner Komm AktG/*Noack*/*Zetzsche* Rn. 107; MüKoAktG/*Kubis* Rn. 40; Wachter/*Mayrhofer* Rn. 14; *Butzke* Die Hauptversammlung der AG Rn. B 160; *Schlitt* in Semler/Volhard/Reichert HV-HdB § 4 Rn. 329; aA offenbar NK-AktR/*M. Müller* Rn. 33.

sein.²²⁸ Identität der Beschlussgegenstände ist idR dann gegeben, wenn sich die Gegenanträge auf denselben Tagesordnungspunkt beziehen. Zwingend ist dies nicht, da unter einem Tagesordnungspunkt auch verschiedene Beschlussgegenstände abgehandelt werden können.²²⁹ Nach teilweise vertretener Ansicht ist § 126 Abs. 3 im Lichte von Art. 5 Abs. 4 S. 1 lit. d Aktionärsrechte-RL und Art. 6 Abs. 1 lit. b Aktionärsrechte-RL²³⁰ richtlinienkonform auszulegen und der Anwendungsbereich der Vorschrift auf nicht börsennotierte Gesellschaften zu beschränken.²³¹ Dies überzeugt nicht.²³² Art. 5 Abs. 4 S. 1 lit. d Aktionärsrechte-RL sieht zwar nur vor, dass von Aktionären eingebrachte Beschlussvorlagen auf der Internetseite hinzuzufügen sind, ohne dass die Möglichkeit einer Zusammenfassung erwähnt wird. Allerdings lässt sich auch bei Veröffentlichung einer Zusammenfassung ohne weiteres noch von einem Hinzufügen der Beschlussvorlagen sprechen. Darüber hinaus bestehen angesichts des eindeutigen Wortlauts der Vorschrift bereits Zweifel ob § 126 Abs. 3 einer richtlinienkonformen Auslegung überhaupt zugänglich wäre (→ Rn. 9a, 11a).

§ 126 Abs. 3 gestattet nicht nur eine räumliche, sondern auch eine **inhaltliche Zusammenfassung**.²³³ Der Vorstand darf bei der Zusammenfassung insbesondere Wiederholungen weglassen und überflüssige Ausführungen streichen.²³⁴ Er ist nicht an den Wortlaut der Gegenanträge und der Begründungen gebunden, sollte jedoch möglichst die Ausführungen der Aktionäre wiedergeben.²³⁵ Redaktionelle Änderungen und sprachliche Glättungen (auch im Sinne einer verbalen Entschärfung) sind unproblematisch.²³⁶ Erforderlich ist stets, dass die Gegenanträge und deren Begründungen **in ihrem wesentlichen Kern inhaltlich unverfälscht und ohne Verkürzung** erhalten bleiben.²³⁷ Soweit die einzelnen Gegenanträge und Begründungen inhaltlich voneinander abweichen, muss die Zuordnung zu den einzelnen Aktionären erkennbar bleiben.²³⁸ Hierdurch soll verhindert werden, dass ein sorgfältig begründeter Gegenantrag durch Vermengung mit unsinnigen Begründungen verwässert wird.²³⁹ Bei der Zusammenfassung ist der Vorstand nicht an die Grenze von 5000 Zeichen gebunden.²⁴⁰ Angesichts des bei einer Sinnverfälschung drohenden Anfechtungsrisikos, empfiehlt es sich, von der Möglichkeit der Zusammenfassung keinen Gebrauch zu machen (→ Rn. 45). Die Praxis sieht dementsprechend auch regelmäßig von einer Zusammenfassung ab (→ Rn. 1). **44**

V. Rechtsfolgen von Verstößen

Wird ein publizitätspflichtiger Gegenantrag nicht gem. § 126 Abs. 1 zugänglich gemacht, kann dies zur **Anfechtbarkeit** des Hauptversammlungsbeschlusses führen.²⁴¹ Voraussetzung ist, dass der Verstoß für die Beschlussfassung **relevant** ist. Dies ist idR (aber nicht zwingend) der Fall, wenn der Gegenantrag und dessen Begründung überhaupt nicht zugänglich gemacht werden.²⁴² Dabei spielt **45**

---

²²⁸ Vgl. Bürgers/Körber/*Reger* Rn. 28; Grigoleit/*Herrler* Rn. 16; Großkomm AktG/*Butzke* Rn. 86; Hölters/*Drinhausen* Rn. 23; Hüffer/Koch/*Koch*, 13. Aufl. 2018, Rn. 10; MüKoAktG/*Kubis* Rn. 42; Wachter/*Mayrhofer* Rn. 15; *Schlitt* in Semler/Volhard/Reichert HV-HdB § 4 Rn. 330.
²²⁹ Vgl. Großkomm AktG/*Butzke* Rn. 86; Hölters/*Drinhausen* Rn. 23; MüKoAktG/*Kubis* Rn. 42.
²³⁰ RL 2007/36/EG des Europäischen Parlaments und des Rates v. 11.7.2007 über die Ausübung bestimmter Rechte von Aktionären in börsennotierten Gesellschaften, ABl. EU 2007 Nr. L 184 S. 17.
²³¹ Kölner Komm AktG/*Noack/Zetzsche* Rn. 110; K. Schmidt/Lutter/*Ziemons* Rn. 40.
²³² Wie hier Großkomm AktG/*Butzke* Rn. 88.
²³³ Bürgers/Körber/*Reger* Rn. 28; Grigoleit/*Herrler* Rn. 16; MüKoAktG/*Kubis* Rn. 43.
²³⁴ BegrRegE bei *Kropff* S. 179; Bürgers/Körber/*Reger* Rn. 28; Grigoleit/*Herrler* Rn. 16; Großkomm AktG/*Butzke* Rn. 87; Hölters/*Drinhausen* Rn. 23; Hüffer/Koch/*Koch*, 13. Aufl. 2018, Rn. 10; MüKoAktG/*Kubis* Rn. 43; *Schlitt* in Semler/Volhard/Reichert HV-HdB § 4 Rn. 330.
²³⁵ BegrRegE bei *Kropff* S. 179; GHEK/*Eckardt* Rn. 57; Großkomm AktG/*Butzke* Rn. 87; MüKoAktG/*Kubis* Rn. 43.
²³⁶ Bürgers/Körber/*Reger* Rn. 28; Hölters/*Drinhausen* Rn. 23; Kölner Komm AktG/*Noack/Zetzsche* Rn. 112; MüKoAktG/*Kubis* Rn. 43; *Schlitt* in Semler/Volhard/Reichert HV-HdB § 4 Rn. 330; *Lehmann* FS Quack, 1991, 287 (299 f.).
²³⁷ Bürgers/Körber/*Reger* Rn. 28; Grigoleit/*Herrler* Rn. 16; Großkomm AktG/*Butzke* Rn. 87; Hüffer/Koch/*Koch*, 13. Aufl. 2018, Rn. 10; MüKoAktG/*Kubis* Rn. 43; K. Schmidt/Lutter/*Ziemons* Rn. 46; Wachter/*Mayrhofer* Rn. 15; *Butzke* Die Hauptversammlung der AG Rn. B 162; *Schlitt* in Semler/Volhard/Reichert HV-HdB § 4 Rn. 330.
²³⁸ Großkomm AktG/*Butzke* Rn. 87; Kölner Komm AktG/*Noack/Zetzsche* Rn. 112; MüKoAktG/*Kubis* Rn. 43; K. Schmidt/Lutter/*Ziemons* Rn. 46; *Butzke* Die Hauptversammlung der AG Rn. B 162.
²³⁹ Vgl. Großkomm AktG/*Butzke* Rn. 87; Kölner Komm AktG/*Noack/Zetzsche* Rn. 112; MüKoAktG/*Kubis* Rn. 43.
²⁴⁰ GHEK/*Eckardt* Rn. 58; Großkomm AktG/*Butzke* Rn. 87; Kölner Komm AktG/*Noack/Zetzsche* Rn. 112; MüKoAktG/*Kubis* Rn. 43; *Schlitt* in Semler/Volhard/Reichert HV-HdB § 4 Rn. 330.
²⁴¹ Großkomm AktG/*Butzke* Rn. 89; Hölters/*Drinhausen* Rn. 24; Kölner Komm AktG/*Noack/Zetzsche* Rn. 113; MüKoAktG/*Kubis* Rn. 44.
²⁴² Enger Kölner Komm AktG/*Noack/Zetzsche* Rn. 115, die bei fehlender Zugänglichmachung die Relevanz offenbar stets bejahen wollen.

es grundsätzlich keine Rolle, ob zu Unrecht die Voraussetzungen des § 126 Abs. 1 verneint wurden oder ob der Vorstand zu Unrecht einen Ausnahmetatbestand gem. § 126 Abs. 2 angenommen hat. Ein Unterschied besteht aber darin, dass für das Vorliegen der Voraussetzungen des § 126 Abs. 1 der Aktionär darlegungs- und beweispflichtig ist, während die Darlegungs- und Beweislast für das Vorliegen eines Ausnahmetatbestands gem. § 126 Abs. 2 die Gesellschaft trifft.[243] Zur Anfechtbarkeit kann auch die Zusammenfassung mehrerer Gegenanträge unter Verstoß gegen § 126 Abs. 3 führen.[244] Hier ist jeweils im Einzelfall zu prüfen, ob der Verstoß bei wertender Betrachtung für die Beschlussfassung relevant war.[245] Auch außerhalb von § 126 Abs. 3 kann die Anfechtbarkeit aus einer **inhaltlich verfälschten Wiedergabe** des Gegenantrags oder der Begründung resultieren. Auch hier sollte die Relevanz im jeweiligen Einzelfall beurteilt werden.[246] Angesichts der Anfechtungsrisiken empfiehlt es sich in der Praxis idR, publizitätspflichtige Gegenanträge 1 : 1 wiederzugeben (ggf. durch Zugänglichmachen des eingescannten Texts) und auf eine Zusammenfassung gem. § 126 Abs. 3 zu verzichten.

§ 127 Wahlvorschläge von Aktionären

[1]Für den Vorschlag eines Aktionärs zur Wahl von Aufsichtsratsmitgliedern oder von Abschlußprüfern gilt § 126 sinngemäß. [2]Der Wahlvorschlag braucht nicht begründet zu werden. [3]Der Vorstand braucht den Wahlvorschlag auch dann nicht zugänglich zu machen, wenn der Vorschlag nicht die Angaben nach § 124 Absatz 3 Satz 4 und § 125 Abs. 1 Satz 5 enthält. [4]Der Vorstand hat den Vorschlag eines Aktionärs zur Wahl von Aufsichtsratsmitgliedern börsennotierter Gesellschaften, für die das Mitbestimmungsgesetz, das Montan-Mitbestimmungsgesetz oder das Mitbestimmungsergänzungsgesetz gilt, mit folgenden Inhalten zu versehen:
1. Hinweis auf die Anforderungen des § 96 Absatz 2,
2. Angabe, ob der Gesamterfüllung nach § 96 Absatz 2 Satz 3 widersprochen wurde und
3. Angabe, wie viele der Sitze im Aufsichtsrat mindestens jeweils von Frauen und Männern besetzt sein müssen, um das Mindestanteilsgebot nach § 96 Absatz 2 Satz 1 zu erfüllen.

Schrifttum: → die Angaben zu § 126 sowie *Rahlmeyer*, Die Stellungnahme der Verwaltung zu Wahlvorschlägen von Aktionären gem. § 127 AktG, ZIP 2015, 1958.

Übersicht

	Rn.		Rn.
I. Überblick	1, 2	2. Ausnahmetatbestände des § 126 Abs. 2	6
II. Anwendungsbereich	3, 4	3. Zusammenfassung von Wahlvorschlägen	7
1. Allgemeines	3	**IV. Besonderheiten bei Wahlvorschlägen**	8–9b
2. Wahlvorschläge	4		
III. Sinngemäße Geltung von § 126 (S. 1)	5–7	1. Kein Begründungszwang (Satz 2)	8
		2. Zusätzliche Angaben (Sätze 3 und 4)	9–9b
1. Zugänglichmachen von Wahlvorschlägen	5	**V. Rechtsfolgen von Verstößen**	10

I. Überblick

1 § 127 ergänzt § 126 im Hinblick auf Wahlvorschläge von Aktionären. Der Norm liegt die (zweifelhafte)[1] Vorstellung zugrunde, dass es sich bei Wahlvorschlägen begrifflich nicht um Gegenanträge handelt.[2] Die Differenzierung ist allerdings ohne größere praktische Bedeutung, da § 127 S. 1 die sinngemäße Geltung von § 126 anordnet. Eine Besonderheit besteht darin, dass Wahlvorschläge nicht begründet werden müssen (§ 127 S. 2). Zudem muss der Vorstand einen Wahlvorschlag auch dann nicht zugänglich machen, wenn die Angaben nach § 124 Abs. 3 S. 4 oder § 125 Abs. 1 S. 5 fehlen. Eine Sonderregelung zur Abstimmungsreihenfolge im Hinblick auf Wahlvorschläge von Aktionären enthält § 137.

---

[243] MüKoAktG/*Kubis* Rn. 44.
[244] MüKoAktG/*Kubis* Rn. 44; K. Schmidt/Lutter/*Ziemons* Rn. 46.
[245] Vgl. MüKoAktG/*Kubis* Rn. 44.
[246] AA wohl MüKoAktG/*Kubis* Rn. 44, der bei jedem Zugänglichmachen inhaltlich verfälschter Gegenanträge und/oder Begründungen die Anfechtbarkeit bejahen will.
[1] Vgl. Hüffer/Koch/*Koch*, 13. Aufl. 2018, Rn. 1; MüKoAktG/*Kubis* Rn. 1; s. aber auch Großkomm AktG/*Butzke* Rn. 2.
[2] Vgl. Ausschussbericht bei *Kropff* S. 178.

§ 127 hat ebenso wie § 126 keinen Vorläufer im AktG 1937. Nach Inkrafttreten des AktG 1965 ist zunächst § 127 S. 3 durch Art. 1 Nr. 13a TransPuG geringfügig modifiziert worden, indem das Wort „mitzuteilen" durch die Worte „zugänglich zu machen" ersetzt wurde (Folgeänderung zu § 126 Abs. 1). Der Verweis auf § 125 Abs. 1 S. 5 in § 127 S. 3 wurde durch Art. 1 Nr. 16 KonTraG eingefügt und durch Art. 1 Nr. 16 ARUG redaktionell angepasst. Durch Art. 3 Nr. 8 des Gesetzes für die gleichberechtigte Teilhabe von Frauen und Männern an Führungspositionen in der Privatwirtschaft und im öffentlichen Dienst (BGBl. 2015 I 642) wurde § 127 S. 4 neu eingefügt. Zuletzt wurde durch Art. 1 Nr. 13 der **Aktienrechtsnovelle 2016** der Verweis auf § 124 Abs. 3 S. 4 korrigiert (→ Rn. 9).

II. Anwendungsbereich

1. Allgemeines. § 127 gilt für alle Vorschläge von (teilnahmeberechtigten) Aktionären zur Wahl von Aufsichtsratsmitgliedern oder von Abschlussprüfern. Als Abschlussprüfer iSv § 127 S. 1 sind auch Konzernabschlussprüfer anzusehen, sofern diese gesondert gewählt werden.[3] Nicht erfasst ist die Abberufung von Aufsichtsratsmitgliedern.[4] Aufgrund der vergleichbaren Sach- und Interessenlage gilt § 127 analog für die **Wahl von Sonderprüfern** (§ 142 Abs. 1).[5] Gleiches gilt für die Bestellung von besonderen Vertretern (§ 147 Abs. 2), von Abwicklern (§ 265 Abs. 2) und von Mitgliedern anderer, von der Hauptversammlung zu wählender Gremien (zB Beiräte).[6]

2. Wahlvorschläge. § 127 bezieht sich auf Wahlvorschläge. Erforderlich ist, dass der Aktionär einen **konkreten Gegenkandidaten** vorschlägt. Die bloße Ablehnung des von der Verwaltung vorgeschlagenen Kandidaten fällt nicht unter § 127.[7] Sofern eine solche Ablehnung mit einer Begründung versehen ist, kann allerdings eine Publizitätspflicht gemäß § 126 Abs. 1 bestehen.[8] Nicht vom Anwendungsbereich des § 127 erfasst sind Wahlvorschläge von Aktionären, die von den Wahlvorschlägen eines Minderheitsverlangens (§ 122) abweichen (sofern die Verwaltung nicht freiwillig ebenfalls einen Vorschlag unterbreitet).[9] Zur Frage, ob diesbezüglich im Hinblick auf Art. 5 Abs. 4 S. 1 lit. d und Art. 6 Abs. 1 lit. b Aktionärsrechte-RL[10] eine richtlinienkonforme Auslegung geboten ist, → § 126 Rn. 9a.

III. Sinngemäße Geltung von § 126 (S. 1)

1. Zugänglichmachen von Wahlvorschlägen. § 127 S. 1 ordnet die sinngemäße Geltung von § 126 an. Dies bedeutet, dass Wahlvorschläge unter den dort genannten Voraussetzungen (abgesehen vom Begründungserfordernis) zugänglich gemacht werden müssen, sofern auch die Voraussetzungen des § 127 S. 3 erfüllt sind. Der Wahlvorschlag muss der Gesellschaft unter Einhaltung der **14-Tage-Frist** des § 126 Abs. 1 S. 1 zugegangen sein (→ § 126 Rn. 18). Im Hinblick auf die Form der Übermittlung gelten die Ausführungen zu § 126 entsprechend (→ § 126 Rn. 14 ff.). Bei börsennotierten Gesellschaften muss das Zugänglichmachen zwingend über die Internetseite der Gesellschaft erfolgen (§ 127 S. 1 iVm § 126 Abs. 1 S. 2). Im Übrigen gelten auch im Hinblick auf das Zugänglichmachen die Ausführungen zu § 126 entsprechend (→ § 126 Rn. 19 ff.). Zugänglich zu machen sind der **Wahlvorschlag** einschließlich des **Namens des Aktionärs**, eine etwaige (freiwillige) **Begründung** (→ Rn. 8) und eine etwaige (freiwillige) **Stellungnahme der Verwaltung** (→ § 126 Rn. 23). Nach dem Rechtsgedanken des § 124 Abs. 3 S. 1 sollte eine Stellungnahme der Verwaltung zu Vorschlägen von Aktionären zur Wahl von Aufsichtsratsmitgliedern oder Prüfern allein vom Aufsichtsrat abgegeben werden.[11] Ein zwingendes Verbot jeder Stellungnahme des Vorstands zu

---

[3] GHEK/*Eckardt* Rn. 8; Großkomm AktG/*Butzke* Rn. 6; MüKoAktG/*Kubis* Rn. 3.
[4] GHEK/*Eckardt* Rn. 9; Grigoleit/*Herrler* Rn. 1; Großkomm AktG/*Butzke* Rn. 6; Kölner Komm AktG/*Noack/Zetzsche* Rn. 12; MüKoAktG/*Kubis* Rn. 3.
[5] Bürgers/Körbers/*Reger* Rn. 1; Grigoleit/*Herrler* Rn. 1; Großkomm AktG/*Butzke* Rn. 6; Hölters/*Drinhausen* Rn. 3; MüKoAktG/*Kubis* Rn. 3; Kölner Komm AktG/*Noack/Zetzsche* Rn. 20; K. Schmidt/Lutter/*Ziemons* Rn. 3; aA wohl GHEK/*Eckardt* Rn. 8.
[6] Bürgers/Körbers/*Reger* Rn. 1; Grigoleit/*Herrler* Rn. 1; Großkomm AktG/*Butzke* Rn. 6; Hölters/*Drinhausen* Rn. 3; Kölner Komm AktG/*Noack/Zetzsche* Rn. 20; MüKoAktG/*Kubis* Rn. 3; für Beiratsmitglieder auch GHEK/*Eckardt* Rn. 7; aA wohl K. Schmidt/Lutter/*Ziemons* Rn. 3.
[7] OLG Düsseldorf AG1968, 19; GHEK/*Eckardt* Rn. 11; Großkomm AktG/*Butzke* Rn. 7; Hölters/*Drinhausen* Rn. 4; Kölner Komm AktG/*Noack/Zetzsche* Rn. 10; MüKoAktG/*Kubis* Rn. 4; MHdB AG/*Bungert* § 36 Rn. 113.
[8] MüKoAktG/*Kubis* Rn. 4; MHdB AG/*Bungert* § 36 Rn. 113; aA wohl GHEK/*Eckardt* Rn. 11.
[9] MüKoAktG/*Kubis* Rn. 4; Kölner Komm AktG/*Noack/Zetzsche* Rn. 17.
[10] RL 2007/36/EG des Europäischen Parlaments und des Rates v. 11.7.2007 über die Ausübung bestimmter Rechte von Aktionären in börsennotierten Gesellschaften, ABl. EU 2007 Nr. L 184, 17.
[11] Großkomm AktG/*Butzke* Rn. 11.

derartigen Wahlvorschlägen lässt sich § 124 Abs. 3 S. 1 jedoch nicht entnehmen (auch nicht im Wege der Analogie).[12]

6   **2. Ausnahmetatbestände des § 126 Abs. 2.** Der Verweis in § 127 S. 1 umfasst auch die Ausnahmetatbestände des § 126 Abs. 2. Ein Ausschluss der Publizitätspflicht gem. **§ 126 Abs. 2 S. 1 Nr. 1 und 3** kommt grundsätzlich in Betracht, setzt aber idR voraus, dass der Aktionär dem Wahlvorschlag freiwillig eine Begründung beigefügt hat (→ Rn. 8).[13] Wird dem Wahlvorschlag freiwillig eine Begründung beigefügt und erfüllt diese die Voraussetzungen für einen Ausschlustatbestand gem. § 126 Abs. 2 S. 1, müssen weder die Begründung noch der Wahlvorschlag zugänglich gemacht werden.[14] Der freiwillige Charakter der Begründung spielt insoweit keine Rolle. Für eine freiwillige Begründung gilt die Grenze von 5000 Zeichen gem. § 126 Abs. 2 S. 2.[15] Die Ausschlusstatbestände gem. **§ 126 Abs. 2 S. 1 Nr. 4 und 5** dürften allenfalls in seltenen Ausnahmefällen in Betracht kommen.[16] Praktische Relevanz hat neben **§ 126 Abs. 2 S. 1 Nr. 6 und 7** insbesondere **§ 126 Abs. 2 S. 1 Nr. 2 (gesetz- oder satzungswidriger Beschluss).** Die Voraussetzungen von § 127 S. 1 iVm § 126 Abs. 2 S. 1 Nr. 2 liegen etwa dann vor, wenn ein vorgeschlagener Kandidat für den Aufsichtsrat nicht die persönlichen Voraussetzungen gem. § 100 erfüllt oder der vorgeschlagene Prüfer gem. § 319 Abs. 2 HGB als Abschlussprüfer ausgeschlossen ist.[17] Gleiches gilt, wenn der Wahlvorschlag gegen die zwingende Geschlechterquote gem. § 96 Abs. 2 verstößt.[18] Ein Wahlvorschlag ist auch dann auf die Herbeiführung eines gesetzwidrigen Beschlusses gerichtet, wenn ein Gegenkandidat vorgeschlagen wird, obwohl die Hauptversammlung an den Wahlvorschlag gebunden ist (vgl. §§ 6 Abs. 6, 8 Abs. 3 Montan-MitbestG; bei der SE auch § 36 Abs. 4 S. 2 SEBG).[19] Kein Ausschluss der Publizitätspflicht ist dagegen anzunehmen, wenn ein gem. § 100 Abs. 2 Nr. 4 inhabiles ehemaliges Vorstandsmitglied als Kandidat für den Aufsichtsrat vorgeschlagen wird.[20] Das für die Zulässigkeit eines solchen Vorschlags erforderliche Quorum von 25% der Stimmrechte kann auch noch in der Hauptversammlung erreicht werden. Eine Ausnahme von der Publizitätspflicht analog § 127 S. 1 iVm § 126 Abs. 2 S. 1 Nr. 2 kann man annehmen können, wenn der vorgeschlagene Kandidat gegenüber der Gesellschaft **unzweideutig erklärt** hat, dass er mit seiner Wahl nicht einverstanden ist und diese **nicht annehmen** würde.[21]

7   **3. Zusammenfassung von Wahlvorschlägen.** Gem. § 127 S. 1 iVm § 126 Abs. 3 können mehrere Wahlvorschläge (und etwaige freiwillige Begründungen) zusammengefasst werden.[22] Sind mehrere Aufsichtsratssitze zu besetzen, kommt eine Zusammenfassung nur dann in Betracht, wenn sich die Wahlvorschläge der Aktionäre gegen denselben Verwaltungsvorschlag richten.[23] Für die Zusammenfassung gelten die Ausführungen zu § 126 Abs. 3 entsprechend (→ § 126 Rn. 43 f.).

IV. Besonderheiten bei Wahlvorschlägen

8   **1. Kein Begründungszwang (Satz 2).** Eine Besonderheit bei Wahlvorschlägen besteht darin, dass diese anders als Gegenanträge nicht begründet werden müssen (§ 127 S. 2). Ungeachtet des fehlenden Begründungszwangs bleibt es den Aktionären unbenommen, auch einen Wahlvorschlag

---

[12] Großkomm AktG/*Butzke* Rn. 11; aA *Rahlmeyer* ZIP 2015, 1958 (1959 f.), der eine Anfechtbarkeit der betroffenen Wahlbeschlüsse annimmt, wenn der Vorstand eine Stellungnahme zu entsprechenden Wahlvorschlägen von Aktionären abgibt.
[13] MüKoAktG/*Kubis* Rn. 9.
[14] OLG Düsseldorf AG 1968, 19 f.; GHEK/*Eckardt* Rn. 5; Großkomm AktG/*Butzke* Rn. 12; Kölner Komm AktG/*Noack*/*Zetzsche* Rn. 22; MüKoAktG/*Kubis* Rn. 7; *Butzke* Die Hauptversammlung der AG Rn. B 164; aA *J. Geßler* AktG Rn. 3.
[15] Großkomm AktG/*Butzke* Rn. 12; Kölner Komm AktG/*Noack*/*Zetzsche* Rn. 23; MüKoAktG/*Kubis* Rn. 7.
[16] Vgl. Großkomm AktG/*Butzke* Rn. 12; Hölters/*Drinhausen* Rn. 6; MüKoAktG/*Kubis* Rn. 9; weitergehend Kölner Komm AktG/*Noack*/*Zetzsche* Rn. 29, nach denen die sinngemäße Anwendung von § 126 Abs. 2 S. 1 Nr. 4 und 5 für Wahlvorschläge generell nicht in Betracht kommt; ähnlich *Butzke* Die Hauptversammlung der AG Rn. B 163; hinsichtlich § 126 Abs. 2 S. 1 Nr. 5 auch *v. Godin/Wilhelmi* Anm. 3.
[17] Großkomm AktG/*Butzke* Rn. 13; Kölner Komm AktG/*Noack*/*Zetzsche* Rn. 25 f.; MüKoAktG/*Kubis* Rn. 9; *Butzke* Die Hauptversammlung der AG Rn. B 163.
[18] Großkomm AktG/*Butzke* Rn. 15.
[19] GHEK/*Eckardt* Rn. 5; Großkomm AktG/*Butzke* Rn. 8, 13; Kölner Komm AktG/*Noack*/*Zetzsche* Rn. 25; MüKoAktG/*Kubis* Rn. 7; MHdB AG/*Bungert* § 36 Rn. 113.
[20] Großkomm AktG/*Butzke* Rn. 13; Kölner Komm AktG/*Noack*/*Zetzsche* Rn. 25; *Sünner* AG 2010, 111 (117 f.).
[21] Ebenso MüKoAktG/*Kubis* Rn. 10, der dies allerdings unmittelbar aus dem Normzweck der §§ 126, 127 ableiten will; zust. Kölner Komm AktG/*Noack*/*Zetzsche* Rn. 34; iE auch Großkomm AktG/*Butzke* Rn. 19.
[22] Vgl. Großkomm AktG/*Butzke* Rn. 20; MüKoAktG/*Kubis* Rn. 11.
[23] Großkomm AktG/*Butzke* Rn. 20; MüKoAktG/*Kubis* Rn. 7.

mit einer Begründung zu versehen. Fügt ein Aktionär seinem Wahlvorschlag freiwillig eine Begründung bei, muss der Vorstand auch die Begründung gemäß § 127 S. 1 iVm § 126 Abs. 1 zugänglich machen.[24] Erfüllt die Begründung die Voraussetzungen für einen Ausschlusstatbestand gemäß § 126 Abs. 2 S. 1, entfällt auch für den Wahlvorschlag die Publizitätspflicht (→ Rn. 6). Dagegen entfällt die Publizitätspflicht nur für die Begründung, wenn diese mehr als 5000 Zeichen ausmacht (→ Rn. 6).

2. Zusätzliche Angaben (Sätze 3 und 4). Gem. § 127 S. 3 braucht der Vorstand einen Wahlvorschlag auch dann nicht zugänglich zu machen, wenn dieser nicht die Angaben nach § 124 Abs. 3 S. 4 und § 125 Abs. 1 S. 5 enthält. Der Verweis auf § 124 Abs. 3 S. 4 wurde durch die **Aktienrechtsnovelle 2016** korrigiert. Zuvor ging der Verweis unzutreffend auf § 124 Abs. 3 S. 3. Der Gesetzgeber hatte durch Art. 5 Nr. 6 BilMoG einen neuen § 124 Abs. 3 S. 2 eingefügt, wodurch sich die nachfolgenden Sätze verschoben hatten. Dabei hatte er vergessen, den Verweis in § 127 S. 3 entsprechend anzupassen. Dies hat er nun durch Art. 1 Nr. 13 der Aktienrechtsnovelle 2016 nachgeholt.[25]

Bei den Angaben nach § 124 Abs. 3 S. 4 handelt es sich um den **Namen, den ausgeübten Beruf und den Wohnort** (→ dazu § 124 Rn. 38 f.). § 127 S. 3 enthält eine **Rechtsgrundverweisung**. Daraus folgt, dass die Angaben gem. § 125 Abs. 1 S. 5 dem Wahlvorschlag nur bei börsennotierten Gesellschaften beizufügen sind.[26] Zudem hat § 125 Abs. 1 S. 5 Hs. 2 auch im Rahmen von § 127 S. 3 bloßen Soll-Charakter, so dass fehlende Angaben zur Mitgliedschaft in vergleichbaren in- und ausländischen Kontrollgremien im Wirtschaftsunternehmen die Publizitätspflicht nicht entfallen lassen.[27] Zwingend sind dem Wahlvorschlag bei börsennotierten Gesellschaften dagegen die Angaben gem. § 125 Abs. 1 S. 5 Hs. 1 zur **Mitgliedschaft in anderen gesetzlich zu bildenden Aufsichtsräten** beizufügen (→ § 125 Rn. 19 ff.). Fehlen die Angaben nach § 124 Abs. 3 S. 4 oder (bei börsennotierten Gesellschaften) nach § 125 Abs. 1 S. 5 Hs. 1, muss der Vorstand den Wahlvorschlag nicht zugänglich machen. Keinesfalls ist er verpflichtet, von sich aus die fehlenden Angaben zu ergänzen (selbst wenn ihm diese bekannt sind).[28] Auch eine Hinweispflicht gegenüber dem Aktionär wird man ablehnen müssen.[29]

Eine Pflicht des Vorstands zur Ergänzung des Aktionärsvorschlags um weitere Angaben sieht der durch das **Gesetz für die gleichberechtigte Teilhabe von Frauen und Männern an Führungspositionen in der Privatwirtschaft und im öffentlichen Dienst** vom 24. April 2015 (BGBl. 2015 I 642) neu eingefügte § 127 S. 4 vor. Danach muss der Vorstand einer börsennotierten Gesellschaft, für die das MitbestG, das Montan-MitbestG oder das MitbestErgG gilt, den Vorschlag eines Aktionärs zur Wahl von Aufsichtsratsmitgliedern mit **zusätzlichen Angaben zur starren Geschlechterquote** versehen. Erforderlich sind (i) ein Hinweis auf die Anforderungen des § 96 Abs. 2, (ii) die Angabe, ob der Gesamterfüllung nach § 96 Abs. 2 S. 3 widersprochen wurde, und (iii) die Angabe, wie viele Sitze im Aufsichtsrat mindestens von Frauen und Männern besetzt sein müssen, um das Mindestanteilsgebot nach § 96 Abs. 2 S. 1 zu erfüllen. Steht die Wahl von Aufsichtsratsmitgliedern auf der Tagesordnung, sind entsprechende Angaben bereits gem. § 124 Abs. 2 S. 1 und 2 in der Einberufung zu machen. Die Wiederholung dieser Angaben zusammen mit dem Aktionärsvorschlag schafft daher keinen Mehrwert und erscheint überflüssig.[30] Gilt für die Gesellschaft nur die flexible Geschlechterquote gem. § 96 Abs. 3, muss der Aktionärsvorschlag nicht um entprechende Angaben hierzu ergänzt werden. Hierzu passt, dass auch § 124 Abs. 2 S. 2 auf die Fälle des § 96 Abs. 2 beschränkt ist. Eine analoge Anwendung von § 127 S. 4 auf Gesellschaften, die gem. § 96 Abs. 3 der flexiblen Geschlechterquote unterliegen, scheidet aus.[31] Entgegen dem missverständlichen Wortlaut von § 127 S. 4 sind die zusätzlichen Angaben nicht Teil des Beschlussvorschlags.[32]

---

[24] Bürgers/Körbers/*Reger* Rn. 1; GHEK/*Eckardt* Rn. 12; Grigoleit/*Herrler* Rn. 1; Großkomm AktG/*Butzke* Rn. 10; Hölters/*Drinhausen* Rn. 5; Hüffer/Koch/*Koch*, 13. Aufl. 2018, Rn. 1; Kölner Komm AktG/*Noack/Zetzsche* Rn. 14; MüKoAktG/*Kubis* Rn. 7; NK-AktG/*M. Müller* Rn. 4; *Butzke* Die Hauptversammlung der AG Rn. B 164.
[25] Vgl. BegrRegE, BT-Drs. 18/4349, 24.
[26] Bürgers/Körbers/*Reger* Rn. 1; Grigoleit/*Herrler* Rn. 2; Hüffer/Koch/*Koch*, 13. Aufl. 2018, Rn. 1; MüKoAktG/*Kubis* Rn. 8; NK-AktG/*M. Müller* Rn. 6; K. Schmidt/Lutter/*Ziemons* Rn. 6; *Butzke* Die Hauptversammlung der AG Rn. B 163.
[27] Großkomm AktG/*Butzke* Rn. 16; Hölters/*Drinhausen* Rn. 7; MüKoAktG/*Kubis* Rn. 9; NK-AktR/*M. Müller* Rn. 6; s. auch Wachter/*Mayrhofer* Rn. 2.
[28] So aber Grigoleit/*Herrler* Rn. 2; wie hier Großkomm AktG/*Butzke* Rn. 17.
[29] Großkomm AktG/*Butzke* Rn. 17; Kölner Komm AktG/*Noack/Zetzsche* Rn. 33.
[30] Vgl. K. Schmidt/Lutter/*Ziemons* Rn. 12, die § 127 S. 4 offenbar zur Gänze nicht anwenden will („teleologische Reduktion auf Null"); dagegen Hüffer/Koch/*Koch*, 13. Aufl. 2018, Rn. 2.
[31] Großkomm AktG/*Butzke* Rn. 25.
[32] Großkomm AktG/*Butzke* Rn. 24; aA K. Schmidt/Lutter/*Ziemons* Rn. 14.

§ 127a

Die Angaben können auch unterhalb des Wahlvorschlags oder auch erst im Anschluss an eine etwaige Begründung aufgenommen und als Hinweis des Vorstands gekennzeichnet werden.[33]

V. Rechtsfolgen von Verstößen

10 Wird ein publizitätspflichtiger Wahlvorschlag nicht gem. § 127 S. 1 iVm § 126 Abs. 1 zugänglich gemacht, kann dies zur **Anfechtbarkeit** der Wahl führen.[34] Insoweit kann auf die Ausführungen zu § 126 verwiesen werden (→ § 126 Rn. 45). Eine Anfechtbarkeit kann auch dann drohen, wenn eine (freiwillige) Begründung nicht zugänglich gemacht wird. Besonderheiten bestehen bei der Wahl mehrköpfiger Gremien (insbesondere des Aufsichtsrats). Werden mehrere Kandidaten im Wege der Blockwahl gewählt, können Fehler bei der Zugänglichmachung von Wahlvorschlägen auch dann zur Anfechtbarkeit der gesamten Wahl führen, wenn sich die Wahlvorschläge nur gegen einzelne Kandidaten richten.[35]

§ 127a Aktionärsforum

(1) Aktionäre oder Aktionärsvereinigungen können im Aktionärsforum des Bundesanzeigers andere Aktionäre auffordern, gemeinsam oder in Vertretung einen Antrag oder ein Verlangen nach diesem Gesetz zu stellen oder in einer Hauptversammlung das Stimmrecht auszuüben.

(2) Die Aufforderung hat folgende Angaben zu enthalten:
1. den Namen und eine Anschrift des Aktionärs oder der Aktionärsvereinigung,
2. die Firma der Gesellschaft,
3. den Antrag, das Verlangen oder einen Vorschlag für die Ausübung des Stimmrechts zu einem Tagesordnungspunkt,
4. den Tag der betroffenen Hauptversammlung.

(3) Die Aufforderung kann auf eine Begründung auf der Internetseite des Auffordernden und dessen elektronische Adresse hinweisen.

(4) Die Gesellschaft kann im Bundesanzeiger auf eine Stellungnahme zu der Aufforderung auf ihrer Internetseite hinweisen.

(5) Das Bundesministerium der Justiz wird ermächtigt, durch Rechtsverordnung die äußere Gestaltung des Aktionärsforums und weitere Einzelheiten insbesondere zu der Aufforderung, dem Hinweis, den Entgelten, zu Löschungsfristen, Löschungsanspruch, zu Missbrauchsfällen und zur Einsichtnahme zu regeln.

Schrifttum: Bayer/Hoffmann, Das Aktionärsforum im Dornröschenschlaf, AG-Report 2013, 61; *Bungert*, Die UMAG-Hauptversammlung aus Sicht des Praktikers, in VGR (Hrsg.), Gesellschaftsrecht in der Diskussion 2004, 2005, S. 59; *DAI*, Stellungnahme zum Entwurf einer Verordnung über das Aktionärsforum nach § 127a AktG (Aktionärsforumsverordnung – AktFoV) vom 4.11.2005, NZG 2005, 1001; *Gantenberg*, Die Reform der Hauptversammlung durch den Regierungsentwurf eines Gesetzes zur Unternehmensintegrität und Modernisierung des Anfechtungsrechts – UMAG, DB 2005, 207; *Kort*, Informationstechnologie im Aktienrecht: Zum Stand der „elektronischen Hauptversammlung", NZG 2007, 653; *Noack*, Neue Entwicklungen im Aktienrecht und moderne Informationstechnologie 2003–2005, NZG 2004, 297; *Noack*, Die Reform der Hauptversammlung – insbesondere durch das UMAG, in VGR (Hrsg), Gesellschaftsrecht in der Diskussion 2004, 2005, S. 37; *Rotter*, Neuer Anlegerschutz – Leitfaden Aktionärsforum nach dem UMAG, 2006; *Seibert*, UMAG und Hauptversammlung – Der Regierungsentwurf eines Gesetzes zur Unternehmensintegrität und Modernisierung des Anfechtungsrechts (UMAG), WM 2005, 157; *Seibert*, Aktionärsforum und Aktionärsforumsverordnung nach § 127a AktG, AG 2006, 16; *Spindler*, Die Reform der Hauptversammlung und der Anfechtungsklage durch das UMAG, NZG 2005, 825.

Übersicht

	Rn.		Rn.
I. Überblick	1–3	**II. Aufforderung im Aktionärsforum (Abs. 1)**	4–16
1. Normzweck	1	1. Aktionärsforum	4, 5
2. Entstehungsgeschichte	2	2. Aufforderung	6–15a
3. Rechtstatsachen	3	a) Berechtigung	6–9

---
[33] Großkomm AktG/*Butzke* Rn. 24.
[34] Großkomm AktG/*Butzke* Rn. 26; Hölters/*Drinhausen* Rn. 8; Kölner Komm AktG/*Noack/Zetzsche* Rn. 37; MüKoAktG/*Kubis* Rn. 13; NK-AktR/*M. Müller* Rn. 7.
[35] Großkomm AktG/*Butzke* Rn. 27; Kölner Komm AktG/*Noack/Zetzsche* Rn. 37; MüKoAktG/*Kubis* Rn. 13.

	Rn.		Rn.
b) Gegenstand der Aufforderung	10–12	3. Löschung missbräuchlicher Aufforderungen	19, 20
c) Adressat der Aufforderung	13		
d) Rechtsnatur der Aufforderung	14	4. Rechtsschutzmöglichkeiten der Gesellschaft	21–23a
e) Entgelt	15, 15a		
3. Acting in Concert	16	IV. Begründung (Abs. 3)	24–26
III. Inhalt der Aufforderung (Abs. 2)	17–23a	V. Stellungnahme der Gesellschaft (Abs. 4)	27, 28
1. Allgemeines	17	VI. Verordnungsermächtigung (Abs. 5)	29
2. Pflichtangaben	18		

I. Überblick

1. Normzweck. Das Aktionärsforum dient der Kommunikation zwischen den Aktionären und Aktionärsvereinigungen. Aktionäre, die nicht iSv § 33 WpHG wesentlich beteiligt sind, können von anderen Aktionären kaum identifiziert werden.[1] Eine Einsichtnahme in das Teilnehmerverzeichnis der letzten Hauptversammlung (vgl. § 129 Abs. 4 S. 2) ermöglicht regelmäßig nur einen unvollständigen Überblick. Auch bei Namensaktien ist eine gesicherte Identifizierung nicht möglich, da nur Auskunft über die zur eigenen Person in das Aktienregister eingetragenen Daten verlangt werden kann (§ 67 Abs. 6 S. 1). Vor diesem Hintergrund wollte der Gesetzgeber als Korrelat zu einem zunehmend breiten Streubesitz und einer fortschreitenden Internationalisierung der Aktionärsstruktur ein Verfahren zur Kontaktaufnahme zwischen den Aktionären und zur Einwerbung von Stimmrechtsvollmachten unter Nutzung neuer Informationstechnologien bereitstellen. Das Ziel war eine **Verbesserung der Eigentümerkontrolle**, insbesondere in den Fällen, in denen das Gesetz Schwellenwerte für die Ausübung von Aktionärsrechten vorsieht.[2]

2. Entstehungsgeschichte. § 127a wurde durch das UMAG vom 22. September 2005 in das AktG eingefügt. Die Norm geht zurück auf einen Vorschlag der Regierungskommission Corporate Governance.[3] Diese beruft sich ihrerseits auf die OECD Grundsätze der Corporate Governance 1999, wonach die effektive Teilnahme von Aktionären an Hauptversammlungen dadurch verstärkt werden könne, „dass sichere elektronische Kommunikationsformen entwickelt werden, die es den Aktionären gestatten, miteinander in Verbindung zu treten, ohne sich den mit der Aufforderung zur Abgabe von Stimmrechtsvollmachten verbundenen Formalitäten zu unterziehen".[4] Aufgrund der Aufgabe des Bundesanzeigers in Papierform und der damit einhergehenden Umbenennung des elektronischen Bundesanzeigers waren in § 127a Abs. 1 und 4 Folgeänderungen erforderlich, die durch Art. 2 Abs. 49 des Gesetzes zur Änderung von Vorschriften über Verkündung und Bekanntmachung sowie der Zivilprozessordnung, des Gesetzes betreffend die Einführung der Zivilprozessordnung und der Abgabenordnung vom 22. Dezember 2011 (BGBl. 2011 I 3044) vorgenommen wurden. § 127a wird näher konkretisiert durch die auf Grund von Abs. 5 erlassene **Aktionärsforumsverordnung (AktFoV)** vom 22. November 2005[5] (→ Rn. 29).

3. Rechtstatsachen. Die Norm war während des Gesetzgebungsverfahrens rechtspolitisch umstritten.[6] Die teilweise befürchtete Missbrauchsgefahr hat sich bislang jedoch nicht realisiert.[7] Allerdings hat das Aktionärsforum in den mehr als zehn Jahren seines Bestehens generell keine

---

[1] Vgl. BegrRegE BT-Drs. 15/5092, 15; Großkomm AktG/*Butzke* Rn. 5; *Gantenberg* DB 2005, 207 (210); *Noack* NZG 2004, 297 (302); *Noack* VGR, Gesellschaftsrecht in der Diskussion 2004, S. 37 (48 f.); *Spindler* NZG 2005, 825 (827).
[2] BegrRegE BT-Drs. 15/5092, 15.
[3] *Baums* Bericht der Regierungskommission Corporate Governance 2001 Rn. 131.
[4] Vgl. OECD Grundsätze der Corporate Governance 1999, Teil 2, Abschn. I.C; s. auch OECD Grundsätze der Corporate Governance 2004, Teil 2, Abschn. II.G: „Die Aktionäre, einschließlich der institutionellen Anleger, sollten – außer im Falle von Missbrauchsgefahr – das Recht haben, sich miteinander in Fragen betreffend ihrer in den Grundsätzen definierten grundlegenden Aktionärsrechte zu beraten".
[5] BGBl. 2005 I 3193; Abdruck mit Begründung des BMJ bei *Seibert* AG 2006, 16 (19 ff.); zuletzt geändert durch Art. 2 Abs. 50 des Gesetzes zur Änderung von Vorschriften über Verkündung und Bekanntmachung sowie der Zivilprozessordnung, des Gesetzes betreffend die Einführung der Zivilprozessordnung und der Abgabenordnung v. 22. Dezember 2011, BGBl. 2011 I 3044.
[6] Besonders krit. etwa die gemeinsame Stellungnahme von BDI, BDA, DIHK, GDV und Bundesverband deutscher Banken v. 2.4.2004, abrufbar unter www.bdi-online.de; ebenfalls krit. *DAV-Handelsrechtsausschuss* NZG 2004, 555 (558); *DAV-Handelsrechtsausschuss* NZG 2005, 388 (390).
[7] Vgl. MüKoAktG/*Kubis* Rn. 2.

nennenswerte praktische Bedeutung erlangt.[8] Für den Zeitraum 2015 bis 2017 finden sich Einträge nur zu vier Gesellschaften. Der Versuch, mit dem Aktionärsforum ein eigenständiges Kommunikationsforum für Aktionäre zu etablieren, kann daher als gescheitert angesehen werden. Die Kommunikation zwischen Aktionären findet längst auf anderen Kanälen statt.[9]

II. Aufforderung im Aktionärsforum (Abs. 1)

4 **1. Aktionärsforum.** Bei dem Aktionärsforum handelt es sich um eine spezielle **Rubrik des Bundesanzeigers.** Es ist über die Internetadressen www.bundesanzeiger.de und www.aktionärsforum.de[10] erreichbar. Zudem sind die im Aktionärsforum veröffentlichten Eintragungen über die Internetseite des Unternehmensregisters (www.unternehmensregister.de) zugänglich (§ 8b Abs. 2 Nr. 6 HGB). Der Gesetzgeber ist insoweit nicht dem Vorschlag der Regierungskommission Corporate Governance gefolgt, die sich für eine Veröffentlichung auf der Internetseite der Gesellschaft ausgesprochen hatte.[11] Der vom Gesetzgeber gewählte Weg hat den Vorteil, dass die Gesellschaft infolge der Zuordnung zu dem neutralen Bundesanzeiger nicht an der Organisation einer Opposition über die eigene Internetseite mitwirken muss. Hierdurch wird zusätzliches Konfliktpotential vermieden.[12] Allerdings geht dies zu Lasten der Rechtsschutzmöglichkeiten der Gesellschaft.[13]

5 Das Aktionärsforum kann jederzeit von jedermann über das Internet **kostenfrei und ohne vorherige Registrierung eingesehen** werden (§ 7 Abs. 1 AktFoV). Die Eintragungen sind nach Gesellschaften in alphabetischer Reihenfolge geordnet. Zu den einzelnen Gesellschaften erfolgt die Darstellung in zeitlicher Abfolge (§ 2 Abs. 1 AktFoV). Innerhalb des Aktionärsforums kann im Volltext der Eintragungen gesucht werden. Alternativ können die Firma oder Firmenbestandteile, WKN, ISIN oder Handelsregisternummer als Suchmerkmale verwendet werden (§ 2 Abs. 2 AktFoV). Der Betreiber des Bundesanzeigers bietet überdies einen kostenpflichtigen Informationsdienst (Push-Dienst) an, mit dem über veröffentlichte Eintragungen automatisiert unterrichtet wird.[14] Die Eintragungen im Aktionärsforum sind nach ihrer Veröffentlichung für die Dauer von drei Jahren zur Einsichtnahme vorzuhalten und anschließend zu löschen. Der Betreiber ist verpflichtet, bis zum Ende der Vorhaltedauer auf Verlangen gegen angemessenes Entgelt (derzeit 10 Euro)[15] eine Bestätigung über einen bestimmten Eintragungsvorgang zu erteilen (§ 6 Abs. 3 AktFoV). Weitergehende Auskunftsrechte gegenüber dem Betreiber bestehen nicht.[16]

6 **2. Aufforderung. a) Berechtigung.** Berechtigt zur Veröffentlichung einer Aufforderung im Aktionärsforum sind gem. § 127a Abs. 1 nur **Aktionäre und Aktionärsvereinigungen.** Die Aktionärseigenschaft muss während der gesamten Veröffentlichungsdauer fortbestehen. Der Auffordernde hat die Löschung der Aufforderung zu bewirken, sobald er nicht mehr Aktionär der Gesellschaft ist (vgl. § 3 Abs. 4 S. 2 AktFoV). Der Begriff der Aktionärsvereinigung ist ebenso zu verstehen wie in § 125 Abs. 1 S. 1 („Vereinigung von Aktionären") und in § 135 Abs. 8 (→ § 125 Rn. 10 und → § 135 Rn. 104). Im Gegensatz zu § 135 Abs. 8 erstreckt sich § 127a Abs. 1 nicht auf Personen, die sich geschäftsmäßig gegenüber Aktionären zur Ausübung des Stimmrechts in der Hauptversammlung erbieten. Eine analoge Anwendung auf derartige Personen scheidet mangels Regelungslücke aus.[17]

7 Die gesetzliche Regelung ist nicht als Anspruch gegenüber dem Betreiber konzipiert. Der Aktionär ist lediglich berechtigt, nach Abschluss eines entsprechenden Vertrags mit dem Betreiber seine Aufforderung zu veröffentlichen. Ist er nicht zu einem **Vertragsschluss auf der Basis der Vertragsbedingun-**

---

[8] Grigoleit/*Herrler* Rn. 1; Großkomm AktG/*Butzke* Rn. 2; Hölters/*Drinhausen* Rn. 1; Hüffer/Koch/*Koch*, 13. Aufl. 2018, Rn. 1; Kölner Komm AktG/*Noack*/*Zetzsche* Rn. 2; MüKoAktG/*Kubis* Rn. 2; K. Schmidt/Lutter/ *Ziemons* Rn. 2; Wachter/*Mayrhofer* Rn. 3; *Marsch-Barner* in Marsch-Barner/Schäfer Börsennotierte AG-HdB Rn. 31.5; Bayer/*Hoffmann* AG-Report 2013, R 61 ff.; *Seibert* NZG 2007, 841 (842).

[9] Vgl. Großkomm AktG/*Butzke* Rn. 3.

[10] Über die Internetadresse www.aktionärsforum.de erfolgt nur eine Weiterleitung zu der Internetadresse www.bundesanzeiger.de; anders als zunächst geplant, ist das Aktionärsforum nicht unter www.aktionaersforum.de erreichbar, vgl. *Seibert* NZG 2007, 841 (842).

[11] Vgl. *Baums*, Bericht der Regierungskommission Corporate Governance, 2001 Rn. 131.

[12] Vgl. Hüffer/Koch/*Koch*, 13. Aufl. 2018, Rn. 2; *Noack* NZG 2004, 297 (302); *Seibert* AG 2006, 16 (17); *Spindler* NZG 2005, 825 (828).

[13] Vgl. *DAV-Handelsrechtsausschuss* NZG 2005, 555 (558); *DAV-Handelsrechtsausschuss* NZG 2005, 388 (390); Hüffer/Koch/*Koch*, 13. Aufl. 2018, Rn. 2; *Bungert* VGR, Gesellschaftsrecht in der Diskussion 2004, S. 59 (71).

[14] Zu den Nutzungsbedingungen s. Allgemeine Geschäftsbedingungen für den Bezug des Info-Dienstes „Aktionärsforum", abrufbar unter www.bundesanzeiger.de; krit. gegenüber der Einrichtung eines Push-Dienstes *DAI* NZG 2005, 1001 (1002).

[15] Preisliste Publikationen im Aktionärsforum, abrufbar unter www.bundesanzeiger.de.

[16] Bürgers/Körber/*Reger* Rn. 2.

[17] AA Kölner Komm AktG/*Noack*/*Zetzsche* Rn. 31; NK-AktR/*M. Müller* Rn. 8.

gen des Betreibers[18] bereit, besteht kein Veröffentlichungsanspruch.[19] Akzeptiert der Aktionär die Vertragsbedingungen und entspricht die Aufforderung den Voraussetzungen des § 127a und der AktFoV, unterliegt der Betreiber angesichts seiner Monopolstellung einem **Kontrahierungszwang**.[20]

Zur Vermeidung von Missbräuchen müssen sich Aktionäre und Aktionärsvereinigungen vor der Veröffentlichung einer Aufforderung bei dem Betreiber **registrieren** (§ 3 Abs. 1 AktFoV).[21] Bei der Registrierung sind der Name oder die Firma sowie die Anschrift des Wohnsitzes oder des Sitzes und eine E-Mail-Adresse anzugeben (§ 3 Abs. 1 Nr. 1 AktFoV). Eine konkrete Identitätsprüfung durch den Betreiber findet nicht statt. Ein eingeschränkter Missbrauchsschutz besteht nur dadurch, dass eine Aufforderung unverzüglich zu löschen ist, wenn die Bestätigung über die Eintragung und ihre anschließende Veröffentlichung als unzustellbar zurückkommt (§ 3 Abs. 4 S. 3 AktFoV). Zur Vermeidung von Missbräuchen hätte es sich angeboten, stets einen Identitätsnachweis zu verlangen.[22] Auch ein **Nachweis der Aktionärsstellung** oder der Eigenschaft als Aktionärsvereinigung ist grundsätzlich nicht erforderlich. Vielmehr ist zunächst eine entsprechende Versicherung des Auffordernden ausreichend (§ 3 Abs. 2 S. 1 AktFoV). Liegen konkrete Anhaltspunkte vor, die Zweifel an der Aktionärs- oder Aktionärsvereinigungseigenschaft begründen, kann der Betreiber die Vorlage von Nachweisen in Schrift- oder Textform verlangen (§ 3 Abs. 2 S. 2 AktFoV). Da die Erbringung eines solchen Nachweises keine größere Belastung darstellt, sind zur Vermeidung von Missbräuchen an die konkreten Anhaltspunkte für Zweifel keine gesteigerten Anforderungen zu stellen.

Der Gesetzgeber hat § 127a bewusst **nicht auf börsennotierte Gesellschaften beschränkt**. Allerdings weist die Gesetzesbegründung ausdrücklich darauf hin, dass eine Aufforderung im Aktionärsforum bei nicht börsennotierten Gesellschaften keinen Sinn mache und sogar missbräuchlich sein könne (zur Löschung missbräuchlicher Aufforderungen → Rn. 19 f.).[23] Hier wäre es sinnvoller gewesen, den Anwendungsbereich der Norm von vornherein auf börsennotierte Gesellschaften zu beschränken.[24]

b) Gegenstand der Aufforderung. Gem. § 127a Abs. 1 kann das Aktionärsforum nur in Anspruch genommen werden, um andere Aktionäre aufzufordern, gemeinsam oder in Vertretung einen Antrag oder ein Verlangen nach dem AktG zu stellen oder in einer Hauptversammlung das Stimmrecht auszuüben.

§ 127a Abs. 1 Alt. 1 setzt einen **Antrag oder ein Verlangen nach dem AktG** voraus. Hierfür kommen angesichts des Normzwecks insbesondere solche Anträge und Verlangen in Betracht, die ein bestimmtes Quorum voraussetzen. Dies sind etwa **Anträge** auf gerichtliche Abberufung von Aufsichtsratsmitgliedern (§ 103 Abs. 3), auf gerichtliche Bestellung von Sonderprüfern (§ 142 Abs. 2), auf Austausch von Sonderprüfern (§ 142 Abs. 4), auf gerichtliche Bestellung besonderer Vertreter (§ 147 Abs. 2), auf Zulassung zur Aktionärsklage (§ 148 Abs. 1), auf gerichtliche Entscheidung über die abschließenden Feststellungen des Sonderprüfers (§ 260 Abs. 1) oder auf gerichtliche Bestellung der Abwickler (§ 265 Abs. 3). Erfasst ist im Hinblick auf das Quorum des § 254 Abs. 2 S. 3 auch die Anfechtung des Beschlusses über die Verwendung des Bilanzgewinns, auch wenn das Gesetz hier nicht ausdrücklich von einem „Antrag" spricht. **Verlangen** nach dem AktG, die ein Quorum voraussetzen, sind etwa Verlangen auf Einzelentlastung (§ 120 Abs. 1 S. 2), auf Einberufung einer Hauptversammlung (§ 122 Abs. 1), auf Ergänzung der Tagesordnung (§ 122 Abs. 2), auf Abstimmung von Wahlvorschlägen von Aktionären (§ 137), auf Einberufung einer gesonderten Hauptversammlung oder auf Bekanntmachung eines Gegenstands zur gesonderten Abstimmung (§ 138 S. 3). Da der Wortlaut von § 127a keine entsprechende Einschränkung enthält, kann die Aufforderung auch im Hinblick auf Anträge und Verlangen erfolgen, die kein Quorum voraussetzen.[25]

---

[18] Allgemeine Geschäftsbedingungen für das „Aktionärsforum" im Bundesanzeiger, abrufbar unter www.bundesanzeiger.de.
[19] BegrRegE BT-Drs. 15/5092, 16; Grigoleit/*Herrler* Rn. 1; Hölters/*Drinhausen* Rn. 3; Kölner Komm AktG/Noack/Zetzsche Rn. 22; Wachter/*Mayrhofer* Rn. 7.
[20] Grigoleit/*Herrler* Rn. 1; Großkomm AktG/*Butzke* Rn. 6; Hüffer/Koch/*Koch*, 13. Aufl. 2018, Rn. 3; Kölner Komm AktG/Noack/Zetzsche Rn. 22; MüKoAktG/*Kubis* Rn. 1, 18.
[21] S. dazu Seibert AG 2006, 16 (18).
[22] Vgl. *Spindler* NZG 2005, 825 (828), der ein Postident-Verfahren vorschlägt; s. auch Stellungnahme des Bundesrats, BT-Drs. 15/5092 S. 36; *DAI* NZG 2005, 1001 (1002); aA Seibert AG 2006, 16 (18), der eine gewisse Quote von Missbräuchen, Spaßregistrierungen und unsinnigen Aufforderungen bewusst in Kauf nehmen will; s. auch Kölner Komm AktG/Noack/Zetzsche Rn. 23, die den Aufwand einer Identitätsprüfung angesichts einer nur „abstrakten Missbrauchsbefürchtung" für nicht gerechtfertigt halten.
[23] BegrRegE BT-Drs. 15/5092, 16.
[24] Ebenso *Bungert* VGR, Gesellschaftsrecht in der Diskussion 2004 S. 59 (74).
[25] Bürgers/Körber/*Reger* Rn. 3; MüKoAktG/*Kubis* Rn. 5; *Seibert* WM 2005, 157 (159); Seibert AG 2006, 16 (17); *Spindler* NZG 2005, 825 (828) Fn. 54; Übersicht über Anträge und Verlangen nach dem AktG bei *Rotter* Neuer Anlegerschutz, 2006, S. 26 ff.

11a Es muss sich gem. § 127a Abs. 1 aber stets um **Anträge oder Verlangen nach dem AktG** („nach diesem Gesetz") handeln. Die Aufforderung darf sich daher entgegen der wohl hM nicht auf ein Minderheitsverlangen gem. § 62 Abs. 2 UmwG (Einberufung einer Hauptversammlung bei Konzernverschmelzung) beziehen.[26] Ein Rückgriff auf § 122 Abs. 1 scheidet insoweit aus, da § 62 Abs. 2 UmwG rechtssystematisch kein Unterfall des allgemeinen Einberufungsverlangens ist.[27] Auch eine analoge Anwendung von § 127a dürfte mangels Regelungslücke nicht in Betracht kommen, da das UmwG bei Erlass des UMAG bereits in Kraft war. Zu bejahen ist die Anwendbarkeit von § 127a dagegen im Hinblick auf die Anfechtung von Beschlüssen, die einer Verpflichtungserklärung gem. § 10 Abs. 2 S. 1 Nr. 9 FMStFG[28] widersprechen. Hier verweist § 2 Abs. 2 S. 3 FMStBG[29] für das erforderliche Quorum ausdrücklich auf § 254 Abs. 2.

12 Die Aufforderung kann sich gem. § 127a Abs. 1 Alt. 2 auch auf die **Ausübung des Stimmrechts in einer Hauptversammlung** beziehen. Wie sich aus § 127a Abs. 2 Nr. 3 und Nr. 4 ergibt, muss Gegenstand der Aufforderung zur gemeinsamen Stimmrechtsausübung grundsätzlich ein konkreter Tagesordnungspunkt einer bestimmten Hauptversammlung sein.[30] § 127a Abs. 1 Alt. 2 erfasst auch die Einwerbung von Stimmrechtsvollmachten. Der Gesetzeswortlaut bringt dies durch die etwas unglückliche Formulierung „gemeinsam oder in Vertretung" zum Ausdruck.[31] Da Aktionärsvereinigungen die Stimmrechtsvertretung üblicherweise für die gesamte Tagesordnung anbieten, wird man insoweit auch eine unspezifizierte Aufforderung zur Erteilung von Stimmrechtsvollmachten als zulässig ansehen müssen.[32] Aus § 127a Abs. 2 Nr. 4 folgt aber, dass sich die Aufforderung auch insoweit auf eine bestimmte Hauptversammlung beziehen muss.[33]

13 c) **Adressat der Aufforderung.** Die Aufforderung muss sich gem. § 127a Abs. 1 an andere Aktionäre richten. Eine Aufforderung an Nichtaktionäre wäre missbräuchlich und dementsprechend gem. § 3 Abs. 5 S. 2 AktFoV unverzüglich zu löschen. Dies gilt auch dann, wenn die Aufforderung erkennbar sowohl an Aktionäre als auch an Nichtaktionäre gerichtet ist, sofern die Löschung nicht ausnahmsweise unverhältnismäßig ist.[34] Angesichts des eindeutigen Wortlauts von § 127a Abs. 1 scheiden auch Aktionärsvereinigungen, die nicht selbst Aktionär sind, als Adressat der Aufforderung aus.[35] Dem steht nicht entgegen, dass hinter den Aktionärsvereinigungen möglicherweise Aktionäre der Gesellschaft stehen. Den Aktionärsvereinigungen bleibt es unbenommen, das Aktionärsforum zu beobachten und entsprechende Aufforderungen an ihre Mitglieder weiterzuleiten.

14 d) **Rechtsnatur der Aufforderung.** Schließen sich aufgrund einer Aufforderung im Aktionärsforum mehrere Aktionäre für einen gemeinsamen Antrag oder ein gemeinsames Verlangen zusammen, bilden sie regelmäßig eine GbR.[36] Dabei hängt es von den Umständen des Einzelfalls ab, ob die Aufforderung im Aktionärsforum bereits ein bindendes Angebot darstellt.[37] Im Regelfall wird es sich nur um eine invitatio ad offerendum handeln.[38]

15 e) **Entgelt.** Gem. § 9 Abs. 1 S. 1 AktFoV kann der Betreiber mit den Eintragenden für die Eintragung vertraglich ein angemessenes Entgelt vereinbaren. Die konkrete Höhe des Entgelts ist

---

[26] *Wachter/Mayrhofer* Rn. 5; aA Großkomm AktG/*Butzke* Rn. 14; Kölner Komm AktG/*Noack/Zetzsche* Rn. 39; MüKoAktG/*Kubis* Rn. 5.

[27] *Kallmeyer/Marsch-Barner* UmwG § 62 Rn. 21; *Marsch-Barner* in Marsch-Barner/Schäfer Börsennotierte AG-HdB Rn. 32.30; vgl. auch Großkomm AktG/*Butzke* Rn. 14.

[28] Gesetz zur Errichtung eines Finanzmarktstabilisierungsfonds (Finanzmarktstabilisierungsfondsgesetz – FMStFG), Art. 1 des Gesetzes zur Umsetzung eines Maßnahmenpakets zur Stabilisierung des Finanzmarktes (Finanzmarktstabilisierungsgesetz – FMStG) v. 17.11.2008, BGBl. 2008 I 1982, geändert durch das Gesetz zur weiteren Stabilisierung des Finanzmarkts (Finanzmarktstabilisierungsergänzungsgesetz – FMStErgG) v. 7.4.2009, BGBl. 2009 I 725.

[29] Gesetz zur Beschleunigung und Vereinfachung des Erwerbs von Anteilen an sowie Risikopositionen von Unternehmen des Finanzsektors durch den Fonds „Finanzmarktstabilisierungsfonds – FMS" (Finanzmarktstabilisierungsbeschleunigungsgesetz – FMStBG), Art. 2 des Gesetzes zur Umsetzung eines Maßnahmenpakets zur Stabilisierung des Finanzmarktes (Finanzmarktstabilisierungsgesetz – FMStG) v. 17.11.2008, BGBl. 2008 I 1982, geändert durch das Gesetz zur weiteren Stabilisierung des Finanzmarkts (Finanzmarktstabilisierungsergänzungsgesetz – FMStErgG) v. 7.4.2009, BGBl. 2009 I 725.

[30] Vgl. *Bürgers/Körber/Reger* Rn. 3; Großkomm AktG/*Butzke* Rn. 16.

[31] Vgl. *Grigoleit/Herrler* Rn. 3.

[32] *Seibert* AG 2006, 16 (17).

[33] Vgl. BegrRegE BT-Drs. 15/5092, 16; s. auch MüKoAktG/*Kubis* Rn. 6.

[34] Vgl. *Rotter* Neuer Anlegerschutz, 2006, S. 24.

[35] AA Kölner Komm AktG/*Noack/Zetzsche* Rn. 33; *Rotter* Neuer Anlegerschutz, 2006, S. 24 f.

[36] Großkomm AktG/*Butzke* Rn. 19; *Seibert* AG 2006, 16 (18); *Spindler* NZG 2005, 825 (828); einschränkend NK-AktR/*M. Müller* Rn. 10 f.

[37] Vgl. *Spindler* NZG 2005, 825 (828).

[38] Ebenso Großkomm AktG/*Butzke* Rn. 19; NK-AktR/*M. Müller* Rn. 9.

nicht in der AktFoV geregelt, sondern wird vom Betreiber in seinen AGB festgelegt. Für die Eintragung einer Aufforderung oder einer Berichtigung in das Aktionärsforum wird ein Pauschalbetrag (derzeit 25 Euro) berechnet.[39] Ein Erstattungsanspruch gegen die Gesellschaft besteht nicht. Dies gilt auch dann, wenn infolge einer Aufforderung im Aktionärsforum ein im AktG vorgesehenes Quorum erreicht und dem Antrag oder Verlangen der Minderheit stattgegeben wird.[40] Die noch im Referentenentwurf des UMAG vorgesehene Kostenerstattungspflicht wurde vom Regierungsentwurf nicht übernommen und ist nicht Gesetz geworden.[41] Angesichts der geringen Höhe des Entgelts und des ansonsten anfallenden Verwaltungsaufwands wäre eine Erstattungspflicht auch kaum zu rechtfertigen. Auch aus systematischen Gründen muss eine Kostenerstattungspflicht der Gesellschaft ausscheiden, da es bei Aufforderungen im Aktionärsforum um die Verfolgung eigennütziger Aktionärsrechte geht.[42] Gem. § 9 Abs. 1 S. 2 AktFoV kann ein angemessenes Entgelt auch für vom Eintragenden vorgenommene Änderungen oder Löschungen vereinbart werden. Die AGB des Betreibers sehen vor, dass ein pauschales Entgelt iHv 25 Euro auch für die Berichtigung einer Eintragung anfällt, während die Löschung einer Eintragung kostenfrei erfolgt.[43]

Die **Entrichtung des Entgelts** ist so zu gestalten, dass Eintragende mit Wohnsitz oder Sitz im Ausland nicht benachteiligt werden (§ 9 Abs. 1 S. 3 AktFoV). Es ist die Möglichkeit der Bezahlung mittels elektronischen Lastschriftverfahrens, Kreditkarte oder vergleichbarer Zahlungsmittel vorzusehen (§ 9 Abs. 1 S. 4 AktFoV). Sie ist so zu gestalten, dass nichtelektronischer Schriftverkehr idR ausgeschlossen ist (§ 9 Abs. 1 S. 5 AktFoV). Der Betreiber soll die Mitteilung des Zahlungswegs innerhalb einer gesicherten Internet-Verbindung anbieten (§ 9 Abs. 1 S. 6 AktFoV). Eintragungen, für die das **Entgelt nicht entrichtet** wird, werden gem. § 6 Abs. 4 AktFoV durch den Betreiber unverzüglich gelöscht. Einschränkend wird man hierfür verlangen müssen, dass die Verzugsvoraussetzungen gem. § 286 BGB vorliegen.[44]

3. Acting in Concert. § 127a stellt keine Sonderregelung zu § 34 Abs. 2 WpHG und § 30 Abs. 2 WpÜG dar.[45] Daher ist stets zu prüfen, ob im Anschluss an eine Aufforderung im Aktionärsforum ein abgestimmtes Verhalten (Acting in Concert) vorliegt. Die Aufforderung selbst stellt noch kein abgestimmtes Verhalten dar, da sie nur der Kontaktaufnahme dient.[46] Von der bloßen Aufforderung ist aber das anschließende Zusammenwirken der Aktionäre zu trennen. Denkbar ist daher, dass bei gemeinsamen Anträgen oder einem abgestimmten Stimmverhalten infolge einer Aufforderung im Aktionärsforum ein abgestimmtes Verhalten vorliegt. § 34 Abs. 2 S. 2 WpHG und § 30 Abs. 2 S. 2 WpÜG setzen hierfür eine Verständigung über die Ausübung von Stimmrechten oder ein Zusammenwirken in sonstiger Weise mit dem Ziel einer dauerhaften und erheblichen Änderung der unternehmerischen Ausrichtung des Emittenten voraus. Dies ist auch bei einem Zusammenwirken infolge einer Aufforderung im Aktionärsforum denkbar. § 34 Abs. 2 S. 1 Hs. 2 WpHG und § 30 Abs. 2 S. 1 Hs. 2 WpÜG sehen aber ausdrücklich eine **Ausnahme für Einzelfälle** vor.[47] Noch nicht endgültig geklärt ist, ob sich das Vorliegen eines Einzelfalls nach formalen oder materiellen Kriterien richtet.[48] Der BGH tendiert dazu, in erster Linie formal auf

---

[39] Preisliste Publikationen im Aktionärsforum, abrufbar unter www.bundesanzeiger.de.
[40] Vgl. Bürgers/Körber/*Reger* Rn. 4.
[41] BegrRegE BT-Drs. 15/5092, 17.
[42] Vgl. BegrRegE BT-Drs. 15/5092, 17; Bürgers/Körber/*Reger* Rn. 4; Großkomm AktG/*Butzke* Rn. 6; Hüffer/Koch/*Koch*, 13. Aufl. 2018, Rn. 2; Kölner Komm AktG/*Noack/Zetzsche* Rn. 28; *Kort* NZG 2007, 653 (654); *Seibert* WM 2005, 157 (159); *Seibert* AG 2006, 16 (18); *Spindler* NZG 2005, 825 (828).
[43] Preisliste Publikationen im Aktionärsforum, abrufbar unter www.bundesanzeiger.de.
[44] Kölner Komm AktG/*Noack/Zetzsche* Rn. 29, die auch auf die Wertung des § 309 Nr. 4 BGB verweisen.
[45] BegrRegE BT-Drs. 15/5092, 16; s. auch Großkomm AktG/*Butzke* Rn. 8; Kölner Komm AktG/*Noack/Zetzsche* Rn. 65; *Rotter* Neuer Anlegerschutz, 2006, S. 34; *Bungert* VGR, Gesellschaftsrecht in der Diskussion 2004, S. 59 (74); *Seibert* WM 2005, 157 (159); *Seibert* AG 2006, 16 (18).
[46] Vgl. Bürgers/Körber/*Reger* Rn. 5.
[47] Hieran hat auch das Risikobegrenzungsgesetz festgehalten, nachdem noch im Regierungsentwurf eine Abschaffung vorgesehen war, s. BegrRegE BT-Drs. 16/7438, 11 (13).
[48] Für formale Betrachtungsweise etwa OLG Frankfurt a.M. ZIP 2004, 1309 (1314) – Pixelpark; OLG Stuttgart ZIP 2004, 2232 (2236 f.); Angerer/Geibel/Süßmann/*Süßmann* WpÜG § 30 Rn. 38; Baums/Thoma/*Diekmann* WpÜG § 30 Rn. 75a; Kölner Komm WpHG/*v. Bülow* § 22 Rn. 228 f.; Kölner Komm WpÜG/*v. Bülow* § 30 Rn. 236; Schäfer/Hamann/*Opitz* Kapitalmarktgesetze § 22 WpHG Rn. 91 ff.; Steinmeyer/*Steinmeyer* WpÜG § 30 Rn. 60; *Drinkuth* in Marsch-Barner/Schäfer Börsennotierte AG-HdB Rn. 60.211; *Kocher* BB 2006, 2436; *Kuthe/Brockhausen* DB 2005, 1266 f.; *Lange* ZBB 2004, 22 (27); *Liebscher* ZIP 2002, 1005 (1008); *Saenger/Kessler* ZIP 2006, 837 (839 ff.); *Schockenhoff/Schumann* ZGR 2005, 568 (588); *Weiler/Meyer* NZG 2003, 909 (910); grundsätzlich auch *Hamann* ZIP 2007, 1088 (1094), der aber auch bei wiederholten Abstimmungen eine Zurechnung verneinen will, wenn es an einer nachhaltigen Zielsetzung fehlt; ähnlich Schwark/Zimmer/*Noack/Zetzsche* KMRK WpÜG § 30 Rn. 46; *Seibt* ZIP 2004, 1829 (1833); *v. Bülow/Bücker* ZGR 2004, 669 (700); für materielle Betrachtungsweise etwa OLG München ZIP 2005, 856 (857); Assmann/Pötzsch/U.H. Schneider/*U.H. Schneider* WpÜG § 30

die Häufigkeit des Abstimmungsverhaltens abzustellen.[49] Danach würde zumindest die auf eine Aufforderung im Aktionärsforum zurückgehende einmalige gemeinsame Aktion nicht zu einer Stimmrechtszurechnung führen.[50] Auch bei Anlegung materieller Kriterien dürfte eine Stimmrechtszurechnung regelmäßig ausscheiden, da es zumeist an einem unternehmerischen Gesamtkonzept fehlen wird. Nicht von der Einzelfallausnahme erfasst wäre dagegen bei streng formaler Betrachtungsweise bereits die Abstimmung im Hinblick auf mehrere Beschlussgegenstände einer Hauptversammlung.[51] Für solche Fälle bietet es sich jedoch an, zumindest ergänzend die Bedeutung der Beschlussgegenstände zu berücksichtigen,[52] so dass es auch hier regelmäßig an einem abgestimmten Verhalten iSv § 34 Abs. 2 WpHG und § 30 Abs. 2 WpÜG fehlen dürfte. Auch der Gesetzgeber ging bei der Schaffung des Risikobegrenzungsgesetzes offenbar davon aus, dass allein die Abstimmung im Hinblick auf mehrere Beschlussgegenstände einer Hauptversammlung nicht zur Stimmrechtszurechnung führen kann.[53]

III. Inhalt der Aufforderung (Abs. 2)

17   **1. Allgemeines.** Das Aktionärsforum ist **kein Diskussionsforum**. Es dient nicht der inhaltlichen Auseinandersetzung, sondern allein der Kontaktaufnahme.[54] Im Bundesanzeiger darf daher nur ein **neutraler Aufruf** veröffentlicht werden.[55] Insbesondere darf die Aufforderung nicht um eine Stellungnahme oder Begründung ergänzt werden.[56] Zulässig ist nur der Hinweis auf eine Begründung auf der Internetseite des Auffordernden (§ 127a Abs. 3, → Rn. 24 ff.). Aufforderungen und etwaige Hinweise auf Begründungen sind in Deutsch oder Englisch über eine im Aktionärsforum zur Verfügung gestellte Formularmaske einzugeben (§ 1 Abs. 2 AktFoV). Sonstige Übermittlungswege (Telefon, E-Mail, Fax, Brief etc.) sind ausgeschlossen.[57] Soweit die Angaben nicht von der Formularmaske vorgegeben sind, ist die Aufforderung im Freitext einzugeben und darf nicht mehr als 500 Zeichen enthalten (§ 3 Abs. 3 S. 3 AktFoV).[58]

18   **2. Pflichtangaben.** § 127a Abs. 2 sieht bestimmte Pflichtangaben vor, die Bestandteil der Aufforderung sind (§ 3 Abs. 3 S. 1 AktFoV). Anzugeben sind zunächst der Name und eine Anschrift des Aktionärs oder der Aktionärsvereinigung (§ 127a Abs. 2 Nr. 1). Erforderlich ist die Nennung einer **zustellungsfähigen postalischen Anschrift**.[59] Eine E-Mail-Adresse genügt insoweit nicht, da die Angabe der Gesellschaft den Rechtsschutz gegen missbräuchliche Aufforderungen erleichtern soll. Die Angabe einer E-Mail-Adresse ist aber gem. § 3 Abs. 3 S. 1 AktFoV („elektronischen Postadresse") zusätzlich erforderlich. Jeweils besonders zu vermerken ist, ob der Auffordernde als Aktionär oder als Aktionärsvereinigung handelt.[60] Die Eingabemaske des Aktionärsforums bietet hierfür eine entsprechende Auswahlmöglichkeit an. Ferner ist die **Firma der Gesellschaft** anzugeben (§ 127a Abs. 2 Nr. 2). Um eine eindeutige Zuordnung zu ermöglichen, ist die Firma bei der Eingabe der Aufforderung aus dem Datenbestand des Betreibers auszuwählen.[61] Die zusätzliche Nennung der „postalischen Sitzanschrift"[62] ist nicht erforderlich. Als weitere Angabe müssen der Antrag, das Verlangen oder ein Vorschlag für die Ausübung des Stimmrechts zu einem Tagesordnungspunkt enthalten sein (§ 127a Abs. 2 Nr. 3). **Abstimmungsvorschläge** müssen stets auf eine konkrete Hauptversammlung bezogen sein und inhaltlich den für Wahlvorschläge iSv § 135 Abs. 2 S. 1 geltenden Anforderungen genügen.[63] Schließlich ist der Tag der

---

Rn. 200 ff.; Assmann/U.H. Schneider/*U.H. Schneider* WpHG § 22 Rn. 191a ff.; Haarmann/Schüppen/*Schüppen*/ Walz WpÜG § 30 Rn. 80; *Borges* ZIP 2007, 357 (363 f.); *Casper/Bracht* NZG 2005, 839 ff.; *Louven* BB 2005, 1414 (1415); *U.H. Schneider* ZGR 2007, 440 (454); iE auch *Diekmann* DStR 2007, 445 (447).
[49] BGHZ 169, 98 (107) – WMF.
[50] Bürgers/Körber/*Reger* Rn. 5; Hölters/*Drinhausen* Rn. 9; NK-AktR/*M. Müller* Rn. 13; *Seibert* WM 2005, 157 (159); *Seibert* AG 2006, 16 (18); *Spindler* NZG 2005, 825 (828) Fn. 64; s. auch BegrRegE BT-Drs. 15/5092 S. 16: § 127a stelle auf punktuelles Zusammenwirken in Einzelfällen ab, das keine Zurechnung begründe.
[51] Vgl. MüKoAktG/*Kubis* Rn. 19; aA wohl NK-AktR/*M. Müller* Rn. 13.
[52] Vgl. *Seibt* ZIP 2004, 1829 (1833).
[53] Bericht des Finanzausschusses BT-Drs. 16/9821, 16.
[54] *Seibert* AG 2006, 16 (18): Pinwand mit Kontaktadresse; s. auch Kölner Komm AktG/*Noack/Zetzsche* Rn. 2.
[55] BegrRegE BT-Drs. 15/5092, 15.
[56] Bürgers/Körber/*Reger* Rn. 2; Grigoleit/*Herrler* Rn. 4; Kölner Komm AktG/*Noack/Zetzsche* Rn. 34; MüKoAktG/*Kubis* Rn. 10; Wachter/*Mayrhofer* Rn. 4.
[57] Bürgers/Körber/*Reger* Rn. 3.
[58] Krit. zu der Begrenzung auf 500 Zeichen MüKoAktG/*Kubis* Rn. 12.
[59] Bürgers/Körber/*Reger* Rn. 6; MüKoAktG/*Kubis* Rn. 8; NK-AktR/*M. Müller* Rn. 15.
[60] Begr. zu § 3 AktFoV, BAnz. 2005, S. 16 869.
[61] Begr. zu § 3 AktFoV, BAnz. 2005, S. 16 869.
[62] So MüKoAktG/*Kubis* Rn. 9.
[63] Vgl. BegrRegE BT-Drs. 15/5092, 16; Bürgers/Körber/*Reger* Rn. 6; Großkomm AktG/*Butzke* Rn. 16.

Hauptversammlung anzugeben (§ 127a Abs. 2 Nr. 4). Bei mehrtägigen Hauptversammlungen ist der erste Tag anzugeben.[64]

3. Löschung missbräuchlicher Aufforderungen. Missbräuchliche Aufforderungen sind vom Betreiber unverzüglich zu löschen (§ 3 Abs. 5 S. 2 AktFoV). Nach der Definition des § 3 Abs. 5 S. 1 AktFoV ist eine Aufforderung missbräuchlich, wenn sie offensichtlich nicht den Voraussetzungen von § 127a oder der AktFoV entspricht. § 3 Abs. 5 S. 1 Nr. 1–4 AktFoV enthalten einen **nicht abschließenden Katalog von Regelbeispielen** für missbräuchliche Aufforderungen. Missbräuchlich ist danach eine Aufforderung, die Angaben oder Meinungsäußerungen enthält, die über den gesetzlich vorgesehenen Inhalt hinausgehen (Nr. 1), die nicht von einem Aktionär oder einer Aktionärsvereinigung stammt (Nr. 2), die irreführende oder strafbare Angaben, falsche Angaben zur Person des Auffordernden (Nr. 3) oder Werbung für Produkte und nicht mit der Durchführung der Aufforderung verbundene Dienstleistungen enthält (Nr. 4).

Dem Betreiber steht ein **Prüfungsrecht** zu, ob eine Aufforderung missbräuchlich iSv § 3 Abs. 5 AktFoV ist.[65] Damit korrespondiert eine entsprechende **Prüfungspflicht**. Durch das Adjektiv „offensichtlich" in § 3 Abs. 5 S. 1 AktFoV wird nicht zum Ausdruck gebracht, dass eine Aufforderung erst dann vom Betreiber gelöscht werden darf, wenn ein Verstoß gegen § 127a oder die Vorgaben der AktFoV schon bei oberflächlicher Betrachtung zweifelsfrei feststeht. Der Betreiber muss lediglich nach einer Prüfung der Aufforderung zu der Überzeugung gelangen, dass ein solcher Verstoß vorliegt.[66] In Zweifelsfällen ist der Auffordernde vor einer Löschung zu befragen (§ 3 Abs. 5 S. 3 AktFoV). Der Auffordernde kann gegen eine ungerechtfertigte Löschung den Zivilrechtsweg beschreiten.

4. Rechtsschutzmöglichkeiten der Gesellschaft. § 127a Abs. 4 sieht als Reaktionsmöglichkeit der Gesellschaft lediglich die Veröffentlichung eines Hinweises auf eine Stellungnahme vor (→ Rn. 27 f.). Im Übrigen sind die Handlungsmöglichkeiten der Gesellschaft beschränkt. Die Aufzählung von Regelbeispielen missbräuchlicher Aufforderungen in § 3 Abs. 5 S. 1 AktFoV ist zwar grundsätzlich mit dem Katalog unzulässiger oder rechtsmissbräuchlicher Gegenanträge in § 126 Abs. 2 vergleichbar. Ein wesentlicher Unterschied besteht aber darin, dass in den Fällen des § 126 Abs. 2 die Gesellschaft selbst über das Zugänglichmachen von Gegenanträgen entscheidet. § 3 Abs. 5 AktFoV überlässt die Entscheidung über die Löschung dem Betreiber. Ein entsprechender Löschungsanspruch der Gesellschaft ist weder in § 127a noch in der AktFoV ausdrücklich vorgesehen.[67] Der Gesetzgeber sieht es offenbar als ausreichend an, dass die Gesellschaft Verstöße dem Betreiber anzeigt, woraufhin dieser eine Prüfung durchführt und die betreffende Aufforderung bei festgestelltem Missbrauch löscht.[68]

Wird die Gesellschaft durch die Aufforderung oder die Begründung auf der Internetseite des Auffordernden in ihren Rechten verletzt (etwa durch beleidigende oder geschäftsschädigende Äußerungen), kann sie die **allgemeinen zivilrechtlichen Abwehransprüche** und prozessualen Rechtsbehelfe in Anspruch nehmen.[69] Dabei wird angesichts der Eilbedürftigkeit regelmäßig ein Antrag auf Erlass einer einstweiligen Verfügung in Betracht zu ziehen sein.[70] Die Rechtsverfolgung wird der Gesellschaft dadurch erleichtert, dass die Aufforderung gem. § 127a Abs. 2 Nr. 1 stets eine zustellungsfähige postalische Anschrift enthalten muss (→ Rn. 18).

Neben einem Vorgehen gegen den Auffordernden ist auch die **Geltendmachung von Abwehransprüchen gegen den Betreiber des Bundesanzeigers** denkbar.[71] Nach der Rechtsprechung des BGH kommt bei ehrverletzenden Beiträgen in Meinungsforen im Internet ein Unterlassungsanspruch gegen den Forenbetreiber selbst dann in Betracht, wenn dem Verletzten die Identität des Autors bekannt ist.[72] Auch wenn es sich bei dem Aktionärsforum nicht um ein Meinungsforum handelt, liegt eine Übertragung dieser Grundsätze nahe. Die Haftungsprivilegierung des § 10 S. 1

---

[64] Großkomm AktG/*Butzke* Rn. 21; MüKoAktG/*Kubis* Rn. 11.
[65] Begr. zu § 3 AktFoV, BAnz. 2005, S. 16 869.
[66] Vgl. Begr. zu § 3 AktFoV, BAnz. 2005, S. 16 869.
[67] Für Löschungsanspruch der Gesellschaft bei Vorliegen eines Missbrauchstatbestands MüKoAktG/*Kubis* Rn. 17.
[68] Vgl. *Seibert* AG 2006, 16 (18).
[69] BegrRegE BT-Drs. 15/5092, 16; s. auch Grigoleit/*Herrler* Rn. 4; MüKoAktG/*Kubis* Rn. 16; Wachter/Mayrhofer Rn. 11; *Jahn* BB 2005, 5 (13); *Spindler* NZG 2005, 825 (828); aA wohl *Kort* NZG 2007, 653 (654): Vorstand habe keine Möglichkeit, sich gegen die Aufforderung rechtlich zur Wehr zu setzen.
[70] BegrRegE BT-Drs. 15/5092, 16; vgl. auch Großkomm AktG/*Butzke* Rn. 25.
[71] Kölner Komm AktG/*Noack/Zetzsche* Rn. 60; *Spindler* NZG 2005, 825 (828); aA offenbar *DAV-Handelsrechtsausschuss* NZG 2004, 555 (558).
[72] BGH NJW 2007, 2558 f. – Meinungsforum; s. dazu *Schmelz* ZUM 2007, 535 ff.; *Schuppert* CR 2007, 588 f.; *Spindler* MMR 2007, 511 (513 f.); *Volkmann* K&R 2007, 398 ff.

TMG steht einer Störerhaftung nicht entgegen, da sie nach ständiger Rechtsprechung des BGH nicht für Unterlassungsansprüche gilt.[73] Für die **Anforderungen an eine Störerhaftung** des Betreibers lassen sich die Grundsätze heranziehen, die der BGH für die Störerhaftung des Hostproviders bei ehrverletzenden Äußerungen Dritter in einem Blog aufgestellt hat.[74] Danach trifft den Hostprovider nur eine eingeschränkte Verantwortlichkeit für Einträge, die er weder selbst verfasst noch sich inhaltlich zu Eigen gemacht hat. Die Störerhaftung setzt vielmehr die Verletzung zumutbarer Prüfungspflichten voraus, deren Umfang sich danach bestimmt, ob und inwieweit dem Provider nach den jeweiligen Umständen des Einzelfalls unter Berücksichtigung seiner Funktion und Aufgabenstellung sowie mit Blick auf die Eigenverantwortung desjenigen, der die rechtswidrige Beeinträchtigung selbst unmittelbar vorgenommen hat, eine Prüfung zumutbar ist.[75] Insbesondere besteht keine Pflicht, die in das Netz gestellten Beiträge vor der Veröffentlichung auf eventuelle Rechtsverletzungen zu überprüfen. Erst wenn der Provider mit der Beanstandung eines Betroffenen konfrontiert ist, besteht eine Pflicht zur Ermittlung und Bewertung des gesamten Sachverhalts unter Berücksichtigung einer etwaigen Stellungnahme des für den Eintrag Verantwortlichen.[76] **Schadensersatzansprüche** gegen den Betreiber dürften dagegen regelmäßig ausscheiden. Dem Betreiber kommt insoweit die Haftungsprivilegierung der §§ 7 ff. TMG zugute. Überdies müsste die Gesellschaft stets einen konkreten Schaden nachweisen. Für den Fall einer Inanspruchnahme hat der Betreiber in seinen AGB einen Freistellungsanspruch gegenüber den auffordernden Aktionären und Aktionärsvereinigungen vorgesehen.[77]

23a Das **NetzDG**[78] findet auf den Betreiber des Aktionärsforums keine Anwendung. Gem. § 1 Abs. 1 S. 1 NetzDG gilt das Gesetz für Telemediendiensteanbieter, die mit Gewinnerzielungsabsicht Plattformen im Internet betreiben, die dazu bestimmt sind, dass Nutzer beliebige Inhalte mit anderen Nutzern teilen oder der Öffentlichkeit zugänglich machen (soziale Netzwerke). Plattformen, die zur Individualkommunikation oder zur Verbreitung spezifischer Inhalte bestimmt sind, sind gem. § 1 Abs. 1 S. 3 NetzDG ausdrücklich vom Geltungsbereich ausgenommen. Das Aktionärsforum ist eine solche Plattform, die zur Verbreitung spezifischer Inhalte bestimmt ist.

IV. Begründung (Abs. 3)

24 Die Aufforderung darf selbst keine Begründung enthalten, kann jedoch auf eine Begründung auf der Internetseite des Auffordernden hinweisen (§ 127a Abs. 3). Enthält die Aufforderung einen Verweis auf eine andere Internetseite, muss diese Internetseite **unmittelbar die Begründung** der Aufforderung enthalten (§ 5 Abs. 1 S. 1 AktFoV).[79] Der Verweis auf eine andere Internetseite soll so gestaltet werden, dass diese sich unmittelbar durch Anklicken öffnet (§ 5 Abs. 2 S. 1 AktFoV). Auch ein direkter Verweis auf eine E-Mail-Adresse ist zulässig (§ 5 Abs. 2 S. 2 AktFoV). Hinweise auf gedruckte Begründungen, telefonische Auskünfte oder ähnliche Direktkontakte sind dagegen unzulässig.[80] Anders als die Aufforderung, muss die Begründung nicht zwingend in Deutsch oder Englisch abgefasst werden.[81]

---

[73] BGHZ 191, 219 (225) – Blog-Eintrag; BGHZ 172, 119 (126) – Internet-Versteigerung II; BGHZ 158, 236 (245 ff.) – Internetversteigerung I (zu §§ 8 ff. TDG aF); BGH GRUR 2010, 152 (153) – Kinderhochstühle im Internet; BGH NJW-RR 2009, 1413 (1414) – Domainverpächter; BGH GRUR 2008, 702 (706) – Internet-Versteigerung III; BGH NJW 2007, 2558 f. – Meinungsforum.

[74] BGHZ 191, 219 (225 ff.) – Blog-Eintrag; s. dazu Feldmann K&R 2012, 113 ff.; *Gaugenrieder* EWiR 2012, 241 f.; *Rühl* LMK 2012, 338417; *Spindler* CR 2012, 176 ff.; vgl. zur Störerhaftung des Betreibers eines Bewertungsportals auch BGHZ 209, 139 (145 ff.) = NJW 2016, 2106 (2107 ff.) – jameda.de II; BGH NJW 2017, 2029 (2030 ff.).

[75] BGHZ 191, 219 (226) – Blog-Eintrag; vgl. auch BGHZ 191, 19 (25) – Stiftparfüm; BGHZ 158, 236 (251) – Internet-Versteigerung I; BGH NJW-RR 2009, 1413 (1414 f.) – Domainverpächter; KG MMR 2013, 659 f.; LG Berlin CR 2012, 755 (756); s. auch EuGH EuZW 2011, 754 (763 f.) – L'Oréal/eBay.

[76] BGHZ 191, 219 (226 f.) – Blog-Eintrag.

[77] Allgemeine Geschäftsbedingungen für das „Aktionärsforum" im Bundesanzeiger, Abschnitt „Freistellungsvereinbarung gegenüber auffordernden Aktionären/Aktionärsvereinigungen und Gesellschaften (Eintragenden)", abrufbar unter www.bundesanzeiger.de.

[78] Gesetz zur Verbesserung der Rechtsdurchsetzung in sozialen Netzwerken (Netzwerkdurchsetzungsgesetz – NetzDG) v. 1.9.2017, BGBl. 2017 I 3352.

[79] AA offenbar MüKoAktG/*Kubis* Rn. 13, allerdings mit dem im Hinblick auf die ausdrückliche Regelung in § 5 Abs. 1 S. 1 AktFoV nicht nachvollziehbaren Argument, dass dem Gesetzeswortlaut keine solche Beschränkung zu entnehmen sei.

[80] MüKoAktG/*Kubis* Rn. 13; krit. insoweit Hüffer/Koch/*Koch*, 13. Aufl. 2018, Rn. 4; Kölner Komm AktG/ *Noack*/*Zetzsche* Rn. 50.

[81] Begr. zu § 1 AktFoV, BAnz. 2005, S. 16 869; Bürgers/Körber/*Reger* Rn. 7; *Rotter*, Neuer Anlegerschutz, 2006, 20 f.

Wird auf eine Internetseite verwiesen, die nicht unmittelbar die Begründung enthält oder auf 25
der sich **missbräuchliche Inhalte** finden, ist der Betreiber berechtigt, die Eintragung zu verweigern
oder Eintragungen ohne Kostenerstattung zu löschen (§ 5 Abs. 1 S. 2 AktFoV). Weder § 127a noch
die AktFoV definieren, welche Inhalte einer Begründung als missbräuchlich anzusehen sind. Zumindest teilweise lassen sich aber auch hier die in § 3 Abs. 5 AktFoV genannten Regelbeispiele für
missbräuchliche Aufforderungen heranziehen.[82] So darf auch die Begründung keine irreführenden
oder strafbaren Angaben oder falsche Angaben zur Person des Auffordernden enthalten (§ 3 Abs. 5
Nr. 3 AktFoV). Auch in der Begründung ist eine Werbung für Produkte und nicht mit der Durchführung der Aufforderung verbundene Dienstleistungen unzulässig (§ 3 Abs. 5 Nr. 4 AktFoV). Im Übrigen muss sich die Begründung im Rahmen der Gesamtrechtsordnung halten, wobei insbesondere
das Verbot der Marktmanipulation (Art. 15 MAR) zu beachten ist.[83]

Die **Rechtsschutzmöglichkeiten der Gesellschaft** gegen missbräuchliche Begründungen ent- 26
sprechen denjenigen bei missbräuchlichen Aufforderungen (vgl. → Rn. 21 ff.). Auch im Hinblick
auf Hinweise gem. § 127a Abs. 3 ist eine Störerhaftung des Betreibers denkbar. Erkennt man die
Möglichkeit einer solchen Störerhaftung grundsätzlich an, ist diese nicht allein dadurch ausgeschlossen, dass im Aktionärsforum nur ein Hinweis veröffentlicht wird und der Betreiber auf den Inhalt
der Internetseite des Auffordernden keinen unmittelbaren Einfluss hat. Die Diskussion um eine
Haftung für Hyperlinks[84] lässt sich zwar nur begrenzt fruchtbar machen, da der Betreiber die mit
der Linksetzung verbundene Auswahl von Inhalten nicht selbst getroffen hat. § 5 Abs. 1 S. 3 AktFoV
sieht aber zumindest vor, dass der Betreiber durch Stichproben und auf konkreten Hinweis überprüft,
ob die in Bezug genommene Internetseite des Auffordernden missbräuchliche Inhalte enthält.

V. Stellungnahme der Gesellschaft (Abs. 4)

Die Gesellschaft kann im Aktionärsforum keine Stellungnahme zu den Aufforderungen der Aktio- 27
näre und Aktionärsvereinigungen veröffentlichen. Sie kann aber gem. § 127a Abs. 4 auf eine Stellungnahme auf ihrer Internetseite hinweisen. Wird eine Aufforderung gelöscht, führt dies nicht automatisch auch zur Löschung des Hinweises.[85] Ebenso wie Aufforderungen sind auch Hinweise auf
Stellungnahmen der Gesellschaft in Deutsch oder Englisch abzufassen und über eine im Aktionärsforum zur Verfügung gestellte Formularmaske einzugeben (§ 1 Abs. 2 AktFoV). Die Stellungnahme
selbst muss nicht zwingend in Deutsch oder Englisch abgefasst werden.[86] Der Hinweis auf die
Stellungnahme der Gesellschaft wird im Aktionärsforum im räumlichen Zusammenhang mit der
betreffenden Aufforderung veröffentlicht (§ 4 Abs. 1 S. 2 AktFoV). Gem. § 5 Abs. 1 S. 1 AktFoV
muss die in dem Hinweis genannte Internetseite unmittelbar die Stellungnahme enthalten. Dabei
soll der Verweis auf die Internetseite der Gesellschaft so gestaltet werden, dass sich diese unmittelbar
durch Anklicken öffnet (§ 5 Abs. 1 S. 2 AktFoV). Auch für die Veröffentlichung eines Hinweises
gem. § 127a Abs. 4 kann der Betreiber ein angemessenes Entgelt vereinbaren (§ 9 Abs. 1 S. 1 AktFoV).
Dieses beträgt nach den AGB des Betreibers wie für Aufforderungen pauschal 25 Euro.[87]

Die allgemeinen Regelungen zur Aufforderung sind auch auf Hinweise auf Stellungnahmen der 28
Gesellschaft anzuwenden (§ 4 Abs. 2 iVm § 3 Abs. 1, 4 und 5 AktFoV).[88] Auch für die Gesellschaft
ist somit eine **Registrierung** erforderlich (§ 4 Abs. 2 iVm § 3 Abs. 1 AktFoV). Zudem gelten
die Regelungen über missbräuchliche Aufforderungen entsprechend, so dass auch Hinweise auf
Stellungnahmen der Gesellschaft unverzüglich zu löschen sind, wenn sie nicht den Anforderungen
von § 127a und der AktFoV genügen (§ 4 Abs. 2 iVm § 3 Abs. 5 AktFoV). Auch die Gesellschaft
erhält per E-Mail eine Bestätigung über die Eintragung und ihre anschließende Veröffentlichung
(§ 4 Abs. 2 iVm § 3 Abs. 4 S. 1 AktFoV). Der Hinweis wird unverzüglich gelöscht, wenn die Bestätigung als unzustellbar zurückkommt (§ 4 Abs. 2 iVm § 3 Abs. 4 S. 1 AktFoV). Nicht anwendbar ist
§ 3 Abs. 4 S. 2 AktFoV, wonach die Bestätigung den Hinweis enthalten soll, dass der Auffordernde
die Löschung der Aufforderung zu bewirken hat, sobald er nicht mehr Aktionär der betreffenden

---

[82] Anders NK-AktR/*M. Müller* Rn. 17, der es als völlig offen ansieht, welche Art von missbräuchlichen Inhalten von § 5 Abs. 1 S. 2 AktFoV erfasst ist; ähnlich Kölner Komm AktG/*Noack/Zetzsche* Rn. 64.
[83] *Rotter*, Neuer Anlegerschutz, 2006, 34.
[84] Vgl. BGHZ 206, 103 (104 ff.) = NJW 2016, 804 ff. – Haftung für Hyperlink; Zusammenfassung der Diskussion bei *Härting* Internetrecht, 6. Aufl. 2017, Rn. 2662 ff.; Hoeren/Sieber/Holznagel/*Sieber/Höfinger* HdB Multimedia-Recht, Stand: 45. El Juli 2017, Teil 18.1 Rn. 102 ff.; *Mann/Smid* in Spindler/Schuster, Recht der elektronischen Medien, 3. Aufl. 2015, Siebter Teil Rn. 68 ff.; *Kahl/Schönfelder* K&R 2017, 683 ff., jeweils mwN.
[85] Bürgers/Körber/*Reger* Rn. 8; Hölters/*Drinhausen* Rn. 7; Wachter/*Mayrhofer* Rn. 12.
[86] Bürgers/Körber/*Reger* Rn. 8.
[87] Preisliste Publikationen im Aktionärsforum, abrufbar unter www.bundesanzeiger.de.
[88] Vgl. Begr zu § 4 AktFoV, BAnz. 2005, S. 16 869.

§ 128

Erstes Buch. Aktiengesellschaft

Gesellschaft ist. Hierfür gibt es bei Hinweisen auf Stellungnahmen der Gesellschaft keine Entsprechung, so dass der Verweis in § 4 Abs. 2 AktFoV insoweit einschränkend zu interpretieren ist.

VI. Verordnungsermächtigung (Abs. 5)

29 § 127a Abs. 5 enthält die Verordnungsermächtigung, auf deren Grundlage das BMJ die AktFoV vom 22. November 2005 erlassen hat (→ Rn. 2). Die AktFoV ist am 1. Dezember 2005 in Kraft getreten (§ 10 AktFoV) und regelt entsprechend der Verordnungsermächtigung die äußere Gestaltung des Aktionärsforums (§§ 1, 2 AktFoV). Zudem enthält sie nähere Bestimmungen zur Registrierung und zum Inhalt der Aufforderung (§ 3 AktFoV), zu Hinweisen auf Stellungnahmen der Gesellschaft (§ 4 AktFoV) und Verweisen auf eine andere Internetseite (§ 5 AktFoV), zur Berichtigung und Löschung von Eintragungen (§ 6 AktFoV), zur Einsichtnahme (§ 7 AktFoV), zur Datensicherheit (§ 8 AktFoV) sowie zu Entgelten und zur Veröffentlichung (§ 9 AktFoV). Die Höhe der Entgelte ist nicht in der AktFoV geregelt, sondern wird vom Betreiber des Bundesanzeigers festgelegt.[89] Zu Einzelheiten siehe die Einzelerläuterungen → Rn. 4 ff.

§ 128 Übermittlung der Mitteilungen

(1) ¹Hat ein Kreditinstitut zu Beginn des 21. Tages vor der Versammlung für Aktionäre Inhaberaktien der Gesellschaft in Verwahrung oder wird es für Namensaktien, die ihm nicht gehören, im Aktienregister eingetragen, so hat es die Mitteilungen nach § 125 Abs. 1 unverzüglich an die Aktionäre zu übermitteln. ²Die Satzung der Gesellschaft kann die Übermittlung auf den Weg elektronischer Kommunikation beschränken; in diesem Fall ist das Kreditinstitut auch aus anderen Gründen nicht zu mehr verpflichtet.

(2) Die Verpflichtung des Kreditinstituts zum Ersatz eines aus der Verletzung des Absatzes 1 entstehenden Schadens kann im voraus weder ausgeschlossen noch beschränkt werden.

(3) ¹Das Bundesministerium der Justiz und für Verbraucherschutz wird ermächtigt, im Einvernehmen mit dem Bundesministerium für Wirtschaft und Energie und dem Bundesministerium der Finanzen durch Rechtsverordnung vorzuschreiben, dass die Gesellschaft den Kreditinstituten die Aufwendungen für
1. die Übermittlung der Angaben gemäß § 67 Abs. 4 und
2. die Vervielfältigung der Mitteilungen und für ihre Übersendung an die Aktionäre
zu ersetzen hat. ²Es können Pauschbeträge festgesetzt werden. ³Die Rechtsverordnung bedarf nicht der Zustimmung des Bundesrates.

(4) § 125 Abs. 5 gilt entsprechend.

Schrifttum: A. Arnold, Aktionärsrechte und Hauptversammlung nach dem ARUG, Der Konzern 2009, 88; *Bachmann*, Namensaktie und Stimmrechtsvertretung, WM 1999, 2100; *Burmeister*, Weitergabe-, Mitteilungspflichten und Stimmrechtsvollmacht für Kreditinstitute (§§ 128, 135 AktG), AG 1976, 262; *Consbruch*, Das neue Aktiengesetz und die Kreditinstitute, ZfK 1965, 1155; *Eckardt*, Die Ausübung des Stimmrechts durch einen anderen, insbesondere durch ein Kreditinstitut, DB 1967, 191 und 233; *von Falkenhausen*, Das Bankenstimmrecht im neuen Aktienrecht, AG 1966, 69; *Hellner*, Aufwendungsersatz für die Unterrichtung der Aktionäre, Bank-Betrieb 1968, 240; *Lommatzsch*, Vorbereitung der HV durch Mitteilungen und Weisungen nach §§ 125, 128 AktG nF, NZG 2001, 1017; *Noack/Zetzsche*, Bankaktienrecht und Aktienbankrecht, FS Hopt, Bd. 2, 2010, 2283; *Penzkofer*, Die Kostenerstattung für die Kreditinstitute nach § 128 AktG, AG 1968, 144; *D. Schmidt*, Die Ausübung des sog. Depotstimmrechts durch die Kreditinstitute, BB 1967, 818; *Seibert*, Die neue „Verordnung über den Ersatz von Aufwendungen der Kreditinstitute", ZIP 2003, 1270; *Seifert*, Verzicht auf die Weitergabe der Mitteilungen nach § 128 AktG, AG 1968, 371; *Vallenthin*, Die Neuregelung des Bankenstimmrechts im Aktiengesetz von 1965, Bank-Betrieb 1965, 242; *Wicke*, Einführung in das Recht der Hauptversammlung, das Recht der Sacheinlagen und das Freigabeverfahren nach dem ARUG, 2009.

Übersicht

	Rn.		Rn.
I. Überblick	1–4a	**II. Übermittlung von Mitteilungen**	
1. Normzweck	1, 2	(§ 128 Abs. 1)	5–24
		1. Schuldner der Übermittlungspflicht	5–7
2. Entstehungsgeschichte	3–4a	a) Allgemeines	5

---

[89] Zur Höhe der Entgelte s. Preisliste Publikationen im Aktionärsforum, abrufbar unter www.bundesanzeiger.de.

	Rn.		Rn.
b) Kreditinstitute	6	c) Verzicht	19
c) Gleichgestellte Institute und Unternehmen (§ 128 Abs. 4)	7	5. Unverzügliche Übermittlung	20–21a
2. Voraussetzungen der Übermittlungspflicht	8–12	6. Form der Übermittlung (§ 128 Abs. 1 S. 2)	22–24
a) Inhaberaktien	8, 9	**III. Rechtsfolgen von Verstößen (§ 128 Abs. 2)**	25–27
b) Namensaktien	10–12		
3. Gläubiger der Übermittlungspflicht	13	1. Schadensersatz (§ 128 Abs. 2)	25, 26
4. Inhalt und Gegenstand der Übermittlungspflicht	14–19	2. Sonstige Rechtsfolgen	27
a) Rechtsgrund und Inhalt	14–16	**IV. Verordnungsermächtigung (§ 128 Abs. 3)**	28, 29
b) Gegenstand	17, 18		

I. Überblick

1. Normzweck. § 128 regelt die für Kreditinstitute geltende Pflicht, die Mitteilungen nach § 125 Abs. 1 an die Aktionäre zu übermitteln. Die Vorschrift dient der frühzeitigen **Vorbereitung der Aktionäre** auf die Hauptversammlung und ergänzt die von der Gesellschaft im Vorfeld der Hauptversammlung zu erfüllenden Informationspflichten (§§ 121 Abs. 3–4a, 124 und §§ 125–127).[1] Die Übermittlungspflicht gilt nur für Inhaberaktien und für fremde Namensaktien, als deren Inhaber das Kreditinstitut im Aktienregister eingetragen ist. Sie trägt dem Umstand Rechnung, dass sich die Gesellschaft in diesen Fällen nicht unmittelbar an ihre Aktionäre wenden kann, da diese ihr regelmäßig nicht bekannt sind. Die Kreditinstitute werden daher als Informationsmittler für die Gesellschaft tätig.[2] Auf diese Weise soll den Aktionären die Willensbildung erleichtert und die Erteilung sachgerechter Weisungen ermöglicht werden.[3] Angesichts der Verfügbarkeit von Aktionärsinformationen im Internet (Bundesanzeiger, Internetseite der Gesellschaft), wird man die Bedeutung der Übermittlungspflicht heute entgegen der ursprünglichen Intention des Gesetzgebers nicht mehr primär in der Informationsverschaffung, sondern eher in der Hinweiswirkung hinsichtlich des Hauptversammlungstermins sehen müssen.[4] Die Übermittlungspflicht wird durch die unter bestimmten Voraussetzungen bestehende Pflicht zur Formulierung eigener Abstimmungsvorschläge ergänzt (§ 135 Abs. 2). Hierdurch soll letztlich eine Steigerung der Hauptversammlungspräsenz bewirkt werden.[5]

Die Übermittlungspflicht hat eine **erhebliche praktische Bedeutung**, da bei deutschen Aktiengesellschaften Inhaberaktien nach wie vor weit verbreitet sind. Die Einführung von Namensaktien bei diversen größeren Publikumsgesellschaften (insbesondere seit Inkrafttreten des NaStraG) hat bislang nicht zu einer deutlichen Erhöhung der Transparenz der Aktionärsstruktur beigetragen, da im Aktienregister häufig nicht die Aktionäre selbst eingetragen sind.[6] Dies könnte sich in Zukunft ändern, da seit Inkrafttreten des RisikobegrenzungsG[7] die Eintragung als Legitimationsaktionär durch die Satzung ausgeschlossen werden kann (§ 67 Abs. 1 S. 3; dazu → § 67 Rn. 25 ff.). Darüber hinaus wurden durch die Änderungsrichtlinie zur Aktionärsrechterichtlinie[8] neue Regelungen zur Identifizierung der Aktionäre in die Aktionärsrechterichtlinie eingefügt (Art. 3a Aktionärsrechte-RL), die bis zum 10. Juni 2019 in nationales Recht umzusetzen sind.

2. Entstehungsgeschichte. § 128 wurde mit dem AktG 1965 neu in das Gesetz aufgenommen. Im AktG 1937 findet sich zu der in § 128 vorgesehenen Weiterleitungspflicht keine Vorgängernorm. Der jetzige Abs. 4 wurde angefügt durch Art. 4 Nr. 9 des Begleitgesetzes zum Gesetz zur Umsetzung von EG-Richtlinien zur Harmonisierung bank- und wertpapieraufsichtsrechtlicher Vorschriften vom 22. Oktober 1997 (BGBl. 1997 I 2567). § 128 Abs. 1 und der jetzige Abs. 3 wurden zunächst durch

---

[1] Bürgers/Körber/*Reger* Rn. 2; Grigoleit/*Herrler* Rn. 1; Großkomm AktG/*Butzke* Rn. 1; Hölters/*Drinhausen* Rn. 1; Hüffer/Koch/*Koch*, 13. Aufl. 2018, Rn. 1; Kölner Komm AktG/*Noack*/*Zetzsche* Rn. 2; MüKoAktG/*Kubis* Rn. 1; NK-AktR/*M. Müller* Rn. 2.
[2] Vgl. Hüffer/Koch/*Koch*, 13. Aufl. 2018, Rn. 1; Kölner Komm AktG/*Noack*/*Zetzsche* Rn. 3 f.; *Noack*/*Zetzsche*, FS Hopt, Bd. 2, 2010, 2283 (2289 f.).
[3] BegrRegE bei *Kropff* S. 180; Grigoleit/*Herrler* Rn. 1; Großkomm AktG/*Butzke* Rn. 1; Hüffer/Koch/*Koch*, 13. Aufl. 2018, Rn. 1.
[4] Ausf. Kölner Komm AktG/*Noack*/*Zetzsche* Rn. 5 f.; zust. Grigoleit/*Herrler* Rn. 1.
[5] Vgl. OLG Karlsruhe AG 1999, 234; Kölner Komm AktG/*Noack*/*Zetzsche* Rn. 6; MüKoAktG/*Kubis* Rn. 1; NK-AktR/*M. Müller* Rn. 4.
[6] Vgl. MüKoAktG/*Kubis* Rn. 2.
[7] Gesetz zur Begrenzung der mit Finanzinvestitionen verbundenen Risiken (Risikobegrenzungsgesetz) v. 12.8.2008, BGBl. 2008 I 1666.
[8] Richtlinie des Europäischen Parlaments und des Rates vom 17.5.2017 zur Änderung der Richtlinie 2007/36/EG im Hinblick auf die Förderung der langfristigen Mitwirkung der Aktionäre, ABl. EU 2017 Nr. L 132, 1.

das **NaStraG** neu gefasst. Dabei wurde insbesondere der Adressatenkreis der Mitteilungen eingeschränkt, indem fremde Namensaktien vom Anwendungsbereich des § 128 Abs. 1 ausgenommen wurden, sofern nicht das Kreditinstitut als deren Inhaber im Aktienregister eingetragen ist.[9] Durch Art. 1 Nr. 7a **UMAG** wurde die ursprünglich durch das NaStraG in § 128 Abs. 1 eingeführte Zweiwochenfrist auf 21 Tage verlängert (Anpassung an den Nachweisstichtag gem. § 123 Abs. 3 S. 3).[10]

4 Zuletzt wurde § 128 durch Art. 1 Nr. 17 **ARUG** neu gefasst. Dabei wurden im Zuge der Deregulierung des Bankenstimmrechts die bisherigen Absätze 2 und 3 (zur Formulierung eigener Abstimmungsvorschläge) aufgehoben und in veränderter Form in den neu gefassten § 135 integriert (insbesondere in § 135 Abs. 2; → § 135 Rn. 46 ff.). Zudem wurde der Wortlaut von § 128 Abs. 1 angepasst („übermitteln" statt „weitergeben") um klarzustellen, dass die Zuleitung der Mitteilungen auch elektronisch erfolgen kann.[11] Anders als noch im Referentenentwurf des ARUG vorgesehen, hat der Gesetzgeber aber darauf verzichtet, für die Übermittlung ein entsprechendes Verlangen des Aktionärs vorauszusetzen.[12] Die für Aktionärsvereinigungen geltende Weiterleitungspflicht (§ 128 Abs. 5 aF) wurde aufgehoben, um Doppelmitteilungen zu vermeiden.[13] In § 128 Abs. 1 ist eine technische Anpassung an die Berechnungsgrundsätze für Fristen und Termine gem. § 121 Abs. 7 erfolgt.[14] Nach der Übergangsregelung des § 20 Abs. 2 EGAktG ist die Neuregelung ab dem 1. November 2009 anzuwenden.

4a Auf europäischer Ebene wurde durch die **Änderungsrichtlinie zur Aktionärsrechterichtlinie**[15] vom 17. Mai 2017 ein neues Kapitel („Identifizierung der Aktionäre, Übermittlung von Informationen und Erleichterung der Ausübung von Aktionärsrechten") in die für börsennotierte Gesellschaften geltende Aktionärsrechterichtlinie eingefügt, das für Intermediäre[16] neben Pflichten im Zusammenhang mit der Identifizierung der Aktionäre insbesondere bestimmte Weiterleitungspflichten vorsieht (→ § 125 Rn. 5a, → § 135 Rn. 7b). Dies betrifft zunächst die **Übermittlung von Informationen an die Aktionäre** (Art. 3b Aktionärsrechte-RL).[17] Die Mitgliedstaaten müssen die Intermediäre verpflichten, den Aktionären die diesen von der Gesellschaft zur Ausübung der Rechte zu erteilenden Informationen zu übermitteln (Art. 3b Abs. 1 lit. a Aktionärsrechte-RL). Stehen die Informationen auf der Internetseite der Gesellschaft zur Verfügung, reicht eine Mitteilung, wo die Informationen auf der Internetseite gefunden werden können (Art. 3b Abs. 1 lit. b Aktionärsrechte-RL). Werden die Informationen direkt von der Gesellschaft an die Aktionäre übermittelt, ist eine zusätzliche Übermittlung durch die Intermediäre nicht erforderlich (Art. 3b Abs. 3 Aktionärsrechte-RL). Dies entspricht der bereits in § 125 Abs. 1 S. 1, Abs. 2 S. 1 und § 128 Abs. 1 S. 1 angelegten Differenzierung. Neben den Pflichten zur Übermittlung von Informationen an die Aktionäre sind auch **Weiterleitungspflichten aus Richtung der Aktionäre an die Gesellschaft** vorgesehen. Die Intermediäre sind zu verpflichten, den Gesellschaften im Einklang mit den Weisungen der Aktionäre unverzüglich die von diesen erhaltenen Informationen in Zusammenhang mit der Ausübung der Rechte aus den Aktien zu übermitteln (Art. 3b Abs. 4 Aktionärsrechte-RL). Für die Informationsübermittlung in Ketten von Intermediären sind besondere Regelungen vorgesehen (Art. 3b Abs. 5 Aktionärsrechte-RL). Ebenfalls eingefügt wurden Regelungen zur **Erleichterung der Ausübung von Aktionärsrechten** (Art. 3c Aktionärsrechte-RL). Die Mitgliedstaaten müssen zum einen sicherstellen, dass Intermediäre die Ausübung der Rechte durch den Aktionär durch bestimmte Maßnahmen erleichtern (→ § 135 Rn. 7b). Darüber hinaus müssen sie sicherstellen, dass bei einer elektronischen Stimmabgabe eine elektronische **Bestätigung des Eingangs der Stimmen übermittelt** wird (Art. 3c Abs. 2 Unterabs. 1 Aktionärsrechte-RL) und dass der Aktionär oder ein von diesem benannter Dritter nach der Hauptversammlung zumindest auf Anforderung eine **Bestätigung** erhalten kann, dass seine **Stimmen von der Gesellschaft wirksam aufgezeichnet und gezählt** wurden (Art. 3c Abs. 2 Unterabs. 2 S. 1 Aktionärsrechte-RL).[18] Erhält der Intermediär eine solche Bestätigung, muss er sie unverzüglich dem Aktionär oder dem benannten Dritten übermitteln (Art. 3c Abs. 2 Unterabs. 3 S. 1 Aktionärsrechte-RL). In einer Kette von Intermediären ist die Bestätigung unverzüglich von einem Intermediär zum nächsten weiterzuleiten,

---

[9] Vgl. BegrRegE BT-Drs. 14/4051, 13.
[10] Beschlussempfehlung und Bericht des Rechtsausschusses, BT-Drs. 15/5693, 17.
[11] BegrRegE BT-Drs. 16/11 642, 31; s. auch *A. Arnold* Der Konzern 2009, 88 (90).
[12] Vgl. *Paschos/Goslar* ZIP 2009, 14 (17).
[13] BegrRegE BT-Drs. 16/11 642, 32.
[14] BegrRegE BT-Drs. 16/11 642, 31.
[15] Richtlinie des Europäischen Parlaments und des Rates vom 17.5.2017 zur Änderung der Richtlinie 2007/36/EG im Hinblick auf die Förderung der langfristigen Mitwirkung der Aktionäre, ABl. EU 2017 Nr. L 132, 1.
[16] Zum Begriff „Intermediär" s. die Definition in Art. 2 lit. d Aktionärsrechte-RL.
[17] Zum Umsetzungsbedarf und zu möglichen Optionen für die Umsetzung s. *Noack* NZG 2017, 561 (564 ff.).
[18] Regelungsvorschlag bei *Noack* NZG 2017, 561 (566).

sofern die Bestätigung nicht direkt dem Aktionär oder einem von diesem benannten Dritten übermittelt werden kann (Art. 3c Abs. 2 Unterabs. 3 S. 2 Aktionärsrechte-RL). Nach der bisherigen Regelung des § 128 Abs. 1 S. 1 ist die Übermittlungspflicht der Kreditinstitute auf die Mitteilungen nach § 125 Abs. 1 beschränkt. § 125 Abs. 1 S. 1 sieht eine Mitteilung der Einberufung nur an diejenigen Kreditinstitute vor, die in der letzten Hauptversammlung Stimmrechte für Aktionäre ausgeübt oder die Mitteilung verlangt haben. Demgegenüber verlangt die Aktionärsrechterichtlinie, dass potentiell alle Intermediäre in die Informationsweiterleitung einbezogen werden.[19] Auch der Bezug in § 128 Abs. 1 S. 1 auf die Mitteilungen nach § 125 Abs. 1 ist zu eng, da künftig auch weitere Informationen weiterzuleiten sind (etwa die Bestätigung über die Stimmrechtsausübung). Der Gesetzgeber könnte die Vorgaben der geänderten Aktionärsrechterichtlinie durch entsprechende Anpassung der §§ 125, 128 oder durch Einfügung einer neuen Norm umsetzen.[20] Die Änderungsrichtlinie zur Aktionärsrechterichtlinie ist bis zum 10. Juni 2019 in nationales Recht umzusetzen.

II. Übermittlung von Mitteilungen (§ 128 Abs. 1)

1. Schuldner der Übermittlungspflicht. a) Allgemeines. Zur Übermittlung der Mitteilungen nach § 125 Abs. 1 sind nur **Kreditinstitute** und die gem. § 128 Abs. 4 iVm § 125 Abs. 5 gleichgestellten Institute und Unternehmen verpflichtet. Für **Aktionärsvereinigungen** besteht **keine Übermittlungspflicht**. Die ursprünglich für Aktionärsvereinigungen geltende Weiterleitungspflicht (§ 135 Abs. 5 aF) wurde durch Art. 1 Nr. 17 ARUG aufgehoben, da heute praktisch alle Aktionäre über ein Bankdepot verfügen.[21] Eine Übermittlung erfolgt daher bereits durch die Kreditinstitute, so dass auf eine zusätzliche Übermittlung durch die Aktionärsvereinigungen verzichtet werden konnte. Dies hindert nicht eine freiwillige Übermittlung oder die vertragliche Vereinbarung einer Weiterleitung durch die Aktionärsvereinigungen.[22]

b) Kreditinstitute. Die Übermittlungspflicht gem. § 128 Abs. 1 S. 1 richtet sich an Kreditinstitute. Gemeint sind alle **inländischen Kreditinstitute** gem. §§ 1 Abs. 1, 2 Abs. 1 KWG.[23] Grundsätzlich nicht erfasst sind dagegen **ausländische Kreditinstitute**.[24] Diese trifft eine Übermittlungspflicht nur unter den Voraussetzungen des § 128 Abs. 4 iVm § 125 Abs. 7), da ihre Kundenbeziehungen nur insoweit deutschem Recht unterliegen. Im Umkehrschluss sind Kreditinstitute mit Sitz außerhalb des EWR, die im Inland auch keine Zweigstelle betreiben, nicht übermittlungspflichtig. Dies hindert sie nicht an einer freiwilligen Übermittlung. Allerdings besteht dann kein Kostenerstattungsanspruch.[25] Auch soweit ausländische Kreditinstitute nicht Schuldner der Übermittlungspflicht sind, können sie uU verpflichtet sein, eigene Abstimmungsvorschläge gem. § 135 Abs. 2 zugänglich zu machen (→ § 135 Rn. 11 f.).

c) Gleichgestellte Institute und Unternehmen (§ 128 Abs. 4). § 128 Abs. 4 erweitert den persönlichen Anwendungsbereich von § 128.[26] Durch den Verweis auf § 125 Abs. 5 werden **Finanzdienstleistungsinstitute** und die nach § 53 Abs. 1 S. 1 oder § 53b Abs. 1 S. 1 oder Abs. 7 KWG tätigen Unternehmen einbezogen. Der Begriff des Finanzdienstleistungsinstituts bestimmt sich nach §§ 1 Abs. 1a, 2 Abs. 6 KWG. Bei den nach § 53 Abs. 1 S. 1 oder § 53b Abs. 1 S. 1 oder Abs. 7 KWG tätigen Unternehmen handelt es sich um **Zweigstellen** ausländischer Unternehmen bzw. um eine Tätigkeit von bestimmten Unternehmen (zB CRR-Kreditinstitute, Wertpapierhandelsunternehmen) mit Sitz in einem anderen EWR-Staat über eine Zweigniederlassung oder im Wege des grenzüberschreitenden Dienstleistungsverkehrs. Andere ausländische Kreditinstitute sind nicht zur Übermittlung der Mitteilungen nach § 125 Abs. 1 verpflichtet (→ Rn. 6).

2. Voraussetzungen der Übermittlungspflicht. a) Inhaberaktien. Die Übermittlungspflicht besteht gem. § 128 Abs. 1 S. 1 Alt. 1 bei Inhaberaktien, wenn das Kreditinstitut diese zu Beginn des 21. Tages vor der Hauptversammlung in Verwahrung hat. Es muss sich um Inhaberaktien einer

---

[19] *Noack* NZG 2017, 561 (565).
[20] Vgl. die Formulierungsvorschläge bei *Noack* NZG 2017, 561 (565).
[21] BegrRegE BT-Drs. 16/11 642, 32; *Paschos/Goslar* AG 2008, 605 (609); *Seibert* ZIP 2008, 906 (909); krit. K. Schmidt/Lutter/ *Ziemons* Rn. 7.
[22] Grigoleit/*Herrler* Rn. 2; Kölner Komm AktG/*Noack/Zetzsche* Rn. 14.
[23] Grigoleit/*Herrler* Rn. 2; Großkomm AktG/*Butzke* Rn. 11 f.; Hüffer/Koch/*Koch*, 13. Aufl. 2018, Rn. 4; MüKoAktG/*Kubis* Rn. 3; Kölner Komm AktG/*Noack/Zetzsche* Rn. 25; K. Schmidt/Lutter/*Ziemons* Rn. 5.
[24] Bürgers/Körber/*Reger* Rn. 3; Grigoleit/*Herrler* Rn. 2; Hüffer/Koch/*Koch*, 13. Aufl. 2018, Rn. 4; Kölner Komm AktG/*Noack/Zetzsche* Rn. 29; MüKoAktG/*Kubis* Rn. 3; NK-AktR/*M. Müller* Rn. 12; Wachter/*Mayrhofer* Rn. 3.
[25] MüKoAktG/*Kubis* Rn. 3.
[26] Ausführlich zu den dabei entstehenden Abgrenzungsproblemen Großkomm AktG/*Butzke* Rn. 14 ff.

deutschen Gesellschaft handeln.[27] Der Begriff der Verwahrung richtet sich nach § 1 Abs. 2 DepotG.[28] Danach ist Verwahrer, wem im Betrieb seines Gewerbes Wertpapiere unverschlossen zur Verwahrung anvertraut sind. Im Rahmen des § 128 Abs. 1 S. 1 spielt es keine Rolle, ob es sich um eine Sonderverwahrung (§ 2 DepotG), eine Sammelverwahrung (§ 5 DepotG) oder eine Tauschverwahrung (§ 10 DepotG) handelt.[29] Erfasst ist auch der praktisch bedeutsame Fall, dass die Aktien von der Depotbank als Zwischenverwahrer (§ 3 Abs. 2 DepotG) bei einer Wertpapiersammelbank als Zentralverwahrer (Clearstream Banking AG) verwahrt werden. Die Übermittlungspflicht trifft hier nur die Depotbank.[30] Befinden sich in einer **Verwahrkette** zwischen dem Zentralverwahrer und der Depotbank weitere Zwischenverwahrer,[31] trifft diese keine Übermittlungspflicht.[32] Verpflichtet ist auch hier nur die Depotbank als letzter Intermediär in der Verwahrkette.

9   Das Kreditinstitut muss die Inhaberaktien **zu Beginn des 21. Tages** vor der Hauptversammlung in Verwahrung haben. Der Übermittlungsstichtag entspricht bei börsennotierten Gesellschaften dem Record Date (§ 123 Abs. 3 S. 3). Durch diese Übereinstimmung soll der Verwaltungsaufwand bei den Kreditinstituten verringert und eine Versendung von Mitteilungen an nicht teilnahme- bzw. stimmberechtigte Aktionäre vermieden werden.[33] Die Anpassung ist bereits durch Art. 1 Nr. 7a UMAG erfolgt (zuvor galt eine durch Art. 1 Nr. 10 NaStraG eingeführte Zweiwochenfrist). Die durch das UMAG eingeführte Formulierung war dem Wortlaut nach noch als Frist ausgestaltet („spätestens 21 Tage vor dem Tag der Hauptversammlung"). Seit der Änderung durch Art. 1 Nr. 17 ARUG verwendet § 128 Abs. 1 S. 1 nunmehr dieselbe Formulierung wie § 123 Abs. 3 S. 3. Damit hat der Gesetzgeber klargestellt, dass es sich nicht um eine Frist, sondern um einen Termin handelt. Für die **Berechnung** gilt § 121 Abs. 7 (→ § 121 Rn. 91 ff.). Der Übermittlungsstichtag gilt (im Gegensatz zum Record Date) auch für nicht börsennotierte Gesellschaften. Notieren die verwahrten Aktien ausschließlich im Freiverkehr, hat dies zur Folge, dass Aktionäre, die ihre Aktien erst nach dem Übermittlungsstichtag erwerben, trotz Teilnahme- und Stimmberechtigung keine Mitteilung übermittelt bekommen.[34]

10 **b) Namensaktien.** Für fremde Namensaktien gilt die Übermittlungspflicht gem. § 128 Abs. 1 S. 1 Alt. 2 nur dann, wenn das Kreditinstitut als deren Inhaber im Aktienregister eingetragen ist. Es muss sich um Namensaktien einer deutschen Gesellschaft handeln.[35] Ist der Aktionär selbst im Aktienregister eingetragen, besteht seit Inkrafttreten des NaStraG keine Übermittlungspflicht mehr. Hierdurch werden Doppelmitteilungen vermieden, da der Aktionär die Mitteilung in diesem Fall bereits von der Gesellschaft erhält (§ 125 Abs. 2 S. 1 Alt. 2).[36]

11 § 128 Abs. 1 S. 1 erfasst nach seinem Wortlaut nur die Fälle, in denen das Kreditinstitut als **Legitimationsaktionär** (→ § 129 Rn. 28 f.; → § 134 Rn. 46) oder als **Platzhalter** (§ 67 Abs. 4 S. 5) eingetragen ist. Entsprechend dem Zweck der Übermittlungspflicht (→ Rn. 1) sollte diese aber auch auf **Treuhandkonstellationen** erstreckt werden.[37] Die Übermittlungspflicht gilt daher auch dann, wenn die Eintragung des Kreditinstituts zwar der materiellen Rechtslage entspricht, dem Kreditinstitut aber die wirtschaftliche Berechtigung fehlt. Wurde im Anschluss an eine Veräußerung von Aktien der Veräußerer bereits ausgetragen, aber bislang weder der neue Aktionär noch das Kreditinstitut eingetragen (sog. freier Meldebestand), besteht keine Übermittlungspflicht.[38] In diesen

---

[27] GHEK/*Eckardt* Rn. 9; Großkomm AktG/*Butzke* Rn. 19; MüKoAktG/*Kubis* Rn. 4; *Butzke* Die Hauptversammlung der AG Rn. B 143; *Decker* BuB Rn. 8/286.
[28] Großkomm AktG/*Butzke* Rn. 19; Kölner Komm AktG/*Noack*/*Zetzsche* Rn. 30.
[29] Großkomm AktG/*Butzke* Rn. 19; Hölters/*Drinhausen* Rn. 3; Kölner Komm AktG/*Noack*/*Zetzsche* Rn. 30; MüKoAktG/*Kubis* Rn. 4.
[30] Bürgers/Körber/*Reger* Rn. 3; Grigoleit/*Herrler* Rn. 3; Großkomm AktG/*Butzke* Rn. 20; Hölters/*Drinhausen* Rn. 3; Hüffer/Koch/*Koch*, 13. Aufl. 2018, Rn. 4; Kölner Komm AktG/*Noack*/*Zetzsche* Rn. 40; MüKoAktG/*Kubis* Rn. 4; NK-AktR/*M. Müller* Rn. 11; K. Schmidt/Lutter/*Ziemons* Rn. 12; *Burmeister* AG 1976, 262 (264).
[31] Vgl. die grafische Darstellung bei Kölner Komm AktG/*Noack*/*Zetzsche* Rn. 39.
[32] Großkomm AktG/*Butzke* Rn. 20; Kölner Komm AktG/*Noack*/*Zetzsche* Rn. 41.
[33] Beschlussempfehlung und Bericht des Rechtsausschusses, BT-Drs. 15/5693, 17.
[34] Vgl. Grigoleit/*Herrler* Rn. 3; Großkomm AktG/*Butzke* Rn. 24; K. Schmidt/Lutter/*Ziemons* Rn. 14.
[35] GHEK/*Eckardt* Rn. 9; MüKoAktG/*Kubis* Rn. 5; *Butzke* Die Hauptversammlung der AG Rn. B 143; *Decker* BuB Rn. 8/286.
[36] BegRegE, BT-Drs. 14/4051, 13; s. auch *DAV-Handelsrechtsausschuss* NZG 2000, 443 (446); Hüffer/Koch/*Koch*, 13. Aufl. 2018, Rn. 3; *Grumann*/*Soehlke* DB 2001, 576 (577); für das Nichtbestehen der Übermittlungspflicht bei drohender Doppelmitteilung bereits vor Inkrafttreten des NaStraG *Bachmann* WM 1999, 2100 (2101 f.).
[37] BegRegE, BT-Drs. 14/4051, 13; Grigoleit/*Herrler* Rn. 4; Hölters/*Drinhausen* Rn. 4; Hüffer/Koch/*Koch*, 13. Aufl. 2018, Rn. 3; Kölner Komm AktG/*Noack*/*Zetzsche* Rn. 32; MüKoAktG/*Kubis* Rn. 6; K. Schmidt/Lutter/*Ziemons* Rn. 15.
[38] Grigoleit/*Herrler* Rn. 4; Hüffer/Koch/*Koch*, 13. Aufl. 2018, Rn. 3; Kölner Komm AktG/*Noack*/*Zetzsche* Rn. 33.

Fällen erhält der Aktionär die Mitteilung weder von der Gesellschaft noch von dem Kreditinstitut. Die Fälle, in denen weder der Aktionär noch das Kreditinstitut im Aktienregister eingetragen ist, dürften in Zukunft aber weiter an Bedeutung verlieren,[39] da seit Inkrafttreten des UMAG das depotführende Kreditinstitut auf Verlangen der Gesellschaft verpflichtet ist, sich anstelle des Aktionärs gesondert in das Aktienregister eintragen zu lassen (§ 67 Abs. 4 S. 5; → § 67 Rn. 84). Der Gesetzgeber will hierdurch freie Meldebestände verhindern.[40]

§ 128 Abs. 1 S. 1 regelt nicht, zu welchem **Zeitpunkt das Kreditinstitut im Aktienregister eingetragen** sein muss, damit die Übermittlungspflicht besteht. Die Bezugnahme auf den Beginn des 21. Tages vor der Hauptversammlung gilt nach Wortlaut und Systematik der Norm allein für Inhaberaktien.[41] Auch eine entsprechende Anwendung scheidet mangels vergleichbarer Interessenlage aus. Der für Inhaberaktien geltende Übermittlungsstichtag wurde gerade im Hinblick auf den Nachweisstichtag (Record Date) gewählt.[42] Dieser hat aber für Namensaktien keine Bedeutung. Es bietet sich daher eher eine entsprechende Anwendung des in § 125 Abs. 2 S. 1 Alt. 2 für die Mitteilung durch die Gesellschaft geregelten Stichtags an.[43] Gem. § 125 Abs. 2 S. 1 Alt. 2 muss die Gesellschaft den Aktionären, die zu Beginn des 14. Tages vor der Hauptversammlung im Aktienregister eingetragen sind, die Mitteilung nach § 125 Abs. 1 machen. Durch die entsprechende Anwendung dieses Stichtags im Rahmen von § 128 Abs. 1 S. 1 lassen sich Doppelmitteilungen vermeiden (vgl. auch → § 125 Rn. 14).

3. Gläubiger der Übermittlungspflicht. Gläubiger der Übermittlungspflicht sind unter den in § 128 Abs. 1 S. 1 genannten Voraussetzungen alle Inhaberaktionäre und Namensaktionäre, für die das Kreditinstitut als Legitimationsaktionär, Platzhalter oder Treuhänder (→ Rn. 11) im Aktienregister eingetragen ist. Die Übermittlungspflicht ist nicht von einem Mindestbesitz abhängig und besteht auch dann, wenn für den Aktionär nur eine Aktie verwahrt wird.[44] Erforderlich ist – abgesehen von Treuhandfällen – nur die materiell-rechtliche Aktionärseigenschaft. Gläubiger der Übermittlungspflicht sind nicht nur inländische Aktionäre, sondern auch Aktionäre mit Wohnsitz im Ausland.[45] Es muss sich aber stets um Aktien einer deutschen Gesellschaft handeln (→ Rn. 8, 10).

4. Inhalt und Gegenstand der Übermittlungspflicht. a) Rechtsgrund und Inhalt. Bei der Übermittlungspflicht handelt es sich nicht um eine Pflicht aus dem Depotvertrag, sondern um eine **gesetzliche Pflicht**.[46] Die Kreditinstitute erfüllen mit der Übermittlung der Mitteilungen keine Informationspflicht der Gesellschaft, sondern eine eigene Pflicht gegenüber ihren Depotkunden.[47] Die Übermittlungspflicht entsteht, sobald das Kreditinstitut die Mitteilung nach § 125 Abs. 1 erhalten hat. Weitere Voraussetzungen bestehen nicht.[48] Dabei spielt es keine Rolle, ob das Kreditinstitut eine Stimmrechtsausübung aus den verwahrten Aktien beabsichtigt.[49]

Die Übermittlungspflicht besteht auch dann, wenn das Kreditinstitut von der Gesellschaft (freiwillig oder irrtümlich) die Mitteilung nach § 125 Abs. 1 erhält, obwohl es diese weder angefordert noch in der letzten Hauptversammlung Stimmrechte ausgeübt hat (vgl. § 125 Abs. 1 S. 1).[50] In diesem Zusammenhang stellt sich die Frage, ob die Kreditinstitute zur **Anforderung der Mitteilungen** verpflichtet sind, wenn sie in der letzten Hauptversammlung keine Stimmrechte ausgeübt haben (oder wenn aufgrund eines Fehlers bei der Gesellschaft keine Mitteilung nach § 125 Abs. 1 erfolgt).

---

[39] Vgl. K. Schmidt/Lutter/*Ziemons* Rn. 19.
[40] Beschlussempfehlung und Bericht des Rechtsausschusses, BT-Drs. 15/5693, 16.
[41] Großkomm AktG/*Butzke* Rn. 30; MüKoAktG/*Kubis* Rn. 5; K. Schmidt/Lutter/*Ziemons* Rn. 17; aA Kölner Komm AktG/*Noack*/*Zetzsche* Rn. 47 ff.
[42] Dies übersehen Kölner Komm AktG/*Noack*/*Zetzsche* Rn. 47 ff.
[43] Grigoleit/*Herrler* Rn. 5; Hüffer/Koch/*Koch*, 13. Aufl. 2018, Rn. 3; MüKoAktG/*Kubis* Rn. 5; K. Schmidt/Lutter/*Ziemons* Rn. 17; Wachter/*Mayrhofer* Rn. 3; *Wicke*, Einführung in das Recht der Hauptversammlung, das Recht der Sacheinlagen und das Freigabeverfahren nach dem ARUG, 2009, S. 22; wohl auch Bürgers/Körber/*Reger* Rn. 5; aA Kölner Komm AktG/*Noack*/*Zetzsche* Rn. 47 ff.
[44] MüKoAktG/*Kubis* Rn. 7.
[45] GHEK/*Eckardt* Rn. 8; Grigoleit/*Herrler* Rn. 7; Großkomm AktG/*Butzke* Rn. 31; Hölters/*Drinhausen* Rn. 6; Kölner Komm AktG/*Noack*/*Zetzsche* Rn. 27, 60; MüKoAktG/*Kubis* Rn. 7; NK-AktR/*M. Müller* Rn. 12; *Butzke* Die Hauptversammlung der AG Rn. B 143.
[46] Großkomm AktG/*Butzke* Rn. 5, 32; Hölters/*Drinhausen* Rn. 7; Hüffer/Koch/*Koch*, 13. Aufl. 2018, Rn. 6; Kölner Komm AktG/*Noack*/*Zetzsche* Rn. 68; MüKoAktG/*Kubis* Rn. 8; Wachter/*Mayrhofer* Rn. 5.
[47] Großkomm AktG/*Butzke* Rn. 32; Kölner Komm AktG/*Noack*/*Zetzsche* Rn. 68; MüKoAktG/*Kubis* Rn. 8; MHdB AG/*Bungert* § 36 Rn. 116; aA noch *v. Godin*/*Wilhelmi* Anm. 2, § 125 Anm. 5; *D. Schmidt* BB 1967, 818 (819).
[48] Hüffer/Koch/*Koch*, 13. Aufl. 2018, Rn. 5; Wachter/*Mayrhofer* Rn. 4.
[49] Hüffer/Koch/*Koch*, 13. Aufl. 2018, Rn. 5; *Decker* BuB Rn. 8/285 b.
[50] GHEK/*Eckardt* Rn. 15; Grigoleit/*Herrler* Rn. 6; Hölters/*Drinhausen* Rn. 8; Hüffer/Koch/*Koch*, 13. Aufl. 2018, Rn. 5; *Consbruch* ZfK 1966, 656; *D. Schmidt* BB 1967, 818 f.

Die heute ganz hM bejaht eine solche Anforderungspflicht.[51] Dem ist zuzustimmen. Da der Einsatz der Kreditinstitute als Informationsmittler auch dem öffentlichen Interesse dient (Steigerung der Hauptversammlungspräsenz und Verbesserung der Kontrolle durch die Anteilseigner), lässt sich die Anforderungspflicht unmittelbar aus der Übermittlungspflicht ableiten.[52] Eines Rückgriffs auf den Depotvertrag bedarf es insoweit nicht.[53] Eine Anforderungspflicht besteht selbstverständlich dann nicht, wenn sich das Kreditinstitut die Einberufungsmitteilung auf andere Weise besorgt.[54]

16 Wird in einer **Übernahmesituation** eine Hauptversammlung iSv § 16 Abs. 3 WpÜG einberufen, kann gem. § 16 Abs. 4 S. 8 WpÜG die Zusendung von Mitteilungen unterbleiben, wenn zur Überzeugung des Vorstands mit Zustimmung des Aufsichtsrats der rechtzeitige Eingang bei den Aktionären nicht wahrscheinlich ist (→ § 125 Rn. 32). In diesem Fall besteht auch für die Kreditinstitute keine entsprechende Übermittlungspflicht.[55] § 16 Abs. 4 S. 8 WpÜG entbindet aber grundsätzlich nur von einer Übermittlung in Papierform (→ § 125 Rn. 32). Daher ist in den Fällen des § 16 Abs. 4 S. 8 WpÜG stets zu prüfen, ob zumindest noch eine Übermittlung in elektronischer Form in Betracht kommt (allgemein zur Form der Übermittlung → Rn. 22 ff.). § 16 Abs. 4 WpÜG gilt gem. § 33b Abs. 4 WpÜG entsprechend für eine auf Verlangen des Bieters einberufene sog. **Durchbrechungshauptversammlung** iSv § 33b Abs. 2 Nr. 3 WpÜG. Gem. § 7 Abs. 1 S. 1 FMStBG gilt § 16 Abs. 4 WpÜG zudem entsprechend, wenn im Zusammenhang mit einer **Rekapitalisierung nach § 7 FMStFG** eine Hauptversammlung zur Beschlussfassung über eine Kapitalerhöhung gegen Einlagen einberufen wird (→ § 125 Rn. 32a). § 7 FMStGB gilt gem. **§ 125 Abs. 2 SAG**[56] entsprechend für Beschlussfassungen der Anteilsinhaberversammlung des übernehmenden Rechtsträgers über Kapitalmaßnahmen, über Satzungsänderungen, über den Abschluss oder die Beendigung von Unternehmensverträgen oder über Maßnahmen nach dem UmwG im Zusammenhang mit der Übertragung von Anteilen, Vermögenswerten, Verbindlichkeiten und Rechtsverhältnissen von einem **in Abwicklung befindlichen Kredit- oder Finanzdienstleistungsinstitut,** um eine Abwicklungsordnung zu ermöglichen oder umzusetzen. Eine § 16 Abs. 4 S. 8 WpÜG entsprechende Regelung ist auch in **§ 36 Abs. 6 S. 7 SAG** für den Fall vorgesehen, dass bei einem Kredit- oder Finanzdienstleistungsinstitut aufgrund einer Satzungsregelung. § 36 Abs. 5 SAG die Einberufungsfrist des § 123 Abs. 1 S. 1 unterschritten wird.

17 b) **Gegenstand.** Gegenstand der Übermittlungspflicht sind die Mitteilungen nach § 125 Abs. 1. Die Kreditinstitute sind **nicht verpflichtet,** die Mitteilungen auf ihre **inhaltliche Richtigkeit zu prüfen.**[57] Gegenüber der Gesellschaft und dem Depotkunden besteht auch keine Pflicht zur **Vollständigkeitsprüfung.**[58] Eine entsprechende öffentlichrechtliche Pflicht ist aber in Nr. 12 Abs. 5 der Bekanntmachung über die Anforderungen an die Ordnungsmäßigkeit des Depotgeschäfts und der Erfüllung von Wertpapierlieferungsverpflichtungen vom 21. Dezember 1998[59] vorgesehen. Allerdings kann eine solche Vollständigkeitsprüfung nur in engen Grenzen verlangt werden. Sie wird sich darauf beschränken

---

[51] Grigoleit/*Herrler* Rn. 6; Hölters/*Drinhausen* Rn. 8; Hüffer/Koch/*Koch*, 13. Aufl. 2018, Rn. 8; MüKoAktG/*Kubis* Rn. 9; K. Schmidt/Lutter/*Ziemons* § 125 Rn. 28; *v. Godin/Wilhelmi* § 125 Anm. 5; Wachter/*Mayrhofer* Rn. 7; *Butzke* Die Hauptversammlung der AG Rn. B 143; *Schlitt* in Semler/Volhard/Reichert HV-HdB § 4 Rn. 277; grundsätzlich auch Großkomm AktG/*Butzke* Rn. 35 f., 41, der aber eine Nachfragepflicht bei nicht rechtzeitigem Zugang verneint; eine Anforderungspflicht als Nebenpflicht zur Stimmrechtsausübung auch *Bundesverband des privaten Bankgewerbes,* Rundschreiben Nr. 90, WM 1965, 1090 (1091); GHEK/*Eckardt* Rn. 21 f.; *Consbruch* ZfK 1965, 1155 f.; *Consbruch* ZfK 1966, 656; *v. Falkenhausen* AG 1966, 69 (73 f.); aA *Burmeister* AG 1976, 262 (264); *Decker* BuB Rn. 8/285 b; *D. Schmidt* BB 1967, 818 (819); *Vallenthin* Bank-Betrieb 1965, 242; einschränkend auch Kölner Komm AktG/*Noack/Zetzsche* Rn. 54 ff., § 125 Rn. 129.
[52] Großkomm AktG/*Butzke* Rn. 35; Hüffer/Koch/*Koch*, 13. Aufl. 2018, Rn. 8; MüKoAktG/*Kubis* Rn. 9.
[53] So aber noch Großkomm AktG/*Werner*, 4. Aufl. 1993, Rn. 15, der die Anforderungspflicht als Nebenpflicht aus dem Depotverhältnis ansah.
[54] Vgl. Großkomm AktG/*Butzke* Rn. 35; damit dürfte die von Kölner Komm AktG/*Noack/Zetzsche* Rn. 54 ff., § 125 Rn. 129 vertretene Ansicht iE nicht von der hM abweichen.
[55] Ebenso wohl Kölner Komm WpÜG/*Hasselbach* § 16 Rn. 96; aA Kölner Komm AktG/*Noack/Zetzsche* Rn. 116.
[56] Gesetz zur Sanierung und Abwicklung von Instituten und Finanzgruppen (Sanierungs- und Abwicklungsgesetz – SAG) v. 10.12.2014, BGBl. 2014 I 2091, zuletzt geändert durch Art. 3 des Gestzes v. 23.12.2016, BGBl. 2016 I 3171 l.
[57] Bürgers/Körber/*Reger* Rn. 8; Grigoleit/*Herrler* Rn. 8; Großkomm AktG/*Butzke* Rn. 37; Hölters/*Drinhausen* Rn. 8; Kölner Komm AktG/*Noack/Zetzsche* Rn. 52; MüKoAktG/*Kubis* Rn. 9; Wachter/*Mayrhofer* Rn. 6; MHdB AG/*Bungert* § 36 Rn. 116.
[58] Bürgers/Körber/*Reger* Rn. 8; GHEK/*Eckardt* Rn. 31; Großkomm AktG/*Butzke* Rn. 38; Hölters/*Drinhausen* Rn. 8; Kölner Komm AktG/*Noack/Zetzsche* Rn. 52; MüKoAktG/*Kubis* Rn. 9; MHdB AG/*Bungert* § 36 Rn. 116; aA Wachter/*Mayrhofer* Rn. 6; *Burmeister* AG 1976, 262 (264); *Decker* BuB Rn. 8/285 d; wohl auch Grigoleit/*Herrler* Rn. 8.
[59] Abgedruckt bei *Decker* BuB Rn. 8/376.

können, ob die Mitteilungen die Einberufung der Hauptversammlung und die Bekanntmachung der Tagesordnung enthalten.[60] Stellt das Kreditinstitut die Unvollständigkeit der Unterlagen fest, hat es dies gegenüber der Gesellschaft anzuzeigen. Bleibt die Rüge erfolglos, hat es gleichwohl jedenfalls die erhaltenen Unterlagen zu übermitteln. Auch ansonsten müssen die Kreditinstitute nur das übermitteln, was sie von der Gesellschaft erhalten haben.[61] Erfahren sie auf andere Weise etwa von einem Ergänzungsverlangen gem. § 122 Abs. 2, besteht keine Übermittlungspflicht. Die Kreditinstitute müssen auch nicht prüfen, ob die Voraussetzungen des § 125 Abs. 1 vorliegen. Die Übermittlungspflicht besteht auch im Hinblick auf Angaben, die von der Gesellschaft freiwillig mitgeteilt werden (→ § 125 Rn. 16). Es müssen aber **nur Mitteilungen nach § 125 Abs. 1** übermittelt werden. Teilt die Gesellschaft zusätzliche Informationen mit, die schon ihrer äußeren Form nach nicht in den Anwendungsbereich von § 125 Abs. 1 fallen (zB Jahresabschlüsse, Geschäftsberichte, sonstige Aktionärsinformationen, Werbebroschüren), besteht keine Übermittlungspflicht.[62] Sollen auch solche Zusatzinformationen übermittelt werden, bedarf es einer entsprechenden Vereinbarung zwischen der Gesellschaft und dem Kreditinstitut (in der Praxis nicht unüblich).

Die Kreditinstitute haben gegen die Gesellschaft nur Anspruch auf **Übermittlung eines Exemplars** der Mitteilung nach § 125 Abs. 1. Die Übermittlungspflicht besteht unter den Voraussetzungen des § 128 Abs. 1 S. 1 aber gegenüber allen Aktionären, für die Aktien verwahrt werden. Daher sind die Kreditinstitute zur **Vervielfältigung** der Mitteilung verpflichtet, wenn von der Gesellschaft nicht eine ausreichende Anzahl von Exemplaren zur Verfügung gestellt wird.[63] Die Kosten der Vervielfältigung sind von der Gesellschaft zu erstatten (vgl. § 128 Abs. 3 S. 1 Nr. 2; → Rn. 28 f.).

c) Verzicht. Umstritten ist, ob der Aktionär im Voraus auf die Übermittlung der Mitteilungen nach § 125 Abs. 1 verzichten kann. Nach einer insbesondere in der älteren Literatur vielfach vertretenen Ansicht soll ein Verzicht auf die Übermittlung generell unzulässig sein.[64] Dies erscheint jedoch zu restriktiv. Ausgeschlossen sein sollte nur ein **formularmäßiger Verzicht** oder ein anderweit von der Depotbank durch Anreize gegenüber dem Depotkunden initiierter Verzicht.[65] Für die Unzulässigkeit eines solchen Verzichts spricht, dass die Übermittlungspflicht auch im öffentlichen Interesse besteht. Die restriktivere Ansicht schießt aber über das Ziel hinaus, wenn sie eine Übermittlungspflicht selbst dann noch bejaht, wenn der **Aktionär von sich aus** auf die Übermittlung verzichtet oder gar dem Kreditinstitut die Übermittlung untersagt. In einem solchen Fall besteht kein Anlass, dem Aktionär unerwünschte Informationen aufzudrängen.[66] Das allgemeine Persönlichkeitsrecht des Aktionärs überwiegt insoweit das öffentliche Interesse an einem funktionierenden Aktienwesen, zumal entsprechende Verzichtserklärungen in der Praxis ohnehin keine große Rolle spielen dürften. Etwas anderes lässt sich auch nicht a minore ad maius aus § 128 Abs. 2 ableiten.[67] § 128 Abs. 2 soll primär verhindern, dass die Verpflichtung des Kreditinstituts zum Ersatz eines aus der Verletzung von § 128 Abs. 1 entstehenden Schadens formularmäßig ausgeschlossen wird.[68] Hierdurch soll der Aktionär für den Fall einer Pflichtverletzung geschützt werden. Dem steht nicht entgegen, dass ein Aktionär durch einen Verzicht auf die Übermittlung die Möglichkeit einer Pflichtverletzung von vornherein ausschließt.[69] Hat ein Aktionär zulässigerweise auf die Übermittlung verzichtet, ist der Verzicht **jederzeit widerruflich**.[70]

---

[60] Vgl. Großkomm AktG/*Butzke* Rn. 38.
[61] Vgl. GHEK/*Eckardt* Rn. 15; Kölner Komm AktG/*Noack/Zetzsche* Rn. 53; MüKoAktG/*Kubis* Rn. 11; *Eckardt* DB 1967, 191 (193).
[62] Bürgers/Körber/*Reger* Rn. 8; Grigoleit/*Herrler* Rn. 8; Großkomm AktG/*Butzke* Rn. 39 f.; Hölters/*Drinhausen* Rn. 8; Kölner Komm AktG/*Noack/Zetzsche* Rn. 67; MüKoAktG/*Kubis* Rn. 10; *Butzke* Die Hauptversammlung der AG Rn. B 143; *Decker* BuB Rn. 8/285 b.
[63] Großkomm AktG/*Butzke* Rn. 36; Kölner Komm AktG/*Noack/Zetzsche* Rn. 69; MüKoAktG/*Kubis* Rn. 12; K. Schmidt/Lutter/*Ziemons* Rn. 20; *Butzke* Die Hauptversammlung der AG Rn. B 143; *Lommatzsch* NZG 2001, 1017 (1018); aA noch *v. Godin/Wilhelmi* § 125 Anm. 5; *Penzkofer* AG 1968, 144 (145); *D. Schmidt* BB 1967, 818 (819): Gesellschaft müsse ausreichende Zahl von Exemplaren zur Verfügung stellen.
[64] *Baumbach/Hueck* §§ 125–128 Rn. 11; GHEK/*Eckardt* Rn. 72; MüKoAktG/*Kubis* Rn. 13; *Consbruch* ZfK 1965, 1155 f.; *Eckardt* DB 1967, 191 (193); *Geßler* DB 1966, 215 (217); *D. Schmidt* BB 1967, 818 (819); wohl auch Bürgers/Körber/*Reger* Rn. 10.
[65] So auch Grigoleit/*Herrler* Rn. 7; Großkomm AktG/*Butzke* Rn. 55 ff.; Hüffer/Koch/*Koch*, 13. Aufl. 2018, Rn. 6; Kölner Komm AktG/*Noack/Zetzsche* Rn. 89 ff.; *v. Godin/Wilhelmi* Anm. 2; MHdB AG/*Bungert* § 36 Rn. 117; für Zulässigkeit auch formularmäßigen Verzichts dagegen *Bundesverband des privaten Bankgewerbes*, Rundschreiben Nr. 90, WM 1965, 1090 (1092); *v. Falkenhausen* AG 1966, 69 (76 f.); *Seifert* AG 1968, 371 ff.; *Vallenthin* Bank-Betrieb 1965, 242; *Werner* AG 1967, 102 (106).
[66] Vgl. Grigoleit/*Herrler* Rn. 7; Großkomm AktG/*Butzke* Rn. 58; Hüffer/Koch/*Koch*, 13. Aufl. 2018, Rn. 6; Kölner Komm AktG/*Noack/Zetzsche* Rn. 93 f.; MHdB AG/*Bungert* § 36 Rn. 117.
[67] So aber *Burmeister* AG 1976, 262 (265); GHEK/*Eckardt* Rn. 72; MüKoAktG/*Kubis* Rn. 13.
[68] Ausschussbericht bei *Kropff* S. 181.
[69] Vgl. Großkomm AktG/*Butzke* Rn. 56.
[70] Großkomm AktG/*Butzke* Rn. 58; Kölner Komm AktG/*Noack/Zetzsche* Rn. 98.

20   **5. Unverzügliche Übermittlung.** Gem. § 128 Abs. 1 S. 1 hat das Kreditinstitut die Mitteilungen nach § 125 Abs. 1 unverzüglich an die Aktionäre zu übermitteln. Vor Inkrafttreten des ARUG wurde den Kreditinstituten insoweit eine angemessene Überlegungsfrist zugestanden, um die vom Gesetz erwünschte gleichzeitige Mitteilung eigener Abstimmungsvorschläge gem. § 128 Abs. 2 aF zu ermöglichen.[71] Ob hieran festzuhalten ist, erscheint zweifelhaft. Nach § 135 Abs. 2 sind die eigenen Abstimmungsvorschläge nicht mehr mitzuteilen, sondern nur noch zugänglich zu machen (→ § 135 Rn. 50). Durch eine zeitgleich mit dem Zugänglichmachen der eigenen Abstimmungsvorschläge erfolgende Übermittlung lassen sich daher keine Kosten vermeiden. Es spricht daher viel dafür, dass bei der Prüfung der Unverzüglichkeit keine Überlegungsfrist für die Formulierung eigener Abstimmungsvorschläge zu berücksichtigen ist.[72] Allerdings muss dem Kreditinstitut genügend Zeit verbleiben, um zumindest eine formale Prüfung der Mitteilungen auf Vollständigkeit vorzunehmen (→ Rn. 17). Auch wird ggf noch Zeit für eine Vervielfältigung der Mitteilungen benötigt (→ Rn. 18).[73] Wird der Depotbank eine ausreichende Anzahl von Exemplaren übermittelt, ist die Weiterleitung jedenfalls dann noch als unverzüglich anzusehen, wenn Sie innerhalb von fünf Werktagen erfolgt.[74] Erfolgt eine elektronische Übermittlung, dürfte regelmäßig eine frühere Weiterleitung erforderlich sein.[75]

21   Erhält das Kreditinstitut für verwahrte Inhaberaktien die Mitteilungen nach § 125 Abs. 1 von der Gesellschaft bereits vor dem 21. Tag vor der Hauptversammlung, darf es mit der Übermittlung bis zum Übermittlungsstichtag gem. § 128 Abs. 1 S. 1 warten.[76] Da die Frist des § 125 Abs. 1 S. 1 und der Übermittlungsstichtag gem. § 128 Abs. 1 S. 1 seit Inkrafttreten des ARUG aufeinander abgestimmt sind, dürfte zwischen der Mitteilung durch die Gesellschaft und dem Übermittlungsstichtag ohnehin regelmäßig allenfalls ein kurzer Zeitraum liegen. Auch bei fremden Namensaktien ist jedenfalls ein Zuwarten bis zum 21. Tag vor der Hauptversammlung zulässig. Stellt man bei Namensaktien auch im Rahmen des § 128 Abs. 1 S. 1 auf den Stichtag des § 125 Abs. 1 S. 1 Alt. 2 ab (→ Rn. 12), dürfte auch ein Zuwarten bis zu diesem Stichtag noch dem Unverzüglichkeitsgebot entsprechen.[77]

21a   Die Mitteilungen nach § 125 Abs. 1 sind grundsätzlich auch dann weiterzuleiten, wenn sie von der Gesellschaft **verspätet übermittelt** werden.[78] Keine Weiterleitungspflicht besteht jedoch, wenn mit einem Zugang beim Aktionär vor Beginn der Hauptversammlung nicht mehr gerechnet werden kann.[79] Darüber hinaus wird man eine Weiterleitungspflicht auch dann verneinen müssen, wenn eine in der Satzung vorgesehene Frist für die Anmeldung oder die Erbringung des Legitimationsnachweises bereits abgelaufen ist.[80]

22   **6. Form der Übermittlung (§ 128 Abs. 1 S. 2).** Die Kreditinstitute sind gem. § 128 Abs. 1 S. 1 zur **Übermittlung** der Mitteilungen nach § 125 Abs. 1 verpflichtet. Die Verwendung des Worts „übermitteln" geht auf Art. 1 Nr. 17 ARUG zurück. Durch Änderung der bisherigen Formulierung („weiterzugeben") wollte der Gesetzgeber deutlicher zum Ausdruck bringen, dass die Weiterleitung der Mitteilungen an die Aktionäre auch in elektronischer Form erfolgen kann.[81] Dementsprechend bestimmt § 128 Abs. 1 S. 2 Hs. 1 seit der Änderung durch das ARUG auch, dass die Satzung der Gesellschaft die Übermittlung auf den Weg **elektronischer Kommunikation** beschränken kann. Die Einräumung dieser Gestaltungsmöglichkeit beruht auf der Überlegung, dass die Versendung der Mitteilungen insbesondere auch im Interesse der Gesellschaft und ihrer Aktionäre liegt und letztlich auch die Kosten für die Versendung von der Gesellschaft zu tragen sind.[82] Die Regelung deckt sich mit der ebenfalls durch das ARUG eingefügten Parallelregelung in § 125 Abs. 2 S. 2, wonach die von der Gesellschaft vorzunehmende Übermittlung an bestimmte Aktionäre ebenfalls auf den Weg elektronischer Kommunikation beschränkt werden kann (→ § 125 Rn. 24 ff.). Nach teilweise vertre-

---

[71] So etwa GHEK/*Eckardt* Rn. 37; Großkomm AktG/*Butzke* Rn. 44.
[72] Ebenso Grigoleit/*Herrler* Rn. 8; Großkomm AktG/*Butzke* Rn. 44; Hölters/*Drinhausen* Rn. 11; aA MüKoAktG/*Kubis* Rn. 18.
[73] Vgl. Grigoleit/*Herrler* Rn. 8; Kölner Komm AktG/*Noack*/*Zetzsche* Rn. 87.
[74] Kölner Komm AktG/*Noack*/*Zetzsche* Rn. 87.
[75] Kölner Komm AktG/*Noack*/*Zetzsche* Rn. 87, die eine Weiterleitung innerhalb von 48 Stunden nach dem 21. Tag vor der Hauptversammlung verlangen.
[76] Großkomm AktG/*Butzke* Rn. 43; Kölner Komm AktG/*Noack*/*Zetzsche* Rn. 86; *Butzke* Die Hauptversammlung der AG Rn. B 143.
[77] Zweifelnd Großkomm AktG/*Butzke* Rn. 43.
[78] Großkomm AktG/*Butzke* Rn. 45; Kölner Komm AktG/*Noack*/*Zetzsche* Rn. 70; MüKoAktG/*Kubis* Rn. 18; *Butzke* Die Hauptversammlung der AG Rn. B 143 Fn. 294; MHdB AG/*Bungert* § 36 Rn. 116.
[79] Großkomm AktG/*Butzke* Rn. 45; Hölters/*Drinhausen* Rn. 11; MüKoAktG/*Kubis* Rn. 18.
[80] Großkomm AktG/*Butzke* Rn. 45; Hölters/*Drinhausen* Rn. 11; *Butzke* Die Hauptversammlung der AG Rn. B 143 Fn. 294.
[81] BegrRegE BT-Drs. 16/11 642, 31.
[82] BegrRegE BT-Drs. 16/11 642, 31.

tener Ansicht kann die Satzung auch einen spezifischen Übermittlungsweg vorschreiben (zB E-Mail oder elektronisches Postfach).[83] Hiergegen spricht jedoch, dass dann die Entwicklung institutsspezifischer Standards für die elektronische Übermittlung behindert würde.[84] Wird die Übermittlung gem. § 128 Abs. 1 S. 2 durch die Satzung auf den Weg elektronischer Kommunikation beschränkt, sind die Aktionäre zur Schaffung der Voraussetzungen für einen elektronischen Empfang verpflichtet. Anderenfalls besteht für das Kreditinstitut keine Übermittlungspflicht.[85] § 49 Abs. 3 S. 2 WpHG, wonach die Gesellschaft Informationen an die Aktionäre in Papierform übermitteln muss, wenn die Voraussetzungen für eine Übermittlung im Wege der Datenfernübertragung nicht vorliegen, ist im Verhältnis zwischen Depotbank und Aktionär nicht anwendbar.[86] Wie § 49 Abs. 3 S. 1 WpHG gilt die Regelung nur im Verhältnis zwischen Aktionär und Gesellschaft (→ Rn. 23).

Die Ermächtigung gem. § 128 Abs. 1 S. 2 Hs. 1 beschränkt sich nicht auf das Verhältnis zwischen **22a** Kreditinstitut und Aktionär. Sie erfasst vielmehr **alle Glieder der Versandkette**, so dass eine auf § 128 Abs. 1 S. 2 Hs. 1 gestützte Satzungsregelung auch die von der Gesellschaft vorzunehmende Übermittlung an das Kreditinstitut auf den Weg elektronischer Kommunikation beschränken kann.[87] Soweit eine entsprechende Satzungsregelung nicht zwischen den einzelnen Gliedern der Versandkette differenziert, erfasst sie im Zweifel die gesamte Versandkette.

Durch § 128 Abs. 1 S. 2 Hs. 2 wird klargestellt, dass das Kreditinstitut bei Vorhandensein einer **23** entsprechenden Satzungsregelung auch aus **anderen Rechtsgründen** (zB Auftragsrecht) nicht zu einem Versand in Papierform verpflichtet ist. Auch aus § 49 Abs. 3 S. 2 WpHG ergibt sich keine Pflicht zur Übermittlung in Papierform (→ Rn. 22). Die Beteiligten sind aber nicht daran gehindert, eine **einzelvertragliche Abrede** zu treffen.[88] Auch die Aufnahme einer entsprechenden Pflicht in die Sonderbedingungen der Kreditinstitute ist möglich, da durch Hauptversammlungsbeschluss nicht die Vertragsfreiheit zwischen Aktionär und Kreditinstitut beschränkt werden kann.[89] Das Kreditinstitut kann die Mitteilungen auch freiwillig in Papierform übermitteln. In diesen Fällen besteht aber (vorbehaltlich einer entsprechenden Absprache) ein Kostenerstattungsanspruch gegen die Gesellschaft nur in der für die elektronische Übermittlung bestimmten Höhe (→ Rn. 29).[90] Da es sich bei der Übermittlungspflicht gem. § 128 Abs. 1 S. 1 um eine eigene Pflicht der Kreditinstitute handelt, ist **§ 49 Abs. 3 Nr. 1 WpHG** insoweit nicht anwendbar. Die Norm betrifft nur das unmittelbare Verhältnis zwischen der Gesellschaft und ihren Aktionären.[91] Anders als bei der Übermittlung gem. § 125 Abs. 2 (→ § 125 Rn. 25) ist daher bei Vorhandensein einer Satzungsregelung gem. § 128 Abs. 1 S. 2 nicht zusätzlich die Zustimmung der Aktionäre erforderlich.

Enthält die Satzung **keine Regelung** iSv § 128 Abs. 1 S. 2 Hs. 1 und sehen auch der Depotvertrag **24** und die AGB der Depotbank keine Regelung zur Übermittlungsform vor, bleibt es dabei, dass die Mitteilungen den Aktionären grundsätzlich in Papierform zu übersenden sind. Auch in diesem Fall kann aber bei einem entsprechenden Einverständnis des Aktionärs eine Übermittlung in elektronischer Form erfolgen.[92] Für eine Versendung per E-Mail sollte es ausreichen, dass die Aktionäre über eine E-Mail-Adresse verfügen, die sie der Depotbank (ggf. konkludent) als Empfangsadresse zur Verfügung stellen.[93]

---

[83] Kölner Komm AktG/*Noack/Zetzsche* Rn. 80; ebenso noch Vorauflage; aA Großkomm AktG/*Butzke* Rn. 50.
[84] Großkomm AktG/*Butzke* Rn. 50.
[85] Kölner Komm AktG/*Noack/Zetzsche* Rn. 80, 85; s. auch Hüffer/Koch/*Koch,* 13. Aufl. 2018, Rn. 7; MüKoAktG/*Kubis* Rn. 16.
[86] AA Großkomm AktG/*Butzke* Rn. 54; Hüffer/Koch/*Koch,* 13. Aufl. 2018, Rn. 7.
[87] BegrRegE BT-Drs. 16/11 642, 31; *Mimberg/Gätsch,* Die Hauptversammlung der Aktiengesellschaft nach dem ARUG, 2010, Rn. 155; aA Grigoleit/*Herrler* Rn. 9; Großkomm AktG/*Butzke* Rn. 51; Hüffer/Koch/*Koch,* 13. Aufl. 2018, Rn. 7; Kölner Komm AktG/*Noack/Zetzsche* Rn. 81, § 125 Rn. 63.
[88] BegrRegE BT-Drs. 16/11 642, 31; Grigoleit/*Herrler* Rn. 9; Hölters/*Drinhausen* Rn. 9; Hüffer/Koch/*Koch,* 13. Aufl. 2018, Rn. 7; Kölner Komm AktG/*Noack/Zetzsche* Rn. 83; *A. Arnold* Der Konzern 2009, 88 (90); aA wohl MüKoAktG/*Kubis* Rn. 16.
[89] *A. Arnold* Der Konzern 2009, 88 (90); aA BegrRegE BT-Drs. 16/11 642, 31; wohl auch *Wicke,* Einführung in das Recht der Hauptversammlung, das Recht der Sacheinlagen und das Freigabeverfahren nach dem ARUG, 2009, S. 18; Hölters/*Drinhausen* Rn. 9; *Ch. Horn* ZIP 2008, 1558 (1563).
[90] Hüffer/Koch/*Koch,* 13. Aufl. 2018, Rn. 7; Kölner Komm AktG/*Noack/Zetzsche* Rn. 83.
[91] Ebenso Grigoleit/*Herrler* Rn. 9; Kölner Komm AktG/*Noack/Zetzsche* Rn. 76; Wachter/*Mayrhofer* Rn. 6; aA Bürgers/*Körber/Reger* Rn. 11a; Hüffer/Koch/*Koch,* 13. Aufl. 2018, Rn. 7; MüKoAktG/*Kubis* Rn. 15; K. Schmidt/Lutter/*Ziemons* Rn. 24; wohl auch NK-AktR/*M. Müller* Rn. 14.
[92] Vgl. Grigoleit/*Herrler* Rn. 8; Großkomm AktG/*Butzke* Rn. 48; Hölters/*Drinhausen* Rn. 10; Kölner Komm AktG/*Noack/Zetzsche* Rn. 74; *Claussen* AG 2001, 161 (168); *Lommatzsch* NZG 2001, 1017 (1018); *Noack* NZG 2001, 1057 (1059); *Noack* NZG 2003, 241 (243).
[93] Vgl. Großkomm AktG/*Butzke* Rn. 48; Kölner Komm AktG/*Noack/Zetzsche* Rn. 74; wohl auch Grigoleit/*Herrler* Rn. 8.

III. Rechtsfolgen von Verstößen (§ 128 Abs. 2)

25 **1. Schadensersatz (§ 128 Abs. 2).** Gem. § 128 Abs. 2 kann die Verpflichtung des Kreditinstituts zum Ersatz eines aus der Verletzung von § 128 Abs. 1 entstehenden Schadens im Voraus weder ausgeschlossen noch beschränkt werden. Die Regelung soll insbesondere einen formularmäßigen Ausschluss von Schadensersatzansprüchen verhindern.[94] Da der Wortlaut von § 128 Abs. 2 keine entsprechende Einschränkung enthält, ist aber auch ein individuell vereinbarter Ausschluss im Voraus nicht möglich. Zulässig ist dagegen ein nachträglicher Vergleich oder Erlass.[95] § 128 Abs. 2 gilt über den Verweis in § 128 Abs. 4 auch für die den Kreditinstituten gem. § 125 Abs. 5 gleichgestellten Institute und Unternehmen.

26 Der Schadensersatzanspruch folgt nicht unmittelbar aus § 128. Verstöße gegen § 128 Abs. 1 begründen daher **nach allgemeinen Regeln** eine Schadensersatzpflicht. Grundlage für einen Schadensersatzanspruch kann insbesondere eine Verletzung des Depotvertrags sein (§ 280 Abs. 1 BGB).[96] Daneben wird man § 128 Abs. 1 als Schutzgesetz zugunsten der Depotkunden ansehen müssen, so dass sich Schadensersatzansprüche auch aus § 823 Abs. 2 BGB ergeben können.[97] Theoretisch denkbar wären auch Schadensersatzansprüche wegen vorsätzlicher sittenwidriger Schädigung gem. § 826 BGB. Insgesamt ist die praktische Bedeutung der potentiellen Schadensersatzpflicht gering, da idR bereits ein Schaden, jedenfalls aber die Kausalität kaum nachweisbar sein dürfte.[98]

27 **2. Sonstige Rechtsfolgen.** Verstöße gegen § 128 Abs. 1 berühren nicht die **Wirksamkeit der Beschlussfassung.** Der Gesetzgeber hat in § 243 Abs. 3 Nr. 2 ausdrücklich angeordnet, dass eine Anfechtung nicht auf eine Verletzung des § 128 gestützt werden kann. Hierdurch trägt er dem Umstand Rechnung, dass es sich bei der Übermittlungspflicht gemäß § 128 Abs. 1 S. 1 um eine eigene Pflicht der Kreditinstitute handelt, auf deren Erfüllung die Gesellschaft keinen Einfluss hat.[99] Theoretisch denkbar, aber ohne praktische Bedeutung ist die Möglichkeit, die Übermittlungspflicht mittels **Leistungsklage** bzw. einstweiliger Verfügung durchzusetzen.[100] Die unverzügliche und vollständige Weiterleitung der Mitteilungen gem. § 128 Abs. 1 ist Gegenstand der **Depotprüfung** (vgl. § 66 Abs. 1 PrüfbV).

IV. Verordnungsermächtigung (§ 128 Abs. 3)

28 Gem. § 128 Abs. 3 S. 1 kann das BMJV im Einvernehmen mit dem BMWi und dem BMF die Kostenerstattungspflicht der Gesellschaft gegenüber den Kreditinstituten durch Verordnung regeln. Die Verordnungsermächtigung erstreckt sich auf die Aufwendungen für die Übermittlung der Angaben gem. § 67 Abs. 4 (§ 128 Abs. 3 S. 1 Nr. 1) und auf die Aufwendungen für die Vervielfältigung der Mitteilungen und ihre Übersendung an die Aktionäre (§ 128 Abs. 3 S. 1 Nr. 2). § 128 Abs. 3 S. 2 lässt die Festsetzung von Pauschalbeträgen ausdrücklich zu. Die Verordnung bedarf gem. § 128 Abs. 3 S. 3 nicht der Zustimmung des Bundesrats.

29 Das BMJV (seinerzeit Bundesministerium der Justiz) hat von der Verordnungsermächtigung (im Einvernehmen mit dem BMWi und dem BMF) durch die Verordnung über den Ersatz von Aufwendungen der Kreditinstitute vom 17. Juni 2003[101] Gebrauch gemacht. Entsprechend der Ermächtigung in § 128 Abs. 3 (§ 128 Abs. 6 aF) regelt die Verordnung die Kostenerstattung durch die Gesellschaft für die Übermittlung der Mitteilungen nach § 125 Abs. 1 (einschließlich der Vergütung für Vervielfältigungen) und für die Weiterleitung der Aktionärsdaten gem. § 67 Abs. 4. Im Hinblick auf die Übermittlung gem. § 128 Abs. 1 S. 1 differenziert die Verordnung zwischen schriftlichen und

---

[94] Ausschussbericht bei *Kropff* S. 181.
[95] Bürgers/Körber/*Reger* Rn. 41; Grigoleit/*Herrler* Rn. 10; Großkomm AktG/*Butzke* Rn. 61; Hölters/*Drinhausen* Rn. 12; Hüffer/Koch/*Koch*, 13. Aufl. 2018, Rn. 9; Kölner Komm AktG/*Noack/Zetzsche* Rn. 100; MüKo AktG/*Kubis* Rn. 21.
[96] Bürgers/Körber/*Reger* Rn. 41; Grigoleit/*Herrler* Rn. 10; Großkomm AktG/*Butzke* Rn. 59; Hölters/*Drinhausen* Rn. 12; Hüffer/Koch/*Koch*, 13. Aufl. 2018, Rn. 9; Kölner Komm AktG/*Noack/Zetzsche* Rn. 100; MüKo AktG/*Kubis* Rn. 19; K. Schmidt/Lutter/*Ziemons* Rn. 27.
[97] Bürgers/Körber/*Reger* Rn. 41; Grigoleit/*Herrler* Rn. 10; Großkomm AktG/*Butzke* Rn. 59; Hölters/*Drinhausen* Rn. 12; Hüffer/Koch/*Koch*, 13. Aufl. 2018, Rn. 9; Kölner Komm AktG/*Noack/Zetzsche* Rn. 100; MüKo AktG/*Kubis* Rn. 19; K. Schmidt/Lutter/*Ziemons* Rn. 27.
[98] Großkomm AktG/*Butzke* Rn. 61; Hölters/*Drinhausen* Rn. 12; Hüffer/Koch/*Koch*, 13. Aufl. 2018, Rn. 9; Kölner Komm AktG/*Noack/Zetzsche* Rn. 101; MüKoAktG/*Kubis* Rn. 20; s. auch K. Schmidt/Lutter/*Ziemons* Rn. 27.
[99] Vgl. Ausschussbericht bei *Kropff* S. 330.
[100] Großkomm AktG/*Butzke* Rn. 62; Hölters/*Drinhausen* Rn. 12; MüKoAktG/*Kubis* Rn. 23; aA hinsichtlich einstweiliger Verfügung Kölner Komm AktG/*Noack/Zetzsche* Rn. 105 f.
[101] BGBl. 2003 I S. 885; zuletzt geändert durch Art. 15 des Gesetzes zur Umsetzung der Aktionärsrechterichtlinie (ARUG) v. 30.7.2009, BGBl. 2009 I 2479.

elektronischen Mitteilungen. Beschränkt die Satzung die Übermittlung gem. § 128 Abs. 1 S. 2 auf den Weg elektronischer Kommunikation, besteht ein Kostenerstattungsanspruch gegen die Gesellschaft auch dann nur in der für elektronische Mitteilungen bestimmten Höhe, wenn das Kreditinstitut die Mitteilungen freiwillig in Papierform übermittelt (→ Rn. 23). Besteht keine solche Satzungsregelung, ist die konkrete Übermittlungsform maßgeblich.[102] Gestaffelt nach der Anzahl der Mitteilungen können die Kreditinstitute für jede Mitteilung einen bestimmten Pauschalbetrag verlangen. Für Vervielfältigungen kann die übliche Vergütung verlangt werden.

Dritter Unterabschnitt. Verhandlungsniederschrift. Auskunftsrecht

§ 129 Geschäftsordnung; Verzeichnis der Teilnehmer

(1) [1]Die Hauptversammlung kann sich mit einer Mehrheit, die mindestens drei Viertel des bei der Beschlußfassung vertretenen Grundkapitals umfaßt, eine Geschäftsordnung mit Regeln für die Vorbereitung und Durchführung der Hauptversammlung geben. [2]In der Hauptversammlung ist ein Verzeichnis der erschienenen oder vertretenen Aktionäre und der Vertreter von Aktionären mit Angabe ihres Namens und Wohnorts sowie bei Nennbetragsaktien des Betrags, bei Stückaktien der Zahl der von jedem vertretenen Aktien unter Angabe ihrer Gattung aufzustellen.

(2) [1]Sind einem Kreditinstitut oder einer in § 135 Abs. 8 bezeichneten Person Vollmachten zur Ausübung des Stimmrechts erteilt worden und übt der Bevollmächtigte das Stimmrecht im Namen dessen, den es angeht, aus, so sind bei Nennbetragsaktien der Betrag, bei Stückaktien die Zahl und die Gattung der Aktien, für die ihm Vollmachten erteilt worden sind, zur Aufnahme in das Verzeichnis gesondert anzugeben. [2]Die Namen der Aktionäre, welche Vollmachten erteilt haben, brauchen nicht angegeben zu werden.

(3) [1]Wer von einem Aktionär ermächtigt ist, im eigenen Namen das Stimmrecht für Aktien auszuüben, die ihm nicht gehören, hat bei Nennbetragsaktien den Betrag, bei Stückaktien die Zahl und die Gattung dieser Aktien zur Aufnahme in das Verzeichnis gesondert anzugeben. [2]Dies gilt auch für Namensaktien, als deren Aktionär der Ermächtigte im Aktienregister eingetragen ist.

(4) [1]Das Verzeichnis ist vor der ersten Abstimmung allen Teilnehmern zugänglich zu machen. [2]Jedem Aktionär ist auf Verlangen bis zu zwei Jahren nach der Hauptversammlung Einsicht in das Teilnehmerverzeichnis zu gewähren.

(5) § 125 Abs. 5 gilt entsprechend.

Schrifttum: *Bachmann,* Die Geschäftsordnung der Hauptversammlung, AG 1999, 210; *Barz,* Die große Hauptversammlung, AG 1962, Sonderbeil I; *Bezzenberger,* Die Geschäftsordnung der Hauptversammlung, ZGR 1998, 352; *Dietrich,* Voraussetzungen und Inhalte einer Geschäftsordnung der Hauptversammlung, NZG 1998, 921; *Ek,* Praxisleitfaden für die Hauptversammlung, 3. Aufl. 2018; *v. Falkenhausen,* Die nächste Hauptversammlung, BB 1966, 337; *Hennerkes/Kögel,* Eine Geschäftsordnung für die Hauptversammlung, DB 1999, 81; *Ihrig,* Zur Entscheidungskompetenz der Hauptversammlung in Fragen der Versammlungsleitung, FS Goette, 2011, 205; *Isenberg,* Die Geschäftsordnung für die Organe der Aktiengesellschaft, 2005; *Knur,* Die Niederschrift über die Hauptversammlung der AG, DNotZ 1938, 700; *Martens,* Leitfaden für die Leitung der Hauptversammlung einer Aktiengesellschaft, 3. Aufl. 2003; *Noack,* Die Legitimationsübertragung – eine dubiose Rechtsfigur, FS Stilz, 2014, 439; *Obermüller,* Einsichtnahme in das Teilnehmerverzeichnis durch Pressevertreter in der Hauptversammlung einer AG, NJW 1969, 265; *Schaaf,* Die Geschäftsordnung der AG-Hauptversammlung, ZIP 1999, 1339; *Siepelt,* Das Rederecht des Aktionärs und dessen Beschränkung, AG 1995, 254; *Stützle/Walgenbach,* Leitung der Hauptversammlung und Mitspracherecht der Aktionäre in Fragen der Versammlungsleitung, ZHR 155 (1991), 516; *Westrick,* Anwesenheitskontrolle in Hauptversammlungen von Aktiengesellschaften, BB 1958, 726.

Übersicht

	Rn.		Rn.
I. Geschäftsordnung der Hauptversammlung	1–15	b) Vorrangige Organzuständigkeiten	7–9
1. Bedeutung der Geschäftsordnung	1	3. Zulässiger Inhalt	10
2. Stellung der Geschäftsordnung im Normengefüge und Regelungsschranken	2–9	4. Verfahrensfragen	11–15
		a) Erlass	11
a) Nachrang gegenüber Gesetz und Satzung	2–6	b) Änderung und Aufhebung	12
		c) Durchbrechung im Einzelfall	13

---

[102] Kölner Komm AktG/*Noack/Zetzsche* Rn. 109; aA MüKoAktG/*Kubis* Rn. 28, der unabhängig von der Übermittlungsform stets nur noch eine Erstattung der Kosten für elektronische Mitteilungen gewähren will.

	Rn.		Rn.
d) Fehlerhafte Geschäftsordnung	14	a) Allgemeines	25
e) Geschäftsordnungswidrige Beschlussfassung	15	b) Eigenbesitz (Abs. 1 Satz 2)	26
		c) Vollmachtbesitz (Abs. 2)	27
II. Teilnehmerverzeichnis	16–37	d) Fremdbesitz (Abs. 3)	28, 29
1. Überblick	16–18	e) Sonstige Angaben	30, 31
a) Normzweck	16	4. Publizität des Teilnehmerverzeichnisses (Abs. 4)	32–34
b) Anwendungsumfang	17, 18	a) Einsichtnahme während der Hauptversammlung	32, 33
2. Aufstellung des Teilnehmerverzeichnisses	19–24	b) Einsichtnahme nach der Hauptversammlung	34
a) Allgemeines	19		
b) Zuständigkeit	20–22		
c) Art und Form der Aufstellung	23	5. Kreditinstituten gleichgestellte Unternehmen (Abs. 5)	35
d) Zeitpunkt und nachträgliche Veränderungen	24		
3. Inhalt des Teilnehmerverzeichnisses	25–31	6. Rechtsfolgen bei Verstößen	36, 37

I. Geschäftsordnung der Hauptversammlung

1. Bedeutung der Geschäftsordnung. Nach § 129 Abs. 1 Satz 1 kann sich die Hauptversammlung eine Geschäftsordnung mit Regeln für die Vorbereitung und Durchführung der Hauptversammlung geben. Die durch Art. 1 Nr. 18 KonTraG erstmals eingefügte Vorschrift soll nach den Vorstellungen des Gesetzgebers „zu einer Revitalisierung der Hauptversammlung, zur Konzentration auf eine inhaltliche Sachdebatte und im Ergebnis zur Verbesserung der Kontrolle durch die Eigentümer in der Hauptversammlung" beitragen sowie eine mögliche „Rechtsunsicherheit bei den Versammlungsleitern" beseitigen[1] Sie gilt auch für die SE mit Sitz im Inland (Art. 53 SE-VO).[2] Die Bedeutung der Norm liegt vor allem in einer Bekräftigung der schon bislang weitgehend anerkannten Kompetenz der Hauptversammlung zur eigenverantwortlichen Ausgestaltung ihrer Organisation.[3] Eine Veränderung gegenüber der früheren Rechtslage liegt in dem erhöhten Mehrheitserfordernis von drei Vierteln des bei der Beschlussfassung vertretenen Grundkapitals. Die inhaltlichen Kriterien der „Vorbereitung und Durchführung der Hauptversammlung" sind hingegen zu allgemein gehalten, als dass sich hieraus im Einzelfall erweiterte normative Vorgaben herleiten ließen.[4] Begrifflich lässt sich die Geschäftsordnung definieren als Komplex von Vorschriften, welche die innere Ordnung eines Gesellschaftsorgans festschreiben.[5] Die praktische Bedeutung des § 129 Abs. 1 Satz 1 wird aufgrund des geringen Regelungsspielraums im Rahmen des aktienrechtlichen Normengefüges überwiegend als marginal veranschlagt, zumal die Verwaltung regelmäßig nicht geneigt sein wird, den Erlass sie selbst bindender Bestimmungen vorzuschlagen.[6] Im Unterschied zu den praxisüblichen Leitfäden für Versammlungsleiter stellt die hM überdies den Nutzen der Geschäftsordnung in Frage,[7] der vornehmlich in der Zusammenstellung deskriptiver Vorschriften im Informationsinteresse der Aktionäre liegen dürfte.[8]

2. Stellung der Geschäftsordnung im Normengefüge und Regelungsschranken. a) Nachrang gegenüber Gesetz und Satzung. Die Geschäftsordnung ist in der Normenhierarchie nach hM unterhalb von Gesetz und Satzung angesiedelt.[9] Aus diesem Grund ist der Regelungsrahmen der Geschäftsordnung in mehrfacher Hinsicht begrenzt. Soweit das **Gesetz** in den §§ 118 ff. selbst Vorschriften zur Vorbereitung und Durchführung der Hauptversammlung enthält, darf die

---

[1] BegrRegE, BT-Drs. 13/9712, 19 = ZIP 1997, 2059 (2064); RefE ZIP 1996, 2129 (2135).
[2] Großkomm AktG/*Mülbert* Rn. 10.
[3] Hüffer/Koch/*Koch* Rn. 1a; *Butzke* Die Hauptversammlung der AG Rn. D 92 f.; *Martens* WM 1981, 1010 (1013 ff.); *Bezzenberger* ZGR 1998, 352 (361 ff.).
[4] Kritisch zur Neuregelung etwa MüKoAktG/*Kubis* Rn. 3.
[5] Großkomm AktG/*Mülbert* Rn. 4.
[6] Kölner Komm AktG/*Noack/Zetzsche* Rn. 3: „bislang totes Recht".
[7] *Bezzenberger* ZGR 1998, 352 (366): „Die Hauptversammlung braucht gegenwärtig keine Geschäftsordnung." Zustimmend *Schaaf* ZIP 1999, 1339 (1342); ferner K. Schmidt/Lutter/*Ziemons* Rn. 1; MüKoAktG/*Kubis* Rn. 3; Grigoleit/*Herrler* Rn. 1; *Martens*, Leitfaden für die Leitung der Hauptversammlung einer Aktiengesellschaft, 3. Aufl. 2003, 21; *Ek* Hauptversammlung § 16 Rn. 429; *Grüner* NZG 2000, 770 (777); aA *Dietrich* NZG 1998, 921.
[8] *Hennerkes/Kögel* DB 1999, 81 (85); Hüffer/Koch/*Koch* Rn. 1a; Großkomm AktG/*Mülbert* Rn. 12; ferner Kölner Komm AktG/*Noack/Zetzsche* Rn. 5 f.: „Kodex-Effekt": Wirkung einer übersichtlichen Information über die Hauptversammlung und „ermessensleitende" Funktion; ferner *Wagner/Mayrhofer*, Going Public, 2004, 34.
[9] MüKoAktG/*Kubis* Rn. 4; Hüffer/Koch/*Koch* Rn. 1b; *Bachmann* AG 1999, 210 (211 f.); *Hennerkes/Kögel* DB 1999, 81 (82); MAH AktR/*Bohnet* § 27 Rn. 73; aA *Dietrich* NZG 1998, 921 (922) (Erlass der Geschäftsordnung erfordert Satzungsänderung).

Geschäftsordnung über die deklaratorische Wiedergabe ihres Inhalts nicht hinaus gehen. Eine abweichende Regelung in der Geschäftsordnung wäre unzulässig.[10]

Im Hinblick auf die Rangfolge von Satzung und Geschäftsordnung könnten sich Zweifel unter dem Gesichtspunkt ergeben, dass das für den Erlass der Geschäftsordnung in § 129 Abs. 1 Satz 1 vorgesehene Quorum von mindestens drei Vierteln des vertretenen Grundkapitals nicht herab gesetzt werden kann und damit das Mehrheitserfordernis gegenüber der Satzungsänderung strenger ausgestaltet ist (§ 179 Abs. 2 Satz 2). Für den **Vorrang der Satzung** spricht indessen maßgeblich die aus ihrer Vorlage und Eintragung im Handelsregister resultierende gesteigerte Bestandskraft und Publizität (§ 37 Abs. 4 Nr. 1, § 181).[11] Aus dieser Normenhierarchie ergeben sich für den inhaltlichen Gestaltungsspielraum der Geschäftsordnung die folgenden zusätzlichen Einschränkungen:

Gestattet das Gesetz abweichende Regelungen nur in der Satzung (wie in den §§ 121 Abs. 5 Satz 1 und 2, § 122 Abs. 1 Satz 2, § 123 Abs. 2 und 3, §§ 133, 134 Abs. 4), ist eine Bestimmung in der Geschäftsordnung unzulässig.[12] In diesem Bereich ist auch eine Ermächtigung des Satzungsgebers zum Erlass einer Regelung durch die Geschäftsordnung nach zutreffender Auffassung nicht möglich.[13] Gleiches gilt, soweit eine satzungsmäßige Ermächtigung des Vorstands zulässig ist, für eine Konkretisierung des Ermächtigungsrahmens durch die Geschäftsordnung.[14] Angesichts der fehlenden Satzungspublizität sind nach hier vertretener Auffassung neben den Teilnahmevoraussetzungen etwa auch Vorgaben über die Vertretung von Aktionären einer Regelung durch die Geschäftsordnung nicht zugänglich.[15]

Ungeachtet des Anliegens des Gesetzgebers, „einen weiten Gestaltungsspielraum mit Blick auf § 23 Abs. 5 zu legitimieren",[16] kann der Regelungsrahmen der Geschäftsordnung zudem nicht über die in § 23 Abs. 5 für die Satzung vorgesehenen Grenzen hinaus gehen.[17]

Sofern eine Regelung wahlweise durch Geschäftsordnung oder Satzung erlassen werden kann (wie ausdrücklich im Falle des § 118 Abs. 4 und des § 131 Abs. 2 Satz 2) und in der Satzung bereits einschlägige Bestimmungen getroffen wurden, können diese nicht durch die Geschäftsordnung außer Kraft gesetzt oder modifiziert werden; hingegen sind insoweit bei Fehlen einer abschließenden Normierung satzungsergänzende Vorschriften in der Geschäftsordnung (ggf. aufgrund ausdrücklicher Ermächtigung des Satzungsgebers) möglich.[18]

b) Vorrangige Organzuständigkeiten. Die Geschäftsordnung der Hauptversammlung darf ebenso wenig wie die Satzung den Zuständigkeitsbereich anderer Organe unzulässig beschneiden.[19] Eine Abgrenzung ist insbesondere im Hinblick auf die **Kompetenzen des Versammlungsleiters** erforderlich, dessen Stellung im Gesetz voraus gesetzt wird (§ 130 Abs. 2).[20] Der Leiter einer Hauptversammlung hat nach der Rechtsprechung des BGH und der zustimmenden Literatur aufgrund der ihm zugewiesenen Funktion alle Rechte, die er braucht, um einen ordnungsgemäßen Ablauf der Hauptversammlung herbeizuführen, er handelt dabei „aus eigenem Recht", ohne seine Befugnis von dem Plenum abzuleiten.[21] Die originären Ordnungs- und Leitungskompetenzen des Versammlungsleiters stehen aus diesem Grund und im Interesse der Funktionsfähigkeit der Hauptversammlung[22] nicht zur Disposition der Geschäftsordnung (oder auch der Satzung).[23] Nach zutreffender Auffassung gilt dies auch im Hinblick auf solche Maßnahmen, die der Versammlungsleiter im Einzel-

---

[10] Zu den Folgen → Rn. 14.
[11] Grigoleit/*Herrler* Rn. 5; Bürgers/Körber/*Reger* Rn. 2.
[12] Hölters/*Drinhausen* Rn. 4.
[13] Vgl. auch Hüffer/Koch/*Koch* Rn. 1b; MüKoAktG/*Kubis* Rn. 4; Bürgers/Körber/*Reger* Rn. 5; Hensslet/Strohn/*Liebscher* Rn. 3; aA Bachmann AG 1999, 210 (212); Wachter/*Wachter* Rn. 8.
[14] S. auch Großkomm/*Mülbert* Rn. 14; aA Grigoleit/*Herrler* Rn. 5.
[15] Eine Ausnahme ist insoweit für eine Begrenzung der Anzahl der Bevollmächtigten im Sinne des § 134 Abs. 3 Satz 2 anzunehmen, vgl. *Wicke* Einführung S. 33.
[16] BegrRegE, BT-Drs. 13/9712, 19 f. = ZIP 1997, 2059 (2064).
[17] Großkomm AktG/*Mülbert* Rn. 14; ferner *Butzke* Die Hauptversammlung der AG Rn. D 94; Hennerkes/Kögel DB 1999, 81 (82); *Schaaf* ZIP 1999, 1339 (1340).
[18] Bürgers/Körber/*Reger* Rn. 5.
[19] Bachmann AG 1999, 210 (212).
[20] Bürgers/Körber/*Reger* Rn. 4.
[21] BGHZ 44, 245 (248); LG Stuttgart AG 1994, 425; LG Frankfurt AG 1984, 192 (194); Großkomm AktG/*Mülbert* Rn. 17; MüKoAktG/*Kubis* Rn. 6; *Schaaf* ZIP 1999, 1339 (1340); *Dietrich* NZG 1998, 921 (923); *Bezzenberger* ZGR 1998, 352 (358 f.); Stützle/Walgenbach ZHR 155 (1991), 516 (520); *Martens* WM 1981, 1010; v. Falkenhausen BB 1966, 337 (343).
[22] *Ihrig* FS Goette, 2011, 205 (211); *Austmann* FS Hoffmann-Becking, 2013, 45 (65).
[23] Kritisch hierzu Kölner Komm AktG/*Noack*/*Zetzsche* Rn. 18 (Auffassung „zu pauschal und ihre Grundlage schwach").

fall auf die Hauptversammlung delegieren[24] kann,[25] sofern man eine solche Möglichkeit überhaupt bejaht. Zur sachgerechten Durchführung der Hauptversammlung muss der Versammlungsleiter sein Amt objektiv unter Beachtung des Gleichbehandlungsgrundsatzes und des Minderheitenschutzes ausüben und von den ihm verliehenen Kompetenzen flexibel Gebrauch machen können. Eine Ermessensbindung im Voraus würde diese Möglichkeiten des Versammlungsleiters zweckwidrig einschränken. Umgekehrt sind der Hauptversammlung aufgrund ihres Selbstorganisationsrechts bestimmte Angelegenheiten wie etwa die Verfahrensentscheidung über das Absetzen eines Tagesordnungspunkts[26] oder die Einzelentlastung[27] der Verwaltungsmitglieder zur ausschließlichen Zuständigkeit zugewiesen, die daher auch in der Geschäftsordnung geregelt werden können.

8 Eine weitere Grenzziehung ist im Hinblick auf **Aktionärsrechte** erforderlich, die, wie das Teilnahmerecht, das Auskunftsrecht und das Stimmrecht, gesetzlich begründete Individualrechte sind und als solche nicht zur Disposition der Hauptversammlung stehen.[28] Zulässig ist es demgegenüber, Verfahrensvorschriften bezogen auf die Ausübungsmodalitäten der Aktionärsrechte in die Geschäftsordnung aufzunehmen, solange die Geltendmachung der Rechte hierdurch nicht unzulässig erschwert wird.[29] Zur Sicherung eines geordneten Ablaufs der Hauptversammlung obliegt es im Übrigen dem Versammlungsleiter, situationsbezogen eine Begrenzung der Aktionärsrechte vorzunehmen.[30] § 131 Abs. 2 Satz 2 sieht die Möglichkeit vor, den Versammlungsleiter durch Satzung oder Geschäftsordnung zu ermächtigen, das Frage- und Rederecht des Aktionärs zeitlich angemessen zu beschränken und Näheres zu bestimmen.[31]

9 Die Geschäftsordnung darf darüber hinaus nicht in die **Kompetenzen von Vorstand und Aufsichtsrat** eingreifen. Berührungspunkte können sich insbesondere im Hinblick auf die Vorbereitung der Hauptversammlung ergeben, die als Gegenstand der Geschäftsordnung in § 129 Abs. 1 Satz 1 ausdrücklich genannt wird. Soweit das Gesetz in den §§ 121 ff. dem Vorstand (oder im Ausnahmefall des § 111 Abs. 3 dem Aufsichtsrat) Aufgaben hinsichtlich der Einberufung und der erforderlichen Mitteilungen und Bekanntmachungen zuweist, sind über deskriptive Angaben hinaus gehende Bestimmungen in der Geschäftsordnung nicht gestattet.[32]

10 **3. Zulässiger Inhalt.** Unter Berücksichtigung des Vorrangs von Gesetz und Satzung sowie der gesetzlichen Kompetenzverteilung können in der Geschäftsordnung eigenständige Regelungen zu folgenden Gegenständen erlassen werden:[33] die Bestimmung des Versammlungsleiters, sofern nicht (wie üblich) bereits die Satzung eine entsprechende Regelung enthält;[34] die Entscheidung über die Vertagung, das Absetzen von Tagesordnungspunkten[35] sowie die Wiederaufnahme der Verhandlung abgeschlossener Tagesordnungspunkte, wenn neue Tatsachen bekannt werden;[36] die Vertagung einer

---

[24] Die wohl hM bejaht eine Delegationsbefugnis, vgl. MüKoAktG/*Kubis* § 119 Rn. 115; GroßKommAktG/*Mülbert* § 129 Rn. 131 (für Leitungsmaßnahmen); *Max* AG 1991, 77 (92 f.) (für Ordnungsmaßnahmen); aA *Dietrich* NZG 1998, 921 (923); Bürgers/Körber/*Reger* Rn. 45d; offen gelassen von BGHZ 44, 245 (249 f.); zur Problematik auch → Anh. § 119 Rn. 8.

[25] Vgl. MüKoAktG/*Kubis* Rn. 6; ferner GroßKommAktG/*Mülbert* § 129 Rn. 131; Hüffer/Koch/*Koch* Rn. 1c; *Bezzenberger* ZGR 1998, 352 (362 f.); *Dietrich* NZG 1998, 921 (923); *Kuhnt* FS Lieberknecht, 1997, 65; weiter gehend *Bachmann* AG 1999, 210 (211); s. ferner *Butzke* Die Hauptversammlung der AG Rn. D 95; Hennerkes/*Kögel* DB 1999, 81 (83).

[26] Hölters/*Drinhausen* Anh. § 129 Rn. 10; Bürgers/Körber/*Reger* Rn. 45b; Henssler/Strohn/*Liebscher* Rn. 27.

[27] S. insoweit aber BGH NZG 2009, 1270 (1271).

[28] *Butzke* Die Hauptversammlung der AG Rn. D 94; *Martens*, Leitfaden für die Leitung der Hauptversammlung einer Aktiengesellschaft, 3. Aufl. 2003, 20 f.; Hennerkes/*Kögel* DB 1999, 81 (84 f.); *Isenberg*, Die Geschäftsordnung für die Organe der Aktiengesellschaft, 2005, 101 vgl. ferner BegrRegE zum KonTraG BR-Drs. 872/97, 49 = ZIP 1997, 2059 (2064): keine Beschränkung der Aktionärsrechte „in ihrem Kern"; ebenso *Bachmann* AG 1999, 210 (212).

[29] *Bachmann* AG 1999, 210 (212) (Schriftform für Auskunftsverlangen unzulässig); ferner MüKoAktG/*Kubis* Rn. 8.

[30] Henssler/Strohn/*Liebscher* Rn. 28.

[31] Vgl. hierzu BGH ZIP 2010, 575; sowie KG ZIP 2009, 1223 (1232): Die Befugnisse des Versammlungsleiters bleiben durch § 131 Abs. 2 S. 2 unberührt.

[32] *Bachmann* AG 1999, 210 (212); MüKoAktG/*Kubis* Rn. 7.

[33] Vgl. auch die Muster bei MVHdB/*Hölters* V. 82; BeckFormB/*Lorz* S. 499; *Schaaf* ZIP 1999, 1339 (1342).

[34] Großkomm AktG/*Mülbert* Rn. 21; MüKoAktG/*Kubis* Rn. 12; *Butzke* Die Hauptversammlung der AG Rn. D 97; *Schaaf* ZIP 1999, 1339 (1340); *Bezzenberger* ZGR 1998, 352 (364).

[35] Großkomm AktG/*Mülbert* Rn. 21; MüKoAktG/*Kubis* Rn. 12; *Butzke* Die Hauptversammlung der AG Rn. D 96.

[36] MAH AktR/*Bohnet* § 27 Rn. 74; Hölters/*Drinhausen* Rn. 5; aA Großkomm AktG/*Mülbert* Rn. 24, der eine originäre Kompetenz des Versammlungsleiters diesbezüglich annimmt; ebenso wohl Henssler/Strohn/*Liebscher* Rn. 27.

bereits eröffneten Hauptversammlung,[37] ihre vorzeitige Schließung oder Fortsetzung;[38] die Form der Abstimmung;[39] die Abstimmung über eine Einzelentlastung von Vorstands- und Aufsichtsratsmitgliedern (§ 120 Abs. 1 Satz 2); die zeitliche Beschränkung und nähere Bestimmung des Frage- und Rederechts der Aktionäre (§ 131 Abs. 2 Satz 2);[40] die Übertragung der Hauptversammlung in Bild und Ton(§ 118 Abs. 4); die Art und Form der Publikation von Beschlussanträgen;[41] die Erstellung eines zusätzlichen Protokolls durch die Gesellschaft, dessen Einsichtnahme und die Erteilung von Abschriften;[42] das Anwesenheitsrecht des Abschlussprüfers[43] und die Zulassung von Gästen.[44] Über die vorgenannten Bereiche hinaus ist die Geschäftsordnung nach hM im Wesentlichen auf eine beschreibende Darstellung dessen beschränkt, was ohnehin kraft Gesetzes oder Satzungsanordnung gilt.[45] Davon betroffen sind auch die weiteren in der Regierungsbegründung zum KonTraG[46] für die Geschäftsordnung genannten Themen, wie die Bestimmung der sonstigen Leitungs- und Ordnungsbefugnisse des Vorsitzenden und der Sicherheitskontrollen.[47] Eine Änderung der Rechtslage ist in dieser Hinsicht durch die gesetzliche Regelung der Geschäftsordnung in § 129 Abs. 1 Satz 1 nicht eingetreten, da die Vorschrift inhaltlich nur einen generellen Rahmen vorgibt, ohne zu Einzelfragen der Kompetenzabgrenzung Stellung zu beziehen.[48]

4. Verfahrensfragen. a) Erlass. Der Beschluss der Hauptversammlung zum Erlass der Geschäftsordnung bedarf (neben der einfachen Stimmenmehrheit des § 133 Abs. 1) gemäß § 129 Abs. 1 Satz 1 einer qualifizierten Mehrheit von drei Vierteln des vertretenen Grundkapitals. Das erhöhte Quorum erklärt sich aus dem Dauercharakter[49] der Geschäftsordnung, die auch künftige Hauptversammlungen binden und damit eine Kontinuität und Stabilisierung im Ablauf herbeiführen soll, ist aber als Erschwerung gegenüber dem früheren Rechtszustand in der Literatur auf Kritik gestoßen.[50] Im Unterschied zur Regelung des § 179 Abs. 2 Satz 2 für Satzungsänderungen kann eine Herabsetzung dieses Mehrheitserfordernisses auch nicht im Wege einer statutarischen Bestimmung erfolgen.[51] Aufgrund des Nachrangs der Geschäftsordnung liegt hierin ein Wertungswiderspruch, der allerdings angesichts des klaren Gesetzeswortlauts nicht im Wege der Auslegung aufgelöst werden kann.[52] Als Konsequenz ist der Beschluss zum Erlass der Geschäftsordnung gemäß § 130 Abs. 1 Satz 1 und 3 auch bei nichtbörsennotierten Gesellschaften immer notariell zu beurkunden.[53] Da die Einführung einer Geschäftsordnung ohne Satzungsänderung erfolgen kann,[54] ist eine Eintragung im Handelsregister oder eine Bekanntmachung nicht erforderlich.[55] Der Wortlaut der Geschäftsordnung ist aber entsprechend § 175 Abs. 2

---

[37] Wohl *Butzke* Die Hauptversammlung der AG Rn. D 96; MüKoAktG/*Kubis* Rn. 12; *Bezzenberger* ZGR 1998, 352 (361); Bürgers/Körber/*Reger* Rn. 7; Hölters/*Drinhausen* Rn. 5; aA Großkomm AktG/*Mülbert* Rn. 24.
[38] Großkomm AktG/*Mülbert* Rn. 21; MAH AktR/*Bohnet* § 27 Rn. 74; ferner *Butzke* Die Hauptversammlung der AG Rn. D 96; abweichend *Ihrig* FS Goette, 2011, 205 (217).
[39] Vgl. auch *Martens* WM 1981, 1010 (1014); *Stützle/Walgenbach* ZHR 155 (1991), 516 (534 f.); NK-AktR/ *Terbrack/Lohr* Rn. 9; MüKoAktG/*Kubis* Rn. 12; BeckFormB/*Lorz* S. 505; Bürgers/Körber/*Reger* Rn. 7; aA Großkomm AktG/Mülbert Rn. 25; K. Schmidt/Lutter/*Ziemons* Rn. 5; Hölters/*Drinhausen* Rn. 6.
[40] Dazu BGH ZIP 2010, 575.
[41] MüKoAktG/*Kubis* Rn. 12; Großkomm AktG/*Mülbert* Rn. 22: Verlesung von Beschlussanträgen; *Schaaf* ZIP 1999, 1339 (1340).
[42] *Hennerkes/Kögel* DB 1999, 81 (83); *Bezzenberger* ZGR 1998, 352 (364); MüKoAktG/*Kubis* Rn. 12.
[43] *Bezzenberger* ZGR 1998, 352 (364); Bürgers/Körber/*Reger* Rn. 7; Hölters/*Drinhausen* Rn. 6; aA *Schaaf* ZIP 1999, 1339 (1340).
[44] Großkomm AktG/*Mülbert* Rn. 22; Wachter/*Wachter* Rn. 5; *Riegger* ZHR 165 (2001), 204 (211); MüKoAktG/*Kubis* Rn. 12; *Dietrich* NZG 1998, 921 (925); *Stützle/Walgenbach* ZHR 155 (1991), 516 (526).
[45] *Schaaf* ZIP 1999, 1339 (1340); *Bezzenberger* ZGR 1998, 352 (364); MüKoAktG/*Kubis* Rn. 12; weiter gehend *Bachmann* AG 1999, 210 (211); ferner *Isenberg*, Die Geschäftsordnung für die Organe der Aktiengesellschaft, 2005, 140: Fragen der Einberufung, des Zutritts zur Hauptversammlung und der Überprüfung der Teilnahmeberechtigung durch Geschäftsordnung regelbar. S. ferner *Butzke* Die Hauptversammlung der AG Rn. D 95: generelle Vorgaben bei breitem Gestaltungsermessen des Versammlungsleiters; ähnlich *Hennerkes/Kögel* DB 1999, 81 (83): Ausgestaltung der Leitungs- und Ordnungsbefugnisse als Ermessensvorschriften.
[46] BegrRegE zum KonTraG BT-Drs. 13/9712, 19 = ZIP 1997, 2059 (2064).
[47] *Bezzenberger* ZGR 1998, 352 (364); MüKoAktG/*Kubis* Rn. 12; Grigoleit/*Herrler* Rn. 7.
[48] So auch *Martens*, Leitfaden für die Leitung der Hauptversammlung einer Aktiengesellschaft, 3. Aufl. 2003, 20.
[49] Vgl. Henssler/Strohn/*Liebscher* Rn. 6.
[50] Vgl. Hüffer/Koch/*Koch* Rn. 1d; MüKoAktG/*Kubis* Rn. 9.
[51] Grigoleit/*Herrler* Rn. 2; Bürgers/Körber/*Reger* Rn. 9.
[52] Vgl. auch Hüffer/Koch/*Koch* Rn. 1d; NK-AktR/*Terbrack/Lohr* Rn. 10 („womöglich ein Redaktionsversehen").
[53] Hüffer/Koch/*Koch* Rn. 1d; MüKoAktG/*Kubis* Rn. 9; *Ek* Hauptversammlung § 16 Rn. 437; *Haupt* in Hauschild/Kallrath/Wachter Notar-HdB § 14 Rn. 284.
[54] Vgl. *Bezzenberger* ZGR 1998, 352 (365); aA entgegen der hM *Dietrich* NZG 1998, 921 (922 f.).
[55] *Bezzenberger* ZGR 1998, 352 (365); *Schaaf* ZIP 1999, 1339 (1341); MVHdB/Hölters V. 82 Anm. 3; MüKoAktG/*Kubis* Rn. 9.

von der Einberufung der Hauptversammlung an zur Einsicht der Aktionäre auszulegen bzw. auf der Internetseite der Gesellschaft zugänglich zu machen,[56] auf Anfordern sind Abschriften zu erteilen.[57] Der beabsichtigte Erlass der Geschäftsordnung ist als Bestandteil der Tagesordnung gemäß § 121 Abs. 3 Satz 2 in der Einladung zur Hauptversammlung anzukündigen.[58] Ein Antrag auf Erlass der Geschäftsordnung im Rahmen einer laufenden Hauptversammlung ohne vorherige Bekanntmachung genügt den gesetzlichen Anforderungen nicht. Es handelt sich insbesondere nicht um einen Anwendungsfall des § 124 Abs. 4 Satz 2, da die Geschäftsordnung einen eigenständigen Gegenstand der Tagesordnung bildet.[59] Nach überwiegender Auffassung ist daneben gemäß § 124 Abs. 2 Satz 2 Alt. 2 der wesentliche Inhalt bekanntzumachen, nicht jedoch zwingend der gesamte Wortlaut.[60]

12 **b) Änderung und Aufhebung.** Die Geschäftsordnung der Hauptversammlung entfaltet wie diejenige für den Vorstand und den Aufsichtsrat aufgrund der Organkontinuität Dauerwirkung.[61] Das Gesetz enthält keine ausdrückliche Regelung über das Verfahren zur Änderung und Aufhebung der Geschäftsordnung. Ein entsprechender Beschluss ist zunächst bei der Einberufung bekannt zu machen (§ 121). Die Änderung der Geschäftsordnung bedarf zudem der qualifizierten Kapitalmehrheit gemäß § 129 Abs. 1 Satz 1. Dies gilt nach zutreffender Auffassung auch für die Aufhebung einzelner Bestimmungen, da im Ergebnis der Inhalt der Geschäftsordnung mit Wirkung für künftige Hauptversammlungen modifiziert wird.[62] Zur vollständigen Aufhebung der Geschäftsordnung ist hingegen nach hM ein Beschluss mit einfacher Stimmenmehrheit ausreichend,[63] da lediglich punktuell eine bestehende Bindung beseitigt wird und keine Normen mit dauerhafter Geltung geschaffen werden. Bei nichtbörsennotierten Gesellschaften ist die notarielle Beurkundung des Beschlusses daher gemäß § 130 Abs. 1 Satz 3 entbehrlich.[64] Sofern die Geschäftsordnung im Einzelfall in die Satzung aufgenommen wurde und nicht nur einen bloß formalen Bestandteil bildet, sind sowohl für die Änderung als auch für die Aufhebung ausnahmsweise die Vorschriften über Satzungsänderungen zu beachten.[65]

13 **c) Durchbrechung im Einzelfall.** Umstritten ist die Frage, unter welchen Voraussetzungen sich die Hauptversammlung für den Einzelfall im Wege eines Durchbrechungsbeschlusses über die im Übrigen fortgeltende Geschäftsordnung hinweg setzen kann. Ein Abweichen ist unproblematisch zulässig, wenn die Geschäftsordnung eine dahin gehende Öffnungsklausel enthält oder die für den Erlass vorgesehenen Kautelen gewahrt werden.[66] Nach überwiegender Auffassung kann die Geschäftsordnung darüber hinaus vorübergehend durch einen Beschluss mit einfacher Stimmenmehrheit außer Kraft gesetzt werden, der bei nichtbörsennotierten Gesellschaften somit keiner notariellen Beurkundung bedarf und nicht zuvor gemäß § 121 bekannt zu machen ist.[67] Die Gegenansicht wendet mit Unterschieden im Detail die für den Erlass der Geschäftsordnung geltenden Grundsätze an, so dass insbesondere die qualifizierte Kapitalmehrheit des § 129 Abs. 1 Satz 1[68] und eine ordnungsgemäße Bekanntmachung für erforderlich gehalten werden.[69] Im Hinblick auf die Stabilisierungsfunktion der Geschäftsordnung zur verbindlichen Klärung formaler Fragen erscheint diese Auffassung zwar konsequent. Geht man allerdings davon aus, dass schon die vollständige Aufhebung der Geschäftsordnung mit einfacher Stimmenmehrheit möglich ist, können für ein bloß temporäres Abweichen keine strengeren Maßstäbe gelten.[70] Das Erfordernis einer vorherigen Bekanntmachung

---

[56] AA Großkomm AktG/*Mülbert* Rn. 26.
[57] MüKoAktG/*Kubis* Rn. 9; *Ek* Hauptversammlung § 16 Rn. 436.
[58] *Butzke* Die Hauptversammlung der AG Rn. D 98.
[59] Hüffer/Koch/*Koch* Rn. 1d; insoweit auch Bürgers/Körber/*Reger* Rn. 8.
[60] Hüffer/Koch/*Koch* Rn. 1d; NK-AktR/*Terbrack*/*Lohr* Rn. 10; MüKoAktG/*Kubis* Rn. 9; *Hennerkes/Kögel* DB 1999, 81; *Schaaf* ZIP 1999, 1339 (1341); Hölters/*Drinhausen* Rn. 8; aA K. Schmidt/Lutter/*Ziemons* Rn. 10; Bürgers/Körber/*Reger* Rn. 8.
[61] *Bachmann* AG 1999, 210 (213); MüKoAktG/*Kubis* Rn. 10; vgl. aber auch Hüffer/Koch/*Koch* Rn. 1 e.
[62] *Ek* Hauptversammlung § 16 Rn. 439; Bürgers/Körber/*Reger* Rn. 10; in diesem Sinne wohl auch *Butzke* Die Hauptversammlung der AG Rn. D 98; aA MüKoAktG/*Kubis* Rn. 10; Grigoleit/*Herrler* Rn. 3.
[63] Hüffer/Koch/*Koch* Rn. 1e; MüKoAktG/*Kubis* Rn. 10; *Ek* Hauptversammlung § 16 Rn. 439; *Butzke* Die Hauptversammlung der AG Rn. D 98; insoweit auch Hölters/*Drinhausen* Rn. 9; aA *Marsch-Barner* in Dörner/Menold/Pfitzer, Reform des Aktienrechts, der Rechnungslegung und der Prüfung, 2. Aufl: 2003, 277 (280); NK-AktR/*Terbrack*/*Lohr* Rn. 11; K. Schmidt/Lutter/*Ziemons* Rn. 13.
[64] Henssler/Strohn/*Liebscher* Rn. 8.
[65] Vgl. auch *Wicke* DNotZ 2006, 419 (437) (zur GmbH).
[66] *Bachmann* AG 1999, 210 (214).
[67] Hüffer/Koch/*Koch* Rn. 1e; MüKoAktG/*Kubis* Rn. 11; *Butzke* Die Hauptversammlung der AG Rn. D 98; *Ek* Hauptversammlung § 16 Rn. 439 f.; für eine Bekanntmachung s. hingegen Bürgers/Körber/*Reger* Rn. 12.
[68] Vgl. *Bachmann* AG 1999, 210 (214), der aber inkonsequenter Weise bei nicht börsennotierten Gesellschaften die Beurkundung nicht für erforderlich hält.
[69] *Bachmann* AG 1999, 210 (214); NK-AktR/*Terbrack*/*Lohr* Rn. 12.
[70] Insoweit auch Bürgers/Körber/*Reger* Rn. 11 f., der jedoch eine Bekanntmachung für erforderlich hält.

der Abweichung würde zudem ein situatives Reagieren aus den besonderen Umständen des Einzelfalls heraus unmöglich machen und dem mit der Einführung des § 129 Abs. 1 Satz 1 verfolgten Zweck einer Revitalisierung der Hauptversammlung eher zuwider laufen. Im Interesse der Transparenz sollte aber die Durchbrechung der Geschäftsordnung ausdrücklich beschlossen werden.[71]

d) Fehlerhafte Geschäftsordnung. Ereignen sich Verfahrensmängel beim Erlass der Geschäftsordnung, weil etwa die erforderliche qualifizierte Mehrheit nicht erreicht wird, kann dies nach allgemeinen Grundsätzen die Anfechtbarkeit des zugrunde liegenden Beschlusses begründen.[72] Das Fehlen der erforderlichen notariellen Beurkundung löst darüber hinaus die Nichtigkeitsfolge des § 241 Abs. 1 Nr. 2 aus.[73] Inhaltliche Mängel der Geschäftsordnung wegen Verstoßes gegen höherrangige gesetzliche oder statutarische Normen oder wegen einer Beeinträchtigung des Kompetenzgefüges haben gemäß § 241 Abs. 1 Nr. 3 generell die Nichtigkeit der betreffenden Bestimmung zur Folge.[74] Entgegen § 139 BGB erstreckt sich die Unwirksamkeit einer einzelnen Norm der Geschäftsordnung angesichts ihres Dauercharakters im Zweifel aber nicht auf das gesamte Regelwerk.[75]

14

e) Geschäftsordnungswidrige Beschlussfassung. Noch weitgehend ungeklärt ist die Frage, welche Konsequenzen sich aus einem Verstoß gegen die Geschäftsordnung ergeben. Ein Teil der Literatur hält im Widerspruch zu den Regelungen der Geschäftsordnung gefasste Beschlüsse für anfechtbar, da die Geschäftsordnung nach § 129 Abs. 1 Satz 1 auf einer gesetzlichen Regelung beruhe und ein Verstoß damit zu einer Gesetzesverletzung im Sinne des § 243 Abs. 1 führe.[76] Nach anderer Auffassung ist ein Anfechtungsgrund gemäß § 243 Abs. 1 nur im Einzelfall anzunehmen, wenn nämlich die fehlerhafte Behandlung der Geschäftsordnung sich zugleich als Gesetzesverstoß darstelle, wie namentlich bei einer Verletzung von Anwesenheits-, Rede- und Auskunftsrechten sowie § 53a oder der Treuepflicht.[77] In derartigen Fällen wird sich die Anfechtbarkeit allerdings regelmäßig unabhängig von der Geschäftsordnung aufgrund des Eingriffs in die betreffenden Aktionärsrechte ergeben.[78] Im Übrigen dürfte davon auszugehen sein, dass die Geschäftsordnung selbst bestimmen kann, welche Folgen sich aus ihrer Verletzung ergeben.[79] Bei Fehlen einer entsprechenden Anordnung wird, soweit nicht ohnehin die Grundsätze einer zulässigen Durchbrechung greifen, die Anfechtbarkeit im Zweifel zu verneinen sein, da die Hauptversammlung ihre Beschlüsse regelmäßig keinem erhöhten Bestandsrisiko unterwerfen will.[80]

15

II. Teilnehmerverzeichnis

1. Überblick. a) Normzweck. Die Norm des § 129 Abs. 1 Satz 2 begründet das Erfordernis zur Aufstellung eines Teilnehmerverzeichnisses in der Hauptversammlung, das alle erschienenen und vertretenen Aktionäre oder Aktionärsvertreter mit Namen und Wohnort sowie Nennbetrag bzw. Stückzahl der Aktien unter Angabe der Gattung zu erfassen hat. Das Teilnehmerverzeichnis soll nach den Vorstellungen des Gesetzgebers dazu dienen, die Durchführung der Hauptversammlung zu erleichtern und festzuhalten, welche Personen teilgenommen haben.[81] Diese allgemein gehaltenen Zweckvorgaben bedürfen einer näheren Konkretisierung.[82] Mithilfe des Teilnehmerverzeichnisses lässt sich zunächst die **Beschlussfähigkeit** der Hauptversammlung **feststellen,** wenn nach der Satzung eine Mindestpräsenz vorgeschrieben ist. In der Praxis hat das Teilnehmerverzeichnis (ggf. erweitert um Angaben zu Stimmrechten) wesentliche **Bedeutung als Präsenzliste für die Ermittlung des Abstimmungsergebnisses** sowie erforderlicher qualifizierter Mehrheiten bei Anwendung

16

---

[71] Vgl. auch Kölner Komm AktG/*Noack*/*Zetzsche* Rn. 27; Hüffer/Koch/*Koch* Rn. 1 f.
[72] MüKoAktG/*Kubis* Rn. 13.
[73] MVHdB/*Hölters* V. 82 Anm. 3; *Bachmann* AG 1999, 210 (213).
[74] MüKoAktG/*Kubis* Rn. 13; NK-AktR/*Terbrack*/*Lohr* Rn. 15; *Bachmann* AG 1999, 210 (213).
[75] Großkomm AktG/*Mülbert* Rn. 32; AA MüKoAktG/*Kubis* Rn. 13.
[76] MüKoAktG/*Kubis* Rn. 14; Bürgers/Körber/*Reger* Rn. 14; ferner MAH AktR/*Bohnet* § 27 Rn. 76, wonach das Gericht zu überprüfen hat, „ob die fehlerhafte Behandlung der Geschäftsordnung ursächlich geworden ist für die Beschlussfassung der Hauptversammlung in der Sache"; aA NK-AktR/*Terbrack*/*Lohr* Rn. 13.
[77] Hüffer/Koch/*Koch* Rn. 1g; NK-AktR/*Terbrack*/*Lohr* Rn. 13; Bürgers/Körber/*Reger* Rn. 15; Hölters/*Drinhausen* Rn. 11; ferner Großkomm AktG/*Mülbert* Rn. 34: anfechtbar, wenn Geschäftsordnungsregelung auf einer ausdrücklichen gesetzlichen Ermächtigung beruht (§ 118 Abs. 4, § 131 Abs. 2 S. 2 AktG).
[78] Vgl. auch NK-AktR/*Terbrack*/*Lohr* Rn. 13 f., die zusätzlich eine Anfechtbarkeit gemäß § 241 Nr. 3 Alt. 2 annehmen, wenn eine Bestimmung im Kernbereich der Geschäftsordnungskompetenz der Hauptversammlung überwiegend im öffentlichen Interesse besteht.
[79] *Bachmann* AG 1999, 210 (213 f.); vgl. auch NK-AktR/*Terbrack*/*Lohr* Rn. 9.
[80] AA K. Schmidt/Lutter/*Ziemons* Rn. 14.
[81] RegBegr *Kropff* S. 182.
[82] Vgl. auch MüKoAktG/*Kubis* Rn. 1; Hüffer/Koch/*Koch* Rn. 1; *Butzke* Die Hauptversammlung der AG Rn. C 53; Grigoleit/*Herrler* Rn. 9.

der Subtraktionsmethode und liefert gleichzeitig Anhaltspunkte für Stimmrechtsausschlüsse wie in den Fällen des § 136 oder § 20 Abs. 7. Insofern kann das Verzeichnis auch als Beweismittel bei einer gerichtlichen Nachprüfung der Beschlussfassung relevant werden.[83] Im Rahmen eines Freigabeverfahrens kann es dazu dienen, den gemäß § 246a Abs. 2 Nr. 2 erforderlichen Anteilsbesitz zu belegen.[84] Dem Teilnehmerverzeichnis lässt sich überdies entnehmen, wer als Aktionär – bzw. Aktionärsvertreter das Rede- oder Fragerecht ausüben kann. Die Gesellschaft benötigt die entsprechenden Angaben ferner zur Kenntnis der Kreditinstitute, Aktionärsvereinigungen und gleichgestellten Unternehmen, die in der letzten Hauptversammlung Stimmrechte für Aktionäre ausgeübt haben und denen daher nach Maßgabe des § 125 Abs. 1 und 5 Mitteilungen zu übersenden sind.[85] Einen eher geringen Stellenwert hat das Teilnehmerverzeichnis demgegenüber im Hinblick auf die Transparenz der Beteiligungsverhältnisse, da diejenigen Aktionäre, die aufgrund Legitimationszession (Abs. 3) oder durch Vollmacht im Namen dessen, den es angeht (Abs. 2), vertreten werden, nicht aufgeführt werden und zudem außenstehenden Dritten der Einblick verwehrt ist, da das Teilnahmeverzeichnis nach Änderung des § 130 Abs. 3[86] nicht mehr zusammen mit der Versammlungsniederschrift zum Handelsregister einzureichen ist.[87]

17 b) **Anwendungsumfang.** Das Gesetz enthält in § 129 Abs. 1 Satz 2–5 eine **überwiegend abschließende Regelung** über das Teilnehmerverzeichnis (§ 23 Abs. 5 Satz 2). Die satzungsmäßige Festlegung weiterer notwendiger Angaben ist problematisch, da sie zu einer unzulässigen Beeinträchtigung der Teilnehmerinteressen der Aktionäre führen kann.[88] Möglich ist es hingegen, die Modalitäten des Einsichtsrechts gemäß § 129 Abs. 4 näher auszugestalten.[89] § 129 gilt über § 138 Satz 2 auch für **Sonderbeschlüsse und Sonderversammlungen;**[90] bei engem zeitlichen Zusammenhang mit der Hauptversammlung aller Aktionäre genügt die Aufstellung eines einheitlichen Verzeichnisses, sofern die zur gesonderten Abstimmung oder Versammlung berechtigten Teilnehmer erkennbar sind und entsprechende Nachtragsverzeichnisse vor jedem Sonderbeschluss ausgelegt werden.[91] Die Regelungen des § 129 zum Teilnehmerverzeichnis gelten auch für die SE mit Sitz im Inland (Art. 53 SE-VO).[92]

18 Die Vorschriften über das Teilnehmerverzeichnis in § 129, deren Vorläufer sich in § 258 HGB aF und § 110 AktG 1937 fanden, wurden in jüngerer Zeit **geändert** durch Einfügung von Abs. 5 aufgrund Art. 4 Nr. 10 Begleitgesetz zum Gesetz zur Umsetzung von EG-Richtlinien zur Harmonisierung bank- und wertpapieraufsichtsrechtlicher Vorschriften vom 22.10.1997[93] sowie durch Art. 1 Nr. 11 NaStraG vom 18.1.2001 (BGBl. 2001 I 123) mit Folgeänderungen in § 129 Abs. 1 Satz 2, Abs. 2 Satz 1, Abs. 3 Satz 1 und 2 und Neufassung des § 129 Abs. 4, schließlich durch Art. 1 Nr. 15 ARUG vom 30.7.2009 mit einer Folgeänderung zur Neufassung des § 135 in § 129 Abs. 2 Satz 1.

19 2. **Aufstellung des Teilnehmerverzeichnisses. a) Allgemeines.** Aus § 129 Abs. 1 Satz 2 folgt eine **Verpflichtung der Gesellschaft** zur Aufstellung des Teilnehmerverzeichnisses. Nach hM besteht diese Pflicht auch im Fall einer Vollversammlung, da das Vorliegen ihrer Voraussetzungen im Nachhinein noch feststellbar sein muss und die Aufzeichnung der Besitz- oder Vertretungsverhältnisse im Hinblick auf Stimmverbote Bedeutung erlangen kann.[94] Eine Ausnahme wird lediglich für die Ein-Personen-AG angenommen, bei der die Angabe der Erklärungen des Alleinaktionärs im Rahmen der notariellen Niederschrift genügt.[95] Selbst für beschlusslose Hauptversammlungen wird

---

[83] RGZ 114, 202 (203).
[84] KG NZG 2015, 1032 (1034); Großkomm/*Mülbert* Rn. 40; aA OLG Hamm NZG 2011, 1031 (1032 f.).
[85] Großkomm AktG/*Mülbert* Rn. 39.
[86] Vgl. Art. 1 Nr. 12 NaStraG vom 18.1.2001, BGBl. 2001 I 123.
[87] NK-AktR/*Terbrack*/*Lohr* Rn. 16.
[88] S. aber zu weiteren zulässigen Angaben, insbs. wenn das Teilnehmerverzeichnis gleichzeitig als Präsenzliste verwendet werden soll unten → Rn. 23, 27, 28, 30 f.
[89] MüKoAktG/*Kubis* Rn. 48.
[90] Hüffer/Koch/*Koch* § 138 Rn. 4.
[91] MüKoAktG/*Kubis* Rn. 49.
[92] Großkomm AktG/*Mülbert* Rn. 10. Zu Besonderheiten bei der Volkswagen AG s. BGBl. 1960 I 585 sowie BGBl. 1970 I 1149; dazu Großkomm AktG/*Mülbert* Rn. 87.
[93] BGBl. 1998 I 2567. Zur Einführung von § 129 Abs. 1 Satz 1 durch Art. 1 Nr. 18 KonTraG vom 27.4.1998; → Rn. 1.
[94] Kölner Komm AktG/*Noack*/*Zetzsche* Rn. 43; MüKoAktG/*Kubis* Rn. 15; Hüffer/Koch/*Koch* Rn. 5; Großkomm AktG/*Mülbert* Rn. 41; aA *v. Godin*/*Wilhelmi* Rn. 7.
[95] Kölner Komm AktG/*Noack*/*Zetzsche* Rn. 44; MüKoAktG/*Kubis* Rn. 15; Hüffer/Koch/*Koch* Rn. 5; LG Berlin JW 1938, 1034; *Knur* DNotZ 1938, 700 (712 f.); s. auch *v. Falkenhausen* BB 1966, 337 (344); Bürgers/Körber/*Reger* Rn. 16; aA K. Schmidt/Lutter/*Ziemons* Rn. 17; dazu kritisch *Terbrack* RNotZ 2012, 221 (223); *Blasche* AG 2017, 16 (19 f.).

ein Teilnehmerverzeichnis für erforderlich gehalten, da unerwartete Abstimmungen etwa über die Einberufung einer neuen Hauptversammlung nicht ausgeschlossen sind.[96]

b) Zuständigkeit. Das Gesetz regelt nicht ausdrücklich, wer für die Aufstellung des Teilnehmerverzeichnisses verantwortlich ist. Während nach überwiegender Ansicht in erster Linie die Gesellschaft vertreten durch den **Vorstand** verpflichtet ist,[97] hält eine Gegenauffassung den Versammlungsleiter für zuständig.[98] Die hM verdient den Vorzug, da allein der Vorstand die erforderlichen Informationen durch Anmeldungen und Hinterlegungsbescheinigungen oder aus dem Aktienregister im Vorfeld erlangt und über das Personal sowie die organisatorischen Möglichkeiten verfügt, die insbesondere bei Publikumsversammlungen für die Erstellung und Aktualisierung des Verzeichnisses unentbehrlich sind. Bei Einberufung der Hauptversammlung durch eine Aktionärsminderheit gemäß § 122 Abs. 3 hat diese für die Erstellung Sorge zu tragen.[99]

Den **Versammlungsleiter** trifft daneben aber unbestritten die Verantwortlichkeit, die ordnungsgemäße Führung und Aktualisierung des Verzeichnisses zu überwachen, soweit ihm dies bei gleichzeitiger Wahrnehmung seiner Leitungsaufgaben möglich ist. Die Gesellschaft hat ihm zu diesem Zweck Hilfspersonal zur Verfügung zu stellen. Steht die Person des Vorsitzenden aufgrund einer entsprechenden Satzungsbestimmung bereits vor Beginn der Versammlung fest, hat er sich bei der Gesellschaft vorab über die Zusammenstellung der erforderlichen Daten und die Maßnahmen zur Präsenzermittlung zu informieren.[100] Etwaige Bedenken bezüglich der Richtigkeit und Vollständigkeit der Angaben hat er gegenüber dem Vorstand zu artikulieren. Sollten die aufgezeigten Fehler ungeachtet eines Hinweises nicht abgestellt werden, ist äußerstenfalls die Eröffnung der Hauptversammlung zu verweigern oder die bereits begonnene Veranstaltung zu schließen.[101] Erhöhte Sorgfaltsanforderungen ergeben sich aufgrund der Zuständigkeit des Versammlungsleiters für die Beschlussfeststellung dann, wenn das Teilnehmerverzeichnis wie üblich gleichzeitig als Präsenzliste für die Ermittlung des Abstimmungsergebnisses nach Maßgabe der Subtraktionsmethode dient.[102] Das Erfordernis einer Bestätigung der ordnungsgemäßen Erstellung in Form einer Unterschrift des Vorsitzenden ist mit der Möglichkeit zur elektronischen Führung des Verzeichnisses nicht vereinbar und daher seit der Neufassung des § 129 Abs. 4 Satz 2 nicht mehr vorgesehen.[103]

Der beurkundende **Notar** ist weder für die Aufstellung noch für die inhaltliche Richtigkeit des Teilnehmerverzeichnisses verantwortlich.[104] Da das Teilnehmerverzeichnis nicht mehr zu den obligatorischen Anlagen der notariellen Niederschrift zählt,[105] weist ihm das Gesetz in dieser Beziehung keine unmittelbaren Aufgaben zu.[106] Als Ausfluss seiner Prüfungs- und Belehrungspflichten anlässlich der Hauptversammlung muss sich der Notar allerdings ein generelles Bild von der Ordnungsmäßigkeit des Verfahrensgangs verschaffen (→ § 130 Rn. 29, 31). Dies schließt eine summarische Rechtmäßigkeitsprüfung im Hinblick auf die inhaltlichen Anforderungen, die Aufstellung des Teilnehmerverzeichnisses sowie die Kontrolle von Zu- und Abgängen ein.[107] Ergeben sich insoweit erhebliche Zweifel, muss der Notar prüfend tätig werden und den Versammlungsleiter auf mögliche Fehler hinweisen. Eine erhöhte Sorgfalt ist dann aufzuwenden, wenn das Teilnehmerverzeichnis als

---

[96] Großkomm AktG/*Mülbert* Rn. 42; *Grigoleit/Herrler* Rn. 10; aA Kölner Komm AktG/*Noack/Zetzsche* Rn. 44.

[97] Hüffer/Koch/*Koch* Rn. 6; Kölner Komm AktG/*Noack/Zetzsche* Rn. 81; *Butzke* Die Hauptversammlung der AG Rn. C 65; Bürgers/Körber/*Reger* Rn. 17; Hölters/*Drinhausen* Rn. 15; differenzierend Großkomm AktG/*Mülbert* Rn. 44.

[98] MüKoAktG/*Kubis* Rn. 16; BeckFormB/*Baumeister* S. 549; *Henseler* BB 1962, 1023 (1024).

[99] *Habersack/Mülbert* ZGR 2014, 1 (12); Großkomm AktG/*Mülbert* Rn. 46; aA Kölner Komm AktG/*Noack/Zetzsche* Rn. 82: vorrangige Zuständigkeit des Vorstands.

[100] Großkomm AktG/*Mülbert* Rn. 45; Hüffer/Koch/*Koch* Rn. 7; Hölters/*Drinhausen* Rn. 15.

[101] Kölner Komm AktG/*Noack/Zetzsche* Rn. 23; NK-AktR/*Terbrack/Lohr* Rn. 24; Hüffer/Koch/*Koch* Rn. 7; Großkomm AktG/*Mülbert* Rn. 47.

[102] *Butzke* Die Hauptversammlung der AG Rn. C 66.

[103] Vgl. RegBegr NaStraG BT-Drs. 14/4051, 15.

[104] MüKoAktG/*Kubis* Rn. 17; Kölner Komm AktG/*Noack/Zetzsche* Rn. 83 f.; *Bezzenberger* FS Schippel, 1996, 361 (380); *Haupt* in Hauschild/Kallrath/Wachter Notar-HdB § 14 Rn. 309; weiter gehend *Knur* DNotZ 1938, 700 (710). Anders verhält es sich, wenn dem Notar die Aufstellung und Führung des Teilnehmerverzeichnisses im Wege eines selbstständigen Auftrags übertragen wurde, s. Bürgers/Körber/*Reger* Rn. 18.

[105] Vgl. zur Änderung des § 130 Abs. 3 Art. 1 Nr. 12 NaStraG vom 18.1.2001, BGBl. 2001 I 123.

[106] NK-AktR/*Terbrack/Lohr* Rn. 25; vgl. zur früheren Rechtslage Großkomm AktG/*Mülbert* Rn. 50.

[107] *Butzke* Die Hauptversammlung der AG Rn. C 66; *Reul* AG 2002, 543 (550); *Priester* DNotZ 2001, 661 (669); *Sigel/Schäfer* BB 2005, 2137 (2139); s. auch OLG Düsseldorf AG 2003, 510 (512); aA *Gehling* in Semler/Volhard/Reichert HV-HdB § 9 Rn. 111; *Seybold* DNotZ 1933, 27 (42); K. Schmidt/Lutter/*Ziemons* Rn. 16; Wachter/*Wachter* Rn. 22.

Grundlage der Mehrheitsermittlung bei Abstimmungen verwendet wird.[108] Angesichts der primären Verantwortlichkeit des Vorstands dürfen die Anforderungen gleichwohl nicht überspannt werden. Pflichtverletzungen des Notars in diesem Zusammenhang können zu einer Schadensersatzpflicht führen, nicht aber die Nichtigkeit der Beschlüsse nach § 241 Nr. 2 begründen, da die Erstellung des Teilnehmerverzeichnisses nicht zu den gemäß § 130 Abs. 2 protokollierungspflichtigen Angaben zählt.[109] Die Ablehnung der Beurkundung wegen Mängeln oder vollständigen Fehlens des Teilnehmerverzeichnisses kommt nach zutreffender Auffassung nicht in Betracht, da sich hieraus nur ein Anfechtungsgrund ergeben würde, der Notar aber bei unterlassener Protokollierung die Nichtigkeit unmittelbar herbeiführen würde.[110]

23 **c) Art und Form der Aufstellung.** Das Teilnehmerverzeichnis ist nach § 129 Abs. 1 Satz 2 „in der Hauptversammlung" aufzustellen. Die wesentlichen Vorbereitungsarbeiten erfolgen in der Praxis zulässiger Weise im Vorfeld der Versammlung und außerhalb ihrer Räumlichkeiten. Die Gesellschaft erstellt anhand der Hinterlegungsbescheinigungen und Anmeldungen oder des Aktienregisters einen Entwurf, auf dessen Grundlage die tatsächlich erschienenen Aktionäre anlässlich der Eingangskontrolle, bei größeren Gesellschaften mittels moderner EDV-Verfahren, registriert werden.[111] Sofern das Teilnehmerverzeichnis über Bildschirmgeräte für die Teilnehmer einsehbar ist, genügt seit Neufassung des § 129 Abs. 4 Satz 2 eine entsprechend gekennzeichnete elektronische Datei, die Unterschrift des Vorsitzenden und damit eine schriftliche Fassung sind nicht mehr vorgesehen.[112] Aus Gründen der Beweissicherung empfiehlt es sich aber, vor den jeweiligen Abstimmungen einen Ausdruck zu erstellen und (bei überschaubarem Aktionärskreis) der notariellen Niederschrift als Anlage beizufügen.[113] Die Angaben über die Aktionäre, Vertreter, und die gehaltenen Aktien gemäß § 129 Abs. 1 Satz 2, Abs. 2 und 3 sind übersichtlich zur Kenntnisnahme der Anwesenden, nicht aber zwingend alphabetisch anzuordnen.[114] Bei kleineren Aktiengesellschaften wird das Teilnehmerverzeichnis mitunter durch den beurkundenden Notar aufgrund einer entsprechenden Vereinbarung mit der Gesellschaft erstellt, dem der Vorstand zuvor die erforderlichen Daten übermittelt. Dies ist zulässig, sofern die Aktionäre während der Versammlung die Möglichkeit zur Einsichtnahme nach Maßgabe des § 129 Abs. 4 haben und die Angaben nicht erst nachträglich der Niederschrift beigefügt werden.[115] Dient das Teilnehmerverzeichnis als **Präsenzliste** für die Ermittlung des Abstimmungsergebnisses, sind ggf. ergänzende Angaben über Stimmrechte aufzunehmen, soweit diese nicht unmittelbar aus dem Aktienvolumen erkennbar sind (§ 134).[116] Das Teilnehmerverzeichnis kann nach zutreffender Auffassung auch im Fall der Online-Teilnahme als Präsenzliste verwendet werden.[117]

24 **d) Zeitpunkt und nachträgliche Veränderungen.** Das Verzeichnis ist **spätestens vor der ersten Abstimmung** fertig zu stellen, da es zu diesem Zeitpunkt gemäß § 129 Abs. 4 Satz 1 allen Teilnehmern zugänglich zu machen ist.[118] Es ist praxisüblich und zulässig, dass die Hauptversammlung schon zuvor eröffnet wird und mit der Entgegennahme des festgestellten Jahresabschlusses oder der Aussprache begonnen wird, während das vorläufige Verzeichnis im Zusammenhang mit der Einlasskontrolle vervollständigt wird.[119] Als „erste Abstimmung" gilt nach hM auch ein Beschluss zu Verfahrensfragen, wie zB die Wahl des Vorsitzenden, wenn sich dessen Person nicht unmittelbar aus der Satzung oder einer Geschäftsordnung ergibt.[120] **Zu- und Abgänge** von Versammlungsteilnehmern

---

[108] MüKoAktG/*Kubis* Rn. 17; Großkomm AktG/*Mülbert* Rn. 51; *Sigel/Schäfer* BB 2005, 2137 (2139).
[109] Vgl. auch OLG Düsseldorf AG 2003, 510 (513); *Krieger* ZIP 2002, 1597 (1601); *Reul* AG 2002, 543.
[110] NK-AktR/*Terbrack/Lohr* Rn. 25; *Butzke* Die Hauptversammlung der AG Rn. N 12; Kölner Komm AktG/*Noack/Zetzsche* Rn. 84; *Haupt* in Hauschild/Kallrath/Wachter Notar-HdB § 14 Rn. 330 f.; Bürgers/Körber/*Reger* Rn. 18; Hölters/*Drinhausen* Rn. 16; *Sigel/Schäfer* BB 2005, 2137 (2139).
[111] MüKoAktG/*Kubis* Rn. 18; Bürgers/Körber/*Reger* Rn. 19.
[112] MüKoAktG/*Kubis* Rn. 21; Hüffer/Koch/*Koch* Rn. 7; NK-AktR/*Terbrack/Lohr* Rn. 26.
[113] *Priester* DNotZ 2001, 661 (666 f.). Datenschutzrechtlich erscheint dies zumindest dann unbedenklich, wenn sämtliche Teilnehmer zustimmen oder zum Handelsregister eine Abschrift des Protokolls ohne Teilnehmerverzeichnis eingereicht wird; bei börsennotierten s. § 48 WpHG; ferner K. Schmidt/Lutter/*Ziemons* Rn. 33; Grigoleit/*Herrler* Rn. 21.
[114] MüKoAktG/*Kubis* Rn. 21; Hüffer/Koch/*Koch* Rn. 8; vgl. aber auch Großkomm AktG/*Mülbert* Rn. 58.
[115] Zutreffend MüKoAktG/*Kubis* Rn. 21; vgl. ferner RGZ 114, 202 (203); Bürgers/Körber/*Reger* Rn. 18; aA wohl Hüffer/Koch/*Koch* Rn. 8; ferner Großkomm AktG/*Mülbert* Rn. 58, wonach es nicht genügt, das Verzeichnis als Teil des notariellen Protokolls zu führen.
[116] MHdB AG/*Hoffmann-Becking* § 37 Rn. 26; *Butzke* Die Hauptversammlung der AG Rn. C 60 f.; Hüffer/Koch/*Koch* Rn. 4.
[117] Großkomm/*Mülbert* Rn. 59; aA MüKoAktG/*Kubis* Rn. 22.
[118] Weiter gehend K. Schmidt/Lutter/*Ziemons* Rn. 19: regelmäßig zu Beginn der Aussprache.
[119] Großkomm AktG/*Mülbert* Rn. 53; Hüffer/Koch/*Koch* Rn. 9; MüKoAktG/*Kubis* Rn. 19.
[120] NK-AktR/*Terbrack/Lohr* Rn. 27; *Ek* Hauptversammlung § 9 Rn. 245; MHdB AG/*Hoffmann-Becking* § 37 Rn. 27.

während der Versammlung sind **laufend zu erfassen,** da das Teilnehmerverzeichnis andernfalls nur eine Momentaufnahme abbilden würde und den ihm zugewiesenen Zweck, die Durchführung der Hauptversammlung zu erleichtern und nachträgliche Feststellungen über die Wirksamkeit der Beschlussfassung zu ermöglichen, nur unvollkommen erfüllen könnte.[121] Nach zutreffender Auffassung ist in dieser Hinsicht nicht danach zu differenzieren, ob das Verzeichnis gleichzeitig als Präsenzliste für die Mehrheitsermittlung dient.[122] Die Gesellschaft hat daher entsprechende organisatorische Vorkehrungen zu treffen, um nachträglich hinzu kommende oder sich vorzeitig entfernende Aktionäre oder deren Vertreter ordnungsgemäß und unabhängig davon registrieren zu können, ob eine An- oder Abmeldung auf eigene Initiative erfolgt.[123] Nicht jede einzelne Präsenzveränderung muss allerdings im Teilnehmerverzeichnis festgehalten werden, vielmehr genügt es, **vor jeder Abstimmung einen weiteren Nachtrag** zu erstellen, der aus sich heraus oder zusammen mit der notariellen Niederschrift das betreffende Verfahrensstadium erkennen lassen muss.[124] Sofern ein Aktionär die Versammlung vor deren Abschluss verlässt, zuvor aber einem Anwesenden Stimmrechtsvollmacht erteilt hat, ist die Umwandlung der Besitzverhältnisse entsprechend den Anforderungen des § 129 Abs. 1 Satz 2 kenntlich zu machen.[125] Demgegenüber muss das Verzeichnis keine Angaben über Stimmverbote bezogen auf die einzelnen Abstimmungsvorgänge enthalten, da die Anwesenheit sowie das Teilnahmerecht der jeweiligen Aktionäre und deren Vertreter hierdurch nicht berührt wird ungeachtet des Umstands, dass die Aktien bei der Ergebnisfeststellung nicht berücksichtigt werden dürfen.[126]

3. Inhalt des Teilnehmerverzeichnisses. a) Allgemeines. Nach § 129 Abs. 1 Satz 2 sind in das 25 Teilnehmerverzeichnis die Aktionäre unter Angabe ihres Namens und Wohnorts sowie bei Nennbetragsaktien des Betrags, bei Stückaktien der Zahl der Aktien einschließlich ihrer Gattung aufzunehmen, ferner bei Handeln eines Vertreters dessen Name und Wohnort. Die Vorschrift betrifft Aktien, die von erschienenen Aktionären gehalten werden und solche, die in offener Stellvertretung repräsentiert sind. In der Praxis werden die nach § 129 Abs. 1 Satz 2 vertretenen Anteile als **Eigenbesitz („E")** bezeichnet, wenngleich das Gesetz eine dahin gehende ausdrückliche Angabe nicht verlangt. Eine namentliche Erwähnung des Aktionärs ist im Teilnehmerverzeichnis demgegenüber nicht vorgesehen, wenn Kreditinstitute, Aktionärsvereinigungen und gleichgestellte Personen gemäß § 129 Abs. 2 als Vertreter im Namen dessen, den es angeht, auftreten, sog. **Vollmachtbesitz („V"),** oder ein zur Stimmrechtsausübung im eigenen Namen Ermächtigter nach Maßgabe des § 129 Abs. 3 handelt, sog. **Fremdbesitz („F").** Die Teilnehmerverzeichnisse werden **üblicher Weise in Spalten** gegliedert, wobei sich etwa an die Nennung einer laufenden Nummer und der Eintritts- oder Stimmkarten (bei nicht alphabetischer Sortierung) nebeneinander folgend die Angabe des Aktionärs, dessen Wohnorts bzw. Sitzes, eines Vertreters (mit Wohnort und Sitz), der Aktienzahl, der Gattung und des Besitzverhältnisses anschließen kann.[127] Das Gesetz stellt seit der Neufassung von § 129 Abs. 1 Satz 2, Abs. 2 Satz 1 und 3 Satz 1 durch Art. 1 Nr. 11 NaStraG ausdrücklich klar, dass im Hinblick auf den **Umfang des repräsentierten Aktienbesitzes** bei Nennbetragsaktien der (gesamte) Betrag und bei (den auf Art. 1 Nr. 2 StückAG zurückgehenden) Stückaktien die Zahl der jeweils vertretenen Aktien anzugeben sind. Ob entsprechend einer früheren Praxis bei Nennbetragsaktien mit einheitlicher Stückelung allein die Angabe der Stückzahl genügen würde, erscheint daher als zweifelhaft.[128]

b) Eigenbesitz (Abs. 1 Satz 2). Der **Name** des Aktionärs und dessen **Wohnort** ist sowohl bei 26 persönlichem Erscheinen als auch im Fall der offenen Stellvertretung aufzuführen. Die praxisübliche Angabe des Vornamens ist nach zutreffender Auffassung nur bei möglicher Verwechslungsgefahr erforderlich.[129] Zur Kennzeichnung des Wohnorts genügt nach überwiegender Auffassung die Nennung der politischen Gemeinde;[130] sofern diese im Ausland liegt, ist zusätzlich der Staat (auch durch entsprechende Kfz-Länderkennzeichen) zu ergänzen.[131] **Weitere persönliche** Daten wie Beruf, Titel,

---

[121] OLG Stuttgart NJW 1990, 1120 (1121); Großkomm AktG/*Mülbert* Rn. 54; Hüffer/Koch/*Koch* Rn. 10; MHdB AG/*Hoffmann-Becking* § 37 Rn. 28.
[122] Großkomm AktG/*Mülbert* Rn. 54; *Butzke* Die Hauptversammlung der AG Rn. C 67; aA MüKoAktG/*Kubis* Rn. 19 f.; Hölters/*Drinhausen* Rn. 18.
[123] Hüffer/Koch/*Koch* Rn. 10; NK-AktR/*Terbrack/Lohr* Rn. 27; abweichend *Baumbach/Hueck* Rn. 6.
[124] Vgl. auch Großkomm AktG/*Mülbert* Rn. 55; Hüffer/Koch/*Koch* Rn. 10; MHdB AG/*Hoffmann-Becking* § 37 Rn. 28.
[125] NK-AktR/*Terbrack/Lohr* Rn. 27; Henssler/Strohn/*Liebscher* Rn. 13.
[126] Großkomm AktG/*Mülbert* Rn. 57; *Gessler* BB 1962, 1182 (1184).
[127] Zu Mustervorlagen vgl. etwa *Butzke* Die Hauptversammlung der AG Anh. 4; BeckFormB/*Baumeister* S. 548.
[128] Vgl. auch *Butzke* Die Hauptversammlung der AG Rn. C 59; MüKoAktG/*Kubis* Rn. 28.
[129] Bürgers/Körber/*Reger* Rn. 23; aA (stets erforderlich) Hüffer/Koch/*Koch* Rn. 3; Großkomm AktG/*Mülbert* Rn. 75; MüKoAktG/*Kubis* Rn. 25; Hölters/*Drinhausen* Rn. 20.
[130] MüKoAktG/*Kubis* Rn. 26; Hölters/*Drinhausen* Rn. 20; Hüffer/Koch/*Koch* Rn. 3.
[131] MüKoAktG/*Kubis* Rn. 26; Hölters/*Drinhausen* Rn. 20; aA K. Schmidt/Lutter/*Ziemons* Rn. 25.

§ 129   27, 28   Erstes Buch. Aktiengesellschaft

Geburtsdatum sind **nicht** vorgeschrieben. **Einzelkaufleute** können anstelle des Namens und des Wohnorts auch mit der Firma (§ 17) und der Handelsniederlassung bezeichnet werden. Bei **Gesellschaften** sind die Firma und der Sitz in das Verzeichnis aufzunehmen. Im Fall der offenen Stellvertretung gemäß § 129 Abs. 1 Satz 2 sind **entsprechende Angaben zur Person des Vertreters** einzutragen. Dies gilt sowohl bei gewillkürter, als auch bei gesetzlicher Vertretung durch einen Betreuer, Pfleger oder durch das Organ einer Körperschaft. Der professionell agierende Vertreter kann anstelle des Wohnorts den Sitz seiner beruflichen Tätigkeit angeben.[132] Sofern **mehrere Vertreter** eingeschaltet sind, wie bei Vorliegen einer Untervollmacht oder Gesamtvertretung, sind alle Beteiligten mit Namen und Wohnort, respektive mit Firma und Sitz aufzuführen.[133] Neben dem Umfang des repräsentierten Anteilsbesitzes (→ Rn. 25) ist die **Gattung** der gehaltenen oder vertretenen Aktien jeweils unter Angabe der Summe der Nennbeträge oder der Stückzahl zum Ausdruck zu bringen. Eine explizite Bezeichnung der Gattung ist entbehrlich, wenn keine Aktien mit unterschiedlichen Rechten gebildet wurden (§ 11), nicht aber dann, wenn nur eine von mehreren vorhandenen Gattungen repräsentiert ist.[134] Sofern Aktionäre oder ihre Vertreter nur mit einem Teil der gehaltenen Aktien teilnehmen, hat eine Aufnahme in das Verzeichnis nur in entsprechendem Umfang zu erfolgen.[135]

27 c) **Vollmachtbesitz (Abs. 2).** § 129 Abs. 2 bestimmt die erforderlichen Angaben des Teilnehmerverzeichnisses für die in § 135 Abs. 4 Satz 2 geregelte Stimmrechtsausübung **im Namen dessen, den es angeht.** Zur Wahrung der Anonymität müssen die vertretenen Aktionäre ausnahmsweise nicht namentlich genannt werden (§ 129 Abs. 2 Satz 2). Die von der verdeckten Stellvertretung betroffenen Aktien sind allerdings neben den eigenen Anteilen **gesondert anzugeben** (§ 129 Abs. 2 Satz 1), was üblicher Weise durch die Bezeichnung als **Vollmachtbesitz** („V") geschieht. Als Bevollmächtigte, die ihrerseits mit Namen und Wohnort bzw. Sitz und unter Angabe ihrer Vertreter in die Liste aufzunehmen sind, kommen neben Kreditinstituten und den gemäß § 135 Abs. 8 gleichgestellten Personen ausschließlich die in § 129 Abs. 4, § 125 Abs. 5 genannten Einrichtungen[136] sowie nach hM[137] von der Gesellschaft benannte Stimmrechtsvertreter im Sinne des § 134 Abs. 3 Satz 5 in Betracht. Außerhalb des Anwendungsbereichs der genannten Vorschriften ist eine verdeckte Stellvertretung demgegenüber nicht zulässig, sonstige Vertreter müssen entweder unter Offenlegung des betreffenden Aktionärs handeln oder im eigenen Namen aufgrund einer Legitimationszession nach § 129 Abs. 3. Sofern Kreditinstitute oder andere Berechtigte für mehrere Hintermänner im Namen dessen, den es angeht, auftreten, können die vertretenen Aktien im Teilnehmerverzeichnis zusammengefasst werden. Bei unterschiedlichen Weisungen der Aktionäre kann für die Abstimmung eine zusätzliche Individualisierung etwa anhand von Stimmkarten erforderlich werden, so dass eine entsprechende Trennung fakultativ auch im Teilnehmerverzeichnis vorgenommen werden kann.[138] Im Hinblick auf die Angaben zum Umfang des Aktienbesitzes und der Gattungen bestehen im Übrigen keine Besonderheiten.

28 d) **Fremdbesitz (Abs. 3).** § 129 Abs. 3 regelt die Angaben des Teilnehmerverzeichnisses im Fall der Legitimationsübertragung und geht damit gleichzeitig von ihrer Zulässigkeit aus.[139] Es handelt sich dogmatisch um eine Ermächtigung im Sinne des § 185 BGB, ein fremdes Stimmrecht zeitlich befristet **im eigenen Namen** auszuüben und genau betrachtet daher nicht um die Übertragung der Rechtsposition des Aktionärs.[140] Neben der Ermächtigung soll nach hM die Übertragung des Besitzes an den Aktien auf den Dritten erforderlich sein;[141] nach zutreffender Auffassung wird die Berechtigung zur Teilnahme an der Hauptversammlung durch den Depotnachweis des Kreditinstituts erbracht, der auf „Fremdbesitz" ausgestellt werden kann. Die Stimmrechtsermächtigung erstreckt sich regelmäßig auch

---

[132] Großkomm AktG/*Mülbert* Rn. 75; MüKoAktG/*Kubis* Rn. 75.
[133] MüKoAktG/*Kubis* Rn. 27.
[134] MüKoAktG/*Kubis* Rn. 29; Großkomm AktG/*Mülbert* Rn. 77.
[135] Hüffer/Koch/*Koch* Rn. 3; NK-AktR/*Terbrack/Lohr* Rn. 19.
[136] Hüffer/Koch/*Koch* Rn. 11, 15; NK-AktR/*Terbrack/Lohr* Rn. 20.
[137] Vgl. AusschBer zum NaStraG BT-Drs. 14/4618, 14; MüKoAktG/*Kubis* Rn. 33; *Butzke* Die Hauptversammlung der AG Rn. C 56 Fn. 78; *Noack* ZIP 2001, 57 (62 f.); *Zetzsche* ZIP 2001, 682 (685).
[138] Großkomm AktG/*Mülbert* Rn. 65; *Butzke* Die Hauptversammlung der AG Rn. C 62; NK-AktR/*Terbrack/Lohr* Rn. 22.
[139] Durch Satzungsregelung kann diese für unzulässig erklärt werden, vgl. Grigoleit/*Herrler* Rn. 18; Großkomm AktG/*Mülbert* Rn. 99.
[140] MüKoAktG/*Kubis* Rn. 35; Hüffer/Koch/*Koch* Rn. 12; ferner *Than* ZHR 157 (1993), 125 (130 ff.); *Noack* FS Stilz, 2014, 439 (442): § 185 BGB analog; die Satzung kann die Stimmrechtsermächtigung ausschließen, s. Grigoleit/*Herrler* Rn. 18.
[141] KG NZG 2010, 224; OLG Bremen ZIP 2013, 460 (463); Grigoleit/*Herrler* Rn. 18; K. Schmidt/Lutter/ *Ziemons* Rn. 28; einschränkend LG Frankfurt NZG 2013, 140; dagegen zutreffend *Bayer/Scholz* NZG 2013, 721 (722, 724); Großkomm AktG/*Mülbert* Rn. 67; ebenso MüKoAktG/*Kubis* Rn. 35; *Noack* FS Stilz, 2014, 439 (444); kritisch auch Kölner Komm AktG/*Noack/Zetzsche* Rn. 58.

auf das Frage- und Widerspruchsrecht in der Hauptversammlung nicht aber ohne weiteres auf die Geltendmachung anderer Verwaltungsbefugnisse, wie namentlich das Anfechtungsrecht.[142] Im Unterschied zur (offenen oder verdeckten) Stellvertretung setzt die Legitimationszession ein Handeln im eigenen und nicht in fremdem Namen voraus.[143] In das Teilnehmerverzeichnis wird die zur Ausübung des Stimmrechts ermächtigte Person mit Namen und Wohnort (oder Firma und Sitz) einschließlich etwaiger Vertreter, nicht aber der vertretene Aktionär selbst aufgenommen.[144] Zusätzlich muss aufgrund einer gesonderten Angabe erkennbar sein, dass eine Legitimationszession vorliegt. In der Praxis ist in dieser Hinsicht die Bezeichnung als **Fremdbesitz** („F") üblich. Die betroffenen Legitimationsaktien sind wiederum nach Stückzahl oder der Summe der Nennbeträge (→ Rn. 25) unter Kennzeichnung der Gattung aufzuführen. Die Aktien mehrerer Hintermänner können nach zutreffender Auffassung zusammengefasst werden,[145] bei unterschiedlichen Weisungen der Aktionäre gelten die Überlegungen zu § 129 Abs. 2 entsprechend. Nach § 129 Abs. 3 Satz 2 ist die besondere Kennzeichnung der Legitimationsaktien auch dann erforderlich, wenn es sich um Namensaktien handelt und der Ermächtigte als Aktionär im Aktienregister eingetragen ist. Diese Klarstellung ist im Hinblick auf die Vorschrift des § 67 Abs. 2 angezeigt, wonach im Verhältnis zur Gesellschaft unabhängig von der materiellen Berechtigung allein der registrierte Aktionär als solcher gilt.[146]

Die Legitimationszession ist im Unterschied zum Handeln im Namen dessen, den es angeht, **29** gemäß § 129 Abs. 2 nicht auf einen bestimmten Personenkreis beschränkt. Kreditinstitute und die nach § 135 Abs. 8 und § 125 Abs. 5 gleichgestellten Einrichtungen, die als offene und als verdeckte Vertreter auftreten können, sind zum Handeln als Legitimationsaktionäre im Sinne des § 129 Abs. 3 nur im Hinblick auf Namensaktien befugt, als deren Inhaber sie im Aktienregister eingetragen sind (§ 135 Abs. 6).[147] Unter § 129 Abs. 3 werden zudem Kapitalverwaltungsgesellschaften aufgrund ausdrücklicher Verweisung in § 94 Abs. 1 Satz 2 KAGB gefasst sowie kraft ihres Amtes Insolvenzverwalter und Testamentsvollstrecker, wobei in diesem Fall kein Grund besteht, den vertretenen Aktionär nicht aufzuführen.[148]

e) Sonstige Angaben. Die gesetzlichen Vorschriften über das Teilnehmerverzeichnis verlangen **30** keine Angaben über das Stimmrecht oder die Stimmenzahl.[149] Im Regelfall ergibt sich die Stimmkraft aus den Nennbeträgen oder der Stückzahl des Aktienbesitzes. Sofern stimmrechtslose Vorzugsaktien gebildet wurden (oder noch Mehrstimmrechtsaktien bestehen sollten),[150] lassen sich Unterschiede in der Stimmberechtigung bereits anhand der Gattungsbezeichnung erkennen. Sieht die Satzung einer nichtbörsennotierten Gesellschaft Höchststimmrechte vor (§ 134 Abs. 1) oder ergeben sich Abweichungen in der Stimmkraft aufgrund der nicht vollständigen Einlageleistung (§ 134 Abs. 2), muss das Teilnehmerverzeichnis hierzu keine Informationen enthalten.[151] Entsprechende Ergänzungen sind allerdings veranlasst, wenn das Verzeichnis gleichzeitig als Präsenzliste für die Ermittlung des Abstimmungsergebnisses fungieren soll.

Außer den erschienenen oder vertretenen Aktionären sind in das Teilnehmerverzeichnis **keine** **31** **weiteren Personen** aufzunehmen. Dies gilt insbesondere für die anwesenden Mitglieder des Vorstands und des Aufsichtsrats sowie für Pressevertreter oder andere Gäste.[152] Als **„erschienene" Aktionäre** sind allerdings auch solche in das Teilnehmerverzeichnis aufzunehmen, die auf der Grundlage von § 118 Abs. 1 Satz 2 **im Wege der elektronischen Kommunikation an der Hauptver-**

---

[142] Vgl. Hüffer/Koch/*Koch* § 245 Rn. 11; s. insoweit zutreffend LG München I WM 2009, 1976 (1980); *Noack* FS Stilz, 439 (453).
[143] Hüffer/Koch/*Koch* Rn. 12; MüKoAktG/*Kubis* Rn. 35; missverständlich Kölner Komm AktG/*Noack/Zetzsche* Rn. 58.
[144] Kölner Komm AktG/*Noack/Zetzsche* Rn. 64; MüKoAktG/*Kubis* Rn. 36; *v. Falkenhausen* BB 1966, 337 (341).
[145] Großkomm AktG/*Mülbert* Rn. 72; NK-AktR/*Terbrack/Lohr* Rn. 21; Hölters/*Drinhausen* Rn. 27; aA MüKoAktG/*Kubis* Rn. 36; Kölner Komm AktG/*Noack/Zetzsche* Rn. 68.
[146] Vgl. auch Hüffer/Koch/*Koch* Rn. 12; Grigoleit/*Herrler* Rn. 19; differenzierend Kölner Komm AktG/*Noack/Zetzsche* Rn. 61; zu § 67 Abs. 2 s. *Wicke* ZIP 2005, 1397.
[147] MüKoAktG/*Kubis* Rn. 35; Großkomm AktG/*Mülbert* Rn. 73; *Grunewald* ZGR 2015, 347 (348); OLG Hamm NZG 2013, 302 (303).
[148] Vgl. auch Großkomm AktG/*Mülbert* Rn. 74; MüKoAktG/*Kubis* Rn. 35.
[149] Hüffer/Koch/*Koch* Rn. 4; *Butzke* Die Hauptversammlung der AG Rn. C 60; MüKoAktG/*Kubis* Rn. 31; MHdB AG/*Hoffmann-Becking* § 37 Rn. 25; Großkomm AktG/*Mülbert* Rn. 78 ff.
[150] Vgl. § 5 Abs. 1 EGAktG; hierzu Hüffer/Koch/*Koch* § 12 Rn. 11.
[151] Vgl. MüKoAktG/*Kubis* Rn. 31; *Butzke* Die Hauptversammlung der AG Rn. C 61; ferner Hüffer/Koch/*Koch* Rn. 4; Hölters/*Drinhausen* Rn. 22.
[152] MüKoAktG/*Kubis* Rn. 32; *Butzke* Die Hauptversammlung der AG Rn. C 55; Großkomm AktG/*Mülbert* Rn. 60.

sammlung teilnehmen und zwar für die Dauer ihrer Online-Zuschaltung;[153] eine besondere Kennzeichnung der online zugeschalteten Teilnehmer im Rahmen des Teilnehmerverzeichnisses erscheint empfehlenswert,[154] wird aber von § 129 nicht verlangt.[155] Wird hingegen das Stimmrecht im Wege der Briefwahl nach § 118 Abs. 2 ausgeübt, sind die entsprechenden Stimmen zwar als „abgegeben" im Sinne von § 133 anzusehen, im Unterschied zur Online-Teilnahme nach § 118 Abs. 1 Satz 2 wird der Erklärende aber rechtlich nicht als „Teilnehmer" oder als „in der Hauptversammlung erschienen" qualifiziert[156] und ist aus diesem Grund nicht im Teilnehmerverzeichnis zu erwähnen.[157] Eine Angabe zu **eigenen Aktien** ist zweckmäßig aber nicht erforderlich, da sich hieraus kein Teilnahmerecht der Gesellschaft an ihrer Hauptversammlung ergibt (§ 71b).[158] **Treuhandverhältnisse** sind nicht besonders zu kennzeichnen, vielmehr handelt es sich bei den Aktien des Treuhänders, der lediglich schuldrechtlichen Bindungen unterliegt, um Eigenbesitz.[159] Entsprechendes gilt, wenn ein Aktionär Aktien darlehensweise übernommen hat, insbesondere bei sog. Wertpapierleihe.[160] Keiner Erwähnung bedürfen schließlich **dingliche Belastungen** des Anteils aufgrund Nießbrauchs oder Pfandrechts.[161]

32   4. **Publizität des Teilnehmerverzeichnisses (Abs. 4). a) Einsichtnahme während der Hauptversammlung.** Das Teilnehmerverzeichnis ist gemäß § 129 Abs. 4 Satz 1 vor der ersten Abstimmung allen Teilnehmern zugänglich zu machen. Die anwesenden Aktionäre und Vertreter müssen während der Hauptversammlung angemessene Möglichkeit erhalten, Einsicht zu nehmen.[162] Die Darstellung des Verzeichnisses kann seit Neufassung des § 129 Abs. 4 durch Art. 1 Nr. 11 lit. d NaStraG auch in elektronischer Form erfolgen. In diesem Fall müssen **Computerbildschirme in ausreichender Zahl** vorhanden sein und Personal zur Bedienung der Geräte zur Verfügung stehen. Im Fall von Online-Teilnehmern kann das Verzeichnis ggf. über eine geschützte Internetseite der Gesellschaft zugänglich gemacht werden.[163] Entsprechend der bisherigen Rechtslage ist die Auslegung der Verzeichnisse in **Papierform aber nach wie vor zulässig**. Die Gelegenheit zur Einsichtnahme muss in zeitlicher Hinsicht spätestens vor der ersten Abstimmung gegeben sein. Nach der zutreffenden hM sind damit **nicht lediglich Abstimmungen über Sachanträge**, sondern ebenso solche zu Verfahrensfragen, wie etwa die Wahl des Versammlungsleiters, angesprochen, da der Zweck des § 129 Abs. 4, die Nachprüfung der Beschlussfassung zu ermöglichen, in gleicher Weise berührt ist.[164] Im Schrifttum ist umstritten, ob zwischen Fertigstellung des Verzeichnisses und dem Beginn der Abstimmung noch zusätzlich eine angemessene Frist zugewartet werden muss.[165] Die Frage ist im Grundsatz zu verneinen, da es nicht Sinn der Auslegung ist, eine Präventivkontrolle der (hierzu nicht berufenen) Aktionäre zu ermöglichen, sondern lediglich eine hinreichende Transparenz während der Versammlung und für den Fall der nachträglichen gerichtlichen Kontrolle zu schaffen. Eine Unterbrechung der Hauptversammlung zur Einsichtgewährung kommt nur dann in Betracht, wenn konkrete Anzeichen für Mängel ersichtlich sind.[166] Über den genauen Zeitpunkt, zu dem das Verzeichnis zugänglich zu machen ist, entscheidet im Übrigen der Versammlungsleiter.[167] Bei beschlusslosen Hauptversammlungen muss das Verzeichnis zu irgendeinem Zeitpunkt vor Ablauf zugänglich gemacht werden.[168]

33   Das **Einsichtsrecht** steht nach der Formulierung des Gesetzes den **Teilnehmern** zu. Neben den anwesenden Aktionären und Aktionärsvertretern einschließlich der Legitimationsaktionäre sind dies

---

[153] Vgl. *Wicke* Einführung S. 25 sowie RegE ARUG, zitiert nach *Wicke* Einführung S. 305; ferner MüKo AktG/*Kubis* Rn. 22; Bürgers/Körber/*Reger* Rn. 20.
[154] So nunmehr auch Kölner Komm AktG/*Noack/Zetzsche* Rn. 47.
[155] Für die Zulässigkeit einer entsprechenden Satzungsvorgabe s. Großkomm AktG/*Mülbert* Rn. 99.
[156] Vgl. *Wicke* Einführung S. 27 sowie RegE ARUG, zitiert nach *Wicke* Einführung S. 306.
[157] Bürgers/Körber/*Reger* Rn. 26a.
[158] Vgl. auch MAH AktR/*Bohnet* § 27 Rn. 45.
[159] MüKoAktG/*Kubis* Rn. 32; *Butzke* Die Hauptversammlung der AG Rn. C 55; Großkomm AktG/*Mülbert* Rn. 62.
[160] Hüffer/Koch/*Koch* Rn. 2; Großomm AktG/*Mülbert* Rn. 62.
[161] MüKoAktG/*Kubis* Rn. 32; *Butzke* Die Hauptversammlung der AG Rn. C 55.
[162] RegBegr BT-Drs. 14/4051, 14 f.; Hüffer/Koch/*Koch* Rn. 13; NK-AktR/*Terbrack/Lohr* Rn. 28.
[163] Grigoleit/*Herrler* Rn. 21; Kölner Komm AktG/*Noack/Zetzsche* Rn. 89; unten → Rn. 33.
[164] MüKoAktG/*Kubis* Rn. 38; Großkomm AktG/*Mülbert* Rn. 82; MHdB AG/*Hoffmann-Becking* § 37 Rn. 27; *Henseler* BB 1962, 1023.
[165] Ablehnend Großkomm AktG/*Mülbert* Rn. 83; ferner *Butzke* Die Hauptversammlung der AG Rn. C 71; Grigoleit/*Herrler* Rn. 20; Kölner Komm AktG/*Noack/Zetzsche* Rn. 86; Bürgers/Körber/*Reger* Rn. 29; Hölters/*Drinhausen* Rn. 30; aA MüKoAktG/*Kubis* Rn. 39 (Mindestfrist von 15 Minuten); K. Schmidt/Lutter/*Ziemons* Rn. 31: Freischaltung bereits zu Beginn der Aussprache.
[166] *Butzke* Die Hauptversammlung der AG Rn. C 71.
[167] Großkomm AktG/*Mülbert* Rn. 47; *Butzke* Die Hauptversammlung der AG Rn. C 70.
[168] MüKoAktG/*Kubis* Rn. 40; Großkomm AktG/*Mülbert* Rn. 45.

die Mitglieder des Vorstands und des Aufsichtsrats, der beurkundende Notar und der Abschlussprüfer im Fall des § 176 Abs. 2.[169] Sofern eine Online-Teilnahme ermöglicht wird, kann aufgrund einer entsprechenden Satzungsregelung im Rahmen des § 118 Abs. 1 Satz 2 auch ein Einsichtsrecht in das (entsprechend zugänglich zu machende) Teilnehmerverzeichnis gewährt werden, ohne dass dies zwingend geboten wäre.[170] Pressevertretern und anderen Gästen muss nach der überwiegenden und vorzugswürdigen Auffassung keine Kenntnisnahme eröffnet werden, da sie kein gesetzliches Teilnahmerecht haben und ihnen auch keine anderweitigen Verwaltungsbefugnisse zustehen.[171] Die Frage ist allerdings nur von geringer praktischer Relevanz, da der Zugang zum Teilnehmerverzeichnis üblicherweise nicht von dem Nachweis der Aktionärseigenschaft abhängig gemacht wird. Der Versammlungsleiter hat zudem das Recht, jedem Anwesenden Einblick zu gestatten.[172] In örtlicher Hinsicht muss die Möglichkeit zum Einblick in das Teilnehmerverzeichnis nicht zwingend in dem Versammlungsraum bestehen, sondern kann auch in leicht zugänglichen Nebenräumen gewährt werden, solange diese noch innerhalb des Präsenzbereichs liegen.[173]

b) Einsichtnahme nach der Hauptversammlung. Die Aktionäre haben nach der Hauptversammlung noch **für einen Zeitraum von zwei Jahren** das Recht, Einsicht in das Teilnehmerverzeichnis zu nehmen (§ 129 Abs. 4 Satz 2).[174] Die Gesellschaft hat an ihrem Sitz während der üblichen Geschäftszeiten eine entsprechende Zugangsmöglichkeit vorzusehen.[175] Die elektronische Darstellung des Verzeichnisses ist ausreichend[176] und kann bei entsprechenden Zugangsbeschränkungen auch online bereitgestellt werden.[177] Das Einsichtsverlangen ist an keine besondere Form gebunden.[178] Während das Teilnehmerverzeichnis nach alter Rechtslage als Anlage der notariellen Niederschrift zusammen mit dieser zum Handelsregister einzureichen war und dort von jedermann zur Kenntnis genommen werden konnte (§ 9 Abs. 1 HGB), ist das Einsichtsrecht nunmehr zeitlich begrenzt und auf die Aktionäre beschränkt. Zu den berechtigten Personen zählen neben den gegenwärtigen Aktionären auch die eingetragenen Teilnehmer und Vertreter.[179] Anstelle des früher aufgrund § 9 Abs. 2 Satz 1 HGB bestehenden Rechts, eine Abschrift des zum Handelsregister eingereichten Verzeichnisses zu erhalten, haben die Aktionäre nach wohl allgemeiner Auffassung nunmehr innerhalb der Zweijahresfrist des § 129 Abs. 4 Satz 2 **Anspruch** auf Erteilung einer **Kopie oder eines Computerausdrucks.**[180] Die Auslagen einschließlich des Versands hat in diesem Fall entsprechend § 811 Abs. 2 BGB der Aktionär zu tragen.[181]

5. Kreditinstituten gleichgestellte Unternehmen (Abs. 5). Aufgrund der in § 129 Abs. 5 vorgesehenen entsprechenden Anwendung des § 125 Abs. 5 werden Finanzdienstleistungsinstitute und andere in der Vorschrift genannten Unternehmen für die Zwecke des Teilnehmerverzeichnisses den Kreditinstituten gleichgestellt. Die somit in Bezug genommene Regelung über den Vollmachtbesitz findet sich allerdings in § 129 Abs. 2. Rechtstechnisch korrekt hätte die Norm des Abs. 5 daher in § 129 als Abs. 2 Satz 3 eingefügt werden müssen.[182]

6. Rechtsfolgen bei Verstößen. Fehler im Zusammenhang mit der Aufstellung und der Auslegung des Teilnehmerverzeichnisses können nach allgemeinen Grundsätzen die Anfechtung von Hauptversammlungsbeschlüssen gemäß § 243 Abs. 1 begründen, wenn diese auf dem Verstoß beru-

---

[169] Großkomm AktG/*Mülbert* Rn. 84; *Butzke* Die Hauptversammlung der AG Rn. C 72, 28; Hüffer/Koch/*Koch* Rn. 13; MüKoAktG/*Kubis* Rn. 37.
[170] Vgl. zu den Möglichkeiten der Satzungsgestaltung im Rahmen des § 118 Abs. 1 Satz 2 *Wicke* Einführung S. 24 f.; für ein zwingendes Einsichtsrechts hingegen MüKoAktG/*Kubis* Rn. 37.
[171] MüKoAktG/*Kubis* Rn. 37; Grigoleit/*Herrler* Rn. 20; *Obermüller* NJW 1969, 265; Hüffer/Koch/*Koch* Rn. 13; Großkomm AktG/*Mülbert* Rn. 84; aA *v. Falkenhausen* BB 1966, 340.
[172] Großkomm AktG/*Mülbert* Rn. 84.
[173] *Butzke* Die Hauptversammlung der AG Rn. C 70; MüKoAktG/*Kubis* Rn. 41; Bürgers/Körber/*Reger* Rn. 27; siehe aber auch Hüffer/Koch/*Koch* Rn. 13.
[174] Vgl. dazu K. Schmidt/Lutter/*Ziemons* Rn. 32, wonach die im Teilnehmerverzeichnis aufgeführten Aktionäre auch nach ihrem Ausscheiden ein Einsichtsrecht haben.
[175] MüKoAktG/*Kubis* Rn. 42; *Ek* Hauptversammlung § 9 Rn. 249.
[176] RegBegr BT-Drs. 14/4051, 15; Hüffer/Koch/*Koch* Rn. 14; NK-AktR/*Terbrack/Lohr* Rn. 29; DAV NZG 2000, 443 (447).
[177] Großkomm AktG/*Mülbert* Rn. 86; Hüffer/Koch/*Koch* Rn. 14.
[178] Hüffer/Koch/*Koch* Rn. 14; MüKoAktG/*Kubis* Rn. 42.
[179] MüKoAktG/*Kubis* Rn. 42; *Ek* Hauptversammlung § 9 Rn. 249; *Noack* NZG 2001, 1057 (1063); ferner RegBegr BT-Drs. 14/4051, 15; nach Kölner Komm AktG/*Noack/Zetzsche* Rn. 94 benötigt der Vertreter eine erneute Vollmacht.
[180] Grigoleit/*Herrler* Rn. 21; unklar Kölner Komm AktG/*Noack/Zetzsche* Rn. 98 f.
[181] *Butzke* Die Hauptversammlung der AG Rn. C 73; MüKoAktG/*Kubis* Rn. 42; Hüffer/Koch/*Koch* Rn. 14.
[182] Hüffer/Koch/*Koch* Rn. 15; MüKoAktG/*Kubis* Rn. 43.

hen.¹⁸³ Die Gesellschaft hat bei Feststehen einer Normverletzung den Nachweis zu führen, dass eine Auswirkung auf das Beschlussergebnis ausgeschlossen ist.¹⁸⁴ Ein Gesetzesverstoß kommt nur dann in Betracht, wenn die Gesellschaft bei der Aufstellung pflichtwidrig gehandelt hat, nicht aber dann, wenn die Unrichtigkeit auf unzutreffenden Angaben von Aktionären beruht oder etwa Eingangskontrollen bewusst umgangen wurden. Sofern Mängel des Teilnehmerverzeichnisses in der Stimmauszählung fortwirken oder ein Stimmverbot als Folge unerkannt bleibt, führt dies schon unabhängig von den Regelungen in § 129 zu einem Anfechtungsgrund, wenn der Fehler Einfluss auf die Beschlussmehrheit hat.¹⁸⁵ Entsprechende Überlegungen gelten für die Beantwortung der Frage, ob die Voraussetzungen einer Vollversammlung im Sinne des § 121 Abs. 6 mit Ausschluss der möglichen Nichtigkeitsfolge vorlagen und sich dies mangels ordnungsgemäßer Führung des Verzeichnisses nicht nachträglich ermitteln lässt. Die Anfechtbarkeit aufgrund von Gesetzesverletzungen, die ausschließlich die Norm des § 129 betreffen, beurteilt sich danach, ob es bei wertender Betrachtungsweise möglich oder ausgeschlossen ist, dass sich der Verfahrensfehler auf das Beschlussergebnis ausgewirkt hat.¹⁸⁶ Welche Fälle insoweit in Betracht kommen, bleibt im Schrifttum vielfach offen. Da die gesetzliche Wertung der Regelungen in § 129 auf eine nicht unwesentliche Bedeutung der Publizität des Teilnehmerverzeichnisses für das Informationsinteresse der Aktionäre schließen lässt, ist ein relevanter Verfahrensfehler nach hier vertretener Auffassung zu bejahen, wenn eine Auslegung vor der Abstimmung ungeachtet der Nachfrage eines Aktionärs unterbleibt oder unzumutbar erschwert wird,¹⁸⁷ ferner, wenn erhebliche Mängel vorhanden sind, insbesondere weil in § 129 Abs. 1 Satz 2, Abs. 2 oder 3 vorgesehene Angaben vollständig fehlen und daher ein annähernd zuverlässiges Bild über die Präsenz der Versammlung anhand des Verzeichnisses nicht zu erlangen ist.¹⁸⁸ Im Übrigen ist bei objektiv feststehenden Stimmergebnissen eine Relevanz des Verstoßes gegen § 129 für die Beschlussfassung im Zweifel zu verneinen.¹⁸⁹ Die Verweigerung der Einsicht nach Abschluss der Hauptversammlung entgegen § 129 Abs. 4 Satz 2 führt nicht zur Anfechtbarkeit der gefassten Beschlüsse, kann allerdings eine Leistungsklage begründen.¹⁹⁰

37 Nach § 405 Abs. 2 begeht eine Ordnungswidrigkeit, wer als Aktionär oder als Vertreter die nach § 129 in das Verzeichnis aufzunehmenden Angaben nicht oder nicht richtig macht. Wie sich aus § 10 OWiG ergibt, ist nur vorsätzliches Handeln sanktioniert.¹⁹¹ Nicht erfasst wird von § 405 Abs. 2 die unterlassene Abmeldung eines Aktionärs, der die Versammlung vorzeitig verlässt.¹⁹² Die Norm des § 405 Abs. 2 ist ebenso wie § 129 Schutzgesetz im Sinne des § 823 Abs. 2 BGB, so dass Schadensersatzansprüche (im Fall des § 405 Abs. 2 allerdings nur bei vorsätzlichem Handeln) gegen die Gesellschaft oder gegen Aktionäre denkbar sind, die in der Praxis allerdings wenig Bedeutung erlangt haben.¹⁹³ In den Schutzbereich des § 823 Abs. 2 BGB fallen lediglich die Versammlungsteilnehmer, nicht aber die Gesellschaft.¹⁹⁴

§ 130 Niederschrift

(1) ¹Jeder Beschluß der Hauptversammlung ist durch eine über die Verhandlung notariell aufgenommene Niederschrift zu beurkunden. ²Gleiches gilt für jedes Verlangen einer Minderheit nach § 120 Abs. 1 Satz 2, § 137. ³Bei nichtbörsennotierten Gesellschaften reicht eine vom Vorsitzenden des Aufsichtsrats zu unterzeichnende Niederschrift aus, soweit

---

¹⁸³ OLG Hamburg NJW 1990, 1120 (1121); *Butzke* Die Hauptversammlung der AG Rn. C 74; Hüffer/Koch/*Koch* Rn. 16; MüKoAktG/*Kubis* Rn. 44.
¹⁸⁴ MüKoAktG/*Kubis* Rn. 44; Hüffer/Koch/*Koch* Rn. 16; vgl. auch Bürgers/Körber/*Reger* Rn. 34, wonach der Gesellschaft der Nachweis in der Regel gelingen dürfte.
¹⁸⁵ *Butzke* Die Hauptversammlung der AG Rn. C 75; MüKoAktG/*Kubis* Rn. 44.
¹⁸⁶ Vgl. zur sog. Relevanztheorie BGH NJW 2005, 828; NJW 2004, 3561; AG 2004, 670 (673); NJW 2002, 1128; OLG Düsseldorf NZG 2003, 975 (976); MüKoAktG/*Hüffer* § 243 Rn. 30; Großkomm AktG/*K. Schmidt* § 243 Rn. 21 ff.
¹⁸⁷ Bürgers/Körber/*Reger* Rn. 36.
¹⁸⁸ Noch weiter einschränkend Kölner Komm AktG/*Noack/Zetzsche* Rn. 103 f.; Großkomm/*Mülbert* Rn. 90 f.
¹⁸⁹ Vgl. auch OLG Hamburg NJW 1990, 1120; LG Heidelberg AG 2002, 298.
¹⁹⁰ MüKoAktG/*Kubis* Rn. 45.
¹⁹¹ Hüffer/Koch/*Koch* Rn. 16; MüKoAktG/*Kubis* Rn. 46; *Butzke* Die Hauptversammlung der AG Rn. C 75; Großkomm AktG/*Mülbert* Rn. 96; Bürgers/Körber/*Reger* Rn. 34 f.; Hölters/*Drinhausen* Rn. 32; aA v. Godin/*Wilhelmi* § 405 Rn. 16.
¹⁹² *Butzke* Die Hauptversammlung der AG Rn. C 75; MüKoAktG/*M* Rn. 44; Großkomm AktG/*Mülbert* Rn. 96; aA *Lamers* DNotZ 1962, 287 (297) Fn. 31 im Hinblick auf § 300 Ziff. 4 AktG 1937.
¹⁹³ Großkomm AktG/*Mülbert* Rn. 97; *Butzke* Die Hauptversammlung der AG Rn. C 75; MüKoAktG/*Kubis* Rn. 47; Hüffer/Koch/*Koch* Rn. 16; *Ek* Hauptversammlung § 9 Rn. 251.
¹⁹⁴ Großkomm AktG/*Mülbert* Rn. 97; MüKoAktG/*Kubis* Rn. 47.

keine Beschlüsse gefaßt werden, für die das Gesetz eine Dreiviertel- oder größere Mehrheit bestimmt.

(2) ¹In der Niederschrift sind der Ort und der Tag der Verhandlung, der Name des Notars sowie die Art und das Ergebnis der Abstimmung und die Feststellung des Vorsitzenden über die Beschlußfassung anzugeben. ²Bei börsennotierten Gesellschaften umfasst die Feststellung über die Beschlussfassung für jeden Beschluss auch
1. die Zahl der Aktien, für die gültige Stimmen abgegeben wurden,
2. den Anteil des durch die gültigen Stimmen vertretenen Grundkapitals am eingetragenen Grundkapital,
3. die Zahl der für einen Beschluss abgegebenen Stimmen, Gegenstimmen und gegebenenfalls die Zahl der Enthaltungen.
³Abweichend von Satz 2 kann der Versammlungsleiter die Feststellung über die Beschlussfassung für jeden Beschluss darauf beschränken, dass die erforderliche Mehrheit erreicht wurde, falls kein Aktionär eine umfassende Feststellung gemäß Satz 2 verlangt.

(3) Die Belege über die Einberufung der Versammlung sind der Niederschrift als Anlage beizufügen, wenn sie nicht unter Angabe ihres Inhalts in der Niederschrift aufgeführt sind.

(4) ¹Die Niederschrift ist von dem Notar zu unterschreiben. ²Die Zuziehung von Zeugen ist nicht nötig.

(5) Unverzüglich nach der Versammlung hat der Vorstand eine öffentlich beglaubigte, im Falle des Absatzes 1 Satz 3 eine vom Vorsitzenden des Aufsichtsrats unterzeichnete Abschrift der Niederschrift und ihrer Anlagen zum Handelsregister einzureichen.

(6) Börsennotierte Gesellschaften müssen innerhalb von sieben Tagen nach der Versammlung die festgestellten Abstimmungsergebnisse einschließlich der Angaben nach Absatz 2 Satz 2 auf ihrer Internetseite veröffentlichen.

Schrifttum: *Berenbrok*, Überprüfungs- und Belehrungspflichten des Preußischen Notars bei der Beurkundung der Generalversammlungsbeschlüsse von Aktiengesellschaften, DNotZ 1933, 13; *Bezzenberger*, Die Niederschrift über eine beurkundungsfreie Hauptversammlung, FS Schippel, 1996, 361; *Blanke*, Private Aktiengesellschaft und Deregulierung des Aktienrechts, BB 1994, 1505; *Bohrer*, Notare – Ein Berufsstand der Urkundsvernichter?, NJW 2007, 2019; *Drescher*, Die Berichtigung des Hauptversammlungsprotokolls, 25 Jahre Deutsches Notarinstitut, 2018, 443; *Ek*, Praxisleitfaden für die Hauptversammlung, 3. Aufl. 2018; *Eylmann*, Fragwürdige Praxis bei der Abfassung von Hauptversammlungsprotokollen, ZNotP 2005, 300; *Eylmann.*, Erneut: Hauptversammlungsprotokolle, ZNotP 2005, 458; *v. Falkenhausen*, Die nächste Hauptversammlung, BB 1966, 337; *Fassbender*, Die Hauptversammlung der Aktiengesellschaft aus notarieller Sicht, RNotZ 2009, 425; *Flick*, die Niederschrift einer Hauptversammlung einer nicht börsennotierten AG, NJOZ 2009, 4485; *Gehrlein*, Der Anspruch auf Einsichtnahme in ein Hauptversammlungsprotokoll – eine gesetzesferne, aber interessengerechte Rechtsschöpfung, WM 1994, 2054; *Görk*, Zur Zulässigkeit der Änderung von Hauptversammlungsniederschriften – zugleich Anmerkung zum Beschluss des OLG Frankfurt am Main vom 29.11.2006, 2 Ws 173/05, MittBayNot 2007, 382; *Grumann/Gillmann*, Aktienrechtliche Hauptversammlungsniederschriften und Auswirkungen von formalen Mängeln, NZG 2004, 839; *Habersack*, Beschlussfeststellung oder Beurkundung der Niederschrift – Wann wird der Hauptversammlungsbeschluss wirksam?, Beilage zu ZIP 22/2016, 23; *Henseler*, Die Abstimmung in der Hauptversammlung einer Aktiengesellschaft, BB 1962, 1023; *Herrler*, Berichtigungsmöglichkeiten bei fehlenden Pflichtangaben in der Hauptversammlungsniederschrift, NJW 2018, 585; *Hoffmann-Becking*, Gesetz zur „kleinen AG" – unwesentliche Randkorrekturen oder grundlegende Reform?, ZIP 1995, 1; *Hofmann-Becking.*, Wirksamkeit der Beschlüsse der Hauptversammlung bei späterer Protokollierung, FS Hellwig, 2009, 153; *Kanzleiter*, Die Berichtigung der notariellen Niederschrift über die Hauptversammlung einer Aktiengesellschaft und die Zulässigkeit mehrerer Niederschriften, DNotZ 2007, 804; *Kindler*, Die Aktiengesellschaft für den Mittelstand, NJW 1994, 3041; *Knur*, Die Niederschrift über die Hauptversammlung der AG, DNotZ 1938, 700; *Krieger*, Muss der Hauptversammlungsnotar die Stimmauszählung überwachen?, ZIP 2002, 1597; *Krieger*, Berichtigung von Hauptversammlungsprotokollen, NZG 2003, 366; *Krieger.*, Unbeantwortete Aktionärsfragen im notariellen Hauptversammlungsprotokoll, FS Priester, 2007, 387; *Lamers*, Die Beurkundung der Hauptversammlung einer AG, DNotZ 1962, 287; *Leitzen*, Die Protokollierung der Abstimmungsergebnisse in der Hauptversammlung der börsennotierten AG bei verkürzter Beschlussfeststellung, ZIP 2010, 1065; *Lutter*, Das neue „Gesetz für kleine Aktiengesellschaften und zur Deregulierung des Aktienrechts", AG 1994, 429; *Maaß*, Zur Beurteilung formaler „Mängel" von Hauptversammlungsprotokollen, ZNotP 2005, 50; *Maaß.*, Welche Praxis bei der Abfassung von Hauptversammlungsprotokollen ist fragwürdig, ZNotP 2005, 377; *Martens*, Leitfaden für die Leitung der Hauptversammlung einer Aktiengesellschaft, 3. Aufl. 2003; *Max*, Die Leitung der Hauptversammlung, AG 1991, 77; *Meyer-Landrut*, Der Notar in der Hauptversammlung, in Teichmann, Aktuelle Entwicklungen im Gesellschaftsrecht, 2009, 76; *Noack*, Die privatschriftliche Niederschrift über die Hauptversammlung einer nicht börsennotierten Aktiengesellschaft – Inhalt und Fehlersanktionen, FS Happ, 2006, 201; *Planck*, Kleine AG als Rechtsform – Alternative zur GmbH, GmbHR 1994, 501; *Priester*, Aufgaben und Funktionen des Notars in der Hauptversammlung, DNotZ 2001, 661; *Reger/Schilha*, Neues zur Hauptversammlungsniederschrift, AG 2018, 65; *Reul*, Die notarielle Beurkundung einer Hauptversammlung, AG 2002, 543; *Reul/Zetzsche*, Zwei Notare – eine Hauptversammlung, AG 2007, 561; *Richter*, Die notarielle Niederschrift von Hauptversammlungsbeschlüssen,

§ 130 1

in R. Schröder, Update im Gesellschaftsrecht, 2015, 82; *Roeckl-Schmidt/Stoll,* Auswirkungen der späteren Fertigstellung der notariellen Niederschrift auf die Wirksamkeit von Beschlüssen der Hauptversammlung, AG 2012, 225; *Schrick,* Nachträgliche Änderung eines privatschriftlichen Hauptversammlungsprotokolls der nicht börsennotierten Aktiengesellschaft, AG 2001, 645; *Schulte,* Die Niederschrift über die Verhandlung der Hauptversammlung einer AG, AG 1985, 33; *Sigel/Schäfer,* Die Hauptversammlung der Aktiengesellschaft aus notarieller Sicht, BB 2005, 2137; *Wilhelmi,* Der Notar in der Hauptversammlung der Aktiengesellschaft, BB 1987, 1331; *Will,* Die notarielle Niederschrift über die Hauptversammlung einer Aktiengesellschaft, BaWüNotZ 1977, 133; *Wolfsteiner,* Nochmals: Hauptversammlungsprotokolle, ZNotP 2005, 376.

Übersicht

	Rn.		Rn.
I. Überblick	1–4	1. Ort und Tag der Versammlung	43
1. Normzweck	1	2. Name des Notars	44
2. Ergebnisprotokoll	2	3. Art der Abstimmung	45–47
3. Gesetzesentwicklung und Perspektiven; Europäische Aktiengesellschaft	3, 4	a) Aktienrechtliche Wirksamkeitserfordernisse	45
II. Pflicht zur Protokollierung	5–42	b) Weitere für die Beweiskraft relevante obligatorische Angaben	46
1. Gegenstand der Niederschrift	5–14	c) Fakultative Angaben zur Abstimmungsart	47
a) Beschlüsse der Hauptversammlung (Abs. 1 Satz 1)	5	4. Ergebnis der Abstimmung	48–51
b) Minderheitsverlangen (Abs. 1 Satz 2)	6, 7	5. Feststellungen des Vorsitzenden über die Beschlussfassung	52
c) Auskunftsverweigerung und Widersprüche	8–10	6. Besonderheiten bei börsennotierten Gesellschaften (§ 130 Abs. 2 Satz 2 und 3)	53–56
d) Protokollierung von Online-Erklärungen	10a	a) Allgemeines	53
e) Beurkundungspflichtige Willenserklärungen im Zusammenhang mit der Hauptversammlung	11	b) Verlangen zusätzlicher Feststellungen	54
		c) Weitere Fragen	55
f) Obligatorische ungeschriebene Protokollangaben	12, 13	d) Fehlerfolgen	56
g) Fakultative Angaben	14	**IV. Anlagen zur Niederschrift (Abs. 3)**	57–59
2. Notarielle Niederschrift	15–35	1. Einberufungsbelege	57, 58
a) Rechtsgrundlagen	15–17	2. Weitere obligatorische und fakultative Anlagen	59
b) Örtliche Beschränkungen; Auslandsbeurkundung	18	**V. Unterschrift des Notars (Abs. 4)**	60
c) Mitwirkungsverbote	19–21	**VI. Weitere Behandlung der Niederschrift**	61–63
d) Beurkundung fehlerhafter Beschlüsse	22	1. Einreichung zum Handelsregister (Abs. 5)	61
e) Erstellung der Niederschrift	23		
f) Anwesenheit eines oder mehrerer Notare	23a	2. Veröffentlichung der Abstimmungsergebnisse (Abs. 6)	62
g) Sprache der Niederschrift	24	3. Einsichtnahme und Abschriftenerteilung	63
h) Berichtigung der Niederschrift	25–27	**VII. Rechtsfolge bei Verstößen**	64–69
i) Weitere Funktionen des Notars in der Hauptversammlung	28–34	**VIII. Sonstige Aufzeichnungen**	70, 71
j) Kosten der Niederschrift	35	1. Zulässigkeit der Erstellung von stenographischen Aufzeichnungen, Tonband- und Bildaufnahmen	70
3. Privatschriftliches Protokoll bei nichtbörsennotierten Gesellschaften	36–42		
a) Regelungszweck	36		
b) Anwendungsvoraussetzungen	37–40	2. Recht des Aktionärs auf Abschrifterteilung	71
c) Niederschrift und Unterzeichnung durch den Versammlungsleiter	41, 42		
III. Inhalt der Niederschrift (Abs. 2)	43–56		

I. Überblick

1   **1. Normzweck.** § 130 begründet für Beschlüsse der Hauptversammlung das Erfordernis einer notariellen Niederschrift. Die Vorschrift spezifiziert zudem wesentliche Elemente des Protokollinhalts einschließlich obligatorischer Anlagen und sorgt mit der Pflicht zur Einreichung einer Abschrift zum Handelsregister für eine erhöhte Publizität (§ 9 Abs. 1 HGB). Zweck der Norm ist es, eine klare **Dokumentation der Willensbildung der Hauptversammlung** zu gewährleisten und eine mit der Beweiskraft einer öffentlichen Urkunde ausgestattete Unterlage zur Vermeidung von Zweifeln und

Rechtsstreitigkeiten über die wirksame Beschlussfassung zu schaffen. Die Protokollierung dient der **Rechtssicherheit** und Transparenz zum Schutz der Beteiligten, aber auch dem Interesse der Gesellschaftsgläubiger und der Allgemeinheit, damit keine Unklarheiten über Annahme und Ablehnung von Anträgen und die gestellten Anträge besteht.[1] Mit der Fertigung einer notariellen Urkunde geht auch eine bessere Beweissicherung einher.[2] Es soll ferner präventiv die Einhaltung der Verfahrensvorschriften sichergestellt werden.[3] Einen weiter gehenden Beweis über die Gesetzmäßigkeit der Hauptversammlungsbeschlüsse erbringt die Niederschrift demgegenüber nicht.[4] Die Einschaltung des Notars als neutraler rechtskundiger Berater soll darüber hinaus einen geordneten, die Rechte der Teilnehmer wahrenden Verfahrensablauf im Einklang mit Gesetz und Satzung sicherstellen.[5] Als Ausnahme von der notariellen Beurkundung lässt die durch Gesetz über die Deregulierung des Aktienrechts[6] eingefügte Vorschrift des § 130 Abs. 1 Satz 3 für einfache Beschlüsse nichtbörsennotierter Gesellschaften aus Gründen der Kostenersparnis ein vom Vorsitzenden des Aufsichtsrats unterzeichnetes privatschriftliches Protokoll genügen.[7] Die notarielle Niederschrift über die Hauptversammlung einer AG hat den Charakter eines Berichts des Notars über seine Wahrnehmungen und ist damit eine Tatsachenurkunde.[8] Als öffentliche Urkunde im Sinne des § 415 ZPO liefert sie im Prozess vollen Beweis über die beurkundeten Vorgänge (wobei der Beweis der Unrichtigkeit zulässig bleibt).[9] Dies gilt auch für den sog. fakultativen Inhalt der Niederschrift.[10] Demgegenüber unterliegen privatschriftliche Protokolle der freien Beweiswürdigung gemäß § 286 ZPO.[11] Die Norm des § 130 ist nach hM **zwingender Natur**.[12] Ein Verzicht auf die Beurkundung ist daher nicht möglich,[13] auch sind ergänzende Satzungsbestimmungen einschließlich verschärfender Regelungen im Hinblick auf § 23 Abs. 5 Satz 2 unzulässig und können allenfalls als „rechtlich unverbindliche Erinnerungsposten"[14] Bestand haben, ohne das Ermessen des Protokollführers zu binden.[15] Ein **Verstoß** gegen § 130 Abs. 1 und 2 Satz 1 sowie Abs. 4 führt gemäß § 241 Nr. 2 zur **Nichtigkeit** der Beschlussfassung.

2. Ergebnisprotokoll. Das Versammlungsprotokoll muss im Hinblick auf den Zweck des § 130 nicht sämtliche Vorgänge und Redebeiträge der Hauptversammlung wiedergeben, sondern kann sich auf die Darstellung ihrer Ergebnisse beschränken. Nach der Konzeption des Gesetzes handelt es sich nicht um ein „Wortprotokoll", sondern um ein „Ergebnisprotokoll",[16] das in erster Linie Aufschluss darüber gibt, welche Beschlüsse gefasst wurden, wie ihr genauer Inhalt lautet und wie sie zustande gekommen sind.[17] Daneben sind Gegenstand des Protokolls vor allem die von Aktionären zur Niederschrift erklärten Widersprüche (§ 245 Nr. 1), bei Auskunftsverweigerung auf Verlangen des Aktionärs

---

[1] BGH NJW 2018, 52 Rn. 23, 38, 47, 54, 62.
[2] Vgl. BGH ZIP 2014, 2494 (2496); NJW 1994, 3094 (3095); OLG Düsseldorf ZIP 2003, 1147 (1150); KG DNotZ 1933, 727 (728); KGJ 32, A 148, A 152; Gesetzesbegründung, abgedruckt bei *Schubert/Hommelhoff*, Hundert Jahre modernes Aktienrecht, ZGR Sonderheft 4, 1985, 505; MüKoAktG/*Kubis* Rn. 1; *Hüffer/Koch/Koch* Rn. 1; *Butzke* Die Hauptversammlung der AG Rn. N 2; *Henn* HdB AR S. 473; Staudinger/*Hertel*, 2017, BeurkG Rn. 79; *Reul* AG 2002, 543 (545); *Krieger* ZIP 2002, 1597 (1600); K. Schmidt/Lutter/*Ziemons* Rn. 2.
[3] Großkomm AktG/*Mülbert* Rn. 6.
[4] OLG Düsseldorf ZIP 2003, 1147 (1150); *Schaaf* Hauptversammlung Rn. 808; NK-AktR/*Terbrack/Lohr* Rn. 1; *Reul* AG 2002, 543 (545).
[5] MHdB AG/*Hoffmann-Becking* § 41 Rn. 1; MüKoAktG/*Kubis* Rn. 1; Kölner Komm AktG/*Noack/Zetzsche* Rn. 43 (Notar als „Dokumentator und Rechtmäßigkeitsgarant"); Grigoleit/*Herrler* Rn. 1; *Priester* DNotZ 2001, 661 (663); *Krieger* ZIP 2002, 1597 (1599); empirisch *Fitz/Roth* JBl. 2004, 205 (213); nach BGH ZIP 2014, 2494 (2496) ist dies kein „Hauptzweck".
[6] Gesetz für kleine Aktiengesellschaften und zur Deregulierung des Aktienrechts vom 2.8.1994, BGBl. 1994 I 1961.
[7] Begr BT-Drs. 12/6721, 9.
[8] NJW 2018, 52 Rn. 26; ferner *Kanzleiter* DNotZ 2007, 804 (807): Bericht über bestimmte rechtlich bedeutsame Fakten des Ablaufs der Hauptversammlung.
[9] Vgl. dazu BGH NJW 2009, 2207 (2208 f.); *Haupt* in Hauschild/Kallrath/Wachter Notar-HdB § 14 Rn. 274.
[10] OLG Stuttgart BeckRS 2009, 08824; *Meyer-Landrut* in Teichmann, Aktuelle Entwicklungen im Gesellschaftsrecht, 2009, 95; ferner unten → Rn. 14.
[11] Bürgers/Körber/*Reger* Rn. 3.
[12] Henssler/Strohn/*Liebscher* Rn. 1.
[13] Kölner Komm AktG/*Noack/Zetzsche* Rn. 37; MüKoAktG/*Kubis* Rn. 88; *Wilhelmi* BB 1987, 1331 (1337).
[14] Kölner Komm AktG/*Zöllner* Vorauflage, Rn. 50, 3.
[15] *Butzke* Die Hauptversammlung der AG Rn. N 34; NK-AktR/*Terbrack/Lohr* Rn. 2; *Haupt* in Hauschild/Kallrath/Wachter Notar-HdB § 14 Rn. 408; aA MüKoAktG/*Kubis* Rn. 98; s. ferner *Wilhelmi* BB 1987, 1331 (1335); differenzierend Kölner Komm AktG/*Noack/Zetzsche* Rn. 41, wonach die Satzung im Fall des privatschriftlichen Protokolls gemäß § 130 Abs. 1 S. 3 zusätzliche Angabepflichten aufstellen kann.
[16] BGH NJW 1994, 3094 (3095); GroßkommAktG/*Mülbert* Rn. 3; *Butzke* Die Hauptversammlung der AG Rn. N 3; *Pöschke/Vogel* in Semler/Volhard/Reichert HV-HdB § 13 Rn. 37; *Gehrlein* WM 1994, 2054.
[17] *Priester* DNotZ 2001, 661 (665).

dessen Frage und der Verweigerungsgrund (§ 131 Abs. 5), bestimmte Minderheitsverlangen (§ 130 Abs. 1 Satz 2), Widersprüche von Aktionärsminderheiten gegen Beschlüsse mit bestimmtem Inhalt, bei Kommanditgesellschaften auf Aktien die Zustimmungserklärungen des persönlich haftenden Gesellschafters zu bestimmten Beschlüssen (§ 285 Abs. 3) und andere Umstände, die in der Prüfungspflicht des Notars ihren Grund haben oder deren Aufnahme zur Beurteilung des Ablaufs zweckmäßig ist.

3 **3. Gesetzesentwicklung und Perspektiven; Europäische Aktiengesellschaft.** Bereits in Art. 214 ADHGB von 1861 war das Erfordernis einer (gerichtlichen oder notariellen) Beurkundung für Beschlüsse zur Fortsetzung der Gesellschaft und zur Änderung des Gesellschaftsvertrags vorgesehen.[18] Die Aktienrechtsnovelle von 1884, deren wesentliches Ziel die Beseitigung von Missständen im Aktienwesen der Gründerzeit war, erstreckte die Beurkundungspflicht auf sämtliche Beschlüsse der Generalversammlung. Diese Rechtslage wurde im Wesentlichen über das HGB von 1897 (§ 259) und das Aktiengesetz von 1937 (§ 111) bis zum Aktiengesetz 1965 beibehalten. Änderungen in jüngerer Zeit betrafen die Lockerung des Beurkundungserfordernisses bei einfachen Beschlüssen nichtbörsennotierter Gesellschaften in § 130 Abs. 1 Satz 3 und Abs. 5 durch das Gesetz über die Deregulierung des Aktienrechts,[19] Folgeänderungen bei der Einfügung von § 3 Abs. 2 in § 130 Abs. 1 Satz 3 durch Art. 1 Nr. 19 KonTraG und zur Änderung von § 147 in § 130 Abs. 1 Satz 2 durch Art. 1 Nr. 8 UMAG sowie die Herausnahme des Teilnehmerverzeichnisses aus den beizufügenden Anlagen in § 130 Abs. 3 aufgrund Art. 1 Nr. 12 NaStraG. Durch das ARUG wurden spezielle Regelungen für börsennotierte Gesellschaften in § 130 Abs. 2 Satz 2 und 3 sowie Abs. 6 eingeführt, die ergänzende Angaben bei der Beschlussfeststellung vorsehen und eine Pflicht zur Internetveröffentlichung der festgestellten Abstimmungsergebnisse begründen. Eine redaktionelle Klarstellung zum neu eingeführten § 130 Abs. 2 S. 2 Nr. 2 ist durch Art. 1 Nr. 14 des Gesetzes zur Änderung des Aktiengesetzes (Aktienrechtsnovelle 2016) erfolgt, indem nach dem Wort „Grundkapital" die Wörter „am eingetragenen Grundkapital" eingefügt wurden (→ Rn. 55). Das Erfordernis einer notariellen Niederschrift gilt auch für Hauptversammlungen der **Europäischen Aktiengesellschaft** mit Sitz im Inland (Art. 53 SE-VO).[20] Die Vorschriften des § 130 Abs. 2–4 finden gemäß § 16 Abs. 3 SchVG entsprechend bei der notariellen Beurkundung einer Gläubigerversammlung nach dem Schuldverschreibungsgesetz Anwendung.[21]

4 Die Hauptversammlung ist nach derzeitigem Rechtszustand eine Präsenzversammlung, die zu einem bestimmten Zeitpunkt an einem konkreten Ort abgehalten wird. An dieser Betrachtung haben auch die durch das ARUG in § 118 eingeführten Möglichkeiten einer Online-Teilnahme an der Hauptversammlung und einer Briefwahl nichts geändert. Im Fall einer möglicherweise weiter voranschreitenden Virtualisierung der Hauptversammlung im Wege des Internet und der damit einhergehenden geringeren Kontrolle durch die Aktionärsöffentlichkeit kann die Protokollierungs- und Überwachungsfunktion des zur Unabhängigkeit verpflichteten Notars neue Möglichkeiten zur Gewährleistung der Rechtssicherheit im Interesse der Beteiligten und der betroffenen Allgemeinheit eröffnen.[22]

II. Pflicht zur Protokollierung

5 **1. Gegenstand der Niederschrift. a) Beschlüsse der Hauptversammlung (Abs. 1 Satz 1).** Nach § 130 Abs. 1 Satz 1 ist über jeden Beschluss der Hauptversammlung eine Niederschrift aufzunehmen. Das Beurkundungserfordernis gilt für alle Beschlüsse, gleich, ob sie einen Antrag annehmen (positive Beschlüsse) oder ablehnen (negative Beschlüsse) und unabhängig davon, ob es sich um **Sachbeschlüsse, Wahlbeschlüsse oder Verfahrensbeschlüsse** zur Geschäftsordnung oder wie im Fall des § 120 Abs. 4 um ein bloßes Votum handelt.[23] Da in der Niederschrift der Beschlussinhalt

---

[18] Zur Gesetzesentwicklung vgl. *Priester* DNotZ 2001, 661 (662f.); *Krieger* ZIP 2002, 1597 (1599); *Reul* AG 2002, 543 (544).

[19] Vom 2.8.1994, BGBl. 1994 I 1961.

[20] Vgl. *Schwarz* SE-VO Art. 59 Rn. 23; *Thümmel,* Die Europäische Aktiengesellschaft (SE), 2005, 123; *Hirte* DStR 2005, 700 (702); *Wicke* MittBayNot 2006, 196 (204); *Spitzbart* RNotZ 2006, 369 (386); auch unten → Rn. 37; rechtsvergleichend zur Urkundsperson in ausländischen Rechtsordnungen s. Kölner Komm AktG/ *Noack/Zetzsche* Rn. 20 ff.

[21] S. *Otto* DNotZ 2012, 809 (818 f.).

[22] Vgl. den Gesetzesvorschlag der Bundesnotarkammer, abgedruckt in ZNotP 2001, 269; ferner *Baums* Rn. 111, 115; *Priester* DNotZ 2001, 661 (671); *Beck* RNotZ 2014, 160 (165 f.); *Fleischhauer* ZIP 2001, 1133; *Fleischhauer* in Zetzsche, Die virtuelle Hauptversammlung, 2001, Rn. 229; *Hartmann* ZNotP 2001, 250.

[23] Hüffer/Koch/*Koch* Rn. 2; Grigoleit/*Herrler* Rn. 3; MHdB AG/*Hoffmann-Becking* § 41 Rn. 9; Großkomm AktG/*Mülbert* Rn. 12; *Zimmermann* in Seibert/Kiem AG-HdB S. 222; Bürgers/Körber/*Reger* Rn. 4; Hölters/ *Drinhausen* Rn. 5; aA für Verfahrensbeschlüsse *Knur* DNotZ 1938, 700 (703); bei Verfahrensbeschlüssen ist die Protokollierung zwar erforderlich, aber nicht Wirksamkeitsvoraussetzung des Beschlusses, vgl. *Bezzenberger* FS Schippel, 1996, 361 (369); *Schulte* AG 1985, 33 (36); *Priester* DNotZ 2001, 661 (665); NK-AktG/*Terbrack/Lohr* Rn. 10.

zu dokumentieren ist, muss der Text des Beschlussvorschlags, über den entschieden wurde, ggf. unter Zuhilfenahme der Anlagen zweifelsfrei erkennbar sein.[24] Eine Protokollierung ist nach überwiegender Auffassung entbehrlich, wenn der Versammlungsleiter ein Meinungsbild über Leitungsmaßnahmen im Rahmen seiner Entscheidungskompetenz einholt,[25] selbst wenn ein formeller Beschluss der Hauptversammlung hierzu ergeht,[26] wenngleich sich die Aufnahme eines solchen Vorgangs in die Niederschrift empfehlen dürfte.[27] Die Beurkundungspflicht besteht bei jeder Form der ordentlichen oder außerordentlichen Hauptversammlung, auch bei der **Vollversammlung** und in der Sonderkonstellation der **Einpersonen-Gesellschaft**.[28] Eine Beifügung der Einberufungsbelege oder die Wiedergabe ihres Inhalts in der Niederschrift ist bei der Vollversammlung allerdings entbehrlich, wenn kein Aktionär dieser Verfahrensweise widerspricht.[29] Im Fall der Einpersonen-Gesellschaft kann auf die Beifügung der Belege gemäß § 130 Abs. 3 ohne weiteres verzichtet werden; zusätzlich können die Angaben über Art und Ergebnis von Abstimmungen und die Feststellungen hierzu entfallen,[30] es genügt vielmehr die Beurkundung der Erklärungen des alleinigen Aktionärs zur Dokumentation ihres Inhalts.[31] Das Erfordernis der Protokollierung gilt gemäß § 138 Satz 2 ferner für **Sonderbeschlüsse und Sonderversammlungen**.[32] Eine Ausnahme der Beurkundungspflicht ist lediglich für **beschlusslose Hauptversammlungen** anzunehmen, wie insbesondere bei der Verlustanzeige des § 92 und der Entgegennahme des Berichts des Aufsichtsrats über die Prüfung des Jahresabschlusses nach § 171 Abs. 2;[33] eine Niederschrift wird in derartigen Konstellationen gleichwohl empfohlen, zumal es bekanntmachungsfreie Gegenstände gibt,[34] die Aktionäre eine Beschlussfassung fordern können oder bei Auskunftsverweigerung das Verlangen eines Aktionärs nach § 131 Abs. 5 zu beurkunden sein könnte.[35]

b) Minderheitsverlangen (Abs. 1 Satz 2). Das Gesetz fordert in § 130 Abs. 1 Satz 2 zusätzlich 6 zur Niederschrift über die Beschlüsse der Hauptversammlung die Protokollierung der dort genannten Minderheitsverlangen. Demgemäß bedürfen einer Beurkundung das Verlangen nach Einzelentlastung von Mitgliedern des Vorstands und des Aufsichtsrats, durch eine Minderheit, deren Anteile zusammen den zehnten Teil des Grundkapitals oder den anteiligen Betrag von einer Million Euro erreichen (§ 120 Abs. 1 Satz 2) sowie das Verlangen, über den Vorschlag eines Aktionärs zur Wahl von Aufsichtsratsmitgliedern vor dem Vorschlag des Aufsichtsrats abzustimmen, durch eine Minderheit, deren Anteile zusammen den zehnten Teil des vertretenen Grundkapitals erreichen (§ 137).[36]

Das Verlangen kann in den genannten Fällen nur in der Hauptversammlung gestellt werden.[37] 7 Eine Niederschrift hat unabhängig davon zu erfolgen, ob das Verlangen zu einem Beschlussantrag

---

[24] Kölner Komm AktG/*Noack/Zetzsche* Rn. 115; auch → Rn. 52.

[25] Hüffer/Koch/*Koch* Rn. 2; Großkomm AktG/*Mülbert* Rn. 12; MüKoAktG/*Kubis* Rn. 4; vgl. auch BGHZ 44, 245 (248 f.); *v. Falkenhausen* BB 1966, 337 (343).

[26] *Bezzenberger* FS Schippel, 1996, 361 (370); MüKoAktG/*Kubis* Rn. 4; Hölters/*Drinhausen* Rn. 5; aA Kölner Komm AktG/*Zöllner* Rn. 8; *Haupt* in Hauschild/Kallrath/Wachter Notar-HdB § 14 Rn. 344.

[27] Bürgers/Körber/*Reger* Rn. 4.

[28] MHdB AG/*Hoffmann-Becking* § 41 Rn. 6; Großkomm AktG/*Mülbert* Rn. 12; MüKoAktG/*Kubis* Rn. 3; ferner RGZ 119, 229 (230).

[29] MHdB AG/*Hoffmann-Becking* § 41 Rn. 6; ferner KGJ 41 A 134 (137).

[30] AA K. Schmidt/Lutter/*Ziemons* Rn. 12; *Polte/Haider-Giangreco* AG 2014, 729 (735). Bei der Einpersonen-AG bedarf es darüber hinaus keines Versammlungsleiters oder Teilnehmerverzeichnisses, vgl. *Pöschke/Vogel* in Semler/Volhard/Reichert HV-HdB § 13 Rn. 10; s. aber auch → Rn. 41. Auf die Erstellung einer Niederschrift kann hingegen nicht verzichtet werden, vgl. DNotI-Report 2003, 27.

[31] *Schulte* AG 1985, 33 (38); *Wilhelmi* BB 1987, 1331 (1334). Angaben zu Art und Ergebnis der Abstimmungen sind auch dann entbehrlich, wenn nur einer von mehreren Aktionären an der Hauptversammlung teilnimmt, vgl. OLG Düsseldorf ZIP 1997, 1153 (1161); LG Düsseldorf ZIP 1995, 1985 (1988 ff.).

[32] MüKoAktG/*Kubis* Rn. 99; Großkomm AktG/*Mülbert* Rn. 12.

[33] *Pöschke/Vogel* in Semler/Volhard/Reichert HV-HdB § 13 Rn. N 2; *Schulte* AG 1985, 33 (37); aA *v. Godin/Wilhelmi* § 130 Anm. 2. Zur Frage der Einrichungspflicht eines erstellten Protokolls gemäß Abs. 5, wenn entgegen der Ankündigung der Tagesordnung eine Beschlussfassung nicht erfolgt ist *Mielke/Riechmann* BB 2014, 387.

[34] Vgl. *Werner* FS Fleck, 1988, 401 ff.

[35] Vgl. nur *Pöschke/Vogel* in Semler/Volhard/Reichert HV-HdB § 13 Rn. 6; Großkomm AktG/*Mülbert* Rn. 13; Grigoleit/*Herrler* Rn. 1. Erscheint kein Aktionär in einer einberufenen Hauptversammlung, besteht ebenfalls keine Protokollpflicht, eine Niederschrift über das Nichterscheinen kann aber ebenso zweckmäßig sein, vgl. *Fuchs* DNotZ 1932, 369.

[36] Das vormals in § 130 Abs. 1 Satz 2 ebenfalls genannten Minderheitsverlangen gemäß § 147 ist aufgrund Neufassung dieser Vorschrift durch Art. 1 Nr. 14 UMAG entfallen, → Rn. 3.

[37] *Butzke* Die Hauptversammlung der AG Rn. N 24; MüKoAktG/*Kubis* Rn. 5; Großkomm AktG/*Mülbert* Rn. 15. Abzugrenzen sind daher Anträge und Verlangen einer Minderheit, die außerhalb der Hauptversammlung geltend gemacht werden, wie in den Fällen des § 122 und § 142.

erhoben worden ist oder ob eine Abstimmung darüber erfolgt ist.[38] Die Beurkundung ist jeweils nicht Wirksamkeitsvoraussetzung des Verlangens, sondern soll durch Verbesserung der Beweislage die Durchsetzung erleichtern.[39] In Anlehnung an § 130 Abs. 2 sind in die Niederschrift aufzunehmen der Inhalt des Verlangens,[40] die Stimmzahl der das Verlangen stützenden Aktionäre,[41] der Erfolg oder Misserfolg des Begehrens und die Feststellung des Ergebnisses durch den Vorsitzenden.[42] Darüber hinaus wird in der Literatur teilweise die Aufnahme der Namen der Aktionäre für erforderlich gehalten.[43]

8   c) **Auskunftsverweigerung und Widersprüche.** Über die Regelungen des § 130 hinaus gibt es im AktG, HGB und im UmwG einige Sondervorschriften, die unter bestimmten Umständen eine Protokollierungspflicht begründen. Nach **§ 131 Abs. 5** ist auf Verlangen eines Aktionärs eine von ihm gestellte **Frage**, zu der ihm die Auskunft verweigert wurde, und der **Grund der Auskunftsverweigerung** in die Niederschrift aufzunehmen.[44] Sofern eine Begründung hierfür seitens des Vorstands nicht erteilt wird, ist dies ebenfalls zu vermerken.[45] Zur Vermeidung von Zweifeln kann der Notar den Aktionär auffordern, die Frage genau zur wörtlichen Wiedergabe im Protokoll zu formulieren.[46] Handelt es sich um einen umfangreicheren Fragenkatalog, kann der Aktionär darauf verwiesen werden, diesen schriftlich ggf. unter Inanspruchnahme einer Schreibhilfe der Gesellschaft niederzulegen,[47] wobei in diesem Fall sorgfältig darauf zu achten ist, dass die dem Notar überreichten Aufzeichnungen mit den tatsächlich gestellten Fragen übereinstimmen. Nach Auffassung des OLG Frankfurt erstreckt sich die Beweiskraft der notariellen Niederschrift entsprechend dem Wortlaut des § 131 Abs. 5 nicht nur darauf, dass die Auskunft verweigert wurde, sondern auch darauf, dass die betreffende Frage gestellt wurde.[48] Im Einzelfall könne der Beweis aber gemäß § 415 Abs. 2 ZPO unter Rückgriff auf stenografische Mitschriften der Hauptversammlung und flankierende Zeugenaussagen widerlegt werden. Ist es für den Notar nicht überprüfbar, ob sämtliche Fragen eines ihm übergebenen Katalogs tatsächlich gestellt wurden, empfiehlt sich die Aufnahme eines entsprechenden Vermerks.[49] Es darf jedenfalls keine Unsicherheit darüber verbleiben, inwieweit Gegenstand des Protokolls die angebliche Fragestellung und Auskunftsverweigerung oder nur die diesbezügliche Behauptung des Aktionärs ist.[50] Aus Beweisgründen kann es ferner sachdienlich sein, auch die Antworten der Verwaltung festzuhalten.[51]

9   Das Gesetz sieht verschiedentlich vor, dass **Widersprüche von Aktionären** in die Niederschrift aufzunehmen sind. So hat die **Anfechtung** regelmäßig zur Voraussetzung, dass der Aktionär gegen den Beschluss Widerspruch zur Niederschrift erklärt hat (§ 245 Nr. 1). Eine vergleichbare Funktion erfüllt der Widerspruch **gegen die Wahl des Abschlussprüfers** durch eine Minderheit, deren Anteile zusammen den zehnten Teil des Grundkapitals oder den anteiligen Betrag in Höhe von einer Million Euro erreichen (§ 318 Abs. 3 Satz 2 HGB).[52] Nach § 132 Abs. 2 Satz 1 ist der Wider-

---

[38] Hüffer/Koch/*Koch* Rn. 3; Bürgers/Körber/*Reger* Rn. 5; ferner MüKoAktG/*Kubis* Rn. 5, nach dessen Auffassung die Protokollierungspflicht durch Anbringen des Verlangens unabhängig davon ausgelöst wird, ob das gesetzlich geforderte Quorum nachgewiesen wird.
[39] BGH NJW 2009, 2207 (2209); OLG Jena ZIP 2014, 2501; *Bezzenberger* FS Schippel, 1996, 361 (372).
[40] *Bezzenberger* FS Schippel, 1996, 361 (372); *Butzke* Die Hauptversammlung der AG Rn. N 24; MüKoAktG/*Kubis* Rn. 5; Großkomm AktG/*Mülbert* Rn. 16.
[41] Nach MüKoAktG/*Kubis* Rn. 5 ist neben dem Namen der Aktionäre die Stimmzahl anzugeben; ebenso Großkomm AktG/*Mülbert* Rn. 25 für die Fälle der § 309 Abs. 3 Satz 1, § 310 Abs. 4, § 317 Abs. 4, § 318 Abs. 4, § 323 Abs. 1.
[42] *Butzke* Die Hauptversammlung der AG Rn. N 24; *Bezzenberger* FS Schippel, 1996, 361 (372); MüKoAktG/*Kubis* Rn. 5; nach Kölner Komm AktG/*Noack*/*Zetzsche* Rn. 224 ist die Reaktion des Versammlungsleiters bei erfolgreichem Verlangen nicht zusätzlich zu beurkunden.
[43] MüKoAktG/*Kubis* Rn. 5; *Butzke* Die Hauptversammlung der AG Rn. N 24; *Haupt* in Hauschild/Kallrath/Wachter Notar-HdB § 14 Rn. 380; aA Großkomm AktG/*Mülbert* Rn. 16.
[44] OLG Frankfurt a.M. Beschluss v. 8.11.2012 – 21 W 33/11 Rn. 61. Umgekehrt kann auch ohne ausdrückliche gesetzliche Anordnung der Vorstand die Aufnahme dieser Angaben verlangen, vgl. Großkomm AktG/*Mülbert* Rn. 17; *Pöschke/Vogel* in Semler/Volhard/Reichert HV-HdB § 13 Rn. 55.
[45] MüKoAktG/*Kubis* Rn. 6.
[46] Großkomm AktG/*Mülbert* Rn. 17.
[47] *Priester* DNotZ 2001, 661 (666); einschränkend MüKoAktG/*Kubis* § 131 Rn. 165.
[48] OLG Frankfurt NZG 2013, 23; s. auch *Wicke* DNotZ 2013, 812 (826).
[49] Vgl. *Priester* DNotZ 2006, 403 (417); LG Frankfurt NZG 2005, 937 (938).
[50] *Krieger* FS Priester, 2007, 387 (396).
[51] *Pöschke/Vogel* in Semler/Volhard/Reichert HV-HdB § 13 Rn. 57; eine Protokollierungspflicht bejahend *Krieger* FS Priester, 2007, 387 (398).
[52] S. Großkomm AktG/*Mülbert* Rn. 22 mit dem Hinweis, dass der Widerspruch nach dem Wortlaut der Vorschrift nicht „zur Niederschrift" erklärt worden sein muss.

spruch eines Aktionärs zur Niederschrift gegen einen Beschluss der Hauptversammlung Voraussetzung für die Antragsberechtigung im Klageerzwingungsverfahren. Eine Aktionärsminderheit kann ferner durch gemeinschaftlichen Widerspruch zur Niederschrift bestimmte **Beschlüsse verhindern,** mit denen die **Zustimmung zu einem Verzicht der Gesellschaft auf Ersatzansprüche oder** zu einem **Vergleich** hierüber erklärt wird. Dies betrifft Ansprüche gegen Gründungsbeteiligte, Vorstands- und Aufsichtsratsmitglieder und weitere Haftpflichtige bei Widerspruch durch eine Minderheit, deren Anteile zusammen den zehnten Teil des Grundkapitals erreichen (§§ 50, 93 Abs. 4 Satz 3, §§ 116, 117 Abs. 4), ferner Ersatz- und Ausgleichsansprüche gegen das herrschende Unternehmen oder gegen Organmitglieder im Vertragskonzern (§§ 302 Abs. 3 Satz 3, § 309 Abs. 3 Satz 1, § 310 Abs. 4), im faktischen Konzern (§ 309 Abs. 3 Satz 1, § 317 Abs. 4, § 318 Abs. 4) sowie im Fall der Eingliederung (§ 309 Abs. 3 Satz 1, § 323 Abs. 1 Satz 2), jeweils bei Widerspruch durch eine Minderheit, deren Anteile zusammen den zehnten Teil des bei der Beschlussfassung vertretenen Grundkapitals erreichen. Ein Widerspruch zur Niederschrift ist auch erforderlich, wenn Aktionäre **bei Verschmelzungen, Spaltungen oder beim Formwechsel** ihre Anteile gegen Erhalt einer **Barabfindung** zur Verfügung stellen wollen (§ 29 Abs. 1 Satz 1 UmwG, § 122i Abs. 1 S. 2 UmwG, § 125 Abs. 1 Satz 1 UmwG, § 207 Abs. 1 Satz 1 UmwG).[53]

Die Aufnahme des Widerspruchs in die Niederschrift ist in den genannten Fällen keine Voraussetzung für dessen Wirksamkeit, sondern soll vielmehr den nachträglichen Nachweis erleichtern.[54] Als Widerspruch ist jede Erklärung zu verstehen, aus der hervorgeht, dass der Aktionär nicht mit dem Beschluss einverstanden ist und sich dagegen wenden will.[55] Eine ausdrückliche Bezeichnung als Widerspruch ist nicht erforderlich, ebenso ist eine Begründung entbehrlich.[56] Nicht ausreichend ist es, dass der Aktionär gegen den Beschlussvorschlag gestimmt hat, der Erklärende muss sich vielmehr so deutlich ausdrücken, dass ein sorgfältiger Notar oder anderer Protokollführer gemäß § 130 Abs. 1 Satz 3 das Vorliegen eines Widerspruchs erkennen kann, ohne dass er von dessen Berechtigung überzeugt sein müsste;[57] in Zweifelsfällen ist nachzufragen.[58] Nach zutreffender Auffassung genügt es, wenn der Widerspruch global gegen sämtliche Beschlüsse erklärt wird.[59] Die Einlegung kann ferner zu jedem Zeitpunkt der Hauptversammlung, also auch vor der Fassung der betreffenden Beschlusses erfolgen.[60] Die von der Gegenauffassung gezogene Parallele zu Rechtsmitteln gegen gerichtliche Entscheidungen ist nicht stringent, da der Widerspruch lediglich als Vorstufe die Möglichkeit zur Anfechtung in einem nachfolgenden Verfahren sichern soll. Da in der Praxis Verwaltungsvorschlag und Hauptversammlungsbeschluss zudem typischerweise übereinstimmen, erschiene die Hinausverlagerung der Widerspruchseinlegung bis zur (regelmäßig erfolgenden) Blockabstimmung am Ende der Versammlung als formalistische Komplizierung des Verfahrensablaufs, die zusätzliches Verzögerungspotential und Fehlerquellen schafft.[61] Im Fall des § 245 Nr. 1 ist in die Niederschrift der Name des widersprechenden Aktionärs[62] und seines Vertreters aufzunehmen; der Notar kann

---

[53] Vgl. bei Gründung einer Europäischen Aktiengesellschaft ferner § 7 Abs. 1 Satz 1 SEAG, § 9 Abs. 1 Satz 1 SEAG, § 12 Abs. 1 Satz 1 SEAG.
[54] Vgl. OLG Brandenburg NZG 2002, 476 (477); OLG Düsseldorf NJW-RR 1996, 1252 (1253) (jeweils zu § 245 Nr. 1); ferner mit weiteren Nachweisen zur Rechtsprechung *Bezzenberger,* FS Schippel, 1996, 361 (372); MüKoAktG/*Kubis* Rn. 10; *Butzke* Die Hauptversammlung der AG Rn. N 25.
[55] Vgl. RGZ 53, 291 (293) (zu § 51 Abs. 2 Satz 1 GenG); *Pöschke/Vogel* in Semler/Volhard/Reichert HV-HdB § 13 Rn. 59; *Noack* AG 1989, 78 (80); MüKoAktG/*Hüffer/Schäfer* § 245 Rn. 38.
[56] *Haupt* in Hauschild/Kallrath/Wachter Notar-HdB § 14 Rn. 397; aA im Fall von behebbaren Verfahrensfehlern Kölner Komm AktG/*Noack/Zetzsche* Rn. 236.
[57] Grigoleit/*Herrler* Rn. 5; *Pöschke/Vogel* in Semler/Volhard/Reichert HV-HdB § 13 Rn. 59 Fn. 111; *Butzke* Die Hauptversammlung der AG Rn. N 25; Hüffer/Koch/*Koch* § 245 Rn. 15; RGZ 53, 291 (293); OLG Breslau OLGR 34, 351.
[58] OLG Brandenburg NZG 2002, 476 (477); Hüffer/Koch/*Koch* § 245 Rn. 15.
[59] Vgl. *Pöschke/Vogel* in Semler/Volhard/Reichert HV-HdB § 13 Rn. 61; Hüffer/Koch/*Koch* § 245 Rn. 14 mwN.
[60] BGH NZG 2007, 907 (908); OLG München NZG 2006, 784 (785); OLG Jena DB 2006, 2281; BGH DStR 2007, 2122 (2123) (obiter); *Butzke* Die Hauptversammlung der AG Rn. N 25; LG Ingolstadt WM 1991, 685 (689); aA LG Frankfurt NZG 2006, 438; NZG 2005, 721 mit zust. Anm. *Arnold* AG 2005, R 138; MüKoAktG/*Kubis* Rn. 9; *Lamers* DNotZ 1962, 287 (292); anders für den Fall des vorab erklärten Generalwiderspruchs aber Beck NotarHdB/*Heckschen* D III. VI. 4. Rn. 59. Nach Kölner Komm AktG/*Noack/Zetzsche* ist die Widerspruchsoption nicht in allen Fällen auf den Zeitraum zwischen Eröffnung und Schließung der Hauptversammlung beschränkt (→ Rn. 239 f.), behebbare Verfahrensfehler müssen im Zeitpunkt der Rechtsverletzung zur Niederschrift erklärt werden (→ Rn. 246).
[61] Vgl. auch OLG Jena NZG 2006, 2281; OLG München AG 2007, 37; OLG Düsseldorf Urt. v. 14.12.2006 – 6 U 241/05; *Priester* DNotZ 2006, 403 (415 f.); *Priester* EWiR § 245 AktG 1/05, 329; *Vetter* DB 2006, 2278.
[62] MüKoAktG/*Kubis* Rn. 8; *Sigel/Schäfer* BB 2005, 2137 (2140).

sich zur Feststellung der Identität einen amtlichen Lichtbildausweis vorlegen lassen.[63] Bei Aktien im Eigen- und Fremdbesitz ist zusätzlich die betreffende Stimmkartennummer anzugeben[64] oder eine anderweitige Kennzeichnung vorzunehmen. Entsprechende Überlegungen gelten für den Widerspruch gemäß § 29 Abs. 1 UmwG, §§ 125, 207 Abs. 1 UmwG. Soweit das Gesetz ein bestimmtes Minderheitsquorum verlangt, sollte das Aktienvolumen der widersprechenden Aktionäre vermerkt werden.[65]

10a **d) Protokollierung von Online-Erklärungen.** Besondere Fragen stellen sich, wenn die Gesellschaft nach Maßgabe von § 118 Abs. 1 Satz 2 AktG die Ausübung von Aktionärsrechten, für die eine Protokollierung vorgesehen ist, im Wege der elektronischen Kommunikation zugelassen hat. Da der online teilnehmende Aktionär als „erschienen" gilt,[66] kann ihm etwa auch die Anfechtungsbefugnis nach § 245 Nr. 1 eingeräumt werden, wenn er gegen einen Beschluss Widerspruch zur Niederschrift erklärt hat. Voraussetzung ist zunächst, dass ihm durch die Satzung oder auch durch den Vorstand aufgrund Satzungsermächtigung die Möglichkeit gewährt wird, Widerspruch zur Niederschrift zu erklären.[67] Große praktische Bedeutung wird der Problematik voraussichtlich nicht zukommen, da aus Sicht der Verwaltung regelmäßig kein Interesse daran bestehen wird, eine solche Widerspruchsmöglichkeit einzuräumen.[68] Zu klären wäre dann, wie der Widerspruch zur Niederschrift rein technisch durch den nur virtuell anwesenden Aktionär zum Ausdruck gebracht werden kann.[69] Dies hängt nicht zuletzt von der technischen Ausgestaltung der Online-Teilnahme ab. Denkbar wäre es etwa, dass im Rahmen des jeweiligen Systems durch Anklicken einer Schaltfläche oder durch Versendung einer E-Mail der Widerspruch gegenüber dem beurkundenden Notar erklärt werden kann. Die entsprechenden technischen Einrichtungen müssten dem Notar während der Hauptversammlung durch die Gesellschaft zur Verfügung gestellt werden, um einen Zugang der Erklärungen zu gewährleisten. Dem Notar müsste darüber hinaus auf Verlangen die Möglichkeit eines Papierausdrucks eröffnet werden. Der Entscheidung des Notars ist es überlassen, ob er den jeweiligen Widerspruch anhand der EDV-Einsicht protokolliert oder (gegebenenfalls zusätzlich) einen Ausdruck zur Niederschrift nimmt. Zu diesem Zweck sollte die Hauptversammlung vor ihrem Abschluss unterbrochen werden. Entsprechend den Überlegungen zur Einlegung des Widerspruchs wäre es ferner denkbar, dass die AG den online teilnehmenden Aktionären gestattet, die Aufnahme unbeantworteter Fragen gem. § 131 Abs. 5 in die Niederschrift zu verlangen oder Minderheitsverlangen im Sinne des Abs. 1 S. 2 zu stellen. Die Ausübung der Rechte müsste wiederum im Rahmen des elektronischen Systems ermöglicht werden und über Computereinrichtungen während der Hauptversammlung erkennbar sein. Dem Notar müssten zum jeweils geeigneten Zeitpunkt Gelegenheit zur Einsichtnahme und Überprüfung gewährt werden und die erforderlichen Druckeinrichtungen zur Verfügung gestellt werden. Im Fall einer akustischen oder visuellen Zuschaltung des Aktionärs wären die entsprechenden technischen Ton- bzw. Bildübertragungen zu Protokoll zu nehmen. Die Beweiskraft der notariellen Niederschrift wäre in mancher Hinsicht allerdings eingeschränkt. Die Wahrnehmungen des Notars beziehen sich zunächst nur auf die Computereinsicht oder sonstige technische Übertragung. Im Hinblick auf die Funktionsfähigkeit der technischen Einrichtungen trifft den Notar nur eine allgemeine Prüfungs- und Überwachungspflicht bezogen auf evidente Rechtsverstöße.[70] Zu berücksichtigen ist ferner, dass das Gesetz keine Mindeststandards zur Authentifizierung der online teilnehmenden Aktionäre geschaffen hat und Manipulationsmöglichkeiten in diesem Bereich nicht ausgeschlossen sind.[71]

11 **e) Beurkundungspflichtige Willenserklärungen im Zusammenhang mit der Hauptversammlung.** In einigen Fällen bedürfen nach dem Gesetz Willenserklärungen von Gesellschaftern

---

[63] OLG München NZG 2010, 397 (399).
[64] OLG München AG 2001, 482; NJW-RR 2002, 105; *Pöschke/Vogel* in Semler/Volhard/Reichert HV-HdB § 13 Rn. 59 Fn. 110. Nach OLG Nürnberg NZG 1999, 409 kann der Widerspruch eines Aktionärs zu Protokoll der Hauptversammlung auch durch einen Untervertreter erfolgen.
[65] Vgl. auch MüKoAktG/*Kubis* Rn. 8, wonach in diesem Fall die Angabe der Stimmenzahl erforderlich ist. Nach *Bezzenberger* FS Schippel, 1996, 361 (384) ist die Aufnahme der Namen der Minderheitsaktionäre im Fall des § 318 Abs. 3 HGB empfehlenswert.
[66] Vgl. *Wicke* Einführung S. 25.
[67] Vgl. zum Folgenden *Wicke* Einführung S. 26; Hölters/*Drinhausen* § 118 Rn. 17. Nach Grigoleit/*Herrler* Rn. 6 müssen ein Widerspruch oder andere Erklärungen aus Dokumentationsgründen selbst dann in die Niederschrift aufgenommen werden, wenn die Ausübung des in Rede stehenden Rechts in konkreto dem nur online teilnehmenden Aktionär gerade nicht zusteht.
[68] *Paschos/Goslar* AG 2009, 11 (14, 19).
[69] Vgl. *Arnold* Der Konzern 2009, 88 (92); *Noack* NZG 2008, 441 (444).
[70] Vgl. BGH NJW 2009, 2207 (2209); → § 130 Rn. 31.
[71] Dazu kritisch die Stellungnahme des Bundesrats im Gesetzgebungsverfahren zu § 118 AktG, s. *Wicke* Einführung S. 307; vgl. zur Problematik auch *Wicke* Einführung S. 23 f.

im Zusammenhang der Hauptversammlung der notariellen Beurkundung.[72] So ist die Zustimmung der persönlich haftenden Gesellschafter einer KGaA zu Beschlüssen, die zustimmungspflichtig und in das Handelsregister einzutragen sind, in der Verhandlungsniederschrift oder in einem Anhang zu beurkunden (§ 285 Abs. 3 Satz 2).[73] Nach verbreiteter Auffassung hat dies nach den Regeln über die Beurkundung von Willenserklärungen zu erfolgen mit der Konsequenz, dass (zumindest in diesem Punkt)[74] die Verhandlungsniederschrift oder die Anlage auch vorzulesen und vom Komplementär zu genehmigen und zu unterschreiben ist (§ 13 Abs. 1 Satz 1 BeurkG) und eine entsprechende Belehrung zu erfolgen hat (§ 17 BeurkG).[75] Es genügt aber, dass die Niederschrift zeitlich getrennt und zu gesonderter Urkunde aufgenommen wird, die dann als Anlage beizufügen ist.[76] Eine notarielle Beurkundung nach Maßgabe der §§ 6 ff. BeurkG ist ferner für Verzichtserklärungen nach den § 8 Abs. 3 UmwG, § 9 Abs. 3 UmwG und § 16 Abs. 2 Satz 2 UmwG vorgesehen[77] (die aber nicht in das Verhandlungsprotokoll zu § 13 UmwG oder in einen entsprechenden Anhang aufzunehmen sind). Zu erwähnen sind in diesem Kontext ferner die Verzichtserklärungen gemäß § 293a Abs. 3, § 293b Abs. 2 und § 293e Abs. 3 hinsichtlich der Berichts- und Prüfungspflichten bei Unternehmensverträgen, die lediglich öffentlich zu beglaubigen sind (§ 129 BGB).[78] Abzugrenzen sind sonstige formlos gültige Willenserklärungen, deren Abgabe (fakultativ) im Verhandlungsprotokoll dokumentiert werden kann, wie insbesondere ein Bezugsrechtsverzicht, der Verzicht auf die Einberufungsmodalitäten bei der Vollversammlung, die Zustimmung zur nachträglichen Einführung einer Einziehungs- oder Vinkulierungsklausel oder die Erklärung des gewählten Aufsichtsratsmitglieds zur Annahme des Amts.[79]

f) Obligatorische ungeschriebene Protokollangaben. Im Hinblick auf den Rahmen der Hauptversammlung und die im Mittelpunkt der Niederschrift stehenden Beschlussfassungen werden in § 130 Abs. 2 konkrete inhaltliche Anforderungen formuliert.[80] Ob über die gesetzlich angeordneten Umstände hinaus weitere Angaben zwingend in das Protokoll aufzunehmen sind, wird nicht einheitlich beurteilt. Von der überwiegenden Auffassung wird dies **als Ausfluss der Amtspflichten des Notars** anlässlich der Hauptversammlung im Grundsatz bejaht, während eine Mindermeinung[81] eine Beurkundung nur hinsichtlich der ausdrücklich bestimmten Umstände für notwendig erachtet. Einigkeit besteht heute aber insoweit, dass ein Verstoß gegen ungeschriebene Beurkundungspflichten die Wirksamkeit der Beschlussfassung unberührt lässt und lediglich berufs- bzw. haftungsrechtliche Konsequenzen auslösen kann, da die **Nichtigkeitsgründe wegen Protokollmängeln** in den §§ 130, 241 Nr. 2 aus Gründen der Rechtssicherheit **abschließend geregelt** sind.[82]

Nach einer verbreiteten Formel ist in die Urkunde im Übrigen alles aufzunehmen, was zur Beurteilung der Wirksamkeit eines Beschlusses oder seines ordnungsgemäßen Zustandekommens erheblich sein könnte.[83] Ein engerer Ansatz geht dahin, dass lediglich unmittelbar beschlussrelevante

---

[72] Vgl. *Butzke* Die Hauptversammlung der AG Rn. N 13.
[73] Vgl. hierzu OLG Stuttgart NZG 2003, 293; KJG 41 A 140; *Haupt* in Hauschild/Kallrath/Wachter Notar-HdB § 14 Rn. 400. Es empfiehlt sich im Regelfall, den Zustimmungsbeschluss in einer gesonderten Niederschrift nach den Vorschriften der §§ 8 ff. BeurkG zu beurkunden, während die Hauptversammlung in dem Verfahren nach § 36 BeurkG, § 130 AktG beurkundet wird. Entscheidend ist dann gemäß § 285 Abs. 3 Satz 2 allerdings, dass diese gesonderte Niederschrift über den Zustimmungsbeschluss des persönliche haftenden Gesellschafters der Hauptversammlungsniederschrift als Anlage beigefügt wird.
[74] Vgl. *Pöschke/Vogel* in Semler/Volhard/Reichert HV-HdB § 13 Rn. 14 Fn. 26; nach einer weiter gehenden Auffassung ist das gesamte Protokoll zu verlesen, die Verlesung des die Willenserklärungen enthaltenden Abschnitts der Urkunde genügt wohl nicht, vgl. *Winkler* BeurkG Vor § 36 Rn. 17; Eylmann/Vaasen/*Limmer* BeurkG § 36 Rn. 2.
[75] So etwa Wachter/*Wachter* Rn. 13; Großkomm AktG/*Barz* § 285 Anm. 9; offen gelassen von OLG Stuttgart NZG 2003, 293 (294).
[76] Großkomm AktG/*Mülbert* Rn. 27.
[77] *Butzke* Die Hauptversammlung der AG Rn. N 13; MüKoAktG/*Kubis* Rn. 41; *Zimmermann* in Seibert/Kiem AG-HdB S. 220.
[78] Zur Frage, ob die öffentlich beglaubigte Erklärung durch beurkundeten einstimmigen Beschluss ersetzt werden kann vgl. Hüffer/Koch/*Koch* § 293a Rn. 21 mwN.
[79] *Butzke* Die Hauptversammlung der AG Rn. N 13.
[80] Zu den aktienrechtlichen Wirksamkeitsvoraussetzungen und den obligatorischen Angaben in diesem Bereich → Rn. 43 ff., insbes → Rn. 45 ff.
[81] Vgl. GHEK/*Eckardt* Rn. 38.
[82] Vgl. BGH DNotZ 2009, 688 Rn. 16; OLG Düsseldorf Urt. v. 28.3.2003 – 16 U 79/02, Rn. 51 ff. = DNotZ 2003, 775; s. auch Grigoleit/*Herrler* Rn. 7; Weniger deutlich insoweit die frühere Literatur, vgl. etwa *Lamers* DNotZ 1962, 287 (293); *Wilhelmi* BB 1987, 1331 (1334).
[83] Großkomm AktG/*Mülbert* Rn. 44; MüKoAktG/*Kubis* Rn. 71; *Schulte* AG 1985, 33 (39); *Wilhelmi* BB 1987, 1331 (1334 f.); K. Schmidt/Lutter/*Ziemons* Rn. 27.

oder anfechtungserhebliche Umstände zu beurkunden sind.[84] Weiter einschränkend lehnen Teile des Schrifttums allgemeine Formeln ab und bejahen eine Beurkundungspflicht nur für konkret bezeichnete Vorgänge, da andernfalls praktisch die gesamte Hauptversammlung zu protokollieren wäre.[85] Der Aufnahme in die Niederschrift bedürfen nach ganz überwiegender Auffassung jedenfalls **Ordnungsmaßnahmen des Vorsitzenden**,[86] die Rechte von Aktionären einschränken, wie Begrenzungen der Redezeit, Wortentzug, Saalverweis oder Nichtzulassung zur Teilnahme sowie **Feststellungen über Stimmverbote**,[87] wobei sich der Notar bei größeren Versammlungen regelmäßig auf die Wiedergabe der entsprechenden Hinweise des Vorsitzenden beschränken kann, ohne eigene Ermittlungen anstellen zu müssen. Sofern die AG von den Möglichkeiten der Online-Teilnahme oder der Briefwahl gem. § 118 Abs. 1 Satz 2 bzw. Abs. 2 Gebrauch macht, sind hierzu ebenfalls Angaben aufzunehmen. Eine Beurkundung ist ferner erforderlich bei **Anträgen von Aktionären**, die vom Versammlungsleiter **zurückgewiesen** oder ignoriert werden, ohne dass sie zur Abstimmung gestellt wurden.[88] Im Schrifttum wird darüber hinaus vertreten, dass Feststellungen in der Hauptversammlung zur ordnungsgemäßen Einberufung,[89] zur Tagesordnung und zur Vorlage des Jahresabschlusses und anderer nach dem Gesetz auszulegender Unterlagen wie auch zur Erstattung von Berichten und Anzeigen zu protokollieren sind.[90] Die Verpflichtung zur Aufnahme der ungeschriebenen obligatorischen Gegenstände resultiert aus der Stellung des Notars als Träger eines öffentlichen Amts und als Organ der vorsorgenden Rechtspflege mit der Folge, dass ein Verstoß Haftungsansprüche begründen kann. Im Fall eines privatschriftlichen Versammlungsprotokolls hat ein Auslassen der genannten Angaben demgegenüber keine Konsequenzen.[91]

14 g) **Fakultative Angaben.** Es steht im pflichtgemäßen Ermessen des Notars oder des Versammlungsleiters im Fall des § 130 Abs. 1 Satz 3, über die gesetzlichen Anforderungen hinaus weitere Vorgänge in der Niederschrift aufzuführen; insoweit können weder Vorstand, Aufsichtsrat, der Versammlungsleiter oder Aktionäre verlangen, dass Vorgänge der Hauptversammlung im Protokoll erwähnt werden.[92] In der Praxis werden regelmäßig die Namen der anwesenden Vorstands- und Aufsichtsratsmitglieder sowie evtl. eines Abschlussprüfers angegeben, darüber hinaus die Person des Vorsitzenden, die Begrüßung der Teilnehmer durch diesen, seine Feststellungen über die Einberufung, die in der Hauptversammlung ausliegenden Unterlagen (Jahresabschluss nebst Berichten von Vorstand und Aufsichtsrat etc.) und die Entsprechenserklärung nach § 161 sowie seine Erläuterungen zum Abstimmungsverfahren. Üblicher Weise werden ferner die Hinweise des Vorsitzenden über die Präsenzkontrolle erwähnt, die Erstellung und Auslegung des Teilnehmerverzeichnisses, die Eröffnung der Aussprache und Anordnungen zu deren Ablauf, die Namen und Reihenfolge der Redner, Abweichungen von der Tagesordnung, mögliche äußere Störungen sowie die Uhrzeit von Beginn und Ende der Versammlung.[93] In der Literatur findet sich die Empfehlung für den Notar, zur Haftungsvermeidung in Zweifelsfällen eher zu umfangreich zu protokollieren.[94] Als Leitlinie sollte gleichzeitig aber berücksichtigt werden, dass die Niederschrift nach der Konzeption des Gesetzes ein Ergebnisprotokoll ist, das den ordnungsgemäßen Versammlungsablauf und mögliche Regelwidrigkeiten klar strukturiert zur Beweiserbringung im Sinne des § 415 ZPO dokumentieren soll.[95]

---

[84] Vgl. OLG Düsseldorf ZIP 2003, 1147 (1151); *Priester* DNotZ 2001, 661 (667); Grigoleit/*Herrler* Rn. 8.
[85] Kölner Komm AktG/*Zöllner* (Vorauflage) Rn. 48; ebenso *Butzke* Die Hauptversammlung der AG Rn. N 32 f.; kritisch *Wilhelmi* BB 1987, 1331 (1335).
[86] *Butzke* Die Hauptversammlung der AG Rn. N 33; MüKoAktG/*Kubis* Rn. 71; *Pöschke/Vogel* in Semler/Volhard/Reichert HV-HdB § 13 Rn. 58; *Sigel/Schäfer* BB 2005, 2137 (2140); *Haupt* in Hauschild/Kallrath/Wachter Notar-HdB § 14 Rn. 403; aA Hölters/*Drinhausen* Rn. 11.
[87] *Butzke* Die Hauptversammlung der AG Rn. N 33; MüKoAktG/*Kubis* Rn. 71.
[88] *Butzke* Die Hauptversammlung der AG Rn. N 33; MüKoAktG/*Kubis* Rn. 71; *Sigel/Schäfer* BB 2005, 2137 (2142).
[89] Nach K. Schmidt/Lutter/*Ziemons* Rn. 9 wohl Wirksamkeitsvoraussetzung.
[90] *Schulte* AG 1985, 31 (39); zur Vorlage von Verträgen in der Hauptversammlung vgl. *Deilmann/Messerschmidt* NZG 2004, 977; vgl. ferner MüKoAktG/*Kubis* Rn. 59 (Zustimmung einzelner Aktionäre obligatorischer Inhalt, wenn Wirksamkeit des Beschlusses davon abhängt).
[91] Zutreffend MüKoAktG/*Kubis* Rn. 34; *Bezzenberger* FS Schippel, 1996, 361 (386); Grigoleit/*Herrler* Rn. 28; nach Auffassung von MHdB AG/*Hoffmann-Becking* § 41 Rn. 30 unterscheiden sich die notarielle und die bloß privatschriftliche Niederschrift grundsätzlich nicht.
[92] Zutreffend K. Schmidt/Lutter/*Ziemons* Rn. 28.
[93] Vgl. auch *Butzke* Die Hauptversammlung der AG Rn. N 34; MüKoAktG/*Kubis* Rn. 72; *Pöschke/Vogel* in Semler/Volhard/Reichert HV-HdB § 13 Rn. 65 ff.; *Sigel/Schäfer* BB 2005, 2137 (2143).
[94] Großkomm AktG/*Mülbert* Rn. 30.
[95] MüKoAktG/*Kubis* Rn. 72; zur Beweiskraft der notariellen Niederschrift bezüglich des fakultativen Inhalts s. OLG Stuttgart BeckRS 2009, 08 824 sowie oben → Rn. 1.

Umgekehrt kann es als Amtsverstoß zu werten sein, wenn die gefassten Beschlüsse und sonstige zwingende Angaben sich dem Protokoll nicht hinreichend deutlich entnehmen lassen.[96]

2. Notarielle Niederschrift. a) Rechtsgrundlagen. Nach § 130 Abs. 1 sind die Beschlüsse der 15 Hauptversammlung regelmäßig durch eine notariell aufgenommene Niederschrift zu beurkunden. Der Notar wird auf Ansuchen der durch den Vorstand handelnden Gesellschaft aufgrund seines öffentlichen Amts tätig. Eine Abwahl durch die Hauptversammlung wäre daher als Kompetenzüberschreitung unzulässig.[97] Sofern eine Minderheit zur Einberufung der Hauptversammlung ermächtigt wird (§ 122 Abs. 31), kann sie den Notar um Beurkundung ersuchen und anschließend von der Gesellschaft die entstandenen Kosten einfordern (§ 122 Abs. 4), die aber in diesem Fall nach zutreffender Auffassung nicht selbst gegenüber dem Notar verpflichtet wird.[98]

Im Hinblick auf das Beurkundungsverfahren ist § 130 gegenüber den §§ 36, 37 BeurkG als speziellere Norm vorrangig (§ 59 BeurkG). Die allgemeinen Vorschriften des BeurkG (etwa über Mitwirkungsverbote, §§ 3 ff. BeurkG oder nachträgliche Änderungen, § 44a BeurkG) bleiben daneben anwendbar.[99] Zudem kann nach zutreffender Auffassung auf §§ 36, 37 BeurkG zurückgegriffen werden, soweit § 130 keine abschließende Regelung enthält, wie etwa hinsichtlich der Beifügung von Anlagen.[100] Da die Niederschrift über die Hauptversammlung ein Tatsachenprotokoll ist,[101] wird sie nicht vorgelesen und nicht von den Versammlungsteilnehmern genehmigt oder unterschrieben, auch überprüft der Notar nicht die Identität der Beteiligten oder die Vollmacht der anwesenden Vertreter.[102] Dies schließt es nicht aus, die Beurkundung bei einem überschaubaren Teilnehmerkreis nach den weiter gehenden Vorschriften der §§ 6 ff. BeurkG über Willenserklärungen vorzunehmen;[103] nach hM ist auch in diesem Fall den Anforderungen des § 130 vollumfänglich Rechnung zu tragen, was angesichts der genauen Protokollierung der jeweiligen Erklärungen die verlesen und durch Unterschrift aller Beteiligten genehmigt werden, nicht zweifelsfrei erscheint.[104]

Der Notar hat als unabhängiger Träger eines öffentlichen Amts seine damit verbundenen gesetzlichen Pflichten zu beachten (§ 1 BNotO). Im Verhältnis der beteiligten Vorstands-, Aufsichtsratsmitglieder und Aktionäre hat er seine Unparteilichkeit streng zu wahren. Über die Ereignisse während der Hauptversammlung trifft ihn dritten Personen gegenüber, die nicht teilgenommen haben, eine Verschwiegenheitspflicht (§ 18 BNotO); eine Befreiung von dieser Verpflichtung wird häufig ausscheiden, da diese von sämtlichen Beteiligten erklärt werden müsste.[105]

b) Örtliche Beschränkungen; Auslandsbeurkundung. Die Urkundstätigkeit des Notars 18 unterliegt **örtlichen Beschränkungen**. Außerhalb seines Amtsbezirks ist eine Urkundstätigkeit nur zulässig, wenn Gefahr im Verzug ist oder die Aufsichtsbehörde Genehmigung erteilt hat (§ 11 Abs. 2 BNotO), zudem soll der Notar sich auf seinen Amtsbereich beschränken, sofern nicht besondere berechtigte Interessen der Rechtsuchenden etwas anderes gebieten (§ 10a Abs. 2 BNotO). Verstöße gegen diese Vorschriften haben disziplinarrechtliche Konsequenzen, lassen aber die Wirksamkeit der Beurkundung unberührt (§ 2 BeurkG, § 11 Abs. 3 BNotO).[106] Bei schwierigen Hauptversammlungen wird in der Praxis mitunter ein zweiter, in einem anderen Bezirk ansässiger Notar mit entsprechenden Spezialkenntnissen zur Unterstützung hinzugezogen (→ Rn. 23a). Im Ausland sind Urkundsakte eines deutschen Notars unwirksam, da sich seine Hoheitsbefugnisse nach dem völkerrechtlichen Territorialitätsgrundsatz auf das deutsche Staatsgebiet beschränken;[107] entsprechendes gilt umgekehrt für im Inland vorgenommene Beurkundungen einer ausländischen Urkundsperson.[108] An dieser Rechtslage hat sich auch nichts durch die Rechtsprechung des EuGH geändert, wonach ein Staatsangehörigkeitsvorbehalt für den Zugang zum Notarberuf gegen die Niederlassungsfreiheit

---

[96] Staudinger/*Hertel*, 2017, BeurkG Rn. 622; ferner MüKoAktG/*Kubis* Rn. 72.
[97] Hüffer/Koch/*Koch* Rn. 7; Hölters/*Drinhausen* Rn. 12.
[98] Hüffer/Koch/*Koch* Rn. 7; MüKoAktG/*Kubis* Rn. 13; Bürgers/Körber/*Reger* Rn. 7; Hölters/*Drinhausen* Rn. 12; aA NK-AktR/*Terbrack/Lohr* Rn. 13; Kölner Komm AktG/*Noack/Zetzsche* Rn. 59.
[99] Staudinger/*Hertel*, 2017, BeurkG Rn. 605.
[100] *Maaß* ZNotP 2005, 377 (378); *Pöschke/Vogel* in Semler/Volhard/Reichert HV-HdB § 13 Rn. 13 Fn. 25, der allerdings angesichts fehlender höchstrichterlicher Rechtsprechung zu Vorsicht rät.
[101] BGH NJW 2018, 52 Rn. 26.
[102] *Pöschke/Vogel* in Semler/Volhard/Reichert HV-HdB § 13 Rn. 14 f.; NK-AktR/*Terbrack/Lohr* Rn. 15; anders teilweise bei intendierter Vollversammlung, vgl. Rn. 34 sowie Hartmann DNotZ 2002, 253 (254); *Sigel/Schäfer* BB 2005, 2137 (2139).
[103] OLG München DNotZ 2011, 142 (146); aA K. Schmidt/Lutter/*Ziemons* Rn. 26.
[104] Kritisch auch Grigoleit/*Herrler* Rn. 39.
[105] Vgl. *Pöschke/Vogel* in Semler/Volhard/Reichert HV-HdB § 13 Rn. 35 f.; s. § 18 Abs. 2 BNotO.
[106] Hüffer/Koch/*Koch* Rn. 8; MüKoAktG/*Kubis* Rn. 13.
[107] Offen lassend BGH NJW 2013, 1605.
[108] Eylmann/Vaasen/*Limmer* BeurkG § 2 Rn. 8, 11 mwN.

verstößt.[109] Nicht abschließend geklärt erscheint die Frage, inwieweit die Protokollierung der Hauptversammlung wirksam durch einen **ausländischen Notar** innerhalb dessen Amtsgebiet vorgenommen werden kann.[110] Die Auseinandersetzung betrifft vor allem zwei Aspekte, nämlich zum einen, ob die Wahrung der Ortsform im Rahmen des § 130 ausreichend ist und zum anderen, ob zumindest bei Gleichwertigkeit der ausländischen Beurkundung den gesetzlichen Anforderungen Rechnung getragen wird. Nach zutreffender Auffassung sprechen der enge Sachzusammenhang mit gesellschaftsrechtlichen Regelungen sowie Erwägungen der Rechtssicherheit[111] und des Verkehrsschutzes dafür, dass zwingend die Form des Gesellschaftsstatuts zu wahren ist.[112] Art. 11 EGBGB steht dieser Interpretation nicht entgegen, da die Vorschrift nach ihrer Entstehungsgeschichte das Gesellschaftsrecht nicht erfasst.[113] Darüber hinaus ist Art. 11 Abs. 2 Rom I-VO gemäß Art. 1 Abs. 2 lit. f. Rom I-VO auf Fragen betreffend das Gesellschaftsrecht nicht anzuwenden. Nach der Rechtsprechung des BGH genügt die Beurkundung durch einen ausländischen Notar, wenn sie der deutschen Beurkundung gleichwertig ist. Gleichwertigkeit ist demzufolge gegeben, wenn die ausländische Urkundsperson nach Vorbildung und Stellung im Rechtsleben eine der Tätigkeit des deutschen Notars entsprechende Funktion ausübt und für die Urkunde ein Verfahrensrecht zu beachten hat, das den tragenden Grundsätzen des deutschen Beurkundungsrechts entspricht.[114] Der II. Zivilsenat hat allerdings nicht thematisiert, ob dies für sämtliche Hauptversammlungsbeschlüsse gelten soll oder ob nicht – entsprechend der Auffassung des früheren Senatsvorsitzenden Goette – eine Auslandsbeurkundung von Grundlagenbeschlüssen, welche die Verfassung der Gesellschaft betreffen, ausscheiden muss.[115] Gegen eine Auslandsbeurkundung insbesondere von Grundlagenbeschlüssen spricht die Erwägung, dass die Einschaltung des Notars nach überwiegender Auffassung und im Einklang mit den Vorstellungen des historischen Gesetzgebers auch die Einhaltung der materiell-rechtlichen Anforderungen des AktG sicherstellen soll. Die insoweit erforderlichen, mitunter weitreichenden Kenntnisse können bei ausländischen Amtsträgern unabhängig von der Frage der Gleichwertigkeit nicht generell vorausgesetzt werden (wie auch umgekehrt das entsprechende Wissen zu ausländischen Rechtsordnungen bei deutschen Notaren nicht allgemein vorhanden wäre).[116] Mit den Geboten der Rechtssicherheit wäre es demgegenüber nicht vereinbar, auf die im Einzelfall vorhandene Kompetenz der konkreten Urkundsperson abzustellen.[117] Ein Verzicht der Beteiligten auf die Prüfungs- und Hinweispflichten erscheint in diesem Zusammenhang problematisch, da das Beurkundungserfordernis nicht zuletzt im Interesse Dritter, wie insbesondere künftiger Anleger und Gläubiger der Gesellschaft besteht.[118] Vor

---

[109] S. EuGH NJW 2011, 2941; dazu BGH NJW 2013, 1605 (1606); BVerfG 2012, 2639 Rn. 46 ff.; *Hensslel/Kilian* NJW 2012, 482 (484); Grigoleit/*Herrler* Rn. 12.

[110] Ablehnend *Goette* DStR 1996, 709; NK-AktR/*Terbrack/Lohr* Rn. 12; Staudinger/*Großfeld* (1998) IntGesR Rn. 497; befürwortend Hüffer/Koch/*Koch* § 121 Rn. 16; *Schiessl* DB 1992, 823; *Bungert* AG 1995, 26; ferner Bürgers/Körber/*Reger* Rn. 9; Hölters/*Drinhausen* Rn. 13.

[111] Vgl. BGH DNotZ 2009, 688 Rn. 12: § 130 bezweckt vor allem Rechtssicherheit.

[112] Vgl. auch OLG Hamm NJW 1974, 1057; OLG Karlsruhe RIW 1979, 567 (568); AG Köln GmbHR 1990, 171 (172); AG Köln WM 1989, 1810 (1811); LG Augsburg DB 1996, 1666; ferner Deutscher Rat für IPR und Max-Planck-Institut für ausländisches und internationales Privatrecht, RabelsZ 47 (1983), 620 .f. mit Hinweis auf den Zusammenhang mit dem deutschen Registerrecht und die enge Beziehung zu der im Außenverhältnis bedeutsamen Verfassung der Gesellschaft; Hüffer/Koch/*Koch* § 121 Rn. 16; Staudinger/*Großfeld* (1998) IntGesR Rn. 497; *Heckschen* DB 1990, 161; *Goette* DStR 1996, 709 (710 f.) (soweit die Verfassung der Gesellschaft betroffen ist); aA OLG Stuttgart IPRax 1983, 79; OLG Düsseldorf NJW 1989, 2200; LG Köln GmbHR 1990, 171; offen gelassen von BGH NJW 1981, 1160; ZIP 2014, 2494 (2496).

[113] Vgl. BT-Drs. 10/504, 49; *Schervier* NJW 1992, 593 (594).

[114] BGH ZIP 2014, 2494 (2495 f.).

[115] S. *Goette* DStR 1996, 709; vgl. auch BGH ZIP 2014, 2494 (2496) mit der Bezugnahme auf die gesetzliche Ausnahme vom Beurkundungserfordernis für weniger bedeutende Beschlüsse nicht börsennotierter Gesellschaft gemäß § 130 Abs. 1 S. 3.

[116] Kritisch daher auch Herrler/*Herrler* GesR § 7 Rn. 383 ff.; *Hüren* DNotZ 2015, 213, 216. Zur Frage der Gleichwertigkeit s. BGH NJW 1981, 1160.

[117] Vgl. auch OLG Karlsruhe RIW 1979, 567 (568); LG Augsburg DB 1996, 1666; aA wohl *Bungert* AG 1995, 26 (30); zur GmbH ferner *Dignas* GmbHR 2005, 139 (144 ff.).

[118] *Goette* DStR 1996, 709 (713); Bürgers/Körber/*Reger* Rn. 1; NK-AktR/*Terbrack/Lohr* Rn. 12, die zudem auf das Fehlen von Amtshaftungsansprüchen bei Auslandsbeurkundungen hinweisen; aA aber BGH NJW 1981, 1160 zu § 17 BeurkG; ferner BGH BB 2014, 462 mit krit. Anm. *Heckschen*. In praktischer Hinsicht dürfte der Internationalisierungs- und Imagegewinn durch Hauptversammlungen im Ausland (hierzu *Schiessl* DB 1992, 823; *Bungert* AG 1995, 26) als eher geringfügig zu veranschlagen sein. Zu berücksichtigen ist ferner, dass der Geschäftswert bei der Beurkundung von Hauptversammlung insgesamt höchstens 5 Mio. Euro beträgt, auch wenn mehrere Beschlüsse mit verschiedenem Gegenstand in einem Beurkundungsverfahren zusammen gefasst werden (§ 108 Abs. 5 GNotKG), so dass die Kostenersparnis von Auslandsbeurkundungen auch nach Inkrafttreten des GNotKG eher begrenzt sein dürfte.

diesem Hintergrund werden in der Registerpraxis Auslandsbeurkundungen über Gesellschafterversammlungen inländischer Gesellschaften vielfach weiterhin nicht anerkannt.[119] Soweit (insbesondere) Konzerngesellschaften im Einklang mit § 5 in der durch das MoMiG geänderten Fassung ihren Verwaltungssitz im Ausland haben oder ausländische Muttergesellschaften über Konzerntöchter im Inland verfügen, können Hauptversammlungen zumeist ohne größere Schwierigkeiten mittels Vollmachten abgehalten werden, für die nach § 134 Abs. 3 Satz 3 Textform genügt, oder nach neuem Recht durch Übertragung der Hauptversammlung und Online-Teilnahme der Aktionäre (§ 118 Abs. 1 Satz 2, Abs. 4).

c) Mitwirkungsverbote. Um die unparteiische Amtsausübung des Notars zu gewährleisten, ist dieser bei möglichen Interessenkonflikten nach Maßgabe des § 3 BeurkG von der Beurkundungstätigkeit ausgeschlossen. Die Anwendung der Norm ist in den Einzelheiten umstritten. Eine eigene Angelegenheit des Notars, eines Angehörigen oder seines Sozius (§ 3 Abs. 1 Satz 1 Nr. 1–4 BeurkG), die zu einem Ausschluss führt, liegt nach hM vor, wenn aus Aktien der genannten Personen Mitgliedschaftsrechte in der Hauptversammlung ausgeübt werden, unabhängig von der Höhe der Beteiligung.[120] Die Gesellschafterstellung als solche führt ohne eine Teilnahme im Grundsatz nicht zu einem Mitwirkungsverbot.[121] Etwas anderes gilt gemäß § 3 Abs. 1 Nr. 9 BeurkG, wenn der Notar mit mehr als 5 % der Stimmrechte oder mit einem anteiligen Betrag des Grundkapitals von € 2500 beteiligt ist.[122] Ein Mitwirkungsverbot besteht ferner dann, wenn der Notar, ein Angehöriger oder sein Sozius (§ 3 Abs. 1 Satz 1 Nr. 2, 2a, 3, 4 BeurkG) wirtschaftlicher Inhaber des Unternehmens ist, wie insbesondere im Fall einer Mehrheitsbeteiligung. Entsprechendes gilt für Beschlüsse, die den Notar, einen Angehörigen oder seinen Sozius stärker als die Gesamtheit der Mitglieder berühren, wie bei der Gewährung oder Entziehung von Sonderrechten oder der Wahl in ein Gesellschaftsorgan.[123] Zu weitgehend und mit der Systematik des § 3 BeurkG nur schwer vereinbar wäre es demgegenüber, bei einer personalistisch strukturierten AG die Beteiligung als solche unabhängig von der Ausübung von Mitgliedschaftsrechten genügen zu lassen.[124] In einer einschlägigen Konstellation kann uU aber eine Ablehnung wegen Befangenheit angezeigt sein (§ 16 Abs. 2 BNotO).

Der Notar darf die Beurkundung ferner nicht vornehmen, wenn er, ein Angehöriger oder sein Sozius dem Vorstand der Aktiengesellschaft angehört (§ 3 Abs. 1 Satz 1 Nr. 1–4 BeurkG).[125] Nach zutreffender Auffassung gilt dies auch für eine Mitgliedschaft im Aufsichtsrat, da die Gesellschaft Beteiligte ist und die Beschlüsse der Hauptversammlung für ihre Organe unmittelbar bestimmend sind.[126] Ein Mitwirkungsverbot ist darüber hinaus gegeben, wenn zu Unternehmensverträgen mit Gesellschaften zugestimmt werden soll, in deren Vorstand, Geschäftsführung oder Aufsichtsrat der Notar, ein Angehöriger oder sein Sozius tätig ist.[127] Nach § 3 Abs. 1 Satz 1 Nr. 7 BeurkG führt ferner die Vorbefassung des Notars oder seines Sozius zu einem Ausschluss von der Beurkundung. Eine Angelegenheit „außerhalb der Amtstätigkeit" im Sinne der Norm liegt nicht vor bei der Vorbereitung der Hauptversammlung, wie etwa der Formulierung der Einberufung, der Beschlussvorschläge oder der Handelsregisteranmeldung, sondern erfordert eine außernotarielle Beratung als Anwalt oder Steuerberater.[128] Die Vorschrift des § 3 Abs. 1 Satz 1 Nr. 7 BeurkG findet nach hM auf den hauptberuflichen Notar keine Anwendung.[129] Eine Beurkundung ist weiterhin ausgeschlossen,

---

[119] *Pöschke/Vogel* in Semler/Volhard/Reichert HV-HdB § 13 Rn. 20. Die den deutschen Konsularbeamten nach § 10 KonsularG zustehenden Befugnisse erfassen nach hM auch die Beurkundung von Hauptversammlungen; vgl. auch *Schiessl* DB 1992, 823 (825) mwN.

[120] *Butzke* Die Hauptversammlung der AG Rn. N 5; NK-AktR/*Terbrack*/*Lohr* Rn. 14; Bürgers/Körber/*Reger* Rn. 10; Henssler/Strohn/*Liebscher* AktG § 130 Rn. 5; aA Schippel/*Vetter* BNotO § 16 Rn. 22.

[121] Hüffer/Koch/*Koch* Rn. 9; *Butzke* Die Hauptversammlung der AG Rn. N 5; NK-AktR/*Terbrack*/*Lohr* Rn. 14; aA *Haupt* in Hauschild/Kallrath/Wachter Notar-HdB § 14 Rn. 279.

[122] *Winkler* BeurkG § 3 Rn. 47; nach Auffassung von MüKoAktG/*Kubis* Rn. 15 gilt § 3 Abs. 1 Nr. 9 BeurkG auch im Hinblick auf Angehörige.

[123] *Winkler* BeurkG § 3 Rn. 45.

[124] So aber *Winkler* BeurkG § 3 Rn. 50; aA Staudinger/*Hertel*, 2017, BeurkG Rn. 293.

[125] Armbrüster/Preuß/Renner/*Armbrüster* BeurkG § 3 Rn. 41; *Winkler* BeurkG § 3 Rn. 42; anders im Hinblick auf Angehörige Hüffer/Koch/*Koch* Rn. 9; MüKoAktG/*Kubis* Rn. 15.

[126] Rechtsgrundlage ist insoweit § 3 Abs. 1 Satz 1 Nr. 1–4, so dass die Frage, ob der Aufsichtsrat vertretungsberechtigtes Organ iSd § 3 Abs. 1 Satz 1 Nr. 6 BeurkG ist, dahin stehen kann, vgl. *Winkler* BeurkG § 3 Rn. 41; Staudinger/*Hertel*, 2017, BeurkG Rn. 293; im Ergebnis ferner MüKoAktG/*Kubis* Rn. 15; NK-AktR/*Terbrack*/ *Lohr* Rn. 14; Sigel/Schäfer BB 2005, 2137 (2138); Hölters/*Drinhausen* Rn. 17; Bürgers/Körber/*Reger* Rn. 10 (Angehörige allerdings ausklammernd. Für eine Anwendung des § 3 Abs. 3 Nr. 1, Abs. 2 BeurkG bei Mitgliedschaft in einem Beirat Großkomm AktG/*Mülbert* Rn. 41.

[127] *Winkler* BeurkG § 3 Rn. 42.

[128] *Winkler* BeurkG § 3 Rn. 116.

[129] *Heller/Vollrath* MittBayNot 1998, 322; *Hermanns* MittRhNotK 1998, 359; *Winkler* BeurkG § 3 Rn. 102 ff.

wenn der Notar von der Gesellschaft in derselben Angelegenheit bevollmächtigt wurde oder zu dieser in einem ständigen Dienst- oder ähnlichen ständigen Geschäftsverhältnis steht, also nicht bei der Übernahme einzelner anwaltlicher Mandate (§ 3 Abs. 1 Satz 1 Nr. 8 BeurkG).[130]

21 Die Mitwirkungsverbote des § 3 BeurkG begründen für den Notar eine **unbedingte Amtspflicht,** deren Verletzung berufsrechtliche Konsequenzen hat und uU den Beweiswert der Urkunde beeinträchtigen kann.[131] Da es sich jedoch um eine Soll-Vorschrift handelt, lässt ein **Verstoß die Wirksamkeit der Niederschrift** nach allgemeiner Auffassung **unberührt;**[132] auch für eine Anfechtbarkeit wird regelmäßig die erforderliche Relevanz fehlen.[133] Die weitergehenden Ausschlussgründe der §§ 6, 7 BeurkG sind nur zu berücksichtigen, soweit einzelne Willenserklärungen im Zusammenhang der Hauptversammlung beurkundet werden oder die Niederschrift ausnahmsweise insgesamt nach den Vorschriften über die Beurkundung von Willenserklärungen aufgenommen wird.[134]

22 d) **Beurkundung fehlerhafter Beschlüsse.** Nach heute hM darf der Notar seine **Mitwirkung** bei der Beurkundung **nicht versagen,** wenn ein Beschluss der Hauptversammlung aufgrund eines Mangels **anfechtbar** ist, ohne nichtig zu sein.[135] Diese Auffassung findet ihre Rechtfertigung in der Überlegung, dass das Gesetz die Nichtigkeit des Beschlusses in diesem Fall zur Disposition der Aktionäre stellt und durch Unterlassen einer fristgerechten Anfechtung Bestandskraft eintreten kann. Demgegenüber würde bei einer Verweigerung der Protokollierung die bloße Anfechtbarkeit wegen § 241 Nr. 2 in eine Nichtigkeit umschlagen. Der Notar ist aufgrund seiner allgemeinen Prüfungs- und Hinweispflichten aber gehalten, auf etwaige Bedenken aufmerksam zu machen. Schwieriger zu beantworten ist demgegenüber die **Frage, inwieweit** der Notar eine **nichtige Beschlussfassung ablehnen darf oder sogar muss.** Eine entsprechende Verpflichtung besteht gemäß § 4 BeurkG, § 14 Abs. 2 BNotO dann, wenn mit der Hauptversammlung unerlaubte oder unredliche Zwecke verfolgt würden.[136] Dies ist insbesondere anzunehmen bei evidenten Verstößen gegen § 241 Nr. 3 und 4.[137] Im Übrigen ist ein Recht zur Ablehnung der Protokollierung in Fällen eindeutiger Nichtigkeit zu bejahen.[138] Erscheint die Rechtslage aber als zweifelhaft, ist von einer Beurkundungspflicht auszugehen, doch wird der Notar seine Bedenken dem Versammlungsleiter mitteilen müssen und im Protokoll entsprechend zu vermerken haben.[139] Auf diese Weise wird nicht nur den Beteiligten die Möglichkeit einer gerichtlichen Klärung der offenen Rechtsfrage ermöglicht, vielmehr lässt sich gleichzeitig das aus der Nichtigkeit nach § 241 Nr. 2 resultierende Haftungsrisiko vermeiden, ohne den Schein einer ordnungsgemäßen Beschlussfassung zu setzen.[140] Eine Verweigerung der Mitwirkung kommt nach zutreffender Auffassung zudem nicht in Betracht, soweit die Nichtigkeit wegen Einberufungsmängeln gemäß § 242 Abs. 2 Satz 4 geheilt werden kann.[141]

23 e) **Erstellung der Niederschrift.** Das Gesetz regelt nicht ausdrücklich den Zeitpunkt, zu dem die Niederschrift aufgenommen und fertig gestellt werden muss. In der Praxis wird bereits **vor der Hauptversammlung** anhand der Einberufungsunterlagen und des Leitfadens für den Versammlungsleiter ein umfassender **Entwurf** erstellt.[142] Die fehlenden Angaben, (insbesondere zu Beginn und Ende der Versammlung, zu den Abstimmungsergebnissen, der Anwesenheit der Organmitglieder,

---

[130] Großkomm AktG/*Mülbert* Rn. 39; MüKoAktG/*Kubis* Rn. 15.
[131] *Winkler* BeurkG Einl Rn. 13 f.; Staudinger/*Hertel,* 2017, BeurkG Rn. 230.
[132] OLG Frankfurt BeckRS 2007, 18 779; *Butzke* Die Hauptversammlung der AG Rn. N 5.
[133] Bürgers/Körber/*Reger* Rn. 7; Hüffer/Koch/*Koch* Rn. 10; Hölters/*Drinhausen* Rn. 18.
[134] Vgl. auch *Butzke* Die Hauptversammlung der AG Rn. N 5.
[135] Vgl. Hüffer/Koch/*Koch* Rn. 13; MüKoAktG/*Kubis* Rn. 40; *Pöschke/Vogel* in Semler/Volhard/Reichert HV-HdB § 13 Rn. 32; Hölters/*Drinhausen* Rn. 19; *Haupt* in Hauschild/Kallrath/Wachter Notar-HdB § 14 Rn. 330; Bürgers/Körber/*Reger* Rn. 28; anders bei eindeutiger Anfechtbarkeit Kölner Komm AktG/*Zöllner* (Vorauflage) Rn. 15; differenzierend ferner *Wilhelmi* BB 1987, 1331 (1333).
[136] BGH ZIP 2014, 2494 (2496).
[137] MüKoAktG/*Kubis* Rn. 40; NK-AktR/*Terbrack/Lohr* Rn. 24; *Haupt* in Hauschild/Kallrath/Wachter Notar-HdB § 14 Rn. 330.
[138] Hüffer/Koch/*Koch* Rn. 13; *Pöschke/Vogel* in Semler/Volhard/Reichert HV-HdB § 13 Rn. 30; Henssler/Strohn/*Liebscher* Rn. 9; vgl. auch Bürgers/Körber/*Reger* Rn. 28; aA BGH ZIP 2014, 2494 (2496); Großkomm AktG/*Mülbert* Rn. 54 mit Hinweis auf die weit reichenden Heilungsmöglichkeiten insbesondere nach § 242 Abs. 2, 3 und § 256 Abs. 6; zustimmend *Butzke* Die Hauptversammlung der AG Rn. N 12; Grigoleit/*Herrler* Rn. 23.
[139] Hüffer/Koch/*Koch* § 241 Rn. 35; Kölner Komm AktG/*Zöllner* Rn. 14; weiter gehend wohl MüKoAktG/*Kubis* Rn. 40.
[140] Vgl. Hüffer/Koch/*Koch* § 241 Rn. 35.
[141] NK-AktR/*Terbrack/Lohr* Rn. 24; *Haupt* in Hauschild/Kallrath/Wachter Notar-HdB § 14 Rn. 330.
[142] Vgl. Sigel/Schäfer BB 2005, 2137 f.

dem Teilnehmerverzeichnis, den Feststellungen des Vorsitzenden, zu Fragen und etwaigen Widersprüchen von Aktionären oder sonstigen unvorhersehbaren Vorgängen) werden während der Versammlung ergänzt.[143] In der Literatur werden Schreibarbeiten in der Hauptversammlung für erforderlich gehalten, die auch stenographisch oder mittels nicht allgemein verständlicher Kürzel erfolgen können, sofern sie anschließend formal und inhaltlich korrekt vervollständigt werden.[144] Eine Tonbandaufnahme soll insoweit nicht genügen. Der Notar kann sich entsprechender technischer Hilfsmittel allerdings zur nachträglichen Auffrischung der Erinnerung im Detail bedienen.[145] In diesem Fall hat er die Tonbandaufnahme (vorübergehend) zu seinen persönlichen Unterlagen zu nehmen und darf den Inhalt der Gesellschaft nur unter den Voraussetzungen aushändigen, unter denen sie selbst zur Erstellung berechtigt gewesen wäre.[146] Ebenso dürfen Hilfspersonen hinzugezogen werden.[147] Die Niederschrift muss in allen Fällen aber auf den **eigenen Wahrnehmungen des Notars** beruhen,[148] wobei auch bei der Vergewisserung über Tatsachen und darüber, welche Wahrnehmung dazu richtig ist, Hilfe nicht ausgeschlossen ist.[149] Es folgt aus der Natur der Sache, dass das Protokoll nicht vor dem Ende der Hauptversammlung abgeschlossen werden kann. Eine Fertigstellung hat jedoch unverzüglich zu erfolgen, um den Anforderungen des § 130 Abs. 5 gemäß eine Abschrift unverzüglich zum Handelsregister einreichen zu können.[150] Entsprechende Überlegungen gelten für die Protokollierung durch den Vorsitzenden im Fall des § 130 Abs. 1 Satz 3.

f) Anwesenheit eines oder mehrerer Notare. Das Hauptversammlungsprotokoll gem. § 130 hat den Charakter eines Berichts des Notars über seine Wahrnehmungen.[151] Dies schließt es nach dem Gesagten nicht aus, Hilfspersonen etwa für die Entgegennahme von Widersprüchen oder von als unbeantwortet gerügten Fragen hinzuzuziehen, solange sicher gestellt ist, dass der Vorgang weiterhin der Wahrnehmung durch den Notar unterliegt.[152] Bei größeren Hauptversammlungen ist es üblich, den Notar auf dem Podium neben dem Versammlungsleiter im Zentrum des Geschehens zu platzieren. Für diese Praxis spricht, dass der Notar den Ablauf auf diese Weise optimal verfolgen kann und darüber hinaus in kritischen Situationen seiner Betreuungsfunktion am besten entsprechen kann.[153] Eine ordnungsgemäße Protokollierung kann aber regelmäßig auch von jedem anderen Ort im Rahmen des Versammlungsraums erfolgen, von dem aus eine Wahrnehmung des Gangs der Hauptversammlung möglich ist.[154] Es ist zudem ohne weiteres zulässig, dass der Notar zwischendurch für kurze Zeit den Versammlungssaal verlässt, sofern nicht gerade aktuell Vorgänge im Sinne des § 130 Abs. 2 aufzunehmen sind.[155] In jüngerer Zeit ist vermehrt die Frage aufgetreten, inwieweit, insbesondere bei großen und sog. kritischen Hauptversammlungen, eine Protokollierung durch mehrere Notare möglich ist.[156] Als Ausgangspunkt ist zu berücksichtigen, dass es, wie auch der BGH festgestellt hat, ein Verbot einer Mehrfachbeurkundung einer Hauptversammlung nicht gibt.[157] Da es sich bei der Niederschrift über eine Hauptversammlung um einen Bericht des Notars über Tatsachen handelt, gibt es kein logisches

---

[143] Zur Zulässigkeit s. BGH NJW 2009, 2207 (2208); ferner *Butzke* Die Hauptversammlung der AG Rn. N 22; Hüffer/Koch/*Koch* Rn. 11.
[144] MüKoAktG/*Kubis* Rn. 20; Hüffer/Koch/*Koch* Rn. 11. Für die Wirksamkeit des Protokolls kann es demgegenüber nicht entscheidend auf die Vornahme von Schreibarbeiten in der Versammlung ankommen, s. auch Grigoleit/Herrler Rn. 16.
[145] MüKoAktG/*Kubis* Rn. 20; *Wilhelmi* BB 1987, 1331 (1336); Staudinger/*Hertel*, 2017, BeurkG Rn. 608.
[146] MüKoAktG/*Kubis* Rn. 20.
[147] MüKoAktG/*Kubis* Rn. 21; *Bormann/Seebach* in Herrler GesR § 7 Rn. 469; *Deilmann/Buchta* in Hölters Die kleine AG S. 109; *Lutter* AG 1994, 429 (439); *Blanke* BB 1994, 1505 (1510); OLG München DNotZ 2009, 146 (148); → Rn. 23a; zur Entgegennahme von Widersprüchen s. OLG Frankfurt BeckRS 2015, 419.
[148] OLG Frankfurt DB 2009, 1863 (1864); *Sigel/Schäfer* BB 2005, 2137 (2143); ferner *Reul* AG 2002, 543 (548).
[149] *Drescher* FS 25 Jahre DNotI, 2018, 443 (444).
[150] *Butzke* Die Hauptversammlung der AG Rn. N 22; nach K. Schmidt/Lutter/*Ziemons* Rn. 63 ist die Niederschrift so frühzeitig einzureichen, dass ein Aktionär bereits rechtzeitig beim Handelsregister einsehen kann, um vor Ablauf der Monatsfrist des § 246 Abs. 1 die Anfechtbarkeit prüfen zu können.
[151] BGH NJW 2009, 2207 (2208); NJW 2018, 52 Rn. 26.
[152] Vgl. auch BGH NJW 2009, 2207 (2208); LG München I BeckRS 2008, 11391; OLG München DNotZ 2009, 146 (149); *Meyer-Landrut* in Teichmann, Aktuelle Entwicklungen im Gesellschaftsrecht, 2009, 99.
[153] Vgl. auch *Meyer-Landrut* in Teichmann, Aktuelle Entwicklungen im Gesellschaftsrecht, 2009, 91.
[154] *Meyer-Landrut* in Teichmann, Aktuelle Entwicklungen im Gesellschaftsrecht, 2009, 91; OLG München DNotZ 2009, 146 (149) (Platzierung des Notars in der zweiten Reihe des Podiums).
[155] OLG München DNotZ 2009, 146 (148); LG München I BeckRS 2008, 11 391; *Bormann/Seebach* in Herrler GesR § 7 Rn. 409; Grigoleit/*Herrler* Rn. 16.
[156] Vgl. eingehend *Reul/Zetzsche* AG 2007, 561; Kölner Komm AktG/*Noack/Zetzsche* Rn. 64 ff.; *Meyer-Landrut* in Teichmann, Aktuelle Entwicklungen im Gesellschaftsrecht, 2009, 99 ff.
[157] BGH NJW 2009, 2207 (2208); *Kanzleiter* DNotZ 2007, 804 (807 f.).

Hindernis, das der Existenz mehrere Berichte und damit mehrerer Niederschriften über dasselbe Ereignis entgegenstünde. Es können daher sowohl mehrere Notare als auch ein Notar mehrere Berichte über dasselbe Ereignis und somit mehrere Niederschriften erstellen.[158] So können etwa mehrere wirksame Niederschriften bestehen, wenn bei Einberufung der Hauptversammlung durch die Minderheit der Aktionäre nach § 122 Abs. 3 sowohl der Vorstand der Gesellschaft, als auch die Aktionärsminderheit einen Notar beauftragen.[159] Denkbar sind darüber hinaus verschiedene Formen arbeitsteiligen Zusammenwirkens mehrerer Notare. So kann eine funktionale Aufgabenverteilung dergestalt erfolgen, dass sich der Erstnotar und der Zweitnotar die Beurkundung der Beschlussfeststellungen einerseits (§ 130 Abs. 1 Satz 1, Abs. 2) und der angeblich nicht beantworteten Fragen (§ 131 Abs. 5), der Widersprüche (§ 245 Nr. 1) und der Minderheitsverlangen (§ 130 Abs. 1 Satz 2) andererseits teilen.[160] Es kann eine chronologische Aufteilung gewählt werden, bei welcher der Erstnotar nur die ersten acht Versammlungsstunden, der Zweitnotar die restliche Versammlungsdauer beurkundet, ein zweiter Notar nur für den Fall vorgesehen werden, dass der Hauptversammlungsnotar die Niederschrift aus gesundheitlichen Gründen nicht abschließen kann (Ersatznotar) oder es können, was sich allerdings nicht empfehlen wird, von vornherein zwei gleichwertig kooperierende Notare eingeschaltet werden, z. B. wenn die Versammlung in zwei Räumen abgehalten wird.[161] Voraussetzung für die Erstellung einer wirksamen Niederschrift ist in jedem Fall ein Beurkundungsauftrag des jeweiligen Notars.[162] Beim ordnungsgemäßen Einsatz mehrerer Notare ergeben alle notariellen Urkunden zusammen die Niederschrift im Sinne des § 130, müssen daher zumindest gemeinsam den erforderlichen Inhalt aufweisen und sind sämtlich zum Handelsregister einzureichen.[163]

24   **g) Sprache der Niederschrift.** Die Hauptversammlung einer Aktiengesellschaft ist in deutscher Sprache abzuhalten, sofern nicht mit dem Einverständnis aller anwesenden Teilnahmeberechtigten eine andere Verhandlungssprache gewählt wird oder die gesamte Verhandlung durch vereidigte Dolmetscher übersetzt wird.[164] Damit korrespondiert, dass auch die **Niederschrift regelmäßig in deutscher Sprache** errichtet wird (§ 5 Abs. 1 BeurkG). Etwas anderes kommt dann in Betracht, wenn sämtliche Beteiligte, also die anwesenden Organmitglieder, Aktionäre und deren Vertreter, die Beurkundung in einer anderen Sprache verlangen und der Notar über hinreichende Sprachkenntnisse verfügt (§ 5 Abs. 2 BeurkG, § 15 Abs. 1 Satz 2 BNotO).[165] In diesem Fall ist nach überwiegender Meinung eine deutsche Übersetzung der Niederschrift zur Wahrung der Publizität in das Handelsregister einzureichen.[166] Für die privatschriftliche Niederschrift des Vorsitzenden haben die vorgenannten Überlegungen im Hinblick auf den Zweck des § 130 Abs. 1 Satz 3 entsprechend zu gelten.[167]

25   **h) Berichtigung der Niederschrift.** Angesichts der Bedeutung der Niederschrift für die Schaffung von Rechtssicherheit auf der einen Seite und der Schwere der Konsequenzen von Mängeln auf der anderen Seite stellt sich die Frage, bis zu welchem Zeitpunkt Berichtigungen oder Änderungen des Versammlungsprotokolls erfolgen können. Unstreitig zulässig ist eine Korrektur, solange die Urkunde noch nicht durch Erteilung von Ausfertigungen oder beglaubigten Abschriften in Umlauf gesetzt wurde. Sofern das Protokoll wie regelmäßig als Tatsachenniederschrift erstellt wird, die der Mitwirkung der Beteiligten durch Vorlesung, Genehmigung und Unterzeichnung nicht bedarf, handelt es sich nach richtiger Auffassung bis zur Entlassung aus der Verfügungsmacht des Notars insoweit um ein Internum, dass eine Änderung oder Zurücknahme erfolgen kann, ohne

---

[158] *Kanzleiter* DNotZ 2007, 804 (807 f.); Hüffer/Koch/*Koch* Rn. 7.
[159] *Kanzleiter* DNotZ 2007, 804 (807).
[160] *Reul/Zetzsche* AG 2007, 561 (568); ferner OLG Frankfurt BeckRS 2010, 258; BeckRS 2009, 11396; s. dazu aber kritisch *Meyer-Landrut* in Teichmann, Aktuelle Entwicklungen im Gesellschaftsrecht, 2009, 90 (100).
[161] *Reul/Zetzsche* AG 2007, 561 (568 f.); *Hoffmann-Becking* NZG 2017, 281, 289; *Meyer-Landrut* in Teichmann, Aktuelle Entwicklungen im Gesellschaftsrecht, 2009, 101 f.; eine gleichwertige Kooperation ablehnend im Hinblick auf die Gefahr widersprüchlicher Protokollinhalte aber *Faßbender* RNotZ 2009, 425 (452).
[162] *Reul/Zetzsche* AG 2007, 56, (571); zur Erteilung → Rn. 15.
[163] *Reul/Zetzsche* AG 2007, 56, (572); s. auch Hüffer/Koch/*Koch* Rn. 7; zur kostenrechtlichen Seite s. *Faßbender* RNotZ 2009, 425 (452): jeder Notar erhält die volle Beurkundungsgebühr.
[164] *Butzke* Die Hauptversammlung der AG Rn. D 27; *Drinhausen/Marsch-Barner* AG 2014, 757 (762); DNotJ-Report 2003, 81; aA Kölner Komm AktG/*Noack/Zetzsche* Rn. 298 f.
[165] *Butzke* Die Hauptversammlung der AG Rn. N 21; MüKoAktG/*Kubis* Rn. 22; s. auch *Krause/Jenderek* VZG 2007, 246.
[166] MüKoAktG/*Kubis* Rn. 22; *Butzke* Die Hauptversammlung der AG Rn. N 21; Hölters/*Drinhausen* Rn. 14; einschränkend K. Schmidt/Lutter/*Ziemons* Rn. 51, wonach die Notwendigkeit einer Übersetzung nur insoweit bestehen soll, als Beschlüsse der Hauptversammlung zur Eintragung angemeldet werden; ebenso Kölner Komm AktG/*Noack/Zetzsche* Rn. 299.
[167] Hölters/*Drinhausen* Rn. 14; aA wohl *Butzke* Die Hauptversammlung der AG Rn. N 21; s. ferner MüKoAktG/*Kubis* Rn. 22.

dass eine separate Nachtragsurkunde erstellt werden müsste.[168] Entsprechend einer verbreiteten Praxis kann daher die während der Hauptversammlung vervollständigte Niederschrift zunächst im Hinblick auf mögliche Unfallgefahren in der Person des Notars und der daraus resultierenden Notwendigkeit zur Wiederholung der Hauptversammlung direkt nach ihrer Beendigung unterzeichnet werden und die endgültige Urschrift unter Auswertung weiterer Notizen erst im Anschluss unter Zuhilfenahme der Büroeinrichtungen erstellt werden.[169] In der vorsorglich geleisteten Unterschrift des Notars liegt die Entscheidung zur Bekanntgabe der Niederschrift mit dem zulässigen Vorbehalt, dass die darin liegende Anweisung nicht durch eine spätere Überarbeitung wieder rückgängig gemacht wird.[170] Sofern die Aufzeichnungen, die der Notar unmittelbar nach der Hauptversammlung unterzeichnet hat, den beurkundungsverfahrensrechtlichen Anforderungen in BeurkG und AktG entsprechen, steht ihrer Bedeutung als Niederschrift daher nichts im Wege, auch wenn die Überarbeitung der Aufzeichnungen zur endgültigen Niederschrift nicht mehr vorgenommen wird.[171] Letztlich kann die erstmalige Unterzeichnung auch als Zeitpunkt für das Wirksamwerden der Beschlüsse der Hauptversammlung angesehen werden, selbst wenn die endgültige Reinschrift des Protokolls erst nachträglich erstellt wird (dazu → Rn. 60). Der BGH hat es hingegen offen gelassen, ob die vorsorgliche Unterzeichnung im Todesfall zu einer gültigen Niederschrift im Sinne des § 130 führen kann.[172]

Umstritten ist die Frage, inwieweit eine Berichtigung auch noch **nach der Erteilung von** 26 **Ausfertigungen und beglaubigten Abschriften** möglich ist. Die bislang hM im aktienrechtlichen Schrifttum beschränkte die Möglichkeit zur Korrektur ab diesem Zeitpunkt auf offensichtliche Unrichtigkeiten im Sinne des § 44a Abs. 2 Satz 1 BeurkG.[173] Dieser Begriff wird von gewichtigen Stimmen im Schrifttum in Anlehnung an § 319 ZPO und die hierzu ergangene Rechtsprechung interpretiert.[174] Ebenso wie etwa die unrichtige Bezeichnung des Richters im Rubrum[175] oder das irrtümliche Weglassen des Tags der letzten mündlichen Verhandlung[176] nach § 319 ZPO berichtigungsfähig ist,[177] dürfte auf Grundlage dieser Auffassung etwa die nachträgliche Korrektur einer fehlerhaften Namens-, Ort- oder Datumsangabe in der Niederschrift gemäß § 44a Abs. 2 Satz 1 BeurkG möglich sein.[178] Eine Korrektur anderer, insbesondere inhaltlicher Mängel des Protokolls sei demgegenüber im Hinblick auf die bezweckte Rechtssicherheit und Beweisfunktion der Urkunde unzulässig, eine in § 44a Abs. 2 Satz 3 BeurkG vorgesehene ergänzende Niederschrift würde aber die Mitwirkung aller Beteiligten erfordern.[179] Wie der BGH jüngst zutreffend entschieden hat, ist demgegenüber die Möglichkeit einer Berichtigung auch nach der Erteilung von Ausfertigungen oder Abschriften zu bejahen, sofern die Änderungen auf eigenen Wahrnehmungen des Notars

---

[168] BGH NJW 2009, 2207 (2208); LG Frankfurt NJW 2008, 91; *Bohrer* NJW 2007, 2019; *Görk* MittBayNot 2007, 382; *Kanzleiter* DNotZ 2007, 804; *Krieger* FS Priester, 2007, 387 (400); *Maaß* ZNotP 2005, 50 (55); ZNotP 2005, 377 (379); *Wolfsteiner* ZNotP 2005, 376 (377); s. ferner OLG Frankfurt BeckRS 2007, 12657; aA OLG Frankfurt NJW 2007, 1221; *Eylmann* ZNotP 2005, 300 (302); *Eylmann* ZNotP 2005, 458.

[169] Vgl. LG Frankfurt ZIP 2006, 335 (336 f.); LG Frankfurt NZG 2014, 142 (143); *Maaß* ZNotP 2005, 50; *Maaß* ZNotP 2005, 377; *Wolfsteiner* ZNotP 2005, 376; *Priester* DNotZ 2006, 403 (418); ferner *Pöschke/Vogel* in Semler/Volhard/Reichert HV-HdB § 13 Rn. 81, 87; *Butzke* Die Hauptversammlung der AG Rn. N 22; NK-AktR/*Terbrack/Lohr* Rn. 16; aA OLG Frankfurt NJW 2007, 1221; dazu kritisch *Bohrer* NJW 2007, 2019.

[170] Zutreffend *Kanzleiter* DNotZ 2007, 804 (811); *Haupt* in Hauschild/Kallrath/Wachter Notar-HdB § 14 Rn. 422.

[171] *Kanzleiter* DNotZ 2007, 804 (811).

[172] BGH NJW 2009, 2207 (2208); dafür zutreffend *Kanzleiter* DNotZ 2007, 804 (811); s. ferner *Bohrer* NJW 2007, 2019 (2021).

[173] Hüffer/Koch/*Koch* Rn. 11a; MüKoAktG/*Kubis* Rn. 24; NK-AktR/*Terbrack/Lohr* Rn. 16; *Grumann/Gillmann* NZG 2004, 839 (842); *Heinsheimer* JW 1927, 2975; ferner OLG München HRR 1939, 1109; wohl auch BayObLG JW 1927, 1704; zur GmbH OLG Köln MittbayNot 1993, 170 (171); Henssler/Strohn/*Liebscher* Rn. 7. Der Begriff der offensichtlichen Unrichtigkeit wird nicht einheitlich definiert, überwiegend aber entsprechend der Rechtsprechung zu § 319 Abs. 1 ZPO großzügig ausgelegt, vgl. Eylmann/Vaasen/*Limmer* BeurkG § 44a Rn. 14; *Heinze* NZG 2016, 1089 (1090).

[174] Vgl. Großkomm AktG/*Mülbert* Rn. 145; Eylmann/Vaasen/*Limmer* BeurkG § 44a Rn. 14; Armbrüster/Preuß/Renner/*Preuß* BeurkG § 44a Rn. 13; *Winkler* BeurkG § 44a Rn. 18; *Sigel/Schäfer* BB 2005, 2137 (2143); Bürgers/Körber/*Reger* Rn. 23.

[175] BGH NJW 1955, 1919.

[176] BGH VersR 1980, 744.

[177] Vgl. iE Zöller/*Vollkommer* ZPO § 319 Rn. 5; MüKoZPO/*Musielak* ZPO § 319 Rn. 8.

[178] S. aber OLG Köln FGPrax 2010, 250: keine Korrektur wenn bei einer Grundkapitalerhöhung eine Korrektur des Protokolls und der sich daran anschließenden Dokumentation einschließlich von Zeichnungsscheinen dahingehend erfolgt, dass vinkulierte Namensaktien statt – wie eigentlich vermerkt – Inhaberaktien ausgegeben werden sollen.

[179] Hüffer/Koch/*Koch* Rn. 11a.

beruhen.¹⁸⁰ Da bei einer Tatsachenniederschrift der Notar alleiniger Herr des Beurkundungsverfahrens, kann eine Korrektur beurkundungsrechtlich ohne weiteres gemäß § 44a Abs. 2 Satz 3 BeurkG erfolgen. Der Versammlungsleiter oder die in der Hauptversammlung anwesenden Aktionäre müssen daher bei der Berichtigung nicht mitwirken. Ebensowenig muss der Notar den Versammlungsleiter oder die in der Hauptversammlung anwesenden Aktionäre bei einer nachträglichen Berichtigung durch ergänzende Niederschrift hören.¹⁸¹ Der Beweiszweck der Urkunde und die Rechtssicherheit werden nicht beeinträchtigt, sondern im Gegenteil erhöht, wenn unerkannte Fehler im Nachhinein richtig gestellt werden können. In diesem Fall kommt dem ursprünglichen Protokoll zusammen mit der Nachtragsniederschrift die in § 415 ZPO vorgesehene Beweiskraft zu. Demgemäß dürfte sogar eine Verpflichtung des Notars bestehen, die unter seiner Verantwortung entstandene unrichtige Urkunde zu berichtigen.¹⁸² Die Folgen der abweichenden Ansicht sind bei wirksamkeitsrelevanten Mängeln für die Beteiligten gravierend und erscheinen auch im Hinblick auf die Verkehrsinteressen nicht unproblematisch, da der Vertrauensschutz Dritter in die Bestandskraft einmal gefasster Beschlüsse nicht außer Acht gelassen werden darf. Die Möglichkeit einer nachträglichen Berichtigung ist daher auch dann zu bejahen, wenn im Einzelfall ein Aktionär im Vertrauen auf die Nichtigkeit der gefassten Beschlüsse bereits Dispositionen getroffen haben sollte.¹⁸³ Eine zeitliche Beschränkung für die Berichtigung ist in § 44a Abs. 2 BeurkG nicht vorgesehen.¹⁸⁴ Soweit wegen des Beurkundungsmangels Klage erhoben wurde, kann diese nach Berichtigung für erledigt erklärt werden; soweit die AG deshalb Kosten tragen muss, kommen Ersatzansprüche gegen den Notar in Betracht.

27 Ungeklärt und bisweilen nicht behandelt ist die Möglichkeit zur **Fehlerkorrektur** eines vom Vorsitzenden gemäß § 130 Abs. 1 Satz 3 erstellten **privatschriftlichen Protokolls.** Insoweit wird vertreten, dass eine Berichtigung bis zur Einreichung der Niederschrift beim Handelsregister und anschließend analog § 44a BeurkG, § 319 ZPO möglich sei,¹⁸⁵ dass umgekehrt die für den Notar geltenden Berichtigungsmöglichkeiten bei der privatschriftlichen Niederschrift nicht in Betracht kämen¹⁸⁶ und schließlich dass eine Korrektur jederzeit zulässig sei.¹⁸⁷ Eine Fehlerbeseitigung nach Vorlage des Protokolls beim Registergericht ist nicht unproblematisch, da eine der Amtsstellung des Notars entsprechende Gewähr für die sachgerechte Ausübung des Berichtigungsrechts nicht gegeben ist. Da privatschriftliche Protokolle nur bei weniger gewichtigen Beschlüssen nichtbörsennotierter Gesellschaften zulässig sind, erscheint aber entsprechend der Wertung des § 130 Abs. 1 Satz 3 eine Korrektur auch nach Einreichung der Niederschrift beim Handelsregister zumindest im Hinblick auf Formalia nicht ausgeschlossen.¹⁸⁸

28 **i) Weitere Funktionen des Notars in der Hauptversammlung.** Nach überwiegender Auffassung ist die Funktion des Notars in der Hauptversammlung nicht auf die Anfertigung des Verhandlungsprotokolls beschränkt, vielmehr können darüber hinaus **Prüfungs- und Hinweispflichten** bestehen. Die Grundlage dieses Aufgabenkreises des Notars wird überwiegend in seiner Stellung als unabhängiger und rechtskundiger Träger eines öffentlichen Amts gesehen (§ 1 BNotO)¹⁸⁹ und dem

---

¹⁸⁰ BGH NJW 2018, 52; dazu *Herrler* NJW 2018, 585; *Reger/Schilha* AG 2018, 65; *Vossius* NotBZ 2018, 41; *Wachter* BB 2017, 2896; *Seibt* EWiR 2018, 39; *Genske* notar 2018, 97; *Heckschen/Kreußlein* NZG 2018, 401; *Lubberich* DNotZ 2018, 324; *Reichard* GWR 2018, 69; *Hupka* ZGR 18, 688; *Drescher* FS 25 Jahre DNotI, 2018 443; *Heckschen/Kreußlein* NZG 2018, 401; s. aus dem Schrifttum ferner *Krieger* NZG 2003, 366; *Maaß* ZNotP 2005, 50 (56 f.); *Eylmann* ZNotP 2005, 300 (303); *Kanzleiter* DNotZ 1990, 478 (485); *Pöschke/Vogel* in Semler/Volhard/Reichert HV-HdB § 13 Rn. 89; Staudinger/*Hertel*, 2017, BeurkG Rn. 627; Eylmann/Vaasen/Limmer BeurkG § 44a Rn. 17; *Winkler* BeurkG § 44a Rn. 30; *Preuß* in Armbrüster/Preuß/Renner BeurkG § 37 Rn. 13; *Haupt* in Hauschild/Kallrath/Wachter Notar-HdB § 14 Rn. 423; Bürgers/Körber/*Heinze* NZG 2016, 1089 (1093); für eine Korrekturpflicht Grigoleit/*Herrler* Rn. 23; einschränkend K. Schmidt/Lutter/*Ziemons* Rn. 55 mit dem Vorschlag einer zeitlichen Einschränkung des Berichtigungsrechts etwa bis zur Eintragung des betreffenden Beschlusses im Handelsregister. Keine Unrichtigkeit im genannten Sinne liegt aber vor, wenn der Beschluss richtig protokolliert wurde, aber einen anderen Inhalt haben sollte.
¹⁸¹ BGH NJW 2018, 52 Rn. 40.
¹⁸² BGH NJW 2018, 52 Rn. 40; *Herrler* NJW 2018, 585 (587).
¹⁸³ So auch *Reger/Schilha* AG 2018, 65 (68); offen lassend BGH NJW 2018, 52 Rn. 41.
¹⁸⁴ BGH NJW 2018, 52 Rn. 34.
¹⁸⁵ *Schrick* AG 2001, 645 (646 f.); MüKoAktG/*Kubis* Rn. 25.
¹⁸⁶ Vgl. *Deilmann/Buchta* in Hölters Die kleine AG S. 110.
¹⁸⁷ *Krieger* NZG 2003, 366 (371 f.); Bürgers/Körber/*Reger* Rn. 25; *Drescher* FS 25 Jahre DNotI, 2018, 443 (451).
¹⁸⁸ *Krieger* NZG 2003, 366 (371 f.); *Reger/Schilha* AG 2018, 65 (68).
¹⁸⁹ MüKoAktG/*Kubis* Rn. 34; Staudinger/*Hertel*, 2017, BeurkG Rn. 607, 621; OLG Hamburg OLGZ 1994, 42 (44); ferner OLG Düsseldorf ZIP 2003, 1147 (1150); Hüffer/Koch/*Koch* Rn. 12; *Butzke* Die Hauptversammlung der AG Rn. N 7; *Pöschke/Vogel* in Semler/Volhard/Reichert HV-HdB § 13 Rn. 26; ferner *Wilhelmi* BB 1987, 1331 (1334).

daraus resultierenden Auftrag, „auf den seiner Betreuung zugewiesenen Rechtsgebieten den Rechtsfrieden zu sichern und für Klarheit der Rechtsverhältnisse zu sorgen."[190] Dies entspricht dem Anliegen des historischen Gesetzgebers, wonach die Mitwirkung des Notars dazu beitragen sollte, „dass Gesetz und Statut bei den Beschlüssen sorgfältiger beobachtet werden."[191] Der Notar ist nicht gehalten, eine Kontaktaufnahme zu den Aktionären oder Aktionärsvertretern zu unterlassen, unter Wahrung seiner Neutralität kann er in Fällen einer streitigen Hauptversammlung auf diesem Wege unter Umständen sogar zur Befriedigung beitragen.[192] Die Niederschrift sollte wegen der Wichtigkeit der Beschlüsse für die Aktionäre, die Verwaltungsorgane und die Gesellschaftsgläubiger neben der Feststellung des Inhalts auch über den geordneten Verfahrensablauf Beweis erbringen. Demgegenüber unterliegt der Vorsitzende im Zusammenhang mit der Erstellung der privatschriftlichen Niederschrift gemäß § 130 Abs. 1 Satz 3 keinem solchen Pflichtenprogramm und folglich auch keinen entsprechenden Haftungskonsequenzen.[193]

Die Einzelheiten der Amtspflichten des Notars im Zusammenhang mit der Hauptversammlung **29** sind allerdings umstritten. Einigkeit besteht darin, dass die Vorschriften des § 17 BeurkG nicht zum Tragen kommen, da die Hauptversammlung regelmäßig nicht nach den Vorschriften über die Beurkundung von Willenserklärungen, sondern als rechtserheblicher Tatsachenvorgang protokolliert wird.[194] Ebenso wenig obliegen dem Notar Leitungsaufgaben, die allein in den Zuständigkeitsbereich des Versammlungsvorsitzenden fallen.[195] Unbestritten ist heute ferner, dass sich der Notar jedenfalls ein **Bild von der Ordnungsmäßigkeit des Versammlungsablaufs** zu machen hat und **über evidente Verstöße gegen Gesetz oder Satzung nicht hinweg sehen** darf.[196] Nach Auffassung gewichtiger Stimmen gehen die Prüfungspflichten des Notars in mancher Hinsicht aber über eine summarische Rechtmäßigkeitskontrolle hinaus. So hat der protokollierende Notar nach einer verbreiteten Formel darauf hinzuwirken, „dass die Versammlung ordnungsgemäß durchgeführt und über die mit der Tagesordnung angekündigten Anträge ein rechtswirksamer Beschluss gefasst wird."[197]

Keine einheitliche Meinung besteht insbesondere in der Frage, inwieweit der **Beschlussinhalt** **30** einer Überprüfung unterliegt. Während nach Teilen der beurkundungsrechtlichen Literatur der Notar bei der Protokollierung von Versammlungsbeschlüssen ohne gesonderten Auftrag keine Bedenken gegen die Gültigkeit anzumelden braucht,[198] formuliert etwa Zöllner: „Dass der Notar nicht auf die Fassung und den Inhalt der Beschlüsse einzuwirken habe ... ist mit seiner Aufgabe und Stellung unvereinbar."[199] Wenn auch das Erfordernis einer aktiven Einwirkung zu weit geht,[200] können die Anforderungen bei der Beurkundung von Gesellschafterversammlungen angesichts der geschilderten Intentionen des historischen Gesetzgebers nicht hinter den Prüfungsstandards einer

---

[190] *Schippel* BNotO § 14 Rn. 7.
[191] Abgedruckt bei *Schubert/Hommelhoff*, Hundert Jahre modernes Aktienrecht, ZGR Sonderheft 4, 1985, 505; s. aber – ohne Thematisierung der historischen Grundlagen – BGH ZIP 2014, 2494 (2496): kein Hauptzweck.
[192] S. OLG München DNotZ 2011, 142 (145) m. Anm. *Priester*.
[193] *Butzke* Die Hauptversammlung der AG Rn. N 19; MüKoAktG/*Kubis* Rn. 43.
[194] BT-Drs. V/3282, 29 und 36; BGH ZIP 2014, 2494 (2496); RGZ 73, 44 (46); RGZ 75, 259 (266); KG NJW 1959, 1446 (1447); OLG Hamburg AG 1993, 384; *Schulte* AG 1985, 33 (34); Kölner Komm AktG/*Zöllner* Rn. 61; Großkomm AktG/*Mülbert* Rn. 42; MüKoAktG/*Kubis* Rn. 34. S. aber auch bei → Rn. 16.
[195] BGH ZIP 2014, 2494 (2496): keine Leistungs-, Aufsichts- oder Eingriffsbefugnisse des Notars; OLG München NZG 2010, 397 (399); Kölner Komm AktG/*Zöllner* Rn. 62; Staudinger/*Hertel*, 2017, BeurkG Rn. 607; *Priester* DNotZ 2001, 661 (669); zur Funktionstrennung zwischen Versammlungsleiter und Notar → Rn. 33 f., Rn. 51.
[196] OLG Stuttgart NZG 2005, 433 (437); OLG Düsseldorf ZIP 2003, 1147 (1150); OLG Hamburg NZG 2003, 978 (979); ferner BGH NJW 2009, 2207 (2009); Hüffer/Koch/*Koch* Rn. 12; MüKoAktG/*Kubis* Rn. 34 („summarische Rechtmäßigkeitskontrolle"); *Bormann/Seebach* in Herrler GesR § 7 Rn. 391; *Butzke* Die Hauptversammlung der AG Rn. N 7; *Pöschke/Vogel* in Semler/Volhard/Reichert HV-HdB § 13 Rn. 28; *Sigel/Schäfer* BB 2005, 2137; aA früher GHEK/*Eckardt* Rn. 56; KG OLGE 44, 206 (207); KG DNotZ 1936, 309 (310).
[197] *Bezzenberger* FS Schippel, 1996, 361 (379); ferner *Pöschke/Vogel* in Semler/Volhard/Reichert HV-HdB § 13 Rn. 28 (Verpflichtung, auf Verstöße gegen Gesetz und Satzung hinzuweisen); Bürgers/Körber/*Reger* Rn. 26; kritisch NK-AktR/*Terbrack/Lohr* Rn. 22.
[198] Vgl. Eylmann/Vaasen/*Limmer* BeurkG § 36 Rn. 13; Armbrüster/Preuß/Renner, 7. Aufl. 2015, BeurkG § 36 Rn. 14, aber auch dort § 37 Rn. 21; *Winkler* BeurkG Vor § 36 Rn. 14 (s. aber auch *Winkler* bei → § 37 Rn. 26: „Über die in § 130 AktG enthaltenen Vorschriften hinaus ist anerkannt, dass den Notar bei seiner Mitwirkung in der Hauptversammlung zwar nicht – mangels Beurkundung von Willenserklärungen – die Aufklärungs- und Belehrungspflicht gem. § 17 BeurkG trifft, wohl aber eine Vielzahl von Hinweis- und Prüfungspflichten für einzelne Situationen der Hauptversammlung. Der Notar hat in der Hauptversammlung eine wichtige Funktion, in der er auch öffentliche Interessen wahrt").
[199] Kölner Komm AktG/*Zöllner* (Vorauflage) Rn. 70; eine Pflicht zur Einwirkung auf Beschlussanträge bejahend ferner Hüffer/Koch/*Koch* Rn. 12 aE; *Bezzenberger* FS Schippel, 1996, 361 (380).
[200] *Butzke* Die Hauptversammlung der AG Rn. N 10. aber → Rn. 33.

bloßen Unterschriftsbeglaubigung zurück bleiben, bei welcher der Notar den Inhalt des darüber befindlichen Textes zur Kenntnis zu nehmen und einer Evidenzkontrolle zu unterziehen hat.[201] Mit der hM im aktienrechtlichen Schrifttum ist vielmehr davon auszugehen, dass auf deutlichere Mängel im Bereich standardisierter Beschlussfassungen hinzuweisen ist.[202]

31 Einer gesonderten Betrachtung bedürfen solche Umstände, welche den **organisatorischen Ablauf** der Versammlung betreffen und die aus tatsächlichen Gründen für den Notar nicht ohne erheblichen Aufwand erkennbar sind, wie etwa die Zugangskontrolle und Präsenzerfassung, die durch EDV gesteuerte Stimmauszählung oder das Bestehen von Stimmverboten. In diesem Bereich dürfen die neben dem eigentlichen Protokollierungsauftrag bestehenden Prüfungsanforderungen schon aus rein praktischen Erwägungen nicht überspannt werden.[203] Vielmehr ist eine **summarische Rechtmäßigkeitskontrolle hinsichtlich der Ordnungsmäßigkeit des Hergangs** möglich und notwendig, die bei Bestehen erheblicher Zweifel weiteres Tätigwerden erfordern kann. Die Intensität der Überwachungsaufgaben richtet sich nach den Umständen des Einzelfalls und ist insbesondere abhängig von der Größe und dem Organisationsgrad der Gesellschaft sowie von der Inanspruchnahme professioneller Unterstützung und dem Einsatz elektronischer Hilfsmittel bei der Präsenzerfassung und der Stimmauszählung.[204]

32 Als gesichert kann ferner gelten, dass der Notar über die Prüfungs- und Hinweispflichten hinaus **nicht zu einer allgemeinen Beratung** der Gesellschaft oder zu Erteilung von Rechtsauskünften verpflichtet ist, sofern nicht eine gesonderte Vereinbarung getroffen wurde.[205] Der Notar muss zwar bestehende Zweifel hinsichtlich der Rechtmäßigkeit äußern, die Neuformulierung von Beschlussvorlagen oder sonstige Änderungsvorschläge bedürfen hingegen eines zusätzlichen Betreuungsverhältnisses im Rahmen des § 24 BNotO; ein entsprechender Antrag ist auch stillschweigend möglich.[206]

33 Aufgrund seiner Hinweis- und Einwirkungspflichten hat der Notar **dem Versammlungsleiter rechtliche Bedenken mitzuteilen** und auf Abhilfe zu drängen.[207] Sofern der Vorsitzende den Einwänden nicht Rechnung trägt, wird darüber hinaus vertreten, dass der Notar sich an das Plenum zu wenden und seine Rechtsauffassung unmittelbar diesem gegenüber zu äußern habe.[208] Da dies jedoch die Autorität des Vorsitzenden empfindlich beeinträchtigen könnte und die Hauptversammlung im Regelfall zudem wenig eigene Möglichkeiten zur Herbeiführung rechtmäßiger Zustände hat, kommt dies regelmäßig nur bei einem überschaubaren Aktionärskreis oder im Fall weitreichender Rechtsverstöße, insbesondere bei einer erheblichen Beeinträchtigung von Minderheitsrechten in Betracht.[209] Der Notar hat dabei jeden Eindruck von Parteilichkeit zu vermeiden und strikte Neutralität zu wahren. Werden aufgezeigte rechtliche Fehler nicht abgestellt, kann es sich für den Notar zur eigenen Absicherung gegenüber Haftungsansprüchen empfehlen, einen Vermerk über den Hinweis in die Niederschrift aufzunehmen. Eine dahingehende rechtliche Verpflichtung besteht nach wohl hM jedoch nicht.[210] Davon zu unterscheiden ist die Frage, inwieweit der Notar aufgrund seiner Amtspflichten zur Protokollierung ergänzender Angaben über den Versammlungsablauf, zusätzlich zu den aktienrechtlich vorgeschriebenen Inhalten verpflichtet ist. Nach dem Gesagten werden insoweit die Auffassungen vertreten, dass der Notar sämtliche Vorgänge aufnehmen müsse, die zur

---

[201] Vgl. Eylmann/Vaasen/*Limmer* § 40 BeurkG Rn. 20; s. auch *Winkler* BeurkG § 40 Rn. 42; Bürgers/Körber/*Reger* Rn. 26 f.

[202] Vgl. auch K. Schmidt/Lutter/*Ziemons* Rn. 46; Grigoleit/*Herrler* Rn. 22; *Butzke* Die Hauptversammlung der AG Rn. N 9, 12; *Pöschke/Vogel* in Semler/Volhard/Reichert HV-HdB § 13 Rn. 28 f; Großkomm AktG/*Mülbert* Rn. 50 aE; *Bezzenberger* FS Schippel, 1996, 361 (380); Hölters/*Drinhausen* Rn. 16; eine Prüfungs- und Belehrungspflicht (und damit auch eine korrespondierende Haftung) des Notars außerhalb von § 4 BeurkG und § 14 Abs. 2 BNotO möglicherweise gänzlich verneinend BGH ZIP 2014, 1494 (1496).

[203] Anschaulich *Krieger* ZIP 2002, 1597 (1601); ferner *Priester* DNotZ 2001, 661 (669); *Haupt* in Hauschild/Kallrath/Wachter Notar-HdB § 14 Rn. 315.

[204] OLG Düsseldorf ZIP 2003, 1147 (1150); *Priester* DNotZ 2001, 661 (669); *Reul* AG 2002, 543 (549).

[205] Bürgers/Körber/*Reger* Rn. 27.

[206] Armbrüster/Preuß/Renner, 7. Aufl. 2015, BeurkG § 36 Rn. 14.

[207] Hüffer/Koch/*Koch* Rn. 12; *Butzke* Die Hauptversammlung der AG Rn. N 9; Bürgers/Körber/*Reger* Rn. 26; vgl. auch *Haupt* in Hauschild/Kallrath/Wachter Notar-HdB § 14 Rn. 316: Einwirkungspflicht unter Wahrung des Neutralitätsgebots.

[208] *Bezzenberger* FS Schippel, 1996, 361 (379); aA *Seybold* DNotZ 1933, 27 (32); *Schulte* AG 1985, 33 (34); *Haupt* in Hauschild/Kallrath/Wachter Notar-HdB § 14 Rn. 316.

[209] Vgl. auch *Priester* DNotZ 2001, 661 (669) (nur bei eindeutig pflichtwidriger Weigerung des Vorsitzenden); ferner *Faßbender* RNotZ 2009, 425 (430), wonach der Notar berechtigt, aber keinesfalls verpflichtet ist, sich unmittelbar an die Hauptversammlung zu wenden; so auch *Haupt* in Hauschild/Kallrath/Wachter Notar-HdB § 14 Rn. 316; einschränkend nunmehr Großkomm AktG/*Mülbert* Rn. 43: bei Wahl des Versammlungsleiters.

[210] Vgl. Großkomm AktG/*Mülbert* Rn. 43; MüKoAktG/*Kubis* Rn. 96; *Butzke* Die Hauptversammlung der AG Rn. N 10; aA OLG Düsseldorf ZIP 2003, 1147 (1151); NK-AktR/*Terbrack/Lohr* Rn. 22. Die Vorschrift des § 17 Abs. 2 Satz 2 BeurkG gilt nur für die Beurkundung von Willenserklärungen.

Beurteilung der Wirksamkeit eines Beschlusses oder seines ordnungsgemäßen Zustandekommens von Interesse seien, dass dies nur für die unmittelbar beschlussrelevanten Vorgänge wie insbesondere die Ordnungsmaßnahmen des Vorsitzenden und erkennbare Stimmverbote zu gelten habe und schließlich, dass eine Beurkundungspflicht über die gesetzlich angeordneten Fälle hinaus gänzlich abzulehnen sei (hierzu → Rn. 12 ff. sowie → Rn. 43 ff.).

Im Einzelnen unterliegen der **Prüfungspflicht** des Notars insbesondere das Vorhandensein der in der Hauptversammlung auszulegenden Unterlagen,[211] die Präsenzerfassung und die Zugänglichkeit des Teilnehmerverzeichnisses vor der jeweiligen Abstimmung,[212] die Stimmauszählung,[213] die Beachtung von Stimmverboten durch den Vorsitzenden und ggf. besonderer Stimmkraftverhältnisse,[214] die Einhaltung der Abstimmungsreihenfolge (insbesondere gemäß § 137),[215] das Erreichen qualifizierter Mehrheiten und das Vorliegen notwendiger Sonderbeschlüsse[216] sowie die Legitimation des Versammlungsleiters.[217] Die hM geht ferner davon aus, dass vom Notar die Ordnungsgemäßheit der Einberufung zu überprüfen ist, soweit sie anhand der ihm vorliegenden Einberufungsunterlagen beurteilt werden kann.[218] Mehr als eine summarische Überprüfung kann insoweit allerdings nicht verlangt werden, sofern der Notar nicht im Vorfeld besonders beauftragt war. Die versammlungsleitenden Maßnahmen des Vorsitzenden sind ebenfalls im Hinblick auf evidente Rechtsverstöße zu beobachten. Ein Hinweis des Notars ist daher angezeigt, wenn Beschlüsse über nicht ordnungsgemäß einberufene Gegenstände der Tagesordnung gefasst werden sollen, wenn der Vorsitzende seine Zuständigkeit eindeutig überschreitet oder klar außer Verhältnis stehende Ordnungsmaßnahmen getroffen werden,[219] ferner ist dafür Sorge zu tragen, dass gesetzlich vorgesehene Minderheitsverlangen eingebracht und Widersprüche sowie Fragen und Verweigerungsgründe nach § 131 Abs. 5 in die Niederschrift aufgenommen werden können,[220] eine Pflicht zum Hinweis auf die Notwendigkeit eines Widerspruchs besteht hingegen regelmäßig nicht.[221] Die Überprüfung ordnungsgemäßer Vertretung obliegt nach h. M. auch im Fall der intendierten Vollversammlung bzw. der Ein-Personen-AG nicht dem Notar;[222] nicht abschließend geklärt ist in diesem Zusammenhang, ob auch eine vollmachtlose Vertretung vorbehaltlich nachträglicher Genehmigung zugelassen werden kann.[223] Nach dem Gesagten erstreckt sich die Prüfungspflicht ferner in weitem Umfang auf die Beschlussinhalte sowie auf sonstige Rechtsverstöße, die offensichtlich zu Tage treten. Verstöße des Notars gegen seine gesetzlichen Prüfungs- und Hinweispflichten können unter den Voraussetzungen des § 19 BNotO **Amtshaftungsansprüche** begründen.[224]

j) Kosten der Niederschrift. Die Kosten der Niederschrift hat die Gesellschaft zu tragen. Der Geschäftswert bestimmt sich nach den Vorschriften der §§ 97, 108, 105 GNotKG. Beschlüsse mit bestimmtem Geschäftswert, wie etwa Kapitalmaßnahmen, sind mit diesem Wert (§§ 97, 105 Abs. 1 GNotKG, § 108 Abs. 1 GNotKG), Beschlüsse mit unbestimmtem Geschäftswert sind mit 1 % des eingetragenen Grundkapitals, mindestens mit € 30 000 anzusetzen (§ 108 Abs. 1 GNotKG, § 105 Abs. 4 GNotKG). Jeder Beschluss bildet grundsätzlich einen besonderen Beurkundungsgegenstand (§ 86 GNotKG). Die Werte mehrerer Verfahrensgegenstände sind zusammenzurechnen (§ 35 Abs. 1 GNotKG), soweit nicht in § 109 Abs. 2 S. 1 Nr. 4 GNotKG etwas anderes bestimmt ist. So bilden mehrere Wahlen oder Wahlen zusammen mit Beschlüssen über die Entlastung der Verwaltungsmitglieder denselben Beurkundungsgegenstand, wenn nicht einzeln abgestimmt wird. Der Geschäftswert beträgt insgesamt höchstens 5 Mio. Euro, auch wenn mehrere Beschlüsse mit verschiedenem Gegen-

---

[211] *Bezzenberger* FS Schippel, 1996, 361 (383).
[212] *Pöschke/Vogel* in Semler/Volhard/Reichert HV-HdB § 13 Rn. 28; *Butzke* Die Hauptversammlung der AG Rn. N 8.
[213] S. hierzu auch LG Frankfurt ZIP 2006, 335 (337); ferner BGH NJW 2009, 2207 (2209): unterlassene Beaufsichtigung der Stimmauszählung in einem anderen Raum kein Nichtigkeitsgrund im Sinne des § 130 Abs. 2 AktG; dazu → Rn. 46; aA *Haupt* in Hauschild/Kallrath/Wachter Notar-HdB § 14 Rn. 329.
[214] Großkomm AktG/*Mülbert* Rn. 49; *Sigel/Schäfer* BB 2005, 2137 (2140); → Rn. 46.
[215] MüKoAktG/*Kubis* Rn. 38.
[216] NK-AktR/*Terbrack/Lohr* Rn. 21.
[217] MüKoAktG/*Kubis* Rn. 37; *Butzke* Die Hauptversammlung der AG Rn. N 8; *Sigel/Schäfer* BB 2005, 2137 (2139); einschränkend *Faßbender* RNotZ 2009, 425 (435).
[218] *Butzke* Die Hauptversammlung der AG Rn. N 8; *Bormann/Seebach* in Herrler GesR § 7 Rn. 399; einschränkend *Sigel/Schäfer* BB 2005, 2137 (2138); aA *Wachter/Wachter* Rn. 22.
[219] Großkomm AktG/*Mülbert* Rn. 46; ferner MüKoAktG/*Kubis* Rn. 39.
[220] *Pöschke/Vogel* in Semler/Volhard/Reichert HV-HdB § 13 Rn. 28; MüKoAktG/*Kubis* Rn. 39.
[221] Zutreffend *Priester* DNotZ 2011, 14.
[222] Vgl. *Blasche* AG 2017, 16 (21); *Ott* RNotZ 2014, 423 (426); Bormann/Seebach in Herrler GesR § 7 Rn. 351; aA *Hartmann* DNotZ 2002, 253 (254); *Sigel/Schäfer* BB 2005, 2137 (2139).
[223] S. dazu *Hartmann* DNotZ 2002, 253.
[224] MüKoAktG/*Kubis* Rn. 42.

stand in einem Beurkundungsverfahren zusammengefasst werden (§ 108 Abs. 5 GNotKG).[225] Der Gebührensatz für die Beurkundung der Hauptversammlung beträgt 2,0 (Nr. 21100 Kostenverzeichnis). Zusätzlich kann bei Beurkundungen außerhalb der Geschäftsstelle eine Gebühr in Höhe von 50 Euro je angefangener halber Stunde (Nr. 26002 Kostenverzeichnis), eine Unzeitgebühr von höchstens 30 Euro (Nr. 26000 Kostenverzeichis) sowie im Fall einer fremdsprachigen Niederschrift eine Gebühr in Höhe von 30 % der für das Beurkundungsverfahren zu erhebenden Gebühr (Nr. 26001 Kostenverzeichnis) anfallen. Für weitere Beratungstätigkeiten im Zusammenhang mit der Hauptversammlung, wie etwa die Erstellung des Teilnehmerverzeichnisses sieht das Gesetz nunmehr eine wertabhängige Rahmengebühr mit einem Satz von 0,5–2,0 vor (Nr. 24203 Kostenverzeichnis). Der Geschäftswert für diese Gebühr bestimmt sich gemäß § 120 GNotKG nach dem Wert der in der Hauptversammlung gefassten Beschlüsse, höchstens 5 Mio. Euro. Hinzu kommen die Dokumentenpauschale (Nr. 32001 Kostenverzeichnis, Nr. 32002 Kostenverzeichnis bei der elektronischen Übermittlung von Dateien), Auslagenersatz (Nr. 32004 bzw. 32005 Kostenverzeichnis) und ggf. die Erstattung von Reisekosten (Nr. 32006–32009 Kostenverzeichnis).

36 **3. Privatschriftliches Protokoll bei nichtbörsennotierten Gesellschaften. a) Regelungszweck.** Nach § 130 Abs. 1 Satz 3 kann die notarielle Beurkundung bei nichtbörsennotierten Gesellschaften durch eine vom Vorsitzenden des Aufsichtsrats zu unterzeichnende Niederschrift ersetzt werden, sofern nicht Beschlüsse gefasst werden, für die das Gesetz eine qualifizierte Mehrheit vorsieht. Sinn und Zweck dieser durch Art. 1 Nr. 13a des Gesetzes für kleine Aktiengesellschaften und zur Deregulierung des Aktienrechts[226] eingefügten Norm ist es, für Routinebeschlüsse kleiner Aktiengesellschaften, die keine rechtliche Beratung erfordern, die durch Einschaltung eines Notars entstehende Kostenbelastung zu vermeiden und damit den Zugang zu Aktiengesellschaften aufgrund einer Annäherung an die Rechtslage der GmbH zu erleichtern (§ 48 GmbHG).[227] Die Vorschrift kann bei unkomplizierten Hauptversammlungen von Gesellschaften, die durch wechselseitiges Vertrauen zwischen Anteilseignern und Verwaltung geprägt sind, zu einer gewissen Vereinfachung des Verfahrens führen, vorausgesetzt, dass eine hinreichende Auseinandersetzung mit den rechtlichen Anforderungen an die Erstellung der Niederschrift im Vorfeld erfolgt.[228] Im Übrigen mehren sich in der Literatur Zweifel, ob sich die Regelung in der Praxis bewährt hat und den gesetzgeberischen Intentionen gerecht geworden ist.[229] Insofern wird einerseits (zutreffend) argumentiert, dass von § 130 Abs. 1 Satz 3 erfasste einfache Hauptversammlungsbeschlüsse in das Außenverhältnis wirken können und daher eine juristisch einwandfreie Dokumentation der Willensbildung wesentliche Bedeutung für die Gesellschaft und die betroffene Öffentlichkeit erlangen kann.[230] Andererseits wird der Wert der Belehrungsfunktion des zur Neutralität verpflichteten Notars im Rahmen von schwierigeren Hauptversammlungen betont;[231] der erhoffte Kostenvorteil ist demgegenüber, wenn überhaupt vorhanden, regelmäßig gering.[232] Die Vorschrift des § 130 Abs. 1 Satz 3 hat zudem eine Reihe von Zweifelsfragen aufgeworfen.

37 **b) Anwendungsvoraussetzungen.** Die privatschriftliche Niederschrift ist gemäß § 130 Abs. 1 Satz 3 nur bei solchen Gesellschaften zugelassen, die **nichtbörsennotiert** im Sinne der Legaldefinition des § 3 Abs. 2 sind. Der Begriff der Börsennotierung umfasst an den deutschen Börsen den regulierten Markt im Sinne der §§ 32 ff. BörsenG (vormals die Segmente des amtlichen Markts und des geregelten Markts).[233] Nicht eingeschlossen ist demgegenüber der Freiverkehr, obgleich es auch hier zu einer Beteiligung von Publikumsaktionären kommt und daher ein entsprechendes Bedürfnis nach Rechtssicherheit besteht.[234] Ob im Fall einer ausländischen Börsennotierung die privatschriftli-

---

[225] Zur Beurkundung der Versammlung zweier Gesellschaften in einer Niederschrift s. hingegen BGH NZG 2018, 35.
[226] Vom 2.8.1994, BGBl. 1994 I 1961.
[227] BT-Drs. 12/6721, 9.
[228] Vgl. auch Hüffer/Koch/*Koch* Rn. 14a.
[229] Hüffer/Koch/*Koch* Rn. 14a; NK-AktR/*Terbrack*/*Lohr* Rn. 3; *Bezzenberger* FS Schippel, 1996, 361 (386); *Butzke* Die Hauptversammlung der AG Rn. N 19; s. auch *Noack* FS Happ, 2006, 201 („noch etliche, Leichen im Keller' vergraben"); aA noch *Lutter* AG 1994, 429 (439); *Planck* GmbHR 1994, 501 (504); MüKoAktG/*Kubis* Rn. 26 (ungeachtet ihrer handwerklichen Mängel insgesamt zu begrüßen). S. zur Problematik auch *Wicke* Der Aufsichtsrat 2007, 34.
[230] Vgl. Hüffer/Koch/*Koch* Rn. 14a; NK-AktR/*Terbrack*/*Lohr* Rn. 3.
[231] *Butzke* Die Hauptversammlung der AG Rn. N 19; *Bezzenberger* FS Schippel, 1996, 361 (386); NK-AktR/*Terbrack*/*Lohr* Rn. 3; empirisch *Fitz*/*Roth* JBl. 2004, 205 (213); im Hinblick auf die unabhängige Stellung ferner MüKoAktG/*Kubis* Rn. 26.
[232] Zutreffend *Hoffmann-Becking* ZIP 1995, 1 (7); ferner MüKoAktG/*Kubis* Rn. 26.
[233] Vgl. *Groß*, Kapitalmarktrecht, 6. Aufl. 2016, BörsenG § 32 Rn. 4a.
[234] Vgl. BegrRegE zum KonTraG BR-Drs. 872/97, 28 = ZIP 1997, 2059; kritisch auch Hüffer/Koch/*Koch* Rn. 14b; *Deilmann*/*Buchta* in Hölters Die kleine AG S. 107 f.; NK-AktR/*Terbrack*/*Lohr* Rn. 5.

che Niederschrift genügt, beurteilt sich ebenfalls nach den Kriterien des § 3 Abs. 2.[235] Bei der Hauptversammlung einer nicht börsennotierten Europäischen Aktiengesellschaft mit Sitz im Inland kommt die Befreiungsvorschrift des § 130 Abs. 1 Satz 3 angesichts der Konzeption der SE als Rechtsform für Großunternehmen und des komplexen Nebeneinanders von europäischem und nationalem Recht nach zutreffender Auffassung nicht zur Anwendung.[236]

Als weitere Tatbestandsvoraussetzung dürfen nach § 130 Abs. 1 Satz 3 keine Beschlüsse zu fassen sein, für die das Gesetz eine Dreiviertel- oder größere Mehrheit bestimmt.[237] Der Wortlaut ist interpretationsbedürftig, da das Aktiengesetz keine Dreiviertelmehrheit als solche kennt, sondern eine **Dreiviertel-Kapitalmehrheit** im Fall sog. Grundlagenbeschlüsse[238] und vereinzelt eine **Dreiviertel-Stimmenmehrheit**.[239] Während die hM die Norm unter Berufung auf die Gesetzesbegründung einschränkend auslegt und eine Beurkundung bei nicht-börsennotierten Gesellschaften nur im Fall von Grundlagenbeschlüssen mit gesetzlich vorgesehener qualifizierter Kapitalmehrheit für zwingend geboten hält,[240] nehmen gewichtige Gegenstimmen eine Beurkundungspflicht auch bei Beschlüssen an, die mit Dreiviertel-Stimmenmehrheit zu fassen sind.[241] Für diese Auffassung spricht immerhin, dass es sich bei § 130 Abs. 1 Satz 3 um eine eng auszulegende Ausnahmevorschrift handelt, deren Zweck darin besteht, für Routinebeschlüsse kleiner Aktiengesellschaften, die keine rechtliche Beratung erfordern, die durch Einschaltung des Notars entstehende Kostenbelastung zu vermeiden und damit den Zugang zu Aktiengesellschaften aufgrund einer Annäherung an die Rechtslage der GmbH zu erleichtern.[242] Bei den relevanten Beschlüssen mit Dreiviertel-Stimmenmehrheit handelt es sich aber gerade nicht um Standardangelegenheiten, die üblicherweise reibungslos und ohne Inanspruchnahme rechtlicher Beratung abgewickelt werden.[243] Da klare höchstrichterliche Rechtsprechung nicht vorliegt, empfiehlt sich eine notarielle Niederschrift in jedem Fall auch bei Beschlüssen, die nach dem Gesetz einer Dreiviertel-Stimmenmehrheit bedürfen.[244] Nach allgemeiner Auffassung besteht die Pflicht zur notariellen Beurkundung im Anwendungsbereich des § 130 Abs. 1 Satz 3 unabhängig davon, ob die gesetzlich angeordnete qualifizierte Kapitalmehrheit zur Disposition des Satzungsgebers gestellt ist.[245] Umgekehrt steht eine lediglich von der Satzung geforderte Dreiviertelmehrheit einer privatschriftlichen Niederschrift nicht entgegen, wenn nicht die Satzung eine Beurkundungspflicht besonders anordnet.[246] Ohne Rücksicht auf Mehrheitserfordernisse ist die notarielle Beurkundung ferner bei Umwandlungsvorgängen nach dem UmwG zwingend vorgeschrieben.[247]

---

[235] BegrRegE zum KonTraG BR-Drs. 872/97, 28 = ZIP 1997, 2059; *Butzke* Die Hauptversammlung der AG Rn. N 16; MüKoAktG/*Kubis* Rn. 27.

[236] Vgl. *Heckschen* DNotZ 2003, 251 (268); *Wicke* MittBayNot 2006, 196 (204); die hM nimmt in Anknüpfung an Art. 59 Abs. 1 SE-VO eine Beurkundungspflicht bei Beschlüssen mit Zweidrittel-Stimmenmehrheit (so Spindler/Stilz/*Eberspächer* → SE-VO Art. 53 Rn. 7) bzw. mit Zweidrittel-Kapitalmehrheit (so etwa Großkomm AktG/*Mülbert* Rn. 10) oder Zweidrittel-Stimmenmehrheit und Dreiviertel- Kapitalmehrheit an (so *Habersack/Drinhausen* SE-VO Art. 59 Rn. 34).

[237] Zu einer Auflistung der Fälle, in denen die Hauptversammlung mit einfacher Mehrheit beschließt vgl. MüKoAktG/*Arnold* § 133 Rn. 38.

[238] Vgl. insbesondere § 52 Abs. 5; § 129 Abs. 1 Satz 1; § 179 Abs. 2 Satz 1; § 179a Abs. 1; § 182 Abs. 1 Satz 1; § 186 Abs. 3 Satz 2 (ggf. iVm § 71 Abs. 1 Nr. 8, §§ 203 Abs. 1 Satz 1, 221 Abs. 4); § 193 Abs. 1 Satz 1; § 202 Abs. 2 Satz 2; § 207 Abs. 2; § 221 Abs. 1 Satz 2; § 222 Abs. 1 Satz 1; § 229 Abs. 3; § 237 Abs. 1 Satz 2, Abs. 2 Satz 1; § 262 Abs. 1 Nr. 2; § 274 Abs. 1 Satz 2; § 276; § 293 Abs. 1 Satz 2; § 295 Abs. 1 Satz 2; § 319 Abs. 2 Satz 2; § 320 Abs. 1 Satz 3; § 286 Abs. 5 Satz 2 HGB; im Hinblick auf Sonderbeschlüsse vgl. § 179 Abs. 3 Satz 3; § 182 Abs. 2 Satz 3; § 193 Abs. 1 Satz 3; § 202 Abs. 2 Satz 4; § 221 Abs. 1 Satz 4; § 222 Abs. 2 Satz 3; § 229 Abs. 3; § 237 Abs. 2 Satz 1.

[239] Vgl. § 103 Abs. 1 Satz 2; § 111 Abs. 4 Satz 4; § 141 Abs. 3 Satz 2 ggf. iVm einer qualifizierten Kapitalmehrheit gemäß § 141 Abs. 4 Satz 4, § 186 Abs. 3 Satz 2.

[240] MüKoAktG/*Kubis* Rn. 28; *Butzke* Die Hauptversammlung der AG Rn. N 17; *Ek* Hauptversammlung § 15 Rn. 420; *Hoffmann-Becking* ZIP 1995, 1 (7); OLG Karlsruhe NZG 2013, 1261 (1265); Beck AG 2014, 275 (277); Bürgers/Körber/*Reger* Rn. 32; Hölters/*Drinhausen* Rn. 22; Henssler/Strohn/*Liebscher* Rn. 11; in diesem Sinne ohne zur Problematik Stellung zu nehmen auch OLG Köln DNotZ 2008, 789 m. krit. Anm. *Wicke*; eine Beurkundung empfehlend MHdB AG/*Hoffmann-Becking* § 41 Rn. 27.

[241] *Ludwig* in Happ AktR 10.19; Kölner Komm AktG/*Noack/Zetzsche* Rn. 144; *Pöschke/Vogel* in Semler/Volhard/Reichert HV-HdB § 13 Rn. 3 f.; *Heckschen* DNotZ 1995, 275 (283); *Wachter/Wachter* Rn. 27.

[242] Vgl. *Wicke* DNotZ 2008, 791.

[243] Vgl. anschaulich OLG Köln DNotZ 2008, 789.

[244] So auch NK-AktR/*Terbrack/Lohr* Rn. 7.

[245] So etwa im Fall des § 179 Abs. 2 Satz 2. Vgl. MüKoAktG/*Kubis* Rn. 28; *Hoffmann-Becking* ZIP 1995, 1 (7 f.).

[246] *Faßbender* RNotZ 2009, 425 (428).

[247] Vgl. § 13 Abs. 3 UmwG; § 125 Satz 1 UmwG; § 176 Abs. 1 UmwG; § 177 Abs. 1 UmwG; § 193 Abs. 3 Satz 1 UmwG.

39 Umstritten ist, ob **Grundlagenbeschlüsse** im Sinne der „**Holzmüller**"-Rechtsprechung[248] dem Ausnahmetatbestand des § 130 Abs. 1 Satz 3 unterfallen. Der BGH hat in der Gelatine-Entscheidung im Einklang mit der hM im Schrifttum klar gestellt, dass der Zustimmungsbeschluss der Hauptversammlung zu Umstrukturierungsmaßnahmen aufgrund der tief in die Mitgliedschaftsrechte der Aktionäre eingreifenden Wirkung auch bei ungeschriebenen Mitwirkungsbefugnissen einer Dreiviertel-Kapitalmehrheit bedarf.[249] Damit handelt es sich aber nicht mehr um Routineangelegenheiten, die nach der Zielsetzung des § 130 Abs. 1 Satz 3 beurkundungsfrei bleiben sollten.[250] Wenn die Gegenansicht auf den ungeklärten Anwendungsbereich der Holzmüller-Rechtsprechung verweist, so betreffen die daraus resultierenden Unsicherheiten allein die Frage, ob eine Beschlussfassung überhaupt erfolgen muss und nicht das Erfordernis einer notariellen Niederschrift. Besonderheiten gelten für die **Euro-Umstellung**. Hinsichtlich der reinen Umstellung des Grundkapitals und der Anpassung sonstiger satzungsmäßiger Angaben auf Euro genügt abweichend von § 179 Abs. 2 gemäß § 4 Abs. 1 Satz 1 EGAktG die einfache Mehrheit des vertretenen Grundkapitals und damit nach § 130 Abs. 1 Satz 3 auch ein privatschriftliches Protokoll. Über Kapitalmaßnahmen zur Euroglättung gemäß § 4 Abs. 2 EGAktG wird zwar ebenfalls mit einfacher Kapitalmehrheit entschieden, in § 4 Abs. 2 Satz 3 EGAktG wird die Anwendung des § 130 Abs. 1 Satz 3 aber ausdrücklich ausgeschlossen, so dass eine notarielle Niederschrift erforderlich ist.

40 Sollen bei einer nichtbörsennotierten Gesellschaft sowohl Grundlagenbeschlüsse als auch einfache Beschlüsse gefasst werden, kann sich die Frage stellen, ob (zur Kostenersparnis) eine Aufspaltung in eine notarielle und eine privatschriftliche Niederschrift einer solchen **gemischten Hauptversammlung** zulässig ist. Der BGH hat entgegen der bislang h. M. entschieden, dass die Beschlüsse zu den Regularien, wie auch Verfahrens- und sonstige Beschlüsse, die nicht wie die Satzungsänderung einem qualifizierten Mehrheitserfordernis unterliegen, nicht in der vom Notar aufgenommenen Niederschrift beurkundet werden müssen, sondern dafür gemäß § 130 Abs. 1 S. 3 AktG eine vom Aufsichtsratsvorsitzenden unterzeichnete Niederschrift genügt.[251] Dafür spreche neben dem Wortlaut des § 130 Abs. 1 AktG, namentlich dem Wort „soweit" in Satz 3 der Vorschrift, die durch das Gesetz für kleine Aktiengesellschaften und zur Deregulierung des Aktienrechts beabsichtigte Angleichung an das Recht der GmbH, bei der eine Trennbarkeit in notariell beurkundete und nicht notariell beurkundete Beschlüsse allgemein anerkannt sei. Die Protokollierung einer Auskunftsverweigerung gemäß § 131 Abs. 5 AktG oder eines Widerspruchs zur Niederschrift z. B. nach § 245 Nr. 1 AktG dient Beweiszwecken und ist nicht Voraussetzung für die daraus resultierenden Rechtsfolgen, als solche könnte sie daher vom Aufsichtsratsvorsitzenden jeweils auch im Hinblick auf einen notariellen Beschluss vorgenommen werden. Beweisprobleme widersprechender Niederschriften seien lösbar und könnten genauso bei der Beurkundung durch einen oder mehrere Notare auftreten. Diese Auffassung vermag nicht zu überzeugen.[252] Der vom BGH angestellte Vergleich mit dem Recht der GmbH und der dort praxisüblichen Trennbarkeit in notariell beurkundete und nicht notariell beurkundete Beschlüsse greift zu kurz, da sich die Bedeutung der Niederschrift für die Rechtsposition des Gesellschafters in wesentlicher Hinsicht unterscheidet: Während bei der AG der Aktionär nach § 245 Nr. 1 AktG nur anfechtungsbefugt ist, wenn er oder sein Vertreter gegen den Beschluss Widerspruch zur Niederschrift erhoben hat,[253] ist dies bei der GmbH keine Voraussetzung für die Klageerhebung.[254] Gerade bei streitigen Hauptversammlungen, die nicht selten zu Konflikten zwischen Aktionären und Versammlungsleiter Anlass geben, kann es diesem an der für die Protokollierung erforderlichen Neutralität fehlen mit potentiell nachteiligen Folgen für die Beweissituation des Aktionärs. Die Auskunftsverweigerung im Rahmen der Hauptversammlung einer Aktiengesellschaft hat ebenfalls eine andere Qualität als bei der GmbH, da der Aktionär sein Auskunftsrecht ausschließ-

---

[248] BGH NJW 1982, 1703.
[249] BGH DNotZ 2004, 872 (879).
[250] Vgl. Kölner Komm AktG/*Noack/Zetzsche* Rn. 147; *Blanke* BB 1994, 1505 (1510); *Priester* ZHR 163 (1999), 187 (201); *Heckschen* DNotZ 1995, 275 (284); Bürgers/Körber/*Reger* Rn. 32; Hölters/*Drinhausen* Rn. 23; Hüffer/Koch/*Koch* Rn. 14c; aA NK-AktR/*Terbrack/Lohr* Rn. 7; *Deilmann/Buchta* in Hölters Die kleine AG S. 108 f.; *Ammon/Görlitz* in Hölters Die kleine AG, 1995, 65 f.; *Kindler* NJW 1994, 3041 (3045); Henssler/Strohn/*Liebscher* Rn. 11.
[251] BGH NZG 2015, 867.
[252] S. auch Wicke DB 2015, 1770 und Voraufl. mwN; ferner OLG Jena BeckRS 2014, 15033 und 15034; *Weiler* MittBayNot 2016, 256, 257 f.; *Bayer/Meier-Wehrsdorfer* LMK 2015, 373659; dem BGH folgend hingegen Großkomm AktG/*Mülbert* Rn. 82; Hüffer/Koch/*Koch* Rn. 14c; *Drygala/Bressensdorf* WuB 2015, 569 (571); *Harnos* AG 2015, 732 (734).
[253] Hüffer/Koch/*Koch*, 13. Aufl. 2018, § 245 Rn. 13; Grigoleit/*Ehmann* § 245 Rn. 11.
[254] Baumbach/Hueck/*Zöllner*, GmbHG, 21. Aufl. 2017, Anh. § 47 Rn. 136; *Wicke*, GmbHG, 3. Aufl. 2016, Anh. § 47 Rn. 18.

lich in der Hauptversammlung ausüben kann, indem er entsprechende Fragen stellt.[255] Demgegenüber steht den GmbH-Gesellschaftern ein umfassendes Auskunfts- und Einsichtsrecht zu, das sie im Grundsatz jederzeit „auf Verlangen" geltend machen können (§ 51a GmbHG). Das Widerspruchspotential durch unterschiedliche Niederschriften wird als Folge des BGH-Urteils schon deshalb wesentlich erhöht, weil eine Mehrfachbeurkundung durch unterschiedliche Notare nur äußerst selten vorkommt. Im Ergebnis verdienen daher die Stimmen in der Literatur Zustimmung, die eine Aufspaltung in eine notarielle und eine privatschriftliche Niederschrift ablehnen, jedenfalls wird in der Praxis nicht selten davon abzuraten sein.[256] Die den Notar aufgrund seiner Amtspflicht treffenden allgemeinen Prüfungspflichten (dazu → Rn. 28) beziehen sich im Fall einer gemischten Hauptversammlung sachlich nur auf die notariell zu beurkundenden Beschlussgegenstände und zeitlich auf die Dauer seiner Anwesenheit.[257] Möglich ist es, nacheinander selbständige Hauptversammlungen abzuhalten, zu denen freilich jeweils gesondert zu laden ist.[258]

c) Niederschrift und Unterzeichnung durch den Versammlungsleiter. Nach § 130 Abs. 1 **41** Satz 3 genügt für einfache Beschlüsse nichtbörsennotierter Gesellschaften eine vom Vorsitzenden des Aufsichtsrats zu unterzeichnende Niederschrift. Der Vorsitzende hat das Protokoll nicht nur zu unterzeichnen, sondern auch zu erstellen, selbst wenn die Vorschrift dies nicht ausdrücklich sagt.[259] Zu diesem Zweck kann er Hilfspersonen hinzuziehen, trägt aber ebenso wie der Notar im Fall der Beurkundung die alleinige inhaltliche Verantwortung.[260] Das Gesetz geht von dem praktischen Regelfall aus, dass der Aufsichtsratsvorsitzende Versammlungsleiter ist. Sofern der Aufsichtsratsvorsitzende verhindert ist und daher sein Stellvertreter auftritt (§ 107 Abs. 1 Satz 3) oder gemäß der Satzung, der Geschäftsordnung oder einem Beschluss der Hauptversammlung ein Dritter zum Versammlungsleiter bestellt wurde, hat die Niederschrift nach ganz überwiegender Auffassung von diesem aufzunehmen und zu unterzeichnen.[261] Bejaht man entgegen der hier vertretenen Auffassung (→ Rn. 37) eine Anwendung des Abs. 1 Satz 3 auf die nicht börsennotierte Europäische Aktiengesellschaft, ist Protokollführer ebenfalls der Versammlungsleiter (→ Anh. § 119 Rn. 3a), unabhängig davon, ob es sich um eine dualistische oder eine monistische SE handelt.[262] Nach einer zweifelhaften Entscheidung des OLG Köln kann die Versammlungsniederschrift nichtig sein, wenn der kraft Satzung zum Versammlungsleiter bestimmte Aufsichtsratsvorsitzende nicht geladen wurde und der (Allein-) Aktionär die Versammlungsleitung übernimmt.[263] Eine Auffassung in der Literatur plädiert bei Unterzeichnung des privatschriftlichen Protokolls durch einen Scheinaufsichtsratsvorsitzenden generell für die Annahme der Nichtigkeit der zuvor festgestellten und verkündeten Beschlüsse.[264]

In inhaltlicher Hinsicht hat das privatschriftliche Protokoll den aktienrechtlichen Anforderungen **42** an die notarielle Niederschrift zu genügen. Das Fehlen der Unterschrift und Verstöße gegen § 130 Abs. 1 und 2 führen daher gemäß § 241 Nr. 2 zur Nichtigkeit der gefassten Beschlüsse.[265] Hinsichtlich der Sprache der Protokolls, des Zeitpunkts und der Art der Erstellung sind die Überlegungen zur notariellen Beurkundung im Grundsatz übertragbar.[266] Soweit der Notar auf der Grundlage seiner Amtspflichten zusätzliche Angaben in die Niederschrift aufzunehmen hat, gilt dies für den Versamm-

---

[255] MHdB AG/*Hoffmann-Becking* § 38 Rn. 31.
[256] S. auch *Mense/Klie* GWR 2016, 111 (117); zum praktischen Ablauf ferner *Höreth* AG 2015, 293 (294 f.).
[257] *Wicke* DB 2015, 1770 (1771); *Bormann/Seebach* in Herrler GesR § 7 Rn. 397.
[258] *Butzke* Die Hauptversammlung der AG Rn. N 20; MüKoAktG/*Kubis* Rn. 30.
[259] MüKoAktG/*Kubis* Rn. 31; im Ergebnis ebenso *Butzke* Die Hauptversammlung der AG Rn. N 18 f.; *Deilmann/Buchta* in Hölters Die kleine AG S. 109; Hüffer/Koch/*Koch* Rn. 14d.
[260] Hüffer/Koch/*Koch* Rn. 14e; *Deilmann/Buchta* in Hölters Die kleine AG S. 109; *Zimmermann* in Seibert/Kiem AG-HdB S. 221.
[261] OLG Karlsruhe NZG 2013, 1261 (1265); *Hoffmann-Becking* NZG 2017, 281 (289); MüKoAktG/*Kubis* Rn. 33; NK-AktR/*Terbrack/Lohr* Rn. 6; Hüffer/Koch/*Koch* Rn. 14e; *Noack* FS Happ, 2006, 201 (206); *Flick* NJW 2010, 20 (21); *Beck* AG 2014, 275 (278); Bürgers/Körber/*Reger* Rn. 34; Henssler/Strohn/*Liebscher* Rn. 14; zum stellvertretenden Aufsichtsratsvorsitzenden vgl. auch AusschBer BT-Drs. 12/7848, 9; aA K. Schmidt/Lutter/*Ziemons* Rn. 37; Wachter/*Wachter* Rn. 26.
[262] S. auch Großkomm AktG/*Mülbert* Rn. 10.
[263] Vgl. DNotZ 2008, 789 m. krit. Anm. *Wicke*; kritisch dazu auch *Terbrack* RNotZ 2012, 221; ferner *Zöllter-Petzold* NZG 2013, 607 (609); s. aber auch *Polte/Haider-Giangreco* AG 2014, 729 (731 f.).
[264] So *Heller* AG 2008, 493, der allerdings den Begriff „Aufsichtsratsvorsitzender" in § 130 Abs. 1 Satz 3 AktG abweichend von der hM auslegt. Zum Scheinaufsichtsratsvorsitzenden s. auch → Anh. § 119 Rn. 4.
[265] Hüffer/Koch/*Koch* Rn. 14d; MüKoAktG/*Kubis* Rn. 32; *Bezzenberger* FS Schippel, 1996, 361 (364); Bürgers/Körber/*Reger* Rn. 34; Henssler/Strohn/*Liebscher* Rn. 14; Hölters/*Drinhausen* Rn. 29; einschränkend Kölner Komm AktG/*Noack/Zetzsche* Rn. 162, wonach für die privatschriftliche Niederschrift geringere Anforderungen gelten sollen; s. ferner *Noack* FS Happ, 2006, 201 (207).
[266] MüKoAktG/*Kubis* Rn. 32.

lungsleiter nicht.[267] Gleichwohl ist auch der Versammlungsleiter verpflichtet, offensichtliche Mängel des Beschlussverfahrens abzustellen.[268] Im Fall von Fehlern bei der Erstellung der Niederschrift kann der Vorsitzende gemäß § 280 Abs. 1 BGB wegen Pflichtverletzung in Ausführung des zugrunde liegenden Rechtsverhältnisses haften.[269]

III. Inhalt der Niederschrift (Abs. 2)

43 **1. Ort und Tag der Versammlung.** In der Niederschrift sind gemäß § 130 Abs. 2 zunächst Ort und Tag der Verhandlung anzugeben.[270] Mit Ort ist die politische Gemeinde gemeint, der Tag bezeichnet das kalendermäßige Datum. Es ist praxisüblich und zweckmäßig, zusätzlich die genaue Anschrift des Versammlungslokals einschließlich Straße und Hausnummer sowie die Uhrzeit von Verhandlungsbeginn und -ende aufzuführen, nicht zuletzt, um die Übereinstimmung mit den Angaben in der Einberufung zu dokumentieren. Zwingend vorgeschrieben ist dies nach richtiger Ansicht aber nicht.[271] Im Fall einer Online-Teilnahme von Aktionären auf der Grundlagen von § 118 Abs. 1 S. 2 bleibt die Lokalität der Präsenzveranstaltung, wo sich Notar und Versammlungsleiter aufhalten, der Ort der Verhandlung im Sinne des § 130 Abs. 2.[272] Wenn die Versammlung über mehrere Tage andauert, ist dies in der Niederschrift zum Ausdruck zu bringen unter der gleichzeitigen Angabe, welche Beschlüsse an welchem Datum gefasst wurden,[273] die aber nicht Wirksamkeitsvoraussetzung ist.[274] Nach umstrittener Auffassung müssen gemäß § 37 Abs. 2 BeurkG auch Tag und Ort der Errichtung des Protokolls angegeben werden;[275] da es sich nur um eine Soll-Vorschrift handelt, führt das Fehlen aber jedenfalls nicht zur Nichtigkeit.[276]

44 **2. Name des Notars.** Die Urkunde muss ferner den Namen des Notars enthalten.[277] Die Unterschrift oder eine Verweisung auf diese in der Niederschrift genügen nach allgemeiner Auffassung auch bei eindeutiger Lesbarkeit nicht.[278] Gestritten wird über die Frage, ob nur die Angabe des Nachnamens[279] oder auch die des Vornamens zwingend ist.[280] Nach zutreffender Auffassung genügt die Aufnahme des Nachnamens, es sei denn, es sollte einmal Verwechslungsgefahr bestehen.[281] In der Praxis enthält die Niederschrift allerdings üblicherweise auch den Vornamen und darüber hinaus die Geschäftsräume des Notars. Bei Anfertigung eines privatschriftlichen Protokolls ist nach zutreffender Auffassung die Person des Vorsitzenden namhaft zu machen.[282]

45 **3. Art der Abstimmung. a) Aktienrechtliche Wirksamkeitserfordernisse.** § 130 Abs. 2 verlangt weiterhin Angaben zur Art und zum Ergebnis der Abstimmung. Die Auslegung dieser Formulierung ist nicht frei von Zweifeln und hat zu divergierenden Auffassungen in Rechtsprechung und

---

[267] *Butzke* Die Hauptversammlung der AG Rn. N 19; Kölner Komm AktG/*Noack/Zetzsche* Rn. 63; Hölters/*Drinhausen* Rn. 10; MüKoAktG/*Kubis* Rn. 43; aA Großkomm AktG/*Mülbert* Rn. 88.
[268] Kölner Komm AktG/*Noack/Zetzsche* Rn. 140; für Gleichbehandlung mit Notar Großkomm AktG/*Mülbert* Rn. 88.
[269] S. → Anh. § 119 Rn. 116; MHdB AG/*Hoffmann-Becking* § 41 Rn. 39; Harnos AG 2015, 732 (740 f.) für eine Haftung auch gegenüber Aktionären nach den Grundsätzen des Vertrags mit Schutzwirkung zugunsten Dritter bzw. nach § 823 Abs. 2 BGB iVm § 131 Abs. 5 AktG bzw. § 245 Nr. 1 AktG; Hölters/*Drinhausen* Rn. 51 für eine Haftung nach §§ 116, 93; so auch Vorauflage; ferner Großkomm AktG/*Mülbert* Rn. 89; eine Haftung ablehnend MüKoAktG/*Kubis* Rn. 97, 43.
[270] Vgl. RGZ 109, 368 (371).
[271] Hüffer/Koch/*Koch* Rn. 15; Großkomm AktG/*Mülbert* Rn. 92; *Butzke* Die Hauptversammlung der AG Rn. N 24; *Will* BaWüNotZ 1977, 133 (134); *Schulte* AG 1985, 33 (37); Bürgers/Körber/*Reger* Rn. 13; Henssler/Strohn/*Liebscher* Rn. 15; aA MüKoAktG/*Kubis* Rn. 45 f.; Hölters/*Drinhausen* Rn. 27.
[272] Kölner Komm AktG/*Noack/Zetzsche* Rn. 95.
[273] MüKoAktG/*Kubis* Rn. 45; Hüffer/Koch/*Koch* Rn. 15; NK-AktR/*Terbrack/Lohr* Rn. 25; *Schulte* AG 1985, 33 (37); *Sigel/Schäfer* BB 2005, 2137 (2141); *Grumann/Gillmann* NZG 2004, 839 (840); Hölters/*Drinhausen* Rn. 27; aA Kölner Komm AktG/*Noack/Zetzsche* Rn. 100.
[274] Großkomm AktG/*Mülbert* Rn. 94.
[275] Vgl. etwa *Kanzleiter* DNotZ 2007, 804 (807); Grigoleit/*Herrler* Rn. 30; aA aber *Görk* MittBayNot 2007, 382 (384).
[276] S. auch BGH NJW 2009, 2207 (2209).
[277] Vgl. auch § 9 Abs. 1 Nr. 1 BeurkG, § 37 Abs. 1 Nr. 1 BeurkG.
[278] Hüffer/Koch/*Koch* Rn. 16; MüKoAktG/*Kubis* Rn. 46; vgl. auch Eylmann/Vaasen/*Limmer* BeurkG § 9 Rn. 3: s. ferner Kölner Komm AktG/*Noack/Zetzsche* Rn. 102, wonach es genügt, wenn sich der Name aus den Umständen ergibt.
[279] So die hM, vgl. Hüffer/Koch/*Koch* Rn. 16; MüKoAktG/*Kubis* Rn. 46; NK-AktR/*Terbrack/Lohr* Rn. 26.
[280] So Wachter/*Wachter* Rn. 37.
[281] Vgl. Hüffer/Koch/*Koch* Rn. 16; MüKoAktG/*Kubis* Rn. 46; *Pöschke/Vogel* in Semler/Volhard/Reichert HV-HdB § 13 Rn. 39.
[282] MüKoAktG/*Kubis* Rn. 47; Hölters/*Drinhausen* Rn. 27; aA *Grumann/Gillmann* NZG 2004, 839 (840).

Schrifttum Anlass gegeben. Die überwiegende Meinung differenziert in diesem Zusammenhang nicht hinreichend danach, welche Angaben aktienrechtlich zwingend vorgeschrieben sind mit der Folge, dass ihr Fehlen zwangsläufig zur Nichtigkeit der Beschlussfassung führt, welche Angaben als Ausfluss der notariellen Belehrungspflichten der Aufnahme bedürfen und deren Auslassen daher Haftungsansprüche auslösen kann sowie schließlich, welche Angaben fakultativ sind, aber im Interesse einer übersichtlichen Dokumentation Erwähnung finden sollten.[283] Unter der Art der Abstimmung im Sinne des § 130 Abs. 2 ist nach hier vertretener Auffassung allein die Beschreibung des Vorgangs zu verstehen, **auf welche Weise die Aktionäre ihre Stimme abgeben,** also zB durch **Handaufheben, namentlichen Aufruf, Zuruf, Aufstehen, mittels Stimmzetteln**[284] **oder EDV-Stimmkarten.**[285] Nach Auffassung des BGH ist unter der Art der Abstimmung zumindest die Beschreibung des Vorgangs zu sehen, wie der Beschluss selbst in der Versammlung zustande gekommen ist, d.h. in welcher Weise, ob mündlich, schriftlich, durch Handaufhebung oder mittels welcher sonstigen Bestätigung abgestimmt worden ist.[286] Das Reichsgericht hat auch für das Fehlen dieser Angaben entschieden, dass ein die Nichtigkeit des Beschlusses ergebender Mangel nicht vorliegt, wenn nach der Gesamtheit des Beurkundeten kein Zweifel über die Ordnungsmäßigkeit des Hergangs bestehen könne, als dessen Ergebnis das Protokoll den Beschluss darstellt.[287] Der BGH ist diesem Ansatz allerdings mit der zutreffenden Begründung entgegen getreten, dass eine Abschwächung des Beurkundungserfordernisses und der an seine Verletzung geknüpften gesetzlichen Sanktionen aus Billigkeitsgründen nicht nur der Gesetzeslage widerspräche, sondern auch im Konflikt zu Erfordernissen der Rechtssicherheit stünde.[288] Die Art der Abstimmung ist nach Auffassung des BGH allein mit der Angabe einer offenen Abstimmung nicht näher bestimmt.[289] Sofern eine Online-Teilnahme oder Briefwahl zugelassen wurde, genügt für die Beschlusswirksamkeit ein Hinweis auf die gesetzlichen Ermächtigungen in § 118 Abs. 1 Satz 2, Abs. 2.[290] Die Niederschrift muss die tatsächlichen Wahrnehmungen des Notars über den Abstimmungsmodus wiedergeben, Feststellungen zur Zulässigkeit des angewandten Verfahrens zählen regelmäßig nicht zum zwingenden Beurkundungsinhalt.[291]

b) Weitere für die Beweiskraft relevante obligatorische Angaben. Andere Angaben zur Abstimmungsart können erhebliche **Bedeutung für die Beweiskraft des Protokolls** gewinnen und ihr Fehlen daher im Fall der notariellen Beurkundung Amtshaftungsansprüche auslösen, die aktienrechtliche Wirksamkeit im Sinne der § 130 Abs. 2 Satz 1, § 241 Nr. 2 bleibt aber regelmäßig unberührt.[292] Für die nachfolgend genannten Feststellungen gilt daher, dass sie zwingend in die Niederschrift aufzunehmen sind, dass die Auslassung eines einzelnen Details aber nicht zwangsläufig die Nichtigkeit der Beschlussfassung nach sich zieht. Dies gilt nach hier vertretener Auffassung[293] zunächst für die Bestimmung des Zählverfahrens, ob also nach dem **Additionsverfahren** die summierten Ja- und Neinstimmen einander gegenüber gestellt werden oder ob nach dem **Subtraktionsverfahren** nur die Nein-Stimmen und Enthaltungen gezählt werden und die Ja-Stimmen alsdann durch Abzug von der Präsenz errechnet werden.[294] Sofern bei Anwendung des Subtraktionsverfahrens allerdings die Anzahl der Stimmenthaltungen nicht protokolliert wird, gehen Teile der Literatur von einer Nichtigkeit der Beschlussfassung unter dem Gesichtspunkt aus, dass es an einer hinreichenden

---

[283] S. auch *Wicke* DNotZ 2013; ablehnend *Butzke* Die Hauptversammlung der AG Rn. N 26, der die hier getroffene Differenzierung als „eher artifiziell" bezeichnet und statt dessen rechtspolitisch über eine Änderung nachdenken möchte; ebenso Hüffer/Koch/*Koch* Rn. 17.
[284] Nach Auffassung von MüKoAktG/*Kubis* Rn. 51 ist bei Stimmkarten in der Niederschrift zu vermerken, welche Anordnungen der Vorsitzende für ihren Gebrauch getroffen hat.
[285] Vgl. auch *Pöschke/Vogel* in Semler/Volhard/Reichert HV-HdB § 13 Rn. 41; *Reul* AG 2002, 543 (545); kritisch *Butzke* Die Hauptversammlung der AG Rn. N 26.
[286] BGH NJW 2018, 52 Rn. 22.
[287] RGZ 105, 373 (375).
[288] BGH AG 1994, 466 (467); vgl. ferner KG JW 1933, 2645; *v. Falkenhausen* BB 1966, 337 (341).
[289] BGH NJW 2018, 52 Rn. 23.
[290] Kölner Komm AktG/*Noack/Zetzsche* Rn. 160.
[291] Vgl. Großkomm AktG/*Mülbert* Rn. 96; *Butzke* Die Hauptversammlung der AG Rn. N 26; ferner MüKo-AktG/*Kubis* Rn. 49. Zu den Prüfungs- und Hinweispflichten des Notars und die Frage der insoweit bestehenden Protokollierungsbedürftigkeit → Rn. 12 f.
[292] Vgl. auch RGZ 75, 259 (267); KG JW 1933, 2645.
[293] Die hM geht von Wirksamkeitsrelevanz aus, vgl. OLG Düsseldorf AG 2003, 510 (511); LG München I NZG 2012, 1310 m. krit. Anm. *Wicke* DNotZ 2013, 812, (824); *Butzke* Die Hauptversammlung der AG Rn. N 26; Großkomm AktG/*Mülbert* Rn. 98; Hüffer/Koch/*Koch* Rn. 17; ferner OLG Oldenburg NZG 2003, 691; MüKoAktG/*Kubis* Rn. 52, wonach auch die diesbezüglichen Erläuterungen des Vorsitzenden und Diskrepanzen zwischen Präsenzzone und von den Stimmensammlern bedienten Räumlichkeiten beurkundungspflichtig sind.
[294] Vgl. auch *Schulte* AG 1985, 33 (38); NK-AktR/*Terbrack/Lohr* Rn. 28. s. zum Subtraktionsverfahren im Einzelnen → § 133 Rn. 26.

Verlautbarung des Abstimmungsergebnisses fehlt.[295] Um den ordnungsgemäßen Ablauf des Abstimmungsverfahrens zu dokumentieren, sind in die Niederschrift ferner **Angaben über die Stimmauszählung** aufzunehmen (die aber entgegen der hM[296] nicht aktienrechtliche Wirksamkeitsvoraussetzung sind). In dieser Hinsicht ist zu erwähnen, ob die Auszählung durch den Versammlungsleiter selbst oder durch Stimmenzähler oder unter Einsatz von EDV erfolgt ist. Da aber die Überwachung und Protokollierung der Stimmenauszählung nicht unter die „Art der Abstimmung" im Sinne von § 130 Abs. 2 fällt, führt es nicht zur Nichtigkeit der Beschlussfassung, wenn der Notar sich während der Hauptversammlung durchgehend im Versammlungsraum aufgehalten und die Stimmauszählung in einem anderen Raum nicht beaufsichtigt hat.[297] Falls bestimmte Personen wie ein von der Gesellschaft benannter Stimmrechtsvertreter in anderer Form als die übrigen Anwesenden abstimmen, ist dies ebenfalls zu vermerken.[298] Sofern die AG aufgrund § 118 Abs. 1 Satz 2 oder Abs. 2 eine Stimmrechtsausübung online oder im Wege der Briefwahl zugelassen hat,[299] sind Feststellungen darüber erforderlich, auf welche Weise die entsprechenden Stimmen berücksichtigt wurden. Aus dem Protokoll muss ferner ersichtlich sein, ob und in welcher Form **Stimmverbote** beachtet wurden, wie etwa eine an die betroffenen Aktionäre gerichtete Aufforderung, sich nicht an der Abstimmung zu beteiligen;[300] im Normalfall genügt es, den tatsächlichen Hinweis des Versammlungsleiters auf bestehende Stimmverbote aufzunehmen, sofern nicht konkrete Anhaltspunkte dafür bestehen, dass Stimmverbote offensichtlich missachtet wurden.[301] Entsprechendes gilt für **Maßnahmen, die zur Ermittlung der Stimmkraft** ergriffen wurden, wie insbesondere die Feststellung von Unterschieden in der Stimmrechtsberechtigung[302] oder der von einem Aktionär repräsentierten Stimmenzahl, da für das Abstimmungsergebnis nicht die Zahl der beteiligten Aktionäre, sondern der abgegebenen Stimmen entscheidend ist (§ 133 Abs. 1).[303] Erstreckt sich die **Präsenzzone über mehrere Räumlichkeiten,** sind Feststellungen darüber erforderlich, wo die Stimmen abzugeben waren.[304]

47 **c) Fakultative Angaben zur Abstimmungsart.** Die Protokollierung der Abstimmungsart beginnt üblicherweise mit der Wiedergabe der betreffenden Bestimmung in der Satzung, bei deren Schweigen mit den hierzu ergangenen Anordnungen des Vorsitzenden.[305] Ergänzend zum obligatori-

---

[295] MüKoAktG/*Kubis* Rn. 57; *Pöschke/Vogel* in Semler/Volhard/Reichert HV-HdB § 13 Rn. 48 f.; einschränkend („sollte") Hüffer/Koch/*Koch* Rn. 19; *Meyer-Landrut* in Teichmann, Aktuelle Entwicklungen im Gesellschaftsrecht, 2009, 93; aA; *Butzke* Die Hauptversammlung der AG Rn. N 28; beim Additionsverfahren ist die Angabe der Stimmenthaltungen jedenfalls nicht erforderlich; s. auch KG AG 2009, 118.
[296] Vgl. OLG Stuttgart NZG 2004, 822; OLG Düsseldorf AG 2003, 510 (511); Hüffer/Koch/*Koch* Rn. 17; MüKoAktG/*Kubis* Rn. 52; *Ek* Hauptversammlung § 15 Rn. 512; *Pöschke/Vogel* in Semler/Volhard/Reichert HV-HdB § 13 Rn. 43; *Butzke* Die Hauptversammlung der AG Rn. N 26; *Grumann/Gillmann* NZG 2004, 839 (840); Hölters/*Drinhausen* Rn. 29; aA OLG Hamburg NZG 2003, 978 (979); *Reul* AG 2002, 543 (546); *Priester* EWiR 2002, 645 (646) zu § 130 AktG; *Schulte* AG 1985, 33 (38); NK-AktG/*Terbrack/Lohr* Rn. 28; Staudinger/*Hertel* BGB 2017 BeurkG Rn. 615; für die Überprüfung der Stimmberechtigung auch OLG Stuttgart NZG 2004, 822 und NZG 2005, 432 (437).
[297] BGH NJW 2009, 2207 (2209); OLG Frankfurt BeckRS 2007, 12075; Bürgers/Körber/*Reger* Rn. 27.
[298] Weiter gehend im Sinne eines aktienrechtlichen Wirksamkeitserfordernisses DNotI-Report 2004, 135; *Faßbender* RNotZ 2009, 425 (442); relativierend aber Würzburger NotarHdB/*Reul* S. 2434.
[299] S. dazu *Wicke* Einführung S. 22 ff.
[300] Nach hM aktienrechtliche Wirksamkeitsvoraussetzung, vgl. Hüffer/Koch/*Koch* Rn. 18; Großkomm AktG/*Mülbert* Rn. 98; *Butzke* Die Hauptversammlung der AG Rn. N 26; *Pöschke/Vogel* in Semler/Volhard/Reichert HV-HdB § 13 Rn. 47; differenzierend MüKoAktG/*Kubis* Rn. 53; aA insoweit Staudinger/*Hertel*, 2017, BeurkG Rn. 615; *Wachter/Wachter* Rn. 40; Hölters/*Drinhausen* Rn. 30; wohl auch *Haupt* in Hauschild/Kallrath/Wachter Notar-HdB § 14 Rn. 358.
[301] LG München I AG 2006, 762 (766); *Meyer-Landrut* in Teichmann, Aktuelle Entwicklungen im Gesellschaftsrecht, 2009, 88; nach Bürgers/Körber/*Reger* Rn. 19 sind die vom Versammlungsleiter festgestellten Verstöße gegen ein Stimmverbot mit Nichtigkeitssanktion in der Niederschrift zu vermerken.
[302] Relevant bei stimmrechtslosen Vorzugsaktien, bei noch bestehenden Mehrstimmrechtsaktien (§ 5 Abs. 1 EGAktG), bei Höchststimmrechten von nicht börsennotierten Gesellschaften (§ 134 Abs. 1) sowie bei Abweichungen in der Stimmkraft aufgrund nicht vollständiger Einlageleistung (§ 134 Abs. 2).
[303] Die hM geht jedenfalls bei unübersichtlichen Stimmverhältnissen von Wirksamkeitsrelevanz aus, vgl. KG JW 1933, 2465; Hüffer/Koch/*Koch* Rn. 18; *Pöschke/Vogel* in Semler/Volhard/Reichert HV-HdB § 13 Rn. 47; weiter gehend MüKoAktG/*Kubis* Rn. 54; *Haupt* in Hauschild/Kallrath/Wachter Notar-HdB § 14 Rn. 356; Hölters/*Drinhausen* Rn. 30; aA Großkomm AktG/*Mülbert* Rn. 98; *v. Godin/Wilhelmi* Rn. 4.
[304] Vgl. (im Sinne eines Wirksamkeitserfordernisses und ohne Differenzierung nach der Größe der Hauptversammlung) OLG Düsseldorf AG 2003, 510 (511); *Pöschke/Vogel* in Semler/Volhard/Reichert HV-HdB § 13 Rn. 42; *Butzke* Die Hauptversammlung der AG Rn. N 26; *Sigel/Schäfer* BB 2005, 2137 (2142).
[305] *Schulte* AG 1985, 33 (37 f.); NK-AktR/*Terbrack/Lohr* Rn. 29; nach MüKoAktG/*Kubis* Rn. 50 ist der Rechtsgrund für die gewählte Abstimmungsart zwingender Protokollinhalt; ebenso Großkomm AktG/*Mülbert* Rn. 95; aA aber BGH NJW 2018, 52 Rn. 42.

schen Protokollinhalt können Angaben dazu zweckmäßig sein, ob die Abstimmung wie üblich offen oder ausnahmsweise geheim durchgeführt wurde.[306] Nimmt der Notar Unregelmäßigkeiten bei der Abgabe oder Ermittlung der Stimmen wahr oder ergeben sich Bedenken gegen die Zulässigkeit des angewandten Verfahrens, kann sich die Aufnahme eines entsprechenden Vermerks nach vorherigem Hinweis gegenüber dem Vorsitzenden empfehlen.[307] Bei der **Einpersonen-Aktiengesellschaft**[308] und ebenso bei Erscheinen nur eines Aktionärs[309] oder Aktionärsvertreters[310] sind Angaben zur Art der Abstimmung ausnahmsweise entbehrlich (und insoweit fakultativ),[311] nicht aber bei der Teilnahme von nur zwei Personen an der Abstimmung.[312]

4. Ergebnis der Abstimmung. In der Niederschrift muss gemäß § 130 Abs. 2 das Ergebnis der Abstimmung festgehalten werden. Damit ist in erster Linie das **zahlenmäßige Ergebnis** gemeint, also die **Anzahl der abgegebenen Ja- und Neinstimmen.**[313] Die Angabe der Stimmenthaltungen soll nach hM dann zwingend geboten sein, wenn das Subtraktionsverfahren angewandt wird, da in diesem Fall ihre Kenntnis für die Errechnung der Ja-Stimmen erforderlich ist.[314] Besteht das Votum nur aus Ja- oder Neinstimmen, so genügt die Feststellung, dass der Beschluss einstimmig angenommen oder abgelehnt wurde, auch wenn es zusätzlich Stimmenthaltungen gegeben hat.[315] Nach der Rechtsprechung führt eine Beurkundung ohne Angabe des rechnerischen Ergebnisses grundsätzlich zur Nichtigkeit des Hauptversammlungsbeschlusses.[316] Dies gilt auch dann, wenn statt der Anzahl der Ja- und Neinstimmen Prozentzahlen aufgenommen werden.[317] Eine Ausnahme ist allerdings dann anzunehmen, wenn sich aus den Angaben der Niederschrift das zahlenmäßige Abstimmungsergebnis so errechnen lässt, dass danach keine Zweifel über die Ablehnung oder Annahme des Antrags und die Ordnungsmäßigkeit der Beschlussfassung verbleiben.[318]

Das Erfordernis der Angabe des zahlenmäßigen Ergebnisses bleibt auch nach Einfügung von § 130 Abs. 2 Satz 2 und 3 durch das ARUG bestehen.[319] Die alleinige Dokumentation der Annahme des Beschlussantrags ggf. ergänzt durch einen unpräzisen Verweis auf die überwiegende Mehrheit genügt nicht den gesetzlichen Anforderungen nach § 130 Abs. 2 Satz 1. Durch § 130 Abs. 2 Satz 2 sollten im Einklang mit den Vorgaben des Art. 14 der Aktionärsrechterichtlinie bestimmte Detailangaben ausdrücklich Bestandteil der Feststellung über die Beschlussfassung werden. Die Regierungsbegründung zum ARUG ging im Übrigen davon aus, dass es sich um Paramater handele, die im Grunde „für eine ordnungsgemäße Beschlussfeststellung ohnehin erforderlich sind",[320] wenngleich ein diesbezüglicher Fehler nach der entsprechend angepassten Bestimmung des § 241 Nr. 1 im Einklang mit der bisherigen Rechtslage (→ Rn. 65) nicht zwangsläufig zur Nichtigkeit führen sollte. Die auf Initiative des Rechtsausschusses in § 130 Abs. 2 Satz 3 eingeführte Möglichkeit, die Feststellung des Vorsitzenden über die Beschlussfassung auf das Erreichen der erforderlichen Mehrheit zu beschränken, befreit von der Notwendigkeit, sämtliche Detailangaben des § 130 Abs. 2 Satz 2 durch den Versammlungsleiter verkünden zu lassen (dazu auch → Rn. 51). Als Rückausnahme zu den erwei-

---

[306] Großkomm AktG/*Mülbert* Rn. 97; MüKoAktG/*Kubis* Rn. 51; *Grumann/Gillmann* NZG 2004, 839 (840) (jeweils für Protokollierungspflicht zumindest bei geheimer Abstimmung).
[307] MüKoAktG/*Kubis* Rn. 49.
[308] LG Berlin JW 1938, 1034 f.; ferner JW 1938, 1901 f.; *Schulte* AG 1985, 33 (38).
[309] OLG Düsseldorf ZIP 1997, 1153 (1161); LG Düsseldorf ZIP 1995, 1985 (1990).
[310] Grigoleit/*Herrler* Rn. 32; *Butzke* Die Hauptversammlung der AG N Rn. 24; *Reger/Schilha* AG 2018, 65 (66).
[311] *Pöschke/Vogel* in Semler/Volhard/Reichert HV-HdB § 13 Rn. 46; ferner Kölner Komm AktG/*Zöllner* (Vorauflage) Rn. 99 (Beurkundung der vom Einmann-Gesellschafter verlautbarten Erklärungen genügt).
[312] BGH NJW 2018, 52 Rn. 23.
[313] BGH NJW 2018, 52.
[314] MüKoAktG/*Kubis* Rn. 57; *Pöschke/Vogel* in Semler/Volhard/Reichert HV-HdB § 13 Rn. 48 f.; *Schulte* AG 1985, 33 (38); *Sigel/Schäfer* BB 2005, 2137 (2142); Großkomm AktG/*Mülbert* Rn. 102; einschränkend („sollte") Hüffer/Koch/*Koch* Rn. 19; *Butzke* Die Hauptversammlung der AG. N 28; vgl. auch KG AG 2009, 118 (119); weiter gehend (Angabe stets erforderlich) früher *Baumbach/Hueck* Rn. 5.
[315] MüKoAktG/*Kubis* Rn. 57; Großkomm AktG/*Mülbert* Rn. 102; *Haupt* in Hauschild/Kallrath/Wachter Notar-HdB § 14 Rn. 361; Staudinger/*Hertel*, 2017, BeurkG Rn. 616; die (nach RGZ 105, 373 (375) ausreichende) Angabe „mit allen übrigen Stimmen gegen x Stimmen" genügt, wenn die Gesamtzahl der berechtigten Stimmen aus der Niederschrift ersichtlich ist.
[316] BGH NJW 2018, 52.
[317] Vgl. auch § 134 Abs. 2 S. 3 AktG.
[318] BGH NJW 2018, 52 Rn. 51 f.; kritisch dazu Herrler NJW 2018, 585 (587); einschränkend (nur bei einfachen Verhältnissen) BGH NJW-RR 1994, 1250.
[319] So nunmehr auch BGH NJW 2018, 52 Rn. 46; MüKoAktG/*Kubis* Rn. 57; Grigoleit/*Herrler* Rn. 34; Bürgers/Körber/*Reger* Rn. 15; aA Kölner Komm AktG/*Noack/Zetzsche* Rn. 169 f.
[320] S. RegE ARUG, zitiert nach *Wicke* Einführung S. 350 f.

ternden Angaben für börsennotierte Gesellschaften führt die gesetzgebungstechnisch wenig geglückte Norm des § 130 Abs. 2 Satz 3 hingegen nicht zu einem veränderten Verständnis der für alle Aktiengesellschaften geltenden Vorschrift des § 130 Abs. 2 Satz 1, die im Regelfall eine präzise zahlenmäßig bestimmte Dokumetation des Abstimmungsergebnisses verlangt.[321]

49 Im Fall einer **getrennten Abstimmung nach Aktiengattungen** ist hinsichtlich der Angabe des Abstimmungsergebnisses zu differenzieren: Sofern ein Sonderbeschluss erforderlich ist, muss dieser seinerseits vollständig wie ein Hauptversammlungsbeschluss protokolliert werden (→ Rn. 5). Eine getrennte Angabe der Abstimmungsergebnisse ist zudem erforderlich, wenn die Satzung für Beschlussfassungen die Zustimmung einer bestimmten Aktiengattung verlangt oder eine getrennte Ermittlung der Abstimmungsergebnisse vorschreiben sollte.[322] Darüber hinaus wird vertreten, dass eine getrennte Stimmermittlung nach Gattungen stets aus der Niederschrift ersichtlich sein müsse[323] oder dass zumindest bei einer gesonderten Auszählung von Aktien unterschiedlicher Stimmkraft eine separate Aufführung der Abstimmungsergebnisse zu erfolgen habe.[324] Nach zutreffender Auffassung sind entsprechende Angaben (über die obligatorischen Feststellungen zur Ermittlung der unterschiedlichen Stimmkraft hinaus; dazu → Rn. 46) aber entbehrlich, da sie weder vom Wortlaut des § 130 Abs. 2 gefordert noch für den Beweis einer ordnungsgemäßen Beschlussfassung von größerer Relevanz sind.[325]

50 Neben der Stimmenzahl ist das **Erreichen der Kapitalmehrheit** in der Niederschrift festzuhalten, wenn das Gesetz neben der Stimmenmehrheit die qualifizierte Mehrheit des vertretenen Grundkapitals verlangt, es sei denn, diese lässt sich ohne weiteres aus den abgegeben Stimmen errechnen.[326] Entsprechendes wird angenommen, wenn die Satzung für das Zustandekommen von Beschlüssen weitere Erfordernisse aufstellt (wie etwa nach § 179 Abs. 2 Satz 3 oder § 182 Abs. 1 Satz 3).[327] Das Erreichen einer erforderlichen erhöhten Stimmenmehrheit ergibt sich zwangsläufig aus der Angabe des zahlenmäßigen Ergebnisses und bedarf keiner weiteren hervorhebenden Dokumentation.[328] Umgekehrt genügt die Feststellung der Kapitalbeträge, mit denen für oder gegen einen Antrag gestimmt wurde, allein nicht.[329] Eine Ausnahme kommt nur dann in Betracht, wenn alle Aktien als Stückaktien oder bei einheitlicher Stückelung gleiches Stimmrecht vermitteln.[330]

51 Die Angabe des Abstimmungsergebnisses bezieht sich im Grundsatz auf die **Wahrnehmungen des Notars über die hierzu ergangenen Feststellungen des Vorsitzenden**.[331] Der Notar kann jedenfalls die Feststellung zum Abstimmungsergebnis im Protokoll auf dessen Bekanntgabe durch den Versammlungsleiter stützen; eigene Wahrnehmungen sind insoweit nicht erforderlich.[332] Soweit im Hinblick auf § 130 Abs. 2 Satz 3 von einer Verkündung des zahlenmäßigen Ergebnisses im Plenum abgesehen wird, ist es aber ausreichend, wenn die ermittelte Anzahl der Ja- und Nein-Stimmen mit (ggf. stillschweigender) Billigung des Versammlungsleiters zur Kenntnis des protokollierenden Notars gelangt[333] und wohl auch, dass der Notar diese Kenntnis aus anderen

---

[321] K. Schmidt/Lutter/*Ziemons* Rn. 22.
[322] Zutreffend Großkomm AktG/*Mülbert* Rn. 103, wobei es nur um einen Anfechtungs-, nicht um einen Nichtigkeitsgrund handeln dürfte.
[323] MüKoAktG/*Kubis* Rn. 55.
[324] Hüffer/Koch/*Koch* Rn. 20; *Volhard* in Semler/Volhard/Reichert HV-HdB § 13 Rn. 45; *Schulte* AG 1985, 33 (38) (auch bei zweifelhaftem Stimmrecht, wie im Fall des § 140 Abs. 2). Nach Großkomm AktG/*Mülbert* Rn. 100; muss bei Streit über die Stimmberechtigung einzelner Aktionäre auch protokolliert werden, wie die Abstimmungsergebnisse bei Berücksichtigung und Außerachtlassen der streitigen Stimmen ausfallen; ferner *Pöschke/Vogel* in Semler/Volhard/Reichert HV-HdB § 13 Rn. 48 („wird empfohlen").
[325] Vgl. auch Großkomm AktG/*Mülbert* Rn. 103; aus RGZ 122, 102 (107) folgt nichts Anderes.
[326] Vgl. auch MüKoAktG/*Kubis* Rn. 58; *Pöschke/Vogel* in Semler/Volhard/Reichert HV-HdB § 13 Rn. 48; NK-AktR/*Terbrack/Lohr* Rn. 30; *Butzke* Die Hauptversammlung der AG Rn. N 29; Großkomm AktG/*Mülbert* Rn. 104. Angabe daher zwingend erforderlich bei Mehrstimmrechtsaktien (§ 12 Abs. 2, § 5 EGAktG), Stimmrechtsbeschränkungen (§ 134 Abs. 1) und teileingezahlten Aktien (§ 134 Abs. 2); weitergehend K. Schmidt/Lutter/*Ziemons* Rn. 12: zusätzliche Angabe der Kapitalanteile stets erforderlich.
[327] Großkomm AktG/*Mülbert* Rn. 104.
[328] AA Kölner Komm AktG/*Noack/Zetzsche* Rn. 176. Zur qualifizierten Stimmenmehrheit bei Satzungsänderungen der SE s. → SE-VO Art. 59 Rn. 4.
[329] BGH AG 1994, 466; *Butzke* Die Hauptversammlung der AG Rn. N 28; Staudinger/*Hertel*, 2017, BeurkG Rn. 616.
[330] Hüffer/Koch/*Koch* Rn. 19; MüKoAktG/*Kubis* Rn. 58; LG Essen AG 1995, 191 (192); insoweit offen gelassen von BGH AG 1994, 466.
[331] BGH NJW 2009, 2207 (2209); OLG Frankfurt DB 2009, 1863 (1864).
[332] BGH NJW 2018, 52 Rn. 56.
[333] Vgl. DNotI-Report 2010, 61 (64).

Quellen auf der Hauptversammlung erhält,[334] ohne dass die Quelle im Protokoll anzugeben wäre.[335] Die Erwähnung der eigenen Würdigung des Abstimmungsergebnisses durch den Notar in der Niederschrift ist nach zutreffender Ansicht nicht von der Vorschrift des § 130 Abs. 2 gefordert.[336] Es besteht eine Funktionstrennung zwischen dem Versammlungsleiter einerseits, der die Verantwortung für den Ablauf der Hauptversammlung, die Durchführung der Abstimmung, die Ermittlung der aus ihr folgenden Ergebnisse und die Feststellung über die Beschlussfassung trägt und dem Notar andererseits, der die getroffenen Beschlüsse protokolliert und die entsprechenden Angaben des Versammlungsleiters zum Ergebnis der Abstimmung festhält.[337] Sofern seine Einschätzung von den Verlautbarungen des Vorsitzenden abweicht, hat der Notar aufgrund seiner Prüfungs- und Belehrungspflichten darauf hinzuweisen und mögliche verbleibende Diskrepanzen in der Niederschrift zu vermerken.[338] Aktienrechtlich ist die Wiedergabe der persönlichen Feststellungen des Notars zum Abstimmungsergebnis oder auch zur Durchführung der Stimmauszählung nicht vorgeschrieben mit der Folge, dass eine Auslassung für sich genommen nicht die Nichtigkeit der Beschlussfassung herbeiführen kann.[339] Demgegenüber gehen Teile des Schrifttums davon aus, dass nach § 130 Abs. 2 das zahlenmäßige Ergebnis der Abstimmung unmittelbar entsprechend den Wahrnehmungen des Notars zu protokollieren sei[340] und das rechtliche Ergebnis (im Sinne einer Annahme oder Ablehnung des Antrags) zumindest dann, wenn es von den Feststellungen des Vorsitzenden abweicht.[341]

5. Feststellungen des Vorsitzenden über die Beschlussfassung. Neben dem Abstimmungsergebnis muss in der Niederschrift nach § 130 Abs. 2 schließlich die Feststellung des Vorsitzenden über die Beschlussfassung wieder gegeben werden.[342] Damit gemeint ist die Verlautbarung des Versammlungsleiters, dass der **Antrag angenommen oder abgelehnt** wurde oder (gleichbedeutend), dass der Beschluss bestimmten Inhalts gefasst worden oder nicht zustande gekommen ist. Daraus folgt zugleich, dass der Vorsitzende sich nicht darauf beschränken kann, das zahlenmäßige Resultat im Sinne der abgegebenen Ja- und Nein-Stimmen bekannt zu geben, sondern er hat ausdrücklich das rechtliche Ergebnis der Abstimmung zu verkünden und diese Kundgabe ist als solche zu protokollieren.[343] Neben einer mündlichen Verlautbarung genügt nach einer Auffassung im Schrifttum auch eine visuelle Darstellung.[344] Bei der Feststellung des Beschlussergebnisses ist es wie auch bei der Abstimmung insgesamt nicht erforderlich, den gesamten Beschlussinhalt zu verlesen, vielmehr ist etwa die Bezugnahme auf den in der Tagesordnung enthaltenen bzw. zur Abstimmung gestellten Beschlussantrag ausreichend,[345] jedenfalls dann, wenn dadurch der Wortlaut des jeweiligen

52

---

[334] BGH NJW 2018, 52 Rn. 56; *Leitzen* ZIP 2010, 1065 (1068).
[335] *Wachter* BB 2017, 2896, der die Internetseite der Gesellschaft (§ 130 Abs. 6 AktG) als Informationsquelle genügen lässt.
[336] BGH NJW 2009, 2207 (2209); LG Frankfurt NZG 2009, 149 (153): OLG Düsseldorf AG 2003, 510; OLG Stuttgart NZG 2004, 822; OLG Stuttgart NZG 2005, 432 (437); *Krieger* ZIP 2002, 1597; *Reul* AG 2002, 543; Staudinger/*Hertel,* 2017 BeurkG Rn. 616; aA OLG Oldenburg NZG 2003, 291; LG Wuppertal AG 2002, 567; Bürgers/Körber/*Reger* Rn. 16; *Haupt* in Hauschild/Kallrath/Wachter Notar-HdB § 14 Rn. 365; differenzierend (zwischen Auszählung mittels EDV und in sonstiger Weise) *Pöschke/Vogel* in Semler/Volhard/Reichert HV-HdB § 13 Rn. 51.
[337] Vgl. auch OLG Frankfurt DB 2009, 1863 (1864).
[338] Bürgers/Körber/*Reger* Rn. 16; *Haupt* in Hauschild/Kallrath/Wachter Notar-HdB § 14 Rn. 367; Hölters/ *Drinhausen* Rn. 32.
[339] OLG Düsseldorf AG 2003, 510 (511 ff.); OLG Stuttgart NZG 2005, 432 (437); *Reul* AG 2002, 543 (547 ff.); Staudinger/*Hertel,* 2017, BeurkG Rn. 616; einschränkend im Hinblick auf die Prüfungspflichten bei Publikumsversammlungen *Krieger* ZIP 2002, 1597, insbesondere S. 1601: „Tatsächlich könnte der Notar jedoch kaum etwas anderes tun, als den Stimmenzählern zuzusehen, wie sie Zahlen in eine Rechenmaschine eingeben oder Stimmzettel unter einen Barcode-Leser halten und Lämpchen am Computer blinken." AA LG Wuppertal AG 2002, 567.
[340] MüKoAktG/*Kubis* Rn. 56 (wohl ohne Nichtigkeitsfolge); bei evidenten Fehlern Großkomm AktG/*Mülbert* Rn. 100; aA insoweit Hüffer/Koch/*Koch* Rn. 19.
[341] Großkomm AktG/*Mülbert* Rn. 105; MüKoAktG/*Kubis* Rn. 56 (ohne Nichtigkeitsfolge); *Butzke* Die Hauptversammlung der AG Rn. N 31; NK-AktR/*Terbrack/Lohr* Rn. 31; weiter gehend (stets Protokollierung des rechtlichen Ergebnisses) GHEK/*Eckardt* Rn. 23; aA (eigene Wahrnehmungen des Notars nur fakultativ) *v. Godin/ Wilhelmi* Rn. 4.
[342] Das Erfordernis wurde erstmals eingeführt durch § 111 Abs. 2 Aktiengesetz 1937; zum problematischen Sonderfall einer unterschiedlichen Feststellung und Verkündung durch zwei Versammlungsleiter s. *Heller* AG 2009, 278.
[343] BayObLG AG 1973, 65; Hüffer/Koch/*Koch* Rn. 22; MüKoAktG/*Kubis* Rn. 61.
[344] Großkomm AktG/*Mülbert* Rn. 107; str.
[345] S. auch OLG Frankfurt MittbayNot 2011, 165; anders für ablehnende Beschlüsse etwa Großkomm AktG/ *Mülbert* Rn. 108.

§ 130   53   Erstes Buch. Aktiengesellschaft

Beschlusses in „nicht mehr interpretierbarer Weise eindeutig festgelegt" wird.[346] Es ist ferner zulässig, eine zusammenfassende Feststellung für mehrere oder sämtliche Beschlüsse zu treffen oder mehrere getrennte Feststellungen des Vorsitzenden zusammenfassend zu protokollieren.[347] Die Feststellung und Verlautbarung des Vorsitzenden ist **konstitutives Merkmal für die Beschlussfassung,** unterbleibt sie, ist der Beschluss nicht wirksam zustande gekommen.[348] Der Beschluss ist mit dem festgestellten Inhalt auch dann maßgeblich, wenn die Äußerung des Vorsitzenden das rechtliche Abstimmungsergebnis nicht zutreffend wiedergibt.[349] In **einem solchen Fall ist es erforderlich, den Beschluss im Wege der Anfechtungsklage zu beseitigen.**[350] Praktisch kann die Frage namentlich bei erhöhten Mehrheitserfordernissen und bei Zweifeln über die Stimmberechtigung von Aktionären relevant werden.[351] Eine Berichtigung des Feststellungsinhalts durch den Versammlungsleiter selbst ist bis zum Ende der Hauptversammlung zulässig.[352] Der Notar muss die Feststellung des Vorsitzenden so beurkunden wie sie getroffen wurde,[353] eine abweichende eigene Beurteilung hat er (aufgrund seiner Amtspflichten) zusätzlich in der Niederschrift zu vermerken.[354] Ausnahmen von dem ausdrücklichen Feststellungserfordernis werden dann erwogen, wenn es sich um eine Förmlichkeit ohne Sinn handeln würde. Dies dürfte bei Ein-Personen-Gesellschaften,[355] bei Erscheinen nur eines Aktionärs[356] und regelmäßig bei Einstimmigkeit anzunehmen sein,[357] nicht jedoch ohne weiteres bei Vollversammlungen.[358]

53   **6. Besonderheiten bei börsennotierten Gesellschaften (§ 130 Abs. 2 Satz 2 und 3). a) Allgemeines.** Für börsennotierte Gesellschaften werden aufgrund des ARUG nach § 130 Abs. 2 Satz 2 u 3 die Feststellungen des Vorsitzenden über die Beschlussfassung, die der Aufnahme in die notarielle Niederschrift bedürfen, erweitert und gem. § 130 Abs. 6 eine Veröffentlichungspflicht hinsichtlich dieser Angaben auf der Internetseite der Gesellschaft begründet. Die Feststellung über die Beschlussfassung umfasst danach jeweils auch die Zahl der Aktien, für die gültige Stimmen abgegeben wurden (Nr. 1),[359] den Anteil des durch die gültigen Stimmen vertretenen Grundkapitals (Nr. 2), die Zahl der für einen Beschluss abgegebenen Stimmen, Gegenstimmen und gegebenenfalls die Zahl der Enthaltungen (Nr. 3). Diese Ergänzung dient der Umsetzung der (wenig sinnvollen)[360] Formalvorga-

---

[346] Vgl. OLG Düsseldorf ZIP 2009, 518 (523); OLG München ZIP 2008, 2119; OLG München BeckRS 2008, 21816, wonach ein Versprecher, Lesefehler oder eine sonstige Ungenauigkeit bei der Feststellung durch den Vorsitzenden unschädlich sind, solange keine Unklarheiten über den Inhalt des gefassten Beschlusses bestehen; K. Schmidt/Lutter/*Ziemons* Rn. 14; *Meyer-Landrut* in Teichmann, Aktuelle Entwicklungen im Gesellschaftsrecht, 2009, 96; ferner KG BeckRS 2009, 05401; LG Frankfurt NZG 2008, 792 m. krit. Anm. *Wieneke*; → Rn. 5 sowie → Anh. § 119 Rn. 8.
[347] S. auch Kölner Komm AktG/*Noack*/*Zetzsche* Rn. 183.
[348] Bürgers/Körber/*Reger* Rn. 17; Henssler/Strohn/*Liebscher* Rn. 20; *Haupt* in Hauschild/Kallrath/Wachter Notar-HdB § 14 Rn. 369.
[349] Hölters/*Drinhausen* Rn. 34.
[350] Vgl. RGZ 75, 239 (242 ff.); RGZ 122, 102 (107); RGZ 142, 123 (129); (zur GmbH) BGH NJW 1954, 1401; NJW 1988, 1844 (gegen BGH NJW 1969, 841); BGH DNotZ 2006, 372 (373) für den Extremfall der völligen Stimmlosigkeit der Beschlüsse wegen § 20 Abs. 7; OLG Düsseldorf NZG 2007, 235. Hüffer/Koch/*Koch* Rn. 22; MüKoAktG/*Kubis* Rn. 62; *Grumann/Gillmann* NZG 2004, 839 (841).
[351] Großkomm AktG/*Mülbert* Rn. 110, 100; beachte ferner § 20 Abs. 7, §§ 136 (142) AktG, §§ 33, 44 WpHG.
[352] MüKoAktG/*Kubis* Rn. 62.
[353] Von kleinen Lesefehlern oder sonstigen Ungenauigkeiten abgesehen, s. OLG München AG 2009, 121 (124).
[354] Großkomm AktG/*Mülbert* Rn. 110, 100; MüKoAktG/*Kubis* Rn. 63. Die Problematik wird sich bei der privatschriftlichen Niederschrift angesichts der Personenidentität zwischen Versammlungsleiter und Protokollverantwortlichen nicht stellen.
[355] MüKoAktG/*Kubis* Rn. 61; Kölner Komm AktG/*Zöllner* (Vorauflage) § 133 Rn. 97; aA aber *Blasche* AG 2017, 16 (20).
[356] *Butzke* Die Hauptversammlung der AG Rn. N 31.
[357] BayObLG AG 1973, 65 (66); Hüffer/Koch/*Koch* Rn. 23; NK-AktR/*Terbrack*/*Lohr* Rn. 33; bei einstimmigen Vollversammlungen auch *Schulte* AG 1985, 33 (38); aA MüKoAktG/*Kubis* Rn. 61; Kölner Komm AktG/*Zöllner* (Vorauflage) § 133 Rn. 97; *Butzke* Die Hauptversammlung der AG Rn. N 31; *Grumann/Gillmann* NZG 2004, 839 (841). Die Protokollierung der Feststellung des Vorsitzenden wird auch in solchen Fällen „im Interesse der sicheren Vermeidung jeder Nichtigkeit des gefassten Beschlusses" empfohlen, vgl. KG JW 1938, 1901.
[358] Kölner Komm AktG/*Zöllner* (Vorauflage) § 133 Rn. 97; anders für die privatschriftliche Niederschrift, wenn die Beschlüsse der Vollversammlung einstimmig gefasst wurden und die Niederschrift von allen Teilnehmern unterzeichnet wurde, *Noack* FS Happ, 2006, 201 (207). Nach Auffassung von *Zöllner* muss die in der Niederschrift zum Ausdruck gekommene Feststellung des Vorsitzenden nicht auch „verkündet" worden sein, sofern nach Sachlage unter den Teilnehmern kein Zweifel über den Ausgang der Abstimmung sein konnte, wie etwa bei einstimmigen Beschlüssen, vgl. Kölner Komm AktG/*Zöllner* (Vorauflage) § 133 Rn. 98.
[359] Vgl. hierzu auch *Deilmann/Otte* BB 2010, 722, mit dem zutreffenden Hinweis, dass die Anzahl der abgegebenen Stimmen gem. Nr. 1 nur die Ja- und Neinstimmen, nicht die Enthaltungen umfasst.
[360] Vgl. *Zetzsche* Der Konzern 2008, 321 (326).

ben des Art. 14 Aktionärsrechterichtlinie. Während der Referentenentwurf zum ARUG im Einklang mit Art 14 Aktionärsrechterichtlinie zudem noch die Angabe der Gesamtzahl der abgegebenen gültigen Stimmen umfasst hat, verzichtet die endgültige Gesetzesformulierung hierauf mit der Begründung, dass diese sich bereits aus der Zahl der Aktien errechnen lasse, für die gültige Stimmen abgegeben wurden,[361] was allerdings in den (insbesondere bei börsennotierten **Gesellschaften** seltenen) Fällen von Aktien mit unterschiedlicher Stimmkraft nicht zwingend erscheint.[362]

b) Verlangen zusätzlicher Feststellungen. Nach der auf Betreiben des Rechtsausschusses aufgenommenen Vorschrift des § 130 Abs. 2 Satz 3 kann sich die Feststellung des Versammlungsleiters über die Beschlussfassung für jeden Beschluss darauf beschränken, dass die erforderliche Mehrheit erreicht wurde, sofern kein Aktionär eine umfassende Feststellung verlangt. In diesem Fall bedürfen die Details der Abstimmungsergebnisse im Sinne des § 130 Abs. 2 Satz 2 auch nicht der Aufnahme in die notarielle Niederschrift, sind aber nach dem Gesetzeswortlaut gleichwohl gemäß § 130 Abs. 6 auf der Internetseite der AG zu veröffentlichen.[363] Wenn der Versammlungsleiter im Rahmen einer „friedlichen" Hauptversammlung von der Beschränkungsmöglichkeit des § 130 Abs. 2 Satz 3 Gebrauch macht, lässt sich auf diese Weise die Verlesung längerer Zahlenkolonnen für jeden einzelnen Beschluss, die erhebliche Zeit in Anspruch nehmen kann, vermeiden; für den Fall „streitiger" Hauptversammlungen sollten die Gesellschaften aber jedenfalls auf das Verlangen umfassender Feststellungen durch die Aktionäre vorbereitet sein und ein entsprechend ausformuliertes Ergebnis parat haben. Eine Hinweispflicht des Versammlungsleiters auf das Recht, die Feststellung zu verlangen, besteht aber nicht.[364] Zu berücksichtigen ist ferner, dass nach überwiegender Auffassung in der Literatur das „Ergebnis der Abstimmung" iSv § 130 Abs. 2 Satz 1 wie bisher in das notarielle Protokoll aufzunehmen ist (→ Rn. 51).[365] Das Gesetz enthält keine Vorgaben zu dem Zeitpunkt, zu welchem das Verlangen gestellt werden muss. Als frühester Zeitpunkt dürfte der Beginn der Hauptversammlung, als spätester derjenige der Beschlussfeststellung durch den Vorsitzenden zum jeweiligen Tagesordnungspunkt maßgeblich sein.[366] Das Verlangen ist an keine Form gebunden, kann also auch mündlich gestellt werden.[367] Nach dem Wortlaut der Vorschrift bezieht sich die Erleichterung nur auf das Erreichen der erforderlichen Mehrheit und nicht auf den Fall, dass diese verfehlt wurde.[368]

c) Weitere Fragen. Während die Regierungsbegründung davon ausgeht, dass die Parameter des § 130 Abs. 2 Satz 2 für eine ordnungsgemäße Beschlussfeststellung ohnehin erforderlich sind,[369] erstrecken sich in der Praxis die vom Versammlungsleiter verlautbarten Angaben für den einzelnen Beschluss neben dem rechtlichen Ergebnis im Sinne einer Annahme oder Ablehnung des Antrags lediglich auf das zahlenmäßige Ergebnis, also die Anzahl der abgegebenen Ja- und Neinstimmen bzw. – im Fall der Anwendung des Subtraktionsverfahrens – zusätzlich auf die Stimmenthaltungen.[370] Nach § 130 Abs. 2 Satz 2 Nr. 2 ist gegebenenfalls der Anteil des durch die gültigen Stimmen vertretenen Grundkapitals anzugeben. Da es nach dem Wortlaut nur auf den durch die gültigen Stimmen repräsentierten Anteil ankommt, sind etwa stimmrechtslose Vorzugsaktien (vom Sonderfall des rückständigen Vorzugsbetrags gemäß § 140 Abs. 2 abgesehen) oder auch Aktien, die kein Stimmrecht gewähren oder deren Stimmrecht ruht, nicht zu berücksichtigen.[371] Aus diesem Grund dürfen nach Nr. 2 auch eigene Aktien der Gesellschaft nicht mitgezählt werden (§ 71b) oder müssen zumindest besonders kenntlich gemacht werden.[372] Die von § 130 Abs. 2 Satz 2 Nr. 2 geforderte Angabe bezieht

---

[361] Vgl. die Regierungsbegründung, abgedruckt bei *Wicke* Einführung S. 352.
[362] Vgl. zu den Fällen unterschiedlicher Stimmkraft auch → Rn. 46.
[363] Die (unverändert gebliebene) Mitteilungspflicht nach § 125 Abs. 4 AktG dürfte sich aber nur auf die Angaben gemäß der tatsächlich erfolgten Beschlussfeststellung durch den Versammlungsleiter beziehen.
[364] Kölner Komm AktG/*Noack/Zetzsche* Rn. 215.
[365] Vgl. *Deilmann/Otte* BB 2010, 724; DNotI-Report 2010, 64; *Leitzen* ZIP 2010, 1065; K. Schmidt/Lutter/ *Ziemons* Rn. 19 f.
[366] Abweichend MüKoAktG/*Kubis* Rn. 69: von der Bekanntmachung der Einberufung bis zum Ende der Hauptversammlung; Hüffer/Koch/*Koch* Rn. 23b; s. auch Grigoleit/*Herrler* Rn. 41: auch nach der Beschlussfeststellung; ähnlich *Allmendinger* DNotZ 2012, 164; einschränkend Kölner Komm AktG/*Noack/Zetzsche* Rn. 213: Beginn der Stimmenzählung/des Sammelgangs für die jeweilige Abstimmung als letzter Zeitpunkt.
[367] Hüffer/Koch/*Koch* Rn. 23b.
[368] *Wettich* NZG 2011, 721 (727); Hüffer/Koch/*Koch* Rn. 23b.
[369] S. Regierungsbegründung, abgedruckt bei *Wicke* Einführung S. 351 f.; *Drinhausen/Keinath* BB 2008, 1238 (1243).
[370] Vgl. hierzu auch → Rn. 48 ff.; aA Großkomm AktG/*Mülbert* Rn. 112.
[371] Vgl. § 20 Abs. 7 Satz 1, § 21 Abs. 4 Satz 1, § 56 Abs. 3 Satz 3, §§ 71b, 71d, 71e, 134 Abs. 2 Satz 1, § 136 Abs. 1 Satz 1 AktG, §§ 21, 33, 44 WpHG, § 59 WpÜG; vgl. dazu → § 179 Rn. 115; MüKoAktG/*Stein* § 179 Rn. 83.
[372] Vgl. Regierungsbegründung, abgedruckt bei *Wicke* Einführung S. 35; aA Großkomm AktG/*Mülbert* Rn. 113.

sich auf das eingetragene Grundkapital und nicht auf das vertretene Grundkapital.[373] Dies wurde im Wortlaut des § 130 Abs. Satz Nr. 3 durch die Aktienrechtsnovelle 2016 nunmehr ausdrücklich klargestellt (→ Rn. 3). Im Rahmen von § 130 Abs. 2 Satz 2 Nr. 3 ist – ohne dass dies im Wortlaut der Vorschrift besonders hervorgehoben wurde – wie in Nr. 1 und 2 von den gültigen Stimmen auszugehen, da es hier um die maßgebliche Beschlussfeststellung geht, bei der ungültige Stimmen außer Betracht zu bleiben haben.[374] Die Formulierung „und gegebenenfalls die Zahl der Enthaltungen" soll deutlich machen, dass Enthaltungen nur dann festgestellt werden müssen, wenn das Abstimmungsergebnis nach der Subtraktionsmethode festgestellt wird, die auch künftig ebenso wie das Additionsverfahren weiterhin zulässig ist.[375] Eine Unterscheidung zwischen Präsenz-, Briefwahl- oder online abgegebenen Stimmen ist nicht geboten, wird aber aus Transparenzgründen gleichwohl empfohlen.[376]

56 **d) Fehlerfolgen.** Verlangt ein Aktionär eine umfassende Feststellung der Angaben gemäß § 130 Abs. 2 Satz 2 und werden danach erforderliche Angaben nicht (vollständig) in die Beschlussfeststellung des Versammlungsleiters oder die notarielle Niederschrift hierüber aufgenommen, so führt dies im Unterschied zu Mängeln im Rahmen des § 130 Abs. 2 Satz 1 nach § 241 Nr. 2 nicht zur Nichtigkeit des betreffenden Beschlusses. Entgegen weiter gehenden Forderungen im Schrifttum hat der Gesetzgeber aber die Anfechtbarkeit bei Fehlern und Auslassungen in diesem Bereich nicht in jedem Fall ausgeschlossen, denen aber nur in Ausnahmefällen die erforderliche „Relevanz" zukommen dürfte.[377] Unterbleibt die Veröffentlichung des Abstimmungsergebnisses nach § 130 Abs. 6, scheidet eine Anfechtbarkeit aus, da die Beschlüsse nicht auf diesem der Hauptversammlung nachfolgenden Fehler beruhen können (→ Rn. 63).

IV. Anlagen zur Niederschrift (Abs. 3)

57 **1. Einberufungsbelege.** Nach § 130 Abs. 3 sind die Belege über die Einberufung der Versammlung der Niederschrift als Anlage beizufügen, wenn sie nicht unter Angabe ihres Inhalts in der Niederschrift aufgeführt sind. Seit Pflichtbekanntmachungen nach Änderung des § 25[378] in den elektronischen Bundesanzeiger einzurücken sind, kann der Vorschrift dadurch Rechnung getragen werden, dass ein Papierausdruck der Internetseite beigeheftet wird.[379] Bezeichnet die Satzung ergänzend andere Publikationsorgane als Gesellschaftsblätter (§ 25 Satz 2), ist daneben ein Exemplar dieser Veröffentlichungen (auch in Kopie)[380] beizufügen, bei Bestimmung weiterer elektronischer Informationsmedien wiederum ein Ausdruck der betreffenden Fundstelle. Hat die Gesellschaft von der in § 121 Abs. 4 Satz 2 vorgesehenen Möglichkeit der Einberufung durch eingeschriebenen Brief Gebrauch gemacht, wird es erforderlich sein, sämtliche Einschreibungsnachweise in der Anlage aufzuführen,[381] wohingegen die Aufnahme eines einzigen Musterbriefs genügen dürfte.[382] Lässt die Satzung weiter gehend die Einberufung durch E-Mail oder Telefax zu, empfiehlt es sich hingegen, neben einem Sendebericht den vollständigen Text der jeweiligen Schreiben beizufügen. Beurkundungsrechtlich erfolgt die Verbindung der Unterlagen mit dem Protokoll mittels Schnur und Prägesiegel (§ 44 BeurkG, § 30 Abs. 2 DONot), was aber nicht Voraussetzung für die Wirksamkeit ist.[383] In der Niederschrift ist auf die Anlage zu verweisen (§ 37 Abs. 1 Satz 2 BeurkG).[384] Die Dokumente müssen spätestens bei Ableistung der Unterschrift beigeheftet sein.[385]

---

[373] Vgl. *Scholz/Wenzel* AG 2010, 443; *Merkner/Sustmann* NZG 2010, 568; aA *Deilmann/Otte* BB 2010, 722.
[374] Vgl. Regierungsbegründung, abgedruckt bei *Wicke* Einführung S. 351; ferner Handelsrechtsausschuss DAV NZG 2008, 534 (538).
[375] Vgl. Regierungsbegründung, abgedruckt bei *Wicke* Einführung S. 351; Großkomm AktG/*Mülbert* Rn. 114.
[376] S. *Schaaf/Slowinski* ZIP 2011, 2444 (2448); Grigoleit/*Herrler* Rn. 41.
[377] S. auch *Herrler/Reymann* DNotZ 2009, 815 (823); *Reul* ZNotP 2010, 44 (47); eine Anfechtbarkeit gänzlich ausschließend MüKoAktG/*Kubis* Rn. 64.
[378] Vgl. Art. 1 Nr. 1 iVm Art. 5 des Gesetzes zur weiteren Reform des Aktien- und Bilanzrechts, zu Transparenz und Publizität vom 19.7.2002, BGBl. 2002 I 2681.
[379] MüKoAktG/*Kubis* Rn. 73; s. auch Wachter/*Wachter* Rn. 62.
[380] Das Erfordernis einer urschriftlichen Beifügung in RGZ 114, 202 (203 f.) betraf lediglich das nach früherer Rechtslage beizufügende und zu unterzeichnende Teilnehmerverzeichnis; vgl. auch *Lamers* DNotZ 1962, 287 (301); zu weitgehend daher Hüffer/*Koch/Koch* Rn. 24; MüKoAktG/*Kubis* Rn. 73.
[381] Hölters/*Drinhausen* Rn. 37; aA Kölner Komm AktG/*Noack/Zetzsche* Rn. 274; MüKoAktG/*Kubis* Rn. 73.
[382] DNotI-Report 2003, 130 (131); Kölner Komm AktG/*Noack/Zetzsche* Rn. 274; MüKoAktG/*Kubis* Rn. 73.
[383] BGHZ 136, 357 (366); Armbrüster/Preuß/Renner/*Preuß* BeurkG § 44 Rn. 6; *Winkler* BeurkG § 44 Rn. 11.
[384] Großkomm AktG/*Mülbert* Rn. 118; *Seybold* DNotZ 1933, 27 (40). Im Fall des privatschriftlichen Protokolls empfiehlt sich eine entsprechende Handhabung, nach Auffassung von MüKoAktG/*Kubis* Rn. 75 ist dies zwingend.
[385] *Wilhelmi* BB 1987, 1331 (1336); Hölters/*Drinhausen* Rn. 37; aA *Baumbach/Hueck* Rn. 7; ferner Großkomm AktG/*Mülbert* Rn. 118, 63 mit Fertigstellung durch Erteilung von Ausfertigungen und Abschriften.

Als Alternative zu einer Beifügung können die Belege über die Einberufung gemäß § 130 Abs. 3 **58** unter Angabe ihres Inhalts in der Niederschrift aufgeführt werden. In diesem Fall ist eine wörtliche Wiedergabe zwar nicht erforderlich, aber empfehlenswert, da die Ordnungsmäßigkeit der Einberufung allein anhand der Niederschrift überprüfbar sein muss.[386] Eine Beifügung der Belege kann unterbleiben, wenn es sich um eine Ein-Personen-Gesellschaft handelt oder um eine Vollversammlung und kein Aktionär der Beschlussfassung ohne Einhaltung der Einberufungsvorschriften widerspricht.[387] Nachweise über die Veröffentlichung der Einladung auf der Internetseite einer börsennotierten Gesellschaft nach § 124a müssen dem Protokoll nicht beigefügt werden, zumal ein Verstoß gegen die Publikationspflicht insoweit gem. § 243 Abs. 3 Nr. 2 nicht zur Anfechtung von Hauptversammlungsbeschlüssen führt.[388] Das Teilnehmerverzeichnis muss seit Neufassung des § 130 Abs. 3 aufgrund Art. 1 Nr. 12 NaStraG nicht mehr als Anlage zur Niederschrift genommen werden (→ Rn. 3).[389]

2. Weitere obligatorische und fakultative Anlagen. Weitere Dokumente sind aufgrund anderer gesetzlicher Vorschriften zwingend dem Protokoll beizufügen. Dies betrifft etwa Nachgründungsverträge (§ 52 Abs. 2 Satz 7), Verträge zur Übertragung des gesamten Gesellschaftsvermögens (§ 179a Abs. 2 Satz 6), Unternehmensverträge (§ 293g Abs. 2 Satz 2) sowie Verschmelzungs-, Spaltungs- und Vermögensübertragungsverträge nach dem UmwG (§ 13 Abs. 3 Satz 2 UmwG, § 125 Satz 1 UmwG, § 176 Abs. 1 UmwG).[390] Sofern der Vertrag notariell beurkundet wurde, genügt es, diesen durch Angabe des Notars und der Nummer der Urkundenrolle zu bezeichnen und auf eine Beifügung iÜ zu verzichten.[391] Die mit der Niederschrift verbundenen Unterlagen können angesichts der daraus resultierenden Publizität zur Auslegung des betreffenden Hauptversammlungsbeschlusses herangezogen werden.[392] Nicht vorgeschrieben, aber verbreitet ist ferner die Beilage der *gesetzlich vorgeschriebene Organberichte*,[393] des Jahresabschlusses und bei Vollversammlungen zum Nachweis des Vorliegens ihrer Voraussetzungen des Teilnehmerverzeichnisses und der Stimmrechtsvollmachten.[394] Schließlich können der Niederschrift auch Anlagen beigefügt werden, welche die Niederschrift des Notars teilweise ersetzen, wie unbeantwortete gebliebene Fragen oder die Sprechzettel des Vorsitzenden betreffend Abstimmungsergebnisse und Beschlussfeststellung.[395] **59**

V. Unterschrift des Notars (Abs. 4)

Die Niederschrift ist vom Notar nach § 130 Abs. 4 zu unterzeichnen. Die Unterschrift muss **60** eigenhändig vollzogen werden (wobei der Nachname genügt),[396] die Amtsbezeichnung soll beigefügt werden (§ 13 Abs. 3 BeurkG, § 37 Abs. 3 BeurkG). Zeugen müssen nicht hinzugezogen werden (§ 130 Abs. 4 Satz 2). Die Satzung kann nicht bindend die Unterschrift durch weitere Personen, wie insbesondere den Vorsitzenden, anordnen.[397] Wird ausnahmsweise nach den Vorschriften über Willenserklärungen beurkundet, müssen freilich auch die Beteiligten unterzeichnen (§ 13 Abs. 1 BeurkG). In zeitlicher Hinsicht kann die Unterschrift nicht vor Beendigung der Hauptversammlung geleistet werden,[398] ist aber alsdann unverzüglich vorzunehmen (§ 121 Abs. 1 Satz 1 BGB), um eine rechtzeitige Einreichung zum Handelsregister zu ermöglichen (§ 130 Abs. 5). Eine versehentlich unterbliebene Unterschrift kann grundsätzlich unbefristet nachgeholt werden. Innerhalb eines einheitlichen Beurkundungsvorgangs kann die Unterschriftsleistung und damit die Wirksamkeit auch bewusst eine gewisse Zeit aufgeschoben werden. Der Rahmen des Zulässigen ist aber gesprengt, wenn die Unterzeichnung zuvor monate- oder gar jahrelang bewusst unterlassen wurde.[399] Die

---

[386] KG RJA 7, 235 (240); Hüffer/Koch/*Koch* Rn. 24; *Wilhelmi* BB 1987, 1331 (1336).
[387] MüKoAktG/*Kubis* Rn. 73.
[388] Vgl. auch *Wicke* Einführung S. 15; zustimmend Kölner Komm AktG/*Noack/Zetzsche* Rn. 272.
[389] Vgl. dazu auch LG Frankfurt BeckRS 2008, 03381.
[390] Abweichend von der hM sind nach Kölner Komm AktG/*Noack/Zetzsche* Rn. 283 sämtliche seitens der Gesellschaft zur Vorbereitung des Beschlusses präsentierten Informationen der Niederschrift beizufügen, soweit diese nicht auf anderem Wege in das Unternehmensregister gelangen, wie insbesondere Vorstandsberichte.
[391] Kölner Komm AktG/*Noack/Zetzsche* Rn. 276.
[392] BGH AG 1995, 227; nach § 325 Abs. 1 Satz 1 HGB werden Jahresabschlüsse nunmehr zum Betreiber des Bundesanzeigers eingereicht.
[393] Nach Großkomm AktG/*Mülbert* Rn. 121 hat dies zwingend zu erfolgen.
[394] NK-AktR/*Terbrack/Lohr* Rn. 36; *Pöschke/Vogel* in Semler/Volhard/Reichert HV-HdB § 13 Rn. 78; *Butzke* Die Hauptversammlung der AG Rn. N 36 (kritisch zu dieser Praxis). Vgl. ferner § 18 Abs. 2 DONot und bei börsennotierten Gesellschaften § 48 WpHG.
[395] K. Schmidt/Lutter/*Ziemons* Rn. 61.
[396] Großkomm AktG/*Mülbert* Rn. 67; Staudinger/*Hertel*, 2017, BeurkG Rn. 613, 400.
[397] *Pöschke/Vogel* in Semler/Volhard/Reichert HV-HdB § 13 Rn. 62; Großkomm AktG/*Mülbert* Rn. 67.
[398] MüKoAktG/*Kubis* Rn. 23.
[399] OLG Stuttgart AG 2015, 282; AG 2015, 283.

Niederschrift gilt erst mit der Unterzeichnung als aufgenommen im Sinne des Abs. 1, gefasste Beschlüsse sind vorher mangels ordnungsgemäßer Protokollierung noch nicht wirksam.[400] Aus diesem zwingenden Befund ergibt sich die Frage, ob Maßnahmen auf der Grundlage der gefassten Beschlüsse, wie etwa die Auszahlung der Dividende in Ausführung des Gewinnverwendungsbeschlusses oder die Bestellung des Vorstands durch den in der Hauptversammlung neu gewählten Aufsichtsrat unmittelbar im Anschluss an die Versammlung und damit schon vor Unterzeichnung des Protokolls wirksam vorgenommen werden können.[401] Nach hier vertretener Auffassung können die Beschlüsse der Hauptversammlung bereits mit der erstmaligen Unterzeichnung der Niederschrift unmittelbar nach ihrer Beendigung wirksam werden, sofern diese den Anforderungen nach AktG und BeurkG und entspricht, selbst wenn eine Überarbeitung der Aufzeichnungen zur endgültigen Niederschrift nachträglich vorgenommen wird.[402] Für den Fall, dass die Fertigstellung erst zu einem späteren Zeitpunkt erfolgt, nimmt die h. M. ferner mit unterschiedlicher Begründung eine rückwirkende Wirksamkeit der Hauptversammlung auf den Tag der Hauptversammlung an.[403] In diesem Sinne geht auch der Rechtsausschuss des Bundestags in seinem Bericht und der Beschlussempfehlung zur Aktienrechtsnovelle betreffend die Änderungen des § 54 Abs. 4 AktG von einer Rückwirkung aus.[404]

VI. Weitere Behandlung der Niederschrift

61 1. Einreichung zum Handelsregister (Abs. 5). Der Vorstand hat nach § 130 Abs. 5 eine öffentlich beglaubigte Abschrift der Niederschrift und ihrer Anlagen zum Handelsregister einzureichen. Dies hat ohne schuldhaftes Verzögern zu geschehen (§ 121 Abs. 1 Satz 1 BGB). Eine genaue Frist gibt das Gesetz nicht vor. Zu berücksichtigen ist, dass es sich bei der Erstellung der notariellen Niederschrift um eine komplexe Aufgabe handeln kann, die angesichts des besonderen Beweiswerts gemäß § 415 ZPO großer Sorgfalt bedarf. Da der Notar zudem der Urkundsgewährpflicht unterliegt und anderen Beurkundungsanliegen nicht einfach zurück stellen kann, erscheint eine Frist für die Fertigstellung von 6 bis 8 Wochen, in einfacheren Fällen auch von 2 bis 3 Wochen angemessen.[405] Im Hinblick auf die Fertigstellung des privatschriftlichen Protokolls nach § 130 Abs. 1 Satz 3 dürfte tendenziell ein geringerer Zeitraum anzusetzen sein;[406] empirisch ist zu beobachten, dass privatschriftliche Protokolle mehrheitlich gar nicht zum Handelsregister eingereicht werden.[407] Das Protokoll ist nach § 12 Abs. 2 HGB elektronisch an das Handelsregister zu übermitteln.[408] Für die Einreichung öffentlich beglaubigter Abschriften verlangt das Gesetz ein mit einem einfachen elektronischen Zeugnis versehenes Dokument (§ 12 Abs. 2 Satz 2 HS 2 HGB, § 39a BeurkG).[409] Die elektronische Beglaubigung durch den Notar erfolgt mittels einer qualifizierten elektronischen Signatur nach dem Signaturgesetz (§ 39a Abs. 1 Satz 2 BeurkG).[410] Die Urschrift verbleibt beim Notar (§ 45 BeurkG). Bei privatschriftlichem Protokoll ist eine vom Vorsitzenden des Aufsichtsrats, also vom Versammlungsleiter (→ Rn. 41), unterzeichnete Abschrift vorzulegen. Die Übermittlung zum Handelsregister kann durch eine einfache elektronische Aufzeichnung erfolgen, ein mit einer qualifizierten elektronischen Signatur versehenes elektronisches Dokument ist insoweit nicht notwendig.[411] Entgegen dem Wortlaut ist Adressat der Verpflichtung die Gesellschaft, die vom Vorstand vertreten wird.[412]

---

[400] MüKoAktG/*Kubis* Rn. 19; Grigoleit/*Herrler* Rn. 18.
[401] S. *Ludwig* ZNotP 2008, 345; *Hoffmann-Becking* FS Hellwig, 2010, 153; *Roeckl-Schmidt/Stoll* AG 2012, 225.
[402] → Rn. 25; ferner *Hoffmann-Becking* FS Hellwig, 2010, 153 (158).
[403] Vgl. *Hoffmann-Becking* FS Hellwig, 2010, 153 (entsprechend § 184 BGB); *Hoffmann-Becking* NZG 2017, 281 (289 ff.); zustimmend Hüffer/Koch/*Koch* Rn. 11; *Roeckl-Schmidt/Stoll* AG 2012, 225 (gemäß § 130 iVm § 37 BeurkG Rückwirkung auf den Zeitpunkt der Beschlussfeststellung, hilfsweise entsprechend § 16 Abs. 1 Satz 2 GmbHG bzw. § 184 BGB); Großkomm AktG/*Mülbert* Rn. 73: sinnhafte Rechtsfortbildung ferner Grigoleit/ *Herrler* Rn. 18; *Grobe* AG 2015, 289 (295) im Hinblick auf § 96 Abs. 2 S. 6 nF.
[404] BT-Drs. 18/6681, 14; dazu *Habersack* Beilage zu ZIP 22/2016, 23; *Harbarth/von Plettenberg* AG 2016, 145 (149).
[405] Kölner Komm AktG/*Noack/Zetzsche* Rn. 367; Grigoleit/*Herrler* Rn. 47.
[406] Kölner Komm AktG/*Noack/Zetzsche* Rn. 370; Grigoleit/*Herrler* Rn. 47.
[407] *Bayer/Hoffmann* AG 2016, R 63 ff.
[408] Gesetz über elektronische Handelsregister und Genossenschaftsregister sowie das Unternehmensregister (EHUG) vom 10.11.2006, BGBl. 2006 I 2553. Zur Möglichkeit der Landesregierungen, durch Rechtsverordnung Übergangsbestimmungen zu treffen s. Art. 61 Abs. 1 Satz 1 EGHGB; ferner *Sikora/Schwab* MittBayNot 2007, 1 (2); s. auch § 37 Abs. 1 zu den Kosten der Aufbewahrung. Teil 5 Nr. 5005 HRegGebV.
[409] RegE BR-Drs. 942/05, 112; s. auch *Seibert/Decker* DB 2006, 2446 (2447); *Bürgers/Körber/Reger* Rn. 49 Hölters/*Drinhausen* Rn. 42; aA *Butzke* Die Hauptversammlung der AG Rn. N 39.
[410] Vgl. zu § 39a BeurkG *Malzer* DNotZ 2006, 9.
[411] RegE BR-Drs. 942/05, 112; ferner *Noack* NZG 2006, 801 (802); *Sikora/Schwab* MittBayNot 2007, 1 (3); s. auch unter www.egvp.de.
[412] MüKoAktG/*Kubis* Rn. 76; anders für die privatschriftliche Niederschrift *Blanke* BB 1994, 1505 (1510). Üblicherweise erfolgt die Einreichung durch den Notar, vgl. auch *Sigel/Schäfer* BB 2005, 2137 (2143).

Wegen der ausschließlichen Registrierung der Gesellschaft bei dem Gericht der Hauptniederlassung gemäß § 13 Abs. 1 HGB genügt (abweichend von der früheren Vorschrift des § 13c HGB) die Einreichung nur eines elektronischen Exemplars auch dann, wenn die Gesellschaft über mehrere eingetragene Zweigniederlassungen im Inland verfügt.[413] Die Vorlagepflicht kann vom Registergericht nötigenfalls mittels Zwangsgeldes durchgesetzt werden (§ 14 HGB, §§ 388 ff. FamFG). Gegen die Ablehnung des Gerichts, ein Zwangsgeldverfahren durchzuführen, steht einem Aktionär aber kein Beschwerderecht zu.[414] Sofern Beschlüsse der Hauptversammlung zur Eintragung zum Handelsregister anzumelden sind, kann das Protokoll unter Beachtung der zeitlichen Vorgaben des § 130 Abs. 5 zusammen mit der Anmeldung eingereicht werden oder die spätere Anmeldung kann auf die bereits vorgelegte Niederschrift Bezug nehmen. Ohne förmliche Eintragungsanmeldung überprüft das Registergericht die gefassten Beschlüsse regelmäßig nicht.[415] Etwas anderes wird jedoch für Wahlen des Aufsichtsrats angenommen, da bei nichtiger Bestellung Zwangsmaßnahmen des Registergerichts veranlasst sind (§ 407 Abs. 1 iVm § 104 Abs. 1 Satz 2).[416] Wenngleich die Niederschrift gemäß § 130 Abs. 5 samt Anlagen einzureichen ist, bezieht sich die Vorlagepflicht nicht auf freiwillig beigefügte Dokumente.[417] Zu kapitalmarktrechtlichen Bekanntmachungspflichten, insbes nach den §§ 49, 50 WpHG s. Kölner Komm AktG/*Noack/Zetzsche* Rn. 396 ff.

2. Veröffentlichung der Abstimmungsergebnisse (Abs. 6). Zu berücksichtigen ist in diesem Zusammenhang ferner, dass börsennotierte Gesellschaften nach Abs. 6 innerhalb von sieben Tagen nach der Versammlung die festgestellten Abstimmungsergebnisse auf ihrer Internetseite veröffentlichen müssen. Die Veröffentlichungspflicht bezieht sich jedenfalls auf Sachbeschlüsse und entsprechend dem Gesetzeswortlaut wohl auch auf Verfahrensbeschlüsse.[418] Zur besseren Verständlichkeit müssen die maßgeblichen Beschlussinhalte ebenfalls publiziert werden.[419] Dies gilt auch für die Angaben nach Abs. 2 Satz 2, selbst wenn diese in der Hauptversammlung nicht durch den Versammlungsleiter verlautbart wurden. Für nichtbörsennotierte Gesellschaften besteht keine entsprechende Verpflichtung.[420] Die Berechnung der Frist erfolgt nach Maßgabe der §§ 187 ff. BGB, § 121 Abs. 7 findet keine Anwendung.[421]

3. Einsichtnahme und Abschriftenerteilung. Die ab dem 1.1.2007 zum Handelsregister elektronisch eingereichten Protokolle werden in den Registerordner für das Registerblatt der Aktiengesellschaft aufgenommen (§ 9 Abs. 1 HRV, § 13 HRV).[422] Da die Dokumente beim Registergericht gemäß § 9 Abs. 1 HGB von jedermann zu Informationszwecken eingesehen werden können, steht die Kenntnisnahme des Hauptversammlungsprotokolls dem Publikum unabhängig von der Darlegung eines berechtigten Interesses offen. Die Einsicht erfolgt entweder auf der Geschäftsstelle des Registergerichts während der Dienststunden (§ 10 HRV) oder über das von den Landesjustizverwaltungen bestimmte elektronische Informations- und Kommunikationssystem (§ 9 Abs. 1 HGB).[423] Für den Online-Abruf wird eine Gebühr in Höhe von 1,50 Euro erhoben. Die zum Handelsregister eingereichten Daten sind gleichzeitig über die Internetseite des Unternehmensregisters zugänglich (§ 8b Abs. 2 Nr. 1 HGB).[424] Daneben kann nach § 9 Abs. 4 HGB gegen Gebühr (vgl. Nr. 17000 ff. GNotKG) ein Ausdruck bzw. eine Datei der Niederschrift (samt Anlagen) gefordert werden. Gegenüber dem Notar kann jeder Ausfertigungen oder (beglaubigte) Abschriften verlangen oder die Urschrift einsehen, der die Aufnahme der Urkunde beantragt hat (§ 51 Abs. 1 Nr. 2, Abs. 3 BeurkG). Dies ist regelmäßig die Gesellschaft, die zudem aber schon aufgrund ihrer Einreichungspflicht nach § 130 Abs. 5 einen entsprechenden Anspruch hat. Bei Einberufung der Hauptversammlung durch

---

[413] RegE BR-Drs. 942/05, 114; s. auch *Nedden-Boeger* FGPrax 2007, 1 (3).
[414] OLG Hamm FGPrax 2011, 205.
[415] Bürgers/Körber/*Reger* Rn. 53; Hölters/*Drinhausen* Rn. 44.
[416] MüKoAktG/*Kubis* Rn. 76; aA NK-AktR/*Terbrack/Lohr* Rn. 38; zur Abschaffung des vormaligen § 335 Abs. 1 S. 1 Nr. 4 HGB bei unterbliebenem Antrag auf Bestellung des Abschlussprüfers gemäß § 318 Abs. 4 S-3 HGB s. BT-Drs. 16/960, 50.
[417] Vgl. LG München WM 1991, 19 f.; Großkomm AktG/*Mülbert* Rn. 132; aA *Butzke* Die Hauptversammlung der AG Rn. N 39.
[418] S. Hüffer/Koch/*Koch* Rn. 29a; aA MüKoAktG/*Kubis* Rn. 80 Fn. 236.
[419] K. Schmidt/Lutter/*Ziemons* Rn. 69; Kölner Komm AktG/*Noack/Zetzsche* Rn. 391.
[420] Wie hier Hüffer/Koch/*Koch* Rn. 29a; wohl auch Bürgers/Körber/*Reger* Rn. 54a; Hölters/*Drinhausen* Rn. 46; aA Kölner Komm AktG/*Noack/Zetzsche* Rn. 392.
[421] Hölters/*Drinhausen* Rn. 46; Bürgers/Körber/*Reger* Rn. 54a; aA Kölner Komm AktG/*Noack/Zetzsche* Rn. 393, wonach eine Verlängerung wegen Feiertagen nicht stattfindet.
[422] S. dazu RegE BR-Drs. 942/05, 140.
[423] S. unter www.handelsregister.de.
[424] S. www.unternehmensregister.de; vgl. hierzu *Noack* NZG 2006, 801 (804); *Noack* WM 2007, 377 (380).

eine Minderheit gemäß § 122 kann diese,[425] im Fall des § 111 Abs. 3 der Aufsichtsrat Abschriften und Ausfertigungen von dem Notar verlangen.[426] Sofern Beschlüsse über Kapitalmaßnahmen, Umwandlungsvorgänge oder über die Auflösung der Gesellschaft gefasst werden, trifft den Notar seinerseits die Verpflichtung, dem Finanzamt binnen zwei Wochen eine beglaubigte Abschrift zu übersenden (§ 54 EStDV). Angesichts des unbegrenzten Einsichtsrechts im Handelsregister ist von geringer praktischer Relevanz die umstrittene Frage, inwieweit einzelne Aktionäre oder Organmitglieder gegenüber der Gesellschaft berechtigt sind, Abschriften zu verlangen oder Einblick in die Niederschrift zu nehmen. Zutreffend erscheint die Ansicht, dass jedem Aktionär, Vorstands- oder Aufsichtsratsmitglied ein solches Recht ohne Einschränkungen zusteht, wobei Kopie- und Versandkosten von dem Anspruchsteller zu tragen sind (§ 811 Abs. 2 BGB).[427]

VII. Rechtsfolge bei Verstößen

64 Ein Beschluss der Hauptversammlung ist **gemäß § 241 Nr. 2 nichtig**, wenn er **nicht ordnungsgemäß nach § 130 Abs. 1, Abs. 2 Satz 1 und Abs. 4 beurkundet** ist. Zur Nichtigkeit führt daher nicht nur das **vollständige Fehlen** einer notariellen Niederschrift über Beschlussfassungen der Hauptversammlung, sondern ebenso die **unvollständige oder unrichtige Beurkundung der in § 130 Abs. 2 aufgeführten Mindestangaben,** ferner das Vergessen der Unterschrift des Notars[428] oder das Unterzeichnen mit falschem Namen.[429] Entsprechendes hat zu gelten für Auslassungen und Mängel eines privatschriftlichen Protokolls gemäß § 130 Abs. 1 Satz 3.[430] Das Fehlen oder die unrichtige Angabe von Datum, Ort und Namen des Notars führen zur Nichtigkeit der gesamten Niederschrift, Unvollständigkeiten oder Mängel im Bereich der Art und des Ergebnisses der Abstimmung oder der hierzu ergangenen Feststellungen des Vorsitzenden betreffen regelmäßig nur den konkreten Beschluss,[431] es sei denn, dieser bildet ausnahmsweise eine wesentliche Grundlage für einen weiteren Beschluss, wie die Feststellung des Jahresabschlusses durch die Hauptversammlung für die Entscheidung über die Gewinnverwendung.[432]

65 Als diffizil stellt sich die Behandlung von **Protokollierungsmängeln hinsichtlich Art und Ergebnis der Abstimmungen sowie den hierzu ergangenen Feststellungen** des Vorsitzenden dar. Nach dem Gesagten ist insoweit zunächst zu unterscheiden, ob obligatorische Angaben aktienrechtlich vorgeschrieben sind oder ob die Aufnahme zur Erhöhung des Beweiswerts der Urkunde aufgrund notarieller Amtspflichten veranlasst ist (→ Rn. 45 ff.). Im Anwendungsbereich von § 130 Abs. 2 führen Fehler dann zur Nichtigkeit, wenn die Art der Abstimmung, das Ergebnis oder die Feststellung des Vorsitzenden entweder überhaupt nicht oder unrichtig protokolliert werden. Ein Nichtigkeitsgrund liegt auch dann vor, wenn das Beschlussergebnis vom Vorsitzenden nicht verkündet und aus diesem Grund nicht beurkundet werden.[433] Entsprechendes gilt auch, wenn die zutreffende Feststellung des Vorsitzenden über die Art der Abstimmung oder über das (ziffernmäßige oder sachliche) Beschlussergebnis vom Notar fehlerhaft protokolliert wird.[434] Beurkundet der Notar bei unrichtiger Verkündung durch den Vorsitzenden hingegen das wirkliche Abstimmungsresultat, ist der Beschluss lediglich anfechtbar.[435] Dasselbe ist anzunehmen bei der korrekten Wiedergabe einer

---

[425] In Anlehnung an § 69 kann der Notar verlangen, dass die Minderheit einen gemeinsamen Vertreter bestellt, Großkomm AktG/*Mülbert* Rn. 135.

[426] Einzelne Organmitglieder oder Aktionäre haben keinen Anspruch gegenüber dem Notar, vgl. auch Großkomm AktG/*Mülbert* Rn. 134; ferner *v. Godin/Wilhelmi* Rn. 1. Soweit Willenserklärungen beurkundet werden, ist ferner § 51 Abs. 1 Nr. 1 BeurkG zu beachten.

[427] MüKoAktG/*Kubis* Rn. 78: diese hM beschränkt das Einsichtsrecht von Aktionären gegenüber der Gesellschaft gemäß § 810 BGB auf die (nunmehr wohl theoretischen) Fälle, dass beim Registergericht keine Einsicht zu erhalten ist, vgl. *Butzke* Die Hauptversammlung der AG Rn. N 42; ferner *Wilhelmi* BB 1987, 1331 (1337); Kölner Komm AktG/*Noack/Zetzsche* Rn. 388: nur Anspruch auf Erteilung einer Abschrift bezogen auf Beschlüsse nach § 13 Abs. 3 UmwG, §§ 129, 193 Abs. 3 UmwG; gegen einen Anspruch von Aktionären gegenüber der Gesellschaft Großkomm AktG/*Mülbert* Rn. 138. S. auch § 125 Abs. 4 und § 13 Abs. 3 Satz 3 UmwG.

[428] Zur Frage der Nachholung der Unterschrift vgl. *Winkler* BeurkG § 13 Rn. 88 ff. mwN sowie oben → Rn. 60.

[429] Vgl. auch den Wortlaut von § 242 Abs. 1: „nicht oder nicht gehörig beurkundet"; kritisch dazu *Koch* FS 25 Jahre DNotI, 2018, 491; *Noack* FS Baums, 2017, 845 (854, 863).

[430] *Butzke* Die Hauptversammlung der AG Rn. N 38; NK-AktR/*Terbrack/Lohr* Rn. 40; MüKoAktG/*Kubis* Rn. 81; *Grumann/Gillmann* NZG 2004, 839 (841); anders für das privatschriftliche Protokoll *Noack* FS Happ, 2006, 201 (212): Nichtigkeit nur dann, „wenn das Wesentliche des § 130 Abs. 2 AktG Verlangten verfehlt wird".

[431] MüKoAktG/*Kubis* Rn. 83; *Wilhelmi* BB 1987, 1331 (1337).

[432] § 253, vgl. Großkomm AktG/*Mülbert* Rn. 154; MüKoAktG/*Kubis* Rn. 81.

[433] Großkomm AktG/*Mülbert* Rn. 146; ferner MüKoAktG/*Kubis* Rn. 82.

[434] MüKoAktG/*Kubis* Rn. 83; Großkomm AktG/*Mülbert* Rn. 145; ferner RGZ 125, 143 (149).

[435] *Haupt* in Hauschild/Kallrath/Wachter Notar-HdB § 14 Rn. 369; aA Großkomm AktG/*Mülbert* Rn. 147; MüKoAktG/*Kubis* Rn. 84.

unzutreffenden Feststellung des Vorsitzenden in der Niederschrift.[436] Sofern der Notar die Verlautbarung eines unrichtigen Beschlussergebnisses durch den Versammlungsleiter beurkundet, ohne seine abweichenden tatsächlichen Wahrnehmungen zu Protokoll zu nehmen, liegt darin nach hier vertretener Auffassung eine Amtspflichtverletzung ohne Wirksamkeitsrelevanz (→ Rn. 52). Fehler oder Auslassungen der Angaben nach Abs. 2 Satz 2, die bei börsennotierten Gesellschaften verlangt werden können, ziehen keine Nichtigkeit nach sich, da die Vorschrift bewusst nicht in die Verweisung des § 241 Nr. 2 aufgenommen wurde (→ Rn. 56). Kein zur Nichtigkeit führender Protokollierungsmangel ist entgegen einer instanzgerichtlichen Rechtsprechung[437] ferner anzunehmen, wenn über die Abwahl des Versammlungsleiters nicht abgestimmt wurde, obwohl ein Abberufungsgrund substantiiert vorgetragen wurde.[438] Bestimmt die Satzung den Aufsichtsratsvorsitzenden zum Versammlungsleiter, so kann er regelmäßig bis zur Feststellung, dass seine Wahl zum Aufsichtsratsvorsitzenden unwirksam ist, die Hauptversammlung leiten und die damit im Zusammenhang stehenden Aufgaben einschließlich der Beschlussfeststellung im Sinne des Abs. 2 wirksam wahrnehmen.[439] Darüber hinaus würde nach zutreffender Auffassung eine Feststellung durch einen objektiv nicht berufenen Versammlungsleiter nicht zur Nichtigkeit wegen eines Beurkundungsmangels nach Abs. 2 führen.[440] Der BGH hat für den anfechtbar gewählten Aufsichtsratsvorsitzenden angenommen, dass dieser die Funktion der Versammlungsleitung ausüben kann,[441] dem es in der Konsequenz auch im Fall der Anfechtung seiner Wahl nicht an der Kompetenz fehlt, gemäß Abs. 2 Feststellungen über die Beschlussfassung zu treffen oder ein privatschriftliches Protokoll im Sinne des Abs. 1 Satz 3 zu unterzeichnen.[442] Mit Rücksicht auf das Bestandsinteresse der Gesellschaft an der Wirksamkeit der von ihr gefassten Beschlüsse wird dies in der Literatur auch im Fall der Nichtigkeit der Wahl des Aufsichtsratsvorsitzenden angenommen.[443] Richtig dürfte es hingegen sein, in diesem Fall von der Anfechtbarkeit der gefassten Beschlüsse auszugehen, die aber nur möglich ist, wenn konkrete Maßnahmen die an sich unzuständigen Versammlungsleiters sich im Sinne der Relevanz auf den angefochtenen Beschluss ausgewirkt haben.[444]

In allen genannten Konstellationen tritt die Nichtigkeit aus Gründen der Rechtssicherheit auch dann ein, wenn den Umständen nach kein Zweifel an der Beschlussfassung und ihrem inhaltlichen Ergebnis besteht.[445] Es wird sich dann regelmäßig die Frage nach der Möglichkeit einer **nachträglichen Berichtigung** stellen (→ Rn. 25 ff.).

Das **Registergericht** hat bei nichtigkeitsrelevanten Protokollierungsmängeln im Sinne des § 241 Nr. 2 eine Zwischenverfügung zu erlassen (§ 382 Abs. 4 FamFG) bzw. die Eintragung der Beschlussfassung im Handelsregister abzulehnen, wenn eine Korrektur ausgeschlossen erscheint.[446] Übersieht der Richter den Fehler und trägt er dennoch ein, werden Verstöße gegen die Beurkundungsanforderungen des § 130 nach Maßgabe des § 242 Abs. 1 geheilt. Für Beschlüsse, die nicht der Eintragung im Handelsregister bedürfen, sieht das Gesetz hingegen keine Heilungsmöglichkeit vor.[447]

Da § 241 Nr. 2 Nichtigkeit nur bei einer Verletzung der in § 130 Abs. 1, Abs. 2 Satz 1 und Abs. 4 nieder gelegten Anforderungen vorsieht, besteht Einigkeit, dass die **Wirksamkeit** der beurkundeten

---

[436] BGH DNotZ 2006, 372 (373); OLG Düsseldorf NZG 2007, 235; MüKoAktG/*Kubis* Rn. 84; Großkomm AktG/*Mülbert* Rn. 147; s. hierzu auch → Rn. 52. Da insoweit kein Protokollmangel vorliegt, kommt eine Heilung gemäß § 242 Abs. 1 nicht in Betracht, ist zu beachten ist aber § 246 Abs. 1.
[437] LG Frankfurt BB 2005, 1071; LG Köln AG 2005, 696 (701).
[438] Vgl. *v. Falkenhausen/Kocher* BB 2005, 1068 (1069); *Krieger* AG 2006, 355 (360); *Priester* DNotZ 2006, 403 (413); *Gross* FS Happ, 2006, 31 (42); *Butzke* ZIP 2005, 1164; *Rose* NZG 2007, 241; auch *Arnold/Wohlgemuth* AG 2006, R 166; *Arnold* AG 2005, R 530.
[439] Vgl. OLG Frankfurt NZG 2009, 1066 (1067); OLG Frankfurt NZG 2008, 429 (430).
[440] OLG Frankfurt BeckRS 2007, 12 075; NZG 2008, 429; ferner → Anh. § 119 Rn. 4; OLG Bremen BeckRS 2010, 281; aA Hüffer/Koch/*Koch* Rn. 30; Bürgers/Körber/*Reger* Rn. 55. In der Literatur wird bei Unterzeichnung des privatschriftlichen Protokolls durch einen Scheinaufsichtsratsvorsitzenden demgegenüber generell für die Annahme der Nichtigkeit der zuvor festgestellten und verkündeten Beschlüsse plädiert, vgl. *Heller* AG 2008, 493, der allerdings den Begriff „Aufsichtsratsvorsitzender" in § 130 Abs. 1 Satz 3 AktG abweichend von der hM auslegt; dazu auch → Rn. 48.
[441] Vgl. BGH DNotZ 2013, 624 (630); ferner OLG Frankfurt NZG 2012, 942.
[442] S. dazu *Wicke* DNotZ 2013, 812 (822).
[443] Vgl. auch *Vetter* ZIP 2012, 701 (709); *Drinhausen/Marsch-Barner* AG 2014, 757 (769); s. ferner *Kocher* BB 2013, 1169; *Tielmann/Struck* BB 2013, 1548 (1551); *Haupt* in Hauschild/Kallrath/Wachter Notar-HdB § 14 Rn. 368; aA wohl Hüffer/Koch/*Koch* Rn. 30.
[444] S. auch OLG Frankfurt NZG 2012, 942; kritisch aber Hüffer/Koch/*Koch* Rn. 30. Zum Scheinaufsichtsratsvorsitzenden → Anh. § 119 Rn. 3.
[445] Vgl. BGH AG 1994, 466; *Goette* DStR 1994, 1470; NK-AktR/*Terbrack/Lohr* Rn. 40; Hüffer/Koch/*Koch* Rn. 30; Hölters/*Drinhausen* Rn. 47; aA RGZ 105, 373 (374); OLG Stuttgart MDR 1955, 173.
[446] Vgl. Grigoleit/*Herrler* Rn. 54; aber → Rn. 25 f.
[447] Vgl. aber § 256 Abs. 6 und § 253 Abs. 1 Satz 2, hierzu *Grumann/Gillmann* NZG 2004, 839 (844 f.).

Beschlüsse **nicht dadurch berührt wird,** dass **Pflichtanlagen nicht der Niederschrift beigefügt** werden (§ 130 Abs. 3) oder dass der Vorstand das **Protokoll nicht unverzüglich zum Handelsregister einreicht**[448] (§ 130 Abs. 5). In beiden Fällen scheidet auch eine Anfechtung aus, da die Beschlüsse nicht auf den der Hauptversammlung nachfolgenden Fehlern beruhen können.[449] Entsprechendes gilt, wenn eine börsennotierte Gesellschaft es entgegen § 130 Abs. 6 versäumt, die Abstimmungsergebnisse auf der Internetseite der Gesellschaft zu veröffentlichen.[450] Eine **Nichtigkeit** der Beschlussfassung kommt ferner **nicht** in Betracht, wenn **Minderheitsverlangen, Auskunftsverweigerungen oder Widersprüche zur Niederschrift nicht protokolliert** werden, da es Sinn des Beurkundungserfordernisses jeweils ist, die Beweissituation der Aktionäre zu verbessern und nicht zusätzliche Hürden in der Rechtsdurchsetzung zu schaffen;[451] auch eine Anfechtung der Beschlüsse kann nicht darauf gestützt werden, weil es an der Kausalität einer etwaigen fehlerhaften Protokollierung für die Beschlüsse fehlt.[452] Schließlich können Mängel im Bereich fakultativer Angaben keine Nichtigkeit herbeiführen.[453]

69 Fehler des Notars bei der Beurkundung der Hauptversammlung können **unter den Voraussetzungen des § 19 BNotO Amtshaftungsansprüche** begründen. Insofern ist eine Einstandspflicht auch gegenüber einzelnen Aktionären und evtl gegenüber Gläubigern der Gesellschaft denkbar.[454] Sofern die Gesellschaft Schadensersatzansprüche geltend macht, kommt allerdings regelmäßig Mitverschulden in Betracht, da sie nach einer im Schrifttum vertretenen Auffassung die Niederschrift im Entwurf oder spätestens vor Einreichung zum Handelsregister sorgfältig zu überprüfen hat.[455] Im Fall eines privatschriftlichen Protokolls kann sich eine Einstandspflicht des Vorsitzenden aus § 280 Abs. 1 BGB wegen Pflichtverletzung in Ausführung des zugrunde liegenden Rechtsverhältnisses ergeben (→ Rn. 42).

VIII. Sonstige Aufzeichnungen

70 **1. Zulässigkeit der Erstellung von stenographischen Aufzeichnungen, Tonband- und Bildaufnahmen.** Da es sich bei der notariellen Niederschrift nicht um ein Wortprotokoll, sondern um ein Ergebnisprotokoll handelt, stellt sich die Frage nach der Zulässigkeit umfassender Mitschriften durch die AG oder durch einzelne Aktionäre. Nach überwiegender Auffassung ist die Gesellschaft berechtigt, **stenographische Aufzeichnungen** über den Ablauf der Hauptversammlung anzufertigen, ohne dass es eines Hinweises bedürfte[456] und ohne dass einzelne Aktionäre hiergegen Widerspruch erheben könnten.[457] Eine Verpflichtung zur Erstellung (oder auch zur anschließenden Aufbewahrung)[458] entsprechender Protokolle besteht demgegenüber nicht, da das Gesetz lediglich die Aufnahme der Niederschrift gemäß § 130 durch den Notar anordnet.[459] Ebenso können einzelne Aktionäre ohne das Einverständnis der übrigen Versammlungsteilnehmer oder des Vorsitzenden stenographische Mitschriften verfassen[460] und auch Kopien ihres Manuskripts Dritten zur Verfügung stellen.[461] Demgegenüber sind bei **Tonband- und Bildaufnahmen** aufgrund des allgemeinen Persönlichkeitsrechts der Aktionäre **Einschränkungen** zu berücksichtigen. Der Versammlungsleiter hat

---

[448] Vgl. BGH NJW 2009, 2207 (2209); OLG Frankfurt NZG 2008, 429 (430); LG Frankfurt NZG 2009, 149 (153); LG München I BeckRS 2008, 11391.
[449] Großkomm AktG/*Mülbert* Rn. 153; abweichend für § 130 Abs. 3 (Anfechtbarkeit bejahend) *Lamers* DNotZ 1962, 287 (301); *Knur* DNotZ 1938, 700 (709).
[450] *Wicke* Einführung S. 31; Hüffer/Koch/*Koch* Rn. 32.
[451] MüKoAktG/*Kubis* Rn. 89 ff.; ferner BGH NJW 2009, 2207 (2209) (zum Minderheitsverlangen); OLG Frankfurt BeckRS 2015, 419; BeckRS 2009, 11 396 (zu § 245 Nr. 1); LG Frankfurt BeckRS 2008, 03381 (zu § 131 Abs. 5).
[452] LG Frankfurt BeckRS 2014, 1250.
[453] OLG Koblenz ZIP 2001, 1093; MüKoAktG/*Kubis* Rn. 83.
[454] MüKoAktG/*Kubis* Rn. 82; *Bezzenberger* FS Schippel, 1996, 361 (378 f.).
[455] MüKoAktG/*Kubis* Rn. 94; *Wilhelmi* BB 1981, 1331 (1338); Bürgers/Körber/*Reger* Rn. 59; s. auch OLG Frankfurt DB 2009, 1863 (1864).
[456] Insoweit aA *Steiner*, Die Hauptversammlung der Aktiengesellschaft, 1995, § 8 Rn. 4.
[457] MüKoAktG/*Kubis* Rn. 101; *Butzke* Die Hauptversammlung der AG Rn. N 44; *Martens*, Leitfaden für die Leitung der Hauptversammlung einer Aktiengesellschaft, 3. Aufl. 2003, 48 f.; Hölters/*Drinhausen* Rn. 52; Bürgers/Körber/*Reger* Rn. 37.
[458] *Max* AG 1991, 77 (82); MüKoAktG/*Kubis* Rn. 103 (anders im Fall des § 118 Abs. 3).
[459] BGH NJW 1994, 3094 (3095); *Henn* AR-HdB S. 475; *Pöschke/Vogel* in Semler/Volhard/Reichert HV-HdB § 13 Rn. 96; *Ek* Hauptversammlung § 10 Rn. 281.
[460] BGH NJW 1994, 3094 (3096); *Ek* Hauptversammlung § 10 Rn. 283; *Butzke* Die Hauptversammlung der AG Rn. N 44; *Martens*, Leitfaden für die Leitung der Hauptversammlung einer Aktiengesellschaft, 3. Aufl. 2003, 48.
[461] Zutreffend MüKoAktG/*Kubis* Rn. 100.

auf die Fertigung der Aufzeichnungen durch die Gesellschaft hinzuweisen.⁴⁶² Heimliche Tonband- oder Bildaufnahmen sind demzufolge unzulässig.⁴⁶³ Der einzelne Aktionär kann zudem verlangen, dass die Aufnahmen während seiner eigenen Redebeiträge unterbrochen werden.⁴⁶⁴ Eine solche Widerspruchsmöglichkeit besteht indessen nicht, wenn die Hauptversammlung aufgrund einer gemäß § 118 Abs. 4 erlassenen Bestimmung in der Satzung oder Geschäftsordnung in Ton oder Bild ausgestrahlt wird.⁴⁶⁵ Uneingeschränkt zulässig ist ferner die Übertragung der Versammlung in Nebenräume innerhalb der Präsenzzone, um den Teilnehmern die ununterbrochene Verfolgung des Ablaufs zu ermöglichen.⁴⁶⁶ Einzelne Aktionäre sind nur dann zur Erstellung von Ton- und Bildaufnahmen befugt, wenn der Versammlungsleiter dies gestattet und sämtliche Teilnehmer ihr Einverständnis erklärt haben⁴⁶⁷ (was in der Praxis allenfalls bei kleineren Gesellschaften in Betracht kommt) und im Fall einer Übertragung aufgrund § 118 Abs. 4.⁴⁶⁸ Nach zutreffender Auffassung kann der Notar zur nachträglichen Auffrischung des Gedächtnisses Tonbandaufzeichnungen erstellen, die Dritten aber nicht zur Verfügung gestellt werden dürfen.⁴⁶⁹

2. Recht des Aktionärs auf Abschrifterteilung. Nach der Rechtsprechung des **BGH** kann der **71** Aktionär von der Gesellschaft gegen Erstattung der Selbstkosten (§ 811 Abs. 2 BGB) eine **Abschrift derjenigen Teile eines stenographischen Protokolls oder von Ton- und Bildaufnahmen** verlangen, die **seine eigenen Fragen und Redebeiträge sowie die von den Mitgliedern des Vorstandes darauf erteilten Antworten** und dazu abgegebenen Stellungnahmen umfasst, nicht aber eine Kopie der gesamten Aufzeichnung der Hauptversammlung. Dieser Ansatz hat in der Literatur ganz überwiegend Zustimmung gefunden.⁴⁷⁰ Aus dem allgemeinen mitgliedschaftlichen Bezug der Aufzeichnung folgt kein Anspruch auf Aushändigung einer umfassenden Abschrift, zumal der Aktionär seinerseits Notizen fertigen kann. Sofern ein Aktionär aber selbst Fragen stellt, ist er in der Diskussionssituation nicht hinreichend in der Lage, seine eigenen Beiträge und die Erwiderungen der Verwaltung zu dokumentieren, so dass die Treuepflicht im Interesse der „Waffengleichheit" die auszugsweise Erteilung einer Abschrift der Aufzeichnung gebietet.⁴⁷¹ Aufgrund entsprechender Überlegungen kann der Aktionär zudem eine Kopie derjenigen Passagen verlangen, welche einen durch ihn eingelegten Widerspruch und die hierauf ergangenen Reaktionen der Verwaltung⁴⁷² sowie ihm gegenüber ergangene Ordnungs- und Leitungsmaßnahmen des Vorsitzenden betreffen.⁴⁷³ Es genügt nach zutreffender Auffassung aber nicht, dass sich der Aktionär Redebeiträge anderer Teilnehmer pauschal zueigen macht, um die betreffenden Protokollauszüge beanspruchen zu können. Eine weitergehende Berechtigung zur Erlangung einer vollständigen Kopie ist demgegenüber anzuerkennen, wenn der Versammlungsleiter oder Vorstand dies zugesagt haben,⁴⁷⁴ wenn anderen Aktionären entsprechende Abschriften erteilt wurden (§ 53a)⁴⁷⁵ oder wenn eine öffentliche Übertragung in Bild oder Ton stattgefunden hat (§ 118 Abs. 4).⁴⁷⁶ Zu berücksichtigen ist aber auch hier, dass die Gesell-

---

⁴⁶² Bürgers/Körber/*Reger* Rn. 38; Hölters/*Drinhausen* Rn. 52.
⁴⁶³ *Butzke* Die Hauptversammlung der AG Rn. N 49; Hüffer/Koch/*Koch* Rn. 33. Vgl. auch § 201 Abs. 1 StGB.
⁴⁶⁴ BGH NJW 1994, 3094 (3096); *Ek* Hauptversammlung § 10 Rn. 281.
⁴⁶⁵ *Seibert* NZG 2002, 608 (611); Bürgers/Körber/*Reger* Rn. 39; MüKoAktG/*Kubis* Rn. 101, der in einem solchen Fall auch heimliche Tonband- oder Filmaufnahmen einzelner Aktionäre für zulässig erachtet (dort Rn. 88).
⁴⁶⁶ *Martens*, Leitfaden für die Leitung der Hauptversammlung einer Aktiengesellschaft, 3. Aufl. 2003, 53; *Dilger* WuB II A. § 130 AktG 1.95.
⁴⁶⁷ BGH NJW 1994, 3094 (3096); *Butzke* Die Hauptversammlung der AG Rn. N 49 („zumindest aber der Redner").
⁴⁶⁸ *Grigoleit/Herrler* Rn. 56.
⁴⁶⁹ So MüKoAktG/*Kubis* Rn. 102; für stenographische Aufzeichnungen auch *Martens*, Leitfaden für die Leitung der Hauptversammlung einer Aktiengesellschaft, 3. Aufl. 2003, 49.
⁴⁷⁰ Vgl. Hüffer/Koch/*Koch* Rn. 33; MüKoAktG/*Kubis* Rn. 104; *Ek* Hauptversammlung § 10 Rn. 282; *Butzke* Die Hauptversammlung der AG Rn. N 50; *Martens*, Leitfaden für die Leitung der Hauptversammlung einer Aktiengesellschaft, 3. Aufl. 2003, 51; *Gehrlein* WM 1994, 2054 (2057); ferner bereits Großkomm AktG/*Mülbert* Rn. 157; einschränkend (nur eigener Wortbeitrag ohne Stellungnahme der Verwaltung) OLG Düsseldorf BB 1962, 1390 (1391) sowie *Max* AG 1991, 77 (84); einen Anspruch auf vollständige Abschrift bejahend demgegenüber *Steiner*, Die Hauptversammlung der Aktiengesellschaft, 1995, § 8 Rn. 4; gänzlich ablehnend die Vorinstanz, OLG München AG 1993, 186; ferner GHEK/*Eckardt* Rn. 11.
⁴⁷¹ Vgl. auch *Martens*, Leitfaden für die Leitung der Hauptversammlung einer Aktiengesellschaft, 3. Aufl. 2003, 51.
⁴⁷² *Butzke* Die Hauptversammlung der AG Rn. N 47; offen gelassen von BGH NJW 1994, 3094 (3097).
⁴⁷³ MüKoAktG/*Kubis* Rn. 104.
⁴⁷⁴ *Martens*, Leitfaden für die Leitung der Hauptversammlung einer Aktiengesellschaft, 3. Aufl. 2003, 52.
⁴⁷⁵ *Martens*, Leitfaden für die Leitung der Hauptversammlung einer Aktiengesellschaft, 3. Aufl. 2003, 50 (auch wenn dies in der Vergangenheit üblich war).
⁴⁷⁶ MüKoAktG/*Kubis* Rn. 104; aA Grigoleit/*Herrler* Rn. 57.

schaft weder zur Fertigung, noch zur Aufbewahrung von Aufzeichnungen gesetzlich verpflichtet ist.[477] **Nicht** geboten ist es hingegen, **zusätzlich** ein **Einsichtsrecht** des Aktionärs in die Mitschriften gegenüber der Gesellschaft anzunehmen, da den Belangen des Aktionärs durch Abschriften der ihn betreffenden Tonband- und Protokollteile besser Rechnung getragen wird und es für die Gesellschaft einen größeren organisatorischen Aufwand bedeuten würde, das Abhören und die Erstellung von Aufzeichnungen unter Aufsicht und Assistenz eines Angestellten zu ermöglichen.[478]

§ 131 Auskunftsrecht des Aktionärs

(1) ¹Jedem Aktionär ist auf Verlangen in der Hauptversammlung vom Vorstand Auskunft über Angelegenheiten der Gesellschaft zu geben, soweit sie zur sachgemäßen Beurteilung des Gegenstands der Tagesordnung erforderlich ist. ²Die Auskunftspflicht erstreckt sich auch auf die rechtlichen und geschäftlichen Beziehungen der Gesellschaft zu einem verbundenen Unternehmen. ³Macht eine Gesellschaft von den Erleichterungen nach § 266 Absatz 1 Satz 3, § 276 oder § 288 des Handelsgesetzbuchs Gebrauch, so kann jeder Aktionär verlangen, dass ihm in der Hauptversammlung über den Jahresabschluss der Jahresabschluss in der Form vorgelegt wird, die er ohne diese Erleichterungen hätte. ⁴Die Auskunftspflicht des Vorstands eines Mutterunternehmens (§ 290 Abs. 1, 2 des Handelsgesetzbuchs) in der Hauptversammlung, der der Konzernabschluss und der Konzernlagebericht vorgelegt werden, erstreckt sich auch auf die Lage des Konzerns und der in den Konzernabschluss einbezogenen Unternehmen.

(2) ¹Die Auskunft hat den Grundsätzen einer gewissenhaften und getreuen Rechenschaft zu entsprechen. ²Die Satzung oder die Geschäftsordnung gemäß § 129 kann den Versammlungsleiter ermächtigen, das Frage- und Rederecht des Aktionärs zeitlich angemessen zu beschränken, und Näheres dazu bestimmen.

(3) ¹Der Vorstand darf die Auskunft verweigern,
1. soweit die Erteilung der Auskunft nach vernünftiger kaufmännischer Beurteilung geeignet ist, der Gesellschaft oder einem verbundenen Unternehmen einen nicht unerheblichen Nachteil zuzufügen;
2. soweit sie sich auf steuerliche Wertansätze oder die Höhe einzelner Steuern bezieht;
3. über den Unterschied zwischen dem Wert, mit dem Gegenstände in der Jahresbilanz angesetzt worden sind, und einem höheren Wert dieser Gegenstände, es sei denn, daß die Hauptversammlung den Jahresabschluß feststellt;
4. über die Bilanzierungs- und Bewertungsmethoden, soweit die Angabe dieser Methoden im Anhang ausreicht, um ein den tatsächlichen Verhältnissen entsprechendes Bild der Vermögens-, Finanz- und Ertragslage der Gesellschaft im Sinne des § 264 Abs. 2 des Handelsgesetzbuchs zu vermitteln; dies gilt nicht, wenn die Hauptversammlung den Jahresabschluß feststellt;
5. soweit sich der Vorstand durch die Erteilung der Auskunft strafbar machen würde;
6. soweit bei einem Kreditinstitut oder Finanzdienstleistungsinstitut Angaben über angewandte Bilanzierungs- und Bewertungsmethoden sowie vorgenommene Verrechnungen im Jahresabschluß, Lagebericht, Konzernabschluß oder Konzernlagebericht nicht gemacht zu werden brauchen;
7. soweit die Auskunft auf der Internetseite der Gesellschaft über mindestens sieben Tage vor Beginn und in der Hauptversammlung durchgängig zugänglich ist.

²Aus anderen Gründen darf die Auskunft nicht verweigert werden.

(4) ¹Ist einem Aktionär wegen seiner Eigenschaft als Aktionär eine Auskunft außerhalb der Hauptversammlung gegeben worden, so ist sie jedem anderen Aktionär auf dessen Verlangen in der Hauptversammlung zu geben, auch wenn sie zur sachgemäßen Beurteilung des Gegenstands der Tagesordnung nicht erforderlich ist. ²Der Vorstand darf die Auskunft nicht nach Absatz 3 Satz 1 Nr. 1–4 verweigern. ³Sätze 1 und 2 gelten nicht, wenn ein Tochterunternehmen (§ 290 Abs. 1, 2 des Handelsgesetzbuchs), ein Gemeinschaftsunternehmen (§ 310 Abs. 1 des Handelsgesetzbuchs) oder ein assoziiertes Unternehmen (§ 311 Abs. 1 des Handelsgesetzbuchs) die Auskunft einem Mutterunternehmen (§ 290 Abs. 1, 2 des Handelsgesetzbuchs) zum Zwecke der Einbeziehung der Gesellschaft in den

---
[477] Vgl. *Max* AG 1991, 77 (82); MüKoAktG/*Kubis* Rn. 101; OLG Hamburg NZG 2001, 513 (516).
[478] Zutreffend BGH NJW 1994, 3094 (3096); *Martens*, Leitfaden für die Leitung der Hauptversammlung einer Aktiengesellschaft, 3. Aufl. 2003, 51; *Butzke* Die Hauptversammlung der AG Rn. N 50; aA MüKoAktG/*Kubis* Rn. 103, der jedoch eine Abwendungsbefugnis durch Überlassen von Abschriften annimmt.

Konzernabschluß des Mutterunternehmens erteilt und die Auskunft für diesen Zweck benötigt wird.

(5) Wird einem Aktionär eine Auskunft verweigert, so kann er verlangen, daß seine Frage und der Grund, aus dem die Auskunft verweigert worden ist, in die Niederschrift über die Verhandlung aufgenommen werden.

Schrifttum: *Angerer,* Die Beschränkung des Rede- und Fragerechts des Aktionärs in der Hauptversammlung, ZGR 2011, 27; *Bredol,* „Noch offene Fragen?" – Zur Nachfrageobliegenheit des Aktionärs auf der Hauptversammlung, NZG 2012, 613; *Decher,* Information im Konzern und Auskunftsrecht der Aktionäre gem. § 131 Abs. 4 AktG, ZHR 158 (1994), 473; *Ebenroth,* Das Auskunftsrecht des Aktionärs und seine Durchsetzung im Prozeß unter besonderer Berücksichtigung des Rechtes der verbundenen Unternehmen, 1970; *Geißler,* Der aktienrechtliche Auskunftsanspruch im Grenzbereich des Missbrauchs, NZG 2001, 539; *Groß,* Informations- und Auskunftsrecht des Aktionärs, AG 1997, 97; *Großfeld/Möhlenkamp,* Zum Auskunftsrecht des Aktionärs, ZIP 1994, 1425; *Habersack/Verse,* Zum Auskunftsrecht des Aktionärs im faktischen Konzern, AG 2003, 300; *Haggeney/Hausmanns,* Der Einfluss von Geheimhaltungsvereinbarungen auf die Informationsrechte des Aktionärs und des GmbH-Gesellschafters, NZG 2016, 814; *Herrler,* Generelle Beschränkung der Frage- und Redezeit durch den Versammlungsleiter – erweiterte Befugnisse durch eine Regelung i. S. von § 131 Abs. 2 Satz 2 AktG, DNotZ 2010, 331; *Hoffmann-Becking,* Das erweiterte Auskunftsrecht des Aktionärs nach § 131 Abs. 4 AktG, FS Rowedder, 1994, 155; *Hüffer,* Minderheitsbeteiligungen als Gegenstand aktienrechtlicher Auskunftsbegehren, ZIP 1996, 401; *Jerczynski,* Beschränkungen des Frage- und Rederechts der Aktionäre in der Hauptversammlung, NJW 2010, 1566; *Joussen,* Der Auskunftsanspruch des Aktionärs, AG 2000, 241; *Kersting,* Ausweitung des Fragerechts durch die Aktionärsrichtlinie, ZIP 2009, 2317; *Kersting,* Das Auskunftsrecht des Aktionärs bei elektronischer Teilnahem an der Hauptversammlung (§§ 118, 131 AktG), NZG 2010, 130; *Kersting,* Eine Niederlage für Berufskläger? – Zur Zulässigkeit inhaltlicher Beschränkungen des Frage- und Rederechts der Aktionäre gem. § 131 II 2 AktG, NZG 2010, 446; *Kersting,* Erforderlichkeit der Auskunft nach der Aktionärsrichtlinie, FS Hoffmann-Becking, 2013, 651; *Kiethe,* Das Recht des Aktionärs auf Auskunft über riskante Geschäfte (Risikovorsorge), NZG 2003, 401; *Kocher/Lönner,* Das Auskunftsrecht in der Hauptversammlung nach der Aktionärsrichtlinie, AG 2010, 153; *Kocher/Lönner,* Nachfrageobliegenheiten und Gremienvertraulichkeit – Begrenzungen des Auskunftsrechts in der Hauptversammlung, AG 2014, 81; *Krömker,* Der Anspruch des Paketaktionärs auf Informationsoffenbarung zum Zwecke der Due Diligence, NZG 2003, 418; *Kubis,* Auskunft ohne Grenzen? – Europarechtliche Einflüsse auf den Informationsanspruch nach § 131 AktG, ZGR 2014, 608; *Lack,* Rechtsfragen des individuellen Auskunftsrechts des Aktionärs nach dem Gesetz zur Unternehmensintegrität und Modernisierung des Anfechtungsrechts, 2009; *Lieder,* Auskunftsrecht und Auskunftserzwingung, NZG 2014, 601; *Lüke,* Das Verhältnis von Auskunfts-, Anfechtungs- und Registerverfahren im Aktienrecht, ZGR 1990, 657; *Meilicke/Heidel,* Das Auskunftsrecht des Aktionärs in der Hauptversammlung, DStR 1992, 72 und 113; *Merkt,* Unternehmenspublizität, 2001; *Moser,* Verantwortlichkeit von Vorstandsmitgliedern bei Verletzung des Auskunftsrechts nach § 131 AktG, NZG 2017, 1419; *Mutter,* Auskunftsansprüche des Aktionärs in der HV – Die Spruchpraxis der Gerichte von A–Z, 2002; *Pentz,* Erweitertes Auskunftsrecht und faktische Unternehmensverbindungen, ZIP 2007, 2298; *Pöschke,* Auskunft ohne Grenzen? Die Bedeutung der Aktionärsrichtlinie für die Auslegung des § 131 Abs. 1 S. 1 AktG, ZIP 2010, 1221; *Reger,* Neues zum Auskunftsrecht in der Hauptversammlung, NZG 2013, 48; *Schmidt,* Informationsrechte in Gesellschaften und Verbänden, 1984; *Schneider,* Das Auskunftsanspruch des Aktionärs im Konzern, FS Lutter, 2000, 1193; *Siems,* Die Konvergenz der Rechtssysteme im Recht der Aktionäre, 2005; *Stöber,* Das Auskunftsrecht des Aktionärs und seine Beschränkungen im Lichte des Europarechts, DStR 2014, 1680; *Teichmann,* Fragerecht und Akionärsrechterichtlinie, NZG 2014, 401; *Trescher,* Die Auskunftspflicht des Aufsichtsrats in der Hauptversammlung, DB 1990, 515; *Wandt,* Die Auswirkungen des Vorstandsvergütungs-Offenlegungsgesetzes auf das Auskunftsrecht gemäß § 131 Abs. 1 Satz 1 AktG, DStR 2006, 1460; *Weitemeyer,* Der BGH stärkt das Auskunftsrecht der Aktionäre nach einer Fusion, NZG 2005, 341; *Wilsing/von der Linden,* Statutarische Ermächtigungen des Hauptversammlungsleiters zur Beschränkung des Frage- und Rederechts, DB 2010, 1277; *Witt,* Das Informationsrecht des Aktionärs und seine Durchsetzung in den USA, Großbritannien und Frankreich, AG 2000, 257; *Wüsthoff,* Der Auskunftsanspruch des Aktionärs nach § 131 AktG zwischen Insider-Verboten und Ad hoc-Publizität nach dem Wertpapierhandelsgesetz, 2000; *Zetzsche,* Aktionärsinformation in der börsennotierten Aktiengesellschaft, 2006.

Übersicht

	Rn.		Rn.
I. Entstehungsgeschichte und Normzweck	1–3	4. Angelegenheiten der Gesellschaft	23–27
		5. Bezug zur Tagesordnung	28–33
II. Anwendungsbereich und Rechtstatsachen	4–11	IV. Grenzen des Auskunftsrechts	34–62
III. Voraussetzungen des allgemeinen Auskunftsrechts (Abs. 1)	12–33	1. Auskunftsverweigerungsgründe (Abs. 3 S. 1)	34–54
1. Der Gläubiger	12–15	a) Allgemeine Grundsätze	34–37
2. Der Schuldner	16, 17	b) Nr. 1 (Nachteilszufügung)	38–40
3. Das Auskunftsverlangen	18–22	c) Nr. 2 (Steuern)	41, 42
		d) Nr. 3 (stille Reserven)	43–46

	Rn.
e) Nr. 4 (Bilanz- und Bewertungsmethoden)	47
f) Nr. 5 (Strafbarkeit)	48–50
g) Nr. 6 (Kreditinstitute)	51
h) Nr. 7 (Internetpublikation)	52–54
2. Satzungs- und Geschäftsordnungsregelungen (Abs. 2 S. 2)	55, 56
3. Weitere Grenzen	57–62
a) Anwendbarkeit	57, 58
b) Funktionsfähigkeit der Hauptversammlung	59
c) Treuepflichtverletzung	60
d) Rechtsmissbrauch	61
e) Unmöglichkeit	62
V. Rechtsfolge: Auskunft	63–71
1. Parteien	63, 64
2. Zeitpunkt	65, 66
3. Form	67, 68
4. Inhalt	69–71
VI. Das erweiterte Auskunftsrecht (Abs. 4)	72–85

	Rn.
1. Regelungsziel und praktische Bedeutung	72, 73
2. Voraussetzungen	74–82
a) Aktionärsbezug	75–78
b) Zeitpunkt	79
c) Auskunftsverlangen in der Hauptversammlung	80, 81
d) Gesellschaftsangelegenheit	82
3. Grenzen	83, 84
4. Rechtsfolge	85
VII. Anspruch auf Protokollierung (Abs. 5)	86
VIII. Rechtsdurchsetzung	87–92
1. Auskunftserzwingung	88
2. Beschlussanfechtung	89
3. Schadensersatzansprüche	90
4. Sonderprüfung	91
5. Strafrecht	92
IX. Rechtspolitischer Ausblick	93

I. Entstehungsgeschichte und Normzweck

1 Der Auskunftsanspruch des Aktionärs in Deutschland hat eine **wechselvolle Geschichte**.[1] Nachdem das Reichsgericht noch entschieden hatte, dass die Generalversammlung aber nicht der einzelne Aktionär zur Auskunft berechtigt sei,[2] räumte das Aktiengesetz von 1937 erstmals jedem Aktionär ein Auskunftsrecht ein.[3] Für die Praktikabilität dieses Rechts war aber problematisch, dass die Entscheidung über eine Verweigerung der Auskunft im Ermessen der Unternehmensleitung lag. Das Aktiengesetz von 1965 beseitigte nach intensiver und kontroverser Debatte diesen Ermessensspielraum.[4] Die weite Fassung des Auskunftsrechts hat nun aber nicht selten zur Folge, dass Hauptversammlungen zeitlich auszuufern drohen. Zudem besteht die Gefahr, dass die Anfechtungsklage gegen einen Hauptversammlungsbeschluss, auf den sich eine verweigerte Frage bezogen hat, rechtsmissbräuchlich ausgeübt wird, weil durch sie die Eintragung in das Handelsregister blockiert werden kann („faktische Registersperre"). Als quid pro quo hatte das AktG 1965 deshalb bereits vorgesehen, dass das Auskunftsrecht zur Beurteilung eines Gegenstandes der Tagesordnung erforderlich sein muss. Auch in der Folgezeit stand die Begrenzung des Auskunftsrechts im Vordergrund. Bei Spruchstellenverfahren wird nach der Rechtsprechung[5] und § 243 Abs. 4 S. 2 in der Fassung des UMAG[6] eine Anfechtung nicht zugelassen. Verfassungsbeschwerden gegen Beschränkungen des Auskunftsrechts hatten bislang keinen Erfolg: Zwar umfasst nach Ansicht des BVerfG Art. 14 Abs. 1 GG das Recht des Aktionärs, Informationen über seine Gesellschaft zu erhalten. Die Grenzen des § 131 seien allerdings als zulässige Inhalts- und Schrankenbestimmungen anzusehen.[7] Schließlich sieht seit November 2005 das UMAG ein neues Auskunftsverweigerungsrecht (§ 131 Abs. 3 Nr. 7) und eine Vorschrift zur Beschränkung des Frage- und Rederechts (§ 131 Abs. 2 S. 2) vor.

2 Diese Unsicherheit bei der Ausgestaltung des Auskunftsrechts spiegelt sich auch in der Diskussion um dessen **Sinn und Zweck** wider. Die traditionelle Auffassung betont, dass das Auskunftsrecht als Korrelat zur Mitgliedschaft die Ausübung der Aktionärsrechte in der Hauptversammlung – insbesondere das Stimmrecht – fördern soll.[8] Es wird deshalb auch als **eigennütziges und nicht-übertragbares mitgliedschaftliches Individualrecht** bezeichnet.[9] Als Gegenposition ist zum einen denk-

---

[1] S. zB *Spindler* in Bayer/Habersack AktienR im Wandel, Band 1, Kap. 13 Rn. 113 ff.; Großkomm AktG/*Decher* Rn. 2 f.; *Joussen* AG 2000, 241 ff.
[2] RGZ 82, 182.
[3] § 112 AktG 1937 idF von RGBl. 1937 I 107.
[4] § 131 AktG 1965 idF von BGBl. 1965 I 1089.
[5] BGHZ 146, 179 = NJW 2001, 1425 – MEZ; BGH NJW 2001, 1428 – Aqua-Butzke; s. auch → § 243 Rn. 73 ff.
[6] Gesetzesbeschluss des Bundestages, BR-Drs. 454/05 vom 17.6.2005; BGBl. 2005 I 2802 vom 27.9.2005.
[7] BVerfG NJW 2000, 349.
[8] S. auch BVerfG NJW 2000, 349 (350); Großkomm AktG/*Decher* Rn. 5 ff.; *Merkt*, Unternehmenspublizität, 2001, 257 ff.; *Schmidt*, Informationsrechte in Gesellschaften und Verbänden, 1984, 21 ff.
[9] OLG Düsseldorf NZG 2015, 1194; OLG München NZG 2002, 187; MüKoAktG/*Kubis* Rn. 2 ff.; Hüffer/Koch/*Koch* Rn. 2.

bar, das **Verbandsinteresse** an informierten Entscheidungen der Aktionäre zumindest kumulativ heranzuziehen.[10] Dafür lässt sich insbesondere darauf verweisen, dass das Auskunftsrecht in Deutschland bewusst auf die kollektive Willensbildung in der Hauptversammlung konzentriert ist.[11] Zum anderen wird heute verbreitet vertreten, dass § 131 zudem dem Schutz des Aktionärs als **Anleger** und somit auch dem Kapitalmarkt im Allgemeinen dienen soll.[12] Hintergrund dieser Publizitätsphilosophie ist die Vorstellung eines (zumindest semi-) effizienten Kapitalmarktes.[13] Wenn der Kapitalmarkt die Qualität der Geschäftsführung richtig bewertet, werden Aktionäre schlicht durch die Möglichkeit des Kaufs oder Verkaufs von Aktien geschützt. Dabei geht die herrschende Auffassung davon aus, dass zur Verhinderung einer asymmetrischen Informationsverteilung und somit zur Richtigkeit der Aktienkurse zwingende Offenlegungsregeln notwendig sind.[14] Marktkräfte seien nicht ausreichend. Zwar könnten Märkte vorhandene Informationen über Preise effizient bewerten. Für die Offenlegung von Informationen sei es indes nicht ausreichend, auf das Finanzierungsbedürfnis von Aktiengesellschaften und somit den faktischen Druck des Kapitalmarktes zu vertrauen. Informationen würden nicht wie ein gewöhnliches Produkt gehandelt. Es bestehe somit die Gefahr des Marktversagens, weil Informationen nicht aufgebraucht würden und der Erwerber sie als öffentliches Gut ohne größeren Aufwand allgemein bekannt geben könne. Nur durch zwingende Offenlegungsregelungen werde deshalb gewährleistet, dass die Kurse den Wert der Aktien richtig widerspiegeln („pricing function"), und die Aktionäre nicht von der Unternehmensleitung übervorteilt werden („governance function").

An dieser Ausweitung der ratio des § 131 ist **zutreffend,** dass sich verschiedene Modelle des Aktionärsschutzes regelmäßig ergänzen. Beispielsweise ist eine Unterscheidung zwischen dem Aktionär als „Eigentümer", als „Parlamentarier" oder als „Investor"[15] zwar hilfreich, um so verschiedene Regelungstendenzen ausfindig zu machen. Angesichts des schematischen Charakters solcher Aktionärsmodelle und angesichts der Vielgestaltigkeit der Aktiengesellschaften und Aktionärstypen in der Praxis überwiegt jedoch bei den meisten Regelungen ein gemischter Charakter.[16] Dies gilt auch für § 131. Beispielsweise steht einerseits das Auskunftsrecht mit einem kollektiven, parlamentsähnlichen Modell in Zusammenhang, weil es bewusst auf die Unterrichtung der Hauptversammlung als Organ ausgerichtet ist.[17] Andererseits ist für das Auskunftsrecht kein Quorum vorgesehen,[18] so dass auch der bloße Investor mit rein finanziellen Interessen erfasst wird.

II. Anwendungsbereich und Rechtstatsachen

§ 131 gilt für **alle Typen der Aktiengesellschaft.** Eine individuelle Ausgestaltung ist angesichts § 23 Abs. 5 S. 1 grundsätzlich nicht möglich. Allerdings können gemäß § 131 Abs. 2 S. 2 Satzung und Geschäftsordnung die Modalitäten der Rechtsausübung festlegen (dazu → Rn. 55 f.). Nach wohl überwiegender Ansicht ist eine **satzungsrechtliche Erweiterung** des Auskunftsrechts nicht möglich.[19] Dem ist mit Kubis zu widersprechen.[20] Es ist nicht ersichtlich, warum § 131 eine abschließende Regelung im Sinne des § 23 Abs. 5 S. 2 sein soll. Zudem sind satzungsrechtliche Auskunftsrechte, die § 131 nicht nur ergänzen, sondern außerhalb seines Anwendungsbereiches liegen, ohnehin zulässig.[21] Schwierige Abgrenzungsfragen werden deshalb vermieden, wenn man auch Erweiterungen des § 131 erlaubt. Schließlich können die **Tatbestandsmerkmale** des § 131 zu einer gewissen Differenzierung zwischen unterschiedlichen Gesellschaftstypen führen, weil zB bei einer Gesellschaft

---

[10] S. insb. Kölner Komm AktG/*Zöllner*, 2. Aufl. 1985, Rn. 4.
[11] MüKoAktG/*Kubis* Rn. 3; *Kubis* FS Kropff, 1997, 180 ff.; zu anderen Ländern → Rn. 9.
[12] Aus der Rspr. s. BVerfG NJW 2000, 349 (350); KG WM 1995, 1920 (1923, 1927, 1928); AG 2001, 421; allgemein s. insb. Großkomm AktG/*Mülbert* Vor § 118 Rn. 203.
[13] Dazu zB *Fama* 25 Journal of Finance 383 (1970); *Ruffner*, Die ökonomischen Grundlagen eines Rechts der Publikumsgesellschaft, 2000, 349 ff.; *Cheffins*, Company Law: Theory, Structure, and Operation, 1997, 55 ff.
[14] Zum Folgenden s. *Kraakman* et al., The Anatomy of Corporate Law, 3. Aufl. 2017, 79 ff., 243 ff.; *Escher-Weingart*, Reform durch Deregulierung im Kapitalgesellschaftsrecht, 2001, 179 ff.; *Romano*, The Genius of American Corporate Law, 1993, 91 ff.; *Cheffins*, Company Law: Theory, Structure, and Operation, 1997, 127 ff.; Großkomm AktG/*Assmann* Einl. Rn. 374 ff.; *Merkt*, Unternehmenspublizität, 2001, 212 ff. (auch zur These, dass eine Überproduktion erfolge).
[15] Dazu einführend *Siems*, Die Konvergenz der Rechtssysteme im Recht der Aktionäre, 2005, 72 ff.
[16] So auch *Siems*, Die Konvergenz der Rechtssysteme im Recht der Aktionäre, 2005, 295 f.
[17] So auch BGHZ 101, 1 (15 f.) = NJW 1987, 3186; MüKoAktG/*Kubis* Rn. 3.
[18] Dafür de lege ferenda *Joussen* AG 2000, 241 (255 f.).
[19] Großkomm AktG/*Decher* Rn. 18; K. Schmidt/Lutter/*Spindler* Rn. 7; Hüffer/Koch/*Koch* Rn. 2a.
[20] MüKoAktG/*Kubis* Rn. 177; ebenso NK-AktR/*Heidel* Rn. 4.
[21] MüKoAktG/*Kubis* Rn. 180; K. Schmidt/Lutter/*Spindler* Rn. 8.

in der Krise ein Auskunftsrecht eher als bei einer prosperierenden Gesellschaft „erforderlich" im Sinne des Abs. 1 S. 1 sein wird.

5   Für das **Verhältnis des § 131 zu anderen Informationsformen** ist herrschend, dass eine parallele Anwendung möglich ist. Zum einen betrifft dies individuelle Informationsrechte, wie zB besondere Auskunftsrechte bei Konzernverhältnissen (§ 293g Abs. 3, § 295 Abs. 2 S. 3, § 319 Abs. 3 S. 4, § 320 Abs. 4 S. 3, § 326) oder das Recht auf Einsichtnahme in bestimmte Unterlagen (§ 175 Abs. 2 S. 1, § 293f Abs. 1).[22] Zum anderen kommt es zu Überschneidungen mit kollektiven Informationspflichten nach Handels-, Bilanz- und Kapitalmarktrecht. Hier wird allerdings einerseits auch vertreten, dass diese Informationsformen einen Minimumstandard darstellten, der auf § 131 zu übertragen sei.[23] Andererseits lässt sich auch an eine begrenzte Wirkung der kollektiven Informationsformen denken, weil bei einer allgemeinen Publizität die „Erforderlichkeit" der Auskunft im Sinne des Abs. 1 S. 1 reduziert sein kann.[24] Dies hängt mit der **Grundsatzfrage** zusammen, welchen Stellenwert man dem Auskunftsrecht des § 131 zugestehen möchte.

6   Dabei ist zunächst die **Praxis** des § 131 zu berücksichtigen. Die Bedeutung des Auskunftsrechts für die Hauptversammlungswirklichkeit ist nicht zu unterschätzen. Vor allem bei Publikumsgesellschaften wird hiervon intensiv Gebrauch gemacht, und ist deshalb auch die durchschnittliche Hauptversammlungsdauer im internationalen Vergleich sehr lange.[25] Diese Situation ist zum einen unter rechtlichen Gesichtspunkten problematisch. Da über die Beantwortung oder Nichtbeantwortung einer Frage spontan zu entscheiden ist, erhöht sich die Fehleranfälligkeit von Hauptversammlungsbeschlüssen.[26] Zum anderen können übertriebene Fragesitzungen die Attraktivität der Hauptversammlung für die Gesamtheit der Aktionäre reduzieren. Es ist deshalb nicht überraschend, dass ein größerer Stellenwert von Satzungsregelungen des Auskunftsrechts nicht nur von Vorständen, sondern auch aus dem Kreis der Aktionäre gefordert wird.[27]

7   Außerdem ist zu berücksichtigen, dass bei Publikumsgesellschaften die zunehmende **Internationalisierung** und **Diversifizierung** der Beteiligungsstrukturen und der wachsende **Einfluss der neuen Medien** sich negativ auf den Stellenwert des Fragerechts auswirken. Bei deutschen Publikumsgesellschaften nimmt der Anteil ausländischer Aktionäre zu, und lässt sich die Tendenz beobachten, dass Aktionäre nicht mehr in erster Linie größere Blöcke halten, sondern diversifiziert investieren.[28] Für diese Investoren ist es regelmäßig zu aufwendig, persönlich in der Hauptversammlung von ihrem Auskunftsrecht Gebrauch zu machen. Da durch die Diversifizierung die Anzahl an Aktienbesitzern pro Publikumsgesellschaft zunimmt, wäre es praktisch auch nicht realisierbar, dass sich tausende von Aktionären in der Hauptversammlung im Fragewege Informationen über „ihre" Aktiengesellschaft beschaffen. Dem können auch die neuen Medien nicht wirklich abhelfen. Soweit es zulässig ist, online an der Hauptversammlung teilzunehmen (s. § 118 Abs. 1 S. 2), kann im Prinzip zwar vorgesehen werden, auch Fragen in elektronischer Form zu stellen. Praktikabel ist dies aber nicht, weil so das Fragerecht noch mehr ausufern würde.

8   Damit ist aber nicht gesagt, dass Aktionäre weniger als bisher zu informieren sind. Im Gegenteil. Zum einen erhöht sich durch die neuen Medien allgemein die Informationsdichte über Unternehmensnachrichten, so dass sich die **Informationsnachteile** von Aktionären reduzieren. Da Unternehmen ohnehin die eigene Homepage zu Zwecken der „Investor Relation"[29] nutzen, bietet es sich zudem an, dass sie hier alle Informationen bereitstellen, die sie öffentlich bekannt zu geben haben. Ergänzt wird dies dadurch, dass auch register-, aktien-, börsen- und kapitalmarktrechtliche Unternehmensinformationen online veröffentlicht werden. Zum anderen hat sich in den letzten Jahren für Publikumsgesellschaften die **kollektive Informationsverbreitung** durch das Kapitalmarkt- und Rechnungslegungsrecht verbessert. Diese kontinuierlichen und allgemeinen Informationen außerhalb der Hauptversammlung machen mehr Sinn als das Auskunftsrecht des § 131.[30] Erstens werden so die langwierigen Hauptversammlungen entlastet. Zweitens erhöht sich durch eine Reduzierung von Aktionärsfragen die Transaktionssicherheit für Hauptversammlungsbeschlüsse. Drittens entfällt bei kollektiven Informationsformen die Notwendigkeit, einen Zusammenhang mit der Tages-

---

[22] S. zB Großkomm AktG/*Decher* Rn. 35, 237 (257 ff.); NK-AktR/*Heidel* Rn. 2.
[23] S. MüKoAktG/*Kubis* Rn. 6 ff.; K. Schmidt/Lutter/*Spindler* Rn. 10 aE; Großkomm AktG/*Decher* Rn. 41 ff.; *Franken/Heinsius* FS Budde, 1995, 213 ff.; *Großfeld/Möhlenkamp* ZIP 1994, 1425 (1426).
[24] S. Großkomm AktG/*Decher* Rn. 37, 40 und noch → Rn. 10, 29.
[25] S. MüKoAktG/*Kubis* Rn. 5; Großkomm AktG/*Decher* Rn. 49, 71.
[26] Ähnlich Großkomm AktG/*Decher* Rn. 51.
[27] S. MüKoAktG/*Kubis* Rn. 176.
[28] Dazu näher *Siems*, Die Konvergenz der Rechtssysteme im Recht der Aktionäre, 2005, 349 ff., 364 ff.
[29] Dazu s. zB *Ekkenga* in Noack/Spindler, Unternehmensrecht und Internet, 2000, 101.
[30] Ähnlich Großkomm AktG/*Decher* Rn. 48, 51 ff., 60; *Joussen* AG 2000, 250 ff.; zu einem schriftlichen Fragerecht auch *Zöllner* AG 2000, 145 (153).

ordnung herzustellen und ist auch mehr als eine nur jährliche Information möglich. Viertens hängt so die Offenlegung von Informationen nicht mehr von dem Aktivitätsgrad der Aktionäre zusammen. Neben den „störenden Fragestellern" ist es nämlich auch denkbar, dass die Zunahme an diversifizierten Beteiligungsstrukturen zu einem Motivationsproblem durch die verstärkte „rationalen Apathie" von Aktionären führt.[31] Demgegenüber haben, fünftens, kollektive Informationsformen den Vorteil, dass sie sich auch dann positiv auswirken, wenn der Aktionär die betreffenden Informationen nicht kennt. Da sich solche Informationen zumindest teilweise im Aktienkurs niederschlagen,[32] kann er über den Handel mit Aktien von diesen profitieren. Dabei müssen diese Informationen nicht unbedingt auf einem korrespondierenden Recht des Aktionärs beruhen, weil es auch möglich ist, dass über Dritte, wie eine Aufsichtsbehörde oder Wirtschaftsprüfer, deren Effektivität sichergestellt wird. Sechstens dienen diesen Offenlegungsregelungen somit auch der Gleichbehandlung der Aktionäre. Insbesondere betrifft dies internationale Aktionäre, für die sich ein Fragerecht vor Ort regelmäßig nicht lohnt.

Rechtsvergleichende Überlegungen[33] bestätigen diese skeptische Haltung zum Auskunftsrecht des § 131. International ist die deutsche Situation nämlich weitgehend singulär. In Ländern, die ebenfalls ein Auskunftsrecht enthalten (zB Japan und China), spielen Rechtsstreitigkeiten um dessen Ausgestaltung keine Rolle. In Frankreich und in Japan können Aktionäre der Unternehmensleitung bereits vor der Hauptversammlung Fragen zukommen zu lassen, um sie hier beantworten zu lassen. Das britische und US-amerikanische Recht erhielten bzw. erhalten dagegen traditionell keinen ausdrücklichen Auskunftsanspruch. Zwar ist es auch hier denkbar, dass Aktionäre Fragen stellen. Bis zur Umsetzung der EU-Aktionärsrichtlinie[34] wurde dagegen in Großbritannien eine ausdrückliche gesetzliche Regelung stets abgelehnt, weil der Ablauf der Hauptversammlung weiterhin der „best practice" überlassen werden sollte.[35]

9

Im Ergebnis sollte der **missglückte Charakter** des deutschen Auskunftsrechts bereits **de lege lata** berücksichtigt werden. Da § 131 eine Reihe unbestimmter Rechtsbegriffe enthält, kann so der Vorrang der kollektiven Information bei Publikumsgesellschaften zur Geltung gebracht werden. Wenn bestimmte Informationen bereits auf diese Weise veröffentlich werden, ist eine Auskunft in der Hauptversammlung nicht mehr „erforderlich" im Sinne des § 131 Abs. 1 S. 1.[36] Entsprechendes gilt, wenn eine Aktiengesellschaft bestimmte Informationen freiwillig kollektiv veröffentlicht hat (→ Rn. 52 ff. zu § 131 Abs. 3 Nr. 7). Soweit es sich um Informationen handelt, für die im Grunde kollektive Publizitätsregeln denkbar sind, hiervon aber von der Gesetzgebung noch nicht Gebrauch gemacht wurde, sollte man hierin ein bewusstes Schweigen des Gesetzgebers sehen. Beispielsweise obliegt es dem Gesetzgeber, allgemein und unbedingt eine vollständige Offenlegung des Gehalts der Vorstandsmitglieder vorzuschreiben.[37] Es geht deshalb nicht an, dass über § 131 ein bloßes Verlangen eines Aktionärs dies erreichen kann. § 131 sollte somit nur dazu herangezogen werden, um im Interesse der **Einzelfallgerechtigkeit** solche Informationen offen zu legen, die aufgrund der Ereignisse des **spezifischen Unternehmens** von kollektiven Informationsformen nicht erfasst werden können (dazu → Rn. 29).

10

De lege ferenda sollte § 131 satzungsdispositiv ausgestaltet werden. Für Publikumsgesellschaften sind kollektive Offenlegungsformen ohnehin besser geeignet. Für andere Aktiengesellschaften besteht für Aktionäre ein geringeres Bedürfnis nach einem zwingenden Auskunftsrecht, weil sie mangels Trennung von Eigentum und Kontrolle gegenüber der Unternehmensleitung weniger machtlos sind und somit die Informationsasymmetrie geringer ist.[38] Unter rechtsvergleichenden Gesichtspunkten

11

---

[31] Zur „rationalen Apathie" von Aktionären s. einführend *Siems*, Die Konvergenz der Rechtssysteme im Recht der Aktionäre, 2005, 111 ff.; *Tuerks*, Depotstimmrechtspraxis versus US-proxy-system, 2000, 178 ff.; *Spindler* ZGR 2000, 420 (440); *Cheffins*, Company Law: Theory, Structure, and Operation, 1997, 241.

[32] Zur „efficient capital market hypothesis" siehe oben Fn. 13.

[33] Zum Folgenden s. zB *Siems*, Die Konvergenz der Rechtssysteme im Recht der Aktionäre, 2005 158 ff.; *Siems/Cabrelli*, Comparative Company Law, 2. Aufl. 2018, 339 ff.; Kölner Komm AktG/*Kersting* Rn. 82 ff.; Großkomm AktG/*Decher* Rn. 71 ff.; *Witt* AG 2000, 257.

[34] Richtlinie 2007/36/EG des Europäischen Parlaments und des Rates vom 11..6.2007 über die Ausübung bestimmter Rechte von Aktionären in börsennotierten Gesellschaften, geändert durch Richtlinie (EU) 2017/828; kritisch zur Notwendigkeit einer europäischen Regelung *Siems* (2005) 6 European Business Organization Law Review 539.

[35] S. *Ferran*, Company Law and Corporate Finance, 1999, 266; *Davies*, Gower's Principles of Modern Company Law, 6. Aufl. 1997, 583; zum neuen Recht s. Companies Act 2006, s. 319A (eingeführt durch die The Companies (Shareholders' Rights) Regulations 2009).

[36] Ähnlich Großkomm AktG/*Decher* Rn. 62.

[37] S. auch §§ 285, 286, 314, 334, 340n HGB eingeführt durch das Gesetzes über die Offenlegung der Vorstandsvergütungen (Vorstandsvergütungs-Offenlegungsgesetz – VorstOG), BGBl. 2005 I 2267.

[38] Vgl. *Bratton/McCahery* 38 Colum J Transnat'l L 1999, 213 (223, 226); *Cunningham* 84 Cornell L Rev 1999, 1133 (1140).

(→ Rn. 9) zeigt außerdem das Fehlen eines zwingenden Auskunftsrechts in den USA, dass ein funktionierendes Aktienrecht darauf in der Tat verzichten kann. Allerdings ist zu empfehlen, dass nach dem französischen Vorbild ein Auskunftsanspruch außerhalb der Hauptversammlung vorgesehen wird. Eine solche Änderung des Rechts liegt dabei sowohl im Interesse der Aktionäre als auch der Unternehmensleitung. Aktionäre wären so nicht auf den Termin der Hauptversammlung beschränkt und bräuchten nicht zu befürchten, dass eine bestimmte Frage aus Zeitgründen oder wegen eines fehlenden Zusammenhangs mit einem Tagesordnungspunkt nicht beantwortet wird. Auch kann so das besonderen Informationsbedürfnis eines Großaktionärs besser berücksichtigt werden.[39] Für die Unternehmensleitung entfällt das Problem, dass sie sich in der Hauptversammlung auf alle möglichen Fragen vorbereiten (→ Rn. 71), und bei jedem Zögern oder Zweifeln mit einer Beschlussanfechtung rechnen muss. Damit würde schließlich auch allgemein der Rechtssicherheit gedient, weil beispielsweise nach dem bisherigen Recht auf Seiten der Aktionäre mitunter künstlich versucht wird, einen Zusammenhang mit Tagesordnungspunkten herzustellen, und auf Seiten der Unternehmensleitung ein Nachteil für die Gesellschaft (§ 131 Abs. 3 S. 1 Nr. 1) mitunter recht freizügig angenommen wird.[40]

III. Voraussetzungen des allgemeinen Auskunftsrechts (Abs. 1)

12   **1. Der Gläubiger.** Das Auskunftsrecht steht **jedem Aktionär** zu, der **berechtigt an der Hauptversammlung teilnimmt**.[41] Es ist unerheblich, ob der Aktionär stimmberechtigt ist, so dass auch Vorzugsaktionäre ein Auskunftsrecht besitzen.[42] Demgegenüber ist eine Analogie auf Inhaber von Wandelschuldverschreibungen, Genussrechten, und Gewinnschuldverschreibungen nicht möglich.[43]

13   Mit dem ARUG[44] wurde vorgehen, dass die Satzung eine Teilnahme von Aktionären **auch ohne Anwesenheit am Hauptversammlungsort** vorsehen kann. In § 118 Abs. 1 S. 2 ist dazu festgelegt, dass entsprechend dieser Satzungsbestimmung die Aktionäre „sämtliche oder einzelne ihrer Rechte ganz oder teilweise im Wege elektronischer Kommunikation" ausüben können. Dies könnte auf ein weites Ermessen hindeuten. Allerdings diskutiert die Literatur verschiedene Gestaltungsoptionen und spekuliert, dass nicht alle diese Optionen gerichtsfest sein dürften.[45]

14   **Dritte** haben grundsätzlich kein Auskunftsrecht nach § 131. Nach allgemeiner Ansicht steht es jedoch Legitimationsaktionären (§ 129 Abs. 3) und Vertretern von Aktionären zu.[46] Bei Bevollmächtigten hängt der Umfang des Auskunftsrechts von der Auslegung (§§ 133, 157 BGB) der Vollmacht ab. Dabei wird zu Recht eine großzügige Auslegung befürwortet,[47] weil so der Bevollmächtigte seine Hauptversammlungsrechte zielgerichtet und effektiv wahrnehmen kann. Deshalb kann sich die Vollmacht auch auf Punkte der Tagesordnung beziehen, über die nicht abgestimmt wird.[48]

15   Ein besonderes Auskunftsrecht der **Hauptversammlung** selbst, das über § 131 hinausgehen würde, besteht nicht.[49] Allerdings ist es nach hier vertretener Ansicht möglich, dass kraft Satzungsbestimmung ein solches Recht geschaffen werden kann (→ Rn. 4).

16   **2. Der Schuldner.** § 131 Abs. 1 S. 1 spricht davon, dass „vom Vorstand (...) Auskunft zu geben" sei. Dies wird nach allgemeiner Ansicht so verstanden, dass die Träger der Auskunftspflicht die jeweilige **Aktiengesellschaft** ist und als für sie zuständiges Organ ihr **Vorstand** auftritt.[50] Dabei ist der Vorstand im Grunde gemäß § 77 als Gesamtorgan verantwortlich. In der Praxis erfolgt jedoch häufig eine andere Vorgehensweise, weil bei speziellen Fragen das zuständige Vorstandsmitglied oder der verantwortliche Mitarbeiter und bei allgemeinen Fragen der Vorstandsvorsitzende alleine

---

[39] Für eine Rechtsfortbildung insoweit bereits *Krömker* NZG 2003, 418.
[40] Vgl. Großkomm AktG/*Decher* Rn. 185 f., 304.
[41] Großkomm AktG/*Decher* Rn. 86; MüKoAktG/*Kubis* Rn. 10.
[42] Großkomm AktG/*Decher* Rn. 85; K. Schmidt/Lutter/*Spindler* Rn. 11; Hüffer/Koch/*Koch* Rn. 3; anders das insoweit vergleichbare japanische Recht, s. *Kliesow*, Aktionärsrechte und Aktionärsklage in Japan, 2001, 101.
[43] BGH NZG 2016, 983 diskutiert einen Auskunftsanspruch eines Genussscheininhabers nach allgemeinen Grundsätzen der Rechenschaftslegung; dazu auch *Stöber* NZG 2017, 1401.
[44] Gesetz zur Umsetzung der Aktionärsrechterichtlinie vom 30.7.2009, BGBl. 2009 I 2479.
[45] S. näher Kölner Komm AktG/*Kersting* Rn. 521 ff.;*Kersting.* NZG 2010, 130; sowie die Kommentierung zu § 118.
[46] MüKoAktG/*Kubis* Rn. 15; Großkomm AktG/*Decher* Rn. 87; umfassend zur Informationsbeschaffung durch den besonderen Vertreter *Mock* ZHR 2017, 688.
[47] LG Köln AG 1991, 38; MüKoAktG/*Kubis* Rn. 15; K. Schmidt/Lutter/*Spindler* Rn. 13; Hüffer/Koch/*Koch* Rn. 4.
[48] Zutreffend *Meilicke/Heidel* DStR 1992, 72 (73).
[49] MüKoAktG/*Kubis* Rn. 18; K. Schmidt/Lutter/*Spindler* Rn. 3.
[50] MüKoAktG/*Kubis* Rn. 19; Großkomm AktG/*Decher* Rn. 90; Hüffer/Koch/*Koch* Rn. 5; MHdB AG/*Semler* § 37 Rn. 5.

antworten. Dies macht in der Tat auch Sinn. Es spricht deshalb viel dafür, hierin regelmäßig eine konkludente Billigung oder Delegation durch den Gesamtvorstand zu sehen.[51]

Da die Aktiengesellschaft Anspruchsverpflichtete ist, kann sich der Vorstand nicht per se darauf 17 berufen, dass eine **andere Person,** deren Wissen dem Unternehmen zuzurechnen ist, die erbetene Information besitzt. Beispielsweise ist nach hM der Vorstand verpflichtet, sich auf nahe liegende Fragen vorzubereiten und bei Mitarbeitern des Unternehmens Informationen einzuholen (→ Rn. 71). Dennoch kann in manchen Fällen der Auskunftsanspruch wegen Unmöglichkeit ausscheiden (zur Anwendbarkeit der Unmöglichkeitsregeln s. noch → Rn. 62). Da sich dieser Anspruch nur gegen die gegenwärtigen Vorstandsmitglieder richtet,[52] kann es zB sein, dass Informationen, die allein ausgeschiedene Vorstandsmitglieder besaßen, nicht mehr beschafft werden können. Auch Fragen, die ein Aktionär bezüglich des Aufsichtsrates hat, sind vom Vorstand zu beantworten. Soweit der Vorstand hierzu nicht in der Lage ist, und in der Hauptversammlung anwesende Aufsichtsratsmitglieder sich hierzu nicht erklären wollen, entsteht für die Aktionäre ein Informationsdefizit, das im Prinzip durch das Auskunftsrecht behoben werden sollte. De lege ferenda würde es deshalb Sinn machen, wenn sich – vorbehaltlich von Geheimhaltungspflichten, vgl. § 109 – das Auskunftsrecht auch gegen den Aufsichtsrat richten würde.[53] De lege lata ist dies aber nicht möglich,[54] weil eine analoge Anwendung des § 131 den Rahmen zulässiger Rechtsfortbildung sprengen würde.

3. Das Auskunftsverlangen. Der Aktionär muss nach § 131 Abs. 1 S. 1 in der Hauptversammlung die Auskunft verlangen. Vereinzelt wurde bisher vertreten, dass hierauf in besonderen Fällen 18 verzichtet werden könne.[55] De lege ferenda spricht in der Tat mehr für unaufgeforderte Informationspflichten (→ Rn. 5 ff.). De lege lata lässt sich allerdings aus § 131 keine allgemeine Rechenschaftslegungspflicht ableiten.[56]

Da nicht ausdrücklich festgelegt ist, in welcher Form das Verlangen zu erfolgen hat, ist umstritten, 19 ob eine Frage nur in **deutscher Sprache** erfolgen darf,[57] ob nur eine **mündliche** Frage möglich ist,[58] und wenn nicht, ob es im Ermessen des Aktionärs liegt, die Frage schriftlich einzureichen.[59] Entscheidend ist dabei, dass nach dem Sinn und Zweck des § 131 alle Beteiligten Frage und Antwort verstehen sollen, auf diese Weise eine optimale Kommunikation zwischen Vorstand und Aktionären möglich ist, und eine Ungleichbehandlung von Aktionären vermieden wird. Aus diesem Grund wird zwar in der Regel ein Auskunftsverlangen mündlich auf Deutsch erfolgen müssen. Soweit zB in einer kleinen, internationalen Holdinggesellschaft alle Beteiligten Englisch sprechen, spricht allerdings nichts dagegen, einvernehmlich Fragen auf Englisch zuzulassen. Ebenso sollte im Hinblick auf die Möglichkeit einer schriftlichen Frage **pragmatisch** vorgegangen werden. Entscheidend ist, dass auch in diesem Falle keine Diskriminierung erfolgt. Beispielsweise kann eine Ungleichbehandlung dadurch vermieden werden, dass die beim Vorstand eingegangen Fragen kopiert und ausgeteilt werden oder der Vorstand bei der Beantwortung einer schriftlich eingegangen Frage diese zunächst für alle Aktionäre vorliest. Da sich mündliche und schriftliche Frage somit entsprechen müssen, folgt daraus auch, dass für beide Formen der Fragestellung eine nähere Bestimmung in Satzung oder Geschäftsordnung gemäß § 132 Abs. 2 S. 2 möglich ist (→ Rn. 55).

Für weitere Gesichtspunkte des Auskunftsverlangens können die Vorschriften über **Willenserklä-** 20 **rungen** in der Regel analog herangezogen werden. Das Auskunftsverlangen muss deshalb nicht unbedingt ausdrücklich erfolgen,[60] wenn sich aus der Auslegung (§§ 133, 157 BGB) ergibt, dass es sich um eine Frage handelt. Ebenso ist durch Auslegung zu ermitteln, ob und inwieweit es sich um eine echte Frage, eine rhetorische Frage oder eine bloße Stellungnahme handelt.[61] Aus der Auslegung

---

[51] S. MüKoAktG/*Kubis* Rn. 20 ff.; K. Schmidt/Lutter/*Spindler* Rn. 14.
[52] MüKoAktG/*Kubis* Rn. 20; Kölner Komm AktG/*Kersting* Rn. 71.
[53] Zur Diskussion s. *Merkner/Schmidt-Bendun* AG 2011, 734.
[54] So auch BVerfG NJW 2000, 349 (351); OLG Frankfurt a. M. NZG 2013, 23; K. Schmidt/Lutter/*Spindler* Rn. 16; Hüffer/Koch/*Koch* Rn. 6; Großkomm AktG/*Decher* Rn. 91; aA *Trescher* DB 1990, 515 ff.
[55] LG Berlin AG 1997, 183 (185).
[56] So auch Großkomm AktG/*Decher* Rn. 101 ff., 136 f.; MüKoAktG/*Kubis* Rn. 24; K. Schmidt/Lutter/*Spindler* Rn. 6; ebensowenig kann dazu § 27 Abs. 3 BGB, § 666 BGB herangezogen werden; s. BGH NJW 1967, 1462; Bürgers/Körber/*Reger* Rn. 3.
[57] So Grigoleit/*Herrler* Rn. 10; Großkomm AktG/*Decher* Rn. 99; MüKoAktG/*Kubis* Rn. 27; K. Schmidt/Lutter/*Spindler* Rn. 22; ähnlich wie hier aber NK-AktR/*Heidel* Rn. 11.
[58] So OLG Frankfurt a. M. AG 2007, 672 (675); NJW-RR 2007, 546; LG Köln AG 1991, 38; MüKoAktG/*Kubis* Rn. 29; Hüffer/Koch/*Koch* Rn. 8; aA Großkomm AktG/*Decher* Rn. 98; K. Schmidt/Lutter/*Spindler* Rn. 21.
[59] So Grigoleit/*Herrler* Rn. 3; Großkomm AktG/*Decher* Rn. 98; MHdB AG/*Semler* § 37 Rn. 25; *Meilicke/Heidel* DStR 1992, 72 (73 f.).
[60] So aber MüKoAktG/*Kubis* Rn. 26.
[61] MüKoAktG/*Kubis* Rn. 28.

kann weiter folgen, dass ein an sich unzulässiges Auskunftsverlangen mit reduziertem Umfang zulässig ist.[62] Schließlich kann ein Auskunftsverlagen, wie eine einseitige Willenserklärung, zurückgenommen werden.[63]

21 De lege lata ist **nicht** erforderlich, dass der Aktionär seine Frage **begründet** oder vorher **ankündigt**.[64] Beides kann aber unter praktischen Gesichtspunkten sinnvoll sein. Wenn die Erforderlichkeit der Auskunft (→ Rn. 28 ff.) zweifelhaft ist, ist Aktionären zu empfehlen, hierzu nähere Ausführungen zu machen.[65] Andernfalls droht die Gefahr, dass sie bei einer gerichtlichen Entscheidung über das Auskunftsrecht nach § 132 Abs. 5 S. 6 mit den Verfahrenskosten belastet werden.[66] Bei einer Ankündigung der Frage vor der Hauptversammlung, kann sich der Vorstand bereits in deren Vorfeld die notwendigen Informationen zur Beantwortung der Frage beschaffen. Unter rechtlichen Gesichtspunkten tritt allerdings nach richtiger Auffassung keine Erweiterung der Informationspflicht des Vorstandes ein (→ Rn. 70).

22 Das Tatbestandsmerkmal des Auskunftsverlangens setzt schließlich **nicht** voraus, dass eine Frage **spezifisch** ist. Auch ganz allgemeine Fragen oder Fragen ins Blaue sind deshalb denkbar. Hier wird es allerdings häufig an der Erforderlichkeit der Auskunft (→ Rn. 28 ff.) fehlen. Im Übrigen sollte pragmatisch vorgegangen werden. Bevor der Vorstand eine allgemein gehaltene Frage zurückweist, sollte er nachfragen und eine Kommunikation mit dem Aktionär ermöglichen (dazu auch noch → Rn. 63, 69).

23 **4. Angelegenheiten der Gesellschaft.** Diese Formulierung des Abs. 1 S. 1 wird zu Recht **weit** verstanden. Sowohl unmittelbare wie mittelbare Angelegenheiten werden erfasst, also alles, was sich auf die Gesellschaft und ihre Tätigkeit bezieht.[67] Bei fremden Angelegenheiten muss freilich eine gewisse Erheblichkeitsgrenze überschritten sein, damit man hiervon sprechen kann.[68] Beispielsweise können Fragen zur Person, insbesondere von Vorstands- und Aufsichtsratsmitgliedern und gegebenenfalls auch von Geschäftspartnern der AG, aber grundsätzlich nicht von Aktionären zulässig sein.[69] Insgesamt liegt dieser weiten Auffassung zu Grunde, dass der Vorstand naturgemäß meist ohnehin nur bezüglich der Angelegenheiten der Gesellschaft einen Informationsvorsprung hat, den es mit Hilfe von § 131 auszugleichen gilt. Je weiter sich die Frage von der jeweiligen Aktiengesellschaft entfernt, desto unwahrscheinlicher wird es, dass der Vorstand hierzu ein Sonderwissen offenbaren kann.

24 **§ 131 Abs. 1 S. 2 und S. 4** sind klarstellende Ergänzungen zu dem Tatbestandsmerkmal „Angelegenheiten der Gesellschaft". Sie setzen deshalb die übrigen Voraussetzungen des § 131 Abs. 1 Satz 1 voraus.[70] Außerdem kann aus ihnen nicht der Umkehrschluss gezogen werden, dass für andere konzernrechtliche Umstände kein Auskunftsrecht bestehe. Vielmehr gilt hier allein die allgemeine Vorschrift des § 131 Abs. 1 S. 1.[71] Dieser Auffassung von dem klarstellenden Charakter von § 131 Abs. 1 S. 2 und S. 4 liegt zu Grunde, dass § 131 bezüglich der Angelegenheiten der Gesellschaft ohnehin einen faktischen Gehalt aufweist. Es ist deshalb kein unzulässiger Durchgriff, wenn es nicht nur auf die eigene Gesellschaft ankommt.

25 Bei § 131 Abs. 1 S. 2 gilt für den Begriff des **verbunden Unternehmens** § 15. Da es sich nur um eine konkretisierende Vorschrift handelt, müssen nicht alle Beziehungen offen gelegt werden. Vielmehr ist zB die Intensität der Unternehmensverbindung von Bedeutung,[72] und im Rahmen der Erforderlichkeitsprüfung ein Überschreiten der Maßgeblichkeitsschwelle notwendig.[73]

---

[62] Zu diesem Problem *Groß* AG 1997, 97 (103).
[63] MüKoAktG/*Kubis* Rn. 32; Großkomm AktG/*Decher* Rn. 100; K. Schmidt/Lutter/*Spindler* Rn. 24.
[64] OLG Düsseldorf AG 1992, 34; Großkomm AktG/*Decher* Rn. 100, 96; MüKoAktG/*Kubis* Rn. 30 f.; K. Schmidt/Lutter/*Spindler* Rn. 23; NK-AktR/*Heidel* Rn. 14; de lege ferenda sollte man indes nach französischem Modell den Bezug des Auskunftsrechts zur Hauptversammlung überdenken, → Rn. 11.
[65] Großkomm AktG/*Decher* Rn. 156 spricht sogar von einer Konkretisierungspflicht.
[66] Zutreffend MHdB GesR/*Semler* § 37 Rn. 23; außerdem → § 132 Rn. 28.
[67] MüKoAktG/*Kubis* Rn. 35 ff.; K. Schmidt/Lutter/*Spindler* Rn. 25; Großkomm AktG/*Decher* Rn. 114; BeckHdB AG/*Zätzsch/Maul* § 4 Rn. 236; NK-AktR/*Heidel* Rn. 28 f.; aA *Groß* AG 1997, 97 (104).
[68] Großkomm AktG/*Decher* Rn. 115; MüKoAktG/*Kubis* Rn. 65.
[69] S. OLG Düsseldorf ZIP 1986, 1557 (1558) für Vorstandsmitglieder; Großkomm AktG/*Decher* Rn. 127, 131; MüKoAktG/*Kubis* Rn. 186.
[70] S. für S. 2 Großkomm AktG/*Decher* Rn. 232; MüKoAktG/*Kubis* Rn. 65; für S. 4 MüKoAktG/*Kubis* Rn. 66; Hüffer/Koch/*Koch* Rn. 20a.
[71] Großkomm AktG/*Decher* Rn. 118, 232; MüKoAktG/*Kubis* Rn. 65; auch *Pöschke* ZGR 2015, 550 (zu Grundlagen für Auskunftsrechte der abhängigen gegenüber der herrschenden Gesellschaft).
[72] Großkomm AktG/*Decher* Rn. 121; MüKoAktG/*Kubis* Rn. 70; *Ebenroth/Wilken* BB 1993, 1818 ff.
[73] OLG Stuttgart BeckRS 2012, 05481; BayObLG NZG 2001, 608 (610); NZG 1999, 1218 (1219); OLG Köln AG 2002, 89 (91); MüKoAktG/*Kubis* Rn. 65; Hüffer/Koch/*Koch* Rn. 16; auch noch → Rn. 28.

§ 131 Abs. 1 S. 4 knüpft an konsolidierungspflichtige Muttergesellschaften im Sinne der §§ 294– 296 HGB an. Er wurde mit dem TransPuG eingefügt,[74] und führt insoweit zu einer Erweiterung des Auskunftsumfangs als Angelegenheiten der konsolidierten Konzerngesellschaften mit denjenigen der Muttergesellschaft gleichgestellt werden. Die Darlegung des Tatbestandsmerkmals „Angelegenheiten der Muttergesellschaft" ist somit entbehrlich.[75]

Beim **faktischen Konzern** ist umstritten, ob die Notwendigkeit eines Abhängigkeitsberichtes (§ 312) das Auskunftsrecht nach § 131 ausschließt.[76] Dafür könnte der Vorrang kollektiver Informationsformen sprechen (→ Rn. 10). Allerdings ist der Abhängigkeitsbericht vertraulich (→ § 312 Rn. 46). Auch spricht das Sonderprüfungsrecht gemäß § 315 S. 2 dafür, dass ergänzend zum Abhängigkeitsbericht ein Auskunftsrecht besteht.

5. Bezug zur Tagesordnung. Der Halbsatz „soweit sie zur sachgemäßen Beurteilung des Gegenstands der Tagesordnung erforderlich ist" wurde 1965 als begrenzendes Tatbestandsmerkmal eingeführt. Nach hM ist diese Begrenzung auch heute mit der **Aktionärsrichtlinie vereinbar**.[77] Angesichts der positiven Formulierung trifft den Aktionär die **Darlegungslast** der Beurteilungserheblichkeit.[78] Abzustellen ist auf einen **objektiv** denkenden Durchschnittsaktionär.[79] Danach reicht nicht jede marginale Information aus, sondern muss eine gewisse **Maßgeblichkeitsschwelle**[80] überschritten sein. Umstritten ist, ob die Frage gerade dann gestellt werden muss, wenn der betreffende Tagesordnungspunkt behandelt wird.[81] Dafür spricht neben dem Wortlaut des § 131 Abs. 1 S. 1 („des Gegenstandes") auch sein Sinn und Zweck, weil später das allgemeine Interesse der Aktionäre an diesem Tagesordnungspunkt reduziert sein kann. Eine gewisse Verzögerung, die dadurch entsteht, dass sich der Aktionär überlegt, ob und wie er fragen soll, ist jedoch unschädlich. Entscheidend ist bei alledem die praktizierte und nicht die angekündigte Tagesordnung.[82]

Da **kollektive Offenlegungsformen** an Bedeutung gewinnen, ist es wichtig, deren Verhältnis zu § 131 zu bestimmen (dazu bereits → Rn. 5 ff.). Da man von dem objektiven Durchschnittsaktionär erwarten kann, dass er diese Formen der Publizität zur Kenntnis nimmt, fehlt es an der Erforderlichkeit im Sinne des § 131 Abs. 1 S. 1, wenn eine bestimmte Information bereits auf diesem Wege veröffentlicht wurde.[83] Darüber hinaus wirkt sich nach hier vertretener Ansicht (auch → Rn. 8) bereits die Möglichkeit einer kollektiven Informationsform mittelbar auf § 131 aus. Der Sinn und Zweck des § 131 liegt darin, dass kollektive Informationsformen naturgemäß schematisch wirken, so dass es sinnvoll ist, sie um einen **einzelfallbezogenen Auskunftsanspruch** zu ergänzen. § 131 sollte also nicht als Substitut für eine de lege ferenda denkbare, aber de lege lata nicht vorgesehene kollektive Publizitätsverpflichtung herangezogen werden. Beispielsweise ist es nicht überzeugend, wenn von Teilen der Rechtsprechung versucht wird, über § 131 die generelle Verpflichtung aufzustellen, dass Aktiengesellschaften auf Nachfrage ihrer Aktionäre Minderheitsbeteiligungen ab 5 % (s. jetzt auch § 285 Nr. 11 HGB) oder einem Börsenwert von Euro 50 Mio (früher DM 100 Mio) offen legen müssen.[84] Vielmehr muss es auf

---

[74] Art. 1 Nr. 17 des Gesetzes zur weiteren Reform des Aktien- und Bilanzrechts, zu Transparenz und Publizität vom 19.7.2002, BGBl. 2002 I 2681; früher: § 337 Abs. 4 AktG aF.
[75] So auch MüKoAktG/*Kubis* Rn. 200.
[76] Dafür OLG Frankfurt a. M. DB 2003, 600; dagegen OLG Stuttgart NZG 2004, 966; *Habersack/Verse* AG 2003, 300 (303 ff.).
[77] BGH NJW 2014, 541 (als Maßnahme zur Gewährleistung des ordnungsgemäßen Ablaufs der Hauptversammlung); OLG Frankfurt a. M. NZG 2013, 23; OLG Stuttgart BeckRS 2012, 05481; *Stöber* DStR 2014, 1680; *Kubis* ZGR 2014, 608; *Reger* NZG 2013, 48; K. Schmidt/Lutter/*Spindler* Rn. 29; Grigoleit/*Herrler* Rn. 20; Hüffer/Koch/*Koch* Rn. 12; *Pöschke* ZIP 2010, 1221; *Kocher/Lönner* AG 2010, 153; aA Kölner Komm AktG/*Kersting* Rn. 77, 112 ff.; *Kersting* ZIP 2009, 2317; *Kersintg* FS Hoffmann-Becking, 2013, 651; kritisch auch *Teichmann* NZG 2014, 401.
[78] BGH NZG 2014, 423 Rn. 60 (wenn Vorstand „Erforderlichkeit" verneint); KG ZIP 1995, 1592 (1594); ZIP 1993, 1618 (1621); K. Schmidt/Lutter/*Spindler* Rn. 31; *Schmidt,* Informationsrechte in Gesellschaften und Verbänden, 1984, 50; vgl. auch MüKoAktG/*Kubis* Rn. 46; anders auf Grund richtlinienkonformer Auslegung *Kersting* ZGR 2009, 2317 (2320) (jeder Bezug zur Tagesordnung ausreichend).
[79] BGH NJW 2014, 541; NZG 2009, 342 Rn. 39; NJW 2005, 828 (829); BGHZ 149, 158 (164) = NJW 2002, 1128; Großkomm AktG/*Decher* Rn. 131; MüKoAktG/*Kubis* Rn. 41; K. Schmidt/Lutter/*Spindler* Rn. 27.
[80] OLG Düsseldorf NZG 2015, 1194 (1196); MüKoAktG/*Kubis* Rn. 38.
[81] Dafür BGHZ 119, 1 (13 ff.) = NJW 1992, 2760; MüKoAktG/*Kubis* Rn. 39; Großkomm AktG/*Decher* Rn. 142; dagegen *Kiethe* NZG 2003, 401 (406); K. Schmidt/Lutter/*Spindler* Rn. 19.
[82] Kölner Komm AktG/*Zöllner*, 2. Aufl. 1985, Rn. 21.
[83] Ähnlich Großkomm AktG/*Decher* Rn. 157; K. Schmidt/Lutter/*Spindler* Rn. 28; Hüffer/Koch/*Koch* Rn. 19; Grigoleit/*Herrler* Rn. 21.
[84] BayObLG ZIP 1996, 1743 (1745); 1996, 1945 (1948); KG ZIP 1995, 1585 (1588); 1995, 1590 (1591); s. auch Großkomm AktG/*Decher* Rn. 123, 160 ff.; MüKoAktG/*Kubis* Rn. 215 ff.; *Jäger* Aktiengesellschaft Rn. 91 ff.; *Saenger* DB 1997, 145 ff.; *Hüffer* ZIP 1996, 401 ff.; *Großfeld/Möhlenkamp* ZIP 1994, 1425 ff.

den Einzelfall ankommen,⁸⁵ weil ansonsten die ratio legis des § 131 und der gesetzgeberische Wille der bestehenden Regeln zur Offenlegung der Identität von Aktionären⁸⁶ missachtet würden. Diese einzelfallbezogene Betrachtungsweise deckt sich mit Aussagen der bisherigen Literatur. Auch hier wird betont, dass der konkrete Tagesordnungspunkt entscheidend sei.⁸⁷ Weiter kommt es bei Themen, die in der Vergangenheit stattgefunden haben, konkret darauf, ob sie noch zum Zeitpunkt der Hauptversammlung aktuelle Wirkung entfalten.⁸⁸ Anders als die herrschende Kommentarliteratur **lehnt** die hier vertretene Auffassung aber bewusst eine **Schematisierung** des § 131 nach Bestehen oder Nicht-Bestehen eines Auskunftsrechtes **ab**. Eine solche Vorgehensweise widerspricht dessen Sinn und Zweck, weil es gerade nicht um eine allgemeingültige Offenlegungsverpflichtung, sondern eine Auskunft in einem konkreten Fall für eine konkrete Aktiengesellschaft geht. Die folgenden Ausführungen sollen demgemäß nur referierend die wichtigsten Fallgruppen der hM zu bestimmten Tagesordnungspunkten darlegen.⁸⁹

30 **Vorlage des Jahresabschlusses und Verwendung des Bilanzgewinns (§§ 174 ff.).** Erforderlichkeit **bejaht**: Begründung von Umsatzveränderungen (OLG Düsseldorf WM 1991, 2148 (2154)); Ertragsstruktur und Erträge unter engen Voraussetzungen (LG München I AG 1987, 185); Erwerb eigener Aktien (BGHZ 101, 1 (17) = NJW 1987, 3186; s. jetzt aber auch § 160 Abs. 2 Nr. 2); Kaufpreis von Grundstücken unter engen Voraussetzungen (BayObLG WM 1996, 1177 (1179)); Konzernumlage und Konzernverrechnungspreise (OLG Frankfurt a. M. DB 1993, 2371; OLG Karlsruhe AG 1990, 82; OLG Hamburg AG 1970, 372); Lizenz- oder Mieteinnahmen unter engen Voraussetzungen (LG München I AG 1987, 185); Minderheitsbeteiligungen an anderen Unternehmen (→ oben Rn. 29); Ungewöhnlich hohe Abschreibungen (OLG Frankfurt a. M. AG 1991, 206); Erforderlichkeit **verneint**: Arbeitnehmerzahl (OLG Düsseldorf WM 1991, 2148 (2155)); Aufschlüsselung von Bilanzpositionen in allen Einzelheiten (BGHZ 32, 159 (163) = NJW 1960, 1150; BayObLG AG 1999, 320; anders wenn besondere Gründe dargetan werden);⁹⁰ Buchwerte von Beteiligungen (BayObLG ZIP 1996, 1945 (1948); anders BayObLG WM 1996, 119 (121) für Versicherungsgesellschaften); Buchwerte von Grundstücken (KG WM 1994, 1479 (1487)); Grund für fehlenden Ausweis von Pensionsverpflichtungen (OLG Düsseldorf WM 1991, 2148); Konkrete Anzahl von Kunden (OLG Düsseldorf AG 1992, 34 (36); im Übrigen aber Offenlegung von Kundenstruktur denkbar); Mitarbeitervergütung einschließlich Abfindungszahlungen (BayObLG WM 1996, 119 (123); KG NJW-RR 1996, 1060; LG München I DB 1999, 629 für Konzern; LG Frankfurt a. M. NZG 2005, 227 (anders wenn beträchtlicher Personenkreis höhere Vergütung als der Vorstandsvorsitzende haben soll)); s. auch § 131 Abs. 3 S. 1 Nr. 3 zur Offenlegung stiller Reserven; Erforderlichkeit **entbehrlich** im Falle des § 131 Abs. 1 S. 3.⁹¹

31 **Entlastung der Organmitglieder (§ 120):** Erforderlichkeit **bejaht**: Darlehen an Organmitglieder (BGHZ 32, 159 (166) = NJW 1960, 1150; s. jetzt aber § 285 Nr. 9c HGB); Fehlleistungen im Zusammenhang mit Verschmelzung, wenn Organmitglieder der entstanden Gesellschaft mit denen der übertragenden Gesellschaft personenidentisch sind (BGH NJW 2005, 828); Grundstücksgeschäfte von erheblichem Wert mit Organmitgliedern (OLG Hamburg NZG 2005, 218; BayObLG AG 1999, 320); Behandlung etwaiger Ersatzansprüche gegen ehemalige Organmitglieder (OLG Düsseldorf NZG 2015, 1194); Konzernfremde Aufsichtsratsmandate, sonstige Nebentätigkeiten und Vorbildung zumindest wenn drohende Überforderung (BayObLG WM 1996, 119; KG NJW-RR 1996, 1060 (1063 f.); OLG Düsseldorf ZIP 1986, 1557 (idR Sorge berechtigt)); Personalentscheidung des Aufsichtsrats einer Tochtergesellschaft im Rahmen von Überwachungsaufgabe des Aufsichtsrates (OLG Düsseldorf NZG 2015, 1115); Identität eines Vertragspartners nur in besonderen Fällen (OLG München AG 1998, 238); Sonderprüfungsbericht im Falle des § 111 Abs. 2 S. 2 (OLG Köln NZG 1998, 553 (555 f.)); Spenden: nur Gesamtbetrag (OLG Frankfurt a. M. DB 1993, 2274; s. auch BGH NZG 2002, 471 (473)); Gesamtbezüge von „Group Executive Committee" der Deutschen Bank (OLG Frankfurt a. M. NZG 2007, 74); Vertragsschluss mit potentiell insolventen Vertragspartner (BGH NJW 2014, 541: nicht alle Einzelheiten); Erforderlichkeit **verneint**: Abstimmungsempfehlungen von Kreditinstituten (BayObLG ZIP 1996, 1945 (1949): sogar keine „Angelegenheiten der

---

⁸⁵ Ähnlich Großkomm AktG/*Decher* Rn. 169 f.
⁸⁶ Zum „anonymen Aktionär" *Siems* ZGR 2003, 218 ff.
⁸⁷ Großkomm AktG/*Decher* Rn. 142, 173 (186) (zur Kritik an der Spruchpraxis von BayObLG und KG); s. auch BGHZ 119, 1 (14) = NJW 1992, 2760: für Erforderlichkeit konkreter Einzelfall entscheidend.
⁸⁸ OLG Zweibrücken AG 1990, 496; Großkomm AktG/*Decher* Rn. 150 ff.
⁸⁹ Dazu s. auch Großkomm AktG/*Decher* Rn. 175 ff.; MüKoAktG/*Kubis* Rn. 182 ff.; K. Schmidt/Lutter/*Spindler* Rn. 40 f.; NK-AktR/*Heidel* Rn. 85; Hüffer/Koch/*Koch* Rn. 17 ff.
⁹⁰ S. zB OLG Düsseldorf WM 1991, 2148 (2154); MüKoAktG/*Kubis* Rn. 190, 205.
⁹¹ Großkomm AktG/*Decher* Rn. 241, MüKoAktG/*Kubis* Rn. 91.

Gesellschaft");[92] Aufsichtsratsprotokolle (BGHZ 135, 48 (54) = NJW 1997, 1985; auch → Rn. 38); Einzelbezüge von Vorstandsmitgliedern, es sei denn besondere Umstände (OLG Düsseldorf ZIP 1987, 1555 (1558); LG Berlin AG 1991, 34; zu Gesamtbezügen s. § 285 Nr. 9a HGB);[93] Kreditengagement (LG Frankfurt a. M. WM 1994, 1929; auch zu Ausnahmen); Künftiges Verhalten des Vorstandes (BayObLG WM 1996, 119 (122)); Fragen der Entlastung, die sich nicht auf das gegenwärtige Geschäftsjahr beziehen (LG Frankfurt a. M. BeckRS 2014, 06973); Mitarbeitervergütung (→ Rn. 30); Stimmberechtigung von Aktionären (OLG Karlsruhe NZG 1999, 604).

Wahl von Aufsichtsratsmitgliedern (§§ 101 f.) und Bestellung des Abschlussprüfers 32 **(§ 119 Abs. 1 Nr. 4; § 318 Abs. 1 HGB).** Erforderlichkeit **bejaht:** Berufsrechtliches Verfahren gegen Abschlussprüfer bei Auswirkungen auf Testat (LG Frankfurt a. M. AG 1992, 235); Devisenskandal aus früheren Geschäftsjahren (LG Braunschweig BB 1991, 856 für Abschlussprüfer); Hohe Abschreibungen auf Anteile (OLG Frankfurt a. M. AG 1991, 206); Persönliche Angelegenheiten soweit die Eignung betreffen.[94]

Grundlagenentscheidungen: Erforderlichkeit **bejaht:** Anschaffungskosten, wenn zu erwerben- 33 der Gegenstand einzig nennenswerter Vermögenswert ist (OLG Düsseldorf AG 1992, 34 (36)); Buchwerte bei Beherrschungs- und Gewinnabführungsvertrag (BGHZ 122, 211 (237) = NJW 1993, 1976; aber Grenzen); Erlösverwendung einer Kapitalerhöhung (LG Frankfurt a. M. AG 1968, 24; aber nicht alle Einzelheiten; s. auch LG Hannover AG 1996, 37; 1991, 186 zu verdeckten Sacheinlagen); „Holzmüller-Entscheidungen" abhängig von Ausführlichkeit des Berichts;[95] Kapitalverhältnisse und Liquidität des anderen Vertragsteils bei Beherrschungs- und Gewinnabführungsvertrag (BGHZ 119, 1 (15) = NJW 1992, 2760; auch BGH ZIP 1995, 1256 (1258) zu Ertragslage des anderen Vertragsteils); Rückstellungen und gesamter Prüfungsbericht bei Formwechsel (LG Heidelberg AG 1996, 523; abl. für weitere Details); Sachkapitalerhöhung (LG Koblenz DB 2000, 1606: Wortlaut des Kaufvertrages offenzulegen); Vermögensverhältnisse einer zu erwerbenden Gesellschaft (LG München I AG 1993, 435); Erforderlichkeit **verneint:** Erläuterung von Umwandlungsberichten (LG Berlin AG 1997, 335 (336)); Informationen über Ausgangsbeschluss bei Abstimmung über Bestätigungsbeschluss (§ 244) (OLG München WM 1997, 1939, 1943; LG Frankfurt a. M. BeckRS 2013, 19504); Konkreter Wert von Aktienoptionen (OLG Stuttgart ZIP 1998, 1482 (1490 f.); OLG Braunschweig ZIP 1998, 1585 (1590 f.); aber str);[96] Verkehrswerte von Grundstück bei Verschmelzung (grds. OLG Düsseldorf ZIP 1999, 793, 796; OLG Hamm ZIP 1999, 798, 804).

IV. Grenzen des Auskunftsrechts

1. Auskunftsverweigerungsgründe (Abs. 3 S. 1). a) Allgemeine Grundsätze. Die Aus- 34 kunftsverweigerungsgründe des § 131 Abs. 3 S. 1 stellen ein wichtiges Gegengewicht zur weiten Fassung des Auskunftsrechts dar. Ausnahmen sind auch in der Aktionärsrichtlinie vorgesehen. Allerdings fehlt es hier an Bestimmungen, die den Nr. 2–4 entsprechen, so dass insoweit Zweifel an der **Vereinbarkeit mit EU-Recht** bestehen.[97]

Für die Auskunftsverweigerungsgründe stellen sich eine Reihe allgemeiner Fragen, die nicht 35 ausdrücklich geregelt, allerdings in Rechtsprechung und Literatur heute weitgehend unstrittig sind. So betrifft zunächst § 131 Abs. 3 S. 1 nur die Möglichkeit der Auskunftsverweigerung, obgleich eine **Pflicht** zu einer möglichen Auskunftsverweigerung in aller Regel aus der Sorgfalt eines ordentlichen und gewissenhaften Geschäftsleiters (§ 93 Abs. 1), insbesondere der Verschwiegenheitspflicht des § 93 Abs. 1 S. 3 folgt.[98] Für die Auskunftsverweigerung **zuständig** ist, wie auch für die Auskunftserteilung, grundsätzlich der gesamte Vorstand (§ 77), wobei man auch hier häufig von einer konkludenten Zustimmung aller Vorstandsmitglieder ausgehen kann (bereits → Rn. 16). Im Unterschied zur Rechtslage vor dem AktG 1965 steht dem Vorstand **kein Ermessen** zu, so dass seine Entscheidung unbegrenzt gerichtlich nachprüfbar ist.[99] Dabei muss der Vorstand die Gründe plausibel machen und es obliegt dann dem Aktionär diese anzugreifen.[100]

---

[92] Kritisch MüKoAktG/*Kubis* Rn. 184.
[93] Näher zu weiteren Streitfragen Kölner Komm AktG/*Kersting* Rn. 178 ff.; MüKoAktG/*Kubis* Rn. 236 ff.; K. Schmidt/Lutter/*Spindler* Rn. 44; *Wandt* DStR 2006, 1460 f.; s. außerdem Ziff. 4.2.3 und 4.2.4 DCGK.
[94] Großkomm AktG/*Decher* Rn. 197; MüKoAktG/*Kubis* Rn. 56; MHdB AG/*Semler* § 37 Rn. 12.
[95] Großkomm AktG/*Decher* Rn. 214.
[96] Zu Einzelheiten s. MüKoAktG/*Kubis* Rn. 221; Großkomm AktG/*Decher* Rn. 209.
[97] Kölner Komm AktG/*Kersting* Rn. 316, 327 (335); *Kersting* ZIP 2009, 2317; MüKoAktG/*Kubis* Rn. 106.
[98] MüKoAktG/*Kubis* Rn. 107; K. Schmidt/Lutter/*Spindler* Rn. 61; Großkomm AktG/*Decher* Rn. 292; Hüffer/Koch/*Koch* Rn. 23.
[99] OLG Düsseldorf AG 1992, 34; MüKoAktG/*Kubis* Rn. 104, Großkomm AktG/*Decher* Rn. 299.
[100] BGH NZG 2014, 423 Rn. 42; BayObLG AG 2000, 131 zu Nr. 1; Großkomm AktG/*Decher* Rn. 301 ff.; MHdB AG/*Semler* § 37 Rn. 32; Hüffer/Koch/*Koch* Rn. 25.

36 Der Vorstand sollte eine Auskunftsverweigerung innerhalb der Hauptversammlung eindeutig **erklären** und begründen. Zwingend ist dies aber nicht. Zum einen ist eine konkludente Verweigerung dadurch möglich, dass eine nur begrenzte Auskunft erteilt wird. Zum anderen hat das Fehlen einer **Begründung** nicht die Konsequenz, dass ein objektiv vorliegendes Verweigerungsrecht im Rahmen des § 132 oder § 243 unberücksichtigt bleibt.[101] Vielmehr wirkt sich ein „Verstoß" gegen ein etwaiges Begründungserfordernis[102] nur auf der Kostenebene aus.[103]

37 Inhaltlich beruhen die Varianten des § 131 Abs. 3 S. 1 auf unterschiedlichen rationes legis. Als ein gemeinsamer Gesichtspunkt gilt, dass sie auch eingreifen, wenn sie ein verbundenes Unternehmen betreffen. Dies ist zwar nur für Nr. 1 ausdrücklich festgelegt. Auch für die anderen Fälle gilt jedoch Entsprechendes,[104] weil auch das Auskunftsrecht selbst nach § 131 Abs. 1 S. 2 auf **verbundene Unternehmen** erweitert ist.

38 b) Nr. 1 (Nachteilszufügung). Nachteil** ist jede gewichtige Beeinträchtigung des Gesellschaftsinteresses.[105] Das wohl häufigste Argument ist das Interesse, dass Unternehmensinterna (zB aus dem Aufsichtsrat)[106] nicht Konkurrenten bekannt werden sollen. Auch kann die Offenlegung schwebender Prozesse oder Verhandlungen einen Nachteil bewirken, wenn es so zu deren Scheitern kommen könnte. Wenn die Auskunft eine mit einem Dritten vereinbarte Geheimhaltungspflicht brechen würde, stellt dies grundsätzlich keinen Nachteil im Sinne der Nr. 1 dar, weil der Vorstand sonst mit Hilfe einer solchen Vereinbarung das Auskunftsrecht aushebeln könnte. Anders sieht es aus, wenn die Geheimhaltungsvereinbarung objektiv notwendig war;[107] insbesondere kann die Gefahr der Beeinträchtigung der Kontrahierungsfähigkeit der AG eine Verweigerung der Auskunft rechtfertigen.[108]

39 Der Nachteil muss **nicht unerheblich** sein können. Da der Wortlaut des Nr. 1 nur auf die Gesellschaft abstellt, kommt eine allgemeine Abwägung aller Vor- und Nachteile nicht in Betracht. Nur bezüglich der Interessen der Gesellschaft ist eine Abwägung notwendig.[109] Allerdings ist es dem Vorstand nicht verwehrt, im Rahmen seines Beurteilungsspielraums das verfassungsrechtlich geschützte Informationsinteresse des Aktionärs (→ Rn. 1) zu berücksichtigen.

40 Schließlich kommt es nicht darauf an, ob der Nachteil zwingend eintritt, sondern nur ob die Erteilung der Auskunft hierzu **geeignet** ist. Zur Konkretisierung bietet es sich an, auf die ausführliche verwaltungsrechtliche Literatur zum Gefahrbegriff Bezug zu nehmen. Danach liegt eine Gefahr vor, wenn eine Rechtsgutverletzung (vorliegend: Nachteil) bei verständiger Würdigung aufgrund wissenschaftlicher Erkenntnisse oder Erfahrungswissen mit objektiv hinreichender Wahrscheinlichkeit bei ungehindertem Ablauf (vorliegend: bei Erteilen der Auskunft) in überschaubarer Zukunft (Abgrenzung: entfernte Möglichkeit) nach einer ex-ante-Prognose eintritt.[110] Dabei ist mit Gefahr eine konkrete Gefahr gemeint. Es reicht also nicht aus, wenn in einer bestimmten Sachverhaltsgruppe eine Gefahr generell auftreten kann. Vielmehr kommt es auf den **Einzelfall** an, weil zB die erforderliche Wahrscheinlichkeit von dem Ausmaß des drohenden Nachteils abhängig ist. Auch bringen Übersichten zu Fallgruppen, bei denen eine Auskunftsverweigerung nach Nr. 1 möglich sein soll,[111] wenig, weil es für die konkrete Eignung stets auf die Aktionärsstruktur der jeweiligen Aktiengesellschaft und somit die Außenwirkung der Hauptversammlung ankommt.

41 c) Nr. 2 (Steuern). Der Sinn und Zweck des Auskunftsverweigerungsrechts für steuerliche Wertansätze oder die Höhe einzelner Steuern ist umstritten. Nach der Regierungsbegründung des AktG 1965 dient es dem Schutz von Aktionären, die ansonsten fehlerhaft davon ausgehen würden, dass der steuerliche Gewinn der betriebswirtschaftliche Gewinn sei.[112] Andere sehen die Wahrung des

---

[101] BGH NZG 2014, 423 Rn. 42.
[102] Offen gelassen von BGHZ 101, 1 (8 f.); s. auch Grigoleit/*Herrler* Rn. 43.
[103] MüKoAktG/*Kubis* Rn. 108; Großkomm AktG/*Decher* Rn. 291; außerdem → § 132 Rn. 27.
[104] So im Ergebnis auch MüKoAktG/*Kubis* Rn. 116, 120.
[105] BayObLG AG 1996, 322 (323); MüKoAktG/*Kubis* Rn. 110; Großkomm AktG/*Decher* Rn. 297; K. Schmidt/Lutter/*Spindler* Rn. 64; Hüffer/Koch/*Koch* Rn. 24.
[106] BGH NJW 2013, 541 Rn. 47; *Reger* NZG 2013, 48; auch BGH NZG 2014, 423 Rn. 76 (für Zusammenarbeit zwischen Aufsichtsrat und Vorstand); zustimmend *Lieder* NZG 2014, 601 (605 f.).
[107] OLG Düsseldorf WM 1991, 2148 (2152): BayObLG AG 1996, 322 (323); 2000, 131; MüKoAktG/*Kubis* Rn. 112.
[108] *Haggeney/Hausmanns* NZG 2016, 814, 816 f. mit Hinweis auf BGH NJW 2013, 541; NZG 2014, 423.
[109] S. Großkomm AktG/*Decher* Rn. 300; MüKoAktG/*Kubis* Rn. 111; weiter Kölner Komm AktG/*Kersting* Rn. 300 ff.; in BGH NZG 2009, 342 Rn. 43 wird von einem „vorrangigen Aufklärungsinteresse wegen objektiv begründeten Verdachts schwerwiegender Pflichtverletzungen der Verwaltungsorgane" gesprochen.
[110] S. zB *Gallwas/Wolff*, Bayerisches Polizei- und Sicherheitsrecht, 2004, Rn. 87 ff., 326 ff., 821.
[111] S. zB Großkomm AktG/*Decher* Rn. 305.
[112] RegBegr des AktG 1965 in *Kropff* S. 186; *Meilicke/Heidel* DStR 1992, 113 (117); MüKoAktG/*Kubis* Rn. 114; K. Schmidt/Lutter/*Spindler* Rn. 67; NK-AktR/*Heidel* Rn. 64; dagegen MHdB AG/*Semler* § 37 Rn. 36.

Steuergeheimnisses[113] als ratio legis an. Angesichts dieses Streits ist auch die Reichweite des Nr. 2 umstritten. Wohingegen die zuerst genannte Ansicht eine teleologische Reduktion bejaht, wenn steuerliche Wertansätze in den handelsrechtlichen Jahresabschluss zu übernehmen sind,[114] wird im Übrigen nur eine Einschränkung bei Tarifbelastung des verwendbaren Eigenkapitals angenommen.[115]

Richtigerweise sollte man insgesamt bei der Auslegung des Nr. 2 anders anknüpfen. Die bisherige 42 Diskussion ist vor allem dadurch geprägt, dass in der Regierungsbegründung eine paternalistische Vorstellung mit dem unmündigen Aktionär als Leitbild gesehen wird, die in der Tat heute nicht mehr verfolgt werden sollte.[116] Davon ungeachtet macht aber in den Fällen des Nr. 2 ein individuelles Auskunftsrecht von Aktionären keinen Sinn. Da steuerliche Gesichtspunkte alle Aktiengesellschaften betreffen, würde dann, wenn man ein entsprechendes Informationsbedürfnis bejaht, eine kollektive Publikationsverpflichtung näher liegen. Die ratio des Nr. 2 sollte deshalb so verstanden werden, dass der aktienrechtliche Gesetzgeber damit den Weg eines individuellen Rechts verschließen wollte. Dies ist sinnvoll (→ Rn. 5 ff.). Nr. 2 ist somit wörtlich zu verstehen und eine teleologische Reduktion nicht geboten.

d) Nr. 3 (stille Reserven). Unterschiede zwischen dem Wert, mit dem Gegenstände bilanziert 43 werden, und dem höheren tatsächlichen Wert dieser Gegenstände, sind in der Regel stille Reserven. Sie können sich aus § 253 Abs. 1, S. 1, Abs. 2 S. 3, Abs. 5, § 279 Abs. 1 S. 2 HGB ergeben. Demgegenüber ist eine Bildung von Willkürreserven bei Kapitalgesellschaften gemäß § 279 Abs. 1 S. 1, § 253 Abs. 4 HGB nicht zulässig. Vom Wortlaut des Nr. 3 sind außerdem stille Lasten erfasst. Diese sind zwar gesetzlich nicht zulässig, aber dennoch denkbar, wenn es zu einer subjektiven Fehleinschätzung eines Wertes kommt.[117]

An stillen Reserven ist **problematisch,** dass sie den Wert des Unternehmens trüben. Aktionären 44 ist somit ein Informationsinteresse im Grunde nicht abzusprechen. Zweifelhaft ist deshalb, warum ein Auskunftsverweigerungsrecht besteht. Der Regierungsentwurf zum AktG 1965 hatte noch schlicht davon gesprochen, dass der Begehrlichkeit der Aktionäre ein Riegel vorgeschoben werden solle.[118] Die heutige Diskussion geht darüber hinaus. In einer Entscheidung des Bundesverfassungsgerichts[119] zur **Verfassungsmäßigkeit** des Abs. 3 S. 1 Nr. 3 wird zum einen betont, dass Bewertungsreserven als Mittel der Unternehmenssicherung und Insolvenzvorsorge die Gesellschaft gegen allgemeine wirtschaftliche Risiken und den Wert ihres „good will" schützen sollen. Zum anderen könne dies auch im Aktionärsinteresse liegen, weil zumindest für Großaktionäre die unternehmerische Komponente ihrer Beteiligung im Vordergrund stehe. Ergänzend wird in der Literatur vorgetragen, dass die uneingeschränkte Offenbarung stiller Reserven von Wettbewerbern und Vertragspartnern ausgenutzt werden könne,[120] so dass das Auskunftsverweigerungsrecht des Nr. 3 in die Nähe von Nr. 1 rückt.

Nach hier vertretener Ansicht (→ Rn. 5 ff., 42) liegt demgegenüber der **entscheidende Grund** 45 in dem Vorrang kollektiver Publizitätsformen. Der Disput um Ausmaß und Sinn von stillen Reserven sollte nicht im Wege des individuellen Auskunftsrechts ausgefochten werden. Vielmehr ist es Sache des bilanzrechtlichen Gesetzgebers, ob und inwieweit er zu Gunsten eines vollständigen „true and fair view" von stillen Reserven Abstand nimmt. Dabei ist ohnehin bereits die Tendenz zu beobachten, dass mit dem Vordringen internationaler Rechnungslegung (IAS/IFRS) die Zulässigkeit stiller Reserven und somit auch der potentielle Anwendungsbereich des § 131 Abs. 1 S. 1 Nr. 3 abnimmt.[121]

Als ausdrückliche **Ausnahme** gilt Nr. 3 nicht, wenn die Hauptversammlung den Jahresabschluss 46 feststellt. Auf die Ursache für den Hauptversammlungsbeschluss kommt es dabei nicht an.[122] Zudem wird zum Teil vertreten, dass Nr. 3 dann nicht eingreift, wenn die Geschäftsleitung in erheblicher Weise gegen ihre kaufmännische Sorgfaltspflicht verstoßen hat.[123] Dem ist zuzustimmen, weil es sich in diesem Falle nicht um die Aufdeckung stiller Reserven sondern eine allgemeine Pflichtverletzung handelt.

---

[113] Großkomm AktG/*Decher* Rn. 306.
[114] MüKoAktG/*Kubis* Rn. 115; aA Großkomm AktG/*Decher* Rn. 307.
[115] MüKoAktG/*Kubis* Rn. 117; MHdB AG/*Semler* § 37 Rn. 36; aA Hüffer/Koch/*Koch* Rn. 28.
[116] Kölner Komm AktG/*Zöllner*, 2. Aufl. Rn. 37; zur Typologie eines „entmündigten", „unmündigen" und „mündigen" Aktionärs s. *Siems*, Die Konvergenz der Rechtssysteme im Recht der Aktionäre, 2005, 497 ff.
[117] So auch MüKoAktG/*Kubis* Rn. 121; K. Schmidt/Lutter/*Spindler* Rn. 69.
[118] RegBegr des AktG 1965 in *Kropff* S. 186.
[119] BVerfG NJW 2000, 129; zur Diskussion s. auch zB *Grüner* NZG 2000, 197 f.; *Kaserer* ZIP 1999, 2085; MüKoAktG/*Kubis* Rn. 118.
[120] MüKoAktG/*Kubis* Rn. 118; K. Schmidt/Lutter/*Spindler* Rn. 69.
[121] Ebenso Großkomm AktG/*Decher* Rn. 313, 315.
[122] MüKoAktG/*Kubis* Rn. 122; Großkomm AktG/*Decher* Rn. 316.
[123] Großkomm AktG/*Decher* Rn. 319.

47 **e) Nr. 4 (Bilanz- und Bewertungsmethoden).** Das Auskunftsverweigerungsrecht für Bilanzierungs- und Bewertungsmethoden (vgl. § 264 Abs. 2, § 284 Abs. 2 Nr. 1 HGB) steht mit dem Verweigerungsrecht für stille Reserven (Nr. 3) in Zusammenhang. Auch hier wird betont, dass es dazu dient, die Gesellschaft vor schädlichen Dispositionen durch Wettbewerber und Vertragspartner zu schützen.[124] Vorzugswürdig ist es aber auch hier, auf den allgemeinen Vorrang kollektiver Informationsformen zu verweisen (→ Rn. 5 ff., 42, 45). Wie bei Nr. 3 gilt das Auskunftsverweigerungsrecht nicht, wenn die Hauptversammlung – aus welchen Gründen auch immer (→ Rn. 46) – den Jahresanschluss feststellt. In der Praxis spielt Nr. 4 keine Rolle.[125]

48 **f) Nr. 5 (Strafbarkeit).** Das Auskunftsverweigerungsrecht für den Fall, dass sich der Vorstand durch die Auskunft strafbar machen würde,[126] dient neben der Einheit der Rechtsordnung[127] in erster Linie dem Interesse der Vorstandsmitglieder selbst. Unter Strafvorschriften werden dabei auch Ordnungswidrigkeiten verstanden.[128] Demgegenüber soll eine Strafbarkeit im Ausland nicht erfasst sein.[129] Wenn die betreffende Strafnorm nicht gegen den „ordre public" verstößt, überzeugt dies aber nicht, weil auch hier ein entsprechendes Schutzbedürfnis der Vorstandsmitglieder besteht.

49 **Beispiele** für mögliche Strafnormen sind §§ 93 ff. StGB (Schutz gegen Landesverrat und Gefährdung der äußeren Sicherheit), §§ 185 ff. StGB (Beleidigungsdelikte), § 203 StGB (unbefugte Offenbarung persönlicher Daten) und §§ 263 ff. StGB (Straftaten gegen das Vermögen). Im Ergebnis zu Recht lehnt es die wohl hM ab, dass § 404 (Offenbarung von Betriebs- und Geschäftsgeheimnissen) ein Auskunftsverweigerungsrecht begründen kann. Dabei überzeugt es aber nicht, wenn davon gesprochen wird, dass eine Auskunft gemäß § 131 kein „unbefugtes Offenbaren" im Sinne des § 404 sei.[130] Diese Argumentation ist zirkulär, weil die Befugtheit gerade erst geprüft werden soll. Ebenso ist nicht die Begründung zu folgen, dass sonst das Auskunftsrecht entwertet werde,[131] weil in vielen Fällen ein Verstoß gegen § 404 ohnehin auch ein Auskunftsverweigerungsrecht gemäß Abs. 3 S. 1 Nr. 1 zur Folge hat. Entscheidend ist demgegenüber das systematische Argument, dass Nr. 1 bezüglich dieser Fälle als lex specialis anzusehen ist und deshalb weder umgangen noch entwertet werden darf.[132]

50 Intensiv wird das Verhältnis des Nr. 5 zu den Vorschriften gegen **Insiderdealing** diskutiert.[133] Dabei sind zwei Probleme zu unterscheiden. Zunächst geht es um die Frage der Strafbarkeit wegen unrechtmäßiger Weitergabe von Insiderinformationen gemäß **§ 119 Abs. 3 Nr. 3 WpHG iVm Art. 14 lit. c MMVO, Art. 10 MMVO**. Dabei wird vertreten, dass es sich bei einer Auskunft nach § 131 um keine unbefugte Weitergabe von Insiderinformationen handele.[134] Dies klingt zirkulär, ist aber im Ergebnis zutreffend. Art. 10 Abs. 1 MMVO spricht nämlich davon, dass eine Weitergabe von Personen nicht erfasst wird, die „im Zuge der normalen Ausübung einer Beschäftigung oder eines Berufs oder der normalen Erfüllung von Aufgaben" geschieht. Da unter diese Formulierung aber jedenfalls § 131 fällt, liegt bei europarechtskonformer Auslegung keine unrechtmäßige Weitergabe von Insiderinformationen vor. Dennoch könnte dem Vorstand eine Ordnungswidrigkeit wegen fehlerhafter Ad-Hoc-Mitteilung gemäß **§§ 120 Abs. 1 iVm 26 WpHG, Art. 17 MVVO** drohen. Die Hauptversammlung ist nämlich kein geeignetes Forum zur Ad-Hoc-Publizität. Ein ordnungsgemäß handelnder Vorstand hätte deshalb die Insidertatsache bereits vor der Hauptversammlung veröffentlicht. Auch wenn er dies nicht getan hat, eröffnet ihm aber § 26 Abs. 4 WpHG einen Ausweg,

---

[124] MüKoAktG/*Kubis* Rn. 123; K. Schmidt/Lutter/*Spindler* Rn. 70.
[125] S. Großkomm AktG/*Decher* Rn. 322; MüKoAktG/*Kubis* Rn. 123.
[126] Nicht: Aufdeckung einer bereits begangenen Straftat: OLG München WM 2009, 265.
[127] Dazu allgemein *Engisch*, Die Einheit der Rechtsordnung, 1935; *Baldus*, Die Einheit der Rechtsordnung, 1995; *Felix*, Einheit der Rechtsordnung, 1998.
[128] Großkomm AktG/*Decher* Rn. 323; MüKoAktG/*Kubis* Rn. 126.
[129] MüKoAktG/*Kubis* Rn. 129; K. Schmidt/Lutter/*Spindler* Rn. 71; anders wohl Großkomm AktG/*Decher* Rn. 329; wie hier Grigoleit/*Herrler* Rn. 48.
[130] So aber Großkomm AktG/*Decher* Rn. 324.
[131] So aber MüKoAktG/*Kubis* Rn. 127.
[132] Dem folgend K. Schmidt/Lutter/*Spindler* Rn. 71.
[133] Zum alten Recht: s. zB Großkomm AktG/*Decher* Rn. 326 ff.; K. Schmidt/Lutter/*Spindler* Rn. 73 f.; NK-AktR/*Heidel* Rn. 72; *Kiethe* NZG 2003, 401 (407 f.); *Groß* AG 1997, 97 ff. Die Grundproblematik ist aber unverändert nach der Verordnung (EU) Nr. 596/2014 des Europäischen Parlaments und des Rates vom 16. 4.2014 über Marktmissbrauch (Marktmissbrauchsverordnung) und zur Aufhebung der Richtlinie 2003/6/EG des Europäischen Parlaments und des Rates und der Richtlinien 2003/124/EG, 2003/125/EG und 2004/72/EG der Kommission, ABl. 2014 L 173, 1 (MMVO) und den entsprechenden Änderungen des WpHG durch das Zweite Gesetz zur Novellierung von Finanzmarktvorschriften auf Grund europäischer Rechtsakte (Zweites Finanzmarktnovellierungsgesetz (2. FiMaNoG) vom 24.6.2017, BGBl. 2017 I 1693.
[134] *Kiethe* NZG 2003, 401 (407); Großkomm AktG/*Decher* Rn. 326; MHdB AG/*Semler* § 37 Rn. 43.

weil er hiernach erst die Aktionäre und dann unverzüglich die organisierten Märkte und die BaFin zu unterrichten hat.

g) Nr. 6 (Kreditinstitute). Das Auskunftsverweigerungsrecht für Kredit- oder Finanzierungs- 51
dienstleistungsinstitute (§ 1 Abs. 1 und 1a KWG, § 2 Abs. 1 KWG iVm § 6 KWG) dient nach wohl hM der Bewahrung des Vertrauens in die besondere volkswirtschaftliche Stellung der Banken.[135] Außerdem lässt sich erneut auf den Vorrang kollektiver Informationsformen verweisen (→ Rn. 5 ff., 42, 45, 47). Im Gegensatz zur früheren Rechtslage ist in Nr. 6 eine Interessenabwägung nicht mehr vorgesehen. Dennoch liegt, wie für Nr. 3 (→ Rn. 46), bei einer erheblichen Verletzung der kaufmännischen Sorgfaltspflicht kein Auskunftsverweigerungsrecht vor,[136] weil es sich in diesem Falle nicht um die Aufdeckung kollektiver Publikationen sondern eine allgemeine Pflichtverletzung handelt.[137]

h) Nr. 7 (Internetpublikation). Im Anschluss an eine Empfehlung der Regierungskommission 52
Corporate Governance[138] besteht seit dem UMAG[139] ein Auskunftsverweigerungsrecht, wenn die Auskunft auf der Internetseite der Gesellschaft über mindestens sieben Tage vor Beginn und in der Hauptversammlung durchgängig zugänglich ist. Sinn und Zweck dieser Regelung ist, die Hauptversammlung von typischen Standardfragen, vom Vortrag von Statistiken, Listen, Regularien und Aufstellungen zu entlasten und dadurch Zeit für eine inhaltliche Diskussion zu gewinnen.[140] Diese Regelung gilt auch für die Fälle des § 131 Abs. 4 S. 1, § 293g Abs. 3, § 319 Abs. 3 S. 4, § 320 Abs. 4 S. 3, § 326 und § 64 Abs. 2 UmwG.[141]

Bei der **Auslegung** dieses neuen Auskunftsverweigerungsrechts könnte der Begriff „zugäng- 53
lich" zweifelhaft sein. Dies erfasst zunächst die Frage, wann eine Information auf der Internetseite des Unternehmens zugänglich ist. Die Regierungsbegründung spricht davon, dass der Aktionär Informationen nach Aufrufen der Startseite der Gesellschaft ohne Suchen entweder direkt oder durch eindeutige Links auf die jeweilige Folgeseite problemlos finden kann.[142] Eine Umgehung durch ein „Verstecken" von Informationen auf der Internetseite soll also ausgeschlossen sein. Feste Vorgaben (zB nach der Anzahl der notwendigen Links) werden sich aber kaum machen lassen.[143] Außerdem muss die Information auch in der Hauptversammlung selbst „zugänglich" sein. Eine bestimmte Form wie die Hauptversammlungsteilnehmer auf sie zugreifen können, ist dabei nicht vorgeschrieben. Neben einem Verlesen der Information oder einem Austeilen entsprechender Kopien ist es also zB auch denkbar, dass den Aktionären in der Hauptversammlung ein Infoterminal zur Verfügung gestellt wird.[144]

Der Grundgedanke des neuen Nr. 7 ist sinnvoll, weil so eine kollektive Information an Stelle 54
eines aufwendigen individuellen Auskunftsrechts tritt (zu diesem Argument bereits (→ Rn. 6 ff., → Rn. 29). Allerdings darf sein Nutzen **nicht überschätzt** werden.[145] Erstens besteht keinerlei Pflicht des Vorstandes zu Standardfragen (FAQs) oder spezielle Aktionärsfragen im Vorfeld der Hauptversammlung auf der Internetseite der Unternehmen Stellung zu nehmen. Dabei ist denkbar, dass Vorstände sich im Zweifel lieber still verhalten werden. Jede Veröffentlichung ist potentiell gefährlich, weil sie bei Unwahrheit oder falschem „Timing" Schadensersatzansprüche oder gar eine Strafbarkeit (Kursbetrug, Insiderdealing) zur Folge haben kann. Zweitens tritt auch dann nicht unbedingt ein Entlastungseffekt ein, wenn der Vorstand vorab Informationen im Internet veröffentlicht. Vielmehr kann es sein, dass gerade diese Informationen zu detaillierten Nachfragen führen, und somit wissbegierige (oder störende) Aktionäre zur Ausübung des Fragerechts in der Hauptversammlung ermutigt werden. Zudem dürfte es mitunter nicht leicht sein nachzuweisen, dass genau

---

[135] MüKoAktG/*Kubis* Rn. 132; K. Schmidt/Lutter *Spindler* Rn. 75.
[136] So auch Großkomm AktG/*Decher* Rn. 332; aA MüKoAktG/*Kubis* Rn. 134.
[137] Zustimmend K. Schmidt/Lutter/*Spindler* Rn. 76.
[138] Regierungskommission Corporate Governance, 2001, Rn. 105 f.
[139] Zum UMAG allgemein → Rn. 1.
[140] So RegE eines Gesetzes zur Unternehmensintegrität und Modernisierung des Anfechtungsrechts (UMAG) mit Stellungnahme des Bundesrats und Gegenäußerung der Bundesregierung als Anlage, BT-Drs. 15/5092, 17; s. auch *Wilsing* DB 2005, 35 (40 f.); Hüffer/Koch/*Koch* Rn. 32a; zur umstrittenen Rechtsnatur s. K. Schmidt/Lutter/*Spindler* Rn. 79; Hüffer/Koch/*Koch* Rn. 32b.
[141] Ebenso Hüffer/Koch/*Koch* Rn. 32b.
[142] RegE UMAG, BT-Drs. 15/5092, 18.
[143] Anders K. Schmidt/Lutter/*Spindler* Rn. 78; NK-AktR/*Heidel* Rn. 74b (höchstens ein Link); s. auch Grigoleit/*Herrler* Rn. 52.
[144] RegE UMAG, BT-Drs. 15/5092, 18; K. Schmidt/Lutter/*Spindler* Rn. 78.
[145] Ähnlich *Bungert*, Gesellschaftsrecht in der Diskussion 2004, 2005, 60 (76 ff.); K. Schmidt/Lutter/*Spindler* Rn. 77; s. auch *Noack*, Gesellschaftsrecht in der Diskussion 2004, 2005, 37 (47); *Weißhaupt* ZIP 2005, 1766 (1770); Hüffer/Koch/*Koch* Rn. 32a; Grigoleit/*Herrler* Rn. 50.

§ 131   55–58   Erstes Buch. Aktiengesellschaft

die Frage, die ein Aktionär in der Hauptversammlung stellt, bereits auf der Internetseite veröffentlicht wurde (und es sich nicht nur um eine ähnliche Thematik handelt). Drittens sind Aktionäre weiterhin nicht verpflichtet, komplizierte Fragen im Vorfeld der Hauptversammlung einzureichen. Der Vorstand muss deshalb in der Hauptversammlung immer noch auf alles gefasst sein, und auf Nachfrage nach hM zB immer noch etwaige Vertragstexte vorlesen (dazu kritisch → Rn. 68, 71).

55   **2. Satzungs- und Geschäftsordnungsregelungen (Abs. 2 S. 2).** Diese Bestimmung beruht auf dem UMAG.[146] Es kommt nicht darauf an, ob die Frage schriftlich oder mündlich gestellt wurde.[147] Fraglich ist aber, wann eine **„angemessene"** Beschränkung im Sinne dieser Norm vorliegt.[148] Allgemeine Aussagen sind dabei schwierig, weil viel von der Struktur und den Eigenheiten der betreffenden Aktiengesellschaft abhängt. Es ist deshalb zu empfehlen, dass in der Satzung keine starre Grenze festgelegt wird, sondern die Angemessenheitsformulierung des Abs. 2 S. 2 übernommen und dann in der Praxis durch den Versammlungsleiter konkretisiert wird.[149] Der BGH hat allerdings auch eine ex-ante Regelung gebilligt, die für ordentliche Hauptversammlungen eine Dauer von sechs Stunden und für außerordentliche Hauptversammlungen eine Dauer von zehn Stunden, sowie eine Rede- und Fragezeit von 10 bis 15 Minuten je Aktionär festlegt.[150] Dies erscheint recht pauschal. Der BGH verlangt aber auch eine angemessene Anwendung einer solchen Regelung im Einzelfall.[151] Da das Auskunftsrecht jedem Aktionär zusteht, darf keinesfalls nach der Beteiligungshöhe differenziert und so ein vom Gesetzgeber trotz entsprechender Forderungen gerade nicht gewolltes Quorum eingeführt werden.[152] Unzulässig ist außerdem eine Satzungsbestimmung, die Anordnungen des Versammlungsleiters der gerichtlichen Kontrolle entziehen möchte.[153]

56   Überraschend könnte sein, dass Abs. 2 S. 2 nicht nur vom Frage-, sondern auch vom **„Rederecht"** spricht. Ein solches Rederecht ist bisher nicht ausdrücklich gesetzlich fixiert, sondern wird nur aus einer Interpretation des Gesamtkomplexes Hauptversammlung abgeleitet.[154] Dabei wurde von Teilen der Literatur bisher angenommen, dass man nur die Redezeit, aber nicht die Fragezeit beschränken dürfe.[155] Da indes Rede und Frage praktisch ineinander übergehen, macht es Sinn, dass Abs. 2 S. 2 eine parallele Regelung vorsieht.[156] Bei der Angemessenheit kann freilich berücksichtigt werden, dass dem Fragerecht in höherer Rang gegenüber dem Rederecht zukommen kann.[157]

57   **3. Weitere Grenzen. a) Anwendbarkeit.** Man könnte daran denken, dass heute keine weiteren Grenzen des Auskunftsrechts bestünden. Zum einen kodifiziert Abs. 2 S. 2 die Möglichkeit, dass der Versammlungsleiter durch Satzung oder Geschäftsordnung zu Maßnahmen ermächtigt wird. Im Umkehrschluss könnte es also sein, dass ohne eine solche Ermächtigung alle Fragen zugelassen und beantwortet werden müssten.[158] Zum anderen darf nach Abs. 3 S. 2 aus anderen Gründen als nach Abs. 3 S. 1 die Auskunft nicht verweigert werden. Da also Rechtssicherheit Vorrang vor Einzelfallgerechtigkeit haben soll, könnten auch deshalb weitere Grenzen abzulehnen sein.

58   Beides wäre jedoch ein Fehlschluss. Sowohl Abs. 2 S. 2 als auch Abs. 3 S. 2 beziehen sich nur auf solche Gründe, die sich ausschließlich auf Einschränkungen des Auskunftsrechts beziehen. **Allgemeine Gesichtspunkte** werden somit nicht außer Kraft gesetzt und können weiterhin dem Auskunftsrecht entgegenstehen.[159] Dazu gehören die Funktionsfähigkeit der Hauptversammlung, die

---

[146] Zum UMAG allgemein → Rn. 1; kritisch zur Gesetzesfassung NK-AktG/*Heidel* Rn. 55a ff.
[147] K. Schmidt/Lutter/*Spindler* Rn. 21 (bei schriftlicher Frage Analogieschluss); → Rn. 19.
[148] S. auch bereits *Bungert*, Gesellschaftsrecht in der Diskussion 2004, 2005, 83 f.
[149] *Noack*, Gesellschaftsrecht in der Diskussion 2004, 2005, 47.
[150] BGHZ 184, 239 = NZG 2010, 423 Rn. 20 f.; ebenso Ziff. 2.2.4 DCGK; RegE UMAG, BT-Drs. 15/5092, 17; bestätigt in BGH NJW 2014, 541.
[151] Der Kompromisscharakter der BGH Entscheidung wird auch in der Literatur hervorgehoben: zB *Jerczynski* NJW 2010, 1566 (1568); *Angerer* ZGR 2011, 27 (37); *Kersting* NZG 2010, 446; *Wilsing/von der Linden* DB 2010, 1277; Grigoleit/*Herrler* Rn. 37 ff.
[152] Ebenso *Herrler* DNotZ 2010, 331 (339); Grigoleit/*Herrler* Rn. 40; Kölner Komm AktG/*Kersting* Rn. 275; aA *Seibert* WM 2005, 157 (161); zu Forderungen nach einem Quorum → Rn. 3.
[153] OLG Frankfurt a. M. NZG 2007, 432; s. auch BGHZ 184, 239 = NZG 2010, 423 Rn. 25.
[154] *Siepelt*, Das Rederecht des Aktionärs in der Hauptversammlung, 1992; *Quack* FS Brandner, 1996, 113 ff.; es findet sich auch in Ziff. 2.2.3 desDCGK.
[155] Vgl. RegE UMAG, BT-Drs. 15/5092, 17; Großkomm AktG/*Decher* Rn. 111 f.; *Bungert*, Gesellschaftsrecht in der Diskussion 2004, 2005, 81 f.
[156] BGHZ 184, 239 = NZG 2010, 423 Rn. 18; *Angerer* ZGR 2011, 27 (33 f.); *Noack*, Gesellschaftsrecht in der Diskussion 2004, 2005, 46.
[157] BGHZ 184, 239 = NZG 2010, 423 Rn. 18; Hüffer/Koch/*Koch* Rn. 22a.
[158] So die Befürchtung von *Bungert*, Gesellschaftsrecht in der Diskussion 2004, 2005, 82; differenzierend K. Schmidt/Lutter/*Spindler* Rn. 57.
[159] Zustimmend BGHZ 184, 239 = NZG 2010, 423 Rn. 29.

gesellschaftsrechtliche Treuepflicht, der Rechtsmissbrauchseinwand und die Unmöglichkeit der Auskunftserteilung. Diese Gründe sollten, im Gegensatz zu manchen Stimmen der Literatur,[160] nicht gegeneinander ausgespielt werden. Vielmehr beziehen sie sich auf unterschiedliche Wertungsgesichtspunkte und können deshalb durchaus nebeneinander bestehen. Dabei ist außerdem zu berücksichtigen, dass mitunter bereits das Tatbestandsmerkmal, nach dem eine Auskunft zur sachgerechten Beurteilung eines Tagesordnungspunktes erforderlich sein muss (Abs. 1 S. 1), bei übertrieben detaillierten Fragen weiterhelfen kann.[161]

b) Funktionsfähigkeit der Hauptversammlung. Als immanente Ausübungsschranke dient zunächst die Funktionsfähigkeit der Hauptversammlung als „Entscheidungsforum und Sitz der Aktionärsdemokratie".[162] Es muss deshalb möglich sei, dass in der Hauptversammlung bestimmte Ordnungsmaßnahmen ergriffen werden.[163] Das Auskunftsrecht dürfte dennoch nur in Extremfällen aus diesem Grunde ausgeschlossen sein. Wenn zB viele und detaillierte Fragen gestellt werden, wird dadurch zwar die Hauptversammlung schwerfälliger. Das Konzept der Funktionsfähigkeit der Hauptversammlung ist aber zu vage, um in diesen Fällen daraus einen Ausschluss des Auskunftsrechts abzuleiten.

c) Treuepflichtverletzung. Es ist heute anerkannt, dass Aktionäre im Prinzip eine mitgliedschaftliche Treuepflicht treffen kann.[164] Aus dieser Pflicht kann deshalb im Einzelfall auch eine Einschränkung des Auskunftsrechts folgen.[165] Im Gegensatz zu anderen Schranken sind dabei speziell die Interessen anderer Aktionäre betroffen. Die anderen Aktionäre können somit dem fragenden Aktionär auch vermeintlich pflichtverletzende Fragen gestatten. Demgemäß gehört hierzu insbesondere der Fall, in dem ein Aktionär eine Vielzahl an Fragen stellt.[166] Hier spricht nichts dagegen, dass eine an sich treuwidrige Monopolisierung der Hauptversammlung eines Aktionärs von den anderen Aktionären gebilligt wird.

d) Rechtsmissbrauch. Der Einwand des Rechtsmissbrauchs (§ 242 BGB) hat einen allgemeineren Charakter. Dabei wird oft zwischen den Fallgruppen (1) illoyaler, grob eigennütziger Rechtsausübung, (2) Verfolgung gesellschaftsfremder Interessen, (3) übermäßiger Rechtsausübung und (4) widersprüchlicher Rechtsausübung unterschieden.[167] Das Ausmaß dieser Grenzen des Auskunftsrechts darf dabei nicht überschätzt werden. Im Prinzip sind die Motive für eine Frage gleichgültig[168] und stehen somit auch eigennützige oder allgemeinpolitische Beweggründe dem Auskunftsrecht nicht entgegen. Der Gesichtspunkt der übermäßigen Rechtsausübung ist besser über die Treuepflichtverletzung zu lösen und ein widersprüchliches Verhalten schwer von einem zulässigen Meinungswandel abzugrenzen.

e) Unmöglichkeit. Der Ausschluss einer Leistung wegen Unmöglichkeit gilt gemäß § 275 Abs. 1 BGB analog auch für das Auskunftsrecht.[169] Hierzu kann beispielsweise der Fall gehören, dass sich die Frage auf das Verhalten des früheren Vorstandsvorsitzenden bezieht, und sich dieser standhaft weigert, diese Information an den neuen Vorstand weiter zu geben (dazu auch bereits → Rn. 17). Problematisch ist demgegenüber der Fall, bei dem zwar der Vorstand eine Auskunft in der Hauptversammlung nicht erteilen kann, dies ihm aber möglich gewesen wäre, wenn er sich vor der Hauptversammlung auf eine solche Frage vorbereitet hätte. Ähnlich ist die Situation, bei welcher der Vorstand

---

[160] So zB *Geißler* NZG 2001, 539 (541 f.).
[161] Zutreffend MüKoAktG/*Kubis* Rn. 140; K. Schmidt/Lutter/*Spindler* Rn. 32 f.
[162] Großkomm AktG/*Decher* Rn. 276; Hüffer/Koch/*Koch* Rn. 9; zum umstrittenen Konzept der Aktionärsdemokratie s. *Siems*, Die Konvergenz der Rechtssysteme im Recht der Aktionäre, 2005, 74 ff.; Rn. 94 ff.; *Cheffins*, Company Law: Theory, Structure, and Operation, 1997, 152.
[163] Näher Großkomm AktG/*Decher* Rn. 110 ff.
[164] S. BGHZ 103, 184 (194 f.) = NJW 1988, 1579 – Linotype; BGHZ 129, 136 (148) = NJW 1995, 1739 – Girmes; BGH NJW 1999, 3197; rechtsvergleichend *Guntz*, Treuebindungen von Minderheitsaktionären, 1997; *Siems*, Die Konvergenz der Rechtssysteme im Recht der Aktionäre, 2005, 272 ff.; *Wellenhofer-Klein* RabelsZ 64 (2000), 564 (571 ff.).
[165] So insb. *Geißler* NZG 2001, 539 (541 ff.); auch Hüffer/Koch/*Koch* Rn. 33; K. Schmidt/Lutter/*Spindler* Rn. 5, 80.
[166] Anders die Rechtsprechung, die sich hier auf § 242 BGB stützt, s. BayObLGZ 1974, 208 (213); OLG Frankfurt a. M. AG 1984, 25: Unzumutbarkeit von mehr als 25.000 Einzelangaben.
[167] S. mit Unterschieden im Einzelnen Großkomm AktG/*Decher* Rn. 275 ff.; K. Schmidt/Lutter/*Spindler* Rn. 83; Hüffer/Koch/*Koch* Rn. 34; gegen den Missbrauchseinwand NK-AktR/*Heidel* Rn. 43.
[168] Zutreffend MHdB AG/*Semler* § 37 Rn. 8, 41; K. Schmidt/Lutter/*Spindler* Rn. 5, 81 (keine Pflicht sich an Gesellschaftsinteressen zu orientieren).
[169] MüKoAktG/*Kubis* Rn. 76, 86 ff.; Hüffer/Koch/*Koch* Rn. 9; MHdB AG/*Semler* § 37 Rn. 42; K. Schmidt/Lutter/*Spindler* Rn. 55.

einwendet, dass er im Prinzip zwar noch in der Hauptversammlung die Information beschaffen könne, dies aber zu aufwendig und deshalb unzumutbar sei (vgl. § 275 Abs. 2 BGB). Entscheidend ist, inwieweit allgemein von einer **Vorbereitungs- und Beschaffungspflicht** des Vorstandes auszugehen ist. Dabei wird vorliegend vertreten, dass eine Vorbereitungspflicht nur begrenzt besteht, weil man sich sonst von dem Charakter des § 131 als Hauptversammlungsrecht entfernen würde (→ Rn. 71). Demgegenüber wirkt der Einwand, dass der Vorstand bei einem Mitarbeiter des Unternehmens nachfragen müsse, als solcher nicht entlastend, weil bei § 131 die Aktiengesellschaft selbst verpflichtet ist und der Vorstand nur für sie handelt (→ Rn. 16 f.).

V. Rechtsfolge: Auskunft

63 **1. Parteien.** Die Auskunft wird vom Vorstand erteilt (→ Rn. 16). Eine Mitwirkungspflicht oder Mitwirkungsobliegenheit des fragenden Aktionärs besteht grundsätzlich nicht.[170] Diese Ausgangskonstellation – Aktionär fragt, Vorstand antwortet – sollte allerdings nicht zu formal aufgefasst werden. Im Gegensatz zu kollektiven Informationsformen oder schriftlichen Auskunftsrechten hat das hauptversammlungsbezogene Auskunftsrecht den Vorzug eine **Kommunikation** zu ermöglichen. Es sollte deshalb bei der Umsetzung des § 131 Abs. 1 eine pragmatische Vorgehensweise erfolgen: Rückfragen, Ergänzungen und Konkretisierungen sollten möglich sein, insbesondere dann, wenn die Frage des Aktionärs offenbar missverstanden wurde. Ebenso kann vom Aktionär eine Nachfrage erwartet werden, wenn er aus eigener Mitverursachung entgegen seiner Erwartung nur eine pauschale Antwort erhält (zB wenn seine Frage sehr pauschal war oder mit unzulässigen Fragen verknüpft wurde).[171]

64 Wenn der fragende Aktionär die Hauptversammlung **verlässt**, ist darin ein konkludenter Verzicht zu sehen.[172] Wenn die Frage, wie in der Regel, mündlich in der Hauptversammlung gestellt wurde (→ Rn. 19), muss das Verlassen allerdings der Allgemeinheit der anwesenden Aktionäre bekannt sein. Es kann nämlich sein, dass ein anderer Aktionär eine ähnliche Frage stellen wollte, aber hiervon wegen des Auskunftsbegehrens des ersten Aktionärs zunächst abgesehen hat. Der Vorstand hat deshalb den anwesenden Aktionären zu erklären, dass die betreffende Frage wegen eines konkludenten Verzichts nicht beantwortet wird, es sei denn ein anderer Aktionär wolle die Frage aufgreifen.[173]

65 **2. Zeitpunkt.** Die Auskunft ist in der Hauptversammlung zu erteilen. Im Prinzip ist es aber nicht ausgeschlossen, dass der Vorstand mit dem Aktionär in einer „erfüllungsersetzenden Auskunftserteilungsvereinbarung" eine spätere Auskunft vereinbart.[174] Dies ist gerade in solchen Fällen sinnvoll, in denen der Vorstand die Information nicht oder nur mit Mühe innerhalb der Hauptversammlung beschaffen kann (dazu → Rn. 62 und 71). Allerdings sind, wie auch bei dem konkludenten Verzicht durch Verlassen der Hauptversammlung (→ Rn. 64), die anderen Aktionäre zu informieren. Überdies kann § 131 Abs. 4 (→ Rn. 72 ff.) eingreifen.

66 Für den richtigen Zeitpunkt innerhalb der laufenden Hauptversammlung sollte dem Vorstand eine **flexible Vorgehensweise** ermöglicht werden.[175] Ein rechtlicher Perfektionismus ist nicht notwendig. Vielmehr ist zB grundsätzlich sowohl eine unmittelbare Antwort als auch eine blockweise Beantwortung möglich, um der spezifischen Dynamik der betreffenden Hauptversammlungen gerecht zu werden. Eine Grenze liegt nur darin, dass eine Auskunft nicht mehr ausreichend ist, wenn über den betreffenden Tagesordnungspunkt bereits entscheiden wurde oder in anderer Weise durch eine manipulative zeitliche Behandlung die Antwort de facto leerläuft.

67 **3. Form.** Die hM geht vom **Grundsatz der Mündlichkeit** der Auskunftserteilung aus. Weder kann der Aktionär eine schriftliche Auskunftserteilung oder Einsichtnahme verlangen,[176] noch die Aktiengesellschaft aus eigener Entscheidung die Auskunft schriftlich erteilen. Wenn es sich um Urkunden, wie zB Verträge, handelt, kann nur eine mündliche Zusammenfassung aber keine Verle-

---

[170] Zutreffend MüKoAktG/*Kubis* Rn. 75.
[171] BGH NZG 2014, 541; OLG Frankfurt a. M. NZG 2013, 23; OLG München BeckRS 2015, 11164; *Reger* NZG 2013, 48.
[172] *Simon* AG 1996, 540 (541); ohne klare dogmatische Einordnung Großkomm AktG/*Decher* Rn. 108; MüKoAktG/*Kubis* Rn. 34; Hüffer/Koch/*Koch* Rn. 8.
[173] Im Ergebnis ähnlich wie hier MüKoAktG/*Kubis* Rn. 34.
[174] MüKoAktG/*Kubis* Rn. 85; Großkomm AktG/*Decher* Rn. 107, 109; K. Schmidt/Lutter/*Spindler* Rn. 52; weitergehend NK-AktR/*Heidel* Rn. 20.
[175] Ähnlich MüKoAktG/*Kubis* Rn. 78 ff.; K. Schmidt/Lutter/*Spindler* Rn. 50; Hüffer/Koch/*Koch* Rn. 22; anders *Meilicke*/*Heidel* DStR 1992, 72 (74) (Fragen müssen einzeln beantwortet werden).
[176] BGHZ 122, 211 (236) = NJW 1993, 1976; Großkomm AktG/*Decher* Rn. 93; MüKoAktG/*Kubis* Rn. 82; *Kubis* FS Kropff, 1997, 171 ff.; K. Schmidt/Lutter/*Spindler* Rn. 51; Bürgers/Körber/*Reger* Rn. 17; Hüffer/Koch/*Koch* Rn. 22; *Groß* AG 1997, 97 (103 f.).

sung verlangt werden, es sei denn es kommt auf den genauen Wortlaut an.[177] Auch ein Anspruch darauf, dass die Richtigkeit der Auskunft an Eides Statt versichert wird, besteht nicht.[178] Für den Fall des § 131 Abs. 1 S. 3 ist in Abweichung zum Grundsatz der Mündlichkeit ausdrücklich vorgesehen, dass der Jahresabschluss „vorgelegt" wird. Ansonsten kann nur in Ausnahmefällen die mündliche Information durch eine schriftliche ersetzt werden, wenn so deren Erfassen schneller und zuverlässiger möglich ist (zB bei Daten).[179] Dieser hM liegt zum einen der Hauptversammlungsbezug des Auskunftsrechts zu Grunde. Da das Auskunftsrecht auch der kollektiven Willensbildung dient (→ Rn. 2), müsse die Auskunft allen Aktionären erteilt werden. Eine bloße Einsichtnahme des fragenden Aktionärs führe deshalb nicht zur Erfüllung des Auskunftsrechts.[180] Zum anderen lässt sich auf systematische Überlegungen verweisen. Aus § 131 Abs. 1 S. 3 könnte der Umkehrschluss folgen, dass eine Vorlage eines Dokumentes ansonsten nicht ausreiche. Auch ist im Gegensatz zum GmbH-Recht (§ 51a GmbHG) ein Einsichtsrecht im AktG nicht vorsehen, so dass auch insoweit ein Umkehrschluss greifen könnte.

Diese Argumentation **überzeugt indes nicht.** Der Wortlaut des § 131 Abs. 1 S. 1, um den es **68** vorliegend alleine geht, spricht neutral davon, dass eine Auskunft „zu geben" ist. Diese offene Formulierung schreibt also gerade keine mündliche Auskunftserteilung vor. Auch nach dem Sinn und Zweck des Auskunftsrechts ist jede Kommunikationsform zulässig, durch welche die in der Hauptversammlung anwesenden Aktionäre über die Antwort informiert werden. Es spricht deshalb nichts dagegen, wenn zB die Antwort in kopierter Form ausgeteilt wird oder bestimmte Information mit einem Projektor an eine Leinwand projiziert werden. Ebenso ist es im Prinzip denkbar, dass Informationen über bereitstehende Computer-Terminals von den Aktionären abgerufen oder in anderer Form eingesehen werden können. Vorausgesetzt ist bei alledem freilich, dass es für den einzelnen Aktionär auch tatsächlich möglich sein muss, die Auskunft inhaltlich zu erfassen. Beispielsweise darf die entsprechende Information deshalb nicht so umfangreich sein, dass sie in der zur Verfügung stehenden Zeit nicht gelesen und verstanden werden kann. Auch muss bei den verschiedenen Formen des Einsichtsrechts gewährleistet sein, dass nicht Kapazitätsengpässe entstehen.

4. Inhalt. Nach **Abs. 2 S. 1** muss (wie bei § 90 Abs. 4) die Auskunft den Grundsätzen gewissen- **69** hafter und getreuer Rechenschaft entsprechen. Sie muss daher vollständig, zutreffend und sachgemäß sein.[181] Im Hinblick auf die Vollständigkeit gilt freilich die Einschränkung, dass auf pauschale Fragen auch nur pauschal geantwortet werden muss.[182] Dann muss es allerdings dem Aktionär möglich sein, seine Frage zu konkretisieren. Auch hier sollte somit auf Kommunikation statt Formalismus abgestellt werden (→ Rn. 63).

Fraglich ist, ob der **Detaillierungsgrad** der Antwort davon abhängt, ob der Aktionär seine Frage **70** vor der Hauptversammlung angekündigt hat, und sich deshalb der Vorstand hierauf vorbereiten konnte. Die hM geht hiervon aus.[183] Dem ist nicht zu folgen. Es kann bei komplizierten Fragen zwar praktisch sinnvoll sein, dass der Aktionär sie vor der Hauptversammlung ankündigt. Allerdings gibt § 131 Abs. 1 dem Aktionär gerade die Möglichkeit, erst in der Hauptversammlung spontan von seinem Auskunftsrecht Gebrauch zu machen. Eine rechtliche Erweiterung des Auskunftsrechts durch eine Vorankündigung ist somit abzulehnen, weil sonst der Aktionär benachteiligt würde, der – legitim – erst in der Hauptversammlung fragt.

Unabhängig von dieser Fragestellung, geht die herrschende Auffassung davon aus, dass den Vor- **71** stand eine Pflicht (besser: Obliegenheit) zur angemessenen **Vorbereitung** trifft.[184] Dies bezieht sich sowohl auf Personal- wie Sachmittel. In der Praxis werden deshalb bei Hauptversammlungen nicht selten „back offices" eingerichtet und im Vorfeld umfangreiche Listen möglicher Fragen vorbereitet

---

[177] BGH NJW 1967, 1462; OLG München BeckRS 2015, 11164; Großkomm AktG/*Decher* Rn. 94; kritisch MüKoAktG/*Kubis* Rn. 81.
[178] OLG Hamburg AG 2001, 359.
[179] BGHZ 101, 1 (15) = NJW 1987, 3186; BGHZ 122, 211 (236) = NJW 1993, 1976; Großkomm AktG/ *Decher* Rn. 93 f.; MüKoAktG/*Kubis* Rn. 84; K. Schmidt/Lutter/*Spindler* Rn. 51; Hüffer/Koch/*Koch* Rn. 22. Anders bei einem komplexen Vertragswerk: OLG Schleswig WM 2006, 231 (235).
[180] S. MüKoAktG/*Kubis* Rn. 81, 83.
[181] OLG München NZG 2002, 1113 (1114 f.); Großkomm AktG/*Decher* Rn. 246; Hüffer/Koch/*Koch* Rn. 21.
[182] OLG Stuttgart NZG 2004, 966; LG Braunschweig BB 1991, 856; Großkomm AktG/*Decher* Rn. 249.
[183] BGHZ 32, 159 (166) = NJW 1960, 1150 über § 242 BGB; OLG Frankfurt a. M. AG 1999, 231; *Groß* AG 1997, 97 (104); MüKoAktG/*Kubis* Rn. 31; im Ergebnis auch Großkomm AktG/*Decher* Rn. 249.
[184] KG AG 1996, 131 (134); OLG Düsseldorf AG 1992, 34 (35;) Grigoleit/*Herrler* Rn. 31; Großkomm AktG/ *Decher* Rn. 251 ff.; MüKoAktG/*Kubis* Rn. 88; K. Schmidt/Lutter/*Spindler* Rn. 54; BeckHdB AG/*Zätzsch/Maul* § 4 Rn. 242; Hüffer/Koch/*Koch* Rn. 9.

und Antworten entworfen.[185] Daran ist **bedenklich,** dass nach der Konzeption des § 131 Abs. 1 spiegelbildlich zum Aktionär auch der Vorstand nur in der Hauptversammlung aktiv zu werden braucht. Dennoch kann eine gewisse Vorbereitung erwartet werden. Insbesondere dann, wenn hochkomplexe Fragen im Raume stehen, wäre das Auskunftsrecht entwertet, wenn nur Fragen, die aus dem Stehgreif beantwortet werden können, mit Erfolg gestellt werden könnten. **De lege ferenda** macht freilich die Diskussion um die Vorbereitungspflicht erneut deutlich, dass § 131 auf einer grundlegend falschen Konzeption beruht (bereits → Rn. 11 und noch → Rn. 93). Wenn man nämlich von dem Vorstand erwartet, schon vor der Hauptversammlung potentiell relevante Informationen zu sammeln, die dann auf Nachfrage offen zu legen sind, läge es näher, dass diese Informationen unabhängig von der Frage eines Aktionärs und dem Termin der Hauptversammlung offen zu legen wären.

VI. Das erweiterte Auskunftsrecht (Abs. 4)

72   **1. Regelungsziel und praktische Bedeutung.** Es ist das gemeinsame **Regelungsziel** von § 131 Abs. 1 und Abs. 4 ein Informationsungleichgewicht zu beheben. Bei Abs. 1 betrifft dies Informationen, die der Vorstand aber nicht die Aktionäre haben. Bei Abs. 4 steht demgegenüber im Vordergrund, dass der Vorstand die Information bereits einigen Aktionären bekannt gegeben hat. Im Interesse der gleichmäßigen Behandlung der Aktionäre soll somit dieses Informationsgefälle zwischen den Aktionären behoben werden.[186] Es handelt sich deshalb auch um eine im Grundsatz sinnvolle Ausprägung des Gleichbehandlungsgebotes (§ 53a).

73   Die **praktische Bedeutung** des § 131 Abs. 4 ist aber gering,[187] und auch eine vollständige Gleichbehandlung der Aktionäre wird nur sehr eingeschränkt erreicht. Dazu trägt erstens bei, dass ein Aktionär vielfach gar nicht erfahren wird, dass andere Aktionäre von dem Vorstand besonders informiert wurden. Dieses Problem wird durch § 131 Abs. 1 und Abs. 4 nicht behoben, weil ein Ausforschungsbegehren hiervon nicht gedeckt ist (→ Rn. 80). Zweitens knüpft Abs. 4 wie Abs. 1 an die Hauptversammlung an. Bis zum Zeitpunkt der Hauptversammlung kann aber das Informationsinteresse entfallen oder reduziert sein. Drittens sind für die informationelle Gleichbehandlung der Aktionäre ohnehin kollektive Informationsformen von größerer Bedeutung bedeutsamer. Auch wird deren Durchsetzung zB durch Aufsichtsbehörden und Wirtschaftsprüfer kontrolliert, und werden durch die fehlende Anknüpfung an die Hauptversammlung auch die dort nicht anwesenden Aktionäre gleich behandelt.

74   **2. Voraussetzungen.** Abs. 4 enthält insoweit eine Erleichterung zu Abs. 1 als ausdrücklich **nicht** verlangt wird, dass die Information zur sachgemäßen Beurteilung eines Tagesordnungspunktes erforderlich ist. Auch ein Zusammenhang mit der Tagesordnung ist **nicht** notwendig.[188] Zwar ist der Wortlaut des Abs. 4 S. 1 Hs. 2 nicht ganz eindeutig. Aus dem Sinn und Zweck, eine Gleichbehandlung der Aktionäre zu gewährleisten, folgt aber, dass der informationell benachteiligte Aktionär nicht darauf warten muss, bis in irgendeiner Hauptversammlung die betreffende Information aktuell wird. Im Übrigen enthält aber Abs. 4 zum Teil strengere Voraussetzungen, so dass auch deshalb seine praktische Bedeutung (→ Rn. 73) reduziert ist.

75   **a) Aktionärsbezug.** Einem Aktionär muss vom Vorstand (vgl. Abs. 4 S. 2) eine Information gerade wegen seiner Eigenschaft als Aktionär gewährt worden sein. Die Information muss aber nicht persönlich übermittelt worden sein. Vielmehr ist eine **Zurechnung** möglich, wenn für Aktionär oder Vorstand befugte Repräsentanten handeln oder deren Verhalten zumindest geduldet wird. Eine schlichte Indiskretion durch Aufsichtsratsmitglieder genügt aber nicht.[189]

76   Die Begrenzung wegen der Aktionärseigenschaft bezieht sich vor allem auf Aktionäre, die in einer **Doppelfunktion** zur Aktiengesellschaft stehen. Beispielsweise betrifft dies Aufsichtsratsmitglieder oder Kreditgeber, die zugleich Aktionäre sind. Für Mitglieder des Vorstands ist demgegenüber Abs. 4 schon deshalb nicht anwendbar, weil sie nicht zugleich Weitergeber und Adressat der betreffenden Information sein können („Konfusionsargument").[190] **Problematisch** ist bei Doppelfunktionen,

---

[185] S. BGH NZG 2009, 342 Rn. 37; Grigoleit/*Herrler* Rn. 31; Großkomm AktG/*Decher* Rn. 251 ff.; MHdB AG/*Semler* § 37 Rn. 22.
[186] RegBegr. des AktG 1965 in *Kropff* S. 187; MüKoAktG/*Kubis* Rn. 141.
[187] Großkomm AktG/*Decher* Rn. 335 f.; K. Schmidt/Lutter/*Spindler* Rn. 84; *Jäger* Aktiengesellschaft, Rn. 85.
[188] BayObLGZ 2002, 227 (229); LG Flensburg NZG 2004, 677 (680); Großkomm AktG/*Decher* Rn. 365; Hüffer/Koch/*Koch* Rn. 42; MüKoAktG/*Kubis* Rn. 151.
[189] Zu Einzelheiten MüKoAktG/*Kubis* Rn. 143; Großkomm AktG/*Decher* Rn. 34; *Meilicke/Heidel* DStR 1992, 113 (113 f.); bestätigt von LG Frankfurt NJW-RR 2016, 739; dazu kritisch *Mense/Klie* GWR 2017, 1.
[190] Im Ergebnis auch KG DB 2001, 1080 (1082).

wie ermittelt werden kann, ob die Auskunft wegen der Aktionärseigenschaft oder der besonderen rechtlichen Beziehung zur Aktiengesellschaft gegeben wurde. Die Motive der Beteiligten können kaum festgestellt werden. Es wird deshalb vorgeschlagen, auf den Schwerpunkt abzustellen.[191] Auch kann man an einen „Als-Ob-Test" denken, also danach fragen, ob die gleiche Information erteilt worden wäre, wenn der Geschäftspartner nicht Aktionär gewesen wäre.[192] Dennoch lässt sich de lege lata das Abgrenzungsproblem nicht vollständig lösen. Dazu trägt auch bei, dass zB für den Einfluss von Banken die Trennung zwischen Eigen- und Fremdkapital für den tatsächlichen Einfluss oft nicht ausschlaggebend ist.[193]

Eine besondere Fallgruppe liegt bei **verbundenen Unternehmen** vor. Hier besteht eine rechtliche Sonderbeziehung zwischen Unternehmen, die in vielen Fällen keine informationelle Gleichbehandlung anderer Aktionäre zur Folge haben muss. Dies ist allgemeine Ansicht beim Vertragskonzern (§ 291 Abs. 1 S. 1 Fall 1), weil hier das besondere Rechtsverhältnis (§§ 302 f., 308 Abs. 1) zwischen den Unternehmen bewirkt, dass Auskünfte in Ausübung der Konzernleitungsmacht und nicht wegen bloßer Aktionärsstellung erteilt werden.[194] Entsprechendes gilt nach heute hM auch beim faktischen Konzern.[195] Soweit ein Unternehmensvertrag besteht (§ 291 Abs. 1 S. 1 Fall 2, § 292), kann dabei auch hier auf diesen abgestellt werden. Auch sonst bewirkt aber das Beherrschungsverhältnis, dass das besondere gesetzliche Ausgleichssystem der §§ 311 ff. eine informationelle Vorzugsstellung des herrschenden Aktionärs voraussetzt.

Demgegenüber reicht es nach der zutreffenden hM nicht aus, wenn eine bloße Abhängigkeit (§ 17) oder Mehrheitsbeteiligung (§ 16) vorliegt.[196] Ebenso wenig ist es bei § 131 Abs. 4 zulässig, sonstigen Großaktionären,[197] institutionellen Investoren oder Aktionärsvereinigungen[198] einen Informationsvorteil zu verschaffen. Bei allen diesen Situationen lässt sich nämlich nicht argumentieren, dass der besondere Charakter dieser Aktionärstypen einen sachlichen Grund für die Informationserteilung darstelle. Im Unterschied zu § 53a reicht bei § 131 Abs. 4 ein sachlicher Grund als Rechtfertigung nicht aus, weil ansonsten das Kriterium des Aktionärsbezugs hinfällig werden würde.[199]

b) Zeitpunkt. Die Auskunft muss außerhalb der Hauptversammlung erteilt worden sein. Dies erfasst auch den Fall, dass ein Aktionär nur „bei Gelegenheit" der Hauptversammlung informiert wurde, also die Auskunft nicht allen anwesenden Aktionären zugänglich gemacht wurde.[200] Der entscheidende Zeitpunkt für die Aktionärsstellung ist die Auskunftserteilung. Es kommt nicht darauf an, ob er später seine Aktien veräußert hat.[201]

c) Auskunftsverlangen in der Hauptversammlung. Ein Auskunftsverlangen setzt voraus, dass ein bestimmter Informationsvorgang dargelegt wird, aus dem sich der Anspruch aus § 131 Abs. 4 ableiten lässt. Der Name des Aktionärs, dem die Auskunft bevorzugt erteilt wurde, muss nicht benannt werden.[202] Nicht ausreichend ist die allgemeine Behauptung, dass Auskünfte im Sinne des Abs. 4 erteilt worden sind.[203] Ebensowenig zulässig sind Ausforschungsfragen, bei denen allgemein danach gefragt wird, ob und gegebenenfalls welche Auskünfte zu irgendwelchen Gegenständen erteilt worden sind.[204] Nur ausnahmsweise kann insoweit Abs. 1 S. 1 weiterhelfen, wenn ein Zusam-

---

[191] Großkomm AktG/*Decher* Rn. 344.
[192] K. Schmidt/Lutter/*Spindler* Rn. 87.
[193] S. *Hill* in Macmillan, International Corporate Law, Volume 1, 2000, 17 (24) („with the rise of more complex funding instruments, the traditional distinction between debt and equity fails to accord with economic reality and looks artificial, arbitrary and increasingly passé").
[194] MüKoAktG/*Kubis* Rn. 157; Großkomm AktG/*Decher* Rn. 347; *Decher* ZHR 158 (1994), 473 (480); Hüffer/Koch/*Koch* Rn. 38.
[195] LG München I Konzern 2007, 448 (455); LG Saarbrücken AG 2006, 89 (90); LG Düsseldorf AG 1992, 461 (462); MüKoAktG/*Kubis* Rn. 158; K. Schmidt/Lutter/*Spindler* Rn. 88; Großkomm AktG/*Decher* Rn. 348; *Decher* ZHR 158 (1994), 473 (481 ff.); Hüffer/Koch/*Koch* Rn. 38; aA LG Frankfurt a. M. AG 2007, 48 (50); *Schneider* FS Lutter, 2000, 1193 (1204); ausführlich *Pentz* ZIP 2007, 2298.
[196] MüKoAktG/*Kubis* Rn. 159; K. Schmidt/Lutter/*Spindler* Rn. 90; aA Großkomm AktG/*Decher* Rn. 349.
[197] BayObLG NZG 2002, 1020 (1021); Großkomm AktG/*Decher* Rn. 356.
[198] Großkomm AktG/*Decher* Rn. 358.
[199] Verkannt von *Krömker* NZG 2003, 418 (423).
[200] Ähnlich MüKoAktG/*Kubis* Rn. 144; K. Schmidt/Lutter/*Spindler* Rn. 85.
[201] Großkomm AktG/*Decher* Rn. 339.
[202] MüKoAktG/*Kubis* Rn. 152; aA LG Frankfurt a. M. AG 1968, 24.
[203] BGHZ 86, 1 (7) = NJW 1983, 878; Großkomm AktG/*Decher* Rn. 360; MüKoAktG/*Kubis* Rn. 152.
[204] OLG Dresden NZG 1999, 403 (404); MüKoAktG/*Kubis* Rn. 152; Großkomm AktG/*Decher* Rn. 360; Hüffer/Koch/*Koch* Rn. 41; MHdB AG/*Semler* § 37 Rn. 20; K. Schmidt/Lutter/*Spindler* Rn. 92; aA *Meilicke/Heidel* DStR 1992, 113 (114).

menhang mit einem Tagesordnungspunkt (zB Entlastung wegen Interessenkonflikt von Vorstandsmitgliedern) hergestellt werden kann.

81 **Zeitlich** setzt Abs. 4 nur voraus, dass das Auskunftsverlangen in der Hauptversammlung gestellt wurde. Eine Beschränkung auf die nächste Hauptversammlung besteht nicht.[205] Dies macht auch deshalb Sinn, weil ohnehin kein Zusammenhang mit einem Tageordnungspunkt bestehen muss (→ Rn. 74). Allerdings ist im Einzelfall der Einwand des Rechtsmissbrauchs denkbar.

82 **d) Gesellschaftsangelegenheit.** Ungeschriebenes Merkmal des Abs. 4 ist, dass es sich um eine Gesellschaftsangelegenheit handelt.[206] Dazu wird auf den Zusammenhang mit Abs. 1 S. 1 verwiesen.[207] Außerdem besteht andernfalls kein legitimes Informationsinteresse der anderen Aktionäre.

83 **3. Grenzen.** Bezüglich der Auskunftsverweigerungsrechte des Abs. 3 schließt **Abs. 4 S. 2** die Anwendung der Nummern 1–4 aus. Entsprechendes gilt auch im Hinblick auf Nr. 6, weil es sich insoweit um Redaktionsversehen handelt.[208] De lege ferenda ist § 131 Abs. 4 S. 2 insgesamt nicht ganz stimmig.[209]

84 **Abs. 4 S. 3** enthält einen besonderen Ausschlussgrund für die Konzernrechnungslegung. Bei einer Vollkonsolidierung handelt es sich nur um eine klarstellende Bestimmung, weil die Auskunft dem Mutterunternehmen gerade in dieser Eigenschaft und nicht als Aktionär erteilt wird.[210] Anders ist es bei einer anteilsmäßigen Konsolidierung.[211] Ein Umkehrschluss kann aus § 131 Abs. 4 S. 3 in keinem Falle gezogen werden.[212]

85 **4. Rechtsfolge.** Wie bei Abs. 1 ist der Auskunftsanspruch des Abs. 4 in der Hauptversammlung zu erfüllen.[213] Durch die dadurch eintretende Verzögerung wird zwar die Gleichberechtigung aller Aktionäre beeinträchtigt. Angesichts des klaren Hauptversammlungsbezuges des § 131 ist aber de lege lata ein Anspruch auf Auskunft außerhalb der Hauptversammlung nicht begründbar.[214] De lege ferenda sollte dies freilich überdacht werden (→ Rn. 11).

VII. Anspruch auf Protokollierung (Abs. 5)

86 Der Anspruch auf Protokollierung knüpft an § 130 an, der allgemein die Niederschrift der Hauptversammlung regelt. Wohingegen aber gemäß § 245 Nr. 1 die Anfechtungsbefugnis davon abhängt, dass der Aktionär gegen den Beschluss Widerspruch zur Niederschrift erklärt, kommt § 131 Abs. 5 keine materiellrechtliche Bedeutung zu. Es handelt sich um eine Regelung, die allein Beweiszwecken dient.[215] Dabei hat der Notar sowohl die betreffende Frage als auch die Verweigerung der Antwort im Protokoll aufzunehmen.[216] Den Aktionär trifft keine Obliegenheit, eine Protokollierung zu verlangen.[217] Es ist auch nicht als Rechtsmissbrauch anzusehen, wenn der Aktionär am Ende der Veranstaltung die fehlende Beantwortung bestimmter Fragen nicht rügt.[218] Auch sonst hat eine Unterlassung der Protokollierung keine nachteiligen Auswirkungen: Ein Anfechtungsrecht wird nicht begründet.[219] Auch bleibt ein Nachschieben von Gründen möglich.[220] Eine mittelbare Bedeutung kann die Protokollierung für das Bestellen eines Sonderprüfers haben (s. § 258 Abs. 1 Nr. 2).

---

[205] BayObLG NZG 2002, 1020 (1021); Großkomm AktG/*Decher* Rn. 364; MüKoAktG/*Kubis* Rn. 150.
[206] Hüffer/Koch/*Koch* Rn. 42; MüKoAktG/*Kubis* Rn. 142.
[207] MüKoAktG/*Kubis* Rn. 142; zum Begriff „Gesellschaftsangelegenheit" → Rn. 23 ff.
[208] MüKoAktG/*Kubis* Rn. 155; Großkomm AktG/*Decher* Rn. 369; K. Schmidt/Lutter/*Spindler* Rn. 95.
[209] Großkomm AktG/*Decher* Rn. 366; MüKoAktG/*Kubis* Rn. 155; K. Schmidt/Lutter/*Spindler* Rn. 95.
[210] Großkomm AktG/*Decher* Rn. 352; K. Schmidt/Lutter/*Spindler* Rn. 91; Hüffer/Koch/*Koch* Rn. 39; → Rn. 77.
[211] Großkomm AktG/*Decher* Rn. 353.
[212] Großkomm AktG/*Decher* Rn. 354;*Decher* ZHR 158 (1994), 473 (485 ff.); MüKoAktG/*Kubis* Rn. 156; Hüffer/Koch/*Koch* Rn. 39; K. Schmidt/Lutter/*Spindler* Rn. 91.
[213] Zu Einzelheiten → Rn. 63 ff.
[214] K. Schmidt/Lutter/*Spindler* Rn. 94; *Hoffmann-Becking* FS Rowedder, 1994, 155 (157 ff.); Großkomm AktG/*Decher* Rn. 337, 363; Hüffer/Koch/*Koch* Rn. 42; aA *Joussen* DB 1994, 2485 (2486).
[215] RegBegr des AktG 1965 in *Kropff* S. 188; nun auch BGH NZG 2015, 867; 2014, 423 Rn. 43 (Vorschrift regelt lediglich eine Dokumentationspflicht).
[216] OLG Frankfurt a. M. NZG 2013, 23; skeptisch *Reger* NZG 2013, 48.
[217] Großkomm AktG/*Decher* Rn. 376.
[218] OLG Köln NZG 2011, 1150 (obiter); MüKoAktG/*Kubis* Rn. 75; aA *Bredol* NZG 2012, 613; s. auch Grigoleit/*Herrler* Rn. 53.
[219] Großkomm AktG/*Decher* Rn. 377; Hüffer/Koch/*Koch* Rn. 43.
[220] So auch *Lieder* NZG 2014, 601 (603); zur potentiellen Auswirkung auf die Kosten im Verfahren nach § 132 → § 132 Rn. 27.

VIII. Rechtsdurchsetzung

Die verschiedenen Mittel zur Rechtsdurchsetzung des Auskunftsrechts stehen **nebeneinander**, weil sie sich in ihren Voraussetzungen, Rechtsfolgen und Regelungszielen unterscheiden. Die gravierendste Rechtsfolge ist typischerweise, dass der Beschluss, dem eine verweigerte Auskunft zu Grunde lag, gemäß § 243 angefochten wird. Auch wenn man dies als „unerträglich harte Sanktion"[221] ansieht, folgt daraus indes nach heute allgemeiner Ansicht kein Vorrang des § 132 gegenüber der Beschlussanfechtung.[222] Überdies ist nach zutreffender herrschender Ansicht eine Entscheidung nach § 132 nicht präjudiziell für einen Anfechtungsprozess.[223] Dies folgt zum einen aus einem Umkehrschluss aus § 132 Abs. 3 S. 1, der gerade nicht auf die Wirkung „inter omnes" gemäß § 99 Abs. 5 S. 2 verweist. Zum anderen ist § 132 angesichts seines eingeschränkten Instanzenzuges auch inhaltlich nicht § 243 überlegen. Zur Schonung der Gerichtsbarkeit und zur Reduzierung divergierender Entscheidungen, ist es indes gemäß § 148 ZPO zulässig, den Anfechtungsprozess bis zum Ende der Auskunftserzwingung auszusetzen.[224]

1. Auskunftserzwingung. S. § 132.

2. Beschlussanfechtung. → § 243 Rn. 132 ff., 138 ff.

3. Schadensersatzansprüche. Schadensersatzansprüche wegen rechtswidrig verweigerter Auskunft haben bisher in der Rechtsprechung keine gewichtige Rolle gespielt. Im Prinzip ist aber zum einen denkbar, dass der Aktiengesellschaft ein Anspruch aus § 93 gegen ihre Vorstandsmitglieder zusteht. Materiellrechtlich setzt er voraus, dass das betreffende Vorstandsmitglied sich fehlerhaft für die Auskunftsverweigerung ausgesprochen hat.[225] Zur Rechtsdurchsetzung s. § 93 Abs. 6, §§ 112, 147 ff. Zum anderen kann im Prinzip ein Schadensersatzanspruch von Aktionären denkbar sein. Ob dabei nur § 400 Abs. 1 Nr. 1,[226] oder auch § 131[227] ein Schutzgesetz im Sinne des § 823 Abs. 2 BGB ist, wird in der Praxis oft keinen Unterschied machen, weil es dem Aktionär in der Regel an einem eigenen Schaden fehlen wird. Wenn dennoch ein Schaden nachgewiesen werden kann, kann dieser Anspruch auch gegen die Aktiengesellschaft selbst geltend gemacht werden.[228]

4. Sonderprüfung. S. §§ 142, 258, 315.

5. Strafrecht. S. § 400 Abs. 1 Nr. 1.

IX. Rechtspolitischer Ausblick

Es ist zu erwarten, dass die Diskussion um die Ausgestaltung eines individuellen Informationsrechtes von Aktionären nicht aufhören wird. Wie zuvor erwähnt (→ Rn. 28, 34), bestehen Bedenken, ob § 131 vollständig mit den Vorgaben der Aktionärsrichtlinie im Einklang steht. Nach hier vertretener Ansicht besteht ohnehin **Reformbedarf** (→ Rn. 11, 18, 71), weil sich § 131 nicht bewährt hat und in seiner Grundkonzeption verfehlt ist. Diese Bedenken werden auch dadurch bestätigt, dass in den internationalen Standards für gute Corporate Governance bzw. Aktionärsschutz eine dem deutschen Recht entsprechende Regelung gerade nicht vorgesehen ist.[229] Inhaltlich ist nach hier vertretener Ansicht insbesondere zu empfehlen, die Satzungsdispositivität auszuweiten, generelle Publikati-

---

[221] LG Heidelberg ZIP 1997, 1787 (1791).
[222] BGH NZG 2009, 342 Rn. 35; BGHZ 86, 1 (3 ff.) = NJW 1983, 878; KG AG 2001, 355 (356); K. Schmidt/Lutter/*Spindler* § 132 Rn. 40; Großkomm AktG/*Decher* § 132 Rn. 10; MüKoAktG/*Kubis* § 132 Rn. 60; Hüffer/Koch/*Koch* § 132 Rn. 2; aA *Werner* FS Heinsius, 1991, 911 (915 ff.).
[223] BGH NZG 2009, 342 Rn. 35; K. Schmidt/Lutter/*Spindler* § 132 Rn. 41; MüKoAktG/*Kubis* § 132 Rn. 61; Großkomm AktG/*Decher* § 132 Rn. 11; Hüffer/Koch/*Koch* § 132 Rn. 2; aA OLG Stuttgart AG 1992, 459; OLG München NZG 2002, 187; MHdB/*Semler* § 37 Rn. 61.
[224] *Lüke* ZGR 1990, 657 (663 ff.); MüKoAktG/*Kubis* § 132 Rn. 62; K. Schmidt/Lutter/*Spindler* § 132 Rn. 42; Großkomm AktG/*Decher* § 132 Rn. 12; Hüffer/Koch/*Koch* § 132 Rn. 2; zurückhaltender LG Frankenthal AG 1989, 253 (255).
[225] Ähnlich Großkomm AktG/*Decher* Rn. 406; MüKoAktG/*Kubis* Rn. 173.
[226] MüKoAktG/*Kubis* Rn. 171; siehe auch *Moser* NZG 2017, 1417 (1426).
[227] Großkomm AktG/*Decher* Rn. 407; K. Schmidt/Lutter/*Spindler* Rn. 99; NK-AktR/*Heidel* Rn. 5b; Kölner Komm AktG/*Kersting* Rn. 563 f.
[228] MüKoAktG/*Kubis* Rn. 173.
[229] Siehe G20/OECD Principles of Corporate Governance, abrufbar über www.oecd.org/corporate/principles-corporate-governance.htm (auf S. 20 wird auf Aktionärsfragen im Vorfeld der Hauptversammlung abgestellt) (abgerufen am 15.2.2018); World Bank, Doing Business Report, Protecting Minority Investors, abrufbar über www.doingbusiness.org/methodology (nur andere Offenlegungsverpflichtungen werden erwähnt) (abgerufen am 15.2.2018).

onsformen zu Lasten eines individuellen Auskunftsrechts zu fördern und eine schriftliche Form des Informationsverlangens und der Informationserteilung zuzulassen.

§ 132 Gerichtliche Entscheidung über das Auskunftsrecht

(1) Ob der Vorstand die Auskunft zu geben hat, entscheidet auf Antrag ausschließlich das Landgericht, in dessen Bezirk die Gesellschaft ihren Sitz hat.

(2) ¹Antragsberechtigt ist jeder Aktionär, dem die verlangte Auskunft nicht gegeben worden ist, und, wenn über den Gegenstand der Tagesordnung, auf den sich die Auskunft bezog, Beschluß gefaßt worden ist, jeder in der Hauptversammlung erschienene Aktionär, der in der Hauptversammlung Widerspruch zur Niederschrift erklärt hat. ²Der Antrag ist binnen zwei Wochen nach der Hauptversammlung zu stellen, in der die Auskunft abgelehnt worden ist.

(3) ¹§ 99 Abs. 1, 3 Satz 1, 2 und 4 bis 6 sowie Abs. 5 Satz 1 und 3 gilt entsprechend. ²Die Beschwerde findet nur statt, wenn das Landgericht sie in der Entscheidung für zulässig erklärt. ³§ 70 Abs. 2 des Gesetzes über das Verfahren in Familiensachen und in den Angelegenheiten der freiwilligen Gerichtsbarkeit ist entsprechend anzuwenden.

(4) ¹Wird dem Antrag stattgegeben, so ist die Auskunft auch außerhalb der Hauptversammlung zu geben. ²Aus der Entscheidung findet die Zwangsvollstreckung nach den Vorschriften der Zivilprozeßordnung statt.

(5) Das mit dem Verfahren befaßte Gericht bestimmt nach billigem Ermessen, welchen Beteiligten die Kosten des Verfahrens aufzuerlegen sind.

Schrifttum: *Back*, Verfahrensbeschleunigung durch Zuweisung von Leistungsklagen in den Bereich der Freiwilligen Gerichtsbarkeit? – Eine Kritik des Auskunftserzwingungsverfahrens nach geltendem Aktien- und GmbH-Recht, Diss. Hamburg 1986; *Ebenroth*, Das Auskunftsrecht des Aktionärs und seine Durchsetzung im Prozeß unter besonderer Berücksichtigung des Rechtes der verbundenen Unternehmen, 1970; *Jänig/Leißring*, FamFG: Neues Verfahrensrecht für Streitigkeiten in AG und GmbH, ZIP 2010, 110; *Hellwig*, Der Auskunftsanspruch des Aktionärs nach unrichtiger Auskunftserteilung, FS Budde, 1995, 265; *Quack*, Unrichtige Auskünfte und das Erzwingungsverfahren nach § 132 AktG, FS Beusch, 1993, 663; *Stadler*, Rechtsfolgen bei Verletzung des Auskunftsrechts nach § 131 AktG, 2006; *Werner*, Fehlentwicklungen in aktienrechtlichen Auskunftsstreitigkeiten – Zugleich ein Beitrag über die Zulässigkeit negativer Feststellungsanträge im Auskunftserzwingungsverfahren, FS Heinsius, 1991, 911; s. auch Schrifttum zu § 131.

Übersicht

	Rn.		Rn.
I. Normzweck und Bedeutung	1–3	IV. Gerichtliches Verfahren (Abs. 3)	16–23
II. Zuständigkeit (Abs. 1)	4–6	1. Erste Instanz	16–19
		2. Rechtsmittel	20–22
III. Antrag (Abs. 2)	7–15	3. Rechtskraft	23
1. Antragsberechtigung	7–10	V. Durchsetzung der Entscheidung (Abs. 4)	24, 25
2. Frist	11	1. Auskunftserteilung (S. 1)	24
3. Form	12, 13	2. Vollstreckung (S. 2)	25
4. Antragsgegner	14	VI. Kosten (Abs. 5)	26–28
5. Rechtsschutzbedürfnis	15		

I. Normzweck und Bedeutung

1   Die Vorschrift des § 132 wurde mit dem AktG 1965 eingefügt und 1980 auch in das GmbH-Recht übernommen (§ 51b GmbHG). Ihr liegt zugrunde, dass in einem Verfahren der freiwilligen Gerichtsbarkeit eröffnet wird, mit dem nach Ansicht des Gesetzgebers ein **beschleunigter Rechtsschutz** gewährleistet sein soll.[1] Dies wird mitunter bezweifelt.[2] Im Unterschied zu normalen Verfahren tritt aber jedenfalls insoweit eine Beschleunigung ein, als ein Antrag binnen zwei Wochen einzureichen ist (Abs. 2 S. 2), die sofortige Beschwerde der Zulassung bedarf (Abs. 3 Satz 2) und die weitere Beschwerde ausgeschlossen ist (Abs. 3 S. 1 iVm § 99 Abs. 3 S. 7).

2   Als weiteres Spezifikum gegenüber der streitigen Zivilgerichtsbarkeit ist ein Verfahren nach § 132 recht **kostengünstig** (Abs. 5). Der Grund dieses Verfahrens liegt deshalb auch darin, auskunftssu-

---

[1] RegBegr des AktG 1965 in *Kropff* S. 189; s. auch BGHZ 86, 1, (4) = NJW 1983, 878.
[2] S. MüKoAktG/*Kubis* Rn. 1; Großkomm AktG/*Decher* Rn. 2.

chenden Aktionären einen erleichterten Zugang zur gerichtlichen Auskunftserzwingung zu eröffnen.³ Gerade deshalb soll § 132 eine **rechtstatsächliche** hohe Bedeutung zukommen.⁴ Diese Kostengünstigkeit hat freilich auch die Konsequenz, dass insoweit die Unternehmensleitung mit einer rechtswidrigen Auskunftsverweigerung nicht viel riskiert.

Das Druckpotential auf die Unternehmensleitung wird jedoch dadurch gewährleistet, dass § 132 die Möglichkeit einer **Beschlussanfechtungsklage nicht ausschließt** (→ § 131 Rn. 87). Anders ist es für eine **Leistungsklage** nach der streitigen Zivilgerichtsbarkeit, weil § 132 gerade eine besondere Form der Durchsetzung des Auskunftsrechts darstellt.⁵ Ebensowenig kann eine **Feststellungsklage** erhoben werden, weil es sowohl bei den Aktionären als auch bei der Gesellschaft an einem besonderen Feststellungsinteresse (§ 256 ZPO) fehlt.⁶ Daran ändert auch eine drohende Anfechtungsklage nichts, weil insoweit keine Bindungswirkung besteht.⁷

II. Zuständigkeit (Abs. 1)

Sachlich ist gemäß Abs. 1 das Landgericht ausschließlich zuständig. Dabei ist als **Geschäftsverteilungsregelung** in § 71 Abs. 2 Nr. 4 lit. b GVG vorgesehen, dass dann, wenn eine Kammer für Handelssachen gebildet ist, diese an die Stelle der Zivilkammer tritt. Wenn dennoch die Zivilkammer entscheidet, ist dies aber regelmäßig unschädlich.⁸

Örtlich ist nach Abs. 1 S. 1 das Gericht zuständig, in dessen Bezirk die Gesellschaft ihren Gesellschaftssitz hat (§ 14). Die Möglichkeit, gemäß § 71 Abs. 4 GVG eine Konzentration bei bestimmten Gerichten vorzusehen, wurde in einer Reihe von Bundesländern wahrgenommen.⁹

Da sowohl die freiwillige wie die streitige Gerichtsbarkeit zum ordentlichen Rechtsweg gehören, ist die Zuständigkeit der **freiwilligen Gerichtsbarkeit** (Abs. 3 S. 1 iVm § 99 Abs. 1) nicht als Frage des Rechtsweges, sondern der anwendbaren Verfahrensordnung zu verstehen. Allerdings gelten auch für dieses Verhältnis die §§ 17 ff. GVG vorliegend analog,¹⁰ weil es sich bei § 132 um ein Antragsverfahren und nicht um ein Amtsverfahren des FamFG handelt, bei dem die Anhängigkeit eines Rechtsstreits fehlen würde.

III. Antrag (Abs. 2)

1. Antragsberechtigung. Abs. 2 S. 1 setzt zunächst voraus, dass der Antrag von einem **Aktionär** gestellt wird. In Parallele zu § 131 kommt es dabei auf den formellen Aktionärsstatus an, und wird auch der Legitimationsaktionär erfasst.¹¹ Eine Bevollmächtigung ist im Prinzip möglich (Abs. 3 S. 1 iVm § 99 Abs. 1 iVm § 10 Abs. 2 FamFG). Sie kann indes idR nicht konkludent mit einer Bevollmächtigung im Rahmen des § 131 unterstellt werden.¹²

Wenn der Aktionär seine Aktien **veräußert**, können nach allgemeiner Ansicht weder der bisherige noch der neue Aktionär mit Erfolg einen Antrag nach § 132 stellen. Dabei kommt es nicht darauf an, ob hierzu auf eine fehlende Antragsberechtigung, ein fehlendes Rechtsschutzbedürfnis oder die Unbegründetheit des Antrags abgestellt wird.¹³ Für den Fall des **Todes** eines Aktionärs geht dagegen die Antragsberechtigung im Wege der Gesamtrechtsnachfolge auf den Erben über.¹⁴

---

³ RegBegr des AktG 1965 in *Kropff* S. 190.
⁴ MüKoAktG/*Kubis* Rn. 2; aA K. Schmidt/Lutter/*Spindler* Rn. 1.
⁵ BGH NJW-RR 1995, 1183 zu § 51b GmbHG; Großkomm AktG/*Decher* Rn. 9; MüKoAktG/*Kubis* Rn. 64.
⁶ MüKoAktG/*Kubis* Rn. 65.
⁷ → § 131 Rn. 87; anders *Werner* FS Heinsius, 1991, 911 (922 ff.), der eine Bindungswirkung annimmt.
⁸ MüKoAktG/*Kubis* Rn. 6; aA Bürgers/Körber/*Reger* Rn. 2.
⁹ In Baden-Württemberg zugunsten der Landgerichte Mannheim und Stuttgart, in Bayern zugunsten der Landgerichte München I und Nürnberg-Fürth sowie des OLG München als Beschwerdegericht, in Hessen zugunsten des Landgerichts Frankfurt am Main, in Niedersachsen zugunsten des Landgerichts Hannover, in Nordrhein-Westfalen zugunsten der Landgerichte Dortmund, Düsseldorf und Köln sowie des OLG Düsseldorf als Beschwerdegericht, in Rheinland-Pfalz zugunsten des OLG Zweibrücken als Beschwerdegericht und in Sachsen zugunsten des Landgerichts Leipzig; siehe Nachweise in MüKoAktG/*Kubis* Rn. 4.
¹⁰ S. Großkomm AktG/*Decher* Rn. 15; Baumbach/Hueck/*Zöllner*/*Noack* GmbHG § 51b Rn. 15.
¹¹ → § 131 Rn. 12, 14; zum Legitimationsaktionär auch MüKoAktG/*Kubis* Rn. 10, 12; aA *Groß* AG 1997, 97 (103).
¹² OLG Hamburg AG 1970, 51; MüKoAktG/*Kubis* Rn. 5, 22; Großkomm AktG/*Decher* Rn. 18; Hüffer/*Koch*/*Koch* Rn. 5.
¹³ Dazu MüKoAktG/*Kubis* Rn. 9; Großkomm AktG/*Decher* Rn. 21; MHdB AG/*Semler* § 37 Rn. 50; Baumbach/Hueck/*Zöllner*/*Noack* GmbHG § 51b Rn. 9; aA NK-AktR/*Heidel* Rn. 5a (Erwerber kann Verfahren fortführen).
¹⁴ OLG Frankfurt a. M. NZG 2013, 23 (26) mwN.

9 Weiter muss es sich entweder gemäß **Abs. 2 S. 1 Alt. 1** um den fragenden Aktionär oder gemäß **Abs. 2 S. 1 Alt. 2** um einen widersprechenden Aktionär handeln. Die Alt. 1 setzt ein wirksames Auskunftsverlangen durch den Antragsteller voraus. Dazu reicht es aus, wenn ein Aktionär sich die Frage eines anderen Aktionärs in der Hauptversammlung zu eigen macht, weil die Voraussetzung einer Fragewiederholung einen unnötigen Formalismus darstellen würde.[15] In Extremfällen ist dies indes nicht ausreichend, nämlich dann, wenn es sich um eine pauschale Bezugnahme auf Fragen anderer Aktionäre – insbesondere bei einer Vielzahl von Vorrednern – handelt.[16] Andernfalls wäre die einschränkende Voraussetzung der Alt. 1 weitgehend entwertet. Auch steht dem Aktionär, der § 132 extensiv nutzen möchte, immer noch die Möglichkeit offen, nach Alt. 2 bezüglich aller Fragen Widerspruch zur Niederschrift zu erklären. Ein Widerspruch kann erst nach Bekanntgabe des Beschlussergebnisses erklärt werden.[17]

10 **Inhaltlich** wird für einen Antrag nach § 132 vorausgesetzt, dass gerade eine Entscheidung über die in der Hauptversammlung **beantragte Auskunft** begehrt wird.[18] Andernfalls würde das Antragsverfahren den Charakter einer „Ersatzhauptversammlung" erhalten, in welcher der Aktionär ganz allgemein Auskünfte erfragen könnte. Der Sinn des § 132 liegt aber vor allem darin, die Entscheidung des Vorstandes anhand der Kriterien des § 131 zu kontrollieren. Davon wird auch der Fall der **unrichtigen Auskunftserteilung** erfasst. Die früher herrschende Meinung verwies den Aktionär dazu zwar auf die streitige Zivilgerichtsbarkeit, weil nach dem Wortlaut des § 132 nur das Nichterteilen einer Auskunft und somit zB das Vorliegen von Auskunftsverweigerungsrechten erfasst sei.[19] Die heute herrschende Ansicht lehnt dies aber zu Recht ab.[20] Schon das formale Wortlautargument überzeugt nicht, weil jede Falschveröffentlichung auch eine Nichtveröffentlichung beinhaltet. Weiter spricht die Gesetzessystematik für eine umfassende Geltung des § 132 als Norm zur Verwirklichung des § 131. Das ist auch wertungsmäßig angemessen, weil keine Gründe bestehen, warum man zB bei falschen Auskünften andere Fristen und Rechtsbehelfe als bei einer unrichtigen Auskunftserteilung anwenden sollte. Schließlich dient eine umfassende Geltung des § 132 der Rechtssicherheit, weil so die müßige Abgrenzung vermieden wird, wann eine Auskunft so dürftig ist, dass sie nicht nur als falsch sondern als nicht-existent anzusehen ist.

11 **2. Frist.** Die Zwei-Wochen-Frist des Abs. 2 S. 2 ist eine materiell-rechtliche Ausschlussfrist.[21] Eine Wiedereinsetzung in den vorherigen Stand ist nicht möglich.[22] Zur Fristberechnung gelten über Abs. 3 S. 1 iVm § 99 Abs. 1 die § 187 Abs. 1, § 188 Abs. 2 BGB. Wie auch sonst, wirkt auch hier ein rechtzeitiger Zugang beim unzuständigem Gericht als fristwahrend (Rechtsgedanke des § 17b Abs. 1 S. 2 GVG).[23]

12 **3. Form.** Über Abs. 3 S. 1 iVm § 99 Abs. 1 gelten die allgemeinen Regeln der freiwilligen Gerichtsbarkeit. § 25 FamFG lässt dabei einen Antrag zu Protokoll der Geschäftsstelle und § 10 FamFG eine Bevollmächtigung zu. Zwingende Vorgaben für die Ausgestaltung des Antrags bestehen nicht. Auch ist es möglich, einen unzulässigen Feststellungsantrag (→ Rn. 3) in einen Leistungsantrag umzudeuten.[24]

13 Eine **Rücknahme** des Antrags ist zulässig, weil es sich vorliegend um ein streitiges FamFG-Verfahren handelt, bei dem die Beteiligten die Verfahrensherrschaft besitzen.[25] Einzelheiten waren bis zum Inkrafttreten des FGG-Reformgesetzes[26] strittig. Nunmehr gilt § 22 FamFG (→ § 99 Rn. 6).

---

[15] BayObLG WM 1996, 119 (120); Großkomm AktG/*Decher* Rn. 16; MüKoAktG/*Kubis* Rn. 14.
[16] LG Frankfurt a. M. NZG 2005, 227.
[17] OLG Frankfurt a. M. NJW-RR 2007, 546.
[18] OLG Frankfurt a. M. NZG 2013, 23; BayObLG WM 1996, 119 (122); MüKoAktG/*Kubis* Rn. 34; Großkomm AktG/*Decher* Rn. 36.
[19] LG Dortmund AG 1999, 133; LG Köln AG 1991, 38; NK-AktR/*Heidel* Rn. 10.
[20] *Lieder* NZG 2014, 601 (608 f.); *Quack* FS Beusch, 1993, 663 (668 ff.); *Hellwig* FS Budde, 1995, 265 ff. (sogar verfassungsrechtlich geboten); Großkomm AktG/*Decher* Rn. 7; MüKoAktG/*Kubis* Rn. 15; Hüffer/Koch/*Koch* Rn. 4a; MHdB AG/*Semler* § 37 Rn. 53; K. Schmidt/Lutter/*Spindler* Rn. 9; Grigoleit/*Herrler* Rn. 6; anders KG WM 2010, 324.
[21] BayObLG NZG 2001, 608 (609); AG 1995, 328; MüKoAktG/*Kubis* Rn. 17; Hüffer/Koch/*Koch* Rn. 5.
[22] OLG Dresden AG 1999, 274; BayObLG AG 1995, 328; MüKoAktG/*Kubis* Rn. 17; Großkomm AktG/*Decher* Rn. 23.
[23] BayObLG NZG 2001, 608 (609); OLG Dresden AG 1999, 274 (275); MüKoAktG/*Kubis* Rn. 17; Großkomm AktG/*Decher* Rn. 25.
[24] OLG Koblenz AG 1996, 34 f.
[25] *Lieder* NZG 2014, 601 (607); MüKoAktG/*Kubis* Rn. 18; Hüffer/Koch/*Koch* Rn. 4; NK-AktR/*Heidel* Rn. 9.
[26] Gesetz zur Reform des Verfahrens in Familiensachen und in den Angelegenheiten der freiwilligen Gerichtsbarkeit (FGG-Reformgesetz – FGG-RG) vom 17.12.2008, BGBl. 2008 I 2586.

4. Antragsgegner. Der Antrag gemäß § 132 ist gegen die Aktiengesellschaft zu richten, die dabei 14
allein durch den Vorstand vertreten wird (§ 78 Abs. 1). § 246 Abs. 2 S. 2 gilt nicht analog. Wenn die
ursprüngliche Gesellschaft zB durch Verschmelzung in einer anderen Gesellschaft aufgegangen ist,
ist jene Gesellschaft Antragsgegnerin.[27]

5. Rechtsschutzbedürfnis. Das Rechtsschutzbedürfnis für einen Antrag nach § 132 fehlt, wenn 15
der Vorstand dem Aktionär nach der Hauptversammlung die streitige Frage beantwortet hat.[28] Die
Interessen anderer Aktionäre werden dadurch nicht beeinträchtigt, weil ihnen der Weg des § 131
Abs. 4 erhalten bleibt.

IV. Gerichtliches Verfahren (Abs. 3)

1. Erste Instanz. Über Abs. 3 S. 1 iVm § 99 Abs. 1 gelten die allgemeinen Regeln der freiwilligen 16
Gerichtsbarkeit. Dabei ist hier nicht allein auf das FamFG abzustellen. Da es sich um ein **echtes
Streitverfahren** handelt, sind einige Rechtsgedanken und Vorschriften aus der ZPO entsprechend
heranzuziehen.[29] Beispielsweise betrifft dies die Regeln zur Verfahrensherrschaft, so dass zB Vergleich, Verzicht und übereinstimmende Erledigterklärung möglich sind.[30] Auch besteht eine gerichtliche Bindung an den Antrag.[31]

Für die **Tatsachenermittlung** gilt im Ausgangspunkt der Untersuchungsgrundsatz des § 26 17
FamFG. Für die Beteiligten besteht somit keine Darlegungs- und Beweisführungslast (formelle
Beweislast). Allerdings besteht jedenfalls eine Informationslast (materielle Beweislast), weil bei einem
non-liquet ermittelt werden muss, wie materiell-rechtlich zu entscheiden ist.[32] Da vorliegend ausschließlich private Interessen betroffen sind, trifft sowohl den Aktionär als auch die Aktiengesellschaft
eine Darlegungs- und Förderungspflicht.[33] Ihr Inhalt folgt dabei aus § 131, so dass zB der Aktionär
die Voraussetzungen des § 131 Abs. 1 und die Aktiengesellschaft des § 131 Abs. 3 S. 1 darzulegen
hat. Dies macht auch deshalb Sinn, weil so ein Einklang mit dem Prüfungsmaßstab der Beschlussanfechtung (§ 243) hergestellt wird.

Nach hL ist das Verfahren des § 132 **nicht öffentlich.**[34] Dem liegt offenbar zu Grunde, dass auch 18
die Hauptversammlung nicht öffentlich ist. Dem wird von Kubis widersprochen, weil bei § 132
nicht die Auskunft selbst offengelegt, sondern nur über deren Berechtigung entschieden werde.[35]
Da eine rechtssichere Abgrenzung kaum möglich sein wird, ist der hL zuzustimmen.

Die **gerichtliche Entscheidung** ergeht gemäß Abs. 3 S. 1 iVm § 99 Abs. 3 S. 1 durch einen mit 19
Gründen versehenen Beschluss. Nach Abs. 3 S. 1 iVm § 99 Abs. 1 iVm § 15 FamFG ist die Entscheidung den Beteiligten bekannt zu geben. § 99 Abs. 4 gilt nicht, weil Abs. 3 S. 1 gerade nicht auf ihn
verweist.[36]

2. Rechtsmittel. Die **Beschwerde** (Abs. 3 S. 1 iVm § 99 Abs. 3 S. 2) setzt deren Zulassung durch 20
das erstinstanzliche Gericht voraus (Abs. 3 S. 2). Dies ist verfassungskonform, weil kein Recht auf
einen Instanzenzug besteht.[37] Eine Nichtzulassungsbeschwerde ist demgemäß wirksam ausgeschlossen.[38] Anders ist es bei greifbarer Gesetzeswidrigkeit, um so den Umweg über eine Verfassungsbeschwerde zu vermeiden.[39] Die Zulassungsvoraussetzung des Abs. 3 S. 3 iVm § 70 Abs. 2 Nr. 1
FamFG – Rechtsfrage von grundsätzlicher Bedeutung – entspricht § 348 Abs. 3 Nr. 2 ZPO, § 511
Abs. 4 Nr. 1 ZPO, § 522 Abs. 2 Nr. 2 ZPO, § 543 Abs. 2 Nr. 1 ZPO, § 574 Abs. 2 ZPO und sollte
entsprechend ausgelegt werden. Für Form und Frist der Beschwerdeeinlegung gelten grundsätzlich
die allgemeinen Regeln des FamFG (Abs. 3 S. 1 iVm § 99 Abs. 1 iVm § 64 FamFG). Allerdings

---

[27] LG München I NZG 1999, 674; MüKoAktG/*Kubis* Rn. 23; auch am Rechtsschutzbedürfnis fehlt es idR nicht.
[28] BayObLG ZIP 1996, 1743; Großkomm AktG/*Decher* Rn. 38; MüKoAktG/*Kubis* Rn. 24; aA Kölner Komm AktG/*Kersting* Rn. 68 f.; NK-AktR/*Heidel* Rn. 10.
[29] MüKoAktG/*Kubis* Rn. 25; Großkomm AktG/*Decher* Rn. 30.
[30] MüKoAktG/*Kubis* Rn. 30; Großkomm AktG/*Decher* Rn. 30.
[31] MüKoAktG/*Kubis* Rn. 33.
[32] Baumbach/Hueck/*Zöllner*/*Noack* GmbHG § 51b Rn. 10; nach Großkomm AktG/*Decher* Rn. 41 „Plausibilitätslast".
[33] BGH NZG 2014, 423 Rn. 42 (Relativierung des Untersuchungsgrundsatzes des § 26 FamFG); Großkomm AktG/*Decher* Rn. 32 f., 39, 40; MüKoAktG/*Kubis* Rn. 31; Hüffer/Koch/*Koch* Rn. 7.
[34] OLG Stuttgart AG 2013, 377 (385); Großkomm AktG/*Decher* Rn. 21; Hüffer/Koch/*Koch* Rn. 6.
[35] MüKoAktG/*Kubis* Rn. 27; NK-AktR/*Heidel* Rn. 12 (unter Hinweis auf Art. 6 Abs. 1 EMRK).
[36] Verkannt von MüKoAktG/*Kubis* Rn. 32.
[37] BVerfG NJW 2000, 129.
[38] OLG Frankfurt a. M. NJW-RR 1996, 678; MüKoAktG/*Kubis* Rn. 37.
[39] MHdB AG/*Semler* § 37 Rn. 55; Großkomm AktG/*Decher* Rn. 48; aA NK-AktR/*Heidel* Rn. 14.

besteht Anwaltszwang (Abs. 3 Satz 1 iVm § 99 Abs. 3 S. 4). Zuständig ist das OLG (§ 119 Abs. 1 Nr. 2 GVG).

21 Die **Beschwerdeentscheidung** erfolgt nach allgemeinen Grundsätzen des FamFG. Im Umkehrschluss zu § 99 Abs. 3 S. 3 auf den Abs. 3 S. 1 gerade nicht verweist, ist die Prüfung nicht auf Rechtsfragen beschränkt. Eine reformatio in peius ist nicht möglich, weil es sich bei § 132 um ein echtes Streitverfahren handelt.[40] Im Gegenzug muss deshalb dem Beschwerdegegner eine unselbständige Anschlussbeschwerde analog §§ 521, 556 ZPO offen stehen.[41]

22 Seit dem FGG-Reformgesetz (→ Rn. 13) kann eine **Rechtsbeschwerde** nach §§ 70 ff. FamFG zugelassen werden (→ § 99 Rn. 14).

23 **3. Rechtskraft.** Da es sich bei § 132 um ein echtes Streitverfahren handelt (→ Rn. 16), kann materielle Rechtskraft eintreten.[42] Damit wird die Entscheidung wirksam (Abs. 3 S. 1 iVm § 99 Abs. 5 S. 1). Sie ist vom Vorstand zum Handelsregister einzureichen (Abs. 3 S. 1 iVm § 99 Abs. 5 S. 3) und somit nach Abs. 4 durchsetzbar.

V. Durchsetzung der Entscheidung (Abs. 4)

24 **1. Auskunftserteilung (S. 1).** Im Unterschied zu § 131 kann die Auskunft auch außerhalb der Hauptversammlung erteilt werden. Dabei steht dem obsiegenden Aktionär ein Wahlrecht zu.[43] Da nicht auf die Hauptversammlung abgestellt wird, ist auch eine schriftliche Auskunftserteilung möglich.[44] Die Interessen der übrigen Aktionäre werden über § 131 Abs. 4 gewahrt.

25 **2. Vollstreckung (S. 2).** Nach § 888 ZPO sind Zwangsgeld oder Zwangshaft möglich. Einwendungen können im Rahmen des § 888 ZPO oder gesondert nach § 767 ZPO analog geltend gemacht werden.[45]

VI. Kosten (Abs. 5)

26 Seit dem **Zweiten Gesetzes zur Modernisierung des Kostenrechts** (2. KostRMoG) vom 23.7.2013 (BGBl. 2013 I 2586; mWv 1.8.2013), enthält Abs. 5 nur noch die Aussage, dass das Gericht nach billigem Ermessen bestimmt, wem die Verfahrenskosten (Gerichts- und außergerichtliche Kosten) aufzuerlegen sind.[46] Im Unterschied zur allgemeinen Regelung des § 81 Abs. 1 S. 1 FamFG ist das Gericht zu einer Kostenentscheidung verpflichtet.[47] Zur Berechnung des Verfahrenskosten ist nun auf das GNotKG abzustellen (siehe § 1 Abs. 2 Nr. 1 GNotKG).

27 Über die Kostentragung wird nach **billigem Ermessen** entschieden. Neben dem Erfolg in dem Verfahren nach § 132 hat das Gericht auch das Verhalten der Beteiligten im Rahmen des § 131 zu berücksichtigen.[48] Wenn sich in der Hauptversammlung einer der Beteiligten nicht hinreichend kooperativ gezeigt hat, und zB über den Hintergrund seines Auskunftsverlangens oder seiner Auskunftsverweigerung in Schweigen gehüllt hat, kann dies bei der Kostenentscheidung berücksichtigt werden. Gleiches gilt, wenn im Verfahren nach § 132 weitere Gründe für Auskunft oder Auskunftsverweigerung nachgeschoben werden (→ § 131 Rn. 35, 86). Bezüglich der außergerichtlichen Kosten kann berücksichtigt werden, ob diese notwendig waren, so dass insoweit abweichend von den Gerichtskosten entschieden werden kann.[49]

28 Als **Rechtsbehelf** gegen die Festsetzung des Geschäftswerts ist eine Beschwerde statthaft (§ 83 GNotKG). Im Unterschied zur Sachentscheidung ist dabei eine besondere Zulassung nicht erforderlich.[50] Für eine Beschwerde gegen die Kostenentscheidung selbst gelten die allgemeinen Regeln des FamFG.[51]

---

[40] MüKoAktG/*Kubis* Rn. 25.
[41] Großkomm AktG/*Decher* Rn. 54; MüKoAktG/*Kubis* Rn. 43.
[42] MüKoAktG/*Kubis* Rn. 46.
[43] RegBegr des AktG 1965 in *Kropff* S. 190; Großkomm AktG/*Decher* Rn. 59; MüKoAktG/*Kubis* Rn. 48.
[44] BayObLG NJW 1975, 740; Großkomm AktG/*Decher* Rn. 59; MüKoAktG/*Kubis* Rn. 50; wenn eine Erteilung in der Hauptversammlung erfolgt, muss nach OLG Frankfurt a. M., AG 2007, 451 aber eine mündlich Auskunft gegeben werden.
[45] MüKoAktG/*Kubis* Rn. 54; Großkomm AktG/*Decher* Rn. 62 ff.
[46] Zur früheren Rechtslage siehe Vorauflage Rn. 26–30.
[47] Siehe RegBegr. BT-Drs. 17/11471, 287.
[48] Ebenso *Lieder* NZG 2014, 601 (603); MüKoAktG/*Kubis* Rn. 57.
[49] So auch zum früheren Recht: OLG Düsseldorf ZIP 1986, 1557 (1559); KG NJW 1972, 2093; MüKoAktG/*Kubis* Rn. 55, 59; Großkomm AktG/*Decher* Rn. 73; Kölner Komm AktG/*Zöllner* Rn. 20; Hüffer/Koch/*Koch* Rn. 10; aA NK-AktR/*Heidel* Rn. 17 (Anwaltskosten analog § 91 Abs. 2 ZPO stets erstattungsfähig).
[50] Zum früheren Recht: BayObLG ZIP 1996, 1039; AG 2001, 137; MüKoAktG/*Kubis* Rn. 58; Großkomm AktG/*Decher* Rn. 72.
[51] Kölner Komm AktG/*Kersting* Rn. 118.

Vierter Unterabschnitt. Stimmrecht

§ 133 Grundsatz der einfachen Stimmenmehrheit

(1) Die Beschlüsse der Hauptversammlung bedürfen der Mehrheit der abgegebenen Stimmen (einfache Stimmenmehrheit), soweit nicht Gesetz oder Satzung eine größere Mehrheit oder weitere Erfordernisse bestimmen.

(2) Für Wahlen kann die Satzung andere Bestimmungen treffen.

Schrifttum: *Armbrüster*, Zur uneinheitlichen Stimmrechtsausübung im Gesellschaftsrecht, FS Bezzenberger, 2000, 3; *Arnold/Carl/Götze*, Aktuelle Fragen bei der Durchführung der Hauptversammlung, AG 2011, 349; *Austmann*, Globalwahl zum Aufsichtsrat, FG Sandrock, 1995, 277; *Austmann/Rühle*, Wahlverfahren bei mehreren für einen Aufsichtsratssitz vorgeschlagenen Kandidaten, AG 2011, 805; *Baltzer*, Der Beschluß als rechtstechnisches Mittel organschaftlicher Funktion im Privatrecht, 1965; *Bartholomeyczik*, Die Anfechtung der Stimmabgabe zum Körperschaftsbeschluß, AcP 144 (1938), 287; *Bartholomeyczik*, Der Körperschaftsbeschluß als Rechtsgeschäft, ZHR 105 (1938), 293; *Barz*, Die große Hauptversammlung, AG 1962, Sonderbeilage I/62, 1; *Barz*, Listenwahl zum Aufsichtsrat, FG Hengeler, 1972, 14; *Bischoff*, Sachliche Voraussetzungen von Mehrheitsbeschlüssen in Kapitalgesellschaften, BB 1987, 1055; *Blasche*, Zur Erforderlichkeit eines Versammlungsleiters bei der Einpersonen-Aktiengesellschaft, AG 2017, 16; *Bollweg*, Die Wahl des Aufsichtsrats in der Hauptversammlung der Aktiengesellschaft, 1997; *Brox*, Fehler bei der Leitung einer Hauptversammlung und ihre Folgen, DB 1965, 731; *Bub*, Die Blockabstimmung in der Aktionärshauptversammlung und in der Wohnungseigentümerversammlung, FS Derleder, 2005, 221; *Busche*, Zur Rechtsnatur und Auslegung von Beschlüssen, FS Säcker, 2011, 45; *Casper*, Der stimmlose Beschluss, FS Hüffer, 2010, 111; *Dietz*, Zulässigkeit einer Blockabstimmung in der Hauptversammlung der AG, BB 2004, 452; *Ernst*, Der Beschluss als Organakt, Liber Amicorum Leenen, 2012, 1; *Faßbender*, Die Hauptversammlung der Aktiengesellschaft aus notarieller Sicht, RNotZ 2009, 425; *Fleischer*, Konsultative Beschlüsse im Aktienrecht, AG 2010, 681; *Füchsel*, Rechtsmissbräuchliche Gestaltung von Aufsichtsratswahlen, NZG 2018, 416; *Fuhrmann*, Die Blockabstimmung in der Hauptversammlung, ZIP 2004, 2081; *Götze*, „Selbstkontrahieren" bei der Geschäftsführerbestellung in der GmbH, GmbHR 2001, 217; *Grunewald*, Die Teilnichtigkeit der Hauptversammlungsbeschlüssen, NZG 2017, 1321; *Habersack*, Beschlussfeststellung oder Beurkundung der Niederschrift – Wann wird der Hauptversammlungsbeschluss wirksam?, Beilage zu ZIP 22/2016, 23; *Heckelmann*, Die uneinheitliche Abstimmung bei Kapitalgesellschaften, AcP 170 (1970), 306; *Henseler*, Die Abstimmung in der Hauptversammlung einer Aktiengesellschaft, BB 1962, 1023; *Hoffmann-Becking*, Wirksamkeit der Beschlüsse der Hauptversammlung bei späterer Protokollierung, FS Hellwig, 2010, 153; *Hoppe*, Hauptversammlungssaison 2017: Rechte und Pflichten des Versammlungsleiters bei Wahlentscheidungen der Hauptversammlung, NZG 2017, 361; *Leuering/Rubner*, Kampfabstimmungen um Aufsichtsratsposten, NJW-Spezial 2010, 335; *Leuering/Rubner*, Beschlussfassungen mittels Additions- und Subtraktionsmethode, NJW-Spezial 2016, 591; *Lippert*, Die Globalwahl zum Aufsichtsrat im Lichte der Rechtsprechung des BGH zur Blockwahl in politischen Parteien, AG 1976, 239; *Lutter*, Die entschlußschwache Hauptversammlung, FS Quack, 1991, 301; *Maier-Reimer*, Negative „Beschlüsse" von Gesellschafterversammlungen, FS Oppenhoff, 1985, 193; *Max*, Die Leitung der Hauptversammlung, AG 1991, 77; *Messer*, Der Widerruf der Stimmabgabe, FS Fleck, 1988, 221; *Meyer-Landrut/Wendel*, Satzungen und Hauptversammlungsbeschlüsse der AG, 2. Aufl. 2006; *Mutter*, Plädoyer für die Listenwahl von Aufsichtsräten, AG 2004, 305; *Nietsch*, Stimmlosigkeit im Recht fehlerhafter Beschlüsse, WM 2007, 917; *Noack*, Fehlerhafte Beschlüsse in Gesellschaften und Vereinen, 1989; *Oelrichs*, Muß der Versammlungsleiter bei der Feststellung von Haupt- und Gesellschafterversammlungsbeschlüssen treuwidrig abgegebene Stimmen mitzählen?, GmbHR 1995, 863; *Oppermann*, Sukzessive Einzelwahl von Personen und Simultanwahl bei Kampfabstimmungen um Aufsichtsratsposten, ZIP 2017, 1406; *Ramm*, Gegenantrag und Vorschlagsliste – Zur Gestaltung des aktienrechtlichen Verfahrens für die Wahlen zum Aufsichtsrat, NJW 1991, 2753; *Renkl*, Der Gesellschafterbeschluß, 1982; *Roeckl-Schmidt/Stoll*, Auswirkungen der späteren Fertigstellung der notariellen Niederschrift auf die Wirksamkeit von Beschlüssen der Hauptversammlung, AG 2012, 225; *Schaaf/Slowinski*, Stimmabgabe des Aktionärs durch Briefwahl, ZIP 2011, 2444; *Schilling*, Gesellschafterbeschluß und Insichgeschäft, FS Ballerstedt, 1975, 257; *Segna*, Blockabstimmung und Bestellungshindernisse bei der Aufsichtsratswahl, DB 2004, 1135; *Semler/Asmus*, Der stimmlose Beschluss, NZG 2004, 881; *Stützle/Walgenbach*, Leitung der Hauptversammlung und Mitspracherechte der Aktionäre in Fragen der Versammlungsleitung, ZHR 155 (1991), 516; *Ulmer*, Gesellschafterbeschlüsse in Personengesellschaften, FS Niederländer, 1991, 415; *Vogel*, Gesellschafterbeschlüsse und Gesellschafterversammlung, 2. Aufl. 1986; *Voth*, Beratende Hauptversammlungsbeschlüsse – zugleich eine kritische Betrachtung des § 120 Abs. 4 AktG, 2012; *Wand/Tillmann*, Der stimmlose Gesellschafterbeschluss in der Vollversammlung, AG 2005, 227; *Winnefeld*, Stimmrecht, Stimmabgabe und Beschluß, ihre Rechtsnatur und Behandlung, DB 1972, 1053; *Witt*, Mehrheitsregelnde Satzungsklauseln und Kapitalveränderungsbeschlüsse, AG 2000, 345; *Zöllner*, Beschluß, Beschlußergebnis und Beschlußergebnisfeststellung, FS Lutter, 2000, 821; *Zöllner*, Die Konzentration der Abstimmungsvorgänge auf großen Hauptversammlungen, ZGR 1974, 1.

Übersicht

	Rn.		Rn.
I. Überblick	1, 2	2. Beschlussarten	6–8
II. Beschlüsse der Hauptversammlung (Abs. 1)	3–53	a) Positive und negative Beschlüsse	6, 7
1. Rechtsnatur und anwendbare Regeln	3–5	b) Sonderbeschlüsse, Minderheitsverlangen, Übergehen eines Antrags	

	Rn.		Rn.
Scheinbeschlüsse, konsultative Beschlüsse	8	g) Feststellung des Beschlussergebnisses	48–50
3. Zustandekommen	9–53	h) Protokollierung	51, 52
a) Überblick über das Verfahren	9	i) Eintragung in das Handelsregister	53
b) Beschlussfähigkeit	10, 11	**III. Wahlen (Abs. 2)**	54–58
c) Beschlussantrag	12–17	1. Allgemeines	54, 55
d) Stimmabgabe	18–23	2. Behandlung mehrerer Wahlvorschläge	55a, 55b
e) Ermittlung des Abstimmungsergebnisses	24–28	3. Verhältniswahl	56
f) Mehrheitserfordernisse	29–47	4. Listenwahl	57, 58

I. Überblick

1 § 133 betrifft das Zustandekommen von Hauptversammlungsbeschlüssen. Der Gesetzgeber hat das gemeinschaftliche Rechtsgeschäft als Ziel der Stimmrechtsausübung an die Spitze des Unterabschnitts über das Stimmrecht gestellt.[1] § 133 legt das **Mehrheitsprinzips** fest und **begrenzt die Satzungsautonomie** (vgl. § 23 Abs. 5 S. 1).[2] Hauptversammlungsbeschlüsse bedürfen mindestens einer einfachen Stimmenmehrheit, worunter nach der Legaldefinition des § 133 Abs. 1 die Mehrheit der abgegebenen Stimmen zu verstehen ist. § 133 Abs. 1 ist als zwingende Untergrenze anzusehen. Die einfache Stimmenmehrheit kann durch die Satzung nicht unterschritten werden. Möglich ist dagegen eine satzungsmäßige Verschärfung des Mehrheitserfordernisses. Eine andere Regelung als für Beschlüsse trifft § 133 Abs. 2 für **Wahlen**. Hier kann die Satzung Abweichungen in beide Richtungen und damit auch ein geringeres Mehrheitserfordernis vorsehen (insbesondere eine relative Mehrheit; → Rn. 55).

2 § 133 entspricht abgesehen von geringfügigen sprachlichen Änderungen in Abs. 1 der Vorgängernorm des § 113 AktG 1937. Eine inhaltlich identische Vorschrift fand sich zuvor bereits in § 251 HGB aF.[3] Seit Inkrafttreten des AktG 1965 ist § 133 unverändert.

II. Beschlüsse der Hauptversammlung (Abs. 1)

3 **1. Rechtsnatur und anwendbare Regeln.** § 133 setzt den Beschluss als Mittel zur Willensäußerung der Hauptversammlung voraus, ohne den Begriff näher zu definieren. Die frühere Rechtsprechung sah den Beschluss als nicht-rechtsgeschäftlichen Sozialakt körperschaftlicher Willensbildung durch Mehrheitsentscheid an.[4] Nachdem der BGH zwischenzeitlich von der Einstufung als Sozialakt abzurücken schien,[5] ließ er die Rechtsnatur des Beschlusses später wieder offen.[6] Die heute ganz hM geht dagegen zutreffend davon aus, dass es sich um ein idR **mehrseitiges, nicht vertragliches Rechtsgeschäft eigener Art** handelt.[7] Für die Annahme eines Rechtsgeschäfts spricht ungeachtet der nur internen Wirkung, dass auch der Beschluss auf Herbeiführung eines bestimmten Rechtserfolgs gerichtet ist, indem er die Angelegenheiten der Aktionäre und der Gesellschaft privatautonom regelt.[8] Gegen eine Einstufung als Vertrag spricht, dass dem Beschluss keine Konsensbildung durch korrespondierende Willenserklärungen zugrunde liegt.[9] Die einzelnen Willenserklärungen der an der Abstimmung teilnehmenden Aktionäre werden vielmehr nach dem Mehrheitsprinzip zu einem einheitlichen Willen der Hauptversammlung zusammengefasst.[10] Auch die konstitutive Wirkung der

---

[1] Vgl. Großkomm AktG/*Grundmann* Rn. 1.
[2] Hüffer/Koch/*Koch*, 13. Aufl. 2018, Rn. 1; Kölner Komm AktG/*Tröger* Rn. 2; MüKoAktG/*Arnold* Rn. 1; K. Schmidt/Lutter/*Spindler* Rn. 1.
[3] Zur geschichtlichen Entwicklung s. Großkomm AktG/*Grundmann* Rn. 21 ff.
[4] BGHZ 33, 189 (191); BGHZ 48, 163 (167); BGHZ 51, 209 (216 f.); BGHZ 52, 316 (318); gegen den rechtsgeschäftlichen Charakter bereits RGZ 122, 367 (369) (noch ohne Verwendung des Begriffs des Sozialakts).
[5] Vgl. BGHZ 65, 93 (96 ff.); BGH WM 1979, 71 (72).
[6] BGHZ 124, 111 (122).
[7] Bürgers/Körber/*Holzborn* Rn. 2; Grigoleit/*Herrler* Rn. 2; Hölters/*Hirschmann* Rn. 3; Hüffer/Koch/*Koch*, 13. Aufl. 2018, Rn. 3; Kölner Komm AktG/*Tröger* Rn. 38 ff.; MüKoAktG/*Arnold* Rn. 3; MüKoAktG/*Hüffer/Schäfer* § 241 Rn. 8; K. Schmidt/Lutter/*Spindler* Rn. 2; Wachter/*Dürr* Rn. 2; MHdB AG/*Austmann* § 40 Rn. 1; K. Schmidt GesR § 15 I 2 a; *Baltzer*, Der Beschluß als rechtstechnisches Mittel organschaftlicher Funktion im Privatrecht, 1965, 177 f.; *Renkl*, Der Gesellschafterbeschluß, 1982, 76; *Bartholomeyczik* AcP 144 (1938) 287 (300); *Bartholomeyczik* ZHR 105 (1938) 293 (299 ff.); *Lutter* FS Quack, 1991, 301 (303); *Schilling* FS Ballerstedt, 1975, 257 (263); *Wiedemann* JZ 1970, 291 (292); *Winnefeld* DB 1972, 1053 (1055 f.); s. auch *Busche* FS Säcker, 2011, 45 (46 ff.); für vertraglichen Charakter dagegen wohl Großkomm AktG/*Grundmann* Rn. 40 f.; anderer Ansatz bei *Ernst* Liber Amicorum Leenen, 2012, 1 (39 ff.): einseitiger Organakt, der von der Versammlung als ganzer herrührt.
[8] Hüffer/Koch/*Koch*, 13. Aufl. 2018, Rn. 4; Kölner Komm AktG/*Tröger* Rn. 38.
[9] Hölters/*Hirschmann* Rn. 3; Hüffer/Koch/*Koch*, 13. Aufl. 2018, Rn. 4; Wachter/*Dürr* Rn. 2.
[10] Vgl. Kölner Komm AktG/*Tröger* Rn. 40; MüKoAktG/*Arnold* Rn. 3; K. Schmidt/Lutter/*Spindler* Rn. 2; *Baltzer* GmbHR 1972, 57 (59 f.); *Messer* FS Fleck, 1988, 221 (226).

Beschlussfeststellung durch den Versammlungsleiter ließe sich nur schwer mit einem vertraglichen Ansatz vereinbaren.[11] An der Mehrseitigkeit des Rechtsgeschäfts kann es fehlen, wenn der Beschluss – was möglich ist – nur von einem Aktionär gefasst wird.[12]

Die **allgemeinen Vorschriften über Rechtsgeschäfte** sind nur anwendbar, soweit das AktG keine Spezialregelung enthält und die Eigenart des Beschlusses nicht entgegensteht. Keine Anwendung findet das Verbot des Insichgeschäfts (§ 181 BGB; → Rn. 21a). Die allgemeinen Vorschriften über Willensmängel (§§ 116 ff., 142 f. BGB) sowie über die Nichtigkeit wegen Formmangels oder wegen Gesetzes- oder Sittenwidrigkeit (§§ 125, 134, 138 BGB) werden durch die Spezialregelungen der §§ 241 ff. ersetzt (zur Anwendbarkeit auf die Stimmangabe → Rn. 21).[13] Anwendbar ist dagegen § 139 BGB, da die §§ 241 ff. keine entsprechende Regelung enthalten.[14] Gleiches gilt für § 141 Abs. 1 BGB,[15] da § 244 nur die Bestätigung anfechtbarer Beschlüsse regelt. § 141 Abs. 2 BGB ist nicht anwendbar, da dieser nur für Verträge gilt.[16] Nicht anwendbar sind auch die Regelungen über den Zugang von Willenserklärungen (§§ 130 ff. BGB), da der Beschluss selbst nicht empfangsbedürftig ist, sondern mit der Feststellung durch den Versammlungsleiter wirksam wird.[17] Allenfalls lassen sich die Rechtsgedanken der §§ 130 ff. BGB heranziehen, soweit der Beschluss selbst auf Außenwirkung gerichtet ist.[18] Ein Beschluss kann auch mit einer **Befristung** (§ 163 BGB) versehen werden, wonach der Beschlussinhalt (etwa eine Satzungsänderung) erst ab oder nur bis zu einem bestimmten Zeitpunkt gelten soll (→ § 179 Rn. 162).[19] Im Hinblick auf die Zulässigkeit **aufschiebender oder auflösender Bedingungen** (§ 158 BGB) ist zu differenzieren. Die Hauptversammlung kann einen Beschluss grundsätzlich unter eine Bedingung stellen, sofern der Beschlussgegenstand nicht im Einzelfall bedingungsfeindlich ist.[20] Ein bedingungsfeindlicher Beschlussinhalt ist insbesondere im Fall von Satzungsänderungen gegeben. Aus Gründen der Rechtssicherheit können Satzungsregelungen nicht unter einer aufschiebenden oder auflösenden Bedingung stehen.[21] Auch in diesem Fall kann aber der Beschluss selbst unter einer aufschiebenden oder auflösenden Bedingung stehen, wobei die Bedingung so formuliert werden muss, dass sie nur vor der Eintragung der Satzungsänderung eintreten kann.[22] Dementsprechend darf bei eintragungsbedürftigen aufschiebend bedingten Beschlüssen die Eintragung in das Handelsregister erst nach Bedingungseintritt erfolgen.[23]

Die **Auslegung von Hauptversammlungsbeschlüssen** richtet sich nicht nach § 133 BGB. Erforderlich ist wie bei materiellen Satzungsbestandteilen eine objektive Auslegung.[24] Hierbei lassen

---

[11] Hüffer/Koch/*Koch*, 13. Aufl. 2018, Rn. 4; K. Schmidt/Lutter/*Spindler* Rn. 2; aA Großkomm AktG/*Grundmann* Rn. 41.
[12] Vgl. *Busche* FS Säcker, 2011, 45 (52).
[13] Grigoleit/*Herrler* Rn. 2; Großkomm AktG/*Grundmann* Rn. 43; Hölters/*Hirschmann* Rn. 3; Hüffer/Koch/*Koch*, 13. Aufl. 2018, Rn. 4; Kölner Komm AktG/*Tröger* Rn. 42, 46; MüKoAktG/*Arnold* Rn. 5; K. Schmidt/Lutter/*Spindler* Rn. 2; Wachter/*Dürr* Rn. 2.
[14] BGH WM 1988, 377 (378); OLG Hamburg DB 2000, 762 (764); OLG München ZIP 1993, 676 (678) – Siemens; Bürgers/Körber/*Holzborn* Rn. 2; Grigoleit/*Herrler* Rn. 2; Kölner Komm AktG/*Tröger* Rn. 45; MüKoAktG/*Arnold* Rn. 6; K. Schmidt/Lutter/*Spindler* Rn. 2; Wachter/*Dürr* Rn. 2; MHdB AG/*Austmann* § 40 Rn. 2; Bartholomeyczik ZHR 105 (1938) 293 (324); s. auch BGHZ 124, 111 (122) (zu Aufsichtsratsbeschlüssen); aA Winnefeld DB 1972, 1053 (1056); krit. auch *Grunewald* NZG 2017, 1321 (1323 ff.).
[15] Kölner Komm AktG/*Tröger* Rn. 43; K. Schmidt/Lutter/*Spindler* Rn. 2; Wachter/*Dürr* Rn. 2.
[16] IE auch Kölner Komm AktG/*Tröger* Rn. 43, der darauf abstellt, dass die rückwirkende Bestätigungsmöglichkeit in der positiven Regelung des Beschlussmängelrechts auf anfechtbare Hauptversammlungsbeschlüsse begrenzt sei (§ 244).
[17] Grigoleit/*Herrler* Rn. 2; Kölner Komm AktG/*Tröger* Rn. 47, 49; Wachter/*Dürr* Rn. 2; vgl. auch Bartholomeyczik ZHR 105 (1938) 293 (324).
[18] Großkomm AktG/*Grundmann* Rn. 44, allerdings unter unzutreffender Bezugnahme auf Messer FS Fleck, 1988, 221 (227), der sich nicht auf den Beschluss, sondern auf die Stimmabgabe bezieht.
[19] Grigoleit/*Ehmann* § 179 Rn. 26; Großkomm AktG/*Wiedemann* § 179 Rn. 159; Hüffer/Koch/*Koch*, 13. Aufl. 2018, § 179 Rn. 25; Kölner Komm AktG/*Tröger* Rn. 52; MüKoAktG/*Stein* § 179 Rn. 47; K. Schmidt/Lutter/*Seibt* § 179 Rn. 39; *Börner* DB 1988, 1254 (1255); *Lutter* FS Quack, 1991, 301 (311) (jeweils für Satzungsänderungen).
[20] Kölner Komm AktG/*Tröger* Rn. 50; MHdB AG/*Austmann* § 40 Rn. 56; für aufschiebende Bedingungen auch Großkomm AktG/*Grundmann* Rn. 44.
[21] Grigoleit/*Ehmann* § 179 Rn. 27; Großkomm AktG/*Wiedemann* § 179 Rn. 161; Hüffer/Koch/*Koch*, 13. Aufl. 2018, § 179 Rn. 26; MüKoAktG/*Stein* § 179 Rn. 50; K. Schmidt/Lutter/*Seibt* § 179 Rn. 35; aA *Lutter* FS Quack, 1991, 301 (310), sofern die Bedingung schon vor der Anmeldung eingetreten ist (jeweils für Satzungsänderungen).
[22] LG Duisburg BB 1989, 257; Grigoleit/*Ehmann* § 179 Rn. 27; Hüffer/Koch/*Koch*, 13. Aufl. 2018, § 179 Rn. 26; MüKoAktG/*Stein* § 179 Rn. 50; K. Schmidt/Lutter/*Seibt* § 179 Rn. 35; aA *Börner* DB 1988, 1254 (1255).
[23] Grigoleit/*Ehmann* § 179 Rn. 27; Hüffer/Koch/*Koch*, 13. Aufl. 2018, § 179 Rn. 26; MüKoAktG/*Stein* § 179 Rn. 50; K. Schmidt/Lutter/*Seibt* § 179 Rn. 35; s. auch LG Duisburg BB 1989, 257 (jeweils für Satzungsänderungen).
[24] Grigoleit/*Herrler* Rn. 2; Großkomm AktG/*Grundmann* Rn. 44, 50; Hölters/*Hirschmann* Rn. 3; Hüffer/Koch/*Koch*, 13. Aufl. 2018, Rn. 4; Kölner Komm AktG/*Tröger* Rn. 53; K. Schmidt/Lutter/*Spindler* Rn. 2; Wachter/*Dürr* Rn. 3; MHdB AG/*Austmann* § 40 Rn. 2.

sich teilweise die zu § 157 BGB entwickelten Grundsätze für die Auslegung von im Verkehr gebräuchlichen typischen Klauseln heranziehen.[25] Entscheidend für die Auslegung ist nicht der objektive Empfängerhorizont der an der Hauptversammlung teilnehmenden Aktionäre, sondern die **objektive Verkehrsauffassung**.[26] Bei der Auslegung können auch vorbereitende Handlungen und Erklärungen berücksichtigt werden, soweit sie nach außen hervorgetreten sind und zu den typischen Vorbereitungsakten zählen (etwa Vorstandsberichte).[27] Die Auslegung von Hauptversammlungsbeschlüssen ist uneingeschränkt revisibel.[28]

6   **2. Beschlussarten. a) Positive und negative Beschlüsse.** Üblicherweise wird zwischen positiven und negativen Beschlüssen differenziert. Die Unterscheidung richtet sich danach, ob die Hauptversammlung einen Antrag annimmt (positiver Beschluss) oder ablehnt (negativer Beschluss). Die Ablehnung eines Antrags ist wie die Annahme als **formeller Beschluss** anzusehen und unterliegt gem. §§ 241 ff. der Anfechtung.[29] Auch negative Beschlüsse haben rechtsgeschäftlichen Charakter.[30] Ein negativer Beschluss kommt auch bei **Stimmgleichheit** (Patt) sowie bei Nichterreichen einer erforderlichen qualifizierten Stimmenmehrheit oder Kapitalmehrheit zustande.[31] § 133 Abs. 1 ist dahingehend einschränkend auszulegen, dass nur positive Beschlüsse der Mehrheit der abgegebenen Stimmen bedürfen.[32] An einem formellen Beschluss fehlt es nur dann, wenn sich alle Aktionäre der Stimme enthalten oder alle Stimmen ungültig sind.[33]

7   Eine andere Bedeutung hat die Unterscheidung zwischen positiven und negativen Beschlüssen, wenn damit der Inhalt materieller Beschlüsse beschrieben wird. Ein **materieller Beschluss** liegt vor, wenn die erforderliche Mehrheit erreicht und damit nicht nur über den Antrag, sondern auch über das Beantragte beschlossen wurde.[34] Ein negativ formulierter Antrag kann sich etwa auf die Nichtentlastung des Vorstands oder des Aufsichtsrats bzw. von einzelnen Vorstands- oder Aufsichtsratsmitgliedern beziehen (→ Rn. 15). Findet ein solcher Antrag die erforderliche Mehrheit, handelt es sich um einen materiellen Beschluss mit negativem Inhalt. Wird ein Antrag abgelehnt, fehlt es an einer Erklärung mit materiellem Gehalt. Die Rechtslage bleibt materiell so, als wäre nicht abgestimmt worden.[35] Etwas anderes soll nur dann gelten, wenn ausnahmsweise auch die Ablehnung Rechtswirkungen entfaltet.[36] Auch in den hierfür als Beispiel genannten Fällen des Scheiterns der Entlastung oder eines Beschlusses nach § 179[37] besteht die Rechtswirkung jedoch regelmäßig darin, dass die durch den beantragten positiven Beschluss beabsichtigte Rechtsfolge nicht eintritt, so dass auch hier die Rechtslage materiell so bleibt, als wäre nicht abgestimmt worden.[38] Wird ein Antrag mit negati-

---

[25] Großkomm AktG/*Grundmann* Rn. 44.
[26] Vgl. RGZ 108, 322 (326); RGZ 146, 145 (154); Großkomm AktG/*Grundmann* Rn. 50; Kölner Komm AktG/*Tröger* Rn. 53; Wachter/*Dürr* Rn. 3; MHdB AG/*Austmann* § 40 Rn. 2.
[27] Vgl. BGH ZIP 1995, 372 (373) – Siemens; OLG Frankfurt ZIP 1999, 378, 379; Großkomm AktG/ *Grundmann* Rn. 50; Hölters/*Hirschmann* Rn. 3; Kölner Komm AktG/*Tröger* Rn. 54; K. Schmidt/Lutter/*Spindler* Rn. 2; MHdB AG/*Austmann* § 40 Rn. 2.
[28] Grigoleit/*Herrler* Rn. 2; Großkomm AktG/*Grundmann* Rn. 50; Hüffer/Koch/*Koch*, 13. Aufl. 2018, Rn. 4; Kölner Komm AktG/*Tröger* Rn. 54; Wachter/*Dürr* Rn. 3.
[29] RGZ 122, 102 (106 f.); RGZ 142, 123 (128 ff.); RGZ 146, 71 (72 f.); RGZ 146, 385 (388); BGHZ 76, 191 (199); BGHZ 88, 320 (328); BGHZ 97, 28 (30); BGHZ 104, 66 (69); Bürgers/Körber/*Holzborn* Rn. 3; Grigoleit/ *Herrler* Rn. 3; Großkomm AktG/*Grundmann* Rn. 48; Hölters/*Hirschmann* Rn. 4; Hüffer/Koch/*Koch*, 13. Aufl. 2018, Rn. 5; Kölner Komm AktG/*Tröger* Rn. 29 f.; MüKoAktG/*Arnold* Rn. 7, 10; K. Schmidt/Lutter/*Spindler* Rn. 3; Wachter/*Dürr* Rn. 4; MHdB AG/*Austmann* § 40 Rn. 3; *Baltzer*, Der Beschluß als rechtstechnisches Mittel organschaftlicher Funktion im Privatrecht, 1965, 157 f. (180 f.); *Winnefeld* DB 1972, 1053 (1054); aA *Maier-Reimer* FS Oppenhoff, 1985, 193 (194 ff.), der nur für die Ablehnung von Entlastungsanträgen Beschlussqualität beimessen will; s. auch *Marsch-Barner* in Marsch-Barner/Schäfer Börsennotierte AG-HdB Rn. 34.128 f., der bei ablehnenden Beschlüssen zwar die Beschlussqualität bejaht, aber wohl das Erfordernis einer Anfechtung verneinen will.
[30] Hüffer/Koch/*Koch*, 13. Aufl. 2018, Rn. 5; Kölner Komm AktG/*Tröger* Rn. 38; aA *Winnefeld* DB 1972, 1053 (1055).
[31] Vgl. Grigoleit/*Herrler* Rn. 3; Großkomm AktG/*Grundmann* Rn. 48; Hüffer/Koch/*Koch*, 13. Aufl. 2018, Rn. 5; Kölner Komm AktG/*Tröger* Rn. 29, 119; MüKoAktG/*Arnold* Rn. 7; K. Schmidt/Lutter/*Spindler* Rn. 3; MHdB AG/*Austmann* § 40 Rn. 3; *Bischoff* BB 1987, 1055 (1056).
[32] Großkomm AktG/*Grundmann* Rn. 48; Kölner Komm AktG/*Tröger* Rn. 29.
[33] Grigoleit/*Herrler* Rn. 3; MüKoAktG/*Arnold* Rn. 7.
[34] Bürgers/Körber/*Holzborn* Rn. 3; MüKoAktG/*Arnold* Rn. 9; K. Schmidt/Lutter/*Spindler* Rn. 4; Wachter/ *Dürr* Rn. 5.
[35] Großkomm AktG/*Grundmann* Rn. 65; MüKoAktG/*Arnold* Rn. 9; Wachter/*Dürr* Rn. 5; MHdB AG/*Austmann* § 40 Rn. 4; s. auch *Messer* FS Fleck, 1988, 221 (225); einschränkend Kölner Komm AktG/*Tröger* Rn. 33.
[36] Bürgers/Körber/*Holzborn* Rn. 3; MüKoAktG/*Arnold* Rn. 9; *Maier-Reimer* FS Oppenhoff, 1985, 193 (211 ff.).
[37] So etwa MüKoAktG/*Arnold* Rn. 9.
[38] MHdB AG/*Austmann* § 40 Rn. 4 (zur Entlastung).

vem Inhalt abgelehnt, ist damit nicht zugleich auch ein Beschluss mit dem entgegengesetzten positiven Inhalt zustande gekommen. Hierzu bedarf es vielmehr einer erneuten Abstimmung über einen entsprechend formulierten Antrag.[39]

b) Sonderbeschlüsse, Minderheitsverlangen, Übergehen eines Antrags, Scheinbeschlüsse, konsultative Beschlüsse. Keine Beschlüsse der Hauptversammlung sind **Sonderbeschlüsse**, bei denen nur bestimmte Aktionäre oder Aktionärsgruppen an der Abstimmung teilnehmen (zu den Beschlussgegenständen → § 138 Rn. 5 ff.). Gem. § 138 S. 2 gelten für Sonderbeschlüsse die Bestimmungen über Hauptversammlungsbeschlüsse entsprechend. Bei **Minderheitsverlangen** (§ 120 Abs. 1 S. 2, § 122 Abs. 1 und 2, § 137, § 138 S. 3) fehlt es bereits an der Beschlussqualität.[40] Gleiches gilt bei **Übergehen eines Antrags,** da hier eine Willensbildung der Hauptversammlung nicht stattgefunden hat.[41] Nach teilweise vertretener Ansicht soll bei krassen Verfahrensfehlern ein sog. **Scheinbeschluss** vorliegen. Dabei soll es sich um ein beschlussähnliches Gebilde ohne rechtliche Wirkung handeln.[42] Nach zutreffender hM ist eine besondere Kategorie des Scheinbeschlusses jedoch entbehrlich.[43] Fehlt es bereits an einem formellen Beschluss, ist eine Heilung gem. § 242 Abs. 1 nicht möglich. Auch bedarf es in diesem Fall keiner Anfechtung. Dagegen handelt es sich bei **konsultativen Beschlüssen** wie insbesondere dem Vergütungsvotum gem. § 120 Abs. 4 um „echte" Hauptversammlungsbeschlüsse.[44] Aufgrund der fehlenden rechtlichen Bindungswirkung sind konsultative Beschlüsse als Beschlüsse eigener Art einzustufen.[45] Die aktienrechtlichen Vorschriften über Hauptversammlungsbeschlüsse sind grundsätzlich auch auf konsultative Beschlüsse anwendbar, wobei einige Besonderheiten zu beachten sind (zB kein Haftungsausschluss gem. § 116 Satz 1 iVm § 93 Abs. 4 Satz 1).[46]

3. Zustandekommen. a) Überblick über das Verfahren. Eine fehlerfreie Beschlussfassung setzt zunächst voraus, dass die Hauptversammlung ordnungsgemäß einberufen wurde (s die Kommentierung zu §§ 121 ff.). Sie muss zudem beschlussfähig sein (→ Rn. 10 f.). Darüber hinaus kann stets nur über einen bestimmten Beschlussantrag abgestimmt werden (→ Rn. 12 ff.). Ein Beschluss mit positivem Inhalt kommt nur zustande, wenn die erforderliche Mehrheit erreicht wird (→ Rn. 29 ff.). Im Anschluss an die Abstimmung muss das Beschlussergebnis vom Versammlungsleiter festgestellt und verkündet werden (→ Rn. 48 ff.). § 130 Abs. 1 erfordert die Protokollierung des Beschlusses (→ Rn. 51 f.). Schließlich kann die Wirksamkeit von beschlossenen Maßnahmen noch von einer Eintragung des Beschlusses in das Handelsregister abhängen (→ Rn. 53).

b) Beschlussfähigkeit. § 133 Abs. 1 enthält keine Regelung zur Beschlussfähigkeit. Mangels besonderer Vorgaben ist die Beschlussfähigkeit grundsätzlich bereits dann gegeben, wenn mindestens **eine Aktie mit einer Stimme** in der Hauptversammlung vertreten ist.[47] Ein Quorum sieht § 52 Abs. 5 S. 2 für den Fall der **Nachgründung** innerhalb des ersten Jahres nach der Eintragung der Gesellschaft vor. Hier müssen die Anteile der zustimmenden Mehrheit ein Viertel des gesamten Grundkapitals ausmachen, so dass eine entsprechende Teilnahme an der Hauptversammlung oder Stimmrechtsausübung im Wege der Briefwahl (§ 118 Abs. 2) erforderlich ist. Eine vergleichbare Wirkung hat das Erfordernis des § 319 Abs. 1, wonach eine **Eingliederung** nur dann beschlossen

---

[39] Bürgers/Körber/*Holzborn* Rn. 3; Großkomm AktG/*Grundmann* Rn. 65; Hüffer/Koch/*Koch*, 13. Aufl. 2018, Rn. 10; MüKoAktG/*Arnold* Rn. 9; K. Schmidt/Lutter/*Spindler* Rn. 4; vgl. auch MHdB AG/*Austmann* § 40 Rn. 4.

[40] Bürgers/Körber/*Holzborn* Rn. 2; Grigoleit/*Herrler* Rn. 4; Großkomm AktG/*Grundmann* Rn. 47; Hölters/*Hirschmann* Rn. 5; Hüffer/Koch/*Koch*, 13. Aufl. 2018, Rn. 6; K. Schmidt/Lutter/*Spindler* Rn. 5.

[41] Bürgers/Körber/*Holzborn* Rn. 2; Grigoleit/*Herrler* Rn. 4; Großkomm AktG/*Grundmann* Rn. 47; Hölters/*Hirschmann* Rn. 5; Hüffer/Koch/*Koch*, 13. Aufl. 2018, Rn. 6; MüKoAktG/*Arnold* Rn. 13; K. Schmidt/Lutter/*Spindler* Rn. 5.

[42] RGZ 75, 239 (242); RGZ 92, 409 (412 f.); BGHZ 11, 231 (236); *v. Godin/Wilhelmi* § 241 Anm. 2.

[43] Hölters/*Hirschmann* Rn. 5; Hüffer/Koch/*Koch*, 13. Aufl. 2018, § 241 Rn. 3; MüKoAktG/*Hüffer/Schäfer* § 241 Rn. 11; MüKoAktG/*Arnold* Rn. 14; NK-AktR/*M. Müller* Rn. 5; K. Schmidt/Lutter/*Spindler* Rn. 5; MHdB AG/*Austmann* § 42 Rn. 13; *Noack,* Fehlerhafte Beschlüsse in Gesellschaften und Vereinen, 1989, 11; iE auch Kölner Komm AktG/*Tröger* Rn. 27.

[44] Hüffer/Koch/*Koch*, 13. Aufl. 2018, § 120 Rn. 21; *Hupka,* Das Vergütungsvotum der Hauptversammlung, 2011, 256 ff.; *Fleischer* AG 2010, 681 (683 f.); s. auch *Döll* WM 2010, 103 (111); aA *Voth,* Beratende Hauptversammlungsbeschlüsse – zugleich eine kritische Betrachtung des § 120 Abs. 4 AktG, 2012, 169 ff.; *Begemann/Laue* BB 2009, 2442 (2444); zweifelnd auch K. Schmidt/Lutter/*Spindler* § 120 Rn. 65.

[45] Hüffer/Koch/*Koch*, 13. Aufl. 2018, § 120 Rn. 21; *Fleischer* AG 2010, 681 (684).

[46] Ausführlich *Fleischer* AG 2010, 681 (684).

[47] RGZ 34, 110 (116); RGZ 82, 386 (388); Bürgers/Körber/*Holzborn* Rn. 5; Grigoleit/*Herrler* Rn. 6; Großkomm AktG/*Grundmann* Rn. 54; Hölters/*Hirschmann* Rn. 12; Hüffer/Koch/*Koch*, 13. Aufl. 2018, Rn. 8; Kölner Komm AktG/*Tröger* Rn. 72; MüKoAktG/*Arnold* Rn. 20; K. Schmidt/Lutter/*Spindler* Rn. 7; Wachter/*Dürr* Rn. 8; MHdB AG/*Austmann* § 40 Rn. 5; *Leuering/Rubner* NJW-Spezial 2017, 79.

werden kann, wenn sich alle Aktien in der Hand des künftigen Mehrheitsaktionärs befinden.[48] Die Hauptversammlung der einzugliedernden Gesellschaft ist in diesem Fall notwendig eine Vollversammlung (→ § 319 Rn. 7).[49]

11 Als weiteres Erfordernis iSd § 133 Abs. 1 kann die Satzung eine **Mindestpräsenz** für bestimmte oder für alle Beschlüsse vorsehen. Die Einführung eines solchen Quorums dürfte sich jedoch allenfalls bei geschlossenen Gesellschaften mit überschaubarem Aktionärskreis anbieten.[50] Stellt die Satzung ein Kapitalquorum auf, sind hierfür nur die stimmberechtigten Aktien zu zählen.[51] Nicht stimmberechtigte Aktien sind weder bei der Referenzzahl noch bei der Präsenz zu berücksichtigen. Zu berücksichtigen sind aber Aktien, für die das Stimmrecht im Wege der Briefwahl (§ 118 Abs. 2) ausgeübt wurde. Knüpft das Quorum an eine bestimmte Mindestzahl von Aktionären oder vertretenen Stimmen an, gilt diese Zahl nur solange, wie sie nach der Gesamtzahl der Aktionäre bzw. der Stimmrechte noch erreicht werden kann. Übersteigt das satzungsmäßige Quorum die Gesamtzahl der Aktionäre bzw. der Stimmrechte (insbesondere wegen des Bestehens von Stimmverboten), ist Beschlussfähigkeit gegeben, wenn alle (stimmberechtigten) Aktionäre an der Hauptversammlung teilnehmen oder das Stimmrecht im Wege der Briefwahl ausüben.[52]

12 **c) Beschlussantrag. aa) Allgemeines.** Ein wirksamer Hauptversammlungsbeschluss kann nur auf der Grundlage eines vom Versammlungsleiter zur Abstimmung gestellten Beschlussantrags gefasst werden. Fehlt es an einem Antrag, ist die Feststellung eines materiellen Beschlussinhalts nicht möglich, so dass die Beschlussfassung ins Leere geht.[53] Ausnahmsweise verzichtbar ist ein Antrag bei der Einmann-AG.[54] Gleiches gilt, wenn in der Hauptversammlung nur ein stimmberechtigter Aktionär anwesend ist.[55] Der Antrag ist **keine Willenserklärung** iSd § 116 BGB. Erklärungs- oder Willensmängel haben keinen Einfluss auf die Wirksamkeit des Antrags oder des Beschlusses.[56] Der Beschluss ist auch dann mangelfrei, wenn der zugrunde liegende Antrag von einem Geschäftsunfähigen gestellt wurde.[57] Die in der Hauptversammlung zur Abstimmung gestellten Anträge müssen so formuliert sein, dass sie allein durch ihre Annahme oder Ablehnung den Willen der Hauptversammlung zum Ausdruck bringen können.[58]

13 **bb) Antragsberechtigung.** Antragsberechtigt sind zunächst alle teilnahmeberechtigten **Aktionäre und Aktionärsvertreter**, die in der Hauptversammlung anwesend sind. Auf die Stimmberechtigung kommt es nicht an.[59] Antragsberechtigt sind ferner die Organe **Vorstand und Aufsichtsrat**.[60] Ein individuelles Antragsrecht der teilnehmenden Vorstands- und Aufsichtsratsmitglieder besteht

---

[48] Großkomm AktG/*Grundmann* Rn. 54; etwas anderes gilt bei der Eingliederung durch Mehrheitsbeschluss (§ 320), da der Beschluss (zumindest theoretisch) auch von einem Minderheitsaktionär mit nur einer Aktie gefasst werden könnte.
[49] Emmerich/Habersack/*Habersack* § 319 Rn. 11; Hüffer/Koch/*Koch*, 13. Aufl. 2018, § 319 Rn. 5; Kölner Komm AktG/*Koppensteiner* § 319 Rn. 3; MüKoAktG/*Grunewald* § 319 Rn. 15.
[50] Vgl. Großkomm AktG/*Grundmann* Rn. 56; Hüffer/Koch/*Koch*, 13. Aufl. 2018, Rn. 8; Kölner Komm AktG/*Tröger* Rn. 209; MüKoAktG/*Arnold* Rn. 21; *Marsch-Barner* in Marsch-Barner/Schäfer Börsennotierte AG-HdB Rn. 34.131; *Leuering/Rubner* NJW-Spezial 2017, 79.
[51] Bürgers/Körber/*Holzborn* Rn. 5; Grigoleit/*Herrler* Rn. 6; Großkomm AktG/*Grundmann* Rn. 56; Kölner Komm AktG/*Tröger* Rn. 207 f.; K. Schmidt/Lutter/*Spindler* Rn. 9; Wachter/*Dürr* Rn. 8.
[52] Bürgers/Körber/*Holzborn* Rn. 5; Grigoleit/*Herrler* Rn. 6; Großkomm AktG/*Grundmann* Rn. 56; Kölner Komm AktG/*Tröger* Rn. 207; MüKoAktG/*Arnold* Rn. 22; Wachter/*Dürr* Rn. 8; *Leuering/Rubner* NJW-Spezial 2017, 79; ebenso wohl K. Schmidt/Lutter/*Spindler* Rn. 9, der allerdings entsprechende Quorumserfordernisse mit satzungsmäßigen Mehrheitserfordernissen vermengt; s. auch BGH NJW 1992, 977 (978) (zur GmbH; insoweit in BGHZ 116, 353 nicht mit abgedruckt).
[53] Vgl. Hüffer/Koch/*Koch*, 13. Aufl. 2018, Rn. 9; Kölner Komm AktG/*Tröger* Rn. 75; MüKoAktG/*Arnold* Rn. 16; K. Schmidt/Lutter/*Spindler* Rn. 10; Wachter/*Dürr* Rn. 9.
[54] Grigoleit/*Herrler* Rn. 7; Großkomm AktG/*Grundmann* Rn. 60 Fn. 109; Hölters/*Hirschmann* Rn. 6; Hüffer/Koch/*Koch*, 13. Aufl. 2018, Rn. 9; Kölner Komm AktG/*Tröger* Rn. 75; MüKoAktG/*Arnold* Rn. 16; K. Schmidt/Lutter/*Spindler* Rn. 10; Wachter/*Dürr* Rn. 9.
[55] Grigoleit/*Herrler* Rn. 7; Großkomm AktG/*Grundmann* Rn. 60 Fn. 109; Wachter/*Dürr* Rn. 9.
[56] Kölner Komm AktG/*Tröger* Rn. 76; Wachter/*Dürr* Rn. 9; MHdB AG/*Austmann* § 40 Rn. 6.
[57] Kölner Komm AktG/*Tröger* Rn. 77; K. Schmidt/Lutter/*Spindler* Rn. 10.
[58] Bürgers/Körber/*Holzborn* Rn. 4; MüKoAktG/*Arnold* Rn. 16; Wachter/*Dürr* Rn. 9; MHdB AG/*Austmann* § 40 Rn. 6.
[59] Bürgers/Körber/*Holzborn* Rn. 4; Grigoleit/*Herrler* Rn. 7; Großkomm AktG/*Grundmann* Rn. 61; Hölters/*Hirschmann* Rn. 7; Kölner Komm AktG/*Tröger* Rn. 78; K. Schmidt/Lutter/*Spindler* Rn. 12; MHdB AG/*Austmann* § 40 Rn. 11; *Vogel*, Gesellschafterbeschlüsse und Gesellschafterversammlung, 2. Aufl. 1986, 145 f.
[60] Bürgers/Körber/*Holzborn* Rn. 4; GHEK/*Eckardt* § 118 Rn. 28; Grigoleit/*Herrler* Rn. 7; Großkomm AktG/*Grundmann* Rn. 61; Großkomm AktG/*Mülbert* § 118 Rn. 51; Kölner Komm AktG/*Tröger* Rn. 78; MüKoAktG/*Arnold* Rn. 17; MüKoAktG/*Kubis* § 118 Rn. 100; K. Schmidt/Lutter/*Spindler* § 118 Rn. 40; MHdB AG/*Austmann* § 40 Rn. 10.

jedenfalls für Verfahrensanträge.[61] Ein weitergehendes individuelles Antragsrecht der Organmitglieder zu den Gegenständen der Tagesordnung besteht dagegen nicht.[62] Gegen ein solches Antragsrecht spricht die Wertung des § 124 Abs. 3 S. 1, wonach Vorstand und Aufsichtsrat als Organ Beschlussvorschläge zu unterbreiten haben (→ § 118 Rn. 20). Ein individuelles Antragsrecht zu Gegenständen der Tagesordnung kann jedoch ausnahmsweise bejaht werden, soweit es gem. § 124 Abs. 3 S. 2 Alt. 2 an einem Beschlussvorschlag des Organs fehlt. Auch im Hinblick auf die eigene Entlastung wird man ausnahmsweise ein individuelles Antragsrecht der Vorstands- und Aufsichtsratsmitglieder bejahen können.[63] Zur Stellung von Verfahrensanträgen berechtigt ist zudem der **Versammlungsleiter** (→ § 118 Rn. 28).[64]

cc) Antragsstellung. Beschlussanträge müssen **in der Hauptversammlung gestellt** werden, damit eine Abstimmung erfolgen kann. Dies gilt auch für **Anträge von Aktionären**, die gem. § 126 Abs. 1 zugänglich gemacht worden sind.[65] Die **Verwaltungsvorschläge** gem. § 124 Abs. 3 S. 1 können vom Versammlungsleiter ohne weiteres zur Abstimmung gestellt werden. Sie müssen in der Hauptversammlung nicht mehr eigens als Antrag formuliert werden.[66] Beschlussanträge müssen nicht zwingend vor der Hauptversammlung angekündigt und zugänglich gemacht worden sein. Auch **Ad-hoc-Anträge** sind zulässig, sofern sie von der Tagesordnung gedeckt sind. Über nicht ordnungsgemäß bekannt gemachte Gegenstände der Tagesordnung dürfen keine Beschlüsse gefasst werden (§ 124 Abs. 4 S. 1; zur Befugnis des Versammlungsleiters einen Antrag gleichwohl zur Abstimmung zu stellen → § 124 Rn. 49). Durch das Bekanntmachungserfordernis soll den Aktionären eine angemessene Vorbereitung ermöglicht werden.[67] Zudem sollen Aktionäre, die bewusst von einer Teilnahme absehen, vor Entscheidungen zu überraschenden Themen geschützt werden.[68] Stets möglich ist die Stellung von Verfahrensanträgen und von Gegenanträgen zu den Verwaltungsvorschlägen. Bewegt sich ein Antrag nicht mehr im Rahmen der bekannt gemachten Tagesordnung, führt dies nicht zur Nichtigkeit, sondern nur zur Anfechtbarkeit des entsprechenden Beschlusses (→ § 124 Rn. 43).[69]

Üblicherweise werden Anträge **positiv formuliert.** Zwingend ist dies nicht, so dass auch eine negative Formulierung zulässig ist (zB Antrag auf Verweigerung der Entlastung).[70] Wird ein negativ formulierter Antrag abgelehnt, ist damit aber nicht zugleich das gegenteilige positive Ergebnis beschlossen, so dass in diesem Fall eine erneute Abstimmung über einen positiv formulierten Antrag erforderlich wäre (→ Rn. 7). Liegen zu einem Beschlussgegenstand ein positiver und ein negativer Antrag vor, bietet es sich bei Unsicherheit über den Ausgang der Abstimmung idR an, zunächst über den positiven Antrag abstimmen zu lassen, da die Annahme des positiven Antrags zugleich auch die Ablehnung des negativen Antrags bedeutet.[71]

dd) Behandlung mehrerer Anträge. Das AktG enthält abgesehen von dem Sonderfall des § 137 keine Regelung zur Behandlung mehrerer Anträge. Sofern nicht ausnahmsweise die Satzung oder eine Geschäftsordnung für die Hauptversammlung eine bestimmte Abstimmungsreihenfolge vor-

---

[61] Großkomm AktG/*Mülbert* § 118 Rn. 51; MüKoAktG/*Kubis* § 118 Rn. 100.
[62] GHEK/*Eckardt* § 118 Rn. 28; Grigoleit/*Herrler* Rn. 7; K. Schmidt/Lutter/*Spindler* § 118 Rn. 40 (anders aber in § 133 Rn. 12); *Vogel*, Gesellschafterbeschlüsse und Gesellschafterversammlung, 2. Aufl. 1986, 146; aA Bürgers/Körber/*Holzborn* Rn. 4; Großkomm AktG/*Grundmann* Rn. 61; Hölters/*Hirschmann* Rn. 7; Kölner Komm AktG/*Tröger* Rn. 78 f.; MüKoAktG/*Arnold* Rn. 17; Wachter/*Dürr* Rn. 11.
[63] So auch Großkomm AktG/*Mülbert* § 118 Rn. 51.
[64] Großkomm AktG/*Mülbert* § 118 Rn. 90; MüKoAktG/*Kubis* § 118 Rn. 106; MHdB AG/*Austmann* § 40 Rn. 10; für ein weitergehendes Antragsrecht zu allen Gegenständen der Tagesordnung dagegen Großkomm AktG/*Grundmann* Rn. 61; Kölner Komm AktG/*Tröger* Rn. 79; K. Schmidt/Lutter/*Spindler* Rn. 12; generell gegen ein Antragsrecht des Versammlungsleiters Bürgers/Körber/*Holzborn* Rn. 4.
[65] Großkomm AktG/*Grundmann* Rn. 63; Kölner Komm AktG/*Tröger* Rn. 80; MHdB AG/*Austmann* § 40 Rn. 12; *Hoppe* NZG 2017, 361 (363); *Martens* WM 1981, 1010 (1015).
[66] MHdB AG/*Austmann* § 40 Rn. 12.
[67] Vgl. MüKoAktG/*Arnold* Rn. 18; K. Schmidt/Lutter/*Spindler* Rn. 11.
[68] MHdB AG/*Austmann* § 40 Rn. 7.
[69] BGHZ 160, 253 (255 f.); BGHZ 153, 32 (35 ff.) – HypoVereinsbank (zu § 124 Abs. 3 S. 1); BGHZ 149, 158 (164 f.) – Sachsenmilch III (zu § 124 Abs. 3 S. 1); OLG Rostock AG 2013, 768 (769 ff.); OLG Schleswig AG 2006, 120 (123) – Mobilcom; Großkomm AktG/*Werner* § 124 Rn. 97; Hüffer/Koch/*Koch*, 13. Aufl. 2018, § 124 Rn. 27; MüKoAktG/*Kubis* § 124 Rn. 48; MüKoAktG/*Arnold* Rn. 18; K. Schmidt/Lutter/*Spindler* Rn. 11; K. Schmidt/Lutter/*Ziemons* § 124 Rn. 90; Wachter/*Dürr* Rn. 10; *Werner* FS Fleck, 1988, 401 (420 f.).
[70] Grigoleit/*Herrler* Rn. 8; Großkomm AktG/*Grundmann* Rn. 65; Hölters/*Hirschmann* Rn. 9; Hüffer/Koch/*Koch*, 13. Aufl. 2018, Rn. 10; Kölner Komm AktG/*Tröger* Rn. 82 f.; MüKoAktG/*Arnold* Rn. 8; *Marsch-Barner* in Marsch-Barner/Schäfer Börsennotierte AG-HdB Rn. 34.133; MHdB AG/*Austmann* § 40 Rn. 4, 6; aA *Winnefeld* DB 1972, 1053; s. auch *Maier-Reimer* FS Oppenhoff, 1985, 193 (194).
[71] Kölner Komm AktG/*Tröger* Rn. 83.

schreiben, entscheidet der **Versammlungsleiter** nach pflichtgemäßem Ermessen über die Abstimmungsreihenfolge. Dabei hat er sich an dem Kriterium der **Sachdienlichkeit** zu orientieren.[72] Die Hauptversammlung kann keine abweichende Abstimmungsreihenfolge beschließen.[73] Etwas anderes gilt nur für den in § 137 geregelten Sonderfall, wonach eine Minderheit von Aktionären Einfluss auf die Abstimmungsreihenfolge bei Wahlen nehmen kann. Für einen allgemeinen „Mehrheitsschutz" besteht bei der Festlegung der Abstimmungsreihenfolge kein Bedarf, da es der Mehrheit ohne weiteres zumutbar ist, gegen den zuerst zur Abstimmung gestellten Antrag zu stimmen, um hierdurch die Abstimmung über einen abweichenden Antrag zu ermöglichen.[74] Zur Klarstellung empfiehlt sich eine Regelung in der Satzung, wonach der Versammlungsleiter die Reihenfolge der Abstimmung bestimmt.[75]

17 Zur Festlegung der Abstimmungsreihenfolge haben sich folgende **Leitlinien** herausgebildet: Ist ein Antrag auf **Abwahl des Versammlungsleiters** zur Abstimmung zuzulassen,[76] muss die Abstimmung regelmäßig **sofort** erfolgen (sofern das Teilnehmerverzeichnis bereits vorliegt und die Formalien der Hauptversammlung, insbesondere das Abstimmungsverfahren, bereits erläutert wurden).[77] Im Übrigen ist über **Verfahrensanträge** grundsätzlich vor Sachanträgen abzustimmen.[78] Voraussetzung für die Abstimmung ist aber, dass die Verfahrensfragen von der Entscheidungskompetenz der Hauptversammlung gedeckt sind. Dies betrifft etwa Anträge auf Vertagung oder Absetzung eines Tagesordnungspunkts, auf Vertagung der Hauptversammlung oder auf Einzelentlastung der Vorstands- und/oder Aufsichtsratsmitglieder. Bei **Sachanträgen** entspricht es dem Gebot der Sachdienlichkeit, zuerst über die Anträge abstimmen zu lassen, für die eine Mehrheit zu erwarten ist.[79] Dies werden zumeist die Beschlussvorschläge der Verwaltung sein.[80] Ein fester Grundsatz, wonach zunächst über den weitergehenden Antrag abzustimmen wäre, ist schon angesichts der insoweit drohenden Abgrenzungsschwierigkeiten abzulehnen.[81]

18 d) **Stimmabgabe. aa) Allgemeines.** § 133 Abs. 1 setzt voraus, dass die an der Abstimmung teilnehmenden Aktionäre ein **Stimmrecht** haben.[82] Ohne diese Voraussetzung kann keine gültige Stimmabgabe erfolgen. Das Stimmrecht wird als Ausfluss der Mitgliedschaft grundsätzlich durch jede Aktie

---

[72] OLG Hamburg AG 1968, 332; OLG Hamburg DB 1981, 80 (82); LG Hamburg AG 1996, 233; Großkomm AktG/*Grundmann* Rn. 66; Großkomm AktG/*Mülbert* § 129 Rn. 157 ff.; Kölner Komm AktG/*Tröger* Rn. 87; MüKoAktG/*Arnold* Rn. 19; K. Schmidt/Lutter/*Spindler* Rn. 13; MHdB AG/*Austmann* § 40 Rn. 18; *Martens* WM 1981, 1010 (1015); *Stützle/Walgenbach* ZHR 155 (1991) 516 (532).

[73] *Arnold/Carl/Götze* AG 2011, 349 (355); *G. Bezzenberger* ZGR 1998, 352 (362); *Stützle/Walgenbach* ZHR 155 (1991) 516 (533); aA GHEK/*Geßler* § 101 Rn. 35; *Pickert* in Semler/Volhard/Reichert HV-HdB § 9 Rn. 277; *Steiner* Die Hauptversammlung der AG, 1995, § 13 Rn. 44.

[74] Vgl. *Stützle/Walgenbach* ZHR 155 (1991) 516 (533).

[75] *Stützle/Walgenbach* ZHR 155 (1991) 516 (533); vgl. auch *Pickert* in Semler/Volhard/Reichert HV-HdB § 9 Rn. 277.

[76] Bestimmt die Satzung den Versammlungsleiter, ist eine Abberufung nach hM nur aus wichtigem Grund möglich, s. etwa OLG Stuttgart AG 2016, 370 (372); OLG Stuttgart AG 2015, 163 (169); OLG Bremen AG 2010, 256 (257); OLG Frankfurt AG 2006, 249 (251); LG Frankfurt ZIP 2005, 1176 (1177); LG Frankfurt NZG 2007, 155 (156); LG Köln AG 2005, 696 (701); Hüffer/Koch/*Koch*, 13. Aufl. 2018, § 129 Rn. 9; MüKoAktG/ *Kubis* § 119 Rn. 112 f.; *Butzke* ZIP 2004, 1164 (1165 ff.); *Hoppe* NZG 2017, 361 (362); *Rose* NZG 2007, 241 (242 ff.); *v. Falkenhausen/Kocher* BB 2005, 1068 ff.; wohl auch *Butzke* Die Hauptversammlung der AG Rn. D 14, 86; gegen die Möglichkeit einer Abwahl des satzungsmäßigen Versammlungsleiters dagegen mit überzeugender Argumentation K. Schmidt/Lutter/*Ziemons* § 124 Rn. 84 f.; *Gehling* in Semler/Volhard/Reichert HV-HdB § 9 Rn. 27 ff.; MHdB AG/*Hoffmann-Becking* § 37 Rn. 40; *Austmann* FS Hoffmann-Becking, 2013, 45 (57 f.); *Groß* Liber amicorum Happ, 2006, 31 (36 ff.); *Ihrig* FS Goette, 2011, 205 (217); *Krieger* AG 2006, 355 (357 ff.); *v.d. Linden* DB 2017, 1371 ff.; *Wilsing/v.d. Linden* ZIP 2010, 2321 (2327 ff.).

[77] Großkomm AktG/*Mülbert* § 129 Rn. 158; MüKoAktG/*Kubis* § 119 Rn. 152; iE auch MHdB AG/*Austmann* § 40 Rn. 16; s. auch *Pickert* in Semler/Volhard/Reichert HV-HdB § 9 Rn. 280.

[78] Großkomm AktG/*Grundmann* Rn. 66; Hölters/*Hirschmann* Rn. 10; MüKoAktG/*Kubis* § 119 Rn. 152; MüKoAktG/*Arnold* Rn. 19; K. Schmidt/Lutter/*Spindler* Rn. 13; Wachter/*Dürr* Rn. 12; MHdB AG/*Austmann* § 40 Rn. 17; *Pickert* in Semler/Volhard/Reichert HV-HdB § 9 Rn. 281; *Martens* WM 1981, 1010 (1015); *Stützle/Walgenbach* ZHR 155 (1991) 516 (532 f.); teilw. anders *Vogel*, Gesellschafterbeschlüsse und Gesellschafterversammlung, 2. Aufl. 1986, 147 f.

[79] LG München I ZIP 2016, 973 (974); LG Hamburg AG 1996, 233; Großkomm AktG/*Grundmann* Rn. 66; Großkomm AktG/*Mülbert* § 129 Rn. 161; Kölner Komm AktG/*Tröger* Rn. 87; Wachter/*Dürr* Rn. 12; MHdB AG/*Austmann* § 40 Rn. 18; *Pickert* in Semler/Volhard/Reichert HV-HdB § 9 Rn. 283; *Martens* WM 1981, 1010 (1015); *Stützle/Walgenbach* ZHR 155 (1991) 516 (532).

[80] Vgl. *Pickert* in Semler/Volhard/Reichert HV-HdB § 9 Rn. 283.

[81] MHdB AG/*Austmann* § 40 Rn. 18; *Pickert* in Semler/Volhard/Reichert HV-HdB § 9 Rn. 285; *Stützle/ Walgenbach* ZHR 155 (1991) 516 (532).

[82] Hüffer/Koch/*Koch*, 13. Aufl. 2018, Rn. 16; K. Schmidt/Lutter/*Spindler* Rn. 14.

gewährt (§ 12 Abs. 1 S. 1). Eine Ausnahme gilt für stimmrechtslose Vorzugsaktien (§ 12 Abs. 1 S. 2). Das Stimmrecht kann nicht von der Mitgliedschaft getrennt werden (Abspaltungsverbot; → § 134 Rn. 49). Möglich ist allerdings eine Ausübung des Stimmrechts durch Dritte (vgl. § 129 Abs. 2 und 3, § 134 Abs. 3, § 135). Das Stimmrecht wird durch Stimmabgabe in der Hauptversammlung (ggf. im Wege der Online-Teilnahme, § 118 Abs. 1 S. 2) oder durch Briefwahl (§ 118 Abs. 2) ausgeübt. Die Aktionäre können zu den vom Versammlungsleiter zur Abstimmung gestellten Anträgen mit „Ja" oder „Nein" stimmen oder sich der Stimme enthalten. Dabei sind **Enthaltungen** nicht als abgegebene Stimmen iSv § 133 Abs. 1 anzusehen und dementsprechend bei der Feststellung der erforderlichen Mehrheit nicht zu berücksichtigen (→ Rn. 29). Weitere Möglichkeiten der Stimmabgabe bestehen nicht.

bb) Rechtsnatur. Bei der Abgabe einer Ja-Stimme oder einer Nein-Stimme handelt es sich um **19** eine **empfangsbedürftige Willenserklärung**.[83] Gleiches gilt entgegen der wohl hM für die Abgabe einer Stimmenthaltung (im Gegensatz zur bloßen Nichtteilnahme an der Abstimmung).[84] Dem steht nicht entgegen, dass Enthaltungen nicht als abgegebene Stimmen iSv § 133 Abs. 1 anzusehen sind. Die Enthaltung beeinflusst den Erfolgswert der übrigen Stimmen, so dass auch ihr eine rechtliche Relevanz zukommt.[85] Letztlich hat der Streit um die Rechtsnatur der Enthaltung keine größere Bedeutung, da auch die Vertreter der Gegenansicht die Enthaltung nach den für Ja- und Nein-Stimmen geltenden Grundsätzen behandeln wollen.[86]

Adressat der Stimmabgabe ist der **Versammlungsleiter.** Mit Zugang beim Versammlungsleiter **20** wird die Stimmabgabe wirksam.[87] Ein Zugang bei den übrigen Hauptversammlungsteilnehmern ist nicht erforderlich. Da die Stimmabgabe für die und nicht gegenüber der Gesellschaft erfolgt, handelt der Versammlungsleiter nicht als Empfangsvertreter (§ 164 Abs. 3 BGB) der Gesellschaft.[88] Er kann aber seinerseits Empfangsvertreter (zB Stimmzähler) einsetzen.[89] Der Zugang richtet sich nach allgemeinen rechtsgeschäftlichen Grundsätzen, wobei zwischen verkörperter und nicht verkörperter Stimmabgabe zu unterscheiden ist (zu den verschiedenen Arten der Abstimmung → § 134 Rn. 81 ff.). Danach ist eine **nicht verkörperte Stimmabgabe** (zB durch Zuruf oder durch Handzeichen) zugegangen, wenn sie vom Versammlungsleiter tatsächlich zur Kenntnis genommen wird.[90] Voraussetzung für die Wirksamkeit ist, dass die Verlautbarung in der durch Satzung, Geschäftsordnung oder den Versammlungsleiter festgelegten Form erfolgt.[91] Eine **verkörperte Stimmabgabe** (zB schriftlich oder durch Abgabe von Stimmkarten bzw. Stimmabschnitten) ist zugegangen, wenn sie so in den Machtbereich des Versammlungsleiters (oder eines Empfangsvertreters) gelangt ist, dass dieser unter normalen Umständen die Möglichkeit der Kenntnisnahme hat.[92] Bei Verwendung von Stimmkarten oder Stimmabschnitten ist der Zugang mit dem Einwurf in einen Sammelbehälter (Urne) oder der Übergabe an einen Stimmzähler erfolgt.[93] Bei **elektronischen Abstimmungsverfahren** (zB mittels mobiler Datenerfassungsterminals oder mittels mobiler Abstimmgeräte auf Funk- oder Infrarotbasis) liegt regel-

---

[83] Ganz hM, s. etwa Bürgers/Körber/*Holzborn* Rn. 7; Grigoleit/*Herrler* Rn. 11; Hölters/*Hirschmann* Rn. 19; Hüffer/Koch/*Koch*, 13. Aufl. 2018, Rn. 18; Kölner Komm AktG/*Tröger* Rn. 55; MüKoAktG/*Arnold* Rn. 23; K. Schmidt/Lutter/*Spindler* Rn. 16; Bartholomeyczik AcP 144 (1938) 287 (291 ff.); aA *Winnefeld* DB 1972, 1053 (1054), der nur die Ja-Stimme zu einem Sachantrag als Willenserklärung ansieht.
[84] Ebenso Grigoleit/*Herrler* Rn. 11; *Henseler* BB 1962, 1023 (1024); *Messer* FS Fleck, 1988, 221 (226); *Ulmer* FS Niederländer, 1991, 415 (419); aA Bürgers/Körber/*Holzborn* Rn. 7; Großkomm AktG/*Grundmann* Rn. 67; Hölters/*Hirschmann* Rn. 19; Hüffer/Koch/*Koch*, 13. Aufl. 2018, Rn. 18; Kölner Komm AktG/*Tröger* Rn. 55, 98; MüKoAktG/*Arnold* Rn. 23 f.; K. Schmidt/Lutter/*Spindler* Rn. 16.
[85] Vgl. *Messer* FS Fleck, 1988, 221 (226); *Ulmer* FS Niederländer, 1991, 415 (419).
[86] So ausdrücklich K. Schmidt/Lutter/*Spindler* Rn. 18; s. auch Bürgers/Körber/*Holzborn* Rn. 8.
[87] Bürgers/Körber/*Holzborn* Rn. 7; Großkomm AktG/*Grundmann* Rn. 68; Hüffer/Koch/*Koch*, 13. Aufl. 2018, Rn. 19; MüKoAktG/*Arnold* Rn. 25; Kölner Komm AktG/*Tröger* Rn. 61; K. Schmidt/Lutter/*Spindler* Rn. 16 f.; MHdB AG/*Austmann* § 40 Rn. 27.
[88] *Flume* JurPerson § 7 VII 1; offen Kölner Komm AktG/*Tröger* Rn. 61; aA Großkomm AktG/*Grundmann* Rn. 68; K. Schmidt/Lutter/*Spindler* Rn. 16.
[89] Bürgers/Körber/*Holzborn* Rn. 7; Großkomm AktG/*Grundmann* Rn. 68 Fn. 130; Kölner Komm AktG/*Tröger* Rn. 61; MüKoAktG/*Arnold* Rn. 25; K. Schmidt/Lutter/*Spindler* Rn. 17; MHdB AG/*Austmann* § 40 Rn. 27.
[90] Großkomm AktG/*Grundmann* Rn. 68; Kölner Komm AktG/*Tröger* Rn. 63; MHdB AG/*Austmann* § 40 Rn. 27.
[91] Bürgers/Körber/*Holzborn* Rn. 7; MüKoAktG/*Arnold* Rn. 25; K. Schmidt/Lutter/*Spindler* Rn. 17; MHdB AG/*Austmann* § 40 Rn. 24; *Pickert* in Semler/Volhard/Reichert HV-HdB § 9 Rn. 270.
[92] Großkomm AktG/*Grundmann* Rn. 68; s. auch MüKoAktG/*Arnold* Rn. 25; MHdB AG/*Austmann* § 40 Rn. 27; *Pickert* in Semler/Volhard/Reichert HV-HdB § 9 Rn. 270, die aber jeweils die Kenntnisnahmemöglichkeit nicht ausdrücklich erwähnen.
[93] Kölner Komm AktG/*Tröger* Rn. 63; MüKoAktG/*Arnold* Rn. 25; MHdB AG/*Austmann* § 40 Rn. 27; *Pickert* in Semler/Volhard/Reichert HV-HdB § 9 Rn. 270.

§ 133   21, 21a   Erstes Buch. Aktiengesellschaft

mäßig eine verkörperte Stimmabgabe vor. Auch hier kommt es daher für den Zugang entscheidend auf die Möglichkeit der Kenntnisnahme durch den Versammlungsleiter an.[94] An einem Zugang fehlt es, wenn die elektronische Stimmabgabe nach dem Signaleingang aufgrund eines Fehlers der elektronischen Empfangsvorrichtung nicht oder nur fehlerhaft gespeichert wird.[95]

21 Ein **Widerruf der Stimmabgabe** (auch der Enthaltung) ist nach Zugang nicht mehr möglich. Hiervon wollte die früher hM eine Ausnahme machen, wenn ein wichtiger Grund vorliegt und die beschlossene Maßnahme noch nicht vollzogen wurde. Ein solcher wichtiger Grund sollte vorliegen, wenn sich die Stimmabgabe als objektiv treuwidrig, weil dem Gesellschaftsinteresse abträglich darstellen würde.[96] Entgegen dieser Ansicht ist jedoch kein hinreichender Grund für eine Abweichung von der Wertung des § 130 Abs. 1 S. 2 BGB ersichtlich. Die heute hM geht daher zu Recht davon aus, dass auch bei Vorliegen eines wichtigen Grunds kein Widerruf möglich ist.[97] Ändern sich nachträglich die Verhältnisse, die der Stimmabgabe zugrunde lagen, erscheint es aus Gründen der Rechtssicherheit vorzugswürdig, über die Konsequenzen nicht den einzelnen Aktionär, sondern die Hauptversammlung entscheiden zu lassen. Möglich ist dagegen eine **Anfechtung der Stimmabgabe** nach den allgemeinen Regeln der §§ 119 ff. BGB.[98] Bei Anwendung der §§ 119 ff. BGB ist aber stets der besondere Kontext des Hauptversammlungsbeschlusses zu beachten. Dies spricht dafür, eine Anfechtung wegen Irrtums nur während der Hauptversammlung zuzulassen.[99] In den Fällen des § 123 BGB dürften dagegen die schutzwürdigen Interessen des anfechtungsberechtigten Aktionärs das auf Rechtssicherheit gerichtete Interesse der übrigen Aktionäre und der Gesellschaft regelmäßig überwiegen, so dass eine Anfechtung auch nach Schließung der Hauptversammlung noch möglich ist. Adressat der Anfechtungserklärung ist während der Hauptversammlung der Versammlungsleiter. Nach Schließung der Hauptversammlung ist die Anfechtung gegenüber dem Vorstand zu erklären (sofern die Stimmabgabe ausnahmsweise noch angefochten werden kann).[100] Ein durch nachträgliche Anfechtung der Stimmabgabe fehlerhaft gewordener Beschluss ist gleichwohl wirksam und kann nur mittels Anfechtungsklage beseitigt werden (sofern sich die angefochtene Stimmabgabe auf das Beschlussergebnis ausgewirkt hat).[101]

21a Nach hM findet § 181 BGB **(Verbot des Insichgeschäfts)** auf Hauptversammlungsbeschlüsse keine Anwendung.[102] Gleiches müsste für die zugrundeliegende Stimmabgabe gelten,[103] da hier –

---

[94] Großkomm AktG/*Grundmann* Rn. 68; Kölner Komm AktG/*Tröger* Rn. 64; K. Schmidt/Lutter/*Spindler* Rn. 17.

[95] Großkomm AktG/*Grundmann* Rn. 68; Kölner Komm AktG/*Tröger* Rn. 65; K. Schmidt/Lutter/*Spindler* Rn. 17; MHdB AG/*Austmann* § 40 Rn. 27; allgemein für elektronische Willenserklärungen MüKoBGB/*Säcker* Einl. Rn. 197 ff.; aA *Burgard* AcP 195 (1995) 74 (101 ff.); *Burgard* BB 1995, 222 (223); *Fritzemeyer/Heun* CR 1992, 129 (130); *Heun* CR 1994, 595 (598); *Mehrings* MMR 1998, 30 (33), die den Zugang elektronischer Willenserklärungen bereits dann bejahen wollen, wenn die Daten den Übertragungsweg verlassen und über eine Schnittstelle hinweg vollständig in die elektronische Empfangsvorrichtung gelangt sind, so dass die Möglichkeit der Speicherung besteht.

[96] S. etwa MüKoAktG/*Volhard*, 2. Aufl. 2004, Rn. 21; K. Schmidt/Lutter/*Spindler* Rn. 18; *Pickert* in Semler/Volhard/Reichert HV-HdB § 9 Rn. 270; *Schaaf* in Schaaf Praxis der HV Rn. 884 ff.; *Schaaf/Slowinski* ZIP 2011, 2444 (2446); iE ähnlich Großkomm AktG/*Grundmann* Rn. 70, der für die Zeit bis zum Wirksamwerden des Beschlusses die Wertung des § 313 BGB heranziehen will; für einen Widerruf aus wichtigem Grund auch die hM zu Gesellschafterbeschlüssen in Geschäftsführungsfragen bei Personengesellschaften, s. etwa Großkomm HGB/*Schäfer* HGB § 119 Rn. 27; MüKoBGB/*Schäfer* BGB § 709 Rn. 75 f.; MüKoHGB/*Enzinger* HGB § 119 Rn. 15; Soergel/*Hadding/Kießling* BGB, 13. Aufl. 2011, § 709 Rn. 32; Staudinger/*Habermeier* BGB, 2003, § 709 Rn. 19; *Ulmer* FS Niederländer, 1991, 415 (422 f.), jeweils mwN.

[97] Bürgers/Körber/*Holzborn* Rn. 8; Grigoleit/*Herrler* Rn. 11; Hölters/*Hirschmann* Rn. 20; Hüffer/Koch/*Koch*, 13. Aufl. 2018, Rn. 19; Kölner Komm AktG/*Tröger* Rn. 66; MüKoAktG/*Arnold* Rn. 26; Wachter/*Dürr* Rn. 15; *Butzke* Die Hauptversammlung der AG Rn. E 9; MHdB AG/*Austmann* § 40 Rn. 28; *Messer* FS Fleck, 1988, 221 (228 f.); wohl auch *Würdinger* AktienR-HdB § 17 III 1.

[98] Bürgers/Körber/*Holzborn* Rn. 8; Hüffer/Koch/*Koch*, 13. Aufl. 2018, Rn. 19; Kölner Komm AktG/*Tröger* Rn. 66; MüKoAktG/*Arnold* Rn. 5, 26; K. Schmidt/Lutter/*Spindler* Rn. 18; *Fischer/Pickert* in Semler/Volhard/Reichert HV-HdB § 9 Rn. 204; MHdB AG/*Austmann* § 40 Rn. 28; *Schaaf* in Schaaf Praxis der HV Rn. 886; *Flume* JurPerson § 7 VII 1; *Bartholomeyczik* AcP 144 (1938) 287 (318 ff.).

[99] Großkomm AktG/*Grundmann* Rn. 69; aA wohl Kölner Komm AktG/*Tröger* Rn. 58.

[100] Kölner Komm AktG/*Tröger* Rn. 60; MüKoAktG/*Arnold* Rn. 26; K. Schmidt/Lutter/*Spindler* Rn. 18; *Flume* JurPerson § 7 VII 1.

[101] Vgl. RGZ 115, 383; Kölner Komm AktG/*Tröger* Rn. 60; *Butzke* Die Hauptversammlung der AG Rn. E 10; *Würdinger* AktienR-HdB § 17 III 2.

[102] LG Aachen MittbayNot 1975, 255; Bürgers/Körber/*Holzborn* Rn. 2; Grigoleit/*Herrler* Rn. 2; Großkomm AktG/*Grundmann* Rn. 43; Hölters/*Hirschmann* Rn. 3; Hüffer/Koch/*Koch*, 13. Aufl. 2018, Rn. 4; MüKoAktG/*Arnold* Rn. 5; K. Schmidt/Lutter/*Spindler* Rn. 2; Wachter/*Dürr* Rn. 2; *Renkl*, Der Gesellschafterbeschluß, 1982, 62 f.; *Heidinger/Blath* FS Spiegelberger, 2009, 692 (703); s. auch Erman/*Maier-Reimer* BGB § 181 Rn. 19; Staudinger/*Schilken* BGB, 2014, § 181 Rn. 25; aA Kölner Komm AktG/*Tröger* Rn. 67 ff.; *Schilling* FS Ballerstedt, 1975, 257 (273 ff.); Soergel/*Leptien* BGB § 181 Rn. 21.

[103] Da § 181 BGB eine Frage der Stellvertretung regelt, ist die Thematik insgesamt eher bei der einzelnen Stimmabgabe zu verorten.

anders als bei den §§ 119 ff. BGB (→ Rn. 4, 21) – eine abweichende Behandlung von Beschluss und Stimmabgabe nicht sinnvoll erscheint.[104] Allerdings steht diese Ansicht im Gegensatz zur heute hM bei der GmbH, die zwischen gewöhnlichen Beschlüssen (insbesondere in Geschäftsführungsfragen) und satzungsändernden Beschlüssen differenziert und nur bei letzteren § 181 BGB anwendet.[105] Darüber hinaus soll § 181 BGB bei der Geschäftsführerbestellung des Vertreters gelten.[106] Auch für die AG wird teilweise in Anknüpfung an die hM zur GmbH eine differenzierende Ansicht vertreten.[107] Danach soll § 181 BGB anwendbar sein bei Beschlüssen, die unmittelbar das Verhältnis der Aktionäre untereinander gestalten (zB Satzungsänderungen, Kapitalmaßnahmen, Umwandlungsmaßnahmen, Abschluss von Beherrschungs- und Gewinnabführungsverträgen, „Holzmüller/Gelatine"-Beschlüsse).[108] Gleiches soll für die Organbestellung des Vertreters gelten.[109] Letztlich sprechen die besseren Argumente gegen die Anwendbarkeit von § 181 BGB auf Hauptversammlungsbeschlüsse. Da keine Willenserklärung gegenüber den anderen Aktionären abgegeben wird, könnte die Norm allenfalls analoge Anwendung finden. Es erscheint jedoch zweifelhaft, ob tatsächlich eine Regelungslücke besteht. Der Gesetzgeber hat in den §§ 134 f. diverse Regelungen zur Stimmrechtsvertretung vorgesehen, die teilweise auch die von § 181 BGB vorausgesetzte Konfliktlage adressieren (vgl. § 135).[110] Auch kann die von der Gegenansicht angestellte materielle Betrachtung[111] zu Abgrenzungsschwierigkeiten führen, wenn § 181 BGB nicht nur auf satzungsändernde, sondern auch auf sonstige Grundlagenbeschlüsse (zB „Holzmüller/Gelatine"-Beschlüsse) anwendbar sein soll. Die Fälle der Organbestellung betreffen bei der AG primär die Aufsichtsratswahl, die – anders als die Geschäftsführerbestellung bei der GmbH – nicht mit dem Abschluss eines Anstellungsvertrags und der Festsetzung einer Vergütung verbunden ist.[112] Dies spricht gegen eine Anwendung von § 181 BGB in den Fällen der persönlichen Betroffenheit. § 136 sollte insoweit als abschließende Regelung angesehen werden,[113] auch wenn die Vorschrift in ihrer Schutzrichtung nicht völlig deckungsgleich mit § 181 BGB ist. Auch wenn man mit der Gegenansicht von einer grundsätzlichen Anwendbarkeit des § 181 BGB ausgehen wollte, würde ein Insichgeschäft nicht bereits dann vorliegen, wenn der Vertreter eines Aktionärs zugleich Versammlungsleiter ist. Die Gegenansicht begründet die Anwendbarkeit von § 181 BGB gerade damit, dass bei der Stimmrechtsausübung die Willenserklärungen zwar gegenüber der Gesellschaft abgegeben würden, in der Sache jedoch ein Rechtsgeschäft der Aktionäre untereinander vorgenommen würde.[114]

cc) Uneinheitliche Stimmabgabe. Eine uneinheitliche Stimmabgabe liegt vor, wenn ein Aktionär mehrere Stimmen hat und diese unterschiedlich ausübt. Nach heute wohl einheilliger Ansicht ist eine solche uneinheitliche Stimmabgabe **zulässig,** sofern die Stimmen **aus verschiedenen Aktien**

---

[104] Unklar MüKoAktG/*Arnold* Rn. 5, der auch § 181 BGB zwar nicht auf den Beschluss, aber offenbar auf die Stimmabgabe anwenden will („Die Vorschriften für Willenserklärungen, insbesondere die §§ 119 ff. und 181 BGB, gelten für den Beschluss nicht, wohl aber für die in der Stimmabgabe liegenden Willenserklärungen.").

[105] BGH ZIP 1988, 1046 (1047); Baumbach/Hueck/*Zöllner/Noack* GmbHG § 47 Rn. 60; Lutter/Hommelhoff/*Bayer* GmbHG § 47 Rn. 27; Scholz/*K. Schmidt* GmbHG § 47 Rn. 180 f.; UHL/*Hüffer/Schürnbrand* GmbHG § 47 Rn. 124 ff.; *Wiedemann* GesR, Bd. I, S. 180 ff.; *Götze* GmbHR 2001, 217 (218 f.); s. auch Erman/*Maier-Reimer* BGB § 181 Rn. 19; MüKoBGB/*Schubert* BGB § 181 Rn. 33; Soergel/*Leptien* BGB § 181 Rn. 21; Staudinger/*Schilken* 2014, BGB, § 181 Rn. 25; ebenso zur KG BGHZ 65, 93 (96 ff.); BGH WM 1979, 71 (72); weitergehend MHLS/*Römermann* GmbHG § 47 Rn. 125; MüKoGmbHG/*Drescher* § 47 Rn. 222, 224, die § 181 BGB auch bei der Beschlussfassung zu Geschäftsführungsfragen anwenden wollen; gegen die Anwendung von § 181 BGB *Roth*/Altmeppen/*Roth* GmbHG § 47 Rn. 36; ebenso noch BGHZ 52, 316 (318) (Auflösungsbeschluss); BGHZ 33, 189 (191); BayObLG GmbHR 1989, 252 (253).

[106] BayObLG NZG 2001, 128; LG Berlin GmbHR 1997, 750 (751); Baumbach/Hueck/*Zöllner/Noack* GmbHG § 47 Rn. 60; MüKoGmbHG/*Drescher* § 47 Rn. 223; Scholz/*K. Schmidt* GmbHG § 47 Rn. 181; UHL/*Hüffer/Schürnbrand* GmbHG § 47 Rn. 123; s. auch Erman/*Maier-Reimer* BGB § 181 Rn. 19; MüKoBGB/*Schubert* BGB § 181 Rn. 33; Soergel/*Leptien* BGB § 181 Rn. 21; Staudinger/*Schilken* 2014, BGB, § 181 Rn. 25; zur GbR auch BGHZ 112, 339 (341 ff.).

[107] Kölner Komm AktG/*Tröger* Rn. 67 ff.; *Schilling* FS Ballerstedt, 1975, 257 (273 ff.).

[108] Kölner Komm AktG/*Tröger* Rn. 68.

[109] Kölner Komm AktG/*Tröger* Rn. 69.

[110] Vgl. Erman/*Maier-Reimer* BGB § 181 Rn. 19; Staudinger/*Schilken*, 2014, BGB, § 181 Rn. 25; aA Kölner Komm AktG/*Tröger* Rn. 67; Soergel/*Leptien* BGB § 181 Rn. 21.

[111] Vgl. Kölner Komm AktG/*Tröger* Rn. 68.

[112] Der BGH stellt maßgeblich darauf ab, dass es bei der Geschäftsführerbestellung zumindest auch um den Abschluss eines entsprechenden Anstellungsvertrags und um die Festsetzung eines Geschäftsführergehalts gehe, vgl. BGHZ 112, 339 (341) (zur GbR).

[113] Vgl. Großkomm AktG/*Grundmann* Rn. 43.

[114] S. etwa *Schilling* FS Ballerstedt, 1975, 257 (274).

resultieren.¹¹⁵ Hierfür spricht insbesondere die kapitalistische Struktur der AG, die auch in dem Grundsatz des § 12 Abs. 1 S. 1 zum Ausdruck kommt, wonach jede Aktie eine Stimme gewährt. Praktische Relevanz dürfte eine uneinheitliche Stimmabgabe insbesondere in Fällen haben, in denen nur ein Teil der von einem Aktionär gehaltenen Aktien einer Stimmbindung unterliegt oder treuhänderisch gehalten wird.¹¹⁶ Resultieren die Stimmen dagegen **aus nur einer Aktie** (insbesondere bei Mehrstimmrechten), ist eine uneinheitliche Stimmabgabe nach zutreffender hM **unzulässig.**¹¹⁷ Ein schutzwürdiges Interesse des Aktionärs an einer Aufspaltung der Stimmabgabe ist in diesem Fall nicht erkennbar. Da Mehrstimmrechte heute unzulässig sind (§ 12 Abs. 2) und nur noch in Altfällen existieren (vgl. § 5 EGAktG), hat der Streit allenfalls noch bei Vorhandensein von Aktien mit unterschiedlichen Nennbeträgen Relevanz.

23 Kein Fall der uneinheitlichen Stimmabgabe liegt vor, wenn ein **Bevollmächtigter** oder ein Legitimationsaktionär das Stimmrecht **für verschiedene Aktionäre** unterschiedlich ausübt. Hier folgt die Zulässigkeit einer unterschiedlichen Stimmrechtsausübung bereits daraus, dass derartige Interessenwahrer jeweils den individuellen Weisungen der Aktionäre unterworfen sind.¹¹⁸

24 **e) Ermittlung des Abstimmungsergebnisses.** An die Stimmabgabe schließt sich die rechnerische Ermittlung des Abstimmungsergebnisses **durch den Versammlungsleiter** an. Der Versammlungsleiter kann hierzu Hilfspersonen und technische Hilfsmittel (insbesondere EDV-Anlagen) einsetzen.¹¹⁹ Deren zuverlässiges Handeln bzw. Funktionieren ist vom Versammlungsleiter zu überwachen.¹²⁰ Der Versammlungsleiter legt auch das Auszählungsverfahren fest. Dabei hat er sich an dem Kriterium der **Sachdienlichkeit** zu orientieren. Das Verfahren muss eine zuverlässige Ermittlung des Abstimmungsergebnisses gewährleisten.¹²¹ Da es sich bei der Ermittlung des Abstimmungsergebnisses um eine allein in den Verantwortungsbereich des Versammlungsleiters fallende Aufgabe handelt, kann die Hauptversammlung kein abweichendes Auszählungsverfahren beschließen (auch nicht in einer Geschäftsordnung der Hauptversammlung).¹²² Unberührt bleibt nur die Möglichkeit einer entsprechenden Satzungsregelung.¹²³ Um dem Versammlungsleiter die erforderliche Flexibilität zu erhalten, ist eine solche Satzungsregelung aber regelmäßig nicht sinnvoll. Vielmehr empfiehlt sich in der Satzung regelmäßig eine (klarstellende) Regelung, wonach das Auszählungsverfahren vom Versammlungsleiter festgelegt wird.¹²⁴

25 **aa) Additionsverfahren.** Beim Additionsverfahren erfolgt eine getrennte Auszählung der Ja- und Nein-Stimmen. Die Zahl der abgegebenen Stimmen wird durch Addition der Ja- und Nein-Stimmen

---

¹¹⁵ Bürgers/Körber/*Holzborn* Rn. 9; Grigoleit/*Herrler* Rn. 12; Großkomm AktG/*Grundmann* Rn. 74; Hölters/*Hirschmann* Rn. 21; Hüffer/Koch/*Koch*, 13. Aufl. 2018, Rn. 21; Kölner Komm AktG/*Tröger* Rn. 100 f.; MüKoAktG/*Arnold* Rn. 27; K. Schmidt/Lutter/*Spindler* Rn. 19; Wachter/*Dürr* Rn. 14; *Butzke* Die Hauptversammlung der AG Rn. E 11; MHdB AG/*Austmann* § 40 Rn. 29; *Schaaf* in Schaaf Praxis der HV Rn. 887; *Flume* JurPerson § 7 VII 2; *Armbrüster* FS Bezzenberger, 2000, 3 (13 ff.); *Heckelmann* AcP 170 (1970) 306 (319 ff.); aA noch RGZ 118, 67 (69 f.), das aber die teilweise Enthaltung als zulässig ansieht.
¹¹⁶ *Butzke* Die Hauptversammlung der AG Rn. E 11.
¹¹⁷ Bürgers/Körber/*Holzborn* Rn. 9; Grigoleit/*Herrler* Rn. 12; Hölters/*Hirschmann* Rn. 21; Hüffer/Koch/*Koch*, 13. Aufl. 2018, Rn. 21; Kölner Komm AktG/*Tröger* Rn. 100 f.; MüKoAktG/*Arnold* Rn. 27; K. Schmidt/Lutter/*Spindler* Rn. 20; Wachter/*Dürr* Rn. 14; *Heckelmann* AcP 170 (1970) 306 (332 f.); wohl auch *Butzke* Die Hauptversammlung der AG Rn. E 12; *Schaaf* in Schaaf Praxis der HV Rn. 888; grundsätzlich auch *Flume* JurPerson § 7 VII 2, der aber eine Ausnahme bei entsprechender Satzungsregelung zulassen will; aA *Armbrüster* FS Bezzenberger, 2000, 3 (13 ff.); wohl auch Großkomm AktG/*Grundmann* Rn. 74.
¹¹⁸ RGZ 118, 67 (70); Bürgers/Körber/*Holzborn* Rn. 9; Hölters/*Hirschmann* Rn. 22; Hüffer/Koch/*Koch*, 13. Aufl. 2018, Rn. 20; Kölner Komm AktG/*Tröger* Rn. 102; K. Schmidt/Lutter/*Spindler* Rn. 21; *Butzke* Die Hauptversammlung der AG Rn. E 13; *Heckelmann* AcP 170 (1970) 306 (318).
¹¹⁹ GHEK/*Eckardt* Rn. 13; Großkomm AktG/*Grundmann* Rn. 127; Hölters/*Hirschmann* Rn. 24; Hüffer/Koch/*Koch*, 13. Aufl. 2018, Rn. 22; Kölner Komm AktG/*Tröger* Rn. 104; MüKoAktG/*Arnold* Rn. 28; K. Schmidt/Lutter/*Spindler* Rn. 22; Wachter/*Dürr* Rn. 16; *Pickert* in Semler/Volhard/Reichert HV-HdB § 9 Rn. 291.
¹²⁰ Großkomm AktG/*Grundmann* Rn. 127; *Pickert* in Semler/Volhard/Reichert HV-HdB § 9 Rn. 291; *Stützle/Walgenbach* ZHR 155 (1991) 516 (535).
¹²¹ Großkomm AktG/*Grundmann* Rn. 128; K. Schmidt/Lutter/*Spindler* Rn. 22.
¹²² Kölner Komm AktG/*Tröger* Rn. 105; *Barz* AG 1962, Sonderbeil. I/62, 1 (9); *Stützle/Walgenbach* ZHR 155 (1991) 516 (535); aA K. Schmidt/Lutter/*Spindler* Rn. 22; *Max* AG 1991, 77 (87); hinsichtlich einer Geschäftsordnung der Hauptversammlung auch GHEK/*Eckardt* Rn. 13; Großkomm AktG/*Grundmann* Rn. 128; *Pickert* in Semler/Volhard/Reichert HV-HdB § 9 Rn. 292.
¹²³ Kölner Komm AktG/*Tröger* Rn. 105; *Barz* AG 1962, Sonderbeil. I/62, 1 (9); s. auch GHEK/*Eckardt* Rn. 13; Großkomm AktG/*Grundmann* Rn. 128; K. Schmidt/Lutter/*Spindler* Rn. 22; *Pickert* in Semler/Volhard/Reichert HV-HdB § 9 Rn. 292; *Max* AG 1991, 77 (87); aA *Stützle/Walgenbach* ZHR 155 (1991) 516 (535).
¹²⁴ *Pickert* in Semler/Volhard/Reichert HV-HdB § 9 Rn. 292 Fn. 390.

ermittelt. Stimmenthaltungen müssen nicht ausgezählt werden, da sie für die Ermittlung der erforderlichen Mehrheit keine Rolle spielen.[125] Das Additionsverfahren ermöglicht eine zuverlässige Ermittlung des Abstimmungsergebnisses und ist rechtlich unbedenklich. Es bietet sich seit jeher bei Hauptversammlungen mit nur wenigen Teilnehmern an.[126] Inzwischen kommt es aber auch verstärkt bei größeren Hauptversammlungen (insbesondere bei kritischen Hauptversammlungen) zum Einsatz, da es weniger Angriffspunkte als das Subtraktionsverfahren bietet (→ Rn. 26 ff.). Bei elektronischer Abstimmung tritt durch die Verwendung des Additionsverfahrens auch kein Zeitverlust ein. Auch bei Verwendung von elektronisch einlesbaren Stimmkarten ist der Zeitverlust gegenüber dem Subtraktionsverfahren zumeist nur minimal. Das Additionsverfahren dürfte daher mit zunehmender Verbreitung derartiger Abstimmungs- und Auszählungsverfahren weiter an Bedeutung gewinnen.

bb) Subtraktionsverfahren. Nach zutreffender hM ist auch die Anwendung des Subtraktionsverfahrens **zulässig**.[127] Beim Subtraktionsverfahren werden nur die Enthaltungen und idR die Nein-Stimmen gezählt. Zunächst werden die Enthaltungen von der als präsent registrierten Gesamtzahl der Stimmen (ggf. bereinigt um die von einem Stimmverbot betroffenen Stimmen und etwaige ungültige Stimmen) abgezogen, um die Zahl der abgegebenen Stimmen zu ermitteln. Hiervon werden im Anschluss die Nein-Stimmen subtrahiert. Die sich ergebende Differenz bildet die Zahl der Ja-Stimmen. Wer nicht ausdrücklich mit „Nein" stimmt oder sich der Stimme enthält, stimmt daher mit „Ja". Ist mit der Ablehnung eines Antrags zu rechnen, lässt sich das Subtraktionsverfahren auch **umdrehen**. In diesem Fall werden nur die Enthaltungen und die Ja-Stimmen gezählt. **26**

Das Subtraktionsverfahren kann auch bei Zulassung der **Online-Teilnahme** (§ 118 Abs. 1 S. 2) zum Einsatz kommen.[128] Gleiches gilt bei Zulassung der **Briefwahl** (§ 118 Abs. 2), auch wenn der sich im Wege der Briefwahl an einer Abstimmung beteiligende Aktionär nicht als „Teilnehmer" der Hauptversammlung zu qualifizieren ist und folglich keinen Widerspruch zur Niederschrift erklären kann.[129] Bei Zulassung der Briefwahl sind zunächst alle gültigen Briefwahlstimmen zu der als präsent registrierten Gesamtzahl der Stimmen hinzuzuaddieren. Hiervon sind anschließend zur Ermittlung des Abstimmungsergebnisses die per Briefwahl und die in der Hauptversammlung abgegebenen Nein-Stimmen und Enthaltungen abzuziehen.[130] **26a**

Der **Vorteil des Subtraktionsverfahrens** besteht darin, dass die Auszählung der Stimmen bei nicht-elektronischer Abstimmung regelmäßig weniger Zeit in Anspruch nimmt als bei Anwendung des Additionsverfahrens. Zudem müssen Stimmenthaltungen ausdrücklich erklärt werden. Die hierdurch ermöglichte Erfassung des Stimmverhaltens kann für die Gesellschaft von Interesse sein.[131] **26b**

---

[125] Großkomm AktG/*Grundmann* Rn. 129; Hüffer/Koch/*Koch*, 13. Aufl. 2018, Rn. 23; MüKoAktG/*Arnold* Rn. 30; K. Schmidt/Lutter/*Spindler* Rn. 23; MHdB AG/*Austmann* § 40 Rn. 34; *Leuering/Rubner* NJW-Spezial 2016, 591; aA Kölner Komm AktG/*Tröger* Rn. 106; *Pickert* in Semler/Volhard/Reichert HV-HdB § 9 Rn. 294, die zur Begründung auf § 130 Abs. 2 verweisen; nach zutreffender hM ist jedoch eine Protokollierung der Enthaltungen bei Verwendung des Additionsverfahrens nicht erforderlich, s. statt aller Hüffer/Koch/*Koch*, 13. Aufl. 2018, § 130 Rn. 19a mwN.

[126] Vgl. Großkomm AktG/*Grundmann* Rn. 129; Hölters/*Hirschmann* Rn. 26; Hüffer/Koch/*Koch*, 13. Aufl. 2018, Rn. 23; Kölner Komm AktG/*Tröger* Rn. 106; K. Schmidt/Lutter/*Spindler* Rn. 23; *Pickert* in Semler/Volhard/Reichert HV-HdB § 9 Rn. 306; *Leuering/Rubner* NJW-Spezial 2016, 591.

[127] OLG Frankfurt AG 1999, 231 (232) – AS I Automotive AG; LG München I ZIP 2016, 973 (975); LG Dortmund AG 1968, 390; Bürgers/Körber/*Holzborn* Rn. 12; GHEK/*Eckardt* Rn. 15 ff.; Großkomm AktG/*Grundmann* Rn. 130; Hölters/*Hirschmann* Rn. 28; Hüffer/Koch/*Koch*, 13. Aufl. 2018, Rn. 24; Kölner Komm AktG/*Tröger* Rn. 108 ff.; MüKoAktG/*Arnold* Rn. 31; K. Schmidt/Lutter/*Spindler* Rn. 24; Wachter/*Dürr* Rn. 17; *Butzke* Die Hauptversammlung der AG Rn. E 109 f.; *Marsch-Barner* in Marsch-Barner/Schäfer Börsennotierte AG-HdB Rn. 34.142; MHdB AG/*Austmann* § 40 Rn. 36; *Pickert* in Semler/Volhard/Reichert HV-HdB § 9 Rn. 297; *Schaaf* in Schaaf Praxis der HV Rn. 572 ff.; *Henseler* BB 1962, 1023 (1025); *Leuering/Rubner* NJW-Spezial 2016, 591 (592); *Max* AG 1991, 77 (87 f.); *Zöllner* ZGR 1974, 1 (5 f.); für die Wohnungseigentümergemeinschaft auch BGHZ 152, 63 (67 ff.); wohl auch OLG Hamm AG 2004, 38; OLG Karlsruhe ZIP 1991, 101 (107) – ABB; *Barz* AG 1962, Sonderbeilage I/62, 1 (9 f.); aA *Brox* DB 1965, 731 (733).

[128] BegrRegE, BT-Drs. 16/11 642 S. 38; Kölner Komm AktG/*Tröger* Rn. 109; aA NK-AktR/*M. Müller* Rn. 8.

[129] BegrRegE, BT-Drs. 16/11 642, 39.

[130] *Arnold/Carl/Götze* AG 2011, 349 (359); unklar *Schaaf/Slowinski* ZIP 2011, 2444 (2448); anderer Ansatz bei Bürgers/Körber/*Reger* § 130 Rn. 15a; Kölner Komm AktG/*Tröger* Rn. 109 f.; *Marsch-Barner* in Marsch-Barner/Schäfer Börsennotierte AG-HdB Rn. 34.142; *Faßbender* RNotZ 2009, 425 (456), die zunächst das Abstimmungsergebnis der an der Hauptversammlung teilnehmenden Aktionäre ermitteln und dann in einem zweiten Schritt zu diesem Ergebnis die Briefwahlstimmen hinzuzählen wollen; dies liefe auf eine Kombination von Subtraktions- und Additionsverfahren hinaus, die ebenfalls zulässig sein dürfte.

[131] Vgl. *Pickert* in Semler/Volhard/Reichert HV-HdB § 9 Rn. 307; *Schaaf* in Schaaf Praxis der HV Rn. 579; *Max* AG 1991, 77 (88).

27 Die Anwendung des Subtraktionsverfahrens setzt eine hinreichend **zuverlässige Feststellung der Präsenz** voraus.[132] Dies bedingt eine fortlaufende Aktualisierung des Teilnehmerverzeichnisses. Überdies ist darauf zu achten, dass kein Aktionär oder Aktionärsvertreter den **Präsenzbereich** (Versammlungsraum im aktienrechtlichen Sinne) verlässt, ohne dass er eine Vollmacht erteilt oder das Teilnehmerverzeichnis entsprechend aktualisiert wird.[133] Der Versammlungsleiter kann anordnen, dass während eines laufenden Abstimmungsvorgangs ein präsenzverändernder Zu- oder Abgang nicht möglich ist. Die Anwendung des Subtraktionsverfahrens setzt nicht voraus, dass im gesamten Präsenzbereich die Möglichkeit zur Stimmabgabe besteht.[134] Dies wäre selbst bei kleineren Hauptversammlungen technisch kaum umsetzbar. Auch ist nicht erforderlich, dass die Aktionäre und Aktionärsvertreter, die sich zur Abstimmung nicht in den Versammlungssaal begeben, als nicht präsent behandelt werden.[135] Sofern ein Aktionär oder Aktionärsvertreter sich für einen Antrag stimmen will, ist es ihm durchaus zumutbar, sich in den Versammlungssaal zu begeben. Eine Konsequenz hieraus ist, dass der Versammlungsleiter die Hauptversammlungsteilnehmer bei Anwendung des Subtraktionsverfahrens über die Bedeutung des Schweigens ausdrücklich **belehren** muss.[136] Zudem sind vom Versammlungsleiter die Grenzen des Präsenzbereichs und der Versammlungssaal, in dem die Abstimmung erfolgt, zu definieren. Anderenfalls droht ein Anfechtungsrisiko.

27a Ist aufgrund einer entsprechenden Satzungsregelung die **Online-Teilnahme** an der Hauptversammlung zugelassen (§ 118 Abs. 1 S. 2), zählen auch die online teilnehmenden Aktionäre zur Präsenz. Hierbei besteht die Schwierigkeit, dass Online-Teilnehmer die Präsenz durch Ein- oder Ausloggen während des Abstimmungsvorgangs ständigen Schwankungen aussetzen können. Um eine stabile Präsenz zu gewährleisten, kann die Gesellschaft technische Voraussetzungen schaffen, die während des Abstimmungsvorgangs ein Ein- oder Ausloggen unmöglich machen.[137] Dies führt nicht zur Unzulässigkeit des Subtraktionsverfahrens. Alternativ kann der Versammlungsleiter anordnen, dass ein präsenzveränderndes Ein- oder Ausloggen während eines laufenden Abstimmungsvorgangs nicht möglich ist. In diesem Fall wird die zu Beginn der Abstimmung vorhandene Online-Präsenz für die gesamte Dauer des Abstimmungsvorgang zugrunde gelegt, so dass zwischenzeitliche Änderungen für die Ermittlung des Abstimmungsergebnisses außer Betracht bleiben.[138] Solange ein Online-Teilnehmer eingeloggt bleibt, ist er auch dann weiter präsent, wenn er sich vorübergehend vom Bildschirm entfernt. Eine Aktualisierung des Teilnehmerverzeichnisses ist in diesem Fall nicht erforderlich.[139]

28 Die Anwendung des Subtraktionsverfahrens empfiehlt sich insbesondere dann, wenn mit **klaren Mehrheiten** zu rechnen ist. Ist der Ausgang der Abstimmung unsicher, dürfte sich idR die Anwendung des weniger fehleranfälligen Additionsverfahrens anbieten.[140]

29 **f) Mehrheitserfordernisse. aa) Einfache Stimmenmehrheit.** Beschlüsse der Hauptversammlung bedürfen gem. § 133 Abs. 1 der Mehrheit der abgegebenen Stimmen. § 133 Abs. 1 definiert dies

---

[132] OLG Hamm AG 2004, 38; Bürgers/Körber/*Holzborn* Rn. 12; GHEK/*Eckardt* Rn. 17 f.; Grigoleit/*Herrler* Rn. 14; Großkomm AktG/*Grundmann* Rn. 130; Hüffer/Koch/*Koch*, 13. Aufl. 2018, Rn. 24; Kölner Komm AktG/*Tröger* Rn. 113; MüKoAktG/*Arnold* Rn. 31; K. Schmidt/Lutter/*Spindler* Rn. 24; Wachter/*Dürr* Rn. 17; *Butzke* Die Hauptversammlung der AG Rn. E 110; *Pickert* in Semler/Volhard/Reichert HV-HdB § 9 Rn. 302, 308; MHdB AG/*Austmann* § 40 Rn. 36; *Schaaf* in Schaaf Praxis der HV Rn. 581.

[133] Vgl. Hölters/*Hirschmann* Rn. 28; Hüffer/Koch/*Koch*, 13. Aufl. 2018, Rn. 24; MüKoAktG/*Arnold* Rn. 32; Wachter/*Dürr* Rn. 17; *Pickert* in Semler/Volhard/Reichert HV-HdB § 9 Rn. 302 f.; zu eng Großkomm AktG/*Grundmann* Rn. 130, der das Teilnehmerverzeichnis auf den Versammlungssaal beschränken will, sofern nicht im gesamten Präsenzbereich die Möglichkeit der Stimmabgabe besteht; ebenso wohl K. Schmidt/Lutter/*Spindler* Rn. 24.

[134] Kölner Komm AktG/*Tröger* Rn. 114; MüKoAktG/*Arnold* Rn. 32; *Max* AG 1991, 77 (87); grundsätzlich auch *Stützle/Walgenbach* ZHR 155 (1991) 516 (535), die zur Vermeidung jeglicher Risiken allerdings empfehlen, die Möglichkeit zur Abgabe der Stimmkarten im gesamten Präsenzbereich vorzusehen.

[135] Hüffer/Koch/*Koch*, 13. Aufl. 2018, Rn. 24; MüKoAktG/*Arnold* Rn. 32 Fn. 120; *Butzke* Die Hauptversammlung der AG Rn. E 110; aA OLG Karlsruhe ZIP 1991, 101 (107) – ABB; iE auch Großkomm AktG/*Grundmann* Rn. 130, sofern nicht im gesamten Präsenzbereich die Möglichkeit der Stimmabgabe besteht; ebenso wohl K. Schmidt/Lutter/*Spindler* Rn. 24.

[136] Grigoleit/*Herrler* Rn. 14; Großkomm AktG/*Grundmann* Rn. 130; Hüffer/Koch/*Koch*, 13. Aufl. 2018, Rn. 24; Kölner Komm AktG/*Tröger* Rn. 112; MüKoAktG/*Arnold* Rn. 31; K. Schmidt/Lutter/*Spindler* Rn. 24; Wachter/*Dürr* Rn. 17; *Pickert* in Semler/Volhard/Reichert HV-HdB § 9 Rn. 308; s. auch *Max* AG 1991, 77 (88), der darauf hinweist, dass die Belehrung im gesamten Präsenzbereich zu vernehmen sein muss.

[137] Arnold/Carl/*Götze* AG 2011, 349 (361); Hüffer/Koch/*Koch*, 13. Aufl. 2018, Rn. 24; grundsätzlich auch *Marsch-Barner* in Marsch-Barner/Schäfer Börsennotierte AG-HdB Rn. 34.142, der dies aber für technisch unmöglich hält, so dass bei Zulassung der Online-Teilnahme nur das Additionsverfahren in Betracht komme.

[138] Arnold/Carl/*Götze* AG 2011, 349 (361).

[139] Anders offenbar NK-AktR/*M. Müller* Rn. 8.

[140] Zum Anfechtungsrisiko bei Anwendung des Subtraktionsverfahrens s. GHEK/*Eckardt* Rn. 21; Kölner Komm AktG/*Tröger* Rn. 116; *Pickert* in Semler/Volhard/Reichert HV-HdB § 9 Rn. 309; *Max* AG 1991, 77 (88).

als einfache Stimmenmehrheit. Abgegebene Stimmen iSv § 133 Abs. 1 sind nur Ja- und Nein-Stimmen. Hierzu zählen auch Briefwahlstimmen (§ 118 Abs. 2).[141] **Enthaltungen** sind dagegen nicht als abgegebene Stimmen iSv § 133 Abs. 1 anzusehen und dementsprechend bei der Feststellung der Mehrheit nicht zu berücksichtigen.[142] Dies gilt gleichermaßen für ausdrücklich erklärte Enthaltungen und (beim Additionsverfahren) für Enthaltungen durch bloßes Schweigen. **Ungültige Stimmen** bleiben ebenfalls unberücksichtigt.[143] Dies gilt etwa für Stimmen, die nicht in der vorgeschriebenen Form abgegeben wurden oder bei denen sich der Erklärungsinhalt nicht eindeutig ermitteln lässt. Ungültig sind auch Stimmen aus Aktien, für die ein Stimmverbot besteht oder ein zeitweiliger Rechtsverlust eingetreten ist (etwa gem. § 20 Abs. 7 S. 1, § 21 Abs. 4 S. 1, § 71b, § 71d S. 4, § 134 Abs. 2, § 136 Abs. 1, § 142 Abs. 1 S. 2 und 3, § 328 Abs. 1 oder gem. § 44 Abs. 1 S. 1 und Abs. 2 WpHG, § 59 S. 1 WpÜG) oder die für die konkrete Abstimmung nicht stimmberechtigt sind (etwa bei Sonderbeschlüssen).[144] Da es sich bei der Stimmabgabe um eine Willenserklärung handelt, sind Stimmen ferner dann ungültig, wenn sie mit einem die Nichtigkeit begründenden Willensmangel behaftet sind (etwa Geschäftsunfähigkeit oder Sittenwidrigkeit).[145] Auch treuwidrige Stimmen sind ungültig.[146]

Der Versammlungsleiter ist berechtigt, die Gültigkeit der Stimmabgabe zu prüfen und **ungültige** 30 **Stimmen zurückzuweisen.** Dies gilt auch für treuwidrig abgegebene Stimmen.[147] Eine Pflicht zur Zurückweisung treuwidriger Stimmen besteht nicht, so dass der Versammlungsleiter die Klärung einem Anfechtungsverfahren überlassen kann.[148] Angesichts der bei einer zu Unrecht erfolgten Zurückweisung drohenden Anfechtungsrisiken, kann eine Zurückweisungspflicht allenfalls in Ausnahmefällen in Betracht kommen, wenn sich die Treuwidrigkeit auch in der besonderen Situation der Hauptversammlung zweifelsfrei feststellen lässt.[149]

Die einfache Stimmenmehrheit ist erreicht und der Antrag vorbehaltlich weitergehender Anforderungen angenommen, wenn die Zahl der gültigen Ja-Stimmen die Zahl der gültigen Nein-Stimmen 31 übersteigt. Bei Gleichstand (Patt) ist der Antrag abgelehnt. Die einfache Stimmenmehrheit gem. § 133 Abs. 1 ist nur für zustimmende (positive) Beschlüsse erforderlich. Ablehnende (negative) Beschlüsse sind auch dann gefasst, wenn sich bei der Abstimmung ein Gleichstand von Ja- und Nein-Stimmen ergibt (→ Rn. 6). Da § 133 Abs. 1 den **gesetzlichen Regelfall** normiert, gilt die einfache Stimmenmehrheit für alle Beschlussgegenstände, für die eine größere Stimmenmehrheit weder durch das Gesetz noch durch die Satzung angeordnet ist. Die einfache Stimmenmehrheit ist auch in den Fällen, in denen das Gesetz zusätzlich eine Kapitalmehrheit verlangt, erforderlich (und ausreichend).

Allein die einfache Stimmenmehrheit genügt vorbehaltlich einer abweichenden Satzungsregelung 32 insbesondere in den Fällen von § 50 S. 1, § 53 S. 1, § 68 Abs. 2 S. 3, § 71 Abs. 1 Nr. 7 S. 1 und Nr. 8 S. 1, § 84 Abs. 3 S. 2, § 93 Abs. 4 S. 3 (ggf. iVm § 116 S. 1 oder § 117 Abs. 4), § 97 Abs. 2 S. 4, § 101

---

[141] *Arnold/Carl/Götze* AG 2011, 349 (359); *Faßbender* RNotZ 2009, 425 (456); *Schaaf/Slowinski* ZIP 2011, 2444 (2447).

[142] RGZ 20, 140 (144 ff.); RGZ 82, 386 (388); BGHZ 129, 136 (153) – Girmes; OLG Frankfurt NJW 1954, 802 (803); Bürgers/Körber/*Holzborn* Rn. 6; Grigoleit/*Herrler* Rn. 10, 15; Großkomm AktG/*Grundmann* Rn. 72; Hüffer/Koch/*Koch*, 13. Aufl. 2018, Rn. 12, 18; Kölner Komm AktG/*Tröger* Rn. 98, 120; MüKoAktG/*Arnold* Rn. 23, 35; K. Schmidt/Lutter/*Spindler* Rn. 15; Wachter/*Dürr* Rn. 24; MHdB AG/*Austmann* § 40 Rn. 34; *Max* AG 1991, 77 (87); zum Verein auch BGHZ 83, 35 (36 f.); aA v. Godin/Wilhelmi Anm. 2.

[143] RGZ 106, 258 (263); Grigoleit/*Herrler* Rn. 15; Hüffer/Koch/*Koch*, 13. Aufl. 2018, Rn. 12; Kölner Komm AktG/*Tröger* Rn. 121; MüKoAktG/*Arnold* Rn. 36; K. Schmidt/Lutter/*Spindler* Rn. 27; MHdB AG/*Austmann* § 40 Rn. 34; *Max* AG 1991, 77 (87).

[144] BGHZ 167, 204 (213 f.) – Mitteldeutsche Leasing; Kölner Komm AktG/*Tröger* Rn. 123; MüKoAktG/*Arnold* Rn. 37; K. Schmidt/Lutter/*Spindler* Rn. 27; Wachter/*Dürr* Rn. 27; MHdB AG/*Austmann* § 40 Rn. 35.

[145] Kölner Komm AktG/*Tröger* Rn. 122; MüKoAktG/*Arnold* Rn. 36; *Zöllner* FS Lutter, 2000, 821 (824).

[146] Kölner Komm AktG/*Tröger* Rn. 122; MüKoAktG/*Arnold* Rn. 36.

[147] Grigoleit/*Herrler* Rn. 15; Hüffer/Koch/*Koch*, 13. Aufl. 2018, § 130 Rn. 22; Kölner Komm AktG/*Tröger* Rn. 121; Wachter/*Dürr* Rn. 16; *Pickert* in Semler/Volhard/Reichert HV-HdB § 9 Rn. 315; *Stützle/Walgenbach* ZHR 155 (1991) 516 (536); s. auch BGH WM 1991, 97 (zur GmbH); aA *Oelrichs* GmbHR 1995, 863 (866 ff.); grundsätzlich auch *Marsch-Barner* in Marsch-Barner/Schäfer Börsennotierte AG-HdB Rn. 34.108; *Marsch-Barner* ZHR 157 (1993) 172 (189), der ein Recht (und wohl auch eine korrespondierende Pflicht) des Versammlungsleiters zur Außerachtlassung treuwidriger Stimmen nur bei offenkundigen Treuepflichtverletzungen anerkennen will.

[148] Bürgers/Körber/*Holzborn* Rn. 13; Grigoleit/*Herrler* Rn. 15; Hüffer/Koch/*Koch*, 13. Aufl. 2018, § 130 Rn. 22; MüKoAktG/*Arnold* Rn. 36; Wachter/*Dürr* Rn. 16; *Stützle/Walgenbach* ZHR 155 (1991) 516 (536); s. auch *Grunsky* ZIP 1991, 778 (791); aA BGH WM 1991, 97: treuwidrige Stimmen bei der Feststellung des Beschlussergebnisses nicht mitzuzählen (zur GmbH).

[149] Grigoleit/*Herrler* Rn. 15; Hüffer/Koch/*Koch*, 13. Aufl. 2018, § 130 Rn. 22; Kölner Komm AktG/*Tröger* Rn. 121; MüKoAktG/*Arnold* Rn. 36; K. Schmidt/Lutter/*Spindler* Rn. 27; Wachter/*Dürr* Rn. 16; *Marsch-Barner* in Marsch-Barner/Schäfer Börsennotierte AG-HdB Rn. 34.108; *Marsch-Barner* ZHR 157 (1993) 172 (189); *Stützle/Walgenbach* ZHR 155 (1991) 516 (536).

Abs. 1 und Abs. 3 S. 2, § 103 Abs. 2 S. 2, § 113 Abs. 1 S. 2 und S. 4 sowie Abs. 2 S. 1, § 119 Abs. 1 Nr. 4 (iVm § 318 Abs. 1 S. 1 HGB), § 119 Abs. 2, § 120 Abs. 1 und Abs. 4 S. 1, § 142 Abs. 1 S. 1, § 147 Abs. 1 S. 1 und Abs. 2 S. 1, § 173 Abs. 1, § 174 Abs. 1 (ggf. iVm § 58 Abs. 3, Abs. 4 S. 3 oder Abs. 5), § 234 Abs. 2 S. 1, § 237 Abs. 4 S. 1, § 265 Abs. 5 S. 1, § 270 Abs. 2 S. 1, § 49 Abs. 3 Nr. 1 lit. a WpHG, § 33c WpÜG. Ist ein Antrag auf Abwahl des Versammlungsleiters zur Abstimmung zuzulassen, genügt ebenfalls die einfache Stimmenmehrheit.[150] Gleiches gilt für die Absetzung oder Vertagung von Tagesordnungspunkten.[151] Einer einfachen Stimmenmehrheit bedarf es zwar auch in den sog. Holzmüller/Gelatine-Fällen. Hier ist jedoch zusätzlich eine qualifizierte Kapitalmehrheit erforderlich (→ Rn. 37). Ein mit einfacher Stimmenmehrheit gefasster Beschluss sollte nach der sog. „Macrotron"-Rechtsprechung des BGH auch für das reguläre Delisting erforderlich sein.[152] Hiervon ist der BGH nunmehr abgerückt, so dass für das reguläre Delisting kein Hauptversammlungsbeschluss mehr erforderlich ist.[153]

33 **bb) Qualifizierte Stimmenmehrheit.** Abweichend vom gesetzlichen Regelfall des § 133 Abs. 1 können das Gesetz oder die Satzung eine größere Stimmenmehrheit vorsehen. Das AktG erfordert eine qualifizierte Stimmenmehrheit von mindestens ¾ der abgegebenen Stimmen für die Abberufung von Aufsichtsratsmitgliedern, die von der Hauptversammlung ohne Bindung an einen Wahlvorschlag gewählt worden sind (§ 103 Abs. 1 S. 2), sowie für die Erteilung der Zustimmung zu einer Maßnahme der Geschäftsführung nach vorheriger Zustimmungsverweigerung durch den Aufsichtsrat (§ 111 Abs. 4 S. 4). Ebenfalls eine qualifizierte Stimmenmehrheit von mindestens ¾ der abgegebenen Stimmen ist vorgesehen für Sonderbeschlüsse der Vorzugsaktionäre zur Aufhebung oder Beschränkung des Vorzugs (§ 141 Abs. 3 S. 2) oder zur Ausgabe gleich- oder vorrangiger Vorzugsaktien (§ 141 Abs. 3 S. 4; hier ist zusätzlich eine qualifizierte Kapitalmehrheit erforderlich → Rn. 37). Eine Mehrheit von ⅔ der abgegebenen Stimmen (als Alternative zur einfachen Stimmenmehrheit kombiniert mit einer Kapitalmehrheit von ⅔ des bei der Beschlussfassung vertretenen Grundkapitals) sieht der durch das FMStErgG[154] eingefügte § 7 Abs. 3 S. 1 FMStBG für den Ausschluss des Bezugsrechts bei einer Kapitalerhöhung im Zusammenhang mit einer Rekapitalisierung nach § 7 FMStFG vor (sofern nicht mindestens die Hälfte des Grundkapitals vertreten ist, § 7 Abs. 3 S. 2 FMStBG). § 7 Abs. 6 S. 1 FMStBG erstreckt den Anwendungsbereich von § 7 Abs. 3 FMStBG auch auf Fälle der Herabsetzung des Grundkapitals im Zusammenhang mit einer Rekapitalisierung nach § 7 FMStFG. Ein entsprechendes Mehrheitserfordernis sieht auch § 15 Abs. 2 S. 3 FMStBG für die Zustimmung zur Einräumung eines Umtausch- oder Bezugsrechts auf Aktien im Zusammenhang mit einer Beteiligung des SoFFin als stiller Gesellschafter vor. Eine qualifizierte Stimmenmehrheit von nicht weniger als ⅔ der abgegebenen Stimmen ist gem. Art. 59 Abs. 1 SE-VO auch für Satzungsänderungen bei einer SE erforderlich.

34 **cc) Kapitalmehrheit.** Teilweise verlangt das Gesetz eine Kapitalmehrheit, die als **zusätzliches Erfordernis** zur einfachen Stimmenmehrheit hinzukommen muss. Eine Ausnahme gilt gem. § 5 Abs. 2 S. 2 EGAktG für die Beseitigung von Mehrstimmrechten. Danach genügt die Zustimmung von mindestens 50 % des bei der Beschlussfassung vertretenen Grundkapitals, ohne dass zugleich eine einfache Stimmenmehrheit erforderlich wäre. Für die im Gesetz geregelten Fälle ist regelmäßig eine Kapitalmehrheit von mindestens ¾ des bei der Beschlussfassung vertretenen Grundkapitals erforderlich. Dabei handelt es sich jeweils um Beschlussgegenstände, die für das Mitgliedsrecht der Aktionäre von besonderer Bedeutung sind.[155] Eine Kapitalmehrheit von ⅔ des bei der Beschlussfassung vertretenen Grundkapitals sehen unter bestimmten Voraussetzungen § 7 Abs. 3 S. 1 und § 15 Abs. 2 FMStBG vor (→ Rn. 33). Für die Berechnung der Kapitalmehrheit kommt es nicht auf das insgesamt in der Hauptversammlung vertretene Grundkapital an. Das Grundkapital ist bei der Beschlussfassung nur in dem Umfang vertreten, in dem das Stimmrecht aus den betreffenden Aktien gültig ausgeübt worden ist (also der Teil des Grundkapitals, für den gültige Ja- oder Nein-Stimmen abgegeben wurden).[156] Hierzu zählen auch Briefwahlstimmen (§ 118 Abs. 2).[157] Stimmenthaltungen

---

[150] Bürgers/Körber/*Holzborn* Rn. 14; Großkomm AktG/*Grundmann* Rn. 106; MüKoAktG/*Arnold* Rn. 39.
[151] Bürgers/Körber/*Holzborn* Rn. 14; Großkomm AktG/*Grundmann* Rn. 106; MüKoAktG/*Arnold* Rn. 39; s. auch *Max* AG 1991, 77 (87).
[152] BGHZ 153, 47 (53) – Macrotron.
[153] BGH ZIP 2013, 2254 ff. – FRoSTA; s. auch BVerfG ZIP 2012, 1402 (1403 ff.); zu den besonderen kapitalmarktrechtlichen Anforderungen an ein Delisting s. § 39 Abs. 2 und 3 BörsG.
[154] Gesetz zur weiteren Stabilisierung des Finanzmarktes (Finanzmarktstabilisierungsergänzungsgesetz – FMStErgG) v. 7.4.2009, BGBl. 2009 I 725.
[155] Vgl. MüKoAktG/*Arnold* Rn. 45.
[156] Großkomm AktG/*Grundmann* Rn. 108; Kölner Komm AktG/*Tröger* Rn. 142; MüKoAktG/*Arnold* Rn. 46; K. Schmidt/Lutter/*Spindler* Rn. 30; Wachter/*Dürr* Rn. 25.
[157] Kölner Komm AktG/*Tröger* Rn. 144; *Arnold/Carl/Götze* AG 2011, 349 (359); *Schaaf/Slowinski* ZIP 2011, 2444 (2447).

sind auch bei der Berechnung der Kapitalmehrheit nicht mitzuzählen.[158] Stimmrechtslose Vorzugsaktien (soweit sie gem. § 140 Abs. 2 nicht ausnahmsweise mitstimmen dürfen) und Aktien, die bei der konkreten Abstimmung kein Stimmrecht gewähren (etwa gem. § 136 Abs. 1, → Rn. 29), bleiben ebenfalls unberücksichtigt.[159]

Das Gesetz lässt in den Fällen, in denen es zusätzlich eine Kapitalmehrheit verlangt, zumeist nur 35 eine **Verschärfung** des Mehrheitserfordernisses durch die Satzung zu. Eine Verschärfung ist in beliebigen Abstufungen bis hin zum gesamten abstimmenden oder sogar anwesenden Grundkapital möglich.[160] Auch eine Zustimmung des gesamten Grundkapitals kann – als weiteres Erfordernis iSd § 133 Abs. 1 (→ Rn. 46 f.) – vorgesehen werden.[161] Eine **Verringerung** des Mehrheitserfordernisses ist zulässig bei Satzungsänderungen (außer für die Änderung des Unternehmensgegenstands, § 179 Abs. 2 S. 2), Kapitalerhöhungen gegen Einlagen (§ 182 Abs. 1 S. 2), Kapitalerhöhungen aus Gesellschaftsmitteln (§ 207 Abs. 1 iVm § 182 Abs. 1 S. 2) sowie der Ausgabe von Wandelschuldverschreibungen und Genussrechten (§ 221 Abs. 1 S. 3 und Abs. 3). Da das Gesetz jeweils nur die Bestimmung einer „anderen Kapitalmehrheit" durch die Satzung zulässt, kommt eine solche Verringerung nur bis zur Grenze der einfachen Kapitalmehrheit in Betracht.[162]

Bestehen bei einer Gesellschaft keine verschiedenen Aktiengattungen mit unterschiedlichem 36 Stimmgewicht, entspricht die bei einer Abstimmung erzielte Stimmenmehrheit stets der erzielten Kapitalmehrheit. Bei Erreichung der erforderlichen Kapitalmehrheit ist in diesen Fällen stets auch die einfache Stimmenmehrheit erreicht. Eine eigenständige Bedeutung kommt dem Erfordernis der einfachen Stimmenmehrheit dagegen dann zu, wenn (bei nicht börsennotierten Gesellschaften, § 134 Abs. 1 S. 2) **Höchststimmrechte** oder (in Altfällen, § 5 EGAktG) **Mehrstimmrechte** bestehen. In diesen Fällen ist eine zweifache Ermittlung des Abstimmungsergebnisses erforderlich (einmal nach Stimmen, einmal nach Kapital). Allerdings erfolgt auch hier nur eine Abstimmung.[163]

Eine Kapitalmehrheit von mindestens ¾ des bei der Beschlussfassung vertretenen Grundkapitals 37 ist neben der einfachen Stimmenmehrheit insbesondere erforderlich in den Fällen von § 52 Abs. 5 S. 1, § 129 Abs. 1 S. 1, § 179 Abs. 2 S. 1, § 179a Abs. 1 S. 1, § 182 Abs. 1 S. 1, § 186 Abs. 3 S. 2, § 193 Abs. 1 S. 1, § 202 Abs. 2 S. 2, § 207 Abs. 2 S. 1, § 221 Abs. 1 S. 2 und Abs. 3, § 222 Abs. 1 S. 1, § 229 Abs. 3, § 237 Abs. 2 S. 1, § 262 Abs. 1 Nr. 2, § 274 Abs. 1 S. 2, § 293 Abs. 1 S. 2, § 295 Abs. 1, § 319 Abs. 2 S. 2, § 320 Abs. 1 S. 3, § 65 Abs. 1 S. 1 UmwG (ggf. iVm § 73 UmwG, § 125 S. 1 UmwG), § 233 Abs. 2 S. 1 UmwG, § 240 Abs. 1 S. 1 UmwG, § 252 Abs. 2 S. 1 UmwG, § 33 Abs. 2 WpÜG. Eine entsprechende Mehrheit ist zudem bei sog. Holzmüller/Gelatine-Beschlüssen erforderlich (→ § 119 Rn. 28).[164] Gleiches gilt für bestimmte Sonderbeschlüsse gem. § 141 Abs. 3 S. 4, § 295 Abs. 2 S. 2, § 296 Abs. 2 S. 2, § 297 Abs. 2 S. 2 sowie gem. § 65 Abs. 2 S. 3 UmwG (ggf. iVm § 73 UmwG, § 125 S. 1 UmwG, § 176 Abs. 1 UmwG, § 177 Abs. 1 UmwG, § 233 Abs. 2 S. 1 Hs. 2 UmwG, § 240 Abs. 1 S. 1 Hs. 2 UmwG, § 252 Abs. 2 S. 1 Hs. 2 UmwG).

Gem. § 4 Abs. 3 **VW-Gesetz**[165] bedürfen Beschlüsse der Hauptversammlung der Volkswagen 38 AG, für die nach dem AktG eine Mehrheit von mindestens ¾ des bei der Beschlussfassung vertretenen Grundkapitals erforderlich ist, einer Mehrheit von mehr als ⅘ des bei der Beschlussfassung vertretenen Grundkapitals.

dd) Einstimmigkeit, besondere Zustimmungserfordernisse, Sonderbeschlüsse. Eine 39 Zustimmung **aller in der Hauptversammlung anwesenden Aktionäre** ist erforderlich für die Umwandlung in eine GbR, eine oHG oder eine Partnerschaftsgesellschaft (§ 233 Abs. 1 Hs. 1 UmwG). Ein solcher Beschluss wird ferner nur wirksam, wenn ihm auch die nicht erschienenen Aktionäre zustimmen (§ 233 Abs. 1 Hs. 2 UmwG). Gleiches gilt für den Formwechsel der AG in

---

[158] Bürgers/Körber/*Körber* § 179 Rn. 33; Großkomm AktG/*Grundmann* Rn. 108; Hüffer/Koch/*Koch*, 13. Aufl. 2018, § 179 Rn. 14; Kölner Komm AktG/*Tröger* Rn. 142; MüKoAktG/*Arnold* Rn. 46; MüKoAktG/*Stein* § 179 Rn. 82; K. Schmidt/Lutter/*Spindler* Rn. 30; aA *v. Godin/Wilhelmi* Anm. 4.
[159] Großkomm AktG/*Grundmann* Rn. 108; Kölner Komm AktG/*Tröger* Rn. 142 f.; MüKoAktG/*Arnold* Rn. 46; K. Schmidt/Lutter/*Spindler* Rn. 30.
[160] Kölner Komm AktG/*Tröger* Rn. 170.
[161] Kölner Komm AktG/*Tröger* Rn. 170.
[162] Kölner Komm AktG/*Tröger* Rn. 168.
[163] Vgl. Kölner Komm AktG/*Tröger* Rn. 129; MüKoAktG/*Arnold* Rn. 51.
[164] Großkomm AktG/*Grundmann* Rn. 110; MüKoAktG/*Arnold* Rn. 50.
[165] Gesetz über die Überführung der Anteilsrechte an der Volkswagenwerk Gesellschaft mit beschränkter Haftung in private Hand v. 21.7.1960, BGBl. 1960 I 585; zur Europarechtskonformität von § 4 Abs. 3 VW-Gesetz (idF v. 10.12.2008) s. EuGH ZIP 2013, 2103 ff. – Kommission/Bundesrepublik Deutschland; s. dazu auch *Kalss* EuZW 2013, 948 f.; *Merkt* WuB II Q. § 260 AEUV 1.14; *Seibert* AG 2013, 904 (912*)*; *Verse/Wiersch* EuZW 2014, 375; zuvor bereits *Rapp-Jung/Bartosch* BB 2009, 2210 (2211 ff.).

eine Genossenschaft, wenn die Satzung der Genossenschaft eine Verpflichtung der Mitglieder zur Leistung von Nachschüssen vorsieht (§ 252 Abs. 1 UmwG).

40 Beschlüsse, die Aktionären **Nebenpflichten** auferlegen oder die Übertragung von Namensaktien und Zwischenscheinen an die Zustimmung der Gesellschaft binden **(Vinkulierung)**, bedürfen jeweils der **Zustimmung aller betroffenen Aktionäre** (§ 180 Abs. 1 und 2). In der Satzung vorgesehene Sonderrechte (etwa Entsendungsrechte gem. § 101 Abs. 2) können nur mit **Zustimmung des begünstigten Aktionärs** aufgehoben werden.[166] Bei der **KGaA** bedürfen Beschlüsse, die Angelegenheiten betreffen, für die bei der KG das Einverständnis der persönlich haftenden Gesellschafter und der Kommanditisten erforderlich ist, der **Zustimmung der persönlich haftenden Gesellschafter** (§ 285 Abs. 2 S. 1). Gleiches gilt bei der KGaA für die Feststellung des Jahresabschlusses (§ 286 Abs. 1 S. 2). Ähnlich wie ein besonderes Zustimmungserfordernis wirken die **Minderheitsrechte** gem. § 50 S. 1, § 93 Abs. 4 S. 3 (ggf. iVm § 116 S. 1, § 117 Abs. 4), § 302 Abs. 3 S. 3, § 309 Abs. 3 S. 1 (ggf. iVm § 317 Abs. 4). In den betreffenden Fällen darf die Gesellschaft (frühestens drei Jahre nach Anspruchsentstehung) trotz eines zustimmenden Hauptversammlungsbeschlusses auf **Ersatzansprüche** bzw. Verlustausgleichsansprüche nur dann verzichten oder sich über sie vergleichen, wenn nicht eine **Minderheit widerspricht,** deren Anteile zusammen 10 % des (gesamten) Grundkapitals (§ 50 S. 1, § 93 Abs. 4 S. 3, § 116 S. 1, § 117 Abs. 4) bzw. des bei der Sonderbeschlussfassung vertretenen Grundkapitals (§ 302 Abs. 3 S. 3, § 309 Abs. 3 S. 1, § 317 Abs. 4) erreichen.

41 Als weiteres Beschlusserfordernis kann auch die Zustimmung bestimmter Aktionäre oder Aktionärsgruppen durch **Sonderbeschluss** hinzukommen. Die Notwendigkeit eines zustimmenden Sonderbeschlusses besteht etwa in den Fällen von § 141 Abs. 1 und Abs. 2 S. 1 (jeweils iVm Abs. 3), § 179 Abs. 3, § 182 Abs. 2 (ggf. iVm § 193 Abs. 1 S. 3, § 202 Abs. 3 S. 3, § 221 Abs. 1 S. 4), § 222 Abs. 2 (ggf. iVm § 229 Abs. 3, § 237 Abs. 2 S. 1), § 295 Abs. 2, § 296 Abs. 2, § 297 Abs. 2, § 309 Abs. 3, § 65 Abs. 2 UmwG (ggf. iVm § 73 UmwG, § 125 S. 1 UmwG, § 176 Abs. 1 UmwG, § 177 Abs. 1 UmwG, § 233 Abs. 2 S. 1 Hs. 2 UmwG, § 240 Abs. 1 S. 1 Hs. 2 UmwG, § 252 Abs. 2 S. 1 Hs. 2 UmwG).

42 ee) **Regelung durch die Satzung. (1) Satzungsmehrheiten.** Durch die Satzung kann das Erfordernis der einfachen Stimmenmehrheit gem. § 133 Abs. 1 nur verschärft werden. Eine Herabsetzung des Mehrheitserfordernisses ist (außer bei Wahlen, § 133 Abs. 2) nicht möglich. Dagegen kann in einem Teil der Fälle, in denen das Gesetz zusätzlich eine Kapitalmehrheit verlangt, auch nach unten abgewichen werden (→ Rn. 35).

43 Die erforderliche Stimmenmehrheit kann durch die Satzung in beliebigen Zwischenschritten **bis hin zur Einstimmigkeit** heraufgesetzt werden.[167] Dabei kann für die Feststellung der Einstimmigkeit sowohl auf die abstimmenden als auch auf die anwesenden Aktionäre abgestellt werden.[168] Auch das Erfordernis einer **Zustimmung aller Aktionäre** (unabhängig von ihrer Teilnahme an der Hauptversammlung) kann – als weiteres Erfordernis iSd § 133 Abs. 1 (→ Rn. 46 f.) – durch die Satzung eingeführt werden.[169] Insbesondere bei Publikumsgesellschaften ist eine solche Regelung allerdings nicht zu empfehlen, da sie das Zustandekommen entsprechender Beschlüsse regelmäßig verhindern würde.

44 Eine Erschwerung durch die Satzung ist auch in den Fällen zulässig, in denen die Hauptversammlung **zur Beschlussfassung verpflichtet** ist.[170] Auch in den Fällen, in denen das Gesetz bereits eine qualifizierte Stimmenmehrheit oder eine zusätzliche Kapitalmehrheit verlangt, ist eine Verschärfung des Mehrheitserfordernisses durch die Satzung möglich.[171] Lediglich in den Fällen, in denen das Gesetz ausdrücklich eine einfache Stimmenmehrheit verlangt (§ 103 Abs. 2 S. 2, § 113 Abs. 1 S. 4, § 142 Abs. 1 S. 1, § 147 Abs. 1 S. 1) scheidet eine Erschwerung aus.[172]

45 Eine Abweichung von gesetzlichen Mehrheitserfordernissen durch die Satzung erfordert eine **hinreichend deutliche Regelung.** Insbesondere der Wille, durch die Satzung – soweit möglich – das Mehrheitserfordernis für Kapitalmehrheiten herabzusetzen, muss in der betreffenden Satzungsbe-

---

[166] Kölner Komm AktG/*Tröger* Rn. 158; MüKoAktG/*Arnold* Rn. 56; MHdB AG/*Austmann* § 40 Rn. 45.
[167] Grigoleit/*Herrler* Rn. 19; Großkomm AktG/*Grundmann* Rn. 115; Hüffer/Koch/*Koch*, 13. Aufl. 2018, Rn. 15; Kölner Komm AktG/*Tröger* Rn. 163; MüKoAktG/*Arnold* Rn. 59; K. Schmidt/Lutter/*Spindler* Rn. 33; MHdB AG/*Austmann* § 40 Rn. 40; aA *Haberlandt* in Möhring/Schwartz, Die Aktiengesellschaft und ihre Satzung, 1966, S. 211.
[168] Kölner Komm AktG/*Tröger* Rn. 163; MüKoAktG/*Arnold* Rn. 59.
[169] Kölner Komm AktG/*Tröger* Rn. 163; MüKoAktG/*Arnold* Rn. 66.
[170] BGHZ 76, 191 (193); Bürgers/Körber/*Holzborn* Rn. 16; Kölner Komm AktG/*Tröger* Rn. 165; MüKoAktG/*Arnold* Rn. 59; aA noch Großkomm AktG/*Barz*, 3. Aufl. 1973, Anm. 9.
[171] Hüffer/Koch/*Koch*, 13. Aufl. 2018, Rn. 15.
[172] Grigoleit/*Herrler* Rn. 19; Großkomm AktG/*Grundmann* Rn. 118; Hölters/*Hirschmann* Rn. 35; Hüffer/Koch/*Koch*, 13. Aufl. 2018, Rn. 15; Kölner Komm AktG/*Tröger* Rn. 164; MüKoAktG/*Arnold* Rn. 60; K. Schmidt/Lutter/*Spindler* Rn. 34; Wachter/*Dürr* Rn. 26.

stimmung hinreichend deutlich zum Ausdruck kommen.[173] Entsprechende Klauseln sind der objektiven Auslegung zugänglich, wobei im Zweifel die gesetzliche Regelung gilt.[174] Eine Satzungsbestimmung, nach der die Beschlüsse der Hauptversammlung, soweit nicht zwingende gesetzliche Vorschriften etwas anderes bestimmen, mit einfacher Mehrheit der abgegebenen Stimmen gefasst werden, reicht für eine Herabsetzung des Mehrheitserfordernisses für Kapitalmehrheiten nicht aus.[175] Eine solche Regelung gibt nur den Inhalt von § 133 Abs. 1 wieder und lässt nicht klar erkennen, dass auch das Mehrheitserfordernis für Kapitalmehrheiten geregelt werden soll. Zur Vermeidung von Auslegungsschwierigkeiten empfiehlt es sich, das Mehrheitserfordernis für Kapitalmehrheiten ausdrücklich zu regeln („Beschlüsse der Hauptversammlung werden, soweit nicht die Satzung oder zwingende gesetzliche Vorschriften etwas anderes bestimmen, mit einfacher Mehrheit der abgegebenen Stimmen und, soweit zusätzlich eine Kapitalmehrheit erforderlich ist, mit einfacher Mehrheit des bei der Beschlussfassung vertretenen Grundkapitals gefasst.").

(2) Weitere Erfordernisse. Gem. § 133 Abs. 1 kann neben dem Gesetz auch die Satzung nicht nur eine größere Mehrheit, sondern auch weitere Erfordernisse bestimmen. Gemeint sind zusätzliche **formelle Anforderungen,** die sich nicht auf eine bloße Modifikation des Mehrheitserfordernisses beschränken.[176] Die weiteren Erfordernisse können einzelne oder alle Beschlüsse betreffen. Möglich sind etwa besondere Regelungen zum Abstimmungsverfahren (etwa zweimalige Abstimmung in einer oder mehreren Hauptversammlungen) oder die Festlegung eines Quorums.[177] Auch kann neben der Stimmenmehrheit als weiteres Erfordernis eine Kapitalmehrheit vorgesehen werden.[178] Nicht möglich wäre dagegen eine Regelung, wonach bei Stimmgleichheit das Los oder der Versammlungsleiter entscheidet, da dies eine unzulässige Unterschreitung des Grundsatzes der einfachen Stimmenmehrheit bedeuten würde.[179] Auch zusätzliche materielle Beschlusserfordernisse (etwa das Erfordernis einer sachlichen Rechtfertigung für sämtliche Hauptversammlungsbeschlüsse) können durch die Satzung nicht eingeführt werden.[180]

Unzulässig sind auch Satzungsregelungen, die **Zustimmungsvorbehalte** zugunsten des Vorstands und/oder des Aufsichtsrats vorsehen.[181] Derartige Zustimmungsvorbehalte würden der Kompetenzordnung des AktG widersprechen. Dies ergibt sich nicht zuletzt aus der Wertung des § 136 Abs. 2, wonach die Verwaltung das Stimmverhalten in der Hauptversammlung nicht unmittelbar beeinflussen soll.[182] Auch die Zustimmung einzelner Aktionäre oder außenstehender Dritter kann nicht als weiteres Erfordernis für die Beschlussfassung vorgesehen werden.[183] Für außenstehende Dritte folgt dies bereits daraus, dass es sich bei der korporativen Willensbildung um einen internen Vorgang handelt, der von externen Einflüssen weitgehend frei bleiben muss.[184] Die Unzulässigkeit eines Zustimmungsvorbehalts zugunsten einzelner Aktionäre ergibt sich daraus, dass Vetorechte zugunsten von Minderheiten nach der Konzeption des AktG Ausnahmecharakter haben. Die Einfüh-

---

[173] Grigoleit/*Herrler* Rn. 20; Hüffer/Koch/*Koch*, 13. Aufl. 2018, § 179 Rn. 18; Kölner Komm AktG/*Tröger* Rn. 169; Kölner Komm AktG/*Zöllner* § 179 Rn. 154; *Witt* AG 2000, 345 (346); s. auch Bürgers/Körber/*Holzborn* Rn. 16; enger wohl BGH NJW 1975, 212 (213); BGH NJW 1988, 260 (261): Wille, gesetzliche Mehrheitserfordernisse zu mildern und statt ihrer die einfache Mehrheit genügen zu lassen, müsse in der Satzung eindeutig zum Ausdruck kommen; so auch MüKoAktG/*Arnold* Rn. 58; K. Schmidt/Lutter/*Spindler* Rn. 33; ähnlich Großkomm AktG/*Grundmann* Rn. 117.
[174] Hüffer/Koch/*Koch*, 13. Aufl. 2018, § 179 Rn. 18; MüKoAktG/*Stein* § 179 Rn. 91; Wachter/*Dürr* Rn. 27; *Witt* AG 2000, 345 (346); s. auch BGH NJW 1975, 212 (213); BGH NJW 1988, 260 (261).
[175] BGH NJW 1975, 212 f.
[176] MüKoAktG/*Arnold* Rn. 62; K. Schmidt/Lutter/*Spindler* Rn. 35.
[177] Großkomm AktG/*Grundmann* Rn. 124; Kölner Komm AktG/*Tröger* Rn. 207, 216; MüKoAktG/*Arnold* Rn. 63; K. Schmidt/Lutter/*Spindler* Rn. 35.
[178] Bürgers/Körber/*Holzborn* Rn. 15; Grigoleit/*Herrler* Rn. 19; *Witt* AG 2000, 345 (346); abweichend Großkomm AktG/*Grundmann* Rn. 120; Kölner Komm AktG/*Zöllner* § 179 Rn. 152; MüKoAktG/*Arnold* Rn. 61, die diesen Fall als Festlegung einer „größeren Mehrheit" iSv § 133 Abs. 1 ansehen. Die Unterscheidung wirkt sich im Ergebnis nicht aus und ist rein akademischer Natur.
[179] Kölner Komm AktG/*Tröger* Rn. 125, 161; MüKoAktG/*Arnold* Rn. 65.
[180] MüKoAktG/*Arnold* Rn. 62; teilweise aA Kölner Komm AktG/*Tröger* Rn. 215.
[181] Grigoleit/*Herrler* Rn. 20; Großkomm AktG/*Grundmann* Rn. 123; Kölner Komm AktG/*Tröger* Rn. 214; MüKoAktG/*Arnold* Rn. 64; K. Schmidt/Lutter/*Spindler* Rn. 36; Wachter/*Dürr* Rn. 26; aA noch Kölner Komm AktG/*Zöllner*, 1. Aufl. 1985, Rn. 106 (für die Zustimmung des Aufsichtsrats bei Angelegenheiten, die in die Grundverfassung der Gesellschaft eingreifen).
[182] Vgl. Großkomm AktG/*Grundmann* Rn. 123; MüKoAktG/*Arnold* Rn. 64; K. Schmidt/Lutter/*Spindler* Rn. 36.
[183] Grigoleit/*Herrler* Rn. 20; Großkomm AktG/*Grundmann* Rn. 123; Kölner Komm AktG/*Tröger* Rn. 213; MüKoAktG/*Arnold* Rn. 64; Wachter/*Dürr* Rn. 26; aA für einzelne Aktionäre v. Godin/*Wilhelmi* Anm. 4.
[184] MüKoAktG/*Arnold* Rn. 64.

rung weiterer satzungsmäßiger Vetorechte würde diese Wertung unterlaufen. Möglich, aber regelmäßig nicht zu empfehlen, ist eine Satzungsregelung, wonach die Zustimmung aller (auch der nicht erschienenen) Aktionäre erforderlich ist (→ Rn. 43).

48 **g) Feststellung des Beschlussergebnisses.** Das Beschlussverfahren wird durch die Feststellung und Verkündung des Beschlussergebnisses durch den Versammlungsleiter abgeschlossen (vgl. § 130 Abs. 2). Die Feststellung hat **konstitutive Wirkung.**[185] Dies gilt selbst im Fall einer Vollversammlung, da auch hier das Abstimmungsergebnis eindeutig aus dem Protokoll hervorgehen muss (zur Protokollierung → Rn. 51 f.), was eine entsprechende Feststellung des Beschlussergebnisses voraussetzt.[186] Nicht erforderlich ist eine Feststellung des Beschlussergebnisses bei Einmann-Gesellschaften. Hier ist die Abgabe von Erklärungen des Alleinaktionärs und deren Protokollierung ausreichend.[187] Gleiches muss gelten, wenn die Gesellschaft zwar mehrere Aktionäre hat, aber nur ein Aktionär in der Hauptversammlung anwesend ist.[188]

49 **Gegenstand der Feststellung** ist das formelle Beschlussergebnis, also die Annahme oder Ablehnung eines Antrags. Wird ein Antrag angenommen, muss hinreichend deutlich werden, mit welchem Inhalt der Beschluss zustande gekommen ist.[189] Hierzu ist eine Bezugnahme auf den bekannt gemachten Beschlussvorschlag der Verwaltung ausreichend, was sich insbesondere bei längeren Beschlussanträgen auch anbietet. Eine Verlesung des vollen Wortlauts ist regelmäßig nicht erforderlich.[190] Neben dem formellen Beschlussergebnis umfasst die Feststellung bei börsennotierten Gesellschaften auch die Zahl der Aktien, für die gültige Stimmen abgegeben wurden, den Anteil des durch die gültigen Stimmen vertretenen Grundkapitals am eingetragenen Grundkapital sowie die Zahl der für einen Beschluss abgegebenen Stimmen, Gegenstimmen und ggf. die Zahl der Enthaltungen (§ 130 Abs. 2 S. 2). Allerdings kann der Versammlungsleiter die Feststellung über die Beschlussfassung für jeden Beschluss darauf beschränken, dass die erforderliche Mehrheit erreicht wurde, falls kein Aktionär eine umfassende Feststellung verlangt (§ 130 Abs. 2 S. 3). Die erweiterte Feststellung gem. § 130 Abs. 2 S. 2 ist für den Beschluss nicht konstitutiv.[191]

50 Dem Versammlungsleiter obliegt die **Ermittlung der für einen Beschluss nach Gesetz und Satzung erforderlichen Mehrheit.**[192] Im Rahmen der Beschlussfeststellung hat er zu prüfen, ob diese Mehrheit bei der Abstimmung erreicht wurde. Dabei ist er berechtigt, ungültige Stimmen zurückzuweisen (→ Rn. 30). Der Beschluss kommt mit dem vom Versammlungsleiter verkündeten Inhalt zustande.[193] Dies gilt selbst dann, wenn das verkündete Beschlussergebnis von dem Antrag abweicht oder die erforderliche Mehrheit nicht erreicht wurde. In einem solchen Fall muss der zustande gekommene Beschluss mittels Anfechtungsklage beseitigt werden, wenn nicht ausnahmsweise ein Nichtigkeitsgrund vorliegt. Ein vom Versammlungsleiter festgestellter Beschluss ist auch dann nicht nichtig, sondern nur anfechtbar, wenn er „**stimmlos**" gefasst wurde, weil sämtliche Aktionäre einem Stimmverbot unterlagen oder von einem zeitweiligen Rechtsverlust betroffen waren (→ § 20 Rn. 47).[194]

51 **h) Protokollierung.** Mit der Feststellung des Beschlussergebnisses ist das Beschlussverfahren abgeschlossen. Daneben bedarf es aber stets noch der Protokollierung. Diese soll die Willensbildung der

---

[185] BGHZ 104, 66 (69); Großkomm AktG/*Grundmann* Rn. 131; Kölner Komm AktG/*Tröger* Rn. 179; MüKoAktG/*Arnold* Rn. 73; K. Schmidt/Lutter/*Spindler* Rn. 37; *Pickert* in Semler/Volhard/Reichert HV-HdB § 9 Rn. 212; *Marsch-Barner* in Marsch-Barner/Schäfer Börsennotierte AG-HdB Rn. 34.147, Rn. 35.8.
[186] Kölner Komm AktG/*Zöllner*, 1. Aufl. 1985, Rn. 97.
[187] Großkomm AktG/*Grundmann* Rn. 132; Kölner Komm AktG/*Tröger* Rn. 181; K. Schmidt/Lutter/*Spindler* Rn. 41; aA *Blasche* AG 2017, 16 (20).
[188] Großkomm AktG/*Grundmann* Rn. 132; aA Kölner Komm AktG/*Tröger* Rn. 181.
[189] Vgl. KG BeckRS 2009, 05 401; Kölner Komm AktG/*Tröger* Rn. 185.
[190] Kölner Komm AktG/*Tröger* Rn. 185; Wachter/*Dürr* Rn. 20; *Mutter* AG-Report 2007, R268, R269.
[191] Kölner Komm AktG/*Tröger* Rn. 183; vgl. auch Kölner Komm AktG/*Noack/Zetzsche* § 130 Rn. 169 ff.; aA Großkomm AktG/*Grundmann* Rn. 131; K. Schmidt/Lutter/*Spindler* Rn. 38, die offenbar die Feststellung des rechnerischen Abstimmungsergebnisses stets als konstitutiv ansehen wollen.
[192] MüKoAktG/*Arnold* Rn. 75.
[193] Vgl. Großkomm AktG/*Grundmann* Rn. 133; MüKoAktG/*Arnold* Rn. 75; K. Schmidt/Lutter/*Spindler* Rn. 40; Wachter/*Dürr* Rn. 21.
[194] BGHZ 167, 204 (213 f.) – Mitteldeutsche Leasing; OLG Dresden ZIP 2005, 573 (576 f.) – Mitteldeutsche Leasing; LG Berlin ZIP 2012, 1034; *DNotI* DNotI-Report 2008, 177 (179); Grigoleit/*Herrler* Rn. 4; Hüffer/Koch/*Koch*, 13. Aufl. 2018, § 20 Rn. 17, § 241 Rn. 3; MüKoAktG/*Bayer* § 20 Rn. 56; Wachter/*Dürr* Rn. 16; *Casper* FS Hüffer, 2010, 111 (113); *Nietsch* WM 2007, 917 (920 ff.); *Paudtke* NZG 2009, 939 (940); *Theusinger/Klein* EWiR 2005, 369 (370); *Thölke* BB 2005, 684 (685); *Wand/Tillmann* AG 2005, 227 (230 f.); *Wilsing/Goslar* EWiR 2006, 449 (450); iE auch BayObLG ZIP 2001, 70 f.; zur GmbH auch OLG München NZG 1999, 1173 f.; aA *Lenenbach* WuB II A § 20 AktG 1.06; *Semler/Asmus* NZG 2004, 881 (887); zur GmbH auch *Hoffmann* NZG 1999, 1174.

Hauptversammlung dokumentieren und der Öffentlichkeit sowie den Gläubigern und Aktionären Klarheit darüber verschaffen, ob ein Beschluss in einem geordneten Verfahren unter Beachtung der gesetzlichen und satzungsmäßigen Vorgaben gefasst wurde.[195] Bei börsennotierten Gesellschaften ist die Aufnahme in eine notarielle Niederschrift erforderlich (§ 130 Abs. 1 S. 1). Bei nicht börsennotierten Gesellschaften reicht eine vom Versammlungsleiter (das Gesetz nennt insoweit nur den Vorsitzenden des Aufsichtsrats, der üblicherweise die Versammlungsleitung übernimmt) zu unterzeichnende Niederschrift aus, soweit keine Beschlüsse gefasst werden, für die das Gesetz eine ¾-Mehrheit oder eine größere Mehrheit verlangt (§ 130 Abs. 1 S. 2). Die Protokollierung ist erst abgeschlossen, wenn der Notar die Niederschrift **autorisiert, unterzeichnet und in den Verkehr gegeben** hat.[196] Entsprechendes gilt im Fall des § 130 Abs. 1 S. 2 für die vom Versammlungsleiter zu unterzeichnende Niederschrift.[197] Die in der Hauptversammlung gefassten Beschlüsse sind bis zum Abschluss der Protokollierung schwebend unwirksam.[198] Mit Abschluss der Protokollierung erlangen sie entsprechend § 184 Abs. 1 BGB ex tunc Wirksamkeit auf den Zeitpunkt ihrer Feststellung durch den Versammlungsleiter.[199] Unterbleibt die Protokollierung endgültig, ist der Beschluss gem. § 241 Nr. 2 nichtig, wobei aber eine Heilung durch Eintragung des Beschlusses in das Handelsregister in Betracht kommt (§ 242 Abs. 1). Eine Eintragung ohne vorherige Protokollierung ist allerdings in der Praxis kaum denkbar.[200]

Bei der notariellen Niederschrift handelt es sich nicht um ein Wortlautprotokoll,[201] sondern **52** um ein **Beschlussprotokoll**.[202] Neben der Art und dem Ergebnis der Abstimmung sowie den Feststellungen des Versammlungsleiters über die Beschlussfassung sind in das Protokoll auch Ort und Tag der Hauptversammlung sowie der Name des Notars aufzunehmen (§ 130 Abs. 2; → § 130 Rn. 43 f.).[203] Wird gegen einen Beschluss Widerspruch zur Niederschrift erklärt (§ 245 Nr. 1), hindert dies nicht das Wirksamwerden des Beschlusses. Der Widerspruch ist lediglich Voraussetzung für eine spätere Anfechtung.

i) Eintragung in das Handelsregister. Bestimmte Beschlüsse sind zur Eintragung in das Handels- **53** register anzumelden (zB Kapitalerhöhungsbeschlüsse). Die Eintragung in das Handelsregister ist **nicht Wirksamkeitsvoraussetzung für den Beschluss** als solchen.[204] Sie ist vielmehr Wirksamkeitsvoraussetzung für die beschlossene Maßnahme[205] oder dient – wie bei Kapitalerhöhungen, die erst mit der Eintragung der Durchführung bzw. (bei der bedingten Kapitalerhöhung) mit der Ausgabe der Bezugsaktien wirksam werden – deren Vorbereitung.[206] Einen Sonderfall regeln §§ 234 Abs. 3 und 235 Abs. 2 für die Kapitalherabsetzung und eine eventuelle gleichzeitige Kapitalerhöhung. Hier sind die betreffenden Beschlüsse nichtig, wenn sie (und ggf. die Durchführung der Kapitalerhöhung) nicht innerhalb von drei Monaten nach der Beschlussfassung in das Handelsregister eingetragen werden.

---

[195] *Kölner Komm AktG/Tröger* Rn. 188; *MüKoAktG/Arnold* Rn. 78; *K. Schmidt/Lutter/Spindler* Rn. 43; *Wachter/Dürr* Rn. 22.
[196] BGHZ 180, 9 (13 ff.) – Kirch/Deutsche Bank.
[197] *Hoffmann-Becking* NZG 2017, 281 (289).
[198] *Hoffmann-Becking* FS Hellwig, 2010, 153 (158 ff.); *Hoffmann-Becking* NZG 2017, 281 (289 ff.); zust. MHdB AG/*Austmann* § 40 Rn. 52; unklar BGHZ 180, 9, 14 – Kirch/Deutsche Bank: „Solange eine in der Hauptversammlung begonnene Protokollierung gemäß § 130 AktG nicht abgeschlossen und deren Fertigstellung nicht endgültig unmöglich geworden ist, bleibt die Nichtigkeit gemäß § 241 Nr. 2 AktG in der Schwebe".
[199] *Hoffmann-Becking* FS Hellwig, 2010, 153 (158 ff.); *Hoffmann-Becking* NZG 2017, 281 (289 ff.); zust. Hüffer/Koch/*Koch*, 13. Aufl. 2018, § 130 Rn. 11; MHdB AG/*Austmann* § 40 Rn. 52; s. auch *Roeckl-Schmidt/Stoll* AG 2012, 225 (228 ff.), die iE aber die Rückwirkung unmittelbar aus § 130 iVm § 37 Abs. 2 BeurkG herleiten wollen; aA *Habersack*, Beilage zu ZIP 22/2016, 23 (24 f.), der im Ergebnis aber offenbar ebenfalls eine Rückwirkung annehmen will (unter Rückgriff auf den Willen des Gesetzgebers); ähnlich Kölner Komm AktG/*Tröger* Rn. 191 ff.; s. auch Großkomm AktG/*Mülbert* § 130 Rn. 73; MüKoAktG/*Arnold* Rn. 85, die eine Rückwirkung über eine freie Rechtsfortbildung begründen wollen.
[200] Vgl. Kölner Komm AktG/*Tröger* Rn. 190.
[201] Entgegen *K. Schmidt/Lutter/Spindler* Rn. 45 dürfte auch bei börsennotierten Gesellschaften die Erstellung eines stenographischen Protokolls der Hauptversammlung (anders nur für die Fragenaufnahme im Rahmen der Generaldebatte) oder gar eines Tonbandprotokolls heute eher die Ausnahme sein; wie hier *Volhard* in Semler/Volhard/Reichert HV-HdB § 13 Rn. 95 f.
[202] MüKoAktG/*Arnold* Rn. 80; *K. Schmidt/Lutter/Spindler* Rn. 45; *Herdina* in Schaaf Praxis der HV Rn. 1182; *Pöschke/Vogel* in Semler/Volhard/Reichert HV-HdB § 13 Rn. 37.
[203] Ausführlich zu den Anforderungen an die notarielle Niederschrift und zur Berichtigung durch ergänzende Niederschrift s. BGH ZIP 2017, 2245 (2246 ff.).
[204] *Grigoleit/Herrler* Rn. 5; Kölner Komm AktG/*Tröger* Rn. 194; MüKoAktG/*Arnold* Rn. 87; s. auch *Marsch-Barner* in Marsch-Barner/Schäfer Börsennotierte AG-HdB Rn. 34.151; aA Großkomm AktG/*Grundmann* Rn. 126; s. auch *K. Schmidt/Lutter/Spindler* Rn. 49, der eintragungsbedürftige Beschlüsse regelmäßig erst mit der Anmeldung beim zuständigen Gericht als wirksam ansehen will.
[205] Übersicht über Maßnahmen, die erst mit Eintragung wirksam werden bei MüKoAktG/*Arnold* Rn. 88.
[206] Vgl. OLG Karlsruhe OLGZ 1986, 155 (157 f.); Hüffer/Koch/*Koch*, 13. Aufl. 2018, § 184 Rn. 8.

III. Wahlen (Abs. 2)

54 **1. Allgemeines.** Das Prinzip der einfachen Stimmenmehrheit gilt nicht nur für Sach- und Verfahrensanträge, sondern grundsätzlich auch für Wahlen. Allerdings kann die Satzung gem. § 133 Abs. 2 für Wahlen andere Bestimmungen treffen (sofern nicht zwingende gesetzliche Vorschriften entgegenstehen).[207] § 133 Abs. 2 gilt für alle in der Hauptversammlung zu treffenden Wahlentscheidungen. Neben der Wahl von Aufsichtsratsmitgliedern (§ 101 Abs. 1) sind auch die Wahl des Abschlussprüfers (§ 318 HGB) und Wahlen von Sonderprüfern (§ 142 Abs. 1), besonderen Vertretern (§ 147 Abs. 2), Abwicklern (§ 265 Abs. 2) oder von Mitgliedern für satzungsmäßige Gremien erfasst.

55 Gem. § 133 Abs. 2 kann das Mehrheitserfordernis nicht nur verschärft,[208] sondern auch **verringert** werden. Die Satzung kann insbesondere eine **relative Mehrheit** ausreichen lassen,[209] so dass von mehreren alternativ zur Wahl stehenden Kandidaten derjenige gewählt ist, auf den relativ die meisten Stimmen entfallen.[210] Für den Fall der Stimmgleichheit kann die Satzung eine Stichwahl vorsehen.[211] Auch ein Stichentscheid durch **Los** ist zulässig.[212] Umstritten ist, ob durch die Satzung dem Versammlungsleiter oder einer sonstigen Person das Recht zum **Stichentscheid** eingeräumt werden kann. Nach zutreffender Ansicht ist dies zu verneinen. Ist der Versammlungsleiter kein Aktionär, ergibt sich die Unzulässigkeit bereits daraus, dass ansonsten ein Dritter unmittelbaren Einfluss auf die Willensbildung der Hauptversammlung gewinnen würde.[213] Ein Recht zum Stichentscheid kommt aber auch dann nicht in Betracht, wenn es sich bei dem Versammlungsleiter um einen Aktionär der Gesellschaft handelt.[214] Ein solches Recht würde der Wertung des § 12 Abs. 2 widersprechen, wonach Mehrstimmrechte unzulässig sind.[215] Für den Fall, dass nur ein Kandidat zur Wahl steht, kann die Satzung vorsehen, dass die Wahl bereits bei Stimmgleichheit erfolgt ist.[216]

55a **2. Behandlung mehrerer Wahlvorschläge.** Insbesondere bei Aufsichtsratswahlen kann es in der Praxis zu der Situation kommen, dass mehrere Kandidaten für einen freien Aufsichtsratssitz vorgeschlagen werden. Wie allgemein bei Vorliegen mehrerer Anträge (→ Rn. 16 f.), entscheidet in diesem Fall grundsätzlich der Versammlungsleiter nach pflichtgemäßem Ermessen über die Ausge-

---

[207] Derartige zwingende gesetzliche Vorschriften sind etwa § 142 Abs. 1 S. 1, § 147 Abs. 1 S. 1; entgegen dem Fehlverständnis von Wachter/*Dürr* Rn. 28 wird daher hier keineswegs vertreten, dass in den Fällen der § 142 Abs. 1 S. 1, § 147 Abs. 1 S. 1 das Mehrheitserfordernis herabgesetzt werden könne.
[208] Zur Zulässigkeit einer Verschärfung s. BGHZ 76, 191 (193 f.); Bürgers/Körber/*Holzborn* Rn. 17; Hüffer/Koch/*Koch*, 13. Aufl. 2018, Rn. 32; Kölner Komm AktG/*Tröger* Rn. 171; K. Schmidt/Lutter/*Spindler* Rn. 50; *Schaaf* in Schaaf Praxis der HV Rn. 895.
[209] Bürgers/Körber/*Holzborn* Rn. 17; Großkomm AktG/*Grundmann* Rn. 126; Hölters/*Hirschmann* Rn. 45; Hüffer/Koch/*Koch*, 13. Aufl. 2018, Rn. 32; Kölner Komm AktG/*Tröger* Rn. 88, 173; K. Schmidt/Lutter/*Spindler* Rn. 50; Wachter/*Dürr* Rn. 29; *Füchsel* NZG 2018, 416 (419).
[210] Missverständlich K. Schmidt/Lutter/*Spindler* Rn. 50, nach dessen Definition bei einer relativen Mehrheit die Ja-Stimmen die Nein-Stimmen überwiegen, ohne dass Enthaltungen gezählt werden. Dies entspricht gerade einer absoluten Mehrheit.
[211] Kölner Komm AktG/*Tröger* Rn. 172; MüKoAktG/*Arnold* Rn. 92.
[212] Bürgers/Körber/*Holzborn* Rn. 17; Grigoleit/*Herrler* Rn. 21; Großkomm AktG/*Grundmann* Rn. 126; Hölters/*Hirschmann* Rn. 46; Kölner Komm AktG/*Tröger* Rn. 172; MüKoAktG/*Arnold* Rn. 92; K. Schmidt/Lutter/*Spindler* Rn. 52; v. Godin/*Wilhelmi* Anm. 5; Wachter/*Dürr* Rn. 29; MHdB AG/*Austmann* § 40 Rn. 89; aA *Bollweg*, Die Wahl des Aufsichtsrats in der Hauptversammlung der Aktiengesellschaft, 1997, 499 ff.; NK-AktR/*M. Müller* Rn. 14.
[213] GHEK/*Eckardt* Rn. 61; Grigoleit/*Herrler* Rn. 21; Hölters/*Hirschmann* Rn. 46; Hüffer/Koch/*Koch*, 13. Aufl. 2018, Rn. 32; Wachter/*Dürr* Rn. 29; MHdB AG/*Austmann* § 40 Rn. 89; *Bollweg*, Die Wahl des Aufsichtsrats in der Hauptversammlung der Aktiengesellschaft, 1997, 498 f.; wohl auch MüKoAktG/*Arnold* Rn. 92; aA Großkomm AktG/*Grundmann* Rn. 126; Kölner Komm AktG/*Tröger* Rn. 172; für den Fall, dass es sich bei dem Versammlungsleiter um einen Aktionär handelt, auch K. Schmidt/Lutter/*Spindler* Rn. 51; v. Godin/*Wilhelmi* Anm. 5; offen Bürgers/Körber/*Holzborn* Rn. 17.
[214] GHEK/*Eckardt* Rn. 61; Grigoleit/*Herrler* Rn. 21; Hölters/*Hirschmann* Rn. 46; Hüffer/Koch/*Koch*, 13. Aufl. 2018, Rn. 32; Wachter/*Dürr* Rn. 29; *Bollweg*, Die Wahl des Aufsichtsrats in der Hauptversammlung der Aktiengesellschaft, 1997, 499; wohl auch MüKoAktG/*Arnold* Rn. 92; aA Kölner Komm AktG/*Tröger* Rn. 172; K. Schmidt/Lutter/*Spindler* Rn. 51.
[215] Vgl. GHEK/*Eckardt* Rn. 61; Wachter/*Dürr* Rn. 29; *Bollweg*, Die Wahl des Aufsichtsrats in der Hauptversammlung der Aktiengesellschaft, 1997, 499; vgl. auch MüKoAktG/*Arnold* Rn. 92, der ein Recht zum Stichentscheid allenfalls dann für möglich hält, wenn den engen Anforderungen an Mehrstimmrechte genügt ist (was regelmäßig nicht der Fall sein dürfte); s. auch K. Schmidt/Lutter/*Spindler* Rn. 51, der aus der Wertung des § 12 Abs. 2 aber nur ableitet, dass der betreffende Aktionär von der Hauptversammlung gewählt werden müsse.
[216] Kölner Komm AktG/*Tröger* Rn. 172.

staltung des Wahlverfahrens und die Abstimmungsreihenfolge.[217] Der Versammlungsleiter kann nacheinander im Wege der **Sukzessivwahl** über die vorgeschlagenen Kandidaten abstimmen lassen, bis ein Kandidat die erforderliche Mehrheit erreicht hat. Der Versammlungsleiter hat bei der Festlegung der Abstimmungsreihenfolge grundsätzlich ein weites Ermessen, auch wenn die Abstimmungsreihenfolge Einfluss auf die Erfolgsaussichten der einzelnen Wahlvorschläge haben kann (→ § 101 Rn. 45).[218] Nach dem Grundsatz der Sachdienlichkeit wird der Versammlungsleiter regelmäßig über den Wahlvorschlag mit den größten Erfolgsaussichten zuerst abstimmen lassen (→ Rn. 17).[219] Nur bei Vorliegen der besonderen Voraussetzungen des § 137 ist ausnahmsweise über einen Aktionärsantrag zwingend vor dem Vorschlag des Aufsichtsrats abzustimmen (→ Rn. 16). Zulässig ist auch die Durchführung einer **Alternativwahl,** bei der gleichzeitig über alle zur Wahl stehenden Kandidaten abgestimmt wird und jeder Aktionär nur eine Stimme hat (bzw. eine Stimme pro Sitz bei mehreren zu besetzenden Aufsichtsratssitzen).[220] Gewählt ist der Kandidat, der die meisten Stimmen und zusätzlich die erforderliche Mehrheit erreicht. Sofern die Satzung keine Abweichung vorsieht (vgl. zur Verhältniswahl bei Besetzung mehrerer Aufsichtsratssitze → Rn. 56), muss die einfache Stimmenmehrheit erreicht werden. In der Praxis besteht die Gefahr, dass bei Durchführung einer Alternativwahl keiner der vorgeschlagenen Kandidaten die erforderliche Mehrheit erreicht, so dass anschließend noch eine Sukzessivwahl durchgeführt werden muss.[221] Zweckmäßiger ist daher regelmäßig eine **Simultanwahl,** bei der ebenfalls gleichzeitig über mehrere zur Wahl stehenden Kandidaten abgestimmt wird, aber jeder Aktionär hinsichtlich jedes Kandidaten eine Stimme hat. Gewählt ist auch hier der Kandidat, der die meisten Stimmen und zusätzlich die erforderliche Mehrheit erreicht. Eine solche Simultanwahl ist ebenfalls zulässig. Dies sollte auch dann gelten, wenn die Satzung nicht ausdrücklich auf die relative Mehrheit abstellt.[222] Teilweise wird als Simultanwahl auch eine Sukzessivwahl bezeichnet, bei der mehrere Einzelwahlen in einem Abstimmungsgang zusammengefasst werden.[223] Es wird also zunächst parallel über so viele Kandidaten abgestimmt, wie freie Aufsichtsratssitze zur Verfügung stehen. Dabei haben die Aktionäre für jeden Kandidaten eine Stimme. Findet einer der Kandidaten nicht die erforderliche Mehrheit, wird in einem weiteren Abstimmungsgang über einen etwaigen Gegenkandidaten abgestimmt. Auch ein solches Vorgehen ist rechtlich unbedenklich.[224]

In der Praxis finden sich teilweise Satzungsregelungen, die für den Fall, dass kein Kandidat eine Mehrheit erreicht, eine **Stichwahl** zwischen den beiden Kandidaten mit den meisten Stimmen anordnen.[225] Derartige Satzungsregelungen sind zulässig. Dabei kann die Satzung für die Stichwahl eine relative Mehrheit ausreichen lassen (§ 133 Abs. 2). Eine Stichwahl kann sich nicht nur an eine Alternativwahl, sondern auch an eine Sukzessivwahl oder eine Simultanwahl anschließen.[226]

---

[217] LG München I ZIP 2016, 973 (974); Hölters/*Simons* § 101 Rn. 18; Hüffer/Koch/*Koch*, 13. Aufl. 2018, § 101 Rn. 5; Kölner Komm AktG/*Tröger* Rn. 88; MüKoAktG/*Habersack* § 101 Rn. 25; *Butzke* Die Hauptversammlung der AG Rn. J 52; MHdB AG/*Hoffmann-Becking* § 30 Rn. 45; *Pöschke/Vogel* in Semler/Volhard/Reichert HV-HdB § 17 Rn. 26; *Austmann/Rühle* AG 2011, 805 (806 f.); *Hoppe* NZG 2017, 361 (364).

[218] OLG Hamburg AG 1968, 332 f.; LG Hamburg AG 1996, 233; LG München I ZIP 2016, 973 (974); Hölters/*Simons* § 101 Rn. 18 f.; Hüffer/Koch/*Koch*, 13. Aufl. 2018, § 101 Rn. 5; MüKoAktG/*Habersack* § 101 Rn. 25; *Pöschke/Vogel* in Semler/Volhard/Reichert HV-HdB § 17 Rn. 26; *Füchsel* NZG 416 (421); *Leuering/Rubner* NJW-Spezial 2010, 335; *Stützle/Walgenbach* ZHR 155 (1991) 516 (532); aA *Bollweg*, Die Wahl des Aufsichtsrats in der Hauptversammlung der Aktiengesellschaft, 1997, 211 ff.; *Ramm* NJW 1991, 2753 (2754 f.); wohl auch Wachter/*Dürr* Rn. 32; einschränkend auch *Austmann/Rühle* AG 2011, 805 (808 ff.): unzulässig, wenn Abstimmungsreihenfolge im Einzelfall tatsächlich zu Ungleichbehandlung führt; ähnlich *Hoppe* NZG 2017, 361 (365 f.).

[219] LG München I ZIP 2016, 973 (974).

[220] Wachter/*Dürr* Rn. 32; *Austmann/Rühle* AG 2011, 805 (810 f.); *Füchsel* NZG 416 (422); *Hoppe* NZG 2017, 361 (366); wohl auch *Oppermann* ZIP 2017, 1406 (1408).

[221] Vgl. *Austmann/Rühle* AG 2011, 805 (810 f.); s. auch *Füchsel* NZG 416 (422).

[222] *Austmann/Rühle* AG 2011, 805 (811 f.); wohl auch Wachter/*Dürr* Rn. 32; *Füchsel* NZG 416 (421 f.); grundsätzlich auch *Oppermann* ZIP 2017, 1406 (1408 f.), nach dem jedoch kein Kandidat gewählt sein soll, wenn mehr Kandidaten eine absolute Mehrheit erreichen als Sitze zu verteilen sind; vgl. auch Großkomm AktG/Hopt/ *M. Roth* § 101 Rn. 43 (für Alternativwahl bei mehreren Aufsichtsratssitzen; dort als „Simultanwahl" bezeichnet); aA *Bollweg*, Die Wahl des Aufsichtsrats in der Hauptversammlung der Aktiengesellschaft, 1997, 235 ff.; *Hoppe* NZG 2017, 361 (365); wohl auch Hölters/*Simons* § 101 Rn. 18; *Leuering/Rubner* NJW-Spezial 2010, 335 f.; vgl. auch *Werner* AG 1972, 137 (139) (für Alternativwahl bei mehreren Aufsichtsratssitzen; dort als „Simultanwahl" bezeichnet).

[223] LG München I ZIP 2017, 973 (976); s. auch *Hoppe* NZG 2017, 361 (365).

[224] LG München I ZIP 2017, 973 (976).

[225] S. die Beispiele bei *Füchsel* NZG 416 (419 f Fn. 33 f.).

[226] Anders *Füchsel* NZG 416 (422 f.), der eine Stichwahl offenbar nur im Anschluss an eine Alternativwahl für zulässig hält.

56 3. **Verhältniswahl.** Umstritten ist, ob die Satzung eine **Verhältniswahl** vorsehen kann. Bei der Verhältniswahl werden in einem Wahlgang gleichzeitig mehrere Personen gewählt, wobei die zu besetzenden Posten (insbesondere Aufsichtsratssitze) nach dem Anteil der auf die einzelnen Kandidaten entfallenden Stimmen vergeben werden. Auf diese Weise lässt sich erreichen, dass auch eine Minderheit von Aktionären Einfluss auf die Besetzung der entsprechenden Posten nehmen kann. Auch bei einer Verhältniswahl handelt es sich letztlich um eine Herabsetzung des Mehrheitserfordernisses, so dass mit der heute wohl hM von der Zulässigkeit auszugehen ist (→ § 101 Rn. 34).[227] Der Umstand, dass der Gesetzgeber eine zwingende Vertretung der Minderheit im Aufsichtsrat bewusst abgelehnt hat,[228] spricht nicht dagegen, dass die Hauptversammlung mit satzungsändernder Mehrheit freiwillig eine entsprechende Regelung einführen kann.[229] Für eine Beschränkung der Satzungsautonomie besteht insoweit kein Grund. Eine Rechtspflicht zur Berücksichtigung der Minderheit besteht gleichwohl nicht.[230] Zumindest bei Publikumsgesellschaften dürften Satzungsregelungen, die eine Verhältniswahl vorsehen, eher unüblich sein. Die Empfehlung gem. Ziffer 5.4.2 S. 1 DCGK, wonach dem Aufsichtsrat eine nach seiner Einschätzung angemessene Zahl unabhängiger Mitglieder angehören und der Aufsichtsrat dabei die Eigentümerstruktur berücksichtigen soll, erfordert nicht zwingend die Durchführung einer Verhältniswahl.

57 4. **Listenwahl.** Bei einer **Listenwahl** (auch „Blockwahl" oder „Globalwahl"), die insbesondere bei Wahlen zum Aufsichtsrat zum Einsatz kommen kann, wird mit einer Abstimmung gleichzeitig über alle zu besetzenden Posten entschieden. Es handelt sich um eine Zusammenfassung einzelner Wahlvorschläge.[231] Wird die Liste abgelehnt, findet eine Einzelwahl statt. Die Durchführung einer Listenwahl ist nach zutreffender hM zulässig (→ § 101 Rn. 35 ff.).[232] Eine unzulässige Bindung an Wahlvorschläge ist hierin nicht zu sehen.[233] Aktionäre, die gegen einen oder mehrere der vorgeschlagenen Kandidaten sind, können gegen die gesamte Liste stimmen, um dadurch eine Einzelwahl herbeizuführen. Nach wohl hM ist der Versammlungsleiter vor der Abstimmung zu einer entsprechenden Belehrung verpflichtet.[234] Dem Gesetz lassen sich für eine solche Belehrungspflicht jedoch

---

[227] Bürgers/Körber/*Holzborn* Rn. 17; Grigoleit/*Herrler* Rn. 21; Großkomm AktG/*Grundmann* Rn. 126; Großkomm AktG/*Hopt/M. Roth* § 101 Rn. 64; Hölters/*Hirschmann* Rn. 47; Hüffer/Koch/*Koch*, 13. Aufl. 2018, Rn. 33; Kölner Komm AktG/*Tröger* Rn. 174 ff.; MüKoAktG/*Habersack* § 101 Rn. 27; MüKoAktG/*Arnold* Rn. 93; NK-AktR/*M. Müller* Rn. 15; K. Schmidt/Lutter/*Spindler* Rn. 53; *v. Godin/Wilhelmi* Anm. 5; *Butzke* Die Hauptversammlung der AG Rn. J 51; MHdB AG/*Austmann* § 40 Rn. 90; *Barz* FG Hengeler, 1972, 14 (18 ff.); *Berrar* NZG 2001, 1113 (1115); *Gerber/Wernicke* DStR 2004, 1138 (1139); *Peltzer* ZfK 1988, 577 (582); wohl auch *Schaaf* in Schaaf Praxis der HV Rn. 903; gegen die Zulässigkeit *Baumbach/Hueck* § 101 Rn. 4; GHEK/*Geßler* § 101 Rn. 29; Kölner Komm AktG/*Mertens/Cahn* § 101 Rn. 23; *Bollweg*, Die Wahl des Aufsichtsrats in der Hauptversammlung der Aktiengesellschaft, 1997, 468 ff.; *Wiethölter*, Interessen und Organisation der Aktiengesellschaft im amerikanischen und deutschen Recht, 1961, 310 ff.; offen MHdB AG/*Hoffmann-Becking* § 30 Rn. 41; *Austmann* FG Sandrock, 1995, 277 (280).
[228] BegrRegE bei *Kropff* S. 138.
[229] Vgl. Kölner Komm AktG/*Tröger* Rn. 176; K. Schmidt/Lutter/*Spindler* Rn. 54.
[230] BGH WM 1962, 811, mit dem Hinweis, dass es üblich, sachgerecht und wünschenswert sei, bei der Besetzung des Aufsichtsrats auf die Interessen der Minderheit Rücksicht zu nehmen und der Minderheit eine angemessene Vertretung im Aufsichtsrat zu überlassen; ebenso MüKoAktG/*Arnold* Rn. 93; K. Schmidt/Lutter/*Spindler* Rn. 54; grundsätzlich auch OLG Hamm NJW 1987, 1030, mit der Einschränkung, dass ein herrschendes Unternehmen im faktischen Konzern die Anteilseignerseite im Aufsichtsrat der beherrschten AG nicht derart einseitig und ausschließlich mit „auf das herrschende Unternehmen und den Konzern eingeschworenen Personen" besetzen dürfe, dass die eigenständigen Belange der faktisch konzernierten Tochtergesellschaft „ohne jeden Widerhall" bleiben.
[231] Hüffer/Koch/*Koch*, 13. Aufl. 2018, Rn. 33; Kölner Komm AktG/*Tröger* Rn. 178.
[232] BGHZ 180, 9 (24 f.) = ZIP 2009, 460 (465) – Kirch/Deutsche Bank; Grigoleit/*Herrler* Rn. 21; Hölters/*Hirschmann* Rn. 47; Hüffer/Koch/*Koch*, 13. Aufl. 2018, Rn. 33; MüKoAktG/*Habersack* § 101 Rn. 21; MüKoAktG/*Arnold* Rn. 94; K. Schmidt/Lutter/*Spindler* Rn. 55; *Wachter/Dürr* Rn. 30; *Marsch-Barner* in Marsch-Barner/Schäfer Börsennotierte AG-HdB Rn. 34.160; MHdB AG/*Austmann* Rn. 92; MHdB AG/*Hoffmann-Becking* § 30 Rn. 42; *Schaaf* in Schaaf Praxis der HV Rn. 901 ff.; *Arnold/Carl/Götze* AG 2011, 349 (356); *Austmann* FG Sandrock, 1995, 277 (282 ff.); *Dietz* BB 2004, 452 (454); *Fuhrmann* ZIP 2004, 2081 (2085); *Mutter* AG 2004, 305 f.; grundsätzlich auch Kölner Komm AktG/*Tröger* Rn. 88, 178; tendenziell auch LG München I ZIP 2004, 853 (854) – HypoVereinsbank; aA GHEK/*Geßler* § 101 Rn. 31; *Bub* FS Derleder, 2005, 221 (229); *Lippert* AG 1976, 239 (240 f.); für den Fall, dass Wahlvorschläge von Aktionären vorliegen, auch *Ramm* NJW 1991, 2753 (2754).
[233] So aber GHEK/*Geßler* § 101 Rn. 31.
[234] LG München I ZIP 2004, 853 (854) – HypoVereinsbank; Hölters/*Hirschmann* Rn. 47; K. Schmidt/Lutter/*Spindler* Rn. 55; *Marsch-Barner* in Marsch-Barner/Schäfer Börsennotierte AG-HdB § 34 Rn. 34.160; wohl auch MüKoAktG/*Habersack* § 101 Rn. 21 f.; offen BGHZ 180, 9 (25 f.) = ZIP 2009, 460 (465 f.) – Kirch/Deutsche Bank.

keine Anhaltspunkte entnehmen.[235] Gleichwohl kann sich eine kurze Belehrung durch den Versammlungsleiter anbieten.

Erhebt ein anwesender Aktionär **Einwände gegen die Listenwahl,** begründet dies noch keine 58 Pflicht zur Durchführung einer Einzelwahl.[236] Auch ist der Versammlungsleiter nach zutreffender Ansicht nicht verpflichtet, über einen **Verfahrensantrag auf Durchführung einer Einzelwahl** gesondert abstimmen zu lassen.[237] Ein solcher Verfahrensantrag kann mit der Abstimmung über die Liste verbunden werden. Es genügt, wenn der Versammlungsleiter darauf hinweist, dass mit der Annahme der Liste zugleich die Ablehnung des Verfahrensantrags verbunden ist, so dass diejenigen Aktionäre, die eine Einzelwahl wünschen, gegen die Liste stimmen müssen.[238] Um Anfechtungsrisiken von vornherein auszuschließen, kann es sich gleichwohl anbieten, über einen Antrag auf Durchführung einer Einzelwahl gesondert abstimmen zu lassen oder gleich zu einer Einzelwahl überzugehen.[239] Ermächtigt die Satzung den Versammlungsleiter ausdrücklich zur Durchführung einer Listenwahl, ist ein Antrag auf Durchführung einer Einzelwahl unzulässig, so dass er von vornherein nicht zur Abstimmung gestellt werden muss.[240] Zumindest bei börsennotierten Gesellschaften hat die Frage nach den Voraussetzungen für die Durchführung einer Listenwahl an Bedeutung verloren, da Wahlen zum Aufsichtsrat nach der Empfehlung in **Ziffer 5.4.3 S. 1 DCGK** als Einzelwahlen durchgeführt werden sollen. Dieser Empfehlung wird in der Praxis weitgehend gefolgt.[241]

§ 134 Stimmrecht

(1) ¹Das Stimmrecht wird nach Aktiennennbeträgen, bei Stückaktien nach deren Zahl ausgeübt. ²Für den Fall, daß einem Aktionär mehrere Aktien gehören, kann bei einer nichtbörsennotierten Gesellschaft die Satzung das Stimmrecht durch Festsetzung eines Höchstbetrags oder von Abstufungen beschränken. ³Die Satzung kann außerdem bestimmen, daß zu den Aktien, die dem Aktionär gehören, auch die Aktien rechnen, die einem anderen für seine Rechnung gehören. ⁴Für den Fall, daß der Aktionär ein Unternehmen ist, kann sie ferner bestimmen, daß zu den Aktien, die ihm gehören, auch die Aktien rechnen, die einem von ihm abhängigen oder ihn beherrschenden oder einem mit ihm konzernverbundenen Unternehmen oder für Rechnung solcher Unternehmen einem Dritten gehören. ⁵Die Beschränkungen können nicht für einzelne Aktionäre angeordnet werden. ⁶Bei der Berechnung einer nach Gesetz oder Satzung erforderlichen Kapitalmehrheit bleiben die Beschränkungen außer Betracht.

(2) ¹Das Stimmrecht beginnt mit der vollständigen Leistung der Einlage. ²Entspricht der Wert einer verdeckten Sacheinlage nicht dem in § 36a Abs. 2 Satz 3 genannten Wert, so steht dies dem Beginn des Stimmrechts nicht entgegen; das gilt nicht, wenn der Wertunterschied offensichtlich ist. ³Die Satzung kann bestimmen, daß das Stimmrecht beginnt, wenn auf die Aktie die gesetzliche oder höhere satzungsmäßige Mindesteinlage geleistet ist. ⁴In diesem Fall gewährt die Leistung der Mindesteinlage eine Stimme; bei höheren Einlagen richtet sich das Stimmenverhältnis nach der Höhe der geleisteten Einlagen. ⁵Bestimmt die Satzung nicht, daß das Stimmrecht vor der vollständigen Leistung der Einlage beginnt, und ist noch auf keine Aktie die Einlage vollständig geleistet, so richtet sich das Stimmenverhältnis nach der Höhe der geleisteten Einlagen; dabei gewährt die Leistung der Mindesteinlage eine Stimme. ⁶Bruchteile von Stimmen werden in diesen Fällen nur

---

[235] Vgl. Kölner Komm AktG/*Tröger* Rn. 89; *Wachter/Dürr* Rn. 30; *Fuhrmann* ZIP 2004, 2081 (2084 f.); s. auch MHdB AG/*Hoffmann-Becking* § 30 Rn. 42.

[236] So aber LG München I ZIP 2004, 853 (854) – HypoVereinsbank; zust. NK-AktR/*M. Müller* Rn. 15; allgemein zur Blockabstimmung auch BGHZ 156, 38 (41); unklar bleibt in beiden Entscheidungen, ob bei Einwänden auch nur eines Aktionärs stets eine Einzelabstimmung vorzunehmen ist oder ob entsprechende Einwände auch als Verfahrensantrag auf Durchführung einer Einzelabstimmung ausgelegt werden können, vgl. *Fuhrmann* ZIP 2004, 2081 (2083 ff.); *Gerber/Wernicke* DStR 2004, 1138 (1139 f.); *Linnerz* BB 2004, 963 f.; *Segna* DB 2004, 1135 (1136 f.).

[237] MüKoAktG/*Habersack* § 101 Rn. 23; *Butzke* Die Hauptversammlung der AG Rn. J 55; *Marsch-Barner* in Marsch-Barner/Schäfer Börsennotierte AG-HdB Rn. 34.160; MHdB AG/*Austmann* § 40 Rn. 93; *Dietz* BB 2004, 452 (455); wohl auch *Jäger* § 24 Rn. 9; aA LG München I ZIP 2004, 853 (854) – HypoVereinsbank; Kölner Komm AktG/*Tröger* Rn. 89; K. Schmidt/Lutter/*Spindler* Rn. 55; *Fuhrmann* ZIP 2004, 2081 (2085).

[238] Vgl. *Butzke* Die Hauptversammlung der AG Rn. J 55.

[239] Vgl. MHdB AG/*Austmann* § 40 Rn. 93; *Gerber/Wernicke* DStR 2004, 1138 (1140); *Segna* DB 2004, 1135 (1136 f.).

[240] BGHZ 180, 9 (24 ff.) = ZIP 2009, 460 (465 f.) – Kirch/Deutsche Bank.

[241] Vgl. *Marsch-Barner* in Marsch-Barner/Schäfer Börsennotierte AG-HdB Rn. 34.160; *v. Werder/Bartz* DB 2014, 905 (910); die gegenteilige Beobachtung von MüKoAktG/*Arnold* Rn. 94 dürfte unzutreffend sein.

berücksichtigt, soweit sie für den stimmberechtigten Aktionär volle Stimmen ergeben. ⁷Die Satzung kann Bestimmungen nach diesem Absatz nicht für einzelne Aktionäre oder für einzelne Aktiengattungen treffen.

(3) ¹Das Stimmrecht kann durch einen Bevollmächtigten ausgeübt werden. ²Bevollmächtigt der Aktionär mehr als eine Person, so kann die Gesellschaft eine oder mehrere von diesen zurückweisen. ³Die Erteilung der Vollmacht, ihr Widerruf und der Nachweis der Bevollmächtigung gegenüber der Gesellschaft bedürfen der Textform, wenn in der Satzung oder in der Einberufung auf Grund einer Ermächtigung durch die Satzung nichts Abweichendes und bei börsennotierten Gesellschaften nicht eine Erleichterung bestimmt wird. ⁴Die börsennotierte Gesellschaft hat zumindest einen Weg elektronischer Kommunikation für die Übermittlung des Nachweises anzubieten. ⁵Werden von der Gesellschaft benannte Stimmrechtsvertreter bevollmächtigt, so ist die Vollmachtserklärung von der Gesellschaft drei Jahre nachprüfbar festzuhalten; § 135 Abs. 5 gilt entsprechend.

(4) Die Form der Ausübung des Stimmrechts richtet sich nach der Satzung.

Schrifttum: *Adams*, Höchststimmrechte, Mehrfachstimmrechte und sonstige wundersame Hindernisse auf dem Markt für Unternehmenskontrolle, AG 1990, 63; *Bachmann*, Die Vertretung eines Stimmrechtspools durch Organmitglieder in der Hauptversammlung, FS Schwintowski, 2018, 725; *Bachmann*, Namensaktie und Stimmrechtsvertretung, WM 1999, 2100; *Bachmann*, Verwaltungsvollmacht und „Aktionärsdemokratie": Selbstregulative Ansätze für die Hauptversammlung, AG 2001, 635; *Bachmann*, Rechtsfragen der Wertpapierleihe, ZHR 173 (2009), 596; *Baums*, Höchststimmrechte, AG 1990, 221; *Blasche*, Zulässigkeit und Rechtswirkungen der Eintragung eines gemeinschaftlichen Vertreters im Aktienregister, AG 2015, 342; *Bunke*, Fragen der Vollmachtserteilung zur Stimmrechtsausübung nach §§ 134, 135 AktG, AG 2002, 57; *Claussen*, Hauptversammlung und Internet, AG 2001, 161; *Götze*, Erteilung von Stimmrechtsvollmachten nach dem ARUG, NZG 2010, 93; *Großfeld/Spennemann*, Die Teilnahmeberechtigung mehrerer gesetzlicher Vertreter von Gesellschaften in Mitgliederversammlungen von Kapitalgesellschaften und Genossenschaften, AG 1979, 128; *Grunewald*, Die Rechtsstellung des Legitimationsaktionärs, ZGR 2015, 347; *Grunsky*, Stimmrechtsbeschränkung in der Hauptversammlung, ZIP 1991, 778; *Habersack*, Aktienrecht und Internet, ZHR 165 (2001), 172; *Habersack*, Differenzhaftung und Stimmrecht des Aktionärs nach ARUG, FS Maier-Reimer, 2010, 161; *Hanloser*, Proxy-Voting, Remote-Voting und Online-HV: § 134 III 3 AktG nach dem NaStraG, NZG 2001, 355; *Hefermehl*, Zur Zurechenbarkeit fremden Aktienbesitzes bei Festsetzung eines Höchststimmrechts für Aktionäre, FS O. Möhring, 1973, 103; *Hefermehl*, Zur Zurechenbarkeit fremden Aktienbesitzes bei Festsetzung eines Höchststimmrechts für Aktionäre, FS Barthomlomeyczik, 1973, 151; *Hellermann*, Aktienrechtliche Satzungsstrenge und Delegation von Gestaltungsspielräumen an den Vorstand, NZG 2008, 561; *Henssler*, Verhaltenspflichten bei der Ausübung von Aktienstimmrechten durch Bevollmächtigte, ZHR 157 (1993), 91; *Hirte*, Der Einfluß neuer Informationstechniken auf das Gesellschaftsrecht und die corporate-governance-Debatte, Liber Amicorum Buxbaum, 2000, 283; *Hoffmann*, Systeme der Stimmrechtsvertretung in der Publikumsgesellschaft, 1999; *Hüther*, Aktionärsbeteiligung und Internet, 2002, *Hüther*, Namensaktien, Internet und die Zukunft der Stimmrechtsvertretung, AG 2001, 68; *Ihrig*, Zur Entscheidungskompetenz der Hauptversammlung in Fragen der Versammlungsleitung, FS Goette, 2011, 205; *Immenga*, Grenzen einer nachträglichen Einführung von Stimmrechtsbeschränkungen, BB 1975, 1042; *Junge*, Der Verkauf von Teilnahme- und Stimmrechten über das Internet und die zahlenmäßige Begrenzung der Übertragbarkeit von Teilnahme- und Stimmrechten, FS Röhricht, 2005, 277; *Kiefner/Friebel*, Stimmrechtsausübung in der Hauptversammlung durch den Vollmachtgeber trotz fortbestehender Bevollmächtigung eines Vertreters, NZG 2011, 887; *Kindler*, Der Aktionär in der Informationsgesellschaft, NJW 2001, 1678; *Kocher*, Die Teleteilnahme an der HV in Finnland und Deutschland, NZG 2001, 1074; *Kocher*, Rechtsgeschäftliche Vertretung von Kapitalgesellschaften in Vollversammlungen anderer Kapitalgesellschaften, NZG 2016, 1220; *Kort*, Anwendbarkeit von § 405 AktG auf Wertpapierdarlehen?, DB 2006, 1546; *Krieger*, Entwicklungen im Recht der Hauptversammlungen, FS Volhard, 2002, 38; *Lenz*, Die gesellschaftsbenannte Stimmrechtsvertretung (Proxy-Voting) in der Hauptversammlung der deutschen Publikums-AG, 2005; *Ludwig*, Formanforderungen an die individuell erteilte Stimmrechtsvollmacht in der Aktiengesellschaft und in der GmbH, AG 2002, 433; *Lutter*, Differenzhaftung und Stimmrecht, FS von Rosen, 2008, 567; *Martens*, Die Leitungskompetenzen auf der Hauptversammlung einer Aktiengesellschaft, WM 1981, 1010; *Martens*, Stimmrechtsbeschränkung und Stimmbindungsvertrag im Aktienrecht, AG 1993, 495; *Max*, Die Leitung der Hauptversammlung, AG 1991, 77; *Meyer*, Der Nießbrauch an GmbH-Geschäftsanteilen und Aktien, 2002; *P. Möhring*, Proxy-Stimmrecht und geltendes deutsches Aktienrecht, FS Geßler, 1971, 127; *Noack*, Die organisierte Stimmrechtsvertretung auf Hauptversammlungen – insbesondere durch die Gesellschaft, FS Lutter, 2000, 1463; *Noack*, Stimmrechtsvertretung in der Hauptversammlung nach NaStraG, ZIP 2001, 57; *Noack*, Die Aktionärsrechte-Richtlinie, FS Westermann, 2008, 1203; *Noack*, Die Legitimationsübertragung – Eine dubiose Rechtsfigur, FS Stilz, 2014, 439; *Peltzer*, Die Vertretung des Aktionärs in Hauptversammlungen von Publikumsgesellschaften, AG 1996, 26; *Petersen/Wille*, Zulässigkeit eines Squeeze-out und Stimmrechtszurechnung bei Wertpapierdarlehen, NZG 2009, 856; *Pielke*, Die virtuelle Hauptversammlung, 2009; *Pikó/Preissler*, Die Online-Hauptversammlung bei Publikumsaktiengesellschaften mit Namensaktien, AG 2002, 223; *von Randow*, Stimmrechtsvertretung nach Art des Hauses, ZIP 1998, 1564; *Ratschow*, Die Aktionärsrechterichtlinie – neue Regeln für börsennotierte Gesellschaften, DStR 2007, 1402; *Reichert/Harbarth*, Stimmrechtsvollmacht, Legitimationszession und Stimmrechtsausschlußvertrag in der AG, AG 2001, 447; *Renkl*, Der Gesellschafterbeschluß, 1982; *Riegger*, Hauptversammlung und Internet, ZHR 165 (2001), 204; *Schilling*, Das Vollmachtstimmrecht der Aktiengesellschaft in der

Stimmrecht § 134

eigenen Hauptversammlung, FS P. Möhring, 1975, 257; *K. Schmidt,* Stimmrecht beim Anteilsnießbrauch, ZGR 1999, 601; *Schmitz,* Der Einfluß neuer Technologien auf die Aktionärsmitverwaltung, 2003; *U.H. Schneider,* Geheime Abstimmung in der Hauptversammlung einer Aktiengesellschaft, FS Peltzer, 2001, 425; *U.H. Schneider,* Gesetzliches Verbot für Stimmrechtsbeschränkungen bei der Aktiengesellschaft?, AG 1990, 56; *Schockenhoff,* Proxy Fights – bald auch in Deutschland?, NZG 2015, 657; *Schön,* Der Nießbrauch am Gesellschaftsanteil, ZHR 158 (1994), 229; *Schröder,* Umgehung der aktienrechtlichen Stimmrechtsbeschränkung, DB 1976, 1093; *Schröder,* Nachträgliche Stimmrechtsbeschränkung, DB 1977, 197; *Sieger/Hasselbach,* Wertpapierdarlehen – Zurechnungsfragen im Aktien-, Wertpapierhandels- und Übernahmerecht, WM 2004, 1370; *Simon,* Vorstandsermächtigungen, KSzW 2010, 15; *Singhof,* Die Beauftragung eines „Treuhänders" durch eine AG zwecks kostenloser Stimmrechtsvertretung für einzelne Aktionäre, NZG 1998, 670; *Spindler/Hüther,* Das Internet als Medium der Aktionärsbeteiligung in den USA, RIW 2000, 328; *Stützle/Walgenbach,* Leitung der Hauptversammlung und Mitspracherechte der Aktionäre in Fragen der Versammlungsleitung, ZHR 155 (1991), 516; *Teichmann,* Der Nießbrauch an Geschäftsanteilen, ZGR 1972, 1; *Teichmann,* Der Nießbrauch an Geschäftsanteilen – Probleme der praktischen Gestaltung, ZGR 1973, 24; *van Laak/Ulbrich,* Entsendung mehrerer Stimmrechtsvertreter in die Hauptversammlung?, AG 2006, 660; *von der Linden,* Wer entscheidet über die Form der Stimmrechtsausübung in der Hauptversammlung?, NZG 2012, 930; *Wedemann,* Das Stimmrecht beim Anteilsnießbrauch im Spiegel von Rechtsvergleichung und Rechtssetzungslehre, NZG 2013, 1281; *Werner,* Einführung des Höchststimmrechts durch nachträgliche Satzungsänderung, AG 1975, 176; *Wiebe,* Vorstandsmacht statt Bankenmacht?, ZHR 166 (2002), 182; *Wicke,* Einführung in das Recht der Hauptversammlung, das Recht der Sacheinlagen und das Freigabeverfahren nach dem ARUG, 2009; *Wohlwend,* Die Hauptversammlung im Wandel der Kommunikationsformen, 2001; *Zätsch/Gröning,* Neue Medien im Aktienrecht: Zum RefE des NaStraG, NZG 2000, 393; *Zöllner,* Die Schranken mitgliedschaftlicher Stimmrechtsmacht bei den privatrechtlichen Personenverbänden, 1963; *Zöllner,* Die Ausübung des Stimmrechts für fremde Aktien durch die Aktiengesellschaft auf ihrer eigenen Hauptversammlung, FS H. Westermann, 1974, 603; *Zöllner,* Stimmrechtsvertretung der Kleinaktionäre, FS Peltzer, 2001, 661; *Zöllner/Noack,* One share – one vote?, AG 1991, 117.

Übersicht

	Rn.		Rn.
I. Überblick	1–4	4. Auffangregelung (Abs. 2 S. 5)	36, 37
1. Normzweck	1, 2	**IV. Stimmrechtsausübung durch Dritte (Abs. 3)**	38–79
2. Entstehungsgeschichte	3, 4	1. Stimmrechtsinhaber	38–47
II. Stimmrecht bei vollständiger Einlageleistung (Abs. 1)	5–28	a) Grundsatz	38
1. Grundsatz	5–7	b) Sonderfälle	39–47
2. Höchststimmrechte	8–28	2. Stimmrechtsausübung kraft Vollmacht	48–79
a) Allgemeines	8–10	a) Zulässigkeit (Abs. 3 S. 1)	48, 49
b) Einführung durch die Satzung (Abs. 1 S. 2)	11–14	b) Person des Bevollmächtigten	50–65
c) Ausgestaltung	15–17	c) Erteilung und Erlöschen der Vollmacht	66–68
d) Wirkung	17a	d) Form (Abs. 3 S. 3)	69–74
e) Zurechnung (Abs. 1 S. 3 und 4)	18–24	e) Widerruf der Vollmacht	74a
f) Gleichbehandlung (Abs. 1 S. 5)	25–27	f) Legitimation, Übermittlung des Nachweises (Abs. 3 S. 4)	75–77
g) Kapitalmehrheit (Abs. 1 S. 6)	28	g) Umfang und Wirkung der Vollmacht	78–79
III. Stimmrecht vor vollständiger Einlageleistung (Abs. 2)	29–37	**V. Form der Stimmrechtsausübung (Abs. 4)**	80–85
1. Grundsatz (Abs. 2 S. 1)	29, 29a	1. Allgemeines	80
2. Verdeckte Sacheinlage (Abs. 2 S. 2)	30, 31	2. Abstimmungsmodalitäten	81–85
3. Satzungsregelung	32–35	a) Grundsatz	81
a) Inhalt (Abs. 2 S. 3)	32, 33	b) Geheime Abstimmung	82
b) Berechnung bei höheren Einlagen (Abs. 2 S. 4 und 6)	34	c) Abstimmung außerhalb der Hauptversammlung	83–85
c) Gleichbehandlung (Abs. 2 S. 7)	35		

I. Überblick

1. Normzweck. § 134 betrifft den **Beginn des Stimmrechts** und die **Stimmrechtsausübung.** 1 Die Norm regelt die Stimmkraft (§ 134 Abs. 1 und 2) und die Stimmrechtsausübung durch Bevollmächtigte (§ 134 Abs. 3). Die Regelung der Form der Stimmrechtsausübung überlässt sie der Satzung (§ 134 Abs. 4). § 134 wird eingeschränkt durch § 136, der Regelungen zu Stimmverboten und zur Nichtigkeit bestimmter Stimmbindungsverträge trifft. § 134 Abs. 3 wird ergänzt durch die Sonderregelung für die geschäftsmäßige Stimmrechtsvertretung in § 135. Besondere Vorschriften zur Stimmrechtsvertretung bei der Volkswagen AG sieht § 3 VW-Gesetz vor (zuletzt geändert durch Art. 14c ARUG).

2 Die unmittelbare Verknüpfung von Mitgliedschaft und Stimmrecht ist nicht in § 134, sondern in § 12 Abs. 1 S. 1 geregelt. § 134 knüpft hieran an und setzt das Bestehen des Stimmrechts voraus. Nicht vom Regelungsgehalt der Norm erfasst sind daher stimmrechtslose Vorzugsaktien (§§ 139 ff.) und Fälle, in denen das Stimmrecht ausgeschlossen ist (§ 136 Abs. 1, § 142 Abs. 1 S. 2 und 3) oder aufgrund eines zeitweiligen Rechtsverlusts ruht (§ 20 Abs. 7 S. 1, § 21 Abs. 4 S. 1, § 71b, § 71d S. 4, § 328 Abs. 1 oder § 44 Abs. 1 S. 1 und Abs. 2 WpHG, § 59 S. 1 WpÜG).[1] § 134 ist abgesehen von der Öffnungsklausel in Abs. 4 grundsätzlich **zwingend**.[2] Insbesondere können durch die Satzung keine Stimmverbote als Sanktion für die Verletzung bloßer Satzungspflichten eingeführt werden.[3] Nicht geregelt sind die inhaltlichen (beweglichen) Schranken des Stimmrechts, die sich etwa aus der gesellschaftsrechtlichen Treuepflicht oder dem Gleichbehandlungsgrundsatz (§ 53a) ergeben.[4]

3 **2. Entstehungsgeschichte.** § 134 ist aus § 114 AktG 1937 hervorgegangen. Mit Inkrafttreten des AktG 1965 wurde die bisherige Regelung des Stimmrechts systematisiert und erweitert. Um die Übersichtlichkeit zu verbessern, wurde § 114 AktG 1937 aufgeteilt und durch die §§ 134–136 ersetzt. Der Regelungsgegenstand von § 134 entspricht den bisherigen Regelungen in § 114 Abs. 1–3 und 7 AktG 1937. § 114 AktG 1937 geht seinerseits zurück auf § 252 HGB aF, der auf Art. 190 ADHGB beruht.

4 Die Entstehungsgeschichte von § 134 ist insbesondere durch Änderungen im Bereich der Stimmkraft und der Stimmrechtsausübung durch Dritte gekennzeichnet. Im Hinblick auf die **Stimmkraft** wurde bereits in den Vorgängernormen der heute in § 134 Abs. 1 S. 1 geregelte Proportionalitätsgrundsatz betont („one share, one vote"). Durch Art. 1 Nr. 17 StückAG wurde dieser Grundsatz zunächst auf die neu eingeführten Stückaktien erstreckt. Durch Art. 1 Nr. 20 KonTraG wurden Höchststimmrechte bei börsennotierten Gesellschaften abgeschafft. § 134 Abs. 1 S. 2 lässt diese nur noch bei nicht börsennotierten Gesellschaften zu. Die Möglichkeiten der **Stimmrechtsausübung durch Dritte** wurden durch Art. 1 Nr. 13 NaStraG erheblich ausgeweitet, indem in § 134 Abs. 3 S. 3 die Stimmrechtsausübung durch von der Gesellschaft benannte Stimmrechtsvertreter zugelassen wurde (→ Rn. 53 ff.). Zugleich wurden in § 134 Abs. 3 S. 2 Erleichterungen durch die Satzung für die Form der Vollmachtserteilung zugelassen und die in § 134 Abs. 3 S. 3 aF enthaltene Pflicht zur Vorlage der Vollmacht mit Verbleib bei der Gesellschaft aufgehoben. § 134 Abs. 3 wurde zuletzt geändert durch Art. 1 Nr. 20 **ARUG**. Neben Erleichterungen im Hinblick auf die Vollmachtserteilung (§ 134 Abs. 3 S. 3 und 4) wurde eine Regelung zur Ernennung mehrerer Bevollmächtigter aufgenommen (§ 134 Abs. 3 S. 2). Zudem wurde § 134 Abs. 2 S. 2 eingefügt, der den Beginn des Stimmrechts im Fall einer verdeckten Sacheinlage regelt. Die Neuregelungen durch das ARUG waren gem. § 20 Abs. 1 EGAktG erstmals auf Hauptversammlungen anwendbar, die nach dem 31. Oktober 2009 einberufen wurden.

II. Stimmrecht bei vollständiger Einlageleistung (Abs. 1)

5 **1. Grundsatz.** Das Stimmrecht beginnt gem. § 134 Abs. 2 S. 1 mit der vollständigen Leistung der Einlage. Anders als für die Anmeldung der Gesellschaft (§ 36 Abs. 2, § 36a Abs. 1) reicht die Einzahlung eines Mindestbetrags – vorbehaltlich einer abweichenden Satzungsregelung (→ Rn. 32 ff.) – für den Beginn des Stimmrechts nicht aus. Die Einlageleistung ist erst erfolgt, wenn die gesamte Bar- oder Sacheinlage endgültig zur freien Verfügung des Vorstands steht (§ 36a Abs. 2, § 37 Abs. 1 S. 2). Einzahlungen vor Eintragung der Gesellschaft müssen in der von § 54 Abs. 3 vorgeschriebenen Form erfolgen. Dagegen spielt es für den Beginn des Stimmrechts keine Rolle, ob und wann der Vorstand die Einlage angefordert hat.[5] Auch im Übrigen ist unerheblich, aus welchen Gründen die vollständige Einlageleistung unterblieben ist.[6]

6 § 134 Abs. 1 S. 1 normiert als Grundregel für die Gewichtung der Stimmabgabe (**Stimmkraft**) den **Proportionalitätsgrundsatz**, wonach sich die Stimmkraft proportional zur Kapitalbeteiligung verhält. Die Stimmkraft richtet sich bei Nennbetragsaktien (§ 8 Abs. 2) nach Nennbeträgen und bei Stückaktien (§ 8 Abs. 3) nach deren Zahl. Ist bei Vorhandensein von Nennbetragsaktien das Grundka-

---

[1] Vgl. Kölner Komm AktG/*Tröger* Rn. 3; MüKoAktG/*Arnold* Rn. 1.
[2] Hölters/*Hirschmann* Rn. 6; Hüffer/Koch/*Koch*, 13. Aufl. 2018, Rn. 1; Kölner Komm AktG/*Tröger* Rn. 7; K. Schmidt/Lutter/*Spindler* Rn. 3.
[3] Grigoleit/*Herrler* Rn. 1; Hölters/*Hirschmann* Rn. 6; Hüffer/Koch/*Koch*, 13. Aufl. 2018, Rn. 1; K. Schmidt/Lutter/*Spindler* Rn. 3, jeweils unter Hinweis auf öOGH AG 2002, 571 f.; ebenso Kölner Komm AktG/*Tröger* Rn. 7.
[4] Vgl. Kölner Komm AktG/*Tröger* Rn. 5.
[5] Grigoleit/*Herrler* Rn. 16; Kölner Komm AktG/*Tröger* Rn. 129; MüKoAktG/*Arnold* Rn. 3; aA Hölters/*Hirschmann* Rn. 23.
[6] Kölner Komm AktG/*Tröger* Rn. 129; MüKoAktG/*Arnold* Rn. 3.

pital gleichmäßig gestückelt, verleiht auch hier jede Aktie eine Stimme. Bei ungleichmäßiger Stückelung kommt es auf das Verhältnis der verwendeten Einheiten zueinander an. Handelt es sich bei den größeren Einheiten jeweils um ein Vielfaches der kleinsten Einheit (so stets bei Vorhandensein von 1-Euro-Aktien), ist von der kleinsten Einheit auszugehen. Die größeren Einheiten gewähren jeweils eine entsprechend erhöhte Stimmenzahl (1-Euro-Aktie = eine Stimme, 5-Euro-Aktie = 5 Stimmen usw). Handelt es sich bei den größeren Einheiten nicht jeweils um ein Vielfaches der kleinsten Einheit (etwa bei Vorhandensein von 10-Euro-Aktien und 15-Euro-Aktien), ist vom größten gemeinsamen Divisor auszugehen (im Beispiel 5). Die Stimmenzahl ergibt sich aus einer Division der jeweiligen Nennbeträge durch den größten gemeinsamen Divisor.[7]

Das Gesetz lässt bestimmte **Ausnahmen** von dem in § 134 Abs. 1 S. 1 kodifizierten Proportionalitätsgrundsatz zu. Bestehen ausnahmsweise noch Mehrstimmrechte (vgl. § 5 Abs. 1 EGAktG; allgemein zu Mehrstimmrechten → § 12 Rn. 16 ff.), haben die betreffenden Aktien eine erhöhte Stimmkraft. Zu einer Begrenzung der Stimmkraft kommt es dagegen bei Höchststimmrechten, die gem. § 134 Abs. 1 S. 2 nur bei nicht börsennotierten Gesellschaften durch die Satzung eingeführt werden können. Stimmrechtslose Vorzugsaktien haben (abgesehen von Ausnahmefällen) keine Stimmkraft (vgl. § 140).

2. Höchststimmrechte. a) Allgemeines. Für den Fall, dass einem Aktionär mehrere Aktien gehören, kann die Satzung gem. § 134 Abs. 1 S. 2 bei nicht börsennotierten Gesellschaften das Stimmrecht durch Festsetzung eines Höchstbetrags oder von Abstufungen beschränken. **Nicht börsennotierte Gesellschaften** sind solche, deren Aktien nicht zu einem von staatlich anerkannten Stellen geregelten und überwachten Markt iSv § 3 Abs. 2 zugelassen sind. Nicht börsennotiert sind daher auch Gesellschaften, deren Aktien im Freiverkehr gehandelt werden (§ 48 BörsG), nicht dagegen Gesellschaften, deren Aktien zum regulierten Markt zugelassen sind (§§ 32 ff. BörsG).[8]

Die Beschränkung der Norm auf nicht börsennotierte Gesellschaften wurde durch Art. 1 Nr. 20 KonTraG eingeführt. Höchststimmrechte, die bei börsennotierten Gesellschaften vor dem 1. Mai 1998 begründet worden sind, bestanden aufgrund der Übergangsregelung des § 5 Abs. 7 EGAktG noch bis zum 1. Juni 2000 fort. Der Gesetzgeber wollte mit der Abschaffung von Höchststimmrechten bei börsennotierten Gesellschaften den **Proportionalitätsgrundsatz stärker betonen.** Die Gesetzesbegründung führt aus, dass Höchststimmrechte den Kapitalmarkt beeinträchtigten, weil Übernahmen behindert würden und damit Übernahmephantasie fehle. Zudem dienten sie tendenziell den Interessen der Verwaltung, was die Kontrolle der Verwaltung durch die Eigentümer verschlechtere.[9] Der Gesetzgeber hat damit einen Teil der üblichen Gegenargumente aus der lange währenden rechtspolitischen Diskussion um Höchststimmrechte aufgegriffen. Auch in der Literatur wurde teilweise geltend gemacht, dass Höchststimmrechte den Markt für Unternehmenskontrolle[10] und das daraus resultierende Disziplinierungspotential für das Management störten.[11] Es ist jedoch zweifelhaft, ob der Gesetzgeber einen Markt für Unternehmenskontrolle gegen den Willen des Satzungsgebers sichern und fördern muss.[12] Auch ist letztlich nicht belegt, dass Stimmrechtsbeschränkungen tatsächlich zu einem Kursabschlag führen.[13] Europarechtlich wäre eine Abschaffung von Höchststimmrechten bei börsennotierten Gesellschaften nicht zwingend geboten gewesen. Entsprechende Vorgaben sind weder in der Übernahmerichtlinie[14] noch in der Aktionärsrechterichtlinie[15] enthalten. Auch die am 20. Mai 2017 im Amtsblatt der EU veröffentlichte Änderungsrichtlinie zur Aktionärsrechterichtlinie[16] sieht diesbezüglich nichts vor. Zustimmung verdient jedenfalls die

---

[7] Bürgers/Körber/*Holzborn* Rn. 3; Grigoleit/*Herrler* Rn. 3; Kölner Komm AktG/*Tröger* Rn. 72; MüKoAktG/*Arnold* Rn. 5; K. Schmidt/Lutter/*Spindler* Rn. 10.
[8] BT-Drs. 13/9712 S. 12 (noch zum amtlichen und geregelten Markt, die zum 1.11.2007 durch das FRUG zum regulierten Markt zusammengefasst wurden).
[9] BegrRegE BT-Drs. 13/9712 S. 20.
[10] Allgemein dazu *Adams* AG 1989, 333 ff.; die Existenz eines Markts für Unternehmenskontrolle wohl verneinend Hüffer/Koch/*Koch*, 13. Aufl. 2018, Rn. 4.
[11] S. etwa *Adams* AG 1990, 63 (70 ff.); *Baums* AG 1990, 221 (226 f.); krit. *Zöllner/Noack* AG 1991, 117 (125 ff.).
[12] K. Schmidt/Lutter/*Spindler* Rn. 16; ähnlich Hüffer/Koch/*Koch*, 13. Aufl. 2018, Rn. 5; *Zöllner/Noack* AG 1991, 117 (126 ff.); s. auch Kölner Komm AktG/*Tröger* Rn. 22; *Noack* AG 2009, 227 (234).
[13] Vgl. Hüffer/Koch/*Koch*, 13. Aufl. 2018, Rn. 5; K. Schmidt/Lutter/*Spindler* Rn. 16; *U.H. Schneider* AG 1990, 56 (57 f.); *Zöllner/Noack* AG 1991, 117 (121 ff.); vgl. auch Kölner Komm AktG/*Tröger* Rn. 19.
[14] RiLi 2004/25/EG des Europäischen Parlaments und des Rates v. 21.4.2004 betreffend Übernahmeangebote, ABl. EU 2004 Nr. L 142, 12.
[15] RiLi 2007/36/EG des Europäischen Parlaments und des Rates v. 11.7.2007 über die Ausübung bestimmter Rechte von Aktionären in börsennotierten Gesellschaften, ABl. EU 2007 Nr. L 184, 17.
[16] RiLi 2017/828/EU des Europäischen Parlaments und des Rates zur Änderung der RiLi 2007/36/EG im Hinblick auf die Förderung der langfristigen Einbeziehung der Aktionäre v. 17.5.2017, ABl. EU 2017 Nr. L 132, 1; zu dem vorangegangenen Richtlinienvorschlag v. 9.4.2014 s. *Bayer/J. Schmidt* BB 2014, 1219 (1220 ff.); *Lanfermann/Maul* BB 2014, 1283 (1284 ff.).

Entscheidung des Gesetzgebers, die Einführung von Höchststimmrechten bei nicht börsennotierten Gesellschaften nach wie vor dem Satzungsgeber zu überlassen.

10 Wird ein Höchststimmrecht für alle stimmberechtigten Aktien eingeführt, bilden die von der Beschränkung der Stimmkraft betroffenen Aktien **keine eigene Gattung (§ 11)**.[17] Die Beschränkung ist personenbezogen und haftet nicht der einzelnen Aktie an.[18]

11 **b) Einführung durch die Satzung (Abs. 1 S. 2).** Höchststimmrechte bei nicht börsennotierten Gesellschaften können gem. § 134 Abs. 1 S. 2 **nur durch die Satzung** eingeführt werden. Eine entsprechende Ermächtigung des Vorstands oder des Aufsichtsrats ist nach allgemeiner Ansicht unzulässig.[19] Dies gilt auch dann, wenn die Hauptversammlung zwar eine Satzungsänderung zur Einführung von Höchststimmrechten beschließt, dem Vorstand aber ein weites Ermessen im Hinblick auf die Anmeldung der Satzungsänderung beläßt. In diesem Fall ist nicht nur der Anweisungsbeschluss, sondern auch der Beschluss über die Satzungsänderung anfechtbar.[20] Die Stimmkraftbemessung kann auch nicht einem Dritten überlassen werden.[21]

12 Höchststimmrechte können sowohl in der ursprünglichen Satzung enthalten sein als auch nachträglich durch Satzungsänderung eingeführt werden. Eine **Einführung durch Satzungsänderung** ist jedenfalls dann unproblematisch, wenn im Zeitpunkt der Beschlussfassung noch kein Aktionär mit seiner Beteiligungsquote den Höchstbetrag überschreitet.[22] Sind dagegen schon im Zeitpunkt der Einführung Aktionäre mit einer über dem Höchstbetrag liegenden Quote beteiligt, soll die Einführung nach teilweise vertretener Ansicht nur mit deren Zustimmung zulässig sein.[23] Zur Begründung wird überwiegend auf den Gleichbehandlungsgrundsatz verwiesen.[24] Demgegenüber geht der BGH davon aus, dass Höchststimmrechte auch **ohne Zustimmung der in ihrer Stimmkraft betroffenen Aktionäre** durch Satzungsänderung eingeführt werden können.[25] Dem ist zuzustimmen. Bei dem Stimmrecht handelt es sich nicht um ein Sonderrecht iSv § 35 BGB. Auch wird das Stimmrecht durch die Begrenzung auf einen Höchstbetrag – anders als bei der Umwandlung von Stammaktien in stimmrechtslose Vorzugsaktien – nicht vollständig entzogen, sondern nur in der Ausübung beschränkt.[26] Durch die Einführung eines Höchststimmrechts wird ein für alle Aktionäre gleichermaßen geltender abstrakter Maßstab zur Begrenzung der Stimmkraft geschaffen. Ein Verstoß gegen den Gleichbehandlungsgrundsatz kann auch nicht darin gesehen werden, dass die Aktionäre je nach Beteiligungsquote im Zeitpunkt der Einführung unterschiedlich stark in ihren Rechten betroffen sind. Das Anteilseigentum ist von vornherein mit der potentiellen Einführung eines Höchst-

---

[17] Bürgers/Körber/*Holzborn* Rn. 4; GHEK/*Eckardt* Rn. 20; Grigoleit/*Herrler* Rn. 5; Großkomm AktG/*Grundmann* Rn. 68; Kölner Komm AktG/*Tröger* Rn. 77, 115; MüKoAktG/*Arnold* Rn. 13.
[18] Vgl. BGHZ 70, 117 (126) – Mannesmann.
[19] KG HRR 1931 Nr. 1242; Grigoleit/*Herrler* Rn. 5; Großkomm AktG/*Grundmann* Rn. 61; Hüffer/Koch/*Koch*, 13. Aufl. 2018, Rn. 7; Kölner Komm AktG/*Tröger* Rn. 89; K. Schmidt/Lutter/*Spindler* Rn. 20; MHdB AG/*Hoffmann-Becking* § 39 Rn. 16.
[20] LG Frankfurt a. M. AG 1990, 169 (170 f.) – Dresdner Bank; in dem betreffenden Fall wurde der Vorstand für einen Zeitraum von drei Jahren angewiesen, die Satzungsänderung erst dann zur Eintragung in das Handelsregister anzumelden, wenn Anhaltspunkte dafür bestehen, dass einem Aktionär mehr als 10% des Grundkapitals gehören oder zu gehören drohen.
[21] Großkomm AktG/*Grundmann* Rn. 61; Kölner Komm AktG/*Tröger* Rn. 90.
[22] BGHZ 70, 117 (119 ff.) – Mannesmann; OLG Düsseldorf AG 1976, 215 ff.; Bürgers/Körber/*Holzborn* Rn. 7; Grigoleit/*Herrler* Rn. 7; Großkomm AktG/*Grundmann* Rn. 62; Hüffer/Koch/*Koch*, 13. Aufl. 2018, Rn. 7; MüKoAktG/*Arnold* Rn. 22; MHdB AG/*Hoffmann-Becking* § 39 Rn. 16; *Schröder* DB 1978, 246 (247); *Werner* AG 1975, 176 ff.; aA Kölner Komm AktG/*Tröger* Rn. 121 ff.; *Meilicke/Meilicke* FS Luther, 99 (106 f.).
[23] *Zöllner*, Die Schranken mitgliedschaftlicher Stimmrechtsmacht bei den privatrechtlichen Personenverbänden, 1963, 122 ff.; *Immenga* BB 1975, 1042 (1043 f.); *Meilicke* JW 1937, 2430 (2431); grds. auch K. Schmidt/Lutter/*Spindler* Rn. 21, der aber wohl eine Ausnahme zulassen will, wenn nach intensiver inhaltlicher Kontrolle des Beschlusses das Interesse an der Satzungsänderung überwiegt; weitergehend *Meilicke/Meilicke* FS Luther, 1976, 99 (106 f.): Zustimmung aller Aktionäre erforderlich; s. auch Kölner Komm AktG/*Tröger* Rn. 121 ff., der eine Zustimmung aller „benachteiligten" Aktionäre verlangt (worunter auch „Aktionäre in der Nähe des Schwellenwerts" fallen sollen), sofern sich nicht ausnahmsweise im Einzelfall aus dem Gesellschaftsinteresse eine Legitimation der Ungleichbehandlung ergibt.
[24] S. etwa Kölner Komm AktG/*Tröger* Rn. 121 ff.; teilweise anders *Meilicke/Meilicke* FS Luther, 1976, 99 (106 f.), die von einer unzulässigen Veräußerungsbeschränkung ausgehen, sofern nicht alle Aktionäre zustimmen.
[25] BGHZ 70, 117 (120 ff.) – Mannesmann; ebenso OLG Düsseldorf AG 1976, 215 ff.; OLG Celle AG 1993, 178 (180); Bürgers/Körber/*Holzborn* Rn. 7; GHEK/*Eckardt* Rn. 21; Grigoleit/*Herrler* Rn. 7; Hölters/*Hirschmann* Rn. 20; Hüffer/Koch/*Koch*, 13. Aufl. 2018, Rn. 8; MüKoAktG/*Arnold* Rn. 22; *Butzke* Die Hauptversammlung der AG Rn. E 23; MHdB AG/*Hoffmann-Becking* § 39 Rn. 16; *Werner* AG 1975, 176 (179 f.); bei Vorliegen eines sachlichen Interesses auch *Schröder* DB 1977, 197 f.; *Schröder* DB 1978, 246 (247).
[26] BGHZ 70, 117 (126) – Mannesmann; Bürgers/Körber/*Holzborn* Rn. 7; MüKoAktG/*Arnold* Rn. 22; K. Schmidt/Lutter/*Spindler* Rn. 21.

stimmrechts belastet.[27] § 134 Abs. 1 S. 2 sieht hierfür gerade keine weiteren Voraussetzungen vor. Dem lässt sich eine normative Abwägung zugunsten der Einführung von Höchststimmrechten entnehmen.[28] Für die Anwendung allgemeiner Grundsätze ist daneben kein Raum, so dass auch der Maßstab des § 53a zurücktritt.[29]

Da der Gesetzgeber selbst die notwendige Abwägung zwischen den Belangen der betroffenen Aktionäre und dem Interesse der Gesellschaft an einer Beschränkung der Stimmkraft vorgenommen hat, ist für die Einführung eines Höchststimmrechts **keine sachliche Rechtfertigung** erforderlich.[30] Die rein tatsächliche Aussicht auf einen etwaigen Paketzuschlag bei Veräußerung der Aktien vermittelt keinen unentziehbaren Rechtsanspruch. Die gem. § 134 Abs. 1 S. 2 in ihrem Stimmrecht beeinträchtigten Aktionäre können daher auch keine Entschädigung verlangen.[31]

Höchststimmrechte können durch Satzungsänderung wieder **beseitigt** werden. Hierfür ist ein mit satzungsändernder Mehrheit gefasster Beschluss ausreichend. Eine Zustimmung der bislang durch das Höchststimmrecht begünstigten Aktionäre ist für die Beseitigung nicht erforderlich.[32] Soll das nur für eine Gattung bestehende Höchststimmrecht abgeschafft werden, ist ein zustimmender Sonderbeschluss (§ 179 Abs. 3 iVm Abs. 2) der bislang begünstigten Gattungen erforderlich (zur Einführung von Höchststimmrechten für einzelne Gattungen → Rn. 26 f.).[33]

c) Ausgestaltung. Gem. § 134 Abs. 1 S. 2 kann die Satzung das Stimmrecht durch einen Höchstbetrag beschränken oder Abstufungen vorsehen. Ein **Höchstbetrag** kann sich auf einen bestimmten Nennbetrag oder einen Anteil am Grundkapital beziehen. Bei Stückaktien lässt sich zudem an eine bestimmte Aktienzahl anknüpfen. Das Stimmrecht kann auch dahingehend beschränkt werden, dass höchstens eine Stimme ausgeübt werden kann, so dass iE **nach Köpfen** abgestimmt wird.[34] Anknüpfungspunkt für das Höchststimmrecht muss stets die Beteiligung sein. Andere Umstände (zB Produktionsmenge oder Höhe des Absatzes) müssen außer Betracht bleiben.[35] Übliche Grenzen für einen Höchstbetrag sind 5 % oder 10 % des Grundkapitals.[36] Eine Stimmrechtsbeschränkung auf 20 % des Grundkapitals der **Volkswagen AG** enthielt der frühere § 2 Abs. 1 VW-Gesetz. Die Regelung wurde durch das Gesetz zur Änderung des Gesetzes über die Überführung der Anteilsrechte an der Volkswagen Gesellschaft mit beschränkter Haftung in private Hand vom 8. Dezember 2008 (BGBl. 2008 I 2369) aufgehoben. Der Gesetzgeber wollte hierdurch die Vorgaben des EuGH umsetzen,[37] der das Zusammenspiel des Höchststimmrechts mit der herabgesetzten Sperrminorität (§ 4 Abs. 3 VW-Gesetz)[38] als europarechtswidrig ansah.[39]

Bei einer **Abstufung** verstärkt sich die Stimmrechtsbeschränkung in einem oder mehreren Schritten. Eine solche Abstufung könnte bei Stückaktien etwa derart gestaltet werden, dass bis zu einer bestimmten Aktienzahl das Stimmrecht voll ausgeübt werden kann, während alle weiteren

---

[27] Vgl. MüKoAktG/*Arnold* Rn. 22.
[28] Vgl. BGHZ 71, 40 (45) – Kali und Salz.
[29] Hüffer/Koch/*Koch*, 13. Aufl. 2018, Rn. 8, § 243 Rn. 28; MüKoAktG/*Hüffer/Schäfer* § 243 Rn. 64; ähnlich Bürgers/Körber/*Holzborn* Rn. 7.
[30] BGHZ 71, 40 (45) – Kali und Salz; Bürgers/Körber/*Holzborn* Rn. 7; Hölters/*Hirschmann* Rn. 19; MüKoAktG/*Arnold* Rn. 24; Hüffer/Koch/*Hüffer/Schäfer* § 243 Rn. 64; aA Großkomm AktG/*Grundmann* Rn. 63 Fn. 92; Kölner Komm AktG/*Tröger* Rn. 124; unklar K. Schmidt/Lutter/*Spindler* Rn. 21, der eine „intensive inhaltliche Kontrolle des Beschlusses zur Satzungsänderung" verlangt, sofern schon Aktionäre mit einer über dem Höchstbetrag liegenden Quote beteiligt sind.
[31] BGHZ 70, 117 (125 f.) – Mannesmann; Bürgers/Körber/*Holzborn* Rn. 7; s. auch Kölner Komm AktG/*Tröger* Rn. 123.
[32] Bürgers/Körber/*Holzborn* Rn. 7; GHEK/*Eckardt* Rn. 22; Großkomm AktG/*Grundmann* Rn. 64; *Butzke*, Die Hauptversammlung der AG, Rn. E 23; MHdB AG/*Hoffmann-Becking* § 39 Rn. 11; aA Kölner Komm AktG/*Tröger* Rn. 127.
[33] Kölner Komm AktG/*Tröger* Rn. 128.
[34] Bürgers/Körber/*Holzborn* Rn. 5; Grigoleit/*Herrler* Rn. 6; Hölters/*Hirschmann* Rn. 11; Hüffer/Koch/*Koch*, 13. Aufl. 2018, Rn. 6; Kölner Komm AktG/*Tröger* Rn. 82; MüKoAktG/*Arnold* Rn. 10; K. Schmidt/Lutter/*Spindler* Rn. 17; aA *Renkl*, Der Gesellschafterbeschluß, 1982, S. 99.
[35] KG JW 1939, 491 (Gaserzeugung); Hüffer/Koch/*Koch*, 13. Aufl. 2018, Rn. 6; Kölner Komm AktG/*Tröger* Rn. 88.
[36] Vgl. Grigoleit/*Herrler* Rn. 6; Großkomm AktG/*Grundmann* Rn. 65; Hüffer/Koch/*Koch*, 13. Aufl. 2018, Rn. 6; Kölner Komm AktG/*Tröger* Rn. 82; MüKoAktG/*Arnold* Rn. 8; Schaaf/*Schaaf* Praxis der HV Rn. 832.
[37] BegrRegE BR-Drs. 552/08 S. 2.
[38] Zur Europarechtskonformität von § 4 Abs. 3 VW-Gesetz (idF v. 10.12.2008) s. EuGH ZIP 2013, 2103 ff. – Kommission/Bundesrepublik Deutschland; s. dazu auch *Kalss* EuZW 2013, 948 f.; *Merkt* WuB II Q. § 260 AEUV 1.14; *Seibert* AG 2013, 904 (912); *Verse/Wiersch* EuZW 2014, 375; zuvor bereits *Rapp-Jung/Bartosch* BB 2009, 2210 (2211 ff.).
[39] EuGH Slg. 2007, I-8995 = NZG 2007, 942 – Kommission/Bundesrepublik Deutschland; s. auch LG Hannover ZIP 2009, 666 (667 ff.).

Aktien (ggf. weiter abgestuft) nur eine begrenzte Stimmenzahl gewähren (zB volles Stimmrecht für bis zu 10 000 Aktien, halbes Stimmrecht für alle weiteren Aktien bis zu einer Grenze von 100 000 Aktien, kein Stimmrecht für alle weiteren Aktien).[40] Möglich ist auch eine Kombination mit einer Höchstzahl (zB volles Stimmrecht für bis zu 10 000 Aktien, halbes Stimmrecht für alle weiteren Aktien, aber insgesamt höchstens 100 000 Stimmen). Unzulässig wäre eine Abstufung, wonach sich die Stimmkraft ab einer bestimmten Beteiligungsquote wieder erhöht.[41] Dies würde dem Zweck von § 134 Abs. 1 S. 2 zuwider laufen und wäre auch mit dem Verbot von Mehrstimmrechten kaum vereinbar.

17 Stimmrechtsbeschränkungen können **für alle oder nur für bestimmte** (typischerweise besonders bedeutsame) **Beschlussgegenstände** eingeführt werden.[42] Enthält die Satzung keine nähere Differenzierung, gilt das Höchststimmrecht für alle Beschlussgegenstände.

17a d) **Wirkung.** Stimmen, die unter Missachtung eines Höchststimmrechts abgegeben werden, sind **unwirksam**.[43] Dabei beschränkt sich die Unwirksamkeit auf die das Höchststimmrecht übersteigenden Stimmen.[44] Werden derartige Stimmen bei der Ergebnisfeststellung berücksichtigt, führt dies zur **Anfechtbarkeit** des betreffenden Hauptversammlungsbeschlusses, sofern die Stimmen für das Abstimmungsergebnis relevant waren.[45] Eine solche Relevanz ist nur gegeben, wenn das Abstimmungsergebnis bei Nichtberücksichtigung der unwirksamen Stimmen anders ausgefallen wäre.

18 e) **Zurechnung (Abs. 1 S. 3 und 4). aa) Allgemeines.** Stimmrechtsbeschränkungen können dadurch umgangen werden, dass Aktionäre einen Teil ihrer Aktien an Dritte übertragen. Der Gesetzgeber hat einen **Umgehungsschutz** in § 405 Abs. 3 Nr. 5 vorgesehen. Danach handelt ordnungswidrig, wer Aktien, für die er oder der von ihm Vertretene nach § 134 Abs. 1 das Stimmrecht nicht ausüben darf, einem anderen zur Ausübung des Stimmrechts überlässt oder aus solchen ihm überlassenen Aktien das Stimmrecht ausübt. Da es sich um eine Ordnungswidrigkeit handelt, ist hierfür allerdings ein vorsätzliches Handeln erforderlich. Einen weitergehenden Umgehungsschutz hat der Gesetzgeber nicht selbst geregelt, sondern gem. § 134 Abs. 1 S. 3 und 4 den Satzungsgeber entsprechend ermächtigt. Die Ermächtigung betrifft zum einen die Zurechnung von Aktien, die von einem anderen **für Rechnung des Aktionärs** gehalten werden (§ 134 Abs. 1 S. 3), zum anderen die Zurechnung im **Konzern** (§ 134 Abs. 1 S. 4). Macht der Satzungsgeber von der Ermächtigung Gebrauch, kommt es für eine Zurechnung allein **objektiv** auf das Vorliegen des entsprechenden Zurechnungstatbestands an. Ein Umgehungsvorsatz oder gar eine Umgehungsabsicht ist nicht erforderlich.[46] Die Zurechnungsregeln müssen nicht bereits in der ursprünglichen Satzung enthalten sein, sondern können auch nachträglich durch Satzungsänderung eingeführt werden.[47] Wie für die Einführung des Höchststimmrechts selbst (→ Rn. 12) ist hierfür die Zustimmung der nachteilig betroffenen Aktionäre nicht erforderlich.[48]

19 Die Regelung in § 134 Abs. 1 S. 3 und 4 ist grundsätzlich **abschließend**. In der Satzung können keine darüber hinausgehenden Zurechnungstatbestände geregelt werden.[49] Nach wohl hM ist aber auch ohne entsprechende Satzungsregelung eine **Zurechnung nach allgemeinen Grundsätzen** möglich.[50] Hierfür spricht, dass ansonsten ein Widerspruch zu § 405 Abs. 3 Nr. 5 bestünde. Eine

---

[40] Großkomm AktG/*Grundmann* Rn. 65; Hüffer/Koch/*Koch*, 13. Aufl. 2018, Rn. 6; Kölner Komm AktG/*Tröger* Rn. 85; MüKoAktG/*Arnold* Rn. 10.
[41] Bürgers/Körber/*Holzborn* Rn. 5; Grigoleit/*Herrler* Rn. 6; Kölner Komm AktG/*Tröger* Rn. 86.
[42] Bürgers/Körber/*Holzborn* Rn. 6; Grigoleit/*Herrler* Rn. 6; Großkomm AktG/*Grundmann* Rn. 66; Hölters/*Hirschmann* Rn. 12; Hüffer/Koch/*Koch*, 13. Aufl. 2018, Rn. 6; Kölner Komm AktG/*Tröger* Rn. 96; MüKoAktG/*Arnold* Rn. 11; K. Schmidt/Lutter/*Spindler* Rn. 19.
[43] Großkomm AktG/*Grundmann* Rn. 56; Kölner Komm AktG/*Tröger* Rn. 91; MüKoAktG/*Arnold* Rn. 26; K. Schmidt/Lutter/*Spindler* Rn. 14.
[44] Kölner Komm AktG/*Tröger* Rn. 91; MüKoAktG/*Arnold* Rn. 26.
[45] Großkomm AktG/*Grundmann* Rn. 56; Kölner Komm AktG/*Tröger* Rn. 91; MüKoAktG/*Arnold* Rn. 26; K. Schmidt/Lutter/*Spindler* Rn. 14.
[46] Grigoleit/*Herrler* Rn. 8; MüKoAktG/*Arnold* Rn. 19.
[47] Hüffer/Koch/*Koch*, 13. Aufl. 2018, Rn. 9; *Hefermehl* FS O. Möhring, 1973, 103 f.
[48] Dies sollte selbst dann gelten, wenn man entgegen der hier vertretenen Ansicht die nachträgliche Einführung eines Höchststimmrechts nur mit Zustimmung der nachteilig betroffenen Aktionäre zulassen will, s. Kölner Komm AktG/*Tröger* Rn. 125.
[49] Bürgers/Körber/*Holzborn* Rn. 8; MüKoAktG/*Arnold* Rn. 16; iE wohl auch Kölner Komm AktG/*Tröger* Rn. 109 ff.
[50] Bürgers/Körber/*Holzborn* Rn. 10; GHEK/*Eckardt* Rn. 17; Grigoleit/*Herrler* Rn. 11; Großkomm AktG/*Grundmann* Rn. 72; Hüffer/Koch/*Koch*, 13. Aufl. 2018, Rn. 12; Kölner Komm AktG/*Tröger* Rn. 100; *Schröder* DB 1976, 1093; aA Hölters/*Hirschmann* Rn. 18; MüKoAktG/*Arnold* Rn. 16; K. Schmidt/Lutter/*Spindler* Rn. 28; *Harrer* RIW 1994, 202 (207).

Umgehung der Stimmrechtsbeschränkung kann nicht einerseits mangels Satzungsregelung zulässig sein, andererseits aber eine Ordnungswidrigkeit darstellen. Der Ausnahmecharakter von § 134 Abs. 1 S. 3 und 4 steht einer Zurechnung nach allgemeinen Grundsätzen nicht entgegen.[51] Der Gesetzgeber hat in § 134 Abs. 1 S. 3 und 4 zwar ausdrücklich den Satzungsgeber zur Regelung eines Umgehungsschutzes ermächtigt. Hierdurch hat er jedoch nur die Möglichkeit geschaffen, eine abstrakte Regelung einzuführen, die allein an einen bestimmten objektiven Tatbestand anknüpft. Für eine Zurechnung nach allgemeinen Grundsätzen wird man dagegen im Einklang mit § 405 Abs. 3 Nr. 5 auch eine **subjektive Komponente** in Form eines Umgehungsvorsatzes verlangen müssen.[52] Der Vorsatz muss dem Aktionär bzw. dem Empfänger der Aktien nachgewiesen werden.[53] Da der Gesetzgeber den Umgehungsschutz grundsätzlich dem Satzungsgeber überantwortet hat, wäre es zu weitgehend, in allen Fällen, in denen Aktien für fremde Rechnung gehalten werden und eine Überschreitung des Höchstbetrags in Frage steht, die Beweislast für einen Umgehungsversuch umzukehren.[54]

Der **Abschluss von Stimmbindungsverträgen** ist für die Annahme einer Umgehung regelmäßig nicht ausreichend.[55] Etwas anderes gilt nur dann, wenn der abstimmende Aktionär faktisch weisungsgebunden ist (etwa infolge drohender Sanktionen).[56] Übt ein Dritter das Stimmrecht als **Vertreter** eines Aktionärs oder im Wege der **Legitimationsübertragung** aus, handelt es sich rechtskonstruktiv um eine Stimmrechtsausübung durch den Aktionär, so dass die betreffenden Aktien ohne weiteres bei der Berechnung der Beteiligungsquote zu berücksichtigen sind. Eine Zurechnung ist hierfür nicht erforderlich.[57] Gerade in den Fällen der Legitimationsübertragung besteht allerdings die Gefahr, dass die Stimmrechtsbeschränkung angesichts der damit verbundenen Nachweisprobleme unterlaufen wird. Einen gewissen Schutz bietet insoweit § 405 Abs. 3 Nr. 5. Wird eine Stimmrechtsbeschränkung durch Einschaltung eines Vertreters oder durch Legitimationsübertragung unterlaufen, sind die betreffenden Beschlüsse überdies gem. § 243 Abs. 1 anfechtbar, sofern sich die den Höchstbetrag übersteigenden Stimmen auf das Beschlussergebnis ausgewirkt haben.[58]

bb) Halten für Rechnung des Aktionärs (Abs. 1 S. 3). Die Satzung kann gem. § 134 Abs. 1 S. 3 bestimmen, dass zu den Aktien, die einem Aktionär gehören, auch die Aktien rechnen, die einem anderen für seine Rechnung gehören. Die Regelung ist **weit zu verstehen**.[59] An die Person des Dritten, der die Aktien für Rechnung des Aktionärs hält, stellt das Gesetz keine weiteren Anforderungen. In sachlicher Hinsicht ist entscheidend, dass nicht der Dritte, sondern der Aktionär das **wirtschaftliche Risiko der Beteiligung** trägt.[60] Erfasst sind damit insbesondere Auftrag (§§ 662 ff. BGB), Geschäftsbesorgung (§ 675 Abs. 1 BGB) und Kommission (383 ff., 406 BGB).[61] Das wirtschaftliche Risiko trägt auch derjenige, der dem Inhaber der Aktien eine Verkaufsoption zu einem Preis einräumt, der dem Optionsberechtigten das Risiko eines sinkenden Aktienkurses nimmt, oder der sich auf andere Weise verpflichtet, den Inhaber der Aktien „freizuhalten"; umgekehrt trägt das wirtschaftliche Risiko derjenige, der eine Kaufoption zu Bedingungen erworben hat, die eine Nichtausübung faktisch verbieten.[62] Insoweit gelten ähnliche Grundsätze wie im Rahmen von § 34 Abs. 1 Nr. 2 WpHG und § 30 Abs. 1 Nr. 2 WpÜG.

---

[51] Entgegen K. Schmidt/Lutter/*Spindler* Rn. 28 ist Grundlage einer solchen Zurechnung nicht eine Analogie zu § 134 Abs. 1 S. 3 und 4; Rechtsfolge von § 134 Abs. 1 S. 3 und 4 ist lediglich eine Ermächtigung des Satzungsgebers, so dass für einen Umgehungsschutz im Rückgriff auf allgemeine Grundsätze erforderlich ist.

[52] Grigoleit/*Herrler* Rn. 11; Großkomm AktG/*Grundmann* Rn. 72; wohl auch Bürgers/Körber/*Holzborn* Rn. 10; aA Kölner Komm AktG/*Tröger* Rn. 101.

[53] Grigoleit/*Herrler* Rn. 11; Großkomm AktG/*Grundmann* Rn. 72.

[54] Für eine solche Beweislastumkehr aber Kölner Komm AktG/*Tröger* Rn. 101, der allerdings keinen Umgehungsvorsatz verlangt, sondern eine objektiv verschleiernde Gestaltung ausreichen lassen will.

[55] Bürgers/Körber/*Holzborn* Rn. 10; Grigoleit/*Herrler* Rn. 12; Hüffer/Koch/*Koch*, 13. Aufl. 2018, Rn. 12; Kölner Komm AktG/*Tröger* Rn. 102; NK-AktR/*M. Müller* Rn. 18; *Baums* AG 1990, 221 (225); *Martens* AG 1993, 495 (497 ff.).

[56] Grigoleit/*Herrler* Rn. 12; MüKoAktG/*Arnold* Rn. 18; K. Schmidt/Lutter/*Spindler* Rn. 25; *Martens* AG 1993, 495 (499 f.); aA Kölner Komm AktG/*Tröger* Rn. 102.

[57] Großkomm AktG/*Grundmann* Rn. 72; Hüffer/Koch/*Koch*, 13. Aufl. 2018, Rn. 13; *U.H. Schneider* AG 1990, 56 (59); s. auch Kölner Komm AktG/*Tröger* Rn. 97.

[58] Hüffer/Koch/*Koch*, 13. Aufl. 2018, Rn. 13; s. auch Bürgers/Körber/*Holzborn* Rn. 12; MüKoAktG/*Arnold* Rn. 26.

[59] Vgl. Kölner Komm AktG/*Tröger* Rn. 104; K. Schmidt/Lutter/*Spindler* Rn. 25.

[60] LG Hannover ZIP 1992, 1236 (1239, 1241) – Continental/Pirelli; Kölner Komm AktG/*Tröger* Rn. 104; *Martens* AG 1993, 495 (500); aA Grigoleit/*Herrler* Rn. 9, der einen rechtlichen Einfluss auf das Stimmverhalten verlangt.

[61] Bürgers/Körber/*Holzborn* Rn. 8; Großkomm AktG/*Grundmann* Rn. 73; Hüffer/Koch/*Koch*, 13. Aufl. 2018, Rn. 10; K. Schmidt/Lutter/*Spindler* Rn. 25 Fn. 93.

[62] Bürgers/Körber/*Holzborn* Rn. 8; Kölner Komm AktG/*Tröger* Rn. 104; MüKoAktG/*Arnold* Rn. 17; s. auch LG Hannover ZIP 1992, 1236 (1239 ff.) – Continental/Pirelli.

22 Nicht ohne weiteres von § 134 Abs. 1 S. 3 erfasst sind **Stimmbindungsverträge**.[63] Hier gelten dieselben Grundsätze wie für den allgemeinen Umgehungsschutz (→ Rn. 20). In eine auf § 134 Abs. 1 S. 3 gestützte Satzungsregelung können Stimmbindungsverträge nur einbezogen werden, soweit sie faktisch eine Weisungsgebundenheit des abstimmenden Aktionärs bewirken.[64] Dies kann im Hinblick auf die für eine solche Satzungsregelung erforderliche Bestimmtheit zu nicht unerheblichen Formulierungsproblemen führen.[65]

23 **cc) Konzernverbindung (Abs. 1 S. 4).** Gem. § 134 Abs. 1 S. 4 kann die Satzung für den Fall, dass es sich bei dem Aktionär um ein **Unternehmen** handelt, die Zurechnung von Aktien vorsehen, die einem von ihm abhängigen oder ihn beherrschenden oder einem mit ihm konzernverbundenen Unternehmen oder für Rechnung solcher Unternehmen einem Dritten gehören. Der Unternehmensbegriff ist rechtsformunabhängig zu verstehen.[66] Er deckt sich mit dem konzernrechtlichen Unternehmensbegriff der §§ 15 ff. (→ § 15 Rn. 10 ff.).[67] Danach können auch natürliche Personen Unternehmen sein.[68] Entscheidend für die Unternehmenseigenschaft ist, dass **anderweitige wirtschaftliche Interessen** außerhalb der Gesellschaft bestehen.[69] Für die Zurechnung ist eine **Abhängigkeitsbeziehung** (§ 17) oder ein **Konzernverhältnis** (§ 18) erforderlich. Für eine bloße Mehrheitsbeteiligung (§ 16) kann die Satzung keine Zurechnung vorsehen, da § 134 Abs. 1 S. 4 den Mehrheitsbesitz – anders als etwa § 71a Abs. 2, § 71d S. 2 – nicht erwähnt.[70] Allerdings greift bei Bestehen eines Mehrheitsverhältnisses die Abhängigkeitsvermutung des § 17 Abs. 2 ein, die auch bei einer auf § 134 Abs. 1 S. 4 gestützten Satzungsregelung zu widerlegen ist. Nicht ausreichend ist auch das Bestehen anderer Unternehmensverträge (§ 292), da diese in § 134 Abs. 1 S. 4 ebenfalls nicht erwähnt sind.[71] Gleiches gilt für isolierte Gewinnabführungsverträge (§ 291 Abs. 1 S. 1 Alt. 2).[72]

24 **dd) Wirkung der Zurechnung.** Erfolgt eine Zurechnung, können die Stimmen der betroffenen Aktionäre zusammen nur bis zu dem Höchstbetrag berücksichtigt werden. Werden mehr Stimmen abgegeben, sind die Stimmen vom Versammlungsleiter entsprechend zu kürzen. Bei einheitlicher Stimmabgabe erfolgt eine Kappung auf den Höchstbetrag, indem bei der Ergebnisfeststellung nur die maximal zulässige Stimmzahl berücksichtigt wird.[73] Bei uneinheitlicher Stimmabgabe können sich die betroffenen Aktionäre bis zur Feststellung des Beschlusses durch den Versammlungsleiter darauf verständigen, welche Stimmen berücksichtigt werden sollen.[74] Erfolgt keine Einigung, sind die Stimmen vom Versammlungsleiter **proportional zu kürzen**.[75] Unterbleibt eine Kürzung, ist der Beschluss gem. § 243 Abs. 1 anfechtbar, sofern sich die den Höchstbetrag übersteigenden Stimmen auf das Beschlussergebnis ausgewirkt haben.[76] Darüber hinaus kann eine Ordnungswidrigkeit gem. § 405 Abs. 3 Nr. 5 vorliegen.

---

[63] Hüffer/Koch/*Koch*, 13. Aufl. 2018, Rn. 12; Kölner Komm AktG/*Tröger* Rn. 105; MüKoAktG/*Arnold* Rn. 18; K. Schmidt/Lutter/*Spindler* Rn. 25; MHdB AG/*Hoffmann-Becking* § 39 Rn. 15; aA *Martens* AG 1993, 495 (497 ff.).
[64] MüKoAktG/*Arnold* Rn. 18; K. Schmidt/Lutter/*Spindler* Rn. 25; aA Kölner Komm AktG/*Tröger* Rn. 105.
[65] Vgl. *Martens* AG 1993, 495 (502); MüKoAktG/*Arnold* Rn. 18; K. Schmidt/Lutter/*Spindler* Rn. 25.
[66] Großkomm AktG/*Grundmann* Rn. 73; Hüffer/Koch/*Koch*, 13. Aufl. 2018, Rn. 11; MüKoAktG/*Arnold* Rn. 20.
[67] Vgl. Bürgers/Körber/*Holzborn* Rn. 9; Hüffer/Koch/*Koch*, 13. Aufl. 2018, Rn. 11; Kölner Komm AktG/*Tröger* Rn. 108; MüKoAktG/*Arnold* Rn. 20; K. Schmidt/Lutter/*Spindler* Rn. 26.
[68] Bürgers/Körber/*Fett* § 15 Rn. 9; MüKoAktG/*Bayer* § 15 Rn. 17 ff.; K. Schmidt/Lutter/*J. Vetter* § 15 Rn. 41 ff.
[69] BGHZ 69, 334 (337 ff.) – VEBA/Gelsenberg; BGHZ 135, 107 (113); Bürgers/Körber/*Fett* § 15 Rn. 6; MüKoAktG/*Bayer* § 15 Rn. 13; K. Schmidt/Lutter/*J. Vetter* § 15 Rn. 38.
[70] Bürgers/Körber/*Holzborn* Rn. 9; Großkomm AktG/*Grundmann* Rn. 73; Hölters/*Hirschmann* Rn. 15; Hüffer/Koch/*Koch*, 13. Aufl. 2018, Rn. 11; Kölner Komm AktG/*Tröger* Rn. 108; MüKoAktG/*Arnold* Rn. 20; K. Schmidt/Lutter/*Spindler* Rn. 26; *Harrer* RIW 1994, 202 (207); *Hefermehl* FS O. Möhring, 1973, 103 (104 ff.); *Schröder* DB 1976, 1093 (1095).
[71] Bürgers/Körber/*Holzborn* Rn. 9; Grigoleit/*Herrler* Rn. 10; Hölters/*Hirschmann* Rn. 15; Hüffer/Koch/*Koch*, 13. Aufl. 2018, Rn. 11; Kölner Komm AktG/*Tröger* Rn. 108; MüKoAktG/*Arnold* Rn. 20; K. Schmidt/Lutter/*Spindler* Rn. 26.
[72] Kölner Komm AktG/*Tröger* Rn. 108.
[73] Großkomm AktG/*Grundmann* Rn. 75; Kölner Komm AktG/*Tröger* Rn. 112; MüKoAktG/*Arnold* Rn. 21.
[74] Grigoleit/*Herrler* Rn. 13; Hölters/*Hirschmann* Rn. 17; aA Kölner Komm AktG/*Tröger* Rn. 113; wohl auch K. Schmidt/Lutter/*Spindler* Rn. 26.
[75] GHEK/*Eckardt* Rn. 19; Grigoleit/*Herrler* Rn. 13; Hölters/*Hirschmann* Rn. 17; Kölner Komm AktG/*Tröger* Rn. 112; MüKoAktG/*Arnold* Rn. 21; K. Schmidt/Lutter/*Spindler* Rn. 27; aA Großkomm AktG/*Grundmann* Rn. 75, der allein den Saldo betrachten und die saldierte Stimmenzahl kappen will, sofern sie den Höchstbetrag übersteigt.
[76] Bürgers/Körber/*Holzborn* Rn. 12; Kölner Komm AktG/*Tröger* Rn. 114; MüKoAktG/*Arnold* Rn. 26; *Grunsky* ZIP 1991, 778 (779).

f) Gleichbehandlung (Abs. 1 S. 5). Unzulässig ist gem. § 134 Abs. 1 S. 5 die Einführung von Stimmrechtsbeschränkungen für einzelne Aktionäre. § 134 Abs. 1 S. 5 ist eine Ausprägung des Gleichbehandlungsgrundsatzes (§ 53a). Der Gesetzgeber wollte über das Verbot von Stimmrechtsbeschränkungen für einzelne Aktionäre insbesondere verhindern, dass Höchststimmrechte als Ersatz für unzulässige Mehrstimmrechte zum Einsatz kommen.[77]

Ein Höchststimmrecht kann **für einzelne Gattungen** eingeführt werden.[78] Für die Zulässigkeit spricht insbesondere die Entstehungsgeschichte von § 134 Abs. 1 S. 5. Der Regierungsentwurf des AktG 1965 sah noch ein ausdrückliches Verbot von Stimmrechtsbeschränkungen für einzelne Gattungen vor.[79] Dieses Verbot wurde auf Vorschlag des Rechts- und des Wirtschaftsausschusses in der endgültigen Fassung von § 134 Abs. 1 S. 5 bewusst gestrichen.[80] Voraussetzung für die Zulässigkeit ist aber, dass § 134 Abs. 1 S. 5 nicht unterlaufen wird. Die Gattung darf daher nicht so definiert werden, dass sie letztlich nur einen Aktionär betreffen kann.[81] Nach wohl hM soll überdies die Bildung von zwei Gattungen mit gleichen Eigenschaften, die sich nur im Hinblick auf die Stimmkraft unterscheiden, unzulässig sein.[82] Hierfür spricht, dass das Höchststimmrecht nicht der einzelnen Aktie unmittelbar anhaftet, so dass zweifelhaft ist, ob die betreffenden Aktien iSv § 11 verschiedene Rechte gewähren.[83] Zwingend ist eine solche Argumentation allerdings nicht, da bei Bildung einer entsprechenden Gattung die Stimmrechtsbeschränkung zumindest mittelbar nur mit einem Teil der Aktien verbunden wäre. Hierin kann durchaus ein hinreichendes Unterscheidungsmerkmal gesehen werden.

Soll durch Satzungsänderung ein Höchststimmrecht **für eine bestehende Gattung** eingeführt werden, ist nach allgemeinen Grundsätzen ein zustimmender **Sonderbeschluss** erforderlich (§ 179 Abs. 3 iVm Abs. 2). Für den Sonderbeschluss ist neben der einfachen Stimmenmehrheit der Aktionäre der Gattung eine Mehrheit von ¾ des bei der Beschlussfassung vertretenen Grundkapitals erforderlich. Die Zustimmung aller durch die Einführung nachteilig betroffenen Aktionäre ist nicht erforderlich (→ Rn. 12).[84]

g) Kapitalmehrheit (Abs. 1 S. 6). Höchststimmrechte gelten nur für die (einfache oder qualifizierte) Stimmenmehrheit. Bei der Berechnung einer nach Gesetz oder Satzung erforderlichen Kapitalmehrheit bleiben sie gem. § 134 Abs. 1 S. 6 **außer Betracht**. Für besonders wichtige Beschlussgegenstände, für die neben der Stimmen- auch eine Kapitalmehrheit erforderlich ist, bleibt somit der Gleichlauf von Kapitaleinsatz und Herrschaftsmacht zumindest teilweise erhalten. Auch wenn allein die Kapitalmehrheit zur Beschlussfassung nicht ausreichend ist, lässt sich das Zustandekommen entsprechender Beschlüsse ab einer bestimmten Beteiligungsquote zumindest verhindern.[85] § 134 Abs. 1 S. 6 erwähnt zwar nur die Kapitalmehrheit, gilt jedoch auch für die Fälle, in denen die Ausübung von Minderheitsrechten eine bestimmte Beteiligung am Grundkapital erfordert.[86] Auch hier haben Stimmkraftbeschränkungen nach § 134 Abs. 1 S. 2 somit keine Bedeutung.

III. Stimmrecht vor vollständiger Einlageleistung (Abs. 2)

1. Grundsatz (Abs. 2 S. 1). Nach dem Grundsatz des § 134 Abs. 2 S. 1 kann das Stimmrecht nur aus Aktien ausgeübt werden, für die die Einlage vollständig geleistet ist (→ Rn. 5). Hierdurch soll ein Anreiz zur vollständigen Einlageleistung gesetzt werden.[87] Die Einzahlung eines Mindestbetrags reicht für den Beginn des Stimmrechts grundsätzlich nicht aus. Wurde auch nur auf eine Aktie die Einlage vollständig geleistet, gewähren die noch nicht voll eingezahlten Aktien kein Stimmrecht. Auch bei der Berechnung von Kapitalmehrheiten bleiben die nicht voll eingezahlten Aktien unbe-

---

[77] BegrRegE bei *Kropff* S. 192.
[78] Bürgers/Körber/*Holzborn* Rn. 11; Grigoleit/*Herrler* Rn. 14; Hüffer/Koch/*Koch*, 13. Aufl. 2018, Rn. 14; K. Schmidt/Lutter/*Spindler* Rn. 15; aA Kölner Komm AktG/*Tröger* Rn. 116 ff.
[79] Vgl. BegrRegE bei *Kropff* S. 192.
[80] Ausschussbericht bei *Kropff* S. 192.
[81] Grigoleit/*Herrler* Rn. 14; K. Schmidt/Lutter/*Spindler* Rn. 15.
[82] Großkomm AktG/*Grundmann* Rn. 71 (unter unzutreffender Bezugnahme auf Kölner Komm AktG/*Zöllner*, 1. Aufl. 1985, Rn. 46, der eine solche Einschränkung ausdrücklich als „seltsam" bezeichnet); Hüffer/Koch/*Koch*, 13. Aufl. 2018, Rn. 14; v. *Godin/Wilhelmi* Anm. 7.
[83] Vgl. Großkomm AktG/*Grundmann* Rn. 68; v. *Godin/Wilhelmi* Anm. 7.
[84] MüKoAktG/*Arnold* Rn. 23.
[85] Vgl. BegrRegE bei *Kropff* S. 192.
[86] BegrRegE bei *Kropff* S. 192; Grigoleit/*Herrler* Rn. 15; Kölner Komm AktG/*Tröger* Rn. 95; MüKoAktG/*Arnold* Rn. 25.
[87] Vgl. Kölner Komm AktG/*Tröger* Rn. 30, 129 f.

rücksichtigt.[88] Die Regelung des § 134 Abs. 2 S. 1 gilt uneingeschränkt auch bei Vorhandensein von Aktien mit unterschiedlichen Nennbeträgen (zB volles Stimmrecht bei Einzahlung von 1 Euro auf eine 1-Euro-Aktie, kein Stimmrecht bei Zahlung von 4 Euro auf eine 5-Euro-Aktie).[89]

29a   Die Einlageleistung ist erst erfolgt, wenn die gesamte Bar- oder Sacheinlage endgültig zur freien Verfügung des Vorstands steht (§ 36a Abs. 2, § 37 Abs. 1 S. 2). Umstritten ist, ob der bei **Überbewertung einer offenen Sacheinlage** bestehende Differenzhaftungsanspruch die Entstehung des Stimmrechts hemmt. Sieht man den Differenzhaftungsanspruch als besondere Ausprägung des Bareinlageanspruchs an, ließe sich argumentieren, dass es an einer vollständigen Einlageleistung iSv § 134 Abs. 2 S. 1 fehle.[90] Dennoch sollte eine Hemmung des Stimmrechts im Ergebnis verneint werden, wenn der Inferent die versprochene Sacheinlage wie im Kapitalerhöhungsbeschluss und im Zeichnungsschein festgesetzt geleistet hat.[91] Hierfür lässt sich insbesondere die Wertung des § 134 Abs. 2 S. 2 anführen, wonach die Überbewertung einer verdeckten Sacheinlage dem Beginn des Stimmrechts (außer bei offensichtlichem Wertunterschied) nicht entgegensteht (→ Rn. 30 f.). Der Inferent kann bei offener Sacheinlage nicht schlechter gestellt sein als bei verdeckter Sacheinlage.[92] Der Ausnahmetatbestand des § 134 Abs. 2 S. 2 Hs. 1 (offensichtliche Überbewertung) dürfte bei der offenen Sacheinlage angesichts der hier vorgesehenen Mechanismen zur Sicherung der Werthaltigkeit nicht relevant werden.[93]

30   **2. Verdeckte Sacheinlage (Abs. 2 S. 2).** Den Beginn des Stimmrechts im Fall einer verdeckten Sacheinlage regelt § 134 Abs. 2 S. 2. Gem. § 134 Abs. 2 S. 2 Hs. 1 steht es dem Beginn des Stimmrechts nicht entgegen, dass der Wert einer verdeckten Sacheinlage nicht dem in § 36a Abs. 2 S. 3 genannten Wert entspricht. Eine Ausnahme gilt gem. § 134 Abs. 2 S. 2 Hs. 2 nur dann, wenn der **Wertunterschied offensichtlich** ist. Die Regelung wurde auf Vorschlag des Rechtsausschusses durch Art. 1 Nr. 20 ARUG eingefügt und ist im Zusammenhang mit der gleichzeitig erfolgten Neufassung von § 27 Abs. 3 durch Art. 1 Nr. 1 ARUG zu sehen. § 27 Abs. 3 entspricht der durch das MoMiG in § 19 Abs. 4 GmbHG eingeführten Regelung und betrifft die Rechtsfolgen einer verdeckten Sacheinlage. Gem. § 27 Abs. 3 S. 3 wird der Wert des Vermögensgegenstands auf die Einlagepflicht des Aktionärs angerechnet, wodurch diese (teilweise) zum Erlöschen gebracht wird. Wird der Einlageanspruch durch die Anrechnung nicht vollständig zum Erlöschen gebracht, würde das Stimmrecht ohne die Regelung in § 134 Abs. 2 S. 2 Hs. 1 selbst bei einer geringfügigen Differenz noch nicht zur Entstehung gelangen. Dies würde in der Praxis zu erheblichen Problemen führen, da der Versammlungsleiter ohne ein Wertgutachten kaum das Bestehen des Stimmrechts feststellen könnte. Der Streit um die Werthaltigkeit würde regelmäßig in ein anschließendes Anfechtungsverfahren verlagert, so dass die bloße Möglichkeit einer geringfügigen Überbewertung eine nicht unerhebliche Blockadewirkung entfalten könnte. Um dieser Gefahr vorzubeugen, hat der Gesetzgeber vorgesehen, dass nur eine offensichtliche Überbewertung den Beginn des Stimmrechts hemmt.[94]

31   In § 134 Abs. 2 S. 2 Hs. 2 ist nicht näher geregelt, wann ein **offensichtlicher Wertunterschied** vorliegt. Der Rechtsausschuss verweist in seiner Stellungnahme darauf, dass sich das Tatbestandsmerkmal „offensichtlich" an der entsprechenden Formulierung in § 38 Abs. 2 S. 1 orientiere.[95] Dieser Vergleich passt jedoch nur bedingt. Nach § 38 Abs. 2 S. 1 kann das Registergericht die Eintragung auch dann ablehnen, wenn es offensichtlich ist, dass der Gründungsbericht (§ 32) oder der Prüfungsbericht der Verwaltungsmitglieder (§ 33 Abs. 1, § 34 Abs. 3) offensichtlich unrichtig oder unvollständig ist oder den gesetzlichen Vorschriften nicht entspricht. Nach ganz hM bedeutet eine „offensichtliche" Fehlerhaftigkeit iSv § 38 Abs. 2 S. 1, dass die Fehlerhaftigkeit nach der Überzeugung des Gerichts zweifelsfrei feststehen muss, was auch das Ergebnis von Nachforschungen des Gerichts sein kann.[96] Bei § 134 Abs. 2 S. 2 Hs. 2 muss dagegen nach dem Gesetzeszweck auf die Perspektive des Versammlungsleiters abgestellt werden. Da die Regelung des § 134 Abs. 2 S. 2 dem Versammlungslei-

---

[88] *Baumbach/Hueck* Rn. 14; *Grigoleit/Herrler* Rn. 16; Großkomm AktG/*Grundmann* Rn. 42; Kölner Komm AktG/*Tröger* Rn. 131, 140.
[89] Hüffer/Koch/*Koch*, 13. Aufl. 2018, Rn. 17; Kölner Komm AktG/*Tröger* Rn. 132; MüKoAktG/*Arnold* Rn. 32; K. Schmidt/Lutter/*Spindler* Rn. 32.
[90] Vgl. *Lutter* FS v. Rosen, 2008, 567 (570 f.).
[91] *Habersack* FS Maier-Reimer, 2010, 161 (167 ff.); s. auch Grigoleit/*Herrler* Rn. 17; Hüffer/Koch/*Koch*, 13. Aufl. 2018, Rn. 17; Kölner Komm AktG/*Tröger* Rn. 70; aA *Lutter* FS v. Rosen, 2008, 569 (571 f.).
[92] *Habersack* FS Maier-Reimer, 2010, 161 (169); zust. Grigoleit/*Herrler* Rn. 17; Hüffer/Koch/*Koch*, 13. Aufl. 2018, Rn. 17; Kölner Komm AktG/*Tröger* Rn. 70.
[93] Ausf. *Habersack* FS Maier-Reimer, 2010, 161 (167 ff.).
[94] Beschlussempfehlung und Bericht des Rechtsausschusses, BT-Drs. 16/13098 S. 39.
[95] Beschlussempfehlung und Bericht des Rechtsausschusses, BT-Drs. 16/13098 S. 39.
[96] Großkomm AktG/*Röhricht* § 38 Rn. 38; Hüffer/Koch/*Koch*, 13. Aufl. 2018, § 38 Rn. 8; Kölner Komm AktG/*A. Arnold* § 38 Rn. 16; MüKoAktG/*Pentz* § 38 Rn. 57.

ter eine sichere Feststellung des Stimmrechts ermöglichen soll, wird man kaum weitere Nachforschungen verlangen können. Ein offensichtlicher Wertunterschied ist daher nur dann gegeben, wenn er in der konkreten Situation der Hauptversammlung für den Versammlungsleiter **zweifelsfrei feststellbar** ist.[97] Ein offensichtlicher Wertunterschied liegt jedenfalls dann nicht vor, wenn sich die Bewertung des Vermögensgegenstands in der üblichen Bandbreite von Bewertungsdifferenzen hält.[98] Selbst wenn diese Bandbreite unterschritten wird, liegt nicht zwingend ein offensichtlicher Wertunterschied vor, da es auf die Erkennbarkeit für den Versammlungsleiter ankommt. Der Rechtsausschuss spricht in seiner Stellungnahme von einer „ins Auge springenden" Fehlbewertung.[99] Da § 134 Abs. 2 S. 2 negativ formuliert ist, trägt derjenige, der sich auf einen offensichtlichen Wertunterschied beruft, die **Darlegungs- und Beweislast**.[100]

3. Satzungsregelung. a) Inhalt (Abs. 2 S. 3). Die Satzung kann zulassen, dass das Stimmrecht abweichend von § 134 Abs. 2 S. 1 schon **vor vollständiger Einlageleistung** beginnt (§ 134 Abs. 2 S. 3). Der Spielraum für den Satzungsgeber ist begrenzt. Eine Satzungsregelung ist allein dahingehend möglich, dass für den Beginn des Stimmrechts die Leistung der gesetzlichen oder einer höheren satzungsmäßigen Mindesteinlage ausreicht. An eine geringere Einlage als die Mindesteinlage kann die Satzung nicht anknüpfen.[101] Angesichts des eindeutigen Wortlauts von § 134 Abs. 2 S. 3 kann die Satzung entgegen der wohl hM **auch nicht an einen über der Mindesteinlage liegenden Betrag** anknüpfen.[102] Im Hinblick auf § 23 Abs. 5 wäre insoweit eine ausdrückliche Ermächtigung erforderlich. Die Mindesteinlage bestimmt sich nach § 36a. Danach sind bei Bareinlagen mindestens ein Viertel des geringsten Ausgabebetrags und das gesamte Aufgeld **(Agio)** zu leisten (§ 36a Abs. 1).[103] Sacheinlagen sind ohnehin vollständig zu leisten (§ 36a Abs. 2 S. 1), so dass der Regelung hier keine Bedeutung zukommt.[104] Durch die Satzung kann auch nicht von der Regelung des § 134 Abs. 2 S. 2 abgewichen werden.[105]

32

Die Satzung kann lediglich vorsehen, dass das Stimmrecht schon bei Leistung der **Mindesteinlage** beginnen soll. Im Hinblick auf die Rechtsfolgen lässt das Gesetz dem Satzungsgeber keinen Spielraum. Gem. § 134 Abs. 2 S. 3 gewährt jede Aktie, auf die bereits die Mindesteinlage erbracht wurde, eine Stimme. Es ist allerdings nicht anzunehmen, dass der Gesetzgeber hierdurch bei **Nennbetragsaktien** von dem Grundsatz des § 134 Abs. 1 S. 1 (Ausübung des Stimmrechts nach Nennbeträgen) abweichen wollte. Wurden Aktien zu verschiedenen Nennbeträgen ausgegeben, ist die hieraus resultierende unterschiedliche Stimmkraft daher auch im Rahmen des § 134 Abs. 2 S. 3 zu berücksichtigen (zur Berechnung → Rn. 6).[106]

33

b) Berechnung bei höheren Einlagen (Abs. 2 S. 4 und 6). Übersteigen die Einlagen die Mindesteinlage, bestimmt sich das Stimmenverhältnis nach der **Höhe der geleisteten Einlagen**. In die Berechnung ist auch das **Agio** einzubeziehen.[107] Durch die Anknüpfung an die geleisteten Einlagen wird sichergestellt, dass sich die Stimmkraft nach dem Kapitaleinsatz richtet. Anderenfalls könnte eine Aufteilung des gleichen Betrags auf mehrere Aktien zu einer höheren Stimmenzahl führen.[108] Ergeben sich bei der Berechnung des Stimmenverhältnisses gem. § 134 Abs. 2 S. 4 Bruchteile, werden diese nur berücksichtigt, soweit sie für den stimmberechtigten Aktionär volle Stimmen

34

---

[97] Ebenso Bürgers/Körber/*Holzborn* Rn. 13a; Grigoleit/*Herrler* Rn. 17; Kölner Komm AktG/*Tröger* Rn. 68; s. auch *Habersack* FS Maier-Reimer, 2010, 161 (167).
[98] Beschlussempfehlung und Bericht des Rechtsausschusses, BT-Drs. 16/13098 S. 39; Grigoleit/*Herrler* Rn. 17; Hüffer/Koch/*Koch*, 13. Aufl. 2018, Rn. 17a.
[99] Beschlussempfehlung und Bericht des Rechtsausschusses, BT-Drs. 16/13098 S. 39.
[100] Beschlussempfehlung und Bericht des Rechtsausschusses, BT-Drs. 16/13098 S. 39; Grigoleit/*Herrler* Rn. 17; Hölters/*Hirschmann* Rn. 25; Hüffer/Koch/*Koch*, 13. Aufl. 2018, Rn. 17a.
[101] Bürgers/Körber/*Holzborn* Rn. 14; Großkomm AktG/*Grundmann* Rn. 45 Fn. 57; Kölner Komm AktG/*Tröger* Rn. 145; MüKoAktG/*Arnold* Rn. 33.
[102] So auch Grigoleit/*Herrler* Rn. 19; Kölner Komm AktG/*Tröger* Rn. 146; wohl auch Großkomm AktG/*Grundmann* Rn. 45 Fn. 57; aA Bürgers/Körber/*Holzborn* Rn. 14; Hüffer/Koch/*Koch*, 13. Aufl. 2018, Rn. 19; MüKoAktG/*Arnold* Rn. 33; K. Schmidt/Lutter/*Spindler* Rn. 36.
[103] Bürgers/Körber/*Holzborn* Rn. 14; Grigoleit/*Herrler* Rn. 19; Großkomm AktG/*Grundmann* Rn. 45; Hüffer/Koch/*Koch*, 13. Aufl. 2018, Rn. 19; Kölner Komm AktG/*Tröger* Rn. 145; MüKoAktG/*Arnold* Rn. 33; MHdB AG/*Hoffmann-Becking* § 39 Rn. 6.
[104] Vgl. Großkomm AktG/*Grundmann* Rn. 45; Kölner Komm AktG/*Tröger* Rn. 145.
[105] *Wicke*, Einführung in das Recht der Hauptversammlung, das Recht der Sacheinlagen und das Freigabeverfahren nach dem ARUG, 2009, 51; aA *Bosse* NZG 2009, 807 (808).
[106] Großkomm AktG/*Grundmann* Rn. 51; aA Kölner Komm AktG/*Tröger* Rn. 138 f.
[107] MüKoAktG/*Arnold* Rn. 33; K. Schmidt/Lutter/*Spindler* Rn. 34; aA Großkomm AktG/*Grundmann* Rn. 52; Grigoleit/*Herrler* Rn. 20.
[108] Vgl. MüKoAktG/*Arnold* Rn. 33.

ergeben (§ 134 Abs. 2 S. 6).[109] Verbleibende Bruchteile bleiben unberücksichtigt (Bsp.: Ausgabe einer Stückaktie mit einem anteiligen Betrag am Grundkapital von 10 Euro zu 12 Euro; die Mindesteinlage beträgt unter Berücksichtigung des Agios 4,50 Euro, so dass die Aktie bei Einzahlung von 4,50 Euro eine Stimme und bei Einzahlung von 9 Euro zwei Stimmen gewährt; bei Einzahlung von 6 Euro gewährt die Aktie ebenfalls nur eine Stimme).[110]

35 **c) Gleichbehandlung (Abs. 2 S. 7).** Gem. § 134 Abs. 2 S. 7 kann die Satzung von dem Grundsatz des § 134 Abs. 2 S. 1 nicht für einzelne Aktionäre oder für einzelne Aktiengattungen abweichen. Die Norm ist wie § 134 Abs. 1 S. 6 Ausprägung des Gleichbehandlungsgrundsatzes (§ 53a). § 134 Abs. 2 S. 7 unterscheidet sich von § 134 Abs. 1 S. 6 darin, dass er eine entsprechende Satzungsregelung auch für einzelne Gattungen ausdrücklich untersagt.

36 **4. Auffangregelung (Abs. 2 S. 5).** Für den Fall, dass es an einer Satzungsregelung fehlt, sieht § 134 Abs. 2 S. 5 eine Auffangregelung vor. Danach richtet sich das Stimmenverhältnis nach der Höhe der geleisteten Einlagen, sofern noch auf keine Aktie die Einlage vollständig geleistet ist. Durch diese Regelung soll die Beschlussfähigkeit der Hauptversammlung auch dann sichergestellt werden, wenn noch kein Aktionär seine Einlage vollständig geleistet hat.[111]

37 Bei Eingreifen der Auffangregelung gewährt die **Leistung der Mindesteinlage eine Stimme** (§ 134 Abs. 2 S. 5 Hs. 2). Die Höhe der Mindesteinlage richtet sich nach § 36a. Das **Agio** ist bei der Berechnung der relativen Stimmkraft zu berücksichtigen.[112] Die gegenteilige frühere hM, die insbesondere aus Praktikabilitätsgründen das Agio unberücksichtigt lassen wollte,[113] überzeugt nicht. Angesichts der heute bestehenden technischen Möglichkeiten kann eine komplizierte Berechnung kein Argument für eine von der üblichen Systematik abweichende Auslegung des Begriffs „Mindesteinlage" sein.[114] Für den Fall, dass Bruchteile von Stimmen entstehen, sieht das Gesetz in § 134 Abs. 2 S. 6 selbst eine Lösung vor. Danach werden Bruchteile nur berücksichtigt, soweit sie für den stimmberechtigten Aktionär volle Stimmen ergeben (→ Rn. 34).

IV. Stimmrechtsausübung durch Dritte (Abs. 3)

38 **1. Stimmrechtsinhaber. a) Grundsatz. Stimmrechtsinhaber ist grundsätzlich der Inhaber der Aktie.**[115] Dies ist der **Eigentümer der Aktienurkunde** (bei Globalverbriefung die jeweiligen Miteigentümer der Globalurkunde).[116] Der bloße Besitz der Aktienurkunde reicht nicht aus.[117] Der unmittelbare Besitzer ist bei Inhaberaktien zwar formal legitimiert, so dass er als Stimmberechtigter zur Hauptversammlung zugelassen werden kann. Er kann aber zurückgewiesen werden, wenn der Gesellschaft die mangelnde Berechtigung bekannt ist. Bei klarer Beweislage wird man sogar eine entsprechende Zurückweisungspflicht des Versammlungsleiters annehmen können.[118] Mit zunehmender Globalverbriefung verliert diese Frage allerdings an Bedeutung. Bei Namensaktien ist gem. § 67 Abs. 2 S. 1 gegenüber der Gesellschaft nur derjenige zur Ausübung der mitgliedschaftlichen Rechte berechtigt, der im Aktienregister eingetragen ist.

39 **b) Sonderfälle. aa) Treuhand, Aktienleihe, American Depository Receipts.** Bei der **Treuhand** wird dem Treuhänder das Mitgliedschaftsrecht treuhänderisch übertragen. Der Treuhänder ist der Gesellschaft gegenüber umfassend legitimiert.[119] Lediglich im Innenverhältnis zum Treugeber unterliegt er den Schranken des Treuhandverhältnisses. Gleiches gilt für die **Aktienleihe.** Bei der regelmäßig als Sachdarlehen iSv § 607 BGB ausgestalteten Aktienleihe ist der Entleiher (Darlehens-

---

[109] § 134 Abs. 2 S. 6 ist unmittelbar anwendbar; aA K. Schmidt/Lutter/*Spindler* Rn. 35, der die Vorschrift nur für entsprechend anwendbar hält.
[110] Das Beispiel setzt voraus, dass das Agio bei allen von der Gesellschaft ausgegeben Stückaktien gleich hoch ist.
[111] Vgl. Hüffer/Koch/*Koch*, 13. Aufl. 2018, Rn. 18; Kölner Komm AktG/*Tröger* Rn. 135; MüKoAktG/*Arnold* Rn. 31; K. Schmidt/Lutter/*Spindler* Rn. 32.
[112] Bürgers/Körber/*Holzborn* Rn. 5; Hölters/*Hirschmann* Rn. 29; Hüffer/Koch/*Koch*, 13. Aufl. 2018, Rn. 18; Kölner Komm AktG/*Tröger* Rn. 134 f.; MüKoAktG/*Arnold* Rn. 31; K. Schmidt/Lutter/*Spindler* Rn. 32.
[113] S. etwa Kölner Komm AktG/*Zöllner*, 1. Aufl. 1985, Rn. 56; v. Godin/*Wilhelmi* Anm. 14; ebenso noch Grigoleit/*Herrler* Rn. 19; Großkomm AktG/*Grundmann* Rn. 52.
[114] Vgl. Hüffer/Koch/*Koch*, 13. Aufl. 2018, Rn. 18; Kölner Komm AktG/*Tröger* Rn. 135; MüKoAktG/*Arnold* Rn. 31.
[115] Kölner Komm AktG/*Tröger* Rn. 44; K. Schmidt/Lutter/*Spindler* Rn. 7; MHdB AG/*Hoffmann-Becking* § 39 Rn. 3.
[116] Kölner Komm AktG/*Tröger* Rn. 44.
[117] Kölner Komm AktG/*Tröger* Rn. 45.
[118] Kölner Komm AktG/*Tröger* Rn. 45.
[119] Bürgers/Körber/*Holzborn* Rn. 26; Großkomm AktG/*Grundmann* Rn. 85; Kölner Komm AktG/*Tröger* Rn. 47; K. Schmidt/Lutter/*Spindler* Rn. 7; MHdB AG/*Hoffmann-Becking* § 39 Rn. 3.

nehmer) als Vollrechtsinhaber zur Ausübung der mitgliedschaftlichen Rechte einschließlich des Stimmrechts berechtigt.[120] Bei Ausgabe von **American Depository Receipts** (ADR) ist im Außenverhältnis gegenüber der Gesellschaft der Depositary berechtigt, da dieser Eigentümer der den ADR zugrunde liegenden Aktien ist.[121] Allerdings kann der ADR Holder im Depositary Agreement zur Stimmrechtsausübung bevollmächtigt werden.[122]

bb) Beschränkte dingliche Rechte. Bei Bestehen eines **Pfandrechts** ist nach wohl allgemeiner 40 Ansicht weiterhin allein der Aktionär zur Stimmrechtsausübung berechtigt.[123] Dem Pfandgläubiger stehen vor Pfandreife nur das Recht auf Dividendenbezug und das Verwertungsrecht zu.[124] Dies gilt auch dann, wenn sich durch den Beschluss das Pfandrecht verschlechtert.[125] Der Pfandrechtsinhaber ist vor einem solchen für ihn nachteiligen Stimmverhalten aber durch den Rechtsgedanken des § 1227 iVm §§ 1004, 1275 f., 1286 BGB geschützt.[126]

Anders als beim Pfandrecht ist beim **Nießbrauch** umstritten, wer zur Stimmrechtsausübung 41 berechtigt ist, da dem Nießbrauchberechtigten bereits ein Nutzungs- und Fruchtziehungsrecht zusteht (§§ 1030, 1081 BGB). Teilweise wird allein der Nießbrauchberechtigte als stimmberechtigt angesehen.[127] Teilweise wird differenziert zwischen verschiedenen Beschlussgegenständen und bei besonders bedeutsamen Angelegenheiten das Stimmrecht dem Anteilsinhaber, im Übrigen hingegen dem Nießbraucher zugewiesen.[128] Nach anderer Ansicht sollen Nießbrauchberechtigter und Aktionär nur gemeinsam zur Stimmrechtsausübung berechtigt sein.[129] Ein anderer Teil der Literatur will zwischen Nießbrauch am bloßen Gewinnstammrecht (Stimmberechtigung des Anteilsinhabers) und mitgliedschaftsspaltendem Nießbrauch (Stimmberechtigung des Nießbrauchers) unterscheiden.[130] Die heute hM geht demgegenüber auch hier davon aus, dass Stimmrechtsinhaber allein der Aktionär ist.[131] Dem ist zuzustimmen. Hierfür spricht insbesondere das Abspaltungsverbot, wonach die typischen Verwaltungsrechte, zu denen insbesondere auch das Stimmrecht gehört, beim Aktionär verbleiben müssen.[132] Zur Vermeidung von Rechtsunsicherheit kann es sich anbieten, eine ausdrückliche vertragliche Regelung in Form einer vorsorglichen Vollmachtserteilung zu treffen.[133]

cc) Personenmehrheiten. Für Personenmehrheiten gilt die **Sonderregelung des § 69** 42 **Abs. 1.** Danach können die Rechte aus einer Aktie, die mehreren Berechtigten zusteht, nur durch einen gemeinschaftlichen Vertreter ausgeübt werden. Eine solche gemeinschaftliche Berechtigung besteht zunächst bei Bruchteilsgemeinschaften.[134] Gleiches gilt für eheliche Güter-

---

[120] BGHZ 180, 154 (168 f.) – Wertpapierdarlehen; LG München I NZG 2009, 143 (145); Kölner Komm AktG/*Tröger* Rn. 50; K. Schmidt/Lutter/*Spindler* Rn. 7; BankR-HdB/*Teuber* Bd. I § 105 Rn. 40; MHdB AG/ *Hoffmann-Becking* § 39 Rn. 3; *Kort* DB 2006, 1546; *Petersen/Wille* NZG 2009, 856 (858); *Sieger/Hasselbach* WM 2004, 1370 (1371); s. aber *Bachmann* ZHR 173 (2009), 596 (611 ff.), der die Stimmrechtsausübung durch den Entleiher als grundsätzlich rechtsmissbräuchlich und damit unzulässig ansieht.
[121] Großkomm AktG/*Grundmann* Rn. 84; Kölner Komm AktG/*Tröger* Rn. 60; *Röhler*, American Depositary Shares, 1997, 260; *Bungert/Paschos* DZWiR 1995, 221 (234); *Meyer-Sparenberg* WM 1996, 1117 (1118); *Wieneke* AG 2001, 504 (511); aA wohl *Zachert* DB 1993, 1985 (1987).
[122] Großkomm AktG/*Grundmann* Rn. 84; Kölner Komm AktG/*Tröger* Rn. 60; *Röhler*, American Depositary Shares, 1997, 269 f.; *Bungert/Paschos* DZWiR 1995, 221 (235); *Meyer-Sparenberg* WM 1996, 1117 (1118); *Wieneke* AG 2001, 504 (511 f.).
[123] Großkomm AktG/*Grundmann* Rn. 80; Hüffer/Koch/*Koch*, 13. Aufl. 2018, § 133 Rn. 17 iVm § 118 Rn. 27; Kölner Komm AktG/*Tröger* Rn. 52; K. Schmidt/Lutter/*Spindler* Rn. 7; *v. Godin/Wilhelmi* Anm. 2; MHdB AG/*Hoffmann-Becking* § 39 Rn. 3; zur GmbH auch RGZ 139, 224 (227 ff.); RGZ 157, 52 (54 f.).
[124] K. Schmidt/Lutter/*Spindler* Rn. 7.
[125] Kölner Komm AktG/*Tröger* Rn. 52; zur GmbH auch RGZ 139, 224 (230).
[126] Großkomm AktG/*Grundmann* Rn. 80; Kölner Komm AktG/*Tröger* Rn. 52.
[127] *v. Godin/Wilhelmi* Anm. 4; *Wedemann* NZG 2013, 1281 (1284 ff.).
[128] OLG Stuttgart NZG 2013, 432 (433); Bamberger/Roth/*Wegmann* BGB § 1069 Rn. 21 f.; Großkomm HGB/*Schäfer* § 105 Rn. 124 ff.; MüKoBGB/*Schäfer* § 705 Rn. 99; *Fleck* FS Fischer, 1979, 107 (125 f.).
[129] *Baumbach/Hueck* Rn. 4; Kölner Komm AktG/*Zöllner* 1. Aufl. 1985, Rn. 53 ff.; *Schön* ZHR 158 (1994) 229 (261 f.).
[130] Vgl. UHL/*Hüffer/Schürnbrand* GmbHG § 47 Rn. 53; wohl auch Semler/Stengel/*Gehling* UmwG § 13 Rn. 25c.
[131] Bürgers/Körber/*Holzborn* Rn. 26; Großkomm AktG/*Grundmann* Rn. 81; Hüffer/Koch/*Koch*, 13. Aufl. 2018, § 133 Rn. 17a; Kölner Komm AktG/*Tröger* Rn. 53 ff.; K. Schmidt/Lutter/*Spindler* Rn. 8; MHdB AG/ *Hoffmann-Becking* § 39 Rn. 3; *Meyer*, Der Nießbrauch an GmbH-Geschäftsanteilen und Aktien, 2002, 179 ff.; *K. Schmidt* ZGR 1999, 601 (609); *Teichmann* ZGR 1972, 1 (9 ff.); *Teichmann* ZGR 1973, 24 (30 ff.); zur GmbH auch OLG Koblenz NJW 1992, 2163 (2164 f.); zur Personengesellschaft (jedenfalls für Grundlagenbeschlüsse) auch BGH NJW 1999, 571 (572); zur Wohnungseigentümergemeinschaft auch BGHZ 150, 109 (114 ff.).
[132] Vgl. K. Schmidt/Lutter/*Spindler* Rn. 8.
[133] Vgl. K. Schmidt/Lutter/*Spindler* Rn. 8; *Teichmann* ZGR 1973, 24 (33 f.).
[134] Großkomm AktG/*Grundmann* Rn. 87; Hüffer/Koch/*Koch*, 13. Aufl. 2018, Rn. 28, § 69 Rn. 2; Kölner Komm AktG/*Tröger* Rn. 239; *Blasche* AG 2015, 342 (343).

gemeinschaften (sofern nicht gem. § 1421 S. 1 BGB die Verwaltung durch einen Ehegatten bestimmt wurde) und Erbengemeinschaften.[135] Das Erfordernis einer Vertreterbestellung besteht **nicht bei juristischen Personen und bei teilrechtsfähigen Gesamthandsgemeinschaften**, da diese selbst Träger der aus der Aktie resultierenden Rechte und Pflichten sind. § 69 Abs. 1 gilt daher weder für oHG und KG[136] noch für BGB-Außengesellschaften.[137] Nicht vom Anwendungsbereich erfasst sind auch nicht-rechtsfähige Vereine[138] und Vorgesellschaften als Vorstufen juristischer Personen.[139] Bei der **Sammelverwahrung** findet § 69 Abs. 1 trotz des gemeinschaftlichen Eigentums der beteiligten Aktionäre ebenfalls keine Anwendung.[140] Der Sammelverwahrer ist formal legitimiert, muss aber den Aktionären die für die Zulassung zur Hauptversammlung erforderlichen Unterlagen zur Verfügung stellen.[141] § 69 Abs. 1 gilt auch nicht für die Miteigentümer einer **Globalurkunde**.[142]

43 dd) **Gesetzliche und organschaftliche Vertretung.** In den Fällen der **gesetzlichen Vertretung** durch die Eltern (§§ 1626, 1629 Abs. 1 BGB), den Vormund (§ 1793 BGB) oder den Pfleger (§§ 1909 ff. BGB) wird das Stimmrecht durch den gesetzlichen Vertreter ausgeübt. Die Vertretungsmacht richtet sich nach den allgemeinen Regeln. § 134 Abs. 3 findet keine Anwendung.[143] Eine Vollmachtserteilung ist nicht erforderlich. Der Nachweis der Legitimation erfolgt durch Vorlage der Personenstandsunterlagen oder Bestellungsurkunden.[144] Wird ein minderjähriger Aktionär durch beide Elternteile vertreten (so im Regelfall, vgl. § 1629 Abs. 1 S. 2 BGB), sind sowohl die Mutter als auch der Vater zur Hauptversammlung zuzulassen.[145] Das Stimmrecht kann jedoch nur gemeinschaftlich ausgeübt werden.[146]

44 Für die **organschaftliche Vertretung** gilt § 134 Abs. 3 ebenfalls nicht.[147] Der Nachweis der Legitimation erfolgt durch Vorlage eines (aktuellen) amtlichen Handelsregisterausdrucks (§ 9 Abs. 4 HGB).[148] Bei **mehrköpfigen Vertretungsorganen** mit Gesamtvertretungsmacht sind grundsätzlich alle Organmitglieder zur Hauptversammlung zuzulassen.[149] Allerdings kann das Stimmrecht nur gemeinschaftlich ausgeübt werden. Möglich ist auch die Bevollmächtigung eines Organmitglieds. Die Satzung kann eine solche Bevollmächtigung (anders als die Bevollmächtigung eines Dritten) zwingend vorschreiben (→ Rn. 65). Besteht keine Gesamtvertretungsberechtigung ist nur eine Zulassung in vertretungsberechtigter Zahl erforderlich. Bei Einzelvertretungsberechtigung muss daher nur ein Organmitglied zur Hauptversammlung zugelassen werden.[150]

---

[135] Großkomm AktG/*Grundmann* Rn. 87; Hüffer/Koch/*Koch*, 13. Aufl. 2018, Rn. 28, § 69 Rn. 3; Kölner Komm AktG/*Tröger* Rn. 240 f.; vgl. zu § 18 Abs. 1 GmbHG auch OLG Stuttgart ZIP 2015, 873 (874); OLG Nürnberg ZIP 2014, 2081 (2083); OLG Karlsruhe GmbHR 2014, 254 (255); *Jänig/Schiemzik* EWiR 2015, 175 (176); *J. Schmidt* NZG 2015, 1049 ff.; *Schürnbrand* NZG 2016, 241 ff.; *Wachter* EWiR 2015, 277 (278).

[136] Ganz hM, s. etwa Großkomm AktG/*Grundmann* Rn. 88; Hüffer/Koch/*Koch*, 13. Aufl. 2018, § 69 Rn. 3; Kölner Komm AktG/*Lutter/Drygala* § 69 Rn. 8; Kölner Komm AktG/*Tröger* Rn. 242; MüKoAktG/*Bayer* § 69 Rn. 7; aA *Schwichtenberg* DB 1976, 375 f.

[137] Hüffer/Koch/*Koch*, 13. Aufl. 2018, Rn. 30, § 69 Rn. 3; MüKoAktG/*Bayer* § 69 Rn. 8; K. Schmidt/Lutter/ *T. Bezzenberger* § 69 Rn. 5; aA Grigoleit/*Herrler* Rn. 41; Großkomm AktG/*Grundmann* Rn. 88; Kölner Komm AktG/*Lutter/Drygala* § 69 Rn. 9; Kölner Komm AktG/*Tröger* Rn. 243.

[138] Hüffer/Koch/*Koch*, 13. Aufl. 2018, Rn. 30, § 69 Rn. 3; MüKoAktG/*Bayer* § 69 Rn. 9; K. Schmidt/Lutter/ *T. Bezzenberger* § 69 Rn. 5; aA Kölner Komm AktG/*Lutter/Drygala* § 69 Rn. 9; Kölner Komm AktG/*Tröger* Rn. 245.

[139] Hüffer/Koch/*Koch*, 13. Aufl. 2018, Rn. 30, § 69 Rn. 3; K. Schmidt/Lutter/*T. Bezzenberger* § 69 Rn. 5; aA Grigoleit/*Herrler* Rn. 41; Großkomm AktG/*Grundmann* Rn. 88; Kölner Komm AktG/*Tröger* Rn. 244.

[140] Kölner Komm AktG/*Tröger* Rn. 56.

[141] Großkomm AktG/*Grundmann* Rn. 83; s. auch Kölner Komm AktG/*Tröger* Rn. 57.

[142] Zust. Kölner Komm AktG/*Tröger* Rn. 58.

[143] AllgemA, s. Bürgers/Körber/*Holzborn* Rn. 24; Grigoleit/*Herrler* Rn. 40; Großkomm AktG/*Grundmann* Rn. 91; Hölters/*Hirschmann* Rn. 59; Hüffer/Koch/*Koch*, 13. Aufl. 2018, Rn. 29; Kölner Komm AktG/*Tröger* Rn. 226; MüKoAktG/*Arnold* Rn. 68; K. Schmidt/Lutter/*Spindler* Rn. 67.

[144] Bürgers/Körber/*Holzborn* Rn. 24; Grigoleit/*Herrler* Rn. 40; Hölters/*Hirschmann* Rn. 59; Hüffer/Koch/ *Koch*, 13. Aufl. 2018, Rn. 29; Kölner Komm AktG/*Tröger* Rn. 226; MüKoAktG/*Arnold* Rn. 79.

[145] Kölner Komm AktG/*Tröger* Rn. 226; MHdB AG/*Hoffmann-Becking* § 37 Rn. 20.

[146] Großkomm AktG/*Grundmann* Rn. 91; Kölner Komm AktG/*Tröger* Rn. 226.

[147] Bürgers/Körber/*Holzborn* Rn. 24; Grigoleit/*Herrler* Rn. 40; Großkomm AktG/*Grundmann* Rn. 91; Hüffer/Koch/*Koch*, 13. Aufl. 2018, Rn. 30; MüKoAktG/*Arnold* Rn. 68; K. Schmidt/Lutter/*Spindler* Rn. 67.

[148] Grigoleit/*Herrler* Rn. 41; MüKoAktG/*Arnold* Rn. 80.

[149] Grigoleit/*Herrler* Rn. 41; Hüffer/Koch/*Koch*, 13. Aufl. 2018, Rn. 30; K. Schmidt/Lutter/*Spindler* Rn. 67; MHdB AG/*Hoffmann-Becking* § 37 Rn. 20, *Großfeld/Spennemann* AG 1979, 128 (134); ebenso zur GmbH MHLS/ *Römermann* GmbHG § 47 Rn. 386, UHL/*Hüffer/Schürnbrand* GmbHG § 47 Rn. 118.

[150] Hölters/*Hirschmann* Rn. 59; Hüffer/Koch/*Koch*, 13. Aufl. 2018, Rn. 30; *Großfeld/Spennemann* AG 1979, 128 (129 ff.); unklar K. Schmidt/Lutter/*Spindler* Rn. 67: bei Einzelvertretung stehe das Teilnahmerecht „diesem Bevollmächtigten" zu.

ee) Amtswalter, Stimmrechtstreuhänder. Amtswalter (Insolvenzverwalter, Nachlassverwalter, **45** Testamentsvollstrecker) üben das Stimmrecht **im eigenen Namen** aus. Die Stimmrechtsausübung ist als Verwaltungshandlung von den Aufgaben und Befugnissen des Amtswalters umfasst.[151] Gleiches gilt für gerichtlich bestellte Treuhänder iSv § 2c Abs. 2 S. 2 KWG und § 19 Abs. 2 S. 1 VAG.[152]

ff) Legitimationsübertragung. Von der Vollmachtserteilung ist die in § 129 Abs. 3 zwar nicht **46** geregelte, aber vorausgesetzte Legitimationsübertragung (Legitimationszession) zu unterscheiden. Der Legitimationsaktionär übt das Stimmrecht aufgrund einer vom Aktionär erteilten Ermächtigung (ähnlich § 185 BGB) **im eigenen Namen** aus (→ § 129 Rn. 28). Die Legitimationsübertragung ähnelt der **mittelbaren Stellvertretung**.[153] § 134 Abs. 3 findet auf die Legitimationsübertragung keine Anwendung.[154] Der Ermächtigte muss seine **Stellung als Legitimationsaktionär offenlegen** (§ 129 Abs. 3). Die entsprechenden Aktien werden als **Fremdbesitz (F)** in das Teilnehmerverzeichnis aufgenommen. Der Name des Aktionärs muss nicht genannt werden. Auch besteht grundsätzlich keine Verpflichtung zum Nachweis der Ermächtigung.[155] Bei Inhaberaktien kann sich der Legitimationsaktionär durch den Aktienbesitz (infolge Übergabe der Aktien oder aufgrund eines Übergabesurrogats) gegenüber der Gesellschaft legitimieren.[156] Darüber hinaus wird die Besitzeinräumung von der wohl hM auch als materielles Ermächtigungserfordernis angesehen.[157] Schwierigkeiten bereitet die Besitzeinräumung bei der heute üblichen Globalverbriefung, wo für die Einräumung des (Mit-)Besitzes an der zentral verwahrten Globalurkunde ein erheblicher Begründungsaufwand erforderlich ist, der zu gekünstelt anmutenden Konstruktionen führt (mehrfach gestufter mittelbarer Besitz).[158] Die bloße Anweisung des Aktionärs an die Depotbank, die Eintrittskarte auf eine andere Person als Fremdbesitzer ausstellen zu lassen, soll nach hM nicht ausreichen, um die Vereinbarung eines Übergabesurrogats zu belegen.[159] Unabhängig davon, ob man in der Besitzeinräumung auch ein materielles Ermächtigungserfordernis sieht, sollte aber jedenfalls für die Zulassung des Legitimationsaktionärs zur Hauptversammlung ein Berechtigungsnachweis iSv § 123 Abs. 3 ausreichen.[160] Der Nachweis muss offenlegen, dass Fremdbesitz bescheinigt wird.[161] Bei Namensaktien erfolgt neben der Indossierung die Eintragung des Legitimationsaktionärs im Aktienregister.[162] Aus der Eintragung im Aktienregister ergibt sich die Legitimation gegenüber der Gesellschaft. Die **Satzung** kann die Legitimationsübertragung ausschließen.[163] Kreditinstitute (und gleichgestellte Institute und Unternehmen), Aktionärsvereinigungen und Personen, die sich geschäfts-

---

[151] Bürgers/Körber/*Holzborn* Rn. 24; Großkomm AktG/*Grundmann* Rn. 90; Hölters/*Hirschmann* Rn. 60; Hüffer/Koch/*Koch*, 13. Aufl. 2018, Rn. 31; Kölner Komm AktG/*Tröger* Rn. 220 ff.; K. Schmidt/Lutter/*Spindler* Rn. 68; *v. Godin/Wilhelmi* Anm. 4; für die GmbH auch BGH NJW 1959, 1820 (1821) (Testamentsvollstrecker); OLG München ZIP 2010, 1756 (Insolvenzverwalter); zur KG auch BGH ZIP 2014, 1422 (1424 f.) (Testamentsvollstrecker).
[152] Hölters/*Hirschmann* Rn. 60; Kölner Komm AktG/*Tröger* Rn. 225.
[153] Vgl. Hüffer/Koch/*Koch*, 13. Aufl. 2018, § 129 Rn. 12; MüKoAktG/*Arnold* Rn. 69; abweichend in der Terminologie Kölner Komm AktG/*Noack/Zetzsche* § 129 Rn. 58, die von einem „Sonderfall der verdeckten Vertretung" sprechen.
[154] Bürgers/Körber/*Holzborn* Rn. 26; Kölner Komm AktG/*Tröger* Rn. 234; MüKoAktG/*Arnold* Rn. 70; K. Schmidt/Lutter/*Spindler* Rn. 69.
[155] Bürgers/Körber/*Holzborn* Rn. 26; Grigoleit/*Herrler* Rn. 42; Großkomm AktG/*Grundmann* Rn. 94; Hüffer/Koch/*Koch*, 13. Aufl. 2018, Rn. 32; Kölner Komm AktG/*Tröger* Rn. 235; Grunewald ZGR 2015, 347 (355); *Noack* FS Stilz, 2014, 439 (447 f.); *Wahl/Schult* EWiR 2010, 511 (512).
[156] Hüffer/Koch/*Koch*, 13. Aufl. 2018, § 129 Rn. 12; Kölner Komm AktG/*Tröger* Rn. 234; MüKoAktG/*Arnold* Rn. 70; Grunewald ZGR 2015, 347 (354 f.).
[157] OLG Bremen ZIP 2013, 460 (463); KG ZIP 2010, 180 (181); *Than* ZHR 157 (1993) 125 (131 f.); wohl auch *Wahl/Schult* EWiR 2010, 511 (512); aA Hüffer/Koch/*Koch*, 13. Aufl. 2018, § 129 Rn. 12; Kölner Komm AktG/*Tröger* Rn. 234; *Bayer/Scholz* NZG 2013, 721 (722); offen LG Frankfurt aM ZIP 2013, 119 (120); Kölner Komm AktG/*Noack/Zetzsche* § 129 Rn. 58; *Noack* FS Stilz, 2014, 439 (444).
[158] Vgl. Kölner Komm AktG/*Noack/Zetzsche* § 129 Rn. 59; Kölner Komm AktG/*Tröger* Rn. 234; *Noack* FS Stilz, 2014, 439 (444).
[159] KG ZIP 2010, 180 (181); Kölner Komm AktG/*Tröger* Rn. 234; *Block/Packi* BB 2010, 788 (789); *Happ* FS Rowedder, 1994, 119 (124 f.); *Than* ZHR 157 (1993) 125 (132); aA *Noack* FS Stilz, 2014, 439 (445); ebenso, wenn auch zweifelnd, *Butzke* Die Hauptversammlung der AG Rn. E 73, der von einem typisierten Erklärungsinhalt der Anweisung ausgeht.
[160] Kölner Komm AktG/*Noack/Zetzsche* § 129 Rn. 58; Kölner Komm AktG/*Tröger* Rn. 234; *Noack* FS Stilz, 2014, 439 (444); Grunewald ZGR 2015, 347 (354 f.); s. auch Hüffer/Koch/*Koch*, 13. Aufl. 2018, § 129 Rn. 12; *Bayer/Scholz* NZG 2013, 721 (722 ff.).
[161] Grunewald ZGR 2015, 347 (355); *Noack* FS Stilz, 2014, 439 (445 f.).
[162] Großkomm AktG/*Grundmann* Rn. 92; Kölner Komm AktG/*Tröger* Rn. 234; MüKoAktG/*Arnold* Rn. 70; K. Schmidt/Lutter/*Spindler* Rn. 69; Grunewald ZGR 2015, 347 (356).
[163] Großkomm AktG/*Grundmann* Rn. 93; Kölner Komm AktG/*Tröger* Rn. 237; aA für börsennotierte Gesellschaften Hüffer/Koch/*Koch*, 13. Aufl. 2018, Rn. 32.

47 **gg) Stimmbote.** Der Stimmbote gibt anders als der Vertreter **keine eigene Willenserklärung** ab, sondern übermittelt nur die Erklärung des Aktionärs. Da keine Vollmachterteilung zugrunde liegt, ist § 134 Abs. 3 nicht einschlägig.[165] Eine Ausübung des Stimmrechts ist grundsätzlich **nur innerhalb der Hauptversammlung** möglich (§ 118 Abs. 1 S. 1). Die Einschaltung eines Stimmboten ist daher nur zulässig, wenn auch der Aktionär (oder sein Vertreter) selbst in der Hauptversammlung anwesend ist.[166] Die Überbringung der Erklärung eines nicht anwesenden Aktionärs durch einen Stimmboten kann auch nicht durch die Satzung zugelassen werden.[167] Die Satzung kann allerdings die Stimmrechtsausübung im Wege elektronischer Kommunikation (§ 118 Abs. 1 S. 2) oder per Briefwahl (§ 118 Abs. 2) zulassen oder den Vorstand zur Zulassung ermächtigen. In diesem Rahmen ist auch die Einschaltung eines Stimmboten denkbar.

48 **2. Stimmrechtsausübung kraft Vollmacht. a) Zulässigkeit (Abs. 3 S. 1).** Das Stimmrecht hat keinen höchstpersönlichen Charakter und kann gem. § 134 Abs. 3 S. 1 durch einen Bevollmächtigten ausgeübt werden. Die Stimmrechtsvertretung ist ein Mittel zur Begegnung der rationalen Apathie der Aktionäre. Insbesondere bei geringer Beteiligungshöhe besteht angesichts der damit verbundenen Kosten (Zeitaufwand, Reisekosten etc) vielfach kein Anreiz zu einer persönlichen Teilnahme an der Hauptversammlung.[168] Die Stimmrechtsvertretung ermöglicht die Wahrnehmung des Stimmrechts auch ohne persönliche Teilnahme und bewirkt hierdurch eine verbesserte Eigentümerkontrolle.

49 Die Möglichkeit der Stimmrechtsvertretung kann **durch die Satzung nicht ausgeschlossen** werden.[169] Auf der anderen Seite kann die Satzung die Stimmrechtsausübung durch einen Bevollmächtigten auch nicht zwingend anordnen.[170] Bei der Vollmachterteilung ist stets das **Abspaltungsverbot** zu beachten. Da das Stimmrecht nicht losgelöst von der Mitgliedschaft übertragen werden kann (→ § 8 Rn. 50),[171] darf die Vollmacht nicht derart ausgestaltet werden, dass die Bevollmächtigung faktisch einer Übertragung des Stimmrechts gleichkommt. Unzulässig und gem. § 134 BGB nichtig ist insbesondere die Erteilung einer **unwiderruflichen verdrängenden Vollmacht**.[172] Hieran vermag auch die Möglichkeit eines Widerrufs aus wichtigem Grund nichts zu ändern.[173] Ein Erlöschen der unwiderruflichen Vollmacht mit dem zugrunde liegenden Kausalverhältnis ist zur Vermeidung eines Verstoßes gegen das Abspaltungsverbot jedenfalls dann nicht ausreichend, wenn auch insoweit eine langfristige Bindung besteht.[174] Eine Ausnahme soll nach teilweise vertretener

---

[164] Anders noch unter dem AktG 1937, wo der Legitimationsübertragung aus diesem Grund eine wesentlich größere Bedeutung zukam als heute, vgl. MüKoAktG/*Arnold* Rn. 72.
[165] Grigoleit/*Herrler* Rn. 43; Großkomm AktG/*Grundmann* Rn. 102; Hüffer/Koch/*Koch*, 13. Aufl. 2018, Rn. 33.
[166] Bürgers/Körber/*Holzborn* Rn. 25; Grigoleit/*Herrler* Rn. 43; Großkomm AktG/*Grundmann* Rn. 102; Kölner Komm AktG/*Tröger* Rn. 150; MüKoAktG/*Arnold* Rn. 75; K. Schmidt/Lutter/*Spindler* Rn. 70.
[167] Bürgers/Körber/*Holzborn* Rn. 25; Großkomm AktG/*Grundmann* Rn. 102; Hölters/*Hirschmann* Rn. 62; Kölner Komm AktG/*Tröger* Rn. 150.
[168] Vgl. Großkomm AktG/*Grundmann* Rn. 97; Kölner Komm AktG/*Tröger* Rn. 27; MüKoAktG/*Arnold* Rn. 35; K. Schmidt/Lutter/*Spindler* Rn. 38; *Bachmann* AG 2001, 635 (637); *Peltzer* AG 1996, 26 (27); *Zöllner* FS Peltzer, 2001, 661 f.
[169] Bürgers/Körber/*Holzborn* Rn. 16; GHEK/*Eckardt* Rn. 38; Grigoleit/*Herrler* Rn. 23, 31; Großkomm AktG/*Grundmann* Rn. 98; Hüffer/Koch/*Koch*, 13. Aufl. 2018, Rn. 21; Kölner Komm AktG/*Tröger* Rn. 42, 153; MüKoAktG/*Arnold* Rn. 45; K. Schmidt/Lutter/*Spindler* Rn. 39, 58; *v. Godin/Wilhelmi* Anm. 16.
[170] Bürgers/Körber/*Holzborn* Rn. 16; Grigoleit/*Herrler* Rn. 23; Großkomm AktG/*Grundmann* Rn. 98; Kölner Komm AktG/*Tröger* Rn. 42, 168; MüKoAktG/*Arnold* Rn. 45; K. Schmidt/Lutter/*Spindler* Rn. 58; *v. Godin/Wilhelmi* Anm. 16.
[171] Vgl. BGHZ 129, 136 (148) – Girmes; BGH WM 1987, 70 (71); Großkomm AktG/*Grundmann* Rn. 34; Großkomm AktG/*Mock* § 12 Rn. 61; Hüffer/Koch/*Koch*, 13. Aufl. 2018, § 8 Rn. 26; Kölner Komm AktG/*Tröger* Rn. 63, 155; K. Schmidt/Lutter/*Spindler* § 133 Rn. 14; MHdB AG/*Hoffmann-Becking* § 39 Rn. 1; MHdB AG/*Rieckers* § 17 Rn. 9.
[172] BGH NJW 1987, 780 f.; Bürgers/Körber/*Holzborn* Rn. 16; Grigoleit/*Herrler* Rn. 23; Großkomm AktG/*Grundmann* Rn. 99; Hölters/*Hirschmann* Rn. 36; Hüffer/Koch/*Koch*, 13. Aufl. 2018, Rn. 21; K. Schmidt/Lutter/*Spindler* Rn. 40; *Flume* JurPerson § 7 II 1; *Reichert/Harbarth* AG 2001, 447 (450 f.); zur GmbH auch BGH WM 1976, 1247 (1250); zur Personenhandelsgesellschaft auch BGHZ 3, 354 (357 ff.); BGHZ 20, 363 (364); aA Kölner Komm AktG/*Tröger* Rn. 155 ff.
[173] Großkomm AktG/*Grundmann* Rn. 99; Hüffer/Koch/*Koch*, 13. Aufl. 2018, Rn. 21; K. Schmidt/Lutter/*Spindler* Rn. 40; *Reichert/Harbarth* AG 2001, 447 (450 f.); zur GmbH auch BGH WM 1976, 1247 (1250); UHL/*Hüffer/Schürnbrand* GmbHG § 47 Rn. 101; aA zur GmbH Baumbach/Hueck/*Zöllner/Noack* GmbHG § 47 Rn. 50; Scholz/*K. Schmidt* GmbHG § 47 Rn. 83: unwiderrufliche Stimmrechtsvollmacht zulässig, sofern sie stets aus wichtigem Grund widerrufbar ist und mit dem zugrunde liegenden Rechtsverhältnis endet.
[174] Großkomm AktG/*Grundmann* Rn. 99; generell für einen Verstoß auch bei einer solchen Kopplung Hüffer/Koch/*Koch*, 13. Aufl. 2018, Rn. 21; zur GmbH auch UHL/*Hüffer/Schürnbrand* GmbHG § 47 Rn. 101.

Ansicht für die unwiderrufliche Bevollmächtigung des bisherigen Aktionärs als Treugeber oder Sicherungsgeber gelten, da dieser ohnehin der wirtschaftliche Eigentümer sei.[175] Da die Stimmrechtsausübung durch den Treuhänder oder den Sicherungsnehmer im Innenverhältnis beschränkt werden kann, ist für eine Aufweichung des Abspaltungsverbots in diesen Fällen jedoch kein echter Bedarf erkennbar.[176]

b) Person des Bevollmächtigten. aa) Allgemeines. § 134 Abs. 3 macht zur Person des Bevollmächtigten keine Vorgaben. Die Aktionäre sind daher in der Auswahl grundsätzlich frei und können **jede natürliche oder juristische Person** bevollmächtigen. Auch die Bevollmächtigung eines beschränkt Geschäftsfähigen ist möglich (§ 165 BGB). Stimmrechtsvertreter kann auch ein anderer **Aktionär** sein, unabhängig davon, ob dieser auch für sich selbst das Stimmrecht ausübt.[177] § 181 BGB ist auf die Beschlussfassung in der Hauptversammlung nicht anwendbar (→ § 133 Rn. 4, 21a). Unzulässig ist nach dem Rechtsgedanken des § 136 Abs. 2 eine Bevollmächtigung der Gesellschaft. Auch die Organe der Gesellschaft können als solche nicht bevollmächtigt werden,[178] wohl aber einzelne **Vorstands- und Aufsichtsratsmitglieder**.[179]

Nach früher hM sollte die **Satzung** bestimmte Voraussetzungen für die Zulassung eines Bevollmächtigten aufstellen können (insbesondere die Vertretung durch einen anderen Aktionär vorschreiben), sofern die Auswahlfreiheit der Aktionäre hierdurch nicht unzumutbar eingeschränkt wird.[180] Hiergegen spricht jedoch der Grundsatz der Satzungsstrenge (§ 23 Abs. 5). § 134 Abs. 3 lässt uneingeschränkt die Stimmrechtsausübung durch einen Bevollmächtigten zu und enthält keine Öffnungsklausel für abweichende Satzungsbestimmungen. Ausweislich der Gesetzesbegründung zum AktG 1965 sollte § 134 zwar „im Wesentlichen dem geltenden Recht" entsprechen. Hieraus lässt sich aber kaum zweifelsfrei ableiten, dass sich der Gesetzgeber uneingeschränkt auch für eine Fortgeltung der zu § 114 AktG 1937 und den Vorgängernormen ergangenen Rechtsprechung aussprechen wollte.[181] Auch würde sich die Verfolgung verbandsfremder Interessen angesichts der Möglichkeit der Legitimationsübertragung und von Stimmbindungsverträgen durch eine entsprechende Satzungsregelung kaum wirksam verhindern lassen.[182] Insgesamt ist mit der in jüngerer Zeit zunehmend vertretenen Ansicht davon auszugehen, dass sich die Freiheit der Aktionäre bei der Auswahl des Bevollmächtigten nicht einschränken und insbesondere **nicht auf die Bevollmächtigung eines Mitaktionärs begrenzen** kann.[183] Nur dieses Verständnis entspricht auch Art. 10 Abs. 1 S. 3 Aktionärsrechte-RL, wonach die Mitgliedstaaten alle Rechtsvorschriften aufheben müssen, die es der Gesellschaft ermöglichen, Einschränkungen in Bezug auf die Person des Stimmrechtsvertreters vorzusehen.[184]

Eine Beschränkung der Auswahlfreiheit bei der Vollmachtserteilung ergibt sich aus der **Treuepflicht** des Aktionärs gegenüber der Gesellschaft und den übrigen Aktionären.[185] Für die Gesellschaft

---

[175] Großkomm AktG/*Grundmann* Rn. 99; *Flume* JurPerson § 7 II 1; zur GmbH auch UHL/*Hüffer/Schürnbrand* GmbHG § 47 Rn. 101.
[176] Ebenso Hüffer/Koch/*Koch*, 13. Aufl. 2018, Rn. 21; K. Schmidt/Lutter/*Spindler* Rn. 40.
[177] Bürgers/Körber/*Holzborn* Rn. 21; Hölters/*Hirschmann* Rn. 48; MüKoAktG/*Arnold* Rn. 38; aA Kölner Komm AktG/*Tröger* Rn. 160, der § 181 BGB anwenden will.
[178] Bürgers/Körber/*Holzborn* Rn. 21; GHEK/*Eckardt* Rn. 37; Hüffer/Koch/*Koch*, 13. Aufl. 2018, Rn. 26; Kölner Komm AktG/*Tröger* Rn. 171; MüKoAktG/*Arnold* Rn. 39; *Butzke* Die Hauptversammlung der AG Rn. E 53, 66; aA Grigoleit/*Herrler* Rn. 32; Großkomm AktG/*Grundmann* Rn. 122.
[179] Bürgers/Körber/*Holzborn* Rn. 21; GHEK/*Eckardt* Rn. 37; Grigoleit/*Herrler* Rn. 32; Großkomm AktG/*Grundmann* Rn. 122; Hüffer/Koch/*Koch*, 13. Aufl. 2018, Rn. 26; MüKoAktG/*Arnold* Rn. 39; *Butzke* Die Hauptversammlung der AG Rn. E 53, 66; grundsätzlich auch Kölner Komm AktG/*Tröger* Rn. 171, sofern die betreffenden Organmitglieder die Entscheidungsfindung im Kollegialorgan nicht beherrschen und das Stimmrecht nur weisungsgebunden ausüben.
[180] RGZ 55, 41 (42); KG JW 1938, 2412 f.; LG Bonn AG 1991, 114 (115) – Deutscher Depeschen Dienst AG; GHEK/*Eckardt* Rn. 39; *v. Godin/Wilhelmi* Anm. 16; ebenso noch *Butzke* Die Hauptversammlung der AG Rn. C 20.
[181] K. Schmidt/Lutter/*Spindler* Rn. 58.
[182] Grigoleit/*Herrler* Rn. 31; Kölner Komm AktG/*Tröger* Rn. 161.
[183] OLG Stuttgart AG 1991, 69 f.; Großkomm AktG/*Grundmann* Rn. 105; Grigoleit/*Herrler* Rn. 31; Hüffer/Koch/*Koch*, 13. Aufl. 2018, Rn. 25; Kölner Komm AktG/*Tröger* Rn. 161 f.; MüKoAktG/*Arnold* Rn. 45; K. Schmidt/Lutter/*Spindler* Rn. 58; grundsätzlich auch Hölters/*Hirschmann* Rn. 49, der aber eine Ausnahme bei personalistischer Prägung der AG erwägt; für Ausnahme bei vinkulierten Namensaktien noch Kölner Komm AktG/*Zöllner*, 1. Aufl. 1985, Rn. 76; offen Bürgers/Körber/*Holzborn* Rn. 21.
[184] Vgl. Grigoleit/*Herrler* Rn. 31; Hüffer/Koch/*Koch*, 13. Aufl. 2018, Rn. 25; *Ratschow* DStR 2007, 1402 (1406).
[185] Grigoleit/*Herrler* Rn. 31; Hölters/*Hirschmann* Rn. 48; Hüffer/Koch/*Koch*, 13. Aufl. 2018, Rn. 25; Kölner Komm AktG/*Tröger* Rn. 164; K. Schmidt/Lutter/*Spindler* Rn. 57; zur GmbH auch UHL/*Hüffer/Schürnbrand* GmbHG § 47 Rn. 108.

unzumutbare Personen können daher als Bevollmächtigte zurückgewiesen werden. Als Beispiele für unzumutbare Personen werden Wirtschaftskriminelle und Konkurrenten der Gesellschaft genannt.[186] Denkbar ist eine Unzumutbarkeit auch bei Personen, die in einer vorangegangenen Hauptversammlung durch massive Störungen des ordnungsgemäßen Ablaufs aufgefallen sind. Im Hinblick auf die grundsätzliche Auswahlfreiheit der Aktionäre sind an die Unzumutbarkeit strenge Anforderungen zu stellen. Allein das Bestehen eines Wettbewerbsverhältnisses kann daher zur Begründung einer Unzumutbarkeit nicht ausreichen,[187] zumal Konkurrenten der Gesellschaft – vorbehaltlich etwaiger kartellrechtlicher Beschränkungen – grundsätzlich auch nicht gehindert wären, selbst Aktien der Gesellschaft zu erwerben und aus diesen das Stimmrecht auszuüben. Auch Personen, denen die Ausübung eigener Stimmrechte nach § 2c Abs. 2 S. 1 KWG oder § 19 Abs. 1 VAG untersagt wurde, sollten nicht automatisch als unzumutbar angesehen werden.[188]

53 **bb) Von der Gesellschaft benannte Stimmrechtsvertreter (Abs. 3 S. 5). (1) Zulässigkeit.** § 134 Abs. 3 S. 5 setzt voraus, dass auch von der Gesellschaft benannte Stimmrechtsvertreter bevollmächtigt werden können. Die Regelung wurde 1998 auf Vorschlag des Rechtsausschusses durch das KonTraG eingefügt, um ein Abstimmungsverfahren zu ermöglichen, das dem **Proxy Voting** nach angloamerikanischem Vorbild vergleichbar ist.[189] Auch wenn der rechtsvergleichende Hinweis auf das angloamerikanische Proxy Voting angesichts der unterschiedlichen regulatorischen Rahmenbedingungen gewissen Vorbehalten begegnet,[190] kann die vor Inkrafttreten des KonTraG noch umstrittene[191] Zulässigkeit der Stimmrechtsausübung durch von der Gesellschaft benannte Stimmrechtsvertreter heute nicht mehr bezweifelt werden.[192] Die Benennung der Stimmrechtsvertreter muss **für eine konkrete Hauptversammlung** erfolgen. Die Gesellschaft kann **einen oder mehrere** Stimmrechtsvertreter benennen (allgemein zur Bevollmächtigung mehrerer Personen → Rn. 64).

54 **(2) Angehörige der Gesellschaft als Stimmrechtsvertreter.** Die wohl hM geht davon aus, dass von der Gesellschaft zwar eigene Arbeitnehmer, nicht aber Organmitglieder als Stimmrechtsvertreter benannt werden können.[193] Die Unzulässigkeit der Benennung von Organmitgliedern wird zumeist mit einem Hinweis auf § 136 Abs. 2 begründet.[194] Nach teilweise vertretener Ansicht sollen darüber hinaus auch eigene Arbeitnehmer nicht benannt werden können, da für diese ein Interessenkonflikt im Hinblick auf ihre vertragliche Bindung gegenüber der Gesellschaft bestehe.[195] Weder die generelle Beschränkung auf außerhalb der Einflusssphäre der Gesellschaft stehende Personen noch der generelle Ausschluss von Organmitgliedern kann überzeugen. Dem Gesetz lässt sich zwar nicht

---

[186] Grigoleit/*Herrler* Rn. 31; Hüffer/Koch/*Koch*, 13. Aufl. 2018, Rn. 25; K. Schmidt/Lutter/*Spindler* Rn. 57; zur GmbH auch UHL/*Hüffer/Schürnbrand* GmbHG § 47 Rn. 108.

[187] Ebenso Hölters/*Hirschmann* Rn. 48.

[188] Vgl. Hölters/*Hirschmann* Rn. 48; Kölner Komm AktG/*Tröger* Rn. 164; aA wohl K. Schmidt/Lutter/*Spindler* Rn. 57 Fn. 188.

[189] Beschlussempfehlung und Bericht des Rechtsausschusses, BT-Drs. 14/4618, 14; obwohl der Regierungsentwurf noch keine entsprechende Regelung vorsah, geht auch die Gesetzesbegründung bereits von der Zulässigkeit der Bevollmächtigung eines von der Gesellschaft eingesetzten Stimmrechtsvertreters aus, vgl. BegrRegE BT-Drs. 14/4051, 15.

[190] Vgl. Hüffer/Koch/*Koch*, 13. Aufl. 2018, Rn. 26a; K. Schmidt/Lutter/*Spindler* Rn. 62; *Hüther*, Aktionärsbeteiligung und Internet, 2002, 227 f.; allgemein zum Proxy Voting nach US-amerikanischem Recht s. *Merkt/Göthel*, US-amerikanisches Gesellschaftsrecht, 2. Aufl. 2006, Rn. 784 ff.; *Hoffmann*, Systeme der Stimmrechtsvertretung in der Publikumsgesellschaft, 1999, 40 ff.; *Tuerks*, Depotstimmrechtspraxis versus US-proxy-system, 2000, 76 ff.; *Hanloser* NZG 2001, 355 (356 f.); *Hüther* AG 2001, 68 (73 ff.); *Preissler* WM 2001, 113 (115 ff.); *Spindler/Hüther* RIW 2000, 329 (330 ff.); *Zätsch/Gröning* NZG 2000, 393 (399 f.).

[191] Gegen die Zulässigkeit vor Inkrafttreten des NaStraG etwa *Bachmann* WM 1999, 2100 (2103 ff.); *P. Möhring* FS Geßler, 1971, 127 (133 ff.); *v. Randow* ZIP 1998, 1564 (1565 ff.); *Singhof* NZG 1998, 670 (674); *Zöllner* FS Westermann, 1974, 603 (608 ff.); *Zöllner* FS Peltzer, 2001, 661 (663 ff.); für Zulässigkeit aber bereits *Schilling* FS P. Möhring, 1975, 256 ff.; s. auch *Wiethölter*, Interessen und Organisation der Aktiengesellschaft im amerikanischen und deutschen Recht, 1961, 334 ff.; grundsätzlich auch OLG Karlsruhe ZIP 1999, 750 (751 ff.) – Forum T-Aktie; LG Baden-Baden ZIP 1998, 1308 ff.

[192] Vgl. Bürgers/Körber/*Holzborn* Rn. 22; Großkomm AktG/*Grundmann* Rn. 119; Hüffer/Koch/*Koch*, 13. Aufl. 2018, Rn. 26a; Kölner Komm AktG/*Tröger* Rn. 205; MüKoAktG/*Arnold* Rn. 40; K. Schmidt/Lutter/*Spindler* Rn. 62; *Habersack* ZHR 165 (2001) 172 (187); *Kindler* NJW 2001, 1678 (1687); *Noack* ZIP 2001, 57 (61 f.); *Pikó/Preissler* AG 2002, 223 (226 ff.); *Schockenhoff* NZG 2014, 657 (659, 662); *Seibert* ZIP 2001, 53 (55 f.).

[193] Bürgers/Körber/*Holzborn* Rn. 22; Hölters/*Hirschmann* Rn. 50 f.; Hüffer/Koch/*Koch*, 13. Aufl. 2018, Rn. 26b; K. Schmidt/Lutter/*Spindler* Rn. 63.

[194] S. etwa Hüffer/Koch/*Koch*, 13. Aufl. 2018, Rn. 26b; K. Schmidt/Lutter/*Spindler* Rn. 63; ebenso bereits *P. Möhring* FS Geßler, 1971, 127 (134 ff.).

[195] *Kindler* NJW 2001, 1678 (1687); *Lenz*, Die gesellschaftsbenannte Stimmrechtsvertretung (Proxy-Voting) in der Hauptversammlung der deutschen Publikums-AG, 2005, 281 ff., 286 ff.

ausdrücklich entnehmen, dass auch Organmitglieder und Arbeitnehmer der Gesellschaft benannt werden können.[196] Es enthält aber auch keine entsprechende Einschränkung, was für die **grundsätzliche Zulässigkeit** spricht. Die Benennung von Organmitgliedern ist zwar im Hinblick auf das aus § 136 Abs. 2 ableitbare Manipulationsverbot (→ § 136 Rn. 51, 58), nicht ganz unbedenklich. Einer unzulässigen Einflussnahme der Verwaltung auf das Abstimmungsergebnis lässt sich jedoch durch das Erfordernis ausdrücklicher **Weisungen** wirksam begegnen (→ Rn. 55 ff.). Teilweise wird zwar selbst bei einem solchen Weisungserfordernis noch eine Manipulationsgefahr gesehen, da der Vorstand Einfluss auf die Gestaltung der Weisungsformulare habe.[197] Derartige Befürchtungen sind jedoch übertrieben, zumal die in der Praxis verwendeten Weisungsformulare idR neutral gefasst sind und zu allen Tagesordnungspunkten Ankreuzkästchen für Ja oder Nein vorsehen (ggf. mit der Option zu allen Tagesordnungspunkten im Sinne der Verwaltung zu stimmen). Insgesamt sollte daher grundsätzlich nicht nur die Benennung von **Arbeitnehmern** der Gesellschaft, sondern auch von **Organmitgliedern** als **zulässig** angesehen werden.[198]

(3) Weisungserfordernis. § 134 Abs. 3 S. 5 trifft keine Aussage zu einem Weisungserfordernis. 55 Nach verbreiteter Ansicht reicht es daher aus, wenn den Aktionären die Möglichkeit gegeben wird, Weisungen zu erteilen (ggf. mit dem Hinweis, dass bei Fehlen einer Weisung im Sinne der Verwaltung abgestimmt wird).[199] Die **hM** geht demgegenüber davon aus, dass von der Gesellschaft benannte Stimmrechtsvertreter das Stimmrecht stets **nur aufgrund ausdrücklicher Weisungen** ausüben dürfen.[200] Hierfür spricht auf den ersten Blick ein Vergleich mit Kreditinstituten und anderen geschäftsmäßig Handelnden, die das Stimmrecht in der eigenen Hauptversammlung nur aufgrund von ausdrücklich erteilten Einzelweisungen ausüben dürfen (§ 135 Abs. 3 S. 3). Dementsprechend wird das Weisungserfordernis häufig mit einer Analogie zu § 135 Abs. 3 S. 3 (§ 135 Abs. 1 S. 2 aF) begründet.[201] Die hierfür erforderliche Regelungslücke könnte sich daraus ergeben, dass der Gesetzgeber die Stimmrechtsausübung durch von der Gesellschaft benannte Stimmrechtsvertreter bewusst nur rudimentär geregelt hat.[202] Zwingend ist eine solche Annahme allerdings nicht, da der Gesetzgeber bereits selbst eine Angleichung an die Stimmrechtsausübung durch Kreditinstitute und Aktionärsvereinigungen vornehmen wollte.[203] Dennoch verweist § 134 Abs. 3 S. 5 Hs. 2 ausdrücklich nur auf § 135 Abs. 5.[204] Auch der Umstand, dass die bereits vor Inkrafttreten des NaStraG aufgekommene Praxis der Stimmrechtsvertretung bei Namensaktien die Weisungserteilung zu den einzelnen Punkten der Tagesordnung voraussetzte,[205] spricht nicht zwingend für ein Weisungserfordernis. Der Bericht des Rechtsausschusses knüpft gerade nicht ausdrücklich an diese Praxis an. Die Stimmrechtsausübung durch von der Gesellschaft benannte Stimmrechtsvertreter ist mit den Fällen des § 135 auch nur eingeschränkt vergleichbar, da die Bevollmächtigung hier jeweils nur für eine konkrete Hauptversammlung erfolgt. Bei der Stimmrechtsausübung durch Kreditinstitute und geschäftsmäßig

---

[196] Vgl. *Lenz*, Die gesellschaftsbenannte Stimmrechtsvertretung (Proxy-Voting) in der Hauptversammlung der deutschen Publikums-AG, 2005, 209; K. Schmidt/Lutter/*Spindler* Rn. 62.
[197] So K. Schmidt/Lutter/*Spindler* Rn. 63; s. auch *Lenz*, Die gesellschaftsbenannte Stimmrechtsvertretung (Proxy-Voting) in der Hauptversammlung der deutschen Publikums-AG, 2005, 281 ff.
[198] Ebenso *Bachmann* FS Schwintowski, 2018, 725 (732 ff.); *Bunke* AG 2002, 57 (59 ff.); *Wiebe* ZHR 166 (2002) 182 (189 f.); grundsätzlich auch Kölner Komm AktG/*Tröger* Rn. 206 f. (sofern nicht sämtliche oder die Willensbildung kontrollierende Organmitglieder bevollmächtigt werden); weitergehend Großkomm AktG/*Grundmann* Rn. 122, der auch die Bevollmächtigung von Organen als zulässig ansieht.
[199] Bürgers/Körber/*Holzborn* Rn. 22; Kölner Komm AktG/*Tröger* Rn. 208; *Bachmann* AG 2001, 635 (638 f.); *Hanloser* NZG 2001, 355; *Krieger* FS Volhard, 2002, 38 (44); *Riegger* ZHR 165 (2001) 204 (214); *Schockenhoff* NZG 2015, 657 (662 f.); *Wiebe* ZHR 166 (2002) 182 (190 ff.); grundsätzlich auch Grigoleit/*Herrler* Rn. 34 f.; wohl auch *Wieneke* FS Schwark, 2009, 305 (324 f.); s. auch *J. Schmidt* WM 2009, 2350 (2355 Fn. 95).
[200] OLG Karlsruhe ZIP 1999, 750 (752 f.) – Forum T-Aktie; *Bunke* AG 2002, 57 (60 f.); Großkomm AktG/*Grundmann* Rn. 124; Hölters/*Hirschmann* Rn. 51; Hüffer/Koch/*Koch*, 13. Aufl. 2018, Rn. 26b; MüKoAktG/*Arnold* Rn. 41 f.; K. Schmidt/Lutter/*Spindler* Rn. 63; *Marsch-Barner* in Marsch-Barner/Schäfer Börsennotierte AG-HdB Rn. 34.125; *Claussen* AG 2001, 161 (169 f.); *Habersack* ZHR 165 (2001) 172 (188); *Hüther* AG 2001, 68 (71 ff.); *Noack* FS Lutter, 2000, 1463 (1478 ff.); *Noack* ZIP 2001, 57 (62); *Zetzsche* ZIP 2001, 682 (684); wohl auch *Butzke* Die Hauptversammlung der AG Rn. E 68; auch die Gesetzesbegründung zum ARUG scheint von einem Weisungserfordernis auszugehen, vgl. BegrRegE, BT-Drs. 16/11 642, 32.
[201] *Marsch-Barner* in Marsch-Barner/Schäfer HdB börsennotierte AG Rn. 34.125; *Noack* ZIP 2001, 57 (52); s. auch Hüffer/Koch/*Koch*, 13. Aufl. 2018, Rn. 26b; ebenso K. Schmidt/Lutter/*Spindler* Rn. 63, der aber wohl eine Ausnahme machen will, wenn durch organisatorische Vorkehrungen innerhalb der Gesellschaft die Gefahr einer Selbstkontrolle des Managements gebannt wird.
[202] Vgl. Beschlussempfehlung und Bericht des Rechtsausschusses, BT-Drs. 14/4618, 14.
[203] Beschlussempfehlung und Bericht des Rechtsausschusses, BT-Drs. 14/4618, 14.
[204] Vgl. Grigoleit/*Herrler* Rn. 34; *Kindler* NJW 2001, 1678 (1687).
[205] Vgl. OLG Karlsruhe ZIP 1999, 750 (752 f.) – Forum T-Aktie; LG Baden-Baden ZIP 1998, 1308 (1311) – Forum T-Aktie.

Handelnde ist die mit dem Weisungserfordernis verbundene Warnfunktion gerade deshalb sinnvoll, weil die Vollmacht hier dauerhaft (bis auf Widerruf) erteilt werden kann.

56 Grundsätzlich sollte jedenfalls dann auf ein **Weisungserfordernis verzichtet** werden, wenn die von der Gesellschaft benannten Stimmrechtsvertreter von dieser **unabhängig** sind (zB Wirtschaftsprüfer), so dass keine Interessenkonflikte drohen.[206] Etwas anderes gilt, wenn die Gesellschaft **Organmitglieder** als Stimmrechtsvertreter benennt (zur grundsätzlichen Zulässigkeit → Rn. 54). Gestützt auf den Rechtsgedanken des § 136 Abs. 2 ist hier die Erteilung ausdrücklicher Weisungen erforderlich, um den Einfluss der Verwaltung auf das Abstimmungsergebnis zu begrenzen. Gleiches wird man aufgrund der arbeitsrechtlichen Bindungen auch für **Arbeitnehmer der Gesellschaft** annehmen müssen. Etwas anderes gilt ausnahmsweise nur dann, wenn sie über eine gesicherte Rechtsstellung im Unternehmen verfügen und im Hinblick auf die Ausübung des Stimmrechts keine arbeitsrechtlichen Konsequenzen befürchten müssen.[207] Diese Voraussetzung dürfte zumeist nicht erfüllt sein. Die bloße Annahme einer konkludenten Erklärung des Vorstands, keinen Einfluss auf die Stimmrechtsvertreter zu nehmen, ist insoweit nicht ausreichend.[208]

57 Soweit für die Stimmrechtsausübung durch von der Gesellschaft benannte Stimmrechtsvertreter ein Weisungserfordernis gilt, ist eine **ausdrückliche Weisungserteilung** erforderlich. Allerdings muss nicht zu jedem einzelnen Tagesordnungspunkt eine gesonderte Weisung erteilt werden. Zulässig ist auch die **generelle Weisung, im Sinne der Verwaltungsvorschläge** abzustimmen.[209]

58 Für börsennotierte Gesellschaften empfiehlt **Ziffer 2.3.2 S. 2 DCGK**, dass der Vorstand für die Bestellung eines Vertreters für die **weisungsgebundene Ausübung des Stimmrechts** der Aktionäre sorgen soll. Zudem wird angeregt, dass dieser Vertreter auch während der Hauptversammlung erreichbar sein sollte. Die Empfehlung in Ziffer 2.3.2 S. 2 DCGK besagt nichts darüber, ob das Stimmrecht durch von der Gesellschaft benannte Stimmrechtsvertreter bereits kraft Gesetzes nur auf der Grundlage entsprechender Weisungen ausgeübt werden kann.[210] Zudem lässt sich Weisungsgebundenheit auch dahingehend verstehen, dass lediglich erteilte Weisungen stets zu befolgen sind. Der Umkehrschluss, dass ohne ausdrückliche Weisung das Stimmrecht überhaupt nicht ausgeübt werden soll, lässt sich Ziffer 2.3.2 S. 2 DCGK nicht sicher entnehmen.[211]

59 **(4) Einwerben von Stimmrechtsvollmachten.** Nicht gesetzlich geregelt ist das im angloamerikanischen Rechtskreis übliche Einwerben von Stimmrechtsvollmachten durch die Gesellschaft **(Proxy Solicitation)**. Auch wenn das angloamerikanische Proxy Voting als Vorbild für die Regelung des § 134 Abs. 3 S. 5 diente (→ Rn. 53), wird man einem gezielten Einwerben von Stimmrechtsvollmachten durch die Gesellschaft angesichts der unterschiedlichen rechtlichen Rahmenbedingungen mit Zurückhaltung begegnen müssen.[212] Anders als das angloamerikanische Recht sieht das deutsche Aktienrecht keine spezifischen Informationspflichten vor.[213] Auch fehlt es hierzulande an einer besonderen Aufsicht (etwa durch die BaFin). Ein gezieltes Einwerben von Stimmrechtsvollmachten liegt noch nicht vor, wenn die Gesellschaft nur die Stimmrechtsausübung durch von der Gesellschaft benannte Stimmrechtsvertreter anbietet und ein entsprechendes Vollmachts- und Weisungsformular zur Verfügung stellt.

60 **(5) Aufbewahrung.** Gem. § 134 Abs. 3 S. 5 Hs. 1 muss die Gesellschaft die Vollmachtserklärung drei Jahre lang nachprüfbar festhalten, sofern von ihr benannte Stimmrechtsvertreter bevollmächtigt werden. Im Hinblick auf die Art der Aufbewahrung macht § 134 Abs. 3 S. 5 Hs. 1 keine näheren Vorgaben. Neben einer Aufbewahrung der an die Gesellschaft übersandten Vollmachtsformulare kommt auch eine Mikroverfilmung oder eine Speicherung in elektronischer Form in Betracht.[214]

---

[206] Grigoleit/*Herrler* Rn. 34 f.; aA *Habersack* ZHR 165 (2001) 172 (188); wohl auch *Noack* ZIP 2001, 57 (62).
[207] Vgl. K. Schmidt/Lutter/*Spindler* Rn. 64; s. auch OLG Karlsruhe ZIP 1999, 750 (752 f.) – Forum T-Aktie; iE ähnlich Kölner Komm AktG/*Tröger* Rn. 208 iVm Rn. 206 f., der über eine Begrenzung des Kreises der von der Gesellschaft zu benennenden Vertreter eine gewisse institutionalisierte Gewähr für eine Stimmrechtsausübung im Aktionärsinteresse erreichen will.
[208] K. Schmidt/Lutter/*Spindler* Rn. 64; aA *Riegger* ZHR 165 (2001) 204 (213).
[209] LG Dortmund BeckRS 2012, 00096; Grigoleit/*Herrler* Rn. 35; Kölner Komm AktG/*Tröger* Rn. 210; vgl. zu § 135 auch *Habersack* ZHR 165 (2001) 172 (187 f.); *Hüther* AG 2001, 68 (73); einschränkend NK-AktR/ *M. Müller* Rn. 32: generelle Weisung gilt nicht für neue Beschlussanträge in der Hauptversammlung.
[210] Ebenso Kölner Komm AktG/*Tröger* Rn. 209.
[211] Anders offenbar K. Schmidt/Lutter/*Spindler* Rn. 63.
[212] Vgl. Bürgers/Körber/*Holzborn* Rn. 23; Großkomm AktG/*Grundmann* Rn. 125; für Unzulässigkeit Hüffer/ Koch/*Koch*, 13. Aufl. 2018, Rn. 26b; K. Schmidt/Lutter/*Spindler* Rn. 65; für uneingeschränkte Zulässigkeit dagegen Kölner Komm AktG/*Tröger* Rn. 211; *Schockenhoff* NZG 2015, 657 (663 f.).
[213] Vgl. Bürgers/Körber/*Holzborn* Rn. 23; *Hanloser* NZG 2001, 355 (356 f.); *Spindler/Hüther* RIW 2000, 329 (330 f.).
[214] Vgl. Grigoleit/*Herrler* Rn. 37; Hölters/*Hirschmann* Rn. 52; Hüffer/Koch/*Koch*, 13. Aufl. 2018, Rn. 26c; Kölner Komm AktG/*Tröger* Rn. 212; K. Schmidt/Lutter/*Spindler* Rn. 66.

Eine Speicherung in elektronischer Form bietet sich insbesondere dann an, wenn die Vollmacht bereits auf elektronischem Weg (etwa per E-Mail) erteilt wurde. Aber auch schriftlich erteilte Vollmachten können (eingescannt) in elektronischer Form gespeichert werden.[215] Die Satzung kann die Details der Aufbewahrung regeln.[216] Für die Fristberechnung gelten § 187 Abs. 1 BGB, § 188 Abs. 2 BGB. Die Frist beginnt mit dem Tag der Hauptversammlung, für die die Vollmacht erteilt wurde (bei mehrtägiger Hauptversammlung dem letzten Versammlungstag).[217]

(6) Ausübung des Stimmrechts. Für die Ausübung des Stimmrechts durch von der Gesellschaft benannte Stimmrechtsvertreter verweist § 134 Abs. 3 S. 5 Hs. 2 auf § 135 Abs. 5 (→ § 135 Rn. 42 ff., 94 ff.). Durch den Verweis wird insbesondere klargestellt, dass neben der offenen auch die **verdeckte Stellvertretung** zulässig ist. Sofern die Vollmacht nichts anderes bestimmt, wird das Stimmrecht durch die von der Gesellschaft benannten Stimmrechtsvertreter im Namen dessen, den es angeht, ausgeübt (§ 134 Abs. 3 S. 5 Hs. 2 iVm § 135 Abs. 5 S. 2).[218] Zum Nachweis der Stimmberechtigung gegenüber der Gesellschaft genügt die Vorlage eines Berechtigungsnachweises gem. § 123 Abs. 3. Im Übrigen sind die in der Satzung für die Ausübung des Stimmrechts vorgesehenen Erfordernisse zu erfüllen (§ 134 Abs. 3 S. 5 Hs. 2 iVm § 135 Abs. 5 S. 4). 61

Nach § 134 Abs. 3 S. 5 Hs. 2 iVm § 135 Abs. 5 S. 1 dürfen Personen, die nicht Angestellte des Stimmrechtsvertreters sind, nur **unterbevollmächtigt** werden, wenn die Vollmacht dies gestattet. Der Verweis auf die Möglichkeit der Unterbevollmächtigung ist erst im Zuge der Neufassung von § 135 durch Art. 1 Nr. 21 ARUG hinzugekommen. Zuvor fand sich eine entsprechende Regelung in § 135 Abs. 3 S. 1 aF, auf die von § 134 Abs. 3 S. 3 Hs. 2 aF jedoch nicht verwiesen wurde. § 135 Abs. 5 S. 1 ist auf juristische Personen zugeschnitten und passt insbesondere dann nicht recht, wenn Angehörige der Gesellschaft bevollmächtigt werden. In diesen Fällen sollte daher die Erteilung einer Untervollmacht an andere Angehörige der Gesellschaft (auf gleicher oder untergeordneter Ebene) auch ohne ausdrückliche Gestattung zulässig sein.[219] Rein vorsorglich bietet es sich jedoch an, in den von der Gesellschaft zur Verfügung gestellten Formularen für die Vollmachts- und Weisungserteilung auch insoweit ausdrücklich die Möglichkeit der Unterbevollmächtigung vorzusehen. 62

Aus dem Verweis auf die durch Art. 1 Nr. 21 ARUG neu eingefügten § 135 Abs. 5 S. 3 folgt, dass sich auch von der Gesellschaft benannte Stimmrechtsvertreter der **Briefwahl** bedienen können, sofern diese zugelassen wurde (vgl. § 118 Abs. 2).[220] Werden von der Gesellschaft benannte Stimmrechtsvertreter bevollmächtigt, dürfte der Regelung nur eine untergeordnete Bedeutung zukommen, da diese regelmäßig in der Hauptversammlung anwesend sein werden. 63

cc) Mehrere Bevollmächtigte (Abs. 3 S. 2). Nach wohl allgemeiner Ansicht kann jeder Aktionär grundsätzlich eine oder mehrere Personen bevollmächtigen.[221] Dies ergibt sich jetzt mittelbar aus dem durch Art. 1 Nr. 20 ARUG neu eingefügten § 134 Abs. 3 S. 2. Danach kann die Gesellschaft bei Bevollmächtigung mehrerer Personen **einen oder mehrere** der zusätzlichen Bevollmächtigten **zurückweisen.**[222] Vor Inkrafttreten des ARUG war in der Literatur umstritten, ob auch dann nur ein Bevollmächtigter zur Hauptversammlung zugelassen werden muss, wenn der betreffende Aktionär mehr als eine Aktie hält.[223] Mit Einführung von § 134 Abs. 3 S. 2 hat der Gesetzgeber dies nun klargestellt. Die Regelung knüpft an die Person des Aktionärs an und unterscheidet nicht danach, ob dieser eine oder mehrere Aktien hält.[224] Die Gesellschaft muss daher **unabhängig von der** 64

---

[215] Kölner Komm AktG/*Tröger* Rn. 212.
[216] Hüffer/Koch/*Koch*, 13. Aufl. 2018, Rn. 26c; Kölner Komm AktG/*Tröger* Rn. 212; K. Schmidt/Lutter/*Spindler* Rn. 66.
[217] Bürgers/Körber/*Holzborn* Rn. 22; Hölters/*Hirschmann* Rn. 52; Hüffer/Koch/*Koch*, 13. Aufl. 2018, Rn. 26c; Kölner Komm AktG/*Tröger* Rn. 212; K. Schmidt/Lutter/*Spindler* Rn. 66.
[218] Kölner Komm AktG/*Tröger* Rn. 214; Kölner Komm AktG/*Zetzsche* § 135 Rn. 601.
[219] Anders Kölner Komm AktG/*Tröger* Rn. 218, der allerdings ein Weisungserfordernis bei Angehörigen der Gesellschaft stets verneint.
[220] Kölner Komm AktG/*Zetzsche* § 135 Rn. 602; einschränkend Kölner Komm AktG/*Tröger* Rn. 215, der auf die technische Ausgestaltung abstellen will (soweit nicht Einzelweisungen erforderlich sind).
[221] Großkomm AktG/*Grundmann* Rn. 106; Hüffer/Koch/*Koch*, 13. Aufl. 2018, Rn. 27; Kölner Komm AktG/*Tröger* Rn. 172; MüKoAktG/*Arnold* Rn. 38; K. Schmidt/Lutter/*Spindler* Rn. 59.
[222] Die Gesetzesformulierung ist etwas unglücklich, da sie den (unzutreffenden) Eindruck erwecken könnte, dass bei Bevollmächtigung mehrerer Personen alle Bevollmächtigten zurückgewiesen werden können, vgl. *DAV-Handelsrechtsausschuss* NZG 2009, 96 (97).
[223] Dafür etwa *Junge* FS Röhricht, 2005, 277 (282 ff.); MüKoAktG/*Kubis*, 2. Aufl. 2004, § 118 Rn. 65; grundsätzlich auch *v. Laak/Ulbrich* AG 2006, 660 (662 ff.); dagegen etwa Großkomm AktG/*Grundmann* Rn. 106; Großkomm AktG/*Mülbert*, 4. Aufl. 1999, § 118 Rn. 53; MüKoAktG/*Volhard*, 2. Aufl. 2004, Rn. 45; *Großfeld/Spennemann* AG 1979, 128 (131).
[224] Ebenso Bürgers/Körber/*Holzborn* Rn. 17a; Grigoleit/*Herrler* Rn. 38; Hüffer/Koch/*Koch*, 13. Aufl. 2018, Rn. 27; Kölner Komm AktG/*Tröger* Rn. 165; aA wohl K. Schmidt/Lutter/*Spindler* Rn. 60.

Höhe des Aktienbesitzes für jeden Aktionär nur einen Bevollmächtigten zulassen. Für die Ablehnung eines Bevollmächtigten gem. § 134 Abs. 3 S. 2 ist kein sachlicher Grund erforderlich.[225] Bei der Ablehnung ist aber der Gleichbehandlungsgrundsatz (§ 53a) zu beachten.[226] Differenzierungen aus sachlichen Gründen sind jedoch zulässig (etwa nach der Höhe des Anteilsbesitzes).

64a Die Beschränkung auf einen Bevollmächtigten gilt auch bei Erteilung einer **Untervollmacht**. Nimmt der Hauptbevollmächtigte an der Hauptversammlung teil, können sämtliche Unterbevollmächtigte zurückgewiesen werden. Dies gilt auch dann, wenn der Hauptbevollmächtigte von mehreren Aktionären bevollmächtigt wurde. Ebenfalls anwendbar ist § 134 Abs. 3 S. 2 bei Erteilung einer **Gesamtvollmacht**. Lässt die Gesellschaft nur einen Gesamtbevollmächtigten zu, müssen die übrigen Gesamtbevollmächtigten diesem eine Untervollmacht erteilen.[227] Werden mehrere Gesamtbevollmächtigte zugelassen, kann das Stimmrecht von diesen nur einheitlich ausgeübt werden.[228] Eine uneinheitliche Stimmabgabe wäre wegen Perplexität nichtig. § 134 Abs. 3 S. 2 gilt entsprechend, wenn der **Aktionär selbst an der Hauptversammlung teilnimmt** und zusätzlich eine oder mehrere Personen bevollmächtigt. Will der Aktionär selbst teilnehmen, kann die Gesellschaft alle Bevollmächtigten zurückweisen.

64b Die **Satzung** kann die Zurückweisung weiterer Bevollmächtigter näher regeln und Maßgaben für die Ausnutzung des insoweit bestehenden Ermessensspielraums vorgeben.[229] Sie kann die Bevollmächtigung mehrerer Personen durch einen Aktionär auch von vornherein ausschließen.[230]

65 **dd) Gemeinsame Bevollmächtigte.** Von der Bevollmächtigung mehrerer Personen ist die Bestellung eines gemeinsamen Bevollmächtigten für mehrere Aktionäre **(Gruppenvertretung)** zu unterscheiden. Gegen die Zulässigkeit der Gruppenvertretung bestehen keine Bedenken.[231] In den Fällen des § 69 Abs. 1 ist die Bestellung eines gemeinschaftlichen Vertreters kraft Gesetzes zwingend erforderlich (→ Rn. 42). Soweit das Stimmrecht in sonstigen Fällen nur gemeinschaftlich ausgeübt werden kann (etwa bei **Gesamtvertretung** durch mehrere Organmitglieder oder bei gesetzlicher Vertretung durch die Eltern), muss die Gesellschaft grundsätzlich alle Berechtigten zur Hauptversammlung zulassen. § 134 Abs. 3 S. 1 ist insoweit nicht einschlägig, da es sich nicht um eine Stimmrechtsausübung durch Bevollmächtigte handelt. Die **Satzung** kann jedoch vorsehen, dass nur ein Gesamtvertretungsberechtigter zur Hauptversammlung zuzulassen ist.[232] Da das AktG die Stimmrechtsausübung durch mehrere Gesamtvertretungsberechtigte nicht ausdrücklich regelt, verstößt eine solche Satzungsregelung nicht gegen § 23 Abs. 5. Demgegenüber kann die Satzung nicht anordnen, dass zwingend ein Dritter zu bevollmächtigen ist (→ Rn. 49).

66 **c) Erteilung und Erlöschen der Vollmacht.** Die Erteilung und das Erlöschen der Vollmacht richten sich grundsätzlich nach den allgemeinen Vorschriften der §§ 167 ff. BGB. Die **Erteilung** kann gegenüber der Gesellschaft oder gegenüber dem Vertreter erfolgen (§ 167 Abs. 1 BGB). Die Vollmacht kann auf einzelne Abstimmungen beschränkt werden. Üblicherweise wird sie aber für eine oder mehrere Hauptversammlungen erteilt. Auch die Erteilung einer unbefristeten Vollmacht ist grundsätzlich möglich.[233] Unzulässig ist nur die Erteilung einer unwiderruflichen verdrängenden Vollmacht (→ Rn. 49).

67 Besteht bereits eine anderweitig erteilte Vollmacht, kann diese auch die Wahrnehmung von Aktionärsrechten mit umfassen. So berechtigt etwa eine **Generalvollmacht** auch zur Stimmrechtsausübung in der Hauptversammlung.[234] Gleiches gilt für die **Prokura** (§ 48 HGB), wobei es gem. § 49 Abs. 1 HGB nicht darauf ankommt, dass die Aktien gerade dem Betrieb des betreffenden Handelsgewerbes dienen.[235] Etwas anderes gilt selbstverständlich dann, wenn die Aktien zum Privat-

---

[225] So aber NK-AktR/*M. Müller* Rn. 31; wie hier Kölner Komm AktG/*Tröger* Rn. 166.
[226] Vgl. Kölner Komm AktG/*Tröger* Rn. 166.
[227] Hüffer/Koch/*Koch*, 13. Aufl. 2018, Rn. 27; Kölner Komm AktG/*Tröger* Rn. 167; zur GmbH auch UHL/ Hüffer/*Schürnbrand* GmbHG § 47 Rn. 109.
[228] Hüffer/Koch/*Koch*, 13. Aufl. 2018, Rn. 27; Kölner Komm AktG/*Tröger* Rn. 172.
[229] BegrRegE BT-Drs. 16/11 642, 32; Kölner Komm AktG/*Tröger* Rn. 166.
[230] Bürgers/Körber/*Holzborn* Rn. 17a; Grigoleit/*Herrler* Rn. 38; Hüffer/Koch/*Koch*, 13. Aufl. 2018, Rn. 27; *Wicke*, Einführung in das Recht der Hauptversammlung, das Recht der Sacheinlagen und das Freigabeverfahren nach dem ARUG, 2009, 33; einschränkend K. Schmidt/Lutter/*Spindler* Rn. 59: nur für den Fall des Besitzes einer Aktie; generell gegen die Möglichkeit einer Beschränkung durch die Satzung Großkomm AktG/*Grundmann* Rn. 106.
[231] Bürgers/Körber/*Holzborn* Rn. 21; Hüffer/Koch/*Koch*, 13. Aufl. 2018, Rn. 28; Kölner Komm AktG/*Tröger* Rn. 219; K. Schmidt/Lutter/*Spindler* Rn. 61.
[232] Kölner Komm AktG/*Tröger* Rn. 169, 172; zur GmbH auch BGH WM 1989, 63 (64 f.).
[233] MüKoAktG/*Arnold* Rn. 64.
[234] Grigoleit/*Herrler* Rn. 24; Hüffer/Koch/*Koch*, 13. Aufl. 2018, Rn. 22; Kölner Komm AktG/*Tröger* Rn. 186; MüKoAktG/*Arnold* Rn. 64.
[235] Baumbach/Hopt/*Hopt* § 49 Rn. 1; Großkomm AktG/*Grundmann* Rn. 108; Hölters/*Hirschmann* Rn. 42; Kölner Komm AktG/*Tröger* Rn. 186; MüKoAktG/*Arnold* Rn. 64; *v. Godin/Wilhelmi* Anm. 16; s. auch Kölner Komm AktG/*Tröger* Rn. 186.

vermögen des Kaufmanns gehören (wobei allerdings die Vermutung gem. § 344 Abs. 1 HGB zu beachten ist).[236] Gehört die Ausübung des Stimmrechts (wie im Regelfall) zu den gewöhnlichen Geschäften, die dem Betrieb des betreffenden Handelsgewerbes dienen, genügt auch eine **Generalhandlungsvollmacht** (§ 54 Abs. 1 Var. 1 HGB).[237] Bei einer **Art- oder Spezialhandlungsvollmacht** (§ 54 Abs. 1 Var. 2 und 3 HGB) kommt es auf deren konkreten Inhalt an.[238]

Das **Erlöschen der Vollmacht** bestimmt sich nach dem zugrunde liegenden Rechtsverhältnis (§ 168 S. 1 BGB). Dieses kann etwa durch Zweckerreichung, Zeitablauf oder Bedingungseintritt enden. Das zugrunde liegende Rechtsverhältnis ist idR ein Auftrag (§§ 662 ff. BGB) oder eine Geschäftsbesorgung (§ 675 Abs. 1 BGB).[239] Dementsprechend erlischt die Vollmacht idR mit dem Tod des Bevollmächtigten (§ 673 S. 1 BGB). Unabhängig von dem Fortbestehen des zugrunde liegenden Rechtsverhältnisses ist die Vollmacht **jederzeit widerruflich** (§ 168 S. 2 BGB; zur Unzulässigkeit unwiderruflicher verdrängender Stimmrechtsvollmachten → Rn. 49, 66). Wurde eine Vollmachtsurkunde ausgestellt, bleibt die Vertretungsmacht allerdings bestehen, bis die Vollmachtsurkunde dem Aktionär zurückgegeben oder für kraftlos erklärt wird (§ 172 Abs. 2 BGB). Etwas anderes gilt nur dann, wenn der Gesellschaft das Erlöschen der Vertretungsmacht bekannt ist (§ 173 BGB).[240] 68

d) Form (Abs. 3 S. 3). aa) Allgemeines. Die Erteilung der Vollmacht, ihr Widerruf und der Nachweis der Bevollmächtigung gegenüber der Gesellschaft bedürfen gem. § 134 Abs. 3 S. 3 grundsätzlich der **Textform**. Die Satzung kann eine abweichende Regelung treffen, bei börsennotierten Gesellschaften jedoch nur eine Erleichterung vorsehen. § 134 Abs. 3 S. 3 geht auf Art. 1 Nr. 20 ARUG zurück und ersetzt das zuvor geltende Schriftformerfordernis (§ 134 Abs. 3 S. 2 aF). Der Gesetzgeber wollte mit der Änderung des Formerfordernisses die Vorgaben von Art. 11 Aktionärsrechte-RL[241] umsetzen.[242] Das Formerfordernis ist auch dann erfüllt, wenn die Vollmachtserklärung eine strengere Form wahrt.[243] Die Einhaltung der gesetzlichen oder durch Satzung vorgeschriebenen Form ist **Wirksamkeitsvoraussetzung** für die Vollmachtserteilung.[244] Die Überwindung eines Formmangels gem. § 242 BGB kommt allenfalls in Ausnahmefällen in Betracht.[245] Ein Verstoß gegen das Formerfordernis führt zur Anfechtbarkeit der unter Mitwirkung des nicht wirksam bevollmächtigten Vertreters gefassten Beschlüsse, sofern sich die betreffenden Stimmen auf das Beschlussergebnis ausgewirkt haben.[246] Eine nachträgliche Genehmigung der Stimmabgabe eines Vertreters ohne Vertretungsmacht gem. § 177 Abs. 1 BGB, § 180 S. 2 BGB ist nicht möglich.[247] 69

bb) Anforderungen an die Textform. Die Anforderungen an die Textform richten sich nach § 126b BGB. Nach § 126b S. 1 BGB muss eine lesbare Erklärung, in der die Person des Erklärenden genannt ist, auf einem dauerhaften Datenträger abgegeben werden.[248] Ein dauerhafter Datenträger ist gem. § 126b S. 2 BGB jedes Medium, das es dem Empfänger ermöglicht, eine auf dem Datenträger befindliche, an ihn persönlich gerichtete Erklärung so aufzubewahren oder zu speichern, dass sie 70

---

[236] Hölters/*Hirschmann* Rn. 42; in diesem Sinne wohl auch Hüffer/Koch/*Koch*, 13. Aufl. 2018, Rn. 22, wenn er einschränkend darauf hinweist, dass die Aktien zum Gewerbebetrieb des Kaufmanns gehören müssen.
[237] Großkomm AktG/*Grundmann* Rn. 108; Hölters/*Hirschmann* Rn. 42; Hüffer/Koch/*Koch*, 13. Aufl. 2018, Rn. 22; Kölner Komm AktG/*Tröger* Rn. 186; MüKoAktG/*Arnold* Rn. 64; K. Schmidt/Lutter/*Spindler* Rn. 41.
[238] Vgl. Grigoleit/*Herrler* Rn. 24; Großkomm AktG/*Grundmann* Rn. 108; Kölner Komm AktG/*Tröger* Rn. 186.
[239] Kölner Komm AktG/*Tröger* Rn. 174; MüKoAktG/*Arnold* Rn. 51; *Henssler* ZHR 157 (1993) 91 (97); *Kiefner/Friebel* NZG 2011, 887 (888).
[240] Vgl. Hüffer/Koch/*Koch*, 13. Aufl. 2018, Rn. 22a; Kölner Komm AktG/*Tröger* Rn. 175; K. Schmidt/Lutter/*Spindler* Rn. 41.
[241] RiLi 2007/36/EG des Europäischen Parlaments und des Rates v. 11.7.2007 über die Ausübung bestimmter Rechte von Aktionären in börsennotierten Gesellschaften, ABl. EU 2007 Nr. L 184, 17.
[242] Vgl. BegrRegE, BT-Drs. 16/11 642, 32.
[243] Vgl. Grigoleit/*Herrler* Rn. 25; Hüffer/Koch/*Koch*, 13. Aufl. 2018, Rn. 23; Kölner Komm AktG/*Tröger* Rn. 177; K. Schmidt/Lutter/*Spindler* Rn. 49.
[244] OLG Hamm AG 2001, 146; Bürgers/Körber/*Holzborn* Rn. 18; Grigoleit/*Herrler* Rn. 25; Hüffer/Koch/*Koch*, 13. Aufl. 2018, Rn. 23; Kölner Komm AktG/*Tröger* Rn. 184; NK-AktR/*M. Müller* Rn. 29; K. Schmidt/Lutter/*Spindler* Rn. 49; zweifelnd Großkomm AktG/*Grundmann* Rn. 109; zur GmbH auch BGHZ 49, 183 (194).
[245] Hüffer/Koch/*Koch*, 13. Aufl. 2018, Rn. 23; Kölner Komm AktG/*Tröger* Rn. 184; K. Schmidt/Lutter/*Spindler* Rn. 49.
[246] Vgl. Bürgers/Körber/*Holzborn* Rn. 18; Großkomm AktG/*Grundmann* Rn. 112; Kölner Komm AktG/*Tröger* Rn. 194; *Ludwig* AG 2002, 433 (437 f.); *Wiebe* ZHR 166 (2001) 182 (186 f.).
[247] Grigoleit/*Herrler* Rn. 25; MüKoAktG/*Arnold* Rn. 56; K. Schmidt/Lutter/*Spindler* Rn. 50; aA Kölner Komm AktG/*Tröger* Rn. 191 ff.; anders auch die hM zur GmbH, s. OLG München ZIP 2011, 772 (773); OLG Frankfurt aM NZG 2003, 438; LG Hamburg GmbHR 1998, 987; Baumbach/Hueck/*Zöllner/Noack* GmbHG § 47 Rn. 55; Lutter/Hommelhoff/*Bayer* GmbHG § 47 Rn. 30; Scholz/*K. Schmidt* GmbHG § 47 Rn. 87.
[248] Zu Formulierungsvorschlägen für die Vollmachtsformulare s. *Höreth* AG-Report 2015, R24 (R25).

ihm während eines für ihren Zweck angemessenen Zeitraums zugänglich ist, und geeignet ist, die Erklärung unverändert wiederzugeben. Den Anforderungen genügen Verkörperungen auf Papier oder auf elektronischen Speichermedien (zB Disketten, USB-Sticks, Speicherkarten, CD, DVD).[249] Gewahrt ist die Textform auch bei einer Übermittlung per **Telefax** (auch Computerfax), per **E-Mail** oder per SMS.[250] Ebenfalls ausreichend ist die Vollmachterteilung über ein **Bildschirmformular** oder ein **Internetdialogsystem**.[251] Diesbezüglich wurden zwar vom DAV-Handelsrechtsausschuss im Gesetzgebungsverfahren Bedenken geäußert,[252] da nach der instanzgerichtlichen Rechtsprechung für die Wahrung der Textform das tatsächliche Herunterladen einer Erklärung erforderlich sei.[253] Diese Rechtsprechung ist jedoch auf die Vollmachterteilung über ein Bildschirmformular oder ein Internetdialogsystem nicht übertragbar. In den betreffenden Fällen ging es um die Frage, ob das bloße Bereithalten einer einsehbaren und vom Verbraucher herunterladbaren und/oder ausdruckbaren Online-Widerrufsbelehrung den Anforderungen an eine „Mitteilung in Textform" iSv § 355 Abs. 2 BGB aF genügt. Nach der instanzgerichtlichen Rechtsprechung sollte für eine solche „Mitteilung in Textform" auch der Zugang in Textform erforderlich sein, so dass sie tatsächlich heruntergeladen oder ausdruckt werden musste.[254] Bei der Vollmachterteilung über ein von der Gesellschaft bereitgestelltes Bildschirmformular oder ein Internetdialogsystem geht es dagegen nicht um den Zugang einer im Internet einsehbaren Erklärung beim Aktionär, sondern um die Abgabe einer Erklärung gegenüber der Gesellschaft. Dabei ist technisch regelmäßig sichergestellt, dass die Erklärung in hinreichend perpetuierter Form in den Herrschaftsbereich der Gesellschaft gelangt.

71 Ist die Vollmacht zur Stimmrechtsausübung Bestandteil einer **Prokura** oder einer Handlungsvollmacht ist für diese (anders als sonst) ebenfalls Textform erforderlich. Für die Prokura entsprach es aber bereits zu § 134 Abs. 3 S. 2 aF der allgemeinen Ansicht, dass die seinerzeit noch erforderliche Schriftform durch die Eintragung der Prokura im Handelsregister ersetzt wird.[255] Entsprechendes muss für die nach § 134 Abs. 3 S. 3 nunmehr erforderliche Textform gelten.[256] Der Nachweis der Bevollmächtigung kann bei der Prokura durch Vorlage eines (aktuellen) amtlichen Handelsregisterausdrucks (§ 9 Abs. 4 HGB) erfolgen.[257]

72 **cc) Abweichende Satzungsregelungen. (1) Anordnung durch die Satzung.** Die **Satzung** kann das Formerfordernis abweichend regeln. Bei **börsennotierten** Gesellschaften kann sie nur eine Erleichterung vorsehen. Der Gesetzgeber wollte die gesetzliche Regelung für alle technischen Entwicklungen offen halten.[258] Nach dem im Hinblick auf mögliche Erleichterungen uneingeschränkten Wortlaut von § 134 Abs. 3 S. 3 könnte auch eine mündliche Vollmachterteilung zugelassen werden. Insoweit bestehen allerdings Bedenken im Hinblick auf Art. 11 Abs. 2 S. 1 **Aktionärsrechte-RL**,[259] wonach „die Bestellung der Vertreter und die Benachrichtigung über die Bestellung an die Gesellschaft in jedem Fall schriftlich erfolgen müssen". Dabei wird „schriftlich" in diesem Zusammenhang als Textform verstanden.[260] In der Literatur wird aufgrund dieser Vorgaben eine richtlinienkonforme

---

[249] Vgl. Bürgers/Körber/*Holzborn* Rn. 18; Grigoleit/*Herrler* Rn. 25; MüKoBGB/*Einsele* § 126b Rn. 4; Palandt/*Ellenberger* BGB § 126b Rn. 3.

[250] Bamberger/Roth/*Wendtland* BGB § 126b Rn. 5; Bürgers/Körber/*Holzborn* Rn. 18; Grigoleit/*Herrler* Rn. 25; Großkomm AktG/*Grundmann* Rn. 111a; Kölner Komm AktG/*Tröger* Rn. 177.

[251] Bürgers/Körber/*Holzborn* Rn. 18; Grigoleit/*Herrler* Rn. 25; Großkomm AktG/*Grundmann* Rn. 111a; Hölters/*Hirschmann* Rn. 39; Kölner Komm AktG/*Tröger* Rn. 177; *Ch. Horn* ZIP 2008, 1558, 1565; *Zetzsche* Der Konzern 2008, 321 (327); s. auch BegrRegE, BT-Drs. 16/11 642, 32; zurückhaltend *DAV-Handelsrechtsausschuss* NZG 2008, 534 (538); aA *Drinhausen/Keinath* BB 2009, 64 (68), die eine Vollmachterteilung über ein Bildschirmformular oder Internetdialogsystem nur bei entsprechender Satzungsregelung zulassen wollen; so wohl auch MüKoAktG/*Arnold* Rn. 53.

[252] *DAV-Handelsrechtsausschuss* NZG 2008, 534 (538).

[253] Der DAV-Handelsrechtsausschuss verweist exemplarisch auf OLG Stuttgart MMR 2008, 616 (617); ebenso etwa OLG Hamburg MMR 2007, 660 f.; OLG Hamburg MMR 2006, 675 f.; OLG Köln MMR 2007, 713 (714 f.); KG MMR 2006, 678 (679); anders jedoch LG Paderborn MMR 2007, 191; LG Flensburg MMR 2006, 686 (687).

[254] BGH WM 2010, 2126 (2128); OLG Stuttgart MMR 2008, 616 (617); OLG Hamburg MMR 2007, 660 (661); OLG Hamburg MMR 2006, 675 (676); OLG Köln MMR 2007, 713 (714 f.); KG MMR 2006, 678 (679); ebenso etwa Staudinger/*Kaiser* BGB, 2012, § 355 Rn. 57 ff.; Soergel/*Pfeiffer* BGB § 355 Rn. 57.

[255] Vgl. Großkomm AktG/*Grundmann* Rn. 110 mwN.

[256] Ebenso Hüffer/Koch/*Koch*, 13. Aufl. 2018, Rn. 23; Kölner Komm AktG/*Tröger* Rn. 179; MüKoAktG/*Arnold* Rn. 37; K. Schmidt/Lutter/*Spindler* Rn. 49.

[257] Grigoleit/*Herrler* Rn. 25; Kölner Komm AktG/*Tröger* Rn. 198; K. Schmidt/Lutter/*Spindler* Rn. 53; wohl auch Hüffer/Koch/*Koch*, 13. Aufl. 2018, Rn. 23.

[258] BegrRegE BT-Drs. 16/11642, 32.

[259] RiLi 2007/36/EG des europäischen Parlaments und des Rates v. 11.7.2007 über die Ausübung bestimmter Rechte von Aktionären in börsennotierten Gesellschaften, ABl. EU 2007 Nr. L 184, 17.

[260] *Noack* FS Westermann, 2008, 1203 (1212).

Auslegung von § 134 Abs. 3 S. 3 gefordert.[261] Eine solche richtlinienkonforme Auslegung von § 134 Abs. 3 S. 3 würde allerdings von der Ermächtigung des Satzungsgebers zur Einführung von Formerleichterungen nichts mehr übrig lassen. Daher ist zweifelhaft, ob hier Raum für eine richtlinienkonforme Auslegung wäre.[262] Letztlich ist ohnehin fraglich, ob der europäische Gesetzgeber die Textform (bzw. „Schriftlichkeit" iSd Aktionärsrechterichtlinie) wirklich zwingend nicht nur als Höchst-, sondern auch als Mindestvoraussetzung für die Vollmachtserteilung vorschreiben wollte. Die englische Fassung der Aktionärsrechterichtlinie ist insoweit etwas weniger eindeutig als die deutsche Fassung. Dort heißt es: „Member States shall ensure that proxy holders may be appointed, and that such appointment be notified to the company, only in writing". Dies könnte auch dahingehend verstanden werden, dass die Erteilung jedenfalls in Textform ausreichend ist. Es spricht daher einiges dafür, dass die Satzung bei börsennotierten Gesellschaften auch eine mündliche Vollmachtserteilung zulassen könnte.[263] Insgesamt handelt es sich aber um ein eher theoretisches Problem, da die Möglichkeit, das Formerfordernis gegenüber der Textform weiter zu erleichtern, in der Praxis kaum relevant werden dürfte. Bei **nicht börsennotierten** Gesellschaften kann die Satzung auch eine strengere Form als die Textform vorsehen. In Betracht kommt insbesondere die Anordnung der Schriftform. Sieht die Satzung bei nicht börsennotierten Gesellschaften **Schriftform** vor, ist die Vollmachtsurkunde vom Aussteller eigenhändig durch Namensunterschrift oder mittels notariell beglaubigten Handzeichens zu unterzeichnen (§ 126 Abs. 1 BGB). Hierfür ist eine **Blankovollmacht** ausreichend, wenn sie im Zeitpunkt der Stimmabgabe vollständig ausgefüllt ist.[264] Soweit die Satzung die Schriftform ohne weitere Einschränkungen vorsieht, kann die Schriftform durch die elektronische Form (§ 126a BGB) ersetzt werden, wofür aber eine qualifizierte elektronische Signatur erforderlich ist.

(2) Ermächtigung durch die Satzung. Die Satzung kann die Form nicht generell in das 73 Ermessen des Vorstands stellen.[265] Sie kann jedoch gem. § 134 Abs. 3 S. 3 eine **Ermächtigung des Vorstands** zur Anordnung bestimmter abweichender Formerfordernisse vorsehen.[266] In der Praxis waren vor Inkrafttreten des ARUG häufig Regelungen anzutreffen, die den Vorstand ermächtigten, von der nach § 134 Abs. 3 S. 2 aF vorgeschriebenen Schriftform zugunsten der Textform (oder konkret zugunsten der Vollmachtserteilung per Telefax oder per E-Mail) abzuweichen. An dieser Praxis waren im Hinblick auf eine (verfehlte) Entscheidung des OLG München zu § 123 Abs. 2 S. 3 aF Zweifel aufgekommen. Danach sollte eine Verkürzung der Anmeldefrist für die Hauptversammlung nur durch die Satzung selbst vorgenommen und der Vorstand nicht entsprechend ermächtigt werden können.[267] Zumindest auf Formerleichterungen ließ sich diese Entscheidung bereits in der Vergangenheit kaum übertragen.[268] Um klarzustellen, dass die bisherige Praxis auch künftig beibehalten werden kann, hat der Gesetzgeber auf Vorschlag des Rechtsausschusses durch Art. 1 Nr. 20 ARUG eine Ermächtigung durch die Satzung nunmehr in § 134 Abs. 3 S. 3 ausdrücklich zugelassen.[269] § 134 Abs. 3 S. 3 beschränkt die Zulassung einer Ermächtigung durch die Satzung nicht auf Formerleichterungen, so dass (bei nicht börsennotierten Gesellschaften) der Vorstand auch ermächtigt werden kann, in der Einberufung weitergehende Formerfordernisse aufzustellen.[270]

dd) Übernahmesachverhalte und Rekapitalisierungen. Gem. § 16 Abs. 4 S. 6 WpÜG hat 74 die Gesellschaft den Aktionären in einer Übernahmesituation die Erteilung von Stimmrechtsvollmachten soweit nach Gesetz und Satzung möglich zu erleichtern. Nachdem durch Art. 1 Nr. 20 ARUG für die Vollmachtserteilung bei börsennotierten Gesellschaften allgemein die Textform eingeführt wurde, dürfte der Vorschrift in der Praxis kaum noch eine Bedeutung zukommen. Vor Inkrafttreten des ARUG wurde § 16 Abs. 4 S. 6 WpÜG zwar teilweise so ausgelegt, dass die Möglichkeit, Formerleichterungen durch die Satzung vorzusehen, in eine entsprechende Ermächtigung des Vorstands umzu-

---

[261] Grigoleit/*Herrler* Rn. 26; Hüffer/Koch/*Koch*, 13. Aufl. 2018, Rn. 23; *Wicke*, Einführung in das Recht der Hauptversammlung, das Recht der Sacheinlagen und das Freigabeverfahren nach dem ARUG, 2009, 32; wohl auch *Götze* NZG 2010, 93 (95); vgl. auch *Noack* FS Westermann, 2008, 1203 (1212); zweifelnd auch K. Schmidt/Lutter/*Spindler* Rn. 45; offen MüKoAktG/*Arnold* Rn. 54.
[262] Vgl. Hüffer/Koch/*Koch*, 13. Aufl. 2018, Rn. 23, der letztlich aber eine richtlinienkonforme Auslegung bejaht (unter Hinweis auf die extensive Interpretation des Gebots richtlinienkonformer Auslegung durch den BGH, vgl. etwa BGHZ 179, 27 (34 ff.)).
[263] Zust. Kölner Komm AktG/*Tröger* Rn. 182; ebenso wohl Hölters/*Hirschmann* Rn. 40.
[264] Bürgers/Körber/*Holzborn* Rn. 18; Großkomm AktG/*Grundmann* Rn. 109; Kölner Komm AktG/*Tröger* Rn. 177; K. Schmidt/Lutter/*Spindler* Rn. 48.
[265] *Bunke* AG 2002, 58 (63).
[266] Krit. zu derartigen Vorstandsermächtigungen *Simon* KSzW 2010, 15 (19).
[267] OLG München NZG 2008, 599 (600).
[268] Vgl. *Hellermann* NZG 2008, 561 (564).
[269] Vgl. Beschlussempfehlung und Bericht des Rechtsausschusses, BT-Drs. 16/13 098, 38 ff.
[270] Kölner Komm AktG/*Tröger* Rn. 183.

deuten sei, wenn die Satzung keine Regelungen zur Form der Vollmachtserteilung vorsieht.[271] Selbst wenn man dieser (zweifelhaften) Ansicht folgen wollte, würden hieraus aber nach heutiger Rechtslage keine besonderen Handlungspflichten des Vorstands folgen. Auch in der Übernahmesituation ist eine Vollmachtserteilung per Telefax oder per E-Mail, die das Textformerfordernis erfüllt, ohne weiteres zumutbar. Eine mündliche Vollmachtserteilung muss auch in diesem Fall nicht vorgesehen werden. Auch zur Benennung von Stimmrechtsvertretern ist die Gesellschaft entgegen der wohl hM[272] grundsätzlich nicht verpflichtet. Bei Anwendung der Europäischen Durchbrechungsregel gilt § 16 Abs. 4 gem. § 33b Abs. 4 WpÜG entsprechend für eine auf Verlangen des Bieters einberufene **Durchbrechungshauptversammlung** iSv § 33b Abs. 2 Nr. 3 WpÜG. Gem. § 7 Abs. 1 Satz 1 FMStBG gilt § 16 Abs. 4 WpÜG zudem entsprechend, wenn im Zusammenhang mit einer **Rekapitalisierung nach § 7 FMStFG** eine Hauptversammlung zur Beschlussfassung über eine Kapitalerhöhung gegen Einlagen einberufen wird.

74a e) **Widerruf der Vollmacht.** Gem. § 134 Abs. 3 S. 3 gilt das Textformerfordernis auch für den Widerruf der Vollmacht, sofern die Satzung nichts anderes bzw. – bei börsennotierten Gesellschaften – keine Erleichterung bestimmt. Ein konkludenter Widerruf der Vollmacht allein durch persönliches Erscheinen des Aktionärs in der Hauptversammlung scheidet daher regelmäßig aus.[273] Etwas anderes kann jedoch gelten, wenn bereits die Vollmachtserklärung mit einem entsprechenden Vorbehalt versehen ist.[274] So sehen insbesondere die Formulare für die Vollmachts- und Weisungserteilung an die von der Gesellschaft benannten Stimmrechtsvertreter häufig vor, dass die Vollmacht und Weisungen unter der Bedingung der persönlichen Teilnahme durch den Aktionär (oder einen Vertreter des Aktionärs) widerrufen werden. Auch wenn kein Widerruf der Vollmacht vorliegt, ist zu berücksichtigen, dass die Berechtigung des Aktionärs durch diejenige des Vertreters nicht verdrängt wird.[275] Teilnahme- und Stimmrecht können nur einmal ausgeübt werden, wobei das **Prioritätsprinzip** gilt.[276] Erscheint der Aktionär vor dem Bevollmächtigten in der Hauptversammlung, bedarf es somit keines Widerrufs der Vollmacht, damit der Aktionär das Teilnahme- und Stimmrecht ausüben kann. Nur wenn der Bevollmächtigte vor dem Aktionär erscheint (so regelmäßig bei Bevollmächtigung der von der Gesellschaft benannten Stimmrechtsvertreter), muss der Aktionär die Vollmacht zunächst widerrufen, um selbst an der Hauptversammlung teilnehmen und das Stimmrecht ausüben zu können.[277]

75 f) **Legitimation, Übermittlung des Nachweises (Abs. 3 S. 4).** Die Legitimation des Bevollmächtigten ist im AktG nur **unvollständig geregelt**. Der durch Art. 1 Nr. 20 ARUG eingeführte § 134 Abs. 3 S. 4 sieht lediglich vor, dass börsennotierte Gesellschaften zumindest einen Weg elektronischer Kommunikation für die Übermittlung des Nachweises anzubieten haben. Die ursprünglich in § 134 Abs. 3 S. 3 aF enthaltene Regelung, wonach die Vollmachtsurkunde der Gesellschaft vorzulegen ist und in ihrer Verwahrung bleibt, wurde bereits durch das NaStraG gestrichen. Jedoch ergibt sich schon aus allgemeinen Grundsätzen, dass die Gesellschaft einen Nachweis der Stimmberechtigung verlangen kann.[278] Bei Erteilung einer **Untervollmacht** muss sich der Nachweis auf die Vollmacht und die Untervollmacht erstrecken.[279] Die Satzung kann den Nachweis der Stimmberech-

---

[271] Assmann/Pötzsch/U.H. Schneider/*U.H. Schneider* WpÜG, 1. Aufl. 2005, § 16 Rn. 71; K. Schmidt/Lutter/*Spindler*, 1. Aufl. 2008, Rn. 41; aA Geibel/Süßmann/*Geibel* WpÜG, 2. Aufl. 2008, § 16 Rn. 94; Kölner Komm WpÜG/*Hasselbach*, 1. Aufl. 2003, § 16 Rn. 63; Schwark/*Noack*, 3. Aufl. 2004, WpÜG § 16 Rn. 36.

[272] Angerer/Geibel/Süßmann/*Geibel/Süßmann* WpÜG § 16 Rn. 86; Baums/Merkner/Sustmann WpÜG § 16 Rn. 102; Grigoleit/*Herrler* Rn. 27; grundsätzlich auch Kölner Komm WpÜG/*Hasselbach* § 16 Rn. 87, sofern die Satzung ein solches Vorgehen grundsätzlich zulasse (was regelmäßig der Fall sein dürfte, sofern man nicht eine ausdrückliche Zulassung verlangt); für eine entsprechende Pflicht nur bei ausdrücklicher satzungsmäßiger Ermächtigung offenbar Assmann/Pötzsch/U.H. Schneider/*Seiler* WpÜG § 16 Rn. 71; offen Bürgers/Körber/*Holzborn* Rn. 19.

[273] Hölters/*Hirschmann* Rn. 42a; Kölner Komm AktG/*Tröger* Rn. 185; MüKoAktG/*Arnold* Rn. 55; *Arnold/Carl/Götze* AG 2011, 349 (353); *Kiefner/Friebel* NZG 2011, 887 (890).

[274] Hölters/*Hirschmann* Rn. 42a; Kölner Komm AktG/*Tröger* Rn. 185; *Arnold/Carl/Götze* AG 2011, 349 (353); s. auch *Kiefner/Friebel* NZG 2011, 887 (890), die dies aber mit einer Beendigung des Grundverhältnisses begründen.

[275] Kölner Komm AktG/*Tröger* Rn. 185; MüKoAktG/*Arnold* Rn. 55; *Kiefner/Friebel* NZG 2011, 887 (888); aA offenbar Hölters/*Hirschmann* Rn. 42a: Vollmacht muss zur eigenen Wahrnehmung des Teilnahme- und Stimmrechts wirksam widerrufen werden.

[276] Grigoleit/*Herrler* Rn. 23; *Kiefner/Friebel* NZG 2011, 887 (889).

[277] Grigoleit/*Herrler* Rn. 24; MüKoAktG/*Arnold* Rn. 55; *Kiefner/Friebel* NZG 2011, 887 (889 f.).

[278] Vgl. BegrRegE BT-Drs. 14/4051 S. 15; Großkomm AktG/*Grundmann* Rn. 112; Hüffer/Koch/*Koch*, 13. Aufl. 2018, Rn. 24; MüKoAktG/*Arnold* Rn. 77; K. Schmidt/Lutter/*Spindler* Rn. 51; *Bunke* AG 2002, 58 (66).

[279] Bürgers/Körber/*Holzborn* Rn. 20; Grigoleit/*Herrler* Rn. 28; Kölner Komm AktG/*Tröger* Rn. 197; MüKoAktG/*Arnold* Rn. 62.

tigung näher regeln.²⁸⁰ Sieht die Satzung bei nicht börsennotierten Gesellschaften für die Vollmachtserteilung Schriftform vor, erfolgt der Nachweis grundsätzlich durch Vorlage der Vollmachtsurkunde (vgl. § 174 BGB). Mangels entsprechender Satzungsregelung kann die Gesellschaft aber nicht die Übergabe der Vollmachtsurkunde zum Verbleib bei der Gesellschaft verlangen.²⁸¹ Im gesetzlichen Regelfall ist auch für den Nachweis der Vollmacht die **Textform** ausreichend (§ 134 Abs. 3 S. 3). In diesem Fall muss die Gesellschaft das Kommunikationsmedium und seinen Inhalt in einer Weise einsehen können, die eine hinreichende Vergewisserung über die Legitimation ermöglicht.²⁸² Entsprechendes soll gelten, wenn die Satzung Erleichterungen gegenüber der Textform vorsieht. Auch hier wird verlangt, dass die Gesellschaft Gelegenheit erhält, das Kommunikationsmedium und seinen Inhalt in einer der Vorlegung vergleichbaren Weise unmittelbar sinnlich wahrzunehmen, insbesondere durch Augenschein.²⁸³ In diesem Fall wird es sich aber regelmäßig um eine mündlich erteilte Vollmacht handeln, so dass eine Inaugenscheinnahme nicht in Betracht kommt. Hier käme allenfalls ein Vorspielen der im Ton aufgezeichneten mündlichen Vollmacht in Betracht,²⁸⁴ was im Ergebnis als wenig praktikabel erscheint. Angesichts dieser Schwierigkeiten verwundert es nicht, dass in der Praxis Erleichterungen gegenüber der Textform bislang keine Verbreitung gefunden haben. Zur gesetzlichen Vertretung → Rn. 43; zur organschaftlichen Vertretung → Rn. 44; zur Legitimationsübertragung → Rn. 46; zur Prokura → Rn. 71.

In der Hauptversammlung erfolgt die **Prüfung der Legitimation** durch den Versammlungsleiter, **76** ansonsten durch den Vorstand.²⁸⁵ Eine Pflicht zur Prüfung der Legitimation besteht nicht.²⁸⁶ Wird eine Prüfung durchgeführt, kann ein nicht ordnungsgemäß legitimierter Vertreter von der Teilnahme an der Hauptversammlung ausgeschlossen werden. Die Gesellschaft kann sich jedoch auch mit einem nachträglichen Nachweis der Bevollmächtigung begnügen.²⁸⁷ Dies ändert nichts daran, dass die Vollmacht bereits vor der Hautversammlung formgerecht erteilt worden sein muss.²⁸⁸ Wird einem ordnungsgemäß legitimierten Vertreter die Teilnahme an der Hauptversammlung verwehrt, kann dies bei entsprechender Relevanz gem. § 243 Abs. 1 zur Anfechtbarkeit der in der Hauptversammlung gefassten Beschlüsse führen.²⁸⁹ Die Relevanz ist im Einzelfall festzustellen.²⁹⁰

Börsennotierte Gesellschaften müssen nach § 134 Abs. 3 S. 4 **zumindest einen Weg elektroni-** **77** **scher Kommunikation** für die Übermittlung des Nachweises anbieten. Hierfür genügt etwa die Angabe einer E-Mail-Adresse.²⁹¹ Der Gesetzgeber versteht unter „elektronischer Kommunikation" eine PC-gestützte Kommunikation, so dass das Vorhalten eines Faxgeräts nicht ausreichen soll.²⁹² Da der Gesetzeswortlaut keine entsprechende Einschränkung enthält, erscheint eine solche Differenzierung zweifelhaft.²⁹³ Die Pflicht zur Bereitstellung eines elektronischen Kommunikationswegs bedeutet nicht, dass die Gesellschaft zur Einforderung eines Nachweises stets auch verpflichtet wäre.²⁹⁴

---

[280] BegrRegE BT-Drs. 14/4051 S. 15; Bürgers/Körber/*Holzborn* Rn. 20; Hüffer/Koch/*Koch*, 13. Aufl. 2018, Rn. 24; K. Schmidt/Lutter/*Spindler* Rn. 51.
[281] Vgl. Hüffer/Koch/*Koch*, 13. Aufl. 2018, Rn. 24; K. Schmidt/Lutter/*Spindler* Rn. 51; weitergehend Großkomm AktG/*Grundmann* Rn. 112; Kölner Komm AktG/*Tröger* Rn. 202, die auch eine entsprechende Satzungsregelung für unzulässig halten.
[282] OLG Köln ZIP 2012, 1458 (1459); Grigoleit/*Herrler* Rn. 28; Kölner Komm AktG/*Tröger* Rn. 196; K. Schmidt/Lutter/*Spindler* Rn. 53.
[283] Hölters/*Hirschmann* Rn. 44; Hüffer/Koch/*Koch*, 13. Aufl. 2018, Rn. 24; MüKoAktG/*Arnold* Rn. 78.
[284] Vgl. Kölner Komm AktG/*Tröger* Rn. 196.
[285] Bürgers/Körber/*Holzborn* Rn. 20; Grigoleit/*Herrler* Rn. 29; Hölters/*Hirschmann* Rn. 43; Hüffer/Koch/*Koch*, 13. Aufl. 2018, Rn. 24; K. Schmidt/Lutter/*Spindler* Rn. 55.
[286] Grigoleit/*Herrler* Rn. 29; Großkomm AktG/*Grundmann* Rn. 112; Hölters/*Hirschmann* Rn. 47; Ludwig AG 2002, 433 (436 f.).
[287] RGZ 106, 258 (260 f.); OLG Düsseldorf AG 1991, 444 (445); OLG Hamm AG 2001, 146 f.; Bürgers/Körber/*Holzborn* Rn. 20; Grigoleit/*Herrler* Rn. 29; Hölters/*Hirschmann* Rn. 47; Hüffer/Koch/*Koch*, 13. Aufl. 2018, Rn. 24; Kölner Komm AktG/*Tröger* Rn. 201; MüKoAktG/*Arnold* Rn. 82; K. Schmidt/Lutter/*Spindler* Rn. 55.
[288] Vgl. Bürgers/Körber/*Holzborn* Rn. 20; Hüffer/Koch/*Koch*, 13. Aufl. 2018, Rn. 24.
[289] OLG München NZG 2000, 553 (555); OLG Düsseldorf AG 1991, 444 ff.; Hölters/*Hirschmann* Rn. 47; Kölner Komm AktG/*Tröger* Rn. 201; MüKoAktG/*Arnold* Rn. 83; K. Schmidt/Lutter/*Spindler* Rn. 55.
[290] MüKoAktG/*Arnold* Rn. 83; aA OLG München NZG 2000, 553 (555); OLG Düsseldorf AG 1991, 444 ff.; Hölters/*Hirschmann* Rn. 47; Kölner Komm AktG/*Tröger* Rn. 201; K. Schmidt/Lutter/*Spindler* Rn. 55, die eine Relevanz wohl stets bejahen wollen.
[291] Kölner Komm AktG/*Tröger* Rn. 200; *Ch. Horn* ZIP 2008, 1558 (1565).
[292] BegrRegE BT-Drs. 16/11 642 S. 32; ebenso Bürgers/Körber/*Holzborn* Rn. 20; Grigoleit/*Herrler* Rn. 28; Hölters/*Hirschmann* Rn. 45; *Wicke*, Einführung in das Recht der Hauptversammlung, das Recht der Sacheinlagen und das Freigabeverfahren nach dem ARUG, 2009, 33; *Ch. Horn* ZIP 2008, 1558 (1565).
[293] Ebenso Kölner Komm AktG/*Tröger* Rn. 200.
[294] So tendenziell aber Großkomm AktG/*Grundmann* Rn. 112a.

78 g) Umfang und Wirkung der Vollmacht. Der Umfang der Vollmacht ist im Wege der **Auslegung** zu ermitteln.[295] Wird die Vollmacht nicht beschränkt, berechtigt sie den Bevollmächtigten in der Hauptversammlung zu allen Rechtshandlungen, zu denen ansonsten der Aktionär berechtigt wäre.[296] Der Bevollmächtigte kann daher etwa im Namen des vertretenen Aktionärs das Rede- und Fragerecht in Anspruch nehmen, Anträge stellen, ausliegende Unterlagen einsehen und Widerspruch zur Niederschrift erklären. Der Aktionär kann dem Bevollmächtigten hierzu auch entsprechende Weisungen erteilen, die nicht dem für die Vollmachtserteilung geltenden Formerfordernis unterliegen.[297] Regelmäßig umfasst die Vollmacht auch den Verzicht auf Form- und Fristerfordernisse (etwa im Fall des § 121 Abs. 6).[298] Von der Gesellschaft benannte Stimmrechtsvertreter können dagegen ausschließlich zur Ausübung des Stimmrechts bevollmächtigt werden.

78a Ob die vom Aktionär erteilte Vollmacht die **Bevollmächtigung eines Untervertreters** erlaubt, ist durch Auslegung zu ermitteln.[299] Danach wird man eine Berechtigung zur Erteilung einer Untervollmacht annehmen müssen, wenn der Vertretene erkennbar kein Interesse an der persönlichen Wahrnehmung der Vertretungsmacht hat. Etwas anderes gilt, wenn der Hauptvertreter wegen eines besonderen Nähe- oder Vertrauensverhältnisses bevollmächtigt wurde und der Aktionär erkennbar ein Interesse an der höchstpersönlichen Wahrnehmung der Stimmrechtsvertretung hat.[300] Sofern keine abweichenden Anhaltspunkte vorliegen, ist im Verhältnis zur AG regelmäßig davon auszugehen, dass der Bevollmächtigte auch zur Bevollmächtigung eines Untervertreters berechtigt ist.[301] Einschränkungen gelten gem. § 135 Abs. 5 S. 1 für Kreditinstitute. Danach darf ein Kreditinstitut Personen, die nicht seine Angestellten sind, nur dann unterbevollmächtigen, wenn die Vollmacht dies (ausdrücklich) gestattet. Entsprechendes gilt für Aktionärsvereinigungen und Personen, die sich geschäftsmäßig gegenüber Aktionären zur Ausübung des Stimmrechts erbieten (§ 135 Abs. 8) sowie für die § 135 Abs. 10 iVm § 125 Abs. 5 gleichgestellten Institute und Unternehmen. Die Untervollmacht selbst bedarf stets der für die Hauptvollmacht erforderlichen Form.[302]

79 Die Stimmrechtsausübung durch den Bevollmächtigten wirkt **für und gegen den vertretenen Aktionär** (§ 164 Abs. 1 S. 1 BGB). Im Außenverhältnis gegenüber der Gesellschaft kann sich der Aktionär nicht darauf berufen, dass die Stimmrechtsausübung seinen Interessen oder Weisungen widersprochen habe.[303] Der Aktionär muss sich auch von dem Bevollmächtigten begangene Verstöße gegen die gesellschaftsrechtliche Treuepflicht zurechnen lassen.[304] Eine Eigenhaftung des Bevollmächtigten für Verstöße gegen die gesellschaftsrechtliche Treuepflicht kommt nur in Betracht, wenn dieser sich weigert, den Vollmachtgeber zu nennen.[305]

V. Form der Stimmrechtsausübung (Abs. 4)

80 **1. Allgemeines.** § 134 Abs. 4 regelt die Form der Stimmrechtsausübung nicht selbst, sondern überlässt dies der **Satzung**. Die Form der Stimmrechtsausübung muss nicht in der Satzung selbst abschließend geregelt werden. Die Satzung kann die Kompetenz zur Festlegung des Verfahrens auch dem **Versammlungsleiter** zuweisen. Für diesen Fall geht die ganz hM zutreffend davon aus, dass die Hauptversammlung die verfahrensleitenden Anordnungen des Versammlungsleiters **nicht überstimmen** kann.[306] Der Versammlungsleiter legt die Form der Stimmrechtsausübung auch dann fest,

---

[295] Kölner Komm AktG/*Tröger* Rn. 186; MüKoAktG/*Arnold* Rn. 60.
[296] Kölner Komm AktG/*Tröger* Rn. 186; MüKoAktG/*Arnold* Rn. 60.
[297] Kölner Komm AktG/*Tröger* Rn. 187; vgl. auch MüKoAktG/*Arnold* Rn. 61.
[298] *Kocher* NZG 2016, 1220 (1221 f.); vgl. auch *Stretz* GWR 2016, 384; aA zu § 51 Abs. 3 GmbHG (für die Vertretung einer juristischen Person) LG Duisburg NZG 2016, 1229 (1230) mit dem unhaltbaren Argument, dass der Verzicht auf Form und Frist nur vom gesetzlichen Vertreter (persönlich) erklärt werden könne.
[299] Kölner Komm AktG/*Tröger* Rn. 189; MüKoAktG/*Arnold* Rn. 62.
[300] Kölner Komm AktG/*Tröger* Rn. 189; MüKoAktG/*Arnold* Rn. 62; allgemein BGH WM 1959, 377 (378); OLG Hamm DNotZ 2012, 230 (231 f.); Erman/*Maier-Reimer* BGB § 167 Rn. 64; MüKoBGB/*Schubert* § 167 Rn. 78; Soergel/*Leptien* BGB § 167 Rn. 58; Staudinger/*Schilken* BGB, 2014, § 167 Rn. 63.
[301] MüKoAktG/*Arnold* Rn. 62; enger Kölner Komm AktG/*Tröger* Rn. 189.
[302] MüKoAktG/*Arnold* Rn. 62.
[303] Kölner Komm AktG/*Tröger* Rn. 187; MüKoAktG/*Arnold* Rn. 66; *Hensler* ZHR 157 (1993) 91 (106 f.).
[304] Kölner Komm AktG/*Tröger* Rn. 190, 195; MüKoAktG/*Arnold* Rn. 66.
[305] BGHZ 129, 136 (149 ff.) – Girmes; Grigoleit/*Herrler* Rn. 2 Fn. 5; Kölner Komm AktG/*Tröger* Rn. 195; MüKoAktG/*Arnold* Rn. 66; *Hensler* ZHR 157 (1993) 91 (118 f.); s. auch *Hammen* ZBB 1993, 239 (246); krit. *Hoffmann*, Systeme der Stimmrechtsvertretung in der Publikumsgesellschaft, 1999, 156 ff.
[306] Bürgers/Körber/*Holzborn* Rn. 27; GHEK/*Eckardt* Rn. 68; Grigoleit/*Herrler* Rn. 44; Hölters/*Hirschmann* Rn. 63; Hüffer/Koch/*Koch*, 13. Aufl. 2018, Rn. 34; MüKoAktG/*Arnold* Rn. 86; K. Schmidt/Lutter/*Spindler* Rn. 72; *Butzke* Die Hauptversammlung der AG Rn. E 102; *Pickert* in Semler/Volhard/Reichert HV-HdB § 9 Rn. 263; *U.H. Schneider* FS Peltzer, 2001, 425 (434); *Stützle/Walgenbach* ZHR 155 (1991) 516 (534); v.d. *Linden* NZG 2012, 930 (931); aA *Max* AG 1991, 77 (87), der eine abweichende Regelung durch einstimmigen Hauptversammlungsbeschluss für möglich hält.

wenn die Satzung hierzu überhaupt keine Regelung enthält. In diesem Fall kann die Hauptversammlung aber durch Mehrheitsbeschluss das Verfahren abweichend von den Anordnungen des Versammlungsleiters bestimmen.[307] Der Versammlungsleiter ist jedoch nicht verpflichtet, von sich aus einen Beschluss der Hauptversammlung einzuholen.[308] Fehlt es an einer Satzungsregelung kann auch eine Geschäftsordnung für die Hauptversammlung (§ 129 Abs. 1 S. 1) das Verfahren für den Versammlungsleiter verbindlich regeln.[309] In der Praxis wird zur Wahrung der nötigen Flexibilität regelmäßig der Versammlungsleiter durch die Satzung zur Festlegung des Verfahrens ermächtigt.

2. Abstimmungsmodalitäten. a) Grundsatz. Unabhängig davon, ob die Form der Stimmrechtsausübung durch die Satzung selbst, den Versammlungsleiter oder die Hauptversammlung festgelegt wird, muss das gewählte Verfahren eine **zuverlässige und zweifelsfreie Ermittlung** des Abstimmungsergebnisses gewährleisten.[310] Legt der Versammlungsleiter das Verfahren fest, entscheidet er unter Beachtung dieser Grenzen nach pflichtgemäßem Ermessen.[311] Bei der Ermessensausübung spielt neben der Sicherheit der Ergebnisfeststellung insbesondere der Zeitaufwand des Verfahrens eine Rolle.[312] Möglich ist sowohl eine offene als auch eine verdeckte Abstimmung. Eine **offene Abstimmung** kann etwa durch Handaufheben, Aufstehen oder Zuruf erfolgen. Derartige Abstimmungsformen kommen zumeist nur bei Hauptversammlungen mit wenigen Teilnehmern in Betracht, zumal idR nicht nach Köpfen abgestimmt wird.[313] Eine **verdeckte Abstimmung** kann durch Abgabe von Stimmkarten bzw. Stimmabschnitten oder durch die verschiedenen Formen elektronischer Stimmabgabe (zB Televoter, Tablets) erfolgen (zur elektronischen Stimmabgabe außerhalb der Hauptversammlung → Rn. 83 ff.).[314]

b) Geheime Abstimmung. Von der verdeckten Abstimmung ist die geheime Abstimmung zu unterscheiden. Bei letzterer wird auch gegenüber der Gesellschaft nicht offengelegt, welcher Aktionär wie abgestimmt hat. Die Zulässigkeit der geheimen Abstimmung ist umstritten.[315] Es besteht jedoch weitgehend Einigkeit, dass jedenfalls **kein Anspruch des einzelnen Aktionärs** auf geheime Abstimmung besteht.[316] Mangels abweichender Satzungsregelung entscheidet der Versammlungsleiter nach pflichtgemäßem Ermessen über die Zulassung einer geheimen Abstimmung.[317] Regelmäßig wird eine geheime Abstimmung unzweckmäßig sein, da die Einhaltung von Stimmverboten nicht kontrolliert werden kann und das Abstimmungsverhalten einzelner Aktionäre auch in einem späteren Anfechtungsverfahren oder im Hinblick auf Schadensersatzansprüche wegen Verletzung der gesellschaftsrechtlichen Treuepflicht relevant sein kann.[318] Dem Interesse einzelner Aktionäre, in ihrer

---

[307] Bürgers/Körber/*Holzborn* Rn. 27; Grigoleit/*Herrler* Rn. 45; Hölters/*Hirschmann* Rn. 63; Hüffer/Koch/*Koch*, 13. Aufl. 2018, Rn. 34; MüKoAktG/*Arnold* Rn. 87; K. Schmidt/Lutter/*Spindler* Rn. 72; *Butzke* Die Hauptversammlung der AG Rn. E 102; *Pickert* in Semler/Volhard/Reichert HV-HdB § 9 Rn. 264; *Schaaf* in Schaaf Praxis der HV Rn. 559 f.; *Martens* WM 1981, 1010 (1014); *Max* AG 1991, 77 (87); *Stützle/Walgenbach* ZHR 155 (1991) 516 (534 f.); aA *Ihrig* FS Goette, 2011, 205 (211, 217); *v.d. Linden* NZG 2012, 930 (933 f.).
[308] Bürgers/Körber/*Holzborn* Rn. 27; *Martens* WM 1981, 1010 (1014).
[309] Grigoleit/*Herrler* Rn. 45; K. Schmidt/Lutter/*Spindler* Rn. 72; *Butzke* Die Hauptversammlung der AG Rn. E 102; aA *v.d. Linden* NZG 2012, 930 (934).
[310] Vgl. Bürgers/Körber/*Holzborn* Rn. 28; Kölner Komm AktG/*Tröger* § 133 Rn. 92; MüKoAktG/*Arnold* Rn. 88; K. Schmidt/Lutter/*Spindler* Rn. 73; *Pickert* in Semler/Volhard/Reichert HV-HdB § 9 Rn. 266.
[311] Grigoleit/*Herrler* Rn. 44; Hüffer/Koch/*Koch*, 13. Aufl. 2018, Rn. 35; K. Schmidt/Lutter/*Spindler* Rn. 73; s. auch MüKoAktG/*Arnold* Rn. 88.
[312] Vgl. Grigoleit/*Herrler* Rn. 44; Hölters/*Hirschmann* Rn. 64; Hüffer/Koch/*Koch*, 13. Aufl. 2018, Rn. 35; MüKoAktG/*Arnold* Rn. 88; K. Schmidt/Lutter/*Spindler* Rn. 73.
[313] Vgl. Hüffer/Koch/*Koch*, 13. Aufl. 2018, Rn. 35; Kölner Komm AktG/*Tröger* § 133 Rn. 92; K. Schmidt/Lutter/*Spindler* Rn. 73.
[314] Einschränkend *v.d. Linden* NZG 2012, 930 (932), der zusätzlich die Einrichtung von Wahlkabinen oder eine sonstige Abschirmung der Teilnehmer verlangt.
[315] Für Zulässigkeit etwa Hüffer/Koch/*Koch*, 13. Aufl. 2018, Rn. 35; *U.H. Schneider* FS Peltzer, 2001, 425 (429 ff.); *v.d. Linden* NZG 2012, 930 (932); wohl auch MüKoAktG/*Arnold* Rn. 92; zurückhaltend K. Lutter/*Spindler* Rn. 75, der danach differenzieren will, ob das Verhalten einzelner Aktionäre oder Aktionärsgruppen für spätere Ansprüche relevant sein kann; gegen Zulässigkeit etwa Grigoleit/*Herrler* Rn. 47.
[316] LG München I ZIP 2017, 973 (976); Bürgers/Körber/*Holzborn* Rn. 29; Grigoleit/*Herrler* Rn. 47; Hölters/*Hirschmann* Rn. 64; Hüffer/Koch/*Koch*, 13. Aufl. 2018, Rn. 35; Kölner Komm AktG/*Tröger* § 133 Rn. 95; MüKoAktG/*Arnold* Rn. 92; K. Schmidt/Lutter/*Spindler* Rn. 76; *Pickert* in Semler/Volhard/Reichert HV-HdB § 9 Rn. 269; *Schaaf* in Schaaf Praxis der HV Rn. 548; *v.d. Linden* NZG 2012, 930 (932); teilweise anders *U.H. Schneider* FS Peltzer, 2001, 425 (433 f.), der in Ausnahmefällen ein Individualrecht auf geheime Abstimmung anerkennen will.
[317] Kölner Komm AktG/*Tröger* § 133 Rn. 97.
[318] Vgl. Kölner Komm AktG/*Tröger* § 133 Rn. 96; MüKoAktG/*Arnold* Rn. 92; K. Schmidt/Lutter/*Spindler* Rn. 75; *Pickert* in Semler/Volhard/Reichert HV-HdB § 9 Rn. 269.

Entscheidungsfreiheit nicht durch Druck aus der Versammlung beeinträchtigt zu werden, kann idR durch eine verdeckte Abstimmung hinreichend Rechnung getragen werden.[319]

83 **c) Abstimmung außerhalb der Hauptversammlung.** Während der Einsatz elektronischer Abstimmungsverfahren in der Hauptversammlung stets zulässig war, kam in der Vergangenheit eine elektronische Stimmabgabe außerhalb des eigentlichen Versammlungsorts nicht in Betracht. Aktionäre, die an der Abstimmung teilnehmen wollten, mussten daher stets selbst in der Hauptversammlung anwesend sein oder sich durch einen anwesenden Bevollmächtigten vertreten lassen. Insbesondere eine Teilnahme über das Internet war nicht zulässig.[320] Dies hat sich mit dem ARUG geändert. Nach dem durch Art. 1 Nr. 7 ARUG neu eingeführten § 118 Abs. 1 S. 2 kann die Satzung vorsehen, dass die Aktionäre an der Hauptversammlung auch ohne Anwesenheit am Versammlungsort und ohne einen Bevollmächtigten teilnehmen und sämtliche oder einzelne Rechte ganz oder teilweise **im Wege elektronischer Kommunikation** ausüben können. Der Gesetzgeber hat mit der Einführung der Satzungsautonomie für die aktive Teilnahme an der Hauptversammlung auf elektronischem Weg die Vorgaben von Art. 8 der Aktionärsrechte-RL[321] umgesetzt. Die Satzung kann auch eine entsprechende Ermächtigung des Vorstands vorsehen.

84 Die **Online-Teilnahme** gilt als „echte" Teilnahme an der Hauptversammlung, bei der die Aktionärsrechte (insbesondere das Stimmrecht) in Echtzeit ausgeübt werden.[322] Die Hauptversammlung bleibt aber eine Präsenzveranstaltung. Eine rein „virtuelle Hauptversammlung" ist auch nach der Neuregelung nicht möglich, so dass stets ein physischer Versammlungsort bestimmt werden muss, an dem auch der Versammlungsleiter anwesend ist.[323] Ist aufgrund einer entsprechenden Satzungsregelung die Stimmrechtsausübung auf elektronischem Weg zugelassen, hat der Vorstand die Sicherheit der eingesetzten technischen Systeme entsprechend dem jeweiligen Stand der Technik zu gewährleisten.[324]

85 Durch das ARUG wurde nicht nur die Online-Teilnahme an der Hauptversammlung ermöglicht, sondern erstmals auch die Möglichkeit der **Briefwahl** vorgesehen. Hierzu wurde durch Art. 1 Nr. 7 ARUG ein neuer § 118 Abs. 2 eingefügt, wonach die Satzung vorsehen kann, dass Aktionäre ihre Stimmen, auch ohne an der Versammlung teilzunehmen, schriftlich oder im Wege elektronischer Kommunikation abgeben dürfen. Wie im Fall des § 118 Abs. 1 S. 2 kann die Satzung auch hier eine entsprechende Ermächtigung des Vorstands vorsehen. Briefwahlstimmen können bereits im Vorfeld der Hauptversammlung abgegeben werden. Können sie auch noch während der Hauptversammlung abgegeben werden (insbesondere über ein Bildschirmdialogsystem) besteht der Unterschied zur Stimmrechtsausübung auf elektronischem Weg gem. § 118 Abs. 1 S. 2 darin, dass der im Wege der Briefwahl abstimmende Aktionär nicht als „Teilnehmer" der Hauptversammlung anzusehen ist und dementsprechend auch keinen Widerspruch zur Niederschrift erklären kann, so dass er nicht nach § 245 Nr. 1 anfechtungsbefugt ist.[325]

§ 135 Ausübung des Stimmrechts durch Kreditinstitute und geschäftsmäßig Handelnde

(1) ¹Ein Kreditinstitut darf das Stimmrecht für Aktien, die ihm nicht gehören und als deren Inhaber es nicht im Aktienregister eingetragen ist, nur ausüben, wenn es bevollmächtigt ist. ²Die Vollmacht darf nur einem bestimmten Kreditinstitut erteilt werden und ist von diesem nachprüfbar festzuhalten. ³Die Vollmachtserklärung muss vollständig sein und darf nur mit der Stimmrechtsausübung verbundene Erklärungen enthalten. ⁴Erteilt der Aktionär keine ausdrücklichen Weisungen, so kann eine generelle Vollmacht nur die Berechtigung des Kreditinstituts zur Stimmrechtsausübung

---

[319] Vgl. Bürgers/Körber/*Holzborn* Rn. 29; MüKoAktG/*Arnold* Rn. 93.

[320] Vgl. Bürgers/Körber/*Holzborn* Rn. 28; Großkomm AktG/*Mülbert* Vor § 118 Rn. 59; Kölner Komm AktG/*Tröger* § 133 Rn. 93; MüKoAktG/*Arnold* Rn. 90; K. Schmidt/Lutter/*Spindler* Rn. 74; *Hüther*, Aktionärsbeteiligung und Internet, 2002, 316 ff.; *Bunke* AG 2002, 57; *Claussen* AG 2001, 161 (166); *Habersack* ZHR 165 (2001) 172 (180 f.); *Kocher* NZG 2001, 1074; *Muthers/Ulbrich* WM 2005, 215 (216 f.); *Riegger* ZHR 165 (2001) 204 (213); *Spindler* ZGR 2000, 420 (435 ff.); *Zätsch/Gröning* NZG 2000, 393 (395 f.); aA *Pielke*, Die virtuelle Hauptversammlung, 2009, 89 ff.; *Schmitz*, Der Einfluß neuer Technologien auf die Aktionärsmitverwaltung, 2003, 130 ff. (153 ff.); *Wohlwend*, Die Hauptversammlung im Wandel der Kommunikationsformen, 2001, 135 ff.; *Hirte* Liber Amicorum Buxbaum, 2000, 283 (288 ff.).

[321] RiLi 2007/36/EG des Europäischen Parlaments und des Rates v. 11.7.2007 über die Ausübung bestimmter Rechte von Aktionären in börsennotierten Gesellschaften, ABl. EU 2007 Nr. L 184, 17.

[322] BegrRegE BT-Drs. 16/11642, 26; MüKoAktG/*Kubis* § 118 Rn. 80.

[323] Vgl. BegrRegE BT-Drs. 16/11642, 26; s. auch Hölters/*Drinhausen* § 118 Rn. 15.

[324] BegrRegE BT-Drs. 16/11642, 27.

[325] BegrRegE BT-Drs. 16/11642, 27; Hölters/*Drinhausen* § 118 Rn. 18; Hüffer/Koch/*Koch*, 13. Aufl. 2018, § 118 Rn. 19; MüKoAktG/*Kubis* § 118 Rn. 84.

1. entsprechend eigenen Abstimmungsvorschlägen (Absätze 2 und 3) oder
2. entsprechend den Vorschlägen des Vorstands oder des Aufsichtsrats oder für den Fall voneinander abweichender Vorschläge den Vorschlägen des Aufsichtsrats (Absatz 4) vorsehen. [5]Bietet das Kreditinstitut die Stimmrechtsausübung gemäß Satz 4 Nr. 1 oder Nr. 2 an, so hat es sich zugleich zu erbieten, im Rahmen des Zumutbaren und bis auf Widerruf einer Aktionärsvereinigung oder einem sonstigen Vertreter nach Wahl des Aktionärs die zur Stimmrechtsausübung erforderlichen Unterlagen zuzuleiten. [6]Das Kreditinstitut hat den Aktionär jährlich und deutlich hervorgehoben auf die Möglichkeiten des jederzeitigen Widerrufs der Vollmacht und der Änderung des Bevollmächtigten hinzuweisen. [7]Die Erteilung von Weisungen zu den einzelnen Tagesordnungspunkten, die Erteilung und der Widerruf einer generellen Vollmacht nach Satz 4 und eines Auftrags nach Satz 5 einschließlich seiner Änderung sind dem Aktionär durch ein Formblatt oder Bildschirmformular zu erleichtern.

(2) [1]Ein Kreditinstitut, das das Stimmrecht auf Grund einer Vollmacht nach Absatz 1 Satz 4 Nr. 1 ausüben will, hat dem Aktionär rechtzeitig eigene Vorschläge für die Ausübung des Stimmrechts zu den einzelnen Gegenständen der Tagesordnung zugänglich zu machen. [2]Bei diesen Vorschlägen hat sich das Kreditinstitut vom Interesse des Aktionärs leiten zu lassen und organisatorische Vorkehrungen dafür zu treffen, dass Eigeninteressen aus anderen Geschäftsbereichen nicht einfließen; es hat ein Mitglied der Geschäftsleitung zu benennen, das die Einhaltung dieser Pflichten sowie die ordnungsgemäße Ausübung des Stimmrechts und deren Dokumentation zu überwachen hat. [3]Zusammen mit seinen Vorschlägen hat das Kreditinstitut darauf hinzuweisen, dass es das Stimmrecht entsprechend den eigenen Vorschlägen ausüben werde, wenn der Aktionär nicht rechtzeitig eine andere Weisung erteilt. [4]Gehört ein Vorstandsmitglied oder ein Mitarbeiter des Kreditinstituts dem Aufsichtsrat der Gesellschaft oder ein Vorstandsmitglied oder ein Mitarbeiter der Gesellschaft dem Aufsichtsrat des Kreditinstituts an, so hat das Kreditinstitut hierauf hinzuweisen. [5]Gleiches gilt, wenn das Kreditinstitut an der Gesellschaft eine Beteiligung hält, die nach § 33 des Wertpapierhandelsgesetzes meldepflichtig ist, oder einem Konsortium angehörte, das die innerhalb von fünf Jahren zeitlich letzte Emission von Wertpapieren der Gesellschaft übernommen hat.

(3) [1]Hat der Aktionär dem Kreditinstitut keine Weisung für die Ausübung des Stimmrechts erteilt, so hat das Kreditinstitut im Falle des Absatzes 1 Satz 4 Nr. 1 das Stimmrecht entsprechend seinen eigenen Vorschlägen auszuüben, es sei denn, dass es den Umständen nach annehmen darf, dass der Aktionär bei Kenntnis der Sachlage die abweichende Ausübung des Stimmrechts billigen würde. [2]Ist das Kreditinstitut bei der Ausübung des Stimmrechts von einer Weisung des Aktionärs oder, wenn der Aktionär keine Weisung erteilt hat, von seinem eigenen Vorschlag abgewichen, so hat es dies dem Aktionär mitzuteilen und die Gründe anzugeben. [3]In der eigenen Hauptversammlung darf das bevollmächtigte Kreditinstitut das Stimmrecht auf Grund der Vollmacht nur ausüben, soweit der Aktionär eine ausdrückliche Weisung zu den einzelnen Gegenständen der Tagesordnung erteilt hat. [4]Gleiches gilt in der Versammlung einer Gesellschaft, an der es mit mehr als 20 Prozent des Grundkapitals unmittelbar oder mittelbar beteiligt ist; für die Berechnung der Beteiligungsschwelle bleiben mittelbare Beteiligungen im Sinne des § 35 Absatz 3 bis 6 des Wertpapierhandelsgesetzes außer Betracht.

(4) [1]Ein Kreditinstitut, das in der Hauptversammlung das Stimmrecht auf Grund einer Vollmacht nach Absatz 1 Satz 4 Nr. 2 ausüben will, hat den Aktionären die Vorschläge des Vorstands und des Aufsichtsrats zugänglich zu machen, sofern dies nicht anderweitig erfolgt. [2]Absatz 2 Satz 3 sowie Absatz 3 Satz 1 bis 3 gelten entsprechend.

(5) [1]Wenn die Vollmacht dies gestattet, darf das Kreditinstitut Personen, die nicht seine Angestellten sind, unterbevollmächtigen. [2]Wenn es die Vollmacht nicht anders bestimmt, übt das Kreditinstitut das Stimmrecht im Namen dessen aus, den es angeht. [3]Ist die Briefwahl bei der Gesellschaft zugelassen, so darf das bevollmächtigte Kreditinstitut sich ihrer bedienen. [4]Zum Nachweis seiner Stimmberechtigung gegenüber der Gesellschaft genügt bei börsennotierten Gesellschaften die Vorlegung eines Berechtigungsnachweises gemäß § 123 Abs. 3; im Übrigen sind die in der Satzung für die Ausübung des Stimmrechts vorgesehenen Erfordernisse zu erfüllen.

(6) [1]Ein Kreditinstitut darf das Stimmrecht für Namensaktien, die ihm nicht gehören, als deren Inhaber es aber im Aktienregister eingetragen ist, nur auf Grund einer Ermächtigung ausüben. [2]Auf die Ermächtigung sind die Absätze 1 bis 5 entsprechend anzuwenden.

(7) **Die Wirksamkeit der Stimmabgabe wird durch einen Verstoß gegen Absatz 1 Satz 2 bis 7, die Absätze 2 bis 6 nicht beeinträchtigt.**

(8) **Die Absätze 1 bis 7 gelten sinngemäß für Aktionärsvereinigungen und für Personen, die sich geschäftsmäßig gegenüber Aktionären zur Ausübung des Stimmrechts in der Hauptversammlung erbieten; dies gilt nicht, wenn derjenige, der das Stimmrecht ausüben will, gesetzlicher Vertreter, Ehegatte oder Lebenspartner des Aktionärs oder mit ihm bis zum vierten Grad verwandt oder verschwägert ist.**

(9) **Die Verpflichtung des Kreditinstituts zum Ersatz eines aus der Verletzung der Absätze 1 bis 6 entstehenden Schadens kann im Voraus weder ausgeschlossen noch beschränkt werden.**

(10) **§ 125 Abs. 5 gilt entsprechend.**

Schrifttum: *A. Arnold,* Aktionärsrechte und Hauptversammlung nach dem ARUG, Der Konzern 2009, 88; *Assmann,* Zur Reform des Vollmachtsstimmrechts der Banken nach dem Referentenentwurf eines Gesetzes zur Kontrolle und Transparenz im Unternehmensbereich (KonTraG-E), AG-Sonderheft 1997, 100; *Bachmann,* Namensaktie und Stimmrechtsvertretung, WM 1999, 2100; *Bachmann,* Verwaltungsvollmacht und „Aktionärsdemokratie": Selbstregulative Ansätze für die Hauptversammlung, AG 2001, 635; *Balp,* Regulating Proxy Advisors Through Transparency: Pros and Cons of the EU Approach, ECFR 2017, 1; *Baums,* Vollmachtsstimmrecht der Banken – Ja oder Nein?, AG 1996, 11; *Baums/von Randow,* Der Markt für Stimmrechtsvertreter, AG 1995, 145; *Bayer/Scholz,* Der Legitimationsaktionär – Aktuelle Fragen aus der gerichtlichen Praxis, NZG 2013, 721; *Bunke,* Fragen der Vollmachtserteilung zur Stimmrechtsausübung nach §§ 134, 135 AktG, AG 2002, 57; *Busse,* Depotstimmrecht der Banken, 1962; *Consbruch,* Das neue Aktiengesetz und die Kreditinstitute, ZfK 1965, 1155; *Dörrwächter,* Stimmrechts- und Vergütungsberatung – Interessenkonflikte und Unabhängigkeit, AG 2017, 409; *Eckardt,* Die Ausübung des Stimmrechts durch einen anderen, insbesondere durch ein Kreditinstitut, DB 1967, 191 und 233; *Fleischer,* Zur Rolle und Regulierung von Stimmrechtsberatern (Proxy Advisors) im deutschen und europäischen Aktien- und Kapitalmarktrecht, AG 2012, 2; *Fleischer,* Zukunftsfragen der Corporate Governance in Deutschland und Europa: Aufsichtsräte, institutionelle Investoren, Proxy Advisors und Whistleblowers, ZGR 2011, 155; *Gallego Córcoles,* Proxy Advisors in the Voting Process: Some Considerations for Future Regulation in Europe, ECFR 2016, 106; *Georgiev/Kolev,* Die überarbeitete Aktionärsrechterichtlinie (RL 2017/828/EU): Mehr Rechte und erhöhte Transparenz für die Aktionäre, GWR 2018, 107; *Grundmann,* Das neue Depotstimmrecht nach der Fassung im Regierungsentwurf zum ARUG, BKR 2009, 31; *Habersack,* Aktienrecht und Internet, ZHR 165 (2001), 172; *Hammen,* Zur Haftung bei der Stimmrechtsvertretung durch Kreditinstitute in der Hauptversammlung der Aktiengesellschaft, ZBB 1993, 239; *Hammen,* Zur geplanten Neuregelung des Depotstimmrechts, ZIP 1995, 1301; *Hammen,* Das Vollmachtsstimmrecht der Banken in der Aktienrechtsreform, WM 1997, 1221; *Henssler,* Verhaltenspflichten bei der Ausübung von Aktienstimmrechten durch Bevollmächtigte – Zivilrechtliche Grundlagen, ZHR 157 (1993), 91; *Herold,* Das Depotstimmrecht der Banken, FS Lehmann, 1956, 563; *Hüther,* Aktionärsbeteiligung und Internet, BB 2002; *Johansson,* Die Ausübung des Stimmrechts auf Grund eigener Vorschläge des Kreditinstituts, BB 1967, 1315; *Klöhn/Schwarz,* Die Regulierung institutioneller Stimmrechtsberater, ZIP 2012, 149; *U. Körber,* Die Stimmrechtsvertretung durch Kreditinstitute, 1989; *Kropff,* Zur Vinkulierung, zum Vollmachtsstimmrecht und zur Unternehmensaufsicht im deutschen Recht, in *Semler/Hommelhoff/Doralt/Druey,* Reformbedarf im Aktienrecht, ZGR-Sonderheft 12, 1994, S. 3; *Langenbucher,* Stimmrechtsberater, FS Hoffmann-Becking, 2013, 733; *Lenz,* Renaissance des Depotstimmrechts, AG 2006, 572; *Marsch-Barner,* Treuepflichten zwischen Aktionären und Verhaltenspflichten bei der Stimmrechtsbündelung, ZHR 154 (1993), 172; *Marsch-Barner,* Neuere Entwicklungen im Vollmachtsstimmrecht der Banken, FS Peltzer, 2001, 261; *Mülbert,* Empfehlen sich gesetzliche Regelungen zur Einschränkung des Einflusses der Kreditinstitute auf Aktiengesellschaften?, Gutachten E für den 61. Deutschen Juristentag, 1996; *Noack,* Identifikation der Aktionäre, neue Rolle der Intermediäre – zur Umsetzung der Aktionärsrechte-Richtlinie II, NZG 2017, 561; *Noack,* Stimmrechtsvertretung in der Hauptversammlung nach NaStraG, ZIP 2001, 57; *Ochmann,* Die Aktionärsrechte-Richtlinie, 2010; *Peltzer,* Empfehlen sich gesetzliche Regelungen zur Einschränkung des Einflusses der Kreditinstitute auf Aktiengesellschaften?, JZ 1996, 842; *Püttner,* Das Depotstimmrecht der Banken, 1963; *Raiser,* Empfehlen sich gesetzliche Regelungen zur Einschränkung des Einflusses der Kreditinstitute auf Aktiengesellschaften?, NJW 1996, 2257; *Ratschow,* Die Aktionärsrechterichtlinie – neue Regeln für börsennotierte Gesellschaften, DStR 2007, 1402; *Schilling,* Das Depotstimmrecht der Bank in der eigenen Hauptversammlung, NJW 1961, 486; *D. Schmidt,* Die Ausübung des sog. Depotstimmrechts durch die Kreditinstitute, BB 1967, 818; *J. Schmidt,* Banken(voll)macht im Wandel der Zeit – Das ARUG als (vorläufiger?) Schlussstein einer wechselvollen Geschichte, WM 2009, 2350; *J. Schmidt,* Europäische Einflüsse auf das deutsche Unternehmensrecht, AG 2016, 713; *M. Schneider,* Die neuen Depotprüfungsrichtlinien des Bundesaufsichtsamts für das Kreditwesen, AG 1971, 183; *U. H. Schneider/Burgard,* Transparenz als Instrument der Steuerung des Einflusses der Kreditinstitute und Aktiengesellschaften, DB 1996, 1761; *Schulte/Bode,* Offene Fragen zur Form der Vollmachtserteilung an Vertreter iSv § 135 AktG, AG 2008, 730; *Schwarz,* Institutionelle Stimmrechtsberatung. Rechtstatsachen, Rechtsökonomik, rechtliche Rahmenbedingungen und Regulierungsstrategien, 2013; *Simon/Zetzsche,* Das Vollmachtsstimmrecht von Banken und geschäftsmäßigen Vertretern (§ 135 AktG nF) im Spannungsfeld von Corporate Governance, Präsenzsicherung und prozeduraler Effizienz, ZGR 2010, 918; *Than,* Verhaltenspflichten bei der Ausübung von Aktienstimmrechten durch Bevollmächtigte – Rechtsfragen der Bankpraxis, ZHR 157 (1993), 125; *Timm,* Rechtspolitische Initiativen zur Professionalisierung der Aufsichtsratstätigkeit und Einschränkung des Depotstimmrechts der Banken, in Henze/

Timm/Westermann, Gesellschaftsrecht 1995, 1996, S. 241; *Tuerks,* Depotstimmrechtspraxis versus U. S.-proxy-system, 2000; *Vallenthin,* Die Neuregelung des Bankenstimmrechts im Aktiengesetz von 1965, Bank-Betrieb 1965, 242; *Vallenthin,* Die Stimmrechtsausübung durch Banken nach dem Aktiengesetz von 1965, 1966; *von Falkenhausen,* Das Bankenstimmrecht im neuen Aktienrecht, AG 1966, 69; *Wicke,* Einführung in das Recht der Hauptversammlung, das Recht der Sacheinlagen und das Freigabeverfahren nach dem ARUG, 2009; *Wilsing,* Corporate Governance in Deutschland und Europa – Die Rolle der institutionellen Investoren, der Proxy Advisors und die der Aktionäre, ZGR 2012, 291; *Zetzsche,* Aktionärslegitimation durch Berechtigungsnachweis, Der Konzern 2007, 180 und 251; *Zetzsche/Preiner,* Best Practice Prinzipien für Stimmrechtsberater, AG-Report 2013, 356; *Zetzsche/Preiner,* Der Verhaltenskodex für Stimmrechtsberater zwischen Vertrags- und Wettbewerbsrecht, AG 2014, 685 ff.; *Zöllner,* Die Stimmrechtsvertretung der Kleinaktionäre, FS Peltzer, 2001, 661.

Übersicht

	Rn.		Rn.
I. Überblick	1–9	a) Allgemeines	68
1. Normzweck	1	b) Abstimmung entsprechend Aktionärsweisungen	69, 70
2. Entstehungsgeschichte	2–7b	c) Abstimmung bei Fehlen von Weisungen	71–76
3. Rechtspolitische Kritik	8, 9		
II. Stimmrechtsvollmacht für fremde Aktien (Abs. 1–5)	10–98a	d) Abweichung von Weisungen oder Vorschlägen (Abs. 3 S. 1 und 2)	77–86
1. Anwendungsbereich Abs. 1 S. 1)	10–13	e) Erfordernis von Einzelweisungen	87–93
a) Allgemeines	10	f) Verdeckte Stellvertretung (Abs. 5 S. 2)	94, 95
b) Kreditinstitute	11, 12	g) Briefwahl (Abs. 5 S. 3)	96
c) Fremde Aktien	13	h) Nachweis der Stimmberechtigung (Abs. 5 S. 4)	97, 98
2. Vollmachtserteilung	14–45	6. Entgelt	98a
a) Erfordernis der Vollmachtserteilung (Abs. 1 S. 1)	14	**III. Ermächtigung bei fremden Namensaktien (Abs. 6)**	99–102
b) Beschränkung auf bestimmtes Kreditinstitut (Abs. 1 S. 2)	15	1. Eintragung im Aktienregister	99–101
c) Formale Anforderungen	16–29	2. Fehlende Eintragung	102
d) Generelle Vollmacht (Abs. 1 S. 4)	30–33	**IV. Erweiterung des persönlichen Anwendungsbereichs (Abs. 8, 10)**	103–109
e) Zuleitung an Aktionärsvereinigung oder sonstigen Vertreter (Abs. 1 S. 5)	34–38	1. Aktionärsvereinigungen und geschäftsmäßig Handelnde (Abs. 8)	103–108
f) Hinweis auf Widerrufsmöglichkeiten (Abs. 1 S. 6)	39, 40	a) Allgemeines	103
g) Erleichterung durch Formblatt oder Bildschirmformular (Abs. 1 S. 7)	41	b) Aktionärsvereinigungen	104
h) Untervollmacht (Abs. 5 S. 1)	42–45	c) Geschäftsmäßig Handelnde	105–106b
3. Pflichten in der Vorbereitungsphase der Hauptversammlung (Abs. 2 und 4)	46–63	d) Angehörigenprivileg (Abs. 8 Hs. 2)	107
a) Allgemeines	46	e) Sinngemäße Geltung von Abs. 1–7	108
b) Unterbreitung eigener Abstimmungsvorschläge (Abs. 2 S. 1 und 2)	47–55	2. Gleichgestellte Institute und Unternehmen (Abs. 10)	109
c) Hinweispflichten (Abs. 2 S. 3–5)	56–61	**V. Rechtsfolgen von Verstößen (Abs. 7 und 9)**	110–116
d) Zugänglichmachen von Verwaltungsvorschlägen (Abs. 4)	62, 63	1. Wirksamkeit der Stimmabgabe (Abs. 7)	110, 111
4. Erteilung von Weisungen	64–67	2. Schadensersatz (Abs. 9)	112–114
a) Allgemeines	64	3. Ordnungswidrigkeit (§ 405 Abs. 3 Nr. 4 und 5)	115
b) Inhalt	65		
c) Form	66		
d) Rechtzeitigkeit	67		
5. Stimmrechtsausübung (Abs. 3–5)	68–98	4. Depotprüfung	116

I. Überblick

1. Normzweck. § 135 regelt die **geschäftsmäßige Stimmrechtsvertretung** durch Kreditinstitute (sog. Banken- oder Depotstimmrecht) und andere geschäftsmäßig Handelnde. Die geschäftsmäßige Stimmrechtsvertretung ist der wichtigste Fall der organisierten Stimmrechtsvertretung. Ebenfalls zur organisierten Stimmrechtsvertretung zu zählen ist die Stimmrechtsvertretung durch von der Gesellschaft benannte Stimmrechtsvertreter, die in § 134 Abs. 3 S. 5 nur rudimentär geregelt ist. Die Zulassung der geschäftsmäßigen Stimmrechtsvertretung in § 135 soll der rationalen Apathie insbesondere von Kleinaktionären (→ § 134 Rn. 48) entgegenwirken und die Investition in Aktien durch Privatanleger fördern, indem sie deren **Teilnahme am Entscheidungsprozess erleichtert.**[1] Hierdurch soll eine Steigerung der Hauptversammlungspräsenzen bewirkt werden, um eine stärkere Kontrolle der Verwaltung durch die Aktionäre zu ermöglichen.[2] Auf der anderen Seite unterwirft § 135 die geschäftsmäßige Stimmrechtsvertretung strikten Beschränkungen, um zu verhindern, dass insbesondere die Kreditinstitute die ihnen erteilten Stimmrechtsvollmachten zur Verfolgung eigener Interessen einsetzen.[3] Die Regelung ist das Ergebnis eines **gesetzgeberischen Kompromisses,** der die Wahrung der Aktionärsinteressen gegen die Gefahr einer eigennützigen Stimmrechtsausübung durch die Bevollmächtigten abwägt. Seit Inkrafttreten des AktG 1965 hat der Gesetzgeber diesbezüglich immer wieder Neujustierungen vorgenommen, wobei die geschäftsmäßige Stimmrechtsvertretung zuletzt durch das ARUG deutlich liberalisiert wurde (→ Rn. 5 ff.).

2   **2. Entstehungsgeschichte.** § 135 ist gemeinsam mit den §§ 134, 136 aus einer Aufspaltung von § 114 AktG 1937 hervorgegangen. Die heutige Regelung hat ihren Ursprung in **§ 114 Abs. 4 AktG 1937.** Danach durften Banken das Stimmrecht für Aktien, die ihnen nicht gehören, nur ausüben, wenn sie hierzu schriftlich ermächtigt waren, wobei eine solche Ermächtigung nur über einen Zeitraum von maximal 15 Monaten erteilt werden konnte und jederzeit widerruflich war. Hierdurch wurde die zuvor übliche Praxis eingeschränkt, wonach das Stimmrecht von den verwahrenden Banken allein aufgrund des Depotvertrags und einer in den AGB enthaltenen Ermächtigung ausgeübt wurde (daher die noch heute übliche Bezeichnung „Depotstimmrecht").[4] 1952 wurde die Regelung um die vom Bundesverband des privaten Bankgewerbes erarbeiteten **Grundsätze über die Ausübung des Depotstimmrechts** ergänzt.[5] Die mit dem **AktG 1965** eingeführte Regelung unterschied sich von ihrem Vorläufer in § 114 Abs. 4 AktG 1937 zunächst dadurch, dass von der Stimmrechtsausübung kraft Ermächtigung zu einer Vollmachtslösung übergegangen wurde. Die entscheidende Neuerung war aber die Beschränkung der Stimmrechtsausübung auf die eigenen Abstimmungsvorschläge bei fehlender Weisung.[6]

3   In der Folgezeit war das in § 135 geregelte Bankenstimmrecht mehrfach Gegenstand einer kontroversen rechtspolitischen Diskussion, die zu wiederholten Änderungen geführt hat. Während die Reformen zunächst zu einer Verschärfung der Anforderungen an die geschäftsmäßige Stimmrechtsvertretung führten (insbesondere 1998 durch das KonTraG), lässt sich seit 2001 (mit Inkrafttreten des NaStraG) eine deutliche **Liberalisierungstendenz** ausmachen, die in eine umfassende inhaltliche und systematische Umgestaltung § 135 durch das ARUG mündete.

4   Mit dem **KonTraG**[7] vom 27. April 1998 wurde vor dem Hintergrund der seinerzeitigen Diskussion um die Bankenmacht in der alten „Deutschland AG" versucht, den Einfluss der Banken zu begrenzen. Hierzu wurde insbesondere eine Beschränkung der Stimmrechtsausübung für Kreditinstitute eingeführt, die in der betreffenden Hauptversammlung zugleich Stimmen aus einer unmittelbaren oder mittelbaren Eigenbeteiligung in Höhe von mehr als 5 % ausübten (§ 135 Abs. 1 S. 3 aF). Daneben wurde die Pflicht eingeführt, auf alternative Möglichkeiten der Stimmrechtsvertretung hinzuweisen. Eine Liberalisierung brachte das KonTraG im Hinblick auf die Unterbevollmächtigung, die nunmehr auch dann zugelassen wurde, wenn das Kreditinstitut an dem Ort der Hauptversammlung eine Niederlassung hat (§ 135 Abs. 3 S. 1 aF; entspricht inhaltlich § 135 Abs. 5 S. 1). Durch das **NaStraG**[8] vom 18. Januar 2001 wurden Inhaber- und Namensaktien hinsichtlich der Stimmrechtsausübung gleichgestellt. Zudem wurde die Vollmachtserteilung erleichtert, indem das zuvor geltende Schriftformerfordernis und die Pflicht zur Vorlage der Vollmacht gestrichen wurden. Im Gegenzug wurde eine verschärfte Dokumentationspflicht eingeführt (§ 135 Abs. 2 S. 3 und 4 aF; entspricht inhaltlich § 135 Abs. 1 S. 2 und 3). Überdies wurde die Befristung auf maximal 15 Monate durch eine jährliche Hinweispflicht auf die jederzeitige Möglichkeit des

---

[1] Großkomm AktG/*Grundmann* Rn. 1; s. auch Kölner Komm AktG/*Zetzsche* Rn. 13 f., 53; K. Schmidt/Lutter/*Spindler* Rn. 70; *Raiser* NJW 1996, 2257 (2261).
[2] BegrRegE bei *Kropff* S. 194.
[3] BegrRegE und Ausschussbericht bei *Kropff* S. 195.
[4] Vgl. GHEK/*Eckardt* Rn. 5 ff.; Großkomm AktG/*Grundmann* Rn. 9; Kölner Komm AktG/*Zetzsche* Rn. 23 ff.; U. *Körber,* Die Stimmrechtsvertretung durch Kreditinstitute, 1989, 20 f.; *Püttner,* Das Depotstimmrecht der Banken, 1963, 29 ff.; *Tuerks,* Depotstimmrechtspraxis versus U. S.-proxy-system, 2000, 6 f.; *J. Schmidt* WM 2009, 2350 f.
[5] Abgedruckt bei *Busse,* Depotstimmrecht der Banken, 1962, 211; s. dazu MüKoAktG/*Arnold* Rn. 8; *Herold* FS Lehmann, 1956, 563 (566 ff.).
[6] Vgl. GHEK/*Eckardt* Rn. 12; Großkomm AktG/*Grundmann* Rn. 9; MüKoAktG/*Arnold* Rn. 10; K. Schmidt/Lutter/*Spindler* Rn. 2; *J. Schmidt* WM 2009, 2350 (2351 f.).
[7] Gesetz zur Kontrolle und Transparenz im Unternehmensbereich (KonTraG) v. 27.4.1998, BGBl. 1998 I 786.
[8] Gesetz zur Namensaktie und zur Erleichterung der Stimmrechtsausübung (Namensaktiengesetz - NaStraG) v. 18.1.2001, BGBl. 2001 I 123.

Widerrufs ersetzt (§ 135 Abs. 2 S. 2 aF; entspricht inhaltlich § 135 Abs. 1 S. 6). Kleinere Änderungen erfolgten mit der Gleichstellung von Finanzdienstleistungsinstituten (§ 135 Abs. 12 aF = § 135 Abs. 10),[9] der Erstreckung des Angehörigenprivilegs auf Lebenspartner (§ 135 Abs. 9 S. 2 aF = § 135 Abs. 8 Hs. 2)[10] und einer gesetzessystematischen Anpassung an das UMAG (§ 135 Abs. 4 S. 3 aF; entspricht inhaltlich § 135 Abs. 5 S. 4).

§ 135 wurde durch das **ARUG** mit dem Ziel einer grundlegenden Deregulierung der Stimmrechtsvertretung durch Kreditinstitute neu gefasst.[11] Angesichts des erheblichen administrativen Aufwands, der mit der Stimmrechtsvertretung vor allem seit Inkrafttreten des KonTraG verbunden war, haben sich insbesondere die öffentlichen Banken aus der Erbringung einer entsprechenden Dienstleistung komplett zurückgezogen.[12] Der Gesetzgeber will diesem Trend mit einer umfassenden **Entbürokratisierung** des Bankenstimmrechts entgegenwirken. Hierfür hat er die Umsetzung der Aktionärsrechterichtlinie[13] zum Anlass genommen, ohne dass die Reform von § 135 europarechtlich zwingend veranlasst gewesen wäre.[14] Nach der **Übergangsregelung** des § 20 Abs. 2 EGAktG ist § 135 in der Fassung des ARUG ab dem 1. November 2009 anzuwenden. 5

Kern der Neuregelung ist eine Erleichterung der Vollmachtsgestaltung bei Fehlen von Einzelweisungen. Nach bisherigem Recht mussten die Kreditinstitute den Aktionären zwingend eigene Abstimmungsvorschläge unterbreiten (§ 128 Abs. 2 aF). § 135 Abs. 1 S. 4 sieht jetzt zwei alternative Möglichkeiten vor: Eine **generelle Vollmacht** kann die Berechtigung vorsehen, bei Fehlen von ausdrücklichen Weisungen entweder entsprechend eigenen Abstimmungsvorschlägen oder entsprechend den Verwaltungsvorschlägen abzustimmen. Zugleich muss sich das Kreditinstitut erbieten, die zur Stimmrechtsausübung erforderlichen Unterlagen bis auf Widerruf an eine Aktionärsvereinigung oder einen sonstigen Vertreter nach Wahl des Aktionärs weiterzuleiten (§ 135 Abs. 1 S. 5). Die noch im Referentenentwurf vorgesehene Möglichkeit, das Stimmrecht bei Fehlen von ausdrücklichen Weisungen entsprechend den Vorschlägen einer Aktionärsvereinigung oder einer geschäftsmäßig handelnden Person auszuüben, wurde dafür fallengelassen.[15] Entschärft wurde das Erfordernis einer Einzelweisung für den Fall einer erheblichen **Eigenbeteiligung**. Hier wurde die Schwelle von 5 % (§ 135 Abs. 1 S. 3 aF) auf 20 % heraufgesetzt (§ 135 Abs. 3 S. 4).[16] Zudem hat der Gesetzgeber die **verdeckte Stellvertretung** zum Regelfall erhoben (§ 135 Abs. 5 S. 2 gegenüber § 135 Abs. 4 S. 2 aF). Die Fälle, in denen ein Verstoß gegen § 135 auf die **Wirksamkeit der Stimmabgabe** durchschlägt, wurden weiter reduziert (§ 135 Abs. 7 gegenüber § 135 Abs. 6 aF). Auch die Regelung zum **Ausschluss der Schadensersatzpflicht** wurde leicht modifiziert (§ 135 Abs. 9 gegenüber § 135 Abs. 11 aF). Der zuvor bestehende **Kontrahierungszwang** (§ 135 Abs. 10 aF) wurde komplett gestrichen.[17] Die durch das ARUG eingeführte Möglichkeit der **Briefwahl** (§ 118 Abs. 2) wurde in § 135 Abs. 5 S. 3 auch für das Bankenstimmrecht eröffnet. 6

§ 135 wurde durch das ARUG auch in **systematischer Hinsicht** geändert und neu gegliedert. Am Anfang der Norm stehen nunmehr die Regelungen zur Vollmachtserteilung (§ 135 Abs. 1 S. 1–4 und 7). Eine Ausnahme bildet die Unterbevollmächtigung, die in § 135 Abs. 5 S. 1 geregelt ist. In § 135 Abs. 2 wurden leicht modifiziert die zuvor in § 128 Abs. 2 aF geregelten Pflichten der Kreditinstitute in der Vorbereitungsphase der Hauptversammlung integriert.[18] Weitere Pflichten aus der Vorbereitungsphase sind in § 135 Abs. 1 S. 5 und 6 sowie in § 135 Abs. 4 geregelt. Die Ausübung des Stimmrechts regeln § 135 Abs. 3 und Abs. 5 S. 2–4. § 135 Abs. 6 betrifft die Stimmrechtsausübung aufgrund einer Ermächtigung bei fremden Namensaktien, für die das Kreditinstitut im Aktienregister eingetragen ist. Den Abschluss bilden die Regelungen zur Wirksamkeit der Stimmabgabe (§ 135 Abs. 7), zum Ausschluss von Schadensersatzansprüchen (§ 135 Abs. 9) und zum persönlichen Anwendungsbereich der Norm (§ 135 Abs. 8 und 10). 7

---

[9] Durch Art. 4 Nr. 12 des Begleitgesetzes zum Gesetz zur Umsetzung von EG-Richtlinien zur Harmonisierung bank- und wertpapieraufsichtsrechtlicher Vorschriften v. 22.10.1997, BGBl. 1997 I 2567.

[10] Durch Art. 3 § 28 Nr. 2 des Gesetzes zur Beendigung der Diskriminierung gleichgeschlechtlicher Gemeinschaften: Lebenspartnerschaften v. 16.2.2001, BGBl. 2001 I 266.

[11] Vgl. BegrRegE BT-Drs. 16/11 642, 33.

[12] BegrRegE BT-Drs. 16/11 642, 33; s. auch Grigoleit/*Herrler* Rn. 2; Kölner Komm AktG/*Zetzsche* Rn. 37; *Lenz* AG 2006, 572 f.; *Seibert/Florstedt* ZIP 2008, 2145 (2151); *Simon/Zetzsche* ZGR 2010, 918 (924 ff.).

[13] RiLi 2007/36/EG des Europäischen Parlaments und des Rates vom 11.7.2007 über die Ausübung bestimmter Rechte von Aktionären in börsennotierten Gesellschaften, ABl. EU Nr. 2007 L 184, 17.

[14] Großkomm AktG/*Grundmann* Rn. 20a; *J. Schmidt* WM 2009, 2350 (2353); *Seibert* ZIP 2008, 906 (909).

[15] Vgl. *Paschos/Goslar* AG 2009, 14 (19).

[16] Der Referentenentwurf knüpfte noch weitergehend an eine Mehrheitsbeteiligung an, s. dazu Großkomm AktG/*Grundmann* Rn. 20, 20 c.

[17] Krit. insoweit Großkomm AktG/*Grundmann* Rn. 96a; *Grundmann* BKR 2009, 31 (36); zust. dagegen *J. Schmidt* WM 2009, 2350 (2357).

[18] Vgl. BegrRegE BT-Drs. 16/11 642, 34.

7a Durch das **Transparenzrichtlinie-Änderungsrichtlinie-Umsetzungsgesetz**[19] vom 20. November 2015 wurde § 135 Abs. 3 S. 4 Hs. 2 angefügt. Die Verweise auf die Vorschriften des WpHG in § 135 Abs. 2 S. 5 und Abs. 3 S. 4 wurden durch das **2. FiMaNoG**[20] vom 23. Juni 2017 an die Neunummerierung des WpHG angepasst.

7b Auf europäischer Ebene wurde durch die **Änderungsrichtlinie zur Aktionärsrechterichtlinie**[21] vom 17. Mai 2017 ein neues Kapital („Identifizierung der Aktionäre, Übermittlung von Informationen und Erleichterung der Ausübung von Aktionärsrechten") in die für börsennotierte Gesellschaften geltende Aktionärsrechterichtlinie eingefügt, das auch **Regelungen für Intermediäre**[22] vorsieht. Diese betreffen zunächst die **Identifizierung der Aktionäre** (Art. 3a Aktionärsrechte-RL). Die Gesellschaften müssen das Recht haben, ihre Aktionäre zu identifizieren (Art. 3a Abs. 1 S. 1 Aktionärsrechte-RL). Dabei haben die Mitgliedstaaten sicherzustellen, dass die Intermediäre der Gesellschaft auf Antrag unverzüglich die Informationen über die Identität von Aktionären[23] übermitteln (Art. 3a Abs. 2 Aktionärsrechte-RL).[24] Weitere Regelungen betreffen die **Übermittlung von Informationen an die Aktionäre** (Art. 3b Aktionärsrechte-RL).[25] Die Mitgliedstaaten müssen die Intermediäre verpflichten, den Aktionären die diesen von der Gesellschaft zur Ausübung der Rechte zu erteilenden Informationen zu übermitteln (Art. 3b Abs. 1 lit. a Aktionärsrechte-RL). Stehen die Informationen auf der Internetseite der Gesellschaft zur Verfügung, reicht eine Mitteilung, wo die Informationen auf der Internetseite gefunden werden können (Art. 3b Abs. 1 lit. b Aktionärsrechte-RL). Werden die Informationen direkt von der Gesellschaft an die Aktionäre übermittelt, ist eine zusätzliche Übermittlung durch die Intermediäre nicht erforderlich (Art. 3b Abs. 3 Aktionärsrechte-RL). Die Intermediäre sind zudem zu verpflichten, den Gesellschaften im Einklang mit den Weisungen der Aktionäre unverzüglich die von diesen erhaltenen Informationen im Zusammenhang mit der Ausübung der Rechte aus den Aktien zu übermitteln (Art. 3b Abs. 4 Aktionärsrechte-RL). Sowohl im Hinblick auf die Identifizierung der Aktionäre als auch im Hinblick auf die Informationsübermittlung sind Regelungen für Ketten von Intermediären vorgesehen (vgl. Art. 3a Abs. 3, Art. 3b Abs. 5 Aktionärsrechte-RL). Ebenfalls eingefügt wurden Regelungen zur **Erleichterung der Ausübung von Aktionärsrechten** (Art. 3c Aktionärsrechte-RL). Die Mitgliedstaaten müssen sicherstellen, dass Intermediäre die Ausübung der Rechte durch den Aktionär (einschließlich des Rechts auf Teilnahme an der Hauptversammlung und des Stimmrechts) durch mindestens eine der folgenden Maßnahmen erleichtern: (i) Der Intermediär trifft die erforderlichen Vorkehrungen, damit der Aktionär oder ein von diesem benannter Dritter die Rechte selbst ausüben kann (Art. 3c Abs. 1 lit. a Aktionärsrechte-RL); (ii) der Intermediär übt die mit den Aktien verbundenen Rechte mit ausdrücklicher Genehmigung und gemäß den Weisungen des Aktionärs zu dessen Gunsten aus (Art. 3c Abs. 1 lit. b Aktionärsrechte-RL). Die zweite Möglichkeit einer Ausübung der Rechte durch den Intermediär ist in § 135 bereits vorgesehen. Allerdings können die Kreditinstitute derzeit selbst entscheiden, ob sie eine Stimmrechtsvertretung anbieten. Nur wenn sie eine Stimmrechtsausübung entsprechend eigenen Abstimmungsvorschlägen oder entsprechend den Verwaltungsvorschlägen anbieten, sind sie verpflichtet, im Rahmen des Zumutbaren und bis auf Widerruf einer Aktionärsvereinigung oder einem sonstigen Vertreter nach Wahl des Aktionärs die zur Stimmrechtsausübung erforderlichen Unterlagen zuzuleiten (§ 135 Abs. 1 S. 5). Zwingender Änderungsbedarf aufgrund von Art. 3c Abs. 1 Aktionärsrechte-RL dürfte gleichwohl nicht bestehen, da die gem. § 128 Abs. 1 S. 1 bestehende Pflicht zur Weiterleitung der Mitteilungen nach § 125 und der Nachweis des Anteilsbesitzes gem. § 123 Abs. 4 S. 1 den Anforderungen von Art. 3c Abs. 1 lit. a Aktionärsrechte-RL genügen dürften.[26] Weiterhin wurden Regelungen zur **Bestätigung der Stimmabgabe** in die Aktionärsrechterichtlinie eingefügt. Danach müssen die Mitgliedstaaten sicherstellen, dass bei einer elektronischen Stimmabgabe eine elektronische Bestätigung des Eingangs der Stimmen übermittelt wird (Art. 3c Abs. 2 Unterabs. 1 Aktionärsrechte-RL). Zudem müssen sie sicherstellen, dass der

---

[19] Gesetz zur Umsetzung der Transparenzrichtlinie-Änderungsrichtlinie v. 20.11.2015, BGBl. 2015 I 2029.
[20] Zweites Gesetz zur Novellierung von Finanzmarktvorschriften auf Grund europäischer Rechtsakte (Zweites Finanzmarktnovellierungsgesetz – 2. FiMaNoG) v. 23.6.2017, BGBl. 2017 I 1693.
[21] RiLi 2017/828/EU des Europäischen Parlaments und des Rates v.17.5.2017 zur Änderung der Richtlinie 2007/36/EG im Hinblick auf die Förderung der langfristigen Mitwirkung der Aktionäre, ABl. EU 2017 Nr. L 132, 1.
[22] Zum Begriff „Intermediär" s. die Definition in Art. 2 lit. d Aktionärsrechte-RL.
[23] Zum Mindestinhalt der „Informationen über die Identität von Aktionären" s. Art. 2 lit. j Aktionärsrechte-RL.
[24] Zum Umsetzungsbedarf und zu möglichen Optionen für die Umsetzung s. *Noack* NZG 2017, 561 (562 ff.).
[25] Zum Umsetzungsbedarf und zu möglichen Optionen für die Umsetzung s. *Noack* NZG 2017, 561 (564 ff.); s. auch *Georgiev/Kolev* GWR 2018, 107 (108).
[26] *Noack* NZG 2017, 561 (566).

Aktionär oder ein von diesem benannter Dritter nach der Hauptversammlung zumindest auf Anforderung eine Bestätigung erhalten kann, dass seine Stimmen von der Gesellschaft wirksam aufgezeichnet und gezählt wurden (Art. 3c Abs. 2 Unterabs. 2 S. 1 Aktionärsrechte-RL).[27] Erhält der Intermediär eine solche Bestätigung, muss er sie unverzüglich dem Aktionär oder einem von diesem benannten Dritten übermitteln (Art. 3c Abs. 2 Unterabs. 3 S. 1 Aktionärsrechte-RL). In einer Kette von Intermediären ist die Bestätigung unverzüglich von einem Intermediär zum nächsten weiterzuleiten, sofern die Bestätigung nicht direkt dem Aktionär oder einem von diesem benannten Dritten übermittelt werden kann (Art. 3c Abs. 2 Unterabs. 3 S. 2 Aktionärsrechte-RL). Durch die Änderungsrichtlinie zur Aktionärsrechterichtlinie wurde zudem erstmal eine **Regulierung institutioneller Stimmrechtsberater** in Form von Transparenzpflichten eingeführt (Art. 3j Aktionärsrechte-RL; → Rn. 106b). Auch Regelungen zur **Transparenz von Vermögensverwaltern** wurden neu in die Aktionärsrechterichtlinie aufgenommen (Art. 3i Aktionärsrechte-RL). Die Änderungsrichtlinie zur Aktionärsrechterichtlinie ist bis zum 10. Juni 2019 in nationales Recht umzusetzen.

3. Rechtspolitische Kritik. Das Bankenstimmrecht sieht sich seit jeher dem Vorwurf ausgesetzt, dass es eine Vermengung der Eigeninteressen als Anteilseigner und Kreditgeber mit den Interessen der vertretenen Aktionäre fördere und den Banken zusammen mit weiteren Faktoren (insbesondere Bankenvertretern im Aufsichtsrat) einen übermäßigen Einfluss verschaffe.[28] In jüngerer Zeit wird teilweise angezweifelt, ob für § 135 unter den Bedingungen eines globalisierten Kapitalmarkts noch eine rechtspolitische Berechtigung besteht.[29]

Trotz der geäußerten Kritik hat sich die Regelung des § 135 **im Grundsatz bewährt.** Der teilweise befürchtete Missbrauch ist jedenfalls ausgeblieben.[30] Angesichts der Entflechtung der alten „Deutschland AG" dürfte sich das Missbrauchsrisiko ohnehin deutlich reduziert haben. Auch konnte bislang keine überzeugende Alternative aufgezeigt werden, die das Bankenstimmrecht vollständig ersetzen könnte. Als weiteres Instrument neben dem Bankenstimmrecht besteht allerdings die früher umstrittene (→ § 134 Rn. 53), seit Inkrafttreten des KonTraG jedoch gesetzlich anerkannte Möglichkeit, **von der Gesellschaft benannte Stimmrechtsvertreter** zu bevollmächtigen (vgl. § 134 Abs. 3 S. 5).[31] Zudem können die Gesellschaften seit Inkrafttreten des ARUG bei entsprechender Satzungsermächtigung eine **Briefwahl** (§ 118 Abs. 2) oder **Online-Teilnahme** (§ 118 Abs. 1 S. 2) anbieten. Insbesondere von der Möglichkeit einer Briefwahl, die auch in elektronischer Form erfolgen kann, wird heute bereits vielfach Gebrauch gemacht. Ob die Umstellung auf eine noch stärker **internetbasierte Hauptversammlung** eine deutliche Präsenzsteigerung bewirken könnte,[32] erscheint zweifelhaft. Aktionäre, die von den bestehenden Möglichkeiten der Stimmrechtsvertretung oder der Stimmabgabe im Wege der Briefwahl oder Online-Teilnahme bislang keinen Gebrauch gemacht haben, dürften auch insoweit eher zurückhaltend sein.[33] Der Vorschlag, dass Stimmrecht durch einen **unabhängigen Stimmrechtsverwalter** ausüben zu lassen,[34] kann nicht überzeugen, da hiermit neben einem erheblichen Verwaltungsaufwand eine verstärkte Machtkonzentration in den Händen Einzelner verbunden wäre.[35] Gleiches gilt für die teilweise geforderte weitere Angleichung von § 134 Abs. 3 S. 5 an das angloamerikanische Proxy-System (insbesondere durch Zulassung sog. **Proxy Fights**).[36] Zum einen ist zweifelhaft, ob sich hierdurch tatsächlich eine Präsenzsteigerung

---

[27] Regelungsvorschlag bei *Noack* NZG 2017, 561 (566).
[28] Für eine Zusammenfassung der Argumente s. *Bericht der Studienkommission „Grundsatzfragen der Kreditwirtschaft"*, 1979, Rn. 342 ff.; *Mülbert*, Gutachten E zum 61. DJT, S. 22 ff.; *U. Körber*, Die Stimmrechtsvertretung durch Kreditinstitute, 1989, 78 ff.; s. auch *Peltzer* JZ 1996, 842 (843 f.).
[29] S. etwa K. *Schmidt/Lutter/Spindler* Rn. 71.
[30] Vgl. MHdB AG/*Hoffmann-Becking* § 37 Rn. 18; *Zöllner* FS Peltzer, 2001, 661 (672).
[31] Vgl. Kölner Komm AktG/*Zetzsche* Rn. 37.
[32] Vgl. *Grigoleit/Herrler* Rn. 2; K. *Schmidt/Lutter/Spindler* Rn. 71; *Claussen* AG 2001, 161 (163 f.); *Habersack* ZHR 165 (2001) 172 (174 ff.); *Hasselbach/Schumacher* ZGR 2000, 258; *Noack* ZGR 1998, 592 (596 ff.); *Noack* BB 1998, 2533 ff.; *Riegger* ZHR 165 (2001) 204 (205); *Than* FS Peltzer, 2001, 577 (578 f.); *Zätsch/Gröning* NZG 2000, 393 ff.; *Zetzsche* ZIP 2001, 682 ff.
[33] Vgl. MüKoAktG/*Arnold* Rn. 27; aA K. *Schmidt/Lutter/Spindler* Rn. 71 Fn. 201, unter Hinweis auf ausländische institutionelle Investoren.
[34] *Baums/v. Randow* AG 1995, 145 (156 ff.); *Baums* AG 1996, 11 (21 ff.); sympathisierend in K. *Schmidt/Lutter/Spindler* Rn. 71; *Raiser* NJW 1996, 2257 (2262); *Spindler* ZGR 2000, 420 (443 f.); s. auch den von der SPD-Bundestagsfraktion am 26.1.1995 eingebrachten Entwurf eines Gesetzes zur Verbesserung von Transparenz und Beschränkung von Machtkonzentration in der deutschen Wirtschaft (Transparenz- und Wettbewerbsgesetz), BT-Drs. 13/367.
[35] Vgl. die Kritik bei MüKoAktG/*Arnold* Rn. 25; *Tuerks*, Depotstimmrechtspraxis versus U.S.-proxy-system, 2000, 44 ff.; *Assmann* AG-Sonderheft 1997, 100 (101 f.); *Hammen* ZIP 1995, 1301 (1303 ff.); *Peltzer* JZ 1996, 842 (846); *Timm* in Henze/Timm/Westermann, Gesellschaftsrecht 1995, 1996, 241 (253 ff.).
[36] Für die Zulassung (und Regulierung) von Proxy Fights etwa K. *Schmidt/Lutter/Spindler* Rn. 71; s. auch *Spindler* ZGR 2000, 420 (443 f.).

erreichen ließe, zum anderen würde die Zulassung von Proxy Fights einen erheblichen regulatorischen Aufwand verursachen, da eine staatliche Aufsicht erforderlich wäre. Alle Lösungsvorschläge, die auf die Schaffung eines Markts für Stimmrechtsvertreter abzielen, sehen sich schließlich dem allgemeinen Einwand ausgesetzt, dass gerade Kleinaktionäre an Grenzen bei der Informationsverarbeitung stoßen würden.[37] Die Überforderung bei der Informationsverarbeitung ist gerade einer der Gründe für die rationale Apathie der Aktionäre.

II. Stimmrechtsvollmacht für fremde Aktien (Abs. 1–5)

10   1. **Anwendungsbereich Abs. 1 S. 1). a) Allgemeines.** Gem. § 135 Abs. 1 S. 1 darf ein Kreditinstitut das Stimmrecht für Aktien, die ihm nicht gehören und als deren Inhaber es nicht im Aktienregister eingetragen ist, nur aufgrund einer Vollmacht ausüben. Die Stimmrechtsvertretung durch Kreditinstitute ist als der in Deutschland traditionell wichtigste Fall der organisierten Stimmrechtsvertretung unmittelbar in § 135 Abs. 1–5 geregelt. § 135 Abs. 10 iVm § 125 Abs. 5 erstreckt die Regelungen auf Finanzdienstleistungsinstitute und die nach § 53 Abs. 1 S. 1 oder § 53b Abs. 1 oder 7 KWG tätigen Unternehmen (→ Rn. 109). Über § 135 Abs. 8 werden Aktionärsvereinigungen und geschäftsmäßig Handelnde ebenfalls weitgehend den Kreditinstituten gleichgestellt (→ Rn. 103 ff.). Gem. § 135 Abs. 6 S. 2 gelten Abs. 1–5 entsprechend auch für die Ermächtigung bei fremden Namensaktien, für die das Kreditinstitut im Aktienregister eingetragen ist (→ Rn. 99 ff.).

11   b) **Kreditinstitute.** Kreditinstitute iSv § 135 Abs. 1 S. 1 sind Unternehmen, die Bankgeschäfte gewerbsmäßig oder in einem Umfang betreiben, der einen in kaufmännischer Weise eingerichteten Geschäftsbetrieb erfordert. Die Begriffsbestimmung richtet sich wie bei § 125 Abs. 1 S. 1, § 128 Abs. 1 S. 1 nach **§ 1 Abs. 1, § 2 Abs. 1 KWG** (→ § 125 Rn. 7). Anders als im Rahmen von § 125 Abs. 1 S. 1 sind grundsätzlich auch **ausländische Kreditinstitute** erfasst.[38] Die Stimmrechtsausübung richtet sich nach dem Gesellschaftsstatut, so dass für die Stimmrechtsausübung in der Hauptversammlung einer deutschen AG deutsches Aktienrecht anwendbar ist.[39] Nicht anwendbar ist **§ 135 Abs. 3 S. 3**, da sich die Stimmrechtsausübung in der eigenen Hauptversammlung eines ausländischen Kreditinstituts nach dem jeweiligen ausländischen Gesellschaftsrecht richtet.[40]

12   Nach wohl hM soll **§ 135 Abs. 3 S. 1** (Abstimmung entsprechend eigenen Vorschlägen) auf **ausländische Kreditinstitute ohne Zweigniederlassung im Inland** nicht anwendbar sein, da für diese die von § 135 Abs. 3 S. 1 vorausgesetzte Mitteilungspflicht gem. § 135 Abs. 2 nicht gelte.[41] Diese Annahme ist jedoch nicht zwingend, da sich die Mitteilungspflicht gem. § 135 Abs. 2 auch als eine dem Gesellschaftsstatut unterfallende Vorbereitungshandlung für die Stimmrechtsausübung verstehen lässt.[42] Die durch das ARUG erfolgte Integration von § 128 Abs. 2 aF in § 135 Abs. 2 (→ Rn. 7) unterstreicht den unmittelbaren Zusammenhang mit der Stimmrechtsausübung. Auch ist die Pflicht, eigene Abstimmungsvorschläge zugänglich zu machen, in § 135 Abs. 2 S. 1 ausdrücklich als Voraussetzung für die Stimmrechtsausübung ausgestaltet (ebenso § 135 Abs. 4 S. 1 für die Stimmrechtsausübung gem. § 135 Abs. 1 S. 4 Nr. 2). Dies spricht dafür, dass auch insoweit das Gesellschaftsstatut Anwendung findet.[43] § 135 Abs. 10 steht der Erstreckung auf ausländische Kreditinstitute ohne inländische Zweigniederlassung nicht entgegen. Der Verweis auf § 125 Abs. 5 iVm § 53 Abs. 1 S. 1, § 53b Abs. 1 S. 1 oder Abs. 7 KWG soll lediglich klarstellen, dass Zweigstellen

---

[37] Großkomm AktG/*Grundmann* Rn. 18; s. auch *Mülbert*, Gutachten E zum 61. DJT, S. 92 ff.
[38] Bürgers/Körber/*Holzborn* Rn. 4; GHEK/*Eckardt* Rn. 19; Grigoleit/*Herrler* Rn. 4; Großkomm AktG/*Grundmann* Rn. 22; Hölters/*Hirschmann* Rn. 4; Hüffer/Koch/*Koch*, 13. Aufl. 2018, Rn. 4; Kölner Komm AktG/*Zetzsche* Rn. 3 f., 714 ff.; MüKoAktG/*Arnold* Rn. 30; grundsätzlich auch K. Schmidt/Lutter/*Spindler* Rn. 6, der jedoch eine Ausnahme für ausländische Kreditinstitute ohne Zweigniederlassung in Deutschland machen will; aA noch Großkomm AktG/*Barz*, 3. Aufl. 1972, Anm. 2; *v. Godin/Wilhelmi* Anm. 1.
[39] Großkomm AktG/*Grundmann* Rn. 22; Hüffer/Koch/*Koch*, 13. Aufl. 2018, Rn. 4; s. auch MüKoAktG/*Arnold* Rn. 30.
[40] Großkomm AktG/*Grundmann* Rn. 22; aA Kölner Komm AktG/*Zetzsche* Rn. 728.
[41] Bürgers/Körber/*Holzborn* Rn. 4; Hüffer/Koch/*Koch*, 13. Aufl. 2018, Rn. 4; MüKoAktG/*Arnold* Rn. 30; K. Schmidt/Lutter/*Spindler* Rn. 6; aA Kölner Komm AktG/*Zetzsche* Rn. 725.
[42] Vgl. zu § 128 Abs. 2 aF auch Großkomm AktG/*Grundmann* Rn. 22 Fn. 47: Substitut zur Kundenweisung.
[43] Gegen einschränkende Anwendung von § 135 auch Kölner Komm AktG/*Zetzsche* Rn. 725 ff.; wohl auch Großkomm AktG/*Grundmann* Rn. 22 (zu § 128 Abs. 2 aF); aA MüKoAktG/*Arnold* Rn. 30, der aber für die Stimmrechtsausübung dieselben Maßstäbe anwenden will, die ein nach § 135 Abs. 2 verpflichtetes deutsches Kreditinstitut zu beachten hätte; insbesondere sollen Erkenntnisse zu berücksichtigen sein, die ein deutsches Kreditinstitut dazu veranlasst hätten, gem. § 135 Abs. 3 S. 2 von seinen eigenen Vorschlägen abzuweichen; iE auch K. Schmidt/Lutter/*Spindler* Rn. 6, der dies mit einer analogen Anwendung von § 135 Abs. 3 begründet.

ausländischer Kreditinstitute trotz rechtlicher Unselbständigkeit als Pflichtenträger nach inländischen Gesetzen zu behandeln sind.[44]

c) Fremde Aktien. § 135 Abs. 1 S. 1 bezieht sich nur auf fremde Aktien (Aktien, die dem Kreditinstitut nicht gehören). Dabei geht das Gesetz für § 135 Abs. 1–5 von einer Gleichstellung von Inhaber- und Namensaktien aus.[45] Das Kreditinstitut darf nicht Aktionär sein. Bei Inhaberaktien kommt es insoweit auf das Eigentum an. Bei Namensaktien darf das Kreditinstitut nicht als deren Inhaber im Aktienregister eingetragen sein (vgl. § 67 Abs. 2). Um Eigenbesitz, für den § 135 Abs. 1 S. 1 nicht gilt, handelt es sich auch dann, wenn das Kreditinstitut eine Position als **Treuhänder** einnimmt.[46] Dies gilt sowohl für die eigennützige als auch für die uneigennützige Treuhand, da in beiden Fällen eine Vollrechtsübertragung erfolgt.[47] Eigenbesitz liegt auch dann vor, wenn die Aktien dem Kreditinstitut im Rahmen eines Wertpapierdarlehens („Wertpapierleihe") oder eines Repo-Geschäfts übereignet worden sind.[48] Keine Vollrechtsübertragung findet statt, wenn das Kreditinstitut nur Pfandgläubiger oder Nießbraucher ist, so dass § 135 Abs. 1 S. 1 hier uneingeschränkt gilt.[49] 13

2. Vollmachtserteilung. a) Erfordernis der Vollmachtserteilung (Abs. 1 S. 1). Das Kreditinstitut darf das Stimmrecht gem. § 135 Abs. 1 S. 1 nur aufgrund einer entsprechenden Bevollmächtigung ausüben. Anders als noch unter dem AktG 1937 ist eine **Legitimationsübertragung unzulässig**.[50] Eine Ausnahme gilt nur für fremde Namensaktien als deren Inhaber das Kreditinstitut im Aktienregister eingetragen ist (§ 135 Abs. 6). Allerdings ist die verdeckte Stellvertretung (Stimmrechtsausübung im Namen dessen, den es angeht) der Legitimationsübertragung weitgehend angenähert.[51] Seit der Neufassung von § 135 durch das ARUG bildet die verdeckte Stellvertretung den gesetzlichen Regelfall (§ 135 Abs. 5 S. 2). 14

b) Beschränkung auf bestimmtes Kreditinstitut (Abs. 1 S. 2). Die Vollmacht darf gem. § 135 Abs. 2 S. 1 nur einem bestimmten Kreditinstitut erteilt werden. Dies schließt eine (alternative) Bevollmächtigung mehrerer Kreditinstitute aus.[52] Es muss aber nicht zwingend die Depotbank bevollmächtigt werden,[53] wenngleich dies der Regelfall sein dürfte. In der Vollmachtserklärung muss das Kreditinstitut **namentlich benannt** werden, so dass die Erteilung einer Blankovollmacht oder einer auf den jeweiligen Inhaber lautenden Vollmacht unzulässig ist.[54] Fehlt es an der Beschränkung auf ein bestimmtes Kreditinstitut, ist nicht nur die Vollmacht, sondern auch eine darauf gestützte Stimmabgabe unwirksam.[55] Nach § 135 Abs. 7 wird zwar die Wirksamkeit der Stimmabgabe auch durch einen Verstoß gegen § 135 Abs. 1 S. 2 nicht beeinträchtigt. Ist die Vollmacht nicht auf ein bestimmtes Kreditinstitut beschränkt, lässt sich aber grundsätzlich nicht feststellen, ob das die Stimmrechte ausübende Institut bevollmächtigt ist, so dass es sich letztlich um einen Fall der fehlenden Vollmacht und damit um einen von § 135 Abs. 7 nicht erfassten Verstoß gegen § 135 Abs. 1 S. 1 handelt.[56] 15

c) Formale Anforderungen. aa) Grundsatz der Formfreiheit. Seit Streichung des Schriftformerfordernisses durch das NaStraG (vgl. → Rn. 4) verzichtet § 135 auf Vorgaben zur Form der 16

---

[44] Großkomm AktG/*Grundmann* Rn. 23.
[45] Die Gleichstellung erfolgte durch Art. 1 Nr. 14 NaStraG, vgl. BegrRegE BT-Drs. 14/4051, 15.
[46] Bürgers/Körber/*Holzborn* Rn. 5; Grigoleit/*Herrler* Rn. 5; Großkomm AktG/*Grundmann* Rn. 33; Hölters/*Hirschmann* Rn. 5; Hüffer/Koch/*Koch*, 13. Aufl. 2018, Rn. 5; Kölner Komm AktG/*Zetzsche* Rn. 101 f.; MüKoAktG/*Arnold* Rn. 44; K. Schmidt/Lutter/*Spindler* Rn. 7; *v. Godin/Wilhelmi* Anm. 2.
[47] Bürgers/Körber/*Holzborn* Rn. 5; Grigoleit/*Herrler* Rn. 5; Hüffer/Koch/*Koch*, 13. Aufl. 2018, Rn. 5; Kölner Komm AktG/*Zetzsche* Rn. 101 f.
[48] Kölner Komm AktG/*Zetzsche* Rn. 100.
[49] Bürgers/Körber/*Holzborn* Rn. 5; Grigoleit/*Herrler* Rn. 5; Großkomm AktG/*Grundmann* Rn. 33 Fn. 67; Hüffer/Koch/*Koch*, 13. Aufl. 2018, Rn. 5; Kölner Komm AktG/*Zetzsche* Rn. 104; MüKoAktG/*Arnold* Rn. 44; K. Schmidt/Lutter/*Spindler* Rn. 7.
[50] OLG Hamm NZG 2013, 302 (303); Hölters/*Hirschmann* Rn. 5; K. Schmidt/Lutter/*Spindler* Rn. 10.
[51] Vgl. K. Schmidt/Lutter/*Spindler* Rn. 10; MHdB AG/*Hoffmann-Becking* § 37 Rn. 21.
[52] Bürgers/Körber/*Holzborn* Rn. 7; Hölters/*Hirschmann* Rn. 8; Hüffer/Koch/*Koch*, 13. Aufl. 2018, Rn. 6; Kölner Komm AktG/*Zetzsche* Rn. 118; MüKoAktG/*Arnold* Rn. 68; K. Schmidt/Lutter/*Spindler* Rn. 11.
[53] Bürgers/Körber/*Holzborn* Rn. 7; Hölters/*Hirschmann* Rn. 8; Hüffer/Koch/*Koch*, 13. Aufl. 2018, Rn. 6; Kölner Komm AktG/*Zetzsche* Rn. 119; MüKoAktG/*Arnold* Rn. 68; K. Schmidt/Lutter/*Spindler* Rn. 11.
[54] Bürgers/Körber/*Holzborn* Rn. 7; Grigoleit/*Herrler* Rn. 6; Großkomm AktG/*Grundmann* Rn. 46; Hölters/*Hirschmann* Rn. 8; Hüffer/Koch/*Koch*, 13. Aufl. 2018, Rn. 6; Kölner Komm AktG/*Zetzsche* Rn. 118; MüKoAktG/*Arnold* Rn. 68; K. Schmidt/Lutter/*Spindler* Rn. 11.
[55] Kölner Komm AktG/*Zetzsche* Rn. 120; aA Großkomm AktG/*Grundmann* Rn. 46.
[56] Kölner Komm AktG/*Zetzsche* Rn. 120.

Vollmachtserteilung. Der Gesetzgeber wollte auf diese Weise sicherstellen, dass die Nutzung moderner Technologien nicht durch Vorgabe einer bestimmten Nachweis-, Identifikations- und Dokumentationsform behindert wird.[57] Vor Inkrafttreten des ARUG war daher unstreitig, dass die Vollmacht grundsätzlich **formlos** (auch mündlich) erteilt werden kann.[58] Obwohl das ARUG den Wortlaut von § 135 insoweit unverändert gelassen hat, wird nunmehr in der Literatur unter Hinweis auf Art. 11 Abs. 2 S. 1 Aktionärsrechte-RL[59] vielfach vertreten, dass das Bankenstimmrecht im Wege der **richtlinienkonformen Auslegung** dem Textformerfordernis gem. § 134 Abs. 3 S. 3 zu unterwerfen sei.[60] Hierfür scheint zu sprechen, dass gem. Art. 11 Abs. 2 S. 1 Aktionärsrechte-RL „die Bestellung der Vertreter und die Benachrichtigung über die Bestellung an die Gesellschaft in jedem Fall schriftlich erfolgen müssen". Dabei wird „schriftlich" in diesem Zusammenhang als Textform verstanden.[61] Gegen eine solche Auslegung spricht aber die Entstehungsgeschichte von § 135 Abs. 1.[62] Während der Referentenentwurf des ARUG in § 135 Abs. 1 S. 1 noch einen ausdrücklichen Verweis auf das Textformerfordernis des § 134 Abs. 3 S. 3 (§ 134 Abs. 3 S. 2 in der Fassung des RefE) enthielt,[63] wurde ein solcher Verweis in die Gesetz gewordene Fassung der Norm nicht übernommen. Da vor Inkrafttreten des ARUG allgemein anerkannt war, dass sich das Formerfordernis des § 134 Abs. 3 S. 2 nicht im Wege der Analogie auf die Fälle des § 135 übertragen lässt,[64] wäre insoweit eine Klarstellung durch den Gesetzgeber erforderlich gewesen.

17 Es sollte daher weiterhin davon ausgegangen werden, dass die Vollmacht grundsätzlich **formlos** erteilt werden kann.[65] Letztlich ist ohnehin fraglich, ob der europäische Gesetzgeber die Textform (bzw. „Schriftlichkeit" iSd Aktionärsrechterichtlinie) wirklich zwingend nicht nur als Höchst-, sondern auch als Mindestvoraussetzung für die Vollmachtserteilung vorschreiben wollte.[66] Die englische Fassung der Aktionärsrechterichtlinie ist insoweit weniger eindeutig als die deutsche Fassung. Dort heißt es: „Member States shall ensure that proxy holders may be appointed, and that such appointment be notified to the company, only in writing". Dies könnte auch dahingehend verstanden werden, dass die Erteilung jedenfalls in Textform ausreichend ist. Ein entgegenstehendes Schutzbedürfnis auf Seiten der Aktionäre ist nicht erkennbar, da die Vollmacht gem. § 135 Abs. 1 S. 2 vom Kreditinstitut nachprüfbar festgehalten werden muss (→ Rn. 20 ff.). Ein nachprüfbares Festhalten setzt zumindest **Dokumentationsfähigkeit** voraus.[67] Art. 11 Abs. 2 S. 1 Aktionärsrechte-RL lässt sich die Wertung entnehmen, dass sich die Anforderungen an die Dokumentationsfähigkeit an einer in Textform erteilten Vollmacht orientieren. Ist eine vergleichbare Dokumentationsfähigkeit gewährleistet, besteht kein Grund, für die Vollmachtserteilung ein Formerfordernis anzunehmen.[68] Auch eine **mündliche Vollmachtserteilung** sollte daher weiterhin möglich sein, sofern sie hinreichend dokumentiert werden kann. Dessen ungeachtet war eine mündliche Vollmachtserteilung bereits vor Inkrafttreten des ARUG unüblich, so dass die Frage keine besondere praktische Bedeutung haben dürfte.[69]

17a Eine Ausnahme vom Grundsatz der Formfreiheit gilt gem. § 3 Abs. 1 S. 2 VW-Gesetz für die Stimmrechtsvertretung in der Hauptversammlung der Volkswagen AG. Danach bedarf derjenige, der das Stimmrecht für Aktien ausübt, die ihm nicht gehören, einer Vollmacht des Aktionärs in Textform (sofern er nicht gesetzlicher Vertreter des Aktionärs ist). § 3 Abs. 1 S. 2 VW-Gesetz geht insoweit als Spezialregelung der allgemeinen Regelung des § 135 vor.[70]

---

[57] BegrRegE BT-Drs. 14/4051, 15.
[58] S. etwa Großkomm AktG/*Grundmann* Rn. 45 mwN.
[59] RiLi 2007/36/EG des Europäischen Parlaments und des Rates v. 11.7.2007 über die Ausübung bestimmter Rechte von Aktionären in börsennotierten Gesellschaften, ABl. EU 2007 Nr. L 184, 17.
[60] Bürgers/Körber/*Holzborn* Rn. 6; Grigoleit/*Herrler* Rn. 7; Hüffer/Koch/*Koch*, 13. Aufl. 2018, Rn. 9; NK-AktG/*M. Müller* Rn. 6; *Ochmann*, Die Aktionärsrechte-Richtlinie, 2010, 171; *Wicke*, Einführung in das Recht der Hauptversammlung, das Recht der Sacheinlagen und das Freigabeverfahren nach dem ARUG, 2009, 35 f.; *Grundmann* BKR 2009, 31 (37); *J. Schmidt* WM 2009, 2350 (2356); *J. Schmidt* AG 2016, 713 (717).
[61] *Noack* FS Westermann, 2008, 1203 (1212); *J. Schmidt* WM 2009, 2350 (2356).
[62] Dies konzediert auch *Grundmann* BKR 2009, 31 (37); vgl. auch *Ochmann*, Die Aktionärsrechte-Richtlinie, 2010, 173 f., der im Hinblick auf die von ihm angenommene Unvereinbarkeit mit Art. 11 Abs. 2 S. 1 Aktionärsrechte-RL gerade einen gesetzgeberischen Nachbesserungsbedarf sieht.
[63] S. dazu Großkomm AktG/*Grundmann* Rn. 54b.
[64] In der Gesetzesbegründung zum NaStraG wird § 135 Abs. 1 S. 1 aF im Zusammenhang mit der Aufhebung des Schriftformerfordernisses ausdrücklich als Sonderregelung gegenüber § 134 Abs. 3 S. 2 aF bezeichnet, s. BegrRegE, BT-Drs. 14/4051, 15.
[65] So auch Hölters/*Hirschmann* Rn. 7; Kölner Komm AktG/*Zetzsche* Rn. 122 f.; MüKoAktG/*Arnold* Rn. 46; *Grobecker* NZG 2010, 165 (167).
[66] Vgl. MüKoAktG/*Arnold* Rn. 46.
[67] Vgl. Hüffer/Koch/*Koch*, 13. Aufl. 2018, Rn. 10.
[68] In diese Richtung auch *Ratschow* DStR 2007, 1402 (1407 f.).
[69] Vgl. *Grundmann* BKR 2009, 31 (37); *J. Schmidt* WM 2009, 2350 (2356).
[70] Kölner Komm AktG/*Zetzsche* Rn. 128.

bb) Regelung durch die Satzung. Umstritten ist, ob die Satzung eine bestimmte Form für die 18 Vollmachtserteilung vorschreiben kann. Die **wohl hM** sieht entsprechende Satzungsbestimmungen als **zulässig** an.[71] Dies erscheint **zweifelhaft**. Maßstab für die Zulässigkeitsbeurteilung ist § 23 Abs. 5. Danach ist eine ausdrückliche Ermächtigung erforderlich, wenn von Vorschriften des AktG abgewichen wird (§ 23 Abs. 5 S. 1). Ergänzende Bestimmungen sind nur dann zulässig, wenn das Gesetz keine abschließende Regelung enthält (§ 23 Abs. 5 S. 2). Für die Einordnung eines satzungsmäßigen Formerfordernisses als ergänzende Bestimmung iSv § 23 Abs. 5 S. 2 scheint zu sprechen, dass § 135 Abs. 1 S. 1 die Form der Vollmachtserteilung nicht regelt.[72] Insbesondere wird die Formfreiheit nicht ausdrücklich angeordnet. Auch § 135 Abs. 5 S. 4 enthält keine Regelung zur Form der Vollmachtserteilung, da dieser lediglich den Nachweis der Stimmberechtigung gegenüber der Gesellschaft betrifft.[73] Dagegen spricht aber der abschließende Charakter der Regelung.[74] § 135 Abs. 1 S. 1 wird in der Gesetzesbegründung des NaStraG ausdrücklich als Sonderregelung gegenüber § 134 Abs. 3 S. 3 (§ 134 Abs. 3 S. 2 aF) bezeichnet.[75] Die Nutzbarmachung moderner Technologien (zB biometrische Identifikationsverfahren) sollte nicht durch Festlegung einer bestimmten Form für die Dokumentations- und Identifikationsbedürfnisse der Beteiligten behindert werden. Aus diesem Grund hat sich der Gesetzgeber bewusst entschieden, die Anforderungen zurückzunehmen und die Regelung der Nachweiserfordernisse den Beteiligten zu überlassen.[76] Beteiligt in diesem Sinne sind bei richtigem Verständnis nur das Kreditinstitut und der Aktionär, da gerade das Kreditinstitut Vorkehrungen treffen muss, um die Vollmacht nachprüfbar festzuhalten. Dem Satzungsgeber sollte daher keine Regelungsbefugnis für die Form der Vollmachtserteilung zugestanden werden.[77] Eine solche Regelungsbefugnis lässt sich auch nicht über einen Rückgriff auf § 134 Abs. 3 S. 3 begründen, zumal dieser bei börsennotierten Gesellschaften ohnehin nur satzungsmäßige Formerleichterungen gegenüber der Textform erlaubt.

Sieht man entgegen der hier vertretenen Ansicht (→ Rn. 18) die Einführung eines satzungsmäßi- 19 gen Formerfordernisses als zulässig an, dürften bei **börsennotierten Gesellschaften** durch die Satzung **keine über die Textform hinausgehenden Erschwerungen** eingeführt werden.[78] Dies folgt aus der Wertung des § 134 Abs. 3 S. 3, der Art. 11 Abs. 2 S. 1 Aktionärsrechte-RL umsetzt. In der Praxis dürfte einer Satzungsdispositivität nach Inkrafttreten des ARUG keine besondere Bedeutung mehr zukommen. Die mündliche Vollmachtserteilung bildete bislang ohnehin die Ausnahme,[79] so dass die Einführung eines Textformerfordernisses durch die Satzung im Ergebnis keine Erschwerung bedeuten würde. Bestimmt die Satzung allgemein, dass Stimmrechtsvollmachten der Textform bedürfen, wäre durch **Auslegung** zu ermitteln, ob hiervon auch die Fälle des § 135 erfasst sein sollen oder lediglich der Inhalt von § 134 Abs. 3 S. 3 wiedergegeben wird.[80] Für die Praxis empfiehlt es sich, die Einbeziehung oder Nichteinbeziehung ausdrücklich zu regeln. Vor Inkrafttreten des ARUG hatte die Auslegung entsprechender Satzungsbestimmungen insbesondere Bedeutung vor dem Hintergrund der verfehlten **Leica-Rechtsprechung** des LG Frankfurt a. M. (→ § 121 Rn. 35), wonach unzutreffende Angaben zur Erteilung von Stimmrechtsvollmachten einen nichtigkeitsbegründenden Einberufungsmangel darstellen sollten. Diese Problematik wurde durch das ARUG teilweise entschärft, da § 241 Nr. 1 die Rechtsfolge der Nichtigkeit nunmehr ausdrücklich nur noch für Verstöße gegen § 121 Abs. 3 S. 1 anordnet.

cc) Vertragliche Regelung. Eine vertragliche Regelung der Form der Vollmacht im Verhältnis 19a zwischen Kreditinstitut und Kunde ist zulässig.[81] Der Gesetzgeber des NaStraG wollte die Nachwei-

---

[71] OLG Düsseldorf AG 2009, 535 (537); LG Frankfurt a. M. BB 2009, 406 (407 f.) – Triplan; LG Krefeld AG 2008, 754 (755); LG Berlin BB 2009, 1265 m. Anm. *Kessler*; *Bunke* AG 2002, 57 (61); *Kindler* NJW 2001, 1678 (1688); *Schulte/Bode* AG 2008, 730 (733 f.); *Umbeck* BB 2009, 408 f.; *Zätsch/Gröning* NZG 2000, 393 (399); für nicht börsennotierte Gesellschaften auch K. Schmidt/Lutter/*Spindler* Rn. 9; aA Bürgers/Körber/*Holzborn* Rn. 6; Grigoleit/*Herrler* Rn. 7; Großkomm AktG/*Grundmann* Rn. 45; Hüffer/Koch/*Koch*, 13. Aufl. 2018, Rn. 9; vgl. auch MüKoAktG/*Arnold* Rn. 48.
[72] So *Schulte/Bode* AG 2008, 730 (733).
[73] *Schulte/Bode* AG 2008, 730 (733); *Umbeck* BB 2009, 408 (409); zurückhaltend insoweit auch LG Frankfurt a. M. BB 2009, 406 (408) – Triplan.
[74] Vgl. Großkomm AktG/*Grundmann* Rn. 45.
[75] BegrRegE BT-Drs. 14/4051, 15.
[76] BegrRegE BT-Drs. 14/4051, 15.
[77] Ebenso Bürgers/Körber/*Holzborn* Rn. 6; Großkomm AktG/*Grundmann* Rn. 45; Hüffer/Koch/*Koch*, 13. Aufl. 2018, Rn. 9; Kölner Komm AktG/*Zetzsche* Rn. 125; vgl. auch MüKoAktG/*Arnold* Rn. 48.
[78] Vgl. K. Schmidt/Lutter/*Spindler* Rn. 9.
[79] *Grundmann* BKR 2009, 31 (37); *J. Schmidt* WM 2009, 2350 (2356).
[80] Vgl. LG Berlin BB 2009, 1265 m. Anm. *Kessler*, das die Einbeziehung der Fälle des § 135 auch bei allgemein gehaltenen Klauseln offenbar als Regelfall ansieht; aA *Bunke* AG 2002, 57 (61), der eine ausdrückliche Einbeziehung verlangt.
[81] Kölner Komm AktG/*Zetzsche* Rn. 125.

serfordernisse bewusst den Parteien überlassen, um die Nutzbarmachung moderner Technologien nicht zu behindern.[82] Eine solche Regelung kann insbesondere in den Depotvertrag aufgenommen werden. Die Form der Vollmacht kann auch in AGB geregelt werden.[83]

20   dd) **Nachprüfbares Festhalten (Abs. 1 S. 2).** Die Vollmacht muss von dem Kreditinstitut gem. § 135 Abs. 1 S. 2 nachprüfbar festgehalten werden. Dies steht im Einklang mit Art. 10 Abs. 4 Unterabs. 2 Aktionärsrechte-RL, wonach die Mitgliedstaaten vorschreiben können, dass Vertreter die Unterlagen über die Abstimmungsanweisungen für eine bestimmte Mindestdauer aufbewahren. Von der daneben in Art. 10 Abs. 4 Unterabs. 2 Aktionärsrechte-RL vorgesehenen Möglichkeit, dass Vertreter auf Verlangen bestätigen müssen, dass diese Anweisungen ausgeführt wurden, hat der deutsche Gesetzgeber dagegen keinen Gebrauch gemacht. Die Dokumentationspflicht gem. § 135 Abs. 1 S. 2 bezieht sich auf den gesamten Umfang der Vollmacht (einschließlich des Datums der Erteilung).[84] Unabhängig davon, ob es sich um eine Dauer- oder Einzelvollmacht handelt, muss die interne Dokumentation durch das Kreditinstitut derart erfolgen, dass eine Überprüfung im Rahmen der Prüfung nach § 29 Abs. 2 S. 3 KWG (§ 29 Abs. 2 S. 2 KWG aF) möglich ist.[85] Die Dokumentationspflicht gilt auch für Aktionärsvereinigungen und geschäftsmäßig Handelnde iSv § 135 Abs. 8, obwohl diese nicht der Prüfung gem. § 29 Abs. 2 S. 3 KWG unterliegen.[86] Der Gesetzgeber hat im Hinblick auf die **Art und Weise** der Dokumentation keine Vorgaben gemacht, sondern die Regelung bewusst den Beteiligten überlassen.[87] Erforderlich ist eine Verkörperung der Vollmachtserklärung, die selbst oder nach einer technischen Umwandlung sinnlich wahrnehmbar ist und eine hinreichende **Identifizierung** des Erklärenden ermöglicht.[88] Dabei ist ein Schutz vor nachträglichen Manipulationen vorzusehen.[89]

21   Bei einer Vollmachtserteilung per **E-Mail** genügt es, Datum und Pfad der eingegangenen elektronischen Post zu speichern.[90] Möglich ist aber auch die Aufbewahrung der ausgedruckten E-Mail. Wird die Vollmacht im Rahmen des **Electronic Banking** erteilt, ist die Beachtung der herkömmlichen Sicherheitsstandards (Verwendung von PIN und TAN) für die Identifizierung des Vollmachtgebers ausreichend.[91] Eine Speicherung des Identifizierungsprotokolls ist daneben nicht erforderlich.[92] Bei einer Vollmachtserteilung über ein **Internet-Dialogsystem** kann die Identifizierung über eine zuvor vergebene Aktionärsnummer erfolgen.[93] Für ein nachprüfbares Festhalten genügt die Speicherung der vom Aktionär übermittelten Daten. Wird die Vollmacht per **Fax** oder per Fernschreiben erteilt, genügt die Aufbewahrung des Ausdrucks.[94] Ebenfalls möglich ist eine elektronische Archivierung.

22   Bei einer (in der Praxis unüblichen) **telefonischen Vollmachtserteilung** kann die Identifikation über ein zuvor vergebenes Codewort erfolgen.[95] Ob darüber hinaus eine Identifikation aufgrund persönlicher Bekanntheit in Betracht kommt,[96] erscheint zweifelhaft. Auch bei persönlicher Bekanntheit sollte zur Identifikation zumindest zusätzlich eine Abfrage persönlicher Daten (etwa des Geburtsdatums) erfolgen. Umstritten ist, in welcher Form bei einer telefonischen Vollmachtserteilung die Dokumentation erfolgen muss. Nach teilweise vertretener Ansicht soll eine Aktennotiz ausreichen, in der Inhalt, Zeitpunkt und Teilnehmer des Telefonats festgehalten werden.[97] Hierfür spricht zwar, dass nur ein geringes Risiko bestehen dürfte, dass sich ein Kreditinstitut fälschlich als bevollmächtigt ausgibt. Dennoch bestünde die Gefahr, dass bei einer bloßen Aktennotiz einzelne Details

---

[82] BegrRegE BT-Drs. 14/4051, 15.
[83] Kölner Komm AktG/*Zetzsche* Rn. 126.
[84] Vgl. BegrRegE BT-Drs. 14/4051, 16; Bürgers/Körber/*Holzborn* Rn. 8; Großkomm AktG/*Grundmann* Rn. 63; K. Schmidt/Lutter/*Spindler* Rn. 17.
[85] BegrRegE BT-Drs. 14/4051, 16.
[86] Bürgers/Körber/*Holzborn* Rn. 8; Kölner Komm AktG/*Zetzsche* Rn. 146; MüKoAktG/*Arnold* Rn. 49.
[87] BegrRegE BT-Drs. 14/4051, 16.
[88] Grigoleit/*Herrler* Rn. 8; Hüffer/Koch/*Koch*, 13. Aufl. 2018, Rn. 10; Kölner Komm AktG/*Zetzsche* Rn. 133; s. auch MüKoAktG/*Arnold* Rn. 49.
[89] BegrRegE BT-Drs. 14/4051, 16; Bürgers/Körber/*Holzborn* Rn. 8; Kölner Komm AktG/*Zetzsche* Rn. 144; MüKoAktG/*Arnold* Rn. 49.
[90] BegrRegE BT-Drs. 14/4051, 16; Kölner Komm AktG/*Zetzsche* Rn. 137; MüKoAktG/*Arnold* Rn. 50; K. Schmidt/Lutter/*Spindler* Rn. 17; *Bunke* AG 2002, 57 (67); *Decker* BuB Rn. 8/284 d.
[91] BegrRegE BT-Drs. 14/4051, 16; Bürgers/Körber/*Holzborn* Rn. 8; Kölner Komm AktG/*Zetzsche* Rn. 138; *Decker* BuB Rn. 8/284 d; *Hüther*, Aktionärsbeteiligung und Internet, 2002, 215 f.
[92] Bürgers/Körber/*Holzborn* Rn. 8; aA MüKoAktG/*Arnold* Rn. 50; wohl auch Kölner Komm AktG/*Zetzsche* Rn. 138.
[93] BegrRegE BT-Drs. 14/4051, 16; Kölner Komm AktG/*Zetzsche* Rn. 141; *Bunke* AG 2002, 57 (67).
[94] Bürgers/Körber/*Holzborn* Rn. 8; Kölner Komm AktG/*Zetzsche* Rn. 142; *Bunke* AG 2002, 57 (67).
[95] BegrRegE BT-Drs. 14/4051, 16; *Bunke* AG 2002, 57 (67); *Decker* BuB Rn. 8/284 d; krit. MüKoAktG/*Arnold* Rn. 51.
[96] So MüKoAktG/*Arnold* Rn. 51.
[97] *DAV-Handelsrechtsausschuss* NZG 2000, 443 (447); MüKoAktG/*Arnold* Rn. 51.

fehlerhaft festgehalten werden. Daher ist bei telefonischer Vollmachtserteilung grundsätzlich eine **Aufzeichnung** des Gesprächs zu verlangen.[98] Für eine Aufzeichnung ist jeweils das Einverständnis des Aktionärs erforderlich, wofür eine entsprechende Regelung in den AGB ausreicht.[99] Ob darüber hinaus ein Einverständnis des Aktionärs bereits deshalb unterstellt werden kann, weil er sich bewusst dieser Kommunikationsform bedient,[100] ist dagegen zweifelhaft.

§ 135 regelt nicht die **Dauer** der Aufbewahrungspflicht. Denkbar wäre eine Anlehnung an die Dreijahresfrist des § 134 Abs. 3 S. 5. Da diese sich jedoch an der Heilungsfrist für nichtige Hauptversammlungsbeschlüsse (§ 242 Abs. 2 S. 1) orientiert, sollte die **Sechsjahresfrist** des § 257 Abs. 4 HGB entsprechend herangezogen werden.[101] 23

ee) **Dauervollmacht.** § 135 sieht für die Vollmacht **keine Befristung** vor, so dass eine Erteilung als Dauervollmacht zulässig ist. Die ehemals in § 135 Abs. 2 S. 1 aF vorgesehene Befristung auf 15 Monate wurde bereits durch das NaStraG abgeschafft, um den bürokratischen Aufwand zu reduzieren.[102] Der Schutz der Aktionäre soll nunmehr über die Hinweispflicht gem. § 135 Abs. 1 S. 6 gewährleistet werden (→ Rn. 39 f.).[103] Vollmachten, die noch vor Inkrafttreten des NaStraG erteilt wurden, sind mit Ablauf der 15-Monats-Frist erloschen und wurden nicht automatisch in Dauervollmachten umgewandelt.[104] Auch wenn die Erteilung einer Dauervollmacht heute zulässig ist, kann gleichwohl eine Befristung vorgesehen werden.[105] Eine Ausnahme von der Zulässigkeit der Dauervollmacht sieht § 3 Abs. 1 S. 3 VW-Gesetz für Hauptversammlungen der Volkswagen AG vor. Danach gilt die Vollmacht nur jeweils für die nächste Hauptversammlung. 24

Eine Dauervollmacht ist **jederzeit widerruflich** (vgl. § 135 Abs. 1 S. 6). Das Recht zum jederzeitigen Widerruf ist in § 135 zwar nicht ausdrücklich geregelt, wird in § 135 Abs. 1 S. 6 jedoch vorausgesetzt. Der Widerruf richtet sich nach den §§ 167 ff. BGB und bedarf keiner besonderen Form. Er kann gegenüber dem Bevollmächtigten oder gegenüber der Gesellschaft erklärt werden und kann bis zum Beginn des Abstimmungsvorgangs auch noch in der Hauptversammlung erfolgen.[106] Der Widerruf kann auch **konkludent** erfolgen. Dies ist etwa der Fall, wenn der Aktionär selbst zur Hauptversammlung erscheint oder einen anderen Bevollmächtigten bestellt.[107] Die Bestellung eines anderen Bevollmächtigten muss aber für das Kreditinstitut und/oder die Gesellschaft erkennbar sein, da es ansonsten am Zugang des Widerrufs fehlt.[108] Durch den Widerruf erlischt die Vollmacht. Eine dennoch erfolgte Stimmabgabe durch das Kreditinstitut ist wegen fehlender Vollmacht unwirksam. Das Recht zum jederzeitigen Widerruf kann nicht durch den Depotvertrag ausgeschlossen oder beschränkt werden.[109] 25

ff) **Vollständigkeit und Exklusivität (Abs. 1 S. 3).** Gem. § 135 Abs. 1 S. 3 muss die Vollmachtserklärung vollständig sein und darf nur mit der Stimmrechtsausübung verbundene Erklärungen enthalten. Hierdurch soll den Aktionären die Tragweite der Vollmachtserteilung verdeutlicht werden.[110] Die Vollmachtserklärung ist **vollständig,** wenn sie alle für die Bevollmächtigung erforderlichen Angaben enthält. Hierzu muss sie den Bevollmächtigten und den Vollmachtgeber sowie die Tatsache der Bevollmächtigung erkennen lassen.[111] Dagegen müssen die Aktien, auf die sich 26

---

[98] Großkomm AktG/*Grundmann* Rn. 63 Fn. 148; Kölner Komm AktG/*Zetzsche* Rn. 139; K. Schmidt/Lutter/*Spindler* Rn. 18; *Bunke* AG 2002, 57 (67); *Noack* ZIP 2001, 57 (58); s. auch BegrRegE BT-Drs. 14/4051, 16.
[99] Kölner Komm AktG/*Zetzsche* Rn. 140; *Bunke* AG 2002, 57 (67) Fn. 112.
[100] So *Noack* ZIP 2001, 57 (58); aA *Bunke* AG 2002, 57 (67).
[101] Bürgers/Körber/*Holzborn* Rn. 8; Grigoleit/*Herrler* Rn. 8; MüKoAktG/*Arnold* Rn. 49; *Bunke* AG 2002, 57 (68); *Noack* ZIP 2001, 57 (58); auf den Abschluss der turnusgemäßen Depotprüfung abstellend Kölner Komm AktG/*Zetzsche* Rn. 143.
[102] BegrRegE BT-Drs. 14/4051, 15 f.
[103] Kritisch Hölters/*Hirschmann* Rn. 13; Hüffer/Koch/*Koch*, 13. Aufl. 2018, Rn. 15; Kölner Komm AktG/*Zetzsche* Rn. 276.
[104] Hüffer/Koch/*Koch*, 13. Aufl. 2018, Rn. 7; K. Schmidt/Lutter/*Spindler* Rn. 12; *Marsch-Barner* FS Peltzer, 2001, 261 (274).
[105] Kölner Komm AktG/*Zetzsche* Rn. 121.
[106] Bürgers/Körber/*Holzborn* Rn. 15; Großkomm AktG/*Grundmann* Rn. 54; Hüffer/Koch/*Koch*, 13. Aufl. 2018, Rn. 8; Kölner Komm AktG/*Zetzsche* Rn. 110; K. Schmidt/Lutter/*Spindler* Rn. 13.
[107] Großkomm AktG/*Grundmann* Rn. 54; *Bunke* AG 2002, 57 (69) Fn. 128; für von der Gesellschaft benannte Stimmrechtsvertreter auch *Zetzsche* ZIP 2001, 682 (687).
[108] Vgl. Großkomm AktG/*Grundmann* Rn. 54.
[109] Bürgers/Körber/*Holzborn* Rn. 15; Grigoleit/*Herrler* Rn. 9; Kölner Komm AktG/*Zetzsche* Rn. 109; K. Schmidt/Lutter/*Spindler* Rn. 13.
[110] Vgl. Großkomm AktG/*Grundmann* Rn. 47.
[111] Bürgers/Körber/*Holzborn* Rn. 9; Großkomm AktG/*Grundmann* Rn. 48; Hüffer/Koch/*Koch*, 13. Aufl. 2018, Rn. 9a; Kölner Komm AktG/*Zetzsche* Rn. 150; MüKoAktG/*Arnold* Rn. 52; K. Schmidt/Lutter/*Spindler* Rn. 14.

die Vollmacht beziehen soll, nicht konkret bezeichnet werden, da dies dem Sinn und Zweck einer Dauervollmacht zuwiderlaufen würde.[112] Auch die Angabe einer Depotnummer ist nicht erforderlich.[113] Enthält die Vollmachtserklärung keine nähere Spezifizierung, bezieht sie sich auf sämtliche Aktien des Vollmachtgebers in allen bei dem bevollmächtigten Kreditinstitut unterhaltenen Depots.[114] Auch die jederzeitige Möglichkeit des Widerrufs ist kein zwingender Bestandteil der Vollmachtserklärung, da sie sich bereits unmittelbar aus dem Gesetz ergibt.[115]

27 Das **Datum** der Vollmachtserteilung ist nicht zwingender Bestandteil der Vollmachtserklärung.[116] § 135 Abs. 2 S. 4 aF sah vor Inkrafttreten des NaStraG nur eine entsprechende Sollvorschrift vor,[117] die mit dem Wegfall der Befristung auf 15 Monate ihre Bedeutung verloren hatte und daher aufgehoben wurde. Allerdings scheint der Gesetzgeber des NaStraG dennoch davon auszugehen, dass das Datum zwingender Bestandteil der Vollmachtserklärung ist.[118] Dies ist jedoch abzulehnen, zumal etwa eine mündliche Vollmachtserklärung kaum jemals das Datum ihrer Erteilung enthalten wird.[119] Es erscheint vielmehr ausreichend, wenn das Datum der Erteilung zusammen mit der Vollmachtserklärung nachprüfbar festgehalten wird.

28 Maßgeblicher **Zeitpunkt** für die Vollständigkeit der Vollmachtserklärung ist der Moment des Wirksamwerdens der Vollmacht.[120] Dies ist grundsätzlich der Zeitpunkt ihres Zugangs (§ 130 Abs. 1 S. 1 BGB). Geht eine zunächst unvollständige Vollmachtserklärung zu, ist sie bis zu ihrer Vervollständigung schwebend unwirksam.[121] Gem. § 135 Abs. 7 wirkt sich ein Vollständigkeitsmangel allerdings nicht auf die Wirksamkeit der Stimmabgabe aus (→ Rn. 110).

29 Die Vollmachtserklärung darf nur **mit der Stimmrechtsausübung verbundene Erklärungen** enthalten. Durch diese Beschränkung soll verhindert werden, dass die Vollmachtserklärung an Kontur verliert und in einer Fülle von weiteren Erklärungsbestandteilen untergeht. Ausgeschlossen ist daher insbesondere eine Vollmachtserteilung durch Anerkennung von AGB.[122] Die Stimmrechtsvollmacht darf auch nicht bloß Teil einer umfassenden Vollmacht sein (etwa eine generelle Vollmacht zur Vermögensverwaltung).[123] Zulässig sind dagegen Erklärungen, durch die eine nähere Konkretisierung der Rechte und Pflichten des Kreditinstituts aus dem Vollmachtsverhältnis erfolgt, sofern dadurch aus Sicht eines verständigen Beobachters die Klarheit der Bevollmächtigung nicht eingeschränkt wird.[124] Dies gilt namentlich für die Gestattung der Unterbevollmächtigung (§ 135 Abs. 5 S. 1) und das Verbot der Stimmrechtsausübung im Namen dessen, den es angeht (§ 135 Abs. 5 S. 2). Zudem können neben Weisungen für die Stimmrechtsausübung auch eine Befristung oder der Vorbehalt, von der Vollmacht keinen Gebrauch machen zu müssen, aufgenommen werden.[125]

---

[112] Bürgers/Körber/*Holzborn* Rn. 9; Grigoleit/*Herrler* Rn. 10; Hölters/*Hirschmann* Rn. 8; Hüffer/Koch/*Koch*, 13. Aufl. 2018, Rn. 9a; Kölner Komm AktG/*Zetzsche* Rn. 153; MüKoAktG/*Arnold* Rn. 53; K. Schmidt/Lutter/*Spindler* Rn. 14; Seibert/Florstedt ZIP 2008, 2145 (2151); grundsätzlich auch Großkomm AktG/*Grundmann* Rn. 48; aA noch Kölner Komm AktG/*Zöllner*, 1. Aufl. 1985, Rn. 35, der die Angabe des Namens der Gesellschaft, der Zahl, der Gattung und der Nennbeträge der Aktien verlangt.
[113] Kölner Komm AktG/*Zetzsche* Rn. 154; MüKoAktG/*Arnold* Rn. 53; aA wohl Bürgers/Körber/*Holzborn* Rn. 9; Hüffer/Koch/*Koch*, 13. Aufl. 2018, Rn. 9, die einen Hinweis auf Depot oder Buchung verlangen.
[114] Grigoleit/*Herrler* Rn. 10; Kölner Komm AktG/*Zetzsche* Rn. 154; MüKoAktG/*Arnold* Rn. 53; teilw. abw. Großkomm AktG/*Grundmann* Rn. 48, der offenbar eine ausdrückliche Bezugnahme auf „die vom Kreditinstitut verwahrten Stücke" verlangt.
[115] Bürgers/Körber/*Holzborn* Rn. 9; Grigoleit/*Herrler* Rn. 10; MüKoAktG/*Arnold* Rn. 52; iE auch Kölner Komm AktG/*Zetzsche* Rn. 151.
[116] Bürgers/Körber/*Holzborn* Rn. 9; Grigoleit/*Herrler* Rn. 10; MüKoAktG/*Arnold* Rn. 54; aA Kölner Komm AktG/*Zetzsche* Rn. 152.
[117] Vgl. Kölner Komm AktG/*Zetzsche* Rn. 152.
[118] Vgl. BegrRegE BT-Drs. 14/4051, 16.
[119] Vgl. Bürgers/Körber/*Holzborn* Rn. 9; MüKoAktG/*Arnold* Rn. 54.
[120] Bürgers/Körber/*Holzborn* Rn. 9; Großkomm AktG/*Grundmann* Rn. 51; Kölner Komm AktG/*Zetzsche* Rn. 167; MüKoAktG/*Arnold* Rn. 55; K. Schmidt/Lutter/*Spindler* Rn. 15.
[121] MüKoAktG/*Arnold* Rn. 55; ebenso wohl Bürgers/Körber/*Holzborn* Rn. 9; K. Schmidt/Lutter/*Spindler* Rn. 15; für eine Ergänzungsmöglichkeit nur bis zum Zugang offenbar Großkomm AktG/*Grundmann* Rn. 51.
[122] Bürgers/Körber/*Holzborn* Rn. 9; Grigoleit/*Herrler* Rn. 11; Großkomm AktG/*Grundmann* Rn. 50; Hüffer/Koch/*Koch*, 13. Aufl. 2018, Rn. 10; MüKoAktG/*Arnold* Rn. 56; K. Schmidt/Lutter/*Spindler* Rn. 16.
[123] Bürgers/Körber/*Holzborn* Rn. 9; Großkomm AktG/*Grundmann* Rn. 50; Hölters/*Hirschmann* Rn. 8; Hüffer/Koch/*Koch*, 13. Aufl. 2018, Rn. 10; MüKoAktG/*Arnold* Rn. 56; K. Schmidt/Lutter/*Spindler* Rn. 16; aA Kölner Komm AktG/*Zetzsche* Rn. 159 f.
[124] AllgA, vgl. Bürgers/Körber/*Holzborn* Rn. 9; Grigoleit/*Herrler* Rn. 11; Großkomm AktG/*Grundmann* Rn. 50; Hölters/*Hirschmann* Rn. 8; Hüffer/Koch/*Koch*, 13. Aufl. 2018, Rn. 10; Kölner Komm AktG/*Zetzsche* Rn. 162; MüKoAktG/*Arnold* Rn. 56; K. Schmidt/Lutter/*Spindler* Rn. 16.
[125] Bürgers/Körber/*Holzborn* Rn. 9; Grigoleit/*Herrler* Rn. 11; Hölters/*Hirschmann* Rn. 8; Hüffer/Koch/*Koch*, 13. Aufl. 2018, Rn. 10; Kölner Komm AktG/*Zetzsche* Rn. 163; MüKoAktG/*Arnold* Rn. 56; teilw. aA GHEK/*Eckardt* Rn. 47.

d) Generelle Vollmacht (Abs. 1 S. 4). § 135 Abs. 1 S. 4 lässt die Erteilung einer generellen 30
Vollmacht zu, knüpft diese jedoch an zwei **alternative Voraussetzungen:** Erteilt der Aktionär keine ausdrücklichen Weisungen, kann eine generelle Vollmacht nur die Berechtigung des Kreditinstituts zur Stimmrechtsausübung entsprechend eigenen Abstimmungsvorschlägen (Nr. 1) oder entsprechend den Verwaltungsvorschlägen (Nr. 2) vorsehen. Das Kreditinstitut kann dem Aktionär auch beide Alternativen anbieten.[126] Zudem besteht für das Kreditinstitut die Möglichkeit, die Stimmrechtsausübung gem. § 135 Abs. 1 S. 4 nur **eingeschränkt anzubieten** (etwa nur für Aktien deutscher oder europäischer Gesellschaften).[127]

Der Gesetzgeber des **ARUG** ist mit der Zulassung einer Anknüpfung an die Verwaltungsvor- 31
schläge von dem bisherigen Modell abgewichen, das bei Fehlen von Einzelweisungen nur eine Abstimmung entsprechend den zuvor mitgeteilten eigenen Abstimmungsvorschlägen erlaubte (§ 135 Abs. 5 aF). Hierdurch sollen die Kreditinstitute von der Formulierung eigener Abstimmungsvorschläge entlastet werden. Der Gesetzgeber sah in der Pflicht zur Formulierung eigener Abstimmungsvorschläge einen Hauptgrund für den massiven Rückzug insbesondere öffentlicher Banken aus der Stimmrechtsvertretung.[128] Da er andererseits keinen zu starken Automatismus hin zu einer Abstimmung entsprechend den Verwaltungsvorschlägen fördern wollte, hat er den Kreditinstituten als Gegengewicht in § 135 Abs. 1 S. 5 die Pflicht auferlegt, die Zuleitung der zur Stimmrechtsausübung erforderlichen Unterlagen an eine Aktionärsvereinigung oder einen sonstigen Vertreter nach Wahl des Aktionärs anzubieten (→ Rn. 34 ff.).[129] Der Referentenentwurf sah für den Fall fehlender Einzelweisungen noch vor, dass das Kreditinstitut das Stimmrecht nicht nur auf die jetzt in § 135 Abs. 4 S. 1 und 2 geregelte Weise ausüben kann, sondern auch entsprechend den Vorschlägen einer vom Kreditinstitut genannten Aktionärsvereinigung oder geschäftsmäßig handelnden Person.[130] Hieran wurde zu Recht kritisiert, dass damit den Kreditinstituten die Entscheidung über die Auswahl des Vertreters auferlegt werde.[131] Der Gesetzgeber hat sich daher letztlich dazu entschlossen, die Auswahlentscheidung dem Aktionär zu überlassen und das Kreditinstitut lediglich zur Zuleitung der Unterlagen zu verpflichten.[132] Ob von der Weiterleitungsmöglichkeit künftig in nennenswertem Umfang Gebrauch gemacht wird, bleibt abzuwarten. Angesichts der rationalen Apathie der Kleinaktionäre (→ Rn. 1) sind Zweifel angebracht, so dass durch die Neuregelung eher eine Stärkung der Verwaltung zu erwarten ist.[133]

Will ein Kreditinstitut das Stimmrecht aufgrund einer generellen Vollmacht nach **§ 135 Abs. 1** 32
S. 4 Nr. 1 ausüben, hat es dem Aktionär gem. § 135 Abs. 2 S. 1 rechtzeitig **eigene Abstimmungsvorschläge** zugänglich zu machen. Die Einzelheiten sind in § 135 Abs. 2 S. 2–7 geregelt (→ Rn. 42 ff.). § 135 Abs. 2 ersetzt § 128 Abs. 2 aF. Die Stimmrechtsausübung entsprechend den eigenen Abstimmungsvorschlägen regelt § 135 Abs. 3 (→ Rn. 71).

Soll die Stimmrechtsausübung aufgrund einer generellen Vollmacht nach **§ 135 Abs. 1 S. 4** 33
Nr. 2 erfolgen, hat das Kreditinstitut den Aktionären gem. § 135 Abs. 4 S. 1 die **Verwaltungsvorschläge** zugänglich zu machen, sofern dies nicht anderweitig erfolgt (→ Rn. 62 ff.). Für die Stimmrechtsausübung entsprechend den Verwaltungsvorschlägen verweist § 135 Abs. 4 S. 2 auf § 135 Abs. 2 S. 3 und Abs. 3 S. 1–3. Auffällig ist, dass § 135 Abs. 1 S. 4 Nr. 2 von „Vorschlägen des Vorstands *oder* des Aufsichtsrats oder für den Fall voneinander abweichender Vorschläge den Vorschlägen des Aufsichtsrats" spricht. Demgegenüber bezieht sich § 135 Abs. 4 S. 1 auf „Vorschläge des Vorstands *und* des Aufsichtsrats". Im Regierungsentwurf des ARUG hieß es in § 135 Abs. 4 S. 1 noch „Vorschläge des Vorstands *oder* des Aufsichtsrats", wogegen § 135 Abs. 1 S. 4 Nr. 2 von „Vorschlägen des Vorstands, des Aufsichtsrats oder für den Fall voneinander abweichender Vorschläge den Vorschlägen des Aufsichtsrats" sprach. Die jetzigen Formulierungen wurden auf Anregung des DAV-Handelsrechtsausschusses erst durch den Rechtsausschuss eingefügt.[134] Der

---

[126] BegrRegE BT-Drs. 16/11642 S. 33; Bürgers/Körber/*Holzborn* Rn. 11; Hölters/*Hirschmann* Rn. 9; Kölner Komm AktG/*Zetzsche* Rn. 237; *Wicke*, Einführung in das Recht der Hauptversammlung, das Recht der Sacheinlagen und das Freigabeverfahren nach dem ARUG, 2009, 34; *J. Schmidt* WM 2009, 2350 (2354); *Seibert/Florstedt* ZIP 2008, 2145 (2151).
[127] BegrRegE BT-Drs. 16/11642, 34; Kölner Komm AktG/*Zetzsche* Rn. 237.
[128] BegrRegE BT-Drs. 16/11642, 33; s. auch *Seibert* ZIP 2008, 906 (909).
[129] Vgl. BegrRegE BT-Drs. 16/11 642, 33: „fairer Interessenausgleich und faire Wahlmöglichkeit für den Aktionär"; s. auch *Seibert/Florstedt* ZIP 2008, 2145 (2151).
[130] S. dazu Großkomm AktG/*Grundmann* Rn. 75a; *Drinhausen/Keinath* BB 2008, 1238 (1244); *Seibert* ZIP 2008, 906 (909).
[131] Vgl. *Paschos/Goslar* AG 2009, 14 (19); *J. Schmidt* WM 2009, 2350 (2354) mwN.
[132] Vgl. BegrRegE BT-Drs. 16/11642, 34.
[133] Vgl. *A. Arnold* Der Konzern 2009, 88 (94); *Grundmann* BKR 2009, 31 (36).
[134] Vgl. Beschlussempfehlung und Bericht des Rechtsausschusses, BT-Drs. 16/13 098, 40.

DAV-Handelsrechtsausschuss hatte kritisiert, dass nach der Formulierung des Regierungsentwurfs die Vorschläge des Vorstands und des Aufsichtsrats als Alternativen aufgelistet waren, obwohl die Vorschläge idR übereinstimmen und zu manchen Punkten nur der Aufsichtsrat Vorschläge unterbreitet.[135] Vor diesem Hintergrund ist die Formulierung in § 135 Abs. 1 S. 4 Nr. 2 missglückt, da die Vorschläge des Vorstands und des Aufsichtsrats durch die Verwendung der Konjunktion „oder" noch immer als Alternativen erscheinen. Hier wäre es besser gewesen, wenn der Gesetzgeber entsprechend dem Vorschlag des DAV-Handelsrechtsausschusses auch in § 135 Abs. 1 S. 4 Nr. 2 (wie in § 135 Abs. 4 S. 1) die Konjunktion „und" verwendet hätte, um das Gemeinte zum Ausdruck zu bringen.

34 **e) Zuleitung an Aktionärsvereinigung oder sonstigen Vertreter (Abs. 1 S. 5).** Bietet ein Kreditinstitut die Stimmrechtsausübung gem. § 135 Abs. 1 S. 4 Nr. 1 und/oder Nr. 2 an, muss es sich gem. § 135 Abs. 1 S. 5 zugleich erbieten, im Rahmen des Zumutbaren und bis auf Widerruf einer Aktionärsvereinigung oder einem sonstigen Vertreter nach Wahl des Aktionärs die zur Stimmrechtsausübung erforderlichen Unterlagen zuzuleiten. Der Gesetzgeber sieht in der Zuleitungspflicht einen „fairen Interessenausgleich" für die Zulassung der Abstimmung entsprechend den Verwaltungsvorschlägen.[136] Nach dem eindeutigen Wortlaut von § 135 Abs. 1 S. 5 besteht die Zuleitungspflicht aber auch dann, wenn sich das Kreditinstitut nur zur Stimmrechtsausübung entsprechend eigenen Abstimmungsvorschlägen erbietet.[137] Eine solche Dienstleistung wurde von den Kreditinstituten vielfach auch schon vor Inkrafttreten des ARUG angeboten.[138] Das Erbieten zur Zuleitung der Unterlagen erfordert nicht, dass ein entsprechender Hinweis in das Formblatt oder Bildschirmformular zur Vollmachts- und Weisungserteilung (vgl. § 135 Abs. 1 S. 7) aufgenommen wird.[139]

35 Die Regelung des § 135 Abs. 1 S. 5 schließt nicht aus, dass der Aktionär einen Vertreter unmittelbar bevollmächtigt und diesem selbst die zur Stimmrechtsausübung erforderlichen Unterlagen zuleitet. Sie soll lediglich das **Verfahren für die Aktionäre vereinfachen,** indem sie ihnen eine einfache und unbürokratische Möglichkeit eröffnet, einen Vertreter ihrer Wahl für die jeweils in ihren Depots vorhandenen Aktien zu bevollmächtigen.[140] Hat der Aktionär den Vertreter nicht unmittelbar selbst bevollmächtigt, ist in der Beauftragung des Kreditinstituts zur Weiterleitung der Unterlagen zugleich eine **konkludente Vollmachtserteilung** zu sehen (zum Formerfordernis → Rn. 36).[141] Ein entsprechender Auftrag kann jederzeit erteilt werden, etwa als Antwort auf den jährlichen Hinweis gem. § 135 Abs. 1 S. 6 oder bereits bei der Depoteröffnung.[142] Wird als Vertreter eine Aktionärsvereinigung oder ein geschäftsmäßig Handelnder benannt, so ist § 135 Abs. 1 S. 3 zu beachten, also dass die Erklärung nicht Bestandteil der übrigen zur Depoteröffnung erforderlichen Erklärungen sein darf (→ Rn. 29).[143]

36 Als Vertreter kann **jeder beliebige Dritte** ausgewählt werden.[144] § 135 Abs. 1 S. 5 macht diesbezüglich keine Vorgaben. Die Aktionärsvereinigungen sind lediglich als das für die Praxis wichtigste Beispiel besonders hervorgehoben. Das Kreditinstitut trägt keine Verantwortung für die Auswahl und muss auch nicht die Existenz oder gar die Zuverlässigkeit des vom Aktionär benannten Vertreters prüfen.[145] Es muss insbesondere keine Liste geeigneter Vertreter vorlegen.[146] Allerdings ist es auch nicht daran gehindert, in dem für die Vollmachts- und Weisungserteilung vorgesehenen Formblatt oder Bildschirmformular nach seiner Wahl (freiwillig) eine oder mehrere

---

[135] *DAV-Handelsrechtsausschuss* NZG 2009, 96 (97).
[136] BegrRegE BT-Drs. 16/11642, 33; zur (mangelnden) praktischen Bedeutung s. Kölner Komm AktG/*Zetzsche* Rn. 241.
[137] BegrRegE BT-Drs. 16/11642, 33; Kölner Komm AktG/*Zetzsche* Rn. 242.
[138] Vgl. BegrRegE BT-Drs. 16/11642, 33; *Seibert/Florstedt* ZIP 2008, 2145 (2151).
[139] MüKoAktG/*Arnold* Rn. 58; vgl. zum Hinweis auf andere Vertretungsmöglichkeiten gem. § 135 Abs. 2 S. 5 aF auch Großkomm AktG/*Grundmann* Rn. 55; aA K. Schmidt/Lutter/*Spindler* Rn. 21.
[140] BegrRegE BT-Drs. 16/11642, 33.
[141] BegrRegE BT-Drs. 16/11642, 33; Bürgers/Körber/*Holzborn* Rn. 12; Grigoleit/*Herrler* Rn. 18; Hölters/*Hirschmann* Rn. 11; Hüffer/Koch/*Koch*, 13. Aufl. 2018, Rn. 14; Kölner Komm AktG/*Zetzsche* Rn. 263; MüKoAktG/*Arnold* Rn. 60; *Wicke,* Einführung in das Recht der Hauptversammlung, das Recht der Sacheinlagen und das Freigabeverfahren nach dem ARUG, 2009, 35; s. auch *Simon/Zetzsche* ZGR 2010, 918 (937).
[142] MüKoAktG/*Arnold* Rn. 61; *Seibert/Florstedt* ZIP 2008, 2145 (2151).
[143] Vgl. *Seibert/Florstedt* ZIP 2008, 2145 (2151); unklar MüKoAktG/*Arnold* Rn. 61; aA Kölner Komm AktG/*Zetzsche* Rn. 247.
[144] Kölner Komm AktG/*Zetzsche* Rn. 251; *Simon/Zetzsche* ZGR 2010, 918 (935).
[145] BegrRegE BT-Drs. 16/11642, 34; Kölner Komm AktG/*Zetzsche* Rn. 252; MüKoAktG/*Arnold* Rn. 59; *Wicke,* Einführung in das Recht der Hauptversammlung, das Recht der Sacheinlagen und das Freigabeverfahren nach dem ARUG, 2009, 35.
[146] Kölner Komm AktG/*Zetzsche* Rn. 252; *Seibert/Florstedt* ZIP 2008, 2145 (2151).

Aktionärsvereinigungen **beispielhaft aufzuführen,** um die Vollmachtserteilung einfacher und weniger fehleranfällig zu gestalten.[147] Die Auswahl kann sich etwa daran orientieren, welche Aktionärsvereinigungen nach den Erfahrungen des Kreditinstituts besonders häufig benannt werden.[148] Sie liegt aber allein im Ermessen des Kreditinstituts.[149] Insbesondere besteht für einzelne Aktionärsvereinigungen kein gerichtlich durchsetzbarer Anspruch auf Aufnahme in eine solche Liste.[150] Wird eine Aktionärsvereinigung oder ein geschäftsmäßig Handelnder als Vertreter ausgewählt, besteht für die Vollmachtserteilung kein Formerfordernis (→ Rn. 17). Die Vollmacht ist nur nachprüfbar festzuhalten. Bei Benennung eines sonstigen Dritten als Vertreter ist dagegen das Textformerfordernis gem. § 134 Abs. 3 S. 3 zu beachten. Dies gilt auch bei konkludenter Vollmachtserteilung (→ Rn. 35).[151]

Das Kreditinstitut ist verpflichtet, die zur Stimmrechtsausübung erforderlichen **Legitimationsunterlagen** an den vom Aktionär benannten Vertreter weiterzuleiten, um diesem die Stimmrechtsausübung zu ermöglichen. Hierbei handelt es sich um die **Eintrittskarte** oder einen sonstigen Berechtigungsnachweis (etwa für die Stimmrechtsausübung über das Internet oder per Briefwahl).[152] Dies setzt voraus, dass das Kreditinstitut den Aktionär zuvor (ggf unter Erbringung des Nachweises gem. § 123 Abs. 3) zur Hauptversammlung angemeldet und bei der Gesellschaft eine Eintrittskarte angefordert hat. Das Kreditinstitut ist gem. § 135 Abs. 1 S. 5 zur Weiterleitung nur **im Rahmen des Zumutbaren** verpflichtet. Hierdurch soll eine Ermittlungspflicht des Kreditinstituts bei einer fehlerhaften oder unklaren Benennung des Vertreters ausgeschlossen werden, um dem Charakter des Bankenstimmrechts als Massengeschäft Rechnung zu tragen. Unklare Angaben gehen zu Lasten des Aktionärs. Dies bedeutet, dass der Aktionär den von ihm benannten Vertreter in einer **einwandfrei identifizierbaren Weise** mit korrekter Anschrift angeben muss.[153] Nach der Gesetzesbegründung soll es an der Zumutbarkeit insbesondere in Fällen fehlen, in denen ein Vertreter mit Sitz im Ausland postalisch schwer zu erreichen ist, ein Vertreter mit unvollständiger oder offensichtlich fehlerhafter Anschrift oder ein ganz offensichtlich scherzhaft oder missbräuchlich ausgewählter Vertreter benannt wird. An die Offensichtlichkeit wird man eher strenge Anforderungen stellen müssen, da dem Kreditinstitut in den meisten Fällen zumindest ein Versuch der Zuleitung zuzumuten sein dürfte. Misslingt dieser, besteht allerdings keine weitere Nachforschungspflicht.[154] Das Kreditinstitut kann die Zumutbarkeit in seinen AGB näher regeln.[155] Hierdurch darf die Zuleitungspflicht aber nicht faktisch entwertet werden.

Der Auftrag des Aktionärs zur Weiterleitung der Unterlagen erfolgt **bis auf Widerruf.** Ein Widerruf des Auftrags ist jederzeit möglich.[156] Hierin ist zugleich ein Widerruf der Vollmacht zu sehen.[157]

f) Hinweis auf Widerrufsmöglichkeiten (Abs. 1 S. 6). Gem. § 135 Abs. 1 S. 6 hat das Kreditinstitut den Aktionär **jährlich und deutlich hervorgehoben** auf die Möglichkeiten des jederzeitigen Widerrufs der Vollmacht und der Änderung des Bevollmächtigten hinzuweisen. Die Hinweispflicht stellt den Ausgleich für die fehlende Befristung der Vollmacht dar und soll die Aktionäre zu einer periodischen Prüfung veranlassen (→ Rn. 24).[158] Ein Verstoß gegen die Hinweispflicht beeinträchtigt nicht die Wirksamkeit der Stimmabgabe (§ 135 Abs. 7).

Das Gesetz regelt nicht näher die **deutliche Hervorhebung** des Hinweises. Grundsätzlich muss mit der Kenntnisnahme durch einen verständigen Aktionär gerechnet werden können.[159] Erforderlich ist eine **individuelle Mitteilung.** Ein bloßes Zugänglichmachen des Hinweises (etwa im Bundesanzeiger, einem Börsenpflichtblatt oder auf den Internetseiten des Kreditinstituts) reicht nicht

---

[147] BegrRegE BT-Drs. 16/11642, 34; Kölner Komm AktG/*Zetzsche* Rn. 252, 291.
[148] BegrRegE BT-Drs. 16/11642, 34; Kölner Komm AktG/*Zetzsche* Rn. 252.
[149] Vgl. Grigoleit/*Herrler* Rn. 18.
[150] Kölner Komm AktG/*Zetzsche* Rn. 252.
[151] Vgl. *Simon*/*Zetzsche* ZGR 2010, 918 (937).
[152] BegrRegE BT-Drs. 16/11 642, 34; Bürgers/Körber/*Holzborn* Rn. 12; Grigoleit/*Herrler* Rn. 19; Hölters/*Hirschmann* Rn. 10; Kölner Komm AktG/*Zetzsche* Rn. 267; *Seibert*/*Florstedt* ZIP 2008, 2145 (2151).
[153] BegrRegE BT-Drs. 16/11 642, 34; s. auch Grigoleit/*Herrler* Rn. 19; Hölters/*Hirschmann* Rn. 11; Kölner Komm AktG/*Zetzsche* Rn. 253; *Simon*/*Zetzsche* ZGR 2010, 918 (935).
[154] Kölner Komm AktG/*Zetzsche* Rn. 254.
[155] BegrRegE BT-Drs. 16/11 642, 34; Bürgers/Körber/*Holzborn* Rn. 12; Kölner Komm AktG/*Zetzsche* Rn. 254; MüKoAktG/*Arnold* Rn. 62.
[156] Kölner Komm AktG/*Zetzsche* Rn. 249.
[157] Kölner Komm AktG/*Zetzsche* Rn. 249.
[158] Die Regelung wird vielfach als wenig nützlich (wenngleich unschädlich) angesehen, s. Hölters/*Hirschmann* Rn. 13; Hüffer/Koch/*Koch*, 13. Aufl. 2018, Rn. 15; Kölner Komm AktG/*Zetzsche* Rn. 276.
[159] Bürgers/Körber/*Holzborn* Rn. 13; Hüffer/Koch/*Koch*, 13. Aufl. 2018, Rn. 15; K. Schmidt/Lutter/*Spindler* Rn. 20.

aus.¹⁶⁰ Die Anforderungen an ein deutliches Hervorheben sind jedenfalls dann erfüllt, wenn der Hinweis durch ein gesondertes Schreiben, eine gesonderte E-Mail oder auf einem separaten Blatt mit den Depotauszügen übermittelt wird.¹⁶¹ Da § 135 Abs. 1 S. 6 lediglich eine deutliche Hervorhebung verlangt, kann der Hinweis auch **Bestandteil anderer Mitteilungen** sein.¹⁶² Er kann daher etwa mit einem Depot- oder Kontoauszug verbunden werden.¹⁶³ Den Anforderungen an eine deutliche Hervorhebung wird in diesem Fall durch ein räumliches Absetzen in Verbindung mit einer entsprechenden drucktechnischen Gestaltung (zB Fettdruck, Verwendung von Großbuchstaben, farbliche Hervorhebung, Einrahmung) genügt.¹⁶⁴ Der Hinweis auf die Möglichkeit des jederzeitigen Widerrufs der Vollmacht muss nicht von dem Hinweis auf die Möglichkeit der Änderung des Bevollmächtigten getrennt werden. Beide Hinweise können verbunden und gemeinsam deutlich hervorgehoben werden.¹⁶⁵

41 g) **Erleichterung durch Formblatt oder Bildschirmformular (Abs. 1 S. 7).** Gem. § 135 Abs. 1 S. 7 muss das Kreditinstitut dem Aktionär durch ein Formblatt oder Bildschirmformular die Erteilung von Einzelweisungen sowie die Erteilung und den Widerruf einer generellen Vollmacht nach § 135 Abs. 1 S. 4 und eines Auftrags nach § 135 Abs. 1 S. 5 (einschließlich seiner Änderung) erleichtern. Das Kreditinstitut muss nicht beides anbieten (Formblatt und Bildschirmformular).¹⁶⁶ Die Aufzählung ist in dem Sinne abschließend, dass jedenfalls ein Formblatt oder ein Bildschirmformular angeboten werden muss.¹⁶⁷ Das Kreditinstitut ist jedoch nicht gehindert, daneben noch weitere Erleichterungen anzubieten.¹⁶⁸ Die Begriffe „Formblatt" und „Bildschirmformular" sind weit zu verstehen.¹⁶⁹ Zu **Form und Inhalt** des Formblatts oder Bildschirmformulars macht das Gesetz keine Vorgaben. Das Formblatt oder Bildschirmformular muss es den Aktionären erlauben, in eindeutiger Weise Einzelweisungen, eine generelle Vollmacht oder einen Zuleitungsauftrag zu erteilen. Das Kreditinstitut kann in dem Formblatt oder Bildschirmformular eine oder mehrere Aktionärsvereinigungen beispielhaft aufführen, um dem Aktionär die Auswahl für eine Zuleitung gem. § 135 Abs. 1 S. 5 zu erleichtern. Es ist hierzu aber nicht verpflichtet (→ Rn. 36).

42 h) **Untervollmacht (Abs. 5 S. 1).** Das Kreditinstitut darf Personen, die nicht seine Angestellten sind, gem. § 135 Abs. 5 S. 1 nur dann unterbevollmächtigen, wenn die Vollmacht dies gestattet. Die ursprünglich bestehende weitere Einschränkung, dass das Kreditinstitut am Ort der Hauptversammlung keine Niederlassung haben darf, wurde bereits durch das KonTraG aufgehoben.¹⁷⁰ Die Zulassung der Unterbevollmächtigung soll es den Kreditinstituten erleichtern, die Vertretung bei einer Vielzahl von Hauptversammlungen zu organisieren.¹⁷¹ Die Gestattung der Unterbevollmächtigung muss **Bestandteil der Vollmachtserklärung** sein und **ausdrücklich** erteilt werden.¹⁷² Der Name des Unterbevollmächtigten muss nicht in die Vollmachtserklärung aufgenommen werden.¹⁷³ Möglich ist auch die Entsendung eines gemeinsamen Unterbevollmächtigten durch mehrere Kreditinstitute

---

¹⁶⁰ *Bunke* AG 2002, 57 (69); Großkomm AktG/*Grundmann* Rn. 61; MüKoAktG/*Arnold* Rn. 65; K. Schmidt/ Lutter/*Spindler* Rn. 20; wohl auch Kölner Komm AktG/*Zetzsche* Rn. 279.

¹⁶¹ Bürgers/Körber/*Holzborn* Rn. 13; Hüffer/Koch/*Koch*, 13. Aufl. 2018, Rn. 15; MüKoAktG/*Arnold* Rn. 65; *Wicke*, Einführung in das Recht der Hauptversammlung, das Recht der Sacheinlagen und das Freigabeverfahren nach dem ARUG, 2009, 35; s. auch Großkomm AktG/*Grundmann* Rn. 61, der darauf hinweist, dass ein gesondertes Schreiben nicht als bloße Reklamemitteilung erscheinen dürfe; aA Kölner Komm AktG/*Zetzsche* Rn. 277; K. Schmidt/Lutter/*Spindler* Rn. 21, die eine Aufnahme in das Formblatt oder Bildschirmformular zur Vollmachtserteilung verlangen.

¹⁶² Bürgers/Körber/*Holzborn* Rn. 13; Großkomm AktG/*Grundmann* Rn. 61; Hüffer/Koch/*Koch*, 13. Aufl. 2018, Rn. 15; Kölner Komm AktG/*Zetzsche* Rn. 281 f.; MüKoAktG/*Arnold* Rn. 65; *Hüther*, Aktionärsbeteiligung und Internet, 2002, 210; *Bunke* AG 2002, 57 (69); *Decker* BuB Rn. 8/284 c; s. auch BegrRegE BT-Drs. 14/4051, 13; aA wohl auch K. Schmidt/Lutter/*Spindler* Rn. 20.

¹⁶³ MüKoAktG/*Arnold* Rn. 65; aA hinsichtlich Kontoauszügen Kölner Komm AktG/*Zetzsche* Rn. 282.

¹⁶⁴ Bürgers/Körber/*Holzborn* Rn. 13; Kölner Komm AktG/*Zetzsche* Rn. 281; MüKoAktG/*Arnold* Rn. 65; *Simon*/*Zetzsche* ZGR 2010, 918 (941).

¹⁶⁵ Bürgers/Körber/*Holzborn* Rn. 13; MüKoAktG/*Arnold* Rn. 67.

¹⁶⁶ Kölner Komm AktG/*Zetzsche* Rn. 289; K. Schmidt/Lutter/*Spindler* Rn. 22.

¹⁶⁷ Bürgers/Körber/*Holzborn* Rn. 14; Kölner Komm AktG/*Zetzsche* Rn. 289; MüKoAktG/*Arnold* Rn. 74; krit. *J. Schmidt* WM 2009, 2350 (2356).

¹⁶⁸ Kölner Komm AktG/*Zetzsche* Rn. 289; MüKoAktG/*Arnold* Rn. 74.

¹⁶⁹ Kölner Komm AktG/*Zetzsche* Rn. 287; K. Schmidt/Lutter/*Spindler* Rn. 22.

¹⁷⁰ Vgl. BegrRegE BT-Drs. 13/9712, 21; zum alten Recht s. GHEK/*Eckardt* Rn. 52; Kölner Komm AktG/ *Zöllner*, 1. Aufl. 1985, Rn. 50.

¹⁷¹ BegrRegE BT-Drs. 16/11642, 34 f.

¹⁷² Bürgers/Körber/*Holzborn* Rn. 39; Großkomm AktG/*Grundmann* Rn. 62; Hüffer/Koch/*Koch*, 13. Aufl. 2018, Rn. 39; MüKoAktG/*Arnold* Rn. 168; aA Kölner Komm AktG/*Zetzsche* Rn. 532.

¹⁷³ *Grigoleit*/*Herrler* Rn. 37; Kölner Komm AktG/*Zetzsche* Rn. 531; MüKoAktG/*Arnold* Rn. 168.

(in der Praxis unüblich).[174] Auch die Unterbevollmächtigung eines von der Gesellschaft benannten Stimmrechtsvertreters ist grundsätzlich zulässig.[175]

Der Unterbevollmächtigte unterliegt den **Bindungen,** denen auch das Kreditinstitut selbst unterliegen würde (etwa § 135 Abs. 3 S. 3 und 4).[176] Für die Stimmrechtsausübung entsprechend eigenen Abstimmungsvorschlägen (§ 135 Abs. 1 S. 4 Nr. 1, Abs. 3 S. 1) ist auf die Abstimmungsvorschläge des Kreditinstituts abzustellen.[177]

Aus § 135 Abs. 5 S. 1 ergibt sich im Umkehrschluss, dass **Angestellte des Kreditinstituts**[178] auch ohne ausdrückliche Gestattung unterbevollmächtigt werden können. Gleiches gilt für verbeamtete Mitarbeiter öffentlich-rechtlicher Körperschaften.[179] Für den Verzicht auf eine ausdrückliche Gestattung der Unterbevollmächtigung sprechen hier bereits rein praktische Erwägungen, da ansonsten stets das Vertretungsorgan handeln müsste.[180] Die Erteilung der Untervollmacht an Angestellte richtet sich nach den allgemeinen Vertretungsregeln des Kreditinstituts.[181] Es reicht nicht aus, dass der betreffende Angestellte Prokurist oder Handlungsbevollmächtigter ist, wenn er nicht alleinvertretungsberechtigt ist.[182]

Nach § 135 Abs. 3 S. 2 aF war der Unterbevollmächtigung ausdrücklich die **Übertragung der Vollmacht** gleichgestellt. Die Regelung wurde durch das ARUG aufgehoben. Inhaltlich ist mit der Aufhebung keine Änderung verbunden, da eine Übertragung der Vollmacht zivilrechtlich ohnehin nicht möglich ist.[183] Letztlich sollte § 135 Abs. 3 S. 2 aF nur einen umfassenden **Umgehungsschutz** bewirken.[184] Auch ohne eine solche Regelung erfasst § 135 Abs. 5 S. 1 alle denkbaren Konstellationen der Unterbevollmächtigung, so dass ein ausdrücklicher Umgehungsschutz nicht erforderlich ist.

3. Pflichten in der Vorbereitungsphase der Hauptversammlung (Abs. 2 und 4). a) Allgemeines. § 135 Abs. 2 und 3 regeln in Anlehnung an die vor Inkrafttreten des ARUG geltende Rechtslage die Stimmrechtsausübung entsprechend eigenen Abstimmungsvorschlägen. § 135 Abs. 2 deckt sich inhaltlich weitgehend mit § 128 Abs. 2 aF und regelt die Informationspflichten der Kreditinstitute im Vorfeld der Hauptversammlung. § 135 Abs. 4 betrifft die Stimmrechtsausübung entsprechend den Verwaltungsvorschlägen und stellt hierfür ebenfalls bestimmte Informationspflichten auf.

b) Unterbreitung eigener Abstimmungsvorschläge (Abs. 2 S. 1 und 2). aa) Voraussetzungen. Will ein Kreditinstitut, das Stimmrecht aufgrund einer Vollmacht nach § 135 Abs. 1 S. 4 Nr. 1 ausüben, hat es dem Aktionär rechtzeitig eigene Abstimmungsvorschläge zu den einzelnen Punkten der Tagesordnung zugänglich zu machen. Das ARUG hat hier zu einer Modelländerung geführt. Nach der alten Rechtslage war die Pflicht zur Unterbreitung eigener Abstimmungsvorschläge an die Pflicht zur Weiterleitung der Mitteilungen nach § 125 Abs. 1 gekoppelt. Sie bestand bereits dann, wenn das Kreditinstitut überhaupt beabsichtigte, das Stimmrecht für Aktionäre auszuüben.[185] Seit Inkrafttreten des ARUG ist die Unterbreitung eigener Abstimmungsvorschläge nur noch dann erforderlich, wenn das Kreditinstitut eine Stimmrechtsausübung gem. § 135 Abs. 1 S. 4 Nr. 1 anbietet. Erforderlich ist eine **konkrete Absicht,** das Stimmrecht aufgrund einer generellen Vollmacht entsprechend eigenen Abstimmungsvorschlägen auszuüben. Die bloße Einholung von Vollmachten reicht für die Annahme einer solchen konkreten Absicht noch nicht aus.[186] Alternativ

---

[174] Bürgers/Körber/*Holzborn* Rn. 39; MüKoAktG/*Arnold* Rn. 168; K. Schmidt/Lutter/*Spindler* Rn. 19; *Marsch-Barner* FS Peltzer, 2001, 261 (269).
[175] Bürgers/Körber/*Holzborn* Rn. 39; Großkomm AktG/*Grundmann* Rn. 62; Kölner Komm AktG/*Zetzsche* Rn. 538; MüKoAktG/*Arnold* Rn. 171; *Marsch-Barner* FS Peltzer, 2001, 261 (272); *Simon*/*Zetzsche* ZGR 2010, 918 (942); aA K. Schmidt/Lutter/*Spindler* Rn. 19.
[176] Bürgers/Körber/*Holzborn* Rn. 39; Großkomm AktG/*Grundmann* Rn. 62; Kölner Komm AktG/*Zetzsche* Rn. 534; aA MüKoAktG/*Arnold* Rn. 170.
[177] Bürgers/Körber/*Holzborn* Rn. 39; Kölner Komm AktG/*Zetzsche* Rn. 534.
[178] Zum Begriff s. Kölner Komm AktG/*Zetzsche* Rn. 529.
[179] Kölner Komm AktG/*Zetzsche* Rn. 528; K. Schmidt/Lutter/*Spindler* Rn. 19.
[180] Vgl. Großkomm AktG/*Grundmann* Rn. 62; Hüffer/Koch/*Koch*, 13. Aufl. 2018, Rn. 39; MüKoAktG/*Arnold* Rn. 169; K. Schmidt/Lutter/*Spindler* Rn. 19.
[181] Kölner Komm AktG/*Zetzsche* Rn. 530; MüKoAktG/*Arnold* Rn. 169.
[182] MüKoAktG/*Arnold* Rn. 169.
[183] Vgl. Hüffer/Koch/*Koch*, 13. Aufl. 2018, Rn. 39; MüKoAktG/*Arnold* Rn. 172; *J. Schmidt* WM 2009, 2350 (2355).
[184] Ausschussbericht bei *Kropff* S. 197.
[185] Zur alten Rechtslage s. MüKoAktG/*Kubis*, 2. Aufl. 2004, § 128 Rn. 22.
[186] Bürgers/Körber/*Holzborn* Rn. 18; Hüffer/Koch/*Koch*, 13. Aufl. 2018, Rn. 17; MüKoAktG/*Arnold* Rn. 75; wohl auch Grigoleit/*Herrler* Rn. 22; *Butzke* Die Hauptversammlung der AG Rn. B 173; vgl. zu § 128 Abs. 2 aF auch *D. Schmidt* BB 1967, 818 (821); *v.Falkenhausen* AG 1966, 69 (75); *Than* ZHR 157 (1993), 125 (138 f.); einschränkend Kölner Komm AktG/*Zetzsche* Rn. 302: nur wenn sich das Kreditinstitut bei der Vollmachtseinholung ausdrücklich vorbehalten hat, ob es die Stimmrechte ausüben wird.

kann das Kreditinstitut auch eine Stimmrechtsausübung gem. § 135 Abs. 1 S. 4 Nr. 2 entsprechend den Verwaltungsvorschlägen anbieten. In diesem Fall muss es keine eigenen Abstimmungsvorschläge unterbreiten, sondern nur die Verwaltungsvorschläge zugänglich machen (sofern dies nicht anderweitig erfolgt; → Rn. 62). Das Kreditinstitut kann sich auch darauf beschränken, eine Stimmrechtsausübung gem. § 135 Abs. 1 S. 4 Nr. 1 nur für einen Teil seiner Depotkunden anzubieten. In diesem Fall besteht die Vorschlagspflicht nur diesen Depotkunden gegenüber.[187]

48   **bb) Gegenstand und Inhalt der Vorschlagspflicht.** Die Pflicht zur Unterbreitung eigener Abstimmungsvorschläge bezieht sich gem. § 135 Abs. 2 S. 1 auf die einzelnen Gegenstände der Tagesordnung. Gemeint sind **sämtliche Tagesordnungspunkte, zu denen eine Beschlussfassung vorgesehen ist.**[188] Die Vorschlagspflicht gilt auch für Tagesordnungspunkte, die aufgrund eines Minderheitsverlangens gem. § 122 Abs. 2 ergänzt wurden.[189] Dies gilt unabhängig davon, ob die Verwaltung hierzu einen Beschlussvorschlag unterbreitet hat (vgl. § 124 Abs. 3 S. 2 Alt. 2).[190] Ein Abstimmungsvorschlag ist dagegen nicht erforderlich, wenn die Hauptversammlung bei der Wahl von Aufsichtsratsmitgliedern an Wahlvorschläge gebunden ist (vgl. § 6 Abs. 6 Montan-MitbestG, § 8 Abs. 3 Montan-MitbestG; für die SE auch § 36 Abs. 4 S. 2 SEBG).[191] Im Übrigen ist das Kreditinstitut nur in Ausnahmefällen, in denen es mangels ausreichender Information nicht zur Formulierung sachgerechter Abstimmungsvorschläge in der Lage ist, von der Vorschlagspflicht befreit.[192] In diesen Fällen kann es die Abstimmung von der Erteilung einer Weisung abhängig machen, wobei es die Hintergründe für das Absehen von eigenen Abstimmungsvorschlägen offen legen muss.[193]

49   Die Abstimmungsvorschläge können auf **Zustimmung, Ablehnung oder Enthaltung** gerichtet sein.[194] Das Kreditinstitut kann auch zusammenfassend vorschlagen, zu allen Tagesordnungspunkten den Anträgen der Verwaltung zuzustimmen.[195] Da es sich um eigene Abstimmungsvorschläge handeln muss, setzt dies (in Abgrenzung zu § 135 Abs. 1 S. 4 Nr. 2, Abs. 4) aber zumindest voraus, dass eine eigenständige **inhaltliche Prüfung** stattgefunden hat.[196] Auch die in der Praxis nicht unübliche Übernahme der Abstimmungsvorschläge nahe stehender großer Kreditinstitute durch kleinere Kreditinstitute ist zulässig, erfordert aber zumindest eine eigene Schlüssigkeitsprüfung und entbindet nicht von den übrigen Pflichten des § 135 Abs. 2.[197] Das Kreditinstitut kann sich auch zu **Gegenanträgen** äußern, wenngleich hierzu keine Pflicht besteht.[198] Sofern dies dem Aktionärsinteresse (→ Rn. 51 f.) entspricht, kann es auch selbst Gegenanträge stellen und hierzu Abstimmungsvorschläge unterbreiten.[199] In der Praxis ist dies allerdings unüblich.[200] **Alternativvorschläge** sind nur unter der Prämisse zulässig, dass aus ihnen eindeutig hervorgeht, unter welchen Voraussetzungen welche Abstimmungsvariante gewählt wird.[201] Das Kreditinstitut darf insoweit keinen Ermessensspielraum haben. Die eigenen Abstimmungsvorschläge müssen **nicht begründet** werden.[202] Gleichwohl kann sich eine kurze Begründung anbieten.

50   **cc) Zugänglichmachen (Abs. 2 S. 1).** Das Kreditinstitut muss die eigenen Abstimmungsvorschläge gem. § 135 Abs. 2 S. 1 lediglich zugänglich machen („Pull-System"). Die ursprünglich beste-

---

[187] Bürgers/Körber/*Holzborn* Rn. 19; Hölters/*Hirschmann* Rn. 22; Hüffer/Koch/*Koch*, 13. Aufl. 2018, Rn. 17; Kölner Komm AktG/*Zetzsche* Rn. 303.
[188] Bürgers/Körber/*Holzborn* Rn. 20; Hölters/*Hirschmann* Rn. 22; MüKoAktG/*Arnold* Rn. 78.
[189] Bürgers/Körber/*Holzborn* Rn. 20; Kölner Komm AktG/*Zetzsche* Rn. 308; MüKoAktG/*Arnold* Rn. 78.
[190] Kölner Komm AktG/*Zetzsche* Rn. 308.
[191] Hölters/*Hirschmann* Rn. 22; Kölner Komm AktG/*Zetzsche* Rn. 308; MüKoAktG/*Arnold* Rn. 81.
[192] Vgl. BegrRegE BT-Drs. 13/9712 S. 18; zu den Voraussetzungen s. MüKoAktG/*Arnold* Rn. 81; weitergehend *Butzke* Die Hauptversammlung der AG Rn. E 80, nach dessen Ansicht es dem Kreditinstitut stets freistehen soll, zu einem Tagesordnungspunkt keine abschließende Beurteilung zu geben; aA Kölner Komm AktG/*Zetzsche* Rn. 311, der in jedem Fall einen eigenen Vorschlag als erforderlich ansieht.
[193] Vgl. MüKoAktG/*Arnold* Rn. 81; s. auch *Butzke* Die Hauptversammlung der AG Rn. E 80.
[194] Kölner Komm AktG/*Zetzsche* Rn. 323; MüKoAktG/*Arnold* Rn. 78.
[195] Bürgers/Körber/*Holzborn* Rn. 20; Kölner Komm AktG/*Zetzsche* Rn. 325; MüKoAktG/*Arnold* Rn. 78 f.
[196] Bürgers/Körber/*Holzborn* Rn. 20; Kölner Komm AktG/*Zetzsche* Rn. 314; MüKoAktG/*Arnold* Rn. 78.
[197] Bürgers/Körber/*Holzborn* Rn. 20; Kölner Komm AktG/*Zetzsche* Rn. 317; MüKoAktG/*Arnold* Rn. 78.
[198] Kölner Komm AktG/*Zetzsche* Rn. 324.
[199] Kölner Komm AktG/*Zetzsche* Rn. 324; MüKoAktG/*Arnold* Rn. 78; aA GHEK/*Eckardt* § 128 Rn. 45; *Laabs* DB 1968, 1014.
[200] Vgl. Kölner Komm AktG/*Zetzsche* Rn. 324.
[201] Vgl. Kölner Komm AktG/*Zetzsche* Rn. 323; MüKoAktG/*Arnold* Rn. 81; für grundsätzliche Unzulässigkeit Bürgers/Körber/*Holzborn* Rn. 20; GHEK/*Eckardt* § 128 Rn. 47.
[202] BegrRegE BT-Drs. 13/9712, 19; Hölters/*Hirschmann* Rn. 22; Kölner Komm AktG/*Zetzsche* Rn. 326; MüKoAktG/*Arnold* Rn. 80.

hende Mitteilungspflicht wurde durch das ARUG aufgehoben.[203] Gleichwohl ist eine individuelle Mitteilung („Push-System") weiterhin zulässig (auch durch Einstellen in das elektronische Postfach des Aktionärs beim Electronic Banking).[204] Da nur noch ein Zugänglichmachen erforderlich ist, wurde durch das ARUG zugleich auch die ursprünglich in § 128 Abs. 3 aF für den Fall der Weisungserteilung nach Einberufung der Hauptversammlung vorgesehene Ausnahme von der Mitteilungspflicht aufgehoben. § 135 Abs. 2 S. 1 schreibt für das Zugänglichmachen **keine bestimmte Form** vor. Die Abstimmungsvorschläge können daher auch in elektronischer Form zugänglich gemacht werden (insbesondere über die **Internetseiten** des Kreditinstituts).[205] Dabei müssen die Abstimmungsvorschläge aber für die Aktionäre leicht auffindbar sein.[206] Eine Faustformel, ab welcher Zahl von Verlinkungsebenen dies nicht mehr der Fall wäre, lässt sich nicht aufstellen.[207] Entscheidend ist jeweils die Gestaltung im Einzelfall. Das Zugänglichmachen muss **rechtzeitig** vor der Hauptversammlung erfolgen. Der Aktionär muss noch die Möglichkeit haben, von den Abstimmungsvorschlägen Kenntnis zu nehmen und ggf. eigene Weisungen zu erteilen.[208] Als rechtzeitig sollte grundsätzlich ein Zeitraum von rund **zwei Wochen** vor der Hauptversammlung bzw. – sofern eine Anmeldung erforderlich ist – vor Anmeldeschluss angesehen werden.[209] Jedenfalls rechtzeitig ist ein Zugänglichmachen bis zum Nachweisstichtag (Record Date) iSv § 123 Abs. 3 S. 3.[210] Ändert sich nach Zugänglichmachen der Abstimmungsvorschläge die Sachlage, besteht keine Pflicht, angepasste Vorschläge zugänglich zu machen.[211]

dd) Bindung an Aktionärsinteresse (Abs. 2 S. 2 Halbsatz 1). Das Kreditinstitut hat sich bei seinen Abstimmungsvorschlägen gem. § 135 Abs. 2 S. 2 Hs. 1 vom Interesse des Aktionärs leiten lassen. § 135 Abs. 2 S. 2 stimmt wörtlich mit § 128 Abs. 2 S. 3 aF überein. Die Bindung an das Aktionärsinteresse hat eine negative und eine positive Komponente. Sie bedeutet zunächst (negativ), dass etwa vorhandene **Eigeninteressen des Kreditinstituts zurückgestellt** werden müssen.[212] Darüber hinaus muss sich das Kreditinstitut bei der Formulierung der Abstimmungsvorschläge (positiv) am hypothetischen Interesse eines informierten, verständigen **Durchschnittsaktionärs** orientieren.[213] Es besteht keine Notwendigkeit, die (dem Kreditinstitut bekannten) individuellen Interessen einzelner Großaktionäre durch einen individuellen Abstimmungsvorschlag zu berücksichtigen.[214] Das Kreditinstitut kann sich daher auf einheitliche Vorschläge für alle Aktionäre beschränken. Dabei müssen Sonderinteressen einzelner Aktionäre unberücksichtigt bleiben. Sie können von den betreffenden Aktionären mittels Einzelweisung zur Geltung gebracht werden.[215]

Das **typisierte Aktionärsinteresse** ist regelmäßig auf eine langfristige Wertsteigerung der Anlage ausgerichtet.[216] Dabei sind die Besonderheiten der jeweiligen Gesellschaft zu berücksichtigen.[217]

---

[203] Anders zuvor § 128 Abs. 2 S. 1 aF; eine Ausnahme galt nur bei der Verwahrung von Namensaktien, für die das Kreditinstitut nicht im Aktienregister eingetragen war, und in Übernahmesachverhalten (§ 128 Abs. 2 S. 2 aF und § 16 Abs. 4 S. 6 und 7 WpÜG aF).
[204] Vgl. BegrRegE BT-Drs. 16/11 642, 34; s. auch Grigoleit/*Herrler* Rn. 23; *Butzke* Die Hauptversammlung der AG Rn. E 80; *Simon/Zetzsche* ZGR 2010, 918 (933).
[205] BegrRegE BT-Drs. 16/11 642, 34; Bürgers/Körber/*Holzborn* Rn. 24; MüKoAktG/*Arnold* Rn. 76; K. Schmidt/Lutter/*Spindler* Rn. 34; *Simon/Zetzsche* ZGR 2010, 918 (932 f.).
[206] K. Schmidt/Lutter/*Spindler* Rn. 34; s. auch Kölner Komm AktG/*Zetzsche* Rn. 328.
[207] So aber K. Schmidt/Lutter/*Spindler* Rn. 34: maximal zwei Verlinkungsebenen.
[208] BegrRegE BT-Drs. 16/11 642, 34; Bürgers/Körber/*Holzborn* Rn. 24; Grigoleit/*Herrler* Rn. 23; Kölner Komm AktG/*Zetzsche* Rn. 331; MüKoAktG/*Arnold* Rn. 77; *Ochmann*, Die Aktionärsrechte-Richtlinie, 2010, 165; *Wicke*, Einführung in das Recht der Hauptversammlung, das Recht der Sacheinlagen und das Freigabeverfahren nach dem ARUG, 2009, 36.
[209] Bürgers/Körber/*Holzborn* Rn. 24; *Simon/Zetzsche* ZGR 2010, 918 (933).
[210] Grigoleit/*Herrler* Rn. 23; Kölner Komm AktG/*Zetzsche* Rn. 332; *Simon/Zetzsche* ZGR 2010, 918 (933); teilweise anders Bürgers/Körber/*Holzborn* Rn. 24, der den Nachweisstichtag in jedem Fall als spätesten Zeitpunkt ansieht.
[211] Kölner Komm AktG/*Zetzsche* Rn. 333; aA MüKoAktG/*Arnold* Rn. 83, sofern sich die tatsächlichen Grundlagen für den Erstvorschlag derart entscheidend geändert haben, dass dieser auf der neuen Tatsachengrundlage nicht mehr unterbreiten werden dürfte.
[212] Bürgers/Körber/*Holzborn* Rn. 21; Hüffer/Koch/*Koch*, 13. Aufl. 2018, Rn. 20; Kölner Komm AktG/*Zetzsche* Rn. 334; MüKoAktG/*Arnold* Rn. 82.
[213] Vgl. BegrRegE BT-Drs. 13/9712, 18; Bürgers/Körber/*Holzborn* Rn. 21; GHEK/*Eckardt* § 128 Rn. 50; Grigoleit/*Herrler* Rn. 24; Hüffer/Koch/*Koch*, 13. Aufl. 2018, Rn. 20; Kölner Komm AktG/*Zetzsche* Rn. 338; MüKoAktG/*Arnold* Rn. 82; *Butzke* Die Hauptversammlung der AG Rn. B 176; *Schlitt* in Semler/Volhard/Reichert HV-HdB § 4 Rn. 288; aA *Johansson* BB 1967, 1315 (1318), der speziell auf die Interessen der Depotkunden des betreffenden Kreditinstituts abstellen will.
[214] Kölner Komm AktG/*Zetzsche* Rn. 339; MüKoAktG/*Arnold* Rn. 82; aA *Johansson* BB 1967, 1315 (1318).
[215] BegrRegE BT-Drs. 13/9712, 18 f.
[216] BegrRegE BT-Drs. 13/9712, 19; Kölner Komm AktG/*Zetzsche* Rn. 340; *Butzke* Die Hauptversammlung der AG Rn. B 176; *Schlitt* in Semler/Volhard/Reichert HV-HdB § 4 Rn. 288.
[217] Vgl. MüKoAktG/*Arnold* Rn. 82.

Umstritten ist, inwieweit das **Gesellschaftsinteresse** zu berücksichtigen ist. Versteht man das Gesellschaftsinteresse in Abgrenzung zum Unternehmensinteresse (→ § 76 Rn. 24 ff.) als Schnittmenge der Mitgliederinteressen, zu deren gemeinschaftlicher Verfolgung sich die Mitglieder rechtlich verbunden haben, besteht eine Deckungsgleichheit mit den Aktionärsinteressen.[218] Ein derart verstandenes Gesellschaftsinteresse darf daher bei der Formulierung der Abstimmungsvorschläge berücksichtigt werden.[219] Soweit dann überhaupt noch eine Abweichung von dem typisierten Aktionärsinteresse denkbar ist, dürfte in dem Gesellschaftsinteresse aber nicht der alleinige Maßstab zu sehen sein.[220] Vielmehr müsste das Kreditinstitut einen angemessenen Ausgleich zwischen dem Gesellschaftsinteresse und den sonstigen Aktionärsinteressen suchen.[221] Von Bedeutung soll dies etwa bei der Entscheidung zwischen Dividendenausschüttung oder Thesaurierung und bei Kapitalerhöhungen mit Bezugsrechtsausschluss sein.[222]

53 **ee) Organisatorische Vorkehrungen (Abs. 2 S. 2 Hs. 1).** Gem. § 135 Abs. 2 S. 2 Hs. 1 muss das Kreditinstitut organisatorische Vorkehrungen dafür treffen, dass Eigeninteressen aus anderen Geschäftsbereichen nicht einfließen. Die Regelung wurde (zusammen mit der Überwachungspflicht gem. § 135 Abs. 2 S. 2 Hs. 2 und der Hinweispflicht gem. § 135 Abs. 2 S. 5) durch das KonTraG eingeführt, um den **Einfluss der Banken zu begrenzen** und den fremdnützigen Charakter des Bankenstimmrechts deutlicher hervorzuheben.[223] Die Organisationspflichten stehen in ausdrücklichem Zusammenhang mit der Formulierung eigener Abstimmungsvorschläge und sind dementsprechend nur dann zu beachten, wenn das Kreditinstitut von dieser Möglichkeit Gebrauch macht.[224]

54 Durch die organisatorischen Vorkehrungen soll gewährleistet werden, dass Eigeninteressen aus anderen Geschäftsbereichen der Bank nicht in die Entscheidung über die Abstimmungsvorschläge einfließen.[225] Die Gesetzesbegründung zum KonTraG (zu § 128 Abs. 2 S. 2 aF) nennt als solche andere Geschäftsbereiche das Kreditgeschäft, den Beteiligungsbesitz und das Emissionsgeschäft.[226] Diese Aufzählung ist jedoch nicht als abschließend anzusehen. Vielmehr muss jedes Kreditinstitut **anhand seines konkreten Geschäftsmodells prüfen,** welche Geschäftsfelder als konfliktträchtig einzustufen sind, und auf dieser Grundlage geeignete organisatorische Vorkehrungen iSv § 135 Abs. 2 S. 2 Hs. 1 treffen.[227] Ausweislich der Gesetzesbegründung zum KonTraG ist mit den organisatorischen Vorkehrungen **keine Abschottung** gemeint.[228] Die Einrichtung einer selbständigen Abteilung ist daher nicht zwingend geboten.[229] Es soll nur eine **unabhängige Entscheidung ermöglicht** werden. Dies kann idR dadurch erreicht werden, dass die Mitarbeiter nicht einem der betreffenden Geschäftsbereiche angehören (keine Personenidentität) und insoweit auch keiner Weisungsbindung unterliegen.[230] Zu den erforderlichen organisatorischen Vorkehrungen gehört auch eine **Dokumentation** der Erwägungen, die zu den Abstimmungsvorschlägen geführt haben.[231] Für Kreditinstitute, die der Depotprüfung unterliegen (→ Rn. 16), ist hiermit kein zusätzlicher Aufwand verbunden, da diese ohnehin einer entsprechenden Dokumentationspflicht unterliegen.

55 **ff) Überwachung (Abs. 2 S. 2 Hs. 2).** Gem. § 135 Abs. 2 S. 2 Hs. 2 ist ein **Mitglied der Geschäftsleitung** zu benennen, das die Einhaltung der Organisationspflichten sowie die ordnungsgemäße Ausübung des Stimmrechts und deren Dokumentation zu überwachen hat. **Geschäftsleiter**

---

[218] S. bereits Kölner Komm AktG/*Zöllner*, 1. Aufl. 1985, § 128 Rn. 16; ebenso Bürgers/Körber/*Holzborn* Rn. 21; Großkomm AktG/*Werner*, 4. Aufl. 1993, § 128 Rn. 53 Fn. 64; Kölner Komm AktG/*Zetzsche* Rn. 340 ff.; ähnlich Grigoleit/*Herrler* Rn. 24; Hölters/*Hirschmann* Rn. 18; Hüffer/Koch/*Koch*, 13. Aufl. 2018, Rn. 20; wohl auch MüKoAktG/*Arnold* Rn. 82; aA GHEK/*Eckardt* § 128 Rn. 49.
[219] Vgl. Kölner Komm AktG/*Zetzsche* Rn. 342.
[220] Kölner Komm AktG/*Zöllner*, 1. Aufl. 1985, Rn. 16; s. auch Großkomm AktG/*Werner*, 4. Aufl. 1993, § 128 Rn. 53.
[221] Kölner Komm AktG/*Zetzsche* Rn. 343.
[222] Großkomm AktG/*Werner*, 4. Aufl. 1993, § 128 Rn. 53 f.; Kölner Komm AktG/*Zetzsche* Rn. 343.
[223] BegrRegE BT-Drs. 13/9712, 18; s. auch MüKoAktG/*Arnold* Rn. 84.
[224] Vgl. MüKoAktG/*Arnold* Rn. 84.
[225] BegrRegE BT-Drs. 13/9712, 18; vgl. auch Bürgers/Körber/*Holzborn* Rn. 22; Grigoleit/*Herrler* Rn. 25; Hölters/*Hirschmann* Rn. 19; Hüffer/Koch/*Koch*, 13. Aufl. 2018, Rn. 21; MüKoAktG/*Arnold* Rn. 84.
[226] BegrRegE BT-Drs. 13/9712, 18.
[227] Kölner Komm AktG/*Zetzsche* Rn. 350.
[228] BegrRegE BT-Drs. 13/9712, 18.
[229] Kölner Komm AktG/*Zetzsche* Rn. 353; *Marsch-Barner* FS Peltzer, 2001, 261 (267); s. auch *DAV-Handelsrechtsausschuss* ZIP 1997, 163 (168).
[230] BegrRegE BT-Drs. 13/9712, 18; *DAV-Handelsrechtsausschuss* ZIP 1997, 163 (168); Bürgers/Körber/*Holzborn* Rn. 22; Hüffer/Koch/*Koch*, 13. Aufl. 2018, Rn. 21; Kölner Komm AktG/*Zetzsche* Rn. 352; MüKoAktG/*Arnold* Rn. 84; *Marsch-Barner* FS Peltzer, 2001, 261 (267).
[231] BegrRegE BT-Drs. 13/9712, 18; Bürgers/Körber/*Holzborn* Rn. 22; Grigoleit/*Herrler* Rn. 25; Hüffer/Koch/*Koch*, 13. Aufl. 2018, Rn. 21; MüKoAktG/*Arnold* Rn. 84; *Marsch-Barner* FS Peltzer, 2001, 261 (267).

sind gem. § 1 Abs. 2 KWG diejenigen natürlichen Personen, die nach Gesetz, Satzung oder Gesellschaftsvertrag zur Führung der Geschäfte und zur Vertretung eines Instituts oder eines Unternehmens in der Rechtsform einer juristischen Person oder einer Personenhandelsgesellschaft berufen sind (Vorstandsmitglieder einer AG, SE oder Genossenschaft; Geschäftsführer einer GmbH; persönlich haftende Gesellschafter einer KGaA oder KG; Gesellschafter einer OHG). Das zuständige Organmitglied wird durch Beschluss des Leitungsorgans oder in dessen Geschäftsordnung benannt.[232] Die Gesamtverantwortung der Geschäftsleitung bleibt durch die Benennung unberührt.[233] Die Einrichtung eines besonderen Ressorts innerhalb der Geschäftsleitung ist nicht erforderlich.[234] Da es sich bei der Pflicht gem. § 135 Abs. 2 S. 2 Hs. 2 um eine **Überwachungs- und Organisationspflicht** handelt, muss das zuständige Organmitglied idR nicht in jedem Einzelfall tätig werden.[235] Insbesondere in Routinefällen ist die Kenntnisnahme einzelner Abstimmungsvorschläge nicht erforderlich.[236] Der Überwachungs- und Organisationspflicht kann insoweit etwa durch den Erlass von Richtlinien und eine regelmäßige Berichterstattung genügt werden.[237] Zur erforderlichen **Dokumentation** iSv § 135 Abs. 2 S. 2 Hs. 2 zählt auch das Festhalten der den Abstimmungsvorschlägen zugrunde liegenden Erwägungen (→ Rn. 54).

c) **Hinweispflichten (Abs. 2 S. 3–5). aa) Stimmverhalten bei Fehlen von Weisungen (Abs. 2 S. 3).** Zusammen mit seinen Abstimmungsvorschlägen muss das Kreditinstitut gem. § 135 Abs. 2 S. 3 darauf hinzuweisen, dass es das Stimmrecht entsprechend den eigenen Vorschlägen ausüben werde, wenn der Aktionär nicht rechtzeitig eine andere Weisung erteilt. Der Hinweis kann mit einer **Fristsetzung** für die Weisungserteilung verbunden werden (→ Rn. 67). Das Kreditinstitut muss nicht ausdrücklich darauf hinweisen, dass aufgrund kurzfristig eintretender Umstände eine Abweichung von den zugänglich gemachten Abstimmungsvorschlägen (→ Rn. 77 ff.) in Betracht kommen kann.[238]

bb) **Personelle Verflechtungen (Abs. 2 S. 4).** Will ein Kreditinstitut das Stimmrecht entsprechend eigenen Abstimmungsvorschlägen ausüben, besteht gem. § 135 Abs. 2 S. 4 eine Hinweispflicht, wenn ein Vorstandsmitglied oder Mitarbeiter des Kreditinstituts dem Aufsichtsrat der Gesellschaft oder umgekehrt ein Vorstandsmitglied oder Mitarbeiter der Gesellschaft dem Aufsichtsrat des Kreditinstituts angehört. Die Vorschrift soll **Transparenz bei personellen Verflechtungen** schaffen, um den Aktionären mögliche Interessenkonflikte aufzuzeigen.[239] Dies steht im Einklang mit Art. 10 Abs. 3 Unterabs. 1 lit. a Aktionärsrechte-RL, wonach die Mitgliedstaaten vorschreiben können, dass der Vertreter bestimmte Tatsachen offen legt, die für den Aktionär für die Beurteilung der Gefahr, dass der Vertreter andere Interessen als die des Aktionärs verfolgen könnte, von Bedeutung sein können. Die Ausdehnung der Hinweispflicht auf **Mitarbeiter** ist durch das KonTraG erfolgt, da der Gesetzgeber im Zusammenhang mit der Doppelanrechnung von Vorsitzmandaten (§ 100 Abs. 2 S. 3) eine Verlagerung von Mandaten auf die nächste Hierarchieebene befürchtete.[240] Betroffen sind aber nur aktive Mitarbeiter.[241] Ein Transparenzbedarf besteht auch, wenn das Kreditinstitut nicht in der Rechtsform der AG betrieben wird. Die Hinweispflicht gilt daher entsprechend für Geschäftsführer einer GmbH und persönlich haftende Gesellschafter einer KGaA, KG oder oHG.[242] Eine analoge Anwendung bietet sich zudem bei **Vorstandsdoppelmandaten** an, da hiermit ein noch stärkerer

---

[232] Bürgers/Körber/*Holzborn* Rn. 23; Hölters/*Hirschmann* Rn. 20; Hüffer/Koch/*Koch*, 13. Aufl. 2018, Rn. 22; Kölner Komm AktG/*Zetzsche* Rn. 361.
[233] BegrRegE BT-Drs. 13/9712, 18; Bürgers/Körber/*Holzborn* Rn. 23; Hüffer/Koch/*Koch*, 13. Aufl. 2018, Rn. 22; MüKoAktG/*Arnold* Rn. 85; *Assmann* AG-Sonderheft 1997, 100 (103); *Marsch-Barner* FS Peltzer, 2001, 261 (267).
[234] Kölner Komm AktG/*Zetzsche* Rn. 361; MüKoAktG/*Arnold* Rn. 85.
[235] BegrRegE BT-Drs. 13/9712, 18; Bürgers/Körber/*Holzborn* Rn. 23; Grigoleit/*Herrler* Rn. 26; Hüffer/Koch/*Koch*, 13. Aufl. 2018, Rn. 22; Kölner Komm AktG/*Zetzsche* Rn. 367; MüKoAktG/*Arnold* Rn. 85; *Marsch-Barner* FS Peltzer, 2001, 261 (267).
[236] BegrRegE BT-Drs. 13/9712, 18.
[237] Grigoleit/*Herrler* Rn. 26; *Marsch-Barner* FS Peltzer, 2001, 261 (267).
[238] Kölner Komm AktG/*Zetzsche* Rn. 373; MüKoAktG/*Arnold* Rn. 88.
[239] Kritisch Kölner Komm AktG/*Zetzsche* Rn. 379, der die Transparenzintention des KonTraG als überholt ansieht.
[240] BegrRegE BT-Drs. 13/9712, 19.
[241] BegrRegE BT-Drs. 13/9712, 19; Bürgers/Körber/*Holzborn* Rn. 26; Hölters/*Hirschmann* Rn. 22; Hüffer/Koch/*Koch*, 13. Aufl. 2018, Rn. 25; MüKoAktG/*Arnold* Rn. 89.
[242] Bürgers/Körber/*Holzborn* Rn. 26; GHEK/*Eckardt* § 128 Rn. 66; Grigoleit/*Herrler* Rn. 28; Hölters/*Hirschmann* Rn. 22; Hüffer/Koch/*Koch*, 13. Aufl. 2018, Rn. 25; Kölner Komm AktG/*Zetzsche* Rn. 382; MüKoAktG/*Arnold* Rn. 89; *Schlitt* in Semler/Volhard/Reichert HV-HdB § 4 Rn. 297.

Interessenkonflikt verbunden ist.[243] Dagegen scheidet eine Analogie bei personellen Verflechtungen allein auf Aufsichtsratsebene aus.[244]

58 Gem. Nr. 12 Abs. 3 S. 5 der Bekanntmachung über die Anforderungen an die Ordnungsmäßigkeit des Depotgeschäfts und der Erfüllung von Wertpapierlieferungsverpflichtungen vom 21. Dezember 1998[245] müssen die Kreditinstitute über die personellen Verflechtungen eine **Liste führen,** die den Depotprüfern vorzulegen ist. Maßgeblicher Zeitpunkt für das Bestehen der personellen Verflechtungen ist der **Zeitpunkt der Veröffentlichung des Hinweises.**[246] Hinzuweisen ist daher auch auf Mitgliedschaften, die am Tag der Hauptversammlung enden. Frühere oder zu erwartende Verflechtungen brauchen dagegen nicht mitgeteilt zu werden.[247] Hinzuweisen ist nur auf das Bestehen und die Art der Verflechtung. Der Name der betroffenen Person muss nicht genannt werden.[248] Bestehen keine personellen Verflechtungen, ist eine Fehlanzeige nicht erforderlich.[249]

59 cc) **Meldepflichtige Beteiligung (Abs. 2 S. 5 Alt. 1).** Gem. § 135 Abs. 2 S. 5 Alt. 1 besteht eine Hinweispflicht, wenn das Kreditinstitut an der Gesellschaft eine Beteiligung hält, die nach § 33 WpHG meldepflichtig ist. Die Hinweispflicht wurde durch das KonTraG eingefügt (in § 128 Abs. 2 S. 6 aF) und soll die **Transparenz im Hinblick auf mögliche Interessenkonflikte** bei der Stimmrechtsausübung verbessern.[250] Durch die Offenlegung soll für die Kreditinstitute ein zusätzlicher Anreiz zu einer sauberen Trennung ihrer Eigeninteressen und der Formulierung der Abstimmungsvorschläge im Aktionärsinteresse gesetzt werden.[251] Wie § 135 Abs. 2 S. 4 steht die Regelung im Einklang mit Art. 10 Abs. 3 Unterabs. 1 lit. a Aktionärsrechte-RL (→ Rn. 57). § 135 Abs. 2 S. 5 Alt. 1 verweist auf den gesamten **§ 33 WpHG.** Dementsprechend muss die Beteiligung an einem Emittenten bestehen, für den die Bundesrepublik Deutschland der Herkunftsstaat ist und dessen Aktien zum Handel an einem organisierten Markt zugelassen sind (§ 33 Abs. 4 WpHG). Das Bestehen einer Meldepflicht gem. § 33 Abs. 1 WpHG setzt voraus, dass das Kreditinstitut mindestens 3 % der Stimmrechte erreicht. Bei der Berechnung des Stimmrechtsanteils sind die in § 135 Abs. 2 S. 5 Alt. 1 nicht ausdrücklich genannten §§ 34, 35 WpHG zu berücksichtigen, da diese mit § 33 Abs. 1 WpHG in einem unmittelbaren Zusammenhang stehen.[252] Dagegen ist § 37 WpHG (befreiende Mitteilung durch Mutterunternehmen) nach dem Sinn und Zweck der Hinweispflicht im Rahmen des § 135 Abs. 2 S. 5 Alt. 1 nicht anwendbar.[253]

60 Für den **Inhalt der Hinweispflicht** verweist die Gesetzesbegründung des KonTraG darauf, dass das Kreditinstitut nur die gesetzlichen Meldungen nach dem WpHG zu wiederholen brauche.[254] § 135 Abs. 2 S. 5 Alt. 1 stellt nach seinem Wortlaut aber nur auf das Bestehen der Beteiligung ab, so dass anders als nach § 33 Abs. 1 WpHG (vgl. § 12 Abs. 1 WpAV iVm der Anlage zur WpAV) die Angabe der exakten Höhe des Stimmrechtsanteils nicht erforderlich ist.[255] Trotz des Wortlauts wird man das Kreditinstitut nach dem Sinn und Zweck der Transparenzvorschrift aber gleichwohl als verpflichtet ansehen müssen, zumindest den jeweils erreichten Schwellenwert anzugeben.[256] Sinkt der Stimmrechts-

---

[243] Bürgers/Körber/*Holzborn* Rn. 26; Grigoleit/*Herrler* Rn. 28; Kölner Komm AktG/*Zetzsche* Rn. 383; MüKoAktG/*Arnold* Rn. 89; *Schlitt* in Semler/Volhard/Reichert HV-HdB § 4 Rn. 297.
[244] Bürgers/Körber/*Holzborn* Rn. 26; Kölner Komm AktG/*Zetzsche* Rn. 383; MüKoAktG/*Arnold* Rn. 89.
[245] Abgedruckt bei *Decker* BuB Rn. 8/376.
[246] Ähnlich Kölner Komm AktG/*Zetzsche* Rn. 387, der auf den Zeitpunkt der Erstellung der eigenen Vorschläge abstellt.
[247] GHEK/*Eckardt* § 128 Rn. 64; Kölner Komm AktG/*Zetzsche* Rn. 387 ff.; wohl auch Hüffer/Koch/*Koch*, 13. Aufl. 2018, Rn. 25; aA Bürgers/Körber/*Holzborn* Rn. 27; Grigoleit/*Herrler* Rn. 28; MüKoAktG/*Arnold* Rn. 89: Tag der Hauptversammlung maßgeblich, wobei auch am Tag der Hauptversammlung erst beginnende Mitgliedschaften zu nennen seien; iE auch Großkomm AktG/*Werner*, 4. Aufl. 1993, § 128 Rn. 68.
[248] Bürgers/Körber/*Holzborn* Rn. 27; GHEK/*Eckardt* § 128 Rn. 64; Hölters/*Hirschmann* Rn. 22; Hüffer/Koch/*Koch*, 13. Aufl. 2018, Rn. 25; Kölner Komm AktG/*Zetzsche* Rn. 380; MüKoAktG/*Arnold* Rn. 89.
[249] GHEK/*Eckardt* § 128 Rn. 64; Grigoleit/*Herrler* Rn. 28; Hüffer/Koch/*Koch*, 13. Aufl. 2018, Rn. 25; Kölner Komm AktG/*Zetzsche* Rn. 380; MüKoAktG/*Arnold* Rn. 89.
[250] Kritisch Kölner Komm AktG/*Zetzsche* Rn. 392, der den Transparenzzweck angesichts der heute bestehenden Informationsmöglichkeiten als überholt ansieht.
[251] BegrRegE BT-Drs. 13/9712, 19.
[252] Grigoleit/*Herrler* Rn. 29; Hüffer/Koch/*Koch*, 13. Aufl. 2018, Rn. 26; Kölner Komm AktG/*Zetzsche* Rn. 394; MüKoAktG/*Arnold* Rn. 90.
[253] AllgM, s. Bürgers/Körber/*Holzborn* Rn. 28; Grigoleit/*Herrler* Rn. 29; Hüffer/Koch/*Koch*, 13. Aufl. 2018, Rn. 26; Kölner Komm AktG/*Zetzsche* Rn. 394; MüKoAktG/*Arnold* Rn. 90.
[254] BegrRegE BT-Drs. 13/9712, 19.
[255] Grigoleit/*Herrler* Rn. 29; Hölters/*Hirschmann* Rn. 23; Hüffer/Koch/*Koch*, 13. Aufl. 2018, Rn. 26; Kölner Komm AktG/*Zetzsche* Rn. 395; MüKoAktG/*Arnold* Rn. 90; *Marsch-Barner* FS Peltzer, 2001, 261 (265).
[256] Grigoleit/*Herrler* Rn. 29; MüKoAktG/*Arnold* Rn. 90; *Marsch-Barner* FS Peltzer, 2001, 261 (265); wohl auch Hüffer/Koch/*Koch*, 13. Aufl. 2018, Rn. 26; aA Bürgers/Körber/*Holzborn* Rn. 29; Hölters/*Hirschmann* Rn. 23; Kölner Komm AktG/*Zetzsche* Rn. 395 f.

anteil im Folgejahr unter diesen Schwellenwert, bedarf es keiner Offenlegung der Unterschreitung. Zur Vermeidung von Missverständnissen kann sich eine freiwillige Offenlegung dennoch anbieten.[257] Liegt die im Folgejahr verringerte Beteiligung immer noch über einem anderen Schwellenwert, ist dieser mitzuteilen.[258] Besteht keine meldepflichtige Beteiligung, ist eine Fehlanzeige nicht erforderlich.[259]

dd) Emissionstätigkeit (Abs. 2 S. 5 Alt. 2). Gem. § 135 Abs. 2 S. 5 Alt. 2 besteht eine Hinweispflicht auch dann, wenn das Kreditinstitut einem Konsortium angehörte, das die **innerhalb von fünf Jahren zeitlich letzte Emission** von Wertpapieren der Gesellschaft übernommen hat. Die Hinweispflicht dient ebenfalls der Erhöhung der **Transparenz im Hinblick auf mögliche Interessenkonflikte.**[260] Wie § 135 Abs. 2 S. 4 steht die Regelung im Einklang mit Art. 10 Abs. 3 Unterabs. 1 lit. a Aktionärsrechte-RL (→ Rn. 57). Da keine Erheblichkeitsschwelle vorgesehen ist, besteht die Hinweispflicht unabhängig davon, mit welcher Quote das Kreditinstitut an dem Konsortium beteiligt war.[261] Auch eine nur geringfügige Quote reicht aus.[262] § 135 Abs. 2 S. 5 Alt. 2 stellt zwar auf die Zugehörigkeit zu einem Konsortium ab. Nach dem Sinn und Zweck der Vorschrift muss die Hinweispflicht aber auch dann gelten, wenn das Kreditinstitut die Emission allein begleitet hat.[263] Die Hinweispflicht bezieht sich auf die **Emission von Wertpapieren.** Für den Begriff des Wertpapiers kann die Definition des § 2 Abs. 1 WpHG herangezogen werden. Erfasst sind auch indirekte Emissionen, sofern die AG Begünstigte des wirtschaftlichen Mittelzuflusses ist und das wirtschaftliche Risiko der Emission trägt.[264] Die **Fünfjahresfrist** ist ab dem Tag der Veröffentlichung (Zugänglichmachen) des Hinweises rückwärts zu rechnen.[265] Für die Bestimmung des Zeitpunkts der Emission kommt es auf die Beendigung der Emissionstätigkeit an. Hierzu ist an die zeitlich letzte Platzierung anzuknüpfen.[266] War das Kreditinstitut innerhalb der Fünfjahresfrist an mehreren Emissionen beteiligt, ist allein auf die zeitlich letzte Emission hinzuweisen.[267] Besteht eine Hinweispflicht gem. § 135 Abs. 2 S. 5 Alt. 2, sind Gegenstand und Volumen der Emission sowie die Art der Beteiligung an dem Konsortium zu nennen.[268]

d) Zugänglichmachen von Verwaltungsvorschlägen (Abs. 4). Will ein Kreditinstitut in der Hauptversammlung das Stimmrecht auf Grund einer Vollmacht nach § 135 Abs. 1 S. 4 Nr. 2 ausüben, muss es den Aktionären gem. § 135 Abs. 4 S. 1 die Vorschläge des Vorstands und des Aufsichtsrats zugänglich machen, sofern dies nicht anderweitig erfolgt. Die Vorschrift stellt das Gegenstück zu § 135 Abs. 2 S. 1 dar, der das Zugänglichmachen eigener Abstimmungsvorschläge regelt. Für das Zugänglichmachen gelten dieselben Grundsätze wie für § 135 Abs. 2 S. 1 (→ Rn. 50). Trotz des insoweit abweichenden Wortlauts wird man auch im Rahmen des § 135 Abs. 4 S. 1 verlangen müssen, dass die Vorschläge **rechtzeitig** vor der Hauptversammlung zugänglich gemacht werden.[269] Da § 135 Abs. 4 S. 1 ein Zugänglichmachen durch das Kreditinstitut nur dann verlangt, wenn dies nicht bereits anderweitig erfolgt, ist der Anwendungsbereich **auf seltene Ausnahmefälle beschränkt.**[270] Deutsche Gesellschaften sind bereits gem. § 124 Abs. 3 S. 1 selbst zur Bekanntmachung der Verwaltungsvorschläge verpflichtet. Auch Art. 5 Abs. 4 lit. d Aktionärsrechte-RL[271] sieht vor, dass spätestens ab dem 21. Tag vor der Hauptversammlung eine Beschlussvorlage des zuständigen Organs zu jedem Punkt der Tagesordnung auf der Internetseite der Gesellschaft zur Verfügung gestellt wird.

---

[257] Bürgers/Körber/*Holzborn* Rn. 30; Grigoleit/*Herrler* Rn. 29; Hölters/*Hirschmann* Rn. 23; Hüffer/Koch/*Koch*, 13. Aufl. 2018, Rn. 26; aA Kölner Komm AktG/*Zetzsche* Rn. 397, der eine solche freiwillige Angabe als sinnlos bezeichnet.
[258] MüKoAktG/*Arnold* Rn. 90.
[259] Grigoleit/*Herrler* Rn. 29; MüKoAktG/*Arnold* Rn. 90.
[260] BegrRegE BT-Drs. 13/9712, 19.
[261] Bürgers/Körber/*Holzborn* Rn. 31; Hüffer/Koch/*Koch*, 13. Aufl. 2018, Rn. 27; Kölner Komm AktG/*Zetzsche* Rn. 405; MüKoAktG/*Arnold* Rn. 91; *Marsch-Barner* FS Peltzer, 2001, 261 (265).
[262] Zu recht krit. *DAV-Handelsrechtsausschuss* ZIP 1997, 163 (168).
[263] Bürgers/Körber/*Holzborn* Rn. 31; Grigoleit/*Herrler* Rn. 30; Hüffer/Koch/*Koch*, 13. Aufl. 2018, Rn. 27; Kölner Komm AktG/*Zetzsche* Rn. 406; MüKoAktG/*Arnold* Rn. 91; *Marsch-Barner* FS Peltzer, 2001, 261 (265).
[264] Kölner Komm AktG/*Zetzsche* Rn. 400.
[265] Für Zeitpunkt der Erstellung der Abstimmungsvorschläge Kölner Komm AktG/*Zetzsche* Rn. 402.
[266] Bürgers/Körber/*Holzborn* Rn. 31; Grigoleit/*Herrler* Rn. 30; Hüffer/Koch/*Koch*, 13. Aufl. 2018, Rn. 27; Kölner Komm AktG/*Zetzsche* Rn. 403; MüKoAktG/*Arnold* Rn. 91; *Marsch-Barner* FS Peltzer, 2001, 261 (265 f.); aA Hölters/*Hirschmann* Rn. 24: Zeitpunkt der Auflösung des Konsortiums wegen Zweckerreichung (§ 726 BGB).
[267] Hüffer/Koch/*Koch*, 13. Aufl. 2018, Rn. 27; MüKoAktG/*Arnold* Rn. 91.
[268] MüKoAktG/*Arnold* Rn. 91; aA Kölner Komm AktG/*Zetzsche* Rn. 407.
[269] Zustimmend Kölner Komm AktG/*Zetzsche* Rn. 513.
[270] Vgl. BegrRegE BT-Drs. 16/11 642, 34; Grigoleit/*Herrler* Rn. 36; Kölner Komm AktG/*Zetzsche* Rn. 515 f.; *Butzke* Die Hauptversammlung der AG Rn. E 81.
[271] RiLi 2007/36/EG des Europäischen Parlaments und des Rates v. 11.7.2007 über die Ausübung bestimmter Rechte von Aktionären in börsennotierten Gesellschaften, ABl. EU 2007 Nr. L 184, 17.

63 Gem. § 135 Abs. 4 S. 2 gilt § 135 Abs. 2 S. 3 entsprechend. Das Kreditinstitut muss somit bei Zugänglichmachen der Verwaltungsvorschläge darauf **hinweisen,** dass es das Stimmrecht entsprechend den Verwaltungsvorschlägen ausüben werde, wenn der Aktionär nicht rechtzeitig eine andere Weisung erteilt.

64 **4. Erteilung von Weisungen. a) Allgemeines.** § 135 setzt die grundsätzliche Weisungsgebundenheit des Kreditinstituts voraus und sieht die Abstimmung nach Maßgabe von Aktionärsweisungen als **vorrangige Form der Stimmrechtsausübung** an (vgl. § 135 Abs. 3 S. 1, Abs. 4 S. 2).[272] Ihr kommt auch in der Praxis die größte Bedeutung zu, da institutionelle Investoren häufig über eigene Abstimmrichtlinien verfügen und diese – vielfach unter Einschaltung von Stimmrechtsberatern (→ Rn. 47 ff.) – mittels konkreter Weisungen umsetzen.[273] Die von § 135 vorausgesetzte Weisungsbindung ist **zwingend.** Anders als nach allgemeinem Auftrags- und Geschäftsbesorgungsrecht kann sich das Kreditinstitut nicht durch Vereinbarung mit dem Kunden von der grundsätzlichen Weisungsbindung freihalten.[274] Dies entspricht Art. 10 Abs. 4 Unterabs. 1 Aktionärsrechte-RL, wonach der Vertreter verpflichtet ist, entsprechend den Weisungen des Aktionärs, der ihn bestellt hat, abzustimmen. In der eigenen Hauptversammlung oder in der Hauptversammlung einer Gesellschaft, an der das Kreditinstitut mit mehr als 20 % des Grundkapitals beteiligt ist, ist die Ausübung des Bankenstimmrechts ausschließlich auf der Grundlage von zuvor erteilten Weisungen zulässig (§ 135 Abs. 3 S. 4 und 5). Die Weisungserteilung wird dadurch gefördert, dass das Kreditinstitut zusammen mit den eigenen Abstimmungsvorschlägen oder den zugänglich gemachten Verwaltungsvorschlägen darauf **hinweisen** muss, dass die Stimmrechtsausübung entsprechend diesen Vorschlägen erfolgt, wenn nicht rechtzeitig eine andere Weisung erteilt wird (§ 135 Abs. 2 S. 3, Abs. 4 S. 2). Seit Inkrafttreten des ARUG muss das Kreditinstitut zwar nicht mehr von sich aus Weisungen erbitten,[275] es muss die Erteilung von Weisungen aber durch ein Formblatt oder Bildschirmformular erleichtern (§ 135 Abs. 1 S. 7).

65 **b) Inhalt.** Inhaltlich können Weisungen darauf gerichtet sein, für oder gegen Verwaltungsvorschläge oder Aktionärsanträge zu stimmen oder sich der Stimme zu enthalten. Wird das Kreditinstitut angewiesen, sich zu allen oder einzelnen Tagesordnungspunkten der Stimme zu enthalten, muss es bei Verwendung des Additionsverfahrens nicht ausdrücklich mit „Enthaltung" stimmen (zumal Enthaltungen bei Verwendung des Additionsverfahrens regelmäßig gar nicht eingesammelt werden); die bloße Nichtteilnahme an der Abstimmung reicht in diesem Fall aus.[276] Das Kreditinstitut muss die Aktien aber auch dann in der Hauptversammlung vertreten, wenn die Weisung auf Enthaltung zu allen Tagesordnungspunkten lautet.[277] Das Kreditinstitut kann nicht angewiesen werden, in der Hauptversammlung selbst **Anträge** zu stellen.[278] Eine entsprechende Pflicht ergibt sich weder aus § 135 noch (als Nebenpflicht) aus dem Depotvertrag.[279] Erst recht können Weisungen nicht darauf gerichtet sein, Erklärungen des Aktionärs zu verlesen oder Fragen zu stellen.[280] Das Kreditinstitut kann nach hM aber angewiesen werden, im Namen des Aktionärs **Widerspruch** einzulegen.[281] Bei der Widerspruchseinlegung muss der Name des Aktionärs offen gelegt werden.[282]

---

[272] Vgl. Kölner Komm AktG/*Zetzsche* Rn. 175.
[273] Vgl. Kölner Komm AktG/*Zetzsche* Rn. 176.
[274] Bürgers/Körber/*Holzborn* Rn. 16; Hüffer/Koch/*Koch*, 13. Aufl. 2018, Rn. 11; Kölner Komm AktG/*Zetzsche* Rn. 194; MüKoAktG/*Arnold* Rn. 92.
[275] Anders noch § 128 Abs. 2 S. 4 aF.
[276] Ebenso jetzt Kölner Komm AktG/*Zetzsche* Rn. 207; MüKoAktG/*Arnold* Rn. 96; aA noch MüKoAktG/*Kubis*, 2. Aufl. 2004, § 128 Rn. 34, unter unzutreffender Berufung auf Kölner Komm AktG/*Zöllner*, 1. Aufl. 1985, § 128 Rn. 31.
[277] Kölner Komm AktG/*Zetzsche* Rn. 207.
[278] Bürgers/Körber/*Holzborn* Rn. 17; GHEK/*Eckardt* Rn. 108; Grigoleit/*Herrler* Rn. 14; Hüffer/Koch/*Koch*, 13. Aufl. 2018, Rn. 24; Kölner Komm AktG/*Zetzsche* Rn. 220; *Butzke* Die Hauptversammlung der AG Rn. E 85; *Zetzsche* ZIP 2001, 682 (688 f.); grundsätzlich auch MüKoAktG/*Arnold* Rn. 100 (sofern keine ausdrückliche abweichende Vereinbarung zwischen Kreditinstitut und Depotkunde vorliegt); aA noch Großkomm AktG/*Werner*, 4. Aufl. 1993, § 128 Rn. 61; Kölner Komm AktG/*Zöllner*, 1. Aufl. 1985, § 128 Rn. 32.
[279] Hüffer/Koch/*Koch*, 13. Aufl. 2018, Rn. 24; Kölner Komm AktG/*Zetzsche* Rn. 220 ff.
[280] GHEK/*Eckardt* Rn. 108; Kölner Komm AktG/*Zetzsche* Rn. 220; MüKoAktG/*Arnold* Rn. 99; *Butzke* Die Hauptversammlung der AG Rn. E 85; *Zetzsche* ZIP 2001, 682 (688); s. auch *Noack* NZG 2001, 1057 1062 f.; teilw. anders noch Großkomm AktG/*Werner*, 4. Aufl. 1993, § 128 Rn. 60.
[281] Bürgers/Körber/*Holzborn* Rn. 17; Grigoleit/*Herrler* Rn. 14; MüKoAktG/*Arnold* Rn. 98; *Butzke* Die Hauptversammlung der AG Rn. E 85; aA GHEK/*Eckardt* Rn. 108; Kölner Komm AktG/*Zetzsche* Rn. 224; *Zetzsche* ZIP 2001, 682 (688 f.).
[282] Bürgers/Körber/*Holzborn* Rn. 17; MüKoAktG/*Arnold* Rn. 98; *Butzke* Die Hauptversammlung der AG Rn. E 85; vgl. auch Kölner Komm AktG/*Zetzsche* Rn. 224.

c) Form. Die Weisungserteilung kann unter Verwendung des vom Kreditinstitut bereitzustellen- **66** den Formblatts oder Bildschirmformulars (§ 135 Abs. 1 S. 7) erfolgen. Zwingend ist dies nicht.[283] Die Weisungserteilung ist wie die Vollmachtserteilung **formlos** möglich.[284] Weisungen können daher nicht nur in Textform, sondern etwa auch telefonisch erteilt werden. Allerdings muss wie bei der Vollmachterteilung stets eine hinreichende **Identifizierung** des Erklärenden gewährleistet sein (→ Rn. 20 ff.).[285] Werden zu einem Tagesordnungspunkt **abweichende Weisungen** erteilt, ist die zeitlich letzte Weisung maßgeblich.[286] Voraussetzung ist, dass die spätere Gegenweisung rechtzeitig eingegangen ist (→ Rn. 67).

d) Rechtzeitigkeit. Eine Weisung ist nur dann zu beachten, wenn sie **rechtzeitig** erteilt wird **67** (vgl. § 135 Abs. 2 S. 3). Hierzu ist grundsätzlich erforderlich, dass sie unter Berücksichtigung des banküblichen Geschäftsgangs bei der Abstimmung in der Hauptversammlung noch berücksichtigt werden kann.[287] Umstritten ist, ob das Kreditinstitut eine **Frist** zur Weisungserteilung setzen kann. Die hM bejaht zwar die Möglichkeit der Fristsetzung, will Weisungen aber auch nach Fristablauf noch berücksichtigen, soweit dies dem Kreditinstitut möglich und zumutbar ist.[288] Letzteres erscheint zweifelhaft, da hierdurch Unsicherheiten entstehen und die Möglichkeit der Fristsetzung letztlich entwertet wird. Entsprechende Fristen sollten daher als bindend angesehen werden. Allerdings ist das Kreditinstitut verpflichtet, eine im Hinblick auf die organisatorischen und technischen Gegebenheiten angemessene Frist zu setzen. Die Möglichkeit der Fristsetzung schließt nicht aus, dass das Kreditinstitut die Entgegennahme von Weisungen auch noch während der Hauptversammlung anbietet (insbesondere über ein Online-System).[289] In der Praxis ist ein solches Angebot aber häufiger bei den von der Gesellschaft benannten Stimmrechtsvertreter zu beobachten.[290]

5. Stimmrechtsausübung (Abs. 3–5). a) Allgemeines. Die Stimmrechtsausübung durch das **68** Kreditinstitut ist in § 135 Abs. 3–5 geregelt. Dabei enthält § 135 Abs. 5 allgemeine Bestimmungen zur Ausübungsform (Satz 2), zur Stimmrechtsausübung mittels Briefwahl (Satz 3) und zum Nachweis der Vollmacht (Satz 4). § 135 Abs. 3 betrifft die Stimmrechtsausübung entsprechend eigenen Abstimmungsvorschlägen und regelt die Stimmrechtsausübung bei Fehlen von Weisungen (Satz 1) sowie eine Informationspflicht bei Abweichung von Weisungen oder von den eigenen Abstimmungsvorschlägen (Satz 2). Daneben normiert § 135 Abs. 3 Ausübungsbeschränkungen für die Stimmrechtsausübung in der eigenen Hauptversammlung (Satz 3) und bei Bestehen einer Beteiligung von mehr als 20 % des Grundkapitals (Satz 4). § 135 Abs. 4 betrifft die Stimmrechtsausübung entsprechend den Verwaltungsvorschlägen. Im Hinblick auf die Stimmrechtsausübung wird hier lediglich eine entsprechende Anwendung von § 135 Abs. 3 S. 1–3 angeordnet (Satz 2).

b) Abstimmung entsprechend Aktionärsweisungen. Die Abstimmung entsprechend den **69** zuvor erteilten Weisungen des Aktionärs stellt den von § 135 vorausgesetzten **Grundfall** dar, der in § 135 Abs. 3–5 nicht explizit geregelt ist. Dass § 135 die Abstimmung entsprechend Aktionärsweisungen als vorrangig ansieht, ergibt sich nicht zuletzt aus der Systematik der Absätze 3 und 4, die Sonderregelungen gerade für den Ausnahmefall der fehlenden Weisung enthalten. Hat der Aktionär Weisungen erteilt, ist das Kreditinstitut hieran gebunden. Sind die Weisungen eindeutig, steht dem Kreditinstitut bei der Stimmrechtsausübung **kein Ermessen** zu. Auch eine Zweckmäßigkeitskontrolle scheidet grundsätzlich aus.[291] Allerdings darf das Kreditinstitut ausnahmsweise von einer erteilten Weisung abweichen, wenn es davon ausgehen konnte, dass der Aktionär die Abweichung in Kenntnis der Sachlage billigen würde (→ Rn. 77 ff.).

---

[283] MüKoAktG/*Arnold* Rn. 93.
[284] Bürgers/Körber/*Holzborn* Rn. 10; Kölner Komm AktG/*Zetzsche* Rn. 203; MüKoAktG/*Arnold* Rn. 93; aA NK-AktG/*M. Müller* Rn. 10: Textform.
[285] Kölner Komm AktG/*Zetzsche* Rn. 203; MüKoAktG/*Arnold* Rn. 93.
[286] Großkomm AktG/*Grundmann* Rn. 72; Kölner Komm AktG/*Zetzsche* Rn. 195; MüKoAktG/*Arnold* Rn. 92.
[287] Bürgers/Körber/*Holzborn* Rn. 10, 25; GHEK/*Eckardt* § 128 Rn. 60; Grigoleit/*Herrler* Rn. 15; Hölters/*Hirschmann* Rn. 17; Hüffer/Koch/*Koch*, 13. Aufl. 2018, Rn. 24; Kölner Komm AktG/*Zetzsche* Rn. 186; MüKoAktG/*Kubis* § 128 Rn. 32; MüKoAktG/*Arnold* Rn. 88; K. Schmidt/Lutter/*Spindler* Rn. 24; *Schlitt* in Semler/Volhard/Reichert HV-HdB § 4 Rn. 295; *Consbruch* ZfK 1965, 1155 (1156); *Eckardt* DB 1967, 233 f.
[288] Bürgers/Körber/*Holzborn* Rn. 25; Hüffer/Koch/*Koch*, 13. Aufl. 2018, Rn. 24; Kölner Komm AktG/*Zetzsche* Rn. 188; *Schlitt* in Semler/Volhard/Reichert HV-HdB § 4 Rn. 295; wohl auch Grigoleit/*Herrler* Rn. 15; anders, aber iE ähnlich MüKoAktG/*Arnold* Rn. 94, der bereits die Möglichkeit der Fristsetzung verneint.
[289] K. Schmidt/Lutter/*Spindler* Rn. 29; vgl. auch MüKoAktG/*Arnold* Rn. 93.
[290] Vgl. *Habersack* ZHR 165 (2001) 172 (184); *Noack* in Noack/Spindler, Unternehmensrecht und Internet, 2001, 13 (25 f.).
[291] Bürgers/Körber/*Holzborn* Rn. 16; K. Schmidt/Lutter/*Spindler* Rn. 28; *Henssler* ZHR 157 (1993) 91 (103).

70 Sind die erteilten **Weisungen unklar,** ist der gewollte Inhalt vom Kreditinstitut durch **Rückfrage** beim Aktionär zu ermitteln.[292] Eine solche Rückfrage muss aber mit vertretbarem Aufwand möglich sein, wobei der Charakter der institutionellen Stimmrechtsvertretung als Massengeschäft zu berücksichtigen ist. Kommt eine Rückfrage nicht in Betracht, ist der Inhalt der Weisung durch **Auslegung** zu ermitteln.[293] Zu unklaren oder widersprüchlichen Weisungen kann es insbesondere bei Verwendung eines Formblatts kommen, bei dem die Weisungserteilung durch Ankreuzen erfolgt. Hier wird man wie folgt differenzieren müssen:[294] Wählt der Aktionär zu einem Tagesordnungspunkt keine der vorgesehenen Alternativen aus, ist dies als Enthaltung zu werten. Werden zu einem Tagesordnungspunkt zwei Alternativen angekreuzt, die sich gegenseitig ausschließen, ist die Weisung ungültig.[295] Kreuzt der Aktionär „Ja" zu einem Gegenantrag an, wird man dies idR auch dann als „Nein" zu dem Verwaltungsvorschlag werten müssen, wenn zu dem Verwaltungsvorschlag nichts oder „Enthaltung" angekreuzt wurde. Dies gilt regelmäßig auch dann, wenn der Gegenantrag in der Hauptversammlung nicht gestellt wird.[296] In diesem Fall ist das Kreditinstitut aber nicht verpflichtet, den Gegenantrag selbst zu stellen.[297]

71 **c) Abstimmung bei Fehlen von Weisungen. aa) Abstimmung entsprechend eigenen Vorschlägen (Abs. 3 S. 1).** Erteilt der Aktionär keine ausdrücklichen Weisungen, hat das Kreditinstitut das Stimmrecht entweder entsprechend den eigenen Abstimmungsvorschlägen oder entsprechend den Verwaltungsvorschlägen auszuüben. Welche Alternative einschlägig ist, richtet sich nach der vom Aktionär erteilten generellen Vollmacht. Im Fall des § 135 Abs. 1 S. 4 Nr. 1 hat das Kreditinstitut das Stimmrecht bei Fehlen ausdrücklicher Weisungen entsprechend den eigenen Vorschlägen auszuüben (§ 135 Abs. 3 S. 1). Es ist an die eigenen Abstimmungsvorschläge grundsätzlich in gleicher Weise gebunden wie an Weisungen.[298] Eine Abweichung kommt ausnahmsweise nur dann in Betracht, wenn das Kreditinstitut den Umständen nach annehmen darf, dass der Aktionär bei Kenntnis der Sachlage die abweichende Ausübung des Stimmrechts billigen würde (→ Rn. 81 ff.).

72 **bb) Abstimmung entsprechend Verwaltungsvorschlägen (Abs. 4 S. 2).** Im Fall des § 135 Abs. 1 S. 4 Nr. 2 hat das Kreditinstitut das Stimmrecht bei Fehlen ausdrücklicher Weisungen entsprechend den Verwaltungsvorschlägen auszuüben. § 135 Abs. 4 S. 2 verweist diesbezüglich auf § 135 Abs. 3 S. 1. Auch von den Verwaltungsvorschlägen kann ausnahmsweise abgewichen werden (→ Rn. 83).

73 **cc) Nicht angekündigte Anträge.** Werden in der Hauptversammlung nicht angekündigte Anträge (insbesondere Gegenanträge oder Verfahrensanträge) gestellt, fehlt es regelmäßig sowohl an einer ausdrücklichen Weisung als auch an einem eigenen Abstimmungsvorschlag des Kreditinstituts. Hier ist für die Stimmrechtsausübung zu differenzieren: Wurde die pauschale Weisung erteilt, zu allen Tagesordnungspunkten im Sinne der Verwaltung zu stimmen, ist bei nicht angekündigten **Gegenanträgen** mit „Nein" zu stimmen.[299] Der Aktionär konnte den Gegenantrag zwar nicht bei seiner Willensbildung berücksichtigen, hat sich jedoch eindeutig für den betreffenden Verwaltungsvorschlag ausgesprochen. In gleicher Weise ist zu verfahren, wenn der Aktionär zu einem einzelnen Tagesordnungspunkt die Weisung erteilt hat, dem Verwaltungsvorschlag zuzustimmen. Diese Grundsätze gelten auch dann, wenn der Aktionär zwar keine Weisung erteilt hat, vom Kreditinstitut aber ein entsprechender Abstimmungsvorschlag unterbreitet wurde. Zweifelhaft ist, ob die Weisung, zu allen Tagesordnungspunkten im Sinne der Verwaltung zu stimmen, auch für **Verfahrensanträge** gilt (soweit die Verwaltung hierzu überhaupt einen Beschlussvorschlag unterbreitet). Eine Auslegung der Weisung dürfte idR ergeben, dass der Aktionär mit jedem Vorschlag der Verwaltung einverstanden ist.[300] Dieselben Grundsätze wie für Verfahrensanträge gelten auch für **Sonderprüfungsanträge,** die unter dem Tagesordnungspunkt „Entlastung" gestellt werden. Eine generelle Vollmacht iSv § 135

---

[292] Vgl. Grigoleit/*Herrler* Rn. 14; MüKoAktG/*Arnold* Rn. 101; K. Schmidt/Lutter/*Spindler* Rn. 30; aA Kölner Komm AktG/*Zetzsche* Rn. 183.
[293] Vgl. Bürgers/Körber/*Holzborn* Rn. 17; Kölner Komm AktG/*Zetzsche* Rn. 182; MüKoAktG/*Arnold* Rn. 101; s. auch LG Düsseldorf ZIP 1993, 350 (351) – Girmes.
[294] Ausf. MüKoAktG/*Arnold* Rn. 102 ff. (mit weiteren Beispielen).
[295] Kölner Komm AktG/*Zetzsche* Rn. 212.
[296] Vgl. Kölner Komm AktG/*Zetzsche* Rn. 213; *Butzke* Die Hauptversammlung der AG Rn. E 85; anders wohl MüKoAktG/*Arnold* Rn. 104.
[297] So aber noch Kölner Komm AktG/*Zöllner*, 1. Aufl 1985, Rn. 59.
[298] Vgl. Kölner Komm AktG/*Zetzsche* Rn. 414.
[299] Bürgers/Körber/*Holzborn* Rn. 17.
[300] Anders wohl MüKoAktG/*Arnold* Rn. 114.

Abs. 1 S. 4 Nr. 2 ermöglicht ebenfalls die Abstimmung zu Verfahrensanträgen und zu unangekündigten Sonderprüfungsanträgen.[301]

Wird die Weisung erteilt, dem (gesamten) Vorstand und/oder Aufsichtsrat Entlastung zu erteilen, **74** kann hieraus auf die Ablehnung eines Antrags auf **Einzelentlastung** geschlossen werden. Wird umgekehrt die Weisung erteilt, einzelnen Mitgliedern des Vorstands und/oder des Aufsichtsrats keine Entlastung zu erteilen, ist für einen Antrag auf Einzelentlastung zu stimmen. Das Kreditinstitut ist aber nicht verpflichtet, selbst einen Antrag auf Einzelentlastung zu stellen.[302] Die Erteilung einer auf Zustimmung oder Ablehnung gerichteten Weisung zu einem Tagesordnungspunkt umfasst regelmäßig zugleich auch die Ablehnung eines Antrags auf **Vertagung oder Absetzung** des betreffenden Tagesordnungspunkts.[303]

Hat der Aktionär die Weisung erteilt, einem bestimmten Verwaltungsvorschlag zuzustimmen, **75** kann dies für den Fall der Ablehnung des Verwaltungsvorschlags zugleich auch die Zustimmung zu einem **vergleichbaren Antrag** bedeuten.[304] Entscheidend ist, wie die Weisung auszulegen ist. Wird ein Beschlussvorschlag der Verwaltung in der Hauptversammlung leicht abweichend zur Abstimmung gestellt, ist idR davon auszugehen, dass auch der **modifizierte Vorschlag** von der Weisung gedeckt ist (zB Anpassung des Gewinnverwendungsvorschlags wegen eines zwischenzeitlichen Rückerwerbs eigener Aktien).[305]

Ergeben sich nach den zuvor beschriebenen Grundsätzen keine klaren Anhaltspunkte für die **76** Stimmrechtsausübung, ist das Kreditinstitut gleichwohl nicht an einer Teilnahme an der Abstimmung gehindert. Es hat sich in diesem Fall bei der Abstimmung vom **Aktionärsinteresse** leiten zu lassen.[306] Hierfür gilt derselbe Maßstab wie für die Formulierung eigener Abstimmungsvorschläge (→ Rn. 51 f.).

d) Abweichung von Weisungen oder Vorschlägen (Abs. 3 S. 1 und 2). aa) Weisungen. **77** Das Kreditinstitut kann unter bestimmten Voraussetzungen ausnahmsweise von einer Aktionärsweisung abweichen. Dies wird von § 135 Abs. 3 S. 2 vorausgesetzt und ergibt sich unmittelbar aus § 665 S. 1 BGB. Danach darf der Beauftragte von Weisungen des Auftraggebers abweichen, wenn er den Umständen nach annehmen darf, dass der Auftraggeber bei Kenntnis der Sachlage die Abweichung billigen würde. Eine **Abweichung** liegt vor bei gegenläufiger Stimmabgabe (Zustimmung statt Ablehnung oder umgekehrt) und bei Unterlassen der Stimmabgabe (sofern die Weisung nicht auf „Enthaltung" gerichtet ist). Keine Abweichung liegt dagegen vor, wenn lediglich durch Auslegung der wahre Wille des Aktionärs ermittelt wird (→ Rn. 70).[307]

Das Erfordernis einer Abweichung kann sich daraus ergeben, dass seit Erteilung der Weisung **78** neue entscheidungserhebliche Umstände eingetreten oder bekannt geworden sind.[308] Voraussetzung ist dabei stets, dass die Abweichung dem **hypothetischen Willen des Aktionärs** entspricht. Bei der Ermittlung des hypothetischen Willens sind ausgehend von der erteilten Weisung zunächst die individuellen Interessen des Aktionärs zu berücksichtigen.[309] Sind diese – wie im Regelfall – nicht bekannt, ist objektiv auf das hypothetische Interesse eines informierten, verständigen **Durchschnittsaktionärs** abzustellen.[310] Danach kommt eine Abweichung in Betracht, wenn die Ausführung der Weisung dem Ziel einer langfristigen Wertsteigerung der Anlage zuwiderlaufen würde. Allerdings sind hieran strenge Anforderungen zu stellen, da das Kreditinstitut grundsätzlich auch an zweck- oder interessewidrige Weisungen gebunden ist (→ Rn. 69). Von einer Weisung darf jedenfalls dann abgewichen werden, wenn sie zu einem **gesetz- oder satzungswidrigen**

---

[301] Bürgers/Körber/*Holzborn* Rn. 17; *Grobecker* NZG 2010, 166 (168).
[302] Bürgers/Körber/*Holzborn* Rn. 17; MüKoAktG/*Arnold* Rn. 124; *Butzke* Die Hauptversammlung der AG Rn. E 87.
[303] MüKoAktG/*Arnold* Rn. 123; *Butzke* Die Hauptversammlung der AG Rn. E 87; teilweise anders Kölner Komm AktG/*Zetzsche* Rn. 456: Vertreter dürfe Vertagungsantrag unterstützen, wenn eine den Verwaltungsvorschlag ablehnende Weisung vorliege.
[304] Bürgers/Körber/*Holzborn* Rn. 17; vgl. auch Kölner Komm AktG/*Zetzsche* Rn. 215.
[305] *Butzke* Die Hauptversammlung der AG Rn. E 87.
[306] Vgl. Kölner Komm AktG/*Zetzsche* Rn. 197; MüKoAktG/*Arnold* Rn. 114.
[307] Bürgers/Körber/*Holzborn* Rn. 36; Kölner Komm AktG/*Zetzsche* Rn. 419; allgemein zu Geschäftsbesorgungsverhältnissen auch *Knütel* ZHR 137 (1973) 285 (296).
[308] Vgl. *Bundesverband des privaten Bankgewerbes,* Rundschreiben Nr. 90, WM 1965, 1090 (1095); Bürgers/Körber/*Holzborn* Rn. 36; GHEK/*Eckardt* Rn. 70; Grigoleit/*Herrler* Rn. 16; Kölner Komm AktG/*Zetzsche* Rn. 450; MüKoAktG/*Arnold* Rn. 115; *Butzke* Die Hauptversammlung der AG Rn. E 87.
[309] Grigoleit/*Herrler* Rn. 16; Großkomm AktG/*Grundmann* Rn. 82; aA Kölner Komm AktG/*Zetzsche* Rn. 443 ff., der allein auf das typisierte Aktionärsinteresse abstellen und individuelle Interessen stets unberücksichtigt lassen will.
[310] Grigoleit/*Herrler* Rn. 16; Großkomm AktG/*Grundmann* Rn. 82; vgl. auch LG Düsseldorf AG 1991, 409 (410) – Girmes; zweifelnd MüKoAktG/*Arnold* Rn. 117.

Beschluss führen würde.³¹¹ Etwas anderes gilt allenfalls dann, wenn dem Kreditinstitut bekannt ist, dass der Aktionär die Weisung in Kenntnis der Rechtswidrigkeit erteilt hat.³¹² Auch insoweit besteht aber keine Pflicht des Kreditinstituts, an einem sittenwidrigen oder aus sonstigen Gründen nichtigen Beschluss mitzuwirken.³¹³ Auch von **gesellschaftsschädlichen Weisungen** darf abgewichen werden.³¹⁴

79   In bestimmten Fällen besteht nicht nur ein Recht, sondern auch eine **Pflicht zur Abweichung** von einer erteilten Weisung. Dies ergibt sich zwar nicht unmittelbar aus § 665 BGB, folgt aber aus der allgemeinen Interessenwahrungspflicht aus dem Geschäftsbesorgungsverhältnis.³¹⁵ Eine Pflicht zur Abweichung von einer erteilten Weisung ist aber nur unter engen Voraussetzungen zu bejahen. Insbesondere reicht es nicht aus, dass die Voraussetzungen für eine Abweichung objektiv vorliegen.³¹⁶ Erforderlich ist vielmehr, dass angesichts der besonderen Umstände des Einzelfalls jede andere Entscheidung im Verhältnis zum Auftraggeber pflichtwidrig wäre.³¹⁷ Hierzu muss **mit hoher Wahrscheinlichkeit eine Schädigung** des Aktionärs oder der Gesellschaft drohen.³¹⁸ Die drohende Schädigung muss zudem **offenkundig** sein, um das Kreditinstitut nicht mit dem Risiko einer ggf. nur schwer erkennbaren Interessenlage zu belasten.³¹⁹

80   Die Abweichung von einer Weisung kommt stets nur als **letztes Mittel** in Betracht. Vorrangig muss sich das Kreditinstitut um eine neue Weisung bemühen (vgl. § 665 S. 2 BGB).³²⁰ Allerdings wird eine Rücksprache mit dem Aktionär häufig nicht mehr möglich sein. Dies gilt insbesondere dann, wenn erst aufgrund neuer Erkenntnisse in der Hauptversammlung von einer Weisung abgewichen werden soll.³²¹ Anders kann dies sein, wenn das Kreditinstitut ein Online-System einsetzt, das die Entgegennahme von Weisungen auch noch während der Hauptversammlung ermöglicht (→ Rn. 67).³²² Reagiert der Aktionär nicht, steht dies einer Abweichung von der Weisung nicht entgegen. Das Kreditinstitut muss dem Aktionär dann nachträglich die Abweichung mitteilen (§ 135 Abs. 3 S. 2).

81   **bb) Eigene Abstimmungsvorschläge.** Das Kreditinstitut ist im Fall des § 135 Abs. 1 S. 4 Nr. 1 an die eigenen Abstimmungsvorschläge grundsätzlich in gleicher Weise gebunden wie an Weisungen.³²³ Gem. § 135 Abs. 3 S. 1 besteht jedoch auch hier ausnahmsweise die Möglichkeit zu einer Abweichung, wenn das Kreditinstitut den Umständen nach annehmen darf, dass der Aktionär bei Kenntnis der Sachlage die abweichende Ausübung des Stimmrechts billigen würde. Anders als für die Abweichung von Weisungen war für die Abweichung von eigenen Abstimmungsvorschlägen eine ausdrückliche Regelung erforderlich, da § 665 S. 1 BGB nicht unmittelbar eingreift. Die Formu-

---

³¹¹ Bürgers/Körber/*Holzborn* Rn. 36; GHEK/*Eckardt* Rn. 74; Grigoleit/*Herrler* Rn. 16; Kölner Komm AktG/*Zetzsche* Rn. 457; MüKoAktG/*Arnold* Rn. 125.
³¹² Wie hier Kölner Komm AktG/*Zetzsche* Rn. 457.
³¹³ Kölner Komm AktG/*Zetzsche* Rn. 458; MüKoAktG/*Arnold* Rn. 125.
³¹⁴ Großkomm AktG/*Grundmann* Rn. 82; Hölters/*Hirschmann* Rn. 15; Hüffer/Koch/*Koch*, 13. Aufl. 2018, Rn. 11; aA Kölner Komm AktG/*Zetzsche* Rn. 461 (sofern dem Aktionär aus der Stimmrechtsausübung nicht selbst Schäden drohen).
³¹⁵ Großkomm AktG/*Grundmann* Rn. 84.
³¹⁶ Großkomm AktG/*Grundmann* Rn. 84; aA GHEK/*Eckardt* Rn. 78; *Butzke* Die Hauptversammlung der AG Rn. E 87 (insbes. Fn. 210).
³¹⁷ LG Düsseldorf ZIP 1993, 350 (352) – Girmes; Bürgers/Körber/*Holzborn* Rn. 36; Kölner Komm AktG/*Zetzsche* Rn. 460; MüKoAktG/*Arnold* Rn. 127; *Marsch-Barner* ZHR 157 (1993) 172 (188).
³¹⁸ Vgl. LG Düsseldorf AG 1991, 409 (410) – Girmes; Grigoleit/*Herrler* Rn. 16; Hüffer/Koch/*Koch*, 13. Aufl. 2018, Rn. 11; MüKoAktG/*Arnold* Rn. 127; *Henssler* ZHR 157 (1993) 91 (104 f.); *Marsch-Barner* ZHR 157 (1993) 172 (188); enger Kölner Komm AktG/*Zetzsche* Rn. 461 f.; K. Schmidt/Lutter/*Spindler* Rn. 32: nur wenn Schädigung des Aktionärs droht.
³¹⁹ Bürgers/Körber/*Holzborn* Rn. 36; MüKoAktG/*Arnold* Rn. 127; *Henssler* ZHR 157 (1993) 91 (104); *Marsch-Barner* ZHR 157 (1993) 172 (188); ähnlich Großkomm AktG/*Grundmann* Rn. 84; Hüffer/Koch/*Koch*, 13. Aufl., Rn. 11; allgemein zu Geschäftsbesorgungsverhältnissen von *Knütel* ZHR 137 (1973) 285 (297).
³²⁰ *Bundesverband des privaten Bankgewerbes*, Rundschreiben Nr. 90, WM 1965, 1090, 1095 f.; Bürgers/Körber/*Holzborn* Rn. 36; Grigoleit/*Herrler* Rn. 16; Großkomm AktG/*Grundmann* Rn. 79; MüKoAktG/*Arnold* Rn. 130; *Butzke* Die Hauptversammlung der AG Rn. E 87; *U. Körber*, Die Stimmrechtsvertretung durch Kreditinstitute, 1989, 254; *Henssler* ZHR 157 (1993) 91 (104); *Johansson* BB 1967, 1315 (1319); aA Kölner Komm AktG/*Zetzsche* Rn. 434 ff.; *v. Falkenhausen* AG 1966, 69 (76).
³²¹ Vgl. GHEK/*Eckardt* Rn. 76; Großkomm AktG/*Grundmann* Rn. 80; *Henssler* ZHR 157 (1993) 91 (104); *Marsch-Barner* ZHR 157 (1993) 172 (188).
³²² Großkomm AktG/*Grundmann* Rn. 80; MüKoAktG/*Arnold* Rn. 130; K. Schmidt/Lutter/*Spindler* Rn. 30; s. auch Grigoleit/*Herrler* Rn. 16; *Noack* in Noack/Spindler, Unternehmensrecht und Internet, 2001, 13 (25 f.); *Habersack* ZHR 165 (2001) 172 (184).
³²³ Vgl. Grigoleit/*Herrler* Rn. 31; Hüffer/Koch/*Koch*, 13. Aufl. 2018, Rn. 28; Kölner Komm AktG/*Zetzsche* Rn. 414 ff.; K. Schmidt/Lutter/*Spindler* Rn. 36.

lierung in § 135 Abs. 3 S. 1 entspricht aber nahezu wörtlich § 665 S. 1 BGB, so dass auf die hierzu entwickelten Auslegungsgrundsätze zurückgegriffen werden kann.[324] Auch im Rahmen des § 135 Abs. 3 S. 1 ist daher ausgehend von den individuellen Interessen des Aktionärs der **hypothetische Wille** zu ermitteln. Sind die individuellen Interessen – wie im Regelfall – nicht bekannt, ist auf den informierten, verständigen Durchschnittsaktionär abzustellen (→ Rn. 78).

Einen leicht abweichenden Maßstab (im Vergleich zur Behandlung von Weisungen) wird man bei der Frage nach einer etwaigen **Pflicht zur Abweichung** anlegen müssen.[325] Durch die Formulierung eigener Abstimmungsvorschläge übernimmt das Kreditinstitut eine gesteigerte Verantwortung gegenüber dem Aktionär, der sich insoweit auf die Wahrung des Aktionärsinteresses durch das Kreditinstitut verlässt und von einer eigenen Prüfung absieht. Daher wird man sowohl an den Grad der Wahrscheinlichkeit einer Schädigung des Aktionärs oder der Gesellschaft als auch an die Erkennbarkeit geringere Anforderungen stellen müssen. Orientiert sich der Aktionär mit seinen Weisungen an den Abstimmungsvorschlägen des Kreditinstituts, gelten die Grundsätze für die Abweichung von Weisungen (→ Rn. 79).[326] 82

cc) Verwaltungsvorschläge. Im Fall des § 135 Abs. 1 S. 4 Nr. 2 ist das Kreditinstitut an die Verwaltungsvorschläge gebunden. Die Bindung entspricht grundsätzlich der Bindung an Weisungen, wobei auch hier ausnahmsweise die Möglichkeit zu einer Abweichung besteht. Dies folgt aus dem Verweis in § 135 Abs. 4 S. 2 auf § 135 Abs. 3 S. 1. Entscheidend ist somit wiederum, ob der Aktionär bei Kenntnis der Sachlage die abweichende Ausübung des Stimmrechts billigen würde. Dabei gilt grundsätzlich derselbe Maßstab wie für eine Abweichung von Weisungen oder von eigenen Abstimmungsvorschlägen (→ Rn. 77 ff.). Eine Pflicht zur Abweichung von den Verwaltungsvorschlägen kann grundsätzlich nur unter den engen Voraussetzungen bestehen, unter denen eine Pflicht zur Abweichung von Weisungen in Betracht kommt (→ Rn. 79). Im Fall des § 135 Abs. 1 S. 4 Nr. 2 kommt hinzu, dass vom Kreditinstitut idR kaum erwartet werden kann, dass es eine kompetentere Entscheidung trifft als die Verwaltung der Gesellschaft. Das Nichtbestehen einer Pflicht zur Abweichung von den Verwaltungsvorschlägen kann daher grundsätzlich vermutet werden.[327] 83

dd) Mitteilungspflicht (Abs. 3 S. 2). Ist das Kreditinstitut bei der Ausübung des Stimmrechts von einer Weisung des Aktionärs oder, im Fall des § 135 Abs. 1 S. 4 Nr. 1, von seinem eigenen Vorschlag abgewichen, muss es dies gem. § 135 Abs. 3 S. 2 dem Aktionär unter Angabe der Gründe mitteilen. Gleiches gilt über den Verweis in § 135 Abs. 4 S. 2 für eine Abweichung von den Verwaltungsvorschlägen im Fall des § 135 Abs. 1 S. 4 Nr. 2. Die Mitteilungspflicht ist nicht dispositiv.[328] Sie erfasst **jede Abweichung.** Dabei spielt es keine Rolle, ob bewusst oder unbewusst von einer Weisung oder einem Vorschlag abgewichen wurde.[329] Keine Mitteilungspflicht besteht, wenn entgegen einer vorherigen Ankündigung zu einem Tagesordnungspunkt keine Abstimmung erfolgt ist.[330] Ebenfalls nicht erforderlich ist eine nachträgliche Mitteilung, wenn bereits vor der abweichenden Stimmrechtsausübung eine Entscheidung des Aktionärs eingeholt werden konnte (→ Rn. 80). 84

Die Abweichung muss **begründet** werden. Hierdurch soll dem Aktionär eine Prüfung ermöglicht werden, ob ihm aufgrund der Abweichung ggf. Schadensersatzansprüche zustehen.[331] Die Begründung muss daher so ausgestaltet sein, dass der Aktionär eine Prüfung der Voraussetzungen für eine Abweichung ermöglicht wird. Es müssen insbesondere auch die Umstände dargelegt werden, aufgrund derer das Kreditinstitut von einer Billigung der Abweichung durch den Aktionär ausgegangen ist.[332] 85

Die Mitteilung ist **unaufgefordert** zu machen.[333] § 135 Abs. 3 S. 2 sieht hierfür keine Frist vor. Gleichwohl entspricht es der wohl allgemeinen Ansicht, dass die Mitteilung **unverzüglich** (§ 121 86

---

[324] Grigoleit/*Herrler* Rn. 31; MüKoAktG/*Arnold* Rn. 116; einschränkend Kölner Komm AktG/*Zetzsche* Rn. 429.
[325] Grigoleit/*Herrler* Rn. 31; MüKoAktG/*Arnold* Rn. 128; Henssler ZHR 157 (1993) 91 (105); aA Kölner Komm AktG/*Zetzsche* Rn. 425 ff., 463; wohl auch Hüffer/Koch/*Koch*, 13. Aufl. 2018, Rn. 28; K. Schmidt/Lutter/*Spindler* Rn. 36.
[326] MüKoAktG/*Arnold* Rn. 128; aA *Henssler* ZHR 157 (1993) 91 (105).
[327] Weitergehend MüKoAktG/*Arnold* Rn. 127: Abstimmung gemäß Verwaltungsvorschlägen grundsätzlich nicht pflichtwidrig (im Zusammenhang mit Abweichung von eigenen Abstimmungsvorschlägen oder von Weisungen).
[328] Bürgers/Körber/*Holzborn* Rn. 37; Kölner Komm AktG/*Zetzsche* Rn. 465; MüKoAktG/*Arnold* Rn. 132.
[329] Bürgers/Körber/*Holzborn* Rn. 37; MüKoAktG/*Arnold* Rn. 131.
[330] Bürgers/Körber/*Holzborn* Rn. 37; MüKoAktG/*Arnold* Rn. 131; Butzke Die Hauptversammlung der AG Rn. E 88.
[331] Vgl. Großkomm AktG/*Grundmann* Rn. 86; Kölner Komm AktG/*Zetzsche* Rn. 467.
[332] GHEK/*Eckardt* Rn. 87; Kölner Komm AktG/*Zetzsche* Rn. 467; MüKoAktG/*Arnold* Rn. 134.
[333] Bürgers/Körber/*Holzborn* Rn. 37; Kölner Komm AktG/*Zetzsche* Rn. 465, 468; MüKoAktG/*Arnold* Rn. 134.

Abs. 1 S. 1 BGB) nach der Hauptversammlung erfolgen muss.³³⁴ Eine bestimmte Form der Mitteilung ist in § 135 Abs. 3 S. 2 ebenfalls nicht vorgesehen, so dass diese grundsätzlich **formlos** (auch mündlich) erfolgen kann. Obwohl nach dem Wortlaut die Abweichung „mitzuteilen" ist, bedarf es nicht zwingend einer individuellen Mitteilung an den Aktionär.³³⁵ Eine Veröffentlichung auf der Internetseite des Kreditinstituts ist idR ausreichend, wenn der Aktionär zuvor über dieses Verfahren informiert wurde.³³⁶

87 **e) Erfordernis von Einzelweisungen. aa) Eigene Hauptversammlung (Abs. 3 S. 3).** Das Kreditinstitut kann auch zur Stimmrechtsausübung in der eigenen Hauptversammlung bevollmächtigt werden. Gem. § 135 Abs. 3 S. 3 darf das Stimmrecht aufgrund einer solchen Vollmacht aber nur ausgeübt werden, soweit der Aktionär eine **ausdrückliche Weisung zu den einzelnen Gegenständen der Tagesordnung** erteilt hat.³³⁷ Entgegen dem etwas missverständlichen Wortlaut von § 135 Abs. 3 S. 3 folgt hieraus nicht, dass zu jedem Tagesordnungspunkt eine separate Weisung erteilt werden müsste. Zulässig ist auch eine generelle Weisung, zu allen Tagesordnungspunkten im Sinne der Verwaltung zu stimmen.³³⁸ Soweit die Ausübungsbeschränkung eingreift, scheidet auch eine Unterbevollmächtigung aus.

88 Aus dem Erfordernis einer ausdrücklichen Weisung folgt nicht, dass die Weisung schriftlich oder in Textform erteilt werden müsste. Wie allgemein ist auch im Rahmen des § 135 Abs. 3 S. 3 eine **formlose Weisungserteilung ausreichend.**³³⁹ Erforderlich ist nur, dass die Erklärung des Aktionärs eindeutig als Weisung zu verstehen ist.³⁴⁰ Die Stimmrechtsausübung wird nicht dadurch ausgeschlossen, dass der Inhalt der Weisung erst durch Auslegung ermittelt werden kann.³⁴¹ Der hierbei anzulegende Maßstab ist strenger als bei der Auslegung einer Weisung für die Stimmrechtsausübung in einer fremden Hauptversammlung (→ Rn. 70).³⁴² Verbleiben ernsthafte Zweifel, muss sich das Kreditinstitut enthalten. Das Erfordernis einer ausdrücklichen Weisung schließt nicht aus, dass das Kreditinstitut unter den Voraussetzungen des § 665 S. 1 BGB (→ Rn. 77 ff.) von der Weisung abweicht, da in diesen Fällen weder ein Festhalten an der Weisung noch eine Enthaltung dem Aktionärswillen gerecht wird.³⁴³

89 Ein **Verstoß** gegen § 135 Abs. 3 S. 3 hat gem. § 135 Abs. 7 keinen Einfluss auf die Wirksamkeit der Stimmabgabe. Die Stimmrechtsausübung unter Verstoß gegen § 135 Abs. 3 S. 3 stellt aber eine Ordnungswidrigkeit gem. § 405 Abs. 3 Nr. 5 dar. Eine Kontrolle der Stimmrechtsausübung erfolgt auch im Rahmen der Depotprüfung. Hierzu ist die ordnungsgemäße Stimmrechtsausübung zu dokumentieren.³⁴⁴ Es empfiehlt sich, auch die bei der Auslegung angelegten Maßstäbe zu dokumentieren.³⁴⁵

90 **bb) Erhebliche Eigenbeteiligung (Abs. 3 S. 4).** § 135 Abs. 3 S. 4 beschränkt die Stimmrechtsausübung bei Bestehen einer erheblichen Eigenbeteiligung des Kreditinstituts. Nach § 135 Abs. 3 S. 4 Hs. 1 darf das bevollmächtigte Kreditinstitut das Stimmrecht in der Hauptversammlung einer Gesellschaft, an der es mit mehr als 20 % des Grundkapitals unmittelbar oder mittelbar beteiligt ist, aufgrund der Vollmacht nur ausüben, soweit der Aktionär eine ausdrückliche Weisung zu den einzelnen Gegenständen der Tagesordnung erteilt hat. Die Ausübungsbeschränkung erfasst auch die Stimmrechtsausübung über einen Unterbevollmächtigten.³⁴⁶

---

³³⁴ Bürgers/Körber/*Holzborn* Rn. 37; Großkomm AktG/*Grundmann* Rn. 85; Hüffer/Koch/*Koch*, 13. Aufl. 2018, Rn. 29; MüKoAktG/*Arnold* Rn. 135; K. Schmidt/Lutter/*Spindler* Rn. 31; *Butzke* Die Hauptversammlung der AG Rn. E 88.
³³⁵ Vgl. Kölner Komm AktG/*Zetzsche* Rn. 469.
³³⁶ Bürgers/Körber/*Holzborn* Rn. 37; Kölner Komm AktG/*Zetzsche* Rn. 468; MüKoAktG/*Arnold* Rn. 134; *Zetzsche* ZIP 2001, 682 (684); ähnlich Großkomm AktG/*Grundmann* Rn. 85; aA K. Schmidt/Lutter/*Spindler* Rn. 31.
³³⁷ Zur Rechtslage vor Inkrafttreten des AktG 1965 s. *Busse*, Depotstimmrecht der Banken, 1962, 123 ff.; *Schilling* NJW 1961, 486.
³³⁸ Bürgers/Körber/*Holzborn* Rn. 32; Grigoleit/*Herrler* Rn. 33; Kölner Komm AktG/*Zetzsche* Rn. 502; MüKoAktG/*Arnold* Rn. 136; K. Schmidt/Lutter/*Spindler* Rn. 42; *Tuerks*, Depotstimmrechtspraxis versus U. S.-proxy-system, 2000, 9.
³³⁹ Großkomm AktG/*Grundmann* Rn. 88; Kölner Komm AktG/*Zetzsche* Rn. 499 iVm Rn. 203; MüKoAktG/*Arnold* Rn. 137.
³⁴⁰ MüKoAktG/*Arnold* Rn. 137; allgemein Bürgers/Körber/*Holzborn* Rn. 10.
³⁴¹ Vgl. Bürgers/Körber/*Holzborn* Rn. 10; Kölner Komm AktG/*Zetzsche* Rn. 501; MüKoAktG/*Arnold* Rn. 137; wohl auch K. Schmidt/Lutter/*Spindler* Rn. 43.
³⁴² Vgl. Grigoleit/*Herrler* Rn. 33; MüKoAktG/*Arnold* Rn. 137; aA Kölner Komm AktG/*Zetzsche* Rn. 500.
³⁴³ *Bundesverband des privaten Bankgewerbes,* Rundschreiben Nr. 90, WM 1965, 1090 (1096); Großkomm AktG/*Grundmann* Rn. 88; Kölner Komm AktG/*Zetzsche* Rn. 500; MüKoAktG/*Arnold* Rn. 138; *v. Godin/Wilhelmi* Anm. 8; aA noch Kölner Komm AktG/*Zöllner*, 1. Aufl. 1985, Rn. 73.
³⁴⁴ Vgl. MüKoAktG/*Arnold* Rn. 137 f.; s. auch K. Schmidt/Lutter/*Spindler* Rn. 43.
³⁴⁵ MüKoAktG/*Arnold* Rn. 137; s. auch Kölner Komm AktG/*Zetzsche* Rn. 204.
³⁴⁶ Grigoleit/*Herrler* Rn. 35; Kölner Komm AktG/*Zetzsche* Rn. 506.

Eine Ausübungsbeschränkung bei Bestehen einer erheblichen Eigenbeteiligung wurde erstmals **91**
durch das KonTraG in § 135 Abs. 1 S. 3 aF eingeführt. Nach § 135 Abs. 1 S. 3 aF war bereits eine
Beteiligung von mehr als 5 % ausreichend. Der Gesetzgeber wollte dadurch eine **Einflusskumulation aus Vollmachtsstimmrecht und Beteiligungsbesitz verhindern**.[347] Die Ausübungsbeschränkung konnte dadurch vermieden werden, dass das Kreditinstitut eigene Stimmrechte weder
ausübte noch ausüben ließ (§ 135 Abs. 1 S. 3 Hs. 2 aF). Mit Inkrafttreten des **ARUG** wurde die zu
Recht als zu niedrig kritisierte 5 %-Schwelle[348] auf 20 % heraufgesetzt. Damit ist der Gesetzgeber
hinter dem Referentenentwurf des ARUG zurückgeblieben, der noch bei einer Mehrheitsbeteiligung
ansetzte.[349] Die Gesetzesbegründung geht auf diese Abweichung nicht ein.[350] Entfallen ist mit der
Änderung durch das ARUG die Möglichkeit, das Erfordernis von Einzelweisungen durch einen
Verzicht auf die Ausübung der eigenen Stimmrechte abzuwenden (anders noch im Referentenentwurf des ARUG).[351] Bei einer Eigenbeteiligung von mehr als 20 % hätte sich das Kreditinstitut aber
wohl regelmäßig ohnehin für die Ausübung der eigenen Stimmrechte entschieden.

Für die Berechnung der **20 %-Schwelle** ist nicht auf das stimmberechtigte oder das in der Hauptversammlung vertretene, sondern auf das **gesamte Grundkapital** abzustellen.[352] Entscheidend ist die am **92**
Tag der Hauptversammlung im Handelsregister eingetragene Grundkapitalziffer (ggf. zuzüglich einer
durch Ausgabe der Bezugsaktien wirksam gewordenen, aber noch nicht eingetragenen Kapitalerhöhung
aus bedingtem Kapital).[353] Die Ausübungsbeschränkung gilt unabhängig davon, ob dem Kreditinstitut
aus seiner Beteiligung Stimmrechte zustehen, so dass auch stimmrechtslose Vorzugsaktien zu berücksichtigen sind.[354] Auch kommt es nicht darauf an, ob das Kreditinstitut eigene Stimmrechte tatsächlich
ausübt.[355] Nicht mitzuzählen sind Aktien, die vom Kreditinstitut im Handelsbestand gehalten werden.[356] Gem. § 135 Abs. 3 S. 4 Hs. 1 ist neben einer unmittelbaren auch eine **mittelbare Beteiligung**
von mehr als 20 % des Grundkapitals ausreichend. Unter welchen Voraussetzungen die Zurechnung
erfolgt, ist in § 135 Abs. 3 S. 4 Hs. 1 nicht näher geregelt.[357] Es bietet sich an, auf die Kriterien des
§ 16 Abs. 4 abzustellen.[358] Eine **Ausnahme** ist in § 135 Abs. 3 S. 4 Hs. 2 geregelt. Danach bleiben für
die Berechnung der Beteiligungsschwelle **mittelbare Beteiligungen iSd § 35 Abs. 3-6 WpHG**
außer Betracht. Hierzu zählen unter bestimmten Voraussetzungen Kapitalverwaltungsgesellschaften
iSd § 17 Abs. 1 KAGB und EU-Verwaltungsgesellschaften iSd § 1 Abs. 17 KAGB hinsichtlich der
Beteiligungen, die zu den von ihnen verwalteten Investmentvermögen gehören, sowie bestimmte
Unternehmen mit Sitz in einem Drittstaat, die nach § 32 Abs. 1 S. 1 KWG iVm § 1 Abs. 1a S. 2 Nr. 3
KWG einer Zulassung für die Finanzportfolioverwaltung oder einer Erlaubnis nach § 20 KAGB oder
§ 113 KAGB bedürften, wenn sie ihren Sitz oder ihre Hauptverwaltung im Inland hätten. Eine ähnliche
Regelung fand sich vor der Einfügung von § 135 Abs. 3 S. 4 Hs. 2 durch das Transparenzrichtlinie-Änderungsrichtlinie-Umsetzungsgesetz (→ Rn. 7a) in § 94 Abs. 2 S. 1, Abs. 4 S. 1 KAGB. § 135 Abs. 3
S. 4 Hs. 1 erfasst nicht den Fall, dass eine Beteiligung von mehr als 20 % von einem Unternehmen

---

[347] BegrRegE BT-Drs. 13/9712, 20.
[348] Zur Kritik s. etwa *DAV-Handelsrechtsausschuss* ZIP 1997, 163 (168); MüKoAktG/*Schröer*, 2. Aufl. 2004, Rn. 75; *Assmann* AG-Sonderheft 1997, 100 (106 f.); *Hammen* WM 1997, 1221 (1224 ff.); *Zöllner* FS Peltzer, 2001, 661 (672).
[349] Krit. *Grundmann* BKR 2009, 31 (34 f.), der allein die Anknüpfung an eine Mehrheitsbeteiligung für europarechtskonform hält; s. auch Großkomm AktG/*Grundmann* Rn. 20; aA *J. Schmidt* WM 2009, 2350 (2356).
[350] Vgl. *Grundmann* BKR 2009, 31 (34), der einen (eher willkürlichen) Kompromiss zwischen 5% und Mehrheitsbeteiligung vermutet.
[351] Ebenso Bürgers/Körber/*Holzborn* Rn. 33; Kölner Komm AktG/*Zetzsche* Rn. 507; krit. *Grundmann* BKR 2009, 31 (34); für Fortgeltung trotz der Streichung Hüffer/Koch/*Koch*, 13. Aufl. 2018, Rn. 36; MüKoAktG/*Arnold* Rn. 146.
[352] Bürgers/Körber/*Holzborn* Rn. 34; Grigoleit/*Herrler* Rn. 34; Großkomm AktG/*Grundmann* Rn. 91; Hüffer/Koch/*Koch*, 13. Aufl. 2018, Rn. 34; Kölner Komm AktG/*Zetzsche* Rn. 486; MüKoAktG/*Arnold* Rn. 142; K. Schmidt/Lutter/*Spindler* Rn. 45.
[353] Vgl. Bürgers/Körber/*Holzborn* Rn. 34; Hölters/*Hirschmann* Rn. 28; Hüffer/Koch/*Koch*, 13. Aufl. 2018, Rn. 34; Kölner Komm AktG/*Zetzsche* Rn. 486; K. Schmidt/Lutter/*Spindler* Rn. 45.
[354] Bürgers/Körber/*Holzborn* Rn. 34; Hölters/*Hirschmann* Rn. 28; Hüffer/Koch/*Koch*, 13. Aufl. 2018, Rn. 34; Kölner Komm AktG/*Zetzsche* Rn. 488; K. Schmidt/Lutter/*Spindler* Rn. 45; *Marsch-Barner* FS Peltzer, 2001, 261 (268).
[355] Bürgers/Körber/*Holzborn* Rn. 34; Grigoleit/*Herrler* Rn. 35; Kölner Komm AktG/*Zetzsche* Rn. 488; *Grundmann* BKR 2009, 31 (34); aA Hüffer/Koch/*Koch*, 13. Aufl. 2018, Rn. 36; K. Schmidt/Lutter/*Spindler* Rn. 47.
[356] Kölner Komm AktG/*Zetzsche* Rn. 489; MüKoAktG/*Arnold* Rn. 142.
[357] Anders bis zum Inkrafttreten des ARUG noch § 135 Abs. 1 S. 3 aF, der auf eine mittelbare Beteiligung über eine Mehrheitsbeteiligung abstellte.
[358] Ebenso Bürgers/Körber/*Holzborn* Rn. 34; Grigoleit/*Herrler* Rn. 34; Hölters/*Hirschmann* Rn. 28; Kölner Komm AktG/*Zetzsche* Rn. 493; MüKoAktG/*Arnold* Rn. 142; K. Schmidt/Lutter/*Spindler* Rn. 45.

gehalten wird, das seinerseits mehrheitlich an dem Kreditinstitut beteiligt ist.³⁵⁹ Auch eine entsprechende Anwendung der Norm scheidet hier aus. Zum Erfordernis einer **ausdrücklichen Weisung** zu den einzelnen Gegenständen der Tagesordnung kann auf die Ausführungen zur Stimmrechtsausübung in der eigenen Hauptversammlung verwiesen werden (→ Rn. 87 f.). Das Kreditinstitut ist nicht verpflichtet, die Depotkunden auf das Ausübungsverbot gem. § 135 Abs. 3 S. 4 hinzuweisen, um die Erteilung ausdrücklicher Weisungen zu ermöglichen.³⁶⁰

93 Ein **Verstoß** gegen § 135 Abs. 3 S. 4 Hs. 1 beeinträchtigt nicht die Wirksamkeit der Stimmrechtsausübung (§ 135 Abs. 7). Das ARUG ist insoweit von der bisherigen Rechtslage abgewichen. Ein Verstoß gegen die Ausübungsbeschränkung stellt jedoch nach wie vor eine Ordnungswidrigkeit gem. § 405 Abs. 3 Nr. 5 dar. Überdies erfolgt eine Kontrolle der Stimmrechtsausübung im Rahmen der Depotprüfung.

94 f) **Verdeckte Stellvertretung (Abs. 5 S. 2).** Gem. § 135 Abs. 5 S. 2 erfolgt die Stimmrechtsausübung im Regelfall im Wege der verdeckten Stellvertretung. Wenn es die Vollmacht nicht anders bestimmt, übt das Kreditinstitut das Stimmrecht **im Namen dessen, den es angeht,** aus.³⁶¹ Vor der Änderung durch das ARUG war die Stimmrechtsausübung im Namen dessen, den es angeht, nur zulässig, wenn es die Vollmacht bestimmte. Gleichwohl entsprach die Erteilung einer entsprechenden Erlaubnis der gängigen Praxis. Als Reaktion hierauf hat der Gesetzgeber die verdeckte Stellvertretung nunmehr zum Regelfall erhoben.³⁶² Nicht mehr ausdrücklich geregelt ist die Stimmrechtsausübung im Namen des Aktionärs. Dass eine **offene Stellvertretung** weiterhin möglich ist, ergibt sich aber schon aus dem allgemeinen Stellvertretungsrecht (§ 164 Abs. 1 BGB).³⁶³ Die Vollmacht muss aber grundsätzlich bestimmen, dass die Stimmen im Wege der offenen Stellvertretung abgegeben werden sollen. Bestimmt die Vollmacht eine bestimmte Form der Stimmrechtsausübung, ist das Kreditinstitut hieran gebunden. Während vor Inkrafttreten des ARUG die Stimmrechtsausübung im Namen dessen, den es angeht, noch zur Unwirksamkeit der Stimmabgabe führte, wenn es an der erforderlichen Erlaubnis fehlte (§ 135 Abs. 6 aF), berührt nach der Neuregelung ein **Verstoß** nicht die Wirksamkeit der Stimmrechtsausübung (§ 135 Abs. 7).³⁶⁴ Es kann sich aber um eine Vertragsverletzung gegenüber dem Aktionär handeln.³⁶⁵

95 Macht das Kreditinstitut von der Möglichkeit einer verdeckten Stellvertretung Gebrauch, gewährleistet dies dem Aktionär bei Inhaberaktien **Anonymität.** Im Teilnehmerverzeichnis wird allein das Kreditinstitut aufgenommen. Die Aktien werden als **Vollmachtsbesitz (V)** ausgewiesen (§ 129 Abs. 2). Das Kreditinstitut muss nur offen legen, dass es im fremden Namen handelt. Es ist nicht verpflichtet, auch den Vollmachtgeber zu nennen.³⁶⁶ Das Kreditinstitut kann auch das Stimmrecht aus fremden Namensaktien, für die es nicht im Aktienregister eingetragen ist, im Wege der verdeckten Stellvertretung ausüben. In diesem Fall ist zwar gegenüber den anderen Aktionären Anonymität gewährleistet, da auch hier im Teilnehmerverzeichnis nur das Kreditinstitut eingetragen wird. Die Gesellschaft kann die Identität des Aktionärs aber über das Aktienregister ermitteln.³⁶⁷ Eine vollständige Anonymität lässt sich bei Namensaktien daher nur dadurch erreichen, dass das Kreditinstitut als Inhaber der Aktien im Aktienregister eingetragen wird. In diesem Fall kann das Stimmrecht gem. § 135 Abs. 6 S. 1 nur aufgrund einer Ermächtigung ausgeübt werden (→ Rn. 99 ff.).

96 g) **Briefwahl (Abs. 5 S. 3).** Ist die Briefwahl (§ 118 Abs. 2) bei der Gesellschaft zugelassen, darf das bevollmächtigte Kreditinstitut gem. § 135 Abs. 5 S. 3 von dieser Möglichkeit Gebrauch machen.

---

³⁵⁹ Bürgers/Körber/*Holzborn* Rn. 34; MüKoAktG/*Arnold* Rn. 144.
³⁶⁰ Kölner Komm AktG/*Zetzsche* Rn. 508; aA Grigoleit/*Herrler* Rn. 35; s. auch Hüffer/Koch/*Koch*, 13. Aufl. 2018, Rn. 36; MüKoAktG/*Arnold* Rn. 141, 145; K. Schmidt/Lutter/*Spindler* Rn. 44, 47.
³⁶¹ Eine Ausnahme von diesem Grundsatz kommt in Betracht, wenn aus Buchungsgründen eine Abstimmung im Namen des Aktionärs erforderlich ist, s. *Simon/Zetzsche* ZGR 2010, 918 (942).
³⁶² Vgl. BegrRegE BT-Drs. 16/11 642, 35.
³⁶³ BegrRegE BT-Drs. 16/11 642, 35; Grigoleit/*Herrler* Rn. 38; Hölters/*Hirschmann* Rn. 32; Kölner Komm AktG/*Zetzsche* Rn. 554.
³⁶⁴ Vgl. Kölner Komm AktG/*Zetzsche* Rn. 552; K. Schmidt/Lutter/*Spindler* Rn. 23; aA offenbar MüKoAktG/*Arnold* Rn. 173: Stimmabgabe unwirksam, wenn ohne ausdrückliche Genehmigung offene Stellvertretung erfolgt.
³⁶⁵ Großkomm AktG/*Grundmann* Rn. 39; K. Schmidt/Lutter/*Spindler* Rn. 23; s. auch MüKoAktG/*Arnold* Rn. 173.
³⁶⁶ BGHZ 129, 136 (157 f.) – Girmes; BegrRegE bei *Kropff* S. 197; Bürgers/Körber/*Holzborn* Rn. 41; Großkomm AktG/*Grundmann* Rn. 39; Kölner Komm AktG/*Zetzsche* Rn. 549; MüKoAktG/*Arnold* Rn. 174; K. Schmidt/Lutter/*Spindler* Rn. 26; *Henssler* ZHR 157 (1993) 91 (118); *Than* ZHR 157 (1993) 125 (129 f.); aA *Hammen* ZBB 1993, 239 (246); krit. zur fehlenden Offenlegungspflicht U. *Körber*, Die Stimmrechtsvertretung durch Kreditinstitute, 1989, 189 ff.
³⁶⁷ Vgl. Großkomm AktG/*Grundmann* Rn. 40; Kölner Komm AktG/*Zetzsche* Rn. 612.

Dabei handelt es sich nur um eine vom Gesetzgeber des ARUG eingefügte Klarstellung.[368] Voraussetzung ist, dass die Briefwahl **durch die Satzung oder durch den Vorstand** aufgrund einer entsprechenden Satzungsermächtigung **zugelassen** wurde. Der Referentenentwurf des ARUG sah noch vor, dass das Kreditinstitut den Aktionär jährlich auf die Möglichkeit der Briefwahl hinweisen muss, sofern diese Möglichkeit nach der Satzung vorgesehen ist.[369] In der endgültigen Fassung von § 135 findet sich keine entsprechende Informationspflicht mehr. Das Kreditinstitut ist daher nicht verpflichtet, den Aktionär vorab auf die Möglichkeit der Briefwahl hinzuweisen.[370] Nicht erwähnt in § 135 Abs. 5 ist die Online-Teilnahme iSv § 118 Abs. 1 S. 2. Diese ist zwar grundsätzlich auf die Teilnahme des Aktionärs selbst ausgerichtet, kann aber auch durch einen Vertreter erfolgen.[371] Da die Online-Teilnahme der Präsenzteilnahme am Ort der Hauptversammlung rechtlich gleichgestellt ist, kann sich das Kreditinstitut auch ohne ausdrückliche Zulassung in § 135 Abs. 5 auch dieser Form der Stimmabgabe bedienen.[372] Voraussetzung ist, dass die Stimmrechtsausübung im Wege der Online-Teilnahme durch die Satzung oder durch den Vorstand aufgrund einer entsprechenden Satzungsermächtigung zugelassen ist.

h) Nachweis der Stimmberechtigung (Abs. 5 S. 4). Das bevollmächtigte Kreditinstitut muss sich gegenüber der Gesellschaft legitimieren. Die Legitimation erfolgt wie bei Eigenbesitz. Zu § 135 Abs. 4 S. 3 aF war umstritten, ob diesbezüglich auch bei börsennotierten Gesellschaften weitergehende Legitimationserfordernisse in der Satzung zu beachten sind.[373] Seit Inkrafttreten des ARUG differenziert § 135 Abs. 5 S. 4 nunmehr ausdrücklich zwischen börsennotierten und nicht börsennotierten Gesellschaften.[374] § 135 Abs. 5 S. 4 Hs. 1 stellt nunmehr klar, dass bei **börsennotierten Gesellschaften** zum Nachweis der Stimmberechtigung die **Vorlegung eines Berechtigungsnachweises gem. § 123 Abs. 3** stets ausreicht.[375] Gemeint ist ein Berechtigungsnachweis gem. § 123 Abs. 4. Die ehemals in § 123 Abs. 3 S. 2–6 aF enthaltene Regelung zum Berechtigungsnachweis bei börsennotierten Gesellschaften wurde durch Art. 1 Nr. 11 der Aktienrechtsnovelle 2016 in § 123 Abs. 4 verschoben. Dabei hat es der Gesetzgeber versäumt, den Verweis in § 135 Abs. 5 S. 4 entsprechend anzupassen. Im Übrigen (also bei nicht börsennotierten Gesellschaften) sind gem. § 135 Abs. 5 S. 4 Hs. 2 die in der Satzung für die Ausübung des Stimmrechts vorgesehenen Erfordernisse zu erfüllen.

Der Nachweis der Stimmberechtigung kann **ohne Namensnennung** des Aktionärs erfolgen.[376] Es genügt, wenn sich das Kreditinstitut durch Vorlage eines auf sich selbst lautenden Nachweises legitimiert. Das Kreditinstitut muss gegenüber der Gesellschaft auch nicht die ordnungsgemäße Bevollmächtigung nachweisen.[377] Für die Gesellschaft besteht daher keine Möglichkeit, das Bestehen der Vollmacht zu kontrollieren, so dass sie auf eine ordnungsgemäße Bevollmächtigung vertrauen muss.[378] Eine Überprüfung erfolgt allein im Rahmen der Depotprüfung.[379] Der Nachweis der Stimmberechtigung kann auch als **Sammelnachweis** für sämtliche von dem Kreditinstitut vertretenen Stimmen ausgestellt werden.[380] Anders als bei § 123 Abs. 4 S. 1 muss der Nachweis nicht zwingend von dem depotführenden Institut ausgestellt werden.[381]

6. Entgelt. Die Kreditinstitute und die über § 135 Abs. 10 gleichgestellten Institute und Unternehmen sind – wie auch die über § 135 Abs. 8 in den Anwendungsbereich einbezogenen Aktionärsvereinigungen – nicht verpflichtet, die Ausübung des Stimmrechts gem. § 135 anzubieten.[382] Eine

---

[368] BegrRegE BT-Drs. 16/11 642, 35.
[369] Vgl. Großkomm AktG/*Grundmann* Rn. 66a.
[370] AA offenbar *Grundmann* BKR 2009, 31 (34); krit. auch Grigoleit/*Herrler* Rn. 39.
[371] *Simon/Zetzsche* ZGR 2010, 918 (943).
[372] Bürgers/Körber/*Holzborn* Rn. 42; Kölner Komm AktG/*Zetzsche* Rn. 570; *Simon/Zetzsche* ZGR 2010, 918 (943 f.); einschränkend Grigoleit/*Herrler* Rn. 39: Hinweispflicht, sofern keine vollständige Gleichstellung mit Präsenzteilnahme im Hinblick auf Stimmrechtsausübung (etwa bzgl. Widerspruchsmöglichkeiten).
[373] Dafür *Bunke* AG 2002, 57 (65); wohl auch MüKoAktG/*Schröer*, 2. Aufl. 2004, Rn. 69; dagegen etwa Großkomm AktG/*Grundmann* Rn. 64; *Kiefner/Zetzsche* ZIP 2006, 551 (556); Zetzsche Der Konzern 2007, 251 (256).
[374] Vgl. Großkomm AktG/*Grundmann* Rn. 65a.
[375] BegrRegE BT-Drs. 16/11 642, 35.
[376] BegrRegE BT-Drs. 16/11 642, 35; Bürgers/Körber/*Holzborn* Rn. 43; Kölner Komm AktG/*Zetzsche* Rn. 578; *Simon/Zetzsche* ZGR 2010, 918 (944 f.); s. auch MüKoAktG/*Arnold* Rn. 178; *Kiefner/Zetzsche* ZIP 2006, 551 (556).
[377] Bürgers/Körber/*Holzborn* Rn. 43; Kölner Komm AktG/*Zetzsche* Rn. 579; MüKoAktG/*Arnold* Rn. 178; K. Schmidt/Lutter/*Spindler* Rn. 26; *Butzke* Die Hauptversammlung der AG Rn. E 86; *Bunke* AG 2002, 57 (65).
[378] Vgl. Kölner Komm AktG/*Zetzsche* Rn. 5869.
[379] Grigoleit/*Herrler* Rn. 40; MüKoAktG/*Arnold* Rn. 179.
[380] Kölner Komm AktG/*Zetzsche* Rn. 577.
[381] Ausführlich Kölner Komm AktG/*Zetzsche* Rn. 581 ff.
[382] Auch für geschäftsmäßig Handelnde iSv § 135 Abs. 8 besteht selbstverständlich keine Pflicht, die Stimmrechtsausübung bei sämtlichen Gesellschaften anzubieten.

entsprechende Pflicht besteht weder kraft Gesetzes noch als (ungeschriebene) Nebenpflicht aus dem Depotvertrag. Bietet ein Kreditinstitut die Stimmrechtsausübung an, kann es hierfür ein Entgelt verlangen. Eine Entgeltklausel kann auch in AGB aufgenommen werden.[383]

III. Ermächtigung bei fremden Namensaktien (Abs. 6)

99 **1. Eintragung im Aktienregister.** Bei der Stimmrechtsausübung aus fremden Namensaktien ist danach zu differenzieren, ob das Kreditinstitut im Aktienregister eingetragen ist. § 135 Abs. 6 regelt nur den Fall, dass das Kreditinstitut als Inhaber der Aktien eingetragen ist (ohne selbst materiell berechtigt zu sein).[384] Da der Aktionär materieller Rechtsinhaber bleibt und das Kreditinstitut auch im Fall des § 135 Abs. 6 das Stimmrecht nicht nach seinem Ermessen ausüben kann,[385] besteht für das Kreditinstitut trotz Eintragung im Aktienregister keine Mitteilungspflicht gem. §§ 33 ff. WpHG.[386] Abzulehnen war insbesondere die praxisferne Entscheidung des OLG Köln,[387] wonach ein im Aktienregister eingetragener (weisungsgebundener) Legitimationsaktionär neben dem Aktieneigentümer zur Mitteilung nach §§ 33 ff. WpHG (§§ 21 ff. WpHG aF) verpflichtet sein sollte, wenn er nach außen unbeschränkt zur Stimmrechtsausübung berechtigt war.[388] Durch das Kleinanlegerschutzgesetz vom 3. Juli 2015[389] wurde klargestellt, dass den Legitimationsaktionär keine entsprechende Mitteilungspflicht neben dem Aktieneigentümer trifft, indem in § 33 Abs. 1 S. 1 WpHG (§ 21 Abs. 1 S. 1 WpHG aF) nach dem Wort „Stimmrechte" die Wörter „aus ihm gehörenden Aktien" eingefügt wurden.[390] Die Gesetzesbegründung weist ausdrücklich darauf hin, dass keine Änderung der materiellen Rechtslage erfolge.[391] Eine Meldepflicht des Legitimationsaktionärs kann nur entsprechend § 34 Abs. 1 Nr. 6 WpHG in Betracht kommen.[392] Dessen Voraussetzungen sind bei dem Depotstimmrecht mangels eigenen Ermessens des Kreditinstituts bei der Stimmrechtsausübung nicht erfüllt. Ist das Kreditinstitut als Platzhalter im Aktienregister eingetragen, darf es die Stimmrechte aus fremden Namensaktien gem. § 135 Abs. 6 S. 1 **nur aufgrund einer Ermächtigung** (Legitimationsübertragung) iSv § 129 Abs. 3 ausüben. Die Stimmrechtsausübung aufgrund einer Vollmacht scheidet aus. Dies folgt bereits daraus, dass im Verhältnis zur Gesellschaft nur das im Aktienregister eingetragene Kreditinstitut als Aktionär gilt (§ 67 Abs. 2). Die Vollmachtserteilung durch den Aktionär würde daher im Verhältnis zur Gesellschaft durch einen Nichtberechtigten erfolgen. Der Nachweis der Stimmberechtigung erfolgt wie bei Eigenbesitz (Legitimation kraft Eintragung im Aktienregister, § 67 Abs. 2).[393] Der (wahre) Aktionär kann anonym bleiben. Einer Anwendung von § 135 Abs. 5 S. 4 bedarf es hierzu nicht.[394]

100 Gem. § 135 Abs. 6 S. 2 finden auf die Ermächtigung die Absätze 1–5 entsprechende Anwendung. Wie die Vollmacht kann daher auch die Ermächtigung grundsätzlich **formlos (auch konkludent) erteilt** werden (→ Rn. 16 f.).[395] Der Eintragung des Kreditinstituts im Aktienregister liegt idR zumindest eine konkludent erteilte Ermächtigung zugrunde.[396] Auch im Fall des § 135 Abs. 6 darf

---

[383] *Simon/Zetzsche* ZGR 2010, 918 (942).
[384] Allein auf die wirtschaftliche Berechtigung abstellend dagegen Kölner Komm AktG/*Zetzsche* Rn. 616.
[385] Das Ermessen bei der Ausformulierung der eigenen Abstimmungsvorschläge reicht für eine Zurechnung gem. § 34 Abs. 1 Nr. 6 WpHG nicht aus, vgl. Assmann/U.H. Schneider/*U.H. Schneider* WpHG § 22 Rn. 134; K. Schmidt/Lutter/*Veil* Anh. § 22 WpHG Rn. 26.
[386] BegrRegE BT-Drs. 14/4051, 16; *BaFin*, Emittentenleitfaden, 4. Aufl. (Stand: 22.7.2013), S. 119 f.; Bürgers/Körber/*Holzborn* Rn. 44; Grigoleit/*Herrler* Rn. 41; Großkomm AktG/*Grundmann* Rn. 41; Hölters/*Hirschmann* Rn. 34; K. Schmidt/Lutter/*Spindler* Rn. 51; *Falkenhagen* WM 1995, 1005 (1007); s. auch *U.H. Schneider/Burgard* DB 1996, 1761 (1766); aA MüKoAktG/*Bayer* § 67 Rn. 89 f.; *Diekmann* BB 1999, 1985 (1987); *Witt* AG 1998, 171 (176 f.).
[387] OLG Köln ZIP 2012, 1458 (1460 ff.).
[388] Zu Recht abl. die ganz hM, s. etwa *BaFin*, Emittentenleitfaden, 4. Aufl. (Stand: 22.7.2013), 119; *Cahn* AG 2013, 459 (460 ff.); *Götze* BKR 2013, 265 (266); *Goslar* EWiR 2012, 773 (774); *Nartowska* NZG 2013, 124 (125 ff.); *Paul* GWR 2012, 346; *Richter* WM 2013, 2296 (2300 ff.); *Richter* WM 2013, 2337 ff.; *Widder/Kocher* ZIP 2012, 2092 ff.; dem OLG Köln zust. aber *Bayer/Scholz* NZG 2013, 721 (724 ff.).
[389] BGBl. 2015 I 1114.
[390] S. dazu *Piroth* AG 2015, 10 (13 ff.).
[391] BegrRegE, BT-Drs. 18/3994, 53.
[392] Eine unmittelbare Anwendung von § 34 Abs. 1 Nr. 6 WpHG scheidet aus, da der im Aktienregister eingetragene Legitimationsaktionär nicht als Bevollmächtigter handelt; seine Berechtigung zur Stimmrechtsausübung ergibt sich bereits aus der Eintragung im Aktienregister.
[393] Kölner Komm AktG/*Zetzsche* Rn. 636.
[394] So aber Hüffer/Koch/*Koch*, 13. Aufl. 2018, Rn. 44; MüKoAktG/*Arnold* Rn. 183.
[395] Vgl. BegrRegE BT-Drs. 14/4051, 16; Hölters/*Hirschmann* Rn. 34; Kölner Komm AktG/*Zetzsche* Rn. 628; MüKoAktG/*Arnold* Rn. 182 iVm Rn. 46; aA Grigoleit/*Herrler* Rn. 42; Hüffer/Koch/*Koch*, 13. Aufl. 2018, Rn. 44; K. Schmidt/Lutter/*Spindler* Rn. 51: Textform.
[396] Vgl. Hüffer/Koch/*Koch*, 13. Aufl. 2018, Rn. 44.

das Kreditinstitut das Stimmrecht nur entsprechend eigenen Abstimmungsvorschlägen oder entsprechend den Verwaltungsvorschlägen ausüben, soweit der Aktionär keine ausdrücklichen Weisungen erteilt (§ 135 Abs. 1 S. 4, Abs. 3 und 4). Eine Abweichung von Weisungen oder Vorschlägen kommt unter denselben Voraussetzungen in Betracht wie bei der Bevollmächtigung (→ Rn. 77 ff.). Das Kreditinstitut unterliegt auch im Fall der Ermächtigung den **Ausübungsbeschränkungen** gem. § 135 Abs. 3 S. 3 und 4. Bietet es die Stimmrechtsausübung entsprechend eigenen Abstimmungsvorschlägen oder entsprechend den Verwaltungsvorschlägen an, gilt über den Verweis in § 135 Abs. 6 S. 2 auch die Pflicht zur Zuleitung der zur Stimmrechtsausübung erforderlichen Unterlagen an eine Aktionärsvereinigung oder einen sonstigen Vertreter nach Wahl des Aktionärs (§ 135 Abs. 1 S. 5). Auch die jährlichen Hinweispflichten (§ 135 Abs. 1 S. 6) gelten in gleicher Weise wie bei der Bevollmächtigung. Für die Einschaltung von Dritten gilt § 135 Abs. 5 S. 1. Das ermächtigte Kreditinstitut kann sich auch der Briefwahl bedienen (§ 135 Abs. 5 S. 3).

Gem. § 135 Abs. 7 wird die Wirksamkeit der Stimmabgabe durch einen **Verstoß** gegen § 135 Abs. 6 nicht beeinträchtigt. Dies gilt auch dann, wenn die Ermächtigung fehlt.[397] Auch im Hinblick auf die Stimmrechtsausübung gilt das eingetragene Kreditinstitut gem. § 67 Abs. 2 gegenüber der Gesellschaft als Aktionär, so dass sich das Fehlen einer Ermächtigung nicht auf die Wirksamkeit der Stimmabgabe auswirken kann.

2. Fehlende Eintragung. Ist das Kreditinstitut nicht im Aktienregister eingetragen, kann es die Stimmrechte aus fremden Namensaktien **nur aufgrund einer Vollmacht** ausüben. Die ursprünglich bestehende Pflicht zur Stimmrechtsausübung im Namen des Aktionärs wurde bereits durch das NaStraG aufgehoben, so dass für die Stimmrechtsausübung aus Inhaber- und Namensaktien weitgehend einheitliche Regeln gelten.[398] Auch aus Namensaktien kann das Kreditinstitut das Stimmrecht daher im Wege der **verdeckten Stellvertretung** ausüben.[399] Anders als bei Inhaberaktien, ist aber keine vollständige Anonymität möglich, da der Name des Aktionärs gegenüber der Gesellschaft offen gelegt werden muss.[400] Dies folgt bereits daraus, dass nur der Eingetragene gem. § 67 Abs. 2 S. 2 legitimiert ist. Die Benennung des Aktionärs ist erforderlich, um einen Abgleich mit dem Aktienregister zu ermöglichen.[401] Da die Offenlegung nur gegenüber der Gesellschaft erfolgt, kann aber zumindest gegenüber den anderen Aktionären Anonymität gewahrt werden:[402] Zum einen wird bei der Stimmrechtsausübung im Namen dessen, den es angeht, nur das Kreditinstitut in das Teilnehmerverzeichnis aufgenommen (§ 129 Abs. 2 S. 2), zum anderen ist der Anspruch auf Einsicht in das Aktienregister auf die zur eigenen Person eingetragenen Daten beschränkt (§ 67 Abs. 6 S. 1). Abzulehnen ist demgegenüber die teilweise befürwortete Anwendung von § 135 Abs. 5 S. 4,[403] wonach zur Legitimation die Vorlage eines Berechtigungsnachweises gem. § 123 Abs. 4 genügt. Die Regelung des § 123 Abs. 4 ist auf Inhaberaktien zugeschnitten und passt nicht für Namensaktien. Bei Anwendung der Regelung bestünde zudem die Gefahr der Doppelvertretung.[404]

IV. Erweiterung des persönlichen Anwendungsbereichs (Abs. 8, 10)

1. Aktionärsvereinigungen und geschäftsmäßig Handelnde (Abs. 8). a) Allgemeines. § 135 Abs. 8 erweitert den persönlichen Anwendungsbereich von § 135 Abs. 1–7 auf Aktionärsvereinigungen und geschäftsmäßig handelnde Personen. Vor der Änderung durch das ARUG erstreckte sich der persönliche Anwendungsbereich zum Schutz vor Umgehungen auch auf **Geschäftsleiter und Angestellte** eines Kreditinstituts, sofern die fremden Aktien dem Kreditinstitut zur Verwahrung anvertraut waren (§ 135 Abs. 9 Nr. 2 aF). Dies wirft die Frage auf, ob der Gesetzgeber des ARUG das Handeln der betreffenden Personen generell von den Beschränkungen des § 135 freistellen wollte. Die Gesetzesbegründung gibt hierüber keinen Aufschluss.[405] Da es bei den Geschäftsleitern und

---

[397] Ebenso Bayer/Scholz NZG 2013, 721 (724); aA Bürgers/Körber/Holzborn Rn. 44; Grigoleit/Herrler Rn. 43; Kölner Komm AktG/Zetzsche Rn. 650 ff.; Simon/Zetzsche ZGR 2010, 918 (948); wohl auch J. Schmidt WM 2009, 2350 (2357).
[398] Vgl. BegrRegE BT-Drs. 14/4051, 16.
[399] Bürgers/Körber/Holzborn Rn. 45; Hüffer/Koch/Koch, 13. Aufl. 2018, Rn. 45; Kölner Komm AktG/Zetzsche Rn. 609; MüKoAktG/Arnold Rn. 184 f.; K. Schmidt/Lutter/Spindler Rn. 52 ff.; Butzke Die Hauptversammlung der AG Rn. E 98; Marsch-Barner FS Peltzer, 2001, 261 (274); aA NK-AktG/M. Müller Rn. 25.
[400] Bürgers/Körber/Holzborn Rn. 45; Butzke Die Hauptversammlung der AG Rn. E 98; Marsch-Barner FS Peltzer, 2001, 261 (275); s. auch MüKoAktG/Arnold Rn. 185; K. Schmidt/Lutter/Spindler Rn. 52.
[401] Vgl. Butzke Die Hauptversammlung der AG Rn. E 98.
[402] Vgl. MüKoAktG/Arnold Rn. 185; K. Schmidt/Lutter/Spindler Rn. 53.
[403] Dafür MüKoAktG/Arnold Rn. 185; K. Schmidt/Lutter/Spindler Rn. 54.
[404] Diese Gefahr sehen auch MüKoAktG/Arnold Rn. 185 und K. Schmidt/Lutter/Spindler Rn. 54.
[405] Vgl. BegrRegE BT-Drs. 16/11 642, 35.

Angestellten eines Kreditinstituts häufig an der Wiederholungsabsicht fehlt, sind diese nicht ohne weiteres als geschäftsmäßig Handelnde von § 135 Abs. 8 erfasst. Eine Einbeziehung ließe sich daher nur aus allgemeinen Umgehungsschutzerwägungen begründen. Angesichts der ausdrücklichen Streichung wäre aber zumindest ein entsprechender Hinweis in der Gesetzesbegründung erforderlich gewesen. Geschäftsleiter und Angestellte eines Kreditinstituts unterliegen daher nicht mehr den Beschränkungen des § 135, sofern sie nicht ausnahmsweise die Voraussetzungen für ein geschäftsmäßiges Handeln erfüllen.[406]

104 **b) Aktionärsvereinigungen.** § 135 Abs. 8 Hs. 1 Alt. 1 stellt Aktionärsvereinigungen den Kreditinstituten gleich. Das AktG verwendet den Begriff der Aktionärsvereinigung auch in § 125 Abs. 1 S. 1 („Vereinigung von Aktionären"), § 127a Abs. 1 und § 135 Abs. 1 S. 5, ohne ihn zu definieren. Aktionärsvereinigungen sind auf Dauer angelegte Personenzusammenschlüsse, deren Hauptzweck darin besteht, Aktionärsrechte in organisierter Form auszuüben (→ § 125 Rn. 10).[407] Der Zusammenschluss erfolgt regelmäßig – aber nicht zwingend – in der Rechtsform des Vereins.[408] Bei der Mehrzahl der Mitglieder muss es sich um Aktionäre deutscher Gesellschaften handeln.[409] Für die Einbeziehung der Aktionärsvereinigungen in den persönlichen Anwendungsbereich von § 135 spielt es keine Rolle, ob diese Empfänger der Mitteilungen gem. § 125 Abs. 1 sind.[410]

105 **c) Geschäftsmäßig Handelnde.** § 135 Abs. 8 Hs. 1 Alt. 2 erstreckt den persönlichen Anwendungsbereich von § 135 auf Personen, die sich geschäftsmäßig gegenüber Aktionären zur Ausübung des Stimmrechts in der Hauptversammlung erbieten. Mit der Einbeziehung soll gewährleistet werden, dass auch geschäftsmäßig Handelnde das Stimmrecht entsprechend dem Willen des Aktionärs ausüben.[411] Grundsätzlich kann sich jede natürliche oder juristische Person zur Ausübung des Stimmrechts erbieten, ohne dass es auf die Aktionärseigenschaft ankäme.[412]

105a Ein **Erbieten** iSv § 135 Abs. 8 Hs. 1 Alt. 2 liegt vor, wenn einer Mehrzahl von Personen die Stimmrechtsvertretung in der Hauptversammlung angeboten wird.[413] Auf die Form des Erbietens kommt es nicht an. Das Erbieten setzt stets das Werben um eine Vollmachtserteilung voraus.[414] Die bloße Aufforderung (etwa im Aktionärsforum), das Stimmrecht in einem bestimmten Sinne auszuüben, reicht nicht aus. Dies gilt selbst dann, wenn die derart aufgeforderten Aktionäre dem Auffordernden im Anschluss eine Vollmacht für die Stimmrechtsausübung in der Hauptversammlung erteilen.[415] Das Werben um eine Vollmachtserteilung setzt eine aktive Ansprache der Aktionäre voraus.[416] Kein Erbieten ist daher regelmäßig in der Benennung als Stimmrechtsvertreter der Gesellschaft zu sehen, sofern die entsprechend benannten Personen nicht zugleich auch von sich aus aktiv um die Vollmachtserteilung werben (→ Rn. 106a).

106 Auf das Erbieten bezieht sich auch das Merkmal der **Geschäftsmäßigkeit**.[417] Allein ein geschäftsmäßiges Handeln bei der Stimmrechtsausübung (etwa durch einen Rechtsanwalt für seinen Mandanten) reicht daher nicht aus. Ein geschäftsmäßiges Erbieten setzt **Wiederholungsabsicht** voraus.[418] Gemeint ist nicht das wiederholte Werben im Hinblick auf eine Hauptversammlung, sondern eine Wiederholung der Vertretung in weiteren Hauptversammlungen (derselben oder einer anderen

---

[406] So wohl auch *Drinhausen/Kleinath* BB 2008, 1238 (1245); offen Großkomm AktG/*Grundmann* Rn. 29a; *Grundmann* BKR 2009, 31 (38); aA wohl K. Schmidt/Lutter/*Spindler* Rn. 60.
[407] Hölters/*Hirschmann* Rn. 38; Hüffer/Koch/*Koch*, 13. Aufl. 2018, § 125 Rn. 3; K. Schmidt/Lutter/*Spindler* Rn. 61; iE ähnlich Großkomm AktG/*Grundmann* Rn. 24; Kölner Komm AktG/*Zetzsche* Rn. 733 ff.
[408] Vgl. Großkomm AktG/*Butzke* § 125 Rn. 45; Hüffer/Koch/*Koch*, 13. Aufl. 2018, § 125 Rn. 3; Kölner Komm AktG/*Noack/Zetzsche* § 125 Rn. 116; MüKoAktG/*Kubis* § 125 Rn. 7; K. Schmidt/Lutter/*Spindler* Rn. 61; *Noack* FS Lutter, 2000, 1463 (1469 f.); aA noch Kölner Komm AktG/*Zöllner*, 1. Aufl. 1985, §§ 125–127 Rn. 34: Rechtsform des Vereins zwingend.
[409] MüKoAktG/*Kubis* § 125 Rn. 7.
[410] Bürgers/Körber/*Holzborn* Rn. 46; Großkomm AktG/*Grundmann* Rn. 24; Kölner Komm AktG/*Zetzsche* Rn. 731; MüKoAktG/*Arnold* Rn. 32; K. Schmidt/Lutter/*Spindler* Rn. 61.
[411] BegrRegE bei *Kropff* S. 199.
[412] MüKoAktG/*Arnold* Rn. 35.
[413] Bürgers/Körber/*Holzborn* Rn. 47; Grigoleit/*Herrler* Rn. 48; MüKoAktG/*Arnold* Rn. 35.
[414] Bürgers/Körber/*Holzborn* Rn. 47; Kölner Komm AktG/*Zetzsche* Rn. 739; MüKoAktG/*Arnold* Rn. 35.
[415] MüKoAktG/*Arnold* Rn. 35.
[416] Vgl. K. Schmidt/Lutter/*Spindler* Rn. 63.
[417] Bürgers/Körber/*Holzborn* Rn. 47; Großkomm AktG/*Grundmann* Rn. 26; Hüffer/Koch/*Koch*, 13. Aufl. 2018, Rn. 48; Kölner Komm AktG/*Zetzsche* Rn. 739; MüKoAktG/*Arnold* Rn. 36; K. Schmidt/Lutter/*Spindler* Rn. 63.
[418] BGHZ 129, 136 (157) – Girmes; OLG Hamm ZIP 2013, 1024 (1025); Bürgers/Körber/*Holzborn* Rn. 47; GHEK/*Eckardt* Rn. 117; Grigoleit/*Herrler* Rn. 48; Großkomm AktG/*Grundmann* Rn. 26; Hölters/*Hirschmann* Rn. 39; Kölner Komm AktG/*Zetzsche* Rn. 739; MüKoAktG/*Arnold* Rn. 36; K. Schmidt/Lutter/*Spindler* Rn. 63; *Noack* ZIP 2001, 57 (62); *Schöne* WM 1992, 209 (210); grundsätzlich auch Kölner Komm AktG/*Zetzsche* Rn. 740 ff.; *Simon/Zetzsche* ZGR 2010, 918 (950 f.), die aber zusätzlich ein kommerzielles Element verlangen.

Gesellschaft). Die Absicht muss sich auf eine mehrfache und nicht nur gelegentliche Wiederholung beziehen.[419] Die Abgrenzung ist mitunter schwierig. Besteht eine Wiederholungsabsicht, ist bereits beim ersten Erbieten ein geschäftsmäßiges Handeln anzunehmen.[420] Nicht erforderlich ist, dass die Stimmrechtsvertretung beruflich oder gewerblich vorgenommen wird.[421] Der BGH hat ein geschäftsmäßiges Erbieten für den Herausgeber einer Anlegerzeitschrift bejaht, der in Einzelfällen die Übernahme der Stimmrechtsvertretung angeboten hat.[422]

Umstritten ist, inwieweit die Regelung des § 135 Abs. 8 Hs. 1 Alt. 2 auf **von der Gesellschaft benannte Stimmrechtsvertreter** (vgl. § 134 Abs. 3 S. 5) anwendbar ist. An einem geschäftsmäßigen Erbieten fehlt es nach wohl allgemeiner Ansicht jedenfalls dann, wenn die Gesellschaft **eigene Mitarbeiter** als Stimmrechtsvertreter benennt.[423] Dies gilt selbst dann, wenn jährlich wiederkehrend dieselben Personen benannt werden. Benennt die Gesellschaft **Dritte** (zB Wirtschaftsprüfer, Rechtsanwälte) als Stimmrechtsvertreter soll dagegen im Einzelfall zu prüfen sein, ob die Übernahme der Funktion des Stimmrechtsvertreters geschäftsmäßig geschieht.[424] Das OLG Hamm hat ein geschäftsmäßiges Erbieten für die **Organmitglieder und Mitarbeiter eines Hauptversammlungsdienstleisters** bejaht, welcher den Gesellschaften neben diversen anderen Leistungen auch die (entgeltliche) Übernahme der Funktion eines von der Gesellschaft benannten Stimmrechtsvertreters angeboten hatte.[425] Diese Ausweitung des § 135 Abs. 8 ist jedenfalls dann abzulehnen, wenn die von der Gesellschaft benannten Stimmrechtsvertreter das Stimmrecht – wie üblich und von der hM sogar zwingend vorausgesetzt (→ § 134 Rn. 55) – nur aufgrund ausdrücklicher Weisungen ausüben. In diesem Fall passen die Regelungen des § 135 Abs. 1–7 nicht und es ist auch keine gravierende Interessenkollision erkennbar.[426] Werden Organmitglieder oder Mitarbeiter eines Hauptversammlungsdienstleisters von der Gesellschaft als Stimmrechtsvertreter benannt, treten sie zudem regelmäßig nicht aktiv nach außen auf, um Vollmachten einzuwerben.[427] Vielmehr bietet die Gesellschaft die Bevollmächtigung der von ihr benannten Stimmrechtsvertreter als Service an (regelmäßig in der Einberufung), wobei die Stimmrechtsvertreter zumindest in der Einberufung häufig nicht einmal namentlich benannt werden. Wird ein Hauptversammlungsdienstleister von der Gesellschaft für die Übernahme der Funktion des Stimmrechtsvertreters vergütet und bietet er diese Dienstleistung auch anderen Gesellschaften an, liegt daher zwar ein geschäftsmäßiges Handeln vor, es fehlt aber idR an einem Erbieten iSv § 135 Abs. 8 Hs. 1 Alt. 2. Dies wird regelmäßig auch dann der Fall sein, wenn andere Dritte (auch Wirtschaftsprüfer oder Rechtsanwälte) von der Gesellschaft als Stimmrechtsvertreter benannt werden. Treten diese nicht aktiv nach außen auf, um Vollmachten einzuwerben, fehlt es an einem Erbieten.

Nicht erfasst von § 135 Abs. 8 Hs. 1 Alt. 2 sind institutionelle **Stimmrechtsberater** (Proxy Advisors),[428] sofern Sie sich auf Abstimmungsempfehlungen beschränken und nicht zugleich auch das Stimmrecht für ihre Kunden ausüben.[429] Die Abstimmungsempfehlungen von Stimmrechtsberatern gewinnen zwar zunehmend an praktischer Bedeutung, da sich insbesondere ausländische institutionelle Anleger häufig hieran orientieren. Dennoch unterliegen Stimmrechtsberater derzeit keiner besonderen Regulierung oder Überwachung.[430] Die Branche verfolgt bislang einen Selbst-

---

[419] MüKoAktG/*Arnold* Rn. 36.
[420] MüKoAktG/*Arnold* Rn. 36.
[421] Bürgers/Körber/*Holzborn* Rn. 47; Grigoleit/*Herrler* Rn. 48; Hüffer/Koch/*Koch*, 13. Aufl. 2018, Rn. 48; MüKoAktG/*Arnold* Rn. 36; K. Schmidt/Lutter/*Spindler* Rn. 63; aA Kölner Komm AktG/*Zetzsche* Rn. 740 ff.; *Simon/Zetzsche* ZGR 2010, 918 (950 ff.).
[422] BGHZ 129, 136 (157) – Girmes; anders noch die Vorinstanzen, s. OLG Düsseldorf ZIP 1994, 878 (880); LG Düsseldorf ZIP 1993, 350 (351 f.); abl. auch *Noack* FS Lutter, 2000, 1463 (1473).
[423] Hüffer/Koch/*Koch*, 13. Aufl. 2018, Rn. 48; Kölner Komm AktG/*Zetzsche* Rn. 746; MüKoAktG/*Arnold* Rn. 40; *Noack* ZIP 2001, 57 (62); offen OLG Hamm ZIP 2013, 1024 (1025).
[424] MüKoAktG/*Arnold* Rn. 40; *Noack* ZIP 2001, 57 (62).
[425] OLG Hamm ZIP 2013, 1024 (1025 f.); zustimmend Hüffer/Koch/*Koch*, 13. Aufl. 2018, Rn. 48; Kölner Komm AktG/*Zetzsche* Rn. 746.
[426] So aber OLG Hamm ZIP 2013, 1024 (1026).
[427] Dies verkennt das OLG Hamm ZIP 2013, 1024, 1025, wenn es meint, dass allein aus dem Umstand, dass ein Hauptversammlungsdienstleister den Gesellschaften als Dienstleistung auch die Übernahme der Funktion des Stimmrechtsvertreters anbietet, ein Werben gegenüber Aktionären um eine Vollmachtserteilung folge.
[428] Ausführlich dazu Kölner Komm AktG/*Zetzsche* Nach § 135 Rn. 1 ff.; s. als Auswahl auch *Schwarz*, Institutionelle Stimmrechtsberatung. Rechtstatsachen, Rechtsökonomik, rechtliche Rahmenbedingungen und Regulierungsstrategien, 2013, passim; *Balp* ECFR 2017, 1 ff.; *Dörrwächter* AG 2017, 409 ff.; *Fleischer* AG 2012, 2 ff.; *Fleischer* ZGR 2011, 155 (169 ff.); *Gallego Córcoles* ECFR 2016, 106; *Klöhn/Schwarz* ZIP 2012, 149 ff.; *Langenbucher* FS Hoffmann-Becking, 2013, 733 ff.; *Wilsing* ZGR 2012, 291 (302 ff.); *Zetzsche/Preiner* AG 2014, 685 ff.
[429] Grigoleit/*Herrler* Rn. 48; MüKoAktG/*Arnold* Rn. 41.
[430] Zu entsprechenden Regulierungsvorschlägen s. etwa *Fleischer* AG 2012, 2 (7 ff.); *Klöhn/Schwarz* ZIP 2012, 149 (154 ff.); *U.H. Schneider/Anzinger* NZG 2007, 88 (96 ff.).

regulierungsansatz. So hat sich auf Anregung der European Securities and Markets Authority (ESMA) eine Arbeitsgruppe (Best Practice Principles Group – BPPG)[431] gebildet, die einen **Kodex für Stimmrechtsberater** und Unternehmen mit vergleichbaren Dienstleistungen erarbeitet hat, der im April 2014 veröffentlicht wurde.[432] Der Kodex verfolgt einen „comply-or-explain"-Ansatz auf der Basis von drei inhaltlichen Schwerpunkten (Principles): (i) Servicequalität (insbesondere Offenlegung von Leitlinien und Methoden), (ii) Management von Interessenkonflikten und (iii) Kommunikationspolitik. Eine staatliche Regulierung von Stimmrechtsberatern sieht nunmehr die **Änderungsrichtlinie zur Aktionärsrechterichtlinie** vom 17. Mai 2017 vor (→ Rn. 7b). Die Neuregelung knüpft ebenfalls an einen **Verhaltenskodex** an und verbindet dies mit einem „**comply-or-explain**"-**Ansatz**. Die Mitgliedstaaten müssen sicherstellen, dass Stimmrechtsberater öffentlich auf einen von ihnen angewendeten Verhaltenskodex Bezug nehmen und über die Anwendung Bericht erstatten (Art. 3j Abs. 1 Unterabs. 1 Aktionärsrechte-RL). Wenden Stimmrechtsberater keinen Verhaltenskodex an, müssen sie dies unmissverständlich erklären und begründen (Art. 3j Abs. 1 Unterabs. 2 S. 1 Aktionärsrechte-RL). Weichen sie nur von einzelnen Empfehlungen eines Verhaltenskodex ab, müssen sie die Abweichungen offenlegen und begründen, wobei sie ggf. darlegen müssen, welche Alternativmaßnahmen getroffen wurden (Art. 3j Abs. 1 Unterabs. 2 S. 2 Aktionärsrechte-RL). Darüber hinaus sieht die Aktionärsrechterichtlinie zusätzliche Transparenzpflichten für Stimmrechtsberater vor. So werden Stimmrechtsberater künftig verpflichtet sein, jährlich bestimmte Informationen im Zusammenhang mit der Vorbereitung ihrer Recherchen, Beratungen und Stimmempfehlungen **auf ihrer Internetseite zu veröffentlichen** (Art. 3j Abs. 2 Aktionärsrechte-RL). Hierzu zählen etwa die wesentlichen Merkmale der verwendeten Methoden und Modelle sowie die Hauptinformationsquellen. Ferner sollen Stimmrechtsberater verpflichtet sein, tatsächliche oder potenzielle **Interessenkonflikte** oder Geschäftsbeziehungen, welche die Vorbereitung der Abstimmungsempfehlungen beeinflussen könnten, zu identifizieren und ihre Kunden und die betroffenen Unternehmen unverzüglich darüber sowie über die Schritte, die sie zur Ausräumung oder Milderung der Interessenkonflikte unternommen haben, zu informieren (Art. 3j Abs. 3 Aktionärsrechte-RL). Die Änderungsrichtlinie zur Aktionärsrechterichtlinie ist bis zum 10. Juni 2019 in nationales Recht umzusetzen.

107 **d) Angehörigenprivileg (Abs. 8 Hs. 2).** Gem. § 135 Abs. 8 Hs. 2 unterbleibt eine Gleichstellung mit Kreditinstituten, wenn derjenige, der das Stimmrecht ausüben will, gesetzlicher Vertreter, Ehegatte oder Lebenspartner des Aktionärs oder mit ihm bis zum vierten Grad verwandt oder verschwägert ist. Das Angehörigenprivileg rechtfertigt sich daraus, dass in diesen Fällen regelmäßig ein Interessengleichlauf mit dem Aktionär besteht.[433] Es gilt nur für § 135 Abs. 8 Hs. 1 Alt. 2 (geschäftsmäßig Handelnde).[434] Die Einbeziehung von Lebenspartnern erfolgte durch das Gesetz zur Beendigung der Diskriminierung gleichgeschlechtlicher Gemeinschaften vom 16. Februar 2001 (→ Rn. 4). Der Begriff des Lebenspartners ist definiert in § 1 Abs. 1 LPartG. Der Grad der Verwandtschaft und der Schwägerschaft bestimmt sich nach der Zahl der sie vermittelnden Geburten bzw. Verwandtschaft (§ 1589 Abs. 1 S. 2 BGB bzw. § 1590 Abs. 1 S. 2 BGB). Unverständlich ist die Einbeziehung von gesetzlichen Vertretern, da diese nicht aufgrund einer Vollmacht handeln.[435]

108 **e) Sinngemäße Geltung von Abs. 1–7.** § 135 Abs. 8 ordnet für Aktionärsvereinigungen und geschäftsmäßig Handelnde eine sinngemäße Geltung von § 135 Abs. 1–7 an. Auch die Vollmachtserteilung an Aktionärsvereinigungen und geschäftsmäßig Handelnde kann **formlos** erfolgen.[436] Die

---

[431] Mitglieder der BPPG sind Glass, Lewis & Co., Institutional Shareholder Services Inc. (ISS), IVOX GmbH, Manifest Information Ltd., PIRC Ltd. und Proxinvest; als unabhängiger Vorsitzender der Arbeitsgruppe wurde *Dirk Zetzsche* berufen.
[432] Best Practice Principles for Providers of Shareholder Voting Research & Analysis, abrufbar unter www.bppgrp.info; s. dazu *Zetzsche*, Report of the Chairman of the Best Practice Principles Group developing the Best Practice Principles for Shareholder Voting Research & Analysis, abrufbar über SSRN (http://ssrn.com/abstract=2436066); s. auch *Zetzsche/Preiner* AG-Report 2013, R 356 ff.; *Zetzsche/Preiner* AG 2014, 685 ff.
[433] Vgl. Kölner Komm AktG/*Zetzsche* Rn. 749; MüKoAktG/*Arnold* Rn. 37; K. Schmidt/Lutter/*Spindler* Rn. 64.
[434] Vgl. Großkomm AktG/*Grundmann* Rn. 27; Hüffer/Koch/*Koch*, 13. Aufl. 2018, Rn. 49.
[435] Bürgers/Körber/*Holzborn* Rn. 48; GHEK/*Eckardt* Rn. 121; Grigoleit/*Herrler* Rn. 49; Großkomm AktG/*Grundmann* Rn. 26; Hüffer/Koch/*Koch*, 13. Aufl. 2018, Rn. 49; Kölner Komm AktG/*Zetzsche* Rn. 750; MüKoAktG/*Arnold* Rn. 38; K. Schmidt/Lutter/*Spindler* Rn. 64.
[436] Kölner Komm AktG/*Zetzsche* Rn. 763; MüKoAktG/*Arnold* Rn. 39; *Habersack* ZHR 165 (2001) 172 (182); *Noack* ZIP 2001, 57 (62); ebenso Bürgers/Körber/*Holzborn* Rn. 49, der aber insoweit widersprüchlich in Rn. 6 für die Bevollmächtigung eines Kreditinstituts mindestens Textform verlangt; aA für geschäftsmäßig Handelnde, die im Auftrag der Gesellschaft die Stimmrechtsvertretung betreiben *Bunke* AG 2002, 57 (62); generell aA K. Schmidt/Lutter/*Spindler* Rn. 67: Textform.

Stimmrechtsausübung erfolgt ebenfalls im Regelfall im Namen dessen, den es angeht (§ 135 Abs. 5 S. 2). Dabei sind auch Aktionärsvereinigungen und geschäftsmäßig Handelnde an die Weisungen des Aktionärs gebunden. Fehlt es an einer ausdrücklichen Weisung, darf das Stimmrecht nur entsprechend zuvor zugänglich gemachten eigenen Abstimmungsvorschlägen oder entsprechend den Verwaltungsvorschlägen ausgeübt werden (§ 135 Abs. 1 S. 4, Abs. 2 bis 4).[437] § 135 Abs. 8 verweist **nicht auf § 135 Abs. 9**, so dass Aktionärsvereinigungen und geschäftsmäßig Handelnde die Verpflichtung zum Ersatz eines aus der Verletzung von § 135 Abs. 1–6 entstehenden Schadens im Voraus ausschließen oder beschränken können. Eine Analogie scheidet jedenfalls seit Inkrafttreten des ARUG mangels planwidriger Regelungslücke aus.[438] Durch das ARUG wurde der Verweis nicht auf § 135 Abs. 9 erstreckt, obwohl in der Literatur vielfach eine analoge Anwendung von § 135 Abs. 11 aF befürwortet worden war.

2. Gleichgestellte Institute und Unternehmen (Abs. 10). Gem. § 135 Abs. 10 gilt § 125 Abs. 5 entsprechend. Durch diesen Verweis wird der persönliche Anwendungsbereich von § 135 auf Finanzdienstleistungsinstitute und die nach § 53 Abs. 1 S. 1 oder § 53b Abs. 1 S. 1 oder Abs. 7 KWG tätigen Unternehmen erstreckt. Die Vorschrift dient der Vereinheitlichung des Investmentmarkts, indem die mit den Kreditinstituten konkurrierenden Institute und Unternehmen bei der Stimmrechtsausübung aus fremden Aktien gleichgestellt werden.[439] Der Begriff des **Finanzdienstleistungsinstituts** bestimmt sich nach § 1 Abs. 1a, § 2 Abs. 6 KWG. Bei den nach § 53 Abs. 1 S. 1 oder § 53b Abs. 1 S. 1 oder Abs. 7 KWG tätigen Unternehmen handelt es sich um **Zweigstellen** ausländischer Unternehmen bzw. um eine Tätigkeit von bestimmten Unternehmen (zB CRR-Kreditinstitute, Wertpapierhandelsunternehmen) mit Sitz in einem anderen EWR-Staat über eine Zweigniederlassung oder im Wege des grenzüberschreitenden Dienstleistungsverkehrs.

V. Rechtsfolgen von Verstößen (Abs. 7 und 9)

1. Wirksamkeit der Stimmabgabe (Abs. 7). Gem. § 135 Abs. 7 wird die Wirksamkeit der Stimmabgabe durch einen Verstoß gegen § 135 Abs. 1 S. 2–7 oder gegen § 135 Abs. 2–6 nicht beeinträchtigt. Daraus ergibt sich im Umkehrschluss, dass allein ein Verstoß gegen § 135 Abs. 1 S. 1, also das Fehlen einer Bevollmächtigung, zur Unwirksamkeit der Stimmabgabe führt. Der Gesetzgeber des ARUG ist insoweit von der bisherigen Rechtslage abgewichen und hat die Unwirksamkeitsgründe deutlich reduziert, um die Wirksamkeit von Hauptversammlungsbeschlüssen gegenüber Fehlern auf Ebene des Bevollmächtigten und im Innenverhältnis zwischen dem Aktionär und dem Bevollmächtigten abzuschotten.[440] Insbesondere führen Verstöße gegen § 135 Abs. 5 S. 1 und gegen § 135 Abs. 3 S. 4 nicht mehr zur Unwirksamkeit der Stimmabgabe.

Auch ein **Verstoß gegen § 135 Abs. 1 S. 1** führt nur zur Unwirksamkeit der Stimmabgabe, nicht dagegen zur Unwirksamkeit des Hauptversammlungsbeschlusses. Zu einer **Anfechtbarkeit** des Hauptversammlungsbeschlusses führt die Unwirksamkeit der Stimmabgabe nur dann, wenn sie sich auf das Beschlussergebnis ausgewirkt hat.[441] Ist das Kreditinstitut als Inhaber fremder Namensaktien im Aktienregister eingetragen (§ 135 Abs. 6) führt das Fehlen einer Ermächtigung aufgrund der Fiktion des § 67 Abs. 2 nicht zur Unwirksamkeit der Stimmabgabe (bereits → Rn. 101).

2. Schadensersatz (Abs. 9). Gem. § 135 Abs. 9 kann die Verpflichtung des Kreditinstituts zum Ersatz eines aus der Verletzung von § 135 Abs. 1 bis 6 entstehenden Schadens im Voraus weder ausgeschlossen noch beschränkt werden. Die Regelung soll insbesondere einen formularmäßigen Ausschluss von Schadensersatzansprüchen verhindern.[442] Da der Wortlaut von § 135 Abs. 9 keine entsprechende Einschränkung enthält, ist aber auch ein individuell vereinbarter Ausschluss im

---

[437] Einschränkend Kölner Komm AktG/*Zetzsche* Rn. 755 ff.; *Simon/Zetzsche* ZGR 2010, 918 (952 f.), die § 135 Abs. 1 S. 4–7 auf geschäftsmäßig Handelnde nicht anwenden wollen.
[438] Bürgers/Körber/*Holzborn* Rn. 52; Grigoleit/*Herrler* Rn. 46; Großkomm AktG/*Grundmann* Rn. 29a (anders noch für die Zeit vor Inkrafttreten des ARUG in Rn. 29, 109); Hüffer/Koch/*Koch*, 13. Aufl. 2018, Rn. 51; MüKoAktG/*Arnold* Rn. 191; NK-AktR/*M. Müller* Rn. 30); K. Schmidt/Lutter/*Spindler* Rn. 65; *J. Schmidt* WM 2009, 2350 (2357); ebenso bereits vor Inkrafttreten des ARUG GHEK/*Eckardt* Rn. 132; aA Hölters/*Hirschmann* Rn. 37; für geschäftsmäßig Handelnde auch Kölner Komm AktG/*Zetzsche* Rn. 765 f.; *Simon/Zetzsche* ZGR 2010, 918 (953 f.).
[439] Vgl. Großkomm AktG/*Grundmann* Rn. 24; MüKoAktG/*Arnold* Rn. 31; K. Schmidt/Lutter/*Spindler* Rn. 59.
[440] BegrRegE BT-Drs. 16/11 642, 35.
[441] Bürgers/Körber/*Holzborn* Rn. 51; Großkomm AktG/*Grundmann* Rn. 108.
[442] Ausschussbericht bei *Kropff* S. 200; Hüffer/Koch/*Koch*, 13. Aufl. 2018, Rn. 51; Kölner Komm AktG/*Zetzsche* Rn. 660; MüKoAktG/*Arnold* Rn. 191; K. Schmidt/Lutter/*Spindler* Rn. 56.

Voraus nicht möglich.⁴⁴³ Zulässig ist dagegen ein nachträglicher Vergleich oder Erlass.⁴⁴⁴ § 135 Abs. 9 gilt über den Verweis in § 135 Abs. 10 auch für die den Kreditinstituten gem. § 125 Abs. 5 gleichgestellten Institute und Unternehmen. Da § 135 Abs. 9 in § 135 Abs. 8 nicht genannt ist, gilt die Vorschrift nicht für Aktionärsvereinigungen und geschäftsmäßig Handelnde (→ Rn. 108).

113　Ein Schadensersatzanspruch folgt nicht unmittelbar aus § 135. Verstöße gegen § 135 können daher allein **nach allgemeinen Regeln** eine Schadensersatzpflicht begründen. Grundlage für einen Schadensersatzanspruch kann insbesondere eine Verletzung des zugrunde liegenden Vertragsverhältnisses (regelmäßig Geschäftsbesorgungsvertrag) sein (§ 280 BGB).⁴⁴⁵ Denkbar ist in Ausnahmefällen auch ein Schadensersatzanspruch gem. § 826 BGB, was aber eine vorsätzliche sittenwidrige Schädigung voraussetzt. Zudem sieht die hM § 135 als Schutzgesetz iSv § 823 Abs. 2 BGB an.⁴⁴⁶ Insoweit sollte allerdings auf den Zweck der jeweils verletzten Einzelregelung abgestellt werden.⁴⁴⁷ Praktische Bedeutung dürfte Ansprüchen aus § 823 Abs. 2 BGB nicht zukommen, da bei Unwirksamkeit des zugrunde liegenden Vertragsverhältnisses jedenfalls quasivertragliche Ansprüche gem. § 311 Abs. 2, § 280 BGB in Betracht kommen.⁴⁴⁸ § 135 schützt allenfalls den jeweils vertretenen Aktionär, so dass andere Aktionäre von vornherein keine Ansprüche gem. § 823 Abs. 2 BGB iVm § 135 geltend machen können.⁴⁴⁹

114　Der **Nachweis eines Schadens** dürfte zumeist kaum gelingen.⁴⁵⁰ Besteht der Schaden allein in einer Minderung des Anteilswerts aufgrund einer Schädigung der Gesellschaft und hat die Gesellschaft einen eigenen Schadensersatzanspruch, scheidet ein Schadensersatzanspruch des Aktionärs aus.⁴⁵¹ Anderenfalls würde eine doppelte Inanspruchnahme drohen.

115　**3. Ordnungswidrigkeit (§ 405 Abs. 3 Nr. 4 und 5).** Verstöße gegen § 135 können eine Ordnungswidrigkeit gem. § 405 Abs. 3 Nr. 4 oder 5 darstellen. Gem. **§ 405 Abs. 3 Nr. 4** handelt ordnungswidrig, wer fremde Aktien, für die er oder der von ihm Vertretene das Stimmrecht nach § 135 nicht ausüben darf, zur Ausübung des Stimmrechts benutzt. Gem. **§ 405 Abs. 3 Nr. 5** handelt ordnungswidrig, wer Aktien, für die er oder der von ihm Vertretene das Stimmrecht nach § 135 nicht ausüben darf, einem anderen zum Zweck der Ausübung des Stimmrechts überlässt oder solche ihm überlassenen Aktien zur Ausübung des Stimmrechts benutzt. § 405 Abs. 3 Nr. 4 oder 5 erfassen nicht Verstöße gegen sämtliche Regelungen des § 135, sondern nur gegen die darin enthaltenen Ausübungsverbote. Erfasst ist zunächst die Stimmrechtsausübung trotz fehlender Bevollmächtigung (auch wenn das Stimmrecht außerhalb von § 135 Abs. 6 aufgrund einer Ermächtigung ausgeübt wird). Darüber hinaus sind insbesondere Verstöße gegen § 135 Abs. 3 S. 3 und 4 erfasst.⁴⁵² Ein Verstoß gegen ein Ausübungsverbot liegt auch dann vor, wenn das Stimmrecht trotz fehlender Gestattung (§ 135 Abs. 5 S. 1) durch einen Unterbevollmächtigten ausgeübt wird.⁴⁵³ Ein Verstoß gegen ein Ausübungsverbot liegt dagegen nicht vor bei einer Abweichung von eigenen Abstimmungsvorschlägen, bei einer ausnahmsweise unzulässigen Stimmrechtsausübung im Wege der verdeckten Stellvertretung (vgl. § 135 Abs. 5 S. 2) oder bei Nichterfüllung der in § 135 Abs. 1 S. 6, Abs. 2 S. 3 und Abs. 3 S. 2 geregelten Hinweispflichten.⁴⁵⁴

116　**4. Depotprüfung.** Bei Instituten, die das Depotgeschäft betreiben, ist gem. § 29 Abs. 2 S. 3 Hs. 1 KWG eine Depotprüfung vorgesehen. Für die Durchführung der Depotprüfung gilt die von

---

⁴⁴³ Zustimmend Kölner Komm AktG/*Zetzsche* Rn. 660.
⁴⁴⁴ Großkomm AktG/*Grundmann* Rn. 109; Hüffer/Koch/*Koch*, 13. Aufl. 2018, Rn. 51; K. Schmidt/Lutter/*Spindler* Rn. 56.
⁴⁴⁵ Großkomm AktG/*Grundmann* Rn. 110; Hüffer/Koch/*Koch*, 13. Aufl. 2018, Rn. 51; Kölner Komm AktG/*Zetzsche* Rn. 661; K. Schmidt/Lutter/*Spindler* Rn. 55.
⁴⁴⁶ GHEK/*Eckardt* Rn. 131; Grigoleit/*Herrler* Rn. 46; Kölner Komm AktG/*Zetzsche* Rn. 662; MüKoAktG/*Arnold* Rn. 189; K. Schmidt/Lutter/*Spindler* Rn. 55; *Johannson* BB 1967, 1315 (1320) Fn. 63; *v. Falkenhausen* AG 1966, 69 (77); zweifelnd Hüffer/Koch/*Koch*, 13. Aufl. 2018, Rn. 51; einschränkend auch Bürgers/Körber/*Holzborn* Rn. 52; offen Großkomm AktG/*Grundmann* Rn. 110.
⁴⁴⁷ So auch Bürgers/Körber/*Holzborn* Rn. 52.
⁴⁴⁸ Großkomm AktG/*Grundmann* Rn. 110.
⁴⁴⁹ Großkomm AktG/*Grundmann* Rn. 111; Kölner Komm AktG/*Zetzsche* Rn. 680.
⁴⁵⁰ Vgl. Bürgers/Körber/*Holzborn* Rn. 52; GHEK/*Eckardt* Rn. 131; Grigoleit/*Herrler* Rn. 46; Großkomm AktG/*Grundmann* Rn. 110; *Schlitt* in Semler/Volhard/Reichert HV-HdB § 4 Rn. 300; *Johannson* BB 1967, 1315 (1320); *Simon/Zetzsche* ZGR 2010, 918 (947); anders jedoch Kölner Komm AktG/*Zetzsche* Rn. 662.
⁴⁵¹ MüKoAktG/*Arnold* Rn. 190; K. Schmidt/Lutter/*Spindler* Rn. 57; *Henssler* ZHR 157 (1993) 91 (107 f.); *Schöne* WM 1992, 209 (213).
⁴⁵² Vgl. Kölner Komm AktG/*Zetzsche* Rn. 692.
⁴⁵³ Großkomm AktG/*Grundmann* Rn. 112; MüKoAktG/*Arnold* Rn. 192; K. Schmidt/Lutter/*Spindler* Rn. 58; aA Kölner Komm AktG/*Zetzsche* Rn. 693.
⁴⁵⁴ Bürgers/Körber/*Holzborn* Rn. 54; Kölner Komm AktG/*Zetzsche* Rn. 691; MüKoAktG/*Arnold* Rn. 192; K. Schmidt/Lutter/*Spindler* Rn. 58.

der BaFin erlassene Prüfberichtsverordnung (PrüfbV) vom 11. Juni 2015.[455] Konkretisiert werden die Anforderungen durch die ergänzend vom seinerzeitigen BAKred veröffentlichte Bekanntmachung über die Anforderungen an die Ordnungsmäßigkeit des Depotgeschäfts und der Erfüllung von Wertpapierlieferungsverpflichtungen vom 21. Dezember 1998.[456] Die Depotprüfung bezieht sich auch auf die **Einhaltung der Bestimmungen der §§ 128, 135** (§ 29 Abs. 2 S. 3 Hs. 2 KWG, § 66 Abs. 1 PrüfbV). Bei Kreditinstituten, die auch Wertpapierdienstleistungsunternehmen iSd § 2 Abs. 10 WpHG sind und damit der Prüfung nach § 89 Abs. 1 WpHG unterliegen, erfolgt die Prüfung zusammen mit der Prüfung der Meldepflichten und Verhaltensregeln (§ 89 Abs. 1 S. 2 WpHG).[457]

§ 136 Ausschluß des Stimmrechts

(1) [1]Niemand kann für sich oder für einen anderen das Stimmrecht ausüben, wenn darüber Beschluß gefaßt wird, ob er zu entlasten oder von einer Verbindlichkeit zu befreien ist oder ob die Gesellschaft gegen ihn einen Anspruch geltend machen soll. [2]Für Aktien, aus denen der Aktionär nach Satz 1 das Stimmrecht nicht ausüben kann, kann das Stimmrecht auch nicht durch einen anderen ausgeübt werden.

(2) [1]Ein Vertrag, durch den sich ein Aktionär verpflichtet, nach Weisung der Gesellschaft, des Vorstands oder des Aufsichtsrats der Gesellschaft oder nach Weisung eines abhängigen Unternehmens das Stimmrecht auszuüben, ist nichtig. [2]Ebenso ist ein Vertrag nichtig, durch den sich ein Aktionär verpflichtet, für die jeweiligen Vorschläge des Vorstands oder des Aufsichtsrats der Gesellschaft zu stimmen.

Schrifttum: *Altmeppen*, Gibt es Stimmverbote in der Einmann-Gesellschaft?, NJW 2009, 3757; *Bachmann*, Die Vertretung eines Stimmrechtspools durch Organmitglieder in der Hauptversammlung, FS Schwintowski, 2018, 725; *Boesebeck*, Stimmenthaltung bei Entlastung von Vorstand und Aufsichtsrat, NJW 1955, 1657; *Boesebeck*, Abstimmungsvereinbarungen mit Aktionären, NJW 1960, 7; *Buchta*, Einstweiliger Rechtsschutz gegen Fassung und Ausführung von Gesellschafterbeschlüssen, DB 2008, 913; *Damm*, Einstweiliger Rechtsschutz im Gesellschaftsrecht, ZHR 154 (1990), 413; *Dittert*, Satzungsbegleitende Aktionärsvereinbarungen, 2009; *Drinhausen/Marsch-Barner*, Zur Rechtsstellung des Aufsichtsratsvorsitzenden als Leiter der Hauptversammlung einer börsennotierten Gesellschaft, AG 2014, 757; *Erman*, Zwangsweise Durchsetzung von Ansprüchen aus einem Stimmbindungsvertrag im Aktienrecht, AG 1969, 267 und 300; *Faerber/Garbe*, Stimmverbote bei indirekten Interessenkonflikten, GWR 2012, 219; *F. Fischer*, Entlastung von Vorständen bei Personenidentität in Konzerngesellschaften – Auswirkungen des Urteils des LG Köln vom 17.12.1997, NZG 1999, 192; *R. Fischer*, Zulässigkeit und Wirkung von Abstimmungsvereinbarungen, GmbHR 1953, 65; *Geßler*, Die Behandlung von Stimmrechtsverboten in der Hauptversammlung, BB 1962, 1182; *Grimm*, Uneinheitliche Stimmrechtsausübung und vertragliche Stimmrechtsbindung im Aktienrecht, 1959; *Groß-Bölting*, Gesellschaftervereinbarungen in der Aktiengesellschaft, 2011; *Habersack*, Grenzen der Mehrheitsherrschaft in Stimmrechtskonsortien, ZHR 164 (2000), 1; *Happ/Bednarz*, Stimmverbot und Doppelmandat, FS Hoffmann-Becking, 2013, 433; *Heckschen*, Stimmverbote – Aktuelle Entwicklungen und Gestaltungsmöglichkeiten, GmbHR 2016, 897; *Heller*, Richten in eigener Sache – Stimmrechtsausschluss bei der Abberufung von Aufsichtsratsmitgliedern, NZG 2009, 1170; *Herzfelder*, Stimmrecht und Interessenkollision bei den Personenverbänden des deutschen Reichs-Rechts, 1927; *Hoffmann*, Einzelentlastung, Gesamtentlastung und Stimmverbote im Aktienrecht, NZG 2010, 290; *A. Hueck*, Stimmbindungsverträge bei Personenhandelsgesellschaften, FS Nipperdey, Band I, 1965, 401; *Hüffer*, Der korporationsrechtliche Charakter von Rechtsgeschäften – Eine hilfreiche Kategorie bei der Begrenzung von Stimmverboten im Recht der GmbH?, FS Heinsius, 1991, 337; *Janberg/Schlaus*, Abstimmungsverträge nach neuem Aktienrecht unter Berücksichtigung des Rechts der verbundenen Unternehmen, AG 1967, 33; *König*, Zur Willensbildung im Stimmenpool, ZGR 2005, 417; *Krieger*, Mehrheitsbeschlüsse im Aktionärspool, FS Hommelhoff, 2012, 593; *Lübbert*, Abstimmungsvereinbarungen in den Aktien- und GmbH-Rechten der EWG-Staaten, der Schweiz und Großbritanniens, 1971; *Marsch-Barner*, Zu den Rechtsfolgen von Fehlern bei der Leitung der Hauptversammlung, FS Brambring, 2011, 267; *Martens*, Stimmrechtsbeschränkung und Stimmbindungsvertrag im Aktienrecht, AG 1993, 495; *Mattheißen*, Stimmrecht und Interessenkollision im Aufsichtsrat, 1989; *Möhrle/Bednarz*, Haftungsrisiken des Hauptversammlungsleiters, Der Aufsichtsrat 2017, 52; *Noack*, Gesellschaftervereinbarungen bei Kapitalgesellschaften, 1994; *Odersky*, Stimmbindungen im Pool und „Unterpool", FS Lutter, 2000, 557; *Overrath*, Die Stimmrechtsbindung, 1973; *Otto*, Gebundene Aktien: Vertragliche Beschränkungen der Ausübung und Übertragbarkeit von Mitgliedschaftsrechten zugunsten der AG, AG 1991, 369; *Peters/Hecker*, Last Man Standing – Zur Anfechtungsklage des besonderen Vertreters über seine Abberufung, NZG 2009, 1294; *Petersen/Schulze De la Cruz*, Das Stimmverbot nach § 136 I AktG bei der Entlastung von Vorstandsdoppelmandatsträgern,

---

[455] Verordnung über die Prüfung der Jahresabschlüsse der Kreditinstitute und Finanzdienstleistungsinstitute sowie über die darüber zu erstellenden Berichte (Prüfungsberichtsverordnung – PrüfbV) v. 11.6.2015 (BGBl. 2015 I 930), zuletzt geändert durch Art. 1 der VO v. 16.1.2018 (BGBl. 2018 I 134).
[456] Banz. S. 17906; s. dazu Kölner Komm AktG/*Zetzsche* Rn. 694 ff.
[457] Vgl. BankR-HdB/*Klanten* § 72 Rn. 202; Boos/Fischer/Schulte-Mattler/*Winter* KWG § 29 Rn. 40.

NZG 2012, 453; *Piehler*, Die Stimmbindungsabrede bei der GmbH, DStR 1992, 1654; *Podewils*, Mehrheitsklauseln in Stimmrechts-Poolgesellschaften: Maßgeblichkeit des Trennungsprinzips, BB 2009, 733; *Poelzig*, Die Haftung des Leiters der Hauptversammlung – Grundlagen, Grenzen und Durchsetzbarkeit der Haftung, AG 2015, 476; *Priester*, Drittbindung des Stimmrechts und Satzungsautonomie, FS Werner, 1984, 657; *Priester*, Der Stimmrechtspool – Schnittstelle von Kapital- und Personengesellschaftsrecht, FS Reuter, 2010, 1139; *Priester*, Stimmrechtsausschlüsse und Satzungsregelungen, GmbHR 2013, 225; *Rodemann*, Stimmbindungsvereinbarungen in den Aktien- und GmbH-Rechten Deutschlands, Englands, Frankreichs und Belgiens, 1998; *Schäfer*, Mehrheitserfordernisse bei Stimmrechtskonsortien, ZGR 2009, 768; *S. Schneider*, Der Stimmbindungsvertrag, 2017; *U. H. Schneider*, Stimmverbote im GmbH-Konzern, ZHR 150 (1986), 609; *K. Schmidt*, „Schutzgemeinschaftsvertrag II": ein gesellschaftsrechtliches Lehrstück über Stimmrechtskonsortien, ZIP 2009, 737; *Schröder*, Stimmrechtskonsortien unter Aktionären: Gesellschafts- und erbrechtliche Probleme, ZGR 1978, 578; *Schürnbrand*, Rechtsstellung und Verantwortlichkeit des Leiters der Hauptversammlung, NZG 2014, 1211; *Semler*, Einzelentlastung und Stimmverbot, FS Zöllner, Band I, 1998, 553; *Söntgerath*, Vermittelte Mehrheit, 2010; *Surminski*, Stimmrechtsausschluß juristischer Personen gem. § 136 AktG, DB 1971, 417; *Theusinger/Schilha*, Die Leitung der Hauptversammlung – eine Aufgabe frei von Haftungsrisiken?, BB 2015, 131; *Tielmann/Gahr*, Erstreckung des Stimmverbots der Verwaltungsorganmitglieder auf den beherrschenden Aktionär – Sippenhaft im Konzern?, AG 2016, 199; *Victoria Villeda*, Stimmrechtsausschluss nach § 136 AktG und § 47 GmbHG für Drittgesellschaften, ihre Organmitglieder und Gesellschafter, AG 2013, 57; *von der Linden*, Haftung bei der Leitung der Hauptversammlung, NZG 2013, 208; *von Gerkan*, Gesellschafterbeschlüsse, Ausübung des Stimmrechts und einstweiliger Rechtsschutz, ZGR 1985, 167; *Wank*, Der Stimmrechtsausschluß im GmbH-Recht in der neueren Rechtsprechung des BGH, ZGR 1979, 222; *Wicke*, Testamentsvollstreckung an Gesellschaftsbeteiligungen, ZGR 2015, 161; *Wertenbruch*, Beschlussfassung und Pflichtverletzungen im Stimmrechtskonsortium, NZG 2009, 645; *Westhoff*, Das Stimmrecht bei der Entlastung von Vorstand und Aufsichtsrat, DNotZ 1958, 227; *Wilhelm*, Stimmrechtsausschluss und Verbot des Insichgeschäfts, JZ 1976, 674; *Zimmermann*, Vertrauensentzug durch die Hauptversammlung und Stimmrechtsausübung, FS Rowedder, 1994, 593; *Zöllner*, Die Schranken mitgliedschaftlicher Stimmrechtsmacht bei privatrechtlichen Personenverbänden, 1963; *Zöllner*, Zu Schranken und Wirkung von Stimmbindungsverträgen, insbesondere bei der GmbH, ZHR 155 (1991), 168; *Zöllner*, Die Zulässigkeit von Mehrheitsregelungen in Konsortialverträgen, FS Ulmer, 2003, 725; *Zutt*, Einstweiliger Rechtsschutz bei Stimmbindungen, ZHR 155 (1991), 190.

Übersicht

	Rn.
I. Überblick	1–5
1. Normzweck	1–4
2. Entstehungsgeschichte	5
II. Stimmrechtsausschluss (Abs. 1)	6–44
1. Objektiver Geltungsbereich	6–21
a) Entlastung (Abs. 1 S. 1 Var. 1)	6–9
b) Befreiung von einer Verbindlichkeit (Abs. 1 S. 1 Var. 2)	10, 11
c) Geltendmachung eines Anspruchs (Abs. 1 S. 1 Var. 3)	12–14
d) Analoge Anwendung	15–21
2. Verbotsadressaten	22–39
a) Aktionäre	22
b) Vertreter, Legitimationsaktionäre, Treuhänder	23
c) Sicherungsgeber	24
d) Beteiligung von Gesellschaften	25–34
e) Gemeinschaftliche Berechtigung	35
f) Stimmbindungsverträge	36
g) Nahestehende Personen	37, 38
h) Kreditinstitute	39
3. Wirkung des Stimmverbots	40, 41
4. Rechtsfolgen von Verstößen	42–44

	Rn.
III. Stimmbindungsverträge (Abs. 2)	45–65
1. Überblick	45
2. Rechtsnatur	46, 47
3. Zulässigkeit	48–50
4. Schranken des Abs. 2	51–59
a) Allgemeines	51
b) Bindung an Weisungen der Gesellschaft (Abs. 2 S. 1 Var. 1)	52
c) Bindung an Weisungen der Verwaltung (Abs. 2 S. 1 Var. 2)	53
d) Bindung an Weisungen abhängiger Unternehmen (Abs. 2 S. 1 Var. 3)	54
e) Bindung an Verwaltungsvorschläge (Abs. 2 S. 2)	55
f) Analoge Anwendung	56–58
g) Rechtsfolgen von Verstößen	59
5. Besonderheiten in Übernahmesachverhalten	60
6. Wirkung zulässiger Stimmbindungsverträge	61–65
a) Schuldrechtliche Verpflichtung	61
b) Klagbarkeit	62
c) Zwangsvollstreckung	63
d) Einstweiliger Rechtsschutz	64, 65

I. Überblick

1 1. **Normzweck.** § 136 regelt in Abs. 1 Stimmverbote und in Abs. 2 die Nichtigkeit von Stimmbindungsverträgen, die der Gesellschaft oder ihrer Verwaltung eine Einflussnahme auf die Beschlussfassung der Hauptversammlung ermöglichen würden. Die in § 136 Abs. 1 geregelten Stimmverbote bezwecken eine **von Sonderinteressen unbeeinflusste Willensbildung** der Hauptversammlung. Auf diese Weise soll sichergestellt werden, dass sich die Beschlussfassung nicht an den Eigeninteressen einzelner Aktionäre, sondern ausschließlich an den Interessen der Gesellschaft orientiert.[1] § 136 Abs. 1 ordnet ein Stimmverbot für bestimmte Fälle an, in denen die Gefahr der Verfolgung von Sonderinteressen typischerweise besonders groß ist. Die Norm ist das Ergebnis einer gesetzgeberischen Abwägung und angesichts des mit einem Stimmverbot verbundenen erheblichen Eingriffs in das Mitgliedschaftsrecht nur begrenzt analogiefähig (→ Rn. 15 ff.).[2]

Die gesetzliche Regelung ist **zwingend**. Durch die Satzung können die in § 136 Abs. 1 geregelten Stimmverbote weder eingeschränkt noch erweitert werden.[3] Die Stimmverbote greifen unabhängig von dem konkreten Abstimmungsverhalten ein.[4] § 136 Abs. 1 wird für die Beschlussfassung über die **Bestellung von Sonderprüfern** durch die Spezialregelung in § 142 Abs. 1 S. 2 und 3 ergänzt (→ § 142 Rn. 81 ff.). Im Anwendungsbereich von § 142 Abs. 1 S. 2 und 3 ist § 136 Abs. 1 nicht (auch nicht analog) anwendbar.[5] Dies gilt auch für Aktionäre, die nicht zugleich Organmitglied sind. Eine Sonderregelung für die persönlich haftenden Gesellschafter einer KGaA trifft § 285 Abs. 1 S. 2 (→ § 285 Rn. 15 ff.). Gem. § 286 Abs. 5 S. 3 HGB gilt § 136 Abs. 1 entsprechend bei der Beschlussfassung über einen **Dispens von der Offenlegungspflicht** nach § 285 Nr. 9 lit. a S. 5–8 HGB für einen Aktionär, dessen Bezüge als Vorstandsmitglied von der Beschlussfassung betroffen sind. Da sich § 286 Abs. 5 S. 3 HGB ausdrücklich nur auf Aktionäre bezieht, dürfen Vorstandsmitglieder, die nicht selbst Aktionär sind, das Stimmrecht als Vertreter eines Dritten ausüben. Für eine Analogie fehlt es insoweit an einer Regelungslücke.[6]

Nicht geregelt in § 136 Abs. 1 sind die sog. **beweglichen Schranken** des Stimmrechts, die sich aus der gesellschaftsrechtlichen Treuepflicht ergeben können (→ § 53a Rn. 36 ff.). Die beweglichen Schranken wirken begrenzend im Rahmen einer Inhaltskontrolle von Hauptversammlungsbeschlüssen. Demgegenüber ist in den Fällen des § 136 Abs. 1 bereits die Stimmabgabe unzulässig.

Das Verbot bestimmter Stimmbindungsverträge in § 136 Abs. 2 trägt dem Principal-Agent-Konflikt[7] Rechnung, indem es eine Einflussnahme der Verwaltung auf die Beschlussfassung der Hauptversammlung ohne eigenes Kapitalrisiko unterbindet. Die Norm ist Ausdruck der **Gewaltenteilung** in der AG. Da die Aktionäre als Kapitalgeber das wirtschaftliche Risiko tragen, sollen sie in der Hauptversammlung ihr Stimmrecht unbeeinflusst von der möglicherweise durch gegenläufige Interessen motivierten Verwaltung ausüben können.[8] Im Umkehrschluss ergibt sich aus § 136 Abs. 2 die Zulässigkeit sonstiger Stimmbindungsverträge.[9] § 136 Abs. 2 steht in einem Regelungszusammenhang mit dem Verbot der entgeltlichen Stimmbindung gem. § 405 Abs. 3 Nr. 6 und 7.

2. Entstehungsgeschichte. § 136 ist gemeinsam mit den §§ 134, 135 aus einer Aufspaltung von § 114 AktG 1937 hervorgegangen. Inhaltlich stimmt die Norm weitgehend mit § 114 Abs. 5 AktG 1937 überein. In § 136 Abs. 2 aF war ursprünglich die Stimmrechtsausübung aus eigenen Aktien, für Rechnung der Gesellschaft gehaltenen Aktien und Aktien in der Hand von abhängigen oder in Mehrheitsbesitz stehenden Unternehmen geregelt. § 136 Abs. 2 aF wurde bereits 1982 durch das

---

[1] Vgl. RGZ 60, 172 (173); OLG Köln ZIP 2017, 1211 (1218 f.) – Strabag; Grigoleit/*Herrler* Rn. 1; Hüffer/Koch/*Koch* Rn. 1; Kölner Komm AktG/*Tröger* Rn. 1 ff., 13 f.; MüKoAktG/*Arnold* Rn. 1; K. Schmidt/Lutter/*Spindler* Rn. 1; *Zöllner*, Die Schranken mitgliedschaftlicher Stimmrechtsmacht bei privatrechtlichen Personenverbänden, 1963, 145; *Hüffer* FS Heinsius, 1991, 337 (341).
[2] Vgl. OLG Düsseldorf AG 2006, 202 (206) – Edscha AG; Hüffer/Koch/*Koch* Rn. 18; MüKoAktG/*Arnold* Rn. 20 ff.; K. Schmidt/Lutter/*Spindler* Rn. 4; *Zöllner*, Die Schranken mitgliedschaftlicher Stimmrechtsmacht bei privatrechtlichen Personenverbänden, 1963, 161 ff. (263 ff.).
[3] Großkomm AktG/*Grundmann* Rn. 38; Hölters/*Hirschmann* Rn. 5; Hüffer/Koch/*Koch* Rn. 3; Kölner Komm AktG/*Tröger* Rn. 57 f.; MüKoAktG/*Arnold* Rn. 30; K. Schmidt/Lutter/*Spindler* Rn. 3; *Priester* GmbHR 2013, 225 (229 f.).
[4] Kölner Komm AktG/*Tröger* Rn. 3; MüKoAktG/*Arnold* Rn. 2; *Happ/Bednarz* FS Hoffmann-Becking, 2013, 433 (435); vgl. zu § 142 Abs. 1 S. 2 und 3 auch OLG Hamm AG 2011, 90; aA noch die Vorinstanz LG Dortmund AG 2009, 881 (882 f.).
[5] OLG Frankfurt Urt. v. 22.3.2007 – 12 U 77/06, BeckRS 2008, 13889; OLG Düsseldorf AG 2013, 264 (267) – IKB II; OLG Düsseldorf AG 2006, 202 (206) – Edscha AG; OLG Hamburg NZG 2002, 244 (246); LG Heidelberg AG 2017, 162 (167) – Gelita; Bürgers/Körber/*Holzborn* Rn. 2; Kölner Komm AktG/*Rieckers/Vetter* § 142 Rn. 172, 47; NK-AktR/*Krenek/Pluta* Rn. 11a; *Kirschner*, Die Sonderprüfung der Geschäftsführung in der Praxis, 2008, 63 f.; *Wilsing* EWiR 2005, 99 f.; aA OLG Brandenburg AG 2003, 328 (329); LG Frankfurt a. M. AG 2005, 545 (547); Kölner Komm AktG/*Tröger* Rn. 42, 47.
[6] Bürgers/*Holzborn* Rn. 9; MüKoAktG/*Arnold* Rn. 17; *Leuering/Simon* NZG 2005, 945 (950); aA Kölner Komm AktG/*Tröger* Rn. 49.
[7] S. dazu grundlegend *Jensen/Meckling* J Fin Econ 305 (1976) 3.
[8] Vgl. Hüffer/Koch/*Koch*, 13. Aufl. 2018, Rn. 2; Kölner Komm AktG/*Tröger* Rn. 4; K. Schmidt/Lutter/*Spindler* Rn. 2.
[9] Großkomm AktG/*Grundmann* Rn. 4, 8, 10; Kölner Komm AktG/*Tröger* Rn. 5.

Verschmelzungsrichtlinie-Gesetz[10] aufgehoben. Die ursprünglich in § 136 Abs. 2 aF enthaltene Regelung findet sich nunmehr in den §§ 71a, 71d.

II. Stimmrechtsausschluss (Abs. 1)

6   1. **Objektiver Geltungsbereich. a) Entlastung (Abs. 1 S. 1 Var. 1).** Gem. § 136 Abs. 1 S. 1 Var. 1 besteht ein Stimmverbot für die Beschlussfassung über die eigene Entlastung. Erfasst ist jede Beschlussfassung über die **nachträgliche Billigung** der Verwaltungstätigkeit von Vorstandsmitgliedern, Aufsichtsratsmitgliedern und Abwicklern.[11] Der Geltungsbereich des Stimmverbots beschränkt sich nicht auf die jährliche Beschlussfassung gem. § 120 Abs. 1.[12] Der Beschlussgegenstand muss in der Tagesordnung auch nicht ausdrücklich als Entlastung bezeichnet werden.[13] Da die Entlastung primär vergangenheitsbezogen ist, kommt es nicht darauf an, ob das zu entlastende Organmitglied im Zeitpunkt der Beschlussfassung noch aktiv ist.[14]

7   Von der Entlastung ist die **zukunftsbezogene Zustimmung** zur Verwaltungstätigkeit zu unterscheiden. Diese ist **nicht von § 136 Abs. 1 S. 1 Var. 1 erfasst**. Das Stimmverbot gilt daher nicht für die Beschlussfassung über die Zustimmung zu einzelnen Geschäftsführungsmaßnahmen gem. § 119 Abs. 2.[15] Ebenfalls nicht von dem Stimmverbot erfasst ist der Vertrauensentzug (§ 84 Abs. 3).[16] Gleiches gilt für die Abberufung von Aufsichtsratsmitgliedern (§ 103 Abs. 1).[17] Derartige Beschlüsse enthalten zwar auch eine Missbilligung vergangener Verwaltungstätigkeit, wirken aber primär zukunftsbezogen. Ebenfalls nicht zur Entlastung zählt die Beschlussfassung über die Billigung des Vergütungssystems gem. § 120 Abs. 4 („Say on Pay"), so dass hier für die Vorstands- und Aufsichtsratsmitglieder (und erst recht für den Mehrheitsaktionär) kein Stimmverbot besteht.[18]

8   Wird über die Entlastung des Vorstands oder des Aufsichtsrats im Wege der **Gesamtentlastung** abgestimmt, gilt das Stimmverbot für alle Mitglieder des zu entlastenden Organs.[19] Wird dagegen eine **Einzelentlastung** durchgeführt (vgl. § 120 Abs. 1 S. 2), gilt es grundsätzlich nur für das jeweils zu entlastende Organmitglied, so dass sich die übrigen Organmitglieder an der Abstimmung beteiligen dürfen.[20] Eine Ausnahme gilt nur für solche Organmitglieder, bei denen die konkrete Möglich-

---

[10] Gesetz zur Durchführung der Dritten Richtlinie des Rates der Europäischen Gemeinschaften zur Koordinierung des Gesellschaftsrechts (Verschmelzungsrichtlinie-Gesetz) v. 25.10.1982, BGBl. 1982 I 1425.
[11] Bürgers/Körber/*Holzborn* Rn. 3; GHEK/*Eckardt* Rn. 18; Grigoleit/*Herrler* Rn. 5; Großkomm AktG/*Grundmann* Rn. 30; Hölters/*Hirschmann* Rn. 10; Hüffer/Koch/*Koch*, 13. Aufl. 2018, Rn. 19; Kölner Komm AktG/*Tröger* Rn. 23; MüKoAktG/*Arnold* Rn. 6; K. Schmidt/Lutter/*Spindler* Rn. 22; zur GmbH auch BGH WM 1976, 204 (205).
[12] Bürgers/Körber/*Holzborn* Rn. 3; Grigoleit/*Herrler* Rn. 5; Kölner Komm AktG/*Tröger* Rn. 23; MüKoAktG/*Arnold* Rn. 6; *Zimmermann* FS Roweder, 1994, 593 (596 f.); anders wohl K. Schmidt/Lutter/*Spindler* Rn. 22.
[13] RGZ 106, 258 (262); Bürgers/Körber/*Holzborn* Rn. 3; GHEK/*Eckardt* Rn. 14; Grigoleit/*Herrler* Rn. 5; Großkomm AktG/*Grundmann* Rn. 30; Hölters/*Hirschmann* Rn. 11; Hüffer/Koch/*Koch*, 13. Aufl. 2018, Rn. 19; MüKoAktG/*Arnold* Rn. 6; K. Schmidt/Lutter/*Spindler* Rn. 22; Wachter/*Dürr* Rn. 15; s. auch RGZ 115, 246 (250).
[14] Bürgers/Körber/*Holzborn* Rn. 3; Grigoleit/*Herrler* Rn. 5; Hölters/*Hirschmann* Rn. 10; Kölner Komm AktG/*Tröger* Rn. 23; MüKoAktG/*Arnold* Rn. 6; K. Schmidt/Lutter/*Spindler* Rn. 22; Wachter/*Dürr* Rn. 15.
[15] Bürgers/Körber/*Holzborn* Rn. 3; Grigoleit/*Herrler* Rn. 5; Großkomm AktG/*Grundmann* Rn. 29; Hölters/*Hirschmann* Rn. 11; Kölner Komm AktG/*Tröger* Rn. 24; MüKoAktG/*Arnold* Rn. 7; K. Schmidt/Lutter/*Spindler* Rn. 22 f.
[16] Bürgers/Körber/*Holzborn* Rn. 3; Grigoleit/*Herrler* Rn. 5; Hölters/*Hirschmann* Rn. 11; Hüffer/Koch/*Koch*, 13. Aufl. 2018, § 84 Rn. 38; Kölner Komm AktG/*Tröger* Rn. 25; MüKoAktG/*Arnold* Rn. 7; MüKoAktG/*Spindler* § 84 Rn. 138; K. Schmidt/Lutter/*Spindler* Rn. 23; Wachter/*Dürr* Rn. 15; *Zimmermann* FS Roweder, 1994, 593 (596 ff.).
[17] Bürgers/Körber/*Holzborn* Rn. 3; Grigoleit/*Herrler* Rn. 5; Hölters/*Hirschmann* Rn. 11; Hüffer/Koch/*Koch*, 13. Aufl. 2018, § 103 Rn. 4; Kölner Komm AktG/*Mertens/Cahn* § 103 Rn. 10; Kölner Komm AktG/*Tröger* Rn. 25; MüKoAktG/*Habersack* § 103 Rn. 11; MüKoAktG/*Arnold* Rn. 7; K. Schmidt/Lutter/*Drygala* § 103 Rn. 4; *Zimmermann* FS Roweder, 1994, 593 (596 ff.); teilw. aA *Heller* NZG 2009, 1070 f.: Stimmverbot, wenn in der Person des Aufsichtsratsmitglieds ein „qualifiziert wichtiger Grund" begründet ist.
[18] Grigoleit/*Herrler* Rn. 5; Kölner Komm AktG/*Tröger* Rn. 23; *Mutter/Kruchen* AG-Report 2010, R78.
[19] Bürgers/Körber/*Holzborn* Rn. 4; Grigoleit/*Herrler* Rn. 6; Großkomm AktG/*Grundmann* Rn. 32; Hölters/*Hirschmann* Rn. 12; Kölner Komm AktG/*Tröger* Rn. 26; MüKoAktG/*Arnold* Rn. 8; K. Schmidt/Lutter/*Spindler* Rn. 24; Wachter/*Dürr* Rn. 16; *Petersen/Schulze De la Cruz* NZG 2012, 453 (454).
[20] BGHZ 182, 272 (279 f.) = ZIP 2009, 2051 (2053) – Umschreibungsstopp; OLG München WM 1995, 842 (843); Bürgers/Körber/*Holzborn* Rn. 4; Grigoleit/*Herrler* Rn. 6; Großkomm AktG/*Grundmann* Rn. 32; Hölters/*Hirschmann* Rn. 12; MüKoAktG/*Arnold* Rn. 8; K. Schmidt/Lutter/*Spindler* Rn. 24; Wachter/*Dürr* Rn. 16; *Hoffmann* NZG 2010, 290 (291 f.); *Petersen/Schulze De la Cruz* NZG 2012, 453 (454); *Semler* FS Zöllner, Bd. I, 1998, 553 (559 ff.); aA Kölner Komm AktG/*Tröger* Rn. 26 im Anschluss an *Zöllner*, Die Schranken mitgliedschaftlicher Stimmrechtsmacht bei privatrechtlichen Personenverbänden, 1963, 201 ff.

keit besteht, dass sie an einer dem zu entlastenden Organmitglied vorgeworfenen **Pflichtverletzung mitgewirkt** haben.[21] Die Darlegungs- und Beweislast hierfür trifft denjenigen, der sich auf das Stimmverbot beruft.[22] Die Abstimmung über den **Verfahrensantrag auf Durchführung einer Einzelentlastung** stellt keine Beschlussfassung über die Entlastung iSv § 136 Abs. 1 S. 1 Var. 1 dar, so dass sie von dem Stimmverbot nicht erfasst ist.[23] Nicht überzeugend ist insoweit die Ansicht des OLG München, das in einem Fall, in dem zugleich ein Sonderprüfungsantrag gestellt wurde, die Durchführung einer Einzelentlastung im Wege einer „Gesamtbetrachtung" wegen Umgehung des Stimmverbots als rechtsmissbräuchlich ansah.[24] Die formale Frage, ob eine Einzelentlastung durchgeführt wird, sollte stets von der Frage nach der Reichweite eines Stimmverbots getrennt werden.

Bei der Abstimmung über die **Entlastung der Mitglieder des jeweils anderen Organs** besteht für Vorstands- und Aufsichtsratsmitglieder grundsätzlich **kein Stimmverbot**.[25] Eine Ausnahme gilt auch hier, wenn die konkrete Möglichkeit besteht, dass sie an einer dem zu entlastenden Organmitglied vorgeworfenen Pflichtverletzung mitgewirkt haben.[26] **9**

b) Befreiung von einer Verbindlichkeit (Abs. 1 S. 1 Var. 2). Gem. § 136 Abs. 1 S. 1 Var. 2 besteht ein Stimmverbot für Aktionäre, die von einer Verbindlichkeit befreit werden sollen. Auf die **Art der Verbindlichkeit** kommt es nicht an (Tun, Dulden, Unterlassen).[27] Auch der **Rechtsgrund** ist unerheblich (Gesellschafts-, Organ- oder Schuldverhältnis).[28] Der Begriff der Befreiung ist weit zu verstehen. Dabei spielt es für das Stimmverbot keine Rolle, auf welche Weise die Befreiung von der Verbindlichkeit erfolgt. Erfasst ist jedes Rechtsgeschäft, das zu einer **endgültigen** (Erlass, Verzicht, Vergleich, negatives Schuldanerkenntnis) oder **vorübergehenden** (Stundung, pactum de non petendo) Befreiung von der Verbindlichkeit führt.[29] Die Befreiung muss nicht unmittelbar durch den Hauptversammlungsbeschluss erfolgen.[30] Das Stimmverbot gilt auch dann, wenn noch ein Umsetzungsakt des Vorstands oder des Aufsichtsrats (gegenüber Vorstandsmitgliedern) erforderlich ist. Grundlage für eine Beschlussfassung über die Befreiung von einer Verbindlichkeit sind § 50 Abs. 1, § 93 Abs. 4, § 116, § 117 Abs. 4. Eine Beschlussfassung über die Befreiung von einer Verbindlichkeit aus einem Schuldverhältnis (zB Kauf-, Miet- oder Pachtvertrag) kann infolge eines Verlangens des Vorstands gem. § 119 Abs. 2 erfolgen.[31] **10**

---

[21] BGHZ 182, 272 (279 f.) = ZIP 2009, 2051 (2053) – Umschreibungsstopp; Bürgers/Körber/*Holzborn* Rn. 4; Grigoleit/*Herrler* Rn. 6; Großkomm AktG/*Grundmann* Rn. 32; Hüffer/Koch/*Koch*, 13. Aufl. 2018, Rn. 20; MüKoAktG/*Arnold* Rn. 8; K. Schmidt/Lutter/*Spindler* Rn. 24; Wachter/*Dürr* Rn. 16; *Pöschke/Vogel* in Semler/Volhard/Reichert HV-HdB § 16 Rn. 17; *Grunewald/Müller* JZ 1997, 698 (701); *Müller* WuB II A. § 136 AktG 1.95; *Petersen/Schulze De la Cruz* NZG 2012, 453 (454); *Semler* FS Zöllner, Bd. I, 1998, 553 (562 f.); zur GmbH auch BGHZ 97, 28 (33 f.); wohl auch BGHZ 108, 21 (25 f.); zurückhaltend Hölters/*Hirschmann* Rn. 12; aA *Hoffmann* NZG 2010, 290 (291 f.), der eine Erstreckung des Stimmverbots auch in diesem Fall ablehnt.
[22] Bürgers/Körber/*Holzborn* Rn. 4; Hüffer/Koch/*Koch*, 13. Aufl. 2018, Rn. 20; MüKoAktG/*Arnold* Rn. 8; *Semler* FS Zöllner, Bd. I, 1998, 553 (562 f.).
[23] OLG München WM 1995, 842 (843); Bürgers/Körber/*Holzborn* Rn. 4; Grigoleit/*Herrler* Rn. 6; MüKoAktG/*Arnold* Rn. 10; *Butzke* Die Hauptversammlung der AG Rn. I 21, 33; *Dreher/Neumann* EWiR 1995, 527 (528); *Müller* WuB II A. § 136 AktG 1.95; *Petersen/Schulze De la Cruz* NZG 2012, 453 (455); s. auch *Tielmann/Gahr* AG 2016, 199 (201); aA Großkomm AktG/*Grundmann* Rn. 32; Kölner Komm AktG/*Tröger* Rn. 26a.
[24] OLG München WM 1995, 842 (844); so zu Recht krit. *Pöschke/Vogel* in Semler/Volhard/Reichert HV-HdB § 16 Rn. 17; *Dreher/Neumann* EWiR 1995, 527 (528); *Lutter* FS Odersky, 1996, 845 (854 f.); *Müller* WuB II A. § 136 AktG 1.95; *Semler* FS Zöllner, Bd. I, 1998, 553 (562 f.).
[25] Bürgers/Körber/*Holzborn* Rn. 5; Grigoleit/*Herrler* Rn. 6; Großkomm AktG/*Grundmann* Rn. 33; Hölters/*Hirschmann* Rn. 13; Hüffer/Koch/*Koch*, 13. Aufl. 2018, Rn. 21; MüKoAktG/*Arnold* Rn. 9; K. Schmidt/Lutter/*Spindler* Rn. 25; Wachter/*Dürr* Rn. 16; *Petersen/Schulze De la Cruz* NZG 2012, 453 (454); aA Kölner Komm AktG/*Tröger* Rn. 25.
[26] Bürgers/Körber/*Holzborn* Rn. 5; Großkomm AktG/*Grundmann* Rn. 33; Hölters/*Hirschmann* Rn. 13; Hüffer/Koch/*Koch*, 13. Aufl. 2018, Rn. 21; MüKoAktG/*Arnold* Rn. 9; K. Schmidt/Lutter/*Spindler* Rn. 25; Wachter/*Dürr* Rn. 16.
[27] Bürgers/Körber/*Holzborn* Rn. 6; Kölner Komm AktG/*Tröger* Rn. 29; MüKoAktG/*Arnold* Rn. 11; K. Schmidt/Lutter/*Spindler* Rn. 26.
[28] Bürgers/Körber/*Holzborn* Rn. 6; Großkomm AktG/*Grundmann* Rn. 34; Hölters/*Hirschmann* Rn. 14; Hüffer/Koch/*Koch*, 13. Aufl. 2018, Rn. 22; Kölner Komm AktG/*Tröger* Rn. 29; MüKoAktG/*Arnold* Rn. 11; K. Schmidt/Lutter/*Spindler* Rn. 26; Wachter/*Dürr* Rn. 17.
[29] Bürgers/Körber/*Holzborn* Rn. 6; Grigoleit/*Herrler* Rn. 7; Großkomm AktG/*Grundmann* Rn. 35; Hölters/*Hirschmann* Rn. 16; Hüffer/Koch/*Koch*, 13. Aufl. 2018, Rn. 22; Kölner Komm AktG/*Tröger* Rn. 30 f.; MüKoAktG/*Arnold* Rn. 11; K. Schmidt/Lutter/*Spindler* Rn. 26; Wachter/*Dürr* Rn. 17.
[30] Bürgers/Körber/*Holzborn* Rn. 6; Kölner Komm AktG/*Tröger* Rn. 30; MüKoAktG/*Arnold* Rn. 11; K. Schmidt/Lutter/*Spindler* Rn. 26.
[31] Großkomm AktG/*Grundmann* Rn. 34; Hölters/*Hirschmann* Rn. 15; Hüffer/Koch/*Koch*, 13. Aufl. 2018, Rn. 22; Kölner Komm AktG/*Tröger* Rn. 29; missverständlich K. Schmidt/Lutter/*Spindler* Rn. 26, der generell auf § 119 Abs. 2 abzustellen scheint.

11 Nach wohl hM gilt das Stimmverbot gem. § 136 Abs. 1 S. 1 Var. 1 regelmäßig nicht für die **Befreiung von einer Verbindlichkeit durch Satzungsänderung** (zB Kapitalherabsetzung, Aufhebung von Nebenpflichten).[32] Dies ist jedenfalls dann zutreffend, wenn alle Aktionäre gleichermaßen betroffen sind.[33] Eine Ausnahme vom Stimmverbot wird man aber auch dann zulassen können, wenn **Nebenpflichten** aufgehoben werden, die nicht allen Aktionären obliegen.[34] Hier erscheint der durch das Stimmverbot bezweckte Schutz entbehrlich, da für die Satzungsänderung gem. § 179 Abs. 3 ohnehin ein Sonderbeschluss der nicht nebenleistungspflichtigen Aktionäre erforderlich ist. Das Stimmverbot gilt auch dann nicht, wenn der Beschluss die Befreiung von einer Verbindlichkeit nicht selbst zum Gegenstand hat, sondern diese nur mittelbar bewirkt.[35] Letzteres ist etwa bei einer **Kapitalherabsetzung** der Fall, sofern noch Einlagen ausstehen. Dabei spielt es keine Rolle, ob die ausstehenden Einlagen relativ gleich hoch sind.[36]

12 c) **Geltendmachung eines Anspruchs (Abs. 1 S. 1 Var. 3).** Gem. § 136 Abs. 1 S. 1 Var. 3 besteht für Aktionäre ein Stimmverbot, wenn darüber beschlossen wird, ob ein Anspruch gegen sie geltend gemacht wird. Eine entsprechende Beschlussfassung ist in § 147 vorgesehen, kann sich aber auch aufgrund eines Verlangens des Vorstands gem. § 119 Abs. 2 ergeben. Wie bei der Befreiung von einer Verbindlichkeit (→ Rn. 10) kommt es nicht auf Art und Rechtsgrund des Anspruchs an. § 136 Abs. 1 S. 1 Var. 3 setzt voraus, dass der Anspruch tatsächlich besteht.[37] Ein Antrag, der die Geltendmachung von Ansprüchen auch gegen einen bestimmten Aktionär verlangt, um diesen vom Stimmrecht auszuschließen, obwohl das Bestehen solcher Ansprüche nicht erkennbar ist, ist jedoch missbräuchlich.[38] Die bloße Behauptung von Ansprüchen „ins Blaue hinein", ohne dass eine gewisse Plausibilisierung erfolgt, reicht daher zur Begründung eines Stimmverbots nicht aus. Der Begriff der Geltendmachung ist ebenfalls weit zu verstehen. Er umfasst sowohl die gerichtliche (Klage, einstweiliger Rechtsschutz) als auch die außergerichtliche Geltendmachung (Fristsetzung, Mahnung). Auch prozessbeendende Maßnahmen (Klagerücknahme, Erledigungserklärung, Vergleich) sind erfasst.[39] Gleiches gilt für prozessvorbereitende Maßnahmen (Mandatierung eines Rechtsanwalts, Bestellung eines besonderen Vertreters gem. § 147 Abs. 2).[40] Nicht erfasst ist dagegen die Bestellung von Sonderprüfern, da hierfür ausschließlich die spezielle Regelung des § 142 Abs. 1 S. 2 gilt (→ Rn. 2, 21).

13 Ein Stimmverbot gilt auch für den klagenden Aktionär bei der Beschlussfassung über die **Beendigung von Passivprozessen** gegen die Gesellschaft (durch Anerkenntnis, Vergleich, Erledigungserklärung).[41] Begründen lässt sich dies über eine Einzelanalogie (→ Rn. 16) zu § 136 Abs. 1 S. 1 Var. 3.[42] Der Interessenkonflikt des klagenden Aktionärs ist in diesem Fall mit dem Interessenkonflikt vergleichbar, dem sich der Aktionär als Schuldner bei der Beschlussfassung über die Geltendmachung des gegen ihn bestehenden Anspruchs ausgesetzt sieht.

14 Wird über die **Geltendmachung von Ansprüchen gegen mehrere Aktionäre** ein **einheitlicher Beschluss** gefasst, sind alle betroffenen Aktionäre vom Stimmrecht ausgeschlossen. Erfolgt eine geson-

---

[32] Hüffer/Koch/*Koch*, 13. Aufl. 2018, Rn. 22; MüKoAktG/*Arnold* Rn. 12; einschränkend Bürgers/Körber/*Holzborn* Rn. 6; Großkomm AktG/*Grundmann* Rn. 34; Kölner Komm AktG/*Tröger* Rn. 33: Ausnahme von dem Stimmverbot nur bei gleichmäßiger Betroffenheit aller Aktionäre.
[33] Vgl. Großkomm AktG/*Grundmann* Rn. 34; Kölner Komm AktG/*Tröger* Rn. 32.
[34] Hüffer/Koch/*Koch*, 13. Aufl. 2018, Rn. 22; MüKoAktG/*Arnold* Rn. 12; aA Bürgers/Körber/*Holzborn* Rn. 6; Kölner Komm AktG/*Tröger* Rn. 33.
[35] Bürgers/Körber/*Holzborn* Rn. 6; MüKoAktG/*Arnold* Rn. 12; s. auch Großkomm AktG/*Grundmann* Rn. 34; Kölner Komm AktG/*Tröger* Rn. 34.
[36] Grigoleit/*Herrler* Rn. 7; Hölters/*Hirschmann* Rn. 17; MüKoAktG/*Arnold* Rn. 12; Kölner Komm AktG/*Tröger* Rn. 34; Wachter/*Dürr* Rn. 17; wohl auch K. Schmidt/Lutter/*Spindler* Rn. 27; *v. Godin/Wilhelmi* Anm. 4; anders noch Zöllner, Die Schranken mitgliedschaftlicher Stimmrechtsmacht bei privatrechtlichen Personenverbänden, 1963, 210 Fn. 15.
[37] OLG München ZIP 2008, 1916 (1917) – HVB/UniCredit; LG Frankfurt aM NZG 2013, 1181 (1182); Kölner Komm AktG/*Tröger* Rn. 37; MüKoAktG/*Arnold* § 147 Rn. 46; K. Schmidt/Lutter/*Spindler* Rn. 28.
[38] OLG München ZIP 2008, 1916 (1917) – HVB/UniCredit; LG Frankfurt aM NZG 2013, 1181 (1182 f.); Kölner Komm AktG/*Tröger* Rn. 37; MüKoAktG/*Arnold* § 147 Rn. 46; K. Schmidt/Lutter/*Spindler* Rn. 28.
[39] Bürgers/Körber/*Holzborn* Rn. 7; Grigoleit/*Herrler* Rn. 8; Hölters/*Hirschmann* Rn. 18; Hüffer/Koch/*Koch*, 13. Aufl. 2018, Rn. 23; Kölner Komm AktG/*Tröger* Rn. 39; MüKoAktG/*Arnold* Rn. 13; K. Schmidt/Lutter/*Spindler* Rn. 28; Tielmann/Gahr AG 2016, 199 (200).
[40] Bürgers/Körber/*Holzborn* Rn. 7; Grigoleit/*Herrler* Rn. 8; Großkomm AktG/*Grundmann* Rn. 37; Hölters/*Hirschmann* Rn. 18; Hüffer/Koch/*Koch*, 13. Aufl. 2018, Rn. 23; Kölner Komm AktG/*Tröger* Rn. 41; MüKoAktG/*Arnold* Rn. 13; K. Schmidt/Lutter/*Spindler* Rn. 28; Wachter/*Dürr* Rn. 18; zur GmbH auch BGHZ 97, 28 (34 f.).
[41] Bürgers/Körber/*Holzborn* Rn. 7; Grigoleit/*Herrler* Rn. 9; Hölters/*Hirschmann* Rn. 19; Hüffer/Koch/*Koch*, 13. Aufl. 2018, Rn. 23; Kölner Komm AktG/*Tröger* Rn. 40; MüKoAktG/*Arnold* Rn. 14; K. Schmidt/Lutter/*Spindler* Rn. 28; Wachter/*Dürr* Rn. 18; wohl auch Großkomm AktG/*Grundmann* Rn. 37; aA GHEK/*Eckardt* Rn. 24.
[42] Kölner Komm AktG/*Tröger* Rn. 40; MüKoAktG/*Arnold* Rn. 14; s. auch Hüffer/Koch/*Koch*, 13. Aufl. 2018, Rn. 23.

derte **Beschlussfassung,** gilt das Stimmverbot grundsätzlich nur für den Aktionär, gegen den der jeweilige Anspruch besteht. Ähnlich wie bei der Einzelentlastung (→ Rn. 8) kann ausnahmsweise etwas anderes gelten, wenn zwischen den Ansprüchen gegen die einzelnen Aktionäre ein enger Zusammenhang besteht.[43] Dies kann etwa der Fall sein, wenn eine Gesamtschuld besteht oder die Ansprüche aus demselben Lebenssachverhalt resultieren. Da die in § 136 Abs. 1 geregelten Stimmverbote das kasuistisch geprägte Ergebnis einer gesetzgeberischen Abwägung sind (→ Rn. 1), ist im Hinblick auf eine erweiternde oder entsprechende Anwendung von § 136 Abs. 1 S. 1 Var. 3 allerdings Zurückhaltung geboten. Dies gilt insbesondere im Fall einer möglichen gesamtschuldnerischen Haftung gem. § 117 Abs. 1 und 2. So lässt sich in **Konzernsachverhalten** mitunter beobachten, dass Anträge gem. § 147 nicht nur gegen die Organmitglieder, sondern wegen vermeintlicher Ersatzansprüche gem. § 117 Abs. 1 auch gegen den Mehrheitsaktionär gerichtet werden, um diesen vom Stimmrecht auszuschließen.[44] Hier trifft den Mehrheitsaktionär zwar ein Stimmverbot, wenn einheitlich über die Geltendmachung von Ersatzansprüchen sowohl gegen die Organmitglieder als auch gegen ihn selbst beschlossen wird. Allerdings kann die Hauptversammlung über die Aufteilung eines solchen Sammelbeschlusses in einzelne Beschlüsse entscheiden.[45] Bei einer solchen Verfahrensabstimmung besteht für den Mehrheitsaktionär kein Stimmverbot.[46] Bei Sachabstimmungen besteht dann ein Stimmverbot des Mehrheitsaktionärs nur hinsichtlich der Geltendmachung von Ansprüchen gegen ihn selbst. An den übrigen Abstimmungen nach § 147 darf er regelmäßig teilnehmen.[47] Der bloße Verweis auf eine mögliche gesamtschuldnerische Haftung gem. § 117 Abs. 1 und 2 reicht nicht aus, um ein Stimmverbot zu begründen.[48] Eine Erstreckung des Stimmverbots auf den Mehrheitsaktionär kann allenfalls dann in Betracht kommen, wenn konkrete Anhaltspunkte für eine solche gesamtschuldnerische Haftung bestehen,[49] wofür die bloße Behauptung eines Zusammenwirkens mit den Organmitgliedern vom Schaden der Gesellschaft nicht ausreicht. Kann ein Anspruch ausnahmsweise nur gegen mehrere Aktionäre gemeinsam geltend gemacht werden, ist stets eine einheitliche Beschlussfassung geboten, so dass alle Anspruchsgegner von dem Stimmverbot betroffen sind.[50] Werden Ansprüche nur gegen einen Aktionär geltend gemacht und bestehen konkrete Anhaltspunkte, dass ein weiterer Aktionär die entsprechende Verfehlung gemeinsam mit diesem begangen hat, ist letzterer auch dann vom Stimmrecht ausgeschlossen, wenn gegen ihn selbst keine Ansprüche geltend gemacht werden.[51] Hierfür kann es genügen, dass beiden Aktionären aufgrund übereinstimmender Verhaltensweisen ein **pflichtwidriges Unterlassen** angelastet wird.[52] Ein Stimmverbot kann auch bestehen, wenn der Aktionär zwar nicht selbst Anspruchsgegner ist, Ansprüche gegen einen Dritten aber auf ein schadensersatzauslösendes Fehlverhalten des Aktionärs zurückgehen.[53]

d) Analoge Anwendung. aa) Gesamtanalogie. Die in § 136 Abs. 1 geregelten Stimmverbote sind das kasuistisch geprägte Ergebnis einer gesetzgeberischen Abwägung (→ Rn. 1). Die Aufzählung ist **grundsätzlich abschließend.** Die Begründung eines allgemeinen Stimmverbots für sämtliche Interessenkonflikte im Wege einer Gesamtanalogie zu § 136 Abs. 1 scheidet mangels Regelungslücke aus.[54]

---

[43] Bürgers/Körber/*Holzborn* Rn. 8; Grigoleit/*Herrler* Rn. 9; Großkomm AktG/*Grundmann* Rn. 37; Kölner Komm AktG/*Tröger* Rn. 45; ähnlich MüKoAktG/*Arnold* Rn. 15; s. auch *Fuchs/Rozynski* WuB II A. § 147 AktG 2.09; zur GmbH auch BGHZ 97, 28 (33 f.); aA *Zöllner*, Die Schranken mitgliedschaftlicher Stimmrechtsmacht bei privatrechtlichen Personenverbänden, 1963, 219 f.; *Tielmann/Gahr* AG 2016, 199 (202 ff.).

[44] Zu dem insoweit bestehenden Missbrauchspotential s. *Bayer* AG 2016, 637 (642 f.); *Goslar* EWiR 2017, 397 (398); *Rieckers* DB 2017, 2720 (2723 f.); *Rieckers* DB 2016, 2526 (2529 f.); *Rieckers* DB 2015, 2131 (2134).

[45] Der Versammlungsleiter kann auch selbst eine separate Beschlussfassung anordnen, s. *Tielmann/Gahr* AG 2016, 199 (200 f.).

[46] OLG Köln ZIP 2017, 1211 (1218) – Strabag; Kölner Komm AktG/*Rieckers/Vetter* § 147 Rn. 44; *Rieckers* DB 2017, 2720 (2724); *Tielmann/Gahr* AG 2016, 199 (201).

[47] OLG Köln ZIP 2017, 1211 (1218 ff.) – Strabag; *Tielmann/Gahr* AG 2016, 199 (202 ff.).

[48] Fehlt es bereits an der Darlegung eines entsprechenden haftungsbegründenden Sachverhalts, ist der Hauptversammlungsbeschluss gem. § 147 rechtswidrig, vgl. LG Heidelberg ZIP 2017, 1160 (1162) – Gelita; das Gericht behilft sich im konkreten Fall mit einer Auslegung des Beschlusses, wonach Ansprüche gem. § 117 Abs. 1 mangels Darlegung eines entsprechenden haftungsbegründenden Sachverhalts nicht von der Geltendmachung umfasst sein sollen (obwohl § 117 Abs. 1 in dem Beschluss ausdrücklich erwähnt wurde).

[49] Auch in diesem Fall gegen ein Stimmverbot *Tielmann/Gahr* AG 2016, 199 (202 ff.).

[50] Kölner Komm AktG/*Tröger* Rn. 44.

[51] Vgl. zur GbR BGH ZIP 2012, 917 (919); zust. *Lieder* WuB II C. § 47 GmbHG 1.12; vgl. zur GmbH auch BGH ZIP 2009, 2195 (2197); BGH ZIP 2009, 1158 (1161) (zur Abberufung eines Geschäftsführers).

[52] Vgl. zur GbR BGH ZIP 2012, 917 (919).

[53] LG Frankfurt a.M. NZG 2013, 1181 (1182) (für Inanspruchnahme einer Investmentgesellschaft wegen eines schadensersatzauslösenden Fehlverhaltens der von ihr verwalteten Fonds).

[54] Ganz hM, s. OLG Köln ZIP 2017, 1211 (1219) – Strabag; OLG Düsseldorf AG 2006, 202 (206) – Edscha AG; LG Heilbronn AG 1971, 94 (95); Bürgers/Körber/*Holzborn* Rn. 10; Grigoleit/*Herrler* Rn. 10; Großkomm AktG/*Grundmann* Rn. 40; Hölters/*Hirschmann* Rn. 7; Hüffer/Koch/*Koch*, 13. Aufl. 2018, Rn. 18; Kölner Komm AktG/*Tröger* Rn. 50 f.; MüKoAktG/*Arnold* Rn. 20 f.; K. Schmidt/Lutter/*Spindler* Rn. 29; Wachter/*Dürr* Rn. 14;

Teilweise wird versucht, ein allgemeines Stimmverbot bei Interessenkonflikten über den Rechtsgedanken des § 181 BGB (Verbot des Insichgeschäfts) zu begründen.[55] Dementsprechend soll etwa für Aktionäre immer dann ein Stimmverbot gelten, wenn über die Vornahme eines Rechtsgeschäfts mit ihnen beschlossen wird.[56] Auch eine solche Ausweitung der gesetzlich geregelten Stimmverbote ist abzulehnen, da sie mit der kasuistischen Prägung von § 136 Abs. 1 nicht vereinbar wäre. Hierfür spricht insbesondere auch, dass bereits der Gesetzgeber des AktG 1937 das noch in § 252 Abs. 3 HGB aF enthaltene Stimmverbot bei Vornahme eines Rechtsgeschäfts mit einem Aktionär bewusst nicht übernommen hat.[57] Da sich ein allgemeines Stimmverbot bei Interessenkonflikten nicht begründen lässt, kann sich ein Aktionär auch an der Abstimmung über seine Wahl in den Aufsichtsrat beteiligen.[58] Selbst wenn man mit der Gegenansicht ein allgemeines Stimmverbot über den Rechtsgedanken des § 181 BGB begründen wollte, würden hierunter nicht Organisationsakte fallen, so dass der begünstigte Aktionär auch nach dieser Ansicht bei der **Schaffung eines Entsendungsrechts** durch Satzungsänderung keinem Stimmverbot unterläge.[59]

16   bb) Einzelanalogie. Das Fehlen einer Regelungslücke für eine Gesamtanalogie schließt eine entsprechende Anwendung der in § 136 Abs. 1 geregelten Stimmverbote im Wege der **Einzelanalogie** nicht aus.[60] Dies setzt aber voraus, dass im Einzelfall ein Interessenkonflikt vorliegt, der den in § 136 Abs. 1 geregelten Fällen in qualitativer und quantitativer Hinsicht vergleichbar ist.[61] Dabei handelt es sich um seltene Ausnahmefälle (→ Rn. 6 ff.).

17   (1) Rechtsgeschäfte mit Aktionären. Ein Stimmverbot bei der Beschlussfassung zu Rechtsgeschäften mit Aktionären lässt sich **nicht im Wege der Einzelanalogie begründen.** Auch insoweit steht die bewusste gesetzgeberische Entscheidung gegen ein derartiges Stimmverbot entgegen (→ Rn. 15). Die in § 136 Abs. 1 S. 1 Var. 2 und 3 geregelten Stimmverbote für die Beschlussfassung über die Befreiung von einer Verbindlichkeit und die Geltendmachung eines Anspruchs lassen sich nicht entsprechend verallgemeinern.

17a   Auf EU-Ebene wurde durch die **Änderungsrichtlinie zur Aktionärsrechterichtlinie**[62] vom 17. Mai 2017 ein Stimmverbot in Bezug auf Geschäfte mit nahestehenden Unternehmen und Personen (Related Party Transactions) in Art. 9c Abs. 4 Unterabs. 3 Aktionärsrechte-RL[63] eingefügt. Soweit wesentliche Geschäfte mit nahestehenden Unternehmen und Personen die Zustimmung der Hauptversammlung erfordern, darf ein an dem Geschäft als nahestehendes Unternehmen oder nahestehende Person beteiligter Aktionär nicht an der Abstimmung teilnehmen. Allerdings stellt das Erfordernis einer Hauptversammlungszustimmung nur eine Option für die Mitgliedstaaten dar. Alternativ kann eine Zustimmung des Verwaltungs- oder Aufsichtsorgans vorgesehen werden. Nach dem bisherigen Diskussionsverlauf[64] dürfte nicht damit zu rechnen sein, dass der deutsche Gesetzgeber von der Option einer Hauptversammlungskompetenz Gebrauch macht.[65]

18   (2) Vertagung. Eine analoge Anwendung der in § 136 Abs. 1 geregelten Stimmverbote kommt in Betracht, wenn nicht über den Sachantrag, sondern über einen Antrag auf Vertagung beschlossen

---

MHdB AG/*Hoffmann-Becking* § 39 Rn. 41; *Tielmann/Gahr* AG 2016, 199 (202); *Zimmermann* FS Rowedder, 1994, 593 (598 f.); zur GmbH auch *U.H. Schneider* ZHR 150 (1986) 609 (613).

[55] *K. Schmidt* GesR § 21 II 2b, § 28 IV 4 b dd; s. auch *Wilhelm*, Rechtsform und Haftung, 1981, 66 ff.; *Wilhelm* JZ 1976, 674 (675 ff.); offen OLG Hamm ZIP 2008, 1530 (1531) – ThyssenKrupp.

[56] *K. Schmidt* GesR § 28 IV 4 b dd.

[57] Vgl. Hüffer/Koch/*Koch*, 13. Aufl. 2018, Rn. 17 f.; Kölner Komm AktG/*Tröger* Rn. 51; MüKoAktG/*Arnold* Rn. 21.

[58] K. Schmidt/Lutter/*Spindler* Rn. 32.

[59] OLG Hamm ZIP 2008, 1530 (1531 f.) – ThyssenKrupp.

[60] Bürgers/Körber/*Holzborn* Rn. 10; Grigoleit/*Herrler* Rn. 11; Großkomm AktG/*Grundmann* Rn. 39; Hüffer/Koch/*Koch*, 13. Aufl. 2018, Rn. 18; Kölner Komm AktG/*Tröger* Rn. 53; MüKoAktG/*Arnold* Rn. 19; K. Schmidt/Lutter/*Spindler* Rn. 30.

[61] Bürgers/Körber/*Holzborn* Rn. 10; Grigoleit/*Herrler* Rn. 11; Kölner Komm AktG/*Tröger* Rn. 53; MüKoAktG/*Arnold* Rn. 22; K. Schmidt/Lutter/*Spindler* Rn. 30.

[62] RiLi 2017/828/EU des Europäischen Parlaments und des Rates v. 17.5.2017 zur Änderung der Richtlinie 2007/36/EG im Hinblick auf die Förderung der langfristigen Mitwirkung der Aktionäre, ABl. EU 2017 Nr. L 132, 1.

[63] RiLi 2007/36/EG des Europäischen Parlaments und des Rates v. 11.7.2007 über die Ausübung bestimmter Rechte von Aktionären in börsennotierten Gesellschaften, ABl. EU 2007 Nr. L 184, 17.

[64] Kritsch zur Hauptversammlungskompetenz etwa *Bremer* NZG 2014, 415; *Bungert/de Raet* DB 2015, 289 (295 f.); *Bungert/Wansleben* DB 2017, 1190 (1199 f.); *Hommelhoff* KSzW 2014, 63 (67); *Lanfermann/Maul* BB 2017, 1218 (1223); *Lanfermann/Maul* BB 2014, 1283 (1287 f.); *U.H. Schneider* EuZW 2014, 641 f.; *Seibt* DB 2014, 1910 (1914 f.); *Spindler/Seidel* AG 2017, 169 (170 ff.); *Tröger* AG 2015, 53 (65 ff.); *Veil* NZG 2017, 521 (526); *Wiersch* NZG 2014, 1131 (1136 f.); *Zetzsche* NZG 2014, 1121 (1127 f.).

[65] Vgl. Kölner Komm AktG/*Tröger* Rn. 10; *Rieckers* DB 2017, 2786 (2792).

wird.⁶⁶ Teilweise wird die Möglichkeit einer solchen Einzelanalogie unterschiedslos für alle drei Fälle des § 136 Abs. 1 angenommen.⁶⁷ Demgegenüber bietet sich eine **Differenzierung** an:⁶⁸ Ein in qualitativer und quantitativer Hinsicht vergleichbarer Interessenkonflikt dürfte regelmäßig bei der Entscheidung über die Vertagung der Beschlussfassung über die **Geltendmachung eines Anspruchs** bestehen.⁶⁹ Hier bewirkt eine Vertagung, dass der Anspruch zumindest vorübergehend nicht geltend gemacht wird. In den übrigen Fällen des § 136 Abs. 1 dürfte dagegen regelmäßig kein vergleichbarer Interessenkonflikt bestehen.⁷⁰ Durch eine Vertagung lässt sich zwar ggf. eine absehbare Verweigerung der Entlastung oder eine absehbare abschlägige Entscheidung über die Befreiung von einer Verbindlichkeit hinausschieben. Der insoweit bestehende Interessenkonflikt dürfte jedoch deutlich schwächer sein als bei der Abstimmung über den Sachantrag. Davon abgesehen, bestünden im Einzelfall nicht unerhebliche Abgrenzungsschwierigkeiten, wenn für die Geltung des Stimmverbots das mit der Vertagung verfolgte Ziel entscheidend wäre.

(3) Abberufung von Aufsichtsratsmitgliedern. Für die Entscheidung über die Abberufung eines Aufsichtsratsmitglieds gem. § 103 Abs. 1 ist § 136 Abs. 1 S. 1 Var. 1 **nicht entsprechend anwendbar.**⁷¹ Ein allgemeiner Grundsatz, wonach Organmitglieder bei der Beschlussfassung über ihre Abberufung stets einem Stimmverbot unterliegen, lässt sich nicht feststellen und wäre auch mit der kasuistischen Prägung von § 136 Abs. 1 nicht vereinbar.⁷² Die Abberufung ist auch in formeller und materieller Hinsicht von der Verweigerung der Entlastung zu unterscheiden. Sie kann zwar ebenfalls eine nachträgliche Missbilligung der Tätigkeit als Organmitglied zum Ausdruck bringen. Zwingend ist dies aber nicht, da § 103 Abs. 1 für die Abberufung keine sachlichen Erfordernisse aufstellt. Auch macht die Abberufung eine Entscheidung über die Entlastung nicht entbehrlich. Angesichts dieser Unterschiede ist ein Stimmverbot unabhängig von dem Grund der Abberufung zu verneinen, zumal ansonsten auch nicht unerhebliche Abgrenzungsschwierigkeiten bestünden.⁷³

(4) Vinkulierte Namensaktien. Nach zutreffender hM besteht **kein Stimmverbot für den Veräußerer** bei der Beschlussfassung über die Zustimmung zur Übertragung vinkulierter Namensaktien gem. § 68 Abs. 2 S. 3.⁷⁴ Die Zustimmung zur Übertragung ist nicht mit der Befreiung von einer Verbindlichkeit iSv § 136 Abs. 1 S. 1 Var. 2 vergleichbar, da es sich um einen Sozialakt handelt.⁷⁵

(5) Sonderprüfung. Bei der Beschlussfassung über die Bestellung von Sonderprüfern lässt sich ein Stimmverbot für Aktionäre, die nicht zugleich Mitglieder des Vorstands oder des Aufsichtsrats sind, weder über eine Einzelanalogie zu § 136 Abs. 1 S. 1 Var. 1 noch über eine Einzelanalogie zu § 136 Abs. 1 S. 1 Var. 3 begründen. Die für eine solche Beschlussfassung geltenden Stimmverbote sind in § 142 Abs. 1 S. 2 und 3 abschließend geregelt (→ Rn. 2, 12).

2. Verbotsadressaten. a) Aktionäre. Von der Ausübung des Stimmrechts sind unter den in § 136 Abs. 1 genannten Voraussetzungen zunächst Aktionäre ausgeschlossen. Dies gilt unabhängig davon, ob sie für sich selbst oder für einen anderen handeln. Die Stimmrechtsausübung als Bevollmächtigter eines Dritten ist selbst dann ausgeschlossen, wenn der Dritte zu allen Tagesordnungs-

---

⁶⁶ Vgl. Bürgers/Körber/*Holzborn* Rn. 10; Kölner Komm AktG/*Tröger* Rn. 54; MüKoAktG/*Arnold* Rn. 23; K. Schmidt/Lutter/*Spindler* Rn. 31; Zöllner, Die Schranken mitgliedschaftlicher Stimmrechtsmacht bei privatrechtlichen Personenverbänden, 1963, 268.
⁶⁷ Bürgers/Körber/*Holzborn* Rn. 10; Kölner Komm AktG/*Tröger* Rn. 54; Zöllner, Die Schranken mitgliedschaftlicher Stimmrechtsmacht bei privatrechtlichen Personenverbänden, 1963, 268.
⁶⁸ So auch Grigoleit/*Herrler* Rn. 11; MüKoAktG/*Arnold* Rn. 23; K. Schmidt/Lutter/*Spindler* Rn. 31.
⁶⁹ Grigoleit/*Herrler* Rn. 11; MüKoAktG/*Arnold* Rn. 23; K. Schmidt/Lutter/*Spindler* Rn. 31; Wachter/*Dürr* Rn. 14; aA wohl Hölters/*Hirschmann* Rn. 8.
⁷⁰ Grigoleit/*Herrler* Rn. 11; aA Kölner Komm AktG/*Tröger* Rn. 54; teilw. anders auch MüKoAktG/*Arnold* Rn. 23, der das Stimmverbot auch dann anwenden will, wenn durch die Vertagung die Verweigerung der Entlastung verhindert werden soll.
⁷¹ Bürgers/Körber/*Holzborn* Rn. 10; Grigoleit/*Herrler* Rn. 11; Kölner Komm AktG/*Tröger* Rn. 55; MüKoAktG/*Arnold* Rn. 24; Wachter/*Dürr* Rn. 14; wohl auch Hölters/*Hirschmann* Rn. 8; aA noch Kölner Komm AktG/ *Zöllner*, 1. Aufl. 1985, Rn. 28; differenzierend K. Schmidt/Lutter/*Spindler* Rn. 30.
⁷² MüKoAktG/*Arnold* Rn. 24; K. Schmidt/Lutter/*Spindler* Rn. 30.
⁷³ Anders K. Schmidt/Lutter/*Spindler* Rn. 30, der eine Einzelanalogie bei strafbaren Handlungen wie Untreue- oder Betrugsdelikten bejahen will.
⁷⁴ Bürgers/Körber/*Holzborn* Rn. 10; Grigoleit/*Herrler* Rn. 11; Großkomm AktG/*Grundmann* Rn. 39; Hölters/*Hirschmann* Rn. 9; Hüffer/Koch/*Koch*, 13. Aufl. 2018, Rn. 18, § 68 Rn. 14; MüKoAktG/*Bayer* § 68 Rn. 68; MüKoAktG/*Arnold* Rn. 27; K. Schmidt/Lutter/*T. Bezzenberger* § 68 Rn. 27; K. Schmidt/Lutter/*Spindler* Rn. 32; K. Schmidt FS Beusch, 1993, 759 (771 f.); zur GmbH auch BGHZ 48, 163 (166 f.); aA Kölner Komm AktG/ *Tröger* Rn. 56.
⁷⁵ MüKoAktG/*Arnold* Rn. 27; K. Schmidt/Lutter/*Spindler* Rn. 32.

punkten ausdrückliche Weisungen erteilt hat.[76] Um eine Beschlussunfähigkeit zu vermeiden, findet das Stimmverbot für Aktionäre keine Anwendung, wenn **alle stimmberechtigten Aktionäre** gleichermaßen von ihm betroffen wären.[77] Eine entsprechende Ausnahme von dem Stimmverbot für Aktionäre gilt nach wohl allgemeiner Ansicht für die **Einmann-AG**,[78] soweit die in § 136 Abs. 1 genannten Beschlüsse hier überhaupt erforderlich sind.[79] Bei der Einmann-AG besteht regelmäßig ein Interessengleichlauf von Gesellschaft und Aktionär. Zudem wäre die Hauptversammlung ansonsten in den betreffenden Fällen beschlussunfähig. Die Ausnahme gilt auch für Beschlussfassungen über den Verzicht auf Schadensersatzansprüche der Gesellschaft gegen ihren Alleingesellschafter.[80] Auch bei der Abstimmung über die Aufhebung der Bestellung eines besonderen Vertreters und über dessen Abberufung unterliegt der Alleingesellschafter keinem Stimmverbot.[81] Die für die Einmann-AG anerkannte Ausnahme gilt auch dann, wenn Alleinaktionärin eine andere Gesellschaft ist und deren organschaftliche Vertreter einem Stimmverbot unterliegen.[82] Anderenfalls bestünde auch hier die Gefahr einer Beschlussunfähigkeit der Hauptversammlung. Eine Besonderheit gilt nur, wenn nicht alle Mitglieder des Vertretungsorgans der Drittgesellschaft von dem Stimmverbot betroffen sind und die nicht betroffenen Mitglieder die Drittgesellschaft allein oder gemeinsam vertreten können. In diesem Fall müssen die nicht von dem Stimmverbot betroffenen Mitglieder das Stimmrecht für die Drittgesellschaft ausüben (oder einen Vertreter bestellen). Die von dem Stimmverbot betroffenen Mitglieder können das Stimmrecht nach den für Stimmrechtsvertreter geltenden Grundsätzen nicht für die Drittgesellschaft ausüben (→ Rn. 23).

23 **b) Vertreter, Legitimationsaktionäre, Treuhänder.** Die Stimmverbote des § 136 Abs. 1 gelten auch für **Stimmrechtsvertreter**. Erfasst ist zunächst der Fall, dass eine von dem Stimmverbot selbst unmittelbar betroffene Person das Stimmrecht als Vertreter eines Dritten ausübt (§ 136 Abs. 1 S. 1 Alt. 2: „für einen anderen"). Dabei kommt es nicht darauf an, ob auch in der Person des Dritten ein Ausschlusstatbestand verwirklicht ist.[83] Auch ist nicht erforderlich, dass der Vertreter selbst Aktionär ist.[84] Ebenfalls erfasst ist der Fall, dass ein Vertreter das Stimmrecht für eine von der Stimmrechtsausübung ausgeschlossene Person ausübt (§ 136 Abs. 1 S. 2: „durch einen anderen"). Durch den Ausschluss der Stimmrechtsvertretung für die von der Stimmrechtsausübung ausgeschlossenen Aktio-

---

[76] Kölner Komm AktG/*Tröger* Rn. 60; K. Schmidt/Lutter/*Spindler* Rn. 7; Wachter/*Dürr* Rn. 5; aA *Bacher* GmbHR 2002, 143 (144); *Happ/Bednarz* FS Hoffmann-Becking, 2013, 433 (445 ff.) (jeweils für organschaftliche Vertreter).
[77] DNotI DNotI-Report 2008, 177 (179); Bürgers/Körber/*Holzborn* Rn. 2; Grigoleit/*Herrler* Rn. 2; Hölters/ *Hirschmann* Rn. 20; Hüffer/Koch/*Koch*, 13. Aufl. 2018, Rn. 5; Kölner Komm AktG/*Tröger* Rn. 61; MüKoAktG/ *Arnold* Rn. 18; K. Schmidt/Lutter/*Spindler* Rn. 7; Wachter/*Dürr* Rn. 4; *Matthießen*, Stimmrecht und Interessenkollision im Aufsichtsrat, 1989, 90; *Petersen/Schulze De la Cruz* NZG 2012, 453 (454); *Victoria Villeda* AG 2013, 57 (60); zur GmbH auch OLG Brandenburg ZIP 2017, 1417 (1420); Baumbach/Hueck/*Zöllner/Noack* GmbHG § 47 Rn. 94; MHLS/*Römermann* GmbHG § 47 Rn. 97 ff.; MüKoGmbHG/*Drescher* GmbHG § 47 Rn. 188; Rowedder/Schmidt-Leithoff/*Ganzer* GmbHG § 47 Rn. 65; UHL/*Hüffer/Schürnbrand* GmbHG § 47 Rn. 135; *Heckschen* GmbHR 2016, 897 (905).
[78] BGH ZIP 2011, 1508 – HVB/UniCredit; OLG München ZIP 2010, 725 (727 ff.) – HVB/UniCredit; DNotI DNotI-Report 2008, 177 (179); Bürgers/Körber/*Holzborn* Rn. 2, 11; Grigoleit/*Herrler* Rn. 2; Hölters/ *Hirschmann* Rn. 20; Hüffer/Koch/*Koch*, 13. Aufl. 2018, Rn. 5; Kölner Komm AktG/*Tröger* Rn. 62; MüKoAktG/ *Arnold* Rn. 18; K. Schmidt/Lutter/*Spindler* Rn. 8; Wachter/*Dürr* Rn. 4; *Matthießen*, Stimmrecht und Interessenkollision im Aufsichtsrat, 1989, 90; *Altmeppen* NJW 2009, 3757 (3758 f.); *Petersen/Schulze De la Cruz* NZG 2012, 453 (454); *Surminski* DB 1971, 417 (419); zur GmbH auch BGHZ 105, 324 (333); BayObLGZ 1984, 109 (113); Baumbach/Hueck/*Zöllner/Noack* GmbHG § 47 Rn. 94; MHLS/*Römermann* GmbHG § 47 Rn. 94 ff.; MüKoGmbHG/*Drescher* GmbHG § 47 Rn. 187; Rowedder/Schmidt-Leithoff/*Ganzer* GmbHG § 47 Rn. 65; UHL/*Hüffer/Schürnbrand* GmbHG § 47 Rn. 135; *Heckschen* GmbHR 2016, 897 (904 f.); *U.H. Schneider* ZHR 150 (1986) 609 (616).
[79] S. dazu MüKoAktG/*Arnold* Rn. 18; s. auch Hüffer/Koch/*Koch*, 13. Aufl. 2018, Rn. 5.
[80] *Altmeppen* NJW 2009, 3757 (3758 f.).
[81] BGH ZIP 2011, 1508 – HVB/UniCredit; OLG München ZIP 2010, 725 (727 ff.) – HVB/UniCredit; Hüffer/Koch/*Koch*, 13. Aufl. 2018, Rn. 5; Kölner Komm AktG/*Tröger* Rn. 62; K. Schmidt/Lutter/*Spindler* Rn. 8; *Altmeppen* NJW 2009, 3757 (3758 f.); *Peters/Hecker* NZG 2009, 1294 (1295); aA LG München I ZIP 2009, 2198 (2200 f.) – HVB/UniCredit; *Lutter* ZIP 2009, 2203.
[82] AA *DNotI* DNotI-Report 2008, 177 (179 f.); Grigoleit/*Herrler* Rn. 2; Kölner Komm AktG/*Tröger* Rn. 63; vgl. zur GmbH auch Scholz/*K. Schmidt* GmbHG § 47 Rn. 105, 155.
[83] Grigoleit/*Herrler* Rn. 12; Hölters/*Hirschmann* Rn. 22; Hüffer/Koch/*Koch*, 13. Aufl. 2018, Rn. 6; Kölner Komm AktG/*Tröger* Rn. 64; K. Schmidt/Lutter/*Spindler* Rn. 10; *Victoria Villeda* AG 2013, 57 (60 f.).
[84] Bürgers/Körber/*Holzborn* Rn. 12; Grigoleit/*Herrler* Rn. 12; Hölters/*Hirschmann* Rn. 22; Hüffer/Koch/ *Koch*, 13. Aufl. 2018, Rn. 6; MüKoAktG/*Arnold* Rn. 34; K. Schmidt/Lutter/*Spindler* Rn. 10; Wachter/*Dürr* Rn. 6; *Victoria Villeda* AG 2013, 57 (60).

näre soll eine **Umgehung der Stimmverbote verhindert** werden.[85] Die Stimmverbote gelten nicht nur für die offene, sondern auch für die verdeckte Stellvertretung (vgl. § 135 Abs. 5 S. 2), die Legitimationsübertragung (§ 129 Abs. 3) und die Testamentsvollstreckung.[86] Gleiches gilt für die Treuhand.[87] Personen, die gem. § 136 Abs. 1 Alt. 2 daran gehindert sind, das Stimmrecht für einen anderen auszuüben, können auch nicht einen **Untervertreter** mit der Stimmrechtsausübung betrauen.[88] Ansonsten könnten die Stimmverbote leicht umgangen werden.

c) Sicherungsgeber. Bei der Beschlussfassung über die Befreiung von einer Verbindlichkeit (§ 136 Abs. 1 Var. 2) ist nicht nur der Schuldner von der Stimmrechtsausübung ausgeschlossen, sondern **auch der Sicherungsgeber,** da sich die Beschlussfassung auch auf seine Einstandspflicht auswirkt.[89]

d) Beteiligung von Gesellschaften. aa) Allgemeines. Die Stimmverbote des § 136 Abs. 1 S. 1 gelten grundsätzlich auch für Gesellschaften. Dies ist ohne weiteres der Fall, wenn darüber Beschluss gefasst wird, ob eine an der AG beteiligte Gesellschaft von einer Verbindlichkeit befreit oder ob gegen sie ein Anspruch geltend gemacht werden soll. Außerhalb dieser Fallgruppen stellt sich die Frage nach der **Zurechnung von Stimmverboten** zwischen der Drittgesellschaft und ihren Gesellschaftern und Organmitgliedern. Hierfür ist danach zu differenzieren, ob sich das Stimmverbot primär gegen die Drittgesellschaft oder gegen deren Gesellschafter oder Organmitglieder richtet.[90] Darüber hinaus wurde in der älteren Literatur teilweise auch danach unterschieden, ob es sich bei der beteiligten Drittgesellschaft um eine Personen- oder Kapitalgesellschaft handelt.[91] Eine solche Unterscheidung vermag kaum zu überzeugen, zumal auch den Personengesellschaften zumindest eine Teilrechtsfähigkeit zukommt.[92] Auch können die Unterschiede, die sich aus der kapitalistischen oder personalistischen Struktur der Drittgesellschaft ergeben, weitaus größer sein als die Unterschiede im Hinblick auf die jeweilige Rechtsform.[93] Die Frage nach der Zurechnung von Stimmverboten sollte daher **allein anhand des Schutzzwecks von § 136 Abs. 1** bestimmt werden.[94] Zu prüfen ist jeweils, ob in den betreffenden Konstellationen eine Beeinflussung der Willensbildung der Hauptversammlung durch Sonderinteressen einzelner Aktionäre droht.

bb) Stimmverbot gegen Gesellschafter der Drittgesellschaft. Besteht gegen einzelne Gesellschafter der Drittgesellschaft ein Stimmverbot, ist dieses nicht ohne weiteres auf die Drittgesellschaft zu erstrecken. Eine Zurechnung erfolgt vielmehr nur dann, wenn der betreffende Gesellschafter einen **maßgeblichen Einfluss** auf die Drittgesellschaft und deren Stimmverhalten ausüben kann. Nur in diesem Fall besteht die Gefahr, dass der Gesellschafter mit seinen Sonderinteressen die Beschlussfassung der Hauptversammlung beeinflusst. Das Erfordernis eines maßgeblichen Einflusses

---

[85] Vgl. BegrRegE bei *Kropff* S. 201; Hüffer/Koch/*Koch*, 13. Aufl. 2018, Rn. 7; Kölner Komm AktG/*Tröger* Rn. 64; K. Schmidt/Lutter/*Spindler* Rn. 10; *F. Fischer* NZG 1999, 192 (193 f.).

[86] Grigoleit/*Herrler* Rn. 13; Hölters/*Hirschmann* Rn. 22; Hüffer/Koch/*Koch*, 13. Aufl. 2018, Rn. 6 f.; Kölner Komm AktG/*Tröger* Rn. 66; MüKoAktG/*Arnold* Rn. 32; K. Schmidt/Lutter/*Spindler* Rn. 10; Wachter/*Dürr* Rn. 6; zur GmbH auch BGHZ 108, 21 (25 f.) (Testamentsvollstreckung); zur KG auch BGH ZIP 2014, 1422 (1425) (Testamentsvollstreckung); s. dazu *Wicke* ZGR 2015, 161 (162 ff.).

[87] Grigoleit/*Herrler* Rn. 13; Kölner Komm AktG/*Tröger* Rn. 92; MüKoAktG/*Arnold* Rn. 32; K. Schmidt/Lutter/*Spindler* Rn. 10; Wachter/*Dürr* Rn. 6; teilw. anders noch Kölner Komm AktG/*Zöllner*, 1. Aufl. 1985, Rn. 55, der insoweit eine Umgehungsabsicht verlangt.

[88] DNotI DNotI-Report 2008, 177 (178); Hölters/*Hirschmann* Rn. 22; Hüffer/Koch/*Koch*, 13. Aufl. 2018, Rn. 6; Kölner Komm AktG/*Tröger* Rn. 64; MüKoAktG/*Arnold* Rn. 32; K. Schmidt/Lutter/*Spindler* Rn. 10; MHdB AG/*Hoffmann-Becking* § 39 Rn. 38; *Boesebeck* NJW 1955, 1657 f.; *Westhoff* DNotZ 1958, 227 (229); aA noch RGZ 106, 258 (263); GHEK/*Eckardt* Rn. 34, sofern der Untervertreter nicht an Weisungen der von der Vertretung ausgeschlossenen Person gebunden ist.

[89] Grigoleit/*Herrler* Rn. 7; Kölner Komm AktG/*Tröger* Rn. 35; MüKoAktG/*Arnold* Rn. 37; K. Schmidt/Lutter/*Spindler* Rn. 11; *Herzfelder*, Stimmrecht und Interessenkollision bei den Personenverbänden des deutschen Reichs-Rechts, 1927, 119.

[90] Vgl. Bürgers/Körber/*Holzborn* Rn. 15; Hüffer/Koch/*Koch*, 13. Aufl. 2018, Rn. 9; Kölner Komm AktG/*Tröger* Rn. 68 ff.; MüKoAktG/*Arnold* Rn. 38; K. Schmidt/Lutter/*Spindler* Rn. 12; *Zöllner*, Die Schranken mitgliedschaftlicher Stimmrechtsmacht bei privatrechtlichen Personenverbänden, 1963, 274 ff.

[91] Vgl. Kölner Komm AktG/*Zöllner*, 1. Aufl. 1985, Rn. 37, 39 f.; *Wilhelm*, Rechtsform und Haftung, 1981, 125 ff. (131 ff.); *Zöllner*, Die Schranken mitgliedschaftlicher Stimmrechtsmacht bei privatrechtlichen Personenverbänden, 1963, 276 ff.; *Wank* ZGR 1979, 222 (223 ff.).

[92] Vgl. Hölters/*Hirschmann* Rn. 25; Hüffer/Koch/*Koch*, 13. Aufl. 2018, Rn. 8; Kölner Komm AktG/*Tröger* Rn. 69; MüKoAktG/*Arnold* Rn. 41, zur GmbH auch UHL/*Hüffer/Schürnbrand* GmbHG § 47 Rn. 141.

[93] MüKoAktG/*Arnold* Rn. 41; K. Schmidt/Lutter/*Spindler* Rn. 13.

[94] Grigoleit/*Herrler* Rn. 14; Hüffer/Koch/*Koch*, 13. Aufl. 2018, Rn. 8; MüKoAktG/*Arnold* Rn. 41; K. Schmidt/Lutter/*Spindler* Rn. 13; s. auch Kölner Komm AktG/*Tröger* Rn. 69.

gilt gleichermaßen für die Beteiligung von Personen- und Kapitalgesellschaften.[95] Auch bei Personengesellschaften folgt daher aus dem Stimmverbot gegen einen Gesellschafter nicht zwangsläufig ein Stimmverbot gegen die Drittgesellschaft oder die übrigen Gesellschafter.[96]

27 Für die Zurechnung kommt es grundsätzlich nicht darauf an, ob der Gesellschafter seinen Einfluss im Einzelfall tatsächlich ausgeübt hat. Ausreichend ist bereits die **Möglichkeit einer maßgeblichen Einflussnahme,** sofern diese nicht bloß rein theoretisch ist.[97] Anderenfalls wären die Zurechnungsvoraussetzungen mitunter nur schwer feststellbar. Die Möglichkeit einer maßgeblichen Einflussnahme besteht regelmäßig für den einzigen geschäftsführenden Gesellschafter einer oHG oder den einzigen Komplementär einer KG.[98] Gleiches gilt für den Alleingesellschafter einer AG oder einer GmbH.[99] Hat die Drittgesellschaft keinen Alleingesellschafter, erfolgt eine Zurechnung nur dann, wenn alle Gesellschafter von dem Stimmverbot betroffen sind.[100] Ist nur einer von mehreren Gesellschaftern von dem Stimmverbot betroffen, kommt es darauf an, ob dieser die Drittgesellschaft iSv § 17 beherrscht, wobei die Unternehmenseigenschaft des Gesellschafters insoweit keine Rolle spielt.[101] Auch in diesen Fällen besteht aber nur die **widerlegliche Vermutung** eines maßgeblichen Einflusses.[102] Außerhalb der genannten Fallgruppen kommt es auf den jeweiligen Einzelfall an. Erforderlich ist grundsätzlich ein **rechtlich gesicherter Einfluss** („rechtliche Beherrschung").[103] Nicht ausreichend ist die bloße Mitwirkung des von dem Stimmverbot betroffenen Gesellschafters an der Beschlussfassung über das Stimmverhalten der Drittgesellschaft, sofern dieser in der Drittgesellschaft nicht über die Mehrheit der Stimmrechte verfügt.[104] Ein **Kommanditist** hat üblicherweise keine Möglichkeit der maßgeblichen Einflussnahme. Etwas anderes kann ausnahmsweise bei einem mehrheitlich am Kapital beteiligten Kommanditisten gelten, sofern es sich bei der Stimmrechtsausübung um ein außergewöhnliches Geschäft iSv § 116 Abs. 2 HGB handelt, das einen Beschluss sämtlicher Gesellschafter erfordert.[105]

28 **cc) Stimmverbot gegen Organmitglieder der Drittgesellschaft.** Besteht ein Stimmverbot gegen ein Organmitglied der Drittgesellschaft ist die Ausgangslage ähnlich wie bei Bestehen eines Stimmverbots gegen einen Gesellschafter. Auch hier ist daher entscheidend, ob das betreffende Organmitglied einen **maßgeblichen Einfluss** auf die Drittgesellschaft und deren Stimmverhalten ausüben kann.[106] Eine noch darüber hinausgehende „vollständige Beherrschung" ist nicht erforder-

---

[95] Bürgers/Körber/*Holzborn* Rn. 17; Grigoleit/*Herrler* Rn. 15; Großkomm AktG/*Grundmann* Rn. 24; Hölters/*Hirschmann* Rn. 26 f.; Hüffer/Koch/*Koch*, 13. Aufl. 2018, Rn. 10; Kölner Komm AktG/*Tröger* Rn. 71; MüKoAktG/*Arnold* Rn. 45; K. Schmidt/Lutter/*Spindler* Rn. 14; zur GmbH auch Scholz/K. Schmidt GmbHG § 47 Rn. 160; UHL/*Hüffer/Schürnbrand* GmbHG § 47 Rn. 142; *Wank* ZGR 1979, 222 (225 ff.).
[96] So aber noch RGZ 146, 71 (77); *v. Godin/Wilhelmi* Anm. 3; *Wiedemann* GmbHR 1969, 247 (251 f.).
[97] Bürgers/Körber/*Holzborn* Rn. 17; Grigoleit/*Herrler* Rn. 15; MüKoAktG/*Arnold* Rn. 45; K. Schmidt/Lutter/*Spindler* Rn. 14; Wachter/*Dürr* Rn. 11; zur GmbH auch *U.H. Schneider* ZHR 150 (1986) 609 (619 f.).
[98] Grigoleit/*Herrler* Rn. 16; Hölters/*Hirschmann* Rn. 28; Hüffer/Koch/*Koch*, 13. Aufl. 2018, Rn. 11; Kölner Komm AktG/*Tröger* Rn. 73; MüKoAktG/*Arnold* Rn. 45; K. Schmidt/Lutter/*Spindler* Rn. 14; Wachter/*Dürr* Rn. 11; Faerber/Garbe GWR 2012, 219 (221); zur GmbH auch *Wank* ZGR 1979, 222 (230); wohl auch Scholz/K. Schmidt GmbHG § 47 Rn. 160.
[99] RGZ 146, 385 (391 f.); BGHZ 36, 296 (299); Grigoleit/*Herrler* Rn. 16; Hölters/*Hirschmann* Rn. 28; Hüffer/Koch/*Koch*, 13. Aufl. 2018, Rn. 11; Kölner Komm AktG/*Tröger* Rn. 73; MüKoAktG/*Arnold* Rn. 45; Wachter/*Dürr* Rn. 11; Petersen/Schulze De la Cruz NZG 2012, 453 (455); Surminski DB 1971, 417 (418); Victoria Villeda AG 2013, 57 (59); zur GmbH auch OLG Brandenburg NZG 2001, 129 (130); Scholz/K. Schmidt GmbHG § 47 Rn. 160; UHL/*Hüffer/Schürnbrand* GmbHG § 47 Rn. 143.
[100] Grigoleit/*Herrler* Rn. 16; Hölters/*Hirschmann* Rn. 28; Hüffer/Koch/*Koch*, 13. Aufl. 2018, Rn. 11; Kölner Komm AktG/*Tröger* Rn. 73; K. Schmidt/Lutter/*Spindler* Rn. 14; Petersen/Schulze De la Cruz NZG 2012, 453 (455); zur GmbH auch BGHZ 68, 107 (110); UHL/*Hüffer/Schürnbrand* GmbHG § 47 Rn. 143.
[101] Grigoleit/*Herrler* Rn. 16; Hölters/*Hirschmann* Rn. 28; Hüffer/Koch/*Koch*, 13. Aufl. 2018, Rn. 11; Kölner Komm AktG/*Tröger* Rn. 72; MüKoAktG/*Arnold* Rn. 45; K. Schmidt/Lutter/*Spindler* Rn. 14; Wachter/*Dürr* Rn. 11; Noack, Gesellschaftervereinbarungen bei Kapitalgesellschaften, 1994, 258; Surminski DB 1971, 417 (418); zur GmbH auch Scholz/K. Schmidt GmbHG § 47 Rn. 160; UHL/*Hüffer/Schürnbrand* GmbHG § 47 Rn. 143; *U.H. Schneider* ZHR 150 (1986) 609 (620); *Wank* ZGR 1979, 222 (230); aA zur GmbH wohl *Heckschen* GmbHR 2016, 897 (908 f.), der eine Beherrschung offenbar als nicht ausreichend ansehen will.
[102] MüKoAktG/*Arnold* Rn. 45; Wachter/*Dürr* Rn. 11; Petersen/Schulze De la Cruz NZG 2012, 453 (455); aA wohl NK-AktR/*Krenek/Pluta* Rn. 18.
[103] Bürgers/Körber/*Holzborn* Rn. 17; MüKoAktG/*Arnold* Rn. 45; s. auch Kölner Komm AktG/*Tröger* Rn. 71; vgl. zur GmbH auch *Heckschen* GmbHR 2016, 897 (908).
[104] MüKoAktG/*Arnold* Rn. 45; vgl. zur GmbH auch BGH ZIP 2009, 2194 f.; zur GbR auch BGH ZIP 2012, 917 (918).
[105] Vgl. zur GbR auch BGH ZIP 2012, 917 (918); krit. Faerber/Garbe GWR 2012, 219 (221).
[106] BGHZ 36, 296 (299 ff.); OLG Karlsruhe AG 2001, 93 f. – DGF-Stoess AG; LG Köln AG 1998, 240; LG Wuppertal AG 1967, 139 (140); *DNotI* DNotI-Report 2008, 177 (178); Bürgers/Körber/*Holzborn* Rn. 17; GHEK/*Eckardt* Rn. 30 f.; Grigoleit/*Herrler* Rn. 18; Großkomm AktG/*Grundmann* Rn. 24; Hölters/*Hirschmann* Rn. 30; Hüffer/Koch/*Koch*, 13. Aufl. 2018, Rn. 14; Kölner Komm AktG/*Tröger* Rn. 79; MüKoAktG/*Arnold*

lich.[107] Von einem maßgeblichen Einfluss ist regelmäßig auszugehen bei dem Alleingeschäftsführer einer GmbH oder dem alleinigen Vorstandsmitglied einer AG.[108]

Bei **mehrgliedrigen Leitungsorganen** von juristischen Personen erfolgt eine Zurechnung nicht bereits dann, wenn nur ein einzelnes von mehreren Organmitgliedern von dem Stimmverbot betroffen ist.[109] Angesichts des mit einem Stimmverbot verbundenen Eingriffs in das Mitgliedschaftsrecht kann aus der Interessenkollision in der Person eines einzelnen Organmitglieds nicht ohne weiteres eine Interessenkollision des gesamten Organs abgeleitet werden.[110] Erforderlich ist daher grundsätzlich ein **rechtlich gesicherter Einfluss** („rechtliche Beherrschung").[111] Hierzu müssen die von dem Stimmverbot betroffenen Organmitglieder das Abstimmverhalten der Drittgesellschaft aufgrund des internen Verfahrens zur Entscheidungsfindung (etwa aufgrund einer Geschäftsordnung) maßgeblich beeinflussen können.[112] Dies wird regelmäßig der Fall sein, wenn die Mehrzahl der Mitglieder des Leitungsorgans von dem Stimmverbot betroffen ist.[113] Allerdings wird der maßgebliche Einfluss nur **widerleglich vermutet.** Die Vermutung kann etwa dadurch widerlegt werden, dass sich die von dem Stimmverbot betroffenen Organmitglieder bei der Abstimmung über das Abstimmverhalten der Drittgesellschaft enthalten.[114] Nicht ausreichend für eine Zurechnung ist ein bloßes Vetorecht.[115] Auch ein **rein tatsächlicher Einfluss** auf das Abstimmverhalten der Drittgesellschaft **genügt regelmäßig nicht.**[116] Auch wenn die Mehrzahl der Mitglieder des Leitungsorgans von dem Stimmverbot betroffen ist, findet bei der Beschlussfassung über die Entlastung keine Zurechnung statt, wenn sowohl die Gesellschaft als auch die Drittgesellschaft nach dem MitbestG mitbestimmt sind. Hier liegt gem. § 32 MitbestG die Entscheidungszuständigkeit bei den Anteilseignervertretern im Aufsichtsrat der Obergesellschaft.[117]

Ähnliche Grundsätze wie für die Mitglieder eines Leitungsorgans gelten für **Aufsichtsratsmitglieder,** so dass ein Stimmverbot gegen einzelne Aufsichtsratsmitglieder grundsätzlich nicht zur Zurechnung führt.[118] Einen hinreichenden Einfluss wird man erst dann annehmen können, wenn **mehr als die Hälfte** der Aufsichtsratsmitglieder von dem Stimmverbot betroffen ist. Auch hier gilt

---

Rn. 47; K. Schmidt/Lutter/*Spindler* Rn. 16; *v. Godin/Wilhelmi* Anm. 3; Wachter/*Dürr* Rn. 12; *F. Fischer* NZG 1999, 192; *Happ/Bednarz* FS Hoffmann-Becking, 2013, 433 (436 ff.); *Petersen/Schulze De la Cruz* NZG 2012, 453 (455); *Surminski* DB 1971, 417 (418 f.); *Victoria Villeda* AG 2013, 57 (61); zur GmbH auch LG Berlin ZIP 2013, 520 (521) – Suhrkamp; UHL/*Hüffer/Schürnbrand* GmbHG § 47 Rn. 144; *Heckschen* GmbHR 2016, 897 (907 f.); *U.H. Schneider* ZHR 150 (1986) 609 (620 f.).

[107] So aber RGZ 146, 385 (391 f.); OLG Düsseldorf AG 1968, 19 (20); *Baumbach/Hueck* Rn. 4; ähnlich LG Heilbronn AG 1971, 94 (95 f.), wobei sich allerdings die Frage stellt, ob hierin wirklich ein materieller Unterschied zu sehen ist.

[108] RGZ 146, 385 (391 f.); LG Wuppertal AG 1967, 139 (140); Hölters/*Hirschmann* Rn. 30; Kölner Komm AktG/*Tröger* Rn. 80; MüKoAktG/*Arnold* Rn. 47; K. Schmidt/Lutter/*Spindler* Rn. 16; *Petersen/Schulze De la Cruz* NZG 2012, 453 (455); s. auch LG Köln AG 1998, 240; zur GmbH auch KG GmbHR 2014, 1266 f.; *U.H. Schneider* ZHR 150 (1986) 609 (620 f.); aA für den Alleingeschäftsführer einer GmbH wohl *Victoria Villeda* AG 2013, 57 (62 f.).

[109] So aber noch Kölner Komm AktG/*Zöllner*, 1. Aufl. 1985, Rn. 47, der dies mit der Gefahr begründet, dass sich der Interessenkonflikt, dem das Organmitglied unterliegt, in der juristischen Person fortsetzt; anders jetzt Kölner Komm AktG/*Tröger* Rn. 92.

[110] MüKoAktG/*Arnold* Rn. 47; s. auch K. Schmidt/Lutter/*Spindler* Rn. 17.

[111] BGHZ 36, 296 (300 ff.); OLG Karlsruhe AG 2001, 93 f. – DGF-Stoess AG; LG Heilbronn AG 1971, 94 (95 f.); Bürgers/Körber/*Holzborn* Rn. 17; MüKoAktG/*Arnold* Rn. 47; K. Schmidt/Lutter/*Spindler* Rn. 17; Wachter/*Dürr* Rn. 12; *Victoria Villeda* AG 2013, 57 (61); s. auch Kölner Komm AktG/*Tröger* Rn. 79.

[112] DNotI DNotI-Report 2008, 177 (178); MüKoAktG/*Arnold* Rn. 48.

[113] Kölner Komm AktG/*Tröger* Rn. 80.

[114] Vgl. OLG Karlsruhe AG 2001, 93 f. – DGF-Stoess AG; *Petersen/Schulze De la Cruz* NZG 2012, 453 (457 f.); wohl auch Wachter/*Dürr* Rn. 12; aA MüKoAktG/*Arnold* Rn. 48 (teilw. anders aber dort in Rn. 49); enger wohl auch K. Schmidt/Lutter/*Spindler* Rn. 17: betroffene Organmitglieder müssten sich von einer internen Beschlussempfehlung ausschließen oder von dem Organ ausgeschlossen werden; ähnlich Grigoleit/*Herrler* Rn. 19: Nichtteilnahme an Verhandlungen und Abstimmung; unklar Hölters/*Hirschmann* Rn. 31.

[115] OLG Karlsruhe AG 2001, 93 (94) – DGF-Stoess AG; Bürgers/Körber/*Holzborn* Rn. 17; Grigoleit/*Herrler* Rn. 18; Kölner Komm AktG/*Tröger* Rn. 81; MüKoAktG/*Arnold* Rn. 47; *Petersen/Schulze De la Cruz* NZG 2012, 453 (456); *Victoria Villeda* AG 2013, 57 (61).

[116] Kölner Komm AktG/*Tröger* Rn. 79; MüKoAktG/*Arnold* Rn. 47, 49; K. Schmidt/Lutter/*Spindler* Rn. 17.

[117] Hölters/*Hirschmann* Rn. 30; Kölner Komm AktG/*Tröger* Rn. 80; *Happ/Bednarz* FS Hoffmann-Becking, 2013, 433 (449 f.); *Petersen/Schulze De la Cruz* NZG 2012, 453 (456 f.).

[118] OLG Hamburg AG 1981, 193 (195) – Altbank Commerzbank Aktiengesellschaft von 1870 in Hamburg (keine Zurechnung, wenn zwei von 13 Aufsichtsratsmitgliedern von einem Stimmverbot betroffen sind); LG Wuppertal AG 1967, 139 (140) (keine Zurechnung, wenn drei von zehn Aufsichtsratsmitgliedern von einem Stimmverbot betroffen sind); Grigoleit/*Herrler* Rn. 18; Kölner Komm AktG/*Tröger* Rn. 82; MüKoAktG/*Arnold* Rn. 47; K. Schmidt/Lutter/*Spindler* Rn. 16.

aber wiederum nur die **widerlegliche Vermutung** eines maßgeblichen Einflusses. Diese Vermutung kann insbesondere in Fällen widerlegt werden, in denen der Aufsichtsrat in die Entscheidung über die Stimmrechtsausübung durch die Drittgesellschaft nicht formal eingebunden war und auf diese auch ansonsten keinen Einfluss genommen hat. Ist der Aufsichtsrat formal in die Entscheidung über die Stimmrechtsausübung durch die Drittgesellschaft eingebunden, kann die Vermutung durch eine Enthaltung bei der betreffenden Abstimmung widerlegt werden.[119]

31 **dd) Stimmverbot gegen die Drittgesellschaft. (1) Auswirkungen auf Gesellschafter.** Besteht ein Stimmverbot gegen die Drittgesellschaft, ist dieses den Gesellschaftern der Drittgesellschaft nur dann zuzurechnen, wenn eine **nachhaltige Interessenverknüpfung** mit der Drittgesellschaft besteht.[120] Bei der Beurteilung ist maßgeblich auf die wirtschaftlichen Interessen des Gesellschafters abzustellen.[121] Eine Zurechnung ist anzunehmen, wenn die Verbindlichkeiten der Drittgesellschaft aufgrund der Interessenverknüpfung wirtschaftlich als eigene Verbindlichkeiten des Gesellschafters angesehen werden können.[122] Dies ist vor allem dann der Fall, wenn den Gesellschafter eine **persönliche Haftung** für die Verbindlichkeiten der Drittgesellschaft trifft. Handelt es sich bei der Drittgesellschaft um eine oHG oder KG wird daher das gegen die Gesellschaft bestehende Stimmverbot auch den persönlich haftenden Gesellschaftern zugerechnet.[123]

32 Eine Zurechnung ist auch dann grundsätzlich nicht ausgeschlossen, wenn es sich bei der Drittgesellschaft um eine **juristische Person** handelt.[124] Eine hinreichende Interessenverknüpfung ist gegeben, wenn zwischen dem Gesellschafter und der Drittgesellschaft ein Beherrschungs- und/oder Gewinnabführungsvertrag besteht, aus dem der Gesellschafter gem. § 302 verlustausgleichspflichtig ist.[125] Gleiches gilt, wenn den Gesellschafter eine persönliche Haftung für die Verbindlichkeiten der Drittgesellschaft trifft (etwa über eine Garantie, Bürgschaft oder Patronatserklärung).[126] Auch bei dem **Alleingesellschafter** einer Einmann-GmbH oder Einmann-AG ist eine nachhaltige Interessenverknüpfung regelmäßig zu bejahen.[127] Abgesehen von diesen Fällen sollte eine Zurechnung bei juristischen Personen im Hinblick auf das gesellschaftsrechtliche Trennungsprinzip allenfalls zurückhaltend bejaht werden. Allein der Umstand, dass der Gesellschafter die Drittgesellschaft iSv § 17 beherrscht, reicht nicht aus.[128] Es muss vielmehr ein **unternehmerisches Interesse** an der Drittgesellschaft hinzukommen, welches das unternehmerische Interesse an der AG überwiegt.[129] Daran

---

[119] AA MüKoAktG/*Arnold* Rn. 48; wohl auch Wachter/*Dürr* Rn. 12; enger wohl auch K. Schmidt/Lutter/*Spindler* Rn. 17: betroffene Organmitglieder müssten sich von einer internen Beschlussempfehlung ausschließen oder von dem Organ ausgeschlossen werden; ähnlich Grigoleit/*Herrler* Rn. 19: Nichtteilnahme an Verhandlungen und Abstimmung.

[120] Bürgers/Körber/*Holzborn* Rn. 16; Grigoleit/*Herrler* Rn. 20; Hölters/*Hirschmann* Rn. 29; Hüffer/Koch/*Koch*, 13. Aufl. 2018, Rn. 12; Kölner Komm AktG/*Tröger* Rn. 74; MüKoAktG/*Arnold* Rn. 42; K. Schmidt/Lutter/*Spindler* Rn. 15; Wachter/*Dürr* Rn. 13; *Victoria Villeda* AG 2013, 57 (63); zur GmbH auch OLG Brandenburg ZIP 2017, 1417 (1420); UHL/*Hüffer/Schürnbrand* GmbHG § 47 Rn. 145 ff.; Scholz/*K. Schmidt* GmbHG § 47 Rn. 164; *Rüppell* EWiR 2017, 623 (624); *Wank* ZGR 1979, 222 (225 ff.); zu § 25 Abs. 5 Alt. 1 WEG BGH NZG 2017, 780 (783); aA Großkomm AktG/*Grundmann* Rn. 25, der allein nach der persönlichen Haftung für die Verbindlichkeiten der Drittgesellschaft differenzieren will.

[121] Vgl. Grigoleit/*Herrler* Rn. 21; Kölner Komm AktG/*Tröger* Rn. 74; MüKoAktG/*Arnold* Rn. 42 f.; K. Schmidt/Lutter/*Spindler* Rn. 15; Wachter/*Dürr* Rn. 13; anders zu § 25 Abs. 5 Alt. 1 WEG BGH NZG 2017, 780 (783).

[122] Vgl. Großkomm AktG/*Grundmann* Rn. 25; s. auch MüKoAktG/*Arnold* Rn. 43.

[123] Bürgers/Körber/*Holzborn* Rn. 16; Grigoleit/*Herrler* Rn. 21; Hüffer/Koch/*Koch*, 13. Aufl. 2018, Rn. 13; Kölner Komm AktG/*Tröger* Rn. 74; MüKoAktG/*Arnold* Rn. 43; K. Schmidt/Lutter/*Spindler* Rn. 15; zur GmbH auch BGHZ 68, 107 (109 f.); BGH NJW 1973, 1039 (1040); Scholz/*K. Schmidt* GmbHG § 47 Rn. 164; UHL/*Hüffer/Schürnbrand* GmbHG § 47 Rn. 146.

[124] Vgl. Kölner Komm AktG/*Tröger* Rn. 92; anders Großkomm AktG/*Grundmann* Rn. 25; grundsätzlich auch Kölner Komm AktG/*Zöllner*, 1. Aufl. 1985, Rn. 42 f.

[125] Kölner Komm AktG/*Tröger* Rn. 75.

[126] Grigoleit/*Herrler* Rn. 21; Kölner Komm AktG/*Tröger* Rn. 75.

[127] Grigoleit/*Herrler* Rn. 21; Hölters/*Hirschmann* Rn. 29; Hüffer/Koch/*Koch*, 13. Aufl. 2018, Rn. 13; Kölner Komm AktG/*Tröger* Rn. 75; MüKoAktG/*Arnold* Rn. 40; K. Schmidt/Lutter/*Spindler* Rn. 15; Wachter/*Dürr* Rn. 13; zur GmbH auch BGHZ 56, 47 (53); BGH NJW 1973, 1039 (1040); OLG Brandenburg ZIP 2017, 1417 (1420); Scholz/*K. Schmidt* GmbHG § 47 Rn. 164; UHL/*Hüffer/Schürnbrand* GmbHG § 47 Rn. 146.

[128] Vgl. Hüffer/Koch/*Koch*, 13. Aufl. 2018, Rn. 13; Kölner Komm AktG/*Tröger* Rn. 75; MüKoAktG/*Arnold* Rn. 43; zur GmbH auch OLG Brandenburg ZIP 2017, 1417 (1420); aA K. Schmidt/Lutter/*Spindler* Rn. 15; aA zur GmbH auch UHL/*Hüffer/Schürnbrand* GmbHG § 47 Rn. 147; *Kuhn* EWiR 2015, 311 (312).

[129] MüKoAktG/*Arnold* Rn. 43; zur GmbH auch OLG Brandenburg ZIP 2017, 1417 (1420 f.); KG ZIP 2014, 2505 (2506); Baumbach/Hueck/*Zöllner/Noack* GmbHG § 47 Rn. 99; Scholz/*K. Schmidt* GmbHG § 47 Rn. 164; *Rüppell* EWiR 2017, 623 (624); wohl auch *Kuhn* EWiR 2015, 311 (312); aA Kölner Komm AktG/*Tröger* Rn. 74 f.; aA zur GmbH auch MHLS/*Römermann* GmbHG § 47 Rn. 146; MüKoGmbHG/*Drescher* § 47 Rn. 199; UHL/*Hüffer/Schürnbrand* GmbHG § 47 Rn. 145.

dürfte es idR fehlen, wenn die Beteiligungsquote an der AG höher ist als die Beteiligungsquote an der Drittgesellschaft.[130] Da zwischen mehreren Gesellschaftern einer Drittgesellschaft nicht zwangsläufig ein Interessengleichlauf besteht, sollte eine Zurechnung auch dann nicht ohne weiteres bejaht werden, wenn alle Gesellschafter der Drittgesellschaft zugleich Aktionäre sind.[131] Eine Ausnahme gilt, sofern zwischen den Gesellschaftern der Drittgesellschaft eine persönliche Verbundenheit besteht.[132]

Liegen die Voraussetzungen für eine Zurechnung vor, kommt es nicht darauf an, ob die Drittgesellschaft tatsächlich an der AG beteiligt ist. Da es in den betreffenden Fällen um die Geltendmachung von Ansprüchen gegen die Drittgesellschaft oder um die Befreiung der Drittgesellschaft von einer Verbindlichkeit geht, besteht der Interessenkonflikt für die Gesellschafter der Drittgesellschaft unabhängig von deren Aktionärsstellung. Entscheidend ist daher nur, ob die Drittgesellschaft im Falle einer Beteiligung an der AG von einem Stimmverbot betroffen wäre.[133]

(2) Auswirkungen auf Organmitglieder. Auch bei Organmitgliedern kommt es für die Zurechnung maßgeblich darauf an, ob eine **nachhaltige Interessenverknüpfung** mit der Drittgesellschaft besteht.[134] Hiervon ist bei Vorstandsmitgliedern einer AG grundsätzlich auszugehen, da diese die Gesellschaft in eigener Verantwortung leiten und sich dementsprechend regelmäßig mit deren Schicksal identifizieren.[135] Bei Geschäftsführern einer GmbH kommt es auf den jeweiligen Einzelfall an, da diese angesichts des Weisungsrechts der Gesellschafterversammlung eine wesentlich schwächere Position einnehmen als Vorstandsmitglieder einer AG.[136] Aufsichtsratsmitgliedern wird ein gegen die Drittgesellschaft bestehendes Stimmverbot regelmäßig nicht zugerechnet.[137] Eine Ausnahme kommt allenfalls dann in Betracht, wenn die Aufsichtsratsmitglieder in Wahrheit Träger der unternehmerischen Funktion sind.[138] Liegen die Voraussetzungen für eine Zurechnung vor, kommt es auch hier nur darauf an, ob für die Drittgesellschaft ein Stimmverbot gelten würde, wenn sie an der AG beteiligt wäre. Auf eine tatsächliche Beteiligung kommt es nicht an (→ Rn. 33).

e) Gemeinschaftliche Berechtigung. Bei gemeinschaftlicher Berechtigung von Miteigentümern (§§ 741 ff. BGB), Ehegatten (§§ 1415 ff. BGB) oder Miterben (§§ 2032 ff. BGB) gelten für die Zurechnung ähnliche Grundsätze wie für die Gesellschafter einer Drittgesellschaft (→ Rn. 31 ff.). Ein Stimmverbot gegen einen Mitberechtigten erstreckt sich nicht ohne weiteres auf die übrigen Mitberechtigten.[139] Das Stimmrecht aus den zum gemeinschaftlichen Vermögen gehörenden Aktien kann vielmehr nur dann nicht ausgeübt werden, wenn der von dem Stimmverbot betroffene Mitberechtigte die Stimmrechtsausübung **maßgeblich beeinflussen** kann.[140] Als Beispiel für einen maßgeblichen Einfluss wird zumeist die Übertragung der Verwaltung des Nachlasses auf einen Miterben genannt.[141]

---

[130] Vgl. MüKoAktG/*Arnold* Rn. 43; K. Schmidt/Lutter/*Spindler* Rn. 15; aA Hölters/*Hirschmann* Rn. 29.

[131] So aber Grigoleit/*Herrler* Rn. 21; Hüffer/Koch/*Koch*, 13. Aufl. 2018, Rn. 13; K. Schmidt/Lutter/*Spindler* Rn. 15; zur GmbH auch BGHZ 68, 107 (110 f.).

[132] MüKoAktG/*Arnold* Rn. 43; aA Kölner Komm AktG/*Tröger* Rn. 75.

[133] Bürgers/Körber/*Holzborn* Rn. 16; Kölner Komm AktG/*Tröger* Rn. 68; MüKoAktG/*Arnold* Rn. 39; zur GmbH auch OLG Brandenburg ZIP 2017, 1417 (1419); KG ZIP 2014, 2505 (2506).

[134] Bürgers/Körber/*Holzborn* Rn. 16; Grigoleit/*Herrler* Rn. 20; Hölters/*Hirschmann* Rn. 32; Hüffer/Koch/*Koch*, 13. Aufl. 2018, Rn. 14; Kölner Komm AktG/*Tröger* Rn. 77; MüKoAktG/*Arnold* Rn. 46; K. Schmidt/Lutter/*Spindler* Rn. 18; anders Großkomm AktG/*Grundmann* Rn. 26, der auf die Wertung des § 31 BGB abstellen will.

[135] Vgl. MüKoAktG/*Arnold* Rn. 46; K. Schmidt/Lutter/*Spindler* Rn. 18; grundsätzlich auch Kölner Komm AktG/*Tröger* Rn. 78; aA für Vorstandsmitglieder ohne Beteiligung an der Drittgesellschaft wohl *Victoria Villeda* AG 2013, 57 (64).

[136] IE ähnlich Kölner Komm AktG/*Tröger* Rn. 78; weitergehend Grigoleit/*Herrler* Rn. 20; MüKoAktG/*Arnold* Rn. 46, die eine Zurechnung auch bei GmbH-Geschäftsführern regelmäßig bejahen wollen; generell gegen eine Zurechnung bei Fremdgeschäftsführern dagegen BGH ZIP 2012, 917 (920) (zur GbR); zust. *Lieder* WuB II C. § 47 GmbHG 1.12; *Victoria Villeda* AG 2013, 57 (64).

[137] Kölner Komm AktG/*Tröger* Rn. 78; MüKoAktG/*Arnold* Rn. 46; K. Schmidt/Lutter/*Spindler* Rn. 18; aA noch *Zöllner*, Die Schranken mitgliedschaftlicher Stimmrechtsmacht bei privatrechtlichen Personenverbänden, 1963, 281.

[138] Kölner Komm AktG/*Tröger* Rn. 78.

[139] Bürgers/Körber/*Holzborn* Rn. 19; Grigoleit/*Herrler* Rn. 22; Großkomm AktG/*Grundmann* Rn. 23; Hölters/*Hirschmann* Rn. 33; Hüffer/Koch/*Koch*, 13. Aufl. 2018, Rn. 15; Kölner Komm AktG/*Tröger* Rn. 67; MüKoAktG/*Arnold* Rn. 52; K. Schmidt/Lutter/*Spindler* Rn. 19; Wachter/*Dürr* Rn. 8; zur GmbH auch BGHZ 49, 183 (194); BGHZ 51, 209 (219); Scholz/K. Schmidt GmbHG § 47 Rn. 161; UHL/Hüffer/Schürnbrand GmbHG § 47 Rn. 150; aA noch RGZ 146, 71 (74); *Baumbach/Hueck* Rn. 4; *v. Godin/Wilhelmi* Anm. 3; s. auch *Wiedemann* GmbHR 1969, 247 (251 f.).

[140] Bürgers/Körber/*Holzborn* Rn. 19; Grigoleit/*Herrler* Rn. 22; Hölters/*Hirschmann* Rn. 33; Hüffer/Koch/*Koch*, 13. Aufl. 2018, Rn. 15; Kölner Komm AktG/*Tröger* Rn. 67; MüKoAktG/*Arnold* Rn. 52; K. Schmidt/Lutter/*Spindler* Rn. 19; Wachter/*Dürr* Rn. 8.

[141] Hölters/*Hirschmann* Rn. 33; Hüffer/Koch/*Koch*, 13. Aufl. 2018, Rn. 15; Kölner Komm AktG/*Tröger* Rn. 67; MüKoAktG/*Arnold* Rn. 52; K. Schmidt/Lutter/*Spindler* Rn. 19.

36 **f) Stimmbindungsverträge.** Das gegen den Begünstigten aus einem Stimmbindungsvertrag bestehende Stimmverbot erstreckt sich grundsätzlich nicht auf den aus dem Stimmbindungsvertrag Verpflichteten. Das Stimmverbot führt nur dazu, dass insoweit ein in dem Stimmbindungsvertrag vereinbartes Weisungsrecht unwirksam ist. Der Verpflichtete kann daher sein Stimmrecht frei ausüben, wobei er aber freiwillig den Weisungen des Berechtigten folgen kann.[142] Besteht gegen ein Mitglied eines **Stimmpools** ein Stimmverbot, erfolgt nach hM eine Zurechnung nur dann, wenn das betreffende Mitglied die Stimmrechtsausübung maßgeblich beeinflussen kann.[143] Regelmäßig wird es aber an einem solchen Einfluss fehlen, da das Stimmverbot auf die Abstimmung im Stimmpool durchschlagen dürfte.[144] Stimmt das von dem Stimmverbot betroffene Mitglied dennoch mit ab und haben die Stimmen maßgeblichen Einfluss auf das Abstimmungsergebnis, führt dies dazu, dass die anderen Poolmitglieder ihr Stimmrecht frei ausüben können. Die Behandlung des Stimmpools entspräche damit der Behandlung von Stimmbindungsverträgen.

37 **g) Nahestehende Personen.** Eine Zurechnung von Stimmverboten zwischen Angehörigen und sonstigen nahestehenden Personen erfolgt grundsätzlich nicht.[145] Etwas anderes gilt nur dann, wenn das Stimmverbot im Einzelfall **umgangen** wird.[146] Für eine Umgehung sind aber stets **konkrete Anhaltspunkte erforderlich**.[147] Allein die Übertragung von Aktien auf eine nahestehende Person begründet noch keinen Anscheinsbeweis für einen Umgehungsversuch. Dies gilt auch bei unentgeltlicher Übertragung.[148] Allerdings kann eine besondere zeitliche Nähe zwischen der Abstimmung und der Anteilsübertragung ein Indiz für einen Umgehungsversuch sein. Die Annahme eines Anscheinsbeweises dürfte aber auch in diesem Fall zu weit gehen.[149]

38 Dieselben Grundsätze wie für nahestehende Personen gelten auch für **Erben,** wenn über die Entlastung des Erblassers abgestimmt wird. Auch hier wird das gegen den Erblasser bestehende Stimmverbot dem Erben nicht zugerechnet.[150] Etwas anderes gilt, wenn über die Geltendmachung von Ansprüchen oder die Befreiung von einer Verbindlichkeit abgestimmt wird. Hier rückt der Erbe in die Pflichtenstellung des Erblassers ein, so dass er auch von dem Stimmverbot erfasst wird.[151]

39 **h) Kreditinstitute.** Kreditinstitute, die gem. § 135 Stimmrechte ausüben, können selbst oder infolge einer Zurechnung (→ Rn. 25 ff.) von einem Stimmverbot betroffen sein. Um zu vermeiden, dass eine Vielzahl von Kleinaktionären nicht an der Abstimmung teilnehmen kann, muss die Ausübung des Depotstimmrechts trotz eines grundsätzlich bestehenden Stimmverbots zumindest dann zulässig sein, wenn die Abstimmung aufgrund einer ausdrücklichen Weisung des Aktionärs erfolgt.[152]

40 **3. Wirkung des Stimmverbots.** Die Stimmverbote des § 136 Abs. 1 haben lediglich ein Verbot der Stimmabgabe zur Folge. Die übrigen Aktionärsrechte (zB Teilnahmerecht, Auskunftsrecht, Antragsrecht, Recht zur Widerspruchseinlegung) bleiben unberührt.[153] Von einem Stimmverbot betroffene Aktionäre müssen das Stimmverbot nicht bei dem Versammlungsleiter anmelden oder in

---

[142] Bürgers/Körber/*Holzborn* Rn. 13; Kölner Komm AktG/*Tröger* Rn. 89; MüKoAktG/*Arnold* Rn. 54.
[143] Kölner Komm AktG/*Tröger* Rn. 90; Wachter/*Dürr* Rn. 8; s. auch Großkomm AktG/*Grundmann* Rn. 23; *Groß-Bölting,* Gesellschaftervereinbarungen in der Aktiengesellschaft, 2011, 182.
[144] Vgl. Kölner Komm AktG/*Tröger* Rn. 90.
[145] BGHZ 56, 47 (54); OLG Hamm GmbHR 1989, 79; Bürgers/Körber/*Holzborn* Rn. 14; Grigoleit/*Herrler* Rn. 23; Großkomm AktG/*Grundmann* Rn. 27; Hölters/*Hirschmann* Rn. 34; Hüffer/Koch/*Koch,* 13. Aufl. 2018, Rn. 16; Kölner Komm AktG/*Tröger* Rn. 87; MüKoAktG/*Arnold* Rn. 35; K. Schmidt/Lutter/*Spindler* Rn. 20; Wachter/*Dürr* Rn. 9; *Faerber/Garbe* GWR 2012, 219; zur GbR auch BGH ZIP 2012, 917 (921); zur GmbH auch BGHZ 80, 69 (71); Scholz/K. Schmidt GmbHG § 47 Rn. 154; UHL/Hüffer/*Schürnbrand* GmbHG § 47 Rn. 151; *Heckschen* GmbHR 2016, 897 (909); aA zur GmbH Roth/Altmeppen/*Roth* GmbHG § 47 Rn. 81; U.H. *Schneider* ZHR 150 (1986) 609 (615 f.); wohl auch *Wank* ZGR 1979, 222 (228 f.).
[146] Bürgers/Körber/*Holzborn* Rn. 14; Grigoleit/*Herrler* Rn. 23; Hüffer/Koch/*Koch,* 13. Aufl. 2018, Rn. 16; Kölner Komm AktG/*Tröger* Rn. 87; zur GmbH auch OLG Hamm GmbHR 1989, 79; *Heckschen* GmbHR 2016, 897 (910).
[147] Vgl. Kölner Komm AktG/*Tröger* Rn. 87; MüKoAktG/*Arnold* Rn. 29.
[148] Vgl. zur GmbH OLG München Urt. v. 29.3.2012 – 23 U 3953/09, BeckRS 2012, 07660; *Heckschen* GmbHR 2016, 897 (909).
[149] So aber OLG Hamm GmbHR 1989, 79 f. (zur GmbH).
[150] Grigoleit/*Herrler* Rn. 23; Kölner Komm AktG/*Tröger* Rn. 88; MüKoAktG/*Arnold* Rn. 36; K. Schmidt/Lutter/*Spindler* Rn. 20; *Mutter* AG-Report 2012, R45.
[151] Grigoleit/*Herrler* Rn. 23; Großkomm AktG/*Grundmann* Rn. 27; Kölner Komm AktG/*Tröger* Rn. 88; MüKoAktG/*Arnold* Rn. 36; K. Schmidt/Lutter/*Spindler* Rn. 20.
[152] Bürgers/Körber/*Holzborn* Rn. 20; Grigoleit/*Herrler* Rn. 24; Kölner Komm AktG/*Tröger* Rn. 85; MüKoAktG/*Arnold* Rn. 53; Wachter/*Dürr* Rn. 7.
[153] Vgl. Kölner Komm AktG/*Tröger* Rn. 94; MüKoAktG/*Arnold* Rn. 55; K. Schmidt/Lutter/*Spindler* Rn. 33.

sonstiger Weise kundtun. Sie sind lediglich verpflichtet, sich nicht an der Abstimmung zu beteiligen. Bei Anwendung des **Subtraktionsverfahrens** ist hierzu erforderlich, dass sie sich entweder ausdrücklich enthalten oder sicherstellen, dass die auf sie entfallenden Stimmen von vornherein von der Präsenz abgesetzt werden.[154]

Da das Bestehen eines Stimmverbots mitunter zweifelhaft sein kann, ist der **Versammlungsleiter** 41 grundsätzlich nicht verpflichtet, die von einem Stimmverbot betroffenen Aktionäre von der Abstimmung auszuschließen.[155] Etwas anderes kann nur dann gelten, wenn ein Verstoß gegen das Stimmverbot offensichtlich ist.[156] Auch eine Nachfragepflicht des Versammlungsleiters wird man allenfalls bei konkreten Anhaltspunkten für ein Stimmverbot bejahen können.[157] Da die Darlegungs- und Beweislast für das Bestehen eines Stimmverbots die Gesellschaft trifft, wenn Aktien nicht zur Abstimmung zugelassen werden (→ Rn. 42), empfiehlt es sich in Zweifelsfällen, die umstrittenen Stimmen zu berücksichtigen.[158]

4. Rechtsfolgen von Verstößen. Stimmen, die unter Verstoß gegen ein Stimmverbot abgegeben 42 wurden, sind **gem. § 134 BGB nichtig.**[159] Der Hauptversammlungsbeschluss ist dagegen trotz eines Verstoßes gegen § 136 Abs. 1 grundsätzlich wirksam. Er ist aber gem. § 243 Abs. 1 anfechtbar, wenn sich die verbotswidrig abgegebenen Stimmen auf das Beschlussergebnis ausgewirkt haben.[160] Im Hinblick auf die Nichtbeachtung eines Stimmverbots ist der Anfechtungskläger darlegungs- und beweispflichtig.[161] Die Gesellschaft trifft die Darlegungs- und Beweislast, dass Stimmen zu Recht von der Abstimmung ausgeschlossen wurden oder zu Unrecht berücksichtigte Stimmen für das Beschlussergebnis nicht kausal waren.[162] Ist ein Beschlussantrag unter Verstoß gegen ein Stimmverbot abgelehnt worden, kann die Anfechtungsklage gegen den ablehnenden Beschluss mit einer positiven Beschlussfeststellungsklage kombiniert werden.[163]

Wer sich schuldhaft unter Verstoß gegen ein Stimmverbot an einer Abstimmung beteiligt, ist 43 der Gesellschaft gem. § 823 Abs. 2 BGB iVm § 136 Abs. 1 oder (bei Vorsatz) gem. § 826 zum **Ersatz des daraus entstehenden Schadens** verpflichtet.[164] Ferner soll in Ausnahmefällen bei Nichtberücksichtigung eines Stimmverbots oder bei unberechtigtem Ausschluss von Stimmen ein **Schadensersatzanspruch der Gesellschaft gegen den Versammlungsleiter** aus § 116 iVm § 93 in Betracht kommen, sofern es sich bei diesem um ein Aufsichtsratsmitglied handelt.[165] Voraussetzung hierfür wäre, dass es sich bei der Versammlungsleitung um Aufsichtsratstätigkeit handelt. Dies erscheint auch dann nicht zweifelsfrei, wenn die Satzung diese Aufgabe ausdrücklich dem Aufsichtsratsvorsitzenden oder einem sonstigen Aufsichtsratsmitglied zuweist, da es sich um eine zusätzliche Aufgabe handelt, die sich ohne entsprechende Zuweisung nicht aus dem Aufsichtsratsamt ergibt (→ Anh. § 119 Rn. 2).[166] Alternativ käme die Annahme eines Auftragsverhältnisses

---

[154] Grigoleit/*Herrler* Rn. 25; Kölner Komm AktG/*Tröger* Rn. 94; MüKoAktG/*Arnold* Rn. 55; s. auch *Geßler* BB 1962, 1182 (1184 f.).
[155] Vgl. Grigoleit/*Herrler* Rn. 25; Kölner Komm AktG/*Tröger* Rn. 95; MüKoAktG/*Arnold* Rn. 57; K. Schmidt/Lutter/*Spindler* Rn. 33; Wachter/*Dürr* Rn. 19.
[156] Grigoleit/*Herrler* Rn. 25; K. Schmidt/Lutter/*Spindler* Rn. 33; Wachter/*Dürr* Rn. 19.
[157] MüKoAktG/*Arnold* Rn. 57; Wachter/*Dürr* Rn. 19; weitergehend wohl K. Schmidt/Lutter/*Spindler* Rn. 33: Versammlungsleiter sei eine sorgfältige Prüfung auferlegt.
[158] MüKoAktG/*Arnold* Rn. 57.
[159] *DNotI* DNotI-Report 2008, 177 (179); Bürgers/Körber/*Holzborn* Rn. 21; Grigoleit/*Herrler* Rn. 25; Hölters/*Hirschmann* Rn. 36; Hüffer/Koch/*Koch*, 13. Aufl. 2018, Rn. 24; Kölner Komm AktG/*Tröger* Rn. 95; MüKoAktG/*Arnold* Rn. 58; K. Schmidt/Lutter/*Spindler* Rn. 33; Wachter/*Dürr* Rn. 20; *Petersen/Schulze De la Cruz* NZG 2012, 453 (455).
[160] BGH NZG 2006, 191 (192 f.); Bürgers/Körber/*Holzborn* Rn. 21; Hölters/*Hirschmann* Rn. 36; Hüffer/Koch/*Koch*, 13. Aufl. 2018, Rn. 24; Kölner Komm AktG/*Tröger* Rn. 96; MüKoAktG/*Arnold* Rn. 58; Wachter/*Dürr* Rn. 20; *Petersen/Schulze De la Cruz* NZG 2012, 453 (455).
[161] Bürgers/Körber/*Holzborn* Rn. 21; Kölner Komm AktG/*Tröger* Rn. 96; MüKoAktG/*Arnold* Rn. 58; s. auch *Grunsky* ZIP 1991, 778 (781).
[162] Bürgers/Körber/*Holzborn* Rn. 21; MüKoAktG/*Arnold* Rn. 58; s. auch *Grunsky* ZIP 1991, 778 (781).
[163] Kölner Komm AktG/*Tröger* Rn. 97; MüKoAktG/*Arnold* Rn. 58; zur GmbH auch BGHZ 76, 191 (197 ff.); vgl. auch BGHZ 97, 28 (30); *K. Schmidt* AG 1980, 169 ff.
[164] Bürgers/Körber/*Holzborn* Rn. 21; Grigoleit/*Herrler* Rn. 25; Hüffer/Koch/*Koch*, 13. Aufl. 2018, Rn. 24; Kölner Komm AktG/*Tröger* Rn. 99; MüKoAktG/*Arnold* Rn. 59; K. Schmidt/Lutter/*Spindler* Rn. 34.
[165] Hölters/*Hirschmann* Rn. 38; MüKoAktG/*Arnold* Rn. 56; vgl. auch *Rose* NZG 2007, 241 (245) (Schadensersatzpflicht gem. § 116 iVm § 93 bei unrechtmäßiger Weigerung, über einen Antrag auf Abwahl des Versammlungsleiters abstimmen zu lassen).
[166] Vgl. LG Ravensburg ZIP 2014, 1632 (1633); Kölner Komm AktG/*Tröger* Rn. 100; MüKoAktG/*Kubis* § 119 Rn. 184; *Marsch-Barner* in Marsch-Barner/Schäfer Börsennotierte AG-HdB Rn. 33.29a; *Marsch-Barner* FS Brambring, 2011, 267 (281); *Möhrle/Bednarz* Der Aufsichtsrat 2017, 52; *Poelzig* AG 2015, 476 (477 f.); *v.d. Linden* NZG 2013, 208 (210 f.); für Einordnung als Aufsichtsratstätigkeit aber *Mutter* AG-Report 2013, R161.

in Betracht.¹⁶⁷ Da es regelmäßig an einem ausdrücklichen Vertragsschluss fehlen wird, müsste hierzu in der satzungsgemäßen Übernahme der Versammlungsleitung ein konkludenter Vertragsschluss gesehen werden, was äußerst konstruiert wirkt.¹⁶⁸ Sieht man die Versammlungsleitung nicht als Aufsichtsratstätigkeit an, wäre daher eher an ein rein **korporationsrechtliches Rechtsverhältnis** zu denken, wobei für Pflichtverletzungen eine **Haftung gem. § 280 Abs. 1 BGB** in Betracht käme.¹⁶⁹ Unabhängig von der dogmatischen Konstruktion ist aber bei der Annahme einer Pflichtverletzung Zurückhaltung geboten. Der Versammlungsleiter handelt nur dann pflichtwidrig, wenn er die äußersten Grenzen seines weiten Ermessensspielraums überschreitet.¹⁷⁰ Da für die satzungsgemäße Übernahme der Versammlungsleitung regelmäßig keine gesonderte Vergütung gewährt wird und auch die besondere Entscheidungssituation in der Hauptversammlung zu berücksichtigen ist, spricht zudem einiges dafür, eine mögliche Haftung des Versammlungsleiters auf Vorsatz und allenfalls grobe Fahrlässigkeit zu beschränken.¹⁷¹ Handelt es sich bei dem Versammlungsleiter nicht um ein Aufsichtratsmitglied, kann sich ein Schadensersatzanspruch nach Maßgabe des mit der Gesellschaft bestehenden Rechtsverhältnisses (zB Geschäftsbesorgung, Auftrag) ergeben. Eine Analogie zu §§ 93, 116 scheidet insoweit aus.¹⁷² Sofern keine abweichende Vereinbarung mit der Gesellschaft getroffen wird, sollte hierfür derselbe Haftungsmaßstab gelten wie bei Übernahme der Versammlungsleitung durch Aufsichtsratsmitglieder. Keinesfalls kann sich aus einer Analogie zu §§ 93, 116 ein Anspruch einzelner Aktionäre gegen den Versammlungsleiter ergeben,¹⁷³ da ein solcher Direktanspruch mit der Systematik der §§ 93, 116 nicht vereinbar wäre.

44 Wer Aktien, für die er oder der von ihm Vertretene das Stimmrecht nach § 136 nicht ausüben darf, einem anderen zum Zweck der Stimmrechtsausübung überlässt oder aus solchen ihm überlassenen Aktien das Stimmrecht ausübt, begeht eine **Ordnungswidrigkeit** gem. § 405 Abs. 3 Nr. 5. Aktionäre, die selbst das Stimmrecht unter Verstoß gegen ein Stimmverbot ausüben, sind hiervon nicht erfasst.¹⁷⁴

III. Stimmbindungsverträge (Abs. 2)

45 **1. Überblick.** § 136 Abs. 2 stellt die Kernregelung zu Stimmbindungsverträgen dar, regelt aber lediglich bestimmte Schranken.¹⁷⁵ Stimmbindungsverträge begründen die Verpflichtung eines oder mehrerer Aktionäre, das Stimmrecht in der Hauptversammlung in bestimmter Weise auszuüben oder nicht auszuüben.¹⁷⁶ Entsprechende Verpflichtungen können für einen konkreten Einzelfall begründet werden oder Bestandteil von Pool- oder Konsortialverträgen sein.¹⁷⁷ Stimmbindungsverträge dienen zumeist der Stabilisierung und Einflusssicherung (zB in Familiengesellschaften, in Treuhandverhältnissen oder gegenüber dem Verpfänder) sowie der Durchsetzung gleichgerichteter wirtschaftlicher

---

¹⁶⁷ Dafür *Marsch-Barner* in Marsch-Barner/Schäfer Börsennotierte AG-HdB Rn. 33.29a; *Drinhausen/Marsch-Barner* AG 2014, 757 (767); *Marsch-Barner* FS Brambring, 2011, 267 (281); s. auch Hüffer/Koch/*Koch*, 13. Aufl. 2018, Rn. 24; *Bachmann* EWiR 2000, 157 (158), der eine „auftragsähnliche Haftung" erwägt.

¹⁶⁸ Gegen die Annahme eines Schuldverhältnisses daher LG Ravensburg ZIP 2014, 1632 (1633); MüKoAktG/*Kubis* § 119 Rn. 184; NK-AktR/*Heidel* Vor §§ 129–132 AktG Rn. 71; *v.d. Linden* NZG 2013, 208 (210 f.); s. auch *Möhrle/Bednarz* Der Aufsichtsrat 2017, 52 (53).

¹⁶⁹ So *Poelzig* AG 2015, 476 (479); *Schürnbrand* NZG 2014, 1211 (1212 f.); *Theusinger/Schilha* BB 2015, 131 (138 ff.); *v.d. Linden* NZG 2013, 208 (210 f.); *v.d. Linden* EWiR 2014, 551 (552); s. auch Kölner Komm AktG/ *Tröger* Rn. 100; *Möhrle/Bednarz* Der Aufsichtsrat 2017, 52 (53); grundsätzlich auch NK-AktR/*Heidel* Vor §§ 129–132 AktG Rn. 71, der jedoch § 280 BGB nicht anwenden will; s. auch Hüffer/Koch/*Koch*, 13. Aufl. 2018, Rn. 24; *Bachmann* EWiR 2000, 157 (158); für Haftung allein nach § 826 BGB dagegen LG Ravensburg ZIP 2014, 1632 (1633); MüKoAktG/*Kubis* § 119 Rn. 184.

¹⁷⁰ *Marsch-Barner* in Marsch-Barner/Schäfer Börsennotierte AG-HdB Rn. 33.29a; *Marsch-Barner* FS Brambring, 2011, 267 (281 f.); *Schürnbrand* NZG 2014, 1211 (1213); *v.d. Linden* NZG 2013, 208 (211); s. auch Kölner Komm AktG/*Tröger* Rn. 101.

¹⁷¹ NK-AktR/*Heidel* Vor §§ 129–132 AktG Rn. 72; *Drinhausen/Marsch-Barner* AG 2014, 757 (767); s. auch *Bachmann* EWiR 2000, 157 (158); aA Kölner Komm AktG/*Tröger* Rn. 101; *Poelzig* AG 2015, 476 (480 ff.); *v.d. Linden* NZG 2013, 208 (211).

¹⁷² Vgl. Hüffer/Koch/*Koch*, 13. Aufl. 2018, Rn. 24; *Marsch-Barner* FS Brambring, 2011, 267 (281); *Poelzig* AG 2015, 476 (478 f.); aA K. Schmidt/Lutter/*Spindler* Rn. 34.

¹⁷³ *Grigoleit/Herrler* Rn. 25; Kölner Komm AktG/*Tröger* Rn. 103; K. Schmidt/Lutter/*Spindler* Rn. 34.

¹⁷⁴ Vgl. MüKoAktG/*Arnold* Rn. 60.

¹⁷⁵ Vgl. Großkomm AktG/*Grundmann* Rn. 65; Kölner Komm AktG/*Tröger* Rn. 106.

¹⁷⁶ Bürgers/Körber/*Holzborn* Rn. 22; *Grigoleit/Herrler* Rn. 26; Großkomm AktG/*Grundmann* Rn. 68; Hüffer/Koch/*Koch*, 13. Aufl. 2018, § 133 Rn. 25; Kölner Komm AktG/*Tröger* Rn. 107; K. Schmidt/Lutter/*Spindler* Rn. 36; MüKoAktG/*Arnold* Rn. 61; *Pöschke/Vogel* in Semler/Volhard/Reichert HV-HdB § 11 Rn. 113; MHdB AG/*Hoffmann-Becking* § 39 Rn. 42; *Schröder* ZGR 1978, 578; *Zöllner* ZHR 155 (1991) 168 Fn. 1.

¹⁷⁷ Vgl. *Butzke* Die Hauptversammlung der AG Rn. E 50; K. Schmidt/Lutter/*Spindler* Rn. 36.

Interessen.[178] Sie können sich auf alle oder einen Teil der einem Aktionär gehörenden Aktien beziehen.[179] Das Abstimmverhalten kann in einem Stimmbindungsvertrag bereits konkret festgelegt sein. Alternativ kann die Stimmrechtsausübung an die Weisungen einer bestimmten Person gebunden werden. **Pool- oder Konsortialverträge** sehen idR ein bestimmtes Verfahren für die Koordination des Abstimmverhaltens vor. Ist ein Stimmrechtskonsortium als Innen-GbR ausgestaltet, kann in dem Gesellschaftsvertrag auch für Hauptversammlungsbeschlüsse, die eine qualifizierte Mehrheit erfordern, eine Entscheidung über die Stimmrechtsausübung mit **einfacher Mehrheit** vorgesehen werden.[180] Dies gilt unabhängig von dem Anteil der in dem Konsortium zusammengeschlossenen Aktionäre.[181] Die aktienrechtlichen Stimmverbote gelten entsprechend für die Abstimmung in einem Stimmrechtskonsortium zur Festlegung des Stimmverhaltens in der Hauptversammlung. Unterliegt der Aktionär in der Hauptversammlung keinem Stimmverbot, besteht ein solches auch nicht bei der Abstimmung in dem Stimmrechtskonsortium.[182] Ein **Stimmrechtsausschlussvertrag,** durch den sich ein Aktionär verpflichtet, sein Stimmrecht nicht auszuüben, kann zur Vermeidung einer ansonsten gebotenen Konsolidierung (§ 290 Abs. 2–4 HGB) eingesetzt werden.[183]

2. Rechtsnatur. Stimmbindungsverträge haben keinen organisationsrechtlichen Charakter, sondern sind rein **schuldrechtlicher Natur.**[184] Eine Aufnahme in die Satzung ist zwar möglich, in der Praxis jedoch unüblich.[185] Ist ein Stimmbindungsvertrag auf Dauer und auf eine gemeinsame Zweckverfolgung angelegt (so regelmäßig bei Pool- oder Konsortialverträgen), handelt es sich um eine **GbR** (§§ 705 ff. BGB).[186] Da es idR an einer Außenwirkung fehlt, handelt es sich um eine Innengesellschaft ohne Gesamthandsvermögen.[187] Wird ein solcher Stimmbindungsvertrag unbefristet geschlossen, kann er jederzeit gekündigt werden (§ 723 Abs. 1 S. 1 BGB). Bei Abschluss auf Zeit kann er vor Zeitablauf nur aus wichtigem Grund gekündigt werden (§ 723 Abs. 1 S. 2 BGB). Das Kündigungsrecht kann nicht ausgeschlossen oder beschränkt werden (§ 723 Abs. 3 BGB). Wird nur eine **einseitige Stimmbindung** vereinbart, handelt es sich mangels gemeinsamer Zweckverfolgung

---

[178] Ausf. *Noack*, Gesellschaftervereinbarungen bei Kapitalgesellschaften, 1994, 18 ff.; s. auch Grigoleit/*Herrler* Rn. 26; Hüffer/Koch/*Koch*, 13. Aufl. 2018, § 133 Rn. 25; Kölner Komm AktG/*Tröger* Rn. 108; K. Schmidt/Lutter/ *Spindler* Rn. 39; *Butzke* Die Hauptversammlung der AG Rn. E 50; *Lübbert*, Abstimmungsvereinbarungen in den Aktien- und GmbH-Rechten der EWG-Staaten, der Schweiz und Großbritanniens, 1971, 81; *S. Schneider*, Der Stimmbindungsvertrag, 2017, 15 ff.; *Krieger* FS Hommelhoff, 2012, 593; *Priester* FS Reuter, 2010, 1139 (1140).

[179] Bürgers/Körber/*Holzborn* Rn. 22; MüKoAktG/*Arnold* Rn. 61.

[180] BGHZ 179, 13 (22 ff.) – Schutzgemeinschaft II; zust. Grigoleit/*Herrler* Rn. 27; Hüffer/Koch/*Koch*, 13. Aufl. 2018, § 133 Rn. 28a; Kölner Komm AktG/*Tröger* Rn. 109; Wachter/*Dürr* Rn. 25; *Goette* DStR 2009, 2602 f.; *Göz* EWiR 2009, 173 (174); *Groß-Bölting*, Gesellschaftervereinbarungen in der Aktiengesellschaft, 2011, 200 ff.; *S. Schneider*, Der Stimmbindungsvertrag, 2017, 239 ff.; *Krieger* FS Hommelhoff, 2012, 593 (597); *Podewils* BB 2009, 733 (735); *Priester* FS Reuter, 2010, 1139 (1145 ff.); *Schäfer* ZGR 2009, 768 (781 ff.); *K. Schmidt* ZIP 2009, 737 (741 ff.); *Wertenbruch* NZG 2009, 645 (647 f.); zuvor bereits *König* ZGR 2005, 417 (421 ff.); *Noack*, Gesellschaftervereinbarungen bei Kapitalgesellschaften, 1994, 207 f.; *Odersky* FS Lutter, 2000, 557 (559 f.); *Zöllner* FS Ulmer, 2003, 725 (732 ff.); aA *Habersack* ZHR 164 (2000) 1 (12 ff.); MüKoHGB/*Enzinger* HGB § 119 Rn. 37; MüKoAktG/*Pentz* § 23 Rn. 205.

[181] *Krieger* FS Hommelhoff, 2012, 593 (597 f.); aA Kölner Komm AktG/*Tröger* Rn. 109; *Priester* FS Reuter, 2010, 1139 (1152); *K. Schmidt* ZIP 2009, 737 (743): Geltung des qualifizierten Mehrheitserfordernisses auch im Konsortium, wenn dort sämtliche Aktien der Gesellschaft versammelt sind; weitergehend *Söntgerath*, Vermittelte Mehrheit, 2010, 524 f.: Indiz für Grenze bei mehr als 75% der Hauptgesellschaftsanteile im Konsortium; für Ausnahme bei sämtlichen Hauptgesellschaftsanteilen auch *Priester* FS Reuter, 2010, 1139 (1152); *K. Schmidt* ZIP 2009, 737 (743).

[182] LG Heidelberg AG 2017, 162 (166) – Gelita.

[183] Hölters/*Hirschmann* § 133 Rn. 36; Hüffer/Koch/*Koch*, 13. Aufl. 2018, § 133 Rn. 25; Kölner Komm AktG/ *Tröger* Rn. 108, 113; Wachter/*Dürr* Rn. 24.

[184] BGH WM 1987, 10 (11); Bürgers/Körber/*Holzborn* Rn. 22; Großkomm AktG/*Grundmann* Rn. 70; Hüffer/Koch/*Koch*, 13. Aufl. 2018, § 133 Rn. 26; Kölner Komm AktG/*Tröger* Rn. 115; MüKoAktG/*Arnold* Rn. 62; K. Schmidt/Lutter/*Spindler* Rn. 39; Wachter/*Dürr* Rn. 22; *S. Schneider*, Der Stimmbindungsvertrag, 2017, 23 ff.; *Priester* FS Reuter, 2010, 1139 (1140).

[185] Vgl. Grigoleit/*Herrler* Rn. 26; Hüffer/Koch/*Koch*, 13. Aufl. 2018, § 133 Rn. 26.

[186] BGHZ 179, 13 (29) – Schutzgemeinschaft II; BGHZ 123, 226 (234) – Schutzgemeinschaft I; Bürgers/ Körber/*Holzborn* Rn. 22; Großkomm AktG/*Grundmann* Rn. 70; Hüffer/Koch/*Koch*, 13. Aufl. 2018, § 133 Rn. 26; Kölner Komm AktG/*Tröger* Rn. 117; MüKoAktG/*Arnold* Rn. 62; K. Schmidt/Lutter/*Spindler* Rn. 39; *Groß-Bölting*, Gesellschaftervereinbarungen in der Aktiengesellschaft, 2011, 163; *S. Schneider*, Der Stimmbindungsvertrag, 2017, 25 ff.; *Bachmann* FS Schwintowski, 2018, 725 (727); *Priester* FS Reuter, 2010, 1139 (1140).

[187] BGHZ 179, 13 (29) – Schutzgemeinschaft II; BGHZ 123, 226 (234) – Schutzgemeinschaft I; Grigoleit/ *Herrler* Rn. 27; Großkomm AktG/*Grundmann* Rn. 70; Hüffer/Koch/*Koch*, 13. Aufl. 2018, § 133 Rn. 26; Kölner Komm AktG/*Tröger* Rn. 117; MüKoAktG/*Arnold* Rn. 62; K. Schmidt/Lutter/*Spindler* Rn. 39; *Groß-Bölting*, Gesellschaftervereinbarungen in der Aktiengesellschaft, 2011, 163; *S. Schneider*, Der Stimmbindungsvertrag, 2017, 27; *Bachmann* FS Schwintowski, 2018, 725 (727); *Priester* FS Reuter, 2010, 1139 (1140).

nicht um eine GbR, sondern idR um ein Auftragsverhältnis (§ 662 f. BGB) oder um eine Geschäftsbesorgung (§ 675 Abs. 1 BGB).[188] Einseitige Stimmbindungen können auch Nebenpflicht eines anderen Vertrags sein (etwa im Rahmen von Kreditbeziehungen, Treuhandverhältnissen oder Nießbrauchsvereinbarungen).[189]

47 Stimmbindungsverträge bedürfen **keiner besonderen Form**.[190] Voraussetzung für das Vorliegen eines Stimmbindungsvertrags ist stets ein entsprechender **Rechtsbindungswille,** der sich auch nur auf eine einzelne Abstimmung beziehen kann. An einem Rechtsbindungswillen dürfte es regelmäßig fehlen, wenn sich Aktionäre vor einer Abstimmung spontan zu ihrem Abstimmverhalten abstimmen (Ad-hoc-Koalition).[191]

48 **3. Zulässigkeit.** Die grundsätzliche Zulässigkeit von Stimmbindungsverträgen wird von § 136 Abs. 2 vorausgesetzt und ist heute unstreitig.[192] Sie ist Ausdruck der prinzipiellen Abstimmungsfreiheit des Aktionärs.[193] Stimmbindungsverträge sind aber nicht uneingeschränkt zulässig, wie sich bereits aus den **Schranken** des § 136 Abs. 2 (→ Rn. 51 ff.) ergibt. Darüber hinaus können Stimmbindungsverträge nach **allgemeinen zivilrechtlichen Vorschriften** ganz oder teilweise (§ 139 BGB) nichtig sein, insbesondere wegen eines Verstoßes gegen das Gesetz oder die guten Sitten (§§ 134, 138 BGB).[194] Gem. § 134 BGB nichtig sind Stimmbindungsverträge insbesondere dann, wenn sie den Tatbestand des **Stimmenkaufs** (§ 405 Abs. 3 Nr. 6 und 7) erfüllen.[195] Gegenseitige Wahlabsprachen werden hiervon aber regelmäßig nicht erfasst, da die hiermit verbundenen Vorteile aus der Abstimmung selbst resultieren und dementsprechend nicht als besondere Vorteile iSv § 405 Abs. 3 Nr. 6 und 7 anzusehen sind.[196] Ebenfalls nichtig ist eine Verpflichtung, deren Erfüllung zu einem **Verstoß gegen die gesellschaftsrechtliche Treuepflicht** führen würde.[197] Gleiches gilt für die Verpflichtung, das Stimmrecht nach den Weisungen einer Person auszuüben, die gem. § 136 Abs. 1 oder aus anderen Gründen einem **Stimmverbot** unterliegt.[198] Nichtig sind zudem Stimmbin-

---

[188] Hüffer/Koch/*Koch,* 13. Aufl. 2018, § 133 Rn. 26; Kölner Komm AktG/*Tröger* Rn. 119; MüKoAktG/*Arnold* Rn. 65; *S. Schneider,* Der Stimmbindungsvertrag, 2017, 23 f.
[189] Bürgers/Körber/*Holzborn* Rn. 22; Grigoleit/*Herrler* Rn. 27; Großkomm AktG/*Grundmann* Rn. 70; Hüffer/Koch/*Koch,* 13. Aufl. 2018, § 133 Rn. 26; Kölner Komm AktG/*Tröger* Rn. 120; *S. Schneider,* Der Stimmbindungsvertrag, 2017, 25.
[190] BGH NJW 1987, 890 (891); Bürgers/Körber/*Holzborn* Rn. 22; Grigoleit/*Herrler* Rn. 26; Kölner Komm AktG/*Tröger* Rn. 115; *S. Schneider,* Der Stimmbindungsvertrag, 2017, 217 ff.; *Priester* FS Reuter, 2010, 1139 (1140).
[191] Bürgers/Körber/*Holzborn* Rn. 22; Grigoleit/*Herrler* Rn. 26; Kölner Komm AktG/*Tröger* Rn. 111; MüKoAktG/*Arnold* Rn. 64; *Martens* AG 1993, 495 (497); aA *S. Schneider,* Der Stimmbindungsvertrag, 2017, 216.
[192] RGZ 133, 90 (93); RGZ 158, 248 (253); BGH AG 2009, 163 (164); BGH ZIP 1983, 432 (433); Bürgers/Körber/*Holzborn* Rn. 23; Grigoleit/*Herrler* Rn. 27; Großkomm AktG/*Grundmann* Rn. 71; Kölner Komm AktG/*Tröger* Rn. 114; MüKoAktG/*Arnold* Rn. 66; K. Schmidt/Lutter/*Spindler* Rn. 36; Wachter/*Dürr* Rn. 21; *Butzke* Die Hauptversammlung der AG Rn. E 50; *Pöschke/Vogel* in Semler/Volhard/Reichert HV-HdB § 11 Rn. 113; *Groß-Bölting,* Gesellschaftervereinbarungen in der Aktiengesellschaft, 2011, 167 ff.; *Overrath,* Die Stimmrechtsbindung, 1973, 10 ff.; *S. Schneider,* Der Stimmbindungsvertrag, 2017, S. 119 ff.; *A. Hueck,* FS Nipperdey, Bd I, 1965, 401 (403); *Priester* FS Reuter, 2010, 1139 (1141); *Rodemann,* Stimmbindungsvereinbarungen in den Aktien- und GmbH-Rechten Deutschlands, Englands, Frankreichs und Belgiens, 1998, 24 ff.; *K. Schmidt* ZIP 2009, 737 (741); zur GmbH auch BGHZ 48, 163 (166); BGH NJW 1983, 1910 (1911).
[193] MüKoAktG/*Arnold* Rn. 66; K. Schmidt/Lutter/*Spindler* Rn. 36; *Rodemann,* Stimmbindungsvereinbarungen in den Aktien- und GmbH-Rechten Deutschlands, Englands, Frankreichs und Belgiens, 1998, 25 f.; *R. Fischer* GmbHR 1953, 65.
[194] RGZ 133, 90 (93 f.); GHEK/*Eckardt* Rn. 62; Kölner Komm AktG/*Tröger* Rn. 122; MüKoAktG/*Arnold* Rn. 67; K. Schmidt/Lutter/*Spindler* Rn. 37; *Butzke* Die Hauptversammlung der AG Rn. E 55; *S. Schneider,* Der Stimmbindungsvertrag, 2017, 177 ff.; *Janberg/Schlaus* AG 1967, 33 (35).
[195] Bürgers/Körber/*Holzborn* Rn. 23; GHEK/*Eckardt* Rn. 63; Großkomm AktG/*Grundmann* Rn. 71; Hüffer/Koch/*Koch,* 13. Aufl. 2018, § 133 Rn. 28; Kölner Komm AktG/*Tröger* Rn. 125; MüKoAktG/*Arnold* Rn. 68; K. Schmidt/Lutter/*Spindler* Rn. 38.
[196] Bürgers/Körber/*Holzborn* Rn. 23; Großkomm AktG/*Grundmann* Rn. 79; Hüffer/Koch/*Koch,* 13. Aufl. 2018, § 133 Rn. 28; Kölner Komm AktG/*Tröger* Rn. 125; MüKoAktG/*Arnold* Rn. 68; K. Schmidt/Lutter/*Spindler* Rn. 37.
[197] Bürgers/Körber/*Holzborn* Rn. 23; Grigoleit/*Herrler* Rn. 28; Hüffer/Koch/*Koch,* 13. Aufl. 2018, § 133 Rn. 28; Kölner Komm AktG/*Tröger* Rn. 122 f.; MüKoAktG/*Arnold* Rn. 67; K. Schmidt/Lutter/*Spindler* Rn. 37; *Noack,* Gesellschaftervereinbarungen bei Kapitalgesellschaften, 1994, 146 ff.; *Rodemann,* Stimmbindungsvereinbarungen in den Aktien- und GmbH-Rechten Deutschlands, Englands, Frankreichs und Belgiens, 1998, 34 f.; aA *S. Schneider,* Der Stimmbindungsvertrag, 2017, 209 ff.
[198] RGZ 85, 170 (173 f.); Bürgers/Körber/*Holzborn* Rn. 23; GHEK/*Eckardt* Rn. 65; Grigoleit/*Herrler* Rn. 28; Hüffer/Koch/*Koch,* 13. Aufl. 2018, § 133 Rn. 28; Kölner Komm AktG/*Tröger* Rn. 127; MüKoAktG/*Arnold* Rn. 69; K. Schmidt/Lutter/*Spindler* Rn. 38; *Pöschke/Vogel* in Semler/Volhard/Reichert HV-HdB § 11 Rn. 116; *A. Hueck,* FS Nipperdey, Bd I, 1965, 401 (404 f.); *R. Fischer* GmbHR 1953, 65 (67); *Janberg/Schlaus* AG 1967, 33 (35); zur GmbH auch BGHZ 48, 163 (166 f.).

dungsverträge, die gegen das **Verbot wettbewerbsbeschränkender Vereinbarungen** gem. § 1 GWB verstoßen.[199] Umstritten ist, ob auch die **Satzung** Beschränkungen oder ein Verbot von Stimmbindungsvereinbarungen vorsehen kann.[200] Im Hinblick auf die Abstimmungsfreiheit des Aktionärs spricht einiges dafür, dass derartige statutarische Beschränkungen oder Verbote von Stimmbindungsvereinbarungen nicht mit § 12 Abs. 1 S. 1 vereinbar und damit unzulässig sind.

Bei fehlender Zustimmung zur Übertragung **vinkulierter Namensaktien** kann der Veräußerer sein Abstimmverhalten nicht durch einen Stimmbindungsvertrag von den Weisungen des Erwerbers abhängig machen, da hierdurch der Zustimmungsvorbehalt umgangen werden könnte.[201] Im Hinblick auf die Beschlussfassung über die Zustimmung ergibt sich eine Stimmbindung des Veräußerers als Nebenpflicht aus dem Anteilskaufvertrag.[202] Der Veräußerer würde sich widersprüchlich verhalten, wenn er einerseits die Aktien veräußert, andererseits aber nicht an der Schaffung der hierfür erforderlichen Voraussetzungen mitwirkt. 49

Stimmbindungsverträge können auch **mit Nichtaktionären** geschlossen werden.[203] Hierin ist weder ein Verstoß gegen das Abspaltungsverbot noch ein Verstoß gegen die gesellschaftsrechtliche Treuepflicht zu sehen.[204] Der Aktionär ist weiterhin formal Stimmrechtsinhaber und bei der jeweiligen Abstimmung an die gesellschaftsrechtliche Treuepflicht gebunden. Eine Verpflichtung, das Stimmrecht unter Verstoß gegen die gesellschaftsrechtliche Treuepflicht auszuüben, kann durch einen Stimmbindungsvertrag generell nicht wirksam begründet werden (→ Rn. 48). Stimmbindungsverträge mit Nichtaktionären können grundsätzlich auch ein Weisungsrecht im Hinblick auf **Satzungsänderungen** vorsehen.[205] 50

4. Schranken des Abs. 2. a) Allgemeines. § 136 Abs. 2 regelt das Stimmrecht aus sog. **gebundenen Aktien.** Die Norm statuiert Schranken für Stimmbindungsverträge und ordnet für verschiedene Fallgruppen die Nichtigkeit an. Gemeinsam ist diesen Fallgruppen, dass es jeweils um eine **Einflussnahme der Verwaltung auf die Stimmrechtsausübung** geht. Die Regelung soll verhindern, dass die Verwaltung ihr genehme Abstimmungsergebnisse dadurch herbeiführt, dass sie Weisungen oder Vorschläge für die Ausübung des Stimmrechts gibt, die für den Aktionär aufgrund vertraglicher Abreden bindend sind (→ Rn. 4).[206] Für die Nichtigkeit eines Stimmbindungsvertrags gem. § 136 Abs. 2 kommt es nicht darauf an, wer Vertragspartner des Aktionärs ist. Sofern der Vertrag eine der in § 136 Abs. 2 genannten Verpflichtungen vorsieht, ist er auch dann nichtig, wenn Vertragspartner ein anderer Aktionär oder ein sonstiger Dritter ist.[207] Die Nichtigkeitsfolge des § 136 Abs. 2 S. 1 knüpft zwar an eine Weisungsbindung an, gilt jedoch auch dann, wenn der Vertrag selbst das Abstimmverhalten konkret festlegt.[208] 51

---

[199] Grigoleit/*Herrler* Rn. 28; Großkomm AktG/*Grundmann* Rn. 80; Hüffer/Koch/*Koch*, 13. Aufl. 2018, § 133 Rn. 28; Kölner Komm AktG/*Tröger* Rn. 122; *Butzke* Die Hauptversammlung der AG Rn. E 55; *Piehler* DStR 1992, 1654 (1655).

[200] Dafür Großkomm AktG/*Grundmann* Rn. 81; MüKoAktG/*Arnold* Rn. 67; Wachter/*Dürr* Rn. 21; s. auch Vorauflage; dagegen Kölner Komm AktG/*Tröger* Rn. 120; *Grimm*, Uneinheitliche Stimmrechtsausübung und vertragliche Stimmrechtsbindung im Aktienrecht, 1959, 63 f.; *Overrath*, Die Stimmrechtsbindung, 1973, 34; *Rodemann*, Stimmbindungsvereinbarungen in den Aktien- und GmbH-Rechten Deutschlands, Englands, Frankreichs und Belgiens, 1998, 68; *S. Schneider*, Der Stimmbindungsvertrag, 2017, 214 f.

[201] Bürgers/Körber/*Holzborn* Rn. 23; GHEK/*Eckardt* Rn. 66; Großkomm AktG/*Grundmann* Rn. 80; Kölner Komm AktG/*Tröger* Rn. 130; MüKoAktG/*Arnold* Rn. 70; *Boesebeck* NJW 1960, 7 (8); *Janberg/Schlaus* AG 1967, 33 (35).

[202] Bürgers/Körber/*Holzborn* Rn. 23; MüKoAktG/*Arnold* Rn. 70; K. Schmidt/Lutter/*Spindler* Rn. 37; zur GmbH auch BGHZ 48, 163 (166 ff.).

[203] BGH AG 2014, 705; OLG Karlsruhe OLGR 1999, 358; Bürgers/Körber/*Holzborn* Rn. 23; Grigoleit/*Herrler* Rn. 28; Großkomm AktG/*Grundmann* Rn. 84; Hüffer/Koch/*Koch*, 13. Aufl. 2018, § 133 Rn. 27; Kölner Komm AktG/*Tröger* Rn. 128; MüKoAktG/*Arnold* Rn. 72 ff.; K. Schmidt/Lutter/*Spindler* Rn. 37; Wachter/*Dürr* Rn. 25; *Noack*, Gesellschaftervereinbarungen bei Kapitalgesellschaften, 1994, 150 f.; zur GmbH auch BGH ZIP 1983, 432 f.; *Zöllner* ZHR 155 (1991) 168 (180 ff.); aA *Flume* JurPerson § 7 VI; *Habersack* ZHR 164 (2000) 1 (12); für Satzungsänderungen und sonstige wesentliche Strukturmaßnahmen auch *Groß-Bölting*, Gesellschaftervereinbarungen in der Aktiengesellschaft, 2011, 272 ff.; *Priester* FS Werner, 1984, 657 (671 ff.); *Priester* FS Reuter, 2010, 1139 (1141).

[204] Bürgers/Körber/*Holzborn* Rn. 23; Großkomm AktG/*Grundmann* Rn. 84; Hüffer/Koch/*Koch*, 13. Aufl. 2018, § 133 Rn. 27; MüKoAktG/*Arnold* Rn. 73; K. Schmidt/Lutter/*Spindler* Rn. 37; Wachter/*Dürr* Rn. 25.

[205] Bürgers/Körber/*Holzborn* Rn. 23; Kölner Komm AktG/*Tröger* Rn. 129; s. auch *Zöllner* ZHR 155 (1991) 168 (181 f.); zurückhaltender MüKoAktG/*Arnold* Rn. 75.

[206] BegrRegE bei *Kropff* S. 201.

[207] BegrRegE bei *Kropff* S. 201; Bürgers/Körber/*Holzborn* Rn. 24; Hölters/*Hirschmann* Rn. 39; Hüffer/Koch/*Koch*, 13. Aufl. 2018, Rn. 27; Kölner Komm AktG/*Tröger* Rn. 142; MüKoAktG/*Arnold* Rn. 76; Wachter/*Dürr* Rn. 26; *S. Schneider*, Der Stimmbindungsvertrag, 2017, 197.

[208] Bürgers/Körber/*Holzborn* Rn. 24; Grigoleit/*Herrler* Rn. 31; Kölner Komm AktG/*Tröger* Rn. 144; MüKoAktG/*Arnold* Rn. 83; *Otto* AG 1991, 369 (376 f.); aA *Overrath*, Die Stimmrechtsbindung, 1973, 21 f.; *Rodemann*, Stimmbindungsvereinbarungen in den Aktien- und GmbH-Rechten Deutschlands, Englands, Frankreichs und Belgiens, 1998, 42 f.; *S. Schneider*, Der Stimmbindungsvertrag, 2017, 198 f.

52 **b) Bindung an Weisungen der Gesellschaft (Abs. 2 S. 1 Var. 1).** Gem. § 136 Abs. 2 S. 1 Var. 1 ist ein Vertrag nichtig, durch den sich ein Aktionär verpflichtet, das Stimmrecht nach Weisung der Gesellschaft auszuüben. Dabei spielt es keine Rolle, wer die Gesellschaft bei der Weisungserteilung vertreten soll. Die Nichtigkeitsfolge gilt auch dann, wenn für die Gesellschaft nicht der Vorstand, sondern ein Prokurist oder ein sonstiger Vertreter handelt.[209]

53 **c) Bindung an Weisungen der Verwaltung (Abs. 2 S. 1 Var. 2).** Gem. § 136 Abs. 2 S. 1 Var. 1 ist ein Vertrag nichtig, durch den sich ein Aktionär verpflichtet, das Stimmrecht nach Weisung des Vorstands oder des Aufsichtsrats auszuüben. In Abgrenzung zu § 136 Abs. 2 S. 1 Var. 1 sind hiervon nur Fälle erfasst, in denen Vorstand und Aufsichtsrat nicht im Namen der Gesellschaft handeln.[210] Da Vorstand und Aufsichtsrat selbst nicht rechtsfähig sind, müssen einzelne oder mehrere Organmitglieder bei der Weisungserteilung im Namen der Gesamtheit der Mitglieder handeln.[211] Vom Gesetzeswortlaut nicht erfasst sind Stimmbindungsverträge mit **einzelnen Vorstands- oder Aufsichtsratsmitgliedern** (anders noch § 127 Abs. 3 RefE AktG 1965),[212] so dass diese grundsätzlich zulässig sind.[213] Hiervon wird man jedoch eine Ausnahme machen müssen, wenn die betreffenden Organmitglieder die Willensbildung innerhalb des Organs aufgrund der Geschäftsordnung maßgeblich beeinflussen können.[214] Gleiches gilt, wenn die Regelung des § 136 Abs. 2 durch den Abschluss von Stimmbindungsverträgen mit einzelnen Organmitgliedern umgangen wird.[215]

54 **d) Bindung an Weisungen abhängiger Unternehmen (Abs. 2 S. 1 Var. 3).** § 136 Abs. 2 S. 1 Var. 3 stellt den Weisungen der Gesellschaft die Weisungen eines abhängigen Unternehmens gleich. Durch die Gleichstellung soll eine Umgehung von § 136 Abs. 2 S. 1 Var. 1 und 2 verhindert werden. Der Begriff des abhängigen Unternehmens richtet sich nach § 17.[216] Anders als Weisungen des Vorstands oder des Aufsichtsrats der Gesellschaft sind **Weisungen des Vorstands oder des Aufsichtsrats abhängiger Unternehmen** in § 136 Abs. 2 S. 1 nicht genannt. Da kein Grund für eine Ungleichbehandlung ersichtlich ist, wird man die Nichtigkeitsfolge auf diesen Fall erstrecken müssen.[217]

55 **e) Bindung an Verwaltungsvorschläge (Abs. 2 S. 2).** Gem. § 136 Abs. 2 S. 3 ist ein Vertrag nichtig, durch den sich ein Aktionär verpflichtet, für die jeweiligen Vorschläge des Vorstands oder des Aufsichtsrats der Gesellschaft zu stimmen. Als Vorschläge iSv § 136 Abs. 2 S. 3 sind nicht nur gem. § 124 Abs. 3 S. 1 veröffentlichte, sondern auch in der Hauptversammlung gemachte Beschlussvorschläge anzusehen.[218]

56 **f) Analoge Anwendung.** Die Nichtigkeitsfolge des § 136 Abs. 2 lässt sich im Wege der Analogie auf bestimmte ähnlich gelagerte Fälle erstrecken. Eine solche Analogie ist zunächst bei der Bindung an Weisungen des Vorstands oder des Aufsichtsrats abhängiger Unternehmen geboten (→ Rn. 54). Gleiches gilt für **mittelbar Beteiligte,** wenn es sich bei dem unmittelbar beteiligten Aktionär um

---

[209] Grigoleit/*Herrler* Rn. 30; Hüffer/Koch/*Koch*, 13. Aufl. 2018, Rn. 26; Kölner Komm AktG/*Tröger* Rn. 133; MüKoAktG/*Arnold* Rn. 78; K. Schmidt/Lutter/*Spindler* Rn. 40.
[210] Kölner Komm AktG/*Tröger* Rn. 134; MüKoAktG/*Arnold* Rn. 79; K. Schmidt/Lutter/*Spindler* Rn. 41; Wachter/*Dürr* Rn. 27.
[211] Grigoleit/*Herrler* Rn. 30; Kölner Komm AktG/*Tröger* Rn. 134; MüKoAktG/*Arnold* Rn. 79; K. Schmidt/Lutter/*Spindler* Rn. 41.
[212] S. dazu *Boesebeck* NJW 1960, 7 ff.
[213] Grigoleit/*Herrler* Rn. 30; Großkomm AktG/*Grundmann* Rn. 78; Hüffer/Koch/*Koch*, 13. Aufl. 2018, Rn. 26; Kölner Komm AktG/*Tröger* Rn. 138; MüKoAktG/*Arnold* Rn. 79; K. Schmidt/Lutter/*Spindler* Rn. 41; Wachter/*Dürr* Rn. 27; *S. Schneider*, Der Stimmbindungsvertrag, 2017, 195 ff.; zweifelnd NK-AktR/*Krenek/Pluta* Rn. 26; aA *Dittert*, Satzungsbegleitende Aktionärsvereinbarungen, 2009, 172 ff.; *Overrath*, Die Stimmrechtsbindung, 1973, 22.
[214] Hüffer/Koch/*Koch*, 13. Aufl. 2018, Rn. 26; Kölner Komm AktG/*Tröger* Rn. 138; K. Schmidt/Lutter/*Spindler* Rn. 41; *S. Schneider*, Der Stimmbindungsvertrag, 2017, 196; s. auch Großkomm AktG/*Grundmann* Rn. 78.
[215] Kölner Komm AktG/*Tröger* Rn. 138; MüKoAktG/*Arnold* Rn. 79; K. Schmidt/Lutter/*Spindler* Rn. 41; *S. Schneider*, Der Stimmbindungsvertrag, 2017, 196 f.
[216] Bürgers/Körber/*Holzborn* Rn. 24; Großkomm AktG/*Grundmann* Rn. 77; Hüffer/Koch/*Koch*, 13. Aufl. 2018, Rn. 28; Kölner Komm AktG/*Tröger* Rn. 139; MüKoAktG/*Arnold* Rn. 80; K. Schmidt/Lutter/*Spindler* Rn. 42; Wachter/*Dürr* Rn. 27.
[217] Grigoleit/*Herrler* Rn. 30; Großkomm AktG/*Grundmann* Rn. 77; Hölters/*Hirschmann* Rn. 42; Hüffer/Koch/*Koch*, 13. Aufl. 2018, Rn. 28; Kölner Komm AktG/*Tröger* Rn. 140; MüKoAktG/*Arnold* Rn. 80; K. Schmidt/Lutter/*Spindler* Rn. 42; Wachter/*Dürr* Rn. 27; aA *v. Godin/Wilhelmi* Anm. 7.
[218] Kölner Komm AktG/*Tröger* Rn. 141; MüKoAktG/*Arnold* Rn. 81; K. Schmidt/Lutter/*Spindler* Rn. 43; Wachter/*Dürr* Rn. 28.

eine bloße Vorschaltgesellschaft handelt.[219] Wird ein gem. § 136 Abs. 2 unzulässiger Stimmbindungsvertrag mit den Gesellschaftern einer Vorschaltgesellschaft geschlossen und verpflichten diese sich, auf das Stimmverhalten der Vorschaltgesellschaft einzuwirken, besteht die gleiche Gefährdungslage wie bei einer unmittelbaren vertraglichen Bindung der Vorschaltgesellschaft.

Eine Analogie zu § 136 Abs. 2 ist ferner geboten, wenn Mitglieder des Vorstands oder des Aufsichtsrats ihre Aktien in einen **Stimmpool** einbringen, sofern sie das Abstimmverhalten des Stimmpools aufgrund einer besonderen Vereinbarung maßgeblich beeinflussen können.[220] Hierbei handelt es sich zwar formal nicht um ein Weisungsrecht, die Gefährdungslage ist jedoch vergleichbar. Umstritten ist, ob ein Poolvertrag auch dann analog § 136 Abs. 2 nichtig ist, wenn die Willensbildung des Stimmpools nach der Kapitalbeteiligung erfolgt und die Organmitglieder das Abstimmverhalten allein aufgrund der Höhe ihres Anteilsbesitzes beeinflussen können. Nach wohl hM soll die Nichtigkeitsfolge nicht eingreifen, da die Willensbildung in diesem Fall risikogemäß erfolge.[221] Eine solche Differenzierung ist zweifelhaft, da eine derartige Poolvereinbarung letztlich zu einem überproportionalen Einfluss der Organmitglieder auf die Beschlussfassung in der Hauptversammlung der AG führt.[222] Auch im unmittelbaren Anwendungsbereich des § 136 Abs. 2 greift der Schutz der übrigen Aktionäre unabhängig vom Kapitalrisiko der Organmitglieder ein. 57

Aus § 136 Abs. 2 lässt sich auch ein grundsätzliches Verbot der **Bevollmächtigung der Gesellschaft und ihrer Organe** ableiten.[223] Dieser Fall wird zwar weder von § 136 Abs. 2 S. 2 noch von § 136 Abs. 2 S. 2 unmittelbar erfasst, ist aber wertungsmäßig vergleichbar. Auch hier besteht die Gefahr, dass die Verwaltung die Bevollmächtigung ausnutzt, um ihr genehme Beschlussergebnisse herbeizuführen. Eine Ausnahme gilt entgegen der hM jedoch für die weisungsgebundene Stimmrechtsausübung durch Organmitglieder (→ § 134 Rn. 54). 58

g) **Rechtsfolgen von Verstößen.** Sofern Stimmbindungsverträge die in § 136 Abs. 2 genannten Kriterien erfüllen, sind sie **nichtig.** Eine Teilnichtigkeit beurteilt sich nach § 139 BGB. Stets von der Nichtigkeitsfolge erfasst sind Schadensersatzansprüche oder Vertragsstrafen, die an eine gem. § 136 Abs. 2 unzulässige Vereinbarung geknüpft sind.[224] Die **Stimmrechtsausübung** ist **abstrakt zu beurteilen.** Ungeachtet der Nichtigkeit entsprechender Stimmbindungsverträge bleibt die absprachegemäße Stimmabgabe wirksam, sofern sie nicht nach allgemeinen Grundsätzen ebenfalls unwirksam ist.[225] Eine Fehleridentität, die sowohl zur Nichtigkeit des Stimmbindungsvertrags als auch zur Nichtigkeit der Stimmabgabe führt, liegt etwa dann vor, wenn die Vereinbarung auf eine treuwidrige Stimmabgabe gerichtet ist. 59

5. **Besonderheiten in Übernahmesachverhalten.** Sofern die Satzung vorsieht, dass § 33b Abs. 2 WpÜG Anwendung findet, entfalten Stimmbindungsverträge in einer Übernahmesituation 60

---

[219] OLG Stuttgart JZ 1987, 570; Bürgers/Körber/*Holzborn* Rn. 24; Kölner Komm AktG/*Tröger* Rn. 143; MüKoAktG/*Arnold* Rn. 85; K. Schmidt/Lutter/*Spindler* Rn. 44; *Otto* AG 1991, 369 (378); für teleologische Extension von § 136 Abs. 2 *S. Schneider*, Der Stimmbindungsvertrag, 2017, 203.

[220] Bürgers/Körber/*Holzborn* Rn. 25; Grigoleit/*Herrler* Rn. 32; Kölner Komm AktG/*Tröger* Rn. 135; MüKoAktG/*Arnold* Rn. 86; Wachter/*Dürr* Rn. 27; *Bachmann* FS Schwintowski, 2018, 725 (737 f.); iE wohl auch *S. Schneider*, Der Stimmbindungsvertrag, 2017, 199 ff., der verlangt, dass der Aktionärseinfluss durch den Verwaltungseinfluss verwässert werden muss.

[221] OLG Stuttgart JZ 1987, 570; Bürgers/Körber/*Holzborn* Rn. 25; Kölner Komm AktG/*Tröger* Rn. 135; *S. Schneider*, Der Stimmbindungsvertrag, 2017, 199 ff.; differenzierend *Bachmann* FS Schwintowski, 2018, 725 (739 f.), der darauf abstellen will, ob der Verwaltung durch die jeweilige Gestaltung ein derart unkontrollierter Machtzuwachs beschert wird, dass die Anwendung von § 136 Abs. 2 geboten ist; aA MüKoAktG/*Arnold* Rn. 86; *Overrath*, Die Stimmrechtsbindung, 1973, 22 f.; wohl auch *Lübbert*, Abstimmungsvereinbarungen in den Aktien- und GmbH-Rechten der EWG-Staaten, der Schweiz und Großbritanniens, 1971, 160.

[222] MüKoAktG/*Arnold* Rn. 86; Wachter/*Dürr* Rn. 27.

[223] Kölner Komm AktG/*Tröger* Rn. 136; MüKoAktG/*Arnold* Rn. 89; K. Schmidt/Lutter/*Spindler* Rn. 45; *P. Möhring* FS Geßler, 1971, 127 (133 ff.); *Singhof* NZG 1998, 670 (672); *Zöllner* ZHR 155 (1991) 168 (183 f.); aA LG Stuttgart AG 1974, 260 (261); *Schilling* FS P. Möhring, 1975, 257 (263 ff.).

[224] BegrRegE bei *Kropff* S. 201; Grigoleit/*Herrler* Rn. 33; Hüffer/Koch/*Koch*, 13. Aufl. 2018, Rn. 29; Kölner Komm AktG/*Tröger* Rn. 145; MüKoAktG/*Arnold* Rn. 84; K. Schmidt/Lutter/*Spindler* Rn. 47; Wachter/*Dürr* Rn. 29.

[225] OLG Nürnberg AG 1996, 228 (229) – Tucherbräu AG; Bürgers/Körber/*Holzborn* Rn. 27; Hölters/*Hirschmann* Rn. 45; Hüffer/Koch/*Koch*, 13. Aufl. 2018, Rn. 29; Janberg/*Schlaus* AG 1967, 33 (35); Kölner Komm AktG/*Tröger* Rn. 146; MüKoAktG/*Arnold* Rn. 90; K. Schmidt/Lutter/*Spindler* Rn. 48; *Dittert*, Satzungsbegleitende Aktionärsvereinbarungen, 2009, 175 f.; *Groß-Bölting*, Gesellschaftervereinbarungen in der Aktiengesellschaft, 2011, 189 f.; *Noack*, Gesellschaftervereinbarungen bei Kapitalgesellschaften, 1994, 152 ff.; *Overrath*, Die Stimmrechtsbindung, 1973, 31 ff.; *Otto* AG 1991, 369 (379); *S. Schneider*, Der Stimmbindungsvertrag, 2017, 300 ff.; *Bachmann* FS Schwintowski, 2018, 725 (743 f.); *Priester* FS Werner, 1984, 657 (677 f.); teilw. anders *Sieveking/Technau* AG 1989, 17 (22 ff.).

nach Veröffentlichung der Angebotsunterlage (§ 14 Abs. 3 S. 1 WpÜG) in bestimmten Fällen keine Wirkung. Dies gilt zum einen während der Annahmefrist in einer Hauptversammlung, die über Abwehrmaßnahmen beschließt (§ 33b Abs. 2 Nr. 2 WpÜG). Zum anderen entfalten Stimmbindungsverträge keine Wirkung in der ersten Hauptversammlung, die auf Verlangen des Bieters einberufen wird, um die Satzung zu ändern oder über die Besetzung der Leitungsorgane zu entscheiden. Voraussetzung ist in diesem Fall, dass der Bieter nach dem Angebot über mindestens 75 % der Stimmrechte der Zielgesellschaft verfügt (§ 33b Abs. 2 Nr. 3 WpÜG).

61   **6. Wirkung zulässiger Stimmbindungsverträge. a) Schuldrechtliche Verpflichtung.** Aus einem wirksamen Stimmbindungsvertrag folgt die schuldrechtliche Verpflichtung, dass Stimmrecht absprachegemäß auszuüben. Die Verpflichtung besteht aber nur im **Innenverhältnis**, so dass ein Verstoß gegen die getroffenen Absprachen die Wirksamkeit der Stimmabgabe nicht berührt.[226] Dies gilt auch bei omnilateralen Stimmbindungen, an denen sämtliche Aktionäre beteiligt sind.[227] Der Verpflichtete ist bei absprachewidriger Stimmrechtsausübung aber ggf. zur Leistung von Schadensersatz verpflichtet. Einen Verstoß gegen die wirksam vereinbarte Stimmbindung wird man auch dann annehmen müssen, wenn das Stimmrecht zwar absprachegemäß ausgeübt wird, der Verpflichtete aber anschließend gegen den entsprechend gefassten Beschluss Widerspruch zur Niederschrift erklärt und eine **Anfechtungsklage** erhebt.[228] Diesbezüglich lässt sich in die Verpflichtung, das Stimmrecht absprachegemäß auszuüben, regelmäßig eine entsprechende **Unterlassungspflicht** hineinlesen. Davon abgesehen lässt die Zustimmung zu dem Beschluss in der Hauptversammlung ohnehin die Anfechtungsbefugnis entfallen.[229]

62   **b) Klagbarkeit.** Aus einem Stimmbindungsvertrag kann nach zutreffender hM im Wege der **Leistungsklage** auf Erfüllung (abredegemäße Stimmrechtsausübung) geklagt werden.[230] Die Klagbarkeit ist zwar nicht ganz unbedenklich, da für die Wirksamkeit der Stimmabgabe (etwa im Hinblick auf mögliche Verstöße gegen die gesellschaftsrechtliche Treuepflicht) der Zeitpunkt der Beschlussfassung maßgeblich ist. Wird bereits im Vorfeld der Hauptversammlung endgültig über die Stimmrechtsausübung entschieden, kann die weitere Entwicklung nicht mehr berücksichtigt werden.[231] Erkennt man an, dass Stimmbindungsverträge eine bindende schuldrechtliche Verpflichtung begründen, ist es jedoch konsequent, auch die Leistungsklage zuzulassen. Dies gilt auch für die Verpflichtungen aus einem **Stimmpool**.[232]

63   **c) Zwangsvollstreckung.** Da es sich bei der Stimmabgabe um eine Willenserklärung handelt, richtet sich die Zwangsvollstreckung grundsätzlich nach § 894 ZPO.[233] Erforderlich ist der **Zugang des rechtskräftigen Urteils** beim Versammlungsleiter.[234] Das Vorliegen eines rechtskräftigen Urteils

---

[226] Grigoleit/*Herrler* Rn. 34; Großkomm AktG/*Grundmann* Rn. 85; Kölner Komm AktG/*Tröger* Rn. 147 f.; MüKoAktG/*Arnold* Rn. 92; K. Schmidt/Lutter/*Spindler* Rn. 49; Wachter/*Dürr* Rn. 22; *Pöschke/Vogel* in Semler/Volhard/Reichert HV-HdB § 11 Rn. 117; *Groß-Bölting*, Gesellschaftervereinbarungen in der Aktiengesellschaft, 2011, 189; *S. Schneider*, Der Stimmbindungsvertrag, 2017, 279 f.

[227] Kölner Komm AktG/*Tröger* Rn. 148; *S. Schneider*, Der Stimmbindungsvertrag, 2017, 280 ff.; s. auch *Rodemann*, Stimmbindungsvereinbarungen in den Aktien- und GmbH-Rechten Deutschlands, Englands, Frankreichs und Belgiens, 1998, 95 ff.; aA Bürgers/Körber/*Göz* § 243 Rn. 5; Grigoleit/*Ehmann* § 243 Rn. 5; Großkomm AktG/K. Schmidt § 243 Rn. 19 f.; MüKoAktG/*Arnold* Rn. 92; K. Schmidt/Lutter/*Schwab* § 243 Rn. 23; *K. Schmidt* ZIP 2009, 737 (743); aA für die GmbH auch BGH NJW 1983, 1910 (1911) – Kerbnägel; bestätigt durch BGH NJW 1987, 1890 (1892); zust. OLG Hamm GmbHR 2000, 673 (674 f.).

[228] AA LG Heidelberg AG 2017, 162 (167) – Gelita; Kölner Komm AktG/*Tröger* Rn. 148.

[229] BGH ZIP 2010, 1437 (1441 f.) – Aufsichtsratsbericht; aA *S. Schneider*, Der Stimmbindungsvertrag, 2017, 267 ff.

[230] Bürgers/Körber/*Holzborn* Rn. 28; Grigoleit/*Herrler* Rn. 35; Großkomm AktG/*Grundmann* Rn. 86; Hölters/*Hirschmann* § 133 Rn. 39; Hüffer/Koch/*Koch*, 13. Aufl. 2018, § 133 Rn. 29; Kölner Komm AktG/*Tröger* Rn. 151 f.; K. Schmidt/Lutter/*Spindler* Rn. 49; Wachter/*Dürr* Rn. 22; *K. Schmidt* GesR § 21 II 4 b aa; *Rodemann*, Stimmbindungsvereinbarungen in den Aktien- und GmbH-Rechten Deutschlands, Englands, Frankreichs und Belgiens, 1998, 118 ff.; *S. Schneider*, Der Stimmbindungsvertrag, 2017, 311 ff.; *R. Fischer* GmbHR 1953, 65 (68 ff.); *Priester* FS Reuter, 2010, 1139 (1141); zur GmbH auch BGHZ 48, 163 (169 ff.); krit. MüKoAktG/*Arnold* Rn. 32; aA noch RGZ 119, 386 (389 f.); RGZ 133, 90 (95); GHEK/*Eckardt* Rn. 56; zur GmbH auch RGZ 112, 273 (279); RGZ 160, 257 (262); RGZ 170, 358 (371 f.); *Overrath*, Die Stimmrechtsbindung, 1973, 101 ff.

[231] Vgl. Kölner Komm AktG/*Tröger* Rn. 150, 152; MüKoAktG/*Arnold* Rn. 93.

[232] Großkomm AktG/*Grundmann* Rn. 86; für Klage nach den Regeln über die actio pro socio *Odersky* FS Lutter, 2000, 557 (561).

[233] Bürgers/Körber/*Holzborn* Rn. 28; Großkomm AktG/*Grundmann* Rn. 87; Hüffer/Koch/*Koch*, 13. Aufl. 2018, § 133 Rn. 30; Kölner Komm AktG/*Tröger* Rn. 154; MüKoAktG/*Arnold* Rn. 93; K. Schmidt/Lutter/*Spindler* Rn. 49; MHdB AG/*Hoffmann-Becking* § 39 Rn. 53; *K. Schmidt* GesR § 21 II 4 b aa; *S. Schneider*, Der Stimmbindungsvertrag, 2017, 316 ff.; *Zutt* ZHR 155 (1991) 190 (197); zur GmbH auch BGHZ 48, 163 (173 f.); BGH NJW-RR 1989, 1056; OLG Köln GmbHR 1989, 76 (77).

[234] Bürgers/Körber/*Holzborn* Rn. 28; Kölner Komm AktG/*Tröger* Rn. 154; s. auch *Zutt* ZHR 155 (1991) 190 (197 f., 205); zur GmbH auch BGH NJW-RR 1989, 1056.

entbindet allerdings nicht von der Erfüllung der **Teilnahmevoraussetzungen** gem. § 123 Abs. 2–5. Da die entsprechenden Handlungen nur von dem Aktionär selbst vorgenommen werden können, richtet sich die Vollstreckung insoweit nach § 888 ZPO.[235] Besteht nach dem Stimmbindungsvertrag eine Pflicht zur Enthaltung bzw. zur **Nichtausübung des Stimmrechts,** kann die Vollstreckung gem. § 890 ZPO erfolgen.[236] Die Durchsetzung von Stimmbindungsabreden im Wege der Zwangsvollstreckung hat bislang keine besondere praktische Bedeutung erlangt, da im ordentlichen Verfahren eine rechtskräftige Entscheidung regelmäßig nicht rechtzeitig zu erlangen ist.[237]

d) Einstweiliger Rechtsschutz. Die Durchsetzbarkeit einer Stimmbindungsabrede im Wege des einstweiligen Rechtsschutzes ist umstritten. Von Teilen der Literatur wird sie trotz grundsätzlicher Anerkennung der Klagbarkeit generell verneint.[238] Auch in der Rechtsprechung zum GmbH-Recht wird teilweise ausgeführt, dass auf die Beschlussfassung in einer Gesellschafterversammlung nicht im Wege einer einstweiligen Verfügung Einfluss genommen werden könne.[239] Der überwiegende Teil der jüngeren Rechtsprechung zum GmbH-Recht schließt die Möglichkeit einer Einwirkung auf die Beschlussfassung im Wege der einstweiligen Verfügung nicht grundsätzlich aus. Entscheidend soll sein, ob nach den Umständen des Einzelfalls der Erlass einer einstweiligen Verfügung geboten ist, wobei diese Möglichkeit auf seltene und dringende Fälle mit eindeutiger Rechtslage und besonderem Schutzbedürfnis des betroffenen Gesellschafters beschränkt sein soll.[240] Die von der Rechtsprechung entschiedenen Fälle bezogen sich allerdings zumeist nicht auf die Durchsetzung von Stimmbindungsabreden, sondern allgemein auf die Untersagung der Beschlussfassung.[241]

Bejaht man die Klagbarkeit von Stimmbindungsabreden, kann konsequenterweise auch die Durchsetzung im Wege des einstweiligen Rechtsschutzes **nicht grundsätzlich versagt** werden.[242] Dabei ist zwischen positiven Verfügungen auf absprachegemäße Stimmabgabe und negativen Verfügungen auf Unterlassung einer abredewidrigen Stimmabgabe zu unterscheiden.[243] Im Hinblick auf eine **absprachegemäße Stimmabgabe** ist die Wertung des § 894 Abs. 1 S. 1 ZPO zu beachten. Handelt es sich bei der Pflicht zur Abgabe einer Willenserklärung um eine vertragliche Hauptpflicht, scheidet eine Leistungsverfügung grundsätzlich aus, da § 894 Abs. 1 S. 1 ZPO für die Fiktion der Abgabe einer Willenserklärung gerade ein rechtskräftiges Urteil voraussetzt.[244] Etwas anderes kommt allenfalls in eng begrenzten Ausnahmefällen in Betracht, wenn der Gläubiger auf die sofortige Erfüllung seines Anspruchs dringend angewiesen ist und eine Zurückweisung des Antrags einer Rechtsverweigerung gleichkäme.[245] Diese Grundsätze müssen auch für die Durchsetzung einer absprachegemä-

---

[235] Grigoleit/*Herrler* Rn. 35; Kölner Komm AktG/*Tröger* Rn. 154; MüKoAktG/*Arnold* Rn. 95; MHdB AG/*Hoffmann-Becking* § 39 Rn. 54; *S. Schneider*, Der Stimmbindungsvertrag, 2017, 318 f.; für Vollstreckung ausschließlich gem. § 888 ZPO *Bartholomeyczik* DR 1941, 333 (339); *R. Fischer* GmbHR 1953, 65 (69 f.); *Zutt* ZHR 155 (1991) 190 (198); für Vollstreckung ausschließlich gem. § 887 ZPO *Mertens* JR 1967, 462 f.; *Peters* AcP 156 (1956) 311 (341); *Peters* JZ 1968, 27 (28).

[236] Bürgers/Körber/*Holzborn* Rn. 28; Kölner Komm AktG/*Tröger* Rn. 154; MüKoAktG/*Arnold* Rn. 95; *S. Schneider*, Der Stimmbindungsvertrag, 2017, 319 f.

[237] Vgl. Kölner Komm AktG/*Tröger* Rn. 155; MüKoAktG/*Arnold* Rn. 96; MHdB AG/*Hoffmann-Becking* § 39 Rn. 55; *Zutt* ZHR 155 (1991) 190 (191 f.).

[238] *Lübbert*, Abstimmungsvereinbarungen in den Aktien- und GmbH-Rechten der EWG-Staaten, der Schweiz und Großbritanniens, 1971, 193; ebenso noch Kölner Komm AktG/*Zöllner*, 1. Aufl. 1985, Rn. 117; vgl. auch BLAH/*Hartmann* ZPO § 940 Rn. 28.

[239] OLG Frankfurt a. M. WM 1982, 282; ähnlich OLG Celle GmbHR 1981, 264 (265).

[240] OLG Frankfurt a. M. NJW-RR 1992, 934; OLG Koblenz NJW 1991, 1119 (1120); OLG München NZG 1999, 407; OLG Saarbrücken NJW-RR 1989, 1512 (1513); OLG Stuttgart NJW 1987, 2449.

[241] Ausdrücklich für die Zulässigkeit der Untersagung einer abredewidrigen Stimmrechtsausübung durch einstweilige Verfügung bei Vorliegen eines Stimmbindungsvertrags aber OLG Koblenz NJW 1986, 1692 (1693).

[242] Ebenso Bürgers/Körber/*Holzborn* Rn. 29; Grigoleit/*Herrler* Rn. 36; Großkomm AktG/*Grundmann* Rn. 88; Hüffer/Koch/*Koch*, 13. Aufl. 2018, § 133 Rn. 31; Kölner Komm AktG/*Tröger* Rn. 156; MüKoAktG/*Arnold* Rn. 97 ff.; K. Schmidt/Lutter/*Spindler* Rn. 49; MHdB AG/*Hoffmann-Becking* § 39 Rn. 55; *Rodemann*, Stimmbindungsvereinbarungen in den Aktien- und GmbH-Rechten Deutschlands, Englands, Frankreichs und Belgiens, 1998, 135 ff.; *S. Schneider*, Der Stimmbindungsvertrag, 2017, 321 ff.; *Buchta* DB 913 (914); *Damm* ZHR 154 (1990) 413 (433 ff.); *Erman* AG 1959, 300 (303); *v. Gerkan* ZGR 1985, 167 (174 ff.); *Zutt* ZHR 155 (1991) 190 (199 ff.); s. auch Thomas/Putzo/*Seiler* ZPO § 938 Rn. 4; Zöller/*Vollkommer* ZPO § 940 Rn. 8.

[243] Vgl. *Damm* ZHR 154 (1990) 413 (433 ff.); *Erman* AG 1959, 300 (303); *v. Gerkan* ZGR 1985, 167 (174 ff.); aA Hüffer/Koch/*Koch*, 13. Aufl. 2018, § 133 Rn. 31; Kölner Komm AktG/*Tröger* Rn. 157; MüKoAktG/*Arnold* Rn. 97 ff.

[244] BLAH/*Hartmann* ZPO § 940 Rn. 46; MüKoZPO/*Drescher* ZPO § 938 Rn. 43; Stein/Jonas/*Grunsky* ZPO Vor § 935 Rn. 50.

[245] OLG Köln NJW-RR 1997, 59 (60); Grigoleit/*Herrler* Rn. 36; Stein/Jonas/*Grunsky* ZPO Vor § 935 Rn. 50; großzügiger *Büdenbender* ZIP 1999, 1469 (1478); *Damm* ZHR 154 (1990) 413 (435 ff.); *v. Gerkan* ZGR 1985, 167 (174 ff.); s. auch Baur/Stürner/Bruns Zwangsvollstreckungsrecht, 13. Aufl. 2006, § 53 Rn. 53.28; *S. Schneider*, Der Stimmbindungsvertrag, 2017, 323 ff.

ßen Stimmabgabe im Wege der einstweiligen Verfügung gelten. Eine einstweilige Verfügung auf **Unterlassung einer abredewidrigen Stimmabgabe** führt zwar regelmäßig ebenfalls zu einer Vorwegnahme der Hauptsache. Die Folgen eines solchen Unterlassens sind aber zumeist weniger schwerwiegend als die Folgen einer positiven Stimmabgabe. Zudem ist hier nicht die Wertung des § 894 Abs. 1 S. 1 ZPO zu berücksichtigen, so dass im Rahmen der erforderlichen Interessenabwägung ein etwas großzügigerer Maßstab angelegt werden kann. Erforderlich ist aber auch hier ein **besonderes Schutzbedürfnis** des aus dem Stimmbindungsvertrag Berechtigten.[246] Dabei ist zu berücksichtigen, dass im Fall einer abredewidrigen Stimmrechtsausübung aufgrund der fehlenden Außenwirkung von Stimmbindungsverträgen (→ Rn. 61) kein nachträglicher Rechtsschutz durch Beschlussanfechtung möglich ist. Die Versagung einstweiligen Rechtsschutzes führt daher regelmäßig dazu, dass der Berechtigte die Stimmbindungsabrede endgültig nicht durchsetzen kann und auf die Geltendmachung von Schadensersatz beschränkt ist.[247]

§ 137 Abstimmung über Wahlvorschläge von Aktionären

Hat ein Aktionär einen Vorschlag zur Wahl von Aufsichtsratsmitgliedern nach § 127 gemacht und beantragt er in der Hauptversammlung die Wahl des von ihm Vorgeschlagenen, so ist über seinen Antrag vor dem Vorschlag des Aufsichtsrats zu beschließen, wenn es eine Minderheit der Aktionäre verlangt, deren Anteile zusammen den zehnten Teil des vertretenen Grundkapitals erreichen.

I. Überblick

1 § 137 normiert für einen Spezialfall eine Ausnahme von der grundsätzlichen Kompetenz des Versammlungsleiters zur Festlegung der Abstimmungsreihenfolge (→ § 133 Rn. 16 f., 55a). Die Vorschrift dient dem **Minderheitenschutz**. Indem bei Aufsichtsratswahlen unter bestimmten Voraussetzungen zunächst über einen Aktionärsvorschlag (§ 127) abgestimmt werden muss, sollen dessen Erfolgsaussichten verbessert werden.[1] Die Hauptversammlung wird durch die Abstimmungsreihenfolge gezwungen, sich mit dem Vorschlag zumindest auseinanderzusetzen.[2] Ob sich hierdurch in der Praxis die Erfolgsaussichten eines Wahlvorschlags tatsächlich signifikant erhöhen, darf allerdings bezweifelt werden.

2 Da § 137 dem Minderheitenschutz dient, können die Voraussetzungen für die Bevorzugung bei der Abstimmungsreihenfolge nach allgemeiner Ansicht **durch die Satzung nicht verschärft**, sondern nur erleichtert werden.[3] Werden Aufsichtsratswahlen im Wege der **Verhältniswahl** durchgeführt (zur Zulässigkeit → § 133 Rn. 56), läuft § 137 leer, da in diesem Fall über alle Wahlvorschläge gleichzeitig abgestimmt wird.[4]

3 § 137 wurde auf Betreiben des Rechtsausschusses und des Wirtschaftsausschusses in das AktG 1965 aufgenommen.[5] Seitdem ist die Norm unverändert.

II. Voraussetzungen

4 **1. Wahlvorschlag eines Aktionärs.** § 137 setzt zunächst einen Aktionärsvorschlag zur Wahl von Aufsichtsratsmitgliedern nach § 127 voraus. Erfasst sind allein Wahlvorschläge, die gem. § 127 S. 1 iVm § 126 **publizitätspflichtig** sind.[6] Der Wahlvorschlag muss daher innerhalb der 14-Tage-Frist des § 126 Abs. 1 S. 1 bei der Gesellschaft eingehen.[7] Er muss zudem die Angaben gem. § 127 S. 3

---

[246] Vgl. Bürgers/Körber/*Holzborn* Rn. 29; strenger Grigoleit/*Herrler* Rn. 36, der auch hier ein unabweisbares Bedürfnis verlangt.
[247] Vgl. Kölner Komm AktG/*Tröger* Rn. 157; MüKoAktG/*Arnold* Rn. 98; K. Schmidt/Lutter/*Spindler* Rn. 49.
[1] Ausschussbericht bei *Kropff* S. 201 f.
[2] Vgl. Grigoleit/*Herrler* Rn. 1; Großkomm AktG/*Grundmann* Rn. 1; Kölner Komm AktG/*Tröger* Rn. 1; MüKoAktG/*Arnold* Rn. 4.
[3] Bürgers/Körber/*Holzborn* Rn. 1; Grigoleit/*Herrler* Rn. 1; Großkomm AktG/*Grundmann* Rn. 1; Hölters/*Hirschmann* Rn. 1; Hüffer/Koch/*Koch*, 13. Aufl. 2018, Rn. 1; Kölner Komm AktG/*Tröger* Rn. 14; MüKoAktG/*Arnold* Rn. 5; K. Schmidt/Lutter/*Spindler* Rn. 1; Wachter/*Dürr* Rn. 5.
[4] Grigoleit/*Herrler* Rn. 1; Großkomm AktG/*Grundmann* Rn. 2; Hüffer/Koch/*Koch*, 13. Aufl. 2018, Rn. 1; Kölner Komm AktG/*Tröger* Rn. 14; K. Schmidt/Lutter/*Spindler* Rn. 1; Wachter/*Dürr* Rn. 1.
[5] Vgl. Ausschussbericht bei *Kropff* S. 201 f.
[6] Bürgers/Körber/*Holzborn* Rn. 2; Großkomm AktG/*Grundmann* Rn. 3; Hüffer/Koch/*Koch*, 13. Aufl. 2018, Rn. 2; Kölner Komm AktG/*Tröger* Rn. 7; MüKoAktG/*Arnold* Rn. 7; K. Schmidt/Lutter/*Spindler* Rn. 3.
[7] Bürgers/Körber/*Holzborn* Rn. 2; Grigoleit/*Herrler* Rn. 2; Großkomm AktG/*Grundmann* Rn. 3; Hölters/*Hirschmann* Rn. 2; Hüffer/Koch/*Koch*, 13. Aufl. 2018, Rn. 2; Kölner Komm AktG/*Tröger* Rn. 7; MüKoAktG/*Arnold* Rn. 7; Wachter/*Dürr* Rn. 2; grundsätzlich auch K. Schmidt/Lutter/*Spindler* Rn. 3, der allerdings unzutreffend von einer Wochenfrist ab Einberufung ausgeht; aA (zu § 126 Abs. 1 aF) LG Dortmund AG 1968, 390 f.; *v. Godin/Wilhelmi* Anm. 1.

iVm § 124 Abs. 3 S. 4, § 125 Abs. 1 S. 5 enthalten. Eine Begründung des Wahlvorschlags ist nicht erforderlich (§ 127 S. 2). Seit der Änderung von § 126 Abs. 1 durch das TransPuG ist eine Erklärung des Aktionärs, dass er dem Wahlvorschlag des Aufsichtsrats (§ 124 Abs. 3 S. 1) widersprechen wolle, nicht mehr erforderlich.[8] Sind mehrere Aufsichtsratssitze zu besetzen, kann sich der Wahlvorschlag auf einen Gegenkandidaten beschränken.[9] Da das Antragsrecht anders als das Stimmrecht nicht von der Einlageleistung abhängig ist, kommt es nicht darauf an, ob der vorschlagende Aktionär auf seine Aktien die Einlage bereits vollständig geleistet hat.[10] § 137 setzt nur voraus, dass der Wahlvorschlag die Voraussetzungen für eine Publizitätspflicht erfüllt. Nicht entscheidend ist, ob die Gesellschaft dieser Pflicht tatsächlich nachgekommen ist.[11]

2. Antrag in der Hauptversammlung. Der Aktionär, der den Wahlvorschlag gemacht hat, muss in der Hauptversammlung **selbst oder über einen Bevollmächtigten** einen entsprechenden Antrag stellen, der sich auf den gem. § 127 vorgeschlagenen Kandidaten bezieht.[12] Es genügt nicht, wenn ein anderer Aktionär oder Aktionärsvertreter den zugänglich gemachten Wahlvorschlag aufgreift. Der vorschlagende Aktionär muss aber nicht zugleich auch den Antrag stellen, dass über seinen Wahlvorschlag zuerst abgestimmt wird. Das Minderheitsverlangen kann auch von anderen Aktionären gestellt werden (→ Rn. 6). 5

3. Minderheitsverlangen. Über den Aktionärsvorschlag ist nur dann vor dem Vorschlag des Aufsichtsrats abzustimmen, wenn ein entsprechendes Minderheitsverlangen gestellt wird. Das hierfür erforderliche Quorum beträgt **mindestens 10 %** des in der Hauptversammlung vertretenen (nicht des gesamten) Grundkapitals. Maßgeblich ist das stimmberechtigte Grundkapital.[13] Zu dem vertretenen Grundkapital zählen auch Briefwahlstimmen.[14] Das Minderheitsverlangen muss nicht von dem Aktionär gestellt werden, der den Wahlvorschlag unterbreitet hat.[15] Es kann vielmehr **von jedem in der Hauptversammlung anwesenden Aktionär oder Aktionärsvertreter** gestellt werden. Hierzu ist eine entsprechende mündliche oder schriftliche Unterrichtung des Versammlungsleiters ausreichend; das Minderheitsverlangen muss nicht während der Aussprache gestellt werden.[16] Obwohl § 137 einen Minderheitsschutz bezweckt und von einer „Minderheit von Aktionären" spricht, ist über einen Aktionärsvorschlag auch dann zuerst abzustimmen, wenn die Aktionäre, die das Minderheitsverlangen unterstützen, **mehr als 50 % des Grundkapitals** repräsentieren.[17] Hier könnten die betreffenden Aktionäre eine Abstimmung über den Aktionärsvorschlag zwar auch durch eine Ablehnung des Aufsichtsratsvorschlags erzwingen. Das Vorziehen der Abstimmung über den Aktionärsvorschlag bewirkt in diesem Fall aber zumindest eine Verfahrensbeschleunigung. Auch wäre anderenfalls ohne weiteres eine Umgehung möglich. 6

Wird von dem vorschlagenden Aktionär die Abstimmung über einen zugänglich gemachten Wahlvorschlag beantragt, ist der Versammlungsleiter nicht verpflichtet, von sich aus auf die Möglichkeit eines Minderheitsverlangens gem. § 137 hinzuweisen oder ein solches Minderheitsverlangen sogar zu fördern.[18] Der **Nachweis des Quorums** obliegt den Aktionären, die das Minderheitsverlangen gestellt haben (etwa durch Vorlage der Stimmkarten).[19] Auch nach Stellung eines Minderheits- 7

---

[8] Vgl. BegrRegE BT-Drs. 14/8769, 20; Bürgers/Körber/*Holzborn* Rn. 2; Hölters/*Hirschmann* Rn. 2; Hüffer/Koch/*Koch*, 13. Aufl. 2018, Rn. 2; Kölner Komm AktG/*Tröger* Rn. 7; Wachter/*Dürr* Rn. 2; die Änderung von § 126 Abs. 1 wird nicht berücksichtigt von Großkomm AktG/*Grundmann* Rn. 3; K. Schmidt/Lutter/*Spindler* Rn. 3.

[9] GHEK/*Eckardt* Rn. 9; Großkomm AktG/*Grundmann* Rn. 3; Kölner Komm AktG/*Tröger* Rn. 7.

[10] Hölters/*Hirschmann* Rn. 2; Kölner Komm AktG/*Tröger* Rn. 7; MüKoAktG/*Arnold* Rn. 5; K. Schmidt/Lutter/*Spindler* Rn. 2.

[11] Hölters/*Hirschmann* Rn. 2; Kölner Komm AktG/*Tröger* Rn. 8; MüKoAktG/*Arnold* Rn. 8.

[12] LG Dortmund AG 1968, 390; Bürgers/Körber/*Holzborn* Rn. 3; GHEK/*Eckardt* Rn. 8; Grigoleit/*Herrler* Rn. 2; Hölters/*Hirschmann* Rn. 3; Hüffer/Koch/*Koch*, 13. Aufl. 2018, Rn. 2; Kölner Komm AktG/*Tröger* Rn. 9; MüKoAktG/*Arnold* Rn. 9; K. Schmidt/Lutter/*Spindler* Rn. 4; Wachter/*Dürr* Rn. 3.

[13] NK-AktR/*Krenek/Pluta* Rn. 7; Wachter/*Dürr* Rn. 4; wohl auch Kölner Komm AktG/*Tröger* Rn. 12; aA Grigoleit/*Herrler* Rn. 3.

[14] BegrRegE BT-Drs. 16/11642, 27; *Mutter* AG-Report 2010, R 241 f.

[15] Grigoleit/*Herrler* Rn. 3; Hüffer/Koch/*Koch*, 13. Aufl. 2018, Rn. 3; Kölner Komm AktG/*Tröger* Rn. 10; K. Schmidt/Lutter/*Spindler* Rn. 5; Wachter/*Dürr* Rn. 4.

[16] Bürgers/Körber/*Holzborn* Rn. 4; GHEK/*Eckardt* Rn. 11; Grigoleit/*Herrler* Rn. 3; Kölner Komm AktG/*Tröger* Rn. 10; MüKoAktG/*Arnold* Rn. 10.

[17] Zust. Kölner Komm AktG/*Tröger* Rn. 13.

[18] Bürgers/Körber/*Holzborn* Rn. 4; Grigoleit/*Herrler* Rn. 3; Hölters/*Hirschmann* Rn. 4; Hüffer/Koch/*Koch*, 13. Aufl. 2018, Rn. 3; K. Schmidt/Lutter/*Spindler* Rn. 5; Wachter/*Dürr* Rn. 4.

[19] Bürgers/Körber/*Holzborn* Rn. 4; GHEK/*Eckardt* Rn. 12; *Butzke* Die Hauptversammlung der AG Rn. J 58; aA Hölters/*Hirschmann* Rn. 4; Kölner Komm AktG/*Tröger* Rn. 11; MüKoAktG/*Arnold* Rn. 11; K. Schmidt/Lutter/*Spindler* Rn. 6.

verlangens ist der Versammlungsleiter nicht zu besonderen Unterstützungsmaßnahmen verpflichtet.[20] Er muss daher nicht aktiv andere Aktionäre nach ihrer Unterstützung für den Antrag fragen.[21] Erst recht ist der Versammlungsleiter nicht verpflichtet, eine Abstimmung zur Ermittlung des Quorums durchzuführen.[22] Von dem Versammlungsleiter kann allenfalls ein Hinweis auf ein in der Hauptversammlung gestelltes Minderheitsverlangen gefordert werden, verbunden mit der Aufforderung an den Antragsteller, das Quorum nachzuweisen. Ergänzend wird man vom Versammlungsleiter eine Belehrung über die Form der Nachweiserbringung (zB Vorlage der Stimmkarten am Wortmeldetisch) verlangen können. In diesem Rahmen ist der Versammlungsleiter gehalten, organisatorische Vorkehrungen zu treffen, dass der Nachweis auch entgegengenommen werden kann. Die Vorstellung der Gegenansicht, dass uU das Quorum allein durch eine Abstimmung ermittelt werden könne,[23] erscheint praxisfern. Es ist nicht ersichtlich, in welchen Fällen etwa eine Vorlage der Stimmkarten zwecks Abgleich mit dem Teilnehmerverzeichnis weniger zuverlässig sein sollte als eine Abstimmung.

III. Rechtsfolgen

8 Sofern die in § 137 genannten Voraussetzungen erfüllt sind, ist der Versammlungsleiter **im Hinblick auf die Abstimmungsreihenfolge gebunden.** Liegen abweichende Wahlvorschläge von verschiedenen Aktionären vor und wird zu allen Vorschlägen ein Minderheitsverlangen gem. § 137 gestellt, kann der Versammlungsleiter nach seinem Ermessen eine sachgerechte Abstimmungsreihenfolge festlegen.[24] Auch in diesem Fall muss über sämtliche Aktionärsvorschläge zwingend vor dem Vorschlag des Aufsichtsrats abgestimmt werden. Mehrere Wahlvorschläge eines Aktionärs können einzeln oder gemeinsam zur Abstimmung gestellt werden.[25]

9 Verstößt der Versammlungsleiter bei der Festlegung der Abstimmungsreihenfolge gegen § 137 ist die Aufsichtsratswahl grundsätzlich gem. § 251 Abs. 1 **anfechtbar.**[26] Etwas anderes gilt, wenn der Beschluss nicht auf dem Gesetzesverstoß beruht. Dies ist bereits dann der Fall, wenn die Wahl mit einer eindeutigen Mehrheit (deutlich über 50 %) zustande gekommen ist.[27] Entgegen teilweise geäußerten Bedenken[28] dürfte es der insoweit darlegungs- und beweispflichtigen Gesellschaft in einem solchen Fall kaum schwerfallen, die mangelnde Relevanz zu beweisen. Der Beweis kann ohne weiteres durch Vorlage des Hauptversammlungsprotokolls mit den darin festgehaltenen Abstimmungsergebnissen erbracht werden.

Fünfter Unterabschnitt. Sonderbeschluß

§ 138 Gesonderte Versammlung. Gesonderte Abstimmung

¹In diesem Gesetz oder in der Satzung vorgeschriebene Sonderbeschlüsse gewisser Aktionäre sind entweder in einer gesonderten Versammlung dieser Aktionäre oder in einer gesonderten Abstimmung zu fassen, soweit das Gesetz nichts anderes bestimmt. ²Für die Einberufung der gesonderten Versammlung und die Teilnahme an ihr sowie für das Auskunftsrecht gelten die Bestimmungen über die Hauptversammlung, für die Sonderbeschlüsse die Bestimmungen über Hauptversammlungsbeschlüsse sinngemäß. ³Verlangen Aktionäre, die an der Abstimmung über den Sonderbeschluß teilnehmen können, die

---

[20] Bürgers/Körber/*Holzborn* Rn. 4; GHEK/*Eckardt* Rn. 13; Wachter/*Dürr* Rn. 4; *Butzke* Die Hauptversammlung der AG Rn. J 58; aA wohl K. Schmidt/Lutter/*Spindler* Rn. 6, der dem Versammlungsleiter allerdings einen sparsamen Umgang mit unterstützenden Maßnahmen rät; für Pflicht zur angemessenen Förderung Grigoleit/*Herrler* Rn. 3.
[21] So aber Hüffer/Koch/*Koch*, 13. Aufl. 2018, Rn. 3; wohl auch NK-AktR/*Krenek/Pluta* Rn. 6.
[22] *Butzke* Die Hauptversammlung der AG Rn. J 58; aA (jedenfalls bei Erschöpfung aller sonstigen Erkenntnisquellen) Hölters/*Hirschmann* Rn. 4; Kölner Komm AktG/*Tröger* Rn. 11; MüKoAktG/*Arnold* Rn. 12; NK-AktR/*Krenek/Pluta* Rn. 6; in diese Richtung auch K. Schmidt/Lutter/*Spindler* Rn. 6.
[23] S. etwa Kölner Komm AktG/*Tröger* Rn. 11; MüKoAktG/*Arnold* Rn. 12.
[24] Bürgers/Körber/*Holzborn* Rn. 5; GHEK/*Eckardt* Rn. 18; Grigoleit/*Herrler* Rn. 4; Hölters/*Hirschmann* Rn. 5; Hüffer/Koch/*Koch*, 13. Aufl. 2018, Rn. 4; Kölner Komm AktG/*Tröger* Rn. 17; MüKoAktG/*Arnold* Rn. 16; K. Schmidt/Lutter/*Spindler* Rn. 7; Wachter/*Dürr* Rn. 6; *Butzke* Die Hauptversammlung der AG Rn. J 58.
[25] Bürgers/Körber/*Holzborn* Rn. 5; Hüffer/Koch/*Koch*, 13. Aufl. 2018, Rn. 4; Kölner Komm AktG/*Tröger* Rn. 16; MüKoAktG/*Arnold* Rn. 15.
[26] Bürgers/Körber/*Holzborn* Rn. 6; GHEK/*Eckardt* Rn. 20; Grigoleit/*Herrler* Rn. 4; Hölters/*Hirschmann* Rn. 6; Hüffer/Koch/*Koch*, 13. Aufl. 2018, Rn. 4; Kölner Komm AktG/*Tröger* Rn. 18; MüKoAktG/*Arnold* Rn. 18; K. Schmidt/Lutter/*Spindler* Rn. 8; Wachter/*Dürr* Rn. 6.
[27] Bürgers/Körber/*Holzborn* Rn. 6; Hölters/*Hirschmann* Rn. 6; MüKoAktG/*Arnold* Rn. 18; K. Schmidt/Lutter/*Spindler* Rn. 8; Wachter/*Dürr* Rn. 6; einschränkend Kölner Komm AktG/*Tröger* Rn. 18: nur, wenn das Ergebnis auf festen Mehrheitsverhältnissen beruht.
[28] Vgl. Bürgers/Körber/*Holzborn* Rn. 6.

Einberufung einer gesonderten Versammlung oder die Bekanntmachung eines Gegenstands zur gesonderten Abstimmung, so genügt es, wenn ihre Anteile, mit denen sie an der Abstimmung über den Sonderbeschluß teilnehmen können, zusammen den zehnten Teil der Anteile erreichen, aus denen bei der Abstimmung über den Sonderbeschluß das Stimmrecht ausgeübt werden kann.

Schrifttum: *Baums,* Der unwirksame Hauptversammlungsbeschluß, ZHR 142 (1978), 582; *T. Bezzenberger,* Vorzugsaktien ohne Stimmrecht, 1991; *Fuchs,* Aktiengattungen, Sonderbeschlüsse und gesellschaftsrechtliche Treuepflicht, FS Immenga, 2004, 589; *Volhard/Goldschmidt,* Nötige und unnötige Sonderbeschlüsse der Inhaber stimmrechtsloser Vorzugsaktien, FS Lutter, 2000, 779; *Werner,* Die Beschlußfassung der Inhaber von stimmrechtslosen Vorzugsaktien, AG 1971, 69.

Übersicht

	Rn.		Rn.
I. Überblick	1, 2	**III. Verfahren der Beschlussfassung**	12–23
1. Normzweck	1	1. Gesonderte Versammlung oder gesonderte Abstimmung (Satz 1)	12, 13
2. Entstehungsgeschichte	2	2. Anwendbare Verfahrensregeln (Satz 2)	14–21
II. Sonderbeschlüsse	3–11	a) Gesonderte Versammlung	14–17
1. Rechtsnatur und Wirkung	3, 4	b) Gesonderte Abstimmung	18
2. Gesetzlich vorgeschriebene Sonderbeschlüsse	5–10	c) Mehrheitserfordernisse	19–21
a) Zustimmung zu Hauptversammlungsbeschlüssen	5–8	3. Minderheitsverlangen (Satz 3)	22, 23
b) Zustimmung zu Geschäftsführungsmaßnahmen	9	**IV. Fehlerhafte Sonderbeschlüsse**	24, 25
c) Abschließende Aufzählung	10	1. Anfechtbarkeit, Nichtigkeit	24
3. Sonderbeschlüsse kraft Satzung	11	2. Schwebende Unwirksamkeit des Hauptversammlungsbeschlusses	25

I. Überblick

1. Normzweck. § 138 regelt allgemein das **Verfahren für die Fassung von Sonderbeschlüssen,** ohne selbst eine Aussage darüber zu treffen, in welchen Fällen ein Sonderbeschluss erforderlich ist. Die Notwendigkeit eines Sonderbeschlusses ergibt sich aus den speziellen Vorschriften des AktG oder aus der Satzung (zu den Grenzen des satzungsmäßigen Gestaltungsspielraums → Rn. 11). § 138 S. 1 sieht für das Verfahren eine gesonderte Versammlung oder eine gesonderte Beschlussfassung als grundsätzlich gleichwertige Alternativen vor (anders Art. 60 Abs. 1 SE-VO, der zwingend eine gesonderte Abstimmung vorsieht).[1] § 138 S. 2 verweist insoweit auf die Bestimmungen über die Hauptversammlung und über Hauptversammlungsbeschlüsse, so dass für alle Aktionäre einheitliche Regeln gelten.[2] 1

2. Entstehungsgeschichte. Die Regelung in § 138 wurde mit Inkrafttreten des AktG 1965 neu eingeführt und ist seitdem unverändert.[3] Das AktG 1937 sah zwar in verschiedenen Vorschriften die Fassung von Sonderbeschlüssen vor, enthielt Verfahrensregeln aber nur für Sonderbeschlüsse der Vorzugsaktionäre bei Verschlechterung ihrer Rechtsstellung (§ 117 Abs. 3 AktG 1937). Um die unter Geltung des AktG 1937 bestehenden Zweifel über die Behandlung der übrigen Sonderbeschlüsse zu beseitigen, hat der Gesetzgeber mit § 138 eine einheitliche Verfahrensregelung eingeführt.[4] Die Regelung orientiert sich an § 117 Abs. 3 AktG 1937 und folgt für sonstige Sonderbeschlüsse der hM vor Inkrafttreten des AktG 1965.[5] 2

II. Sonderbeschlüsse

1. Rechtsnatur und Wirkung. Für bestimmte Hauptversammlungsbeschlüsse und Geschäftsführungsmaßnahmen ist die Zustimmung einzelner Aktionärsgruppen oder Aktiengattungen durch Sonderbeschluss erforderlich.[6] Im Hinblick auf die Funktion von Sonderbeschlüssen ist zwischen 3

---
[1] Zu Art. 60 SE-VO s. *Fischer* ZGR 2013, 832 ff.
[2] Vgl. Großkomm AktG/*G. Bezzenberger* Rn. 6.
[3] Ausf. zur Entstehungsgeschichte Großkomm AktG/*G. Bezzenberger* Rn. 1 f.
[4] BegrRegE bei *Kropff* S. 202.
[5] Vgl. *Baumbach/Hueck* Rn. 1; Kölner Komm AktG/*Zöllner* Rn. 1.
[6] Voraussetzung ist stets, dass überhaupt verschiedene Aktionärsgruppen oder Aktiengattungen bestehen, vgl. MüKoAktG/*Arnold* Rn. 2.

der zielgerichteten Beeinträchtigung und der lediglich abstrakten Gefährdung der mitgliedschaftsbezogenen Rechte von Aktionären einer bestimmten Gattung zu unterscheiden.[7] In den Fällen einer zielgerichteten Beeinträchtigung (§ 141, § 179 Abs. 3) bezweckt das Sonderbeschlusserfordernis den Schutz der betroffenen Aktionäre vor nachteiligen Eingriffen in ihre besonderen Rechte.[8] Ausgangspunkt ist die allgemeine vereinsrechtliche Wertung, dass Sonderrechte eines Mitglieds nicht ohne dessen Zustimmung durch Mehrheitsbeschluss entzogen werden dürfen (§ 35 BGB).[9] Da die Einholung einer gesonderten Zustimmung aller betroffenen Aktionäre aus praktischen Gründen regelmäßig ausscheidet, wird die Einzelzustimmung durch den Sonderbeschluss ersetzt.[10] Materiellrechtlich handelt es sich um eine **Zustimmung zu dem Eingriff** in die besonderen Rechte der betroffenen Aktionäre.[11] In den übrigen Fällen (etwa bei Kapitalerhöhungen), besteht das Sonderbeschlusserfordernis unabhängig von einem konkreten Eingriff in besondere Rechte. Anknüpfungspunkt ist lediglich eine abstrakte Gefährdung mitgliedschaftsbezogener Interessen. Den betroffenen Aktionären wird hier mit dem Sonderbeschlusserfordernis ein Mittel in die Hand gegeben, um auf kollektiver Ebene für einen Selbstschutz zu sorgen.[12] Jedenfalls in den zuletzt genannten Fällen lässt sich aus der gesellschaftsrechtlichen Treuepflicht in Ausnahmefällen eine **Zustimmungspflicht** ableiten.[13] Allerdings kann eine positive Stimmpflicht jeweils nur unter engen Voraussetzungen in Betracht kommen (insbesondere in Fällen der Existenzbedrohung).[14]

4 Sonderbeschlüsse sind nicht Bestandteil der zustimmungsbedürftigen Hauptversammlungsbeschlüsse, sondern **eigenständige Rechtsgeschäfte**.[15] Wie bei Hauptversammlungsbeschlüssen handelt es sich um mehrseitige nichtvertragliche Rechtsgeschäfte eigener Art. Sonderbeschlüsse können als vorherige Einwilligung (§ 183 BGB) oder als nachträgliche Genehmigung (§ 184 BGB) gefasst werden.[16] Bei der Ausgestaltung als nachträgliche Genehmigung wird der Hauptversammlungsbeschluss mit der Fassung des Sonderbeschlusses ex tunc wirksam (§ 184 Abs. 1 BGB). Bis zur Fassung des Sonderbeschlusses ist der zustimmungsbedürftige **Hauptversammlungsbeschluss schwebend unwirksam**.[17] Er wird endgültig unwirksam, wenn der Sonderbeschluss nicht innerhalb einer **angemessenen Frist** zustande kommt (idR spätestens in der nächsten ordentlichen Hauptversammlung) oder die Zustimmung bereits zuvor endgültig verweigert wird.[18] Gleiches gilt, wenn der Sonderbeschluss nichtig ist oder erfolgreich angefochten wird, sofern er nicht innerhalb angemessener Frist mangelfrei wiederholt oder bestätigt wird (→ Rn. 25).[19] Bezieht sich umgekehrt ein zustimmender Sonderbeschluss auf einen **fehlerhaften Hauptversammlungsbeschluss**, ist eine erneute Fassung des Sonderbeschlusses nicht erforderlich, wenn der Hauptversammlungsbeschluss neu gefasst oder bestätigt wird.[20] Der Sonderbeschluss gilt in diesem Fall als vorab erteilte Einwilligung. Ist für eine

---

[7] *Fuchs* FS Immenga, 2004, 589 (592).
[8] Bürgers/Körber/*Holzborn* Rn. 2; Großkomm AktG/*G. Bezzenberger* Rn. 6; MüKoAktG/*Arnold* Rn. 2; K. Schmidt/Lutter/*Spindler* Rn. 1.
[9] Vgl. Großkomm AktG/*G. Bezzenberger* Rn. 7; MüKoAktG/*Arnold* Rn. 2; K. Schmidt/Lutter/*Spindler* Rn. 2.
[10] Großkomm AktG/*G. Bezzenberger* Rn. 7; Großkomm AktG/*Wiedemann* § 179 Rn. 138; Hüffer/Koch/*Koch*, 13. Aufl. 2018, § 179 Rn. 41; MüKoAktG/*Arnold* Rn. 2; MüKoAktG/*Stein* § 179 Rn. 178; *Fuchs* FS Immenga, 2004, 589 (593).
[11] Bürgers/Körber/*Holzborn* Rn. 2; Großkomm AktG/*G. Bezzenberger* Rn. 7; MüKoAktG/*Arnold* Rn. 3; K. Schmidt/Lutter/*Spindler* Rn. 20; *T. Bezzenberger*, Vorzugsaktien ohne Stimmrecht, 1991, 118; *Fuchs* FS Immenga, 2004, 589 (593 ff.).
[12] *Fuchs* FS Immenga, 2004, 589 (596 ff.); teilweise wird dem Sonderbeschlusserfordernis insoweit eine Warnfunktion beigemessen, s. Hüffer/Koch/*Koch*, 13. Aufl. 2018, § 179 Rn. 45.
[13] Ausführlich *Fuchs* FS Immenga, 2004, 589 (601 ff.).
[14] Vgl. *Fuchs* FS Immenga, 2004, 589 (603 f.); zu dem vergleichbaren Fall einer Sperrminorität auch BGHZ 129, 136 (145 ff.) – Girmes; allgemein zu positiven Stimmpflichten Hüffer/Koch/*Koch*, 13. Aufl. 2018, § 179 Rn. 30; MüKoAktG/*Stein* § 179 Rn. 219; K. Schmidt/Lutter/*Seibt* § 179 Rn. 45.
[15] Bürgers/Körber/*Holzborn* Rn. 2; Grigoleit/*Herrler* Rn. 6; Großkomm AktG/*G. Bezzenberger* Rn. 7; MüKoAktG/*Arnold* Rn. 4; K. Schmidt/Lutter/*Spindler* Rn. 20.
[16] Bürgers/Körber/*Holzborn* Rn. 2; Grigoleit/*Herrler* Rn. 6; Großkomm AktG/*G. Bezzenberger* Rn. 7; Hölters/*Hirschmann* Rn. 18; Kölner Komm AktG/*Zöllner* Rn. 15 f.; MüKoAktG/*Arnold* Rn. 3; K. Schmidt/Lutter/*Spindler* Rn. 20; Wachter/*Dürr* Rn. 3.
[17] RGZ 148, 175 (186 f.); LG Mannheim AG 1967, 83 (84); Grigoleit/*Herrler* Rn. 6; Großkomm AktG/*G. Bezzenberger* Rn. 8; Hölters/*Hirschmann* Rn. 18; Hüffer/Koch/*Koch*, 13. Aufl. 2018, § 179 Rn. 7; Kölner Komm AktG/*Zöllner* Rn. 15; MüKoAktG/*Arnold* Rn. 4; K. Schmidt/Lutter/*Spindler* Rn. 20; *T. Bezzenberger*, Vorzugsaktien ohne Stimmrecht, 1991, 118 (184); *Werner* AG 1971, 69 (74); aA *Baums* ZHR 142 (1978) 582 (585 f.), der bei fehlender Zustimmung Nichtigkeit annehmen will.
[18] Großkomm AktG/*G. Bezzenberger* Rn. 8; MüKoAktG/*Arnold* Rn. 4; s. auch *T. Bezzenberger*, Vorzugsaktien ohne Stimmrecht, 1991, 178.
[19] Großkomm AktG/*G. Bezzenberger* Rn. 8; Kölner Komm AktG/*Zöllner* Rn. 13; *T. Bezzenberger*, Vorzugsaktien ohne Stimmrecht, 1991, 186 f.
[20] Bürgers/Körber/*Holzborn* Rn. 7; Großkomm AktG/*G. Bezzenberger* Rn. 8.

Geschäftsführungsmaßnahme ein zustimmender Sonderbeschluss erforderlich, kann der Vorstand die Maßnahme bis zum Vorliegen des Sonderbeschlusses nicht ausführen. Der Sonderbeschluss ist auch hier **Wirksamkeitsvoraussetzung**.[21] Bis zum Vorliegen des Sonderbeschlusses ist die Vertretungsmacht kraft Gesetzes beschränkt.[22]

2. Gesetzlich vorgeschriebene Sonderbeschlüsse. a) Zustimmung zu Hauptversammlungsbeschlüssen. Das AktG und das UmwG schreiben Sonderbeschlüsse zunächst für bestimmte Arten von Hauptversammlungsbeschlüssen vor. Hierbei lassen sich grob drei Fallgruppen unterscheiden: (1) Beeinträchtigung der mit einer Gattung verbundenen besonderen Rechte; (2) Zustimmung zu Kapitalmaßnahmen und Umwandlungen bei Vorhandensein verschiedener Gattungen; (3) Änderung von Unternehmensverträgen bei Vorhandensein außenstehender Aktionäre. 5

Gem. § 179 Abs. 3 ist ein Sonderbeschluss der benachteiligten Aktionäre erforderlich, wenn durch Satzungsänderung das **Verhältnis mehrerer Aktiengattungen** zum Nachteil einer Gattung verändert werden soll. Bei Vorhandensein von stimmrechtslosen Vorzugsaktien ist nach der Spezialregelung des § 141 Abs. 1 ein Sonderbeschluss der Vorzugsaktionäre erforderlich, wenn der **Vorzug aufgehoben oder beschränkt** werden soll.[23] Gleiches gilt für die Ausgabe von Vorzugsaktien, die bei der Verteilung des Gewinns oder des Gesellschaftsvermögens den stimmrechtslosen Vorzugsaktien vorgehen (§ 141 Abs. 2). § 179 Abs. 3 wird von § 141 verdrängt (→ § 179 Rn. 179). 6

Sind mehrere Gattungen stimmberechtigter Aktien vorhanden, ist für **Kapitalmaßnahmen** die Zustimmung der Aktionäre jeder Gattung erforderlich. Dies gilt zum einen für Kapitalerhöhungen und die Ausgabe von Wandelschuldverschreibungen und Genussrechten (§ 182 Abs. 2, § 193 Abs. 1 S. 3, § 202 Abs. 2 S. 4, § 221 Abs. 1 S. 4 und Abs. 3), zum anderen für Maßnahmen der Kapitalherabsetzung (§ 222 Abs. 2, § 229 Abs. 3, § 237 Abs. 2 S. 1). Auch für **Umwandlungsmaßnahmen** ist die Zustimmung der stimmberechtigten Aktionäre jeder Gattung erforderlich. Dies gilt für die Verschmelzung durch Aufnahme oder durch Neugründung (§ 65 Abs. 2 UmwG, § 73 UmwG), die Spaltung zur Aufnahme oder zur Neugründung (§ 125 S. 1 UmwG, § 135 Abs. 1 S. 1 UmwG), die Übertragung des Vermögens oder von Vermögensteilen auf die öffentliche Hand (§ 176 Abs. 1 UmwG, § 177 Abs. 1 UmwG), die Vermögensübertragung unter Versicherungsunternehmen (§ 178 Abs. 1 UmwG, § 179 Abs. 1 UmwG) und den Formwechsel (§ 233 Abs. 2 S. 1 Hs. 2 UmwG, § 240 Abs. 1 S. 1 Hs. 2 UmwG, § 252 Abs. 2 S. 1 Hs. 2 UmwG). 7

Gem. § 295 Abs. 2 ist für die Zustimmung der Hauptversammlung zur **Änderung eines Unternehmensvertrags** ein zustimmender Sonderbeschlusses der außenstehenden Aktionäre erforderlich, sofern Bestimmungen geändert werden, die zur Ausgleichsleistung an die außenstehenden Aktionäre oder zum Erwerb ihrer Aktien verpflichten. Allein der Beitritt eines weiteren herrschenden Unternehmens erfordert keinen Sonderbeschluss gem. § 295 Abs. 2.[24] 8

b) Zustimmung zu Geschäftsführungsmaßnahmen. Das Gesetz sieht das Erfordernis eines zustimmenden Sonderbeschlusses auch für bestimmte Geschäftsführungsmaßnahmen vor. Dabei geht es jeweils um die **Zustimmung der außenstehenden Aktionäre** im Konzern. Ein zustimmender Sonderbeschluss der außenstehenden Aktionäre ist erforderlich für die Aufhebung oder ordentliche Kündigung eines Unternehmensvertrags, der zur Ausgleichsleistung an die außenstehenden Aktionäre oder zum Erwerb ihrer Aktien verpflichtet (§ 296 Abs. 2, § 297 Abs. 2), nicht dagegen für eine Kündigung aus wichtigem Grund (§ 297 Abs. 1). Ebenfalls erforderlich ist ein zustimmender Sonderbeschluss der außenstehenden Aktionäre, wenn die Gesellschaft auf bestimmte Ansprüche verzichten oder sich über sie vergleichen will. Dies gilt für den Verlustausgleichsanspruch aus einem Beherrschungs- oder Gewinnabführungsvertrag (§ 302 Abs. 3 S. 3), für Ersatzansprüche gegen die gesetzlichen Vertreter des herrschenden Unternehmens oder die Verwaltungsmitglieder der Gesellschaft im Vertragskonzern und bei der Eingliederung (§ 309 Abs. 3 S. 1, § 310 Abs. 4, § 323 Abs. 1 S. 2) sowie für Ersatzansprüche gegen das herrschende Unternehmen und dessen gesetzliche Vertreter oder die Verwaltungsmitglieder der Gesellschaft im faktischen Konzern (§ 317 Abs. 4, § 318 Abs. 4). 9

---

[21] Bürgers/Körber/*Holzborn* Rn. 2; Großkomm AktG/*G. Bezzenberger* Rn. 11; MüKoAktG/*Arnold* Rn. 5; K. Schmidt/Lutter/*Spindler* Rn. 20; Wachter/*Dürr* Rn. 3.
[22] Bürgers/Körber/*Holzborn* Rn. 2; Grigoleit/*Herrler* Rn. 6; MüKoAktG/*Arnold* Rn. 5; Wachter/*Dürr* Rn. 3.
[23] Zu Zweifelsfällen s. *Volhard/Goldschmidt* FS Lutter, 2000, 779 (780 ff.).
[24] BGHZ 119, 1 (7 ff.) – ASEA/BBC; OLG Karlsruhe ZIP 1990, 101 (103 f.) – ASEA/BBC; LG Mannheim ZIP 1990, 379 (382) – ASEA/BBC; Kölner Komm AktG/*Koppensteiner* § 295 Rn. 35; MüKoAktG/*Altmeppen* § 295 Rn. 37; MüKoAktG/*Arnold* Rn. 11 Fn. 23; *Priester* ZIP 1992, 293 (301); aA Hölters/*Deilmann* § 295 Rn. 22; *Hirte* ZGR 1994, 644 (658); differenzierend Emmerich/Habersack/*Emmerich* § 295 Rn. 27; Hüffer/Koch/*Koch*, 13. Aufl. 2018, § 295 Rn. 11; MHdB AG/*Krieger* § 71 Rn. 193; *Raiser/Veil* KapGesR § 54 Rn. 104; *Pentz*, FS Kropff, 1997, 225 (237 ff.); *Röhricht* ZHR 162 (1998) 249 (251 ff.): Sonderbeschluss erforderlich bei noch laufendem Angebot auf Abfindung in Aktien und bei variablem Ausgleich.

In diesen Fällen tritt der Sonderbeschluss an die Stelle des bei einer unabhängigen Gesellschaft gem. § 93 Abs. 4 S. 3 erforderlichen Hauptversammlungsbeschlusses, um zu verhindern, dass das herrschende Unternehmen mit seiner Stimmenmehrheit die Ersatzpflicht beseitigt.[25]

10 **c) Abschließende Aufzählung.** Die im Gesetz geregelten Fälle, in denen für die Wirksamkeit eines Hauptversammlungsbeschlusses oder einer Geschäftsführungsmaßnahme ein zustimmender Sonderbeschluss erforderlich ist, sind **abschließend**.[26] Daher lässt sich insbesondere auch das Erfordernis eines Sonderbeschlusses für die ordentliche Kündigung eines Unternehmensvertrags nicht im Wege der Analogie auf die Kündigung aus wichtigem Grund oder die Beendigung eines Unternehmensvertrags durch Auflösung oder Verschmelzung der Gesellschaft erstrecken.[27]

11 **3. Sonderbeschlüsse kraft Satzung.** In den von § 23 Abs. 5 gesetzten Grenzen kann das Erfordernis eines Sonderbeschlusses auch durch die Satzung eingeführt werden. § 138 S. 1 setzt die grundsätzliche Zulässigkeit voraus.[28] Kein Gestaltungsspielraum besteht, soweit das Gesetz zwingend die einfache Mehrheit vorsieht (→ § 133 Rn. 44).[29] Unzulässig ist auch die Beeinträchtigung von Minderheitsrechten, die an ein bestimmtes Quorum geknüpft sind.[30] Weiterhin kann die Wirksamkeit von Hauptversammlungsbeschlüssen nicht von der Zustimmung einzelner Aktionäre abhängig gemacht werden.[31] Ein solches von der Stimmkraft unabhängiges Vetorecht wäre nicht mit der Wertung des § 134 Abs. 1 vereinbar. Dagegen ist es zulässig, für bedeutsame Hauptversammlungsbeschlüsse ein Sonderbeschlusserfordernis zugunsten der **Aktionäre einer bestimmten Gattung** oder einer **Gruppe von Aktionären** vorzusehen.[32] Dabei muss der Kreis der Aktionäre nach abstrakten Kriterien bestimmbar sein.[33] Die Satzung kann auch für die Aufhebung oder Beeinträchtigung von nicht gattungsbegründenden Sonderrechten (zB Entsendungsrechte) anstelle der grundsätzlich erforderlichen Einzelzustimmung einen Sonderbeschluss der Sonderrechtsinhaber genügen lassen.[34]

III. Verfahren der Beschlussfassung

12 **1. Gesonderte Versammlung oder gesonderte Abstimmung (Satz 1).** Soweit das Gesetz nichts anderes bestimmt, können Sonderbeschlüsse gem. § 138 S. 1 in einer gesonderten Versammlung oder in einer gesonderten Abstimmung gefasst werden. Die Wahl zwischen den Alternativen trifft grundsätzlich derjenige, der die **Einberufungskompetenz** hat.[35] Dies ist idR der Vorstand (§ 121 Abs. 2 S. 1). Wurde in der Tagesordnung eine gesonderte Abstimmung angekündigt, kann die Hauptversammlung die Sonderbeschlussfassung nicht durch Mehrheitsbeschluss in eine gesonderte Versammlung verlegen.[36] Gleiches gilt für den umgekehrten Fall, dass bereits eine gesonderte Versammlung einberufen wurde.[37] In diesem Fall kann der Sonderbeschluss in der Hauptversammlung mangels Bekanntmachung nur gefasst werden, wenn alle Aktionäre, die an der Sonderbeschlussfassung teilnehmen können, anwesend sind und sich mit der gesonderten Abstimmung einverstanden erklären.[38]

---

[25] Vgl. BegrRegE bei *Kropff* S. 405; Hüffer/Koch/*Koch*, 13. Aufl. 2018, § 309 Rn. 20; MüKoAktG/*Arnold* Rn. 5.
[26] Bürgers/Körber/*Holzborn* Rn. 2; Grigoleit/*Herrler* Rn. 2; Großkomm AktG/*G. Bezzenberger* Rn. 12; Hölters/*Hirschmann* Rn. 3, 9; MüKoAktG/*Arnold* Rn. 12; K. Schmidt/Lutter/*Spindler* Rn. 4; Wachter/*Dürr* Rn. 4; MHdB AG/*Austmann* § 40 Rn. 62.
[27] OLG Celle DB 1972, 1816 (1819); OLG Düsseldorf AG 1990, 490 (491); Großkomm AktG/*G. Bezzenberger* Rn. 12; Hölters/*Hirschmann* Rn. 9; MüKoAktG/*Arnold* Rn. 12; K. Schmidt/Lutter/*Spindler* Rn. 4.
[28] Zur mangelnden praktischen Bedeutung s. Großkomm AktG/*G. Bezzenberger* Rn. 13; MüKoAktG/*Arnold* Rn. 19; MHdB AG/*Austmann* § 40 Rn. 65.
[29] Großkomm AktG/*G. Bezzenberger* Rn. 13; MüKoAktG/*Arnold* Rn. 19; K. Schmidt/Lutter/*Spindler* Rn. 8; Wachter/*Dürr* Rn. 5.
[30] MüKoAktG/*Arnold* Rn. 19; K. Schmidt/Lutter/*Spindler* Rn. 8.
[31] Kölner Komm AktG/*Zöllner* Rn. 4; MüKoAktG/*Arnold* Rn. 19; K. Schmidt/Lutter/*Spindler* Rn. 8.
[32] Großkomm AktG/*G. Bezzenberger* Rn. 15; Kölner Komm AktG/*Zöllner* Rn. 4; MüKoAktG/*Arnold* Rn. 19; K. Schmidt/Lutter/*Spindler* Rn. 8; *Fuchs* FS Immenga, 2004, 589 (590).
[33] MüKoAktG/*Arnold* Rn. 19; K. Schmidt/Lutter/*Spindler* Rn. 8.
[34] Großkomm AktG/*G. Bezzenberger* Rn. 14; K. Schmidt/Lutter/*Spindler* Rn. 8.
[35] Bürgers/Körber/*Holzborn* Rn. 3; GHEK/*Eckardt* Rn. 8; Grigoleit/*Herrler* Rn. 3; Großkomm AktG/*G. Bezzenberger* Rn. 19; Hölters/*Hirschmann* Rn. 11; Hüffer/Koch/*Koch*, 13. Aufl. 2018, Rn. 3; Kölner Komm AktG/*Zöllner* Rn. 5; MüKoAktG/*Arnold* Rn. 21; K. Schmidt/Lutter/*Spindler* Rn. 11; Wachter/*Dürr* Rn. 6; *Butzke*, Die Hauptversammlung der AG, Rn. B 183; MHdB AG/*Austmann* § 40 Rn. 66.
[36] Bürgers/Körber/*Holzborn* Rn. 3; Großkomm AktG/*G. Bezzenberger* Rn. 20; Kölner Komm AktG/*Zöllner* Rn. 5; MüKoAktG/*Arnold* Rn. 23; K. Schmidt/Lutter/*Spindler* Rn. 12; aA Baumbach/*Hueck* Rn. 3; GHEK/*Eckardt* Rn. 8; wohl auch *v. Falkenhausen* BB 1966, 337 (342).
[37] Bürgers/Körber/*Holzborn* Rn. 3; Großkomm AktG/*G. Bezzenberger* Rn. 20; MüKoAktG/*Arnold* Rn. 23; K. Schmidt/Lutter/*Spindler* Rn. 12.
[38] Bürgers/Körber/*Holzborn* Rn. 3; Großkomm AktG/*G. Bezzenberger* Rn. 20; Kölner Komm AktG/*Zöllner* Rn. 5; K. Schmidt/Lutter/*Spindler* Rn. 12.

13 Regelmäßig bietet sich eine gesonderte Abstimmung an, da der Verfahrensaufwand für eine gesonderte Versammlung erheblich größer ist. Eine Ausnahme gilt für die Zustimmung der außenstehenden Aktionäre zu Geschäftsführungsmaßnahmen im Konzern, wenn hiermit nicht bis zur nächsten Hauptversammlung gewartet werden kann.[39] **Zwingend** ist die Einberufung einer **gesonderten Versammlung** nur für die Zustimmung der Vorzugsaktionäre (§ 141 Abs. 3 S. 1) und bei Vorliegen eines Minderheitsverlangens gem. § 138 S. 3 Alt. 1 (→ Rn. 22 f.). Abgesehen von diesen Fällen besteht kein Anspruch auf Einberufung einer gesonderten Versammlung. Wird eine gesonderte Abstimmung durchgeführt, besteht kein Anspruch darauf, dass die an der gesonderten Abstimmung nicht teilnahmeberechtigten Aktionäre während der Diskussion und der Abstimmung den Versammlungssaal verlassen.[40]

2. Anwendbare Verfahrensregeln (Satz 2). a) Gesonderte Versammlung. Für die gesonderte Versammlung gelten gem. § 138 S. 2 die Bestimmungen über die Hauptversammlung sinngemäß. § 138 S. 2 erwähnt zwar nur die Einberufung, die Teilnahme und das Auskunftsrecht, jedoch ist hierin nach allgemeiner Ansicht nur eine **beispielhafte, nicht abschließende Aufzählung** zu sehen.[41] **14**

Die **Einberufung** der gesonderten Versammlung richtet sich nach denselben Gesetzes- und Satzungsbestimmungen wie die Einberufung der Hauptversammlung.[42] Anwendbar sind die §§ 121 ff., mit Ausnahme von § 127, dessen Regelungsgegenstand für die in Betracht kommenden Sonderbeschlüsse nicht einschlägig ist.[43] Die Einberufung der gesonderten Versammlung muss sich an die Aktionäre der Gattung oder Gruppe richten, die bei der Fassung des Sonderbeschlusses stimmberechtigt sind. Die Mitteilungen gem. § 125 Abs. 1, § 128 müssen nur den zur Teilnahme an der gesonderten Versammlung berechtigten Aktionären übermittelt werden (zur Teilnahmeberechtigung → Rn. 16).[44] Die gesonderte Versammlung kann für den Tag der Hauptversammlung einberufen werden. Sie darf jedoch **nicht zur gleichen Zeit** wie die Hauptversammlung stattfinden, so dass sie für eine andere Uhrzeit als die Hauptversammlung einzuberufen ist.[45] Die Einberufung der Hauptversammlung und die Einberufung der gesonderten Versammlung können **gemeinsam veröffentlicht** werden.[46] In diesem Fall muss aus der Einberufung aber deutlich hervorgehen, dass die gesonderte Versammlung nicht Teil der Hauptversammlung ist.[47] Dies kann durch eine **räumliche Trennung** in der Einberufung erfolgen (etwa durch gesonderte Abschnitte mit jeweils eigenen Überschriften).[48] **15**

Zur **Teilnahme** an der gesonderten Versammlung berechtigt sind nur die bei der Abstimmung über den Sonderbeschluss stimmberechtigten Aktionäre.[49] Der Sinn einer gesonderten Versammlung besteht gerade darin, eine unbeeinflusste Diskussion und Beschlussfassung zu ermöglichen. Dies kann nur gewährleistet werden, wenn allein die Aktionäre teilnahmeberechtigt sind, um deren besondere Rechte es geht.[50] Daneben sind auch die Verwaltungsmitglieder teilnahmeberechtigt (§ 118 Abs. 2 S. 1). Für das **Rede- und Fragerecht** in der gesonderten Versammlung gelten keine Besonderheiten. Es richtet sich nach § 131 (mit der Möglichkeit gerichtlicher Entscheidung gem. § 132).[51] Besondere Auskunftsrechte bestehen bei der Zustimmung zur Änderung, Aufhebung oder ordentli- **16**

---

[39] Hüffer/Koch/*Koch*, 13. Aufl. 2018, Rn. 3; Wachter/*Dürr* Rn. 6.
[40] Bürgers/Körber/*Holzborn* Rn. 3; MüKoAktG/*Arnold* Rn. 21.
[41] Bürgers/Körber/*Holzborn* Rn. 4; Großkomm AktG/*G. Bezzenberger* Rn. 21; Kölner Komm AktG/*Zöllner* Rn. 6; MüKoAktG/*Arnold* Rn. 24; K. Schmidt/Lutter/*Spindler* Rn. 16; MHdB AG/*Austmann* § 40 Rn. 68.
[42] BegrRegE bei *Kropff* S. 202.
[43] Vgl. Hölters/*Hirschmann* Rn. 12; Hüffer/Koch/*Koch*, 13. Aufl. 2018, Rn. 4; Kölner Komm AktG/*Zöllner* Rn. 6; K. Schmidt/Lutter/*Spindler* Rn. 16.
[44] Großkomm AktG/*G. Bezzenberger* Rn. 23; Kölner Komm AktG/*Zöllner* Rn. 6, 9.
[45] Großkomm AktG/*G. Bezzenberger* Rn. 22.
[46] Großkomm AktG/*G. Bezzenberger* Rn. 23; Kölner Komm AktG/*Zöllner* Rn. 7; MüKoAktG/*Arnold* Rn. 25; Wachter/*Dürr* Rn. 10.
[47] Bürgers/Körber/*Holzborn* Rn. 4; Großkomm AktG/*G. Bezzenberger* Rn. 23; Hölters/*Hirschmann* Rn. 12; Kölner Komm AktG/*Zöllner* Rn. 7; MüKoAktG/*Arnold* Rn. 25; *Butzke*, Die Hauptversammlung der AG, Rn. B 184; *Werner* AG 1971, 69 (73).
[48] Vgl. Großkomm AktG/*G. Bezzenberger* Rn. 23; Kölner Komm AktG/*Zöllner* Rn. 7; MüKoAktG/*Arnold* Rn. 25; K. Schmidt/Lutter/*Spindler* Rn. 16.
[49] Baumbach/*Hueck* Rn. 4; Grigoleit/*Herrler* Rn. 4; Großkomm AktG/*G. Bezzenberger* Rn. 24; Hüffer/Koch/*Koch*, 13. Aufl. 2018, Rn. 4; Kölner Komm AktG/*Zöllner* Rn. 9; MüKoAktG/*Arnold* Rn. 26; K. Schmidt/Lutter/*Spindler* Rn. 16; MHdB AG/*Austmann* § 40 Rn. 68; *Werner* AG 1971, 69 (73); aA *T. Bezzenberger*, Vorzugsaktien ohne Stimmrecht, 1991, 179 f.
[50] Vgl. Großkomm AktG/*G. Bezzenberger* Rn. 24; Kölner Komm AktG/*Zöllner* Rn. 9; MüKoAktG/*Arnold* Rn. 26.
[51] Hölters/*Hirschmann* Rn. 13; MüKoAktG/*Arnold* Rn. 27; K. Schmidt/Lutter/*Spindler* Rn. 16.

chen Kündigung eines Unternehmensvertrags (§ 295 Abs. 2 S. 3, § 296 Abs. 2, § 297 Abs. 2). Sofern die Satzung (oder eine Geschäftsordnung der Hauptversammlung) keine abweichende Regelung trifft, obliegt die **Leitung der besonderen Versammlung** demjenigen, der kraft Satzung als Leiter der Hauptversammlung vorgesehen ist.[52] Auch für die gesonderte Versammlung ist ein **Teilnehmerverzeichnis** zu führen (§ 129).

17   Für die **Beschlussfassung** verweist § 138 S. 2 auf die Bestimmungen über Hauptversammlungsbeschlüsse. Der Verweis gilt gleichermaßen für die Beschlussfassung mittels gesonderter Abstimmung und die Beschlussfassung in einer gesonderten Versammlung.[53] Für entsprechend anwendbar erklärt werden insbesondere die Vorschriften über die Beurkundung (§ 130), die Mehrheitserfordernisse (§ 133) und die Anfechtbarkeit und Nichtigkeit von Beschlüssen (§§ 241 ff.).[54] Anwendbar sind auch die Vorschriften über das Stimmrecht (§§ 134 ff.), mit Ausnahme von § 137, dessen Regelungsgegenstand für die in Betracht kommenden Sonderbeschlüsse nicht einschlägig ist.[55]

18   **b) Gesonderte Abstimmung.** Soll ein Sonderbeschluss in einer gesonderten Abstimmung gefasst werden, muss mit der Einberufung ein entsprechender **Tagesordnungspunkt bekannt gemacht** werden. Allein die Ankündigung des zustimmungsbedürftigen Hauptversammlungsbeschlusses deckt die Fassung des Sonderbeschlusses nicht mit ab.[56] Aus dem Teilnehmerverzeichnis müssen sich die bei der gesonderten Abstimmung stimmberechtigten Aktionäre entnehmen lassen.[57] Der Versammlungsleiter hat dafür zu sorgen, dass an der gesonderten Abstimmung nur die insoweit stimmberechtigten Aktionäre teilnehmen. Hierzu kann sich die Verwendung spezieller Stimmkarten anbieten.[58] Entsprechende Maßnahmen sind in die Niederschrift aufzunehmen.[59] Für die Beschlussfassung gelten gem. § 138 S. 2 auch bei gesonderter Abstimmung die Bestimmungen über Hauptsammlungsbeschlüsse sinngemäß (→ Rn. 17).

19   **c) Mehrheitserfordernisse.** Für den Sonderbeschluss gelten regelmäßig **dieselben Mehrheitserfordernisse** wie für den zustimmungsbedürftigen Hauptversammlungsbeschluss.[60] Eine Ausnahme gilt für den Sonderbeschluss über die Zustimmung der Vorzugsaktionäre, für den zwingend eine Mehrheit von mindestens ¾ der abgegebenen Stimmen erforderlich ist (§ 141 Abs. 3 S. 2), während die für den satzungsändernden Hauptversammlungsbeschluss grundsätzlich erforderliche qualifizierte Kapitalmehrheit durch die Satzung herabgesetzt werden kann (§ 179 Abs. 2).

20   Bei der **ordentlichen Kapitalerhöhung** ist für den Sonderbeschluss eine Mehrheit von mindestens ¾ der bei der Beschlussfassung vertretenen Grundkapitals erforderlich (§ 182 Abs. 2 S. 3 iVm Abs. 1 S. 1). Hier kann die Satzung sowohl eine größere als auch eine geringere Kapitalmehrheit vorsehen (§ 182 Abs. 2 S. 3 iVm Abs. 1 S. 2). In den übrigen Fällen der **Kapitalbeschaffung und -herabsetzung** ist ebenfalls eine qualifizierte Kapitalmehrheit erforderlich, wobei durch die Satzung das Mehrheitserfordernis lediglich heraufgesetzt werden kann (§ 193 Abs. 1 S. 1 und 2, § 202 Abs. 2 S. 2 und 3, § 221 Abs. 1 S. 2 und 3 sowie Abs. 3, § 222 Abs. 1, § 229 Abs. 3, § 237 Abs. 2 S. 1). Gleiches gilt für **Umwandlungsmaßnahmen** (§ 65 Abs. 2 S. 3 iVm Abs. 1 UmwG, § 73 UmwG, § 125 S. 1 UmwG, § 135 Abs. 1 S. 1 UmwG, § 176 Abs. 1 UmwG, § 177 Abs. 1 UmwG, § 178 Abs. 1 UmwG, § 179 Abs. 1 UmwG, § 233 Abs. 2 S. 1 Hs. 2 UmwG, § 240 Abs. 1 S. 1 Hs. 2 UmwG, § 252 Abs. 2 S. 1 Hs. 2 UmwG) und die Zustimmung zur Änderung, Aufhebung oder ordentlichen Kündigung eines **Unternehmensvertrags** (§ 293 Abs. 1 S. 2 und 3 iVm § 295 Abs. 2 S. 2, § 296 Abs. 2, § 297 Abs. 2).

21   Für die Sonderbeschlüsse der außenstehenden Aktionäre, die erforderlich sind, wenn die Gesellschaft auf bestimmte **Ausgleichs- oder Ersatzansprüche verzichten** oder sich über sie vergleichen will, ist mangels besonderer Mehrheitsregelung die einfache Stimmenmehrheit des § 133 Abs. 1

---

[52] Bürgers/Körber/*Holzborn* Rn. 4; GHEK/*Eckardt* Rn. 16; Großkomm AktG/*G. Bezzenberger* Rn. 25; Hölters/*Hirschmann* Rn. 14; Hüffer/Koch/*Koch*, 13. Aufl. 2018, Rn. 4; Kölner Komm AktG/*Zöllner* Rn. 8; MüKoAktG/*Arnold* Rn. 28; K. Schmidt/Lutter/*Spindler* Rn. 17; Wachter/*Dürr* Rn. 10.
[53] BegrRegE bei *Kropff* S. 202.
[54] BegrRegE bei *Kropff* S. 202; Hüffer/Koch/*Koch*, 13. Aufl. 2018, Rn. 4; Kölner Komm AktG/*Zöllner* Rn. 12 ff.
[55] Kölner Komm AktG/*Zöllner* Rn. 12.
[56] Bürgers/Körber/*Holzborn* Rn. 5; Großkomm AktG/*G. Bezzenberger* Rn. 26; Hüffer/Koch/*Koch*, 13. Aufl. 2018, Rn. 5; Kölner Komm AktG/*Zöllner* Rn. 10; K. Schmidt/Lutter/*Spindler* Rn. 13; MHdB AG/*Austmann* § 40 Rn. 69.
[57] Großkomm AktG/*G. Bezzenberger* Rn. 28; Hölters/*Hirschmann* Rn. 15; Hüffer/Koch/*Koch*, 13. Aufl. 2018, Rn. 5; Kölner Komm AktG/*Zöllner* Rn. 11; K. Schmidt/Lutter/*Spindler* Rn. 14.
[58] Vgl. Hüffer/Koch/*Koch*, 13. Aufl. 2018, Rn. 5; K. Schmidt/Lutter/*Spindler* Rn. 14; NK-AktR/*v. Ooy* Rn. 9.
[59] Hüffer/Koch/*Koch*, 13. Aufl. 2018, Rn. 5; K. Schmidt/Lutter/*Spindler* Rn. 14.
[60] Vgl. Großkomm AktG/*G. Bezzenberger* Rn. 29; MüKoAktG/*Arnold* Rn. 30.

ausreichend (§ 302 Abs. 3 S. 3, § 309 Abs. 3 S. 1, § 310 Abs. 4, § 317 Abs. 4, § 318 Abs. 4, § 323 Abs. 1 S. 2). In diesen Fällen kann das Wirksamwerden des Beschlusses aber durch den Widerspruch einer Minderheit, deren Anteile zusammen mindestens 10 % des bei der Fassung des Sonderbeschlusses vertretenen Grundkapitals ausmachen, verhindert werden. Wird das Quorum erreicht und nachgewiesen, ist der Sonderbeschluss allein aufgrund der Erklärung des Widerspruchs zur Niederschrift wirkungslos, ohne dass es einer Anfechtung bedarf.[61]

3. Minderheitsverlangen (Satz 3). Gem. § 138 S. 3 kann eine Minderheit von Aktionären die 22 Einberufung einer gesonderten Versammlung oder die Bekanntmachung eines Gegenstands zur gesonderten Abstimmung verlangen, sofern die Aktionäre über mindestens 10 % der zur Teilnahme an der Abstimmung über den Sonderbeschluss berechtigenden Aktien verfügen. Die Regelung wurde erst auf Vorschlag des Rechts- und des Wirtschaftsausschusses in das AktG 1965 aufgenommen.[62] Sie **ergänzt § 122,** der hierdurch aber nicht verdrängt wird.[63] Da § 138 S. 3 nicht abschließend ist, kann daneben auch eine Minderheit von Aktionären, deren Anteile zusammen 5 % des gesamten Grundkapitals erreichen, gem. § 138 S. 2 iVm § 122 Abs. 1 S. 1 die Einberufung einer gesonderten Versammlung verlangen. Gem. § 138 S. 2 iVm § 122 Abs. 2 können auch Aktionäre, deren Anteile zusammen mindestens 5 % des gesamten Grundkapitals oder einen anteiligen Betrag von 500 000 Euro erreichen, die Bekanntmachung eines Gegenstands zur gesonderten Abstimmung verlangen. Über § 122 können auch Aktionäre, die an der Abstimmung über den Sonderbeschluss nicht teilnehmen dürfen, eine gesonderte Versammlung oder eine gesonderte Abstimmung herbeiführen.[64] Im Einzelfall kann das Quorum des § 122 leichter zu erreichen sein als das Quorum des § 138 S. 3.[65]

Der Vorstand kann einem Minderheitsverlangen nach einer gesonderten Versammlung nicht dadurch 23 genügen, dass er eine gesonderte Abstimmung auf die Tagesordnung einer ohnehin geplanten Hauptversammlung setzt.[66] Wird dem Verlangen zu Unrecht nicht entsprochen, kommt eine gerichtliche Ermächtigung der Minderheit gem. § 138 S. 2, § 122 Abs. 3 iVm § 375 Nr. 3, § 376, § 377 Abs. 1 FamFG in Betracht.[67] Ein Minderheitsverlangen gem. § 138 S. 3 kann auch dann noch gestellt werden, wenn bereits eine Bekanntmachung zur gesonderten Abstimmung erfolgt ist. Dies gilt selbst dann, wenn die Hauptversammlung, in der die gesonderte Abstimmung erfolgen soll, bereits begonnen hat.[68] Ein Minderheitsverlangen nach § 122 Abs. 1 S. 1 reicht insoweit nicht aus, da nach Ankündigung einer gesonderten Abstimmung die Hauptversammlung sogar durch Mehrheitsbeschluss nicht mehr die Abhaltung einer gesonderten Versammlung verlangen kann (→ Rn. 12).

IV. Fehlerhafte Sonderbeschlüsse

1. Anfechtbarkeit, Nichtigkeit. Nach allgemeiner Ansicht sind auf Sonderbeschlüsse über den 24 Verweis in § 138 S. 2 auch die **Vorschriften über die Anfechtbarkeit und Nichtigkeit** von Hauptversammlungsbeschlüssen (§§ 241 ff.) entsprechend anwendbar.[69] Lediglich die §§ 250–254 sind aufgrund ihres Regelungsgegenstands für Sonderbeschlüsse nicht einschlägig. **Anfechtungsbefugt** sind neben dem Vorstand (§ 245 Nr. 4) und den einzelnen Vorstands- und Aufsichtsratsmitgliedern (unter den Voraussetzungen des § 245 Nr. 5) nur die zur Teilnahme an der Abstimmung über den Sonderbeschluss berechtigten Aktionäre, sofern sie die in § 245 Nr. 1–3 genannten Voraussetzungen erfüllen.[70] **Nichtigkeitsklage** (§ 249) kann von jedem Aktionär erhoben werden.[71]

---

[61] Hüffer/Koch/*Koch*, 13. Aufl. 2018, § 302 Rn. 27; MüKoAktG/*Arnold* Rn. 34.
[62] Vgl. Ausschussbericht bei *Kropff* S. 203.
[63] Grigoleit/*Herrler* Rn. 8; Großkomm AktG/*G. Bezzenberger* Rn. 33; Hölters/*Hirschmann* Rn. 17; Kölner Komm AktG/*Zöllner* Rn. 17; MüKoAktG/*Arnold* Rn. 35; K. Schmidt/Lutter/*Spindler* Rn. 19.
[64] Vgl. Großkomm AktG/*G. Bezzenberger* Rn. 35; MüKoAktG/*Arnold* Rn. 35.
[65] Vgl. Kölner Komm AktG/*Zöllner* Rn. 17; MüKoAktG/*Arnold* Rn. 35.
[66] Bürgers/Körber/*Holzborn* Rn. 6; Großkomm AktG/*G. Bezzenberger* Rn. 36; Hölters/*Hirschmann* Rn. 16; Hüffer/Koch/*Koch*, 13. Aufl. 2018, Rn. 3; K. Schmidt/Lutter/*Spindler* Rn. 18; aA GHEK/*Eckardt* Rn. 19.
[67] MüKoAktG/*Arnold* Rn. 36; K. Schmidt/Lutter/*Spindler* Rn. 19.
[68] Grigoleit/*Herrler* Rn. 8; Großkomm AktG/*G. Bezzenberger* Rn. 20; Hölters/*Hirschmann* Rn. 16; Kölner Komm AktG/*Zöllner* Rn. 5; MüKoAktG/*Arnold* Rn. 35.
[69] Bürgers/Körber/*Holzborn* Rn. 7; Großkomm AktG/*G. Bezzenberger* Rn. 30; Hüffer/Koch/*Koch*, 13. Aufl. 2018, Rn. 4; Kölner Komm AktG/*Zöllner* Rn. 13; MüKoAktG/*Arnold* Rn. 37; K. Schmidt/Lutter/*Spindler* Rn. 21; Wachter/*Dürr* Rn. 8.
[70] Bürgers/Körber/*Holzborn* Rn. 7; Großkomm AktG/*G. Bezzenberger* Rn. 30; Kölner Komm AktG/*Zöllner* Rn. 14; MüKoAktG/*Arnold* Rn. 37; K. Schmidt/Lutter/*Spindler* Rn. 21; MHdB AG/*Austmann* § 40 Rn. 71; *T. Bezzenberger*, Vorzugsaktien ohne Stimmrecht, 1991, 186.
[71] Bürgers/Körber/*Holzborn* Rn. 7; Grigoleit/*Herrler* Rn. 7; Großkomm AktG/*G. Bezzenberger* Rn. 30; Kölner Komm AktG/*Zöllner* Rn. 14; MüKoAktG/*Arnold* Rn. 37; K. Schmidt/Lutter/*Spindler* Rn. 21; MHdB AG/*Austmann* § 40 Rn. 71.

25　**2. Schwebende Unwirksamkeit des Hauptversammlungsbeschlusses.** Solange kein wirksamer Sonderbeschluss vorliegt, bleibt der zustimmungsbedürftige Hauptversammlungsbeschluss schwebend unwirksam (→ Rn. 4). Dies hat zur Folge, dass ein Eintragungshindernis besteht.[72] Die fehlende Zustimmung kann innerhalb einer angemessenen Frist (idR spätestens in der nächsten ordentlichen Hauptversammlung) nachgeholt werden.[73] Wird ein Sonderbeschluss auf eine Anfechtungsklage hin rechtskräftig für nichtig erklärt, dürfte es für eine erneute Sonderbeschlussfassung idR zu spät sein.[74] Fehlt es an einem wirksamen Sonderbeschluss, bewirkt die Eintragung des Hauptversammlungsbeschlusses keine Heilung.[75] Allerdings kommt eine **Heilung** entsprechend § 242 Abs. 2 in Betracht (→ § 242 Rn. 26 f.).[76] Die Unwirksamkeit des Hauptversammlungsbeschlusses kann von jedem in seinen Rechten betroffenen Aktionär mittels Feststellungsklage geltend gemacht werden.[77]

Sechster Unterabschnitt. Vorzugsaktien ohne Stimmrecht

§ 139 Wesen

(1) ¹Für Aktien, die mit einem Vorzug bei der Verteilung des Gewinns ausgestattet sind, kann das Stimmrecht ausgeschlossen werden (Vorzugsaktien ohne Stimmrecht). ²Der Vorzug kann insbesondere in einem auf die Aktie vorweg entfallenden Gewinnanteil (Vorabdividende) oder einem erhöhten Gewinnanteil (Mehrdividende) bestehen. ³Wenn die Satzung nichts anderes bestimmt, ist eine Vorabdividende nachzuzahlen.

(2) Vorzugsaktien ohne Stimmrecht dürfen nur bis zur Hälfte des Grundkapitals ausgegeben werden.

Schrifttum: *Baums*, Vorzugsaktien, Ausgliederung und Konzernfinanzierung, AG 1994, 1; *T. Bezzenberger*, Vorzugsaktien ohne Stimmrecht, 1990; *Bormann/di Prima*, Auswirkungen der Neuregelung von Vorzugsaktien, die bank 2015, 48; *Christians*, Der Aktionär und sein Stimmrecht, AG 1990, 47; *Frey/Hirte*, Vorzugsaktionäre und Kapitalerhöhung, DB 1989, 2465; *Hennerkes/May*, Überlegungen zur Rechtsformwahl im Familienunternehmen (II), DB 1988, 537; *Hachmeister/Ruthardt*, Vom Unternehmenswert zum Anteilswert: Vorzugs- und Stammaktien im Ertragswertkalkül, BB 2014, 427 ff.; *Herbig*, Die Maßnahmen der Kapitalbeschaffung im neuen Aktiengesetz, JW 1937, 510; *Jung/Wachtler*, Die Kursdifferenz zwischen Stamm- und Vorzugsaktien, AG 2001, 513; *Kriebel*, Mehr stimmrechtslose Vorzugsaktien?, AG 1963, 175; *Kruse/Berg/Weber*, Erklären unternehmensspezifische Faktoren den Kursunterschied von Stamm- und Vorzugsaktien?, ZBB 1993, 23; *Loges/Distler*, Gestaltungsmöglichkeiten durch Aktiengattungen, ZIP 2002, 467; *Oboussier*, Das „Umstellungsverhältnis" bei rückständiger Dividende auf stimmrechtslose Vorzugsaktien, MDR 1950, 657; *Pellens/Hillebrandt*, Vorzugsaktien vor dem Hintergrund der Corporate Governance-Diskussion, AG 2001, 57; *Reckinger*, Vorzugsaktien in der Bundesrepublik, AG 1983, 216; *Siebel*, Vorzugsaktien als „Hybride" Finanzierungsform und ihre Grenzen, ZHR 161 (1997), 628; *Wagner*, Bilanzierungsfragen und steuerliche Aspekte bei „hybriden" Finanzierungen, Der Konzern 2005, 499; *Werner*, Die Beschlussfassung der Inhaber von stimmrechtslosen Vorzugsaktien, AG 1971, 69.

Übersicht

	Rn.		Rn.
I. Zweck der Vorschrift	1, 1a	1. Gewinnvorzug	9–18a
		a) Vorabdividende	10–13
II. Entstehungsgeschichte und europarechtliche Vorgaben	2–5	b) Mehrdividende	13a
		c) Weitere Arten des Vorzugs, insbesondere Kombination von Vorab- und Mehrdividende	13b–15
III. Rechtstatsächliches	6, 7		
IV. Notwendige Ausstattung von stimmrechtslosen Vorzugsaktien	8–25a	d) Vorzugsaktien mit unterschiedlichen Rechten	16

---

[72] RGZ 148, 175 (184 ff.); GHEK/*Hefermehl/Bungeroth* § 179 Rn. 187; Großkomm AktG/*Wiedemann* § 179 Rn. 153; Kölner Komm AktG/*Zöllner* § 179 Rn. 192; MüKoAktG/*Stein* § 179 Rn. 208; K. Schmidt/Lutter/*Seibt* § 179 Rn. 57.

[73] Großkomm AktG/G. *Bezzenberger* Rn. 30; Kölner Komm AktG/*Zöllner* Rn. 13; *T. Bezzenberger*, Vorzugsaktien ohne Stimmrecht, 1991, 186 f.

[74] Vgl. Bürgers/Körber/*Holzborn* Rn. 7.

[75] *T. Bezzenberger*, Vorzugsaktien ohne Stimmrecht, 1991, 185.

[76] OLG Hamburg AG 1970, 230 (231 f.); Bürgers/Körber/*Holzborn* Rn. 7; Kölner Komm AktG/*Zöllner* § 179 Rn. 192; *T. Bezzenberger*, Vorzugsaktien ohne Stimmrecht, 1991, 185 f.; *Werner* AG 1971, 69 (74 f.); s. auch OLG Schleswig NZG 2000, 895 (896); Großkomm AktG/K. *Schmidt* § 242 Rn. 16; Hüffer/Koch/*Koch*, 13. Aufl. 2018, § 242 Rn. 10; MüKoAktG/*Hüffer/Schäfer* § 242 Rn. 26; *Casper*, Die Heilung nichtiger Beschlüsse, 1998, 268 ff.

[77] Bürgers/Körber/*Holzborn* Rn. 7; Grigoleit/*Herrler* Rn. 7; Hölters/*Hirschmann* Rn. 18; *T. Bezzenberger*, Vorzugsaktien ohne Stimmrecht, 1991, 187 Fn. 49.

Rn.		Rn.
e) Auszahlung des Vorzugs 17–18a	1. Ausgabe neuer Aktien	33–35a
2. Nachzahlbarkeit 19–25a	2. Umwandlung bestehender Stammaktien	36–38
a) Vorabdividende 19–24		
b) Mehrdividende 25	**VIII. Verstöße gegen Abs. 1**	39–44
c) Änderung der Nachzahlbarkeit 25a	1. Fehler der Ursprungssatzung	40–41a
V. Bilanzielle und steuerliche Behandlung 26–29	2. Fehler bei nachfolgenden Maßnahmen	42–44
VI. Stimmrechtsausschluss 30, 31	**IX. Höchstgrenze für die Ausgabe stimmrechtsloser Vorzugsaktien (Abs. 2)**	45–51
VII. Einführung von Vorzugsaktien ... 32–38		

I. Zweck der Vorschrift

Das Gesetz unterscheidet zwischen Stammaktien und **Vorzugsaktien ohne Stimmrecht;**[1] 1 wobei es seit der Aktienrechtsnovelle 2016 zwei Arten von Vorzugsaktien ausdrücklich nennt: 1. Vorzugsaktien mit einer Vorabdividende, und Vorzugsaktien mit einer nicht Mehrdividende; während die Vorzugsdividende als nach- oder nicht nachzahlbar ausgestaltet werden kann, ist die Mehrdividende in keinem Fall nachzahlbar (→ Rn. 19 ff.). Zwar können auch Stammaktien mit einem Vorzug ausgestattet werden (sog. „Vorzugsaktien mit Stimmrecht"). Dogmatisch handelt es sich bei diesen jedoch um eine Unterform der Stammaktien, auf die die §§ 139–141 keine Anwendung finden. Die §§ 139–141 regeln ausschließlich die Vorzugsaktien ohne Stimmrecht, § 139 Abs. 1. Die Zulässigkeit der Ausgabe von Aktien ohne Stimmrecht folgt bereits aus § 12 Abs. 1 S. 2; die §§ 139–141 dienen ihrer konkreten Ausgestaltung. Rückschlüsse auf die Zulässigkeit aktiengleich ausgestalteter Genussrechte können aus den §§ 139–141 nicht gezogen werden.[2] Auf stimmrechtslose Vorzugsbeteiligungen bei Gesellschaften anderer Rechtsform finden die §§ 139–141 keine Anwendung. Bei REIT-AGs hingegen kann das Stimmrecht nicht ausgeschlossen werden, § 5 Abs. 1 S. 1 REITG.

§ 139 Abs. 1 legt die Voraussetzungen fest, unter denen bei Aktien das Stimmrecht ausgeschlossen 1a werden kann und, dass die Vorabdividende (nicht aber auch die Mehrdividende) nachzuzahlen ist, wenn in der Satzung nichts anderes bestimmt ist. Abs. 2 bestimmt die Obergrenze, bis zu der stimmrechtslose Aktien ausgegeben werden dürfen.

II. Entstehungsgeschichte und europarechtliche Vorgaben

Die §§ 139–141 **gehen auf die §§ 115–117 AktG 1937 zurück,** mit denen erstmals stimmrechts- 2 lose Vorzugsaktien im deutschen Aktienrecht eingeführt wurden. Bis dahin war zwar die Einräumung von Vorzügen zulässig, nicht aber der Ausschluss des Stimmrechts. Mit den stimmrechtslosen Vorzugsaktien sollte deutschen AGs die Möglichkeit eröffnet werden, sich mit Eigenkapital zu finanzieren – die auf die Vorzugsaktien zu zahlenden „Zinsen" sind eine Form der Gewinnverwendung und belasten daher nicht das Ergebnis –, ohne die Mehrheitsverhältnisse in der Hauptversammlung zu verändern.[3] Insofern stellen die Vorzugsaktien eine hybride Finanzierungsform zwischen Stammaktie und Schuldverschreibung dar.[4] Zudem sollte durch den Ausschluss des Stimmrechts eine „Überfremdung bei Heranziehung ausländischen Kapitals" verhindert werden.[5]

Die **Voraussetzungen,** unter denen das Stimmrecht entzogen werden kann, wurden **zwischen** 3 **Einführung der stimmrechtslosen Vorzugsaktien und der Aktienrechtsnovelle 2016 nicht geändert.** Der Wortlaut des § 139 Abs. 1 war bis zur Aktienrechtsnovelle 2016 identisch mit dem Wortlaut des § 115 Abs. 1 AktG 1937. Auch die Regelungen in §§ 140 und 141 entsprachen bis zur Aktienrechtsnovelle 2016 noch nahezu denen von 1937; insoweit wurden allein kleinere Klarstellungen vorgenommen. Die Höchstgrenze für die Ausgabe stimmrechtsloser Vorzugsaktien nach Abs. 2 hingegen wurde 1965 von ⅓ des Grundkapitals auf die Hälfte gelockert[6] und 1998 anlässlich der Einführung von Stückaktien angepasst.

---

[1] Vgl. auch *Loges/Distler* ZIP 2002, 467 (469).
[2] BGHZ 119, 305 (309 ff.) = NJW 1993, 53. → § 221 Rn. 28 f.
[3] Zur Geschichte der stimmrechtslosen Vorzugsaktien s. Großkomm AktG/*G. Bezzenberger* Rn. 1; *T. Bezzenberger,* Vorzugsaktien ohne Stimmrecht, 1990, 5 ff.; *Siebel* ZHR 161 (1997), 628 (642 ff.).
[4] *Siebel* ZHR 161 (1997), 628 (629); MüKoAktG/*Arnold* Rn. 2.
[5] Deutscher Reichsanzeiger v. 4.2.1937, Nr. 28, S. 150. Zu den Motiven zur Ausgabe von Vorzugsaktien ohne Stimmrecht s. *Pellens/Hillebrandt* AG 2001, 57 (58 f.); *Reckinger* AG 1983, 216 (219 f.); *Siebel* ZHR 161 (1997), 628 (630 f.).
[6] Krit. hierzu *Kriebel* AG 1963, 175 ff.

4 Im Zusammenhang mit dem **KonTraG**[7] wurde die Abschaffung der stimmrechtslosen Vorzugsaktien erwogen,[8] letztlich aber verworfen. Zu Recht: Stimmrechtslose Vorzugsaktien können weiterhin ein wichtiges und geeignetes Mittel zur Eigenkapitalfinanzierung darstellen, wenn sie sich auch nicht für jede Gesellschaft anbieten.[9] Ihre Abschaffung wäre eine Bevormundung der Gesellschaften und Anleger, für die kein Bedürfnis besteht.[10] Im Zuge der (nicht umgesetzten) **Aktienrechtsnovelle 2011/2012**[11] war beabsichtigt, die generelle Nachzahlbarkeit des Vorzugs abzuschaffen. Hierdurch sollte es namentlich Kreditinstituten erleichtert werden, ihre Eigenkapitalanforderungen zu erfüllen, da eine Nachzahlbarkeit des Vorzugs der Berücksichtigung beim Eigenkapital entgegensteht, § 10 Abs. 2a S. 1 Nr. 2 KWG. Die letztlich umgesetzte **Aktienrechtsnovelle 2016** ging – dem Referentenentwurf zur **Aktienrechtsnovelle 2014** folgend – einen anderen Weg:[12] So wurde zunächst der das Stimmrecht ausschließende Vorzug erweitert und „*insbesondere*" die Einräumung einer Vorabdividende oder einer Mehrdividende als Voraussetzung für den Ausschluss des Stimmrechts gesetzt. Zudem würde die Nachzahlbarkeit der Vorzugsdividende nicht generell ausgeschlossen, sondern nur noch aufgrund ausdrücklicher Anordnung in der Satzung. Bei einer nachzahlbaren Vorzugsdividende lebt das Stimmrecht wie bisher auf, wenn es zwei Jahre hintereinander nicht vollständig gezahlt wurde. Bei einem nicht nachzahlbaren Vorzug soll das Stimmrecht aufleben, sobald der Vorzug nicht vollständig gezahlt wurde.

5 **Europarechtliche Vorgaben** zur Ausgestaltung stimmrechtsloser Vorzugsaktien existieren nicht. Welche Rechte mit einer Aktie verbunden sind, überlässt das Europarecht sowohl in der Kapitalrichtlinie (II. gesellschaftsrechtliche Richtlinie 77/91/EWG) als auch in der SE-Verordnung dem nationalen Recht. Allerdings war in dem (nie in Kraft getretenen) Entwurf der Strukturrichtlinie (V. gesellschaftsrechtlichen Richtlinie 91/C 321/09 v. 12.12.1991 ABl. EG 1991 Nr. C 321, 9) aus dem Jahre 1991 in Art. 33 Abs. 2 vorgesehen, die Ausgabe von stimmrechtslosen Vorzugsaktien bis zur Hälfte des Grundkapitals zuzulassen. Mit Blick auf die auch auf EU-Ebene geführte Corporate Governance-Diskussion ist nicht auszuschließen, dass auch die Vorzugsaktien iSd §§ 139 ff. in Frage gestellt werden. In ihrem Aktionsplan aus dem Jahre 2003[13] hat es sich die Europäische Kommission zum Ziel gesetzt, die Aktionärsdemokratie in der EU zu stärken. Hierzu soll insbesondere der Grundsatz „one share – one vote", von dem die stimmrechtslosen Vorzugsaktien eine Ausnahme darstellen könnten, europaweit durchgesetzt werden. Stimmrechtslose Vorzugsaktien sind indes keine deutsche Besonderheit, sondern sind – wenn auch mit Unterschieden in der Ausgestaltung – im europäischen und außer-europäischen Ausland ebenfalls bekannt.[14]

III. Rechtstatsächliches

6 Die Ausgabe von stimmrechtslosen Vorzugsaktien ist bereits auf Grund des Nebeneinanders von mindestens zwei Aktiengattungen mit **höheren Finanzierungs- und laufenden Kosten** verbunden, als die Ausgabe nur von Stammaktien.[15] Das geringere Dividendenrisiko bei der Vorabdividende geht regelmäßig mit einem deutlichen **Kursabschlag** gegenüber den Stammaktien einher;[16] bei der Mehrdividende dürfte der höhere Dividendenanspruch zu einem Kursabschlag führen. Zudem führt das fehlende Stimmrecht zu einem Minderwert.[17] Zwingend ist dies allerdings nicht, es sind auch

---

[7] Gesetz zur Kontrolle und Transparenz im Unternehmensbereich v. 27.4.1998, BGBl. 1998 I 786 ff.
[8] Vgl. BT-Drs. 13/9712, 12.
[9] So auch *Butzke* in Marsch-Barner/Schäfer Börsennotierte AG-HdB Rn. 6.22; iE trotz aller Kritik auch *Pellens/Hillebrandt* AG 2001, 57 (67); vgl. auch *Christians* AG 1990, 47 (49). *Kriebel* AG 1963, 175 hält Vorzugsaktien für nicht mit den marktwirtschaftlichen Prinzipien vereinbar.
[10] Zu entsprechenden europäischen Tendenzen → Rn. 5.
[11] S. hierzu den RegE BT-Drs. 17/8989; zu diesem Grigoleit/*Herrler* Rn. 16 ff. und § 140 Rn. 13 ff. sowie § 141 Rn. 25 ff.
[12] *Paschos/Goslar* NJW 2016, 359 (361 f.) halten es für fraglich, ob bloße Mehrdividendenaktien als hartes Kernkapital anerkannt werden; siehe hierzu auch *Bormann/di Prima* die bank 2015, 48 ff. zum AktG-Ref-E 2014.
[13] Mitteilung der Kommission an den Rat und das Europäische Parlament: Modernisierung des Gesellschaftsrechts und Verbesserung der Corporate Governance in der Europäischen Union – Aktionsplan (KOM (2003) 284 endg.). Abrufbar im Internet unter: http://eur-lex.europa.eu/RegData/docs_autres_institutions/commission_europeenne/com/2003/0284/COM_COM(2003)0284_DE.pdf.
[14] Vgl. *Pellens/Hillebrandt* AG 2001, 57 (58); *Siebel* ZHR 161 (1997), 628 (639 ff.).
[15] NK-AktR/*Roth* Rn. 3; *Christians* AG 1990, 47 (48 f.).
[16] Zu den Kursdifferenzen und ihren Gründen siehe *Jung/Wachtler* AG 2001, 513 ff.; *Kruse/Berg/Weber* ZBB 1993, 23 ff.; *Pellens/Hillebrandt* AG 2001, 57 (62 ff.); *Reckinger* AG 1983, 216 (221 ff.).
[17] Großkomm AktG/*G. Bezzenberger* Rn. 8; *Kriebel* AG 1963, 175 (177). Zur steuerlichen Abstrahlung des Börsenkurses der Vorzugsaktien auf die Bewertung nicht börsennotierter Stammaktien siehe *Binz/Sorg* BB 1987, 1996 ff.; *Herzig/Ebeling* AG 1989, 221 (224 ff.); *Hachmeister/Ruthardt* BB 2014, 427 ff.

Fälle bekannt, in denen die Vorzugs- über den Stammaktien notieren.[18] Diese Kursdifferenzen zeigen sich freilich nicht nur im laufenden Handel, sondern haben auch Einfluss auf die Bewertung der einzelnen Aktiengattungen im Zusammenhang mit Unternehmensverträgen, umwandlungsrechtlichen Maßnahmen und Übernahmeangeboten nach dem WpÜG.[19]

Wurden stimmrechtslose Vorzugsaktien in Höhe der Hälfte des Grundkapitals ausgegeben (Abs. 2, → Rn. 45 ff.), lässt sich die **satzungsändernde Mehrheit** bereits bei einer Beteiligung von bloß rd. 37,5 % am Grundkapital erreichen, da nur die Hälfte der Beteiligung am Grundkapital ein Stimmrecht vermittelt. Für eine **einfache Hauptversammlungsmehrheit** genügt – solange der Vorzug gezahlt wird – selbst bei einer Vollversammlung eine Beteiligung von 25 % plus eine Aktie. Dies macht die Ausgabe von Vorzugsaktien insbesondere für **Familienunternehmen** interessant. Dementsprechend stieg die Bedeutung der Vorzugsaktien Ende der 1980er Jahre, als eine Vielzahl von Familienunternehmen an die Börse strebte und durch die Ausgabe von Vorzugsaktien die Vorteile einer Eigenkapitalfinanzierung nutzte, ohne einen Einflussverlust in Kauf nehmen zu müssen. Aufgrund der Praxis der Börsen, nur eine Aktiengattung bei der Bildung der Indizes zu berücksichtigen, reduziert die Ausgabe zweier Aktiengattungen das Gewicht der Gesellschaft im jeweiligen Index. Dies hatte selbstredend negative Auswirkungen auf die Beliebtheit von Vorzugsaktien. Die Zahl der börsennotierten Gesellschaften, die Vorzugsaktien ausgegeben haben, ist rückläufig.[20] Gleichwohl sind immer noch einige Dax- und MDax-Gesellschaften sowohl mit Stamm- als auch mit Vorzugsaktien notiert.[21] Auch international werden weiterhin stimmrechtslose Vorzugsaktien zur Absicherung des Einflusses emittiert. Bisher ist noch nicht zu erkennen, dass der Finanzaufsicht unterliegende Gesellschaften, für die die Neuregelung namentlich geschaffen wurde (→ Rn. 4), von der Neuregelung vermehrt zur Stärkung ihres Eigenkapitals Gebrauch machen. Es bleibt abzuwarten, ob sich dies im Laufe der Zeit ändern wird.

IV. Notwendige Ausstattung von stimmrechtslosen Vorzugsaktien

Zwingende Voraussetzung für den Ausschluss des Stimmrechts ist jenseits des § 5 Abs. 1 S. 3 FMStBG die **Einräumung eines Vorzugs bei der Gewinnverteilung**.[22] Dabei ist der Gewinnvorzug sowohl Kompensation[23] als auch Rechtfertigung für den Stimmrechtsausschluss.

1. Gewinnvorzug. Der Begriff des **Gewinnvorzugs** ist seit der Aktienrechtsnovelle 2016 nicht mehr allein als Gewinnvorrang zu verstehen: Der Vorzug kann *insbesondere* in einer Vorabdividende oder einer Mehrdividende bestehen. Welche konkreten Anforderungen an den Vorzug zu stellen sind, richtet sich nach der Art des Vorzugs. Gemein ist allerdings jedem Vorzug, dass er sich allein auf den jährlichen **Bilanzgewinn** (§ 158 Abs. 1 Nr. 5) beziehen kann und muss. Die Einräumung eines Liquidationsvorzugs im Sinne des § 271 Abs. 2 Hs. 2 ist weder ausreichend noch erforderlich. Hieran hat sich durch die Aktienrechtsnovelle 2016 nichts geändert, da beim Aufleben des Stimmrechts nach § 140 Abs. 2 auf die jährlichen Zahlungen auf den Vorzug abgestellt wird.[24] Die Ausstattung von Vorzugsaktien allein mit einem Liquidationsvorzug würde zur Zulassung dauerhaft stimmrechtsloser Aktien führen.[25] Schädlich ist ein Liquidationsvorzug allerdings auch nicht.[26] Besondere praktische Bedeutung hat der Liquidationsvorzug nicht erlangt.

a) Vorabdividende. Als erste Art des Gewinnvorzugs nennt das Gesetz die – auch schon vor der Aktienrechtsnovelle 2016 bekannte – **Vorabdividende**. Bei der Einräumung einer Vorabdividende wird der zu verteilende Gewinn zunächst an die Vorzugsaktionäre und erst nach deren Befriedigung an die (gewöhnlichen) Stammaktionäre ausgeschüttet. Zur Höhe des Vorzugs macht das Gesetz

---

[18] Vgl. *Kruse/Berg/Weber* ZBB 1993, 23 ff.; *Senger/Vogelmann* AG 2002, 193 (196 f.).
[19] Vgl. *Krieger* FS Lutter, 2000, 497 (499 f.); *Wirth/Arnold* ZGR 2002, 859 (861).
[20] Vgl. *Loges/Distler* ZIP 2002, 467 (474); *Pellens/Hillebrandt* AG 2001, 57 (66 f.); *Senger/Vogelmann* AG 2002, 193 f.; *Wirth/Arnold* ZGR 2002, 859 (860 ff.) (jeweils auch zu den Gründen).
[21] So etwa BMW, Henkel, VW und im MDax MAN, Metro, ProSiebenSat1.
[22] Zu den Rechtsfolgen beim Ausschluss des Stimmrechts ohne Einräumung eines (den Anforderungen des § 139 Abs. 1 entsprechenden) nachzahlbaren Gewinnvorzugs → Rn. 39 ff.
[23] Ähnlich OLG Düsseldorf NZG 2005, 347 (351); K. Schmidt/Lutter/*Spindler* Rn. 10; *Siebel* ZHR 161 (1997), 628 (651). in der Begr. zum Entwurf des AktG 1937, S. 151 ist vom Vorzug als „Ersatz und Ausgleich für das Fehlen des Stimmrechts" die Rede.
[24] Hölters/*Hirschmann* Rn. 6; Hüffer/Koch/*Koch* Rn. 5; Wachter/Dürr Rn. 10; so auch schon Bormann/di Prima die bank 2015, 48; *Ihrig/Wandt* BB 2016, 6 (14). Im Ergebnis ebenso *Müller-Eising* GWR 2014, 229 (230).
[25] Ob die Einführung solcher Aktien politisch wünschenswert ist, ist umstritten, siehe nur Henssler/Strohn/*Liebscher* Rn. 14; *Habersack* AG 2015, 613 (616); *Harbarth/v. Plettenberg* AG 2016, 145 (153).
[26] Hüffer/Koch/*Koch* Rn. 5; *Herbig* JW 1937, 510; *Siebel* ZHR 161 (1997), 628 (646). Zur Zulässigkeit des Liquidationsvorzuges s. RGZ 68, 235 (239 f.).

keine Vorgaben. Erforderlich ist allein irgendein Vorzug gegenüber den Stammaktionären. Ein nur minimaler Vorzug wird dabei freilich am Markt nicht auf Akzeptanz stoßen.[27]

11 Die Vorabdividende kann nach der ausdrücklichen Regelungen in S. 3 nachzahlbar und nichtnachzahlbar ausgestaltet werden, wobei sie ohne ausdrückliche anderweitige Satzungsregelung nachzahlbar ist. Damit muss die absolute Höhe der Vorabdividende bestimmbar sein.[28] Eine alleinige Verknüpfung mit dem angefallenen Bilanzgewinn (Bsp.: „Vorabdividende in Höhe von 10 % des Bilanzgewinns") oder dem Anspruch der Stammaktionäre (Bsp.: „Vorabdividende in Höhe von 105 % der den Stammaktionären zustehenden Dividende") ist lediglich eine relative Bestimmung und daher als Vorabdividende unzulässig.[29] Bei einer solchen Regelung ließe sich die Höhe der Nachzahlung nicht ermitteln. Dem steht nicht entgegen, dass solche Regelungen für eine Mehrdividende als Vorzug möglich wären, denn die Mehrdividende ist per se nicht nachzahlbar (→ Rn. 19 ff.).

12 **Zulässig und** durchaus **üblich** sind Regelungen zu Vorabdividenden, nach denen pro Vorzugsaktie ein fester Eurobetrag oder ein prozentualer Anteil vom Nennbetrag oder vom Grundkapital als Vorzug zu zahlen ist. Auch ist eine Orientierung der Vorabdividende am Basiszinssatz oder an der Rendite von Bundesanleihen zulässig.[30] Ebenfalls keinen Einwänden ausgesetzt sind Regelungen, die den Vorzugsaktionären mit Vorabdividende eine um x % Prozent höhere Dividende als den Stammaktionären zusagt, sofern daneben nur eine Mindestdividende entsprechend der vorstehenden Ausführungen festgelegt wird. Auf welche absolute Größe letztlich bei der Bestimmung des Vorzugs abgestellt wird, ist der Gestaltungsfreiheit des Satzungsgebers überlassen.[31]

13 Da die Vorabdividende absolut und nicht relativ zum Gewinn zu bestimmen ist, stellt sich die Frage, ob sie in **Rumpfgeschäftsjahren** vollständig oder nur zeitanteilig zu zahlen ist. Mangels konkreter Anhaltspunkte für das Gegenteil bezieht sich die Vorabdividende auf das volle Geschäftsjahr. Wird das Geschäftsjahr verkürzt, ist beim Fehlen einer ausdrücklichen Regelung auch die Vorabdividende pro rata temporis zu kürzen.[32] Ansonsten würden die Vorzugsaktionäre unberechtigt bevorzugt. Mehrdividenden hingegen bemessen sich am Gewinn und sind damit auch in Rumpfgeschäftsjahre nicht zu kürzen, da bereits der auszuschüttende Gewinn nur auf das Rumpfgeschäftsjahr entfällt.[33] Zu den Auswirkungen eines unterjährigen Wirksamwerdens auf den Vorzug siehe unten § 141 Rn. 9.

13a **b) Mehrdividende.** Als zweite Art des Gewinnvorzugs nennt das Gesetz nunmehr die – bisher für einen Stimmrechtsausschluss nicht ausreichende – **Mehrdividende.** Bei einer Mehrdividende werden einzelne Aktionäre bei der Verteilung des (nach der Zahlung einer etwaigen Vorabdividende verbleibenden) Gewinns bevorzugt. Dabei kann die Mehrdividende in Abhängigkeit vom Bilanzgewinn (Bsp.: „Mehrdividende in Höhe von 10 % des Bilanzgewinns") oder in Abhängigkeit vom Anspruch der Stammaktionäre (Bsp.: „Mehrdividende in Höhe von 105 % der den Stammaktionären zustehenden Dividende") ermittelt werden. Dem steht nicht entgegen, dass sich bei einer solchen Regelung die Höhe einer Nachzahlung nicht ermitteln lässt, denn die Mehrdividende ist per se nicht nachzahlbar (→ Rn. 19 ff.). Damit lebt das Stimmrecht bei einer mit einer Mehrdividende ausgestatteten Vorzugsaktie zwangsläufig mit jedem Dividendenausfall auf und geht auch mit jeder Dividendenzahlung – und sei sie noch so klein – wieder unter. Damit sind mit einer Mehrdividende ausgestattete Vorzugsaktie für die Anleger weniger attraktiv als mit einer Vorabdividende ausgestattete Vorzugsaktien.[34] Anders als die Vorabdividende ist die Mehrdividende in Rumpfgeschäftsjahren nicht zu kürzen (→ Rn. 13). Zur Behandlung von Mehrdividenden in Rumpfgeschäftsjahren → Rn. 13.

---

[27] GHEK/*Hefermehl* Rn. 6; NK-AktR/*Roth* Rn. 8; *Butzke* in Marsch-Barner/Schäfer Börsennotierte AG-HdB Rn. 6.23; *Hennerkes/May* DB 1998, 537 (538); *Herbig* JW 1937, 510; *Roth* Der Konzern 2005, 685 (686). AA *Wälzholz* DStR 2004, 819 (821), der einen wirtschaftlich nicht völlig wertlosen Vorzug fordert.

[28] Siehe zur Rechtslage vor der Aktienrechtsnovelle 2016 nur K. Schmidt/Lutter/*Spindler* Rn. 13; *Sieger/Hasselbach* AG 2001, 391 (395). Nunmehr eine objektive Bestimmbarkeit nicht mehr für erforderlich haltend Hölters/*Hirschmann* Rn. 9, der allerdings übersieht, dass aufgrund von S. 3 jede Vorabdividende strukturell nachzahlbar sein muss; wie hier Hüffer/Koch/*Koch* Rn. 11; MüKoAktG/*Arnold* Rn. 12.

[29] AA offenbar öOGH AG 1996, 91 (93); *Volhard/Goldschmidt* FS Lutter, 2000, 779 (789).

[30] Großkomm AktG/*G. Bezzenberger* Rn. 15; Hüffer/Koch/*Koch* Rn. 7; NK-AktG/*Roth* Rn. 8; *Butzke* in Marsch-Barner/Schäfer Börsennotierte AG HdB Rn. 6.23.

[31] Zur Anpassung der Vorzugsregelungen an den Euro s. *Ihrig/Streit* NZG 1998, 201 (206); *Schröer* ZIP 1998, 306 (310).

[32] Dem folgend Hüffer/Koch/*Koch* Rn. 6; *Grigoleit/Herrler* Rn. 5; *Wachter/Dürr* Rn. 12. Ebenso öOGH AG 1996, 91 (92).

[33] Insoweit unklar Hüffer/Koch/*Koch* Rn. 10; *Wachter/Dürr* Rn. 12, die davon sprechen, dass der Vorzug generell zu kürzen sei.

[34] *Bormann/di Prima* die bank, 2015, 48 (50).

c) Weitere Arten des Vorzugs, insbesondere Kombination von Vorab- und Mehrdividende. 13b
Im Gesetz ausdrücklich genannt werden nur die Vorab- und die Mehrdividende. Allerdings wird deren Nennung durch ein „**insbesondere**" eingeleitet. Daraus folgt, dass der Gesetzgeber auch andere Ausgestaltungen für zulässig hält. Allerdings sind andere Vorzugsgestaltungen – jenseits der in der Gesetzesbegründung[35] genannten Kombinationen aus Vorab- und Mehrdividende – schwer vorstellbar. Namentlich handelt es sich bei einem Vorzug in Form einer Sachdividende (→ Rn. 15) nicht um eine neben der Vorab- und Mehrdividende stehende eigenständige Form des Vorzugs. Vielmehr wird bei der Sachdividende der Vorzug nicht in bar, sondern durch eine Sachleistung erbracht. Die bloße Gewährung eines Liquidationsvorzugs reicht jedenfalls nicht aus, da in diesem Fall das Stimmrecht nie aufleben könnte, das Gesetz aber darauf angelegt ist, dass das Stimmrecht bei Ausfall des Vorzugs auflebt (→ Rn. 10).

Werden Vorzugsaktien **sowohl** mit einer **Vorab- als auch** mit einer **Mehrdividende** ausgestattet, 13c so lebt das Stimmrecht auf, wenn nur einer der beiden Vorzüge nicht bedient wird, etwa, weil der Gewinn allein für die Zahlung der Vorabdividende ausreicht.[36] Ist dies nicht beabsichtigt, so kann die Satzung auch festlegen, dass einer der beiden Vorzüge „führt", also nur bei seinem Ausfall das Stimmrecht wieder auflebt.[37] Enthält die Satzung eine derartige Regelung, so handelt es sich allerdings in der Sache nicht um eine Vorzugsaktie mit einem Vorzug aus Vorab- und Mehrdividende, sondern um eine Vorzugsaktie mit einer Vorab- oder Mehrdividende sowie einer weitergehenden Gewinnbeteiligung (→ Rn. 14).[38]

Das **Verhältnis des Gewinnvorzugs zum nach der Zahlung des Vorzugs verbleibenden** 14 **Gewinn** kann in der Satzung frei geregelt werden.[39] Die Vorzugsaktionäre können („partizipierende Vorzugsaktie"), müssen aber nicht am verbleibenden Gewinn teilnehmen.[40] In Bezug auf die Behandlung des verbleibenden Gewinns sind beliebige Aufteilungen („Mehrdividenden") zwischen Vorzugs- und Stammaktien denkbar, solange nur den Vorzugsaktionären ein Gewinnvorzug gewährt wird (Bsp: 6 % auf die Vorzüge, dann 4 % auf die Stammaktien, Rest gleichmäßig auf alle Aktien).[41] Ist die Gewinnteilnahme – wie in Deutschland unüblich – auf den Vorzug beschränkt, spricht man von „ausschließlichen", „obligationenähnlichen" oder auch „limitierten Vorzugsaktien". Sollen die Vorzugsaktien nicht am verbleibenden Gewinn teilnehmen, ist eine ausdrückliche Satzungsregelung erforderlich. Fehlt eine solche, sind die Vorzugsaktionäre am verbleibenden Gewinn in der gleichen Weise zu beteiligen wie die Stammaktionäre. Vorzugsaktien gewähren nach § 140 Abs. 1 mit Ausnahme des Stimmrechts die jedem Aktionär zustehenden Rechte und damit auch das Gewinnrecht.[42] Das Gesetz schließt auch weiterhin nicht aus, dass den stimmrechtslosen Vorzugsaktien in Bezug auf den Gewinnvorzug Stammaktien („Vorzugsaktien mit Stimmrecht") vorgehen.[43] § 141 Abs. 2 lässt diesen Fall ausdrücklich zu und verlangt allein die Zustimmung der Vorzugsaktionäre (→ Rn. 49). Zudem sind die stimmrechtslosen Vorzugsaktionäre durch die Nachzahlbarkeit und das Aufleben des Stimmrechts hinreichend geschützt. Ob stimmrechtlose Vorzugsaktien freilich Akzeptanz am Markt finden werden, wenn ihnen Vorzugsaktien mit Stimmrecht vorgehen, erscheint gleichwohl fraglich.

Da die **Sachdividende** einer Bardividende gleichsteht, kann die Satzung auch eine Sachdividende 15 als Vorzug vorsehen.[44] Dabei ist es nicht erforderlich, dass den Stammaktionären ebenfalls eine Sachdividende gewährt wird oder gewährt werden kann. Die Ausgestaltung des Vorzugs als Sachdividende hat die gleichen Vor- und Nachteile wie jede andere Sachdividende auch. Vorteilhaft ist aus Gesellschaftssicht insbesondere die Schonung der Liquidität. Nachteilig sind demgegenüber insbesondere Bewertungsfragen, die mit der Gewährung einer Sachdividende verbunden sind, und iRd Sonderbeschlusses nach § 141 Abs. 2 zu Rechtsunsicherheit führen dürften.[45]

d) Vorzugsaktien mit unterschiedlichen Rechten. Sollen verschiedene Gruppen von Vor- 16 zugsaktien mit unterschiedlichen Rechten (insbesondere mit unterschiedlichen Vorzugsarten, unter-

---

[35] BT-Drs. 18/4349, 26.
[36] Ebenso Bürgers/Körber/*Holzborn* Rn. 5.
[37] Vergl. auch *Götze/Nartowska* NZG 2015, 298 (303).
[38] Unklar insoweit *Harbarth/von Plettenberg* AG 2016, 145 (152).
[39] K. Schmidt/Lutter/*Spindler* Rn. 20; Hüffer/Koch/*Koch* Rn. 8.
[40] Großkomm AktG/*G. Bezzenberger* Rn. 17 f.; MüKoAktG/*Arnold* Rn. 25; *T. Bezzenberger*, Vorzugsaktien ohne Stimmrecht, 1990, 51 ff. AA Kölner Komm AktG/*Zöllner* Rn. 12.
[41] NK-AktR/*Roth* Rn. 12. Zu möglichen Gestaltungen s. auch öOGH AG 1996, 91 (93); *Reckinger* AG 1983, 216 (217 f.).
[42] Großkomm AktG/*G. Bezzenberger* Rn. 20; Kölner Komm AktG/*Zöllner* Rn. 20; *T. Bezzenberger*, Vorzugsaktien ohne Stimmrecht, 1990, 52.
[43] Wachter/*Dürr* Rn. 7; So jetzt auch NK-AktR/*Roth* Rn. 15; anders wohl Hüffer/Koch/*Koch* Rn. 6.
[44] Hierfür NK-AktR/*Roth* Rn. 8; Bürgers/Körber/*Holzborn* Rn. 5; *Roth* Der Konzern 2005, 685 (690).
[45] Zur Sachdividende → § 58 Rn. 103 ff.

schiedlich hohen Vorzügen oder unterschiedlichen Rängen) ausgegeben werden, ist das Verhältnis der gewährten Vorzugsrechte untereinander **in der Satzung zu regeln**.[46] Fehlt es an einer solchen Satzungsregelung, sind die einzelnen Gruppen der Vorzugsaktien gleich zu behandeln, sofern sich nicht im Wege der Auslegung ein eindeutiges Verhältnis ergibt.[47] Existieren bei einer Gesellschaft Vorzugsaktien mit einer Vorabdividende und Vorzugsaktien mit einer Mehrdividende, so gehen die Vorzugsaktien mit einer Vorabdividende zwangsläufig denen mit einer Mehrdividende vor. Dies ergibt sich bereits daraus, dass nur so sichergestellt ist, dass die unterschiedlichen Vorzüge ermittelt werden können. Ist ein Vorzug nachzahlbar und der andere nicht, so geht der nachzahlbare dem nicht nachzahlbaren vor.[48] Dabei bilden nicht sämtliche Vorzugsaktien eine gemeinsame Aktiengattung im Sinne von § 11, sondern nur die Vorzugsaktien mit gleichen Rechten.

17   **e) Auszahlung des Vorzugs.** Voraussetzung für die Auszahlung des Vorzugs ist ebenso wie für die Auszahlung einer jeden anderen Dividende ein entsprechender **Gewinnverwendungsbeschluss.** Bei dessen Fassung sind die Vorzugsaktionäre nicht stimmberechtigt (→ § 140 Rn. 7). Über die Verteilung des auszuschüttenden Gewinns auf etwaige Nachzahlungsansprüche, laufende Vorzüge und Dividendenansprüche der Stammaktionäre kann und braucht der Gewinnverwendungsbeschluss keine Regelung zu treffen. Enthält er gleichwohl Feststellungen hierzu, sind diese rein deklaratorisch. Die Hauptversammlung kann allein darüber entscheiden, *ob* eine Dividende gezahlt wird. Die Verteilung der Dividende unter den Aktionären ist der Disposition der Hauptversammlung entzogen und richtet sich ausschließlich nach § 60 sowie den ergänzenden Satzungsregeln.[49] Hauptversammlungsbeschlüsse, die das Vorrecht der Vorzugsaktien ignorieren, sind *insoweit* unwirksam und führen zu einer Gewinnausschüttung entsprechend der statutarischen Regeln, also an die Vorzugsaktionäre.[50] § 139 BGB findet keine Anwendung.

18   Beschließen die Stammaktionäre **keine Gewinnausschüttung,** die eine Befriedigung sämtlicher Vorzüge ermöglicht, obwohl der zugrunde liegende Jahresabschluss einen ausreichenden Jahresüberschuss ausweist, berechtigt dies die Vorzugsaktionären nur unter den Voraussetzungen des § 254 Abs. 1 zur Anfechtung des Gewinnverwendungsbeschlusses.[51] Die Nichtgewährung des Vorzugs führt nach § 140 Abs. 2 allein zum Wiederaufleben des Stimmrechts. § 140 Abs. 2 ist insoweit abschließend. Damit wäre die Einräumung eines zusätzlichen Anfechtungsrechts wegen der Verletzung der Satzung (konkret der Vorzugszusage in der Satzung) nicht vereinbar. Aus der Existenz von Vorzugsaktien lässt sich somit kein Ausschüttungsgebot ableiten, sondern nur die Verpflichtung, Gewinne zuvorderst an die Vorzugsaktionäre auszuschütten.

18a Der den Vorzugsaktionären eingeräumte Vorzug kann auch geändert werden, sprich die Vorabdurch eine Mehrdividende ersetzt werden oder umgekehrt. Hierbei handelt es sich um eine unmittelbare Beeinträchtigung des Vorzugs, für den die § 141 Abs. 1 gilt (→ § 141 Rn. 7).

19   **2. Nachzahlbarkeit. a) Vorabdividende.** Das Gesetz stellt ausdrücklich fest, dass eine Vorabdividende nachzuzahlen ist, wenn die **Satzung nichts anderes bestimmt.** Daraus folgt zunächst, dass die Nachzahlbarkeit der Vorabdividende in der Satzung durch eine ausdrückliche Regelung ausgeschlossen werden kann. Fehlt es an einem solchen eindeutigen Ausschluss in der Satzung – etwa, weil die Satzung aus einer Zeit stammt, zu der die Nachzahlbarkeit noch verpflichtend war – so ist die Vorabdividende zwingend nachzuzahlen.[52]

20   Vor der Aktienrechtsnovelle musste die Nachzahlungsverpflichtung **dauerhaft** sein.[53] Zudem musste sich die Nachzahlungsverpflichtung auf die **gesamte ausgefallenen Vorabdividende** beziehen, dh eine Beschränkung der Nachzahlung auf einen Teil des Vorzugs war unzulässig.[54] Auch

---

[46] Zum Erfordernis eines Sonderbeschlusses nach § 141 Abs. 2 → § 141 Rn. 26 ff.
[47] Ebenso Bürgers/Körber/*Holzborn* Rn. 8; Wachter/*Dürr* Rn. 10; *Siebel* ZHR 161 (1997), 628 (654 f.).
[48] Ausführlich zur Reihenfolge der Zahlungen Hölters/*Hirschmann* Rn. 17 ff.
[49] BGH Urt. v. 29.4.2014 – II ZR 262/13, DStR 2014, 2470 Rn. 10 f.
[50] Mit Unterschieden in der dogmatischen Begründung Großkomm AktG/*G. Bezzenberger* Rn. 13; Großkomm AktG/*Henze* § 60 Rn. 33; Hüffer/Koch/*Koch* § 60 Rn. 6: nur anfechtbar); Kölner Komm AktG/*Lutter* § 60 Rn. 28; NK-AktR/*Roth* Rn. 6; *T. Bezzenberger,* Vorzugsaktien ohne Stimmrecht, 1990, 50 f.; *Oboussier* MDR 1950, 657 (659). AA wohl RGZ 83, 414 (419 f.).
[51] Großkomm AktG/*G. Bezzenberger* Rn. 12; MüKoAktG/*Arnold* Rn. 11; NK-AktR/*Roth* Rn. 6; weitergehend *T. Bezzenberger,* Vorzugsaktien ohne Stimmrecht, 1990, 47 ff.
[52] MüKoAktG/*Arnold* Rn. 15; *Götze* NZG 2016, 48; *Harbarth/v. Plettenberg* AG 2016, 145 (152).
[53] Großkomm AktG/*G. Bezzenberger* Rn. 25; Hüffer/Koch/*Koch* Rn. 10. Zu Regelungen, nach denen das Stimmrecht dauerhaft wieder auflebt, wenn der Vorzug oder der Nachzahlungsbetrag für eine bestimmte Dauer nicht gezahlt werden konnten, → § 141 Rn. 24.
[54] Wie hier Großkomm AktG/*G. Bezzenberger* Rn. 25; NK-AktR/*Roth* Rn. 17; *T. Bezzenberger,* Vorzugsaktien ohne Stimmrecht, 1990, 74 f.; Kölner Komm AktG/*Zöllner* Rn. 17; Bürgers/Körber/*Holzborn* Rn. 7a; K. Schmidt/Lutter/*Spindler* Rn. 18 aA GHEK/*Hefermehl* Rn. 8.

war eine **zeitliche Streckung der Nachzahlung** (etwa durch Höchstgrenzen für die jährliche Nachzahlung) für den Ausschluss des Stimmrechts nicht ausreichend.[55] Diese Beschränkungen gelten nunmehr grundsätzlich nicht mehr.[56] Kann die Nachzahlbarkeit der Vorabdividende in der Satzung vollständig abbedungen werden, so ist es dem Satzungsgeber auch möglich, die Nachzahlbarkeit einzuschränken. Damit kann der Nachzahlungsanspruch auf eine bestimmte Zeit beschränkt (Nachzahlungsanspruch nur die ersten zwei Jahre, in denen der Vorzug nicht voll gezahlt wird), geschoben (Nachzahlung frühestens zwei Geschäftsjahre nach Ausfall des Vorzugs) oder zeitlich gestreckt werden, etwa durch eine höhenmäßige Begrenzung der jeweiligen Nachzahlung. Für dieses Ergebnis streitet auch, dass es dem Satzungsgeber unbenommen wäre, eine nachzahlbare und nicht nachzahlbare Vorabdividende einzuführen. Ihre Grenze findet diese Gestaltungsfreiheit des Satzungsgebers allerdings in § 140 Abs. 2, nach dem das Stimmrecht wieder auflebt, wenn der Vorzugsbetrag nicht nachgezahlt wird.[57] Mithin muss auch bei einer nur eingeschränkt nachzahlbaren Vorabdividende sichergestellt sein, dass klar ist, wann das Stimmrecht wieder auflebt.

Nachzuzahlen ist der ausgefallene Betrag **allein aus einem künftigen Jahresüberschuss**, nicht 21 auch aus einem Liquidationsüberschuss.[58] Allerdings kann die Satzung eine Nachzahlbarkeit auch aus dem Liquidationsüberschuss vorsehen.[59] Ein Schutzbedürfnis für die Vorzugsaktionäre besteht nicht, insbesondere können sie sich vor Erwerb der Aktien durch Einsicht in die Satzung über die Ausgestaltung der zu erwerbenden Aktien informieren.

Rechtstechnisch stellt die „Nachzahlung" als gesetzliche Komponente des Vorzugsrechts eine 22 Kompensation für im Vorjahr nicht entstandene oder nicht ausgeschüttete (und daher auch nicht verteilbare) Gewinne dar. Der Nachzahlungsanspruch entsteht dementsprechend nicht bereits mit Ausfall des Vorzugs, sondern – wie der Anspruch auf Auszahlung des Vorzugs – erst mit Fassung eines entsprechenden Gewinnverwendungsbeschlusses. Der Nachzahlungsanspruch bildet sodann gemeinsam mit dem Vorzugsanspruch eine einheitliche Forderung.[60] Etwas anderes gilt in den Fällen, in denen die Satzung einen selbstständigen Nachzahlungsanspruch iSd § 140 Abs. 3 vorsieht. In diesen Fällen stehen der Nachzahlungs- und der Vorzugsanspruch selbstständig nebeneinander. Nur diese Sichtweise wird dem mit § 140 Abs. 3 verfolgten Zweck gerecht, die isolierte Abtretbarkeit des Nachzahlungsanspruchs zu ermöglichen.

Da die Nachzahlung eine Kompensation für in der Vergangenheit nicht verteilte Gewinne ist, 23 teilt der Nachzahlungsanspruch den **Rang** des Vorzugsanspruchs. Wurde also mehr als eine Gattung Vorzugsaktien ausgegeben, stehen die Nachzahlungsansprüche zwangsläufig in dem gleichen Rangverhältnis zueinander wie die Vorzüge.[61] Eine Änderung der Rangverhältnisse etwa dahingehend, dass die Vorzüge der Aktie A den Vorzügen der Aktie B vorgehen, aber die Nachzahlungsansprüche der Aktie B Vorrang vor denen der Aktie A haben, ist nicht zulässig. In der Satzung ist eine Regelung zur Reihenfolge zwischen laufendem Gewinn einerseits und Nachzahlungsbeträgen andererseits oder zwischen Nachzahlungsbeträgen untereinander weder möglich noch erforderlich. Die ranghöheren Ansprüche gehen den rangniedrigeren vor und die älteren den jüngeren.[62]

Zu **verzinsen** ist der Nachzahlungsanspruch idR nicht. Eine ausdrückliche Verzinsungsanordnung 24 enthält das AktG nicht. Eine Verzugsverzinsung scheidet aus, weil es bereits an einer entstandenen Forderung fehlt.[63] Sowohl der Vorzugs- als auch der Nachzahlungsanspruch entstehen erst mit der Fassung entsprechender Gewinnverwendungsbeschlüsse. Der selbstständige Nachzahlungsanspruch entsteht zwar bereits mit dem Ausfall des Vorzugs, aber nur aufschiebend bedingt und wird erst mit der Fassung eines Gewinnverwendungsbeschlusses fällig. Ohne weiteres zulässig sein dürfte indes eine Satzungsregelung, nach der sich der (nachzuzahlende) Vorzugsbetrag erhöht, wenn der Vorzug in einem Jahr ausgefallen ist. Ein Verstoß gegen § 57 Abs. 2 (Verzinsungsverbot) kann hierin nicht

---

[55] Wie hier Großkomm AktG/*G. Bezzenberger* Rn. 25; in Abweichung zur Vorauf. *Butzke* in Marsch-Barner/Schäfer Börsennotierte AG-HdB Rn. 6.24.
[56] Hölters/*Hirschmann* Rn. 14; Hüffer/Koch/*Koch* Rn. 14; MüKoAktG/*Arnold* Rn. 17; Wachter/*Dürr* Rn. 17; Götze/Nartowska NZG 2015, 298 (303). Unklar Bürgers/Körber/*Holzborn* Rn. 7a.
[57] Hüffer/Koch/*Koch* Rn. 14; MüKoAktG/*Arnold* Rn. 17.
[58] Ebenso *T. Bezzenberger*, Vorzugsaktien ohne Stimmrecht, 1990, 72; aA für den selbstständigen Nachzahlungsanspruch Kölner Komm AktG/*Zöllner* § 141 Rn. 14.
[59] Zur Zulässigkeit einer solchen statutarischen Regelung s. RGZ 68, 235 (239 f.).
[60] RGZ 83, 414 (420); BGHZ 7, 263 (267 f.) = NJW 1952, 1370; *T. Bezzenberger*, Vorzugsaktien ohne Stimmrecht, 1990, 59 ff.
[61] Großkomm AktG/*G. Bezzenberger* Rn. 25; Hüffer/Koch/*Koch* Rn. 16; NK-AktR/*Roth* Rn. 14; MüKoAktG/*Arnold* Rn. 23.
[62] MüKoAktG/*Arnold* Rn. 22; *Butzke* in Marsch-Barner/Schäfer Börsennotierte AG-HdB Rn. 6.26. Anders wohl *v. Godin* AcP 1952, 527 (537), der dies der Satzung überlassen will; unklar *Oboussier* MDR 1950, 657 (658 f.).
[63] Wachter/*Dürr* Rn. 14.

gesehen werden. Der erhöhte Vorzug wäre aus dem Bilanzgewinn zu zahlen. § 57 Abs. 2 bezieht sich allein auf gewinnunabhängige Leistungen.[64]

25 **b) Mehrdividende.** Zur Nachzahlbarkeit der Mehrdividende schweigt das Gesetz. Eine Regelung ist indes auch nicht erforderlich, denn bei der Mehrdividende scheidet eine Nachzahlbarkeit denklogisch aus: Die Mehrdividende ermittelt sich relativ vom Bilanzgewinn und ist damit gerade nicht objektiv und unabhängig von einem Bilanzgewinn feststellbar.[65] Kann indes kein Betrag festgestellt werden, der nachzuzahlen ist, kann auch die Satzung nicht vorsehen, dass eine Mehrdividende nachzuzahlen ist. Dem steht zwar nicht § 23 Abs. 5 entgegen, aber die faktische Unmöglichkeit einer solchen Nachzahlung. Für dieses Ergebnis streitet auch der Wortlaut von § 140 Abs. 2 S. 1, in dem im Zusammenhang mit dem Aufleben des Stimmrechts bei einem nachzahlbaren Vorzug von der Nachzahlung des Vorzugsbetrages die Rede ist. Ungeachtet dessen wird in der Literatur nahezu einhellig[66] fälschlich davon ausgegangen, dass das Nachzahlungsrecht auch bei einer Mehrdividende festgeschrieben werden kann – wenn auch ohne Begründung.

25a **c) Änderung der Nachzahlbarkeit.** Für die Zeit vor der Aktienrechtsnovelle 2016 war bereits anerkannt, dass eine unselbstständige Nachzahlungsverpflichtung[67] durch nachträgliche Satzungsänderung aus der Welt geschafft werden kann. Hierfür ist allerdings ein Sonderbeschluss der betroffenen Vorzugsaktionäre nach § 141 Abs. 1 erforderlich. Für eine Abschaffung der Nachzahlbarkeit bei Vorabdividenden gilt nichts anderes – auch diese bedarf eines Sonderbeschlusses nach § 141 Abs. 1.[68] Da bei nachzahlbaren Vorzügen das Stimmrecht nach § 140 Abs. 2 S. 1 später wieder auflebt als bei nicht nachzahlbaren Vorzügen, wird man auch die Einführung einer Nachzahlbarkeit als Beschränkung des Vorzugs iSd § 141 Abs. 1 ansehen und einen Sonderbeschluss fordern müssen.

V. Bilanzielle und steuerliche Behandlung

26 **In der HGB-Bilanz** rechnen Vorzugsaktien zum Eigenkapital und sind unter dem Gezeichneten Kapital (§ 266 Abs. 3 A. I. HGB, § 272 Abs. 1 S. 1 HGB) auszuweisen.[69] Dabei sind sie nach § 152 Abs. 2 S. 2 als eigene Gattung (→ Rn. 16) gesondert anzugeben. Ein etwaiger Nachzahlungsanspruch hingegen ist allein analog § 160 Abs. 1 Nr. 6 im Anhang zu vermerken. Zwar handelt es sich – anders als bei den in § 160 Abs. 1 Nr. 6 angesprochenen Ansprüchen – um Mitgliedschaftsrechte. Ohne eine solche Anhangsangabe ließe sich jedoch weder der Rechnungslegung noch der Satzung entnehmen, dass den Vorzugsaktionären zustehende Anteil am Bilanzgewinn um den Nachzahlungsbetrag erhöht.[70] Eine Rückstellung darf demgegenüber nicht gebildet werden, da es an der hierfür erforderlichen wirtschaftlichen Belastung fehlt.[71] Dies gilt sowohl bei der Vorab- als auch der Mehrdividende und unabhängig davon, ob ein etwaiger Nachzahlungsanspruch selbstständig ist oder nicht.

27 Einer Erwähnung von ausgegebenen Vorzugsaktien ohne Stimmrecht in der **Entsprechenserklärung** nach § 161 wegen einer Abweichung vom Grundsatz des 2.1.2 S. 1 DCGK „eine Aktie – eine Stimme" ist nicht erforderlich. 2.1.2 S. 1 DCGK hat rein beschreibenden Charakter. Die Erklärungspflicht des § 161 S. 1 bezieht sich indes allein auf Abweichungen von Empfehlungen.[72]

28 **Steuerlich** stellen der Vorzug einschließlich einer etwaigen Nachzahlung ebenso wie die Beteiligung am Restgewinn Einkünfte aus Kapitalvermögen iSd § 20 Abs. 1 Nr. 1 EStG dar. Damit unterliegen die Zahlungen an die Vorzugsaktionäre dem Halbeinkünfteverfahren nach § 3 Nr. 40 lit. d EStG.[73]

29 In der **IFRS-Bilanz** stellen Vorzugsaktien iSd §§ 139–141 ebenfalls Eigenkapital dar, da die Vorzugsaktionäre grds. keinen durchsetzbaren Anspruch auf Zahlung des Vorzugs haben (IAS 32.17

---

[64] Hüffer/Koch/*Koch* § 57 Rn. 21; → § 57 Rn. 83.
[65] Vergl. auch Hölters/*Hirschmann* Rn. 9, der allerdings daraus für die Nachzahlbarkeit die falschen Schlüsse zieht.
[66] Hölters/*Hirschmann* Rn. 9; MüKoAktG/*Arnold* Rn. 16; Wachter/*Dürr* Rn. 15; Götze/Nartowska NZG 2015, 298 (303); *Ihrig/Wandt* BB 2016, 6 (14 f.); Paschos/Goslar NJW 2016, 359 (361). Wie hier indes Hüffer/Koch/*Koch* Rn. 11, ausführlich bereits Bormann/di Prima die bank 2015, 48 (49).
[67] Zur Unterscheidung zwischen selbstständiger und unselbstständiger Nachzahlungsverpflichtung → § 140 Rn. 31 ff.
[68] MüKoAktG/*Arnold* Rn. 10; Wachter/*Dürr* Rn. 15.
[69] ADS HGB § 272 Rn. 14; GroßkommHGB/*Hüttemann* § 272 Rn. 7.
[70] *T. Bezzenberger*, Vorzugsaktien ohne Stimmrecht, 1990, 71 f.
[71] Für eine Passivierung MüKoAktG/*Volhard*, 2. Aufl. 2004, Rn. 16; wie hier zutreffend BGHZ 7, 263 (265) = NJW 1952, 1370; *Oboussier* MDR 1950, 657.
[72] Hüffer/Koch/*Koch* § 161 Rn. 8.
[73] Vgl. auch *Wagner* Der Konzern 2005, 499 (507).

und 32.19). Der Hauptversammlung steht es in den Grenzen des § 254 Abs. 1 frei, von der Ausschüttung einer Dividende (und damit der Zahlung des Vorzugs) abzusehen (→ Rn. 17 f.), etwa indem sie eine Einstellung in die Rücklagen beschließt. Die Voraussetzungen einer Schuld sind mithin nicht erfüllt.[74] Eine dem § 152 Abs. 2 S. 2 vergleichbare Regelung findet sich in IAS 76 (a) (v), nach dem ua Vorzugsrechte in der Bilanz oder im Anhang anzugeben sind.

VI. Stimmrechtsausschluss

Wurden die Aktien mit einem Vorzug ausgestattet, kann (nicht muss) das **Stimmrecht ausgeschlossen** werden. Haben die Aktien trotz eines Vorzugs ein Stimmrecht, finden die §§ 139–141 keine Anwendung. Die Zulässigkeit der Ausgabe von stimmberechtigten Aktien mit einem Gewinnvorzug ergibt sich aus § 60 Abs. 3. Anzutreffen sind stimmberechtigte Vorzugsaktien insbesondere im Private Equity Bereich und teilweise bei sog. Tracking Stock-Modellen.[75]

Nach hM[76] soll beim Stimmrechtsausschluss der Grundsatz „ganz oder gar nicht" gelten: Zulässig soll zwar der **vollständige Ausschluss des Stimmrechts,** nicht aber ein Stimmrechtsausschluss nur für bestimmte Beschlussgegenstände[77] oder die Gewährung eines in der Stimmkraft herabgesetzten Stimmrechts sein.[78] Zur Begründung werden die aktienrechtliche Satzungsstrenge (§ 23 Abs. 5) als auch die Klarheit und die Übersichtlichkeit genannt. Die mit dem Grundsatz „a maiore ad minor" begründete Gegenmeinung scheint überholt. Zutreffend ist, dass das Gesetz sowohl in § 139 Abs. 1 als auch in § 12 Abs. 1 S. 2 den vollständigen Ausschluss, nicht aber eine (wie auch immer geartete) Einschränkung des Stimmrechts erwähnt. In § 12 Abs. 2 werden sogar ausdrücklich Mehrstimmrechte ausgeschlossen. Damit ist es unzulässig, Vorzugsaktien mit einem in der Stimmkraft herabgesetzten Stimmrecht auszustatten. Dies würde faktisch zu Mehrstimmrechten für die Stammaktien führen. Diese, der formellen Strenge des Aktienrechts geschuldete Feststellung lässt sich sachlich freilich nicht rechtfertigen. Es ist nicht ersichtlich, weshalb für die Hälfte des Grundkapitals das Stimmrecht zwar vollständig ausgeschlossen, nicht aber die Stimmkraft herabgesetzt werden kann.

Ebenso wie der Vorzug nur bedingt oder befristet gewährt werden kann, kann auch der **Stimmrechtsausschluss bedingt oder befristet** werden.[79] Während indes bei der Befristung des Vorzugs das Stimmrecht mit Fristablauf wieder auflebt (→ § 141 Rn. 23), bedarf es bei einer Befristung des Stimmrechtsausschlusses einer ausdrücklichen Regelung, welche Folgen nach Fristablauf eintreten sollen. Fehlt eine solche Regelung, lebt das Stimmrecht nach Fristablauf wieder auf und der Vorzug bleibt fortbestehen. Es entsteht mithin eine neue Aktiengattung stimmberechtigter Vorzugsaktien, auf die die §§ 139–141 keine Anwendung (mehr) finden.

VII. Einführung von Vorzugsaktien

Eingeführt werden können Vorzugsaktien insbesondere durch **Ausgabe von (neuen) Aktien,** sowohl bei der Gründung als auch später im Zuge einer Kapitalerhöhung. Zudem setzt § 141 Abs. 2 S. 2 die Möglichkeit voraus, **Stammaktien in Vorzugsaktien umzuwandeln.** Ob und unter welchen Voraussetzungen bei der Einführung von Vorzugsaktien ein Sonderbeschluss bereits vorhandener Vorzugsaktionäre erforderlich ist, richtet sich nach § 141 Abs. 2 (→ § 141 Rn. 26 ff.). Welche Beschlüsse die Stammaktionäre zu fassen haben, bestimmt sich nach den allgemeinen Vorschriften. Insoweit ist zu unterscheiden:

1. Ausgabe neuer Aktien. Bei der Einführung von Vorzugsaktien **durch Ausgabe neuer Aktien** sind die für die Gründung (§§ 23 ff.) oder die Kapitalerhöhung (§§ 182 ff.) erforderlichen Beschlüsse zu fassen. Waren bisher nur Stammaktien ausgegeben oder sollen die neu auszugebenden Vorzugsaktien eine andere Ausstattung aufweisen, als die bereits vorhandenen Vorzugsaktien, ist die **Ausstattung der Vorzugsaktien** (insbesondere der Stimmrechtsausschluss, der eingeräumte Gewinnvorzug und bei einer Vorabdividende ggf. der Ausschluss der Nachzahlbarkeit) in den Kapitalerhöhungsbeschluss und die Satzung aufzunehmen.[80] Der Beschluss über die Ausgabe von Vorzugsak-

---

[74] *Isert/Schaber* DStR 2005, 2050 (2051); IDW ERS HFA 9 Tz. 55, WPg 2005, 670 ff.
[75] S. hierzu etwa *Sieger/Hasselbach* BB 1999, 1277 ff.
[76] Großkomm AktG/*G. Bezzenberger* Rn. 9; Großkomm AktG/*Brändel* § 12 Rn. 25; Hüffer/Koch/*Koch* Rn. 13; K. Schmidt/Lutter/*Spindler* Rn. 2; *T. Bezzenberger,* Vorzugsaktien ohne Stimmrecht, 1990, 88; *Siebel* ZHR 161 (1997), 628 (651). S. auch BegrRegE zu § 139 AktG 1965, *Kropff* AktG 1965 S. 203.
[77] Bürgers/Körber/*Holzborn* Rn. 4. Für eine solche Beschränkung aber *v. Godin/Wilhelmi* Anm. 2; *Sieger/Hasselbach* AG 2001, 391 (395).
[78] *V. Godin/Wilhelmi* Anm. 2.
[79] K. Schmidt/Lutter/*Spindler* Rn. 5; Wachter/*Dürr* Rn. 5.
[80] Zur Anfechtung der Ausgabe von Vorzugsaktien nach § 255 Abs. 2 s. *Frey/Hirte* DB 1989, 2465 f.

tien im Wege einer Kapitalerhöhung bedarf einer Mehrheit von ¾ des vertretenen Grundkapitals; die Satzung kann nur höhere, und nicht – wie in Bezug auf Kapitalerhöhungen durch Ausgabe von Stammaktien – auch geringere Mehrheitserfordernisse aufstellen, § 182 Abs. 1 S. 2. Zuständig für die vorgenannten Beschlüsse sind allein die Stammaktionäre.

34 Neue Vorzugsaktien können auch **aus dem Genehmigten Kapital** ausgegeben werden. Waren allerdings bereits bei Schaffung des Genehmigten Kapitals stimmrechtslose Vorzugsaktien vorhanden, bedarf es nach § 204 Abs. 2 einer ausdrücklichen Ermächtigung hierzu. Dies gilt nicht, wenn die stimmrechtslosen Vorzugsaktien erst nach der Schaffung des Genehmigten Kapitals eingeführt wurden. § 204 Abs. 2 soll eine Umgehung des § 141 Abs. 2 verhindern. Eine solche droht indes nicht, wenn die Vorzugsaktien erst nachträglich eingeführt werden.[81]

35 Bei **Verschmelzungen** unter Beteiligung eines Rechtsträgers, bei dem stimmrechtslose Vorzugsaktien bestehen, kann sogar eine Verpflichtung zur Ausgabe stimmrechtsloser Vorzugsaktien bestehen. Nach § 23 UmwG sind Inhabern von Rechten in einem übertragenden Rechtsträger, die kein Stimmrecht gewähren, gleichwertige Rechte (in der Regel also ebenfalls Vorzugsaktien)[82] an dem übernehmenden Rechtsträger zu gewähren. Existieren bei der übernehmenden Gesellschaft selbst bereits Vorzugsaktien kann die im Rahmen der Verschmelzung erforderliche Ausgabe neuer Vorzugsaktien einen Sonderbeschluss nach § 141 Abs. 2 erfordern.

35a Aufgrund der Verweisungen in §§ 125 und 204 UmwG gilt § 23 UmwG auch für **Spaltungen** und **Formwechsel** und auf Grund von Art. 18, 37 Abs. 7 S. 2 SE-VO auch für die Gründung einer dem deutschen Recht unterliegenden SE.

36 **2. Umwandlung bestehender Stammaktien.** Die **Umwandlung bestehender Stammaktien** in Vorzugsaktien[83] bedarf beim Fehlen statutarischer Sonderregelungen neben einem Beschluss zur Satzungsänderung der **Einzelzustimmung sämtlicher betroffener Aktionäre,** also der Stammaktionäre, deren Stammaktien umgewandelt werden sollen. Die Umwandlung führt zu einem Fortfall des Stimmrechts. Zwar stellt das Stimmrecht kein Sonderrecht iSd § 35 BGB dar,[84] es ist jedoch ein unentziehbares Mitgliedschaftsrecht. Soll dieses Mitgliedschaftsrecht gleichwohl entzogen werden, ist dies nur mit Zustimmung des betroffenen Aktionärs möglich.[85] Die Umwandlung nur eines Teils der bestehenden Stammaktien (§ 139 Abs. 2) in Vorzugsaktien stellte zudem eine Ungleichbehandlung der Aktionäre dar. Damit ist auf Grund des Gleichbehandlungsgrundsatzes (§ 53a) zudem die **Einzelzustimmung sämtlicher nicht betroffenen Stammaktionäre** erforderlich, also der Stammaktionäre, deren Stammaktien nicht in Vorzugsaktien umgewandelt werden sollen.[86]

37 Wird **sämtlichen Stammaktionären** das Recht eingeräumt, einen Teil ihrer Stammaktien (beispielsweise ¼) in stimmrechtslose Vorzugsaktien zu wandeln, bedarf es keiner ausdrücklichen Einzelzustimmungen. Die Stammaktionäre, die das Umwandlungsangebot annehmen, müssen zwar grds. dem Stimmrechtsverlust zustimmen. Diese Zustimmung erteilen sie jedoch konkludent durch die Annahme des Angebotes.[87]

38 Wurde bereits bei Ausgabe der umzuwandelnden Stammaktien ein **Vorbehalt in Bezug auf die Umwandlung** gemacht, sind in Anlehnung an § 141 Abs. 2 S. 2 ebenfalls keine Einzelzustimmungen erforderlich.[88] Ein solcher Vorbehalt wird allerdings gesteigerten Anforderungen zu genügen haben. So wird er nicht nur konkrete Angaben zur Höhe des Vorzugs, sondern auch zu seinem Rang enthalten müssen, letzteres insbesondere, wenn bereits Vorzugsaktien ausgegeben sind oder ihre Ausgabe vorbehalten ist. Diesen Anforderungen wird in der Praxis kaum zu genügen sein. Besteht gleichwohl ein wirksamer Vorbehalt, ist weder eine Zustimmung der Aktionäre erforderlich, deren Stammaktien umgewandelt, noch der Aktionäre, deren Stammaktien nicht umgewandelt werden sollen.

---

[81] OLG Schleswig DB 2004, 1492 f. S. hierzu auch *T. Bezzenberger,* Vorzugsaktien ohne Stimmrecht, 1990, 157 f.; *Volhardt/Goldschmidt* FS Lutter, 2000, 779 (794).

[82] Zum Begriff der „Gleichwertigkeit" s. insbesondere *Krieger* FS Lutter, 2000, 497 ff.; *Lutter* FS Mestmäcker, 1996, 943 ff.

[83] Dass eine solche Umwandlung zulässig ist, folgt bereits aus § 141 Abs. 2 S. 2 (*„falls das Stimmrecht später ausgeschlossen wurde"*); vgl. auch RGZ 68, 235 (240 f.); *v. Godin* DJ 1939, 1165 (1166).

[84] Vgl. BGHZ 84, 209 (218).

[85] Großkomm AktG/*G. Bezzenberger* Rn. 41; Großkomm AktG/*Brändel* § 11 Rn. 29; Kölner Komm AktG/*Zöllner* Rn. 20; *v. Godin* DJ 1939, 1165 (1168); vgl. auch BGHZ 70, 117 (122) = NJW 1978, 540 (541).

[86] K. Schmidt/Lutter/*Spindler* Rn. 9; NK-AktR/*Roth* Rn. 19; MüKoAktG/*Arnold* Rn. 6.

[87] Ebenso Großkomm AktG/*G. Bezzenberger* Rn. 41 sowie jetzt auch MüKoAktG/*Arnold* Rn. 6; Grigoleit/*Herrler* Rn. 12.

[88] Ähnlich Großkomm AktG/*G. Bezzenberger* Rn. 40; *T. Bezzenberger,* Vorzugsaktien ohne Stimmrecht, 1990, 77.

VIII. Verstöße gegen Abs. 1

Bei Verstößen gegen die Anforderungen des Abs. 1 ist zwischen Fehlern der Ursprungssatzung und Fehlern bei nachfolgenden Maßnahmen zu unterscheiden: 39

1. Fehler der Ursprungssatzung. Räumt die **Ursprungssatzung** den Aktionären, deren Stimmrecht ausgeschlossen werden soll, **keinen Gewinnvorzug** ein, hat das Registergericht die Eintragung der Gesellschaft abzulehnen, § 38 Abs. 1 S. 2, Abs. 3 Nr. 2. Wird die Gesellschaft gleichwohl eingetragen, hindert der Satzungsmangel nicht das Entstehen der Gesellschaft. Allerdings ist die den Stimmrechtsausschluss betreffende Regelung wegen eines Verstoßes gegen § 243 Nr. 3 nichtig; auch den vermeintlichen Vorzugsaktionären steht das Stimmrecht zu.[89] Überdies ist auf Grund von § 139 BGB die Einräumung des Gewinnvorzugs unwirksam. Es ist nicht anzunehmen, dass die Gründungsgesellschafter stimmberechtigte Vorzugsaktien ausgeben wollten. 40

Vor der Aktienrechtsnovelle 2016 war umstritten, wie damit umgegangen werden sollte, wenn die **Ursprungssatzung** zwar einen Gewinnvorzug vorsieht, **aber zur Nachzahlungsverpflichtung schweigt**.[90] Dieser Meinungsstreit hat sich inzwischen insoweit erledigt, als die Nachzahlbarkeit nicht mehr Voraussetzungen für die Zulässigkeit des Stimmrechtsausschlusses ist, Abs. 1 S. 3. Schweigt die Satzung, so ist eine Vorabdividende nachzuzahlen, eine Mehrdividende indes nicht. 41

Fraglich ist allerdings, wie die Fälle zu behandeln sind, in denen die Gründungssatzung vorsieht, dass eine **Mehrdividende nachzahlbar** sein soll. Da eine solche Nachzahlbarkeit denklogisch ausgeschlossen ist (→ Rn. 25a), ist die Satzung insoweit auf eine unmögliche Leistung gerichtet. Damit ist die Regelung die Nachzahlbarkeit betreffend unwirksam, die Schaffung der Aktien und die Einräumung des Vorzugs bleiben indes wirksam. Insbesondere ist nicht ersichtlich, weshalb § 139 BGB dem entgegenstehen sollte. 41a

2. Fehler bei nachfolgenden Maßnahmen. Wird im Rahmen einer **Kapitalerhöhung** gegen Abs. 1 verstoßen, ist der zugrunde liegende Kapitalerhöhungsbeschluss nach § 241 Nr. 3 nichtig. Die Nichtigkeit erstreckt sich dabei auf Grund von § 139 BGB regelmäßig nicht nur auf den Stimmrechtsausschluss der neu ausgegebenen Aktien, sondern auf den Kapitalerhöhungsbeschluss insgesamt.[91] Da die Ausgabe stimmrechtsloser Vorzugsaktien – anders als die Ausgabe von Stammaktien – zu keiner Veränderung der Stimmverhältnisse führt, muss davon ausgegangen werden, dass eine Kapitalerhöhung gegen Ausgabe von Stammaktien nicht beschlossen worden wäre. Die auf Grund des nichtigen Kapitalerhöhungsbeschlusses ausgegebenen (vermeintlichen) Vorzugsaktien sind entsprechend § 191 S. 2 nichtig.[92] 42

Soll das **Stimmrecht nachträglich** durch Umwandlung von Stammaktien in Vorzugsaktien **ausgeschlossen** werden (§ 141 Abs. 2), ohne dass den künftigen Vorzugsaktionären ein den gesetzlichen Vorschriften entsprechender Gewinnvorzug eingeräumt wird, ist der zugrunde liegende Hauptversammlungsbeschluss nach § 241 Nr. 3 nichtig.[93] Seine Eintragung ins Handelsregister ist zu verweigern. 43

Den vorgenannten Fällen ist gemein, dass die beabsichtigte Ausgabe von Vorzugsaktien fehlschlägt, weil die hierzu getroffenen Beschlüsse **nichtig** sind. Dementsprechend ist die Eintragung ins Handelsregister zu verweigern. Kommt es gleichwohl zu einer Handelsregistereintragung, tritt nach Ablauf von drei Jahren **Heilung** ein (§ 242 Abs. 2). Dies hat ebenso konsequenter wie misslicher Weise zur Folge, dass das Stimmrecht erlischt. Die Nichtigkeitsfolge entspricht regelmäßig nicht dem Interesse der beschlussfassenden Aktionäre.[94] Ihnen ist nicht damit geholfen, dass – wie im Falle der Einführung von Vorzugsaktien durch die Ursprungssatzung – stimmberechtigte Stammaktien anstelle von stimmrechtslosen Vorzugsaktien geschaffen werden, da sich hierdurch nicht die beabsichtigten Beteiligungsverhältnisse erreichen lassen. Auch mit der Nichtigkeit des Kapitalerhöhungsbeschlusses insgesamt ist den beschlussfassenden Aktionären nicht gedient, weil damit gerade die bezweckte Stärkung des Grundkapitals ausbleibt. Abhilfe geschaffen werden kann nur durch eine wirksame Schaffung von stimmrechtslosen Vorzugsaktien durch eine **nachträgliche Satzungsänderung.** Die- 44

---

[89] Großkomm AktG/G. *Bezzenberger* Rn. 42; Hüffer/Koch/*Koch* Rn. 19; MüKoAktG/*Arnold* Rn. 29; Hölters/*Hirschmann* Rn. 28.
[90] Siehe hierzu etwA Großkomm AktG/G. *Bezzenberger* Rn. 42; Bürgers/Körber/*Holzborn* Rn. 10; Hüffer/Koch/*Koch* Rn. 19; Vorauﬂ. MüKoAktG/*Schröer*, 3. Auﬂ. 2013, Rn. 26.
[91] Großkomm AktG/G. *Bezzenberger* Rn. 43; aA T. *Bezzenberger*, Vorzugsaktien ohne Stimmrecht, 1990, 84.
[92] Großkomm AktG/G. *Bezzenberger* Rn. 43; s. auch Hüffer/Koch/*Koch* § 191 Rn. 7; T. *Bezzenberger*, Vorzugsaktien ohne Stimmrecht, 1990, 83.
[93] Hüffer/Koch/*Koch* Rn. 19.
[94] S. auch Großkomm AktG/G. *Bezzenberger* Rn. 43; Kölner Komm AktG/*Zöllner* Rn. 18.

ser zuzustimmen sind die an der ursprünglichen Beschlussfassung beteiligten Stammaktionäre als auch sämtliche vermeintlichen Vorzugsaktionäre auf Grund ihrer **Treuepflicht** verpflichtet.[95]

IX. Höchstgrenze für die Ausgabe stimmrechtsloser Vorzugsaktien (Abs. 2)

45 Nach Abs. 2 dürfen stimmrechtslose Vorzugsaktien nur bis zur Hälfte des Grundkapitals ausgegeben werden. **Sinn und Zweck** dieser Regelung ist es – wie es in der Begründung zum AktG 1937[96] heißt –, zu verhindern, dass „die Stammaktionäre mit dem ihnen allein zustehenden Stimmrecht die Gesellschaft beherrschen, ohne sich an der Aufbringung des Kapitals ausreichend zu beteiligen". Das AktG 1937 begrenzte den Anteil der stimmrechtslosen Vorzugsaktien noch auf ⅓ des Grundkapitals. Insbesondere um Familiengesellschaften den Zugang zu Eigenkapital zu erleichtern,[97] wurde die Grenze durch das AktG 1965 auf die Hälfte des Grundkapitals heraufgesetzt. Im Jahre 1998 wurde Abs. 2 – ohne dass damit eine sachliche Änderung verbunden oder bezweckt gewesen wäre[98] – an die Einführung der Stückaktien angepasst.

46 Für die Frage, ob die **Grenze des Abs. 2 überschritten** wurde, ist das Verhältnis des von den stimmrechtslosen Vorzugsaktien repräsentierten Grundkapitalanteils zu dem von den übrigen (stimmberechtigten) Aktien repräsentierten Grundkapitalanteil entscheidend. Für die Berücksichtigung bei den stimmberechtigten Aktien kommt es nach hM[99] nicht darauf an, ob das Stimmrecht bereits ausgeübt werden kann oder wegen noch ausstehender Einlageleistungen (§ 134 Abs. 2 AktG) gesperrt ist. Die Berücksichtigung von Aktien, deren Stimmrecht noch nicht aufgelebt ist, wird damit begründet, dass ansonsten variable Grenzen entstünden und nicht klar sei, in welchem Umfang stimmrechtslose Vorzugsaktien ausgegeben werden dürfen. Diese Rechtsunsicherheit gelte es zu vermeiden. Die im Vordringen befindliche Gegenmeinung[100] argumentiert mit dem Gesetzeszweck und will nicht voll eingezahlte Aktien nur mit dem anteiligen Nennbetrag entsprechend der Einlageleistung berücksichtigen. Die hM ist vorzugswürdig: Sie folgt bereits aus dem eindeutigen Wortlaut, der allein vom Grundkapital spricht und keine Bezugnahme auf die geleisteten Einlagen enthält. Das von der Gegenmeinung apostrophierte Schutzbedürfnis besteht bei Licht besehen nicht. Zum einen hat das Grundkapital für die Finanzierung der Gesellschaft in der Praxis bei weitem nicht die Bedeutung, die ihm in Abs. 2 beigemessen wird. Dies gilt insbesondere, weil ein etwaiges Agio nach §§ 36a Abs. 1, 188 Abs. 2 in vollem Umfang und nicht nur anteilig einzuzahlen ist. Zum anderen können die Aktionäre von ihrer Verpflichtung zur Leistung der restlichen Einlage nicht befreit werden. Das Ausstehen der Einlage wirkt sich also allein auf die Liquidität der Gesellschaft, nicht aber auf ihr Bilanzbild aus. Letztlich würde eine nur teilweise Berücksichtigung nicht vollständig eingezahlter Stammaktien bei einer vollständigen Berücksichtigung nicht vollständig eingezahlter Vorzugsaktien zu einer nicht zu rechtfertigenden Ungleichbehandlung führen.

47 Ohne Belang für die Grenze des Abs. 2 ist, ob die Gesellschaft **eigene Aktien** hält. Zwar stehen der Gesellschaft aus eigenen Aktien keine Rechte zu, § 71b. Die Gesellschaft kann die von ihr gehaltenen Aktien jedoch wieder veräußern mit der Konsequenz, dass die Rechte wieder aufleben. Zudem knüpft Abs. 2 nicht an das (fiktive) Stimmrecht, sondern an das Grundkapital an. Dieses bleibt jedoch durch den Erwerb eigener Aktien durch die Gesellschaft unberührt.[101]

48 Die Grenze des Abs. 2 bezieht sich auf die **jeweilige Gesellschaft**. Bestehen innerhalb eines Konzerns sowohl bei der Ober- als auch bei den Tochtergesellschaften stimmrechtslose Vorzugsaktien, sind diese *nicht* zusammenzurechnen, vielmehr können bei jeder Konzern-Gesellschaft stimmrechtslose Vorzugsaktien bis zur Hälfte der Höhe des Grundkapitals ausgegeben werden.[102]

49 Über den Wortlaut des Abs. 2 hinaus bestehen **keine weiteren Grenzen** im Zusammenhang mit der Ausgabe von stimmrechtslosen Vorzugsaktien. Weder ist es generell unzulässig, dass den stimmrechtslosen Vorzugsaktien stimmberechtigte (Vorzugs)Aktien vorgehen (→ Rn. 9), noch gilt dies für den Fall, dass die Vorzugsaktien ohne Stimmrecht die Hälfte des Grundkapitals ausmachen.[103] Abs. 2 hat nicht die Funktion, die Vermögensinteressen der Vorzugsaktionäre zu schützen; diesen

---

[95] Dem folgend Wachter/*Dürr* Rn. 22.
[96] BegrE AktG 1937 Deutscher Reichsanzeiger v. 4.2.1937, Nr. 28, S. 150; vgl. auch Hüffer/Koch/*Koch* Rn. 17; MüKoAktG/*Arnold* Rn. 26.
[97] BegrRegE zu § 139 AktG 1965, *Kropff* AktG 1965 S. 203; gegen diese Ausweitung unter Hinweis auf die Aktionärsdemokratie *Kriebel* AG 1963, 175 ff.
[98] BegrRegE StückAG BR-Drs. 871/97, 39.
[99] Hüffer/Koch/*Koch* Rn. 17; Bürgers/Körber/*Holzborn* Rn. 9; MüKoAktG/*Arnold* Rn. 26.
[100] Großkomm AktG/*G. Bezzenberger* Rn. 45; *T. Bezzenberger*, Vorzugsaktien ohne Stimmrecht, 1990, 92 f. Weitergehend *Siebel* ZHR 161 (1997), 628 (649), nach dem nur voll eingezahlte Aktien zu berücksichtigen seien.
[101] IE ebenso Hölters/*Hirschmann* Rn. 25.
[102] *T. Bezzenberger*, Vorzugsaktien ohne Stimmrecht, 1990, 94; *Baums* AG 1994, 1 (10 ff.).
[103] So aber *T. Bezzenberger*, Vorzugsaktien ohne Stimmrecht, 1990, 45 f.

Schutz gewährleistet § 141 Abs. 2. Die Grenze des Abs. 2 soll verhindern, dass Aktionäre mit einem kleinen stimmberechtigten Kapital die Kapitalmehrheit beherrschen. In welchem Verhältnis der Gewinn zwischen den Aktionären verteilt wird, ist insoweit unbeachtlich.

Die Grenze des Abs. 2 ist **bei Errichtung und bei sämtlichen Kapitalmaßnahmen** zu beachten. Wurden bereits stimmrechtslose Vorzugsaktien bis zur Hälfte des Grundkapitals ausgegeben, ist die isolierte Ausgabe stimmrechtsloser Vorzugsaktien ausgeschlossen. Zulässig ist demgegenüber die Ausgabe von Stamm- und stimmrechtslosen Vorzugsaktien in gleichem Umfang. Auch bei Kapitalherabsetzungen ist die Grenze des Abs. 2 zu beachten.[104] Würde Abs. 2 bei einer Herabsetzung allein der Stammaktien verletzt, kann die Kapitalherabsetzung nicht durchgeführt werden, ohne dass zugleich die stimmrechtslosen Vorzugsaktien herabgesetzt werden. 50

Abs. 2 ist **zwingend**; die Satzung kann keine höhere Grenze als die Hälfte des Grundkapitals vorsehen, § 23 Abs. 5. Ebenso wie die Einhaltung des Abs. 1 liegt die des Abs. 2 im öffentlichen Interesse. Ein Verstoß gegen Abs. 2 führt somit zur Nichtigkeit des jeweiligen Beschlusses nach § 241 Nr. 3; das Registergericht hat seine Eintragung abzulehnen. Wird der Beschluss gleichwohl eingetragen, verbleibt auch nach der Heilung (§ 242 Abs. 2) noch die Möglichkeit der Löschung nach § 398 FamFG. 51

§ 140 Rechte der Vorzugsaktionäre

(1) Die Vorzugsaktien ohne Stimmrecht gewähren mit Ausnahme des Stimmrechts die jedem Aktionär aus der Aktie zustehenden Rechte.

(2) ¹Ist der Vorzug nachzuzahlen und wird der Vorzugsbetrag in einem Jahr nicht oder nicht vollständig gezahlt und im nächsten Jahr nicht neben dem vollen Vorzug dieses Jahres nachgezahlt, so haben die Vorzugsaktionäre das Stimmrecht, bis die Rückstände nachgezahlt sind. ²Ist der Vorzug nicht nachzuzahlen und wird der Vorzugsbetrag in einem Jahr nicht oder nicht vollständig gezahlt, so haben die Vorzugsaktionäre das Stimmrecht, bis der Vorzug in einem Jahr vollständig gezahlt ist. ³Solange das Stimmrecht besteht, sind die Vorzugsaktien auch bei der Berechnung einer nach Gesetz oder Satzung erforderlichen Kapitalmehrheit zu berücksichtigen.

(3) Soweit die Satzung nichts anderes bestimmt, entsteht dadurch, dass der Vorzugsbetrag in einem Jahr nicht oder nicht vollständig gezahlt wird, noch kein durch spätere Beschlüsse über die Gewinnverteilung bedingter Anspruch auf den rückständigen Vorzugsbetrag.

Schrifttum: *G. Bezzenberger,* Zum Bezugsrecht stimmrechtsloser Vorzugsaktionäre, FS Quack, 1991, 153; *T. Bezzenberger,* Vorzugsaktien ohne Stimmrecht, Diss. München 1990; *v. Godin,* Zum Nachbezugsrecht, AcP 152 (1952/53), 527; *Hennerkes/May,* Überlegungen zur Rechtsformwahl im Familienunternehmen (II), DB 1988, 537; *Herbig,* Die Maßnahmen zur Kapitalbeschaffung im neuen Aktiengesetz, JW 1937, 510; *Werner,* Die Beschlussfassung der Inhaber von stimmrechtslosen Vorzugsaktien, AG 1971, 69.

Übersicht

	Rn.		Rn.
I. Zweck der Vorschrift und Entstehungsgeschichte	1, 2	III. Aufleben des Stimmrechts (Abs. 2)	14–30a
II. Rechtsstellung der Vorzugsaktionäre ohne Stimmrecht (Abs. 1)	3–13	1. Voraussetzungen für das Aufleben	14a–20
1. Allgemeines	4, 5	2. Zeitpunkt des Auflebens	21–25
2. Verwaltungsrechte	6–10	3. Folgen des Auflebens des Stimmrechts	26–30a
3. Vermögensrechte	11–13	IV. Selbstständigkeit des Nachzahlungsanspruchs (Abs. 3)	31–36

I. Zweck der Vorschrift und Entstehungsgeschichte

§ 140 **schreibt fest,** dass Vorzugsaktien ohne Stimmrecht die jedem Aktionär zustehenden Rechte mit Ausnahme des Stimmrechts gewähren.[1] Die Möglichkeit, das Stimmrecht auszuschließen, wird als bestehend vorausgesetzt (§ 12 Abs. 1 S. 1). Kompensation und Rechtfertigung für den Stimm- 1

---

[104] Großkomm AktG/*G. Bezzenberger* Rn. 45; MüKoAktG/*Arnold* Rn. 28; Kölner Komm AktG/*Zöllner* Rn. 26.

[1] *Herbig* JW 1937, 510 geht davon aus, dass die Vorzugsaktionäre von diesen Rechten keinen Gebrauch machen werden, solange der Vorzug beglichen wird.

rechtsausschluss ist die Gewährung eines Gewinnvorzugs, der indes seit der Aktienrechtsnovelle 2016 nicht mehr nachzahlbar sein muss. Kann ein nachzahlbarer Gewinnvorzug auch im Folgejahr nicht vollständig nachgezahlt werden oder wird ein nicht nachzahlbarer Gewinnvorzug in einem Jahr nicht oder nicht vollständig gezahlt, entfällt die Rechtfertigung für den Stimmrechtsausschluss, das Stimmrecht lebt auf. Dies stellt Abs. 2 klar und sichert somit den Gewinnvorzug ab. Abweichende Satzungsbestimmungen sind auf Grund von § 23 Abs. 5 unzulässig. Abs. 3 eröffnet die Möglichkeit, den Nachzahlungsanspruch in der Satzung als selbstständiges Recht auszugestalten; ohne eine solche Satzungsregelung hingegen ist der Nachzahlungsanspruch unselbstständig.

2   § 140 Abs. 1 ist mit der **Ursprungsfassung** des § 116 Abs. 1 AktG 1937 wortgleich. Abs. 2 entsprach bis zur Aktienrechtsnovelle 2016 inhaltlich der Regelung in § 116 Abs. 2 AktG 1937 und wurde 1965 nur zur Klarstellung sprachlich neu gefasst.[2] Im Zuge der Aktienrechtsnovelle 2016 wurde Abs. 2 an die Unterscheidung zwischen einem nachzahlbaren und einem nicht nachzahlbaren Vorzug in § 139 Abs. 1 angepasst. Abs. 3 wurde im Zuge der Aktienrechtsform 1965 zur Beendigung des Meinungsstreites, ob das Gewinnbezugsrecht selbstständig ist, aufgenommen. Im Anschluss an die Empfehlungen der Bundestagsausschüsse[3] hat der Gesetzgeber des AktG 1965 den Nachzahlungsanspruch als im Zweifelsfall unselbstständig ausgestaltet.

II. Rechtsstellung der Vorzugsaktionäre ohne Stimmrecht (Abs. 1)

3   Abs. 1 stellt klar, dass Vorzugsaktien ohne Stimmrecht die **jedem Aktionär zustehenden Rechte mit Ausnahme des Stimmrechts** gewähren. Auch wenn in Abs. 1 nur von den Rechten der Aktionäre die Rede ist, gilt er doch auch für die Pflichten der Aktionäre entsprechend[4] – die Rechtsstellung der Vorzugsaktionäre unterscheidet sich von der der Stammaktionäre allein durch das fehlende Stimmrecht und den Gewinnvorzug. Was die den Aktionären zustehende Rechte und Pflichten anbelangt, ist zwischen der allgemeinen Rechtsstellung (a), den Verwaltungsrechten (b) und den Vermögensrechten (c) zu unterscheiden.

4   **1. Allgemeines.** Vorzugsaktionäre unterliegen **sämtlichen aktienrechtlichen Vorschriften, die nicht an das Stimmrecht anknüpfen.**[5] Vorzugs- wie Stammaktionäre sind zu den **Mitteilungen nach §§ 20, 21** verpflichtet, da diese Mitteilungspflichten an den Aktienbesitz und nicht an die Stimmrechte anknüpfen.[6] Anders verhält es sich hinsichtlich der Mitteilungspflichten nach §§ 21, 22 WpHG, welche auf die Stimmrechte abstellen. Nach §§ 21, 22 WpHG sind Vorzugsaktionäre erst dann meldepflichtig, wenn ihr Stimmrecht nach Abs. 2 oder auf Grund einer generellen Aufhebung des Vorzugs aufgelebt ist.[7] Ebenso können sie erst dann zur Abgabe eines Übernahmeangebotes nach § 35 WpÜG verpflichtet sein, wenn ihr Stimmrecht in mindestens einer Hauptversammlung aufgelebt ist.[8] Aufgrund der durch die Aktienrechtsnovelle 2016 eingeführte Differenzierung beim Aufleben des Stimmrechts zwischen nachzahlbaren und nicht nachzahlbaren Vorzügen, lebt das Stimmrecht bei nicht nachzahlbaren Vorzügen früher auf als bei nachzahlbaren (→ Rn. 16a). Dies führt im Nachgang dazu, dass die Inhaber nicht nachzahlbarer Vorzugsaktien früher zu Meldungen nach nach §§ 21, 22 WpHG und früher zur Abgabe eines Übernahmeangebotes nach § 35 WpÜG verpflichtet sind. Umgekehrt hat sich ein Pflichtangebot immer auch auf die Übernahme von stimmrechtslosen Vorzugsaktien zu beziehen, wobei der Preis freilich für die einzelnen Aktiengattungen gesondert zu berechnen ist.[9]

5   Ebenfalls Anwendung finden die **Vorschriften zur Kapitalaufbringung und Kapitalerhaltung,** einschließlich der Nachgründungsvorschriften (§§ 52 f.) und der gesetzlichen Beschränkungen zum Erwerb eigener Aktien (§§ 71 ff.).[10] Fraglich ist indes, ob von einem Vorzugsaktionär gewährte Finanzierungsleistungen den Kapitalersatzregeln in der bis zum MoMiG geltenden Form unterliegen konnten. Anders als bei der GmbH fanden diese bei der AG nach den Leitsätzen des BGH[11] regelmäßig nur auf solche Aktionäre Anwendung, die mehr als 25 % der Aktien der Gesellschaft

---

[2] RegBegr und Stellungnahme des BR *Kropff* S. 204 f.
[3] Ausschussbericht *Kropff* S. 205.
[4] Ebenso Hölters/*Hirschmann* Rn. 1.
[5] BGHZ 119, 305 (317); LG Dortmund WM 1972, 1324 (1325); Großkomm AktG/*G. Bezzenberger* Rn. 5; Hüffer/Koch/*Koch* Rn. 2; MüKoAktG/*Arnold* Rn. 5 aE; *Herbig* JW 1937, 510.
[6] Großkomm AktG/*G. Bezzenberger* Rn. 5 unter Verweisung auf BGHZ 114, 203 (215 f.).
[7] Kölner Komm AktG/*Koppensteiner* Anh. § 22 zu WpHG Rn. 12; Hölters/*Hirschmann* Rn. 15.
[8] Zu den umstr. Einzelheiten s. etwa *Harbarth* ZIP 2002, 321 (325); *Pentz* ZIP 2003, 1478 (1482).
[9] *Lenz/Behnke* BKR 2003, 43 (49).
[10] Ebenso Großkomm AktG/*G. Bezzenberger* Rn. 5.
[11] BGHZ 90, 381 ff. = NJW 1984, 1893 ff.; AG 2005, 617 ff. Ausf. zu eigenkapitalersetzenden Aktionärsleistungen → § 57 Rn. 102 ff.

hielten. Diesen Anforderungen konnte auch ein Vorzugsaktionär genügen. Begründet hat der BGH das Erfordernis einer Mindestbeteiligung von 25 % allerdings mit der mit einer solchen Beteiligung verbundenen Sperrminorität, die dem Aktionär Einfluss sichere und seine Beteiligung zu einer unternehmerischen werden lasse. Hiervon ausgehend, konnten Vorzugsaktionäre nur dann den Kapitalersatzregeln unterliegen, wenn ihr Stimmrecht nach Abs. 2 oder auf Grund einer generellen Aufhebung des Vorzugs aufgelebt war. Das wird auch der praxisrelevanteste Fall gewesen sein. Konnte die Gesellschaft den Vorzug noch bedienen, wird sich eine Krise iSd Kapitalersatzrechts zumindest schwer nachweisen lassen. Lebte das Stimmrecht der Vorzugsaktionäre wieder auf, fanden die Kapitalersatzregeln nicht nur auf neu gewährte, sondern auch auf stehen gelassene Darlehen Anwendung.[12] Hiergegen konnte der Vorzugsaktionär nicht einwenden, ihm sei das Stimmrecht (und damit eine unternehmerische Beteiligung) aufgedrängt worden. Hatte er als stimmrechtsloser Vorzugsaktionär ein Darlehen gewährt und dies nach Aufleben des Stimmrechts stehen lassen, sprach dies allein bereits für eine unternehmerische Beteiligung. Auch das Sanierungsprivileg (§ 32a Abs. 3 S. 3 GmbHG analog) konnte der stimmberechtigt gewordene Vorzugsaktionär nicht in Anspruch nehmen. Das Sanierungsprivileg verlangte einen Beteiligungserwerb zum Zwecke der Überwindung der Krise. An einem solchen fehlte es jedoch. Das dem Beteiligungserwerb gleichgestellte Aufleben des Stimmrechts ist gesetzliche Folge des ausgefallenen Vorzugs. Dies steht einer Zweckbestimmung durch den Aktionär entgegen. Nach den Änderungen durch das MoMiG[13] unterliegen nach § 39 Abs. 5 InsO sämtliche Gesellschafterdarlehen den Kapitalersatzregeln, sofern der Darlehensgeber nur mit mehr als zehn Prozent am *Haftkapital* beteiligt ist. Auf das Stimmrecht kommt es daher nicht mehr an, so dass Finanzierungsleistungen von Vorzugsaktionären auch dann nachrangig sind, wenn das Stimmrecht noch nicht wieder aufgelebt ist.

2. Verwaltungsrechte. Die stimmrechtslosen Vorzugsaktionäre haben sämtliche Verwaltungsrechte. Im Vorfeld der **Hauptversammlung** stehen ihnen die allgemeinen Informations- (§ 125 Abs. 2) und Einsichtsrechte (§ 120 Abs. 3, § 175 Abs. 2 und 3) zu. An der Hauptversammlung selbst sind sie berechtigt teilzunehmen,[14] weshalb eine Universalversammlung (§ 121 Abs. 6) nur stattfinden kann, wenn neben sämtlichen Stamm- auch sämtliche Vorzugsaktionäre anwesend sind.[15] In der Hauptversammlung haben die Vorzugsaktionäre die gleichen Rechte wie die Stammaktionäre. Insbesondere sind sie berechtigt, in der Hauptversammlung zu reden, Fragen zu stellen, nicht beantwortete Fragen protokollieren zu lassen (§ 131 Abs. 5) und Wahl- und Beschlussvorschläge zu unterbreiten.[16] Damit haben die Vorzugsaktionäre, obwohl sie an der Abstimmung selbst nicht teilnehmen, doch die Möglichkeit, den Meinungsbildungsprozess in der Hauptversammlung zu beeinflussen. In konsequenter Fortführung dessen haben die Vorzugsaktionäre auch das Recht, Widerspruch zu Protokoll zu erklären (§ 245 Nr. 1) und so eine Anfechtungsklage (→ Rn. 10) vorzubereiten.[17]

Die Fälle, in denen die Vorzugsaktien ohne Stimmrecht ausnahmsweise **ein Stimmrecht gewähren,** sind im Gesetz abschließend geregelt: Jenseits von Sondertatbeständen wie etwa § 35 BGB, § 180 steht den Vorzugsaktionären nur im Falle der nicht vollständigen Zahlung des Vorzugs (Abs. 2) und im Rahmen der nach § 141 Abs. 1 und 2 zu fassenden Sonderbeschlüsse ein Stimmrecht zu. Von allen übrigen Beschlussfassungen sind die stimmrechtslosen Vorzugsaktionäre ausgeschlossen. Dies gilt auch für Beschlüsse, durch die allgemeine Aktionärsrechte beschnitten werden. Insbesondere zu nennen sind hier die Möglichkeiten zur Einschränkung der Redefreiheit (§ 131 Abs. 2 S. 2) und des Verzichts auf die Offenlegung der Vorstandsvergütung im Anhang oder Lagebericht (§ 286 Abs. 5 HGB). Zwar werden mit den entsprechenden Hauptversammlungsbeschlüssen auch die Rechte der Vorzugsaktionäre geändert. Dies allein rechtfertigt aber keine ausnahmsweisen Mitwirkungsrechte der Vorzugsaktionäre. Ihre Aktien gewähren die Rechte, die auch den Stammaktien zustehen – und zwar in dem Umfang, wie die Rechte der Stammaktionäre (unter Berücksichtigung zwischenzeitlich vorgenommener Änderungen) stehen und liegen.[18]

Minderheitenrechte, die nicht an das Stimmrecht, sondern an eine **quotale Beteiligung am Grundkapital** anknüpfen, stehen den Vorzugsaktionären ebenso zu wie den Stammaktionären. Umgekehrt sind die Vorzugsaktien bei der Berechnung der erforderlichen quotalen Beteiligung (etwa

---

[12] Ebenso *Rümker* FS Stimpel, 1985, S. 673 (678).
[13] Zum zeitlichen Anwendungsbereich der Neuregelungen s. BGH NJW 2009, 1277 mAnm *Bormann* in jurisPR-HaGesR 7/2009 Anm. 3; *Bormann/Urlichs* Sonderheft der GmbHR 2008, 37 (50 f.).
[14] OLG Frankfurt a. M. AG 1988, 304 (306); LG Dortmund WM 1972, 1324 (1325).
[15] Großkomm AktG/*G. Bezzenberger* Rn. 7; MüKoAktG/*Arnold* Rn. 3; *T. Bezzenberger*, Vorzugsaktien ohne Stimmrecht, 1990, 108 f.; K. Schmidt/Lutter/*Spindler* Rn. 4.
[16] LG Dortmund WM 1972, 1324 (1325); Großkomm AktG/*G. Bezzenberger* Rn. 8; MüKoAktG/*Arnold* Rn. 3.
[17] K. Schmidt/Lutter/*Spindler* Rn. 5.
[18] Vgl. auch BGHZ 9, 279 (283) = 1953, 1021 (1023); MüKoAktG/*Arnold* Rn. 5.

für die Ermittlung der Voraussetzungen der Übertragung von Aktien gegen Barabfindung („Squeeze out") nach § 327a Abs. 1 S. 1, der Eingliederung nach § 320 Abs. 1 S. 1 oder der erleichterten Beschlussfassung nach § 62 Abs. 1 UmwG) ebenfalls zu berücksichtigen. Vorzugsaktionäre können sowohl die Einberufung einer Hauptversammlung (§ 122 Abs. 1) oder die Ergänzung der Tagesordnung (§ 122 Abs. 2) als auch die Einsetzung eines Sonderprüfers verlangen (§ 142 Abs. 2, § 258 Abs. 2, § 315 Abs. 2).[19] Ebenso können sie ein Klagezulassungsverfahren nach § 148 beantragen. Zudem können sie einen Antrag auf die Bestellung oder Abberufung eines Abwicklers (§ 265 Abs. 3), die Ersetzung des Abschlussprüfers (§ 318 Abs. 3 HGB)[20] oder die Abberufung eines auf Grund der Satzung entsandten Aufsichtsratsmitgliedes (§ 103 Abs. 3 S. 3) stellen. Soweit Minderheitsaktionären das Recht zusteht, einem Vergleich oder Verzicht auf Ansprüche gegen Gründer oder Organmitglieder zu widersprechen (insbes. § 50 S. 1, § 53 S. 1, § 93 Abs. 4 S. 3, § 116 S. 1, § 117 Abs. 4, § 302 Abs. 3 S. 3), sind auch Vorzugsaktionäre zu einem solchen Widerspruch berechtigt.[21]

9   Nach bestrittener, aber zutreffender Auffassung können Vorzugsaktionäre auch an **Minderheitsverlangen** teilnehmen, die der Vorbereitung und Durchführung von Sachbeschlüssen dienen.[22] Hierzu zählen etwa das Verlangen einer Einzelabstimmung über die Entlastung der Vorstands- und Aufsichtsratsmitglieder (§ 120 Abs. 1 S. 2) und die Vorab-Abstimmung über Aktionärsvorschläge zur Wahl von Aufsichtsratsmitgliedern (§ 137). Von den Abstimmungen (sprich den Sachentscheidungen selbst) sind die Vorzugsaktionäre freilich ausgeschlossen. Dies ist jedoch für die im Vorfeld der Sachentscheidung bestehenden Rechte ohne Bedeutung. Diese Rechte dienen der Meinungsbildung in der Hauptversammlung. Von dieser Meinungsbildung sind die Vorzugsaktionäre jedoch nicht ausgeschlossen, sondern nehmen – wie etwa das auch ihnen zustehende Rede- und Fragerecht zeigt – an dieser teil.

10 In Bezug auf **Anfechtungs- und sonstige Klagerechte** sind die Vorzugsaktionäre den Stammaktionären gleichgestellt. Sie können unter den gleichen Voraussetzungen wie Stammaktionäre (§ 245) Anfechtungsklage erheben.[23] Dabei sind die Vorzugsaktionäre nicht auf die Geltendmachung solcher Rechtsverletzungen beschränkt, die ihre eigenen Rechte unmittelbar betreffen. So können sie die Anfechtungsklage auch auf Verletzung von Einberufungs- und Formvorschriften[24] oder eine unzureichende Beantwortung von Fragen stützen. Auch hier zeigt sich, dass die vorgenannten Rechte letztlich der Kontrolle der Verwaltung sowie der Einhaltung des AktG und der Satzung dienen. Insoweit wachen die Aktionäre insgesamt quasi als „Ordnungshüter" über die Einhaltung der gesetzlichen und statutarischen Vorschriften. Ebenso können die Vorzugsaktionäre auf Leistung an die Gesellschaft klagen (§ 309 Abs. 4, § 310 Abs. 4, § 317 Abs. 4, § 318 Abs. 4).

11 **3. Vermögensrechte.** Während sich die Vorzugsaktien bei den Verwaltungsrechten gegenüber den Stammaktien durch ein Weniger (das fehlende Stimmrecht) auszeichnen, weisen sie bei den Vermögensrechten ein Mehr (den Gewinnvorzug) auf.

12 Zwingend auszustatten sind die Vorzugsaktien allein mit einem **Gewinnvorzug** (→ § 139 Rn. 8 ff.). Eine darüber hinausgehende Beteiligung am Ergebnis ist zwar zulässig (etwa in Form einer Beteiligung am verbleibenden Gewinn), aber nicht zwingend erforderlich. Gleiches gilt für eine bevorzugte Beteiligung am Liquidationserlös. Eingeräumt werden können die vorgenannten Rechte jeweils nur durch die Satzung der Gesellschaft.

13 Das **Bezugsrecht** bei Kapitalerhöhungen (§ 186) und bei der Ausgabe von Wandel- und Gewinnschuldverschreibungen sowie von Genussrechten (§ 221 Abs. 4) schützt die Aktionäre vor einer Verwässerung ihrer Beteiligung und steht den Vorzugsaktionären in der gleichen Weise zu wie den Stammaktionären. Dabei ist das Bezugsrecht der Vorzugsaktionäre unabhängig davon, ob iRd Kapitalerhöhung nur Vorzugsaktien, nur Stammaktien oder Vorzugs- und Stammaktien ausgegeben werden. Werden nur Aktien einer Gattung (Vorzugs- oder Stammaktien) ausgegeben, so haben auch die Aktionäre der übrigen Gattungen ein Bezugsrecht, dh Vorzugsaktionäre haben auch dann ein Bezugsrecht, wenn nur Stammaktien ausgegeben werden.[25] Werden sowohl Stamm- als auch Vor-

---

[19] LG Dortmund WM 1972, 1324 (1325).
[20] AA Kölner Komm AktG/*Claussen* HGB § 318 Rn. 36 wie hier Großkomm AktG/*G. Bezzenberger* Rn. 11.
[21] Großkomm AktG/*G. Bezzenberger* Rn. 12; Grigoleit/*Herrler* AktG Rn. 2; *T. Bezzenberger*, Vorzugsaktien ohne Stimmrecht, 1990, 108 f.; *Kühn* BB 1965, 1170.
[22] AA Großkomm AktG/*G. Bezzenberger* Rn. 11; Bürgers/Körber/*Holzborn* Rn. 3; *T. Bezzenberger*, Vorzugsaktien ohne Stimmrecht, 1990, wie hier MüKoAktG/*Arnold* Rn. 3; Hölters/*Hirschmann* Rn. 5; Grigoleit/*Herrler* AktG Rn. 2; Wachter/*Dürr* Rn. 5.
[23] BGHZ 119, 305 (317); Großkomm AktG/*G. Bezzenberger* Rn. 15; Hüffer/Koch/*Koch* Rn. 3; K. Schmidt/Lutter/*Spindler* Rn. 12; *T. Bezzenberger*, Vorzugsaktien ohne Stimmrecht, 1990, 105 ff.; *Siebel* ZHR 161 (1997), 628 (647).
[24] MüKoAktG/*Arnold* Rn. 3.
[25] Hüffer/Koch/*Koch* Rn. 3; MüKoAktG/*Arnold* Rn. 4; *G. Bezzenberger* FS Quack, 1991, 153 f.; *Frey/Hirte* DB 1989, 2465 (2466); *Hennerkes/May* DB 1988, 537 (538).

zugsaktien ausgegeben, haben die Aktionäre ein **Mischbezugsrecht** auf beide Gattungen.[26] Zur Vermeidung einer Änderung der Beteiligungs- und Stimmverhältnisse wird das Bezugsrecht in der Praxis jedoch regelmäßig auf die Aktiengattung beschränkt, die der jeweilige Aktionär bereits hält (sog. gekreuzter Bezugsrechtsausschluss). Einer besonderen sachlichen Rechtfertigung bedarf es für die Beschränkung des Bezugsrechts auf die bisher bereits gehaltenen Aktiengattungen nicht.[27] Zu den Besonderheiten bei Kapitalerhöhungen aus Gesellschaftsmitteln und bei Kapitalherabsetzungen → § 141 Rn. 11 ff.

III. Aufleben des Stimmrechts (Abs. 2)

Der Gewinnvorzug ist sowohl Kompensation als auch Rechtfertigung für den Stimmrechtsausschluss. Entfällt der Gewinnvorzug, führt dies nach Abs. 2 zum **Aufleben des Stimmrechts**. Seine sachliche Rechtfertigung findet das Aufleben des Stimmrechts darin, dass das Verhältnis von Leistung (Verzicht auf das Stimmrecht) und Gegenleistung (Gewinnvorzug) (nicht nur kurzfristig) gestört ist. Diese Leistungsstörung im untechnischen Sinne kann nicht unter Verweisung auf einen etwaigen Nachzahlungsanspruch negiert werden. Wird auch künftig kein Gewinn erwirtschaftet, ausgewiesen oder ausgeschüttet, verliert auch ein Nachzahlungsanspruch seine Schutzwirkung. 14

1. Voraussetzungen für das Aufleben. Hinsichtlich der Voraussetzungen für das Aufleben des Stimmrechts ist seit der Aktienrechtsnovelle 2016 **zwischen** Vorzugsaktien mit **nachzahlbarem und mit nicht nachzahlbarem Vorzug zu unterscheiden.** Diese Unterscheidung hat ihren Niederschlag auch in Abs. 2 S. 1 und 2 gefunden. Dabei haben sich die Voraussetzungen für das Aufleben des Stimmrechts bei einem nachzahlbaren Vorzug im Vergleich zu der Rechtslage vor der Aktienrechtsnovelle 2016 nicht verändert. 14a

Voraussetzung für das Aufleben des Stimmrechts bei einem **nachzahlbaren Vorzug** ist, dass der **Vorzugsbetrag** in einem Geschäftsjahr[28] **nicht (vollständig) gezahlt** und der Rückstand im nächsten Geschäftsjahr *„nicht neben dem vollen Vorzug dieses [Geschäfts]Jahres nachgezahlt"* worden ist, Abs. 2 S. 1. Grundvoraussetzung ist damit nach dem eindeutigen Wortlaut des Gesetzes, dass im Geschäftsjahr 1 der Vorzug nicht vollständig gezahlt wird. Wird sodann im Geschäftsjahr 2 (a) entweder der nachzuzahlende Vorzug für das Geschäftsjahr 1 nicht vollständig nachgezahlt *und/oder* (b) der Vorzug für das Geschäftsjahr 2 nicht in voller Höhe gezahlt, so lebt das Stimmrecht auf.[29] 15

Die Voraussetzungen für das Aufleben des Stimmrechts sind **zwingend**.[30] Die Satzung kann für den nachzahlbaren Vorzug weder vorsehen, dass das Stimmrecht bereits auflebt, wenn der Vorzug in einem Geschäftsjahr ausgefallen ist, noch kann die Satzung anordnen, dass die Vorzugsaktien erst dann stimmberechtigt sind, wenn der ausgefallene Vorzug auch im dritten Jahr nicht voll nachgezahlt wurde. Allerdings besteht die Möglichkeit, den Vorzug generell als nicht nachzahlbar auszugestalten. 16

Ist der **Vorzug nicht nachzahlbar,** lebt das Stimmrecht auf, wenn der Vorzug(-sbetrag) in einem Jahr nicht oder nicht vollständig gezahlt wurde. Damit lebt das Stimmrecht für nicht nachzahlbare Vorzüge früher auf als für nachzahlbare Vorzüge auf, nämlich bereits nach einer Nicht-Zahlung während für das Aufleben nicht nachzahlbarer Vorzüge zwei Nicht-Zahlungen erforderlich sind. Bestehen – etwa aufgrund einer inhaltlichen Beschränkbarkeit (→ § 139 Rn. 20) – Zweifel, ob der Vorzug nachzahlbar ist oder nicht, ist i.d.R. davon auszugehen, dass der Vorzug nicht nachzahlbar ist und sich das Aufleben des Stimmrechts nach Abs. 2 S. 2 bemisst.[31] In Abs. 2 S. 2 wird zwischen einer Nicht-Zahlung und einer nicht vollständigen Zahlung des Vorzug(-sbetrag)es. Eine nicht vollständige Zahlung ist indes nur bei einer Vorabdividende denkbar. Da Mehrdividenden relativ vom Gewinn ermittelt werden (→ § 139 Rn. 13a), führt bei ihnen zwangsläufig jede Dividendenzahlung an die betreffenden Vorzugsaktionäre zu einer vollständigen Zahlung des Vorzugs.[32] 16a

---

[26] Wie hier LG München I WM 1992, 1151 (1154); LG Tübingen NJW-RR 1991, 616 (617 f.); Hüffer/ Koch/ Koch § 186 Rn. 4; MüKoAktG/ *Arnold* Rn. 4, ebenso, wenn auch krit. K. Schmidt/Lutter/ *Spindler* Rn. 7. AA indes Großkomm AktG/ *G. Bezzenberger* Rn. 17; NK-AktR/ *Roth* Rn. 3; *G. Bezzenberger* FS Quack, 1991, 153 (155 ff.); *T. Bezzenberger,* Vorzugsaktien ohne Stimmrecht, 1990, 153 f.; *Frey/Hirte* DB 1989, 2465 (2466 ff.).
[27] So auch K. Schmidt/Lutter/ *Spindler* Rn. 8 mwN. Näher zum Bezugsrecht der Vorzugsaktionäre s. *G. Bezzenberger* FS Quack, 1991, 153 ff.
[28] *T. Bezzenberger,* Vorzugsaktien ohne Stimmrecht, 1990, 97.
[29] Dementsprechend lebt das Stimmrecht auch dann wieder auf, wenn der aus dem Geschäftsjahr 1 nachzuzahlende Vorzug im Geschäftsjahr 2 beglichen wird, der Vorzug des Geschäftsjahres 2 aber nicht vollständig gezahlt wird.
[30] *T. Bezzenberger,* Vorzugsaktien ohne Stimmrecht, 1990, 96.
[31] Hüffer/Koch/ *Koch* Rn. 4.
[32] So bereits *Bormann/di Prima* die bank, 2015, 48 (50). Vgl. hierzu auch *Müller-Eising* GWR 2014, 229 (230).

17 Das Aufleben des Stimmrechts knüpft allein an die **Zahlung (und Nachzahlung) des Vorzugsbetrages** an. Mithin ist zunächst zu ermitteln, worin genau der Vorzug besteht. Dies ergibt sich regelmäßig unmittelbar aus der Satzungsregelung zum Vorzug. Dabei ist insbesondere zwischen den Vorzugsrechten als solchen, die als Ausgleich für den Entzug des Stimmrechts gewährt werden, und etwaigen danebenstehenden Gewinnbeteiligungsrechten zu unterscheiden. Ob derartige danebenstehende Gewinnbeteiligungsrechte gezahlt werden, ist für das Aufleben des Stimmrechts ohne Belang. Diese können ausfallen, ohne dass dies zum Aufleben des Stimmrechtes führt.[33] Allerdings kann der den Stimmrechtsausschluss begründende Vorzug nunmehr auch in einer Mehrdividende bestehen. Wurde diese Art des Vorzugs gewählt, kommt es selbstverständlich darauf an, ob die Mehrdividende gezahlt wurde.

18 Der Zahlung gleich stehen sämtliche **Erfüllungssurrogate** wie insbesondere die Aufrechnung, die der Aktionär gegen sich gelten lassen muss. Das Stimmrecht lebt auch dann nicht auf, wenn der Aktionär eine andere Leistung als die geschuldete an Erfüllungs statt (§ 364 Abs. 1 BGB) annimmt. Einer der Hauptanwendungsfälle hierzu dürfte sein, dass der Vorzug unter einem Unternehmensvertrag iSd §§ 291, 292 durch einen Ausgleich nach § 304 Abs. 1 ersetzt wird.[34] Das Stimmrecht lebt ebenfalls nicht auf, wenn der Vorzugsaktionär auf seinen bereits entstandenen Dividendenanspruch verzichtet.[35] Nichts anderes gilt aber auch dann, wenn der Aktionär eine bereits beschlossene Dividendenzahlung ausdrücklich stundet.[36] Aufgrund der Stundungsvereinbarung können die betroffenen Ansprüche nicht mehr einseitig durchgesetzt werden. Hat sich der Aktionär aber freiwillig der Durchsetzbarkeit seiner Ansprüche begeben, besteht kein Bedürfnis, die Ansprüche, die er selbst entwertet hat, durch das Aufleben des Stimmrechts zu schützen. An die Annahme einer konkludenten Stundung sind dabei allerdings gesteigerte Anforderungen zu stellen. Insbesondere wird in dem Verzicht auf eine klagweise Durchsetzung des Auszahlungsanspruchs keine dem Aufleben des Stimmrechts entgegenstehende Stundung gesehen werden können. Da die Annahme an Erfüllung statt einer anderen Leistung erfüllungshalber (§ 364 Abs. 2 BGB) die gleiche Wirkung wie eine Stundung hat,[37] hindert auch diese das Aufleben des Stimmrechts.

19 Auf welchem **Grund** die Nichtzahlung des Vorzugsbetrages beruht, ist für das Aufleben des Stimmrechtes ohne Bedeutung,[38] solange der Grund nur nicht aus der Sphäre des Aktionärs stammt. Aus der Sphäre des Aktionärs stammt ein Grund dann, wenn dieser der Gesellschaft die Zahlung des Vorzugs unmöglich macht (etwa, indem er keine Bankverbindung mitteilt) oder die Annahme der Zahlung verweigert.[39]

20 Für das Aufleben des Stimmrechts kann nicht verlangt werden, dass zumindest die **theoretische Möglichkeit** bestanden hätte, den **Vorzug zu zahlen.** Das Stimmrecht lebt unabhängig davon auf, ob die Gesellschaft keinen Gewinn erwirtschaftet hat,[40] nach der Einstellung in die gesetzliche (§ 150 Abs. 2) oder freiwillige (§ 58 Abs. 1, 2 und 3) Rücklage kein ausschüttungsfähiger Betrag mehr verblieb oder die Ausschüttung des Vorzugs zwar beschlossen, aber nicht vollzogen wurde.[41] Wurde umgekehrt die Zahlung des Vorzugs nur durch einen verlorenen Zuschuss des Hauptgesellschafters ermöglicht, führt dies nicht zum Aufleben des Stimmrechts.

21 **2. Zeitpunkt des Auflebens.** Das Stimmrecht **lebt auf, sobald feststeht,** dass die gesetzlichen Voraussetzungen (→ Rn. 15 ff.) vorliegen. Weitere Anforderungen sind nicht zu stellen. Für die Frage, wann feststeht, dass die gesetzlichen Voraussetzungen vorliegen, ist zu unterscheiden:

22 Weist **der vom Vorstand und Aufsichtsrat festgestellte Jahresabschluss** keinen ausreichenden Bilanzgewinn (§ 158 Abs. 1 S. 1 Nr. 5) aus, um (einen etwaigen Nachzahlungsanspruch und) den Vorzug für das abgelaufene Geschäftsjahres zu bedienen, lebt das Stimmrecht mit der Feststellung des Jahresabschlusses (§ 172) auf.[42] Damit sind die Vorzugsaktionäre bereits in der Hauptversammlung stimmberechtigt, die den Jahresabschluss entgegennimmt. Schlagen Vorstand und Aufsichtsrat hinge-

---

[33] Großkomm AktG/*G. Bezzenberger* Rn. 22; K. Schmidt/Lutter/*Spindler* Rn. 15; Hüffer/Koch/*Koch* Rn. 4; NK-AktR/*Roth* Rn. 5; *T. Bezzenberger*, Vorzugsaktien ohne Stimmrecht, 1990, 96.
[34] Vgl. hierzu OLG Düsseldorf NZG 2005, 347 (351 f.) Bürgers/Körber/*Holzborn* Rn. 5; zur Berechnung der Garantiedividende von Vorzugsaktien ausf. *Roth* Der Konzern 2005, 685 ff.
[35] Großkomm AktG/*G. Bezzenberger* Rn. 22; *T. Bezzenberger*, Vorzugsaktien ohne Stimmrecht, 1990, 95 f.
[36] Wie hier MüKoAktG/*Arnold* Rn. 13; aA aber Großkomm AktG/*G. Bezzenberger* Rn. 22; Bürgers/Körber/*Holzborn* Rn. 5; Kölner Komm AktG/*Zöllner* Rn. 5.
[37] BGH NJW 1992, 683 (684); s. auch MüKoBGB/*Wenzel* BGB § 364 Rn. 13.
[38] K. Schmidt/Lutter/*Spindler* Rn. 15.
[39] MüKoAktG/*Arnold* Rn. 13; Bürgers/Körber/*Holzborn* Rn. 8.
[40] Hierzu insbes. *Reuter* AG 1985, 104 (105); Hüffer/Koch/*Koch* Rn. 4.
[41] Großkomm AktG/*G. Bezzenberger* Rn. 22; MüKoAktG/*Arnold* Rn. 13.
[42] Großkomm AktG/*G. Bezzenberger* Rn. 23; Hüffer/Koch/*Koch* Rn. 5; MüKoAktG/*Arnold* Rn. 11; K. Schmidt/Lutter/*Spindler* Rn. 17.

gen vor, den an sich ausreichenden Bilanzgewinn nicht (an die Vorzugsaktionäre) auszukehren, sondern etwa in die Rücklagen einzustellen oder vorzutragen, lebt das Stimmrecht erst mit dem Hauptversammlungsbeschluss über die Gewinnverwendung (§ 174) auf. Fraglich ist allerdings, ob dies bedeutet, dass die Vorzugsaktionäre bereits bei der Abstimmung über den der Beschlussfeststellung nachfolgenden Tagesordnungspunkt stimmberechtigt sind. Dies wird teilweise[43] unter Berufung darauf verneint, dass die Beschlüsse der Hauptversammlung erst mit Unterzeichnung der Niederschrift (§ 130 Abs. 1) wirksam werden.[44] Der Gegenansicht[45] ist zu folgen. Im Verhältnis der Aktionäre untereinander entfaltet der Beschluss bereits mit seiner Feststellung und Verkündung und nicht erst mit der späteren Unterzeichnung der Niederschrift Bindungswirkung. Hiervon ausgehend dürfte der Versammlungsleiter regelmäßig verpflichtet sein, zu Beginn der Hauptversammlung über die Gewinnverwendung abstimmen zu lassen und das Abstimmungsergebnis festzustellen und zu verkünden.[46]

23 Hat die **Hauptversammlung den Jahresabschluss festzustellen** (§ 173 Abs. 1) und weist der ihr vorgelegte Jahresabschluss keinen zur Bedienung der Vorzugsaktionäre ausreichenden Bilanzgewinn aus, so lebt das Stimmrecht entsprechend den vorstehenden Ausführungen mit Feststellung des Beschlussergebnisses auf. Ändert die Hauptversammlung den Jahresabschluss in einer Weise, dass der festgestellte Abschluss einen Bilanzgewinn ausweist, der zur Bedienung des laufenden und etwaig nachzuzahlender Vorzüge genügt, führt dies nicht zum Aufleben des Stimmrechts. Zwar kann die Dividende erst nach Durchführung einer erneuten Abschlussprüfung und Erteilung eines uneingeschränkten Bestätigungsvermerks (§ 173 Abs. 3 HGB, § 316 Abs. 3 HGB) ausgezahlt werden. Damit steht mit der Beschlussfassung noch nicht fest, dass die Vorzüge bedient werden. Umgekehrt steht aber auch nicht fest, dass sie nicht bedient werden. Letzteres verlangt das Gesetz jedoch für das Aufleben des Stimmrechts. Es reicht nicht aus, dass Unsicherheit darüber besteht, ob der Vorzug gezahlt wird.[47]

24 Hat die Hauptversammlung eine **Ausschüttung in ausreichender Höhe beschlossen,** lebt das Stimmrecht erst und nur auf, wenn die Gesellschaft nach Aufforderung (und Vorlage des Dividendenscheins) nicht zahlt.[48] Weitere Voraussetzungen sind nicht zu erfüllen, insbesondere lebt das Stimmrecht sofort und nicht erst mit Ablauf des Geschäftsjahres auf. Zwar stellt Abs. 2 darauf ab, dass der Vorzug „in einem Jahr" nicht gezahlt wurde. Aufgrund der Gesetzeshistorie[49] und der Ratio der Vorschrift kann aus diesem Wortlaut allerdings nicht geschlossen werden, dass die Gesellschaft die Zahlung bis zum Ende des Geschäftsjahres verweigern kann, ohne dass das Stimmrecht aufleben würde. Wurde eine Ausschüttung beschlossen, ist diese mangels anderweitiger ausdrücklicher Regelung im Beschluss sofort fällig (§ 271 Abs. 1 BGB). Verlangt nun der Aktionär Zahlung und leistet die Gesellschaft nicht, muss der Aktionär von einem dauerhaften Ausfall ausgehen. Jede andere Sichtweise würde es der Gesellschaft ermöglichen, einseitig eine Stundung der Zahlung durchzusetzen. Fordern die Aktionäre die Zahlung nicht ein, lebt das Stimmrecht nicht auf (arg. § 162 BGB).[50] Daraus wird deutlich, dass das Stimmrecht der Vorzugsaktionäre nicht kollektiv betrachtet werden kann, sondern jeweils nur für den einzelnen Aktionär,[51] und dass durch die Vorlage eines nicht eingelösten Dividendenscheins nicht der Beweis erbracht werden kann, dass das Stimmrecht aufgelebt ist.

25 Wird die **Hauptversammlung nicht** innerhalb der gesetzlichen (§ 175 Abs. 1 S. 2) oder einer kürzeren statutarischen[52] Frist **durchgeführt** und wird deswegen nicht innerhalb der Frist über die Gewinnverwendung beschlossen, steht dies einer Nichtzahlung des Vorzugs *nicht* gleich. Wurde noch kein Gewinnverwendungsbeschluss gefasst, hat die Gesellschaft nach dem Wortlaut des Gesetzes für

---

[43] MüKoAktG/*Arnold* Rn. 12.
[44] BGH AG 1994, 466 (467).
[45] Großkomm AktG/*G. Bezzenberger* Rn. 24; Bürgers/Körber/*Holzborn* Rn. 6; Hüffer/Koch/*Koch* Rn. 5; NK-AktR/*Roth* Rn. 6; K. Schmidt/Lutter/*Spindler* Rn. 18; *T. Bezzenberger,* Vorzugsaktien ohne Stimmrecht, 1990, 98 f.
[46] Eine frühzeitige Beschlussfassung für empfehlenswert haltend Grigoleit/*Herrler* AktG Rn. 7.
[47] *T. Bezzenberger,* Vorzugsaktien ohne Stimmrecht, 1990, 97 f.; unklar Großkomm AktG/*G. Bezzenberger* Rn. 25.
[48] Hüffer/Koch/*Koch* Rn. 5; MüKoAktG/*Arnold* Rn. 13.
[49] Der im AktG 1937 enthaltene Zusatz „*bei der Verteilung des Gewinns* in einem Jahr nicht oder nicht vollständig gezahlt" wurde im Zuge der Aktienrechtsreform 1965 lediglich gestrichen, um klarzustellen, dass nicht die Beschlusslage, sondern die tatsächliche Zahlung entscheidend ist, s. RegBegr *Kropff* S. 204.
[50] Großkomm AktG/*G. Bezzenberger* Rn. 22; Hüffer/Koch/*Koch* Rn. 5; *T. Bezzenberger,* Vorzugsaktien ohne Stimmrecht, 1990, 96 f.
[51] Dem folgend Hölters/*Hirschmann* Rn. 11.
[52] Zur Zulässigkeit derartiger statutarischer Regelungen s. etwa MüKoAktG/*Kropff* § 175 Rn. 12 mwN.

die Zahlung des Vorzugs bis Ende des Geschäftsjahres Zeit. Vorher kann dann aber auch das Stimmrecht nicht aufleben.

26 **3. Folgen des Auflebens des Stimmrechts.** Ist das Stimmrecht der Vorzugsaktionäre bereits aufgelebt oder besteht auf Grund der in der Hauptversammlung zu fassenden Beschlüsse eine konkrete Möglichkeit, dass es auflebt, ist hierauf **in der Hauptversammlungseinladung** entsprechend § 121 Abs. 3 S. 2 **hinzuweisen**.[53] Die Bekanntmachung der Hauptversammlungseinladung dient insbesondere dazu, den Aktionären eine Entscheidung darüber zu ermöglichen, ob sie überhaupt an der Hauptversammlung teilnehmen wollen oder nicht.[54] Dabei ist erfahrungsgemäß für die Vorzugsaktionäre von besonderer Bedeutung, ob sie stimmberechtigt sind oder nicht. Hat es die Gesellschaft unterlassen, auf das Stimmrecht hinzuweisen, hat dies nicht die Nichtigkeit der in dieser Hauptversammlung gefassten Beschlüsse zur Folge. § 241 Nr. 1 ist nicht analogiefähig. Allerdings können die Beschlüsse – auch von den nicht erschienenen Vorzugsaktionären – angefochten werden, § 243 Abs. 1, § 245 Nr. 2. Eine Eintragung des Auflebens des Stimmrechts im Handelsregister ist hingegen weder erforderlich noch zulässig.[55]

27 Der **Umfang des Stimmrechts** der Vorzugsaktionäre entspricht dem des Stimmrechts der Stammaktionäre. Insbesondere ist das Stimmrecht der Vorzugsaktionäre nicht auf bestimmte Beschlussgegenstände (etwa die Gewinnverwendung) beschränkt.[56] Allein durch das Aufleben des Stimmrechts wandeln sich die Vorzugsaktien nicht in Stammaktien. Damit werden gesetzlich vorgesehene Sonderbeschlüsse nicht allein durch das Aufleben des Stimmrechts entbehrlich (so in den Fällen des § 141 Abs. 1 oder 2) oder erforderlich (so etwa in den Fällen der § 182 Abs. 2, § 222 Abs. 2) (→ § 141 Rn. 27 und 12).

28 Da sich der Umfang des Stimmrechts der Vorzugsaktionäre nach dem Umfang des Stimmrechts der Stammaktionäre richtet, gilt ein etwaiges allgemeines **Höchststimmrecht** (§ 134 Abs. 1 S. 2) auch für die Vorzugsaktionäre. Ein Höchststimmrecht allein für Vorzugsaktionäre ist demgegenüber unzulässig.[57] Das Stimmrecht der Vorzugsaktionäre ist gesetzliche Folge der Nichtzahlung des Vorzugs. Damit ist es der gesonderten Disposition des Satzungsgebers entzogen.

29 Ist das Stimmrecht der Vorzugsaktionäre aufgelebt, sind die Vorzugsaktien nach Abs. 2 S. 2 bei **der Berechnung von Kapitalmehrheiten** zu berücksichtigen. Diese Regelung wurde 1965 zur Klarstellung aufgenommen.[58] In der Sache wird hierdurch das Stimmrecht der Vorzugsaktionäre „eingereiht". Würden die Vorzugsaktien bei der Berechnung von Kapitalmehrheiten nicht berücksichtigt, stünde ihnen faktisch ein doppeltes Stimmrecht zu. Im Umkehrschluss folgt aus Abs. 2 S. 2, dass die Vorzugsaktien nicht mitzurechnen sind, solange ihr Stimmrecht ruht.

30 Das **Stimmrecht erlischt bei einem nachzuzahlenden Vorzug automatisch,** sobald aufgelaufene, nachzuzahlende Rückstände einschließlich des Vorzugs für das letzte Geschäftsjahr vollständig gezahlt wurden.[59] Auch insoweit kommt es – wie beim Aufleben des Stimmrechts – auf die tatsächliche Zahlung an und nicht darauf, ob die Vorzugsaktionäre einen Anspruch auf Dividendenzahlung haben. Das Aufleben des Stimmrechts führt nicht zu einem Erlöschen des Nachzahlungsanspruchs. Auch für die Zeit, während der die Vorzugsaktionäre stimmberechtigt waren, haben sie einen Anspruch auf Zahlung des Vorzugs.[60] Entsprechend den Feststellungen zum Aufleben des Stimmrechts (→ Rn. 15) führt weder eine nur teilweise Nachzahlung, noch die bloße Beschlussfassung über eine Gewinnausschüttung, der keine Zahlung folgt, zum Erlöschen des Stimmrechts. Erlischt der Nachzahlungsanspruch indes aufgrund eines Insolvenzplans (→ Rn. 36), so erlischt auch das Stimmrecht.[61] In der Hauptversammlung, in der über die für eine Nachzahlung erforderlichen Gewinnverwendungsbeschlüsse gefasst werden sollen, sind die Vorzugsaktionäre damit noch stimmberechtigt.

---

[53] Großkomm AktG/*G. Bezzenberger* Rn. 26; iE unter Berufung auf § 124 Abs. 1 ebenso *T. Bezzenberger,* Vorzugsaktien ohne Stimmrecht, 1990, 99 f. zustimmend Hüffer/Koch/*Koch* Rn. 5. Einen Hinweis für empfehlenswert haltend Grigoleit/*Herrler* AktG Rn. 7.
[54] S. nur BGHZ 153, 32 (35 f.) = NJW 2003, 970 (971); Hüffer/Koch/*Koch* § 124 Rn. 1.
[55] GHEK/*Hefermehl* Rn. 11; K. Schmidt/Lutter/*Spindler* Rn. 15; Hüffer/Koch/*Koch* Rn. 5.
[56] AllgM Großkomm AktG/*G. Bezzenberger* Rn. 27; Hüffer/Koch/*Koch* Rn. 6; K. Schmidt/Lutter/*Spindler* Rn. 20; *Werner* AG 1971, 69 (75).
[57] Großkomm AktG/*G. Bezzenberger* Rn. 28; NK-AktR/*Roth* Rn. 7; *T. Bezzenberger,* Vorzugsaktien ohne Stimmrecht, 1990, 100 f.; aA Hennerkes/*May* DB 1988, 537 (538).
[58] Stellungnahme BR *Kropff* S. 204.
[59] AllgM Großkomm AktG/*G. Bezzenberger* Rn. 30; MüKoAktG/*Arnold* Rn. 15; K. Schmidt/Lutter/*Spindler* Rn. 22.
[60] Grigoleit/*Herrler* Rn. 8.
[61] BGH AG 2010, 491 (492).

Das **Stimmrecht erlischt bei einem nicht nachzuzahlenden Vorzug automatisch,** sobald 30a in einem Jahr der Vorzug in Gänze gezahlt wurde. Nachzahlungsansprüche hinsichtlich vergangener Geschäftsjahre bestehen qua Natur der Sache grds. nicht, da gerade keine Pflicht zur Nachzahlung ausgefallener Vorzüge besteht. Etwas Anderes kann allein dann gelten, wenn für ein vergangenes Geschäftsjahr eine Dividende beschlossen, aber nicht gezahlt wurde. Teilweise[62] wird für derartige Fälle eine Ausnahme dahingehend gefordert, dass in einem solchen Fall das Stimmrecht nur dann erlöschen soll, wenn diese beschlossene Dividende auch tatsächlich gezahlt wurde. Sachlich zu rechtfertigen ist eine Ausnahme indes nicht – wie jeder Stammaktionär auch ist der Vorzugsaktionär in einem solchen Fall auf die Leistungsklage verwiesen; eine Begründung, weshalb den Vorzugsaktionäre weitergehende Möglichkeiten in die Hand gegeben werden sollten, ihre vermögensrechtlichen Ansprüche durchzusetzen, ist nicht ersichtlich.[63]

IV. Selbstständigkeit des Nachzahlungsanspruchs (Abs. 3)

Nach Abs. 3 ist ein etwaiger **Nachzahlungsanspruch grds. unselbstständig.** Allerdings kann 31 die Satzung den Nachzahlungsanspruch selbstständig ausgestalten. Abs. 3 wurde im Zuge der Aktienrechtsreform 1965 eingefügt und sollte – in Übereinstimmung mit der bereits seinerzeit hM in Lit. und Rspr. – falschen Erwartungen in der Öffentlichkeit entgegenwirken.[64]

Von Gesetzes wegen ist ein etwaiger Nachzahlungsanspruch **ein unselbstständiges Recht,** 32 das als Teil der Mitgliedschaft an der Aktie als solcher haftet.[65] Der Nachzahlungsanspruch kann also nicht gesondert abgetreten werden, sondern steht immer demjenigen zu, der im Zeitpunkt der Fassung des Gewinnverwendungsbeschlusses Aktionär ist. Dabei entsteht der Nachzahlungsanspruch erst mit dem Gewinnverwendungsbeschluss[66] und bildet zusammen mit dem Vorzug eine einheitliche Forderung (→ § 139 Rn. 23). Da das Nachzahlungsrecht noch nicht zu einer Forderung erstarkt und zudem Teil der Mitgliedschaft ist, unterliegt es der Disposition des Satzungsgebers.[67] Damit kann die Hauptversammlung den Vorzugsaktionären – freilich nur mit einem Sonderbeschluss nach § 141 Abs. 1 – das Nachzahlungsrecht wieder entziehen. Macht die Hauptversammlung von diesem Recht allerdings Gebrauch, lebt das Stimmrecht der Vorzugsaktionäre dauerhaft auf. Eine Aufhebung des Nachzahlungsanspruchs allein für die Vergangenheit ist nicht möglich. Hierdurch könnte das Nachzahlungsrecht der Vorzugsaktionäre, das sowohl Kompensation als auch Rechtfertigung für den Stimmrechtsausschluss ist, unterlaufen werden.

Abweichend vom gesetzlichen Regelfall kann die **Satzung** den Nachzahlungsanspruch als **selbst-** 33 **ständiges Recht** ausgestalten. Wurde von dieser Möglichkeit Gebrauch gemacht, entsteht mit dem Ausfall des Vorzugs, allerdings aufschiebend bedingt auf die Fassung eines Gewinnverwendungsbeschlusses, der Nachzahlungsanspruch als selbstständiger schuldrechtlicher Anspruch.[68] Bei einer dem Ausfall nachfolgenden Aktienveräußerung verbleibt der Nachzahlungsanspruch bei der Person, die im Zeitpunkt des Ausfalls Aktionär war, und geht nicht automatisch auf den Erwerber der Aktie über.[69] Der selbstständige Nachzahlungsanspruch ist ab dem Zeitpunkt des Ausfalls des Vorzugs selbstständig verkehrsfähig und kann von der Aktie getrennte Wege gehen. Zur Einheitlichkeit des Nachzahlungsanspruchs mit dem Vorzugsanspruch → § 139 Rn. 23. Zum Nachweis der Anspruchsberechtigung sollte die Satzung eine Verbriefung des selbstständigen Nachzahlungsanspruchs vorsehen.[70]

Wie sonstige schuldrechtliche Ansprüche eines Aktionärs gegen die Gesellschaft auch, kann der 34 selbstständige Nachzahlungsanspruch den Vorzugsaktionären ab dem Ausfall **nicht mehr einseitig entzogen** werden. Anders als beim unselbstständigen Nachzahlungsanspruch führt auch eine Satzungsänderung mit Zustimmung der Vorzugsaktionäre entsprechend § 141 Abs. 1 nicht zu einem Wegfall des Anspruchs.[71] Beseitigen oder einschränken lässt sich der Anspruch nur noch durch

---

[62] Grigoleit/*Herrler* Rn. 18.
[63] Wie hier Hüffer/Koch/*Koch* Rn. 7.
[64] Ausschussbericht *Kropff* S. 205.
[65] RGZ 144, 145; NK-AktR/*Roth* Rn. 10; MüKoAktG/*Arnold* Rn. 16.
[66] BGHZ 7, 263 (265) = NJW 1952, 1370.
[67] Ausschussbericht *Kropff* S. 205; RGZ 82, 144 (145 f.); BGHZ 7, 263 (265) = NJW 1952, 1370; BGHZ 9, 279 (287) = 1953, 1021 (1023); OLG Düsseldorf ZIP 2009, 2350; OLG Stuttgart AG 1995, 283 f.; LG Stuttgart ZIP 1994, 1114 (1115); MüKoAktG/*Arnold* Rn. 16; *T. Bezzenberger*, Vorzugsaktien ohne Stimmrecht, 1990, 61 f.
[68] RGZ 82, 138 (140 f.); 82, 144 (145); BGHZ 7, 263 (264 f.) = NJW 1952, 1370; Großkomm AktG/ *G. Bezzenberger* Rn. 32; Hüffer/Koch/*Koch* Rn. 10.
[69] Kölner Komm AktG/*Zöllner* Rn. 9; MüKoAktG/*Arnold* Rn. 17; *Reckinger* AG 1983, 216 (217).
[70] Großkomm AktG/*G. Bezzenberger* Rn. 32; NK-AktR/*Roth* Rn. 11.
[71] RGZ 82, 138 (140 f.); OLG Stuttgart AG 1995, 283 f.; Großkomm AktG/*G. Bezzenberger* Rn. 32; Hüffer/ Koch/*Koch* Rn. 10; teilw. anders *T. Bezzenberger*, Vorzugsaktien ohne Stimmrecht, 1990, 62 ff., der von einem Sonderrecht nach § 35 BGB ausgeht.

Vereinbarungen mit den jeweils betroffenen (ehemaligen) Vorzugsaktionären. Der Hauptversammlung bleibt es allerdings unbenommen, auf die Ausschüttung eines Gewinns zu verzichten und damit den Eintritt der Bedingung zu verhindern, unter der der selbstständige Nachzahlungsanspruch steht.[72]

35 Da ein etwaiger Nachzahlungsanspruch nach dem gesetzlichen Regelfall unselbstständig ist, kann ein selbstständiger Nachzahlungsanspruch nur bei einer **ausdrücklichen Regelung in der Satzung** angenommen werden.[73] Ist die Satzungsregelung mehrdeutig – so etwa bei der Formulierung, es werde eine „*garantierte, nachzahlbare Vorzugsdividende*" gewährt[74] –, ist von einem unselbstständigen Nachzahlungsanspruch auszugehen. Zweifelsfrei ist jedenfalls eine Regelung, in der ausdrücklich von einem „*selbstständigen Nachzahlungsanspruch*" gesprochen wird.[75]

36 **Wirtschaftlich** stellt sich ein selbstständiger Nachzahlungsanspruch für die Vorzugsaktionäre günstiger dar als ein unselbstständiger, denn sie können die Aktie und den Nachzahlungsanspruch gesondert verwerten. Umgekehrt verhält es sich aus Sicht der Gesellschaft und der Stammaktionäre: So ist ein selbstständiger Nachzahlungsanspruch schwerer handhabbar als ein unselbstständiger. Bei **Sanierungen** stehen im Falle eines Sanierungserfolgs anfallende Gewinne zunächst den Vorzugsaktionären zu und zwar auch dann, wenn sie ihre Aktien in der Krise veräußert haben.[76] In der Insolvenz hingegen können selbständige Nachzahlungsansprüche als nachrangige Forderungen (§ 39 Abs. 1 InsO) – wenn auch erst nach entsprechender Aufforderung durch das Insolvenzgericht (§ 174 Abs. 3 InsO) – geltend gemacht werden.[77] Allerdings werden im Insolvenzplanverfahren sowohl selbständige als auch unselbständige Nachzahlungsansprüche von der Restschuldbefreiung nach § 227 InsO erfasst.[78] Mit dem Nachzahlungsanspruch erlischt auch das Stimmrecht der Vorzugsaktionäre.

§ 141 Aufhebung oder Beschränkung des Vorzugs

(1) Ein Beschluß, durch den der Vorzug aufgehoben oder beschränkt wird, bedarf zu seiner Wirksamkeit der Zustimmung der Vorzugsaktionäre.

(2) ¹Ein Beschluß über die Ausgabe von Vorzugsaktien, die bei der Verteilung des Gewinns oder des Gesellschaftsvermögens den Vorzugsaktien ohne Stimmrecht vorgehen oder gleichstehen, bedarf gleichfalls der Zustimmung der Vorzugsaktionäre. ²Der Zustimmung bedarf es nicht, wenn die Ausgabe bei Einräumung des Vorzugs oder, falls das Stimmrecht später ausgeschlossen wurde, bei der Ausschließung ausdrücklich vorbehalten worden war und das Bezugsrecht der Vorzugsaktionäre nicht ausgeschlossen wird.

(3) ¹Über die Zustimmung haben die Vorzugsaktionäre in einer gesonderten Versammlung einen Sonderbeschluß zu fassen. ²Er bedarf einer Mehrheit, die mindestens drei Viertel der abgegebenen Stimmen umfaßt. ³Die Satzung kann weder eine andere Mehrheit noch weitere Erfordernisse bestimmen. ⁴Wird in dem Beschluß über die Ausgabe von Vorzugsaktien, die bei der Verteilung des Gewinns oder des Gesellschaftsvermögens den Vorzugsaktien ohne Stimmrecht vorgehen oder gleichstehen, das Bezugsrecht der Vorzugsaktionäre auf den Bezug solcher Aktien ganz oder zum Teil ausgeschlossen, so gilt für den Sonderbeschluß § 186 Abs. 3 bis 5 sinngemäß.

(4) Ist der Vorzug aufgehoben, so gewähren die Aktien das Stimmrecht.

Schrifttum: *Altmeppen*, Umwandlung von Vorzugsaktien in Stammaktien gegen Zuzahlung, NZG 2005, 771; *Baums*, Vorzugsaktien, Ausgliederung und Konzernfinanzierung, AG 1994, 1; *T. Bezzenberger*, Vorzugsaktien ohne Stimmrecht, Diss. München 1990; *Boesebeck*, Die Behandlung von Vorzugsaktien bei Kapitalerhöhungen aus Gesellschaftsmitteln, DB 1960, 404; *Brause*, Stimmrechtslose Vorzugsaktien bei Umwandlungen, 2002; *Fischer*, Der Sonderbeschluss der Vorzugsaktionäre in der Societas Europaea (SE), ZGR 2013, 832; *Frey/Hirte*, Vorzugsaktionäre und Kapitalerhöhung, DB 1989, 2465; *v. Godin*, Verschmelzung gegen Gewährung stimmrechtsloser Vor-

---

[72] RGZ 82, 138 (141 f.); Wachter/*Dürr* Rn. 19.
[73] BGHZ 9, 279 (283) = 1953, 1021 (1022); OLG Stuttgart AG 1995, 283 f.; LG Stuttgart ZIP 1994, 1114 (1115); MüKoAktG/*Arnold* Rn. 18; *v. Godin* AcP 152 (1952/53), 527 (530 f.).
[74] OLG Stuttgart AG 1995, 283 f.; LG Stuttgart ZIP 1994, 1114 (1115); Hölters/*Hirschmann* Rn. 19.
[75] So auch OLG Stuttgart AG 1995, 283 (284).
[76] S. bereits RGZ 82, 138 (140); OLG Stuttgart AG 1995, 283 (284); *v. Godin* AcP 1952, 527 (528), der dem selbstständigen Nachzahlungsanspruch generell krit. gegenübersteht OLG Düsseldorf ZIP 2009, 2350 sowie *Frank* GWR 2009, 455.
[77] BGH NZG 2011, 75 (77); s. auch Hölters/*Hirschmann* Rn. 18; *Hirte/Mock* ZInsO 2009, 1129 ff.
[78] BGH NZG 2011, 75 (77); ebenso *Hirte/Mock* ZInsO 2009, 1129 ff.

zugsaktien, DJ 1939, 1165; *Hillebrandt/Schremper,* Analyse des Gleichbehandlungsgrundsatzes beim Rückkauf von Vorzugsaktien, BB 2001, 533; *Krause,* Atypische Kapitalerhöhungen im Aktienrecht, ZHR 181 (2017), 641; *Ihrig/Streit,* Aktiengesellschaft und Euro – Handlungsbedarf und Möglichkeiten der Aktiengesellschaften anlässlich der Euro-Einführung zum 1.1.1999, NZG 1998, 201; *Kiem,* Die Stellung der Vorzugsaktionäre bei Umwandlungsmaßnahmen, ZIP 1997, 1627; *Klühs,* Präsenzbonus für die Teilnahme an der Hauptversammlung, ZIP 2006, 107; *Krauel/Weng,* Das Erfordernis von Sonderbeschlüssen stimmrechtsloser Vorzugsaktionäre bei Kapitalerhöhungen und Kapitalherabsetzungen, AG 2003, 561; *Krieger,* Vorzugsaktie und Umstrukturierung, FS Lutter, 2000, 497; *Lutter,* Aktienerwerb von Rechts wegen: Aber welche Aktien?, FS Mestmäcker, 1996, 943; *Roth,* Die Berechnung der Garantiedividende von Vorzugsaktien im Rahmen von Unternehmensverträgen, Der Konzern 2005, 685; *Schneider/Burgard,* Maßnahmen zur Verbesserung der Präsenz auf der Hauptversammlung einer Aktiengesellschaft, FS Beusch, 1990, 783; *Senger/Vogelmann,* Die Umwandlung von Vorzugsaktien in Stammaktien, AG 2002, 193; *Vetter,* Handgeld für in der Hauptversammlung präsente Aktionäre?, AG 2006, 32; *Volhard/Goldschmidt,* Nötige und unnötige Sonderbeschlüsse der Inhaber stimmrechtsloser Vorzugsaktien, FS Lutter, 2000, 779; *Wagner,* Bilanzierungsfragen und steuerliche Aspekte bei „hybriden" Finanzierungen, Der Konzern 2005, 499; *Werner,* Die Beschlussfassung der Inhaber von stimmrechtslosen Vorzugsaktien, AG 1971, 69; *Wirth/Arnold,* Umwandlung von Vorzugsaktien in Stammaktien, ZGR 2002, 859.

Übersicht

	Rn.		Rn.
A. Zweck der Vorschrift und Entstehungsgeschichte	1–3	I. Grundsatz: Zustimmungsbeschluss erforderlich (Satz 1)	26–38
B. Aufhebung oder Beschränkung des Vorzugs (Abs. 1)	4–25	1. Ausgabe neuer Vorzugsaktien	28–32
		2. Konkurrierende Vorrechte	33–36
I. Satzungsändernder Hauptversammlungsbeschluss	4	3. In Besonderheit: Dividendenbonus für die Hauptversammlungsteilnahme	37, 38
II. Beeinträchtigung des Vorzugs	5–25	II. Ausnahme: Satzungsvorbehalt (Satz 2)	39–47
1. Geschützter „Vorzug" iSd Abs. 1	5, 5a	1. Satzungsvorbehalt	40–43
2. Unmittelbare Beeinträchtigung des Vorzugs	6–10	2. Bezugsrecht	44–47
a) Grundsatz	6	D. Verhältnis von Abs. 1 und 2 zu § 179 Abs. 3	48
b) Vorliegen einer unmittelbaren Beeinträchtigung	7, 8	E. Sonderbeschluss nach Abs. 3	49–59
c) Vorliegen einer nur mittelbaren Beeinträchtigung	9, 10	I. Allgemeines	49–52
3. In Besonderheit: Kapitalerhöhung aus Gesellschaftsmitteln, Kapitalherabsetzung und Zwangseinziehung	11–15	II. Gesonderte Versammlung (S. 1)	53, 54
		III. Mehrheitserfordernisse (S. 2 und 3)	55, 56
4. In Besonderheit: „Umwandlung" von Vorzugsaktien in Stammaktien	16–22	IV. Besonderheiten beim Bezugsrechtsausschluss (S. 4)	57–59
5. Ausnahme von Abs. 1: Bedingung und Befristung	23–25		
C. Ausgabe neuer Vorzugsaktien (Abs. 2)	26–47	F. Aufhebung des Vorzugs (Abs. 4)	60–66

A. Zweck der Vorschrift und Entstehungsgeschichte

§ 141 ist aktienrechtliche lex specialis zu § 35 BGB[1] und **bezweckt** den **Schutz der Vorzugsaktionäre** vor Maßnahmen der Hauptversammlung, durch die der Vorzug aufgehoben, beschränkt oder beeinträchtigt wird. Nach Abs. 1 kann der Vorzug nur mit Zustimmung der Vorzugsaktionäre beschränkt werden. Gleiches gilt nach Abs. 2 für die Ausgabe konkurrierender Vorzugsaktien. Dabei ist nicht die Zustimmung eines jedes einzelnen Vorzugsaktionärs erforderlich. Vielmehr genügt nach Abs. 3 ein mit einer ¾-Mehrheit der abgegebenen Stimmen gefasster Sonderbeschluss der Vorzugsaktionäre. Abs. 3 ist somit eine Ergänzung zu § 138. Spiegelbildlich zu § 139 Abs. 1 stellt Abs. 4 klar, dass ein Stimmrechtsausschluss ohne Gewährung eines Vorzugs nicht zulässig ist. Mit Ausnahme des Satzungsvorbehalts in Abs. 2 S. 2 ist § 141 zwingend (§ 23 Abs. 5); entgegenstehende Satzungsregelungen sind nichtig.[2]

1

---

[1] Ebenso *T. Bezzenberger,* Vorzugsaktien ohne Stimmrecht, 1990, 115; K. Schmidt/Lutter/*Spindler* Rn. 1; vgl. auch Großkomm AktG/*G. Bezzenberger* Rn. 4. Zum Verhältnis zu § 179 Abs. 3 → Rn. 48.

[2] Großkomm AktG/*G. Bezzenberger* Rn. 9; Hüffer/Koch/*Koch* Rn. 1; MüKoAktG/*Arnold* Rn. 1.

2 Wie die §§ 139, 140 gilt auch § 141 nur für Vorzugsaktien ohne Stimmrecht. Werden die Rechte von **Vorzugsaktionären mit Stimmrecht** beeinträchtigt, ergibt sich das Erfordernis eines Sonderbeschlusses nicht aus § 140, sondern aus § 179 Abs. 3.

3 Die **historische Entwicklung** der einzelnen Abs. war unterschiedlich: Der Wortlaut von Abs. 1 ist mit dem des § 117 Abs. 1 AktG 1937 identisch.[3] Abs. 4 ist wortgleich mit § 117 Abs. 4 AktG 1937. Abs. 2 hingegen wurde im Zuge der Aktienrechtsreform 1965 in Bezug auf die Anforderungen an die auszugebenden Aktien, zu denen ein Sonderbeschluss der Vorzugsaktionäre erforderlich ist, geändert. Abs. 3 enthielt in der Fassung des AktG 1937 noch Regelungen zur Einberufung und Durchführung der gesonderten Versammlung der Vorzugsaktionäre. Aufgrund der im Jahre 1965 eingefügten allgemeinen Regelung zu Sonderbeschlüssen in § 138 beschränkt sich Abs. 3 nunmehr auf die Besonderheiten von Beschlüssen der Vorzugsaktionäre.[4] Seit 1965 wurde § 141 nicht mehr geändert; auch im Zuge der Aktienrechtsnovelle 2016 erfolgte keine Änderung.

B. Aufhebung oder Beschränkung des Vorzugs (Abs. 1)

I. Satzungsändernder Hauptversammlungsbeschluss

4 Der den Ausschluss des Stimmrechts rechtfertigende Vorzug beruht zwangsläufig auf einer Satzungsregelung (→ § 139 Rn. 33). Damit ist jede Aufhebung oder Beschränkung des Vorzugs zwangsläufig mit einer Satzungsänderung verbunden.[5] Für diese gelten die allgemeinen Vorschriften, insbesondere § 179 Abs. 2, § 181 Abs. 3. Zusätzlich hierzu kann zur Wirksamkeit der Satzungsänderung ein Sonderbeschluss nach Abs. 1 erforderlich sein.[6]

II. Beeinträchtigung des Vorzugs

5 **1. Geschützter „Vorzug" iSd Abs. 1.** Zustimmungspflichtig nach Abs. 1 können nur solche Satzungsänderungen sein, durch die der Vorzug betroffen ist. Vorzug iSd Abs. 1 sind unstr. der **Gewinnvorzug,** da dieser erst den Stimmrechtsausschluss rechtfertigen.[7] Teilweise wird allerdings vertreten, dass Abs. 1 darüber hinaus etwaige Mehrdividenden (→ § 139 Rn. 14) oder Liquidationsvorzüge (→ § 139 Rn. 10) schütze und zwar unabhängig, ob die Mehrdividende den Vorzug iSd § 139 Abs. 1 darstellt oder nicht.[8] Dem ist für den Liquidationsvorzug, nicht aber für eine etwaige Mehrdividende zuzustimmen. Abs. 2 S. 1 soll ein etwaiges Liquidationsvorrecht vor mittelbaren Beeinträchtigungen schützen, denn auch die Ausgabe von Aktien, die den Vorzugsaktien bei der Verteilung des Vermögens vorgehen, bedarf eines Zustimmungsbeschlusses. Da wäre es widersprüchlich, wenn dieses Recht nicht auch dem Schutz vor unmittelbaren Beeinträchtigungen nach Abs. 1 unterliegen würde. Im Ergebnis bezieht sich Abs. 1 damit auf den Gewinnvorzug und Liquidationsvorzüge; für Mehrdividenden, die keinen Vorzug iSd § 139 Abs. 1 darstellen, gilt demgegenüber § 179 Abs. 3. Da die Nachzahlbarkeit nicht mehr zwingende Voraussetzung für den Stimmrechtsausschluss ist, spricht viel dafür, auch Änderungen bei der Nachzahlbarkeit allein dem Schutz des § 179 Abs. 3 zu unterstellen.[9]

5a Dass besondere **„Verwaltungssonderrechte"** der Vorzugsaktien ohne Stimmrecht (wie etwa das Recht, Mitglieder in den Aufsichtsrat zu entsenden, oder das Recht, dass bestimmte Beschlüsse nur mit ihrer Zustimmung wirksam werden) nicht dem Abs. 1 unterliegen, ergibt sich bereits daraus, dass sie sich nicht unter den Begriff des Vorzugs subsumieren lassen, der sich in den §§ 139–141 allein auf Vermögensrechte bezieht.[10]

---

[3] Ausf. zur historischen Entwicklung der Norm Großkomm AktG/*G. Bezzenberger* Rn. 4 ff.; *T. Bezzenberger,* Vorzugsaktien ohne Stimmrecht, 1990, 116 ff.; *Altmeppen* NZG 2005, 771 (772 f.).
[4] S. auch BegrRegE zu § 141, *Kropff* S. 205.
[5] K. Schmidt/Lutter/*Spindler* Rn. 4, Bürgers/Körber/*Holzborn* Rn. 9.
[6] Ausführlich zum Sonderbeschluss der Vorzugsaktionäre in der SE *Fischer* ZGR 2013, 832 ff.
[7] Großkomm AktG/*G. Bezzenberger* Rn. 10; Hüffer/Koch/*Koch* Rn. 3; MüKoAktG/*Arnold* Rn. 3; NK-AktR/*Roth* Rn. 3; *T. Bezzenberger,* Vorzugsaktien ohne Stimmrecht, 1990, 125 ff.
[8] So etwa Hüffer/Koch/*Koch* Rn. 3; Kölner Komm AktG/*Zöllner* Rn. 4 (allerdings nur für den Liquidationsvorzug, nicht für die Mehrdividende); *Werner* AG 1971, 69; aA Großkomm AktG/*G. Bezzenberger* Rn. 10; NK-AktR/*Roth* Rn. 3; K. Schmidt/Lutter/*Spindler* Rn. 12; Bürgers/Körber/*Holzborn* Rn. 2; *T. Bezzenberger,* Vorzugsaktien ohne Stimmrecht, 1990, 134 ff.
[9] Ebenso Grigoleit/*Herrler* Rn. 28 für den AktG-E 2012. AA indes Hüffer/Koch/*Koch* Rn. 3, Hölters/*Hirschmann* Rn. 5, ersterer mit ausführlicher, letzterer ohne Begründung.
[10] Ebenso Großkomm AktG/*G. Bezzenberger* Rn. 10; Kölner Komm AktG/*Zöllner* Rn. 4.

2. Unmittelbare Beeinträchtigung des Vorzugs. a) Grundsatz. In Anlehnung an die 6 Begrifflichkeit der Gesetzesbegründung zur Aktienrechtsnovelle 1884[11] wird weithin[12] zwischen **unmittelbaren und bloß mittelbaren Beeinträchtigungen** des Vorzugs unterschieden: Während Abs. 1 einen umfassenden Schutz gegen die unmittelbaren Beeinträchtigungen gewähre, bestehe Schutz gegen mittelbare Beeinträchtigungen allein unter den Voraussetzungen des Abs. 2. Durch diese Differenzierung zwischen mittelbaren und unmittelbaren Eingriffen unterscheidet sich § 141 von § 35 BGB, zu dem er lex specialis ist (→ Rn. 1). § 35 BGB schützt nicht nur vor unmittelbaren, sondern auch vor mittelbaren Eingriffen.[13] Gleichwohl ist diese Unterscheidung zutreffend, denn sie ist in § 141 angelegt. Allerdings bedürfen die Begriffe der Konkretisierung. Dabei ist unter der unmittelbaren Beeinträchtigung ein Eingriff in das *Vorzugsrecht als solches* zu verstehen.[14] Ein zielgerichtetes Vorgehen iS einer vorsätzlichen Beeinträchtigung der Rechte der Vorzugsaktionäre ist hingegen nicht erforderlich.[15] Zu den bloß mittelbaren Beeinträchtigungen, vor denen die Vorzugsaktionäre allein unter den Voraussetzungen des Abs. 2 geschützt werden, zählen demgegenüber all jene, bei denen nicht das Vorzugsrecht selbst betroffen ist, sondern nur sein wirtschaftlicher Wert. Bei diesen wird der Vorzug nur reflexartig betroffen.

b) Vorliegen einer unmittelbaren Beeinträchtigung. Ausgehend von dieser Differenzierung 7 sind die Fälle der unmittelbaren Beeinträchtigungen, für die ein Beschluss nach Abs. 1 erforderlich, limitiert. Namentlich sind es:[16]

– die nachträglich vollständige **Aufhebung des Vorzugs oder des Nachzahlungsrechts,** wobei die Aufhebung des Vorzugs in jedem Fall zum Aufleben des Stimmrechts führt, Abs. 4; da seit der Aktienrechtsnovelle 2016 der Vorzug nicht mehr zwingend nachzahlbar sein muss, steht eine Aufhebung des Nachzahlungsrechts nicht mehr einer Aufhebung des Vorzuges, sondern nur einer Einschränkung des Vorzuges gleich und führt damit nicht zum Aufleben des Stimmrechts nach Abs. 4 (→ Rn. 62).

– die nachträgliche summenmäßige oder zeitliche **Beschränkung einer Nachzahlbarkeit** ohne gleichzeitige Beschränkung des Vorzugs, wobei das Stimmrecht nicht nach Abs. 4 auflebt (→ Rn. 62).

– die nachträgliche **Beschränkung des Vorzugs,** etwa durch Herabsetzung des Vorzugsdividendensatzes oder Änderung der Bemessungsgrundlage.[17] Soll der Vorzug von einer fixen Summe auf eine variable Größe oder von einer variablen Größe auf eine andere oder von einer Vorabdividende auf eine Mehrdividende oder umgekehrt umgestellt werden,[18] ist im Zeitpunkt der Beschlussfassung regelmäßig nicht abzusehen, ob diese Änderung mittel- bis langfristig zu einer Herabsetzung des Vorzugs führen wird. Damit ist auch in diesen Fällen ein Sonderbeschluss nach Abs. 1 erforderlich, denn eine Beeinträchtigung ist nicht auszuschließen. Ebenfalls eine Beschränkung des Vorzugs iSd Abs. 1 stellt eine Verschlechterung des Rangverhältnisses im Vergleich zu anderen bereits vorhandenen Vorzugsaktien dar (gleich ob mit oder ohne Stimmrecht). Ein Aufleben des Stimmrechts nach Abs. 4 ist mit einer Beschränkung des Vorzugs nicht verbunden, da § 139 Abs. 1 keine quantitativen Anforderungen an den Vorzug stellt (→ § 139 Rn. 11).

– die nachträgliche **Befristung oder Bedingung des Vorzugs.**[19] Dem gleich steht eine nachträglich Verkürzung der Frist oder eine Änderung der Bedingung, bei deren Eintritt der Vorzug erlöschen soll. Zwar ist bei einer Änderung der Bedingung nicht unbedingt absehbar, ob diese zu einem vorzeitigen Wegfall des Vorzugs führt, auszuschließen ist dies allerdings auch nicht. Für eine Verlängerung einer bestehenden Befristung ist ein Sonderbeschluss nach Abs. 1 demgegenüber weder notwendig noch hinreichend. Mit Fristablauf würden sich die Vorzugsaktien in

---

[11] S. *Schubert/Hommelhoff,* Hundert Jahre modernes Aktienrecht, S. 423.
[12] LG Frankfurt a. M. ZIP 1991, 1499 (1501 f.); *Butzke* in Marsch-Barner/Schäfer Börsennotierte AG-HdB Rn. 6.30; *Baums* AG 1994, 1 (3); K. *Schmidt/Lutter/Spindler* Rn. 5; *Krieger* FS Lutter, 2000, 497 (509 f.); *Volhard/Goldschmidt* FS Lutter, 2000, 779 (780); *Werner* AG 1971, 69 f. Krit. hierzu aber Großkomm AktG/*G. Bezzenberger* Rn. 16; Hüffer/Koch/*Koch* Rn. 4; *T. Bezzenberger,* Vorzugsaktien ohne Stimmrecht, 1990, 123 f.
[13] MüKoBGB/*Reuter* § 35 Rn. 9; Bamberger/Roth/*Schwarz* § 35 Rn. 8.
[14] OLG Frankfurt a. M. DB 1993, 272 (273); Großkomm AktG/*G. Bezzenberger* Rn. 16; MüKoAktG/*Arnold* Rn. 5.
[15] So aber wohl OLG Hamm ZIP 2005, 1457 (1463); *Kiem* ZIP 1997, 1627 (1629). Wie hier MüKoAktG/*Arnold* Rn. 5.
[16] Großkomm AktG/*G. Bezzenberger* Rn. 17 ff.; Hüffer/Koch/*Koch* Rn. 5; MüKoAktG/*Arnold* Rn. 6.
[17] Zur Änderung von Regelungen über die Bilanzierung oder Gewinnverwendung → Rn. 9.
[18] Etwa von einer festen Vorzugsdividende von 0,12 EUR pro Vorzugsaktie in eine Vorzugsdividende in Höhe des Basiszinssatzes multipliziert mit dem Nennbetrag der Vorzugsaktien.
[19] Zur Zulässigkeit von Befristungen und Bedingungen → Rn. 23 ff.

Stammaktien wandeln. Damit sind an eine Verlängerung der Befristung die gleichen Anforderungen zu stellen wie an (Rück)Umwandlung von Stammaktien in Vorzugsaktien. Erforderlich ist damit die Zustimmung sämtlicher Aktionäre und nicht nur die der betroffenen Vorzugsaktionäre (→ § 139 Rn. 36).
- eine nachträgliche **Änderung eines selbstständigen Nachzahlungsanspruchs** in einen unselbstständigen.[20]

8   Die **Satzung** kann der Hauptversammlung **nicht entsprechend Abs. 2 S. 2 vorbehalten,** die unter Abs. 1 fallenden Maßnahmen ohne einen Sonderbeschluss der Vorzugsaktionäre zu beschließen.[21] Bereits aus der systematischen Stellung des Abs. 2 S. 2 folgt, dass er im Rahmen des Abs. 1 keine Anwendung finden kann. Ebenso kann die Satzung nicht an Stelle eines Sonderbeschlusses der Vorzugsaktionäre die Zustimmung durch den Vorstand oder Aufsichtsrat setzen.[22]

9   **c) Vorliegen einer nur mittelbaren Beeinträchtigung.** Kein Zustimmungsbeschluss nach Abs. 1 ist erforderlich für nur mittelbare, dh wirtschaftliche oder faktische Beeinträchtigungen des Vorzugs. Zu solchen nur reflexartigen Beeinträchtigungen zählen etwa:
- Satzungsänderungen betreffend die **Gewinnermittlung oder -verwendung,**[23] insbesondere die Ermächtigungen nach § 58 Abs. 1 S. 1, Abs. 2 S. 1, Abs. 3 S. 2 und § 150 Abs. 2, Beträge in die Rücklagen einzustellen. Hierdurch wird zwar der Vorzug wirtschaftlich tangiert. Allerdings erstreckt sich der Vorzug allein auf den ausgewiesenen Bilanzgewinn iSd § 158 Abs. 1 Nr. 5, nicht aber auf seine Ermittlung.
- Beschlüsse, die zum **Erwerb eigener Aktien** ermächtigen (§ 71 Abs. 1).[24] In den Fällen des § 71 Abs. 1 Nr. 1–5 ist bereits kein Hauptversammlungsbeschluss erforderlich; der Vorstand entscheidet ggf. mit Zustimmung des Aufsichtsrates (§ 111 Abs. 4 S. 2) selbst. In den Fällen des § 71 Abs. 1 Nr. 6[25] bis 8 ist ein Erwerb der eigenen Aktien ohnehin nur mit Zustimmung des betroffenen Vorzugsaktionärs möglich, so dass ein Zustimmungsbeschluss überflüssig wäre.
- Beschlüsse im Zusammenhang mit dem Abschluss von **Gewinnabführungsverträgen.**[26] Unter dem Gewinnabführungsvertrag tritt der Ausgleich nach § 304 Abs. 1 auch für die Vorzugsaktionäre an die Stelle des Vorzugs (§ 364 Abs. 1 BGB); einen Anspruch auf eine (Vorzugs)Dividende haben die Vorzugsaktionäre nicht mehr.[27] Bei der Ermittlung des Ausgleichs ist der Vorzug freilich zu berücksichtigen.[28] Erscheint der Ausgleich dem Vorzugsaktionär zu gering, steht es ihm frei, ein Spruchverfahren nach § 304 Abs. 3 S. 2 anzustrengen.
- Beschlüsse im Zusammenhang mit **umwandlungsrechtlichen Maßnahmen.**[29] Zum einen geht § 65 UmwG (iVm § 125 S. 1 UmwG, § 240 Abs. 1 S. 1 UmwG) § 141 Abs. 1 als lex specialis

---

[20] Großkomm AktG/*G. Bezzenberger* Rn. 11; K. Schmidt/Lutter/*Spindler* Rn. 9; Hüffer/Koch/*Koch* Rn. 5; MüKoAktG/*Arnold* Rn. 6; *Werner* AG 1971, 69.
[21] OLG Karlsruhe OLGE 42 (1922) 215 (216 f.); Großkomm AktG/*G. Bezzenberger* Rn. 18; Großkomm AktG/*Röhricht* § 23 Rn. 170; MüKoAktG/*Arnold* Rn. 7; NK-AktR/*Roth* Rn. 4; *Werner* AG 1971, 69 (70); aA Kölner Komm AktG/*Zöllner* Rn. 7; wohl auch öOGH AG 1996, 91 (93).
[22] Vgl. auch öOGH AG 1996, 91 (93 f.).
[23] Großkomm AktG/*G. Bezzenberger* Rn. 20; Hüffer/Koch/*Koch* Rn. 6; MüKoAktG/*Arnold* Rn. 8; *T. Bezzenberger,* Vorzugsaktien ohne Stimmrecht, 1990, 125.
[24] *Volhard/Goldschmidt* FS Lutter, 2000, 779 (790); *Wirth/Arnold* ZGR 2002, 859 (863). Zu den sich aus dem Gleichbehandlungsgrundsatz ergebenden Anforderungen an den Rückkauf von Vorzugsaktien siehe *Hillebrandt/Schremper* BB 2001, 533 ff.
[25] Zur Frage, ob für die Kapitalherabsetzung als solche ein Zustimmungsbeschluss erforderlich ist, → unten Rn. 12 ff.
[26] LG München I BeckRS 2011, 12143; Großkomm AktG/*G. Bezzenberger* Rn. 14; Hüffer/Koch/*Koch* Rn. 6; MüKoAktG/*Arnold* Rn. 8; Kölner Komm AktG/*Zöllner* Rn. 18; K. Schmidt/Lutter/*Spindler* Rn. 10; *T. Bezzenberger,* Vorzugsaktien ohne Stimmrecht, 1990, 124 f.; *Krieger* FS Lutter, 2000, 497 (510); *Roth* Der Konzern 2005, 685 (693).
[27] Vgl. hierzu OLG Düsseldorf NZG 2005, 347 (351 f.). Ausf. zur Berechnung der Garantiedividende von Vorzugsaktien *Roth* Der Konzern 2005, 685 (686).
[28] OLG Düsseldorf NZG 2005, 347 (351 f.); MüKoAktG/*Bilda,* 2. Aufl. 2000, § 304 Rn. 61 f.; *Roth* Der Konzern 2005, 685 (689); aA OLG Frankfurt a. M. AG 1989, 442 (443). Zur Frage, ob das auch für die Abfindung nach § 305 gilt, siehe LG Dortmund WM 1972, 1324 (1325); LG Frankfurt a. M. WM 1987, 559 (562); Kölner Komm AktG/*Koppensteiner* § 305 Rn. 97; *Krieger* FS Lutter, 2000, 497 (499 ff.). Zu der Frage, welche Aktien im Falle einer Abfindung durch Aktien zu gewähren sind (§ 305 Abs. 2, § 320b Abs. 1 S. 2), *Krieger* FS Lutter, 2000, 497 ff.; *Lutter* FS Mestmäcker, 1996, 943 ff.
[29] OLG Schleswig AG 2008, 39 (41). Großkomm AktG/*G. Bezzenberger* Rn. 25; *Krieger* FS Lutter, 2000, 497 (510); *Volhard/Goldschmidt* FS Lutter, 2000, 779 (788 f.) jew. mN auch zu umwandlungsr. Lit.; iE ebenso Hüffer/Koch/*Koch* Rn. 6; ausführlich hierzu *Brause,* passim; speziell zu Ausgliederungen *Baums* AG 1994, 1 ff. AA im Einzelfall unmittelbare Beeinträchtigung: *Kiem* ZIP 1997, 1627 (1628 f.).

vor.³⁰ Zum anderen haben die Vorzugsaktionäre nach § 15 UmwG die Möglichkeit, überprüfen zu lassen, ob ihnen im Zuge der Maßnahme gleichwertige Anteile (§ 23 UmwG) gewährt wurden.³¹ Dies gilt nach der Umsetzung der Richtlinie zur grenzüberschreitenden Verschmelzung von Kapitalgesellschaften auch bei Verschmelzungen ins Ausland, da insoweit §§ 23 und 65 UmwG entsprechende Anwendung finden, § 122a Abs. 2 UmwG.

- Beschlüsse im Zusammenhang mit der **Gründung und Sitzverlegung einer Europäischen Aktiengesellschaft ("SE")**; auf Grund der Anwendbarkeit der umwandlungsrechtlichen Vorschriften auf diese Maßnahmen (Art. 18, 37 Abs. 7 S. 2 SE-VO) gelten die vorstehenden Ausführungen entsprechend. Daraus, dass in § 10 Abs. 1 SEAG für die Gründung einer Holding-SE ("Formwechsel") – anders als in § 65 Abs. 2 UmwG – nicht nur auf die stimmberechtigten Aktionäre abgestellt wird, kann nicht abgeleitet werden, dass die Vorzugsaktionäre stimmberechtigt sind. Eine solche Ungleichbehandlung im Vergleich zu rein nationalen Umwandlungsmaßnahmen ließe sich nicht rechtfertigen und war auch nicht gewollt.
- Beschlüsse im Zusammenhang mit einem **Squeeze Out** (§§ 327a ff.)³² oder einer Eingliederung (§§ 320 ff.). Abs. 1 schützt allein vor einer Beeinträchtigung des Vorzugs. Dieser bleibt beim Squeeze Out und der Eingliederung jedoch erhalten. Es wechselt allein der Inhaber der weiterhin mit dem Vorzug versehenen Aktien. Bei der Berechnung der an die ausscheidenden Vorzugsaktionäre zu zahlenden Barabfindung nach § 327b ist auch der Vorzug für das laufende Geschäftsjahr zu berücksichtigen. Für die Zeit vom Beginn des Geschäftsjahres bis zum Wirksamwerden des Ausschlusses der Aktionäre durch Eintragung des Squeeze Out im Handelsregister steht ihnen kein anteiliger Vorzug zu.³³
- Beschlüsse betreffend ein **Delisting** der Vorzugsaktien;³⁴ zwar reduziert ein Delisting die Fungibilität und damit den Wert der Vorzugsaktien, allerdings lässt es den allein besonders geschützten Vorzug unberührt.
- **Liquidationsbeschlüsse** nach § 262 Abs. 1 Nr. 2;³⁵ zwar wird vertreten, dass ab Bekanntmachung des dritten Gläubigeraufrufs nach § 267 keine Dividenden mehr gezahlt werden dürfen,³⁶ das ist jedoch nur Reflex und nicht Regelungsgehalt des Liquidationsbeschlusses.

Auch wenn für die vorgenannten Maßnahmen grds. kein Sonderbeschluss nach Abs. 1 erforderlich ist, kann ein solcher doch nach Abs. 2 erforderlich sein, wenn die Maßnahme mit der **Ausgabe konkurrierender Vorzugsaktien** verbunden ist. Weiterhin können sich aus § 179 Abs. 3 Zustimmungserfordernisse etwa für Vorzugsaktien mit Stimmrecht ergeben.³⁷

3. In Besonderheit: Kapitalerhöhung aus Gesellschaftsmitteln, Kapitalherabsetzung und Zwangseinziehung. Bei der **Kapitalerhöhung aus Gesellschaftsmitteln** (§§ 207 ff.) werden Kapital- oder Gewinnrücklagen unter Ausgabe neuer Aktien in Grundkapital gewandelt.³⁸ Bestehen Aktien unterschiedlicher Gattungen, sind zu sämtlichen Gattungen neue Aktien ausgegeben und zwar im Verhältnis der bisherigen Beteiligung am Grundkapital der Gesellschaft. Die Aktien der einzelnen Gattungen werden den Aktionären der jeweiligen Gattungen zugeteilt. Besitzt ein Aktionär vor der Kapitalerhöhung nur Vorzugsaktien, erhält er auch nur Vorzugsaktien. Dabei ist sowohl der Vorzug der bereits vorhandenen als auch der der neu auszugebenden Vorzugsaktien so zu kürzen, dass auf die Vorzugsaktien insgesamt nach Durchführung der Kapitalerhöhung der gleiche Anteil am

---

³⁰ Die Bezugnahme in § 65 Abs. 2 UmwG auf die *stimmberechtigten* Aktien wurde vom Rechtsausschuss aufgenommen um klarzustellen, dass die Vorzugsaktionäre gerade nicht stimmberechtigt sind im Wege eines Sonderbeschlusses befragt werden müssen, vgl. *Ganske*, Umwandlungsrecht, 2000, zu § 65 S. 112. Für eine Anwendbarkeit des § 141 neben § 65 UmwG indes *Kiem* ZIP 1997, 1627 (1628). Siehe hierzu auch OLG Düsseldorf BeckRS 2017, 136416.
³¹ Zu der Frage, welche Aktien iRd § 23 UmwG zu gewähren sind siehe *Krieger* FS Lutter, 2000, 497 ff.; *Lutter* FS Mestmäcker, 1996, 943 ff.
³² BVerfG WM 2007, 1884 f. m. zust. Anm. *Ogorek* EWiR § 327a AktG 03/07; OLG Düsseldorf NZG 2005, 347 (352); OLG Hamm ZIP 2005, 1457 (1463); LG Frankfurt a. M. NZG 2004, 672 (675), das allerdings verfassungsrechtliche Bedenken gegen das fehlende Zustimmungserfordernis erhebt; *Singhof* § 327a Rn. 23; *Fuhrmann/Simon* WM 2002, 1211 (1213).
³³ Vgl. OLG Köln NZG 2010, 225 f. für die Ausgleichszahlung nach § 304.
³⁴ OLG Celle AG 2008, 858 f.; MüKoAktG/*Arnold* Rn. 8.
³⁵ OLG Frankfurt a. M. DB 1993, 272 (273); K. Schmidt/Lutter/*Spindler* AktG Rn. 10; Großkomm AktG/ *G. Bezzenberger* Rn. 13; Hüffer/Koch/*Koch* Rn. 6; MüKoAktG/*Arnold* Rn. 8; *Werner* DB 1971, 69 f.
³⁶ So etwa *K. Schmidt* ZIP 1981, 1 (2); aA (Sperrjahr findet insoweit keine Anwendung, als Dividenden ohne Beeinträchtigung des Grundkapitals gezahlt werden können) → § 272 Rn. 4; Hüffer/Koch/*Koch* § 272 Rn. 3.
³⁷ MüKoAktG/*Arnold* Rn. 17.
³⁸ Auf die Ausgabe neuer Aktien kann nach § 207 Abs. 2 S. 2 allein bei Gesellschaften mit Stückaktien verzichtet werden. in diesem Fall stellen sich die nachstehend diskutierten Fragen nicht; eine Zustimmung nach § 141 Abs. 1 ist entbehrlich.

Gewinn entfällt wie vor der Kapitalerhöhung.[39] Das gilt sowohl für Vorab- als auch für Mehrdividenden. Ohne eine solche Kürzung des Vorzugs würde den Vorzugsaktionären nach Ausgabe neuer Vorzugsaktien ein höherer Anteil am Gewinn zustehen als vor der Kapitalerhöhung.[40] Dies wäre mit § 216 Abs. 1 S. 1 nicht vereinbar. Eines Sonderbeschlusses nach Abs. 2 bedarf es hierfür gleichwohl nicht. Bei wertender Betrachtung unter Einbeziehung der neuen Vorzugsaktien stehen die Vorzugsaktionäre auf Grund der neu ausgegebenen Aktien nach der Kürzung des Vorzugs genauso wie vor der Kapitalerhöhung.[41] Es fehlt mithin an einer Beeinträchtigung.

12 Bei **Kapitalherabsetzungen** (§§ 222 ff.) unter Beteiligung von Vorzugsaktien ist zwischen dem Verhältnis von Abs. 1 zu § 222 Abs. 2 und den originären Voraussetzungen des Abs. 1 zu unterscheiden:

12a Sieht man **§ 222 Abs. 2** seit seiner Neufassung[42] als **lex specialis** zu Abs. 1 an,[43] ist ein Sonderbeschluss nach Abs. 1 nicht erforderlich. Ein Sonderbeschluss nach § 222 Abs. 2 ist von den Vorzugsaktionären ebenfalls nicht zu fassen – unabhängig davon, ob ihr Stimmrecht nach § 140 Abs. 2 aufgelebt ist oder nicht. § 222 Abs. 2 setzt stimmberechtigte Aktien voraus.[44] Vorzugsaktien zählen aber auch nach einem Aufleben des Stimmrechts nicht zu den Gattungen stimmberechtigter Aktien.[45] Weshalb § 222 Abs. 2 allerdings lex specialis zu Abs. 1 sein sollte, ist nicht ersichtlich. Insbesondere in der Gesetzesbegründung zur Neufassung des § 222 Abs. 2 findet sich hierfür kein Anhaltspunkt. In dieser wird auf die Gesetzesbegründung zur vorgeschlagenen Neufassung von § 186 verwiesen.[46] Dort wird allerdings ausdrücklich klargestellt, dass Beschlüsse nach Abs. 2 unberührt bleiben. Entsprechendes gilt beim Verhältnis von § 222 Abs. 2 zu Abs. 1: Ein Sonderbeschluss nach § 222 Abs. 2 ist nicht erforderlich. Ob hingegen ein Sonderbeschluss nach Abs. 1 erforderlich ist, bedarf einer gesonderten Untersuchung.

13 Hinsichtlich des **Zustimmungsbeschlusses nach Abs. 1** wird danach unterschieden, auf welche Art und Weise die Kapitalherabsetzung durchgeführt werden soll.

13a Ist eine **Herabsetzung des Nennbetrages** (§ 222 Abs. 4 S. 1) beabsichtigt, kann nur dann eine Beeinträchtigung des Vorzugs vorliegen, wenn der Vorzug an das Grundkapital oder den Nennbetrag der Aktie anknüpft. Ist der Vorzug demgegenüber betragsmäßig festgelegt oder handelt es sich um eine Mehrdividende, wird er durch die Kapitalherabsetzung nicht beeinträchtigt, sondern wirtschaftlich aufgewertet. Ein Sonderbeschluss nach Abs. 1 ist in diesem Fall nicht erforderlich.[47] **Knüpft der Vorzug** demgegenüber **an das Grundkapital oder den Nennbetrag an,** wird er durch die Kapitalherabsetzung – sofern nicht unmittelbar im Anschluss eine Kapitalerhöhung durchgeführt wird – jedenfalls wirtschaftlich beeinträchtigt, da der den Vorzugsaktionären zustehende Gewinn absolut sinkt. Ob diese wirtschaftliche Beeinträchtigung allerdings eine – wie für Abs. 1 erforderlich – unmittelbare Beeinträchtigung darstellt, ist umstritten. Die hM[48] geht von einer bloß mittelbaren Beeinträchtigung aus. Geändert werde nicht der Vorzug als solcher, sondern allein die übrigen

---

[39] Nach hM tritt diese Anpassung ipso iure ein, Hüffer/Koch/*Koch* § 216 Rn. 4; *Ihrig/Streit* NZG 1998, 201 (205); aA hingegen Kölner Komm Akt/*Lutter* § 216 Rn. 7.
[40] Beispiel: Erhalten die Vorzugsaktionäre eine Dividende in Höhe von 0,10 EUR pro Aktie und sind 100.000 Vorzugsaktien ausgegeben, entfällt auf die Vorzugsaktionäre ein Gewinn von 10.000,00 EUR. Werden nun im Zuge der Kapitalerhöhung aus Gesellschaftsmitteln 25.000 weitere Vorzugsaktien ausgegeben, entfiele ohne eine Anpassung des Vorzugs auf die dann 125.000 Vorzugsaktien ein Gewinn von 12.500,00 EUR. Aufgrund von § 216 Abs. 1 S. 1 darf jedoch auf die Vorzugsaktionäre insgesamt auch nach Durchführung der Kapitalerhöhung aus Gesellschaftsmitteln nur ein Gewinn von 10.000,00 EUR entfallen. Der Vorzug ist mithin sowohl für die bereits vorhandenen als auch für die neu ausgegebenen Vorzugsaktien einheitlich auf 0,08 EUR festzulegen. Vgl. auch *Boesebeck* DB 1964, 404 f.
[41] OLG Stuttgart AG 1993, 94 (95); LG Tübingen NJW-RR 1991, 616 (618); Hüffer/Koch/*Koch* Rn. 7; MüKoAktG/*Arnold* Rn. 10; K. Schmidt/Lutter/*Spindler* Rn. 14; *Ihrig/Streit* NZG 1998, 201 (205); *Volhard/Goldschmidt* FS Lutter, 2000, 779 (782 ff.); *Werner* AG 1971, 69 (71). AA wohl *Boesebeck* DB 1964, 404 (405).
[42] Gesetz für kleine Kapitalgesellschaften und zur Deregulierung des Aktienrechts v. 2.8.1994, BGBl. 1994 I 1961.
[43] So Großkomm AktG/*G. Bezzenberger* Rn. 23.
[44] OLG Frankfurt a. M. DB 1993, 272; *Frey/Hirte* DB 1989, 2465 (2468 f.); vgl. auch BT-Drs. 12/6721, 11 zur Neufassung von § 222 Abs. 2. AA Kölner Komm AktG/*Zöllner* Rn. 18; *T. Bezzenberger*, Vorzugsaktien ohne Stimmrecht, 1990, 171 f.
[45] Ebenso bereits *Butzke* in Marsch-Barner/Schäfer Börsennotierte AG-HdB Rn. 6.28; *Krauel/Weng* AG 2003, 561 (562 f.).
[46] BT-Drs. 12/6721, 11 zur Neufassung von § 222 Abs. 2.
[47] MüKoAktG/*Arnold* Rn. 11; *Volhard/Goldschmidt* FS Lutter, 2000, 779 (784).
[48] MüKoAktG/*Arnold* Rn. 11; NK-AktR/*Roth*, 1. Aufl. 2002, Rn. 6 (wie hier aber ab der 2. Aufl.), K. Schmidt/Lutter/*Spindler* Rn. 16; → § 139 Rn. 16; Bürgers/Körber/*Holzborn* Rn. 5; *Diekgräf* WuB II A. § 141 AktG 1.92, S. 137 (139 f.); *Volhard/Goldschmidt* FS Lutter, 2000, 779 (785).

Bedingungen der Aktie. Die Gegenmeinung[49] will nur dann auf den Zustimmungsbeschluss nach Abs. 1 verzichten, wenn der Vorzug im Zuge der Kapitalherabsetzung anteilig erhöht wird, so dass er sich *absolut* nicht verringert. Nur so lasse sich das Verhältnis von Vorzug zu Stimmacht erhalten. Bei einer rein formalen Sichtweise wäre der hM zu folgen. Allerdings würde dies zu Unstimmigkeiten führen, denn bei der Kapitalerhöhung aus Gesellschaftsmitteln (→ Rn. 11) bedient sich auch die hM einer wertenden Betrachtungsweise. Weshalb diese wertende Betrachtungsweise nicht auch bei der Kapitalherabsetzung zur Anwendung kommen soll, ist nicht ersichtlich. Im Interesse einer einheitlichen Auslegung von Abs. 1 ist daher ein Sonderbeschluss nach Abs. 1 in all den Fällen erforderlich, in denen der Vorzug nicht angepasst wird. Allein daraus, dass bei der Kapitalherabsetzung eine dem § 216 Abs. 1 S. 1 vergleichbare Regelung fehlt, kann nichts Gegenteiliges gefolgert werden. Auch bei einer Kapitalherabsetzung würde es zu einer Verschiebung der Gewinnverteilung zu Lasten der Vorzugsaktionäre kommen.

Soll die Kapitalherabsetzung durch **Zusammenlegung von Aktien** (§ 222 Abs. 4 S. 2 AktG) erfolgen, ist nach hM[50] ebenfalls kein Sonderbeschluss nach Abs. 1 erforderlich. Betroffen seien allein die Aktien, nicht aber der Vorzug selbst. Vor dem Hintergrund der Ausführungen zur Kapitalherabsetzung durch Herabsetzung des Nennbetrages darf an der Richtigkeit dieser Auffassung gezweifelt werden.[51] Dies gilt insbesondere, weil die Kapitalherabsetzung durch Zusammenlegung von Aktien subsidiär zur Herabsetzung des Nennbetrages ist und nur in Betracht kommt, wenn der Mindestbetrag unterschritten wird. Zudem macht es für den Aktionär wirtschaftlich keinen Unterschied, ob die Aktien im Zuge der Kapitalherabsetzung eingezogen oder zusammengelegt werden. Für den Zwangseinzug von Vorzugsaktien (§ 237 Abs. 1 S. 2) hingegen verlangt auch die hM einen Sonderbeschluss nach Abs. 1 (→ Rn. 15). 14

Es wird nicht verkannt, dass die hier vertretene Auffassung zu den Beschlusserfordernissen **Kapitalherabsetzungen zu Sanierungszwecken erschwert.** Ausschließen lässt sich ein Sonderbeschluss nach Abs. 1 allein bei einer betragsmäßigen Anpassung des Vorzugs – und das auch nur dann, wenn eine Zusammenlegung nicht vermieden werden kann. Diesen misslichen Zustand zu ändern ist der Gesetzgeber aufgerufen. 14a

Eine **Zwangseinziehung** ist zulässig, wenn die Satzung sie gestattet (§ 237 Abs. 1 S. 2) oder anordnet (§ 237 Abs. 6). Ein Hauptversammlungsbeschluss ist allein für den Fall der statutarischen Gestattung erforderlich. Ordnet die Satzung die Zwangseinziehung hingegen an, entscheidet allein der Vorstand über die Einziehung (§ 237 Abs. 6 S. 2). Damit fehlt es in diesem Fall bereits an einem zustimmungsfähigen Hauptversammlungsbeschluss; ein Sonderbeschluss nach Abs. 1 ist nicht erforderlich.[52] Gestattet die Satzung hingegen die Einziehung nur, verlangt auch die hM[53] einen Sonderbeschluss nach Abs. 1. Wenn schon die Einschränkung des Vorzugs zustimmungspflichtig sei, müsse das für den vollständigen Entzug der Mitgliedschaft erst recht gelten. Der hM ist im Ergebnis zu folgen. In sich konsequent ist sie freilich nicht, denn bei formaler Betrachtung ist auch hier – ebenso wie bei der Zusammenlegung (§ 222 Abs. 4 S. 2 – → Rn. 14 f.) – die Aktie und nicht das Vorzugsrecht an sich betroffen. Für die Zusammenlegung verlangt die hM hingegen keinen Beschluss nach Abs. 1 und begründet dies damit, dass die Aktie und nicht der Vorzug betroffen sei. 15

4. In Besonderheit: „Umwandlung" von Vorzugsaktien in Stammaktien. Einher mit der sinkenden Beliebtheit von Vorzugsaktien (→ § 139 Rn. 7) gehen Bestrebungen der Praxis,[54] bereits ausgegebene **Vorzugsaktien vom Markt zu nehmen.**[55] Erreichen lässt sich dieses Ziel durch den Rückkauf von Vorzugsaktien, verbunden mit ihrer anschließenden Einziehung, einerseits und die „Umwandlung" von Vorzugs- in Stammaktien andererseits. Bei der „Umwandlung" ist wiederum zwischen einem freiwilligen Umtausch[56] und einer Zwangsumwandlung zu unterscheiden. Prakti- 16

---

[49] Kölner Komm AktG/*Lutter* § 222 Rn. 7; *T. Bezzenberger*, Vorzugsaktien ohne Stimmrecht, 1990, 172 ff.; *Decher* EWiR § 141 AktG 1/91, 1991, 943 (944); *Frey/Hirte* DB 1989, 2465 (2469).
[50] OLG Frankfurt a. M. DB 1993, 272 (273); LG Frankfurt a. M. ZIP 1991, 1499 (1501 f.); Kölner Komm AktG/*Lutter* § 222 Rn. 15; MüKoAktG/*Arnold* Rn. 14; K. Schmidt/Lutter/*Spindler* Rn. 15; Bürgers/Körber/*Holzborn* Rn. 5; *Volhard/Goldschmidt* FS Lutter, 2000, 779 (785 ff.).
[51] Krit. auch *Krauel/Weng* AG 2003, 561 (564 f.).
[52] *Volhard/Goldschmidt* FS Lutter, 2000, 779 (787); ebenso MüKoAktG/*Arnold* Rn. 14.
[53] MüKoAktG/*Arnold* Rn. 14; *Volhard/Goldschmidt* FS Lutter, 2000, 779 (788). AA Großkomm AktG/*G. Bezzenberger* Rn. 24, der auch für diesen Fall § 141 Abs. 1 durch § 222 Abs. 2, auf den § 237 Abs. 2 S. 1 verweist, ausgeschlossen sieht, hierzu → Rn. 12.
[54] S. auch die Bsp. bei *Krause* ZHR 181 (2017), 641 (680); *Senger/Vogelmann* AG 2002, 193 f.; *Wirth/Arnold* ZGR 2002, 859 (862).
[55] Zu den hiermit verfolgten Zielen s. *Senger/Vogelmann* AG 2002, 193 f. und 210; *Wirth/Arnold* ZGR 2002, 859 (860 ff.).
[56] Zu den unterschiedlichen Spielarten dieser Variante s. *Krause* ZHR 181 (2017), 641 (680 ff.); *Senger/Vogelmann* AG 2002, 193 (198 ff.); *Wirth/Arnold* ZGR 2002, 859 (878 ff.).

sche Beispiele existieren für sämtliche genannten Wege.⁵⁷ Eine vollständige Eliminierung der Vorzugsaktien wird sich dabei allein im Wege der Zwangsumwandlung erreichen lassen. Die sich stellenden Rechtsfragen sind bei sämtlichen Varianten die Gleichen, die Antworten nicht immer:

17 In der Regel notieren Vorzugsaktien (deutlich) unterhalb der Stammaktien derselben Gesellschaft (→ § 139 Rn. 6 mwN). Das wirft die Frage auf, ob diese **Kursdifferenz bei der „Umwandlung"** zu berücksichtigen ist. Geschehen könnte dies sowohl beim Umtauschverhältnis als auch durch eine bare Zuzahlung der Vorzugsaktionäre.⁵⁸ Eine Zuzahlung seitens der Vorzugsaktionäre kann dabei nur auf freiwilliger Basis erfolgen,⁵⁹ denn sie stellt wirtschaftlich einen Nachschuss dar. Einen solchen kann den Aktionären jedoch nicht ohne ihre Zustimmung auferlegt werden, § 180.⁶⁰ Die Zwangsumwandlung hingegen ist rechtstechnisch nichts weiter, als eine Streichung der bisher mit der Aktie verbundenen Sonderrechte. Damit ist ein „Umwandlungsverhältnis" von 1 : 1 faktisch vorgegeben.

18 Eine (verfassungsrechtliche) **Verpflichtung zur Berücksichtigung der Kursdifferenzen** besteht regelmäßig nicht.⁶¹ Wird ein im Vergleich zu den Stammaktien niedrigerer Kurs der Vorzugsaktien nicht berücksichtigt, erhalten die Stammaktionäre keine direkte Kompensation für die aus der Umwandlung der Vorzugs- in Stammaktien resultierende Verwässerung ihrer Stimmrechte. Der eigentumsrechtliche Schutz des in der Aktie verkörperten Anteilseigentums bezieht sich originär jedoch auf den Verlust der Mitgliedschaft.⁶² Zwar sind Fallkonstellationen denkbar, in denen eine Beeinträchtigung der Mitgliedschaft ihrem Verlust gleichsteht.⁶³ Die Verwässerung des Stimmrechts zählt hierzu jedoch nicht. Aber auch bei einem (selteneren) im Vergleich zu den Stammaktien höheren Kurs der Vorzugsaktien besteht keine Verpflichtung zum Ausgleich der Kursdifferenz.⁶⁴ Vielmehr geht das AktG in § 141 von einer Gleichwertigkeit der Vorzugs- und der Stammaktien aus und gewährleistet den Schutz der Vorzugsaktionäre durch das Erfordernis eines Sonderbeschlusses nach Abs. 1.

19 Die „Umwandlung" erfordert jedenfalls eine Satzungsänderung und damit einen **Hauptversammlungsbeschluss** nach § 179 Abs. 1.⁶⁵ Die hM⁶⁶ verlangt zudem einen **Sonderbeschluss der Vorzugsaktionäre nach Abs. 1**. Dem ist für den freiwilligen Umtausch entgegengetreten worden.⁶⁷ Da jeder Vorzugsaktionär, der das Umtauschangebot annehme, damit seine Zustimmung iSd § 35 BGB erkläre, sei ein Sonderbeschluss nach Abs. 1 entbehrlich. Dies überzeugt. Die Sonderbeschlüsse nach § 141 sollen von der ansonsten nach § 35 BGB erforderlichen Einzelzustimmung durch jeden Vorzugsaktionär entbinden. Genügt eine Maßnahme jedoch den strengeren Anforderungen des § 35 BGB, ist für einen Sonderbeschluss nach Abs. 1 kein Raum. Dem kann nicht entgegengehalten werden, eine freiwillige Umwandlung habe uU erhebliche negative Auswirkungen auf den Kurs der Vorzugsaktien.⁶⁸ Hierbei handelt es sich allein um eine mittelbare Folge der Umwandlung, vor der Abs. 1 gerade nicht schützt. Damit bedarf lediglich die Zwangsumwandlung, nicht aber der freiwillige Umtausch eines Sonderbeschlusses durch die Vorzugsaktionäre.

20 Ein **Bericht** des Vorstandes zu den Gründen der Umwandlung ist zwar inzwischen üblich, rechtlich verpflichtend ist er jedoch nicht. Weder sieht das Gesetz einen solchen vor, noch könnte eine Berichtspflicht im Wege einer Analogie hergeleitet werden.⁶⁹

---

⁵⁷ *Senger/Vogelmann* AG 2002, 193 f.; *Wirth/Arnold* ZGR 2002, 859 (862 ff.).

⁵⁸ Zu den bestehenden Möglichkeiten im Einzelnen *Krause* ZHR 181 (2017), 641 (680 ff.); *Wirth/Arnold* ZGR 2002, 859 (878 ff.).

⁵⁹ Die Praxis scheint dahin zu gehen, eine Zuzahlung in Höhe von ⅔ der Kursdifferenz zwischen Stamm- und Vorzugsaktien vorzusehen, im jüngsten Fall (Fresenius Medical Care AG) wurde die Zuzahlung allerdings auf Druck der Vorzugsaktionäre hin reduziert.

⁶⁰ *Altmeppen* NZG 2005, 771 (773); *Senger/Vogelmann* AG 2002, 193 (198); *Wirth/Arnold* ZGR 2002, 859 (875).

⁶¹ OLG Köln NZG 2002, 966 (967 ff.); Großkomm AktG/*G. Bezzenberger* § 139 Rn. 32; *Krieger* FS Lutter, 2000, 497 (512); *Senger/Vogelmann* AG 2002, 193 (196 ff.); *Wirth/Arnold* ZGR 2002, 859 (872 ff.); weitergehend *Altmeppen* NZG 2005, 771, nach dem fraglich ist, ob Umtausch ohne Zuzahlung überhaupt zulässig wäre.

⁶² BVerfGE 100, 289 ff. = NJW 1999, 3769; BVerfG ZIP 1999, 1804 ff.; NJW 2001, 279 ff.

⁶³ Prominentestes Beispiel ist wohl das Delisting, s. hierzu BGHZ 153, 47 (56 ff.) = NJW 2003, 1032; grundlegend zur Eigentumsrelevanz des Delisting *Hellwig/Bormann* ZGR 2002, 465 (471 ff.). Siehe allerdings auch jüngst BGH NJW 2014, 146 f., nach dem ein entsprechender Eingriff nicht vorliegen soll.

⁶⁴ So LG Krefeld AG 2007, 798 (799).

⁶⁵ *Senger/Vogelmann* AG 2002, 193 (194 ff.); *Wirth/Arnold* ZGR 2002, 859 (870 ff.) jeweils auch zum Erfordernis eines Sonderbeschlusses der Stammaktionäre nach § 179 Abs. 3; zu Letzterem siehe auch OLG Köln NZG 2002, 966 (967 f.) und OLG Celle AG 2003, 505 ff.

⁶⁶ OLG Köln NZG 2002, 966 (967); K. Schmidt/Lutter/*Spindler* Rn. 27; Großkomm AktG/*G. Bezzenberger* § 139 Rn. 32; *Senger/Vogelmann* AG 2002, 193 (194).

⁶⁷ *Altmeppen* NZG 2005, 771 (773 ff.) ebenso bereits *Wirth/Arnold* ZGR 2002, 859 (866).

⁶⁸ So aber wohl *Senger/Vogelmann* AG 2002, 193 (197).

⁶⁹ OLG Köln NZG 2002, 966 (968 f.).

Der Beschluss über die „Umwandlung" unterliegt **keiner materiellen Inhalts-**, sondern **lediglich** einer **Missbrauchskontrolle**.[70] Eine Inhaltskontrolle kommt nur in Betracht, wenn nicht bereits der Gesetzgeber eine Abwägung zwischen den Interessen der betroffenen Aktionäre und denen der Gesellschaft getroffen hat.[71] § 141 Abs. 4 enthält indes keinen Verwässerungsschutz für die Stammaktionäre. Ein Missbrauch dürfte auf Grund der zahlreichen, vor allem kapitalmarktrechtlichen Gründe für eine Umwandlung allenfalls in Ausnahmefällen vorliegen.[72]

Steuerlich ist die „Umwandlung" von Vorzugs- in Stammaktien neutral.[73] Die Umwandlung hat lediglich eine Modifikation der bestehenden Mitgliedschaftsrechte zur Folge und ist nicht als Tausch der Vorzugs- in Stammaktien anzusehen. Dementsprechend führt sie nicht zu einem Veräußerungsgeschäft nach § 23 Abs. 1 S. 1 Nr. 2 EStG. Barzuzahlungen der Aktionäre führen bei diesen zu nachträglichen Anschaffungskosten und bei der Gesellschaft zu einer Erhöhung der Einlage.[74] Da Zuzahlungen der Aktionäre nur in den Fällen des freiwilligen Aktientausches in Betracht kommen (→ Rn. 17) gelten die vorstehenden Ausführungen sowohl für die Zwangsumwandlung als auch für den freiwilligen Aktientausch.

5. Ausnahme von Abs. 1: Bedingung und Befristung. Kein Sonderbeschluss nach Abs. 1 ist erforderlich, wenn der Vorzug **auflösend bedingt oder befristet** ist. In diesem Fall erlischt der Vorzug mit Eintritt der Bedingung bzw. Ablauf der Befristung, gleichzeitig lebt das Stimmrecht auf.[75] Zur Bedingung und Befristung des Stimmrechtsausschlusses → § 139 Rn. 31. Die mit Erlöschen des Vorzugs erforderliche Satzungsänderung kann nach § 179 Abs. 1 S. 2 dem Aufsichtsrat übertragen werden.[76]

Bedingungen und Befristungen sind so **auszugestalten,** dass der Bedingungseintritt nicht in das Belieben der Hauptversammlung oder des Vorstandes gestellt ist und die Befristung objektiv bestimmbar ist.[77] Anderenfalls könnte der Vorzug ohne Satzungsänderung durch eine Maßnahme der Verwaltung oder durch einfachen Mehrheitsbeschluss der Hauptversammlung aufgehoben werden. Hierdurch würde Abs. 1, der den besonderen Schutz der Vorzugsaktionäre dient, unterlaufen. Damit sind Regelungen unzulässig, nach denen der Vorzug entfallen und das Stimmrecht aufleben soll, wenn der Vorzug oder ein Nachzahlungsanspruch drei auf einander folgende Jahre nicht gezahlt wurde.[78] Bei einer solchen Regelung hätten die Verwaltung auf Grund ihrer Möglichkeiten zur Bilanzgestaltung und die Hauptversammlung auf Grund ihrer Entscheidung über die Gewinnverwendung die Möglichkeit, den Vorzug zu beseitigen, ohne dass die Vorzugsaktionäre hierauf Einfluss nehmen könnten. Zulässig ist demgegenüber eine Regelung, nach denen der Vorzug fünf Jahre nach Ausgabe der Vorzugsaktien erlischt und das Stimmrecht auflebt. Die **Rechtsfolgen** bei einem Verstoß gegen die beschriebenen Anforderungen entsprechen denen bei einem Verstoß gegen § 139 Abs. 1 (→ § 139 Rn. 39 ff.).[79]

Hinsichtlich der **Folgen** des Bedingungseintritts oder der Fristerreichung **für einen Nachzahlungsanspruch** ist zu unterscheiden: Ein selbstständiger Nachzahlungsanspruch[80] kann auch durch Satzungsänderung nicht mehr beseitigt werden und wird daher auch durch den Bedingungseintritt nicht berührt. Anders verhält es sich demgegenüber bei einem unselbstständigen Nachzahlungsanspruch. Dieser kann auch nachträglich noch durch Satzungsänderung aufgehoben werden. Damit erlischt er auch, wenn der Vorzug auf Grund einer Bedingung oder Befristung nachträglich entfällt.[81]

---

[70] *Senger/Vogelmann* AG 2002, 193 (210 ff.); *Wirth/Arnold* ZGR 2002, 859 (875 ff.); vgl. auch *G. Bezzenberger* FS Quack, 1991, 153 (162 f.) AA *Krieger* FS Lutter, 2000, 497 (515 f.).
[71] BGHZ 70, 117 (122) = NJW 1978, 540 (541).
[72] Ein Sonderfall ist das Erstreben von Sondervorteilen (§ 243 Abs. 2), das etwa in Betracht kommt, wenn ein Aktionär Stamm- und Vorzugsaktien hält und mit der Umwandlung außerhalb der Gesellschaft liegende Zwecke verfolgt; vgl. hierzu OLG Köln NZG 2002, 966 (968); LG Köln ZIP 2001, 572 (573).
[73] Mit unterschiedlichen Begründungen BFHE 114, 185 ff. = BStBl. II 1975, 230 ff.; BMF-Schreiben vom 25.10.2004 – IV C 3 – S. 2256–238/04 Rn. 38, BStBl. I 2004, 1034; *Wagner* Der Konzern 2005, 499 (507).
[74] BMF-Schreiben vom 25.10.2004 – IV C 3 – S. 2256–238/04 Rn. 38, BStBl. I 2004, 1034; *Wagner* Der Konzern 2005, 499 (507).
[75] Hüffer/Koch/*Koch* Rn. 11; Großkomm AktG/*G. Bezzenberger* § 139 Rn. 29; K. Schmidt/Lutter/*Spindler* Rn. 19; *Werner* AG 1971, 69 (70); aA für die Bedingung Kölner Komm AktG/*Zöllner* § 139 Rn. 13.
[76] Vgl. auch OLG Köln NZG 2002, 966 (969); LG Köln ZIP 2001, 572 (574) zur Umwandlung von Vorzugs- in Stammaktien.
[77] Vgl. öOGH AG 1996, 91 (93 f.); Hüffer/Koch/*Koch* Rn. 11; K. Schmidt/Lutter/*Spindler* Rn. 19; Großkomm AktG/*G. Bezzenberger* § 139 Rn. 27; Großkomm AktG/*Brändel* § 11 Rn. 43; *T. Bezzenberger*, Vorzugsaktien ohne Stimmrecht, 1990, 77 f.; *Werner* AG 1971, 69 (70).
[78] NK-AktR/*Roth* Rn. 16; Großkomm AktG/*G. Bezzenberger* § 139 Rn. 27; aA Grigoleit/*Herrler* § 139 Rn. 6.
[79] Vgl. auch öOGH AG 1996, 91 (94).
[80] Zur Unterscheidung zwischen selbstständigem und unselbstständigem Nachzahlungsanspruch → § 140 Rn. 31 ff.
[81] Wie hier Großkomm AktG/*G. Bezzenberger* § 139 Rn. 29; *v. Godin/Wilhelmi* Anm. 3; aA wohl *T. Bezzenberger*, Vorzugsaktien ohne Stimmrecht, 1990, 78 – allerdings jeweils ohne die notwendige Differenzierung zwischen selbstständigem und unselbstständigem Nachzahlungsanspruch.

C. Ausgabe neuer Vorzugsaktien (Abs. 2)

I. Grundsatz: Zustimmungsbeschluss erforderlich (Satz 1)

26 Das Zustimmungserfordernis nach Abs. 2 S. 1 schützt unter engen Voraussetzungen vor einer **mittelbaren potentiellen Beeinträchtigung** des Vorzugs. Dabei ist der Vorzug selbst nicht betroffen, wohl aber reflexartig sein wirtschaftlicher Wert. Denn durch die Ausgabe konkurrierender Vorzugsaktien erhöht sich die Ausfallwahrscheinlichkeit für die Vorzugsaktionäre. Aus der Existenz von Abs. 2 kann nicht gefolgert werden, dass für sämtliche Formen der mittelbaren Beeinträchtigung des Vorzugs ein Zustimmungsbeschluss erforderlich wäre. Vielmehr enthält Abs. 2 eine abschließende Regelung.[82] Voraussetzung für das Zustimmungserfordernis nach Abs. 2 ist, dass neue *Vorzugsaktien* ausgegeben werden (→ Rn. 28 ff.), die bei der Verteilung des Gewinns oder des Gesellschaftsvermögens den *Vorzugsaktien ohne Stimmrecht* vorgehen (→ Rn. 33).

27 Vor der Neufassung des § 182 Abs. 2[83] war umstritten, ob nicht unabhängig von den Voraussetzungen des Abs. 2 zu jeder **Kapitalerhöhung ein Zustimmungsbeschluss der Vorzugsaktionäre** nach § 138 erforderlich ist. Diesen Meinungsstreit hat der Gesetzgeber eindeutig entschieden:[84] Ein Sonderbeschluss der Vorzugsaktionäre ist nur unter den Voraussetzungen des Abs. 2 erforderlich. Für einen Sonderbeschluss nach §§ 182 Abs. 2 (unmittelbar oder auf Grund der Verweisungen in §§ 193 Abs. 1 S. 3, 202 Abs. 2 S. 4 und 221 Abs. 1 S. 4) oder 179 Abs. 3 bleibt daneben kein Raum.[85] Wie auch bei § 222 Abs. 2 (→ Rn. 12) ist auch dann kein Sonderbeschluss der Vorzugsaktionäre nach § 182 Abs. 2 erforderlich, wenn ihr Stimmrecht nach § 140 Abs. 2 aufgelebt ist, da die Vorzugsaktien hierdurch nicht zu einer Gattung stimmberechtigter Aktien werden.[86]

28 **1. Ausgabe neuer Vorzugsaktien.** Eine Zustimmung nach Abs. 2 S. 1 ist nur bei der **Ausgabe von Vorzugs-, nicht** hingegen bei der Ausgabe von **Stammaktien** erforderlich. Nach Wortlaut, Systematik und Schutzzweck des Gesetzes spielt es dabei keine Rolle, ob Vorzugsaktien mit oder ohne Stimmrecht ausgegeben werden.[87] Werden keine neuen Aktien ausgegeben, sondern vorhandene **Stamm- in Vorzugsaktien umgewandelt,** ist gleichwohl ein Sonderbeschluss nach Abs. 2 erforderlich.[88] Sowohl stimmberechtigte Vorzugsaktien als auch umgewandelte Stammaktien können den Vorzug der Vorzugsaktien ohne Stimmrecht beeinträchtigen. Der Umwandlung von Stammaktien steht die Umwandlung nachgeordneter in übergeordnete Vorzugsaktien gleich.

29 Wird an Stelle einer unmittelbaren Kapitalerhöhung **bedingtes** (§§ 192 ff.) oder **genehmigtes** (§§ 202 ff.) **Kapital** geschaffen, das zur Ausgabe von konkurrierenden Vorzugsaktien berechtigt, bedarf bereits der Ermächtigungsbeschluss der Zustimmung nach Abs. 2.[89] Zusätzlich ist bereits in der Ermächtigung vorzusehen, dass auch konkurrierende Vorzugsaktien ausgegeben werden dürfen (§ 204 Abs. 2).[90] Bei der Ausübung ist kein neuerlicher Zustimmungsbeschluss erforderlich. Geben **Wandelschuldverschreibungen** (§ 221 Abs. 1), **Optionen** oder **Optionsanleihen** ein Recht zum Erwerb bevorrechtigter Vorzugsaktien ist ebenfalls ein Beschluss nach Abs. 2 erforderlich, der sich allerdings regelmäßig bereits auf die Schaffung des zugrunde liegenden bedingten oder genehmigten Kapitals beziehen wird.[91]

30 Umstritten ist, ob für die Ausgabe von **Gewinnschuldverschreibungen** (§ 221 Abs. 1) und **Genussrechten** (§ 222 Abs. 3) ein Sonderbeschluss nach Abs. 2 erforderlich ist. Von der hM[92] wird

---

[82] Hüffer/Koch/*Koch* Rn. 12; vgl. auch BegrRegE zu § 141 AktG 1965, *Kropff* AktG 1965 S. 206, K. Schmidt/Lutter/*Spindler* Rn. 25.

[83] Gesetz für kleine Kapitalgesellschaften und zur Deregulierung des Aktienrechts v. 2.8.1994, BGBl. 1994 I 1961.

[84] Vgl. auch BT-Drs. 12/6721, 10 zur Neufassung von § 182 Abs. 2.

[85] Großkomm AktG/*G. Bezzenberger* Rn. 30; Hüffer/Koch/*Koch* Rn. 23; *T. Bezzenberger,* Vorzugsaktien ohne Stimmrecht, 1990, 140.

[86] AA aber MüKoAktG/*Peifer* § 182 Rn. 24.

[87] Großkomm AktG/*G. Bezzenberger* Rn. 26; MüKoAktG/*Arnold* Rn. 22; Kölner Komm AktG/*Zöllner* Rn. 10. AA Großkomm AktG/*Barz,* 1. Aufl. 1973, Anm. 3.

[88] Großkomm AktG/*G. Bezzenberger* Rn. 43; Hüffer/Koch/*Koch* Rn. 13; K. Schmidt/Lutter/*Spindler* Rn. 27; MüKoAktG/*Arnold* Rn. 23; iE ebenso, allerdings unter Berufung auf Abs. 1 *T. Bezzenberger,* Vorzugsaktien ohne Stimmrecht, 1990, 129.

[89] Großkomm AktG/*G. Bezzenberger* Rn. 36 f.; Hüffer/Koch/*Koch* Rn. 13; K. Schmidt/Lutter/*Spindler* Rn. 27; MüKoAktG/*Arnold* Rn. 25 f.; *Volhard/Goldschmidt* FS Lutter, 2000, 779 (794).

[90] Zur Anwendbarkeit von § 204 Abs. 2, wenn bei Ermächtigung noch keine Vorzugsaktionäre vorhanden waren, bei Ausübung aber schon, s. OLG Schleswig DB 2004, 1492 f.; *T. Bezzenberger,* Vorzugsaktien ohne Stimmrecht, 1990, 157 f.; *Volhard/Goldschmidt* FS Lutter, 2000, 779 (794 f.).

[91] Großkomm AktG/*G. Bezzenberger* Rn. 40; MüKoAktG/*Habersack* § 221 Rn. 145; MüKoAktG/*Arnold* Rn. 28.

[92] Großkomm AktG/*G. Bezzenberger* Rn. 41; MüKoAktG/*Habersack* § 221 Rn. 145; NK-AktR/*Roth* Rn. 10; differenzierend *T. Bezzenberger,* Vorzugsaktien ohne Stimmrecht, 1990, 168 f.

dies bejaht, da die Vorzugsaktionäre nur so gegen Rangverschlechterungen geschützt werden könnten. Dem wurde unter Verweisung darauf widersprochen, dass Gewinnschuldverschreibungen und Genussrechte allein schuldrechtliche, aber keine mitgliedschaftlichen Rechte begründen.[93] Die hM führe mithin zu einem umfassenden Rangschutz der Vorzugsaktionäre, für den sich im Gesetz kein Anhaltspunkt finden lasse. Für die letztgenannte Auffassung spricht sicherlich, dass auch die Aufnahme von Fremdkapital, das auf Grund der damit verbundenen Zinsbelastung den Gewinn der Gesellschaft mindert und dadurch wirtschaftlich den Vorzug beeinträchtigt, nicht der Zustimmung der Vorzugsaktionäre bedarf. Gleichwohl ist der hM jedenfalls für Genussrechte mit Eigenkapitalcharakter zu folgen. Dies ergibt sich bereits daraus, dass ihre Zulässigkeit mit Blick auf die §§ 139 ff. in Frage gestellt wird.[94] Hält man sie aber – zutreffend – für zulässig, müssen die Vorzugsaktionäre bei ihrer Ausgabe über Abs. 2 geschützt werden.

Bei **Kapitalerhöhungen aus Gesellschaftsmitteln** ist ein Sonderbeschluss nach Abs. 2 nur dann erforderlich, wenn neue, konkurrierende Vorzugsaktien ausgegeben werden.[95] Im Falle einer Kapitalerhöhung durch Aufstockung der Nennbeträge oder Ausgabe nur von Stammaktien ist kein Sonderbeschluss erforderlich. Gleiches gilt, wenn die Ausgabe neuer Vorzugsaktien nach Abs. 2 S. 2 vorbehalten war. **31**

Die **Veräußerung eigener Vorzugsaktien** vermehrt zwar die Zahl der gewinnberechtigten Vorzugsaktionäre, da der Vorzug während der Zeit, während der die Gesellschaft sie selbst hielt, nicht zu bedienen waren (§ 71b). Durch die Veräußerung der Vorzugsaktien werden jedoch keine neuen Aktien ausgegeben. Das Vertrauen der Vorzugsaktionäre darauf, dass die Gesellschaft eigene Aktien dauerhaft hält und die Rechte aus ihnen deswegen dauerhaft ruhen, wird nicht von Abs. 2 geschützt.[96] **32**

2. Konkurrierende Vorrechte. Ein Sonderbeschluss ist nur erforderlich, wenn die neu ausgegebenen Vorzugsaktien **den bestehenden Vorzugsaktien ohne Stimmrecht**[97] bei der Verteilung des Gewinns oder des Gesellschaftsvermögen **vorgehen oder gleichstehen.** Entscheidend ist, ob ein besonderes Gewinn- oder Liquidationsvorrecht der Vorzugsaktionäre beeinträchtigt wird. Da Abs. 2 keinen Bezug auf einen etwaig nachzahlbaren Vorzug nach § 139 Abs. 1 nimmt, ist der Schutz nach Abs. 2 nicht auf eine Beeinträchtigung nachzahlbaren Vorzugs beschränkt, sondern erstreckt sich auf sämtliche im Zusammenhang mit der Gewinn- oder Vermögensverteilung bestehenden „Gattungssonderrechte". Die Beeinträchtigung eines bloßen Mitgliedschaftsrechts genügt demgegenüber nicht (→ Rn. 6). **33**

An einer Beeinträchtigung eines besonderen Gewinn- oder Liquidationsvorrechts fehlt es, wenn die neu auszugebenden Aktien **im Rang hinter** den bereits bestehenden Vorzugs-, aber vor den Stammaktien stehen.[98] In einem solchen Fall ist auch dann kein Sonderbeschluss erforderlich, wenn der Vorzug der neuen Vorzugsaktien den der bisherigen der Höhe nach übersteigt.[99] **34**

Sind die bestehenden Vorzugsaktien nicht mit einem **Liquidationsvorzug** ausgestattet, bedarf die Ausgabe neuer, mit einem Liquidationsvorzug versehener Vorzugsaktien keines Zustimmungsbeschlusses nach Abs. 2.[100] Der Anspruch auf die Teilnahme am Liquidationsüberschuss ist kein „Gattungssonderrecht", sondern ein – durch Abs. 2 nicht geschütztes – Mitgliedschaftsrecht. **35**

Gleiches gilt, wenn den neuen Vorzugsaktien eine **Mehrdividende** eingeräumt werden soll, den vorhandenen Vorzugsaktionären eine solche aber nicht zusteht. Dabei macht es keinen Unterschied, ob den neuen Vorzugsaktien diese Mehrdividende als (den Stimmrechtsausschluss rechtfertigender) Vorzug oder als einfaches Sonderrecht eingeräumt werden soll. In diesem Fall steht die Mehrdividende der neuen Vorzugsaktien allein in Konkurrenz zum allgemeinen Gewinnrecht der vorhandenen Vorzugsaktien, welches als schlichtes Mitgliedschaftsrecht nicht durch Abs. 2 geschützt ist. Waren demgegenüber auch die vorhandenen Vorzugsaktien mit einem Mehrdividendenanspruch versehen, stellt dieser ein „Gattungssonderrecht" dar. Damit ist ein Sonderbeschluss nach Abs. 2 auch dann **36**

---

[93] Kölner Komm AktG/*Lutter* § 221 Rn. 41; MüKoAktG/*Arnold* Rn. 28.
[94] Hierzu die umfangreichen Nachweise bei → § 221 Rn. 28 f.; Hüffer/Koch/*Koch* § 221 Rn. 31.
[95] *Volhard/Goldschmidt* FS Lutter, 2000, 779 (796).
[96] *Volhard/Goldschmidt* FS Lutter, 2000, 779 (796 f.).
[97] Konkurrieren die neu auszugebenden Vorzugsaktien nicht mit Vorzugsaktien ohne, sondern mit solchen mit Stimmrecht, kommt nur ein Sonderbeschluss nach § 179 Abs. 3 in Betracht.
[98] MüKoAktG/*Arnold* Rn. 24; K. Schmidt/Lutter/*Spindler* Rn. 29; *Volhard/Goldschmidt* FS Lutter, 2000, 779 (791 f.).
[99] Hüffer/Koch/*Koch* Rn. 15.
[100] Großkomm AktG/*G. Bezzenberger* Rn. 29; Hüffer/Koch/*Koch* Rn. 14; NK-AktR/*Roth* Rn. 9; K. Schmidt/Lutter/*Spindler* Rn. 28; MüKoAktG/*Arnold* Rn. 24; Bürgers/Körber/*Holzborn* Rn. 7; Kölner Komm AktG/*Zöllner* Rn. 14; *Volhard/Goldschmidt* FS Lutter, 2000, 779 (792); *T. Bezzenberger*, Vorzugsaktien ohne Stimmrecht, 1990, 146 f.; *Werner* AG 1971, 69 (71 f.).

erforderlich, wenn die neuen Vorzugsaktien den vorhandenen Vorzugsaktien zwar beim nachzuzahlenden Vorzug nachgehen, ihre Mehrdividende aber der der vorhandenen Vorzugsaktien vorgeht oder gleichsteht.[101]

37 **3. In Besonderheit: Dividendenbonus für die Hauptversammlungsteilnahme.** Um der seit längerem[102] beobachteten Hauptversammlungsabstinenz entgegenzuwirken, wurde die Einführung eines sog. Dividendenbonus diskutiert.[103] Da ein solcher **Dividendenbonus** eine **Form der Gewinnverwendung** darstellt[104] (und damit nur bei einem entsprechenden Gewinnausweis gezahlt werden kann), stellt sich die Frage nach dem Verhältnis des Dividendenbonus zum Vorzugsrecht. Dabei dürfte der Dividendenbonus dem Vorzugsrecht vorgehen. Nur so lässt sich die Anreizwirkung auch in ertragsschwächeren Jahren aufrechterhalten. Dementsprechend wäre für die Einführung eines Dividendenbonus mangels ausdrücklicher gesetzlicher Regelung jedenfalls die Zustimmung sämtlicher betroffenen Aktionäre erforderlich,[105] wobei sich das Zustimmungserfordernis für die stimmrechtslosen Vorzugsaktionäre aus Abs. 2 ergibt. Sollte sich der Gesetzgeber auf Grund dieser in der Praxis wohl nicht zu erfüllenden Anforderungen zu einer gesetzlichen Regelung entschließen, steht zu erwarten, dass das Erfordernis eines Sonderbeschlusses nach § 141 entfällt und das Vorzugsrecht wirtschaftlich ausgehöhlt wird.[106]

38 Fraglich ist weiterhin, ob auch die **Vorzugsaktionäre in den Genuss des Dividendenbonus** kommen sollten. Orientiert man sich in erster Linie am Zweck des Dividendenbonus, der Hauptversammlungsabstinenz der stimmberechtigten Aktionäre entgegenzuwirken, um Zufallsmehrheiten zu vermeiden, spricht einiges dafür, den Dividendenbonus grundsätzlich nur an die Stammaktionäre zu zahlen. Ein Verstoß gegen § 53a dürfte hierin vor dem Sinn und Zweck des Dividendenbonus nicht zu sehen sein.[107] Haben die Vorzugsaktionäre allerdings Sonderbeschlüsse zu fassen oder ist ihr Stimmrecht aufgelebt, lässt sich ihr Ausschluss vom Dividendenbonus nicht mehr rechtfertigen. In diesen Fällen muss ihnen der Dividendenbonus ebenfalls zustehen. Haben die Vorzugsaktionäre keine Sonderbeschlüsse zu fassen und ist ihr Stimmrecht nicht aufgelebt, kann ihnen die Satzung gleichwohl einen Dividendenbonus zugestehen; sie sind nicht zwingend vom Dividendenbonus ausgeschlossen.[108]

II. Ausnahme: Satzungsvorbehalt (Satz 2)

39 Ein **Sonderbeschluss nach Abs. 2 ist nicht erforderlich,** wenn die Ausgabe konkurrierender Aktien in der Satzung vorbehalten war und – kumulativ[109] – den bestehenden Vorzugsaktionären ein volles Bezugsrecht zusteht. In diesem Fall war den Vorzugsaktionären bereits bei Zeichnung der Aktien bekannt, dass ihr Vorzug beeinträchtigt werden könnte.

40 **1. Satzungsvorbehalt.** Erforderlich ist ein **ausdrücklicher Vorbehalt in der Satzung**. Ein Vorbehalt allein auf den Aktienurkunden, im Hauptversammlungsbeschluss oder auf sonstige Weise genügt nicht.[110] Für die Beschränkung der Rechte der Vorzugsaktien kann kein geringerer Maßstab gelten als für ihre Einführung; die Einführung bedarf indes einer Satzungsregelung.[111]

41 Die Ausgabe muss **bei Einführung des Vorzugs** vorbehalten worden sein. Damit kann allerdings nicht gemeint sein, dass die Satzung bereits vor der Einführung der Vorzugsaktien einen entsprechenden Vorbehalt enthalten haben muss (§ 181 Abs. 3).[112] Vielmehr kann der Vorbehalt auch mit dem Beschluss über die Schaffung von Vorzugsaktien in die Satzung aufgenommen werden. Für eine

---

[101] Großkomm AktG/*G. Bezzenberger* Rn. 27 f.; NK-AktR/*Roth* Rn. 9; *T. Bezzenberger,* Vorzugsaktien ohne Stimmrecht, 1990, 147.
[102] S. bereits *Christians* AG 1990, 47; *Schneider/Burgard* FS Beusch, 1990, 783 (786 ff.).
[103] S. hierzu ausf. *Dauner-Lieb* WM 2007, 9 ff. mwN; *Klühs* ZIP 2006, 107 ff.; *Vetter* AG 2006, 32 ff.
[104] Einer Ausgestaltung als eine Art Aufwandsentschädigung steht nicht nur das deutsche Kapitalerhaltungsrecht, sondern auch die II. RL entgegen, so bereits zutreffend *Klühs* ZIP 2006, 107 (110 f.).
[105] NK-AktR/*Roth* Rn. 10; *Klühs* ZIP 2006, 107 (111); *Schneider/Burgard* FS Beusch, 1990, 783 (798); *Vetter* AG 2006, 32 (34); vgl. auch Hüffer/Koch/*Koch* § 60 Rn. 8.
[106] S. hierzu *Klühs* ZIP 2006, 107 (112).
[107] Ebenso *Klühs* ZIP 2006, 107 (109).
[108] Zu den Gründen, die für eine Bonusberechtigung auch nicht stimmberechtigter Vorzugsaktionäre sprechen, s. *Klühs* ZIP 2006, 107 (109).
[109] Großkomm AktG/*G. Bezzenberger* Rn. 31; Bürgers/Körber/*Holzborn* Rn. 8; Hüffer/Koch/*Koch* Rn. 16; MüKoAktG/*Arnold* Rn. 29; Kölner Komm AktG/*Zöllner* Rn. 16.
[110] Großkomm AktG/*G. Bezzenberger* Rn. 32; Hüffer/Koch/*Koch* Rn. 16; MüKoAktG/*Arnold* Rn. 30; Kölner Komm AktG/*Zöllner* Rn. 16; aA *Werner* AG 1971, 69 (72).
[111] Großkomm AktG/*Barz,* 1. Aufl. 1973, Anm. 7; GHEK/*Hefermehl* Rn. 11.
[112] Wie hier Grigoleit/*Herrler* AktG Rn. 17. Nicht ganz klar insoweit Hüffer/Koch/*Koch* Rn. 16.

Beschränkung des Vorzugs können keine geringeren Anforderungen gelten als für seine Einführung. Dass allerdings höhere Anforderungen gelten müssten, ist nicht ersichtlich. Insbesondere besteht vor der Ausgabe von Vorzugsaktien kein Anlass, eine entsprechende Satzungsregelung aufzunehmen.

Eine **nachträgliche Einführung eines Vorbehaltes** sieht das Gesetz nicht ausdrücklich vor. 42 Gleichwohl ist sie zulässig und befreit – ab ihrer Eintragung im Handelsregister – von der Notwendigkeit eines Zustimmungsbeschlusses nach Abs. 2. Allerdings bedarf die nachträgliche Einführung eines Vorbehalts ihrerseits der Zustimmung der Vorzugsaktionäre in Form eines Sonderbeschlusses nach Abs. 2,[113] mit der nicht immer zu rechnen ist.

Ist der **Vorbehalt** nicht befristet oder beschränkt, **gilt** er für sämtliche künftigen Kapitalerhöhungen.[114] Zudem erstreckt er sich auch auf Vorzugsaktien, die erst nachträglich auf Grund des Vorbehaltes eingeführt werden. 43

2. Bezugsrecht. Der Satzungsvorbehalt befreit nur vom Zustimmungserfordernis nach Satz 1, 44 wenn den Vorzugsaktionären ein **Bezugsrecht zusteht**. Die negative Formulierung des Gesetzes („*Bezugsrecht [...] nicht ausgeschlossen wird*") ist insoweit irreführend. Die Ausnahme nach Satz 2 greift bereits dann nicht, wenn die Vorzugsaktionäre kein Bezugsrecht haben; ob dieses allerdings ausgeschlossen wurde oder bereits gesetzlich nicht besteht (so etwa beim bedingten Kapital),[115] ist ohne Belang.[116] Damit kann bei der Schaffung bedingten Kapitals in keinem Fall nach S. 2 auf den Zustimmungsbeschluss verzichtet werden.

Beziehen muss sich das Bezugsrecht allein auf die konkurrierenden Vorzugsaktien.[117] Werden 45 neben diesen noch Stamm- oder nachrangige Vorzugsaktien ausgegeben, kann für diese das Bezugsrecht der Vorzugsaktionäre ausgeschlossen werden, ohne dass hierdurch ein Beschluss nach Satz 1 erforderlich würde. Abs. 2 dient dem Schutz der Vorzugsaktionäre vor einer Verwässerung ihrer „Gattungssonderrechte". Diese sind indes – wie auch Satz 1 zeigt – nicht berührt, wenn nur Stamm- oder nachrangige Vorzugsaktien ausgegeben werden. Vielmehr fordert ein effektiver Verwässerungsschutz gerade einen gekreuzten Bezugsrechtsausschluss, da ansonsten auch die Stammaktionäre ein Bezugsrecht auf konkurrierende Vorzugsaktien hätten.[118] Dieses Ergebnis wird durch die Gesetzeshistorie untermauert. In § 117 Abs. 2 S. 3 AktG 1937 war noch vom „*Bezug solcher* [also konkurrierender] *Aktien*", die Rede. Durch die Neufassung von Abs. 2 sollte lediglich klargestellt werden, dass das Bezugsrecht ausgeschlossen werden kann; eine Erweiterung des Bezugsrechts hingegen war nicht bezweckt.[119]

Aus S. 2 kann nicht abgeleitet werden, dass das **Bezugsrecht der Vorzugsaktionäre nicht** 46 **ausgeschlossen** werden könnte.[120] Abs. 3 S. 4 stellt vielmehr ausdrücklich klar, dass ein solcher Ausschluss zulässig ist. Allerdings hat ein Bezugsrechtsausschluss zur Folge, dass die Privilegierung nach Satz 2 entfällt; es ist wieder ein Sonderbeschluss nach S. 1 erforderlich. Ein Sonderbeschluss nach Satz 1 ist auch dann notwendig, wenn das Bezugsrecht teilweise ausgeschlossen[121] oder seine Ausübung tatsächlich erschwert[122] wird. Das ist zwar für den Bezugsrechtsausschluss zur Vermeidung freier Spitzen als Hauptanwendungsfall des „teilweisen Bezugsrechtsausschlusses"[123] unter Praktikabilitätsgesichtspunkten misslich. Allerdings ergibt sich bereits aus Satz 4, dass auch der nur teilweise Bezugsrechtsausschluss erfasst ist.

Wird in die Satzung eine Ermächtigung zur **Ausgabe genehmigten Kapitals unter Ausschluss** 47 **des Bezugsrechts** aufgenommen, kommt es nicht darauf an, ob der Vorstand das Bezugsrecht tatsächlich ausschließt. Ein Zustimmungsbeschluss nach S. 1 ist vielmehr in jedem Fall erforderlich, da ansonsten die Rechte der Vorzugsaktionäre unterlaufen werden könnten.[124]

---

[113] Großkomm AktG/ *G. Bezzenberger* Rn. 32; MüKoAktG/*Arnold* Rn. 30; *Butzke* in Marsch-Barner/Schäfer Börsennotierte AG-HdB Rn. 6.34.
[114] Großkomm AktG/ *G. Bezzenberger* Rn. 33; MüKoAktG/*Arnold* Rn. 31.
[115] S. nur Hüffer/Koch/*Koch* § 192 Rn. 3.
[116] Hüffer/Koch/*Koch* Rn. 17; *Volhard/Goldschmidt* FS Lutter, 2000, 779 (793).
[117] Großkomm AktG/*Barz* 1. Aufl. Anm. 8; *Volhard/Goldschmidt* FS Lutter, 2000, 779 (792 f.); *Werner* AG 1971, 69 (73).
[118] Vgl. auch *Werner* AG 1971, 69 (73).
[119] Ausschussbericht zu § 141 AktG 1965, *Kropff* AktG 1965 S. 206.
[120] Unter der Vorgängerregelung in § 117 Abs. 2 S. 3 AktG 1937 („Das Recht der Vorzugsaktionäre auf den Bezug solcher Aktien ist unentziehbar.") war umstritten, ob das Bezugsrecht ausgeschlossen werden konnte. Dieser Streit hat sich mit der Aktienrechtsreform 1965 erledigt.
[121] Hüffer/*Koch* Rn. 17; Kölner Komm AktG/*Zöllner* Rn. 17; *Butzke* in Marsch-Barner/Schäfer Börsennotierte AG-HdB § 6 Rn. 33; *Werner* AG 1971, 69 (72 Fn 19).
[122] Großkomm AktG/ *G. Bezzenberger* Rn. 35; *K. Schmidt/Lutter/Spindler* Rn. 32.
[123] BGHZ 83, 319 (323) = NJW 1988, 2444; Hüffer/Koch/*Koch* § 186 Rn. 29.
[124] *Volhard/Goldschmidt* FS Lutter, 2000, 779 (795 f.).

D. Verhältnis von Abs. 1 und 2 zu § 179 Abs. 3

48 Sofern und soweit § 141 eingreift, **geht** er § 179 Abs. 3 **als lex specialis vor**.[125] Ein Sonderbeschluss der Vorzugsaktionäre nach § 179 Abs. 3 kann damit nur dort in Betracht kommen, wo die Rechte der Vorzugsaktionäre nicht nach § 141 geschützt sind. Dabei ist zu beachten, dass § 141 strenger ist als § 179 Abs. 3.[126] Für Sonderbeschlüsse nach § 179 Abs. 3 kann die Satzung nach § 179 Abs. 3 S. 3 iVm Abs. 2 – anders als gemäß § 141 Abs. 3 S. 3 für Sonderbeschlüsse nach Abs. 1 und 2 – weitere Anforderungen und eine von der ¾-Mehrheit abweichende Mehrheit vorsehen.

E. Sonderbeschluss nach Abs. 3

I. Allgemeines

49 Abs. 3 modifiziert **für die nach Abs. 1 und 2 zu fassenden Sonderbeschlüsse** die allgemeinen Vorschriften. Insbesondere stellt er eine Ausnahme vom ansonsten geltenden Grundsatz der Einzelzustimmung nach § 35 BGB dar (→ Rn. 1). In seinem Anwendungsbereich geht er § 138 vor, der allerdings ergänzend anwendbar ist.[127] Auf sonstige Sonderbeschlüsse der Vorzugsaktionäre etwa nach § 179 Abs. 3 findet Abs. 3 keine Anwendung; insoweit kann die Satzung im Rahmen der allgemeinen Vorschriften von Abs. 3 abweichende Regelungen etwa zur Beschlussmehrheit vorsehen.[128] Gefasst werden kann der Sonderbeschluss sowohl vor, als auch nach dem Hauptversammlungsbeschluss, auf den er sich bezieht.[129]

50 **Vorzugsaktien mit unterschiedlichen Rechten** bilden jeweils eine eigene Gattung iSd § 11 (→ § 139 Rn. 16). Werden nun durch Maßnahmen nach Abs. 1 und 2 verschiedene Gattungen Vorzugsaktien betroffen, haben diese auch jeweils einen eigenen Sonderbeschluss zu fassen.[130] Das gilt auch dann, wenn die verschiedenen Gattungen „einheitlich" betroffen sind.

51 Ein Sonderbeschluss wird **nicht** etwa **dadurch entbehrlich**, dass das Stimmrecht der Vorzugsaktien nach § 140 Abs. 2 aufgelebt ist.[131] Ansonsten könnte den Vorzugsaktionären ihr nachzahlbarer Vorzug dann unter erleichterten Voraussetzungen genommen werden, wenn sie den Nachzahlungsanspruch am nötigsten haben, nämlich bei Ausfall des Vorzugs. Entbehrlich ist ein Sonderbeschluss hingegen bei **Ein-Mann-Gesellschaften**, da insoweit kein Schutzbedürfnis besteht.[132]

52 **Fehlt ein zu fassender Sonderbeschluss**, führt dies nicht zur Nichtigkeit des zustimmungspflichtigen Hauptversammlungsbeschlusses. Dieser ist vielmehr zunächst schwebend unwirksam.[133] Wird der Zustimmungsbeschluss endgültig verweigert, wird der Beschluss dauerhaft unwirksam. Weder der schwebend noch der dauerhaft unwirksame Beschluss darf ins Handelsregister eingetragen werden. Erfolgt gleichwohl eine Eintragung ins Handelsregister, führt dies nicht unmittelbar, sondern erst nach der Frist des § 242 Abs. 2 zur Heilung.[134]

II. Gesonderte Versammlung (S. 1)

53 Der Beschluss der Vorzugsaktionäre ist in einer **gesonderten Versammlung** zu fassen. Diese Versammlung ist zeitlich, räumlich und personell von der Hauptversammlung zu trennen[135] und findet in der Praxis regelmäßig unmittelbar im Anschluss an die Hauptversammlung statt. An ihr dürfen –

---

[125] Vgl. OLG Köln NZG 2002, 966 (967); Bürgers/Körber/*Holzborn* Rn. 1; Großkomm AktG/*G. Bezzenberger* Rn. 22; Hüffer/Koch/*Koch* Rn. 23; Kölner Komm AktG/*Zöllner* Rn. 24; K. Schmidt/Lutter/*Spindler* Rn. 20; *Volhard/Goldschmidt* FS Lutter, 2000, 779, (799 f.); *Senger/Vogelmann* AG 2002, 193 (194). AA *Werner* AG 1971, 69 (75 f.).
[126] Ebenso *Senger/Vogelmann* AG 2002, 195.
[127] Hüffer/Koch/*Koch* Rn. 18; MüKoAktG/*Arnold* Rn. 33; Kölner Komm AktG/*Zöllner* Rn. 20 und 23.
[128] Großkomm AktG/*G. Bezzenberger* Rn. 47.
[129] Hüffer/Koch/*Koch* Rn. 18; *T. Bezzenberger,* Vorzugsaktien ohne Stimmrecht, 1990, 178.
[130] Hüffer/Koch/*Koch* Rn. 18; MüKoAktG/*Arnold* Rn. 34; *T. Bezzenberger,* Vorzugsaktien ohne Stimmrecht, 1990, 137 f.
[131] Großkomm AktG/*G. Bezzenberger* Rn. 45; Hüffer/Koch/*Koch* Rn. 10; MüKoAktG/*Arnold* Rn. 16; Kölner Komm AktG/*Zöllner* Rn. 15. AA *Werner* AG 1971, 69 (76).
[132] Großkomm AktG/*G. Bezzenberger* Rn. 45; Hüffer/Koch/*Koch* Rn. 18.
[133] OLG Stuttgart AG 1993, 94; Hüffer/Koch/*Koch* Rn. 10; *Altmeppen* NZG 2005, 771 Fn. 7; *Volhard/Goldschmidt* FS Lutter, 2000, 779. AA *Baums* ZHR 142 (1978), 582.
[134] MüKoAktG/*Arnold* Rn. 39; *Werner* AG 1971, 69 (74 f.).
[135] Großkomm AktG/*G. Bezzenberger* Rn. 50; NK-AktR/*Roth* Rn. 15; MüKoAktG/*Arnold* Rn. 34; Wachter/Dürr Rn. 19; aA *T. Bezzenberger,* Vorzugsaktien ohne Stimmrecht, 1990, 179 f. (nach dem Stammaktionäre teilnehmen dürfen, aber keine Rechte haben).

anders als nach § 138 S. 1, der eine gesonderte Abstimmung genügen lässt – nur Vorzugsaktionäre der beschlussfassenden Gattung teilnehmen. Ein bloßer Entzug der Rechte für die nicht stimmberechtigten Aktionäre ist nicht ausreichend. Bereits die bloße Anwesenheit nicht stimmberechtigter Aktionäre kann die Beschlussfassung beeinflussen. Sind mehrere Gattungen Vorzugsaktien vorhanden, ist für jede Gattung eine gesonderte Versammlung durchzuführen.[136] Vorstand und Aufsichtsrat sind analog § 118 Abs. 2 zur Teilnahme an den gesonderten Versammlungen verpflichtet.[137]

Zu den Versammlungen der Vorzugsaktionäre ist **gesondert einzuladen**.[138] Zwar kann die Einladung mit der zur Hauptversammlung verbunden werden. Aus ihr muss sich jedoch eindeutig ergeben, dass es sich um eine gesonderte Versammlung der Vorzugsaktionäre handelt, und dass diese stimmberechtigt sind. Im Übrigen gelten über § 138 S. 2 die §§ 121 ff. entsprechend. 54

III. Mehrheitserfordernisse (S. 2 und 3)

Abs. 3 sieht für die Sonderbeschlüsse der Vorzugsaktionäre nach Abs. 1 und 2 eine **Mehrheit von ¾ der Stimmen** vor. Dass hier – anders als sonst im AktG (vgl. etwa § 179 Abs. 2 S. 1, § 182 Abs. 1 S. 1, § 186 Abs. 3 S. 2) – auf eine Stimmen- und nicht auf eine Kapitalmehrheit abgestellt wird, ist historisch bedingt, und auf ein Versehen des Gesetzgebers zurückzuführen.[139] Praktische Auswirkungen ergeben sich hieraus nicht: Mehrstimmrechte können für Vorzugsaktien nicht bestehen. Allgemeine Höchststimmrechte (§ 134 Abs. 1 S. 2) gelten zwar auch für Vorzugsaktien, wenn diese nach § 140 Abs. 2 stimmberechtigt sind (→ § 140 Rn. 14 ff.), nicht jedoch im Rahmen der Sonderbeschlüsse nach Abs. 1 und 2. Hierdurch würde Satz 3, der keine Abweichung von der ¾-Mehrheit gestattet, unterlaufen.[140] Damit laufen Stimmen- und Kapitalmehrheit praktisch[141] miteinander einher. 55

Von dem Mehrheitserfordernis kann die Satzung – anders als bei § 179 Abs. 3 – **weder nach oben noch nach unten abweichen** (S. 3). Auch können keine weiteren Erfordernisse bestimmt werden. Diese Regelung dient zwei Zwecken:[142] Zum einen soll der Vorzug vor Beeinträchtigungen durch die Hauptversammlung geschützt werden. Zum anderen soll die Aufhebung und Beschränkung des Vorzugs nicht übermäßig erschwert werden. Damit ist für die Sonderbeschlüsse nach Abs. 1 und 2 auch dann eine ¾-Mehrheit erforderlich, wenn die Satzung mit einer geringeren Hauptversammlungsmehrheit geändert werden kann (§ 179 Abs. 2 S. 2). 56

IV. Besonderheiten beim Bezugsrechtsausschluss (S. 4)

S. 4 wurde im Zuge der Aktienrechtsreform 1965 eingefügt, um die bis dahin str. Frage zu entscheiden, ob das Bezugsrecht der Vorzugsaktionäre bei der Ausgabe konkurrierender Vorzugsaktien ausgeschlossen werden kann.[143] Aus der seinerzeit aufgenommenen Verweisung auf § 186 Abs. 3–5 ergeben sich verschiedene **Besonderheiten für die Beschlussfassung über den Bezugsrechtsausschluss**: So genügt es nicht, dass die Vorzugsaktionäre der Ausgabe konkurrierender Vorzugsaktien zustimmen. Auch der Bezugsrechtsausschluss selbst bedarf der Zustimmung durch die Vorzugsaktionäre – und zwar in demselben Beschluss, mit dem auch der Kapitalerhöhung zugestimmt wird (§ 186 Abs. 3 S. 1).[144] In der Einladung ist ausdrücklich auf die Abstimmung über den Bezugsrechtsausschluss hinzuweisen (§ 186 Abs. 4 S. 1). Zudem ist den Vorzugsaktionären der Vorstandsbericht über den Grund des Ausschlusses vorzulegen (§ 186 Abs. 4 S. 2). 57

Der Beschluss hat den **Mehrheitserfordernissen** des Abs. 3 S. 2 und des § 186 Abs. 3 S. 2 und zu genügen.[145] Da jedoch bei Sonderbeschlüssen nach Abs. 3 Kapital und Stimmrecht miteinander einher gehen (→ Rn. 55), ergeben sich im Vergleich zu sonstigen Beschlüssen nach Abs. 3 nur 58

---

[136] MüKoAktG/*Arnold* Rn. 34; K. Schmidt/Lutter/*Spindler* Rn. 35; *T. Bezzenberger*, Vorzugsaktien ohne Stimmrecht, 1990, 137 f.
[137] Großkomm AktG/*G. Bezzenberger* Rn. 50; K. Schmidt/Lutter/*Spindler* Rn. 35; Hüffer/Koch/*Koch* Rn. 19.
[138] Großkomm AktG/*G. Bezzenberger* Rn. 49; Hüffer/Koch/*Koch* Rn. 19; *T. Bezzenberger*, Vorzugsaktien ohne Stimmrecht, 1990, 183; *Loges/Distler* ZIP 2002, 467 (474).
[139] S. hierzu *T. Bezzenberger*, Vorzugsaktien ohne Stimmrecht, 1990, 181 f.
[140] IE ebenso, wenn auch mit abweichender Begründung Hüffer/Koch/*Koch* Rn. 20; MüKoAktG/*Arnold* Rn. 36; Kölner Komm AktG/*Zöllner* Rn. 20; *T. Bezzenberger*, Vorzugsaktien ohne Stimmrecht, 1990, 181; Bürgers/Körber/*Holzborn* Rn. 11. AA Großkomm AktG/*G. Bezzenberger* Rn. 53; *Werner* AG 1971, 69 (74).
[141] Zum Sonderfall der nicht voll eingezahlten Vorzugsaktien siehe *Werner* AG 1971, 69 (73 f.).
[142] BegrRegE zu § 141 AktG 1965, *Kropff* AktG 1965 S. 205.
[143] Ausschussbericht zu § 141 AktG 1965, *Kropff* AktG 1965 S. 206.
[144] Großkomm AktG/*G. Bezzenberger* Rn. 55; Hüffer/Koch/*Koch* Rn. 21; MüKoAktG/*Arnold* Rn. 38; Kölner Komm AktG/*Zöllner* Rn. 22.
[145] Großkomm AktG/*G. Bezzenberger* Rn. 55; Hüffer/Koch/*Koch* Rn. 21; K. Schmidt/Lutter/*Spindler* Rn. 37; MüKoAktG/*Arnold* Rn. 37.

dann gesteigerte Anforderungen, wenn die Satzung für den Bezugsrechtsausschluss eine größere Kapitalmehrheit als ¾ fordert oder weitere Erfordernisse bestimmt (§ 186 Abs. 3 S. 3). Eine solche höhere Kapitalmehrheit und solche weiteren Erfordernisse würden dann auch für den Sonderbeschluss der Vorzugsaktionäre nach Abs. 3 gelten.

59 Soll **genehmigtes Kapital** geschaffen und der Vorstand ermächtigt werden, das Bezugsrecht bei seiner Ausübung auszuschließen, oder soll das Bezugsrecht bereits von Anfang an ausgeschlossen werden, bedarf nicht nur der Beschluss über die Schaffung des genehmigten Kapitals der Zustimmung der Vorzugsaktionäre, sondern auch der Bezugsrechtsausschluss.[146]

F. Aufhebung des Vorzugs (Abs. 4)

60 Abs. 4 stellt klar, dass das Stimmrecht endgültig auflebt, wenn der (nachzahlbare) **Vorzug** iSd § 139 Abs. 1 **aufgehoben** wurde. Einen eigenen Regelungsgehalt hat Abs. 4 nicht. Bereits aus § 139 Abs. 1 folgt, dass das Stimmrecht nur gegen Gewährung eines Vorzugs ausgeschlossen werden kann. Entfällt dieser Vorzug, fehlt dem Stimmrechtsausschluss sowohl die Kompensation als auch die Rechtfertigung; das Stimmrecht lebt wieder auf.

61 **Voraussetzung** für das Aufleben des Stimmrechts ist eine Aufhebung des Vorzugs.[147] Da sich Abs. 4 spiegelbildlich zu § 139 Abs. 1 verhält, ist hier wie dort unter dem Begriff des „Vorzugs" die Vorab- oder Mehrdividende zu verstehen. Unstr. ist dabei, dass die vollständige Aufhebung zum Aufleben des Stimmrechts führt. Eine summenmäßige Reduzierung des Vorzugs ist zwar nach Abs. 1 zustimmungsbedürftig, hat aber nicht ein dauerhaftes Aufleben des Stimmrechts zur Folge.[148] Der faktische Ausschluss des Vorzugs auf Grund der Schaffung einer Vielzahl vorgehender Vorzugsaktien bedarf der Zustimmung nach Abs. 2 und führt zum Aufleben des Stimmrechts nach § 140 Abs. 2, nicht jedoch zum dauerhaften Aufleben nach Abs. 4.[149]

62 Umstr. ist, wie mit einer **Einschränkung** nicht des Vorzugs insgesamt, sondern **allein des Nachzahlungsanspruchs** umzugehen ist. Ausgangspunkt der Diskussion war vor der Aktienrechtsnovelle 2016, dass Vorzug und Nachzahlungsanspruch Hand in Hand gehen und der Nachzahlungsanspruch daher nicht vom Vorzug abgekoppelt werden kann (→ § 139 Rn. 20). Wurde vor der Aktienrechtsreform gleichwohl der Versuch unternommen, den Nachzahlungsanspruch zu begrenzen, den Vorzug aber unberührt zu lassen, standen sich zwei Auffassungen gegenüber: Nach der einen Ansicht war die Beschränkung des Nachzahlungsanspruchs wirksam, mit der Konsequenz, dass das Stimmrecht wieder auflebt.[150] Nach der Gegenauffassung lebte nicht das Stimmrecht wieder auf, sondern die Einschränkung des Nachzahlungsanspruchs war unwirksam.[151] Im Zweifel war nicht gewollt, dass das Stimmrecht auflebt.[152] Auch wird man der Gesellschaft kaum einen Streit über das Aufleben des Stimmrechts zumuten können. Mithin war die Einschränkung des Nachzahlungsanspruchs unwirksam. Allerdings ist es seit der Aktienrechtsnovelle 2016 auch möglich, auf die Nachzahlbarkeit des Vorzugs zu verzichten, die Bedeutung des Vorzugs wurde also reduziert. Für die Zwecke des Abs. 4 folgt daraus, dass eine Einschränkung der Nachzahlbarkeit nicht zum Wiederaufleben des Stimmrechts nach Abs. 4 führt, sondern nur – wie jede andere Beeinträchtigung des Vorzuges – der Zustimmung nach Abs. 1 bedarf.[153]

63 Fraglich ist, zu welchem **Zeitpunkt** das Stimmrecht im Falle der Aufhebung des Vorzugs auflebt. Soweit ersichtlich, wurde diese Frage noch nicht ausdrücklich erörtert. In Betracht kommen die Beschlussfeststellung, die Unterzeichnung der Niederschrift und die Eintragung der Satzungsänderung im Handelsregister (§ 181 Abs. 3). Entscheidend dürfte die Eintragung im Handelsregister sein.[154] Zwar kann der Beschluss im Verhältnis der Aktionäre zueinander bereits vor Unterzeichnung

---

[146] Vgl. Großkomm AktG/*G. Bezzenberger* Rn. 56.
[147] Hüffer/Koch/*Koch* Rn. 22; MüKoAktG/*Arnold* Rn. 42.
[148] Dem folgend Grigoleit/*Herrler* Rn. 22.
[149] Kölner Komm AktG/*Zöllner* Rn. 26.
[150] Großkomm AktG/*G. Bezzenberger* Rn. 58; Bürgers/Körber/*Holzborn* Rn. 13; K. Schmidt/Lutter/*Spindler* Rn. 35; MüKoAktG/*Schröer*, 3. Aufl. 2013, Rn. 41.
[151] *T. Bezzenberger*, Vorzugsaktien ohne Stimmrecht, 1990, 102; wohl auch Kölner Komm AktG/*Zöllner* Rn. 25.
[152] Vgl. auch die Argumentation zur nachträglichen Einführung von stimmrechtslosen Vorzugsaktien, § 139 Rn. 42.
[153] Hölters/*Hirschmann* Rn. 34; Hüffer/Koch/*Koch* Rn. 22; MüKoAktG/*Arnold* Rn. 42; K. Schmidt/Lutter AktG/*Spindler* Rn. 38. Vergl. auch Grigoleit/*Herrler* Rn. 29 zum AktG-E 2012.
[154] So wohl auch *T. Bezzenberger*, Vorzugsaktien ohne Stimmrecht, 1990, 102.

der Niederschrift und Eintragung im Handelsregister Wirkung entfalten.[155] Allerdings wird bei der Abschaffung des Vorzugs die Aktie in ihrer rechtlichen Gestalt geändert. Dies ist der entscheidende Unterschied zur Frage des Auflebens des Stimmrechts beim Ausfall des Vorzugs.

Ist der Vorzug erloschen, steht den Vorzugsaktionären auch für das Geschäftsjahr, in dem der Vorzug abgeschafft wurde, **kein anteiliger Vorzug** mehr zu. Ihr Vorzugsrecht hat sich noch nicht zu einem schuldrechtlichen Anspruch verfestigt und kann daher auch noch (rückwirkend) beseitigt werden. Etwas anderes gilt allerdings für den selbstständigen Nachzahlungsanspruch, der fortbesteht. 64

Das **Stimmrecht lebt automatisch** auf, ohne dass der Hauptversammlungsbeschluss hierzu etwas sagen müsste.[156] Damit kann der Hauptversammlungsbeschluss nicht mit der Begründung angegriffen werden, er enthalte keine Aussage zum Aufleben des Stimmrechts. Die bisher ausgegebenen Aktienurkunden werden mit Erlöschen des Vorzugs unrichtig und können nach § 73 für kraftlos erklärt werden. 65

Ist das **Stimmrecht aufgelebt,** gelten die §§ 139–141 nicht mehr:[157] Weisen die Aktien keine Sonderrechte mehr auf, werden sie zu Stammaktien. Bestehen einzelne Sonderrechte (etwa der Gewinnvorzug) fort, wandeln sich die Vorzugsaktien ohne Stimmrecht in „stimmberechtigte Vorzugsaktien". Statt § 141 gelten dann § 179 Abs. 3, § 182 Abs. 2, § 222 Abs. 2.[158] 66

Siebenter Unterabschnitt. Sonderprüfung. Geltendmachung von Ersatzansprüchen

§ 142 Bestellung der Sonderprüfer

(1) ¹Zur Prüfung von Vorgängen bei der Gründung oder der Geschäftsführung, namentlich auch bei Maßnahmen der Kapitalbeschaffung und Kapitalherabsetzung, kann die Hauptversammlung mit einfacher Stimmenmehrheit Prüfer (Sonderprüfer) bestellen. ²Bei der Beschlußfassung kann ein Mitglied des Vorstands oder des Aufsichtsrats weder für sich noch für einen anderen mitstimmen, wenn die Prüfung sich auf Vorgänge erstrecken soll, die mit der Entlastung eines Mitglieds des Vorstands oder des Aufsichtsrats oder der Einleitung eines Rechtsstreits zwischen der Gesellschaft und einem Mitglied des Vorstands oder des Aufsichtsrats zusammenhängen. ³Für ein Mitglied des Vorstands oder des Aufsichtsrats, das nach Satz 2 nicht mitstimmen kann, kann das Stimmrecht auch nicht durch einen anderen ausgeübt werden.

(2) ¹Lehnt die Hauptversammlung einen Antrag auf Bestellung von Sonderprüfern zur Prüfung eines Vorgangs bei der Gründung oder eines nicht über fünf Jahre zurückliegenden Vorgangs bei der Geschäftsführung ab, so hat das Gericht auf Antrag von Aktionären, deren Anteile bei Antragstellung zusammen den hundertsten Teil des Grundkapitals oder einen anteiligen Betrag von 100 000 Euro erreichen, Sonderprüfer zu bestellen, wenn Tatsachen vorliegen, die den Verdacht rechtfertigen, dass bei dem Vorgang Unredlichkeiten oder grobe Verletzungen des Gesetzes oder der Satzung vorgekommen sind; dies gilt auch für nicht über zehn Jahre zurückliegende Vorgänge, sofern die Gesellschaft zur Zeit des Vorgangs börsennotiert war. ²Die Antragsteller haben nachzuweisen, dass sie seit mindestens drei Monaten vor dem Tag der Hauptversammlung Inhaber der Aktien sind und dass sie die Aktien bis zur Entscheidung über den Antrag halten. ³Für eine Vereinbarung zur Vermeidung einer solchen Sonderprüfung gilt § 149 entsprechend.

(3) Die Absätze 1 und 2 gelten nicht für Vorgänge, die Gegenstand einer Sonderprüfung nach § 258 sein können.

(4) ¹Hat die Hauptversammlung Sonderprüfer bestellt, so hat das Gericht auf Antrag von Aktionären, deren Anteile bei Antragstellung zusammen den hundertsten Teil des Grundkapitals oder einen anteiligen Betrag von 100 000 Euro erreichen, einen anderen Sonderprüfer zu bestellen, wenn dies aus einem in der Person des bestellten Sonderprüfers liegenden Grund geboten erscheint, insbesondere, wenn der bestellte Sonderprüfer nicht die für den Gegenstand der Sonderprüfung erforderlichen Kenntnisse hat, seine Befangen-

---

[155] Die Argumentation entspricht der zum Aufleben des Stimmrechts bei der Entscheidung der Hauptversammlung über die Gewinnverwendung, vgl. → § 140 Rn. 22.
[156] Hüffer/Koch/*Koch* Rn. 22; Bürgers/Körber/*Holzborn* Rn. 13; *T. Bezzenberger,* Vorzugsaktien ohne Stimmrecht, 1990, 102.
[157] Großkomm AktG/*G. Bezzenberger* Rn. 59; Hüffer/Koch/*Koch* Rn. 22; MüKoAktG/*Arnold* Rn. 41. Vgl. auch Kölner Komm AktG/*Zöllner* Rn. 26; *T. Bezzenberger,* Vorzugsaktien ohne Stimmrecht, 1990, 102.
[158] Großkomm AktG/*G. Bezzenberger* Rn. 59; Hüffer/Koch/*Koch* Rn. 22.

§ 142   Erstes Buch. Aktiengesellschaft

heit zu besorgen ist oder Bedenken wegen seiner Zuverlässigkeit bestehen. ²Der Antrag ist binnen zwei Wochen seit dem Tage der Hauptversammlung zu stellen.

(5) Das Gericht hat außer den Beteiligten auch den Aufsichtsrat und im Fall des Absatzes 4 den von der Hauptversammlung bestellten Sonderprüfer zu hören. ²Gegen die Entscheidung ist die Beschwerde zulässig. ³Über den Antrag gemäß den Absätzen 2 und 4 entscheidet das Landgericht, in dessen Bezirk die Gesellschaft ihren Sitz hat.

(6) ¹Die vom Gericht bestellten Sonderprüfer haben Anspruch auf Ersatz angemessener barer Auslagen und auf Vergütung für ihre Tätigkeit. ²Die Auslagen und die Vergütung setzt das Gericht fest. ³Gegen die Entscheidung ist die Beschwerde zulässig; die Rechtsbeschwerde ist ausgeschlossen. ⁴Aus der rechtskräftigen Entscheidung findet die Zwangsvollstreckung nach der Zivilprozeßordnung statt.

(7) Hat die Gesellschaft Wertpapiere im Sinne des § 2 Absatz 1 des Wertpapierhandelsgesetzes ausgegeben, die an einer inländischen Börse zum Handel im regulierten Markt zugelassen sind, so hat im Falle des Absatzes 1 Satz 1 der Vorstand und im Falle des Absatzes 2 Satz 1 das Gericht der Bundesanstalt für Finanzdienstleistungsaufsicht die Bestellung des Sonderprüfers und dessen Prüfungsbericht mitzuteilen; darüber hinaus hat das Gericht den Eingang eines Antrags auf Bestellung eines Sonderprüfers mitzuteilen.

(8) Auf das gerichtliche Verfahren nach den Absätzen 2 bis 6 sind die Vorschriften des Gesetzes über das Verfahren in Familiensachen und in den Angelegenheiten der freiwilligen Gerichtsbarkeit anzuwenden, soweit in diesem Gesetz nichts anderes bestimmt ist.

Schrifttum: *Bachmann*, Sonderprüfung trotz interner Ermittlungen, ZIP 2018, 101; *G. Bezzenberger/T. Bezzenberger*, Aktienkonsortien zur Wahrnehmung von Minderheitsrechten, FS K. Schmidt, 2009, 105; *Bork*, Sonderprüfung, Klageerzwingung, in Hommelhoff/Hopt/v. Werder, Handbuch Corporate Governance, 2. Aufl. 2009, 743; *Bungert/Rothfuchs*, Vorbereitung und Durchführung der Sonderprüfung nach § 142 Abs. 2 AktG in der Praxis, DB 2011, 1677; *Fleischer*, Aktienrechtliche Sonderprüfung und Corporate Governance, RIW 2000, 809; *Gernoth/Meinema*, Niederländisches Enqueterecht: Vorbild für das deutsche Sonderprüfungsrecht?, RIW 2000, 844; *Habersack*, Zweck und Gegenstand der Sonderprüfung nach § 142 AktG, FS Wiedemann, 2002, 889; *Hirte*, Die Nichtbestellung von Sonderprüfern im Feldmühle-Verfahren, ZIP 1988, 953; *Hüffer*, Verwaltungskontrolle und Rechtsverfolgung durch Sonderprüfer und besondere Vertreter (§§ 142, 147 Abs. 2 AktG), ZHR 174 (2010), 642; *Jänig*, Die aktienrechtliche Sonderprüfung, 2005; *Jänig*, Der Gegenstand der Sonderprüfung nach § 142 AktG, WPg 2005, 761; *Kamm*, Die aktienrechtliche Sonderprüfung gemäß §§ 142 ff. AktG, 2015; *Kirschner*, Die Sonderprüfung der Geschäftsführung in der Praxis, Diss. Hamburg 2007; *König*, Der Umfang der Berichterstattung über die aktienrechtliche Sonderprüfung, 1970; *Marsch-Barner*, Freiwillige Sonderprüfung, FS Baums, 2017, 775; *Mock*, Sonderprüfungen bei der Europäischen Aktiengesellschaft, Konzern 2010, 455; *Mock*, Schiedsvereinbarungen im Rahmen von Sonderprüfungen und der Geltendmachung von Ersatzansprüchen, FS Meilicke, 2010, 489; *Mock*, Informationsbeschaffung durch den besonderen Vertreter, ZHR 181 (2017), 688; *Mock*, Schutzinteressen der Aktiengesellschaft und ihrer Aktionäre bei der Sonderprüfung, ZIP 2018, 201; *Müller-Michaels/Wingerter*, Die Wiederbelebung der Sonderprüfung durch die Finanzkrise, AG 2010, 903; *Schneider*, Die aktienrechtliche Sonderprüfung im Konzern, AG 2008, 305; *Seibt*, Die Reform des Verfolgungsrechts nach § 147 AktG und des Rechts der Sonderprüfung, WM 2004, 2137; *Slavik*, Ausgewählte Probleme der aktienrechtlichen Sonderprüfung, WM 2017, 1684; *Spindler*, Sonderprüfung und Pflichten eines Bankvorstandes in der Finanzmarktkrise, NZG 2010, 281; *Spindler*, Sonderprüfung und Pflichten eines Bankvorstands in der Finanzmarktkrise, NZG 2010, 281; *Trölitzsch/Gunßer*, Grenzen der gerichtlichen Anordnung von Sonderprüfungen nach § 142 Abs. 2 AktG, AG 2008, 833; *Wilsing*, Der Schutz vor gesellschaftsschädlichen Sonderprüfungen, 2014; *Wilsing/Ogorek*, Der Minderheitsantrag auf gerichtliche Einsetzung eines Sonderprüfers gemäß § 142 Abs. 2 AktG – ein neues Betätigungsfeld für professionelle Minderheitsaktionäre, GWR 2009, 75; *Wilsing/von der Linden*, Informelle Sonderprüfungen, AG 2017, 568.

Übersicht

	Rn.		Rn.
I. Grundlagen	1–39	6. Rechtspolitische Würdigung	20–24
1. Regelungsgegenstand	1–5	7. Rechtstatsachen	25
2. Zweck der Regelung	6–9	8. Verhältnis zu anderen Prüfverfahren und Vorschriften	26–39
3. Entstehungsgeschichte	10–13	a) Bilanzielle Sonderprüfung nach §§ 258 ff.	26
4. Rechtsvergleichende Betrachtung	14–18	b) Konzernrechtliche Sonderprüfung (§ 315)	27
a) Frankreich	14	c) Gründungsprüfung (§§ 33 ff.)	28
b) England	15, 16	d) Abschlussprüfung (§§ 316 ff. HGB)	29
c) Schweiz	17, 18	e) Umwandlungs- und Vertragsprüfer	30
5. Europarecht	19		

	Rn.
f) Prüfung durch den Aufsichtsrat nach § 111 Abs. 2	31
g) Nichtigkeits- und Anfechtungsklage	32–34
h) Besonderer Vertreter (§ 147 Abs. 2) und Klagezulassungsverfahren (§ 148)	35
i) Enforcement-Verfahren	36
j) Auskunftsrecht der Aktionäre	37
k) Spruchverfahren	38
l) Staatsanwaltliche Ermittlungen	39
II. Anwendungsbereich, Rechtsnatur und Gegenstand der Sonderprüfung	40–81
1. Anwendungsbereich	40, 41
2. Rechtsnatur	42–47
a) Anordnung der Sonderprüfung	43
b) Rechtstellung des Sonderprüfers	44–46
c) Sonderprüfung und Corporate Governance	47
3. Prüfungsgegenstände	48–71
a) Allgemeine Anforderungen	48–53
b) Gründung	54
c) Geschäftsführung	55–66
d) Kapitalmaßnahmen	67
e) Zeitliche Beschränkungen	68
f) Prüfungsgegenstände im Konzern	69
g) Durchführung einer (vorherigen) Sonderprüfung	70
h) Andere Prüfungsgegenstände	71
4. Umwandlung	72–76
5. Auflösung	77
6. Insolvenz	78–81
III. Anordnung der Sonderprüfung und Bestellung des Sonderprüfers durch die Hauptversammlung (Abs. 1)	82–124
1. Beschlussfassung	83–110
a) Tagesordnung und Beantragung der Beschlussfassung	84–88
b) Mehrheitserfordernisse	89
c) Inhaltliche Anforderungen	90–97
d) Stimmverbote (Abs. 1 S. 2, 3)	98–104
e) Fehlerhafte Beschlussfassung	105–110
2. Abschluss des Bestellungsvorgangs	111
3. Prüfungsvertrag	112–116
4. Vorzeitige Beendigung der Sonderprüfung	117–119
5. Abberufung des Sonderprüfers	120–122
6. Veranlassung sonstiger Prüfungen durch die Hauptversammlung	123, 124
IV. Gerichtliche Anordnung der Sonderprüfung und Bestellung von Sonderprüfern (Abs. 2)	125–187
1. Voraussetzungen	125–176
a) Antragstellung	126–129
b) Bestehen einer qualifizierten Aktionärsminderheit	130–135
c) Ablehnender Hauptversammlungsbeschluss	136–142
d) Zulässiger Prüfungsgegenstand	143–148
e) Unredlichkeit oder grobe Verletzungen des Gesetzes oder der Satzung	149–154
f) Keine entgegenstehenden überwiegenden Gründe des Gesellschaftswohls	155–163
g) Fehlende Beeinträchtigung der Grundrechtsposition der zu prüfenden Gesellschaft	164
h) Rechtschutzbedürfnis	165
i) Missbrauch des Antragsrechts	166, 167
j) Mehrfachanträge	168
k) Berechtigungsnachweis (Abs. 2 S. 2)	169–175
l) Wegfall der Voraussetzungen nach Zulassung des Antrags	176
2. Verhältnis zur Bestellung des Sonderprüfers durch die Hauptversammlung nach Abs. 1	177
3. Vereinbarungen zur Vermeidung der Sonderprüfung (Abs. 2 S. 3)	178
4. Entscheidung des Gerichts	179–181
5. Stellung des gerichtlich bestellten Sonderprüfers	182
6. Vorzeitige Beendigung der Sonderprüfung	183, 184
7. Abberufung des Sonderprüfers	185–187
V. Folgen der Bestellung eines Sonderprüfers durch die Hauptversammlung oder durch gerichtlichen Beschluss und Durchführung der Sonderprüfung	188–200
1. Auswirkungen auf die Ersatzansprüche	188–191
2. Publizitätspflichten und bilanzielle Folgen	192–194
3. Durchführung der Sonderprüfung	195–198
a) Vorbereitung der Sonderprüfung	196
b) Durchführung der Sonderprüfung	197
c) Nachbereitung der Sonderprüfung	198
4. Rolle des Sonderprüfers auf der Hauptversammlung	199, 200
VI. Vorrang der Sonderprüfung nach § 258 (Abs. 3)	201–204
VII. Gerichtliche Bestellung eines anderen Sonderprüfers (Abs. 4)	205–219
1. Antragstellung	208, 209
2. Ersetzungsgründe	210, 211
3. Gerichtliche Entscheidung	212
4. Verhältnis zur Nichtigkeits- und Anfechtungsklage	213–215
5. Abberufung bzw. Ersetzung des gerichtlich bestellten Sonderprüfers	216–219
VIII. Sonderfall des nachträglichen Wegfalls des Sonderprüfers (§ 318 Abs. 4 S. 2 HGB analog)	220–223
IX. Verfahrensgrundsätze und gerichtliche Entscheidung (Abs. 5)	224–236
1. Verfahren	226–228
2. Rechtsmittel	229–232
3. Beendigung des Anordnungs- bzw. Bestellungsverfahrens	233–235
4. Kosten	236
X. Auslagenersatz und Vergütung (Abs. 6)	237–240

§ 142 1–8   Erstes Buch. Aktiengesellschaft

	Rn.		Rn.
XI. Mitteilungspflicht an die BaFin (Abs. 7)	241, 242	2. Generelle Zulässigkeit	247
XII. Geltung des FamFG (Abs. 8)	243	3. (Ausschließlich) Vertragliche Grundlage	248–250
XIII. Freiwillige oder informelle Sonderprüfungen	244–254	4. Einleitung der Prüfung	251, 252
1. Typologie und Abgrenzung zu anderen Prüfungen	245, 246	5. Verhältnis zur Bestellung eines Sonderprüfers durch die Hauptversammlung oder durch das Gericht	253, 254

I. Grundlagen

1 **1. Regelungsgegenstand.** Durch § 142 werden die Grundlagen für die Sonderprüfung gelegt. Die Anordnung der Sonderprüfung und die Bestellung eines Sonderprüfers stehen nach Abs. 1 zunächst in der **Kompetenz der Hauptversammlung** (→ Rn. 82 ff.). Zur Verhinderung einer nachteiligen Beeinflussung der Beschlussfassung können die Verwaltungsmitglieder dabei mit ihrem Stimmrecht ausgeschlossen sein (Abs. 1 S. 2 und 3 – → Rn. 98 ff.).

2 Neben der Anordnung der Sonderprüfung und der Bestellung eines Sonderprüfers durch die Hauptversammlung kann nach Abs. 2 eine qualifizierte Aktionärsminderheit eine **gerichtliche Anordnung** und Bestellung erreichen, wenn eine dahingehende Beschlussfassung durch die Hauptversammlung nicht erreicht werden konnte (→ Rn. 125 ff.).

3 In Abgrenzung zu anderen Prüfungsverfahren normiert Abs. 3 einen Vorrang der (bilanziellen) **Sonderprüfung nach §§ 258 ff.** (→ Rn. 201 ff.). Zudem wird über die Mitteilungspflicht nach Abs. 7 der durch § 342b Abs. 3 HGB und § 107 Abs. 3 Satz 2 WpHG normierte Vorrang der Sonderprüfung vor dem Enforcement-Verfahren sichergestellt (→ Rn. 241 ff.).

4 Das Minderheitenrecht zur Bestellung eines Sonderprüfers wird durch die Möglichkeit einer **gerichtlichen Ersetzung** des von der Hauptversammlung bestellten Sonderprüfers nach Abs. 4 flankiert, da die Aktionärsmehrheit anderenfalls die erfolgreiche Durchführung der Sonderprüfung durch die Bestellung eines ungeeigneten oder befangenen Sonderprüfers verhindern oder erschweren könnte (→ Rn. 205 ff.). Bei diesem Verfahren sind alle Beteiligten, der Aufsichtsrat und ggf. der von der Hauptversammlung bestellte Sonderprüfer zu hören (Abs. 5 → Rn. 224 ff.).

5 Der Sonderprüfer hat nach Abs. 6 **Anspruch auf eine Vergütung und Ersatz seiner Auslagen** (→ Rn. 237 ff.). Durch Abs. 7 wird eine Koordination der Sonderprüfung mit dem bilanzrechtlichen Enforcement-Verfahren erreicht (→ Rn. 241 f.). Schließlich regelt Abs. 8 die Anwendbarkeit des FamFG (→ Rn. 244 ff.).

6 **2. Zweck der Regelung.** Die Sonderprüfung ist eines der **zentralen Aktionärsrechte zur Überwachung der Geschäftsführung** der Aktiengesellschaft. Aufgrund des beschränkten Einsichtsrechts in die internen Vorgänge der Verwaltung kann die Aufdeckung von Unregelmäßigkeiten für die Aktionäre oftmals nur durch eine Sonderprüfung erreicht werden. Dies ist insbesondere dann der Fall, wenn ein kollusives Zusammenwirken von Aufsichtsrat und Vorstand vorliegt, da somit eines der zentralen internen Kontrollmechanismen des Aktienrechts in Form der Kontrolle des Vorstandshandelns durch den Aufsichtsrat (§ 111 Abs. 1) wirkungslos ist.[1] Zudem stellt die Sonderprüfung meist eine wichtige Vorstufe für die Geltendmachung von Ersatzansprüchen nach §§ 147 ff. gegen die Verwaltungsmitglieder dar, ohne dafür allerdings Voraussetzung zu sein (→ § 147 Rn. 16 f. und → § 148 Rn. 32 f.). Zu den Folgen der Anordnung einer Sonderprüfung → Rn. 188 ff.

7 Darüber hinaus hat die Sonderprüfung vor allem für **Minderheitsaktionäre** eine besondere Bedeutung und stellt für diese eines der zentralsten Schutzinstrumente dar.[2] Denn diese können trotz des fehlenden Erreichens der für die Bestellung nach Abs. 1 erforderlichen Mehrheitserfordernisse (→ Rn. 89) eine gerichtliche Anordnung einer Sonderprüfung unter den Voraussetzungen des Abs. 2 (→ Rn. 125 ff.) erwirken. Da hierfür ein verhältnismäßig geringes Quorum erreicht werden muss (→ Rn. 130 ff.), stellt dies in der aktienrechtlichen Praxis sogar meist die Regel dar.

8 Die Bedeutung der Sonderprüfung als Instrument des Minderheitenschutzes erfährt in der aktienrechtlichen Praxis allerdings unterschiedliche Ausprägungen. Denn letztlich besteht nicht bei allen (Minderheits-)Aktionären das gleiche Interesse an der Durchführung einer Sonderprüfung. Ein originäres Interesse an der Sonderprüfung und an der mit ihr verbundenen Aufklärung haben in der Regel nur **aktive Aktionäre,** da diese die Ausübung ihrer (übrigen) Aktionärsrechte von dem

---
[1] Ebenso *Bungert/Rothfuchs* DB 2011, 1677; *Müller-Michaels/Wingerter* AG 2010, 903.
[2] Zur Bedeutung als Mitgliedschaftsrecht des Aktionärs vgl. MüKoAktG/*Arnold* Rn. 6; *Fleischer* in Küting/Weber Rechnungslegung-HdB Rn. 2; Kölner Komm AktG/*Rieckers/Vetter* Rn. 1 f.; *K. Schmidt* GesR S. 874; *Jänig,* Die aktienrechtliche Sonderprüfung, 2005, 24 ff.

Ausgang der Sonderprüfung abhängig machen können. Im Gegensatz dazu haben **passive Aktionäre bzw. rein anlageorientierte Aktionäre** – von in der Regel börsennotierten Aktiengesellschaften – eher ein Interesse an einer Verhinderung der Sonderprüfung bzw. der fehlenden Aufdeckung von Unregelmäßigkeiten in der Unternehmensleitung. Denn typischerweise führt schon die Einleitung einer Sonderprüfung und erst recht ihr (erfolgreicher) Abschluss zu Kursverlusten aufgrund der einhergehenden negativen Berichterstattung. Die §§ 142 ff. tragen dieser gegensätzlichen Interessenlage der Aktionäre keine Rechnung, da sie schon nicht zwischen börsen- und nicht börsennotierten Aktiengesellschaften unterscheiden. Vielmehr sind die §§ 142 ff. eher von dem Leitbild des aktiven Aktionärs geprägt, so dass ein Ausschluss oder eine Verhinderung der Sonderprüfung aus Reputationsgründen (→ Rn. 155 ff.) oder zum Schutz der Börsenkursentwicklung nicht in Betracht kommt.

Weiterhin ist die Motivlage der die Sonderprüfung einleitenden Aktionäre schwierig in der 9 Gesamtsystematik der §§ 142 ff. einzuordnen. Denn während Aktionäre die Sonderprüfung im Interesse der Aktiengesellschaft bzw. der Aktionärsgesamtheit nutzen können, kann diese auch zur **Durchsetzung von Individualinteressen** eingesetzt werden, was bei börsennotierten Aktiengesellschaften von Bedeutung ist.[3] Vor allem im Rahmen der gerichtlichen Bestellung des Sonderprüfers haben sich daher verschiedene Konzepte entwickelt, die einen Missbrauch der Sonderprüfung zur Durchsetzung individueller Interessen verhindern sollen (→ Rn. 166 f.). Insgesamt bleiben diese und andere vergleichbare Ansätze aber eher Stückwerk und entbehren einer generellen Systematik.[4]

3. Entstehungsgeschichte. Das Recht auf Anordnung einer Sonderprüfung durch eine quali- 10 fizierte Minderheit von Aktionären war bereits durch die **Zweite Aktienrechtsnovelle 1884** (Art. 222a ADHGB) eingeführt worden.[5] Die Kompetenzen der Hauptversammlung bzw. einer Aktionärsminderheit wurden in der Folgezeit schrittweise erhöht.[6] Eine tatsächlich umfassende Stärkung der Sonderprüfung als Minderheitenschutzinstrument erfolgte aber erst durch die **Aktienrechtsreform von 1965,** indem die Anforderungen an die antragstellende Aktionärsminderheit dahingehend geändert wurden, dass auch eine absolute Aktionärsminderheit ein Antragsrecht hatte. Zudem wurde der erfasste Prüfungszeitraum für eine gerichtlich angeordnete Sonderprüfung auf fünf Jahre erweitert.[7]

Die Sonderprüfung war in ihrer **praktischen Relevanz** nicht zuletzt aufgrund der hohen Anfor- 11 derungen an eine Antragstellung durch eine qualifizierte Aktionärsminderheit weitgehend unbedeutend.[8] Aufgrund dieser geringen praktischen Bedeutung wurden die Regelungen im Rahmen des Aufkommens der Corporate-Governance-Debatte zunehmend kritisiert.[9] Die Reformbedürftigkeit des Rechts der Sonderprüfung trat dann im Rahmen des Gesetzes **zur Kontrolle und Transparenz im Unternehmensbereich (KonTraG)** vom 27. April 1998[10] besonders hervor, da der Gesetzgeber zwar das Quorum nach § 147 Abs. 3 abgesenkt hatte (→ § 148 Rn. 6 f.), eine entsprechende Anpassung von Abs. 2 aber unterblieben war. Auch der **63. Deutsche Juristentag 2000** sprach sich für eine grundlegende Reform der Voraussetzungen, des Verfahrens und der Konsequenzen der Sonderprüfung aus.[11] Diesem Reformansatz schloss sich auch die **Regierungskommission Corporate Governance** an und forderte eine Überarbeitung der §§ 142 ff. Sie schlug dabei geringere Anforderungen an das Quorum, eine Kostentragungs- und ggf. eine Schadensersatzpflicht bei unbegründeten Sonderprüfungsanträgen, eine Beschränkbarkeit der Auskunftspflicht des Vorstands und eine Untersagungsmöglichkeit für die Veröffentlichung des Prüfungsberichts vor.[12]

---

[3] Dazu *Mock* ZHR 180 (2016), 557 ff.; vgl. auch *Kamm*, Die aktienrechtliche Sonderprüfung gemäß §§ 142 ff. AktG, 2015, 34 ff., der die Verfolgung von Individualinteressen durch die Sonderprüfung ablehnt, eine genaue Trennung aber auch nicht vornehmen kann.
[4] Mit dem Versuch einer Systematisierung *Wilsing*, Der Schutz vor gesellschaftsschädlichen Sonderprüfungen, 2014.
[5] Vgl. dazu ausf. MüKoAktG/*Arnold* Rn. 8 f.; Großkomm AktG/*Bezzenberger* Rn. 1 f.; *Fleischer* in Küting/Weber Rechnungslegung-HdB Rn. 5 ff.
[6] Vgl. im Überblick Großkomm AktG/*Bezzenberger* Rn. 1.
[7] Vgl. dazu *Kropff* S. 207 ff.; vgl. zum Ganzen auch MüKoAktG/*Arnold* Rn. 9.
[8] Mit dieser Einschätzung MüKoAktG/*Arnold* Rn. 10 f.; Großkomm AktG/*Bezzenberger* Rn. 9; *Fleischer* in Küting/Weber Rechnungslegung-HdB Rn. 10 ff.; für eine Übersicht zu den bis 2004 durchgeführten Sonderprüfungen s. etwa *Jänig*, Die aktienrechtliche Sonderprüfung, 2005, 436 ff.
[9] Vgl. etwa Großkomm AktG/*Bezzenberger* Rn. 9; *Fleischer* RIW 2000, 809 ff.; *Gernoth/Meinema* RIW 2000, 844 f. (mit Vorschlägen aus dem niederländischen Recht); *Forum Europaeum Konzernrecht* ZGR 1998, 672 (719); *Ulmer* ZHR 163 (1999), 290 (330).
[10] BGBl. 1998 I 786; s. dazu ausf. → § 147 Rn. 4.
[11] *Baums* Gutachten F zum 63. DJT 2000, S F 247 ff.; zust. *K. Schmidt* Referat auf dem 63. DJT 2000, S O 30 f.
[12] *Baums* Bericht der Regierungskommission Corporate Governance S. 170 ff.

12 Nachdem der Gesetzgeber im Rahmen des **Stückaktiengesetzes vom 25. März 1998**[13] und des **Euroeinführungsgesetzes vom 9. Juni 1998**[14] lediglich kleine Änderung und durch das **Bilanzkontrollgesetz vom 15. Dezember 2004**[15] eine Verzahnung der Sonderprüfung mit dem neu geschaffenen Enforcement-Verfahren in Abs. 7 (→ Rn. 241 f.) vorgenommen hatte, erfolgte durch das **Gesetz zur Unternehmensintegrität und Modernisierung des Anfechtungsrechts vom 22. September 2005 (UMAG)**[16] eine grundlegende Reform der Sonderprüfung, die schon aufgrund der Änderungen beim besonderen Vertreter (§ 147 Abs. 2) und dem neu geschaffenen Klagezulassungsverfahren (§ 148) notwendig geworden waren. So wurden die Anforderungen an das Quorum für den Antrag der qualifizierten Aktionärsminderheit nach Abs. 2 und Abs. 4 auf den hundertsten Teil des Grundkapitals bzw. eines anteiligen Betrages von 100 000 Euro abgesenkt. Zudem wurde für die Antragstellung die Zuständigkeit des Landgerichts begründet und die Möglichkeit einer Zuständigkeitskonzentration durch den Landesgesetzgeber in Abs. 5 geschaffen. Schließlich wurde auch ein Verfahren zur Nichtaufnahme bestimmter Tatsachen in den Sonderprüfungsbericht eingeführt (→ § 145 Rn. 55 f.) und ein ausdrücklicher Kostenerstattungsanspruch der Gesellschaft gegenüber antragstellenden Aktionären für den Fall der Erwirkung der Sonderprüfung durch einen vorsätzlich oder grob fahrlässigen Vortrag geschaffen (→ § 146 Rn. 13 ff.). Die konkreten Auswirkungen dieser Änderungen sind kaum abschätzbar, da es für die Sonderprüfung an aktuellen und belastbaren Untersuchungen zu Rechtstatsachen fehlt (→ Rn. 25).

13 Die Regelung des Abs. 7 hat durch das **Finanzmarktrichtlinie-Umsetzungsgesetz vom 16. Juni 2007**[17] eine redaktionelle Anpassung in Form der Umstellung auf die Notierung im regulierten Markt erfahren. Zudem wurde durch das **FGG-Reformgesetz vom 17. Dezember 2008**[18] das gerichtliche Bestellungs- bzw. Ersetzungsverfahren in Abs. 5, das gerichtliche Verfahren zur Festsetzung des Auslagenersatzes und der Vergütung in Abs. 6 und der Verweis in Abs. 8 geändert. Durch das **Restrukturierungsgesetz vom 15. Dezember 2010**[19] kam es schließlich zu einer zeitlichen Verlängerung des Zeitraums, in dem für Vorgänge bei börsennotierten Gesellschaften eine Sonderprüfung gerichtlich angeordnet werden kann (→ Rn. 145), auf zehn Jahre.[20] Die Norm ist seitdem unverändert.

14 **4. Rechtsvergleichende Betrachtung. a) Frankreich.** Die *expertise de gestion* wurde im französischen Aktienrecht erst 1966 eingeführt und dient ebenso wie die deutsche Sonderprüfung der außerordentlichen Kontrolle von Verwaltungshandeln *(opération de gestion)*.[21] Für die Einleitung einer *expertise de gestion* besteht für eine qualifizierte Aktionärsminderheit, für die institutionellen Aktionärsvereinigungen und die staatlichen Aufsichtsbehörden ein Antragsrecht (Art. L-225–231 Code de Commerce). Die qualifizierte Aktionärsminderheit muss vor der Beantragung einer *expertise de gestion* seit der Gesellschaftsreform im Rahmen des *Loi sur les Nouvelles régulations économiques* (NRE) von 2001[22] allerdings ein obligatorisches Auskunftsverfahren durchlaufen. Der Prüfungsbericht ist neben der Gesellschaft und verschiedenen staatlichen Aufsichtsbehörden auch allen Aktionären zugänglich zu machen (Art. L-225–231 (3) Code de Commerce).

15 **b) England.** Das englische Aktienrecht kennt mit der *company investigation* ebenso eine Sonderprüfung, die aber im Wesentlichen durch eine **staatliche Koordinierung durch das *Department for Trade and Industry*** geprägt wird.[23] Die vom *Department for Trade and Industry* eingesetzten *inspectors*

---

[13] Gesetz über die Zulassung von Stückaktien vom 25.3.1998, BGBl. 1998 I 590.
[14] Gesetz zur Einführung des Euro v. 9.6.1998, BGBl. 1998 I 1242.
[15] Gesetz zur Kontrolle von Unternehmensabschlüssen v. 15.12.2004, BGBl. 2004 I 3408.
[16] BGBl. 2005 I 2802; vgl. dazu *Duve/Basak* BB 2006, 1345 ff.; *Jänig* BB 2005, 949 ff.; *Kirschner* BB 2005, 1865 ff.; *Wilsing/Neumann* DB 2006, 31 ff.
[17] Gesetz zur Umsetzung der Richtlinie über Märkte für Finanzinstrumente und der Durchführungsrichtlinie der Kommission v. 16.6.2007, BGBl. 2007 I 1330.
[18] Gesetz zur Reform des Verfahrens in Familiensachen und in den Angelegenheiten der freiwilligen Gerichtsbarkeit v. 17.12.2008, BGBl. 2008 I 2586.
[19] Gesetz zur Restrukturierung und geordneten Abwicklung von Kreditinstituten, zur Errichtung eines Restrukturierungsfonds für Kreditinstitute und zur Verlängerung der Verjährungsfrist der aktienrechtlichen Organhaftung v. 15.12.2010, BGBl. 2010 I 1900.
[20] Krit. zu dieser Verlängerung vor allem *DAV* NZG 2010, 897 (898).
[21] Loi n° 66–357 v. 24.7.1966; vgl. dazu *Merle/Fauchon*, Droit commercial, 2005, Rn. 522 ff.; s. auch ausf. in rechtsvergleichender Perspektive *Fleischer* in Küting/Weber Rechnungslegung-HdB Rn. 39 ff.; *Fleischer* RIW 2000, 809 ff.; *Jänig*, Die aktienrechtliche Sonderprüfung, 2005, 77 ff.
[22] Loi n° 2001–420 v. 15.5.2001 relative aux nouvelles régulations économiques, JO n° 113 du 16 mai 2001 S. 7776; vgl. dazu *Storck* ECFR 2004, 36 ff.
[23] Vgl. dazu *Gower*, Principles of modern company law, 10. Aufl. 2016, 467 ff.; s. auch ausf. in rechtsvergleichender Perspektive *Fleischer* in Küting/Weber Rechnungslegung-HdB Rn. 45 ff.; *Jänig*, Die aktienrechtliche Sonderprüfung, 2005, 164 ff.

können ihre Untersuchung dabei auf alle *affairs of a company* beziehen (sec. 431 (1) Companies Act 1985). Ein Antragsrecht kommt dabei sowohl einer qualifizierten Aktionärsminderheit (sec. 431 (2)(a) Companies Act 1985) als auch der Gesellschaft selbst (sec. 431 (2) (b) Companies Act 1985) zu. In der Praxis wird die *company investigation* aber regelmäßig vom *Secretary of state* des *Department for Trade and Industrie* angeordnet (sec. 432 (2) Companies Act 1985).

Aufgrund der hoheitlichen Ausrichtung des Verfahrens sind die *inspectors* auch mit entsprechend 16 umfangreichen **Kompetenzen bei ihren Ermittlungen** ausgestattet (sec. 433 ff. Companies Act 1985). Neben den Verwaltungsmitgliedern der zu prüfenden Gesellschaft können die *inspectors* etwa jede Person zur Auskunft verpflichten, die über entsprechende Kenntnisse verfügen könnte. Die Publizität des Prüfungsberichts kann durch das *Department for Trade and Industry* eingeschränkt und sogar ganz verhindert werden. Der Prüfungsbericht hat in nachfolgenden Verfahren eingeschränkte Beweiskraft. Durch den Companies Act 2006 wurden die Rechte des *Department for Trade and Industrie* gegenüber dem *inspector* noch weiter ausgebaut (sec. 446A ff. Companies Act 1985).

c) **Schweiz.** Das schweizerische Aktienrecht hat das Rechtsinstitut der Sonderprüfung in den 17 Art. 697 ff. Obligationenrecht erst 1992 eingeführt.[24] Die Gesetzgebungsarbeiten haben sich dabei im Wesentlichen an den §§ 142–146 des deutschen Aktienrechts orientiert und konnten nur zum Teil die Erwartungen erfüllen.[25] Trotz dieser **Vorbildfunktion der deutschen Sonderprüfung** enthalten die schweizerischen Sonderprüfungsvorschriften eine Reihe abweichender Bestimmungen.[26] So ist ein entsprechender Antrag auf Anordnung einer Sonderprüfung nur zulässig, wenn der antragstellende Aktionär zuvor alle ihm zur Verfügung stehenden Auskunftsmöglichkeiten ausgenutzt hat (Art. 697a OR). Die Anordnung der Sonderprüfung kann dann durch einen Beschluss der Generalversammlung (Art. 697a OR) oder auf Antrag einer qualifizierten Aktionärsminderheit (Art. 697b OR) erfolgen. Hinsichtlich der Auskunftsrechte geht das schweizerische Aktienrecht über die Regelung des § 145 Abs. 1–3 hinaus, indem auch Arbeitnehmer und Beauftragte der Gesellschaft zur Auskunft verpflichtet sind (Art. 697d OR). Darüber hinaus kann der Sonderprüfer mit Hilfe des zuständigen Richters dieses Auskunftsrecht auch durchsetzen.

Eine weitere Besonderheit ist das **Bereinigungsverfahren des Sonderprüfungsberichts** nach 18 Art. 697e OR. Der Sonderprüfer muss danach den Sonderprüfungsbericht zunächst dem Richter vorlegen, der auf Antrag der Gesellschaft darüber befinden kann, ob bestimmte Stellen des Berichts aus Gründen des Geschäftsgeheimnisses oder aus anderen schutzwürdigen Interessen nicht veröffentlicht werden. Durch das Verfahren nach § 145 Abs. 4, 5 ist der deutsche Gesetzgeber mit dem UMAG diesem Regelungsansatz gefolgt.

5. Europarecht. Die Sonderprüfung wird durch das europäische Gesellschaftsrecht nicht beein- 19 flusst.[27] So sah lediglich die **nicht verabschiedete Konzernrechtsrichtlinie**[28] eine Regelung vor, wonach auf Antrag eines Aktionärs, eines nicht befriedigten Gläubigers oder des Vertreter der Arbeitnehmer ein Sonderprüfer bestellt werden konnte, der zu ermitteln hatte, ob die Gesellschaft durch Rechtsgeschäfte oder Maßnahmen geschädigt worden und ob anzunehmen war, dass dies auf einer Einwirkung des Unternehmens oder einer seiner Tochtergesellschaften beruhte. Eine allgemeine Sonderprüfung war hingegen nicht vorgesehen.[29] Zur Sonderprüfung bei der europäischen Aktiengesellschaft → Rn. 40.

6. Rechtspolitische Würdigung. Die durch das UMAG veranlassten Änderungen der §§ 142 ff. 20 konnten eine Reihe von strukturellen Schwächen des Rechts der Sonderprüfung beseitigen. Insbesondere die Angleichung der **Anforderungen an das Quorum** nach Abs. 2 bzw. 4 an die Anforderungen des Quorums für die Einleitung eines Klagezulassungsverfahrens nach § 148 tragen dem Zusammenhang von Sonderprüfung und der späteren Geltendmachung von Ersatzansprüchen ausreichend Rechnung.[30] Die **Voraussetzungen für die gerichtliche Beantragung einer Sonderprüfung** wurden im Vergleich zu den bisher bestehenden Minderheitenrechten des Abs. 2 und des § 147 Abs. 3 aF zudem deutlich abgesenkt. Das Antragsrecht besteht nunmehr schon beim Erreichen eines Quorums von einem Pro-

---

[24] Bundesgesetz v. 4.10.1991 über die Änderung des Obligationenrechts, AS 1992, 781 ff.
[25] So etwa *Casutt* ST 2002, 506 ff.; zu den Vorarbeiten vgl. etwa *Böckli* SJZ 80 (1984), 257 (266); vgl. dazu auch insgesamt *Jänig*, Die aktienrechtliche Sonderprüfung, 2005, 44 ff. mit umfangreichen Nachweisen.
[26] Vgl. zum Ganzen *Fleischer* in Küting/Weber Rechnungslegung-HdB Rn. 34 ff.; *Jänig*, Die aktienrechtliche Sonderprüfung, 2005, 35 ff.
[27] Dazu *Mock* Konzern 2010, 455 (456).
[28] Entwurfes einer Neunten gesellschaftsrechtlichen Richtlinie von 1984, DOK III/1639/84, abgedruckt in ZGR 1985, 444 ff.
[29] Eine solche aber fordernd *Forum Europaeum Konzernrecht* ZGR 1998, 672 (722).
[30] So vor allem *Diekmann/Leuering* NZG 2004, 249 (252); *Duve/Basak* BB 2006, 1345; *Wilsing/Neumann* DB 2006, 31 (32).

zent oder 100 000 € des Grundkapitals. Das Erfordernis des Erreichens eines Anteiles am Grundkapital von mindestens € 100 000 war im Gesetzgebungsprozess des UMAG einer der umstrittensten Gesichtspunkte.[31] Sowohl der Referentenentwurf als auch der Regierungsentwurf stellten für den Schwellenwert noch auf einen **Börsenwert** von € 100 000 ab.[32] Da bei der Beantragung der Sonderprüfung auf der Hauptversammlung jedoch der Aktienkurs der Gesellschaft regelmäßig in Mitleidenschaft gezogen wird, wurde ein Abstellen auf einen bestimmten Börsenwert als nicht sachgerecht angesehen und der Bezug daher auf den Nennbetrag abgeändert.[33] Durch die im Vergleich zur Vorgängerregelung deutlich erreichte Absenkung sollte die zuvor bestehende prohibitive Wirkung aufgehoben werden. Auf der anderen Seite sollten mit der Beibehaltung eines Schwellenwertes Sonderprüfungsanträge verhindert werden, bei denen der Grund und die Motivation der Kläger nicht ernsthaft aus der wirtschaftlichen Beteiligung an der Gesellschaft hergeleitet werden können.[34] Die Herabsenkung des erforderlichen Quorums wurde teilweise stark kritisiert und als neues Betätigungsfeld für so genannte **räuberische Aktionäre** angesehen.[35] Die Diskussion um die **richtige Höhe des Schwellenwertes** wird aber durch die Möglichkeit des Zusammenschlusses mehrerer klagewilliger Aktionäre weitgehend relativiert.[36] Dem einzelnen missbräuchlich motiviert agierenden Aktionär mag eine Antragstellung für ein Sonderprüfungsverfahren aufgrund der Nichterreichung des Quorums verwehrt sein, jedoch ist es ihm unbenommen, sich mit Gleichgesinnten insbesondere unter Verwendung des § 127a zusammenzuschließen. Zum Schutz vor Anträgen aus sachfremden Erwägungen besteht auch nach jetziger Rechtslage noch immer die Möglichkeit, einen Antrag auf gerichtliche Anordnung der Sonderprüfung und Bestellung eines Sonderprüfers wegen Rechtsmissbrauchs zurückzuweisen (→ Rn. 166 f.). Im Falle der **Zunahme von Missbräuchen** soll der Schwellenwert wieder heraufgesetzt werden.[37] Bisher ist eine solche Zunahme allerdings nicht zu verzeichnen.[38] Auch in der Debatte über die Reform des Klagezulassungsverfahrens wird sich überwiegend für eine Beibehaltung der derzeitigen Quorums ausgesprochen.[39]

21 Eine Erweiterung der Zulässigkeitsvoraussetzungen der Beantragung der Sonderprüfung durch ein **Vorverfahren in Form eines obligatorischen Auskunftsverlangens** gegenüber dem Vorstand ist abzulehnen.[40] Das Antragsrecht der Aktionäre würde dadurch nur unnötig formalisiert. Außerdem erscheint ein Absehen von der Beantragung einer Sonderprüfung nach einer entsprechenden Auskunftserteilung durch den Vorstand zweifelhaft, da die Aktionärsminderheit keine Gewähr dafür haben kann, dass sie vollständig und umfassend informiert wurde.

22 Eine Schwäche der Sonderprüfung bleibt die fehlende Berücksichtigung der **konzernrechtlichen Sachverhalte**. Durch die Beschränkungen hinsichtlich des Prüfungsgegenstands in Abs. 1 und vor allem aber durch die fehlenden Einsichts- und Prüfungsrechte gegenüber Konzernunternehmen nach § 145 Abs. 3 können Geschäftsführungsvorgänge mit einer konzernweiten Bedeutung nur sehr beschränkt einer Sonderprüfung nach §§ 142 ff. unterworfen werden.[41] Zur Sonderprüfung im Konzern → Rn. 69.

23 Hinsichtlich des Antragsrechts sollte der derzeitige **Kreis der Antragsberechtigten** nicht erweitert werden. Insbesondere ein Antragsrecht der einfachen Gläubiger würde die vorrangige Funktion der Sonderprüfung als Instrument des Minderheitenschutzes beeinträchtigen.[42] Zum Antragsrecht nach Abs. 2 für Inhaber bestimmter Fremdkapitalinstrumente → Rn. 131.

---

[31] Vgl. dazu *Linnerz* NZG 2004, 307 (309).
[32] BegrRegE UMAG, BT-Drs. 15/5092, 6.
[33] Beschlussempfehlung des Rechtsausschusses, BT-Drs. 15/5693, 17; zustimmend *DAV* BB 2003, Beil. 4 S. 1 (4); *Paschos/Neumann* DB 2005, 1779 (1779 f.); *Seibert* BB 2005, 1457.
[34] BegrRegE UMAG, BT-Drs. 15/5092, 20.
[35] Dazu *Wilsing/Ogorek* GWR 2009, 75 ff.; *Jänig* BB 2005, 949, der von einem faktischen Einzelrecht spricht; ebenfalls krit. *Seibert* WM 2004, 2137 (2139 f); aA *Duve/Basak* BB 2006, 1345 (1346) mit einer Betonung auf die erleichterten Antragsbedingungen für institutionelle Investoren; zust. auch *Wilsing* ZIP 2004, 1083 (1089 f.).
[36] S. zu gleichen Überlegungen bei → § 148 Rn. 55 ff.
[37] BegrRegE UMAG, BT-Drs. 15/5092, 20.
[38] Ebenso in der Einschätzung *Seibert* NZG 2007, 841 (842); aA aber *Balthasar/Hamelmann* WM 2010, 589 (592); *Trölitzsch/Gunßer* AG 2008, 833; *Wilsing/Ogorek* GWR 2009, 75 ohne dass diese allerdings konkrete Zahlen benennen können.
[39] *Habersack* Gutachten E zum 69. DJT 2012, E 95; *Kahnert* AG 2013, 663 (665); wohl auch *Schmolke* ZGR 2011, 398 (432 f.).
[40] Für eine Einführung eines solchen Verfahrens aber *Jänig* BB 2005, 949 (949 f.); ähnlich auch *Seibt* WM 2004, 2137 (2140 f.).
[41] Ebenso krit. *Forum Europaeum Konzernrecht* ZGR 1998, 672 (722); *Jänig*, Die aktienrechtliche Sonderprüfung, 2005, 422 ff.
[42] Dies aber etwa fordernd *Jansen*, Die Sonderprüfung der Geschäftsführung nach dem Aktiengesetz, 1974, 5; ein solches Antragsrecht aber abl. *Fleischer* in Küting/Weber Rechnungslegung-HdB Rn. 61; *Jänig*, Die aktienrechtliche Sonderprüfung, 2005, 338 ff.; ebenso auch für § 315 Emmerich/Habersack/*Habersack* § 315 Rn. 7; krit. hierzu Großkomm AktG/*Koppensteiner* § 315 Rn. 4.

Schließlich stellt sich die Frage, ob bei grundsätzlich verdächtigen Transaktionen von Verwaltungs- 24
mitgliedern ab einer bestimmten Schwelle die Pflicht zur Einholung einer **Fairness Opinion** durch
einen unabhängigen Sachverständigen eingeführt werden sollte,[43] was eine Überprüfung derartiger
Transaktionen im Rahmen der Sonderprüfung überflüssig machen lassen würde.

7. Rechtstatsachen. Die Sonderprüfung hat in der Praxis vor allem in den vergangenen Jahren 25
im Nachgang der Finanzmarktkrise 2008/2009 eine erhebliche Rolle gespielt, auch wenn konkrete
Untersuchungen zu Rechtstatsachen bisher kaum vorliegen.[44] Daher verbieten sich auf Grundlage
der **bisher fehlenden Datenlage** auch konkrete Rückschlüsse auf einen Missbrauch der Sonderprüfung.[45] Ein vergleichsweise neues Phänomen sind die freiwilligen oder informellen Sonderprüfungen,
die in den vergangenen Jahren verstärkt aufgetreten sind (→ Rn. 244 ff.).[46]

8. Verhältnis zu anderen Prüfverfahren und Vorschriften. a) Bilanzielle Sonderprüfung 26
nach §§ 258 ff. Ebenfalls um eine Sonderprüfung handelt es sich bei der Prüfung nach §§ 258 ff.,
die aber in Bezug auf einen möglichen Prüfungsgegenstand auf **bilanzielle Fragen** beschränkt ist
(→ § 258 Rn. 9 ff.). Die Sonderprüfung nach §§ 142 ff. ist daher auch gegenüber dieser Sonderprüfung nach Abs. 3 subsidiär (→ Rn. 201 ff.).

b) Konzernrechtliche Sonderprüfung (§ 315). Eine weitere Sonderprüfung stellt die Prüfung 27
der geschäftlichen Beziehungen einer Gesellschaft zu dem herrschenden Unternehmen oder einem
mit ihm verbundenen Unternehmen nach § 315 dar. Im Gegensatz zur bilanziellen Sonderprüfung
nach §§ 258 ff. besteht bei der Sonderprüfung nach § 315 **keine gesetzlich angeordnete Subsidiarität zur Sonderprüfung** nach §§ 142 ff.[47] Insofern können auch die Beziehungen zu verbundenen
Unternehmen grundsätzlich Prüfungsgegenstand der Sonderprüfung nach §§ 142 ff. sein
(→ Rn. 69).

c) Gründungsprüfung (§§ 33 ff.). Eine teilweise Überschneidung besteht zudem mit der Grün- 28
dungsprüfung nach §§ 33 ff., bei der es sich im Unterschied zur Sonderprüfung aber um eine Pflichtprüfung handelt, so dass ein entsprechender Hauptversammlungsbeschluss oder eine gerichtliche
Anordnung nicht notwendig ist. Die Gründungsprüfung kann den **gesamten Gründungsvorgang**
zum Gegenstand haben[48] und geht diesbezüglich weiter als die Sonderprüfung, die sich nur auf
bestimmte Vorgänge der Gründung beziehen kann (→ Rn. 54).[49] Eine Sonderprüfung ist auch nach
einer bereits erfolgten Gründungsprüfung möglich.[50]

d) Abschlussprüfung (§§ 316 ff. HGB). Die Abschlussprüfung hat den Jahresabschluss und den 29
Lagebericht zum Prüfungsgegenstand (§ 316 Abs. 1 HGB) und deckt sich daher nicht mit dem
Prüfungsgegenstand der Sonderprüfung. Insofern besteht zwischen der Sonderprüfung und der
Abschlussprüfung auch **kein Spezialitätsverhältnis**, so dass eine Sonderprüfung auch dann durchgeführt werden kann, wenn die Abschlussprüfung im Rahmen der Prüfung des Jahresabschlusses
und des Lageberichts bereits Unregelmäßigkeiten in der Geschäftsführung aufgedeckt hat.[51] Der
Jahresabschluss und der Lagebericht sind aber zumindest als alleinige Prüfungsgegenstände für die
Sonderprüfung ausgeschlossen (→ Rn. 62 ff.). Allerdings kann auch die Wahl des Abschlussprüfers
in Bezug auf die dabei stattfindende Tätigkeit der Verwaltungsmitglieder selbst Gegenstand der
Sonderprüfung sein (→ Rn. 56 ff.). Dem steht auch nicht das Verfahren nach § 318 Abs. 3 HGB
entgegen.

---

[43] Mit diesem Vorschlag etwa *Kommission* Grünbuch Europäischer Corporate Governance Rahmen, KOM(2011) 164 endg., Rn. 2.7; dem folgend *Hopt* ZHR 175 (2011), 444 (498).
[44] Vgl. etwa *Bayer/Hoffmann* AG 2012, R272 ff.
[45] Ebenso *Bayer/Hoffmann* AG 2012, R272; einen solchen Rückschluss aber vornehmend MüKoAktG/*Arnold* Rn. 12; *Hüffer* ZHR 174 (2010), 642 (657); Kölner Komm AktG/*Rieckers/Vetter* Rn. 44 ff.; *Seibert* NZG 2007, 841 (842); *Trölitzsch/Gunßer* AG 2008, 833; *Wilsing/Ogorek* GWR 2009, 75, ohne dass diese allerdings konkrete Zahlen benennen können.
[46] Für eine Übersicht zu aktuellen Fällen etwa *Marsch-Barner* FS Baums, 2017, 775 (777); *Wilsing/von der Linden* AG 2017, 568 (569).
[47] OLG Stuttgart NZG 2010, 864 (865) = AG 2010, 717; *Emmerich/Habersack/Habersack* § 315 Rn. 3 f.; *Bürgers/Körber/Holzborn/Jänig* Rn. 2; *Mimberg* in Marsch-Barner/SchäferBörsennotierte AG-HdB Rn. 40.3; Kölner Komm AktG/*Rieckers/Vetter* Rn. 62; vgl. auch → § 315 Rn. 3.
[48] Vgl. dazu Großkomm AktG/*Röhricht* § 34 Rn. 4 ff.; → § 34 Rn. 3 ff.
[49] KG OLGZ 9, 263; K. Schmidt/Lutter/*Spindler* Rn. 12.
[50] MüKoAktG/*Arnold* Rn. 16; Hüffer/Koch/*Koch* Rn. 3; Kölner Komm AktG/*Rieckers/Vetter* Rn. 67 f.; K. Schmidt/Lutter/*Spindler* Rn. 12.
[51] Vgl. dazu ausf. MüKoAktG/*Arnold* Rn. 39 f.; *Fleischer* in Küting/Weber Rechnungslegung-HdB Rn. 24 ff.

30 **e) Umwandlungs- und Vertragsprüfer.** Die im Rahmen des Umwandlungs- und Konzernrechts zu bestellenden Prüfer unterscheiden sich vom Sonderprüfer unter anderem dadurch, dass an erstere teilweise strengere Qualifikationsanforderungen gestellt werden (§ 293d AktG, § 11 Abs. 1 S. 1 UmwG). Zudem haben Umwandlungs- und Vertragsprüfer einen **beschränkteren Prüfungsauftrag**. Ein Exklusivitätsverhältnis zur Sonderprüfung besteht nicht.[52]

31 **f) Prüfung durch den Aufsichtsrat nach § 111 Abs. 2.** Ein weitgehendes Prüfungsrecht kommt zudem dem Aufsichtsrat zu (§ 111 Abs. 2). Dieses Prüfungsrecht ist dabei im Gegensatz zur Sonderprüfung nicht auf bestimmte Vorgänge beschränkt.[53] Auch wenn das Prüfungsrecht nach § 111 Abs. 2 somit weitergehender ist, ergeben sich daraus **keinerlei Beschränkungen für die Sonderprüfung**. Bei der Sonderprüfung handelt es sich um ein Kontrollrecht der Aktionäre, das durch Prüfungsmaßnahmen durch die Verwaltung der Gesellschaft nicht eingeschränkt werden kann. Die Minderheitsaktionäre haben vielmehr einen Anspruch auf Bekanntgabe der Ergebnisse der Prüfung, wenn sich der Aufsichtsrat in der Hauptversammlung im Rahmen der Entlastung auf diese Ergebnisse beruft.[54] Zu sogenannten freiwilligen oder informellen Sonderprüfungen → Rn. 244 ff..

32 **g) Nichtigkeits- und Anfechtungsklage.** Für das Verhältnis der Sonderprüfung zur Nichtigkeits- und Anfechtungsklage muss unterschieden werden. Zunächst gilt, dass sich bei der Sonderprüfung Überschneidungen mit der Anfechtungs- bzw. Nichtigkeitsklage dahingehend ergeben können, dass sich die Anfechtungs- bzw. Nichtigkeitsklage auf den **Verfahrensgegenstand der Sonderprüfung** bezieht. Dabei stehen beide Verfahren unabhängig von- und haben keine präjudizierende Wirkung aufeinander. Daher kann eine Anfechtungs- oder Nichtigkeitsklage auch nicht mit der Begründung abgelehnt werden, dass der entsprechende Verfahrensgegenstand Gegenstand einer Sonderprüfung sein könnte[55] oder dass ein Vorgang der Geschäftsführung mit der Beschlussfassung durch die Hauptversammlung im Zusammenhang steht.[56] Allerdings wird eine erfolgreiche Anfechtungs- oder Nichtigkeitsklage im Rahmen der Bestellung eines Sonderprüfers nach Abs. 2 den Verdacht der Begehung von Unredlichkeiten oder Verstößen gegen die Satzung oder das Gesetz in der Regel begründen können, soweit sich beide auf den gleichen Verfahrensgegenstand beziehen. Außerdem gilt, dass die Sonderprüfung nicht hinsichtlich einzelner Beschlüsse der Hauptversammlung erfolgen kann, da diese kein zulässiger Prüfungsgegenstand sein können (→ Rn. 60 f.).[57]

33 Die Beschlussfassung der Hauptversammlung auf Anordnung der Sonderprüfung und Bestellung eines Sonderprüfers unterliegt den allgemeinen Bestimmungen der §§ 241 ff. Aufgrund der **notwendigen gemeinsamen Beschlussfassung** auf Anordnung der Sonderprüfung und Bestellung eines Sonderprüfers (→ Rn. 97) ist eine getrennte Anfechtung oder Geltendmachung der Nichtigkeit ausgeschlossen. Zu den Folgen einer Anfechtungs- oder Nichtigkeitsklage → Rn. 105 ff., → § 143 Rn. 9 ff. und 39 ff.

34 Hinsichtlich des **gerichtlichen Ersetzungsverfahrens nach Abs. 4** besteht kein Exklusivitätsverhältnis. Soweit ein Sonderprüfer unter Verstoß gegen die an ihn durch § 143 gestellten Anforderungen bestellt wird, kann dieser Beschluss entweder angefochten (→ § 143 Rn. 9 ff. und 39 ff.) oder aber eine Ersatzbestellung nach Abs. 4 (→ Rn. 205 ff.) beantragt werden.

35 **h) Besonderer Vertreter (§ 147 Abs. 2) und Klagezulassungsverfahren (§ 148).** Das Verhältnis der Sonderprüfung zur Geltendmachung von Ersatzansprüchen durch den besonderen Vertreter (§ 147 Abs. 2) und im Anschluss an ein erfolgreiches Klagezulassungsverfahren (§ 148) ist gesetzlich nicht geregelt und umstritten (→ § 147 Rn. 16 f. und → § 148 Rn. 32 f.).

36 **i) Enforcement-Verfahren.** Das Enforcement-Verfahren nach §§ 342b ff. HGB, §§ 106 ff. WpHG ist gegenüber der Sonderprüfung subsidiär (§ 342b Abs. 3 HGB, § 107 Abs. 3 WpHG), da durch das Enforcement-Verfahren die aktienrechtlichen Kontrollinstrumente unberührt gelassen werden sollen und anderenfalls eine **Gefahr divergierender Entscheidungen** bestünde.[58] Daher kann nach Anordnung einer Sonderprüfung kein Enforcement-Verfahren mit gleichem Prüfungsgegenstand mehr durchgeführt werden. Ein bereits anhängiges Enforcement-Verfahren wird durch die

---

[52] Kölner Komm AktG/*Rieckers/Vetter* Rn. 71.
[53] Vgl. dazu Großkomm AktG/*Hopt/Roth* § 111 Rn. 408 ff.
[54] OLG Köln NZG 1998, 553 (555) = AG 1998, 525; vgl. auch K. Schmidt/Lutter/*Spindler* Rn. 11, vgl. dazu auch → § 131 Rn. 31.
[55] So aber LG Düsseldorf BeckRS 2007, 19819, Rn. 67.
[56] AG Ingolstadt AG 2002, 110 = DB 2001, 1356 = EWiR 2001, 845 *(Liebs)*.
[57] AA aber wohl Großkomm AktG/*Bezzenberger* Rn. 17, der auch korporationsrechtliche Akte als Prüfungsgegenstand für zulässig erachtet.
[58] BegrRegE BilKoG BT-Drs. 15/3421, 14, vgl. dazu auch ausf. Kölner Komm WpHG/*Mock* WpHG § 37o Rn. 97, 107 ff.

Anordnung der Sonderprüfung unterbrochen.[59] Ein bereits vor der Sonderprüfung durchgeführtes Enforcement-Verfahren hat auf diese keinerlei präjudiziellen Wirkungen.[60] Zur verfahrensrechtlichen Absicherung des Vorrangs der Sonderprüfung sieht Abs. 7 eine Mitteilungspflicht gegenüber der BaFin vor (→ Rn. 241 f.).

j) Auskunftsrecht der Aktionäre. Weiterhin können sich weit gehende Überschneidungen mit dem **Auskunftsrecht der Aktionäre** auf der Hauptversammlung (§ 131 AktG) ergeben. Dabei gilt der Grundsatz, dass sich das Auskunftsrecht des Aktionärs zwar auch auf mögliche Prüfungsgegenstände für eine Sonderprüfung beziehen kann, die Sonderprüfung aber insoweit vorrangig ist, wenn eine Aufklärung im Rahmen des Auskunftsrechts nicht möglich ist. Dies gilt insbesondere für die Frage des Bestehens von Ersatzansprüchen gegen zu wählende Aufsichtsratsmitglieder.[61] 37

k) Spruchverfahren. Weiterhin können sich Querbezüge zum Spruchverfahren ergeben. Auch in diesem Zusammenhang besteht **kein Exklusivitätsverhältnis,** so dass die Einleitung oder die Ergebnisse einer der beiden Verfahren keine Auswirkungen auf das andere Verfahren haben. Der Gegenstand der Sonderprüfung ist aber grundsätzlich enger als beim Spruchverfahren. Ein faktischer Zusammenhang zwischen beiden Verfahren besteht insofern, als divergierende Ergebnisse in der Regel eine (gerichtliche) Überprüfung eines der Verfahrensergebnisse zum Gegenstand hat. 38

l) Staatsanwaltliche Ermittlungen. Schließlich haben auch staatsanwaltliche Ermittlungen **keinerlei Einfluss** auf eine laufende Sonderprüfung oder deren Beantragung. Insbesondere machen staatsanwaltliche Ermittlungen eine Sonderprüfung nicht obsolet, da bei diesen eine formalisierte Beteiligung der Minderheitsaktionäre schon nicht gegeben ist und bei deren Abschluss auch kein Bericht veröffentlicht wird, wie dies bei der Sonderprüfung nach § 145 Abs. 6 (→ § 145 Rn. 42 ff.) der Fall ist. 39

II. Anwendungsbereich, Rechtsnatur und Gegenstand der Sonderprüfung

1. Anwendungsbereich. Die §§ 142 ff. finden zunächst nur auf die **Aktiengesellschaft** Anwendung. Darüber hinaus gelten diese aber auch für die **REIT-AG** (§ 1 Abs. 3 REITG), die **Investmentaktiengesellschaften mit veränderlichem Kapital** (§ 108 Abs. 2 KAGB) und die **Investmentaktiengesellschaften mit fixem Kapital** (§ 140 Abs. 1 Satz 2 KAGB). Aufgrund der Verweisung in Art. 9 Abs. 1 lit. c ii Se-VO, Art. 52 Unterabs. 2 SE-VO gelten sie auch für die **Europäische Aktiengesellschaft,** wobei sich dabei eine Reihe von Besonderheiten ergeben.[62] 40

Darüber hinaus kann eine Sonderprüfung auch bei einer **Publikumspersonengesellschaft**[63] und bei einer **GmbH**[64] durchgeführt werden, bei denen die §§ 142 ff. dann aufgrund einer fehlenden ausdrücklichen Spezialregelung weitgehend analog Anwendung finden. 41

2. Rechtsnatur. Die Sonderprüfung stellt ein **zentrales Instrument des Minderheitenschutzes** dar und ergänzt dabei die übrigen aktienrechtlichen Kontrollmechanismen in Bezug auf die Geschäftsführung (→ Rn. 55 ff.). Die §§ 142 ff. sind aber nur eine **unvollkommene Regelung** und treffen keine abschließende Aussage zur Rechtsnatur der Sonderprüfung und der Stellung des Sonderprüfers. Insbesondere der Zusammenhang zwischen der Anordnung des Sonderprüfungsverfahrens und der Bestellung des Sonderprüfers (→ Rn. 43), dessen Stellung nach der Bestellung bzw. dem Abschluss des Sonderprüfungsvertrags (→ Rn. 44 f.) und die Möglichkeiten der vorzeitigen Beendigung der Sonderprüfung sind gesetzlich nicht geregelt (→ Rn. 117 ff.). 42

a) Anordnung der Sonderprüfung. Die Reglungen der Abs. 1 S. 1 und Abs. 2 erwähnen zunächst nur die Bestellung von Sonderprüfern. Die **Notwendigkeit einer vorherigen Anordnung der Sonderprüfung** ergibt sich aber mittelbar durch die Beschränkung der Sonderprüfung auf bestimmte Prüfungsgegenstände in Abs. 1. Trotz dieser grundsätzlichen Trennung zwischen Anordnung der Sonderprüfung und der Bestellung eines Sonderprüfers können beide Gegenstände nicht isoliert voneinander betrachtet werden, sondern teilen grundsätzlich das gleiche rechtliche Schicksal. Eine Ausnahme hiervon besteht nur im Rahmen der gerichtlichen Ersatzbestellung in 43

---

[59] *Mattheus/Schwab* BB 2004, 1099 (1104); Kölner Komm WpHG/*Mock* WpHG § 37o Rn. 109; *Müller* ZHR 168 (2004), 414 (417).
[60] Kölner Komm WpHG/*Mock* WpHG § 37o Rn. 110; Kölner Komm AktG/*Rieckers/Vetter* Rn. 77.
[61] LG Frankfurt/Main NZG 2009, 149 (155).
[62] Dazu ausf. *Mock* Konzern 2010, 455 ff.; vgl. auch Kölner Komm AktG/*Rieckers/Vetter* Rn. 93.
[63] Röhricht/Graf von Westphalen/Haas/*Haas/Mock* HGB § 161 Rn. 154a; aA aber OLG Hamm ZIP 2013, 976 (977); BayObLGZ 1985, 257 (260 f.); Kölner Komm AktG/*Rieckers/Vetter* Rn. 98.
[64] Kölner Komm AktG/*Rieckers/Vetter* Rn. 94 f.; dazu ausführlich *Schürnbrand* ZIP 2013, 1301 ff.

Abs. 4, da hierbei die Anordnung der Sonderprüfung durch die Abberufung des bisherigen und Bestellung eines neuen Sonderprüfers nicht berührt wird.

44 **b) Rechtstellung des Sonderprüfers.** Bei der Rechtstellung des Sonderprüfers gegenüber der Gesellschaft handelt es sich um ein **Rechtsverhältnis *sui generis*,** auf das sowohl korporationsrechtliche Vorschriften und Grundsätze als auch das allgemeine Vertragsrecht anwendbar sind. Zwar ist für die Bestellung des Sonderprüfers ein korporationsrechtlicher Vorgang in Form eines Beschlusses der Hauptversammlung bzw. dessen gerichtliche Ersetzung notwendig (→ Rn. 83 ff. und 179 ff.). Dennoch handelt es sich bei dem Sonderprüfer nicht um ein **Organ der Gesellschaft.**[65] Die Aufgabe des Sonderprüfers besteht in erster Linie lediglich in der Unterrichtung der Aktionäre bzw. der Hauptversammlung, so dass seine Tätigkeit einer Sachverständigentätigkeit gleicht. Ein Handeln im Namen der Gesellschaft kann durch den Sonderprüfer nicht erfolgen. Ebenso wenig kann der Sonderprüfer bei der Aufdeckung von Unregelmäßigkeiten in der Geschäftsführung selbst Maßnahmen ergreifen. Aufgrund dieser Beschränkungen kommt dem Sonderprüfer auch keine eigenständige Rolle im kapitalmarktrechtlichen Zusammenhängen zu (→ Rn. 192 f., → § 145 Rn. 59 f.).

45 Die Rechtstellung des Sonderprüfers wird im Wesentlichen durch den zwischen ihm und der Gesellschaft zustande kommenden **Sonderprüfungsvertrag** bestimmt. Die Stellung des Sonderprüfers geht aber über ein reines vertragliches Verhältnis zu der Gesellschaft hinaus. Der Sonderprüfer ist gegenüber der Gesellschaft und den Verwaltungsmitgliedern mit umfangreichen **Auskunfts- und Informationsrechten** ausgestattet (→ § 145 Rn. 10 ff.). Zudem kann das Vertragsverhältnis des Sonderprüfers mit der Gesellschaft nicht ohne Weiteres von deren Vertretern beendet werden (→ Rn. 115 f.).

46 Die Rechtstellung des Sonderprüfers ist bedingt mit derjenigen des **Abschlussprüfers nach §§ 316 ff. HGB** vergleichbar.[66] Die §§ 142 ff. verweisen mehrfach auf das Recht der Abschlussprüfung, jedoch ist der Sonderprüfer weitaus weniger als der Abschlussprüfer in die gesellschaftsrechtliche Organisation eingebunden. Die Abschlussprüfung ist zwingende Voraussetzung für die Feststellung des Jahresabschlusses und die darauf aufbauenden Beschlüsse der Hauptversammlung (§§ 170 ff. AktG, §§ 316 ff. HGB). Die Sonderprüfung führt hingegen nur zu einer Berichterstattung, ohne das damit unmittelbare rechtliche Folgen für die Hauptversammlung, die Gesellschaft oder andere Beteiligte verbunden sind.

47 **c) Sonderprüfung und Corporate Governance.** Auch wenn die Durchführung der Sonderprüfung eines der zentralen Kontrollmechanismen der aktienrechtlichen Organisationsverfassung (→ Rn. 6 ff.) darstellt,[67] wird diese im **Deutschen Corporate Governance Kodex** in keiner Weise adressiert, so dass die Abgabe einer Entsprechenserklärung nach § 161 Abs. 1 auch keinerlei Auswirkungen auf bestehende oder künftige Sonderprüfungen haben kann.[68]

48 **3. Prüfungsgegenstände. a) Allgemeine Anforderungen.** Die Prüfungsgegenstände einer Sonderprüfung können nur **bestimmte Vorgänge** sein, die dabei aber durchaus mehraktig und komplex sein können.[69] Ausgeschlossen ist aber eine allgemeine Prüfung wie etwa der Geschäftspolitik[70] oder die Untersuchung ganzer Zeitabschnitte.[71] Die Konkretisierung der notwendigen Bestimmtheit ist regelmäßig Schwierigkeiten ausgesetzt, da die Hauptversammlung meist nicht über ausreichende Informationen verfügen wird, den Prüfungsgegenstand in allen Einzelheiten zu benennen. Da das Kriterium der Bestimmtheit letztlich nur der Sicherung des Ausnahmecharakters der

---

[65] Großkomm AktG/*Bezzenberger* Rn. 41; *Fleischer* in Küting/Weber Rechnungslegung-HdB Rn. 103; Grigoleit/*Herrler* Rn. 17; *Hüffer* ZHR 174 (2010), 642 (677); Kölner Komm AktG/*Rieckers/Vetter* Rn. 201; K. Schmidt/Lutter/*Spindler* Rn. 37.

[66] Ähnlich Großkomm AktG/*Bezzenberger* Rn. 83 ff.; *Fleischer* in Küting/Weber Rechnungslegung-HdB Rn. 24 ff.

[67] Vgl. etwa *Bork* in Hommelhoff/Hopt/v. Werder Corporate Governance-HdB S. 743 (744).

[68] Zust. Kölner Komm AktG/*Rieckers/Vetter* Rn. 15.

[69] RGZ 146, 385 (393 f.); OLG Hamburg AG 2011, 677 (679) = WM 2011, 1516; OLG Düsseldorf WM 1992, 14 (22) = EWiR 1992, 63 *(Beater)*; ADS §§ 142–146 Rn. 7; MüKoAktG/*Arnold* Rn. 29; Großkomm AktG/*Bezzenberger* Rn. 12; *Fleischer* in Küting/Weber Rechnungslegung-HdB Rn. 65; *Habersack* FS Wiedemann, 2002, 889 (898 f.); *Jänig*, Die aktienrechtliche Sonderprüfung, 2005, 205 ff.; *Jänig* WPg 2005, 761 (762); NK-AktR/*Wilsing/von der Linden* Rn. 9.

[70] Bürgers/Körbers/*Holzborn/Jänig* Rn. 3; K. Schmidt/Lutter/*Spindler* Rn. 14.

[71] RGZ 146, 385 (393 f.); OLG Hamburg AG 2011, 677 (679) = WM 2011, 1516; LG München I NZG 2009, 310 = AG 2008, 720 = EWiR § 142 AktG 1/09, 325 *(Jänig)* (Prüfung von Geschäftsvorgängen im Zusammenhang mit dem Eintritt der Zahlungsunfähigkeit); ADS §§ 142–146 Rn. 7; MüKoAktG/*Arnold* Rn. 16 f.; Großkomm AktG/*Bezzenberger* Rn. 12; *Fleischer* in Küting/Weber Rechnungslegung-HdB Rn. 66; Hüffer/Koch/*Koch* Rn. 2; Kölner Komm AktG/*Rieckers/Vetter* Rn. 101; NK-AktR/*Wilsing/von der Linden* Rn. 9.

Sonderprüfung in der aktienrechtlichen Kompetenzordnung dient, dürfen an dieses keine übermäßigen Anforderungen gestellt werden.[72] Diese Auslegung von Abs. 1 S. 1 wird letztlich auch durch die ausdrückliche Bezugnahme auf Maßnahmen der Kapitalbeschaffung und Kapitalherabsetzung in Abs. 1 S. 1 (→ Rn. 67) gestützt, da diese Maßnahmen schon der Sache nach eine weit reichende Bestimmtheit vermissen lassen. Entscheidendes Kriterium muss daher sein, ob der Prüfungsgegenstand aufgrund der bekannten Informationen ausreichend konkretisiert wurde, da das Sonderprüfungsrecht konsequenterweise nicht von Informationspolitik des Vorstands abhängen kann, zu dessen Kontrolle es besteht.[73] Falls der der Sonderprüfung zugrunde liegende Vorgang daher weit gehend unklar ist, sind an die Bestimmtheit entsprechend geringere Anforderungen zu stellen, wobei der Prüfungsgegenstand immer in seinen Grundzügen benannt werden muss.[74] Somit kann und ggf. muss der Vorstand auf eine Aufklärung im Rahmen von §§ 131 f. hinwirken, um eine hinreichende Konkretisierung des Prüfungsgegenstandes zu ermöglichen. Grundsätzlich ist eine hinreichende Bestimmtheit schon bei der Prüfung von Geschäftsbeziehungen zu einer bestimmten Person[75] oder des Eintritts eines Insolvenzgrundes[76] gegeben.

Die Prüfung bestimmter Vorgänge muss für die Zulässigkeit der Sonderprüfung auch im Beschluss **49** der Hauptversammlung bzw. des Gerichts hinreichend deutlich werden (→ Rn. 90, 128). Für eine Prüfung der Prüfungsgegenstände nach Abs. 1 ist die Hauptversammlung zwingend auf das Sonderprüfungsverfahren nach §§ 142 ff. beschränkt. Eine Anordnung einer **anderweitigen (informellen) Prüfung** durch die Hauptversammlung ist nicht möglich (→ Rn. 244 ff.).

Auch wenn sich die Sonderprüfung meist auf Vorgänge bezieht, aus denen sich später **Ersatzan-** **50** **sprüche der Gesellschaft** ergeben, ist dies für die Zulässigkeit eines Prüfungsgegenstandes keine zwingende Voraussetzung.[77] Allerdings kann die Beantragung einer Beschlussfassung nach Abs. 1 bzw. einer gerichtlichen Entscheidung nach Abs. 2 unzulässig sein, wenn nach der Sonderprüfung keinerlei rechtliche Konsequenzen mehr gezogen werden können (→ Rn. 68).

Die Sonderprüfung kann sich nur auf abgeschlossene oder wenigstens begonnene Vorgänge bezie- **51** hen. Somit ist vor allem eine **Überprüfung von künftigen oder geplanten Maßnahmen** im Wege der Sonderprüfung unzulässig, da anderenfalls die für den Vorstand nach § 76 Abs. 1 bestehende Pflicht zur eigenverantwortlichen Leitung der Gesellschaft ausgehöhlt werden würde.[78]

Weiterhin kann sich die Sonderprüfung nur auf die Ermittlung von Tatsachen beschränken. Eine **52** Sonderprüfung zur **Herbeiführung einer rechtlichen Bewertung durch den Sonderprüfer** ist aber grundsätzlich zulässig,[79] auch wenn diese Bewertung im Sonderprüfungsbericht in keinerlei Zusammenhang bindend sind (→ § 145 Rn. 66). Dies ergibt sich schon daraus, dass eine vollständige Beschränkung auf eine Sachverhaltsermittlung nicht möglich ist, was etwa bei einer Sonderprüfung zu pflichtwidrigem Verwaltungshandeln deutlich wird. Wollte man die Sonderprüfung tatsächlich auf eine reine Sachverhaltsermittlung beschränken, wären die Sonderprüfungen meist sinnentleert. Zudem ist zu beachten, dass die Sonderprüfung dazu dient, die Aktionäre in ihrer Entscheidungsfindung zu unterstützen, was ohne eine rechtliche Bewertung der ermittelten Sachverhalte durch den Sonderprüfer kaum funktionieren kann. Zu kapitalmarktrechtlichen Fragestellungen → Rn. 66.

Schließlich ergibt sich für die Gegenstände der Sonderprüfung keine **Bagatellgrenze** irgendeiner **53** Art. Dies gilt für die gerichtliche Anordnung der Sonderprüfung allerdings mit der Einschränkung, dass der Anordnung der Sonderprüfung keine Gründe des Gesellschaftswohls entgegenstehen dürfen (→ Rn. 155 ff.).

b) Gründung. Die Sonderprüfung kann sich zunächst auf Vorgänge bei der Gründung der Gesell- **54** schaft beziehen. Der Begriff der Gründung umfasst dabei alle Vorgänge bis zur Eintragung der

---

[72] LG München I AG 2008, 720 = EWiR § 142 AktG 1/09, 325 *(Jänig)*; tendenziell auch OLG Hamburg AG 2011, 677 (679) = WM 2011, 1516; strenger hingegen MüKoAktG/*Arnold* Rn. 16.
[73] Zust. OLG Hamburg AG 2011, 677 (679) = WM 2011, 1516; Kölner Komm AktG/*Rieckers/Vetter* Rn. 103.
[74] OLG Stuttgart AG 2009, 169 (171).
[75] *Noack* WPg 1994, 225 (228); Kölner Komm AktG/*Rieckers/Vetter* Rn. 104; MüKoAktG/*Arnold* Rn. 16.
[76] AA aber LG München I NZG 2009, 310 = WM 2008, 2297 = AG 2008, 720; krit. dazu *Jänig* EWiR § 142 AktG 1/09, 325 (326); auch abw. Kölner Komm AktG/*Rieckers/Vetter* Rn. 106.
[77] *Habersack* FS Wiedemann, 2002, 889 (895 ff.).
[78] Großkomm AktG/*Bezzenberger* Rn. 19; *Fleischer* in Küting/Weber Rechnungslegung-HdB Rn. 79; *Jänig*, Die aktienrechtliche Sonderprüfung, 2005, 226 ff.; *Jänig* WPg 2005, 761 (766 f.); Kölner Komm AktG/*Rieckers/Vetter* Rn. 110; *Schedlbauer* Sonderprüfungen, 1984, 63 ff.; *Slavik* WM 2017, 1684 (1685); wohl auch BGHZ 36, 296 (315) = WM 1962, 236 = AG 1962, 87 (121) *(Hengeler)*.
[79] Jedenfalls für eine rechtliche Würdigung *Bachmann* ZIP 2018, 101 (103); Kölner Komm AktG/*Rieckers/Vetter* Rn. 25; aA KG AG 2012, 412 (413) = Konzern 2010, 212; *Slavik* WM 2017, 1684 (1685); *Wilsing*, Der Schutz vor gesellschaftsschädigenden Sonderprüfungen, 2014, 21.

Gesellschaft.[80] Ebenso werden **Nachgründungsvorgänge (§ 52)** erfasst.[81] Die Durchführung einer vorherigen Gründungsprüfung nach §§ 33 ff. ist unschädlich (→ Rn. 28). Ebenso wenig stehen die für die Gründung der Europäischen Aktiengesellschaft vorgesehenen Gründungsprüfungen einer entsprechenden Sonderprüfung entgegen.[82] Grundsätzlich können auch Geschäftsführungsmaßnahmen des Vorstands einer Vor-AG als Maßnahmen der Gründung erfasst werden.[83] Die Gründung kann allerdings nicht in ihrer Gesamtheit einer Sonderprüfung unterzogen werden. Dies ist nur hinsichtlich einzelner, abgrenzbarer Vorgänge möglich.[84] Die Sonderprüfung kann sich auch auf **Handlungen von Hintermännern, Gründern oder Emittenten** beziehen, da Abs. 1 S. 1 nicht auf bestimmte Personen oder Anspruchsgegner, sondern vielmehr auf Vorgänge bei der Gesellschaft bzw. deren Gründung abstellt.[85] Dem steht auch nicht entgegen, dass gegen diese Personen keine personellen Konsequenzen mehr geltend gemacht werden können.[86]

55 c) **Geschäftsführung.** Die wohl bedeutendsten Prüfungsgegenstände der Sonderprüfung sind die Vorgänge der Geschäftsführung.

56 aa) **Maßnahmen des Vorstands.** Der Begriff der Geschäftsführung ist dabei weit auszulegen und umfasst jede rechtliche und tatsächliche Tätigkeit des Vorstands.[87] Daher kann sich die Sonderprüfung etwa auf ungeklärte Verluste im **Warenbestand,** die Vergabe von **Darlehen** an Verwaltungsmitglieder, **Spesenabrechnungen** oder nachteilige Geschäfte mit Aktionären beziehen.[88] Ausgenommen ist dabei aber die Prüfung der **Zweckmäßigkeit unternehmerischer Entscheidungen,**[89] soweit diese jedenfalls offensichtlich von § 93 Abs. 1 S. 2 gedeckt sind. Ob dies allerdings tatsächlich der Fall ist, kann gleichwohl Gegenstand der Sonderprüfung sein. Gegenstand der Sonderprüfung kann auch ein Unterlassen des Vorstands sein.[90] Zu Maßnahmen im Zusammenhang mit Hauptversammlungsbeschlüssen → Rn. 60 f.

57 Es ist auch unbeachtlich, ob der Vorstand selbst oder **leitende Angestellte** oder andere Angestellte gehandelt haben.[91] Bei Aufgaben, die der Vorstand auf andere Ebenen delegieren darf, muss ein Fehler bei der Aufgabendelegation oder aber bei der Führung oder Überwachung der Mitarbeiter vorliegen.[92]

58 Die Prüfung von Vorgängen der Geschäftsführung ist dabei auch nicht auf die ordnungsgemäß bestellten Vorstandsmitglieder beschränkt, sondern kann vielmehr auch auf **fehlerhaft bestellte oder faktische Organmitglieder bzw. Organe** erstreckt werden.[93] Dies ergibt sich letztlich schon aus der mit der Existenz dieser Organmitglieder oder Organe verbundenen unzureichenden Tätigkeit bzw. Überwachung der anderen Verwaltungsorgane.

59 bb) **Maßnahmen des Aufsichtsrats.** Die Vorgänge der Geschäftsführung umfassen auch die Tätigkeiten des Aufsichtsrats. Dies kann aber nur die Vorgänge betreffen, die in einer Beziehung zu den Tätigkeiten und Angelegenheiten des Vorstands stehen.[94] Somit wird die Festsetzung der Bezüge

---

[80] Bürgers/Körber/*Holzborn/Jänig* Rn. 5; Kölner Komm AktG/*Rieckers/Vetter* Rn. 111; K. Schmidt/Lutter/*Spindler* Rn. 12.
[81] ADS §§ 142–146 Rn. 9; MüKoAktG/*Arnold* Rn. 19; Großkomm AktG/*Bezzenberger* Rn. 17; *Fleischer* in Küting/Weber Rechnungslegung-HdB Rn. 67; *Habersack,* FS Wiedemann, 2002, 889 (898 f.); Grigoleit/*Herrler* Rn. 3; NK-AktR/*Wilsing/von der Linden* Rn. 10.
[82] *Mock* Konzern 2010, 455 (457).
[83] Kölner Komm AktG/*Rieckers/Vetter* Rn. 111; K. Schmidt/Lutter/*Spindler* Rn. 12.
[84] KG OLGZ 9, 263; ADS §§ 142–146 Rn. 7; Großkomm AktG/*Bezzenberger* Rn. 17; *Fleischer* in Küting/Weber Rechnungslegung-HdB Rn. 66 f.; NK-AktR/*Wilsing/von der Linden* Rn. 10.
[85] Im Ergebnis auch K. Schmidt/Lutter/*Spindler* Rn. 13; ebenso *Jänig,* Die aktienrechtliche Sonderprüfung, 2005, 213 f.; *Jänig* WPg 2005, 761 (764); Kölner Komm AktG/*Rieckers/Vetter* Rn. 112, die alle allerdings einen Zusammenhang zu den Anspruchsgegnern im Rahmen von § 147 Abs. 1 annehmen.
[86] Diesen Zusammenhang aber herstellend *Jänig,* Die aktienrechtliche Sonderprüfung, 2005, 213 f.; *Jänig* WPg 2005, 761 (764); K. Schmidt/Lutter/*Spindler* Rn. 13.
[87] OLG Hamburg AG 2011, 677 (679) = WM 2011, 1516; Großkomm AktG/*Bezzenberger* Rn. 11; *Fleischer* in Küting/Weber Rechnungslegung-HdB Rn. 68; *Habersack* FS Wiedemann, 2002, 889 (899); Kölner Komm AktG/*Rieckers/Vetter* Rn. 113; NK-AktR/*Wilsing/von der Linden* Rn. 11.
[88] OLG Hamburg AG 2011, 677 (680 f.) = WM 2011, 1516.
[89] Balthasar/Hamelmann WM 2010, 589 (592).
[90] Kölner Komm AktG/*Rieckers/Vetter* Rn. 113; K. Schmidt/Lutter/*Spindler* Rn. 14.
[91] ADS §§ 142–146 Rn. 5; MüKoAktG/*Arnold* Rn. 20; Großkomm AktG/*Bezzenberger* Rn. 11; Hüffer/Koch/*Koch* Rn. 4.
[92] Großkomm AktG/*Bezzenberger* Rn. 11; NK-AktR/*Wilsing/von der Linden* Rn. 11.
[93] *Jänig,* Die aktienrechtliche Sonderprüfung, 2005, 213 f.; *Jänig* WPg 2005, 761 (768); K. Schmidt/Lutter/*Spindler* Rn. 15; ebenso Kölner Komm AktG/*Rieckers/Vetter* Rn. 116.
[94] OLG Düsseldorf ZIP 2010, 28 (29) = AG 2010, 126; Großkomm AktG/*Bezzenberger* Rn. 13; *Fleischer* in Küting/Weber Rechnungslegung-HdB Rn. 70; *Habersack* FS Wiedemann, 2002, 889 (899); Grigoleit/*Herrler* Rn. 5; Hüffer/Koch/*Koch* Rn. 5; Kölner Komm AktG/*Rieckers/Vetter* Rn. 117; NK-AktR/*Wilsing/von der Linden* Rn. 12.

(§ 87), die Befreiung vom Wettbewerbsverbot (§ 88), die Kreditgewährung (§ 89), die Überwachung (§ 111 Abs. 1) und die Ausübung einer Zustimmungskompetenz (§ 111 Abs. 4 S. 2) erfasst.[95] Das gleiche gilt für die Verträge mit Aufsichtsratsmitgliedern (§ 114), da diese für die Gesellschaft vom Vorstand geschlossen werden und somit in dessen Geschäftsführung fallen.[96] Außerhalb des Anwendungsbereichs steht aber die korporationsrechtliche Aufgabenwahrnehmung durch den Aufsichtsrat. Dies ist etwa bei der Informationsbeschaffung zur Auswahl von Vorstandsmitgliedern[97] oder die Bestellung und Abberufung der Vorstandsmitglieder der Fall.[98] Für die Erfassung der Tätigkeit fehlerhafter Aufsichtsratsmitglieder → Rn. 58.

cc) **Maßnahmen im Zusammenhang mit der Hauptversammlung.** Die Zulässigkeit von Maßnahmen der Geschäftsführung als Prüfungsgegenstand wird auch nicht dadurch beeinträchtigt, dass diese von einem **Beschluss der Hauptversammlung** getragen werden.[99] Dabei gilt allerdings die Einschränkung, dass nur die Ausführungsmaßnahmen durch die Sonderprüfung untersucht werden können. Die Rechtmäßigkeit des Hauptversammlungsbeschlusses unterliegt nicht der Sonderprüfung.[100]

Allerdings kann die Vornahme von **Handlungen des Vorstands auf der Hauptversammlung** eine überprüfungsfähige Geschäftsführungsmaßnahme darstellen.[101] Diese Maßnahmen können zwar auch im Rahmen anderer Verfahren einer Rechtmäßigkeitskontrolle unterliegen (→ Rn. 52), daraus ist aber noch keine Subsidiarität der Sonderprüfung abzuleiten. Dies ist etwa bei der Abschlussprüfung der Fall, da der Abschlussprüfer durch die Hauptversammlung gewählt wird, der Aufsichtsrat aber einen Wahlvorschlag unterbreiten muss (§ 124 Abs. 3 S. 1 Alt. 2).[102] In diesen Fällen muss der Beschluss der Hauptversammlung aber eindeutig Bezug auf die entsprechende Tätigkeit des Vorstands oder des Aufsichtsrats nehmen, um deutlich zu machen, dass tatsächlich eine Maßnahme der Geschäftsführung und nicht der Hauptversammlung untersucht werden soll.

dd) **Unternehmensabschlüsse.** Keine zulässigen Prüfungsgegenstände sind schließlich der **Jahresabschluss und der Lagebericht.**[103] Diese stellen aufgrund fehlender konkreter, gegenständlicher Abgrenzbarkeit schon keine Vorgänge im Sinne von Abs. 1 S. 1 dar. Außerdem unterliegt der Jahresabschluss und der Lagebericht bereits der Abschlussprüfung nach §§ 316 ff. HGB. Zudem sieht §§ 258 ff. für den Jahresabschluss eine spezielle bilanzielle Sonderprüfung vor, die nach Abs. 3 gegenüber der Sonderprüfung nach § 142 vorrangig ist (→ Rn. 201 ff.). Bei einer Erweiterung der Sonderprüfung nach § 142 auf den Jahresabschluss würde dieser Vorrang inhaltslos werden.

Ebenfalls keine zulässigen Prüfungsgegenstände sind der **Konzernabschluss und den Konzernlagebericht,** auch wenn diese lediglich der Abschlussprüfung (§ 316 Abs. 2 HGB), nicht aber der Sonderprüfung nach §§ 258 ff. unterliegen.[104]

Teilweise wird angenommen, dass die Sonderprüfung zwar nicht den Jahresabschluss und den Lagebericht umfassen könne, wohl aber eine **Prüfung einzelner Posten** möglich sei.[105] Nach Abs. 1 können aber nur Vorgänge Prüfungsgegenstand der Sonderprüfung sein, so dass eine explizite Prüfung einzelner Posten des Jahresabschlusses konsequenterweise nicht möglich ist, da es sich dabei eben nicht um einzelne Vorgänge der Geschäftsführung handelt und zudem die in Abs. 3

---

[95] OLG Frankfurt/Main BeckRS 2012, 10249 Rn. 23; LG Dortmund AG 2009, 881 (883); *ADS* §§ 142–146 Rn. 5; MüKoAktG/*Arnold* Rn. 24; *Bork* in Hommelhoff/Hopt/v. Werder Corporate Governance-HdB S. 743 (746).
[96] Hüffer/Koch/*Koch* Rn. 5.
[97] LG Dortmund AG 2009, 881 (883).
[98] A.A. Großkomm AktG/*Bezzenberger* Rn. 13; K. Schmidt/Lutter/*Spindler* Rn. 16; unklar Kölner Komm AktG/*Rieckers*/*Vetter* Rn. 118 einerseits und Rn. 119 andererseits.
[99] MüKoAktG/*Arnold* Rn. 25; Kölner Komm AktG/*Rieckers*/*Vetter* Rn. 115; K. Schmidt/Lutter/*Spindler* Rn. 17.
[100] *Jänig*, Die aktienrechtliche Sonderprüfung, 2005, 237; aA wohl aber Großkomm AktG/*Bezzenberger* Rn. 14.
[101] Ebenso für das Auskunftsverweigerungsrecht MüKoAktG/*Kubis* § 131 Rn. 174; Kölner Komm AktG/*Zöllner* § 131 Rn. 104.
[102] OLG Hamburg AG 2011, 677 (680) = WM 2011, 1516.
[103] OLG Hamburg AG 2011, 677 (681) = WM 2011, 1516; AG Ingolstadt DB 2001, 1356 = AG 2002, 110; *ADS* §§ 142–146 Rn. 8; MüKoAktG/*Arnold* Rn. 40; Großkomm AktG/*Bezzenberger* Rn. 16; *Fleischer* in Küting/Weber Rechnungslegung-HdB Rn. 26; *Habersack* FS Wiedemann, 2002, 889 (900 f.); Hüffer/Koch/*Koch* Rn. 6; Kölner Komm AktG/*Rieckers*/*Vetter* Rn. 121 ff.; NK-AktR/*Wilsing/von der Linden* Rn. 15; aA aber *Schedlbauer* Sonderprüfungen, 1984, 143.
[104] NK-AktR/*Wilsing/von der Linden* Rn. 15.
[105] So vor allem MüKoAktG/*Arnold* Rn. 40; Großkomm AktG/*Bezzenberger* Rn. 16, 18; *Habersack* FS Wiedemann, 2002, 889 (901); *Jänig*, Die aktienrechtliche Sonderprüfung, 2005, 223 ff.; Kölner Komm AktG/*Rieckers*/*Vetter* Rn. 123; NK-AktR/*Wilsing/von der Linden* Rn. 15.

(→ Rn. 201 ff.) normierte Spezialität der Sonderprüfung nach §§ 258 ff. dem entgegen steht.[106] Dadurch ist aber nicht ausgeschlossen, dass im Rahmen der Prüfung eines bestimmten Vorgangs auch auf den Jahresabschluss und den Lagebericht Bezug genommen und somit eine **inzidente Prüfung** einzelner Posten durchgeführt wird.[107] Dies legt im Übrigen die in Abs. 3 (→ Rn. 201 ff.) angeordnete Subsidiarität,[108] das vom Gesetzgeber im Rahmen des Enforcement-Verfahren angeordnete Verhältnis zwischen diesem und der Sonderprüfung (→ Rn. 36) und die nach Abs. 7 bestehende Mitteilungspflicht gegenüber der BaFin (→ Rn. 241 f.) nahe, da diese Regelungen nicht notwendig wären, wenn im Rahmen der Sonderprüfung nicht auch auf Vorgänge mit einem Bezug zu den im Enforcement-Verfahren bzw. im Rahmen der Sonderprüfung nach §§ 258 ff. zu überprüfenden Unternehmensabschlüssen eingegangen werden könnte.[109]

65 Schließlich kommen die **nichtfinanzielle Erklärung** (§ 289b HGB) bzw. die **nichtfinanzielle Konzernerklärung** (§ 315b HGB) und somit die Berichterstattung über die *Corporate Social Responsibility* als Prüfungsgegenstände in Betracht, da es sich insofern um Maßnahmen der Geschäftsführung handelt.[110] Dabei kann auch der gesamte Inhalt der Erklärungen – ohne die in Rn. 62 ff. genannten Beschränkungen – Prüfungsgegenstand sein, da die Erklärungen nicht originärer Bestandteil der Unternehmensabschlüsse sind. Dies wird nicht zuletzt dadurch deutlich, dass statt der nichtfinanziellen (Konzern-)Erklärung auch ein nichtfinanzieller (Konzern-)Bericht erstellt und veröffentlicht werden kann (§ 289b Abs. 3 HGB, § 315b Abs. 3 HGB).

66 **ee) Kapitalmarktrecht.** Die Verletzung kapitalmarktrechtlicher Pflichten ist ebenfalls ein zulässiger Prüfungsgegenstand, da diese zu den Maßnahmen der Geschäftsführung gehören. Dabei spielt es auch keine Rolle, ob die Verletzung der entsprechenden kapitalmarktrechtlichen Vorschriften zu individuellen Schadenersatzansprüchen von Aktionären führt. Denn aufgrund des Legalitätsgrundsatzes müssen die Verwaltungsmitglieder alle kapitalmarktrechtlichen Pflichten beachten, so dass diese stets ein Vorgang der Geschäftsführung darstellen. Daher kann auch das Vorliegen eines **Verstoßes gegen das Insiderhandels- oder Marktmanipulationsverbot** (Art. 14 f. MAR) oder die **Pflicht zur Abgabe einer Ad-hoc-Mitteilung** (Art. 17 MAR) Prüfungsgegenstand sein.[111] Allerdings ist in diesem Zusammenhang zu beachten, dass der Sonderprüfer in seinem Bericht keine rechtliche Würdigung vornimmt, sondern nur entsprechende Tatsachen feststellen kann (→ § 145 Rn. 49).

67 **d) Kapitalmaßnahmen.** Die Sonderprüfung kann sich schließlich auch auf **Maßnahmen der Kapitalbeschaffung (§§ 182 ff.) und der Kapitalherabsetzung (§§ 222 ff.)** beziehen. Der Prüfungsgegenstand ist dabei aber nur die vorbereitende und ausführende Tätigkeit der Verwaltung und nicht die Beschlussfassung durch die Hauptversammlung als deren Voraussetzung.[112] Das Prüfungsthema muss keine konkreten Maßnahmen der Verwaltung bezeichnen. Vielmehr ist es ausreichend, dass die Gesamtmaßnahme hinreichend konkret bestimmt wird.[113]

68 **e) Zeitliche Beschränkungen.** Die Sonderprüfung nach Abs. 1 unterliegt – im Gegensatz zu Abs. 2 (→ Rn. 144 ff.) – keinen ausdrücklichen zeitlichen Schranken. Somit kann grundsätzlich jeder in Abs. 1 genannte Vorgang seit der Gründung der Gesellschaft Prüfungsgegenstand der Sonderprüfung sein.[114] Eine Beschränkung ergibt sich dabei nur bei **Vorliegen eines Rechtsmiss-**

---

[106] Ebenso *ADS* §§ 142–146 Rn. 8.
[107] LG München I AG 2011, 760 (761 f.); *ADS* §§ 142–146 Rn. 8; Großkomm AktG/*Bezzenberger* Rn. 16; *Fleischer* in Küting/Weber Rechnungslegung-HdB Rn. 27; *Habersack* FS Wiedemann, 2002, 889 (901); Hüffer/Koch/*Koch* Rn. 6; MüKoAktG/*Arnold* Rn. 40; NK-AktR/*Wilsing/von der Linden* Rn. 15.
[108] LG München I AG 2011, 760 (761 f.); K. Schmidt/Lutter/*Spindler* Rn. 19; NK-AktG/*Wilsing/von der Linden* Rn. 15.
[109] In diese Richtung auch BegrRegE BilKoG BT-Drs. 15/3421, 14.
[110] Hachmeister/Kahle/Mock/Schüppen/*Mock* HGB § 289b Rn. 73; *Mock* in Fleischer/Kalss/Vogt, Corporate Social Responsibility, 2018, im Erscheinen.
[111] Dies jedenfalls im Hinblick auf die *Ad-hoc*-Publizitätspflicht akzeptierend OLG Celle NZG 2017, 1381 = AG 2018, 42; *Mock* ZHR 180 (2016), 557 ff.; aA *Bachmann* ZIP 2018, 101 (103).
[112] MüKoAktG/*Arnold* Rn. 27; *Bork* inHommelhoff/Hopt/v. Werder Corporate Governance-HdB S. 743 (746); Bürgers/Körber/*Holzborn/Jänig* Rn. 7; Hüffer/Koch/*Koch* Rn. 7; *Mimberg* in Marsch-Barner/Schäfer Börsennotierte AG-HdB Rn. 40. 3; NK-AktR/*Wilsing/von der Linden* Rn. 14; aA Großkomm AktG/*Bezzenberger* Rn. 17, der auch die Rechtmäßigkeit des Hauptversammlungsbeschlusses überprüfen lassen will. So wohl auch *Fleischer* in Küting/Weber Rechnungslegung-HdB Rn. 73.
[113] MüKoAktG/*Arnold* Rn. 27; K. Schmidt/Lutter/*Spindler* Rn. 20; aA aber *Jänig*, Die aktienrechtliche Sonderprüfung, 2005, 239, der insofern die gleichen Voraussetzungen wie bei den anderen Prüfungsgegenständen anwenden will.
[114] OLG Düsseldorf WM 1992, 14 (22) = EWiR 1992, 63 *(Beater)*; *ADS* §§ 142–146 Rn. 10; Großkomm AktG/*Bezzenberger* Rn. 20; *Fleischer* in Küting/Weber Rechnungslegung-HdB Rn. 76 ff.

brauchs.[115] Dieser ist anzunehmen, wenn das Ergebnis der Sonderprüfung keinerlei Konsequenzen mehr nach sich ziehen kann, also etwa die Ansprüche gegen die Verwaltungsmitglieder bereits verjährt sind und auch sonst keine Maßnahmen diesbezüglich mehr getroffen werden können. Das gleiche gilt, wenn personelle Konsequenzen aufgrund eines bereits zurückliegenden Ausscheidens nicht mehr möglich sind.[116]

f) Prüfungsgegenstände im Konzern. Die Prüfungsgegenstände nach Abs. 1 beziehen sich immer nur auf die Gesellschaft selbst, umfassen dabei aber deren gesamten Geschäftsbetrieb (→ Rn. 55 ff.). Daher kann bei der **Sonderprüfung bei einem herrschenden Unternehmen** auch die Konzerngeschäftsführung Gegenstand der Sonderprüfung sein.[117] Ebenso können die Beziehungen zu den anderen (Konzern)Unternehmen Prüfungsgegenstand sein, soweit diese über das herrschende Unternehmen abgewickelt werden[118] und dieses daher – sei es auch nur haftungsrechtlich – betreffen.[119] In diesem Zusammenhang kann auch die entsprechende Überwachungstätigkeit des Aufsichtsrats (→ Rn. 59) hinsichtlich der Tochtergesellschaften Gegenstand der Sonderprüfung sein.[120] Aber auch bei einer **Tochtergesellschaft** kann sich eine Sonderprüfung auf die Verhältnisse zu der beherrschenden Gesellschaft beziehen.[121] Liegen diese Voraussetzungen – etwa im Fall einer bloßen Betroffenheit anderer Konzernunternehmen – nicht vor, kann eine Sonderprüfung nicht erfolgen.[122] Zum **Verhältnis der Sonderprüfung im Konzern zur konzernrechtlichen Sonderprüfung nach § 315** → Rn. 27.

g) Durchführung einer (vorherigen) Sonderprüfung. Ansprüche gegen den besonderen Vertreter oder einer qualifizierten Aktionärsminderheit nach § 148. Keine ausdrückliche Erwähnung haben etwaige Ersatzansprüche gegen einen (vorherigen) Sonderprüfer (→ § 144 Rn. 22 ff.), gegen einen besonderen Vertreter → § 147 Rn. 127) oder die qualifizierte Aktionärsminderheit nach § 148 (→ § 148 Rn. 164 f.) erfahren. Dies ist insofern problematisch, als gegen diese Personen nicht nur Ersatzansprüche bestehen können, sondern den Aktionären ansonsten kaum Möglichkeiten eingeräumt werden, die Handlungen dieser Personen bzw. Personengruppen überprüfen zu lassen. Aus diesem Grund müssen die Handlungen dieser Personen bzw. Personengruppen als **Maßnahmen der Geschäftsführung** betrachtet werden, so dass sich die Sonderprüfung entsprechend erstreckt.

h) Andere Prüfungsgegenstände. Andere Prüfungsgegenstände sind für eine Sonderprüfung nach §§ 142 ff. AktG nicht möglich. Es bleibt der Hauptversammlung allerdings unbenommen, eine **(freiwillige) Prüfung über andere Prüfungsgegenstände** zu beschließen, die dann aber lediglich eine Empfehlung darstellt, ohne verbindlich zu sein. Aufgrund der fehlenden Anwendbarkeit der §§ 142 ff. AktG auf die (freiwillige) Prüfung über andere Prüfungsgegenstände gelten die **speziellen Stimmverbote des § 142 Abs. 1 S. 2 und 3** nicht, so dass der Beschluss insoweit auch nicht anfechtbar ist, zumal ihm aufgrund der fehlenden Anwendung der §§ 142 ff. schon keine Bindungswirkung zukommt und er somit auch nicht in die aktienrechtliche Organisationsverfassung eingreift.[123] Die Anordnung einer Prüfung über andere Prüfungsgegenstände durch die Hauptversammlung geht aber faktisch ins Leere, da der Vorstand dann nicht den Pflichten des § 145 unterliegt und die Hauptversammlung mangels Vertretungsbefugnis auch keinen Prüfungsvertrag mit dem Prüfer schließen bzw. den Vorstand hierzu zwingen kann.[124] Eine Anfechtbarkeit des Beschlusses ist allerdings dann gegeben, wenn diese Prüfung als Sonderprüfung durchgeführt werden soll oder der Beschlussinhalt entsprechend ausgelegt werden kann. Zur freiwilligen Sonderprüfung → Rn. 244 ff.

---

[115] MüKoAktG/*Arnold* Rn. 29; *Bork* in Hommelhoff/Hopt/v. Werder Corporate Governance-HdB S. 743 (748); Hüffer/Koch/*Koch* Rn. 8.
[116] MüKoAktG/*Arnold* Rn. 29; Großkomm AktG/*Bezzenberger* Rn. 20; sehr restriktiv aber *Fleischer* in Küting/Weber Rechnungslegung-HdB Rn. 77.
[117] Kölner Komm AktG/*Rieckers/Vetter* Rn. 107, 124 ff.; *Schneider* AG 2009, 305 (308); *Slavik* WM 2017, 1684 (1685).
[118] MüKoAktG/*Arnold* Rn. 23; *Hopt* Liber Amicorum Richard M. Buxbaum, 2000, 299 (313); *Schneider* AG 2009, 305 (308); K. Schmidt/Lutter/*Spindler* Rn. 18.
[119] OLG Düsseldorf NZG 2010, 1069 (1070 f.); MüKoAktG/*Arnold* Rn. 23; *Jänig*, Die aktienrechtliche Sonderprüfung, 2005, 426; *Schneider* AG 2009, 305 (308).
[120] *Schneider* AG 2009, 305 (308).
[121] OLG Düsseldorf NZG 2010, 1069 (1070 f.); MüKoAktG/*Arnold* Rn. 23; *Schneider* AG 2009, 305 (309 f.).
[122] OLG Düsseldorf NZG 2010, 1069 (1071); *Slavik* WM 2017, 1684 (1685).
[123] RGZ 146, 385 (393 f.); *ADS* §§ 142–146 Rn. 7; Hüffer/Koch/*Koch* Rn. 2; aA K. Schmidt/Lutter/*Spindler* Rn. 10, der darin einen Verstoß gegen die aktienrechtliche Zuständigkeitsordnung sieht.
[124] Hüffer/Koch/*Koch* Rn. 2.

72 **4. Umwandlung.** Bei Vorgängen im Zusammenhang mit Umwandlungsmaßnahmen scheidet eine Sonderprüfung von Maßnahmen hinsichtlich des Umwandlungsvorgangs nicht aus, auch wenn insofern eine Spezialregelung in Form der Umwandlungsprüfung besteht (§§ 10 ff. UmwG), da Abs. 1 ausdrücklich auf Vorgänge bei der Gründung verweist, für die im Übrigen auch eine gesonderte im Form der Gründungsprüfung besteht.

73 Hinsichtlich von Geschäftsvorgängen aus der Zeit vor den Umwandlungsmaßnahmen muss hingegen unterschieden werden. Dabei gilt zunächst, dass für die **Verschmelzung** die Sonderprüfung bei der aufnehmenden Gesellschaft sich auch auf Vorgänge aus der Geschäftsführung vor der Zeit der Umwandlung beziehen kann.[125] Darüber hinaus kann eine Sonderprüfung aufgrund der Gesamtrechtsnachfolgeregelung von § 20 Abs. 1 Nr. 1 UmwG von den Aktionären des aufnehmenden Rechtsträgern auch hinsichtlich von Vorgängen der übertragenden Gesellschaft beschlossen bzw. gerichtlich angeordnet werden, die zeitlich vor der Umwandlung liegen und somit bei den an der Verschmelzung beteiligten Rechtsträgern vorgenommen wurden.[126] Für die Aktionäre der übertragenden Gesellschaft besteht allerdings die Möglichkeit der Beschlussfassung bzw. gerichtliche Beantragung einer Sonderprüfung nur noch dann, wenn diese an der aufnehmenden Gesellschaft auch weiterhin beteiligt sind, sich diese also nicht für eine ggf. mögliche Barabfindung (§ 29 UmwG) entschieden haben. Insofern sind die Aktionäre auf das Spruchverfahren beschränkt. Dies bedeutet allerdings nicht, dass bereits eingeleitete Sonderprüfungen beendet werden müssen (→ Rn. 121 und → 185).

74 Bei der **Spaltung** kann die Sonderprüfung hinsichtlich von Geschäftsvorgängen der übertragenden Gesellschaft grundsätzlich bei beiden Gesellschaften durchgeführt werden.[127] Bei der Abspaltung und der Ausgliederung gilt dies bei der aufnehmenden Gesellschaft allerdings nur dann, wenn der zu prüfende Geschäftsvorgang einen tatsächlichen Bezug zu der aufnehmenden Gesellschaft hat.

75 Nach einem **Formwechsel** ist eine Sonderprüfung für zeitlich zurückliegende Vorgänge nicht möglich. Soweit eine Gesellschaft in eine Aktiengesellschaft umgewandelt wird, kann dadurch keine Überprüfung für die davorliegenden Zeiträume durchgeführt werden, da eine solche in diesen Zeiträumen bereits nicht möglich war.[128] Bei einem Formwechsel von einer Aktiengesellschaft in eine andere Rechtsform bestimmt sich die Durchführung der Sonderprüfung danach, ob eine solche für die neue Rechtsform überhaupt möglich ist (→ Rn. 40 f.). In jedem Fall aber endet die Bestellung des Sonderprüfers mit der Eintragung der neuen Rechtsform im Handelsregister.

76 Schließlich ist eine Sonderprüfung hinsichtlich der **Gründung der an dem Umwandlungsvorgang beteiligten Rechtsträger** nicht möglich, da sich die Sonderprüfung immer nur auf die Gründung der Gesellschaft selbst beziehen kann.

77 **5. Auflösung.** Die Sonderprüfung kann auch nach der **Auflösung der Gesellschaft** von der Hauptversammlung beschlossen bzw. gerichtlich angeordnet werden. Insofern kann insbesondere auch das gesamte Handeln des Abwicklers als Geschäftsführungsmaßnahme Gegenstand der Sonderprüfung sein.[129] Keine Sonderprüfung ist schließlich für Geschäftsvorgänge bei der **beendeten Gesellschaft** möglich.[130] Dies gilt auch für den Fall der **Nachtragsliquidation,** da die Organisationsverfassung der beendeten Gesellschaft bei dieser nicht fortbesteht.

78 **6. Insolvenz.** Mit **Eröffnung des Insolvenzverfahrens** kann eine Sonderprüfung für Vorgänge vor der Eröffnung grundsätzlich noch von der Hauptversammlung beschlossen werden, da durch die Eröffnung des Insolvenzverfahrens die Organisationsverfassung der Gesellschaft und damit auch die Möglichkeit einer Beschlussfassung durch die Hauptversammlung nicht berührt wird.[131] Aufgrund der Kostentragungslast der Gesellschaft nach Abs. 6 bzw. aufgrund des Prüfungsvertrages und der damit verbundenen Begründung von Masseverbindlichkeiten kann dies aber nur mit Zustimmung des Insolvenzverwalters erfolgen. Da dieser die Aufklärung von Vorgängen der Geschäftsführung vor Eröffnung des Insolvenzverfahrens auch selbst betreiben kann und dazu keines Sonderprüfers bedarf, ist eine Sonderprüfung somit regelmäßig nicht notwendig. Allerdings bleibt es den Aktionären

---

[125] Dazu ausf. *Jänig,* Die aktienrechtliche Sonderprüfung, 2005, 228 ff.; *Jänig* WPg 2005, 761 (767 f.).
[126] Kölner Komm AktG/*Rieckers/Vetter* Rn. 132; dies gilt ebenso für die SE *Mock* Konzern 2010, 455 (458).
[127] Zust. Kölner Komm AktG/*Rieckers/Vetter* Rn. 134.
[128] AA aber Kölner Komm AktG/*Rieckers/Vetter* Rn. 135.
[129] *ADS* §§ 142–146 Rn. 5; Großkomm AktG/*Bezzenberger* Rn. 11, 22; *Fleischer* in Küting/Weber Rechnungslegung-HdB Rn. 78; *Jänig,* Die aktienrechtliche Sonderprüfung, 2005, 240 (390 f.).
[130] Zust. Kölner Komm AktG/*Rieckers/Vetter* Rn. 138.
[131] Ebenso *Haas/Mock* in Gottwald InsR-HdB § 93 Rn. 28 ff.; Uhlenbruck/*Hirte* InsO § 11 Rn. 189; Kölner Komm AktG/*Rieckers/Vetter* Rn. 138; aA aber Großkomm AktG/*Bezzenberger* Rn. 22; *Fleischer* in Küting/Weber Rechnungslegung-HdB Rn. 78; *Jänig,* Die aktienrechtliche Sonderprüfung, 2005, 240 f.; *Jänig* WPg 2005, 761 (771 f.).

unbenommen, die Kosten der Sonderprüfung selbst (oder durch Dritte) zu übernehmen, womit eine entsprechende Zustimmung des Insolvenzverwalters aufgrund der damit verbundenen Masseneutralität nicht erforderlich ist.

Eine Sonderprüfung kann auch im Rahmen eines **Insolvenzplans** angeordnet werden, da es sich 79 um eine gesellschaftsrechtliche Maßnahme im Sinne von § 225a Abs. 3 InsO handelt. Das praktische Bedürfnis dafür ist allerdings äußerst gering. Im Rahmen der **Eigenverwaltung** ist die Bestellung eines Sonderprüfers sowohl durch die Hauptversammlung als auch durch das Gericht weiterhin möglich, da insbesondere § 276a InsO auf die Bestellung des Sonderprüfers keine Anwendung findet.[132]

Eine **anhängige Sonderprüfung** kann durch die Eröffnung des Insolvenzverfahrens vom Insol- 80 venzverwalter durch die entsprechende Ausübung des Wahlrechts nach § 103 InsO hinsichtlich des Prüfungsvertrages beendet werden.[133] Dadurch wird zwar die Organstellung des Sonderprüfers nichts hinfällig, allerdings wird der Sonderprüfer dann in der Regel sein Amt ohnehin niederlegen und seine Organstellung damit beenden.

Nach **Beendigung des Insolvenzverfahrens** kann eine Sonderprüferprüfung wieder ohne Ein- 81 schränkungen durch die Aktionäre auf der Hauptversammlung oder bei Gericht beantragt werden.[134] Diese kann sich dabei auf Prüfungsgegenstände sowohl aus der Zeit vor als auch nach dem Insolvenzverfahren beziehen. Die Durchführung einer Sonderprüfung in Bezug auf Vorgänge während des Insolvenzverfahrens ist nur hinsichtlich der Restgeschäftsführungskompetenz der Verwaltungsmitglieder möglich. Die (Haupt)Geschäftsführungskompetenz der Gesellschaft wird während des Insolvenzverfahrens bei einem entsprechenden Massebezug durch den Insolvenzverwalter wahrgenommen (§ 80 InsO), dessen Handlungen aber keine zulässigen Prüfungsgegenstände nach Abs. 1 sind.[135]

III. Anordnung der Sonderprüfung und Bestellung des Sonderprüfers durch die Hauptversammlung (Abs. 1)

Die Anordnung der Sonderprüfung und Bestellung des Sonderprüfers durch die Hauptversamm- 82 lung gliedert sich trotz der bloßen Erwähnung der Bestellung des Sonderprüfers in Abs. 1 in einen **korporationsrechtlichen Akt der Anordnung und Bestellung** (→ Rn. 83 ff.) und den **Abschluss eines Prüfungsvertrages** zwischen der Gesellschaft und dem Sonderprüfer (→ Rn. 112 ff.).

1. Beschlussfassung. Die Bestellung eines Sonderprüfers erfordert einen Beschluss der Hauptver- 83 sammlung.

a) **Tagesordnung und Beantragung der Beschlussfassung.** Grundsätzlich ist der Antrag auf 84 Sonderprüfung zur **Tagesordnung** etwa als TOP „Sonderprüfung". anzukündigen. Aufgrund der hohen Quorumsanforderungen von § 122 Abs. 2 für die Ergänzung der Tagesordnung ist dies aber eher selten der Fall.

Größere Bedeutung haben Sonderprüfungsanträge hingegen in den Fällen der **Bekanntma-** 85 **chungsfreiheit** nach § 124 Abs. 4 Satz 2. Denn aufgrund der Quorumsanforderungen für eine Ergänzung der Tagesordnung (§ 122 Abs. 2) ist für Aktionäre ein Antrag zu einem entsprechenden Tagesordnungspunkt in der Regel die einzige Möglichkeit, eine Beschlussfassung herbeizuführen. Sonderprüfungsanträge sind im Rahmen des Tagungsordnungspunkts „**Entlastung**" bekanntmachungsfrei, wenn sich der Prüfungs- und der Entlastungszeitraum decken.[136] Dabei ist aus Gründen des Minderheitenschutzes eine weite Auslegung vorzunehmen, so dass es insofern schon ausreicht, wenn ein nicht völlig unbedeutender Teil des zu untersuchenden Geschäftsvorgangs wie etwa der Schadenseintritt in den Entlastungszeitraum fällt.[137] Ebenso nicht anzukündigen ist der Antrag auf Sonderprüfung, wenn sich diese auf die Anzeige des **Verlustes der Hälfte des Grundkapitals** bezieht.[138] Im Rahmen des Tagesordnungspunkts „**Wahl des Aufsichtsrats**" besteht keine Bekanntmachungsfreiheit für Sonderprüfungsanträge.[139]

---

[132] *Haas/Mock* in Gottwald InsR-HdB § 93 Rn. 116; einschränkender *Hirte/Knof/Mock*, Das neue Insolvenzrecht nach dem ESUG, 2012, 64.
[133] Im Ergebnis ebenso Großkomm AktG/*Bezzenberger* Rn. 23, der aber auf § 115 InsO abstellt.
[134] Kölner Komm AktG/*Rieckers/Vetter* Rn. 140.
[135] Vgl. dazu *Jänig*, Die aktienrechtliche Sonderprüfung, 2005, 240 f.; *Jänig* WPg 2005, 761 (771 f.); *Kirschner*, Die Sonderprüfung der Geschäftsführung in der Praxis, 2007, 25 f.; Kölner Komm AktG/*Rieckers/Vetter* Rn. 140.
[136] OLG Köln AG 1960, 46 (48); MüKoAktG/*Arnold* Rn. 46; Großkomm AktG/*Bezzenberger* Rn. 26; *Fleischer* in Küting/Weber Rechnungslegung-HdB Rn. 86; Hüffer/Koch/*Koch* Rn. 9; Kölner Komm AktG/*Rieckers/Vetter* Rn. 146; *Slavik* WM 2017, 1684; NK-AktR/*Wilsing/von der Linden* Rn. 17.
[137] AA *Slavik* WM 2017, 1684 (1684 f.).
[138] Vgl. auch *Butzke* Die Hauptversammlung der AG Rn. M 6.
[139] LG Frankfurt/Main NZG 2009, 149 (150 f.); *Slavik* WM 2017, 1684 (1685).

86 Die Antragstellung kann durch jeden Aktionär oder auch durch die Verwaltung erfolgen. Dabei kann die Verwaltung auch nach einer Antragstellung durch einen Aktionär einen eigenen Antrag stellen und den ursprünglichen Antragsteller zur **Rücknahme seines Antrags** veranlassen.[140] Der Vorteil liegt für die Verwaltung dabei darin, dass sie einen stärkeren Einfluss auf die Prüfungsgegenstände und die Person des Sonderprüfers hat. Für den ursprünglich antragstellenden Aktionär besteht der Vorteil darin, dass damit häufig eine entsprechende Beschlussfassung wahrscheinlicher wird.

87 Ein **Ausschluss des Antragsrechts wegen fehlendem Rechtsschutzbedürfnis** kommt nur in äußerst seltenen Fällen in Betracht.[141] Zwar kann schon die Ankündigung eines Sonderprüfungsantrags ein entsprechendes Druckpotential gegenüber den Betroffenen und gegebenenfalls gegenüber der Gesellschaft aufbauen. Dabei handelt es sich aber lediglich um die Ausübung von Kontrollrechten durch die Hauptversammlung, so dass nicht ohne Weiteres auf ein rechtsmissbräuchliches Verhalten und damit ein Fehlen des Rechtsschutzbedürfnisses geschlossen werden kann.[142] Zur rechtsmissbräuchlichen Antragstellung bei der gerichtlichen Bestellung → Rn. 166 f.

88 Die **Einberufung einer Hauptversammlung** durch den Vorstand kann von diesem wieder zurückgenommen werden, auch wenn auf dieser Hauptversammlung über die Bestellung eines Sonderprüfers abgestimmt werden sollte.[143] Zur (fehlenden) Möglichkeit der gerichtlichen Bestellung eines Sonderprüfers in diesem Fall → Rn. 136.

89 b) **Mehrheitserfordernisse.** Für die Beschlussfassung ist zwingend (§ 23 Abs. 5) eine **einfache Mehrheit** erforderlich (§ 133 Abs. 1).[144] Eine getrennte Abstimmung für bestimmte Aktionärsgruppen oder Aktiengattungen ist weder möglich noch notwendig. Dies gilt auch für den Fall, dass sich die Sonderprüfung ausschließlich auf Vorgänge bezieht, die nur mit einer Aktionärsgruppe oder Aktiengattung in Zusammenhang stehen. Da Abs. 1 S. 1 auf die Bestellung durch die Hauptversammlung abstellt, sind nur Aktionäre stimmberechtigt. Ausgeschlossen sind daher auch Inhaber von Fremdkapitalinstrumenten, da diese kein Stimmrecht vermitteln. Dies gilt unabhängig davon, ob diese Eigenkapitalcharakter haben (→ allerdings zum Antragsrecht nach Abs. 2 S. 1 Rn. 131).

90 c) **Inhaltliche Anforderungen.** Der Hauptversammlungsbeschluss muss sich auf bestimmte Vorgänge beziehen (→ Rn. 48 ff.). Eine bloße **Bezeichnung eines Zeitraums** ist insofern nicht ausreichend.[145] Dies gilt auch dann, wenn in dem entsprechenden Zeitraum massive Verluste eingetreten sind.[146] Fehlt eine entsprechende Bezugnahme auf bestimmte Vorgänge, handelt es sich nicht um eine Beschlussfassung über eine Sonderprüfung.[147] In diesen Fällen handelt es sich auch nicht um eine andere (informelle) Prüfung durch die Hauptversammlung, da die Hauptversammlung für eine Überprüfung von den in Abs. 1 genannten Prüfungsgegenständen auf die Sonderprüfung beschränkt ist (→ Rn. 71). Die genaue Umgrenzung des Prüfungsgegenstandes in dem Antrag auf Sonderprüfung kommt vor allem im Hinblick auf eine etwaige später notwendige gerichtliche Bestellung eines Sonderprüfers nach Abs. 2 Bedeutung zu (→ Rn. 140). Auch bei komplexen Prüfungsvorgängen ist eine konkrete Benennung des Prüfungsgegenstands zwingend notwendig. **Maßstab für die Bestimmtheit des Beschlusses** muss letztlich die Verfügbarkeit von Informationen in Bezug auf die entsprechenden zu prüfenden Vorgänge sein, da nicht die Informationspolitik des Vorstands darüber entscheiden kann, ob überhaupt eine Sonderprüfung eingeleitet werden kann. Je mehr Informationen daher verfügbar sind, desto höhere Anforderungen sind auch an die Bestimmtheit zu stellen.[148] Eine Bestimmtheit kann daher schon nicht verneint werden, wenn eine unbestimmte Anzahl von Personen angegeben wird, deren vertragliche Beziehungen mit der Gesellschaft überprüft werden sollen. Können die einzelnen Personen aufgrund der verfügbaren Informationen nicht einzeln benannt werden und besteht aber der begründete Verdacht, dass vertragliche Beziehungen mit der Gesellschaft zu deren Nachteil begründet wurden, reicht für das Bestimmtheitserfordernis bereits

---

[140] *Butzke* Die Hauptversammlung der AG Rn. M 9.
[141] AG Ingolstadt AG 2002, 110 = DB 2001, 1356 = EWiR 2001, 845 *(Liebs)*; vgl. auch *Fleischer* in Küting/Weber Rechnungslegung-HdB Rn. 80.
[142] Ebenfalls sehr einschränkend *Fleischer* in Küting/Weber Rechnungslegung-HdB Rn. 80.
[143] BGHZ 206, 143 Rn. 23 ff. = NZG 2015, 1227.
[144] RGZ 143, 401 (409); Großkomm AktG/*Bezzenberger* Rn. 35; *Hüffer* ZHR 174 (2010), 642 (646).
[145] MüKoAktG/*Arnold* Rn. 48; *Balthasar/Hamelmann* WM 2010, 589 (592); Großkomm AktG/*Bezzenberger* Rn. 28; *Fleischer* in Küting/Weber Rechnungslegung-HdB Rn. 82.
[146] *Balthasar/Hamelmann* WM 2010, 589 (592).
[147] Hüffer/Koch/*Koch* Rn. 2; K. Schmidt/Lutter/*Spindler* Rn. 10.
[148] Ebenso OLG Hamburg AG 2011, 677 (679) = WM 2011, 1516; Kölner Komm AktG/*Rieckers/Vetter* Rn. 101 ff., 149; *Slavik* WM 2017, 1684 (1686); K. Schmidt/Lutter/*Spindler* Rn. 9; im Ergebnis auch Grigoleit/*Herrler* Rn. 2.

die Benennung der Art von Geschäften.[149] Letztlich keinen Einfluss auf die Bestimmtheit kann der Umstand der Kostentragungspflicht der Gesellschaft haben.[150]

Der Sonderprüfer muss den durch den Hauptversammlungsbeschluss festgelegten Prüfungsgegen- **91** stand **eigenverantwortlich auslegen**.[151] Der Vorstand, der Aufsichtsrat oder die Aktionärsminderheit können dem Sonderprüfer dabei keine Weisungen erteilen. Soweit sich die Zweifel am Umfang des Prüfungsgegenstandes im Wege der Auslegung nicht ausräumen lassen, ist gegebenenfalls ein klärender Hauptversammlungsbeschluss einzuholen.[152] Ausgeschlossen ist die Einsetzung eines Sonderprüfers oder einer Vertrauensperson mit der Aufgabe, einen geeigneten Prüfungsgegenstand zu benennen.[153]

Eine **nachträgliche Erweiterung des Prüfungsgegenstandes** ist nur möglich, wenn die **92** Hauptversammlung einen entsprechenden neuen Hauptversammlungsbeschluss fasst. Änderungen des Prüfungsgegenstandes in Absprache mit dem Vorstand oder einzelnen Aktionären sind nicht möglich.[154]

Eine **sachliche Rechtfertigung** etwa in Form des Vorliegens eines konkreten Verdachts des **93** Vorliegens von Unredlichkeiten oder groben Gesetzes- oder Satzungsverletzungen, wie dies bei der gerichtlichen Bestellung nach Abs. 2 erforderlich ist (→ Rn. 149 ff.), ist für die Beschlussfassung der Hauptversammlung nicht notwendig.[155] Insofern kann diese auch nach einer Entlastung erfolgen, da diese keine Verzichtswirkung für etwaige Ersatzansprüche hat (§ 120 Abs. 2 S. 2). Auch steht es einer Beschlussfassung nicht entgegen, wenn der zu untersuchende Sachverhalt für einen der Aktionäre unmittelbare Bedeutung im Rahmen einer individuellen Anspruchsverfolgung hat.[156] Ebenso besteht kein besonderes Rechtfertigungsbedürfnis für den Hauptversammlungsbeschluss, wenn bereits eine freiwillige Sonderprüfung (→ Rn. 244 ff.) initiiert wurde.[157]

Der Hauptversammlungsbeschluss kann zudem die **namentliche Benennung des Sonderprü- 94 fers** nicht dem Vorstand oder sonst einem Dritten überlassen, sondern muss dies selbst vornehmen.[158] Dies ergibt sich zwingend aus der Tatsache, dass es sich bei der Sonderprüfung um ein Kontrollrecht der Hauptversammlung handelt. Die Möglichkeit der Delegation der namentlichen Benennung könnte ansonsten auch auf Personen übertragen werden, die für die zu prüfenden Vorgänge selbst verantwortlich sind. Nicht erforderlich ist zudem, dass dem zu bestellenden Sonderprüfer die Zuziehung von Hilfspersonen ausdrücklich gestattet wird, da diese ohnehin zulässig ist,[159] solange die Hauptversammlung keine gegenteiligen Angaben im Bestellungsbeschluss macht.

Die Hauptversammlung bzw. die den Beschluss betreibende Aktionärsminderheit trägt das Risiko, **95** dass eine Person zum Sonderprüfer bestellt wird, die einem **Bestellungsverbot nach § 143** unterliegt. Dem kann die Hauptversammlung auch nicht dadurch vorbeugen, dass irgendeine Person zum Sonderprüfer im Beschluss benannt wird, die keinem Bestellungsverbot unterliegt, da dies im Erfordernis der Bestimmtheit (→ Rn. 90) nicht entspricht. Einem möglichen Bestellungsverbot kann aber durch die Bestellung eines Ersatzprüfers vorgebeugt werden.

Die Hauptversammlung kann neben dem eigentlichen Sonderprüfer auch einen **Ersatzprüfer 96** bestellen.[160] Dieser kann aber nur unter der Bedingung bestellt werden, dass der gewählte Sonderprü-

---

[149] AA aber wohl OLG Hamburg AG 2011, 677 (681) = WM 2011, 1516.
[150] *Balthasar/Hamelmann* WM 2010, 589 (592).
[151] *ADS* §§ 142–146 Rn. 40; MüKoAktG/*Arnold* Rn. 31 f.; Großkomm AktG/*Bezzenberger* § 145 Rn. 7; *Fleischer* in Küting/Weber Rechnungslegung-HdB § 145 Rn. 3; *Hüffer* ZHR 174 (2010), 642 (663); *Kirschner*, Die Sonderprüfung der Geschäftsführung in der Praxis, 2007, 209 ff.; Kölner Komm AktG/*Rieckers/Vetter* Rn. 141; *Slavik* WM 2017, 1684 (1690).
[152] *Fleischer* in Küting/Weber Rechnungslegung-HdB § 145 Rn. 3; *Slavik* WM 2017, 1684 (1690).
[153] OLG Hamm AG 2011, 90 (92) = Konzern 2011, 117; *Fleischer* in Küting/Weber Rechnungslegung-HdB § 145 Rn. 4; aA *ADS* §§ 142–146 Rn. 40.
[154] *ADS* §§ 142–146 Rn. 40; MüKoAktG/*Arnold* Rn. 32; *Fleischer* in Küting/Weber Rechnungslegung-HdB § 145 Rn. 4; *Kirschner*, Die Sonderprüfung der Geschäftsführung in der Praxis, 2007, 181 ff.; Kölner Komm AktG/*Rieckers/Vetter* Rn. 141.
[155] Großkomm AktG/*Bezzenberger* Rn. 30; *Hüffer* ZHR 174 (2010), 642 (646); Kölner Komm AktG/*Rieckers/Vetter* Rn. 151.
[156] AA *Slavik* WM 2017, 1684 (1685).
[157] *Mock* EWiR 2017, 749 (750).
[158] *ADS* §§ 142–146 Rn. 12; MüKoAktG/*Arnold* Rn. 49; Großkomm AktG/*Bezzenberger* Rn. 28 f.; *Bork* in Hommelhoff/Hopt/v. Werder Corporate Governance-HdB S. 743 (749); *Fleischer* in Küting/Weber Rechnungslegung-HdB Rn. 83; *v. Gleichenstein* BB 1956, 761; *Grigoleit/Herrler* Rn. 11; *Hüffer/Koch/Koch* Rn. 10; Kölner Komm AktG/*Rieckers/Vetter* Rn. 150; NK-AktG/*Wilsing/von den Linden* Rn. 18; aA aber noch *Baumbach/Hueck* Rn. 6.
[159] Dies ergibt sich nicht zuletzt aufgrund des Verweises von § 144 auf § 323 HGB, der ausdrücklich Gehilfen erwähnt. Dazu auch → § 144 Rn. 16.
[160] *ADS* §§ 142–146 Rn. 12; Großkomm AktG/*Bezzenberger* Rn. 29; *Fleischer* in Küting/Weber Rechnungslegung-HdB Rn. 84; Kölner Komm AktG/*Rieckers/Vetter* Rn. 150; K. Schmidt/Lutter/*Spindler* Rn. 26.

fer die Wahl nicht annimmt, dieser später wegfällt, er an der Durchführung der Sonderprüfung nachträglich gehindert ist oder aber Abberufungsgründe vorliegen. Die Wahl mehrerer Sonderprüfer ist nur möglich, wenn auch mehrere Sonderprüfungen angeordnet werden.

97 Die Beschlussfassung der Hauptversammlung muss sowohl die Anordnung der Sonderprüfung als auch die Bestellung eines Sonderprüfers umfassen, da beide Vorgänge zwingend miteinander verbunden sind. Eine **zeitlich getrennte Beschlussfassung** ist nicht möglich.[161] Eine solche ist aber nicht schon dann anzunehmen, wenn auf die Abstimmung im Rahmen zweier getrennter Tagesordnungspunkte auf der gleichen Hauptversammlung erfolgt.[162]

98 **d) Stimmverbote (Abs. 1 S. 2, 3).** Durch das Stimmverbot des Abs. 1 S. 2 und 3 ist den Verwaltungsmitgliedern eine Stimmabgabe verwehrt, wenn sich die Sonderprüfung auf Vorgänge erstrecken soll, die mit der Entlastung eines Mitglieds des Vorstands oder des Aufsichtsrats oder der Einleitung eines Rechtsstreits zwischen der Gesellschaft und einem Verwaltungsmitglied zusammenhängen. Bei dem Stimmverbot handelt es sich um eine **Verschärfung des § 136,** da die Verwaltungsmitglieder ansonsten an der Beschlussfassung mitwirken könnten, wenn sie selbst Aktionäre der Gesellschaft sind. Durch das Stimmverbot soll eine Beeinflussung der Entscheidung zur Einleitung einer Sonderprüfung von Sonderinteressen freigehalten werden. Daher gilt das Stimmverbot auch dann, wenn das Mitglied des Vorstands oder des Aufsichtsrats für die Durchführung einer Sonderprüfung stimmen will.[163] Keine Bedeutung hat das **Stimmverbot des § 136 Abs. 1 S. 1 Alt. 3,** da die bloße Bestellung des Sonderprüfers noch keine Geltendmachung von Ansprüchen in diesem Sinne ist.[164]

99 Da durch die **Entlastung das Kollegialorgan** betroffen ist, gilt das Stimmverbot des Abs. 1 S. 2 und 3 für alle Mitglieder des Vorstands oder Aufsichtsrats, wenn auch nur ein Mitglied an dem zu prüfenden Vorgang beteiligt war.[165] Insofern kommt es auf eine individuelle Betroffenheit nicht an.[166] Dies gilt auch dann, wenn die betroffenen Verwaltungsmitglieder für die Durchführung einer Sonderprüfung stimmen wollen, da Sinn und Zweck von Abs. 1 S. 2 und 3 nicht nur die Verhinderung einer Beschlussvereitelung, sondern darüber hinaus auf eine allgemeine Freihaltung der Abstimmung von den betroffenen Interessen gerichtet ist.[167] **Ehemalige Verwaltungsmitglieder** werden vom Stimmverbot nur dann erfasst, wenn der Prüfungsgegenstand in ihre Amtszeit fiel.[168] Designierte Verwaltungsmitglieder werden von Abs. 1 S. 2 und 3 hingegen nicht (auch nicht in analoger Anwendung) erfasst.[169]

100 Das Stimmverbot der Verwaltungsmitglieder erstreckt sich auch auf die **Stimmabgabe kraft Vollmacht durch andere Aktionäre.**[170] Ebenso wenig können die Verwaltungsmitglieder ihre Stimmrechte durch Dritte ausüben lassen (§ 142 Abs. 1 S. 3). Nur dadurch kann gewährleistet werden, dass die Beschlussfassung unabhängig von den Interessen der Verwaltungsmitglieder durchgeführt wird.[171]

101 Soweit die Aktien in Gemeinschaftsbesitz stehen oder von Gesamthandsgesellschaften gehalten werden, kann sich das Verbot nicht ohne weiteres auf die Stimmrechte erstrecken.[172] Hierfür ist vielmehr ein **maßgeblicher Einfluss des betroffenen Verwaltungsmitglieds** notwendig.[173] Dies

---

[161] ADS §§ 142–146 Rn. 12; MüKoAktG/*Arnold* Rn. 52; Großkomm AktG/*Bezzenberger* Rn. 27; *Fleischer* in Küting/Weber Rechnungslegung-HdB Rn. 81.
[162] OLG Hamm AG 2011, 90 (92) = Konzern 2011, 117.
[163] OLG Hamm AG 2011, 90 = Konzern 2011, 117 (*keine teleologische Reduktion*).
[164] OLG Hamburg NZG 2002, 244 (246) = AG 2003, 46 (48); LG Düsseldorf AG 1999, 94 (95); *Hüffer* ZHR 174 (2010), 642 (648 f.); *Wilsing*, Der Schutz vor gesellschaftsschädlichen Sonderprüfungen, 2014, 39 f.; aA aber OLG Brandenburg NZG 2002, 476 (478) = AG 2003, 328 (329); LG Frankfurt/Main AG 2005, 545 (547).
[165] Vgl. *Kropff* S. 207; s. auch MüKoAktG/*Arnold* Rn. 55; *Bork* in Hommelhoff/Hopt/v. Werder Corporate Governance-HdB S. 743 (750); *Fleischer* in Küting/Weber Rechnungslegung-HdB Rn. 88.
[166] OLG Hamm AG 2011, 90 = Konzern 2011, 117; *Hüffer* ZHR 174 (2010), 642 (648); Kölner Komm AktG/*Rieckers/Vetter* Rn. 156.
[167] AA aber LG Dortmund AG 2009, 881 (883), das insofern eine teleologische Reduktion vornimmt. Krit. und im Erg. ebenfalls abl. *Petrovicki* GWR 2009, 319.
[168] OLG Hamm AG 2011, 90 = Konzern 2011, 117; MüKoAktG/*Arnold* Rn. 55; Großkomm AktG/*Bezzenberger* Rn. 31; *Fleischer* in Küting/Weber Rechnungslegung-HdB Rn. 89; *Hüffer/Koch/Koch* Rn. 14; Kölner Komm AktG/*Rieckers/Vetter* Rn. 157; NK-AktG/*Wilsing/von der Linden* Rn. 20.
[169] LG München I NZG 2010, 621 = AG 2010, 922; zust. *Müller-Michaels/Wingerter* AG 2010, 903 (905).
[170] OLG Brandenburg AG 2011, 418 (419); OLG Köln NZG 2002, 1115 (1116) = AG 2003, 450 f.; LG Köln EWiR 2002, 49 *(Siems)*; Grigoleit/*Herrler* Rn. 12; Kölner Komm AktG/*Rieckers/Vetter* Rn. 159.
[171] Zu den Regelungshintergründen vgl. *Kropff* S. 207.
[172] RGZ 146, 385 (391 f.); Kölner Komm AktG/*Rieckers/Vetter* Rn. 165.
[173] OLG Hamm AG 2011, 90 (91) = Konzern 2011, 117; OLG Hamburg DB 1981, 80 (81); LG Frankfurt/Main AG 2005, 545 (547); OLG Düsseldorf AG 2006, 202 (205 f.); Großkomm AktG/*Bezzenberger* Rn. 32; *Kamm*, Die aktienrechtliche Sonderprüfung gemäß §§ 142 ff. AktG, 2015, 63; Kölner Komm AktG/*Rieckers/Vetter* Rn. 161; so auch schon RGZ 146, 385 (391).

ist etwa dann der Fall, wenn das betroffene Verwaltungsmitglied persönlich haftender Gesellschafter, Alleingesellschafter oder herrschender Gesellschafter ist. Eine bloße Fortsetzung des Interessenkonflikts durch eine Mitgliedschaft im Aufsichtsrat ist nicht ausreichend.[174]

Das Stimmverbot findet **entsprechende Anwendung auf Aktionäre,** wenn ein Verwaltungsmitglied als Gesellschafter an diesem Aktionär – in Form einer Personengesellschaft oder juristischen Person – mit maßgeblichem Einfluss beteiligt ist.[175] Das gleiche gilt, wenn zwischen dem Vorstand der Aktiengesellschaft und dem Vorstand einer als Aktiengesellschaft organisierten Aktionärin Personenidentität besteht.[176] Eine etwaig fehlerhafte Bestellung des Vorstandsmitglieds hat darauf keinen Einfluss, solange die Fehlerhaftigkeit im Zeitpunkt der Beschlussfassung noch nicht rechtskräftig festgestellt ist.[177] Auf Aktionäre, die zwar keine Verwaltungsmitglieder sind, aber aufgrund einer Kapital- oder Stimmmehrheit einen **beherrschenden Einfluss auf die Gesellschaft und deren Verwaltungsmitglieder** ausüben können, kann das Verbot nicht angewendet werden,[178] auch wenn diese von der Sonderprüfung betroffen sind.[179] Die Minderheit ist in diesen Fällen auf eine gerichtliche Bestellung des Sonderprüfers nach Abs. 2 angewiesen oder kann sogleich einen besonderen Vertreter nach § 147 Abs. 2 S. 1 zur Geltendmachung etwaiger Ersatzansprüche bestellen (→ § 147 Rn. 67 ff.). Allerdings kann sich ein Stimmverbot aus § 136 ergeben,[180] was meist jedoch ausscheidet.[181] Schließlich kann der Hauptversammlungsbeschluss bei einer treuwidrigen Stimmrechtsausübung nach § 243 Abs. 1 anfechtbar sein.[182] **102**

Das Stimmverbot bezieht sich nur auf Vorgänge, die mit der Entlastung eines Verwaltungsmitglieds (§ 120) oder mit der **Einleitung eines Rechtsstreits** zwischen der Gesellschaft und einem Verwaltungsmitglied zusammenhängen. Der Rechtsstreit muss in einem Zusammenhang mit einem der in Abs. 1 genannten Prüfungsgegenstände stehen. Dabei ist ein bloßer mittelbarer Zusammenhang ausreichend.[183] Die Einleitung eines Rechtsstreits umfasst jegliche gerichtliche Geltendmachung, ohne dass es dabei auf die Verfahrens- oder Klageart oder der Verteilung der Parteirollen ankommt.[184] Dabei ist es auch schon ausreichend, dass die Klärung der Aussichten eines Rechtsstreits durch den Sonderprüfer erreicht werden soll,[185] da dieser ohnehin nicht die Ersatzansprüche geltend machen kann. **103**

Ein **Verstoß gegen das Stimmverbot** des Abs. 1 S. 2 und 3 führt nur dann zu einer Anfechtbarkeit des Hauptversammlungsbeschlusses, wenn der Beschluss ohne die verbotene Stimmabgabe nicht zustande gekommen wäre.[186] Die Anfechtung kann auch durch die Aktionäre erfolgen, die nach Abs. 1 S. 2 und 3 vom Stimmrecht ausgeschlossen sind. Solange der Beschluss nicht wirksam angefochten wurde, ist dieser der **Bestätigung nach § 244** zugänglich.[187] Wurde der Beschluss aufgrund **104**

---

[174] So aber noch Kölner Komm AktG/*Kronstein/Zöllner* Rn. 25.
[175] OLG Düsseldorf AG 2006, 202 (205 f.); OLG Frankfurt AG 2005, 545 (547); Großkomm AktG/*Bezzenberger* Rn. 32; vgl. auch OGH Gesellschafter 2011, 360.
[176] LG München I NZG 2017, 1224; vgl. auch OGH Gesellschafter 2011, 360.
[177] Im Ergebnis auch LG München I NZG 2017, 1224.
[178] OLG Hamburg NZG 2002, 244 (246) = AG 2003, 46 = WPg 2002, 593; OLG Hamburg AG 1981, 193 f.; LG München I ZIP 2008, 2124 = BB 2008, 1965; LG Heilbronn AG 1971, 94; *ADS* §§ 142–146 Rn. 11; Großkomm AktG/*Bezzenberger* Rn. 32; *Fleischer* in Küting/Weber Rechnungslegung-HdB Rn. 91; *Grigoleit/Herrler* Rn. 13; Hüffer/Koch/*Koch* Rn. 15; *Koch* ZHR 174 (2010), 642 (648); NK-AktR/*Wilsing/von der Linden* Rn. 20; aA aber *Bork* in Hommelhoff/Hopt/v. Werder Corporate Governance-HdB S. 743 (751); *v. Gleichenstein* BB 1956, 761 unter Berufung auf den allgemeinen Rechtsgrundsatz der unzulässigen Rechtsausübung.
[179] OLG Frankfurt/Main BeckRS 2008, 13889; OLG Düsseldorf AG 2006, 202 (205 f.); OLG Hamburg DB 1981, 80 (81); LG Düsseldorf AG 1999, 94 (95); K. Schmidt/Lutter/*Spindler* Rn. 30.
[180] OLG Brandenburg NZG 2002, 476 (478) = AG 2003, 328; LG Frankfurt/Main AG 2005, 545 (547) = DB 2004, 2742; LG Düsseldorf AG 1999, 94 (95).
[181] K. Schmidt/Lutter/*Spindler* Rn. 30.
[182] *Hüffer* ZHR 174 (2010), 642 (657); zur Treuepflicht der Aktionäre → § 53a Rn. 56.
[183] RGZ 142, 123 (132); RGZ 142, 134 (139); Großkomm AktG/*Bezzenberger* Rn. 31; *Fleischer* in Küting/Weber Rechnungslegung-HdB Rn. 94 ff.; Kölner Komm AktG/*Rieckers/Vetter* Rn. 174: NK-AktR/*Wilsing/von der Linden* Rn. 19.
[184] RGZ 142, 123 (132); Großkomm AktG/*Bezzenberger* Rn. 31; *Fleischer* in Küting/Weber Rechnungslegung-HdB Rn. 95; Kölner Komm AktG/*Rieckers/Vetter* Rn. 174.
[185] RGZ 142, 134 (139); vgl. auch K. Schmidt/Lutter/*Spindler* Rn. 31.
[186] MüKoAktG/*Arnold* Rn. 64; Großkomm AktG/*Bezzenberger* Rn. 33; *Fleischer* in Küting/Weber Rechnungslegung-HdB Rn. 98; *Kamm*, Die aktienrechtliche Sonderprüfung gemäß §§ 142 ff. AktG, 2015, 64 f.; Kölner Komm AktG/*Rieckers/Vetter* Rn. 178; *Wilsing*, Der Schutz vor gesellschaftsschädlichen Sonderprüfungen, 2014, 52 f.
[187] BGH NZG 2006, 191 (192) = WM 2006, 402; *Habersack/Schürnbrand* FS Hadding, 2004, 391 (394); *Kocher* NZG 2006, 1 ff.; (mittelbar) zust. auch LG Köln NZG 2009, 1150 (1152); aA aber K. Schmidt/Lutter/*Schwab* § 244 Rn. 4.

der Teilnahme eines dem Stimmverbot unterliegenden Aktionärs falsch festgestellt, kann die Beschlussfassung auch im Rahmen einer **positiven Beschlussfeststellungsklage** (→ Rn. 109) bewirkt werden.[188] Schließlich stellt eine unzulässige Stimmabgabe eines Verwaltungsmitglieds (Abs. 1 S. 2) eine Ordnungswidrigkeit nach § 405 Abs. 3 Nr. 5 dar.

105   **e) Fehlerhafte Beschlussfassung. aa) Fehlerhaftigkeit.** Der Beschluss auf Anordnung einer Sonderprüfung und Bestellung eines Sonderprüfers führt insbesondere zur **Nichtigkeit,**[189] wenn dieser die Prüfung eines von Abs. 1 nicht erfassten Prüfungsgegenstands anordnet (→ Rn. 48 ff.). Darüber hinaus kann sich eine Nichtigkeit aus den allgemeinen Nichtigkeitsgründen des § 241 ergeben.

106   Bei Vorliegen eines Verfahrensfehlers oder einer **inhaltlichen Fehlerhaftigkeit** ist der Beschluss lediglich anfechtbar.[190] Dies ist etwa bei einem Verstoß gegen das Stimmverbot (→ Rn. 98 ff.), bei der Bestellung eines Sonderprüfers trotz seiner fehlenden Eignung nach § 143 Abs. 1 (→ § 143 Rn. 9 ff.) oder einer fehlenden Spezifizierung des Prüfungsgegenstandes (→ Rn. 90 ff.)[191] der Fall. Auch die Bestellung eines Sonderprüfers unter Verstoß gegen die Bestellungsverbote des § 143 Abs. 2 führt lediglich zur Anfechtbarkeit (→ § 143 Rn. 39 ff.). Bei der Bestellung eines Sonderprüfers trotz seiner fehlenden Eignung oder einem Verstoß gegen ein Bestellungsverbot steht einer qualifizierten Aktionärsminderheit aber auch die Beantragung einer Ersatzbestellung nach Abs. 4 (→ Rn. 205 ff.) oder aber die Beantragung der Anordnung einer Sonderprüfung und Bestellung eines Sonderprüfers nach Abs. 2 (→ Rn. 125 ff.) als Alternativen offen. Für den Fall des **späteren Wegfalls der Voraussetzungen** von § 143 Abs. 1 und 2 an den Sonderprüfer → § 143 Rn. 15 f. und → § 143 Rn. 47.

107   **bb) Geltendmachung der Fehlerhaftigkeit.** Die Geltendmachung der Fehlerhaftigkeit des Beschlusses durch **Nichtigkeits- oder Anfechtungsklage** bezieht sich immer sowohl auf die Anordnung der Sonderprüfung als auch auf die Bestellung des Sonderprüfers,[192] da beide Beschlussgegenstände zwingend miteinander verbunden sind (→ Rn. 97). § 139 BGB findet insoweit keine Anwendung.[193] Für den Fall der Erhebung einer Anfechtungsklage kommt es – im Gegensatz zur Rechtslage beim Abschlussprüfer[194] – nicht zu einer analogen Anwendung von § 318 Abs. 4 Satz 2 HGB, da die Aktiengesellschaft nicht zwingend über einen Sonderprüfer verfügen muss (→ Rn. 6 ff.). Die Nichtigkeits- oder Anfechtungsklage kann jederzeit zurückgenommen werden (§ 269 ZPO), was vor allem dann in Betracht kommt, wenn sich der Vorstand mit den Klägern auf die Durchführung einer freiwilligen Sonderprüfung einigt (→ Rn. 244 ff.).

108   Dem Sonderprüfer kommt keine **Anfechtungsbefugnis für eine Anfechtungs- oder Nichtigkeitsklage** gegen seine Bestellung zu, da § 245 insofern abschließend ist.[195] Allerdings kann der Sonderprüfer bei einer Anfechtungs- oder Nichtigkeitsklage als **Nebenintervenient** auftreten, da er ein rechtliches Interesse daran hat (§ 66 Abs. 1 ZPO), dass die Anfechtungs- oder Nichtigkeitsklage zur tatsächlichen Durchführung seines Auftrags abgewiesen wird.[196]

109   Die Beschlussfassung der Hauptversammlung kann auch durch eine **positive Beschlussfeststellungsklage** erreicht werden, wenn der entsprechende Hauptversammlungsbeschluss falsch festgestellt wurde, weil etwa ein dem Stimmverbot unterliegender Aktionär gegen die Bestellung gestimmt hat.[197] Eine unabhängig von der unrichtigen Feststellung des Beschlusses erhobene positive Feststellungsklage kann hingegen nur in Ausnahmefällen Aussicht auf Erfolg haben.[198] Voraussetzung dafür ist, dass einzig und allein die Anordnung der Sonderprüfung und Bestellung eines Sonderprüfers dem Wohl der Gesellschaft dient und eine andere Entscheidung dieser einen schweren Schaden

---

[188] LG München I NZG 2009, 310 = AG 2008, 720; AG Dortmund AG 2009, 881 (882); MüKoAktG/*Arnold* Rn. 65; Kölner Komm AktG/*Rieckers/Vetter* Rn. 180.
[189] Kölner Komm AktG/*Rieckers/Vetter* Rn. 184; K. Schmidt/Lutter/*Spindler* Rn. 33.
[190] *Bork* in Hommelhoff/Hopt/v. Werder Corporate Governance-HdB S. 743 (751); Kölner Komm AktG/*Rieckers/Vetter* Rn. 185.
[191] *Hüffer* ZHR 174 (2010), 642 (664 f.); aA aber Kölner Komm AktG/*Rieckers/Vetter* Rn. 184.
[192] K. Schmidt/Lutter/*Spindler* Rn. 33.
[193] Großkomm AktG/*Bezzenberger* Rn. 38; *Kirschner*, Die Sonderprüfung der Geschäftsführung in der Praxis, 2007, 191; vgl. allgemein auch zum Anwendungsbereich von § 139 BGB auf die Nichtigkeits- und Anfechtungsklage Großkomm AktG/*K. Schmidt* § 241 Rn. 27.
[194] OLG Karlsruhe NZG 2016, 64 = AG 2016, 42; dazu *Mock* EWiR 2016, 105.
[195] MHdB GesR VII/*Lieder* § 26 Rn. 117; im Ergebnis ebenso MüKoAktG/*Hüffer/Schäfer* § 245 Rn. 4; auch → § 245 Rn. 3.
[196] AA MHdB GesR VII/*Lieder* § 26 Rn. 117.
[197] LG München I NZG 2009, 310 = AG 2008, 720; LG Dortmund AG 2009, 881 (882); MüKoAktG/*Arnold* Rn. 65; MHdB GesR VII/*Lieder* § 26 Rn. 116; Kölner Komm AktG/*Rieckers/Vetter* Rn. 190.
[198] OLG Stuttgart NZG 2003, 1025 (1027) = AG 2003, 588; zust. Kölner Komm AktG/*Rieckers/Vetter* Rn. 190.

zufügen würde, die Aktionäre in ihrer Stimmrechtsausübung daher durch ihre Treuepflicht gebunden sind.

Grundsätzlich kommt für die Beschlussmängelstreitigkeit auch ein **Schiedsverfahren** in Betracht, das allerdings in der Regel an dem fehlenden Zustandekommen einer nachträglichen Schiedsvereinbarung scheitern wird.[199] Zur Problematik der Aufnahme einer Schiedsklausel in der Satzung → § 246 Rn. 8 ff.

2. Abschluss des Bestellungsvorgangs. Der Bestellungsvorgang des Sonderprüfers erfordert neben einer entsprechenden Beschlussfassung der Hauptversammlung auch eine **Annahme der Bestellung** durch den Sonderprüfer. Die Annahme muss dabei ohne Einschränkungen erfolgen. Der Sonderprüfer ist dabei nicht verpflichtet, die Bestellung anzunehmen. Da der Prüfungsvertrag erst nach dem Abschluss des Bestellungsvorgangs mit den Sonderprüfern abgeschlossen wird (→ Rn. 112 ff.), kann in einer Verweigerung der Annahme auch keine Pflichtverletzung liegen.[200] Für die Folgen bei der Ablehnung der Annahme → § 143 Rn. 15 ff. Zur Verpflichtung des Sonderprüfers zur **Überprüfung der eigenen Eignung** und des Nichtbestehens von Bestellungsverboten → § 143 Rn. 10.

3. Prüfungsvertrag. Die Bestellung des Sonderprüfers erfordert zudem auch den **Abschluss eines Prüfungsvertrages** zwischen der Gesellschaft und dem Sonderprüfer.[201] Durch den Hauptversammlungsbeschluss werden zwar der Prüfungsgegenstand und die Person des Sonderprüfers bestimmt, die weiteren Einzelheiten der Durchführung der Prüfung werden durch den Hauptversammlungsbeschluss aber nicht festgelegt.

Die **Kompetenz für den Vertragsschluss** liegt beim Vorstand (§ 318 Abs. 1 S. 4 HGB analog) und nicht bei der Hauptversammlung.[202] Die Hauptversammlung hat zwar die Kompetenz für die Bestellung des Sonderprüfers, daraus kann aber nicht zugleich eine Annexkompetenz der Hauptversammlung für den Vertragsschluss abgeleitet werden. Der Vertragsschluss liegt als Geschäftsführungsmaßnahme beim Vorstand. Durch die zwingenden inhaltlichen Vorgaben an den Hauptversammlungsbeschluss kann die Gefahr eines für die Gesellschaft nachteiligen Interessenkonflikts weitgehend ausgeschlossen werden.

Der Prüfungsvertrag mit dem Sonderprüfer ist ein auf **Werkleistung gerichteter Geschäftsbesorgungsvertrag** (§§ 675, 631 ff. BGB).[203] Eine Vergütungsvereinbarung kann in dem Prüfungsvertrag trotz der Regelung des Abs. 6 S. 2 – im Gegensatz zu dem gerichtlich bestellten Sonderprüfer (→ Rn. 125 ff.) – aufgenommen werden, da hier die Gefahr einer negativen Einflussnahme durch den Vorstand weitaus geringer ist.[204] Eine unentgeltliche Tätigkeit entspricht nicht der Verkehrsauffassung. Das Problem der unentgeltlichen Tätigkeit eines Aktionärs als Sonderprüfer kann sich aufgrund des Bestellungsverbots nach § 319 Abs. 3 Nr. 1 HGB iVm § 143 Abs. 2 S. 1 nicht stellen. Der Inhalt des Prüfungsvertrags muss sich an der Zielsetzung der Sonderprüfung orientieren, so dass eine Einschränkung des Prüfungsthemas, der Durchführung der Prüfung oder die Aufnahme eines Weisungsrechts für die Gesellschaft unzulässig ist.[205] Zu den sich aus der Bestellung und dem Abschluss des Prüfungsvertrags ergebenden **Rechten und Pflichten des Sonderprüfers** → § 145 Rn. 10 ff. Zur Vergütung → Rn. 237 ff.

Durch die Vorlage des Prüfungsberichts wird der Prüfungsvertrag (§ 145 Abs. 4) erfüllt und damit beendet. Bei einer **vorzeitigen Beendigung der Sonderprüfung** durch einen entsprechenden Beschluss der Hauptversammlung (→ Rn. 117) wird der Prüfungsvertrag allerdings noch nicht been-

---

[199] Dazu ausf. Mock FS Meilicke, 2010, 489 (497).
[200] MüKoAktG/*Arnold* Rn. 66; Großkomm AktG/*Bezzenberger* Rn. 40, Kölner Komm AktG/*Rieckers/Vetter* Rn. 183.
[201] ADS §§ 142–146 Rn. 12 f.; Großkomm AktG/*Bezzenberger* Rn. 23.
[202] Ebenso ADS §§ 142–146 Rn. 13; MüKoAktG/*Arnold* Rn. 69; *v. Godin/Wilhelmi* Anm. 3; im Erg. auch Grigoleit/*Herrler* Rn. 16 (jedenfalls nach Beendigung der Hauptversammlung); Kölner Komm AktG/*Rieckers/Vetter* Rn. 193; aA aber Großkomm AktG/*Bezzenberger* Rn. 39; K. Schmidt/Lutter/*Spindler* Rn. 35, die alle von einem Bestehen einer Vertretungsmacht der Hauptversammlung ausgehen; für eine Verbindung beider Standpunkte Hüffer/Koch/*Koch* Rn. 11 mit Verweis auf BGH NJW 1991, 1680 (1681) = WM 1991, 852; ähnlich auch *Fleischer* in Küting/Weber Rechnungslegung-HdB Rn. 100; Bürgers/Körber/*Holzborn/Jänig* Rn. 11.
[203] OLG Düsseldorf BeckRS 2011, 11600 Rn. 25; Großkomm AktG/*Bezzenberger* Rn. 41; *Fleischer* in Küting/Weber Rechnungslegung-HdB Rn. 102; Hüffer/Koch/*Koch* Rn. 12; Kirschner, Die Sonderprüfung der Geschäftsführung in der Praxis, 2007, 118 f.; Kölner Komm AktG/*Rieckers/Vetter* Rn. 196; NK-AktR/*Wilsing/von der Linden* Rn. 23.
[204] ADS §§ 142–146 Rn. 50; MüKoAktG/*Arnold* Rn. 71; Großkomm AktG/*Bezzenberger* Rn. 91; Grigoleit/ *Herrler* Rn. 39; Kirschner, Die Sonderprüfung der Geschäftsführung in der Praxis, 2007, 146 ff.; aA aber *Fleischer* in Küting/Weber Rechnungslegung-HdB Rn. 102.
[205] Vgl. ausf. *Fleischer* in Küting/Weber Rechnungslegung-HdB Rn. 102.

det. Es bedarf vielmehr einer gesonderten Kündigung durch den hierfür zuständigen Vorstand.²⁰⁶ Das gleiche gilt für den Fall, dass der Hauptversammlungsbeschluss für nichtig erklärt wurde. In beiden Fällen ergibt sich das Kündigungsrecht der Gesellschaft aus dem Umstand, dass mit Fortfall des Hauptversammlungsbeschlusses auch die Geschäftsgrundlage für den Prüfungsvertrag entfallen ist.²⁰⁷

116 Der Sonderprüfer kann den Prüfungsvertrag nur aus **wichtigem Grund** kündigen, wobei an das Vorliegen eines wichtigen Grundes hohe Anforderungen zu stellen sind.²⁰⁸ Ein Kündigungsgrund kann dabei vor allem nicht ohne weiteres in der fehlenden Bereitschaft der Verwaltungsmitglieder zur Kooperation mit dem Sonderprüfer gesehen werden, da diesem nach § 145 – wenn auch nur wenige (→ § 145 Rn. 24 ff.) – Zwangsmittel zur Verfügung stehen, von denen er gegebenenfalls auch Gebrauch machen muss.²⁰⁹

117 **4. Vorzeitige Beendigung der Sonderprüfung.** Der Aufhebung der Sonderprüfung und der Widerruf der Bestellung des Sonderprüfers hat **keine ausdrückliche Regelung** erfahren. Die **Hauptversammlung** kann aber die von ihr angeordnete Sonderprüfung und den von ihr bestellten Sonderprüfer jederzeit durch einen Beschluss aufheben bzw. abberufen (→ Rn. 120 ff.). Der Beendigung kann auch nicht die **Treuepflicht** (→ § 53a Rn. 36 ff.) entgegenstehen, da Minderheitsaktionäre durch die Möglichkeit einer gerichtlichen Bestellung des Sonderprüfers nach Abs. 2 (→ Rn. 125 ff.) ausreichend geschützt werden.²¹⁰ Zwar setzt Abs. 2 ein Mindestquorum voraus (→ Rn. 130 ff.). Allerdings steht es Aktionären frei, diese durch einen entsprechenden Zusammenschluss zu erreichen (→ Rn. 135). Ebenso wenig können in diesem Zusammenhang die *ARAG/Garmenbeck*-Grundsätze (→ § 147 Rn. 31 ff.) fruchtbar gemacht werden, da diese nur das Entscheidungsermessen von Vorstand und Aufsichtsrat, nicht aber der Hauptversammlung einschränken.²¹¹

118 Die vorzeitige Beendigung der Sonderprüfung tritt ebenso ein, wenn der Beschluss auf Anordnung der Sonderprüfung und Bestellung eines Sonderprüfers im Wege der **Nichtigkeits- oder Anfechtungsklage** für unwirksam erklärt wird.²¹² Der Vergütungsanspruch des Sonderprüfers wird davon – mit Ausnahme der ggf. ersparten Aufwendungen – nicht berührt (§ 649 BGB), soweit die Gründe nicht in der Person des Sonderprüfers begründet sind.²¹³

119 Die vorzeitige Beendigung der Sonderprüfung durch die Hauptversammlung durch eine entsprechende Beschlussfassung oder durch eine gerichtliche Nichtigerklärung des Hauptversammlungsbeschlusses ermöglicht einer qualifizierten Aktionärsminderheit die **Beantragung einer gerichtlichen Anordnung der Sonderprüfung und die Bestellung eines Sonderprüfers nach Abs. 2** (→ Rn. 136 ff.).

120 **5. Abberufung des Sonderprüfers.** Der von der Hauptversammlung bestellte Sonderprüfer kann durch einen entsprechenden **Beschluss der Hauptversammlung** abberufen werden, ohne dass es dafür eines besonderen Grundes bedarf.²¹⁴ Bei der Abberufung gelten die Stimmverbote nach Abs. 1 S. 2 und 3 (entsprechend).²¹⁵ Aufgrund der zwingenden Verbindung der Beschlussgegenstände der Anordnung der Sonderprüfung und der Bestellung eines Sonderprüfers muss ein entsprechender Beschluss der Hauptversammlung neben der Abberufung auch die Bestellung eines neuen Sonderprüfers beinhalten, soweit nicht auch die Anordnung der Sonderprüfung aufgehoben werden soll. Die Abberufung bedarf eines eigenen Tagesordnungspunktes. Der Prüfungsvertrag kann nach der entsprechenden Beschlussfassung durch die Hauptversammlung von der Gesellschaft gekündigt werden (→ Rn. 115 f.).

121 Der Sonderprüfer kann nach seiner Abberufung durch die Hauptversammlung gegen den Abberufungsbeschluss **Anfechtungs- bzw. Nichtigkeitsklage nach § 245 Nr. 4 analog** erheben.²¹⁶ Da die Stimmverbote bei der Sonderprüfung – im Gegensatz zur Geltendmachung von Ersatzansprüchen durch den besonderen Vertreter nach § 147 Abs. 2 (→ § 147 Rn. 74) – weniger umfangreich sind,

---

²⁰⁶ OLG Düsseldorf BeckRS 2011, 11600 Rn. 42; MüKoAktG/*Arnold* Rn. 72; aA aber Großkomm AktG/*Bezzenberger* Rn. 43, der bereits mit dem Abberufungsbeschluss den Prüfungsvertrag als beendet ansieht.
²⁰⁷ Im Ergebnis ebenso Großkomm AktG/*Bezzenberger* § 142 Rn. 43.
²⁰⁸ MüKoAktG/*Arnold* Rn. 73; Großkomm AktG/*Bezzenberger* Rn. 45; Kölner Komm AktG/*Rieckers/Vetter* Rn. 200; NK-AktR/*Wilsing/von der Linden* Rn. 53.
²⁰⁹ OLG Düsseldorf BeckRS 2011, 11600Rn. 39; MüKoAktG/*Arnold* Rn. 73.
²¹⁰ OLG Düsseldorf NZG 2013, 546 (548) = AG 2013, 264.
²¹¹ OLG Düsseldorf NZG 2013, 546 (548) = AG 2013, 264.
²¹² Großkomm AktG/*Bezzenberger* Rn. 43; Kölner Komm AktG/*Rieckers/Vetter* Rn. 206.
²¹³ Ebenso Kölner Komm AktG/*Rieckers/Vetter* Rn. 205.
²¹⁴ Großkomm AktG/*Bezzenberger* Rn. 43; *Fleischer* in Küting/Weber Rechnungslegung-HdB Rn. 150 ff.; *Kirschner*, Die Sonderprüfung der Geschäftsführung in der Praxis, 2007, 184.
²¹⁵ *Fleischer* in Küting/Weber Rechnungslegung-HdB Rn. 151; NK-AktG/*Wilsing/von der Linden* Rn. 53.
²¹⁶ Ebenso LG München I BeckRS 2009, 23767 (für den besonderen Vertreter).

wird ein dahingehender Anfechtungsgrund in der Regel nicht vorliegen. Insofern kann auch nach einem *squeeze out* der Mehrheits- bzw. Alleinaktionär einen dahingehenden Beschluss noch herbeiführen.[217] Darüber hinaus steht einer qualifizierten Aktionärsminderheit nach Aufhebung der Sonderprüfung die Möglichkeit der Beantragung einer gerichtlichen Anordnung offen, da die Aufhebung einer für die gerichtliche Anordnung der Sonderprüfung notwendigen Ablehnung der Bestellung durch die Hauptversammlung (→ Rn. 136 ff.) entspricht. Zudem kann der von der Hauptversammlung bestellte Sonderprüfer in einem **gerichtlichen Ersetzungsverfahren nach Abs. 4** abberufen werden (→ Rn. 205 ff.).

Der Sonderprüfer ist zudem verpflichtet, sein Amt niederzulegen, sobald er eine ordnungsgemäße 122 Durchführung der Sonderprüfung nach der Beendigung bzw. des Abschlusses des Sonderprüfungsvertrags nicht mehr gewährleisten kann (→ § 143 Rn. 15 f. → und 47). Zudem kann der **Vorstand, der Aufsichtsrat und auch jeder einzelne Aktionär** in entsprechender Anwendung von § 318 Abs. 4 S. 2 HGB in diesen Fällen eine gerichtliche Ersatzbestellung beantragen (→ Rn. 220 ff.).

6. Veranlassung sonstiger Prüfungen durch die Hauptversammlung. Die Prüfungsgegen- 123 stände der Sonderprüfung des Abs. 1 sind abschließend und können daher nicht durch eine **Satzungsregelung** auch nicht im Hinblick auf Prüfungen außerhalb der Sonderprüfung erweitert werden (§ 23 Abs. 5).[218]

Eine Prüfung von Vorgängen, die nicht von Abs. 1 als Prüfungsgegenstände erfasst werden und 124 die somit keine Sonderprüfung darstellt, kann durch die Hauptversammlung auch nicht beschlossen werden.[219] Die Regelung der Sonderprüfung in §§ 142 ff. bzw. §§ 258 ff. stellt hinsichtlich der Kompetenz der Hauptversammlung eine **abschließende Regelung** dar (§ 119 Abs. 1 Nr. 7).[220] Trifft die Hauptversammlung dennoch einen Beschluss hinsichtlich eines Prüfungsgegenstandes außerhalb von Abs. 1, ist dieser Beschluss nichtig (§ 241 Nr. 3).[221] Zur freiwilligen oder informellen Sonderprüfung → Rn. 244 ff.

IV. Gerichtliche Anordnung der Sonderprüfung und Bestellung von Sonderprüfern (Abs. 2)

1. Voraussetzungen. Die gerichtliche Bestellung eines Sonderprüfers setzt neben einer Antrag- 125 stellung (→ Rn. 126 ff.) durch eine qualifizierte Aktionärsminderheit (→ Rn. 130 ff.), einen vorherigen ablehnenden Hauptversammlungsbeschluss (→ Rn. 136 ff.), einen zulässigen Prüfungsgegenstand (→ Rn. 143 ff.) und einen Verdacht auf Unredlichkeiten oder grobe Gesetzes- oder Satzungsverletzungen (→ Rn. 149 ff.) voraus. Zudem dürfen keine überwiegenden Gründe des Gesellschaftswohls entgegenstehen (→ Rn. 155 ff.).

a) Antragstellung. Die gerichtliche Bestellung eines Sonderprüfers erfordert zunächst einen 126 entsprechenden **Antrag einer qualifizierten Aktionärsminderheit**. Die Antragstellung setzt Beteiligtenfähigkeit voraus, die sich aus § 8 FamFG ergibt. Bei ausländischen Antragstellern kommt es darauf an, ob diese nach ihrem Gründungsrecht rechtsfähig sind.[222]

Für den Antrag ist **keine Frist** vorgesehen.[223] Allerdings sind hinsichtlich der Vorgänge der 127 Geschäftsführung die zeitlichen Beschränkungen zu beachten (→ Rn. 68). Eine verzögerte Antragstellung kann daher nur dann zur Zurückweisung des Antrags führen, wenn der Vorgang wegen Zeitablaufs kein zulässiger Prüfungsgegenstand mehr sein kann oder sich die Antragstellung als rechtsmissbräuchlich (→ Rn. 166 f.) darstellt.[224]

Besondere Formerfordernisse für den Antrag bestehen nicht. Er kann schriftlich oder zu 128 Protokoll der Geschäftsstelle des zuständigen Landgerichts (→ Rn. 224 f.) gestellt werden (§ 25 FamFG). Der Antrag muss aber – ebenso wie der Hauptversammlungsbeschluss nach Abs. 1

---

[217] Vgl. dazu aber die Rechtslage beim besonderen Vertreter (→ § 147 Rn. 120).
[218] Großkomm AktG/*Bezzenberger* Rn. 24; *Jänig*, Die aktienrechtliche Sonderprüfung, 2005, 24.
[219] So aber ADS §§ 142–146 Rn. 4, 7, die von einer zulässigen dahingehenden Beschlussfassung ausgehen, ohne dass es zur Anwendung der §§ 142 ff. kommen soll; ebenso Hüffer/Koch/*Koch* Rn. 2; MüKoAktG/*Arnold* Rn. 30; aA aber Großkomm AktG/*Bezzenberger* Rn. 23; ebenfalls abl. *Fleischer* in Küting/Weber Rechnungslegung-HdB, Rn. 31; *Jänig*, Die aktienrechtliche Sonderprüfung, 2005, 243.
[220] Vgl. ausf. *Fleischer* in Küting/Weber Rechnungslegung-HdB Rn. 31.
[221] RGZ 146, 385 (393 f.); Großkomm AktG/*Bezzenberger* Rn. 36; aA aber *Fleischer* in Küting/Weber Rechnungslegung-HdB Rn. 31; der lediglich von einer Anfechtbarkeit ausgeht.
[222] MüKoZPO/*Pabst* FamFG § 8 Rn. 17 ff.; im Ergebnis auch OLG Celle NZG 2017, 1381 Rn. 19 = AG 2018, 42.
[223] MHdB GesR VII/*Lieder* § 26 Rn. 129.
[224] Großkomm AktG/*Bezzenberger* Rn. 57; Kölner Komm AktG/*Rieckers*/*Vetter* Rn. 212; einschränkend *Fleischer* in Küting/Weber Rechnungslegung-HdB Rn. 124.

(→ Rn. 90) – **hinreichend bestimmt** sein und den Prüfungsgegenstand genau bezeichnen. Dabei darf der Prüfungsgegenstand nicht weitergehender als der jeweilige ablehnende Hauptversammlungsbeschluss sein,[225] da ansonsten die Voraussetzung des Vorliegens eines ablehnenden Hauptversammlungsbeschlusses nicht gegeben ist (→ Rn. 136 ff.). Kein notwendiger Antragsinhalt ist die namentliche Bezeichnung eines Sonderprüfers, da das Gericht die Person des Sonderprüfers selbst bestimmt → Rn. 179).

129 Der Antrag kann jederzeit bis zur Rechtskraft der Entscheidung zurückgenommen werden (§ 22 Abs. 1 FamFG). Eine solche **Antragsrücknahme** kommt insbesondere dann in Betracht, wenn sich die antragstellenden Aktionäre und der Vorstand auf die Durchführung einer freiwilligen Sonderprüfung (→ Rn. 244 ff.) einigen.

130 **b) Bestehen einer qualifizierten Aktionärsminderheit.** Der Antrag setzt weiterhin voraus, dass er von einer qualifizierten Aktionärsminderheit gestellt wird.

131 Das Antragsrecht ist nicht auf die **Inhaber von Stammaktien** beschränkt, so dass auch Inhaber von **stimmrechtslosen Vorzugsaktien** ein Antragsrecht bei Erreichen des Quorums haben.[226] Auch wenn Abs. 2 S. 1 nur auf die Aktionäre selbst Bezug nimmt, kommt ein Antragsrecht zudem auch **Genussrechtsinhabern** zu, wenn diese Inhaber sogenannter eigenkapitalähnlicher Genussrechte (→ § 221 Rn. 28 f.) sind.[227] Dies gilt ebenso für Inhaber von **Wandelschuldverschreibungen** und **Optionen.** Denn auch wenn diese noch keine Aktionäre sind, sind sie auf den durch die Sonderprüfung vermittelten Schutz ebenso angewiesen, zumal ihnen zum einen in der Regel keinerlei weitere (mitgliedschaftliche) Rechte zukommen und sie zum anderen vor allem im Fall einer Nachrangabrede hinter den Rechten der allgemeinen Gläubiger zurückbleiben. Für die Berechnung des Quorums ist dabei darauf abzustellen, ob die Summe der Nennbeträge der genannten Instrumente der antragstellenden Inhaber den Schwellenwert von einem Prozent oder einem anteiligen Betrag von € 100 000 am Grundkapital der Gesellschaft erreicht. Inhabern einfacher **Schuldverschreibungen** oder von (massenhaft begebenen) **Nachrangdarlehen** kommt allerdings kein Antragsrecht zu.

132 Das erforderliche Quorum setzt mindestens ein Prozent oder einen anteiligen Betrag von € 100 000 am Grundkapital der Gesellschaft voraus, so dass es insoweit nicht auf das Bestehen eines Stimmrechts ankommt. Stimmrechtslose Vorzugsaktien oder nicht voll eingezahlte Aktien müssen daher bei der Berechnung des Quorums berücksichtigt werden.[228] Etwas anderes gilt aufgrund von § 71b aber für eigene Aktien. Ebenfalls keine Berücksichtigung finden Aktien, die wegen einer unterlassener Mitteilung einer Ausübungssperre nach § 20 Abs. 7, § 44 WpHG unterliegen.[229] Für die Berechnung des Quorums ist das am Tag der Hauptversammlung im Handelsregister eingetragene Grundkapital maßgeblich.[230] Ohne Bedeutung ist der Umstand, dass die Aktien möglicherweise belastet sind, da beim **Pfandrecht,** dem **Nießbrauch** und auch bei der **Stimmrechtsübertragung** das Antragsrecht beim Aktionär bleibt.[231]

133 **Kapitalmaßnahmen** haben keinen Einfluss auf das erforderliche Quorum, wenn diese erst nach der Antragstellung wirksam geworden sind.[232] Soweit die Wirksamkeit allerdings schon vor der Antragstellung eingetreten ist, muss den Quorumsanforderungen entsprochen werden. Dies gilt auch dann, wenn das Bezugsrecht ausgeschlossen ist und der Aktionär das Quorum daraufhin nicht mehr erreichen kann. Wird das Quorum nur aufgrund des Bezugsrechts gehalten, wird den Anforderungen an den Aktienbesitz nach Abs. 2 S. 2 entsprochen, wenn jedenfalls vor der Kapitalerhöhung das Quorum schon erreicht wurde.[233] Bei der einer Kapitalherabsetzung ist es schließlich ausreichend,

---

[225] Ebenso Großkomm AktG/*Bezzenberger* Rn. 56; *Fleischer* in Küting/Weber Rechnungslegung-HdB Rn. 123.
[226] OLG Frankfurt/Main BeckRS 2008, 13889; Großkomm AktG/*Bezzenberger* Rn. 47; *Fleischer* in Küting/Weber Rechnungslegung-HdB Rn. 115; Hüffer/Koch/*Koch* Rn. 22; *Mimberg* in Marsch-Barner/Schäfer Börsennotierte AG-HdB Rn. 40.7; Kölner Komm AktG/*Rieckers/Vetter* Rn. 222; K. Schmidt/Lutter/*Spindler* Rn. 39.
[227] Großkomm AktG/*Hirte* § 221 Rn. 406; *Luttermann* Unternehmen, Kapital und Genußrechte, 1998, S. 524 f. (für die Sonderprüfung nach § 258); *Vollmer* ZGR 1983, 445 (469) (Beeinträchtigung des Gewinnanspruchs bei der GmbH); *Vollmer/Lorch* ZBB 1992, 44 (46); aA aber *Sethe* AG 1993, 351 (357); wohl auch Kölner Komm AktG/*Rieckers/Vetter* Rn. 215.
[228] *Fleischer* in Küting/Weber Rechnungslegung-HdB Rn. 115; MüKoAktG/*Arnold* Rn. 99; K. Schmidt/Lutter/*Spindler* Rn. 39.
[229] OLG Düsseldorf AG 2006, 202 (205); Großkomm AktG/*Bezzenberger* Rn. 47; Grigoleit/*Herrler* Rn. 26; Kölner Komm AktG/*Rieckers/Vetter* Rn. 224 (232); NK-AktR/*Wilsing/von der Linden* Rn. 38.
[230] NK-AktR/*Wilsing/von der Linden* Rn. 38.
[231] Dazu ausf. Kölner Komm AktG/*Rieckers/Vetter* Rn. 219; K. Schmidt/Lutter/*Spindler* Rn. 40.
[232] Kölner Komm AktG/*Rieckers/Vetter* Rn. 230; MüKoAktG/*Arnold* Rn. 99.
[233] Ebenso MüKoAktG/*Arnold* Rn. 99.

wenn in der dreimonatigen Aktienbesitzzeit (Abs. 2 S. 2 – → Rn. 169 ff.) das Quorum wenigstens nach Maßgabe des niedrigeren Kapitals erreicht wurde, da dieses nur auf eine Verhinderung des Aktienzukaufs zur Erreichung des Quorums angelegt ist.[234]

Erreicht ein einzelner Aktionär nicht das erforderliche Quorum kann dieser die fehlende Anzahl **134** von Aktien zunächst durch eine **Aktienleihe** ausgleichen.[235] Der Aktienerwerb im Wege des Wertpapierdarlehens als Sachdarlehen (§ 607 BGB) vermittelt dem Darlehensnehmer Volleigentum[236] an den entliehenen Aktien, so dass diese dann auch dem Aktionär als Darlehensnehmer gehören.[237]

Weiterhin kommt ein Zusammenschluss mehrerer Aktionäre in Betracht.[238] Für die Bildung eines **135** Zusammenschlusses steht vor allem der § 127a als Koordinationsmöglichkeit einzelner Aktionäre zur Verfügung. Schließen sich mehrere Aktionäre zu einer Aktionärsminderheit zusammen, handelt es sich dabei regelmäßig um eine **BGB-Gesellschaft,** da sich die Aktionäre zur Erreichung eines gemeinsamen Zwecks (Beantragung der Sonderprüfung) zusammenschließen (§ 705 BGB).[239] Dabei handelt es sich aber lediglich um eine **Innengesellschaft,** da sie nur der Koordination der Beantragung einer Sonderprüfung dient. Ein Zusammenschluss in Form der **BGB-Außengesellschaft** kommt nur dann in Betracht, wenn die BGB-Gesellschaft und nicht die einzelnen Aktionäre nach außen hin auftreten und die Aktionäre ihre Aktien in ein Gesamthandsvermögen zur Beantragung der Sonderprüfung übertragen,[240] was regelmäßig nicht der Fall sein wird.[241] Nur dann kann die BGB-Gesellschaft selbst Antragstellering in Bezug auf die gesamthänderischen Rechte (Aktien der Gesellschaft) sein.[242] Der Zusammenschluss der Aktionäre ist aber auch in einer anderen Gesellschaftsform möglich, die aber ebenso eine vorherige Übertragung der Anteile voraussetzen. Die gemeinsame Antragstellung stellt schließlich auch kein *acting in concert* (§ 34 Abs. 2 WpHG, § 30 Abs. 2 WpÜG) dar.[243]

c) **Ablehnender Hauptversammlungsbeschluss.** Die gerichtliche Bestellung eines Sonder- **136** prüfers erfordert zunächst einen ablehnenden Hauptversammlungsbeschluss. Dadurch wird der **Subsidiarität der gerichtlichen Bestellung des Sonderprüfers** gegenüber der gesellschaftsrechtlichen Zuständigkeitsordnung Rechnung getragen. Der Hauptversammlungsbeschluss muss dabei allerdings nicht von den Aktionären beantragt worden sein, die nun eine gerichtliche Bestellung eines Sonderprüfers begehren.[244] Die gerichtliche Anordnung der Sonderprüfung und Bestellung eines Sonderprüfers ist immer dann möglich, wenn es im Rahmen der Hauptversammlung trotz ordnungsgemäßer Beschlussantragsstellung nicht zu einer verbindlichen Anordnung der Sonderprüfung und Bestellung eines Sonderprüfers kommt. Dies gilt ebenso, wenn die Hauptversammlung trotz ordnungsgemäßen Beschlussantrags nicht in der Sache beschließt, sich vertagt oder den Antrag von der Tagesordnung absetzt.[245] Die Aktionäre müssen für die Antragstellung weder den entsprechenden Antrag auf der Hauptversammlung selbst gestellt, einen Widerspruch erklärt oder an der Hauptversammlung teilgenommen haben.[246]

Dem ablehnenden Beschluss steht zudem die spätere Aufhebung des Beschlusses (*Abberufung des* **137** *Sonderprüfers;* → Rn. 120 ff.) oder der nichtige (§ 241) oder für nichtig erklärte Bestellungsbeschluss (§ 248) gleich.[247] Dabei ist die gerichtliche Bestellung auch nicht für den Zeitraum bis zur abschlie-

---

[234] Ebenso Kölner Komm AktG/*Rieckers/Vetter* Rn. 245; MüKoAktG/*Arnold* Rn. 99.
[235] Zust. Kölner Komm AktG/*Rieckers/Vetter* Rn. 218.
[236] Zum Pflichtenumfang des Darlehensgebers beim Sachdarlehen vgl. MüKoBGB/*Berger* BGB § 607 Rn. 22 ff.
[237] Ebenso für die erforderliche Kapitalmehrheit beim *squeeze out* BGH BGHZ 180, 154 = NZG 2009, 585.
[238] BegrRegE UMAG, BT-Drs. 15/5092, 21 zur Bildung eines Quorums für das Klagezulassungsverfahren.
[239] So auch BegrRegE UMAG, BT-Drs. 15/5092, 21 zur Bildung eines Quorums für das Klagezulassungsverfahren. Dazu ausf. *G. Bezzenberger/T. Bezzenberger* FS K. Schmidt, 2009, 105 (115 ff.).
[240] Ebenso Kölner Komm AktG/*Rieckers/Vetter* Rn. 237.
[241] AA aber *G. Bezzenberger/T. Bezzenberger* FS K. Schmidt, 2009, 105 (116 f.), die die BGB-Gesellschaft insoweit nur als Vorrichtung zur Rechtsverfolgung auffassen, ohne dabei allerdings auf die Problematik des Berechtigungsnachweises einzugehen.
[242] Ebenso Kölner Komm AktG/*Rieckers/Vetter* Rn. 238.
[243] So ausdrücklich im Hinblick auf das Übernahmerecht ESMA/2013/1642 Tz. 4.1. lit. d) (A)(vii); vgl. auch OLG Frankfurt/Main BeckRS 2012, 10249; Kölner Komm AktG/*Rieckers/Vetter* Rn. 236.
[244] RG JW 1903, 244; Großkomm AktG/*Bezzenberger* Rn. 48; *Spindler* NZG 2010, 281 (282); NK-AktR/ *Wilsing/von der Linden* Rn. 25.
[245] MüKoAktG/*Arnold* Rn. 81; Großkomm AktG/*Bezzenberger* Rn. 47; *Fleischer* in Küting/Weber Rechnungslegung-HdB Rn. 105; *v. Godin/Wilhelmi* Rn. 5; *Hüffer/Koch/Koch* Rn. 18; Kölner Komm AktG/*Rieckers/ Vetter* Rn. 259.
[246] RG JW 1903, 244; K. Schmidt/Lutter/*Spindler* Rn. 41.
[247] RGZ 143, 401 (410); OLG Düsseldorf ZIP 2010, 28 (29)= AG 2010, 126; Großkomm AktG/*Bezzenberger* Rn. 54; *Kamm,* Die aktienrechtliche Sonderprüfung gemäß §§ 142 ff. AktG, 2015, 209 ff.; *Fleischer* in Küting/ Weber Rechnungslegung-HdB Rn. 105; MHdB GesR VII/*Lieder* § 26 Rn. 127; *Müller-Michaels/Wingerter* AG 2010, 903 (905); *Spindler* NZG 2010, 281 (282); NK-AktR/*Wilsing/von der Linden* Rn. 26.

ßenden gerichtlichen Klärung der **Nichtigkeit** des Hauptversammlungsbeschlusses auszusetzen.[248] Denn anderenfalls würden sich die Chancen einer Sonderprüfung in der Zwischenzeit erheblich verschlechtern, zumal die gerichtlichen Verfahren zur Klärung der Anfechtbarkeit oder Nichtigkeit mehrere Jahre in Anspruch nehmen können.[249] Zu dem sich daraus ergebenden Problem der Doppelprüfung → Rn. 142.

138 Diese Grundsätze gelten auch für den **anfechtbaren Hauptversammlungsbeschluss**.[250] Daher hat die Aktionärsminderheit in diesem Zusammenhang ein faktisches Wahlrecht, entweder eine gerichtliche Anordnung der Sonderprüfung zu beantragen (→ Rn. 126 ff.) oder die Bestellung im Wege der positiven Feststellungsklage (→ Rn. 109) zu erreichen. Dies gilt insbesondere, wenn der Hauptversammlungsbeschluss unter Verstoß gegen das Stimmverbot nach Abs. 1 S. 2, 3 zustande kommt.[251]

139 Einen ablehnenden Hauptversammlungsbeschluss stellt auch die Bestellung eines Sonderprüfers unter **Verstoß gegen die Anforderungen an den Sonderprüfer nach § 143 Abs. 1 oder gegen ein Bestellungsverbot nach § 143 Abs. 2** dar.[252] Die Hauptversammlung hat zwar durch einen dahingehenden Beschluss ihren Willen bekundet, selbst eine Sonderprüfung durchzuführen. Allerdings würden die Möglichkeiten der Minderheitsaktionäre unnötig formalisiert, wenn vor der Beantragung der gerichtlichen Bestellung eines Sonderprüfers zuvor noch die Anfechtung des Hauptversammlungsbeschlusses (→ § 143 Rn. 9 ff. und → 39 ff.) durchgeführt werden müsste, zumal die Beantragung der Sonderprüfung keine Hemmung der entsprechenden Ersatzansprüche begründet (→ Rn. 189). Bei der Bestellung eines Sonderprüfers durch die Hauptversammlung unter Verstoß gegen § 143 muss der Antragsteller bei der Antragstellung auf eine gerichtliche Bestellung aber das Vorliegen eines Verstoßes gegen ein Bestellungsverbot hinreichend glaubhaft machen. Zum Problem der sich daraus möglicherweise ergebenden doppelten Bestellung eines Sonderprüfers → Rn. 142.

140 Dem Erfordernis eines ablehnenden Hauptversammlungsbeschlusses wird zudem nicht entsprochen, wenn der ablehnende **Hauptversammlungsbeschluss zu einem anderen Prüfungsgegenstand** ergangen ist oder über den Beschlussgegenstand der Hauptversammlung deutlich hinausgeht.[253] Der ablehnende Hauptversammlungsbeschluss muss dabei hinsichtlich des Prüfungsgegenstands aber nur im Wesentlichen und nicht vollständig übereinstimmen. Weiter kann eine gerichtliche Bestellung eines Sonderprüfers dann nicht erfolgen, wenn ein solcher bereits durch die Hauptversammlung hinsichtlich des gleichen Prüfungsgegenstandes bestellt worden ist. Eine **Teilidentität des Prüfungsgegenstands** geht dabei zu Lasten der gerichtlichen Bestellung. Daraus folgt vor allem auch, dass ein ablehnender Hauptversammlungsbeschluss nicht schon dann vorliegt, wenn lediglich eine **andere Person zum Sonderprüfer zu dem gleichen Prüfungsgegenstand** bestellt wird.[254] Denn auch in diesem Fall wird den Interessen der Aktionärsminderheit entsprochen, zumal diese die Bestellung einer aufgrund der Vorgaben von § 143 ungeeigneten Person anfechten und dann auch eine gerichtliche Anordnung der Sonderprüfung beantragen können (→ Rn. 205).

141 Ein ablehnender Hauptversammlungsbeschluss liegt schließlich nicht vor, wenn die **Einberufung der Hauptversammlung,** auf der ein Sonderprüfer bestellt werden sollte, wieder zurückgenommen wird. Denn in diesem Fall wird der Subsidiarität der gerichtlichen Bestellung nicht hinreichend Rechnung getragen. Dadurch werden die Minderheitsaktionäre auch nicht schutzlos gestellt, da eine Hauptversammlung früher oder später einberufen werden muss.

142 Das Erfordernis eines ablehnenden Hauptversammlungsbeschlusses kann das **Problem der Doppelprüfung** verursachen. Denn so ist es denkbar, dass der Hauptversammlungsbeschluss in der ersten Instanz erfolgreich angefochten, daraufhin ein Antrag nach Abs. 2 erfolgreich gestellt wird und schließlich die Anfechtungs- oder Nichtigkeitsklage gegen den Bestellungsbeschluss der Hauptversammlung rechtskräftig abgewiesen wird. Ebenso ist es denkbar, dass ein bereits bestellter Sonderprü-

---

[248] OLG Düsseldorf ZIP 2010, 29 (34) = AG 2010, 126; *Spindler* NZG 2010, 281 (282).
[249] *Spindler* NZG 2010, 281 (282); eingehend zu den damit verbundenen Vergütungsfragen OLG Düsseldorf ZIP 2010, 29 (34) = AG 2010, 126.
[250] Kölner Komm AktG/*Rieckers/Vetter* Rn. 262.
[251] AG Ingolstadt AG 2002, 110 = DB 2001, 1356 = EWiR 2001, 845 *(Liebs)*; vgl. dazu auch *Fleischer* in Küting/Weber Rechnungslegung-HdB Rn. 105; Kölner Komm AktG/*Rieckers/Vetter* Rn. 262; a.A. *Slavik* WM 2017, 1684 (1688).
[252] Ebenso *Butzke* Die Hauptversammlung der AG Rn. M 14; *Fleischer* in Küting/Weber Rechnungslegung-HdB Rn. 105; Hüffer/Koch/*Koch* Rn. 18; K. Schmidt/Lutter/*Spindler* Rn. 49; aA aber Großkomm AktG/*Bezzenberger* Rn. 54; Grigoleit/*Herrler* Rn. 20; NK-AktR/*Wilsing/von der Linden* Rn. 26 (unter Hinweis auf eine entsprechende Anwendung von § 318 Abs. 4 HGB); differenzierend Kölner Komm AktG/*Rieckers/Vetter* Rn. 260.
[253] OLG München FGPrax 2007, 247 (248) = AG 2008, 33; Großkomm AktG/*Bezzenberger* Rn. 56; *Jänig*, Die aktienrechtliche Sonderprüfung, 2005, 288 f.
[254] Grigoleit/*Herrler* Rn. 20; *Hüffer* ZHR 174 (2010), 642 (652); Kölner Komm AktG/*Rieckers/Vetter* Rn. 261.

fer auf der (nächsten) Hauptversammlung abberufen, ein Antrag nach Abs. 2 erfolgreich gestellt und der Abberufungsbeschluss erfolgreich angefochten wird.[255] Im Ergebnis wird man dieses Problem durch die Pflicht des zuständigen Gerichts zur Abberufung des gerichtlich bestellten Sonderprüfers von Amts wegen lösen müssen, sobald die entsprechenden Entscheidungen in Bezug auf den Hauptversammlungsbeschluss rechtskräftig sind und eine Doppelprüfung unumstößlich feststeht.[256] Der gerichtlich bestellte Sonderprüfer hat dann seine Unterlagen an den durch die Hauptversammlung bestellten Sonderprüfer herauszugeben.

d) Zulässiger Prüfungsgegenstand. Als zulässigen Prüfungsgegenstand nennt Abs. 2 S. 1 Vorgänge bei der Gründung (→ Rn. 54) oder eines nicht länger als fünf Jahre bzw. zehn Jahre (bei börsennotierten Gesellschaften) zurückliegenden Vorganges bei der Geschäftsführung (→ Rn. 55 ff.). Trotz fehlender Nennung in Abs. 2 können auch Vorgänge bei **Maßnahmen der Kapitalbeschaffung oder -herabsetzung** (→ Rn. 67) zulässiger Prüfungsgegenstand sein.[257] Schließlich kann sich die gerichtlich angeordnete Sonderprüfung auf Konzernsachverhalte beziehen (→ Rn. 69).

aa) Zeitliche Beschränkungen des Prüfungsgegenstandes. Im Gegensatz zur Bestellung eines Sonderprüfers durch einen Hauptversammlungsbeschluss nach Abs. 1 gilt für die gerichtliche Bestellung hinsichtlich von Vorgängen bei der Geschäftsführung eine Beschränkung auf **fünf Jahre zurückliegende Vorgänge**. Diese Beschränkung erstreckt sich aber nicht auf Vorgänge der Gründung oder Maßnahmen der Kapitalbeschaffung oder -herabsetzung, da sich die zeitliche Beschränkung in Abs. 2 S. 1 Hs. 1 nur auf Vorgänge der Geschäftsführung bezieht.[258] Für Vorgänge der Gründung oder Maßnahmen der Kapitalbeschaffung oder -herabsetzung findet aber ebenfalls die fünfjährige Frist aus der entsprechenden fünfjährigen Verjährungsfrist des § 93 Abs. 6 Anwendung, da eine über diesen Zeitraum hinausgehende Sonderprüfung jedenfalls für die Geltendmachung von Ersatzansprüchen wegen der Verjährung unnötig ist.[259]

Bei **börsennotierten Gesellschaften** beträgt die zeitliche Beschränkung seit dem Restrukturierungsgesetz vom 9. Dezember 2010[260] zehn Jahre (Abs. 2 S. 1 Hs. 2). Im Gegensatz zu Abs. 2 S. 1 Hs. 1 beschränkt sich Abs. 2 S. 1 Hs. 2 nach seinem Wortlaut nicht nur auf Vorgänge der Geschäftsführung (→ Rn. 55 ff.), sondern erfasst alle Vorgänge, so dass bei börsennotierten Gesellschaften die zeitliche Beschränkung für alle Prüfungsgegenstände einheitlich zehn Jahre beträgt. Der Begriff der Börsennotierung ergibt sich aus § 3 Abs. 2 (→ § 3 Rn. 5 f.). Voraussetzung für die längere zeitliche Beschränkung ist aber, dass die Gesellschaft schon zum Zeitpunkt des Vorgangs börsennotiert gewesen ist. Bei zeitlich vor Beginn der Börsennotierung liegenden Vorgängen bleibt es bei der Beschränkung auf fünf Jahre (→ Rn. 144). Hinsichtlich der Beendigung der Börsennotierung trifft Abs. 2 S. 1 Hs. 2 keine Regelung. Da Abs. 2 S. 1 Hs. 2 aber auf die Börsennotierung zum Zeitpunkt des Vorgangs abstellt, muss die zehnjährige Beschränkung auch für den Fall einer Beendigung der Börsennotierung fortgelten, solange jedenfalls zum Zeitpunkt der schwerpunktmäßigen Vornahme der dem Prüfungsgegenstand zugrundeliegenden Handlung die Börsennotierung bestand.[261]

Die **Fristen** in Abs. 2 S. 1 Hs. 1 und Abs. 2 S. 1 Hs. 2 sind von dem Tag an zurückzurechnen, an dem die Hauptversammlung ihren ablehnenden Beschluss gefasst hat,[262] wobei der Tag der Hauptversammlung selbst nicht mitzurechnen ist (§ 121 Abs. 7).[263] Dabei muss der Vorgang auch nicht vollständig innerhalb der Frist begonnen und abgeschlossen worden sein. Es ist vielmehr ausreichend, dass der jeweilige Vorgang in die Frist hineinreicht.[264] Dies ist immer schon dann der Fall, wenn der entsprechende Vorgang auch im Rahmen der Haftung nach § 93 von Bedeutung

---

[255] Dazu ausführlich *Kamm*, Die aktienrechtliche Sonderprüfung gemäß §§ 142 ff. AktG, 2015, 229 f.
[256] AA *Kamm*, Die aktienrechtliche Sonderprüfung gemäß §§ 142 ff. AktG, 2015, 229 f., der von einem ablehnenden Hauptversammlungsbeschluss erst ausgeht, wenn dieser nicht mehr angefochten werden kann oder die Klage gegen diesen rechtskräftig abgewiesen wurde.
[257] Hüffer/Koch/*Koch* Rn. 19; *Trölitzsch/Gunßer* AG 2008, 833 (834).
[258] Kölner Komm AktG/*Rieckers/Vetter* Rn. 265; K. Schmidt/Lutter/*Spindler* Rn. 51.
[259] *Kropff* S. 207.
[260] BGBl. 2010 I 1900; → Rn. 123.
[261] Ebenso *Harbarth/Jaspers* NZG 2011, 368 (373 f.).
[262] OLG Düsseldorf ZIP 2010, 28 (29) = AG 2010, 126; *ADS* §§ 142–146 Rn. 15; Kölner Komm AktG/*Rieckers/Vetter* Rn. 266.
[263] Kölner Komm AktG/*Rieckers/Vetter* Rn. 266; aA aber *Grigoleit/Herrler* Rn. 21, der auf die §§ 187 ff. BGB abstellt.
[264] OLG Düsseldorf ZIP 2010, 28 (29) = AG 2010, 126; *ADS* §§ 142–146 Rn. 15; *Fleischer* in Küting/Weber Rechnungslegung-HdB Rn. 106; *v. Gleichenstein* BB 1956, 761 (762); Hüffer/Koch/*Koch* Rn. 19; MüKoAktG/*Arnold* Rn. 98; *Spindler* NZG 2010, 281 (282); NK-AktG/*Wilsing/von der Linden* Rn. 28.

wäre, da die Fristen des Abs. 2 S. 1 Hs. 1 und Abs. 2 S. 1 Hs. 2 mit den Verjährungsfristen von § 93 Abs. 6 gleichlaufen bzw. an diese angelehnt sind.²⁶⁵ Trotz der Verknüpfung mit § 93 Abs. 6 – bei nicht börsennotierten Gesellschaften (→ Rn. 144) – ist eine Hemmung der Verjährung der Ersatzansprüche bei der Fristberechnung in Abs. 2 nicht entsprechend zu berücksichtigen, da es sich bei Abs. 2 S. 1 Hs. 1 um eine absolute Frist handelt.²⁶⁶ Weitere, darüber hinausgehende zeitliche Beschränkungen können sich nur dann ergeben, wenn der (abgelehnte) Antrag auf Bestellung eines Sonderprüfers in der Hauptversammlung als **Annexantrag zur Entlastung** (→ Rn. 85) gestellt wurde. In diesem Fall bezieht sich der ablehnende Hauptversammlungsbeschluss schon nur auf den Entlastungszeitraum, so dass es bei über diesen Zeitraum hinausgehenden Vorgängen schon an einem entsprechenden ablehnenden Hauptversammlungsbeschluss fehlt (→ Rn. 140).

147 **bb) Auslegung und Änderung des Prüfungsauftrags.** Der Sonderprüfer muss den gerichtlich festgelegten Sonderprüfungsbeschluss **eigenverantwortlich auslegen,** ohne dabei an die Interpretation von Vorstand, Aufsichtsrat oder Aktionärsminderheiten gebunden zu sein.²⁶⁷ Können die Zweifel hinsichtlich des Umfangs des Prüfungsauftrags dadurch nicht beseitigt werden, hat sich der Sonderprüfer an das zuständige Gericht zu wenden, um so eine verbindliche Auslegung zu erlangen.²⁶⁸ Insofern steht ihnen ein entsprechendes Antragsrecht zu.

148 Eine **nachträgliche Änderung des Prüfungsgegenstandes** im Rahmen einer Absprache der Gesellschaft und dem Sonderprüfer kommt nicht in Betracht, da der Prüfungsgegenstand durch das Gericht eindeutig festgelegt wurde. Allerdings kann eine qualifizierte Aktionärsminderheit eine Erweiterung bzw. Änderung des Prüfungsgegenstandes jederzeit nach Abs. 2 beantragen, soweit die Voraussetzungen nach Abs. 2 für den erweiterten Prüfungsgegenstand gegeben sind.²⁶⁹ Schließlich kann der Prüfungsgegenstand auch durch einen Hauptversammlungsbeschluss erweitert aber nicht beschränkt werden.²⁷⁰

149 **e) Unredlichkeit oder grobe Verletzungen des Gesetzes oder der Satzung.** Der Antragsteller muss zudem Tatsachen vortragen, die den Verdacht rechtfertigen, dass Unredlichkeiten oder grobe Verletzungen des Gesetzes oder der Satzung begangen wurden. Diese Begriffe entsprechen dem Wortlaut von § 148 Abs. 1 Nr. 3 (→ § 148 Rn. 81 ff.), dürften entgegen der Gesetzesbegründung²⁷¹ aber vor allem im Hinblick auf die konkreten Nachweisanforderungen (→ Rn. 152) unterschiedlich auszulegen sein. Dies ergibt sich schon daraus, dass im Rahmen von Abs. 2 S. 1 lediglich eine Sonderprüfung ohne direkte Folgen (→ Rn. 188 ff.) für die betroffenen Verwaltungsmitglieder angeordnet wird, während bei § 148 Abs. 1 Nr. 3 bereits eine Klagebefugnis begründet (→ § 148 Rn. 128).

150 Unredliches Verhalten ist jedes **subjektiv vorwerfbares, sittlich anstößiges Verhalten,** ohne dass dabei zugleich Gesetzes- oder Satzungsnormen verletzt sein müssen.²⁷² Maßgeblich ist dabei neben dem Ausmaß des eingetretenen Schadens auch die Bedeutung der verletzten Pflicht und der Grad des Verschuldens.²⁷³ Zudem ist grundsätzlich zu berücksichtigen, ob ein unternehmerisches Ermessen von Vorstand und Aufsichtsrat bestanden hat und dieses tatsächlich überschritten wurde, da im Rahmen des Verfahrens zur gerichtlichen Bestellung des Sonderprüfers keine Prüfung der allgemeinen Zweckmäßigkeit unternehmerischer Entscheidungen erfolgen kann.²⁷⁴ Soweit allerdings

---

²⁶⁵ Zum Verhältnis zu § 93 s. *Kropff* S. 207; BegrRegE Restrukturierungsgesetz, BT-Drs. 17/3024, 82.
²⁶⁶ AA aber Kölner Komm AktG/*Rieckers/Vetter* Rn. 266.
²⁶⁷ MüKoAktG/*Arnold* Rn. 31 f.; *Fleischer* in Küting/Weber Rechnungslegung-HdB § 145 Rn. 3; *Hüffer* ZHR 174 (2010), 642 (663); *Kirschner*, Die Sonderprüfung der Geschäftsführung in der Praxis, 2007, 209 ff.; Kölner Komm AktG/*Rieckers/Vetter* Rn. 268.
²⁶⁸ *Fleischer* in Küting/Weber Rechnungslegung-HdB § 145 Rn. 3; Kölner Komm AktG/*Rieckers/Vetter* Rn. 268; aA aber ADS §§ 142–146 Rn. 40 mit dem unzulässigen Vorschlag der Bestimmung einer zur Auslegung befugten Vertrauensperson.
²⁶⁹ ADS §§ 142–146 Rn. 40; *Fleischer* in Küting/Weber Rechnungslegung-HdB § 145 Rn. 4; *Kirschner*, Die Sonderprüfung der Geschäftsführung in der Praxis, 2007, 181 ff.; Kölner Komm AktG/*Rieckers/Vetter* Rn. 269.
²⁷⁰ MüKoAktG/*Arnold* Rn. 32.
²⁷¹ Für einen Gleichklang mit § 148 Abs. 1 Nr. 3 aber BegrRegE UMAG, BT-Drs. 15/5092, 18; dazu → § 148 Rn. 75 ff.
²⁷² MüKoAktG/*Arnold* Rn. 86; Großkomm AktG/*Bezzenberger* Rn. 60; *Fleischer* in Küting/Weber Rechnungslegung-HdB Rn. 109; *Jänig*, Die aktienrechtliche Sonderprüfung, 2005, 279 f.; Kölner Komm AktG/*Rieckers/Vetter* Rn. 275; NK-AktR/*Wilsing/von der Linden* Rn. 29.
²⁷³ BegrRegE UMAG, BT-Drs. 15/5092, 22; vgl. auch MüKoAktG/*Arnold* Rn. 87; Großkomm AktG/*Bezzenberger* Rn. 60 ff.; *Jänig* BB 2005, 949 (951); Kölner Komm AktG/*Rieckers/Vetter* Rn. 288; NK-AktR/*Wilsing/von der Linden* Rn. 31; hingegen nicht auf ein Verschulden abstellend *Fleischer* in Küting/Weber Rechnungslegung-HdB Rn. 110.
²⁷⁴ OLG München FGPrax 2007, 247 (249) = AG 2008, 33; *Trölitzsch/Gunßer* AG 2008, 833 (835).

ernsthafte Zweifel an der Anwendbarkeit der *business judgment rule* (§ 93 Abs. 1 S. 2) bestehen, können auch diese Entscheidungen als Unredlichkeiten oder grobe Verletzungen des Gesetzes oder der Satzung im Sinne von Abs. 2 S. 1 betrachtet werden.[275]

Die Beurteilung, ob es sich um eine grobe Gesetzes- oder Satzungsverletzung handelt, kann **151** dabei nur anhand der Umstände des Einzelfalls beurteilt werden. Allerdings lassen sich bestimmte **Fallgruppen und Konstellationen** bilden, bei denen zunächst im Grundsatz von einem Vorliegen einer Unredlichkeit oder einer groben Verletzung des Gesetzes oder der Satzung ausgegangen werden muss *(prima facie)*. Bei der Ermittlung dieser Fallgruppen muss stets beachten werden, dass mit der Anordnung der Sonderprüfung lediglich eine unabhängige Untersuchung der entsprechenden Vorgänge und eben noch keine Vorverurteilung oder Inanspruchnahme der zuständigen Verwaltungsmitglieder stattfindet. Vom Vorliegen einer Unredlichkeit oder einer groben Verletzung des Gesetzes oder der Satzung muss grundsätzlich bei einer eindeutigen **Überschreitung des Unternehmensgegenstandes**[276] ausgegangen werden. Ebenso reicht schon die **völlig unzureichende Informationsbeschaffung** durch die zuständigen Verwaltungsmitglieder,[277] die **Vornahme von Scheingeschäften**[278] oder der **Einsatz einer Manipulationssoftware bei Produkten zur Täuschung über deren Umweltverträglichkeit**[279] aus. Darüber hinaus wird diesen Anforderungen schon dann entsprochen, wenn das Handeln der Verwaltungsmitglieder eine **Existenzbedrohung der Gesellschaft** ausgelöst hat.[280] Zudem kann auch die **Veröffentlichung der Fehlerhaftigkeit der Unternehmensabschlüsse im Rahmen des Enforcementverfahrens** (§§ 342b ff. HGB, §§ 106 ff. WpHG) grundsätzlich in diesem Zusammenhang ausreichen.[281] Soweit Fragen der **Unternehmensbewertung** eine Rolle spielen, wird eine Bagatellgrenze von bis zu 10 % angenommen werden müssen,[282] wobei sich die Pflichtverletzung oder Unredlichkeit auf die Gesellschaft beziehen muss, so dass eine alleinige Beeinträchtigung der anspruchsberechtigten Gesellschaft nicht ausreicht. Bei größeren Abweichungen ist im Grundsatz von einem Verdacht einer Unredlichkeit oder groben Verletzungen des Gesetzes oder der Satzung auszugehen. Dies gilt auch bei einem **Abweichen des Ausgabebetrags von Aktien im Rahmen des genehmigten Kapitals vom Unternehmenswert**.[283] Weiterhin stellen Verstöße gegen **den Deutschen Corporate Governance Kodex** wie etwa die Vorgaben für Interessenkonflikte bei Vorstandsmitgliedern Unredlichkeiten dar.[284] Auch die in § 93 Abs. 3 aufgeführten Rechtsverstöße begründen in der Regel eine grobe Gesetzes- oder Satzungsverletzung, da diese Verletzungen vom Gesetzgeber besonders hervorgehoben wurden.[285] Das gleiche gilt für eine erfolgreiche Anfechtungs- oder Nichtigkeitsklage, soweit deren Begründetheit nicht auf bloßen verfahrensrechtlichen Fehlern beruht. Schließlich kann ein **negatives Votum der Hauptversammlung zum System der Vergütung der Vorstandsmitglieder** (§ 120 Abs. 4) bei börsennotierten Gesellschaften zwar nicht *per se* eine Unredlichkeiten oder grobe Verletzungen des Gesetzes oder der Satzung in Form einer unangemessenen hohen Festsetzung der Vergütung durch den Aufsichtsrat begründen, stellt aber ein wichtiges Indiz dar, da eine vom Votum der Hauptversammlung abweichende Festsetzung der Vergütung nicht im Interesse der Gesellschaft erfolgen kann und somit jedenfalls die *business judgment rule* (§ 93 Abs. 1 S. 2) keine Anwendung findet.[286]

Der Antragsteller muss die hierfür erforderlichen Tatsachen – nicht lediglich den Verdacht – nur **152** behaupten, wobei nicht jede entfernte Möglichkeit des Vorliegens der Tatsachen ausreicht.[287] Dabei

---

[275] Kölner Komm AktG/*Rieckers/Vetter* Rn. 289 (297).
[276] OLG Düsseldorf ZIP 2010, 29 (30 f.) = AG 2010, 126 für den Fall der Verfolgung von außerhalb des Unternehmensgegenstandes liegenden Geschäften im gleichen Umfang wie innerhalb des Unternehmensgegenstandes liegenden Geschäften. Zustimmend *Müller-Michaels/Wingerter* AG 2010, 903 (906 f.); Kölner Komm AktG/*Rieckers/Vetter* Rn. 286.
[277] OLG Düsseldorf ZIP 2010, 29 (31) = AG 2010, 126; aA aber *Müller-Michaels/Wingerter* AG 2010, 903 (907).
[278] *Müller-Michaels/Wingerter* AG 2010, 903 (908 f.); zu restriktiv in diesem Zusammenhang aber OLG München AG 2010, 598 (599) = WM 2010, 1035.
[279] OLG Celle NZG 2017, 1381 Rn. 34 = AG 2018, 42.
[280] AA aber OLG Frankfurt/Main AG 2011, 755 (756) = DB 2011, 1626.
[281] Kölner Komm WpHG/*Mock* § 37q Rn. 93.
[282] Im Ergebnis auch OLG Köln AG 2010, 414 (415) (Kaufpreisabweichung von 6,5%); zust. *Müller-Michaels/Wingerter* AG 2010, 903 (908).
[283] So etwa bei OLG München FGPrax 2007, 247 (249 f.) = AG 2008, 33 mit einem Abweichen von mehr als 100%.
[284] Kölner Komm AktG/*Rieckers/Vetter* Rn. 279.
[285] Kölner Komm AktG/*Rieckers/Vetter* Rn. 286.
[286] Vgl. in diesem Zusammenhang *Verstein* ECFR 2012, 74 (87 ff.) zu ähnlichen Entwicklungen im US-amerikanischen Recht der *derivative suits* (→ § 148 Rn. 17).
[287] OLG München FGPrax 2007, 247 (248) = AG 2008, 33; OLG Stuttgart NZG 2010, 864 (865) = AG 2010, 717.

muss eine **gewisse Wahrscheinlichkeit** bestehen, die aber nicht glaubhaft oder bewiesen werden muss.[288] Allerdings muss der Vortrag des Antragstellers dahingehend substantiiert sein, dass das Gericht entweder von **hinreichenden Verdachtsmomenten** überzeugt ist oder sich zur Amtsermittlung (§ 26 FamFG) veranlasst sieht.[289] Insofern bedarf es nur eines schlichten[290] und nicht etwa eines dringenden Tatverdachtes.[291] Ein solcher ist in der Regel schon immer dann gegeben, wenn bei Berücksichtigung aller Tatsachen im Ergebnis mehr für als gegen das Vorliegen einer Unredlichkeit oder einer groben Pflichtverletzung spricht.[292] Daher müssen weder die Zufügung eines pflichtwidrigen Nachteils noch die konkreten sich daraus ergebenden Rechtsfolgen benannt werden, da dies zu einer Vorwegnahme der Sonderprüfung führen würde.[293] Soweit es dem Antragsgegner gelingt, den Vortrag der Antragsteller im Rahmen der Anhörung (Abs. 5 S. 1 → Rn. 227) zu widerlegen, ist der Antrag abzuweisen.[294] Aus der in der Gesetzesbegründung des UMAG verwendeten Formulierung, dass insofern hohe Anforderungen zu stellen seien,[295] können hingegen kaum belastbare Folgerungen für die genauen Anforderungen im Einzelfall gezogen werden, da dieses Merkmal zu unbestimmt ist.[296] Zu den Ermittlungsbefugnissen des Gerichts, der Beteiligung der Verwaltungsorgane und sonstigen Verfahrensfragen → Rn. 226 ff.

153 Weiterhin wird das Vorliegen eines Verdachts der Unredlichkeit oder grobe Verletzungen des Gesetzes oder der Satzung schon nicht dadurch ausgeschlossen, dass der Geschehensablauf allgemein bekannt und nur die **rechtliche Bewertung dieses Geschehensablaufs** nicht eindeutig ist.[297] Die Sonderprüfung kann auch zur Beurteilung von Rechtsfragen durchgeführt werden,[298] da deren – freilich nicht verbindliche – Klärung durch den Sonderprüfer für die Aktionäre für die Frage von Bedeutung sein kann, ob sie im Nachgang einen besonderen Vertreter (§ 147) bestellen oder ein Klagezulassungsverfahren (§ 148) durchführen. Zudem besteht in der Regel immer ein Interesse an einer genauen Aufklärung der relevanten Tatsachen. Denn auch wenn diese allgemein bekannt sind, müssen sie für die auf der Sonderprüfung aufbauenden rechtlichen Maßnahmen (→ Rn. 188 ff.) ermittelt und in einem Maße dokumentiert werden, was mit einer allgemeinen Bekanntheit nicht erreicht werden kann.[299] Der Vornahme einer bloßen rechtlichen Bewertung steht auch nicht entgegen, dass die Person des Sonderprüfers nicht zwingend ein Jurist sein muss (→ § 143 Rn. 7), da in einem solchen Fall das Geeignetheitserfordernis im Rahmen von § 143 entsprechend zu konkretisieren ist.[300] Auch aus § 145 Nr. 1–3 ergibt sich nichts anderes, da die dort vorgesehenen Kompetenzen vom Sonderprüfer genutzt werden können aber nicht genutzt werden müssen.

154 Schließlich kann der Verdacht der Unredlichkeit oder grobe Verletzungen des Gesetzes oder der Satzung nicht durch das Bestehen eines **Compliance Management Systems** entkräftet werden.

---

[288] OLG München AG 2011, 720 = Konzern 2011, 720; ADS §§ 142–146 Rn. 17; Großkomm AktG/*Bezzenberger* Rn. 62; *Bork* in Hommelhoff/Hopt/v. Werder Corporate Governance-HdB S. 743 (753); *Fleischer* in Küting/Weber Rechnungslegung-HdB Rn. 111 f.; *Jänig*, Die aktienrechtliche Sonderprüfung, 2005, 282 ff.; K. Schmidt/Lutter/*Spindler* Rn. 55; NK-AktR/*Wilsing/von der Linden* Rn. 30.

[289] OLG Celle NZG 2017, 1381 Rn. 32 = AG 2018, 42; OLG Frankfurt/Main AG 2011, 755 (756) = DB 2011, 1626; OLG München AG 2011, 720 = Konzern 2011, 720; OLG München AG 2010, 840 (841) = WM 2010, 2270; MüKoAktG/*Arnold* Rn. 88; *Fleischer* in Küting/Weber Rechnungslegung-HdB Rn. 112; *Hirte* ZIP 1988, 953 (957); Hüffer/Koch/*Koch* Rn. 20; *Koch* ZHR 174 (2010), 642 (654 f.); *Jänig*, Die aktienrechtliche Sonderprüfung, 2005, 286; Kölner Komm AktG/*Rieckers/Vetter* Rn. 293, 295; K. Schmidt/Lutter/*Spindler* Rn. 56; *Spindler* NZG 2010, 281 (282); *Trölitzsch/Gunßer* AG 2008, 833 (836).

[290] Ebenso K. Schmidt/Lutter/*Spindler* Rn. 55; wohl auch OLG München AG 2010, 598 (599) = WM 2010, 1035; OLG Köln AG 2010, 414 (415) jew. mit dem Kriterium eines hinreichenden Tatverdachts.

[291] So aber *Trölitzsch/Gunßer* AG 2008, 833 (836), die insofern auf strafprozessuale Zusammenhänge abstellen wollen und einen dringenden Tatverdacht verlangen.

[292] OLG Frankfurt/Main BeckRS 2012, 10249 Rn. 27.

[293] OLG Stuttgart NZG 2010, 864 (865) = AG 2010, 717; OLG München AG 2011, 720 = Konzern 2011, 720; OLG München AG 2010, 598 (599) = WM 2010, 1035; OLG München AG 2010, 840 (841) = WM 2010, 2270; OLG München AG 2008, 33 (35); Großkomm AktG/*Bezzenberger* Rn. 62.

[294] OLG Frankfurt/Main AG 2011, 755 (756) = DB 2011, 1626; OLG München FGPrax 2007, 247 (248) = AG 2008, 33; *Trölitzsch/Gunßer* AG 2008, 833 (836).

[295] BegrRegE UMAG, BT-Drs. 15/5092, 18.

[296] Darauf aber abstellend OLG Köln AG 2010, 414 (415); OLG Frankfurt/Main AG 2011, 755 (756) = DB 2011, 1626; OLG München AG 2011, 720 = Konzern 2011, 720; OLG München AG 2010, 840 (841) = WM 2010, 2270; OLG Stuttgart NZG 2010, 864 (865) = AG 2010, 717.

[297] A.A. aber OLG Frankfurt/Main AG 2011, 755 (758) = DB 2011, 1626; KG AG 2012, 412 (413) = Konzern 2010, 212; Kölner Komm AktG/*Rieckers/Vetter* Rn. 24 f., 289.

[298] Jedenfalls für die Zulässigkeit einer rechtlichen Würdigung Kölner Komm AktG/*Rieckers/Vetter* Rn. 25; ähnlich *Bachmann* ZIP 2018, 101 (103); aA und eine rechtliche Würdigung insgesamt ablehnend *Bungert/Rothfuchs* DB 2011, 1677; *Slavik* WM 2017, 1684 (1687).

[299] AA aber KG AG 2012, 412 (413) = Konzern 2010, 212.

[300] AA aber OLG Frankfurt/Main AG 2011, 755 (758) = DB 2011, 1626.

Dies gilt auch dann, wenn eine Zertifizierung nach PS 980 vorgenommen wurde. Denn das bloße Bestehen eines Compliance Management Systems kann im Zusammenhang mit konkreten Vorgängen, bei denen es im Rahmen einer Sonderprüfung immer nur gehen kann (→ Rn. 55 ff.), keinen Einfluss haben bzw. garantieren, dass entsprechende Verdachtsmomente sicher ausgeschlossen werden können.

f) Keine entgegenstehenden überwiegenden Gründe des Gesellschaftswohls. Trotz fehlender – im Gegensatz zum Klagezulassungsverfahren (§ 148 Abs. 1 S. 2 Nr. 4) – ausdrücklicher Nennung in Abs. 2 dürfen dem Antrag der qualifizierten Aktionärsminderheit keine **überwiegenden Gründe des Gesellschaftswohls** entgegenstehen.[301] Dabei können aber nicht die Anforderungen von § 148 Abs. 1 S. 2 Nr. 4 auf Abs. 2 übertragen werden, da die Durchführung einer Sonderprüfung mit ihren beschränkten Rechtsfolgen (→ Rn. 188 ff.) deutlich hinter einem Klagezulassungsverfahren zurückbleibt.[302] Im Ergebnis handelt es sich um eine **Verhältnismäßigkeitsprüfung,** bei der zu ermitteln ist, ob die Kosten und negativen Auswirkungen der Sonderprüfung für die Gesellschaft in einem angemessenen Verhältnis zu dem durch das Fehlverhalten ausgelösten Schaden stehen.[303]

155

Dabei darf die Berücksichtigung von überwiegenden Gründen des Gesellschaftswohls nicht mit der **Rechtsmissbräuchlichkeit der Antragstellung** (→ Rn. 166 f.) verwechselt oder in ein Stufenverhältnis[304] gesetzt werden. Bei der Rechtsmissbräuchlichkeit und der Berücksichtigung von überwiegenden Gründen des Gesellschaftswohls handelt es sich um unterschiedliche Rechtsinstitute, die sich auf verschiedene Weise rechtfertigen. Während die Rechtsmissbräuchlichkeit an ein fehlendes (individuelles) Antragsrecht anknüpft, ist die Berücksichtigung von überwiegenden Gründen des Gesellschaftswohls ein Ausschlussgrund, der von der individuellen Antragstellung unabhängig ist.

156

Eine einseitige Fokussierung der antragstellenden Aktionäre auf die (spätere) **Geltendmachung von Ersatzansprüchen** kann nicht zu einer Unverhältnismäßigkeit führen.[305] Zwar ist die Geltendmachung von Ersatzansprüchen oftmals im Nachgang an eine Sonderprüfung notwendig oder angemessen. Allerdings dient die Sonderprüfung den Aktionären auch dazu, andere Konsequenzen zu ziehen (→ Rn. 188 ff.). Da der durch das Fehlverhalten entstandene Schaden oftmals nicht vollständig abgeschätzt werden kann, sind die Anforderungen entsprechend gering anzusetzen.[306] Daher kann der Antrag auf Anordnung der Sonderprüfung und Bestellung eines Sonderprüfers nach Abs. 2 nur in völlig offensichtlich aussichtslosen Fällen in Bezug auf eine nachfolgende Geltendmachung von Ersatzansprüchen oder des Ergreifens personeller Konsequenzen wegen entgegenstehender Gründe des Gesellschaftswohls ausgeschlossen sein. Dies ist etwa der Fall, wenn die durch die Sonderprüfung zu untersuchenden Prüfungsgegenstände nur zu Ersatzansprüchen gegen Personen führen können, bei denen diese Ansprüche ohnehin in keiner Weise realisiert werden können.[307] Allerdings ist dies nicht schon dann der Fall, wenn das voraussichtlich pfändbare Vermögen des Organmitglieds völlig außer Verhältnis zur möglichen Schadenshöhe steht, da dies vor allem bei großen Aktiengesellschaften die Regel ist.[308] Vielmehr setzt eine fehlende Realisierbarkeit eine entsprechende Vermö-

157

---

[301] So ausdrücklich BegrRegE UMAG, BT-Drs. 15/5092, 18; zust. auch *Bork* in Hommelhoff/Hopt/v. Werder Corporate Governance-HdB S. 743 (754); *Hüffer* ZHR 174 (2010) 642 (660); *Koch* ZGR 2006, 769 (780); *Mimberg* in Marsch-Barner/Schäfer Börsennotierte AG-HdB § 40 Rn. 12; *Spindler* NZG 2010, 281 (282); *Trölitzsch/Gunßer* AG 2008, 833 (837 f.); *Wilsing/Ogorek* GWR 2009, 75 (76 f.); krit. zur Anwendung der Verhältnismäßigkeitsprüfung *Jänig* BB 2005, 949 (951); *Spindler* NZG 2005, 865 (870); K. Schmidt/Lutter/*Spindler* Rn. 52; ebenso *Fleischer* NJW 2005, 3525 (3527) mit dem Hinweis auf eine Lösungsmöglichkeit dieser Fallkonstellationen über die allgemeinen Regeln des Missbrauchs des Antragsrechts.
[302] AA aber und eine Gleichsetzung fordernd *Hüffer* ZHR 174 (2010) 642 (660), zurückhaltender Grigoleit/Herrler Rn. 24 (in Anlehnung).
[303] BegrRegEUMAG, BT-Drs. 15/5092, 18; OLG Düsseldorf ZIP 2010, 28 (30) = AG 2010, 126; *Bachmann* ZIP 2018, 101 (106); *Kamm,* Die aktienrechtliche Sonderprüfung gemäß §§ 142 ff. AktG, 2015, 134 ff.; *Mutter/Quinke* EWiR 2010, 171 (172); *Bungert/Rothfuchs* DB 2011, 1677 (1678); Grigoleit/Herrler Rn. 24; MHdB GesR VII/*Lieder* § 26 Rn. 133; *Müller-Michaels/Wingerter* AG 2010, 903 (909 f..); Kölner Komm AktG/*Rieckers/Vetter* Rn. 299 ff.; *Slavik* WM 2017, 1684 (1689); *Spindler* NZG 2010, 281 (282); *Trölitzsch/Gunßer* AG 2008, 833 (837); aA *Fleischer* NJW 2005, 3525 (3527).
[304] So aber *Trölitzsch/Gunßer* AG 2008, 833 (838).
[305] Ähnlich *Kamm,* Die aktienrechtliche Sonderprüfung gemäß §§ 142 ff. AktG, 2015, 34 ff., der darin den eigentlichen Zweck der Sonderprüfung sieht. Dies ebenfalls zu sehr betonend *Trölitzsch/Gunßer* AG 2008, 833 (838).
[306] Ebenso *Hüffer* ZHR 174 (2010) 642 (658 f.); K. Schmidt/Lutter/*Spindler* Rn. 52 f.; aA aber *Trölitzsch/Gunßer* AG 2008, 833 (838).
[307] Ähnlich KG AG 2012, 412 (413) = Konzern 2010, 212, das dann allerdings einen Rechtsmissbrauch annehmen will. In diese Richtung auch *Wilsing/Ogorek* GWR 2009, 75 (76); *Mutter/Quinke* EWiR 2010, 171 (712).
[308] In diesem Sinne aber wohl *Hüffer* ZHR 174 (2010) 642 (660).

genslosigkeit bei dem jeweiligen Organmitglied voraus. Zudem ist zu beachten, dass die haftungsrechtliche Verantwortlichkeit der Mitglieder des Vorstands in der Regel auch die Frage nach der haftungsrechtlichen Verantwortlichkeit der Mitglieder des Aufsichtsrats aufwirft, so dass der Fall einer hinsichtlich der Haftungsverwirklichung wirtschaftlich völlig aussichtslosen Sonderprüfung kaum eintreten dürfte, zumal oftmals auch eine D&O-Versicherung besteht.[309]

158 Zudem muss bei der Verhältnismäßigkeitsprüfung auch beachtet werden, dass eine Sonderprüfung zwar zu einer **Zunahme von (Anleger-)Schadensersatzansprüchen** führen kann, daraus aber nicht gefolgert werden darf, dass eine Sonderprüfung bei einer entsprechenden hohen Summe von Schadensersatzansprüchen ausgeschlossen sein muss.[310] Das berechtigte Interesse der Aktionärsminderheit an der Aufklärung der groben Gesetzes- oder Satzungsverstöße besteht auch in diesen Fällen bzw. ist entsprechend hoch zu gewichten.[311]

159 Ein aussichtsloser Fall liegt zudem nicht vor, wenn die entsprechenden Personen noch Entscheidungsträger bei der Gesellschaft sind bzw. **notwendige personelle Konsequenzen** noch nicht getroffen wurden.[312] Denn diese Konsequenzen können auch noch nach der Sonderprüfung gezogen werden und sachlich gerade auf deren Ergebnisse gestützt werden.

160 Ebenso wenig kann der Antrag für den Fall abgelehnt werden, dass sich die Hauptversammlung bewusst gegen eine Sonderprüfung entscheiden hat und insofern auf die **Führungsautorität und Sachkompetenz der Gesellschaftsorgane** vertraut.[313] Auch wenn dies im Einzelfall zweckmäßig sein mag, kann dies nicht das Minderheitenrecht der gerichtlichen Anordnung einer Sonderprüfung einschränken.

161 Ohne Bedeutung sind zudem Aspekte wie ein **negatives Medienecho**[314] oder die **Kosten der Sonderprüfung**.[315] Denn letztlich sind dies typische Nebeneffekte einer Sonderprüfung, deren Ursache nicht in der Sonderprüfung selbst, sondern in dem begründeten Verdacht des Vorliegens einer Unredlichkeit oder groben Verletzung des Gesetzes oder der Satzung (→ Rn. 149 ff.) zu suchen sind. Einer Wahrheitsfindung kann die Wahrheit selbst nie entgegenstehen.

162 Auch können **interne Ermittlungen** (→ Rn. 244 ff.) keine entgegenstehenden überwiegenden Gründe des Gesellschaftswohls darstellen.[316] Dies gilt unabhängig davon, ob diese bereits durchgeführt wurden, noch andauern oder erst geplant sind. Interne Ermittlungen zeichnen sich gerade dadurch aus, dass diese vom Vorstand und/oder dem Aufsichtsrat initiiert werden und bei diesen keinerlei Beteiligung oder Schutz von Minderheitsaktionären besteht.[317] Als Ersatz für die gerichtliche Bestellung eines Sonderprüfers als zentralem Minderheitenrecht taugen sie daher nicht. Diese Grundsätze gelten auch bei **staatsanwaltlichen Ermittlungen** (→ Rn. 39).[318]

163 Schließlich sind etwaige **Geheimhaltungspflichten der Aktiengesellschaft** oder ihrer Organe unbeachtlich und zwar unabhängig davon, ob diese gesetzlicher oder vertraglicher Natur sind. Dies ergibt sich schon daraus, dass der Sonderprüfer selbst zur Verschwiegenheit verpflichtet ist (§ 144 iVm § 323 Abs. 1 Satz 1 und 2 HGB) und dem Geheimhaltungsinteresse im Rahmen der Berichterstattung des Sonderprüfers hinreichend Rechnung getragen wird (§ 145 Abs. 4 → § 145 Rn. 30 ff.).

164 **g) Fehlende Beeinträchtigung der Grundrechtsposition der zu prüfenden Gesellschaft.** Auch wenn bei der Anordnung der Sonderprüfung die Grundrechtspositionen der zu prüfenden Gesellschaft berücksichtigt werden müssen,[319] ergeben sich daraus im Zweifel **keinerlei Beschränkungen**. Denn insofern sind die Beeinträchtigungen in Form einer negativen Publizität bzw. Berichterstattung, die durch sie entstehenden Kosten und die mit ihr verbundene Bindung personeller Ressourcen denknotwendige Folge dieses Minderheitenschutzinstruments.[320] Zudem gilt es zu beachten, dass die §§ 142 ff. insgesamt den Schutzinteressen der zu prüfenden Aktiengesellschaft hinreichend Rechnung tragen, so dass eine Einschränkung des Antragsrechts nach Abs. 2 auch unter Berücksichtigung der Grundrechtspositionen der zu prüfenden Aktiengesellschaft nicht angezeigt

---

[309] *Müller-Michaels/Wingerter* AG 2010, 903 (909); restriktiver aber *Hüffer* ZHR 174 (2010) 642 (660).
[310] *Spindler* NZG 2010, 281 (283).
[311] In diese Richtung auch OLG Düsseldorf ZIP 2010, 29 (34) = AG 2010, 126.
[312] Zust. *Hüffer* ZHR 174 (2010) 642 (659); Kölner Komm AktG/*Rieckers/Vetter* Rn. 302; *Wilsing*, Der Schutz vor gesellschaftsschädlichen Sonderprüfungen, 2014, 146 ff.
[313] So aber *Wilsing/Ogorek* GWR 2009, 75 (76).
[314] So aber wohl Kölner Komm AktG/*Rieckers/Vetter* Rn. 302.
[315] Ebenso *Müller-Michaels/Wingerter* AG 2010, 903 (909).
[316] OLG Celle NZG 2017, 1381 Rn. 36 ff. = AG 2018, 42; *Bachmann* ZIP 2018, 101 (106); *Mock* EWiR 2017, 749 (750).
[317] Dazu *Mock* EWiR 2017, 749 (750).
[318] *Bachmann* ZIP 2018, 101 (105).
[319] BVerfG NZG 2018, 104 Rn. 12 = DB 2018, 180.
[320] Im Ergebnis auch BVerfG NZG 2018, 104 Rn. 12 ff. = DB 2018, 180.

Bestellung der Sonderprüfer 165–167 § 142

ist.³²¹ Eine gegenteilige Betrachtungsweise würde dazu führen, dass besonders gravierende Unredlichkeiten oder Verletzungen des Gesetzes oder der Satzung nicht der Sonderprüfung unterzogen werden könnten, was mit der gesamten Konzeption dieses Minderheitenschutzinstruments (→ Rn. 6 ff.) schon nicht vereinbar ist.

h) Rechtsschutzbedürfnis. Für die Antragstellung ist **kein besonderes Rechtsschutzbedürfnis** 165 erforderlich.³²² Bei der Sonderprüfung handelt es sich um ein objektives Kontrollinstrument einer Aktionärsminderheit. Die Interessen der Aktionäre werden bereits durch das Bestehen eines Verdachts einer Unredlichkeit oder groben Gesetzes- oder Satzungsverletzung hinreichend beeinträchtigt, so dass es eines darüber hinausgehenden Interesses nicht bedarf. Das Rechtschutzinteresse kann aber ausnahmsweise dann entfallen, wenn die Sonderprüfung beantragt wird, obwohl wegen Eintritts der Verjährung diese anschließend (zumindest in zivilrechtlicher Hinsicht) folgenlos bleiben wird.³²³ Das Rechtsschutzbedürfnis entfällt aber nicht schon dann, wenn bereits eine (freiwillige) interne Prüfung (→ Rn. 244 ff.) stattgefunden hat, da die bei einer Sonderprüfung nach den §§ 142 ff. bestehenden verfahrensrechtlichen Grundsätze und die Transparenz hinsichtlich des Prüfungsberichts (§ 145 Abs. 6) nicht beachtet werden müssen (→ Rn. 253 f.).

i) Missbrauch des Antragsrechts. Das Antragsrecht unterliegt aber den allgemeinen Beschrän- 166 kungen des Zivilrechts und kann daher bei **Vorliegen eines Rechtsmissbrauchs** ausgeschlossen sein. Der Antrag ist dann wegen des Verlusts des materiellen Antragsrechts unbegründet und nicht schon unzulässig.³²⁴ Aufgrund des Interesses der Gesellschaft, Unregelmäßigkeiten aufzudecken, sind die Anforderungen an einen Ausschluss des Antragsrechts wegen Rechtsmissbrauchs entsprechend streng zu formulieren. Daher kann die bloße Folgenlosigkeit einer Sonderprüfung schon keinen Rechtsmissbrauch darstellen,³²⁵ führt allerdings meist dazu, dass der Sonderprüfung überwiegende Gründe des Gesellschaftswohls entgegenstehen (→ Rn. 155 ff.).

Ein Ausschluss des Antragsrechts wegen Rechtsmissbrauch ist daher dann anzunehmen, wenn die 167 Antragstellung eine **illoyale, grob eigennützige Rechtsausübung** darstellt.³²⁶ Dies kann etwa dann der Fall sein, wenn die Sonderprüfung allein wegen eines Informationsinteresses eines Wettbewerbers durchgeführt wird.³²⁷ Ebenso stellt sich die Durchführung einer Sonderprüfung zur Vorbereitung von **Schadenersatzansprüchen des Aktionärs** gegen denjenigen, von dem er selbst die Aktien erworben hat, eine missbräuchliche Nutzung des Antragsrechts dar.³²⁸ Dies setzt allerdings voraus, dass die vom Antragsteller vorgetragene Unredlichkeit oder grobe Verletzungen des Gesetzes oder der Satzung tatsächlich weder Schadenersatzansprüche der Gesellschaft noch eine Abberufung der betroffenen Verwaltungsmitglieder begründen können und somit folgenlos bleiben.³²⁹ Der Fall des **Abkaufs des Sonderprüfungsantrags** stellt sich zwar grundsätzlich auch als rechtsmissbräuchlich dar,³³⁰ ist aufgrund des nach Abs. 2 S. 1 notwendigen Quorums nur eingeschränkt möglich und dürfte zudem meist an der Beweisbarkeit der bereits bei der Beantragung der Sonderprüfung bestehenden Schädigungsabsicht scheitern. Schließlich sind auch so genannte *fishing expeditions* in Form einer unspezifischen Prüfung größerer Geschäftsbereiche in der Hoffnung der Aufdeckung

---

³²¹ Dazu ausführlich *Mock* ZIP 2018, 201 ff.
³²² *Bachmann* ZIP 2018, 101 (104); Großkomm AktG/*Bezzenberger* Rn. 58; *Fleischer* in Küting/Weber Rechnungslegung-HdB Rn. 80; NK-AktR/*Wilsing/von der Linden* Rn. 37; im Erg. auch KG AG 2012, 412 (413) = Konzern 2010, 212; aA LG München I NZG 2016, 1342 (1345) = AG 2017, 84.
³²³ Großkomm AktG/*Bezzenberger* Rn. 58; *Fleischer* in Küting/Weber Rechnungslegung-HdB Rn. 129; Bürgers/Körber/*Holzborn/Jänig* Rn. 21; ähnlich auch *Jänig,* Die aktienrechtliche Sonderprüfung, 2005, 318 f.
³²⁴ MüKoAktG/*Arnold* Rn. 90 ff.; *Bachmann* ZIP 2018, 101 (105); *Butzke* Die Hauptversammlung der AG Rn. M 15; *Hirte* ZIP 1988, 953 (956); Bürgers/Körber/*Holzborn/Jänig* Rn. 22; *Kamm,* Die aktienrechtliche Sonderprüfung gemäß §§ 142 ff. AktG, 2015, 152 ff.; Kölner Komm AktG/*Rieckers/Vetter* Rn. 306; aA wohl AG Düsseldorf ZIP 1988, 970 = WM 1988, 1668.
³²⁵ A.A. KG AG 2012, 412 (413) = Konzern 2010, 212.
³²⁶ OLG München FGPrax 2007, 247 (248) = AG 2008, 33; OLG Düsseldorf ZIP 2010, 28 (30) = AG 2010, 126; AG Düsseldorf ZIP 1988, 970 = WM 1988, 1668 = EWiR 1988, 743 *(Meyer-Landrut);* ähnlich *Hirte* ZIP 1988, 953 (954 ff.); MüKoAktG/*Arnold* Rn. 91; Großkomm AktG/*Bezzenberger* Rn. 59; *Fleischer* in Küting/ Weber Rechnungslegung-HdB Rn. 130; Hüffer/Koch/*Koch* Rn. 21; *Jänig,* Die aktienrechtliche Sonderprüfung, 2005, 317 f.; Kölner Komm AktG/*Rieckers/Vetter* Rn. 307; NK-AktR/*Wilsing/von der Linden* Rn. 32; *Wilsing/ Ogorek* GWR 2009, 75 (76).
³²⁷ AG Ingolstadt AG 2002, 110 = DB 2001, 1356 = EWiR 2001, 845 *(Liebs).*
³²⁸ OLG München AG 2010, 598 (600) = WM 2010, 1035.
³²⁹ OLG München AG 2010, 598 (600) = WM 2010, 1035.
³³⁰ OLG München FGPrax 2007, 247 (248) = AG 2008, 33; *Hirte* ZIP 1988, 953 (954 ff.); Bürgers/Körber/ *Holzborn/Jänig* Rn. 21; Hüffer/Koch/*Koch* Rn. 25; Kölner Komm AktG/*Rieckers/Vetter* Rn. 308 f.; *Slavik* WM 2017, 1684 (1689); *Wilsing/Ogorek* GWR 2009, 75 (76).

von Pflichtverletzungen oder Mängeln rechtsmissbräuchlich,[331] wobei diese Anträge meist schon mangels substantiierten Vortrages (→ Rn. 128) unzulässig sind. Für die Fälle der Unverhältnismäßigkeit des Antrags → Rn. 155.

168 **j) Mehrfachanträge.** Abs. 2 enthält keine Regelung über die Behandlung von Mehrfachanträgen. Allerdings dürfen dem Antrag auf gerichtliche Anordnung der Sonderprüfung und Bestellung eines Sonderprüfers nach Abs. 2 – ebenso wie beim Klagezulassungsverfahren nach § 148 Abs. 1 S. 2 Nr. 4 – keine **überwiegenden Gründe des Gesellschaftswohls** entgegenstehen (→ Rn. 155 ff.). Insofern ist ein Antrag, der hinsichtlich des Prüfungsgegenstandes mit einem anderen Antrag, einer bereits stattfindenden oder bereits abgeschlossenen Sonderprüfung identisch ist, bereits unzulässig. Durch die bereits erfolgte oder noch zu erfolgende Sonderprüfung wird dem Aufklärungsinteresse der Aktionäre bereits Rechnung getragen, so dass aufgrund der grundsätzlichen Kostentragungslast der Gesellschaft nach § 146 einer weiteren Sonderprüfung überwiegende Gründe des Gesellschaftswohls entgegenstehen. Kein Fall eines Mehrfachantrags ist die Beantragung einer Sonderprüfung zur Überprüfung der ordnungsgemäßen Durchführung einer vorherigen Sonderprüfung (→ Rn. 70).

169 **k) Berechtigungsnachweis (Abs. 2 S. 2).** Die antragstellenden Aktionäre müssen nach Abs. 2 S. 2 bei der Antragstellung neben der Mindestdauer ihres Aktienbesitzes → Rn. 170 f.) auch dessen Fortdauer bis zur Entscheidung (→ Rn. 173 ff.) nachweisen. Fehlt es an einer der beiden Voraussetzungen ist der Antrag als unzulässig abzuweisen.[332] Zu den Auswirkungen von Kapitalmaßnahmen auf den Berechtigungsnachweis von Abs. 2 S. 2 → Rn. 133.

170 **aa) Mindestdauer ihres Aktienbesitzes.** Die Antragsteller müssen zunächst seit **mindestens drei Monaten** vor dem Tag der Hauptversammlung, auf der eine Bestellung eines Sonderprüfers abgelehnt wurde, Aktionäre der Gesellschaft sein und hierüber einen Nachweis führen. Für die Berechnung gilt insoweit § 121 Abs. 7, so dass die Frist von dem nicht mitzuzählenden Tag der den Antrag auf die Sonderprüfung ablehnenden Hauptversammlung zurückzurechnen ist.[333] Die Mindestbesitzzeit muss dabei für das gesamte für die Antragstellung notwendige Quorum bestehen, da die Antragsteller nach Abs. 2 S. 2 Inhaber *der* Aktien sein müssen.[334] Soweit die Gesellschaft noch keine drei Monate besteht bzw. die zu untersuchende Kapitalmaßnahme noch keine drei Monate zurückliegt, genügt die Besitzzeit seit der Entstehung der Gesellschaft bzw. der Ausgabe der entsprechenden Aktien.[335] Bei Namensaktien ist keine lückenlose Eintragung im Aktienregister erforderlich.[336] Ohne Bedeutung ist, aus welchem Grund der Aktionär seine Aktien verliert.[337]

171 Durch das durch das UMAG eingeführte **allgemeine Nachweiserfordernis** muss der Antragsteller über den Berechtigungsnachweis keinen Beweis führen, das Vorliegen der Voraussetzungen aber glaubhaft machen.[338] Statt der genannten Bestätigungen für die Mindestbesitzzeit von drei Monaten durch die depotführende Bank[339] (vgl. § 123 Abs. 3 S. 2) oder die Hinterlegungsstellen[340] kann der Antragsteller den Nachweis auch durch eine eidesstattliche Versicherung erbringen.[341] Bei Namensaktien ist es ausreichend, auf das Aktienregister zu verweisen (§ 67 Abs. 2).[342] Der fehlende Nachweis über die Mindestbesitzzeit führt bereits zur Unzulässigkeit des Antrags, da das materielle Antragsrecht davon nicht berührt wird.

---

[331] Vgl. dazu Kölner Komm AktG/*Rieckers/Vetter* Rn. 310 f.; *Schneider* AG 2008, 305 (307); *Trölitzsch/Gunßer* AG 2008, 833 (837).

[332] OLG München NZG 2010, 866 = AG 2010, 457; Hüffer/Koch/*Koch* Rn. 24, 31; Kölner Komm AktG/ *Rieckers/Vetter* Rn. 252.

[333] BegrRegE UMAG, BT-Drs. 15/5092, 14 f. (zum seinerzeitigen § 123 Abs. 4); ebenso Kölner Komm AktG/ *Rieckers/Vetter* Rn. 240; NK-AktR/*Wilsing/von der Linden* Rn. 39.

[334] Hüffer/Koch/*Koch* Rn. 24.

[335] K. Schmidt/Lutter/*Spindler* Rn. 45.

[336] Vgl. nur MüKoAktG/*Arnold* Rn. 101; Kölner Komm AktG/*Rieckers/Vetter* Rn. 217.

[337] OLG München NZG 2010, 866 = AG 2010, 457; OLG Frankfurt/Main NJW-RR 2009, 1411.

[338] So wohl auch NK-AktG/*Wilsing/von der Linden* Rn. 39 mit Verweis auf die Aufhebung der bisherigen Hinterlegungsregelung durch das UMAG; einschränkend aber Hüffer/Koch/*Koch* Rn. 23, der mehr als eine Glaubhaftmachung fordert.

[339] K. Schmidt/Lutter/*Spindler* Rn. 44; *Wilsing/Neumann* DB 2006, 31 (32 f.).

[340] Dabei handelt es sich aber eher um eine theoretische Möglichkeit (vgl. dazu *Mimberg* in Marsch-Barner/ Schäfer Börsennotierte AG-HdB Rn. 40.8).

[341] NK-AktR/*Wilsing/von der Linden* Rn. 39; aA aber wohl K. Schmidt/Lutter/*Spindler* Rn. 44 (Zweifelhaftigkeit der Zulassung der eidesstattlichen Versicherung).

[342] OLG München AG 2009, 672 (673) (für die Sonderprüfung nach § 258); Kölner Komm AktG/*Rieckers/ Vetter* Rn. 255.

Keine Bedeutung hat der Umstand, dass der Aktionär möglicherweise einem **Rechtsverlust** 172
wegen Verletzung von Mitteilungspflichten (§ 20 Abs. 7 S. 1, § 21 Abs. 4 S. 1; § 44 WpHG)
unterliegt. Denn Abs. 2 S. 1 stellt nicht auf das Stimmrecht, sondern allein auf eine (Mindest-)Beteiligung an der Gesellschaft ab.

bb) Halten des Mindestaktienbesitzes bis zur Entscheidung über den Antrag. Weiterhin 173
müssen die Antragsteller nachweisen, dass sie die Aktien auch **bis zur Entscheidung über den Antrag** halten werden. Die früher notwendige Hinterlegung ist nunmehr aber nicht mehr erforderlich, aber grundsätzlich möglich. In Betracht kommt dafür neben der Hinterlegungsstelle des Gerichts, die Gesellschaft selbst oder ein Notar.[343] Im Fall der Hinterlegung kann der Nachweis dann ohne weiteres durch eine Hinterlegungsbescheinigung geführt werden.[344] Ansonsten reicht eine **Depotbestätigung mit Sperrvermerk** oder eine **Verpflichtungserklärung des depotführenden Instituts** gegenüber dem Gericht aus, dieses über jegliche Änderungen des Aktienbestands zu unterrichten.[345] Nicht ausreichend ist allerdings eine Erklärung des Aktionärs, die Aktien bis zum Ende des Verfahrens zu halten.

Kommt es nach der Antragstellung aber vor der Entscheidung über den Antrag zu einem **freiwilligen Verlust des Aktienbesitzes** beim Antragsteller führt dies zur Unzulässigkeit des Antrags. 174
Aufgrund der Pflicht zum Halten der Aktien bis zur Entscheidung über den Antrag kommt insofern auch nicht § 265 Abs. 2 S. 1 ZPO zur Anwendung. Denn auch wenn § 265 Abs. 2 S. 1 ZPO in echten Streitsachen der freiwilligen Gerichtsbarkeit entsprechend angewendet werden könnte, fehlt es aufgrund der eindeutigen Regelung in Abs. 2 S. 1 an der erforderlichen Regelungslücke.

Etwas anderes gilt bei einem **unfreiwilligen Ausscheiden des Aktionärs** etwa in Form eines 175
squeeze out zwischen Antragstellung und der Entscheidung über den Antrag.[346] Denn auch wenn der Aktionär dadurch seine Aktionärsstellung verliert, bleibt das Interesse an der (gerichtlichen) Bestellung eines Sonderprüfers bestehen, zumal der dann zu erstellende Prüfungsbericht erheblichen Einfluss auf das typischerweise stattfindende Spruchverfahren zur Ermittlung der Abfindungsansprüche der ausgeschiedenen Aktionäre haben kann.[347] Hinzu kommt, dass das Spruchverfahren gerade keine Möglichkeiten für Minderheitsaktionäre kennt, eine mit der Sonderprüfung vergleichbare Untersuchung bestimmter Geschäftsvorgänge durchführen zu lassen, so dass im Spruchverfahren eine fehlenden Berücksichtigung etwaiger Ersatzansprüche droht.[348] Auch wenn diese Betrachtungsweise der höchstrichterlichen Rechtsprechung zur Fortführung einer Anfechtungsklage nach einem *squeeze out*[349] entspricht,[350] bleibt insofern eine nicht unerhebliche Unsicherheit, zumal die entsprechende Problematik beim besonderen Vertreter (§ 147 Abs. 2) höchstrichterlich gegenteilig entschieden wurde (→ § 147 Rn. 164).

l) Wegfall der Voraussetzungen nach Zulassung des Antrags. Keine Regelung enthält 176
Abs. 2 hinsichtlich der Frage, ob der antragstellende Aktionär auch noch nach der gerichtlichen Anordnung der Sonderprüfung und der Bestellung eines Sonderprüfers Aktionär bleiben muss. Dabei muss im **Umkehrschluss aus Abs. 2 S. 2** aber geschlossen werden, dass ein Halten der Aktien während der Dauer der Sonderprüfung nicht notwendig ist.[351] Zudem wird der Sonderprüfer nicht im Interesse des antragstellenden Aktionärs, sondern im Interesse der Gesellschaft tätig, so dass eine direkte Abhängigkeit zum Aktienbesitz des antragstellenden Aktionärs nicht erforderlich sein kann. Dieser Grundsatz gilt dabei sowohl für das freiwillige als auch das unfreiwillige Ausscheiden aus der Gesellschaft. Zur fehlenden Abberufungsmöglichkeit durch einen Hauptversammlungsbeschluss → Rn. 185.

---

[343] KG JW 1930, 3777; NK-AktR/*Wilsing/von der Linden* Rn. 39.
[344] OLG München FGPrax 2007, 247 (248) = AG 2008, 33; BayObLGZ 2004, 260 (265); KG JW 1930, 3777; MüKoAktG/*Arnold* Rn. 100; Kölner Komm AktG/*Rieckers/Vetter* Rn. 254; ebenso OLG München NZG 2006, 628 (629) = AG 2006, 801 (zu § 258).
[345] BegrRegE UMAG BT-Drs. 15/5092, 18 f.; so auch OLG München FGPrax 2007, 247 (248) = AG 2008, 33; MüKoAktG/*Arnold* Rn. 101; Großkomm AktG/*Bezzenberger* Rn. 50.
[346] AA aber OLG München NZG 2010, 866 = AG 2010, 457; Grigoleit/*Herrler* Rn. 28; Kölner Komm AktG/*Rieckers/Vetter* Rn. 252.
[347] Dazu *Mock* EWiR § 142 AktG 2/10, 549 (550); aA MHdB GesR VII/*Lieder* § 26 Rn. 123.
[348] Dazu *Mock* EWiR § 142 AktG 2/10, 549 (550); abl. aber *Müller-Michaels/Wingerter* AG 2010, 903 (906) mit der Behauptung, der ausgeschiedene Aktionär könne etwaige Schadensersatzansprüche werterhöhend behandeln lassen.
[349] BGHZ 169, 221 = NZG 2007, 26.
[350] AA aber OLG München NZG 2010, 866 = AG 2010, 457.
[351] Ebenso OLG München AG 2009, 672 (673) (für die Sonderprüfung nach § 258); Grigoleit/*Herrler* Rn. 28; wohl auch Kölner Komm AktG/*Rieckers/Vetter* Rn. 251 ff.

177 **2. Verhältnis zur Bestellung des Sonderprüfers durch die Hauptversammlung nach Abs. 1.** Nicht ausdrücklich wird in Abs. 2 das Verhältnis zur Bestellung eines Sonderprüfers nach Abs. 1 adressiert. Da aber Abs. 2 Satz 1 für die gerichtliche Bestellung eine vorherige Ablehnung eines entsprechenden Beschlussantrags durch die Hauptversammlung voraussetzt (→ Rn. 136 ff.), kann es grundsätzlich nicht zu einem Nebeneinander zweier Sonderprüfer kommt. Sollte es aber dennoch zu einer **doppelten Bestellung von Sonderprüfern** zu einem identischen Prüfungsgegenstand kommen, ist der gerichtlich bestellte Sonderprüfer abzuberufen (→ Rn. 142), da der von der Hauptversammlung bestellte Sonderprüfer stets den Vorrang genießt.

178 **3. Vereinbarungen zur Vermeidung der Sonderprüfung (Abs. 2 S. 3).** Zur Verhinderung eines regelmäßigen Abkaufs des Sonderprüfungsantrags sieht Abs. 2 S. 3 eine entsprechende Anwendung der Publizitätsvorschriften von § 149 vor. Daher muss für alle Vereinbarungen, die zur Vermeidung der Sonderprüfung geschlossen werden, eine **Bekanntmachung in den Gesellschaftsblättern** (§ 25) erfolgen. Keine Anwendung findet Abs. 2 S. 3 auf einen **Vergleich** für ein Verfahren nach Abs. 2, da ein solcher Vergleich nicht möglich ist (→ Rn. 234). Hierzu und den zu Folgen einer unterlassenen Bekanntmachung → § 149 Rn. 18 ff.

179 **4. Entscheidung des Gerichts.** Der Beschluss darf sich nicht auf die bloße Anordnung der Sonderprüfung beschränken, sondern muss auch eine konkrete Person als Sonderprüfer bestellen.[352] Das Gericht ist bei der **Auswahl des Sonderprüfers** an die Vorschläge der Beteiligten nicht gebunden und unterliegt in der Auswahlentscheidung nur den Anforderungen des § 143.[353] Dies ergibt sich schon daraus, dass die Hauptversammlung das Bestehen von Bestellungsverboten nicht hinreichend überprüfen kann. Damit ist auch kein Eingriff in die Kompetenz der Hauptversammlung verbunden, da diese ein vorrangiges Interesse an der Bestellung eines geeigneten und nicht nur *ihres* Sonderprüfers hat.[354] Falls es das Gericht für erforderlich hält, können auch mehrere Sonderprüfer bestellt werden.[355] Das Gericht muss zudem den Prüfungsauftrag hinreichend bestimmen und somit die Vorgänge benennen, die überprüft werden sollen.[356] Dabei kann das Gericht dem Sonderprüfer auch einen Kosten- und Zeitrahmen für die Prüfung aufgeben.[357]

180 Durch die gerichtliche Entscheidung der Bestellung eines Sonderprüfers ist der Bestellungsvorgang noch nicht abgeschlossen. Die Entscheidung des Gerichts muss gegenüber den Beteiligten noch bekannt gemacht werden (§ 41 Abs. 1 FamFG). Zudem muss die zum Sonderprüfer bestellte Person auch noch die **Annahme der Bestellung** erklären.[358] Die Annahme muss dabei ohne Einschränkungen erfolgen. Weist die in dem Beschluss benannte Person die Bestellung zurück, ist der Beschluss unwirksam.[359] Das Gericht muss dann erneut durch die Bestellung eines anderen Sonderprüfers entscheiden. Daher sollte die Zustimmung des zu bestellenden Sonderprüfers bereits vor der Beschlussfassung vom Gericht eingeholt werden.[360] Zu den **Rechtsmitteln gegen die Entscheidung des Gerichts** → Rn. 229 ff.

181 Grundsätzlich kommt für das gerichtliche Verfahren auch ein **Schiedsverfahren** in Betracht, das allerdings in der Regel an dem fehlenden Zustandekommen einer nachträglichen Schiedsvereinbarung scheitern wird.[361] Zur Problematik der Aufnahme einer Schiedsklausel in der Satzung → § 23 Rn. 30.

182 **5. Stellung des gerichtlich bestellten Sonderprüfers.** Der gerichtlich bestellte Sonderprüfer hat die gleiche Stellung wie der durch die Hauptversammlung bestellte Sonderprüfer,[362] so dass es sich bei diesem auch nicht um ein Organ der Gesellschaft handelt (→ Rn. 44). Durch die gerichtliche Bestellung und deren Annahme entsteht ein **vertragsähnliches Verhältnis** zwischen dem Sonder-

---

[352] Großkomm AktG/*Bezzenberger* Rn. 66; *Fleischer* in Küting/Weber Rechnungslegung-HdB Rn. 134; K. Schmidt/Lutter/*Spindler* Rn. 61.
[353] Großkomm AktG/*Bezzenberger* Rn. 66; *Mock* EWiR 2016, 335 (336); Kölner Komm AktG/*Rieckers/Vetter* Rn. 305; *Slavik* WM 2017, 1684 (1688 f.); aA LG Frankfurt/Main NZG 2016, 830 (831) = AG 2016, 511; NK-AktR/*Wilsing/von der Linden* Rn. 25.
[354] AA LG Frankfurt/Main NZG 2016, 830 (831) = AG 2016, 511.
[355] *Bork* in Hommelhoff/Hopt/v. Werder Corporate Governance-HdB S. 743 (754).
[356] ADS §§ 142–146 Rn. 21; *Fleischer* in Küting/Weber Rechnungslegung-HdB Rn. 135; *Schedlbauer* Sonderprüfungen, 1984, 147.
[357] Bürgers/Körber/*Holzborn/Jänig* Rn. 19.
[358] Hüffer/Koch/*Koch* Rn. 32.
[359] Großkomm AktG/*Bezzenberger* Rn. 67.
[360] Großkomm AktG/*Bezzenberger* Rn. 67; zur Zulässigkeit dieser Vorgehensweise (für den gerichtlich bestellten GmbH-Geschäftsführer) BayObLG GmbHR 1975, 253 = BB 1975, 1037.
[361] Dazu ausf. *Mock* FS Meilicke, 2010, 489 (497 f.).
[362] Großkomm AktG/*Bezzenberger* Rn. 69; *Fleischer* in Küting/Weber Rechnungslegung-HdB Rn. 137.

prüfer und der Gesellschaft.³⁶³ Dieses hat eine auf Werkleistung gerichtete Geschäftsbesorgung zum Inhalt. Ein Vertragsverhältnis zwischen der antragstellenden Aktionärsminderheit und dem gerichtlich bestellten Sonderprüfer kommt nicht zustande.³⁶⁴ Zu den Rechten und Pflichten des gerichtlich bestellten Sonderprüfers → § 145 Rn. 10 ff.

6. Vorzeitige Beendigung der Sonderprüfung. Ein Antrag auf Einstellung der Sonderprüfung und Abberufung des gerichtlich bestellten Sonderprüfers kann von der qualifizierten Aktionärsminderheit nach Abs. 2 nicht gestellt werden. Mit der gerichtlichen Bestellung ist die Sonderprüfung der Disposition der antragstellenden Aktionärsminderheit entzogen.³⁶⁵ Ebenso wenig ist eine Abberufung von Amts wegen möglich.³⁶⁶ § 145 Abs. 6 sieht für die Beendigung der Sonderprüfung zwingend einen Prüfungsbericht vor und schließt somit eine **vorherige dispositive Beendigung der gerichtlich angeordneten Sonderprüfung** aus. Bei der gerichtlichen Bestellung des Sonderprüfers haben Tatsachen vorgelegen, die zumindest den Verdacht einer Unredlichkeit oder einer groben Verletzung des Gesetzes oder der Satzung rechtfertigen, so dass eine Durchführung der Sonderprüfung notwendig ist.

Allerdings kann der Vorstand als Vertreter der Gesellschaft gegen die gerichtliche Entscheidung auf Anordnung einer Sonderprüfung und Bestellung eines Sonderprüfers die **sofortige Beschwerde** einlegen. Die Gesellschaft ist Beteiligte und damit beschwerdeberechtigt. Diese Beschwerdeberechtigung ist auch nicht aus Gründen des Minderheitenschutzes ausgeschlossen, da sie lediglich zu einer Überprüfung nicht aber zwingend zu einem Ausschluss der gerichtlichen Anordnung der Sonderprüfung und Bestellung eines Sonderprüfers führt. Eine aussichtslose oder missbräuchliche Einlegung einer sofortigen Beschwerde durch den Vorstand als Vertreter der Gesellschaft kann für diesen allerdings eine Schadenersatzpflicht gegenüber der Gesellschaft auslösen, wenn dadurch tatsächlich ein kausaler Schaden entsteht (§ 93). Ein Beschwerderecht kommt der **antragstellenden qualifizierten Aktionärsminderheit** nur dann zu, wenn sich die gerichtliche Anordnung der Sonderprüfung auf einen anderen oder einen gegenüber dem ursprünglichen Antrag eingeschränkten Prüfungsgegenstand bezieht.

7. Abberufung des Sonderprüfers. Die antragstellende qualifizierte Aktionärsminderheit kann die Ersetzung des gerichtlich bestellten Sonderprüfers durch die **Einlegung einer Beschwerde** betreiben (→ Rn. 184). Nach Ablauf der dafür vorgesehenen einmonatigen Frist (§ 63 FamFG) ist eine Abberufung des Sonderprüfers nicht mehr möglich. Eine Abberufung im Weg des gerichtlichen Ersetzungsverfahrens nach Abs. 4 ist auf den gerichtlich bestellten Sonderprüfer nicht entsprechend anwendbar (→ Rn. 205 ff.). Darüber hinaus kann der Sonderprüfer auch nicht durch einen **Hauptversammlungsbeschluss** abberufen werden.³⁶⁷ Insofern sind auch Veränderungen in der Aktionärsstruktur – etwa durch einen *squeeze out* – unbeachtlich.

Der Anspruch des Sonderprüfers auf **Auslagenersatz und Vergütung** wird durch die Abberufung des Sonderprüfers im Wege der Bestellung eines neuen Sonderprüfers nicht berührt. Die nach §§ 632 Abs. 2, 675 BGB geschuldete übliche Vergütung (→ Rn. 237 ff.) ist aber entsprechend herabzusetzen.

Soweit der Sonderprüfer eine ordnungsgemäße Durchführung der Sonderprüfung nach der Bestellung nicht mehr gewährleisten kann, muss er sein **Amt niederlegen,** da er sich ansonsten gegenüber der Gesellschaft gegebenenfalls schadenersatzpflichtig macht. Zudem kann der **Vorstand, der Aufsichtsrat und auch jeder einzelne Aktionär** in entsprechender Anwendung von § 318 Abs. 4 S. 2 HGB eine gerichtliche Ersatzbestellung beantragen (→ Rn. 205 ff.).

V. Folgen der Bestellung eines Sonderprüfers durch die Hauptversammlung oder durch gerichtlichen Beschluss und Durchführung der Sonderprüfung

1. Auswirkungen auf die Ersatzansprüche. Unmittelbare Rechtsfolgen werden durch die Sonderprüfung nicht ausgelöst. Die Sonderprüfung soll lediglich zum Schutz der Minderheitsaktio-

---

³⁶³ OLG München BeckRS 2008, 46639; *ADS* §§ 142–146 Rn. 20; MüKoAktG/*Arnold* Rn. 112; Großkomm AktG/*Bezzenberger* Rn. 69; *Fleischer* in Küting/Weber Rechnungslegung-HdB Rn. 136; *Hüffer* ZHR 174 (2010), 642 (665); Kölner Komm AktG/*Rieckers/Vetter* Rn. 322.
³⁶⁴ *ADS* §§ 142–146 Rn. 20; Großkomm AktG/*Bezzenberger* Rn. 69; abweichend aber noch RG JW 1903, 244.
³⁶⁵ Im Erg. ebenso *ADS* §§ 142–146 Rn. 22; MüKoAktG/*Arnold* Rn. 111; Großkomm AktG/*Bezzenberger* Rn. 70, 79; aA aber wohl Hüffer/Koch/*Koch* Rn. 34, die eine einfache gerichtliche Abberufung des Sonderprüfers auf Antrag annimmt. Ebenso Kölner Komm AktG/*Rieckers/Vetter* Rn. 323.
³⁶⁶ Kölner Komm AktG/*Rieckers/Vetter* Rn. 325.
³⁶⁷ MüKoAktG/*Arnold* Rn. 111; Großkomm AktG/*Bezzenberger* Rn. 70; Kölner Komm AktG/*Rieckers/Vetter* Rn. 326.

näre (→ Rn. 6 ff.) ein mögliches Fehlverhalten der Verwaltungsmitglieder aufdecken und in dem nach § 145 Abs. 6 zu erstellenden Sonderprüfungsbericht offenlegen. Der Gesellschaft, den (übrigen) Verwaltungsmitgliedern oder den Aktionären steht es dann frei, **Ersatzansprüche** geltend zu machen, wobei sich für den Aufsichtsrat und den Vorstand nach den *ARAG/Garmenbeck*-Grundsätzen eine Geltendmachungspflicht ergeben kann (→ § 147 Rn. 32 ff.). Die Aktionäre können die Geltendmachung etwaiger Ersatzansprüche im Wege der **Bestellung eines besonderen Vertreters** (§ 147 Abs. 2 – → § 147 Rn. 64 ff.) oder der **Einleitung eines Klagezulassungsverfahrens** (§ 148) betreiben. Dabei ist die Durchführung einer Sonderprüfung aber keine zwingende Voraussetzung, da beide Verfahren unabhängig voneinander stehen (→ § 148 Rn. 32 f.). Zudem steht es der Hauptversammlung bzw. dem Aufsichtsrat frei, aufgrund der Erkenntnisse des Sonderprüfungsberichts **personelle Konsequenzen** zu ziehen. Diese Möglichkeit besteht für Aktionäre allerdings nicht bzw. nur im Rahmen ihrer Rechte auf der Hauptversammlung.

189   Weiterhin hat die Durchführung einer Sonderprüfung weder im Wege der Beschlussfassung durch die Hauptversammlung noch durch eine gerichtliche Bestellung eine hemmende **Wirkung auf die Verjährung von Ansprüchen,** die im Zusammenhang mit den Prüfungsgegenständen stehen.[368] Darin besteht ein großer Unterschied zum Klagezulassungsverfahren nach § 148, dessen Einleitung eine solche hemmende Wirkung hat (§ 148 Abs. 2 S. 5 – → § 148 Rn. 126), was vor allem für das Verhältnis von Sonderprüfung zur der Bestellung eines besonderen Vertreters und zum Klagezulassungsverfahren erhebliche Auswirkungen begründet (→ § 148 Rn. 32 f.).

190   Die Bestellung eines Sonderprüfers führt in der Regel auch nicht zu einem bilanziellen Handlungsbedarf etwa in Form der **Aktivierung entsprechender Ersatzansprüche.** Der bloße Umstand, dass ein Vorgang durch einen Sonderprüfer untersucht wird, begründet keine hinreichende Sicherheit dahingehend, dass ein entsprechender Ersatzanspruch auch wirklich besteht.

191   Nach der Erstellung des Sonderprüfungsberichts, der ein **konkretes Fehlverhalten von (ehemaligen) Organmitgliedern** aufgedeckt hat, können die Aktionäre im Rahmen des Auskunftsrechts nach § 131 nähere Auskunft darüber verlangen, warum die aktuelle Verwaltung bisher keine Ersatzansprüche geltend gemacht bzw. deren Verfolgung bisher zurückgestellt hat.[369]

192   **2. Publizitätspflichten und bilanzielle Folgen.** Die Anordnung der Sonderprüfung und die Bestellung eines Sonderprüfers durch die Hauptversammlung oder durch einen gerichtlichen Beschluss unterliegt keinen gesonderten aktienrechtlichen Publizitätsanforderungen, wie dies etwa bei der Geltendmachung von Ersatzansprüchen im Klagezulassungsverfahren nach § 148 der Fall ist (§ 149 Abs. 1). Lediglich der Sonderprüfungsbericht muss nach § 145 Abs. 6 S. 3 dem zuständigen Handelsregister übermittelt werden (→ § 145 Rn. 57 ff.). Allerdings besteht bei börsennotierten Gesellschaften bei der Anordnung der Sonderprüfung und der Bestellung eines Sonderprüfers regelmäßig die Pflicht zur Abgabe einer entsprechenden **Ad-hoc-Mitteilung** nach Art. 17 MAR, da die Durchführung einer Sonderprüfung meist kursrelevant ist.[370]

193   Zudem kann die Anordnung einer Sonderprüfung bereits die Pflicht auslösen, **Anpassungen im Jahres- bzw. Konzernabschluss** vorzunehmen. Dies wird in der Regel allerdings ausscheiden, da durch den Umstand der Einleitung einer Sonderprüfung noch keine hinreichende Sicherheit darüber besteht, ob im Rahmen der Prüfungsgegenstände auch Ansprüche tatsächlich gegeben sind, die dann entsprechend zu aktivieren wären. Im Regelfall ist allerdings eine Rücklage für die voraussichtlichen Kosten der Sonderprüfung zu bilden. Soweit eine entsprechende Berücksichtigung unterblieben ist, kann eine Fehlerhaftigkeit des jeweiligen Unternehmensabschlusses aber erst dann vorliegen, wenn die Ansprüche eine entsprechende Größenordnung erreicht haben.

194   Schließlich muss die Einleitung einer Sonderprüfung bei **kapitalmarktorientierten Gesellschaften** der Bundesanstalt nach Abs. 7 (→ Rn. 241 f.) mitgeteilt werden. Für die Berichterstattung im **Halbjahresfinanzbericht (§ 115 Abs. 4 WpHG)** gelten die in Rn. 193 dargestellten Grundsätze entsprechend.

195   **3. Durchführung der Sonderprüfung.** Die eigentliche Durchführung der Sonderprüfung ist in den §§ 142 ff. selbst kaum geregelt. So bestimmt lediglich § 145, welche Rechte der Sonderprüfer hat.

196   **a) Vorbereitung der Sonderprüfung.** Die von der Sonderprüfung betroffene Gesellschaft sollte bereits im Vorfeld der Bestellung des Sonderprüfers vorbereitende Maßnahmen durchführen, damit

---

[368] *Kamm,* Die aktienrechtliche Sonderprüfung gemäß §§ 142 ff. AktG, 2015, 271 ff.; Aber *de lege ferenda* für die Einführung einer solchen hemmenden Wirkung *Baums* ZHR 174 (2010), 593 (614).
[369] OLG Düsseldorf NZG 2015, 1194 (1195) = AG 2015, 431.
[370] Ebenso *Jänig,* Die aktienrechtliche Sonderprüfung, 2005, 313 f. unter Berufung auf die bestehende Ad-hoc-Publizität bei der Einleitung von Rechtsstreitigkeiten. Kölner Komm AktG/*Rieckers/Vetter* Rn. 330.

der Sonderprüfer seine Tätigkeit direkt nach seiner Bestellung aufnehmen kann.[371] Eine Pflicht dazu besteht für die Gesellschaft allerdings nicht. Auch dürfte eine möglicherweise bevorstehende Sonderprüfung die Pflichten der Organmitglieder in nur sehr geringem Maße betreffen. Etwas anderes gilt nur dann, wenn bereits im Vorfeld der Beschlussfassung der Hauptversammlung bzw. der gerichtlichen Bestellung bereits faktisch Klarheit darüber besteht, dass es zu einer Sonderprüfung kommen wird.

b) Durchführung der Sonderprüfung. Während der Sonderprüfung besteht eine Kooperationspflicht der Gesellschaft bzw. von deren Organen zur Zusammenarbeit mit dem Sonderprüfer, die sich im Wesentlichen aus § 145 ergibt. Da es sich dabei um eine Rechtspflicht handelt, kann der Sonderprüfer auch nicht ohne weiteres stets auf eine gerichtliche Durchsetzung seiner Rechte verwiesen werden, um die Durchführung der Sonderprüfung damit zu erschweren oder gar faktisch unmöglich zu machen. Denn auch wenn der Umfang der einzelnen Rechte des Sonderprüfers durchaus umstritten sein kann und ggf. einer gerichtlichen Klärung bedarf, stellt sich die Verweigerung der Zusammenarbeit mit dem Sonderprüfer für die jeweiligen Organmitglieder nur dann als pflichtgemäß dar, wenn ernsthafte und begründete Zweifel an der Rechtmäßigkeit des Vorgehens des Sonderprüfers bestehen. Soweit dies nicht der Fall ist, besteht eine Pflichtverletzung, die vor allem hinsichtlich der Rechtsverfolgungskosten einen Schadenersatzanspruch der Gesellschaft gegen das jeweilige Organmitglied nach § 93 Abs. 2 S. 1 bzw. § 93 Abs. 2 S. 1, § 116 begründen kann. Die *business judgment rule* des § 93 Abs. 1 S. 2 findet in diesem Zusammenhang keine Anwendung. 197

c) Nachbereitung der Sonderprüfung. Die Sonderprüfung wird durch die Erstellung und Veröffentlichung des Sonderprüfungsberichts (§ 145 Abs. 6) beendet (→ § 145 Rn. 42 ff.). Unmittelbare Folgen – wie etwa die Begründung einer Pflicht zur Einberufung einer außerordentlichen Hauptversammlung – kann der Sonderprüfungsbericht für die Organmitglieder dabei nicht auslösen.[372] Allerdings können die Prüfungsergebnisse dazu führen, dass sich einzelne Pflichten der Organmitglieder aufgrund der unabhängigen Aufklärung verdichten und ein bestehendes Ermessen erheblich einschränken. Dies gilt insbesondere für die Pflicht zur Einberufung einer Hauptversammlung nach § 121 Abs. 1 oder der Geltendmachung von Ersatzansprüchen. Keinerlei rechtlichen Auswirkungen hat der Sonderprüfungsbericht aber für die Hauptversammlung. Diese kann Maßnahmen beschließen, die sie für erforderlich hält, ohne dabei an die Vorgaben oder Ergebnisse des Sonderprüfungsberichts gebunden zu sein. 198

4. Rolle des Sonderprüfers auf der Hauptversammlung. Dem durch die Hauptversammlung oder gerichtlich bestellten Sonderprüfer wird auf der Hauptversammlung durch die §§ 142 ff. keine spezifische Rolle zugewiesen. Daher hat er auch generell **kein Teilnahmerecht** an der Hauptversammlung. Etwas anderes gilt nur dann, wenn die Tagesordnung sich zu Aspekten verhält, die den Sonderprüfer betreffen. Darüber hinaus ist es dem Versammlungsleiter freigestellt, den Sonderprüfer als Gast zur Hauptversammlung zuzulassen. 199

Soweit der Sonderprüfer an der Hauptversammlung teilnehmen darf (→ Rn. 199), steht ihm auf dieser **kein Rederecht** zu. Auch können die Aktionäre ihn nicht im Rahmen des Auskunftsrechts nach § 131 AktG befragen. Allerdings kann der Versammlungsleiter dem Sonderprüfer ein Rederecht einräumen. Ebenso ist es zulässig, dem Sonderprüfer eine Möglichkeit zur Stellungnahme zu seinem Bericht zu gewähren. Eine generelle Erläuterungspflicht des Sonderprüfungsberichts besteht hingegen nicht, da § 145 Abs. 6 die Art und Weise der Berichterstattung abschließend regelt (→ § 145 Rn. 42 ff.). 200

VI. Vorrang der Sonderprüfung nach § 258 (Abs. 3)

Durch Abs. 3 wird der Vorrang der Sonderprüfung nach § 258 normiert. Dieser gilt allerdings nur dann, wenn sich der Prüfungsgegenstand der Sonderprüfung auf eine **unzulässige Unterbewertung oder eine mangelnde bzw. unvollständige Berichterstattung** bezieht. Der Vorrang der Sonderprüfung nach § 258 begründet sich vor allem aus der dort nach § 258 Abs. 2 bestehenden Monatsfrist für die Antragstellung (→ § 258 Rn. 22). Hinsichtlich der unzulässigen Unterbewertung im Sinne von § 258 Abs. 1 S. 1 Nr. 1 ist auf die einzelnen Bilanzposten und nicht auf die Bilanzsumme abzustellen, so dass die Überbewertung einzelner Posten sowohl auf der Aktiv- als auch auf der Passivseite die Sperrwirkung des Abs. 3 nicht auslösen kann.[373] 201

---

[371] Dazu ausf. *Bungert/Rothfuchs* DB 2011, 1677 (1679).
[372] *Bungert/Rothfuchs* DB 2011, 1677 (1681).
[373] LG München I AG 2011, 760 (761).

202 Der durch Abs. 3 angeordnete Vorrang der Sonderprüfung bedarf einer **restriktiven Auslegung,** um das Minderheitenrecht der Sonderprüfung nach den §§ 142 ff. nicht zu entkernen.[374] Denn letztlich hat nahezu jeder Prüfungsgegenstand nach Abs. 1 Auswirkungen auf die Unternehmensabschlüsse bzw. auf Bewertungsfragen bzw. wirft die Frage nach einer unvollständigen Berichterstattung auf. Dies zeigt sich etwa bei Pflichtverletzungen von Organmitgliedern (→ Rn. 55 ff.), da bei dem Bestehen entsprechender Ansprüche stets auch ein bilanzieller Ausweis erfolgen müsste. Nur wenn sich die Sonderprüfung direkt und ausschließlich auf bilanzrechtliche Aspekte bezieht, greift der Vorrang nach Abs. 3. In allen anderen Fällen sind die bilanziellen Auswirkungen lediglich ein Reflex. Dies sollte bei der Antragstellung hinreichend berücksichtigt werden.[375]

203 Der Vorrang der Sonderprüfung nach §§ 258 ff. gilt unabhängig davon, ob die Sonderprüfung nach §§ 258 ff. tatsächlich beantragt oder durchgeführt wird.[376] Ebenso ist es unbeachtlich, ob die Sonderprüfung nach §§ 258 ff. nicht mehr durchgeführt werden kann, da anderenfalls die Monatsfrist des § 258 Abs. 2 ohne weiteres umgangen werden könnte.[377] Durch § 258 Abs. 2 kann für die in § 258 Abs. 1 genannten Prüfungsgegenstände nur innerhalb eines Monats eine Sonderprüfung beantragt werden. Durch das Sonderprüfungsrecht nach §§ 258 ff. soll vor allem das Dividendenrecht und die damit verbundene Kompetenz der Hauptversammlung gesichert werden.[378] Der Gesetzgeber hat dabei mit der **Monatsfrist des § 258 Abs. 2** eine weitgehende (zeitliche) Einschränkung der Kontrollmöglichkeiten der Aktionäre vorgenommen, um dadurch die Aufstellung der Folgeabschlüsse (§ 261 Abs. 1) nicht zu gefährden.[379] Durch die Möglichkeit einer Sonderprüfung nach §§ 142 ff. hinsichtlich von Prüfungsgegenständen des § 258 Abs. 1 würde diese Wertung aber ignoriert. Die Verpflichtung zur Fehlerkorrektur bei Feststellung der Fehlerhaftigkeit der Rechnungslegung würde sich dann unmittelbar aus dem Rechnungslegungsrecht ergeben und in der Folge somit § 261 Abs. 1 entsprechen.[380] Somit ist eine Sonderprüfung nach §§ 142 ff. auch dann ausgeschlossen, wenn die Monatsfrist des § 258 Abs. 2 abgelaufen ist.

204 Der **Regelungszweck dieses Vorrangs** nach Abs. 3 ist allerdings äußerst fragwürdig. Der Vorstand ist nach §§ 242, 264 Abs. 1 HGB im Rahmen seiner Geschäftsführungstätigkeit zur Aufstellung des Jahresabschlusses und des Lageberichts verpflichtet, so dass ein Ausschluss dieses Geschäftsführungsvorgangs von der Sonderprüfung nach Abs. 3 nicht nachvollziehbar ist. Zwar zielen die Sonderprüfungen nach §§ 142 ff. und nach §§ 258 ff. auf unterschiedliche Rechtsfolgen ab. Diese lassen sich allerdings nicht immer trennen (→ Rn. 192 ff.).

VII. Gerichtliche Bestellung eines anderen Sonderprüfers (Abs. 4)

205 Auf Antrag einer **qualifizierten Aktionärsminderheit** kann das Gericht einen anderen als den von der Hauptversammlung bestimmten Sonderprüfer bestellen, soweit dies aus in der Person des Sonderprüfers liegenden Gründen geboten erscheint. Die gerichtliche Ersatzbestellung nach Abs. 4 ist dabei nur auf den nach Abs. 1 durch die Hauptversammlung (→ Rn. 82 ff.) und nicht auch auf den nach Abs. 2 gerichtlich bestellten Sonderprüfer (→ Rn. 125 ff.) anwendbar.[381] Zu den geltenden Verfahrensgrundsätzen → Rn. 224 ff..

206 Nach Abs. 4 kann nur ein anderer nicht aber bloß ein weiterer Sonderprüfer bestellt werden.[382] Für die Bestellung eines weiteren Sonderprüfers ist das Verfahren nach Abs. 2 zu durchlaufen (→ Rn. 125 ff.). Das Gericht ist bei der Bestellung trotz des gegenteiligen Wortlauts von Abs. 4 S. 1 nicht auf einen einzelnen Sonderprüfer beschränkt, sondern kann auch **mehrere Sonderprüfer** bestellen, wenn es dies für erforderlich hält.[383] Dies ergibt sich schon zwingend aus dem Umstand, dass sich das Gericht bei der Bestellung eines Sonderprüfers bei dessen Auswahl von einer erfolgrei-

---

[374] *Mock* EWiR 2016, 335 (336).
[375] Unglücklich insofern so LG Frankfurt/Main NZG 2016, 830 (831) = AG 2016, 511.
[376] Großkomm AktG/*Bezzenberger* Rn. 18; Hüffer/Koch/*Koch* Rn. 26; Kölner Komm AktG/*Rieckers/Vetter* Rn. 333; NK-AktR/*Wilsing/von der Linden* Rn. 41.
[377] So aber NK-AktR/*Wilsing/Neumann* Rn. 41; *Wilsing/Neumann* DB 2006, 31, die darauf abstellen, ob die Sonderprüfung nach §§ 258 ff. tatsächlich noch aussteht; aA Großkomm AktG/*Bezzenberger* Rn. 18; *Fleischer* in Küting/Weber Rechnungslegung-HdB Rn. 17; Hüffer/Koch/*Koch* Rn. 26.
[378] Vgl. dazu Kölner Komm AktG/*Claussen* § 258 Rn. 10; MüKoAktG/*Koch* § 258 Rn. 3.
[379] Dagegen auf den nicht einen nicht bestehenden Schutz der Bestandskraft des Jahresabschlusses abstellend NK-AktG/*Wilsing/von der Linden* Rn. 41.
[380] Zur Korrektur von auf- und festgestellten Unternehmensabschlüssen vgl. Kölner Komm WpHG/*Mock* § 37q Rn. 96 ff.
[381] Ebenso MHdB GesR VII/*Lieder* § 26 Rn. 146; Kölner Komm AktG/*Rieckers/Vetter* Rn. 335.
[382] NK-AktR/*Wilsing/von der Linden* Rn. 46.
[383] Großkomm AktG/*Bezzenberger* Rn. 78.

Der Anspruch des Sonderprüfers auf **Auslagenersatz und Vergütung** wird durch den Widerruf 207 der Bestellung im Wege der Bestellung eines neuen Sonderprüfers nicht berührt. Die nach §§ 632 Abs. 2, 675 BGB geschuldete übliche Vergütung (→ Rn. 237 ff.) ist aber entsprechend herabzusetzen.[384]

1. Antragstellung. Bei der gerichtlichen Ersatzbestellung nach Abs. 4 handelt es sich um ein 208 **Antragsverfahren**, so dass das Gericht nicht von Amts wegen, sondern nur auf Antrag einer qualifizierten Aktionärsmehrheit tätig werden kann.[385] Kein Antragsrecht kommt aufgrund fehlender Erwähnung in Abs. 4 S. 1 dem Vorstand zu.[386] Das **Antragsrecht** ist nicht auf die Aktionäre beschränkt, die den ursprünglichen Hauptversammlungsbeschluss nach Abs. 1 beantragt haben.[387]

Der Antrag der qualifizierten Aktionärsminderheit muss **innerhalb von zwei Wochen** gestellt 209 werden (Abs. 4 S. 2). Fristbeginn ist dabei grundsätzlich der Tag der Bestellung, wenn sie an diesem Tag wirksam geworden ist. Sofern die Bestellung erst später wirksam wird, verschiebt sich der Fristbeginn entsprechend.[388] In Anwendung der §§ 187 f. BGB ist der Tag des Wirksamwerdens der Bestellung dabei nicht in die zweiwöchige Frist einzubeziehen.[389] Da es sich bei der Frist um eine materiell-rechtliche Ausschlussfrist handelt, scheidet eine Wiedereinsetzung in den vorherigen Stand aus.[390] Der verfristete Antrag ist unbegründet und nicht bloß unzulässig, da durch den Fristablauf das Antragsrecht insgesamt verloren geht.[391] Eine Glaubhaftmachung der Aktienbesitzzeit ist bei Abs. 4 S. 2 – im Gegensatz zu Abs. 2 S. 2 – nicht vorgeschrieben, so dass dies bei der Antragstellung auch nicht verlangt werden darf.[392]

2. Ersetzungsgründe. Als **Gründe für eine Abberufung** des von der Hauptversammlung 210 bestellten Sonderprüfers nennt das Gesetz beispielhaft mangelnde Sachkenntnis, die Besorgnis der Befangenheit und Bedenken gegen die Zuverlässigkeit, wobei diese Aufzählung nicht abschließend ist.[393]

Dabei ist unbeachtlich, dass der Hauptversammlungsbeschluss wegen **Verstoßes gegen § 143** 211 **anfechtbar oder nichtig** ist und somit schon gegebenenfalls keine wirksame Bestellung vorliegt.[394] Auch wenn der Beschluss nichtig oder anfechtbar ist, ergibt sich dies nur aus dem Umstand der fehlenden Bestellbarkeit des Sonderprüfers. Die fehlende Wirksamkeit der Anordnung der Sonderprüfung als solche ergibt sich nur aus der Verbindung der Anordnung der Sonderprüfung mit der Bestellung des Sonderprüfers in einem Beschluss (→ Rn. 97). Zudem kann die Nichtigkeit des gegen die Anforderungen von § 143 Abs. 1 oder das Bestellungsverbot von § 143 Abs. 2 verstoßenden Beschlusses ohnehin meist nicht innerhalb der Zwei-Wochen-Frist des Abs. 4 S. 2 gerichtlich festgestellt werden. Dieses Risiko, dass ein Verstoß gegen die Anforderungen von § 143 Abs. 1 oder ein Bestellungsverbot nach § 143 Abs. 2 nicht, wohl aber ein Ersetzungsgrund nach Abs. 4 vorliegt, kann im Rahmen der Sonderprüfung als Instrument des Minderheitenschutzes nicht von den antragstellenden Aktionären getragen werden. Dies ergibt sich vor allem aus dem Umstand, dass sich die für den Sonderprüfer bestehenden Bestellungsverbote meist nur aus der Generalklausel des § 319 Abs. 2 HGB abgeleitet werden (→ § 143 Rn. 20 ff.). Eine alternative Lösung dieser Problematik über eine entsprechende Anwendung von § 318 Abs. 4 HGB[395] trägt nicht dem beschränkten Antragsrecht des Abs. 4 ausreichend Rechnung, da nach § 318 Abs. 4 S. 2 HGB jeder Aktionär, der Vorstand und der Aufsichtsrat antragsberechtigt wären (→ Rn. 208 f.).

---

[384] *Fleischer* in Küting/Weber Rechnungslegung-HdB Rn. 142.
[385] Großkomm AktG/*Bezzenberger* Rn. 72, 80; *Fleischer* in Küting/Weber Rechnungslegung-HdB Rn. 139; NK-AktR/*Wilsing/von der Linden* Rn. 46; aA aber *ADS* §§ 142–146 Rn. 22, die auch einen Widerruf von Amts wegen auf Anregung eines Dritten für zulässig erachten.
[386] *ADS* §§ 142–146 Rn. 22; aA Großkomm AktG/*Bezzenberger* Rn. 80 allerdings für den Fall des gerichtlich nach Abs. 2 bestellten Sonderprüfer.
[387] NK-AktR/*Wilsing/von der Linden* Rn. 46.
[388] NK-AktR/*Wilsing/von der Linden* Rn. 45; aA aber Großkomm AktG/*Bezzenberger* Rn. 76.
[389] *Fleischer* in Küting/Weber Rechnungslegung-HdB Rn. 141.
[390] Hüffer/Koch/*Koch* Rn. 28; Kölner Komm AktG/*Rieckers/Vetter* Rn. 344; K. Schmidt/Lutter/*Spindler* Rn. 66; einschränkend NK-AktR/*Wilsing/von der Linden* Rn. 45.
[391] NK-AktR/*Wilsing/von der Linden* Rn. 45.
[392] BegrRegE UMAG BT-Drs. 15/5092, 19.
[393] Großkomm AktG/*Bezzenberger* Rn. 73; Kölner Komm AktG/*Rieckers/Vetter* Rn. 345; MüKoAktG/*Arnold* Rn. 119; NK-AktR/*Wilsing/von der Linden* Rn. 43.
[394] Hingegen für eine analoge Anwendung von § 318 Abs. 4 Großkomm AktG/*Bezzenberger* Rn. 74; NK-AktR/*Wilsing/von der Linden* Rn. 43.
[395] So vor allem Großkomm AktG/*Bezzenberger* Rn. 74, 86.

212 **3. Gerichtliche Entscheidung.** Der **Beschluss des Gerichts** muss zum einen die Abberufung des bisherigen Sonderprüfers und zum anderen die Bestellung eines oder mehrerer Sonderprüfer enthalten. Der neue Sonderprüfer muss dabei – ebenso wie bei der gerichtlichen Bestellung nach Abs. 2 (→ Rn. 179) – namentlich erwähnt werden.[396] Das Gericht ist bei der Auswahl eines Sonderprüfers nicht an die Vorschläge der Antragsteller gebunden.[397] Allerdings muss das Gericht vorrangig den von der Hauptversammlung gewählten Ersatzsonderprüfer bestellen (→ Rn. 96), sofern dieser nicht ebenfalls ungeeignet ist.[398] Zu den Einzelheiten des weiteren Bestellungsverfahrens → Rn. 179 ff.

213 **4. Verhältnis zur Nichtigkeits- und Anfechtungsklage.** Die **Möglichkeit der Nichtigkeits- oder Anfechtungsklage** wird durch die gerichtliche Ersatzbestellung des Abs. 4 nicht berührt.[399] Der Hauptversammlungsbeschluss kann auch noch nach Ablauf der Zwei-Wochen-Frist innerhalb der Monatsfrist des § 246 Abs. 1 angefochten werden. Mit einer erfolgreichen Nichtigkeits- oder Anfechtungsklage wird der Hauptversammlungsbeschluss aufgrund der zwingenden Verbindung der Beschlussgegenstände (→ Rn. 97) sowohl die Anordnung der Sonderprüfung als auch die Bestellung des Sonderprüfers *ex tunc* unwirksam.[400]

214 Bei einer erfolgreichen Nichtigkeits- oder Anfechtungsklage tritt hinsichtlich des Antrags der qualifizierten Aktionärsminderheit nach Abs. 4 **Erledigung** ein. Eine Ersatzbestellung ist daher nicht mehr möglich, da es bereits an der Anordnung der Sonderprüfung fehlt. Damit ist das gerichtliche Ersatzbestellungsverfahren nach Abs. 4 der Gefahr ausgesetzt, dass eine Nichtigkeits- oder Anfechtungsklage angestrengt und der Sonderprüfung damit die Grundlage entzogen wird.

215 Die qualifizierte Aktionärsmehrheit kann dieser Unsicherheit aber mit einer **Beantragung einer gerichtlichen Bestellung eines Sonderprüfers nach Abs. 2** begegnen (→ Rn. 125 ff.).

216 **5. Abberufung bzw. Ersetzung des gerichtlich bestellten Sonderprüfers.** Die Beteiligten können gegen die gerichtliche Bestellung nach Abs. 5 S. 2 die **Beschwerde** einlegen und somit die fehlende Eignung des gerichtlich bestellten Sonderprüfers geltend machen (→ Rn. 106). Diese unterliegt im Gegensatz zum Antrag nach Abs. 4 einer einmonatigen Antragsfrist (§ 63 Abs. 1 FamFG).

217 Das **gerichtliche Ersetzungsverfahren** nach Abs. 4 ist auf den gerichtlich bestellten Sonderprüfer nicht entsprechend anzuwenden.[401] Diese Analogie könnte zwar mit der grundsätzlich gleichen Interessenlage bei dem gerichtlich und den durch die Hauptversammlung bestellten Sonderprüfer begründet werden, da in beiden Fällen eine Ersetzung des Sonderprüfers bei fehlender Eignung möglich sein muss, um die ordnungsgemäße Durchführung der Sonderprüfung nicht zu gefährden. Im Interesse der Rechtssicherheit kommt eine Änderung der gerichtlichen Entscheidung nur im Rahmen von § 48 FamFG oder einer entsprechenden Einlegung einer Beschwerde in Betracht. Diese unterliegt nach § 63 Abs. 1 FamFG einer einmonatigen Frist. Eine entsprechende Anwendung des gerichtlichen Ersetzungsverfahrens nach Abs. 4 würde diese Beschränkungen aber völlig aufheben.

218 Durch eine entsprechende Anwendung des gerichtlichen Ersetzungsverfahrens auf den Sonderprüfer würde die **besondere Position des Sonderprüfers** gegenüber der Gesellschaft und ihren Organen nachhaltig beeinträchtigt werden, da der Sonderprüfer stets der Gefahr einer Abberufung ausgesetzt wäre. Mit dem Ablauf der Beschwerdefrist hat der Sonderprüfer die Gewissheit, dass er nicht mehr wegen im Zeitpunkt seiner Bestellung liegenden Umstände abberufen werden kann. Der sich daraus ergebende Unterschied zu dem von der Hauptversammlung bestellten und auch jederzeit abrufbaren Sonderprüfer rechtfertigt sich aus der im erhöhten Maß dem Minderheitenschutz verpflichtete gerichtlichen Bestellung eines Sonderprüfers nach Abs. 2.

219 Allerdings ist auch der gerichtlich bestellte Sonderprüfer zur sofortigen Amtsniederlegung verpflichtet, sobald er nicht mehr in der Lage ist, die Sonderprüfung ordnungsgemäß durchzuführen (→ § 143 Rn. 15 f., → 47). Darüber hinaus kann bei einem **nachträglichen Fehlen** von Eignungsvoraussetzungen nach § 143 Abs. 1 oder Entstehens von Bestellungsverboten nach § 143 Abs. 2 eine

---

[396] Kölner Komm AktG/*Rieckers/Vetter* Rn. 351.
[397] Ebenso Grigoleit/*Herrler* Rn. 34; Kölner Komm AktG/*Rieckers/Vetter* Rn. 341.
[398] Großkomm AktG/*Bezzenberger* Rn. 78.
[399] ADS §§ 142–146 Rn. 23; Großkomm AktG/*Bezzenberger* § 143 Rn. 12; *Fleischer* in Küting/Weber Rechnungslegung-HdB § 143 Rn. 6; ebenso für die Abschlussprüfung BayObLG NJW-RR 1988, 163 = WM 1987, 1361 (1364).
[400] *Kirschner*, Die Sonderprüfung der Geschäftsführung in der Praxis, 2007, 191.
[401] MüKoAktG/*Arnold* Rn. 114; aA aber Großkomm AktG/*Bezzenberger* Rn. 79 ff.; ebenfalls *Jänig*, Die aktienrechtliche Sonderprüfung, 2005, 346 ff. unter Berufung auf die Zweigliedrigkeit der gerichtlichen Entscheidung; ähnlich *Fleischer* in Küting/Weber Rechnungslegung-HdB Rn. 8, der die Änderungssperre des § 18 Abs. 2 FGG aF in diesem Fall nicht anwenden will.

VIII. Sonderfall des nachträglichen Wegfalls des Sonderprüfers (§ 318 Abs. 4 S. 2 HGB analog)

Im Gegensatz zur Abschlussprüfung (§ 318 Abs. 4 S. 2 HGB) enthält § 142 keine Regelung für den Fall, dass ein Sonderprüfer die Annahme des Prüfungsauftrags ablehnt, weggefallen ist oder an der Durchführung der Sonderprüfung gehindert ist. Grundsätzlich kann diesen Fällen zwar durch die Bestellung eines Ersatzsonderprüfers vorgebeugt werden (→ Rn. 96), zwingend notwendig ist dies aber nicht. Aufgrund der vergleichbaren Interessenlage mit dem Abschlussprüfer (→ Rn. 29) ist daher die **Regelung des § 318 Abs. 4 S. 2 HGB** entsprechend anzuwenden.[402] Anderenfalls würde der Beschlussfassung der Hauptversammlung nicht Rechnung getragen werden. Zwar könnte die Hauptversammlung einen anderen Sonderprüfer bestellen, dafür wäre aber erst eine erneute Einberufung der Hauptversammlung notwendig, die aber durch die gegebenenfalls betroffenen Vorstandsmitglieder nicht vorgenommen werden könnte. Aufgrund dieser Interessenlage ist § 318 Abs. 4 S. 2 HGB auch auf den **gerichtlich bestellten Sonderprüfer** anzuwenden.[403]

220

Das Antragsrecht von § 318 Abs. 4 S. 2 HGB ist dabei wesentlich weitergehender als nach Abs. 4, da der **Vorstand, der Aufsichtsrat und auch jeder einzelne Aktionär** einen entsprechenden Antrag stellen kann. Dabei kommt aufgrund der gesetzlichen Verpflichtung nach § 318 Abs. 4 S. 3 HGB vor allem der Vorstand für eine entsprechende Antragstellung in Betracht.

221

Voraussetzung für einen Antrag nach § 318 Abs. 4 S. 2 HGB analog kann zunächst eine **Ablehnung der Bestellung,** die **Amtsniederlegung,** eine **Kündigung des Prüfungsauftrags** durch den Sonderprüfer, der **Tod des Sonderprüfers,** dessen **Geschäftsunfähigkeit** oder aber auch ein nachträgliches Entfallen der Eignungsvoraussetzungen des Sonderprüfers nach § 143 Abs. 1 oder ein nachträgliches Entstehen eines Bestellungsverbots nach § 143 Abs. 2 sein.

222

Keine Anwendung findet § 318 Abs. 4 S. 2 HGB allerdings auf den Fall, dass der Beschluss der Hauptversammlung auf Anordnung der Sonderprüfung und auf Bestellung des Sonderprüfers wegen der fehlenden Eignung des Sonderprüfers oder dem Bestehen eines Bestellungsverbots im Zeitpunkt der Bestellung nichtig oder anfechtbar ist.[404] In diesen Fällen ist entweder die **Nichtigkeits- oder Anfechtungsklage** (→ Rn. 105 ff.), die Beantragung einer **gerichtlichen Anordnung der Sonderprüfung und Bestellung eines Sonderprüfers nach Abs. 2** (→ Rn. 125 ff.) oder aber die Beantragung einer **gerichtlichen Bestellung eines Sonderprüfers nach Abs. 4** (→ Rn. 205 ff.) der statthafte Rechtsbehelf. Die hierfür vorgesehenen Fristen würden durch eine entsprechende Anwendung von § 318 Abs. 4 S. 2 HGB ansonsten umgangen werden. Darüber hinaus würde die besondere Stellung des Sonderprüfers durch die damit verbundene stetige Gefahr einer Abberufung nachhaltig geschwächt werden.

223

IX. Verfahrensgrundsätze und gerichtliche Entscheidung (Abs. 5)

Die **sachliche und örtliche Zuständigkeit** besteht beim Landgericht am Sitz der Gesellschaft (Abs. 5 S. 3), das durch die Kammer für Handelssachen entschieden (§ 71 Abs. 2 Nr. 4 lit. b GVG, § 95 Abs. 2 Nr. 2 GVG), soweit eine solcher Kammer an dem Landgericht gebildet wurde (§ 94 GVG) und dies beantragt wird (§ 96 Abs. 1 GVG).[405] Anderenfalls entscheidet die allgemeine Zivilkammer. § 71 Abs. 4 GVG erlaubt die Schaffung einer Zuständigkeitskonzentration durch die jeweilige Landesregierung durch Rechtsverordnung.[406]

224

Weitaus schwieriger ist allerdings die Frage nach der **internationalen Zuständigkeit** zu beantworten, die sich jedenfalls dann stellt, wenn Aktionäre oder Personen, gegen die sich die Sonderprüfung richten soll, ihren Sitz nicht in Deutschland haben. Die internationale Zuständigkeit bestimmt sich dabei nach der Brüssel Ia-VO, auch wenn es sich ein Verfahren der Freiwilligen Gerichtsbarkeit

225

---

[402] MüKoAktG/*Arnold* Rn. 122; Großkomm AktG/*Bezzenberger* Rn. 83 ff.; MHdB GesR VII/*Lieder* § 26 Rn. 155; aA aber Kölner Komm AktG/*Rieckers*/*Vetter* Rn. 352 ff.
[403] Ebenso MüKoAktG/*Arnold* Rn. 125; Großkomm AktG/*Bezzenberger* Rn. 89.
[404] Ebenso in dieser Hinsicht einschränkend MüKoAktG/*Arnold* Rn. 123.
[405] So auch MHdB GesR VII/*Lieder* § 26 Rn. 121.
[406] Von der Möglichkeit der Verfahrenskonzentration haben bisher die Bundesländer Baden-Württemberg (LG Mannheim bzw. dem LG Stuttgart [§ 13 Abs. 2 Nr. 5 ZuVOJu]); Bayern (LG München I bzw. dem LG Nürnberg-Fürth [§ 19 GZVJu]); Hessen (LG Frankfurt/Main [§ 38 Nr. 1e) JuZuV]); Niedersachsen (LG Hannover [§ 2 Nr. 4 ZustVO-Justiz]); Nordrhein-Westfalen (LG Düsseldorf, LG Dortmund bzw. LG Köln [§ 1 Nr. 9 KonzentrationsVO Gesellschaftsrecht)]) und Sachsen (LG Leipzig [§ 10 Nr. 11 SächsJOrgVO]) Gebrauch gemacht.

handelt.[407] § 105 FamFG hat aufgrund des Vorrangs des Europarechts nur außerhalb des Anwendungsbereichs der Brüssel Ia-VO Bedeutung. Soweit sich der Verfahrensgegenstand auf die wirksame Bestellung des Sonderprüfers durch die Hauptversammlung beschränkt, ergibt sich die internationale Zuständigkeit aus Art. 24 Nr. 2 Brüssel Ia-VO und besteht für alle deutschen Gerichte aufgrund der des Sitzes der Gesellschaft in Deutschland.[408] Für die Fälle der gerichtlichen Bestellung, die Ersetzung des Sonderprüfers und Fragen der Kompetenzen des Sonderprüfers ergibt sich die internationale Zuständigkeit hingegen aus Art. 4 Abs. 1 Brüssel Ia-VO, da Verfahrensgegner die Gesellschaft selbst ist. Insofern sind auch in diesen Fällen die deutschen Gerichte international zuständig.

226   1. **Verfahren.** Bei dem Antragsverfahren handelt es sich nach Abs. 8 um ein **Verfahren der freiwilligen Gerichtsbarkeit** (→ Rn. 243). Beteiligte des Verfahrens ist neben dem Antragsteller (§ 7 Abs. 1 FamFG) auch – trotz fehlender ausdrücklicher Nennung wie etwa bei § 246 Abs. 2 S. 1) – die Gesellschaft, die durch den Vorstand (§ 78) vertreten wird (arg. Abs. 5 S. 1 AktG). Der Sonderprüfer ist, obwohl seine Rechte durch das Verfahren unmittelbar betroffen werden (§ 7 Abs. 2 Nr. 1 FamFG), kein Beteiligter, da anderenfalls die in Abs. 5 S. 1 angeordnete Anhörung ins Leere ginge.[409] Der Antrag ist bereits unzulässig, wenn er an formellen Mängeln leidet, es an der Antragsberechtigung mangelt oder das Gericht unzuständig ist,[410] wobei im letzten Fall an das zuständige Gericht zu verweisen ist (§ 3 FamFG). Beim Fehlen der materiellen Antragserfordernisse (→ Rn. 126 ff.) und beim Vorliegen einer rechtsmissbräuchlichen Antragstellung (→ Rn. 166 f.) ist der Antrag als unbegründet zurückzuweisen. Über den Antrag der qualifizierten Aktionärsminderheit entscheidet das Gericht im **Beschlusswege** (§ 38 FamFG).

227   Das Gericht muss den Antragsteller und die Gesellschaft als Antragsgegnerin als Beteiligte im Antragsverfahren anhören (Abs. 5 S. 1 iVm § 34 Abs. 1 Nr. 2 FamFG). Zusätzlich ist nach Abs. 5 S. 1 auch der Aufsichtsrat und im Falle der Ersetzung eines Sonderprüfers auch der bisherige Sonderprüfer anzuhören.[411] Bei der Ersetzung mehrerer Sonderprüfer sind entsprechend alle Sonderprüfer anzuhören. Der Aufsichtsrat ist als Kollegialorgan angesprochen und muss daher nach § 108 Abs. 1 beschließen.[412] Keine Anhörung muss hinsichtlich der Personen erfolgen, gegen die sich möglicherweise später Ersatzansprüche der Gesellschaft auf Grundlage der Sonderprüfung richten werden.[413] Die **Anhörung** kann schriftlich oder mündlich erfolgen.

228   Da auch Streitigkeiten nach dem FamFG der **Mediation** zugänglich sind (§ 36a FamFG), kann das Gericht den Beteiligten grundsätzlich auch in diesem Zusammenhang ein anderes Verfahren zur außergerichtlichen Konfliktbeilegung vorschlagen.

229   2. **Rechtsmittel.** Gegen die Entscheidung des Gerichts nach Abs. 2 bzw. 4 ist die **Beschwerde** statthaft (Abs. 5 S. 2), für die das Oberlandesgericht zuständig ist (§ 119 Abs. 1 Nr. 2 GVG). Gegen die Beschwerdeentscheidung des Gerichts kann die **Rechtsbeschwerde** beim Bundesgerichtshof eingelegt werden (§ 133 GVG), wenn das Oberlandesgericht dies zugelassen hat (§ 70 FamFG).

230   Die Beschwerde kann zunächst von der **Aktiengesellschaft** selbst eingelegt werden. Die dafür erforderliche Beeinträchtigung (§ 59 FamFG) ist sowohl im Fall der gerichtlichen Bestellung (Abs. 2) bzw. der Ersetzung des Sonderprüfers (Abs. 4) als auch bei einer Zurückweisung des Antrags möglich. Die Einlegung der Beschwerde stellt eine unternehmerische Entscheidung des Vorstands dar, so dass insbesondere § 93 Abs. 1 Satz 2 zur Anwendung kommt. Soweit die Prüfungsgegenstände allerdings einen Bezug zu den einzelnen Vorstandsmitgliedern aufweisen, fehlt es an der erforderlichen sachlichen Unbefangenheit.

231   Weiterhin kann die Beschwerde von der **antragstellenden Aktionärsminderheit** eingelegt werden, was aber nur dann möglich ist, wenn dem Antrag nicht umfänglich stattgegeben wurde, da es sonst an einer Beeinträchtigung (§ 59 FamFG) fehlt. Im Fall von Abs. 4 kommt zudem dem **abberufenen Sonderprüfer** aufgrund seiner Betroffenheit eine Beschwerdeberechtigung zu.[414] Die Frist für die Einlegung der Beschwerde beträgt einen Monat (§ 63 FamFG).

232   In der **Beschwerdeentscheidung** kann das Gericht sowohl die Anordnung der Sonderprüfung aufheben, als auch eine andere Person oder Prüfungsgesellschaft zum Sonderprüfer bestellen. Die Beschwerde hat **keine aufschiebende Wirkung** (arg. § 64 Abs. 3 FamFG).[415]

---

[407] Zur Anwendbarkeit auf Verfahren der Freiwilligen Gerichtsbarkeit vgl. nur MüKoZPO/*Gottwald* EuGVVO Art. 1 Rn. 3.
[408] Vgl. auch *Mock* Konzern 2010, 455 (460) (für die SE).
[409] Kölner Komm AktG/*Rieckers/Vetter* Rn. 361.
[410] NK-AktR/*Wilsing/von der Linden* Rn. 47.
[411] Kölner Komm AktG/*Rieckers/Vetter* Rn. 362.
[412] Kölner Komm AktG/*Rieckers/Vetter* Rn. 362.
[413] Großkomm AktG/*Bezzenberger* Rn. 65.
[414] NK-AktR/*Wilsing/von der Linden* Rn. 49.
[415] Keidel/*Sternal* FamFG § 64 Rn. 2a.

3. Beendigung des Anordnungs- bzw. Bestellungsverfahrens. Das gerichtliche Verfahren 233
zur Anordnung der Sonderprüfung und Bestellung eines Sonderprüfers nach Abs. 2 bzw. das gerichtliche Verfahren zur Ersetzung eines Sonderprüfers nach Abs. 4 wird durch die Anordnung der Sonderprüfung bzw. durch die Bestellung des Sonderprüfers abgeschlossen. Dabei kann das Verfahren bis zur gerichtlichen Entscheidung durch eine **Rücknahme des entsprechenden Antrags** beendet werden (§ 22 Abs. 1 S. 1 FamFG). Nach der Entscheidung des Gerichts ist eine Rücknahme hingegen ausgeschlossen, wenn nicht die übrigen Beteiligten zustimmen (§ 22 Abs. 1 S. 2 FamFG).

Die Verfahrensbeteiligten können keinen **Vergleich** schließen (§ 36 Abs. 1 FamFG).[416] Dies gilt 234 zunächst für das gerichtliche Verfahren zur Bestellung eines Sonderprüfers nach Abs. 2. Zwar kann die antragstellende Aktionärsminderheit durchaus über ihr Antragsrecht verfügen und einen entsprechenden Antrag zurücknehmen (→ Rn. 233). Allerdings fehlt es auf der Seite des Vorstands als Vertreter der Aktiengesellschaft an einer Verfügungsbefugnis über den Gegenstand des Verfahrens, da die Sonderprüfung nicht nur für den Vorstand selbst, sondern insbesondere auch für den Aufsichtsrat und für Konzernunternehmen Verpflichtungen begründet (→ § 145 Rn. 10 ff. und 20 ff.). Der Vorstand kann lediglich eine freiwillige Sonderprüfung durchführen, auf die dann die §§ 142 ff. aber nicht anwendbar sind (→ Rn. 244 ff.). Die Möglichkeit der Begründung einer dahingehenden – als Vergleichsvertrag auch einklagbaren – Verpflichtung besteht für den Vorstand aber nicht.

Etwas anderes ergibt sich auch nicht aus **Abs. 2 S. 3,** auch wenn der Vergleich sicherlich eine 235 Vereinbarung zur Vermeidung einer Sonderprüfung darstellt. Aus Abs. 2 S. 3 kann nämlich nicht die Verfügungsbefugnis des Vorstands hinsichtlich der Begründung einer Sonderprüfung abgeleitet werden.

4. Kosten. Zur Kostentragung für die Verfahren nach Abs. 2 und Abs. 4 → die Kommentierung 236 bei § 146.

X. Auslagenersatz und Vergütung (Abs. 6)

Nach Abs. 6 S. 1 kann der gerichtlich bestellte Sonderprüfer von der Gesellschaft **Ersatz ange-** 237 **messener barer Auslagen und eine Vergütung** für seine Tätigkeit verlangen. Die Gesellschaft und nicht die gegebenenfalls antragstellende Aktionärsminderheit tragen dabei in jedem Fall diese Kosten.[417]

Das Gericht setzt die Vergütung und den Auslagenersatz auf Antrag der Gesellschaft oder des 238 Sonderprüfers fest (Abs. 6 S. 2). Die **gerichtliche Kompetenz zur Festsetzung der Vergütung und des Auslagenersatzes** ist dabei abschließend, so dass eine individuell-vertragliche Vereinbarung zwischen der Gesellschaft und dem Sonderprüfer – im Gegensatz zu dem von der Hauptversammlung bestellten Sonderprüfer (→ Rn. 240) – unzulässig ist.[418] Die Höhe des Vergütungsanspruchs des Sonderprüfers richtet sich vielmehr nach der üblichen Vergütung (§ 632 Abs. 2 BGB, § 675 BGB).[419] Maßgebliche Kriterien sind dabei der Umfang und die Schwierigkeit der Prüfung sowie die Qualifikation des Sonderprüfers.[420] Dabei ist es auch unbedenklich, ein Stundenhonorar festzusetzen, das durchschnittlich bei bis zu 300 Euro pro Stunde liegen kann.[421]

Gegen diese Festsetzung ist das **Rechtsmittel der Beschwerde** statthaft (Abs. 6 S. 3 Hs. 1). Eine 239 Rechtsbeschwerde ist allerdings ausgeschlossen (Abs. 6 S. 3 Hs. 2). Der rechtskräftige Beschluss ist zugleich **Vollstreckungstitel** (Abs. 6 S. 4, § 794 Abs. 1 Nr. 3 ZPO).

Die Vergütung des **von der Hauptversammlung nach Abs. 1 bestellten Sonderprüfers** 240 bestimmt sich hingegen ausschließlich nach dem mit der Gesellschaft geschlossenen Prüfungsvertrag, so dass diese einer Vereinbarung zugänglich ist (→ Rn. 112 ff.). Soweit dieser keine Vergütungshöhe enthält, gilt der Üblichkeitsmaßstab der § 632 Abs. 2 BGB, § 675 BGB,[422] der sich wie bei der Vergütung des gerichtlich bestellten Sonderprüfers (→ Rn. 238) an einem Stundenhonorar orientieren kann. Die Vereinbarung eines Erfolgshonorars dürfte mit dem Wesen der Sonderprüfung nicht

---

[416] AA aber Kölner Komm AktG/*Rieckers/Vetter* Rn. 372; ebenso abweichend K. Schmidt/Lutter/*Spindler* Rn. 57, der allerdings nicht auf die fehlende Verfügungsbefugnis des Vorstands eingeht.
[417] Großkomm AktG/*Bezzenberger* Rn. 90.
[418] Großkomm AktG/*Bezzenberger* Rn. 91; *Fleischer* in Küting/Weber Rechnungslegung-HdB Rn. 102; *Kirschner*, Die Sonderprüfung der Geschäftsführung in der Praxis, 2007, 146 ff.; ebenso wohl *ADS* §§ 142–146 Rn. 50; MüKoAktG/*Arnold* Rn. 126; aA Kölner Komm AktG/*Rieckers/Vetter* Rn. 382; NK-AktR/*Wilsing/von der Linden* Rn. 50.
[419] OLG München BeckRS 2008, 46639; zur praktischen Vorgehensweise vgl. *Kirschner*, Die Sonderprüfung der Geschäftsführung in der Praxis, 2007, 146 ff.
[420] OLG München BeckRS 2008, 46639; vgl. auch K. Schmidt/Lutter/*Spindler* Rn. 71.
[421] OLG München BeckRS 2008, 46639; zust. Kölner Komm AktG/*Rieckers/Vetter* Rn. 378.
[422] Bürgers/Körber/*Holzborn/Jänig* Rn. 26; Kölner Komm AktG/*Rieckers/Vetter* Rn. 199.

vereinbar sein, auch wenn dies etwa im Rahmen der anwaltlichen Tätigkeit inzwischen teilweise gestattet ist (§ 49b Abs. 2 BRAO).[423] Der Auslagenersatz richtet sich nach § 670 BGB.[424] Der Sonderprüfer hat grundsätzlich auch einen Anspruch auf einen Vorschuss aus §§ 675, 669 BGB.[425] Bei einer vorzeitigen Beendigung des Prüfungsvertrages durch die Gesellschaft kommt ein geminderter Vergütungsanspruch nach § 649 BGB in Betracht.[426]

XI. Mitteilungspflicht an die BaFin (Abs. 7)

241 Die Mitteilungspflicht nach Abs. 7 besteht nur für Gesellschaften, deren Wertpapiere im Inland im regulierten Markt zum Handel zugelassen sind (§ 2 Abs. 1 S. 1 WpHG). Damit geht Abs. 7 in seinem Anwendungsbereich weiter als § 3 Abs. 2, da nicht nur börsennotierte Gesellschaft erfasst sind. Die **Kapitalmarktorientierung** muss dabei nicht zwingend zum Zeitpunkt der Einleitung der Sonderprüfung bereits bestehen, da eine Börsenzulassung nach Feststellung bzw. Billigung des im Enforcement-Verfahren zu prüfenden Unternehmensabschlusses dessen Prüfung nicht entgegensteht.[427]

242 **Adressat der Mitteilungspflicht** ist im Fall der Bestellung eines Sonderprüfers durch die Hauptversammlung der Vorstand. Bei der gerichtlichen Bestellung eines Sonderprüfers richtet sich die Mitteilungspflicht hingegen an das Gericht. Dieses muss der BaFin auch schon den Eingang eines Antrags auf Bestellung eines Sonderprüfers mitteilen.[428] Neben dem Umstand der Bestellung eines Sonderprüfers muss (später) auch der Prüfungsbericht an die BaFin übermittelt werden. Eine Mitteilungspflicht an die nach § 342b HGB anerkannte Prüfstelle für Rechnungslegung besteht nicht. Diese wird vielmehr von der BaFin selbst unterrichtet.

XII. Geltung des FamFG (Abs. 8)

243 Das Verfahren zur gerichtlichen Bestellung eines Sonderprüfers unterliegt nach Abs. 8 dem Gesetz über das Verfahren in Familiensachen und in den Angelegenheiten der freiwilligen Gerichtsbarkeit. Somit besteht für den Antrag auf eine gerichtliche Bestellung kein Form- (§ 25 FamFG) oder Anwaltszwang (§ 10 Abs. 1 FamFG). Trotz der Geltung des **Amtsermittlungsgrundsatzes** (§ 26 FamFG) tragen die Antragsteller die allgemeine Darlegungslast für die Tatsachen, die eine Anordnung einer Sonderprüfung rechtfertigen (→ Rn. 125 ff.). Im Übrigen handelt es sich um ein streitiges Verfahren.

XIII. Freiwillige oder informelle Sonderprüfungen

244 Die Durchführung von Prüfungen bei der Aktiengesellschaft ist in verschiedenen Zusammenhängen denkbar. Der von den §§ 142 ff. geregelte Fall ist dabei nur **einer von vielen Prüfungsverfahren,** so dass sich die Frage stellt, inwieweit die §§ 142 ff. auf diese anderen Fälle ausstrahlen.

245 **1. Typologie und Abgrenzung zu anderen Prüfungen.** Prüfungen oder Ermittlungen lassen sich grundsätzlich zunächst in **interne und externe Prüfungen** einteilen.[429] Während bei den externen Ermittlungen die staatsanwaltlichen Ermittlungen (→ Rn. 39) oder die Ermittlungen von Behörden im Vordergrund stehen, geht es bei den internen Ermittlungen um eine gesellschaftsinterne Aufarbeitung bestimmter Vorgänge, bei der nur gesellschaftszugehörige Personen involviert sind. Den aus Aktionärssicht wichtigsten Fall stellt die in den §§ 142 ff. geregelte Sonderprüfung dar. Darüber hinaus gibt es aber auch sogenannte interne Ermittlungen, die vom Vorstand und/oder Aufsichtsrat initiiert werden und die darauf abzielen, den Vorstand und/oder den Aufsichtsrat über bestimmte Vorgänge zu informieren.

246 Einen weiteren Fall der internen Prüfung stellt die freiwillige oder informelle Sonderprüfung dar. Diese dienen ebenso wie die reguläre Sonderprüfung (§§ 142 ff.) der Aufdeckung von Unregelmäßigkeiten der Geschäftsleitung und der Unterrichtung der Aktionäre. Allerdings werden diese meist zur **Vermeidung einer regulären Sonderprüfung** (§§ 142 ff.) durchgeführt.[430] Dies gilt insbesondere im Hinblick auf die gerichtliche Anordnung nach Abs. 2 (→ Rn. 125 ff.), nachdem ein entsprechender Antrag auf der Hauptversammlung keine Mehrheit gefunden hat. Denn mit der Durchführung

---

[423] Im Ergebnis wohl auch *Slavik* WM 2017, 1684 (1693).
[424] *Fleischer* in Küting/Weber Rechnungslegung-HdB Rn. 149.
[425] Großkomm AktG/*Bezzenberger* Rn. 92; aA aber OLG München BeckRS 2008, 46639; Grigoleit/*Herrler* Rn. 39; Kölner Komm AktG/*Rieckers/Vetter* Rn. 377.
[426] OLG Düsseldorf BeckRS 2011, 11600 Rn. 41 ff.
[427] Vgl. dazu Kölner Komm WpHG/*Mock* § 37n Rn. 77 ff.
[428] So ausdrücklich BegrRegE BilKoG BT-Drs. 15/3421, 21; aA aber wohl *Mimberg* in Marsch-Barner/Schäfer Börsennotierte AG-HdB Rn. 40.17.
[429] Mit einer solchen Einteilung etwa *Bachmann* ZIP 2018, 101 (102).
[430] Zur Motivlage ausführlich *Wilsing/von der Linden* AG 2017, 568 (569 f.).

einer freiwilligen oder informellen Sonderprüfung kann den Interessen der den Antrag nach Abs. 2 stellenden Aktionärsgruppe häufig Rechnung getragen und die öffentliche Auseinandersetzung über die Zulässigkeit einer gerichtlichen Anordnung einer Sonderprüfung vermieden werden.

2. Generelle Zulässigkeit. Die Regelung der Sonderprüfung in den §§ 142 ff. steht der Durchführung anderer Prüfungen durch den Vorstand und/oder den Aufsichtsrat nicht entgegen, da sie nur die Kompetenz der Hauptversammlung bzw. der qualifizierten Aktionärsminderheit zur Einleitung einer Sonderprüfung abschließend regelt (→ Rn. 6 ff.). Zudem zeigt Abs. 2 Satz 3, dass jedenfalls Vereinbarungen zur Vermeidung von Sonderprüfungen zulässig sind, so dass der umgekehrte Fall auch **möglich sein muss**.[431] Auf diese freiwilligen[432] oder informellen Prüfungen finden die Regelungen der Sonderprüfung grundsätzlich keine Anwendung.[433] 247

3. (Ausschließlich) Vertragliche Grundlage. Noch nicht abschließend geklärt ist es, ob sich der Vorstand und/oder der Aufsichtsrat vertraglich verpflichten können, derartige Prüfung durchführen zu lassen oder ob dies nur informell in Absprache mit (einigen) Aktionären geschehen kann. Im Grundsatz dürften dabei keine größeren Bedenken gegen eine Zulässigkeit bestehen, da durch eine bloße Prüfung bestimmter Vorgänge – abgesehen von den entstehenden Kosten – keine unmittelbaren Konsequenzen für die Aktiengesellschaft drohen.[434] Zudem stellen etwa *Due-diligence*-Prüfungen im Rahmen von Unternehmenskaufverträgen im Ergebnis auch nichts anderes dar. Die **vertragliche Verpflichtung** zur Durchführung einer freiwilligen oder informellen Sonderprüfung kann aber nur die Aktiengesellschaft selbst übernehmen, so dass der Vorstand und/oder der Aufsichtsrat insofern im Namen der Aktiengesellschaft handeln. Vertragspartner dieser Vereinbarung sind dann einzelne Aktionäre, die sich dann verpflichten, einen bereits gestellten Antrag nach Abs. 2 zurückzunehmen oder nicht zu stellen. Diese Verpflichtung bindet dann allerdings nur diese Aktionäre, so dass es anderen Aktionären unbenommen ist, einen entsprechenden Antrag nach Abs. 2 zu stellen, dem dann die Durchführung einer informellen Sonderprüfung nicht entgegengehalten werden kann (→ Rn. 253). Ebenso können sich Aktionäre verpflichten, einen Antrag auf Ergänzung der Tagesordnung (→ Rn. 84 ff.) nicht zu stellen. 248

Derartige Vereinbarungen mit Aktionären unterliegen bei börsennotierten Gesellschaften aufgrund von Abs. 2 Satz 3 der **Bekanntmachungspflicht nach § 149 Abs. 3,** da sie in der Regel der Vermeidung der regulären Sonderprüfung dienen, auch wenn Abs. 2 Satz 3 vorrangig die Vermeidung des Abkaufs von Sonderprüfungen adressiert (→ Rn. 178).[435] Bei einer fehlenden Bekanntmachung droht der Fortfall der Leistungspflicht oder Rückforderungsansprüche (→ § 149 Rn. 18 ff.). Etwas anderes gilt nur dann, wenn der Vorstand und/oder der Aufsichtsrat die Prüfung auf eigene Initiative hin einleiten. 249

Schließlich kann eine freiwillige Sonderprüfung wegen § 23 Abs. 5 nicht in der **Satzung** verankert werden.[436] 250

4. Einleitung der Prüfung. (Informelle) Prüfungen können insbesondere durch den **Vorstand** als Geschäftsführungsmaßnahme veranlasst werden.[437] Aber auch der **Aufsichtsrat** kann derartige Prüfungen einleiten bzw. in Auftrag geben und damit seiner eigenen Überwachungsaufgabe nach § 111 nachkommen. Dabei sind keinerlei formalisierte Anforderungen zu beachten, so dass den Verwaltungsmitgliedern dahingehend ein **Ermessen** zukommt (§ 93 Abs. 1, § 116).[438] Eine dahingehende Schranke ergibt sich nur dann, wenn die Einleitung einer solchen Prüfung offensichtlich sinnlos ist und für die Aktiengesellschaft nur Kosten verursachen wird, da die Verwaltungsmitglieder dann schon nicht mehr zum Wohl der Aktiengesellschaft handeln. 251

Hinsichtlich des **Gegenstands der Prüfung** bestehen die Beschränkungen nach Abs. 1 (→ Rn. 48 ff.) nicht.[439] Auch in diesem Zusammenhang kommt den Verwaltungsmitgliedern ein 252

---

[431] Ebenso *Marsch-Barner* FS Baums, 2017, 775 (778 f.); *Wilsing/von der Linden* AG 2017, 568 (570).
[432] Mit dieser Terminologie etwa *Marsch-Barner* FS Baums, 2017, 775 ff.; Kölner Komm AktG/*Rieckers/Vetter* Rn. 77 ff.
[433] LG Nürnberg-Fürth BeckRS 2008, 01960 Rn. 57; *Bachmann* ZIP 2018, 101 (102); Großkomm AktG/ *Bezzenberger* Rn. 25; *Bürgers/Körber*/*Holzborn/Jänig* Rn. 2; *Marsch-Barner* FS Baums, 2017, 775 (781 f.); K. Schmidt/Lutter/*Spindler* Rn. 11; *Wilsing/von der Linden* AG 2017, 568 (569).
[434] Im Ergebnis auch *Bachmann* ZIP 2018, 101 (102); *Marsch-Barner* FS Baums, 2017, 775 (776); *Wilsing/von der Linden* AG 2017, 568 (569).
[435] *Bachmann* ZIP 2018, 101 (102); *Marsch-Barner* FS Baums, 2017, 775 (784); *Wilsing/von der Linden* AG 2017, 568 (572).
[436] *Mock* EWiR 2017, 749 (750).
[437] ADS §§ 142–146 Rn. 4; Großkomm AktG/*Bezzenberger* Rn. 25; *Fleischer* in Küting/Weber Rechnungslegung-HdB Rn. 30 f.; *Marsch-Barner* FS Baums, 2017, 775 (779 f.); Kölner Komm AktG/*Rieckers/Vetter* Rn. 79 ff.
[438] *Marsch-Barner* FS Baums, 2017, 775 (780).
[439] *Marsch-Barner* FS Baums, 2017, 775 (782); *Wilsing/von der Linden* AG 2017, 568 (570).

Ermessen zu. Daher können auch deutlich weitergehende Prüfungsgegenstände vereinbart werden, die allerdings oftmals an den beschränkten Kompetenzen des Prüfers (→ § 145 Rn. 10 ff.) scheitern.

253 **5. Verhältnis zur Bestellung eines Sonderprüfers durch die Hauptversammlung oder durch das Gericht.** Auch wenn solche informellen Prüfungen jederzeit durch den Vorstand veranlasst werden können, hat dies **keine Auswirkungen auf die Sonderprüfung** nach §§ 142 ff. Die Durchführung oder Planung freiwilliger oder informeller Prüfungen berührt insbesondere nicht das Antragsrecht der qualifizierten Aktionärsminderheit auf Bestellung eines Sonderprüfers nach Abs. 2 (→ Rn. 125 ff.). Auch kann ein bereits bestellter Sonderprüfer nicht mit der Begründung abberufen werden, dass inzwischen eine freiwillige oder informelle Prüfung durchgeführt wird. Dies gilt auch dann, wenn bei der freiwilligen Sonderprüfung alle in den §§ 142 ff. normierten Anforderungen beachtet werden, da diese nicht disponibel sind.

254 Zur **Auswahl der Prüfer** → § 143 Rn. 48. **Verantwortung der Prüfer** bei freiwilligen oder informellen Prüfungen → § 144 Rn. 39. Zu deren **Rechten** und zur **Publizität von deren Prüfungsergebnissen** → § 145 Rn. 68 ff.

§ 143 Auswahl der Sonderprüfer

(1) Als Sonderprüfer sollen, wenn der Gegenstand der Sonderprüfung keine anderen Kenntnisse fordert, nur bestellt werden
1. Personen, die in der Buchführung ausreichend vorgebildet und erfahren sind;
2. Prüfungsgesellschaften, von deren gesetzlichen Vertretern mindestens einer in der Buchführung ausreichend vorgebildet und erfahren ist.

(2) ¹Sonderprüfer darf nicht sein, wer nach § 319 Abs. 2, 3, § 319a Abs. 1, § 319b des Handelsgesetzbuchs nicht Abschlußprüfer sein darf oder während der Zeit, in der sich der zu prüfende Vorgang ereignet hat, hätte sein dürfen. ²Eine Prüfungsgesellschaft darf nicht Sonderprüfer sein, wenn sie nach § 319 Abs. 2, 4, § 319a Abs. 1, § 319b des Handelsgesetzbuchs nicht Abschlußprüfer sein darf oder während der Zeit, in der sich der zu prüfende Vorgang ereignet hat, hätte sein dürfen.

Schrifttum: *Großfeld,* Immer langsam voran – aber doch weiter – Bilanzrechtsreformgesetz, NZG 2004, 393; *Ring,* Gesetzliche Neuregelungen der Unabhängigkeit des Abschlussprüfers, WPg 2005, 197; s. auch die allgemeinen Hinweise bei § 142.

Übersicht

	Rn.		Rn.
I. Grundlagen	1–5	1. Ausschlussgründe für Einzelprüfer (Abs. 2 S. 1)	20–33
1. Zweck der Regelung	1	a) Bestellungsverbote nach § 319 HGB	20–26
2. Entstehungsgeschichte	2, 3	b) Bestellungsverbote nach § 319a HGB	27–32
3. Rechtspolitische Würdigung	4, 5	c) Bestellungsverbote nach § 319b HGB	33
II. Geeignetheit von Sonderprüfern (Abs. 1)	6–16	2. Ausschlussgründe für Prüfungsgesellschaften (Abs. 2 S. 2)	34–36
1. Allgemeine Anforderungen	6–8	3. Besorgnis der Befangenheit (§ 142 Abs. 4)	37, 38
2. Verstoß gegen die Anforderungen	9–16	4. Verstoß gegen ein Bestellungsverbot	39–47
a) Bestellung durch die Hauptversammlung (§ 142 Abs. 1)	9–11	a) Bestellung durch die Hauptversammlung	39–42
b) Gerichtliche Bestellung des Sonderprüfers (§ 142 Abs. 2)	12, 13	b) Gerichtliche Bestellung	43, 44
c) Prüfungsvertrag	14	c) Prüfungsvertrag	45, 46
d) Nachträglicher Fortfall der Eignung	15, 16	d) Nachträgliches Entstehen von Bestellungsverboten	47
III. Bestellungsverbote (Abs. 2)	17–47	**IV. Freiwillige oder informelle Sonderprüfungen**	48

I. Grundlagen

1 **1. Zweck der Regelung.** Zur Absicherung der **Qualität der Sonderprüfung** stellt Abs. 1 ein allgemeines Anforderungsprofil an den Sonderprüfer. Nach Abs. 2 sind zudem die Vorschriften über Bestellungsverbote für Abschlussprüfer weitgehend entsprechend anzuwenden, um dadurch eine unabhängige Sonderprüfung zu gewährleisten.

2. Entstehungsgeschichte. Die Anforderungen an den Sonderprüfer und die Ausschlussgründe **2** waren stets für den Sonderprüfer und den Abschlussprüfer weitgehend einheitlich geregelt.[1] Insofern wurde die Entwicklung der Bestellungsverbote für die Sonderprüfer durch die Verweisung von Abs. 2 durch die Reformen der §§ 319 f. HGB bestimmt.[2]

Die § 319 Abs. 2 und 3 HGB, § 319a Abs. 1 HGB wurden durch das **Bilanzrechtsreformgesetz** **3** vom 4. Dezember 2004 (BGBl. 2004 I 3166) wesentlich verschärft, um den aufgrund der Unternehmensskandale der letzten Jahre international erhöhten Anforderungen an die Bestellung von Abschlussprüfern ausreichend Rechnung zu tragen.[3] Schließlich wurden im Rahmen des **Bilanzrechtsmodernisierungsgesetzes** das Bestellungsverbot in § 319a Abs. 1 neu gefasst und das Bestellungsverbot der Zugehörigkeit zu einem Netzwerk (§ 319b HGB) in Abs. 2 eingeführt.

3. Rechtspolitische Würdigung. Das **allgemeine Anforderungsprofil** an den Sonderprüfer **4** entspricht der Vielzahl von in Betracht kommenden Prüfungsgegenständen nach § 142 Abs. 1 (→ Rn. 48 ff.). Insbesondere bei Sonderprüfungen in Spezialgebieten ist eine Qualifikation als Wirtschaftsprüfer oder vereidigter Buchprüfer oftmals nicht notwendig.

Durch die Bestellungsverbote nach Abs. 2 kann zwar eine zum Sonderprüfer zu bestellende Person **5** wegen der Besorgnis der Befangenheit ausgeschlossen werden. Die in den § 319 Abs. 3, § 319a Abs. 1 HGB enthaltenen Beispiele für das Vorliegen der Besorgnis der Befangenheit entsprechen jedoch nur teilweise den **speziellen Anforderungen an die Sonderprüfung.** Insofern wird oftmals auf die Generalklausel des § 319 Abs. 2 HGB zurückzugreifen sein, was unter dem Gesichtspunkt der Rechtssicherheit äußerst fragwürdig ist.[4] Daher ist eine Ergänzung des Abs. 2 um spezielle Ausschlussgründe für die Sonderprüfung notwendig. Eine deutliche Verschärfung haben die Bestellungsverbote durch die Einführung von § 319b HGB erfahren, da die Bestellungsverbote nun nicht mehr nur in der Person des Sonderprüfers selbst bestehen müssen, sondern es schon ausreicht, wenn dieses bei einer Person im Netzwerk des Sonderprüfers gegeben ist. Dies hat aufgrund der Verknüpfung mit der Abschlussprüfung bzw. entsprechenden Beratungsleistungen (§ 319a Abs. 1 HGB) vor allem für die Sonderprüfung bei kapitalmarktorientierten Unternehmen große Auswirkungen.

II. Geeignetheit von Sonderprüfern (Abs. 1)

1. Allgemeine Anforderungen. Als Sonderprüfer können nur natürliche Personen (Nr. 1) oder **6** aber Prüfungsgesellschaften (Nr. 2) bestellt werden. Voraussetzung ist weiterhin, dass die jeweilige zu bestellende Person bzw. die gesetzlichen Vertreter der Prüfungsgesellschaft über eine ausreichende **allgemeine Vorbildung und Erfahrung auf dem Gebiet der Buchführung** verfügen. Dies schließt zwingend theoretische und praktische Kenntnisse auf dem Gebiet der Rechnungslegung und ein fundiertes betriebswirtschaftliches Fachwissen mit ein.[5] Ein darüber hinausgehendes Spezialwissen ist nur dann erforderlich, wenn der Prüfungsgegenstand der Sonderprüfung dies erfordert. Eine formale Qualifikation als Wirtschaftsprüfer oder vereidigter Buchprüfer ist aufgrund der fehlenden Verweisung in Abs. 1 auf § 319 Abs. 1 HGB nicht erforderlich, entspricht in der Regel aber den Anforderungen von Abs. 1.[6] Ebenso wenig ist es erforderlich, dass die zum Sonderprüfer zu bestellende Person oder Prüfungsgesellschaft ihren Sitz im Inland hat, so dass auch **ausländische Personen oder Prüfungsgesellschaften** zum Sonderprüfer bestellt werden können.

Soweit für die Prüfung des Prüfungsgegenstands andere Kenntnisse erforderlich sind, kann nach **7** Abs. 1 auch ein entsprechender Fachmann zum Sonderprüfer bestellt werden, ohne dass dieser über eine allgemeine Vorbildung und Erfahrung auf dem Gebiet der Buchführung verfügen muss. Dies ist etwa dann der Fall, wenn der Prüfungsauftrag nur mit **technischem Spezialwissen, detaillierten Branchen- oder Markenkenntnissen** oder – etwa im Fall der Vorbereitung der Geltendmachung von Ersatzansprüchen – mit **juristischer Vorbildung** erfüllt werden kann.[7] Allerdings sollte auch in diesen Fällen zusätzlich eine in der Buchführung vorgebildete Person zum Sonderprüfer bestellt

---

[1] Vgl. dazu ausf. Großkomm AktG/*Bezzenberger* Rn. 1 ff.; Kölner Komm AktG/*Rieckers/Vetter* Rn. 5 ff.
[2] Für einen Überblick hierzu vgl. Großkomm AktG/*Habersack/Schürnbrand* HGB § 319 Rn. 3.
[3] Vgl. dazu ausf. *Großfeld* NZG 2004, 393 ff.; *Ring* WPg 2005, 197 ff.
[4] Kritisch dazu Kölner Komm AktG/*Rieckers/Vetter* Rn. 15.
[5] ADS §§ 142–146 Rn. 24; Großkomm AktG/*Bezzenberger* Rn. 6; *Fleischer* in Küting/Weber Rechnungslegung-HdB Rn. 4; *Jänig*, Die aktienrechtliche Sonderprüfung, 2005, 343 f.; K. Schmidt/Lutter/*Spindler* Rn. 4.
[6] ADS §§ 142–146 Rn. 2, 24; Großkomm AktG/*Bezzenberger* Rn. 6; *Fleischer* in Küting/Weber Rechnungslegung-HdB Rn. 4; Kölner Komm AktG/*Rieckers/Vetter* Rn. 20; MHdB AG/*Semler* § 42 Rn. 15; NK-AktR/*Wilsing/von der Linden* Rn. 1.
[7] ADS §§ 142–146 Rn. 24; *Fleischer* in Küting/Weber Rechnungslegung-HdB Rn. 5; *Jänig*, Die aktienrechtliche Sonderprüfung, 2005, 343 f.; *Kirschner*, Die Sonderprüfung der Geschäftsführung in der Praxis, 2007, 100 f.; Kölner Komm AktG/*Rieckers/Vetter* Rn. 22.

werden, um eine umfassende Prüfung zu gewährleisten.[8] Soweit dieses Fachwissen für die Sonderprüfung nicht im Vordergrund steht, kann dem Sonderprüfer auch aufgegeben werden, entsprechende Fachleute als Prüfungsgehilfen (§ 323 Abs. 1 HGB) einzubeziehen.[9] Er bleibt aber auch in diesem Fall für die Durchführung der Sonderprüfung allein verantwortlich.[10]

8   Durch die Bestellungsverbote der § 319 Abs. 2, 3 HGB, § 319a Abs. 1 HGB, § 319b HGB werden bereits Personen von der Sonderprüfung ausgeschlossen, bei denen die Besorgnis der Befangenheit besteht. Da zum Sonderprüfer nicht notwendigerweise ein Wirtschaftsprüfer oder vereidigter Buchprüfer bestellt werden muss (→ Rn. 7), können sich **weitere Bestellungsverbote** aus dem jeweiligen Berufsrecht der zum Sonderprüfer zu bestellenden Person ergeben. Insbesondere bei Rechtsanwälten kommen dabei die Pflichten nach § 43a BRAO in Betracht.

9   **2. Verstoß gegen die Anforderungen. a) Bestellung durch die Hauptversammlung (§ 142 Abs. 1).** Die Bestellung eines Sonderprüfers durch die Hauptversammlung unter Verstoß gegen die Anforderungen von Abs. 1 führt zur **Anfechtbarkeit des Hauptversammlungsbeschlusses**.[11] Auch wenn die Hauptversammlung die Kompetenz zur Auswahl eines Sonderprüfers hat, kann sie sich nicht über die Anforderungen von Abs. 1 hinwegsetzen.[12]

10 Für die zum Sonderprüfer zu bestellende Person besteht die Verpflichtung, vor der Annahme der Bestellung und des Abschlusses des Prüfungsvertrags eine **Überprüfung der eigenen Eignung** für die Sonderprüfung vorzunehmen und die Bestellung ggf. abzulehnen. Die Annahme der Bestellung bei fehlender Eignung kann eine vorvertragliche Pflichtverletzung darstellen und zu einer Schadenersatzpflicht gegenüber der Gesellschaft führen (§ 311 Abs. 2 BGB, § 280 Abs. 1 BGB).[13]

11 Eine qualifizierte Aktionärsminderheit kann den von der Hauptversammlung bestellten ungeeigneten Sonderprüfer durch eine **Beantragung einer gerichtlichen Ersatzbestellung** nach § 142 Abs. 4 ersetzen lassen (→ § 142 Rn. 205 ff.). Aufgrund der Anfechtungsmöglichkeit des Beschlusses ist aber die **Beantragung der Anordnung einer Sonderprüfung und die Bestellung eines Sonderprüfers nach § 142 Abs. 2** (→ § 142 Rn. 125 ff.) vorzugswürdig (→ Rn. 12 ff.).

12 **b) Gerichtliche Bestellung des Sonderprüfers (§ 142 Abs. 2).** Die gerichtliche Bestellung des Sonderprüfers unter Verstoß gegen die Eignungsvoraussetzungen nach Abs. 1 berührt die Wirksamkeit der Bestellung nicht.[14] Die Beteiligten können gegen die **gerichtliche Bestellung des Sonderprüfers** aber nach § 142 Abs. 5 S. 2 die sofortige Beschwerde einlegen. Die Beschwerdeberechtigung besteht dabei sowohl für die Gesellschaft als auch für die antragstellende Aktionärsminderheit und ergibt sich aus dem Umstand, dass ein nicht ausreichend vorgebildeter oder erfahrener Sonderprüfer bestellt wurde.[15] Für die Beschwerde besteht eine einmonatige Antragsfrist (§ 63 Abs. 1 FamFG).

13 Nach **Rechtskraft des Anordnungs- und Bestellungsbeschlusses** kann die fehlende Eignung des Sonderprüfers nicht mehr geltend gemacht werden.[16] Insbesondere scheidet ein gerichtliches Ersetzungsverfahren in entsprechender Anwendung von § 142 Abs. 4 aus (→ § 142 Rn. 205 ff.).

14 **c) Prüfungsvertrag.** Der **Prüfungsvertrag** wird durch die Bestellung ungeeigneter Sonderprüfer grundsätzlich nicht berührt,[17] kann aber zu einer Anfechtung seitens der Gesellschaft wegen eines

---

[8] ADS §§ 142–146 Rn. 24; Großkomm AktG/*Bezzenberger* Rn. 7.
[9] ADS §§ 142–146 Rn. 25; Großkomm AktG/*Bezzenberger* Rn. 7; K. Schmidt/Lutter/*Spindler* Rn. 6.
[10] K. Schmidt/Lutter/*Spindler* Rn. 6.
[11] ADS §§ 142–146 Rn. 23; Großkomm AktG/*Bezzenberger* Rn. 8; *Fleischer* in Küting/Weber Rechnungslegung-HdB Rn. 6; *Jänig*, Die aktienrechtliche Sonderprüfung, 2005, 344 f.; *Kirschner*, Die Sonderprüfung der Geschäftsführung in der Praxis, 2007, 187; MHdB GesR VII/*Lieder* § 26 Rn. 109; Kölner Komm AktG/*Rieckers/Vetter* Rn. 26; K. Schmidt/Lutter/*Spindler* Rn. 7; aA aber noch *Baumbach/Hueck* Rn. 2, der die Regelung des § 143 als sanktionslose Sollvorschrift ansieht.
[12] Großkomm AktG/*Bezzenberger* Rn. 8; *Fleischer* in Küting/Weber Rechnungslegung-HdB Rn. 6.
[13] Im Erg. ebenso Großkomm AktG/*Bezzenberger* Rn. 13; *Fleischer* in Küting/Weber Rechnungslegung-HdB § 144 Rn. 22; *Jänig*, Die aktienrechtliche Sonderprüfung, 2005, 385; Kölner Komm AktG/*Rieckers/Vetter* Rn. 30; K. Schmidt/Lutter/*Spindler* Rn. 9.
[14] Großkomm AktG/*Bezzenberger* Rn. 14; *Fleischer* in Küting/Weber Rechnungslegung-HdB Rn. 18; *Jänig*, Die aktienrechtliche Sonderprüfung, 2005, 352; Kölner Komm AktG/*Rieckers/Vetter* Rn. 34; NK-AktR/*Wilsing/von der Linden* Rn. 5.
[15] Großkomm AktG/*Bezzenberger* Rn. 10; *Fleischer* in Küting/Weber Rechnungslegung-HdB Rn. 7; NK-AktR/*Wilsing/von der Linden* Rn. 5.
[16] Ebenso Hölters/*Hirschmann* § 142 Rn. 47 Kölner Komm AktG/*Rieckers/Vetter* Rn. 36; aA K. Schmidt/Lutter/*Spindler* Rn. 8.
[17] Ebenso Großkomm AktG/*Bezzenberger* Rn. 9; Kölner Komm AktG/*Rieckers/Vetter* Rn. 32; NK-AktR/*Wilsing/von der Linden* Rn. 4.

Irrtums über eine verkehrswesentliche Eigenschaft berechtigten.[18] Zudem begründet die erfolgreiche Anfechtung des Hauptversammlungsbeschlusses ein außerordentliches Kündigungsrecht für die Gesellschaft (→ § 142 Rn. 118). Der Sonderprüfer ist für die bis dahin erbrachten Leistungen in üblicher Weise zu vergüten (→ § 142 Rn. 118).

d) Nachträglicher Fortfall der Eignung. Der Sonderprüfer ist bei einem Fortfall der Eignungsvoraussetzungen – etwa im Fall des Entzugs der Anwaltszulassung – zur sofortigen Amtsniederlegung verpflichtet. Dies ergibt sich unmittelbar aus den Treuepflichten des Sonderprüfungsvertrags. Soweit der Gesellschaft durch die unterlassene **Amtsniederlegung** ein Schaden entsteht, ist der Sonderprüfer diesbezüglich der Gesellschaft zum Ersatz verpflichtet. Hinsichtlich des Prüfungsvertrags besteht für die Gesellschaft im Fall der Amtsniederlegung ein außerordentliches Kündigungsrecht, das vom Vorstand unverzüglich auszuüben ist. 15

Bei einem nach der Bestellung des Sonderprüfers eintretenden **Wegfalls der Eignungsvoraussetzungen** kommt zudem eine gerichtliche Ersetzung des Sonderprüfers in analoger Anwendung von § 318 Abs. 4 S. 2 HGB in Betracht (→ § 142 Rn. 220 ff.). 16

III. Bestellungsverbote (Abs. 2)

Zur Sicherung einer ordnungsgemäßen Durchführung der Sonderprüfung sieht Abs. 2 Bestellungsverbote vor, durch die die Unabhängigkeit und die Unparteilichkeit des Sonderprüfers gewährleistet werden sollen. Den Voraussetzungen dieser Bestellungsverbote ist dabei sowohl zum **Zeitpunkt der Sonderprüfung**, als auch zum **Zeitpunkt der zu prüfenden Vorgänge** zu entsprechen (Abs. 2 S. 1 Hs. 2). 17

Für die Bestellungsverbote verweist Abs. 2 auf die Vorschriften über die Bestellungsverbote von Abschlussprüfern in den **§ 319 Abs. 2, 3 HGB, § 319a Abs. 1 HGB, § 319b HGB**. Zwischen den unterschiedlichen Bestellungsverboten der § 319 Abs. 2, 3 HGB, § 319a Abs. 1 HGB, § 319b HGB besteht dabei **kein Exklusivitätsverhältnis**. Soweit die zu prüfende Gesellschaft kapitalmarktorientiert (§ 264d HGB) ist, sind vorrangig die Bestellungsverbote des § 319a HGB anzuwenden. Zudem kommt es zur Anwendung von § 319 Abs. 3 HGB, der die Generalklausel des § 319 Abs. 2 HGB aber nicht einschränkt.[19] Schließlich sind noch die Bestellungsverbote anderer Personen zu beachten, sofern diese mit der zum Sonderprüfer zu bestellenden Person ein Netzwerk im Sinne von § 319b HGB bilden. 18

Diese Vorschriften lauten: 19

§ 319 HGB Auswahl der Abschlussprüfer und Ausschlussgründe

(1) ¹Abschlussprüfer können Wirtschaftsprüfer und Wirtschaftsprüfungsgesellschaften sein. ²Abschlussprüfer von Jahresabschlüssen und Lageberichten mittelgroßer Gesellschaften mit beschränkter Haftung (§ 267 Abs. 2) oder von mittelgroßen Personenhandelsgesellschaften im Sinne des § 264a Abs. 1 können auch vereidigte Buchprüfer und Buchprüfungsgesellschaften sein. ³Die Abschlussprüfer nach den Sätzen 1 und 2 müssen über einen Auszug aus dem Berufsregister verfügen, aus dem sich ergibt, dass die Eintragung nach § 38 Nummer 1 Buchstabe h oder Nummer 2 Buchstabe f der Wirtschaftsprüferordnung vorgenommen worden ist; Abschlussprüfer, die erstmalig eine gesetzlich vorgeschriebene Abschlussprüfung nach § 316 des Handelsgesetzbuchs durchführen, müssen spätestens sechs Wochen nach Annahme eines Prüfungsauftrages über den Auszug aus dem Berufsregister verfügen. ⁴Die Abschlussprüfer sind während einer laufenden Abschlussprüfung verpflichtet, eine Löschung der Eintragung unverzüglich gegenüber der Gesellschaft anzuzeigen.

(2) Ein Wirtschaftsprüfer oder vereidigter Buchprüfer ist als Abschlussprüfer ausgeschlossen, wenn während des Geschäftsjahres, für dessen Schluss der zu prüfende Jahresabschluss aufgestellt wird, oder während der Abschlussprüfung Gründe, insbesondere Beziehungen geschäftlicher, finanzieller oder persönlicher Art, vorliegen, nach denen die Besorgnis der Befangenheit besteht.

(3) ¹Ein Wirtschaftsprüfer oder vereidigter Buchprüfer ist insbesondere von der Abschlussprüfung ausgeschlossen, wenn er oder eine Person, mit der er seinen Beruf gemeinsam ausübt,
1. Anteile oder andere nicht nur unwesentliche finanzielle Interessen an der zu prüfenden Kapitalgesellschaft oder eine Beteiligung an einem Unternehmen besitzt, das mit der zu prüfenden Kapitalgesellschaft verbunden ist oder von dieser mehr als zwanzig vom Hundert der Anteile besitzt;
2. gesetzlicher Vertreter, Mitglied des Aufsichtsrats oder Arbeitnehmer der zu prüfenden Kapitalgesellschaft oder eines Unternehmens ist, das mit der zu prüfenden Kapitalgesellschaft verbunden ist oder von dieser mehr als zwanzig vom Hundert der Anteile besitzt;

---

[18] Kölner Komm AktG/*Rieckers/Vetter* Rn. 33.
[19] Baumbach/Hopt/*Merkt* § 319 Rn. 7; Kölner Komm AktG/*Rieckers/Vetter* Rn. 45.

3. über die Prüfungstätigkeit hinaus bei der zu prüfenden oder für die zu prüfende Kapitalgesellschaft in dem zu prüfenden Geschäftsjahr oder bis zur Erteilung des Bestätigungsvermerks
   a) bei der Führung der Bücher oder der Aufstellung des zu prüfenden Jahresabschlusses mitgewirkt hat,
   b) bei der Durchführung der internen Revision in verantwortlicher Position mitgewirkt hat,
   c) Unternehmensleitungs- oder Finanzdienstleistungen erbracht hat oder
   d) eigenständige versicherungsmathematische oder Bewertungsleistungen erbracht hat, die sich auf den zu prüfenden Jahresabschluss nicht nur unwesentlich auswirken,
   sofern diese Tätigkeiten nicht von untergeordneter Bedeutung sind; dies gilt auch, wenn eine dieser Tätigkeiten von einem Unternehmen für die zu prüfende Kapitalgesellschaft ausgeübt wird, bei dem der Wirtschaftsprüfer oder vereidigte Buchprüfer gesetzlicher Vertreter, Arbeitnehmer, Mitglied des Aufsichtsrats oder Gesellschafter, der mehr als zwanzig vom Hundert der den Gesellschaftern zustehenden Stimmrechte besitzt, ist;
4. bei der Prüfung eine Person beschäftigt, die nach den Nummern 1 bis 3 nicht Abschlussprüfer sein darf;
5. in den letzten fünf Jahren jeweils mehr als dreißig vom Hundert der Gesamteinnahmen aus seiner beruflichen Tätigkeit von der zu prüfenden Kapitalgesellschaft und von Unternehmen, an denen die zu prüfende Kapitalgesellschaft mehr als zwanzig vom Hundert der Anteile besitzt, bezogen hat und dies auch im laufenden Geschäftsjahr zu erwarten ist; zur Vermeidung von Härtefällen kann die Wirtschaftsprüferkammer befristete Ausnahmegenehmigungen erteilen.

[2]Dies gilt auch, wenn der Ehegatte oder der Lebenspartner einen Ausschlussgrund nach Satz 1 Nr. 1, 2 oder 3 erfüllt.

(4) [1]Wirtschaftsprüfungsgesellschaften und Buchprüfungsgesellschaften sind von der Abschlussprüfung ausgeschlossen, wenn sie selbst, einer ihrer gesetzlichen Vertreter, ein Gesellschafter, der mehr als zwanzig vom Hundert der den Gesellschaftern zustehenden Stimmrechte besitzt, ein verbundenes Unternehmen, ein bei der Prüfung in verantwortlicher Position beschäftigter Gesellschafter oder eine andere von ihr beschäftigte Person, die das Ergebnis der Prüfung beeinflussen kann, nach Absatz 2 oder Absatz 3 ausgeschlossen sind. [2]Satz 1 gilt auch, wenn ein Mitglied des Aufsichtsrats nach Absatz 3 Satz 1 Nr. 2 ausgeschlossen ist oder wenn mehrere Gesellschafter, die zusammen mehr als zwanzig vom Hundert der den Gesellschaftern zustehenden Stimmrechte besitzen, jeweils einzeln oder zusammen nach Absatz 2 oder Absatz 3 ausgeschlossen sind.

(5) Absatz 1 Satz 3 sowie die Absätze 2 bis 4 sind auf den Abschlussprüfer des Konzernabschlusses entsprechend anzuwenden.

§ 319a HGB Besondere Ausschlussgründe bei Unternehmen von öffentlichem Interesse

(1) [1]Ein Wirtschaftsprüfer ist über die in § 319 Abs. 2 und 3 genannten Gründe hinaus auch dann von der Abschlussprüfung eines Unternehmens, das kapitalmarktorientiert im Sinn des § 264d, das CRR-Kreditinstitut im Sinne des § 1 Absatz 3d Satz 1 des Kreditwesengesetzes, mit Ausnahme der in § 2 Absatz 1 Nummer 1 und 2 des Kreditwesengesetzes genannten Institute, oder das Versicherungsunternehmen im Sinne des Artikels 2 Absatz 1 der Richtlinie 91/674/EWG ist, ausgeschlossen, wenn er
1. [aufgehoben]
2. in dem Geschäftsjahr, für dessen Schluss der zu prüfende Jahresabschluss aufzustellen ist, über die Prüfungstätigkeit hinaus Steuerberatungsleistungen im Sinne des Artikels 5 Absatz 1 Unterabsatz 2 Buchstabe a Ziffer i und iv bis vii der Verordnung (EU) Nr. 537/2014 erbracht hat, die sich einzeln oder zusammen auf den zu prüfenden Jahresabschluss unmittelbar und nicht nur unwesentlich auswirken; eine nicht nur unwesentliche Auswirkung liegt insbesondere dann vor, wenn die Erbringung der Steuerberatungsleistungen im zu prüfenden Geschäftsjahr den für steuerliche Zwecke zu ermittelnden Gewinn im Inland erheblich gekürzt hat oder ein erheblicher Teil des Gewinns ins Ausland verlagert worden ist, ohne dass eine über die steuerliche Vorteilserlangung hinausgehende wirtschaftliche Notwendigkeit für das Unternehmen besteht, oder
3. in dem zu prüfenden Geschäftsjahr oder bis zur Erteilung des Bestätigungsvermerks über die Prüfungstätigkeit hinaus bei der zu prüfenden oder für die zu prüfende Kapitalgesellschaft Bewertungsleistungen im Sinne des Artikels 5 Absatz 1 Unterabsatz 2 Buchstabe f der Verordnung (EU) Nr. 537/2014 erbracht hat, die sich einzeln oder zusammen auf den zu prüfenden Jahresabschluss unmittelbar und nicht nur unwesentlich auswirken.

[2]§ 319 Abs. 3 Satz 1 Nr. 3 letzter Teilsatz, Satz 2 und Abs. 4 gilt für die in Satz 1 genannten Ausschlussgründe entsprechend. [3]Satz 1 Nummer 2 und 3 gilt auch, wenn Personen, mit denen der Wirtschaftsprüfer seinen Beruf gemeinsam ausübt, die dort genannten Ausschlussgründe erfüllen; erbringt der Wirtschaftsprüfer Steuerberatungsleistungen im Sinne des Artikels 5 Absatz 1 Unterabsatz 2 Buchstabe a Ziffer i und iv bis vii der Verordnung (EU) Nr. 537/2014 oder Bewertungsleistungen im Sinne des Artikels 5 Absatz 1 Unterabsatz 2 Buchstabe f der Verordnung (EU) Nr. 537/2014, so

hat er deren Auswirkungen auf den zu prüfenden Jahresabschluss im Prüfungsbericht darzustellen und zu erläutern. ⁴Verantwortlicher Prüfungspartner ist, wer den Bestätigungsvermerk nach § 322 unterzeichnet oder als Wirtschaftsprüfer von einer Wirtschaftsprüfungsgesellschaft als für die Durchführung einer Abschlussprüfung vorrangig verantwortlich bestimmt worden ist.

(1a) Auf Antrag des Abschlussprüfers kann die Abschlussprüferaufsichtsstelle beim Bundesamt für Wirtschaft und Ausfuhrkontrolle diesen von den Anforderungen des Artikels 4 Absatz 2 Unterabsatz 1 der Verordnung (EU) Nr. 537/2014 ausnahmsweise für höchstens ein Geschäftsjahr ausnehmen, allerdings nur bis zu 140 Prozent des Durchschnitts der in Artikel 4 Absatz 2 Unterabsatz 1 der Verordnung (EU) Nr. 537/2014 genannten Honorare.

(2) ¹Absatz 1 ist auf den Abschlussprüfer des Konzernabschlusses entsprechend anzuwenden. ²Als verantwortlicher Prüfungspartner gilt auf Konzernebene auch, wer als Wirtschaftsprüfer auf der Ebene bedeutender Tochterunternehmen als für die Durchführung von deren Abschlussprüfung vorrangig verantwortlich bestimmt worden ist.

(3) ¹Der Prüfungsausschuss des Unternehmens muss der Erbringung von Steuerberatungsleistungen im Sinne des Artikels 5 Absatz 1 Unterabsatz 2 Buchstabe a Ziffer i und iv bis vii der Verordnung (EU) Nr. 537/2014 durch den Abschlussprüfer vorher zustimmen. ²Falls das Unternehmen keinen Prüfungsausschuss eingerichtet hat, muss die Zustimmung durch seinen Aufsichts- oder Verwaltungsrat erfolgen.

§ 319b Netzwerk

(1) ¹Ein Abschlussprüfer ist von der Abschlussprüfung ausgeschlossen, wenn ein Mitglied seines Netzwerks einen Ausschlussgrund nach § 319 Abs. 2, 3 Satz 1 Nr. 1, 2 oder Nr. 4, Abs. 3 Satz 2 oder Abs. 4 erfüllt, es sei denn, dass das Netzwerkmitglied auf das Ergebnis der Abschlussprüfung keinen Einfluss nehmen kann. ²Er ist ausgeschlossen, wenn ein Mitglied seines Netzwerks einen Ausschlussgrund nach § 319 Abs. 3 Satz 1 Nr. 3 oder § 319a Abs. 1 Satz 1 Nr. 2 oder 3 erfüllt. ³Ein Netzwerk liegt vor, wenn Personen bei ihrer Berufsausübung zur Verfolgung gemeinsamer wirtschaftlicher Interessen für eine gewisse Dauer zusammenwirken.

(2) Absatz 1 ist auf den Abschlussprüfer des Konzernabschlusses entsprechend anzuwenden.

1. Ausschlussgründe für Einzelprüfer (Abs. 2 S. 1). a) Bestellungsverbote nach § 319 HGB. Eine Person kann nach § 319 Abs. 2 HGB nicht zum Sonderprüfer bestellt werden, wenn bei dieser die **Besorgnis der Befangenheit** besteht. Eine solche besteht bei Beziehungen geschäftlicher, finanzieller oder persönlicher Art des Sonderprüfers mit der zu prüfenden Gesellschaft.[20] Dabei ist ein objektiver Maßstab anzusetzen, so dass es auf die Sicht eines vernünftigen und verständigen Dritten ankommt.[21] Aufgrund der bestehenden Unsicherheiten bei der Handhabung der Besorgnis der Befangenheit enthält § 319 Abs. 3 HGB eine Aufzählung von Konstellationen, in denen das Bestehen der Besorgnis der Befangenheit unwiderlegbar vermutet wird.[22] Dabei handelt es sich um direkte oder indirekte Beteiligungen (→ Rn. 21), personelle Verflechtungen (→ Rn. 22, 26), die Selbstprüfung (→ Rn. 23), die Zwischenschaltung von Arbeitnehmern (→ Rn. 24) und die finanzielle Abhängigkeit (→ Rn. 25). Auch wenn durch § 319 Abs. 3 HGB die häufigsten Fälle des Bestehens der Besorgnis der Befangenheit erfasst sind, kann sich diese auch aus der Generalklausel des § 319 Abs. 2 HGB ergeben.[23]

Nach § 319 Abs. 3 S. 1 Nr. 1 HGB sind zunächst Personen von einer Bestellung zum Sonderprüfer ausgeschlossen, die selbst **Anteile an der Gesellschaft** halten oder auf sonstige Weise **nicht nur unwesentliche finanzielle Interessen** an dieser haben. Bei Anteilen handelt es sich um jede, auch kleinste, direkte Beteiligung an der Gesellschaft.[24] Nicht nur unwesentliche finanzielle Interessen bestehen dann, wenn der Sonderprüfer in sonstiger Weise an der wirtschaftlichen Entwicklung des Unternehmens beteiligt ist, wie dies etwa bei Schuldverschreibungen, Schuldscheinen, Optionen und sonstigen Wertpapieren und Finanzinstrumenten der Fall ist.[25] Nicht ausreichend ist es, wenn sich die finanziellen Interessen auf den Vergütungsanspruch oder etwa einen Verzinsungsanspruch bei einem Konto beschränken.[26] Die Beteiligung bzw. die nicht nur unwesentlichen finanziellen Interessen bilden auch dann einen Ausschlussgrund, wenn sie sich auf ein verbundenes Unternehmen oder eine andere Gesellschaft beziehen, an der die zu prüfende Gesellschaft mit mehr als 20 % beteiligt ist.

---

[20] Vgl. allgemein dazu Baumbach/Hopt/*Merkt* § 319 Rn. 7.
[21] Baumbach/Hopt/*Merkt* § 319 Rn. 7; Kölner Komm AktG/*Rieckers/Vetter* Rn. 46.
[22] RegE BilReG BT-Drs. 15/3419, 36; vgl. auch Baumbach/Hopt/*Merkt* § 319 Rn. 7.
[23] Dazu ausf. *Kirschner*, Die Sonderprüfung der Geschäftsführung in der Praxis, 2007, 109 ff.
[24] Baumbach/Hopt/*Merkt* § 319 Rn. 16; Kölner Komm AktG/*Rieckers/Vetter* Rn. 63.
[25] Baumbach/Hopt/*Merkt* § 319 Rn. 16; Kölner Komm AktG/*Rieckers/Vetter* Rn. 65 f.
[26] Bürgers/Körber/*Holzborn/Jänig* Rn. 72; K. Schmidt/Lutter/*Spindler* Rn. 15.

22 Die Mitglieder des Vorstands, des Aufsichtsrats sowie die Arbeitnehmer der Gesellschaft sind nach § 319 Abs. 3 S. 1 Nr. 2 HGB von einer Bestellung zum Sonderprüfer ausgeschlossen. Dies gilt auch für **Verwaltungsmitglieder und Arbeitnehmer** von verbundenen Unternehmen oder bei Bestehen einer Kapitalbeteiligung von mehr als 20 %. Ehemalige Verwaltungsmitglieder und Arbeitnehmer sind nicht erfasst, da § 319 Abs. 1 S. 1 Nr. 2 HGB iVm Abs. 2 S. 1 Hs. 2 auf im Zeitpunkt der Prüfung oder des zu prüfenden Vorgangs bestehende personelle Verflechtungen abstellt. Allerdings können beendete personelle Verflechtungen über die Generalklausel des § 319 Abs. 2 HGB zu einem Bestellungsverbot führen.[27]

23 Weiterhin sind nach § 319 Abs. 3 S. 1 Nr. 3 HGB Personen von einer Bestellung ausgeschlossen, die bereits **Dienstleistungen im Zusammenhang mit der Rechnungslegung** von nicht untergeordneter Bedeutung gegenüber der Gesellschaft erbracht haben. Bei den dabei erfassten Dienstleistungen handelt es sich im Wesentlichen um eine Mitwirkung bei der Aufstellung des Jahresabschlusses, die Durchführung einer internen Revision, Unternehmensleitungs- oder Finanzdienstleistungen sowie eigenständige versicherungsmathematische oder Bewertungsleistungen (§ 319 Abs. 3 S. 1 Nr. 3 lit. a bis lit. d HGB).[28] Dabei ist auch unbeachtlich, ob diese Dienstleistungen von dem Sonderprüfer selbst oder einem Unternehmen erbracht werden, mit dem der Sonderprüfer als gesetzliches Vorstands- oder Aufsichtsratsmitglied, Arbeitnehmer oder Gesellschafter von einer Beteiligung von mehr als 20 % der Stimmrechte in Beziehung steht. Da die Unternehmensabschlüsse kein zulässiger Prüfungsgegenstand der Sonderprüfung sind (→ § 142 Rn. 62 ff.), kommt dieses Bestellungsverbot nur insoweit zur Anwendung, als sich die Sonderprüfung auf die Buchführung oder Teile der Unternehmensabschlüsse erstrecken soll, da nur dann der von § 319 Abs. 3 S. 1 Nr. 3 HGB anvisierte Interessenkonflikt vorliegt.[29] Eine darüber hinausgehende Inkompatibilität zwischen Abschlussprüfung und Sonderprüfung besteht aber nicht.[30]

24 Über § 319 Abs. 3 S. 1 Nr. 4 HGB ist eine Person von der Sonderprüfung ausgeschlossen, wenn sie einen anderen beschäftigt, der selbst nach § 319 Abs. 3 S. 1 Nr. 1–3 HGB nicht zum Sonderprüfer bestellt werden dürfte. Maßgeblich ist dabei nicht das Bestehen eines formalen Arbeitsverhältnisses, sondern vielmehr die **organisatorische Einbindung in das Unternehmen des Sonderprüfers**, so dass auch Prüfungspartner etwa in vorübergehenden Zusammenschlüssen erfasst werden.[31]

25 Schließlich sind nach § 319 Abs. 3 S. 1 Nr. 5 HGB auch Personen von einer Bestellung zum Sonderprüfer ausgeschlossen, wenn sie im Rahmen ihrer beruflichen Tätigkeit in den letzten fünf Jahren jeweils mehr als **30 % der Gesamteinnahmen** von der zu prüfenden Gesellschaft bezogen haben und dies auch im laufenden Geschäftsjahr der Fall sein wird. Dabei ist jede berufliche Tätigkeit des Sonderprüfers erfasst.[32] Dabei sind auch die Einnahmen von den Unternehmen zu berücksichtigen, von denen die zu prüfende Gesellschaft mehr als 20 % der Anteile besitzt. Die Möglichkeit der Erteilung einer Ausnahmegenehmigung besteht für den Sonderprüfer nicht, da es sich bei diesem nicht zwingend um einen Wirtschaftsprüfer oder vereidigten Buchprüfer handeln muss (→ Rn. 6 ff.) und eine andere, allgemein zuständige Stelle für die Ausnahmeerteilung nicht existiert.

26 Über § 319 Abs. 3 S. 2 HGB kann auch eine Person von der Bestellung zum Sonderprüfer ausgeschlossen werden, wenn die Bestellungsverbote der § 319 Abs. 3 S. 1 Nr. 1–3 HGB bei **Ehegatten und Lebenspartner** vorliegen. Die Ehe bzw. die Lebenspartnerschaft muss zum Zeitpunkt der Bestellung und des zu prüfenden Vorgangs noch bestanden haben.[33] Eine Erweiterung auf Verwandte oder Verschwägerte ist nicht möglich,[34] allerdings kommt dann die Anwendung der Generalklausel des § 319 Abs. 2 HGB in Betracht. Trotz des bloßen Verweises auf die § 319 Abs. 3 S. 1 Nr. 1–3 HGB ist die Anwendung der Generalklausel nicht ausgeschlossen.[35]

27 **b) Bestellungsverbote nach § 319a HGB.** Für **kapitalmarktorientierte Kapitalgesellschaften** sieht § 319a HGB eine Verschärfung der Bestellungsverbote vor. Soweit die Tatbestandsvoraussetzungen von § 319a HGB vorliegen, wird die Befangenheit des Prüfers unwiderlegbar vermutet.[36]

---

[27] BGHZ 153, 32 (38) = NJW 2003, 970; vgl. auch Baumbach/Hopt/*Merkt* HGB § 319 Rn. 16; K. Schmidt/Lutter/*Spindler* Rn. 16.
[28] Zu den Einzelheiten vgl. ausf. Kölner Komm AktG/*Rieckers/Vetter* Rn. 82 ff.
[29] K. Schmidt/Lutter/*Spindler* Rn. 17.
[30] Kölner Komm AktG/*Rieckers/Vetter* Rn. 50; aA Bürgers/Körber/*Holzborn/Jänig* Rn. 12.
[31] Vgl. entsprechend Baumbach/Hopt/*Merkt* HGB § 319 Rn. 23.
[32] K. Schmidt/Lutter/*Spindler* Rn. 21; vgl. entsprechend auch für den Abschlussprüfer Baumbach/Hopt/*Merkt* § 319 Rn. 24.
[33] Vgl. Baumbach/Hopt/*Merkt* HGB § 319 Rn. 25; Kölner Komm AktG/*Rieckers/Vetter* Rn. 57.
[34] Vgl. entsprechend Baumbach/Hopt/*Merkt* HGB § 319 Rn. 25; anders aber BegrRegE BilRefG BR-Drs. 326/04, 85.
[35] Baumbach/Hopt/*Merkt* HGB § 319 Rn. 25.
[36] Kölner Komm AktG/*Rieckers/Vetter* Rn. 111.

Kapitalmarktorientiert ist eine Kapitalgesellschaft nach § 264d HGB dann, wenn sie einen organisierten Markt im Sinn des § 2 Abs. 11 WpHG durch von ihr ausgegebene Wertpapiere im Sinn des § 2 Abs. 1 S. 1 WpHG in Anspruch nimmt oder die Zulassung solcher Wertpapiere zum Handel an einem organisierten Markt beantragt hat. Die erhöhten Anforderungen an den Sonderprüfer bei kapitalmarktorientierten Gesellschaften begründen sich aus dem Umstand, dass es sich bei den von § 319a HGB erfassten Unternehmen um solche von öffentlichem Interesse handelt. Bei einem organisierten Markt im Sinne von § 2 Abs. 11 WpHG handelt es sich um den regulierten Markt (nicht aber den Freiverkehr).[37]

§ 319a Abs. 1 S. 1 Nr. 1 HGB modifiziert zunächst die Anforderungen aus § 319 Abs. 3 S. 1 Nr. 5 HGB (→ Rn. 25) dahingehend, dass bereits das Beziehen von **15 % der Gesamteinnahmen** von der Gesellschaft in den jeweils letzten fünf Jahren für ein Bestellungsverbot ausreicht. 28

Durch die fehlende Beschränkung der Sonderprüfereigenschaft auf bestimmte Berufsgruppen (→ Rn. 6 ff.) ist § 319a Abs. 1 S. 1 Nr. 2 HGB für die Sonderprüfung von großer Bedeutung, da danach auch diejenigen Personen von der Sonderprüfung ausgeschlossen werden, die bestimmte **Rechts- oder Steuerberaterleistungen** erbracht haben. Dabei muss es sich aber um solche Leistungen gehandelt haben, die über das bloße Aufzeigen von Gestaltungsalternativen hinausgehen und unmittelbare und nicht nur unwesentliche Auswirkungen auf die Darstellung der Vermögens-, Finanz- und Ertragslage der Gesellschaft hatten. Regelungshintergrund ist auch hier wieder eine Verhinderung der Selbstprüfung, so dass das Bestellungsverbot nur besteht, wenn die zum Sonderprüfer zu bestellende Person bei der Gesellschaft selbst gestaltend tätig war oder konkrete Vorschläge gemacht hat.[38] 29

Weiterhin darf die zum Sonderprüfer zu bestellende Person nach § 319a Abs. 1 S. 1 Nr. 3 HGB auch nicht an der **Entwicklung, Errichtung und Einführung von Rechnungslegungsinformationssystemen** mitgewirkt haben. Dies ist aber nur dann relevant, wenn diese Tätigkeiten in dem Geschäftsjahr vorgenommen wurden, in denen sich die zu prüfenden Vorgänge ereignet haben.[39] 30

Schließlich darf die zum Sonderprüfer zu bestellende Person nach § 319a Abs. 1 S. 1 Nr. 4 HGB nicht in sieben oder mehr Fällen für die Abschlussprüfung verantwortlich gewesen sein, soweit die letzte Beteiligung an der **Prüfung des Jahresabschlusses** zwei oder mehr Jahre zurückliegt. Für Wirtschaftsprüfungsgesellschaften findet diese Regelung nach § 319a Abs. 1 S. 4 HGB mit der Maßgabe Anwendung, dass für diese nur ein Bestellungsverbot besteht, soweit sie bei der Sonderprüfung einen Wirtschaftsprüfer beschäftigt, der als verantwortlicher Prüfungspartner nach § 319a Abs. 1 S. 1 Nr. 4 HGB nicht Abschlussprüfer sein darf. Verantwortlicher Prüfungspartner ist derjenige, der entweder den Bestätigungsvermerk unterzeichnet oder von der Gesellschaft als vorrangig verantwortlich benannt wurde (§ 319a Abs. 1 S. 5 HGB). 31

Aufgrund von § 319a Abs. 1 S. 2 HGB gelten die Ausschlussgründe nach § 319a Abs. 1 S. 1 Nr. 1–4 HGB auch bei **mittelbaren Verflechtungen** (§ 319 Abs. 3 S. 1 Nr. 3 letzter Teilsatz HGB, → Rn. 23) und **engen familiären Beziehungen** (§ 319 Abs. 3 S. 2 HGB, → Rn. 26). Schließlich ergibt sich ein Bestellungsverbot aus § 319a Abs. 1 S. 3 HGB auch dann, wenn der Sonderprüfer seinen Beruf gemeinsam mit einer Person ausübt, die die Ausschlussgründe der § 319a Abs. 1 S. 1 Nr. 1–3 HGB erfüllt. 32

c) **Bestellungsverbot nach § 319b HGB.** Schließlich sind nach § 319b HGB auch Personen von der Bestellung als Sonderprüfer ausgeschlossen, wenn ein **Mitglied ihres Netzwerks** einen Ausschlussgrund nach § 319 Abs. 2, 3 S. 1 Nr. 1, 2 oder Nr. 4, Abs. 3 S. 2 oder Abs. 4 HGB unterliegt. Der Sonderprüfer kann allerdings den Ausschlussgrund dadurch beseitigen, indem er organisatorisch sicherstellt, dass dieses Netzwerkmitglied keinen Einfluss auf die Sonderprüfung nehmen kann. Diese Möglichkeit besteht allerdings nach § 319b Abs. 1 S. 2 HGB nicht, soweit ein Netzwerkmitglied die Voraussetzungen von § 319 Abs. 3 S. 1 Nr. 3 oder § 319a Abs. 1 S. 1 Nr. 2 oder 3 HGB erfüllt. Ein Netzwerk liegt nach § 319b Abs. 1 S. 3 HGB vor, wenn Personen bei ihrer Berufsausübung zur Verfolgung gemeinsamer wirtschaftlicher Interessen für eine gewisse Dauer zusammenwirken. Wichtigstes Kriterium ist dabei die Dauerhaftigkeit des Zusammenwirkens, wodurch insbesondere die Durchführung von Gemeinschaftsprüfungen, die gemeinsame Erstellung von betriebswirtschaftlichen Gutachten oder gemeinsame Fortbildungsveranstaltungen ausgeschlossen sind.[40] Für ein Netzwerk ist es aber nicht ausreichend, in einem Berufsverband zusammengeschlossen zu sein, da diese Mitgliedschaften die Berufsausübung lediglich flankieren.[41] 33

---

[37] Vgl. Kölner Komm WpHG/*Baum* WpHG § 2 Rn. 227.
[38] Baumbach/Hopt/*Merkt* § 319a Rn. 3; *Kirschner,* Die Sonderprüfung der Geschäftsführung in der Praxis, 2007, 111.
[39] Ebenso für den Abschlussprüfer Baumbach/Hopt/*Merkt* § 319a Rn. 6; Kölner Komm AktG/*Rieckers/Vetter* Rn. 123.
[40] BegrRegE BilMoG BT-Drs. 16/10 067, 90; vgl. dazu auch Kölner Komm AktG/*Rieckers/Vetter* Rn. 136 ff.
[41] BegrRegE BilMoG BT-Drs. 16/10 067, 91.

34 **2. Ausschlussgründe für Prüfungsgesellschaften (Abs. 2 S. 2).** Für **Wirtschaftsprüfungsgesellschaft und Buchprüfungsgesellschaften** gelten die Bestellungsverbote von § 319 Abs. 2 und 3 HGB (→ Rn. 20 ff.), § 319a Abs. 1 HGB (→ Rn. 27 ff.) sowie von § 319b HGB (→ Rn. 33) entsprechend (Abs. 2 S. 2).

35 Darüber hinaus besteht für Wirtschaftsprüfungsgesellschaft und Buchprüfungsgesellschaften ein Bestellungsverbot, soweit ein Bestellungsverbot nach §§ 319 Abs. 2 und 3, 319a Abs. 1 HGB für einen ihrer gesetzlichen Vertreter, für einen Gesellschafter mit einem Anteilsbesitz von mehr als 20 % der Stimmrechte, für ein verbundenes Unternehmen oder für einen bei der Prüfung in verantwortlicher **Position mit einer entsprechenden Beeinflussungsmöglichkeit** handelnden Gesellschafter oder anderen Person gilt. Nach § 319 Abs. 4 S. 2 HGB gilt dies auch, wenn auch nur ein Aufsichtsratsmitglied nach § 319 Abs. 3 S. 1 Nr. 2 HGB ausgeschlossen ist. Ebenso reicht es aus, wenn mehrere Gesellschafter, die zusammen über mehr als 20 % der Stimmrechte verfügen, einem Bestellungsverbot nach §§ 319 Abs. 2 oder 3, 319a Abs. 1 HGB unterliegen.

36 Auch wenn Abs. 2 S. 2 unter anderem auf die § 319 Abs. 2 und 4 HGB, § 319a Abs. 1 HGB entsprechend verweist, bleibt es bei der Anwendung von § 319 Abs. 4 HGB auf Wirtschaftsprüfungsgesellschaft und Buchprüfungsgesellschaften. Eine entsprechende Anwendung auf **Gesellschaften anderer Berufsträger** ist nicht möglich. Allerdings verweist Abs. 2 S. 2 auch auf § 319 Abs. 2 HGB, so dass auf diese Gesellschaften die Generalklausel der Besorgnis der Befangenheit nach § 319 Abs. 2 HGB Anwendung findet. Zudem kann sich ein Bestellungsverbot aus einer Zugehörigkeit zu einem Netzwerk ergeben.

37 **3. Besorgnis der Befangenheit (§ 142 Abs. 4).** Nach § 142 Abs. 4 S. 1 kann eine gerichtliche Ersetzung des Sonderprüfers vorgenommen werden, wenn bei diesem die Besorgnis der Befangenheit besteht. Auch wenn daraus entsprechende Anforderungen an die zum Sonderprüfer zu bestellende Person abgeleitet werden können,[42] kommt dieser Vorschrift aufgrund des Verweises durch Abs. 2 auf § 319 Abs. 2 HGB **keine eigenständige Bedeutung** mehr zu. Beide Normen statuieren, dass eine Bestellung bei Bestehen der Besorgnis der Befangenheit ausgeschlossen ist.

38 Die Bestellung eines Sonderprüfers trotz Vorliegens eines Befangenheitsgrundes führt zur **Anfechtbarkeit des Beschlusses**.[43] Zudem können die Aktionäre das Ersetzungsverfahren nach § 142 Abs. 4 anstrengen (→ § 142 Rn. 205 ff.). Bei der gerichtlichen Bestellung eröffnet dies die Möglichkeit eines Rechtsmittels (→ § 142 Rn. 185).

39 **4. Verstoß gegen ein Bestellungsverbot. a) Bestellung durch die Hauptversammlung.** Die Verletzung des Bestellungsverbots nach Abs. 2 führt nur zur **Anfechtbarkeit** und nicht zur Nichtigkeit des Hauptversammlungsbeschlusses.[44] Der Sonderprüfung kommt zwar aufgrund ihrer Kontrollfunktion auch ein öffentliches Interesse zu, dieses kann aber nicht eine Nichtigkeit des Hauptversammlungsbeschlusses nach § 241 Nr. 3 begründen.[45] Die Sonderprüfung findet lediglich im Interesse der Aktionäre statt und dient insbesondere auch nicht dem Gläubigerschutz.[46] Insofern unterscheidet sich die Sonderprüfung deutlich von der Abschlussprüfung, da diese aufgrund der Verknüpfung mit den Unternehmensabschlüssen und deren jährliche Pflichtpublizität weitaus umfangreicher im öffentlichen Interesse durchgeführt wird. Ebenso wenig kann die Nichtigkeit aus dem zwingenden Charakter der Bestellungsverbote abgeleitet werden, da nicht jeder Verstoß gegen zwingendes Aktienrecht zugleich zu einer Nichtigkeit führen kann.[47] Schließlich kann die Nichtigkeit des Hauptversammlungsbeschlusses auch nicht mit der bei Vorliegen eines Bestellungsverbots gegebenen **Nichtigkeit des Prüfungsvertrags nach § 134 BGB** (→ Rn. 45 f.) begründet werden,

---

[42] NK-AktR/*Wilsing/von der Linden* Rn. 3; ebenso allerdings noch zur Rechtslage vor dem Bilanzrechtsreformgesetz Großkomm AktG/*Bezzenberger* Rn. 11; *Fleischer* in Küting/Weber Rechnungslegung-HdB Rn. 21 ff.

[43] Bürgers/Körber/*Holzborn/Jänig* Rn. 11.

[44] ADS §§ 142–146 Rn. 29; *Kirschner*, Die Sonderprüfung der Geschäftsführung in der Praxis, 2007, 187; MHdB GesR VII/*Lieder* § 26 Rn. 111; aA aber Großkomm AktG/*Bezzenberger* Rn. 26 (unter Bezugnahme auf § 134 BGB hinsichtlich des Prüfungsvertrags); *Bork* in Hommelhoff/Hopt/v. Werder Corporate Governance-HdB S. 743 (751); *Butzke* Die Hauptversammlung der AG Rn. M 25; *Fleischer* in Küting/Weber Rechnungslegung-HdB Rn. 17 (unter Bezugnahme auf § 134 BGB hinsichtlich des Prüfungsvertrags); Grigoleit/*Herrler* Rn. 8; Bürgers/Körber/*Holzborn/Jänig* Rn. 4; *Jänig*, Die aktienrechtliche Sonderprüfung, 2005, 351 f. (wohl auch auf den Zusammenhang mit § 134 BGB hinsichtlich des Prüfungsvertrags abstellend); Kölner Komm AktG/*Rieckers/Vetter* Rn. 152; K. Schmidt/Lutter/*Spindler* Rn. 32 NK-AktR/*Wilsing/von der Linden* Rn. 6 (ohne nähere Begründung), die jeweils von einer Nichtigkeit ausgehen.

[45] So aber Kölner Komm AktG/*Rieckers/Vetter* Rn. 152.

[46] Ebenso Großkomm AktG/*Bezzenberger* Rn. 26; auch *Fleischer* in Küting/Weber Rechnungslegung-HdB Rn. 17.

[47] So aber vor allem *Baumbach/Hueck* Rn. 3.

da der nichtige Vertrag nicht ohne Weiteres zur Nichtigkeit des Hauptversammlungsbeschlusses führen kann.

Aufgrund der **notwendigen Verbindung der Beschlussgegenstände** der Anordnung der Sonderprüfung und der Bestellung des Sonderprüfers (→ § 142 Rn. 97) führt die erfolgreiche Anfechtung des Hauptversammlungsbeschlusses wegen eines Verstoßes gegen § 143 zur Nichtigkeit des gesamten Beschlusses.[48] 40

Die Anfechtbarkeit des Hauptversammlungsbeschlusses stellt einen **ablehnenden Hauptversammlungsbeschluss im Sinne von § 142 Abs. 2 S. 1** dar, so dass eine qualifizierte Aktionärsminderheit auch eine gerichtliche Anordnung der Sonderprüfung und Bestellung eines Sonderprüfers beantragen kann (→ § 142 Rn. 125 ff.). 41

Grundsätzlich kann eine qualifizierte Aktionärsminderheit neben der Beantragung einer gerichtlichen Anordnung der Sonderprüfung und Bestellung eines Sonderprüfers auch lediglich ein **gerichtliches Ersetzungsverfahren nach § 142 Abs. 4** beantragen (→ § 142 Rn. 205 ff.). Dabei besteht aber die Gefahr, dass ein anderer Beteiligter eine Anfechtungsklage gegen den Hauptversammlungsbeschluss erhebt, die im Falle des Erfolgs die durch die Hauptversammlung beschlossene Anordnung der Sonderprüfung aufheben und somit auch dem gerichtlichen Ersetzungsverfahren nach § 142 Abs. 4 die Grundlage entziehen würde. 42

b) Gerichtliche Bestellung. Die gerichtliche Bestellung des Sonderprüfers unter Verstoß gegen das Bestellungsverbot nach Abs. 2 berührt die Wirksamkeit der Bestellung nicht.[49] Allerdings können die Beteiligten die Bestellung durch eine **Beschwerde** angreifen (→ § 142 Rn. 185), die nur innerhalb von einem Monat eingelegt werden kann (§ 63 Abs. 1 FamFG). Für das zwischen dem Sonderprüfer und der Gesellschaft bestehende vertragsähnliche Verhältnis (→ § 142 Rn. 182) gelten die in → Rn. 45 f. genannten Grundsätze.[50] 43

Nach **Rechtskraft des Anordnungs- und Bestellungsbeschlusses** kann das Bestehen eines Bestellungsverbots nicht mehr geltend gemacht werden.[51] Insbesondere scheidet ein gerichtliches Ersetzungsverfahren in entsprechender Anwendung von § 142 Abs. 4 aus (→ § 142 Rn. 205 ff.). 44

c) Prüfungsvertrag. Bei den Bestellungsverboten handelt es sich um **gesetzliche Verbote im Sinne von § 134 BGB**. Daher ist der Prüfungsvertrag nichtig, wenn die Gesellschaft diesen mit einem Sonderprüfer abschließt, der einem Bestellungsverbot unterliegt.[52] Die unter Verstoß gegen ein Bestellungsverbot bestellte Person hat auch keinen Vergütungsanspruch und auch keinen Anspruch aus Geschäftsführung ohne Auftrag oder ungerechtfertigter Bereicherung.[53] Zudem kann sich die zum Sonderprüfer bestellte Person schadenersatzpflichtig machen (→ Rn. 46). 45

Die zum Sonderprüfer zu bestellende Person ist verpflichtet, vor der Annahme der Bestellung und des Abschlusses des Prüfungsvertrags das Vorliegen von Bestellungsverboten zu überprüfen. Eine Verletzung dieser Pflicht kann eine **Schadenersatzpflicht** gegenüber der Gesellschaft aus culpa in contrahendo (§ 280 Abs. 1 BGB, § 311 Abs. 2 Nr. 2 BGB) auslösen.[54] 46

d) Nachträgliches Entstehen von Bestellungsverboten. Das nachträgliche Entstehen von Bestellungsverboten begründet für den Sonderprüfer die **Pflicht zur sofortigen Amtsniederlegung**, derer Unterlassen eine Schadenersatzpflicht begründen kann. Zudem kommt eine **gerichtliche Ersatzbestellung** eines Sonderprüfers in analoger Anwendung von § 318 Abs. 4 S. 2 HGB in Betracht (→ § 142 Rn. 220 ff.). Der Prüfungsvertrag wird allerdings durch das nachträgliche Entstehen des Bestellungsverbots in seiner Wirksamkeit nicht berührt, da es für § 134 BGB erforderlich ist, dass der die Nichtigkeit auslösende Verbotstatbestand schon zum Zeitpunkt der Vornahme des 47

---

[48] Großkomm AktG/*Bezzenberger* Rn. 26; NK-AktR/*Wilsing/von der Linden* Rn. 6.
[49] Großkomm AktG/*Bezzenberger* Rn. 14; Grigoleit/*Herrler* Rn. 9; *Jänig*, Die aktienrechtliche Sonderprüfung, 2005, 352; NK-AktR/*Wilsing/von der Linden* Rn. 8; aA aber *Fleischer* in Küting/Weber Rechnungslegung-HdB Rn. 18, der aufgrund der übergeordneten Bedeutung der Sonderprüfung in diesen Fällen eine Unwirksamkeit des gerichtlichen Bestellungsbeschlusses annimmt. Dem folgend Kölner Komm AktG/*Rieckers/Vetter* Rn. 168.
[50] Kölner Komm AktG/*Rieckers/Vetter* Rn. 171.
[51] AA Bürgers/Körber/*Holzborn/Jänig* Rn. 9; K. Schmidt/Lutter/*Spindler* Rn. 29.
[52] Großkomm AktG/*Bezzenberger* Rn. 24; *Fleischer* in Küting/Weber Rechnungslegung-HdB Rn. 19; Grigoleit/*Herrler* Rn. 8; Bürgers/Körber/*Holzborn/Jänig* Rn. 8; Kölner Komm AktG/*Rieckers/Vetter* Rn. 163; K. Schmidt/Lutter/*Spindler* Rn. 31; NK-AktR/*Wilsing/von der Linden* Rn. 6; ebenso für den Abschlussprüfer BGHZ 118, 142 (144 f.) = NJW 1992, 2021; vgl. dazu Baumbach/Hopt/*Merkt* HGB § 319 Rn. 31.
[53] Großkomm AktG/*Bezzenberger* Rn. 27; Grigoleit/*Herrler* Rn. 8; Kölner Komm AktG/*Rieckers/Vetter* Rn. 164; K. Schmidt/Lutter/*Spindler* Rn. 31; NK-AktR/*Wilsing/von der Linden* Rn. 6; ebenso für den Abschlussprüfer OLG Köln OLGR 1992, 298 = BB 1992, 2108; vgl. auch Baumbach/Hopt/*Merkt* HGB § 319 Rn. 31.
[54] Im Erg. ebenso Großkomm AktG/*Bezzenberger* Rn. 25; Kölner Komm AktG/*Rieckers/Vetter* Rn. 165; K. Schmidt/Lutter/*Spindler* Rn. 31.

Rechtsgeschäfts in Form des Vertragsschlusses vorgelegen hat.[55] Allerdings kann die Gesellschaft den Vertrag dann kündigen. Der Sonderprüfer hat Anspruch auf die bereits erbrachten Teilleistungen. Dies gilt auch für die Leistungen, die noch nach Eintritt des Bestellungsverbots erbracht wurden, da auch der inhabile Sonderprüfer seine geschuldete Leistung noch erbringen und diese für die Gesellschaft verwertbar sein kann.[56]

IV. Freiwillige oder informelle Sonderprüfungen

48 Bei der Auswahl der Prüfer für eine freiwillige oder informelle Sonderprüfung (→ § 142 Rn. 244 ff.) gelten die Bestellungsverbote des § 143 nicht, auch wenn deren Beachtung in der Regel zweckmäßig ist.[57] Vielmehr besteht für die Verwaltungsmitglieder dahingehen ein **Ermessen**. Darüber hinaus ist es zulässig, dass sich die Verwaltungsmitglieder mit einzelnen Aktionären über die Anforderungen an die Prüfer vertraglich (→ § 142 Rn. 248 ff.) einigen.

§ 144 Verantwortlichkeit der Sonderprüfer

§ 323 des Handelsgesetzbuchs über die Verantwortlichkeit des Abschlußprüfers gilt sinngemäß.

§ 323 HGB – Verantwortlichkeit des Abschlußprüfers

(1) ¹Der Abschlußprüfer, seine Gehilfen und die bei der Prüfung mitwirkenden gesetzlichen Vertreter einer Prüfungsgesellschaft sind zur gewissenhaften und unparteiischen Prüfung und zur Verschwiegenheit verpflichtet; § 57b der Wirtschaftsprüferordnung bleibt unberührt. ²Sie dürfen nicht unbefugt Geschäfts- und Betriebsgeheimnisse verwerten, die sie bei ihrer Tätigkeit erfahren haben. ³Wer vorsätzlich oder fahrlässig seine Pflichten verletzt, ist der Kapitalgesellschaft und, wenn ein verbundenes Unternehmen geschädigt worden ist, auch diesem zum Ersatz des daraus entstehenden Schadens verpflichtet. ⁴Mehrere Personen haften als Gesamtschuldner.

(2) ¹Die Ersatzpflicht von Personen, die fahrlässig gehandelt haben, beschränkt sich auf eine Million Euro für eine Prüfung. ²Bei Prüfung einer Aktiengesellschaft, deren Aktien zum Handel im regulierten Markt zugelassen sind, beschränkt sich die Ersatzpflicht von Personen, die fahrlässig gehandelt haben, abweichend von Satz 1 auf vier Millionen Euro für eine Prüfung. ³Dies gilt auch, wenn an der Prüfung mehrere Personen beteiligt gewesen oder mehrere zum Ersatz verpflichtende Handlungen begangen worden sind, und ohne Rücksicht darauf, ob andere Beteiligte vorsätzlich gehandelt haben.

(3) Die Verpflichtung zur Verschwiegenheit besteht, wenn eine Prüfungsgesellschaft Abschlußprüfer ist, auch gegenüber dem Aufsichtsrat und den Mitgliedern des Aufsichtsrats der Prüfungsgesellschaft.

(4) Die Ersatzpflicht nach diesen Vorschriften kann durch Vertrag weder ausgeschlossen noch beschränkt werden.

Schrifttum: → allgemeinen Hinweise bei § 142.

Übersicht

	Rn.
I. Grundlagen	1–3
1. Zweck der Regelung	1
2. Entstehungsgeschichte	2
3. Rechtspolitische Würdigung	3
II. Entsprechende Anwendung von § 323 HGB	4–37
1. Pflichtenumfang (§ 323 Abs. 1 S. 1 und 2, Abs. 3 HGB)	5–21
a) Grundsatz der gewissenhaften Prüfung	6–9
b) Pflicht zur Unparteilichkeit	10
c) Verschwiegenheitspflicht	11–15
d) Verwertungsverbot	16, 17
e) Eigenverantwortlichkeit	18, 19
f) Persönliche Durchführung der Prüfung	20
g) Kapitalmarktrechtliche Pflichten	21
2. Haftung gegenüber der Gesellschaft	22–32
a) Entsprechende Anwendung der Abschlussprüferhaftung (§ 323 Abs. 1 S. 3, Abs. 2 HGB)	22–30
b) Weitere Haftungstatbestände	31
c) Geltendmachung der Haftung	32
3. Haftung gegenüber Dritten	33–36
4. Durchsetzungsmechanismen	37
III. Strafrechtliche Verantwortlichkeit	38
IV. Freiwillige oder informelle Sonderprüfungen	39

---

[55] Kölner Komm AktG/*Rieckers/Vetter* Rn. 166; vgl. auch BGH DStR 2010, 765 (767) (für den Abschlussprüfer); dazu ausf. *Bormann* DStR 2010, 1430 (1432).
[56] Ebenso (für den Abschlussprüfer) *Bormann* DStR 2010, 1430 (1432).
[57] *Marsch-Barner* FS Baums, 2017, 775 (781 f.); *Wilsing/von der Linden* AG 2017, 568 (571).

I. Grundlagen

1. Zweck der Regelung. Durch die Verweisung auf § 323 HGB gelten für den Sonderprüfer 1 die gleichen Verhaltenspflichten und Haftungsmaßstäbe wie für den Abschlussprüfer. Zudem wird die Verantwortlichkeit des Sonderprüfers auf die eines Abschlussprüfers beschränkt. Damit trägt das Gesetz dem Umstand Rechnung, dass bei Anwendung der allgemeinen zivilrechtlichen Haftungsgrundsätze eine Bestellung einer Person zum Sonderprüfer mit einem **unkalkulierbaren Haftungsrisiko** verbunden wäre.[1] Dies würde sich auch auf die Vergütung des Sonderprüfers auswirken und damit die Kosten der Sonderprüfung außer Verhältnis setzen.

2. Entstehungsgeschichte. Die zivilrechtliche Haftung des Sonderprüfers wurde erstmals mit 2 der NotVO 1931 durch einen Verweis auf die beschränkte Verantwortlichkeit des Abschlussprüfers geregelt.[2] Diese Regelungstechnik wurde auch in den folgenden Reformen beibehalten. Allerdings wurde die Haftungshöchstgrenze von ursprünglich 100 000 Reichsmark auf nunmehr eine Million Euro bzw. vier Millionen Euro bei börsennotierten Aktiengesellschaften schrittweise erhöht.[3]

3. Rechtspolitische Würdigung. Der Verweis des § 144 auf § 323 HGB berücksichtigt ebenso 3 wie § 143 (→ § 143 Rn. 4) nicht in vollem Umfang die **Besonderheiten der Sonderprüfung** gegenüber der Abschlussprüfung. Insbesondere der Umfang der Haftung gegenüber den Aktionären der Gesellschaft sollte einer ausdrücklichen gesetzlichen Regelung zugeführt werden, zumal die Beschränkung der Dritthaftung auch bei der Abschlussprüfung äußerst zweifelhaft ist.[4]

II. Entsprechende Anwendung von § 323 HGB

Bei der Verweisung auf § 323 HGB handelt es sich um eine **vollumfängliche Verweisung**. 4 Daher sind auf den Sonderprüfer nicht nur die Haftungsnormen, sondern auch die Regelungen über den Pflichtenumfang anwendbar. Die Verweisung gilt dabei sowohl für den durch die Hauptversammlung nach § 142 Abs. 1 als auch für den gerichtlich bestellten Sonderprüfer nach § 142 Abs. 2.

1. Pflichtenumfang (§ 323 Abs. 1 S. 1 und 2, Abs. 3 HGB). Der Sonderprüfer ist nach § 323 5 Abs. 1 S. 1 und 2 HGB zur gewissenhaften und unparteiischen Prüfung sowie zur Verschwiegenheit verpflichtet. Diese Pflichten beziehen sich nicht nur auf die eigentlichen Prüfungshandlungen, sondern auf das gesamte Verhalten, das in einem Zusammenhang mit der Sonderprüfung steht, so dass auch die Erstellung des Prüfungsberichts erfasst ist.[5] Im Rahmen der **Prüfung der Mandatsübernahme** unterliegt der Sonderprüfer allerdings (noch) nicht diesen Pflichten. Hier gelten vielmehr die allgemeinen Pflichten im Rahmen einer Vertragsanbahnung, so dass der Sonderprüfer für deren Verletzung auch nur nach den § 311 Abs. 2 BGB, § 280 BGB haftet.[6] Neben den Pflichten aus § 323 Abs. 1 HGB unterliegt der Sonderprüfer auch den für ihn jeweils anwendbaren berufsrechtlichen Vorschriften.

a) Grundsatz der gewissenhaften Prüfung. Der Grundsatz der gewissenhaften Prüfung verpflichtet 6 die Sonderprüfer, die gesetzlichen und fachlichen Regelungen zu beachten und sich vom Grundsatz einer getreuen und sorgfältigen Rechenschaftslegung leiten zu lassen. Aufgrund der möglichen Vielseitigkeit der Sonderprüfung können dabei kaum generelle Anforderungen an den Sonderprüfer formuliert werden. Eine gewissenhafte Prüfung muss sich aber an den **Grundsätzen der Zielerreichung und der Objektbezogenheit** ausrichten.[7] Der Sonderprüfer muss daher alle für die vollständige Aufklärung der Unregelmäßigkeiten notwendigen Prüfungshandlungen vornehmen. Dabei ist der Sonderprüfer auf die Vorgänge begrenzt, auf die sich sein Prüfungsauftrag bezieht.

Weiterhin muss der Sonderprüfer die **allgemeinen Anforderungen** beachten, die bei der Durch- 7 führung einer jeden Prüfung gelten.[8] Der Sonderprüfer muss sich daher sorgfältig auf die Prüfung

---

[1] BegrRegE KonTraG BT-Drs. 13/9712, 29; vgl. dazu auch Großkomm HGB/*Habersack/Schürnbrand* HGB § 323 Rn. 2.
[2] Vgl. zum Ganzen Großkomm AktG/*Bezzenberger* Rn. 1; Kölner Komm AktG/*Rieckers/Vetter* Rn. 4 ff.
[3] Für einen Überblick vgl. K. Schmidt/Lutter/*Spindler* Rn. 3.
[4] Vgl. dazu ausf. *Doralt* ZGR 2015, 266 ff.
[5] K. Schmidt/Lutter/*Spindler* Rn. 6.
[6] Großkomm AktG/*Bezzenberger* § 143 Rn. 13; Kölner Komm AktG/*Rieckers/Vetter* Rn. 22; K. Schmidt/Lutter/*Spindler* Rn. 6; zur Haftung bei einer Annahme der Bestellung trotz Fehlens einer entsprechenden Eignung oder des Bestehens von Bestellungsverboten → § 143 Rn. 10.
[7] Grundlegend dazu *König*, Der Umfang der Berichterstattung über die aktienrechtliche Sonderprüfung, 1970 S. 43 ff.; vgl. auch *Fleischer* in Küting/Weber Rechnungslegung-HdB Rn. 5.
[8] Großkomm AktG/*Bezzenberger* Rn. 11; *Fleischer* in Küting/Weber Rechnungslegung-HdB Rn. 5; *Schedlbauer*, Sonderprüfungen, 1984, 150.

vorbereiten und die gegebenenfalls geltenden speziellen fachlichen Richtlinien und Grundsätze einhalten.

8 Dem Grundsatz einer gewissenhaften Prüfung entspricht es nicht, wenn sich der Sonderprüfer bei der **Prüfung auf die Auskünfte Dritter ohne Nachprüfung** verlässt.[9] Hiervon ist im Grundsatz lediglich bei Auskünften von Verwaltungsmitgliedern von Konzernunternehmen bzw. abhängigen oder herrschenden Unternehmen sowie bei ausländischen Beteiligungsgesellschaften eine Ausnahme zu machen, da der Sonderprüfer bei diesen nach § 145 Abs. 3 auf ein Auskunftsrecht beschränkt ist (→ § 145 Rn. 24 ff.).

9 Die Pflicht zur Gewissenhaftigkeit wird schließlich durch die **Rücksichtnahmepflicht** gegenüber der Gesellschaft begrenzt. Auch wenn der Sonderprüfer zur Vornahme aller für die Aufdeckung der Unregelmäßigkeiten notwendigen Prüfungshandlungen verpflichtet ist, muss er die Sonderprüfung zügig und in einem überschaubaren zeitlichen Rahmen beenden, um so eine übermäßige Störung des Geschäftsbetriebs zu verhindern.[10]

10 **b) Pflicht zur Unparteilichkeit.** Weiterhin muss die Prüfung unparteiisch durchgeführt werden. Diese Vorgaben werden hinsichtlich der eigenen Interessen des Sonderprüfers bereits durch die umfangreichen Bestellungsverbote der § 319 Abs. 2 und 3 HGB, § 319a Abs. 1 HGB über § 143 Abs. 2 weitgehend sichergestellt. Darüber hinaus darf der Sonderprüfer aber keine Interessen von Dritten, sondern nur die Interessen der Gesellschaft berücksichtigen. Durch die **Pflicht zur Unparteilichkeit** ist es dem Sonderprüfer aber nicht untersagt, den verschiedenen Organen der Gesellschaft über die Prüfung zu berichten.[11]

11 **c) Verschwiegenheitspflicht.** Der Sonderprüfer ist auch zur Verschwiegenheit verpflichtet. Die Verschwiegenheitspflicht umfasst alle **Tatsachen, die der Sonderprüfer im Rahmen der Sonderprüfung erlangt hat.**[12] Davon sind allerdings die Tatsachen ausgenommen, die bereits bekannt oder jedermann ohne weiteres zugänglich sind. Keine Anwendung findet die Verschwiegenheitspflicht gegenüber den **Verwaltungsmitgliedern der zu prüfenden Gesellschaft,** da durch die Verschwiegenheitspflicht des § 323 HGB nur eine Weitergabe an Dritte verhindert werden soll.[13]

12 Bei dem **Abschlussprüfer** handelt es sich um einen Dritten, so dass der Sonderprüfer vor einer Auskunftserteilung gegenüber dem Abschlussprüfer einer Entbindung von seiner Verschwiegenheitspflicht durch die Gesellschaft bedarf.[14] Konsequenterweise wird man auch einen bereits oder später bestellten **besonderen Vertreter** nach § 147 Abs. 2 (→ § 147 Rn. 64 ff.) als einen Dritten betrachten müssen, so dass der Sonderprüfer an diesen keine Informationen weitergeben darf. Dies gilt auch dann, wenn sich der Prüfungsauftrag des Sonderprüfers und der Auftrag des besonderen Vertreters decken.

13 Durch § 323 Abs. 3 HGB besteht die Verschwiegenheitspflicht auch gegenüber dem Aufsichtsrat der Prüfungsgesellschaft, für die der Sonderprüfer tätig ist. Aufgrund der Verweisung des § 144 gilt dies auch für andere Zusammenschlüsse. Auch nach **Beendigung der Sonderprüfung** besteht diese Verpflichtung fort. Dann kann sich die Verschwiegenheitspflicht aber nur noch auf die Tatsachen beziehen, die nicht im Sonderprüfungsbericht enthalten sind, da diese aufgrund der Registerpublizität nach § 145 Abs. 6 S. 3 jedermann ohne weiteres zugänglich sind. Insofern kann der Sonderprüfer auch in auf der Sonderprüfung aufbauenden Folgeprozessen als Zeuge vernommen werden, ohne dass sich dieser in Bezug auf die im Sonderprüfungsbericht enthaltenen Tatsachen auf ein Zeugnisverweigerungsrecht berufen könnte (§ 383 Abs. 1 Nr. 6 ZPO, § 385 Abs. 2 ZPO).

14 Die Verschwiegenheitspflicht wird durch die umfassende **Berichtspflicht des Sonderprüfers nach § 145 Abs. 6** durchbrochen (→ Rn. 42 ff.). Der Sonderprüfer muss alle im Zusammenhang mit dem Prüfungsauftrag gewonnenen Erkenntnisse in den Sonderprüfungsbericht einfließen lassen. Den möglichen Geheimhaltungsinteressen der Gesellschaft wird durch die Möglichkeit der gerichtlichen Anordnung der Nichtaufnahme in den Sonderprüfungsbericht nach § 145 Abs. 4, 5 entsprochen (→ § 145 Rn. 30 ff.). In dem Verfahren nach § 145 Abs. 4, 5 kann der Sonderprüfer ohne vorherige Entbindung von der Verschwiegenheitspflicht keine Angaben machen (§ 383 Abs. 1 Nr. 6 ZPO). Zudem ist der Son-

---

[9] Großkomm AktG/*Bezzenberger* § 145 Rn. 14; Kölner Komm AktG/*Rieckers/Vetter* Rn. 32.
[10] *Fleischer* in Küting/Weber Rechnungslegung-HdB Rn. 7; *Kirschner*, Die Sonderprüfung der Geschäftsführung in der Praxis, 2007, 124 ff.; Kölner Komm AktG/*Rieckers/Vetter* Rn. 34; K. Schmidt/Lutter/*Spindler* Rn. 7.
[11] Großkomm AktG/*Bezzenberger* § 145 Rn. 14; *Fleischer* in Küting/Weber Rechnungslegung-HdB Rn. 8; *Kirschner*, Die Sonderprüfung der Geschäftsführung in der Praxis, 2007, 127 f.
[12] BeBiKo/*Schmidt/Feldmüller* HGB § 323 Rn. 31; *Fleischer* in Küting/Weber Rechnungslegung-HdB Rn. 9.
[13] Großkomm AktG/*Bezzenberger* Rn. 14; *Fleischer* in Küting/Weber Rechnungslegung-HdB Rn. 10; Kölner Komm AktG/*Rieckers/Vetter* Rn. 43; vgl. ebenso für die Abschlussprüfung BeBiKo/*Schmidt/Feldmüller* HGB § 323 Rn. 35.
[14] Zust. Kölner Komm AktG/*Rieckers/Vetter* Rn. 45; dazu ausf. *Kirschner*, Die Sonderprüfung der Geschäftsführung in der Praxis, 2007, 131.

derprüfer der *Prüfstelle für Rechnungslegung e. V.* und der Bundesanstalt im Rahmen des Enforcement-Verfahrens zur Auskunft verpflichtet (§ 342b Abs. 4 HGB, § 107 Abs. 5 WpHG).

Die Verletzung der Verschwiegenheitspflicht kann zu einer **Strafbarkeit nach § 404 Abs. 1 Nr. 2** führen. Der Sonderprüfer hat zudem ein Zeugnisverweigerungsrecht nach § 383 Abs. 1 Nr. 6 ZPO, § 53 Abs. 1 Nr. 3 StPO, § 102 Abs. 1 Nr. 3b AO.

d) Verwertungsverbot. Für den Sonderprüfer besteht auch ein **Verwertungsverbot hinsichtlich der Geschäfts- und Betriebsgeheimnisse** der geprüften Gesellschaft. Der Begriff der Geschäfts- und Betriebsgeheimnisse ist auch hier weit auszulegen und umfasst alle Tatsachen, die der Sonderprüfer im Rahmen seiner Prüfung bei der Gesellschaft erlangt hat.[15] Das Verwertungsverbot besteht auch noch nach Beendigung der Sonderprüfung. Bei börsennotierten Gesellschaften unterliegt der Sonderprüfer zudem dem Insiderhandelsverbot (Art. 14 MAR), soweit es sich bei den Geschäfts- und Betriebsgeheimnissen um Insiderinformationen (Art. 7 MAR) handelt.[16]

Nach § 323 Abs. 1 S. 1 HGB sind neben dem Sonderprüfer auch dessen **Gehilfen und die Vertreter der jeweiligen Prüfungsgesellschaft** den allgemeinen Pflichten von § 323 Abs. 1 S. 1 und 2 HGB unterworfen. Die Gehilfen haften daher selbst unmittelbar. Bei den Gehilfen handelt es sich um Personen, die bei der Prüfung mitwirken und nicht selbst Sonderprüfer sind. Dabei ist unbeachtlich, ob diese auch prüfungsspezifische Tätigkeiten ausüben.[17] Durch die eigene Haftung der Gehilfen werden aber die Zurechnungsnormen der §§ 31, 278 BGB nicht ausgeschlossen.

e) Eigenverantwortlichkeit. Schließlich muss der Sonderprüfer die Sonderprüfung eigenverantwortlich durchführen und darf sich nicht von der antragstellenden Aktionärsminderheit, dem Gericht oder Vertretern der Gesellschaft **Weisungen** erteilen lassen oder diese befolgen.[18] Für die antragstellende Aktionärsminderheit und das Gericht scheidet ein Weisungsrecht aufgrund der fehlenden vertraglichen Beziehung zu dem Sonderprüfer aus. Die zwingende Eigenständigkeit gegenüber der Gesellschaft begründet sich aus der Funktion der Sonderprüfung als Instrument des Minderheitenschutzes.

Trotz der Pflicht zur eigenständigen Prüfung kann der Sonderprüfer auch auf Ergebnisse oder **Unterlagen von Dritten** zurückgreifen. Dabei muss er allerdings deren Aussagegehalt kritisch hinterfragen.[19]

f) Persönliche Durchführung der Prüfung. Durch die Bestellung zum Sonderprüfer und den Abschluss des Sonderprüfungsvertrags entsteht zwischen dem Sonderprüfer und der zu prüfenden Gesellschaft ein **persönliches Vertrauensverhältnis**, so dass der Sonderprüfer die Durchführung der Prüfung nicht auf andere Personen übertragen kann.[20] Dem Sonderprüfer ist es aber unbenommen, im Umkehrschluss aus § 323 HGB für die Prüfung auch Hilfspersonen einzusetzen, die allerdings auch einer eigenen Verantwortlichkeit nach § 323 Abs. 3 HGB unterliegen können.

g) Kapitalmarktrechtliche Pflichten. Schließlich unterliegt der Sonderprüfer bei einer börsennotierten Aktiengesellschaft den allgemeinen kapitalmarktrechtlichen Pflichten. Dies gilt vor allem für das **Insiderhandelsverbot** (Art. 14 MAR). Der Sonderprüfer ist insbesondere auf die Insiderliste nach Art. 18 MAR aufzunehmen.

2. Haftung gegenüber der Gesellschaft. a) Entsprechende Anwendung der Abschlussprüferhaftung (§ 323 Abs. 1 S. 3, Abs. 2 HGB). Der Sonderprüfer und seine Gehilfen haften bei jeder vorsätzlichen oder fahrlässigen Pflichtverletzung der zu prüfenden Gesellschaft auf Schadenersatz. Die Pflichtverletzung muss dabei aber in einem **Zusammenhang mit der Sonderprüfung** stehen, wobei durch die Pflicht zur gewissenhaften und parteiischen Prüfung auch andere Berufspflichten der jeweils zum Sonderprüfer bestellten Person erfasst werden.[21] Mehrere Sonderprüfer haften nach § 323 Abs. 1 S. 4 HGB als Gesamtschuldner.

---

[15] *Fleischer* in Küting/Weber Rechnungslegung-HdB Rn. 12; Kölner Komm AktG/*Rieckers/Vetter* Rn. 51 f.; K. Schmidt/Lutter/*Spindler* Rn. 13.

[16] Vgl. dazu Baumbach/Hopt/*Merkt* HGB § 323 Rn. 5 für den Abschlussprüfer.

[17] Großkomm HGB/*Habersack/Schürnbrand* § 323 Rn. 10; enger ADS § 323 HGB Rn. 16, die etwa Sekretärinnen und technische Mitarbeiter ausnehmen wollen.

[18] Großkomm AktG/*Bezzenberger* Rn. 13; *Fleischer* in Küting/Weber Rechnungslegung-HdB Rn. 13; *Jänig*, Die aktienrechtliche Sonderprüfung, 2005, 378 ff.; *Kirschner*, Die Sonderprüfung der Geschäftsführung in der Praxis, 2007, E III. 1; Kölner Komm AktG/*Rieckers/Vetter* Rn. 56; K. Schmidt/Lutter/*Spindler* Rn. 14 f.

[19] *Fleischer* in Küting/Weber Rechnungslegung-HdB Rn. 14.

[20] *Kirschner*, Die Sonderprüfung der Geschäftsführung in der Praxis, 2007, E III. 1; Kölner Komm AktG/*Rieckers/Vetter* Rn. 59; im Erg. ebenso K. Schmidt/Lutter/*Spindler* Rn. 16.

[21] Ebenso *Fleischer* in Küting/Weber Rechnungslegung-HdB Rn. 18; Großkomm HGB/*Habersack/Schürnbrand* HGB § 323 Rn. 30 f.; im Erg. ebenso Baumbach/Hopt/*Merkt* HGB § 323 Rn. 7.

23 Die Schadenersatzpflicht besteht schon bei leichter Fahrlässigkeit. Dabei ist ein **objektiver und bereichsspezifischer Sorgfaltsmaßstab** anzuwenden, so dass individuelle Fähigkeiten des Sonderprüfers außer Betracht bleiben müssen.[22] Die Beweislast für das Fehlen eines Verschuldens trägt der Sonderprüfer (§ 280 Abs. 1 S. 2 BGB).

24 Ein **Mitverschulden** (§ 254 BGB analog) kann sich nur dann ergeben, wenn die Mitarbeiter des Unternehmens den Sonderprüfer vorsätzlich geschädigt haben.[23] Gegenstand der Sonderprüfung ist gerade die Aufdeckung von Unregelmäßigkeiten bei der Gründung, der Geschäftsführung oder bei Kapitalmaßnahmen der Gesellschaft, so dass ein Verschulden von Vertretern des Unternehmens grundsätzlich nicht als Mitverschulden im Sinne von § 254 BGB in Betracht kommt.[24] Allerdings kann dies aufgrund der gegenüber Aufsichtsratsmitgliedern und Konzernunternehmen sowie gegenüber abhängigen oder herrschenden Unternehmen beschränkten Auskunftsrechte bzw. Durchsetzungsmöglichkeiten des Sonderprüfers (→ § 145 Rn. 24 ff.) nicht gelten. Dies gilt ebenso für die Prüfung in Bezug auf ausländische Beteiligungsunternehmen (→ § 145 Rn. 22).

25 Der Gesellschaft oder dem verbundenen Unternehmen muss durch die Pflichtverletzung zudem ein **konkreter Schaden** entstanden sein. Eine bloße Vermögensgefährdung reicht dafür noch nicht aus.[25] Der Schaden wird bei einer pflichtwidrigen Sonderprüfung meist darin bestehen, dass Unregelmäßigkeiten nicht aufgedeckt wurden und die Verantwortlichen später aufgrund der zwischenzeitlich eingetretenen Verjährung nicht mehr in Anspruch genommen werden können. Soweit die Gesellschaft es aufgrund einer unvollständigen oder fehlerhaften Sonderprüfung unterlässt, personelle Konsequenzen zu ziehen, haftet der Sonderprüfer auch für den Schaden, der durch das pflichtwidrige Handeln der Verwaltungsmitglieder oder Mitarbeiter entstanden ist.[26]

26 Die Gesellschaft oder das verbundene Unternehmen trägt die **Beweislast** für die Entstehung, die Höhe des Schadens und das Bestehen der Kausalität zwischen Pflichtverletzung und Schadenseintritt.[27] Dabei sind aber die Grundsätze des Anscheinsbeweises – trotz der möglicherweise bestehenden Komplexität der zu prüfenden Vorgänge – anwendbar.[28] Zudem trägt der Sonderprüfer bei Vorliegen einer Pflichtverletzung die Beweislast für ein fehlendes Verschulden.[29]

27 Die Haftung des Sonderprüfers ist nach § 323 Abs. 2 HGB auf einen **Höchstbetrag von einer Million Euro** beschränkt, soweit der Sonderprüfer bei der Pflichtverletzung fahrlässig gehandelt hat. Bei einer Gesellschaft, deren Aktien zum Handel im regulierten Markt zugelassen sind, ist die Haftung auf einen **Höchstbetrag von vier Millionen Euro** begrenzt (§ 323 Abs. 2 S. 2 HGB).[30] Nach § 323 Abs. 2 S. 3 HGB gelten diese Haftungshöchstgrenzen unabhängig davon, wie viele Sonderprüfer an der Prüfung beteiligt gewesen sind. Bei der Haftungsbegrenzung handelt es sich aufgrund der notwendigen Absicherung der Unabhängigkeit des Sonderprüfers um zwingendes Recht, so dass davon vertraglich nicht abgewichen werden kann.

28 Der Anspruch gegen den Sonderprüfer verjährt nach den allgemeinen Regeln (§§ 195, 199 BGB). Für den **Verjährungsbeginn** mit Anspruchsentstehung (§ 199 Abs. 1 Nr. 1 BGB) ist der die Abgabe des Sonderprüfungsberichts maßgeblich, da der Sonderprüfer damit seine im Rahmen des Prüfungsvertrags geschuldete Leistung nicht, nicht vollständig oder fehlerhaft erbracht hat.[31]

29 Weiterhin sind auch bei Sonderprüfungen **Vereinbarungen,** die von § 144, § 323 HGB abweichen, unwirksam (§ 323 Abs. 4 HGB).[32]

---

[22] *Fleischer* in Küting/Weber Rechnungslegung-HdB Rn. 18; K. Schmidt/Lutter/*Spindler* Rn. 18.
[23] BGHZ 183, 323 (337 ff.) = NJW 2010, 1808; BGHZ 64, 52 (61) = NJW 1975, 975 (für die Gründungsprüfung); *Fleischer* in Küting/Weber Rechnungslegung-HdB Rn. 19; ohne Einschränkung aber Großkomm AktG/*Bezzenberger* Rn. 19; zum Mitverschulden bei der Abschlussprüferhaftung vgl. MüKoHGB/*Ebke* HGB § 323 Rn. 74 f.; Großkomm HGB/*Habersack*/*Schürnbrand* HGB § 323 Rn. 37 f.; für einen nahezu vollständigen Ausschluss wohl Baumbach/Hopt/*Merkt* HGB § 323 Rn. 7.
[24] Kölner Komm AktG/*Rieckers*/*Vetter* Rn. 76 ff.; restriktiver aber K. Schmidt/Lutter/*Spindler* Rn. 19 (eng begrenzte Ausnahmen).
[25] BGHZ 124, 27 (30) = NJW 1994, 323; vgl. auch Großkomm HGB/*Habersack*/*Schürnbrand* HGB § 323 Rn. 34.
[26] Kölner Komm AktG/*Rieckers*/*Vetter* Rn. 70; ebenso für die Abschlussprüfung Großkomm HGB/*Habersack*/*Schürnbrand* HGB § 323 Rn. 35.
[27] Baumbach/Hopt/*Merkt* HGB § 323 Rn. 7; Großkomm HGB/*Habersack*/*Schürnbrand* HGB § 323 Rn. 41 f.
[28] Großkomm HGB/*Habersack*/*Schürnbrand* HGB § 323 Rn. 41; offen lassend Baumbach/Hopt/*Merkt* HGB § 323 Rn. 7; aA aber BeBiKo/*Schmidt*/*Feldmüller* HGB § 323 Rn. 106 (nur selten möglich).
[29] Großkomm HGB/*Habersack*/*Schürnbrand* HGB § 323 Rn. 42; aA aber BeBiKo/*Schmidt*/*Feldmüller* HGB § 323 Rn. 110.
[30] Ebenso für eine Anwendung auf die Sonderprüfung Bürgers/Körber/*Holzborn*/*Jänig* Rn. 7; MHdB GesR VII/*Lieder* § 26 Rn. 179; K. Schmidt/Lutter/*Spindler* Rn. 19; aA aber Großkomm AktG/*Bezzenberger* Rn. 28.
[31] AA aber *Fleischer* in Küting/Weber Rechnungslegung-HdB Rn. 21 unter Bezugnahme auf BGHZ 124, 27 = NJW 1994, 323. Ebenso Kölner Komm AktG/*Rieckers*/*Vetter* Rn. 91.
[32] Bürgers/Körber/*Holzborn*/*Jänig* Rn. 8; Kölner Komm AktG/*Rieckers*/*Vetter* Rn. 92 ff.; K. Schmidt/Lutter/*Spindler* Rn. 20.

Soweit eine **ausländische natürliche Person oder Prüfungsgesellschaft** zum Sonderprüfer 30
bestellt wird (→ § 143 Rn. 6) richtet sich das Haftungsregime dennoch nach § 323 HGB, da die Sonderprüfung gesellschaftsrechtlich zu qualifizieren ist.[33] Insofern kommt es auf eine etwaige Rechtswahl oder eine objektive Anknüpfung im Rahmen der Rom I-VO nicht an. Aufgrund dieser Anknüpfung über das Gesellschaftsstatut kann auch dahinstehen, wann ein hinreichender Auslandsbezug vorliegt, da stets deutsches Sachrecht in Form von § 144, § 323 HGB zur Anwendung kommt.

b) Weitere Haftungstatbestände. Neben der entsprechenden Abschlussprüferhaftung kommen 31
noch Ansprüche der Gesellschaft gegen den Sonderprüfer aus *culpa in contrahendo* in Betracht (§ 280 Abs. 1 BGB, § 311 Abs. 2 BGB, § 241 Abs. 2 BGB), wenn der Sonderprüfer seine fachliche Eignung vor der Annahme des Prüfungsauftrags nicht hinreichend geprüft hat.[34] Darüber hinaus können **deliktische Ansprüche** aus § 823 Abs. 2 BGB iVm §§ 263, 266 StGB, sowie Ansprüche aus § 826 BGB bestehen.

c) Geltendmachung der Haftung. Die Ansprüche der Gesellschaft gegen den Sonderprüfer 32
können zunächst im Rahmen einer erneuten **Sonderprüfung** ermittelt werden (→ § 142 Rn. 70). Darüber hinaus können diese Ansprüche auch durch den **Vorstand** (§ 78), einen **besonderen Vertreter** (→ § 147 Rn. 64 ff.) oder durch eine **qualifizierte Aktionärsminderheit** im Rahmen von § 148 (→ § 148 Rn. 43 ff.) geltend gemacht werden.

3. Haftung gegenüber Dritten. Die Schadenersatzpflicht besteht nach § 323 Abs. 1 S. 3 HGB nur 33
gegenüber der Gesellschaft und verbundenen Unternehmen (§ 271 Abs. 2 HGB). Eine Haftung gegenüber Dritten und dabei insbesondere gegenüber den Aktionären wird für die **Abschlussprüfung** nach den Grundsätzen des Vertrages mit Schutzwirkung zugunsten Dritter nicht angenommen, da sich für den Abschlussprüfer nicht hinreichend deutlich ergebe, dass ein Dritter, der auf die Sachkunde des Abschlussprüfers vertraut, von der Prüfungsleistung Gebrauch macht.[35] Sobald der Abschlussprüfer und die Gesellschaft aber übereinstimmend davon ausgehen, dass die Prüfung auch im Interesse eines Dritten durchgeführt wird und für diesen dann eine Entscheidungsgrundlage bilden wird, soll dies allerdings anders zu bewerten sein.[36] Da der Sonderprüfer im Gegensatz zum Abschlussprüfer für die Überprüfung eines konkreten Vorgangs eingeschaltet wird und der Prüfungsbericht durch seine Publizität im Wesentlichen den Aktionären (§ 145 Abs. 6 S. 3 bzw. 4) zugutekommen soll, muss für die Sonderprüfung in Abweichung von der Rechtslage für den Abschlussprüfer auch von einer **Verantwortlichkeit jedenfalls gegenüber den Aktionären** der geprüften Gesellschaft oder aber gegenüber der antragstellenden Aktionärsminderheit ausgegangen werden.[37] Dabei kommt es aber auch zu einer entsprechenden Anwendung der Haftungsbeschränkung von § 323 Abs. 2 HGB.[38]

Bei § 323 HGB handelt es sich nicht um ein **Schutzgesetz**,[39] so dass ein Anspruch aus § 823 34
Abs. 2 BGB iVm § 323 HGB nicht in Betracht kommt. Allerdings sind dadurch nicht Ansprüche aus § 823 Abs. 2 BGB in Verbindung mit den §§ 263 ff. StGB ausgeschlossen.[40]

---

[33] Ähnlich für die Sonderprüfung MüKoBGB/*Kindler* IntGesR Rn. 279; MHLS/*Leible* IntGesR Syst. Darst. 2 Rn. 162; dazu ausf. *Ebke* ZVglRWiss 109 (2010), 397 (404 ff.).
[34] Großkomm AktG/*Bezzenberger* Rn. 10; Kölner Komm AktG/*Rieckers/Vetter* Rn. 95; K. Schmidt/Lutter/ *Spindler* Rn. 21.
[35] BGHZ 138, 257 (260) = NJW 1998, 1948; vgl. dazu nur Großkomm HGB/*Habersack/Schürnbrand* HGB § 323 Rn. 55 ff. mit jeweils umfangreichen Nachweisen.
[36] BGHZ 167, 155 = NJW 2006, 1975; BGH NJW 2006, 611 (612 ff.); BGHZ 138, 257 (262 f.) = NJW 1998, 1948; Bürgers/Körber/*Holzborn/Jänig* Rn. 11.
[37] *Jänig*, Die aktienrechtliche Sonderprüfung, 2005, 385 ff.; Grigoleit/*Herrler* Rn. 4; Bürgers/Körber/*Holzborn/ Jänig* Rn. 12; so wohl auch *Fleischer* in Küting/Weber Rechnungslegung-HdB Rn. 26; im Grundsatz wohl auch BGH ZIP 2009, 1166 (1168 f.) für den Fall einer Beauftragung durch die BaFin zu einer Prüfung nach § 44 KWG trotz Ablehnung im konkreten Fall; aA aber Großkomm AktG/*Bezzenberger* Rn. 24; MHdB GesR VII/ *Lieder* § 26 Rn. 184; Kölner Komm AktG/*Rieckers/Vetter* Rn. 100 ff.; K. Schmidt/Lutter/*Spindler* Rn. 23; NK-AktR/*Wilsing/von der Linden* Rn. 3; einschränkend *Kirschner*, Die Sonderprüfung der Geschäftsführung in der Praxis, 2007, E IV. 3., der eine Haftung nur für den Fall annehmen will, dass die Sonderprüfung ausdrücklich als Informationsgrundlage für individuelle Vermögensdispositionen der Aktionäre dienen soll.
[38] Großkomm AktG/*Bezzenberger* Rn. 30; Grigoleit/*Herrler* Rn. 4; vgl. auch BGHZ 138, 257 (266) = NZG 1998, 437 (für die Abschlussprüfung).
[39] OLG Karlsruhe Karlsruhe WM 1985, 940 (944); LG Hamburg WM 1999, 139 (143); vgl. MüKoHGB/ *Ebke* HGB § 323 Rn. 94; Großkomm AktG/*Bezzenberger* Rn. 27; *Fleischer* in Küting/Weber Rechnungslegung-HdB Rn. 29; Baumbach/Hopt/*Merkt* HGB § 323 Rn. 8; *Jänig*, Die aktienrechtliche Sonderprüfung, 2005, 388 ff.; Großkomm HGB/*Habersack/Schürnbrand* HGB § 323 Rn. 68; Kölner Komm AktG/*Rieckers/Vetter* Rn. 120 mit jeweils umfangreichen Nachweisen.
[40] Bürgers/Körber/*Holzborn/Jänig* Rn. 14; MHdB GesR VII/*Lieder* § 26 Rn. 187; Kölner Komm AktG/*Rieckers/Vetter* Rn. 118.

35 Soweit eine **ausländische natürliche Person oder Prüfungsgesellschaft** zum Sonderprüfer bestellt wird (→ § 143 Rn. 6) richtet sich das Haftungsregime nach den Vorgaben der Rom-II-VO. Soweit die Gesellschaft und der Dritte dabei keine Rechtswahl getroffen haben, findet nach Art. 4 Abs. 1 Rom-II-VO das Recht des Staates Anwendung, in dem der Schaden eingetreten ist, so dass im Zweifel das Recht des Staates maßgeblich ist, in dem der Aktionär als geschädigter Dritter seinen (Wohn-)Sitz hat.[41] Eine Anknüpfung über das Gesellschaftsstatut wie bei der Haftung des Sonderprüfers gegenüber der Gesellschaft (→ Rn. 30) kommt insofern nicht in Betracht.

36 Eine eigene **Dritthaftung des Sonderprüfers gegenüber Kapitalanlegern** wegen eines fehlerhaften Sonderprüfungsberichts ist nach § 826 BGB in Verbindung mit den Grundsätzen der Kapitalmarktinformationshaftung denkbar.

37 **4. Durchsetzungsmechanismen.** Die Durchsetzung der Pflichten des Sonderprüfers obliegt dem **Vorstand** als geschäftsführendes Organ. Soweit der Sonderprüfer gegen den Vorstand ermittelt, muss die Kompetenz nach § 112 dem Aufsichtsrat zukommen.

III. Strafrechtliche Verantwortlichkeit

38 § 323 HGB bezieht sich nicht auf die strafrechtliche Verantwortlichkeit des Sonderprüfers. Diese ergibt sich ausschließlich aus den §§ 403 f.

IV. Freiwillige oder informelle Sonderprüfungen

39 Bei freiwilligen oder informellen Sonderprüfungen (→ § 142 Rn. 244 ff.) findet § 144 keine (analoge) Anwendung. Vielmehr sind die Pflichten des Prüfers und dessen Verantwortlichkeit in dem Vertrag mit der Aktiengesellschaft zu regeln.[42]

§ 145 Rechte der Sonderprüfer. Prüfungsbericht

(1) Der Vorstand hat den Sonderprüfern zu gestatten, die Bücher und Schriften der Gesellschaft sowie die Vermögensgegenstände, namentlich die Gesellschaftskasse und die Bestände an Wertpapieren und Waren, zu prüfen.

(2) Die Sonderprüfer können von den Mitgliedern des Vorstands und des Aufsichtsrats alle Aufklärungen und Nachweise verlangen, welche die sorgfältige Prüfung der Vorgänge notwendig macht.

(3) Die Sonderprüfer haben die Rechte nach Absatz 2 auch gegenüber einem Konzernunternehmen sowie gegenüber einem abhängigen oder herrschenden Unternehmen.

(4) Auf Antrag des Vorstands hat das Gericht zu gestatten, dass bestimmte Tatsachen nicht in den Bericht aufgenommen werden, wenn überwiegende Belange der Gesellschaft dies gebieten und sie zur Darlegung der Unredlichkeiten oder groben Verletzungen gemäß § 142 Abs. 2 nicht unerlässlich sind.

(5) [1]Über den Antrag gemäß Absatz 4 entscheidet das Landgericht, in dessen Bezirk die Gesellschaft ihren Sitz hat. [2]§ 142 Abs. 5 Satz 2, Abs. 8 gilt entsprechend.

(6) [1]Die Sonderprüfer haben über das Ergebnis der Prüfung schriftlich zu berichten. [2]Auch Tatsachen, deren Bekanntwerden geeignet ist, der Gesellschaft oder einem verbundenen Unternehmen einen nicht unerheblichen Nachteil zuzufügen, müssen in den Prüfungsbericht aufgenommen werden, wenn ihre Kenntnis zur Beurteilung des zu prüfenden Vorgangs durch die Hauptversammlung erforderlich ist. [3]Die Sonderprüfer haben den Bericht zu unterzeichnen und unverzüglich dem Vorstand und zum Handelsregister des Sitzes der Gesellschaft einzureichen. [4]Auf Verlangen hat der Vorstand jedem Aktionär eine Abschrift des Prüfungsberichts zu erteilen. [5]Der Vorstand hat den Bericht dem Aufsichtsrat vorzulegen und bei der Einberufung der nächsten Hauptversammlung als Gegenstand der Tagesordnung bekanntzumachen.

Schrifttum: *Adler/Forster*, Zur Frage des Inhalts und Umfangs des Berichts über die aktienrechtliche Sonderprüfung, WPg 1957, 357; *K. Klinger*, Zur Problematik der Berichterstattung über die Sonderprüfung nach § 118 AktG, WPg 1957, 155; *Wilsing/von der Linden/Ogorek*, Gerichtliche Kontrolle von Sonderprüfungsberichten, NZG 2010, 729; → auch die allgemeinen Hinweise bei § 142.

---

[41] Dazu ausführlich *Ebke* ZVglRWiss 109 (2010), 397 (425 ff.) (für die Abschlussprüfung).
[42] *Marsch-Barner* FS Baums, 2017, 775 (782); *Wilsing/von der Linden* AG 2017, 568 (572 f.).

Übersicht

	Rn.		Rn.
I. Grundlagen	1–9	3. Entscheidung und Änderung des Sonderprüfungsberichts	38–41
1. Zweck der Regelung	1, 2	**IV. Berichterstattung des Sonderprüfers (Abs. 6)**	42–67
2. Entstehungsgeschichte	3–6	1. Inhalt und Umfang	42–52
3. Rechtspolitische Würdigung	7–9	a) Berichtsgrundsätze	46, 47
II. Rechte des Sonderprüfers (Abs. 1–3)	10–29	b) Sprache	48
1. Einsichtsrecht (Abs. 1)	10–13	c) Eigene Bewertung durch den Sonderprüfer	49, 50
2. Aufklärungs- und Nachweisrechte (Abs. 2)	14–19	d) Zufallsfunde	51
3. Aufklärungsrechte im Konzern (Abs. 3)	20–22	e) Schlusserklärung	52
4. Ermittlungsbefugnisse aus abgeleitetem Recht	23	2. Durchsetzung der Berichtspflicht	53, 54
5. Durchsetzung der Rechte des Sonderprüfers	24–29	3. Keine Schutzklausel (Abs. 6 S. 2)	55, 56
		4. Berichtspublizität (Abs. 6 S. 3)	57–59
III. Nichtaufnahme in den Sonderprüfungsbericht (Abs. 4, 5)	30–41	5. Vorlage des Berichts (Abs. 6 S. 4–5)	60–65
1. Voraussetzungen	32–36	6. Sonderprüfungsbericht im Folgeprozess	66
2. Erfordernis der Einbeziehung des Vorstands	37	7. Sonderprüfungsbericht und Unternehmensabschlüsse	67
		V. Freiwillige oder informelle Sonderprüfungen	68–70

I. Grundlagen

1. Zweck der Regelung. Zur praktischen Durchführung der Sonderprüfung bedarf der Sonderprüfer einer **umfangreichen Einsicht in die internen Vorgänge der zu prüfenden Gesellschaft.** Aus diesem Grund sieht Abs. 1 zunächst ein Einsichtsrecht in die Unterlagen der zu prüfenden Gesellschaft vor. Da damit aber nur ein Zugang zu aktenmäßig erfassten Informationen möglich ist, sieht Abs. 2 zusätzlich ein Aufklärungs- und Nachweisrecht gegenüber den Verwaltungsmitgliedern vor. Schließlich kann der Sonderprüfer nach Abs. 3 dieses Aufklärungs- und Nachweisrecht aus Abs. 2 auch gegenüber einem Konzernunternehmen sowie gegenüber einem abhängigen oder herrschenden Unternehmen geltend machen.

Neben den Rechten des Sonderprüfers gegenüber der Gesellschaft und deren Verwaltungsmitgliedern regelt § 145 auch die **Grundsätze der Berichterstattung und deren Publizität.** Nach Abs. 6 müssen die Sonderprüfer die Ergebnisse der Prüfung in einem Prüfungsbericht zusammenfassen und selbst unterzeichnen. Der Sonderprüfungsbericht muss grundsätzlich auch Tatsachen enthalten, die der Gesellschaft einen nicht unerheblichen Nachteil zufügen können (Abs. 6 S. 2). Allerdings besteht die Möglichkeit bestimmte Tatsachen im Rahmen eines gerichtlichen Verfahrens davon auszunehmen (Abs. 4 und 5). Der Sonderprüfungsbericht muss dem Vorstand übergeben und beim Handelsregister eingereicht werden (Abs. 6 S. 3). Zur umfangreichen Unterrichtung der Aktionäre können diese vom Vorstand eine Abschrift verlangen (Abs. 6 S. 4). Zudem muss der Sonderprüfungsbericht dem Aufsichtsrat zugeleitet und auf der nächsten Hauptversammlung als Gegenstand der Tagesordnung bekannt gemacht werden (Abs. 6 S. 5).

2. Entstehungsgeschichte. Bereits Art. 222a Abs. 3 ADHGB regelte ein umfangreiches Einsichtsrecht des Revisors in verschiedene Unterlagen der Gesellschaft.[1] Dieses wurde durch die NotVO 1931 und das anschließende **Aktiengesetz 1937** um ein Auskunfts- und Nachweisrecht gegenüber den Verwaltungsmitgliedern erweitert. Durch das Aktiengesetz 1965 wurde zudem ein Auskunftsrecht gegenüber Konzernunternehmen eingeführt.

Die Regelung über den Sonderprüfungsbericht ist seit der Einführung der Sonderprüfung 1884 (→ § 142 Rn. 10) kaum verändert worden. Lediglich hinsichtlich des Umfangs des Sonderprüfungsberichts wurde durch das Aktiengesetz 1937 eine Schutzklausel eingeführt, wonach Tatsachen nicht in den Sonderprüfungsbericht aufgenommen werden durften, wenn überwiegende Belange der Gesellschaft oder eines beteiligten Unternehmens entgegenstanden. Durch das Aktiengesetz 1965 wurde wieder eine uneingeschränkte Berichterstattung eingeführt.[2]

---

[1] Vgl. dazu ausf. Großkomm AktG/*Bezzenberger* Rn. 1; Kölner Komm AktG/*Rieckers/Vetter* Rn. 5 ff.

[2] Vgl. ausf. zur historischen Entwicklung bis zum Aktiengesetz 1965 *König,* Der Umfang der Berichterstattung über die aktienrechtliche Sonderprüfung 1970, 93 ff.

5 Durch die Reform der Sonderprüfung durch das **Gesetz zur Unternehmensintegrität und Modernisierung des Anfechtungsrechts (UMAG) vom 22. September 2005** (BGBl. 2005 I 2802) wurde zum Schutz des Geheimhaltungsinteresses der Gesellschaft die Möglichkeit der Nichtaufnahme bestimmter Tatsachen im Rahmen eines gerichtlichen Verfahrens in den Sonderprüfungsbericht aufgenommen. Damit sollte verhindert werden, dass Minderheitsaktionäre die Sonderprüfung dazu ausnutzen, Geschäftsgeheimnisse der Gesellschaft auszuforschen.[3]

6 Durch das Gesetz zur Reform des Verfahrens in Familiensachen und in den Angelegenheiten der freiwilligen Gerichtsbarkeit (FGG-Reformgesetz) vom 17. Dezember 2008[4] wurde das gerichtliche Verfahren zur Einschränkung des Berichtsinhalts in Abs. 5 geändert.

7 **3. Rechtspolitische Würdigung.** Die Prüfungsrechte des Sonderprüfers bestehen nach Abs. 1 nur innerhalb der zu prüfenden Gesellschaft. Zwar erstrecken sich die **Aufklärungs- und Nachweisrechte** des Sonderprüfers nach Abs. 3 auch auf Konzernunternehmen sowie abhängige oder herrschende Unternehmen, davon wird allerdings nicht das Prüfungsrecht nach Abs. 1 erfasst (→ Rn. 10 ff.). Insofern sollte das Prüfungsrecht des Sonderprüfers auch auf Konzernunternehmen ausgeweitet werden.[5] Ebenso wäre eine Einbeziehung ausländischer Konzernunternehmen wünschenswert (→ Rn. 20), was allerdings nur durch eine einheitliche europäische Regelung erreicht werden kann.[6] Schließlich sollte dem Sonderprüfer ausdrücklich ein klagbarer Anspruch für das Einsichts- bzw. das Aufklärungs- und Nachweisrecht eingeräumt werden, da Durchsetzungsmechanismen bisher faktisch kaum existent sind und eine tatsächliche Effektivität der Sonderprüfung verhindern.

8 **Inhaltliche Anforderungen** an den Sonderprüferbericht werden durch § 145 kaum aufgestellt. Dies begründet sich aber vor allem mit den umfangreichen Prüfungsgegenständen nach § 142 Abs. 1, so dass die Schaffung einer generellen Regelung nicht möglich ist.[7]

9 Die durch das UMAG neu eingeführte Möglichkeit der **gerichtlichen Entscheidung über die Nichtaufnahme von bestimmten Tatsachen in den Sonderprüfungsbericht** erscheint fragwürdig.[8] Zum einen ergeben sich Bedenken, ob eine gerichtliche Klärung diesbezüglicher Streitfragen in der notwendigen Geschwindigkeit erlangt werden kann. Zum anderen macht Abs. 4 kaum Vorgaben, wann ein überwiegendes Interesse der Gesellschaft vorliegt bzw. anzunehmen ist.

II. Rechte des Sonderprüfers (Abs. 1–3)

10 **1. Einsichtsrecht (Abs. 1).** Dem Sonderprüfer wird durch Abs. 1 ein umfangreiches objektives Einsichts- und Prüfungsrecht eingeräumt, das ihn erst in die Lage versetzt, seinen Prüfungsauftrag hinreichend zu erfüllen. Trotz der Aufzählung in Abs. 1 ist das Einsichts- und Prüfungsrecht des Sonderprüfers allumfassend, da anderenfalls die Zielerreichung der Sonderprüfung unterminiert werden würde. Das Einsichts- und Prüfungsrecht richtet sich dabei an jeden einzelnen Sonderprüfer, so dass auch bei der Bestellung mehrerer Sonderprüfer eine gemeinsame Geltendmachung nicht notwendig ist.[9] Es erstreckt sich – aufgrund des gesondert geregelten Informationsrechts gegenüber verbundenen Unternehmen in Abs. 3 (→ Rn. 20 ff.) – aber nicht auf die **Daten verbundener Unternehmen.**[10] Ebenso wenig können die Daten von **ausgeschiedenen Organmitglieder** verlangt werden, auch wenn diese noch über Unterlagen verfügen. Sie sind dann vielmehr gegenüber der Gesellschaft zur Herausgabe verpflichtet, die diese dann an den Sonderprüfer weiterleiten muss.

11 **Bücher** im Sinne des Abs. 1 sind die Handelsbücher der Gesellschaft nach § 238 Abs. 1.[11] Der Begriff der **Schriften** umfasst alle Unterlagen, die unmittelbar oder mittelbar für die Geschäftsfüh-

---

[3] RegBegr UMAG, BT-Drs. 15/5092, 19.

[4] Gesetz zur Reform des Verfahrens in Familiensachen und in den Angelegenheiten der freiwilligen Gerichtsbarkeit v. 17.12.2008, BGBl. 2008 I 2586.

[5] Ebenso *Fleischer* in Küting/Weber rechnungslegung-HdB Rn. 23; *Hopt* Liber amicorum Buxbaum, 2000, 299 (314) mit dem Hinweis auf die Verhinderung von *fishing operations*; *Hüffer* ZHR 174 (2010), 642 (670); *Kirschner*, Die Sonderprüfung der Geschäftsführung in der Praxis, 2007, 246 ff.; *Mock* ZHR 181 (2017), 688 (696); abl. aber Kölner Komm AktG/*Rieckers/Vetter* Rn. 12.

[6] Dies fordernd *Fleischer* in Küting/Weber Rechnungslegung-HdB Rn. 23; *Forum Europaeum Konzernrecht* ZGR 1998, 672 (722).

[7] Ebenso Hüffer/Koch/*Koch* Rn. 7.

[8] Ebenso äußerst krit. *Jänig* BB 2005, 949 (954); zum Ganzen *Jänig*, Die aktienrechtliche Sonderprüfung, 2005, 401 ff.; vgl. auch *Kirschner*, Die Sonderprüfung der Geschäftsführung in der Praxis, 2007, 324 ff.

[9] Großkomm AktG/*Bezzenberger* Rn. 13; *Fleischer* in Küting/Weber Rechnungslegung-HdB Rn. 13.

[10] Großkomm AktG/*Bezzenberger* Rn. 25; *Hüffer* ZHR 174 (2010), 642 (668 f.); K. Schmidt/Lutter/*Spindler* Rn. 18; aA aber *Schneider* AG 2009, 305 (310).

[11] Großkomm AktG/*Bezzenberger* Rn. 12; *Fleischer* in Küting/Weber Rechnungslegung-HdB Rn. 11; Kölner Komm AktG/*Rieckers/Vetter* Rn. 38; *Schedlbauer*, Sonderprüfungen, 1984, 149; K. Schmidt/Lutter/*Spindler* Rn. 7.

rung der Gesellschaft von Bedeutung sind. Somit werden davon die gesamte Buchführung, die Geschäftskorrespondenz, Planungsunterlagen, technische Aufzeichnungen oder etwa das Aktienbuch erfasst.[12] Für vertrauliche Unterlagen gilt dabei keine Ausnahme, so dass etwa auch Vorstands- oder Aufsichtsratsprotokolle erfasst werden. Persönliche Aufzeichnungen der Verwaltungsmitglieder sind allerdings ausgenommen, soweit sie keinen Bezug zum Prüfungsgegenstand haben. Die Form der Unterlagen ist ohne Bedeutung, so dass auch elektronische Daten eingesehen werden können.[13] Der Sonderprüfer hat schließlich das Recht die Originale der jeweiligen Unterlagen einzusehen, was ihm ebenfalls ermöglicht, hiervon Kopien anzufertigen.[14]

Das Einsichts- und Prüfungsrecht des Sonderprüfers ist nicht auf die Unterlagen beschränkt, die **12** nur in einem unmittelbaren Zusammenhang mit dem Prüfungsgegenstand stehen. Der Sonderprüfer kann vielmehr auch Unterlagen einsehen, die den Prüfungsgegenstand nur mittelbar betreffen, da sich dadurch die zu prüfenden Vorgänge oftmals erst in ihrer Gesamtheit darstellen.[15] Bei der **Auswahl der einzusehenden Unterlagen** im Rahmen des Einsichts- und Prüfungsrechts muss der Sonderprüfer aber nach pflichtgemäßem Ermessen vorgehen.[16] Insofern kann dem Sonderprüfer ein Einsichts- und Prüfungsrecht verwehrt werden, wenn sich dieses als rechtsmissbräuchlich darstellt. Dies ist aber nur dann anzunehmen, wenn die jeweiligen Unterlagen unter keinem vernünftigen Gesichtspunkt in einem Bezug zum Prüfungsgegenstand stehen.[17]

Der Sonderprüfer hat das Einsichts- und Prüfungsrecht gegenüber dem Vorstand geltend zu **13** machen. Der Vorstand muss dabei eine Einsichtnahme nicht nur dulden, sondern diese auch durch die **Bereitstellung von Infrastruktur** aktiv unterstützen.[18] Soweit der Vorstand seine aktive Förderpflicht verletzt, kann der Sonderprüfer die entsprechenden Ressourcen – soweit ihm das möglich ist – selbst bereitstellen und entsprechenden Ersatz von der Gesellschaft verlangen, der auch klagweise geltend gemacht werden kann. Die entsprechenden Mehrkosten können dann von den Vorstandsmitgliedern im Rahmen von § 93 Abs. 2 als Schadenersatz verlangt werden. Zur entsprechenden Problematik beim besonderen Vertreter → § 147 Rn. 142.

2. Aufklärungs- und Nachweisrechte (Abs. 2). Zur Flankierung des Einsichts- und Prüfungs- **14** rechts nach Abs. 1 kann der Sonderprüfer von den Mitgliedern des Vorstands und Aufsichtsrats Aufklärungen und Nachweise verlangen. Abs. 2 ist insofern *lex specialis* zu § 93 Abs. 1 S. 3. Bei **Aufklärungen** handelt es sich um schriftliche Erläuterungen, die meist in der Form eines Einführungsberichts durch den Vorstand abgegeben werden. Der Sonderprüfer kann aber ebenso die Verwaltungsmitglieder selbst befragen und die Befragungen protokollieren.[19] Die Verwaltungsmitglieder können sich dabei nicht darauf beschränken, nur die Fragen des Sonderprüfers zu beantworten. Sie müssen vielmehr alle sachdienlichen Informationen unaufgefordert offen legen.[20] Die Aufklärungs- und Nachweisrechte des Sonderprüfers richtet sich an die einzelnen Organmitglieder und nicht an den Vorstand oder Aufsichtsrat als Kollegialorgan. Für die Aufklärungs- und Nachweisrechte gelten zudem die in Rn. 12 f. dargestellten Beschränkungen.[21]

Ausgeschiedene Organmitglieder können nach Abs. 2 nicht in Anspruch genommen wer- **15** den.[22] Für diese besteht aber aufgrund ihrer nachwirkenden organschaftlichen Treuepflicht eine

---

[12] Großkomm AktG/*Bezzenberger* Rn. 12; *Fleischer* in Küting/Weber Rechnungslegung-HdB Rn. 11; Kölner Komm AktG/*Rieckers/Vetter* Rn. 39.
[13] Kölner Komm AktG/*Rieckers/Vetter* Rn. 42.
[14] *Fleischer* in Küting/Weber Rechnungslegung-HdB Rn. 11; Kölner Komm AktG/*Rieckers/Vetter* Rn. 48; *Slavik* WM 2017, 1684 (1691); K. Schmidt/Lutter/*Spindler* Rn. 7.
[15] ADS §§ 142–146 Rn. 31; Großkomm AktG/*Bezzenberger* Rn. 16; *Fleischer* in Küting/Weber rechnungslegung-HdB Rn. 12.
[16] *Fleischer* in Küting/Weber Rechnungslegung-HdB Rn. 12; *Wilsing*, Der Schutz vor gesellschaftsschädlichen Sonderprüfungen, 2014, 95 f.
[17] Großkomm AktG/*Bezzenberger* Rn. 16; *Fleischer* in Küting/Weber Rechnungslegung-HdB Rn. 12; *Mock* ZHR 181 (2017), 688 (695); Kölner Komm AktG/*Rieckers/Vetter* Rn. 50.
[18] Großkomm AktG/*Bezzenberger* Rn. 9; *Fleischer* in Küting/Weber Rechnungslegung-HdB Rn. 13; Bürgers/Körber/*Holzborn/Jänig* Rn. 4; *Hüffer* ZHR 174 (2010), 642 (669); Kölner Komm AktG/*Rieckers/Vetter* Rn. 47; K. Schmidt/Lutter/*Spindler* Rn. 8; vgl. auch BayObLG NZG 2000, 424 (425).
[19] *Kirschner*, Die Sonderprüfung der Geschäftsführung in der Praxis, 2007, 231 ff.
[20] Großkomm AktG/*Bezzenberger* Rn. 17; *Fleischer* in Küting/Weber Rechnungslegung-HdB Rn. 14; *Jänig*, Die aktienrechtliche Sonderprüfung, 2005, 359.
[21] Dazu *Wilsing*, Der Schutz vor gesellschaftsschädlichen Sonderprüfungen, 2014, 95 f.
[22] Großkomm AktG/*Bezzenberger* Rn. 18; *Fleischer* in Küting/Weber Rechnungslegung-HdB Rn. 16; *v. Gleichenstein* BB 1956, 761 (763); Bürgers/Körber/*Holzborn/Jänig* Rn. 5; *Slavik* WM 2017, 1684 (1691); K. Schmidt/Lutter/*Spindler* Rn. 11; einschränkend aber ADS §§ 142–146 Rn. 34, die eine Auskunftspflicht von dem Bestehen von Ruhegeldzahlungen abhängig machen.

Auskunftspflicht.²³ Daher können sich diese auch nicht ohne weiteres durch eine Amtsniederlegung der Auskunftspflicht entziehen.²⁴ Ebenso wenig werden die Angestellten, Rechtsanwälte, Wirtschaftsprüfer oder der Abschlussprüfer von Abs. 2 erfasst.²⁵ Der Vorstand ist aber verpflichtet, diese im Wege des dienstrechtlichen Weisungsrechts zur Auskunft und Befreiung von der Verschwiegenheit gegenüber dem Sonderprüfer zu verpflichten.²⁶

16 Im Gegensatz zu dem Einsichts- und Prüfungsrecht nach Abs. 1 kann der Sonderprüfer das Aufklärungs- und Nachweisrecht gegenüber den Organmitgliedern nur geltend machen, wenn dies für die Durchführung der Sonderprüfung notwendig ist. Daraus ergibt sich aber **keine Beweislast für den Sonderprüfer**. Er muss den Zusammenhang zwischen dem Prüfungsgegenstand und der geforderten Aufklärung und den Nachweisen lediglich plausibel machen.²⁷ Die Organmitglieder können eine Auskunftserteilung nach Abs. 2 nur verweigern, wenn es sich um offensichtlich unsachgemäße und rechtsmissbräuchliche Fragen handelt.

17 Das Aufklärungs- und Nachweisrecht ist auch dann nicht ausgeschlossen oder eingeschränkt, wenn der Gesellschaft durch die Auskunftserteilung ein nicht unerheblicher Nachteil droht.²⁸ Ebenso wenig kann eine **Auskunftsverweigerung** auf die Gründe des § 131 Abs. 3 gestützt werden.²⁹ Dies gilt allerdings nicht, soweit sie sich damit strafbar machen oder der **Gefahr einer Strafverfolgung** aussetzen.³⁰ Schließlich können sich die Organmitglieder zur Auskunftsverweigerung nicht auf ihre Geheimhaltungspflicht berufen.³¹ Ebenso wenig können sich die Organmitglieder eine etwaige berufsrechtliche Verschwiegenheitspflichten geltend machen, da ihre Tätigkeit als Organmitglied nicht in Ausübung des jeweiligen Berufes erfolgt, auch wenn etwa Rechtsanwälte oder Steuerberater als Organmitglieder auch Beratungsleistungen erbringen können.

18 Die Organmitglieder können bei einer Inanspruchnahme durch den Sonderprüfer – auch nicht als ausgeschiedene Organmitglieder – eine **allgemeine Kostenerstattung** oder eine **Erstattung der Kosten für eine anwaltliche Beratung** von der Gesellschaft verlangen. Soweit die Organmitglieder nur nach vorheriger anwaltlicher Beratung ihren Aufklärungs- oder Nachweispflichten nachkommen wollen, haben sie die Kosten dafür grundsätzlich selbst zu tragen.

19 Aufgrund fehlender Nennung in Abs. 2 kann der Sonderprüfer das Aufklärungs- und Nachweisrecht nicht gegenüber **Mitarbeiter der zu prüfenden Aktiengesellschaft** geltend machen.³² Allerdings ist der Vorstand verpflichtet, die Mitarbeiter zur Auskunftserteilung gegenüber dem Sonderprüfer anzuweisen.³³ Die Informationserteilung muss dann direkt gegenüber dem Sonderprüfer und nicht über den Vorstand erfolgen, da der Sonderprüfer dann nicht mehr sicher davon ausgehen kann, alle Informationen der Mitarbeiter erhalten zu haben.³⁴

20 **3. Aufklärungsrechte im Konzern (Abs. 3).** Das **Aufklärungs- und Nachweisrecht des Abs. 2** kann der Sonderprüfer nach Abs. 3 auch gegenüber einem Konzernunternehmen (§ 18) sowie gegenüber einem abhängigen³⁵ oder herrschenden Unternehmen (§ 17) geltend machen. Die Rechtsform des jeweiligen Unternehmens ist dabei ohne Bedeutung.³⁶ Auch wenn Abs. 3 nur die

---

²³ *ADS* §§ 142–146 Rn. 34; *Slavik* WM 2017, 1684 (1691 f.); aA Kölner Komm AktG/*Rieckers/Vetter* Rn. 58, die eine Geltendmachung über den (aktiven) Vorstand vorschlagen.
²⁴ Dazu ausf. *Kirschner*, Die Sonderprüfung der Geschäftsführung in der Praxis, 2007, 242 ff.
²⁵ Bürgers/Körber/*Holzborn/Jänig* Rn. 5; Kölner Komm AktG/*Rieckers/Vetter* Rn. 59 f.
²⁶ *ADS* §§ 142–146 Rn. 34; Großkomm AktG/*Bezzenberger* Rn. 18; *Fleischer* in Küting/Weber Rechnungslegung-HdB Rn. 17; *Hüffer* ZHR 174 (2010), 642 (669); K. Schmidt/Lutter/*Spindler* Rn. 11.
²⁷ *ADS* §§ 142–146 Rn. 32; Großkomm AktG/*Bezzenberger* Rn. 19; *Fleischer* in Küting/Weber Rechnungslegung-HdB Rn. 18; *Grigoleit Herrler* Rn. 3; *Kirschner*, Die Sonderprüfung der Geschäftsführung in der Praxis, 2007, 229; K. Schmidt/Lutter/*Spindler* Rn. 12.
²⁸ Großkomm AktG/*Bezzenberger* Rn. 20; *Fleischer* in Küting/Weber Rechnungslegung-HdB Rn. 19; K. Schmidt/Lutter/*Spindler* Rn. 13.
²⁹ Großkomm AktG/*Bezzenberger* Rn. 20; *Fleischer* in Küting/Weber Rechnungslegung-HdB Rn. 19; Kölner Komm AktG/*Rieckers/Vetter* Rn. 62.
³⁰ Vgl. Großkomm AktG/*Bezzenberger* Rn. 20; *Fleischer* in Küting/Weber Rechnungslegung-HdB Rn. 20; 18; Bürgers/Körber/*Holzborn/Jänig* Rn. 6; aA aber *Jänig*, Die aktienrechtliche Sonderprüfung, 2005, 361 f.; Kölner Komm AktG/*Rieckers/Vetter* Rn. 66.
³¹ Großkomm AktG/*Bezzenberger* Rn. 20; *Fleischer* in Küting/Weber Rechnungslegung-HdB Rn. 19; *Kirschner*, Die Sonderprüfung der Geschäftsführung in der Praxis, 2007, 233; K. Schmidt/Lutter/*Spindler* Rn. 14.
³² *Bungert/Rothfuchs* DB 2011, 1677 (1678); *Slavik* WM 2017, 1684 (1692).
³³ K. Schmidt/Lutter/*Spindler* Rn. 11; aA *Slavik* WM 2017, 1684 (1692).
³⁴ AA *Bungert/Rothfuchs* DB 2011, 1677 (1678); Kölner Komm AktG/*Rieckers/Vetter* Rn. 59; *Slavik* WM 2017, 1684 (1692).
³⁵ AA aber *Schneider* AG 2009, 305 (309 f.), der in der Abhängigkeit als Minus zur Konzernierung – entgegen dem Wortlaut von Abs. 3 – keine Auskunftspflicht annehmen will.
³⁶ Großkomm AktG/*Bezzenberger* Rn. 21; *Bork* in Hommelhoff/Hopt/v. Werder Corporate Governance-HdB S. 743 (756); *Fleischer* in Küting/Weber Rechnungslegung-HdB Rn. 21.

Unternehmen selbst erwähnt, können sich die Sonderprüfer direkt an die Vorstands- und Aufsichtsratsmitglieder bzw. bei Einzelunternehmen der Inhaber oder die geschäftsführenden Gesellschafter bei Personengesellschaften wenden.[37] Der Sonderprüfer muss gegenüber den Vorstands- und Aufsichtsratsmitgliedern auch bei Abs. 3 die Notwendigkeit der Auskunftserteilung plausibel machen.

Keine Anwendung findet Abs. 3 ausdrücklich auf das **Einsichts- und Prüfungsrecht** des Sonderprüfers nach Abs. 1.[38] Der Sonderprüfer ist daher auf die Auskünfte der Verwaltungsmitglieder im Rahmen des **Aufklärungs- und Nachweisrecht des** Abs. 2 angewiesen.[39] Insofern kann die Verantwortlichkeit des Sonderprüfers in diesem Zusammenhang auch nicht in vollem Umfang bestehen (vgl. zur Verantwortlichkeit → § 144 Rn. 22 ff.). 21

Keine Anwendung findet das Aufklärungs- und Nachweisrecht des Abs. 2 auf **ausländische Beteiligungsgesellschaften**. Die Verwaltungsmitglieder dieser Gesellschaften sind gegenüber dem Sonderprüfer nur zur Auskunft verpflichtet, soweit dies nach dem jeweiligen Gesellschaftsrecht zulässig ist,[40] was aufgrund des in den meisten Gesellschaftsrechten geltenden Grundsatzes der Verschwiegenheitspflicht nicht der Fall sein wird. Allerdings kann der Sonderprüfer den Vorstand der zu prüfenden Gesellschaft dazu anhalten, einen entsprechenden Einfluss auf die Gesellschaft auszuüben.[41] 22

4. Ermittlungsbefugnisse aus abgeleitetem Recht. Aufgrund der Beschränkung der Auskunftsrechte des Sonderprüfers wird es oftmals notwendig sein, dass die Gesellschaft **Dritte aufgrund einer vertraglichen Beziehung** anweist, dem Sonderprüfer Auskünfte zu erteilen.[42] Der dafür zuständige Vorstand ist zu dieser Geltendmachung der Auskunftsrechte gegenüber Dritten im Rahmen seines pflichtgemäßen Ermessens angehalten. 23

5. Durchsetzung der Rechte des Sonderprüfers. Für die Durchsetzung seiner Rechte nach Abs. 1–3 ist der Sonderprüfer weitgehend auf eine freiwillige Kooperation der jeweils Verpflichteten angewiesen. Lediglich die Vorstandsmitglieder können bei einer **Versagung des Einsichts- und Prüfungsrecht nach Abs. 1 sowie des Aufklärungs- und Nachweisrecht nach** Abs. 2, 3 mit Hilfe des Registergerichts durch eine Ordnungsstrafe nach § 407 Abs. 1 zur Erfüllung ihrer Pflichten gegenüber dem Sonderprüfer gezwungen werden. Eine darüber hinausgehende Klagemöglichkeit für den Sonderprüfer auf Erfüllung dieser Pflichten besteht nicht,[43] so dass diese im Umfang seiner Rechte hinter der besonderen Vertreter nach § 147 Abs. 2 (→ § 147 Rn. 134 ff.) zurückbleibt. Eine solche Klagemöglichkeit besteht auch nicht im Rahmen eines **Schiedsverfahrens**.[44] 24

Die **Aufsichtsratsmitglieder** können vom Sonderprüfer in keiner Weise zu einer Erfüllung ihrer gegenüber dem Sonderprüfer bestehenden Pflichten angehalten werden, da die Zwangsgeldfestsetzung nach § 407 nur gegenüber Vorstandsmitgliedern erfolgen kann. Der Sonderprüfer kann aber die fehlende Kooperation des Aufsichtsrats in den Sonderprüfungsbericht aufnehmen und auf diese Weise die Hauptversammlung davon in Kenntnis setzen. 25

Der Vorstand braucht gegenüber dem Sonderprüfer keine **Erklärung oder Versicherung** abzugeben, dass die erteilten Auskünfte und Nachweise vollständig sind, wie dies etwa im Fall von Abschlussprüfungen üblich ist.[45] Der Umfang der abzugebenden Auskünfte und Nachweise wird erst durch den Prüfungsgegenstand der Sonderprüfung selbst bestimmt und ist nicht wie bei der Abschlussprüfung konkret festgelegt. 26

Soweit Verwaltungsmitglieder gegenüber dem Sonderprüfer falsche Angaben machen oder erhebliche Umstände verschweigen, kann dies eine **Strafbarkeit nach § 400 Abs. 1 Nr. 2** begründen. 27

---

[37] *Fleischer* in Küting/Weber Rechnungslegung-HdB Rn. 21; *Grigoleit/Herrler* Rn. 4; *Hüffer* ZHR 174 (2010), 642 (670); Kölner Komm AktG/*Rieckers/Vetter* Rn. 69; K. Schmidt/Lutter/*Spindler* Rn. 15.
[38] *Hüffer* ZHR 174 (2010), 642 (668 f.); *Slavik* WM 2017, 1684 (1692); aA aber *Schneider* AG 2009, 305 (310), der insofern eine unbeabsichtigte Regelungslücke annimmt.
[39] Zum Regelungshintergrund vgl. *Kropff* S. 211; vgl. auch Großkomm AktG/*Bezzenberger* Rn. 25; *Fleischer* in Küting/Weber Rechnungslegung-HdB Rn. 22.
[40] Großkomm AktG/*Bezzenberger* Rn. 22; *Fleischer* in Küting/Weber Rechnungslegung-HdB Rn. 23; aA Kölner Komm AktG/*Rieckers/Vetter* Rn. 73 ff.
[41] *Fleischer* in Küting/Weber Rechnungslegung-HdB Rn. 23; *Jansen*, Die Sonderprüfung der Geschäftsführung nach dem Aktiengesetz, 1974, 71 ff.; K. Schmidt/Lutter/*Spindler* Rn. 16.
[42] Dazu ausf. *Kirschner*, Die Sonderprüfung der Geschäftsführung in der Praxis, 2007, 259 ff. mit entsprechenden Formulierungsvorschlägen. Vgl. auch *Slavik* WM 2017, 1684 (1692).
[43] *Fleischer* in Küting/Weber Rechnungslegung-HdB Rn. 25; *Grigoleit/Herrler* Rn. 5; MHdB GesR VII/*Lieder* § 26 Rn. 158; Kölner Komm AktG/*Rieckers/Vetter* Rn. 76; *Slavik* WM 2017, 1684 (1692 f.); K. Schmidt/Lutter/*Spindler* Rn. 19.
[44] Dazu ausf. *Mock* FS Meilicke, 2010, 489 (498).
[45] Großkomm AktG/*Bezzenberger* Rn. 10; *Kirschner*, Die Sonderprüfung der Geschäftsführung in der Praxis, 2007, 291 ff.

28 Weiterhin kann eine unvollständige oder falsche Auskunftserteilung eine **zivilrechtliche Verantwortlichkeit der Verwaltungsmitglieder** auslösen, so dass diese dann nach §§ 93, 116 gegenüber der Gesellschaft auf Schadenersatz haften können.[46] Der Schaden der Gesellschaft beläuft sich dabei in der Regel auf die Kosten für die Durchführung der Sonderprüfung und etwaige Rechtsverfolgungskosten.

29 Der Sonderprüfer kann bei einer Verweigerung der Zusammenarbeit der Verwaltungsmitglieder von der Gesellschaft eine Entschädigung nach § 642 BGB verlangen.[47] Darüber hinaus ist er berechtigt, den Prüfungsauftrag zu kündigen. Dabei sind allerdings hohe Anforderungen an einen Kündigungsgrund zu stellen, da die Verwaltung ansonsten ohne weiteres die erfolgreiche Durchführung der Sonderprüfung verhindern könnte.[48] Insofern liegt ein **Kündigungsgrund** nur dann vor, wenn dem Sonderprüfer von Seiten der Verwaltungsmitglieder eine Durchführung der Sonderprüfung nahezu unmöglich gemacht wird.[49]

III. Nichtaufnahme in den Sonderprüfungsbericht (Abs. 4, 5)

30 Auch wenn durch die Veröffentlichung des Sonderprüfungsberichts für die Gesellschaft weit reichende wirtschaftliche Folgen eintreten können, kann dadurch nicht das **Interesse der Aktionäre an einer Aufklärung von Unregelmäßigkeiten** aufgehoben werden. Um dennoch eine zu weitgehende Schädigung der Gesellschaft auszuschließen, sehen Abs. 4 und 5 die Möglichkeit einer gerichtlichen Geltendmachung der Nichtaufnahme von bestimmten Tatsachen in den Sonderprüfungsbericht vor.[50] Durch Abs. 6 S. 2 wird deutlich, dass im Grundsatz von einer vollständigen Berichterstattung auszugehen ist, die im Wesentlichen nur durch das Verfahren von Abs. 4 und 5 eingeschränkt wird (→ Rn. 42 ff.).

31 Die gerichtliche Beantragung einer Nichtaufnahme von Tatsachen in den Sonderprüfungsbericht hat **keinerlei Auswirkungen auf die Tätigkeit des Sonderprüfers**. Dieser ist verpflichtet auch die Tatsachen zu ermitteln, deren Veröffentlichung überwiegende Belange der Gesellschaft entgegenstehen.[51]

32 **1. Voraussetzungen.** Zentrale Voraussetzung für die gerichtliche Beantragung einer Nichtaufnahme von Tatsachen in den Sonderprüfungsbericht ist zunächst, dass der **Sonderprüfer gerichtlich bestellt** wurde.[52] Dies ergibt sich zwar nicht ausdrücklich aus dem Wortlaut von Abs. 4 und 5, kann aber der Gesetzesbegründung[53] und dem Verweis auf § 142 Abs. 2 in Abs. 4 entnommen werden.[54]

33 Der **Antrag auf Nichtaufnahme** bestimmter Tatsachen in den Sonderprüfungsbericht muss vom Vorstand unverzüglich nach Erhalt des Sonderprüfungsberichts vom Sonderprüfer (→ Rn. 37) gestellt werden, da der Vorstand ansonsten die anschließende Einreichung des Sonderprüfungsberichts beim zuständigen Handelsregister hinauszögern könnte.[55] Eine präventive Zensur ist daher nicht möglich. Die Antragstellung steht dabei im pflichtgemäßen Ermessen des Vorstands, so dass bei einer unterlassenen Antragstellung eine Haftung des Vorstands nach § 93 Abs. 2 in Betracht kommt, wenn durch den Sonderprüferbericht Geschäftsgeheimnisse offen gelegt werden und der Gesellschaft dadurch ein Schaden entsteht.

34 Voraussetzung für eine Nichtaufnahme bestimmter Tatsachen in den Sonderprüfungsbericht ist das **Bestehen überwiegender Belange der Gesellschaft**. Aufgrund des Regel-Ausnahme-Charakters von Abs. 6 S. 2 und der Abs. 4 und 5 kann die bloße Eignung von Tatsachen, die der Gesellschaft einen nicht unerheblichen Nachteil zufügen können, noch nicht ausreichen. Der Gesell-

---

[46] Großkomm AktG/*Bezzenberger* Rn. 28; *Fleischer* in Küting/Weber Rechnungslegung-HdB Rn. 26; MHdB GesR VII/*Lieder* § 26 Rn. 164; Kölner Komm AktG/*Rieckers/Vetter* Rn. 87.
[47] Großkomm AktG/*Bezzenberger* Rn. 28; *Fleischer* in Küting/Weber Rechnungslegung-HdB Rn. 27; Kölner Komm AktG/*Rieckers/Vetter* Rn. 88.
[48] Ebenso K. Schmidt/Lutter/*Spindler* Rn. 21.
[49] Ebenso Großkomm AktG/*Bezzenberger* Rn. 28; *Fleischer* in Küting/Weber Rechnungslegung-HdB Rn. 27.
[50] RegBegr UMAG, BT-Drs. 15/5092, 19.
[51] RegBegr UMAG, BT-Drs. 15/5092, 19; *Wilsing/Neumann* DB 2006, 31 (34).
[52] Kölner Komm AktG/*Rieckers/Vetter* Rn. 126; K. Schmidt/Lutter/*Spindler* Rn. 27, 30; NK-AktR/*Wilsing/ von der Linden* Rn. 10; *Wilsing/von der Linden/Ogorek* NZG 2010, 729 (730); aA Grigoleit/*Herrler* Rn. 7.
[53] RegBegr UMAG, BT-Drs. 15/5092, 19.
[54] *Wilsing*, Der Schutz vor gesellschaftsschädlichen Sonderprüfungen, 2014, 114 f.
[55] Zust. Grigoleit/*Herrler* Rn. 8; Bürgers/*Körber*/*Holzborn/Jänig* Rn. 12; Kölner Komm AktG/*Rieckers/Vetter* Rn. 135 ff.; *Wilsing/von der Linden/Ogorek* NZG 2010, 729 (730); aA Ball/*Hager* Aktienrechtliche Sonderprüfungen, 2007, 104 f.; *Kirschner*, Die Sonderprüfung der Geschäftsführung in der Praxis, 2007, 319.

schaft müssen vielmehr durch die Veröffentlichung ein schwerer Schaden oder andere gravierende Nachteile drohen.[56]

Aufgrund fehlender Nennung in Abs. 4 können **Belange von Konzernunternehmen** nicht dazu führen, dass bestimmte Tatsachen nicht in den Prüfungsbericht aufgenommen werden. 35

Darüber hinaus dürfen die Tatsachen für die Darlegung einer Unredlichkeit oder groben Verletzung für eine **Antragstellung nach § 142 Abs. 2** nicht unerlässlich sein. Soweit dies der Fall ist, können keinerlei Interessen der Gesellschaft eine Nichtaufnahme rechtfertigen.[57] Die Regelung ist allerdings in der jetzigen Form missverständlich, da eine qualifizierte Aktionärsminderheit kaum ein Interesse an einer Sonderprüfung haben wird, wenn eine solche bereits gerade erfolgt ist und ein Sonderprüfungsbericht vorliegt. Auch wenn eine erneute Sonderprüfung nicht zwingend ausgeschlossen ist (→ § 142 Rn. 168), wird in diesen Fällen wohl eher die Anstrengung eines Klagezulassungsverfahrens nach § 148 in Betracht kommen. Da für eine entsprechende Antragstellung unter anderem auch die Darlegung des Bestehens eines Verdachts einer Unredlichkeit oder groben Verletzung (→ § 148 Abs. 1 S. 2 Nr. 3) erfolgen muss, kann die Einschränkung nach Abs. 4 nur diesbezüglich und nicht wegen einer erneuten Sonderprüfung zwingend notwendig sein.[58] 36

2. Erfordernis der Einbeziehung des Vorstands. Um dem Vorstand überhaupt die Möglichkeit zu geben, den Antrag nach Abs. 4 und 5 stellen zu können, muss der Sonderprüfer den Entwurf des Sonderprüfungsberichts **rechtzeitig an den Vorstand übermitteln.**[59] Die unterlassene oder verspätete Zuleitung an den Vorstand stellt eine Pflichtverletzung des Sonderprüfers dar, die dessen Haftung nach § 144 (→ § 144 Rn. 22 ff.) begründen kann. 37

3. Entscheidung und Änderung des Sonderprüfungsberichts. Die **Zuständigkeit für den Antrag** besteht bei dem Landgericht, in dem die Gesellschaft ihren Sitz hat (Abs. 5 S. 1). Soweit eine Kammer für Handelssachen besteht, ist diese zuständig (§ 71 Abs. 2 Nr. 4 lit. b, §§ 94, 95 Abs. 2 Nr. 2 GVG), wenn dies beantragt wird (§ 96 Abs. 1 GVG). Ansonsten entscheidet die allgemeine Zivilkammer. Nach § 71 Abs. 4 GVG ist es den jeweiligen Landesregierungen gestattet, eine Zuständigkeitskonzentration zu schaffen, um damit der erhöhten Komplexität der Sonderprüfung auch bei den Fragen der Zuständigkeit Rechnung zu tragen.[60] 38

Die **Beteiligten an dem Verfahren** sind neben der Gesellschaft nur der Vorstand als Antragsteller. Der Sonderprüfer ist kein Beteiligter und muss ohne Entbindung von seiner Verschwiegenheitspflicht auch von seinem Zeugnisverweigerungsrecht des § 383 Abs. 1 Nr. 6 ZPO Gebrauch machen (→ § 144 Rn. 13). Das Gericht ist vielmehr auf den Sonderprüfungsbericht und die Angaben des Vorstands als Erkenntnisquelle beschränkt.[61] Die **Entscheidung des Gerichts** ergeht als Beschluss (§ 38 FamFG). 39

Als **Rechtsmittel** kommen die Beschwerde und die Rechtsbeschwerde in Betracht (Abs. 5 S. 2 iVm § 142 Abs. 5 S. 2 bzw. § 133 FamFG). Auch wenn die Aktionäre bzw. eine qualifizierte Aktionärsminderheit nicht an dem Verfahren beteiligt werden, kommt diesen im Fall eines erfolgreichen Antrags eine Beschwerdeberechtigung nach § 58 FamFG zu, da eine Nichtaufnahme bestimmter Tatsachen in den Sonderprüfungsbericht ihr Recht auf den Erhalt des Sonderprüfungsberichts nach Abs. 6 S. 4 einschränkt. Bei einer Abweisung des Antrags kommt den Aktionären bzw. der qualifizierten Aktionärsminderheit aufgrund fehlender Beschwerdeberechtigung keine Beschwerdeberechtigung nach § 58 FamFG zu. Gemäß Abs. 5 S. 2 iVm § 142 Abs. 8 handelt es sich bei dem Antragsverfahren um ein Verfahren nach dem Gesetz über das Verfahren in Familiensachen und in den Angelegenheiten der freiwilligen Gerichtsbarkeit (→ § 142 Rn. 243). 40

Soweit das Gericht eine Nichtaufnahme bestimmter Tatsachen in den Sonderprüfungsbericht gestattet, dürfen diese aber nicht sogleich vollständig ausgelassen werden. Vor dem Hintergrund des 41

---

[56] So RegBegr UMAG, BT-Drs. 15/5092, 19; vgl. auch *Kirschner*, Die Sonderprüfung der Geschäftsführung in der Praxis, 2007, 321 f.; Kölner Komm AktG/*Rieckers/Vetter* Rn. 127 ff.
[57] RegBegr UMAG, BT-Drs. 15/5092, 19.
[58] In diese Richtung ebenfalls *Kirschner*, Die Sonderprüfung der Geschäftsführung in der Praxis, 2007, 321.
[59] BVerfG NZG 2018, 104 Rn. 25 = DB 2018, 180; OLG Düsseldorf FGPrax 2016, 119 (120 f.) = AG 2016, 295; *Bachmann* ZIP 2018, 101 (108); *Marsch-Barner* FS Baums, 2017, 775 (784); *Wilsing*, Der Schutz vor gesellschaftsschädlichen Sonderprüfungen, 2014, 138 f.; *Wilsing/von der Linden/Ogorek* NZG 2010, 729 (732); aA *Kamm*, Die aktienrechtliche Sonderprüfung gemäß §§ 142 ff. AktG, 2015, 326 f.; *Kirschner*, Die Sonderprüfung der Geschäftsführung in der Praxis, 2007, 319.
[60] Von der Möglichkeit der Verfahrenskonzentration haben bisher die Bundesländer Baden-Württemberg (LG Mannheim bzw. dem LG Stuttgart [§ 13 Abs. 2 Nr. 5 ZuVOJu]); Bayern (LG München I bzw. dem LG Nürnberg-Fürth [§ 19 GZVJu]); Hessen (LG Frankfurt/Main [§ 38 Nr. 1e) JuZuV]); Niedersachsen (LG Hannover [§ 2 Nr. 4 ZustVO-Justiz]); Nordrhein-Westfalen (LG Düsseldorf, LG Dortmund bzw. LG Köln [§ 1 Nr. 9 KonzentrationsVO Gesellschaftsrecht)]) und Sachsen (LG Leipzig [§ 10 Nr. 11 SächsJOrgVO]) Gebrauch gemacht.
[61] *Kirschner*, Die Sonderprüfung der Geschäftsführung in der Praxis, 2007, 319.

Gedankens des Minderheitenschutzes der Sonderprüfung ist vielmehr eine **allgemeine Umschreibung dieser Tatsachen** vorzunehmen.[62]

IV. Berichterstattung des Sonderprüfers (Abs. 6)

42 **1. Inhalt und Umfang.** Über die inhaltlichen Anforderungen an einen Sonderprüferbericht enthält das Gesetz kaum Regelungen. Der Sonderprüferbericht muss ausdrücklich nur **schriftlich abgefasst** und vom Sonderprüfer unterzeichnet worden sein (Abs. 6 S. 1 und 3). Die inhaltlichen Anforderungen aus dem Sonderprüfungsbericht können aber aus der Zielsetzung der Sonderprüfung abgeleitet werden.[63]

43 Der Sonderprüfungsbericht stellt die Grundlage für die Gesellschaft, die Hauptversammlung oder eine qualifizierte Aktionärsminderheit für eine Verfolgung von Ersatzansprüchen oder personellen Konsequenzen dar. Daher muss der Sonderprüfungsbericht zunächst hinsichtlich des zu prüfenden Vorgangs **vollständig** sein, kann sich aber **zugleich auf das Notwendige beschränken.**[64] Der Sonderprüfungsbericht darf sich auch nicht in einer Darstellung von Ergebnissen erschöpfen, sondern muss auch über die **Einzelheiten der tatsächlichen Grundlagen** berichten.[65] Soweit der Prüfungsgegenstand dahingehend formuliert wurde (→ § 142 Rn. 48 ff.), sind auch rechtliche Einschätzungen vorzunehmen.[66]

44 Bei einer **fehlenden vollständigen Aufklärungsmöglichkeit** muss auch darüber in dem Sonderprüfungsbericht eine Aussage getroffen werden.[67] Hinsichtlich der Struktur und des Aufbaus muss der Sonderprüfungsbericht auch für Aktionäre ohne spezifische Vorkenntnisse des jeweiligen Prüfungsgegenstands verständlich sein.[68]

45 Soweit **mehrere Sonderprüfer** beauftragt wurden, können diese einen gemeinschaftlichen Sonderprüfungsbericht anfertigen, soweit sich ihre Prüfungsergebnisse inhaltlich decken. Ist dies nicht der Fall, sind mehrere einzelne Prüfungsberichte zu erstellen.[69]

46 **a) Berichtsgrundsätze.** Die Berichtsgrundsätze orientieren sich im Wesentlichen an den sich aus § 144 iVm § 323 HGB ergebenden Pflichten des Sonderprüfers. Der Sonderprüfungsbericht muss daher gewissenhaft und unparteilich angefertigt werden (→ § 144 Rn. 6 ff.). Darüber hinaus muss der Sonderprüfungsbericht im Umkehrschluss aus § 403 Abs. 1 dem **Grundsatz der Wahrheit und der Vollständigkeit** entsprechen. Letztere kann auch nicht durch den bilanzrechtlichen **Grundsatz der *materiality*** eingeschränkt werden.[70]

47 Der Sonderprüfungsbericht ist zudem lediglich ein **Bericht** und muss auch als solcher formuliert werden. Daher können Dokumente der Aktiengesellschaft in dem Sonderprüfungsbericht nur beschrieben, nicht aber wortwörtlich oder als Kopie wiedergegeben werden. Die Sonderprüfung dient der Unterrichtung über bestimmte Maßnahmen und nicht zur Offenlegung konkreter Unterlagen.

48 **b) Sprache.** Die Sprache des Sonderprüfungsberichts ist in Abs. 6 nicht geregelt. Da sich der Sonderprüfungsbericht aber an die Aktionäre richtet und diese auf der Hauptversammlung einer deutschen Aktiengesellschaft von einer deutschsprachigen Verständigung ausgehen dürfen,[71] muss auch der Sonderprüfungsbericht in deutscher Sprache abgefasst werden. Dem steht allerdings nicht

---

[62] RegBegr UMAG, BT-Drs. 15/5092, 19.
[63] *ADS* §§ 142–146 Rn. 41; Großkomm AktG/*Bezzenberger* Rn. 30; *Fleischer* in Küting/Weber Rechnungslegung-HdB Rn. 28 ff.; *König*, Der Umfang der Berichterstattung über die aktienrechtliche Sonderprüfung, 1970, 76 ff.
[64] *ADS* §§ 142–146 Rn. 41; Kölner Komm AktG/*Rieckers/Vetter* Rn. 95 ff.
[65] Ausf. dazu *König*, Der Umfang der Berichterstattung über die aktienrechtliche Sonderprüfung, 1970, 76 ff.; *ADS* §§ 142–146 Rn. 41 ff.; aA aber *Klinger* WPg 1957, 155 (158), der den Bericht des Sonderprüfers auf die Länge des Bestätigungsvermerks in der Abschlussprüfung reduzieren will. Dem entgegentretend *Adler/Forster* WPg 1957, 357.
[66] *Mock* ZHR 181 (2017), 688 (697).
[67] *Adler/Forster* WPg 1957, 357; *ADS* §§ 142–146 Rn. 41 ff.; *Fleischer* in Küting/Weber Rechnungslegung-HdB Rn. 29.
[68] *ADS* §§ 142–146 Rn. 42; Großkomm AktG/*Bezzenberger* Rn. 31; *Fleischer* in Küting/Weber Rechnungslegung-HdB Rn. 29.
[69] Großkomm AktG/*Bezzenberger* Rn. 38; *Fleischer* in Küting/Weber Rechnungslegung-HdB Rn. 30; K. Schmidt/Lutter/*Spindler* Rn. 32.
[70] *Fleischer* in Küting/Weber Rechnungslegung-HdB Rn. 33; *Kirschner*, Die Sonderprüfung der Geschäftsführung in der Praxis, 2007, 296; *König*, Der Umfang der Berichterstattung über die aktienrechtliche Sonderprüfung, 1970, 76 ff.; Kölner Komm AktG/*Rieckers/Vetter* Rn. 99.
[71] Vgl. *Rodewald/Ternick* BB 2011, 910.

entgegen, den Sonderprüfungsbericht auch zusätzlich in fremdsprachigen Übersetzungen auszufertigen.

c) Eigene Bewertung durch den Sonderprüfer. Der Sonderprüfungsbericht enthält in der Regel neben einer Sachverhaltsdarstellung auch eigene Bewertungen des Sonderprüfers. Diese Bewertungen müssen mit einer **nachvollziehbaren Begründung** versehen werden und dürfen sich daher nicht auf eine bloße Behauptung beschränken.[72] Dabei ist es dem Sonderprüfer auch gestattet, rechtliche Bewertungen vorzunehmen, wenn dies vom Prüfungsauftrag umfasst ist (→ § 142 Rn. 153). 49

Da die Sonderprüfung nur der Aufdeckung und nicht der Verfolgung von Unregelmäßigkeiten dient (→ § 142 Rn. 153), ist es dem Sonderprüfer **nicht gestattet, konkrete Empfehlungen** für das weitere Vorgehen zu machen.[73] 50

d) Zufallsfunde. Soweit der Sonderprüfer im Rahmen der Prüfung auf weitere Unregelmäßigkeiten außerhalb seines Prüfungsauftrages aufmerksam wird, hat er hiervon lediglich die Verwaltung der Gesellschaft zu unterrichten. Aufgrund der Beschränkung der Sonderprüfung auf einen konkreten Prüfungsgegenstand (→ § 142 Rn. 6 ff.) ist eine **Aufnahme dieser Erkenntnisse in den Sonderprüfungsbericht** ausgeschlossen.[74] 51

e) Schlusserklärung. Durch die fehlende Beschränkung auf einen bestimmten Vorgang in § 142 Abs. 1 kann der Sonderprüfungsbericht – im Gegensatz zu § 259 Abs. 2 – nicht immer eine bestimmte Schlusserklärung enthalten. Daraus kann aber nicht geschlossen werden, dass eine solche unzulässig ist. Soweit der Prüfungsgegenstand dies zulässt und dem **Grundsatz der Berichtsklarheit** dadurch entsprochen wird, kann und sollte der Sonderprüfungsbericht auch eine Schlusserklärung enthalten.[75] 52

2. Durchsetzung der Berichtspflicht. Die Gesellschaft kann den Sonderprüfer bei Nichtvorlage des Sonderprüfungsberichts hierzu durch eine Klage zwingen.[76] Die qualifizierte Aktionärsminderheit oder der einzelne Aktionär hat hingegen keine **gerichtliche Durchsetzungsmöglichkeit,** da er selbst nicht Vertragspartner geworden ist.[77] Die Anfertigung des Sonderprüfungsberichts kann auch nicht durch ein Ordnungsgeld erzwungen werden. Der Sonderprüfer kann zwar nach § 14 HGB zur Einreichung des Sonderprüfungsberichts gezwungen werden, dies schließt aber nicht auch die vorherige Erstellung ein.[78] 53

Durch die unterlassene oder verspätete Anfertigung des Sonderprüfungsberichts kann sich der Sonderprüfer aber gegenüber der Gesellschaft schadenersatzpflichtig machen (§§ 280, 634 BGB), wobei die Haftungsbegrenzung des § 144 iVm § 323 Abs. 2 HGB eingreift. Eine **falsche oder unvollständige Berichterstattung** ist schließlich nach den Voraussetzungen von § 403 auch strafbar. 54

3. Keine Schutzklausel (Abs. 6 S. 2). Der Sonderprüferbericht muss nach Abs. 6 S. 2 auch über Tatsachen berichten, durch deren Bekanntwerden die Gesellschaft oder ein mit ihr verbundenes Unternehmen einen **nicht unerheblichen Nachteil** erleiden kann, wenn ihre Kenntnis zur Beurteilung des zu prüfenden Vorgangs durch die Hauptversammlung erforderlich ist. Neben dem Erfordernis der Erforderlichkeit werden die Interessen der Gesellschaft oder des mit ihr verbundenen Unternehmens weiter durch die Möglichkeit einer gerichtlichen Entscheidung über den Berichtsinhalt nach Abs. 4 und 5 gewahrt (→ Rn. 30 ff.). Die Erforderlichkeit des Abs. 6 S. 2 und die Unerlässlichkeit des Abs. 4 sind dabei nicht identisch. Aufgrund des Ausnahmecharakters von Abs. 4 muss der Begriff Unerlässlichkeit daher enger ausgelegt werden, da er anderenfalls gegenüber der Erforderlich- 55

---

[72] Großkomm AktG/*Bezzenberger* Rn. 32; *Fleischer* in Küting/Weber Rechnungslegung-HdB Rn. 34; Kölner Komm AktG/*Rieckers/Vetter* Rn. 106 f.
[73] *Fleischer* in Küting/Weber Rechnungslegung-HdB Rn. 35; *Mock* ZHR 181 (2017), 688 (695); K. Schmidt/Lutter/*Spindler* Rn. 23; ähnlich Großkomm AktG/*Bezzenberger* Rn. 32.
[74] Ebenso *Fleischer* in Küting/Weber Rechnungslegung-HdB Rn. 36; zust. *Jänig,* Die aktienrechtliche Sonderprüfung, 2005, 393 ff.; Kölner Komm AktG/*Rieckers/Vetter* Rn. 109 ff.; K. Schmidt/Lutter/*Spindler* Rn. 24; aA aber Bürgers/Körber/*Holzborn/Jänig* Rn. 10, die einen entsprechenden Vermerk im Sonderprüfungsbericht aufnehmen wollen.
[75] ADS §§ 142–146 Rn. 44; Großkomm AktG/*Bezzenberger* Rn. 34; *Fleischer* in Küting/Weber Rechnungslegung-HdB Rn. 37.
[76] K. Schmidt/Lutter/*Spindler* Rn. 36.
[77] Großkomm AktG/*Bezzenberger* Rn. 42; *Fleischer* in Küting/Weber Rechnungslegung-HdB Rn. 38.
[78] Großkomm AktG/*Bezzenberger* Rn. 42; *Fleischer* in Küting/Weber Rechnungslegung-HdB Rn. 38; MHdB GesR VII/*Lieder* § 26 Rn. 171.

keit inhaltslos wäre.[79] Weiterhin ist auch eine entsprechende Anwendung von § 131 Abs. 3 S. 1 Nr. 1 auf den Sonderprüfungsbericht ausgeschlossen.[80]

56 Durch den fehlenden Ausschluss von unternehmensschädlichen Geschäftsvorgängen im Sonderprüfungsbericht ist eine dahingehende **Sorgfaltspflicht des Sonderprüfers** nicht ausgeschlossen. Dieser muss bei der Berichterstellung überprüfen, ob die Aufnahme der unternehmensschädlichen Geschäftsvorgänge in den Sonderprüfungsbericht tatsächlich erforderlich ist.[81] Aufgrund der strafbewehrten Pflicht zur vollständigen Berichterstattung (§ 403) können hiervon nur offensichtliche Fälle erfasst werden.[82]

57 **4. Berichtspublizität (Abs. 6 S. 3).** Die Sonderprüfer müssen den Sonderprüfungsbericht selbst unterzeichnen und diesen unverzüglich (§ 121 BGB) dem Vorstand einreichen. Zudem muss der Sonderprüfungsbericht vom Sonderprüfer beim Handelsregister des Sitzes der Gesellschaft eingereicht werden. Die **Einreichung des Sonderprüfungsberichts beim Handelsregister** kann durch ein Zwangsgeldverfahren nach § 14 HGB durchgesetzt werden. In zeitlicher Hinsicht muss der Sonderprüfer dabei aber den Sonderprüfungsbericht zunächst dem Vorstand zuleiten, da dieser das Verfahren nach Abs. 4 und 5 (→ Rn. 30 ff.) nicht betreiben kann, wenn der Prüfungsbericht zwischenzeitlich schon beim Handelsregister eingesehen werden kann.

58 Das Handelsregister hat jedermann eine **Einsicht in den Sonderprüfungsbericht** zu gewähren und auf Anforderung **Abschriften** hiervon zu erteilen (§ 9 Abs. 1 und 2 HGB). Die Höhe der Gebühr richtet sich nach § 3 Abs. 2 GNotKG iVm Nr. 17000 KV (Anlage 1 zu § 3 Abs. 2 GNotKG). Für Aktionäre kommt aufgrund der dabei entstehenden Kostentragungspflicht aber vor allem eine unentgeltliche Abschrifterteilung durch den Vorstand nach Abs. 6 S. 4 in Betracht (→ Rn. 60 ff.).

59 Die Veröffentlichung des Sonderprüfungsberichts kann zudem bei einer börsennotierten Gesellschaft eine **ad-hoc-pflichtige Tatsache** hinsichtlich des Berichtsinhalts darstellen. Da sich die Veröffentlichungspflicht des Art. 17 MAR an den Emittenten und damit an den Vorstand richtet,[83] kann und darf der Sonderprüfer selbst die *Ad-hoc*-Mitteilung nicht abgeben, zumal er schon kein Organ der Aktiengesellschaft ist (→ § 142 Rn. 44). Eine eigene Dritthaftung des Sonderprüfers gegenüber Kapitalanlegern wegen eines fehlerhaften Sonderprüfungsberichts ist nach § 826 BGB in Verbindung mit den Grundsätzen der Kapitalmarktinformationshaftung denkbar. Zur Geltung der kapitalmarktrechtlichen Pflichten für den Sonderprüfer → § 144 Rn. 21. Zur Auskunftspflicht im Enforcement-Verfahren → § 144 Rn. 14.

60 **5. Vorlage des Berichts (Abs. 6 S. 4–5).** Der Vorstand muss nach Abs. 6 S. 4 jedem Aktionär auf Verlangen eine **Abschrift** erteilen. Die Abschrift muss dabei nicht am Sitz der Gesellschaft erfolgen. Vielmehr ist dem Aktionär der Bericht auf sein Verlangen hin zuzusenden. Kosten dürfen dem Aktionär hierfür nicht berechnet werden.[84]

61 Weiterhin muss der Vorstand den Sonderprüfungsbericht dem Aufsichtsrat vorlegen und auf der nächsten Hauptversammlung diesen zum Gegenstand der Hauptversammlung bekannt machen (Abs. 6 S. 5). Die **Einberufung einer außerordentlichen Hauptversammlung** steht dabei im pflichtgemäßen Ermessen[85] und wird wohl meist von einer Aktionärsminderheit nach § 122 erzwungen werden.

62 Eine Pflicht zur **Auslegung des Sonderprüfungsberichts auf der Hauptversammlung** besteht nicht. Auch wenn die Aktionäre nach Abs. 6 S. 4 vom Vorstand eine Abschrift des Sonderprüfungsberichts erhalten können, empfiehlt es sich, den Sonderprüfungsbericht auch in der Hauptversammlung auszulegen.

63 Die Hauptversammlung ist hinsichtlich der **Behandlung des Prüfungsberichtes** keinerlei Vorgaben unterworfen. Sie kann diesen einfach zur Kenntnis nehmen oder aber weitere Maßnahmen ergreifen. Zu diesen werden regelmäßig die Verweigerung der Entlastung (§ 120), die Geltendmachung von Ersatzansprüchen (§ 147 Abs. 1) oder aber die Abberufung von Aufsichtsratsmitgliedern (§ 103) gehören.

64 Die **Folgen der fehlenden Aushändigung des Sonderprüferberichts** oder der fehlenden Einreichung zum Handelsregister führen jedenfalls hinsichtlich des Entlastungsbeschlusses zu dessen

---

[79] Ebenso *Wilsing/Neumann* DB 2006, 31 (34); offen lassend Bürgers/Körber/*Holzborn/Jänig* Rn. 12.
[80] Hüffer/Koch/*Koch* Rn. 8.
[81] Im Grundsatz ebenso *ADS* §§ 142–146 Rn. 43; Großkomm AktG/*Bezzenberger* Rn. 33; *Fleischer* in Küting/Weber Rechnungslegung-HdB Rn. 41.
[82] So vor allem *Fleischer* in Küting/Weber Rechnungslegung-HdB Rn. 41.
[83] Abw. Kölner Komm AktG/*Rieckers/Vetter* Rn. 165 ff.
[84] Großkomm AktG/*Bezzenberger* Rn. 41; Kölner Komm AktG/*Rieckers/Vetter* Rn. 160.
[85] *Bordt*, Die aktienrechtliche Sonderprüfung unter besonderer Berücksichtigung der Aktienrechtsreform, 1961, 228; *Fleischer* in Küting/Weber Rechnungslegung-HdB Rn. 44, *v. Gleichenstein* BB 1956, 761 (764).

Anfechtbarkeit. Voraussetzung ist dafür allerdings, dass es sich auch tatsächlich um einen Sonderprüfungsbericht im Sinne von Abs. 6 S. 1 handelt. Zur freiwilligen oder informellen Sonderprüfung → Rn. 68 ff.

Der Sonderprüfer ist – etwa im Gegensatz zum Abschlussprüfer (§ 176 Abs. 2) – nicht zur **Teilnahme an der Hauptversammlung** verpflichtet.[86] Der Versammlungsleiter kann ihm aber die Anwesenheit gestatten und die Möglichkeit zur Erläuterung des Sonderprüfungsberichts geben. Eine Antwortpflicht gegenüber den Teilnehmern der Hauptversammlung besteht dabei nicht.[87]

6. Sonderprüfungsbericht im Folgeprozess. Der Sonderprüfungsbericht hat für etwaige Folgeprozesse keine präjudizielle Wirkung.[88] Da es sich bei dem Sonderprüfungsbericht um ein von der Gesellschaft in Auftrag gegebenes Privatgutachten handelt, kann dieses auch nicht als **Beweismittel nach §§ 355 ff. ZPO** eingebracht werden.[89] Der Sonderprüfer kann aber als Zeuge über die von ihm aufgedeckten Umstände vernommen werden.[90] Die Bestellung des Sonderprüfers als Sachverständiger scheidet aus, da der Sonderprüfer bei einem Folgeprozess die Sonderprüfung schon beendet und den Sonderprüfungsbericht veröffentlicht hat und die der Bestellung zum Sachverständigen zugrundeliegende Tätigkeit bereits abgeschlossen ist. Zudem könnten sich auch Bedenken gegen die Bestellung des Sonderprüfers zum Sachverständigen nach § 406 ZPO ergeben. Der Prüfbericht kann aber ohne weiteres als Privatgutachten in Folgeverfahren genutzt werden, was sich vor allem beim Klagezulassungsverfahren anbietet.[91]

7. Sonderprüfungsbericht und Unternehmensabschlüsse. Die Ergebnisse des Sonderprüfungsberichts müssen schließlich auch als Vermögensgegenstand im Fall des Bestehens von (Ersatz)Ansprüchen oder ggf. als Verbindlichkeit Eingang in den **Unternehmensabschluss** der Gesellschaft finden. Diese Verpflichtung besteht für den Vorstand zwar auch unabhängig vom Sonderprüfungsbericht (§ 264 Abs. 1 HGB). Allerdings stellt die Nichtaufnahme trotz Vorliegens eines Sonderprüfungsberichts mit entsprechenden Hinweisen ein klares Indiz für eine Pflichtverletzung des Vorstands und des zur Überprüfung der Unternehmensabschlüsse zuständigen Aufsichtsrates (§ 171 AktG) bzw. Abschlussprüfers dar.

V. Freiwillige oder informelle Sonderprüfungen

Die in den Abs. 1 bis 3 besonderen Kompetenzen des Sonderprüfers gelten nicht für den Prüfer im Rahmen einer freiwilligen oder informellen Sonderprüfung (→ § 142 Rn. 244 ff.). Allerdings kann der Vorstand **intern die Weisung erteilen,** dass mit dem Prüfer zusammenzuarbeiten ist.[92] Eine entsprechende Verpflichtung kann für die Aufsichtsratsmitglieder allerdings nicht begründet werden.[93] Der Aufsichtsrat kann bei einer freiwilligen oder informellen Sonderprüfung nicht nur nicht den Vorstand, sondern auch nicht die Angestellten der Gesellschaft zur Kooperation verpflichten, da ihm ein entsprechendes Weisungsrecht nicht zukommt.

Die Ergebnisse einer freiwilligen oder informellen Sonderprüfung müssen den Aktionären nicht zugänglich gemacht werden.[94] Insofern findet Abs. 6 auf diese Prüfungen keine (analoge) Anwendung, so dass auch eine entsprechende Anfechtbarkeit ausscheidet.[95] Allerdings verstößt die **Zugänglichmachung des Prüfungsergebnissen** für nur einzelne Aktionäre dem Gleichbehandlungsgrundsatz (§ 53a). Dies gilt auch dann, wenn die Durchführung einer freiwilligen oder informellen Sonderprüfung mit einzelnen Aktionären vertraglich (→ § 142 Rn. 248) vereinbart wurde. Es emp-

---

[86] *ADS* §§ 142–146 Rn. 48; Großkomm AktG/*Bezzenberger* Rn. 45; *Fleischer* in Küting/Weber Rechnungslegung-HdB Rn. 46; Grigoleit/*Herrler* Rn. 9; Kölner Komm AktG/*Rieckers/Vetter* Rn. 171.
[87] *ADS* §§ 142–146 Rn. 48; *Fleischer* in Küting/Weber Rechnungslegung-HdB Rn. 46.
[88] MHdB GesR VII/*Lieder* § 26 Rn. 172; *Mock* ZHR 181 (2017), 688 (706); Kölner Komm AktG/*Rieckers/Vetter* Rn. 179; dazu ausf. *Jänig,* Die aktienrechtliche Sonderprüfung, 2005, 408 ff.; *Nietsch* ZGR 2011, 589 (618) (Sonderprüfungsbericht kein Beweismittel).
[89] Zum Ganzen s. *Fleischer* in Küting/Weber Rechnungslegung-HdB Rn. 47 ff.; MHdB GesR VII/*Lieder* § 26 Rn. 172.
[90] *Fleischer* in Küting/Weber Rechnungslegung-HdB Rn. 47; Bürgers/Körber/*Holzborn/Jänig* Rn. 14; MHdB GesR VII/*Lieder* § 26 Rn. 173.
[91] Bürgers/Körber/*Holzborn/Jänig* Rn. 14.
[92] Wohl auch *Marsch-Barner* FS Baums, 2017, 775 (782); *Wilsing/von der Linden* AG 2017, 568 (571) (*Verhandlungssache*).
[93] AA *Marsch-Barner* FS Baums, 2017, 775 (783).
[94] *Mock* EWiR 2017, 749 (750); *Wilsing,* Der Schutz vor gesellschaftsschädlichen Sonderprüfungen, 2014, 108 ff.; *Wilsing/von der Linden* AG 2017, 568 (572).
[95] LG Nürnberg-Fürth BeckRS 2008, 01960 Rn. 57; vgl. dazu *Wilsing* EWiR 2007, 706; *Wilsing,* Der Schutz vor gesellschaftsschädlichen Sonderprüfungen, 2014, 108 f.

fiehlt sich, das Prüfungsergebnis auf der Hauptversammlung öffentlich bekannt zu machen, zumal anderenfalls weitere Beschlussanträge auf Durchführung einer regulären Sonderprüfung bzw. später Anträge nach § 142 Abs. 2 drohen.[96] Die Geheimhaltungsinteressen der Aktiengesellschaft sind durch eine entsprechende Vertragsgestaltung mit den Prüfern zu wahren, die sich an dem Verfahren nach Abs. 4 und 5 orientieren kann.[97] Auch kann sich die Veröffentlichung auf die wesentlichen Teil der Ergebnisse beschränken.[98] Zudem können die Aktionäre im Rahmen von § 131 verlangen, den anderweitig veröffentlichten Bericht ausgehändigt zu bekommen.[99]

70 Schließlich sind bei Veröffentlichung der Inhalte des Berichts der Prüfung die gegebenenfalls anwendbaren kapitalmarktrechtlichen Beschränkungen zu beachten. Dies gilt vor allem im Hinblick auf die **Pflicht zur Abgabe einer *Ad-hoc*-Mitteilung** (Art. 17 MAR), die uneingeschränkt zur Anwendung kommt.

§ 146 Kosten

¹Bestellt das Gericht Sonderprüfer, so trägt die Gesellschaft die Gerichtskosten und die Kosten der Prüfung. ²Hat der Antragsteller die Bestellung durch vorsätzlich oder grob fahrlässig unrichtigen Vortrag erwirkt, so hat der Antragsteller der Gesellschaft die Kosten zu erstatten.

Schrifttum: *Henze*, Die Treuepflicht im Aktienrecht, BB 1995, 489; → auch die allgemeinen Hinweise bei § 142.

Übersicht

	Rn.		Rn.
I. Grundlagen	1–4	III. Kostentragungspflicht der Antragsteller (Satz 2)	11, 12
1. Zweck der Regelung	1		
2. Entstehungsgeschichte	2, 3	IV. Schadenersatzpflicht der antragstellenden Aktionärsminderheit	13–15
3. Rechtspolitische Würdigung	4		
II. Kostentragungspflicht der Gesellschaft (Satz 1)	5–10	V. Sonstige Kostenerstattung	16
1. Gerichtskosten	6–8	VI. Kostentragung bei der Anordnung der Sonderprüfung und Bestellung des Sonderprüfers durch die Hauptversammlung	17
2. Außergerichtliche Kosten	9		
3. Kosten der Prüfung	10		

I. Grundlagen

1 **1. Zweck der Regelung.** Da die Sonderprüfung im Interesse der Gesellschaft durchgeführt wird, enthält § 146 eine Kostentragungsregel zu Lasten der Gesellschaft. Diese bezieht sich aber nur auf den Fall der gerichtlichen Bestellung des Sonderprüfers (Satz 1). Zum Schutz der Gesellschaft enthält Satz 2 eine Kostenerstattungspflicht der antragstellenden Aktionärsminderheit, wenn diese die Anordnung der Sonderprüfung oder die Bestellung des Sonderprüfers durch einen vorsätzlichen oder grob fahrlässig unrichtigen Vortrag erwirkt hat.

2 **2. Entstehungsgeschichte.** Bis zum **Aktiengesetz 1965** hatte stets derjenige die Kosten der Sonderprüfung zu tragen, der die Anordnung der Sonderprüfung veranlasst hatte. Dies galt unabhängig davon, ob die Sonderprüfung berechtigt war. Lediglich im Fall eines Beschlusses der Hauptversammlung trug die Gesellschaft die Kosten selbst. Darüber hinaus bestand die Schadenersatzpflicht der Aktionäre, wenn ihr Antrag auf die gerichtliche Anordnung der Sonderprüfung und Bestellung eines Sonderprüfers zurückgewiesen worden war.[1] Diese Regelung wurde durch die Aktienrechtsreform 1965 in eine Kostentragungspflicht der Gesellschaft abgeändert, um damit den Minderheitenschutz zu verbessern.[2] Hinsichtlich eines Ersatzanspruchs der Gesellschaft gegenüber der Aktionärsminderheit traf § 146 allerdings keine Regelung, sondern beschränkte sich auf die Feststellung, dass dieser von der Kostentragungspflicht der Gesellschaft nicht berührt werde.

---

[96] *Marsch-Barner* FS Baums, 2017, 775 (780 f.).
[97] *Wilsing/von der Linden* AG 2017, 568 (572).
[98] So etwa bei LG Nürnberg-Fürth BeckRS 2008, 01960; vgl. auch *Marsch-Barner* FS Baums, 2017, 775 (784).
[99] *Marsch-Barner* FS Baums, 2017, 775 (785); *Wilsing*, Der Schutz vor gesellschaftsschädlichen Sonderprüfungen, 2014, 108 ff.; offen lassend *Bachmann* ZIP 2018, 101 (102).
[1] Vgl. hierzu ausf. Großkomm AktG/*Bezzenberger* Rn. 1.
[2] Vgl. dazu *Kropff* S. 212 f.

Durch die Reform der Sonderprüfung durch das Gesetz zur Unternehmensintegrität und 3
Modernisierung des Anfechtungsrechts (UMAG) vom 22. September 2005 (BGBl. 2005 I 2802) wurde die Kostentragungslast der Gesellschaft beibehalten. Zusätzlich wurde die Kostenerstattungspflicht der antragstellenden Aktionärsminderheit bei einem vorsätzlich oder grob fahrlässig unrichtigen Vortrag in Satz 2 eingeführt, um Missbrauchsmöglichkeiten in Bezug auf das Antragsrecht durch ein erhöhtes Kostenrisiko zu begegnen.[3] Dieses Korrektiv war aufgrund der Herabsetzung des für die Antragstellung notwendigen Quorums in § 142 Abs. 2, 4 für notwendig erachtet worden.[4]

3. Rechtspolitische Würdigung. Die Kostentragungsregelung für die Sonderprüfung ist der 4 **zentrale Mechanismus zur Regulierung der Sonderprüfung.**[5] Aus diesem Grund ist die grundsätzlich bestehende Kostentragungslast der Gesellschaft zu begrüßen, zumal die Gesellschaft dann regelmäßig einen Schadenersatzanspruch gegenüber den für die Unregelmäßigkeiten Verantwortlichen hat, der auch die Kosten der Sonderprüfung mit einschließt. Zur Stärkung der Minderheitsaktionäre wäre allerdings zusätzlich noch eine ausdrückliche Kostenübernahme der Gesellschaft in Bezug auf die außergerichtlichen Kosten der Antragsteller erstrebenswert,[6] da diese ihre außergerichtlichen Kosten bisher grundsätzlich selbst tragen müssen und das Gericht der Gesellschaft diese nur aus Billigkeitsgründen aufgeben kann (→ Rn. 9).

II. Kostentragungspflicht der Gesellschaft (Satz 1)

Die Kostentragungsregelung des Satz 1 findet nur auf die gerichtliche Bestellung des Sonderprüfers 5 nach § 142 Abs. 2 und nach § 142 Abs. 4 Anwendung.

1. Gerichtskosten. Dabei weicht die Regelung für den Fall des **Stattgebens des Antrags** nach 6 § 142 Abs. 2 oder 4 von der allgemeinen Regel für Verfahren der freiwilligen Gerichtsbarkeit ab, wonach derjenige die Kosten zu tragen hat, der die gerichtliche Tätigkeit veranlasst hat (§ 1 Abs. 2 Nr. 1 GNotKG, § 22 Abs. 1 GNotKG). Eine Auferlegung der Kosten an den Aktionär aus Gründen der Billigkeit nach § 81 FamFG ist in diesem Fall nicht möglich.[7] Die Kostentragungslast der Gesellschaft besteht dabei unabhängig davon, ob die Sonderprüfung Unregelmäßigkeiten aufdeckt.[8] Ebenfalls unbeachtlich ist es, ob der Sonderprüfer tatsächlich hinsichtlich aller von den Antragstellern vorgetragenen Prüfungsgegenstände bestellt wird, da dem Minderheitenschutz schon dann Rechnung getragen wird, wenn überhaupt eine Sonderprüfung angeordnet wird.[9] Die Kostentragungsregelung des Abs. 1 umfasst auch die Gerichtskosten für die Festsetzung der Vergütung des Sonderprüfers.[10]

Bei einer **Ablehnung des Antrags** kommt es zur Anwendung der allgemeinen Kostenrechts 7 und damit zu einer Kostentragungspflicht des Antragstellers (§ 1 Abs. 2 Nr. 1 GNotKG, § 22 Abs. 1 GNotKG).[11] Allerdings kann das Gericht nach § 81 FamFG aus Gründen der Billigkeit die Gerichtskosten im Einzelfall auch ganz oder teilweise der Gesellschaft auferlegen.[12]

Der **Umfang der Gerichtskosten** ergibt sich aus § 3 Abs. 2 GNotKG iVm Nr. 13500 KV 8 (Anlage 1 zu § 3 Abs. 2 GNotKG). Somit ist das Doppelte der vollen Gebühr aus Tabelle A (§ 34 Abs. 2 GNotKG) zu erheben. Als Geschäftswert ist nach § 67 Abs. 1 Nr. 1 GNotKG ein Wert von 60 000 EUR anzusetzen,[13] wobei das Gericht davon nach Billigkeit nach oben oder unten abweichen kann (§ 67 Abs. 3 GNotKG). Aufgrund der großen Bedeutung der Sonderprüfung und deren Zweck in Form der Vorbereitung der Geltendmachung von Ersatzansprüchen (→ § 142 Rn. 6) dürfte im Zweifel aber ein höherer Betrag von bis einer Mio. EUR anzusetzen sein.[14]

---

[3] RegBegr UMAG, BR-Drs. 3/05, 38.
[4] RegBegr UMAG, BR-Drs. 3/05, 38; vgl. dazu *DAV* NZG 2004, 555 (560); vgl. dazu bereits zuvor *Baums*, Bericht der Regierungskommission Corporate Governance, 2001, Rn. 144.
[5] Dazu ausf. *Jänig*, Die aktienrechtliche Sonderprüfung, 2005, 413 f.
[6] Ebenso *Hopt* Liber amicorum Buxbaum, 2000, 299 (314); aA aber Kölner Komm AktG/*Rieckers/Vetter* Rn. 11.
[7] Großkomm AktG/*Bezzenberger* Rn. 5.
[8] *Jänig* BB 2005, 949 (954); Kölner Komm AktG/*Rieckers/Vetter* Rn. 15.
[9] Ebenso OLG Frankfurt/Main v. 13.1.2011 – 21 W 16/11 Rn. 66 (juris), BeckRS 2012, 10249.
[10] OLG München v. 4.6.2008 – 31 Wx 50/08, BeckRS 2008, 46639.
[11] Großkomm AktG/*Bezzenberger* Rn. 5; *Fleischer* in Küting/Weber Rechnungslegung-HdB Rn. 4; NK-AktR/*Wilsing/von der Linden* Rn. 1; dies aus einem Umkehrschluss aus § 146 ableitend *Jänig* BB 2005, 949 (954 f.).
[12] Großkomm AktG/*Bezzenberger* Rn. 5.
[13] Ebenso Kölner Komm AktG/*Rieckers/Vetter* Rn. 21.
[14] OLG Frankfurt/Main BeckRS 2012, 10249 (250000 €); OLG Frankfurt/Main BeckRS 2011, 17042 (500.000 €); OLG München von 8.6.2011 – 31 Wx 81/10, BeckRS 2011, 15415 (200000 €); OLG München v. 4.6.2008 – 31 Wx 50/08, BeckRS 2008, 46639 (100000 €); OLG München v. 16.7.2007 – 31 Wx 29/07, BeckRS 2007, 12208 (500.000 €); OLG München v. 30.8.2010 – 31 Wx 24/10, BeckRS 2010, 22985 (1000000 €); OLG Köln BeckRS 2010, 09506 (250000 €); OLG Düsseldorf BeckRS 2010, 00532 (500000 €); LG Düsseldorf BeckRS 2009, 24113 (500000 €); zust. auch Kölner Komm AktG/*Rieckers/Vetter* Rn. 24 f.

9 **2. Außergerichtliche Kosten.** Keine Anwendung findet § 146 auf die Anwalts- und Sachverständigenkosten sowie die übrigen **außergerichtlichen Kosten** der Beteiligten. Diese sind in Verfahren der freiwilligen Gerichtsbarkeit von jedem Beteiligten selbst zu tragen (§§ 80, 81 Abs. 1 FamFG). Das Gericht kann diese aber auch aus Gründen der Billigkeit nach § 81 FamFG ganz oder teilweise einem der Beteiligten auferlegen.[15] Dies ist regelmäßig zu Lasten der Gesellschaft dann geboten, wenn die Sonderprüfung in der Sache erfolgreich war.[16] Bei offensichtlich unbegründeten Sonderprüfungsanträgen kommt eine Auferlegung zu Lasten der Antragsteller in Betracht.[17]

10 **3. Kosten der Prüfung.** Die **Kosten der Sonderprüfung** sind nach Satz 1 immer von der Gesellschaft zu tragen. Dies ergibt sich schon aus dem zwischen der Gesellschaft und dem Sonderprüfer geschlossenen Prüfvertrag (→ § 142 Rn. 112 ff.), so dass der Regelung des Satz 1 nur klarstellende Wirkung zukommt.[18]

III. Kostentragungspflicht der Antragsteller (Satz 2)

11 Satz 2 enthält eine ausdrückliche Kostentragungslast der antragstellenden Aktionärsminderheit, soweit diese die Anordnung der Sonderprüfung und Bestellung eines Sonderprüfers durch einen **vorsätzlich oder grob fahrlässig unrichtigen Vortrag** erwirkt hat. Bei den Kosten handelt es sich aufgrund des bestehenden Zusammenhangs mit Satz 1 um die Kosten für die Antragstellung und die Kosten der Sonderprüfung. Bei dem Anspruch handelt es sich aber nur um einen Erstattungsanspruch der Gesellschaft, so dass diese zunächst die Kosten für die Antragstellung und die Sonderprüfung übernehmen muss.[19]

12 Keine Regelung enthält Satz 2 allerdings für den Fall, dass die Anordnung der Sonderprüfung und die Bestellung eines Sonderprüfers zwar durch einen vorsätzlich oder grob fahrlässig unrichtigen Vortrag erwirkt wurde, die Voraussetzungen des § 142 Abs. 2 oder 4 aber objektiv vorlagen. Hier muss eine Kostentragungslast der antragstellenden Aktionärsminderheit konsequenterweise abgelehnt werden. Damit besteht zwar ein Anreiz für die Aktionäre, eine **Sonderprüfung „ins Blaue hinein"** unter Angabe falscher Gründe zu beantragen,[20] damit bleibt ihnen aber das Risiko der alleinigen Kostentragungslast nach Satz 2.

IV. Schadenersatzpflicht der antragstellenden Aktionärsminderheit

13 Die Kostentragungspflicht der antragstellenden Aktionärsminderheit nach Satz 2 ist nicht abschließend. Die Beantragung einer Sonderprüfung mit einem vorsätzlich oder grob fahrlässig unrichtigen Vortrag kann auch eine **Schadenersatzpflicht aus § 826 BGB** der antragstellenden Aktionärsminderheit begründen.[21] Dies ist jedenfalls dann der Fall, wenn die Aktionäre ihre formale Rechtsposition durch die eingesetzten Mittel oder den verfolgten Zweck in sittenwidriger Weise missbrauchen und hierbei vorsätzlich in Kenntnis der für die Sittenwidrigkeit maßgebenden Umstände gehandelt haben.[22] Schließlich können in Einzelfällen noch Ansprüche aus § 823 Abs. 2 BGB iVm § 263 StGB oder § 824 BGB bestehen.[23]

14 Darüber hinaus kann sich eine Schadenersatzpflicht auch aus der **Verletzung der Treuepflicht** iVm § 280 Abs. 1 BGB gegenüber der Gesellschaft ergeben.[24] Voraussetzung dafür ist allerdings, dass die antragstellenden Aktionäre ihr Recht auf die Anordnung der Sonderprüfung und die Bestellung

---

[15] K. Schmidt/Lutter/*Spindler* Rn. 5; NK-AktR/*Wilsing/von der Linden* Rn. 1.
[16] *Fleischer* in Küting/Weber rechnungslegung-HdB Rn. 6; abweichend Kölner Komm AktG/*Rieckers/Vetter* Rn. 28, die auf die Begründetheit des Antrags abstellen wollen.
[17] Kölner Komm AktG/*Rieckers/Vetter* Rn. 29; K. Schmidt/Lutter/*Spindler* Rn. 8.
[18] Kölner Komm AktG/*Rieckers/Vetter* Rn. 26.
[19] K. Schmidt/Lutter/*Spindler* Rn. 4.
[20] Ebenso Grigoleit/*Herrler* Rn. 4; aA aber Kölner Komm AktG/*Rieckers/Vetter* Rn. 33; *Wilsing/Neumann* DB 2006, 31 (35), die eine Kostentragungslast daher dennoch annehmen.
[21] Ausdrücklich darauf hinweisend RegBegr UMAG, BR-Drs. 3/05, 38; vgl. auch Großkomm AktG/*Bezzenberger* Rn. 11.
[22] Vgl. dazu BGHZ 129, 136 (143 f.) = NJW 1995, 1739; vgl. auch Großkomm AktG/*Bezzenberger* Rn. 11; Bürgers/Körber/*Holzborn/Jänig* Rn. 10; MHdB GesR VII/*Lieder* § 26 Rn. 188 ff.; Kölner Komm AktG/*Rieckers/Vetter* Rn. 37.
[23] Vgl. hierzu Großkomm AktG/*Bezzenberger* Rn. 10; MHdB GesR VII/*Lieder* § 26 Rn. 190; Kölner Komm AktG/*Rieckers/Vetter* Rn. 38 ff.; K. Schmidt/Lutter/*Spindler* Rn. 15; NK-AktR/*Wilsing/von der Linden* Rn. 2.
[24] *Fleischer* in Küting/Weber Rechnungslegung-HdB Rn. 10; *Henze* BB 1996, 489 (492); Kölner Komm AktG/*Rieckers/Vetter* Rn. 42 f.; K. Schmidt/Lutter/*Spindler* Rn. 16; vgl. dazu auch allgemein Großkomm AktG/*Henze/Notz* Anh. § 53a Rn. 71 ff.

des Sonderprüfers aus überwiegend eigennützigen Gründen entgegen den Interessen der Gesellschaft ausüben.[25]

Die Ansprüche aus unerlaubter Handlung und aus der Verletzung der Treuepflicht iVm § 280 Abs. 1 BGB bestehen allerdings nur bei wenigstens **grob fahrlässigen Handeln** der antragstellenden Aktionärsminderheit.[26] Dies ergibt sich aus einer entsprechenden Anwendung von Satz 2, da auch die Kostenerstattungspflicht der antragstellenden Aktionärsminderheit nur bei grob fahrlässigen oder vorsätzlichen Handeln besteht.[27]

V. Sonstige Kostenerstattung

Schließlich kann auch eine **Kostenerstattungspflicht Dritter** im Rahmen eines Schadenersatzanspruches bestehen, soweit die Grundlage für diese Schadenersatzansprüche durch die Sonderprüfung aufgedeckt wurde. Dies kommt insbesondere bei einer Inanspruchnahme von Verwaltungsmitgliedern im Rahmen deren Haftung aus §§ 93, 116 in Betracht.[28]

VI. Kostentragung bei der Anordnung der Sonderprüfung und Bestellung des Sonderprüfers durch die Hauptversammlung

Für die Kostentragung im Fall der Anordnung der Sonderprüfung und Bestellung eines Sonderprüfers durch die Hauptversammlung trifft § 146 keine Regelung. Die Kostentragungspflicht der Gesellschaft ergibt sich aber aus dem Prüfungsvertrag.[29] Ebenso wie bei der gerichtlichen Bestellung kann auch die **Bestellung durch die Hauptversammlung** ein Ersatzanspruch aufgrund eines vorsätzlich oder grob fahrlässig unrichtigen Vortrages eines der Aktionäre oder der Verwaltungsmitglieder bestehen. Auch wenn Satz 2 für diese Fälle nicht anwendbar ist, kann sich dennoch ein Erstattungsanspruch der Gesellschaft gegen den Aktionär aus der Verletzung der Treuepflicht iVm § 280 Abs. 1 BGB und gegen die Verwaltungsmitglieder aus §§ 93, 116 ergeben.

§ 147 Geltendmachung von Ersatzansprüchen

(1) ¹Die Ersatzansprüche der Gesellschaft aus der Gründung gegen die nach den §§ 46 bis 48, 53 verpflichteten Personen oder aus der Geschäftsführung gegen die Mitglieder des Vorstands und des Aufsichtsrats oder aus § 117 müssen geltend gemacht werden, wenn es die Hauptversammlung mit einfacher Stimmenmehrheit beschließt. ²Der Ersatzanspruch soll binnen sechs Monaten seit dem Tage der Hauptversammlung geltend gemacht werden.

(2) ¹Zur Geltendmachung des Ersatzanspruchs kann die Hauptversammlung besondere Vertreter bestellen. ²Das Gericht (§ 14) hat auf Antrag von Aktionären, deren Anteile zusammen den zehnten Teil des Grundkapitals oder den anteiligen Betrag von einer Million Euro erreichen, als Vertreter der Gesellschaft zur Geltendmachung des Ersatzanspruchs andere als die nach den §§ 78, 112 oder nach Satz 1 zur Vertretung der Gesellschaft berufenen Personen zu bestellen, wenn ihm dies für eine gehörige Geltendmachung zweckmäßig erscheint. ³Gibt das Gericht dem Antrag statt, so trägt die Gesellschaft die Gerichtskosten. ⁴Gegen die Entscheidung ist die Beschwerde zulässig. ⁵Die gerichtlich bestellten Vertreter können von der Gesellschaft den Ersatz angemessener barer Auslagen und eine Vergütung für ihre Tätigkeit verlangen. ⁶Die Auslagen und die Vergütung setzt das Gericht fest. ⁷Gegen die Entscheidung ist die Beschwerde zulässig; die Rechtsbeschwerde ist ausgeschlossen. ⁸Aus der rechtskräftigen Entscheidung findet die Zwangsvollstreckung nach der Zivilprozeßordnung statt.

Schrifttum: Verpflichtender Hauptversammlungsbeschluss (Abs. 1): *Bayer*, Anforderungen an die Geltendmachung von Ersatzansprüchen gegen den herrschenden Aktionär gem. § 147 AktG durch die Minderheit, AG 2016, 637; *Bernau*, Konzernrechtliche Ersatzansprüche als Gegenstand des Klageerzwingungsrechts nach § 147 Abs. 1 S. 1 AktG, AG 2011, 894; *Bork*, Sonderprüfung, Klageerzwingung, in Hommelhoff/Hopt/von Werder,

---

[25] Großkomm AktG/*Bezzenberger* Rn. 9; vgl. zur treuwidrigen Ausübung kollektiver Minderheitenschutzrechte BGHZ 129, 136 (143 f.) = NJW 1995, 1739.
[26] Ebenso schon zur § 146 aF in Bezug auf die Aktienrechtsreform 1965 Großkomm AktG/*Bezzenberger* Rn. 9; *Fleischer* in Küting/Weber Rechnungslegung-HdB Rn. 9; *Jänig*, Die aktienrechtliche Sonderprüfung, 2005, 417 f.
[27] *Fleischer* NJW 2005, 3525 (3527).
[28] *Bode* AG 1995, 261 (264); *Fleischer* in Küting/Weber Rechnungslegung-HdB Rn. 11; *Kirschner*, Die Sonderprüfung der Geschäftsführung in der Praxis, 2007, 140; Kölner Komm AktG/*Rieckers/Vetter* Rn. 44 f.; K. Schmidt/Lutter/*Spindler* Rn. 18.
[29] Ebenso Kölner Komm AktG/*Rieckers/Vetter* Rn. 47.

HdB Corporate Governance, 2. Aufl. 2009, S. 743; *Goette,* Zur ARAG/GARMENBECK-Doktrin, liber amicorum Winter, 2011, 153; *Koch,* Keine Ermessensspielräume bei der Entscheidung über die Inanspruchnahme von Vorstandsmitgliedern, AG 2009, 93; *Koch,* Die Pflichtenstellung des Aufsichtsrats nach Zulassung der Aktionärsklage, FS Hüffer, 2009, 447; *Kropff,* Der konzernrechtliche Ersatzanspruch – ein zahnloser Tiger?, FS G. Bezzenberger, 2000, 233; *Mock,* Inhalt und Reichweite der Ersatzansprüche in den §§ 147 f. AktG, NZG 2015, 1013; *H.-F. Müller,* Die Durchsetzung konzernrechtlicher Ersatzansprüche nach dem UMAG, Der Konzern 2006, 725; *Redeke,* Auswirkungen des UMAG auf die Verfolgung von Organhaftungsansprüchen seitens des Aufsichtsrats?, ZIP 2008, 1549; *Reichert,* Das Prinzip der Regelverfolgung von Schadenersatzansprüchen nach ARAG/Garmenbeck, FS Hommelhoff, 2012, 907; *Röhricht,* Das Gesellschaftsrecht in der jüngsten Rechtsprechung des Bundesgerichtshofs, RWS-Forum 10 – Gesellschaftsrecht 1997, 1998, S. 191; *K. Schmidt,* Verfolgungspflichten, Verfolgungsrechte und Aktionärsklagen: Ist die Quadratur des Zirkels näher gerückt?, NZG 2005, 796; *Tielmann/Gahr,* Erstreckung des Stimmverbots der Verwaltungsorganmitglieder auf den beherrschenden Aktionär – Sippenhaft im Konzern? AG 2016, 199; *R. C. Thümmel,* Aufsichtsräte in der Pflicht? – Die Aufsichtsratshaftung gewinnt Konturen, DB 1999, 885; *Wellkamp,* Die Gesellschafterklage im Spannungsfeld von Unternehmensführung und Mitgliedsrechten, DZWiR 1994, 221; *Wilsing* Voraussetzungen und Folgen der Nichtgeltendmachung von Haftungsansprüchen gegen Vorstandsmitglieder aus übergeordneten Gründen des Unternehmenswohls, FS Maier-Reimer, 2010, 889; *Winnen,* Die Innenhaftung des Vorstands nach dem UMAG, 2009;

Bestellung eines besonderen Vertreters (Abs. 2): *Altmeppen,* Gibt es Stimmverbote in der Einmann-Gesellschaft?, NJW 2009, 3757; *Binder,* Das Informationsstatut des besonderen Vertreters (§ 147 Abs. 2 AktG), ZHR 176 (2012), 380; *Böbel,* Die Rechtsstellung der besonderen Vertreter gem. § 147 AktG, Diss. Tübingen, 1998; *Fabritius,* Der besondere Vertreter gemäß § 147 Abs. 2 AktG, GS Gruson, 2009, 133; *Happ,* Vom besonderen Vertreter zur actio pro socio – Das Klagezulassungsverfahren de § 148 AktG auf dem Prüfstand, FS Westermann, 2008, 971; *Hippeli,* Informationsverlangen des besonderen Vertreters gegenüber der AG im einstweiligen Rechtsschutz, DZWiR 2016, 408; *Hirte/Mock,* Abberufung des besonderen Vertreters durch den Alleinaktionär, BB 2010, 775; *Hüffer,* Verwaltungskontrolle und Rechtsverfolgung durch Sonderprüfer und besondere Vertreter (§§ 142, 147 Abs. 2 AktG), ZHR 174 (2010), 642; *Humrich,* Der besondere Vertreter im Aktienrecht, 2013; *Kling,* Der besondere Vertreter im Aktienrecht, ZGR 2009, 190; *Löbbe,* Die Rechtsstellung des besonderen Vertreters nach § 147 AktG in VGR, Gesellschaftsrecht in der Diskussion 2016, 2017, S. 25; *Lochner/Beneke,* Der Besondere Vertreter in Hauptversammlung und Prozess – aktuelle Praxisfragen, ZIP 2015, 2010; *Mock,* Die Entdeckung des besonderen Vertreters, DB 2008, 393; *Mock,* Berichts-, Auskunfts- und Publizitätspflichten des besonderen Vertreters, AG 2008, 839; *Mock,* Schiedsvereinbarungen im Rahmen von Sonderprüfungen und der Geltendmachung von Ersatzansprüchen, FS Meilicke, 2010, 489; *Mock,* Informationsbeschaffung durch den besonderen Vertreter, ZHR 181 (2017), 688; *Nietsch,* Klageinitiative und besondere Vertretung in der Aktiengesellschaft, ZGR 2011, 589; *Peters/Hecker,* Last Man Standing – Zur Anfechtungsklage des besonderen Vertreters gegen den Hauptversammlungsbeschluss über seine Abberufung, NZG 2009, 1294; *Priester,* Informationsrechte des besonderen Vertreters im Aktienrecht, Jahrbuch der Fachanwälte für Steuerrecht 2008/2009, 376; *Schneider,* Der mühsame Weg der Durchsetzung der Organhaftung durch den besonderen Vertreter, ZIP 2013, 1985; *Verhoeven,* Der Besondere Vertreter nach § 147 AktG: Erwacht ein schlafender Riese, ZIP 2008, 245; *Westermann,* Der Besondere Vertreter im Aktienrecht, AG 2009, 237; *Wirth,* Der „besondere Vertreter" nach § 147 Abs. 2 AktG – Ein neuer Akteur auf der Bühne?, FS Hüffer, 2009, 1129; *Wirth/Pospiech,* Der besondere Vertreter gem. § 147 Abs. 2 S. 1 AktG als Organ der Aktiengesellschaft?, DB 2008, 2471.

Übersicht

	Rn.		Rn.
I. Grundlagen	1–19	**III. Verpflichtung zur Anspruchsverfolgung**	31–39
1. Regelungsgegenstand	1, 2	1. Reichweite der Verpflichtung	32–35
2. Zweck der Regelung	3, 4	2. Art der Geltendmachung	36, 37
3. Entstehungsgeschichte	5–7	3. Eröffnung des Insolvenzverfahrens	38, 39
4. Rechtsvergleichende Betrachtung	8, 9	**IV. Verpflichtender Hauptversammlungsbeschluss (Abs. 1)**	40–63
5. Europarecht	10	1. Inhaltliche Anforderungen an den Beschluss	43–45
6. Rechtspolitische Würdigung	11–14	2. Beschlussfassung	46–49
7. Rechtstatsachen	15	3. Folgen der Beschlussfassung	50–56
8. Verhältnis zu anderen Vorschriften	16–19	4. Frist zur Geltendmachung (Abs. 1 S. 2)	57
a) Sonderprüfung	16, 17	5. Aufhebung, Fehlerhaftigkeit und Erledigung des Beschlusses	58–63
b) Geltendmachung von Ersatzansprüchen und Corporate Governance	18	**V. Bestellung eines besonderen Vertreters (Abs. 2)**	64–175
c) Klagezulassungsverfahren	19	1. Bestellung	67–109
II. Erfasste Ersatzansprüche	20–30	a) Bestellung durch Hauptversammlungsbeschluss (Abs. 2 S. 1)	71–78
1. Anspruchsgrundlagen	21–25		
2. Anspruchsgegner	26, 27		
3. Anspruchsinhaber	28, 29		
4. Umfang der Ersatzansprüche	30		

	Rn.		Rn.
b) Gerichtliche Bestellung (Abs. 2 S. 2)	79–97	c) Rolle des besonderen Vertreters auf der Hauptversammlung	143–147
c) Allgemeine Anforderungen an den besonderen Vertreter	98, 99	5. Finanzierung der Tätigkeit des besonderen Vertreters	148, 149
d) Abschluss des Bestellungsvorgangs	100–102	6. Außergerichtliche Geltendmachung und Klageerhebung durch den besonderen Vertreter	150–153
e) Folgen einer gerichtlichen Überprüfung der Bestellung	103–105	7. Beendigung des Amtes	154–171
f) Bestellung einer anderen Person zum besonderen Vertreter	106, 107	a) Beendigung aufgrund der Aufgabenerfüllung	155
g) Insolvenz	108, 109	b) Beendigungsgrund in der Person des besonderen Vertreters	156–159
2. Rechtsfolgen der Bestellung des besonderen Vertreters	110, 111	c) Beendigung der Organstellung	160–167
3. Aufgaben des besonderen Vertreters	112–120	d) Auswirkungen auf laufende Prozesse	168
a) Prüfung der Ersatzansprüche und Ermittlung der zugrundeliegenden Sachverhalte	112	e) Entlastung auf der Hauptversammlung	169
b) Befugnisse im Rahmen der Geltendmachung	113–117	f) Berichts- und Dokumentationspflicht	170
c) Erhebung von und Mitwirkung bei Anfechtungs- oder Nichtigkeitsklagen	118, 119	g) Herausgabe von Unterlagen und Dokumenten	171
d) Insolvenz	120	8. Auslagen und Vergütung (Abs. 2 S. 5)	172–174
4. Stellung des besonderen Vertreters	121–147	9. Freiwillige Einsetzung eines besonderen Vertreters	175
a) Pflichten des besonderen Vertreters	122–133		
b) Rechte des besonderen Vertreters	134–142		

I. Grundlagen

1. Regelungsgegenstand. Die Geltendmachung von Ersatzansprüchen gegenüber Mitgliedern 1 der Verwaltungsorgane obliegt im Grundsatz dem jeweils anderen Verwaltungsorgan (§§ 78, 112). Dabei besteht die Gefahr, dass die Mitglieder der Verwaltungsorgane ihr Eigeninteresse über das Interesse der Gesellschaft an der Verfolgung dieser Ansprüche stellen und somit die Geltendmachung der Ersatzansprüche unterlassen wird. Abs. 1 bestimmt daher, dass Ersatzansprüche der Gesellschaft aus der Gründung oder aus der Geschäftsführung gegen die Mitglieder des Vorstands und des Aufsichtsrats oder aus § 117 geltend gemacht werden müssen, wenn es die **Hauptversammlung** mit einfacher Stimmenmehrheit beschließt.

Abs. 2 regelt zudem die **Bestellung eines besonderen Vertreters** durch die Hauptversammlung 2 (Abs. 2 S. 1) oder das Gericht auf Antrag einer Aktionärsminderheit (Abs. 2 S. 2–8), dem die Aufgabe der Durchsetzung der Ersatzansprüche zukommt.

2. Zweck der Regelung. Der Zweck von § 147 besteht vor allem in der **Sicherstellung einer** 3 **effektiven Haftungsdurchsetzung,** erschöpft sich aber nicht darin.[1] Denn durch die Möglichkeit der gerichtlichen Bestellung eines besonderen Vertreters für eine Aktionärsminderheit dient jedenfalls Abs. 2 S. 2 auch dem **Minderheitenschutz,** da somit verhindert werden kann, dass eine Aktionärsmehrheit pflichtwidriges Verhalten der Verwaltung deckt.[2] Dass es sich dabei nicht um ein seltenes Phänomen handelt, wird vor allem in Konzernsachverhalten deutlich, da pflichtwidriges Organhandeln oftmals zugunsten des Mehrheitsaktionärs vorgenommen wird. Somit ergibt sich für § 147 eine doppelte Schutzrichtung, da sowohl die Gesellschaft selbst als auch die (Minderheits-)Aktionäre vor einer fehlenden Durchsetzung von Ersatzansprüchen geschützt werden sollen.

Bei § 147 handelt es sich insgesamt um **zwingendes Recht,** so dass in der Satzung von diesem 4 nicht abgewichen werden kann (§ 23 Abs. 5).[3] Zur fehlenden Möglichkeit der freiwilligen Einsetzung eines besonderen Vertreters → Rn. 175.

3. Entstehungsgeschichte. Bereits das **ADHGB von 1884** enthielt mit Art. 223 Abs. 2 S. 2 5 ADHGB 1884 erstmals eine Regelung, einem kollusiven Zusammenwirken von Gründern, Aktionärsmehrheiten und Verwaltungsmitgliedern entgegenzuwirken. Danach konnte die Gesellschaft zur Geltendmachung von Ansprüchen gegen diese verpflichtet werden, wenn es von der Generalversammlung beschlossen wurde.[4] Diese Regelung wurde in § 268 HGB 1900 übernommen und in

---
[1] Dazu ausf. *Humrich,* Der besondere Vertreter im Aktienrecht, 2013, 26 ff.; vgl. auch MüKoAktG/*Arnold* Rn. 16 f.; Kölner Komm AktG/*Rieckers/Vetter* Rn. 16 ff.
[2] MüKoAktG/*Arnold* Rn. 18; *Humrich,* Der besondere Vertreter im Aktienrecht, 2013, 29; einschränkend Kölner Komm AktG/*Rieckers/Vetter* Rn. 18, die dies nur im Hinblick auf Abs. 2 S. 2 annehmen.
[3] MüKoAktG/*Arnold* Rn. 4; Kölner Komm AktG/*Rieckers/Vetter* Rn. 13.
[4] Vgl. dazu *Humrich,* Der besondere Vertreter im Aktienrecht, 2013, 33 f.; *Wirth* FS Hüffer, 2009, 1129 (1140).

den § 269 weiter konkretisiert, indem der Generalversammlung unter anderem erstmals das Recht eingeräumt wurde, zur Führung des Rechtsstreits einen Vertreter selbst zu wählen (§ 268 Abs. 2).[5] In den **Aktienrechtsreformen 1937** und **1965** wurde die Pflicht zur Geltendmachung von Ersatzansprüchen durch einen Hauptversammlungsbeschluss ohne inhaltliche Änderungen in § 122 AktG 1937 bzw. § 147 AktG 1965 übernommen.

6 Nach weitgehend redaktionellen Änderungen durch das Beurkundungsgesetz[6] und dem Gesetz zur Ergänzung der handelsrechtlichen Vorschriften über die Änderung der Unternehmensform[7] von 1969 erfolgte 1998 eine umfassende Reform im Rahmen des **KonTraG**.[8] Dabei erfolgte im Wesentlichen eine Erleichterung einer Klageerzwingung durch eine Aktionärsminderheit, die seinerzeit noch in Abs. 3 geregelt war (→ § 148 Rn. 6 f.). Das Recht der Hauptversammlung, einen verpflichtenden Beschluss zu fassen (Abs. 1) und gegebenenfalls einen besonderen Vertreter zu bestellen (Abs. 2 S. 1) blieben hiervon unberührt. Ebenso wenig erfuhr das Recht der Aktionärsminderheit Änderungen, einen besonderen Vertreter auf Antrag gerichtlich bestellen zu lassen (Abs. 2 S. 2).

7 Weitere kleinere Änderungen erfolgten durch das Stückaktiengesetz[9] und das Euro-Einführungsgesetz (EuroEG)[10] bevor durch das **UMAG**[11] das Recht der Klageerzwingung durch eine Aktionärsminderheit vollständig neu geregelt und aus § 147 in den neu geschaffenen § 148 verschoben wurde. Durch das **FGG-Reformgesetz**[12] wurde das gerichtliche Bestellungsverfahren in Abs. 2 S. 4, 7 und 8 geändert. Die Norm ist seitdem unverändert.

8 **4. Rechtsvergleichende Betrachtung.** In rechtsvergleichender Hinsicht ist die Regelung in § 147 weitgehend einzigartig, was im Wesentlichen darauf zurückzuführen ist, dass die meisten Gesellschafts- bzw. Aktienrechte – im Gegensatz zum deutschen Recht (→ § 76 Rn. 56 ff.) – ein **Weisungsrecht der Hauptversammlung gegenüber dem Leitungsorgan** der Aktiengesellschaft kennen.[13] Insofern bedarf es in diesen Rechtsordnungen schon keines verpflichtenden Hauptversammlungsbeschlusses bzw. ist dieser Teil des allgemeinen Weisungsrechts. Eine mit § 147 weitgehend vergleichbare Regelung existiert aber im österreichischem Aktienrecht in den §§ 134 ff. öAktG.[14]

9 Auch die **Bestellung eines besonderen Vertreters** zur Geltendmachung von Ersatzansprüchen ist rechtsvergleichend weitgehend einmalig. Dies ergibt sich aus dem Umstand, dass die meisten Rechtsordnungen für die Durchsetzung von Ersatzansprüchen durch eine Aktionärsminderheit im Vergleich zur deutschen Rechtslage (§ 148) geringere Anforderungen stellen bzw. dort eine bessere Anreizstruktur besteht, so dass es keiner Bestellung einer unabhängigen Person für die Durchsetzung bedarf. Diese Aufgabe nehmen die Aktionäre sozusagen selbst wahr. Allerdings kann auch im österreichischen Aktienrecht ein besonderer Vertreter zur Geltendmachung von Ersatzansprüchen bestellt werden (§ 134 Abs. 2 öAktG).[15]

10 **5. Europarecht.** Die Verpflichtung zur Anspruchsverfolgung aufgrund eines Votums der Hauptversammlung und die Bestellung eines besonderen Vertreters werden durch das europäische Gesellschaftsrecht nicht beeinflusst. Allerdings sah der erste Entwurf der **gescheiterten**[16] **Strukturrichtlinie**[17] in Art. 15 Strukturrichtlinie-Entwurf vor, dass die Hauptversammlung einen verpflichtenden Beschluss fassen konnte. Zur Rechtslage bei der europäischen Aktiengesellschaft → Rn. 42, 66.

11 **6. Rechtspolitische Würdigung.** Die praktische Bedeutung von § 147 war seit seiner Schaffung eher gering. Allerdings hat insbesondere die Möglichkeit der Bestellung eines besonderen Vertreters

---

[5] Ausf. zur Entstehungsgeschichte *Rollin*, Die Aktionärsklage in England und Deutschland, 2001, 135 ff.
[6] BGBl. 1969 I 1513.
[7] BGBl. 1969 I 1171.
[8] Gesetz zur Kontrolle und Transparenz im Unternehmensbereich vom 27.4.1998, BGBl. 1998 I 786.
[9] Gesetz über die Zulassung von Stückaktien vom 25.3.1998, BGBl. 1998 I 590.
[10] Gesetz zur Einführung des Euro vom 9.6.1998, BGBl. 1998 I 1242.
[11] Gesetz zur Unternehmensintegrität und Modernisierung des Anfechtungsrechts vom 22.9.2005, BGBl. 2005 I 2802.
[12] Gesetz zur Reform des Verfahrens in Familiensachen und in den Angelegenheiten der freiwilligen Gerichtsbarkeit v. 17.12.2008, BGBl. 2008 I 2586.
[13] Dazu *Mock* NZG 2015, 1013 (1018).
[14] Dazu ausführlich MüKoAktG/*Csoklich* Rn. 113 ff.
[15] Dazu ausführlich MüKoAktG/*Csoklich* Rn. 121 ff.
[16] Vgl. zur fehlenden weiteren Verfolgung dieser Harmonisierungsbemühung ABl. EG 2004 L 5, 20 v. 9.1.2004.
[17] Vorschlag für eine fünfte Richtlinie zur Koordinierung der Schutzbestimmungen, die in den Mitgliedstaaten den Gesellschaften im Sinne des Art. 58 Abs. 2 des Vertrages im Interesse der Gesellschafter sowie Dritter hinsichtlich ihrer Struktur der Aktiengesellschaft sowie der Befugnisse und Verpflichtungen ihrer Organe vorgeschrieben sind vom 9.10.1972, ABl. EG 1972 C 131, S. 49 ff. v. 13.12.1972.

nach Abs. 2 in den letzten Jahren größere Aufmerksamkeit erfahren,[18] was dazu geführt hat, das Teile des Schrifttums sogleich die Frage nach einem möglichen Missbrauch der Bestellung eines besonderen Vertreters aufgeworfen haben.[19] Die **Problematik der missbräuchlichen Bestellung von besonderen Vertretern** ist in den vergangenen Jahren aber bereits deutlich entschärft worden, da die Rechte und Pflichten des besonderen Vertreters inzwischen weitergehend durch die Rechtsprechung konkretisiert wurden (→ Rn. 121 ff.). Zudem bleibt die Frage, ob eine gewisse Form des Missbrauchs nicht generell akzeptiert werden muss, um eine tatsächliche Nutzung des § 147 zu gewährleisten. Denn nicht zuletzt das restriktive Verständnis der Kompetenzen des besonderen Vertreters hat in der Vergangenheit dazu geführt, dass von diesem kaum Gebrauch gemacht wurde.

Unabhängig von der Missbrauchsfrage stellt sich bei § 147 – ebenso wie bei § 148 (→ Rn. 12 ff.) – generell das Problem der fehlenden Anreizstruktur für die Aktionäre. Zwar haben diese ein generelles Interesse an der Geltendmachung der Ersatzansprüche, stehen bei der Verwirklichung dieses Interesses aber vor dem Problem, dass der dafür notwendige **Aufwand häufig in keinem Verhältnis zum Beteiligungsumfang** steht. Dies gilt insbesondere für die gerichtliche Bestellung eines besonderen Vertreters nach Abs. 2 S. 2, zumal die Aktionärsminderheit bei einer Zurückweisung des Antrags die Kosten selbst tragen muss (→ Rn. 91). Letztlich wird man daher langfristig an der **Gewährung einer Fangprämie zur Steigerung der tatsächlichen Nutzung** von § 147 nicht vorbeikommen. Dies mag für das deutsche Aktienrecht ein Novum sein, deckt sich aber mit Überlegungen, die auch bei dem ebenfalls kaum genutzten Klagezulassungsverfahren nach § 148 angestellt werden (→ § 148 Rn. 22 ff.). **12**

Zudem bedarf es einer **engeren gesetzgeberischen Abstimmung mit der Sonderprüfung**. Bei vor allem in Konzernsachverhalten bestehenden Ersatzansprüchen gegen (Mehrheits-)Gesellschafter ist es den Minderheitsgesellschaftern faktisch nicht möglich, eine Sonderprüfung durchzuführen, da Aktionäre weder dem Stimmverbot des § 142 Abs. 1 S. 2 und 3 (→ § 142 Rn. 98 ff.), noch dem Stimmverbot des § 136 Abs. 1 S. 1 unterliegen, da durch die Sonderprüfung noch keine unmittelbare Betroffenheit begründet wird. Eine Beschlussfassung ist daher in der Regel ausgeschlossen.[20] Bei dem verpflichtenden Hauptversammlungsbeschluss nach Abs. 1 und der Bestellung eines besonderen Vertreters nach Abs. 2 kann der Mehrheitsaktionär aber in der Regel bei der Abstimmung aufgrund eines Stimmverbots nicht mitwirken (→ Rn. 74) bzw. riskiert anderenfalls eine positive Beschlussanfechtungsklage (→ Rn. 74). Dabei darf allerdings nicht übersehen werden, dass sich die Ausgangslage bei § 147 selbst bei einer entsprechenden Anpassung der Stimmverbote des § 142 Abs. 1 S. 2 und 3 nur dann ändern würde, wenn man die **Sonderprüfung als eine Art Vorverfahren für die Geltendmachung der Ersatzansprüche durch den besonderen Vertreter** ausgestalten würde, was sie nach der derzeitigen Gesetzessystematik aber nicht ist (→ Rn. 16 f.). **13**

Auch das durch das UMAG neu geschaffene **Klagezulassungsverfahren des § 148** stellt letztlich keine Alternative zu § 147 dar, da selbst bei einem erfolgreichen Klagezulassungsverfahren für die dann klagende Aktionärsminderheit immer die Gefahr besteht, dass die Verwaltungsorgane der Gesellschaft das Verfahren durch eine eigene Klageerhebung an sich ziehen. Zudem besteht für die Aktionärsminderheit bei der Bestellung eines besonderen Vertreters auch ein größerer Anreiz hinsichtlich einer indirekten Vergütung über die anwaltliche Vertretung. Während diese im Rahmen von § 148 insbesondere durch § 148 Abs. 6 S. 6 beschränkt ist (→ § 148 Rn. 178 ff.), ist dies beim besonderen Vertreter nicht der Fall. Dieser kann neben der eigentlichen (erfolgsunabhängigen) Vergütung für seine Tätigkeit (→ Rn. 172 ff.) durch eine entsprechende Selbstmandatierung eine indirekte Vergütung erhalten. **14**

7. Rechtstatsachen. Die praktische Bedeutung des § 147 ist untrennbar mit der Organhaftungsdebatte verbunden. Da die Organhaftung jahrzehntelange eher ein Schattendasein pflegte, fehlte es auch bei § 147 an Anwendungsfällen. Dies hat sich in den vergangenen zehn Jahren allerdings grundlegend geändert, so dass vor allem die Bestellung des besonderen Vertreters inzwischen häufig zu beobachten ist. Diese **merkliche Zunahme von Fällen der Bestellung des besonderen Vertreters** ist dabei bei weitem nicht auf eine Zunahme von Missbrauchsfällen,[21] sondern vielmehr auf ein gesteigertes Bedürfnis nach der tatsächlichen Durchsetzung der Organhaftung zurückzuführen. **15**

---

[18] Für einen Überblick über die bisherigen Fälle, bei denen ein besonderer Vertreter bestellt wurde vgl. *Fabritius* GS Gruson, 2009, 133 (133 f.).
[19] Vgl. etwa *Bayer* AG 2016, 637 ff.; *Fabritius* GS Gruson, 2009, 133 ff.; *Hüffer* ZHR 174 (2010), 642 (661 f.); zum Ganzen auch Kölner Komm AktG/*Rieckers/Vetter* Rn. 61 ff.
[20] Vgl. zum Ganzen *Fabritius* GS Gruson, 2009, 133 (136 f.); *Wirth* FS Hüffer, 2009, 1129 (1146 f.).
[21] Ähnlich Kölner Komm AktG/*Rieckers/Vetter* Rn. 56 ff.; dies aber annehmend *Bayer* AG 2016, 637 mit der Behauptung, dass dies ein neues Betätigungsfeld für Berufskläger und aktivistische Aktionäre sei.

16 8. **Verhältnis zu anderen Vorschriften. a) Sonderprüfung.** Die Beschlussfassung zur Verpflichtung zur Geltendmachung von Ersatzansprüchen und die Bestellung eines besonderen Vertreters setzt oftmals eine umfassende Unterrichtung der Hauptversammlung bzw. der entsprechenden Aktionärsminderheiten voraus. Auch wenn sich die dafür notwendigen Informationen oftmals nur im Wege einer Sonderprüfung (§§ 142 ff., 258) beschaffen lassen bzw. diese dazu dient,[22] ist die Sonderprüfung in keiner Weise eine Voraussetzung für die Beschlussfassung zur Verpflichtung zur Geltendmachung von Ersatzansprüchen und die Bestellung eines besonderen Vertreters.[23] Eine solche Abhängigkeit der Rechte nach Abs. 1 und 2 von der Sonderprüfung lässt sich weder aus dem Gesetzeswortlaut noch aus der Gesetzessystematik ableiten. Letztere spricht vielmehr gegen eine solche Abhängigkeit, da die **Einleitung einer Sonderprüfung** – im Gegensatz zur Einleitung eines Klagezulassungsverfahrens (§ 148 Abs. 2 S. 5) oder einer Klageerhebung (§ 204 Abs. 1 Nr. 1 BGB) – keine Hemmung der Verjährung bewirkt.[24] Die Annahme einer Abhängigkeit würde daher faktisch eine Verkürzung der Verjährung der Ersatzansprüche um den Zeitraum bedeuten, der für die Durchführung einer Sonderprüfung und die Einberufung einer Hauptversammlung notwendig wäre. Zwar wurde dieses Problem – jedenfalls für börsennotierte Gesellschaften – durch die Verlängerung der Verjährungsfrist in § 93 Abs. 6 und der Frist in § 142 Abs. 2 S. 1 etwas entschärft (→ § 142 Rn. 145), bleibt im Grundsatz aber bestehen.

17 Außerdem kann eine Abhängigkeit auch nicht dahingehend bestehen, dass dem besonderen Vertreter ein Sonderprüfer zur Seite gestellt wird bzw. werden muss, da dann die Fristregelung des Abs. 1 S. 2 nicht eingehalten werden kann.[25] Gegen eine Subsidiarität der Geltendmachung der Ersatzansprüche nach § 147 gegenüber einer Sonderprüfung nach §§ 142 ff. spricht schließlich, dass der Sonderprüfer bei einer **mangelnden Kooperation der Verwaltungsmitglieder** seine Prüferrechte nach § 145 Abs. 1–3 nicht selbst einklagen, sondern insofern nur auf eine Festsetzung eines Zwangsgeldes hinwirken kann (→ § 145 Rn. 24 ff.). Somit kann die Einleitung einer Sonderprüfung nicht einmal garantieren, dass die erforderliche Aufklärung auch tatsächlich in einem angemessenen Zeitrahmen erfolgt, da den möglicherweise in Anspruch zu nehmenden Verwaltungsmitgliedern weit gehende Verzögerungsmöglichkeiten bleiben, die schließlich zu einer Verjährung der Ersatzansprüche führen können. Schließlich ist zu beachten, dass vor allem bei der Geltendmachung von Ersatzansprüchen gegen einen Mehrheitsaktionär die vorherige Einleitung einer Sonderprüfung oftmals aufgrund der Einflussnahme des Mehrheitsaktionärs schon nicht stattfindet.[26]

18 b) **Geltendmachung von Ersatzansprüchen und Corporate Governance.** Die Geltendmachung der Ersatzansprüche durch einen verpflichtenden Hauptversammlungsbeschluss bzw. durch einen besonderen Vertreter stellt zwar ein zentrales Instrument der Haftungsverwirklichung in der aktienrechtlichen Zuständigkeitsordnung dar,[27] wird aber in keiner Weise durch den **Deutschen Corporate Governance Kodex** adressiert, so dass die Abgabe einer Entsprechenserklärung nach § 161 auch keinen Einfluss darauf hat. Dies erscheint vor dem Hintergrund der bestehenden Unsicherheiten hinsichtlich des tatsächlichen Umgangs mit einem besonderen Vertreter allerdings äußert fragwürdig.[28]

19 c) **Klagezulassungsverfahren.** Die Geltendmachung von Ersatzansprüchen kann schließlich auch durch eine Aktionärsminderheit nach erfolgreichem Durchlaufen eines **Klagezulassungsverfahrens nach § 148** erfolgen. Zum Verhältnis zur Geltendmachung durch den besonderen Vertreter → § 148 Rn. 34.

---

[22] *Trölitzsch/Gunßer* AG 2009, 833 (834).
[23] OLG Köln NZG 2017, 1344 (1346) = AG 2017, 351; OLG Köln NZG 2016, 147 (148) = AG 2016, 254; *Mock* DB 2008, 393 (394); *Mock* EWiR 2013, 701; *Nietsch* ZGR 2011, 589 (616 ff.); *Verhoeven* ZIP 2008, 245 (247 f.); aA aber OLG München NZG 2008, 230 (234) = AG 2008, 172; LG Duisburg ZIP 2013, 1379 (1380); *Bayer*, AG 2016, 637 (640 ff.); *Fabritius* GS Gruson, 2009, 133 (146 f.); *Grigoleit/Herrler* Rn. 3; *Hüffer* ZHR 174 (2010), 642 (666); *Humrich*, Der besondere Vertreter im Aktienrecht, 2013, 170 ff.; *Kling* ZGR 2009, 190 (216 f.); *Löbbe* in VGR, Gesellschaftsrecht in der Diskussion 2016, 2017, S. 25 (43); wohl auch *Priester*, Jahrbuch der Fachanwälte für Steuerrecht 2008/2009, S. 376 (378); *Wirth* FS Hüffer, 2009, 1129 (1143); *Wirth/Pospiech* DB 2008, 2471 (2474 f.).
[24] *Mock* DB 2008, 393 (396); *Mock* EWiR 2013, 701 (702); diesen Aspekt allerdings übersehen *Fabritius* GS Gruson, 2009, 133 (147 f.), der eine vorherige Sonderprüfung als zwingend annimmt. Ebenso *Wirth/Pospiech* DB 2008, 2471 (2474 f.), die für ein verkürztes Vorgehen des besonderen Vertreters keinen Raum sehen.
[25] *Mock* DB 2008, 393 (396).
[26] So etwa bei OLG Köln NZG 2016, 147 (148) = AG 2016, 254.
[27] *Bork* in Hommelhoff/Hopt/v. Werder Corporate Governance-HdB S. 743 (759).
[28] AA Kölner Komm AktG/*Rieckers/Vetter* Rn. 15.

II. Erfasste Ersatzansprüche

Der Fassung eines verpflichtenden Hauptversammlungsbeschlusses (Abs 1 → Rn. 40 ff.), die **20** Bestellung eines besonderen Vertreters (Abs 2 → Rn. 64 ff.) und die Einleitung eines Klagezulassungsverfahrens (§ 148) ist nicht generell möglich, sondern erfordert stets einen **Bezug zu Ersatzansprüchen**. Dieser Begriff wird in den §§ 147 f. allerdings nicht gesetzlich definiert und bedarf der Auslegung.[29] Zentrale Eckpunkte für die Ausfüllung des Begriffs sind die in Betracht kommenden Anspruchsgrundlagen (→ Rn. 21 ff.), die Anspruchsgegner (→ Rn. 26 f.), die Anspruchsinhaber (→ Rn. 28 f.) und schließlich der Umfang der Ansprüche (→ Rn. 30).

1. Anspruchsgrundlagen. Die Ersatzansprüche beschränken sich auf **Schadenersatzansprü- 21 che** aus Vorgängen bei der Gründung (§§ 46 f.) und Nachgründung (§ 53), aus unzulässigen Einflussnahmen (§ 117) sowie aus Pflichtverletzungen bei der Geschäftsführung und deren Überwachung (§§ 93, 116) sowie damit in Zusammenhang stehende vertragliche und deliktische Ansprüche. Eine Beschränkung auf bestimmte Anspruchsgrundlagen besteht nicht, so dass insbesondere auch Ansprüche aus § 88 Abs. 2 S. 2, § 89 Abs. 5[30] sowie aus §§ 681 Abs. 2 BGB, § 687 Abs. 2 BGB, § 812 Abs. 1 S. 1 Alt. 2 BGB erfasst sind.[31] Auch **Nebenansprüche** auf Auskunftserteilung und Rechnungslegung können geltend gemacht werden, wenn es sich dabei um Ansprüche der Gesellschaft handelt.[32] Umfasst sind zudem alle aus der Geschäftsleitung herleitbaren **Ersatz- und Ausgleichsansprüche**.[33]

Keine Ersatzansprüche im Sinne von Abs. 1 sind hingegen **Erfüllungsansprüche**.[34] Auch Auf- **22** wendungsersatz- oder Herausgabeansprüche stellen keine Ersatzansprüche dar.[35] Diese Ansprüche sind schon deswegen nicht als Ersatzansprüche erfasst, weil die Möglichkeit von deren Durchsetzung im Rahmen der §§ 147 f. der fehlenden Weisungsabhängigkeit des Vorstands und des Aufsichtsrats von der Hauptversammlung widersprechen würde.[36] Ansprüche im Zusammenhang mit der **Kapitalaufbringung und -erhaltung** werden ebenso – soweit sie sich gegen die Aktionäre richten (§§ 57, 62) und nicht durch die entsprechenden konzernrechtlichen Ansprüche verdrängt werden (→ Rn. 23) – nicht von Abs. 1 erfasst.[37] Schließlich können nicht (individuelle) Ansprüche der Aktionäre geltend gemacht werden.[38]

Trotz fehlender Nennung erfasst § 147 auch Ersatzansprüche aus dem **Konzernverhältnis** (§ 309 **23** Abs. 2, § 310 Abs. 1, § 317 Abs. 1, § 318 Abs. 2).[39] Die konzernrechtlichen Ersatzansprüche entsprechen den in § 147 aufgeführten Ansprüchen im Konzernverhältnis und müssen daher auch von § 147 erfasst werden.[40] Auch die Gesetzesmaterialien belegen, dass mit Schaffung der Klagebefugnis der Aktionäre bezüglich der konzernrechtlichen Ersatzansprüche durch das AktG 1965 eine Erweiterung des Minderheitenschutzes und keine bloße Ersetzung des § 147 erfolgen sollte.[41] Dem einzelnen Aktionär wird zwar in den konzernrechtlichen Ersatzansprüchen ein Klagerecht ohne Anforderungen

---

[29] Dazu ausführlich *Mock* NZG 2015, 1013 ff.
[30] Großkomm AktG/*Bezzenberger* Rn. 12; Hüffer/Koch/*Koch* Rn. 2; NK-AktR/*Lochner* Rn. 4; Kölner Komm AktG/*Rieckers*/*Vetter* Rn. 129; K. Schmidt/Lutter/*Spindler* Rn. 3.
[31] Großkomm AktG/*Bezzenberger* Rn. 12; Hüffer/Koch/*Koch* Rn. 2; NK-AktR/*Lochner* Rn. 4; K. Schmidt/Lutter/*Spindler* Rn. 3.
[32] Großkomm AktG/*Bezzenberger* Rn. 14; Kölner Komm AktG/*Rieckers*/*Vetter* Rn. 130.
[33] Großkomm AktG/*Bezzenberger* Rn. 12.
[34] *Kropff* S. 215; Großkomm AktG/*Bezzenberger* Rn. 14; Bürgers/Körber/*Holzborn*/*Jänig* Rn. 3; *Kling* ZGR 2009, 190 (201); NK-AktR/*Lochner* Rn. 3; Kölner Komm AktG/*Rieckers*/*Vetter* Rn. 135.
[35] *Mock* NZG 2015, 1013 (1018).
[36] Dazu ausführlich *Mock* NZG 2015, 1013 (1016 f.); zustimmend MüKoAktG/*Arnold* Rn. 24.
[37] LG Heidelberg AG 2017, 497; Kölner Komm AktG/*Rieckers*/*Vetter* Rn. 137; *Westermann* AG 2009, 237 (243).
[38] OLG München NZG 2008, 230 (233) = AG 2008, 172; *Mock* DB 2008, 393 (395); Kölner Komm AktG/*Rieckers*/*Vetter* Rn. 138; *Westermann* AG 2009, 237 (244).
[39] OLG München ZIP 2008, 1916 (1918) = AG 2008, 864 (jedenfalls für §§ 309, 317); MüKoAktG/*Arnold* Rn. 27; *Bernau* AG 2011, 894 ff.; Großkomm AktG/*Bezzenberger* Rn. 13; Grigoleit/*Herrler* Rn. 5; Hüffer/Koch/ *Koch* Rn. 3 (jedenfalls für §§ 310, 318); *Kropff* FS Bezzenberger, 2000, 233 (244 ff.); *Mock* DB 2008, 393 (394); *Müller* Konzern 2006, 725 (728 ff.); *Nietsch* ZGR 2011, 589 (598 f.); *Priester*, Jahrbuch der Fachanwälte für Steuerrecht 2008/2009, S. 376 (378); Kölner Komm AktG/*Rieckers*/*Vetter* Rn. 140 f.; *Schneider* ZIP 2013, 1985 (1986); K. Schmidt/Lutter/*Spindler* Rn. 4.; *Westermann* AG 2009, 237 (242 f.); Großkomm AktG/*Hirte* § 309 Rn. 41; aA aber *Humrich*, Der besondere Vertreter im Aktienrecht, 2013, 43 ff.; *Kling* ZGR 2009, 190 (202 ff.); Kölner Komm AktG/*Koppensteiner* § 317 Rn. 35; wohl auch *Fabritius* GS Gruson, 2009, 133 (144 f.); K. Schmidt NZG 2005, 796 (801).
[40] Ausf. dazu *Kropff* FS Bezzenberger, 2000, 233 (244 ff.).
[41] *Kropff* S. 405; ausf. zur Entstehungsgeschichte *Kropff* FS Bezzenberger, 2000, 233 (244 ff.); ausf. dazu *Müller* Konzern 2006, 725 (729).

an ein Quorum eingeräumt, jedoch trägt er grundsätzlich das Kostenrisiko.[42] Das Klagezulassungsverfahren des § 148 mit seiner Kostenverteilung (§ 148 Abs. 6) bietet hier daher eine Alternative. Da es sich bei den § 309 Abs. 4, § 310 Abs. 4, § 317 Abs. 4, § 318 Abs. 4 um gesetzlich geregelte Fälle der *actio pro socio* (→ § 309 Rn. 33 ff.) handelt, kann der einzelne Aktionäre von diesen keinen Gebrauch mehr machen, wenn der besondere Vertreter diese Ansprüche geltend macht.[43]

24   Unabhängig von der Frage der Erfassung der Ansprüche aus § 309 Abs. 2, § 310 Abs. 1, § 317 Abs. 1, § 318 Abs. 2 werden durch Abs. 1 auch **Ansprüche gegen verbundene Unternehmen** (§§ 15 ff.) erfasst, soweit diese auf den in Abs. 1 genannten Anspruchsgrundlagen basieren, was vor allem auf § 117 zutrifft.[44]

25   Für das **Schicksal der Ersatzansprüche bei Umwandlungsmaßnahmen** enthält Abs. 1 keine Regelung. Bei einer Verschmelzung der Gesellschaft als Inhaber der Ersatzansprüche greift die Gesamtrechtsnachfolgeregelung von § 20 Abs. 1 Nr. 1 UmwG, so dass die Ansprüche auf den aufnehmenden Rechtsträger übergehen.[45] Bei einer Spaltung kommt es darauf an, welchem Rechtsträger die Ersatzansprüche im Spaltungsplan zugewiesen wurden (§ 216 Abs. 1 Nr. 9 UmwG). Der Formwechsel hat schließlich keinerlei Auswirkungen auf die Ersatzansprüche, da diese auch beim neuen Rechtsträger fortbestehen. Für das Schicksal des verpflichtenden Hauptversammlungsbeschlusses und des besonderen Vertreters bei einer Umwandlung → Rn. 63 und → 167.

26   **2. Anspruchsgegner.** Die **Anspruchsgegner** ergeben sich aus dem jeweiligen Ersatzanspruch.[46] Anspruchsgegner sind daher vor allem die amtierenden Mitglieder des Vorstands und des Aufsichtsrats. Dabei kommt auch eine Inanspruchnahme des Aufsichtsratsvorsitzenden als Versammlungsleiter in Betracht. Ausgeschiedene Organmitglieder werden von § 147 ebenfalls erfasst.[47] Darüber hinaus können Anspruchsgegner auch zum Schadensersatz verpflichtete Personen nach § 47 Nr. 1–3 und § 117 sein. Auch kann der Nachgründungsprüfer (§ 53) aber nicht der Gründungsprüfer (§ 49) Anspruchsgegner sein. Andere Personen werden nicht erfasst und sind damit keine Anspruchsgegner. Dies gilt insbesondere für Arbeitnehmer oder leitende Angestellte.

27   Auch wenn **D&O-Versicherungen** einige der durch die Anspruchsteller verursachten Ersatzansprüche abdecken, werden diese nicht als Anspruchsgegner in Abs. 1 genannt. Diese fehlende Nennung ist dabei aber weniger auf eine bewusste Ausklammerung durch den Gesetzgeber zu verstehen als vielmehr dem Umstand zuzuschreiben, dass es sich bei der D&O-Versicherung um ein eher Versicherungsprodukt jüngeren Datums handelt. Auch wenn der Freistellungsanspruch gegen die Versicherung den Organmitgliedern selbst zusteht, wird dieser in den Anstellungsverträgen häufig an die Gesellschaft abgetreten. Zudem besteht auch die Möglichkeit die D&O-Versicherung als Eigenschadensversicherung abzuschließen. In diesen Fällen muss Abs. 1 für D&O-Versicherungen analog angewendet werden, da anderenfalls die bloße Inanspruchnahme der eigentlichen Anspruchsgegner bei Bestehen einer D&O-Versicherung häufig eine weitere gerichtliche Auseinandersetzung zwischen der Gesellschaft (aus abgetretenem Recht) und der D&O-Versicherung erfordert.[48]

28   **3. Anspruchsinhaber.** Anspruchsinhaber ist immer die Gesellschaft selbst. Dies gilt für die Geltendmachung durch die gesetzlichen Vertreter, durch den besonderen Vertreter (Abs. 2) oder durch eine Aktionärsminderheit im Klagezulassungsverfahren (§ 148). Bei der Geltendmachung durch die jeweils zuständigen Organe der Gesellschaft handeln diese **als gesetzliche Vertreter der Gesellschaft.** Beim besonderen Vertreter handelt es sich ebenfalls um einen gesetzlichen Vertreter der Gesellschaft, der die Ersatzansprüche im Namen der Gesellschaft geltend macht (→ Rn. 113 ff.). Bei der Geltendmachung durch die Minderheit im Klagezulassungsverfahren nach § 148 handelt es sich hingegen um einen Fall der gesetzlichen **Prozessstandschaft** (→ § 148 Rn. 146 ff.).

29   Bei der Geltendmachung der Ersatzansprüche wird die Gesellschaft grundsätzlich vom Vorstand vertreten (§ 78).[49] Nur im Falle einer Inanspruchnahme von Mitgliedern des Vorstands erfolgt die **Vertretung der Gesellschaft** durch den Aufsichtsrat (§ 112). Davon kann durch die Bestellung

---

[42] Dazu ausf. *Bernau* AG 2011, 894 (899); Kölner Komm AktG/*Koppensteiner* § 309 Rn. 47 ff.
[43] Offen lassend *Fabritius* GS Gruson, 2009, 133 (145); aA aber wohl *Bernau* AG 2011, 894 (900) (stehen nebeneinander).
[44] AA aber OLG München ZIP 2008, 1916 (1919) = AG 2008, 864; ebenso *Kling* ZGR 2009, 190 (201 Fn. 59) ohne nähere Begründung.
[45] BGH AG 2013, 634 (Geltendmachung der Ersatzansprüche durch die Organe des übernehmenden Rechtsträgers); vgl. auch Kölner Komm AktG/*Rieckers/Vetter* Rn. 157 ff.
[46] Ebenso MüKoAktG/*Arnold* Rn. 29; Kölner Komm AktG/*Rieckers/Vetter* Rn. 150.
[47] RGZ 74, 301 (302); vgl. auch BGHZ 28, 355 (357) = NJW 1959, 194; BGH NJW 1960, 1667; BGH NJW 1975, 977, jeweils zur GmbH; Kölner Komm AktG/*Rieckers/Vetter* Rn. 151.
[48] *Humrich*, Der besondere Vertreter im Aktienrecht, 2013, 39 ff.
[49] MüKoAktG/*Arnold* Rn. 31; NK-AktR/*Lochner* Rn. 5.

4. Umfang der Ersatzansprüche. Hinsichtlich des Umfangs der Ersatzansprüche gelten für die 30 Geltendmachung nach § 147 keine Besonderheiten, so dass diese nur in dem Umfang geltend gemacht werden können, wie diese tatsächlich bestehen. Daher sind insbesondere etwaige **Vergleiche**, eine **Verjährung** der Ansprüche oder andere, die Durchsetzung oder den Untergang der Ersatzansprüche begründende Umstände uneingeschränkt zu berücksichtigen. Eine Einschränkung gilt allerdings bei Schadenersatzansprüchen gegen (amtierende) Organmitglieder dahingehend, dass bei diesen keine Naturalrestitution verlangt werden kann, da dies deren Weisungsunabhängigkeit widersprechen würde.[50]

III. Verpflichtung zur Anspruchsverfolgung

Von dem Ermessen zur Anspruchsverfolgung (vor einem Klagezulassungsverfahren) 31 (→ Rn. 32 ff.) muss das Ermessen der zuständigen Gesellschaftsorgane nach einem **erfolgreichem Klagezulassungsverfahren** nach § 148 hinsichtlich der Entscheidung über die Einleitung eines (eigenen) Klageverfahrens (→ § 148 Rn. 133) und dem Ermessen bei der tatsächlichen eigenen Anspruchsverfolgung nach einer Klageerhebung durch die Aktionäre (→ § 148 Rn. 142) unterschieden werden.

1. Reichweite der Verpflichtung. Die Ersatzansprüche sind durch grundsätzlich durch das 32 jeweilige Organ zugunsten der Gesellschaft unabhängig davon geltend zu machen, ob ein entsprechender Hauptversammlungsbeschluss gefasst (→ Rn. 40 ff.) oder ein Klagezulassungsverfahren (→ § 148 Rn. 43 ff.) eingeleitet wurde.[51] Dies ist insbesondere dann der Fall, wenn der Anspruch tatsächlich vorliegt (so genannte *Prüfung auf der ersten Stufe*).[52] Davon kann noch nicht ausgegangen werden, wenn den Organmitgliedern die Entlastung verweigert wurde, da daraus nicht zwingend folgt, dass die Ersatzansprüche tatsächlich bestehen (→ § 120 Rn. 28 ff.).

Sodann ist zu prüfen, ob auf die Anspruchsverfolgung ausnahmsweise[53] verzichtet werden kann 33 (so genannte *Prüfung auf der zweiten Stufe*).[54] Denn nach der *ARAG/Garmenbeck*-Entscheidung des BGH besteht auf der zweiten Stufe ein Beurteilungsspielraum für die zur Geltendmachung verpflichteten Organmitglieder.[55] Dabei sind Risiken der Rechtsverfolgung, die Gefahr von Reputationsschäden, eine mögliche Behinderung der Vorstandsarbeit und eine Beeinträchtigung des Betriebsklima bei der Geltendmachung zu berücksichtigen.[56] Das Ermessen des jeweiligen Organs der Gesellschaft zur Anspruchsverfolgung bei einem fehlenden Hauptversammlungsbeschluss wird auch nicht durch die – im Verhältnis zur *ARAG/Garmenbeck*-Rechtsprechung des BGH strengeren – Regelung des § 148 Abs. 1 S. 2 Nr. 4 (→ § 148 Rn. 90 ff.) determiniert.[57] Durch das Klagezulassungsverfahren soll lediglich einer qualifizierten Aktionärsminderheit die Möglichkeit einer Anspruchsdurchsetzung gegeben werden. Ein Rückschluss von dieser Möglichkeit auf den Pflichtenmaßstab der jeweiligen Gesellschaftsorgane ist nicht zwingend, zumal selbst eine Klagezulassung nicht das tatsächliche Bestehen der Ansprüche und damit den Erfolg des Klageverfahrens garantiert. Bei der Prüfung der Reputationsschäden bedarf es einer generellen Zurückhaltung,[58] da dies dahingehend

---

[50] Ausführlich *Mock* NZG 2015, 1013 (1015 ff.).
[51] BGHZ 135, 244 = NJW 1997, 1926 = DStR 1997, 880 mAnm *Goette* DStR 1997, 883 = EWiR 1997, 677 mAnm *Priester* = DB 1997, 326 mAnm *Thümmel* = AG 1998, 201 mAnm *Heermann;* dazu ausf. *Fleischer* ZIP 2004, 685 ff.
[52] Vgl. dazu nur *Casper* ZHR 176 (2012), 617 (621); *Goette* ZHR 176 (2012), 588 (600 ff.); *Goette* Liber amicorum Winter, 2011, 153 (156 f.).
[53] Dazu *Casper* ZHR 176 (2012), 617 (628 ff.); *Goette* ZHR 176 (2012), 588 (608 ff.); *Goette* Liber amicorum Winter, 2011, 153 (159 ff.).
[54] Vgl. dazu nur *Casper* ZHR 176 (2012), 617 (623).
[55] BGHZ 135, 244 (252 ff.) = NJW 1997, 1926; dazu *Röhricht*, RWS-Forum Gesellschaftsrecht 1997, 1998, 191 (201 ff.).
[56] Ausf. Großkomm AktG/*Bezzenberger* Rn. 38; *Casper* ZHR 176 (2012), 617 (623 ff.); *Goette* ZHR 176 (2012), 588 (608 ff.); *Goette* Liber amicorum Winter, 2011, 153 (161 ff.); *Wilsing* FS Maier-Reimer, 2010, 889 (890 ff.).
[57] So aber MüKoAktG/*Habersack* § 111 Rn. 36; *Happ* FS Westermann, 2008, 971 (990 f.); *Ihring* in Bachmann/Casper/Schäfer/Veil, Steuerungsfunktionen des Haftungsrechts im Gesellschafts- und Kapitalmarktrecht, 2007, 17 (26); *Koch* ZGR 2006, 769 (776); *Redeke* ZIP 2008, 1549 (1550 ff.); *Winnen*, Die Innenhaftung des Vorstands nach dem UMAG, 2009, 457 ff.; wohl auch *Casper* ZHR 176 (2012), 617 (628 f.); dem ebenfalls entgegentretend *Goette* ZHR 176 (2012), 588 (599 f.); *Habersack* NZG 2016, 321 (323).
[58] AA tendenziell wohl eher *Habersack* NZG 2016, 321 (324 f.).

zu Wertungswidersprüchen führen kann, dass besonders gravierende Pflichtverletzungen im Rahmen der Organhaftung nicht mehr geltend gemacht werden können, was nicht weniger als die Einführung des *Too-big-to-fail*-Arguments in die Organhaftungsdebatte bedeutet. Tatsächlich dürfte die Bedeutung dieses Aspekts gerade bei börsennotierten Aktiengesellschaften eher gering ausfallen, da die Pflichtverletzung vor deren Geltendmachung meist öffentlich bekannt ist oder im Rahmen der Ad-hoc-Publizität bekannt gemacht werden musste, so dass ein weiterer oder stärkerer Reputationsschaden nicht eintreten kann.

34 Schließlich wird eine Begrenzung der Inanspruchnahme aus Gründen der Rücksichtnahmepflicht erwogen (so genannte **Prüfung auf der dritten Stufe**[59]). Danach soll das jeweilige Organ zwar nicht von einer vollständigen Inanspruchnahme absehen, sondern lediglich eine reduzierte Inanspruchnahme durchführen können, wenn anderenfalls unerträgliche soziale Konsequenzen (Vernichtung der sogenannten *bürgerlichen Existenz*[60]) oder ein wirtschaftliches Todesurteil verbunden sind.[61] In diesem Zusammenhang wird teilweise auf die arbeitsrechtlichen Grundsätze der schadensgeneigten Arbeit abgestellt.[62] Anknüpfungspunkt soll in diesem Zusammenhang meist die Reputation der Gesellschaft und die Erhaltung des Betriebsfriedens sein.[63] Auch wenn diese Überlegungen durchaus erwägenswert sind, dürfte dieses Konzept an der genauen Festlegung der Haftungshöchstsumme scheitern, zumal ein solches Konzept auch die Vergütungsfestsetzung nach § 87 in den Blick nehmen müsste. Denn gerade die Vergütungshöhe wird typischerweise mit den bestehenden Haftungsgefahren gerechtfertigt.

35 Hat das jeweils zuständige Organ bei dieser **Beurteilung sein Ermessen in unzulässiger Weise** überschritten, kann es sich selbst nach § 93 schadenersatzpflichtig machen. Kommt das zuständige Organ zu der Entscheidung, von einer Anspruchsverfolgung Abstand zu nehmen, steht diese Entscheidung unter dem Vorbehalt der fortlaufenden Prüfung und den dafür erforderlichen Voraussetzungen.[64] Diese Pflicht endet erst, wenn der Anspruch verjährt ist. Die Entscheidung zur fehlenden Verfolgung bedarf auch aufgrund der fehlenden Anwendung von § 93 Abs. 4 S. 3 keiner Zustimmung der Hauptversammlung, was aber eine Vorlage an diese nicht ausschließt.[65]

36 **2. Art der Geltendmachung.** Die **Geltendmachung der Ersatzansprüche** kann sowohl gerichtlich als auch außergerichtlich erfolgen.[66] Vorstand und Aufsichtsrat sind dabei bezüglich der Art der Durchsetzung an keine Vorgaben gebunden, es sei denn, dass der verpflichtende Hauptversammlungsbeschluss zur Geltendmachung der Ersatzansprüche dies vorsieht. Keine Geltendmachung stellt hingegen die Abtretung des Ersatzanspruches an Dritte dar, wenn damit der realisierbare Wert des Anspruches teilweise verloren geht.[67]

37 Soweit die Anspruchsgegner mit der Gesellschaft eine **Schiedsvereinbarung** geschlossen haben, die sich auf die Ersatzansprüche erstreckt, sind die zur Geltendmachung der Ersatzansprüche verpflichteten Organe daran gebunden.[68] Auf eine etwaige Beschlussmängelstreitigkeit hinsichtlich des verpflichtenden Hauptversammlungsbeschlusses hat eine derartige Schiedsabrede aber keine Auswirkungen.[69]

38 **3. Eröffnung des Insolvenzverfahrens.** Mit **Eröffnung des Insolvenzverfahrens über das Vermögen der Gesellschaft** geht die Befugnis zur Geltendmachung der Ersatzansprüche auf den Insolvenzverwalter über (§ 80 Abs. 1 InsO). Anhängige Aktivprozesse der Gesellschaft werden durch die Eröffnung des Insolvenzverfahrens über das Vermögen der Gesellschaft zunächst unterbrochen (§ 240 S. 1 ZPO). Der Insolvenzverwalter kann dann die Prozesse wieder aufnehmen (§ 85 Abs. 1 InsO). Die Ablehnung der Übernahme durch den Insolvenzverwalter führt zu einer Freigabe der Ersatzansprüche und zu einer Beendigung der Unterbrechung des Verfahrens nach § 240 ZPO.[70] Diese können dann zwar grundsätzlich von den zuständigen Organen der Gesellschaft geltend gemacht werden. Die Kosten für die Verfolgung der Ansprüche können die Insolvenzmasse allerdings

---

[59] So jedenfalls *Casper* ZHR 176 (2012), 617 (636 ff.).
[60] So etwa *Reichert* ZHR 177 (2013), 756 (762 ff.).
[61] Vgl. dazu *Casper* ZHR 176 (2012), 617 (636 ff.); *Koch* AG 2012, 429 ff.; im Ansatz auch schon BGHZ 135, 244 (255 f.) = NJW 1997, 1926 (*Schonung eines verdienten Vorstandsmitglieds, soziale Konsequenzen*).
[62] So etwa *Casper* ZHR 176 (2012), 617 (642); *Koch* AG 2012, 429 (438 f.).
[63] So etwa bei *Reichert* ZHR 177 (2013), 756 (764 f.).
[64] *Habersack* NZG 2016, 321 (325 f.).
[65] Dazu ausführlich *Habersack* NZG 2016, 321 (326 f.).
[66] Großkomm AktG/*Bezzenberger* Rn. 39.
[67] BGH NJW 1981, 1097 (1098).
[68] Ausf. *Mock* FS Meilicke, 2010, 489 (503).
[69] *Mock* FS Meilicke, 2010, 489 (503).
[70] BGHZ 163, 32 = NJW 2005, 2015 = NZI 2005, 387; vgl. grundsätzlich zum Problem des insolvenzfreien Vermögens Uhlenbruck/*Mock* InsO § 85 Rn. 56 mwN.

nicht belasten. Diese sind vielmehr aus dem insolvenzfreien Vermögen der Gesellschaft – also dem Ersatzanspruch – zu bestreiten. Aus diesem Grund wird auch ein schon vor Eröffnung des Insolvenzverfahrens bestellter besonderer Vertreter eine weitere Verfolgung regelmäßig nicht vornehmen, da die Erfüllung seines Anspruchs auf Ersatz seiner Auslagen und Vergütung (→ Rn. 172 ff.) erheblichen Unsicherheiten ausgesetzt ist. Darüber hinaus können die Prozesse auch durch die Gegner wieder aufgenommen werden (§ 85 Abs. 2 InsO).

Bei einer **Eigenverwaltung** kann der verpflichtende Hauptversammlungsbeschluss noch gefasst werden, da dieser masseneutral und damit insbesondere nicht von § 276a InsO erfasst wird.[71] 39

IV. Verpflichtender Hauptversammlungsbeschluss (Abs. 1)

Die Verpflichtung zur Geltendmachung der Ersatzansprüche kann **außerhalb des pflichtgemäßen Ermessens** für die Verwaltungsorgane auch dann bestehen, wenn die Hauptversammlung dies nach Abs. 1 beschließt. 40

Die Möglichkeit zur Fassung eines verpflichtenden Hauptversammlungsbeschlusses besteht bei der **Aktiengesellschaft** und der **Kommanditgesellschaft auf Aktien** (*arg.* § 278 Abs 3). Darüber hinaus gilt dies auch für die **REIT-AG** (§ 1 Abs. 3 REITG), die **Investmentaktiengesellschaften mit veränderlichem Kapital** (§ 108 Abs. 2 KAGB) und die **Investmentaktiengesellschaften mit fixem Kapital** (§ 140 Abs. 1 Satz 2 KAGB). Bei einer **Publikumspersonengesellschaft** und einer **GmbH** (§ 46 Nr. 8 GmbHG) ist eine entsprechende Beschlussfassung möglich, ohne dass es dazu einer Anwendung von Abs. 1 bedarf.[72] 41

Auch bei der **Europäischen Aktiengesellschaft** kann die Hauptversammlung einen verpflichtenden Hauptversammlungsbeschluss zur Geltendmachung von Ersatzansprüchen fassen, wodurch für den Vorstand bzw. Aufsichtsrat kein Ermessen hinsichtlich der tatsächlichen Geltendmachung der Ersatzansprüche mehr verbleibt.[73] Diese Grundsätze gelten dabei sowohl bei der dualistisch als auch bei der monistisch organisierten Europäischen Aktiengesellschaft aufgrund von Art. 52 SE-VO.[74] Die Gefahr der fehlenden Geltendmachung der Ersatzansprüche besteht dabei unabhängig von der Organisationsverfassung der Europäischen Aktiengesellschaft und ist bei der monistisch organisierten Europäischen Aktiengesellschaft letztlich sogar systemimmanent. 42

1. Inhaltliche Anforderungen an den Beschluss. Der Beschluss der Hauptversammlung muss hinreichend **bestimmt** sein.[75] Dabei stellt sich ebenso wie bei der Sonderprüfung (→ § 142 Rn. 90 ff.) das Problem der Konkretisierung der Anforderungen an die Bestimmtheit. Das Kriterium der Bestimmtheit steht wieder in einem Spannungsverhältnis zwischen dem Ausnahmecharakter der verpflichtenden Geltendmachung der Ersatzansprüche durch den Vorstand oder den Aufsichtsrat bzw. durch den besonderen Vertreter und dem mit der Regelung des Abs. 2 verfolgten Minderheitenschutzes. Die Bestimmtheit muss daher einerseits berücksichtigen, inwieweit die Hauptversammlung überhaupt in der Lage ist, einen bestimmten Sachverhalt aufzuklären. Ebenso wie bei der Sonderprüfung (→ § 142 Rn. 90) kann die Informationspolitik des Vorstands nicht die Möglichkeiten der Geltendmachung von Ersatzansprüchen vorgeben.[76] Andererseits müssen der Verwaltung bzw. dem besonderen Vertreter aber auch möglichst konkrete Vorgaben gemacht werden, welche Ersatzansprüche auf welche Weise geltend zu machen sind. Die Frage der Bestimmtheit wird letztlich durch die Anwendbarkeit von § 139 BGB etwas entschärft.[77] 43

Daher sind in dem Beschluss jedenfalls die **Tatsachen** anzugeben, aus denen sich die Ansprüche ergeben sollen.[78] Eine genaue Bezifferung der Ansprüche oder die Nennung der entsprechenden 44

---

[71] *Haas/Mock* in Gottwald InsR-HdB § 93 Rn. 116; *Hirte/Knof/Mock*, Das neue Insolvenzrecht nach dem ESUG, 2012, 64.
[72] MüKoAktG/*Arnold* Rn. 22; Kölner Komm AktG/*Rieckers/Vetter* Rn. 115 ff.
[73] Ebenso Kölner Komm AktG/*Rieckers/Vetter* Rn. 113 f.
[74] MüKoAktG/*Arnold* Rn. 20; wohl auch Kölner Komm AktG/*Rieckers/Vetter* Rn. 113.
[75] OLG München AG 2008, 864; LG Stuttgart ZIP 2010, 329 (330); LG Duisburg ZIP 2013, 1379 (1380); MüKoAktG/*Arnold* Rn. 36 ff.; Hüffer/Koch/*Koch* Rn. 6; *Nietsch* ZGR 2011, 589 (596 f.); Kölner Komm AktG/ *Rieckers/Vetter* Rn. 173 ff.; K. Schmidt/Lutter/*Spindler* Rn. 9.
[76] AA aber wohl LG Duisburg ZIP 2013, 1379 (1381); Hüffer/Koch/*Koch* Rn. 7.
[77] Vgl. *Mock* DB 2008, 393 (394); zur Anwendbarkeit von § 139 BGB vgl. OLG München NZG 2008, 230 (233) = AG 2008, 172; OLG München ZIP 2008, 1916 (1922) = AG 2008, 864; dazu auch MüKoAktG/*Arnold* Rn. 112; Kölner Komm AktG/*Rieckers/Vetter* Rn. 271 f.; *Verhoeven* ZIP 2008, 245 (251 f.), der die Aufnahme einer salvatorischen Klausel vorschlägt; aA aber LG Stuttgart ZIP 2010, 329 (330 f.) das daraus sogar höhere Anforderungen ableiten will.
[78] OLG Frankfurta. M. NJW-RR 2004, 686 = AG 2004, 104; LG Stuttgart ZIP 2010, 329 (330); AG München AG 1959, 24 f.; ähnlich LG Stuttgart ZIP 2010, 329 (330), das insofern einen Anfangsverdacht fordert und einen solchen jedenfalls nicht bei Fehlen einer *due diligence* beim Unternehmenskauf annimmt.

Anspruchsgrundlagen ist nicht notwendig.[79] Eine **namentliche Nennung der Anspruchsgegner** ist ebenfalls nicht erforderlich, da die Hauptversammlung bzw. die beantragende Aktionärsminderheit die dafür notwendige Aufklärung insbesondere bei Ansprüchen aus § 117 AktG bzw. aus dem Konzernverhältnis nicht gewährleisten kann.[80] Allerdings ist es notwendig, dass die in Anspruch zu nehmenden Personen bestimmbar sind,[81] was bei der Nennung von Verwaltungsmitgliedern von Konzernunternehmen der Fall ist. Darüber hinaus kann der Beschluss auch Vorgaben bezüglich der Geltendmachung der Ersatzansprüche machen, die von den jeweiligen Organen beachtet werden müssen.[82] Dies kann insbesondere dann von Vorteil sein, wenn der den Ersatzansprüchen zugrunde liegende Sachverhalt noch weitgehend ungeklärt ist, um der Anspruchsverfolgung damit eine konkrete Richtung vorzugeben.[83]

45 Der Hauptversammlungsbeschluss bedarf keiner **sachlichen Rechtfertigung.** Der Gesetzgeber hat hier eine abschließende Abwägung der Belange der Aktionäre und der Interessen der Gesellschaft vorgenommen.[84] Kein Erfordernis ist insbesondere, dass die mit dem Minderheitsverlangen geltend gemachten Ansprüche Aussicht auf Erfolg haben[85] oder das ein dringender Verdacht besteht.[86] Ebenso scheidet eine Beschlussfassung nicht schon aus, wenn die für das Bestehen der Ersatzansprüche maßgeblichen Verfahren – etwa in Form von Anfechtungsklagen – noch nicht beendet sind.[87] In sehr engen Grenzen kann der Beschluss allerdings rechtsmissbräuchlich sein, was vor allem dann der Fall ist, wenn die Ansprüche zweifelsfrei verjährt sind oder über das Vermögen des Schuldners das Insolvenzverfahren eröffnet wurde.[88]

46 **2. Beschlussfassung.** Der verpflichtende Hauptversammlungsbeschluss zur Geltendmachung der Ersatzansprüche kann nur gefasst werden, wenn eine **Tagesordnung** mit einem Gegenstand angekündigt wurde, aus der sich für die Aktionäre ergibt, dass über die Geltendmachung von Ersatzansprüchen verhandelt und entschieden werden soll (§ 124 Abs. 4). Nicht ausreichend dafür ist der Tagesordnungspunkt „Entlastung des Vorstands und des Aufsichtsrats", da der Beschluss zur Geltendmachung von Ersatzansprüchen wesentlich weitergehender ist.[89] Ein Tagungsordnungspunkt zur Berichterstattung des Sonderprüfers (§ 145 Abs. 6 S. 5) ist aber ausreichend, soweit dabei erkennbar ist, dass eine Behandlung in der Hauptversammlung vorgesehen ist.[90] Anträge zu einem entsprechenden Tagungsordnungspunkt können noch in der Hauptversammlung gestellt werden und bedürfen keiner besonderen vorherigen Bekanntmachung (§ 124 Abs. 4 S. 2 Alt. 2).[91] Die Beschlussfassung der Hauptversammlung muss mit der **einfachen Mehrheit der abgegebenen Stimmen** erfolgen (Abs. 1, § 133 Abs. 1).

47 Dabei gilt das **allgemeine Stimmverbot** des § 136. Eine Stimmrechtsbeschränkung aufgrund gemeinsamer Mitgliedschaft in einem Verwaltungsorgan der Gesellschaft besteht nicht, da § 136 Abs. 1 nur dem einzelnen Aktionär das Stimmrecht entzieht, gegen den die Geltendmachung von Ersatzansprüchen beschlossen werden soll.[92] Der Hauptanwendungsfall des Stimmverbots ist die Geltendmachung von konzernrechtlichen Ersatzansprüchen gegen einen Mehrheitsgesellschafter, der vor allem Minderheitsaktionären die Beschlussfassung nach Abs. 1 S. 1 und die Bestellung eines

---

[79] *Kling* ZGR 2009, 190 (194); Kölner Komm AktG/*Rieckers/Vetter* Rn. 177; K. Schmidt/Lutter/*Spindler* Rn. 9; im Ergebnis auch LG Stuttgart ZIP 2010, 329 (330).
[80] *Mock* DB 2008, 393 (394); aA aber OLG München ZIP 2008, 1916 (1920 f.) = AG 2008, 864, jedenfalls in Bezug auf die in Anspruch zu nehmenden Unternehmen; für eine namentliche Nennung aber *Kling* ZGR 2009, 190 (200); ebenso MüKoAktG/*Arnold* Rn. 39; *Balthasar/Hamelmann* WM 2010, 589 (593).
[81] *Westermann* AG 2009, 237 (240).
[82] AA Großkomm AktG/*Bezzenberger* Rn. 19.
[83] In diese Richtung ebenfalls *Verhoeven* ZIP 2008, 245 (249).
[84] MüKoAktG/*Arnold* Rn. 41; Großkomm AktG/*Bezzenberger* Rn. 20; *Kling* ZGR 2009, 190 (194); NK-AktR/*Lochner* Rn. 9; Kölner Komm AktG/*Rieckers/Vetter* Rn. 199 ff.; K. Schmidt/Lutter/*Spindler* Rn. 6; grundsätzlich dazu Großkomm AktG/*K. Schmidt* § 243 Rn. 45 f.
[85] OLG Frankfurt a. M. NJW-RR 2004, 686 = AG 2004, 104; KG NZG 2005, 319; *Mock* DB 2008, 393 (395); Kölner Komm AktG/*Rieckers/Vetter* Rn. 198.
[86] LG Stuttgart ZIP 2010, 329 (330).
[87] OLG München ZIP 2008, 1916 (1917 f.) = AG 2008, 864; *Mock* DB 2008, 393 (395).
[88] Kölner Komm AktG/*Rieckers/Vetter* Rn. 200.
[89] MüKoAktG/*Arnold* Rn. 34; Großkomm AktG/*Bezzenberger* Rn. 18; MHdB AG/*Bungert* § 43 Rn. 32; Grigoleit/*Herrler* Rn. 6; Bürgers/Körber/*Holzborn/Jänig* Rn. 6; NK-AktR/*Lochner* Rn. 9; Kölner Komm AktG/*Rieckers/Vetter* Rn. 171; Großkomm AktG/*Werner* § 124 Rn. 88 mwN.
[90] MüKoAktG/*Arnold* Rn. 34; Grigoleit/*Herrler* Rn. 6; Bürgers/Körber/*Holzborn/Jänig* Rn. 6; Kölner Komm AktG/*Rieckers/Vetter* Rn. 171; Großkomm AktG/*Werner* § 124 Rn. 88.
[91] OLG Köln AG 1960, 46 (48); Großkomm AktG/*Werner* § 124 Rn. 82 f.
[92] NK-AktR/*Lochner* Rn. 9; Kölner Komm AktG/*Rieckers/Vetter* Rn. 203 ff.; vgl. auch BGHZ 97, 28 (33 f.) = NJW 1986, 2051 (zu § 47 Abs. 4 GmbHG).

besonderen Vertreters (→ Rn. 64 ff.) ermöglicht.[93] Auch wenn damit ein Stimmverbot nach § 136 Abs. 1 S. 1 begründet werden kann, stellt sich das Problem der missbräuchlichen Behauptung von entsprechenden Ansprüchen gegen den Mehrheitsgesellschafter, um diesen von der Abstimmung auszuschließen. Dabei gilt, dass das Stimmverbot nach § 136 Abs. 1 S. 1 nur dann angewendet werden kann, wenn tatsächlich Anhaltspunkte für das Bestehen der Ansprüche vorliegen.[94] Ist dies nicht der Fall, kann der Beschluss angefochten werden.[95] Die in der Praxis anzutreffende **„Abwehrstrategie"** der Veräußerung eines entsprechend großen Teils der Aktien vor der Abstimmung an ein anderes Unternehmen, das dann an der Abstimmung teilnehmen kann, kann an dem Stimmverbot jedenfalls dann nichts ändern, wenn eine entsprechende Einflussnahme des Mehrheitsaktionärs vorliegt. Indiz für ein solches missbräuchliches Verhalten wird in der Regel eine kurzfristige Veräußerung und ein ebenso schneller Rückerwerb durch den Mehrheitsaktionär sein. Das Stimmverbot gilt im Übrigen auch bei einer getrennten Abstimmung über einzelne Ansprüche für alle Gesamtschuldner, da anderenfalls eine Stimmrechtskoordinierung der Gesamtschuldner eine entsprechende Beschlussfassung ohne weiteres verhindern kann.[96] Das Stimmverbot gilt schließlich auch bei einer Aufhebung des Beschlusses.[97]

Zudem kann sich die Stimmabgabe als **treuwidrig** darstellen, wenn die Schadenersatzansprüche der Gesellschaft ganz offensichtlich nicht bestehen und der Aktionär ausschließlich sachfremde Ziele verfolgt.[98] Die Schwelle der Treuwidrigkeit der Stimmabgabe ist dabei aber hoch anzusetzen. Sie wird insbesondere nicht schon dadurch erreicht, dass vor der Beschlussfassung keine Sonderprüfung durchgeführt wurde,[99] da diese nicht Voraussetzung für einen verpflichtenden Hauptversammlungsbeschluss ist (→ Rn. 16 f.). Ebenso wenig kann sich die Beschlussfassung auch vor dem Hintergrund des § 93 Abs. 4 als missbräuchlich darstellen, wenn eine im Anschluss zu erhebende Schadenersatzklage wegen einer insofern relevanten Anfechtungsklage wegen **Vorgreiflichkeit nach § 148 ZPO** ausgesetzt werden müsste.[100] 48

Die Anwendung der **Grundsätze zur Stimmpflicht** (→ § 53a Rn. 48 ff.) ist in diesem Zusammenhang zweifelhaft.[101] Denn letztlich ist die Geltendmachung von Ersatzansprüchen in der Regel im Interesse der Gesellschaft, zumal jede andere Entscheidung zu einer Schädigung der Gesellschaft aufgrund der damit verbundenen fehlenden Realisierung der Ersatzansprüche führen würde. Typischerweise stellt sich die Geltendmachung von Ersatzansprüchen gerade als alternativlos dar, was nicht zuletzt an den besonderen Verfahren zur gerichtlichen Bestellung des besonderen Vertreters nach Abs. 2 S. 2 (→ Rn. 79 ff.) und beim Klagezulassungsverfahren nach § 148 deutlich wird. 49

3. Folgen der Beschlussfassung. Ein verpflichtender Hauptversammlungsbeschluss führt zunächst **nicht zur Hemmung der Verjährung** der Ersatzansprüche.[102] Eine solche Verjährungshemmung ist nur im Rahmen des Klagezulassungsverfahrens (§ 148 Abs. 2 S. 5 → § 148 Rn. 126) vorgesehen. 50

Darüber hinaus führt er zu einer Pflicht zur Geltendmachung der Ersatzansprüche, was sowohl die **außergerichtliche als auch die gerichtliche Geltendmachung** mit umfasst.[103] Auch kann die Geltendmachung durch **Aufrechnung** erfolgen.[104] Der Vorstand bzw. der Aufsichtsrat kann sich über den Anspruch vergleichen, sofern die Voraussetzungen von § 93 Abs. 4 S. 3 beachtet werden.[105] 51

---

[93] So etwa bei OLG München NZG 2008, 230 = AG 2008, 172; vgl. *Westermann* AG 2009, 237 (238); *Fabritius* GS Gruson, 2009, 133 (136 f.); auch *Kropff* FS Bezzenberger, 2000, 233 (248 ff.) (für Ansprüche aus § 317 Abs. 4).
[94] Kölner Komm AktG/*Rieckers/Vetter* Rn. 206; diesen Aspekt insofern allerdings übersehend *Fabritius* GS Gruson, 2009, 133 (137).
[95] Im Ergebnis auch *Humrich*, Der besondere Vertreter im Aktienrecht, 2013, 77 ff. ohne sich allerdings hinsichtlich der Anfechtbarkeit festzulegen; vgl. auch Kölner Komm AktG/*Rieckers/Vetter* Rn. 206.
[96] Ähnlich MüKoAktG/*Arnold* Rn. 45 mit dem Erfordernis der Beteiligung an der Pflichtverletzung. Hüffer/Koch/*Koch* Rn. 23 (*innere Verbundenheit*); einschränkend Kölner Komm AktG/*Rieckers/Vetter* Rn. 190 ff.; ähnlich *Tielmann/Gahr* AG 2016, 199 ff.
[97] MüKoAktG/*Arnold* Rn. 49.
[98] LG Berlin ZIP 2012, 1034 (1035); vgl. auch *Humrich*, Der besondere Vertreter im Aktienrecht, 2013, 87 f. (Verursachung negativer Presse; Behinderung der Vorstandsarbeit).
[99] LG Berlin ZIP 2012, 1034 (1035).
[100] OLG München NZG 2008, 230 = AG 2008, 172; *Nietsch* ZGR 2011, 589 (600 f.).
[101] Großzügiger aber *Humrich*, Der besondere Vertreter im Aktienrecht, 2013, 88 f.
[102] Wohl auch Kölner Komm AktG/*Rieckers/Vetter* Rn. 234.
[103] MüKoAktG/*Arnold* Rn. 51.
[104] MüKoAktG/*Arnold* Rn. 51; *Humrich*, Der besondere Vertreter im Aktienrecht, 2013. 102.
[105] MüKoAktG/*Arnold* Rn. 52; *Humrich*, Der besondere Vertreter im Aktienrecht, 2013, 103 f.; Hüffer/Koch/*Koch* Rn. 6.

52 In diesem Zusammenhang besteht für den Vorstand und den Aufsichtsrat **grundsätzlich kein Beurteilungsspielraum** bezüglich der Geltendmachung der Ansprüche mehr,[106] so dass vor allem die *ARAG/Garmenbeck*-Grundsätze (→ Rn. 32 ff.) nicht mehr angewendet werden können. Dies setzt allerdings voraus, dass der verpflichtende Hauptversammlungsbeschluss auch tatsächlich hinreichend bestimmt ist und für den Vorstand und den Aufsichtsrat genaue Vorgaben hinsichtlich des weiteren Vorgehens macht. Soweit dies nicht der Fall ist,[107] verbleibt ein **(Rest-)Ermessen**,[108] was die Anwendung der *business judgment rule* (§ 93 Abs. 2) mit umfasst. Dies schließt auch einen Vergleich mit ein.[109] Eine Veräußerung des Anspruchs ist nicht möglich, da diese keine von Abs. 1 gedeckte Form der Geltendmachung darstellt.[110] Die Bindungswirkung des verpflichtenden Hauptversammlungsbeschlusses kann durch eine Veränderung der Verhältnisse[111] relativiert werden, die der Beschlussfassung zugrunde lagen. Eine **unterlassene oder nicht rechtzeitige Geltendmachung** kann eine Schadensersatzpflicht der jeweiligen Organmitglieder begründen (§§ 93, 116). Zur Frist für die Geltendmachung → Rn. 57.

53 Kann ein Hauptversammlungsbeschluss nicht zustande kommen, weil eine Mehrheit die Verwaltung deckt, besteht dennoch **keine Klagebefugnis für den einzelnen Aktionär**. Die konzernrechtlichen Wertungen der § 309 Abs. 4, § 310 Abs. 4, § 317 Abs. 4, § 318 Abs. 4 lassen sich hier nicht übertragen.[112] In einem solchen Fall sind die Aktionäre auf die gerichtliche Bestellung des besonderen Vertreters (Abs. 2 S. 2 → Rn. 79 ff.) oder auf das Klagezulassungsverfahren nach § 148 angewiesen.

54 Mit der Beschlussfassung wird lediglich die Verpflichtung für die zuständigen Gesellschaftsorgane begründet, die Ersatzansprüche geltend zu machen. Daher kann die Beschlussfassung noch nicht dazu führen, dass ein **Klagezulassungsverfahren nach § 148** zugleich unzulässig wird. Dies tritt erst dann ein, wenn die zuständigen Gesellschaftsorgane die Ansprüche klagweise geltend machen.[113]

55 Mit der Beschlussfassung müssen die Ersatzansprüche noch nicht im **Jahres- bzw. Konzernabschluss** berücksichtigt werden, da mit der bloßen Beschlussfassung deren tatsächliche Realisierung noch nicht sicher ist. Es ist aber bereits eine Rückstellung in Höhe der voraussichtlichen Kosten der Anspruchsverfolgung zu bilden.[114]

56 Schließlich kann der Beschluss die Pflicht zur Abgabe einer **Ad-hoc-Mitteilung** (Art. 17 MAR) auslösen. Dies erfordert allerdings das Bestehen einer Kurserheblichkeit (Art. 7 MAR), was eine Prüfung im Einzelfall erfordert. Zentrale Aspekte sind dabei die bereits bestehende öffentliche Bekanntheit der zugrundeliegenden Tatsachen, die Höhe der Ansprüche, die öffentliche Wahrnehmung der zugrundeliegenden Pflichtverletzungen und die Erfolgsaussichten der Geltendmachung.[115]

57 **4. Frist zur Geltendmachung (Abs. 1 S. 2).** Der Ersatzanspruch soll **innerhalb von sechs Monaten** seit dem Tag der Hauptversammlung geltend gemacht werden (Abs. 1 S. 2). Die Frist ist dabei aber nur im Innenverhältnis von Bedeutung, so dass die Wirksamkeit der Klage von einer Fristversäumnis nicht berührt wird.[116] Nach Fristablauf können unnötige Verzögerungen bei der Verfolgung der Ersatzansprüche der Gesellschaft Ansprüche gegenüber den zur Verfolgung der Ersatzansprüche zuständigen Organmitgliedern begründen[117] und bei Erreichen des erforderlichen Quorums eine gerichtliche Bestellung eines besonderen Vertreters rechtfertigen (→ Rn. 96). Für die Berechnung der Frist gelten die §§ 187, 188 BGB.[118] Die Hauptversammlung kann die Frist verlängern.[119] Von einer solchen Verlängerung ist immer dann auszugehen, wenn für den gleichen Lebenssachverhalt nicht nur ein verpflichtender Hauptversammlungsbeschluss gefasst, sondern auch eine

---

[106] KG NZG 2005, 319; MüKoAktG/*Arnold* Rn. 50; Großkomm AktG/*Bezzenberger* Rn. 38; *Kling* ZGR 2009, 190 (194); NK-AktR/*Lochner* Rn. 10; Kölner Komm AktG/*Rieckers/Vetter* Rn. 230 ff.

[107] Zur Zulässigkeit präzisierender Vorgaben Kölner Komm AktG/*Rieckers/Vetter* Rn. 185 f.

[108] Ebenso MüKoAktG/*Arnold* Rn. 50; *Humrich*, Der besondere Vertreter im Aktienrecht, 2013, 91 ff.; Kölner Komm AktG/*Rieckers/Vetter* Rn. 232.

[109] *Humrich*, Der besondere Vertreter im Aktienrecht, 2013, 103 f.; Kölner Komm AktG/*Rieckers/Vetter* Rn. 237.

[110] Kölner Komm AktG/*Rieckers/Vetter* Rn. 241.

[111] *Humrich*, Der besondere Vertreter im Aktienrecht, 2013, 95 f.

[112] MüKoAktG/*Arnold* Rn. 55; *Zöllner* ZGR 1988, 392 (406); aA *Wellkamp* DZWiR 1994, 221 (223 f.) der für eine analoge Anwendung des § 309 Abs. 4 eintritt.

[113] *Kling* ZGR 2009, 190 (228 ff.).

[114] Ebenso Kölner Komm AktG/*Rieckers/Vetter* Rn. 257.

[115] Ähnlich Kölner Komm AktG/*Rieckers/Vetter* Rn. 256.

[116] MüKoAktG/*Arnold* Rn. 56; Großkomm AktG/*Bezzenberger* Rn. 40; Grigoleit/*Herrler* Rn. 7; Kölner Komm AktG/*Rieckers/Vetter* Rn. 253.

[117] MüKoAktG/*Arnold* Rn. 57; MHdB AG/*Bungert* § 43 Rn. 33; NK-AktR/*Lochner* Rn. 11.

[118] MüKoAktG/*Arnold* Rn. 57; Hüffer/Koch/*Koch* Rn. 6; Kölner Komm AktG/*Rieckers/Vetter* Rn. 251.

[119] Kölner Komm AktG/*Rieckers/Vetter* Rn. 255.

Sonderprüfung angeordnet wird, da dann hinreichend zum Ausdruck kommt, dass die Hauptversammlung eine Aufklärung durch den Sonderprüfung und (danach) eine zwingende Geltendmachung der Ersatzansprüche will, was in diesem kurzen Zeitfenster beides nicht erreicht werden kann. Für die geringe Bedeutung dieser Frist für den besonderen Vertreter → Rn. 123. Zu den Anforderungen an eine Geltendmachung → Rn. 52.

5. Aufhebung, Fehlerhaftigkeit und Erledigung des Beschlusses. Die **Aufhebung des** 58 **Beschlusses** ist jederzeit möglich.[120] Ein derartiger Beschluss bedarf ebenso wie der ursprüngliche Beschluss zur Geltendmachung von Ersatzansprüchen der einfachen Mehrheit. Dabei unterliegt ein Mehrheitsaktionär als Anspruchsgegner ebenso wieder dem Stimmverbot nach § 136 Abs. 1 S. 1, so dass ein etwaiger Beschluss unter Verstoß gegen das Verbot anfechtbar ist.[121]

Die **Nichtigkeit** oder **Anfechtbarkeit** des Beschlusses bestimmt sich nach den §§ 241 ff. Auf- 59 grund fehlender notwendiger sachlicher Rechtfertigung unterliegt der Beschluss keiner Inhaltskontrolle.[122] Der nach Abs. 2 bestellte besondere Vertreter (→ Rn. 64 ff.) kann der Anfechtungsklage als Nebenintervenient (§ 66 Abs. 1 ZPO) beitreten.[123]

Die Beschlussfassung der Hauptversammlung kann auch durch eine **positive Beschlussfeststel-** 60 **lungsklage** erreicht werden, wenn der entsprechende Hauptversammlungsbeschluss falsch festgestellt wurde, weil etwa ein dem Stimmverbot unterliegender Aktionär mit abgestimmt hat. Eine unabhängig von der unrichtigen Feststellung des Beschlusses erhobene positive Feststellungsklage kann hingegen nur in Ausnahmefällen Aussicht auf Erfolg haben.[124] Voraussetzung dafür ist, dass einzig und allein die Beschlussfassung zur Geltendmachung der Ersatzansprüche dem Wohl der Gesellschaft dient und eine andere Entscheidung dieser einen schweren Schaden zufügen würde, die Aktionäre in ihrer Stimmrechtsausübung daher durch ihre Treuepflicht gebunden sind.

Ein **Schiedsverfahren** über eine etwaige Anfechtbarkeit oder Nichtigkeit des verpflichtenden 61 Hauptversammlungsbeschlusses ist grundsätzlich denkbar, scheitert aber in der Regel an der fehlenden Schiedsklausel.[125] Zur Problematik der Aufnahme einer Schiedsklausel in der Satzung → § 23 Rn. 30.

Zudem kann sich der verpflichtende Hauptversammlungsbeschluss auch erledigen. Dies ist bei 62 einer Erfüllung des Anspruchs oder einem **endgültigen Scheitern der Anspruchsverfolgung** etwa im Fall einer finalen Abweisung der Klage oder der Eröffnung des Insolvenzverfahrens über das Vermögen des Anspruchsgegners ohne hinreichende Quotenaussichten der Fall.[126]

Schließlich ist der Beschluss in dem Fall einer **Umwandlung der Gesellschaft** nicht mehr 63 bindend. Zum Schicksal der Ersatzansprüche und des besonderen Vertreters für den Fall der Umwandlung → Rn. 25 und → 167.

V. Bestellung eines besonderen Vertreters (Abs. 2)

Die Verfolgung der Ersatzansprüche kann nach Abs. 2 Satz 1 auch durch besondere Vertreter 64 erfolgen. Die Bestellung eines besonderen Vertreters ist insbesondere dann sinnvoll, wenn die für die Geltendmachung der Ersatzansprüche zuständigen Organe nicht das Vertrauen einer **unvoreingenommenen Rechtsverfolgung** genießen.[127] Dies ist vor allem dann der Fall, wenn Vorstand und Aufsichtsrat als Gesamtschuldner in Anspruch genommen werden sollen.[128]

Die Bestellung eines besonderen Vertreters ist bei einer **Aktiengesellschaft** und der **Komman-** 65 **ditgesellschaft auf Aktien** (*arg.* § 278 Abs 3)[129] möglich. Darüber hinaus kann dieser auch bei der **REIT-AG** (§ 1 Abs. 3 REITG), der **Investmentaktiengesellschaften mit veränderlichem Kapital** (§ 108 Abs. 2 KAGB) und der **Investmentaktiengesellschaften mit fixem Kapital** (§ 140 Abs. 1 S. 2 KAGB) bestellt werden. Neben dem Aktienrecht kennt das **Genossenschaftsrecht** (§ 39 Abs. 3 GenG), das **Vereinsrecht** (§ 30 BGB)[130] und auch das **GmbH-Recht** (§ 46 Nr. 8 GmbHG)[131] die Rechtsfigur des besonderen Vertreters bzw. eines gesonderten Bevollmächtigten zur

---

[120] Ebenso Kölner Komm AktG/*Rieckers/Vetter* Rn. 274 f.
[121] Zum besonderen Problem des *squeeze out* → Rn. 164.
[122] Dazu ausführlich Kölner Komm AktG/*Rieckers/Vetter* Rn. 261 ff.
[123] BGH NZG 2015, 835 Rn. 12 = AG 2015, 564.
[124] OLG Stuttgart NZG 2003, 1025 (1027) = AG 2003, 588; Kölner Komm AktG/*Rieckers/Vetter* Rn. 273.
[125] Dazu ausf. *Mock* FS Meilicke, 2010, 489 (503).
[126] *Humrich*, Der besondere Vertreter im Aktienrecht, 2013, 97 f.
[127] Vgl. zum Regelungshintergrund etwa *Kling* ZGR 2009, 190 (193); *Mock* DB 2008, 393 (394).
[128] MHdB AG/*Bungert* § 43 Rn. 35; *Kling* ZGR 2009, 190 (195).
[129] MüKoAktG/*Arnold* Rn. 19; Kölner Komm AktG/*Rieckers/Vetter* Rn. 109 ff.
[130] Dazu etwa OLG München NZG 2013, 32.
[131] Dazu *Konzen* FS Hommelhoff, 2012, 567 (571 f.); Kölner Komm AktG/*Rieckers/Vetter* Rn. 86 ff.

Durchsetzung von Ansprüchen gegen Verwaltungsmitglieder. Darüber hinaus kann ein besonderer Vertreter aber auch bei **Publikumspersonengesellschaften** bestellt werden.[132]

66 Weiterhin kann die Hauptversammlung aufgrund von Art. 9 Abs. 1 lit. c) ii) SE-VO auch bei einer **Europäischen Aktiengesellschaft** einen besonderen Vertreter für die Geltendmachung der Ersatzansprüche bestellen (Abs. 2 S. 1) bzw. eine Aktionärsminderheit eine gerichtliche Bestellung beantragen (Abs. 2 S. 2).[133] Dem besonderen Vertreter kommt dann ebenso Organqualität (→ Rn. 121) zu. Auch in diesem Zusammenhang ergeben sich keine Besonderheiten für die monistisch oder dualistisch organisierte Europäische Aktiengesellschaft, da der besondere Vertreter bei beiden Organisationsformen das jeweils für die Geltendmachung zuständige Organ in seiner Funktion hinsichtlich der Geltendmachung verdrängt (→ Rn. 121). Der Bestellung eines besonderen Vertreters steht dabei auch nicht Art. 38 SE-VO entgegen, auch wenn die Europäische Aktiengesellschaft danach nur aus einer Hauptversammlung der Aktionäre und einem Aufsichts- und Leitungsorgan oder einem Verwaltungsorgan besteht und der besondere Vertreter bzw. weitere mögliche Organe keine Erwähnung finden. Es erscheint schon fraglich, ob Art. 38 SE-VO überhaupt einen in diese Richtung gehenden abschließenden Charakter hat.[134] Zudem können die Mitgliedstaaten insbesondere im monistischen System neben den Verwaltungsmitgliedern auch weitere geschäftsführende Direktoren vorsehen, die in Art. 38 SE-VO keine Erwähnung finden.[135] Bei der gerichtlichen Bestellung eines besonderen Vertreters nach Abs. 2 S. 2 besteht bei einer Europäischen Aktiengesellschaft mit Sitz in Deutschland die internationale Zuständigkeit des Amtsgerichts am Sitz der Gesellschaft (§§ 105, 375 Nr. 3 FamFG, § 376 FamFG, § 23a Abs 2 Nr. 3 GVG), da das europäische Zuständigkeitsregime insofern nicht zur Anwendung kommt.

67 **1. Bestellung.** Da es sich bei dem besonderen Vertreter um ein Organ der Gesellschaft handelt (→ Rn. 121), muss dieser bestellt werden. Die Bestellung des besonderen Vertreters kann dabei durch einen Beschluss der Hauptversammlung (→ Rn. 71 ff.) oder durch eine gerichtliche Entscheidung auf Antrag einer Aktionärsminderheit (→ Rn. 79 ff.) erfolgen.

68 Der Wortlaut von Abs. 2 macht nicht hinreichend deutlich, ob der **verpflichtende Hauptversammlungsbeschluss nach Abs. 1 (→ Rn. 40 ff.) eine Voraussetzung für die Bestellung des besonderen Vertreters** ist. Diese Frage muss für den durch die Hauptversammlung (→ Rn. 71 ff.) und den gerichtlich bestellten besonderen Vertreter (→ Rn. 79 ff.) unterschiedlich beantwortet werden.

69 Beim **durch die Hauptversammlung bestellten besonderen Vertreter** kann sich dieses Problem schon nicht ergeben, da der besondere Vertreter immer mit einem konkreten Aufgabenkreis in Form bestimmter Ersatzansprüche (→ Rn. 122 ff.) betraut werden muss, so dass spätestens in dem eigentlichen Bestellungsbeschluss nach Abs. 2 S. 1 der Beschluss nach Abs. 1 enthalten ist.[136] Die Beschlussfassung kann aber auch getrennt erfolgen (→ Rn. 75), was dann sinnvoll sein kann, wenn eine Mehrheit für den verpflichtenden Hauptversammlungsbeschluss weitgehend sicher, eine solche für die Bestellung des besonderen Vertreters aber fragwürdig ist.[137] Dies setzt allerdings eine entsprechende zeitliche Abfolge bei der Abstimmung voraus.

70 Für den **gerichtlich bestellten besonderen Vertreter** ist dies allerdings schwieriger zu beantworten. Denn Abs. 2 S. 2 stellt nur darauf ab, dass andere als die nach §§ 78, 112 und Abs. 2 S. 1 berufene Personen zur Geltendmachung der Ersatzansprüche bestellt werden. Dies könnte zum einen so ausgelegt werden, dass ein vorheriger verpflichtender Hauptversammlungsbeschluss nach Abs. 1

---

[132] BGH NZG 2010, 1381; *Grunewald* Liber amicorum Winter, 2011, 167 ff.; *Konzen* FS Hommelhoff, 2012, 567 (578 ff.); Röhricht/Graf von Westphalen/Haas/*Mock* HGB § 161 Rn. 160.

[133] Im Ergebnis auch MüKoAktG/*Arnold* Rn. 20.

[134] Vgl. zu der ähnlichen Argumentation hinsichtlich der Möglichkeit der Beherrschung einer europäischen Aktiengesellschaft im Rahmen des Konzernrechts siehe *Hommelhoff* AG 2003, 179 (182 f.). Gegen diese restriktive Auslegung der SE-VO aber ausdrücklich Erwäggrund Nr. 15; ebenso *Habersack* ZGR 2003, 724 (728 ff.) (für §§ 311 ff. AktG); *Habersack*, Europäisches Gesellschaftsrecht, § 12 Rn. 45; Lutter/Hommelhoff/*Teichmann*, SE-VO, 2. Aufl. 2015, SE-VO Art. 9 (§ 1 SEAG) Rn. 23; *Jaecks/Schönborn* RIW 2003, 254 (256 f.); hingegen für eine Anwendung von Art. 9 Abs. 1 lit. c) ii) SE-VO *Lächler*, Das Konzernrecht der Europäischen Aktiengesellschaft (SE), 2007, 92; *Lächler/Oplustil* NZG 2005, 381 (386 f.); *Wagner* NZG 2002, 985 (988); offen lassend MüKoAktG/*Altmeppen*, 2. Aufl. 2006, SE-VO Art. 9 Anh. Rn. 19 ff.; grundsätzlich gegen eine Anwendung des Konzernrechts auf *Hommelhoff* AG 2003, 179 (182 f.).

[135] Zur Zulässigkeit der Schaffung geschäftsführender Direktoren in § 40 SEAG vgl. Luther/Hommelhoff/Teichmann/*Teichmann* SE-VO, 2. Aufl. 2015, Anh. Art. 43 SE-VO (§ 40 SEAG) Rn. 2.

[136] NK-AktR/*Lochner* Rn. 19; wohl auch Bürgers/Körber/*Holzborn/Jänig* Rn. 10; Kölner Komm AktG/*Rieckers/Vetter* Rn. 303; aA aber *Hüffer* ZHR 174 (2010), 642 (652 f.); *Kling* ZGR 2009, 190 (194 f.); offen lassend Grigoleit/*Herrler* Rn. 8; K. Schmidt/Lutter/*Spindler* Rn. 14.

[137] Ebenso Kölner Komm AktG/*Rieckers/Vetter* Rn. 303.

notwendig ist. Zum anderen könnte die Formulierung aber auch so verstanden werden, dass ein solcher nicht erforderlich ist. Da letzteres aber bedeuten würde, dass der gerichtlich bestellte besondere Vertreter alle Arten von Ersatzansprüchen ohne inhaltliche Beschränkungen geltend machen könnte, muss Abs. 2 S. 2 so verstanden werden, dass die gerichtliche Bestellung des besonderen Vertreters einen verpflichtenden Hauptversammlungsbeschluss voraussetzt.[138] Denn anderenfalls würde massiv in die Organisationsverfassung der Gesellschaft eingegriffen, zumal Vorstand und Aufsichtsrat mit der gerichtlichen Bestellung eines besonderen Vertreters vollständig von der Geltendmachung von Ersatzansprüchen verdrängt werden. Dem könnte zwar durch eine auf bestimmte Ersatzansprüche beschränkte gerichtliche Bestellung begegnet werden. Allerdings gibt es dafür keine Anhaltspunkte in Abs. 2, zumal insbesondere das Klagezulassungsverfahren nach § 148 für einen solchen Fall eine Reihe zusätzlicher Kriterien (→ § 148 Rn. 43 ff.) aufstellt. Fehlt der verpflichtende Hauptversammlungsbeschluss ist der Antrag zurückzuweisen.[139]

a) Bestellung durch Hauptversammlungsbeschluss (Abs. 2 S. 1). Die Bestellung des besonderen Vertreters durch die Hauptversammlung kann aufgrund bestehender Interessenkonflikte sinnvoll und sogar notwendig sein. Eine **Pflicht zur Bestellung** besteht dabei aber nicht. Lediglich für Vorstand und Aufsichtsrat kann sich bei Vorliegen eines offenkundigen Interessenkonfliktes eine Verpflichtung ergeben, auf die Bestellung eines besonderen Vertreters durch die Hauptversammlung hinzuwirken.[140] Der verpflichtende Hauptversammlungsbeschluss nach Abs. 1 ist keine Voraussetzung für die Bestellung (→ Rn. 69). 71

Für die Bestellung des besonderen Vertreters auf der Hauptversammlung gelten die allgemeinen Anforderungen. Daher bedarf es zunächst eines Tagesordnungspunktes, der ordnungsgemäß bekanntgemacht worden sein muss (§ 124 Abs. 4 S. 1). Eine **Bekanntmachungsfreiheit** (§ 122 Abs. 4 S. 2 Alt. 2) kann bei dem Tagesordnungspunkt „Geltendmachung von Ersatzansprüchen", nicht aber beim Tagesordnungspunkt „Entlastung" angenommen werden.[141] Die Bestellung des besonderen Vertreters durch die Hauptversammlung kann mit dem verpflichtenden Hauptversammlungsbeschluss nach Abs. 1 (→ Rn. 40 ff.) verbunden werden oder auch getrennt erfolgen.[142] Lediglich im Fall einer getrennten Beschlussfassung bedarf es einer gesonderten Ankündigung in der Tagesordnung.[143] 72

Kommt es zu einer **rechtswidrigen Absetzung des Tagesordnungspunktes** zu Beschlussanträgen nach § 147, die im Grundsatz stets außer im Fall eines evidenten und eindeutigen Fall des Rechtsmissbrauchs anzunehmen ist,[144] besteht die Möglichkeit, gerichtlich einen anderen Versammlungsleiter für die nächste Hauptversammlung durchzusetzen oder eine neue Hauptversammlung einberufen zu lassen.[145] Die Kosten dafür trägt dann der (alte) Versammlungsleiter, soweit die Absetzung des Tagesordnungspunktes rechtswidrig war. Eine Schadenersatzpflicht bei einer später fehlenden Durchsetzbarkeit des Ersatzanspruchs ist denkbar, soweit tatsächlich eine Kausalität zwischen der (rechtswidrigen) Absetzung des Tagesordnungspunktes und der später fehlenden Durchsetzbarkeit des Ersatzanspruchs besteht. 73

Für die Beschlussfassung reicht die **einfache Stimmmehrheit** (§ 133 Abs. 1). Grundsätzlich ist über alle Ansprüche gemeinsam abzustimmen, sofern es nicht einen zwingenden sachlichen Grund gibt, eine Einzelabstimmung vorzunehmen. Einem **Stimmverbot** unterliegen dabei die Anspruchsgegner (§ 136 Abs. 1 S. 1 Alt. 3) nicht aber die als besonderer Vertreter zu bestellende Person.[146] Bei der Geltendmachung von Ersatzansprüchen nach § 317 Abs. 1 unterliegt auch das herrschende Unternehmen einem Stimmverbot.[147] Keine Anwendung findet das Stimmverbot des § 142 Abs. 1 S. 2 (→ § 142 Rn. 98 ff.), da dieses nur für den Sonderprüfer gilt.[148] Bei Einzelabstimmungen kann das Stimmverbot auch zur Anwendung kommen, obwohl es für den jeweiligen Ersatzanspruch eigentlich nicht besteht. Dies ist insbesondere bei Gesamtschuldnern (§ 426 BGB) der Fall, da sich diese anderenfalls in ihrem Abstimmungsverhalten koordinieren und somit eine Bestellung verhin- 74

---

[138] *Binder* ZHR 176 (2012), 380 (385); Grioglet/*Herrler* Rn. 10; *Hüffer* ZHR 174 (2010), 642 (652 f.); *Kling* ZGR 2009, 190 (194 f.); NK-AktR/*Lochner* Rn. 19; K. Schmidt/Lutter/*Spindler* Rn. 15; offen lassend Bürgers/Körber/Holzborn/*Jänig* Rn. 12.
[139] *Hüffer* ZHR 174 (2010), 642 (667 f.).
[140] RGZ 114, 396 (399); Großkomm AktG/*Bezzenberger* Rn. 41; *Hueck* FS Bötticher, 1969, 197 (201); NK-AktR/*Lochner* Rn. 16; K. Schmidt/Lutter/*Spindler* Rn. 13.
[141] MHdB GesR VII/*Lieder* § 26 Rn. 191; Kölner Komm AktG/*Rieckers/Vetter* Rn. 308.
[142] KG AG 2012, 328; NK-AktR/*Lochner* Rn. 18.
[143] Großkomm AktG/*Bezzenberger* Rn. 42; NK-AktR/*Lochner* Rn. 17; K. Schmidt/Lutter/*Spindler* Rn. 14.
[144] Für ein insofern weiten Spielraum *Bayer* AG 2016, 637 (649).
[145] Dazu ausführlich *Lochner/Beneke* ZIP 2015, 2010 (2010 ff.).
[146] BGHZ 97, 28 (34 ff.) = NJW 1986, 2051 (zu § 46 Nr. 8 GmbHG).
[147] *Hüffer* ZHR 174 (2010), 642 (649); *Kropff* FS Bezzenberger, 2000, 233 (250 f.).
[148] *Hüffer* ZHR 174 (2010), 642 (649 f.).

dern könnten.¹⁴⁹ Auch wenn grundsätzlich ein Stimmrechtsausschluss wegen grob eigennütziger oder illoyaler Rechtsausübung in Betracht kommt, ist der praktische Anwendungsbereich dieser Grundsätze nicht zuletzt aufgrund der Nachweisschwierigkeiten äußerst klein.¹⁵⁰ Schließlich bedarf der Beschluss keiner sachlichen Rechtfertigung.¹⁵¹ Eine Koordination der Stimmrechte zur Herbeiführung eines Hauptversammlungsbeschlusses stellt kein *acting in concert* (§ 34 Abs. 2 WpHG, § 30 Abs. 2 WpÜG) dar.¹⁵²

75 In dem Beschluss ist der besondere Vertreter **namentlich zu benennen,** so dass ein Bestimmungsrecht durch eine andere Person ausscheidet.¹⁵³ Es ist auch zulässig, einen Ersatz für den besonderen Vertreter für den Fall zu bestellen, dass der bestellte besondere Vertreter sein Amt nicht antreten oder niederlegen muss.¹⁵⁴ Darüber hinaus muss in Beschluss angegeben werden, welche Ansprüche geltend zu machen sind. Dabei gelten die Anforderungen aus Rn. 44 entsprechend. Bei einer Verbindung des Bestellungsbeschlusses mit dem verpflichtenden Hauptversammlungsbeschluss nach Abs. 1 ergeben sich die geltend zu machenden Ersatzansprüche aus letzterem. Grundsätzlich kann die Bestellung des besonderen Vertreters auch für einen **bestimmten Zeitraum** befristet werden, da dies auch bei Vorstands- und Aufsichtsratsmitgliedern möglich ist (→ § 84 Rn. 12 ff., → § 102 Rn. 5 ff.). Zudem kann der Hauptversammlungsbeschluss auch konkrete Vorgaben für die Geltendmachung der Ersatzansprüche enthalten. Einen vollständigen Sachverhalt muss der Beschluss nicht enthalten, da dem besonderen Vertreter eine eigene Ermittlungskompetenz zukommt (→ Rn. 135 ff.).

76 Die Bestellung kann durch einen neuen Beschluss **widerrufen** werden. Ebenso kann jederzeit ein **neuer besonderer Vertreter** bestellt werden. Die Person des Bestellten muss in dem Beschluss bezeichnet werden. Die Hauptversammlung unterliegt bei der Bestellung des besonderen Vertreters keinen Vorgaben bezüglich der **Auswahl des besonderen Vertreters**¹⁵⁵ (zu den Anforderungen an die Person des besonderen Vertreters → Rn. 98 f.). Darüber hinaus besteht allerdings keine Kompetenz der Hauptversammlung, über die konkreten Aufgaben des besonderen Vertreters bzw. den Umfang seiner Kompetenzen zu beschließen, da dies der **aktienrechtlichen Zuständigkeitsordnung** widerspricht.¹⁵⁶ Soweit sich die Hauptversammlung eines besonderen Vertreters bedienen möchte, kann diese hinsichtlich der konkreten Ausgestaltung dieser Funktion keine Modifikationen vornehmen. Davon sind freilich die Vorgaben zu unterscheiden, die die Hauptversammlung bei dem verpflichtenden Hauptversammlungsbeschluss nach Abs. 1 machen kann (→ Rn. 52).

77 Auf den Bestellungsbeschluss finden die allgemeinen Bestimmungen über die **Anfechtungs- oder Nichtigkeitsklage** Anwendung.¹⁵⁷ Dabei kann auch nur der Bestellungsbeschluss allein angefochten werden. Die Gesellschaft wird bei einer Anfechtungs- oder Nichtigkeitsklage nach § 246 Abs. 2 S. 2 vom Vorstand und vom Aufsichtsrat und nicht vom besonderen Vertreter gerichtlich vertreten.¹⁵⁸ Der besondere Vertreter kann der Anfechtungs- oder Nichtigkeitsklage hinsichtlich seines Bestellungsbeschlusses aber als Nebenintervenient beitreten, da er ein rechtliches Interesse daran hat (§ 66 Abs. 1 ZPO), dass die Anfechtungs- oder Nichtigkeitsklage zur tatsächlichen Durchführung seines Auftrags abgewiesen wird, zumal die vertretungsberechtigten Organe der Gesellschaft bei einer eigenen Inanspruchnahme kaum ein Interesse an der Abweisung der Klage haben.¹⁵⁹ Grundsätzlich kommt für die Beschlussmängelstreitigkeit auch ein **Schiedsverfahren** in Betracht, das allerdings in der Regel an dem fehlenden Zustandekommen einer nachträglichen Schiedsvereinbarung scheitern

---

¹⁴⁹ Dazu ausführlich *Lochner/Beneke*, ZIP 2015, 2010 (2013 f.).
¹⁵⁰ Ebenso *Hüffer* ZHR 174 (2010), 642 (661).
¹⁵¹ *Hüffer* ZHR 174 (2010), 642 (657 f.); Kölner Komm AktG/*Rieckers/Vetter* Rn. 317 mit dem Hinweis auf den Rechtsmissbrauch als Ausnahmefall.
¹⁵² So ausdrücklich im Hinblick auf das Übernahmerecht ESMA/2013/1642 Tz. 4.1. lit. d) (A)(vii).
¹⁵³ Ebenso MüKoAktG/*Arnold* Rn. 88; MHdB GesR VII/*Lieder* § 26 Rn. 198; Kölner Komm AktG/*Rieckers/Vetter* Rn. 309.
¹⁵⁴ Kölner Komm AktG/*Rieckers/Vetter* Rn. 297.
¹⁵⁵ *Verhoeven* ZIP 2008, 245 (248).
¹⁵⁶ Ebenso *Wirth* FS Hüffer, 2009, 1129 (1149 f.); aA aber *Verhoeven* ZIP 2008, 245 (255).
¹⁵⁷ KG AG 2012, 328; Kölner Komm AktG/*Rieckers/Vetter* Rn. 325 ff.
¹⁵⁸ BGH NZG 2015, 835 Tz. 16 = AG 2015, 564; LG München I AG 2008, 92 (93); ebenso MHdB GesR VII/*Lieder* § 26 Rn. 219; *Peters/Hecker* NZG 2009, 1294 (1295); Kölner Komm AktG/*Rieckers/Vetter* Rn. 327 ff.; *Westermann* AG 2009, 237 (244 f.); *Wirth* FS Hüffer, 2009, 1129 (1149 f.); aA aber *Böbel*, Die Rechtsstellung des besonderen Vertreters nach § 147 AktG, 1998, 141 f.; *Verhoeven* ZIP 2008, 245 (250). Im Ergebnis ebenso OLG München NZG 2009, 305 (306) jedenfalls für den Fall der Anfechtungsbefugnis hinsichtlich eines Hauptversammlungsbeschlusses, der für die Anspruchsverfolgung relevant ist.
¹⁵⁹ BGH NZG 2015, 835 Tz. 12 = AG 2015, 564; MüKoAktG/*Arnold* Rn. 79; *Lochner/Beneke* ZIP 2015, 2010 (2015 f.); *Nietsch* ZGR 2011, 589 (625 f.); *Westermann* AG 2009, 237 (244); im Erg. auch *Humrich*, Der besondere Vertreter im Aktienrecht, 2013, 180 ff.; aA *Verhoeven* ZIP 2008, 245 (250).

wird.[160] Zur Problematik der Aufnahme einer Schiedsklausel in der Satzung → § 23 Rn. 30. Eine Beendigung der Anfechtungs- oder Nichtigkeitsklage durch einen Vergleich ist möglich. Allerdings kann es in diesem Zusammenhang nicht zu einer freiwilligen Einsetzung eines besonderen Vertreters kommen (→ Rn. 175).

Da auf den besonderen Vertreter die **Grundsätze der fehlerhaften Bestellung** Anwendung finden, werden dessen bereits vollzogene Rechtshandlungen durch eine spätere Nichtigerklärung seiner Bestellung nicht berührt.[161] Daher wird auch eine bereits durch den besonderen Vertreter erhobene Klage im Namen der Gesellschaft nicht unzulässig.[162] Ebenso wenig kann unter Verweis auf eine anhängige Anfechtungs- oder Nichtigkeitsklage gegen den Bestellungsbeschluss eine Aussetzung des Klageverfahrens nach § 148 ZPO verlangt werden.[163] Daraus folgt schließlich auch, dass der besondere Vertreter einen Vergütungsanspruch (→ Rn. 172 ff.) für seine Tätigkeiten bis zur rechtskräftigen Feststellung seiner nichtigen Bestellung hat. 78

b) Gerichtliche Bestellung (Abs. 2 S. 2). Neben der Bestellung des besonderen Vertreters durch einen Hauptversammlungsbeschluss kann dieser auch gerichtlich auf Antrag einer Aktionärsminderheit bestellt werden. Darüber hinaus kann eine andere Person als der von der Hauptversammlung bestellte besondere Vertreter gerichtlich bestellt werden (→ Rn. 71 ff.). Voraussetzung für die gerichtliche Bestellung ist aber der verpflichtende Hauptversammlungsbeschluss nach Abs. 1 (→ Rn. 40 ff.), so dass es nicht zu einer Ad-hoc-Bestellung eines besonderen Vertreters kommen kann. Keine Voraussetzung ist – im Gegensatz zur gerichtlichen Bestellung des Sonderprüfers (→ § 142 Rn. 136 ff.) – ein vorheriger ablehnender Hauptversammlungsbeschluss. 79

aa) Antragstellung. Voraussetzung für die Antragstellung ist zunächst ein Beschluss der Hauptversammlung zur Geltendmachung der Ersatzansprüche (→ Rn. 40 ff.) und ein entsprechender **Antrag von Aktionären,** die zusammen den zehnten Teil des Grundkapitals oder den anteiligen Betrag von 1.000.000 EUR erreichen. Die Hauptanwendungsfälle der gerichtlichen Bestellung nach Abs. 2 S. 2 sind zum einen der begründete Verdacht einer Aktionärsminderheit der nicht ordnungsgemäßen Geltendmachung durch die Verwaltungsorgane bzw. den bestellten besonderen Vertreter und zum anderen die Verhinderung der Geltendmachung der Ersatzansprüche durch eine (andere) Aktionärsminderheit im Rahmen von § 148 (→ § 148 Rn. 43 ff.).[164] 80

(1) Antragsteller und -gegner. Antragsbefugt sind Aktionäre, wobei es dabei auf die **dingliche Inhaberschaft der Aktien** ankommt.[165] Bei Namensaktien ist nur die im Aktienregister eingetragene Person antragsbefugt. Bei Nichtbestehen des Stimmrechts (§ 20 Abs. 7, § 21 Abs. 4, §§ 71b, 71d S. 4; § 44 WpHG, § 59 WpÜG) ist auch die Antragsbefugnis ausgeschlossen.[166] 81

Auch wenn Abs. 2 S. 2 nur auf die Aktionäre selbst Bezug nimmt, kommt ein Antragsrecht zudem auch **Genussrechtsinhabern** zu, wenn diese Inhaber sogenannter eigenkapitalähnlicher Genussrechte (→ § 221 Rn. 28 f.) sind. Dies gilt ebenso für Inhaber von **Wandelschuldverschreibungen** und **Optionen.** Denn auch wenn diese noch keine Aktionäre sind, sind sie auf den durch den besonderen Vertreter vermittelten Schutz ebenso angewiesen, zumal ihnen zum einen in der Regel keinerlei weiteren (mitgliedschaftlichen) Rechte zukommen und sie zum anderen hinter den Rechten der allgemeinen Gläubiger zurückbleiben. Für die Berechnung des Quorums ist dabei darauf abzustellen, ob die Summe der Nennbeträge der genannten Instrumente der antragstellenden Inhaber den Schwellenwert von zehn Prozent oder einem anteiligen Betrag von € 1 000 000 am Grundkapital der Gesellschaft erreicht. Inhabern einfacher **Schuldverschreibungen** oder von (massenhaft begebenen) **Nachrangdarlehen** kommt allerdings als einfache Gläubiger kein Antragsrecht zu. 82

Durch Abs. 2 S. 2 wird nicht ausdrücklich geregelt, wer **Antragsgegner** ist. Dabei ist aber in Übereinstimmung mit der gerichtlichen Bestellung eines Sonderprüfers (→ § 142 Rn. 83) davon auszugehen, dass die Gesellschaft – und nicht wie beim Klagezulassungsverfahren die Anspruchsgegner (→ § 148 Rn. 45) – Antragsgegner ist. 83

---

[160] Dazu ausf. *Mock* FS Meilicke, 2010, 489 (504).
[161] BGH NZG 2011, 1383 (1384); OLG München NZG 2010, 1392 (1392 f.); MüKoAktG/*Arnold* Rn. 111; MHdB GesR VII/*Lieder* § 26 Rn. 199; *Nietsch* ZGR 2011, 589 (607 ff.); Kölner Komm AktG/*Rieckers/Vetter* Rn. 334; aA *Humrich,* Der besondere Vertreter im Aktienrecht, 2013, 139 ff.
[162] OLG München NZG 2010, 1392.
[163] OLG München NZG 2010, 1392; Kölner Komm AktG/*Rieckers/Vetter* Rn. 336.
[164] *Westermann* AG 2009, 237 (239).
[165] Kölner Komm AktG/*Rieckers/Vetter* Rn. 355.
[166] Dazu Kölner Komm AktG/*Rieckers/Vetter* Rn. 362.

84 (2) **Quorumsanforderungen.** Da das Quorum auf eine Mindestbeteiligung am Grundkapital der Gesellschaft abstellt, ist insofern unbeachtlich, dass für Aktien das Stimmrecht nicht besteht (zur insofern fehlenden Antragsbefugnis (→ Rn. 81). Daher sind auch stimmrechtslose Vorzugsaktien und nicht voll eingezahlte Aktien beim Quorum zu berücksichtigen.[167] Auch eigene Aktien sind nicht abzusetzen.[168] Die antragstellenden Aktionäre müssen ihre Mindestbeteiligung nachweisen. Dies kann durch Vorlage der **Aktienurkunden** oder **Depotauszüge** und bei Namensaktien durch die Eintragung im Aktienbuch erfolgen. Die antragstellenden Aktionäre müssen nicht bei dem verpflichtenden Hauptversammlungsbeschluss mitgewirkt haben.[169]

85 Die Aktionäre können sich auch zu einer Aktionärsminderheit zusammenschließen, was aufgrund der ausdrücklich in Abs. 2 S. 2 vorgesehenen gemeinsamen Antragstellung unstreitig ist. Dabei handelt es sich dann regelmäßig um eine **BGB-Gesellschaft,** da sich die Aktionäre zur Erreichung eines gemeinsamen Zwecks (Beantragung der gerichtlichen Bestellung eines besonderen Vertreters) zusammenschließen (§ 705 BGB).[170] Für die gemeinsame Wahrnehmung als BGB-Gesellschaft kommt sowohl eine Innengesellschaft, als auch eine Außengesellschaft in Betracht, da die Antragstellung nach Abs. 2 S. 2 an keine besonderen Mindesthaltezeiten – im Gegensatz zur Sonderprüfung (→ § 142 Rn. 169 ff.) und zum Klagezulassungsverfahren (→ § 148 Rn. 58 f.) – geknüpft ist. Der Zusammenschluss stellt kein *acting in concert* (§ 34 Abs. 2 WpHG, § 30 Abs. 2 WpÜG) dar.[171]

86 Schließlich kann das Quorum auch durch eine **Aktienleihe** erreicht werden.[172] Der Aktienerwerb im Wege des Wertpapierdarlehens als Sachdarlehen (§ 607 BGB) vermittelt dem Darlehensnehmer Volleigentum[173] an den entliehenen Aktien, so dass diese dann auch dem Aktionär als Darlehensnehmer gehören.[174]

87 (3) **Maßgeblicher Zeitpunkt für das Erreichen des Quorums.** Das Quorum nach Abs. 2 S. 2 muss im **Zeitpunkt der Antragstellung** erreicht werden. Dies ergibt sich – im Gegensatz zu § 148 Abs. 1 S. 1 (→ § 148 Rn. 53 ff.) – zwar nicht ausdrücklich aus dem Wortlaut von Abs. 2 S. 2, lässt sich aber aus dem Antragserfordernis als solchem ableiten. Werden bei der Gesellschaft vor oder nach der Antragstellung **Kapitalveränderungen** durchgeführt, ist die Höhe des Grundkapitals im Zeitpunkt der Antragstellung maßgeblich.

88 Im Gegensatz zur gerichtlichen Bestellung eines Sonderprüfers nach § 142 Abs. 2 S. 2 (→ § 142 Rn. 169 ff.) enthält Abs. 2 S. 2 keine Regelung dazu, wie lange die Antragsteller ihr Quorum nach der Antragstellung aufrechterhalten müssen. Da es an einer Regelung wie in § 142 Abs. 2 S. 2 fehlt, bleibt in diesem Zusammenhang Raum für eine analoge Anwendung von § 265 Abs. 2 ZPO wie sie die höchstrichterliche Rechtsprechung auch für den Fall einer Veräußerung von Aktien nach Erhebung einer Anfechtungsklage annimmt. Die **Übertragung der Aktien** oder deren unfreiwilliger Verlust etwa in Form eines *squeeze out* haben nach der Antragstellung daher keinen Einfluss auf das Verfahren (zur fehlenden Abberufungsmöglichkeit durch den Hauptaktionär → Rn. 164).

89 bb) **Verfahren.** Zuständig ist das Amtsgericht am Sitz der Gesellschaft (§ 14), das im **Verfahren der freiwilligen Gerichtsbarkeit** entscheidet. Die Antragsvoraussetzungen sind von Amts wegen zu prüfen (§ 26 FamFG). Dabei sind die Beteiligten nach § 34 FamFG zu hören. Dies schließt auch den durch die Hauptversammlung bereits bestellten besonderen Vertreter ein.[175] Weitaus schwieriger ist allerdings die Frage nach der **internationalen Zuständigkeit** zu beantworten, die sich jedenfalls dann stellt, wenn Aktionäre oder Personen, gegen die sich die geltend zu machenden Ersatzansprüche richten sollen, ihren Sitz nicht in Deutschland haben. Die internationale Zuständigkeit bestimmt sich dabei nach der Brüssel-IA-VO, auch wenn es sich um ein Verfahren der Freiwilligen Gerichtsbarkeit handelt.[176] § 105 FamFG hat aufgrund des Vorrangs des Europarechts nur außerhalb des Anwendungsbereichs der Brüssel-IA-VO Bedeutung. Soweit sich der Verfahrensgegenstand auf die wirksame Bestellung des besonderen Vertreters durch die Hauptversammlung beschränkt, ergibt sich die internationale Zuständigkeit aus Art. 24 Nr. 2 Brüssel-Ia-VO und besteht für alle deutschen Gerichte

---

[167] MüKoAktG/*Arnold* Rn. 94; Kölner Komm AktG/*Rieckers/Vetter* Rn. 371.
[168] Kölner Komm AktG/*Rieckers/Vetter* Rn. 372.
[169] Großkomm AktG/*Bezzenberger* Rn. 44.
[170] Dazu ausf. G. *Bezzenberger*/T. *Bezzenberger* FS K. Schmidt, 2009, 105 (115 ff.); vgl. auch Kölner Komm AktG/*Rieckers/Vetter* Rn. 377.
[171] OLG Frankfurt a. M. BeckRS 2012, 10249; Kölner Komm AktG/*Rieckers/Vetter* Rn. 376.
[172] Ebenso Kölner Komm AktG/*Rieckers/Vetter* Rn. 357.
[173] Zum Pflichtenumfang des Darlehensgebers beim Sachdarlehen vgl. MüKoBGB/*Berger* BGB § 607 Rn. 22 ff.
[174] Ebenso für die erforderliche Kapitalmehrheit beim *squeeze out* BGHZ 180, 154 = NZG 2009, 585.
[175] Großkomm AktG/*Bezzenberger* Rn. 56.
[176] Zur Anwendbarkeit auf Verfahren der Freiwilligen Gerichtsbarkeit vgl. nur MüKoZPO/*Gottwald* EuGVVO Art. 1 Rn. 3.

aufgrund der des Sitzes der Gesellschaft in Deutschland. Für die Fälle der gerichtlichen Bestellung, die Ersetzung des besonderen Vertreters und Fragen der Kompetenzen des besonderen Vertreters ergibt sich die internationale Zuständigkeit hingegen aus Art. 4 Brüssel-Ia-VO, da Verfahrensgegner die Gesellschaft selbst ist. Insofern sind auch in diesen Fällen die deutschen Gerichte international zuständig.

Für die Entscheidung über die Bestellung des besonderen Vertreters ist das Amtsgericht am Sitz 90 der Gesellschaft zuständig (Abs. 2 S. 1, § 14, § 375 Nr. 3, 376 FamFG, § 23a Abs. 2 Nr. 3 GVG).[177] Der Antrag kann gegenüber dem **zuständigen Gericht** (§ 14) schriftlich oder zur Niederschrift der Geschäftsstelle abgeben werden (§ 25 Abs. 1 FamFG). Eine **Frist** sieht das Gericht für die Antragstellung nicht vor. Allerdings wird es bei einer bereits eingetretenen Verjährung der Ersatzansprüche schon an der Zweckmäßigkeit der Bestellung (→ Rn. 95) fehlen. Die antragstellenden Aktionäre müssen zudem nachweisen, dass sie das für den Antrag erforderliche Quorum erreichen. Das Gericht entscheidet durch Beschluss (§ 38 FamFG). Die Entscheidung ergeht dabei durch den Richter und nicht durch den Rechtspfleger (§ 17 Nr. 2a RPflG, § 375 Nr. 3 FamFG).

Die **Gerichtskosten** sind nach Abs. 2 S. 3 von der Gesellschaft zu tragen, wenn dem Antrag 91 stattgegeben wird und zwar unabhängig davon, wer den Antrag gestellt hat. Dies gilt auch dann, wenn im anschließenden Rechtsstreit festgestellt wird, dass die Ersatzansprüche nicht bestehen. Bei einer abweisenden Entscheidung tragen die antragstellenden Aktionäre die Kosten (§ 22 Abs. 1 GNotKG). Der Umfang der Gerichtskosten ergibt sich aus § 3 Abs. 2 GNotKG iVm Nr. 13500 KV (Anl. 1 zu § 3 Abs. 2 GNotKG). Auch wenn Abs. 2 S. 3 dort keine Erwähnung findet, muss aufgrund der Vergleichbarkeit mit der gerichtlichen Bestellung eines Sonderprüfers das Doppelte der vollen Gebühr aus Tabelle A (§ 34 Abs. 2 GNotKG) erhoben werden. Als Geschäftswert ist die Höhe des geltend zu machenden Ersatzanspruchs anzusetzen (§ 3 Abs. 1 GNotKG). Die außergerichtlichen Kosten sind zu erstatten, wenn das Gericht dies nach § 81 FamFG beschließt.

Grundsätzlich kommt für das gerichtliche Verfahren auch ein **Schiedsverfahren** in Betracht, das 92 allerdings in der Regel an dem fehlenden Zustandekommen einer nachträglichen Schiedsvereinbarung scheitern wird.[178] Zur Problematik der Aufnahme einer Schiedsklausel in der Satzung → § 23 Rn. 30.

Das Verfahren kann auch durch einen **Vergleich** beendet werden (§ 36 FamFG). Allerdings kann 93 es in diesem Zusammenhang nicht zu einer freiwilligen Einsetzung eines besonderen Vertreters kommen (→ Rn. 175).

Gegen den Beschluss ist die **Beschwerde** (Abs. 2 S. 4) – die innerhalb eines Monats eingelegt 94 werden muss (§ 63 Abs. 1 FamFG) – und die Rechtsbeschwerde (§§ 70 ff. FamFG) statthaft, soweit letztere durch das Beschwerdegericht zugelassen wird (§ 70 Abs. 1 FamFG). Auch der abberufene besondere Vertreter kann gegen die Entscheidung Beschwerde einlegen (§ 59 Abs. 1 FamFG).[179]

cc) **Entscheidung des Gerichts.** Das Gericht hat einen oder mehrere besondere Vertreter zu 95 bestellen, wenn es für die Geltendmachung der Ersatzansprüche **zweckmäßig** ist. Dieses – erst im Laufe des Gesetzgebungsverfahrens bei der Aktienrechtsreform 1965 eingeführte[180] – Zweckmäßigkeitserfordernis setzt zunächst voraus, dass glaubhaft gemacht wird, dass der Vorstand bzw. der Aufsichtsrat oder ein gegebenenfalls bereits bestellter besonderer Vertreter die Ersatzansprüche tatsächlich nicht geltend machen.[181] Zentrale Voraussetzung für die **Zweckmäßigkeit** ist, dass Grund zur Annahme besteht, dass die für die Geltendmachung der Ersatzansprüche zuständigen Organe nicht den **Anforderungen an Neutralität und Unabhängigkeit** entsprechen.[182] Dies ist immer dann der Fall, wenn die Ersatzansprüche sowohl gegen die derzeitigen Vorstandsmitglieder als auch gegen die derzeitigen Aufsichtsratsmitglieder geltend gemacht werden sollen.[183] Eine Prüfung der Erfolgsaussichten der Ansprüche hat das Gericht nicht vorzunehmen.[184]

---

[177] Von der Ermächtigung der Verfahrenskonzentration nach § 376 Abs. 2 FamFG haben die Bundesländer bisher keinen Gebrauch gemacht.
[178] Dazu ausf. *Mock* FS Meilicke, 2010, 489 (504).
[179] *Westermann* AG 2009, 237 (239); aA Kölner Komm AktG/*Rieckers/Vetter* Rn. 427.
[180] Ausschussbericht bei *Kropff* S. 216.
[181] MüKoAktG/*Arnold* Rn. 97; *Kling* ZGR 2009, 190 (195); MHdB GesR VII/*Lieder* § 26 Rn. 205; Kölner Komm AktG/*Rieckers/Vetter* Rn. 388 ff.; K. Schmidt/Lutter/*Spindler* Rn. 18; *Westermann* AG 2009, 237 (239); ebenso KG NZG 2005, 319 (319 f.) = AG 2005, 246; OLG Frankfurt a. M. NZG 2004, 95 (96) = AG 2004, 104 (beide noch zur Vorgängerregelung).
[182] Vgl. AG Nürtingen ZIP 1994, 785 = AG 1995, 287; Kölner Komm AktG/*Rieckers/Vetter* Rn. 389; *Thümmel* DB 1999, 885 (887).
[183] *Hüffer* ZHR 174 (2010), 642 (656); *Kling* ZGR 2009, 190 (195).
[184] OLG Frankfurt a. M. NZG 2004, 95, 96 = AG 2004, 104.

96 Zudem kann sich eine Zweckmäßigkeit aus einer Untätigkeit der zuständigen Organe ergeben.[185] Von einer solchen ist grundsätzlich auszugehen, wenn die **Geltendmachungsfrist nach Abs. 1 S. 2** (→ Rn. 57) erfolglos abgelaufen ist.[186] Darüber hinaus ist eine Zweckmäßigkeit auch dann gegeben, wenn die zuständigen Organe deutlich gemacht haben, die Ersatzansprüche trotz des verpflichtenden Hauptversammlungsbeschlusses nicht geltend zu machen.[187] Auf die Aussichten der Klage kommt es hier nicht an.[188] Die Zweckmäßigkeit entfällt auch dann nicht, wenn bereits ein Sonderprüfer bestellt wurde.[189] Die Bestellung eines Sonderprüfers und das Minderheitsverlangen nach Abs. 2 sind zwei voneinander unabhängige Minderheitsrechte, die in keinem Spezialitätsverhältnis zueinanderstehen (→ Rn. 16 f.).[190]

97 **dd) Fehlerhafte Entscheidung.** Bei einer Fehlerhaftigkeit der gerichtlichen Entscheidung kommt nur die Einlegung eines Rechtsmittels (→ Rn. 94) in Betracht. Mit Ablauf der Rechtsmittelfrist ist eine Geltendmachung der Fehlerhaftigkeit ausgeschlossen.

98 **c) Allgemeine Anforderungen an den besonderen Vertreter.** Zur **Auswahl des besonderen Vertreters** enthält das Gesetz keine Vorgaben. Der besondere Vertreter kann, muss aber nicht Aktionär sein. Bei der gerichtlichen Bestellung ist eine **geeignete Person** als besonderer Vertreter zu bestellen.[191] Dabei muss es sich – in Fortführung der Anforderungen an Vorstands- und Aufsichtsratsmitglieder (§ 76 Abs. 3 S. 1, § 100 Abs. 1 S. 1) – um eine natürliche, unbeschränkt geschäftsfähige Person handeln.[192] Eine vollständige Neutralität oder besondere Form der Unabhängigkeit ist dabei keine Voraussetzung,[193] zumal derartige Anforderungen auch für Vorstands- oder Aufsichtsratsmitglieder nur eingeschränkt bestehen. Daher kann dieser auch nicht mit der Begründung einer angeblichen Befangenheit als ungeeignet abgelehnt werden. Zudem ist zu beachten, dass ein Interessenwiderstreit zwischen den Gesellschaftsorganen und der die Anspruchsverfolgung betreibenden Aktionärsminderheit praktisch immer besteht und sich auch auf die Person des besonderen Vertreters auswirkt.[194] Grundsätzlich kann daher auch ein ehemaliges Vorstands- oder Aufsichtsratsmitglied zum besonderen Vertreter bestellt werden.[195] Bei der Bestellung einer ungeeigneten Person zum besonderen Vertreter kann das Gericht auf Antrag aber einen eigenen besonderen Vertreter bestellen (→ Rn. 79 ff.).

99 Bei der gerichtlichen Bestellung eines besonderen Vertreters binden die **Vorschläge der Beteiligten** das Gericht nicht in seiner Entscheidung.[196] Allerdings sollte der von der Minderheit benannte Vertreter bestellt werden, sofern nicht besondere Umstände gegen die Qualifikation bestehen und eine grob unsachgemäße Anspruchsverfolgung zu befürchten ist.[197] Ein Anspruch auf Bestellung einer bestimmten Person zum besonderen Vertreter besteht daher nicht. Die Auswahl kann nicht einem Dritten überlassen werden.[198]

100 **d) Abschluss des Bestellungsvorgangs.** Die Bestellung des besonderen Vertreters wird mit dessen **Annahme** wirksam. Die Annahme kann grundsätzlich nicht unter Einschränkungen erklärt werden. Eine Verpflichtung zur Annahme besteht nicht.[199] Eine solche besteht auch nicht für Aktio-

---

[185] OLG Frankfurt a. M. NZG 2004, 95, 96 = AG 2004, 104 (Geltendmachung nicht zu erwarten); BayObLG JW 1931, 2998; Großkomm AktG/*Bezzenberger* Rn. 46.
[186] Ähnlich *Hüffer* ZHR 174 (2010), 642 (656) (generelle Untätigkeit).
[187] *Hüffer* ZHR 174 (2010), 642 (656).
[188] OLG Frankfurt a. M. NJW-RR 2004, 686 = AG 2004, 104; KG AG 2005, 246 (247); K. Schmidt/Lutter/*Spindler* Rn. 18.
[189] OLG Frankfurt a. M. NJW-RR 2004, 686 = AG 2004, 104.
[190] AA aber offenbar LG Stuttgart AG 2008, 757 (758).
[191] KG AG 2012, 328; MüKoAktG/*Arnold* Rn. 59; MHdB AG/*Bungert* § 43 Rn. 36; MHdB GesR VII/*Lieder* § 26 Rn. 195; Kölner Komm AktG/*Rieckers/Vetter* Rn. 290 ff.
[192] Ebenso Grigoleit/*Herrler* Rn. 8; *Humrich*, Der besondere Vertreter im Aktienrecht, 2013, 122 f.; *Nietsch* ZGR 2011, 589 (601); aA MüKoAktG/*Arnold* Rn. 59; *Verhoeven* ZIP 2008, 245 (248) mit einer Zulässigkeit der Bestellung juristischer Personen).
[193] KG AG 2012, 328 (329); im Ergebnis auch AG Nürtingen AG 1995, 287.
[194] So ausdrücklich KG AG 2012, 328 (329).
[195] MüKoAktG/*Arnold* Rn. 59; Großkomm AktG/*Bezzenberger* Rn. 43; *Bork* in Hommelhoff/Hopt/v. Werder Corporate Governance-HdB S. 743 (760); Bürgers/Körber/*Holzborn/Jänig* Rn. 11.
[196] KG AG 2012, 328 (328 f.); OLG Frankfurt a. M. NJW-RR 2004, 686 (687) = AG 2004, 104; AG Nürtingen ZIP 1994, 785 = AG 1995, 287 (287 f.); MüKoAktG/*Arnold* Rn. 98; *Kropff* S. 216; Kölner Komm AktG/*Rieckers/Vetter* Rn. 400 ff.
[197] RegBegr KonTraG, BT-Drs. 13/9712, 21; KG AG 2012, 328 (329); Großkomm AktG/*Bezzenberger* Rn. 48.
[198] OLG Frankfurt a. M. NJW-RR 2004, 686 (687) = AG 2004, 104.
[199] Großkomm AktG/*Bezzenberger* Rn. 43; Kölner Komm AktG/*Rieckers/Vetter* Rn. 438.

näre.²⁰⁰ Weist der Vertreter die Bestellung zurück, wird der Beschluss unwirksam. In diesem Fall ist erneut über den Antrag durch Bestellung eines neuen besonderen Vertreters zu beschließen bzw. zu entscheiden. Aus diesen Gründen wird regelmäßig bereits im Vorfeld eine entsprechende Zustimmung eingeholt, um eine Ablehnung nach Bekanntgabe der Entscheidung zu vermeiden.²⁰¹ Zwischen dem besonderen Vertreter und der Gesellschaft besteht ein **Geschäftsbesorgungsvertrag** (§ 675 BGB), der durch den Beschluss zur Bestellung und durch die Annahme der Bestellung zustande kommt. Der Vertragsinhalt ergibt sich aus dem Bestellungsbeschluss und den gesetzlichen Bestimmungen.²⁰² Der Gesellschaft und dem besonderen Vertreter steht es allerdings frei, einen Vertrag mit einem darüber hinausgehenden Inhalt auszuhandeln, der dann allerdings weder ein Weisungsrecht noch eine vergleichbare Einschränkung für den besonderen Vertreter begründen kann.²⁰³ Dabei kann insbesondere keine Haftungsbegrenzung für den besonderen Vertreter wirksam vereinbart werden, da eine solche bei den übrigen Organmitgliedern²⁰⁴ auch nicht existiert.²⁰⁵

101 Das Gericht kann trotz vorheriger Bestellung eines besonderen Vertreters durch die Hauptversammlung **einen eigenen besonderen Vertreter** bestellen, wenn die entsprechenden Antragsvoraussetzungen gegeben sind. Die Befugnisse des von der Hauptversammlung bestellten besonderen Vertreters erlöschen aber erst, wenn das Gericht einen eigenen besonderen Vertreter bestellt und dieser sein Amt angenommen hat. Das Gericht kann den neuen besonderen Vertreter nicht neben den von der Hauptversammlung bestellten besonderen Vertreter treten lassen, da Abs. 2 S. 2 nur die Bestellung anderer, nicht aber weiterer besonderer Vertreter zulässt.²⁰⁶ Der abberufene besondere Vertreter ist aber beschwerdeberechtigt (§ 59 Abs. 1 FamFG).²⁰⁷

102 Eine Eintragung der Bestellung der besonderen Vertreter im **Handelsregister** erfolgt nicht.²⁰⁸ Gegenüber Dritten müssen besondere Vertreter ihre Vertretungsberechtigung daher durch Vorlage des Hauptversammlungsbeschlusses oder des Bestellungsbeschlusses durch das Gericht nachweisen. Dies erscheint allerdings zweifelhaft, da Art. 14 lit. d GesR-RL vorgibt, dass die Bestellung, das Ausscheiden sowie die Personalien derjenigen, die als gesetzlich vorgesehenes Gesellschaftsorgan oder als Mitglieder eines solchen Organs befugt sind, die Gesellschaft gerichtlich und außergerichtlich zu vertreten, in einem zentralen Register offen gelegt werden. Insofern kommt eine richtlinienkonforme Auslegung von § 81 Abs. 1, § 106 dahingehend in Betracht, dass auch der besondere Vertreter im Handelsregister eingetragen wird.

103 e) **Folgen einer gerichtlichen Überprüfung der Bestellung.** Falls gegen den Hauptversammlungsbeschluss zur Bestellung des besonderen Vertreters **Anfechtungs- oder Nichtigkeitsklage** erhoben oder der Bestellungsbeschluss des Gerichts nach Abs. 2 S. 2 mit einer **Beschwerde** angefochten wird, kann der besondere Vertreter dennoch mit der Geltendmachung der Ersatzansprüche fortfahren, da auch der besondere Vertreter der Fristenregelung von Abs. 1 S. 2 unterliegt.²⁰⁹ Da die gerichtliche Geltendmachung der Ersatzansprüche aber im Falle der Aufhebung der Bestellungsbeschlüsse aufgrund der dann eintretenden fehlenden Zulässigkeit der entsprechenden Klagen einer erheblichen Unsicherheit ausgesetzt ist, kann das im Rahmen der Geltendmachung der Ersatzansprüche angerufene Gericht das Verfahren nach § 148 ZPO wegen Vorgreiflichkeit aussetzen.²¹⁰ Etwas anders gilt nur, wenn eine Nichtigkeit des Beschlusses gegeben ist, worüber freilich in der Regel Streit bestehen wird.

104 Wenn die Anfechtungs- oder Nichtigkeitsklage erfolgreich ist, führt dies zu einer *Ex-tunc*-Unwirksamkeit der Bestellung des besonderen Vertreters.²¹¹ Auf die vom besonderen Vertreter

---

²⁰⁰ Großkomm AktG/*Bezzenberger* Rn. 43.
²⁰¹ BayObLGZ 1975, 260 (262) = BB 1975, 1037; Großkomm AktG/*Bezzenberger* Rn. 49.
²⁰² Dazu Großkomm AktG/*Bezzenberger* Rn. 55; Grigoleit/*Herrler* Rn. 8; *Humrich*, Der besondere Vertreter im Aktienrecht, S. 133 ff.; NK-AktR/*Lochner* Rn. 25; Kölner Komm AktG/*Rieckers/Vetter* Rn. 440; *Schneider* ZIP 2013, 1985 (1990).
²⁰³ *Humrich*, Der besondere Vertreter im Aktienrecht, 2013, 137 mit einer Beschränkung des Vertragsinhalts auf bestimmte Punkte.
²⁰⁴ Zur Organeigenschaft des besonderen Vertreters → Rn. 121.
²⁰⁵ Ebenfalls wohl ablehnend *Schneider* ZIP 2013, 1985 (1991); zur Haftung → Rn. 125 f.
²⁰⁶ Im Ergebnis auch *Westermann* AG 2009, 237 (239).
²⁰⁷ *Westermann* AG 2009, 237 (239).
²⁰⁸ Großkomm AktG/*Bezzenberger* Rn. 53; MHdB AG/*Bungert* § 43 Rn. 37; *Humrich*, Der besondere Vertreter im Aktienrecht, 2013, 132 f.; Kölner Komm AktG/*Rieckers/Vetter* Rn. 324; K. Schmidt/Lutter/*Spindler* Rn. 21.
²⁰⁹ Ebenso OLG Köln NZG 2016, 147 (148) = AG 2016, 254 (Ausreichen eines vorläufig wirksamen Beschlusses).
²¹⁰ LG München I BeckRS 2009, 15898; *Westermann* AG 2009, 237 (244).
²¹¹ AA aber *Verhoeven* ZIP 2008, 245 (252 ff.); *Wilsing/Ogorek* EWiR 2007, 611; die von einer Anwendbarkeit der Grundsätze der fehlerhaften Gesellschaft ausgehen.

bereits angestrengten Verfahren hat dies allerdings nur insoweit Auswirkungen, als die Verfahren unterbrochen werden (§ 241 ZPO).[212] Die aufgrund der **erfolgreichen Anfechtungs- oder Nichtigkeitsklage** dann wieder vertretungsberechtigten Gesellschaftsorgane können diese Verfahren dann weiterführen oder beenden, wobei sie dabei dem Sorgfaltsmaßstab der §§ 93, 116 unterliegen. Schließlich kann sich aus dem Umstand der Einleitung von Verfahren zur Geltendmachung von Ersatzansprüchen während einer anhängigen Anfechtungs- oder Nichtigkeitsklage hinsichtlich des Bestellungsbeschlusses keine Schadenersatzpflicht für den besonderen Vertreter ergeben, da er aufgrund der Fristenregelung des Abs. 1 S. 2 den Ausgang dieses Verfahrens nicht abwarten darf (→ Rn. 123).[213]

105 Diese Grundsätze gelten auch für den Fall einer **Abberufung des besonderen Vertreters** bzw. bei der Anhängigkeit einer Anfechtungs- oder Nichtigkeitsklage hinsichtlich des Abberufungsbeschlusses.[214] Zwar kommt es bei einer Abberufung zu einer *Ex-nunc*-Wirkung, allerdings sind die Unsicherheiten hinsichtlich der tatsächlichen Abberufung und der damit ggf. verbundenen Verdrängung der eigentlich zuständigen Gesellschaftsorgane mit der Situation bei der Anfechtungs- oder Nichtigkeitsklage hinsichtlich des Bestellungsbeschlusses vergleichbar.

106 f) **Bestellung einer anderen Person zum besonderen Vertreter.** Der von der Hauptversammlung bestellte besondere Vertreter kann jederzeit durch einen Beschluss der Hauptversammlung durch eine andere Person ersetzt werden. Das Vorliegen eines besonderen Grundes bedarf es dabei nicht.[215] Allerdings erfordert die Abberufung bzw. die Bestellung eines neuen besonderen Vertreters einen gesonderten Tagesordnungspunkt, für den aber „Geltendmachung von Ersatzansprüchen" ausreicht. Zudem sind bei der Bestellung relevanten Stimmrechtsverbote zu beachten (→ Rn. 74). Auf Antrag der Aktionäre kann das Gericht jederzeit auch einen **anderen besonderen Vertreter** bestellen und damit die Bestellung des von der Hauptversammlung bestellten besonderen Vertreters obsolet werden lassen (→ Rn. 101).[216]

107 Die **gerichtliche Bestellung eines neuen besonderen Vertreters** ist nur dann möglich, wenn einer den Anforderungen von Abs. 2 S. 2 entsprechender Antrag vorliegt, da das ursprüngliche Bestellungsverfahren durch eine rechtskräftige Entscheidung bereits abgeschlossen war (*arg* § 48 FamFG).[217] Da die Gesellschaft im Antragsverfahren selbst Partei ist, kann sie auch einen Antrag auf Abberufung des alten bzw. Bestellung eines neuen besonderen Vertreters stellen. Vertreten wird sie dabei nach der aktienrechtlichen Kompetenzverteilung.[218] Die gerichtliche Abberufung kann nur dann erfolgen, wenn gleichzeitig ein neuer besonderer Vertreter bestellt wird.[219] Die **Rechtskraft des Bestellungsbeschlusses des zuständigen Gerichts** ist für die Bestellung eines neuen besonderen Vertreters unbeachtlich, da jederzeit ein neuer besonderer Vertreter nach Abs. 2 S. 2 bestellt werden kann. Voraussetzung dafür ist allerdings ein entsprechender Antrag der qualifizierten Aktionärsminderheit. Die Bestellung eines neuen besonderen Vertreters wirkt *ex nunc*.[220]

108 g) **Insolvenz.** Nach der **Eröffnung des Insolvenzverfahrens** über das Vermögen der Aktiengesellschaft kann der besondere Vertreter zwar noch bestellt werden. Allerdings obliegt die Geltendmachung der Ersatzansprüche dann dem Insolvenzverwalter (§ 80 Abs. 1 InsO), so dass der besondere Vertreter nicht mehr – für die Dauer des Insolvenzverfahrens – tätig werden kann. Dies gilt auch dann, wenn der besondere Vertreter im Zeitpunkt der Eröffnung des Insolvenzverfahrens über das Vermögen der Aktiengesellschaft bereits bestellt war. In diesem Fall ruht sein Amt bis zur Beendigung des Insolvenzverfahrens.[221] Allerdings wird dann regelmäßig zur Amtsniederlegung durch den besonderen Vertreter kommen.

109 Bei einer **Eigenverwaltung** kann der besondere Vertreter noch bestellt werden, da dieser masseneutral und damit insbesondere nicht von § 276a InsO erfasst wird.[222]

---

[212] Ebenso *Kling* ZGR 2009, 190 (208); aA aber *Gärtner/Daghles* BB 2009, 2393 (2394), die von einer Abweisung der Klage ausgehen.
[213] *Westermann* AG 2009, 237 (245).
[214] AA *Gärtner/Daghles* BB 2009, 2393 (2394).
[215] AA aber NK-AktR/*Lochner* Rn. 29, der auch für den durch die Hauptversammlung bestellten besonderen Vertreter das Vorliegen eines wichtigen Grundes verlangt.
[216] KG AG 2012, 328.
[217] Großkomm AktG/*Bezzenberger* Rn. 62; Grigoleit/*Herrler* Rn. 12.
[218] Großkomm AktG/*Bezzenberger* Rn. 62.
[219] Vgl. OLG Düsseldorf ZIP 1997, 846 = NJW-RR 1997, 1398.
[220] *Nietsch* ZGR 2011, 589 (602).
[221] BGH NJW 1981, 1097 (1098); MüKoAktG/*Arnold* Rn. 31.
[222] *Haas/Mock* in Gottwald InsR-HdB § 93 Rn. 116; *Hirte/Knof/Mock*, Das neue Insolvenzrecht nach dem ESUG, 2012, 64.

2. Rechtsfolgen der Bestellung des besonderen Vertreters. Durch die Bestellung des beson- 110
deren Vertreters wird dessen **Organstellung** (→ Rn. 121) begründet. Dies hat zur Folge, dass die
eigentlich **zuständigen Gesellschaftsorgane** die Ansprüche nicht mehr verfolgen können und
diese bei einer Geltendmachung als Vertreter ohne Vertretungsmacht (§§ 177 ff. BGB) auftreten. Die
Einleitung eines Klagezulassungsverfahrens nach § 148 wird hingegen nicht ausgeschlossen (→ § 148
Rn. 34).

Darüber hinaus ergeben sich keine besonderen Rechtsfolgen. Insbesondere tritt durch die Bestel- 111
lung – im Gegensatz zum Klagezulassungsverfahren (§ 148 Abs. 2 S. 5 → § 148 Rn. 126) – **keine
Hemmung der Verjährung der Ersatzansprüche** ein. Durch die Bestellung eines besonderen
Vertreters können die Ersatzansprüche auch noch nicht in den **Unternehmensabschlüssen** aktiviert
werden, da deren tatsächliche Realisierung nicht sicher ist. Es ist allerdings eine Rückstellung in
Höhe der voraussichtlichen Kosten der Anspruchsverfolgung zu bilden. Zudem ist die Bestellung
im Lagebericht bzw. Konzernlagebericht (§ 289 Abs. 1 Satz 4, 315 Abs. 1 S. 4 HGB [*Darstellung der
wesentlichen Risiken*]) aufzunehmen, soweit die Ersatzansprüche eine entsprechende Größenordnung
erreichen. Schließlich ist die Bestellung des besonderen Vertreters eine **ad-hoc-pflichtige Tatsache**
nach Art. 17 MAR, da bei diesem Vorgang in der Regel Kursrelevanz gegeben ist. Zur Pflicht zur
Abgabe von Ad-hoc-Mitteilungen durch den besonderen Vertreter → Rn. 132.

3. Aufgaben des besonderen Vertreters. a) Prüfung der Ersatzansprüche und Ermitt- 112
lung der zugrundeliegenden Sachverhalte. Die Aufgabe des besonderen Vertreters schließt eine
Prüfung der den Ersatzansprüchen zugrunde liegenden Sachverhalte ein.[223] Dies ergibt sich
vor allem aus dem Umstand, dass die Hauptversammlung bzw. die beantragende Aktionärsminderheit
nicht in der Lage sein wird, die für die Klageerhebung notwendigen Informationen vorab bereit zu
stellen. Die Beschränkung des Aufgabenkreises des besonderen Vertreters auf eine bloße Geltendmachung der Ersatzansprüche unter Ausschluss der Prüfung der zugrunde liegenden Sachverhalte würde
eine Subsidiarität gegenüber der Sonderprüfung nach §§ 142 ff., 258 ff. begründen, die sich aus der
gesetzlichen Systematik dieser beiden Regelungsinstitute nicht ableiten lässt (→ Rn. 16 f.). Umgekehrt ist es aber auch nicht möglich, den besonderen Vertreter ausschließlich mit der Prüfung des
Bestehens von Ersatzansprüchen zu beauftragen, da dies nur im Rahmen der Sonderprüfung möglich
ist.[224] Die Bestellung eines besonderen Vertreters ist gegenüber der Sonderprüfung ein *Mehr*, das
auch im Aufgabenkreis zum Ausdruck kommen muss. Zu den Auskunftsrechten des besonderen
Vertreters → Rn. 135 ff..

b) Befugnisse im Rahmen der Geltendmachung. Die Aufgabe des besonderen Vertreters 113
besteht in der **gerichtlichen und außergerichtlichen Durchsetzung der Ersatzansprüche** der
Gesellschaft.[225] Die Geltendmachung umfasst auch die Anspruchsabwehr, wenn die Gesellschaft auf
Feststellung des Nichtbestehens von Ersatzansprüchen verklagt wird.[226] Der besondere Vertreter
unterliegt dabei – ebenso wie der Vorstand oder der Aufsichtsrat bei einem verpflichtenden Hauptversammlungsbeschluss nach Abs. 1 (→ Rn. 40 ff.) – einer Verpflichtung zur Geltendmachung der
Ersatzansprüche,[227] hat aber bei der eigentlichen Durchsetzung durchaus Spielräume (→ Rn. 115).
In welchem Umfang dabei ein Spielraum für den besonderen Vertreter besteht, hängt im Wesentlichen davon ab, wie konkret der verpflichtende Hauptversammlungsbeschluss (→ Rn. 44) dahingehend gefasst wurde.[228]

Bei der Geltendmachung der Ersatzansprüche ist der besondere Vertreter an eine etwaige **Schieds-** 114
abrede zwischen der Gesellschaft und den Anspruchsgegnern der Ersatzansprüche gebunden.[229]
Besteht eine solche nicht, ist es dem besonderen Vertreter – im Gegensatz zur qualifizierten Aktionärsminderheit nach § 148 (→ § 148 Rn. 158) – unbenommen, eine solche nach seiner Bestellung

---

[223] *Mock* DB 2008, 396 (395 ff.); *Westermann* AG 2009, 237 (240); ebenso *Verhoeven* ZIP 2008, 245 (246 f.), der insofern ein Vergleich mit einem Staatsanwalt bemüht. AA aber *Humrich*, Der besondere Vertreter im Aktienrecht, 2013, 164 ff.; *Wirth* FS Hüffer, 2009, 1129 (1143).
[224] AA aber MüKoAktG/*Arnold* Rn. 69 ff.; *Kling* ZGR 2009, 190 (200).
[225] *Kropff* S. 216; dazu MHdB GesR VII/*Lieder* § 26 Rn. 215 ff.
[226] RGZ 114, 396 (398 f.); MüKoAktG/*Arnold* Rn. 62; *Böbel*, Die Rechtsstellung des besonderen Vertreters nach § 147 AktG, 1998, 78; *Kling* ZGR 2009, 190 (200).
[227] OLG München ZIP 2008, 1916 (1919) = AG 2008, 864; *Hüffer* ZHR 174 (2010), 642 (664); *Löbbe* in VGR, Gesellschaftsrecht in der Diskussion 2016, 2017, S. 25 (49 f.).
[228] Ebenfalls dahingehend differenzierend *Schneider* ZIP 2013, 1985 (1990); im Grundsatz ebenso Hüffer/ Koch/*Koch* Rn. 8; aA aber Hölters/*Zwissler* Rn. 13 (Klageerhebung auch bei geringen Aussichten); wohl auch K. Schmidt/Lutter/*Spindler* Rn. 24.
[229] *v. Jhering*, Die Wirkung von Schiedsvereinbarungen, Schiedsklauseln und Schiedssprüchen im Gesellschafts-recht, 2013 189; *Mock* FS Meilicke, 2010, 489 (506).

mit den jeweiligen Anspruchsgegnern zu schließen.[230] Einer Zustimmung der Hauptversammlung bedarf es dazu nicht, da diese bzw. das Gericht den besonderen Vertreter bereits mit einer umfassenden Kompetenz zur Geltendmachung ausgestattet hat.[231]

115 Falls der besondere Vertreter bei der Geltendmachung der Ersatzansprüche feststellt, dass diese nicht bestehen oder deren Geltendmachung mit einem **unvertretbar hohen Prozessrisiko** verbunden ist, ist er zunächst verpflichtet, von einer Geltendmachung Abstand zu nehmen, damit der Gesellschaft keine unnötigen Kosten entstehen.[232] Im Grundsatz kann er – ebenso wie der Vorstand bei einer entsprechenden Geltendmachung – dabei auch einen Verzicht erklären oder einen Vergleich (§ 779 BGB) schließen, soweit dies zur tatsächlichen Anspruchsdurchsetzung hilfreich ist.[233] Dies wird in der Regel der Fall sein, wenn die bestehenden Ersatzansprüche ohnehin von den Anspruchsgegnern nicht aufgebracht werden können, sich durch einen Vergleich aber eine sofortige Zahlung eines Teils der Ansprüche erreichen lässt. Dieses Vorgehen lässt sich in der Regel durch die freiwillige Vorlage eines Vermögensverzeichnisses durch den Anspruchsgegner und eine eidesstattliche Versicherung von dessen Richtigkeit absichern. Soweit sich das fehlende Bestehen oder die fehlende Durchsetzbarkeit erst im Klageverfahren zeigt, muss der besondere Vertreter die **Klage zurücknehmen (§ 269 ZPO)**, um das Entstehen weiterer Kosten zu verhindern. Der Hauptversammlung bzw. der Gesellschaft steht es dann frei, die Klage erneut zu erheben (§ 269 Abs. 6 ZPO). Auch in diesem Zusammenhang ist ein **Verzicht nach § 306 ZPO** vom Aufgabenkreis des besonderen Vertreters grundsätzlich abgedeckt.[234] Bei der Geltendmachung von Ersatzansprüchen gegenüber Vorstands- oder Aufsichtsratsmitgliedern gelten allerdings die in Rn. 116 dargestellten Besonderheiten. Es bleibt der Hauptversammlung aber auch in diesem Zusammenhang unbenommen, dem besonderen Vertreter dahingehend Vorgaben zu machen, dass eine unbedingte Geltendmachung erfolgen soll.[235] Solange dies in dem Bestellungsbeschluss nicht ausdrücklich erfolgt, muss dem besonderen Vertreter diesbezüglich ein Ermessen eingeräumt werden.[236] Bei einem übermäßigen Prozessrisiko muss der besondere Vertreter die Hauptversammlung über den Vorstand informieren (→ Rn. 143 ff.) und auf eine Konkretisierung seiner Aufgabe hinwirken.[237] Soweit eine Anspruchsverfolgung schließlich völlig aussichtslos ist, muss der besondere Vertreter sein Amt niederlegen.[238]

116 Eine Besonderheit besteht bei der Geltendmachung von **Ersatzansprüchen gegenüber Vorstands- oder Aufsichtsratsmitgliedern,** da auch der besondere Vertreter dem Verzichtsverbot des § 93 Abs. 4 S. 3 unterliegt.[239] Daher ist es ihm nicht gestattet, gegenüber diesen Anspruchsgegnern einen Verzicht zu erklären. Der besondere Vertreter muss vielmehr der Hauptversammlung darüber Bericht erstatten und die Verpflichtung zur Geltendmachung dieser Ansprüche von der Hauptversammlung überprüfen lassen. Soweit sich das fehlende Bestehen oder die fehlende Durchsetzbarkeit erst im Klageverfahren zeigt, muss der besondere Vertreter die **Klage zurücknehmen (§ 269 ZPO)**, da dadurch eine erneute Klageerhebung durch die Gesellschaft nicht ausgeschlossen ist (§ 269 Abs. 6 ZPO). Ein **Verzicht nach § 306 ZPO** ist hingegen vom Aufgabenkreis des besonderen Vertreters aufgrund von § 93 Abs. 4 S. 3 nicht abgedeckt.[240] Schließlich ist es dem besonderen Vertreter – ebenso wie den anderen Verwaltungsorganen – aufgrund von § 93 Abs. 4 S. 3 nicht möglich, das Verfahren durch einen **Prozessvergleich** zu beenden. Zwar ist beim besonderen Vertreter grundsätzlich von einer geringeren personellen Verflechtung mit den Anspruchsgegnern auszugehen.[241] Zum

---

[230] Ausf. zum Ganzen *Mock* FS Meilicke, 2010, 489 (506).
[231] Ebenso *v. Jhering*, Die Wirkung von Schiedsvereinbarungen, Schiedsklauseln und Schiedssprüchen im Gesellschaftsrecht, 2013, 191; *Mock* FS Meilicke, 2010, 489 (501); *Umbeck* SchiedsVZ 2009, 143 (144 f.); aA aber *Thümmel* FS Geimer, 2002, 1331 (1340).
[232] LG Berlin ZIP 2012, 1034 (1035); MüKoAktG/*Arnold* Rn. 65; MHdB AG/*Bungert* § 43 Rn. 37; *Happ* FS Priester, 2007, 971 (974); MHdB GesR VII/*Lieder* § 26 Rn. 217; *Mock* ZHR 181 (2017), 688 (728 f.); Kölner Komm AktG/*Rieckers/Vetter* Rn. 539 ff.; in diese Richtung auch OLG Hamburg AG 2007, 331 (332) (allerdings noch zum alten Recht).
[233] AA aber *Wirth* FS Hüffer, 2009, 1129 (1142).
[234] Ebenso *Kling* ZGR 2009, 190 (207 f.); MHdB GesR VII/*Lieder* § 26 Rn. 218; *Westermann* AG 2009, 237 (240 f.); aA aber Großkomm AktG/*Bezzenberger* Rn. 56; *Böbel*, Die Rechtsstellung des besonderen Vertreters nach § 147 AktG, 1998, 104 f.; K. Schmidt/Lutter/*Spindler* Rn. 24; aA aber *Wirth* FS Hüffer, 2009, 1129 (1142).
[235] Ebenso differenzierend *Schneider* ZIP 2013, 1985 (1990).
[236] KG AG 2012, 328 (329); aA aber LG Stuttgart ZIP 2010, 329 (330).
[237] KG AG 2012, 328 (329); LG Berlin ZIP 2012, 1034 (1035).
[238] Ähnlich *Hüffer* ZHR 174 (2010), 642 (664); aA aber *Wirth* FS Hüffer, 2009, 1129 (1142).
[239] *Schneider* ZIP 2013, 1985 (1900); K. Schmidt/Lutter/*Spindler* Rn. 24; differenzierend *Kling* ZGR 2009, 190 (206); aA *Westermann* AG 2009, 237 (240 f.).
[240] MüKoAktG/*Arnold* Rn. 66; Großkomm AktG/*Bezzenberger* Rn. 56; *Böbel*, Die Rechtsstellung des besonderen Vertreters nach § 147 AktG, 1998, 104 f.; aA aber *Kling* ZGR 2009, 190 (207 f.).
[241] So vor allem *Kling* ZGR 2009, 190 (207 f.).

einen kann eine solche aber auch beim besonderen Vertreter bestehen und zum anderen stellt § 93 Abs. 4 S. 3 auf eine solche nicht ab, sondern ordnet das entsprechende Verbot grundsätzlich an, so dass auch bei einer fehlenden personellen Verflechtung zwischen dem zur Geltendmachung berufenen Verwaltungsorgan und dem Anspruchsgegner kein Vergleich oder Verzicht möglich ist.

Die teilweise im Schrifttum entwickelten Beschränkungen für die Durchsetzung von Ersatzansprüchen auf der **sogenannten dritten Stufe** (→ Rn. 34) spielen für den besonderen Vertreter keine Rolle, soweit die Hauptversammlung dahingehend keine Vorgaben gemacht hat.

c) **Erhebung von und Mitwirkung bei Anfechtungs- oder Nichtigkeitsklagen.** Nicht zum Aufgabenbereich des besonderen Vertreters gehört schließlich die Erhebung von Anfechtungs- oder Nichtigkeitsklagen hinsichtlich von Hauptversammlungsbeschlüssen, die Ersatzansprüche auslösen bzw. ausgelöst haben. Der besondere Vertreter ist nur zur Geltendmachung von Ersatzansprüchen befugt und kann darüber hinaus **nicht in die organisationsrechtliche Struktur der Aktiengesellschaft** eingreifen.[242]

Allerdings ist dem besonderen Vertreter eine dahingehende **Nebenintervention** gestattet, da er aufgrund seiner Aufgabe das dafür notwendige rechtliche Interesse hat.[243] Es widerspricht dem Regelungszweck von Abs. 2, wenn der besondere Vertreter Ersatzansprüche geltend machen muss, bei den damit in Zusammenhang stehenden Anfechtungs- oder Nichtigkeitsklagen aber bloßer Zuschauer ist und eine häufig nicht im Interesse der Geltendmachung von Ersatzansprüchen stehende Prozessvertretung durch die Organmitglieder Gesellschaft akzeptieren muss, zumal deren eigene Inanspruchnahme häufig davon abhängt. Bei einer Anfechtungsklage gegen den Beschluss über eine Sonderprüfung besteht ein die Nebenintervention begründendes rechtliches Interesse ebenso, wenn jedenfalls die Sonderprüfung nach der Beschlussfassung der Hauptversammlung dem besonderen Vertreter dienen soll.[244]

d) **Insolvenz.** Bei Eröffnung des Insolvenzverfahrens über das Vermögen der Gesellschaft verdrängt der Insolvenzverwalter im Rahmen seiner Verwaltungs- und Verfügungskompetenz (§ 80 InsO) den besonderen Vertreter bei der Geltendmachung der Ersatzansprüche.[245] Die Organstellung des besonderen Vertreters wird hiervon allerdings nicht berührt.[246] Für den Fall der Ablehnung der **Übernahme des Prozesses durch den Insolvenzverwalter** → Rn. 38.

4. Stellung des besonderen Vertreters. Der besondere Vertreter ist im Rahmen seiner Befugnisse **gesetzlicher Vertreter** der Gesellschaft und deren **Organ**,[247] ohne dass freilich aus dieser Begriffsbildung zwingend Schlussfolgerungen gezogen werden können.[248] Die Organstellung ergibt sich aus dem Umstand, dass der besondere Vertreter die zuständigen Gesellschaftsorgane in ihrer entsprechenden Zuständigkeit vollständig verdrängt und somit deren Stellung einnimmt[249] (zur sich daraus ergebenden Vertretungsmacht → Rn. 134). Der Aufgabenbereich des besonderen Vertreters kann nur durch einen entsprechenden Beschluss der Hauptversammlung hinsichtlich der Art und Weise der Geltendmachung wieder eingeschränkt werden. Die zuständigen Verwaltungsorgane können auch nicht durch eine **spätere eigene Anspruchsverfolgung** des besonderen Vertreters ver-

---

[242] *MüKoAktG/Arnold* Rn. 75; *Fabritius* GS Gruson, 2009, 133 (147); *Westermann* AG 2009, 237 (245).

[243] Wohl auch *MüKoAktG/Arnold* Rn. 76; *Lochner/Beneke* ZIP 2015, 2010 (2016); aA aber OLG München NZG 2009, 305 (305 f.) = AG 2009, 119; zust. *Westermann* AG 2009, 237 (245); darauf bereits hinweisend OLG München NZG 2008, 230 (232) = AG 2008, 172.

[244] *Lochner/Beneke* ZIP 2015, 2010 (2016); wohl auch BGH NZG 2015, 835 Tz. 20 = AG 2015, 564.

[245] OLG Frankfurt a. M. NJW-RR 2004, 686 (687) = AG 2004, 104.

[246] BGH NJW 1981, 1097 (1098) = WM 1981, 240.

[247] BGH NZG 2015, 835 Tz. 13 = AG 2015, 564; BGH NZG 2011, 1383 (1384); BGH NJW 1981, 1097 (1098) = WM 1981, 240; *MüKoAktG/Arnold* Rn. 67; Großkomm AktG/*Bezzenberger* Rn. 52; *Böbel*, Die Rechtsstellung des besonderen Vertreters nach § 147 AktG, 1998, 133 f.; *Bork* in Hommelhoff/Hopt/v. Werder Corporate Governance-HdB S. 743 (760, 762); *Häsemeyer* ZHR 144 (1980), 265 (274 f.); *Grigoleit/Herrler* Rn. 13; *Hüffer/Koch/Koch* Rn. 8; *Humrich*, Der besondere Vertreter im Aktienrecht, 2013, 117; *Kling* ZGR 2009, 190 (211 ff.); NK-AktR/*Lochner* Rn. 16, 24; *Mimberg* in Marsch-Barner/Schäfer Börsennotierte AG-HdB Rn. 40.24; *Mock* AG 2008, 839 (840); *Mock* DB 2008, 393 (395); *Semler* AG 2005, 321 (330); K. Schmidt/Lutter/*Spindler* Rn. 23; *Verhoeven* ZIP 2008, 245 (246); *Winnen*, Die Innenhaftung des Vorstands nach dem UMAG, 2009, 305; aA aber RGZ 83, 248 (251) (Amtsträger); dies aber selbst relativierend OLG München NZG 2009, 305 = AG 2009, 119; *Balthasar/Hamelmann* WM 2010, 589 (593); Großkomm AktG/*Hopt/Roth* § 112 Rn. 9 (gesetzlicher Prozessstandschafter); *Teichmann* FS Mühl, 1980, 663 (679 f.) (Prozessstandschafter); *Wirth* FS Hüffer, 2009, 1129 (1143 ff.); *Wirth/Pospiech* DB 2008, 2471 (2474); letztlich offen lassend *Fabritius* GS Gruson, 2009, 133 (141 ff.).

[248] Darauf hinweisend *Binder* ZHR 176 (2012), 380 (389 f.); *Fabritius* GS Gruson, 2009, 133 (141 ff.); *Hüffer* ZHR 174 (2010), 642 (673 f.); *Schneider* ZIP 2013, 1985 (1987); *Westermann* AG 2009, 237 (246 f.); so auch OLG München NZG 2009, 305 = AG 2009, 119.

[249] *Binder* ZHR 176 (2012), 380 (386); *Kling* ZGR 2009, 190 (209 ff.).

drängen, wie dies § 148 Abs. 3 S. 1 beim Klagezulassungsverfahren bei der Klageerhebung durch die Gesellschaft vorsieht.[250] Durch die Verdrängung der Vertretungsorgane der Gesellschaft können deren Mitglieder in Verfahren zur Geltendmachung der Ersatzansprüche als **Zeugen** vernommen werden, da diese nicht mehr als gesetzliche Vertreter auftreten können.[251]

122 **a) Pflichten des besonderen Vertreters. aa) Sorgfaltspflichten.** Als Organ der Gesellschaft unterliegt der besondere Vertreter einer besonderen **Sorgfaltspflicht gegenüber der Gesellschaft,** die durch die Organbestellung (→ Rn. 121) rechtsgeschäftlich begründet wird und sich aus der besonderen Macht der Organe zur Verfügung über fremde Vermögensinteressen ableitet.[252] Der besondere Vertreter unterliegt weiterhin einer **Verschwiegenheitspflicht,** soweit die Weitergabe von Informationen – insbesondere an Mitarbeiter – nicht zur Geltendmachung der Ersatzansprüche notwendig ist.[253] Insofern ist es dem besonderen Vertreter auch gestattet, Öffentlichkeitsarbeit zu betreiben, soweit diese im Gesellschaftsinteresse vorgenommen wird.[254]

123 Der zur Geltendmachung der Ersatzansprüche geschuldete Sorgfaltsmaßstab ist in Abs. 2 selbst kaum geregelt. Insofern gilt lediglich die **zeitliche Vorgabe des Abs. 1 S. 2** (→ Rn. 57), die Ersatzansprüche innerhalb von sechs Monaten geltend zu machen.[255] Da der besondere Vertreter im Gegensatz zu den regulär für die Anspruchsverfolgung zuständigen Gesellschaftsorganen aber eine größere Einarbeitungszeit benötigt, handelt es sich bei den Vorgaben von Abs. 1 S. 2 um eine bloße Empfehlung, von der bei einer entsprechenden notwendigen Vorbereitungszeit vor der Geltendmachung abgewichen werden kann. Darüber hinaus hat der besondere Vertreter unverzüglich mit der Geltendmachung der Ersatzansprüche bzw. der Vorbereitung zu beginnen. Dabei ist es auch unbeachtlich, dass gegen seine Bestellung möglicherweise Anfechtungs- oder Nichtigkeitsklage bzw. eine Beschwerde anhängig ist, da seine Rechtshandlungen bis zur rechtskräftigen Entscheidung über diese wirksam sind (→ Rn. 105). Es steht der Hauptversammlung bei der Bestellung aber offen, dem besonderen Vertreter für die Geltendmachung der Ersatzansprüche zeitliche Vorgaben zu machen oder sein Amt zu befristen (→ Rn. 75). Eine solche Kompetenz muss auch dem Gericht im Rahmen der gerichtlichen Bestellung (Abs. 2 S. 2) zuerkannt werden.

124 Zudem muss der besondere Vertreter die ihm übertragenen Aufgaben nicht alle selbst vornehmen, sondern darf insbesondere **Hilfspersonen, Rechtsanwälte oder Wirtschaftsprüfer** hinzuziehen und aufgrund seiner Vertretungsmacht für die Gesellschaft (→ Rn. 134) auch im Hinblick auf deren Vergütung selbst verpflichten. Hinsichtlich der Hinzuziehung von Rechtsanwälten ergibt sich dies schon aus dem Umstand, dass der besondere Vertreter nicht zwangsläufig selbst Rechtsanwalt sein muss (→ Rn. 98 f.) und daher jedenfalls bei einer gerichtlichen Durchsetzung der Ersatzansprüche in der Regel auf Rechtsanwälte zurückgreifen muss (§ 78 ZPO). Zur Mandatierung → Rn. 134.

125 Der **weitere Sorgfaltsmaßstab** ist in Anlehnung an die der anderen Mitglieder von Gesellschaftsorganen zu bestimmen (§§ 93, 116).[256] Somit findet § 93 auf den besonderen Vertreter entsprechende Anwendung, so dass dieser zu einer gewissenhaften, eigenverantwortlichen und unparteiischen Tätigkeit verpflichtet ist.[257] Dem steht auch nicht entgegen, dass die Aufgabe des besonderen Vertreters auf die Geltendmachung der Ersatzansprüche beschränkt ist, da auch in diesem beschränkten Aufgabengebiet Ermessensentscheidungen notwendig sein können. Dies ist etwa der Fall bei der Auswahl der Inanspruchnahme von Gesamtschuldnern oder der Eingehung von Vergleichen (§ 779 BGB), um eine zügige und erfolgreiche Geltendmachung der Ersatzansprüche zu gewährleisten.[258]

---

[250] *Fabritius* GS Gruson, 2009, 133 (145); *Westermann* AG 2009, 237 (241).
[251] Großkomm AktG/*Bezzenberger* Rn. 52; *Binder* ZHR 176 (2012), 380 (408); Bürgers/Körber/*Holzborn*/*Jänig* Rn. 10.
[252] Großkomm AktG/*Bezzenberger* Rn. 55; *Böbel*, Die Rechtsstellung des besonderen Vertreters gem. § 147 AktG, 1998, 120; *Mimberg* in Marsch-Barner/Schäfer Börsennotierte AG-HdB § 40 Rn. 24; Kölner Komm AktG/*Rieckers*/*Vetter* Rn. 533; zur Treuepflicht kraft Organstellung vgl. Großkomm AktG/*Henze*/*Notz* Anh. § 53a Rn. 51 mwN.
[253] MüKoAktG/*Arnold* Rn. 82; *Böbel*, Die Rechtsstellung des besonderen Vertreters gem. § 147 AktG, 1998, 120 f.; MHdB AG/*Bungert* § 43 Rn. 37; MHdB GesR VII/*Lieder* § 26 Rn. 213; *Mock* AG 2008, 839 (840); Kölner Komm AktG/*Rieckers*/*Vetter* Rn. 586 ff.
[254] *Mock* AG 2008, 839 (846).
[255] Für eine Geltung auch für den besonderen Vertreter KG AG 2012, 328 (329); OLG München NZG 2008, 230 (234) = AG 2008, 172; *Mimberg* in Marsch-Barner/Schäfer Börsennotierte AG-HdB § 40 Rn. 27; aA aber wohl *Verhoeven* ZIP 2008, 245 (250 Fn. 52).
[256] KG AG 2012, 328 (329); *Böbel*, Die Rechtsstellung des besonderen Vertreters gem. § 147 AktG, 1998, 114; *Kling* ZGR 2009, 190 (225); Kölner Komm AktG/*Rieckers*/*Vetter* Rn. 735; aA aber Großkomm AktG/*Bezzenberger* Rn. 55, der hier von der allgemeinen im Verkehr erforderlichen Sorgfalt des § 276 Abs. 2 BGB ausgeht. Dem folgend *Verhoeven* ZIP 2008, 245 (251).
[257] KG AG 2012, 328 (329); MüKoAktG/*Arnold* Rn. 64; Bürgers/Körber/*Holzborn*/*Jänig* Rn. 13; *Westermann* AG 2009, 237 (247); aA aber *Kling* ZGR 2009, 190 (225).
[258] In diesen Sinne auch *Westermann* AG 2009, 237 (241).

Auch wenn der besondere Vertreter in der Regel eine Reihe von rechtlichen Unsicherheiten **126** bei der Geltendmachung der Ersatzansprüche ausgesetzt ist, gilt für diesen kein gesonderter Haftungsmaßstab in Form der sogenannten *legal judgment rule*. Rechtliche Unsicherheiten bei der Ausübung des Amtes sind vielmehr im Rahmen des Verschuldens bei einer Haftung des besonderen Vertreters zu berücksichtigen. Dem kann der besondere Vertreter allerdings dadurch entziehen, indem er sich unter umfassender Darstellung der Verhältnisse der Gesellschaft und Offenlegung der erforderlichen Unterlagen von einem unabhängigen, für die zu klärende Frage fachlich qualifizierten Berufsträger beraten lässt und den erteilten Rechtsrat einer sorgfältigen Plausibilitätskontrolle unterzieht.[259]

bb) Zivilrechtliche Haftung und strafrechtliche Verantwortlichkeit. Bei Verletzung dieser **127** Pflichten kommt eine **Haftung entsprechend § 93 Abs. 2 S. 1** in Betracht.[260] Der besondere Vertreter ist Organ der Gesellschaft (→ Rn. 121) und muss daher den gleichen Haftungsnormen wie die übrigen Mitglieder von Gesellschaftsorganen unterliegen. Als zentrale Pflichtverstöße kommen neben dem verschuldeten Eintritt der Verjährung der Ersatzansprüche vor allem auch die mutwillige Klageerhebung in Betracht[261] (für den Sorgfaltsmaßstab → Rn. 125). Eine Haftung aufgrund einer **Pflichtverletzung im Rahmen eines vertraglichen Schuldverhältnisses aus § 280 Abs. 1 BGB** zwischen dem besonderen Vertreter und der Gesellschaft kommt ebenfalls in Betracht,[262] da ein bei der Bestellung des besonderen Vertreters sogleich ein Geschäftsbesorgungsvertrag (→ Rn. 100) abgeschlossen wird. Diese Haftung führt aber im Vergleich zur Organhaftung nach § 93 Abs. 2 S. 1 zu keinen abweichenden Ergebnissen. Die Haftung des besonderen Vertreters kann – wie diejenige der anderen Organmitglieder – nicht beschränkt werden. Zur Geltendmachung der Haftungsansprüche der Gesellschaft gegenüber dem besonderen Vertreter ist der Vorstand berufen.[263] Dahingehend kann ein verpflichtender Hauptversammlungsbeschluss erfolgen und auch ein (weiterer) besonderer Vertreter bestellt werden. Zur Wirkung der Entlastung → Rn. 169

Die **straf- und ordnungswidrigkeitsrechtlichen Sondertatbestände** finden auf den besonde- **128** ren Vertreter keine Anwendung. Allerdings kommt eine Anwendung der allgemeinen Tatbestände der Untreue (§ 266 StGB), des Verbots von Insidergeschäften (§ 119 Abs. 3 WpHG iVm Art. 14 MAR) und des Verrats von Geschäfts- oder Betriebsgeheimnissen (§ 17 UWG) in Betracht.[264]

cc) Keine Weisungsabhängigkeit. Dem Vorstand und dem Aufsichtsrat kommt gegenüber dem **129** besonderen Vertreter kein Weisungsrecht zu.[265] Auch gegenüber der **Hauptversammlung** besteht keine Weisungsgebundenheit.[266] Die Hauptversammlung kann zwar durch den verpflichtenden Beschluss nach Abs. 1 Vorgaben für die Geltendmachung der Ersatzansprüche machen (→ Rn. 75), daraus kann aber nicht eine weitergehende Weisungsgebundenheit des besonderen Vertreters abgeleitet werden.[267] Der besondere Vertreter ist als Organ der Gesellschaft ebenso wie der Vorstand und der Aufsichtsrat gegenüber der Hauptversammlung weisungsunabhängig. Die praktische Bedeutung dieser fehlenden Weisungsabhängigkeit ist aber jedenfalls für den durch die Hauptversammlung bestellten besonderen Vertreter gering, da es der Hauptversammlung jederzeit freisteht, den besonderen Vertreter abzuberufen (→ Rn. 160 ff.).

dd) Gesellschaftsrechtliche Berichts- und Auskunftspflichten. Für den besonderen Vertre- **130** ter besteht auch **keine Auskunftspflicht gegenüber dem Vorstand**. Dies gilt sowohl bei der

---

[259] So allgemein für die Organhaftung BGH NZG 2015, 792 Tz. 28 = AG 2015, 535.
[260] *Böbel*, Die Rechtsstellung des besonderen Vertreters gem. § 147 AktG, 1998, 114 f.; *Humrich*, Der besondere Vertreter im Aktienrecht, 2013, 154 f.; *Kling* ZGR 2009, 190 (226); MHdB GesR VII/*Lieder* § 26 Rn. 213; *Schneider* ZIP 2013, 1985 (1991); aA MüKoAktG/*Arnold* Rn. 85.
[261] *Kling* ZGR 2009, 190 (226).
[262] MüKoAktG/*Arnold* Rn. 85; *Kling* ZGR 2009, 190 (226 ff.); Kölner Komm AktG/*Rieckers/Vetter* Rn. 731.
[263] *Humrich*, Der besondere Vertreter im Aktienrecht, 2013, 156.
[264] Vgl. zum Ganzen *Mock* AG 2008, 839 (849).
[265] MüKoAktG/*Arnold* Rn. 83; Großkomm AktG/*Bezzenberger* Rn. 56; MHdB AG/*Bungert* § 43 Rn. 40; *Humrich*, Der besondere Vertreter im Aktienrecht, 2013, 146 f.; Kölner Komm AktG/*Rieckers/Vetter* Rn. 443; *Westermann* AG 2009, 237 (240).
[266] LG München I NZG 2008, 954; NK-AktR/*Lochner* Rn. 24a, 27; *Mock* AG 2008, 839 (844); *Schneider* ZIP 2013, 1985 (1991); *Verhoeven* ZIP 2008, 245 (248); *Westermann* AG 2009, 237 (240); *Winnen*, Die Innenhaftung des Vorstands nach dem UMAG, 2009, 311; aA *Böbel*, Die Rechtsstellung des besonderen Vertreters gem. § 147 AktG, 1998, 122 f.; unklar OLG München ZIP 2010, 725 (730).
[267] Ebenso NK-AktR/*Lochner* Rn. 24a, 27; *Mock* DB 2008, 393 (396); *Wirth* FS Hüffer, 2009, 1129 (1150); im Ergebnis auch *Humrich*, Der besondere Vertreter im Aktienrecht, 2013, 146 ff. mit einer Beschränkung auf die Modalitäten der Geltendmachung.

Geltendmachung gegenüber amtierenden oder ausgeschiedenen Vorstandsmitgliedern.[268] Die Beurteilung der wirtschaftlichen Zweckmäßigkeit von Geschäftsführungsmaßnahmen mag für den Vorstand sicherlich einfacher zu beurteilen sein, wenn er über die Vorgehensweise des besonderen Vertreters informiert ist. Daraus lässt sich aber eine entsprechende Anwendung von § 90 Abs. 1 S. 2 nicht rechtfertigen.[269] Diese Grundsätze gelten daher auch **gegenüber dem Aufsichtsrat**.[270] Ebenso wenig kann dieser seine Kontrollfunktion (§ 112) auf den besonderen Vertreter ausdehnen.[271] Aufsichtsrat und Vorstand müssen die Hauptversammlung aber über mögliche Pflichtverstöße des besonderen Vertreters – soweit bekannt – informieren, so dass diese den besonderen Vertreter abberufen oder eine Aktionärsminderheit ein entsprechendes gerichtliches Verfahren einleiten kann.[272] Zur Rolle des besonderen Vertreters auf der Hauptversammlung → Rn. 143 ff.

131 **Gegenüber anderen besonderen Vertretern** besteht keine Berichts- und Auskunftspflicht, es sei denn, dass diese zur Geltendmachung der gleichen Ersatzansprüche bestellt wurden, da sie dann ein Kollegialorgan bilden.[273] Eine Berichts- und Auskunftspflicht besteht für den besonderen Vertreter allerdings gegenüber einem zur Überprüfung seiner Tätigkeit eingesetzten Sonderprüfer und gegenüber dem Abschlussprüfer der Gesellschaft.[274]

132 ee) **Kapitalmarktrecht.** Hinsichtlich der kapitalmarktrechtlichen Veröffentlichungspflichten unterliegt der besondere Vertreter – im Gegensatz zum Sonderprüfer (→ § 144 Rn. 21) – grundsätzlich den gleichen Pflichten wie die Verwaltungsorgane der Gesellschaft, wobei ihm eine eigene Kapitalmarktkommunikationskompetenz zukommt. Daher muss der besondere Vertreter insbesondere *Ad-hoc*-Mitteilungen (Art. 17 MAR) selbst abgeben.[275] Anspruchsgegner eines Anspruchs aus §§ 97 f. WpHG bleibt aber dennoch die Aktiengesellschaft als Emittentin, die dann Regress beim besonderen Vertreter nehmen kann.

133 Gegenüber der **Prüfstelle für Rechnungslegung e. V.** und der BaFin unterliegt der besondere Vertreter im Enforcement den Mitwirkungs- und Auskunftspflichten aus § 107 Abs. 4 WpHG, § 342b Abs. 4 HGB.[276]

134 b) **Rechte des besonderen Vertreters. aa) Vertretungsmacht.** Da der besondere Vertreter die für die Geltendmachung der Ersatzansprüche zuständigen Organe in ihrer Zuständigkeit als Organ der Gesellschaft (→ Rn. 121) verdrängt, kommt diesem auch Vertretungsmacht zu, so dass dieser nicht nur Prozessstandschafter ist.[277] Diese ist zwar gegenständlich auf die Geltendmachung von Ersatzansprüchen beschränkt, umfasst dabei aber alle in diesem Zusammenhang notwendigen Geschäfte wie etwa die **Beauftragung von Hilfskräften,** die **Mandatierung von Rechtsanwälten** (→ Rn. 152) oder die **Beauftragung von Detekteien**.[278] Zudem kann der besondere Vertreter für seine Tätigkeit auch eine **Versicherung** im Namen der Aktiengesellschaft abschließen, soweit seine Tätigkeit nicht schon von der D&O-Versicherung für die anderen Organmitglieder gedeckt ist, wovon meist auszugehen ist.[279] Die Vertretungsmacht erstreckt sich auch auf bereits anhängige Prozesse.[280] Werden mehrere besondere Vertreter bestellt, sind diese im Zweifel zur gemeinschaftlichen Vertretung der Gesellschaft ermächtigt (§ 78 Abs. 2 S. 1 entsprechend).[281]

135 bb) **Auskunfts- und Prüfungsrechte.** Für die Geltendmachung der Ersatzansprüche sind die besonderen Vertreter zur Vertretung der Gesellschaft befugt. Zudem kommt ihnen ein **umfangreiches Auskunfts- und Prüfungsrecht** gegenüber allen Mitgliedern des Vorstands, des Aufsichtsrats

---

[268] MüKoAktG/*Arnold* Rn. 80; NK-AktR/*Lochner* Rn. 24a; *Mock* AG 2008, 839 (841); Kölner Komm AktG/*Rieckers/Vetter* Rn. 556; aA aber Großkomm AktG/*Bezzenberger* Rn. 58 bei ausgeschiedenen Vorstandsmitgliedern.
[269] LG München I NZG 2007, 916 (917) = AG 2007, 756; aA Großkomm AktG/*Bezzenberger* Rn. 58.
[270] So aber Großkomm AktG/*Bezzenberger* Rn. 58; aA LG München I NZG 2007, 916 (917) = AG 2007, 756; *Kling* ZGR 2009, 190 (219); *Mock* AG 2008, 839 (841 f.).
[271] *Mock* AG 2008, 839 (842); *Westermann* AG 2009, 237 (241).
[272] Großkomm AktG/*Bezzenberger* Rn. 58.
[273] *Mock* AG 2008, 839 (845).
[274] Vgl. dazu ausf. *Mock* AG 2008, 839 (845 f.).
[275] Ausf. *Mock* AG 2008, 839 (847 f.); aA Kölner Komm AktG/*Rieckers/Vetter* Rn. 573 ff.
[276] *Mock* AG 2008, 839 (848); Kölner Komm AktG/*Rieckers/Vetter* Rn. 576 f. mit der Einschränkung, dass die für die Prüfstelle nicht gelten soll.
[277] LG München I NZG 2007, 916 (916 f.) = AG 2007, 756; MüKoAktG/*Arnold* Rn. 67; Großkomm AktG/*Bezzenberger* Rn. 52; *Kling* ZGR 2009, 190 (212); für letzteres aber Teichmann FS Mühl, 1981, 661 (679 f.).
[278] *Mock* ZHR 181 (2017), 688 (727); Kölner Komm AktG/*Rieckers/Vetter* Rn. 509; *Schneider* ZIP 2013, 1985 (1988).
[279] NK-AktR/*Lochner* Rn. 24.
[280] MüKoAktG/*Arnold* Rn. 68.
[281] BGH NJW 1981, 1097 (1098) = WM 1981, 240; Großkomm AktG/*Bezzenberger* Rn. 52.

und den Angestellten der Gesellschaft zu, soweit dieses nicht offensichtlich unsachgemäß ausgeübt wird, in einem Zusammenhang mit der Anspruchsverfolgung steht und zu dieser erforderlich ist.[282] Dieses Auskunfts- und Prüfungsrecht ist schon deshalb notwendig, da der besondere Vertreter mit der bloßen Beschlussfassung der Hauptversammlung nicht ausreichend Informationen erhält, um eine schlüssige Klage zu erheben oder überhaupt irgendeine Form des Beweises anzubieten zu erheben.[283] Diejenigen, die den besonderen Vertreter dieses Auskunfts- und Prüfungsrecht nicht zugestehen, wollen letztlich eine Arbeitsunfähigkeit des besonderen Vertreters und damit die fortwährend fehlende Geltendmachung von Organhaftungsansprüchen erreichen. Das Aktienrecht gestattet mit Abs. 2 ausdrücklich die Möglichkeit der Geltendmachung von Ersatzansprüchen durch einen Externen, so dass diesem auch die Mittel an die Hand gegeben werden müssen, um diese Aufgabe zu erfüllen.

Eines **Anfangsverdachts** aufgrund der in dem entsprechenden Hauptversammlungsbeschluss benannten Tatsachen bedarf es nicht,[284] da mit dem Hauptversammlungsbeschluss eine klare Aufgabezuweisung an den besonderen Vertreter erfolgt ist, die keiner weitergehenden Konkretisierung bedarf.[285] Der Anspruch richtet sich nicht gegen die Gesellschaft selbst, da der besondere Vertreter selbst Organ der Gesellschaft ist (zu den prozessualen Folgen → Rn. 121). Keine Rolle spielt es zudem, ob eine **Anfechtungsklage gegen den Bestellungsbeschluss** anhängig ist (→ Rn. 103 ff.), da diese bis zur Rechtskraft der Entscheidung nichts an seiner Organstellung ändert.[286] **136**

Im **Anspruchsumfang** kann der besondere Vertreter selbstverständlich nicht auf das Informationsniveau eines Aktionärs im Rahmen von §§ 131 f. beschränkt werden, da die für die Geltendmachung der Ersatzansprüche notwendigen Informationen davon meist nicht erfasst sind.[287] Dabei ist es unbeachtlich, welche entsprechenden Rechte einem Sonderprüfer in dieser Situation zukommen würden,[288] da die Rechtsinstitute des Sonderprüfers und des besonderen Vertreters in keinem Subsidiaritätsverhältnis stehen (→ Rn. 16 f.). Auch wenn es durchaus sinnvoll erscheinen kann, zunächst eine Sonderprüfung durchzuführen, um dann dem besonderen Vertreter eine zügige Durchsetzung der Ersatzansprüche – ohne dann notwendige eigene Ermittlungstätigkeit – zu ermöglichen, ist diese Stufenverhältnis gesetzlich in keiner Weise vorgegeben (→ Rn. 16 f.). Dem kann auch nicht die Fristenregelung des Abs. 1 S. 2 entgegengehalten werden,[289] da es sich dabei nicht um eine Ausschlussfrist handelt (→ Rn. 57). Geheimhaltungsinteressen der Aktiengesellschaft sind irrelevant, da der besondere Vertreter selbst zur Verschwiegenheit (→ Rn. 122) verpflichtet ist.[290] **137**

Die **Reichweite der Auskunfts- und Prüfungsrechte** des besonderen Vertreters ergibt sich dabei aus den Anforderungen für die Durchsetzung der Ersatzansprüche. Dies umfasst etwa die Herausgabe von Geschäftsunterlagen (§§ 809, 810 BGB),[291] die Befragung einzelner Verwaltungsmit- **138**

---

[282] OLG Köln NZG 2016, 147 (148) = AG 2016, 254; LG Heidelberg AG 2016, 182 = ZIP 2016, 471; LG Duisburg AG 2016, 795; LG Stuttgart ZIP 2010, 329 (329 f.); LG Duisburg ZIP 2013, 1379 (1380); LG Stuttgart ZIP 2010, 329 (330); LG München I NZG 2007, 916 (916 f.) = AG 2007, 756; vgl. auch RGZ 83, 248 (251); allerdings stark eingeschränkt durch OLG München NZG 2008, 230 (233 f.) = AG 2008, 17; vgl. auch Großkomm AktG/*Bezzenberger* Rn. 57; *Bork* in Hommelhoff/Hopt/v. Werder Corporate Governance-HdB S. 743 (762); *Hüffer* ZHR 174 (2010), 642 (670 f.); *K. Schmidt/Lutter/Spindler* Rn. 26; *Winnen*, Die Innenhaftung des Vorstands nach dem UMAG, 2009, 312 f.; vgl. dazu auch *Fabritius* GS Gruson, 2009, 133 (138 f.), der allerdings aus der Parteirolle unzulässigerweise auf den Inhalt des Anspruchs schließt. Ebenfalls restriktiv Kölner Komm AktG/*Rieckers/Vetter* Rn. 620; *Wirth* FS Hüffer, 2009, 1129 (1143); etwaige Rechte nahezu völlig ausschließend MüKo-AktG/*Arnold* Rn. 69; *Balthasar/Hamelmann* WM 2010, 589 (593); MHdB AG/*Bungert* § 43 Rn. 37; *Humrich*, Der besondere Vertreter im Aktienrecht, 2013, 170 ff.; *Löbbe* in VGR, Gesellschaftsrecht in der Diskussion 2016, 2017, S. 25 (47 ff.).

[283] Dazu ausführlich *Mock* ZHR 181 (2017), 688 (691 ff. und 697 ff.) mit einer umfassenden Herleitung dieser Kompetenz.

[284] LG Heidelberg AG 2016, 182 = ZIP 2016, 471; *Lochner* EWiR 2016, 169; *Mock* ZHR 181 (2017), 688 (726); aA LG Stuttgart EWiR 2010 § 147 AktG 1/10, 3 *(Lochner)*.

[285] Ebenso *Lochner* EWiR 2010 § 147 AktG 1/10, 3 (4).

[286] *Mock* ZHR 181 (2017), 688, 724.

[287] *Kling* ZGR 2009, 190 (215); dem folgend *Binder* ZHR 176 (2012), 380 (396 f.).

[288] Ebenso *Binder* ZHR 176 (2012), 380 (393 ff.); *Mock* ZHR 181 (2017), 688 (694 ff.) darauf aber abstellend *Hüffer* ZHR 174 (2010), 642 (674 f.); *Nietsch* ZGR 2011, 589 (620 f.).

[289] So aber OLG München NZG 2008, 230 (234) = AG 2008, 172; dem folgend *Kling* ZGR 2009, 190 (217); aA aber *Böbel*, Die Rechtsstellung des besonderen Vertreters gem. § 147 AktG, 1998, 93.

[290] *Mock* ZHR 181 (2017), 688 (728).

[291] So schon RGZ 83, 248 (250); zust. *Binder* ZHR 176 (2012), 380 (399 ff.); *Hüffer* ZHR 174 (2010), 642 (671 f.); *Mock* ZHR 181 (2017), 688 (722); *Wirth* FS Hüffer, 2010, 1129 (1143); aA MüKoAktG/*Arnold* Rn. 70.

glieder einschließlich der Mitarbeiter,²⁹² ein Zutrittsrecht zu den Räumlichkeiten der Gesellschaft²⁹³ sowie die Bereitstellung einer geeigneten Infrastruktur.²⁹⁴ Selbstverständlich steht es dem besonderen Vertreter auch frei, von den eingesehenen Unterlagen kostenlos **Kopien** anzufertigen.²⁹⁵ Dies ergibt sich schon aus seiner Organstellung (→ Rn. 121) und der damit verbundenen Verschwiegenheitspflicht (→ Rn. 122). Soweit eine Sonderprüfung stattgefunden hat, kann der besondere Vertreter den Prüfbericht einsehen.²⁹⁶ Eine Pflicht zur Einholung einer Vollständigkeitserklärung durch den besonderen Vertreter besteht nicht.²⁹⁷

139 Das Auskunfts- und Prüfungsrecht des besonderen Vertreters findet seine Beschränkung in einer **missbräuchlichen Nutzung**.²⁹⁸ Dies ist anzunehmen, wenn der besondere Vertreter von dem Recht pflichtwidrig Gebrauch macht, wobei dem besonderen Vertreter in dieser Hinsicht ein weites Ermessen zukommt.²⁹⁹ Zum Sorgfaltsmaßstab für den besonderen Vertreter allgemein → Rn. 125.

140 Letztlich ist das Problem der **konkreten Bestimmung der Rechte des besonderen Vertreters** im Wesentlichen davon abhängig, in welchem Umfang die Verwaltungsorgane mit dem besonderen Vertreter zusammenarbeiten bzw. in welchem Umfang die notwendigen Informationen bereits bekannt sind. Verfügt der besondere Vertreter bereits über einen umfangreichen Informationsstand bzw. hat Zugang zu einem solchen, wird die Konkretisierung der noch fehlenden Informationen in der Regel keine Schwierigkeiten bereiten. Ist dies allerdings nicht der Fall, wird für den besonderen Vertreter keine Alternative zu einer umfassenden Einsichtnahme bzw. Offenlegungserzwingung bleiben.³⁰⁰ Dabei wird eine partielle an dem jeweiligen Verfahrensstand orientierte Geltendmachung im Zweifel erfolgversprechender sein als eine vollumfassende Auskunftserzwingung bereits zu Beginn der Tätigkeit.³⁰¹

141 Die zentrale Frage hinsichtlich der Auskunfts- und Prüfungsrechte stellt deren Durchsetzung dar, zumal sich in der jüngeren Vergangenheit gezeigt hat, dass der Vorstand und der Aufsichtsrat die Arbeit des besonderen Vertreters häufig in großem Umfang blockieren und teilweise keinerlei Kooperationsbereitschaft zeigen. Für die **Durchsetzung seiner Auskunfts- und Prüfungsrechte** stehen dem besonderen Vertreter die allgemeinen prozessualen Möglichkeiten in Form der Stufenklage (§ 254 ZPO) zur Durchsetzung des Auskunftsanspruchs (§ 260 BGB)³⁰² auf der ersten Stufe zur Verfügung. Die Durchsetzung der Auskunfts- und Prüfungsrechte erfolgt als Interorganstreit, so dass der besondere Vertreter selbst Partei ist und die Kosten des Rechtsstreits in jedem Fall von der Gesellschaft getragen werden.³⁰³ Dabei kommt sowohl eine Geltendmachung im eigenen Namen gegen die Aktiengesellschaft als auch im Namen der Aktiengesellschaft gegen die Organmitglieder in Betracht,³⁰⁴ wobei sich der letztere Fall aus Sicht des besonderen Vertreters als kostengünstiger herausstellt. Die Klage ist daher nicht gegen die Gesellschaft selbst, sondern vielmehr gegen die zur Auskunft bzw. Herausgabe Verpflichteten zu richten.³⁰⁵ Dabei wird insbesondere der **einstweilige**

---

²⁹² LG Heidelberg AG 2016, 182 = ZIP 2016, 471; LG München I NZG 2007, 916 (917) = AG 2007, 756; Großkomm AktG/*Bezzenberger* Rn. 57; *Mock* ZHR 181 (2017), 688 (722); *Schneider* ZIP 2013, 1985 (1987); einschränkend aber OLG München NZG 2008, 230 (233 f.) = AG 2008, 172; dies gänzlich ablehnend MüKo-AktG/*Arnold* Rn. 73; *Fabritius* FS Gruson, 2009, 133 (136); Grigoleit/*Herrler* Rn. 14; *Kling* ZGR 2009, 190 (218); K. Schmidt/Lutter/*Spindler* Rn. 26.

²⁹³ *Mock* ZHR 181 (2017), 688 (722 f.); aA MüKoAktG/*Arnold* Rn. 72; Grigoleit/*Herrler* Rn. 14; *Kling* ZGR 2009, 190 (218); Kölner Komm AktG/*Rieckers/Vetter* Rn. 634.

²⁹⁴ *Mock* ZHR 181 (2017), 688 (722 f.).

²⁹⁵ *Schneider* ZIP 2013, 1985 (1987).

²⁹⁶ *Kling* ZGR 2009, 190 (217); *Mock* ZHR 181 (2017), 688 (707).

²⁹⁷ *Mock* ZHR 181 (2017), 688 (727).

²⁹⁸ *Mock* ZHR 181 (2017), 688 (725 ff.).

²⁹⁹ *Mock* ZHR 181 (2017), 688 (726).

³⁰⁰ *Schneider* ZIP 2013, 1985 (1986), der insofern von einem Ermittlungs- und Verfahrensbevollmächtigten spricht; aA und solche Ermittlungsbefugnisse ablehnend *Binder* ZHR 176 (2012), 380 (397 ff.).

³⁰¹ In diese Richtung ebenfalls *Westermann* AG 2009, 237 (246); ähnlich *Goette* bei Priester, Jahrbuch der Fachanwälte für Steuerrecht 2008/2009, 376 (379).

³⁰² LG Duisburg AG 2016, 795.

³⁰³ Dazu ausf. *Kling* ZGR 2009, 190 (220 ff.); *Mock* ZHR 181 (2017), 688 (724 f.); aA aber noch RGZ 83, 248, das von einer Klage des besonderen Vertreters gegen die Gesellschaft ausgeht. Dem folgend *Fabritius* GS Gruson, 2009, 133 (138 f.).

³⁰⁴ LG Heidelberg AG 2016, 182 = ZIP 2016, 471; *Lochner* EWiR 2016, 169; *Mock* ZHR 181 (2017), 688 (724 f.).

³⁰⁵ *Kling* ZGR 2009, 190 (223 f.); *Nietsch* ZGR 2011, 589 (624 f.); *Schürnbrand*, Organschaft im Recht der privaten Verbände, 2008, 396 f.; aA aber RGZ 83, 248 (251 f.); OLG München NZG 2008, 230 (234); *Konzen* FS Hommelhoff, 2012, 567 (577 f.).

Rechtsschutz eine große Rolle spielen.[306] Für die insofern einschlägige Leistungsverfügung (§ 940 ZPO) ergibt sich der Verfügungsanspruch aus Abs. 2 und der Verfügungsgrund aus der Fristenregelung des Abs. 1 S. 2.[307] Dem steht auch nicht entgegen, dass die Verjährung der Ersatzansprüche möglicherweise noch nicht droht. Ein **Schiedsverfahren** zur Durchsetzung der Auskunfts- und Prüfungsrechte kommt nicht in Betracht.[308]

Da die **Kosten für die Durchsetzung der Auskunfts- und Prüfungsrechte** auch bei einem Unterliegen des besonderen Vertreters aufgrund von dessen Organstellung (→ Rn. 121) immer von der Gesellschaft zu tragen sind, stellt sich die Frage des Rückgriffs bei den Organmitgliedern, bei denen eine gerichtliche Durchsetzung der Auskunfts- und Prüfungsrechte des besonderen Vertreters notwendig war. Auch wenn diese Rechtsverfolgungskosten nicht *per se* von den Organmitgliedern im Rahmen eines Schadenersatzanspruchs nach § 93 Abs. 2, § 116 getragen werden müssen, muss dennoch ein strenger Maßstab angelegt werden. Sofern die Geltendmachung der Auskunfts- und Prüfungsrechte durch den besonderen Vertreter nicht völlig willkürlich erscheint und mit den geltend zu machenden Ersatzansprüchen in Verbindung steht, muss den Auskunfts- und Prüfungsrechten des besonderen Vertreters entsprochen werden. Anderenfalls haften die sich einer Zusammenarbeit verweigernden Organmitglieder nach § 93 Abs. 2, § 116 auf Schadensersatz gegenüber der Gesellschaft für die entstehenden Rechtsverfolgungskosten des besonderen Vertreters, ohne dass sie sich dabei auf die *business judgment rule* (§ 93 Abs. 1 S. 2) berufen können, da die fehlende Zusammenarbeit mit dem besonderen Vertreter als Organ der Gesellschaft keine unternehmerische Entscheidung ist. Eine Haftung ist dabei insbesondere dann anzunehmen, wenn dem besonderen Vertreter der Zutritt zu den Räumlichkeiten der Gesellschaft (→ Rn. 138), die Aushändigung unmittelbar in Zusammenhang mit den geltend zu machenden Ersatzansprüchen stehenden Unterlagen (→ Rn. 138) oder persönliche Auskünfte (→ Rn. 138) insgesamt verweigert wird. Unabhängig von den Schadensersatzansprüchen kann die fehlende Zusammenarbeit mit dem besonderen Vertreter auch eine Abberufung (§ 84 Abs. 3, § 103 Abs. 3) rechtfertigen. **142**

c) **Rolle des besonderen Vertreters auf der Hauptversammlung.** Das Aktienrecht weist dem besonderen Vertreter auf der Hauptversammlung normativ keine Rolle zu. Dies bedeutet aber nicht, dass der besondere Vertreter auf in diesem Zusammenhang keine Bedeutung hätte. Da er von der Hauptversammlung bzw. auf Antrag einer qualifizierten Aktionärsminderheit gerichtlich bestellt wird, muss er ebenso auch Bericht erstatten können, zumal dort auch über seine Abberufung (→ Rn. 160 ff.) oder eine Konkretisierung oder Änderung seines Auftrags (→ Rn. 123) entschieden werden kann. Somit gehört die Berichterstattung auf der Hauptversammlung zu seinen Kernaufgaben,[309] die sich aus § 666 Alt. 2 BGB ergibt.[310] Dem steht auch nicht die Verschwiegenheitspflicht des besonderen Vertreters (→ Rn. 122) entgegen, da diese gegenüber dieser Kernaufgabe nachrangig ist. **143**

Daher muss dem besonderen Vertreter nicht nur ein Teilnahmerecht, sondern auch eine **Teilnahmepflicht** zuerkannt werden.[311] Zudem ersetzt der besondere Vertreter den Vorstand und/oder den Aufsichtsrat teilweise in deren Aufgabenbereich, so dass deren Teilnahmepflicht konsequenterweise auch für ihn gelten muss. **144**

Die Berichterstattung des besonderen Vertreters ist eine **eigenständige Berichterstattung**, so dass diese von ihm selbst und nicht durch andere Organe der Aktiengesellschaft wahrzunehmen ist.[312] Eine Berichterstattung durch den besonderen Vertreter darf aber nur dann erfolgen, wenn **145**

---

[306] Dazu ausführlich *Hippeli* DZWiR 2016, 408 ff.
[307] OLG Köln NZG 2016, 147 (148) = AG 2016, 254; OLG München NZG 2008, 230 (234) = AG 2008, 172; MüKoAktG/*Arnold* Rn. 74; *Kling* ZGR 2009, 190 (215); *Mock* DB 2008, 393 (401); Kölner Komm AktG/*Rieckers/Vetter* Rn. 696 ff.; *Verhoeven* ZIP 2008, 245 (254); *Westermann* AG 2009, 237 (246).
[308] Dazu ausf. *Mock* FS Meilicke, 2010, 489 (504).
[309] Vgl. nur *Mock* AG 2008, 839 (842 ff.); Kölner Komm AktG/*Rieckers/Vetter* Rn. 563.
[310] Ebenso für eine analoge Anwendung von § 666 Alt. 2 BGB *Binder* ZHR 176 (2012), 380 (409); *Böbel*, Die Rechtsstellung des besonderen Vertreters gem. § 147 AktG, 1998, 123; *Kling* ZGR 2009, 190 (219); Kölner Komm AktG/*Rieckers/Vetter* Rn. 567 (die darüber hinaus auch eine Anwendung von § 131 AktG vertreten (§ 147 Rn. 569)); MHdB AG/*Bungert* § 43 Rn. 37; im Ergebnis wohl auch Hüffer/Koch/*Koch* Rn. 10 (allerdings mit Verweis auf § 662 BGB); aA *Grigoleit/Herrler* Rn. 15 (kein allgemeines Rederecht) ebenfalls verneinend wohl Bürgers/Körber/*Holzborn/Jänig* Rn. 13 (Information der Hauptversammlung durch Auslage der Berichte des besonderen Vertreters); jedenfalls bei Fehlen eines entsprechenden Tagesordnungspunktes ablehnend LG München I v. 28.7.2008 – 5HK O 12504/08, WM 2008, 1977 (1979) = AG 2008, 794.
[311] Ähnlich Kölner Komm AktG/*Rieckers/Vetter* Rn. 672; aA aber LG München I NZG 2008, 954.
[312] *Mock* AG 2008, 839 (843 f.); Kölner Komm AktG/*Rieckers/Vetter* Rn. 568; aA aber Bürgers/Körber/*Holzborn/Jänig* Rn. 13 mit einer Berichterstattung durch den Vorstand.

diese einen Bezug zu den geltend zu machenden Ersatzansprüchen aufweist.³¹³ Zudem kann die Berichterstattung schriftlich durch Vorlage eines Tätigkeitsberichts oder mündlich in Vortragsform erfolgen. Für den besonderen Vertreter besteht dahingehend ein Ermessen, das er pflichtgemäß auszuüben hat. Hinsichtlich des Umfangs der Berichterstattung muss der besondere Vertreter sich an dem objektiven Informationsinteresse der Hauptversammlung orientieren, da er gegenüber dieser rechenschaftspflichtig ist. Daher muss er dieser alle Informationen über seine bisherige Tätigkeit – etwa in Form von Forderungsschreiben, Rechtsgutachten oder anderen gutachterlichen Stellungnahmen – zur Verfügung stellen und darüber berichten, inwiefern die Geltendmachung der Ersatzansprüche bisher erfolgt ist und aus welchen Gründen und in welchem Umfang mit einer Geltendmachung der übrigen Ansprüche nicht mehr zu rechnen ist. Darüber hinaus muss er aber auch die Informationen zur Verfügung stellen, die für die Hauptversammlung für eine Beschlussfassung über eine Modifizierung seiner Aufgabe erforderlich sind. Dies gilt insbesondere dann, wenn auf der Hauptversammlung konkrete Vorgaben für das weitere Vorgehen des besonderen Vertreters gemacht werden sollen (→ Rn. 123). Die Berichterstattung wird schließlich nicht durch § 131 Abs. 3 oder § 145 Abs. 6 S. 2 beschränkt. Auch Art. 10 Abs. 1 MAR steht der Berichterstattung nicht im Wege, da es sich dabei um eine Offenlegung von Informationen im Zuge der normalen Ausübung einer Beschäftigung oder eines Berufs bzw. der normalen Erfüllung von Aufgaben handelt. Allerdings muss die Berichterstattung unterbleiben bzw. eingeschränkte werden, wenn damit die Anspruchsverfolgung gefährdet wird³¹⁴ oder schützenswerte Unternehmensinformationen offenlegt werden.

146 Eine **Auskunftspflicht gegenüber der Hauptversammlung** bzw. den Aktionären besteht grundsätzlich nicht,³¹⁵ da der besondere Vertreter die anderen Organe nur soweit verdrängt, wie dies für die Geltendmachung der Ersatzansprüche notwendig ist (→ Rn. 121). Die Auskunftserteilung über die bisherige Entwicklung der Geltendmachung der Ersatzansprüche obliegt daher dem Vorstand im Rahmen des § 131.³¹⁶ Etwas anderes muss aber dann gelten, wenn der besondere Vertreter Ersatzansprüche gegen den Vorstand und den Aufsichtsrat geltend machen soll, da ansonsten das Auskunftsrecht nach § 131 *ad absurdum* geführt werden würde, da der Vorstand und der Aufsichtsrat nicht objektiv darüber berichten können, inwiefern gegen sie Ersatzansprüche geltend gemacht werden.

147 Zudem steht dem besonderen Vertreter ein **Rederecht auf der Hauptversammlung** zu, soweit ein entsprechender Tagesordnungspunkt vorliegt,³¹⁷ der aber jedenfalls durch die Aktionärsminderheit rechtzeitig herbeigeführt werden kann, die den besonderen Vertreter letztlich bestellt hat. Auch der besondere Vertreter unterliegt den allgemeinen Schranken des Rederechts.³¹⁸

148 **5. Finanzierung der Tätigkeit des besonderen Vertreters.** Ein gesetzlich nicht geregeltes Problem ist die Finanzierung der Tätigkeit des besonderen Vertreters. Dabei ist zunächst **keine Vorfinanzierungspflicht** des besonderen Vertreters anzunehmen, da dies zum einen seiner Rolle als Organ der Gesellschaft (→ Rn. 121) widerspricht und zum anderen eine nicht unerhebliche Einschränkung der Funktionsfähigkeit wäre, zumal sich die Geltendmachung von Ersatzansprüchen über mehrere Jahre hinziehen kann.

149 Zwar kann der besondere Vertreter aufgrund seiner Organstellung die Gesellschaft auch selbst verpflichten (→ Rn. 134). Allerdings ergibt sich daraus noch nicht die Folge, dass die gegebenenfalls selbst betroffenen Organmitglieder eine Erfüllung dieser Verpflichtungen auch vornehmen, was zu erheblichen Schwierigkeiten vor allem in Bezug auf **Gerichtskosten** oder die **Vorschussgewäh-**

---

³¹³ Grigoleit/*Herrler* Rn. 15; *Mock* AG 2008, 839 (843); Kölner Komm AktG/*Rieckers/Vetter* Rn. 565; *Westermann* AG 2009, 237 (242); jedenfalls ein Teilnahme-, Rede- und Fragerecht bei einem fehlenden Tagesordnungspunkt ablehnend LG München I v. 28.7.2008 – 5 HK O 12504/08, WM 2008, 1977 (1979) = AG 2008, 794; dem folgend *Kling* ZGR 2009, 190 (219 f. Fn. 168).
³¹⁴ *Humrich*, Der besondere Vertreter im Aktienrecht, 2013, 152.
³¹⁵ *Humrich*, Der besondere Vertreter im Aktienrecht, 2013, 162; *Mock* AG 2008, 839 (842 ff.); aA aber MüKo-AktG/*Arnold* Rn. 81; *Böbel*, Die Rechtsstellung des besonderen Vertreters gem. § 147 AktG, 1998, 123; *Kling* ZGR 2009, 190 (219 f.); Kölner Komm AktG/*Rieckers/Vetter* Rn. 673; unklar *Westermann* AG 2009, 237 (242), der ein Rederecht ablehnt, den besonderen Vertreter gleichwohl dem Fragerecht der Aktionäre aussetzen will.
³¹⁶ Ebenso LG München I NZG 2008, 954; *Binder* ZHR 176 (2012), 380 (409) (Pflicht zur Wahrung der Informationsordnung der Gesellschaft); aA *Böbel*, Die Rechtsstellung des besonderen Vertreters gem. § 147 AktG, 1998, 123.
³¹⁷ Grigoleit/*Herrler* Rn. 15; *Mock* AG 2008, 839 (843); wohl auch *Humrich*, Der besondere Vertreter im Aktienrecht, 2013, 151 f.; aA LG München I NZG 2008, 954; *Kling* ZGR 2009, 190 (219 f.); *Westermann* AG 2009, 237 (242); wiederum abweichend Bürgers/Körber/*Holzborn/Jänig* Rn. 14, die ein Rede- und Teilnahmerecht in Anlehnung an den Abschlussprüfer annehmen.
³¹⁸ *Mock* AG 2008, 839 (844).

rung an anwaltliche Vertreter führt.[319] Auch wenn für die Gerichtskosten eine Lösung über § 14 GKG möglich erscheint,[320] sollte die Finanzierung – soweit die zuständigen Organmitglieder eine Vorfinanzierung durch die Gesellschaft verweigern – über einen externen Fremdkapitalgeber erfolgen, mit dem der besondere Vertreter aufgrund seiner Vertretungsmacht (→ Rn. 134) eine Finanzierung im Namen der Gesellschaft vereinbaren kann. Darüber hinaus kommt auch eine Vorfinanzierung durch einzelne Aktionäre[321] im Rahmen eines an den besonderen Vertreter zu gewährenden Darlehens in Betracht, bei dem die vorfinanzierenden Aktionäre einen entsprechenden Rückgewähranspruch gegen die Gesellschaft haben. Die dabei entstehenden Mehrkosten können anschließend als Schadenersatz von den jeweiligen Organmitgliedern (→ Rn. 142) nach § 93 Abs. 2 S. 1 geltend gemacht werden. Unabhängig von dieser Möglichkeit sollte die Hauptversammlung jedenfalls für den durch sie bestellten besonderen Vertreter in ihrer Beschlussfassung festhalten, dass dem besonderen Vertreter die entsprechenden Finanzmittel für die Ausübung seiner Tätigkeit zur Verfügung zu stellen sind.[322] Zu den **Auslagen und der Vergütung** des besonderen Vertreters → Rn. 172 ff.

6. Außergerichtliche Geltendmachung und Klageerhebung durch den besonderen Vertreter. Als Organ der Aktiengesellschaft (→ Rn. 121) ist der besondere Vertreter zunächst zur **außergerichtlichen Geltendmachung** der Ersatzansprüche berechtigt. Er kann insofern alle Maßnahmen ergreifen, die mit einer außergerichtlichen Geltendmachung typischerweise verbunden sind. Dabei unterliegt er dem allgemeinen Sorgfaltsmaßstab (→ Rn. 125). Zu den Auskunfts- und Informationsrechten → Rn. 135 ff. 150

Zudem kommt ihm für die Geltendmachung der Ersatzansprüche eine **Klagebefugnis** zu. Dabei tritt er als (alleiniger → Rn. 121) gesetzlicher Vertreter im Namen der Aktiengesellschaft auf.[323] Bei der gerichtlichen Geltendmachung kann das Prozessgericht die Wirksamkeit der Bestellung des besonderen Vertreters nicht nachprüfen.[324] Die Überprüfung kann nur im Rahmen einer Anfechtungs- oder Nichtigkeitsklage gegen den Bestellungsbeschluss der Hauptversammlung (→ Rn. 77 f.) oder einer sofortigen Beschwerde gegen die gerichtliche Bestellung (→ Rn. 94) erfolgen. Zur Finanzierung des Rechtsstreits → Rn. 148 f. 151

Für die außergerichtliche Geltendmachung und die Klageerhebung kann der besondere Vertreter Anwälte hinzuziehen. Bei der Auswahl und dem Umfang der Übertragung von Aufgaben auf diese Personen kommt dem besonderen Vertreter ein Ermessen zu,[325] soweit der Hauptversammlungsbeschluss dahingehend keine konkreten Vorgaben enthält. Bei entsprechender Eignung bestehen daher insbesondere gegen eine **Mandatierung der eigenen Kanzlei** keine Bedenken. Es steht dem besonderen Vertreter auch frei, mit hinzugezogenen Anwälten nach dem Vergütungsverzeichnis des RVG oder nach einer **Honorarvereinbarung** abzurechnen.[326] Die Vereinbarung eines Erfolgshonorars dürfte hingegen ausgeschlossen sein, da die Voraussetzungen von § 4a RVG nicht vorliegen. Denn der besondere Vertreter wird aufgrund seiner Vertretungsmacht (→ Rn. 134) und der damit bestehenden Möglichkeit der Verpflichtung der Aktiengesellschaft ohne die Vereinbarung eines Erfolgshonorars nicht von der Rechtsverfolgung abgehalten. 152

Dem Vorstand und dem Aufsichtsrat kommt – im Gegensatz zum Klagezulassungsverfahren (§ 148 Abs. 3 → § 148 Rn. 131 ff.) – nicht die Möglichkeit zu, das **Verfahren selbst zu übernehmen,** da dem besonderen Vertreter allein die Vertretungsmacht für die Prozessführung zukommt. Daher kann ein Anspruch nach einer vergeblichen gerichtlichen Geltendmachung durch den besonderen Vertreter durch den Vorstand und/oder den Aufsichtsrat wegen dann entgegenstehender Rechtshängigkeit nicht mehr geltend gemacht werden.[327] 153

7. Beendigung des Amtes. Im Hinblick auf die Beendigung des Amtes des besonderen Vertreters bedarf es einer Unterscheidung zwischen der **Person des besonderen Vertreters** und seiner **Organstellung,** da die Organstellung durch den bloßen Wegfall des konkreten Amtswalters weiter besteht.[328] 154

---

[319] Dazu *Schneider* ZIP 2013, 1985 (1988 f.).
[320] So vor allem *Schneider* ZIP 2013, 1985 (1988).
[321] Mit diesem Vorschlag *Schneider* ZIP 2013, 1985 (1989).
[322] *Schneider* ZIP 2013, 1985 (1989).
[323] LG Duisburg AG 2016, 795; MHdB GesR VII/*Lieder* § 26 Rn. 215 ff.
[324] OLG Hamburg ZHR 43 (1895), 326; wohl auch MüKoAktG/*Arnold* Rn. 110.
[325] KG AG 2012, 328 (329).
[326] *Schneider* ZIP 2013, 1985 (1988).
[327] MüKoAktG/*Arnold* Rn. 104; *Böbel*, Die Rechtsstellung des besonderen Vertreters gem. § 147 AktG, 1998, 126 ff.; *Westermann* AG 2009, 237 (241).
[328] *Kling* ZGR 2009, 190 (213).

155 **a) Beendigung aufgrund der Aufgabenerfüllung.** Beendigungsgrund ist aber zunächst die Aufgabenerfüllung in Form der Geltendmachung der Ersatzansprüche.[329] Maßstab dafür ist das Mandat, das der besondere Vertreter von der Hauptversammlung oder dem Gericht bekommen hat. In diesem Zusammenhang kommt dem besonderen Vertreter ein **Einschätzungsspielraum** zu. Zur Berichts- und Dokumentationspflicht auf der Hauptversammlung → Rn. 143 ff.; zur Entlastung → Rn. 169.

156 **b) Beendigungsgrund in der Person des besonderen Vertreters.** Die Bestellung einer bestimmten Person zum besonderen Vertreter endet mit dem **Tod des besonderen Vertreters.** Sie endet aber auch, wenn die Hauptversammlung oder das Gericht (→ Rn. 79 ff.) eine andere Person als besonderen Vertreter unter **Abberufung des bisherigen besonderen Vertreters** bestellt (→ Rn. 95).

157 Schließlich endet die Bestellung auch durch die **Niederlegung durch den besonderen Vertreter.**[330] Eines besonderen Grundes bedarf es dafür nicht, da gerade beim besonderen Vertreter ein Zwang zur Amtsführung nicht sinnvoll ist. Im Übrigen gelten für den besonderen Vertreter die gleichen Beschränkungen wie für die Vorstands- und Aufsichtsratsmitglieder, so dass insbesondere eine Niederlegung zur Unzeit nicht in Betracht kommt. Dies ist etwa dann anzunehmen, wenn die geltend zu machenden Ersatzansprüche kurz vor der Verjährung stehen oder ein Gerichtstermin unmittelbar bevorsteht.

158 Mit der Beendigung wird auch das **Geschäftsbesorgungsverhältnis** gekündigt.[331] Die Kündigungserklärung ergeht dabei entweder durch die Aktiengesellschaft vertreten durch den Vorstand oder durch den besonderen Vertreter selbst.

159 Durch die bloße Beendigung in der Person des besonderen Vertreters bleibt für eine qualifizierte Aktionärsminderheit die Möglichkeit bestehen, eine **gerichtliche Bestellung eines besonderen Vertreters** nach Abs. 2 S. 2 zu beantragen (→ Rn. 79 ff.), da der insofern notwendige verpflichtende Hauptversammlungsbeschluss nach Abs. 1 (→ Rn. 40 ff.) noch fortbesteht. Zudem fällt die Kompetenz zur Geltendmachung der Ersatzansprüche durch die bloße Beendigung in der Person des besonderen Vertreters nicht wieder an den Vorstand oder den Aufsichtsrat zurück, da das Organ in Form des besonderen Vertreters noch fortbesteht, zwischenzeitlich nur nicht besetzt ist.

160 **c) Beendigung der Organstellung.** Für die Beendigung der Organstellung muss zwischen dem durch die Hauptversammlung und dem gerichtlich bestellten besonderen Vertreter unterschieden werden.

161 **aa) Durch die Hauptversammlung bestellter besonderer Vertreter.** Die Organstellung des durch die Hauptversammlung bestellten besonderen Vertreters kann durch die **Hauptversammlung** ohne Anwendung von § 84 Abs. 3 AktG und damit ohne besonderen Grund[332] beendet werden. Darüber hinaus kann sie durch eine erfolgreiche **Anfechtungs- oder Nichtigkeitsklage** hinsichtlich des Bestellungsbeschlusses beseitigt werden. Dem besonderen Vertreter kommt dabei allerdings – ebenso wie bei einer Anfechtungs- oder Nichtigkeitsklage gegen den Bestellungsbeschluss (→ Rn. 77) – keine Anfechtungsbefugnis zu. Er ist auch in diesem Zusammenhang auf eine Nebenintervention beschränkt. Eine Ausnahme gilt insofern nur für den Fall der Abberufung durch eine Anfechtungs- oder Nichtigkeitsklage nach der Durchführung eines *squeeze out* (→ Rn. 164).

162 Soweit lediglich die Bestellung des besonderen Vertreters und nicht der **verpflichtende Hauptversammlungsbeschluss nach Abs. 1** (→ Rn. 40 ff.) erfolgreich angefochten wird, bleibt für den Vorstand bzw. den Aufsichtsrat die Verpflichtung zur Geltendmachung der Ersatzansprüche nach Abs. 1 bestehen. Nur bei einer erfolgreichen Anfechtung beider Beschlüsse besteht für den Vorstand bzw. den Aufsichtsrat wieder ein Ermessen zur Geltendmachung. Zudem entfällt mit der Rechtskraft der entsprechenden Entscheidung im Anfechtungs- oder Nichtigkeitsverfahren hinsichtlich des Bestellungsbeschlusses der Grund für eine mögliche Aussetzung in den vom besonderen Vertreter zwischenzeitlich angestrengten Verfahren zur Durchsetzung der Ersatzansprüche (→ Rn. 168), so dass die jeweils zuständigen Gesellschaftsorgane die Fortsetzung oder Ablehnung der Verfahren erklären müssen.

163 Mit **Widerruf der Bestellung** wird auch das Geschäftsbesorgungsverhältnis gekündigt. Im Fall der Nichtigkeit des Bestellungsbeschlusses umfasst die Nichtigkeit auch das Geschäftsbesorgungsver-

---

[329] Kölner Komm AktG/*Rieckers/Vetter* Rn. 454.
[330] Dazu *Humrich*, Der besondere Vertreter im Aktienrecht, 2013, 129 f.; Kölner Komm AktG/*Rieckers/Vetter* Rn. 483 ff.
[331] MüKoAktG/*Arnold* Rn. 102; Kölner Komm AktG/*Rieckers/Vetter* Rn. 486.
[332] BGH AG 2013, 634; Grigoleit/*Herrler* Rn. 16; Hüffer/Koch/*Koch* Rn. 7; Kölner Komm AktG/*Rieckers/Vetter* Rn. 461 f.

hältnis.³³³ Der besondere Vertreter kann für seine dahin erbrachten Leistungen einen entsprechenden Teil seiner Vergütung verlangen, wenn die Abberufung nicht durch ein schuldhaftes vertragswidriges Verhalten veranlasst worden ist.

Der Widerruf der Bestellung des besonderen Vertreters ist schließlich ausgeschlossen, wenn der **164** Anspruchsgegner Mehrheitsaktionär ist und dieser aufgrund eines *squeeze out* nach §§ 327a ff. Alleingesellschafter wird, da der Alleingesellschafter dann – ebenso wie beim Bestellungsbeschluss (→ Rn. 74) – noch immer einem Stimmverbot nach § 136 Abs. 1 S. 1 unterliegt, da der Alleingesellschafter ansonsten Richter in eigener Sache wäre.³³⁴ Dies gilt jedenfalls für den Fall, dass durch den besonderen Vertreter bereits Klagen anhängig gemacht wurden, da die dann für die Einmanngesellschaft vorgenommene teleologische Reduktion von § 136 Abs. 1 S. 1 (→ § 136 Rn. 6 ff.) nicht durchgreifen kann. Dadurch wird die Gesellschaft auch nicht schutzlos gegenüber dem besonderen Vertreter gestellt, da der (Allein)Aktionär den besonderen Vertreter nach Abs. 2 S. 2 jederzeit bei Vorliegen einer Zweckmäßigkeit (→ Rn. 95) gerichtlich ersetzen lassen kann. Die Anwendbarkeit von § 136 Abs. 1 S. 1 kann schließlich auch nicht unter Verweis auf einen ausreichenden Schutz der Minderheitsaktionäre auf die Durchführung eines Spruchverfahrens ausgeschlossen werden.³³⁵ Auch wenn bei der Bestimmung der entsprechenden Abfindung aufgrund des *squeeze out* (§ 327a Abs. 1) etwaige Ersatzansprüche der Gesellschaft berücksichtigt werden müssen, kann dies aufgrund der fehlenden Einflussnahmemöglichkeit der Minderheitsaktionäre nicht ausreichen. Gerade die Prüfung von Ersatzansprüchen gegen den zwischenzeitlichen Alleinaktionär ist dann nicht mehr zu erwarten. Eben dieses fehlende (tatsächliche) Fortwirken der Ersatzansprüche im Spruchverfahren rechtfertigt das Stimmverbot.³³⁶ In Betracht kommt ferner die Rechtsmissbräuchlichkeit des *squeeze out*, wenn dieser im engen zeitlichen sachlichen Zusammenhang mit der Geltendmachung von Ersatzansprüchen durch einen besonderen Vertreter steht und im Zeitpunkt der Abberufung des besonderen Vertreter keine Schutzmaßnahmen für die Minderheitsaktionäre ergriffen wurden.³³⁷

Der besondere Vertreter kann nach seiner Abberufung durch die Hauptversammlung gegen den **165** Abberufungsbeschluss **Anfechtungs- bzw. Nichtigkeitsklage** nach § 245 Nr. 4 analog erheben und ein etwaiges Stimmverbot des Alleinaktionärs geltend machen.³³⁸ Der besondere Vertreter ist dabei selbst Partei des Verfahrens und nicht nur Vertreter der Gesellschaft.³³⁹ Dies gilt allerdings nicht für den *Squeeze-out*-Beschluss³⁴⁰ selbst, auch wenn dadurch die Gefahr der Abberufung durch den Mehrheitsaktionär als Anspruchsgegner begründet wird, da eine spätere Abberufung durch den Mehrheits- bzw. dann Alleinaktionär nicht möglich ist (→ Rn. 164).

bb) Gerichtlich bestellter besonderer Vertreter. Eine Beendigung der Organstellung des **166** gerichtlich bestellten besonderen Vertreters ist für das Gericht nicht möglich, da dieses nach Abs. 2 S. 2 immer nur andere Personen zur Anspruchsdurchsetzung bestellen kann.³⁴¹ Etwas anderes gilt nur dann, wenn die gerichtliche Bestellung des besonderen Vertreters im **Rechtsmittelverfahren** aufgehoben wird. Gegen den Bestellungsbeschluss ist die Beschwerde (Abs. 2 S. 4) – die innerhalb eines Monats eingelegt werden muss (§ 63 Abs. 1 FamFG) – und die Rechtsbeschwerde (§§ 70 ff. FamFG) statthaft, soweit letztere durch das Beschwerdegericht zugelassen wird (§ 70 Abs. 1 FamFG). Auch der abberufene besondere Vertreter kann gegen die Entscheidung Beschwerde einlegen (§ 59 Abs. 1 FamFG).³⁴² Daraus folgt, dass mit Ablauf der jeweiligen Rechtsmittelfrist der besondere Vertreter nur noch ausgetauscht, nicht aber dessen Organstellung beendet werden kann.

---

³³³ Großkomm AktG/*Bezzenberger* Rn. 60.
³³⁴ OLG München NZG 2010, 503 = AG 2010, 673; LG München I NZG 2009, 1311; zust. *Lutter* ZIP 2009, 2203; *Hirte/Mock* BB 2010, 775 (776); aA aber BGH NZG 2011, 950 (951); (als Revisionsinstanz zu LG München I NZG 2009, 1311); MüKoAktG/*Arnold* Rn. 77; *Altmeppen* NJW 2009, 3757; *Peters/Hecker* NZG 2009, 1294 (1295); Kölner Komm AktG/*Rieckers/Vetter* Rn. 466 ff.; *Rubner* GWR 2009, 321.
³³⁵ Dazu ausf. *Hirte/Mock* BB 2010, 775 (776 f.); aA aber OLG München ZIP 2010, 723 (728 f.); *Peters/Hecker* NZG 2009, 1294 (1295).
³³⁶ Ausf. *Hirte/Mock* BB 2010, 775 (776 f.); dies allerdings nicht hinreichend berücksichtigend *Rubner* GWR 2009, 321.
³³⁷ OLG Köln AG 2018, 126.
³³⁸ LG München I NZG 2009, 1311; aA aber *Nietsch* ZGR 2011, 589 (630 f.); *Peters/Hecker* NZG 2009, 1294 (1295), die für eine Analogie keinen Raum sehen.
³³⁹ *Peters/Hecker* NZG 2009, 1294 (1294 f.); anders *Humrich*, Der besondere Vertreter im Aktienrecht, 2013, 180 ff., der dem besonderen Vertreter aber die Möglichkeit einer Nebenintervention einräumt.
³⁴⁰ LG München I ZIP 2008, 2124 = BB 2008, 1965.
³⁴¹ MüKoAktG/*Arnold* Rn. 101; wohl auch Bürgers/Körber/*Holzborn/Jänig* Rn. 14a; Kölner Komm AktG/*Rieckers/Vetter* Rn. 476.
³⁴² *Westermann* AG 2009, 237 (239).

167 **cc) Allgemeine Beendigungsgründe.** Schließlich endet das Amt des besonderen Vertreters bei einer **Verschmelzung** (beim übertragenen Rechtsträger)[343] und bei einer **Aufspaltung** und wird insbesondere aufgrund der Wesensverschiedenheit nicht in den besonderen Vertreter nach § 26 UmwG umgewandelt.[344] Bei allen anderen Umwandlungsmaßnahmen bleibt sein Amt beim bisherigen Rechtsträger bestehen. Dies gilt auch für den **Formwechsel,** da der besondere Vertreter nicht nur ein Rechtsinstitut des Aktienrechts ist (→ Rn. 65). Kein Beendigungsgrund ist schließlich die **Eröffnung des Insolvenzverfahrens** über das Vermögen der Gesellschaft, da der besondere Vertreter in diesem Fall nur in seinem Aufgabenkreis verdrängt wird (→ Rn. 108 f.).

168 **d) Auswirkungen auf laufende Prozesse.** Soweit im Zeitpunkt der Beendigung des Amtes des besonderen Vertreters noch Prozesse anhängig sind, werden diese durch die Beendigung nicht berührt, da der besondere Vertreter diese im Namen der Aktiengesellschaft führt und somit **kein Parteiwechsel** notwendig ist. Auch für die Anwendung von § 241 Abs. 1 alt. 3 ZPO ist kein Raum, da die Aktiengesellschaft dann durch ihren Vorstand bzw. den Aufsichtsrat vertreten wird.[345] Der Prozess ist dann vom Vorstand als gesetzlicher Vertreter der Aktiengesellschaft fortzuführen.

169 **e) Entlastung auf der Hauptversammlung.** Dem besonderen Vertreter kann auf der Hauptversammlung die Entlastung erteilt werden, da der besondere Vertreter den Vorstand und den Aufsichtsrat als Organ der Aktiengesellschaft (→ Rn. 121) in ihrem Aufgabenbereich teilweise verdrängt, so dass für ihn diesbezüglich die gleichen Vorschriften zur Anwendung (§ 120 analog) kommen.[346] Die Entlastung hat aber auch beim besonderen Vertreter **keine Verzichtswirkung** in Bezug auf etwaige Haftungsansprüche (→ Rn. 127 f.). Diese Grundsätze gelten sowohl für den durch die Hauptversammlung (→ Rn. 71 ff.) als auch für den gerichtlich bestellten besonderen Vertreter (→ Rn. 79 ff.).

170 **f) Berichts- und Dokumentationspflicht.** Bei Beendigung des Amtes trifft den besonderen Vertreter eine Berichts- und Dokumentationspflicht hinsichtlich seiner erbrachten Leistungen.[347] Diese ergibt sich aus § 666 BGB. Dabei hat der besondere Vertreter im Einzelnen aufzulisten, welche Maßnahmen er unternommen hat, welche davon erfolgreich und welche nicht erfolgreich waren. Dies kann in einer **allgemeinen Berichtsform** erfolgen. Der Bericht ist dem Vorstand der Aktiengesellschaft zuzuleiten. Eine Pflicht zur Veröffentlichung besteht nicht. Zur Berichterstattung des besonderen Vertreters auf der Hauptversammlung → Rn. 143 ff.

171 **g) Herausgabe von Unterlagen und Dokumenten.** Mit Beendigung des Amtes des besonderen Vertreters muss dieser alle im Rahmen seiner Tätigkeit erlangten Dokumente und Unterlagen an die Aktiengesellschaft – vertreten durch den Vorstand – herausgeben.[348] Eine **Herausgabepflicht** gegenüber Aktionären besteht nicht und zwar auch nicht gegenüber den Aktionären, die die Bestellung des besonderen Vertreters auf der Hauptversammlung oder durch die Antragstellung nach Abs. 2 S. 2 (→ Rn. 79 ff.) bewirkt haben.

172 **8. Auslagen und Vergütung (Abs. 2 S. 5).** Nach Abs. 2 S. 5 kann der besondere Vertreter von der Gesellschaft **Ersatz angemessener barer Auslagen und eine Vergütung** für seine Tätigkeit verlangen. Die Gesellschaft trägt dabei in jedem Fall diese Kosten. Eine Ersatzpflicht der Minderheit besteht nicht. Zu den Auslagen gehören insbesondere Kostenerstattungen für die eigene Tätigkeit, Reisekosten und Prämien für eine Versicherung.[349] Bei der Bestimmung der Auslagen ist zu beachten, dass der besondere Vertreter jedenfalls bei der gerichtlichen Geltendmachung im Namen der Gesellschaft handelt, so dass Gerichtskostenvorschüsse von dieser zu übernehmen sind (→ Rn. 148 f.), ein Auslagenersatz somit nicht notwendig ist.

173 Die Höhe der Auslagen und der Vergütung wird beim gerichtlich bestellten besonderen Vertreter vom Gericht festgesetzt (Abs. 2 S. 6). Gegen diesen Beschluss ist nur die Beschwerde statthaft (Abs. 2 S. 7 Hs. 1), die innerhalb eines Monats eingelegt werden muss (§ 63 Abs. 1 FamFG). Die Rechtsbeschwerde ist ausdrücklich ausgeschlossen (Abs. 2 S. 7 Hs. 2). Der rechtskräftige Beschluss ist zugleich **Vollstreckungstitel** (Abs. 2 S. 8, § 794 Abs. 1 Nr. 3 ZPO).

174 Für den von der **Hauptversammlung bestellten besonderen Vertreter** bestimmt sich der Umfang der zu ersetzenden Auslagen und die Höhe der Vergütung nach der zwischen ihm und der

---

[343] BGH AG 2013, 634.
[344] BGH AG 2013, 634.
[345] AA Kölner Komm AktG/*Rieckers/Vetter* Rn. 494.
[346] *Böbel*, Die Rechtsstellung des besonderen Vertreters gem. § 147 AktG, 1998, 136; aA Kölner Komm AktG/*Rieckers/Vetter* Rn. 525.
[347] *Mock* ZHR 181 (2017), 688 (729).
[348] Kölner Komm AktG/*Rieckers/Vetter* Rn. 592.
[349] *Verhoeven* ZIP 2008, 245 (249); wohl auch *Westermann* AG 2009, 237 (245); aA Kölner Komm AktG/*Rieckers/Vetter* Rn. 708.

Gesellschaft getroffenen Vereinbarung. Fehlt eine dahingehende Vereinbarung, besteht ein Anspruch auf Auslagenersatz §§ 675, 670 BGB,[350] wobei hinsichtlich der Höhe auf den Maßstab des § 113 zurückzugreifen ist,[351] bei dem die fachliche Qualifikation, der Umfang und die Dauer der Tätigkeit zu berücksichtigen sind.[352] Dieser Anspruch kann gegen die Gesellschaft auch klagweise geltend gemacht werden.[353]

9. Freiwillige Einsetzung eines besonderen Vertreters. Im Gegensatz zur Rechtslage bei der Sonderprüfung (→ § 142 Rn. 244 ff.) kommt eine freiwillige Einsetzung eines besonderen Vertreters aufgrund einer Vereinbarung zwischen dem Vorstand und/oder dem Aufsichtsrat und einzelnen Aktionären nicht in Betracht. Die Geltendmachung von Ersatzansprüchen ist Aufgabe des Vorstands oder des Aufsichtsrats (→ Rn. 121) und ist als solche **nicht in der Form disponibel**, dass ein weisungsunabhängiger Dritter (→ Rn. 129) zur Geltendmachung der Ersatzansprüche vom Vorstand oder Aufsichtsrat eingesetzt werden kann. Daher kann eine Anfechtungs- oder Nichtigkeitsklage gegen den Bestellungsbeschluss (Abs. 2 S. 1 → Rn. 77) oder eine Beschwerdeverfahren gegen die gerichtliche Bestellung (Abs. 2 S. 2 → Rn. 94) nicht durch einen Vergleich (→ Rn. 93) dergestalt beendet werden, dass statt eines besonderen Vertreters ein funktional vergleichbares Amt geschaffen wird. 175

§ 148 Klagezulassungsverfahren

(1) ¹Aktionäre, deren Anteile im Zeitpunkt der Antragstellung zusammen den einhundertsten Teil des Grundkapitals oder einen anteiligen Betrag von 100 000 Euro erreichen, können die Zulassung beantragen, im eigenen Namen die in § 147 Abs. 1 Satz 1 bezeichneten Ersatzansprüche der Gesellschaft geltend zu machen. ²Das Gericht lässt die Klage zu, wenn
1. die Aktionäre nachweisen, dass sie die Aktien vor dem Zeitpunkt erworben haben, in dem sie oder im Falle der Gesamtrechtsnachfolge ihre Rechtsvorgänger von den behaupteten Pflichtverstößen oder dem behaupteten Schaden auf Grund einer Veröffentlichung Kenntnis erlangen mussten,
2. die Aktionäre nachweisen, dass sie die Gesellschaft unter Setzung einer angemessenen Frist vergeblich aufgefordert haben, selbst Klage zu erheben,
3. Tatsachen vorliegen, die den Verdacht rechtfertigen, dass der Gesellschaft durch Unredlichkeit oder grobe Verletzung des Gesetzes oder der Satzung ein Schaden entstanden ist, und
4. der Geltendmachung des Ersatzanspruchs keine überwiegenden Gründe des Gesellschaftswohls entgegenstehen.

(2) ¹Über den Antrag auf Klagezulassung entscheidet das Landgericht, in dessen Bezirk die Gesellschaft ihren Sitz hat, durch Beschluss. ²Ist bei dem Landgericht eine Kammer für Handelssachen gebildet, so entscheidet diese anstelle der Zivilkammer. ³Die Landesregierung kann die Entscheidung durch Rechtsverordnung für die Bezirke mehrerer Landgerichte einem der Landgerichte übertragen, wenn dies der Sicherung einer einheitlichen Rechtsprechung dient. ⁴Die Landesregierung kann die Ermächtigung auf die Landesjustizverwaltung übertragen. ⁵Die Antragstellung hemmt die Verjährung des streitgegenständlichen Anspruchs bis zur rechtskräftigen Antragsabweisung oder bis zum Ablauf der Frist für die Klageerhebung. ⁶Vor der Entscheidung hat das Gericht dem Antragsgegner Gelegenheit zur Stellungnahme zu geben. ⁷Gegen die Entscheidung findet die sofortige Beschwerde statt. ⁸Die Rechtsbeschwerde ist ausgeschlossen. ⁹Die Gesellschaft ist im Zulassungsverfahren und im Klageverfahren beizuladen.

(3) ¹Die Gesellschaft ist jederzeit berechtigt, ihren Ersatzanspruch selbst gerichtlich geltend zu machen; mit Klageerhebung durch die Gesellschaft wird ein anhängiges Zulassungs- oder Klageverfahren von Aktionären über diesen Ersatzanspruch unzulässig. ²Die Gesellschaft ist nach ihrer Wahl berechtigt, ein anhängiges Klageverfahren über ihren Ersatzanspruch in der Lage zu übernehmen, in der sich das Verfahren zur Zeit der Über-

---
[350] KG AG 2012, 328 (329); MüKoAktG/*Arnold* Rn. 86.
[351] *Böbel*, Die Rechtsstellung des besonderen Vertreters gem. § 147 AktG, 1998, 94 ff.; aA aber *Verhoeven* ZIP 2008, 245 (249).
[352] KG AG 2012, 328 (329); Großkomm AktG/*Bezzenberger* Rn. 63; NK-AktR/*Lochner* Rn. 26; Kölner Komm AktG/*Rieckers/Vetter* Rn. 704 ff.; K. Schmidt/Lutter/*Spindler* Rn. 30.
[353] KG AG 2012, 328 (329); NK-AktR/*Lochner* Rn. 26; krit. *Schneider* ZIP 2013, 1985 (1990 f.), der sich auch bei dem von der Hauptversammlung bestellten besonderen Vertreter für eine gerichtliche Festsetzung ausspricht.

§ 148

nahme befindet. ³Die bisherigen Antragsteller oder Kläger sind in den Fällen der Sätze 1 und 2 beizuladen.

(4) ¹Hat das Gericht dem Antrag stattgegeben, kann die Klage nur binnen drei Monaten nach Eintritt der Rechtskraft der Entscheidung und sofern die Aktionäre die Gesellschaft nochmals unter Setzung einer angemessenen Frist vergeblich aufgefordert haben, selbst Klage zu erheben, vor dem nach Absatz 2 zuständigen Gericht erhoben werden. ²Sie ist gegen die in § 147 Abs. 1 Satz 1 genannten Personen und auf Leistung an die Gesellschaft zu richten. ³Eine Nebenintervention durch Aktionäre ist nach Zulassung der Klage nicht mehr möglich. ⁴Mehrere Klagen sind zur gleichzeitigen Verhandlung und Entscheidung zu verbinden.

(5) ¹Das Urteil wirkt, auch wenn es auf Klageabweisung lautet, für und gegen die Gesellschaft und die übrigen Aktionäre. ²Entsprechendes gilt für einen nach § 149 bekannt zu machenden Vergleich; für und gegen die Gesellschaft wirkt dieser aber nur nach Klagezulassung.

(6) ¹Die Kosten des Zulassungsverfahrens hat der Antragsteller zu tragen, soweit sein Antrag abgewiesen wird. ²Beruht die Abweisung auf entgegenstehenden Gründen des Gesellschaftswohls, die die Gesellschaft vor Antragstellung hätte mitteilen können, aber nicht mitgeteilt hat, so hat sie dem Antragsteller die Kosten zu erstatten. ³Im Übrigen ist über die Kostentragung im Endurteil zu entscheiden. ⁴Erhebt die Gesellschaft selbst Klage oder übernimmt sie ein anhängiges Klageverfahren von Aktionären, so trägt sie etwaige bis zum Zeitpunkt ihrer Klageerhebung oder Übernahme des Verfahrens entstandene Kosten des Antragstellers und kann die Klage nur unter den Voraussetzungen des § 93 Abs. 4 Satz 3 und 4 mit Ausnahme der Sperrfrist zurücknehmen. ⁵Wird die Klage ganz oder teilweise abgewiesen, hat die Gesellschaft den Klägern die von diesen zu tragenden Kosten zu erstatten, sofern nicht die Kläger die Zulassung durch vorsätzlich oder grob fahrlässig unrichtigen Vortrag erwirkt haben. ⁶Gemeinsam als Antragsteller oder als Streitgenossen handelnde Aktionäre erhalten insgesamt nur die Kosten eines Bevollmächtigten erstattet, soweit nicht ein weiterer Bevollmächtigter zur Rechtsverfolgung unerlässlich war.

Schrifttum: *Arnold*, Geltendmachung von Ersatzansprüchen gegen Organmitglieder nach UMAG, ZIP 2005, 2081; *Baums*, Empfiehlt sich eine Neuregelung des aktienrechtlichen Anfechtungs- und Organhaftungsrechts, insbesondere der Klagemöglichkeiten von Aktionären?, Gutachten F zum 63. Deutschen Juristentag, Leipzig 2000; *Becker*, Zur Einzelklagebefugnis (actio pro socio) in der unverbundenen Aktiengesellschaft, FS Mestmäcker, 2008, 27; *G. Bezzenberger/T. Bezzenberger*, Aktienkonsortien zur Wahrnehmung von Minderheitsrechten, FS K. Schmidt, 2009, 105; *Bork*, Das „Klageerzwingungsverfahren" nach § 147 Abs. 3 RefE AktG – Auf dem Weg zur Aktionärsklage?, RWS-Forum 10 – Gesellschaftsrecht 1997, 1998, 53; *Bork*, Prozessrechtliche Notiz zum UMAG, ZIP 2005, 66; *J. C. Coffee*, Understanding the Plaintiff's Attorney: The Implication of Economic Theory for Private Enforcement of Law through Class and Derivative Actions, 86 Columbia Law Review 669 (1986); *Diekmann/Leuering*, Der Referentenentwurf eines Gesetzes zur Unternehmensintegrität und Modernisierung des Anfechtungsrechts (UMAG), NZG 2004, 249; *Göz/Holzborn*, Die Aktienrechtsreform durch das Gesetz für Unternehmensintegrität und Modernisierung des Anfechtungsrechts – UMAG, WM 2006, 157; *Grelon*, Shareholders' Lawsuits against the Management of a Company and its Shareholders under French Law, ECFR 6 (2009), 205; *Happ*, Vom besonderen Vertreter zur actio pro socio – Das Klagezulassungsverfahren des § 148 AktG auf dem Prüfstand, FS Westermann, 2008, 971; *Holzborn/Bunnemann*, Änderungen im AktG durch den Regierungsentwurf für das UMAG, BKR 2005, 51; *Ihring*, Organschaftliche Haftung und Haftungsdurchsetzung unter Berücksichtigung der monistisch verfassten SE, in *Bachmann/Casper/Schäfer/Veil*, Steuerungsfunktion des Haftungsrechts in Gesellschafts- und Kapitalmarktrecht, 2007, 17; *Kalss*, Shareholder Suits: Common Problems, Different Solutions and First Steps towards a Possible Harmonisation by Means of a European Model Code, ECFR 6 (2009), 324; *Kling*, Keine Ermessensspielräume bei der Entscheidung über die Inanspruchnahme von Vorstandsmitgliedern, AG 2009, 93; *Kling*, Die Pflichtenstellung des Aufsichtsrats nach Zulassung der Aktionärsklage, FS Hüffer, 2009, 447; *Langenbucher*, Vorstandshandeln und Kontrolle, DStR 2005, 2083; *Linnerz*, Vom Anfechtungs- zum Haftungstourismus? Stellungnahme zur geplanten Neuregelung aktienrechtlicher Haftungsklagen, NZG 2004, 307; *Meilicke/Heidel*, UMAG: „Modernisierung" des Aktienrechts durch Beschränkung des Eigentumsschutzes der Aktionäre, DB 2004, 1479; *Mencke*, Die zivilprozessuale Beiladung im Klageverfahren gem. § 148 AktG, 2012; *Mimberg*, Die Bestellung von Sonderprüfern und besonderen Vertretern, das Klagezulassungsverfahren, sowie sonstige Antragsrechte der Aktionärsminderheit, in *Marsch-Barner/Schäfer*, Handbuch börsennotierte AG, 3. Aufl. 2014, § 40; *Mock*, Die actio pro socio im Internationalen Privat- und Verfahrensrecht, RabelsZ 72 (2008), 264; *Mock*, Auswirkungen der Eröffnung des Insolvenzverfahrens auf das Klagezulassungsverfahren (§ 148 AktG), ZInsO 2010, 2013; *Mock*, Schiedsvereinbarungen im Rahmen von Sonderprüfungen und der Geltendmachung von Ersatzansprüchen, FS Meilicke, 2010, 489; *Paschos/Neumann*, Die Neuregelung des UMAG im Bereich der Durchsetzung von Haftungsansprüchen der Aktiengesellschaft gegen Organmitglieder, DB 2005, 1779; *Redeke*, Auswirkungen des UMAG auf die Verfolgung von Organhaftungsansprüchen seitens des Aufsichtsrats, ZIP 2008, 1549; *Romano*, The Shareholder Suit: Litigation without Foundation?, 7 Journal of Law,

Economics & Organization 55 (1991); *K. Schmidt,* Verfolgungspflichten, Verfolgungsrechte und Aktionärsklagen: Ist die Quadratur des Zirkels näher gerügt?, NZG 2005, 796; *Seibert,* UMAG – Zu den Begriffen „Unredlichkeit oder grobe Verletzung des Gesetzes oder der Satzung" in § 148 AktG und zu den Zusammenhängen zwischen §§ 93 und 148 AktG, FS Priester, 2007, 763; *Seibert/Schütz,* Der Referentenentwurf eines Gesetzes zur Unternehmensintegrität und Modernisierung des Anfechtungsrechts – UMAG, ZIP 2004, 252; *Siems,* Welche Auswirkungen hat das neue Verfolgungsrecht der Aktionärsminderheit?, ZVerglRWiss 104 (2005), 376; *Spindler,* Haftung und Aktionärsklage nach dem neuen UMAG, NZG 2005, 865; *Thümmel,* Organhaftung nach dem Referentenentwurf des Gesetzes zur Unternehmensintegrität und Modernisierung des Anfechtungsrechts (UMAG) – Neue Risiken für Manager?, DB 2005, 471; *Thümmel,* Shareholder derivate suits im deutschen Aktienrecht? – Rechtsvergleichende Anmerkungen zu den §§ 148, 149 AktG, in *Gottwald,* Europäisches Insolvenzrecht – Kollektiver Rechtsschutz, 2008, S. 235; *Ulmer,* Die Aktionärsklage als Instrument zur Kontrolle des Vorstands- und Aufsichtsratshandelns. Vor den Hintergrund der US-Erfahrungen mit der shareholders' derivation action, ZHR (163) 1999, 290; *Ulmer,* Haftungsfreistellung bis zur Grenze grober Fahrlässigkeit bei unternehmerischen Fehlentscheidungen von Vorstand und Aufsichtsrat?, DB 2004, 859; *Weiss/Buchner,* Wird das UMAG die Haftung und Inanspruchnahme der Unternehmensleiter verändern?, WM 2005, 162; *Wilsing,* Neuerungen des UMAG für die aktienrechtliche Beratungspraxis, ZIP 2004, 1082; *Winnen,* Die Innenhaftung des Vorstands nach dem UMAG, 2009; *Zieglmeier,* Die Systematik der Haftung von Aufsichtsratsmitgliedern gegenüber der Gesellschaft, ZGR 2007, 144; *Zöllner,* Die sogenannten Gesellschafterklagen im Kapitalgesellschaftsrecht, ZGR 1988, 392.

Schrifttum zur aktuellen Reformdebatte: *Bachmann,* Organhaftung in Europa, ZIP 2013, 1946; *Brommer,* Folgen einer reformierten Aktionärsklage für die Vorstandsinnenhaftung, AG 2013, 121; *Haar/Greching,* Minderheitenquorum und Mehrheitsmacht bei der Aktionärsklage – Bessere Corporate Governance durch Abschaffung der Beteiligungsschwelle gem. § 148 Abs. 1 S. 1 AktG, AG 2013, 653; *Habersack,* Perspektiven der aktienrechtlichen Organhaftung, ZHR 177 (2013), 782; *Kahnert,* Quo vadis § 148 AktG – Neukonzeption oder kontinuierliche Fortentwicklung, AG 2013, 663; *Peltzer,* Das Zulassungsverfahren nach § 148 AktG wird von der Praxis nicht angenommen! Warum? Was nun?, FS Schneider, 2011, 953; *Schmolke,* Die Aktionärsklage nach § 148 AktG, ZGR 2011, 398; *Spindler,* Organhaftung in der AG – Reformbedarf aus wissenschaftlicher Perspektive, AG 2013, 889; *Vetter,* Reformbedarf bei der Aktionärsklage nach § 148 AktG, FS Hoffmann-Becking, 2013, 1317.

Übersicht

	Rn.
I. Grundlagen	1–41
1. Regelungsgegenstand	1, 2
2. Zweck der Regelung	3, 4
3. Entstehungsgeschichte	5–10
4. Europarecht	11
5. Ökonomische Analyse	12–15
6. Rechtsvergleichende Betrachtung	16–21
7. Rechtspolitische Würdigung	22–26
8. Rechtstatsachen	27
9. Reformüberlegungen	28–30
10. Verhältnis zu anderen Verfahren	31–40
a) Sonderprüfung	32, 33
b) Bestellung eines besonderen Vertreters	34
c) Geltendmachung konzernrechtlicher Ansprüche	35, 36
d) Anfechtungs- und Nichtigkeitsklage	37
e) Aktionärsklage auf Feststellung pflichtwidrigen und kompetenzüberschreitenden Organhandelns	38
f) Enforcement-Verfahren	39
g) Kapitalanleger-Musterverfahren	40
11. Übergangsrecht	41
II. Aktionärsklagen und Corporate Governance	42
III. Klagezulassungsverfahren	43–127
1. Rechtsnatur und Beteiligte	44, 45
2. Antrag auf Klagezulassung	46–96
a) Zuständigkeit	47
b) Geltendmachung von Ersatzansprüchen	48
c) Aktionärseigenschaft	49–52
d) Quorum (Abs. 1 S. 1)	53–59
e) Aktionärseigenschaft im Zeitpunkt der Veröffentlichung der Pflichtverstöße (Nr. 1)	60–71
f) Erfolglose Aufforderung zur Klageerhebung (Nr. 2)	72–80
g) Verdacht des Bestehens eines Schadens aufgrund einer Unredlichkeit oder rechtswidrigen oder unredlichen Verhaltens (Nr. 3)	81–89
h) Gründe des Gesellschaftswohls (Nr. 4)	90–96
3. Streitgenossen und Mehrfachanträge	97–99
4. Beiladung der Gesellschaft (Abs. 2 S. 9 Alt. 1)	100, 101
5. Zulassungsentscheidung (Abs. 2)	102–106
6. Kosten (Abs. 6 S. 1–3, 6)	107–115
a) Abweisung des Antrags	109
b) Zulassung des Antrags	110–112
c) Kostenerstattung für Bevollmächtigten	113, 114
d) Streitwert	115
7. Rechtsmittel (Abs. 2 S. 7 und 8)	116–118
8. Verfahrensbeendende Prozesshandlungen	119–121
9. Geltendmachung der Ersatzansprüche während des Verfahrens	122
10. Mitteilungs- und Bekanntmachungspflichten	123
11. Eröffnung des Insolvenzverfahrens	124, 125
12. Wirkungen der Antragstellung und laufende Verfahren	126, 127

	Rn.		Rn.
IV. Folgen eines abgeschlossenen Klagezulassungsverfahrens	128, 129	e) Pflichtenmaßstab der qualifizierten Aktionärsminderheit	164, 165
V. Klageverfahren	130–187	f) Verfahrensbeendende Prozesshandlungen	166–169
1. Klageerhebung durch die Gesellschaft (Abs. 3)	131–144	g) Zwangsvollstreckung	170
a) Parteien und Beteiligte	136	3. Urteilswirkung (Abs. 5)	171–173
b) Übernahme des Klageverfahrens	137–140	4. Kosten (Abs. 6 S. 4 und 5)	174–184
c) Ablehnung der Übernahme	141, 142	a) Grundsatz (Abs. 6 S. 4)	175
d) Verfahrensbeendende Prozesshandlungen	143, 144	b) Ausschluss des Kostenerstattungsanspruchs	176, 177
2. Klageerhebung durch die Aktionäre (Abs. 4)	145–170	c) Kosten von Bevollmächtigten	178–182
a) Stellung der Aktionäre bzw. der qualifizierten Aktionärsminderheit	146–150	d) Kosten für die Aufforderung im Aktionärsforum	183
b) Stellung der Gesellschaft	151	e) Streitwert	184
c) Voraussetzungen für die Klageerhebung	152–156	5. Eröffnung des Insolvenzverfahrens	185–187
d) Verfahrensgrundsätze	157–163	VI. Freiwillige Einräumung einer Klagebefugnis für Aktionäre	188

I. Grundlagen

1 **1. Regelungsgegenstand.** Obwohl die Geltendmachung von Ersatzansprüchen gegen Mitglieder der Verwaltungsorgane dem jeweils anderen Verwaltungsorgan obliegt, können Interessenkonflikte auftreten, die eine Durchsetzung der Ansprüche verhindern. Die Durchsetzung der Ansprüche aufgrund eines verpflichtenden Hauptversammlungsbeschlusses kann die Interessenkonflikte nur zum Teil auflösen, da diese auch in der Hauptversammlung bestehen können. Aus diesen Gründen normiert § 148 die Möglichkeit einer zwangsweisen Durchsetzung von Ersatzansprüchen durch eine qualifizierte Aktionärsminderheit. Dem eigentlichen Klageverfahren zur Geltendmachung der Ersatzansprüche wird ein **Klagezulassungsverfahren** vorgeschaltet. Dadurch sollen zum einen missbräuchliche und offensichtlich aussichtslose Klagen von vornherein ausgeschaltet und zum anderen einer Aktionärsminderheit die Möglichkeit gegeben werden, einen *ex ante* aussichtsreichen Prozess in die Wege zu leiten, ohne dabei das Kostenrisiko eines späteren Prozesses tragen zu müssen.[1]

2 Nach einem erfolgreichen Klagezulassungsverfahren erfolgt die Anspruchsdurchsetzung durch die Aktionäre im Wege der **gesetzlichen Prozessstandschaft.** Der Aktionär macht im *eigenen* Namen die Ersatzansprüche der Gesellschaft geltend. Mit der Schaffung einer eigenen Klagemöglichkeit für die Aktionäre zur Geltendmachung von Ersatzansprüchen der Gesellschaft wird somit eine – wenn auch eingeschränkte – *actio pro socio* in das deutsche Aktienrecht eingeführt.[2]

3 **2. Zweck der Regelung.** Bei dem Klagezulassungsverfahren handelt es sich um ein Instrument des **Minderheitenschutzes.**[3] Sofern eine Aktionärsmehrheit kein Interesse an einer Geltendmachung von Ersatzansprüchen hat und die Verwaltung dem nicht nachkommt, kann diese einen verpflichtenden Hauptversammlungsbeschluss nach § 147 Abs. 1 (→ § 147 Rn. 40 ff.) fassen und ggf. einen besonderen Vertreter zur Geltendmachung der Ersatzansprüche (§ 147 Abs. 2 → § 147 Rn. 64 ff.) bestellen. Besteht das Interesse an der Geltendmachung nur für eine Aktionärsminderheit bleibt außer der gerichtlichen Bestellung eines besonderen Vertreters nach § 147 Abs. 2 S. 2 (→ § 147 Rn. 79 ff.) keine Möglichkeit, eine Geltendmachung von Ersatzansprüchen durchzusetzen. Durch das Klagezulassungsverfahren nach § 148 soll diese Möglichkeit geschaffen werden. Den Interessen der Aktiengesellschaft und der übrigen Aktionäre wird durch eine Reihe von Schutzinstrumenten Rechnung getragen,[4] die sich insgesamt aber als zu präventiv herausgestellt haben (→ Rn. 22 ff.). Zur fehlenden Nutzung des Klagezulassungsverfahrens → Rn. 27.

4 Bei § 148 handelt es sich insgesamt um **zwingendes Recht,** so dass in der Satzung von diesem nicht abgewichen werden kann (§ 23 Abs. 5).[5] Zur fehlenden Möglichkeit der freiwilligen Einräumung einer Klagebefugnis für Aktionäre → Rn. 188.

---

[1] RegBegr UMAG, BT-Drs. 15/5092, 20.
[2] RegBegr UMAG, BT-Drs. 15/5092, 23; ausf. dazu *Winnen*, Die Innenhaftung des Vorstands nach dem UMAG, 2009, 317 ff.; zur actio pro socio im deutschen Aktienrecht allgemein vgl. *K. Schmidt* GesR S. 641; *Zöllner* ZGR 1988, 392 (407 f.).
[3] Kölner Komm AktG/*Rieckers/Vetter* Rn. 16.
[4] Strenger hingegen Kölner Komm AktG/*Rieckers/Vetter* Rn. 20 ff. mit einer Relativierung der Schutzzwecke.
[5] MüKoAktG/*Arnold* § 147 Rn. 4; Kölner Komm AktG/*Rieckers/Vetter* Rn. 11 f.

3. Entstehungsgeschichte. Bereits das ADHGB von 1884 enthielt mit Art. 223 ADHGB 1884 **5** eine Regelung, wonach die Gesellschaft zur Geltendmachung von Ansprüchen gegen Gründer und Verwaltungsmitglieder verpflichtet werden konnte, wenn dies von einer zwanzigprozentigen Minderheit verlangt wurde.[6] Die Minderheit konnte zudem eine Person als Bevollmächtigten für die Prozessführung gerichtlich bestellen lassen.[7] Ein Individualrecht der Aktionäre zur Geltendmachung wurde vom Gesetzgeber aber ausgeschlossen.[8] Bis zu Aktienrechtsreform 1937 wurden die Anforderungen an das Minderheitsverlangen schrittweise auf zehn und schließlich auf fünf Prozent gesenkt. Das AktG 1965 schränkte die Minderheitenrechte durch eine Anhebung des Quorums auf zehn Prozent, die Abschaffung der Möglichkeit, einen besonderen Vertreter zu benennen, und die Ausweitung der Kostenerstattungspflicht für die Aktionärsminderheit allerdings weiter ein.[9] § 147 AktG 1965 hatte daher auch keine nennenswerte praktische Bedeutung.[10] Die Voraussetzungen für das Verlangen der Mehrheit oder Minderheit von Aktionären konnten nur selten erfüllt werden. Hinzu kam, dass die Kostenerstattungspflicht prohibitiv wirkte.[11]

Diese Schwächen sollten im Rahmen des Gesetzes **zur Kontrolle und Transparenz im Unter-** **6** **nehmensbereich vom 27.4.1998 (KonTraG)** ausgeglichen werden. Gerade die Geltendmachung von Ersatzansprüchen sollte dabei wesentlich vereinfacht werden, da eine Haftungsverschärfung nicht in Betracht kam.[12] Aus diesem Grund wurde ein Minderheitenrecht zur zwangsweisen Durchsetzung der Ersatzansprüche in Form einer Bestellung eines besonderen Vertreters eingeführt (§ 147 Abs. 3 aF). Danach konnte eine Aktionärsminderheit, deren Anteile zusammen fünf Prozent des Grundkapitals oder den anteiligen Betrag von 500.000 EUR erreichten, einen Antrag auf Bestellung eines besonderen Vertreters stellen, wenn Tatsachen vorlagen, die den dringenden Verdacht rechtfertigten, dass der Gesellschaft durch Unredlichkeiten oder grobe Verletzungen des Gesetzes oder der Satzung ein Schaden zugefügt wurde. Der besondere Vertreter musste dabei den Ersatzanspruch aber nur dann geltend machen, wenn nach seiner pflichtgemäßen Beurteilung die Rechtsverfolgung eine hinreichende Aussicht auf Erfolg bot (§ 147 Abs. 3 S. 3 aF). Die Kosten für den Fall eines ganz oder teilweisen Unterlegens musste die Aktionärsminderheit der Gesellschaft erstatten (§ 147 Abs. 4 aF).

Diese Regelung wurde vor allem wegen der fehlenden Abstimmung mit dem Minderheitenrecht **7** zur Bestellung eines Sonderprüfers (§ 142 Abs. 2), der zu hohen Anforderungen an das Quorum und der einseitigen Verteilung des Kostenrisikos zu Lasten der Aktionäre kritisiert. Aus diesen Gründen wurde **das Minderheitenrecht des § 147 Abs. 3 aF nicht von der Praxis angenommen.**[13] Tatsächlich blieb die Reform des § 147 durch das KonTraG damit Stückwerk.[14] Aufgrund dieser Schwächen befasste sich der **63. Deutsche Juristentag 2000**[15] unter anderem mit der Reform des § 147 und schlug die Einführung eines gesonderten Klagezulassungsverfahrens vor, um unnötige, aussichtslose oder erpresserische Klagen auszuschließen. Die Reformvorschläge wurden dann auch im Wesentlichen von der **Regierungskommission Corporate Governance** in ihrem Bericht[16] vom Juli 2001 aufgenommen. Eine grundlegende Reform des § 147 wurde schließlich im 10-Punkte-Programm „*Unternehmensintegrität und Anlegerschutz*" der Bundesregierung weiter vorangetrieben.[17]

Diese Vorarbeiten wurden durch das **Gesetz zur Unternehmensintegrität und Modernisie-** **8** **rung des Anfechtungsrechts vom 22.9.2005 (UMAG)** im Wesentlichen aufgegriffen und führten zu einer vollständigen Neugestaltung der Rechte der Aktionärsminderheit zur Durchsetzung der Ersatzansprüche. Ausschlaggebend für den Ausbau dieser Minderheitsrechte waren die Unternehmensskandale an den Aktienmärkten in den Jahren 1999 und 2000 sowie ein grundlegender Stimmungswandel in der Wissenschaft.[18] Das bisherige System der Verfolgungsrechte der Minderheit

---

[6] Vgl. dazu ausf. *K. Schmidt* NZG 2005, 796 (796 f.); vgl. auch generell zur Entwicklung der aktienrechtlichen actio pro socio *Becker* FS Mestmäcker, 2008, 27 (28 ff.).
[7] Dazu ausf. Großkomm AktG/*Bezzenberger* § 147 Rn. 1.
[8] Allg. Begr. § 13 III B 2 des Entwurfes eines Gesetzes, betreffend die KGaA und AG 1884, abgedruckt bei *Hommelhoff/Schubert,* Einhundert Jahre modernes Aktienrecht, 1985, 469.
[9] Dazu ausf. Großkomm AktG/*Bezzenberger* § 147 Rn. 2.
[10] *Seibert* WM 1997, 1 (4) mit Nennung der wenigen Anwendungsfälle von § 147 AktG 1965.
[11] Krit. hierzu *Götz* DB 1994, 1231; so schon *Großfeld*, Aktiengesellschaft, Unternehmenskonzentration und Kleinaktionär, 1968, 301 ff.
[12] RegBegr KonTraG, BT-Drs. 13/9712, 21.
[13] RegBegr UMAG, BT-Drs. 15/5092, 20.
[14] Krit. zu den Neuregelungen des KonTraG *Bork*, RWS-Forum Gesellschaftsrecht 1997, 1998, 53 ff.; *K. Schmidt* GesR S. 874 f.; *Ulmer* ZHR 163 (1999), 290 (292 f.).
[15] Verhandlungen des 63. DJT, Bd. II/1 Sitzungsberichte, S O 80 ff., vorbereitet durch *Baums,* Gutachten F zum 63. DJT 2000, 2001, F 256 ff.
[16] *Baums* Bericht der Regierungskommission Corporate Governance, Rn. 72 ff.
[17] Abrufbar unter www.bmj.bund.de; dazu *Seibert* BB 2003, 693 ff.
[18] Vgl. etwa Empfehlungen der wirtschaftsrechtlichen Abteilung des 63. DJT Leipzig 2000.

wurde durch die Schaffung eines Klagezulassungsverfahrens völlig neu geregelt und in § 148 zusammengefasst. Seit der Schaffung des UMAG wurde von dem Klagezulassungsverfahren allerdings kaum Gebrauch gemacht, so dass insbesondere die befürchteten Klagewellen ausgeblieben sind.[19] Die Gründe hierfür dürften in der **fehlenden Lukrativität** der Anspruchsverfolgung durch die Aktionäre aufgrund der Beschränkung der im Rahmen der Anspruchsverfolgung anfallenden Anwaltsvergütung und der Gefahr des „Entzugs" der Klage bzw. des Klagezulassungsverfahrens durch eine eigenständige Klageerhebung durch die Gesellschaft liegen.

9 Durch das Gesetz zur Reform des Verfahrens in Familiensachen und in den Angelegenheiten der freiwilligen Gerichtsbarkeit (**FGG-Reformgesetz**) vom 17.12.2008[20] wurden die verfahrensrechtlichen Vorschriften des Abs. 2 geändert.

10 Seit dem Jahr 2010 wird wieder eine intensive **Debatte über eine Reform des Klagezulassungsverfahrens** geführt,[21] die vor allem von der bisher nahezu vollständig fehlenden Bedeutung dieses Minderheitenschutzinstruments geprägt wird und ihren Auslöser wohl in der fehlenden Nutzung des Klagezulassungsverfahrens im Rahmen der Nachbereitung der Finanzmarktkrise 2007/2008 hat.[22] Zu den Reformüberlegungen → Rn. 28 ff.

11 **4. Europarecht.** Das Klagezulassungsverfahren wird durch das europäische Gesellschaftsrecht nicht beeinflusst. Allerdings sah der erste Entwurf der **gescheiterten**[23] **Strukturrichtlinie**[24] ebenfalls umfangreiche Regelungen in Art. 16 Strukturrichtlinie-Entwurf vor, dass eine Aktionärsminderheit die gerichtliche Geltendmachung von Ersatzansprüchen zugunsten und im Namen der Gesellschaft beantragen kann. Die genaue Ausgestaltung dieses Rechtsinstituts blieb zunächst weit gehend im Dunkeln, wurde aber in den Folgeentwürfen teilweise konkretisiert.[25] Zum Klagezulassungsverfahren bei der europäischen Aktiengesellschaft → Rn. 43.

12 **5. Ökonomische Analyse.** Die Geltendmachung von Ersatzansprüchen der Gesellschaft stellt sich als **Collective-action-**Problem dar. Die Anspruchsgegner sind fast ausschließlich Verwaltungsmitglieder der Gesellschaft, die meist in einem Interessenkonflikt bei der Geltendmachung der Ersatzansprüche stehen, so dass die Ansprüche oft nicht verfolgt werden. Die Aktionäre als Eigentümer der Gesellschaft und damit als die eigentlich Geschädigten bei einer fehlenden Geltendmachung der Ersatzansprüche haben wegen des **fehlenden Ausgleiches von Aufwand und Ertrag** aber keinen Anreiz für eine Geltendmachung. Die klagenden Aktionäre erhalten bei einer erfolgreichen Durchsetzung der Ansprüche keine direkte Vergütung und ihr Anteil an der Gesellschaft steht meist in keinem ausgewogenen Verhältnis zur Höhe des Ersatzanspruches.[26] Unmittelbar profitiert die Gesellschaft und mittelbar alle Aktionäre von der Durchsetzung eines Anspruchs. Der einzelne Aktionär hat somit an sich in den seltensten Fällen ein Interesse an der Geltendmachung der Ersatzansprüche.

13 Ein Anreiz für die Geltendmachung der Ersatzansprüche besteht allerdings für die Anwälte der Aktionäre, da diese bei einer erfolgreichen Durchsetzung und regelmäßig auch bei einem Vergleich eine **Vergütung in Form von Anwaltsgebühren** von der Gesellschaft erhalten.[27] Durch die Geltendmachung der Ersatzansprüche profitieren indirekt alle Aktionäre, so dass grundsätzlich eine „Umlage" der Anwaltsgebühren auf alle Aktionäre über die Erstattungspflicht der Gesellschaft gerechtfertigt ist. Die Anwälte sind wohl auch in Deutschland oft Initiatoren der Geltendmachung von Ersatzansprüchen und somit ein wichtiger Bestandteil zur Lösung des Collective-action-Problems.[28]

---

[19] Ebenso in der Einschätzung *Seibert* NZG 2007, 841 (842).
[20] Gesetz zur Reform des Verfahrens in Familiensachen und in den Angelegenheiten der freiwilligen Gerichtsbarkeit vom 17.12.2008, BGBl. 2008 I 2586.
[21] Siehe dazu die besonderen Schrifttumshinweise.
[22] Ebenso *Habersack*, Gutachten E zum 69. DJT 2012, E 93.
[23] Vgl. zur fehlenden weiteren Verfolgung dieser Harmonisierungsbemühung ABl. EG 2004 L 5, 20 v. 9.1.2004.
[24] Vorschlag für eine fünfte Richtlinie zur Koordinierung der Schutzbestimmungen, die in den Mitgliedstaaten den Gesellschaften im Sinne des Art. 58 Abs. 2 des Vertrages im Interesse der Gesellschafter sowie Dritter hinsichtlich ihrer Struktur der Aktiengesellschaft sowie der Befugnisse und Verpflichtungen ihrer Organe vorgeschrieben sind vom 9.10.1972, ABl. EG 1972 C 131, 49 ff. vom 13.12.1972.
[25] Dazu ausf. *Grundmann* EuropGesR, 2004, Rn. 366 ff.; vgl. auch *Kalss* ECFR 6 (2009), 324 ff.; vgl. für eine rechtsvergleichende Übersicht der Rechtslage in Europa *Bachmann* ZIP 2013, 1946 (1950).
[26] Dazu ausf. *Easterbrook/Fischel*, The Economic Structure of Corporate Law, 1991, 100 f.
[27] Die Praxis geht allerdings davon aus, dass solche Vergütungen teilweise von Anwälten an die Aktionäre abgeführt werden; deshalb sind oft klagende Aktionäre nachhaltig an der Vereinbarung hoher Streitwerte interessiert.
[28] Zur Rolle der Anwälte im US-amerikanischen Recht vgl. *Allen/Kraakman*, Commentaries and Cases on the Law of Business Organizations, 5. Aufl. 2016, S. 350; Klein/Coffee/Partnoy, Business organization and finance, 11. Aufl. 2010, S. 199.

Die Rolle der Anwälte als Initiatoren der Klagen zur Geltendmachung der Ersatzansprüche wirft jedoch einige **Principal-agent-Probleme** auf, da die Anwälte als *agents* der Aktionäre *(principals)* andere Interessen haben als die Aktionäre.[29] Die Anwälte können unbegründete Klagen anstrengen, die lediglich auf die Erzielung eines Vergleichs und eine Erstattung von Anwaltsgebühren abzielen. Hinzu kommt, dass eine derartige Inanspruchnahme zusätzliche *agency costs* im Verhältnis der Aktionäre zur Verwaltung der Gesellschaft begründet. Die Verwaltungsmitglieder sind in Zweifelsfällen eher bereits, Vergleiche zu schließen, zumal die Haftungssummen oft von der Gesellschaft und damit von allen Aktionären oder einer Versicherung übernommen werden.[30] Die Einräumung einer Klagebefugnis für Aktionäre bezüglich von Ersatzansprüchen der Gesellschaft muss daher vor allem eine **übermäßige Inanspruchnahme durch Verfahrenskosten** *(fee-driven-litigation)* verhindern, ohne dabei eine Erstattung der Verfahrenskosten bei bestehenden Ansprüchen auszuschließen.[31]

Die Regelung des § 148 versucht, diesen Bedenken in verschiedener Hinsicht Rechnung zu tragen. Zunächst wird durch die Vorschaltung eines Klagezulassungsverfahrens eine summarische Prüfung der Erfolgsaussichten der Geltendmachung der Ersatzansprüche vorgenommen, um eine Art **Filter gegen missbräuchliche und offensichtlich unbegründete Klagen** zu schaffen. Weiterhin betont § 148 die Vorrangigkeit der Geltendmachung durch die Gesellschaft selbst, indem eine Klageaufforderung gegenüber der Gesellschaft Voraussetzung des Klagezulassungsverfahrens (Abs. 1 S. 2 Nr. 2) und auch der späteren Klageerhebung (Abs. 4 S. 1) ist. Zudem kann die Gesellschaft jederzeit selbst Klage erheben (Abs. 3). Auch wird die Höhe der erstattungsfähigen Anwaltsgebühren eingeschränkt (Abs. 6 S. 6), indem die Kosten für mehrere Bevollmächtigte nur dann ersetzt werden können, wenn dies zur Rechtsverfolgung notwendig ist. Schließlich erschwert die Bekanntmachungspflicht des § 149 versteckte und exorbitante Zahlungen an einzelne Aktionäre oder Anwälte.

Auch wenn die Regelung vor dem Hintergrund dieser Grundsätze ausgewogen erscheint, hat sich in der bisherigen Praxis gezeigt, dass die bestehenden **Voraussetzungen deutlich zu hoch** sind und eine Nutzung des Klagezulassungsverfahrens nahezu unmöglich machen. Dies ist vor allem auf eine fehlende Anreizstruktur zurückzuführen, so dass diese konsequenterweise auch im Mittelpunkt der derzeitigen Reformüberlegungen steht (→ Rn. 28 ff.).

6. Rechtsvergleichende Betrachtung. Die Geltendmachung von Ersatzansprüchen der Gesellschaft durch die Aktionäre ist vor allem im Rechtskreis des *common law*[32] verbreitet.[33] Darüber hinaus verfügt auch etwa das französische Recht mit der *action social ut singuli* über eine Klagemöglichkeit einzelner Aktionäre für Ansprüche der Gesellschaft gegen Verwaltungsmitglieder (Art. L 225–252 Code de Commerce).[34] Der Europäische Gesetzgeber hat die Geltendmachung von Ersatzansprüchen durch eine Aktionärsminderheit bisher nur im Vorschlag für die nicht verabschiedete Strukturrichtlinie berücksichtigt (→ Rn. 11).

In den **Vereinigten Staaten von Amerika** hat die Aktionärsklage in Form der *derivative suit* (von *derive* = ableiten) eine lange Tradition und wird als eines der bedeutendsten Instrumentarien des Gesellschaftsrechts angesehen.[35]

Dabei handelt es sich um eine Klage der *shareholder* im Namen der *corporation* gegen einen *director, officer* oder Dritten. Die *derivative suits* werden meist jedoch von Anwälten angestrengt, da diese bei einem Vergleich oder einer erfolgreichen Durchsetzung der Ansprüche umfangreiche Anwaltsgebühren von der Gesellschaft erstattet bekommen *(fee-driven litigation)*. Aus diesem Grund konzentriert sich die juristische Diskussion in den USA vor allem auf eine Kontrolle dieser Klagen über eine Beschränkung der erstattungsfähigen Anwaltsgebühren.[36]

---

[29] Vgl. dazu *Haar/Greching* AG 2013, 653 (655); *Schmolke* ZGR 2011, 398 (406 f.).

[30] Dazu ausf. *Coffee* 86 Columbia Law Review 669 (1986); *Romano* 7 Journal of Law, Economics & Organization 55 (1991).

[31] *Easterbrook/Fischel,* The Economic Structure of Corporate Law, 1991, 105 f.; Klein/Coffee/Partnoy, Business organization and finance, 11. Aufl. 2010, S. 200.

[32] Vgl. zu den jüngeren Entwicklungen im englischen Recht etwa *Braun/Strothotte* RIW 2010, 424 ff.; *Reisberg* ECFR 6 (2009), 164 ff.; *Paul* ECFR 2010, 81 ff.

[33] Für einen rechtsvergleichenden Überblick über die Rechtslage in den USA, im Vereinigten Königreich, Italien, Frankreich und Japan s. *Siems* ZVerglRWiss 104 (2005), 376 ff.

[34] Dazu ausf. *Grelon* ECFR 6 (2009), 205 ff.

[35] Für eine Gesamtdarstellung der *derivative suit* in den USA s. *Allen/Kraakman,* Commentaries and Cases on the Law of Business Organizations, 5. Aufl. 2016, S. 349 ff.; Klein/Coffee/Partnoy, Business organization and finance, 11. Aufl. 2010, S. 199 ff.; in deutscher Sprache s. vor allem *Merkt,* US-amerikanisches Gesellschaftsrecht, 2. Aufl. 2006, Rn. 1031 ff.

[36] Vgl. auch zum historischen Hintergrund der *derivative suit* in den USA *Allen/Kraakman,* Commentaries and Cases on the Law of Business Organizations, 5. Aufl. 2016, S. 355 f.

19 Der klagende *shareholder* muss zunächst für die Dauer des Verfahrens *shareholder* bleiben und zudem schon im Zeitpunkt der Pflichtverletzung gewesen sein.[37] Wichtigste Voraussetzung für einen *derivative suit* ist aber das so genannte *demand*.[38] Danach muss ein Kläger nachweisen, dass er das *board* aufgefordert hat, die entsprechenden Ansprüche geltend zu machen. Die Klage ist dann zulässig, wenn das *board* einer Klageerhebung zugestimmt hat. Bei der Ablehnung der Klageerhebung durch das *board* muss der *shareholder* vortragen, dass das *board* mit dieser Entscheidung pflichtwidrig gehandelt hat. Hintergrund dieser Regelung ist, dass die Verantwortung für die Geltendmachung der Ansprüche grundsätzlich beim *board* der *corporation* liegt. Das *board* muss daher darüber entscheiden, ob die Durchsetzung eines Anspruchs im besten Interesse der Gesellschaft ist oder ob auf eine Geltendmachung verzichtet werden soll. Da in diesem Zusammenhang die *business judgment rule* Anwendung findet,[39] ist der Nachweis eines pflichtwidrigen Verhaltens meist schwierig und erfolglos.[40] Aus diesem Grund versuchen die Kläger meist eine Befreiung vom *demand* zu erreichen. Eine solche ist möglich, wenn die Mehrheit des *board* aufgrund des Bestehens von Interessenkonflikten kein *disinterested business judgment* ausüben könnte.[41]

20 Da es sich bei den geltend gemachten Ansprüchen meist um Ansprüche gegen einen *director* handelt, werden in der Regel so genannte *special litigation committees* gebildet, von denen die Erfolgsaussichten der Geltendmachung der Ansprüche geprüft und bewertet werden. Bei einer Besetzung dieser *special litigation committees* mit unabhängigen *directors* kann die Ablehnung einer Klageerhebung meist nicht mehr gerichtlich überprüft werden, da auch diese Entscheidung der *business judgment rule* unterfällt.[42] Eine Beendigung der *derivative suit* durch einen Vergleich bedarf regelmäßig der gerichtlichen Zustimmung, bei der allerdings in nur wenigen Fällen eine wirkliche Kontrolle ausgeübt wird.[43]

21 Ein wichtiger Aspekt der *derivative suits* in den Vereinigten Staaten ist das Instrument der **pretrial discovery**.[44] Danach müssen die Parteien alle verfügbaren und für den Rechtsstreit relevanten Informationen der Gegenseite zur Verfügung stellen. Unterlässt eine Partei die Offenlegung dieser Informationen, können diese im späteren Verlauf des Verfahrens grundsätzlich nicht mehr als Beweis eingebracht werden. Dadurch haben die klagenden Aktionäre sehr weitgehende Möglichkeiten, an die für die Klage notwendigen Informationen zu gelangen.

22 **7. Rechtspolitische Würdigung.** Eine rechtspolitische Würdigung von § 148 muss gemischt ausfallen. Denn zunächst muss festgestellt werden, dass die nahezu völlig fehlende Nutzung des Klagezulassungsverfahrens in der bisherigen Praxis von einer **Fehlkonzeption** zeugt, da anscheinend kein Anreiz besteht, das Klagezulassungsverfahren tatsächlich zu betreiben. Dies dürfte vorrangig darauf zurückzuführen sein, dass die antragstellenden Aktionäre keinen unmittelbaren Vorteil aus dem Verfahren ziehen können (→ Rn. 12 ff.). Darüber hinaus dürfte aber auch der Umstand eine Rolle spielen, dass vor allem in kapitalmarktrechtlichen Zusammenhängen oftmals Ansprüche im Wege der Außenhaftung gegen Organmitglieder geltend gemacht werden können, was sich aus Sicht der Aktionäre meist als vorteilhafter darstellt.

23 Allerdings dürfte durch die Regelung die bei der Schaffung des Klagezulassungsverfahrens bezweckte Verhinderung **missbräuchlicher oder erpresserischen Haftungsklagen**[45] und die Wahrung der Interessen der Aktionäre an einer Geltendmachung von Ersatzansprüchen der Gesellschaft eingetreten sein.[46] Die Voraussetzungen für die Einleitung eines Klageverfahrens wurden im Vergleich zum Recht vor dem UMAG (§ 147 Abs. 3 AktG aF) deutlich abgesenkt. Eine zentrale Rolle spielt dabei die Herabsetzung des Schwellenwertes auf ein Prozent oder 100.000 EUR des Grundkapitals. Durch die im Vergleich zur Vorgängerregelung deutlich erreichte Absenkung sollte

---

[37] Rule 23.1 Federal Rules of Civil Procedure; die Zivilprozessrechte der Einzelstaaten verfügen über entsprechende Bestimmungen (vgl. etwa Delaware (8 Del Code Com § 327).

[38] „... *allege with particularity the efforts, if any, made by the plaintiff to obtain the action the plaintiff desires from the directors or comparable authority ... or the grounds for not making the effort.*" (Rule 23.1 Federal Rules of Civil Procedure).

[39] *Levine v. Smith* 591 A. 2d 194 (Del 1991).

[40] Klein/Coffee/Partnoy, Business organization and finance, 11. Aufl. 2010, S. 201.

[41] Vgl. etwa für Delaware (*Aronson v. Lewis* 473 A. 2d 805 [Del 1984]; *Grobow v. Perot* 539 A 2d 180 [Del 1988]).

[42] Sehr zurückhaltend ist hierbei Delaware (*Zapata Corp v. Maldonado* 430 A. 2d 779 [Del 1981]; *Kaplan v. Wyatt* 499 A. 2d 1184, 1192 [Del 1985]). Andere Bundesstaaten wie etwa North Carolina wenden teilweise einen strengeren Maßstab bei der Überprüfung der Entscheidung des *special litigation committee* an (*Alford v. Shaw* 320 N. C. 465 [1987]).

[43] Klein/Coffee/Partnoy, Business organization and finance, 11. Aufl. 2010, S. 200.

[44] Rule 26 Federal Rules of Civil Procedure; die Zivilprozessrechte der Einzelstaaten verfügen über entsprechende Bestimmungen (vgl. etwa New York (Art. 31 New York Civil Practice Law and Rules).

[45] Zur Gefahr von Klagen dieser Art *Claussen* DB 1998, 177 (182); *Lutter* ZHR 159 (1995), 287 (306).

[46] Vgl. dazu auch ausf. Großkomm AktG/G. *Bezzenberger/T. Bezzenberger* Rn. 28 ff.

die zuvor bestehende prohibitive Wirkung aufgehoben werden. Auf der anderen Seite sollten mit der Beibehaltung eines Schwellenwertes Klagen verhindert werden, bei denen der Grund und die Motivation der Kläger nicht ernsthaft aus der wirtschaftlichen Beteiligung an der Gesellschaft hergeleitet werden kann.[47] Die Herabsenkung des erforderlichen Quorums wurde teilweise stark kritisiert und als neues Betätigungsfeld für so genannte **räuberische Aktionäre** gesehen.[48] Diese Befürchtungen haben sich seit der Schaffung von § 148 bisher allerdings nicht bewahrheitet.[49] Die Diskussion um die **richtige Höhe des Schwellenwertes** wird aber durch die Möglichkeit des Zusammenschlusses mehrerer klagewilliger Aktionäre weitgehend relativiert,[50] was allerdings mit zahlreichen Unsicherheiten verbunden ist (→ Rn. 53 ff.). Dem einzelnen missbräuchlich motiviert agierenden Aktionär mag eine Antragstellung im Klagezulassungsverfahren aufgrund der Nichterreichung des Quorums verwehrt sein, jedoch ist es ihm unbenommen, sich mit Gleichgesinnten insbesondere unter Verwendung des § 127a oder über andere Kommunikationswege zusammenzuschließen.[51] Der Ausschluss missbräuchlicher Klagen kann daher zukünftig im Wesentlichen nur noch im Rahmen des Klagezulassungsverfahrens aus Gründen des Gesellschaftswohls oder aber wegen mangelnder Glaubhaftmachung einer Pflichtverletzung erfolgen.[52] Der Gesetzgeber hat sich vor dem Hintergrund des Bestehens weiterer Einschränkungen und Sicherungen im Klagezulassungsverfahren für die bestehende Herabsenkung entschieden. Im Falle der **Zunahme von Missbräuchen** soll der Schwellenwert jedoch wieder heraufgesetzt werden,[53] was bisher aber nicht eingetreten ist.[54] Vielmehr wird inzwischen deutlich, dass die Gefahr von Missbräuchen stark überbewertet.[55] Zu den aktuellen Reformüberlegungen → Rn. 28 ff.

Der Ausschluss der Geltendmachung von Ersatzansprüchen aus **überwiegenden Gründen des Gesellschaftswohls** nach Abs. 1 S. 2 Nr. 4 in Anlehnung an die Grundsätze der *ARAG/Garmenbeck*-Entscheidung[56] des BGH erscheint fragwürdig. Zwar kann die Gesellschaft durch eine Geltendmachung der Ersatzansprüche weiteren Schaden erleiden, jedoch liegt die Verantwortlichkeit für das Entstehen dieser weiteren Schäden hauptsächlich bei den Anspruchsgegnern der Ersatzansprüche. Die Beschränkung der Minderheitsrechte ist daher zweifelhaft.[57] Diesen Bedenken wird teilweise durch die höheren Anforderungen an die Gründe des Gesellschaftswohls und durch die grundsätzliche Annahme entgegengewirkt, dass keine derartigen Gründe des Gesellschaftswohls einer Geltendmachung entgegenstehen (→ Rn. 90).

Die fehlende Möglichkeit der **Bestellung eines besonderen Vertreters** ist kritisch zu betrachten.[58] Der besondere Vertreter kann aufgrund seiner Organstellung (→ § 147 Rn. 121) und der damit verbundenen Kompetenzen wesentlich einfacher an die für die Geltendmachung der Ersatzansprüche notwendige Informationen gelangen. Der Zugang zu diesen Informationen ist den Aktionären nahezu unmöglich. Zudem könnten durch einen besonderen Vertreter die Klagen mehrerer Minderheitsaktionäre koordiniert werden. Ein besonderer Vertreter könnte außerdem zu einer Versachlichung des Streits beitragen. Da die Aktionäre die Ersatzansprüche im eigenen Namen geltend machen, besteht hier die Gefahr, dass diese Position zu Lasten der Gesellschaft ausgenutzt wird.[59] Die Möglichkeit der Bestellung eines besonderen Vertreters nach einem erfolgreichen Klagezulassungsverfahren wäre aus diesen Gründen vorteilhaft gewesen.

Zu begrüßen ist die Regelung über die **Verteilung der Kosten des Verfahrens**.[60] Da die Aktionäre grundsätzlich nur die Kosten eines erfolglosen Klagezulassungsverfahrens zu tragen haben,

---

[47] RegBegr UMAG, BT-Drs. 15/5092, 20.
[48] *Kiethe* ZIP 2003, 707 (708), der hier von einer nicht mehr sachgerechten Relation spricht; vgl. auch *Linnerz* NZG 2004, 307 (309); so auch schon *Semler*, RWS-Forum – Gesellschaftsrecht, 1995, 179 (230 f.).
[49] Ebenso in der Einschätzung *Seibert* NZG 2007, 841 (842).
[50] So auch *Siems* ZVerglRWiss 104 (2005), 376 (385 f.).
[51] Krit. hierzu *Weiss/Buchner* WM 2005, 162 (167 f.).
[52] *Wilsing* ZIP 2004, 1082 (1088).
[53] RegBegr UMAG, BT-Drs. 15/5092, 20.
[54] Vgl. zur bisherigen praktischen Bedeutung *Winnen*, Die Innenhaftung des Vorstands nach dem UMAG, 2009, 447 ff.
[55] Ebenso *Habersack*, Gutachten E zum 69. DJT 2012, E 93.
[56] BGHZ 135, 244 = NJW 1997, 1926 = DStR 1997, 880 mAnm *Goette* = EWiR 1997, 677 mAnm *Priester* = DB 1997, 326 mAnm *Thümmel* = AG 1998, 201 mAnm *Heermann*; dazu ausf. *Fleischer* ZIP 2004, 685.
[57] *Meilicke/Heidel* DB 2005, 1479 (1482); aus diesen Gründen schon für eine sehr restriktive Anwendung der Grundsätze der *ARAG/Garmenbeck*-Entscheidung des BGH *Götz* NJW 1997, 3275 (3277).
[58] *DAV* BB-Beil. Heft 4/2003, 1 (4); *Meilicke/Heidel* DB 2004, 1479 (1481); für die Beibehaltung des besonderen Vertreters auch *Marsch-Barner*, 63. DJT II/1, 2001, O, S. 55, 67 f.
[59] *Linnerz* NZG 2004, 307 (310).
[60] Krit. hierzu aber *Siems* ZVerglRWiss 104 (2005), 376 (390 f.), der die Regelung für noch immer zu abschreckend hält.

wird eine prohibitive Wirkung wie unter der alten Rechtslage wohl nicht eintreten. Die Gesellschaft hat zwar die Kosten des Klageverfahrens grundsätzlich zu tragen, jedoch werden ihre Interessen durch eine Kostentragungspflicht der Aktionäre bei einem vorsätzlich oder grob fahrlässig unrichtigen Vortrag (Abs. 6 S. 5) sowie durch die Beschränkung der Kostenerstattung für einen Bevollmächtigten (Abs. 6 S. 6) ausreichend berücksichtigt.

27 **8. Rechtstatsachen.** Die tatsächliche Bedeutung des § 148 ist nahezu verschwindend gering. So wurde seit dem Inkrafttreten der Regelung am 1.11.2005 **lediglich eine gerichtliche Entscheidung**[61] über einen Antrag dokumentiert.[62] Daraus muss zwar nicht zwangsläufig geschlossen werden, dass dem Klagezulassungsverfahren auch keine indirekte Wirkung als Druckmittel gegenüber den zur Geltendmachung der Ersatzansprüche berufenen Gesellschaftsorganen zukommt.[63] Allerdings würde dies jedenfalls eine relevante Zahl von Aufforderungen zur Klageerhebung nach Abs. 1 S. 2 Nr. 2 (→ Rn. 72 ff.) hervorbringen, die nach übereinstimmenden Berichten aus der anwaltlichen Praxis nicht gegeben ist. Zu Reformansätzen → Rn. 28 ff.

28 **9. Reformüberlegungen.** Im Mittelpunkt der seit Jahrzehnten andauernden Reformüberlegungen steht die **Abschaffung des Quorums des Abs. 1 S. 1** (→ Rn. 53 ff.) und damit die Einführung einer allgemeinen *actio pro socio*.[64] Zudem sollte das **Verhältnis zur Sonderprüfung und zum Auskunftsrecht der Aktionäre** stärker institutionalisiert werden, da diese beiden Instrumente häufig die einzigen Informationsquellen für die Minderheitsgesellschafter sind.[65] Schließlich sollte tatsächlich erwogen werden, eine stärker ausgeprägte Anreizstruktur für die Geltendmachung von Ersatzansprüchen durch Minderheitsgesellschafter etwa in Form einer **Fangprämie** zu schaffen.[66] In die gleiche Richtung gehen Überlegungen, das im US-amerikanischen Recht existierende **Konzept des *lead plaintiffs*** (→ Rn. 17 ff.) zu übernehmen[67] oder aber das Recht der Gesellschaft abzuschaffen, das Verfahren jederzeit an sich zu ziehen (Abs. 3 → Rn. 131 ff.).[68] Auch wenn gegen alle diese Vorschläge letztlich überzeugende Argumente vorgebracht werden können, wird man zur *Aktivierung* des Klagezulassungsverfahrens an diesen kaum vorbeikommen. Andere, weniger gravierende Änderungen wie etwa die Aufgabe des Vorbesitzererfordernisses (Abs. 1 S. 2 Nr. 1 → Rn. 60 ff.)[69] oder die Abschaffung des Ausschlusstatbestandes bei entgegenstehenden Gründen des Gesellschaftswohls (Abs. 1 S. 2 Nr. 2 → Rn. 72 ff.)[70] dürften kaum den gewünschten Effekt bringen und eher der Kategorie „*Wasch mich, aber mach mich nicht nass*" zugeordnet werden.

29 Wenig überzeugend sind die Überlegungen, die **Bundesanstalt für Finanzdienstleistungsaufsicht** oder die **Prüfstelle für Rechnungslegung e.V.** jedenfalls bei börsennotierten Gesellschaften stärker einzubeziehen.[71] Dies ergibt sich schon aus der Überlegung, dass beide Einrichtungen für eine umfangreiche Überwachung der Geschäftsführung börsennotierter Gesellschaften nicht hinreichend ausgestattet sind und dadurch ihre Grundausrichtung erheblich verändern würden, zumal diese bisher nur auf Kapitalmarkt- bzw. Rechnungslegungsrecht beschränkt ist. Ebenso sind die Überlegungen

---

[61] LG München I NZG 2007, 477 = AG 2007, 458.
[62] Dazu *Peltzer* FS Schneider, 2011, 953 (954 f.); ähnlich resignierend Kölner Komm AktG/*Rieckers/Vetter* Rn. 81 ff.
[63] Eine solche präventive Wirkung annehmend *Vetter* FS Hoffmann-Becking, 2013, 1317 (1325 f.).
[64] So etwa *Haar/Grechning* AG 2013, 653 (655 ff.) (mit rechtsvergleichenden und rechtsökonomischen Erwägungen); *Habersack*, Gutachten E zum 69. DJT 2012, E 95; *Habersack* ZHR 177 (2013), 782 (793); *Schmolke* ZGR 2011, 398 (424 f.); dies aber abl. *Kahnert* AG 2013, 663 (665 f.); *Spindler* AG 2013, 889 (901); ähnlich *Vetter* FS Hoffmann-Becking, 2013, 1317 (1331) (Senkung auf 50.000 EUR); offen lassend *Hopt* ZIP 2013, 1793 (1802).
[65] In diese Richtung auch *Habersack*, Gutachten E zum 69. DJT 2012, E 95 (für die Sonderprüfung); *Kahnert* AG 2013, 663 (665); *Spindler* AG 2013, 889 (900); *Vetter* FS Hoffmann-Becking, 2013, 1317 (1337).
[66] So etwa *Schmolke* ZGR 2011, 398 (434 ff.); ablehnend aber *Habersack*, Gutachten E zum 69. DJT 2012, E 95 f.; *Kahnert* AG 2013, 663 (670 f.); *Peltzer* FS Schneider, 2011, 953 (964); *Vetter* FS Hoffmann-Becking, 2013, 1317 (1337 f.); dagegen auch schon *Baums*, Gutachten F zum 63. DJT 2000, 2001, F 255 f.; offen lassend *Spindler* AG 2013, 889 (901 f.).
[67] So vor allem *Schmolke* ZGR 2011, 398 (426); dies aber abl. *Kahnert* AG 2013, 663 (671); *Vetter* FS Hoffmann-Becking, 2013, 1317 (1329 f.).
[68] *Brommer* AG 2013, 121 (125 ff.); *Peltzer* FS Schneider, 2011, 953 (959 f.); ähnlich *Habersack*, Gutachten E zum 69. DJT 2012, E 93; abl. aber *Vetter* FS Hoffmann-Becking, 2013, 1317 (1334); wohl auch *Spindler* AG 2013, 889 (900).
[69] Dafür etwa *Schmolke* ZGR 2011, 398 (427 f.); *Vetter* FS Hoffmann-Becking, 2013, 1317 (1331 f.).
[70] So etwa *Brommer* AG 2013, 121 (127); *Peltzer* FS Schneider, 2011, 953 (961 f.); dies aber abl. *Schmolke* ZGR 2011, 398 (430 ff.); *Vetter* FS Hoffmann-Becking, 2013, 1317 (1333 f.).
[71] So aber *Hellwig* FS Maier-Reimer, 2010, 201 (214 f.); *Lutter* FS Schneider, 2011, 763 (770); *Peltzer* FS Schneider, 2011, 953 (965 ff.); ebenfalls abl. *Habersack*, Gutachten E zum 69. DJT 2012, E 96; *Habersack* ZHR 177 (2013), 782 (792 f.); *Kahnert* AG 2013, 663 (671 f.); *Spindler* AG 2013, 889 (900); *Vetter* FS Hoffmann-Becking, 2013, 1317 (1328 f.).

abzulehnen, die Haftung nach §§ 93, 116 generell auf einen bestimmten Betrag zu begrenzen, wie dies etwa im Arbeitsrecht bei der haftungsrechtlichen Verantwortlichkeit von Arbeitnehmern der Fall ist.[72] Auch wenn sich dadurch zweifellos die Missbrauchsgefahr des Klagezulassungsverfahrens beschränken lässt, dürfte dieses Konzept an der genauen Festlegung der Haftungshöchstsumme scheitern, zumal ein solches Konzept auch die Vergütungsfestsetzung nach § 87 in den Blick nehmen müsste.

Welche der genannten Reformüberlegungen im Ergebnis tatsächlich erfolgversprechend ist, lässt sich nur sehr schwer vorhersagen, zumal die Einschätzungen alle auf der momentanen vollständigen Nichtnutzung des Klagezulassungsverfahrens basieren. Letztlich wird man bei einer tatsächlichen Reform des Klagezulassungsverfahrens **mehr Mut als bei den vergangenen Reformen** des KonTraG (→ Rn. 6) oder des UMAG (→ Rn. 8) beweisen und wohl einen potentiellen Missbrauch in Kauf nehmen müssen. Sofern tatsächlich Fehlentwicklungen und ein massiver Anstieg von Missbrauchsfällen eintritt, könnten wieder weitere Barrieren geschaffen werden. 30

10. Verhältnis zu anderen Verfahren. Das Klagezulassungsverfahren steht in **keinem ausdrücklichen Exklusivitätsverhältnis** zu anderen aktienrechtlichen Verfahren. Die den Ersatzansprüchen zugrunde liegenden Fragen sind jedoch häufig auch in anderen Verfahren Untersuchungsgegenstand. Lediglich im Falle der **gerichtlichen Geltendmachung der Ersatzansprüche durch die Gesellschaft** tritt das Klagezulassungsverfahren zurück, indem es im Zeitpunkt der Klageerhebung durch die Gesellschaft nach Abs. 3 S. 1 HS. 2 unzulässig wird (→ Rn. 131 ff.). 31

a) Sonderprüfung. Die Sonderprüfung (§§ 142 ff., 258) ist ein eigenständiges Verfahren, das zwar ebenfalls ein Instrument des Minderheitenschutzes darstellt, aber dabei in **keiner Weise eine Voraussetzung** für das Klagezulassungsverfahren ist.[73] Allerdings werden sich die Aktionäre über die Sonderprüfung oftmals erst die notwendigen Informationen beschaffen können, um das Klagezulassungsverfahren – insbesondere im Hinblick auf die Voraussetzung des Abs. 1 S. 2 Nr. 3 (→ Rn. 81 ff.) – erfolgreich bestreiten zu können. 32

Eine Sonderprüfung kann noch nicht abgeschlossen oder erst nach Antragstellung durch die Aktionärsminderheit beantragt und durchgeführt werden. Haben sowohl die Ersatzansprüche als auch die Sonderprüfung die **gleichen Vorgänge zum Gegenstand** sind beide Verfahren unabhängig voneinander durchzuführen. Eine Abweisung des Antrages der Aktionärsminderheit im Klagezulassungsverfahren aufgrund einer parallel anhängigen Sonderprüfung ist nicht möglich. Ebenso scheidet eine Aussetzung des Klagezulassungsverfahrens nach § 148 ZPO aus, da durch die Sonderprüfung in keiner Weise das Bestehen oder Nichtbestehen eines Rechtsverhältnisses festgestellt wird. 33

b) Bestellung eines besonderen Vertreters. Ein direktes Konkurrenzverhältnis besteht zwischen dem Klagezulassungsverfahren und der Geltendmachung der Ersatzansprüche durch den besonderen Vertreter nach § 147 Abs. 2 (→ Rn. 64 ff.). Soweit der besondere Vertreter die Ersatzansprüche gerichtlich geltend macht, ist dies als eine **Klageerhebung im Sinne von Abs. 3 S. 1** anzusehen, so dass ein Klagezulassungs- oder ein Klageverfahren unzulässig wird.[74] 34

c) Geltendmachung konzernrechtlicher Ansprüche. Nach § 309 Abs. 4, § 310 Abs. 4, § 317 Abs. 4 und § 318 Abs. 4 können **Ersatzansprüche im Konzernverhältnis** durch einzelne Aktionäre zur Leistung an die Gesellschaft geltend gemacht werden. Auch wenn sich somit Überschneidungen mit der Geltendmachung dieser Ansprüche im Rahmen von § 148 ergeben, stehen diese Verfahren unabhängig voneinander und beschränken sich somit nicht.[75] 35

Ein nach § 309 Abs. 4, § 310 Abs. 4, § 317 Abs. 4 und § 318 Abs. 4 anhängiges Verfahren schließt ein Klagezulassungsverfahren nur dann aus, wenn gegen die **tatsächliche Geltendmachung der Ersatzansprüche** durch den einzelnen Aktionär keinerlei Bedenken bestehen. Bei einer Klageerhebung durch die Aktionäre aufgrund eines erfolgreichen Klagezulassungsverfahrens ist dieses Verfahren mit einem anhängigen Verfahren nach § 309 Abs. 4, § 310 Abs. 4, § 317 Abs. 4 und § 318 Abs. 4 aufgrund von Abs. 4 S. 4 zur gleichzeitigen Verhandlung und Entscheidung zu verbinden. 36

d) Anfechtungs- und Nichtigkeitsklage. Eine Anfechtungs- oder Nichtigkeitsklage, die auf den Bestand der im Rahmen des Klagezulassungsverfahrens relevanten Ersatzansprüche Auswirkungen haben könnte, ist **unabhängig vom Klagezulassungsverfahren** durchzuführen. Da im Rahmen des Klagezulassungsverfahrens nur Tatsachen vorliegen müssen, die den Verdacht einer Schädigung der Gesellschaft durch Unredlichkeiten oder grobe Verletzungen des Gesetzes oder der Satzung 37

---

[72] Mit einem solchen Vorschlag *Brommer* AG 2013, 121 (127 ff.).
[73] *Mock* DB 2008, 393 (394).
[74] *Fabritius* GS Gruson, 2009, 133 (145); *Kling* ZGR 2009, 190 (228 ff.).
[75] Zur Erfassung dieser konzernrechtlichen Ersatzansprüche durch § 147 Abs. 1 → § 147 Rn. 23.

rechtfertigen, kann das Klagezulassungsverfahren auch nicht nach § 148 ZPO wegen Vorgreiflichkeit ausgesetzt werden.

38 e) Aktionärsklage auf Feststellung pflichtwidrigen und kompetenzüberschreitenden Organhandelns. Die Aktionärsklage auf Feststellung pflichtwidrigen und kompetenzüberschreitenden Organhandelns[76] steht in **keinem Exklusivitäts- oder Subsidiaritätsverhältnis** zum Klagezulassungsverfahren. Allerdings kann die Feststellungsklage oftmals die Grundlage für die Einleitung eines Klagezulassungsverfahrens darstellen, da damit den Voraussetzungen von Abs. 1 S. 2 Nr. 3 ausreichend entsprochen wird.[77] Die Aktionäre können aber im Klagezulassungsverfahren nicht darauf verwiesen werden, zunächst eine entsprechende Feststellungsklage zu erheben. Diese stellt lediglich eine Option für die Aktionäre zur Erleichterung der späteren Anspruchsverfolgung dar.

39 f) Enforcement-Verfahren. Bei der Geltendmachung von Ersatzansprüchen aufgrund unrichtiger Auf- oder Feststellung von Unternehmensabschlüssen ist das Klagezulassungsverfahren auch nicht gegenüber einem gegebenenfalls anhängigen **Enforcement-Verfahren** (§§ 342b ff. HGB, §§ 106 ff. WpHG) subsidiär. Ebenso wenig wird das Enforcement-Verfahren durch ein Klagezulassungsverfahren – im Gegensatz zur Sonderprüfung (→ § 142 Rn. 241 f.) – unterbrochen.

40 g) Kapitalanleger-Musterverfahren. Das Kapitalanlegermusterverfahren steht in **keinem gesonderten Verhältnis** zum Klagezulassungsverfahren, auch wenn beide Verfahren die kollektive Rechtsdurchsetzung zum Ziel haben. Das Klagezulassungsverfahren dient aber nur der Durchsetzung von Ansprüchen der Gesellschaft durch einen Aktionär, während durch das Kapitalanlegermusterverfahren hingegen Ansprüche von Anlegern geltend gemacht werden sollen. Zum Verhältnis von Ansprüchen der Anleger und Ansprüchen der Gesellschaft → Rn. 48.

41 11. Übergangsrecht. Die Regelung ist nicht auf *Neufälle* begrenzt, da es sich hier lediglich nur um eine Regelung zur Durchsetzung von Ansprüchen handelt. Somit sind auch Ansprüche durch Aktionäre verfolgbar, die vor dem Inkrafttreten des UMAG am 1.11.2005 durch Pflichtverletzungen bereits entstanden sind.[78]

II. Aktionärsklagen und Corporate Governance

42 Das Klagezulassungsverfahren adressiert eines der zentralen Organisationsprobleme der aktienrechtlichen Zuständigkeitsordnung und versucht, dafür einen Ausgleich zu schaffen. Auch wenn es somit einen Kernbereich der Corporate Governance adressiert, wird dieses im **Deutschen Corporate Governance Kodex** in keiner Weise erwähnt. Daher hat die Abgabe einer Entsprechenserklärung (§ 161) auch keine Auswirkungen auf ein Klagezulassungsverfahren oder ein Klageverfahren.[79]

III. Klagezulassungsverfahren

43 Das Klagezulassungsverfahren findet auf die **Aktiengesellschaft** und die **Kommanditgesellschaft auf Aktien** (*arg.* § 278 Abs. 3)[80] Anwendung. Darüber hinaus gilt dieses aber auch für die **REIT-AG** (§ 1 Abs. 3 REITG), die **Investmentaktiengesellschaften mit veränderlichem Kapital** (§ 108 Abs. 2 KAGB) und die **Investmentaktiengesellschaften mit fixem Kapital** (§ 140 Abs. 1 S. 2 KAGB). Aufgrund der Verweisnorm in Art. 9 Abs. 1 lit. c) ii), 52 UAbs. 2 SE-VO gelten diese auch für die **Europäische Aktiengesellschaft**. Bei einer **Publikumspersonengesellschaft** und bei einer **GmbH** ist das Klagezulassungsverfahren hingegen nicht möglich, da bei diesen die *actio pro socio* zur Anwendung kommt.[81]

44 1. Rechtsnatur und Beteiligte. Bei dem Klagezulassungsverfahren handelt es sich um ein **Verfahren nach der ZPO** und nicht nach dem FamFG.[82] Daraus folgt, dass im Klagezulassungsverfahren auch die wesentlichen Verfahrensgrundsätze der ZPO zur Anwendung kommen, wobei durch § 148 selbst eine Reihe von prozessualen Sonderregelungen geschaffen wurde. Somit gelten vor allem der Verhandlungs- und nicht der Untersuchungsgrundsatz, soweit § 148 nichts Abweichendes bestimmt.[83] Daher wird das Gericht nicht von Amts wegen, sondern nur auf Antrag tätig.

---

[76] BGHZ 164, 249 = NZG 2006, 20 = AG 2006, 38; → Vor § 241 Rn. 19.
[77] Ebenso *Ihring* in Bachmann/Casper/Schäfer/Veil, Steuerungsfunktion des Haftungsrechts im Gesellschafts- und Kapitalmarktrecht, 2007, 17 (27 f.).
[78] *Diekmann/Leuering* NZG 2004, 249 (250); NK-AktR/*Lochner* § 147 Rn. 3.
[79] Ebenso Kölner Komm AktG/*Rieckers/Vetter* Rn. 13.
[80] Kölner Komm AktG/*Rieckers/Vetter* Rn. 128 ff.
[81] Dazu nur Kölner Komm AktG/*Rieckers/Vetter* Rn. 133 ff. und 138 ff.
[82] Ausdrücklich auch RegBegr UMAG, BT-Drs. 15/5092, 20 re Sp (zum FGG)
[83] Hüffer/Koch/*Koch* Rn. 10.

An dem Klagezulassungsverfahren sind als **Partei** zunächst die **antragstellenden Aktionäre** 45 beteiligt. Die übrigen Beteiligten des Klagezulassungsverfahrens sind aus dem Wortlaut des § 148 nicht eindeutig bestimmbar, obwohl § 148 Abs. 2 S. 4 von dem Bestehen eines Antragsgegners ausgeht.[84] Da durch das Klagezulassungsverfahren die Gesellschaftsorgane nicht zur Geltendmachung der Ersatzansprüche gezwungen werden sollen, können diese auch nicht Antragsgegner sein. Als **Antragsgegner** sind daher vielmehr die einzelnen Anspruchsgegner anzusehen.[85] Die Anspruchsgegner sind durch das Klagezulassungsverfahren zwar nicht unmittelbar betroffen, da an dessen Ende lediglich das Recht zur Klageerhebung durch die Aktionärsminderheit steht. Diese Möglichkeit bestand für die Gesellschaft ohnehin und wird zudem durch Abs. 3 S. 1 noch einmal unterstrichen. Für die Anspruchsgegner ergibt sich durch das Klagezulassungsverfahren somit eigentlich keine Beeinträchtigung, die nicht bereits ohnehin vorlag. Die **Gesellschaft** ist im Klagezulassungsverfahren lediglich Beigeladene (→ Rn. 100 f.).

2. Antrag auf Klagezulassung. Beim Klagezulassungsverfahren handelt es sich um ein Verfahren 46 nach der ZPO (→ Rn. 44), so dass die allgemeinen Vorschriften über die Klageerhebung gelten. Im Klagezulassungsverfahren besteht Anwaltszwang (§ 78 Abs. 1 ZPO), da es sich um ein Verfahren vor dem Landgericht handelt (→ Rn. 47).

a) Zuständigkeit. Der Antrag auf Klagezulassung muss beim jeweiligen **Landgericht am Sitz** 47 **der Gesellschaft** gestellt werden (Abs. 2 S. 1). Dabei handelt es sich um eine ausschließliche Zuständigkeit.[86] Dies setzt allerdings voraus, dass die deutschen Gerichte international zuständig sind. Da es sich beim Klagezulassungsverfahren um eine Zivil- und Handelssache im Sinne von Art. 1 Abs. 1 Brüssel-Ia-VO handelt, unterliegt die Bestimmung der **internationalen Zuständigkeit** der EuGVVO und nicht Art. 4 Abs. 1, da die Brüssel-Ia-VO als Europarecht vorrangig anzuwenden ist. Dabei müssen für das Klagezulassungsverfahren die gleichen Grundsätze wie bei der Geltendmachung der Ersatzansprüche selbst gelten, da Antragsgegner im Klagezulassungsverfahren nicht die Gesellschaft, sondern die Anspruchsgegner der Ersatzansprüche sind (→ Rn. 45). Daher kommt neben dem allgemeinen Beklagtengerichtsstand (Art. 4 Abs. 1 Brüssel-Ia-VO), vor allem der besondere Gerichtsstand für vertragliche Ansprüche (Art. 7 Nr. 1 Brüssel-Ia-VO) und für Ansprüche aus unerlaubter Handlung (Art. 7 Nr. 5 Brüssel-Ia-VO) in Betracht. Eine – wie nach Abs. 2 S. 1 bestehende – ausschließliche Zuständigkeit ist nicht gegeben, da insbesondere Art. 24 Nr. 2 Brüssel-Ia-VO die Geltendmachung von Ersatzansprüchen nicht erfasst. Somit kann das Klagezulassungsverfahren auch in anderen Mitgliedstaaten durchgeführt werden, wobei dann allerdings das jeweilige ausländische Zivilprozessrecht zur Anwendung kommen kann, wenn das internationale Privatrecht des jeweiligen Mitgliedstaates die durch das Klagezulassungsverfahren vermittelte Prozessführungsbefugnis – entgegen dem deutschen IPR – als Prozessrecht qualifiziert. Außerhalb des Anwendungsbereichs der Brüssel-Ia-VO bestimmt sich die internationale Zuständigkeit nach Abs. 2 S. 1 analog.[87]

b) Geltendmachung von Ersatzansprüchen. Der Antrag auf Klagezulassung muss sich nach 48 Abs. 1 S. 1 zunächst auf einen **Ersatzanspruch aus § 147 Abs. 1** (→ § 147 Rn. 20 ff.) beziehen. Der Antrag muss dabei hinreichend bestimmt sein. Da durch das Klagezulassungsverfahren der qualifizierten Aktionärsminderheit letztlich die Klageerhebung ermöglicht werden soll, müssen für den Antrag auf Klagezulassung die gleichen Voraussetzungen für die Bestimmtheit wie bei der Klageerhebung selbst gelten (§ 253 ZPO). Einer möglichen fehlenden Bestimmtheit kann die qualifizierte Aktionärsminderheit allerdings dadurch zuvorkommen, dass sie etwa eine **Stufenklage** anstrebt, auf die dann auch schon im Antrag auf ein Klagezulassungsverfahren eingegangen werden muss. Zudem muss es auch ausreichen, wenn die qualifizierte Aktionärsminderheit einen Mindest- und einen Höchstbetrag im Antrag nennt.[88] Unzulässig ist ein Antrag, der lediglich auf einen symbolischen Euro oder eine Feststellungsklage gerichtet ist.[89] Schließlich sind auch Anträge hinsichtlich von Ansprüchen auf Unterlassen im Klagezulassungsverfahren unzulässig.[90]

---

[84] Krit. hierzu Hüffer/Koch/*Koch* Rn. 11.
[85] So auch MüKoAktG/*Arnold* Rn. 61; *Becker* FS Mestmäcker, 2008, 27 (36 f.); Großkomm AktG/*G. Bezzenberger/T. Bezzenberger* Rn. 177; *Happ* FS Westermann, 2008, 971 (978); *Grigoleit/Herrler* Rn. 12; Bürgers/Körber/Holzborn/*Jänig* Rn. 11; Hüffer/Koch/*Koch* Rn. 11; *Paschos/Neumann* DB 2005, 1779 (1781); Kölner Komm AktG/*Rieckers/Vetter* Rn. 144; *Schröer* ZIP 2005, 2081 (2085); K. Schmidt/Lutter/*Spindler* Rn. 7; *Winnen*, Die Innenhaftung des Vorstands nach dem UMAG, 2009, 385 f.; im Ergebnis wohl auch *Zieglmeier* ZGR 2007, 144 (150).
[86] Hüffer/Koch/*Koch* Rn. 12; K. Schmidt/Lutter/*Spindler* Rn. 14.
[87] Vgl. zur gesamten Problematik ausf. *Mock* RabelsZ 72 (2008), 264 (296 f.).
[88] *Happ* FS Westermann, 2008, 971 (993 f.).
[89] *Happ* FS Westermann, 2008, 971 (993 f.); aA aber Großkomm AktG/*G. Bezzenberger/T. Bezzenberger* Rn. 94.
[90] Ebenso Großkomm AktG/*G. Bezzenberger/T. Bezzenberger* Rn. 98 ff. jedenfalls für Unterlassungsansprüche gegen Organmitglieder in Geschäftsführungsangelegenheiten.

49 **c) Aktionärseigenschaft.** Zudem müssen die Antragsteller zum Zeitpunkt der Antragstellung Aktionäre der Gesellschaft sein (zum Erfordernis der Aktionärseigenschaft zum Zeitpunkt der Veröffentlichung der Pflichtverstöße → Rn. 60 ff.). Bei der Aktionärseigenschaft kommt es auf die **dingliche Inhaberschaft der Aktien** an.[91] Bei Namensaktien ist nur die im Aktienregister eingetragene Person antragsbefugt. Bei Nichtbestehen des Stimmrechts (§ 20 Abs. 7, § 21 Abs. 4, §§ 71b, 71d S. 4; § 44 WpHG, § 59 WpÜG) ist auch die Antragsbefugnis ausgeschlossen.[92] Ausgenommen sind alle ehemaligen oder zukünftigen Aktionäre.

50 Das Antragsrecht ist nicht auf die **Inhaber von Stammaktien** beschränkt, so dass auch Inhaber von **stimmrechtslosen Vorzugsaktien** ein Antragsrecht bei Erreichen des Quorums haben.[93] Auch wenn Abs. 1 S. 1 nur auf die Aktionäre selbst Bezug nimmt, kommt ein Antragsrecht zudem auch **Genussrechtsinhabern** zu, wenn diese Inhaber sogenannter eigenkapitalähnlicher Genussrechte (→ § 221 Rn. 28 ff.) sind.[94] Dies gilt ebenso für Inhaber von **Wandelschuldverschreibungen** und **Optionen.** Denn auch wenn diese noch keine Aktionäre sind, sind sie auf den durch das Klagezulassungsverfahren vermittelten Schutz ebenso angewiesen, zumal ihnen zum einen in der Regel keinerlei weitere (mitgliedschaftliche) Rechte zukommen und sie zum anderen hinter den Rechten der allgemeinen Gläubiger zurückbleiben. Für die Berechnung des Quorums ist dabei darauf abzustellen, ob die Summe der Nennbeträge der genannten Instrumente der antragstellenden Inhaber den Schwellenwert von einem Prozent oder einem anteiligen Betrag von 100.000 EUR am Grundkapital der Gesellschaft erreicht. Inhabern einfacher **Schuldverschreibungen** oder von (massenhaft begebenen) **Nachrangdarlehen** kommt kein Antragsrecht zu. Dies gilt ebenso für **(typisch) stille Gesellschafter** (§§ 230 ff. HGB). Ob das Antragsrecht auch nicht für **atypisch stille Gesellschafter**[95] gilt, ist zweifelhaft, sofern deren Stellung durch den Beteiligungsvertrag im Wesentlichen derjenigen eines Aktionärs nachgezeichnet wird.

51 Hinsichtlich des Zeitpunkts der **Inhaberschaft der Aktien** ist darauf abzustellen, wem das Mitgliedschaftsrecht zugeordnet ist. Bei der Begründung eines Nießbrauches oder der Verpfändung der Aktien bleibt das Antragsrecht beim Aktionär.[96] Für die Aktionärsstellung ist auch eine **Aktienleihe** ausreichend.[97] Der Aktienerwerb im Wege des Wertpapierdarlehens als Sachdarlehen (§ 607 BGB) vermittelt dem Darlehensnehmer Volleigentum[98] an den entliehenen Aktien, so dass diese dann auch dem Aktionär als Darlehensnehmer gehören.[99] Voraussetzung ist, dass die Eigentumsübertragung im Zeitpunkt der Pflichtverletzung bereits abgeschlossen war. Im Fall einer Treuhand besteht das Antragsrecht für den Treuhänder und nicht für den Treugeber.

52 Das Antragsrecht endet, wenn die Aktionärseigenschaft endet. Dies gilt auch für den Fall eines *squeeze out*, auch wenn ein Spruchverfahren zur Bestimmung der Abfindung noch anhängig ist. Zum **Wegfall der Aktionärseigenschaft** nach Beantragung des Klagezulassungsverfahrens → Rn. 59 und zum Wegfall der Aktionärseigenschaft nach Klageerhebung durch die Aktionäre → Rn. 153.

53 **d) Quorum (Abs. 1 S. 1). aa) Berechnung.** Antragsvoraussetzung ist weiter das Erreichen eines Quorums von mindestens **einem Prozent oder einem anteiligen Betrag von 100.000 EUR am Grundkapital** der Gesellschaft. Das Erfordernis des Erreichens eines Anteiles am Grundkapital von mindestens 100.000 EUR war im Gesetzgebungsprozess des UMAG eines der umstrittensten Gesichtspunkte.[100] Sowohl der Referentenentwurf als auch der Regierungsentwurf stellten für den Schwellenwert noch auf einen **Börsenwert** von 100.000 EUR ab.[101] Da bei der Geltendmachung von Ersatzansprüchen jedoch der Aktienkurs der Gesellschaft regelmäßig in Mitleidenschaft gezogen wird, wurde ein Abstellen auf einen bestimmten Börsenwert als nicht sachgerecht angesehen und daher auf den Nennbetrag abgeändert.[102] Werden bei der Gesellschaft **Kapitalveränderungen** durchgeführt, ist die Höhe des Grundkapitals im Zeitpunkt der Antragstellung maßgeblich.[103] Zum Einfluss von Kapitalveränderungen auf die Voraussetzung des Abs. 1 S. 2 Nr. 1 → Rn. 67.

---

[91] Kölner Komm AktG/*Rieckers/Vetter* Rn. 185.
[92] Dazu Kölner Komm AktG/*Rieckers/Vetter* Rn. 192.
[93] MüKoAktG/*Arnold* Rn. 9; Kölner Komm AktG/*Rieckers/Vetter* Rn. 185.
[94] Ebenso Großkomm AktG/*Hirte* § 221 Rn. 406.
[95] Dazu Röhricht/Graf v. Westphalen/Haas/*Mock* HGB § 230 Rn. 69 f.
[96] Großkomm AktG/*G. Bezzenberger/T. Bezzenberger* Rn. 106.
[97] Ebenso Kölner Komm AktG/*Rieckers/Vetter* Rn. 187.
[98] Zum Pflichtenumfang des Darlehensgebers beim Sachdarlehen vgl. MüKoBGB/*Berger* BGB § 607 Rn. 22 ff.
[99] Ebenso zu der erforderliche Kapitalmehrheit beim *squeeze out* BGHZ 180, 154 = NZG 2009, 585; vgl. dazu auch § 327a Rn. 16.
[100] Vgl. dazu *Linnerz* NZG 2004, 307 (309).
[101] RegBegr UMAG, BT-Drs. 15/5092, 7; → Rn. 23.
[102] Beschlussempfehlung des Rechtsausschusses, BT-Drs. 15/5693, 17; zust. *DAV* BB-Beil. Heft 4/2003, 1 (4); *Paschos/Neumann* DB 2005, 1779 (1779 f.); *Seibert* BB 2005, 1457.
[103] Kölner Komm AktG/*Rieckers/Vetter* Rn. 202.

Für die **Berechnung des Quorums** ist nicht erforderlich, dass die Aktien ein Stimmrecht 54
gewähren, so dass auch stimmrechtslose Vorzugsaktien Berücksichtigung finden. Aktien, die nach
§ 20 Abs. 7, § 44 WpHG einem Rechtsverlust unterliegen, sind nicht zu berücksichtigten.[104] Berücksichtigung finden schließlich auch nicht eigene Aktien (§ 71b), so dass das Quorum insofern leichter
zu erreichen ist.[105]

bb) Zusammenschluss zum Erreichen des Quorums. Erreicht ein einzelner Aktionär nicht 55
das erforderliche Quorum kann dies auch durch mehrere Aktionäre durch **Bildung einer Aktionärsminderheit** geschehen.[106] Hierbei steht vor allem § 127a als Koordinationsmöglichkeit einzelner Aktionäre zur Verfügung.[107] Der Zusammenschluss mehrerer Aktionäre zur Erreichung des
Quorums stellt kein *acting in concert* im Sinne von § 30 Abs. 2 WpÜG, § 34 Abs. 2 WpHG dar, da
es sich um eine Vereinbarung in einem Einzelfall handelt.[108]

Schließen sich mehrere Aktionäre zu einer Aktionärsminderheit zusammen, handelt es sich dabei 56
regelmäßig um eine **BGB-Gesellschaft**, da sich die Aktionäre zur Erreichung eines gemeinsamen
Zwecks (Geltendmachung der Ersatzansprüche im Wege der Prozessstandschaft) zusammenschließen
(§ 705 BGB).[109] Die Kontaktaufnahme über das Aktionärsforum oder andere Kommunikationsformen stellt dabei in der Regel nur ein *invitatio ad offerendum* dar.[110] Bei der BGB-Gesellschaft handelt
es sich aber meist nur um eine **Innengesellschaft**, da sie nur der Koordination der Antragstellung
im Klagezulassungsverfahren zur Geltendmachung der Ersatzansprüche dient.[111] Die Aktionäre
machen die Ansprüche der Gesellschaft in *ihrem* Namen und nicht im Namen der BGB-Gesellschaft
geltend, so dass die BGB-Gesellschaft nicht nach außen auftritt. Aus der BGB-Gesellschaft können
auch nach Antragstellung weitere Aktionäre als Gesellschafter hinzutreten oder auch ausscheiden.

Ein Zusammenschluss in Form der **BGB-Außengesellschaft** kommt nur dann in Betracht,[112] 57
wenn die BGB-Gesellschaft und nicht die einzelnen Aktionäre nach außen hin auftritt und die
Aktionäre ihre Aktien in ein Gesamthandsvermögen zur Geltendmachung der Ersatzansprüche übertragen,[113] was regelmäßig nicht der Fall sein wird. Nur dann kann die BGB-Gesellschaft selbst
Antragstellering bzw. Klägerin in Bezug auf die gesamthänderischen Rechte (Aktien der Gesellschaft)
sein.[114] Der Zusammenschluss der Aktionäre ist aber auch in einer anderen Gesellschaftsform möglich, die aber ebenso eine vorherige Übertragung der Anteile voraussetzt. Die Anteile müssen dabei
bereits vor Kenntniserlangung (Abs. 1 S. 2 Nr. 1) an die entsprechende Gesellschaft übertragen worden sein.[115]

cc) Maßgeblicher Zeitpunkt. Das Quorum muss nach dem ausdrücklichen Wortlaut von Abs. 1 58
S. 1 nur im **Zeitpunkt der Antragstellung** gegeben sein.[116] Die Aktionäre können daher ihre
Aktien nach der Antragstellung auch verkaufen. Durch die Anforderungen an das Quorum sollen
die Organmitglieder nur vor einer unkontrollierten Inanspruchnahme durch Kleinaktionäre geschützt
werden, was durch das Erfordernis des Bestehens des Quorums bei der Antragstellung erreicht
wird. Konsequenterweise muss das Quorum nur im Zeitpunkt der Entscheidung über den Antrag
(→ Rn. 59) nicht aber bei einem späteren Klageverfahren (→ Rn. 153) bestehen, so dass die Aktionäre ihre Aktien direkt nach der Antragstellung auch veräußern können, ohne dass damit aber eine

---

[104] MüKoAktG/*Arnold* Rn. 9; Kölner Komm AktG/*Rieckers/Vetter* Rn. 206.
[105] MüKoAktG/*Arnold* Rn. 9; Großkomm AktG/*G. Bezzenberger/T. Bezzenberger* Rn. 104; aA Kölner Komm AktG/*Rieckers/Vetter* Rn. 204.
[106] RegBegr UMAG, BT-Drs. 15/5092, 21.
[107] MHdB AG/*Bungert* § 43 Rn. 45.
[108] Ebenso Kölner Komm AktG/*Rieckers/Vetter* Rn. 179.
[109] So auch RegBegr UMAG, BT-Drs. 15/5092, 21; dazu MüKoAktG/*Arnold* Rn. 11; *G. Bezzenberger/T. Bezzenberger* FS K. Schmidt, 2009, 105 (113 ff.); *Happ* FS Westermann, 2008, 971 (975).
[110] *Happ* FS Westermann, 2008, 971 (975).
[111] MHdB AG/*Bungert* § 43 Rn. 45; *Winnen*, Die Innenhaftung des Vorstands nach dem UMAG, 2009, 328 ff.
[112] Kölner Komm AktG/*Rieckers/Vetter* Rn. 181; aA aber *Winnen*, Die Innenhaftung des Vorstands nach dem UMAG, 2009, 330 f., der die Möglichkeit einer Innengesellschaft ablehnt, da Abs. 1 S. 1 eine Einleitung des Klagezulassungsverfahrens nur durch die Aktionäre im *eigenen* Namen gestatte.
[113] Zur Abgrenzung von Innen- und Außengesellschaft Staudinger/*Habermeier*, 2003, § 705 Rn. 57 ff.
[114] Zu den Folgerungen der Parteifähigkeit der BGB-Gesellschaft s. MüKoBGB/*Schäfer* BGB § 705 Rn. 321.
[115] AA aber *G. Bezzenberger/T. Bezzenberger* FS K. Schmidt, 2009, 105 (116 f.); Großkomm AktG/*G. Bezzenberger/T. Bezzenberger* Rn. 115.
[116] MüKoAktG/*Arnold* Rn. 12; *Arnold* ZIP 2005, 2081 (2083); Grigoleit/*Herrler* Rn. 4; Bürgers/Körber/Holzborn/Jänig Rn. 3; Hüffer/Koch/*Koch* Rn. 16; NK-AktR/*Lochner* Rn. 8; *Seibt* WM 2004, 2137 (2142); Kölner Komm AktG/*Rieckers/Vetter* Rn. 210 ff.; K. Schmidt/Lutter/*Spindler* Rn. 11; aA DAV NZG 2004, 555 (560); ebenso Großkomm AktG/*G. Bezzenberger/T. Bezzenberger* Rn. 173 ff.

Übertragung der verfahrensrechtlichen Stellung im Klagezulassungsverfahren oder in einem späteren Klageverfahren verbunden wäre. § 265 Abs. 2 ZPO kommt insofern nicht zur Anwendung.

59 Ein **vollständiger Verlust der Aktionärsstellung** nach Antragstellung und vor der gerichtlichen Entscheidung nach Abs. 2 führt allerdings zu einer Unzulässigkeit des Antrags, da § 148 insgesamt auf die Aktionärseigenschaft abstellt, auch wenn das Quorum nach Abs. 1 S. 1 nur im Zeitpunkt der Antragstellung vorhanden sein muss.[117] Etwas anderes gilt allerdings für den Fall eines unfreiwilligen Ausscheidens der Aktionäre im Rahmen eines *squeeze out*. Denn auch wenn bei der Bestimmung der entsprechenden Abfindung aufgrund des *squeeze out* (§ 327a Abs. 1) etwaige Ersatzansprüche der Gesellschaft berücksichtigt werden müssen, kann dies aufgrund der fehlenden Einflussnahmemöglichkeit der Minderheitsaktionäre nicht ausreichen. Gerade die Prüfung von Ersatzansprüchen gegen den zwischenzeitlichen Alleinaktionär ist dann nicht mehr zu erwarten. Hinzu kommt, dass das Spruchverfahren gerade keine Möglichkeiten für Minderheitsaktionäre kennt, eine mit dem Klagezulassungsverfahren vergleichbare Geltendmachung bestimmter Ersatzansprüche zu veranlassen, so dass im Spruchverfahren eine fehlenden Berücksichtigung etwaige Ersatzansprüche droht.[118] Auch wenn diese Betrachtungsweise der höchstrichterlichen Rechtsprechung zur Fortführung einer Anfechtungsklage nach einem *squeeze out*[119] entspricht, bleibt insofern eine nicht unerhebliche Unsicherheit, zumal die entsprechende Problematik beim besonderen Vertreter (§ 147 Abs. 2) höchstrichterlich gegenteilig entschieden wurde (→ § 147 Rn. 164).

60 e) **Aktionärseigenschaft im Zeitpunkt der Veröffentlichung der Pflichtverstöße (Nr. 1).** Nach Abs. 1 S. 2 Nr. 1 müssen die Aktionäre im Klagezulassungsverfahren nachweisen, dass sie bereits im **Zeitpunkt der Veröffentlichung der Pflichtverstöße** die Aktien der Gesellschaft erworben hatten. Fehlt es an dieser Voraussetzung, ist der Antrag als unzulässig abzuweisen.

61 Für das Bestehen einer Aktionärseigenschaft muss bei Umwandlungsmaßnahmen unterschieden werden. Bei der **Verschmelzung** ist es nicht erforderlich, dass die Aktionäre auch an der übertragenden Gesellschaft beteiligt waren, soweit der Pflichtverstoß bei dieser Gesellschaft begangen wurde. Dies ergibt sich aus dem Umstand, dass die aufnehmende Gesellschaft Gesamtrechtsnachfolgerin der übertragenden Gesellschaft wird (§ 20 Abs. 1 Nr. 1 UmwG) und damit auch die bestehenden Ersatzansprüche erwirbt. Damit muss für die Aktionäre ebenso wie bei den originär bei der aufnehmenden Gesellschaft entstandenen Ersatzansprüchen die Möglichkeit der Anspruchsverfolgung bestehen. Für die Aktionäre der übertragenden Gesellschaft besteht allerdings die Möglichkeit der Antragstellung nicht nur dann, wenn diese an der aufnehmenden Gesellschaft auch weiterhin beteiligt sind, sondern auch, wenn sich diese für eine ggf. mögliche Barabfindung (§ 29 UmwG) entschieden haben, da das Spruchverfahren keine geeigneten Möglichkeiten bietet, das bestehenden Ersatzansprüche bei der Bestimmung des Unternehmenswertes auch tatsächlich berücksichtigt werden. Insofern sind die Aktionäre auf das Spruchverfahren beschränkt. Bei der **Spaltung** ergeben sich insoweit keine Probleme, da die Aktionäre an der übertragenden Gesellschaft bereits beteiligt waren. Dies gilt ebenso für die **Abspaltung** und die **Ausgliederung**. Bei einem **Formwechsel** in eine Aktiengesellschaft muss schließlich für Abs. 1 S. 2 Nr. 1 bereits die Beteiligung an dem vorherigen Rechtsträger ausreichen, auch wenn dies dann konsequenterweise keine Beteiligung als Aktionär war.

62 aa) **Kenntnisnahmemöglichkeit.** Ausschlaggebend ist der erste **Veröffentlichungszeitpunkt**, bei dem die Aktionäre Kenntnis hätten erlangen können.[120] Dies ist dann der Fall, wenn der Pflichtverstoß in breiten Medien, der Wirtschaftspresse oder weit verbreiteten Online-Diensten veröffentlicht wurde.[121] Einzelne oder unbedeutende Veröffentlichung reichen hierfür allerdings nicht aus.[122] Der Aktionär muss bei Vorliegen einer entsprechend ausreichenden Veröffentlichung beweisen, dass er oder der Rechtsvorgänger bei der Gesamtrechtsnachfolge die Aktien bereits vor diesem Zeitpunkt besaß.[123]

63 Der für die Kenntnisnahmemöglichkeit anzulegende Standard muss sich an einem **durchschnittlichen, verständigen Aktionär** orientieren.[124] Insofern muss sich die Kenntnisnahmemöglichkeit aus

---

[117] NK-AktR/*Lochner* Rn. 8.
[118] Dazu *Mock* EWiR § 142 AktG 2/10, 549 (550); abl. aber *Müller-Michaels/Wingerter* AG 2010, 903 (906) mit der Behauptung, der ausgeschiedene Aktionär könne etwaige Schadensersatzansprüche werterhöhend behandeln lassen.
[119] BGHZ 169, 221 = NZG 2007, 26.
[120] So auch *Spindler* NZG 2005, 865 (866).
[121] RegBegr UMAG, BT-Drs. 15/5092, 21.
[122] *Weiss/Buchner* WM 2005, 162 (168).
[123] *Schröer* ZIP 2005, 2081 (2084).
[124] MüKoAktG/*Arnold* Rn. 14; *Happ* FS Westermann, 2008, 971 (982); Grigoleit/*Herrler* Rn. 5; NK-AktR/ *Lochner* Rn. 6; *Mimberg* in Marsch-Barner/Schäfer Börsennotierte AG-HdB Rn. 40.35; Kölner Komm AktG/ *Rieckers/Vetter* Rn. 221; *Schröer* ZIP 2005, 2081 (2084); K. Schmidt/Lutter/*Spindler* Rn. 18; *Spindler* NZG 2005, 865 (866); weiter wohl Gottwald/*Thümmel*, Europäisches Insolvenzrecht – Kollektiver Rechtsschutz, 2008, 235 (243), der von einem interessierten Aktionär spricht.

allgemein zugänglichen Publikationen und nicht etwa aus branchenspezifischen zugangsbeschränkten Datenbanken ergeben. Auch kann es nicht ausreichen, wenn die Informationen lediglich auf der Homepage der betroffenen Gesellschaft eingestellt waren.[125] In jedem Fall sind aber die kapitalmarktrechtlichen Pflichtveröffentlichungen ausreichend.[126] Bei ausländischen Aktionären kann hier kein erleichterter Maßstab angelegt werden, auch wenn diese regelmäßig nur einen eingeschränkten Zugang zu inländischen Veröffentlichungen haben.[127]

Unbeachtlich ist eine **individuelle Kenntnisnahme der Aktionäre von der Veröffentlichung.** Abs. 1 S. 2 Nr. 1 stellt ausdrücklich klar, dass die Kenntnis aufgrund einer Veröffentlichung erlangt worden sein muss.[128] Bei Gesamtrechtsnachfolge kommt es auch die Kenntnisnahmemöglichkeit des Rechtsvorgängers an.[129] Zur Bedeutung des individuellen Nichtkennenmüssens → Rn. 71. 64

bb) Quorumsanforderungen zum Zeitpunkt der Kenntnisnahmemöglichkeit. Zum Zeitpunkt der Kenntniserlangung müssen die Aktionäre bereits über genügend Anteile verfügen, um das nach Abs. 1 S. 1 erforderliche Quorum von einem Prozent des Grundkapitals oder einen anteiligen Betrag von 100.000 EUR zu erreichen. Ein **Hinzukaufen weiterer Anteile nach dem Veröffentlichungszeitpunkt,** um das erforderliche Quorum zu erreichen, ist nicht möglich.[130] Abs. 1 S. 1 bezieht sich zwar bezüglich der Anforderungen an das Quorum lediglich auf den Zeitpunkt der Antragstellung, jedoch verweist Abs. 1 S. 2 Nr. 1 auf *die* Aktien, die zur Antragstellung notwendig sind.[131] Diese Auslegung entspricht auch dem Willen des Gesetzgebers, der einen Erwerb von Aktien im Hinblick auf die Geltendmachung von Ersatzansprüchen verhindern wollte.[132] 65

Dieses Problem wird allerdings durch die Möglichkeit eines **Zusammenschlusses von Aktionären für die Geltendmachung der Ersatzansprüche** weitestgehend entschärft. Verfügte der einzelne Aktionär zum Zeitpunkt der Kenntniserlangung nicht über die für das Erreichen des Quorums erforderliche Anzahl von Aktien, ist eine Antragstellung für ihn jederzeit noch im Rahmen eines Zusammenschlusses mit anderen Aktionären möglich.[133] Eine Übertragung der Aktien nach Kenntniserlangung auf einen Treuhänder oder eine Gesellschaft zur Erreichung des Quorums scheidet aus, da der Treuhänder bzw. die Gesellschaft das Erfordernis von Abs. 1 S. 2 Nr. 1 dann nicht erfüllt. Zu den Problemen des Zusammenschlusses von Aktionären → Rn. 56 f. 66

Bei Kapitalerhöhungen zwischen dem nach Abs. 1 S. 2 Nr. 1 maßgeblichen Zeitpunkt und der Antragstellung ist es ausreichend, wenn das erforderliche Quorum sowohl vor als auch nach der **Kapitalerhöhung** erreicht wurde.[134] Zwar ist dann denkbar, dass das Quorum teilweise mit Aktien erreicht wurde, die erst nach der Kenntnisnahmemöglichkeit erworben wurden. Allerdings wird durch diesen Erwerb über das Bezugsrecht der Regelungszweck von Abs. 1 S. 2 Nr. 1 (→ Rn. 60 ff.) nicht tangiert. Bei einer **Kapitalherabsetzung** ist es umgekehrt ausreichend, wenn das Quorum des niedrigeren Kapitals erreicht wurde, da auch dann ein missbräuchlicher Erwerb der Aktien zur Erreichung des Quorums ausgeschlossen ist. 67

Schließlich muss der für die Erreichung des Quorums erforderliche Aktienbesitz nach Abs. 1 S. 1 auch **noch im Zeitpunkt der Antragstellung** bestehen, so dass eine (Teil)Veräußerung der Aktien nach Kenntniserlangung von der Pflichtverletzung eine spätere Antragstellung ausschließt, sofern die Beteiligung durch die Veräußerung unter die Quorumsanforderungen fällt. Keine Auswirkungen hat hingegen die Unterschreitung der Quorumsanforderungen nach einer Antragstellung (→ Rn. 153). 68

cc) Nachweis. Der **Nachweis des Erwerbs der Aktien vor Kenntniserlangung** von der Pflichtverletzung erfolgt regelmäßig durch einen Depotauszug oder durch Kaufunterlagen.[135] Aus diesen Unterlagen muss hervorgehen, dass die Antragsteller schon die erforderliche Anzahl von 69

---

[125] *Schröer* ZIP 2005, 2081 (2084).
[126] Ebenso MüKoAktG/*Arnold* Rn. 15; *Happ* FS Westermann, 2008, 971 (981 f.); K. Schmidt/Lutter/*Spindler* Rn. 17.
[127] So auch *Spindler* NZG 2005, 865 (866).
[128] MüKoAktG/*Arnold* Rn. 17; Kölner Komm AktG/*Rieckers/Vetter* Rn. 223; aA aber Großkomm AktG/ G. *Bezzenberger*/T. *Bezzenberger* Rn. 111, die für unternehmerisch engagierte Großaktionäre und professionelle Finanzinvestoren strengere Maßstäbe ansetzen wollen. Dem folgend Grigoleit/*Herrler* Rn. 5.
[129] Großkomm AktG/G. *Bezzenberger*/T. *Bezzenberger* Rn. 113; Bürgers/Körber/*Holzborn/Jänig* Rn. 4; *Thümmel* in Gottwald, Europäisches Insolvenzrecht – Kollektiver Rechtsschutz, 2008, 235 (243).
[130] MüKoAktG/*Arnold* Rn. 19; Großkomm AktG/G. *Bezzenberger*/T. *Bezzenberger* Rn. 111; Bürgers/Körber/ *Holzborn/Jänig* Rn. 4; Kölner Komm AktG/*Rieckers/Vetter* Rn. 226; K. Schmidt/Lutter/*Spindler* Rn. 16.
[131] *Schröer* ZIP 2005, 2081 (2084); offen lassend *Weiss/Buchner* WM 2005, 162 (168).
[132] RegBegr UMAG, BT-Drs. 15/5092, 21.
[133] In diese Richtung auch *Spindler* NZG 2005, 865 (866).
[134] MüKoAktG/*Arnold* Rn. 21.
[135] RegBegr UMAG, BT-Drs. 15/5092, 21.

Aktien zum Zeitpunkt der Kenntnisnahemöglichkeit hatten und auch noch zum Zeitpunkt der Antragstellung haben.

70 Der Nachweis ist dabei bereits bei der Antragstellung zu erbringen, da das Gericht ohne mündliche Verhandlung beschließt und die Antragsteller daher nicht auf ein Bestreiten des Antragsgegners warten dürfen.[136] Die Aktionäre können sich dabei allerdings nicht darauf beschränken, einen Erwerbszeitpunkt zu benennen, sondern müssen aufgrund ihrer Nachweispflicht auch darlegen, dass es **zu diesem Zeitpunkt noch keine Kenntnisnahmemöglichkeit** gab. Es obliegt dann den Anspruchsgegnern (→ Rn. 45) darzulegen, dass eine Kenntnisnahmemöglichkeit schon vor diesem Zeitpunkt bestanden hat.[137] Dabei besteht für die Anspruchsgegner freilich das Problem, in diesem Stadium des Verfahrens nicht zu viele Informationen zu offenbaren, die im späteren Klageverfahren noch verwendet werden könnten. Soweit weder der antragstellende Aktionär noch der Antragsgegner Angaben zum Zeitpunkt der Kenntnisnahmemöglichkeit macht, ist der Antrag als unzulässig abzuweisen, soweit der Anteilserwerb durch den Aktionär nicht eindeutig bereits vor dem Antrag zugrundeliegenden Sachverhalt erfolgt ist.

71 **dd) Nachweis des individuellen Nichtkennenmüssens.** Soweit eine Kenntnisnahmemöglichkeit für die Aktionäre bereits vor dem Erreichen des erforderlichen Quorums bestanden hat, folgt daraus aber nicht zwingend die Unzulässigkeit des Antrags. Den Aktionären bleibt dann vielmehr noch die Möglichkeit nachzuweisen, dass sie trotz der allgemeinen Kenntnisnahmemöglichkeit aufgrund ihrer individuellen Verhältnisse erst später Kenntnis von den relevanten Umständen erlangt haben. Diese Möglichkeit ergibt sich zwar nicht ausdrücklich aus dem Wortlaut von Abs. 1 S. 2 Nr. 1, ist aber als solche ausdrücklich in der Gesetzesbegründung vorgesehen.[138] Ein solcher Nachweis wird in der Regel nur dann gelingen, wenn der Aktionär zum Zeitpunkt der Kenntnisnahmemöglichkeit etwa im Ausland weilte oder sonst keinerlei Zugang zu den relevanten Medien hatte, was im Internetzeitalter nur in Ausnahmesituationen vorstellbar ist.

72 **f) Erfolglose Aufforderung zur Klageerhebung (Nr. 2).** Die Aufforderung gegenüber der Gesellschaft zur Klageerhebung unterstreicht den **subsidiären Charakter** des Verfolgungsrechts der Minderheit.[139] Nur wenn die zuständigen Gesellschaftsorgane nach Aufforderung nicht tätig werden, soll der Aktionärsminderheit die Möglichkeit zur Klageerhebung eingeräumt werden. Dabei ist aber zu beachten, dass die Gesellschaft auch zu einem späteren Zeitpunkt jederzeit selbst Klage erheben kann, was zu einer Unzulässigkeit des Klagezulassungsverfahrens und der Klage durch die Aktionäre führt (Abs. 3). Insofern sind an die Anforderungen an die Aufforderung zur Klageerhebung entsprechend niedrig anzusetzen. Fehlt es an dieser Voraussetzung, ist der Antrag als unzulässig abzuweisen.

73 Hinsichtlich der **Form der Aufforderung** werden insofern keine Vorgaben gemacht, so dass grundsätzlich von einer Formfreiheit auszugehen ist. Aus Gründen der leichteren Beweisführung wird sich aber in der Regel eine schriftliche Aufforderung anbieten.[140] Soweit die Aufforderung auf der Hauptversammlung erfolgt, ist sie zu Protokoll zu nehmen. Das für die Antragstellung **erforderliche Quorum** muss bereits bei der Aufforderung bestehen, da die zur Vertretung der Gesellschaft berufenen Organe nur von diesem in der Prozessführungsbefugnis verdrängt werden können.[141] Auch die Aufforderung durch eine andere qualifizierte Aktionärsminderheit ist nicht ausreichend.

74 Die Aufforderung zur Klageerhebung muss sich inhaltlich mit den geltend gemachten **Ersatzansprüchen nach § 147 Abs. 1** (→ § 147 Rn. 20 ff.) decken. Soweit die Aufforderung zur Klageerhebung auf einen bestimmten Betrag beschränkt war, kann sich das Klagezulassungsverfahren auch nur auf diesen Betrag beschränken.[142] Da schon bei der Antragstellung keine konkrete Anspruchshöhe angegeben werden muss (→ Rn. 48), kann dieses Erfordernis konsequenterweise auch nicht bei der Klageaufforderung gelten.

75 Die Aufforderung zur Klageerhebung ist an das jeweils für die Geltendmachung der Ersatzansprüche **zuständige Organ** zu richten. Außer bei der Geltendmachung von Ersatzansprüchen gegenüber Vorstandsmitgliedern ist die Aufforderung zur Klageerhebung daher immer an den Vorstand (§ 78)

---

[136] Im Ergebnis ebenso K. Schmidt/Lutter/*Spindler* Rn. 19 f.
[137] Kölner Komm AktG/*Rieckers/Vetter* Rn. 247; *Zieglmeier* ZGR 2007, 144 (150 f.).
[138] RegBegr UMAG, BT-Drs. 15/5092, 21 („*Ist ein Vorgang in dieser Weise bekannt gemacht, muss die Minderheit nachweisen, dass sie die Aktien schon vorher besaß, oder vortragen und beweisen, dass sie trotzdem keine Kenntnis erlangen konnte.*").
[139] Ebenso Kölner Komm AktG/*Rieckers/Vetter* Rn. 248.
[140] Ebenso MüKoAktG/*Arnold* Rn. 26; Großkomm AktG/*G. Bezzenberger/T. Bezzenberger* Rn. 122; *Happ* FS Westermann, 2008, 971 (983); Kölner Komm AktG/*Rieckers/Vetter* Rn. 275 f.
[141] MüKoAktG/*Arnold* Rn. 28; Großkomm AktG/*G. Bezzenberger/T. Bezzenberger* Rn. 123; Grigoleit/*Herrler* Rn. 6; aA Bürgers/Körber/*Holzborn/Jänig* Rn. 5; Hüffer/Koch/*Koch* Rn. 6.
[142] *Happ* FS Westermann, 2008, 971 (993 f.).

ansonsten an den Aufsichtsrat (§ 112) zu richten.[143] Die Aufforderung ist auch dann an den Aufsichtsrat zu richten, wenn der Ersatzanspruch gegen ein ausgeschiedenes Vorstandsmitglied geltend gemacht werden soll.[144] Die Notwendigkeit der Aufforderung an das jeweils zuständige Gesellschaftsorgan ergibt sich schon aus dem Umstand, dass für das Klagezulassungsverfahren auch nach Abs. 1 S. 2 Nr. 3 ein Verdacht der Schadensverursachung vorliegen, der Aktionär dabei also auch den Anspruchsgegner benennen muss. Aus diesen Gründen ist auch bei der Geltendmachung von Ersatzansprüchen gegenüber Mitgliedern beider Organe eine Aufforderung zur Klageerhebung als entbehrlich anzusehen.[145] Für den Zugang der Erklärung genügt der Zugang bei einem Vorstandsmitglied (§ 78 Abs. 2 S. 2) bzw. einem Aufsichtsratsmitglied (§ 112 S. 2, § 78 Abs. 2 S. 2). Soweit die Aufforderung an das falsche Organ gerichtet wird, ist dieses verpflichtet, die Aufforderung an das zuständige Organ weiterzuleiten. Die fehlende Weiterleitung stellt sich grundsätzlich als treuwidrig dar, so dass sich die Gesellschaft darauf im Klagezulassungsverfahren nicht berufen kann.[146]

Die Fristsetzung zur Klageerhebung muss angemessen sein. Zur Bestimmung der Angemessenheit **76** kann auf die für §§ 281, 323 BGB maßgeblichen Grundsätze abgestellt werden.[147] Da die betreffenden Vorgänge bereits seit längerem bekannt und öffentlich sind, wird hier eine **Frist von zwei Monaten** allgemein als angemessen angesehen werden müssen.[148] Eine wesentliche Fristverlängerung ist nur dann möglich, wenn die für die Klageerhebung durch die Gesellschaft notwendige Klärung der Sach- und Rechtsfragen zeitintensiv ist,[149] was in diesem Fall aber der qualifizierten Aktionärsminderheit mitgeteilt werden muss. Die Frist kann allerdings bei einer baldigen Verjährung der Ersatzansprüche im Einzelfall auch wesentlich kürzer ausfallen.[150] Die qualifizierte Aktionärsminderheit kann auch nicht auf eine beantragte oder parallel stattfindende Sonderprüfung verwiesen werden,[151] da mit fortschreitender Verfahrensdauer die Wahrscheinlichkeit der tatsächlichen Realisierung der Ersatzansprüche abnimmt und zudem eine Verjährung der Ansprüche droht.

Liegt eine **ernsthafte und endgültige Weigerung** der Gesellschaft vor, selbst Klage zu erheben, **77** ist eine Fristsetzung entbehrlich.[152] Die Aufforderung zur Klageerhebung muss **nach Fristablauf erfolglos** geblieben sein. Dies ist nur dann der Fall, wenn die zuständigen Gesellschaftsorgane keine entsprechende Klage eingereicht haben.[153] Eine bloße Absichtserklärung oder Versicherung der gerichtlichen Geltendmachung ist hier nicht ausreichend, da dadurch Zeit gewonnen werden könnte, die ihrerseits zur Verjährung der Ansprüche führen könnte.[154] Umgekehrt ist es aber ausreichend, wenn die zuständigen Gesellschaftsorgane tatsächlich Klage erheben, auch wenn dabei der Verdacht einer unzureichenden Geltendmachung bestehen bleibt, da sich die entsprechenden Gesellschaftsorgane dann entsprechend selbst haftbar machen.

Die Aufforderung zur Klageerhebung führt nicht zur **Hemmung** der Verjährung. Der Gesetzgeber **78** hat lediglich eine Hemmung der Verjährung bei einer Antragstellung angeordnet (Abs. 2 S. 3). Eine Hemmung tritt bei der Aufforderung der Aktionärsminderheit gegenüber dem Anspruchsgegner zur Zahlung auch nicht nach § 203 BGB ein, da die Aktionärsminderheit nicht Gläubiger des Anspruchs ist und über diesen dann auch nicht verhandeln kann. Insofern ist die Fristsetzung bei baldigem Eintritt der Verjährung der Ersatzansprüche entsprechend kurz anzusetzen und im Einzelfall entbehrlich.

---

[143] MüKoAktG/*Arnold* Rn. 27; Bürgers/Körber/*Holzborn*/*Jänig* Rn. 6; Hüffer/Koch/*Koch* Rn. 6; *Mimberg* in Marsch-Barner/Schäfer Börsennotierte AG-HdB § 40 Rn. 36; *Paschos/Neumann* DB 2005, 1779 (1780); K. Schmidt/Lutter/*Spindler* Rn. 21; *Winnen*, Die Innenhaftung des Vorstands nach dem UMAG, 2009, 345 ff.; aA *Arnold* ZIP 2005, 2081 (2084); NK-AktR/*Lochner* Rn. 10; Kölner Komm AktG/*Rieckers/Vetter* Rn. 271; Gottwald/*Thümmel*, Europäisches Insolvenzrecht – Kollektiver Rechtsschutz, S. 235 (244); *Zieglmeier* ZGR 2007, 144 (150 f.); unklar Großkomm AktG/G. *Bezzenberger*/T. *Bezzenberger* Rn. 121, die einerseits die Gesellschaft als Adressat sehen, andererseits aber auf die jeweilige Passivvertretung abstellen wollen.

[144] Ebenso für die gerichtliche Vertretung BGH NZG 2009, 466 = AG 2009, 327.

[145] Ebenso *Mimberg* in Marsch-Barner/Schäfer Börsennotierte AG-HdB § 40 Rn. 37; K. Schmidt/Lutter/ *Spindler* Rn. 22; aA aber Grigoleit/*Herrler* Rn. 7; Gottwald/*Thümmel*, Europäisches Insolvenzrecht – Kollektiver Rechtsschutz, 2008, 235 (244), der auch in diesem Fall eine Aufforderung an die Gesellschaft für notwendig hält.

[146] Ebenso Grigoleit/*Herrler* Rn. 6; Hüffer/Koch/*Koch* Rn. 6; K. Schmidt/Lutter/*Spindler* Rn. 21; im Ergebnis auch.

[147] MüKoAktG/*Arnold* Rn. 29; K. Schmidt/Lutter/*Spindler* Rn. 22.

[148] RegBegr UMAG, BT-Drs. 15/5092, 22.

[149] Großkomm AktG/G. *Bezzenberger*/T. *Bezzenberger* Rn. 124.

[150] NK-AktR/*Lochner* Rn. 11.

[151] So aber *Happ* FS Westermann, 2008, 971 (983).

[152] RegBegr UMAG, BT-Drs. 15/5092, 22 unter Berufung auf den Rechtsgedanken des § 286 Abs. 2 Nr. 3 BGB; zustimmend MüKoAktG/*Arnold* Rn. 30.

[153] *Langenbucher* DStR 2005, 2083 (2089); Kölner Komm AktG/*Rieckers/Vetter* Rn. 282.

[154] RegBegr UMAG, BT-Drs. 15/5092, 22.

79 Bei **Ablehnung der Klageerhebung aus Gründen des Gesellschaftswohl** müssen dem antragstellenden Aktionär diese Gründe durch den Vorstand (§ 78) bzw. durch den Aufsichtsrat (§ 112) mitgeteilt werden, da ansonsten die Gesellschaft im Falle eine Abweisung des Antrages durch das Gericht aus Gründen des Gesellschaftswohls die Kosten des Zulassungsverfahrens trägt (Abs. 6 S. 4). Unterbleibt die Mitteilung dieser Gründe schuldhaft, kann dies zu Ersatzansprüchen der Mitglieder der jeweils zuständigen Organe führen.

80 Abs. 1 S. 2 Nr. 2 spricht von einem erforderlichen **Nachweis der erfolglosen Aufforderung zur Klageerhebung** durch die Aktionäre. Insofern müssen die Aktionäre vollständigen Beweis darüber führen, dass sie die Gesellschaft tatsächlich zur Klageerhebung aufgefordert haben.[155] Die Angemessenheit der Fristsetzung ist Rechtsfrage und unterliegt daher der vollständigen gerichtlichen Überprüfung.[156]

81 **g) Verdacht des Bestehens eines Schadens aufgrund einer Unredlichkeit oder rechtswidrigen oder unredlichen Verhaltens (Nr. 3).** Weiterhin ist erforderlich, dass Tatsachen vorliegen, die den Verdacht des Bestehens eines Schadens aufgrund einer Unredlichkeit oder rechtswidrigen oder unredlichen Verhaltens rechtfertigen. Der **Maßstab für die Beurteilung** von Unredlichkeiten oder groben Verletzungen des Gesetzes oder der Satzung wird von § 148 nicht konkretisiert.[157] Dabei kann es aber nicht allein auf einen Verschuldensmaßstab ankommen, da ansonsten die in der Praxis häufig auftretenden Schadensfälle im Bereich der einfachen Fahrlässigkeit ausgenommen wären.[158] Ein strenger Maßstab ist auch vor dem Hintergrund der noch weiter bestehenden Beschränkung im Klagezulassungsverfahren durch das Erfordernis des nicht entgegenstehenden Gesellschaftswohls nach Abs. 1 S. 2 Nr. 4 (→ Rn. 90 ff.) nicht angebracht. Hinzu kommt, dass Aktionäre nur äußerst beschränkte Möglichkeiten haben, die für den Nachweis von Unredlichkeiten oder groben Verletzungen des Gesetzes oder der Satzung notwendigen Informationen zu erhalten.[159] Der Maßstab muss hier daher entsprechend niedrig angesetzt werden.[160] Bei der Darlegung (→ Rn. 85) muss zwischen der Unredlichkeit oder groben Verletzung des Gesetzes oder der Satzung (→ Rn. 82 f.) und dem daraus entstehenden Schaden (→ Rn. 84) unterschieden werden. Fehlt es an dieser Voraussetzung, ist der Antrag als unzulässig abzuweisen.

82 **aa) Unredlichkeit oder grobe Verletzung des Gesetzes oder der Satzung.** Der Begriff der Unredlichkeit wird dabei durch Abs. 1 S. 2 Nr. 3 nicht näher konkretisiert. In Abgrenzung zur Alternative der groben Verletzung des Gesetzes oder der Satzung muss eine Unredlichkeit als ein irgendwie **mit einem sittlicher Makel oder Mangel behaftetes Verhalten** angesehen werden.[161] Dies kann sich auch als strafbares oder kriminelles Verhalten darstellen, was aber nicht zwingend ist.[162] Eine solche Unredlichkeit kann sich etwa aus der CSR-Berichterstattung (§§ 289b ff., 315b ff. HGB) vor allem im Hinblick auf Menschenrechtsverletzungen (§ 289c Abs. 2 Nr. 4 HGB) ergeben. In Betracht kommt ferner die Treuepflicht, deren Erfassung sich aber letztlich auch aus einer Gesetzesverletzung ergibt.[163]

83 Der Antrag ist zudem zulässig, wenn Tatsachen vorliegen, die einen Schaden der Gesellschaft aufgrund einer groben Verletzung des Gesetzes oder der Satzung nahelegen. Dieses Tatbestandsmerkmal soll seinen **Schwerpunkt im Bereich der Sorgfaltspflichtverletzung** haben, so dass insoweit auf §§ 93, 116 abzustellen ist.[164] Ausgeschlossen sind nach neuer Rechtslage aber immer noch lediglich **leichteste oder leichte Verstöße des Gesetzes oder der Satzung**.[165] Damit wird entgegen

---

[155] MüKoAktG/*Arnold* Rn. 32; Kölner Komm AktG/*Rieckers/Vetter* Rn. 287; *K. Schmidt* NZG 2005, 796 (800).
[156] Zust. Hüffer/Koch/*Koch* Rn. 7.
[157] Vgl. dazu Großkomm AktG/*G. Bezzenberger/T. Bezzenberger* Rn. 127 ff.
[158] *Weiss/Buchner* WM 2005, 162 (169); *Wilsing* ZIP 2004, 1082 (1088).
[159] Ähnlich auch *Ulmer* DB 2004, 859 (863).
[160] AA aber *Thümmel* in Gottwald, Europäisches Insolvenzrecht – Kollektiver Rechtsschutz, 2008, 235 (244 f.).
[161] Kölner Komm AktG/*Rieckers/Vetter* Rn. 298; *Seibert* FS Priester, 2007, 763 (766 f.).
[162] AA aber *Zieglmeier* ZGR 2007, 144 (151 f.), der offenbar nur bei ins Kriminelle reichenden Treuepflicht- bzw. Sorgfaltspflichtverletzungen eine Zulässigkeit des Antrags annimmt. Im Grundsatz ebenso *Happ* FS Westermann, 2008, 971 (987 f.); *Thümmel* in Gottwald, Europäisches Insolvenzrecht – Kollektiver Rechtsschutz, 2008, 235 (244 f.).
[163] So auch *Seibert* FS Priester, 2007, 763 (768), der aber anscheinend dennoch von einer eigenständigen Bedeutung des Tatbestandsmerkmals der Unredlichkeit ausgeht. Ähnlich MüKoAktG/*Arnold* Rn. 35.
[164] MüKoAktG/*Arnold* Rn. 40; Großkomm AktG/*G. Bezzenberger/T. Bezzenberger* Rn. 133; *Seibert* FS Priester, 2007, 763 (767 f.); ebenso *Happ* FS Westermann, 2008, 971 (988 f.); Kölner Komm AktG/*Rieckers/Vetter* Rn. 299.
[165] So ausdrücklich RegBegr UMAG, BT-Drs. 15/5092, 22.

der Zielsetzung des Gesetzgebers, im Rahmen des § 93 Abs. 2 keinen sicheren Hafen zu schaffen,[166] eine Geltendmachung derartiger Ansprüche ausgeschlossen.[167] Aus diesem Grund ist der Ausschluss für leichteste oder leichte Verstöße des Gesetzes oder der Satzung entsprechend restriktiv auszulegen.[168] Eine grobe Verletzung ist nur dann anzunehmen, wenn die Pflichtverletzung sowohl hinsichtlich des Verschuldens als auch nach Art und Umfang des eingetretenen Schadens außergewöhnlich und für die Gesellschaft nicht hinnehmbar ist.[169] Daher sind Pflichtverletzungen ausgenommen, die sich in einer Gesellschaft in der entsprechenden Branche zwangsläufig nicht vermeiden lassen und in der Regel zu nur kleinen Schäden führen. Die Schadenshöhe kann aber insoweit die Gröblichkeit indizieren (zur Bedeutung der Schadenshöhe → Rn. 86).[170] Bei ins Kriminelle reichenden Treuepflichtverstößen gilt die Ausnahme für leichteste oder leichte Verstöße des Gesetzes oder der Satzung allerdings nicht.[171]

bb) Entstehung eines Schadens. Weiterhin ist es erforderlich, dass der Gesellschaft aufgrund der Unredlichkeit oder groben Verletzung des Gesetzes oder der Satzung ein Schaden entstanden ist. Dabei ist Abs. 1 S. 2 Nr. 3 **keine Mindestschadenshöhe** zu entnehmen. Da insofern auch schon kleinere Vermögensnachteile für die Gesellschaft ausreichen, gewinnt diese Voraussetzung nur in Abgrenzung zu einer Schädigung von Aktionären oder Dritten Bedeutung (zur Bedeutung der Schadenshöhe → Rn. 86). Bei dem Schaden muss es sich schließlich stets um einen ersatzfähigen Schaden handeln, so dass insbesondere bloße Reputationsschäden nicht ausreichen. Das Klagezulassungsverfahren dient der Vorbereitung von Klageverfahren, so dass in dessen Rahmen kein weitergehender Maßstab gelten kann. 84

cc) Darlegungslast. Weiterhin tragen die Aktionäre die **Darlegungs- nicht aber die Beweislast**[172] für die Tatsachen, die den Verdacht rechtfertigen, dass der Gesellschaft durch Unredlichkeiten oder grobe Verletzungen des Gesetzes oder der Satzung ein Schaden entstanden ist. Somit sollen Klagen ausgeschlossen werden, die keine hinreichende Aussicht auf Erfolg haben.[173] Im Gegensatz zu § 147 Abs. 2 S. 1 aF wird dabei kein dringender Verdacht mehr vorausgesetzt. Nicht ausreichend ist aber eine bloße Glaubhaftmachung (§ 294 ZPO) des Verdachts,[174] wie dies noch im ursprünglichen Referentenentwurf des UMAG (→ Rn. 8) vorgesehen war.[175] Da Abs. 1 S. 2 Nr. 3 objektiv gefasst ist, ist es Aufgabe des Gerichts, die Tatsachenaufklärung von Amts wegen zu betreiben.[176] 85

Die Beurteilung, ob Tatsachen vorliegen, die den Verdacht des Bestehens eines Schadens aufgrund einer Unredlichkeit oder rechtswidrigen oder unredlichen Verhaltens rechtfertigen, kann dabei nur anhand der Umstände des Einzelfalls beurteilt werden. Allerdings lassen sich bestimmte **Fallgruppen und Konstellationen** bilden, bei denen zunächst im Grundsatz von entsprechenden Tatsachen ausgegangen werden muss **(prima facie)**. Dies ist jedenfalls bei einem eindeutigen **Überschreiten des Unternehmensgegenstandes** der Fall. Ebenso reicht schon die **Vornahme von Scheingeschäften** aus. Darüber hinaus wird diesen Anforderungen schon dann entsprochen, wenn das Handeln der Verwaltungsmitglieder eine **Existenzbedrohung der Gesellschaft** ausgelöst hat. Soweit Fragen der **Unternehmensbewertung** eine Rolle spielen, die zu einem Schaden der Gesellschaft und nicht bloß der Aktionäre führen, wird eine Bagatellgrenze von bis zu 10 % angenommen werden 86

---

[166] RegBegr UMAG, BT-Drs. 15/5092, 11.
[167] Krit. dazu *Meilicke/Heidel* DB 2005, 1479 (1482); *Thümmel* DB 2004, 471 (473 f.); *Weiss/Buchner* WM 2005, 162 (169).
[168] In diese Richtung ebenfalls tendierend *Siems* ZVerglRWiss 104 (2005), 376 (386); ähnlich Kölner Komm AktG/*Rieckers/Vetter* Rn. 306 ff.
[169] MüKoAktG/*Arnold* Rn. 40; Großkomm AktG/*G. Bezzenberger/T. Bezzenberger* Rn. 136 f.; Hüffer/Koch/*Koch* Rn. 8; *Seibert* FS Priester, 2007, 763 (768 f.).
[170] *Seibert* FS Priester, 2007, 763 (769); ähnlich auch *Kolb* DZWiR 2006, 50 (51).
[171] RegBegr UMAG, BT-Drs. 15/5092, 22.
[172] Hüffer/Koch/*Koch* Rn. 8; NK-AktR/*Lochner* Rn. 15; Kölner Komm AktG/*Rieckers/Vetter* Rn. 332 ff.; *K. Schmidt*/Koch Rn. 8; aA MüKoAktG/*Arnold* Rn. 44; Großkomm AktG/*G. Bezzenberger/T. Bezzenberger* Rn. 149 ff.; *Happ* FS Westermann, 2008, 971 (995); *Koch* ZGR 2006, 769 (775 f.); *Mimberg* in Marsch-Barner/Schäfer Börsennotierte AG-HdB Rn. 40.40; *Seibert* FS Priester, 2007, 763 (773); *K. Schmidt/Lutter/Spindler* Rn. 23; *Spindler* NZG 2005, 865 (867); *Gottwald/Thümmel*, Europäisches Insolvenzrecht – Kollektiver Rechtsschutz, 2008, 235 (245); *Ulmer* DB 2004, 859 (863); *Zieglmeier* ZGR 2007, 144 (151).
[173] RegBegr UMAG, BT-Drs. 15/5092, 22.
[174] *DAV* NZG 2004, 555 (561); *Diekmann/Leuering* NZG 2004, 249 (250); *Grigoleit/Herrler* Rn. 9; *Arnold* ZIP 2005, 2081 (2085); *Ulmer* DB 2004, 859 (863).
[175] Als Zulassungsschwelle allerdings als ausreichend ansehend *Seibert/Schütz* ZIP 2004, 252 (253); ebenso für die Herabsenkung dieser Zulassungsschwelle auf eine bloße Glaubhaftmachung *Ulmer* DB 2004, 859 (863).
[176] Hüffer/Koch/*Koch* Rn. 8; *K. Schmidt* NZG 2005, 796 (800).

müssen. Bei größeren Abweichungen ist im Grundsatz von einer Entsprechung der Vorgaben von Abs. 1 S. 2 Nr. 3 auszugehen. Das gleiche gilt bei den in § 93 Abs. 3 aufgeführten Rechtsverstößen, da diese Verletzungen vom Gesetzgeber besonders hervorgehoben wurden und somit einen besonderen Stellenwert einnehmen. Zudem kann ein **negatives Votum der Hauptversammlung zum System der Vergütung der Vorstandsmitglieder** (§ 120 Abs. 4) bei börsennotierten Gesellschaften zwar nicht *per se* den Verdacht des Vorliegens entsprechender Tatsachen begründen, stellt aber ein wichtiges Indiz dar, da eine vom Votum der Hauptversammlung abweichende Festsetzung der Vergütung nicht im Interesse der Gesellschaft erfolgen kann und somit jedenfalls die *business judgment rule* (§ 93 Abs. 1 S. 2) keine Anwendung findet.[177] Das gleiche gilt bei einer **Festsetzung der Vergütung des Vorstands** durch den Aufsichtsrat, wenn die Vergütung lediglich höher ist als bei vergleichbaren anderen Gesellschaften.[178] Voraussetzung ist insofern vielmehr, dass die Vergütung deutlich höher ist und hierfür keine besonderen Gründe vorliegen.

87 Nicht ausreichen wird hingegen die **Veröffentlichung der Fehlerhaftigkeit der Unternehmensabschlüsse im Rahmen des Enforcement-Verfahrens** (§§ 342b ff. HGB, §§ 106 ff. WpHG), da daraus zum einen nicht zwingend ein Schaden der Gesellschaft entstehen muss und zum anderen die Fehlerhaftigkeit sich auch aus einer bis dahin ungeklärten oder umstrittenen Bilanzrechtsfrage ergeben kann.[179] Auch bei Verstößen gegen **den Deutschen Corporate Governance Kodex** – wie etwa die Vorgaben für Interessenkonflikte bei Vorstandsmitgliedern – kann nicht automatisch vom Vorliegen eines Schadens der Gesellschaft ausgegangen werden.

88 Umgekehrt kann das Bestehen eines umfassenden **Compliance-Managements** den Verdacht nicht entkräften. Dies gilt auch dann, wenn eine Zertifizierung nach PS 980 durchgeführt wurde. Denn aus dem bloßen Umstand des Bestehens eines Compliance-Managements kann nicht geschlossen werden, dass in der Aktiengesellschaft tatsächlich keine konkreten Unredlichkeiten oder grobe Verletzungen des Gesetzes oder der Satzung begangen werden. Während das Compliance-Management auf die abstrakte Verhinderung von Rechtsverstößen ausgerichtet ist, zielt Abs. 1 S. 2 Nr. 3 auf konkrete Verstöße ab, so dass zwischen beiden kein direkter Zusammenhang besteht.

89 Hinsichtlich der tatsächlichen Rechtswidrigkeit der den entsprechenden Ersatzansprüchen zugrundeliegenden Maßnahmen ist es ausreichend, wenn die Antragsteller glaubhaft machen, dass eine solche nach der bisherigen Rechtslage wahrscheinlich ist. Die tatsächliche **rechtliche Bewertung des Verhaltens der Antragsgegner** kann nicht abschließend im Klagezulassungsverfahren erfolgen, sondern ist dem eigentlichen Klageverfahren (→ Rn. 130 ff.) vorbehalten. Soweit eine höchstrichterliche Rechtsprechung nicht besteht und keine einhellige Bewertung der jeweiligen Rechtsfrage in der Wissenschaft erfolgt, kann ein Antrag schon nicht aus Gründen des fehlenden Nachweises der Rechtswidrigkeit scheitern.

90 **h) Gründe des Gesellschaftswohls (Nr. 4).** Abs. 1 S. 2 Nr. 4 normiert den Ausschlussgrund für eine Klageerhebung aus Gründen des Gesellschaftswohl in Anlehnung an die Grundsätze der *ARAG/Garmenbeck*-Entscheidung des BGH (zur fehlenden Rückwirkung von Abs. 1 S. 2 Nr. 4 auf diese Grundsätze → § 147 Rn. 33).[180] Die gesetzliche Regelung stellt allerdings auf überwiegende und nicht lediglich gewichtige Gründe des Gesellschaftswohls ab, um den **Ausnahmecharakter dieser Bestimmung** deutlich zu machen.[181] An die Ablehnung eines Antrages aus Gründen des Gesellschaftswohls sind daher entsprechend hohe Anforderungen zu stellen.[182] Fehlt es an dieser Voraussetzung, ist der Antrag als unzulässig abzuweisen.

91 Unter diesen Ausnahmetatbestand sind insbesondere Klagen auf äußerst **geringe Schadenssummen** zu fassen.[183] Bei Ansprüchen im Bagatellbereich besteht kein Interesse der Gesellschaft

---

[177] Vgl. in diesem Zusammenhang *Verstein* ECFR 2012, 74 (87 ff.) zu ähnlichen Entwicklungen im US-amerikanischen Recht der *derivative suits* (→ Rn. 17 ff.).

[178] AA LG München I NZG 2007, 477 (477 f.) (allerdings noch zur Rechtslage vor dem Vorstandsvergütungsgesetz).

[179] Kölner Komm WpHG/*Mock*, WpHG § 37q Rn. 93.

[180] BGHZ 135, 244 = NJW 1997, 1926 = DStR 1997, 880 mAnm *Goette* DStR 1997, 883 = EWiR 1997, 677 mAnm *Priester* = DB 1997, 326 mAnm *Thümmel* = AG 1998, 201 mAnm *Heermann*; dazu ausf. *Fleischer* ZIP 2004, 685.

[181] RegBegr UMAG, BT-Drs. 15/5092, 22; krit. hierzu *Linnerz* NZG 2004, 307 (310), der insofern von einem stumpfen Schwert spricht.

[182] *Göz/Holzborn* WM 2006, 157 (159); *Siems* ZVerglRWiss 104 (2005), 376 (386); *Spindler* NZG 2005, 865 (867); *Thümmel* in Gottwald, Europäisches Insolvenzrecht – Kollektiver Rechtsschutz, 2008, 235 (245); sehr weitgehend NK-AktR/*Lochner* Rn. 17, der einen Ausschluss nach Abs. 1 S. 2 Nr. 4 für nahezu unmöglich hält.

[183] RegBegr UMAG, BT-Drs. 15/5092, 22; zust. MüKoAktG/*Arnold* Rn. 47; *Winnen*, Die Innenhaftung des Vorstands nach dem UMAG, 2009, 373 f.; daran aber zweifelnd *Thümmel* in Gottwald, Europäisches Insolvenzrecht – Kollektiver Rechtsschutz, 2008, 235 (245).

an einer Geltendmachung, insbesondere wenn diese geringen Forderungen einem deutlich höheren Kostenrisiko gegenüberstehen. Die Festlegung konkreten Forderungshöhen verbietet sich in diesem Zusammenhang allerdings. Vielmehr muss die Forderungshöhe dem Kostenrisiko für die Aktiengesellschaft gegenübergestellt werden. Auch **Mehrfachklagen** (*Me-too*-Klagen) fallen unter Abs. 1 S. 2 Nr. 4.[184] Bei den Ersatzansprüchen handelt es sich um Ansprüche der Gesellschaft, so dass die Geltendmachung durch mehrere unabhängige Personen nicht notwendig ist, solange diese nicht neue Informationen oder Informationsquellen in den Prozess einbringen können.[185]

Weiterhin sind hierunter auch Klagen zu verstehen, deren Durchsetzung aufgrund der Höhe des geltend gemachten Anspruches angesichts der Vermögensverhältnisse des Schuldners völlig ausgeschlossen ist.[186] Bei dieser Beurteilung hat das Gericht vor allem die für die Gesellschaft entstehenden Kosten zu berücksichtigen (Abs. 5). Das Bestehen eines **extremen Missverhältnisses zwischen Anspruchshöhe und den Vermögensverhältnissen des Anspruchsgegners** kann als solches aber noch nicht ein entgegenstehendes Gesellschaftsinteresse begründen.[187] Vielmehr ist erforderlich, dass die Vermögenslosigkeit des Anspruchsgegners tatsächlich besteht, was sich in der Regel ohne weiteres durch eine eidesstattliche Versicherung auf ein vom Anspruchsgegner zu erstellendes Vermögensverzeichnis nachweisen lässt. Schließlich muss das Gericht auch die Möglichkeit des Abschlusses eines Vergleichs bzw. die erhöhte Vergleichsbereitschaft des Anspruchsgegners nach einer Klageerhebung in Betracht ziehen. 92

Betriebs- oder Geschäftsgeheimnisse können regelmäßig nicht als Gründe des Gesellschaftswohls angeführt werden.[188] Hier besteht die Möglichkeit, durch die Hinzuziehung externer Prüfer und einer entsprechenden Verpflichtung zur Verschwiegenheit eine Offenbarung der Betriebs- oder Geschäftsgeheimnisse zu verhindern.[189] Etwas anderes ergibt sich auch nicht aus der Wertung des § 145 Abs. 4.[190] 93

Äußerste Zurückhaltung ist bei einer möglichen Schädigung des **Ansehens der Gesellschaft in der Öffentlichkeit** durch die Rechtsverfolgung geboten.[191] Es erscheint insofern bereits fraglich, ob eine unbedingte Geheimhaltung von Pflichtverstößen überhaupt einer modernen Unternehmenspolitik entspricht. Zudem kann eine Einschränkung von Minderheitenrechten letztlich nicht mit einer etwaigen Brisanz einer Pflichtverletzung begründet werden, da anderenfalls eine Rechtsverfolgung in diesem Bereich faktisch nicht bestünde. 94

Die **Gründe des Gesellschaftswohl** müssen dem antragstellenden Aktionär bei der Aufforderung zur Klageerhebung mitgeteilt werden,[192] da die Gesellschaft ansonsten bei Abweisung des Klageantrages die Kosten des Zulassungsverfahrens tragen muss (Abs. 6 S. 4). 95

Das Bestehen von Gründen des Gesellschaftswohls ist als **Rechtsfrage** von dem Prozessgericht zu klären und unterliegt daher nicht einer Einschätzung der zuständigen Gesellschaftsorgane.[193] Das Bestehen von Gründen des Gesellschaftswohls ist vom Gericht von Amts wegen zu untersuchen.[194] Es wird dabei regelmäßig die Mitwirkung der beigeladenen Gesellschaft in Anspruch nehmen. Soweit diese keine entsprechenden Gründe substantiiert vorträgt, ist der Antrag zuzulassen.[195] 96

---

[184] RegBegr UMAG, BT-Drs. 15/5092, 22; zust. *Winnen*, Die Innenhaftung des Vorstands nach dem UMAG, 2009, 373 f.; daran aber zweifelnd *Thümmel* in Gottwald, Europäisches Insolvenzrecht – Kollektiver Rechtsschutz, 2008, 235 (245).

[185] RegBegr UMAG, BT-Drs. 15/5092, 23; zust. Großkomm AktG/*G. Bezzenberger/T. Bezzenberger* Rn. 158; *Happ* FS Westermann, 2008, 971 (990 f.).

[186] RegBegr UMAG, BT-Drs. 15/5092, 22; vgl. auch *Happ* FS Westermann, 2008, 971 (992).

[187] Im Erg. ebenso MüKoAktG/*Arnold* Rn. 47; Kölner Komm AktG/*Rieckers/Vetter* Rn. 348; K. Schmidt/Lutter/*Spindler* Rn. 31; jedenfalls auf eine Kosten-Nutzen-Analyse abstellend Großkomm AktG/*G. Bezzenberger/T. Bezzenberger* Rn. 157; *Grigoleit/Herrler* Rn. 10. Dies allerdings pauschal annehmend *Winnen*, Die Innenhaftung des Vorstands nach dem UMAG, 2009, 377 f.

[188] NK-AktR/*Lochner* Rn. 17; Kölner Komm AktG/*Rieckers/Vetter* Rn. 354; *Spindler* NZG 2005, 865 (867); zurückhaltender aber *Happ* FS Westermann, 2008, 971 (992). Für eine Interessenabwägung MüKoAktG/*Arnold* Rn. 49; *Winnen*, Die Innenhaftung des Vorstands nach dem UMAG, 2009, 379.

[189] Ebenso K. Schmidt/Lutter/*Spindler* Rn. 31.

[190] So aber *Happ* FS Westermann, 2008, 971 (992 f.).

[191] Großkomm AktG/*G. Bezzenberger/T. Bezzenberger* Rn. 159; *Happ* FS Westermann, 2008, 971 (992); in der Tendenz wohl auch *Mimberg* in Marsch-Barner/Schäfer Börsennotierte AG-HdB Rn. 40.41; Kölner Komm AktG/*Rieckers/Vetter* Rn. 352; großzügiger MüKoAktG/*Arnold* Rn. 48.

[192] *Grigoleit/Herrler* Rn. 10.

[193] *Spindler* NZG 2005, 865 (867).

[194] K. Schmidt NZG 2005, 796 (800); aA Grigoleit/*Herrler* Rn. 10 (Beweislast der Gesellschaft); ähnlich *Mimberg* in Marsch-Barner/Schäfer Börsennotierte AG-HdB Rn. 40.42.

[195] Ebenso *Mimberg* in Marsch-Barner/Schäfer Börsennotierte AG-HdB Rn. 40.42; aA aber K. Schmidt/Lutter/*Spindler* Rn. 32.

97 **3. Streitgenossen und Mehrfachanträge.** § 148 sieht ausdrücklich vor, dass sich auch mehrere Aktionäre zur Erreichung des Quorums zusammenschließen können (→ Rn. 56 f.). Dabei handeln diese als **notwendige Streitgenossen** (§ 62 ZPO).[196] Sie können sich im Innenverhältnis aber auch als BGB-Gesellschaft organisieren. Erfolgt die Koordinierung zur Antragstellung als BGB-Außengesellschaft oder in einer anderen Gesellschaftsform liegt nur ein Antragsteller vor.[197]

98 Auch einem bereits anhängigen Klagezulassungsverfahren können **weitere Aktionäre beitreten**, um etwa eine eigene Einflussnahme auf das Verfahren zu sichern oder aber um das Kostenrisiko für den einzelnen Aktionär zu minimieren.[198] Dies kann durch einen Beitritt zu der zu diesem Zwecke gebildeten BGB-Gesellschaft, im Wege der Streitgenossenschaft oder durch eine Nebenintervention geschehen.[199] Bei der Streitgenossenschaft handelt es sich lediglich um einen Fall der einfachen und nicht der notwendigen Streitgenossenschaft.[200] Die Entscheidung des Gerichts im Klagezulassungsverfahren hat keine Rechtskraft gegenüber den nicht antragstellenden Aktionären,[201] da diese jederzeit ein neues Klagezulassungsverfahren beantragen können. Auch wenn jeder Streitgenosse im Verfahren völlig selbständig ist und die Wirkungen seines Verhaltens nur ihn treffen (§ 61 ZPO), kann der Streitgenosse im Klagezulassungsverfahren Prozesshandlungen aufgrund der Anforderungen des Quorums nur dann vornehmen, wenn er selbst die Anforderungen an das Quorum erfüllt.

99 Weiterhin können die übrigen Aktionäre auch ein **weiteres Klagezulassungsverfahren** einleiten, wenn sie dem bereits anhängigen Klagezulassungsverfahren nicht als Streitgenossen beitreten wollen.[202] Dabei müssen sie aber bei der Antragstellung die Notwendigkeit eines weiteren Klagezulassungsverfahrens darlegen. Dies wird meist an der Voraussetzung des Abs. 1 S. 2 Nr. 4 (→ Rn. 90 ff.) scheitern, soweit nicht weitere Informationen oder Informationsquellen durch die antragstellenden Aktionäre eingebracht werden.[203] Soweit den antragstellenden Aktionären dies allerdings gelingt, sind die Klagezulassungsverfahren in Anlehnung an Abs. 4 S. 4 (→ Rn. 162) miteinander zu verbinden, zumal sie sich auf den gleichen Streitgegenstand beziehen. Zur Kostentragung bei mehreren Klagezulassungsverfahren → Rn. 113.

100 **4. Beiladung der Gesellschaft (Abs. 2 S. 9 Alt. 1).** Die Mitwirkung der Gesellschaft im Klagezulassungsverfahren beschränkt sich auf eine Beiladung (Abs. 2 S. 9 Alt. 1). Die **Beiladung der Gesellschaft** ist notwendig, da sich die Rechtskraft der Entscheidung auch auf die Gesellschaft erstreckt (Abs. 4 und 5). Zudem muss die Gesellschaft zur Wahrung ihres Rechts auf Klageerhebung bzw. auf Übernahme des Klageverfahrens über den Verlauf des durch die Aktionäre betriebenen Verfahrens informiert sein.[204] Die Figur des Beigeladenen ist im Zivilrecht bisher nur in § 8 Abs. 3 KapMuG und vereinzelt in §§ 640e, 856 Abs. 3 ZPO geregelt.[205] Daraus ergibt sich, dass die Beiladung zunächst von Amts wegen zu erfolgen hat. Weiterhin ist dem Beigeladenen der Antrag auf Einleitung eines Klagezulassungsverfahrens zuzustellen.

101 Die Gesellschaft wird trotz der Beiladung **nicht sogleich Beteiligte** des Klagezulassungsverfahrens, so dass diese auch auf einen möglichen Vergleich (→ Rn. 120) keinen Einfluss hat. Hierfür ist – ebenso wie etwa bei § 640e ZPO – vielmehr ein Beitritt durch Nebenintervention (§§ 66, 70) notwendig, den die Gesellschaft sowohl auf der Seite der Antragsteller, als auch der Antragsgegner erklären kann.[206] Aufgrund der Möglichkeit der jederzeitigen eigenen Klageerhebung nach Abs. 3 (→ Rn. 131 ff.) wird die Gesellschaft – wenn überhaupt – in der Regel auf der Seite der Antragsgeg-

---

[196] Großkomm AktG/ *G. Bezzenberger/T. Bezzenberger* Rn. 167.
[197] Zur Unterscheidung zwischen Innen- und Außengesellschaft → Rn. 56 f.
[198] RegBegr UMAG, BT-Drs. 15/5092, 21.
[199] RegBegr UMAG, BT-Drs. 15/5092, 21; für die Nebenintervention Großkomm AktG/ *Bezzenberger/ T. Bezzenberger* Rn. 187.
[200] Großkomm AktG/ *G. Bezzenberger/T. Bezzenberger* Rn. 172.
[201] Zum Erfordernis der Rechtskrafterstreckung für die notwendige Streitgenossenschaft vgl. *Jauernig* ZPO § 61 Rn. 82.
[202] RegBegr UMAG, BT-Drs. 15/5092, 23.
[203] Großkomm AktG/ *G. Bezzenberger/T. Bezzenberger* Rn. 191; aA aber *Happ* FS Westermann, 2008, 971 (976), der in diesem Fall Abs. 4 S. 4 analog anwenden und die Anträge zur gleichzeitigen Verhandlung und Entscheidung verbinden will und im Übrigen die Einführung einer Frist vorschlägt.
[204] Kölner Komm AktG/ *Rieckers/Vetter* Rn. 418; aA *Menke,* Die zivilprozessuale Beiladung im Klageverfahren gem. § 148 AktG, 2012, 198, der in der Beiladung die Möglichkeit für eine Nebenintervention sieht.
[205] Zur Figur des Beigeladenen vgl. *Paschos/Neumann* DB 2005, 1779 (1781); *Winnen,* Die Innenhaftung des Vorstands nach dem UMAG, 2009, 389 ff.; ausf. *Menke,* Die zivilprozessuale Beiladung im Klageverfahren gem. § 148 AktG, 2012, 66 ff.
[206] Ebenso Großkomm AktG/ *G. Bezzenberger/T. Bezzenberger* Rn. 184; *Happ* FS Westermann, 2008, 971 (980 f.); *Menke,* Die zivilprozessuale Beiladung im Klageverfahren gem. § 148 AktG, 2012, 198 ff.; aA aber wohl Bürgers/Körber/ *Holzborn/Jänig* Rn. 11; *Zieglmeier* ZGR 2007, 144 (153 ff.).

ner dem Klagezulassungsverfahren beitreten. Zur Beiladung der Gesellschaft im Klageverfahren → Rn. 151.

5. Zulassungsentscheidung (Abs. 2). Da es sich bei dem Klagezulassungsverfahren lediglich um ein Vorschaltverfahren handelt, beschränkt sich die Prüfung des Gerichts auf eine summarische Schlüssigkeitsprüfung.[207] Der Erfolg der Klage muss daher **hinreichend wahrscheinlich** sein.[208] Keine Voraussetzung ist, dass die ursprünglich antragstellenden Aktionäre im Zeitpunkt der Zulassungsentscheidung auch noch das Quorum nach Abs. 1 S. 1 erreichen, da Abs. 1 S. 1 insofern ausdrücklich nur auf den Zeitpunkt der Antragstellung abstellt. Daher können die Aktionäre ihre Aktien direkt nach der Antragstellung auch veräußern, ohne dass damit aber eine Übertragung der verfahrensrechtlichen Stellung im Klagezulassungsverfahren oder in einem späteren Klageverfahren verbunden wäre. § 265 Abs. 2 ZPO kommt insofern nicht zur Anwendung. Ein **vollständiger Verlust der Aktionärsstellung** bis zur gerichtlichen Entscheidung nach Abs. 2 führt allerdings zu einer Unzulässigkeit des Antrags, da § 148 insgesamt auf die Aktionärseigenschaft abstellt, auch wenn das Quorum nach Abs. 1 S. 1 nur im Zeitpunkt der Antragstellung vorhanden sein muss. Dies gilt allerdings nicht für ein *squeeze out* (→ Rn. 59). 102

Das Klagezulassungsverfahren endet durch Beschluss (Abs. 2 S. 1) und somit ohne mündliche Verhandlung (§ 128 Abs. 4 ZPO). Dies schließt die Möglichkeit einer Güteverhandlung (§ 278 ZPO) oder einer Mediation (§ 278a ZPO) nicht aus (zum Vergleich → Rn. 120). Soweit bei dem zuständigen Landgericht eine **Kammer für Handelssachen** gebildet wurde, entscheidet diese anstelle der Zivilkammer (Abs. 2 S. 2). Die Landesregierungen können dabei eine Zuständigkeitskonzentration bei einem Landgericht herbeiführen[209] (Abs. 2 S. 3) bzw. die Ermächtigung hierzu auf die Landesjustizverwaltung übertragen (Abs. 2 S. 4). 103

Grundsätzlich kann die Entscheidung auch durch ein **Schiedsgericht** ergehen,[210] wenn eine entsprechende Vereinbarung zwischen den antragstellenden Aktionären und den Antragsgegnern (→ Rn. 45) getroffen wurde, was in der Regel nur *ad hoc* geschehen wird, da diese beiden Parteien vor der Antragstellung typischerweise in keiner Rechtsbeziehung zueinander stehen. Eine etwaige Schiedsklausel in der Satzung ist in diesem Zusammenhang unbeachtlich, da die Antragsgegner von dieser in keinem Fall gebunden werden können.[211] Etwas anderes gilt auch nicht für den Fall, dass die Gesellschaft und die Antragsgegner etwaige Ersatzansprüche einer Schiedsklausel unterworfen haben, da eine solche Vereinbarung die Aktionäre hinsichtlich ihres Minderheitenrechts aus § 148 nicht binden kann.[212] 104

Gegen den Beschluss ist nach Abs. 2 S. 7 die (sofortige), aber nach Abs. 2 S. 8 nicht die Rechtsbeschwerde statthaft (→ Rn. 116). Die Zulassungsentscheidung führt nicht zu einer **Rechtskrafterstreckung** nach § 261 Abs. 3 Nr. 1 ZPO gegenüber den übrigen, nicht antragstellenden Aktionären.[213] Diese können jederzeit ein weiteres Klagezulassungsverfahren beantragen. Der Maßstab für die Beurteilung der Zulässigkeit weiterer Anträge bestimmt sich daher nur nach Abs. 1 S. 2 Nr. 1–4. 105

Der Gesellschaft muss im Klagezulassungsverfahren **Gelegenheit zur Stellungnahme** gegeben (Abs. 2 S. 6) und zudem muss sie **beigeladen** werden (Abs. 2 S. 9). Vor einer Stellungnahme der Gesellschaft als eigentliche Anspruchsinhaberin sollte eine Entscheidung außer im Falle des Verzichts nicht ergehen.[214] Zur Stellung der Gesellschaft als Beigeladende → Rn. 100f. 106

6. Kosten (Abs. 6 S. 1–3, 6). Die Kostentragungslast für das Klagezulassungsverfahren wird in Abs. 6 S. 1–3, 6 ausdrücklich geregelt, so dass es insofern **keines Rückgriffs auf §§ 91f. ZPO** bedarf. 107

---

[207] Grigoleit/*Herrler* Rn. 11; *Holzborn/Bunnemann* BKR 2005, 51 (56); Hüffer/Koch/*Koch* Rn. 10; K. Schmidt/Lutter/*Spindler* Rn. 24; aA aber Großkomm AktG/*G. Bezzenberger/T. Bezzenberger* Rn. 163.
[208] RegBegr UMAG, BT-Drs. 15/5092, 22.
[209] Von der Möglichkeit der Verfahrenskonzentration haben bisher die Bundesländer Baden-Württemberg (LG Mannheim bzw. dem LG Stuttgart [§ 13 Abs. 2 Nr. 5 ZuVOJu]); Bayern (LG München I bzw. dem LG Nürnberg-Fürth [§ 19 GZVJu]); Hessen (LG Frankfurt a. M. [§ 38 Nr. 1e) JuZuV]); Niedersachsen (LG Hannover [§ 2 Nr. 4 ZustVO-Justiz]); Nordrhein-Westfalen (LG Düsseldorf, LG Dortmund bzw. LG Köln [§ 1 Nr. 9 KonzentrationsVO Gesellschaftsrecht)]) und Sachsen (LG Leipzig [§ 10 Nr. 11 SächsJOrgVO]) Gebrauch gemacht.
[210] *Mock* FS Meilicke, 2010, 489 (506 f.); Kölner Komm AktG/*Rieckers/Vetter* Rn. 383; aA Großkomm AktG/ *G. Bezzenberger/T. Bezzenberger* Rn. 198, die insofern auf eine fehlende Verfügungsbefugnis der Antragsgegner abstellen, dabei aber übersehen, dass Antragsteller und Antragsgegner über die Frage des Bestehens eines Leistungspflicht gegenüber der Gesellschaft eine Schiedsvereinbarung treffen können.
[211] *Mock* FS Meilicke, 2010, 489 (507); zur Frage der Aufnahme einer Schiedsklausel in die Satzung → § 23 Rn. 30.
[212] Ausf. *Mock* FS Meilicke, 2010, 489 (507 f.).
[213] Paschos/*Neumann* DB 2005, 1779 (1782); Kölner Komm AktG/*Rieckers/Vetter* Rn. 470.
[214] RegBegr UMAG, BT-Drs. 15/5092, 22.

108 **Kosten des Zulassungsverfahrens** sind neben der Gerichtsgebühr und etwaigen gerichtlichen Auslagen vor allem die Anwaltsgebühren (→ Rn. 113 f.). Nicht zu den Kosten gehören die Aufwendungen für die Aufforderung im **Aktionärsforum** oder über andere Kommunikationsmittel etwa zur Erreichung des notwendigen Quorums vor. Diese Kosten sind von den jeweiligen Aktionären selbst zu tragen.[215] Ebenso hat die Gesellschaft als Beigeladene keinen Kostenerstattungsanspruch.[216]

109 a) **Abweisung des Antrags.** Die antragstellenden Aktionäre tragen grundsätzlich nur die **Kosten für das Klagezulassungsverfahren,** wenn dieses erfolglos ist (Abs. 6 S. 1). Die Kostentragungslast für den antragstellenden Aktionär entfällt bei **Ablehnung des Antrages aus Gründen des Gesellschaftswohl,** wenn der antragstellende Aktionär von diesen nicht im Rahmen der Aufforderung zur Klageerhebung (Abs. 1 S. 2 Nr. 2) unterrichtet wurde, obwohl eines solche Unterrichtung möglich gewesen wäre (Abs. 6 S. 2). Eine solche Unterrichtung scheidet nur dann aus, wenn bereits dagegen überwiegende Gründe des Allgemeinwohls sprechen.

110 b) **Zulassung des Antrags.** Wenn der Antrag der qualifizierten Aktionärsminderheit zugelassen wird, ist in dem Beschluss nicht über die Kosten zu entscheiden, da dies dem Endurteil überlassen ist (Abs. 6 S. 3). Keine Regelung wird aber darüber getroffen, nach welchen Kriterien dann verfahren werden soll. Daher ist auf die **allgemeinen Kostentragungsregelungen** der §§ 91 f. ZPO zurückzugreifen, so dass die Anspruchsgegner als Antragsgegner (→ Rn. 45) die Kosten des Klagezulassungsverfahrens zu tragen haben, wenn der Antrag zugelassen wird. Dabei ist es auch unbeachtlich, dass der Anspruchsgegner im Klageverfahren obsiegt, da das Klagezulassungsverfahren und das Klageverfahren grundsätzlich zwei getrennte Verfahren sind.

111 Keine Regelung enthält Abs. 6 für den Fall, dass dem Antrag der qualifizierten Aktionärsminderheit stattgegeben wird, diese aber **keine Klage** erhebt.[217] Da die antragstellende Aktionärsminderheit bei der Antragstellung einen Vorschuss leisten und die Kosten für den eigenen Prozessbevollmächtigten zunächst selbst tragen muss, wird aber ein entsprechender Anreiz bestehen, die Klage zu erheben. Auch wenn dies tatsächlich ausbleiben sollte, hat auch der Antragsgegner keinen Anspruch gegen die Aktionärsminderheit, da er seine Kosten für das Klagezulassungsverfahren in einem Klageverfahren ohnehin nicht ersetzt bekommt (→ Rn. 110). Soweit die qualifizierte Aktionärsminderheit die Klage lediglich zu spät (Abs. 4 S. 1) erhebt, ist in dem dann klageabweisenden Urteil auch über die Kosten des Klagezulassungsverfahrens zu entscheiden. Auch in diesem Fall muss der Anspruchsgegner die Kosten für das Klagezulassungsverfahren tragen.

112 Schließen sich mehrere Aktionäre zur Erreichung des Quorums zu einer **BGB-Gesellschaft** zusammen (→ Rn. 56 f.), sind die Kosten entsprechend des Umfangs ihres Anteiles direkt auf die Aktionäre zu verteilen. Handelt es sich dabei um eine Außengesellschaft (→ Rn. 57), ist diese Schuldnerin der Kosten des Zulassungsverfahrens.

113 c) **Kostenerstattung für Bevollmächtigten.** Nach Abs. 6 S. 6 beschränkt sich die Kostenerstattung durch die Gesellschaft gegenüber den antragstellenden Aktionären auf lediglich einen Bevollmächtigten, soweit nicht ein **weiterer Bevollmächtigter** zur Rechtsverfolgung unerlässlich war. Davon ist zunächst nicht umfasst, dass eine Aktionärsminderheit mehr als einen Bevollmächtigten im Klagezulassungsverfahren beauftragt. Bei mehreren anhängigen Klagezulassungsverfahren besteht eine derartige Beschränkung allerdings nicht, da Abs. 6 S. 6 die Beschränkung der Kostenerstattung auf einen Bevollmächtigten lediglich für *gemeinsam handelnde Antragsteller* anordnet. Daher hat jede antragstellende Aktionärsminderheit einen Kostenerstattungsanspruch für mindestens einen ihrer Bevollmächtigten, soweit das Klagezulassungsverfahren erfolgreich ist.

114 Die Vergütung des Bevollmächtigten richtet sich im Übrigen nach den **RVG-Sätzen.**[218] Auch ist die **Vereinbarung eines Erfolgshonorars** möglich. Ein solches ist nach § 49b Abs. 2 BRAO, § 4a RVG zulässig, wenn die Aktionärsminderheit ohne ein solches von einer Rechtsverfolgung absehen würde. Dies ist aufgrund der eigenen Kostentragungslast im Klagezulassungsverfahren nach Abs. 6 Satz 1 für die antragstellenden Aktionäre der Fall. Eine gegenteilige Betrachtung trägt der ohne schwach ausgeprägten Anreizstruktur des § 148 (→ Rn. 12 ff.) nicht hinreichend Rechnung. Etwas anderes gilt allerdings bei einer Klageerhebung durch die Aktionäre (→ Rn. 174 ff.).

115 d) **Streitwert.** Der Streitwert wird vom Gericht nach freiem Ermessen festgelegt (§ 3 ZPO).[219] Da der Gegenstand des Klagezulassungsverfahrens nicht der Anspruch der Gesellschaft, sondern nur die Zulassung der Klage ist und da der Gesetzgeber eine Entlastung der antragstellenden Aktionäre

---

[215] Ebenso *Arnold* ZIP 2005, 2081 (2088).
[216] K. Schmidt/Lutter/*Spindler* Rn. 53.
[217] Offen lassend *Mimberg* in Marsch-Barner/Schäfer Börsennotierte AG-HdB Rn. 40.59.
[218] *Thümmel* in Gottwald, Europäisches Insolvenzrecht – Kollektiver Rechtsschutz, 2008, 235 (246).
[219] RegBegr UMAG, BT-Drs. 15/5092, 23.

erreichen wollte, ist der Streitwert entsprechend dem Interesse des Aktionärs an der Geltendmachung der Ersatzansprüche festzusetzen.²²⁰ Der Streitwert entspricht daher dem **Anteil der antragstellenden Aktionäre am Grundkapital der Gesellschaft an der Höhe des Ersatzanspruches.** Verfügt der antragstellende Aktionär daher über ein Prozent der Aktien der Gesellschaft, ist der Streitwert mit einem Prozent der Höhe des Ersatzanspruches festzusetzen. Der Streitwert ist dabei allerdings grundsätzlich auf 500.000 EUR begrenzt, soweit die Bedeutung der Sache für die Parteien nicht höher zu bewerten ist (§ 53 Abs. 1 Nr. 5 GKG).²²¹

7. Rechtsmittel (Abs. 2 S. 7 und 8). Bei Abweisung des Antrages steht der qualifizierten Aktionärsminderheit, der Gesellschaft als Beigeladenen und etwaigen Nebenintervenienten die **sofortige Beschwerde (§§ 567 ff. ZPO)** als Rechtsmittel zur Verfügung (Abs. 2 S. 7). Da die Ablehnung der Klagezulassung gegenüber der Gesellschaft und den übrigen Aktionären **keine Bindungswirkung** entfaltet, können andere Aktionäre weitere Klagezulassungsverfahren einleiten. Dabei müssen die Aktionäre dann vollumfänglich die Anforderungen von Abs. 1 S. 2 erfüllen, wobei die entgegenstehenden überwiegenden Gründe des Gesellschaftswohls (Abs. 1 S. 2 Nr. 4) nicht schon aus der Ablehnung anderer Klagezulassungsverfahren abgeleitet werden kann. 116

Gibt das Gericht dem Antrag statt, sind zudem der Antragsgegner, die Gesellschaft als Beigeladene (§ 66 VwGO analog) und etwaige Nebenintervenienten (§ 66 Abs. 2 ZPO) beschwerdebefugt.²²² Die Aktionäre können bei einem erfolgreichen Klagezulassungsverfahren bereits selbst Klage erheben, auch wenn gegen die Zulassungsentscheidung ein Rechtsmittel eingelegt wurde. Die Klage der Aktionäre ist dann aber **nach § 148 ZPO auszusetzen,** bis über die Prozessführungsbefugnis der qualifizierten Aktionärsminderheit rechtskräftig entschieden ist. 117

Die **Rechtsbeschwerde** ist für jedermann nach Abs. 2 S. 8 ausdrücklich ausgeschlossen. Dies ergibt sich aus dem nur beschränkt bestehenden Rechtsschutzbedürfnisses der Aktionärsminderheit, da die Gesellschaft selbst Anspruchsinhaber ist und jederzeit selbst die Ansprüche geltend machen kann.²²³ 118

8. Verfahrensbeendende Prozesshandlungen. Die antragstellenden Aktionäre können den Antrag jederzeit zurücknehmen, tragen dabei aber die bisher entstandenen Kosten (§ 269 Abs. 3 S. 2 ZPO).²²⁴ Die **Erledigung der Hauptsache** wird regelmäßig im Rahmen des Abs. 1 S. 2 Nr. 4 (→ Rn. 90 ff.) berücksichtigt werden, so dass der Antrag der Aktionärsminderheit abgewiesen werden wird. 119

Grundsätzlich besteht auch die Möglichkeit der Beendigung des Klagezulassungsverfahrens durch **Vergleich.**²²⁵ Ein Vergleich ist allerdings zwischen den Parteien des Klagezulassungsverfahrens schwierig, da dieser nur die qualifizierte Aktionärsminderheit und die Anspruchsgegner als Antragsgegner (→ Rn. 45) binden würde. Daher wäre der Anspruchsgegner der Gefahr ausgesetzt, erneut einem Klagezulassungsverfahren ausgesetzt zu sein. Letztlich kann der Vergleich daher nur darin bestehen, dass sich der Anspruchsgegner verpflichtet, die Ersatzansprüche gegenüber der Gesellschaft anzuerkennen und dass der Antragsteller den Antrag im Gegenzug zurücknimmt. Da dieser Vergleich nach Abs. 5 S. 2 Hs. 2 die Gesellschaft nicht bindet, sollte die Gesellschaft von vornherein dergestalt in den Vergleich einbezogen werden, dass der Anspruchsgegner gegenüber dieser den Anspruch (teilweise) anerkennt. In diesem Fall sind weitere Anträge auf Einleitung eines Klagezulassungsverfahrens jedenfalls dann aufgrund entgegenstehender überwiegender Gründe des Gesellschaftswohls (Abs. 1 S. 2 Nr. 4) unzulässig, wenn die antragstellende Aktionärsminderheit nicht glaubhaft machen kann, dass die anerkannten Ersatzansprüche nicht tatsächlich geltend gemacht werden. Die Wirksamkeit des Vergleichs kann eine qualifizierte Aktionärsminderheit nicht angreifen, wohl aber die Pflichtwidrigkeit des Abschlusses des Vergleichs im Rahmen von (neuen) Ersatzansprüchen gegen die als Vertreter der Gesellschaft Handelnden geltend machen. 120

Schließlich kann die Aktionärsminderheit mit den Anspruchsgegnern der Ersatzansprüche auch vorab eine Vereinbarung treffen, den Antrag schon nicht zu stellen und damit **kein Klagezulassungsverfahren und auch kein Klageverfahren einzuleiten.** Die Einschränkung des § 93 Abs. 4 121

---

²²⁰ *Meilicke/Heidel* DB 2004, 1479 (1482).
²²¹ Zur Berechnung der Kosten vgl. *Paschos/Neumann* DB 2005, 1779 (1786).
²²² *K. Schmidt/Lutter/Spindler* Rn. 34.
²²³ RegBegr UMAG, BT-Drs. 15/5092, 22 f.
²²⁴ Ebenso MüKoAktG/*Arnold* Rn. 68.
²²⁵ Vgl. MüKoAktG/*Arnold* Rn. 70; *Schröer* ZIP 2005, 2081 (2085); aA aber Großkomm AktG/*G. Bezzenberger/T. Bezzenberger* Rn. 197, die einen solchen wegen einer fehlenden Verfügungsbefugnis der Antragsgegner für unzulässig halten, dabei aber übersehen, dass sich die Antragsgegner gegenüber den Antragstellern zu Leistungen an die Gesellschaft verpflichten können.

S. 3 gilt hier nicht.[226] Die Gesellschaft wird durch den Vergleich aber nicht gebunden und kann daher trotz einer solchen Vereinbarung selbst noch nach Abs. 3 Klage erheben (Abs. 5 S. 2 Hs. 2). Ebenso werden die übrigen Aktionäre durch den Vergleich nicht gebunden. Zum umgekehrten Fall der freiwilligen Einräumung einer Klagebefugnis → Rn. 188.

122 **9. Geltendmachung der Ersatzansprüche während des Verfahrens.** Soweit die zuständigen Gesellschaftsorgane (§§ 78, 112, 147 Abs. 2) die dem Antrag zugrundeliegenden Ersatzansprüche geltend machen, führt dies – mit der Folge der fehlenden Fortdauer der Rechtshängigkeit[227] – zur Unzulässigkeit des Antrags (Abs. 3 S. 1 Hs. 2). Die Gesellschaft muss die bis dahin entstandenen Kosten übernehmen (Abs. 6 S. 4).

123 **10. Mitteilungs- und Bekanntmachungspflichten.** Die Einleitung eines Klagezulassungsverfahrens wird nicht öffentlich bekannt gemacht. Der Antrag auf Zulassung wird lediglich nach rechtskräftiger Zulassung der Klage in den Gesellschaftsblättern bekannt gemacht (§ 149 Abs. 1). Zum Bestehen der Pflicht zur Abgabe einer Ad-hoc-Mitteilung → Rn. 128.

124 **11. Eröffnung des Insolvenzverfahrens.** Durch die **Eröffnung des Insolvenzverfahrens über das Vermögen der Gesellschaft** wird ein anhängiges Klagezulassungsverfahren nicht berührt.[228] Die Gesellschaft ist im Klagezulassungsverfahren lediglich Beigeladende und damit nicht Partei (→ Rn. 100 f.). Das Klagezulassungsverfahren wird aber mit Geltendmachung der Ersatzansprüche durch den Insolvenzverwalter unzulässig (Abs. 3 S. 1 iVm § 80 Abs. 1 InsO). Bei einer Eigenverwaltung kann das Klagezulassungsverfahren aber noch eingeleitet werden, da dieses masseneutral und damit von § 276a InsO nicht erfasst ist.[229]

125 Die **Eröffnung des Insolvenzverfahrens über das Vermögen eines antragstellenden Aktionärs** führt nicht zu einer Unterbrechung des Klagezulassungsverfahrens nach § 240 ZPO, da das Verfahren keinen Bezug zur Insolvenzmasse des Schuldners (Aktionär) hat. Durch das Klagezulassungsverfahren und das sich anschließende Klageverfahren zur Geltendmachung der Ersatzansprüche wird nur eine Leistung an die Gesellschaft und nicht in die Insolvenzmasse durchgesetzt.

126 **12. Wirkungen der Antragstellung und laufende Verfahren.** Die Antragstellung durch eine Aktionärsminderheit bewirkt bereits die **Hemmung der Verjährung** der streitgegenständlichen Ersatzansprüche (Abs. 2 S. 5). Die Fristhemmung beginnt grundsätzlich mit Zustellung des Antrags beim Antragsgegner (§ 253 ZPO) bzw. der Einreichung des Antrags (§ 167 ZPO) und dauert bis zur Abweisung des Antrages oder bis zum Ablauf der Frist für die Klageerhebung (Abs. 2 S. 5). Dieser Zeitraum wird in die Verjährung nicht eingerechnet (§ 203 BGB). Bei mehreren Klagezulassungsverfahren beginnt die Hemmung der Verjährung mit Antragstellung im ersten Klagezulassungsverfahren und endet mit Abweisung des letzten Antrages oder bei Ablauf der Frist für die Klageerhebung im zuletzt erfolgreich durchgeführten Klagezulassungsverfahren.

127 Ein anhängiges Klagezulassungsverfahren wird mit **Klageerhebung durch die Gesellschaft** unzulässig (Abs. 3 S. 1). Dies gilt auch für den Fall der Klageerhebung durch einen besonderen Vertreter (§ 147 Abs. 2). Die für die Antragsteller bis dahin entstandenen Kosten werden von der Gesellschaft getragen (Abs. 6 S. 4). Die Antragsteller sind nach Abs. 3 S. 3 dann beizuladen.

IV. Folgen eines abgeschlossenen Klagezulassungsverfahrens

128 Das **erfolgreiche Klagezulassungsverfahren** begründet eine Klagebefugnis für die Aktionäre, die das Klagezulassungsverfahren betrieben haben (→ Rn. 43 ff.). Zudem bleibt die Verjährungshemmung nach Abs. 2 S. 5 bis zum Ablauf der Frist nach Abs. 4 S. 1 (→ Rn. 126 f.) bestehen. Weiterhin kann ein erfolgreiches Klagezulassungsverfahren die Pflicht zur Abgabe einer Ad-hoc-Mitteilung aus (Art. 17 MAR) auslösen, da es sich in der Regel um eine kursrelevante Insiderinformation nach Art. 7 MAR handelt.[230] Der Umstand, dass diese Information auch nach § 149 in den Gesellschaftsblättern bekanntzumachen ist, kann daran nichts ändern, da dadurch zum einen keine umfassende Unterrichtung des gesamten Kapitalmarktes erfolgt und zum anderen § 149 die europa-

---

[226] RegBegr UMAG, BT-Drs. 15/5092, 23.
[227] Ebenso NK-AktR/*Lochner* Rn. 23; *Mimberg* in Marsch-Barner/Schäfer Börsennotierte AG-HdB Rn. 40.46; *Paschos/Neumann* DB 2005, 1779 (1782); K. Schmidt/Lutter/*Spindler* Rn. 36.
[228] Ausf. *Mock* ZInsO 2010, 2013 (2013 f.).
[229] *Haas/Mock* in Gottwald InsR-HdB § 93 Rn. 116; *Hirte/Knof/Mock*, Das neue Insolvenzrecht nach dem ESUG, 2012, 64.
[230] *Kiethe* ZIP 2003, 707 (709); Kölner Komm AktG/*Rieckers/Vetter* Rn. 482; K. Schmidt/Lutter/*Spindler* § 149 Rn. 16; *Wilsing* ZIP 2003, 1082 (1088); zur generellen Geeignetheit von Rechtsstreitigkeiten zur Kursbeeinflussung vgl. Kölner Komm WpHG/*Klöhn* WpHG § 13 Rn. 373 f. mwN.

rechtlich vorrangige Pflicht nach Art. 17 MAR nicht suspendieren kann (§ 149 → Rn. 24). Darüber hinaus ergeben sich aber keine konkreten Rechtsfolgen. Insbesondere führt der Erfolg des Klagezulassungsverfahrens nicht zu einer Pflicht zur bilanziellen Aktivierung der Ersatzansprüche, da auch in diesem Fall noch nicht hinreichend sicher ist, dass auf die Ersatzansprüche tatsächlich geleistet wird. Es ist allerdings eine Rückstellung in Höhe der voraussichtlichen Kosten der Anspruchsverfolgung zu bilden. Zudem ist die Bestellung im Lagebericht bzw. Konzernlagebericht aufzunehmen (§ 289 Abs. 1 S. 4 HGB, § 315 Abs. 1 S. 4 HGB [*Darstellung der wesentlichen Risiken*]), soweit die Ersatzansprüche die entsprechende Größenordnung erreichen. Schließlich wird durch das erfolgreiche Klagezulassungsverfahren der Pflichtenmaßstab der Verwaltungsmitglieder zur Geltendmachung der Ersatzansprüche nicht verändert (§ 147 → Rn. 31).

Bei einem **erfolglosen Klagezulassungsverfahren** ergeben sich nur sehr beschränkte Rechtsfolgen. Diese bestehen vor allem darin, dass die Verjährungshemmung nach Abs. 2 S. 5 ab dem Zeitpunkt der rechtskräftigen Antragsabweisung nicht mehr besteht. Eine Pflicht zur Abgabe einer Ad-hoc-Mitteilung nach Art. 17 MAR wird nur dann Bestehen, wenn bereits die Einleitung des Klagezulassungsverfahrens ad-hoc-pflichtig gewesen ist. Schließlich steht die Rechtskraft der Entscheidung (§ 322 ZPO) einer erneuten Antragstellung durch die gleichen Aktionäre entgegen. Zu Mehrfachanträgen → Rn. 91. 129

V. Klageverfahren

Die Regelung des § 148 beschränkt sich nicht auf das Klagezulassungsverfahren, sondern trifft auch eine Reihe von Bestimmungen für die **eigentliche Geltendmachung der Ersatzansprüche** im sogenannten *Klageverfahren* (mit dieser Begrifflichkeit Abs. 2 S. 9 Alt. 2, Abs. 3 S. 1 und 2 und Abs. 6 S. 4). Dabei ist zwischen der Geltendmachung der Ersatzansprüche durch die Gesellschaft (Abs. 3 → Rn. 131 ff.) und der Geltendmachung durch die qualifizierte Aktionärsminderheit (Abs. 4 → Rn. 145 ff.) zu unterscheiden. 130

1. Klageerhebung durch die Gesellschaft (Abs. 3). Anspruchsinhaber der Ersatzansprüche ist immer die Gesellschaft (→ § 147 Rn. 20 ff.). Aus diesem Grund räumt Abs. 3 der Gesellschaft die Möglichkeit einer jederzeitigen eigenen Klageerhebung ein und verdrängt insofern § 261 Abs. 3 Nr. 1 ZPO.[231] Da eine Geltendmachung im Wege der gesetzlichen Prozessstandschaft dann nicht mehr notwendig ist, führt die Klageerhebung zur **Unzulässigkeit des Klagezulassungsverfahrens und des Klageverfahrens** von Aktionären. Dies bedeutet für das anhängige Klagezulassungsverfahren, dass der Antrag als unzulässig – mit der Folge der fehlenden Fortdauer der Rechtshängigkeit[232] – abzuweisen ist, wobei die Gesellschaft die bis dahin entstandenen Kosten übernehmen muss (Abs. 6 S. 4). Eine von der qualifizierten Aktionärsminderheit erhobene Klage kann von der Gesellschaft übernommen und dann weitergeführt (→ Rn. 137 ff.) oder abgelehnt (→ Rn. 141 f.) werden. Zur Kostentragung → Rn. 174 ff. 131

Keine ausdrückliche Regelung enthält Abs. 3 hinsichtlich der Frage, bei welchem Gericht für eine Klageerhebung durch die Gesellschaft die örtliche Zuständigkeit besteht. Da Abs. 4 S. 1 für die Klageerhebung durch eine qualifizierte Aktionärsminderheit auf das Landgericht verweist, in dessen Bezirk die Gesellschaft ihren Sitz hat, muss dies konsequenterweise auch für die Klageerhebung durch die Gesellschaft gelten, soweit das Klageverfahren – nicht aber das Klagezulassungsverfahren[233] – durch die Aktionäre schon eingeleitet wurde.[234] Insofern kommt es bei einer Übernahme des Klageverfahrens durch die Gesellschaft auch nicht zu einer Verweisung an das ursprünglich – vor dem Klagezulassungsverfahren – zuständige Gericht. Davon unberührt bleibt freilich die internationale **Zuständigkeit**, die sich unabhängig davon in der Regel nach der Brüssel-Ia-VO richtet.[235] 132

Bei der eigentlichen Anspruchsverfolgung nach einem erfolgreichen Klagezulassungsverfahren besteht für die zur Vertretung der Gesellschaft berufenen Verwaltungsorgane (§§ 78, 112) nicht das nach §§ 93, 116 **bestehende Ermessen** hinsichtlich der Geltendmachung. Da bei einer Klageerhebung durch die Gesellschaft die durch das erfolgreiche Klagezulassungsverfahren vermittelte Prozess- 133

---

[231] *Bork* ZIP 2005, 66 (67); *Langenbucher* DStR 2005, 2083 (2090); wohl auch *Mimberg* in Marsch-Barner/Schäfer Börsennotierte AG-HdB Rn. 40.46.
[232] Ebenso NK-AktR/*Lochner* Rn. 23; *Mimberg* in Marsch-Barner/Schäfer Börsennotierte AG-HdB Rn. 40.46; *Paschos/Neumann* DB 2005, 1779 (1782); K. Schmidt/Lutter/*Spindler* Rn. 34.
[233] So aber Großkomm AktG/*G. Bezzenberger/T. Bezzenberger* Rn. 212, die insofern aber nicht ausreichend berücksichtigen, dass die Zuständigkeitsinteressen der Anspruchsgegner nicht schon durch eine gesellschaftsinterne Zuständigkeitsstreitigkeit, sondern erst bei einer endgültigen Klageerhebung zurückstehen können. Anderenfalls würde das Problem der Zuständigkeitsmanipulation drohen.
[234] Ebenso Großkomm AktG/*G. Bezzenberger/T. Bezzenberger* Rn. 212.
[235] Vgl. dazu ausf. *Mock* RabelsZ 72 (2008), 264 (279 ff.).

führungsbefugnis der Aktionärsminderheit wieder entzogen wird, muss dies in Form eines strengen Maßstabes auf die zur Vertretung der Gesellschaft berufenen Verwaltungsorgane zurückwirken.[236] Diese können daher nur dann von einer Anspruchsverfolgung absehen, wenn überwiegende Gründe des Gesellschaftswohls entgegenstehen, da auch nur in diesem Fall ein Antrag auf Einleitung eines Klagezulassungsverfahrens (Abs. 1 S. 2 Nr. 4) – und damit eine Prozessführungsbefugnis der Aktionärsminderheit – abzuweisen wäre. Da dies bei einem erfolgreichen Klagezulassungsverfahren bereits geprüft wurde, besteht für die zuständigen Gesellschaftsorgane eine entsprechend hohe Nachweisintensität, auch wenn die Entscheidung im Klagezulassungsverfahren keinerlei zivilprozessuale Bindungswirkung für etwaige spätere Haftungsprozesse gegen die zuständigen Gesellschaftsorgane hat.[237] Von dem insofern nach einem erfolgreichen Klagezulassungsverfahren für die zuständigen Gesellschaftsorgane geltenden Handlungsmaßstab ist aber der Pflichtenmaßstab hinsichtlich der Entscheidung zur Übernahme oder Ablehnung des Klageverfahrens zu unterscheiden (→ Rn. 137 ff.).

134 Die Einleitung eines Klagezulassungsverfahrens durch eine qualifizierte Aktionärsminderheit **während der Geltendmachung durch die Gesellschaft** scheitert dann schon an Abs. 1 S. 2 Nr. 2. Eine erneute Klage durch eine qualifizierte Aktionärsminderheit während der Geltendmachung durch die Gesellschaft ist aufgrund entgegenstehender Rechtshängigkeit (§ 261 Abs. 3 Nr. 1 ZPO) unzulässig. Zur Verfolgung der Ansprüche durch die qualifizierte Aktionärsminderheit nach Beendigung des Verfahrens → Rn. 144.

135 Die Gesellschaft kann bei eigener Klageerhebung wählen, ob sie das Verfahren selbst übernehmen möchte. Die Übernahme oder die Ablehnung der Übernahme des Verfahrens erfolgt durch eine **einseitige Erklärung** an das Gericht in der mündlichen Verhandlung. Einer Zustimmung der Beklagten bedarf es nicht.[238] Die Gesellschaft wird bei der Übernahme des Verfahrens oder der eigenen Klageerhebung durch die für die Geltendmachung der Ersatzansprüche zuständigen Organe vertreten (→ § 147 Rn. 31 ff.). Bei der Entscheidung der Übernahme oder der Ablehnung der Übernahme des Verfahrens unterliegen die jeweils zuständigen Vertreter der Gesellschaft dem Sorgfaltsmaßstab des § 93.

136 **a) Parteien und Beteiligte.** Parteien des von der Gesellschaft betriebenen Klageverfahrens sind neben der **Gesellschaft** selbst die jeweiligen **Anspruchsgegner der Ersatzansprüche als Beklagte.** Die qualifizierte Aktionärsminderheit als bisheriger Kläger bei einer Klageerhebung durch die Gesellschaft **beizuladen** (Abs. 3 S. 3). Dadurch sollen sie in die Lage versetzt werden, die gerichtliche Anspruchsverfolgung durch die Gesellschaft zu überwachen.[239] Als Beigeladende sind sie aber nicht Partei des Klageverfahrens und haben insofern auch kein Vetorecht bei verfahrensbeendenden Prozesshandlungen.[240] Diese Grundsätze gelten auch, wenn die Gesellschaft die Klage während eines noch anhängigen Klagezulassungsverfahrens erhebt.[241] Aus der Stellung als Beigeladene folgt allerdings nicht automatisch das **Recht zur Nebenintervention** (§§ 66 ff. ZPO), da dies im Widerspruch zu der durch Abs. 3 angeordneten vollständigen Übernahme des Klageverfahrens durch die Gesellschaft steht.[242]

137 **b) Übernahme des Klageverfahrens.** Bei der Übernahme des Klageverfahrens durch die Gesellschaft handelt es sich um einen Fall des **gesetzlichen Parteienwechsels,** da mit Klageerhebung die bisherige Prozessführungsbefugnis der Aktionäre im Wege der gesetzlichen Prozessstandschaft verloren geht.[243] Zudem führt die Gesellschaft den Rechtsstreit dort weiter, wo er sich zur Zeit der Übernahme befunden hat (Abs. 3 S. 2). Folge dieses Parteienwechsels ist, dass Prozesshandlungen von dem Zeitpunkt der Übernahme an nur noch von den gesetzlichen Vertretern der Gesellschaft (§§ 78, 112) wirksam vorgenommen werden können. Die von den Aktionären bis dahin vorgenommenen Prozesshandlungen bleiben allerdings wirksam.[244]

---

[236] So vor allem *Ihring* in Bachmann/Casper/Schäfer/Veil, Steuerungsfunktion des Haftungsrechts im Gesellschafts- und Kapitalmarktrecht, 2007, 17, 26; aA aber wohl Großkomm AktG/*G. Bezzenberger/T. Bezzenberger* Rn. 206.
[237] Dazu ausf. *Koch* FS Hüffer, 2009, 447 (451 f.).
[238] Bürgers/Körber/*Holzborn/Jänig* Rn. 13; Kölner Komm AktG/*Rieckers/Vetter* Rn. 505.
[239] RegBegr UMAG, BT-Drs. 15/5092, 23.
[240] Krit. dazu *Zieglmeier* ZGR 2007, 144 (157).
[241] Vgl. *Menke,* Die zivilprozessuale Beiladung im Klageverfahren gem. § 148 AktG, 2012, 67.
[242] AA aber *Menke,* Die zivilprozessuale Beiladung im Klageverfahren gem. § 148 AktG, 2012, 198 ff.
[243] *Bork* ZIP 2005, 66 (67); Grigoleit/*Herrler* Rn. 15; Hüffer/Koch/*Koch* Rn. 14; *Mimberg* in Marsch-Barner/Schäfer Börsennotierte AG-HdB Rn. 40.48; *Paschos/Neumann* DB 2005, 1779 (1782); K. Schmidt/Lutter/*Spindler* Rn. 38.
[244] Ebenso Grigoleit/*Herrler* Rn. 14; Hüffer/Koch/*Koch* Rn. 14; *Mimberg* in Marsch-Barner/Schäfer Börsennotierte AG-HdB Rn. 40.48; K. Schmidt/Lutter/*Spindler* Rn. 39; zur Wirksamkeit vorgenommener Prozesshandlungen bei einem gesetzlichen Parteienwechsel vgl. *Rosenberg/Schwab/Gottwald* ZivilProzR § 42 Rn. 3.

Einer Klageerhebung durch die Gesellschaft steht es auch gleich, wenn ein **besonderer Vertreter** 138
nach § 147 Abs. 2 S. 1 von der Hauptversammlung bestellt wurde oder wird und dieser die im
Rahmen des Klagezulassungsverfahrens in Rede stehenden Ersatzansprüche geltend macht (→ § 147
Rn. 64 ff.). Eine gerichtliche Bestellung nach § 147 Abs. 2 S. 2 scheidet aus, da es dafür an dem
verpflichtenden Hauptversammlungsbeschluss fehlen wird (zu diesem Erfordernis → § 147 Rn. 70).
Auch dem besonderen Vertreter kommt das Wahlrecht nach Abs. 3 S. 2 zu, da dieser die zuständigen
Gesellschaftsorgane in ihrer Zuständigkeit hinsichtlich der Geltendmachung der Ersatzansprüche
verdrängt (→ § 147 Rn. 110 f.).

Da es sich bei den Ersatzansprüchen um Ansprüche der Gesellschaft handelt, kann der Übernahme 139
des Verfahrens durch die Gesellschaft grundsätzlich auch nicht der **Einwand des Rechtsmissbrauchs** entgegengehalten werden.[245] Die Gesellschaft kann daher das Verfahren auch übernehmen,
wenn dieses bereits in einem sehr fortgeschrittenen Stadium ist und den klageführenden Aktionären
keine fehlerhafte Prozessführung zur Last gelegt werden kann. Ein Rechtsmissbrauch kann allerdings
für den Fall angenommen werden, dass zwischen dem Anspruchsgegner und der zur Vertretung der
Gesellschaft zuständigen Vertreter (§§ 78, 112) ein **kollusives Zusammenwirken** zu befürchten
ist.[246] Die Kriterien für das Vorliegen eines solchen kollusiven Zusammenwirkens sind allerdings
schwierig zu ermitteln, da die aktienrechtliche Zuständigkeitsordnung der §§ 78, 112 im Grundsatz
davon ausgeht, dass eine Vertretung bei einer Inanspruchnahme der jeweils anderen Organmitglieder
möglich ist. Insofern ist zu fordern, dass konkrete Anhaltspunkte dafür bestehen, dass bei einer
Übernahme des Rechtsstreits durch die Gesellschaft eine Geltendmachung der Ersatzansprüche aufgrund einer nachlässigen Prozessführung tatsächlich gefährdet ist.[247] Dies ist etwa der Fall, wenn ein
Urteil bereits ergangen ist, das der Klage in vollem Umfang stattgibt und sich der Höhe nach auf
alle Ersatzansprüche in diesem Zusammenhang erstreckt, da in diesem Verfahrensstadium außer einer
Klagerücknahme – verbunden mit der eintretenden Wirkungslosigkeit des Urteils (§ 269 Abs. 3
S. 1 ZPO) – keine weiteren Prozesshandlungen mehr in Betracht kommen.

Bei der Bestimmung der Rechtsmissbräuchlichkeit der Klageübernahme muss aber auch beachtet 140
werden, dass ein **Vergleich oder ein Verzicht** – inklusive prozessualer Handlungen wie Prozessvergleich, Klageverzicht oder Anerkenntnis – aufgrund von § 93 Abs. 4 S. 3 und 4 jedenfalls für einen
Zeitraum von drei Jahren seit Anspruchsentstehung ausgeschlossen ist, was allerdings aufgrund der
Verjährung der Ansprüche aus § 92 Abs. 2 in fünf bzw. zehn Jahren (§ 93 Abs. 6) und aufgrund von
Verjährungsunterbrechungen deutlich vor der Verjährung der Ansprüche liegen kann. Die Klagerücknahme ist davon allerdings nicht erfasst, da sie den Bestand des Anspruchs gerade nicht berührt
und auch eine erneute Klageerhebung nicht ausschließt (arg § 269 Abs. 3 S. 1 ZPO). Die bei einem
kollusiven Zusammenwirken fehlende Möglichkeit der Klageerhebung durch die Gesellschaft kann
auch nicht mit dem Hinweis auf den dann gegen die jeweils handelnden Organmitglieder entstehenden Ersatzanspruch wegen unterlassener oder nicht ordnungsgemäßer Geltendmachung des
Anspruchs ausgeglichen werden.

c) **Ablehnung der Übernahme.** Die Gesellschaft kann auch eine **Ablehnung der Übernahme** 141
des Verfahrens erklären. In diesem Fall ist sie nicht an die bisherigen Prozesshandlungen der
Aktionäre gebunden. Auch bereits durchgeführte Beweiserhebungen sind erneut durchzuführen.[248]
Die Ablehnung der Übernahme des Verfahrens ist für die zuständigen Organe der Gesellschaft
aufgrund der Verpflichtung zur Geltendmachung der Ersatzansprüche (→ § 147 Rn. 32 ff.) aber nur
dann denkbar, wenn ein entsprechendes Ermessen noch besteht, was durch eine Beschlussfassung
nach § 147 Abs. 1 aber auch ausgeschlossen werden kann. Der positive Ausgang des Klagezulassungsverfahrens indiziert aufgrund der umfangreichen Voraussetzungen für die Klagezulassung aber gerade
das Bestehen der Ersatzansprüche.[249] Eine gegenteilige Entscheidung wird nur im Rahmen des
unternehmerischen Ermessens möglich sein, wenn die Verfolgung der Ersatzansprüche aufgrund der
fehlenden Liquidität des Anspruchsgegners keine Aussicht auf Erfolg hat. An das Vorliegen einer
solchen fehlenden Aussichtslosigkeit der Anspruchsverfolgung aufgrund mangelnder Liquidität des
Anspruchsgegners sind allerdings hohe Anforderungen zu stellen, denen aber durch die Abgabe einer

---

[245] So aber NK-AktR/*Lochner* Rn. 24 (Aktionärsklage im fortgeschrittenen Stadium); ihm folgend *Winnen*,
Die Innenhaftung des Vorstands nach dem UMAG, 2009, 439 ff.; ähnlich *Paschos/Neumann* DB 2005, 1779 (1782);
ebenfalls wohl ablehnend *Spindler* NZG 2005, 865 (868); im Erg. auch abl. *Koch* FS Hüffer, 2009, 447 (458).
[246] Ebenso *Zieglmeier* ZGR 2007, 144 (156 f.).
[247] AA aber *Koch* FS Hüffer, 2009, 447 (458), der schon bei Bestehen eines Verdachts jedenfalls eine entsprechende Pflicht des Aufsichtsrats annehmen will, von einer eigenen Anspruchsverfolgung Abstand zu nehmen.
[248] *Mimberg* in Marsch-Barner/Schäfer Börsennotierte AG-HdB Rn. 40.47; krit. dazu *Bork* ZIP 2005, 66
(66 f.); K. *Schmidt/Lutter/Spindler* Rn. 38.
[249] *Linnerz* NZG 2004, 307 (311); *Arnold* ZIP 2005, 2081 (2086 f.); *Winnen*, Die Innenhaftung des Vorstands
nach dem UMAG, 2009, 459 f.; so auch schon *Krieger* ZHR 163 (1999), 343 (351).

eidesstattlichen Versicherung auf ein vom Anspruchsgegner erstelltes Vermögensverzeichnis in jedem Fall entsprochen wird.

142 Der Verdichtung des Ermessens der zuständigen Gesellschaftsorgane zur Geltendmachung der Ersatzansprüche kann auch nicht mit der Begründung entgegengetreten werden, dass die Aktionärsminderheit aufgrund des erfolgreichen Klagezulassungsverfahrens eine Anspruchsverfolgung durchführt, ein Tätigwerden der zuständigen Gesellschaftsorgane somit unnötig ist. Zwar schließt eine erfolgreiche Geltendmachung der Ersatzansprüche durch die Aktionärsminderheit einen möglichen **Schaden der Gesellschaft** bei einer pflichtwidrigen Unterlassung der Geltendmachung durch die zuständigen Gesellschaftsorgane aus. Dies ändert aber zunächst nichts an dem eigentlichen Pflichtenmaßstab. Auch wenn die Geltendmachung durch die zuständigen Gesellschaftsorgane gegenüber der Geltendmachung durch die Aktionärsminderheit grundsätzlich vorzugswürdiger bzw. kostensparender ist,[250] verbleibt für die zuständigen Gesellschaftsorgane zudem die Gefahr einer für die Gesellschaft nachteilhaften Geltendmachung der Ersatzansprüche durch die Aktionärsminderheit. Dieser Gefahr müssen die zuständigen Gesellschaftsorgane grundsätzlich durch eine sofortige eigene Klageerhebung entgegentreten, so dass sich deren Pflichtenkreis eben nicht nur auf eine Überwachung der Geltendmachung durch die Aktionärsminderheit zur Verhinderung möglicher Nachteile für die Gesellschaft beschränkt.[251]

143 **d) Verfahrensbeendende Prozesshandlungen.** Die Beendigung des Klageverfahrens durch **Verzicht oder Vergleich** – inklusive prozessualer Handlungen wie Prozessvergleich, Klageverzicht oder Anerkenntnis durch die Gesellschaft kommt nur unter den Voraussetzungen des § 93 Abs. 4 S. 3 und 4 in Betracht.[252] Dabei unterliegt die Gesellschaft aber – im Gegensatz zu einer Klageerhebung durch eine qualifizierte Aktionärsminderheit (→ Rn. 166 ff.) – der dreijährigen Sperrfrist, da diese Geltendmachung der Ersatzansprüche durch die Gesellschaft selbst genau dem Regelfall entspricht, der von § 93 Abs. 4 S. 3 und 4 erfasst wird.[253] Der bei einer eigenen oder übernommenen Klageerhebung durch die Gesellschaft geschlossene Vergleich wirkt auch gegen die Aktionärsminderheit, die ursprünglich die Klage erhoben hat, da die Gesellschaft Inhaberin des Anspruchs ist.[254] Die Beantragung eines neuen Klagezulassungsverfahrens ist dann unzulässig. Dies ergibt sich daraus, dass dann ein entsprechender Schaden der Gesellschaft (Abs. 1 S. 2 Nr. 3) bereits nicht mehr besteht, soweit die im Vergleich zugestandenen Leistungen auch erbracht werden.[255] Wegen des Abschlusses des Vergleichs ist die Einleitung eines neuen Klagezulassungsverfahrens zur Geltendmachung von Ersatzansprüchen gegen die jeweils handelnden Verwaltungsmitglieder in der Regel unzulässig, da der Vergleich ohnehin einen Hauptversammlungsbeschluss voraussetzt, der die Ersatzpflicht meist ausschließt (§ 93 Abs. 4 S. 1).

144 Statt eines Vergleichs oder eines Verzichts kann die Gesellschaft die **Klage nach § 269 Abs. 1 ZPO aber auch zurückzunehmen,** wobei insofern auch die Einschränkungen von § 93 Abs. 4 S. 3 und 4 mit Ausnahme der dreijährigen Sperrfrist gelten (Abs. 6 S. 4). Weitaus schwieriger ist allerdings die Frage zu beantworten, ob die qualifizierte Aktionärsminderheit nach der Klagerücknahme durch die Gesellschaft **erneut ein eigenes Klageverfahren** betreiben kann bzw. dazu ein neues Klagezulassungsverfahren betreiben muss. Da der Wortlaut von Abs. 3 S. 1 insoweit von einem bereits *anhängigen* Zulassungs- oder Klagezulassungsverfahren spricht, ergeben sich insoweit zunächst keine Bedenken für die Zulässigkeit einer erneuten Klageerhebung durch die qualifizierte Aktionärsminderheit. Sie muss allerdings erneut ein Klagezulassungsverfahren betreiben, da zum einen die Klagefrist des Abs. 4 S. 1 abgelaufen sein wird und sich zum anderen der dem Zulassungsbeschluss zugrunde liegende Lebenssachverhalt inzwischen geändert hat.[256] Bei dem neuen Klagezulassungsverfahren muss die qualifizierte Aktionärsminderheit dann allerdings nur darlegen, dass einer erneuten Klageerhebung keine überwiegenden Gründe des Gesellschaftswohls (Abs. 1 S. 2 Nr. 4) entgegenste-

---

[250] Zu den letztlich nicht bestehenden Kostenvorteilen bei einer Geltendmachung durch die zuständigen Gesellschaftsorgane vgl. *Koch* FS Hüffer, 2009, 447 (456 ff.).
[251] In diese Richtung aber wohl tendierend *Koch* FS Hüffer, 2009, 447 (456 ff.).
[252] Diesen Aspekt allerdings übersehend *Zieglmeier* ZGR 2007, 144 (156); zur Erfassung von Prozesshandlungen durch § 93 Abs. 4 vgl. Großkomm AktG/*Hopt* § 93 Rn. 376.
[253] *Bürgers/Körber/Holzborn/Jänig* Rn. 20a; aA und für eine Analogie zu Abs. 6 S. 4 *Mimberg* in Marsch-Barner/Schäfer Börsennotierte AG-HdB Rn. 40.57; *Paschos/Neumann* DB 2005, 1779 (1785); K. Schmidt/Lutter/*Spindler* Rn. 52; Gottwald/*Thümmel*, Europäisches Insolvenzrecht – Kollektiver Rechtsschutz, 2008, 235 (247); differenzierend Großkomm AktG/G. *Bezzenberger*/T. *Bezzenberger* Rn. 222.
[254] Insofern aber auf Abs. 5 S. 2 abstellend *Mimberg* in Marsch-Barner/Schäfer Börsennotierte AG-HdB Rn. 40.57, der insofern allerdings übersieht, dass Abs. 5 S. 2 lediglich eine Spezialregelung für die Klageerhebung durch die Aktionäre ist.
[255] Ebenso *Dietz-Vellmer* NZG 2011, 248 (253).
[256] Ebenso MüKoAktG/*Arnold* Rn. 80; K. Schmidt/Lutter/*Spindler* Rn. 37.

hen. Dem erneuten Antrag auf Einleitung eines Klagezulassungsverfahrens steht auch nicht entgegen, dass die Hauptversammlung der Klagerücknahme zugestimmt und keine qualifizierte Aktionärsminderheit einen Widerspruch erklärt hat (§ 93 Abs. 4 S. 3 und 4), da dies nach Abs. 6 S. 4 nur für die Klagerücknahme, nicht aber für einen Verzicht oder Vergleich notwendig ist.

2. Klageerhebung durch die Aktionäre (Abs. 4). Wenn das Gericht dem Antrag der Aktionäre 145 im Klagezulassungsverfahren stattgibt, können diese daraufhin im eigenen Namen die Ersatzansprüche der Gesellschaft zur Leistung an die Gesellschaft gegen die Anspruchsgegner geltend machen. Die Prozessführungsbefugnis kann dabei auch durch ein Gericht eines anderen Mitgliedstaates bestimmt werden, soweit dieses Gericht international zuständig war (→ Rn. 47). Die Anerkennung kann dabei jedenfalls dann nicht abgelehnt werden, wenn das **ausländische Verfahren zur Bestimmung der Prozessführungsbefugnis** im Wesentlichen dem Klagezulassungsverfahren ähnelt.[257]

a) Stellung der Aktionäre bzw. der qualifizierten Aktionärsminderheit. Die Aktionäre 146 handeln als **gesetzliche Prozessstandschafter.**[258] Die Prozessstandschaft besteht dabei nicht für die einzelnen dem Quorum angehörenden Aktionäre, sondern immer nur für die qualifizierte Aktionärsminderheit, die den (erfolgreichen) Antrag auf Einleitung eines Klagezulassungsverfahrens gestellt hat, so dass bei – aber nur theoretisch möglichen (→ Rn. 91) – mehreren erfolgreichen Anträgen auch mehrere Prozessstandschafter auftreten können,[259] deren Klagen aber nach Abs. 4 S. 4 zur gleichzeitigen Verhandlung und Entscheidung zu verbinden sind. Die qualifizierte Aktionärsminderheit ist als Prozessstandschafter Partei des Verfahrens.[260] Sie kann daher auch alle Prozesshandlungen vornehmen.[261] Die Gesellschaft als Rechtsträger ist im Prozess lediglich Dritter und damit nicht Partei, muss aber beigeladen werden (Abs. 2 S. 7). Die Prozessstandschaft endet mit Beendigung des Klageverfahrens oder mit Klageerhebung durch die Gesellschaft (Abs. 3 S. 1). Für eine erneute Beantragung eines Klagezulassungsverfahrens bzw. eine Klageerhebung durch die Aktionäre → Rn. 144.

Keine Regelung enthält Abs. 4 zu der Frage der organisationsrechtlichen Struktur der qualifizier- 147 ten Aktionärsminderheit. Die Aktionäre werden in der Regel aber eine **BGB-Innengesellschaft** bilden, da sie sich zur Geltendmachung der Ersatzansprüche als gesetzliche Prozessstandschafter zusammengeschlossen haben. Dies ist allerdings nicht unproblematisch, da eine **Änderung des Gesellschafterbestandes** nach Zulassung der Klage nicht mehr möglich, da die Klage im Namen der (einzelnen) antragstellenden Aktionäre zugelassen wurde.[262] Die fehlende Möglichkeit zur Änderung des Gesellschafterbestands bedeutet allerdings nicht, dass die einzelnen Aktionäre bei der Klageerhebung das Quorum noch erfüllen müssen,[263] so dass diese ihre Aktien auch veräußern können. Soweit sich die Aktionäre als **BGB-Außengesellschaft** zusammengeschlossen haben, können aufgrund von deren Rechtsfähigkeit noch ohne weiteres Änderungen im Gesellschafterbestand vorgenommen werden. Zur Bildung einer solchen BGB-Außengesellschaft wird es aber in der Regel aufgrund der fehlenden Möglichkeit der erfolgreichen Antragstellung auf Einleitung eines Klagezulassungsverfahrens (→ Rn. 57) nicht kommen. Die BGB-Gesellschaft endet in beiden Fällen mit Abschluss des Klageverfahrens, da dann der vereinbarte Zweck (Geltendmachung der Ersatzansprüche im Wege der Prozessstandschaft) erreicht wurde (§ 726 BGB), sofern die Gesellschafter nichts anderes vereinbart haben.

Bei der Geltendmachung der Ersatzansprüche der Gesellschaft durch die Aktionärsminderheit 148 handelt es sich um einen **eingeschränkten Fall der gesetzlichen Prozessstandschaft,** da die Gesellschaft zum einen nach Abs. 3 jederzeit berechtigt ist, die Ersatzansprüche selbst geltend zu machen und die Geltendmachung des Anspruches durch die Aktionärsminderheit dadurch auszuschließen (→ Rn. 131 ff.). Zum anderen muss die Klage nach Abs. 4 S. 1 innerhalb von drei Monaten nach Rechtskraft der Entscheidung des Gerichts im Klagezulassungsverfahren erhoben werden (→ Rn. 152).

---

[257] Vgl. dazu ausf. *Mock* RabelsZ 72 (2008), 264 (298 f.).
[258] So ausdrücklich RegBegr UMAG, BT-Drs. 15/5092, 23; zum Begriff der Prozessstandschaft s. Stein/Jonas/ *Bork* ZPO Vor § 50 Rn. 48 ff.; *Grunsky* FS 50 Jahre BGH, 2000, 109 (110 ff.).
[259] *K. Schmidt/Lutter/Spindler* Rn. 41; aA aber *Mimberg* in Marsch-Barner/Schäfer Börsennotierte AG-HdB Rn. 49; *Arnold* ZIP 2005, 2081 (2087).
[260] Zur Parteirolle des Prozessstandschafters vgl. Musielak/Voit/*Weth* ZPO § 51 Rn. 24.
[261] OLG Hamm FamRZ 1988, 187 (189); Musielak/Voit/*Weth* ZPO § 51 Rn. 24.
[262] RegBegr UMAG, BT-Drs. 15/5092, 23.
[263] Ebenso Hüffer/Koch/*Koch* Rn. 16; *Mimberg* in Marsch-Barner/Schäfer Börsennotierte AG-HdB Rn. 40.33; *Arnold* ZIP 2005, 2081 (2083 f.); aA aber Großkomm AktG/*G. Bezzenberger/T. Bezzenberger* Rn. 238; zum Quorumserfordernis im Klagezulassungsverfahren → Rn. 47 ff.

149 Ungeklärt ist aber auch, in welchem **Rechtsverhältnis die qualifizierte Aktionärsminderheit zur Gesellschaft** steht. Denn das Vorliegen einer gesetzlichen Prozessstandschaft (→ Rn. 146) beschreibt nur das zivilprozessuale Verhältnis. Da die qualifizierte Aktionärsminderheit die Ersatzansprüche für die Gesellschaft geltend macht, wird von einem Geschäftsbesorgungsvertrag (§§ 675, 611) auszugehen sein, der bei einer fehlenden Verfasstheit der qualifizierten Aktionärsminderheit als BGB-Außengesellschaft mit allen Aktionären einerseits und der Gesellschaft andererseits geschlossen wird. Dies hat allerdings die Folge einer gesamtschuldnerischen Haftung der Aktionäre gegenüber der Gesellschaft, der man zwar durch die Beschränkung des Haftungsmaßstabes begegnen kann (→ Rn. 56 f.), die im Ergebnis aber letztlich eine prohibitive Wirkung hat.

150 Auf die Bestellung eines **besonderen Vertreters** verzichtet die neue Regelung vollständig. Dieser kann auch nicht durch ein Minderheitsverlangen nach § 147 Abs. 2 S. 2 bestellt werden, da dafür zunächst ein verpflichtender Hauptversammlungsbeschluss nach § 147 Abs. 1 notwendig ist (→ § 147 Rn. 70). Soweit allerdings ein besonderer Vertreter bestellt wird, ist die Klageerhebung durch die Aktionäre unzulässig, wenn dieser selbst Klage erhebt (→ Rn. 138).

151 b) **Stellung der Gesellschaft.** Die Gesellschaft ist in dem von der qualifizierten Aktionärsminderheit betriebenen Klageverfahren – wie auch schon im Klagezulassungsverfahren (→ Rn. 100 f.) – lediglich **Beigeladene** (Abs. 2 S. 9 Alt. 2). Dadurch sollen sie in die Lage versetzt werden, die gerichtliche Anspruchsverfolgung zu überwachen. Als Beigeladene ist sie aber nicht Partei des Klageverfahrens und hat insofern auch kein Vetorecht bei verfahrensbeendenden Prozesshandlungen, was aber nicht die Mitwirkungsrechte der Hauptversammlung bei verfahrensbeendenden Prozesshandlungen berührt (→ Rn. 166 ff.). Aus der Stellung als Beigeladene folgt allerdings nicht automatisch das **Recht zur Nebenintervention** (§§ 66 ff. ZPO), zu der aufgrund der jederzeitigen Möglichkeit zur eigenen Klageerhebung auch kein praktischer Bedarf besteht.[264]

152 c) **Voraussetzungen für die Klageerhebung.** Im Falle eines erfolgreichen Klagezulassungsverfahrens muss die Klage durch die Aktionärsminderheit innerhalb von **drei Monaten nach Rechtskraft der Entscheidung** des Gerichts im Klagezulassungsverfahren erhoben werden (Abs. 4 S. 1), so dass eine etwaige Beschwerde zu berücksichtigen ist.[265] Die Prozessstandschaft der Aktionäre ist somit zeitlich befristet.[266] Die Frist berechnet sich nach § 222 ZPO iVm §§ 187 ff. BGB. Der Beginn der Frist bestimmt sich nach § 253 Abs. 1 ZPO, § 167 ZPO. Eine nach Ablauf der Frist erhobene Klage durch eine qualifizierte Aktionärsminderheit ist als unzulässig abzuweisen.[267]

153 Während dieses Zeitraumes und danach besteht keine Verpflichtung für die Aktionäre, den gesamten **für die Erreichung des Quorums erforderlichen Aktienbesitz**[268] zu halten. Durch die Zulassungsvoraussetzungen im Klagezulassungsverfahren (→ Rn. 43 ff.) wurde den Schutzinteressen der Gesellschaft vor einem Missbrauch des Klagerechts ausreichend Rechnung getragen, auch wenn das Quorum nach Abs. 1 S. 1 nur im Zeitpunkt der Antragstellung erreicht werden muss (→ Rn. 53 ff.). Daher können die Aktionäre ihre Aktien direkt nach der Antragstellung auch veräußern, ohne dass damit aber eine Übertragung der verfahrensrechtlichen Stellung im Klagezulassungsverfahren oder in einem späteren Klageverfahren verbunden wäre.[269] § 265 Abs. 2 ZPO kommt insofern nicht zur Anwendung. Allerdings kommt eine **völlige Aufgabe der Aktionärseigenschaft** nicht in Betracht, da Abs. 4 ausdrücklich auf eine Klageerhebung durch die Aktionäre abstellt. Dies gilt allerdings nicht für ein *squeeze out* (→ Rn. 59).

154 Nach Zulassung des Antrags müssen die Aktionäre erneut eine **Aufforderung zur Klageerhebung** an die Gesellschaft richten (Abs. 4 S. 1), wobei diese nicht die Rechtskraft der Klagezulassungsentscheidung abwarten müssen.[270] Die Erklärungsfrist für die Gesellschaft wird hier allerdings einen Monat wohl nicht überschreiten können, da die Gesellschaft schon im Rahmen des Klagezulassungsverfahrens zur Klageerhebung aufgefordert wurde und diese im Klagezulassungsverfahren beigeladen war.[271] Das Erfordernis einer erneuten Aufforderung zur Klageerhebung wird aufgrund der positiven

---

[264] AA aber *Menke*, Die zivilprozessuale Beiladung im Klageverfahren gem. § 148 AktG, 2012, 198 ff.
[265] Vgl. dazu *Winnen*, Die Innenhaftung des Vorstands nach dem UMAG, 2009, 425 f.
[266] Insofern von einer limitierten Prozessstandschaft sprechend *K. Schmidt* 63. DJT II/1, 2001, O, S. 11 (31); ähnlich Kölner Komm AktG/*Rieckers/Vetter* Rn. 575.
[267] *Mimberg* in Marsch-Barner/Schäfer Börsennotierte AG-HdB Rn. 40.50.
[268] NK-AktR/*Lochner* Rn. 8; *Mimberg* in Marsch-Barner/Schäfer Börsennotierte AG-HdB Rn. 40.33; aA aber Großkomm AktG/*G. Bezzenberger/T. Bezzenberger* Rn. 228.
[269] Kölner Komm AktG/*Rieckers/Vetter* Rn. 559.
[270] Grigoleit/*Herrler* Rn. 17; *K. Schmidt*/Lutter/*Spindler* Rn. 46; aA aber Großkomm AktG/*G. Bezzenberger/T. Bezzenberger* Rn. 231, die eine Aufforderung erst nach Rechtskraft der Zulassungsentscheidung für zulässig halten.
[271] Vgl. NK-AktR/*Lochner* Rn. 26.

Zulassungsentscheidung meist tatsächlich zu einer Klageerhebung durch die Gesellschaft führen,[272] zumal sich dann der Ermessensspielraum der zuständigen Verwaltungsorgane nach § 147 Abs. 1 entsprechend verengt hat (→ Rn. 133).

Aufgrund der grundsätzlichen Bedingungsfeindlichkeit von Prozesshandlungen können die Aktionäre die Klage nicht unter der **Bedingung einer fehlenden Klageerhebung durch die Gesellschaft** erheben, auch wenn es letztlich entweder durch die Aktionäre oder durch die Gesellschaft zu einer Klageerhebung kommt.

Auch wenn die qualifizierte Aktionärsminderheit nach Vorliegen der Voraussetzung von Abs. 4 die entsprechende Klage ohne weiteres erheben kann, sollte jedenfalls die **Rechtskraft der Entscheidung** aus dem Klagezulassungsverfahren abgewartet werden, da die Klage sonst nach § 148 ZPO ohnehin ausgesetzt wird (→ Rn. 117). Da die Klage nur innerhalb von drei Monaten nach Rechtskraft der Entscheidung erhoben werden muss, drohen insoweit auch keine Nachteile.

d) **Verfahrensgrundsätze.** Für die Klage ist ebenso wie für das Klagezulassungsverfahren **das Landgericht zuständig**, in dessen Bezirk die Gesellschaft ihren Sitz hat (Abs. 4 S. 1 iVm Abs. 2 S. 1). Dabei handelt es sich um eine ausschließliche[273] (örtliche) Zuständigkeit. Bei grenzüberschreitenden Sachverhalten bestimmt sich die **internationale Zuständigkeit** aber nach der Brüssel-Ia-VO, so dass grundsätzlich auch eine Anspruchsverfolgung in einem anderen Mitgliedstaat in Betracht kommt. Außerhalb des Anwendungsbereichs der Brüssel-Ia-VO ergibt sich die internationale Zuständigkeit aus Abs. 4 S. 1 analog.[274]

Soweit die Anspruchsgegner der Ersatzansprüche und die Gesellschaft eine **Schiedsvereinbarung** hinsichtlich etwaiger Ersatzansprüche getroffen haben, ist diese auch für die qualifizierte Aktionärsminderheit verbindlich.[275] Fehlt es hingegen an einer solchen Schiedsabrede, kann diese auch nicht – im Gegensatz zum besonderen Vertreter (→ § 147 Rn. 114) – durch die qualifizierte Aktionärsminderheit mit den Anspruchsgegnern getroffen werden, da durch das erfolgreiche Klagezulassungsverfahren lediglich eine Klagebefugnis vermittelt wird.[276] Für eine solche Schiedsabrede bedarf es vielmehr der Zustimmung der Gesellschaft als Inhaberin der Ersatzansprüche.

Die Klage muss sich **gegen die Anspruchsgegner der Ersatzansprüche** und auf **Leistung an die Gesellschaft** richten (Abs. 4 S. 2), da die Klage ansonsten aufgrund mangelnder Klagebefugnis als unzulässig abgewiesen wird. Im Übrigen bleibt es der qualifizierten Aktionärsminderheit unbenommen, von der durch das erfolgreiche Klagezulassungsverfahren erlangten Prozessführungsbefugnis in kleinerem Umfang Gebrauch zu machen.

Mit Erhebung der Klage ist eine **Nebenintervention** bezüglich dieser Klage durch andere Aktionäre ausgeschlossen (Abs. 4 S. 3). Dadurch soll eine Umgehung des Klagezulassungsverfahrens verhindert werden.[277] Auch wenn Abs. 4 S. 3 die Nebenintervention grundsätzlich ausschließt, kann dies nicht gelten, wenn einer Person der Streit verkündet wird. Ansonsten könnte eine Streitverkündung durch den bloßen Erwerb einer Aktie und der damit verbundenen Aktionärsstellung ausgeschlossen werden.[278]

Nachfolgekläger können allerdings ein eigenes Klagezulassungsverfahren anstrengen, wobei dieses regelmäßig aus überwiegenden Gründen des Gesellschaftswohls nach Abs. 1 S. 2 Nr. 4 ausgeschlossen sein wird (→ Rn. 90 ff.). Soweit das Gericht dem Antrag stattgibt, kann dann auch eine Klageerhebung durch die Aktionäre erfolgen. Mit Klageerhebung durch die Aktionäre wird somit **keine Rechtshängigkeit** der Streitsache nach § 261 Abs. 3 Nr. 1 ZPO begründet.[279]

Für den Fall, dass im Rahmen des Klagezulassungsverfahrens mehrere Klagen zugelassen wurden, sind diese **zur gleichzeitigen Verhandlung und Entscheidung zu verbinden** (S. 4). Voraussetzung dafür ist allerdings, dass es sich bei den Klagen um einen identischen Streitgegenstand handelt. Es muss sich daher um denselben Beklagten, denselben Antrag und denselben Klagegrund handeln.[280]

---

[272] Ebenso in der Einschätzung *Koch* ZGR 2006, 769 (777); *Mimberg* in Marsch-Barner/Schäfer Börsennotierte AG-HdB Rn. 40.51; *Paschos/Neumann* DB 2005, 1779 (1781); *Arnold* ZIP 2005, 2081 (2086).
[273] *Happ* FS Westermann, 2008, 971 (978).
[274] Vgl. dazu ausf. *Mock* RabelsZ 72 (2008), 264 (279 ff.).
[275] Ausf. *Mock* FS Meilicke, 2010, 489 (508).
[276] *Mock* FS Meilicke, 2010, 489 (508).
[277] RegBegr UMAG, BT-Drs. 15/5092, 23.
[278] Ebenso *Arnold* ZIP 2005, 2081 (2087).
[279] So ausdrücklich RegBegr UMAG, BT-Drs. 15/5092, 23; aA aber *Paschos/Neumann* DB 2005, 1779 (1782); so auch schon *DAV* BB-Beil. Heft 4/2003, 1 (4) zum Gesetzgebungsvorschlag der Regierungskommission Corporate Governance, der hier von einer Rechtshängigkeit durch Erhebung der ersten Klage ausgeht; ausf. dazu *Bork* ZIP 2005, 66 (66 f.).
[280] *Arnold* ZIP 2005, 2081 (2087); zur Identität des Streitgegenstandes vgl. Musielak/Voit/*Foerste* ZPO § 261 Rn. 10 ff.

Die Verbindung hat zur Folge, dass die Verhandlung, die Beweisaufnahme und die Entscheidung der verbundenen Verfahren einheitlich erfolgt.[281] Durch die Verbindung der Klageverfahren werden mehrere Aktionärsminderheiten notwendige Streitgenossen (§ 62 ZPO), da sich die Rechtskraft auf alle Aktionäre erstreckt (Abs. 5).

163 Weitgehend ungeklärt ist bisher, welche **Informationsrechte die klagenden Aktionäre** im Rahmen der Geltendmachung der Ansprüche haben, um ihrer Darlegungs- und Beweislast im Prozess nachzukommen.[282] Diese können zwar nunmehr unter erleichterten Voraussetzungen eine Sonderprüfung einleiten, jedoch besteht keine Möglichkeit der Bestellung eines besonderen Vertreters für die Geltendmachung der Ansprüche mehr (→ Rn. 34).

164 **e) Pflichtenmaßstab der qualifizierten Aktionärsminderheit.** Weitgehend ungeklärt ist, welchem Pflichtenmaßstab die qualifizierte Aktionärsminderheit bei der Geltendmachung der Ersatzansprüche unterliegt. Dies ist nicht unproblematisch, da ebenso wie bei der Geltendmachung von Ersatzansprüchen durch die zuständigen Gesellschaftsorgane oder durch den besonderen Vertreter (§ 147 Abs. 2 → § 147 Rn. 64 ff.) unsachgemäße Entscheidungen getroffen werden können, die zu einer verringerten Realisierung oder sogar zu einem Totalverlust hinsichtlich der geltend zu machenden Ersatzansprüche führen. Dem kann auch nicht der Umstand entgegengehalten werden, dass die Ersatzansprüche aufgrund ihrer Höhe bei der Geltendmachung in der Regel dem Anwaltszwang unterliegen (§ 78 ZPO) und insofern auf die Grundsätze der Anwaltshaftung abgestellt werden kann. Denn auch in diesem Zusammenhang bleibt es bei einer Weisungsgebundenheit der anwaltlichen Vertreter gegenüber der qualifizierten Aktionärsminderheit. Im Ergebnis wird man einen Pflichtenmaßstab und die grundsätzliche Möglichkeit einer Haftung der qualifizierten Aktionärsminderheit gegenüber der Gesellschaft nicht ablehnen können, muss diese aber wohl auf **grobe Fahrlässigkeit und Vorsatz** im Rahmen des Anspruchs auf Schadenersatz aus dem Geschäftsbesorgungsverhältnisses (→ Rn. 149) nach §§ 675, 611, 280 Abs. 1 beschränken.

165 Eine **Weisungsgebundenheit** der qualifizierten Aktionärsminderheit gegenüber dem Vorstand, dem Aufsichtsrat oder der Hauptversammlung besteht nicht. Allerdings können diese durch eine Klageerhebung (→ Rn. 131 ff.) bzw. die Bestellung eines besonderen Vertreters und dessen Klageerhebung (→ Rn. 34) jederzeit das Verfahren der qualifizierten Aktionärsminderheit entziehen.

Für den Pflichtenmaßstab hinsichtlich der **verfahrensbeendenden Prozesshandlungen** → Rn. 166 ff.

166 **f) Verfahrensbeendende Prozesshandlungen.** Die qualifizierte Aktionärsminderheit kann als Herrin des Verfahrens grundsätzlich auch einen **Vergleich** schließen und das Verfahren entsprechend beenden.[283] Auch wenn die qualifizierte Aktionärsminderheit nur Prozessstandschafter und nicht Anspruchsinhaber ist, kann sie aufgrund von Abs. 5 S. 2 im Rahmen des Vergleichs sowohl über eine Klagerücknahme als auch über den Anspruch selbst disponieren.

167 Die klagende Aktionärsminderheit unterliegt bei Abschluss eines Vergleichs aber – ebenso wie die vertretungsberechtigten Gesellschaftsorgane – den **Einschränkungen des § 93 Abs. 4 S. 3 und 4**,[284] wobei dabei die dreijährige Sperrfrist keine Anwendung findet (Abs. 6 S. 4 analog).[285] Somit ist die Herbeiführung eines entsprechenden Hauptversammlungsbeschlusses notwendig, ohne dass gegen diesen ein Widerspruch durch eine Aktionärsminderheit erklärt wird. Da Vergleichsverhandlungen und Hauptversammlung zeitlich weit auseinander liegen können, kann in dem Vergleich eine entsprechende Wirksamkeitsbedingung aufgenommen werden.

168 Ein solcher Vergleich wirkt für und gegen die Gesellschaft und die Aktionäre, so dass weder ein neues Klagezulassungsverfahren noch ein Klageverfahren zulässig sind. Der Vergleich muss **nach § 149 bekannt gemacht** werden, wobei die Wirksamkeit nicht davon abhängt (§ 149 Abs. 2 S. 4). Dies gilt unabhängig davon, ob es sich um eine börsennotierte Gesellschaft handelt.[286]

169 Die Aktionäre können auch eine **Klagerücknahme** erklären. Sie sind als gesetzliche Prozessstandschafter Herren des Verfahrens und können daher auch alle Prozesshandlungen vornehmen.[287] Sobald

---

[281] *Rosenberg/Schwab/Gottwald* ZivilProzR § 78 Rn. 17.
[282] Krit. hierzu vor allem *Langenbucher* DStR 2005, 2083 (2090); *Seibt* WM 2004, 2137 (2142); *Semler* AG 2005, 321 (331).
[283] Kölner Komm AktG/*Rieckers/Vetter* Rn. 600 ff.
[284] Vgl. MüKoAktG/*Arnold* Rn. 91; Großkomm AktG/*G. Bezzenberger/T. Bezzenberger* Rn. 244; MHdB AG/*Bungert* § 43 Rn. 4; NK-AktR/*Lochner* Rn. 51; *Mimberg* in Marsch-Barner/Schäfer Börsennotierte AG-HdB Rn. 40.56; *Paschos/Neumann* DB 2005, 1779 (1785); K. Schmidt/Lutter/*Spindler* Rn. 51; aA Kölner Komm AktG/*Rieckers/Vetter* Rn. 599.
[285] Im Ergebnis ebenso Hüffer/Koch/*Koch* Rn. 21; *Mimberg* in Marsch-Barner/Schäfer Börsennotierte AG-HdB Rn. 40.56; *Paschos/Neumann* DB 2005, 1779 (1785); K. Schmidt/Lutter *Spindler* Rn. 52.
[286] Großkomm AktG/*G. Bezzenberger/T. Bezzenberger* Rn. 245.
[287] Ebenso Großkomm AktG/*G. Bezzenberger/T. Bezzenberger* Rn. 243; ähnlich MüKoAktG/*Arnold* Rn. 92.

der Beklagte allerdings zur Hauptsache verhandelt hat, ist für die Klagerücknahme seine Einwilligung erforderlich (§ 269 Abs. 1 ZPO).

g) Zwangsvollstreckung. Keinerlei Regelung enthält § 148 zu der Frage, wer nach einer erfolgreichen gerichtlichen Geltendmachung die Zwangsvollstreckung betreiben soll. Konsequenterweise wird man der qualifizierten Aktionärsminderheit auch die Zwangsvollstreckung gestatten müssen, da anderenfalls das Unterlassen der Vollstreckung durch die ansonsten zuständigen Gesellschaftsorgane droht und somit der gesamte **Regelungszweck von § 148** (→ Rn. 3 f.) relativiert werden würde.[288] Allerdings ist es der Gesellschaft in Fortführung des Regelungsgedankens von Abs. 3 (→ Rn. 131 ff.) jederzeit möglich, die Zwangsvollstreckung selbst zu verfolgen.

3. Urteilswirkung (Abs. 5). Das Urteil wirkt für und gegen die Gesellschaft und alle Aktionäre. Diese umfassende **Rechtskrafterstreckung** findet ihre Begründung darin, dass es sich hier nur um einen einzigen Anspruch handelt, der lediglich durch mehrere Kläger im Wege der gesetzlichen Prozessstandschaft geltend gemacht wird.[289] Davon umfasst sind auch diejenigen Aktionäre, die bisher noch nicht aktiv geworden sind. Zudem gilt die Urteilswirkung sowohl für den Fall der Klageerhebung durch die Aktionäre (Abs. 4 → Rn. 145 ff.) als auch die Gesellschaft (Abs. 3 → Rn. 131 ff.).

Im Falle eines **ungünstigen Verlaufs des durch die Aktionäre angestrengten Klageverfahrens** können die übrigen Aktionäre den Ausgang des Klageverfahrens durch die Beantragung eines eigenen Klagezulassungsverfahrens aber noch beeinflussen. Gibt das Gericht dem Antrag der übrigen Aktionäre statt, sind das alte und das neue Klageverfahren dann zu verbinden, so dass die übrigen Aktionäre weitere Informationen oder Informationsquellen in das Klageverfahren einbringen können. Ebenso kann die Gesellschaft vor der Entscheidung selbst Klage erheben und das Klageverfahren durch die Aktionäre unzulässig werden lassen.

Für die Möglichkeit des **Abschlusses eines Vergleichs** → Rn. 143 und → Rn. 167.

4. Kosten (Abs. 6 S. 4 und 5). Im Klageverfahren gelten die §§ 91, 92 ZPO, so dass im Grundsatz derjenige die Kosten des Verfahrens tragen muss, der in diesem unterliegt. Da die §§ 91, 92 ZPO allerdings dem **Umstand der Prozessstandschaft** nicht ausreichend Rechnung tragen, enthält Abs. 6 eine Reihe von Regelungen zur Kostenverteilung hinsichtlich der klagenden Aktionärsminderheit.

a) Grundsatz (Abs. 6 S. 4). Soweit die klagende Aktionärsminderheit vollständig obsiegt, tragen die Anspruchsgegner die Kosten (§ 91 Abs. 1 ZPO), so dass die Gesellschaft insofern nicht berührt wird. Wenn die Klage der Aktionärsminderheit ganz oder teilweise abgewiesen wird, trägt diese die dabei entstehenden Kosten (§ 92 Abs. 1 ZPO), hat dann allerdings einen materiell-rechtlichen **Kostenerstattungsanspruch gegen die Gesellschaft** (Abs. 6 S. 5). Diese Kostenverteilung wird durch die Prüfung der Erfolgsaussichten der Klage im Klagezulassungsverfahren gerechtfertigt.[290] Sofern die **Gesellschaft selbst Klage erhebt oder ein anhängiges Klageverfahren übernimmt**, hat sie den bisherigen Klägern deren Kosten zu ersetzen (Abs. 6 S. 4). Keinen Kostenerstattungsanspruch haben die Aktionäre allerdings als Beigeladene.[291]

b) Ausschluss des Kostenerstattungsanspruchs. Der Kostenerstattungsanspruch der klagenden Aktionärsminderheit ist allerdings bei einer vollständigen oder teilweisen Abweisung der Klage ausgeschlossen, wenn die Zulassung des Antrags durch **vorsätzlich oder grob fahrlässig unrichtigen Vortrag** erwirkt wurde (Abs. 6 S. 5 aE). Dies kann insbesondere dann der Fall sein, wenn die Aktionäre als Antragsteller im Klagezulassungsverfahren Angaben aufgebauscht, sensationell aufgemacht oder frei erfunden haben. Der Kostenerstattungsanspruch muss ggf. mit einer gesonderten Leistungsklage durchgesetzt werden.[292]

Dieser Ausschlusstatbestand erstreckt sich allerdings nur auf den Kostenerstattungsanspruch bei einer vollständigen oder teilweisen Abweisung der Klage. Der Kostenerstattungsanspruch nach Abs. 6 S. 4 bei einer **eigenen Klageerhebung der Gesellschaft oder der Übernahme eines anhängigen Klageverfahrens** ist einem solchen Vorbehalt nicht ausgesetzt. Ein solcher lässt sich auch nicht mit der Begründung herleiten, dass die Gesellschaft bei einem positiven Ausgang des Klagezulassungsverfahrens unter Druck steht, selbst Klage zu erheben. Die Gesellschaft ist aufgrund ihres Informationsvorsprungs und ihrer umfassenden Ermittlungsmöglichkeiten ohne weiteres in der Lage, die

---

[288] AA Bürgers/Körber/*Holzborn/Jänig* Rn. 18; Hüffer/Koch/*Koch* Rn. 19 mit dem Erfordernis der Umschreibung des Titels.
[289] RegBegr UMAG, BT-Drs. 15/5092, 23.
[290] RegBegr UMAG, BT-Drs. 15/5092, 24.
[291] Paschos/Neumann DB 2005, 1779 (1784); K. Schmidt/Lutter/*Spindler* Rn. 53.
[292] Großkomm AktG/G. *Bezzenberger*/T. *Bezzenberger* Rn. 250.

Erfolgsaussichten eines Klageverfahrens nach einem positiven Ausgang des Klagezulassungsverfahrens zu ermitteln.

178 **c) Kosten von Bevollmächtigten.** Zu den Kosten der Bevollmächtigten zählt vor allem die anwaltliche Vergütung, die sich nach **RVG**-Sätzen richtet. Die Vereinbarung eines **Erfolgshonorars** ist – im Gegensatz zum Klagezulassungsverfahren (→ Rn. 113) – nicht möglich, da es an der Voraussetzung des § 4a RVG fehlt, dass die klagenden Aktionäre aufgrund ihrer wirtschaftlichen Verhältnisse bei verständiger Betrachtung ohne die Vereinbarung eines Erfolgshonorars von der Rechtsverfolgung abgehalten würden. Denn nach einem erfolgreichen Klagezulassungsverfahren trägt die Aktiengesellschaft – mit der Ausnahme, dass die Kläger die Zulassung durch vorsätzlich oder grob fahrlässig unrichtigen Vortrag erwirkt haben (→ Rn. 176) – stets die Kosten des Klageverfahrens.

179 Die Kosten der Bevollmächtigten der Aktionäre werden nach Abs. 6 S. 6 nur soweit ersetzt, als sie für die Rechtsdurchsetzung unerlässlich waren. Insoweit wird der zivilprozessrechtliche Grundsatz eingeschränkt, dass jeder Streitgenosse für sich einen eigenen Prozessbevollmächtigten bestellen und Kostenerstattung verlangen kann. Dies ist insbesondere kritisch zu sehen, da für die Beklagten eine derartige Beschränkung nicht besteht.[293] Dies ist vor dem Hintergrund der hier vorliegenden Prozessstandschaft allerdings hinnehmbar, da die Aktionäre keine eigenen Rechte sondern lediglich Rechte der Gesellschaft geltend machen.[294] Die **Einschaltung weiterer Bevollmächtigter** bedarf daher einer besonderen Rechtfertigung. Eine solche wird regelmäßig bei krassen Interessengegensätzen zwischen Antragsteller und Streitgenossen angenommen werden müssen. Lediglich unterschiedliche Wohnorte reichen nicht aus.[295]

180 Die Beschränkung der Kostenerstattung auf einen Bevollmächtigen hindert die Aktionäre allerdings nicht, für ihre Klage mehrere Bevollmächtigte mit der Geltendmachung der Ersatzansprüche zu betrauen, auch wenn diese für die Rechtsverfolgung nicht unerlässlich sind. In einem solchen Fall erfolgt eine **Verteilung der Kostenerstattung** nach der jeweiligen Höhe der Aktienbeteiligung der klagenden Aktionäre.

181 Sind mehrere Klagezulassungsverfahren erfolgreich gewesen, werden die Klagen miteinander verbunden (Abs. 4 S. 4), so dass die jeweiligen Aktionärsminderheiten Streitgenossen werden (→ Rn. 146 ff.). Somit gilt die grundsätzliche Beschränkung der Kostenerstattung für lediglich einen Bevollmächtigten nicht nur innerhalb einer Aktionärsminderheit, sondern auch bei mehreren im Klagezulassungsverfahren erfolgreichen Aktionärsminderheiten. Keine Regelung trifft Abs. 6 S. 6 bezüglich der Frage, welcher der Bevollmächtigten bei der Bestellung mehrerer Bevollmächtigter für die Geltendmachung unerlässlich ist. Sind mehrere Klagezulassungsverfahren erfolgreich gewesen, kann jeder Aktionär bzw. jede Aktionärsminderheit für sich in Anspruch nehmen, einen Bevollmächtigten mit vollständiger Kostenerstattung durch die Gesellschaft zu betrauen. Abs. 6 S. 6 Hs. 2 legt hier zwar nahe, dass nach dem **Prioritätsgrundsatz** verfahren werden soll *(weiterer Bevollmächtigter),* so dass lediglich die zuerst klagende Aktionärsminderheit in jedem Fall einen Erstattungsanspruch für ihren Bevollmächtigten hat. Dieses Ergebnis erscheint allerdings fragwürdig, da somit nicht eine bestmögliche Vertretung der Gesellschaft sichergestellt wird. Die Kostenerstattung für einen weiteren Bevollmächtigten aufgrund der Ungeeignetheit des Bevollmächtigten der zuerst klagenden Aktionäre kann wohl nicht als unerlässlich im Sinne von Abs. 6 S. 6 Hs. 2 betrachtet werden. *De lege lata* ist daher von einem vollständigen Kostenerstattungsanspruch der zuerst klagenden Aktionärsminderheit auszugehen. Später klagende Aktionärsminderheiten können für ihren Bevollmächtigten nur dann einen Kostenerstattungsanspruch geltend machen, wenn sie dessen Unerlässlichkeit für die Rechtsverfolgung nachweisen.

182 *De lege ferenda* sollte daher in Anlehnung an den *lead plaintiff* im **US-amerikanischen Recht**[296] die Möglichkeit einer gerichtlichen Auseinandersetzung über diese Frage zwischen den Aktionären geschaffen werden, wer die Aktionäre im Klageverfahren vertreten soll (zu den Reformüberlegungen → Rn. 28).

183 **d) Kosten für die Aufforderung im Aktionärsforum.** Eine Erstattung der Kosten für die Aufforderung im Aktionärsforum, sich der Aktionärsminderheit anzuschließen, ist – entgegen dem Referentenentwurf des UMAG – nicht vorgesehen.

---

[293] Krit. hierzu *Meilicke/Heidel* DB 2005, 1479 (1482) mit dem Verweis auf eine Verletzung des Grundprinzips der Waffengleichheit im Zivilprozess.
[294] RegBegr UMAG, BT-Drs. 15/5092, 24.
[295] RegBegr UMAG, BT-Drs. 15/5092, 24.
[296] Sec. 27 (a)(3) Securities Act (15 U S C § 77 z-1), Sec. 21D (a)(3) Exchange Act (15 U S C § 78 u-4); zur Rechtsfigur des *lead plaintiff* vgl. *Cox/Hillman/Langevoort,* Securities Regulation, S. 830 f.

e) Streitwert. Der Streitwert ist nach § 3 ZPO nach freiem Ermessen festzusetzen und entspricht 184
in der Regel der **Höhe des jeweiligen Ersatzanspruchs.** Dabei ist der Streitwert aber auf 30
Millionen EUR bzw. 100 Millionen EUR begrenzt (§ 39 Abs. 2 GKG, § 22 Abs. 2 S. 1 RVG). Die
Beschränkung des § 53 Abs. 1 Nr. 5 GKG findet aufgrund der ausdrücklichen Bezugnahme auf das
Klagezulassungsverfahren insoweit keine Anwendung.

5. Eröffnung des Insolvenzverfahrens. Die **Eröffnung des Insolvenzverfahrens über das** 185
Vermögen der Gesellschaft führt bei einer Klageerhebung durch die Gesellschaft zu einer Unterbrechung des Klageverfahrens nach § 240 ZPO.[297] Bei den Ersatzansprüchen handelt es sich um
Ansprüche der Gesellschaft, so dass durch die gerichtliche Geltendmachung im Klageverfahren die
Insolvenzmasse betroffen ist. Die Gesellschaft ist auch als Klägerin Partei des Verfahrens. Der Insolvenzverwalter kann das Klageverfahren aufnehmen (§ 85 Abs. 1 InsO). Die **Ablehnung der Übernahme** durch den Insolvenzverwalter führt zu einer Freigabe der Ersatzansprüche und zu einer
Beendigung der Unterbrechung des Verfahrens nach § 240 ZPO.[298] Diese können dann zwar grundsätzlich von den zuständigen Organen der Gesellschaft geltend gemacht werden. Die Kosten für die
Verfolgung der Ansprüche können die Insolvenzmasse allerdings nicht belasten. Diese sind vielmehr
aus dem insolvenzfreien Vermögen der Gesellschaft – also dem Ersatzanspruch – zu bestreiten. Mit
Ablehnung der Übernahme lebt die Klagebefugnis der qualifizierten Aktionärsminderheit nicht
wieder auf (→ Rn. 142).

Bei Klageerhebung durch die Aktionäre führt die **Eröffnung des Insolvenzverfahrens über** 186
das Vermögen der Gesellschaft ebenfalls zu einer Unterbrechung des Klageverfahrens nach § 240
ZPO. Die Gesellschaft ist in diesem Verfahren zwar – ebenso wie im Klagezulassungsverfahren
(→ Rn. 100 f.) – lediglich Beigeladende und damit nicht Partei des Rechtsstreits (→ Rn. 151).
Allerdings handelt es sich um Ansprüche der Gesellschaft, so dass von einer Betroffenheit nach § 240
ZPO auszugehen ist. Lehnt der Insolvenzverwalter die Aufnahme ab, erklärt er damit sogleich die
Freigabe des Anspruchs.

Bei der **Eröffnung des Insolvenzverfahrens über das Vermögen eines Aktionärs** wird 187
das Klageverfahren nicht nach § 240 ZPO unterbrochen. Der Aktionär ist zwar als gesetzlicher
Prozessstandschafter Partei des Verfahrens, das Verfahren hat aber keine Rückwirkungen auf die
Insolvenzmasse des Aktionärs, da es sich bei den geltend gemachten Ansprüchen um solche der
Gesellschaft handelt.[299] Der Aktionär macht den Anspruch der Gesellschaft im Wege der Prozessstandschaft geltend, so dass bei einem erfolgreichen Ausgang des Klageverfahrens an die Gesellschaft
und nicht an den Aktionär geleistet wird.

VI. Freiwillige Einräumung einer Klagebefugnis für Aktionäre

Im Gegensatz zur Rechtslage bei der Sonderprüfung (→ Rn. 244 ff.) kommt eine freiwillige 188
Einräumung einer Klagebefugnis für Aktionäre aufgrund einer Vereinbarung zwischen dem Vorstand
und/oder dem Aufsichtsrat mit Aktionären nicht in Betracht. Die Geltendmachung von Ersatzansprüchen ist Aufgabe des Vorstands oder des Aufsichtsrats und ist als solche **nicht in der Form**
disponibel, dass ein weisungsunabhängiger Dritter zur Geltendmachung der Ersatzansprüche vom
Vorstand oder Aufsichtsrat eingesetzt werden kann. Zudem besteht schon kein Bedürfnis an einer
solchen Vereinbarung, da der Vorstand aufgrund der fehlenden Disponibilität das Verfahren jederzeit
an sich ziehen könnte.

§ 149 Bekanntmachungen zur Haftungsklage

(1) Nach rechtskräftiger Zulassung der Klage gemäß § 148 sind der Antrag auf Zulassung
und die Verfahrensbeendigung von der börsennotierten Gesellschaft unverzüglich in den
Gesellschaftsblättern bekannt zu machen.

(2) ¹**Die Bekanntmachung der Verfahrensbeendigung hat deren Art, alle mit ihr im**
Zusammenhang stehenden Vereinbarungen einschließlich Nebenabreden im vollständigen
Wortlaut sowie die Namen der Beteiligten zu enthalten. ²Etwaige Leistungen der Gesell-

---

[297] Grundlegend *Mock* ZInsO 2010, 2013 (2015); zustimmend MüKoAktG/*Arnold* Rn. 82; Kölner Komm
AktG/*Rieckers/Vetter* Rn. 672.
[298] Grundsätzlich zur Freigabewirkung der Ablehnung der Übernahme BGHZ 163, 32 = NJW 2005, 2015 =
NZI 2005, 387; vgl. grundsätzlich zum Problem des insolvenzfreien Vermögens Uhlenbruck/*Mock* InsO § 85
Rn. 80 ff.
[299] Zur Insolvenz über das Vermögen des Prozessstandschafters vgl. Kübler/Prütting/Bork/*Lüke* InsO § 85
Rn. 26.

schaft und ihr zurechenbare Leistungen Dritter sind gesondert zu beschreiben und hervorzuheben. ³Die vollständige Bekanntmachung ist Wirksamkeitsvoraussetzung für alle Leistungspflichten. ⁴Die Wirksamkeit von verfahrensbeendigenden Prozesshandlungen bleibt hiervon unberührt. ⁵Trotz Unwirksamkeit bewirkte Leistungen können zurückgefordert werden.

(3) Die vorstehenden Bestimmungen gelten entsprechend für Vereinbarungen, die zur Vermeidung eines Prozesses geschlossen werden.

Schrifttum: Schrifttum → § 148.

Übersicht

	Rn.		Rn.
I. Grundlagen	1–6	6. Inhalt der Bekanntmachung	15
1. Zweck der Regelung	1	**III. Wirkung der Bekanntmachung**	
2. Entstehungsgeschichte	2	**(Abs. 2 S. 3–5)**	16–22
3. Rechtspolitische Würdigung	3–6	1. Leistungspflichten	16
II. Bekanntmachung in den Gesellschaftsblättern	7–15	2. Verfahrensbeendigenden Prozesshandlungen	17
1. Antrag auf Zulassung der Klage (Abs. 1)	8, 9	3. Unterlassene Bekanntmachung	18–22
2. Verfahrensbeendigung (Abs. 2)	10, 11	**IV. Vereinbarungen zur Vermeidung des Prozesses (Abs. 3)**	23
3. Verpflichteter	12		
4. Anspruch auf Bekanntmachung	13	**V. Verhältnis zu kapitalmarktrechtlichen Pflichten**	24
5. Berichtspflicht auf der Hauptversammlung	14		

I. Grundlagen

1. Zweck der Regelung. § 149 soll sicherstellen, dass die übrigen Aktionäre **Kenntnis von der Zulassung der Klage** der antragstellenden Aktionäre erlangen. Die **Bekanntmachung der Vereinbarungen und etwaigen Nebenabreden** soll der verbotenen Einlagenrückgewähr durch Vergleichsleistungen vorbeugen. Die übrigen Aktionäre sollen schließlich durch die Unterrichtung über Inhalt und Umfang der Vereinbarungen und etwaiger Nebenabreden auf der folgenden Hauptversammlung besser von ihrem Auskunftsanspruch Gebrauch machen können. Bei § 149 handelt es sich insgesamt um **zwingendes Recht**, so dass in der Satzung von diesem nicht abgewichen werden kann (§ 23 Abs. 5).[1]

2. Entstehungsgeschichte. § 149 ist ebenso wie § 148 im Rahmen des **Gesetzes zur Unternehmensintegrität und Modernisierung des Anfechtungsrechts (UMAG)** eingeführt worden. Zur Entstehungsgeschichte → § 148 Rn. 5 ff.

3. Rechtspolitische Würdigung. § 149 bezieht sich nur auf börsennotierte Gesellschaften. Der Gesetzgeber hat für die nicht **börsennotierten Gesellschaften** eine zwingende Veröffentlichung in den Gesellschaftsblättern für entbehrlich gehalten, da die Aktionäre bei diesen Aktiengesellschaften auch auf andere Weise von dem Vergleich erfahren könnten.[2] Durch die fehlende Anwendung von § 149 auf nicht börsennotierte Gesellschaften entfallen allerdings auch die Wirksamkeitsvoraussetzungen für einen Vergleich nach Abs. 2. Vor dem Hintergrund des Regelungsgedankens des § 149 missbräuchliche Vergleiche zu verhindern, fehlt somit für nicht börsennotierte Gesellschaften eine Hemmschwelle gegen Missbrauch.[3]

Der Antrag auf Zulassung der Klage ist nach Abs. 1 nunmehr vor noch bei einer rechtskräftigen Zulassung der Klage gemäß § 148 in den Gesellschaftsblättern zu veröffentlichen. Der Regierungsentwurf sah hier noch vor, dass die **Bekanntmachung des Antrages auf Zulassung** unverzüglich nach Antragstellung zu erfolgen hat. Die zeitliche Verschiebung der Bekanntmachungspflicht wurde erst durch die Stellungnahme des Bundesrates eingeführt. Durch die zeitliche Verschiebung der Bekanntmachungspflicht soll vor allem ein Druckpotential gegenüber der Gesellschaft verhindert werden, dass durch eine Koordination der antragstellenden Aktionäre aufgebaut werden könnte.[4]

---
[1] MüKoAktG/*Arnold* § 147 Rn. 4.
[2] RegBegr UMAG, BT-Drs. 15/5092, 24.
[3] *Paschos/Neumann* DB 2005, 1779 (1785 f.).
[4] Stellungnahme des BR zum RegE UMAG, BT-Drs. 15/5092, 33 (38 f.).

Eine Koordination soll erst dann weitgehend möglich sein, wenn die Anträge einer gerichtlichen Kontrolle unterlegen haben.

Durch die nunmehr bestehende **Bekanntmachungspflicht zum Zeitpunkt der rechtskräftigen Zulassung der Klage** werden die Koordinierungsmöglichkeiten der Aktionäre allerdings fast vollständig unterbunden. Ein Beitritt zu einer antragstellenden BGB-Gesellschaft oder eine Nebenintervention – wie sie in der Regierungsbegründung als Ziel des Abs. 1 noch angegeben wird[5] – kann durch die jetzige Regelung nicht mehr erreicht werden.[6] Mit Zulassung der Klage wird eine Nebenintervention ausdrücklich ausgeschlossen (§ 148 Abs. 4 S. 3). Den übrigen Aktionären verbleibt daher nur noch die Möglichkeit, ein eigenes Klagezulassungsverfahren zu beantragen, das aber regelmäßig an § 148 Abs. 1 Nr. 4 scheitern wird (→ § 148 Rn. 90 ff.). Die Bekanntmachungspflicht bezüglich des Antrages auf Zulassung ist daher weitgehend wirkungslos.

Die **Bekanntmachung der Verfahrensbeendigung** wird ebenfalls nur geringe praktische Bedeutung haben.[7] Durch § 93 Abs. 4 sind die Möglichkeiten einer vergleichsweisen Beilegung im Klageverfahren bereits weitgehend eingeschränkt. Diese können nur nach drei Jahren mit Zustimmung der Hauptversammlung und ohne Widerspruch einer 10 % Minderheit geschlossen werden (§ 93 Abs. 4 S. 3). Für das Klagezulassungsverfahren bestehen diese Beschränkungen zwar nicht, allerdings ist die Gesellschaft an einen derartigen Vergleich nicht gebunden (§ 148 Abs. 5 S. 2).

II. Bekanntmachung in den Gesellschaftsblättern

Die Bekanntmachungspflicht in den Gesellschaftsblättern erfolgt im Bundesanzeiger (§ 25 S. 1). Sie besteht allerdings nur für **börsennotierte (§ 3 Abs. 2) nicht aber zwingend für kapitalmarktorientierte Gesellschaften.** Für die übrigen Gesellschaften besteht keine Bekanntmachungspflicht.

1. Antrag auf Zulassung der Klage (Abs. 1). Die Bekanntmachungspflicht bezieht sich zunächst auf den **Antrag auf Zulassung der Klage.** Dieser ist aber – entgegen dem Referentenentwurf – erst nach der rechtskräftigen Zulassung der Klage nach § 148 bekannt zu machen. Somit sind sowohl der Antrag auf Zulassung der Klage als auch die Verfahrensbeendigung bekannt zu machen. Die Klagezulassungsentscheidung ist nach Ablauf der Zweiwochenfrist für die sofortige Beschwerde nach § 148 Abs. 2 S. 5 rechtskräftig. Die Ablehnung des Antrages unterliegt keiner Bekanntmachungspflicht.

Neben der Bekanntmachung in den Gesellschaftsblättern bedürfen der Antrag auf Zulassung der Klage und die rechtskräftige Entscheidung über die Zulässigkeit der Klage einer **Ad-hoc-Mitteilung,** soweit eine Kurserheblichkeit vorliegt. Während dies bei der Zulassung der Klage regelmäßig angenommen werden muss, ist dies bei dem Antrag auf Zulassung der Klage nur dann gegeben, wenn der Antrag substantiiert ist.[8] Zum Kapitalmarktrecht allgemein Rn. 24.

2. Verfahrensbeendigung (Abs. 2). Weiterhin umfasst die Bekanntmachungspflicht die **Verfahrensbeendigung.** Der Begriff der Verfahrensbeendigung bezieht sich dabei sowohl auf das Klagezulassungsverfahren als auch auf das Klageverfahren.[9] Dabei kommen alle Arten von Verfahrensbeendigung in Betracht, so dass neben dem Endurteil, auch ein Versäumnisurteil, ein Anerkenntnis, eine Klagerücknahme oder ein Klageverzicht in Betracht kommt.[10] Bei der Bekanntmachung der Verfahrensbeendigung ist deren Art, alle mit ihr im Zusammenhang stehenden Vereinbarungen sowie die Namen der Beteiligten in die Bekanntmachung aufzunehmen.

Die Bekanntmachungspflicht beschränkt sich dabei nicht auf eine bestimmte Art von Vereinbarungen oder Abreden. **Jede Leistungsverpflichtung der Gesellschaft im Zusammenhang mit der Verfahrensbeendigung** ist nach Art und Höhe anzugeben. Davon umfasst sind alle im Vergleich einbezogenen Formen von Prozesskosten- und Aufwandserstattungen, die einvernehmliche Ansetzung des Vergleichswerts, Schadenersatzzahlungen, Honorare für Beratungsleistungen, Gutachten, wissenschaftliche Ausarbeitungen aller Art sowie Zuwendungen, gleich in welcher Form.[11] Keine Bedeutung hat dabei, ob die Leistung den Klägern mittelbar oder unmittelbar zukommt. Nicht

---

[5] RegBegr UMAG, BT-Drs. 15/5092, 24.
[6] Krit. dazu *Paschos/Neumann* DB 2005, 1779 (1781).
[7] Krit. daher auch *Thümmel* DB 2005, 471 (474); *Weiss/Buchner* WM 2005, 162 (171).
[8] NK-AktR/*Lochner* Rn. 3; K. Schmidt/Lutter/*Spindler* Rn. 16; aA aber Großkomm AktG/*G. Bezzenberger/ T. Bezzenberger* Rn. 16 f.
[9] RegBegr UMAG, BT-Drs. 15/5092, 24.
[10] Großkomm AktG/*G. Bezzenberger/T. Bezzenberger* Rn. 19 f.
[11] RegBegr UMAG, BT-Drs. 15/5092, 24; Grigoleit/*Herrler* Rn. 3.

bekannt machungspflichtig sind hingegen die Anwaltsgebühren. Schließlich müssen auch alle am Verfahren **Beteiligten und deren Vertreter**[12] angegeben werden.

12 **3. Verpflichteter.** Die Bekanntmachungspflicht trifft die Gesellschaft. Grundsätzlich obliegt es daher dem **Vorstand** der Bekanntmachungspflicht nachzukommen (§ 76 Abs. 1). Der Vorstand hat die Bekanntmachungspflicht dabei zu erfüllen, sobald er Kenntnis vom Inhalt der verfahrensbeendigenden Abrede erlangt hat. Führt also etwa ein Großaktionär die Vergleichsverhandlungen muss der Vorstand etwaige Vereinbarungen unverzüglich – also ohne schuldhaftes Zögern (§ 121 Abs. 1 S. 1 BGB) – nach Kenntniserlangung bekannt machen, was in der Regel innerhalb von zwei Wochen zu erfolgen hat.[13] Bei einer Geltendmachung von Ansprüchen gegen den Vorstand, trifft die Bekanntmachungspflicht den **Aufsichtsrat** (§ 112).[14]

13 **4. Anspruch auf Bekanntmachung.** Der antragstellende oder klagende Aktionär hat einen individuellen **Anspruch gegen die Gesellschaft auf die Bekanntmachung**,[15] da er die ihm wenigen nunmehr verbleibenden Möglichkeiten zu einer Koordinierung mit anderen Aktionären ansonsten kaum nutzen kann. Die Möglichkeit der Festsetzung von Zwangsgeld durch das Registergericht besteht nicht.

14 **5. Berichtspflicht auf der Hauptversammlung.** Der Referentenentwurf sah noch eine **Berichtspflicht des Vorstands auf der Hauptversammlung** über die Verfahrensbeendigung mit allen wesentlichen Umständen vor, von der aber im Rahmen des Gesetzgebungsverfahrens abgesehen wurde. Den Aktionären ist es dennoch unbenommen auf der Hauptversammlung ergänzende Fragen zum Zustandekommen der Verfahrensbeendigung zu stellen.

15 **6. Inhalt der Bekanntmachung.** Bei der **Bekanntmachung des Antrags auf Zulassung der Klage** ist dieser selbst zu veröffentlichen. Bei der **Verfahrensbeendigung** ist zunächst die Art der Verfahrensbeendigung in der Bekanntmachung zu nennen. Darüber hinaus sind alle damit im Zusammenhang stehenden Vereinbarungen einschließlich ihrer Nebenabreden in die Bekanntmachung aufzunehmen (Abs. 2 S. 1). Die Bekanntmachung muss in vollem Wortlaut und unter Nennung der Namen der Beteiligten erfolgen.[16]

III. Wirkung der Bekanntmachung (Abs. 2 S. 3–5)

16 **1. Leistungspflichten.** Die Bekanntmachungspflicht ist Voraussetzung für die Wirksamkeit aller Leistungspflichten (Abs. 2 S. 3). Somit ist die vollständige Bekanntmachung eine **aufschiebende Bedingung für die Leistungspflicht**. Der Anspruch auf die Leistung entfaltet seine Wirksamkeit daher erst mit Eintritt der Bedingung. Der Anspruch kann aber bereits zuvor abgetreten und besichert werden.[17]

17 **2. Verfahrensbeendigenden Prozesshandlungen.** Zu den **verfahrensbeendigenden Prozesshandlungen** gehören das Urteil, die Klagerücknahme (§ 269 ZPO), die übereinstimmende Erklärung der Erledigung der Hauptsache und der Prozessvergleich.[18]

18 **3. Unterlassene Bekanntmachung.** Eine vollständige Bekanntmachung ist **Wirksamkeitsvoraussetzung für alle Leistungspflichten** (Abs. 2 S. 3). Daher ist die Verpflichtung der Gesellschaft zur Erbringung der Leistung im Falle einer unterlassenen Bekanntmachung unwirksam.[19] Damit ist das Rechtsgeschäft auf dem die Verpflichtung beruht allerdings nicht nach § 134 BGB nichtig, da eine spätere vollständige Bekanntmachung zur Wirksamkeit der Leistung führt. Die Leistungspflicht hängt vielmehr nur vom Eintritt der Bedingung der Bekanntmachung ab (→ Rn. 16).

19 Unterbleibt eine vollständige Bekanntmachung und leistet die Gesellschaft dennoch, besteht für die Gesellschaft ein **Rückforderungsanspruch nach § 812 Abs. 1 S. 1 Alt. 1 BGB**. Dabei ist unschädlich, dass die Gesellschaft von der fehlenden oder unvollständigen Bekanntmachung Kenntnis hatte, da über Abs. 2 S. 5 die Anwendung von § 814 BGB ausdrücklich ausgenommen ist.[20] Die Zuständigkeit für die Rückforderung dieser Ansprüche bestimmt sich nach den allgemeinen Regeln (§§ 78, 112).

---

[12] RegBegr UMAG, BT-Drs. 15/5092, 25.
[13] MüKoAktG/*Arnold* Rn. 4; Großkomm AktG/*G. Bezzenberger/T. Bezzenberger* Rn. 10.
[14] K. Schmidt/Lutter/*Spindler* Rn. 12; aA aber Großkomm AktG/*G. Bezzenberger/T. Bezzenberger* Rn. 9.
[15] RegBegr UMAG, BT-Drs. 15/5092, 25; ebenso MüKoAktG/*Arnold* Rn. 5.
[16] MüKoAktG/*Arnold* Rn. 11.
[17] Vgl. dazu allgemein MüKoBGB/*Westermann* BGB § 158 Rn. 40 mwN.
[18] Hüffer/Koch/*Koch* Rn. 3; K. Schmidt/Lutter/*Spindler* Rn. 18.
[19] RegBegr UMAG, BT-Drs. 15/5092, 25.
[20] Grigoleit/*Herrler* Rn. 4; Hüffer/Koch/*Koch* Rn. 4; K. Schmidt/Lutter/*Spindler* Rn. 19.

Die Rückforderung ist für die zuständigen Gesellschaftsorgane verpflichtend, so dass ein dahingehendes Unterlassen eine Sorgfaltspflichtverletzung darstellt.[21]

Darüber hinaus kann sich ein Anspruch auf Rückgewähr auch aus § 62 Abs. 1 S. 1 ergeben, wenn 20 es sich um einen **Empfang verbotener Leistungen** handelt, was insbesondere bei einem Verstoß gegen die Kapitalerhaltungsvorschriften der Fall ist.[22]

Eine unterlassene Bekanntmachung lässt die Wirksamkeit von **verfahrensbeendigenden Prozesshandlungen** unberührt (Abs. 2 S. 4). Die Wirksamkeit der verfahrensbeendigenden Prozesshandlungen soll dem Interesse an einer Verfahrenssicherheit Rechnung tragen.[23] Aufgrund der **Doppelnatur des Vergleichs**[24] besteht dieser aus einem Rechtsgeschäft (§ 779 BGB) und einer Prozesshandlung. Da nach Abs. 2 S. 3 aber lediglich die Unwirksamkeit der Leistungspflicht und nicht die Nichtigkeit des Vergleichsvertrages (§ 779) angeordnet wird, ergeben sich daraus keine Probleme. 21

Entgegen der parallelen Regelung des § 248a kann die Verletzung der Bekanntmachungspflicht 22 nicht durch das Registergericht mit der **Festsetzung eines Zwangsgelds** nach § 407 Abs. 1 S. 1 sanktioniert werden.[25]

IV. Vereinbarungen zur Vermeidung des Prozesses (Abs. 3)

§ 149 Abs. 3 erstreckt die Bekanntmachungspflichten auch auf prozessvermeidende Vereinbarungen, da hier ebenso ein Potential für einen Missbrauch besteht. Unter **prozessvermeidenden Vereinbarungen** fallen sowohl Vereinbarungen zur Nichtbeantragung des Klagezulassungsverfahrens als auch zur Nichterhebung der Klage durch die Aktionäre oder die Gesellschaft.[26] Aufgrund von § 142 Abs. 2 S. 3 gilt Abs. 3 auch für Sonderprüfungen. 23

V. Verhältnis zu kapitalmarktrechtlichen Pflichten

Die Bekanntmachungspflicht nach § 149 lässt die kapitalmarktrechtlichen Pflichten unberührt, da 24 sich diese nur auf die Gesellschaftsblätter bezieht und somit keine umfassende Kapitalmarktöffentlichkeit herstellen kann. Dies gilt vor allem für die **Pflicht zur Abgabe einer Ad-hoc-Mitteilung** nach Art. 17 MAR, so dass eine solche – im Fall des Bestehens einer Kursrelevanz – auch dann abgegeben werden muss, wenn parallel eine Bekanntmachung nach § 149 erfolgt. Dies ergibt sich vor allem daraus, dass es sich bei Art. 17 MAR um eine europarechtliche Vorschrift handelt, die durch nationales Recht nicht suspendiert werden kann.

---

[21] RegBegr UMAG, BT-Drs. 15/5092, 25.
[22] Großkomm AktG/*G. Bezzenberger/T. Bezzenberger* Rn. 35.
[23] RegBegr UMAG, BT-Drs. 15/5092, 25.
[24] BGH NJW 1985, 1962; Musielak/Voit/*Foerste* ZPO § 278 Rn. 16.
[25] Krit hierzu *Diekmann/Leuering* NZG 2004, 249 (251), die hier von einem Redaktionsversehen ausgehen.
[26] Grigoleit/*Herrler* Rn. 5.

Sachverzeichnis

bearbeitet von Rechtsanwalt Per Axel Schwanbom, Rechtsanwalt in München

Arabische Zahlen ohne weiteren Zusatz bezeichnen die Paragraphen des AktG, **SpruchG** steht für das Spruchverfahrensgesetz, **IntGesR** für den Abschnitt zum Internationalen Gesellschaftsrecht und **SE-VO** für die Verordnung über das Statut der Europäischen Gesellschaft (SE). Magere Zahlen stehen für Randnummern.

Abberufung der Abwickler 265 9
Abberufung der Aufsichtsratsmitglieder
– Abberufung aus wichtigem Grund 103 27; 136 19
– Abberufungspflicht 103 38
– anderweitige Amtsbeendigung 103 62 ff.
– Beschlusserfordernis 103 8
– entsandte Aufsichtsratsmitglieder 103 19, 31
– Ersatzmitglieder 103 60 f.
– freie Abrufbarkeit 103 5
– mitbestimmungsrechtliche Vorschriften 103 44 ff.
– rechtswidrige Abberufung 103 17
– Satzungsregelungen 103 11
– Verlangen des BaFin 103 39
– von der Hauptversammlung gewählte Aufsichtsratsmitglieder 103 5
– Widerruf der Abberufung 103 9
– Wirkungen des Beschlusses 103 15
Abberufung der Verwaltungsträger, Unterbleiben 396 12
Abberufung des gemeinsamen Vertreters SpruchG 6 13
Abberufung des Vorstands 84 92 ff.
Abfindung, Ausschluss Minderheitsaktionäre 327b 3, *s. auch Squeeze Out*
Abfindung, Unternehmensvertrag
– Abdingbarkeit 305 6
– Abfindung in Aktien 305 34
– Abfindungsergänzungsanspruch 320b 15
– Aktionäre 71 66
– Änderungsvertrag 295 20
– angemessene Abfindung 320b 2
– Angemessenheit 305 44, *s. auch Angemessenheit der Abfindung*
– Arten der Abfindung 305 30
– Barabfindung 305 30, 43
– bare Zuzahlungen 305 96
– Befristung der Erwerbsverpflichtung 305 103
– bei der GmbH **SpruchG** 1 28
– Bereitstellung von Aktien 192 14
– Börsenwert 305 49 ff.
– Entstehen des Anspruchs 305 17
– Erlöschen 305 21
– Fälligkeit 305 18
– Kündigungsrecht 305 108
– mehrstufiger Konzern 305 36, 38 ff.
– Minderheitsaktionäre **SE-VO Art.** 8 24
– Options- oder Wandlungsrechte 320b 6
– Pflicht 305 8

– Regelabfindung 320b 4
– Spruchverfahren 320b 14
– Unangemessenheit 320b 12
– Unternehmensbewertung 305 49 ff., 70 ff.
– Veränderung der vertragswesentlichen Verhältnisse 305 101
– vertragliche Mängel, Rechtsfolgen 305 107
– Verzinsung 320b 11
– Voraussetzungen 305 13
– Vorgaben 320b 9
– Wahlrecht bei Abhängigkeit der Hauptgesellschaft 320b 7
Abfindungsangebot
– Delisting 3 6
Abfindungsbekanntmachung 327b 13
Abfindungsvereinbarungen 116 167
Abgeleiteter Erwerb 1 16
Abhandenkommen oder Vernichtung von Aktien 72 4
Abhängige Unternehmen 15 14, 53
– Abhängigkeitstatbestand 17 8
– Abhängigkeitsvermutung 17 49
Abhängigkeitsbericht
– Vorlage an Aufsichtsrat 170 14
Abhängigkeitsbericht bei verbundenen Unternehmen, Voraussetzungen 312 5
– Aufstellung 170 14
– bei Abwicklung 270 134
– Berichtspflicht 313 19
– Bestätigungsvermerk 313 21
– Einsichts- und Auskunftsrecht 313 16
– Erteilung des Prüfungsauftrags 313 6
– Gewinnabführungsvertrag 316 2
– Grundsätze der Berichterstattung 312 45
– Prüfung durch den Abschlussprüfer 313 4
– Prüfung durch den Aufsichtsrat 314 3
– Schlusserklärung 312 48
– Umfang der Prüfung 313 13
Abhängigkeitstatbestand 17 8
– beherrschender Einfluss 17 9
– Beständigkeit der Herrschaft 17 19
– Gemeinschaftsunternehmen 17 15
– gesellschaftsrechtlich vermittelte Herrschaft 17 20
– Herrschaftsmittel 17 24
– Joint-Venture mit Nicht-Unternehmen 17 18
– mehrfache Beherrschung 17 14
– mittelbare Beherrschung 17 14
– Möglichkeit der Beherrschung 17 8
– Umfang der Herrschaft 17 12

2813

Sachverzeichnis

Fett gedruckte Zahlen = Paragraphen

– unmittelbare Beherrschung **17** 14
Abhängigkeitsverhältnis zwischen Unternehmen 311 2
Abhängigkeitsvermutung 17 49
– Entherrschungsverträge **17** 52
– mehrstufige Abhängigkeit **17** 56
– Mittel zur Widerlegung **17** 51
– unabhängige Aufsichtsräte **17** 55
– unternehmerische Mitbestimmung **17** 54
– vorübergehende Beteiligungen **17** 53
– widerlegliche Vermutung **17** 50
Abholung neuer Aktien 214 4
Abkürzung der Firma 4 5
Ableitungsfunktion der Aktiengesellschaft 1 3
Ablösende Abfindungen 87 46
Abschlagszahlung auf den Bilanzgewinn 59 2
– Auszahlungsanspruch **59** 15
– Beschränkung auf die Hälfte des vorjährigen Bilanzgewinns **59** 14
– Jahresüberschuss, vergangenes Geschäftsjahr **59** 9
– Rückgewährpflicht **59** 17
– Voraussetzungen **59** 5
– Vorstandsbeschluss **59** 7
– Zustimmung des Aufsichtsrates **59** 8
– Zwischendividende **59** 19
Abschließende Feststellungen
– Durchführung der Sonderprüfung **259** 2
– Prüfungsbericht **259** 3
Abschluss 59 10
Abschlussprüfer 114 32
– Abschlussprüferstelle, Information bei Bußgeld **407a** 2
– Abschlussprüferstelle, Information bei Straftat **407a** 3
– andere Aufträge **111** 56
– Auskunftspflicht **171** 31; **176** 25
– Auswahlverfahren **107** 141a
– Befangenheit **256** 40
– Berichtspflicht **313** 19
– Berichtsumfang **171** 65 f.
– Bestätigungsvermerk **313** 21
– Bestellung **30** 19; **119** 6
– Einsichts- und Auskunftsrecht **313** 16
– Entsprechenserklärung (DCGK) **161** 83a
– erster **30** 20
– Erteilung des Prüfungsauftrags **313** 6
– Formaltestat **313** 23
– Haftung **171** 28
– Haftung für Berichtspflichtverletzung **403** 18 ff.
– Honoraranteil im Verhältnis zu Gesamteinnahmen **405** 96
– Informationspflichten **171** 67
– Konzernabschlussprüfer **111** 85
– Missachtung der Teilnahmepflicht **176** 28
– nichtfinanzielle Berichte **171** 62a f.
– Pflichtverletzungen **404a** 19 ff.

– Prüfung des Abhängigkeitsberichts **313** 4
– Prüfungsauftrag, Ausgestaltung **111** 52 f.
– Prüfungsauftrag, Erteilung **111** 50 ff.
– Rotationsprinzip **107** 141a
– Satzung **171** 29
– Sonderprüfungen **258** 32
– strafrechtliche Haftung **404a** 19 ff.
– Teilnahmepflicht an Aufsichtsratssitzungen **109** 25; **171** 24 ff., 24; **314** 14
– Teilnahmepflicht an Hauptversammlung **118** 20, 27; **176** 22 ff.
– Teilnahmepflicht an Sitzungen des Prüfungsausschusses **171** 26 ff.
– Umfang der Prüfung **313** 13
– Unabhängigkeit **171** 66
– uneingeschränktes Testat **171** 46, 63
– Vorlagepflicht ggü. Prüfungsausschuss **107** 141b
– Zusatzbericht **107** 141b f.
Abschlussprüferaufsichtsstelle
– Information **407a** 2 f.
– Übermittlung von Bußgeldentscheidungen **407a** 2
Abschlussprüfer-VO 107 140a ff.
Abschlussprüfung 171 39
– Abwicklungsgesellschaft **270** 122
– Einzelabschluss **171** 49
– Gegenstand **171** 39
– Gewinnverwendungsvorschlag, Prüfung **171** 52
– Jahresabschluss **171** 41
– Konzernabschluss **171** 55
– Lagebericht **171** 47, 59
– nichtfinanzielle Berichte **171** 62a f.
Abschlussprüfungen, Pflichtverletzungen 404a 19 ff.
– Beharrlichkeit **404a** 16, 29 ff.
– CRR-Kreditinstitute **404a** 23
– kapitalmarktorientierte Unternehmen **404a** 22
– Public Interest Entities **404a** 19
– tatausfüllende Normen **404a** 32
– Unrechtsvereinbarung **404a** 28
– Vermögensvorteil **404a** 26 ff.
– Versicherungsunternehmen **404a** 24
Abschlussvertretung 112 32
Absorptionstheorie 16 16
Abspaltungsverbot 8 50
Abstimmung über Wahlvorschläge von Aktionären 137 4
Abstimmungsverfahren 108 17
Abtretung von Aktien 10 52
Abwehr von Übernahmeversuchen 71 20
Abwehrklage
– Anfechtungsklage **Vor 241** 6, 8
– Nichtigkeitsklage **Vor 241** 9
– Unwirksamkeitsklage **Vor 241** 12
Abwickler
– Abberufung **265** 9
– Abwicklung **265** 7

Mager gedruckte Zahlen = Randnummer

Sachverzeichnis

– Abwicklung durch Unternehmensveräußerung **268** 9
– Amtsannahme **265** 17
– Amtsniederlegung **265** 17
– Anforderungen **265** 5
– Anstellung **265** 21
– Ausschluss der Vertretung **269** 5
– Beschränkung der Vertretungsmacht **269** 11
– Bestellung **265** 7
  – durch das Gericht **265** 12; **290** 5
  – durch die Hauptversammlung **265** 9
– Bestellungshindernisse **265** 3
– Eignungsschwindel **399** 223 ff.
– Einberufungspflicht **268** 17
– fachliche Qualifikation **265** 4
– Gesellschaftsorgan, Stellung als **268** 15
– gesetzliche Regelung **290** 2
– Haftung **268** 22; **399** 218
– juristische Person **265** 6
– KGaA **290** 2 ff.
– Kompetenzen **290** 6
– Liquidationsermessen **268** 10
– organschaftliche Vertretung **269** 3
– Qualifikation **265** 3
– Rechnungslegung, Pflicht **270** 31
– rechtsgeschäftliche Vertretung **269** 7
– Satzungsregelung **290** 4
– strafrechtliche Haftung **399** 218, 223 ff.
– Vergütung **265** 19; **270** 58
– Verhältnis zum Aufsichtsrat **268** 18
– Verhältnis zum Vorstand **268** 15
– Verhältnis zur Hauptversammlung **268** 20
– Vorlagepflicht **268** 10
– Zeichnung **269** 13
– Zwangsgeld **268** 26
Abwicklung der Gesellschaft 264; **277** 7; **290** 7
– Ablauf **290** 7
– Abwickler **290** 2
– Bestellung **290** 5
– Bilanzierungsverbote **270** 52
– Bilanzierungswahlrechte **270** 60
– Einzelheiten **290** 8
– Kapitalerhöhung **182** 66
– Nachtragsliquidation **290** 12
– Schluss, *s. dort*
– stille Liquidation **264** 6; **270** 5
Abwicklungsgesellschaft 78 20; **82** 7; **289** 16
– Abhängigkeitsbericht **270** 134
– Eröffnungsbilanz **270** 30
– Jahresabschluss **270** 108
– Konzernrechnungslegung iRd Abwicklung **270** 126
– Rechnungslegung **270** 30
Abwicklungsschlussbilanz 270 123, 124
Abwicklungsschwindel 399 215
Abzug eigener Anteile 16 15
Abzugsposten 301 9
Accelerated Bookbuilding 221 50, 62
Accelerated buy back 71 126

Accelerated Placement 221 50, 190
Achtmonatsfrist 209 11
Acting in concert 100 34; **101** 27; **127a** 16
– Aktionärsforum **127a** 16
– Kapitalmehrheit **16** 6, 23
– Zurechnung (Meldepflicht) **20** 10; WpHG 33–47 **52** ff.
Actio illicita in causa 117 24
Actio pro socio Vor 241 29, 32; **278** 36; **283** 18; **287** 25
– Individualrecht, kein **Vor 241** 29
– Minderheitenrecht **Vor 241** 30
– Organstreitigkeiten **Vor 241** 33
Additionsverfahren 130 46; **133** 25
Additiver Vermögensschutz 399 11
Adhäsionsverfahren 399 7
Ad-hoc Mitteilung
– Sonderprüfung **142** 192
Ad-hoc-Publizität 71 162 ff.; **116** 115; **147** 56, 132; **221** 120; **400** 81
– besonderer Vertreter **147** 111
– Klagezulassungsverfahren **148** 128
– Klagezulassungsverfahren, Antrag auf Zulassung **149** 9
– Klagezulassungsverfahren, Entscheidung über Zulässigkeit **149** 9
– Sonderprüfungsbericht **145** 59
– strafrechtliche Haftung **400** 81 ff.
AG & Co KG
– Hin- und Herzahlen **27** 284
AGG 103 37
– Aufsichtsratsmitglieder **100** 11
– Bestellung von Vorstandmitgliedern **84** 11a
– Organmitglieder **76** 124
Aggregation von Stimmrechten (Meldepflichten)
– Zurechnung WpHG 33–47 **60**
– Zurechnung bei Market Makern WpHG 33–47 **63**
Agio 9 2; **27** 42, 48; **36a** 6; **60** 12
– Bilanzierung **9** 32
– Differenzhaftung **183** 70
– Kapitalerhöhung **182** 51, 60
– korporatives **182** 5c, 49, 60, *s. auch Korporatives Agio*
– verdeckte Sacheinlage **27** 145
– Wertprüfung **183** 60 ff.
Aktie 1 1
– Ausgabe gegen Sacheinlagen **183** 5; **194** 4; **205** 8
– Ausgabebetrag **9** 4; **199** 17; **203** 18; **204** 12; **399** 142, 199, *s. auch Ausgabebetrag*
– Bedingungen **204** 12
– Belegschaftsaktien **204** 52
– Bezugsrechtsausschluss **204** 17
– Entstehung des Bezugsanspruchs **197** 13
– Erwerbszeiträume **193** 30
– Form der Urkunde **13** 8 ff.
– gegen Sacheinlage **205** 8
– gekoppelt mit Optionsrechten **192** 32

Sachverzeichnis

Fett gedruckte Zahlen = Paragraphen

- Globalurkunde, *s. Globalaktie; s. Globalurkunde*
- gutgläubiger Erwerb **10** 62
- Haftung für falsche Angaben **399** 142
- Haltefrist **193** 34
- Höchststimmrecht **Vor 311** 42
- Inhalt der Urkunde **13** 14 ff.
- KGaA **283** 20
- Kraftloserklärung **72** 2
- Kraftloserklärung durch die Gesellschaft **73** 3 ff.
- Nießbrauch **10** 69
- Pfändung **10** 70
- Rechtsgemeinschaft an **8** 54 ff.
- Rechtstatsachen **204** 3
- Schadenersatzpflicht **197** 9
- SE, Erwerb **SE-VO Art. 33** 9
- Split **8** 26
- Teilbarkeit **8** 49 ff.
- Teileinzahlung **10** 72 ff., **215** 8
- Teileinzahlung, Börsennotierung **10** 77
- Treuhand an **8** 58
- Umwandlung durch Satzungsänderung **24** 4 ff.
- Urkunde, beschädigte **74** 3 ff.
- Urkunde, Funktionsverlust **10** 3, 34 f.
- Verbotstatbestand **197** 3
- Verpfändung **10** 67 f.
- verschuldensunabhängige Haftung **197** 11
- Verwahrung **10** 36 ff.
- Vorzugsaktien **204** 47
- Wahlfreiheit über Form **10** 17 ff.
- Wartezeit **193** 32
- Zuständigkeit der Gründer/Hauptversammlung **204** 27
- Zuständigkeit des Aufsichtsrats **204** 38
- Zuständigkeit des Vorstandes **204** 32

Aktien besonderer Gattung
- Änderung **11** 32
- Aufhebung **11** 35
- Begriff der Gattungen **11** 3
- Entstehung **11** 21
- Gattungsunterschiede **11** 7
- nicht gattungsbegründende Unterschiede **11** 18
- Rechnungslegung **11** 38
- Unterzeichnung **13** 3
- Verbriefung **11** 37

Aktienausgabe 283 20
- satzungswidrige **23** 21

Aktienbenutzung 405 38
- besonderer Vorteil **405** 77
- nach Gewährung oder Versprechen eines besonderen Vorteils **405** 52
- ohne Vertretungsbefugnis oder Einwilligung **405** 38
- Unrechtsvereinbarung **405** 71
- zur Ausübung des Stimmrechts **405** 53

Aktienbesitzzeit 70 1
- Berechnung **70** 4

Aktienbezugsrechte 160 23
Aktienbuch 67 7
Aktienformen 1 95 ff.
Aktiengattungen
- Ausweis im Bilanzanhang **160** 15
- besondere **s. Besondere Aktiengattungen**

Aktiengesellschaft 3 4
- Abgrenzung zur Personengesellschaft **1** 2
- Börsennotierung **3** 5
- Gewerbliche Schutzrechte, Inhaberschaft **1** 16
- Handelsgesellschaft **3** 4
- Rechtsfähigkeit **1** 13 ff.
- Rechtspersönlichkeit **1** 1
- Sitz **5** 4
- Steuerrechtssubjekt **1** 30
- Typenmerkmale **1** 1

Aktieninhalt 204 6
Aktienmissbrauch durch Überlassung und Benutzung von Aktien, die einem Stimmrechtsverbot unterliegen 405 57
Aktienoptionen 160 24
- bilanzielle Behandlung **192** 69 ff.
- steuerliche Behandlung **192** 65 ff.

Aktienoptionspläne, *s. auch Bezugs- und Umtauschrechte*
- Angemessenheit **192** 46
- Aufsichtsratsmitglieder **192** 62
- Ausgestaltung **192** 45
- Ausübungszeiträume **193** 35
- bedingtes Kapital **192** 39 ff.
- Bezugsrechte **192** 17, 58
- eigene Aktien **192** 54
- Gefahren **192** 45
- genehmigtes Kapital **192** 53
- Gestaltungsformen **192** 51 ff.
- Konzern **192** 60 ff.
- Programmkauf **192** 56
- Publizität **192** 73 ff.
- Repricing **192** 47
- Stuttgarter Modell **192** 56
- verbundene Unternehmen **192** 60 ff.
- Verwässerungsschutz **193** 16, 36
- virtuelle **192** 57, 62; **193** 32a
- Wandelschuldverschreibungen **192** 52
- Wartezeit **193** 32 f.

Aktienrechtliche Angaben, KGaA 281 4
Aktienrechtliche Grenzen der Beschlussfähigkeit 108 45
Aktienrechtliche Wirksamkeitserfordernisse 130 45
Aktienrechtsnovelle 2016 174 3a; **192** 29a, 29e, 75a
Aktienregister
- Aussetzung der Eintragung **67** 81
- Bezugsrecht **67** 43
- dingliche Belastungen der Aktie **67** 22
- Dividenden **67** 42
- Einschränkung der Eintragung von Nichtaktionären durch die Satzung **67** 25

Mager gedruckte Zahlen = Randnummer

Sachverzeichnis

– eintragungsfähige Angaben **67** 21
– eintragungspflichtige Tatsachen **67** 12
– erbrechtlicher Erwerb **67** 46
– Fehler bei Eintragung **67** 40
– Investmentvermögen **67** 29
– juristische Personen **67** 18
– Minderheitsrechte **67** 44
– Mitteilungspflicht des Aktieninhabers **67** 24, 36 f.
– Pflicht zu Führung des Registers **67** 10
– Rechtsgemeinschaft **67** 17
– Rechtsnatur des Aktienregisters **67** 9
– Rechtswirkung gegenüber Dritten **67** 33 f.
– Stimmrechtsausschluss **67** 55
– Wirkung der Eintragung **67** 30
– Zuständigkeit **67** 11
Aktiensplit 8 26, s. auch Neustückelung des Grundkapitals
Aktientausch 187 19
Aktienüberlassung nach Gewähren oder Versprechen eines besonderen Vorteils 405 52
Aktienübernahme 2 6; **56** 20, 40, 60
– durch Dritte für Rechnung der AG **56** 40
– durch Dritte für Rechnung eines verbundenen Unternehmens **56** 40
– Handeln für Rechnung **56** 44
– mehrstufige mittelbare Stellvertretung **56** 58
– Prospekthaftung **56** 49
– Rechtsfolgen **56** 51
Aktienurkunde
– Form **13** 8
– Inhalt **13** 14
Aktionäre
– Anträge **126** 5 ff.
– Ausschlussmöglichkeiten **327a** 7 ff.
Aktionärsausschuss 327a 7 ff.
Aktionärsdarlehen 57 32, 102
– abhängiges Unternehmen, Darlehen an die herrschende AG **57** 111
– Aktionär als Darlehensgeber **57** 107
– Durchgriff **1** 38 ff.
– Enkelgesellschaften **57** 114
– Gesellschafterdarlehen **57** 121
– herrschendes Unternehmen **57** 112
– Kapitalersatz **57** 102 ff.
– Krise der Gesellschaft, Darlehensgewährung **57** 106
– MoMiG **57** 119
– Rechtsfolgen **57** 115
– Sanierungsprivileg **57** 126
– Schwestergesellschaften **57** 113
– verbundene Unternehmen **57** 110
Aktionärsforum 127a 1
– acting in concert **127a** 16
– Bundesanzeiger, Störerhaftung **126** 23
– missbräuchliche Aufforderungen **127a** 19
– Netzwerkdurchsetzungsgesetz (NetzDG) **127a** 23a

– Plattform zur Verbreitung spezifischer Inhalte **127a** 23a
– Rechtsschutz **127a** 21 ff.
Aktionärshaftung 1 35; **62** 4 ff.
– Beschränkung **1** 37
– Durchgriff **1** 38
– Durchgriff im Steuerrecht **1** 78 ff.
– Durchgriffshaftung/Fallgruppen **1** 52 ff.
– Missbrauchstheorie **1** 43
– Normzwecklehre **1** 45
– Trennungsprinzip **1** 36
Aktionärsinteresse
– Betroffenheit als Grund für HV-Kompetenz **119** 30b
Aktionärsklage
– aus eigenem Recht **Vor 241** 14 ff.
– Beispiele **Vor 241** 22 ff.
– Holzmüller/Gelatine-Sachverhalte **58** 62; **119** 22, 24; **Vor 241** 23
– Leistungsklagen **Vor 241** 28
– Sperrwirkung **Vor 241** 19
– Unterlassungsklage, vorbeugende **Vor 241** 19
Aktionärsrechte
– Bezugsrecht **186** 7
– Durchsetzung **175** 30
– gleiche Ausstattung der Aktien **216** 3
– Mehrstimmrechtsaktien **216** 10
– unterschiedliche Ausstattung der Aktien **216** 4
– Verhältnis untereinander **216** 2
– Vorzugsaktien mit Gewinnvorrecht **216** 5
Aktionärsrechterichtlinie 120 60; **126** 3 f., 9 a ff., 22a, 27a; **135** 7a; **192** 46a; **Vor § 311** 20a
– Begründung Aktionärsanträge **126** 11a, 27a
– Zugänglichmachung Internetseite **126** 22a
Aktionärsschutz 46 1; **203** 102
– Bindung des Vorstands **203** 102
– einstweiliger Rechtsschutz **203** 116
– Feststellungsklage **203** 110
– Kontrolle durch den Aufsichtsrat **203** 108
– Prüfung durch das Registergericht **183** 56; **203** 109
Aktionärsvereinigungen 135 103 ff.
Aktionärsverlangen 24 2
Aktivvertretung der Gesellschaft 78 25
Alleinentscheidungsrecht der Geschäftsführung 77 14
Allgemeines Persönlichkeitsrecht 1 20
Alternativer Investmentfonds (AIF) Vor § 20 9a
– Meldepflicht **Vor § 20** 9a
Altersgrenze, Organmitglieder 76 124
Altforderungen, Schicksal der SE-VO Art. 8 25
American Depositary Receipts 71a 32
– Stimmrecht **134** 39
Amtliche Bekanntmachungen
– einzelne Angaben **SE-VO Art. 21** 3
Amtsauflösung 275 31

2817

Sachverzeichnis

Fett gedruckte Zahlen = Paragraphen

Amtsermittlung SpruchG 8 3
Amtslöschung 181 50; **275** 24
Amtslöschungsverfahren 242 24
**Amtsniederlegung, Aufsichtsratsmitglieder
103** 63 ff.; **104** 57
– aufschiebende Bedingung **103** 67
– Haftungsvermeidung **116** 11
Amtszeit der Arbeitnehmervertreter 31 26
Amtszeit der Aufsichtsratsmitglieder 102 5
– abweichende Regelungen **102** 10
– Arbeitnehmervertreter **102** 15
– Ersatzmitglieder **102** 20
– Höchstzeit **102** 7
– Wiederbestellung **102** 18 f.
Analogieverbot 399 189
**Änderung der Aktionärsverpflichtungen
55** 20
**Änderung der tatsächlichen Verhältnisse
45** 4
**Änderung der Vermögenseinlage, KGaA
281** 10
Änderung des Nennbetrages 73 8
**Änderung des Unternehmensvertrags
295** 3 ff.
– außenstehende Aktionäre **295** 24 f., 29
– nach Abschluss Spruchverfahren
SpruchG 1 29; **SpruchG 13** 6
– Neubestimmung Abfindung/Ausgleich im
Spruchverfahren **SpruchG 11** 10
– Sonderbeschluss der außenstehenden Aktionäre **295** 19
– Voraussetzungen einer Vertragsänderung
295 15
Änderung von Aktien 11 32
Änderungen des Grundkapitals 97 12;
182 39
Änderungen des Vorstandes und der Vertretungsbefugnisse seiner Mitglieder
– Anmeldepflicht **81** 4
– Anmeldeverfahren **81** 12
– Eintragung, rechtliche Bedeutung **81** 20
– Versicherungen **81** 17
Anderweitige wirtschaftliche Interessenbindung 15 23
Andienungsrecht der Aktionäre 71 120
Androhung der Kaduzierung 64 22
**Androhung des Verkaufs nicht abgeholter
Aktien 214** 5
**Aneignung von Gesellschaftsressourcen
durch Vorstandsmitglieder 93** 153
Anerkenntnis SpruchG 11 19
Anfechtbare Beschlüsse
– Abstimmungsfehler **243** 107 ff.
– Aufsichtsratswahlen **243** 86 f.
– Ausgleichsgewährung bei Sondervorteilen
243 209 ff.
– Auskunftsrechtsverletzung **243** 68, 118
– Auskunftsrechtsverletzung, Nachfrageobliegenheit **243** 128

– Auskunftsrechtsverletzung, Totalverweigerung
243 151
– Beherrschungs- und Gewinnabführungsvertrag **243** 214
– Beschlüsse über Minderheitsverlangen **243** 25
– Beschlussfeststellungsmängel **243** 107 ff.
– Beschlussmängel, s. auch Beschlussmängel
– Beschlussmängel, Ursächlichkeit **243** 67 ff.
– Bewertungsrügen **243** 150
– Bezugsrechtsausschluss **243** 171
– Durchführungsmängel **243** 99 ff.
– Einberufungsmängel **243** 63 f., 78 ff.
– Einlasskontrolle **243** 100
– Entsprechenserklärung nach DCGK, fehlerhafte **243** 131, 168
– formelle Einberufungsfehler **243** 117
– Gesetzesverletzung **243** 39 ff.
– Gleichbehandlungsgebot, Verletzung
243 157, 182 ff.
– Heilung **243** 29
– Höchststimmrechte, Einführung **243** 177
– Informationsmängel, Abfindungen **243** 140 f.
– Informationsmängel, Begriff **243** 116
– Informationsmängel, Kausalität **243** 123
– Informationsmängel, Relevanz **243** 119 ff.
– Informationsmängel, Wesentlichkeit
243 121 f.
– Informationspflichtverletzungen **243** 114 ff.
– inhaltliche Verstöße **243** 152 ff.
– Jahresabschlussunterlagen, Auslegung
243 133 ff.
– Kapitalherabsetzung **243** 178
– Klageverzicht **243** 33
– Konzernbildung **243** 179
– Online Hauptversammlung, technische Störungen **243** 233 ff.
– Ort der Hauptversammlung **243** 82
– Relevanztheorie **243** 69 ff., 99
– Relevanztheorie, Einzelfälle **243** 78 ff.
– Saalverweis **243** 103
– Satzungsdurchbrechungen **243** 52 f.
– ad-hoc-Verstöße **243** 53
– Satzungsverstöße **243** 47 ff.
– Sittenwidrigkeit **243** 189
– Sondervorteile, Ausgleichsgewährung
243 209 ff.
– Sondervorteile, Ausgleichsgewährung – Angemessenheit **243** 231
– Sondervorteile, Beherrschungs- und Gewinnabführungsvertrag **243** 214
– Sondervorteile, Erlangung von **243** 197 ff.
– Sondervorteile, Sachwidrigkeit **243** 200 ff.
– Sondervorteile, Schadensbegriff **243** 203
– Sondervorteile, Unternehmensverträge
243 215 ff.
– Sondervorteile, Ursachenzusammenhang
243 205 f.
– Sondervorteile, vorsätzliche Erlangung von
243 294
– Spruchverfahren **243** 148 ff.

Mager gedruckte Zahlen = Randnummer

Sachverzeichnis

- Stimmabgabe, Mängel **243** 24
- Stimmausübungsbedingungen **243** 91 f.
- Tagesordnung, Bekanntmachung **243** 89 f.
- technische Störungen der HV **243** 233 ff.
- Teilnahme unberechtigter Dritter **243** 101
- Teilnahmebedingungen **243** 91 f.
- Teilnehmerverzeichnis, fehlerhaftes **243** 102
- Totalverweigerung **243** 151
- Treuepflicht **243** 157, 159 ff.
- übergangene Anträge **243** 25
- Umstandssittenwidrigkeit **243** 189
- Unternehmensverträge **243** 215 ff.
- unwirksame Stimmabgabe **243** 24
- Verfahrensverstöße **243** 61 ff.
- Versammlungleiter, fehlerhaft bestimmter **243** 104 ff.
- Versammlungsleitungsmaßnahmen **243** 56
- Verstoß gegen Empfehlungen mit Ordnungscharakter **243** 45
- Verstoß gegen Geschäftsordnung **243** 54 f
- Verstoß gegen Mitteilungspflichten **243** 96 f.
- Verstoß gegen Ordnungsvorschriften **243** 43, 98
- Verstoß gegen schuldrechtliche Vereinbarungen **243** 57 ff.
- Verstoß gegen Sollvorschriften **243** 44
- Vorschriften des öffentlichen Interesses **243** 154
- Wortentzug **243** 103

Anfechtbarer Hauptversammlungsbeschluss **93** 271; **120** 49; **241** 35
- Eintragung **241** 99 ff.
- KGaA **283** 21

Anfechtbarkeit
- Verstoß gegen Erklärungspflicht zum DCGK **161** 52, 91 ff.

Anfechtung der Feststellung des Jahresabschlusses durch die Hauptversammlung
- allgemeine Anfechtungsvorschriften, Anwendbarkeit **257** 15
- Anfechtungsgründe **257** 7
- Rechtsfolgen **257** 17

Anfechtung der Kapitalerhöhung gegen Einlagen **255** 5
- Anfechtungsgegenstand **255** 5
- Anfechtungsgründe **255** 17
- Barkapitalerhöhung **255** 6
- Freigabeverfahren **255** 26
- Geltendmachung **255** 25
- mittelbares Bezugsrecht **255** 15
- Sachkapitalerhöhung **255** 12

Anfechtung der Wahl von Aufsichtsratsmitgliedern
- Anfechtungsbefugnis **251** 13
- Anfechtungsgegenstand **251** 3
- Anfechtungsgründe **251** 4
- Anfechtungsverfahren **251** 17

Anfechtung des Beschlusses über die Verwendung des Bilanzgewinns
- allgemeine Anfechtungsgründe **254** 5
- besondere Anfechtungsgründe **254** 7
- Geltendmachung **254** 15
- Gewinnverwendungsbeschluss **254** 4
- übermäßige Gewinnthesaurierung **254** 7

Anfechtung des Beschlusses über Strukturmaßnahme SpruchG 3 29

Anfechtung wegen Willensmängeln **27** 86

Anfechtungs- und positives Beschlussfeststellungsurteil **248** 21
- Gestaltungswirkung **248** 24
- kassatorischer Charakter **248** 21
- Rechtskraftwirkung, erweiterte **248** 24

Anfechtungsbefugnis **245** 1 ff., 267
- besonderer gesetzlicher Vertreter **245** 48
- Briefwahl **118** 42
- Erscheinen des Aktionärs **245** 22
- Funktion **245** 6
- nicht erschienener Aktionär **245** 31
- Squeeze-out Beschluss **245** 21

Anfechtungsgegenstand
- eintragungswidrige Beschlüsse **243** 12
- nicht festgestellte Beschlüsse **243** 23
- Nichtbeschlüsse **243** 13
- Scheinbeschlüsse **243** 13
- teilnichtige Beschlüsse **243** 14
- unwirksame Beschlüsse **243** 10

Anfechtungsklage Vor 241 6; **246** 57; **SpruchG 1** 34
- Abkauf **57** 45
- aktienrechtliche Popularklage – subjektives Recht **243** 19
- Anfechtungsbefugnis **243** 8 ff.
- Anfechtungsgründe **243** 21 ff., s. auch Anfechtbare Beschlüsse
- Auskunftsklage, Verhältnis **243** 118
- Bekanntmachung **246** 52
- Beschlussmängel **243** 41 ff., s. auch Beschlussmängel
- Beschlussmängelklage, Verhältnis **241** 15
- Bestätigungsbeschluss **243** 29
- Beweislast **243** 240 ff.
- Doppelanfechtung **244** 39
- Doppelvertretung der Gesellschaft **243** 34 f.; **246** 29
- Durchführungsmängel **243** 99 ff.
- durchgeführte Beschlüsse **243** 5
- einstweiliger Rechtsschutz **243** 249 ff., s. auch Einstweiliger Rechtsschutz
- Feststellungsklage, Verhältnis **243** 8
- Gegenstand **243** 21 ff., s. auch Anfechtungsgegenstand
- Geschäftsordnungsverstöße **243** 54 f.
- Gesetzesverletzung **243** 39 ff.
- Hauptversammlungsbeschlüsse **243** 21
- Heilung von Mängeln **243** 29
- Insolvenzverfahren **246** 32a
- Klageart **246** 2
- Klagebefugnis **243** 19
- Klagefrist **243** 3; **246** 12

2819

Sachverzeichnis

Fett gedruckte Zahlen = Paragraphen

– Klagefrist, Schwebezustand des Beschlusses **243** 4, 36
– Klageverzicht **243** 33
– Missbrauch **245** 54 ff.
– missbräuchliche **184** 42; **185** 42 f.
– Prozessparteien **246** 22
– Rechtschutzbedürfnis **246** 4
– Rechtsmissbrauchseinwand **243** 28
– Rechtsschutzbedürfnis **243** 26 ff.
– Registersperre **241** 99 ff.
– Relevanztheorie **243** 69 ff.
– Relevanztheorie, Beweislast **243** 242
– Relevanztheorie, Einzelfälle **243** 78 ff.
– Schiedsfähigkeit **246** 8
– Schwebezustand des Beschlusses **243** 4, 36
– Sonderbeschlüsse **241** 42; **243** 21
– Spruchverfahren **Vor 241** 13; **243** 146, 148 ff.
– Streitgegenstand **246** 5
– Totalverweigerung **243** 151
– Treuepflichtgesichtspunkte **243** 77
– Umwandlungen **243** 146
– Urteilswirkungen **243** 4
– Verfahrensverstöße **243** 61 ff.
– Verhältnis zum Spruchverfahren **327f** 3
– Verstöße gegen Empfehlungen mit Ordnungscharakter **243** 45
– Verstoß gegen Ordnungsvorschriften **243** 43, 98
– Verstoß gegen Sollvorschriften **243** 44
– willkürliche Rücklagenbildung **170** 40
Anfechtungsprozess 246 39
– Anerkenntnis **246** 50
– Klageerhebung **246** 43
– Prozessführung **246** 48
– Verbindung **246** 42
– Verfahrensbeendigung **248** 28
– Vergleich **246** 50
– Zuständigkeit **246** 39
Anfechtungsrecht 281 12
– Aktionärseigenschaft **245** 12
– Anfechtungsbefugnis **245** 22
– einzelne Organmitglieder **245** 48a ff.
– Minderheitsaktionäre **150** 18
– Missbrauch **245** 54
– Vorstand **245** 41 ff.
Anforderungen an die Aufsichtsratsmitglieder
– Bilanzausschuss **171** 22
– persönliche Amtswahrnehmung **171** 17
– Prüfungspflichten **171** 19
– Sachkenntnis **171** 10
– Verschwiegenheit **171** 14 f.
Anforderungsberichte 90 38
– Berichtsgegenstand **90** 40
– Berichtsverlangen **90** 41
– Informationsdurchgriff auf Angestellte **90** 43
– jederzeitige Berichterstattung **90** 42
– Missbrauch **90** 47
– Verlangen des Aufsichtsrats **90** 38
– Verlangen eines Aufsichtsratsmitglieds **90** 45

Angaben auf Geschäftsbriefen 268 25
– erforderliche **80** 13
– Verstöße **80** 17
Angaben über Komplementäre, KGaA 281 5
Angaben, falsche 399 50 ff., s. auch Strafrechtliche Organ- und Vertreterhaftung
Angaben, unrichtige, s. auch unrichtige Darstellung, s auch Strafrechtliche Organ- und Vertreterhaftung
Angebote nach WpÜG SpruchG 1 26
Angebotspflicht nach § 35 WpÜG 327a 11
Angemessener Selbstbehalt, D&O-Versicherung 113 19; **116** 186
Angemessenheit der Abfindung, Beherrschungs- und Gewinnabführungsverträge, s. auch Abfindung
– Aktien **305** 94
– Barabfindung **305** 44, 97
– Börsenkurs **305** 49 ff.
– Unternehmensbewertung nach dem Börsenkurs **305** 49
– Unternehmensbewertung nach Ertrag und Substanz **305** 70
Angemessenheit der Bezüge der Vorstandsmitglieder 87 8b ff., s. auch Vorstandsvergütung
Angemessenheit des Ausgleichs, Beherrschungs- und Gewinnabführungsverträge 304 51, s. auch Ausgleichspflicht
– Anpassungsklauseln **304** 83
– Bewertungsstichtag **304** 51
– feste Ausgleichszahlung **304** 54
– Grundkapital, Umstellung **304** 82
– Kapitalveränderungen **304** 71
– Strukturveränderungen **304** 76
– variable Ausgleichszahlung **304** 62
– wesentliche Änderung der maßgeblichen Verhältnisse **304** 69
Angemessenheitskontrolle, Vermögensübertragung 179a 44 f.
Anhang, Bilanz
– Aktienbezugsrechte **160** 23 ff.
– Aktiengattungen **160** 15
– Anforderungen an die Angaben **160** 2
– Ausschluss der Berichterstattung **160** 39 ff.
– eigene Aktien **160** 9 ff.
– genehmigtes Kapital **160** 21 f.
– Genussrechte **160** 26
– Gewinnrücklagen, Wahlrecht **152** 21
– Kapitalrücklagen, Wahlrecht **152** 21
– mitgeteilte Beteiligungen **160** 35 ff., s. auch Mitteilungspflichtige Vorgänge
– Rechte aus Besserungsscheinen **160** 29 ff.
– Schutzklausel **160** 42 ff.
– Verzicht, Kleinstaktiengesellschaften **160** 39 ff.
– Vorratsaktien **160** 5
– Wandelschuldverschreibungen, vergleichbare Wertpapiere **160** 23 ff.

Mager gedruckte Zahlen = Randnummer

– wechselseitige Beteiligungen **160** 33 f.
Anhangsangaben, fehlende 258 42
Ankündigungsschwindel 399 179 ff.
Anlagen zum Protokoll der Hauptversammlung 130 57
– Einberufungsbelege **130** 57
– fakultative Angaben **130** 59
– obligatorische Angaben **130** 59
Anlagen zur Anmeldung der Gesellschaft 37 21
Anleihebedingungen 221 141 ff.
– Anpassung **221** 163
– Bedingung **221** 149
– Beherrschungs- und Gewinnabführungsvertrag **221** 184a
– Inhaltskontrolle **221** 170 ff.
– Kapitalherabsetzung, Anpassungsklauseln **224** 13 f.
– Transparenzgebot **221** 176a
Anmeldung bei Sachgründung ohne externe Gründungsprüfung 37a 1
Anmeldung der Abwickler
– Aufbewahrung **266** 12
– Eintragung **266** 2
– Form **266** 9
– Gegenstand der Anmeldung **266** 2
– Unterschriftenprobe **266** 12
– Verfahren **266** 11
– Wirkung **266** 13
– Zuständigkeit **266** 6
Anmeldung der Abwicklung
– Sicherheitsleistung **273** 2
Anmeldung der Auflösung der Gesellschaft 289 33
– Gegenstand der Anmeldung **263** 3
– Inhalt **263** 4
– KGaA **289** 33
– Zuständigkeit **263** 6
Anmeldung der Ausgabe von Bezugsaktien 201 4
– deklaratorische Wirkung **201** 1
– Dokumente, Aufbewahrung **201** 24
– Dokumente, beizufügende **201** 10
– Eintragungsverfahren **201** 18
– Erklärung **201** 16
– Form **201** 5
– Inhalt **201** 4
– Kosten **201** 23
– Personen, Verzeichnis der ausübenden **201** 12
– Pflicht zur Anmeldung **201** 6
– Rechtsbehelfe **201** 22
– Registerkontrolle **201** 18
– Satzungsänderung **201** 9
– Zeitpunkt **201** 4
– Zuständigkeit **201** 5
– Zweitschriften **201** 11
Anmeldung der Durchführung der Kapitalerhöhung 188 5

Sachverzeichnis

Anmeldung der Durchführung der Kapitalherabsetzung 227 5
Anmeldung der Gesellschaft 36 1; **37** 2; **SE-VO Art. 12** 5
– Änderungen **36** 30
– Änderungen der Satzung vor Eintragung **36** 31
– Anlagen, beizufügende **37** 21
– Anmeldepflicht **36** 2
– ausländischer Notar **36** 6
– Ein-Mann-Gründung **36** 25
– Erklärungen und Nachweise zur Leistung der Einlagen **37** 2 ff.
– Erklärungen zum Aufsichtsrat **37** 16
– Erklärungen zum Vorstand **37** 11
– Fehler **36** 32
– Form **36** 4; **37** 27
– Inhalt der Anmeldung **37** 3
– Kosten **36** 34
– Namenszeichnungen **37** 19
– öffentlich-rechtliche Pflichten **36** 2
– privatrechtliche Pflichten **36** 3
– Rücknahme **36** 29
– Stellvertretung **36** 13
– Verpflichtete **36** 8
– Wirksamwerden **36** 28
– Zeitpunkt, bei Bareinlagen **36** 15
Anmeldung der persönlich haftenden Gesellschafter, KGaA 282 2, 4
Anmeldung der Satzungsänderung 181 4
– Dokumente, beizufügende **181** 13
– Form **181** 11
– Inhalt **181** 12
– Ordnungsmäßigkeit **181** 21
– Rücknahme **181** 18
Anmeldung der Sitzverlegung 45 6
Anmeldung des Kapitalerhöhungsbeschlusses 210 2
– Anmeldung zur Eintragung **184** 1; **195** 1; **210** 2
– beizufügende Dokumente **195** 9; **210** 5
– registergerichtliche Kontrolle **210** 7
– Rücknahme der Anmeldung **184** 17
Anmeldung des Kapitalherabsetzungsbeschlusses
– Eintragungsverfahren **223** 5
– Pflicht **223** 2
Anmeldung von Beschlüssen, KGaA 285 39
Annahme von Zuwendungen Dritter durch Vorstandsmitglieder 93 154
Anordnungen bei der Auflösung 397 2
– Antrag **397** 4
– Auflösungsklage **397** 3
– Inhalt **397** 7
– Notwendigkeit der Anordnung **397** 5
– Verfahren **397** 14
Anpassung der Nennbeträge 8 18
Ansatz- und Bewertungsfragen 92 8

2821

Sachverzeichnis

Fett gedruckte Zahlen = Paragraphen

Anschaffungskosten 32 12; **220** 3
– abweichender Buchwert **220** 5
– Berücksichtigung von Teilrechten **220** 6
– gleichmäßige Bewertung **220** 4
– steuerliche Konsequenzen **220** 8
– Zugang **220** 7
Anschlussbeschwerde 12 9
Anspruch auf Bilanzgewinn 58 91
Anspruch auf Entlastung 120 35
Anspruch auf Protokollierung der Hauptversammlung 131 86
Ansprüche der Aktionäre 116 209 ff.
Anstellungsvertrag der persönlich haftenden Gesellschafter, KGaA 288 9
Anstellungsvertrag des Vorstandes 84 24
Anteil am Grundkapital 8 5
Anteilskauf 93 87
Anteilstausch SE-VO Art. 33 3
– erste Phase **SE-VO Art. 33** 3
– zweite Phase, Nachfrist **SE-VO Art. 33** 12
Anteilsverbriefung 13 3
– Ausschluss **10** 79
– Ausschluss Globalverbriefung **10** 83
– Beschränkung **10** 79
– Beschränkungen durch Satzung **10** 84
Antrag auf Bestellung von Sonderprüfern (wg. unzulässiger Unterbewertung) 258 9
Antrag auf Eröffnung des Insolvenzverfahrens, KGaA 281 22
Anträge von Aktionären 126 5 ff.
– Aktionärsrechterichtlinie **126** 3a, 9a ff.
– Gegenanträge **126** 8 f., *s. auch dort*
– Publikation auf Internetseite **126** 3a, 9a
– Übernahmesachverhalte **126** 2a
Antragsbegründung SpruchG 4 14
– Angabe der Strukturmaßnahme **SpruchG 4** 19
– Entscheidung **SpruchG 4** 24
– Form **SpruchG 4** 16
– Frist **SpruchG 4** 13
– Inhalt **SpruchG 4** 17
– konkrete Einwendungen gegen die Angemessenheit **SpruchG 4** 20
– Rechtsmittel **SpruchG 4** 24
– Zahl der gehaltenen Anteile **SpruchG 4** 23
Antragsberechtigung, Spruchverfahren
– Beherrschungs- und Gewinnabführungsvertrag **SpruchG 3** 6
– Beweis **SpruchG 3** 18
– Eingliederung und Ausschließung **SpruchG 3** 8
– Entscheidung **SpruchG 3** 19
– maßgebender Zeitpunkt **SpruchG 3** 5
– SE-Gründung **SpruchG 3** 12, 16
– Sitzverlegung **SpruchG 3** 12, 14
– Umwandlung **SpruchG 3** 10
Antragsfrist, Spruchverfahren SpruchG 4 3
– Antrag **SpruchG 4** 7
– Fristbeginn **SpruchG 4** 3

– Fristende **SpruchG 4** 6
– Rechtsbehelfe **SpruchG 4** 9
Antragsgegner, Spruchverfahren SpruchG 5 2
– Ausschließung **SpruchG 5** 4
– Eingliederung **SpruchG 5** 3
– Formwechsel **SpruchG 5** 5
– Gewinnabführungs- und Beherrschungsvertrag **SpruchG 5** 2
– Nebeninterventionen **SpruchG 5** 10
– SCE-Gründung **SpruchG 5** 7
– SE-Gründung **SpruchG 5** 6
– Sitzverlegung **SpruchG 5** 6
– Verschmelzung **SpruchG 5** 5
Antragsrücknahme SpruchG 11 16
Anwachsung 71a 46
Anwendbarkeit von Rechtsvorschriften auf die Aktiengesellschaft
– Erbrecht **1** 17
– Familienrecht **1** 17
– Geschäftsfähigkeit **1** 18
– Handels- und Gesellschaftsrecht **1** 23
– Öffentliches Recht **1** 27
– Prozessrecht **1** 26
– Steuerrecht **1** 30
– Straf- und Ordnungswidrigkeitenrecht **1** 28
Anwendung der FGG, Gerichtliche Entscheidung über Aufsichtsrat 99 4
– Bekanntmachung **99** 9
– Entscheidungswirkung **99** 18
– Kosten **99** 21
– Rechtsmittelverfahren **99** 11
– Verfahrensprinzipien, besondere **99** 9
Anwendung des deutschen Aktienrechts SE-VO Art. 5 3, **SE-VO Art. 15** 2
Anwendungsbereich SpruchG 1 7
Anwendungsbereich der Organisationspflicht 91 38
– Aktiengesellschaft **91** 38
– GmbH **91** 40
– Kommanditgesellschaft auf Aktien **91** 39
– konzerninterne Geltung **91** 41
Anzahl zu bestellender Mitglieder des Aufsichtsrates 31 8
Anzeige bei Verlust des halben Grundkapitals 92 7
Appreciation awards 87 47
Aqua Butzke-Urteil 293 33
ARAG/Garmenbeck-Entscheidung 93 62; **116** 165; **147** 33
Arbeitgeber 1 21
Arbeitnehmeraktien, *s. Belegschaftsaktien*
Arbeitnehmerbegriff 96 7
Arbeitnehmerbeteiligung 31 14; **SE-VO Art. 23** 5
– genehmigtes Kapital **202** 100 ff.; **203** 5; **204** 52 ff.
Arbeitnehmergewinnbeteiligungen, als Sacheinlagen 194 14 ff.

Mager gedruckte Zahlen = Randnummer   **Sachverzeichnis**

Arbeitnehmermitbestimmung SE-VO Art. 1 7
Arbeitnehmervertreter 101 110
– Abberufung aus Aufsichtsrat **103** 44 ff.
– Amtszeit **31** 26; **102** 15 ff.
– Gruppenproporz, Änderung **97** 16
– KGaA **278** 83
– Prüfungsausschuss **107** 147
– Statusverfahren bei Kapitalveränderung **97** 14
– Streikteilnahme **116** 94
– Treuepflichten **116** 94 f.
– Wahl in den Aufsichtsrat **100** 48
– wahlberechtigte Arbeitnehmer, Änderung **97** 17
Arbeitsdirektor 76 118; **265** 25
– KGaA **278** 83
AReG 100 7, 49; **107** 4, 140b
Art der Abstimmung auf der Hauptversammlung 130 45
– aktienrechtliche Wirksamkeitserfordernisse **130** 45
– Beweiskraft, obligatorische Angaben **130** 46
– fakultative Angaben **130** 47
Arten der Abfindung
– Abfindung in Aktien **305** 34
– Barzahlug **305** 43
– wahlweise Aktien oder Barzahlung **305** 38
Arten des Ausgleichs, Beherrschungs- und Gewinnabführungsverträge
– feste Ausgleichszahlungen **304** 43
– isolierter Beherrschungsvertrag **304** 49
– variable Ausgleichszahlungen **304** 45
Asset Deal (Erwerb/Veräußerung)
– Zustimmung Hauptversammlung **119** 30e, 31
Atypische Beherrschungsverträge 291 26
Atypische KGaA
– Auskunftsanspruch Komplementärgesellschaft **285** 11
– phG als Aufsichtsratsmitglied **287** 5
– Sonderrecht zu Lasten Kommanditaktionäre **278** 28 f.
Atypische Kreditverträge 292 59
Atypische stille Beteiligungen 292 23
Audit Committee 107 139 ff.; **111** 32, 47 ff., *s. auch Prüfungsausschuss*
Aufbewahrung von Büchern und Schriften 91 20; **273** 15
Auferlegung von Nebenpflichten 180 3
– Entbehrlichkeit der Zustimmung **180** 5
– Zustimmungserfordernis **180** 4
Aufforderung an die Aktionäre
– Abholung neuer Aktien **214** 4
– Androhung des Verkaufs nicht abgeholter Aktien **214** 5
– Anforderungen **214** 3
– Ausübung des Bezugsrechts **186** 12
– Kapitalerhöhung ohne Ausgabe neuer Aktien **214** 13
– Pflicht des Vorstandes **214** 2
– Teilrechte **214** 12

– Unverbriefte Aktien **214** 10
– Verkauf nicht abgeholter Aktien **214** 7
Aufgaben der Vorstandsmitglieder 87 10
Aufgabendelegation, Vorstandsmitglieder
– Eigenverschulden **93** 98
– Pflichten bei Zulässigkeit **93** 100
– Pflichtverletzung bei Unzulässigkeit **93** 99
Aufgabenübertragung an unternehmensfremde Dritte 76 66
Aufgebotsverfahren 72 6
– Abhandenkommen und Vernichtung **72** 4
– Aktien und Zwischenscheine **72** 2
– Gewinnanteilsscheine und Erneuerungsscheine **72** 14
– Kraftloserklärung durch die Gesellschaft **72** 15
Aufgeld 9 31; **27** 42, 48; **182** 51
– Bilanzierung **9** 32
Aufhebung des Unternehmensvertrages 296 4
– außerordentliche Kündigung **297** 5
– Sonderbeschluss der außenstehenden Aktionäre **296** 15
– Wirkungen **296** 13
– Zuständigkeit **296** 9
Aufhebung von Aktien 11 35
Aufklärung des Sachverhalts SpruchG 7 17
Aufleben des Stimmrechts bei Vorzugsaktionären 140 14
– Folgen **140** 26
– Voraussetzungen **140** 15
– Zeitpunkt **140** 21
Auflösung der Gesellschaft 179a 29; **277** 5; **396** 15; **IntGesR** 43
– Abwicklung **262** 81
– bedingter Beschluss **262** 28
– befristeter Beschluss **262** 28
– Fortbestand gelöschter Gesellschaften **262** 90
– Fortsetzung der aufgelösten Gesellschaft **262** 89
– gerichtliche Auflösung, *s. dort*
– Gründe *s. Auflösungsgründe, Gesellschaft*
– kapitalmarktrechtliche Folgen **262** 87
– Löschung **262** 81
– öffentlich-rechtliche Folgen **262** 86
– steuerrechtliche Folgen **262** 85a
– übertragende **179a** 34 ff.
– Vermögensübertragung **179a** 46 ff.
– zivilrechtliche Folgen **262** 83
Auflösung der KGaA 289 2
– aktienrechtliche Auflösungsgründe **289** 7
– Gründe *s. Auflösungsgründe, KGaA*
– handelsrechtliche Auflösungsgründe **289** 2, *s. auch Auflösungsgründe KGaA*
Auflösung von Rücklagen 173 14
Auflösung, gerichtliche, *s. auch gerichtliche Auflösung der Gesellschaft*
– Gemeinwohlgefährdung **396** 4 ff.
– Verfahren **396** 15

Sachverzeichnis

Fett gedruckte Zahlen = Paragraphen

Auflösungsgründe KGaA
- Auflösungsklage **289** 6
- Ereignisse in der Person eines Kommanditaktionärs **289** 10
- Ereignisse in der Person eines Komplementärs **289** 11
- Eröffnung des Insolvenzverfahrens **289** 5
- Erwerb aller Aktien durch Komplementär **289** 12
- Gesellschafterbeschluss **289** 3
- gesetzliche **289** 8
- Satzungsmäßige **289** 9
- Sitzverlegung **289** 12
- Zeitablauf **289** 2

Auflösungsgründe, Gesellschaft
- Auflösungsklage **262** 65
- Beendigung, automatische **262** 8
- Begriff **262** 5
- Betriebsänderung **262** 72
- Europarecht **262** 17
- Gemeinwohlgefährdung **262** 62; **396** 4 ff.
- Gesamtrechtsnachfolge **262** 60
- Hauptversammlungsbeschluss **262** 24
- Insolvenzverfahren, Eröffnung **262** 39
- Keinmann-AG **237** 7; **262** 64
- Kündigung **262** 70
- Löschung wegen Vermögenslosigkeit **262** 59
- Masselosigkeit **262** 43
- Nichtigkeit **262** 61
- ökonomische Bedeutung **262** 10
- Publizitätspflichten, Verletzung **262** 73
- Rechtsfolgen **262** 81 ff.
- Rücknahme der Geschäftserlaubnis **262** 63
- Satzungsmangel, Feststellung **262** 47
- satzungsmäßige Auflösungsgründe **262** 71
- Sitzverlegung ins Ausland **262** 74
- Umstände in der Person eines Aktionärs **262** 68
- Vereinsverbot **262** 62
- Vermögensübertragung **262** 72
- Vor-AG **262** 66
- Voraussetzungen **262** 24
- Zeitablauf **262** 21
- Zeitphasen **262** 7
- Zweckänderung **262** 5
- Zweckerreichung **262** 69

Auflösungsklage 262 65; **289** 6; **396** 17; **397** 3

Auflösungsschutz 262 93

Auflösungsverfahren 396 15

Aufnahme neuer Komplementäre, KGaA 287 14

Aufrechnungsverbot 66 21, 37

Aufruf der Gläubiger
- Durchführung **267** 2
- Sanktionen **267** 7
- Zeitpunkt **267** 4

Aufsichtsrat, s. auch Aufsichtsratsmitglieder, s. auch Zusammensetzung des Aufsichtsrats
- abhängige Gesellschaft **111** 89
- Akzessorietät von Organisation und Überwachung **111** 21
- Altersgrenze **76** 124
- Amtszeit **31** 13; **102** 7
- Ansprüche Dritter **48** 11
- Arbeitnehmervertreter bei Gründung **31** 14 ff.
- Ausschluss der Haftung **48** 7
- Ausschüsse **107** 81 ff., s. auch Aufsichtsratsausschüsse; s. auch Prüfungsausschuss
- Äußerungen des Aufsichtsrats **108** 7
- Beschlüsse **108** 5 ff., s. fehlerhafte Aufsichtsratsbeschlüsse
- Beschlussfassung, s. Beschlussfassung des Aufsichtsrats
- Beschränkung Mandate **100** 67
- Bestellung **30** 5
- Bevollmächtigung von Mitgliedern **108** 5
- Compliance-Verantwortung **91** 67
- Compliance-Vorfall, Untersuchung **111** 46a
- DCGK, Entsprechenserklärung **161** 37 ff.
- Doppelmandate **76** 105 ff.; **114** 8, s. auch Doppelmandate
- Drittelbeteiligungsgesetz **96** 18
- Durchsetzung der Informationsrechte **170** 55
- Ehrenvorsitzender **107** 62 ff.; **109** 13; **113** 8
- Einberufung der Hauptversammlung **111** 57
- Einsichtsrecht **111** 37 ff.
- Entsprechenserklärung (DCGK) **161** 44
- Ergänzung um Arbeitnehmervertreter **31** 19
- Ergänzungswahlen **97** 10
- Erhöhung der Mitgliederzahl **95** 15
- erster Aufsichtsrat **30** 13 ff., s. auch Bestellung des ersten Aufsichtsrats, s. auch Erster Aufsichtsrat
- Finanzexperte, Fehlen eines **100** 73
- Frauenquote **96** 3, **31** ff., s. auch Frauenquote, Aufsichtsrat
- Fristen für Prüfungsbericht **171** 83
- Gegenstand der Überwachung **111** 6
- Geltendmachung durch Gläubiger der Gesellschaft **48** 9
- gerichtliche Bestellung, s. Aufsichtsratsmitglieder, Bestellung durch das Gericht
- Geschäftsführung, keine **111** 61
- Geschäftsordnung **107** 10 ff.
- Haftung **116** 10 ff., 124 ff., 209 ff.; **171** 13, s. auch Sorgfaltspflicht und Verantwortlichkeit der Aufsichtsratsmitglieder s. auch Unmittelbare Haftung gegenüber Aktionären und Dritten
- Hilfsgeschäfte **111** 61
- Hinderungsgründe **100** 12
- Hinzuziehung sachverständiger Berater **171** 32
- Höchstgrenze der Zahl der Mitglieder **95** 6
- Information des Vorstandes **111** 28
- Informationshoheit **116** 102
- Informationsrechte **111** 34; **170** 45
- inhaltliche Anforderungen **111** 13
- Insolvenzantragspflicht **92** 66
- Insolvenzverfahren **111** 90 f.

Mager gedruckte Zahlen = Randnummer

Sachverzeichnis

– Kapitalherabsetzung 95 21
– kapitalmarktorientierte Gesellschaften 100 52
– Kenntnisnahme der Vorlagen 170 45 ff.
– KGaA 278 17, s. auch Aufsichtsrat KGaA
– Klage 90 69
– Konzernüberwachung 111 21, 81 ff.
– Lehre vom fehlerhaften Organ 252 6
– Nachfristsetzung durch Vorstand 171 85
– Neubestellung 31 21
– objektive Haftungsvoraussetzungen 48 3
– Organpflicht des Aufsichtsrates 111 31
– Präsidium 107 123
– Protokolle 107 65 ff., s. auch Sitzungsniederschriften
– Prüfung des Jahresabschlusses und Prüfungsberichts 107 141e
– Prüfungsausschuss s. Prüfungsausschuss, s. Audit Committee
– Prüfungsberichte 170 48
– Prüfungspflichten 170 50, 54; 171 10 ff.
– Prüfungsrecht 142 31
– Qualifikation der Mitglieder 100 46 ff., 61 ff.
– Sachgründung 31 3
– Sachverständige, Heranziehung 111 46
– Satzung 111 5
– Satzungsvorschriften 95 12
– Sektorkenntnis 100 60 f.
– Stellungnahme 171 73
– stellvertretender Vorsitzender 107 53 ff., s. auch Stellvertreter des Aufsichtsratsvorsitzenden
– strafrechtliche Haftung 399 27 ff., 84 f.
– subjektive Haftungsvoraussetzungen 48 5
– Überwachung Compliance-Maßnahmen 111 21
– Überwachung der Geschäftsführung 111 6 ff., s. auch Inhaltliche Anforderungen an die Überwachung des Vorstands
– Überwachungsaufgabe im Konzern 111 81 ff.
– unabhängiger Finanzexperte 100 51, 73 ff.
– Verantwortlichkeit 48 5
– Verbot der Geschäftsführung 111 61
– Vergleich 48 8
– Vergütung 113 6 ff., s. auch Vergütung der Aufsichtsratsmitglieder, s. Vergütung der Aufsichtsratsmitglieder
– Verhältnis zum Abwickler 268 18
– Verringerung der Mitgliederzahl 95 17
– Vertretung der Gesellschaft 111 7 ff.
– Vertretung der Gesellschaft bei Führungslosigkeit 78 28
– virtuelle Sitzungen 110 48
– Vorsitzender 107 17 ff., s. auch Aufsichtsratsvorsitzender
– Willensbildung, Willensäußerung 108 5 ff.
– Zuleitung Berichte an Vorstand 171 83
– Zusammensetzung, s. dort
– Zustimmungsvorbehalte 111 62 ff.
– zwingend erforderliches Organ 95 4
Aufsichtsrat der KGaA
– atypische KGaA 287 5

– Haftung der Mitglieder 287 19
– innere Ordnung 287 6
– Mitgliederzahl 287 2
– Personalkompetenz 287 9, 17
– personengesellschaftsrechtliche Aufgaben 287 20
– Satzungsspielraum 287 16
– Überwachung der Geschäftsführung 287 7
– Überwachung von Compliance-Maßnahmen 111 21
– Vertretung der Gesellschaft 287 11; 288 9
– Wahlrecht 287 4
– Zusammensetzung 287 2
– Zustimmungsvorbehalt, kein 287 10
Aufsichtsrat der SE SE-VO Art. 40 4 ff.
– Gleichlauf mit AktG SE-VO Art. 40 2 f.
– Verwaltungsrat SE-VO Art. 43 3 ff.
Aufsichtsratmitglieder
– Aktienoptionspläne 192 62
Aufsichtsratsausschüsse
– Amtszeit 107 96
– Anstellungsvertrag Vorstandsmitglieder 84 34
– Arten von Ausschüssen 107 122 ff.
– Berichte 107 118
– Berichtsansprüche 107 121
– Beschlussfassung 107 107 ff.; 108 51
– Besetzung 107 99 ff.
– Bestellung 107 85
– Beteiligungsausschuss 107 138
– Bilanzausschuss 171 22, 25
– Bildung 107 85 ff.
– Bildungsermessen 107 151
– Delegation auf ein einzelnes Aufsichtsratsmitglied 107 157
– Delegationsverbote 107 91 ff.
– Finanzausschuss 107 149
– Geschäftsordnung 107 111, 116
– Geschäftsordnung des Aufsichtsrats 107 88
– Haftung der Mitglieder 107 106; 113 53
– Haftungsfreistellung durch HV-Beschluss 119 14a
– innere Ordnung der Ausschüsse 107 114
– Kreditinstitute 107 153 ff.
– mitbestimmte Gesellschaften 107 81, 100 f., 135 ff.; 124 34 f.
– Mitgliederzahl 107 98
– Nominierungsausschuss 107 84, 123 ff., 132 ff.
– Organisationsautonomie des Aufsichtsrats 107 87
– Personalausschuss 107 126 ff.
– Prüfungsauftrag, Erteilung 111 50 ff.
– Prüfungsausschuss 107 139 ff.; 111 50, s. auch Prüfungsausschuss, s. auch Audit Committee
– Rechtsstellung der Ausschussmitglieder 107 105
– Sonderausschüsse 107 89
– sonstige 107 151 f.
– ständige Ausschüsse 107 89

2825

Sachverzeichnis

Fett gedruckte Zahlen = Paragraphen

- Teilnahme an Ausschusssitzungen **109** 29 ff., s. auch *Teilnahme an Sitzunge des Aufsichtrats und seiner Ausschüsse*
- Teilnahme des Vorstands **109** 14
- Teilnahme von nichtangehörigen Aufsichtsratsmitgliedern **109** 29
- Unterausschüsse **107** 117
- Verhältnis zum Gesamtaufsichtsrat **107** 90
- Verhältnis zur Satzung **107** 85 f.
- Vermittlungsausschuss **107** 135 ff.
- Vertretungsberechtigung **112** 36
- Vorsitzender **107** 110 ff.
- Zweitstimmrecht des Vorsitzenden **107** 114

Aufsichtsratsmitglieder, s. auch *Aufsichtsrat*
- Abberufung **103** 5 ff.; **136** 19, s. auch *Abberufung der Aufsichtsratsmitglieder*
- Abberufung durch andere Organe **104** 56
- Abschlussprüfung, Sachverstand **100** 53
- Acting in concert **100** 34
- Aktionärsvorschlag **100** 31 ff.
- Altersgrenze **103** 37
- Altersgrenze (DCGK) **100** 10 f.
- Amtniederlegung gerichtlich bestellter **104** 57
- Amtsniederlegung **103** 63 ff.; **116** 11
- Amtszeit **102** 5, 20; **102** 5 ff., s. auch *Amtszeit der Aufsichtsratsmitglieder*
- Anforderungen durch DCGK **100** 61
- Anforderungen durch die Satzung **100** 46
- Arbeitseinsatz, Umfang **116** 38 ff.
- AReG **100** 49
- Aufsichtsratsmitglieder der Arbeitnehmer **100** 44
- Aufsichtsratsmitglieder von Konzerngesellschaften **109** 6
- Aufsichtsratsmitgliedschaft **114** 4
- Aufsichtsratsvorsitzender, s. dort
- ausländische Gesellschaften **100** 15
- Befähigung – Rechnungslegung, Abschlussprüfung **100** 53
- Beschränkung Mandate **100** 67
- Cooling-Off-Periode **100** 30
- Corporate Governance Kodex **100** 36, 61 ff.
- CRR-Kreditinsitute **100** 52
- D&O-Versicherung **113** 15 ff.; **116** 184 ff.
- Doppelmandate **76** 105 ff.; **114** 8; **116** 97
- Doppelzählung von Aufsichtsratsvorsitzenden **100** 22
- entsandte, Abberufung **103** 19 ff., 31
- Entsendung von Aufsichtsratsmitgliedern der Anteilseigner **101** 49 ff.
- Erhöhung der Zahl **95** 15
- Ersatzmitglieder **101** 82 ff.
- Ersatzmitglieder, Amtszeit **102** 20
- fachliche Qualifikation **100** 61 ff.; **171** 10 ff.
- Fähigkeiten als Haftungsmaßstab **116** 18
- fehlerhafte Bestellung **101** 107 ff.
- Finanzexperte, Unabhängigkeitserfordernis **100** 59a
- Generalbevollmächtigter **105** 14
- gerichtliche Abberufung **104** 54 f.
- Gesellschaften von öffentlichem Interesse **100** 49 ff.
- Haftung **116** 10 ff., 51 ff., 124 ff., 209 ff.; **171** 13, s. auch *Sorgfaltspflicht und Verantwortlichkeit der Aufsichtsratsmitglieder*, s. auch *Unmittelbare Haftung gegenüber Aktionären und Dritten*
- Hinderungsgründe **100** 12
- Höchstzahlregelungen **100** 12 ff.
- Interessenkollision **116** 84
- Karrenzzeit **100** 30
- Klage **90** 71
- Konzernprivileg **100** 17 ff.
- Kreditgewährung **115** 7
- Mandatshöchstzahl **100** 12 ff.
- natürliche und unbeschränkt geschäftsfähige Personen **100** 9
- öffentlich-rechtliche Hinderungsgründe **100** 38
- Organisationsgefälle **100** 23
- persönliche Amtswahrnehmung **111** 78; **171** 18
- persönliche Voraussetzungen **100** 9
- Prokuristen als **105** 8 f., 18
- Rechnungslegung, Sachverstand **100** 53
- Sach- und Fachkunde **100** 61 ff.
- Sachverstand **171** 10 ff.
- Sachverstand, Rechnungslegung oder Abschlussprüfung **100** 53
- Satzungsvorgaben **95** 12
- Sektorkenntnis **100** 60 f.
- Sorgfaltspflichten **116** 37 ff., s. auch *Sorgfaltspflicht und Verantwortlichkeit der Aufsichtsratsmitglieder*
- Stellvertreter von Vorstandsmitgliedern **105** 22 ff.
- Treuepflichten **116** 74 ff.
- Überkreuzverflechtung **100** 25
- unabhängiges, sachverständiges Aufsichtsratsmitglied **100** 49 ff.
- Unabhängigkeit besonders befähigter **100** 54 ff., 65 ff.
- ungeschriebene Hinderungsgründe **100** 39 ff.
- Unterschreitung der Schwellenwerte bei Kapitalherabsetzung **95** 21
- Vergütung **113** 6 ff., s. auch *Vergütung der Aufsichtsratsmitglieder*, s. *Vergütung der Aufsichtsratsmitglieder*
- Verringerung der Zahl **95** 17
- Verschwiegenheitspflicht **106** 103 ff.; **171** 14 f.
- Vorratsbestellung **105** 26
- Wahl **101** 16, 31 ff.
- Wechsel vom Vorstand in den Aufsichtsrat **100** 30 ff.
- Zahl der Aufsichtsratsmitglieder, Höchstgrenze **95** 6
- Zeugnisverweigerungsrechte **116** 118
- Zusammensetzung **95** 9; **96** 5
- zwingende Erforderlichkeit des Organs **95** 4

Mager gedruckte Zahlen = Randnummer

Sachverzeichnis

Aufsichtsratsmitglieder als Stellvertreter von Vorstandsmitgliedern
– Bestellung **105** 30
– Fehlen oder Verhinderung des Vorstandsmitglieds **105** 23
– Mitgliedschaft im Vorstand **105** 34
– zeitliche Begrenzung **105** 27

Aufsichtsratsmitglieder, Abberufung aus wichtigem Grund 103 27
– Altersgrenze (DCGK) **103** 37
– Antragsberechtigung **103** 28
– erfasste Aufsichtsratsmitglieder **103** 27
– Verfahren **103** 39
– wichtiger Grund **103** 33 ff.

Aufsichtsratsmitglieder, Bestellung durch das Gericht
– Amtsdauer **104** 32, 48
– aufschiebend bedingte gerichtliche Bestellung **104** 34
– Aufsichtsratsvorsitzender **104** 43; **107** 28 f.
– Besonderheiten beim ersten Aufsichtsrat **104** 40
– Comply-or-Explain-Erklärung (DCGK) **104** 32
– dringender Fall **104** 37
– Einschränkung der gerichtlichen Auswahl **104** 44
– Ergänzung wegen Beschlussunfähigkeit **104** 9 ff.
– erster Aufsichtsrat **104** 40
– Frauenquote **104** 47a
– Frauenquote, Berücksichtigung **104** 47a
– KGaA **104** 22a
– mitbestimmte Gesellschaften **104** 38
– neutrales Mitglied **104** 39
– Umwandlung **104** 41
– Unterschreiten der Mitgliederzahl **104** 33
– Vergütung, Auslagenersatz **104** 58

Aufsichtsratsmitglieder, Entsandte 103 19
– Abberufung durch den Entsendungsberechtigten **103** 19
– Abberufung durch die Hauptversammlung **103** 24, 31
– Rechtsfolgen **103** 26

Aufsichtsratsmitglieder, von der Hauptversammlung gewählte 103 5
– Beschlusserfordernis **103** 8
– freie Abrufbarkeit **103** 5
– Rechtsstellung **106** 2
– Satzungsregelung **103** 11
– Wiederwahl **106** 6
– Wirkung des Beschlusses **103** 15

Aufsichtsratsmitgliedschaft 114 4

Aufsichtsratsvorsitzender
– Abberufung **107** 34 ff.
– Abberufung durch Gericht **107** 37a
– Amtsniederlegung **107** 38
– Amtszeit **107** 30
– Anmeldung der Durchführung der Kapitalerhöhung **188** 6

– Anmeldung des Kapitalerhöhungsbeschlusses **184** 10
– Auslagenersatz **113** 11
– Bestellung **107** 17 ff.
– Ende des Mandats **107** 30
– Ersatz **107** 27
– gerichtliche Abberufung **107** 37a
– gerichtliche Bestellung **104** 43; **107** 28
– Kreditgewährung **115** 7
– mitbestimmte Gesellschaften **107** 24, 42
– Rechtsstellung **107** 39 ff.
– Sitzungsleitung **107** 41
– Sitzungsniederschriften **107** 65
– Stellvertreter, s. dort
– Stellvertreter der **107** 53 ff., s. auch Stellvertreter des Aufsichtsratsvorsitzenden
– Unwirksamkeit der Bestellung **107** 23
– Vertretungsberechtigung **107** 42 ff.; **112** 52
– Wahl **107** 17 ff.

Aufstellung der Geschäftsordnung der Hauptversammlung 129 11
– Änderung **129** 12
– Aufhebung **129** 12
– Durchbrechung im Einzelfall **129** 13
– Erlass **129** 11
– Fehlerhaftigkeit **129** 14
– geschäftsordnungswidrige Beschlussfassung **129** 15

Aufstellung des Teilnehmerverzeichnisses der Hauptversammlung 129 19
– Art und Form der Aufstellung **129** 23
– gesonderte Hauptversammlung **138** 16
– Zeitpunkt und nachträgliche Veränderungen **129** 24
– Zuständigkeit **129** 20

Aufstellung des Verlegungsplans SE-VO Art. 8 7

Aufstellung des Verschmelzungsplans SE-VO Art. 20 5

Aufstellung und Billigung des Jahresabschlusses 172 3

Aufzeichnungen der Hauptversammlung auf andere Art 130 70
– Recht des Aktionärs auf Abschrifterteilung **130** 71
– stenographische Aufzeichnungen **130** 70
– Tonband- und Bildaufnahmen **130** 70

Aufzulösende werbende AG, Rechnungslegung
– Abwicklungskosten **270** 57
– Anforderungen an den Jahresabschluss **270** 21
– Bilanzidentität **270** 74
– Erstellung des Jahresabschlusses **270** 22
– Firmenwert **270** 48
– immaterielle Vermögensgegenstände **270** 53
– Prinzip der Einzelbewertung **270** 76
– Saldierungsverbot **270** 49
– Vermögens- bzw. Gewinnverwendung nach Auflösungsbeschluss **270** 26
– Verrechnungsverbot **270** 49

Sachverzeichnis

Fett gedruckte Zahlen = Paragraphen

- Vorsichtsprinzip **270** 77 ff.
Ausfallhaftung 41 94; **303** 22
- ausgeschlossener Aktionär **64** 49
- Gründer wegen fehlender Leistungsfähigkeit eines Gründers **46** 18
Ausgabe der Bezugsaktien
- Aktienausgabe **199** 4
- Anmeldung **201** 4
- Art und Weise der Leistung einer Bareinlage **199** 12
- Fälligkeit, sofortige **199** 9
- fehlerhafte **200** 13 ff.
- Gegenwert, volle Leistung **199** 8
- Rechtsfolgen **200** 6 ff., s. auch *Wirksamwerden der bedingten Kapitalerhöhung*
- Verbriefung **199** 5
- Zeitpunkt der Leistung **199** 11
- Zweckbindung **199** 2
- Zweckerfüllung **199** 7
- Zwischenscheine **199** 6
Ausgabe konkurrierender Vorzugsaktien 141 10
Ausgabe neuer Aktien
- Anmeldung und Eintragung **203** 30
- Arbeitnehmeraktien **203** 5, 9, 130
- Ausnahmen **203** 56
- Bekanntmachung **203** 54
- Bezugsrecht **203** 26
- Eintragung **203** 41
- fehlerhafte Eintragung **203** 45
- Kleinaktionäre **203** 58
- ordentliche Kapitalerhöhung **191** 4; **203** 10
- Prüfung **203** 41
- verbotene Ausgabe **191** 4; **203** 55
- Vorrang ausstehender Einlagen **182** 58; **203** 4
- Wirksamwerden der Kapitalerhöhung **189** 2; **203** 46
- Zeichnung neuer Aktien **185** 5; **203** 14
- Zusicherung auf den Bezug neuer Aktien **187** 5; **203** 27
Ausgabe von Aktien oder Zwischenscheinen, die den Mindestnennbetrag nicht erreichen 405 17 f.
Ausgabe von Namensaktien 63 7
- satzungswidrige **23** 21
Ausgabebetrag 9 4; **183** 19; **185** 30
- Agio **9** 2
- Angemessenheit **186** 39, 58; **193** 17
- Bilanzierung **9** 32
- Börsenpreis **186** 58
- Festsetzung **9** 7; **182** 49
- geringster Ausgabebetrag **9** 9
- Haftung für falsche Angaben **399** 142 ff.
- Leistung des Aufgeldes **9** 31
- Mindestbetrag **193** 14
- Prüfung durch Sachverständige **9** 33; **183** 34
- Repricing **193** 18
- schuldrechtliche Zuzahlungen **9** 34; **183** 45
- Überpariemission **9** 23
- Unterpariemission **9** 1, 10

- Verwässerungsschutz **193** 16
- zu niedriger **183** 80
Ausgabeverbot 191 4
Ausgeschiedene Vorstandsmitglieder 92 64
Ausgeübte Geschäftstätigkeit, besondere Vorschriften SE-VO Art. 9 21
Ausgleich der Vorstandsmitglieder im Innenverhältnis 93 263
Ausgleich für Aktionäre, vertraglicher 158 25
- herrschendes Unternehmen **158** 25
- Saldierung **158** 25
Ausgleich von Mehrfachstimmrechten 12 30
Ausgleichsgewährung, Anfechtungsausschluss
- Änderung vertragswesentlicher Umstände **304** 69 ff.
- Änderungsvertrag **295** 20
- Ausgleich, Arten **304** 40 ff.
- Ausgleichspflicht, Beherrschungs- und Gewinnabführungsverträge, s. auch *Angemessenheit des Ausgleichs*
- außenstehender Aktionär **304** 14
- Beendigung des Anspruchs **304** 37
- Fälligkeit **304** 34
- Kapitalveränderungen **304** 71 ff.
- Kündigungsrecht **304** 89
- mehrstufiger Konzern **304** 47
- Rechtsfolgen vertraglicher Mängel **304** 84
- Rechtsgrundlage **304** 7
- Rechtsschutz **304** 87 f.
- Squeeze-out **304** 37
- Voraussetzungen **304** 10
Ausgründung einer Tochter-SE aus der Mutter-SE SE-VO Art. 3 18
Auskauf opponierender Aktionäre 71 56
Auskunftserzwingung des Aktionärs 131 88
Auskunftsklage
- Anfechtungsklage, Verhältnis **243** 118
Auskunftspflicht 171 31; **176** 25
Auskunftspflichtbelehrung, Vorstandsmitglieder 81 18
Auskunftsrecht der Aktionäre 67 109; **87** 90; **293g** 8; **326** 2
- Angelegenheiten der Gesellschaft **131** 23
- Anspruch auf Protokollierung **131** 86
- Auskunftserzwingung **131** 88
- Auskunftsverlangen **131** 18
- Auskunftsverweigerungsgründe **131** 34
- Beschlussanfechtung **131** 89
- Beschränkung aufgrund Treuepflicht **131** 60
- Bezug zur Tagesordnung **131** 28
- Eingliederung **319** 15; **326** 2 ff.
- Einzelfälle/Rechtsprechungsnachweise (Entlastung Organmitglieder) **131** 31
- Einzelfälle/Rechtsprechungsnachweise (Grundlagenentscheidungen) **131** 33

Mager gedruckte Zahlen = Randnummer

Sachverzeichnis

– Einzelfälle/Rechtsprechungsnachweise (JA, Verwendung – Bilanzgewinn) **131** 30
– Einzelfälle/Rechtsprechungsnachweise (Wahl von AR Mitgliedern) **131** 32
– erweitertes **131** 72 ff.
– gerichtliche Entscheidung **131** 4 ff., *s. auch gerichtliche Entscheidung über das Auskunftsrecht der Aktionäre, s. dort*
– Gläubiger **131** 12
– Grenzen **131** 34
– Rechtsdurchsetzung **131** 87
– Rechtsfolge **131** 63
– Rechtsmissbrauch **131** 61
– Schadenersatzansprüche **131** 90
– Schuldner **131** 16
– Sonderprüfung **131** 91
– Sonderprüfung, Überschneidungen **142** 37
– Squeeze-out **327d** 5
– Strafrecht **131** 92
Auskunftsrecht der Prüfer SE-VO Art. 22 5
Auskunftsverlangen in der Hauptversammlung 131 80
Auskunftsverweigerung
– Haftung Organe u.a. **400** 41, 52
– unrichtige Begründung der **400** 63
Auskunftsverweigerungsgründe
– Bilanz- und Bewertungsmethoden **131** 47
– Funktionsfähigkeit der Hauptversammlung **131** 59
– Internetpublikationen **131** 52
– Kreditinstitute **131** 51
– Nachteilszufügung **131** 38
– Rechtsmissbrauch **131** 61
– Satzungsregeln **131** 55
– Steuern **131** 41
– stille Reserven **131** 43
– Strafbarkeit **131** 48
– Treuepflichtverletzung **131** 60
– Unmöglichkeit **131** 62
Auskunftsverweigerungsgründe des Aktionärs 130 8; **131** 34
Auskunftsverweigerungsrecht
– Grenzen **13** 57 ff.
Auslagen SpruchG 6 17; **SpruchG 15** 18
Auslagenersatz
– gerichtlich bestelltes Aufsichtsratsmitglied **104** 58
Ausländische Gesellschaften 15 55; **100** 15
– als Obergesellschaft **Vor § 15** 35
– als Untergesellschaft **Vor § 15** 37
Auslandsbeglaubigung
– Anmeldung der Gesellschaft **36** 6
Auslandsbeurkundung 23 9 ff.
– Hauptversammlungsbeschlüsse **130** 18
Auslandsbriefe 80 12
Auslandsgeschäft, Rechtspflichten 93 26
Auslandsprotokoll, Hauptversammlungsbeschlüsse 130 18
Auslegung der SE-VO SE-VO Art. 9 16

Auslegung der Unterlagen 293g 3
Auslegung des Zeichnungsscheins 185 22, 25
Ausnahmezuständigkeiten der Hauptversammlung 179 4
Ausnutzung, genehmigtes Kapital 202 84
– Aktionärsschutz **203** 102
– Anmeldung **202** 98
– Arbeitnehmeraktien **202** 100 ff.
– Begünstigte **202** 109
– Besonderheit: Stückaktien **202** 94
– börsennotierte Gesellschaften **202** 87
– Eintragung **202** 98
– Feststellungsklage **203** 110
– Meldepflicht **202** 87
– Prüfung durch das Registergericht **203** 109
– Unternehmenspraxis **202** 110
– Vorgaben **203** 96
– Vorstandsentscheidung **202** 84
– Zustimmung des Aufsichtsrats **202** 90
Ausscheiden des Anfechtungsklägers aus der Gesellschaft 244 62 ff.
Ausscheiden von Gesellschaftern 289 19
– Kommanditaktionäre **289** 31
– persönlich haftende Gesellschafter **289** 19
Ausschließungsklage 289 19
Ausschluss der Anteilsverbriefung 10 79
Ausschluss der Berichterstattung 160 42 ff.
Ausschluss der Vertretung 269 5
Ausschluss des Bezugsrechts 186 22 ff., *s. auch Bezugsrechtsausschluss*
– mittelbare Verwirklichung des Bezugsrechts **186** 67 ff.
Ausschluss des Stimmrechts 136 6 ff., *s. auch Stimmrecht*
Ausschluss säumiger Aktionäre 64 7
– Aktienurkunde **64** 45
– Aktionärsstellung des Auszuschließenden **64** 14
– Androhung **64** 22
– Ausfallhaftung des ausgeschlossenen Aktionärs **64** 49
– Ausschlusserklärung **64** 29
– Behandlung kaduzierter Aktien **64** 43
– dreimalige Bekanntgabe **64** 27
– fehlerhafte Ausschließung **64** 53
– Gleichbehandlungsgebot **64** 21
– gutgläubiger Erwerb **64** 44
– Insolvenz **64** 57
– Nachfristsetzung **64** 22
– Rechtsfolgen **64** 34
– Verfahren **64** 18
– verspätete Einlagezahlung **64** 7
– Zuordnung der Mitgliedschaft **64** 42
Ausschluss von Aufsichtsratssitzungen 109 7 ff.
Ausschluss von Minderheitsaktionären, *s. Squeeze Out, s. auch Hauptversammlung, Ausschluss von Minderheitsaktionären*

2829

Sachverzeichnis

Fett gedruckte Zahlen = Paragraphen

Ausschluss von Weisungen, Unternehmensvertrag 299 2
– Umgehungsmöglichkeiten **299** 7
– Unzulässige Weisung und Rechtsfolgen **299** 4
Ausschlusstatbestände 41 110
Ausschlussverfahren, s. Squeeze Out
– übernahmerechtliches **327a** 10a
– verschmelzungsrechtliches **327a** 11a ff.
Ausschuss, s. Aufsichtsratsausschuss
Ausschütt-Rückhol-Verfahren 205 4; **207** 32
Ausschüttung an Aktionäre 174 13
Ausschüttungssperre
– Abwicklung der Gesellschaft **270** 26
– gesetzliche Rücklagen **150** 19 f.
– Hinweis im Gewinnverwendungsvorschlag **170** 32
– Kapitalrücklagen **150** 19 f.
Außengesellschaft 15 40
Außenhaftung der Geschäftsleiter 93 78
Außenstehende Aktionäre
– Abfindung **305** 8 ff., s. auch Abfindung, s. auch Angemessenheit der Abfindung
– Änderung Unternehmensvertrag **295** 24 f.
– Ausgleichspflicht **304** 7 ff., s. auch Ausgleichspflicht, s. auch Angemessenheit des Ausgleichs
– Auskunftsrecht **295** 29
– Beendigung Unternehmensvertrag **296** 15, 20
– Kündigung Unternehmensvertrag **297** 26
– Verlustübernahme, Verzicht und Vergleich **302** 45
Außergerichtliche Kosten
– Gebührenhöhe **SpruchG 15** 28
– Kostenfestsetzung **SpruchG 15** 29
– Schuldner **SpruchG 15** 24
Außerhalb der Hauptversammlung auszuübende Rechte 118 9
Außerordentliche Hauptversammlung 175 1
Aussonderung 54 72
Ausstehende Einlagen 182 58
Austritt aus der Gesellschaft 180 1
Ausübung von Aktionärsrechten 118 7
– außerhalb der Hauptversammlung auszuübende Rechte **118** 9
– in der Hauptversammlung auszuübende Rechte **118** 7
Ausübungssperre, einfache 328 9
– Erhalt einer Mitteilung **328** 10
– Erwerbsreihenfolge, Unerheblichkeit **328** 12
– Rechtsfolgen **328** 13
– wechselseitige Beteiligung und Kenntnis **328** 9
Auswahl der Sonderprüfer 143; **258** 29
– Befangenheit **143** 36
– Bestellungsverbote **143** 17 ff.
– Geeignetheit **143** 6 ff.
– Verstoß gegen Bestellungsverbot **143** 39 ff.

Auswahl von Aktien 10 17
Auswahlsorgfalt 93 100
Ausweis der Kapitalherabsetzung
– Betrag **240** 3
– Einstellung in die Kapitalrücklage **240** 4
– Erläuterung im Anhang **240** 5
– Verstoß **240** 6
Ausweis des Bilanzgewinn 170 43
Ausweis des Grundkapitals 152 2
Auszahlungsanspruch der Aktionäre bei Bilanzgewinn 59 15

BaFin 142 241 f., s. Bundesanstalt für Finanzdienstleistungsaufsicht
Bankbestätigung
– Kapitalaufbringung bei Vorratsgründung **23** 47
Bankenvertreter 116 96
Barabfindung, Eingliederung, Squeeze Out
– Abfindungsberechtigung **327b** 7
– Angemessenheit **327b** 7
– Angemessenheitsprüfung **327c** 8
– Ausgleichszahlungen aus Unternehmensverträgen **327b** 4a
– Bekanntmachung **327b** 13
– Börsenwert **327b** 5
– Ermittlung **327b** 4 ff.
– Ertragswertverfahren **327b** 4
– Festlegung **327b** 3
– Gewährleistung eines Kreditinstituts **327b** 10 ff.
– Informationspflichten des Vorstands der betroffenen Gesellschaft **327b** 6
– Parallelprüfung **327c** 10
– Prüfung **327c** 8 ff.
– SE, s. Barabfindung SE
– Umfang und Dauer der Gewährleistung **327b** 12
– Unternehmensvertrag **305** 30, 43, s. auch Abfindung, s. auch Angemessenheit der Abfindung
– Verjährung **327b** 9
– Verzinsung **327b** 9
– Zeitpunkt der Festlegung **327b** 3
Barabfindung, SE
– Sitzverlegung **SE-VO Art. 8** 24
– Verschmelzung **SE-VO Art. 20** 11; **SE-VO Art. 24** 14
Bare Zuzahlungen 305 96
Bareinlage 27 4; **36a** 3; **60** 11; **188** 14
– Fälligkeit **36a** 3
Bareinzahlung 399 108 f.
Bargründung 32 6
Barkapitalerhöhung 186 56
Basket Hedging 193 18a
Beabsichtigte Geschäftspolitik 90 17
Beamtenrechtliche Weisungsgebundenheit 394 10
Bedeutung der Aktiengesellschaft 1 1

2830

Sachverzeichnis

Bedingte Kapitalerhöhung 160 18
- 10%-Grenze **192** 76
- 50% Grenze, Ausnahmen **192** 75a ff.
- Bekanntmachung **192** 4
- Berichtspflichten **192** 48
- Beschluss **193** 2 ff.
- Beschlusserfordernis **192** 20, 63 f.
- Bezugsanspruch **197** 13 ff.
- Bezugserklärung **197** 4 ff., *s. auch Bezugserklärung*
- bilanzielle Behandlung **192** 65
- CRR-VO **192** 75d ff.
- Erfordernisse **193** 2 ff.
- falsche Angaben **399** 210 ff.
- Finanzmarktstabilisierungsgesetz **192** 75a
- Forderungsabwicklung **192** 75d ff.
- Hauptversammlungsbeschluss **192** 4
- Kosten **192** 86
- Optionsanleihen **192** 13
- Sacheinlagen **193** 5 ff.
- Satzungsänderung **192** 18
- Schranken **192** 74 ff.
- steuerliche Behandlung **192** 65
- Umfang des Rechts **192** 15
- Unternehmenskauf **192** 38a
- Verbot der Aktienausgabe vor Eintragung **197** 3 ff., *s. auch Verbotene Aktienausgabe*
- Verhältnis zur Kapitalerhöhung gegen Einlagen **192** 5
- Wandelanleihen **192** 13
- Wirksamkeitsmängel **200** 12
- Wirksamwerden **200** 1, *s. auch Wirksamwerden der bedingten Kapitalerhöhung*
- Zulässigkeit **192** 2
- Zweck **192** 8, 25

Bedingtes Kapital 152 6; **192** 3, *s. auch Finanzierung der Gesellschaft*
- Erhöhung **218** 2
- Kapitalerhöhung **218** 2 ff.
- Kapitalherabsetzung **224** 11
- Sonderrücklage **218** 4
- Unterpariemissionen **218** 1

Beeinträchtigung der Teilnahme an der Hauptversammlung 118 16

Beendigung der Eingliederung
- Aktienübergang **327** 4
- Anmeldepflicht **327** 8
- Auflösung der Hauptgesellschaft **327** 5
- Beschluss der Hauptversammlung der eingegliederten Gesellschaft **327** 2
- Mitteilungspflicht **327** 7
- Nachhaftung **327** 9

Beendigung der Nebenpflichten 55 41

Befreiung der Aktionäre von ihren Leistungspflichten
- Aufrechnungsverbot **66** 21
- Aufrechnungsvertrag **66** 33
- Befreiung durch Kapitalherabsetzung **66** 46
- Befreiungsverbot **66** 7, 12
- Beteiligung Dritter, Befreiungs- und Aufrechnungsverbot **66** 37
- Einlagefinanzierung durch Gesellschaft **66** 12
- Einlagepflicht **66** 3
- Erwerb nicht voll eingezahlter Aktien **66** 14
- Hinterlegung **66** 15
- Insolvenz **66** 49
- Insolvenzplan **66** 17
- Kontokorrentvereinbarung **66** 35
- Leistung an Erfüllungs Statt **66** 11
- Leistung erfüllungshalber **66** 11
- Liquidation **66** 49
- mangelhafte Sacheinlage, Annahme als Erfüllung **66** 13
- Novation **66** 10
- Schiedsvereinbarung **66** 19
- Stundungsabreden **66** 9
- Vergleich **66** 16
- Vergleich zur Abwendung der Insolvenz **66** 18
- Verjährung **66** 20
- Verstöße **66** 50
- Verwirkung **66** 20
- Zurückbehaltungsrecht **66** 36

Befreiung nach § 37 WpÜG 327a 11

Befreiung von der Leistungspflicht durch Kapitalherabsetzung 66 46

Befreiung von Mitteilungspflichten WpHG 33–47 18, 119

Befreiungs- und Aufrechnungsverbot, Beteiligung Dritter 66 37

Befriedigung 272 6

Begebung von Kaufoptionen 71 205

Begründung der Aktionärsverpflichtungen 55 15

Behandlung des Protokolls der Hauptversammlung 130 61
- Einreichung zum Handelsregister **130** 61
- Einsichtnahme und Abschriftenerteilung **130** 63

Beherrschender Einfluss 17 9, 45
- GmbH **17** 45
- Konzernrechnungslegung Vor § 15 **17**; **17** 6
- Personengesellschaft **17** 47
- WpHG **WpHG 33–47** 41 f.

Beherrschung
- börsennotierte Gesellschaft **17** 29
- faktische Umstände **17** 30 ff.
- GmbH **17** 45
- Joint Ventures **17** 15 ff.
- künftige Beteiligung **17** 36 f.
- Personengesellschaften **17** 47
- sonstige Gesellschaftsformen **17** 48

Beherrschung, Haftungsdurchgriff 1 62

Beherrschungsvertrag 57 37; **186** 46; Vor § 291 30, 47; **291** 9; **300** 20; **311** 8; **312** 10, SpruchG **1** 9
- angemessener Ausgleich **304** 7, 51
- atypischer **291** 26; **308** 7
- Ausfallhaftung **303** 22

2831

Sachverzeichnis

Fett gedruckte Zahlen = Paragraphen

- Ausschluss der Sicherheitsleistung **303** 26
- besondere Konzernverbindungen **291** 29
- Betriebsführungsvertrag, Abgrenzung **292** 56 ff.
- Betriebsüberlassung, Betriebspacht **292** 47 ff.
- Einlagenrückgewähr **57** 37
- existenzgefährdende Weisungen **291** 16
- fehlerhafte **291** 61 ff.
- Finanzdienstleistungsinstitute **291** 5a
- Gläubigerschutz **303** 5
- Gleichbehandlung **53a** 30
- Informationsansprüche der Obergesellschaft **291** 13a
- Investorenvereinbarung **291** 70a
- Kreditinstitute **291** 5a
- Leitungsmacht s. *Leitungsmacht im Beherrschungsvertrag*
- Mehrmütterherrschaft **291** 31
- mit Gewinnabführungsvereinbarung **300** 24
- mit Teilgewinnabführungsvereinbarung **300** 25
- ohne Gewinnabführungsvereinbarung **300** 22
- praktische Bedeutung **291** 8
- Teilbeherrschungsvertrag **291** 24
- Treuepflicht **53a** 59
- verdeckte Gewinnausschüttung **291** 15
- verdeckter **291** 69 ff.
- Verlustdeckungspflicht, Rechtsgrund **302** 4 ff.
- Verlustübernahme **302** 10
- Verrechnungspreise **291** 15
- Versicherungsunternehmen **291** 5b
- Vertragsfreiheit **291** 22
- Weisungen, Einschränkungen **291** 16, *s. auch Weisungen, s. auch Weisungsrecht*
- Zuweisung **300** 20

Beibehaltung des festgestellten Jahresabschlusses 174 22

Beirat
- Besetzung **287** 32
- fakultativer bei KGaA **278** 20
- Kompetenzen **287** 29
- Zulässigkeit **287** 29

Beirat des Aufsichtsrates 287 29
- Besetzung **287** 32
- Haftung **287** 32
- Kompetenzen **28** 29

Beitritt eines weiteren Unternehmers SpruchG 13 8

Beitritt zu Unternehmensvertrag 295 6, 22
Beitrittserklärung 27 76
Bekanntmachung der Anfechtungsklage 246 52; **248a**
- Inhalt **248a** 4
- Unterlassung **248a** 8

Bekanntmachung der Entscheidung SpruchG 14 2
Bekanntmachung der Haftungsklage
- Ad-hoc-Mitteilung **149** 9
- Anspruch auf Bekanntmachung **149** 13
- Antrag auf Zulassung der Klage **149** 8

- Bekanntmachungspflicht, begrenzte **149** 5
- Berichtspflicht auf der Hauptversammlung **149** 14
- Gesellschaftsblätter, Bekanntmachungsort **149** 7
- Inhalt **149** 15
- Kenntniserlangung der übrigen Aktionäre **149** 1
- Leistungspflichten, Wirksamkeitsvoraussetzung für **149** 16
- Prozessvermeidende Vereinbarungen, Bekanntmachungspflicht von **149** 23
- rechtpolitische Würdigung **149** 3
- unterlassene Bekanntmachung **149** 18
- Verfahrensbeendigung **149** 6
- Verpflichteter **149** 12
- Wirkung **149** 16
- Zeitpunkt **149** 5

Bekanntmachung der persönlich haftenden Gesellschafter, KGaA 282 4
Bekanntmachung der Zusammensetzung des Aufsichtsrates
- Änderungen der Satzung **97** 8
- Änderungen des Grundkapitals **97** 12
- Antrag auf gerichtliche Entscheidung **97** 33
- gerichtliche Entscheidung **98** 4
- Gruppenproporz **97** 16
- Kreis der wahlberechtigten Arbeitnehmer **97** 17
- Pflicht des Vorstandes **97** 3
- Schadenersatzansprüche **97** 37
- Sperrwirkung anhängiger Verfahren **97** 36
- Verfahren **97** 18; **99** 4

Bekanntmachungen der Gesellschaft
- elektronischer Bundesanzeiger **25** 3; **267** 5
- Gesellschaftsblätter **25** 6
- Pflichtbekanntmachungen **25** 2
- Veröffentlichung, Rechtsfolgen **25** 8

Bekanntmachungspflicht
- Änderungen im Aufsichtsrat **106** 5
- Beteiligungsgröße **20** 6 ff.
- Bezugsrechtsausschluss **186** 23
- Einbringung von Sacheinlagen **183** 20
- Einreichung der Bekanntmachung **106** 10
- Gericht **106** 11
- Modalitäten **20** 31
- Publizität **106** 12
- Rechtsfolgen **20** 34

Belegpflicht WpHG 33–47 85
Belegschaftsaktien 71d 50
- Ausgabe **203** 5, 9
- Ausgabeerleichterungen **204** 52 ff.; **205** 24
- ausstehende Einlagen, Kapitalerhöhung **203** 126
- Bezugsrecht, Gesellschaftsinteresse **186** 45
- Erwerb eigener Aktien **71** 58 ff.
- genehmigtes Kapital **202** 100 ff.

Benannte Finanzierungsgeschäfte 71a 23
- Darlehen **71a** 25
- Sicherheit **71a** 26

Mager gedruckte Zahlen = Randnummer

– Vorschuss **71a** 24
Benchmarking 193 26
Beratungsverträge 114 7 ff., *s. auch Verträge mit Aufsichtsratsmitgliedern*
– mit ehemaligen Vorstandsmitgliedern **114** 20
– Zuständigkeit des Aufsichtsrats **112** 17
Berechnung der Beteiligung 20 6
Berechnung des Gesamtkapitals 16 14
– Abzug eigener Anteile **16** 15
– Berechnungsmethode **16** 14
Berechtigte Berichtsverweigerung 90 56
Berechtigungsschein 402 11
Bereichsspezifische Organisationspflichten 91 42
Bericht des Vorstandes, Beziehungen zwischen verbundenen Unternehmen
– allgemeine Grundsätze der Berichterstattung **312** 45
– Berichtspflicht **312** 5
– Inhalt des Abhängigkeitsberichts **312** 23
– Kosten **312** 18
– Sanktionen fehlender oder fehlerhafter Berichterstattung **312** 19
– Schlusserklärung **312** 48
– Verfahren **312** 14
Bericht über den Unternehmensvertrag 293a 4
– Berichtspflicht **293a** 4
– Einschränkungen der Berichterstattung **293a** 18
– Form **293a** 8
– Inhalt **293a** 9, 13
– Rechtsfolgen **293a** 24
– Verzicht auf den Bericht **293a** 21
– Zuständigkeit **293a** 5
Berichte an den Aufsichtsrat
– allgemeine Berichtspflicht **90** 7
– Anforderungsberichte **90** 38
– Berichtsarten **90** 7
– Berichtsgläubiger **90** 11
– Berichtspflicht **90** 52
– Berichtspflichten des Vorstands **90** 14
– Berichtsschuldner **90** 8
– Berichtsverweigerung **90** 56
– Erlass einer Informationsordnung **90** 13
– Grundsätze ordnungsgemäßer Berichterstattung **90** 48
– Information innerhalb des Aufsichtsrats **90** 57
– Informationsmöglichkeiten des Aufsichtsrats, vorstandsunabhängige **90** 15
– Organstreit **90** 68
– unangeforderte Berichte **90** 16
– Verstöße **90** 63
– zwingende Mindestregelung **90** 12
Berichte auf Verlangen eines Aufsichtsratsmitglieds 90 45
Berichte der Aufsichtsratsmitglieder 394 4
– beamtenrechtliche Weisungsgebundenheit **394** 10
– Berichterstattung **394** 14

– Berichtspflicht **394** 9
– Beschränkung der Berichtspflicht **394** 12
– Europarechtskonformität **394** 16
– mittelbare Beteiligung **394** 8
– unmittelbare Beteiligung **394** 7
Berichte über Beziehungen zu verbundenen Unternehmen 312 5
Berichterstattung 394 14
Berichtigungspflicht 399 56
Berichtshäufigkeit an den Aufsichtsrat 90 33
– Regelberichte **90** 33
– Sonderberichte **90** 36
Berichtspflicht 90 52; **394** 9
– bedingte Kapitalerhöhung **192** 48
– Berichterstattung **394** 14
– Beschränkung **394** 12
– Bezugsrechtsausschluss **186** 25
– Frauenquote **76** 149
– Pflicht zur unbedingten Offenheit **90** 52
– Privataktionäre **15** 48
– Verschwiegenheitspflicht der Aufsichtsratsmitglieder **90** 55
Berichtspflicht auf der Hauptversammlung 149 14
Berichtsverlangen 90 41
Berichtsverweigerung 90 56
– berechtigte Berichtsverweigerung **90** 56
– Verschwiegenheitspflicht der Aufsichtsratsmitglieder **90** 55
Bertriebsführungsvertrag
– Unternehmensvertrag **292** 54
– verdeckte Gewinnausschüttung **292** 55
Berücksichtigung von Teilrechten 220 6
Berufspflichten, Vorstandsmitglieder 93 43
Beschädigung oder Verunstaltung von Aktien 74 4
– Erteilung neuer Urkunden **74** 10
– Kostentragung **74** 7
Bescheinigung über die Rechtmäßigkeit SE-VO Art. 25 4
– Bindungswirkung der Entscheidung **SE-VO Art. 25** 7
– Inhalt der Bescheinigung **SE-VO Art. 25** 5
– Zuständigkeit **SE-VO Art. 25** 4
Beschlagnahmung der Protokolle 107 78
Beschleunigter Aktienerwerb 71 126
Beschleunigtes Bookbuilding 221 62
Beschluss der Hauptversammlung 130 5; **SE-VO Art. 8** 12
Beschluss über Prüfungsergebnisse 171 69
Beschlussanfechtung 53a 56; **131** 89; **243** 16 ff.
Beschlussausführung durch den Aufsichtsrat, KGaA 287 20
Beschlusserfordernis 103 8
– Ausgabebetrag **193** 11
– bedingte Kapitalerhöhung **192** 20
– Bezugsberechtigte, Kreis der **193** 10
– formell **193** 2

Sachverzeichnis

Fett gedruckte Zahlen = Paragraphen

- inhaltlich **193** 6
- Sacheinlagen **194** 17
- Umfang der Kapitalerhöhung **192** 21
- Zweckfestsetzung **193** 9

Beschlussfähigkeit des Aufsichtsrates 31 11; **108** 37
- aktienrechtliche Grenzen **108** 45
- Ausschüsse **108** 51
- boykottierendes Mitglied **104** 12; **108** 42
- dreiköpfiger Aufsichtsrat **108** 41
- gesetzliche Regel **108** 37
- mitbestimmte Gesellschaften **108** 44, 46 ff.
- Satzungsregelungen **108** 45
- schriftliche Stimmabgabe **108** 53
- Sollstärke **108** 39
- Unterbesetzung **108** 43
- Vertagungssklauseln **108** 49
- Wahrung eines Gruppenverhältnisses **108** 47

Beschlussfassung 77 21

Beschlussfassung der Hauptversammlung 120 3
- bedingte Beschlussfassung **133** 4
- befristete Beschlussfassung **133** 4

Beschlussfassung des Aufsichtsrates 108 5 ff.
- Abstimmungsverfahren, geheime Abstimmung **108** 17
- Antrag **108** 16
- Auslegung **108** 12
- Äußerungen des Aufsichtsrats **108** 7
- Beschlüsse ohne Sitzung **108** 60
- Beschlussfähigkeit **108** 37 ff., s. auch Beschlussfähigkeit des Aufsichtsrats
- Bevollmächtigung von Mitgliedern **108** 5
- entsandte Aufsichtsratsmitglieder **108** 33
- Entsprechenserklärung DCGK **161** 37 ff., 44
- fehlerhafte Aufsichtsratsbeschlüsse **108** 68
- Feststellung des Beschlusses **108** 36
- geheime Abstimmung **108** 17 f.
- Grundlagen der Beschlussfassung **108** 5
- Interorganstreit **108** 86
- Intraorganstreit **108** 91
- Klageart bei Beschlussmägeln **108** 76 ff.
- kombinierte Beschlussfassung **108** 66
- Mehrheitserfordernis **108** 22
- mitbestimmte Gesellschaften **108** 21, 32
- schriftliche Stimmabgabe **108** 53
- Stimmengleichheit **108** 24
- Stimmenthaltung **108** 24
- Stimmrecht **108** 25 ff.
- Stimmrechtsausschluss **108** 27 ff.; **136** 19
- Telefonkonferenz **108** 61 ff.
- ungültige Stimmen **108** 25
- Verfahren **108** 14 ff.
- Videokonferenz **108** 61 ff.
- virtuelle Sitzungen **108** 60 ff.

Beschlussfassung des Vorstands 77 21 ff.
- Beschlussmängel/Rechtsschutz **77** 28a ff.

Beschlussfassung von Ausschüssen 108 51

Beschlussfeststellungsklage 241 38 ff., 57; **286** 4, s. auch positive Beschlussfeststellungsklage
- fehlerhafter Vorstandsbeschluss **77** 28a ff.
- positive **58** 92

Beschlussfeststellungsurteil, positives 248 21

Beschlusskontrolle, allgemeine
- Bezugsrechtsausschluss **186** 40, 51, 61

Beschlussmängel 77 27; **108** 69; **179a** 23; **243** 41 ff.
- ad-hoc-Entscheidungen **241** 167
- anfechtbare Beschlüsse **241** 30
- Anmeldeverfahren, Mängel **241** 234 f.
- Arten **241** 12
- Bedeutung für Beschlussfassung **243** 66 ff.
- Bestätigungsbeschluss **241** 78; **243** 29, s. auch Bestätigung unwirksamer Hauptversammlungsbeschlüsse
- Beurkundungsmängel **241** 143 ff.
- Durchführungsmängel **243** 99 ff.
- Einlagenrückgewähr **241** 184
- Eintragung **241** 95 ff.
- Eintragungswidrige Beschlüsse **243** 12
- Folgebeschlüsse **241** 76 f.
- Geltendmachung bei Aufsichtsratsbeschlüssen **108** 76
- Gesetzesverletzung **243** 39 ff.
- Heilung **241** 10 ff., 78; **242** 6 ff.; **243** 29, 90; **244** 24 ff.
- Heilung gelöschter Beschlüsse **241** 217 ff.
- Informationsmängel **243** 114 ff.
- inhaltliche Verstöße **243** 152 ff.
- Inhaltsmängel **241** 167 ff.
- Kategorien **241** 60 ff.
- Klage **241** 15 ff., s. auch Beschlussmängelklage
- Kompetenzüberschreitungen **241** 195 ff.
- Löschungsverfahren **241** 231
- materielle Beschlusskontrolle **243** 169 ff.
- Mitbestimmungsgesetz, Verstoß **241** 200 f.
- Nichtbeschlüsse **241** 55 ff.
- Nichtigkeit, Wirkung **241** 26
- notarielle Beurkundung **241** 92 ff.
- perplexe Beschlüsse **241** 207 ff.
- perplexe Beschlüsse, Heilung **242** 18
- Rechtsschutz **77** 28a ff.
- Registersperre **241** 99 ff.
- Rückabwicklung durchgeführter Beschlüsse **241** 25
- Satzungsänderung **241** 50
- Satzungsautonomie, Verstoß gegen **241** 167 ff.
- Satzungsverstöße, punktuelle **241** 204 f.
- Scheinbeschlüsse **241** 55 ff.
- Stimmabgabe **241** 46
- Teilnichtigkeit **241** 65 ff.; **243** 14
- Umwandlungen **241** 28
- unwirksame Beschlüsse **241** 47 ff., 52 ff.; **243** 10
- Ursächlichkeit **243** 67 ff.
- verdeckte Gewinnausschüttungen **241** 184

Mager gedruckte Zahlen = Randnummer

- Verfahrensmängel 241 7
- Verfahrensverstöße 243 61 ff.

Beschlussmängelklage
- Anerkenntnis 241 83 ff.; 246 51
- Anfechtungs- und -Nichtigkeitsklage, Verhältnis 241 15
- Aufsichtsratsbeschlüsse 241 45
- Beschlussfeststellungsklage 241 38 ff.
- Doppelvertretung der Gesellschaft 241 83
- Feststellungsklage, Verhältnis 241 18
- Freigabeverfahren 241 20 ff.
- Klagebefugnis 241 17
- Klagegegenstand 241 36
- Minderheitsverlangen 241 43 f.
- negative Beschlüsse 241 37 ff.
- Streitgegenstand 241 15 ff.
- Vergleich 241 89; 246 50
- Vorstandsbeschlüsse 241 45

Beschlussvorbereitung 171 21
Beschränkt dingliche Rechte 10 66; **27** 16
Beschränkung der Aktionärshaftung 1 37
Beschränkung der Anteilsverbriefung 10 79
Beschränkung der Dispositionsbefugnis 50 4
Beschränkung der Rechte in wechselseitig beteiligten Unternehmen 328 6
Beschränkung in börsennotierten Gesellschaften 328 25
- Missbrauchsschutz 328 32
- Schutz des gutgläubigen Erwerbers 328 29

Beschränkung von Abschlagszahlungen auf die Hälfte des Jahresüberschusses 59 14
Beschränkungen der Geschäftsführungsbefugnis 82 26
Beschränkungen der Vertretungs- und Geschäftsführungsbefugnis 82 1
- Beschränkungen der Geschäftsführungsbefugnis 82 26
- Unbeschränkbarkeit der Vertretungsmacht 82 4

Beschwerde
- Adressat SpruchG 12 4
- Beschwer SpruchG 12 6 f.
- Beschwerdebefugnis SpruchG 12 6 f.
- Beschwerdefrist SpruchG 12 3
- Form SpruchG 12 5
- Statthaftigkeit SpruchG 12 2
- Zuständigkeit SpruchG 12 4

Beschwerdeverfahren
- Abhilfe SpruchG 12 11
- formell Beteiligte SpruchG 12 15
- Prüfungsumfang SpruchG 12 12
- Tatsachen, neue SpruchG 12 14
- Tatsacheninstanz, weitere SpruchG 12 12
- Vorbringen, zurückgewiesenes SpruchG 12 13

Besetzung von Aufsichtsratsausschüssen 107 99

Besondere Aktiengattungen 11 3
- Änderung 11 32
- bei der Kapitalerhöhung 182 9
- Entstehung 11 21
- Gattungsunterschiede 11 7
- Gleichbehandlungsgrundsatz 11 6
- nicht gattungsbegründende Unterschiede 11 18
- Zulässigkeit 11 5

Besondere Konzernverbindungen 291 29

Besonderer Vertreter
- Abberufung 147 105
- Ad-hoc-Mitteilungspflichten 147 111
- Ad-hoc-Mitteilungspflichten, Abgabe durch 147 132
- Anfechtung von Hauptversammlungsbeschlüssen 147 118 f.
- Anforderungen an 147 98 f.
- Anspruchsdurchsetzung 147 114 ff.
- Aufgaben 147 112
- Auskunftsrechte 147 135 ff.
- außergerichtliche Geltendmachung von Ersatzansprüchen 147 150 f.
- Auswahl 147 98 f.
- Beendigung der Organstellung und Abberufung 147 160 ff.
- Befugnisse 147 113 ff.
- Berater 147 124
- Bestellung 147 67 ff., 100
- Bestellungsbeschluss 147 71 ff.
- Ersetzung 147 106 f.
- Finanzierung der Tätigkeit 147 148 f.
- freiwillige Einsetzung 147 175
- Geltendmachung von Ersatzansprüchen, Sonderprüfung 142 35
- gerichtlich bestellter, Hauptversammlungsbeschluss 147 70
- gerichtliche Bestellung 147 79 ff.
- GmbH 147 65
- Haftung 147 127 ff.
- Handelsregistereintragung 147 102
- Hauptversammlung 147 143 ff.
- Hauptversammlungsbeschluss 147 68 ff.
- Hilfspersonen 147 124
- Insolvenz 147 108 f., 120, 167
- Investmentaktiengesellschaften 147 65
- KGaA 147 65
- Klage der Aktionärsminderheit 148 150
- Klagebefugnis 147 151 f.
- Klagezulassungsverfahren 148 25, 138
- Kosten 147 148 f.
- Kosten für Durchsetzung von Auskunfts- und Prüfungsrechten 147 142
- legal judgement rule 147 126
- missbräuchliche Bestellung 147 11
- Niederlegung des Amts 147 157
- Organstellung 147 121
- Organstellung, Begründung 147 110
- Prozessführung 147 115
- Prozessvergleich 147 116

2835

Sachverzeichnis

Fett gedruckte Zahlen = Paragraphen

- Prüfungsrechte **147** 135 ff.
- Publikumspersonengesellschaften **147** 65
- Qualifikation **147** 98 f.
- REIT-AG **147** 65
- SE **147** 65
- Sorgfaltspflichten **147** 122 ff.
- Vergütung **147** 172 ff.
- Verschwiegenheitspflicht **147** 122
- vertragliche Vereinbarung **147** 100
- vertragliche Vereinbarung, Beendigung **147** 158, 163
- Vertretungsmacht **147** 134
- Verzichtsverbot **147** 116
- Weisungsunabhängigkeit **147** 129
- Widerruf der Bestellung **147** 76, 160 ff.

Besserungsscheine 160 29 ff.
Beständige faktische Verflechtungen mit Dritten 17 32
Beständigkeit der Herrschaft 17 19
Bestandsmitteilungspflicht WpHG 33–47 66c
Bestandsschutz SE-VO Art. 11 4
Bestätigung anfechtbarer Hauptversammlungsbeschlüsse
- Anfechtung des Erstbeschlusses **244** 10
- Anforderungen an die Beschlussfassung **244** 19 ff.
- Auswirkung von Entscheidungen auf das Parallelverfahren **244** 47
- Beschlusskorrekturen **244** 11
- Bestätigungsbeschluss, Bestandskraft und Anfechtung **244** 28 ff.
- Doppelanfechtung **244** 14, 36
- Heilbarkeit der Mängel **244** 24
- Mangelfreiheit des Bestätigungsbeschlusses **244** 22
- maßgebender Beurteilungszeitpunkt **244** 27
- unterbliebene Anfechtung **244** 33
- Voraussetzungen **244** 19

Bestätigungsbeschluss 241 78; **244** 15; **251** 12, *s. auch Bestätigung unwirksamer Hauptversammlungsbeschlüsse*
Bestätigungsvermerk 313 21
Bestellscheine 80 11
Bestellung der Aufsichtsratsmitglieder
- Anfechtung der Wahl **101** 109 ff.
- Anzahl der von den Gründern zu bestellenden Mitglieder **31** 8
- Arbeitnehmervertreter **101** 110
- Bestellung **101** 15
- Bindungswirkung der Wahlvorschläge **101** 16 ff.
- durch die Gründer **31** 7
- Durchführung der Wahl **101** 39
- Entsendung von Aufsichtsratsmitgliedern der Anteilseigner **101** 49 ff.
- Ersatzmitglieder **101** 82 ff.
- erster Aufsichtsrat **31** 7; **101** 30
- fehlerhafte Bestellung **101** 107

- Folgen der Anfechtbarkeit für die Rechtsstellung des Aufsichtsrates **101** 111
- Folgen der Anfechtung für Beschlüsse des Aufsichtsrates **101** 113 ff.
- mehrere Wahlvorschläge **133** 55a
- Nichtigkeitsgründe **101** 108
- Wahl **101** 16
- Wahl der Arbeitnehmervertreter **101** 48
- Wahlabreden **101** 23 ff.
- Wahlart **101** 31 ff.

Bestellung der Sonderprüfer (Vorgänge der Geschäftsführung/unzul. Unterbewertung) 258 1 ff.
- Antrag auf Bestellung von Sonderprüfern **258** 9
- Antrag bei Gericht **258** 21
- Aufgaben der Sonderprüfer **258** 35
- Bestellung der Sonderprüfer **258** 27
- Entscheidung des Gerichts über den Antrag **258** 23
- förmliche Voraussetzungen **258** 18
- Kostentragung **146**
- Kredit-, Finanzdienstleistungsinstitute und Kapitalanlagegesellschaften **258** 48
- Rechte und Verantwortlichkeiten **258** 45
- Verfahren **258** 8

Bestellung der Vertragsprüfer 293c
Bestellung des Aufsichtsrats bei Sachgründung 31 3
- Amtszeit **31** 13
- Anzahl der von den Gründern zu bestellenden Mitglieder **31** 8
- Bekanntmachungspflicht des Vorstands **31** 14
- Beteiligung der Arbeitnehmer **31** 14

Bestellung des ersten Abschlussprüfers 30 19
Bestellung des ersten Aufsichtsrats 30 5; **31** 3
- Amtszeit **30** 14
- Aufgaben **30** 16
- Bekanntmachung der Zusammensetzung **30** 18
- durch die Gründer **30** 5
- Verfahren **30** 7
- Vergütung **30** 17
- Zusammensetzung **30** 13

Bestellung des ersten Vorstands 30 20
Bestellung des gemeinsamen Vertreters SpruchG 6 4
Bestellung des Vorstandes 30 21 ff.; **84** 5
Bestellung durch das Gericht 85 5 ff.
- Dringlichkeit **85** 7
- Fehlen eines erforderlichen Vorstandsmitglieds **85** 6
- Rechtsstellung gerichtlich bestellter Vorstandsmitglieder **85** 13
- Verfahren **85** 8

Bestellung und Abberufung von Vorstandsmitgliedern
- Anstellungsvertrag **84** 24 ff.

2836

Mager gedruckte Zahlen = Randnummer **Sachverzeichnis**

– Bestellung **84** 5
– Bestellungsdauer **84** 12
– Bestellungsverfahren **84** 11
– Drittanstellung **84** 39
– Kündigung des Anstellungsvertrages **84** 145
– Mängel der Anstellung **84** 84
– Mängel der Bestellung **84** 20
– Pflichten der Vorstandsmitglieder **84** 75
– Rechte der Vorstandsmitglieder **84** 43
– Vorsitzender des Vorstands **84** 87
– Widerruf der Bestellung **84** 92
– Wiederbestellung **84** 15
Bestellung von Aufsichtsratsausschüssen 107 81, 85
Bestellung von Sonderprüfern, KGaA 285 18
Bestellungshindernisse
– Haftung bei Verstoß gegen **399** 228 ff.
– Vorstandsmitglieder **84** 20
Besteuerung der SE SE-VO Vor Art. 1 24
Beteiligung der Aufsichtsratsmitglieder am Jahresgewinn 113 43
Beteiligung der SE an nationalen Umwandlungsvorgängen SE-VO Art. 3 32
– Formwechsel **SE-VO Art. 3** 39
– Spaltung der SE **SE-VO Art. 3** 40
– Verschmelzung zur nationalen Aktiengesellschaft **SE-VO Art. 3** 38
– Verschmelzung zur SE **SE-VO Art. 3** 36
Beteiligung Dritter an der Gesellschaft 1 15; **27** 162; **57** 56
Beteiligungen
– Nachweis **22** 1 ff.
Beteiligungsausschuss 107 138
Beteiligungserwerb
– Zustimmung durch Hauptversammlung **119** 30a ff.
Beteiligungsveräußerung
– Zustimmung durch Hauptversammlung **119** 30f ff.
Betragmäßige Begrenzung der Aktionärspflichten 54 23
BetrAVG 84 51 ff.
Betriebliche Zusatzleistungen, Vorstand 84 48
Betriebsänderung 262 72
Betriebsaufspaltungen 179a 19
Betriebserträge der letzten zwei Geschäftsjahre 32 13
Betriebsführungsvertrag 76 72 ff.; **292** 52 ff.
– Beherrschungsvertrag, Abgrenzung **292** 56
– Leitungskompetenz **292** 53
Betriebspachtvertrag Vor § 291 32; **291** 69; **292** 33 ff.
– Verlustübernahme **302** 31
Betriebsrat 98 12
Betriebsstillegung
– ungeschriebene HV-Kompetenz **119** 32

Betriebsüberlassungsvertrag Vor § 291 32; **291** 69; **292** 33 ff.
– Geschäftsführungsvertrag, Abgrenzung **291** 51
– Verlustübernahme **302** 31
Beurkundung fehlerhafter Beschlüsse 130 22
Beurkundungsmängel 241 142 ff.
– Heilung **241** 231
Beurkundungspflichtige Willenserklärungen 130 11
Beweisaufnahme während der mündlichen Verhandlung
– Beweisaufnahme, Notwendigkeit **SpruchG 8** 8
– Beweisaufnahme, Verfahren **SpruchG 8** 15 ff.
– Rechtliches Gehör **SpruchG 8** 16
– Rechtsmittel **SpruchG 8** 20
– Sachverständiger, Ablehnung **SpruchG 8** 16
– Sachverständiger, Auswahl **SpruchG 8** 16
– Sachverständiger, Ladung **SpruchG 8** 16
– Sachverständiger, Teilzahlungen **SpruchG 8** 18
– Sachverständiger, Vergütung **SpruchG 8** 17
– Sachverständiger, Vorschuss **SpruchG 8** 18
– selbständiges Beweisverfahren **SpruchG 8** 21
– Vergütung **SpruchG 8** 17
– Vorschusspflicht des Antragsgegners **SpruchG 8** 19
– Zeugen, Vergütung **SpruchG 8** 17
Beweislast
– Leistungsunfähigkeit des Gründers **46** 18
– Zahlungsunfähigkeit des Gründers **46** 18
Beweiswürdigung SpruchG 8 4
Bewertung von Sacheinlagen 27 34
– Maßstab **27** 35; **183** 61
– Rechtsfolgen der Überbewertung **27** 44
– Unterbewertung **27** 43
– Verbot der Überbewertung **27** 42
– Zeitpunkt **27** 34
Bezüge der Vorstandsmitglieder, s. *Grundsätze der Bezüge der Vorstandsmitglieder*
Bezugs- und Umtauschrechte
– Aktienoptionspläne **192** 17
– Altaktionäre **192** 6
– Arbeitnehmer **192** 39, 58; **193** 21
– Aufteilung, Gruppen **193** 21
– Ausgabebetrag **193** 11 ff.
– Ausschluss bei bedingter Kapitalerhöhung **192** 17
– Ausübung **192** 1; **198** 1
– Ausübungszeiträume **193** 35
– Berechtigte **193** 10
– Definition **192** 16
– Einräumung **192** 4
– Erfolgsziele **193** 23
– Erwerbszeiträume **193** 30
– Geschäftsführung, Mitglieder **192** 39, 59; **193** 19
– Haltefrist **193** 34

2837

Sachverzeichnis

Fett gedruckte Zahlen = Paragraphen

- mittelbares **187** 7
- Stock options **192** 39; **193** 18 f., 19
- Unternehmenszusammenschlüsse **192** 36
- verbundene Unternehmen **192** 60
- Vorstand, Anweisung **192** 22
- Wandelschuldverschreibungen **192** 28
- Wartezeit **193** 32

Bezugsaktien
- Ausgabe **199** 4 ff.

Bezugsanspruch auf Aktien 186 11; **197** 13
- Entstehung durch Vertrag **187** 5; **197** 13
- Fehler bei der Einräumung **197** 17
- Zeitpunkt der Entstehung **197** 15

Bezugserklärung 186 13; **198** 4
- Ausgabebetrag **198** 14
- Beschränkungen außerhalb der Bezugserklärung **198** 36
- Datum des Erhöhungsbeschlusses **198** 16
- doppelte Ausstellung **198** 10
- Erklärungsberechtigte **198** 20
- Erklärungspflicht **198** 23
- Erklärungszeitpunkt **198** 21
- Form **198** 9
- Heilung **198** 30
- Inhalt **198** 11
- Mängel **198** 26 ff.; **200** 16
- Nebenverpflichtungen **198** 17
- Optionsstelle **198** 4
- Sacheinlagen **198** 15
- Teilausübung **198** 22
- ungeschriebene Voraussetzungen **198** 19
- Verschuldensunabhängige Haftung **197** 11
- Vertreter **198** 20
- Wirkung **198** 24
- Zeichnungsvertrag **198** 6
- Zugangsbedürftigkeit **198** 5

Bezugsrecht 67 43; **186** 7; **202** 70
- Aktienoptionspläne **192** 17, 58
- Altaktionäre **202** 8
- Ausschluss **186** 22 ff., *s. auch Bezugsrechtsausschluss*
- Bekanntmachung **186** 11d
- Deutsche Bank **203** 78
- Ermächtigung zum Ausschluss **203** 7, 26, 57
- Gattungsbezugsrecht **186** 11a
- Holzmann **186** 40; **203** 76
- Mischbezugsrecht **186** 11a
- mittelbare Verwirklichung **186** 67 ff.
- Satzungsänderung **203** 62
- Siemens/Nold **186** 40; **203** 79
- Tracking Stocks **186** 11b
- Ursprungssatzung **203** 61
- Vereinbarungen **187** 5 ff.
- Verwässerungsschutz **203** 87 ff.
- Zusicherungen **187** 5 ff.

Bezugsrecht, gesetzliches 186 7
- Ausübung **186** 12
- Berechtigte **186** 9
- nicht ausgeübte Bezugsrechte **186** 21
- Übertragbarkeit **186** 17

- Umfang **186** 11

Bezugsrechte auf Schuldverschreibungen und Genussrechte 187 9

Bezugsrechtsausschluss 186 4, 22 ff.; **202** 102; **204** 13, 17; **Vor § 311** 46
- Aktionärsklage **Vor 241** 24
- Beschlussfassung, Anforderungen **186** 35
- Business Combination Agreements **187** 19 ff.
- business judgement rule **186** 53 f.
- Emissionsunternehmen **186** 67 f.
- erleichterter Ausschluss **186** 55
- faktischer **186** 75 ff.
- faktischer, Rechtsfolgen **186** 77
- gekreuzter **186** 11a
- genehmigtes Kapital **202** 75; **203** 28, 57 ff.; **204** 13, 17 ff.
- Hauptversammlungsbeschluss, Vorbereitung **186** 23
- Inhaltskontrolle **Vor § 311** 53
- Konzern **186** 46
- Konzerninteresse **186** 46
- Krise des Unternehmens **188** 58
- Lock Up-Vereinbarungen **187** 21
- materielle Beschlusskontrolle **186** 40
- Rechtmäßigkeit **188** 38
- Tochtergesellschaft **186** 50
- Treuepflicht **186** 76
- Vorstandsbericht **186** 25, 52

BGB-Gesellschaft 15 40; **41** 19

Bilanz 403 1
- Aktien jeder Gattung, Grundkapital **152** 4
- Anhang **160** 1 ff., *s. auch Anhang, Bilanz*
- Ausweis des Grundkapitals **152** 2 f.
- bedingtes Kapital **150** 6
- Darstellung als Rücklagenspiegel **152** 25
- Darstellung der Angaben zu den Gewinnrücklagen **152** 21
- Darstellung der Angaben zum Grundkapital **152** 18
- Darstellung der Angaben zur Kapitalrücklage **152** 21
- Darstellung in einer Vorspalte **152** 25
- eigene Aktien **71** 237 ff.
- Erhöhungsbilanz *s. dort*
- Fußnoten, Kennzeichnung durch **152** 26
- gezeichnetes Kapital **152** 2
- Gliederungsvorschriften, Ergänzung **152** 1
- horizontale Methode **152** 25
- kleine Aktiengesellschaften **158** 28 f.
- Kleinstaktiengesellschaften **152** 27
- Mehrstimmrechtsaktien **150** 7
- mittelgroße Gesellschaften **152** 30
- verkürzte **152** 27
- vertikale Methode **152** 25

Bilanz- und Bewertungsmethoden 131 47

Bilanzausschuss 171 22

Bilanzeid 91 6; **403** 15

Bilanzgewinn 113 47; **158** 18; **174** 12
- Abschlagszahlung **59** 5
- Anspruch der Aktionäre **58** 91 ff.

Mager gedruckte Zahlen = Randnummer **Sachverzeichnis**

– Ausweis **170** 43
– Dividendenzahlung **58** 94 ff.
– Einlagenrückgewähr **58** 90
– Einstellung in Gewinnrücklagen **170** 39
– Mitgliedschaftsrecht, Gewinnbeteiligungsanspruch **58** 91
– Nichtigkeit des Beschlusses über die Verwendung **253** 4
– Verbriefung **58** 99
– Verteilung an die Aktionäre **170** 33
– Verwendung **150** 17; **170** 29
Bilanzidentität 256 75, 95; **270** 74
Bilanzielle Erfassung, Beteiligung an Aktienoptionsplänen
– Deutsche GoB **192** 69
– IAS/IFRS **192** 72
– Passivierung bei der Gesellschaft, keine **192** 70
– Personalaufwand als Bilanzposten **192** 72
Bilanzierung 9 32; **19** 8
Bilanzierungspflicht des Vorstands 171 19
Bilanzierungsvorschriften, KGaA 286 5
– Kapitalanteil **286** 7
– Kredite **286** 10
Bilanzverlust 158 18
Bild- und Tonübertragung aus der Hauptversammlung 118 44
– Übertragung und Aufzeichnung der Hauptversammlung **118** 45
– Zuschaltung von Aufsichtsratsmitgliedern **118** 23
Bildung von Rücklagen 173 14
Billigung des Konzernabschluss 173 25
Bindungswirkung der Wahl der Aufsichtsratsmitglieder 101 16
Binnenhaftung 283 10
Black-Scholes-Modell 221 102, 163
Blankoindossament 68 6, 10
Block-Trade-Transaktionen 221 189
Blockwahl 101 35, 36
Board-recommendation-Klauseln 76 80
Bonus-Malus-Systeme 87 32
Bookbuilding-Verfahren 221 50
Börsengang 186 45
Börsennotierte Gesellschaften
– Entsprechenserklärung (DCGK) **161** 32
Börsennotierte KGaA 278 95
– Börsenzugang **278** 95
– kapitalmarktrechtliche Folgepflichten **278** 100
– Prospektpflicht **278** 96
– Satzungskontrolle **278** 99
– Übernahmerecht **278** 105
Börsennotierung 3 5; **76** 142
– Teileinzahlung **10** 77
– Wegfall **3** 6
Börsenpflichtblatt
– Bekanntmachung Einberufung HV **121** 50
Brau&Brunnen-Fälle 17 34
Break-Fee-Vereinbarungen 71a 43

Brexit
– SE, Folgen **SE-VO Art. 7** 6 f.
Briefwahl (Hauptversammlung) 118 42 f.
– Beschlussgegenstände **118** 43
Buchführung
– Aufbewahrungspflicht **91** 20
– Beginn der Buchführungspflicht **91** 18
– Bilanzeid **91** 6
– Buchführungspflicht **171** 19
– Buchführungssysteme und -formen **91** 7
– Ende der Buchführungspflicht **91** 19
– Haftung **91** 21 ff.
– Inhalt der Buchführungspflicht **91** 5
– Konzernbuchführung **91** 8
– Rechtsfolgen bei Pflichtverletzung **91** 21
– steuerrechtliche Buchführungspflicht **91** 9
– Wahrnehmung der Buchführungspflicht **91** 10
Buchführungssysteme und -formen 91 7
Bundesanstalt für Finanzdienstleistungsaufsicht
– Mitteilungspflichten, Sonderprüfung **261a** 1 ff.
– Richtlinien **WpHG 33–47** 119
Bundesanzeiger, elektronischer 25 3; **267** 5
– Störerhaftung **127a** 23
Business Combination Agreements 187 19 ff.; **188** 28; **291** 69 f., 70a
Business judgement rule 93 9, 59 ff., 67; **111** 16; **116** 43; **117** 24 f.; **186** 54; **311** 31
– Bezugsrechtsausschluss **186** 53
– Pflichtenmaßstab für Aufsichtsratsmitglieder **116** 43, 59

Call Option 221 83
– Zurechnung (Meldepflicht) **20** 11
Capital Asset Pricing Model 305 90
Cartesio Entscheidung (EUGH) 45 5; **IntGesR** 14
Cash-Management-Systeme 27 216; **311** 43
– Beherrschungsvertrag **291** 15
– einheitliche Leitung **18** 12
Cash-Pool II Entscheidung des BGH 27 255
Cash-Pooling 27 272; **57** 33; **183** 28 f.; **188** 75
– Bareinlage **36** 21
– Darlehensgewährungen **27** 306; **57** 128 f.
– Einlagenrückgewähr **57** 33
– Kapitalaufbringungsregeln **27** 305, 307 ff.
– Konzern **36** 21; **118** 75
– strafrechtliche Haftung **399** 132 ff.
– verdeckte Sacheinlage **27** 305; **188** 75
Causa societatis 57 24, 27, 45
Caveat-creditor-Prinzip 91 26
CEO-Modell 77 42; **SE-VO Art. 38** 13
Change-of-Control-Klauseln 87 53
Claims-Made-Prinzip 93 248
Clawback-Klauseln 87 32
Clearstream Banking AG 67 68

2839

Sachverzeichnis

Fett gedruckte Zahlen = Paragraphen

CoCo-Bonds 192 29f; **194** 5
Collective-action-Problem 148 12
Company Limited by Shares IntGesR 16a
Compliance 91 47 ff.
– Begriff **91** 47 ff.
– Compliance-Kultur **91** 60a ff.
– Compliance-Verantwortung **91** 67 ff.
– comply or explain **107** 142; **161** 7, 12 ff.
– DCGK **91** 52
– gegliederte Compliance-Organisation **91** 64
– Haftung für **91** 75 ff.
– IDW-Prüfungsstandard 980 **91** 60a, 62
– Konzern **91** 70 ff.
– Pflicht **93** 112
– Tone from the Top **91** 60a
– Überwachung des Systems durch Prüfungsausschuss **107** 142
– Überwachung durch Aufsichtsrat **111** 21
– Verhaltenspflichten **91** 57
– Vorbildfunktion des Vorstands **91** 60a
– Vorfall, Untersuchung **111** 21a, 46a
Comply-or-explain 161 7, 12 ff.
ComROAD 403 4
Contingent Shares 192 38a
Contingent Value Rights 192 38a
Control-Konzept, KGaA 286 14
Cooling-Off-Periode 100 1, 30
Corporate Governance 76 40
Corporate Governance Kodex 93 46 ff.; **100** 36, 61 ff.; **161** 1 ff., s. auch Deutscher Corporate Governance Kodex
Corporate information 93 139
Corporate opportunities doctrine 88 6; **93** 136, 139
Corporate Social Responsibility 76 12 ff.; **111** 56a; **116** 26
– Berichterstattung, Prüfung **171** 62a f.
– Sonderprüfung **142** 65
Corporate-Governance-Bericht 161 23a
Coupons 58 99 ff.
Cross-Border-SE SE-VO Vor Art. 1 19
CRR-Kreditinstitute
– Abschlussprüfung, Haftung **404a** 23
– Prüfungsausschuss **107** 140b, 150a
– Prüfungsausschuss, Wahlvorschläge **124** 32 ff.
– zusätzliche Anforderungen Aufsichtsratsmitglieder **100** 49 ff.
CRR-VO 192 75d ff.
CSR-Richtlinie 76 42 ff.; **111** 56a; **116** 26 ff.
Culpa in contrahendo 116 225
Cura in custodiendo 93 100
Cura in eligendo 93 100
Cura in instruendo 93 100

D&O-Versicherung 84 74; **93** 25, 225 ff.; **116** 62
– Abschluss, Zuständigkeit **116** 187
– angemessener Selbstbehalt **113** 19
– Anspruchsgegner **147** 27
– Aufsichtsrat gegenüber Vorstand **116** 184 ff.
– Freistellung **116** 183 ff.
– Geltendmachung des Deckungsanspruchs **116** 187a
– Gruppenversicherung **113** 15 ff.
– Pflicht zum Versicherungsabschluss **93** 235
– Prämienzahlungen **116** 185
– Selbstbehalt **93** 239; **116** 186
– unzulässiger Verzicht auf Haftungsansprüche **93** 288
– Vergütungsbestandteil für Aufsichtsratsmitglieder **113** 15 f.
– Vertretung bei Abschluss **112** 28
– Verwaltungsratsmitglieder SE **SE-VO Art. 51** 8a
– Zuständigkeit zum Vertragsschluss **93** 232
Daily-Mail-Entscheidung 45 5; **IntGesR** 14
Darlehen an verbundene Unternehmen 57 110 ff.
Darlehen in der Krise 57 106
Darlehensgewährung, Hin- und Herzahlen 27 306; **188** 50, s. auch Hin- und Herzahlen
Darstellung in der GuV oder im Anhang 158 22
Darstellungen oder Übersichten über den Vermögensstand 400 65
DAT/Altana 255 22
Davon-Vermerk 58 58
DCGK, s. Deutscher Corporate Governance Kodex
Dealing at arm's length 93 135
Debitorisches Konto 54 76
Debt-Equity-Swap 182 72; **183** 12 f.; **264** 22
– auf Vorrat **192** 29b
– Insolvenzanfechtung **185** 47
Debt-to-equity double swap 27 240
Deferred settlement 221 51
Delegationsverbote 3 6; **71** 152; **107** 90; **179a** 42; **221** 161; **327a** 9, **SpruchG 1** 17
Delisting
– Abfindungsangebot **3** 6
– eigene Aktien **71** 152 ff.
– Hauptversammlungskompetenz **111** 57; **119** 39 ff.
– Hot Delisting **179** 45
– kaltes **SpruchG 1** 12, 18
– Rechtsschutz **SpruchG 1** 12
De-minimis-Ausnahme 93 134
Depotbanken 67 19
Depotgesetz 10 61
Depotprüfung 135 116
Derivate 71 185
– Begebung von Kaufoptionen **71** 205
– Erwerb von Kaufoptionen **71** 187
– Erwerb von Verkaufsoptionen **71** 209
– Gegenwert **71** 190
– Veräußerung von Verkaufsoptionen **71** 194
– Verkaufsoptionen und Verschmelzung **71** 212
Deutsche-Bank-Entscheidung 203 78
Deutscher Corporate Governance Kodex (DCGK) 93 46 ff.; **100** 36, 61 ff.; **161** 1 ff.
– Abdruck **161** 105

Mager gedruckte Zahlen = Randnummer **Sachverzeichnis**

- Abweichungen von **161** 5, 57, 61a
- Anfechtbarkeit von Wahlbeschlüssen **251** 5a
- Auslegung **161** 17 ff., 101a
- Bericht **161** 23a
- best practice **161** 28b
- comply-or-explain Mechanismus **161** 7, 12
- Corporate-Governance-Bericht **161** 23a
- Empfehlungen vs. Anregungen **161** 30
- Empfehlungen, Rechtsnatur **161** 16 f.
- Entsprechenserklärung (DCGK), *s. Entsprechenserklärung (DCGK)*
- Erklärung Haftung **400** 91 ff.
- Erklärung zur Unternehmensführung **161** 23 f.
- EU-Ebene **161** 12 ff.
- Frauenquote **96** 3; **161** 6
- Funktion **161** 28b
- in Geschäftsordnungen **161** 50
- Informationspflicht, gesetzliche **161** 96a
- Kommanditgesellschaft **278** 103
- Kreditgewährung an Vorstandsmitglieder **89** 6 ff.
- Rechtswirkungen **161** 16 f.
- Satzungsbestandteil **161** 50
- Sorgfaltspflicht Vorstand **93** 46 ff.; **161** 24 ff.
- unternehmerische Entscheidung **161** 49
- Zusammenwirken von Vorstand und Aufsichtsrat **161** 37 ff.

Dienstleistungen 27 30
Dienstwagen (Aufsichtsrat) 113 14
Differenzhaftung 27 47, 62; **41** 84; **183** 61, 70 ff.; **221** 8
- erweiterte Geltung bei der AG **183** 71
- Grundlegung bei der GmbH **183** 70
- Sachkapitalerhöhung **183** 70 ff.
- Überbewertung von Sacheinlagen **9** 17 ff., 18
- Verjährung **183** 81
- Verschmelzung **183** 82

Diktierte Vertragsbedingungen, Schutz vor 57 93
Dingliche Belastungen der Aktie 67 22
Dingliche Berechtigung, Einpersonen-Gesellschaft 42 3
Directors'- and Officers' Liability Insurance 113 15
Discounted Cash Flow 305 71
Divergenzvorlage SpruchG 12 22
Dividendenanspruch 172 34; **174** 25 f., 25
- Änderung des Gewinnverwendungsbeschlusses **174** 27
- nachträgliche Herabsetzung **174** 28

Dividendenschein 58 99 ff.
Dividenden-Tantiemen 67 42; **113** 48
Dividendenzahlung 57 30; **58** 94 ff.; **71** 5
- Ausschüttungsbetrag **58** 96
- Fälligkeit **58** 95a f.

Doppelmandate 76 105 ff.; **114** 8
- im Konzern **105** 7
- Treuepflichten Aufsichtsratsmitglied **116** 97
- Vergütung Aufsichtsratsmitglieder **113** 64

Doppelschaden 93 323
Doppelsitz 5 7; **14** 5
Doppelte Stimmrechtsausübung 67 52
Dotierung der Rücklagen 231 3
- Auflösung **231** 3
- Begrenzung **231** 5
- Umbuchung **231** 3
- Verstoß **231** 8

Down-Stream-Merger 71a 45; **SE-VO Art. 31** 2
Dreijahresfrist 268 22
Dreimalige Bekanntgabe 64 27
Drittelbeteiligungsgesetz 96 18, 31
Drohverlustrückstellungen 71 203
Due Diligence 93 170; **404** 49
Durchbrechung der Geschäftsordnung im Einzelfall 129 13
Durchbrechung der Satzung 179 46
- faktische Satzungsänderung **179** 55 ff.
- punktuelle Satzungsdurchbrechung **179** 49
- rechtliche Behandlung **179** 50
- Rechtsfolgen **179** 51
- unbewusste Satzungsverletzung, Hauptversammlungsbeschluss **179** 53
- zustandsbegründende Durchbrechung **179** 49

Durchbrechungshauptversammlung 123 15; **124** 8a
- Einberufung HV **121** 77a
- Mitteilungen Einberufung **125** 32a

Durchbrechungsregel, europäische 179 91
Durchführung der Hauptversammlung 293g 3; **327d** 1, *s. auch Hauptversammlung*
- Auskunftsrecht der Aktionäre **293g** 8
- Auslegung der Unterlagen **175** 16 ff.; **293g** 3
- elektronische Bereitstellung von Unterlagen **176** 5; **293g** 3
- Erläuterung des Unternehmensvertrages **293g** 4
- Rechtsfolge **293g** 14
- virtuelle **118** 35 ff.
- Zugänglichmachung der Unterlagen **293g** 3
- Zugänglichmachung der Unterlagen über die Internetseite **175** 24a

Durchgriff auf die Aktionäre 1 38 ff.
Durchgriffshaftung 1 52 ff.
Durchsetzung der Angabepflicht im Anhang 258 3
Durchsetzung der Erläuterungspflichten 176 18
Durchsetzung der Informationsrechte 170 55
Duty of care 93 9, 200
Duty of loyalty 93 9, 200

Earn-out-Klauseln 192 38a
Effektenkommission 71e 9
Ehrbarer Kaufmann 116 27
Ehrenvorsitzender 107 62 ff.
EHUG 184 16; **188** 4

Sachverzeichnis

Fett gedruckte Zahlen = Paragraphen

Eigene Aktien
- Abzug bei Berechnung Mehrheitsbesitz **16** 17
- Aktienoptionspläne **192** 54
- Andienungsrecht der Aktionäre **71** 120
- Anspruch auf Aktienübertragung **71d** 55
- Bedienung von Wandelschuldverschreibungen **71** 136
- Belegschaftsaktien **71** 58
- beschleunigter Erwerb **71** 126
- Bilanzausweis **160** 9 ff.
- bilanzrechtliche Behandlung **71** 237 ff.
- Delisting **71** 152 ff.
- Derivate **71** 185
- Eingliederung **320** 6
- Einlagenrückgewähr **57** 41 ff., 132
- Einziehungspflicht **71c** 14
- Erwerb **70** 35 ff., *s. auch Erwerb eigener Aktien*
- Erwerb durch Dritte **71d** 6, 60
- Erwerb oder Besitz durch abhängige oder im Mehrheitsbesitz der AG stehende Unternehmen **71d** 31 ff.
- Fallbeispiele **71** 54 ff.
- Gleichbehandlungsgebot bei Erwerb **71** 119 ff.
- Gleichbehandlungsgebot bei Veräußerung **71** 129 ff.
- Haftung, ordnungswidrigkeitsrechtliche **405** 20 ff.
- Impfandnahme **71d** 3 ff.
- Insichgeschäft **56** 2
- Investmentaktiengesellschaften **71** 150
- Kapitalerhöhung **215** 2
- Kapitalmarktrecht **71** 160
- Kursgarantie bei Selbstzeichnung **56** 50
- Marktmanipulation, Verbot der **71** 181 ff.
- Mitteilungspflichten **WpHG 33–47** 30
- Modalitäten der Veräußerung **71c** 6
- Pflichten **71b** 11
- Preisrahmen **71** 109
- Rechte **71b** 3, *s. auch Rechte aus eigenen Aktien*
- Ruhen der Rechte **71b** 6
- Sanktionen **71c** 16
- Selbstzeichnung, Verbot **56** 9 ff., *s. auch Verbot der Selbstzeichnung*
- Stellvertretung **71d** 3
- steuerrechtliche Behandlung **71** 242
- Übernahmerecht **71** 157 ff.
- Veräußerung **71** 138 ff.; **71c** 6 ff.
- Veräußerungspflicht **71c** 2 ff.
- Verbot der finanziellen Unterstützung **71a** 23 ff.
- Verbot der finanziellen Unterstützung, Anleihen **71a** 32 f.
- Verbot der finanziellen Unterstützung, Ausnahmen **71a** 56 ff.
- Verbot des Handelns **71** 111 ff.
- Verbundene Unternehmen **71d** 5
- Veröffentlichungspflichten **WpHG 33–47** 83
- Zweck **70** 1 ff.

Eigene Rechtspersönlichkeit der Aktiengesellschaft 1 8, 12
- Beteiligungen **1** 15
- bürgerliche Rechte **1** 15
- Eingehung von Rechtsgeschäften **1** 15
- Vermögensrechte **1** 15

Eigengeschäfte mit der Gesellschaft, Vorstandsmitglieder 93 131

Eigenkapitalderivate 71 43

Eigenkapitalersatz in der KGaA 278 44

Eigenkapitalersetzende Aktionärskredite 57 106
- Darlehen an Enkelgesellschaften **57** 114
- Übertragung auf die AG **57** 105
- verbundene Unternehmen **57** 110
- Voraussetzungen **57** 106

Eigenkapitalrendite 186 44

Eigenrückgewähr, unzulässige 57 14

Eigenschöpferische Leistung 1 16

Eigentumslage, keine oder unrichtige Mitteilungen zur 405 31 ff.

Eigentumsübertragung nach Depotgesetz 10 61

Eigenverantwortliche Leitungsausübung 76 56

Eigenverantwortlichkeit der Unternehmensleitung 76 56

Eigenverwaltungsverfahren
- Zahlungsverbot **92** 27b

Eignungsschwindel 399 223 ff.

Eignungsvoraussetzungen und Bestellungshindernisse für Vorstandsmitglieder 76 119
- Eignungsschwindel **399** 223 ff.

Eilentscheidung des Aufsichtsrates 110 21

Einberufung der Hauptversammlung 92 9; **111** 57; **121** 1; **283** 15
- abzuwickelnde Kreditinstitute **123** 6a, 15, 31a, 39a; **125** 32a
- Aktionärsminderheit **121** 16a; **122** 6 ff.
- Änderung der Einberufung **121** 82
- Bekanntmachung **121** 14a, 48
- Beschlussvorschläge **124** 26 ff.
- börsennotierte Gesellschaften **121** 18, 66; **123** 27 ff., 39b
- Börsenpflichtblatt **121** 50
- Einberufungsberechtigte **121** 12 ff.
- Einberufungsgründe **121** 5
- Einschreiben **121** 52, 58 ff.
- fakultative Einberufung **121** 11
- fehlende Einberufungsberechtigung **121** 100
- fehlerhafte Bekanntmachung **121** 104
- Finanzmarktstabilisierungsgesetz **123** 6a, 15, 31a, 39a; **125** 32a
- gesetzliche Einberufungsgründe **121** 6
- Gewinn- und Verlustrechnung **286** 11
- Inhalt der Einberufung **121** 18
- Insolvenzverwalter **121** 16a
- Internetseite, Angabe **121** 47
- Internetseite, Informationen **124a** 7 ff.

Mager gedruckte Zahlen = Randnummer **Sachverzeichnis**

- Kapitalerhöhungen 121 32
- KGaA 283 15
- Mitteilungen 125 6 ff.
- Notvorstand 121 14b
- ordentliche Hauptversammlung 175 6
- Pflichtangaben 121 18 ff.
- Rechtsfolgen von Verstößen 121 98
- Rücknahme 121 81 ff.; 122 31a
- Rücknahme der Einberufung 121 81; 122 31a
- Satzungsänderungen 121 31
- satzungsmäßige Einberufungsgründe 121 9
- Schadensersatzpflicht 121 98
- Übernahmesituation, Frist 122 44a; 123 6 f., 15
- Verstoß gegen Einberufungspflicht 121 98
- Vollversammlung 121 85 ff.
- Zuleitung zur Veröffentlichung 121 66

Einberufung des Aufsichtsrates 110 7
- Aufsichtsratsvorsitzender 110 7
- durch Aufsichtsratsmitglieder oder Vorstand 110 36
- erster Aufsichtsrat 110 52
- Mängel 110 54
- neu gewählter Aufsichtsrat 110 53
- Sitzungsturnus 110 45 ff.

Einberufung, unvollständige Information 405 82

Einberufungsbelege 130 57

Einberufungsmängel 118 38

Einberufungsverlangen 122 6
- gerichtliche Prüfung 122 54 ff.

Einbringung
- quoad dominium 188 45
- quoad usum 188 46

Einbringung der Anteile SE-VO Art. 33 5

Einbringungswahlrecht SE-VO Art. 33 3

Einfache Ausübungssperre 328 9

Einfache wechselseitige Beteiligung 19 4, 9
- Kapitalgesellschaften 19 10
- Ringbeteiligungen 19 13
- Sitz im Inland 19 11

Einfluss, beherrschender nach § 290 HGB 17 6

Einflussnahme bei verbundenen Unternehmen, Schranken
- Abhängigkeitsverhältnis zwischen Unternehmen 311 2
- Beherrschungsvertrag, kein 311 8
- Darlegungs- und Beweislast 311 24
- Eingliederung 311 11
- Nachteil 311 27
- Nachteilsausgleich 311 48
- Veranlassung 311 12
- Veranlassungswirkung 311 22

Eingehung von Rechtsgeschäften 1 15

Eingliederung SpruchG 1 10, *s. auch Mehrheitseingliederung*; 319 2
- allgemeine Voraussetzungen 319 2

- Anmeldung und Eintragung ins Handelsregister 319 16
- Auskunftsrecht der Aktionäre 326 2 ff.
- Beendigung 322 18; 327 2 ff., *s. auch Beendigung der Eingliederung*
- beteiligte Gesellschaft, Rechtsform und Sitz 319 3
- durch Mehrheitsbeschluss 320 4
- eigene Aktien 320 6
- Eigentum an allen Aktien der einzugliedernden Gesellschaft 319 4
- Eingliederungsbeschluss 319 6
- Ende 327 2
- Freigabeverfahren 319 21 ff.
- Gewinnabführungsvertrag, Beendigung 324 6
- Grundlagengeschäft 319 6
- Informationspflichten der zukünftigen Hauptgesellschaft 319 11
- Mehrheitseingliederung, *s. dort*
- Nachhaftung 327 9
- Optionsrechte 320 6
- Registersperre 319 19
- Schadenersatz 319 26
- Zustimmungsbeschluss 319 8

Einheitliche Leitung, Konzern 18 8
- Dauer 18 17
- enger Konzernbegriff 18 10
- Gleichordnungskonzern 18 15, 29
- tatsächliche Ausübung 18 16
- Umfang 18 9
- Unterordnungskonzern 18 14, 24
- weiter Konzernbegriff 18 11

Einkaufskommission 71 75

Einlage 46 10; 60 10
- Agio 60 12
- Bareinlage 60 11
- Einforderung in der Insolvenz 63 27; 182 70
- Finanzierung durch die Gesellschaft 66 12
- Haftung für freie Verfügbarkeit 46 8
- Kapitalerhöhung 60 14
- Leistung in unterschiedlichem Verhältnis 60 9
- Sacheinlage 60 13
- Schäden durch 46 10 ff.

Einlageansprüche
- Verjährung 54 81 ff.

Einlagen, ausstehende
- Agio bei Kapitalerhöhung 182 60
- Angabepflicht 203 128
- Arbeitnehmeraktien 203 130
- Ausgabe neuer Aktien 203 117
- Ausnahmen 203 124
- Subsidiarität der Kapitalerhöhung 182 58
- Verstöße 203 129
- Zeitpunkt 203 119

Einlagen, Einzahlung
- Aufforderung 63 10
- Ausgabe von Namensaktien 63 7
- Einforderung in der Insolvenz 63 27; 182 70
- Inhaberaktien, verbotswidrige Ausgabe 63 9

2843

Sachverzeichnis

Fett gedruckte Zahlen = Paragraphen

- nicht rechtzeitige **63** 3
- Schadenersatz **63** 21
- Vertragsstrafen **63** 22
- Verzinsung **63** 19

Einlagenrückgewähr
- Aktionärsdarlehen **57** 33, 102
- Ausnahmen vom Verbot **57** 132
- Beherrschungs- und Gewinnabführungsvertrag **57** 37
- Beteiligung Dritter **57** 56
- Cash Pooling **57** 33
- Dividendenzahlung, nicht ordnungsgemäße **57** 30
- Dritte, Beteiligung von **57** 56 ff., 94
- eigene Aktien **57** 41 ff.
- eigene Aktien, Umgehungsschutz **71a** 11 ff.
- Einzelfälle verbotener Rückgewähr **57** 30 f.
- Haftung der Aktionäre **57** 102
- Haftung der Verwaltung der AG **57** 101
- Halteprämien **57** 46a
- Hauptversammlungsbeschluss **57** 86
- Hin- und Herzahlen **57** 52
- Konzern **57** 136 f.; **71a** 17 ff.
- Kostenerstattung für Teilnahme an HV **57** 46a
- Kursgarantie **57** 44
- Mehrheitsbeteiligungen **57** 59 ff.
- Missbrauch der Vertretungsmacht **57** 99
- Missverhältnis bei Austauschgeschäften **57** 19
- nichtiger Beschluss **241** 184
- Rückgewähranspruch der Gesellschaft **57** 86 ff.
- Sachgefahr **57** 88
- Schadenersatzansprüche **57** 47
- Sicherheiten, Bestellung für Kredite des Aktionärs **57** 38
- Übernahme Prospekthaftungsrisiko **57** 40
- Umgehungsgeschäfte **71a** 11
- unzulässige **57** 86
- unzulässige, Beispiele **57** 30 ff.
- Verbot **19** 7; **57** 14
- Vertragskonzern **57** 136
- wertmäßige Bindung des Gesellschaftsvermögens **57** 15
- Zinsverbot **57** 83
- Zurechnung im Konzern **57** 62 ff.
- Zuwendung ohne Gegenleistung **57** 18
- Zuwendungen **57** 58 ff.
- Zuwendungen an einen Gründer **57** 51
- Zuwendungen an frühere oder künftige Aktionäre **57** 54

Einlagepflicht 53a 7; **54** 40 ff., *s. auch Erfüllung der Einlagepflicht*; **66** 3; **277** 9
- Umfang **8** 6

Ein-Mann-AG 1 11
- Hin- und Herzahlen **27** 223
- Stimmverbot, Ausnahme **136** 22

Einmann-Gründung 1 102; **36** 25
- Ein-Personen-Vor-AG **41** 120

- Hin- und Herzahlen, Verwendungsabsprache **27** 218
- SE **SE-VO Art. 2**; **SE-VO Art. 3** 19
- Vorgesellschaft **41** 117

Einmann-KGaA 285 27

Einpersonen-Gesellschaft 42 1 ff.; **130** 47; **141** 51; **188** 52; **312** 6
- Entstehung **42** 2, 12
- Errichtung einer Zweigniederlassung **42** 2
- Gläubigerschutz **42** 1
- Informationspflicht **42** 1
- In-Sich-Geschäft **42** 13
- Kommanditgesellschaft auf Aktien **42** 12
- Mitteilungspflichten **42** 3 ff.
- Organisationsprinzip **42** 13
- Protokollierung HV Beschluss **130** 5
- Publizität **42** 1
- Rechtsinhaberschaft **42** 3
- Trennungsprinzip **42** 13
- Umsetzung EG-Richtlinien **42** 2
- Vollversammlung **42** 13
- Zulässigkeit **42** 12

Einreichung der Bekanntmachung 106 10
Einreichung des Protokolls der Hauptversammlung zum Handelsregister 130 61
Einreichungspflicht 106 10
- Bekanntmachungspflicht des Gerichts **106** 11
- Liste der Mitglieder des Aufsichtsrats **106** 5

Einsatzmöglichkeiten SE-VO Vor Art. 1 18
Einsichtnahme und Abschriftenerteilung vom Protokoll der Hauptversammlung 130 63
Einsichts- und Auskunftsrecht 313 16
Einspruchsrecht, behördliches SE-VO Art. 19 1
Einstellung des Bilanzgewinn 170 43
Einstellung in die Gewinnrücklagen 170 39; **174** 15
Einstellung in die Kapitalrücklage 152 10; **240** 4
- beschränkte Einstellung **231** 1
- Buchertrag bei Kapitalherabsetzung **240** 4
- Ertrag auf Grund höherer Bewertung **261** 18
- zu hoch angenommene Verluste **232** 1

Einstellung Rücklagen durch die Hauptversammlung 173 14; **174** 15
Einstimmigkeit bei Kapitalerhöhung 182 29
Einstimmigkeitsprinzip 77 8
Einstweilige Anordnung SpruchG 11 5
Einstweiliger Rechtsschutz 275 33
- Ausführung abgelehnter Beschluss **243** 255
- Verfügungsgrund **243** 251
- Verhinderung der Beschlussfassung **243** 249

Eintragung der Auflösung der Gesellschaft 263 7
- Inhalt der Eintragung **263** 8
- KGaA **289** 33
- Prüfung durch das Gericht **263** 7

Mager gedruckte Zahlen = Randnummer **Sachverzeichnis**

Eintragung der Durchführung der Kapitalerhöhung 188 64
Eintragung der gerichtlichen Entscheidung 398 5
Eintragung der Gesellschaft
– Art 39 16
– Eintragung der SE **SE-VO Art. 12** 2
– Fehler 39 17
– Inhalt 39 2
– Rechtsmittel 39 21
– Schriftbild 39 16
– Vollzugsmitteilungen 39 22
– Wortlaut 39 16
Eintragung der Nichtigkeit, Wirkung
– Abwicklung 277 7
– Auflösung 277 5
– Einlagepflicht 277 9
– Wirksamkeit der Rechtsgeschäfte 277 8
Eintragung der persönlich haftenden Gesellschafter 282 2
Eintragung der Satzungsänderung
– Ablehnung 181 29
– Amtslöschung 181 50
– bei Kapitalerhöhung 184 29; 188 2
– Bindungswirkung 181 30
– Fehlerhaftigkeit 181 47
– konstitutive Wirkung 181 40
– Prüfungsumfang 181 20
– Rechtsmittel 181 32
– Rückwirkung 181 42
– Sonderregelungen 181 5
– Verbot, gerichtliches 181 31
– Verfahren 181 28
– Vorstand, Pflichten 181 6
– zuständiges Gericht 181 5
Eintragung der Sitzungsverlegung SE-VO Art. 8 20
Eintragung der Verschmelzung SE-VO Art. 27 2
Eintragung des Kapitalerhöhungsbeschlusses 184 29; 195 15
Eintragung des Kapitalherabsetzungsbeschlusses 224 2
– Anmeldung der Durchführung 227 5
– Aufhebung 224 4
– Auswirkungen auf Dritte 224 12
– genehmigtes und bedingtes Kapital 224 11
– Rechtsfolgen für die Aktionäre 224 6
– Zeitpunkt der Rechtsänderung 224 2
Eintragung des Übertragungsbeschlusses
– Aktienurkunden 327e 12
– Anmeldung 327e 2
– fehlerhafte Eintragung 327e 11
– Freigabeverfahren 327e 6 f.
– Negativerklärung 327e 5
– Übergang der Mitgliedschaften, Ausschluss 327e 8
– Wirkungen der Eintragung 327e 8
Eintragung von Amts wegen 263 9
Eintragung von Beschlüssen, KGaA 285 39

Eintragungspflichtige Tatsachen 67 12
Einweisungssorgfalt 93 103
Einzahlung auf Aktien, falsche Angaben 399 144
Einzelabschluss, Prüfung durch Aufsichtsrat 171 49
Einzelentlastung 120 15
Einzelermächtigung zur Vertretung der Gesellschaft 78 41
– Erteilung 78 43
– Umfang 78 45
– Widerruf 78 47 ff.
Einzelgeschäftsführung 77 19
Einzelkaufmann 16 26, 40; 309 9
Einzelne Klauseln, Nichtigkeit 275 32
Einzelrechtsnachfolge SpruchG 3 22
Einzelrechtsübertragung SpruchG 1 20
Einzelvertretung der Gesellschaft 78 33, 37
Einziehung
– durch den Vorstand 237 40
– Fehler 237 43
– Handlung der Gesellschaft 238 7
– ordentliches Verfahren 237 22
– vereinfachtes Verfahren 237 27
– Wirkung 237 42
Einziehungsentgelt 237 46
Einziehungspflicht 71c 14
Elektronische Bereitstellung von Unterlagen i.d. Hauptversammlung 176 5
Elektronische Mitteilungen 125 24 f.
Elektronischer Bundesanzeiger 25 3
– Störerhaftung 127a 23
Elektronischer Registerverkehr 184 1
EM.TV-Entscheidung 400 83
Emission von Aktien 47 6
Emissionskonsortium 186 69
Emissionsunternehmen
– Bezugsrechtsausschluss 186 67 f.
– mittelbares Bezugsrecht 187 7
Emittentenhaftung 47 6
– Ankündigungsschwindel 399 182
Emittentenleitfaden WpHG 33–47 18, 119
– „Abmeldung" durch den Meldepflichtigen **WpHG** 33–47 23
Empfang verbotener Leistungen
– Aktionärshaftung 62 4
– Gläubiger 62 7
– gutgläubiger Bezug von Gewinnanteilen 62 25
– Rückgewähranspruch der Gesellschaft 62 4
– Schuldner 62 8
– verbundene Unternehmen 62 18
– Verfolgungsrecht der Gläubiger 62 30
– Verfolgungsrecht der Gläubiger in der Insolvenz 62 41
– Verjährung 62 44
– vom Aktionär nicht veranlasste Zuwendungen 62 11
– Zuwendungen der Gesellschaft auf Veranlassung des Aktionärs 62 10

2845

Sachverzeichnis Fett gedruckte Zahlen = Paragraphen

- Zuwendungen zwischen Schwestergesellschaften **62** 13
Empfang verdeckten Gründungsaufwands 47 3
Empfangszuständigkeit 54 67
Enforcement-Verfahren 142 36; **148** 39
- Verhältnis zu Sonderprüfung **258** 7
- Verhältnis zur Nichtigkeitsklage bzgl. JA **256** 85
Englisches Konzernrecht Vor § 15 39
Entfallen der Strukturmaßnahme SpruchG 3 26
Entherrschungsvertrag 17 52; **291** 3
Entlastung
- Anspruch auf Entlastung **120** 35
- Berichtspflichten **120** 41
- Beschlussfassung der Hauptversammlung **120** 3
- der Gründer **46** 16
- der persönlich haftenden Gesellschafter, KGaA **285** 17
- Einzelentlastung **120** 15
- fehlerhafte Entlastungsbeschlüsse **120** 43
- Gesamtentlastung **120** 13
- Leistungsklage **120** 35
- Rechtsschutz bei Verweigerung **120** 35
- Reichweite der Entlastungskompetenz **120** 3
- Stimmverbote bei der Entlastung **120** 20
- Verweigerung der Entlastung und ihre Folgen **120** 31
- Wirkung **120** 28
Entlastungsbeschluss 102 8
- Anfechtbarkeit **120** 43, 45, 49 ff.; **171** 82
- fehlerhafter Beschluss **120** 43
- Inhalt des Entlastungsbeschlusses **120** 25
- Interessenkonflikte des Aufsichtsrats/Vorstands **120** 50
Entnahmen aus der Kapitalrücklage 152 12; **158** 4
Entnahmen aus Gewinnrücklagen 158 6; **301** 11
- Rechtsfolgen bei Verstößen **301** 19
Entnahmen der persönlich haftenden Gesellschafter, KGaA 288
- Entnahmerecht **288** 5
- Gewinnverteilung **288** 2
Entnahmen durch die Hauptversammlung 173 14
Entnahmerecht, KGaA 288 5
Entnahmesperren 288 13
Entscheidung des Prozessgerichts SpruchG 1 31; **SpruchG 12** 17
- Beschluss **246a** 19, **SpruchG 11** 3
- Rechtsmittel **246a** 35
- Voraussetzungen **246a** 20
- Wirkungen des Beschlusses **246a** 36
Entscheidung über den Ertrag aufgrund höherer Bewertung
- Korrektur der festgestellten Unterbewertung **261** 3
- sinngemäße Anwendung der gerichtlichen Entscheidung **261** 15
- Verwendung des Ertrags aufgrund höherer Bewertung **261** 16
Entsendung von Aufsichtsratsmitgliedern der Anteilseigner 101 49 ff.
Entsendungsrecht 101 49 ff.
Entsprechenserklärung (DCGK) 161 2
- Abgabezeitpunkt **161** 67
- Ablehnungsmodell **161** 65
- Abschlussprüfung **161** 83a
- Absichtsänderung **161** 72
- Absichtserklärung **161** 29, 39 ff.
- Abweichungen **161** 52, 61a
- Abweichungen von **161** 47b
- Aktualisierungspflicht **161** 71 ff., 94 ff.
- Änderungspflicht **161** 71 ff.
- Begründungspflicht **161** 57 ff.
- Beschlussfassung Aufsichtsrat **161** 37 ff., 44
- Beschlussfassung Vorstand **161** 37 ff., 41
- Bestimmtheitsgebot **161** 62a
- Bezugszeitraum **161** 54 ff.
- Bindungswirkung **161** 80 f.
- börsennotierte Gesellschaft **161** 32
- Deutscher Corporate Governance Kodex, s. dort
- Entlastungsbeschlüsse, Anfechtung **161** 91 f., 96l
- Erklärungspflicht **161** 29 ff.
- fehlerhafte, Heilung **161** 96f ff.
- fehlerhafte, Rechtsfolgen **161** 52, 91 ff., 96 ff.
- Form **161** 69 f.
- Haftung bei Verstoß **161** 100 ff.
- Hauptversammlung **161** 91 f, 96f ff.
- Informationsmangel **161** 96 ff., 98b ff.
- Informationspflicht, gesetzliche **161** 96a
- Inhalt **161** 47 ff.
- Insolvenz **161** 34
- KGaA **161** 34
- kursrelevante, Mitteilungspflicht **161** 22a
- nachträgliche Mitteilung **161** 96f
- Pflicht **161** 32 ff.
- Prüfbericht **161** 83a
- Publizität **161** 84 ff.
- SE **161** 34
- Selektionsmodell, Formulierung **161** 64
- strafrechtliche Haftung für unrichtige Angaben **161** 104; **400** 92
- Übernahmemodell, Formulierung **161** 63
- Verantwortlichkeit **161** 82
- Veröffentlichung **161** 84 ff.
- Verständlichkeit **161** 62
- Wahlbeschlüsse, Anfechtung **161** 97 ff.
- Wahrheitspflicht **161** 47 ff., 49
- Wesentlichkeitsschwelle **161** 52
- Wirkung **161** 80 ff.
- Zuständigkeit **161** 35
- Zustimmungsvorbehalt Aufsichtsrat **161** 43
Entstehung einer Einpersonen-Gesellschaft 42 2, 12

Mager gedruckte Zahlen = Randnummer

Sachverzeichnis

Entzug der Geschäftsführungsbefugnis 278 74
Equity Swaps 71 213 ff.; **71a** 69
Equity-Line-Finanzierung 186 45a; 188 76, 80a
Equity-linked notes 221 3, 185 ff.
Erbengemeinschaft
– als Gründer 2 12
– Haftungsbeschränkung 69 21
Erbrecht 1 17
Erbrechtliche Haftungsbeschränkungen 67 46
Erbschein 402 29
Ereignisse in der Person eines Kommanditaktionärs 289 10
Ereignisse in der Person eines Komplementärs 289 11
Erfüllung der Einlagepflicht 54 40
– Aussonderung 54 72
– Empfangszuständigkeit 54 67
– freie Verfügung des Vorstands über den eingezahlten Betrag 54 70
– Gründungsphase 54 42
– Kapitalerhöhungen 54 45
– Kontogutschrift 54 55 ff.
– Leistung ohne Vorbehalt 54 73
– Leistungsformen 54 51
– Verjährung 54 81
– Voreinzahlungen 188 59, 60
Erfüllung der Sicherungsansprüche der Gläubiger SE-VO Art. 8 14
Erfüllungssurrogate 140 18
Ergänzende Nebenabreden 23 41
– immanente Grenzen 23 41a
Ergänzung des Aufsichtsrats 31 19
Ergänzungsverlangen
– Bekanntmachung 124 4
– Einberufung HV 122 35 ff.
– Form 122 40 f.
– gerichtliche Prüfung 122 54 ff.
– Mitteilungen, Fristen 125 29
– Rücknahme 122 40b
– Übernahmesituation, Frist 122 44a
– Veröffentlichungspflichten 124a 16
Erhöhung der Zahl der Aufsichtsratsmitglieder 95 15
Erhöhung des Barabfindungsgebotes SE-VO Art. 24 14
Erhöhungsbilanz 207 18; 209 19
– Auslegung 209 25
– Bedeutung 209 16
– Feststellung, keine 209 21
– Gliederung 209 19
– Prüfung 209 22
– Stichtag 209 20
– Verstoß, Rechtsfolgen 209 29
– Wertansätze 209 19
Erklärung der Übernahme der Aktien 23 24; 185 22
Erklärungen zum Aufsichtsrat 37 16

Erklärungen zum Vorstand 37 11
Erklärungspflicht der Beteiligten SpruchG 8 3
Erlass der Geschäftsordnung 129 11
Erläuterung des Unternehmensvertrages 293g 4
Erläuterungsbericht der Abwicklungsgesellschaft 270 30, 87
Erledigungserklärung SpruchG 11 17 f.
Erleichterte Schuldübernahme 41 128
Ermächtigung zum Bezugsrechtsausschluss 203 57
– satzungsändernder Beschluss 203 62
– Ursprungssatzung 203 61
Ermächtigung, Festsetzung des Ausgabebetrags 182 54
Ermächtigung, genehmigtes Kapital 202 60
– Arbeitnehmeraktien 202 80
– Bezugsrecht 202 70
– fakultative Inhalte 202 71
– fehlerhafter Beschluss 202 119
– Höchstsumme 202 68
– Mindesterfordernisse 202 61
– Sacheinlagen 202 77
– Schranken 202 63, 83
– Übernahmeangebot 202 78
– Vorzugsaktien 202 76
Erneuerungsscheine 58 102; 72 14; 75 3, 9
Eröffnung des Insolvenzverfahrens 289 5
– Auswirkungen auf Kapitalerhöhung 182 69 ff.
Eröffnungsbilanz 270 30
Errichtung der Gesellschaft 29 2
Errichtung einer Zweigniederlassung 42 2
Errichtung von Zustimmungsvorbehalten 111 71
Ersatzansprüche der Gesellschaft
– freiwillige Einräumung der Klagebefugnis an Aktionäre 148 188
– Geltendmachung durch Aktionäre 148 1 ff., s. *Kagezulassungsverfahren*
Ersatzansprüche gegenüber der Verwaltung 147
– Ad-hoc-Mitteilungspflichten 147 56
– Anspruchsverfolgung, Ermessen 147 33 ff., 40, 51 f.
– Anspruchsverfolgung, Hauptversammlungsbeschluss 147 40 ff.
– Anspruchsverfolgung, Pflicht 147 31 ff., 51 f.
– ARAG/Garmenbeck-Entscheidung des BGH 147 33
– Erfüllungsansprüche 147 22
– Geltendmachung durch Aufsichtsrat 147 29
– Geltendmachung durch besonderer Vertreter 147 28 f., s. *auch besonderer Vertreter*
– Hauptversammlungsbeschluss 147 40 ff.
– Insolvenz 147 38
– Konzern 147 23
– Nebenansprüche 147 21

Sachverzeichnis
Fett gedruckte Zahlen = Paragraphen

- Pflicht zur Geltendmachung **147** 31 ff.
- Prüfungsstufen **147** 32 ff.
- Schadensersatz **147** 20 ff.
- Schiedsvereinbarung **147** 37
- Umwandlungen **147** 25
- Verjährungshemmung durch HV Beschluss **147** 50

Ersatz-Aufsichtsratsvorsitzender 107 27
Ersatzmitglieder im Aufsichtsrat 101 82 ff.; **102** 20; **103** 55
Erstattungsfähige Auslagen 113 10
Erster Aufsichtsrat
- Bestellung **30** 5 ff., s. auch Bestellung des ersten Aufsichtsrats
- Vergütung **30** 17

Erster Aufsichtsrat
- Bestellung Aufsichtsratsmitglieder durch Gericht **104** 40
- Bestellung der Aufsichtsratsmitglieder **101** 30
- Einberufung **110** 52
- Vergütung **113** 56

Erteilung neuer Urkunden 74 10
Ertragswertmethode 305 72
Erweiterte Mitteilungspflichten 328 33
Erweitertes Auskunftsrecht des Aktionärs 131 72
- Aktionärsbezug **131** 75
- Auskunftsverlangen in der Hauptversammlung **131** 80
- Gesellschaftsangelegenheit **131** 82
- Grenzen **131** 83
- Rechtsfolge **131** 85
- Voraussetzungen **131** 74
- Zeitpunkt **131** 79

Erwerb aller Aktien durch den Komplementär 289 12
Erwerb der Rechtspersönlichkeit SE-VO Art. 16 3
Erwerb durch die Gesellschaft zur Einziehung 71 81
Erwerb eigener Aktien 53a 27; **71** 35
- Ad-hoc-Publizität **71** 162 ff.
- Andienungsrecht der Aktionäre **71** 120
- Auswirkungen auf die Unternehmensfinanzierung **71** 3
- Derivate **71** 185
- Dividendenzahlung **71** 5
- erfasste Erwerbsgeschäfte **71** 35
- Erwerb zur Einziehung **71** 81
- Erwerbsbeschränkungen **71** 216
- Erwerbsgrenze von 10 Prozent **71** 100 ff.
- Erwerbstatbestände **71** 47
- Erwerbsverfahren **71** 122
- Gefahren **71** 14
- Gegenstand des Erwerbs **71** 42
- Gesamtrechtsnachfolge **71** 79
- Gleichbehandlung **71** 116 ff.
- Kapitalmarktrecht **71** 160
- Konzern **71** 67 ff.
- Mitteilungspflichten **71** 165

- Nachteile **71** 14
- Pflichten nach Erwerb **71** 227
- Preisrahmen **71** 109
- Rechnungslegung und Steuern **71** 237
- Rückkaufprogramme **71** 166 ff.
- Stabilisierung des Kursniveaus **71** 6
- Übernahmerecht **71** 157 ff.
- Umgehungsschutz **71a** 11 ff.
- Umwandlungen **71** 70 ff.
- Verstoß **71** 231
- Verwaltungskosten **71** 13
- Wert für die Gesellschaft **71** 1

Erwerb eigener Aktien durch Dritte 71d 6
- Anspruch auf Aktienübertragung **71d** 58
- Erwerb oder Besitz durch abhängige oder im Mehrheitsbesitz der AG stehende Unternehmen **71d** 31 ff.
- Kapitalrichtlinie **71d** 22

Erwerb für den Wertpapierhandel 71 84
Erwerb von Aktien der SE SE-VO Art. 33 9
Erwerbsbeschränkungen 71 216
Erwerbsgrenze von 10 Prozent 71 100
Erwerbsreihenfolge, Unerheblichkeit 328 19
Erwerbstatbestände 71 47
- Abfindung von Aktionären **71** 66
- Belegschaftsaktien **71** 58
- Ermächtigungsbeschluss ohne positive gesetzliche Zweckvorgabe **71** 92
- Erwerb für den Wertpapierhandel **71** 84
- Schadensabwehr **71** 47
- Sonderfälle **71** 150
- Veräußerungen außerhalb der Börse **71** 133

Erwiderung SpruchG 7 3
EU-Auslandsgesellschaft
- Registerfragen **IntGesR** 16
- Übergang zur Gründungstheorie **IntGesR** 15
- Vorgaben des EuGH **IntGesR** 14

Eurobike-Urteil des BGH 27 131, 235
Europäische Aktiengesellschaft, s. SE
Europäische Durchbrechungsregel 179 91
Europäischer Konzern Vor § 291 53
Europarechtliche Implikationen bei Sitzverlegung 45 5
Europarechtliches Tranparenzgebot 202 25
Euro-Umstellung 8 64 ff.
Exchangeables 221 41
Existenzvernichtender Eingriff 1 62
Exklusivzuständigkeit der Hauptversammlung 179 2, 96
Externe Gründungsprüfung 33 7
- durch beurkundenden Notar **33** 12
- durch gerichtlich bestellten Prüfer **33** 15

Externe Pflichtenbindung 93 23

Fairness Opinion 221 61, 118
Faktisch abhängige AG 57 36; **Vor § 291** 8

Mager gedruckte Zahlen = Randnummer **Sachverzeichnis**

Faktische Aufnahme von Geschäftsführungstätigkeiten 105 20
Faktische Beeinträchtigungen der Teilnahme an der Hauptversammlung 118 17
Faktische Betrachtungsweise 399 31; 401 16
Faktische Hauptversammlungsmehrheit 17 30
Faktische Konzernierung 101 16
Faktische Satzungsänderung 179 55 ff.
Faktische Sitzverlegung 5 13
Faktische Unternehmensverbindungen 53a 31; 57 137
Faktische Vorstandsmitglieder 93 182
Faktischer Bezugsrechtsausschluss 186 75
– materielle Beschlusskontrolle 186 77
– Rechtsfolgen 186 77
Faktischer GmbH-Konzern Vor § 311 21
Faktischer Konzern 57 137; 117 10; 278 91; Vor § 291 45; Vor § 311 6, 21 ff.
– Gleichbehandlung 53a 31
– KGaA 278 91 ff.
Faktischer Vorstand 401 16
Faktisches Organ 116 13; 399 31
Fakultativer Aufsichtsrat 100 27; 117 34
Falsche Angaben, s. auch strafrechtliche Organ- und Vertreterhaftung
– Abwicklungsschwindel 399 215 ff.
– Ankündigungsschwindel 399 179 ff.
– Eignungsschwindel 399 223 ff.
– Einzahlung auf Aktien 399 107
– falsche Versicherungen 399 223 ff.
– Garantenpflichten 399 35
– gegenüber Prüfern 400 100 ff.
– gegenüber Sonderprüfern 400 107
– Gründungsaufwand 399 152
– Gründungsbericht 399 166
– Gründungsschwindel 399 66 ff.
– Irrtum 399 264 ff.
– Kapitalerhöhungsschwindel 399 190 ff.
– Rechtsfolgen 399 256
– Rücktritt 339 222
– Sacheinlagen 399 155
– Sachübernahmen 399 158 f.
– Strafverfolgung 399 283 ff.
– unterlassene Versicherung 399 251
– Vollendung 399 273
– Vorsatz 399 259
– wahrheitswidrige Erklärung 399 65
Falsche Ausstellung einer Bescheinigung 402 31
Falsche Ausstellung von Berechtigungsnachweisen 402 10 ff.
– Falsches Ausstellen einer Bescheinigung 402 31
– Falschheitsbegriff 401 29
– Gebrauchmachen von einer falschen oder verfälschten Bescheinigung 402 40
– Verfälschen einer Bescheinigung 402 37
Falsche Versicherungen 399 223 ff.

Familiengesellschaft 287 3
Familienrecht 1 17
Fassungsänderung
– bei Kapitalerhöhung 188 10
Fassungsänderung der Satzung 179 107 ff.
– Ermächtigung Aufsichtsrat 179 107 ff.
Fehlerhaft bestellte oder faktische Vorstandsmitglieder 93 181, 182
Fehlerhafte Aufsichtsratsbeschlüsse 108 68
– Auswirkung auf Vertretungsmacht 112 44
– Beschlussmängel 108 69
– Feststellungsklage 108 78 ff.
– Geltendmachung 108 76
– Rechtsfolgen des Mangels 108 84
Fehlerhafte Ausschließung 64 53
Fehlerhafte Gesellschaft 204 43; 292 26
Fehlerhafte Hauptversammlungsbeschlüsse 193 37
– anfechtbare Beschlüsse 241 35
– Bestellung des Aufsichtsrats 101 106
– Entlastungsbeschlüsse 120 43
– nichtige Beschlüsse 241 29
– Urteilswirkungen 241 38
– Wirkungen gegenüber Dritten 241 37
Fehlerhafte Kapitalerhöhung 189 5
Fehlerhaftes Organ, Lehre vom 252 6
Fehlerhaftigkeit der Geschäftsordnung der Hauptversammlung 129 14
Feindliche Übernahme 186 45
Feststellungsklage
– Beschlussfeststellungsklage 241 38 ff.
– Schein-/Nichtbeschlüsse 241 58
– Verhältnis zu Beschlussmängelklage 241 18
Festpreisangebot 71 123
Festsetzung des Ausgabebetrages 9 7; 182 49
Festsetzung des Betrags der Kapitalerhöhung 182 39
Festsetzung in der Satzung 26 5; 27 67
Feststellung der Satzung 2 2; 23 12 ff.
Feststellung der Satzung, KGaA 280 2
Feststellung des Jahresabschlusses 172 5; 173 7; 234 6
Feststellung des Vorsitzenden über die Beschlussfassung 130 52
Feststellungsklage 203 110; 249 25
– Anfechtungsklage, Verhältnis 243 8
– fehlerhafte Aufsichtsratsbeschlüsse 108 78 ff.
Fiktive Bilanz 232 4
Fiktiver berichtigter Jahresüberschuss 301 9
Fiktiver Jahresüberschuss 300 7
Finanzausschuss 107 149
Finanzdienstleistungsunternehmen 186 68; 258 48 ff.
Finanzexperte 100 73 ff.
Finanzförderungsgesetz Vor §§ 20–22 2
Finanzierung der Gesellschaft
– bedingtes Kapital 192 4
– genehmigtes Kapital 192 8

2849

Sachverzeichnis

Fett gedruckte Zahlen = Paragraphen

Finanzierungsinstrumente 205 7
Finanzinstrumente WpHG 33–47 66 ff.
– Berechnung Stimmrechtsanteil für Meldepflicht **WpHG 33–47** 73 ff., 76d
– Meldeschwellenberührung **WpHG 33–47** 74 ff.
– mittelbares Halten **WpHG 33–47** 76i
– weitere Finanzinstrumente **WpHG 33–47** 76d
Finanzmarktkrise 182 5b, 15b; **184** 27a; **186** 6a
Finanzmarktnovellierungsgesetz (2.) WpHG 33–47 7b
Finanzverantwortung 93 57
– konzernweit **76** 100
Finanzverfassung 179 71; **IntGesR** 33
Finder's Fee 71a 42
Fingierte Sacheinlage 27 51; **183** 6
– Zeichnungsschein **185** 26
Firma 4 7; **23** 15
– Abkürzung **4** 5
– Ableitung **4** 17
– Fehlen **4** 6
– Firmenfähigkeit **4** 3
– Mehrheit **4** 12
– Rechtsanwalts-AG **4** 15
– Rechtsformzusatz **4** 4
– Unterscheidbarkeit **4** 10
– Vor-AG **4** 2
– Wahrheit **4** 11
– Zweigniederlassung **4** 21
Firma der KGaA 279 3
– Firmenfortführung **279** 5
– kapitalistische KGaA **279** 7
Firma der SE SE-VO Art. 11 2 ff.
Firmenfortführung KGaA 279 5
Firmenwahrheit 4 11
Firmenzusatz SE-VO Art. 11 1
Fixed Price Tender Offer 71 123
Flowtex 403 4
Folgen unzulässiger Stimmrechtsausübung, KGaA 285 29
Follow-up-Berichterstattung 90 23
Forderungen 27 22, 119, 120
– Vollwertigkeit bei Hin- und Herzahlen **27** 243
Form der Aktie 8 8
Form der Aktienurkunde 13 8
Formaltestat 313 23
Formkaufleute 3 1; **15** 51
Formwechsel der Gesellschaft 179 75 f.; **180** 12; **249** 27
– Anpassung Nennbetragsaktien **8** 19
– Auslösen von Meldepflichten **20** 9
– KGaA **280** 19
– materielle Satzungsänderung **179** 75 f.
Fortbestand alter Mehrfachstimmrechte 12 22
Fortbestand gelöschter Gesellschaften 262 90

Fortbildungskosten (Aufsichtsrat) 113 10
Fortsetzung der aufgelösten Gesellschaft 262 89
– Eintragung **274** 19
– gesetzliche Auflösung **274** 9
– Pflichten der Abwickler **274** 16
– privatautonome Auflösung **274** 2
– Voraussetzungen **274** 2
– Wirkung **274** 20
Fragen der Geschäftsführung, Hauptversammlungskompetenz 119 13
– Beschlussfassung **119** 16
– Rechtsfolgen **119** 18
– Voraussetzungen der Beschlussfassung **119** 13
Franchiseverträge 292 61
Frauenquote
– Aufsichtsrat **96** 31 ff., *s. auch Frauenquote, Aufsichtsrat*
– Führungsebenen **96** 76 ff., *s. auch Frauenquote, Führungsebenen*
– Haftung bei Verstoß **116** 71a
– Teilzeitbeschäftigte **111** 77b
– Vorstand **111** 77a ff., *s. auch Frauenquote, Vorstand*
– Zielgrößenfestlegung, Ermessen **111** 77b
Frauenquote, Aufsichtsrat 96 31 ff.
– Abberufung, Folgen **96** 37
– Abrundung, Aufrundung Personenzahl **96** 35
– Anteilseignerbank **96** 32 f.
– Arbeitnehmerbank **96** 32 ff.
– Ausscheiden von Aufsichtsratsmitgliedern **96** 37
– Ausschusszuständigkeit **111** 77a
– Bekanntmachung **124** 13a ff.
– Bestellung Aufsichtsratsmitglieder durch Gericht **104** 47a
– Börsennotierung **96** 31
– Delegation auf Ausschuss **111** 77a
– DrittelbG **96** 31
– Ersatzbestellung durch Gericht **104** 47a
– Ersatzmitglieder **96** 40
– Frist zur Umsetzung **96** 43
– gerichtliche Bestellung **104** 47a
– Gesamterfüllung, Grundsatz **96** 32 ff.
– Gesamterfüllung, Widerspruch gegen **96** 33 ff., 37
– Gewerkschaftsvertreter **96** 34
– grenzüberschreitende Verschmelzung **96** 31a f.
– Grundsatz der Gesamterfüllung **96** 32 ff.
– Haftung bei Verstoß **111** 77a
– leitende Angestellte **96** 34
– Mitbestimmung **96** 31
– Montanmitbestimmung **96** 36
– Nichtigkeit der Wahlen **96** 34, 38; **250** 4a, 18a
– Nominierungsausschuss **111** 77a
– Rechtsfolgen bei Nichteinhaltung **96** 34, 38 f.; **250** 4a, 18a
– Rücktritt, Folgen **96** 37
– Satzungsregelungen **96** 32 f.

Mager gedruckte Zahlen = Randnummer **Sachverzeichnis**

– Teilhabegesetz **96** 10a, 17a
– Trennungslösung **96** 33 ff.
– Umsetzungsfrist **96** 43
– Vereinbarungen über **96** 33
– Verschmelzung, grenzüberschreitende **96** 3, 31a ff.
– Verzicht **96** 33
– Wahl, Nichtigkeit **96** 34, 38; **250** 4a, 18a
– Wahlvorschläge, Hinweispflicht bei **127** 9a
– Widerspruch **96** 33, 37
– Widerspruch, Bekanntmachung **124** 13a ff.
– Zielgrößen, Festlegung **111** 77a ff.
– Zielgrößen, Fristen **111** 77a ff.
– Zuständigkeit für Festlegung **111** 77a
Frauenquote, Führungsebenen 76 141 ff.
– Berichtspflicht **76** 149
– Börsennotierung **76** 142
– DrittelbG **76** 142
– Führungsebenen **76** 144 f.
– Holdinggesellschaften **76** 145
– Konzerngesellschaften **76** 145
– Mitbestimmung **76** 142
– Montanmitbestimmung **76** 142
– Publikation **76** 149
– SE **76** 143
– Veröffentlichung **76** 149
– Verschlechterungsverbot **76** 146
– Verstöße, Rechtsfolgen **76** 150
– Zielgrößen, Festlegung **76** 146
– Zielgrößen, Fristen **76** 147
Frauenquote, Vorstand 111 77a ff.
– Aufsichtsratszuständigkeit **111** 77a
– Festlegung Zielgrößen durch Aufsichtsrat **111** 77a
– Frist zur Festlegung **111** 77c
– Zielgrößen, Festlegung **111** 77b
– Zielgrößen, Fristen **111** 77b
Freie Abrufbarkeit von Aufsichtsratsmitgliedern 103 5, 14
Freie Spitzen 186 63
Freie Verfügung des Vorstands über eingezahlte Beträge 46 8; **54** 70; **188** 48
– Aussonderung **54** 72
– Leistung ohne Vorbehalt **54** 73
– Verjährung **54** 81
Freigabeverfahren 241 20 ff.; **246a** 5 ff.
– Anfechtung Kapitalerhöhung **255** 26
– Antragsbefugnis **246a** 14
– Antragstellung **246a** 10
– bei Kapitalerhöhung **184** 38
– Eilverfahren **246a** 16
– Eingliederung **319** 21 ff.
– Eingliederung, Verfahrenordnung **319** 25a
– Entscheidung des Prozessgerichts **246a** 19
– genehmigtes Kapital **202** 49
– keine allgemeine Registersperre **246a** 5
– Löschungsverfahren **241** 252
– Nichtigkeitsklage **249** 19
– Rechtsmittel **246a** 35
– Schadensersatzanspruch **246a** 40

– Squeeze-out **327e** 6 f.
– Unternehmensverträge **294** 21
– Vertretung **246a** 10
– Wirkungen des Beschlusses **246a** 36
– Zuständigkeit **246a** 10
Freiwillige Verhaltensrichtlinien 93 44
Fremdeinfluss auf die Unternehmensleitung 76 68
Fremdwährungsanleihen 194 10a
Frosta-Entscheidung des BGH 111 57; **119** 45
Früherkennung bestandsgefährdender Entwicklungen 91 31
Früherkennungssystem 91 29 ff., *s. auch Organisationspflicht der Aktiengesellschaft*
Führungsebene, *s. Frauenquote, Führungsebenen*
Führungslosigkeit der Gesellschaft 78 23
Fünfjahresfrist 300 11 f.
Funktionale Organisation der Geschäftsverteilung 77 37
Funktionen des Notars in der Hauptversammlung 130 28
Funktionsfähigkeit der Hauptversammlung 131 59
Funktionsverlust der Aktienurkunde 10 3
Gang der Geschäfte 90 27
Garantenpflichten 399 35; **400** 44
Gattungsunterschiede bei Aktien 11 7
Gebietskörperschaft 394 5
Gebot der realen Kapitalaufbringung 27 104; **399** 137
Gebot wertgleicher Deckung 399 139
Gebrauchmachen von einer falschen oder verfälschten Bescheinigung 402 40
Gebührenhöhe SpruchG 15 13, 28
Gefahr im Verzug 77 9
Gefährdung des Gemeinwohls 396 4
Gegenanträge von Aktionären
– Aktionärsrechterichtlinie **126** 9a ff., 11a, 22a, 27a
– alternative, Unzulässigkeit **126** 10
– Aufsichtsratsmitglieder, Übersendung an **126** 22b
– bedingte, Unzulässigkeit **126** 10
– Begründung **126** 11 ff.
– Formalia **126** 14
– iVm Hilfsantrag **126** 10
– Publizität **126** 8 ff.
– Zugänglichmachung **126** 19
– Zugänglichmachung Internetseite **126** 3a, 9a, 11a, 19 ff.
Gegenstand der Überwachung 111 6
Gegenstand des Unternehmens, *s. Unternehmensgegenstand*
Geheimhaltungspflicht 403 13 ff., *s. auch Verletzung der Geheimhaltungspflicht*
Geheimnisoffenbarung 404 33 ff.
Geheimnisoffenbarung, Haftung für unbefugte 404 41 ff.

2851

Sachverzeichnis

Fett gedruckte Zahlen = Paragraphen

Geheimnisschutz SpruchG 7 11
Geheimnisse der Gesellschaft 116 110
– Geheimhaltungspflicht **93** 160; **283** 8
Geheimnisverwertung 404 36 ff.
Geheimnisverwertung, Haftung für unbefugte 404 44
Gekreuzter Bezugsrechtsausschluss 186 45
Gelatine-Entscheidung 68 50; **111** 57; **119** 24, 26; **Vor 241** 5, 23; **278** 70; **292** 16; **293** 42; **Vor § 311** 60; **319** 10
Gelatine-Entscheidung des BGH 58 63
Geltendmachung von Ersatzansprüchen, KGaA 285 19
Geltung der Publizitätsrichtlinie SE-VO Art. 12 2
Gemeinsamer Vertreter
– Abberufung **SpruchG 6** 13
– Aufgaben **SpruchG 6** 3
– Auswahl **SpruchG 2** 21; **SpruchG 6** 8
– Bekanntmachung **SpruchG 6** 10
– Beschwerdebefugnis **SpruchG 12** 8
– Bestellung **SpruchG 2** 21; **SpruchG 6** 4
– Bestellungsbeschluss **SpruchG 6** 9
– Europäische Genossenschaft, Gründung **SpruchG 6b** 1
– Fortsetzung des Verfahrens **SpruchG 6** 15
– Rechtsmittel **SpruchG 6** 12
– SE-Gründung, gemeinsamer Vertreter **SpruchG 6a** 1 ff.
– Unterbleiben der Bestellung **SpruchG 6** 5
– Vergütung **SpruchG 6** 16, 18
– Verschmelzung, grenzüberschreitende **SpruchG 6c** 1
– Wirksamwerden **SpruchG 6** 11
– Zahl **SpruchG 6** 7
Gemeinschaftliche Gesamtvertretung der Gesellschaft 78 33, 40
Gemeinschaftsunternehmen 17 15; **90** 29
Gemeinwohl
– Orientierungsmaßstab für Aufsichtsrat **116** 24 ff.
Gemeinwohlgefährdung 262 62
Gemischte Bar-Sachgründung 36a 13
Gemischte Einlagen 36a 13
Gemischte Sacheinlage 27 64; **36a** 18; **183** 9
– Differenzhaftung **183** 76
– Zeichnungsschein **185** 26
Genehmigtes Kapital 160 21 f.; **192** 53
– Ausnutzung **202** 20, 84 ff.
– Ausnutzungspflicht, keine **202** 4
– Begriff **202** 1
– Bezugsrecht der Altaktionäre **202** 8
– Einschätzung **202** 23
– Eintragung **202** 52
– Entscheidungen, rasche **202** 3
– Ermächtigung in der Gründungssatzung **202** 27
– europarechtliches Tranparenzgebot **202** 25
– falsche Angaben **399** 213 f.
– Flexibilität **202** 3

– Freigabeverfahren **202** 49
– Kapitalerhöhung aus Gesellschaftsmitteln, Verhältnis **202** 13
– Kapitalherabsetzung **224** 11
– Kompetenzordnung **202** 24
– Kosten bei der Schaffung und Ausnutzung **202** 128
– Meldepflicht **202** 87
– Minderheitsaktionäre **202** 9
– Prüfungskompetenz des Registergericht **202** 46
– Publizität **202** 53
– Registergerichtliches Verfahren **202** 37
– Sacheinlagen **205** 8 ff., s. auch Sachkapitalerhöhung, genehmigte
– Satzungsbestandteil **202** 24
– Siemens-Nold-Entscheidung **202** 19
– Tranchen **202** 5; **203** 23
– Unternehmenspraxis **202** 18
– Verhältnis zu bedingtem Kapital **192** 8
– Wirksamkeit **202** 54
– Zustimmung des Aufsichtsrats **202** 90 f.
Genehmigtes Kapital I und II 202 8
Generalbevollmächtigte 78 52
– Unvereinbarkeit mit Aufsichtsratsamt **105** 14
Generalvollmacht
– Betriebsführungsvertrag **291** 55
Genussrechte 160 29 ff.; **192** 29
– Abgrenzung zu anderen Finanzierungsinstrumenten **221** 30
– Bedingungen, s. auch Anleihebedingungen
– Bedingungen bei Beherrschungs- und Gewinnabführungsvertrag **221** 184a
– Begriff **221** 21
– Kreditinstitute, Genussscheinemissionen **221** 39
– Regelungsinhalt **221** 32
– Teilgewinnabführungsvertrag **221** 66
– Zweck von Genussscheinemissionen **221** 27
Gerichtlich bestellte Vorstandsmitglieder 85 13
Gerichtlich bestellter Sonderprüfer
– faktischer Konzern **315** 1
Gerichtliche Auflösung der Gesellschaft
– Auflösungsverfahren **396** 15
– Folgen der Auflösung **396** 17
– Gefährdung des Gemeinwohls **396** 4 ff.
– gesetzeswidriges Verhalten der Verwaltungsträger **396** 7
– Mitteilungspflicht **398** 3 f.
– Staatshaftungsrecht **396** 19
– Unterbleiben der Abberufung der Verwaltungsträger **396** 12
– Verfahren **396** 15
– Verhältnismäßigkeit der Auflösung **396** 13
Gerichtliche Bestellung des fehlenden Vorstandsmitglieds 85 1
– Rechtsstellung gerichtlich bestellter Vorstandsmitglieder **85** 13
– Verfahren **85** 8

Mager gedruckte Zahlen = Randnummer **Sachverzeichnis**

– Voraussetzungen **85** 5 ff.
Gerichtliche Entscheidung über das Auskunftsrecht der Aktionäre
– Antrag **132** 7
– Antragsberechtigung **132** 7
– Antragsgegner **132** 14
– Auskunftserteilung **132** 24
– Durchsetzung der Entscheidung **132** 24
– Form **132** 12
– Frist **132** 11
– Kosten **132** 26
– Rechtskraft **132** 23
– Rechtsschutzbedürfnis **132** 15
– Verfahren **132** 16
– Vollstreckung **132** 25
– Zuständigkeit **132** 4
Gerichtliche Entscheidung über die abschließenden Feststellungen der Sonderprüfer
– Antrag auf gerichtliche Entscheidung **260** 2
– gerichtliches Verfahren **260** 6
Gerichtliche Entscheidung über die Zusammensetzung des Aufsichtsrates 98 4; **99** 1
– Anhörung **99** 10
– Antragsberechtigung **98** 8
– Antragserfordernis **98** 6
– Bekanntmachung **99** 9
– besondere Verfahrensprinzipien **99** 9
– Entscheidung **99** 11
– Kosten **99** 21
– Rechtsfolgen **98** 14
– Rechtsmittelverfahren **99** 11
– Streit oder Ungewissheit **98** 7
– Umsatzverhältnis **98** 13
– Wirkungen der Entscheidung **99** 18
– zuständiges Gericht **98** 4
Gerichtliche Nachprüfung der Abfindung
– Anfechtung **327f** 2, 3
– Spruchverfahren **327f** 5
Gerichtliche Zuständigkeit 14 3
Gerichtskosten SpruchG 15 4
Geringster Ausgabebetrag 9 9; **182** 50; **183** 40, 61
Gesamtentlastung 120 13
Gesamtgeschäftsführung 77 8
– Einstimmigkeitsprinzip **77** 8
– Gefahr im Verzuge **77** 9
Gesamtheit der Kommanditaktionäre 278 18
Gesamtkapital, Berechnung 16 14
Gesamtleitung 76 62
Gesamtrechtsnachfolge 70 12; **71** 79
Gesamtschuldnerische Haftung der Vorstandsmitglieder 93 262
Gesamtschuldnerische Haftung, Rechtsgemeinschaft an einer Aktie 69 19
Gesamtvertretung 78 25; **269** 8
Geschäfte von erheblicher Bedeutung 90 28

Geschäftsbriefe 80 4
– Angaben auf **80** 1
– Auslandsbriefe **80** 12
– Bestellscheine **80** 11
– bestimmter Empfänger **80** 7
– Firma der KGaA **279** 9
– Vordrucke **80** 8
Geschäftschancenlehre 88 5; **93** 136; **284** 6
Geschäftserlaubnis 262 63
Geschäftsfähigkeit 1 18
Geschäftsführung 76 12; **77** 3
– Befugnisse **77** 4
– Beschränkungen der Geschäftsführungsbefugnis **82** 26 ff.
– Einzelgeschäftsführung **77** 19
– Gesamtgeschäftsführung **77** 8 f.
– Grundlagengeschäfte **77** 7
– Leitung **77** 6
– Vertretung **77** 5
Geschäftsführung KGaA 278 53
– außergewöhnliche Geschäfte **278** 61
– Entzug **278** 74
– Geschäftsführungsbefugnis **278** 53
– gewöhnliche Geschäfte **278** 60
– Grundlagengeschäfte **278** 64
– Holzmüller-Doktrin **278** 70
– Umfang **278** 60
Geschäftsführungsvertrag 291 47 ff.
– Betriebsführungsvertrag, Abgrenzung **292** 51
– Gewinnabführung, Höchstbetrag **301** 5
– Weisungen **291** 50
Geschäftsleiterermessen 93 13, 59 ff.
– Ablehnung **93** 37
– Außenhaftung **93** 78
– bei der Kapitalerhöhung **182** 55
– Grundlagen **93** 59
– Gutgläubigkeit **93** 76
– Informationen, angemessene **93** 73
– sachfremde Einflüsse **93** 72
– Sonderinteressen, keine **93** 72
– Überwachungspflicht **93** 94
– unternehmerische Entscheidung **93** 69
– Wohl der Gesellschaft **93** 70
Geschäftsmäßig Handelnde 135 103, 105 ff.
Geschäftsmoral, Grundsätze 93 25
Geschäftsordnung, Aufsichtsrat 107 10 ff.
– Aufsichtsratsvorsitzender, Rechtsstellung **107** 48
– Ausschussbildung **107** 88
– Ausschüsse **107** 88
– DCGK, Aufnahme in **161** 50a
– Erlass **107** 14
– Erleichterungen bei Einberufung von Sitzungen **110** 14
– Geltungsdauer **107** 15
– Inhalt **107** 13
– Mehrheitserfordernis **107** 21
– mitbestimmte Gesellschaften **107** 12
– Regelungen zur Treuepflicht **116** 77

2853

Sachverzeichnis

Fett gedruckte Zahlen = Paragraphen

– Regelungen zur Verschwiegenheitspflicht **116** 117
Geschäftsordnung, Hauptversammlung 129 1
– Änderung und Aufhebung **129** 12
– Bedeutung **129** 1
– fehlerhafte Geschäftsordnung **129** 14
– geschäftsordnungswidrige Beschlussfassung **129** 15
– Inhalt, zulässiger **129** 10
– Nachrang gegenüber Gesetz und Satzung **129** 2
– Stellung und Regelungsschranken **129** 2
– Verfahrensfragen **129** 11
– vorrangige Organzuständigkeit **129** 7
Geschäftsordnung, Vorstand 77 59 ff.
– DCGK, Aufnahme in **161** 50a
– Erlass **77** 63 ff.
– Form **77** 68
– Geltungsdauer **77** 69
– Inhalt **77** 60
– mitbestimmte Gesellschaften **77** 71
– Offenlegung **77** 71
– Satzungsregelung **179** 89
Geschäftsunfähige Gründer 2 8; **28** 3
Geschäftsverteilung 77 36 ff.
– vorstandsintern **93** 203
Geschäftsverteilungspläne 399 80
Geschäftswert SpruchG 15 5
– Verfahrensverbindung **SpruchG 15** 6
Geschlechterquote 76 141 ff.; **96** 31 ff., s. auch Frauenquote, s. auch Frauenquote, Aufsichtsrat, s. Frauenquote, Vorstand, s. Frauenquote, Führungsebenen
Gesellschaft bürgerlichen Rechts 15 40
Gesellschaften im Eigentum der öffentliche Hand 15 44
Gesellschafter 1 23
Gesellschafterbeschluss 289 3
Gesellschafterdarlehen 57 121; **183** 13
Gesellschaftergruppen, KGaA 278 14
Gesellschaftergruppenidentität 285 28
Gesellschaftsbegriff 1 8
Gesellschaftsblätter 25 6
– Bekanntmachungsort von Haftungsklagen **149** 7
Gesellschaftsdauer 179 80 f.
Gesellschaftsinteresse 186 44
Gesellschaftsorgan, Abwickler als 268 15
Gesellschaftsrechtlich vermittelte Herrschaft 17 20
– Gesellschaftsverträge **17** 39
– ohne Beteiligung **17** 38
– organisationsrechtliche Unternehmensverträge **17** 38
– personelle Verflechtungen **17** 44
Gesellschaftsschädigung 47 5
Gesellschaftstypus SE-VO Art. 1 1
Gesellschaftsvertrag
– Satzung, Begrifflichkeit **179** 29, s. Satzung

Gesellschaftsverträge 17 39
Gesellschaftszweck
– Unternehmensgegenstand, Abgrenzung **23** 18
Gesellschaftszweck, zulässiger SE-VO Art. 1 3
Gesetzeswidriges Verhalten der Verwaltungsträger 396 7
Gesetzliche Auflösung 274 9
– Insolvenzverfahren **274** 9
– Satzungsmangel **274** 11
– Vorratsbeschluss **274** 12
Gesetzliche Kompetenzen der Hauptversammlung 119 4
– Grundlagenkompetenzen **119** 7
– Kontrollkompetenzen **119** 11
– Konzernkompetenzen **119** 12
– Leitungskompetenzen **119** 8
– Wahlkompetenzen **119** 5
Gesetzliche Mehrheitserfordernisse der Hauptversammlung 179 114
Gesetzliche Rücklage 150 1, 4; **300**
– Ausgleich des Bilanzverlustes **324** 8
– Ausschüttungssperre **150** 19; **170** 32
– Begriff **150** 4
– Bemessungsgrundlage **150** 9
– fehlende Pflicht zur Bildung **324** 2
– Fünfjahresfrist **300** 11 f.
– Gewinnabführungsvertrag **324** 4
– Nichtigkeit des Jahresabschlusses **150** 28
– Obergrenze des gesetzlichen Reservefonds **150** 11 ff.
– Pflicht zur Bildung **150** 6
– Sachausschüttung **150** 10
– sonstige Unternehmensverträge **324** 7
– Verstoß **150** 28 ff.
– Verwendung des Mindestbetrages **150** 22
– Verwendung des übersteigenden Betrages **150** 26
– Zuweisung durch die Hauptversammlung **150** 17
– Zuweisung von Teilen des Jahresüberschusses **150** 9
Gesetzliche Zuständigkeitsordnung, Wahrung 93 20
Gesetzlicher Reservefonds 150 11
Gesonderte Abstimmung 138 12, 18
Gesonderte Versammlung 138 12, 14
– Minderheitsverlangen **138** 22
– Teilnehmerverzeichnis **138** 16
Gesonderter Auflösungsbeschluss 179a 31
Gesonderter Bilanzposten 150 7
Gestaltungsformen von Aktienoptionsplänen 192 51 ff.
Gestaltungsmöglichkeiten 77 11
Gewährleistungen bei Kapitalerhöhung 185 16; **188** 21
Gewerbliche Schutzrechte 1 16
– abgeleiteter Erwerb **1** 16
– AG als Inhaberin **1** 16

Mager gedruckte Zahlen = Randnummer **Sachverzeichnis**

– eigenschöpferische Leistung **1** 16
– Erfindereigenschaft **1** 16
– Urhebereigenschaft **1** 16
Gewerkschaftsvertreter, Streikteilnahme 116 94
Gewinn- und Verlustrechnung 58 13; **158** 22
– Bilanzgewinn und -verlust **158** 18
– Einstellungen in Gewinnrücklagen **158** 12
– Entnahmen aus der Kapitalrücklage **158** 4
– Entnahmen aus Gewinnrücklagen **158** 6
– ergänzende Posten **158** 2
– ergänzende Posten bei Kapitalherabsetzung **158** 19
– erleichterte Darstellung **158** 24
– Gewinnvortrag aus dem Vorjahr **158** 3
– KGaA **286** 11
– Verlustvortrag aus dem Vorjahr **158** 3
Gewinnabführung zugunsten Dritter 291 44
Gewinnabführungsverträge 57 37; **58** 64; **113** 46; **141** 9; **233** 3; **Vor § 291** 47; **291** 33; **300** 4; **302** 11; **312** 10; **316** 2, **SpruchG 1** 9
– angemessener Ausgleich **304** 7, 51
– Ausfallhaftung **303** 22
– Ausgleich, Darstellung in GuV **158** 25
– Ausschluss der Sicherheitsleistung **303** 26
– Beendigung bei Eingliederung **324** 6
– Berichtspflicht bei verbundenen Unternehmen **316** 2
– besondere Konzernverbindungen **291** 43
– Einlagenrückgewähr **57** 37
– fehlerhafte **291** 61 ff.
– Finanzdienstleistungsinstitute **291** 5a
– Gewinngemeinschaft **291** 45; **292** 6
– Gläubigerschutz **303** 5, *s. auch Gläubigerschutz, Gewinnabführungs- und Beherrschungsverträge*
– Gleichbehandlung **53a** 30
– isolierter Gewinnabführungsvertrag **291** 40
– Kreditinstitute **291** 5a
– Mehrmütterorganschaft **291** 43
– mehrstufige Unternehmensverbindungen **316** 4
– nichtiger Jahresabschluss, Auswirkungen **256** 97
– Obergesellschaft **291** 6
– Organschaft **291** 40 ff.
– praktische Bedeutung **291** 32
– Rechtsfolgen **316** 6
– Teilgewinnabführungsvertrag **291** 45; **292** 12 ff.
– Treuepflicht **53a** 60
– Verlustübernahme **291** 46; **302** 10
– verpflichtete Gesellschaft/Untergesellschaft **291** 4
– Versicherungsunternehmen **291** 5b
– Verstöße gegen Obergrenze **301** 19
– Vertragsbeginn oder -ende während des Geschäftsjahres **316** 5

– Vertragsparteien **291** 4
– Vor-AG **41** 28a
– zugunsten Dritter **291** 44
– Zuweisung **300** 4
Gewinnanteilsscheine, neue 72 14
– Pflicht zur Aushändigung an den Inhaber der Aktie **75** 7
– Pflicht zur Aushändigung an den Inhaber des Zwischenscheins **75** 7
– Verbot der Aushändigung an den Inhaber von Erneuerungsscheinen **75** 3
– Verhältnis Urkundenbesitzer und Inhaber des Erneuerungsscheins **75** 9
Gewinnausschüttung
– Beschränkung **233** 10
– Verbot der Ausschüttung der Bucherträge **233** 13
– Verbot der Gewinnausschüttung **233** 2
– Verstöße **233** 14
Gewinnausweis 57 4
Gewinnbeteiligung 87 44; **292** 30
– abweichende Bestimmungen **217** 3
– Lizenzverträge als **292** 32
– Regelfall **217** 2
– rückwirkende **217** 4
Gewinnermittlung 141 9
Gewinngemeinschaft 291 45; **292** 6
Gewinnrücklagen 58 17, 83; **150** 5, 24; **208** 6
– Aufgliederung bei kleiner AG **152** 28
– Ausweis des Bilanzgewinns **170** 43
– bilanzielle Darstellung **152** 21 ff.
– Einstellung des Bilanzgewinn **170** 39
– Einstellung durch die Hauptversammlung **173** 14; **174** 15
– Einstellungen **152** 13
– Entnahme durch die Hauptversammlung **173** 14
– Entnahmen **152** 16; **301** 11
– Gewinnvortrag **170** 42
Gewinnschuldverschreibungen 141 30; **192** 29; **221** 17
Gewinnverteilung
– Einlageleistung in unterschiedlichem Verhältnis **60** 9
– Gewinnverteilungsschlüssel **57** 31
– KGaA **288** 2
– Mitgliedschaftsrechte, Ausschluss und Ruhen **60** 30
– Satzungsbestimmungen, abweichende **60** 17
– Verzicht auf den Gewinnanteil **60** 29
– vollständige Einlageleistung **60** 4
Gewinnverwendung 141 9, 37
– Änderung **174** 27
– Anfechtung **174** 30; **254** 4
– Ausschüttung an Aktionäre **174** 13
– Beibehaltung des festgestellten Jahresabschlusses **174** 22
– Beschluss **174** 11

2855

Sachverzeichnis Fett gedruckte Zahlen = Paragraphen

- Beschluss nach Feststellung des Jahresabschlusses **58** 80
- Beschluss, Gliederung **174** 11
- besondere Nichtigkeitsgründe **253** 9
- Bilanzgewinn **174** 12
- Dividendenanspruch **174** 25
- Einstellung in die Gewinnrücklagen **174** 15
- Entscheidung **174** 7
- Gewinnverwendungsbeschluss **139** 17
- Gewinnvortrag **174** 16
- Heilung **253** 15
- Nichtigkeit **173** 21; **174** 31; **253** 4
- zusätzlicher Aufwand **174** 18

Gewinnverwendungsvorschlag 170 10
- Bilanzgewinn, Verwendung **170** 29 ff.
- Gliederung **170** 29
- Prüfung **171** 52
- Sachausschüttung **170** 34
- Verstoß gegen Vorlagepflicht **170** 54
- Vorlage an Aufsichtsrat **170** 25

Gewinnvortrag 58 85; **158** 3; **170** 42; **174** 16
Gewinnvorzug 140 5
Gezeichnetes Kapital 152 2
Gipfel von Nizza SE-VO Vor Art. 1 15
Girmes-Urteil des BGH 53a 37
Girosammelverwahrung 67 68; **68** 6; **69** 9; **245** 13
Gläubigerschutz 42 1; **46** 1; **233** 2; **SE-VO Art. 24** 4; **SE-VO Art. 34** 6; **SE-VO Art. 37** 20
- Anspruch auf Besicherung **225** 4
- Art und Umfang der Besicherung **225** 20
- Ausschluss des Anspruchs auf Besicherung **225** 16
- Befriedigung **272** 6
- besonderes Sicherungsbedürfnis **225** 15
- einstweiliger Rechtsschutz **272** 11
- Entstehungszeitpunkt **225** 6
- Erlassverbot **225** 27
- Forderungen gegen die Aktiengesellschaft **225** 4
- Gläubigertypen **SE-VO Art. 24** 4
- Hinterlegung **272** 7
- Hinweis auf das Recht auf Sicherheitsleistung **225** 22
- Rechtsschutz **272** 11
- rechtzeitige Meldung der Forderung **225** 11
- Sanktionen **272** 11
- SE mit Sitz im Ausland **SE-VO Art. 24** 7
- SE mit Sitz im Inland **SE-VO Art. 24** 6
- Sicherheitsleistung **272** 9
- Sperrfrist **225** 28; **272** 3
- Verbot von Auszahlungen **225** 23

Gläubigerschutz, eingegliederte Gesellschaft
- Inhalt des Anspruchs **321** 6
- Sicherheitsleistung, Anspruch **321** 2

Gläubigerschutz, Gewinnabführungs- und Beherrschungsverträge
- angemessener Ausgleich **304** 7

- Anspruchsinhaberschaft **303** 8
- Art der Sicherheitsleistung **303** 20
- Ausfallhaftung **303** 22
- Ausschluss der Sicherheitsleistung **303** 26
- Ausschlussfrist **303** 17
- Beendigung des Vertrages **303** 6
- Forderung **303** 10
- Sicherheitsleistung, Pflicht zu **303** 5

Gläubigerschützende Vorschriften, Verstoß
- Prüfung durch das Registergericht **183** 56

Gleichbehandlungsgebot 10 3; **11** 6; **60** 21; **64** 21; **67** 86; **71** 116; **179** 149, 169, 181; **222** 29; **243** 182 ff.; **SE-VO Art. 9** 20
- Aufsichtsratsmitglieder **103** 12
- Beispiele **53a** 20
- eigene Aktien **71** 116 ff., 129
- Erwerb eigener Aktien **53a** 27; **71** 116
- Gleichbehandlung **53a** 24
- Höchststimmrechte **53a** 26
- Inhalt **53a** 12
- Konzern **53a** 29
- Modifikationen durch die Satzung **53a** 21
- Rechtsfolgen von Verstößen **53a** 32
- Treuepflicht **53a** 36
- Unternehmensverträge **53a** 30
- Veräußerung eigener Aktien **53a** 27; **71** 129
- Verzicht **53a** 28

Gleichbehandlungsgrundsatz 11 6
Gleiche Ausstattung der Aktien 216 3
Gleichordnungskonzern 15 14; **18** 15, 29; **Vor § 291** 51; **291** 53; **311** 7
- faktischer Gleichordnungskonzern **18** 32
- vertraglicher Gleichordnungskonzern **18** 31

Gleichordnungskonzernvertrag Vor § 291 51; **291** 52
Gleichzeitige Kapitalerhöhung 235 5
- Beschlussfassung **235** 7
- fristgerechte Eintragung **235** 14
- Fristüberschreitung **235** 17
- Kapitalerhöhung **235** 8
- Verstoß **235** 13

Gliederungsvorschriften, Bilanz 152 1
Global Shares 10 11
Globalaktie 10 36 ff., 38
- Ausschluss Einzelverbriefung **10** 82
- Gutglaubenserwerb bei Sammelverwahrung **10** 65
- gutgläubiger Erwerb **10** 65
- Kraftloserklärung **73** 3
- Legitimationswirkung **10** 45 ff.
- Umtausch in Einzelurkunden **8** 53
- Verwahrung **10** 42, 60

Globalurkunde 10 38; **13** 25; **73** 3; **199** 5
- Dauer-Globalaktie **10** 39, 41, 60

GmbH & Co. KGaA 278 78
- Gründung **280** 16
- Stimmverbote **285** 25

GmbH-Konzern Vor § 311 21 ff.
Going-Concern-Prinzip 270 67

Mager gedruckte Zahlen = Randnummer

Sachverzeichnis

Going-public-Wandelanleihe 221 149
Golden-Share-Rechtsprechung 394 2, 16
Greenshoe-Option 204 21; 221 52, 104
Grenzen des Auskunftsrechts des Aktionärs 131 34
Grundbuchfähigkeit 1 15
Gründer 23 25
– Aktienübernahme 2 6
– Begriff 28 2
– Erbengemeinschaft 2 12
– Fähigkeit 2 7 ff.
– Feststellung der Satzung 2 2
– Geschäftsunfähige 2 8; 28 3
– Haftung 46 3 ff.
– KGaA, strafrechtliche Haftung 408 7
– Verantwortlichkeit 46 3 ff., *s. auch Verantwortlichkeit der Gründer*
Gründerbeschränkung, Gestaltung durch Beteiligung von Vorratsgesellschaften SE-VO Art. 3 26
Gründerhaftung 28 2a; **41** 71 ff.; **SE-VO Art. 16** 12
– Aufallhaftung analog § 24 GmbHG 41 94
– Ausfallhaftung 41 94
– Ausschlusstatbestände 41 110
– Gründer- und Handelndenhaftung KGaA 280 17
– Gründungsschwindel 399 66 ff.
– Haftungsumfang 41 109
– Handelndenhaftung 41 95
– Mantelverwendung 188 61
– Regress 41 114
– unechte Vorgesellschaft 41 92 ff.
– Unterbilanzhaftung 41 77 ff.
– Unversehrtheitsgrundsatz 41 73
– Verlustdeckungshaftung 41 87
– Vorbelastungsverbot 41 73
– Vorgründungsgesellschaft 41 76
Grundkapital 1 82 ff.; **6** 3; **23** 19 ff.; **150** 13; **152** 18; **179** 71
– Anpassung der Nennbeträge 8 18
– atmendes 1 92
– Begriff 1 83 ff.
– Beteiligungsquote 8 7
– Bilanzausweis bei KGaA 152 3
– bilanzielle Darstellung 152 18
– bilanzielle Rechengröße 8 5
– Erhöhung 182 9
– Euro-Umstellung 8 64 ff.
– Festlegung durch Satzung 8 22
– Festsetzung der Höhe 6 3
– Mindesthaftkapital 1 83 ff.
– Mindestnennbetrag 7 2
– Neustückelung 8 26, 52, 73
– Umstellung 8 9
– Umstellung auf Euro 6 5
– Unterschreitung 7 3
– Wahlfreiheit für Zerlegung 8 8
– Zerlegung 8 1

Grundlagengeschäfte 77 7; 278 64; 285 32
– KGaA 278 64
Grundsatz der einfachen Stimmenmehrheit
– Hauptversammlungsbeschlüsse 133 3
Grundsatz der Gesamtverantwortung 77 44 ff.
Grundsatz der Kapitalaufbringung 54 1 ff.
Grundsatz der realen Kapitalaufbringung 27 2; **399** 137
Grundsätze ordnungsgemäßer Berichterstattung 90 48
– gewissenhafte und getreue Rechenschaft 90 48
– Rechtzeitigkeit 90 50
– Textform 90 49
Gründung der Gesellschaft
– Bankbestätigung bei Vorratsgründung 23 47
– Ergänzung um Arbeitnehmervertreter 31 3 ff.
– erster Abschlussprüfer 30 20
– erster Aufsichtsrat 31 3 ff., *s. auch Erster Aufsichtsrat*
– erster Aufsichtsrat, Amtszeit 31 13
– erster Aufsichtsrat, Arbeitnehmervertreter 31 14 ff.
– erster Vorstand 30 21 ff.
– Feststellung der Satzung 23 1
– Firma 23 15
– Gründer 23 25; 28 1 ff.
– Gründungsaufwand 26 7 ff.
– Gründungsbericht 32 3 ff., *s. auch Gründungsbericht*
– Gründungsfehler 23 33 ff.
– Gründungsprotokoll 23 5
– Internationales Gesellschaftsrecht **IntGesR** 25
– Kaskadengründung 27 161
– minderjährige Gründer 23 13b
– Pyramidengründung 27 161
– Satzungsänderung im Gründungsstadium 23 2a
– Sonderprüfung 142 54
– Stufengründung 27 144
– Tod eines Gründers 41 42
– Vertretung 23 13 ff.
– Vor-AG 23 2a
– Vorratsgründung 23 18a, 42 ff.
Gründung einer Europäischen Aktiengesellschaft 141 9; **SE-VO Art. 15** 2
– Tochter-SE **SE-VO Vor Art. 1** 19, 3
Gründung, KGaA 280 2
– Ablauf 280 6
– Beteiligte 280 3
– GmbH & Co. KGaA 280 16
– Gründerzahl 280 2
– Gründungsurkunde 280 5
Gründungsangaben, Haftung für Richtigkeit und Vollständigkeit 46 4
Gründungsaufwand
– Änderung 26 14

2857

Sachverzeichnis Fett gedruckte Zahlen = Paragraphen

- Begriff **26** 8
- Beseitigung **26** 15
- Fehler **26** 11
- Haftung für falsche Angaben **399** 152
- Wirksamkeitsvoraussetzungen **26** 9

Gründungsbericht 32 3; **399** 173; **SE-VO Art. 32** 14
- allgemeine Angaben für Bar- oder Sachgründungen **32** 6
- falsche Angaben **399** 166
- Haftung für falsche Angaben **399** 165 ff.
- Inhalt **32** 6
- Verantwortlichkeit der Gründer **32** 3
- weitere Angaben für Sachgründungen **32** 9
- Zuständigkeit der Gründer **32** 3

Gründungsfehler 23 33 ff.
Gründungsformen SE-VO Art. 3 6
Gründungsphase 54 42
Gründungsplan SE-VO Art. 32 8
- Bekanntmachung **SE-VO Art. 32** 17
- Form **SE-VO Art. 32** 16
- Inhalt **SE-VO Art. 32** 9
- Prüfung **SE-VO Art. 32** 18

Gründungsprotokoll 23 5
- Erklärung der Übernahme der Aktien **23** 24
- Form **23** 6 ff.
- Höhe des Grundkapitals **23** 19
- Inhalt der Satzung **23** 14
- Namens- und/oder Inhaberaktien **23** 21
- Satzungsfeststellung **23** 12

Gründungsprüfer 33 4; **35** 3
- Ansprüche Dritter **49** 13
- Antrag auf gerichtliche Bestellung **33** 15
- Auskunftsrecht **35** 3
- Auslagen **35** 10
- Ausschlussgründe **33** 20
- Haftung **49** 3 ff.
- Person des Prüfers **33** 18
- Pflichten **49** 4
- Verantwortlichkeit **49** 3, 5
- Vergütung **35** 10 ff.

Gründungsprüfung 283 7; **SE-VO Art. 26** 2
- Anmeldepflichten **SE-VO Art. 26** 3
- durch Vorstand und Aufsichtsrat **33** 4
- Einzelangaben **34** 5
- extern **33** 7; **12** 15
- gerichtliche bestellter Prüfer **33** 15
- Notar, durch beurkundenden **33** 12
- Prüfungsbericht **34** 11
- Prüfungspflicht **SE-VO Art. 26** 2
- Prüfungsumfang **SE-VO Art. 26** 6
- Umfang **34** 3
- Verpflichtete **33** 4
- Vorlagepflichten **SE-VO Art. 26** 4

Gründungssatzung, Änderung 179 23
Gründungsschwindel 399 66 ff.
- Hin- und Herzahlen **399** 126 ff.
- verdeckte Sacheinlagen **399** 112

Gründungstheorie
- EU-Auslandsgesellschaften **IntGesR** 15

- SE **SE-VO Art. 7** 1

Gründungsurkunde SE-VO Art. 6 1
- KGaA **280** 5

Gründungsvorvertrag 41 18
Gruppenbesteuerung
- EU Konformität **Vor § 291** 23 f.

Gruppenproporz im Aufsichtsrat 97 16
Gruppenversicherung 113 15 f.
Gutgläubiger Bezug von Gewinnanteilen 62 25
Gutgläubiger Erwerb
- Aktie **10** 62 ff.
- Dauer-Globalaktie **10** 65
- Gesellschaft und Gesellschafter **1** 67
- Inhaberaktie **10** 64
- Namensaktie **10** 64
- Sammelverwahrung **10** 65

Gutgläubiger Erwerb von Indossamenten 68 13
Gutgläubiger lastenfreier Erwerb zwischen Gesellschaftern und Gesellschaft 1 67; **54** 15
Gutgläubigkeit der Geschäftsleiter 93 76
Gütliche Einigung
- Entscheidung durch Beschluss **SpruchG 11** 3
- Vergleich **SpruchG 11** 11

Haftung der Aktionäre 62 4 ff.; **135**, s. auch *Aktionärshaftung*
- keine Haftung/Trennungsprinzip **1** 35 ff.

Haftung der Aufsichtsratsmitglieder, s. *Sorgfaltspflicht und Verantwortlichkeit der Aufsichtsratsmitglieder*
Haftung der Ausgeber 192 13 ff.
Haftung der Gründer 41 71 ff.; **46** 3 ff., s. auch *Gründerhaftung*
Haftung der Hauptgesellschaft
- Ausweis im Jahresabschluss **322** 10
- Einwendungen, Einreden **322** 11
- Inhalt **322** 7
- Innenausgleich **322** 17
- Insolvenz der eingegliederten Gesellschaft **322** 9
- Mithaftung **322** 2
- Umfang **322** 4
- Zwangsvollstreckung **322** 16

Haftung der Hintermänner 46 21
Haftung der Organe
- Ersatzansprüche **147** 20 ff.
- Geltendmachung der Ersatzansprüche **147**

Haftung der Organmitglieder 48 3, s. auch *unmittelbare Haftung*
- Ansprüche Dritter **48** 11
- Ausschluss der Haftung **48** 7
- Geltendmachung durch Gläubiger der Gesellschaft **48** 9
- Insolvenzverschleppung **401** 14 ff., 21 ff.
- objektive Voraussetzungen **48** 3
- strafrechtliche Haftung **399** 27 ff.
- subjektive Voraussetzungen **48** 5

2858

Mager gedruckte Zahlen = Randnummer

- unterlassene Offenlegung 27 257 f
- Vergleich 48 7
- Verjährung 48 7
- Verzicht 48 7
- Weisungsrechtausübung, pflichtwidrige 309 6 ff.

Haftung der persönlich haftenden Gesellschafter der KGaA 278 41

Haftung der Verwaltungsmitglieder 309 6 ff.; 310 3 ff.; 318 5 ff.
- Gläubiger und Schuldner des Anspruchs 318 3
- Haftungstatbestand 318 5
- Rechtsfolgen 318 10

Haftung der Vor-AG 41 68
- Gründerhaftung 41 71
- Vorgesellschaft 41 70

Haftung der Vorstandsmitglieder 93 176; 310 3 ff.
- Ausgleich der Masseschmälerung 92 32a ff.
- Ausgleich im Innenverhältnis 93 263
- Ausschluss durch Hauptversammlungsbeschluss 93 220, 264
- Einlagenrückgewähr 57 101
- faktische Vorstandsmitglieder 93 182
- fehlerhaft bestellte Vorstandsmitglieder 93 181
- gesamtschuldnerische Haftung 93 262
- Gründungsschwindel 399 72 ff.
- Insolvenzantragspflicht 92 46, 72 ff.
- Insolvenzverschleppung 401 14 ff., 21 ff.
- Kausalität 93 215
- Pflichtverletzung 93 200
- Rechtschein der Stellung als Vorstandsmitglied 93 199
- Schaden 93 211
- strafrechtliche Haftung 399 27 ff., 72 ff.
- Umfang des Schadenersatzes 93 213 ff.
- unangemessene Gewinnverteilung 292 11
- Verjährung Einlageansprüche 54 87
- Verschulden 93 205
- Verstoß gegen Vorlagepflicht 170 54
- Vorteilsausgleichung 93 214a
- Weisungsrechtausübung, pflichtwidrige 309 6 ff.; 310 6
- Zahlungsverbot, Verstoß gegen 92 33 ff.

Haftung des Abwicklers 268 22; 399 215 ff.

Haftung des Aufsichtsrates, KGaA 287 19

Haftung des Emittenten bei Emission von Aktien 47 6

Haftung des herrschenden Unternehmens 309 39 ff.; 317 4 ff.
- Beherrschungsvertrag 309 39
- Beweislast 310 8; 317 14
- Einwand rechtmäßigen Verhaltens 317 11
- Mithaftung des gesetzlichen Vertreters 317 15
- Nachteil 317 10
- Schadensersatz 317 8
- Verwaltungsmitglieder der Gesellschaft 310 1
- Verzicht und Vergleich 310 1; 317 17

Sachverzeichnis

- Voraussetzungen 317 4

Haftung des Nachtragsabwicklers 273 23

Haftung für den Empfang verdeckten Gründungsaufwands 47 3

Haftung für freie Verfügbarkeit der Einlagen 46 8

Haftung für Mitwirkung bei Schädigung der Gesellschaft 47 5
- Änderungen nach Beschlussfassung, grundlegende 93 275
- anfechtbarer Beschluss 93 271
- Gesetzmäßigkeit des Beschlusses 93 268
- Grenzen des Haftungsausschlusses 93 272
- Haftungsausschluss durch Hauptversammlungsbeschluss, Vorstandsmitglieder 93 264
- nichtiger Beschluss 93 269

Haftungsbeschränkung SE-VO Art. 1 5

Haftungsdurchgriff 1 52 ff.; Vor § 15 12
- AG Vor § 15 14
- GmbH Vor § 15 12
- Konzernbildungskontrolle Vor § 15 23
- Konzernermöglichung Vor § 15 29
- Konzerngefahr Vor § 15 27
- Konzernorganisationsrecht Vor § 15 29
- Personengesellschaft Vor § 15 13
- Umgehungsschutz Vor § 15 30

Haftungsklage, s. auch Bekanntmachung der Haftungsklage, s. auch Klageverfahren, s. auch Klagezulassungsverfahren
- andere Aktionäre 148 160
- Aufforderung gegenüber Gesellschaft 148 154
- Bekanntmachung 149 7 ff., s. auch Bekanntmachung der Haftungsklage
- besonderer Vertreter 148 150
- Informationsrechte der Kläger 148 163
- Insolvenz 148 185 ff.
- Klagerücknahme 148 169
- Klageverbindung 148 162
- Kosten 148 174 ff.
- Kosten, Aktionärsforum 148 198
- Nebenintervenienten 148 160
- Prozessstandschaft der Aktionäre 148 146 ff.
- Quorum 148 153
- Schiedsvereinbarung 148 158
- Verfahrensgrundsätze 148 157 ff.
- Vergleich 148 166 ff.

Haftungsverfassung IntGesR 35

Haftungsverhältnis 1 1

Haltefrist für Aktien 193 34

Halteprämien 57 46a

Handeln für Rechnung der AG 56 44

Handelndenhaftung 41 95; 280 18; SE-VO Art. 16 13

Handels- und Gesellschaftsrecht 1 23
- Gesellschafter 1 23
- Komplementärstellung in einer KG 1 24
- Mitgliedschaft in einer Genossenschaft 1 23
- Organstellung 1 24
- persönliche Haftung der Gesellschafter 1 23

2859

Sachverzeichnis

Fett gedruckte Zahlen = Paragraphen

- Prokura **1** 25
- Vorstand einer anderen AG **1** 24
- **Handelsgesellschaft, Stellung als 3** 4
- **Handelsregister, Anmeldung**
- Anmeldepflichtige **195** 6
- Anmeldung der Durchführung der Kapitalerhöhung **188** 5
- Anmeldung der Sitzverlegung **45** 6
- Anmeldung des Kapitalerhöhungsbeschlusses **184** 4
- Beschluss zur bedingten Kapitalerhöhung **195** 1
- Dokumente, beizufügende **195** 9 ff.
- Entstehung einer Einpersonen-Gesellschaft **42** 10
- Formalia **195** 4
- Genehmigungsurkunde **195** 14
- Kostenberechnung **195** 13
- Zuständigkeit **195** 4
- **Handelsregister, Eintragung**
- Aktienausgabe, bedingte Kapitalerhöhung **192** 4
- Anmeldung der Ausgabe von Bezugsaktien **201** 18
- Aufbewahrung der Urkunden **195** 24; **201** 24
- bedingte Kapitalerhöhung **192** 4, 7
- Durchführung der Kapitalerhöhung **188** 1
- Erhöhungsbeschluss **184** 29; **195** 15
- Inhalt **195** 18
- Kosten **195** 21
- Rechtsmittel **195** 19
- Registerkontrolle **195** 16
- **Handlungsbevollmächtigte 78** 51
- **Handlungsfähigkeit der Gesellschaft 1** 33; **IntGesR** 26
- **Hauptverpflichtung der Aktionäre**
- Ausnahmen **54** 25
- betragsmäßige Begrenzung **54** 23
- derivativer Erwerb **54** 13
- Einlagepflicht **53a** 7
- Erfüllung der Einlagepflicht **54** 40
- gutgläubiger lastenfreier Aktienerwerb **54** 15
- Parteien **54** 11
- schuldrechtliche Vereinbarungen **54** 29
- verdeckte Sacheinlagen **54** 74; **57** 53
- Verhältnis zum Mitgliedschaftsrecht **54** 10
- Verjährung **54** 81
- Verwendung von Gesellschaftsmänteln **54** 20
- **Hauptversammlung 118** 5, *s. auch Einberufung der Hauptversammlung, s. auch Durchführung der Hauptversammlung*
- Abschlussprüfer, Teilnahmepflicht **176** 22 f.
- Abwahl des Versammlungsleiters **Anh. 119** 4a ff.
- Anmeldeerfordernis **123** 9
- Anmeldefrist **123** 13
- Anmeldung **402** 20
- Anmeldung und Eintragung von Beschlüssen **184** 4; **285** 39

- Anmeldung zur Hauptversammlung **123** 8; **402** 20
- Aufsichtsrat, Ermächtigung Fassungsänderung **179** 107 ff.
- Aufsichtsratswahlen, Bekanntmachungspflichten **124** 10
- Auskunftsrecht, Einschränkungen **Anh. 119** 14
- ausländischer Ort **121** 74 f.
- Ausnahmezuständigkeiten **179** 4
- außerordentliche Hauptversammlung **175** 1
- bedingte Beschlussfassung **133** 4
- befristete Beschlussfassung **133** 4
- Bekanntmachung von Ergänzungsverlangen **124** 4
- bekanntmachungsfreie Gegenstände **124** 50
- Bekanntmachungspflichten bei besonderen Beschlussgegenständen **124** 9
- Berechtigungsnachweis **123** 18
- Beschluss des Aufsichtsrates **179** 112
- Beschlüsse, Nichtigkeitsfälle **241** 105 ff.
- beschlusslose **121** 11
- besonderer Vertreter **147** 143 ff.
- besonderer Vertreter, Bestellung **147** 71 ff.
- Bestellung **265** 9
- Beurkundungsmängel **241** 142 ff.
- beurkundungspflichtige Willenserklärungen **130** 11
- Bild- und Tonübertragung **118** 44
- Bindungswirkung **175** 33
- Briefwahl **118** 42
- Durchbrechungen **179** 99
- Durchbrechungshauptversammlung **121** 77a
- Einberufung **92** 9; **111** 57 ff.; **121** 1 ff.; **175** 11, *s. auch Einberufung der Hauptversammlung*
- Einberufungsfrist **123** 3
- Einberufungsverlangen **122** 6
- Einberufungsverlangen, gerichtliche Prüfung **122** 54 ff.
- Einladung **192** 24
- Eintrittskarte **123** 41a; **402** 15, 30
- elektronische Auslegung von Unterlagen **176** 5
- elektronische Teilnahme **118** 12, 35
- E-Mail Mitteilungen **125** 24a
- Erwerb von Beteiligungen/Aktiva **119** 30a ff., 30e
- Exklusivzuständigkeit **179** 2, 96 ff.
- Exklusivzuständigkeit, Durchbrechungen **179** 99 ff.
- fehlerhafte Beschlüsse, *s. dort*
- Feststellung des Jahresabschlusses **234** 6
- Folgen von Verstößen **179** 113
- Frist **175** 13
- Funkabstimmung **402** 19
- gerichtliche Ermächtigung zur Einberufung **122** 48
- Geschäftsordnung **129** 1, 11 ff., *s. auch Geschäftsordnung, Hauptversammlung*

Mager gedruckte Zahlen = Randnummer **Sachverzeichnis**

- geschäftsordnungswidrige Beschlussfassung **129** 15
- gesetzliche Kompetenzen, *s. dort*
- Grenzen der Übertragung **179** 110
- Haftung für fehlerhafte Leitungsmaßnahmen Anh. **119** 16
- Informationsrechte der Aktionäre **175** 16
- Inhalt **175** 6
- Internet **118** 35 ff.
- KGaA *s. Hauptversammlung KGaA*
- Kompetenzen **119** 4 ff.
- Kompetenzen aufgrund Satzungsbestimmungen **119** 48 ff.
- Kompetenzen, ungeschriebene **119** 21 ff., *s. auch ungeschriebene Kompetenzen der Hauptversammlung*
- Konzern **119** 12 f.
- Konzernbildungskontrolle **119** 35
- Konzernleitungskontrolle **119** 35
- Kosten der Hauptversammlung **122** 69
- Kostenerstattung, Einlagenrückgewähr **57** 46a
- Legitimationsnachweis des Aktionärs **402** 21 ff.
- Leitung **119** Anh. 1 ff., *s. auch Leitung der Hauptversammlung*
- Mehrheitserfordernisse **179** 114 ff.
- Mitteilung Einberufung **125** 6 ff.
- Modalitäten der Übertragung **179** 110
- Nichtbeschlüsse **241** 55 ff.
- nichtige Beschlüsse, Wirkung **241** 26
- Notar, Funktionen **130** 28 ff.
- Online **118** 12, 35 ff.
- Online Hauptversammlung, technische Störungen **243** 233 ff.
- Online-Teilnahme **402** 17
- ordentliche Hauptversammlung **175** 1
- Organstellung **118** 5
- Ort der Hauptversammlung **121** 68 ff.
- Ort der Hauptversammlung, unzulässiger **121** 107
- privatschriftliches Protokoll **241** 162 ff.
- Protokoll **130** 61, *s. auch Protokollierung von Hauptversammlungsbeschlüssen*
- Prüfung von anderen Vorgängen **142** 124
- Rechte der Hauptversammlung, *s. dort*
- Record Date **123** 31, 32a; **402** 22, 26, 36, 43
- Rederecht, Beschränkungen Anh. **119** 9 ff.
- Rekapitalisierungen, Ort bei **121** 76 ff.
- satzungsändernde, *s. dort*
- Satzungsänderungen, Bekanntmachungspflichten **124** 15
- Scheinbeschlüsse **241** 55 ff.
- Sonderprüfung, Beschlussfassung **142** 84 ff.
- Stellung **118** 5
- Stellung zu anderen Organen **118** 6
- Stimmkarte **402** 15 ff., 30
- Tagesordnung, Ergänzung **122** 35
- Tagesordnung, Mitteilung Änderung **125** 17
- Teilnahme, *s. dort*
- Teilnahmebefugnis **285** 3

- Teilnehmerverzeichnis **129** 16, *s. auch dort*
- teilnichtige Beschlüsse **241** 65 ff.
- Übernahmesachverhalte, Ort bei **121** 76 ff.
- Unternehmensverträge **293g** 3 ff.
- unvollständige Informationen bei Einberufung **405** 82 ff.
- unwirksame Beschlüsse **241** 47 ff.
- unzulässige Beschlussfassung **124** 43
- unzulässige Versammlungszeit **121** 108
- unzulässiger Versammlungsort **121** 107
- Veräußerung Beteiligungen/Aktiva **119** 30 ff., 31 ff.
- verbundene Verhandlungen **175** 8
- Vergütung des Vorstands **192** 46a
- Verkürzung der Anmeldefrist und Nachweisfrist, Rechtsfolgen **123** 45
- Verkürzung der Einberufungsfrist, Rechtsfolgen **123** 44
- Verlängerung der Anmelde- und Nachweisfrist **123** 45
- Verlängerung der Einberufungsfrist **123** 17
- Verlegung **121** 23
- Veröffentlichungen auf Internetseite der Gesellschaft **124a** 1
- Versammlungslokal **121** 87
- virtuelle **118** 35 ff.
- Vollversammlung **121** 85
- Vorschläge zur Beschlussfassung **124** 26
- Zeit der Hauptversammlung **121** 79
- Zeit der Hauptversammlung, unzulässige **121** 108
- Zustimmung Dritter **179** 97
- Zustimmung zu asset deals **119** 30e, 31 ff.
- Zustimmung zu Beteiligungserwerb und Veräußerung **119** 30a ff., 30f ff.
- Zustimmung zu Betriebsstilllegung **119** 32
- zustimmungsbedürftige Verträge, Bekanntmachungspflichten **124** 18

Hauptversammlung KGaA
- Beschlussanfechtung **285** 12
- Durchführung **285** 9
- Einberufung **285** 9
- Kompetenzen **285** 6
- Rechte, hauptversammlungsbezogene **285** 10
- Stimmrecht der Komplementäre **285** 13
- Teilnahmebefugnis **285** 3
- Zulassung als Gast **118** 30
- Zustimmung der Komplementäre **285** 30

Hauptversammlung, Ausschluss von Minderheitsaktionären
- Abschriftenerteilung **327c** 11
- Angemessenheitsprüfung der Barabfindung **327c** 8
- Auskunftsrecht der Aktionäre **327d** 5
- Auslegung **327c** 11
- Bekanntmachung der Tagesordnung **327c** 2
- Bericht des Hauptaktionärs **327c** 5
- Erläuterung **327d** 3
- Informationspflichten **327c** 11

2861

Sachverzeichnis

Fett gedruckte Zahlen = Paragraphen

- Internetseite, Zugänglichmachung über **327c** 11
- Publizität **327c** 14
- Zugänglichmachung **327d** 2

Hauptversammlung, gesetzliche Kompetenzen 119 4

Hauptversammlung, Leitung
Anh. **119** 1 ff., *s. auch Leitung der Hauptversammlung*
- Haftung für fehlerhafte Leitungsmaßnahmen Anh. **119** 16

Hauptversammlung, SE SE-VO Art. 52 6 ff.

Hauptversammlung, Strukturmaßnahmen 264 37

Hauptversammlung, ungeschriebene Kompetenzen 119 21 ff., *s. auch ungeschriebene Kompetenzen der Hauptversammlung*

Hauptversammlung, Verhältnis zum Abwickler 268 20

Hauptversammlung, virtuelle 118 35 ff.

Hauptversammlungsbeschluss 83 6; **133** 3; **183** 10; **262** 24
- Anfechtbarkeit **181** 25; **283** 21
- Ausgabebeschluss **192** 35
- Auslegung **133** 5
- bedingte Kapitalerhöhung **192** 4, 20 ff.
- bedingter **133** 4; **179** 106, 157 ff.; **262** 28
- befristeter **133** 4; **179** 106, 162 ff.; **262** 28
- Beschlussmängel **184** 36, 37 ff.
- einfache Stimmenmehrheit **133** 29
- Entgegenstehen gegen bedingte Kapitalerhöhung **192** 81
- Entlastungsbeschlüsse, Anfechtung Wahlbeschluss **161** 97 ff.
- Entsprechenserklärung (DCGK) **161** 96f ff.
- Entsprechenserklärung (DCGK), Anfechtung Entlastungsbeschluss **161** 95a
- Entsprechenserklärung (DCGK), Entlastungsbeschluss **161** 91 f.
- Erhöhungsbeschluss **192** 35
- Fehlerhaftigkeit **193** 37; **200** 15
- Feststellung des Beschlussergebnisses **133** 48
- Heilung von Mängeln **242** 6 ff.
- Kapitalerhöhungsbeschluss **182** 11 f.
- negative Beschlüsse **133** 6
- Nichtigkeit **181** 23; **192** 79; **283** 21, *s. auch dort*
- notarielle Niederschrift, *s. dort*
- positive Beschlüsse **133** 6
- Protokollierung, *s. dort*
- Sonderbeschluss bei Kapitalerhöhung **182** 26
- Sonderbeschlüsse **133** 8; **179** 157 ff.
- Squeeze-out-Beschluss **192** 83
- Stimmabgabe **133** 18
- Stimmrecht **133** 18
- Verfahren **133** 9
- Wahlen **133** 54
- Wirksamkeitsvoraussetzungen **181** 22

Hedging 193 18a

Heilung von Mängeln 276

Herabsetzung der Vergütung der Aufsichtsratsmitglieder 113 35

Herabsetzung des Grundkapitals 222 8; **239** 3

Herrschaftsmittel 17 24
- Beherrschung anderer Gesellschaftsformen **17** 45
- gesellschaftsrechtlich vermittelte Herrschaft **17** 20
- gesellschaftsrechtlich vermittelte Herrschaft ohne Beteiligung **17** 38
- kombinierte Beherrschung **17** 25
- künftige Beteiligung **17** 36
- Minderheitsbeteiligung **17** 25

Herrschendes Unternehmen 15 13, 18, 52
- Abhängigkeitstatbestand **17** 8
- Abhängigkeitsvermutung **17** 49
- anderweitige wirtschaftliche Interessenbindung **15** 23
- Haftung **317** 1
- maßgebliche Beteiligung an anderem Unternehmen **15** 25
- maßgebliche Beteiligung an untergeordnetem Unternehmen **15** 22
- Maßgeblichkeit der Beteiligung **15** 27
- Zurechenbarkeit fremder Beteiligungen **15** 30
- Zurechenbarkeit sonstiger wirtschaftlicher Interessen **15** 30

Herstellung der Mehrstaatlichkeit, Gestaltungsmöglichkeiten SE-VO Art. 3 22

Herstellungskosten 32 12

Hilfsantrag 126 10

Hilfsverpflichtungen 54 27

Hin- und Herzahlen 27 118 ff., 140
- Einlagenrückgewähr **57** 52
- verdeckte Sacheinlage **27** 124

Hin- und Herzahlen, Darlehensgewährung 27 110, 213 ff., 231; **57** 52; **188** 16, 50, 82 ff.; **194** 20; **399** 126 ff.
- AG & Co. KG **27** 284
- Alles-oder-Nichts-Prinzip **27** 263, 275, 287
- Beobachtungspflicht bei Einlageverbindlichkeiten **27** 243b
- Cash-Management-System, Cash-Pool **27** 216, 233, 240, 303 ff.
- Dienstleistungen, entgeltliche **27** 234 ff.
- Dritte als Empfänger **27** 233
- Ein-Mann-AG **27** 223
- Erfordernis einer vorherigen Verwendungsabsprache **27** 221
- Eurobike-Urteil des BGH **27** 235
- europarechtliche Rahmenbedingungen **27** 288 ff.
- Forderung, Fremdwährung **27** 243
- Forderung, Liquidität **27** 251
- Forderung, Verzinsung **27** 246 f.
- Forderung, Vollwertigkeit **27** 243 ff.
- Gründungsschwindel **399** 126 ff.

Mager gedruckte Zahlen = Randnummer **Sachverzeichnis**

– Haftung **27** 275 f.
– Heilung des nicht einlagentilgenden Hin- und Herzahlens **27** 266 ff.
– Her- und Hinzahlen **27** 229, 237
– Konzernverhältnisse **27** 300
– Nämlichkeit **27** 226
– Offenlegung **27** 254 ff., 276, 280
– praktische Anwendung **27** 213a
– Qivive-Entscheidung **27** 255
– Reservierung der Geldeinlage **27** 236
– Rückzahlung der Geldeinlage **27** 226
– Sachkapitalerhöhung **183** 28 ff.
– Sachkapitalerhöhung, Anspruchsdeckung **183** 29
– Sicherheiten für Zahlungspflicht des Gründers **27** 243a
– strafrechtliche Haftung **399** 126 ff.
– verdeckte Sacheinlage **27** 240 f., 286 ff.
– vereinfachte Kapitalerhöhung **183a** 40
– Vergleich zur verdeckten Sacheinlage **27** 287
– Verrechnung **27** 230 ff.
– Verwendungsabsprache **27** 221 ff.
– Werthaltigkeitsnachweis **27** 259 ff.
Hinderungsgründe, Aufsichtsrat 100 12
Hindsight Bias 93 61
Hinterlegung
– Legitimationsnachweis für HV **402** 25
– Leistung des Aktionärs nach 372 ff. BGB **66** 15
– Sicherheitsleistung **272** 7
Hinterlegungsbescheinigungen 402 18
Hintermänner, Haftung 46 21
Höchstbetrag der Gewinnabführung
– Abzugsposten **301** 9
– Geschäftsführungsvertrag **301** g
– Jahresüberschuss **301** 6
– Rechtsfolgen bei Verstößen **301** 19
Höchstpersönlichkeit, Vorstandsmitglieder 81 19
Höchststimmrechte 53a 26; **133** 36; **243** 177; **Vor § 311** 42; **SpruchG 1** 15
– bei nicht börsennotierten Gesellschaften **134** 8
– Einführung durch die Satzung **134** 11
– Stimmbindungsverträge **134** 20
– Überprüfung Ausgleich bei Abschaffung **SpruchG 1** 15
Höchstzeit im Aufsichtsrat 102 7
Hoesch/Hoogovens-Urteil 124 21
Höhe des Grundkapitals 23 19
Holding SE, Gründung SE-VO Art. 3 10, 23; **SE-VO Art. 31** 1
– Ablauf **SE-VO Art. 32** 1
– Bekanntmachung des Gründungsplans **SE-VO Art. 32** 17
– Besteuerung **SE-VO Art. 32** 7
– Gründungsbericht **SE-VO Art. 32** 14
– Gründungsplan **SE-VO Art. 32** 8, 9
– Prüfbericht **SE-VO Art. 32** 19

– Prüfung des Gründungsplans **SE-VO Art. 32** 18
– Zustimmung der Gründungsgesellschaften **SE-VO Art. 32** 20
Holding, virtuelle 77 40 f.
Holdinggesellschaften 15 39
– einfache **15** 24
– Frauenquote **76** 145
Holdingverbot 15 52
Holzmann-Entscheidung 203 76, 77
Holzmüller-Entscheidung 68 50; **111** 57; **119** 22; **130** 39; **179** 28; **179a** 27; **182** 73; **Vor 241** 15, 23; **278** 70; **292** 16; **293** 42; **319** 10
Holzmüller-Entscheidung des BGH 58 76
Hot Delisting 179 45
Huckepack-Emission 192 32

Identität der Mittel 27 137
IFRS-Einzelabschluss 170 9a
IKB-Fall 400 84 ff.
Immaterialgüterrechte 27 18
In der Hauptversammlung auszuübende Rechte 118 7
Indexorientierte Vergütungen 113 53
Individualrechte 90 71; **Vor 241** 29
Indossament 68 4
– Blankoindossament **68** 6, 10
– Funktion **68** 11
– Girosammelverwahrung **68** 6
– gutgläubiger Erwerb **68** 13
– Prüfungspflicht der AG **68** 22
– Wechselrecht **68** 7
Informatec-Entscheidung 400 78
Information des Vorstandes 111 28
Information innerhalb des Aufsichtsrats 90 57
– Recht auf Kenntnisnahme **90** 57
– Übermittlung in Textform **90** 58
– Unterrichtung über Sonderberichte **90** 61
Informationsdurchgriff auf Angestellte 90 43
Informationshoheit des Aufsichtsrats 116 102
Informationsmöglichkeiten des Aufsichtsrats, vorstandsunabhängige 90 15
Informationspflichten 42 1; **179a** 26
– analoge Anwendung **179a** 27
Informationsrechte der Aktionäre 175 16
– Abschrift **175** 28
– Aushändigung **175** 28
– Auslage **175** 16
– Einsichtnahme **175** 26
– elektronische Bereitstellung von Unterlagen i.d. Hauptversammlung **176** 5, 10
– Geschäftsräume der Gesellschaft **175** 26
– Gewinnverwendungsvorschlag **175** 22
– Unterlagen **175** 19
Informationsrechte und -pflichten der Aufsichtsratsmitglieder 170 45 ff.

Sachverzeichnis

Fett gedruckte Zahlen = Paragraphen

Informationsverantwortung 93 58
– konzernweit **76** 101
Inhaberaktie 10 6 ff.; **23** 21; **24** 3
– gutgläubiger Erwerb **10** 64
– Umstellung auf Namensaktien **10** 15
– verbotswidrige Abgabe **63** 9
– Zulässigkeitsvoraussetzungen **10** 8a f.
Inhalt der Aktienurkunde 13 14
Inhaltliche Anforderungen der Überwachung des Vorstandes
– Abstufungen der Überwachungspflichten **111** 25
– Ersatzansprüche **111** 27
– Grundsätze ordnungsgemäßer Überwachung **111** 22
– Krise der Gesellschaft **111** 26
– Maßstab **111** 14
– Sanktionen **111** 29
Inhaltliche Befassung SpruchG 16 4
Inhaltskontrolle
– Bezugsrechtsausschluss **186** 40
Inkompatibilitätsgebot, KGaA 287 5
Inlandssitz 19 11
Innengesellschaften 15 42
Innere Ordnung der Hauptversammlung 119 37
Innere Ordnung des Aufsichtsrates
– Aufsichtsratsausschüsse **107** 81
– Aufsichtsratsvorsitzender und Stellvertreter **107** 17
– Delegation auf ein einzelnes Aufsichtsratsmitglied **107** 157
– Geschäftsordnungen **107** 10 ff.
– Sitzungsniederschriften **107** 65 ff.
Inpfandnahme eigener Aktien, Verbot 71e 3
– Ausnahmen **71e** 5
– durch mittelbare Stellvertreter **71e** 14
– Gegenstand des Pfandrechts **71e** 4
– Rechtsfolgen unzulässiger Inpfandnahme **71e** 22
– Tochterunternehmen **71e** 14
– Verbot von Umgehungsgeschäften **71e** 21
– Verbotsausnahme für Kreditinstitut und Finanzdienstleistungsinstitute **71e** 18
In-Sich-Geschäft, Einpersonengesellschaft 42 13
Insiderhandel 71 160 f.; **116** 79; **131** 50
– Sonderprüfer **144** 21
Insiderhandelsverbot, börsennotierte KGaA 278 104
Insiderinformationen 400 46
Insolvency Act 92 49
Insolvenz
– Anfechtungsklage **246** 32a
– besonderer Vertreter **147** 108 f., 120, 167
– Debt-Equity-Swap, Anfechtung **185** 47
– eingegliederte Gesellschaft **322** 9
– Entsprechenserklärung (DCGK) **161** 34
– Ersatzansprüche gegen Organe **147** 38

– genehmigtes Kapital **202** 116 ff.
– Haftungsklage **148** 185 ff.
– Insolvenzverschleppung **401** 7 ff.
– Kapitalerhöhung **182** 69 ff.
– Sonderprüfung **142** 78 ff.
– Übertragung des ganzen Gesellschaftsvermögens **179a** 12
– Unternehmensverträge **297** 36 ff.
– vereinfachte Kapitalherabsetzung **229** 32
– Zeichner **185** 46a
Insolvenz der Gesellschaft 62 41; **64** 57; **78** 21; **179** 25
– Handlungspflicht des Vorstands **400** 22
Insolvenzantragspflicht 92 47 ff., 47
– Antragsfolgen **92** 71
– Antragsfrist **92** 67
– Antragspflicht **92** 47
– Antragspflichtige **92** 60
– Auslandsgesellschaften **92** 49a
– Stellung des Antrags **92** 59
– Überschuldung **92** 53 ff.
– Verstoß, Rechtsfolgen **92** 72
– Zahlungsunfähigkeit **92** 51
Insolvenzeröffnung SpruchG 3 25
Insolvenzplan 66 17; **182** 72
Insolvenzverfahren 113 59; **179** 25; **182** 69 ff.; **274** 9
– Antrag auf Eröffnung, KGaA **283** 22
Insolvenzverschleppung 401 7 ff.
Insolvenzverursachungsverbot 92 38 ff.
– Auslandsgesellschaften **92** 41a
– Haftung des Vorstands **92** 46
Inspire-Art-Entscheidung Vor § 15 31 ff.; **45** 5; **IntGesR** 13
Integrität des Verwaltungshandelns 117 5
Inter Omnes Wirkung 242 14
Interessenkollisionen 93 122; **116** 84
Interessenmonismus 76 22
Interessentheorie 399 28
Interest-or-expectancy-Test 93 139
Interimsvorstand 84 39a
Internationale Verbindungen Vor § 291 44
Internationales Konzernrecht Vor § 15 31
Interne Konzernrevision 76 96
Interne Ordnung der Aufsichtsratsausschüsse 107 107
Interne Pflichtenbindung 93 15
Internet-Hauptversammlung 118 35 ff.
Internetkonferenz 110 48
Internetseite
– Angabe bei Einberufung HV **121** 47
– Anträge von Aktionären **126** 3a, 9a, 11a, 22a, 27a
– Auskunftsverweigerungsrecht bei Publikation auf der **131** 52
– Beschlussvorlagen von Aktionären **126** 3a, 9a
– börsennotierte Gesellschaften, Veröffentlichungen **124a** 4 ff.
– Entsprechenserklärung zum DCGK **161** 3, 84

Mager gedruckte Zahlen = Randnummer

Sachverzeichnis

– Gegenanträge von Aktionären **126** 3a, 9a, 22a, 27a
– Verhältnisse der Gesellschaft, Darstellung **400** 90
– Veröffentlichungen, börsennotierte Gesellschaften **124a** 4 ff.
– Wahlvorschläge **127** 5
– Zugänglichmachung Informationen/Unterlagen **124a** 4 ff.; **131** 52 ff.; **175** 24a; **293g** 8
Interorganstreit 108 86
Intimsphäre 1 21
Intraday-Ausnahme WpHG 33–47 23
Intraorganstreit 108 91
Investmentaktiengesellschaft 1 90; **71** 150
– Steuerbefreiung **1** 30
– Stückaktienpflicht **8** 8a
Investmentaktiengesellschaften
– besonderer Vertreter **147** 65
Investmentänderungsgesetz 1 93
Investor Relations 67 5
Investorenvereinbarung 291 70a
Ision-Rechtsprechung 93 35
Ision-Urteil des BGH 116 50
Isolierter Beherrschungsvertrag 304 49
Isolierter Gewinnabführungsvertrag 291 40 ff.
ITT-Urteil des BGH 53a 37

Jahresabschluss 170 8 ff.; **171** 39; **283** 19
– Abhängigkeitsbericht **312** 23 ff., *s. auch Abhängigkeitsbericht bei verbundenen Unternehmen*
– Abwicklungsgesellschaft **270** 13 ff., **108** ff., 108
– Änderung **172** 24 ff.
– Änderung bei Fehlerfreiheit **172** 31, 38
– Aufstellung **172** 3; **286** 2
– Begriff **256** 13
– Bilanzgewinn **170** 43
– Bilanzierungsvorschriften **286** 5
– Billigung **172** 4
– Ersatz **172** 24, 45
– Feststellung **172** 5, 7 ff., 12; **256** 14
– Feststellung durch die Hauptversammlung **256** 53
– Feststellung durch die Verwaltung **58** 34 ff.
– Feststellung durch Vorstand und Aufsichtsrat **256** 43
– Folgen der Feststellung **172** 13
– Gewinn- und Verlustrechnung **286** 11
– Gewinnrücklagen **58** 17 f.
– Gewinnrücklagen durch Wertaufholungen **58** 48 ff.
– Gewinnrücklagen, andere **58** 22 ff.
– Heilung von Feststellungsfehlern **256** 73 ff.
– IFRS-Einzelabschluss **170** 9a
– Inhaltsmängel **256** 20
– Kapitalrücklagen **58** 30 ff.
– Konzern, Rücklagenbildung **58** 59 ff.
– Konzernabschluss **170** 11, *s. Konzernabschluss*
– Lagebericht **170** 9, *s. Lagebericht*

– Mitwirkung von Vorstand und Aufsichtsrat **256** 43
– Modifikation **172** 26
– Nachtragsprüfung **256** 18
– Nichtigkeit **172** 20, 45 ff.; **173** 21; **256** 12 ff.
– Nichtigkeit, Rücklagenbildung **58** 111
– Nichtigkeitsklage **256** 80 ff.
– Offenlegung **173** 24
– Pflichtverletzungen bei Prüfung **404a** 19 ff.
– Prüfung **171** 39 ff., *s. auch Abschlussprüfung*
– Prüfungsausschuss **107** 141 f.
– Prüfungsmängel **256** 26
– Publizität **172** 17
– Rücklagenbildung **58** 20 ff.
– Rücklagendotierung bei fehlendem Jahresüberschuss **58** 55
– Sonderprüfung **142** 62 ff.
– Übertragung der Feststellung auf die Hauptversammlung **172** 6
– Unterzeichnung **172** 17; **173** 23
– Verstoß gegen Bewertungsvorschriften **256** 62
– Verstoß gegen Gliederungsvorschriften **256** 56
– Vorlage an Aufsichtsrat **170** 8 ff., *s. auch Vorlage an Aufsichtsrat*
– Zuständigkeit **172** 8
Jahresabschluss, KGaA 283 19
– Bilanzierungsvorschriften **286** 5
– Gewinn- und Verlustrechnung **286** 11
– Kompetenzen **286** 2
– Konzernrechnungslegung, KGaA **286** 13
– Vergütungstransparenz **286** 12
Jahresabschluss, SE SE-VO Art. 61; SE-VO Art. 62 1 ff.; **SE-VO Art. 67** 4
Jahresbilanz 209 2
– Auslegung **209** 15
Jahresfehlbetrag 302 15
Jahresüberschuss 59 10; **301** 6
– Berechnungsgrundlage für gesetzliche Rücklagen **150** 9
– fiktiver **300** 7 f.
– Überleitung zum Bilanzgewinn **171** 44
Jahresüberschuss, Verwendung 58 13 ff., *s. auch Verwendung des Jahresüberschusses*
Jederzeitige Berichterstattung an den Aufsichtsrat 90 42
Joint-Venture
– gemeinschaftliche Herrschaft **17** 15
– mit Nicht-Unternehmen **17** 18
Junk Bonds 71a 49

Kaduzierung 55 40; **64** 7; **71** 218; **237** 6
– Aktionärsstellung des Auszuschließenden **64** 14
– Androhung **64** 22
– Ausfallhaftung des ausgeschlossenen Aktionärs **64** 49
– Behandlung kaduzierter Aktien **64** 43
– dreimalige Bekanntgabe **64** 27

2865

Sachverzeichnis

Fett gedruckte Zahlen = Paragraphen

- fehlerhafte Ausschließung **64** 53
- Gleichbehandlungsgebot **64** 21
- Insolvenz **64** 57
- kaduzierte Aktien **64** 43
- Rechtsfolgen **64** 34
- Verfahren **64** 18; **65** 67
- verspätete Einlagezahlung **64** 7
- Wirksamkeit **65** 5
- Zuordnung der Mitgliedschaft **64** 42

Kali+Salz Entscheidung 203 75; **243** 171
Kaltes Delisting SpruchG 1 18
Kapital, veränderliches 1 90 ff.
Kapital, Berechnung 16 14 f.
Kapitalabflüsse, unzulässige 93 19
Kapitalanlagegesetz
- Meldepflicht nach § 289 KAGB **Vor § 20** 9a

Kapitalaufbringung 1 88; **41** 77; **46** 3; **64** 2
- Cash-Pooling **27** 307 ff.
- reale **27** 104
- Sacheinlagen **183** 5 ff.; **194** 4 ff.
- strafrechtliche Haftung **399** 137

Kapitalbeschaffung, bedarfsabhängige 192 1
Kapitalbeteiligung des Mehrheitsgesellschafters 16 16
- eigene Anteile **16** 17
- Zurechnung fremder Anteile **16** 18

Kapitaldeckungszusage 183 73
Kapitalerhaltung 1 89; **41** 31; **57** 9; **150** 2
Kapitalerhöhung 54 45; **60** 14; **180** 10; **235** 8; **SpruchG 1** 23, s. auch *Kapitalerhöhungsbeschluss*, s. auch *Sachkapitalerhöhung*
- Ablauf **182** 4
- Anmeldung der Durchführung **188** 4
- Anmeldung des Beschlusses **184** 4
- Ausgleichspflicht außenstehend Aktionäre **300** 71, 74
- ausstehende Einlagen **182** 58
- bedingte **192** 15 ff., s. auch *Bedingte Kapitalerhöhung*
- bedingtes Kapital **218** 2 ff.
- Berechtigte **186** 9; **212** 2
- Durchführung **188** 33; **206** 15
- eigene Aktien der Gesellschaft **215** 2
- Eintragungshindernis **203** 51
- fehlerhafter Beschluss **184** 34; **202** 119
- geringster Ausgabebetrag **186** 82
- gesetzliche Rücklage bei Unternehmensvertrag **300** 4 ff.
- gleichzeitige, s. dort
- Insolvenz **182** 69 ff.; **202** 116 ff.
- Kosten **182** 82; **183** 67; **202** 128
- Krise des Unternehmens **188** 53 ff.
- Liquidation **182** 66; **202** 113
- Lock Up-Vereinbarungen **182** 6; **187** 21
- Mängel **189** 4; **211** 6
- Mantelverwendung **188** 22
- Mischformen **183** 7
- ohne Ausgabe neuer Aktien **214** 13
- Private Equity-Finanzierungen **182** 5b f.
- Privatplatzierung **185** 18
- Quorum **182** 23
- Sachkapitalerhöhung **183** 10 ff., s. auch *Sacheinlagen*
- Sachkapitalerhöhung, vereinfachte **183a** 26 ff., s. auch *Vereinfachte Kapitalerhöhung*
- Schütt-aus-hol-zurück-Verfahren **188** 77
- sonstige Fehler **202** 125
- staatliche Genehmigung **188** 30
- Staffelung **182** 5 ff.
- Stückaktie **8** 47
- Tochtergesellschaft **182** 73 ff.; **186** 50
- Tranchen **182** 5 ff., 44
- Unterbilanzhaftung **211** 5
- Verbot der Unterpariemission **9** 11
- verdeckte Sacheinlage **188** 68
- Verschmelzung **182** 64
- Versicherungsgesellschaften **182** 63
- Vorleistungen **188** 56
- Vorstandspflichten **182** 6 f., 54 f.
- Wagniskapital **182** 5b f.
- Wirksamwerden **189** 2; **203** 46; **211** 3
- Zustimmungserfordernis **180** 11, 12

Kapitalerhöhung aus Gesellschaftsmitteln 141 11; **150** 27
- Ablauf **207** 5
- Achtmonatsfrist **209** 11
- Bestätigungsvermerk **209** 8
- Euro-Umstellung **8** 73
- Feststellung **209** 8
- Grundlagen **207** 2
- Kombination mit anderen Arten von Kapitalerhöhungen **207** 6
- Kombination mit Kapitalherabsetzung **207** 6a
- Prüfung der Jahresbilanz **209** 5
- Rücklage, Verwendung **150** 27
- Teilrechte, Veräußerung **8** 61
- Verstoß gegen Meldepflichten **WpHG 33–47** 109
- Zugrundelegung letzter Jahresbilanz **209** 2

Kapitalerhöhung gegen Einlagen 182 39
- Verhältnis zum genehmigten Kapital **192** 8
- Verhältnis zur bedingten Kapitalerhöhung **192** 5

Kapitalerhöhungsbeschluss 182 8
- Ablehnung der Eintragung **184** 33; **210** 10
- Änderung **182** 32, 37
- anmeldepflichtige Personen **184** 10; **207** 19; **210** 2
- Anmeldung **184** 4; **210** 2
- Aufhebung **182** 32, 33 ff.
- Beschlussfassung **182** 11
- Beschlussmängel **184** 34; **207** 20
- Besteuerung **182** 85; **183** 58; **207** 22
- Durchführungsfehler **189** 7
- Eintragung **184** 29; **210** 13
- Erhöhungsbilanz **207** 18
- Fehlerhaftigkeit **189** 5
- Festsetzung des Betrags der Kapitalerhöhung **182** 39

Mager gedruckte Zahlen = Randnummer   **Sachverzeichnis**

– Gerichtsentscheidung über die Durchführung **188** 63
– Inhalt **182** 8; **207** 13
– Kosten **182** 82; **183** 82; **207** 33
– registergerichtliche Kontrolle **183** 56; **184** 18; **210** 7
– Überprüfung **188** 33
– Unterlagen, beizubringende **184** 6; **210** 5
– Vermögensminderung **210** 6
– Zuständigkeit **182** 11; **207** 7
Kapitalerhöhungsreserve 71 11
Kapitalerhöhungsschwindel 399 190 ff., 252 ff.
Kapitalersatzrecht 57 102 ff.
Kapitalgesellschaften 19 10
Kapitalherabsetzung 95 21; **141** 12, **SpruchG 1** 23
– Arten **222** 5
– auf Null **8** 20; **228** 3
– Auflösung der Gesellschaft **222** 45
– Ausgleichspflicht außenstehend Aktionäre **300** 73, 75
– Ausweis **240** 2
– bedingtes Kapital **224** 11
– Buchungspflichten **224** 17
– durch Einziehung von Aktien **237** 2
– Durchführung **222** 8, 38; **224** 16; **227** 3; **239** 3
– Einziehung nach Erwerb **237** 19
– EU-Kapitalrichtlinie **222** 13
– Euro-Umstellung **8** 73
– Fehler **224** 18
– genehmigtes Kapital **224** 11
– Genussrechte **224** 14
– gleichzeitige Kapitalerhöhung **235** 5
– Kaduzierung **237** 6
– Kapitalerhöhung aus Gesellschaftsmitteln **207** 6a
– Mindestnennbetrag, Unterschreitung **228** 3
– nach Auflösung **222** 45
– Realteilung **222** 3, 24
– registergerichtliche Kontrolle **239** 6
– Rückwirkung, bilanzielle **234** 3; **235** 3
– Stückaktie **8** 48
– Umfang **229** 23
– Verbindung mit anderen Kapitalmaßnahmen **222** 10
– Verbindung mit Kapitalerhöhung **227** 8
– vereinfachte **229** 4, *s. auch dort*
– Wirksamwerden **224** 1; **238** 2
– Zuammenlegung von Aktien **222** 41 f.; **224** 7 ff.
– Zwangseinziehung **237** 8
– Zweck **222** 36
Kapitalherabsetzung auf Null 8 20; **228** 3, 6
Kapitalmarktorientierte Gesellschaft 261a 3
– Abschlussprüfung, Haftung **404a** 22
Kapitalmarktorientierte Gesellschaften
– Anforderungen an Aufsichtsrat **100** 52

– Prüfungsausschuss **107** 99, 150a
– Prüfungsausschuss, Wahlvorschläge **124** 32 ff.
Kapitalmarktrecht 71 160, **71d** 22
Kapitalmehrheit 16 13; **133** 34; **179** 115; **182** 11
Kapitalrichtlinie
– Kapitalerhöhung **182** 12, 15
– Reform **183** 47; **186** 6
– Wertprüfung bei Sacheinlagen **183** 39
Kapitalrücklage 58 17; **150** 5, 12; **152** 21; **208** 5; **229** 24
– Auflösung, Reihenfolge **150** 28
– bilanzielle Darstellung **152** 21 ff.
– Einstellungen **152** 10; **240** 4; **261** 18, *s. auch Einstellungen in die Kapitalrücklage*
– Entnahmen **152** 12
Kapitalschnitt 235 1 ff.; **264** 22
Kapitalveränderungen 304 71, **SpruchG 13** 7
Kaskadengründung 27 161; **36** 21
– Unterbilanzhaftung **41** 86a
Kaufmannseigenschaft 278 47
Keinmann-AG 262 64
Kernbereichslehre 278 72
KGaA *s. Kommanditgesellschaft auf Aktien*
Klage auf Nichtigerklärung 275 4
– Amtslöschung **275** 24
– Anmeldung **275** 22
– Bekanntmachung **275** 23
– Rechtsbehelfe **275** 32
– relevante Satzungsmängel **275** 6
– Urteil **275** 21
– Verfahren **275** 13
– Voraussetzungen **275** 4, 13
Klage von Aufsichtsratsmitgliedern 90 69, 71
– Geltendmachung der Rechte des Aufsichtsrates aus eigenem Recht **90** 73
– Individualrechte **90** 71
– Prozessstandschaft für den Aufsichtsrat **90** 72
Klageabweisendes Urteil
– Prozessurteil **248** 26
– Sachurteil **248** 27
Klageart bei Beschlussmängeln von Aufsichtsratsbeschlüssen 108 76 ff.
Klageerzwingungsverfahren 400 136; **401** 38
Klagefrist 246 12
– Berechnung **246** 14
– Fristwahrung **246** 15
– Nachschieben von Gründen **246** 19
– Rechtsnatur **246** 12
– Tatsachenvortrag **246** 19
Klagemöglichkeiten im Aktienrecht 241 1 ff.
Klageverfahren, Geltendmachung von Ersatzansprüchen
– Bekanntmachung **149** 7 ff., *s. auch Bekanntmachung der Haftungsklage*

2867

Sachverzeichnis

Fett gedruckte Zahlen = Paragraphen

Klagezulassungsverfahren
- Ad-hoc-Mitteilungspflichten **148** 128
- Aktionäre, Koordination **148** 55
- Aktionärsminderheit als BGB Gesellschaft **148** 56 f.
- Anfechtungs- und Nichtigkeitsklage **148** 37
- Aufforderung gegenüber
  - Gesellschaft **148** 72 ff.
  - Gesellschaft, Erfolglosigkeit **148** 79 f.
  - Gesellschaft, Fristsetzung **148** 76
- Bekanntmachung **148** 123
- besonderer Vertreter **148** 25, 34, 138
- Bevollmächtigte, Erfolgshonorar **148** 114
- Beweislast **148** 85
- Darlegungslast **148** 85
- Enforcement-Verfahren, Verhältnis **148** 38
- Erfolgshonorar des Bevollmächtigten **148** 114
- Erledigung der Hauptsache **148** 119
- Gegenstand **148** 48
- Geltendmachung der Ersatzansprüche **148** 145 ff., *s. auch Haftungsklage*
- geringer Schaden **148** 91
- Gesellschaftswohl **148** 90 ff.
- Haftungsklage **148** 145 ff., *s. auch Haftungsklage*
- Inhaber von Wandelschuldverschreibungen **148** 50
- Insolvenz **148** 124 f.
- Kapitalanlage-Musterfahren, Verhältnis **148** 40
- Kenntnisnahmemöglichkeit **148** 70 f.
- Klage der Gesellschaft, Folgen **148** 131 ff.
- Klage der Gesellschaft, Parteiwechsel **148** 137
- Klagerücknahme **148** 144
- Klageübernahme **148** 137 ff.
- Konzern **148** 35 f.
- Kostentragung **148** 107 ff.
- Missbrauch **148** 22 ff.
- Parteien **148** 45
- Quorum **148** 53 ff.
- Schadensfall, rechtfertigender **148** 81 ff., 86 ff.
- Schiedsgericht **148** 104
- Schlüssigkeitsprüfung des Gerichts **148** 102
- Sonderprüfung, Verhältnis **148** 32 f
- squeeze out **148** 102
- Streitgenossenschaft **148** 97
- Streitwert **148** 115
- typisch stille Gesellschafter **148** 50
- Übernahme des Verfahrens **148** 137 ff.
- Unzulässigkeit bei Klageerhebung durch Gesellschaft **148** 72, 131
- Vergleich **148** 120, 143
- Verlust der Aktionärsstellung **148** 102
- Verzicht **148** 143
- Verzichtsvereinbarung **148** 121
- Vorschaltverfahren **148** 102
- Vorzugsaktionäre **148** 50
- Zeitpunkt der Aktionärseigenschaft **148** 60 ff., 102
- ZPO Verfahren **148** 46
- Zusammenschluss der Aktionäre **148** 55 ff.

Kleine Aktiengesellschaften
- Aufgliederung Gewinnrücklagen **152** 28
- verkürzte Bilanzaufstellung **152** 27 f.

Kleinstaktiengesellschaften (MicrobilG)
- Aufgliederung Gewinnrücklagen **152** 28
- vereinfachte GuV **158** 24
- verkürzte Bilanzaufstellungspflicht **152** 27
- Verzicht auf Anhang **160** 39 ff.

Klöckner
- Kapitalherabsetzung, Anpassungsklauseln **224** 14

Know-How 27 19

Kodexempfehlungen
- Auslegung **161** 17 ff.
- Rechtswirkungen **161** 16 f.

Kollegialentscheidung 93 204

Kollegialverantwortung 76 8

Kombinierte Beherrschung 17 25

Kommanditaktionäre 278 33
- Gesamtheit **278** 18
- Stellung **278** 33
- Stimmverbote **136** 27

Kommanditgesellschaft auf Aktien 42 12; **278** 14
- als Einpersonen-Gesellschaft **42** 12
- atypische, *s. atypische KGaA*
- Auflösung **289** 2 ff.
- Aufsichtsrat **287** 1 ff.
- Beirat **278** 20
- besonderer Vertreter **147** 65
- Bestellung Aufsichtsratsmitglieder durch Gericht **104** 22a
- Besteuerung **278** 8
- Börsennotierung **278** 95 ff.
- faktischer Konzern **278** 91 ff.
- Geschäftsführung **278** 53
- Gesellschaftergruppen **278** 15
- Gewinnverteilung **288** 2 ff.
- Gründung **280** 2 ff.
- Hauptversammlung, Kompetenzen **285** 6
- Kontrolle **278** 106 f.
- Mitbestimmung und Konzernrecht **278** 83; **287** 3
- Organe **278** 17
- Rechtsformwahl **278** 4
- Sonderrecht **278** 28
- stille Beteiligung an **278** 16
- Varianten der Gesellschaftsform **278** 3
- Vertretung **278** 80
- Vertretung der Gesellschaft gegenüber phG **287** 11 f.

Kompensation, Art der SpruchG 13 6
Kompetenzzuweisung 76 7
Komplementär, *s. persönlich haftender Gesellschafter*
Komplementärstellung 278 17, 48
- in einer KG **1** 24

Konkretisierungskompetenz 58 107

2868

Mager gedruckte Zahlen = Randnummer

Sachverzeichnis

Konsortialbanken
– Haftung für Ankündigungsschwindel 399 182
Kontenfähigkeit 1 15
Kontinuitätsgrundsatz 41 34; **250** 10; **SE-VO Art. 8** 23
Kontrolle 17 2
Kontrollkompetenzen 119 11
Konzern
– Abhängigkeitsbericht 170 14
– Abwicklung, Rechnungslegung 270 126 ff.
– Aktienoptionspläne 192 60 ff.
– Aufsichtsratsmandate 100 17 ff.
– Ausschlussverfahren 327a 12
– Beschlussfassung in Tochtergesellschaften 241 142
– Betriebsführungsverträge 76 72 ff.
– Bezugsrechtsausschluss 186 46
– Buchführung 91 8
– Compliance 91 70 ff.
– Doppelmandate 105 7
– Doppelmandate, Treuepflichten 116 97
– einheitliche Leitung 18 8 ff., *s. auch Einheitliche Leitung, Konzern*
– Einlagenrückgewähr 57 136; 71a 17 ff.
– Einlagenrückgewähr, Zurechnung 57 62 ff.
– Einsicht-/Prüfungsrecht des Aufsichtsrats 111 38
– Erwerb eigener Aktien 71 67 ff.
– europäisches Konzernrecht **Vor § 291** 53 ff.
– GmbH-Konzern, faktischer **Vor § 311** 21 ff.
– Haftung der Organe 147 23
– Hauptversammlungskompetenz 119 12 f.
– internationale Verbindungen **Vor § 291** 44 ff.
– Klagezulassungsverfahren 148 35 f.
– Konzernabschluss 170 11, *s. Konzernabschluss*
– Konzernbildung, Anfechtbarkeit 243 179
– Konzernbildungskontrolle 119 35
– Konzerneingangsschutz **Vor § 311** 37 ff., *s. auch Konzerneingangsschutz*
– Konzernklausel **Vor § 311** 57
– Konzernleitungskontrolle 119 35
– Konzernleitungspflicht 76 84 ff.; **Vor § 311** 7
– Konzernmitbestimmung 96 9 ff., 20
– Konzernverrechnungspreise 311 47
– Leitungsmacht, Verantwortlichkeit 309 16 ff.
– Matrixstrukturen 76 98a
– Personalverflechtungen 311 26
– qualifiziert faktischer **Vor § 311** 25 ff.
– Risikofrüherkennung 91 41
– Rücklagenbildung 58 59 ff.
– Sonderprüfung 142 22, 27, 69; 145 20, 35
– Squeeze-out 327a 12
– Treuepflicht 53a 59 ff.
– Überwachung Compliance-Maßnahmen 111 21
– Umlagen 311 45 ff.
– verdeckte Gewinnausschüttung 311 32 f.
– Vergütung Doppelmandatsträger 113 64
– Verschwiegenheitspflicht 116 121 ff.

– Verträge mit Organen, Zurechnung 114 7 ff.
– Vertretungsbefugnis des Vorstands 82 21 ff.
– Wissenszurechnung 78 56a ff.
Konzern und Konzernunternehmen Vor § 15 1; **18** 2; **52** 50
– einheitliche Leitung 18 8
– Frauenquote 76 145
– Gleichordnungskonzern 18 29
– Konzernformen 18 2
– mehrfache Konzernzugehörigkeit 18 18
– qualifizierter faktischer Konzern **Vor § 15** 12
– Unterordnungskonzern 18 24
– vertretungsrechtlicher Verkehrsschutz 82 21
Konzern und Überwachung durch Aufsichtsrat 111 21, 81 ff.
Konzernabschluss 170 11; **171** 55; **256** 4
– Billigung durch Hauptversammlung 173 25
– Prüfungsberichte 170 13
Konzernangehörige Unternehmen 96 9 ff.
Konzernbildungskontrolle Vor § 15 23; 119 35
Konzern-Cash-Pool 36 21; **188** 75
Konzern-Controlling 76 95
Konzerndoppelmandate 76 105 ff.; **114** 8; 116 97
Konzerneingangsschutz Vor § 311 37
Konzernermöglichung Vor § 15 29
Konzernexterne Betriebsführungsverträge 76 72
Konzernformen 18 2
Konzerngefahr Vor § 15 27
Konzernierungsmaßnahmen 278 67
Konzerninterne Betriebsführungsverträge 76 74
Konzernisierung IntGesR 44
Konzernklauseln 179 66, 68
Konzernlagebericht 170 11; **171** 47
– Prüfung 171 59
– Prüfungsberichte 170 13
Konzernleitungskontrolle 119 35
Konzernleitungspflicht 76 84
Konzernleitungsverbot 15 52
Konzernmitbestimmung 96 9 ff., 20
Konzernorganisationsrecht Vor § 15 29
Konzernprivileg 291 71 ff.
Konzernrechnungslegung im Rahmen der Abwicklung 270 126
– Abhängigkeitsbericht 270 134
– Mutterunternehmen 270 126
– Tochterunternehmen 270 132
Konzernrechnungslegung, KGaA Vor § 15 17; **286** 13
– beherrschender Einfluss nach § 290 HGB 17 6
Konzernrecht Vor § 15 1
– Historie **Vor § 15** 25
– KGaA 278 89
– Systematik **Vor § 15** 7
– Teleologie **Vor § 15** 26
Konzernrisikomanagement 76 97

2869

Sachverzeichnis

Fett gedruckte Zahlen = Paragraphen

Konzernverschmelzung, vereinfachte SE-VO Art. 31 1
Konzernzurechnung 114 7 ff.
Kopplung von Aktien mit Optionsrechten 192 32
Körperschaftliche Elemente der Aktiengesellschaft 1 9
Korporatives Agio 182 49, 60; 183 58; 185 18
– Prüfung 183 38
– Staffelung von Finanzierungsbeiträgen 182 5c
Korrektur der festgestellten Unterbewertung 261 3
– Abgang von Vermögensgegenständen 261 11
– Abweichung aufgrund veränderter Verhältnisse 261 5
– Grundsatz 261 3
– Kleine Kapitalgesellschaften 261 10
– Vermerk in der Bilanz 261 11
Kosten (Gerichtskosten Spruchverfahren)
– Auslagen SpruchG 15 18
– Gebührenhöhe SpruchG 15 13, 28
– Gerichtskosten SpruchG 15 4
– Geschäftswert SpruchG 15 5
– Kostenschuldner SpruchG 15 19
– Mindestwert SpruchG 15 7
– Rücknahme SpruchG 15 8
– Verfahrensverbindung SpruchG 15 6
– Vergleich SpruchG 15 8
Kosten, Kapitalerhöhung 182 82; 183 67
Kraftloserklärung von Aktien 72 2; 226 11
– Fehler 226 24
– formelle Voraussetzungen 226 13
– Globalurkunde 73 3
– Rechtsfolgen 226 16
– sachliche Voraussetzungen 226 12
– Verfahren der Zusammenlegung 226 4
– Verwertung 226 19
– Zwischenscheine 72 2; 73 25
Kraftloserklärung von Aktien durch die Gesellschaft 72 15; 73 19
– abweichende Regelungen 73 30
– Änderung des Nennbetrages 73 8
– Ausgabe und Aushändigung neuer Urkunden 73 24
– Hinterlegung 73 27
– Kosten 73 29
– Namensaktien 73 10
– Unrichtigkeit der Urkunde 73 6
– Verfahren 73 11
– Voraussetzungen 73 3
– Zusammenlegung von Aktien 73 9
Kredite, *s. auch Kreditgewährung an Aufsichtsratsmitglieder, Kreditgewährung an Vorstandsmitglieder*
– an Gesellschaften bei personeller Verflechtung 89 20 ff.
– an leitende Angestellte 89 17
– an Prokuristen 89 17

Kreditgewährung an Aufsichtsratsmitglieder
– Einwilligung des Aufsichtsrates 115 13
– Kreditbegriff 115 7
– Personenkreis 115 9
– Publizität 115 15
– Rechtsfolgen 115 14
Kreditgewährung an Vorstandsmitglieder 89 6
– Bilanzausweis 89 30 f.
– Corporate Governance Kodex 89 6 ff.
– Freigrenze 89 8 f.
– Kleinkredite 89 8 f.
– Kreis der Kreditnehmer 89 15
– Verfahren 89 11
– Verstöße 89 23
– zinsloses Darlehen 89 27
– Zuständigkeit 89 11
Kreditgewährung der KGaA 283 13
Kreditinstitute 125 14a; 131 51; 135; 182 5; 186 67; 258 48 ff.
– Ausschüsse, CRD IV Richtlinie 107 153 ff.
Kreditinstituten gleichgestellte Unternehmen 129 35
Kreditsperre, KGaA 287 8
Kreis der wahlberechtigten Arbeitnehmer für den Aufsichtsrat 97 17
Kündigung des Anstellungsvertrages 84 145 ff.
– Beendigungstatbestände, sonstige 84 170
– Kündigungserklärung 84 149
– Rechtsschutz des Vorstandsmitglieds 84 168
– Verfahren 84 148
– Voraussetzungen 84 150
– Zuständigkeit 84 146
Kündigung des Unternehmensvertrages
– außerordentliche 297 5
– Auswirkung auf laufendes Spruchverfahren SpruchG 3 27
– Beendigung aus sonstigen Gründen 297 31
– befristete außerordentliche 297 18
– ordentliche 297 20
– Schriftform 297 29
Kündigung des Vorstandes 84 145
Künftige Beteiligung 17 36
Künftige Mitgliedschaften 219 4
Kursgarantie 57 44
Kurspflegekosten 71a 41

Lagebericht
– Erklärung zur Unternehmensführung 161 23 f.
– Pflicht zur Erstellung 170 9
– Prüfung 171 47 ff.
Law-as-limit-Theorie 93 37
Law-as-price-Theorie 93 37
Lederspray-Entscheidung 93 204
Legal Judgement Rule 93 9c, 35
legal judgement rule 147 126
Legalitätspflicht 93 14, 23

Mager gedruckte Zahlen = Randnummer **Sachverzeichnis**

Legitimationsaktionär WpHG 33–47 26a
- Anmeldung zur Hauptversammlung **123** 10
- Gegenanträge **126** 6
- Stimmverbote **136** 23
- Übermittlung von Mitteilungen an **128** 11

Legitimationsnachweis des Aktionärs **402** 21 ff.

Legitimationsübertragung, Namensaktien 69 11
- Stimmrechtsausübung **134** 46

Lehre von fehlerhaften Organ 252 6
Leica-Entscheidung 121 35
Leistung der Einlagen
- Bareinlagen, Fälligkeit **36a** 3
- Erklärungen und Nachweise **37** 2
- gemischte Einlagen **36a** 15
- ohne Vorbehalt **54** 73
- Sacheinlagen, Erbringung **36a** 8

Leistung von Vermögenseinlagen, KGaA 281 7

Leistungsklage wegen Ansprüchen der Aktiengesellschaft Vor 241 29
- Individualrecht, kein **Vor 241** 29
- Minderheitenrecht **Vor 241** 30

Leistungssorgfalt, Doppelfunktion 93 10
Leistungsstörungen
- bei Sacheinlagen und Sachübernahmen **27** 82
- Nebenpflichten **55** 37
- Sacheinlagevereinbarung **27** 83
- Sachübernahmevereinbarung **27** 98
- Vollzugsgeschäft **27** 101

Leistungsunfähigkeit der Gründer 46 18
Leitung der Gesellschaft
- aktienrechtliche Zielvorgaben **76** 21
- arbeitsteiliges Zusammenwirken **76** 61
- durch den Vorstand **76** 4
- Eigenverantwortlichkeit der Leitungsausübung **76** 56
- Fremdeinfluss **76** 68
- Geschäftsführung **76** 12
- Leitungsaufgaben **76** 15
- Leitungspflichten der Vorstandsmitglieder einer abhängigen Aktiengesellschaft **76** 102
- Leitungspflichten der Vorstandsmitglieder einer herrschenden Aktiengesellschaft **76** 91
- Matrixstrukturen **76** 98a
- Reichweite und Grenzen der Konzernleitungspflicht **76** 84
- Unternehmensinteresse **76** 24
- Unternehmensverbund **76** 83 ff.
- Vorstandsdoppelmandate **76** 105 ff.

Leitung der Hauptversammlung
  Anh. 119 1 ff., *s. auch Leitung der Hauptversammlung*
- Abstimmungsreihenfolge **133** 16, 17
- Abwahl des gerichtlich bestellten Versammlungsleiters **Anh. 119** 4f
- Abwahl des Versammlungsleiters **Anh. 119** 4a ff.
- Aufgaben und Befugnisse des Versammlungsleiters **Anh. 119** 5; **129** 21
- Feststellungen über Beschlussfassung **130** 52
- Haftung des Versammlungsleiters **Anh. 119** 16
- Leitfaden **Anh. 119** 5
- mehrere Wahlvorschläge **133** 55a
- Minderheitsverlangen **120** 19
- Ordnungsmaßnahmen **Anh. 119** 15
- SE **Anh. 119** 3a
- Überwachung Teilnehmerverzeichnis **129** 21
- Verammlungsleiter, Aufgaben und Befugnisse **Anh. 119** 5
- Versammlungsleiter **Anh. 119** 2 ff.
- Versammlungsleiter, Abberufung **Anh. 119** 4a ff.
- Versammlungsleiter, gerichtlich bestellter **Anh. 119** 4f

Leitungsermessen 76 59
Leitungsmacht der Hauptgesellschaft
- Folgepflicht **323** 6
- Haftung **323** 8
- Verantwortlichkeit **323** 8
- Weisungsrecht **323** 2

Leitungsmacht im Beherrschungsvertrag, *s. auch Weisungen*
- alternative Investmentfonds **308** 28b
- Befolgungs- und Kontrollpflicht des Vorstandes **308** 34
- Grenzen **308** 28
- öffentliche Hand als herrschendes Unternehmen **308** 28a
- Weisungsrecht **308** 5
- Weisungsrecht bei zustimmungspflichtigen Geschäften **308** 37

Leitungsorgan, Zusammensetzung 76 111 ff.
Lender of last resort 93 132
Leveraged Buy-Out 71a 3
Limited IntGesR 16a
Line-of-business-Test 93 139
Linotype-Entscheidung des BGH 53a 37
Liquidation 66 49; **141** 9; **IntGesR** 43
- genehmigtes Kapital **202** 113 ff.
- Kapitalerhöhung **182** 66 ff.
- Nachtragsliquidation *s. dort*
- Satzungsänderung **179** 24
- Übertragung des ganzen Gesellschaftsvermögens **179a** 11
- vereinfachte Kapitalherabsetzung **229** 31

Liquidationsbeteiligung 271 2
- Beteiligung am Liquidationserlös **271** 2
- Einschränkungen, satzungsmäßige **271** 4

Liquidationsermessen 268 10
Liquidationskontrolle 262 93
Liquidationsverfahren 182 66 ff.
Liquidationsvorzug 141 35
Listenwahl 101 35
Lizenzverträge
- als Gewinnbeteiligung **292** 32

2871

Sachverzeichnis

Fett gedruckte Zahlen = Paragraphen

Lock Up-Vereinbarungen 182 6; **187** 21
Long-term-incentives 113 39
Löschung 273 7
– Eintrag **273** 9
– fehlerhafte Löschung **67** 102
– unzulässiger Eintragung **67** 88; **275** 28
– Verfahren **273** 7
– Vorraussetzungen **262** 97; **273** 7
– wegen Vermögenslosigkeit **262** 94; **275** 31
– Wirkungen **262** 103; **273** 10
Löschung und Neueintragung bei Übertragung der Namensaktie 67 59
Löschung zu Unrecht erfolgter Eintragungen 67 88
– Berichtigung, Abgrenzung **67** 92
– Erzwingbarkeit des Löschungsverfahrens **67** 107
– fehlerhafte Löschung **67** 103
– Verfahren **67** 94
– Voraussetzungen **67** 89
– Wirkungen **67** 101
Löschungsverfahren 241 221 ff.
– Amtslöschungsverfahren **242** 24
– anfechtbare Beschlüsse **241** 238
– Anmeldeverfahren, Mängel **241** 234 f.
– Beschlussmängel **241** 231 f.
– Beurkundungsmängel **241** 231
– Eintragungsverfahren, Mängel **241** 236
– Ermessen des Gerichts **241** 243 f.
– Freigabeverfahren **241** 252
– Gegenstand **241** 228
– Güterabwägung **241** 241
– Nichtbeschlüsse **241** 232
– Scheinbeschlüsse **241** 232
– Verfahrensfehler **241** 231
Lücke der SE-VO SE-VO Art. 9 9

Macrotron 111 57; **119** 39
Maklerfälle 1 71
Management Buyout 71a 3, 58
Management-Informationssysteme 90 22
Mandatory Convertible 221 150
Mangusta/Commerzbank II 203 110; Vor **241** 5, 24
Mannesmann-Verfahren 87 47 ff.
Mantelgesellschaft 23 42; **41** 74; **184** 9; **188** 22, 61; **399** 94
– Grundsatz der Kapitalaufbringung **54** 20 ff.
Mantelgründung
– Anwendung Grundsätze für GmbH **23** 42 ff., s. auch Vorratsgründung
Mantelverwertung 23 45; **399** 96
Marktmanipulation 71 181 ff.
Marktüblichkeit 87 15
Marktwert von Wandel- und Optionsanleihen 221 102
Masselosigkeit 262 43
Maßgebliche Beteiligung an anderem Unternehmen 15 25, 27, 29

Materielle Beschlusskontrolle 243 169 ff.
– beim Bezugsrechtsausschluss **186** 40
– Bezugsrechtsausschluss **243** 171
– Delisting **243** 181
– Höchststimmrechte, Einführung **243** 177
– Kapitalherabsetzung **243** 178
– Konzernbildung **243** 179
Materiell-rechtliche Grenzen 26 4
Matrixorganisation der Geschäftsleitung 76 98a; **77** 39
Mehrdividende 141 36
Mehrfache Beherrschung 17 14
Mehrfache Kaduzierung 64 12
Mehrfache Konzernzugehörigkeit 18 18
– Ausnahmen **18** 19
– Gemeinschaftsunternehmen **18** 20
– Mitbestimmungsrecht **18** 19
– übergeordnete Gemeinschaftsunternehmen **18** 22
– untergeordnete Gemeinschaftsunternehmen **18** 21
– Unterleitung **18** 23
Mehrfachnotierung 10 11
Mehrfachsitz 5 7
Mehrfachurkunden 13 25
Mehrheitsbesitz an Unternehmen 16 10; **20** 18
– ausländische Kapitalgesellschaft **16** 38
– dualer Begriff der Mehrheitsbeteiligung **16** 10
– einzelkaufmännisches Unternehmen **16** 40
– GmbH **16** 38
– maßgeblicher Zeitpunkt **16** 12
– Personengesellschaft **16** 39
– rechtformspezifische Besonderheiten **16** 37
Mehrheitseingliederung 320 4 ff.
– Abfindung ausgeschiedene Aktionäre **320b** 2 ff.
– Auskunftsrechte **320** 18
– Beendigung **322** 18; **327** 2 ff., s. auch Beendigung der Eingliederung
– Bekanntmachung der Tagesordnung **320** 11
– Beschlusserfordernisse **320** 8
– Beteiligung am Grundkapital **320** 5
– börsennotierte Gesellschaft **320a** 4; **320b** 7
– erweitertes Auskunftsrecht **320** 18
– fehlerhafte Eingliederung **320** 19
– Informationspflichten **320** 16
– Nachhaftung **327** 9
– Prüfung **320** 13 ff.
– Prüfungsbericht **320** 15
– Sicherheitsleistung **321** 2 ff.
– Wirkungen **320a** 2 ff.
Mehrheitserfordernis der Vorzugsaktionäre 141 55
Mehrheitserfordernisse auf der Hauptversammlung 133 29; **179** 114 ff.
– Ausnahmen **179** 118
– einfache Stimmenmehrheit **133** 29; **179** 115
– gesetzliche **179** 114 ff.

Mager gedruckte Zahlen = Randnummer

– Kapitalmehrheit **179** 115
– Satzung **179** 119
Mehrheitserfordernisse im Aufsichtsrat
 108 22
Mehrheitsprinzip 1 9
Mehrheitsprinzip des Vorstandes 77 12
Mehrheitswahlrecht 101 43
Mehrmütterherrschaft 291 31
– Abfindung in Aktien **305** 36
– herrschender Einfluss **17** 14
Mehrmütterorganschaft 291 43
Mehrpersonengesellschaft, späteres Wiedererstehen aus Einpersonen-Gesellschaft 42 5
Mehrstaatlichkeit SE-VO Art. 3 1
Mehrstimmrechte 12 16 ff., **SpruchG 1** 15
– Ausgleich bei Beseitigungsbeschluss **12** 27 ff.
– Begriff **12** 16
– Erlöschen **12** 22
– Fortbestand alter **12** 22
– Überprüfung Ausgleich bei Abschaffung **SpruchG 1** 15
– Verbot neuer **12** 18
– Zulässigkeit **12** 16
Mehrstimmrechtsaktien 152 7; **216** 10
– Bilanzausweis **152** 7 ff.
Mehrstufige Abhängigkeitsverhältnisse 17 56
Mehrstufige mittelbare Stellvertretung 56 57
Mehrstufige Unternehmensverbindungen 293 40
Mehrzuteilungs-Option 204 21; **221** 52
Meinungsäußerungen 399 51, *s. auch Strafrechtliche Organ- und Vertreterhaftung*
Meinungsbildung in der Hauptversammlung oder gesonderter Versammlung 405 37
Meinungsverschiedenheiten zwischen Gründern und Gründungsprüfern 35 6
Meldepflichten nach KAGB Vor § 20 9a
Meldeschwellenberührung WpHG 33–47 22 ff., 68, 76e
– Art **WpHG 33–47** 27 ff.
– Berechnung Stimmrechtsanteil **WpHG 33–47** 24 f.
– Finanzinstrumente **WpHG 33–47** 74 ff.
– Formwechsel **WpHG 33–47** 29
– Sitzverlegung **WpHG 33–47** 29
– Umfirmierung **WpHG 33–47** 29
Meldeschwellenunterschreitung WpHG 33–47 23, 96
Merger-SE Vor Art 1 SE-VO 19
MEZ-Urteil 293 33
MicroBilG 152 27
Minderheitenrechte 67 44; **140** 8; **Vor 241** 30; **278** 34
Minderheitenschutz SE-VO Art. 24 9; **SE-VO Art. 34** 3; **SE-VO Art. 37** 20
– konzernrechtlicher **182** 77

– Verbesserung des Umtauschverhältnisses **SE-VO Art. 24** 11
Minderheitsaktionäre
– Abfindung Sitzverlegung SE **SE-VO Art. 8** 24
– Ausschluss, *s. Squeeze Out, s. Hauptversammlung, Ausschluss von Minderheitsaktionären*
– Bilanzgewinnverwendung **150** 18; **254** 7 ff.
Minderheitsbeteiligung 17 25; **202** 9
– 30%-Beteiligung an börsennotierter Gesellschaft **17** 29
– 50%-Beteiligung **17** 28
– beständige faktische Verflechtungen mit Dritten **17** 32
– faktische Hauptversammlungsmehrheit **17** 30
– personelle Verflechtungen **17** 31
– Sperrminorität **17** 27
– verlässliche Umstände rechtlicher Art **17** 26
– verlässliche Umstände tatsächlicher Art **17** 30
– wirtschaftliche Abhängigkeit **17** 35
Minderheitsverlangen 120 18; **126** 9a; **130** 6; **138** 22; **140** 9
– Beschlussmängelklage **241** 43 f.
– Ermächtigungsbeschluss, Nichtigkeit **241** 117 ff.
– Rechtsmissbrauch bei Einberufungsverlangen **122** 23 f.
– Tagesordnungspunkte **126** 9a
Mindestbeträge 9 9
Mindestgewinnzuweisung 300 14
Mindesthaftkapital 1 83 ff.
Mindestnennbetrag 7 2
Mindestwert SpruchG 15 7
Mischbezugsrecht 140 13
Mischeinlage 27 40, 66; **183** 8
– Zeichnungsschein **185** 26
Missachtung der Teilnahmepflicht des Abschlussprüfers 176 28
Missbrauch der Antragsberechtigung SpruchG 3 21
Missbrauch der Vertretungsmacht 82 12
Missbrauch des Anfechtungsrechte 245 54 ff.
Missbrauchstheorie 1 43
Mitarbeiterbeteiligungsprogramm 71 58 ff.
Mitbestimmte Gesellschaften 76 142; **78** 18; **94** 5; **107** 97; **108** 32
– Wahlvorschläge Aufsichtsrat **124** 34 f.
Mitbestimmung, KGaA 278 6, 83
Mitbestimmungsergänzungsgesetz 96 15
Mitbestimmungsfreie Gesellschaften 96 5
Mitbestimmungsgesetz
– Verstoß **241** 200 f.
Mitbestimmungsrecht 15 50
– Beherrschung **17** 54
– Teilkonzern **18** 19 f.
Mitgeteilte Beteiligungen 160 35 ff.
Mitgliederzahl, Ausschüsse 107 98
Mitgliedschaft 41 64
– in einer Genossenschaft **1** 23

2873

Sachverzeichnis

Fett gedruckte Zahlen = Paragraphen

- Rechte **54** 10; **58** 91; **60** 30
- unverkörperte Rechte **65** 10, 45

Mitteilung der gerichtlichen Entscheidung 398 3

Mitteilungen an die Bundesanstalt für Finanzdienstleistungsaufsicht
- kapitalmarktorientierte Gesellschaft **261a** 3
- Mitteilungen, elektronische **125** 24 f.
- Pflicht des Gerichts **261a** 2
- Voraussetzungen **261a** 3

Mitteilungspflicht aus aktienrechtlicher Treuepflicht Vor § 20 11

Mitteilungspflichten
- acting in concert **20** 10
- Entsprechenserklärung, kursrelevante **161** 22a
- formwechselnde Umwandlung in AG oder KGaA **20** 9
- Gründungsaktionäre **20** 2
- Hauptversammlung **125** 33
- internationaler Geltungsbereich **Vor § 20** 17 ff.
- Mitteilung in Verbindung mit anderen Erklärungen **20** 22
- Schutzgesetz iSv § 823 Abs. 2 BGB **Vor § 20** 25; **20** 59
- Verhältnis zu Publizitätspflichten **Vor § 20** 12
- Verschulden bei Mitteilungspflichtverletzung **20** 37
- Zurechnung durch acting in concert **20** 10
- Zurechnung von Aktien **20** 10
- Zurechnung von Call-Optionen **20** 11

Mitteilungspflichten der Gesellschaft 149 5; **398** 3
- Bekanntmachungspflicht, Entstehen **20** 28
- eigene Aktien **71** 165
- Erreichen der quotale Beteiligung von 25 % **20** 6
- Finanzmarktförderungsgesetz **Vor § 20** 2
- Finanzmarktnovellierungsgesetz **Vor § 20** 4
- Inhalt **42** 7
- Modalitäten **21** 7
- praktische Relevanz **Vor § 20** 9
- Rechtsfolgen **21** 10
- Rechtsnatur **Vor § 20** 21
- Unterlassungspflicht **Vor § 20** 24
- Unternehmensübernahmen **Vor § 20** 3
- Voraussetzungen **42** 3 ff.
- Wissenserklärung **Vor § 20** 28
- Zweck **Vor § 20** 5

Mitteilungspflichten des Meldepflichtigen (WpHG)
- „Abmeldung" durch Meldepflichtigen **WpHG 33–47** 23
- Acting in concert **WpHG 33–47** 52 ff.
- Ausnahmen **WpHG 33–47** 74a f.
- Befreiung von Inlandsemittenten mit Sitz im Drittstaat **WpHG 33–47** 119
- Bestandsmitteilungspflicht **WpHG 33–47** 66c
- Beweislast **WpHG 33–47** 118
- client-serving transactions **WpHG 33–47** 60
- collars **WpHG 33–47** 71e
- contracts for difference **WpHG 33–47** 71e
- Dritte, Beauftragung **WpHG 33–47** 65
- eigene Aktien **WpHG 33–47** 30
- Einflussnahmeverbot **WpHG 33–47** 60
- elektronische Form **WpHG 33–47** 32
- Emittentenleitfaden **WpHG 33–47** 18, 119
- erstmalige Börsenzulassung der Aktien des Emittenten **WpHG 33–47** 34
- Erwerbsmöglichkeiten **WpHG 33–47** 71b ff.
- Erwerbsrechte **WpHG 33–47** 70 ff.
- fehlerhafte Mitteilung **WpHG 33–47** 33b
- Finanzinstrumente **WpHG 33–47** 66, 69 ff.
- Fortbestehen des Dividendenrechts und Liquidationserlöses **WpHG 33–47** 114
- Frist, Form und Inhalt der Mitteilung **WpHG 33–47** 30, 36, 75, 76g, 98, 99
- Futures/Forwards **WpHG 33–47** 71e
- Greenshoe-Optionen **WpHG 33–47** 71f
- Handelstage **WpHG 33–47** 121
- Intraday-Ausnahme **WpHG 33–47** 23
- Mehrmütterherrschaft **WpHG 33–47** 42
- Meldeschwellenberührung **WpHG 33–47** 27, 68
- Meldeschwellenunterschreitung **WpHG 33–47** 23, 96
- mittelbares Halten **WpHG 33–47** 72
- Mutterunternehmen oder Beauftragte **WpHG 33–47** 64 f.
- Nachholung fehlerhafter Mitteilung **WpHG 33–47** 33b
- Nachholung unterlassener Mitteilung **WpHG 33–47** 33b
- Nachweis mitgeteilter Beteiligungen **WpHG 33–47** 85
- Nichtberücksichtigung von Stimmrechten **WpHG 33–47** 59 ff.
- offene Investmentvermögen **WpHG 33–47** 26
- Optionen **WpHG 33–47** 71e
- Pfandrechte **WpHG 33–47** 71i
- Rechtsnatur **WpHG 33–47** 16
- Rechtsverlust **WpHG 33–47** 102 ff.
- Richtlinien der BaFin **WpHG 33–47** 119
- sicherheitsverwahrte Stimmrechte **WpHG 24 Anh** 51b
- sonstige Finanzinstrumente **WpHG 33–47** 69
- Spezial-AIF **WpHG 33–47** 26
- Stimmrechte, horizontale Aggregation **WpHG 33–47** 60
- Stimmrechte, vertikale Aggregation **WpHG 33–47** 60
- Stimmrechtsvertretung durch Kreditinstitute **WpHG 33–47** 51
- Swaps **WpHG 33–47** 71e
- Treuhandverhältnisse **WpHG 33–47** 71i
- Übertragene Stimmrechte **WpHG 23 Anh** 51a

Mager gedruckte Zahlen = Randnummer

Sachverzeichnis

– Veränderung des Stimmrechtsanteils **WpHG 33–47** 19
– verlängerter Rechtsverlust **WpHG 33–47** 115
– Verletzung, Rechtsfolgen **WpHG 33–47** 33a, 76, 76h, 100
– Veröffentlichung bei Erwerb eigener Atkien **WpHG 33–47** 83
– Veröffentlichung erhaltener Mitteilungen **WpHG 33–47** 78
– Veröffentlichungspflichten des Emittenten **WpHG 33–47** 77
– Vorkaufsrechte **WpHG 33–47** 71e
– Wandelanleihen **WpHG 33–47** 71e
– weitere Finanzinstrumente, Berechnung Stimmrechtsanteil **WpHG 33–47** 76d
– wesentliche Beteiligungen **WpHG 33–47** 91
– Zertifikate **WpHG 33–47** 71e
– Zugriffsmöglichkeit auf Aktien **WpHG 33–47** 71c f.
– Zurechnung von Stimmrechten **WpHG 33–47** 37
– Zurechnung, Kettenzurechnung **WpHG 33–47** 45
– Zurechnung, Tochterunternehmen **WpHG 33–47** 41 ff.
– Zurechnungstatbestände **WpHG 33–47** 40 ff.
Mitteilungspflichten des Privataktionärs 15 48
Mitteilungspflichten nach der Hauptversammlung 125 33
Mitteilungspflichten vor der Hauptversammlung 125 6
Mitteilungspflichtige Vorgänge 20 1; **WpHG 33–47** 22, 35, 76c
– Angabe im Bilanzanhang 160 35 ff.
– Berechnungsweise 20 7
– erweiterte Zurechnung 20 11
– Intraday-Ausnahme **WpHG 33–47** 23
– Mehrheitsbeteiligung 20 18
– Sachbeteiligung ohne Zurechnung 20 16
– Schachtelbeteiligung 20 6
– Verstöße 20 34
– Wegfall mitteilungspflichtiger Beteiligung 20 20
– wesentliche Beteiligungen, Ausbau **WpHG 33–47** 95
Mitteilungspflichtverletzungen 20 34
Mittel zur Widerlegung der Abhängigkeitsvermutung 17 51
Mittelbare Beeinträchtigung des Vorzugs 141 9
– Ausgabe konkurrierender Vorzugsaktien 141 10
– Ermächtigung zum Erwerb eigener Aktien 141 9
– Gewinnabführungsverträge 141 9
– Gründung und Sitzverlegung einer Europäischen Aktiengesellschaft 141 9

– Kapitalerhöhung aus Gesellschaftsmitteln 141 11
– Kapitalherabsetzung 141 12
– Liquidationsbeschlüsse 141 9
– Satzungsänderung, betriebliche Gewinnverwendung oder -ermittlung 141 9
– Squeeze Out 141 9
– Umwandlung von Vorzugsaktien in Stammaktien 141 16
– umwandlungsrechtliche Maßnahmen 141 9
– Zusammenlegung von Aktien 141 14
Mittelbare Beherrschung 17 14
Mittelbarer Eigenerwerb, Verbot 19 6
Mittelbares Bezugsrecht 27 165; 186 67; 187 7; 221 45
Mittelgroße Gesellschaften
– Erleichterungen Aufstellung Jahresabschluss 152 30
Mitwirkung eines fehlerhaft bestellten Aufsichtsratsmitglieds 112 44
Mitwirkungsverbote bei der Protokollierung der Hauptversammlung 130 19
MMVO 116 101
MobilCom-Entscheidung 192 62
Modalitäten der Bekanntmachung 20 31
Modell von Black und Scholes 221 102
Möglichkeit der Beherrschung 17 8
MoMiG 188 4, 48
Montan-Mitbestimmungsgesetz 96 12
Moto-Meter-Entscheidung 179a 45; 262 35
Mündliche Verhandlung SpruchG 12 16
– Ablauf **SpruchG** 8 23 ff.
– Amtsermittlung **SpruchG** 8 3
– anderweitige Verfahrensbeendigung **SpruchG** 12 19
– Beweiswürdigung **SpruchG** 8 4
– Entscheidung **SpruchG** 12 17
– Erklärungspflicht der Beteiligten **SpruchG** 8 3
– nachfolgende Strukturmaßnahme **SpruchG** 3 30 f.
– nicht öffentliche **SpruchG** 8 23
– Notwendigkeit **SpruchG** 8 22
– Protokollierung **SpruchG** 8 24
– Säumnis **SpruchG** 8 23
– Schätzung **SpruchG** 8 4
– Verfahrensgestaltung **SpruchG** 8 5
– Verfahrensgrundsätze **SpruchG** 8 3
– Vorbereitung, *s. dort*
Mutterunternehmen in Abwicklung 270 126

Nachfristsetzung durch den Vorstand 171 85
Nachgesellschaft 262 90 ff.
Nachgründung 27 114; 52 10; 206 21; 399 169 ff.
– Ausnahmen 52 16
– Bericht 399 169, 174 ff.
– Ersatzansprüche bei der Nachgründung 53 1

Sachverzeichnis

Fett gedruckte Zahlen = Paragraphen

- genehmigte Sachkapitalerhöhung **205** 33
- Gründer **52** 26
- KGaA **280** 14
- Konzernkonstellation **52** 50
- laufende Geschäfte **52** 17
- Optionsverträge **52** 12
- Parteien **52** 24
- Sachkapitalerhöhung **52** 48; **183** 68 f.
- Umwandlungsfälle **52** 46
- Unternehmensverträge **52** 14
- unwirksame Sachgründung **52** 54
- verdeckte Sacheinlage **52** 54; **57** 53
- Verfahren **52** 61
- Vergütung **52** 39
- Vertragsgegenstand **52** 31
- Vorverträge **52** 12
- wirtschaftliche Neugründung **41** 86; **52** 45
- zeitliche Grenze **52** 34
- Zwangsvollstreckung **52** 21

Nachgründungsbericht 399 169, 174 ff.
Nachgründungsverfahren 52 61
- Prüfung **52** 62
- Registereintragung **52** 75
- Verfahrensfehler **52** 93
- Zustimmung der Hauptversammlung **52** 67

Nachlasspflege 1 19
Nachlassverwaltung 1 19
Nachmeldung, Pflicht zur 399 56
Nachrangabrede 194 11a, 12; **221** 36
Nachteil des beherrschten Unternehmens 311 27
- Begriff **311** 27
- Maßstäbe der Feststellung **311** 30
- nicht bezifferbare Nachteile **311** 40
- Steuerumlagen **311** 46
- Stichtag **311** 29
- Umlagen der Leistungen der Konzernleitung **311** 45

Nachteile und Hindernisse der Gründung einer SE SE-VO Vor Art. 1 20
Nachteilsausgleich bei Einflussnahme des beherrschenden Unternehmens 311 48
- Besicherung von Verbindlichkeiten **311** 44
- Einordnung in das Regelungsgefüge des Aktienrechts **311** 62
- Erfüllungsmodalitäten **311** 54
- Grenzen **311** 52
- Inhalt des Anspruchs **311** 50
- kein durchsetzbarer Anspruch **311** 49
- Leistungsstörungen **311** 61

Nachteilsfolgen 179 190
Nachteilszufügung 131 38
Nachträgliche Anerkennungsprämien 87 47
Nachträgliche Herabsetzung der Bezüge 87 78
Nachträgliches Wettbewerbsverbot 88 42
Nachtragsabwickler 273 22 ff.
- Haftung **273** 23

Nachtragsliquidation 264 28; **273** 20; **290** 12
- Abwickler **273** 22
- Abwicklung **273** 26
- Abwicklungsverfahren **264** 32
- Bedeutung **273** 20
- Bestellung **273** 25
- KGaA **290** 12
- Prozessrecht **273** 30
- Voraussetzungen **264** 29; **273** 21

Nachtragsprüfung 173 16
- Bestätigungsvermerk **173** 18
- Pflicht **173** 16

Nachweis der Vertretungsmacht (Aufsichtsrat) 112 47
Nachweis mitgeteilter Beteiligung
- Form **22** 5
- gerichtliche Zuständigkeit **22** 6
- Inhalt **22** 4

Nachweis über Nichtbeginn der Vermögensverteilung 399 221
Nachweispflicht WpHG 33–47 85
Nachwirkende Verschwiegenheitspflicht
- Aufsichtsratsmitglieder **116** 108
- Vorstandsmitglieder **93** 158

Nachzahlungsanspruch 140 5, 31; **141** 62
Nachzahlungsanspruch der Vorzugsaktionäre 140 31
- Selbständigkeit bei Satzungsregelung **140** 33
- Unselbständigkeit des Anspruchs **140** 32

Nahestehende Dritte, Geschäfte mit 82 18
Naked warrants 192 31; **221** 40
Namensaktie 10 9 ff.; **23** 21; **24**; **73** 10; **402** 26
- Anwendung auf Zwischenscheine **67** 115
- Ausgabe **23** 2; **63** 7
- Auskunftsrecht des Aktionärs und Verwendung der Registerdaten **67** 109
- Börsennotierung **10** 77
- Depotbanken **67** 67
- Erzwingbarkeit des Löschungsverfahrens **67** 107
- Girosammelverwahrung **67** 68
- gutgläubiger Erwerb **10** 64
- Legitimation in HV **402** 26
- Löschung und Neueintragung bei Übertragung **67** 59
- Löschung zu Unrecht erfolgter Eintragungen **67** 88
- Löschungswirkungen **67** 101
- Mehrfachnotierung **10** 11
- Pflichten der Kreditinstitute **67** 82
- Teileinzahlung **10** 72
- Umstellung auf Inhaberaktien **10** 16

Namensaktien, Übertragung
- Girosammelverwahrung **67** 6
- Indossament **68** 3
- Rechtsschutz bei Zustimmungsverweigerung **68** 74
- vinkulierte Namensaktien **68** 28
- Wechselrecht **68** 7

Mager gedruckte Zahlen = Randnummer

Sachverzeichnis

– Wertpapierrechtliche Besonderheiten des gutgläubigen Erwerbs **68** 13
– Zwischenscheine, entsprechende Geltung **68** 82
Namenszeichnungen 36 5; **37** 19
Nämlichkeit der Barmittel 27 137
National Grid Indus (EuGH) IntGesR 14
Nationales Firmenrecht SE-VO Art. 11 5
Nationales Verschmelzungsrecht, Anwendung SE-VO Art. 18 2
Nebenabreden, satzungsergänzende 23 41 f.
– immanente Grenzen **23** 41
Nebeneinander von teil- und volleingezahlten Aktien 215 8
Nebenleistungen, Vergütung 61 4 ff., *s. auch Vergütung von Nebenleistungen*
Nebenleistungs-AG 55 15 ff., *s. auch Nebenverpflichtungen der Aktionäre*
Nebenleistungsaktien 55 15 ff., *s. auch Nebenverpflichtungen der Aktionäre*
– Vinkulierung **55** 16, 43
Nebenverpflichtungen der Aktionäre 185 33
– Änderung der Verpflichtungen **55** 20
– Beendigung **55** 41
– Begründung der Verpflichtungen **55** 15
– Entgelt **55** 10
– Leistungsgegenstand **55** 5
– Leistungsstörungen **55** 37
– Publizität **55** 23
– Rechtsfolgen bei Mängeln **55** 51
– Satzungsänderung **55** 42
– Satzungsregelung **55** 18 f.
– Übergang der Nebenverpflichtungen **55** 28
– Vergütung **61** 4 ff., *s. auch Vergütung von Nebenleistungen*
– Verknüpfung mit Mitgliedschaftsrechten **55** 15
– Vertragsstrafe **55** 40
– Vinkulierung **55** 16
– wiederkehrende Leistungen **55** 6
– Willensmängel **55** 33
Negative Kapitalkonten 290 9
Negativerklärung 184 39; **327e** 6
Nennbetragsaktie 8 2 ff., 14 ff.; **182** 47; **183** 17
– Begriff **8** 14
– Festlegungen und Änderungen des Nennbetrags **8** 22
– Mindestnennbetrag **8** 15
– teileingezahlte Aktien **8** 29
– Teilung Nennbeträge **8** 27
– Vereinigung **8** 28
– Verstöße **8** 30 ff.
– Zwang zur 1-Euro-Aktie **8** 17
Netzwerkdurchsetzungsgesetz 127a 23a
Neubestellung des Aufsichtsrats 31 21
– andere Zusammensetzung **31** 21
– dreiköpfiger Aufsichtsrat **31** 25

Neugewählter Aufsichtsrat 110 52
Neustückelung des Grundkapitals 8 26, 52
– bei Euro-Umstellung **8** 73
Neutrales Mitglied im Aufsichtsrat
– Abberufung **103** 51
– Bestellung **104** 39
Nexus-of-contracts-Theorie 93 119
Nichtbeschlüsse 241 55 ff.
– Löschungsverfahren **241** 232
Nichtige Beschlüsse 241 29
Nichtigerklärung für die Vergangenheit 244 56 ff.
Nichtigerklärung, Klage 275 4
– Anmeldung **275** 22
– Bekanntmachung **275** 23
– Klageberechtigte **275** 13
– Klagefrist **275** 18
– Mängelbeseitigung **275** 15
– Rechtsschutzbedürfnis **275** 19
– relevante Satzungsmängel **275** 6
– Urteil **275** 21
– Verfahren **275** 20
Nichtigkeit der Wahl von Aufsichtsratsmitgliedern
– allgemeine Nichtigkeitsgründe **250** 8
– besondere Nichtigkeitsgründe **250** 10
– Höchstzahl, Überschreitung **250** 13
– Nichtigkeitsklage **250** 22
– persönliche Wahlvoraussetzungen, Fehlen **250** 16
– Wechsel des Mitbestimmungsstatus **250** 11
Nichtigkeit der Zeichnung neuer Aktien 185 38
– Insolvenzanfechtung **185** 46
– Schriftformerfordernis **185** 39
– Widerrufsrecht **185** 45
– Zeichnungsschein, fehlerhafter **185** 40
Nichtigkeit des Beschlusses über die Verwendung des Bilanzgewinns
– allgemeine Nichtigkeitsgründe **253** 6
– besondere Nichtigkeitsgründe **253** 9
– Feststellung **253** 19
– Folgen **253** 19
– Gewinnverwendungsbeschluss **253** 4
– Heilung **253** 15
Nichtigkeit des festgestellten Jahresabschlusses 150 29 ff.; **172** 20; **173** 21
– Ersatz **172** 45 ff.
– fehlende Mitwirkung eines Organs **256** 45
– fehlerhafte Mitwirkung des Aufsichtsrates **256** 50
– fehlerhafte Mitwirkung des Vorstandes **256** 46
– Nichtigkeitsgründe **256** 12
– wirksamer Beschluss **256** 44
Nichtigkeit von Aktien und Zwischenscheinen 191 5
Nichtigkeit von Hauptversammlungsbeschlüssen 241 6, 29, 105 ff.
– Heilung, Voraussetzungen **242** 6

2877

Sachverzeichnis

Fett gedruckte Zahlen = Paragraphen

- KGaA **283** 21
- kraft Löschung **241** 217 ff.
- Ladungsmängel **242** 11
- Löschungsverfahren **241** 221 ff., s. auch Löschungsverfahren
- Mängel in der Ursprungssatzung **242** 29
- numerus clausus **241** 105, 173
- perplexe Beschlüsse **241** 207 ff.
- perplexe Beschlüsse, Heilung **242** 18
- Rechtsfolgen der Heilung **242** 12
- Satzungsänderung, Heilung **242** 19
- Scheinbeschlüsse **242** 28
- Sittenwidrigkeit **241** 210 ff.
- Strukturänderung, Eintragung statt des Beschlusses **242** 31
- Strukturbeschlüsse, Heilung **242** 30
- Teilnichtigkeit, Heilung **242** 15
- Umwandlungen, Heilung **242** 31
- unwirksame Beschlüsse, Heilung **242** 26
- Verhinderung der Heilung **242** 21

Nichtigkeit von Stimmbindungen 136 42
Nichtigkeitsgründe
- numerus clausus **241** 173

Nichtigkeitsklage Vor 241 6, 8; **249** 7; **250** 22; **SpruchG 1** 34
- Bekanntmachungen **249** 22a
- Beschlussmängelklage, Verhältnis **241** 15
- Doppelnatur **Vor 241** 9 f.
- Freigabeverfahren **249** 18
- Parteifähigkeit **250** 22
- Prozessparteien **249** 7
- Rechtsnatur **249** 2
- Rechtsschutzbedürfnis **250** 23 f.
- Registerverfahren **249** 22
- Sonderbeschlüsse **241** 42
- Streitwert **249** 15
- Umwandlungsgesetz **249** 27
- Urteilswirkungen **249** 19
- Verbindung mehrerer **249** 24
- Verfahrensgang **249** 15
- Zuständigkeit **249** 14

Niederlassungsfreiheit 45 5; **IntGesR** 13
- Cartesio-Urteil **IntGesR** 14
- EuGH, Vorgaben **IntGesR** 13 ff.
- National Grid Indus **IntGesR** 14
- rechtsformwahrende Sitzverlegung **IntGesR** 14

Niederlegung der Geschäftsführung, KGaA 278 79
Niederschrift der Hauptversammlungsbeschlüsse
- Anlagen zur Niederschrift **130** 57
- Einreichung zum Handelsregister **130** 61
- Einsichtnahme und Abschriftenerteilung **130** 63
- Ergebnisprotokoll **130** 2
- Inhalt **130** 43 ff.
- nichtbörsennotierte Gesellschaften **130** 36 ff.
- Pflicht zur Protokollierung **130** 5
- sonstige Aufzeichnungen **130** 70

- Unterschrift des Notars **130** 60
- Veröffentlichung der Abstimmungsergebnisse **130** 62
- Verstöße **130** 64

Niederstwertprinzip, strenges 270 84
Nießbrauch 10 69
Nominierungsausschuss 107 123 ff.
Normzwecklehre 1 45
Notarielle Niederschrift von Hauptversammlungsbeschlüssen 130 15
- Auslandsbeurkundung **130** 18
- Berichtigung **130** 25
- Beurkundung fehlerhafter Beschlüsse **130** 22
- Erstellung **130** 23
- Kosten der Niederschrift **130** 35
- Mitwirkungsverbote **130** 19
- nichtbörsennotierte Gesellschaften **130** 36 ff.
- örtliche Beschränkungen **130** 18
- Sprache der Niederschrift **130** 24
- weitere Funktionen des Notars in der Hauptversammlung **130** 28

Notwendigkeit der Abwicklung
- alle Aktiengesellschaften **264** 4
- Scheinauslandsgesellschaft **264** 5
- stille Liquidation **264** 6

Novation 66 10
Nullkupon-Anleihen 221 145
Numerus Clausus der Unternehmensverträge Vor § 291 41; **SE-VO Art. 3** 1
Nützliche Pflichtverletzungen 93 36
Nutzungsrechte 27 33

Obergesellschaft 291 6
- Beschlusserfordernis **293** 37
- mehrstufige Unternehmensverbindungen **293** 40
- Zustimmungsbeschluss der Hauptversammlung **293** 37

Obligatorische ungeschriebene Protokollangaben 130 12
Off termsheet 221 50
Offenbarungspflichten 400 45
Offene Investmentvermögen
- Mitteilungspflichten **WpHG 33–47** 26

Offene Sacheinlage 27 314
Offene Vorratsgründung 399 97
Offenlegung der Geschäftsordnung des Vorstands 77 71
Offenlegung der Sitzungsverlegung SE-VO Art. 8 21
Offenlegung der Verschmelzung SE-VO Art. 28 1
Offenlegung des Jahresabschlusses 236 1
Offenlegung von Urkunden SE-VO Art. 14 2
Öffentlich-rechtliche Pflichten 1 27; **36** 2
Öffentliche Hand, Gesellschaften 15 44
Ökonomische Bedeutung 262 10
Online-Erklärungen
- Protokollierung HV-Beschluss **130** 10a

Mager gedruckte Zahlen = Randnummer   **Sachverzeichnis**

Online-Hauptversammlung 118 12, 35 ff.
Opel-Entscheidung des BGH Vor 241 34
Opt-in-Beschluss 179 92
Opting out 87 89
Optionale Zulassung ausländischer Partner SE-VO Art. 3 20
Optionen 71 187 ff.
– Aktienoptionsprogramme **84** 45
– Bilanz **160** 23 ff.
– Gleichbehandlung **71** 188 f., 196
– Kaufoptionen, Begebung **71** 205 ff.
– Kaufoptionen, Erwerb **71** 187 ff.
– Verkaufsoptionen, Erwerb **71** 194 ff., 209 ff.
– Verkaufsoptionen, Verschmelzung **71** 212
Optionsanleihen 192 13, 29; **221** 1, 6, 102
Optionsrechte 221 40; **320** 6; **320b** 6
– Aktien gekoppelt mit **192** 32
– selbständige **192** 31
– Squeeze-out **327b** 8
Optionsverträge 52 12
Ordentliche Hauptversammlung 175 1
Ordentliche Kapitalerhöhung 182 1; **203** 10
Ordentliche Kapitalherabsetzung
– Ablauf **222** 14
– Beschluss **222** 15
– Sonderbeschlüsse **222** 32
Ordnungsgemäße Unternehmensführung, betriebswirtschaftliche Grundsätze 93 50
Ordnungsmäßigkeit, Gründungsvorgang 46 1
Ordnungswidrigkeitenrecht 1 28; **405** 1
Organe 41 48
– KGaA **278** 17
Organhaftung 78 58 ff.; **117** 11
– Organentsendung **78** 64
– Zurechnungsvoraussetzungen **78** 59
Organisationsgefälle 100 23
Organisationsmaßnahmen 53a 67
Organisationspflicht der Aktiengesellschaft 91 30 ff.
– Anwendungsbereich der Organisationspflicht **91** 38
– bereichsspezifische Organisationspflichten **91** 42
– Compliance-Organisation **91** 47 ff.
– Einrichtung eines Überwachungssystems **91** 34
– Früherkennung bestandsgefährdender Entwicklungen **91** 31
– geeignete Maßnahmen **91** 33
– Inhalt **91** 30
– Pflichtverletzung, Rechtsfolgen **91** 45
– Wahrnehmung der Organisationspflicht **91** 37
Organisationspflicht der GmbH 91 40
Organisationspflicht der Kommanditgesellschaft auf Aktien 91 39
Organisationspflicht, Konzerndimensionale Geltung 91 41

Organisationsprinzip, Einpersonen-AG 42 13
Organisationsrecht der Vor-AG 41 44
– Satzung **41** 47
– Unternehmensgegenstand **41** 47
Organisationsrechtliche Unternehmensverträge 17 38
Organisationsverantwortung der Vorstandsmitglieder 93 56
Organisationsverantwortung, konzernweite 76 99
Organisationsverfassung IntGesR 31
Organpflicht des Aufsichtsrates 111 31
Organschaft, steuerliche Vor § 291 15 ff.
– isolierter Gewinnabführungsvertrag **291** 40 ff.
– Mehrmütter **291** 43
Organschaftliche Vertretung 78 4; **269** 3
Organspezifische Rechtspflichten 93 15
Organstellung 1 24; **118** 5
Organstreit 90 68
– Geltendmachung der Rechte des Aufsichtsrates aus eigenem Recht **90** 73
– Individualrechte **90** 71
– Klage des Aufsichtsrates **90** 69
– Klage von Aufsichtsratsmitgliedern **90** 71
– Prozessstandschaft für den Aufsichtsrat **90** 72
Organstreitigkeiten Vor 241 33
Organtheorie 78 4
Organwalterinteresse 93 237
Organzuständigkeit 179 96
Outcome bias 93 74
Outsourcing 76 66 f.
Overallotment option 221 52

Pactum de non petendo 66 8
Parität 17 28
Parteispenden 76 50 f.
Partiarische Darlehen, Teilgewinnabführungsvertrag 292 24a
Partielle Gesamtentlastung 120 17
Passivvertretung der Gesellschaft 78 27
Patronatserklärung
– Verlustausgleichspflicht **300** 10
Person des Sonderprüfers 143 6 ff.
Personalausschuss 107 126, s. auch Aufsichtsratsausschüsse
– Besetzung **107** 131
– Plenumsvorbehalt **107** 127 f.
Personalstatut, Reichweite IntGesR 24
– Auflösung und Liquidation **IntGesR** 43
– Finanzverfassung **IntGesR** 33
– Formfragen **IntGesR** 40
– Gründung **IntGesR** 25
– Haftungsverfassung **IntGesR** 35
– Konzern **IntGesR** 44
– Mitgliedschaft **IntGesR** 37
– Name und Firma **IntGesR** 30
– Organisationsverfassung **IntGesR** 31
– personeller Anwendungsbereich **IntGesR** 24
– Rechnungslegung **IntGesR** 42

Sachverzeichnis

Fett gedruckte Zahlen = Paragraphen

– Rechts- und Handlungsfähigkeit **IntGesR** 26
– Umstrukturierung **IntGesR** 44
Personalunion Aufsichtsrat und Ausschuss 107 114
Personelle Verflechtungen 17 31, 44
Personengesellschaften 16 27, 39
Persönlich haftende Gesellschafter 283 1 ff., *s. auch Stimmverbot für Komplementäre*
– Anmeldung **282** 2; **283** 4
– Anstellungsvertrag **288** 9
– Anzahl **278** 37
– Ausscheiden **289** 19 ff.
– Eintragung **282** 4
– Entlastung **285** 17
– Entnahmen **288** 2 ff.
– Ersatzansprüche **283** 18
– Gründungsprüfung **283** 7
– Haftung **278** 41; **283** 9 ff.
– Herabsetzung der Vergütung **288** 14
– Jahresabschluss **283** 19
– Kreditgewährung **283** 13
– Rechte **278** 41, 46
– Sondervorteile **281** 16 f.
– Sorgfaltspflicht **283** 8
– Stimmrecht **285** 13
– Stimmverbote **285** 15 ff., *s. auch Stimmverbot für Komplementäre*
– Strafbarkeit **408** 3
– Vergütung **288** 11
– Vergütungsschranken **288** 13
– Vermögenseinlage **281** 7 ff., *s. auch Vermögenseinlage*
– Voraussetzungen, persönliche **278** 38
– Vorstandspflichten **283** 4, 12
– Vorstandsrechte **283** 4
– Wettbewerbsverbot, persönlich haftender Gesellschafter **284** 2 ff., *s. auch Wettbewerbsverbot, persönlich haftender Gesellschafter*
– Zahl **278** 37
– Zustimmung **285** 30 ff.
Persönliche Amtswahrnehmung 171 18
Persönliche Voraussetzungen, Aufsichtratsmitglieder
– Mehrfachmandate **100** 12
– natürliche und unbegrenzt geschäftsfähige Personen **100** 9
Pfändung 10 70
Pfandverkauf 52 22
Pflicht zum Versicherungsabschluss 93 235
Pflicht zur Verlustanzeige durch den Vorstand 92 4
– Ansatz- und Bewertungsfragen **92** 8
– Einberufung der Hauptversammlung **92** 9
– Verlust in Höhe der Hälfte des Grundkapitals **92** 7
– Verstöße **92** 16
Pflichtangebot
– börsennotierte KGaA **278** 108
– übernahmerechtliches Ausschlussverfahren **327a** 10a

Pflichtbekanntmachungen 25 2
Pflichten der Kreditinstitute 67 82
Pflichtrecht 76 10
Pflichtverletzungen
– anzuerkennende Ausnahmen **93** 28
– nützliche **93** 36
Pflichtwandelanleihen 192 29d; **194** 5; **221** 150
Phantom Stocks 113 53; **192** 57
Plausibilitätskontrolle, automatisierte, bei elektronischer Mitteilung der Depotbanken 67 77
Polbud-Entscheidung IntGesR 14b
Positive Beschlussfeststellungsklage Vor 241 11; **246** 58
– Gestaltungsklage **246** 58
– negatorischer Charakter **246** 57
Präsenzsitzungen des Aufsichtsrates 110 35
Preisnachlässe 57 21; **311** 34
Preisspannenangebote 71 124
Pre-Sounding 221 50a, 60a
Pressemitteilungen, Haftung für 400 84 ff., *s. auch Strafrechtliche Organ- und Vertreterhaftung*
Principal-Agent-Konflikt 87 20; **88** 21; **148** 12; **179** 106; **192** 42
Prinzip der Satzungsstrenge 241 169
Privatautonome Auflösung 274 2
– Beschlussmängel **274** 8
– Hauptversammlungsbeschluss **274** 2
– Überschuldung **274** 7
– Vermögensverteilung **274** 6
Private Equity-Finanzierungen 182 5b f.
Privatplatzierung 185 18; **221** 50
Privatrechtliche Pflichten 36 3
Privatschriftliches Protokoll
– bei nichtbörsennotierten Gesellschaften **130** 36
Privatsphäre 1 21
Prognosen 399 51; **400** 33, *s. auch Strafrechtliche Organ- und Vertreterhaftung*
Prokura 1 25
Prokuristen 78 49 f.; **184** 13
– Unvereinbarkeit mit Aufsichtsratsamt **105** 8 f.
Pro-ratarische Haftung 41 78
Prospekthaftung 56 49; **57** 40; **185** 17
Prospektpflicht, börsennotierte KGaA 278 96
Protokollierung von Hauptversammlungsbeschlüssen 130 5
– Anlagen zur Niederschrift **130** 57
– Art der Abstimmung **130** 45
– Aufzeichnungen anderer Art **130** 70
– Auskunftsverweigerung **130** 8
– Beschlüsse der Hauptversammlung **130** 5
– Beurkundungspflichtige Willenserklärungen **130** 11
– börsennotierte Gesellschaften **130** 53 ff.
– Ergebnis der Abstimmung **130** 48 f.
– fakultative Angaben **130** 14

Mager gedruckte Zahlen = Randnummer

Sachverzeichnis

– Feststellung des Vorsitzenden über die Beschlussfassung **130** 52
– Gegenstand der Niederschrift **130** 5
– Inhalt der Niederschrift **130** 43 ff.
– Minderheitsverlangen **130** 6
– Name des Notars **130** 44
– notarielle Niederschrift **130** 15, *s. auch dort*
– obligatorische ungeschriebene Protokollangaben **130** 12
– Online-Erklärungen **130** 10a
– Ort und Tag der Versammlung **130** 43
– Unterschrift des Notars **130** 60
– Widersprüche **130** 8

Prozessparteien
– Beklagtenseite **246** 23
– Klägerseite **246** 22
– Nebenintervention **246** 33

Prozessrecht 1 26

Prozessvertretung durch den Aufsichtsrat, KGaA 287 24

Prüfbericht, *s. auch Prüfungsbericht*
– Abschriften **145** 58
– Entsprechenserklärung (DCGK) **161** 83a
– Kenntnisnahme der Vorlagen **170** 49
– Nichtaufnahme in den Sonderprüfungsbericht **145** 30 ff.
– Übermittlung **170** 50 ff.

Prüfberichtsgrundsätze 145 46 f.
– Gegenstand der Hauptversammlung **145** 56
– Publizität **145** 57 f
– Vollständigkeit **145** 46

Prüfpflichten der Aufsichtsratsmitglieder 116 73

Prüfung der Berichte des Abschlussprüfers 171 63

Prüfung der Gesellschaftserrichtung durch das Gericht 38 2
– Entscheidungsmöglichkeiten **38** 11
– Kosten **38** 18
– Prinzip der wertgleichen Deckung **38** 4
– Rechtsschutz **38** 14
– Sachgründungen **38** 9
– Schranken der Prüfungsbefugnis **38** 10
– Umfang **38** 6
– Zeitpunkt **38** 3
– Zuständigkeit **38** 2

Prüfung der Gründung auf nationaler Ebene SE-VO Art. 25 3

Prüfung der Jahresbilanz 209 5

Prüfung des Ausgabebetrages durch Sachverständige 9 33

Prüfung des Erreichens der Mindestquote und Offenlegung SE-VO Art. 33 11

Prüfung des Kapitalerhöhungsbeschlusses durch das Registergericht
– Rechtmäßigkeit der Anmeldung **184** 19
– Rechtmäßigkeit des Kapitalerhöhungsbeschlusses **184** 23, 29
– Sacheinlagen **184** 27

Prüfung des Unternehmensvertrags
– Angemessenheit **293b** 5
– Ausnahmen **293b** 12
– Durchführung der Hauptversammlung **293g** 3
– Gegenstand **293b** 1
– Inhalt **293b** 4
– Rechtsfolgen **293b** 14
– Umfang **293b** 4
– Verpflichtete **293b** 9, *s. auch Vertragsprüfer*
– Vertragsprüfer **293b** 10
– Vorbereitung der Hauptversammlung **293f** 1
– Zuständigkeit, registergerichtliche **294** 14

Prüfung durch den Abschlussprüfer 313 4
– Auskunftsrecht **313** 16
– Berichtspflicht **313** 19
– Bestätigungsvermerk **313** 21
– Einsichtsrecht **313** 16
– Gegenstand **313** 8
– Umfang der Prüfung **313** 13
– unrichtiges Berichten **403** 34
– Verfahren **313** 6

Prüfung durch den Aufsichtsrat
– Abhängigkeitsbericht **314** 3
– Bericht des Aufsichtsrats an die Hauptversammlung **314** 10
– Beschluss über Prüfungsergebnisse **171** 69
– Informationsfluss innerhalb des Aufsichtsrats **314** 6
– persönliche Anforderungen **171** 10
– Prüfung der Berichte des Abschlussprüfers **171** 63
– Prüfungspflicht **314** 7
– Teilnahme- und Berichtspflicht des Abschlussprüfers **314** 14
– Vorlage der Unterlagen **314** 3

Prüfung von Sacheinlagen 183 34, 60 ff.

Prüfung, freiwillige 142 71, 244 ff.

Prüfungsausschuss 107 139 ff.
– Abschlussprüfung, Beschluss **111** 50
– Arbeitnehmervertreter **107** 146
– Aufgabenbereich **107** 141, 141d
– Auswahl des Abschlussprüfers, Haftung **405** 109 ff.
– Besetzung **107** 145 ff.
– Besetzung, Unternehmen von öffentlichem Interesse **107** 150b
– Compliance-System **107** 142
– Corporate Governance Kodex **107** 139
– CRR-Kreditinstitute **107** 140b
– Entscheidungsermessen aufgrund Abschlussprüfer-VO **107** 143b
– fachliche Anforderungen **107** 141b
– fachliche Anforderungen, Arbeitnehmervertreter **107** 146
– Finanzexperte **100** 7; **107** 150 ff.
– Finanzexperte, Unabhängigkeitserfordernis **100** 59a
– kapitalmarktorientierte Gesellschaften **107** 99
– Organisationsautonomie **107** 143b

2881

Sachverzeichnis　　　　　　　　　　　　　Fett gedruckte Zahlen = Paragraphen

– Pflichtverletzungen bei Prüfung **404a** 19 ff.
– Prüfung des Jahresabschlusses und Prüfungsberichts **107** 141e
– Sektorkenntnis **107** 150d
– Überwachung Compliance System **107** 142
– Überwachungsfunktion **107** 83
– Überwachungspflichten, Haftung **405** 87 ff.
– unionsrechtlicher Begriff **405** 91
– Vorsitzender **107** 147
– Vorsitzender, Unabhängigkeit **107** 150f
– Wahl besonders befähigter AR Mitglieder **100** 59
– Wahlvorschlag **124** 32 ff.
– Zusammensetzung **107** 141b
Prüfungsausschuss (Abschlussprüfer RVO) 107 83
– Teilnahmepflicht Abschlussprüfer **171** 26 ff.
Prüfungsbericht 170 13 ff.; **184** 32; **259** 3 ff.; **399** 169, 177 f.; **403** 26 ff.; **SE-VO Art. 22** 3, *s. auch Prüfbericht*
– Ausnahmen **293e** 11
– Berichtspflicht **293a** 4; **293d** 3
– Einreichung **34** 16
– Form **293a** 8; **293d** 4
– freiwillige Prüfung, Vorlage **170** 15
– Gründungsprüfung **34** 11
– Inhalt **293d** 5
– Rechtsfolgen **293d** 13
– Testate des Abschlussprüfers **171** 46, 63 f.
– unrichtiges Berichten **403** 34
Prüfungsgehilfe, Haftung 403 20 ff.
Prüfungsverfahren SE-VO Art. 22 3
Prüfungsvertrag 142 194, *s. Sonderprüfer, Prüfungsvertrag*
Public Interest Entities 404a 19
Public Relations 116 36
Publikumspersonengesellschaften
– besonderer Vertreter **147** 65
Publizität 42 1; **106** 12; **113** 65; **114** 31
– börsennotierte KGaA **278** 100
– Entsprechenserklärung DCGK **161** 3, 84 ff.
– europäische Ebene **SE-VO Art. 14** 3
– Frauenquote **76** 149
– Nebenverpflichtungen **55** 23
– Publizität des Teilnehmerverzeichnisses **129** 32
– Verletzung der Publizitätspflicht **262** 73
– Vertretung **94** 8
Publizität von Sacheinlagen 66 32; **184** 31
Publizitätspflicht
– Verhältnis zu Mitteilungspflichten **Vor § 20** 12
Punktuelle Satzungsdurchbrechung 179 49
Pyramidengründung 27 161

Qivive-Entscheidung 27 130, 146, 255
Qualifiziert faktischer Aktienkonzern Vor § 15 12; **18** 3; **Vor § 311** 25
Qualifizierte Beteiligungen 19 5, 14

Quorum
– Einberufung HV durch Minderheit **122** 8 ff., 37 ff.
– für Haftungsklage **148** 153, *s. auch Haftungsklage*
– für Kapitalerhöhung **182** 23
– für Klagezulassungsverfahren **148** 53 ff., *s. auch Klagezulassungsverfahren*
– für Satzungsänderung **179** 125, 138 ff.
Quotale Beteiligung von Aktionären 140 8
Quotenaktie 1 96

Reale Kapitalaufbringung 27 104
– strafrechtliche Haftung **399** 137
Realteilung 222 3, 24
Rechnungslegung 11 38; **71** 237; **IntGesR** 42
– Abwicklungsgesellschaft **270** 30
– Abwicklungsschlussbilanz **270** 123
– Anforderungen an den Jahresabschluss **270** 22
– aufzulösende werbende AG **270** 13 ff.
– Erstellung des Jahresabschlusses **270** 13 ff.
– Jahresabschluss Abwicklungsgesellschaft **270** 108
– Konzernrechnungslegung iRd Abwicklung **270** 126
– Schlussrechnung **270** 125
– Vermögens- bzw. Gewinnverwendung nach Auflösungsbeschluss **270** 26
Recht des Aktionärs auf Abschrifterteilung 130 71
Rechte aus eigenen Aktien
– Ausübung von Aktionärsrechten **118** 7
– Bild- und Tonübertragung **118** 32, 44
– Fragen der Geschäftsführung **119** 13
– Frosta-Entscheidung **119** 45
– Gelatine-Entscheidung **119** 26
– gesetzliche Kompetenzen **119** 4
– Holzmüller-Doktrin **119** 22
– Kompetenzausübung durch Beschluss **119** 3
– Kompetenzüberschreitung **119** 54
– Kontrollkompetenzen **119** 11
– Konzernbildungs- und Konzernleitungskontrolle **119** 35
– Konzernkompetenzen **119** 12
– Leitungskompetenzen **119** 8
– Rechte der Hauptversammlung
– Satzungsregelungen **119** 48
– Stellung der Hauptversammlung **118** 5
– Teilnahme an der Hauptversammlung **118** 11
– ungeschriebene Kompetenzen **119** 21 ff., 37; **182** 73
– Verletzung von Kompetenzen **119** 51
– Wahlkompetenzen **119** 5
Rechte der Vorstandsmitglieder 84 43
Rechte der Vorzugsaktionäre ohne Stimmrecht 140 3
Rechte des Sonderprüfers 145 10 ff.
– Aufklärungs- und Nachweisrechte **145** 14 ff.
– bei ausländischen Beteiligungen **145** 22

Mager gedruckte Zahlen = Randnummer

– bei Konzernunternehmen **145** 20
– Durchsetzung **145** 24 ff.
– Einsichtsrecht **145** 10
– Ermittlungsbefugnisse aus abgeleitetem Recht **145** 23
– Mitwirkungspflicht des Vorstands und Aufsichtsrats **145** 14 ff.
Rechtliche Selbständigkeit verbundener Unternehmen 15 56
Rechtsanwalts-AG 4 15
Rechtsbehelfe
– Anhörungsrüge **SpruchG 12** 26
– Berichtigung **SpruchG 12** 26
– einfache Beschwerde **SpruchG 12** 23
– Ergänzung **SpruchG 12** 26
– sofortige Beschwerde **SpruchG 12** 24
Rechtsbeschwerde SpruchG 12 21
Rechtsfähigkeit der Aktiengesellschaft 1 13 ff.; **IntGesR** 26; **SE-VO Art. 1** 4
– Erlangung **1** 31
– Umfang **1** 14
– Verlust **1** 32
Rechtsformzusatz 4 4; **SE-VO Art. 11** 2
– KGaA **279** 3
Rechtsgemeinschaft an einer Aktie 69 3, 4
– Ausübung der Mitgliedschaftsrechte durch Vertreter **69** 16
– Bezugsrecht **186** 9
– gemeinschaftlicher Vertreter **69** 10
– gesamtschuldnerische Haftung **69** 19
– Rechtsausübung durch Mitberechtigten **69** 18
– Willenserklärungen der AG **69** 22
Rechtsgemeinschaften 8 54 ff.
Rechtsgeschäftliche Vertretung 269 7
Rechtsinhaberschaft, Einpersonen-Gesellschaft 42 3
Rechtskraft bei anderen Verfahrensbeendigungsgründen SpruchG 13 10
Rechtslage vor Eintragung SE-VO Art. 16 4
Rechtsmissbrauch 131 61
Rechtsnormfiktion SE-VO Art. 3 5
Rechtspersönlichkeit der Gesellschaft 1 12
Rechtsschutz
– einstweiliger Rechtsschutz **272** 11
– Rückzahlung **272** 12
– Schadenersatz **272** 13
– Vorstandsmitglieder **84** 131
Rechtsstellung des Ausschussmitglieds 107 105
Rechtsstellung gerichtlich bestellter Vorstandsmitglieder 85 13
Rechtstatsächliche Verbreitung SE-VO Vor Art. 1 18, 23
Rechtsträger 1 13
– verlängerter **WpHG 33–47** 115
Rechtsverlust (WpHG) WpHG 33–47 102 ff.
– Beendigung **WpHG 33–47** 111

Sachverzeichnis

– Nichterfüllung einer Mitteilungspflicht **WpHG 33–47** 105 ff.
– Umfang **WpHG 33–47** 109 f
– verlängerter **WpHG 33–47** 103, 115 ff.
– Verschulden **WpHG 33–47** 108
Rechtsvorschriften, anzuwendende SE-VO Art. 9 5
Record Date 123 31, 32a, 37a; **402** 22, 26, 36, 43
Redeemable Shares 327a 7
Rederecht 118 12
Reflexschaden 93 323
Regelgewinnzuweisung 300 9
Register, maßgebliches SE-VO Art. 12 3
Registergericht, Eintragung 398 5
Registersperre 241 99 ff.
Registerverfahren 248 31
– gestuftes bei Kapitalerhöhung **182** 4
Registerzwang, Zwangsgeld 407 11
Regress bei den Gründern 41 116
Regressschuld 65 15
REIT-AG 11 5
– besonderer Vertreter **147** 65
– Meldeschwellen **WpHG 33–47** 22
– Sonderprüfung **142** 40
Relevanztheorie 243 69 ff.
– Durchführungsmängel **243** 99
– Einzelfälle **243** 78 ff.
Rentabilität 90 25
Rentabilitätsbericht 170 19
– Prüfung **171** 62
Repricing 192 47; **193** 18
Reputationsmanagement 93 25a f.
Ressortverantwortung, Vorstand 77 48
Ressortverteilung, Vorstand 76 63
Reverse Merger 186 76
Ringbeteiligungen 19 13
Risikomanagementsystem 91 29 ff., *s. auch Organisationspflicht der Aktiengesellschaft*
Rückgängigmachung, Sitzverlegung SE SpruchG 3 28
Rückgewähranspruch
– Anspruch der Gesellschaft **62** 4 ff., *s. auch Empfang verbotener Leistungen*
– Aufrechnungsverbot **66** 4
– Fallgruppen **62** 10 ff.
– Verstoß gegen Einlagenrückgewähr **57** 86 ff.
– Vollwertigkeit **57** 141 ff.
Rückgewähranspruch der Gesellschaft 114 27
Rückgewährpflicht 59 17
Rückkaufprogramme 71 166 ff.
Rücklage 231 1, *s. auch gesetzliche Rücklage*
– andere Gewinnrücklagen **150** 24
– Anfechtungsrecht, Minderheitsaktionäre **150** 18
– Auflösung **173** 14
– Ausweis in der Bilanz **208** 14
– Begriff **150** 4
– Bilanzposten, gesonderter **150** 7

Sachverzeichnis

Fett gedruckte Zahlen = Paragraphen

- Bildung **173** 14
- für eigene Anteile **150** 25; **208** 7
- gesetzliche Rücklage **150** 5
- gesetzlicher Reservefond **150** 1
- Gewinnrücklage **150** 5
- Kapitalrücklage **150** 5
- Pflicht zur Bildung **150** 6
- Sonderposten mit Rücklagenanteil **150** 26
- Verwendung **150** 26
- Zuführung **208** 10

Rücklagenbildung im Rahmen der Feststellung des Jahresabschlusses 58 20
Rücklagenspiegel 152 25
Rücknahme SpruchG 15 8
Rücknahme der Anmeldung 36 29
Rücknahme der Geschäftserlaubnis 262 63
Ruhen der Rechte aus eigenen Aktien 71b 3

Sach- und Rechtsmangel 27 94
Sachausschüttungen 58 103, 105; **150** 10
- als Vorzug **139** 15
- Bewertung **58** 109; **170** 34
- Gewinnverwendungsbeschluss **174** 13
- Kompetenz **58** 107, 108
- Konkretisierungskompetenz **58** 107
- Maßgeblichkeit des Verkehrswerts **170** 35

Sachdividende 139 15, *s. auch Sachausschüttungen*
Sacheinlagen 27 7, 10; **60** 13; **183** 5; **185** 34; **188** 18; **399** 206
- Agio **27** 48
- aleatorische Gegenstände **27** 14
- Arbeitnehmergewinnbeteiligung **194** 14 ff.
- Bareinlage **27** 4; **36a** 13
- Bekanntmachung **194** 19
- Bekanntmachung vor Beschlussfassung **183** 20
- Beschlusserfordernisse **194** 17
- beschränkt dingliche Rechte **27** 16
- Beteiligung Dritter **27** 162
- Bewertung **27** 34 ff.
- Dept-Equity-Swap **183** 12
- Dienstleistungen **27** 30
- Differenzhaftung **27** 47
- Differenzhaftung bei Überbewertung **9** 18
- effektive Kapitalaufbringung, Sicherung **194** 2
- Einlagegegenstände **27** 15
- Erbringung **36a** 8
- falsche Angaben **399** 155 ff.
- fehlerhafte Festsetzung **27** 74; **183** 20
- Festsetzung in der Satzung **27** 67
- Fingierte **27** 51; **183** 5 f.
- Forderungen **27** 22 ff.; **182** 72; **183** 12
- Fremdwährungsanleihen **194** 10a
- gemischte Sacheinlage **27** 64; **183** 9, 76
- Gesellschafterdarlehen **183** 13
- Grundsatz der realen Kapitalaufbringung **27** 2
- Heilung **27** 203 ff.
- Immaterialgüterrechte **27** 18
- Kapitalerhöhung mit **183** 5 ff.
- Know-How **27** 19
- Leistungsstörungen **27** 82, 88 ff.
- Mängel **27** 82
- Mischeinlage **27** 40
- Nutzungsrechte **27** 33, 39
- offene **27** 314
- Optionsanleihen und -genussrechte **194** 5, 13
- Prüfung durch Sachverständige **183** 34; **184** 8
- Prüfungsbericht **184** 31 f., 35
- Prüfungspflicht **194** 24
- Rechtsfolgen der Überbewertung **27** 44
- Sacheinlagefähigkeit **27** 10
- Sacheinlagegegenstände **27** 15
- Sacheinlagevereinbarung **27** 8
- Sachgesamtheiten **27** 20
- Schuldverschreibungen **194** 5
- sonstige Rechte **27** 17
- stille Beteiligungen **183** 14
- strafrechtliche Haftung für Wert **399** 155 ff.
- Überbewertung **9** 17; **46** 12; **189** 10
- Überbewertung, Folgen **9** 17 ff.
- untaugliche **27** 84 f.
- Unterbewertung **27** 43
- Unternehmenszusammenschluss **194** 5
- Verbot der Überbewertung **27** 42
- verdeckte **9** 22; **27** 103 ff.
- verdeckte fingierte **27** 108
- verdeckte Sacheinlage **183** 25 ff.; **188** 68, *s. auch dort*
- Vermögensgegenstände **27** 17
- Verträge über **183** 25
- Vollzugsgeschäft **27** 9
- vorsorgliche **188** 81
- Wandelanleihen **194** 5
- Wandelgenussrechte **194** 11
- Werkleistungen **27** 31
- Werthaltigkeit **183** 60 ff.; **184** 27

Sacheinlagen, Verträge vor Eintragung der Gesellschaft 206
- fehlerhafte Festsetzungen **206** 12
- Festsetzungspflichten **206** 10
- Kapitalerhöhung, Durchführung **206** 15
- Nachgründungsregel des § 52 AktG **206** 21

Sacheinlagevereinbarung 27 83
- Anfechtung wegen Willensmängeln **27** 86
- Leistungsstörungen **27** 88 ff.
- Sach- und Rechtsmangel **27** 94
- Sonstiges zur Leistungsstörung **27** 93
- Unmöglichkeit **27** 90
- untaugliche Sacheinlage **27** 84
- Unwirksamkeit **27** 84
- Vollzugsgeschäft **27** 101, 102

Sachen 27 15
Sachenrechtliche Übertragung von Aktien 10 54
Sachgefahr 57 88
Sachgesamtheiten 27 20

Mager gedruckte Zahlen = Randnummer **Sachverzeichnis**

Sachgründung 32 6, 9
– Amtszeit **31** 13
– Amtszeit der Arbeitnehmervertreter **31** 26
– Anschaffungs- und Herstellungskosten der letzten zwei Jahre **32** 12
– Anzahl zu bestellender Mitglieder **31** 8
– Bekanntmachungspflicht des Vorstands **31** 14
– Beschlussfähigkeit **31** 11
– Bestellung des Aufsichtsrats **31** 3
– Beteiligung der Arbeitnehmer **31** 14
– Betriebserträge der letzten zwei Geschäftsjahre **32** 13
– durch die Gründer **31** 7
– Ergänzung des Aufsichtsrats **31** 19
– Neubestellung des Aufsichtsrats **31** 21
– ohne externe Gründungsprüfung **33a** 3
– Stellungnahme zur Werthaltigkeit **32** 10
– Unwirksamkeit und Nachgründung **52** 54
– vorausgegangene Rechtsgeschäfte des Einbringenden **32** 11
Sachgründungsprüfung bei Vermögenseinlage, KGaA 280 12
Sachkapitalerhöhung
– verdeckte **188** 68 ff.
– vereinfachte **183a** 26 ff.
Sachkapitalerhöhung ohne externe Gründungsprüfung 399 209
Sachkapitalerhöhung, genehmigte 52 48
– Ausschütt-Rückhol-Verfahren **205** 4
– Ermächtigung **205** 13
– fehlende Ermächtigung **205** 14
– Festsetzungen, Fehler **205** 25
– Nachgründung **183** 68 f.; **205** 33
– notwendige Festsetzungen **205** 15
– Registergericht, Beteiligung **205** 21
– sachverständige Prüfung **205** 18
– Verfahren ohne externe Prüfung **205** 30
– Wirksamkeitserfordernisse **205** 8
Sachkapitalerhöhung, Prüfung durch das Registergericht 183 56; **183a** 31 f.; **184** 28
– Rechtmäßigkeit der externen Prüfung **183** 59
– Rechtmäßigkeit des Sachkapitalerhöhungsbeschlusses **183** 57
– Werthaltigkeit von Sacheinlagen **183** 60 ff.
Sachkenntnis 171 10
Sachlicher und zeitlicher Zusammenhang, Sacheinlage 27 156 ff.
Sachübernahmen 27 49; **46** 10 ff.; **183** 6
– Bewertung **27** 61 f.
– falsche Angaben **399** 158 f.
– fehlerhafte Festsetzung **27** 74
– Festsetzung in der Satzung **27** 67
– fingierte Sacheinlage **27** 51; **183** 6
– Gegenstand **27** 58
– Leistungsstörungen **27** 98 ff.
– Mängel **27** 82
– mit Verrechnungsabrede **27** 99
– ohne Verrechnungsabreden **27** 98
– verdeckte **188** 80

– verdeckte Sacheinlage **27** 103 ff.; **188** 68
– Vereinbarung **27** 56, 98
– Vergütung **27** 60
– Vollzugsgeschäft **27** 56 ff.
Sachübernahmevereinbarung 27 56 f
– Leistungsstörungen **27** 100
Safe Harbour für Rückkaufprogramme 71 167 ff.
Safe Harbour für Stabilisierungsmaßnahmen 71 184
Saldierung 158 25
Sammelverwahrte Globalaktie 10 36
Sanierungsfälle 54 35
Sanierungsplan 182 72
Sanktionen gegen Firmierungsverstöße, KGaA 279 10
Sarbanes-Oxley-Act 91 6, 15; **400** 23; **403** 3
Satzung 2 5; **41** 47; **179** 29, s. auch Feststellung der Satzung
– Aktienart **23** 21, 26
– Änderung **179** 13 ff., s. auch Satzungsänderung
– Auslegung **23** 39, 41b
– Begriff und Rechtsnatur **23** 3
– Bestimmungen **23** 4
– Beurkundung im Ausland **23** 9 ff.
– ergänzende Bestimmungen **179** 35
– ergänzende Nebenabreden **23** 41
– Erklärung der Übernahme der Aktien **23** 24
– Fassungsänderung **179** 107 ff.
– Feststellung durch **23** 12 ff.
  – eine Person **2** 4
  – mehrere Personen **2** 3
– formelle Bestimmungen **179** 31
– Geschäftsordnungsregelungen **179** 89
– Gesellschaftsvertrag, Begrifflichkeit **179** 29
– gesetzliche Mehrheitserfordernisse **179** 16
– Gestaltungsrahmen, gesetzlicher **179** 9
– Grundsatz der Abänderbarkeit **179** 5
– Höhe des Grundkapitals **23** 19
– Inhalt **23** 14 ff.
– Inhalt, fakultativer **23** 28
– Konzernklausel **Vor § 311** 57
– materielle Bestimmungen **179** 33
– Mehrheitserfordernisse **179** 90
– Namens- und/oder Inhaberaktien **23** 21
– Nebenabreden **23** 41
– Nebenverpflichtungen **55** 18 f.
– notwendige Bestimmungen **179** 34
– Opt-in-Beschluss **179** 92
– Rechtnatur **23** 3
– Regelungsfreiräume **23** 30
– Regelungsgegenstand **179** 13
– Satzungsstrenge **23** 28
– Shareholder-value als Bestandteil **82** 33
– Sonderbeschlüsse **179** 17
– Sondervorteile **26** 5
– Unternehmensgegenstand **23** 16 ff., s. auch Unternehmensgegenstand
– Verwaltungsorganisation **179** 85 ff.

2885

Sachverzeichnis

Fett gedruckte Zahlen = Paragraphen

Satzung der KGaA
- Inhalt **281** 4
- Satzungsänderung **281** 18
- Satzungsmängel **281** 15
- Sondervorteile **281** 16
- Vermögenseinlage **281** 7

Satzungsändernde Hauptversammlung
- Ankündigung **179** 129
- Anmeldung **179** 131
- Eintragung **179** 129, 133
- Rechtsmittel **179** 136
- Verfahren **179** 134
- Zustimmungserfordernisse **179** 137

Satzungsänderung 24 3; **45** 3; **179** 39; **276** 4
- Änderungserfordernisse **179** 154
- Anfechtbarkeit **181** 25
- Auflösung **179** 26
- bedingte Kapitalerhöhung **192** 18 ff.; **200** 9; **201** 9
- Bedingung **181** 46
- Befristung **181** 45
- Bekanntmachung **181** 38
- Beschluss der Hauptversammlung **179** 96
- Beschlussgegenstände **179** 58
- Beschlusskontrolle **179** 171
- Durchbrechung **179** 46
- Eintragung **181** 28, *s. auch Eintragung der Satzungsänderung*
- faktische **179** 55 ff.
- Fassungsänderung **179** 107 ff.
- Fehlerhaftigkeit **181** 17
- Finanzverfassung **179** 71
- Formwechsel **179** 75 f.
- Gesellschaftsdauer **179** 80 f.
- gesetzliche Zustimmungserfordernisse **179** 141
- Gleichbehandlungsgebot **179** 169
- Grundkapital **179** 71
- Gründungssatzung **179** 23
- Gründungsstadium **23** 2a
- Hauptversammlungseinberufung **124** 15 ff.
- Identitätsmerkmale **179** 82 ff.
- Insolvenz **179** 25
- Kapitalherabsetzung **222** 12
- KGaA **281** 18 ff.
- Liquidation **179** 24
- materielle Beschlusskontrolle **179** 171
- materieller Anwendungsbereich **179** 21
- Mehrheitserfordernisse **179** 114 ff.
- Nennbetragsänderung **8** 23
- nichtige Beschlüsse **241** 50
- nichtiger Beschluss, Heilung **242** 19
- Nichtigkeit des Beschlusses **181** 23
- Organzuständigkeit **179** 96
- Prinzip der Satzungsstrenge **241** 169
- Rückwirkung **181** 42 ff.
- SE **SE-VO Art. 59** 3 ff.
- Sonderbeschluss **179** 18 f., 178 ff.
- Strukturänderung **179** 28
- teilnichtige Beschlüsse **241** 72
- Tagesordnung, Bekanntmachung **121** 31
- Treuepflichten **179** 170, 176 f.
- Übertragung des ganzen Gesellschaftsvermögens **179a** 18
- Umdeutung **179** 27
- Umfang **179** 40
- Unternehmensgegenstand **179** 62 ff.
- Unternehmensverträge **179** 78 f.
- Verfahren **179** 129
- Verwaltungsorganisation **179** 85
- Vor-AG **179** 23
- Vorzugsaufhebung, -beschränkung **141** 4
- Wirksamkeit des Beschlusses **181** 22
- zeitlicher Anwendungsbereich **179** 22
- Zulässigkeitsschranken **179** 138
- Zusammenhang mit Sonderbeschlüssen **179** 155
- Zustimmung anderer Organe **179** 152
- Zustimmung wegen Aufhebung von Sonderrechten **179** 147
- Zustimmungsabgabe **179** 156

Satzungsänderung, KGaA 281 18
- aktienrechtliche Bestandteile **281** 18
- personengesellschaftsrechtliche Bestandteile **281** 19
- persönlich haftende Gesellschafter der KGaA **282** 6

Satzungsauslegung 23 39, 41b
Satzungsautonomie 241 167 ff.
Satzungsbestimmungen
- Änderungen **179** 39 ff., *s. Satzungsänderung*
- ergänzende **23** 41 f.; **179** 35 f.
- formelle **179** 31 f.
- korporative Bestandteile **23** 4
- materielle **179** 33 ff.
- nicht-korporative Bestandteile **23** 4
- Regelungsfreiräume **23** 30

Satzungsdurchbrechung 179 46 ff., *s. auch Durchbrechung der Satzung*
- punktuelle **179** 49 ff.
- zustandsbegründende mit Dauerwirkung **179** 49 ff.

Satzungskontrolle, börsennotierte KGaA 278 99

Satzungsmängel
- Auflösung **262** 47 ff.
- Fortsetzung bei Auflösung wegen **274** 11
- Heilung **276** 3 ff.
- Nichtigerklärung **275** 6 ff.

Satzungsmängel, KGaA 281 15
Satzungspublizität 55 10
Satzungsregelungen 103 11
Satzungssitz 14 3
Satzungsstrenge
- AG **23** 28 ff.
- SE **SE-VO Art. 9** 5

Say on Pay 192 46a
SCE-Gründung SpruchG 1 14; **SpruchG 3** 16

Sachverzeichnis

Schachtelbeteiligung
– Zurechnung (Meldepflicht) **20** 6, 16 f.
Schäden durch Einlagen 46 10 ff.
Schadenersatz bei Verstoß gegen
– Auswahl geeigneter Zahlstelle **46** 7
– Gründungsangaben, Richtigkeit und Vollständigkeit **46** 4
– Kapitalaufbringungsvorschriften **46** 8
Schadenersatz in der Insolvenz 87 77
Schadenersatzpflicht 117 5, *s. auch Haftung*
– Auffangkonzernrecht für andere Kapitalgesellschaftsformen **117** 34
– ausländische Aktiengesellschaften **117** 33
– Haftung des Einflussnehmers **117** 13
– Mithaftung der Verwaltung **117** 27
– Mithaftung des Nutznießers **117** 29
– Modalitäten der Haftung **117** 30
– qualifiziert faktischer Konzern **117** 12
Schadenersatzpflicht des gesetzlichen Vertreters des herrschenden Unternehmens
– Geltendmachung durch Aktionäre und Gläubiger **309** 33
– Verjährung **309** 38
– Verzicht und Vergleich **309** 31
Schadensersatzansprüche der Gesellschaft 147, *s. Ersatzansprüche der Gesellschaft*
Schadenskongruenz 116 222
Schärenkreuzentscheidung Vor 241 5
Schätzung SpruchG 8 4
Scheinauslandsgesellschaft 264 5
Scheinbeschlüsse 241 55 ff.
– Heilung **242** 28
– Löschungsverfahren **241** 232
Schiedsvereinbarung 66 19
– Geltendmachung von Organhaftungsansprüchen **147** 37
Schiedsverfahren SpruchG 1 35
– Zulässigkeit anstelle Spruchverfahren SpruchG **1** 36
Schiedsvertrag 116 162
Schluss der Abwicklung
– Anmeldung **273** 2, 5
– Aufbewahrung von Büchern und Schriften **273** 15
– Löschung **273** 7
– Nachtragsliquidation **273** 20
– Rechtsmittel **273** 31
Schlussrechnung 270 123, 125
Schmerzensgeldanspruch 1 22
Schmiergelder 116 81
Schmiergeldzahlung 76 52
Schranken der bedingten Kapitalerhöhung
– 10%-Grenze **192** 76
– 50%-Grenze **192** 74
– Stückaktien **192** 77
Schriftliche Stimmabgabe 108 53
Schuldrechtliche Vereinbarungen über Aktionärspflichten 54 29
Schuldrechtliche Zuzahlungen zum Ausgabebetrag der Aktie 9 34; **183** 45
– Bilanzierung **9** 41

Schuldverschreibungen 194 5
– als Sacheinlagen **194** 5
– Optionsanleihen und -genussrechte **194** 13
– Umtauschrechte bei verbundenen Unternehmen **194** 9
– Wandelanleihen **194** 5 ff.
– Wandelgenussrechte **194** 11
Schuldverschreibungen Dritter, Wandelschuldverschreibungen 192 33
Schütt-aus-Hol-Zurück-Verfahren 27 153; **188** 77; **205** 4
– genehmigte Sachkapitalerhöhung **205** 4
– Kapitalerhöhung aus Gesellschaftsmitteln **207** 32
Schutz der Vermögensinteressen der Aktionäre 179a 1; **SE-VO Art. 25** 8
Schutz des gutgläubigen Anteilserwerbers 328 16
– Erwerbsreihenfolge, Unerheblichkeit **328** 19
– Schutz beider Erwerber **328** 23
– Schutz des Ersterwerbers **328** 20
– Schutz des Zweiterwerbers **328** 21
– Schutz keines Erwerbers **328** 22
– unverzügliche Absendung der Mitteilung **328** 17
Schutz vor Abhängigkeit, Erweiterungen Vor § 15 3
Schutzgesetzcharakter der Buchführungspflicht 91 25
Schutzklausel 160 42 ff.
Schwellenberührung, *s. Meldeschwellenberührung*
Schwellenwerte Vor § 20 9a; **WpHG 33–47** 22
Scrip dividend 188 77
SE
– Abstimmung, gesonderte **SE-VO Art. 60** 2
– Anmeldepflicht **SE-VO Art. 26** 3
– anwendbares Recht **SE-VO Vor Art. 1** 2 ff.; **SE-VO Art. 9** 5
– Arbeitnehmerlose Vorrats-SE **SE-VO Art. 3** 26, 30
– Auflösung **SE-VO Art. 63** 3
– Aufsichtsorgan, Aufgaben und Handlungsinstrumente **SE-VO Art. 40** 4
– Aufsichtsorgan, Bestellung und Abberufung **SE-VO Art. 40** 6
– Aufsichtsorgan, Größe und Zusammensetzung **SE-VO Art. 40** 10
– Aufsichtsorgan, Informationsverlangen **SE-VO Art. 41** 5
– Aufsichtsorgan, Überprüfungsrecht **SE-VO Art. 41** 5
– Aufsichtsorgan, Vorsitzender **SE-VO Art. 42** 1
– Auseinanderfallen von Sitz und Hauptverwaltung **SE-VO Art. 64** 2
– Ausführungsgesetz **SE-VO Vor Art. 1** 3, 4
– Ausschüsse des Verwaltungsrats **SE-VO Art. 44** 5

Sachverzeichnis

Fett gedruckte Zahlen = Paragraphen

- Barabfindung, Sitzverlegung **SE-VO** Art. **8** 24
- Barabfindung, Verschmelzung **SE-VO** Art. **20** 11; **SE-VO Art. 24** 14
- Beschlussfassung der Organe der SE **SE-VO Art. 50** 4
- besonderer Vertreter **147** 65
- Besteuerung **SE-VO Vor Art. 1** 24 f.
- Beteiligung an nationalen Umwandlungsvorgängen **SE-VO Art. 3** 32
- Beteiligungsgesetz **SE-VO Vor Art. 1** 3; **SE-VO Art. 2**; **SE-VO Art. 3** 30 f., s. auch SE, Mitbestimmung
- Beteiligungsvereinbarung **SE-VO Art. 12** 6 ff.
- Bilanzrecht der SE mit Sitz in Deutschland **SE-VO Art. 61** 3
- Brexit **SE-VO Art. 7** 6 f.
- deutsches monistisches System, Grundstruktur **SE-VO Art. 43** 4
- dualistische Leitungssysteme **SE-VO Art. 38** 3; **SE-VO Art. 39** 1
- eigene Aktien **SE-VO Art. 5** 3; **SE-VO Art. 29** 4; **SE-VO Art. 31** 1; **SE-VO Art. 33** 10
- Einmanngründung **SE-VO Art. 2**; **SE-VO Art. 3** 19
- Eintragung **SE-VO Art. 33** 17
- Entsprechenserklärung (DCGK) **161** 34
- Firma **SE-VO Art. 11** 2 ff.
- formwechselnde Umwandlung in AG **SE-VO Art. 66** 1 ff.
- formwechselnde Umwandlung in SE **SE-VO Art. 2, 3** 17
- Frauenquote **76** 143, s. auch Frauenquote
- geschäftsführende Direktoren, Haftung **SE-VO Art. 51** 9
- Gesellschaftsstatut **SE-VO Art. 7** 1
- Gleichbehandlung **SE-VO Art. 10** 2
- grenzüberschreitende Sitzverlegung **SE-VO Art. 8** 1, 28
- Gründung, anwendbares Recht **SE-VO Art. 15** 2
- Gründung, gemeinsamer Vertreter **SpruchG 6a** 1 ff.
- Gründungsformen **SE-VO Art. 1** 6
- Haftung Organe **SE-VO Art. 51** 5 ff.
- Handelndenhaftung **SE-VO Art. 16** 13
- Hauptversammlung **Anh. 119** 3a; **SE-VO Art. 52** 3, 6, 11; **SE-VO Art. 53** 3; **SE-VO Art. 54** 2; **SE-VO Art. 58** 2
- Informationsrechte der Verwaltungsratsmitglieder **SE-VO Art. 44** 4
- Insolvenz **SE-VO Art. 63** 5
- Jahresabschluss **SE-VO Art. 61** 1
- Kapital **SE-VO Art. 5** 1
- Kapitalaufbringung und -erhaltung **SE-VO Art. 4** 3; **SE-VO Art. 5** 1 ff.
- Kapitalmarktrecht, Anwendbarkeit **SE-VO Art. 9** 14
- Konzernrecht, Anwendbarkeit **SE-VO Art. 9** 7, 12
- Koordination der Überwachungstätigkeit **SE-VO Art. 38** 13
- Kopplungsoption **SE-VO Art. 8** 4 f.
- Leitungsorgan, Mitgliederzahl **SE-VO Art. 39** 10
- Leitungsorgan, Stellung und Aufgaben **SE-VO Art. 39** 2
- Leitungsorgane, Bestellung und Abberufung der Mitglieder **SE-VO Art. 39** 6
- Mehrstaatlichkeit, echte **SE-VO Art. 2**; **SE-VO Art. 3** 6
- Mehrstaatlichkeit, eingeschränkte **SE-VO Art. 2**; **SE-VO Art. 3** 11
- Mehrstaatlichkeit, Gestaltungen zu Herstellung **SE-VO Art. 2**; **SE-VO Art. 3** 22 ff.
- Mindestkapital **SE-VO Art. 4** 2
- Mitbestimmung **95** 14; **SE-VO Art. 1** 7; **SE-VO Art. 2**; **SE-VO Art. 3** 30 f.; **SE-VO Art. 8** 8; **SE-VO Art. 9** 13
- Mitglieder des Leitungs- und Aufsichtsorgans, Haftung **SE-VO Art. 51** 4
- Mitglieder des Verwaltungsorgans, Haftung **SE-VO Art. 51** 5
- monistische Leitungssysteme **SE-VO Art. 38** 3
- monistisches und dualistisches System der deutschen SE im Vergleich **SE-VO Art. 38** 9
- nationales Recht, Geltung **SE-VO Vor Art. 1** 2 ff.; **SE-VO Art. 9** 5 ff.
- Offenlegung von Urkunden **SE-VO Art. 14** 2
- Optionsmodell **SE-VO Art. 38** 5
- Organbeschlüsse, fehlerhafte **SE-VO Art. 50** 12
- Organisationsverfassung **SE-VO Art. 38** 1
- Rechtsfähigkeit und Rechtspersönlichkeit **SE-VO Art. 1** 4
- Rechtsformzusatz **SE-VO Art. 11** 2
- Rechtslage vor Eintragung **SE-VO Art. 16** 4
- Rechtspersönlichkeit, Erwerb durch Eintragung **SE-VO Art. 16** 3
- Registereintragung **SE-VO Art. 12** 3
- Satzung **SE-VO Art. 6** 1
- Satzungsänderungen **SE-VO Art. 59** 3
- Satzungsautonomie **SE-VO Art. 9** 5; **SE-VO Art. 12** 17
- Satzungspublizität **SE-VO Art. 59** 7
- SEAG **SE-VO Vor Art. 1** 3, 4
- SEBG **SE-VO Art. 2**; **SE-VO Vor Art. 1** 3; **SE-VO Art. 3**, s. auch SE, Mitbestimmung
- Sicherung der Arbeitnehmerbeteiligung bei Eintragung **SE-VO Art. 12** 6
- Sitz **SE-VO Art. 7** 3
- Sitzungen des Verwaltungsrats **SE-VO Art. 44** 2
- Sitzverlegung **SE-VO Art. 8** 1

Mager gedruckte Zahlen = Randnummer

Sachverzeichnis

– Sitzverlegung, Nicht-EU-Staat **SE-VO Art. 8** 28
– Sitzverlegung, Rechtsfolgen **SE-VO Art. 8** 22
– Sonderprüfung **142** 40
– Spaltung **SE-VO Art. 3** 40
– Spruchverfahren **SpruchG 3** 12 ff.
– steuerliche Behandlung **SE-VO Vor Art. 1** 24 f.
– supranationale Aktiengesellschaft **SE-VO Art. 1** 1
– Typenkombination **SE-VO Art. 3** 21
– Übereinstimmung der Satzung mit der SE-RL nach der Eintragung **SE-VO Art. 12** 15
– Umtauschverhältnis, Verbesserung **SE-VO Art. 24** 11 ff.
– Umwandlung in AG **SE-VO Art. 66** 1 ff.
– Umwandlung in SE **SE-VO Art. 2**; **SE-VO Art. 3** 17
– Verlegungsbericht **SE-VO Art. 8** 11
– Verlegungsbeschluss **SE-VO Art. 8** 7
– Verlegungsverfahren **SE-VO Art. 8** 7
– Verschmelzung zur AG **SE-VO Art. 2**; **SE-VO Art. 3** 38
– Verschmelzung zur SE **SE-VO Art. 3** 36
– Verschmelzung, Betriebsübergang **SE-VO Art. 29** 8
– Verschmelzungsplan **SE-VO Art. 20** 3 ff.
– Verschmelzungsrecht, Anwendbarkeit **SE-VO Art. 18** 2 ff.
– Verwaltungsrat, Ausschüsse **SE-VO Art. 44** 5
– Verwaltungsrat, Geschäftsführung **SE-VO Art. 43** 15
– Verwaltungsrat, Größe und Zusammensetzung **SE-VO Art. 43** 25
– Verwaltungsrat, Leitungsaufgabe **SE-VO Art. 43** 10
– Verwaltungsrat, Rechtsstellung der geschäftsführenden Direktoren, **SE-VO Art. 43** 36
– Verwaltungsrat, Rechtsstellung der Mitglieder **SE-VO Art. 43** 31
– Verwaltungsrat, Überwachungsaufgabe **SE-VO Art. 43** 21
– Verwaltungsrat, Vertretung der SE **SE-VO Art. 43** 19
– Verwaltungsrat, Vorsitzender **SE-VO Art. 45** 2
– Vorlagepflicht **SE-VO Art. 26** 3
– Vorrats-SE **SE-VO Art. 1** 21; **SE-VO Art. 2**; **SE-VO Art. 3** 26 ff.
– Wahlrecht **SE-VO Art. 38** 3
– Zweijahresfrist **SE-VO Art. 2**; **SE-VO Art. 3** 14, 24; **SE-VO Art. 64** 4
SE-Gründung SpruchG 1 13
Sektorkenntnis 100 60 f.; **107** 150d
Self dealing 93 131
Serienzeichen 13 23
SE-Typen SE-VO Vor Art. 1 18

Shareholder Value 76 29 ff.; **116** 22, 31 f.; **192** 42
– Satzungsbestandteil **82** 33
Share-Ownership-Guidlines 87 32
Sharholder activisim 117 1
Sicherheitsleistung, *s. auch Gläubigerschutz*
– Beherrschungs- und Gewinnabführungsvertrag **303** 5 ff., 26
– Eingliederung **321** 2 ff.
– Hinterlegung **272** 7
– Kapitalherabsetzung, Hinweis des Gerichts **225** 22
– Schluss der Abwicklung **273** 2
– Sitzverlegung SE **SE-VO Art. 8** 16
– Vermögensverteilung **272** 9
Sicherung der Arbeitnehmerbeteiligung bei Eintragung SE-VO Art. 12 6
Sicherung der Gesellschaft und der Gläubiger
– Zuweisung bei Beherrschungsverträgen **300** 20
– Zuweisung bei Gewinnabführungsverträgen **300** 4
– Zuweisung im Teilgewinnabführungsvertrag **300** 16
Sicherungseigentum, Einpersonen-Gesellschaft 42 3
Side-Stream-Merger SE-VO Art. 31 2
Siemens/Nold Entscheidung 243 172
Siemens-Nold-Entscheidung 202 19; **203** 79; **Vor 241** 24
Sittenwidrige Beschlüsse 241 210 ff.
Sitz der Gesellschaft 5 4; **14** 3; **19** 11; **SE-VO Art. 7** 3
– Beschränkungen **5** 7
– Doppelsitz **5** 7
– Festlegung **5** 4
– Mehrfachsitz **5** 7
– unzulässige Bestimmung **5** 11
– Verfahrensrecht **5** 2
– Verlegung **5** 9
Sitztheorie IntGesR 4; **SE-VO Art. 7** 1
Sitzungsgelder 113 10
Sitzungsleitung 107 41
Sitzungsniederschriften 107 65 ff.
– Abschriften der Protokolle **107** 74
– Anfertigung des Protokolls durch Aufsichtsratsvorsitzenden **107** 66
– Beschlagnahme der Protokolle **107** 78
– Genehmigung **107** 70
– Rechtswirkungen des Protokolls **107** 72
Sitzverlegung 5 9; **45** 3; **179** 82 ff., **SpruchG 1** 13
– Amtslöschung **45** 4
– Änderung der tatsächlichen Verhältnisse **45** 4
– Anmeldung **45** 6
– Europäische Aktiengesellschaft **141** 9; **SE-VO Art. 8** 1
– im Inland **5** 9; **45** 5
– in einen anderen Gerichtsbezirk **45** 8

2889

Sachverzeichnis Fett gedruckte Zahlen = Paragraphen

– innerhalb desselben Gerichtsbezirks **45** 12
– ins Ausland **5** 10; **45** 5; **179** 83; **262** 74
– Niederlassungsfreiheit **45** 5; **IntGesR** 13
– Rechtsfolgen **SE-VO Art. 8** 22
– Satzungsänderung **45** 3
– steuerliche Mitteilungspflichten **45** 13
– Verfahren **45** 3
– Zurückweisung des Antrags **45** 11
Sitzverlegungsverbot SE-VO Art. 37 6
Societas Privata Europea SE-VO Vor Art. 1 22
Sofortige Beschwerde SpruchG 12 12
Sonderbeschluss außenstehender Aktionäre 295 19; **296** 15
Sonderbeschluss der Vorzugsaktionäre 141 49
– Aufhebung des Vorzugs **141** 60
– Besonderheiten beim Bezugsrechtsausschluss **141** 57a
– gesonderte Versammlung **141** 53
– Mehrheitserfordernisse **141** 55
– Rechtsfolgen bei Fehlen **141** 52
Sonderbeschluss, Kapitalherabsetzung 222 32
Sonderbeschlüsse 179 18, 157, 178 ff.; **182** 27
– Erfordernis **182** 27
– fehlerhafte **138** 24
– Fehlerhaftigkeit **179** 203
– Kapitalerhöhung **182** 27 ff.
– kraft Satzung **138** 11
– Mehrheitserfordernis **179** 200
– Satzungsänderung **179** 19
– Verfahren **179** 193
– vorgeschriebene **138** 5
– Wirksamkeit **182** 30
Sondereinlage KGaA 280 24
Sonderinteressen der Geschäftsleiter 93 72
Sonderposten mit Rücklagenanteil 270 59
Sonderprüfer 142; **258** 9 ff., *s. auch Bestellung der Sonderprüfer*
– Abberufung **142** 120 ff.
– Auswahl **143**, *s. auch Auswahl des Sonderprüfers*
– Befangenheit **143** 37
– Berichterstattung **145** 42 ff., *s. auch Prüfberichtsgrundsätze*
– Bestellung **142** 82 ff., 111
– Bestellung der Sonderprüfer **143** 6 ff.
– Bestellungsverbote **143** 17 ff.
– Eigenverantwortlichkeit **144** 18
– Ersatzprüfer, vorbeugende Bestellung **142** 95 f.
– freiwillige Prüfungen **144** 39; **145** 68 ff.
– Geeignetheit **143** 6 ff.
– Geeignetheit, nachträglicher Fortfall **143** 15
– gerichtlich bestellter, Stellung **142** 204
– gerichtlich bestellter, Vergütung **142** 237 ff.
– gerichtlich bestellter, Vertrag **142** 182
– gerichtliche Bestellung **142** 125 ff.; **143** 43 f

– gerichtliche Bestellung, Auswahlentscheidung **142** 179
– gerichtliche Bestellung, börsennotierte Gesellschaften **142** 145
– gerichtliche Bestellung, Subsidiarität **142** 136
– gerichtliche Ersatzbestellung **142** 205 ff.
– gewissenhafte Prüfung **144** 6 ff.
– Haftung **144** 21 ff.
– Hauptversammlung **142** 199 f.
– Insiderhandelsverbot **144** 21
– kapitalmarktrechtliche Pflichten **144** 21
– Netzwerkmitglieder, Bestellungsverbot **143** 33
– persönliche Durchführung der Prüfung **144** 20
– Pflichtenumfang **144** 5
– Prüfungsgegenstand, Auslegung **142** 91, 147
– Prüfungsgesellschaften, Ausschlussgründe **143** 34 ff.
– Prüfungsvertrag **142** 112 ff.; **143** 14, 45
– Prüfungsvertrag bei gerichtlicher Bestellung **142** 182
– Prüfungsvertrag, Kündigung **142** 116
– Rechte **145** 10 ff., *s. auch Rechte des Sonderprüfers*
– Rechtstellung **142** 44 ff.
– Sonderprüfungsvertrag **142** 45
– strafrechtliche Verantwortlichkeit **144** 15, 38
– Unparteilichkeit **144** 10
– Verschwiegenheit **144** 11 ff.
– Verwertungsverbot **144** 16 f.
– Wegfall **142** 220 ff.
– Weisungsfreiheit **142** 91
Sonderprüfung 131 91; **283** 17, *s. auch Bestellung eines Sonderprüfers, Person des Sonderprüfers, Rechte des Sonderprüfers, Verantwortlichkeit des Sonderprüfers, Auswahl*
– Abkauf des Antrags **142** 178
– Ad-hoc-Mitteilungspflichten **142** 192
– Anordnung **142** 33, 43, 82 ff.
– Antrag, Abkauf **142** 178
– Antrag, Rechtsschutzbedürfnis **142** 87
– BaFin **142** 194, 241 f.
– Bagatellgrenze **142** 53
– Bedeutung **142** 6 ff.
– Beendigung, vorzeitige **142** 117 ff.
– Befangenheit **143** 37
– Berichterstattung **142** 198; **145** 42 ff., *s. auch Prüfberichtsgrundsätze*
– Berichterstattung, Einbeziehung des Vorstands **145** 37
– Bestimmtheitserfordernis **142** 48, 90
– bilanzielle **142** 26
– Corporate Social Responsibility **142** 65
– Durchführung **142** 196 ff.; **315** 12
– Enforcement-Verfahren, Verhältnis **142** 36
– England **142** 15 f.
– Entscheidung des Gerichts **315** 9
– Ergebnisse, Maßnahmen **142** 188 ff.
– Ersatzansprüche gegen Organe **147** 16 f.

Mager gedruckte Zahlen = Randnummer

Sachverzeichnis

– Ersatzprüfer, vorbeugende Bestellung **142** 95 f.
– falsche Angaben **400** 107
– Folgen **142** 188 ff.
– Frankreich **142** 14
– Gegenstände **315** 12
– gerichtliche Anordnung **142** 125 ff.
– gerichtliche Anordnung, anderer Sonderprüfer **142** 205 ff.
– gerichtliche Anordnung, Beendigung **142** 183 f.
– gerichtliche Anordnung, Gesellschaftswohl **142** 155 ff.
– gerichtliche Anordnung, Prüfungsgegenstand **142** 143 ff.
– gerichtliche Anordnung, Rechtsschutzbedürfnis **142** 165
– gerichtliche Anordnung, Tatsachenvotrag **142** 150 ff.
– gerichtliche Anordnung, Verhältnismäßigkeitsprüfung **142** 155 ff.
– gerichtliche Bestellung eines anderen Sonderprüfers **315** 10
– Gründungsvorgänge **142** 54
– Hauptversammlung, abschließende Kompetenz **142** 124
– Hauptversammlungsbeschluss **142** 82 ff.
– Hauptversammlungsbeschluss, fehlerhafter **142** 105 ff.
– Hauptversammlungsbeschluss, Stimmverbote **142** 98 ff.
– insolvente Gesellschaft **142** 78 ff.
– Investmentaktiengesellschaften **142** 40
– Jahresabschluss **142** 62 ff.
– Jahresabschluss, Anpassung wegen Anordnung **142** 193
– Jahresabschluss, Sonderprüfung gem. § 258 AktG **142** 201 ff.
– Kapitalmarkt, Maßnahmen **142** 66
– kapitalmarktorientierte Unternehmen, Mitteilungen **142** 194, 241 f.
– Kapitalmaßnahmen **142** 67
– KGaA **283** 17
– Klagezulassungsverfahren, Verhältnis **148** 32 f.
– Konzern **142** 69; **145** 35
– konzernrechtliche Sonderprüfung **142** 27
– Konzernsachverhalte **142** 22
– Kosten **146** 5 ff.; **315** 14
– Kostentragung bei Anordnung und Bestellung des Prüfers durch Hauptversammlung **146** 17
– Kostentragungspflicht der Antragsteller **146** 11
– Kostentragungspflicht der Gesellschaft **146** 5
– Maßnahmen des Aufsichtsrats **142** 59
– Maßnahmen des Vorstands **142** 56 ff., 60 f.
– Mitteilungspflichten **142** 192, 194
– Motive **142** 9
– Nichtigkeits- und Anfechtungsklage **142** 32
– persönliche Durchführung **144** 20

– Prüfungsgegenstand **142** 48 ff.
– Prüfungsgegenstand bei gerichtlicher Anordnung **142** 143 ff.
– Prüfungsgegenstand, Änderung **142** 148
– Prüfungsgegenstand, Auslegung **142** 91
– Prüfungsgegenstand, Bestimmtheitserfordernis **142** 90
– Prüfungsgegenstand, Erweiterung **142** 92
– Prüfungsvertrag **142** 112 ff.
– Rechte des Sonderprüfers **145** 10 ff.
– rechtliche Bewertung des Prüfers **142** 52
– Rechtsmissbrauch **142** 68, 156, 166
– Schadensersatzpflicht der antragstellenden Aktionärsminderheit **146** 13
– Schweiz **142** 17 f.
– Sonderprüfer **142** 44 ff., *s. auch Sonderprüfer, s. dort*
– Sonderprüfungsvertrag **142** 45
– Spruchverfahren, Verhältnis **142** 38
– Tatsachenermittlung, Beschränkung auf **142** 52
– Überwachungsfunktion **142** 6
– Umwandlungen **142** 30, 72 ff.
– Verfahrensgrundsätze **315** 9
– Voraussetzungen **315** 4
– Wegfall des Sonderprüfers **142** 220 ff.
– Zufallsfunde **145** 51
Sonderrecht der atypischen KGaA 278 28 ff.
Sonderrechte 11 4, *s. Sondervorteile*
– Entsendung von Aufsichtsratsmitgliedern **101** 50
Sonderrücklagen 218 4
– bedingtes Kapital **218** 2
– genehmigtes Kapital **218** 9
– Genussrechte **218** 8
– Optionsanleihen **218** 8
Sondervermögen 41 120
Sondervorteile 26 2 ff.; **243** 191 ff.
– Änderung **26** 14
– Arten **26** 3
– Aufhebung, Zustimmungserfordernisse **179** 147 f.
– Ausgleichsgewährung **243** 209 ff.
– Beherrschungs- und Gewinnabführungsvertrag **243** 214
– Beseitigung **26** 15
– Erlöschen **26** 6
– Fehler **26** 11
– Festsetzung in der Satzung **26** 5
– Gewinnverwendungsbeschluss **254** 6
– KGaA **281** 16
– materiell-rechtliche Grenzen **26** 4
– Spruchverfahren, Vergleich **SpruchG 11** 9
– strafrechtliche Haftung **399** 147 ff.
– Übertragung **26** 6
– unzulässige Verfolgung **257** 14
– Verbot **93** 125
Sorgfaltspflicht der Vorstandsmitglieder 93 10, 14
– Ausnahmen **93** 28

Sachverzeichnis

Fett gedruckte Zahlen = Paragraphen

– Auswahlsorgfalt **93** 102
– Berufspflichten **93** 43
– Deutscher Corporate Governance Kodex **161** 24 ff.
– Einweisungssorgfalt **93** 103
– externe Pflichtenbindung **93** 23
– interne Pflichtenbindung **93** 15
– Legalitätspflicht **93** 14
– nützliche Pflichtverletzungen **93** 36
– organspezifische Rechtspflichten **93** 15
– Planungsverantwortung **93** 52
– Sorgfaltspflichten im engeren Sinne **93** 41
– Überwachungssorgfalt **93** 104
– Verhaltensmaßstäbe **93** 41
– zentrale Aufgabenfelder **93** 50
Sorgfaltspflicht und Verantwortlichkeit der Aufsichtsratsmitglieder 116 37 ff.
– Bagatellfälle **116** 60
– Beratung durch Experten **116** 49 f., 68
– Business Judgement Rule **116** 43, 59
– Delegation auf Ausschüsse **116** 45; **171** 22
– Einlagenrückgewähr **57** 101
– Enthaftung, Freistellung und D&O-Haftung **116** 183 ff.
– gegenseitige Überwachung und Selbstevaluation **116** 53
– Geltendmachung von Ansprüchen gegen Vorstand **116** 58 ff.
– Geltung für alle Aufsichtsratsmitglieder **116** 9
– Gemeinwohl, Beachtung **116** 24 ff.
– Gründungsschwindel **399** 84 ff.
– Haftung des überstimmten Aufsichtsratsmitgliedes **116** 11
– Haftung des verhinderten Aufsichtsratsmitgliedes **116** 52
– Haftung Dritter für Fehlverhalten der Aufsichtsratsmitglieder **116** 208
– Haftung für Berichterstattungsmängel **171** 82
– Haftung für pflichtwidrige Weisungsrechtsausübung **309** 7; **310** 4
– Haftung für unangemessene Vorstandsvergütung **116** 56
– Haftung, strafrechtliche **399** 27 ff., 84 f., 177, *s. auch strafrechtliche Organ- und Vertreterhaftung*
– Ision-Urteil des BGH **116** 50
– Kartellrechtsverstöße, Verhalten bei **116** 63
– Kodizes als Pflichtmaßstab **116** 21 f.
– Mindestanforderung **116** 33
– persönliche Amtswahrnehmung **111** 78; **171** 18
– Pflichtenmaßstäbe **116** 8 ff.
– Prüfpflichten **116** 73
– Prüfung des Jahresabschlusses **171** 10 ff., 13
– Prüfung von Ersatzansprüchen **116** 58
– Rechte des Sonderprüfers **145** 10 ff., *s. auch Rechte des Sonderprüfers*
– Reputationsschaden, Verhinderung **116** 60
– Risikoanalyse **116** 48
– Schadenersatzpflicht gegenüber der AG **116** 124 ff.
– Schiedsverträge **116** 162
– Shareholder Value **116** 23 ff., 31 f.
– Sonderprüfungsbericht **145** 42 ff., *s. auch Prüfbericht, s. auch Prüfberichtsgrundsätze*
– Sondertatbestände **116** 141 ff.
– Sozialbindung, Beachtung **116** 24 ff.
– strafrechtliche Haftung **399** 27 ff., 84 f., 177, *s. auch strafrechtliche Organ- und Vertreterhaftung*
– Treuepflichten **116** 74 ff., *s. auch Treuepflichten der Aufsichtsratsmitglieder*
– Überwachung von Risikomanagementsystemen **116** 67
– Überwachung, Pflichtverletzungen bei der **116** 69
– Unternehmensinteresse **116** 29
– Verfolgung der Ansprüche durch Gläubiger **116** 188 ff.
– Verhältnis zu Pflichten des § 93 AktG **116** 46
– Verjährung **116** 175
– Verzicht und Vergleich **116** 161 ff.
Sorgfaltspflichten im engeren Sinne 93 41
Sozialbindung
– Orientierungsmaßstab für Aufsichtsrat **116** 24 ff.
Sozialer Geltungsanspruch 1 21
Spaltung 249 27
Spaltung KGaA 280 23
Spartenaktien, *s. Tracking Stocks*
Spartenorganisation 77 38
Spekulationsgeschäfte 93 75
Spenden 76 45 ff.
Sperrjahr 267 7; 272 3; 290 8
Sperrminorität 17 27
Spezial-AIF WpHG 33–47 26
– Zurechnung Stimmrechte (WpHG) **WpHG 33–47** 41
Sphärenvermischung 1 54
Spruchverfahren Vor 241 13; SpruchG 1 3, 7, 30; SE-VO Art. 24 11; SE-VO Art. 25 8
– Antragsbegründung, *s. dort*
– Antragsberechtigung, *s. dort*
– Antragsfrist, *s. dort*
– Antragsgegner, *s. dort*
– Antragsrücknahme, *s. dort*
– Beschwerdebefugnis, *s. dort*
– Beschwerdeverfahren, *s. dort*
– Entscheidung des Prozessgerichts, *s. dort*
– Ertragswertmethode **SpruchG 8** 6
– FamFG, Geltung **SpruchG 17** 2
– FGG, Geltung **SpruchG 17** 3
– gemeinsamer Vertreter, *s. dort*
– Geschäftswert, *s. dort*
– gütliche Einigung, *s. dort*
– Kosten, *s. dort*
– mündliche Verhandlung, *s. dort*
– Rechtsbehelfe, *s. dort*
– Schiedsverfahren anstelle Spruchverfahren **SpruchG 1** 36
– SE **SpruchG 3** 12 ff.
– sofortige Beschwerde, *s. dort*

Mager gedruckte Zahlen = Randnummer   **Sachverzeichnis**

– Unternehmensbewertung im **SpruchG 8** 4 f.
– Verfahrensbeendigung, *s. dort*
– Vergleich, *s. dort*
– Verhältnis zur Anfechtung **327f** 3
– Verkehrswert **SpruchG 8** 5
– Vermögensübertragung, Anwendung **179a** 44 f.
– Wirkung der Entscheidung, *s. dort*
– Zuständigkeit, *s. dort*
Sprungregress 65 19
Squeeze-Out 179a 37; **327a** 1 ff.
– Ad-hoc-Mitteilungen **327c** 14
– ADR **327a** 22; **327e** 12
– Anfechtung, HV-Beschluss **245** 21
– Anfechtung, HV-Beschluss wg. Treuwidrigkeit **327a** 25 ff.
– Anfechtung, Verhältnis zu Spruchverfahren **327f** 2 ff.
– angemessener Ausgleich, Beendigung des Anspruchs **304** 37
– Auflösungsstadium **264** 39 f.; **271** 6
– Ausgleichspflicht **304** 37
– Auskunftsrecht der Aktionäre **327d** 5
– Ausschlussverfahren, Minderheitsaktionäre **327a** 6
– Barabfindung **327b** 4 ff., *s. auch Barabfindung, Eingliederung, Squeeze Out*
– Barabfindung, Bekanntmachung **327b** 13
– Barabfindung, Bemessung **327b** 4 ff.
– Barabfindung, Prüfung **327c** 8 ff.
– Barabfindungsgewährleistung **327b** 10 ff.
– Beherrschungsvertrag als Voraussetzung **291** 8
– Börsennotierung **327a** 14
– Fragerecht der Aktionäre **327d** 5
– Freigabeverfahren **327e** 6
– Gewährleistungserklärung **327b** 15
– Hauptversammlung **192** 83; **327a** 20 ff., *s. auch Hauptversammlung, Ausschluss von Minderheitsaktionären*
– Hauptversammlung, Durchführung **327d** 3 ff.
– Hauptversammlung, Vorbereitung **327c** 2 ff.
– Informationspflichten **327c** 11 ff.
– Kapitalmarktrecht, Verhältnis zu **327a** 11
– Konzern **327a** 12
– Liquidationsgesellschaft **264** 39 f.; **271** 6
– Optionsrechte **327b** 8
– Parallelprüfung **327c** 10
– Pflichtangebot, Verhältnis zu **327a** 10 ff.
– Rechtsschutz, Spruchverfahren **327f** 2 ff., *s. auch Spruchverfahren*
– Redeemable shares **327a** 7
– sachliche Rechtfertigung **327a** 24
– Spruchverfahren **1** 11
– Spruchverfahren beim übernahmerechtlichen **1** 26
– Spruchverfahren, anhängiges **327e** 10
– Strukturmaßnahme außerhalb UmwG **Vor § 15** 20
– Übernahmeangebot, Verhältnis zu **327a** 10 ff.

– Unternehmensbewertung **327b** 4 ff.
– Unternehmensverträge **327e** 10
– verschmelzungsrechtliches Ausschlussverfahren **327a** 11a f.
– Vorzugsbeeinträchtigung **141** 9
– Wandelanleihen **327b** 8
– Wandelschuldverschreibungen, Behandlung von **221** 161
– Zeitpunkt, Abfindung **327b** 3
– Zeitpunkt, Kapitalbeteiligung **327a** 18
– Zweckgesellschaft **327a** 26
Staatshaftungsrecht, Ansprüche 396 19
Staatsverträge IntGesR 20
Stabilisierung des Kursniveaus 71 6
Staffelregress 65 18
Stakeholder Value 76 29
Standards of conduct 93 64
Standards of review 93 64
Statusverfahren 96 44 f.; **97** 7 f.
Stellung der Hauptversammlung 118 5
– Organstellung **118** 5
– Stellung zu anderen Organen **118** 6
Stellung des Insolvenzantrags 92 59
– Antragspflicht **92** 59
– Antragspflichtige **92** 60
– Aufsichtsratsmitglieder **92** 66
– ausgeschiedene Vorstandsmitglieder **92** 64
– fehlerhaft bestellte oder faktische Vorstandsmitglieder **92** 62
– Vorstand **92** 60
Stellungnahme des Vorstandes oder des Aufsichtsrates nach einem Übernahmeangebot 400 97
Stellungnahme durch den Aufsichtsrat 171 73
Stellvertreter des Aufsichtsratsvorsitzenden 107 17, 53 ff.
– Anmeldung zum Handelsregister **107** 61; **184** 15
– Beendigung der Amtszeit **107** 56
– Ehrenvorsitzender **107** 62
– Rechtsstellung **107** 57
– Wahl nach dem Aktiengesetz **107** 54
– Wahl nach dem Mitbestimmungsgesetz **107** 55
Stellvertreter von Vorstandsmitgliedern
– Abberufung **94** 4
– Bestellung **94** 4
– Geschäftsführung **94** 6
– mitbestimmte Gesellschaften **94** 5
– Publizität **94** 8
– Vertretung **94** 7
Stellvertretung bei der Gesellschaftsanmeldung 36 13
Stenographische Aufzeichnungen der Hauptversammlung 130 70
Steuerliche Behandlung der Verschmelzung SE-VO Art. 17 8
– Auslandsverschmelzung **SE-VO Art. 17** 8
– Hinausverschmelzung **SE-VO Art. 17** 8

2893

Sachverzeichnis

Fett gedruckte Zahlen = Paragraphen

– Hineinverschmelzung **SE-VO Art. 17** 8
Steuerliche Behandlung, Beteiligung an Aktienoptionsplänen
– Arbeitnehmer **192** 65
– Bemessungsgrundlage **192** 68
– Zeitpunkt **192** 66
Steuerliche Mitteilungspflichten, Sitzverlegung 45 13
Steuerrecht 1 30
Steuerrechtliche Behandlung der Vergütung von Aufsichtsratsmitgliedern 113 66
Steuerrechtliche Bestimmungen über das Gemeinschaftsrecht SE-VO Vor Art. 1 24
Steuerrechtliche Buchführungspflicht 91 9
Steuerrechtliche Organschaft Vor § 291 15 ff., *s. auch Organschaft*
– Gruppenbesteuerung, EU-Konformität **Vor § 291** 23 f.
Steuerumlagen 311 46
Stichentscheid 77 13; **107** 49
Stille Beteiligungen
– als Teilgewinnabführungsvertrag **291** 21
– an KGaA **278** 16
Stille Beteiligungen, Teilgewinnabführungsvertrag 292 21 ff.
Stille Liquidation 264 6; **270** 5
Stille Reserven 58 4; **131** 43
Stimmabgabe 77 24; **133** 18
Stimmbindungen, Nichtigkeit 136 59
Stimmbindungsverträge, KGaA 134 20, 22; **136** 36, 45 ff.; **285** 24
– Wirkung zulässiger Stimmbindungsverträge **136** 61
Stimmenkauf 405 75
Stimmenmehrheit 16 28
– Berechnung **35**
– eigene Stimmrechte **16** 31
– Gesamtstimmen im Unternehmen **16** 29
– Stimmen des übergeordneten Unternehmens **16** 30
– Zurechnung **16** 33
Stimmenmehrheit, Hauptversammlung 133 29
– einfache **133** 29
– qualifizierte **133** 33
Stimmenthaltungen 108 24
Stimmenverkauf 405 63
Stimmkraft 12 6
– Proportionalitätsgrundsatz **134** 6
Stimmlose Vorzugsaktien 139 39
Stimmpool 136 57
Stimmrecht 12 3 ff.; **108** 25; **134** 1
– abweichende Satzungsregeln **12** 9
– Aktionärsvereinigungen **135** 103 ff.
– Ausschluss **12** 10; **136** 6 ff.
– Ausübung **12** 8; **134** 1
– Ausübung durch Dritte **134** 38 ff.
– Beginn **134** 1
– bei vollständiger Einlage **134** 5
– Beschränkung **12** 11

– Form der Ausübung **134** 80
– geschäftsmäßig Handelnde **135** 105 ff.
– Höchststimmrechte **134** 8
– Kontrahierungszwang **135** 13
– Legitimationsnachweis **402** 21 ff.
– nach Nennbeträgen oder Zahl der Aktien **134** 1
– Record Date **123** 31; **402** 22, 26, 36, 43
– Stimmrechtsberater **135** 106b
– Stimmrechtsvertreter **135** 106a
– Teilleistung der Einlage **134** 5
– Unteilbarkeit **12** 7
– Verbote, gesetzliche **12** 14
– Vollmachtserfordernis **135** 2
– vor vollständiger Einlage **134** 29
Stimmrecht der Komplementäre, KGaA 285 13
– Gestaltungsspielräume **285** 14
– Grenzen **285** 15
– nur für Aktien **285** 13
Stimmrechtsausschluss 12 10; **67** 55; **103** 10; **136** 6
Stimmrechtsausschlussvertrag 136 46
Stimmrechtsausübung
– Aktionärsvereinigungen **135** 103, 104
– Bevollmächtigten **134** 48
– Dritte **134** 4, 38
– Ermächtigung bei fremden Namensaktien **135** 99
– Form **134** 80
– geschäftsmäßig Handelnde **135** 103, 105
– Haftung **135** 110 ff.
– Kreditinstitute **135** 11
– Stimmrechtsberater **135** 106b
– Stimmrechtsvertreter **135** 106a
– Verstöße **135** 110
– Vollmacht für fremde Aktien **135** 10
– Wirksamkeit der Stimmabgabe **135** 110
Stimmrechtsberater 135 106b
Stimmrechtsbeschränkungen, Schranken des Stimmrechts
Stimmrechtskonsortien 15 41
Stimmrechtsverträge 405 70
Stimmrechtsvertreter 135 106a
Stimmrechtsvollmacht für fremde Aktien 135 10
– generelle Vollmacht **135** 30
– Untervollmacht **135** 42
– Zurechnung Meldepflicht **WpHG 33–47** 51
Stimmverbot für Komplementäre der KGaA 285 15 ff.
– Ausnahmen **285** 27
– Bestellung von Sonderprüfern **285** 18
– Entlastung der Mitglieder des Aufsichtsrates **285** 17
– Entlastung der persönlich haftenden Gesellschafter **285** 17
– Folgen unzulässiger Stimmrechtsausübung **285** 29

Mager gedruckte Zahlen = Randnummer   **Sachverzeichnis**

- Geltendmachung von Ersatzansprüchen **285** 19
- GmbH & Co. KGaA **285** 25
- Stimmbindungsverträge **285** 24
- Umgehungen **285** 23
- Verzicht auf Ersatzansprüche **285** 19
- Wahl und Abberufung des Aufsichtsrats **285** 16
- Wahl von Abschlussprüfern **285** 20

Stimmverbote 1 72; **77** 25; **136** 6 ff.
- Kommanditist **136** 27

Stock appreciation rights 113 53; **192** 57

Stock Options 113 49 ff.; **192** 16, 39, s. auch Aktienoptionspläne
- bedingtes Kapital **192** 39 ff.
- hedging **193** 18a
- Repricing **192** 47; **193** 18

Stock-Option-Plans 84 45; **87** 42 f.

Strafrecht 1 28

Strafrechtliche Organ- und Vertreterhaftung
- Ad-hoc-Mitteilungen **400** 81 ff.
- Analogieverbot **399** 189
- Angaben **399** 50 ff.
- Ankündigungsschwindel **399** 179 ff.
- Auskunftsverweigerung **400** 41, 52, 63
- Berichtigungspflicht **399** 56
- Beurteilungen **399** 51; **400** 33
- Cash-Pools **399** 132 ff.
- Erklärung zu Unternehmensführung **400** 91 ff.
- Erklärung zum DCGK **161** 104; **400** 92
- faktisches Organ **399** 31
- Falschangaben gegenüber Prüfern **400** 100 ff.
- Garantenpflichten **399** 35; **400** 44
- Gebot der realen Kapitalaufbringung **399** 137
- Hauptversammlung, Vorträge oder Auskünfte in der **400** 58 ff.
- Hin- und Herzahlen **399** 126 ff.
- Insiderinformationen **400** 46
- Insolvenzverschleppung **401** 14 ff., 21 ff.
- Internetseiten, Überblick über Verhältnisse **400** 90
- Irrtum **399** 264 ff.
- Meinungsäußerungen **399** 51
- Nachgründungsbericht **399** 169, 174 ff.
- Offenbarungspflichten **400** 45
- Organmitglieder ausländischer Gesellschaften **399** 37 ff.
- Pressemitteilungen **400** 84 ff.
- private Äußerungen **400** 55
- Prognosen **399** 51; **400** 33
- Prüfungsbericht **399** 177
- Rechtswidrigkeit **399** 262
- Sacheinlagen **399** 155 ff.
- Schuld **399** 263
- Sondervorteile **399** 147 ff.
- strategischer Rahmen im Unternehmensverbund **76** 92
- Tathandlungen **399** 50 ff.
- Tatvarianten **399** 66 ff.
- Übernahmeangebot, Stellungnahme zu **400** 97
- unrichtige Darstellung, s. dort
- unrichtige Wiedergabe **400** 29 ff.
- unterlassene Richtigstellung **400** 51
- verantwortlicher Personenkreis **399** 27 ff.
- verdeckte Sacheinlage **399** 112 ff.
- Vermögensstand, Darstellung **400** 65 ff.
- Verschleierung **400** 48 ff.
- Verschweigen erheblicher Umstände **399** 59 ff.; **400** 118
- Verwendungsabsprachen **399** 140
- Vorsatz **399** 259
- wahrheitswidrige Erklärung **399** 65
- Wertungen **399** 54

Strafrechtliche Verfahren
- Übermittlung von Entscheidungen an die Abchlussprüferstelle **407a** 3

Streit oder Ungewissheit über Umsatzverhältnisse 98 13

Streitwert
- Festsetzung **247** 6
- Spaltung **247** 16

Strukturmassnahme
- Anfechtung des Beschlusses über **SpruchG 3** 29
- Hauptversammlungsbefugnis **264** 37
- nachfolgende, Spruchverfahren **SpruchG 3** 30 f.
- Spruchverfahren bei Entfallen **SpruchG 3** 26
- Squeeze Out als **Vor § 15** 20

Strukturveränderungen 179 28; **304** 76

Stückaktie 1 95 ff.; **8** 4, 41 ff.; **182** 48; **202** 94
- Begriff **8** 41
- Festsetzung **8** 45
- Investmentaktiengesellschaft **8** 8a
- Kapitalerhöhung **8** 47
- Kapitalherabsetzung **8** 48
- Mindesthöhe **8** 42
- Zwang zu hoher Stückzahl **8** 48

Stufengründung 27 144; **52** 48; **SE-VO Art. 32** 10; **SE-VO Art. 33** 16

Stuttgarter Modell 192 56

Subjektive Rechte der AG 1 20
- Finanzkrise, Äußerungen im Rahmen der **400** 89

Substanzwertverfahren 305 75

Subtraktionsverfahren 130 46; **133** 26
- bei online-Teilnahme **133** 26a

Supranationale Aktiengesellschaft SE-VO Art. 1 1

Synergieeffekte 186 45

Take-Over 116 98

Talon 58 102

Tatsächlicher Sitz, Änderung ohne Satzungsänderung 45 4

Täuschungshandlungen des Gesellschafters 1 70

Sachverzeichnis

Fett gedruckte Zahlen = Paragraphen

Teilbeherrschungsvertrag 291 24
Teileingezahlte Aktien
– Börsennotierung 10 77
– eigene Aktien der Gesellschaft 215 2
– Gewinnverteilung 216 15
– gleichgestellte Aktien 215 3
– Grundlagen 216 11
– Kapitalerhöhung 215 4
– Namensaktien 10 72
– Nebeneinander von teil- und volleingezahlten Aktien 215 8
– Nebenverpflichtungen 216 31
– Rechtsbeziehungen zu Dritten 216 19
– Stimmrecht 216 17
– Subsidiarität der Kapitalerhöhung 182 58
– Umfang der Kapitalerhöhung 215 10
Teilgewinnabführungsvertrag Vor § 291 33; 291 45; 292 12 ff.; 300 16; **SpruchG 1** 21
– Anmeldungsunterlagen 294 8
– Genussscheine als 221 66 f.; 292 24a
– gesetzliche Rücklage 300 16 ff., 25
– Höchstbetrag der Gewinnabführung 300 4
– partiarische Darlehen 292 24a
– stille Gesellschaftsverträge 292 32
Teilhabegesetz 96 10a
Teilkonzernregelung 96 9
Teilnahme an der Hauptversammlung 118 11
– Abschlussprüfer, Teilnahmerecht und -pflicht 118 20, 27; 171 24 ff.; 176 21
– Beeinträchtigung des Teilnahmerechts 118 16, 21; 123 46
– Bild- und Tonübertragung 118 44
– Briefwahl 118 42
– elektronische Teilnahme 118 35
– faktische Beeinträchtigungen 118 17
– Grenzen des Teilnahmerechts 118 15
– Organmitglieder, Teilnahmerecht und -pflicht 118 20
– Regelung in der Geschäftsordnung 118 32
– Regelung in der Satzung 118 32
– Schadenersatzansprüche gegen die Gesellschaft 118 18
– Teilnahme Dritter und der Öffentlichkeit 118 29
– Teilnahmerecht der Aktionäre 118 11
– Wahrnehmung durch Vertreter 118 13
Teilnahme an Sitzungen des Aufsichtsrates und seiner Ausschüsse
– Abschlussprüfer 109 25; 171 24 ff.
– Aufsichtsratsmitglieder von Konzerngesellschaften 109 6
– Auskunftspersonen 109 22
– Ausschluss von der Teilnahme 109 7 ff., 30 ff.
– Dritte 109 28
– Internetkonferenz 110 48
– Sachverständige und Auskunftspersonen 109 20
– Teilnahme für verhinderte Aufsichtsratsmitglieder 109 43

– Teilnahme Nichtangehöriger an Ausschusssitzungen 109 29
– Verstöße und Rechtsfolgen 109 49
– Vertretung, Textform der Ermächtigung 109 46 f.
– Videokonferenz 110 35
– Vorstandsmitglieder 109 14
Teilnahmebefugnis an der Hauptversammlung, KGaA 285 3
– Kommanditaktionäre 285 3
– Komplementäre 285 4
Teilnehmerverzeichnis der Hauptversammlung, Inhalt 129 16
– Aufstellung 129 19
– Eigenbesitz 129 26
– Fremdbesitz 129 28
– gesonderte Hauptversammlung 138 16
– Inhalt 129 25
– Kreditinstituten gleichgestellte Unternehmen 129 35
– Prüfung Stimmrechtsausübung 125 8
– Publizität 129 32
– Verstöße 129 36
– Vollmachtbesitz 129 27
– Zuständigkeit 129 20
Teilnichtige Beschlüsse 241 65 ff.
– Eintragung 241 97
– Heilung 242 15
Teilrechte 214 12
– Entstehung 186 17; 213 2
– Mitgliedschaftsrechte, Ausübung 213 5
– Veräußerlichkeit 186 17; 213 4
– Veräußerung 8 61
– Vererblichkeit 213 4
Teilweise Nichtigerklärung 248 20
Telefonkonferenz 107 67; 108 61 ff.
Tendenzunternehmen 96 8
Testamentsvollstreckung 1 19
Thesaurierungsgebot 272 2
Tochter-SE, Gründung SE-VO Art. 3 15; **SE-VO Art. 35** 3
– Umgehung der verschmelzungsrechtlichen Schutzvorschriften **SE-VO Art. 36** 5
Tochterunternehmen 90 29; 186 7
– in Abwicklung 270 132
– Kapitalerhöhung 182 73 ff.
Tonband- und Bildaufnahmen der Hauptversammlung 130 70
Tone from the Top 91 60a ff., s. auch *Compliance*
Total Return Swap 71 213
Tracking Stocks 11 2, 9; 186 11b; 237 12
Tranferable put rights 71 125
Transparenz der Bezüge 87 78
Transparenzgebot (SchVG) 221 176a f.
Transparenzrichtlinie II WpHG 33–47 5
Transparenzrichtlinie-Änderungsrichtlinie WpHG 33–47 7a, 66a f.
Transparenzrichtlinie-Umsetzungsgesetz WpHG 33–47 5, 101, 104a

Mager gedruckte Zahlen = Randnummer

Sachverzeichnis

Trennungsprinzip 1 36; **42** 13
Treuepflicht 8 20; **53a** 36; **84** 31; **101** 25;
  117 11; **131** 60; **136** 3; **179** 176
– Adressaten **53a** 47
– Aktionäre untereinander **53a** 50
– Begründung **53a** 41
– faktischer Konzern **53a** 61 ff.
– gesellschaftsrechtliche **243** 159 ff.
– Grenzen **53a** 53
– Inhalt **53a** 48
– Inhaltskontrolle beim Bezugsrechtsausschluss **186** 40
– Konzern **53a** 59 ff.
– Mitteilungspflicht aus aktienrechtlicher **Vor § 20** 11
– Organisationsmaßnahmen **53a** 67
– Schutz der Tochtergesellschaft **53a** 70
– Schutzrichtung **53a** 40
– selbstständiger Schutz der Minderheitsaktionäre **53a** 71
– Treuepflicht im Vertragskonzern **53a** 59
– Verletzung von Handlungspflichten **53a** 69
– Wirkungsweise **53** 38
Treuepflicht, Vorstandsmitglieder
– Geltungsgrund **93** 116
– Inhalt **93** 114
– Interessenkonflikte, Vermeidung **93** 122
– Sondervorteile, Verbot **93** 125
– Wirkungsrichtung **93** 118
Treuepflichten der Aufsichtsratsmitglieder gegenüber der Gesellschaft 116 74 ff.
– Arbeitnehmervertreter **116** 94
– Ausnutzung der Organstellung **116** 78
– Bankenvertreter **116** 96
– Beurteilungsspielraum **116** 76, 107
– Haftung bei Verletzung **116** 124 ff.
– Hoheitsträger **116** 93
– Interessenkollisionen **116** 84 ff.
– Konkurrenzunternehmen **116** 88 ff.
– Konzern **116** 121
– Konzerndoppelmandate **116** 97
– Unternehmensübernahmen **116** 98
– Verschwiegenheitspflicht **116** 99 ff.
– Zeugnisverweigerungsrechte **116** 118
Treugeber 57 109
Treuhand an Aktien 8 58; **70** 11
Treuhandverhältnis, Einpersonen-Gesellschaft 42 3
Treuwidrige Stimmabgabe 179 177
Two-tier-system 100 28
Typenkombination
– Gestaltungsmöglichkeiten **SE-VO Art. 3** 22
– Zulässigkeit **SE-VO Art. 3** 21
Typenmerkmale der Aktiengesellschaft 1 1

Überbewertung von Sacheinlagen 27 42; **46** 12; **183** 24, 27
– Differenzhaftung **9** 18; **183** 61
– nach Eintragung der Gesellschaft **27** 46
– vor Eintragung der Gesellschaft **27** 44

Übereignungsanspruch auf die Aktie 70 4
– Anwendungsfälle **70** 6
– Auseinandersetzung **70** 13
– Bestandsübertragungen **70** 14
– Gegner **70** 4
– Gesamtrechtsnachfolge **70** 12
– Inhalt **70** 5
– Treuhand **70** 11
– unentgeltlicher Erwerb **70** 10
Übereinstimmung der Satzung mit der SE-RL nach der Eintragung SE-VO Art. 12 15
Übergang der Nebenverpflichtungen 55 28
Überholende Nachwahl 101 98
Überkreuzverflechtung 100 25
Übernahme von Verbindlichkeiten, Vor-AG 41 128
– erleichterte Schuldübernahme **41** 128
– Übernahmeverbote **41** 133
Übernahmeangebot
– Haftung für Stellungnahmen nach einem **400** 97
– HV Zuständigkeit bzgl. genehmigtem Kapital **202** 78
Übernahmeerklärung 23 24
Übernahmekonsortium 188 76
Übernahmerecht
– börsennotierte KGaA **278** 105
– Erwerb eigener Aktien **71** 157
– Ort der Hauptversammlung **121** 76 ff.
– Pflichtangebot **278** 108; **327a** 10a
– Spruchverfahren **SpruchG 1** 26
Übernahmeverbote 41 133
Übernehmender Rechtsträger bei Verschmelzung SpruchG 1 24
Überpariemission 9 23; **27** 40, 43; **38** 9; **182** 49; **255** 8
– Begriff **9** 23
– Festsetzung **9** 24
– Höhe **9** 26
Überschuldung 92 53 ff.; **401** 21
Überseering-Entscheidung 45 5; **IntGesR** 13
Übertragbare Verkaufsoptionen 71 125
Übertragende Auflösung 179a 34 ff., 34; **262** 34, **SpruchG 1** 19
– einfache Vermögensübertragung **179a** 46
Übertragung des Bezugsrechts 186 17
Übertragung des ganzen Gesellschaftsvermögens
– Satzungsänderung **179a** 18
– Schutz der Vermögensinteressen der Aktionäre **179a** 1
– Unternehmensgegenstand **179a** 24
– Zustimmungsbeschluss der Hauptversammlung **179a** 13
Übertragung und Aufzeichnung der Hauptversammlung 118 44 ff.
Übertragung von Aktien 10 49
– Eigentumsübertragung nach Depotgesetz **10** 61

2897

Sachverzeichnis

Fett gedruckte Zahlen = Paragraphen

– sachenrechtliche Übertragung **10** 54
– Übertragungsbeschränkungen **179** 94; **191** 8
– Wertpapierrechtliche Übertragung **10** 54
Übertragung von Aktionärskrediten auf die AG 57 105
Überwachung der Geschäftsführung durch den Aufsichtsrat 111 6
– Aufsichtsrat im Insolvenzverfahren **111** 90 f.
– Beratung des Vorstands **111** 10
– Gegenstand der Überwachung **111** 6
– inhaltliche Anforderungen **111** 13
– persönliche Amtswahrnehmung **111** 78
– Überwachungsaufgabe im Konzern **111** 81
Überwachungsaufgabe des Aufsichtsrats im Konzern 111 81
– Aufsichtsrat der abhängigen Gesellschaft **111** 89
– Aufsichtsrat der Obergesellschaft **111** 81
– Aufsichtsrat und Konzernabschlussprüfer **111** 85
– Gegenstand der Überwachung im Konzern **111** 81
– Untersuchungsbefugnisse **111** 84
– Zustimmungsvorbehalt im Konzern **111** 86
Überwachungsfreie Räume 111 8
Überwachungspflichten 77 49; **91** 47
– horizontale Arbeitsteilung **91** 65; **93** 97
– vertikale Arbeitsteilung **91** 66; **93** 98
Überwachungssorgfalt 93 94
Überwachungssystem, Einrichtung 91 29 ff., 34, *s. auch Organisationspflicht der Aktiengesellschaft*
Ultra-vires-lehre 1 14
Umfang der Gründerhaftung 41 109
Umfang der Herrschaft 17 12
Umfang der Kapitalerhöhung 182 39; **215** 10
Umfang der Rechtsfähigkeit 1 14
Umfassendes Fragerecht 111 54
Umgang des Aufsichtsrats mit dem Vorstandsbericht 90 24
Umgehungsgeschäfte, Erwerb eigener Aktien
– Ausnahmen **71a** 56
– benannte Finanzierungsgeschäfte **71a** 23
– Einlagenrückgewähr **71a** 11
– Erwerb von Aktien der finanzierenden AG **71a** 30
– Finder's Fee **71a** 42
– Kurspflegekosten **71a** 41
– Rechtsfolgen **71a** 50
– Verbot der finanziellen Unterstützung des Erwerbs eigener Aktien **71a** 23
– Verbot der finanziellen Unterstützung, Ausnahmen **71a** 56 ff.
– Verbot des Aktienerwerbs durch Dritte für Rechnung der Gesellschaft **71a** 62
– Verschmelzung **71a** 44
Umgehungsschutz 27 104, 136

Umgehungsverbot der SE SE-VO Art. 3 21; **SE-VO Art. 9** 19
Umgekehrte Wandelanleihe 192 11a, 29a
Umgekehrter Durchgriff 1 74
Umlaufvermögen 71 25, 222, 240; **270** 2, 9, 17, 36 ff., 55, 81
Umsatzverhältnis 98 13
Umsetzung EG-Richtlinien, Einpersonen-AG 42 2
Umstände in der Person eines Aktionärs 262 68
Umstellung der Form der Aktie 8 9
Umstrukturierung IntGesR 44
Umtauschaktien, Ausgabe
– Ansprüche der Bezugsberechtigten **199** 33
– Ausnahme vom Deckungserfordernis **199** 25
– besondere Voraussetzungen **199** 13
– Deckungserfordernis **199** 16 ff.
– Verantwortlichkeit von Vorstand und Aufsichtsrat **199** 30
– Verstöße **199** 27
– Wirksamkeit der Ausgabe **199** 27
Umtauschanleihen 221 41, 185 ff.
Umtauschrechte, vgl. Bezugsrechte
UMTS-Lizenzen 311 47a
Umwandlung 141 17; **275** 5
– in eine SE **SE-VO Art. 3** 17; **SE-VO Art. 37** 1
– KGaA **280** 19
Umwandlung einer bestehenden Aktiengesellschaft in eine SE SE-VO Art. 37 1
– Anmeldung **SE-VO Art. 37** 16
– Eintragung **SE-VO Art. 37** 16
– Gläubigerschutz **SE-VO Art. 37** 20
– Hauptversammlungsbeschluss **SE-VO Art. 37** 14
– Minderheitenschutz **SE-VO Art. 37** 20
– Schutz der Arbeitnehmer **SE-VO Art. 37** 18
– Sitzverlegungsverbot **SE-VO Art. 37** 6
– Umwandlungsbericht **SE-VO Art. 37** 11
– Umwandlungsplan **SE-VO Art. 37** 8
– Vollzugsphase **SE-VO Art. 37** 16
– Vorbereitungsphase **SE-VO Art. 37** 7
– Zustimmungsphase **SE-VO Art. 37** 14
Umwandlung von Aktien
– Aktionärsverlangen **24** 2
– Satzungsänderung **24** 4 ff.
Umwandlung von Komplementäranteilen in Kommanditaktien 192 34
Umwandlung von Vorzugsaktien in Stammaktien 141 16
Umwandlungsfähigkeit von Rücklagen
– Anfechtbarkeit bei Verstoß **208** 34
– Beschränkungen der Höhe nach **208** 18
– Gesellschaftsrücklagen, weitere **208** 8
– Gewinnrücklagen **208** 6
– Kapitalrücklagen **208** 5
– Rücklagen für eigene Anteile **208** 7
– Verlustsituation **208** 24
– zweckbestimmte Gewinnrücklagen **208** 30

Mager gedruckte Zahlen = Randnummer   **Sachverzeichnis**

Umwandlungsrecht SpruchG 1 12
Umwandlungsrechtliche Maßnahmen
– Auswirkung auf Unternehmensverträge
  297 41 ff.
– Beschränkung des Vorzugs **141** 9
Umwandlungsschwindel 399 69
Unabhängige Aufsichtsräte 17 55
Unangeforderte Berichte an den Aufsichtsrat 90 16
– beabsichtigte Geschäftspolitik **90** 17
– Berichtshäufigkeit **90** 33
– Follow-up-Berichterstattung **90** 23
– Gang der Geschäfte **90** 27
– Gemeinschaftsunternehmen **90** 29
– Geschäfte von erheblicher Bedeutung **90** 28
– Management-Informationssysteme **90** 22
– Rentabilität **90** 25
– Tochterunternehmen **90** 29
– Umgang des Aufsichtsrats mit dem Vorstandsbericht **90** 24
– Unternehmensplanung **90** 18
– wichtige Anlässe **90** 31
Unbefugte Verwertung eines Geheimnisses 404 36 ff., 44
Unbefugtes Offenbaren eines Geheimnisses 404 33, 41 ff.
Unbeschränkbarkeit der Vertretungsmacht 82 4
Unbewusste Satzungsverletzung durch Hauptversammlungsbeschluss 179 53
Unechte Gesamtvertretung der Gesellschaft 78 33, 38
Uneingeschränktes Testat des Abschlussprüfers 171 46, 63
Unentgeltlicher Erwerb von Aktien 70 10
Ungeschriebene Kompetenzen der Hauptversammlung 119 21
– Betroffenheit der Aktionärsinteressen **119** 30b
– Delisting **111** 57; **119** 39 ff.
– Downlisting **119** 42
– Frosta-Entscheidung des BGH **119** 45
– Gelatine-Entscheidung **58** 63; **119** 26
– Holzmüller-Doktrin **58** 62; **119** 22; **182** 74
– innere Ordnung der Hauptversammlung **119** 37
– Kapitalerhöhung in der Tochtergesellschaft **182** 73
– Konzernbildungs- und Konzernleitungskontrolle **119** 35
– Wesentlichkeitsschwelle, Bezugsgröße **119** 34 ff.
– Wesentlichkeitsschwelle, differenzierte **119** 30g, 31a
– Zustimmung zu asset deals **119** 30e, 31 ff.
– Zustimmung zu Beteiligungserwerb und Veräußerung **119** 30a ff., 30f ff.
– Zustimmung zu Betriebsstilllegung **119** 32
– Zustimmung zu Sitzverlegung **119** 46 f.

Ungeschriebene Protokollangaben, Hauptversammlungsbeschlüsse 130 12
Uniform Fraudulent Transfer Act 92 21
Universalversammlung, s. *Vollversammlung*
Unmittelbare Beeinträchtigung des Vorzugs 141 7
– Aufhebung **141** 7
– nachträgliche Änderung eines selbständigen Nachzahlungsanspruches **141** 7
– nachträgliche Bedingung oder Befristung **141** 7
– Satzungsvorbehalt **141** 8
Unmittelbare Beherrschung 17 14
Unmittelbare Haftung der Aufsichtsratsmitglieder gegenüber Aktionären und Dritten
– Ansprüche der Aktionäre **116** 211
– außenstehende Dritte **116** 225 ff.
– culpa in contrahendo **116** 225
– Haftungsfreistellung durch HV-Beschluss **119** 14a
– Mitgliedschaftsrecht **116** 213
– Schadenskongruenz **116** 222
– strafrechtliche Haftung **116** 231
– Verletzung von Schutzgesetzen **116** 217, 228
– vorsätzliche sittenwidrige Schädigung der Aktionäre **116** 221
– vorsätzliche sittenwidrige Schädigung von Dritten **116** 230
Unrechtsvereinbarung 404a 28
– Stimmenkauf **405** 78 f.
– Stimmrechtsverträge **405** 71
Unrichtige Berichte über die Gründung 399 165 ff.
Unrichtige Darstellung 400, s. auch *Strafrechtliche Organ- und Vertreterhaftung*
– Darstellungen oder Übersichten über den Vermögensstand **400** 65
– Erklärung zum Corporate Governance Kodex **400** 92
– Falschangaben gegenüber Prüfern **400** 100 ff.
– Internetseiten **400** 90
– Machen falscher Angaben **400** 113 ff.
– Täterkreis **400** 27 ff.
– unrichtige Wiedergabe von Gesellschaftsverhältnissen **400** 29 ff., 32
– Verhältnisse der Gesellschaft, Darstellung **400** 56
– Verschleierung **400** 48
– Verschweigen erheblicher Umstände **400** 118
– Vorträge oder Auskünfte in der Hauptversammlung **400** 58
Unrichtige Wiedergabe von Gesellschaftsverhältnissen 400 29 ff., 32
Unrichtiges Berichten 403 34
Unrichtigkeit der Urkunde 73 6
Unteilbarkeit der Aktie 8 49
– Abspaltungsverbot **8** 50
– Ausnahmen **8** 51
– Verstoß **8** 62

Sachverzeichnis

Fett gedruckte Zahlen = Paragraphen

Unteilbarkeit von Stimmrechten 12 7
Unterbewertung von Bilanzposten 258 36
Unterbilanzhaftung 41 38, 77 ff.; **211** 5
Untergesellschaft 291 4
Unterkapitalisierung 1 59 ff.
Unterlagen zur Anmeldung der Gesellschaft 37 21
Unterlassene Verlustanzeige 401 4, 21 ff.
Unterlassungsklage Vor 241 19
Unternehmensbegriff 15 10; **19** 3
– BGB-Gesellschaft **15** 40
– Holdinggesellschaften **15** 24, 39
– mitbestimmungsrechtlich **31** 3a
– öffentliche Hand **15** 44
– Unternehmnsübergang, Gründungsbericht **32** 13
Unternehmensbewertung
– Abfindung bei Unternehmensvertrag **305** 49 ff., 70 ff., *s. auch Abfindung*
– Barabfindung bei Ausschluss **327b** 4 ff.
– Ermittlung im Spruchverfahren **SpruchG 8** 4 f.
Unternehmenseigenschaft, Beschränkungen
– abhängige Unternehmen **15** 14, 53
– ausländische Rechtsträger **15** 55
– herrschende Unternehmen **15** 13, 52
Unternehmenseigenschaft, maßgeblicher Zeitpunkt 15 45
Unternehmensführung
– Erklärung zur **400** 91 ff.
– ordnungsgemäße **93** 50
Unternehmensgegenstand 23 1; **41** 47; **93** 21; **179** 62
– Erwerb von Beteiligungen **179** 66 f.
– Geschäftsführungsbefugnis, Beschränkung der **82** 28 ff.
– Geschäftsführungsmaßnahmen **23** 16
– Gesellschaftszweck, Abgrenzung **23** 18
– Hilfsgeschäfte **23** 17
– Holdinggesellschaften **179** 67
– Konzernklauseln **23** 16; **179** 68 f.
– spezialgesetzliche Vorgaben **23** 17
– Überschreitung **82** 29 f.
– Übertragung des ganzen Gesellschaftsvermögens **179a** 24
– Unternehmensgruppe **82** 32
– Unterschreitung **82** 31
– Unterschreitungsverbot **23** 16
– Weisungsrechte bei Unternehmensverträgen **308** 29
Unternehmensinteresse 76 24; **117** 6
Unternehmenskauf 93 79
– bedingtes Kapital **192** 38a
– Contingent Shares **192** 38a
– Contingent Value Rights **192** 38a
– Earn-out-Klauseln **192** 38a
Unternehmenskrise, Fehlverhalten 93 322
Unternehmensplanung 90 18; **93** 52
– Rechtspflicht zur Unternehmensplanung **90** 19

– Umfang der Berichterstattung **90** 21
Unternehmensregister 184 29
Unternehmenssteuerung 93 54
Unternehmensübernahmen 116 98
– Stimmbindung **136** 60
Unternehmensveräußerung 268 9
Unternehmensverbund 15 1; **76** 83 ff.
Unternehmensverträge 179 78 f.; **Vor § 291** 25
– Abfindung, *s. Arten der Abfindung, s. auch Angemessenheit der Abfindung*
– Änderung **295** 3 ff., *s. auch Änderung von Unternehmensverträgen*
– Änderung (keine) durch Neubestimmung Abfindung im Spruchverfahren **SpruchG 11** 10
– Änderungskündigung **295** 12
– Anfechtungsklage **293** 33
– atypische Kreditverträge **292** 59
– Aufhebung **296** 4 ff.
– Ausgleich **304** 40 ff., *s. auch Angemessenheit des Ausgleichs, s. auch Arten des Ausgleichs, s. auch Ausgleichspflicht*
– Beendigung **297** 4, 31 ff., *s. auch Unternehmensverträge, Beendigung*
– Befristung **293** 8; **297** 31
– Beherrschungsvertrag **Vor § 291** 30
– Beitritt **295** 6, 22
– Betriebsführungsvertrag **292** 52
– Betriebspacht- und Betriebsüberlassungsvertrag **Vor § 291** 32; **292** 33
– Einlagenrückgewähr **57** 37
– fehlerhafte Verträge, Rechtsfolgen **291** 61 ff.
– Finanzdienstleistungsinstitute **291** 5a
– Franchiseverträge **292** 61
– Gewinngemeinschaft **291** 45; **292** 6
– Gleichordnungskonzernverträge **Vor § 291** 51
– grenzüberschreitende **Vor § 291** 47 ff.
– Inhaltskontrolle **293** 24 f.
– Insolvenz **297** 36 ff.
– Kartellvorbehalt **297** 57
– Kreditinstitute **291** 5a
– Kündigung **297** 5 ff., *s. auch Kündigung des Unternehmensvertrages*
– mit Privataktionären **15** 47
– numerus clausus **Vor § 291** 41
– organisationsvertraglicher Charakter **Vor § 291** 25
– Organschaft **Vor § 291** 15 ff.
– Parteiwechsel **295** 4 f.
– Personenhandelsgesellschaften **291** 4
– Prüfung, *s. Prüfung des Unternehmensvertrages*
– Rückwirkung **294** 26; **316** 5
– Satzungsänderung **179** 78 f.
– Spaltung **297** 43
– Squeeze-out **327e** 10
– Teilgewinnabführungsvertrag **291** 45; **292** 12 ff.
– Verkürzung **295** 8

2900

Mager gedruckte Zahlen = Randnummer

– Verlängerung 295 9
– Verlust der Unternehmenseigenschaft 297 55
– Vermögensübertragung 297 56
– Versicherungsunternehmen 291 5b
Unternehmensverträge, Beendigung
– Anmeldung 298 2
– Anteilsveräußerung 297 53
– Auflösung 297 36
– Auswirkung auf Abfindung/Ausgleich SpruchG 3 27; SpruchG 13 9
– Eingliederung 297 50
– Eintragung und Bekanntmachung 298 10
– Rücktritt 297 32
– Umwandlung 297 41
– Zeitablauf 297 31
Unternehmenszusammenschlüsse
– Aktienbezugsrechte 192 17
– bedingte Kapitalerhöhung 192 36
– Business Combination Agreement 187 19; 291 69 f.
Unternehmenszweck 1 14, s. auch Rechtsfähigkeit
Unternehmerfunktion des Vorstandes 76 11
Unternehmerische Entscheidung 93 67
Unternehmerische Mitbestimmung 17 54
Unterordnungskonzern 18 14, 24
Unterpariemission 9 1; 27 42; 182 49; 218 1
– Verbot 9 10
– verdeckte Unterpariemission 9 16a
Unterscheidbarkeit der Firma 4 9
Unterschiedliche Ausstattung der Aktien 216 4
Unterschiedsbetrag 232 3
Unterschreitung der Schwellenwerte bei Kapitalherabsetzung 95 21
Unterschreitung des Mindestnennbetrages 228 3
– Eintragungsverfahren 228 8
– Kapitalerhöhung 228 4
– Kapitalherabsetzung 228 3
Unterzeichnung 13 2
– Form der Urkunde 13 8
– Inhalt der Urkunde 13 14
Unterzeichnung des Jahresabschlusses 172 17; 173 23
Unveräußerlicher Kernbereich der Leitungsaufgaben 76 9
Unverbriefte Aktien 214 10
Unvereinbare Zugehörigkeit zu Vorstand und Aufsichtsrat 105 6
– andere leitende Angestellte 105 14
– andere Rechts- und Vertragsverhältnisse 105 15
– Aufsichtsratsmitglieder als Stellvertreter von Vorstandsmitgliedern 105 22
– Bestellung 105 30
– Fehlen oder Verhinderung des Vorstandsmitglieds 105 23
– Grundsatz der Priorität 105 16 ff.

Sachverzeichnis

– Handlungsbevollmächtigter 105 12
– Mitgliedschaft im Vorstand 105 34
– Prokurist 105 8
– Rechtsfolgen 105 16
– Vorstandsamt 105 6
– zeitliche Begrenzung 105 27
Unversehrtheitsgrundsatz 41 73
Unwirksame Kapitalerhöhung 189 4
Unwirksame Sachgründung 52 54
Unwirksamkeitsklage Vor 241 12
Unzulässige Ausgabe von Aktien und Zwischenscheinen 405 15 ff.
Unzulässige Ausgabe von Namens- oder Inhaberaktien 405 11 ff.
Unzulässige Bestimmung des Gesellschaftssitzes 5 11
Unzulässiger Verzicht auf Haftungsansprüche 93 286
Up-Stream-Merger 71a 45; SE-VO Art. 31 1
Urhebereigenschaft 1 16
Urkunde 10 2; 13 1
– Form der Urkunde 13 8
– Inhalt der Urkunde 13 14
Urteilswirkung 241 38; 248 3; 252
– Anfechtungsklage 248 3; 252 5
– Gestaltungswirkung 248 6
– Nichtigkeitsklage 249 19; 252 3
– Rechtskraftwirkung 248 18

VALE-Entscheidung IntGesR 14a
Variable Vergütungsbestandteile, Aufsichtsratsmitglieder 113 39 ff.
– Beteiligung am Jahresgewinn 113 43
– Dividenden-Tantiemen 113 48
– Vergütungen anhand des Aktienkurses 113 49 ff., s. auch Vergütungen anhand des Aktienkurses
VEBA/Gelsenberg-Entscheidung 15 13
Veränderliches Kapital, Investmentaktiengesellschaft 1 90 ff.
Verantwortlichkeit anderer Personen neben den Gründern
– Ansprüche Dritter 47 13
– Haftung des Emittenten bei Emission von Aktien 47 6
– Haftung für den Empfang verdeckten Gründungsaufwands 47 3
– Haftung für Mitwirkung bei Schädigung der Gesellschaft 47 5
Verantwortlichkeit bei Fehlen eines Beherrschungsvertrages
– faktischer GmbH-Konzern Vor § 311 21
– Konzerneingangsschutz Vor § 311 37
– qualifiziert faktischer Aktienkonzern Vor § 311 25
Verantwortlichkeit der Gründer 46 1
– Anspruchsberechtigung 46 23
– Ausfallhaftung 46 18
– Einlagen 46 10 ff.

2901

Sachverzeichnis

Fett gedruckte Zahlen = Paragraphen

- Entlastung **46** 16
- Gründungsaufwand **46** 10 ff.
- Gründungsschwindel **399** 66 ff., 142 ff.
- Maßstab für die Richtigkeit **46** 5
- Richtigkeit und Vollständigkeit der Angaben **46** 4
- Sachübernahmen **46** 10 ff.
- Umfang **46** 3
- Verfügbarkeit der Einlagen, freie **46** 8
- Verschulden **46** 6
- Zahlstelle, Auswahlverschulden **46** 7

Verantwortlichkeit der Gründungsprüfer 49 3

Verantwortlichkeit der Verwaltungsmitglieder der Gesellschaft 318 3

Verantwortlichkeit des Aufsichtsrates 48 3

Verantwortlichkeit des herrschenden Unternehmens 309 39; **317** 4
- Ausübung von Konzernleitungsmacht **309** 16
- Beweislast **310** 8
- Geltendmachung durch Aktionäre und Gläubiger **309** 33
- Haftung **317** 4
- Mithaftung der gesetzlichen Vertreter **317** 15
- Schadenersatzpflicht **309** 20
- Sorgfaltspflichten **309** 6
- Verjährung **309** 38; **310** 10
- Verpflichteter **309** 6
- Verwaltungsmitglieder der Gesellschaft **310** 3
- Verzicht und Vergleich **309** 31; **310** 10

Verantwortlichkeit des Sonderprüfers
- Eigenverantwortlichkeit **144** 18
- gewissenhafte Prüfung **144** 6 ff.
- Haftung **144** 22 ff., 33 ff.
- kapitalmarktorientierte Unternehmen **143** 27
- persönliche Durchführung der Prüfung **144** 20
- Pflichtenumfang **144** 5
- strafrechtliche Verantwortlichkeit **144** 15, 38
- Unparteilichkeit **144** 10
- Verschwiegenheit **144** 11 ff.
- Verwertungsverbot **144** 16 f.

Verantwortlichkeit des Vorstandes 48 3
- Anspruchsberechtigter **48** 11
- Haftung der Organmitglieder **48** 3

Veräußerung des Bezugsrechts 186 17

Veräußerung eigener Aktien 53a 27; **71** 129

Veräußerung und Einziehung eigener Aktien
- Einziehungspflicht **71c** 14
- Modalitäten der Veräußerung **71c** 6
- Sanktionen **71c** 16
- Voraussetzungen der Veräußerungspflichten **71c** 2

Veräußerungen außerhalb der Börse 71 133

Verbot der Aktienausgabe vor Eintragung 41 67

Verbot der Ausschüttung der Bucherträge 233 13

Verbot der Einlagenrückgewähr 57 14 ff.
- Marktvergleich **57** 21 ff.
- Rechtsfolgen bei Verstößen **57** 86
- wechselseitig beteiligte Unternehmen **19** 7

Verbot der Geschäftsführung 111 61

Verbot der Selbstzeichnung 56 9 ff.; **185** 5
- Adressaten **56** 23 ff.
- Berichtspflicht **56** 36
- Beteiligung der AG an Tochterunternehmen **56** 28
- Haftung der Verwaltung der AG **56** 37
- Heilungsmöglichkeiten **56** 15
- Kursgarantie **56** 50
- Rechtsfolgen eines Verstoßes **56** 14
- Stellvertretung, Umgehung durch **56** 40 ff.
- verbotene Erwerbsvorgänge **56** 29
- verbundene Unternehmen **56** 20 ff.

Verbot der Überbewertung 27 42

Verbot der Unterpariemission 182 49; **218** 4

Verbot neuer Mehrstimmrechte 12 18

Verbot von Zahlungen an die Aktionäre
- Ausschüttungsverbot **230** 2
- Verwendungsbindung **230** 6

Verbot willkürlicher Ungleichbehandlung 53a 18

Verbotene Aktienausgabe 191 4; **203** 55; **219** 5
- gutgläubiger Erwerb, kein **191** 6; **197** 3
- Heilung, keine **191** 7; **197** 7
- künftige Mitgliedschaften **219** 4
- Nichtigkeit **191** 5; **197** 6
- Schadenersatzpflicht **191** 13; **197** 9
- Tatbestand **191** 4; **197** 3
- Übertragungsverbot **191** 8
- verschuldensunabhängige Haftung **191** 13; **197** 11
- vorzeitige Ausgabe **191** 4; **219** 2
- Zwischenscheine **191** 4; **219** 2

Verbriefung der Mitgliedschaft 10 27; **11** 37; **13** 3

Verbriefung des Bilanzgewinns 58 99

Verbriefung von Forderungen 13 7

Verbundene Unternehmen Vor § 15 1; **15** 1; **54** 73; **56** 40; **57** 77, 110; **62** 18
- Abhängigkeitsverhältnis **312** 5
- Änderungen während des Geschäftsjahres **312** 11
- Beherrschungs- oder Gewinnabführungsvertrag **312** 10
- Bericht des Vorstandes **312** 5
- Beschränkungen der Unternehmenseigenschaft **15** 52
- Bezugsberechtigung von Aktien **192** 60
- Einflussnahme s. Einflussnahme bei verbundenen Unternehmen
- Europäisches Konzernrecht **Vor § 291** 53
- handelsrechtlicher Begriff **15** 7
- herrschendes Unternehmen **15** 18

Mager gedruckte Zahlen = Randnummer

Sachverzeichnis

– internationale Verbindungen **Vor § 291** 44
– rechtliche Selbstständigkeit **15** 56
– Rechtstatsachen **Vor § 291** 56
– steuerrechtliche Organschaft **Vor § 291** 15
– Unternehmensbegriff **15** 10
– Unternehmensverträge **Vor § 291** 25
– Verbot der Aktienübernahme **56** 20 ff.
– Verbot der Aktienübernahme, Tochterunternehmen **56** 28
– Verfahren und Kosten **312** 14
Verbundene Verhandlungen 175 8
Verdeckte Beherrschungsverträge 291 69
Verdeckte Forderungseinbringung 27 118
– Forderungen der Gesellschaft gegen den Aktionär, Einlagenrückzahlung **27** 119
– Forderungen des Aktionärs gegen die Gesellschaft **27** 120
Verdeckte Gewinnausschüttung 284 14
– Beherrschungsvertrag **291** 15
– Betriebsführungsvertrag **291** 55
– nichtiger Beschluss **241** 184
Verdeckte Sacheinlage 27 51, 103, 107, 109; **54** 74; **57** 53; **183** 25 ff.; **188** 68, 80; **194** 20; **221** 127; **399** 112
– Abrede **27** 166
– Abrede, Offenlegung bei Anmeldung **188** 16
– Agio **27** 145
– Bareinlage **27** 104
– Beteiligung Dritter **27** 162
– Bewertung **27** 186 ff.
– Einlagenrückgewähr **57** 53
– Einlagenrückzahlung **27** 119
– einzelne Gegenstände verdeckter Sacheinlagen **27** 151
– Erfüllung der Einlagepflicht **27** 175 ff.
– Erwerb eines sacheinlagefähigen Gegenstandes **27** 146
– Eurobike-Urteil des BGH **27** 131
– fingierte **27** 108
– Forderungen der AG gegen den Inferenten **27** 152
– Forderungen des Inferenten gegen die AG **27** 151
– Forderungseinbringung **27** 118, 120
– Geschäfte des laufenden Geschäftsbetriebs **27** 161
– Gründungsschwindel **399** 112 ff.
– Haftung **27** 200
– Heilung **27** 203 ff.
– Hin- und Herzahlen **27** 118 ff., 124, 140, 213 ff., 240 f., 286 f.
– Kapitalerhöhung mit Sacheinlagen **183** 25 ff.
– Kaskadengründung **27** 161
– mittelbares Bezugsrecht **27** 165
– Nachgründung **27** 114; **52** 54; **57** 53
– Neutralisierung der Geldeinlage **27** 133
– Nichtigkeit **27** 178
– Offenlegung bei Anmeldung **188** 16
– Qivive-Entscheidung **27** 130
– Rechtsfolgen **27** 200 ff.

– Risikovermeidung **188** 81
– sachlicher und zeitlicher Zusammenhang **27** 156 ff.
– Sachübernahme **27** 107; **188** 80
– Sanktionen **27** 200 ff.
– Schütt-aus-Hol-zurück-Verfahren **27** 153
– Tatbestandsvoraussetzungen **27** 130 ff.
– Teileinzahlung **27** 197 f.
– Umgehungsschutz **27** 104, 136
– verdeckte gemischte **27** 194 ff.
– Vergleich zum Hin-und Herzahlen **27** 287
– Verwendungsabrede **27** 113
– vorsorgliche **188** 81
– wirtschaftliche Entsprechung **27** 132
– wirtschaftliche Neugründung **27** 126; **41** 86
Verdeckte Sachkapitalerhöhung 188 68 ff.
Verdeckte Sachübernahmen 27 107; **188** 80
– mit Dritten **27** 112
– mit Inferent **27** 111
Verdeckte Vergütungen 113 12
Vereinfachte Kapitalherabsetzung 226 3
– Durchführung **229** 26
– fehlerhafter Herabsetzungsbeschluss **229** 33
– fristgerechte Eintragung **234** 11; **235** 14
– Fristüberschreitung **234** 15; **235** 17
– Insolvenz **229** 31
– Liquidation **229** 31
– Umfang **229** 23 ff.
– Verbindung mit Kapitalerhöhung **229** 30
– Voraussetzungen **229** 4
Vereinfachte Konzernverschmelzung SE-VO Art. 31 1
– Ermächtigung zum vereinfachten Verfahren bei mindestens 90%-igen Töchtern **SE-VO Art. 31** 6
– vereinfachtes Verfahren bei Aufnahme einer 100%-igen Tochter **SE-VO Art. 31** 2
Vereinfachte Sachkapitalerhöhung
– Anmeldung **188** 23, 32
– Bewertung **183a** 20 f.
– Gegenstände **183a** 5 ff., 17 ff.
– Hin-und Herzahlen **183a** 40
– Prüfung durch das Registergericht **183a** 37 ff.
– Verfahren **183a** 26 ff.
– Wahlrecht **183a** 27
– Wertpapiere und Geldmarktinstrumente **183a** 5 ff.
– Wertpapiere und Geldmarktinstrumente, Durchschnittspreis **183a** 16
Vereinigung aller Aktien in einer Hand, nachträgliche 42 3
Vereinsverbot 262 62
Verfahrensbeendigung 248 28
– Anerkenntnis **SpruchG 11** 19
– Antragsrücknahme **SpruchG 11** 16
– Erledigungserklärung **SpruchG 11** 17 f.
– Verzicht **SpruchG 11** 19
Verfahrensförderungspflicht SpruchG 9 2

Sachverzeichnis

Fett gedruckte Zahlen = Paragraphen

Verfahrensgestaltung bei der mündlichen Verhandlung SpruchG 8 5, s. auch mündliche Verhandlung
- Aussetzung **SpruchG 8** 13
- Hinweispflichten **SpruchG 8** 12
- Notwendigkeit der Beweisaufnahme **SpruchG 8** 7 ff.
- Rechtsmittel **SpruchG 8** 14
- Sachverständigengutachten, Einholung **SpruchG 8** 8 f.
- sachverständiger Prüfer **SpruchG 8** 9 ff.
- sachverständiger Prüfer, Ladung **SpruchG 8** 11

Verfahrensgrundsätze SpruchG 8 3
Verfahrensprinzipien der Freien Gerichtsbarkeit, besondere 99 9
Verfahrensverbindung SpruchG 15 6
Verfälschen einer Bescheinigung 402 37
Verfolgungsrecht Vor 241 30
Verfolgungsrecht der Gläubiger 62 30
- Einwendungen **62** 38
- Insolvenz der AG **62** 41
- Verjährung **62** 44
- Voraussetzungen **62** 36

Verfügung über Bezugsrechte 186 17
Vergleich SpruchG 11 9 ff., 11; **SpruchG 15** 8
- Bekanntmachung **SpruchG 11** 14
- Inhalt und Wirkung **SpruchG 11** 9 ff.
- Protokollierung **SpruchG 11** 12
- Unwirksamkeit **SpruchG 11** 15
- Vergleichsabschluss **SpruchG 11** 9
- Vollstreckung **SpruchG 11** 13
- Zustimmung der Beteiligten **SpruchG 11** 11

Vergleich durch Vorstandsmitglieder 93 276
- betroffene Rechtshandlungen **93** 286
- Dreijahresfrist **93** 282
- erfasste Ansprüche **93** 285
- Geltendmachung **93** 290
- gerichtliche Zuständigkeit **93** 306
- Haftung gegenüber Dritten **93** 307
- Verjährung **93** 301
- Widerspruch durch Minderheit **93** 280
- Wirkung gegenüber Gesellschaftsgläubigern **93** 289
- Zustimmung der Hauptversammlung **93** 278

Vergleichsverbot der Gesellschaft 50 4
- Zulässigkeitsvoraussetzungen **50** 8

Vergleichszahlungen 76 54
Vergütung der Aufsichtratsmitglieder
- erster Aufsichtsrat **30** 17

Vergütung der Aufsichtsratsmitglieder 113 6
- allgemeine Kosten **113** 11
- Angemessenheit **113** 27
- Anspruchsentstehung **113** 60
- Antrittsgelder **113** 30
- aufgelöste Gesellschaft **264** 36a
- Aufsichtsratsvorsitzender **113** 11
- Auslagenersatz **113** 9
- börsennotierte Gesellschaften **113** 3a
- Corporate Governance Kodex **113** 2
- D&O-Versicherung **113** 15 f.
- DCGK, Empfehlung **113** 3
- Dienstwagen **113** 14
- Doppelmandate **113** 64
- Einreden **113** 59
- Entstehung des Anspruchs **113** 58
- Ergebnisbeteiligung **113** 43 ff.
- erster Aufsichtsrat **113** 56
- Fortbildungskosten **113** 10
- Gruppenversicherung **113** 15 f.
- Hauptversammlungskompetenz **113** 6
- Herabsetzung **113** 35
- Insolvenzverfahren **113** 59
- Jahresgewinn iSv 113 Abs. 3 **113** 43 ff.
- Kostenpauschale **113** 12
- long-term-incentives **113** 39
- Phantom Stocks **112** 53
- Publizität **113** 65
- Rechtsschutz **113** 62
- Repräsentationskosten **113** 10
- Sachverständigenkosten **113** 10
- Sitzungsgelder **113** 10
- steuerrechtliche Behandlung **113** 66
- Stock Options **113** 49 ff.
- variable Vergütungsbestandteile **113** 39
- verdeckte Vergütungen **113** 12
- Vergütungsanspruch, s. dort
- Vergütungsbestandteile **113** 13
- Vergütungsformen **113** 13
- Verjährung **113** 59
- Verzicht **113** 38
- Voraussetzungen **113** 21
- Wandelschuldverschreibungen **112** 51

Vergütung der Vorstandsmitglieder, s. Vorstandsvergütung
- Obergrenze, gesetzliche **192** 46b
- Tranparenz **192** 73a
- Vergütungsbericht **192** 46a
- VorstKoG (Entw.) **120** 56 ff.

Vergütung des ersten Aufsichtsrats 113 56
Vergütung des gemeinsamen Vertreters SpruchG 6 16
- Auslagen **SpruchG 6** 17
- Festsetzung **SpruchG 6** 20
- Umfang **SpruchG 6** 19
- Vergütung **SpruchG 6** 18
- Vorschuss **SpruchG 6** 21

Vergütung für Sachübernahmen 27 60
Vergütung in den Vorstand delegierter Aufsichtsratsmitglieder 113 59
Vergütung von Nebenleistungen
- Gewinnverteilungsschlüssel, Änderung **61** 11
- Höhe **61** 7
- Vergütungsanspruch **61** 4
- Verstöße **61** 12

Vergütungen anhand des Aktienkurses 113 51
- Indexorientierte Vergütungen **113** 55

Mager gedruckte Zahlen = Randnummer

– Phantom Stocks **113** 55
– Stock Apprecation Rights **113** 55
– Stock Options **113** 51
Vergütungsanspruch der Aufsichtsratsmitglieder 113 62
– Hauptversammlungsbeschluss **113** 25, 62
– Satzungsregelung **113** 22, 62
Vergütungsberater 87 40 f.
Vergütungstransparenz, KGaA 286 12
Verhaltenspflichten der Vorstandsmitglieder 77 29; **93** 10, 41; **182** 7; **185** 8
Verhältnis Beschlussmängel und Registerrecht 184 36
Verhinderung eines Aufsichtsratsmitglieds 104 50
Verjährung der Aktionärsrechte 54 81
Verjährung der Ersatzansprüche 51 3
Verjährung von Vergleichsforderungen 51 6
Verkauf der Aktie, Kaduzierung 65 49
– öffentliche Versteigerung **65** 54
– über die Börse **65** 53
– Verfahrensmängel **65** 67
Verkauf nicht abgeholter Aktien 214 7
Verkauf sämtlicher Aktien 1 73
Verkauf wesentlicher Aktive 119 31
Verkauf wesentlicher Betriebsteile 119 31
Verknüpfung von Aktionärspflichten mit Mitgliedschaftsrechten 55 15
Verlegung des Satzungssitzes 45 5, *s. auch Sitzverlegung*
Verlegung des Verwaltungssitzes IntGesR 8
– Änderungen des Satzungssitzes **IntGesR** 11
– Verlegung ins Ausland **IntGesR** 11
– Verlegung nach Deutschland **IntGesR** 12
– Wegzug **IntGesR** 9
– Zuzug **IntGesR** 10
Verlegungsbericht SE-VO Art. 8 11
Verlegungsbeschluss SE-VO Art. 8 7
Verlegungsverfahren SE-VO Art. 8 7
Verletzung der Berichtspflicht 403 18 ff.
– Geheimnisse, Beispiele **404** 32
Verletzung der Buchführungspflicht, Rechtsfolgen 91 21
– anerkannte Schutzgesetze **91** 24
– Schutzgesetzcharakter der Buchführungspflicht **91** 25
– Strafrecht **91** 21
– zivilrechtliche Außenhaftung **91** 24
– zivilrechtliche Innenhaftung **91** 23
Verletzung der Geheimhaltungspflicht 404 13 ff.
– Geheimnis, Begriff **404** 19 ff.
– gesetzliche Auskunfts- und Aussagepflichten **404** 51
– Rechtfertigung **404** 55 ff.
– unbefugte Verwertung eines Geheimnisses **404** 36 ff., 44
– unbefugtes Offenbaren eines Geheimnisses **404** 33 ff., 41 ff.

Sachverzeichnis

Verletzung der Insolvenzantragspflicht
– Altgläubiger **92** 77
– Haftung Dritter **92** 82 f.
– Haftung gegenüber den Gläubigern **92** 73
– Haftung gegenüber der Gesellschaft **92** 72
– Neugläubiger **92** 78
– Pflichtverletzung **92** 74
– Umfang des Schadenersatzes **92** 76
– Verschulden **92** 74
Verletzung der Verfahrensförderungspflicht SpruchG 10 3
Verletzung der Verlustanzeigepflicht 401 1
Verletzung von Handlungspflichten 53a 69
Verlust in Höhe der Hälfte des Grundkapitals 92 7
Verlustausgleichspflicht, *s. Verlustübernahme*
Verlustdeckungshaftung 41 38, 87
Verluste, zu hoch angenommene
– Einstellungspflicht **232** 7
– fiktive Bilanz **232** 4
– Unterschiedsbetrag **232** 3
– Verstoß **232** 9
Verlustübernahme
– Anspruchsinhaber und Anspruchsgegner **302** 25
– Beherrschungsverträge **302** 10
– Betriebspachtverträge **302** 31
– Betriebsüberlassungsverträge **302** 31
– Entstehen des Anspruchs **302** 20
– Fälligkeit **302** 21
– Gewinnabführungsverträge **302** 11
– Jahresfehlbetrag **302** 15
– Patronatserklärung **300** 10
– Vergleich **302** 44
– Verjährung **302** 24
– Verzicht **302** 44
Verlustübernahmevertrag 291 46
Verlustvortrag aus dem Vorjahr 158 3
Vermittlungsausschuss 107 135 ff.
Vermögensbindung, aktierechtliche 57 4 ff.
– Hin- und Herzahlen **57** 52
– verdeckte Sacheinlage **57** 53
Vermögenseinlage phG 281 7 ff.
– Änderung **281** 10 ff.
– Art **281** 7
– Bewertung **281** 8
– Nachgründungsregeln, Anwendbarkeit **280** 14 f.
– Sachgründungsprüfung **280** 12 f.
Vermögensfähigkeit 1 14
Vermögensgegenstände 27 17
Vermögenslosigkeit 262 59
– Löschung **262** 94
Vermögensminderung 210 6
Vermögensrechte 1 15
Vermögensübertragung 179a 32, 50; **249** 27; **262** 37, 72
– Angemessenheitskontrolle **179a** 44 f.
– Unternehmensverträge **297** 56
Vermögensvermischung 1 54

2905

Sachverzeichnis

Fett gedruckte Zahlen = Paragraphen

Vermögensverteilung 271 7
– Verteilungsmaßstab **271** 11
– Verteilungsverfahren **271** 8
– Voraussetzungen **271** 7
Veröffentlichungspflichten (AktG)
– Veröffentlichung von Gesellschaftstatsachen **25** 8
– Veröffentlichung von Prüfungsergebnissen **395** 5
Veröffentlichungspflichten (WpHG) WpHG 33–47 101
– Befreiung **WpHG 33–47** 120
Verpfändung 10 67 f.
Verrechnung von Gewinn 188 72
Verrechnungsabrede 27 56
Versammlungsleiter, s. auch Leitung der Hauptversammlung
– Antragsrecht **128** 28; **133** 13
– Aufgaben und Befugnisse **129** 21; **133**
– Entscheidung über Abstimmungsreihenfolge **133** 16
– Feststellungen über Beschlussfassung **130** 52
– Teilnehmerverzeichnis, Verantwortlichkeit **129** 21
Verschleierung 400 48
– Abgrenzung zur unrichtigen Wiedergabe **400** 49
Verschmelzung 71a 44; **71** 212; **139** 35; **182** 64; **183** 82; **226** 3; **248** 12; **274** 4; **SE-VO Art. 3** 6
– Betriebsübergang **SE-VO Art. 29** 8
– Drittwirkungen **SE-VO Art. 29** 7
– Eintragung **SE-VO Art. 27** 2
– fehlerhafte **SE-VO Art. 30** 1
– grenzüberschreitende, gemeinsamer Vertreter **SpruchG 6c** 1
– Wirkungen durch Aufnahme **SE-VO Art. 29** 2
– Wirkungen durch Neugründung **SE-VO Art. 29** 6
Verschmelzung KGaA 280 23
Verschmelzungsbericht SE-VO Art. 22 6
Verschmelzungsplan
– Aufstellung **SE-VO Art. 20** 5
– Bekanntmachung **SE-VO Art. 21** 3
– fakultativer Inhalt **SE-VO Art. 20** 10
– zwingender Inhalt **SE-VO Art. 20** 7
Verschmelzungsrechtliches Ausschlussverfahren 327a 11a f.
Verschmelzungsverfahren SE-VO Art. 17 4
Verschmelzungsvertrag SE-VO Art. 20 3
Verschmelzungswertrelation 305 44; **320b** 9
Verschwendung von Gesellschaftsvermögen 93 90
Verschwiegenheitspflicht 93 160; **101** 78; **103** 34; **109** 45; **116** 99; **171** 14
– Aufsichtsrat gegenüber Vorstand **116** 106
– Aufsichtsratsmitglieder **116** 99 ff.; **171** 14 f.
– Ausnahme für dienstlichen Verkehr **395** 4
– SE Organe **SE-VO Art. 49** 1 ff.

– Umfang **395** 3
– Veröffentlichung von Prüfungsergebnissen **395** 5
– Verpflichtete **395** 2
– Verstöße **93** 172; **395** 6
Versicherungsfall des Gesellschafters 1 69
Versicherungsgesellschaften 182 63
Versicherungsunternehmen
– Abschlussprüfung, Haftung **404a** 24
Versorgungszusage 84 51 ff.
Verspätete Einlagezahlung 64 7
Verstoß gegen Mitteilungspflichten bei Sitzverlegung ins Ausland 45 5
Verstöße gegen Vorzugsgewährung bei stimmlosen Vorzugsaktien 139 39
– Fehler bei nachfolgenden Maßnahmen **139** 42
– Fehler der Ursprungssatzung **139** 40
Vertagungsklauseln 108 49
Verteilung des Vermögens
– Liquidationsbeteiligung **271** 2
– Rechtsdurchsetzung **271** 14
– Vermögensverteilung **271** 7
Verträge mit Aufsichtsratsmitgliedern
– Abschlussprüfer **114** 32
– Aufsichtsratsmitgliedschaft **114** 4
– Dienst- oder Werkvertrag **114** 13
– Form **114** 23
– Konzernzurechnung **114** 7
– Publizität **114** 31
– Rückgewähr **114** 27
– Tätigkeiten außerhalb des Aufsichtsratsmandats **114** 16
– unzulässige Beratungsverträge **114** 16
– Vertrag mit Nahestehenden **114** 7
– Vertrag vor und während Amtsantritt **114** 5
– Zustimmung des Plenums **114** 21 ff.
Verträge über Sacheinlagen vor Eintragung der Gesellschaft 206 8
Vertragsänderung 295 3 ff.
– Auskunftsrecht außenstehender Aktionäre **295** 29
– Sonderbeschlussfassung **295** 23
– Voraussetzungen **295** 15
Vertragsbeendigung zur Sicherung außenstehender Aktionäre
– Rechtsfolge **307** 5
– Voraussetzungen **307** 3
Vertragsbeitritt 295 6, 22
Vertragsdauer, Vorstand 84 40
Vertragskonzern 76 103; **117** 9
– Gleichbehandlung **53a** 30
Vertragsprüfer
– Auswahl **293d** 2
– Bestellung durch das Gericht **293c** 2
– Einsichts- und Auskunftsrecht **293d** 4
– Verantwortlichkeit **293d** 8
– Verfahren **293c** 4
Vertragsschluss, Unternehmensvertrag
– Anmeldung **294** 4

Mager gedruckte Zahlen = Randnummer

– Eintragung **294** 23
– Formerfordernis **293** 9
– Inhalt **293** 6
– Rechtsfolgen **293** 10
– Zuständigkeit **293** 2
Vertragsstatut 3 2
Vertrauenshaftung 41 99; **185** 14
Vertrauliche Angaben 93 166
Vertreter
– besonderer s. dort
– gemeinsamer s. dort
Vertreterlosigkeit der Gesellschaft 78 22
Vertretung der Gesellschaft durch Bevollmächtigte 78 48; **184** 13
– Generalbevollmächtigte **78** 52
– Handlungsbevollmächtigte **78** 51
– Prokuristen **78** 49
Vertretung der Gesellschaft durch den Aufsichtsrat
– aktive Vertretung **112** 35
– Aufsichtsratsvorsitzender als Vertretungsberechtigter **112** 52
– Ausschüsse **112** 36
– Beschlussfassung **112** 33
– einzelne Aufsichtsratmitglieder, Aufsichtratsvorsitzender **112** 37
– Gesamt-Aufsichtsrat **112** 35
– Mitwirkung eines fehlerhaft bestellten Mitglieds **112** 44
– passive Vertretung **112** 40
– Satzung und Geschäftsordnung **112** 45
– Vertretung im engeren Sinne **112** 34
– Vertretungsmangel **112** 48
– Wissenszurechnung **112** 41
Vertretung der Gesellschaft durch den Vorstand 78 1
– Abwicklungsgesellschaft **78** 20
– Einzelermächtigung **78** 41
– Einzelvertretung **78** 33, 37
– Führungslosigkeit **78** 23 ff.
– gemeinschaftliche Vertretung durch mehrere Vorstandsmitglieder **78** 33, 40
– Gesamtvertretung **78** 25
– Gestaltungsmöglichkeiten **78** 33
– Insichgeschäfte **78** 10
– insolvente Gesellschaft **78** 21
– Mehrvertretung **78** 12
– mitbestimmte Gesellschaften **78** 18
– Organhaftung **78** 58 ff.
– organschaftliche Vertretung **78** 4
– Selbstkontrahieren **78** 11
– Umfang der Vertretung **78** 4
– unechte Gesamtvertretung **78** 33, 38
– Vorgesellschaft **78** 19
– Willensmängel **78** 57
– Wissenszurechnung im Konzern **78** 56a
– Wissenszurechnung **78** 53
Vertretung der Gesellschaft gegenüber Vorstandsmitgliedern
– erfasster Bereich **112** 19

– Nachweis der Vertretungsmacht **112** 40
– Vertretung der AG **112** 18
– Vertretung durch den Aufsichtsrat **112** 25
– Vertretungsmacht gegenüber Vorstandsmitgliedern **112** 6
– Vertretungsmangel **112** 41
Vertretung der KGaA 287 11, 80
Vertretung durch die Abwickler 269 3
– abweichende Vertretungsregelungen **269** 9
– Ausgestaltung der Vertretungsmacht **269** 8
– Beschränkung der Vertretungsmacht **269** 11
– Gesamtvertretung **269** 8
Vertretungsbefugnis, KGaA 278 11
Vertretungsmacht der Gesellschaft gegenüber Vorstandsmitgliedern
– amtierende Vorstellungsmitglieder **112** 6
– ausgeschiedene Vorstandsmitglieder **112** 10
– gegenüber Dritten **112** 17
Vertretungsorgan
– Abwickler **269** 3
Verwaltungsgesellschaft 15 41
Verwaltungskosten 71 13
Verwaltungsorganisation 179 85
Verwaltungsrat, SE SE-VO Art. 43 3 ff., s. auch SE, Verwaltungsrat
– Ausschüsse **SE-VO Art. 44** 5
– Geschäftsordnung **SE-VO Art. 43** 16
Verwaltungssitz IntGesR 8 ff.
– Änderungen des Satzungssitzes **IntGesR** 11
– Niederlassungsfreiheit s. dort
– Verlegung ins Ausland **IntGesR** 11
– Verlegung nach Deutschland **IntGesR** 12
– Wegzug **IntGesR** 9
– Zuzug **IntGesR** 10
Verwässerungsschutz 193 16; **203** 87 ff.
Verweisung auf anwendbares Recht SE-VO Art. 9 6
Verwendung der Registerdaten 67 108, 111
Verwendung des Jahresüberschusses
– Besonderheiten bei Rücklagenbildung im Konzern **58** 59
– Eigenkapitalanteil von Wertaufholungen **58** 49
– Feststellung durch die Hauptversammlung **58** 20
– Gelatine-Entscheidung **58** 63; **119** 26
– Gewinn- und Verlustrechnung **58** 13
– Gewinnverwendungsbeschluss **58** 19
– Gewinnverwendungsbeschluss der Hauptversammlung nach Feststellung des Jahresabschlusses **58** 80
– Holzmüller-Kompetenz **58** 76; **119** 22
– Kapitalrücklagen **58** 30
– Rücklagendotierung **58** 21, 48
– Rücklagendotierung bei fehlendem Jahresüberschuss **58** 55
– Schütt-aus-hol-zurück-Verfahren **188** 77
Verwendung von Gesellschaftsmänteln 188 22

Sachverzeichnis Fett gedruckte Zahlen = Paragraphen

Verwendungsabsprache 27 113, 221; **54** 77; **399** 140
Verwendungsbeschränkungen 150 20
Verwertung 226 20
Verzicht SpruchG 11 19
Verzicht auf den Gewinnanteil 60 29
Verzicht auf Ersatzansprüche 116 165
– KGaA **285** 19
Verzicht durch Vorstandsmitglieder 93 276 ff.
– betroffene Rechtshandlungen **93** 286
– Dreijahresfrist **93** 282
– erfasste Ansprüche **93** 285
– Geltendmachung **93** 290
– gerichtliche Zuständigkeit **93** 306
– Haftung gegenüber Dritten **93** 307
– Verjährung **93** 301
– Widerspruch durch Minderheit **93** 280
– Wirkung gegenüber Gesellschaftsgläubigern **93** 289
– Zustimmung der Hauptversammlung **93** 278
Verzichtsverbot der Gesellschaft 50 4; **185** 15
– Zulässigkeitsvoraussetzungen **50** 8
Vetorecht, Geschäftsführung 77 16
Videokonferenz 108 61 ff.; **110** 35
Vinkulierte Namensaktien 101 60; **237** 12; **285** 21; **Vor § 311** 40
– Abtretung **10** 53
– Freiberufler-AG **10** 24
– Investmentgesellschaften **10** 25a
– Luftfahrtunternehmen **10** 25
– privater Rundfunk **10** 25
– Sonderregelungen **10** 23
– VW-Gesetz **10** 26
– Wahlfreiheit **10** 21
– Zurechnung (Meldepflicht) **20** 11
Vinkulierung 65 32; **180** 7
– Einführung und Aufhebung **68** 40
– Entbehrlichkeit der Zustimmung **180** 9
– Erteilung oder Verweigerung der Zustimmung zur Aktienübertragung **68** 46
– Klausel **180** 13
– Namensaktien **Vor § 311** 40
– Nebenleistungsaktien **55** 16 f.
– Rechtsschutz bei Zustimmungsverweigerung **68** 74
– Umgehung **68** 76
– Wirkung und Reichweite **68** 31
– Zustimmungserfordernis **180** 8
Virtuelle Aktienoptionsprogramme 192 57, 62; **193** 32a
Virtuelle Hauptversammlung 118 35 ff.
Virtuelle Holding 77 40 f.
Vollmachtsstatut 3 2
Vollständige Einlageleistung 60 4
Vollstreckungstitel SpruchG 13 4
Vollversammlung 42 13; **121** 85
– Einberufung **121** 85 ff.
– Konzern **241** 142

– Teilnahmerecht Organmitglieder und Abschlussprüfer **118** 20
– Voraussetzungen **241** 138 ff.
Vollzugsmitteilung der Gesellschafteintragung 39 22
Vor-AG 23 2a; **41** 9; **82** 6; **179** 23; **262** 66
– Aktienausgabe vor Eintragung **41** 67
– Auflösung **41** 43
– Beendigung **41** 33
– BGB-Innengesellschaft **41** 19
– Einpersonen-Vor-AG **41** 120
– Erfüllung der Einlageschuld **54** 54 ff.
– Firma **4** 2
– Gewinnabführungs- und Beherrschungsvertrag **41** 28a
– Haftung **41** 68 ff.
– Haftung des Aufsichtsrats **116** 14
– Mitgliedschaft **41** 64
– Organe **41** 48
– Organisationsrecht **41** 44
– Rechtsnatur **41** 25
– Sacheinlage **27** 24
– Sachübernahme **27** 52 f.
– Satzungsänderung **179** 23
– Tod eines Gründers **41** 42
– Übernahme von Verbindlichkeiten **41** 128
– Umwandlungsfähigkeit **41** 29
– Vertretung **78** 19
– Voreinzahlung **41** 24
– Vorgründungsgesellschaft **41** 17
Vorausgegangene Rechtsgeschäfte des Einbringenden 32 11
Voraussetzungen der Vergütung von Aufsichtsratsmitgliedern 113 21
Vorbelastungshaftung 41 38
Vorbelastungsverbot 41 34, 73; **399** 138
Vorbereitende Beweisanordnung SpruchG 7 18
Vorbereitung der Hauptversammlung 293f 1; **327c** 1
– Bekanntmachung der Sacheinlage **183** 20
Vorbereitung der mündlichen Verhandlung
– Aufklärung des Sachverhalts **SpruchG 7** 17
– Erwiderung **SpruchG 7** 3
– Geheimnisschutz **SpruchG 7** 11
– Rechtsmittel **SpruchG 7** 20
– Rechtsmittel gegen die Anordnung der Vorlage **SpruchG 7** 10
– vorbereitende Beweisanordnung **SpruchG 7** 18
– Vorlage von Unterlagen **SpruchG 7** 8
– Zustellung **SpruchG 7** 3
– Zwangsmittel **SpruchG 7** 15, 19
Vorbereitung und Ausführung von Hauptversammlungsbeschlüssen 83 1; **182** 7
– Ausführungspflicht **83** 7
– Pflichtverletzungen, Rechtsfolgen **83** 18
– Vorbereitungspflicht **83** 3
Vordringen der Kontrolle Vor § 15 2

Mager gedruckte Zahlen = Randnummer

Sachverzeichnis

Vordrucke, Geschäftsbriefe 80 8
Voreinzahlung 41 24; **188** 59, 60
Vorgesellschaft 41 17; **78** 19; **82** 6; **116** 14; **179** 23; **262** 66
– Auflösung **41** 43
– Beendigung **41** 33
– BGB-Innengesellschaft **41** 19
– Haftung **41** 68 ff.
– Organisationsrecht **41** 44
– Rechtsnatur **41** 25
– Übernahme von Verbindlichkeiten **41** 128
– unechte **41** 92 ff.
– Voreinzahlung **41** 24
– Vorgründungsgesellschaft **41** 17, 76
Vorgründungsgesellschaft 41 17, 76
Vor-KGaA 280 18
Vorlage an den Aufsichtsrat
– Gewinnverwendungsvorschlag **170** 10, 29
– Konzernabschluss **170** 11
– Konzernlagebericht **170** 11
– Unterlagen, vorzulegende **170** 8
– Verfahren **170** 21
– Verstoß gegen Vorlagepflicht **170** 54
– Zeitpunkt **170** 24
Vorlagen in der Hauptversammlung
– Auslage **176** 5 ff.
– Auslage über Monitore **176** 5
– Durchsetzung der Erläuterungspflichten **176** 18
– Erläuterungen des Aufsichtsrats **176** 15
– Erläuterungen des Vorstands **176** 11
– Zugänglichkeit **176** 5, 9
Vorlagepflicht, Abwicklung der Gesellschaft 268 10
Vormundschaft 1 19
Vorrang ausstehender Einlagen vor Aktienausgabe 182 58; **203** 4
Vorrang der Bareinlage 183 32
Vorrang des Insolvenzverfahrens 264 8
– Ablauf **264** 12
– Eigenverwaltung **264** 14
– Eröffnung **264** 10
– internationale Insolvenz **264** 25
– Sanierung **264** 21
– Unternehmensveräußerung **264** 21
– Verfassung der insolventen AG **264** 15
Vorratsaktien
– Anhang zur Bilanz **160** 5 ff.
Vorratsbeschluss 274 12
Vorratsbestellung von Aufsichtsratsmitgliedern 105 26
Vorratsgesellschaft 23 42; **41** 74
– Mantelgesellschaft **188** 22, 61; **399** 94 ff.
– Nachweis der Kapitalaufbringung **23** 47
– offene **275** 9
Vorratsgründung 23 18a, 42 ff.; **399** 95 ff.
– BGH-Rechtsprechung, Grundsätze **23** 46
– offene **399** 97
– Offenlegung, fehlende **23** 45a

– Unterbilanzhaftung, Geltung der Grundsätze **23** 45a
– verdeckte **23** 45a
– wirtschaftliche Neugründung **27** 127
Vorrats-SE SE-VO Art. 3 21
– arbeitnehmerlose **SE-VO Art. 3** 30
– mitbestimmungslose **SE-VO Art. 3** 30
– Zulässigkeit **SE-VO Art. 3** 27
VorsAG 120 52
Vorschuss SpruchG 6 21; **SpruchG 15** 23
Vor-SE
– Bedürfnis für eine **SE-VO Art. 16** 10
– europäischer oder nationaler Prägung **SE-VO Art. 16** 5
– Gründerhaftung **SE-VO Art. 16** 12
– maßgeblicher Gründungszeitpunkt **SE-VO Art. 16** 10
Vorsitzender des Vorstandes 84 87
Vorsorgliche Sacheinlage 188 81
Vorstand, *s. auch Vorstandsmitglieder*
– Abberufung **84** 92 ff.
– abhängige Gesellschaft **76** 102 ff.
– Aktienausgabe **283** 20
– Altersgrenze **76** 124
– Änderungen **81** 4 ff.
– Anfechtbarkeit, satzungsändernder Beschluss **181** 8
– Anmeldung **283** 4
– Ansprüche Dritter **48** 11
– Arbeitsdirektor **76** 118
– Arbeitsteilung **91** 11 ff.
– Aufgabenübertragung an Dritte **91** 17
– Aufgabenverteilung innerhalb des Vorstandes **91** 12
– Ausführungspflicht von HV Beschlüsse **83** 9
– ausgeschiedene Vorstandsmitglieder **92** 64
– Ausschluss der Haftung **48** 7
– Ausschüsse **77** 41
– Bedingung und Befristung von Bezugsrechten **192** 23
– Beobachtungspflicht bei Einlageverbindlichkeiten **27** 243b
– Berichtspflichten **90** 14
– Beschlussfassung **77** 21 ff.
– Beschlussverantwortung **182** 7
– Beschränkungen der Geschäftsführungsbefugnis **82** 26 ff.
– Bestellung **84** 5
– Bilanzierungspflicht **171** 19
– CEO-Modell **77** 42 f.
– Compliance-Verantwortung **91** 47 ff., 67
– Delegation von Entscheidungen **76** 65
– Deutscher Corporate Governance Kodex, Verpflichtung **161** 50b
– Doppelmandate **76** 105 ff.
– Doppelmandate, Haftung **76** 110a
– Eigenverantwortlichkeit der Leitungsausübung **76** 56 ff.
– Eignungsvoraussetzungen **76** 119 ff.

2909

Sachverzeichnis
Fett gedruckte Zahlen = Paragraphen

- Einberufung der Hauptversammlung **92** 9; **283** 15
- einer anderen AG **1** 24
- Einstimmigkeitsprinzip **77** 8
- Entsprechenserklärung (DCGK) **161** 37 ff., 41
- erster, Bestellung **30** 21 ff.
- fehlerhaft bestellte oder faktische Vorstandsmitglieder **92** 64
- fehlerhafte Besetzung **76** 114 ff.
- Förderung von gemeinützungen Zwecken **76** 45 ff.
- Frauenquote **76** 141 ff.
- Frauenquote, Festlegung **76** 141 ff., s. auch Frauenquote, Vorstand
- Geltendmachung von Ansprüchen durch Gläubiger der Gesellschaft **48** 9
- Geltendmachung von Ersatzansprüchen **283** 18
- Gesamtvertretung **78** 25 ff.
- Geschäftsführung **76** 3 ff., s. auch Geschäftsführung
- Geschäftsordnung **77** 59 ff.
- Geschäftsverteilung **77** 36 ff., 46 ff.
- Gewährung von Umtausch- und Bezugsrechten, Anweisung **192** 22
- Grundsatz der Gesamtverantwortung **77** 44 ff.
- Gründungsprüfung **283** 7
- Haftung, s. dort
- Hauptversammlungsbeschlüsse, Nichtigkeit und Anfechtbarkeit **283** 21
- Insichgeschäfte **78** 10 f.
- Insolvenzverfahren, Antrag auf Eröffnung **283** 22
- Interim **84** 39a
- Jahresabschluss **283** 19
- Konzernleitungspflicht **76** 84 ff.
- Kreditgewährung **283** 13
- Leitung der Gesellschaft **76** 4 ff., s. auch Leitung der Gesellschaft
- Matrixstrukturen **77** 39
- Nachfristsetzung ggü. Aufsichtsrat **171** 85
- Nichtigkeit, satzungsändernder Beschluss **181** 7
- Organhaftung **78** 58 ff.
- Outsourcing von Unternehmensfunktionen **76** 66 f.
- Pflicht zur Verlustanzeige **92** 4
- Pflichten gegenüber dem Aufsichtsrat **170** 8; **283** 12
- Querschnittsfunktionen **77** 58a
- Rechtmäßigkeit, satzungsändernder Beschluss **181** 9
- Reputationsmanagement **93** 25 a f.
- Ressortverantwortung **77** 48 ff.; **91** 12
- Ressortverteilung **76** 62 ff.
- Restverantwortung **91** 13
- Sonderprüfung **283** 17
- Sorgfaltspflicht **283** 8
- Spenden **76** 45 ff.
- Stellung des Insolvenzantrags **92** 59 ff.
- Teilnahme an Aufsichtsratssitzungen **109** 14
- Teilnahme an Ausschusssitzungen **109** 19
- Unternehmensvertrag, Berichtspflicht **293a** 5 ff.
- Unternehmerfunktion **76** 11
- Vergleich **48** 8
- Vergütung **87** 8b ff., s. Vorstandsvergütung
- Vergütung, Angemessenheit **192** 46 ff.
- Vergütungsbericht
- Vergütungssystem, Beschluss über **120** 52 ff.
- Verjährung **48** 8
- Vertretung bei Anmeldung **181** 10; **184** 12
- Vertretungbefugnis, Änderungen **81** 7
- Vertretungsbefugnis **82** 4 ff.
- Vertretungsbefugnis, Konzern **82** 21 ff.
- Verzicht **48** 8
- Vollmacht **181** 10
- Vorstandssprecher **84** 91
- Zahlungsverbot **92** 18
- Zusammensetzung **76** 111 ff.
- **Vorstandsausschüsse 77** 41
- **Vorstandsbeschluss 77** 21
- Rechtsschutz gegen fehlerhaften **77** 28a ff.
- **Vorstandsdoppelmandate 76** 105 ff.
- **Vorstandsinterne Selbstüberwachung 93** 95
- **Vorstandsinterne Willensbildung 77** 21
- **Vorstandsmitglieder 93** 177
- Altersgrenze **76** 124
- Anstellung – Bestellung **84** 7 f.
- Anstellungsvertrag **84** 24 ff.
- Anstellungsvertrag, Kündigung **84** 145 ff., s. auch Kündigung des Anstellungsvertrags; **120** 38 f.
- Begrenzung Aufsichtsratsmandate (DCGK) **100** 8
- Bestellung **84** 5 ff.
- Bestellungshindernisse **76** 119, 131
- BetrAVG **84** 51 ff.
- Diversity **84** 11b
- Eigengeschäfte **93** 131
- Eignungsvoraussetzungen **76** 119 ff.
- geborene Abwickler **265** 1
- Haftung, s. Haftung der Vorstandsmitglieder
- Handlungspflicht **401** 22 ff.
- Karenzzeit – Wechsel in AR **100** 30 ff.
- Kreditgewährung **89** 6 ff., s. auch Kreditgewährung an Vorstandsmitglieder
- Kündigungsschutzgesetz **84** 29
- Rechte **84** 43 ff.
- Stellvertreter, s. dort
- Vergütung **84** 44 ff., s. Vorstandsvergütung
- Verhältnis zum Abwickler **268** 15
- Wechsel vom Vorstand in den Aufsichtsrat **100** 7
- Wettbewerbsverbot **88** 7 ff., s. auch Wettbewerbsverbot Vorstandsmitglieder
- Wiederbestellung **84** 15 ff.
- Zeugnisverweigerungsrechte **93** 173

Mager gedruckte Zahlen = Randnummer **Sachverzeichnis**

Vorstandspflichten bei Verlust, Überschuldung oder Zahlungsunfähigkeit 92 4
– Insolvenzantragspflicht 92 47
– Pflicht zur Verlustanzeige 92 4
– Zahlungsverbot 92 18
Vorstandspflichten, KGaA 283 4, 12
Vorstandssprecher 84 91
Vorstandsvergütung
– ablösende Abfindungen 87 46
– Aktienoptionen 87 42; 192 45 ff.
– Angemessenheit der Bezüge 87 8b; 192 46
– Aufgaben der Vorstandsmitglieder 87 10
– Auskunftsrecht der Aktionäre 87 90
– Change-of-Control-Klauseln 87 53
– gerichtliche Überprüfung des Angemessenheitsgebots 87 39
– Gewinnbeteiligungen 87 44
– Herabsetzung der Bezüge, nachträgliche 87 59 ff.
– Kündigungsrecht des Vorstandsmitglieds 87 77
– Lage der Gesellschaft 87 14
– Leistungen der Vorstandsmitglieder 87 11
– Mannesmann-Verfahren 87 47 ff.
– Marktüblichkeit 87 16
– mehrjährige Bemessungsgrundlage variabler Vergütungsbestandteile 87 31
– nachhaltige Unternehmensentwicklung 87 27
– nachträgliche Anerkennungsprämien 87 47
– Obergrenze, gesetzliche 192 46b
– Offenlegung 192 46c, 73a
– Opting out 87 89
– Satzungsregeln über die Vorstandsvergütung, Statthaftigkeit 87 54
– Schadenersatz in der Insolvenz 87 77
– Transparenz 87 8a, 78 ff.; 192 73a
– übliche Vergütung 87 15
– unangemessene Vorstandsbezüge, Rechtsfolgen 87 57
– verdeckte Gewinnausschüttung 87 23
– Vergleichsmaßstäbe 87 16 ff.
– Vergütungsberater 87 40 f.
– Vergütungsbericht 192 73b
– VorstKoG (Entw) 120 56 ff.
Vorteile der Gründung einer SE SE-VO Vor Art. 1 20
Vorteilsausgleich 93 38
Vorträge oder Auskünfte in der Hauptversammlung 400 58
Vorübergehende Beteiligungen 17 53
Vorverträge 52 12
– Zeichnung von Aktien 185 48
Vorwegbindung, Verbot 76 68
Vorzeitige Ausgabe von Aktien 191 4; 219 2
Vorzugsaktien 202 32, 76; 204 47
– Ausnahmetatbestände: Bedingung und Befristung 141 23
– Beeinträchtigung des Vorzugs 141 5, 6

– Dividendenbonus für Hauptversammlungsteilnahme 141 37
– Gewinnvorzug 141 5
– konkurrierende Vorrechte 141 33
– mit Gewinnvorrecht 216 5
– mittelbare Beeinträchtigung 141 9
– Nachzahlungsanspruch 141 5
– satzungsändernder Hauptversammlungsbeschluss 141 4
– Satzungsvorbehalt 141 39
– unmittelbare Beeinträchtigung 141 7
– Verwaltungssonderrechte 141 5
– Vorzugsaktionäre 141 38
Vorzugsaktien ohne Stimmrecht
– Ausgabe neuer Aktien 139 33; 141 28
– Ausgestaltung des Vorzugs 139 11
– Auszahlung des Vorzugs 139 17
– bilanzielle Behandlung 139 26, 29
– europarechtliche Vorgaben 139 5
– Gewinnvorzug 139 9
– Hauptversammlungsmehrheit, einfache 139 7
– Höchstgrenze der Ausgabe 139 45
– Kosten, Finanzierungs- und laufende 139 6
– Nachzahlbarkeit 139 19
– steuerliche Behandlung 139 26, 28
– Stimmrechtsausschluss 139 30
– Umwandlung bestehender Stammaktien 139 36
– Verstöße, Vorzugsgewährung 139 39
– Verzinsung 139 25
– Vorzugsaktien mit unterschiedlichen Rechten 139 16
Vorzugsaktien, stimmrechtslose 12 10
Vorzugsaktionäre
– Aufleben des Stimmrechts 140 14
– ausnahmsweise Stimmrechtsgewährung 140 7
– Minderheitenrechte 140 8
– Minderheitenverlangen 140 9
– Mischbezugsrecht 140 13
– Nachzahlungsanspruch 140 31
– Rechte 140 3
– Vermögensrechte 140 11
– Verwaltungsrechte 140 6
VW-Gesetz 10 26; 101 7

Wagniskapital 182 5b
Wahl der Arbeitnehmervertreter 101 48
Wahl der Aufsichtsratsmitglieder 101 16
Wahl und Abberufung des Aufsichtsrats, KGaA 285 16
Wahl von Abschlussprüfern, KGaA 285 20
Wahlabreden 101 23 ff.
Wahlberechtigte Arbeitnehmer für den Aufsichtsrat 97 17
Wahlen 133 54
– Alternativwahl 133 55a
– Blockwahl 133 57
– Globalwahl 133 57
– Listenwahl 133 57
– Sukzessivwahl 133 55a

2911

Sachverzeichnis

Fett gedruckte Zahlen = Paragraphen

- Verhältniswahl 133 56
Wahlfreiheit über die Form der Aktie 8 8; **10** 17 ff.
Wahlvorschläge von Aktionären 127 1 ff.
- Hinweispflicht auf Frauenquote 127 9a
- mehrere Wahlvorschläge 133 55a
Wahrheitswidrige Erklärung 399 65
Wahrnehmung der Buchführungspflicht 91 10
- Aufgabenübertragung an unternehmensfremde Dritte 91 17
- Aufgabenverteilung innerhalb des Vorstandes 91 12
- Aufgabenzuweisung an nachgeordnete Unternehmensebenen 91 16
- Gesamtverantwortung und Arbeitsteilung 91 11
- Neuordnung der Verantwortlichkeit de lege ferenda 91 15
- Ressortverantwortung 91 12
- Restverantwortung 91 13
- verantwortliche Personen 91 10
Wahrnehmung fremder Interessen durch die AG 1 19
Währung des Kapitals SE-VO Art. 4 1
Wandelanleihe
- Squeeze-out 327b 8
Wandelanleihen 113 42; **192** 13, 29; **194** 5; **199** 15
- Ausgabe 199 13 ff.
- ausländische 194 10a
- CoCo-Bonds 192 29f; 194 5
- Pflichtwandelanleihen 192 29d; 194 5; 198 23; 221 150 f.
- umgekehrte 192 11a, 29a
- Wandlungserklärung 198 7
- Warrant-Anleihen 192 33
Wandelgenussrechte 194 11; **199** 15; **221** 126
Wandelschuldverschreibungen 113 53; **141** 29; **192** 52; **221** 5, *s. auch Wandelanleihen*
- Abspaltung, Aufspaltung des Emittenten 221 157a
- Bedienung mit eigenen Aktien 71 136
- Bedingungen, *s. Anleihebedingungen*
- Begünstigte 192 28
- Bewertung 221 102
- Bezugsrechte 192 17
- Bilanz 160 25 ff.
- gegen Sacheinlage 194 5
- Genussrechte 192 29
- Gewinnschuldverschreibungen 192 29d
- Gläubigerrechte, Inhaber von 192 28
- Incentivierung zur Wandlung 193 17a
- Kapitalherabsetzung 224 13
- Komplementäranteile 192 34
- Nachrangabrede 194 11a
- Naked warrants 192 30
- Optionsrechte, selbständige 192 32
- Privatplatzierung 221 50 f.
- Prospekterfordernis 221 49 f.
- Schuldverschreibungen Dritter 192 33
- umgekehrte 192 29a f.
- Umtauschanleihe 221 41
- Umwandlung von Komplementäranteilen 192 34
- Verlustbeteiligung 194 11a
Wandlungserklärung 198 7
Wandlungspreis 221 5
Wandlungsrechte 320 6, **320b** 6
Warrant-Anleihen 192 33
Wartezeit für Aktien 193 32
Wechselkursrisiken 54 57
Wechselseitig beteiligte Unternehmen 15 14; **19** 2; **328** 9
- Beschränkung der Rechte 328 6
- Beschränkung in börsennotierten Gesellschaften 328 25
- bilanzielle Behandlung 19 8
- einfache Ausübungssperre 328 9
- einfache wechselseitige Beteiligung 19 4
- erweiterte Mitteilungspflichten 328 33
- qualifizierte Beteiligungen 19 5
- Schutz des gutgläubigen Anteilserwerbers 328 16
- Unternehmensbegriff 19 3
Wegfall mitteilungspflichtiger Beteiligung 20 20
Wegzug IntGesR 9
Wegzugsbeschränkungen 45 5
Weisungen, *s. auch Leitungsmacht im Beherrschungsvertrag*
- Befolgungspflicht des Vorstands 308 34 ff.
- Grenzen/Ausschluss bei Beherrschungsvertrag 299; 308 28 ff.
- nachteilige im Konzerninteresse 305 23 f.
- Nichtigkeit 299 6
Weisungsrecht 308 5 ff.
- alternative Investmentfonds 308 28b
- atypischer Beherrschungsvertrag 308 7
- Beschränkung 291 25
- Betriebsführungsvertrag 291 55
- Delegation 308 12, 42
- Eingliederung 323 2 ff.
- existenzgefährdende Weisungen 308 31
- faktischer Konzern **Vor § 311** 6
- finanzverfassungsrechtliche Angelegenheiten 308 21
- Geschäftsführungsvertrag 291 50
- Grenzen/Ausschluss bei Beherrschungsvertrag 291 16
- Haftung 309 6 ff., *s. auch Verantwortlichkeit des herrschenden Unternehmens*
- öffentliche Hand als herrschendes Unternehmen 308 28a
- Übertragung 308 13
- zustimmungspflichtige Geschäfte 308 37 ff.
Weisungsunabhängigkeit 76 57; **299**
Weitergabe von Mitteilungen
- Übermittlungspflichtige 128 5 ff.
- Übernahmesachverhalte 128 16

Mager gedruckte Zahlen = Randnummer **Sachverzeichnis**

Werbende AG, Geltung der Vorschriften 264 34
Wertansätze
– Anschaffungskosten 220 3
Wertaufholungsgebot 58 49
Wertgleiche Deckung 188 16; 399 199
Werthaltigkeit bei Sachgründungen 32 10
Werthaltigkeit von Sacheinlagen 221 14
Werthaltigkeitsnachweis, Einlagenrückzahlung 27 259 ff.
Wertkontrolle 195 23
Wertmäßige Bindung des Gesellschaftsvermögens 57 15
Wertpapierdarlehen, Einpersonen-Gesellschaft 42 3
Wertpapierrechtliche Übertragung 10 54
Wesen der KGaA 278 1, 10
– Besteuerung 278 8
– Rechtsformwahl 278 4
– Sonderrecht für atypische KGaA 278 28
– Varianten der KGaA 278 3
Wesentlichkeitsgrundsatz 160 2
Wesentlichkeitsschwelle 119 32, 34
Wesentlichkeitsschwelle, Abweichung DCGK 161 52
Wesentlichkeitsschwelle, differenzierte 119 30g, 31a
Wettbewerbsverbot
– Komplementär 284 2 ff., s. auch Wettbewerbsverbot, persönlich haftender Gesellschafter
– Reichweite 1 68
– Vorstandsmitglieder 88 7 ff.
Wettbewerbsverbot, persönlich haftender Gesellschafter 284 2 ff.
– Abdingbarkeit 284 7
– Adressaten 284 2
– Dispens 284 10
– Geschäftschancenlehre 284 6
– Sanktionen 284 12
– Steuerrecht 284 14
– Umfang 284 4
– Verjährung 284 13
Wettbewerbsverbot, Vorstandsmitglieder 88 1 ff.
– Anstellungsvertrag oder Satzung, Änderungen 88 30
– Dauer 88 8 ff.
– Eintrittsrecht 88 35 ff.
– Erlaubnisvorbehalt 88 26 ff.
– Geltungsbereich 88 7, 15 ff.
– Geschäftschancenlehre 88 5
– Konzern 88 23 f.
– nachvertragliches 88 42 ff.
– nachwirkende Pflichten 88 14
– Umfang, Änderung 88 31
– Verjährung 88 40
– Verletzung, Rechtsfolgen 88 32 ff.
Whistleblower
– Aufsichtsrat als Informationsempfänger 111 36

Widerruf der Bestellung, Vorstand 84 92 ff.
– Rechsschutz 84 131 ff.
– Rechtsschutz des Vorstandsmitgliedes 84 131
– Voraussetzungen 84 99
– Wirkungen 84 128
– Zuständigkeit 84 95
Widerruf der Zeichnung 185 37, 45
Widersprüche gegen Protokollierung der Hauptversammlung 130 8
Wiederbestellung des Vorstandes 84 15
Wiederbestellung von Aufsichtsratsmitgliedern 102 18
Wiederkehrende Leistungen der Aktionäre an die Gesellschaft 55 6
Willenserklärungen der AG 69 22
Willensmängel der organschaftlichen Vertreter 78 57
Willensmängel des Zeichners 189 8
Willensmängel, Nebenpflichten 55 33
Wirksamkeit der Rechtsgeschäfte 277 8
Wirksamkeitsvoraussetzungen der Gründung 26 9
Wirksamwerden der bedingten Kapitalerhöhung
– Aktienausgabe 200 3
– Auswirkungen auf Rechte Dritter 200 10
– Erhöhung des Grundkapitals 200 6
– fehlerhafte Aktienausgabe 200 13
– fehlerhafter Erhöhungsbeschluss 200 15
– gutgläubiger Erwerb 200 14
– Mängel 200 12
– Mängel der Bezugserklärung und des Zeichnungsvertrages 200 16
– Mitgliedschaftsrechte, Entstehung 200 6
– Publizität 200 7
– Rechnungslegung 200 7
– Satzungsänderung 200 9
– Voraussetzungen 200 3
– Zuständigkeit 200 5
Wirksamwerden der Gesellschaftsanmeldung 36 27
Wirksamwerden der Kapitalerhöhung 189 2; 203 46; 211 3
– Auswirkungen auf Rechte Dritter 189 12
– Auswirkungen der Eintragung auf Verfahrensmängel 189 4
Wirksamwerden der Kapitalherabsetzung 224 2; 238 1
Wirksamwerden der Sitzverlegung SE-VO Art. 8 22
Wirkung der Eintragung 67 30; 263 13
Wirkung der Eintragung der Nichtigkeit 277
Wirkung der Entscheidung
– Art der Kompensation **SpruchG** 13 6
– Beendigung des Unternehmensvertrages **SpruchG** 13 9
– Beitritt eines weiteren Unternehmers **SpruchG** 13 8
– formelle Rechtskraft **SpruchG** 13 2

Sachverzeichnis

Fett gedruckte Zahlen = Paragraphen

– Grenzen der Rechtskraft **SpruchG 13** 5
– Kapitalveränderungen **SpruchG 13** 7
– kein Vollstreckungstitel **SpruchG 13** 4
– materielle Rechtskraftwirkung **SpruchG 13** 3
– Rechtskraft bei anderen Verfahrensbeendigungsgründen **SpruchG 13** 10
Wirkung des Aufsichtsratsbeschlusses 103 15
Wirkungen der Eingliederung
– elektronische Abfindung **320a** 8
– Übergang der Mitgliedschaften **320a** 2
– Verbriefung des Abfindungsanspruchs durch Aktienurkunden **320a** 5
Wirkungen gegenüber Dritten 241 37
Wirkungsstatut 3 2
Wirtschaftliche Abhängigkeit 17 35
Wirtschaftliche Grundlagen SE-VO Vor Art. 1 18
Wirtschaftliche Neugründung 23 43; **27** 103, 126, 127; **41** 86; **52** 45; **188** 22; **399** 99
Wirtschaftsstrafkammer 399 285
Wirtschaftsunternehmen 1 21
Wissenszurechnung 78 53; **112** 33
– im Konzern **78** 56a
Wrongful-Trading-Haftung 92 49
Wurzeltheorie 305 78

Zahl der Mitglieder des Aufsichtsrates 95 1
– Satzungsvorschriften **95** 12
Zahlungsklage SpruchG 1 33
Zahlungspflicht der Vormänner
– Anspruchsgrundlagen **65** 38
– Aushändigung der neuen Aktienurkunde **65** 33
– Dauer der Haftung **65** 43
– Erwerb der Mitgliedschaft **65** 32
– mehrfache Kaduzierung **65** 12
– Regressschuld **65** 15
– rückständige Beiträge **65** 5
– Staffelregress **65** 18
– Verfahrensmängel **65** 67
– Verkauf der Aktien **65** 49
Zahlungsunfähigkeit der Gesellschaft 92 20; **401** 21, 22 ff.
– Auslandsgesellschaften **92** 21a
Zahlungsunfähigkeit der Gründer 46 18
Zahlungsverbot 92 18 ff., 18
– Auslandsgesellschaften **92** 21a
– Begriff der Zahlung **92** 22
– Eigenverwaltungsverfahren **92** 27b
– Geltendmachung eines Verstoßes **92** 37
– Haftung des Vorstands **92** 33 ff.
– Haftung gegenüber der Gesellschaft **92** 33
– subjektive Erfordernisse **92** 28
– Verbotsausnahme **92** 29
– Verbotsbeginn **92** 27
– Verzicht und Vergleich **92** 36
Zeichnung der Abwickler 269 13

Zeichnung neuer Aktien 185 5
– Fehlerhaftigkeit **189** 8
Zeichnungsliste 185 23
Zeichnungsschein 185 22
– Angaben über die Beteiligung **185** 25
– Ausgabebetrag **185** 30
– doppelte Ausstellung **185** 24
– gemischte Einlage **185** 26
– Mischeinlage **185** 26
– Nebenverpflichtungen **185** 33
– Nichtigkeit **185** 39
– Sacheinlagen **185** 34
– Schriftform **185** 23
Zeichnungsvertrag 185 10 ff.
– Bezugserklärung **198** 6
– Mängel **189** 8; **200** 16
– Übertragung **191** 8
– Vorvertrag **185** 48 ff.
– Wandlungserklärung **198** 7
Zeichnungsvorvertrag 185 48; **187** 5
– Verpflichtung der AG **185** 49
– Verpflichtung potentieller Zeichner **185** 51
Zeitablauf 289 2
Zeitpunkt der Anmeldung bei Bareinlagen 36 15
Zeitpunkt der Bewertung 27 34
Zentrale Aufgabenverteilung 93 51
Zerlegung des Grundkapitals 1 94, 98; **8** 1
– in Aktien **1** 94
Zerschlagung 268 4
Zeugnisverweigerungsrechte
– Aufsichtsratsmitglieder **116** 118
– Vorstandsmitglieder **93** 173
Zielgrößen für Frauenquote 76 146 f.; **111** 77a f., s. Frauenquote, Aufsichtsrat, s. Frauenquote, Führungsebene, s. Frauensquote, Vorstand
Zinsverbot, Einlagen 57 83
– Beschränkung der Vermögensverteilung auf den Bilanzgewinn **57** 85
– Rechtsfolgen **57** 86
– Sachgefahr **57** 88
Zu hohe Abfindung SpruchG 1 25
Zulässige Maßnahmen in Bezug auf Aktien 8 51
Zuordnung der Mitgliedschaft bei Ausschluss 64 42
Zuordnung neuer Aktien 182 9; **212** 2
Zurechenbarkeit fremder Beteiligungen 15 30; **16** 18
– abhängiges Unternehmen **16** 20
– Einpersonen-Gesellschaft **42** 4
– Einschränkung bei mehrstufigen Beteiligungen **15** 36
– Einzelkaufmann **16** 26
– für Rechnung des abhängigen Unternehmens **16** 24
– für Rechnung des Unternehmens **16** 22
– keine umgekehrte Zurechnung **15** 38
– Personengesellschaften **16** 27

Mager gedruckte Zahlen = Randnummer **Sachverzeichnis**

– Umfang der Zurechnung **15** 33; **16** 25
– Unternehmenseigenschaft des übergeordneten Unternehmens **16** 19
Zurechenbarkeit sonstiger wirtschaftlicher Interessen 15 30
– Einschränkung bei mehrstufigen Beteiligungen **15** 36
– keine umgekehrte Zurechnung **15** 38
– Umfang der Zurechnung **15** 33
Zurechnungsdurchgriff 1 65 ff.
Zurückweisung von Sachvortrag SpruchG 10 3
Zusammenlegung von Aktien 73 9; **141** 14
– Kapitalherabsetzung **222** 7 ff., 41 f.; **226** 4 ff.
Zusammensetzung des Aufsichtsrates
– Änderungen durch Vereinbarung **96** 24
– Änderungen in der Zusammensetzung **97** 6
– Arbeitnehmerbegriff **96** 7 ff.
– Bekanntmachung **97** 3
– Drittelbeteiligungsgesetz **96** 18, 31
– Ergänzungswahlen **97** 10
– Frauenquote **96** 31 ff., *s. auch Frauenquote*
– gerichtliche Entscheidung, *s. dort*
– konzernangehörige Unternehmen **96** 9
– MgVG **96** 22
– mitbestimmte Gesellschaften **96** 6
– mitbestimmungsfreie Gesellschaften **96** 5
– Mitbestimmungsgesetz **96** 9 ff.
– Mitbestimmungsgesetz 1976 **96** 7
– mitbestimmungsrechtliche Vorschriften **95** 9
– Montan-Mitbestimmungsergänzungsgesetz **96** 15, 36
– Montan-Mitbestimmungsgesetz **96** 12, 36
– Statusverfahren **96** 44 f.; **97** 7 f.
– Teilhabegesetz **96** 10a
– Tendenzunternehmen **96** 8
Zusammenwirken von Vorstand und Aufsichtsrat 184 10
Zusätzlicher Aufwand 174 18
Zusätzlicher Ertrag 174 21
Zuschaltung von Aufsichtsratsmitgliedern 118 35 ff.
Zusicherungen auf den Bezug von Aktien 187 5
– Bezug neuer Aktien **187**; **203** 27
– Business Combination Agreements **187** 19
– mittelbares Bezugsrecht **187** 7
– nach dem Kapitalerhöhungsbeschluss **187** 14
– vor dem Kapitalerhöhungsbeschluss **187** 10
Zuständigkeit SpruchG 12 4
Zuständigkeit bei der Leistungsklage SpruchG 16 2
Zuständigkeit des Landgerichts SpruchG 2 3
– Entscheidung des Vorsitzenden **SpruchG 2** 20
– internationale Zuständigkeit **SpruchG 2** 7
– Schiedsgericht **SpruchG 2** 8
– Zuständigkeitskonzentration **SpruchG 2** 6

Zuständigkeit, gerichtliche
– Doppelsitz **14** 5
– Satzungssitz **14** 3
Zuständigkeitskonflikte
– örtliche Zuständigkeit **SpruchG 2** 18
– Rechtswegzuständigkeit **SpruchG 2** 16
– sachliche Zuständigkeit **SpruchG 2** 17
– Zivilkammer KfH **SpruchG 2** 19
Zuständigkeitskonkurrenzen
– aufeinanderfolgende Bewertungsanlässe **SpruchG 2** 13
– Beherrschungs- und Gewinnabführungsvertrag **SpruchG 2** 12
– mehrere Landgerichte **SpruchG 2** 9
– sachlicher Zusammenhang **SpruchG 2** 10
– Verbindung mehrerer Anträge **SpruchG 2** 15
– Verschmelzung mehrerer übertragender Unternehmen **SpruchG 2** 11
– zuerst befasstes Gericht **SpruchG 2** 14
Zustandsbegründende Satzungsdurchbrechung 179 49
Zustellung SpruchG 7 3
Zustimmung betroffener Aktionäre
– Auferlegung von Nebenpflichten **180** 3
– Form **180** 15
– Kapitalerhöhung **180** 10
– Prüfung durch das Registergericht **180** 17
– Rechtsfolgen **180** 16
– Sonderbeschluss bei Kapitalerhöhung **182** 26
– Vinkulierung **180** 7
Zustimmung der Hauptversammlung zum Nachgründungsverfahren 52 67
Zustimmung der Komplementäre, KGaA 285 30
Zustimmung des Aufsichtsrates 59 8
Zustimmungsbedürftige Beschlüsse 285 30
Zustimmungsbeschluss der Hauptversammlung 179a 13; **293** 13; **SE-VO Art. 23** 3
– Änderung des Unternehmensgegenstandes **179a** 24
– Beschlusserfordernis **179a** 13; **293** 14
– Beschlussmängel **179a** 23; **293** 29
– formelle Beschlussvoraussetzungen **293** 17
– Gegenstand **179a** 19
– Inhalt **179a** 20
– materielle Beschlussvoraussetzungen **293** 23
– Mehrheitserfordernis **179a** 21
– Rechtsfolgen des Beschlusses **293** 27
– Zustimmungsbeschluss der Hauptversammlung der Obergesellschaft **293** 37
Zustimmungserteilung, KGaA 285 34
Zustimmungsfreie Beschlüsse, KGaA 285 37
Zustimmungsvorbehalt SE-VO Art. 23 5
– konzerndimensionale **76** 98
Zustimmungsvorbehalt der Hauptversammlung 111 62
– Beschluss über die Errichtung von Zustimmungsvorbehalten **111** 71

2915

Sachverzeichnis   Fett gedruckte Zahlen = Paragraphen

- Beschluss über die Zustimmung **111** 72
- Ersetzung durch Hauptversammlungsbeschluss **111** 74
- Inhalt **111** 64
- mitbestimmungsrechtliche Besonderheiten **111** 77
- Pflicht zur Statuierung **111** 63
- Verhältnis von Satzung und Aufsichtsratsbeschluss **111** 69
- Wirkung **111** 75

Zustimmungsvorbehalte des Aufsichtsrats 111 62 ff.

Zuweisung bei Beherrschungsvertrag 300 20

Zuweisung bei Gewinnabführungsverträgen 300 4
- Berechnung des Zuweisungsbetrages **300** 7
- fiktiver Jahresüberschuss **300** 7
- Mindestzuweisung **300** 14
- Regelzuweisung **300** 9

Zuweisung von Teilen des Jahresüberschusses 150 9

Zuweisungsobergrenze 150 15

Zuwendungen, *s. auch Empfang verbotener Leistungen*
- abhängige Unternehmen **57** 59
- an einen Gründer **57** 51
- an frühere oder künftige Aktionäre **57** 54
- horizontal verbundene Unternehmen, Schwestergesellschaft **57** 78
- nicht von der AG abhängige Beteiligungsunternehmen **57** 60
- ohne Gegenleistung **57** 18
- vom Aktionär nicht veranlasste **62** 11
- zwischen Schwestergesellschaften **62** 13

Zuwendungen (soziale, kulturelle) 76 45 ff.

Zuwiderhandlung bei Erwerb und Veräußerung eigener Aktien 405 20 ff.

Zwangseinziehung der Aktie 55 40; **237** 8

Zwangsgelder 407 3

Zwangsgeldverfahren 407 16

Zwangsmittel SpruchG 7 15, 19

Zwangsvollstreckung 52 21

Zweckbestimmte Gewinnrücklagen 208 30

Zweckerreichung 262 69

Zweckgesellschaft 327a 26

Zweigniederlassung 4 21; **5** 3
- abweichende Firmierung **23** 15
- Errichtung in EU Mitgliedstaat **Int-GesR** 17 ff.
- Firma **4** 21

Zweitstimmrecht, Ausschussvorsitzender 107 114

Zwingende Festlegungen über Aktien 10 12

Zwischendividende 59 19

Zwischenscheine 8 63; **10** 85 ff.; **67** 115; **72** 2
- Ausgabe **199** 6
- Krafloserklärung **72** 2; **73** 25
- Legitimation HV **123** 20
- Nichtigkeit **191** 5
- rechtliche Behandlung **10** 86
- Teilleistung auf Sacheinlage **10** 78
- verbotene Ausgabe **191** 4; **197** 5; **219** 2